T5-BQA-757

24.00

BIBLIA

DE

JERUSALÉN

Los textos bíblicos *han sido traducidos de los originales según la crítica textual y la interpretación de la* Sagrada Biblia, llamada Biblia de Jerusalén, nueva edición, publicada en francés por les Éditions du Cerf, París, 1998, bajo la Dirección de la Escuela Bíblica de Jerusalén. Los títulos, subtítulos, introducciones, notas y apéndices *han sido traducidos directamente de la mencionada publicación,* cuyas referencias marginales *también se reproducen.*

Información de los diferentes ISBN de la Edición Manual de la Biblia de Jerusalén:

Modelo 0: 84-330-1304-1
Modelo 1: 84-330-1305-X
Modelo 2: 84-330-1306-8
Modelo 3: 84-330-1307-6
Modelo 4: 84-330-1308-4

CON LAS DEBIDAS LICENCIAS
DE LA CONFERENCIA EPISCOPAL ESPAÑOLA
22 DE ABRIL DE 1998

© Equipo de traductores de la edición española de la Biblia de Jerusalén, 1998

© Editorial Desclée De Brouwer, S.A., 1998
Henao, 6 - 48009-Bilbao
www.desclee.com

ISBN: 84-330-1304-1
Depósito Legal: NA-119-2000

Printed in Spain

Fotocomposición: Rali, S.A.
Particular de Costa, 8-10 - 48010 Bilbao
Impresión: RODESA (Rotativas de Estella, S.A.)

BIBLIA
DE
JERUSALÉN

Nueva edición revisada y aumentada

DESCLÉE DE BROUWER
BILBAO

BS
195
.J418
1998

«BIBLIA DE JERUSALÉN»

EDICIÓN ESPAÑOLA

Dirección: José Angel UBIETA LÓPEZ

Coordinación A.T.:
Víctor MORLA ASENSIO

Coordinación N.T.:
Santiago GARCÍA RODRÍGUEZ

Los textos bíblicos han sido traducidos del hebreo, arameo y griego por el siguiente equipo de COLABORADORES:

ANTIGUO TESTAMENTO

I. PENTATEUCO
Génesis: J. MOYA
Éxodo: F. GARCÍA (J. GOITIA+*)
Levítico: A. IBÁÑEZ (J. A. UBIETA*)
Números: A. IBÁÑEZ
Deuteronomio: A. IBÁÑEZ (M. REVUELTA*)

II. LIBROS HISTÓRICOS
Josué y Jueces: A. IBÁÑEZ
1 y 2 Samuel: M. VILLANUEVA
1 y 2 Reyes: J. TREBOLLE (M. VILLANUEVA*)
1 y 2 Crónicas, Esdras y Nehemías: M. VILLANUEVA
Rut, Tobías, Judit, Ester: M. VILLANUEVA
1 Macabeos: J. L. MALILLOS (+)
2 Macabeos: J. A. UBIETA

III. LÍRICA
Salmos, Cantar de los Cantares y Lamentaciones: V. MORLA (M. REVUELTA*)

IV. LIBROS SAPIENCIALES
Job: V. MORLA (M. REVUELTA*)
Proverbios: J. MENCHÉN (A. IBÁÑEZ*)
Eclesiastés: V. MORLA (J. A. UBIETA*)
Sabiduría: J. MENCHÉN (J. L. MALILLOS+*)
Eclesiástico: N. CALDUCH (J. Rz. GAGO*)

V. LIBROS PROFÉTICOS
Isaías y Jeremías: J. MOYA
Baruc: J. MENCHÉN (M. REVUELTA*)
Ezequiel: J. M.ª ÁBREGO (M. REVUELTA*)
Daniel: J. MENCHÉN (M. REVUELTA*)
Oseas y Amós: J. M.ª ÁBREGO (M. REVUELTA*)
Joel, Abdías, Jonás y Miqueas: J. MENCHÉN (M. REVUELTA*)
Nahúm, Habacuc, Sofonías, Ageo, Zacarías y Malaquías: V. MORLA (M. REVUELTA*)

NUEVO TESTAMENTO

I. EVANGELIOS
Mateo: R. AGUIRRE (M. REVUELTA*)
Marcos: P. NÚÑEZ
Lucas: M. VILLANUEVA
Juan: D. MUÑOZ (A. IBÁÑEZ*)

II. HECHOS DE LOS APOSTOLES
S. GARCÍA

III. EPÍSTOLAS DE SAN PABLO
Romanos, Corintios, Gálatas, Efesios, Filipenses, Colosenses, Filemón: A. M.ª ARTOLA

Tesalonicenses: P. NÚÑEZ
Timoteo y Tito: S. GARCÍA
Hebreos: A. M.ª ARTOLA (J. GOITIA+*)

IV. EPÍSTOLAS CATÓLICAS
Epístolas de Santiago y San Judas: S. GARCÍA
Epístolas de San Pedro y San Juan: S. GARCÍA (P. NÚÑEZ*)

V. APOCALIPSIS
D. MUÑOZ (A. IBÁÑEZ*)

Traducción directa del francés de las nuevas notas e introducciones, M. REVUELTA (L. AGUIRRE+*)

Los nombres entre paréntesis acompañados de * son los de los primeros traductores. El nombre que le precede es el del traductor actual.

Para la revisión de los textos bíblicos del NT hemos utilizado la SINOPSIS DE LOS CUATRO EVANGELIOS (DDB, 1975) y LAS CONCORDANCIAS BÍBLICAS-NUEVO TESTAMENTO (DDB, 1975).

«BIBLIA DE JERUSALÉN»

EDICIÓN FRANCESA

DIRECCION

R. DE VAUX (+)   E. OSTY (+)   P. AUVRAY (+)   G. MARCEL (+)
P. BENOIT (+)   A. ROBERT (+)   E. GILSON (+)   A. BÉGUIN (+)
L. CERFAUX (+)   J. HUBY (+)   H. I. MARROU (+)   M. CARROUGES (+)

PRINCIPALES COLABORADORES

La traducción de los libros señalados entre paréntesis fue preparada por los siguientes autores, solos o en colaboración:

F. M. ABEL (+) *(Josué, Macabeos)*
P. AUVRAY *(Proverbios, Eclesiástico, Isaías, Ezequiel)*
A. BARUCQ *(Judit, Ester)*
P. BENOIT *(Mateo, Filipenses, Filemón, Colosenses, Efesios)*
M. E. BOISMARD *(Apocalipsis)*
F. M. BRAUN *(Epístolas de San Juan)*
H. CAZELLES *(Levítico, Números, Deuteronomio, Crónicas)*
B. COUROYER *(Éxodo)*
L. M. DEWAILLY *(Tesalonicenses)*
P. DORNIER *(Epístolas Pastorales)*
H. DUESBERG *(Proverbios, Eclesiástico)*
J. DUPONT *(Hechos de los Apóstoles)*
A. FEUILLET *(Jonás)*
A. GELIN *(Esdras-Nehemías, Jeremías, Lamentaciones, Baruc, Ageo, Zacarías, Malaquías)*
J. GELINEAU *(Salmos)*

A. GEORGE *(Miqueas, Sofonías, Nahúm)*
J. HUBY *(Marcos)*
C. LARCHER *(Job)*
R. LECONTE *(Epístolas de Santiago, San Judas y San Pedro)*
S. LYONNET *(Romanos, Gálatas)*
P. DE MENASCE *(Daniel)*
D. MOLLAT *(Juan)*
E. OSTY *(Amós, Oseas, Sabiduría, Lucas, Corintios)*
R. PAUTREL *(Tobías, Eclesiastés)*
B. RIGAUX *(Tesalonicenses)*
A. ROBERT *(Cantar de los Cantares)*
R. SCHWAB *(Salmos)*
C. SPICQ *(Hebreos)*
J. STEINMANN *(Isaías)*
R. TOURNAY *(Salmos)*
J. TRINQUET *(Habacuc, Abdías, Joel)*
R. DE VAUX *(Génesis, Samuel, Reyes)*
A. VINCENT *(Jueces, Rut)*

La iniciativa de este trabajo y su realización se deben a Th. G. CHIFFLOT (+).

La presente edición ha sido realizada a partir de las dos ediciones anteriores de la Biblia de Jerusalén (1955 y 1973), que utilizaron a su vez las últimas ediiciones de los fascículos.

La traducción de los libros ha sido revisada y las introducciones y notas completadas y revisadas.

Esta labor la ha realizado, con la colaboración de los diversos traductores, un comité de revisión compuesto por:

R. DE VAUX (+)   D. BARRIOS-AUSCHER   R. TOURNAY (+)
P. BENOIT (+)   L. M. DEWAILLY (+)   M. E. BOISMARD

y con la colaboración de P. AUVRAY (+), P. E. BONNARD (+), P. DREYFUS, R. FEUILLET (+) *y* J. STARCKY (+).

Comité de revisión de la presente edición:

J. M. DE TARRAGON   J. TAYLOR   D. BARRIOS-AUSCHER

y con la colaboración de J. N. ALETTI, M. E. BOISMARD, J. BRIEND, L. DEVILLERS, P. GARUTTI, M. GILBERT, J. LOZA, J. MURPHY-O'CONNOR, R. TOURNAY *y* B. VIVIANO.

PRESENTACIÓN

Esta NUEVA EDICIÓN EN ESPAÑOL DE LA BIBLIA DE JERUSALÉN pretende seguir situada entre las ofertas que los esfuerzos concertados de los biblistas contemporáneos han realizado para poner la palabra de Dios a disposición de nuestra época.

Juan Pablo II recordaba a los estudiosos de la Biblia (23 de abril de 1993, en su Discurso sobre la interpretación de la Biblia en la Iglesia): «La Biblia ejerce su influencia a lo largo de los siglos. Un proceso constante de actualización *adapta la interpretación a la mentalidad y al lenguaje contemporáneos. El carácter concreto e inmediato del lenguaje bíblico facilita en gran medida esa adaptación, pero su arraigo en una cultura antigua suscita algunas dificultades. Por tanto, es preciso volver a traducir constantemente el pensamiento bíblico al lenguaje contemporáneo, para que se exprese de una manera adaptada a sus oyentes. En cualquier caso, esta traducción debe ser fiel al original, y no puede forzar los textos para acomodarlos a una lectura o a un enfoque que esté de moda en un momento determinado. Hay que mostrar todo el resplandor de la palabra de Dios, aun cuando esté 'expresada en palabras humanas'»* (Dei Verbum, 13).

Esta fidelidad de traducción ha sido buscada por la BIBLIA DE JERUSALÉN en sus sucesivas ediciones y revisiones de 1967, 1975 y, ahora, en 1998. Se ha procurado esta fidelidad —venimos diciéndolo desde 1967— partiendo de un cuidadoso estudio de los textos originales hebreos, arameos y griegos, teniendo presente los avances actuales críticos y exegéticos.

En la nueva edición se da una mayor aproximación al texto masorético; en la lírica se ha tratado incluso de reflejar el ritmo del verso hebreo; se han suavizado, en general, las expresiones literarias que resultaban innecesariamente ásperas en castellano. La incorporación de nuevos especialistas en el equipo de traducción y revisión ha permitido éstas y otras mejoras de la traducción castellana.

La nueva edición ha seguido teniendo particular empeño en reflejar la unidad interior de los distintos escritos bíblicos de la Antigua y de la Nueva Alianza, para «ayudar al pueblo cristiano a captar más nítidamente la Palabra de Dios en estos textos, de forma que los reciba mejor, para vivir plenamente en comunión con Dios» (Juan Pablo II, en el mismo Dircurso). Los escritos bíblicos repiten, muchas veces a la letra y otras con muy escasas variantes, los mismos términos o las mismas fórmulas literarias que confieren a la obra total una notable unidad de expresión y una línea de pensamiento sensiblemente continua y ascedente, de contenidos progresivamente enriquecidos.

El esfuerzo de todo el equipo, y especialmente el del comité de revisión, ha compulsado los textos y ha tratado de unir la variedad de estilos con la identidad de fórmulas. Los lugares paralelos han sido cuidadosamente revisados, con una particular atención a los Evangelios Sinópticos, cuya versión actual tanto debe a nuestro fallecido amigo José Luis Malillos.

La revisión de la nueva edición en español se ha realizado casi simultáneamente con la revisión de la versión francesa de la BIBLIA DE JERUSALÉN. Se han tomado de ella las introducciones, notas, títulos, apéndices y referencias marginales. Siempre nos ha parecido que hacíamos con ello un verdadero servicio a la Iglesia, poniendo a disposición del lector, junto a la traducción bíblica propia, esta serie de ayudas críticas, exegéticas y teológicas de primera calidad, que son el resultado de décadas de investigación bíblica y arqueológica, debida a los miembros y colaboradores de la Escuela Bíblica y Arqueológica de Jerusalén.

La actualización de la investigación bíblica explica las novedades incorporadas en las introducciones y notas, como por ejemplo en las introducciones al Pentateuco, a los Evangelios Sinópticos, a las Cartas de San Pablo, y a los Hechos de los Apóstoles, en la nueva estructuración de la Epístola a los Hebreos y en un número considerable de notas exegéticas del Nuevo Testamento. Todo el valioso préstamo de material crítico, exegético, teológico y arqueológico actualizado sigue justificando que la nueva traducción aparezca con el nombre de NUEVA EDICIÓN EN ESPAÑOL DE LA BIBLIA DE JERUSALÉN.

ÍNDICE

SAGRADA BIBLIA

ANTIGUO TESTAMENTO

GENERAL

NUEVO TESTAMENTO

APÉNDICES

ÍNDICE DE LA BIBLIA HEBREA

El canon de la Biblia hebrea, fijado por los judíos de Palestina hacia la era cristiana, es conservado por los judíos modernos y, en cuanto al Antiguo Testamento, por los Protestantes. Sólo contiene los libros hebreos, con exclusión de los libros escritos en griego y de los suplementos de Ester *y de* Daniel.

La Biblia hebrea está dividida en tres partes, en el orden siguiente:

I. LA LEY (el Pentateuco)

1. Génesis *(designado con las primeras palabras del texto:* «En el principio»).
2. Éxodo («Estos son los nombres»).
3. Levítico («Llamó [Yahvé] a Moisés»).
4. Números («En el desierto»).
5. Deuteronomio («Estas son las palabras»).

II. LOS PROFETAS

A. *«Profetas anteriores»:*

6. Josué.
7. Jueces.
8. Samuel (1.º y 2.º reunidos).
9. Reyes (1.º y 2.º reunidos).

B. *«Profetas posteriores»:*

10. Isaías.
11. Jeremías.
12. Ezequiel.
13. «Los Doce» profetas, *en el orden que siguió la Vulgata:* Oseas, Joel, Amós, Abdías, Jonás, Miqueas, Nahúm, Habacuc, Sofonías, Ageo, Zacarías y Malaquías.

III. LOS ESCRITOS (o Hagiógrafos)

14. Salmos (o «Alabanzas»).
15. Job.
16. Proverbios.
17. Rut.
18. Cantar de los Cantares.
19. Eclesiastés («Qohélet»).
20. Lamentaciones.
21. Ester.
    (Estos cinco últimos libros son designados con el nombre de los «cinco Rollos»; eran leídos en las fiestas judías.)
22. Daniel.
23. Esdras-Nehemías.
24. Crónicas.

La Biblia contiene, pues, «veinticuatro libros».

ÍNDICE DE LA BIBLIA GRIEGA

La Biblia griega de los Setenta, destinada a los judíos de la Dispersión, comprende, en un orden que varía según los manuscritos y las ediciones:
  1. Los libros de la Biblia hebrea traducidos al griego con algunas variantes, omisiones y adiciones (importantes en los libros de Ester y de Daniel).
  2. Algunos libros que no pertenecen a la Biblia hebrea (algunos de ellos reflejan un original hebreo o arameo) y que fueron incorporados al Canon cristiano («deuterocanónicos»). La Iglesia los considera como inspirados al igual que los libros de la Biblia hebrea. En la siguiente lista están en cursiva.
  3. Algunos libros que, aun habiendo sido utilizados en ocasiones por los Padres o los antiguos escritores eclesiásticos, no fueron admitidos por la Iglesia cristiana (obras «apócrifas»). En la siguiente lista están entre corchetes.
  Con excepción de estos libros apócrifos, la lista de la Biblia griega es la misma (en un orden diferente) que la del Antiguo Testamento recibido por la Iglesia, cuyo contenido se ha dado, según el orden habitual, en el Índice de las páginas x-xi.
  Damos a continuación la lista de los libros de la Biblia griega de los Setenta, tal como se encuentra en la edición de Rahlfs.

I. LEGISLACIÓN E HISTORIA

Génesis.
Éxodo.
Levítico.
Números.
Deuteronomio.

Josué.
Jueces.
Rut.
Los cuatro «libros de los Reinos»; I y II = Samuel; III y IV = Reyes.

Paralipómenos, I y II (=Crónicas).
[Esdras I] (apócrifo).
Esdras II (=Esdras-Nehemías).

Ester,
con fragmentos propios en griego.
Judit.
Tobías.

Macabeos I y II
[más III y IV apócrifos]

II. POETAS Y PROFETAS

Salmos.
[Odas].
Proverbios de Salomón.
Eclesiastés.
Cantar de los Cantares.
Job.
El libro de la Sabiduría («Sabiduría de Salomón»).
Eclesiástico («Sabiduría de Sirac»).
[Salmos de Salomón].
Los Doce Profetas Menores («Dodecaprofetón»), en el orden que sigue: Oseas, Amós, Miqueas, Joel, Abdías, Jonás, Nahúm, Habacuc, Sofonías, Ageo, Zacarías y Malaquías.
Isaías.
Jeremías.
Baruc (=Baruc 1-5).
Lamentaciones.
Carta de Jeremías (= Baruc 6).
Ezequiel.
Susana (=Daniel 13).
Daniel 1-2 (3 24-90) *es propio del griego*).
Bel y el Dragón (=Daniel 14).

ABREVIATURAS

LIBROS BÍBLICOS

En el texto, como en las notas y referencias, las cifras en **negrita** *siempre designan los números del capítulo, y las cifras en tipo* redondo, *los del versículo.*

Las abreviaturas que sirven para designar los libros bíblicos son las siguientes:

Génesis	Gn	Oseas	Os
Éxodo	Ex	Joel	Jl
Levítico	Lv	Amós	Am
Números	Nm	Abdías	Ab
Deuteronomio	Dt	Jonás	Jon
		Miqueas	Mi
Josué	Jos	Nahúm	Na
Jueces	Jc	Habacuc	Ha
Rut	Rt	Sofonías	So
Samuel	1 S, 2 S	Ageo	Ag
Reyes	1 R, 2 R	Zacarías	Za
Crónicas	1 Cro, 2 Cro	Malaquías	Ml
Esdras	Esd		
Nehemías	Ne	Mateo	Mt
Tobías	Tb	Marcos	Mc
Judit	Jdt	Lucas	Lc
Ester	Est	Juan	Jn
Macabeos	1 M, 2 M	Hechos de los Apóstoles .	Hch
		Romanos	Rm
Salmos	Sal	Corintios	1 Co, 2 Co
Cantar de los Cantares ..	Ct	Gálatas	Ga
Lamentaciones	Lm	Efesios	Ef
		Filipenses	Flp
Job	Jb	Colosenses	Col
Proverbios	Pr	Tesalonicenses	1 Ts, 2 Ts
Eclesiastés (Qohélet)	Qo	Timoteo	1 Tm, 2 Tm
Sabiduría	Sb	Tito	Tt
Eclesiástico (Sirácida) ...	Si	Filemón	Flm
		Hebreos	Hb
Isaías	Is	Epístola de Santiago	St
Jeremías	Jr	Epístolas de Pedro	1 P, 2 P
Baruc	Ba	Epístolas de Juan	1 Jn, 2 Jn, 3 Jn
Ezequiel	Ez	Epístolas de Judas	Judas
Daniel	Dn	Apocalipsis	Ap

o bien, en orden alfabético:

Ab	Abdías	Dn	Daniel
Ag	Ageo	Dt	Deuteronomio
Am	Amós		
Ap	Apocalipsis	Ef	Epístola a los Efesios
		Esd	Esdras
Ba	Baruc	Est	Ester
		Ex	Éxodo
1 Co	1.ª epístola a los Corintios	Ez	Ezequiel
2 Co	2.ª epístola a los Corintios		
Col	Epístola a los Colosenses	Flm	Epístola a Filemón
1 Cro	Libro primero de las Crónicas	Flp	Epístola a los Filipenses
2 Cro	Libro segundo de las Crónicas	Ga	Epístola a los Gálatas
Ct	Cantar de los Cantares	Gn	Génesis

Y SIGLAS

Ha	Habacuc	Ne	Nehemías
Hb	Epístola a los Hebreos	Nm	Números
Hch	Hechos de los Apóstoles	Os	Oseas
Is	Isaías	1 P	1.ª epístola de San Pedro
Jb	Job	2 P	2.ª epístola de San Pedro
Jc	Jueces	Pr	Proverbios
Jdt	Judit	Qo	Eclesiastés (Qohélet)
Jl	Joel	1 R	Libro primero de los Reyes
Jn	Evangelio según San Juan	2 R	Libro segundo de los Reyes
1 Jn	1.ª epístola de San Juan	Rm	Epístola a los Romanos
2 Jn	2.ª epístola de San Juan	Rt	Rut
3 Jn	3.ª epístola de San Juan	1 S	Libro primero de Samuel
Jon	Jonás	2 S	Libro segundo de Samuel
Jos	Josué	Sal	Salmos
Jr	Jeremías	Sb	Sabiduría
Judas	Epístola de San Judas	Si	Eclesiástico (Siracida)
Lc	Evangelio según San Lucas	So	Sofonías
Lm	Lamentaciones	St	Epístola de Santiago
Lv	Levítico	Tb	Tobías
1 M	Libro primero de los Macabeos	1 Tm	1.ª epístola a Timoteo
2 M	Libro segundo de los Macabeos	2 Tm	2.ª epístola a Timoteo
Mc	Evangelio según San Marcos	1 Ts	1.ª epístola a los Tesalonicenses
Mi	Miqueas	2 ts	2.ª epístola a los Tesalonicenses
Ml	Malaquías	Tt	Epístola a Tito
Mt	Evangelio según San Mateo	Za	Zacarías
Na	Nahúm		

Así pues, la referencia Is 7 14 remite al libro de Isaías, capítulo 7, versículo 14. La referencia Is 7 14.16 remitirá a los versículos 14 y 16. La referencia Is 7 14-21 remitirá a todo el pasaje comprendido entre los versículos 14 y 21.

OTRAS ABREVIATURAS

AT	Antiguo Testamento	Sim.	Símaco
NT	Nuevo Testamento	Teod.	Teodoción
TM	texto masorético	texto occ.	texto occidental
LXX	Setenta	ms, mss	manuscrito(s)
hebr.	hebreo	trad.	traducción
sir.	siríaco	corr.	corrección
sam.	samaritano		
Vet. Lat.	antigua versión latina		
griego luc.	griego según la recensión de Luciano		
s	siguiente	var.	variante
p	paralelos	adic.	adición
sir. hex.	siro-hexaplar	om.	omisión
Aq.	Áquila		

Estos tres signos *preceden* a la indicación de las palabras sustituidas, añadidas u omitidas por lecturas que no han sido adoptadas en la traducción.

El *ketib* es el texto escrito, fijado mediante las consonantes.
El *qeré* es el texto leído, según la vocalización de los Masoretas.

OBSERVACIONES

I. TRADUCCIÓN

La traducción ha sido realizada directamente de los textos originales hebreo, arameo y griego. En cuanto al Antiguo Testamento, hemos seguido el texto masorético, es decir el texto hebreo fijado en los siglos VIII-IX d.C., por sabios judíos, que fijaron su grafía y su vocalización. Este texto es el que reproducen la mayoría de los manuscritos. Cuando éste ofrece algunas dificultades insuperables, nos hemos servido de otros manuscritos hebreos o de las antiguas versiones griega, siríaca y latina principalmente. En estos casos señalamos siempre en nota la corrección. Para los libros griegos del Antiguo Testamento («deuterocanónicos») y para el Nuevo Testamento hemos empleado el texto fijado en época moderna mediante un trabajo crítico sobre los principales testigos manuscritos de la tradición, ayudándonos también de las antiguas versiones. Cuando la tradición ofrece varias formas para un mismo texto, hemos elegido la lección más segura, pero indicando en nota la o las variantes más importantes o que tienen algún interés.

Los pasajes considerados como glosas aparecen entre paréntesis en el texto.

Al unificar la traducción de expresiones idénticas de los textos originales, se ha tenido en cuenta la amplitud de sentido de ciertos términos hebreos o griegos, para los que no siempre es fácil hallar un único equivalente castellano. También hemos tenido en cuenta las exigencias del contexto, sin olvidarnos de que una traducción palabra por palabra y excesivamente literal, en ocasiones puede expresar solamente de una manera imperfecta el sentido real de una frase o de una expresión. Con todo, los términos técnicos, cuyo sentido es abiertamente unívoco, se traducen con el mismo equivalente castellano.

Hemos reproducido la transcripción de los nombres propios conforme a la fonética castellana, evitando la reproducción exacta de la forma que tales nombres tienen en hebreo o en griego. Prescindimos de las letras punteadas y los signos especiales reservados para las obras técnicas; sólo en algún caso aparecen en las notas.

En cuanto al hebreo, se han seguido las reglas siguientes:

he se transcribe con h.

jet se transcribe con j.

sámek se transcribe con s.

tsade se transcribe con ṣ. Su sonido se parece al de la z italiana.

sin se transcribe con ś;

šin se transcribe con š. Su sonido equivale a la ch francesa.

tet se transcribe con ṭ, una dental explosiva sin correspondencia en la familia indoeuropea.

tau se transcribe con t.

yod se transcribe con y o i, según su posición.

En el texto bíblico no se reproducen la álef, ain y he finales, aunque, en las notas de crítica textual, la álef y la ain se transcriben con ' y ' respectivamente.

Respecto a la pronunciación hebrea, como regla general se ha querido escribir siempre de tal modo que, leyendo conforme a las reglas del idioma castellano, se reproduzca lo más exactamente posible. Se duplican las consonantes cuando lo están en el original. Así, la doble ele se transcribe con l·l.

En cuanto al griego, hemos seguido las reglas de transcripción universalmente admitidas.

Sin embargo, tanto para el hebreo como para el griego, hemos conservado en la forma castellana tradicional los nombres propios que han pasado al uso corriente; p.e. Salomón, Nabucodonosor, Juan. Por un criterio de analogía, los morfemas teofóricos -yahu o -ya que forman parte de los nombres propios hebreos se convierten en -ías para el masculino y en -ía para el femenino; p.e. *Eliyahu* = Elías, *Zerajyah* = Zerajías. Asimismo, el morfema Yeho- con el que empiezan algunos nombres propios ha sido transcrito con Jo-; p.e. *Ye-hosafat* = Josajat; *Yehoyaquim* = Joaquín; *Yehonatán* = Jonatán. Hemos evitado el uso de la ka al final de los nombres propios, y ha sido sustituida por la ce; así, Abimélek queda como Abimélec.

Respecto a los nombres propios hebreos terminados en sílaba aguda acabada en eme, hemos optado por castellanizar su fonética: por una parte, por conformarnos a la pronunciación corriente castellana; por otra, por buscar un consenso de transcripción con el resto de traducciones castellanas de la Biblia. Así, Abraham queda como Abrahán; Siquem como Siquén; Bajurim como Bajurín; etc.

Hemos dado a los nombres de medidas (pesos, capacidad, etc.) equivalentes españoles (tomados de antiguas medidas de valor aproximado) cuya lista se hallará en el índice de medidas al final del volumen.

En el Antiguo Testamento, la numeración de los capítulos (cifras en negrita) y de los versículos (cifras en redondo voladas) sigue siempre al hebreo. Sin embargo, cuando la numeración de la Vulgata es diferente, se la hallará en el margen. Esta numeración marginal queda a veces interrumpida, cuando el margen se halla ya ocupado por una referencia. Para los casos particulares de los suplementos griegos de Ester y Daniel, ver las notas.

II. NOTAS

Las numerosas notas que acompañan al texto están indicadas en el mismo por medio de un asterisco. Esas notas y las introducciones, apéndices y referencias marginales se toman de la nueva edición francesa (1998) en un solo volumen. Se han añadido algunas notas de la edición en fascículos. Finalmente, hay algunas que se deben a los traductores españoles.

En las notas precisamos las indicaciones de crítica textual, señalando todas las correcciones introducidas al «texto recibido», menos cuando se trata solamente de correcciones puramente gramaticales que no afectan más que a la vocalización del texto masorético. Cuando se introduce una corrección, que no se apoya en una o varias de las antiguas versiones, sino en simple conjetura, damos la transcripción del hebreo o del griego tal como está en el texto y tal como lo supone la traducción. Esta transcripción la presentamos de manera simplificada, sin atender a las diferencias vocálicas (seré/segol, pataj/qames); sin embargo, las vocales con «mater lectionis» las señalamos con un acento circunflejo. Cuando la traducción dada es la del «texto recibido», no señalamos en nota más que las variantes que pueden tener alguna importancia, de entre las que se encuentran en otras versiones o en otros manuscritos.

Las notas, a menudo, se completan mutuamente; el signo + (en la nota misma o en el margen) remite a otros pasajes, en los que el lector hallará las explicaciones necesarias para el pasaje que está leyendo, o a una serie de referencias marginales.

Señalamos el interés que tienen las notas temáticas (o «notas clave») que dan la explicación de un término técnico que se repite con frecuencia en la Biblia, o bien el resumen del contenido y evolución de una idea o de un tema importante en la *historia de la Revelación. Por ejemplo, «Resto» (ver la nota en Is 4 3), «Hijo del hombre» (ver la nota en Mt 8 20, que, con la referencia seguida del signo +, remite a la de Dn 7 13). Estas notas importantes se hallan incluidas en el índice alfabético que se da al final del volumen.*

Las explicaciones generales que atañen a un libro o a un grupo de libros se dan en las introducciones cuya lectura se supone previa a la de las notas.

Una sinopsis cronológica al fin del volumen ofrece las fechas y las secuencias históricas, así como las correspondencias con la historia universal que interesan para la comprensión de algunos textos. Algunos mapas esquemáticos sitúan los lugares más importantes y presentan el marco geográfico general de la Historia Sagrada.

Finalmente, las referencias marginales sirven de complemento a las notas.

III. REFERENCIAS MARGINALES

Las referencias marginales aclaran el texto de diversas maneras:

1.º Cuando un pasaje de un libro bíblico cita otro texto bíblico, las palabras citadas están en cursiva y la referencia que se halla en el margen indica el lugar de donde se han tomado dichas palabras.

2.º Cuando dos pasajes bíblicos tienen entre sí una relación literaria, ya porque uno es el «origen» del otro, ya porque ambos tienen una fuente común, remitimos del uno al otro mediante una referencia marginal precedida del signo = si los dos pasajes («duplicados») pertenecen al mismo libro, o del signo ‖ si los dos pasajes («paralelos») pertenecen a dos libros diferentes.

3.º Cuando un pasaje bíblico sea citado o utilizado en un libro más reciente (especialmente cuando un texto del Antiguo Testamento sea citado por el Nuevo Testamento), damos en el margen la referencia a este último, precedida del signo ∠.

4.º La simple referencia, en el margen de un pasaje en tipos redondos y sin signo alguno que la preceda, indica un texto cuyo cotejo con el pasaje en cuestión es útil. Si el signo + sigue a esa referencia, indica que allí se encontrarán otras que atañen al mismo tema, o bien una nota útil para el pasaje que se lee. De esta forma

remitimos especialmente a las «notas clave»: por ejemplo, en el margen de un pasaje profético donde se evoca el «resto de Israel», se hallará la referencia Is 4 3+, que remite a la nota sobre Is 4 3, donde se desarrolla esta idea.

Una referencia seguida de la letra s remite, a la vez que al versículo indicado, a los versículos que le siguen.   Jr 1 9s

Una referencia seguida de la letra p remite, a la vez que al texto indicado, a los pasajes paralelos (cuyas referencias, precedidas del signo ‖ o =, se encontrarán en el margen del texto).   Mt 10 10p

En los escritos paralelos, especialmente en los Evangelios Sinópticos, nos hemos limitado a menudo a dar las referencias útiles en el margen del primero de estos escritos, según el orden del canon, al cual por lo mismo deberá acudir el lector: de este modo, muchas de las observaciones que afectan a Mc o a Lc se dan una sola vez en el margen de Mt.

Las referencias marginales se hallan a veces desplazadas por debajo de la línea a la que afectan, cuando por encima de ellas figuran referencias muy numerosas a otra línea anterior. Un espacio en blanco separa las referencias que atañen a líneas diferentes.

ANTIGUO TESTAMENTO

EL PENTATEUCO

EL PENTATEUCO

Introducción

Nombres, divisiones y contenido.

Los cinco primeros libros de la Biblia forman una colección que los judíos denominan «La Torá»: «La Ley». Da ya testimonio de ello el prólogo del Eclesiástico, y tal denominación era corriente al comienzo de nuestra era (véase, por ejemplo, Mt 4 17; Lc 10 26; 24 44). Pero la palabra «Ley» no se aplica sólo a la parte legislativa (Mt 12 26; Lc 20 37).

La necesidad de disponer de ejemplares manejables de este gran conjunto hizo que fuese dividido en cinco rollos. De ahí le viene el nombre griego de *Hê pentáteujos* (se entiende **biblos** «libro») «El libro en cinco volúmenes», el latino **Pentateuchus** y el español **Pentateuco**. También los judíos hablan de «las cinco quintas partes de la Ley».

Testigo de esta división en cinco libros es la versión griega de los Setenta (LXX), cuyo uso se impuso en la Iglesia. Esta versión dio nombre a los cinco volúmenes según su contenido: **Génesis** (comienza con los orígenes del mundo), **Éxodo** (cuenta la salida de Egipto), **Levítico** (contiene la ley de los sacerdotes de la tribu de Leví), **Números** (por los censos de los caps. 1-4), **Deuteronomio** (o «Segunda ley», conforme a la interpretación griega de Dt 17 18). Los judíos designan los libros por su primera palabra hebrea, o por la más significativa de las primeras: «Bereshit» («En el principio»); «Shemot», («[Estos son los] nombres»); «Wayyiqrá» («Llamó»); «Bemidbar» («[Yahvé habló a Moisés] en el desierto»); «Debarim» («[Éstas son las] palabras»).

El **Génesis** se divide en dos partes desiguales. Los relatos de los orígenes, 1-11, pórtico a la historia de salvación, que es el objeto de toda la Biblia, se remonta a los orígenes del mundo y abarca en su perspectiva a la humanidad entera. Relata la creación del universo y del hombre, la caída original y sus consecuencias, y la perversidad creciente castigada con el diluvio. La tierra se repuebla a partir de Noé, pero listas genealógicas cada vez más restringidas concentran el interés en Abrahán, padre del pueblo elegido. La historia patriarcal, 12-50, evoca a los grandes antepasados. Abrahán es el hombre de la fe, cuya obediencia es premiada por Dios con la promesa de una posteridad para él mismo y de la Tierra Santa para sus descendientes (12 1 - 25 18). Jacob es el hombre astuto, que suplanta a su hermano Esaú escamoteándole la bendición de su padre Isaac, y gana en picardía a su tío Labán. Pero de nada le habría servido si Dios no lo hubiera preferido a Esaú desde antes de su nacimiento, y no le hubiera renovado las promesas hechas a Abrahán (25 19 - 36). Isaac es, entre Abrahán y Jacob, una figura de menor relieve, cuya vida se narra sobre todo por razón de las de su padre y su hijo. Los doce hijos de Jacob son los antepasados de las Doce Tribus de Israel. A uno de ellos está consagrado todo el final del Génesis: los caps. 37-50 (excepto 38 y 49) son un relato seguido de la vida de José, el hombre de la sabiduría. Este relato difiere de los precedentes por su continuidad y porque se desarrolla sin intervención directa de Dios; pero de todo él se desprende una enseñanza: la virtud del sabio recibe su recompensa y la Providencia trueca en bienes las acciones torcidas de los hombres.

Los tres libros siguientes son un bloque, en el que, en el marco de la vida de Moisés, se relata la formación del pueblo elegido y el establecimiento de su ley. El **Éxodo** desarrolla los temas de la liberación de Egipto (1 1 - 15 21) y la Alianza en el Sinaí (19 1 - 40 38), enlazados por el tema de la marcha por el desierto (15 22 - 18 27). Moisés, que ha recibido la revelación del nombre de Yahvé en el monte de Dios, conduce allá a los israelitas liberados de la servidumbre. Dios hace alianza con el pueblo y le dicta sus leyes. El pacto, apenas sellado, queda roto por la adoración del becerro de oro; pero Dios perdona y renueva la alianza. El gran bloque de los capítulos 25 - 31 narra la construcción de la tienda, lugar de culto en la época del desierto.

El **Levítico**, casi exclusivamente legislativo, interrumpe la narración de los sucesos. Se compone de: un ritual de los sacrificios, 1-7; el ceremonial de investidura de los sacerdotes, aplicado a Aarón y a sus hijos, 8-10; las normas sobre lo puro y lo impuro, 11-15, que concluyen con el ritual del gran día de la Expiación, 16; la

«*Ley de santidad*», **17-26**, *que incluye un calendario litúrgico,* **23**, *y se cierra con bendiciones y maldiciones,* **26**. *El cap.* **27**, *a modo de apéndice, precisa las condiciones de rescate de las personas, de los animales y de los bienes consagrados a Yahvé.*

El libro de los **Números** *reanuda el tema de la marcha por el desierto. La partida desde el Sinaí se prepara con un censo del pueblo,* **1-4**, *y las grandes ofrendas con motivo de dedicación de la Tienda,* **7**. *Después de celebrar la segunda Pascua, dejan el monte santo,* **9-10**, *y llegan por etapas a Cades, desde donde se intenta con mala fortuna la penetración en Canaán por el sur,* **11-14**. *Tras una larga estancia en Cades, vuelven a ponerse en camino y llegan a las estepas de Moab, frente a Jericó,* **20-25**. *Vencen a los madianitas, las tribus de Gad y Rubén se establecen en Transjordania,* **31-32**. *Una lista resume las etapas del Éxodo,* **33**. *En torno a estos relatos se agrupan nuevas disposiciones que completan la legislación del Sinaí o preparan el establecimiento en Canaán:* **5-6; 8; 15-19; 26-30; 34-36**.

El **Deuteronomio** *es un código de leyes civiles y religiosas,* **12** *1 -* **26** *15, que se inserta en un discurso de Moisés,* **5-11** *y* **26** *16 -* **28**. *Este conjunto va precedido a su vez de un primer discurso de Moisés,* **1-4**, *y seguido de un tercero,* **29-30**, *y de trozos que se refieren a los últimos días de Moisés: misión de Josué, cántico y bendiciones de Moisés, su muerte,* **31-34**. *El código deuteronómico repite, en parte, leyes de bloques legislativos que ya han aparecido antes. Los discursos recuerdan los grandes acontecimientos del Éxodo, del Sinaí y del inicio de la conquista, deducen su sentido religioso, subrayan el alcance de la Ley y exhortan a la fidelidad.*

Composición literaria.

La composición de esta extensa recopilación fue atribuida a Moisés, al menos desde el comienzo de nuestra era; y Cristo y los Apóstoles se acomodaron a esta opinión, Jn 1 45; 5 45-47; Rm 10 5. Pero las tradiciones más antiguas jamás habían afirmado explícitamente que Moisés fuera el redactor de todo el Pentateuco. Cuando el mismo Pentateuco dice, muy rara vez, que «Moisés escribió», se refiere a un pasaje particular. El estudio moderno de estos libros ha evidenciado diferencias de estilo, repeticiones, sobre todo en las leyes, y desorden en las narraciones, que impiden ver en el Pentateuco una obra salida de la mano de un solo autor. Después de largos tanteos, a fines del siglo XIX se impuso entre los críticos una teoría, sobre todo bajo la influencia de los trabajos de Graf y de Wellhausen: el Pentateuco sería la recopilación de cuatro documentos, distintos por la fecha y el ambiente de origen, pero muy posteriores todos ellos a Moisés. Habrían existido primero dos obras narrativas : el Yahvista (J), que en el relato de la creación usa el nombre de Yahvé, y el Elohista (E), que designa a Dios con el nombre común de Elohim; el Yahvista habría sido puesto por escrito en el siglo IX en Judá, el Elohista algo más tarde en Israel; a raíz de la ruina del Reino del Norte (Samaría), ambos documentos habrían sido refundidos en uno solo (JE); después de Josías, se le habría añadido el Deuteronomio (D) (JED); a la vuelta del destierro, el Código Sacerdotal (P), que contenía sobre todo leyes y unos pocos relatos, habría sido unido a aquella recopilación, a la que sirve de marco y armazón (JEDP).

Esta teoría documentaria, que estaba relacionada con una concepción evolucionista de las ideas religiosas en Israel, fue puesta en cuestión por algunos; otros la aceptaban sólo con modificaciones considerables; algunos la rechazaban en bloque por diferentes razones, entre las que contaba mucho la fidelidad a la tradición antigua, judía y cristiana. No hay que olvidar que la teoría documentaria es sólo una hipótesis. Se suele argumentar contra ella la falta de consenso en cuanto al reparto de los textos entre los diferentes documentos. Pero, si la teoría documentaria podía aparecer como frágil hace veinte años, de entonces acá parece haber recibido el golpe de gracia: la «nueva crítica» la cuestiona sistemáticamente. Hace veinte años las diferencias de un autor a otro podían ser considerables, pero la hipótesis de fondo era la misma; hoy ya no existe una hipótesis generalmente admitida, sino una serie de modelos para explicar el origen del Pentateuco. Se llega incluso a un rechazo global de toda crítica literaria, considerada inoperante para la comprensión de los textos.

No sabemos qué quedará de tantas investigaciones actuales, tan divergentes y que a veces se excluyen mutuamente. Pero no serán inútiles algunas indicaciones básicas para ayudar al lector. Hay que empezar por reconocer el carácter limitado de nuestros conocimientos en relación con los textos y con el medio original que los explica. Ante esa dificultad, puede uno leer un texto sin plantearse cuestión alguna sobre su origen; puede incluso considerar esas preguntas como una pérdida de tiempo. Pero son preguntas legítimas, que surgen espontáneamente en el lector. Lo que ocurre es que la respuesta no es sencilla. Los textos del Pentateuco tienen su origen en un pasado del que tenemos un conocimiento limitado. Cierto que ciencias como la historia, la arqueología o la lingüística, aportan nueva luz sobre los textos; pero también suscitan nuevas cuestiones. El conocimiento de las literaturas de otros pueblos del Próximo Oriente antiguo nos ayuda a reconocer la amplitud de las tradiciones literarias y el carácter relativamente reciente del medio cultural en el que han nacido los textos bíblicos. Una notable proporción de nuestros textos es el resultado de un largo proceso, que podemos pergeñar sólo a grandes rasgos. En consecuencia, no podemos atribuirlos a un autor determinado y a un momento de la historia. La mayoría de las veces se vislumbran dos grandes etapas en los orígenes y desarrollo de los textos hasta su fijación definitiva en nuestra Biblia: una primera fijación oral, durante un periodo que pudo ser largo, y una fijación paulatina por escrito.

Hubo, pues, una historia literaria. La dificultad está en que lo único que conocemos con seguridad es el resultado final, el texto en su forma definitiva; pero de las etapas anteriores casi nunca tenemos datos seguros. Nos faltan datos externos y tenemos que recurrir al análisis de los mismos textos. Ahora bien, fue precisamente la observación del vocabulario, la sintaxis, el estilo, las repeticiones y tensiones, la que condujo a la teoría documentaria. ¿Por qué hoy se corrige tan drásticamente esa hipótesis o simplemente se la abandona?

Dos hechos han jugado un gran papel en la crisis actual: la simplificación de la hipótesis y el olvido de su condición de hipótesis. La simplificación, sobre todo en obras de divulgación, hace de las fuentes (o de alguna de ellas) la obra de un solo autor, en una época preferentemente antigua; y desconoce las redacciones y adiciones posteriores. Pero la auténtica hipótesis documentaria hablaba más bien de obras de escuela, que habrían pasado por varias ediciones, con sus revisiones y amplificaciones sucesivas. Y contaba con que la unificación redaccional hubo de aportar mucho a la formulación definitiva del texto. La crisis actual ayuda a percatarse mejor de que la hipótesis documentaria es eso, una hipótesis: no puede explicarlo todo de manera adecuada, y son posibles otros modelos explicativos.

También nuestro talante cultural incide en esta crisis. Cuestiones como la de los orígenes de los textos, consideradas esenciales por nuestros predecesores, carecen hoy de interés para muchos. Se dice a menudo que los textos hay que comprenderlos tal como se nos presentan, sin despedazarlos por razón de su diferente origen. Pero, si, como hemos dicho, hay otros que legítimamente se hacen esas preguntas, habrá que darles una respuesta, por hipotética o fragmentaria que sea.

Es un hecho innegable que existe un problema literario. Hay en el Pentateuco duplicados y discordancias: dos relatos de los orígenes cuentan en versión doble la creación del hombre y de la mujer, Gn 1 1 - 2 4a y 2 4b - 3 24; dos genealogías de Caín-Quenán, 4 17s y 5 12-17; dos relatos combinados del diluvio, 6-8. En la historia patriarcal se narra dos veces la alianza con Abrahán, 15 y 17; dos despidos de Agar, 16 y 21; tres relatos de la aventura de la mujer de un patriarca en un país extranjero, 12 10-20; 20; 26 1-11; dos historias combinadas de José y sus hermanos en los últimos capítulos del Génesis. Hay dos relatos de la vocación de Moisés, Ex 3 1 - 4 17 y 6 2-7; dos milagros de las aguas de Meribá, Ex 17 1-7 y Nm 20 1-13; dos textos del Decálogo, Ex 20 1-17 y Dt 5 6-21; cuatro calendarios litúrgicos, Ex 23 14-19; 34 18-23; Lv 23; Dt 16 1-16. Y otros muchos ejemplos, sobre todo de leyes repetidas en Ex, Lv y Dt. Agrupando los textos por afinidades de lengua, forma y concepto, se obtienen líneas paralelas, cuya trayectoria se puede seguir en todo el Pentateuco. Esas afinidades corresponderían a cuatro corrientes de tradición. Comencemos por las más recientes, de características literarias más marcadas y mejor relacionadas con una época de la historia de Israel.

El libro del **Deuteronomio** se distingue por su estilo oratorio y ampuloso, con repetición de fórmulas rotundas, y su doctrina constante: Dios, por puro beneplácito, ha elegido a Israel de entre todos los pueblos como pueblo suyo; la elección y el pacto que la sanciona exigen la fidelidad de Israel a la Ley de su Dios y a su culto en un santuario único. Está emparentado con tradiciones del reino del Norte y con la corriente profética, sobre todo con Oseas. La comparación con la reforma de

Josías, inspirada por el descubrimiento de un «libro de la ley», *1 R* **22-23**, que parece ser el Deuteronomio, probaría que este libro existía ya hacia el 622-21 a.C., probablemente en forma más breve que la actual. Su núcleo puede recoger los usos del Norte llevados a Judá por los levitas tras la caída de Samaria. Esta ley, acaso enmarcada ya en un discurso de Moisés, pudo haber sido depositada anteriormente en el templo de Jerusalén. Pero también pudo ser compuesta en tiempo de Josías al servicio de su proyecto de reforma. Su «descubrimiento» en el templo sería la manera de revestir ese proyecto de una autoridad de la que carecería una obra contemporánea.

El Deuteronomio es, pues, una obra de escuela: aunque no es completamente homogéneo, ni teológica ni literariamente, las adiciones (principalmente los discursos primero, **1 1- 4 44**, y tercero, **29-30**, de Moisés, e incluso el segundo discurso, **4 45 - 28 68**, a excepción de una parte de los apéndices, **29-31**) rezuman el mismo espíritu. Las adiciones, posiblemente relacionadas con la redacción o revisión de la «historia deuteronomista», Jos-2 R, pudieron hacerse durante el destierro de Babilonia o después de él, al menos en parte. Hoy se habla también de importantes influencias deuteronómicas o redacciones deuteronomistas en Gn, Ex y Nm. Es un hecho ya reconocido en la antigüedad, pero no hay que exagerarlo: algunos pasajes del Pentateuco, aun cuando presenten ya ciertas características que se desarrollarán con el Deuteronomio o expresen ideas afines a este libro, pueden ser anteriores a él.

La aportación de la **tradición sacerdotal** al Pentateuco es considerable. También acusa los rasgos de una obra de escuela. Las leyes constituyen su parte principal. Se interesa sobre todo por la organización del santuario, los sacrificios, las fiestas, la persona y funciones de Aarón y sus descendientes. Contiene también partes narrativas, al servicio de las leyes y de la liturgia. Gusta de cómputos y genealogías, y puede ser reconocida por su vocabulario y su estilo, abstracto y repetitivo. Es la tradición de los sacerdotes de Jerusalén. Conserva elementos antiguos, pero no quedó plasmada hasta el destierro y no se impuso hasta después de la vuelta. Se distinguen en ella varias capas redaccionales: en primer lugar, la «Ley de santidad» (*Lv* **17-26**), un «escrito-base», y revisiones y adiciones. Es difícil determinar

si esta tradición tuvo alguna vez existencia independiente como obra literaria, o si, como parece más probable, uno o varios redactores fueron incrustándola en las tradiciones ya existentes, con lo que dieron su forma definitiva al Pentateuco.

Si dejamos aparte el Deuteronomio y los textos de la corriente sacerdotal, nos queda una porción considerable de Gn y secciones importantes de Ex y Nm, en particular en la parte narrativa. ¿Existía algún escrito o documento antes de las aportaciones de los deuteronomistas y los sacerdotes de Jerusalén? La teoría clásica afirmaba la existencia de dos documentos o fuentes por lo menos: el «Yahvista» y el «Elohísta». Hoy no es tan fácil la respuesta. Pero, en contra de la tendencia creciente de la exégesis actual, creemos que la fijación por escrito de las tradiciones del Pentateuco comenzó antes del Deuteronomio, aunque no tan pronto como se pretendía y aunque sea difícil precisar la configuración de los documentos autónomos. Desde los orígenes de Israel pudieron existir tradiciones orales (cuyo papel se tiende hoy también a minimizar). Pero su redacción pudo no empezar hasta el s. VIII a.C. o quizá más tarde. La predicación de Oseas parece manifestar que, al menos a mediados de ese siglo, había tradiciones a propósito de Jacob, de la salida de Egipto bajo la guía de Moisés, de la alianza entre Dios e Israel y del don de la Ley. Incluso se alude a episodios de la marcha por el desierto. ¿Tendrían esas tradiciones ya una forma escrita? Varios factores (la amenaza y conquista asirias y el uso de la escritura más allá de fines utilitarios) pudieron favorecer las primeras fijaciones escritas de tradiciones y leyes. Las tradiciones bíblicas dan fe de una actividad literaria de los «escribas» de Ezequías, *Pr* **25 1**, y de una transmisión escrita (que pudo haber comenzado oralmente) en la escuela de su contemporáneo, el profeta Isaías, *Is* **8 16**. Podemos pensar que esa fecha de fines del s. VIII a.C. no es un comienzo absoluto, pero no tenemos datos seguros para remontarnos más arriba. El período de paz y prosperidad de los reinados de Jeroboán II en Israel (hacia 783-743) y de Ozías en Judá (hacia 781-740) pudo ser un buen momento para las primeras fijaciones literarias. Lo que supondría un comienzo por separado de las tradiciones propias de cada reino. Las tradiciones del Norte serían las «elohistas» y las del Sur, las «yahvistas», que usan respectivamente los *nombres divinos Elohim y Yahvé. Estos dos conjuntos de tradiciones, que quizá se habrían fijado por escrito antes de la caída de Samaría, 722/21 a.C., pudieron confluir en Jerusalén, donde proseguiría el proceso de su fijación. Allí se unirían los dos conjuntos, pero respetando las características de cada uno. Por eso tenemos relatos y prescripciones legales en versión doble y con perspectivas diferentes. De todos modos, es necesario reconocer una vez más que nos movemos en el terreno de las hipótesis.*

*La crítica clásica hablaba normalmente de dos fuentes; hoy se debe hablar más bien de tradiciones. Puede haber en ellas documentos en el sentido propio, pero el conjunto se debió de formar de manera gradual, de modo que en las tradiciones yahvistas pueden encontrarse pasajes, y algunos importantes, como Gn **18** 17-19 y 22b-23a, muy tardíos. Una parte de este crecimiento se relaciona sin duda con el trabajo de fusión de las tradiciones del Norte, desaparecido con la conquista asiria, con las del Sur. Es lo que la crítica clásica atribuía al redactor «Yehovista». Hoy se tiende a situar esta redacción hacia el destierro de Babilonia o poco antes. Pero al menos una parte de ese trabajo de recopilación, que aporta mucho a los textos o tradiciones, es anterior a los deuteronomistas. Y no es trabajo de un solo escritor, sino de varias generaciones.*

Las tradiciones yahvistas tienen su origen en Judá. Su composición pudo ser tardía en el caso de algunos relatos, pero la base, quizás un documento considerable, pudo ver la luz a mediados del s. VIII. Con estilo de gran viveza y colorido, en forma figurada y con talento narrativo, esta tradición responde a las más graves cuestiones que se plantean al hombre; con expresiones antropomórficas muestra un elevado sentido de lo divino. Como prólogo a la historia de los patriarcas, ofrece la historia de los orígenes de la humanidad a partir de una primera pareja. Con el pecado de la humanidad como telón de fondo, se perfilan los orígenes del pueblo en los antepasados y en la generación de Moisés y el éxodo. Esta «historia nacional» pone de relieve la intervención de Dios, que llama a Abrahán, lo bendice y le hace unas promesas, y que salva a los israelitas de la esclavitud y los conduce hacia la tierra prometida.

*Las tradiciones elohistas tienen menor entidad y menor cohesión. Ya antes de la crisis reciente de los estudios sobre el Pen-*tateuco *se habló de una conservación fragmentaria de este documento o se decía que los textos elohistas no eran más que suplementos de la tradición yahvista (otros rechazaban su existencia, sin más). No obstante, se puede mantener la relativa independencia y mutua pertenencia de ciertas tradiciones antiguas que usan como nombre divino Elohim. Serían tradiciones del reino del Norte, llegadas a Judá cuando desapareció Israel, que pudieron haber sido fijadas por escrito algo antes del 721 a.C. En todo caso, las tradiciones elohistas no comienzan hasta la historia de los patriarcas, entre los que Jacob ocupa un papel destacado, como en Oseas. El relato continúa con la narración de los orígenes del pueblo bajo la guía de Moisés. En estas tradiciones la moral es más exigente, y se subraya mejor la distancia entre Dios y el hombre.*

*Para facilitar el esfuerzo del lector, hacemos algunas observaciones generales sobre la distribución de los textos de las diferentes tradiciones. Dejando el Deuteronomio, los más fáciles de identificar son los textos de la tradición sacerdotal, sobre todo cuando forman grandes bloques, como Ex **25-31** y **35-40**; todo el Levítico; Nm **1** 1 - **10** 10, y otros conjuntos menores. El resto, Génesis, Ex **1-24** y Nm **10** 11 - **36** 13, se lo reparten de forma muy desigual las tradiciones yahvista, elohista y sacerdotal. En los relatos hay predominio de las tradiciones yahvistas. Las notas al comienzo de cada capítulo o sección informarán al lector sobre lo esencial.*

Los relatos y la historia.

El lector suele establecer una relación estrecha entre mensaje religioso y exactitud histórica. Pero debemos ponernos en la perspectiva propia de los textos en lugar de imponerles nuestra propia perspectiva. Son estas tradiciones patrimonio de un pueblo remoto, al que daban un sentimiento de unidad; y eran el apoyo de su fe, el espejo en que se contemplaba. No debemos pedir a estos textos el rigor de un historiador moderno. No es que debamos renunciar a la historicidad, pero no es la historicidad de la historia moderna. Y, en la medida en que el Pentateuco no es un libro de historia desde el punto de vista del historiador moderno, debemos resaltar su carácter religioso: es el testimonio de la fe de un pueblo a través de generaciones, sobre todo durante el accidentado periodo que va desde las conquistas asirias hasta la pérdida de la independencia. Es ese tes-

timonio religioso el que tiene importancia para nosotros los creyentes, independientemente del valor de los textos para escribir una historia moderna del pueblo de la Biblia.

De los once primeros capítulos del Génesis se dice a menudo que son un «mito». Pero hoy se usa ese término para designar el carácter literario, no en el sentido de «historia fabulosa, legendaria». Un «mito» es una tradición popular que cuenta los orígenes del mundo y del hombre, o acontecimientos ocurridos en los comienzos de la humanidad, y lo hace de forma figurativa y simbólica. El autor de estos relatos bíblicos recoge alguna tradición que le servía para su propósito didáctico. Además, los «mitos» de los orígenes tienen una finalidad etiológica: proporcionan una respuesta a las grandes cuestiones de la existencia humana. Lo que se cuenta de ese pasado lejano da la razón de nuestra condición presente. Todas nuestras limitaciones se explican por un hecho acaecido en los orígenes.

En cuanto al resto de los acontecimientos del Pentateuco, desde Abrahán hasta la muerte de Moisés, ¿puede hablarse ya de historia? Desde luego, no de una historia en el sentido moderno. Aquellos autores no perseguían el mismo fin que un historiador moderno. Pero aportan datos de los que podría servirse el historiador para escribir su historia, aunque no sea tarea fácil.

La historia patriarcal es una historia de familia: reúne los recuerdos que se conservaban de los antepasados. Es una historia popular: se recrea en anécdotas y rasgos pintorescos sin preocuparse por relacionarlos con la historia general. Y es una historia religiosa: los momentos decisivos están marcados por una intervención divina providencial; se descuida la acción de las causas segundas; los hechos demuestran una tesis religiosa: que hay un Dios, Yahvé, que ha formado a un pueblo, Israel, y le ha dado la Tierra Santa. Estos relatos pueden dar una imagen fiel, aunque simplificada, del origen y de las migraciones de los antepasados de Israel, de sus vínculos geográficos y étnicos, de su conducta moral y religiosa. Pero no estamos aún en condiciones de verificar la credibilidad de cada detalle, ni de situar con precisión a los patriarcas dentro de la historia general.

Éxodo y Números, que tienen su eco en el Deuteronomio y un complemento al final de este libro, refieren lo ocurrido desde el nacimiento hasta la muerte de Moisés: *salida de Egipto, permanencia en el Sinaí, subida hacia Cades, marcha a través de Transjordania y establecimiento en las estepas de Moab. Si se niega la realidad histórica de estos hechos y de la persona de Moisés, se hace inexplicable la historia posterior de Israel, su fidelidad al yahvismo y su adhesión a la Ley. Pero la importancia de estos recuerdos para la vida del pueblo y la resonancia que tuvieron en los ritos, dio a los relatos a veces el carácter de una gesta heroica (p.e. el paso del Mar) o de una liturgia (p.e. la Pascua). Israel, convertido en pueblo, hace entonces su entrada en la historia general, y, aunque ningún documento antiguo lo menciona todavía, salvo una alusión oscura en la estela del faraón Merneftah, lo que dice la Biblia concuerda en grandes líneas con lo que los textos y la arqueología nos enseñan acerca de la bajada de grupos semíticos a Egipto, y acerca de la administración egipcia del Delta y del estado político de Transjordania.*

La tarea del historiador moderno consiste en confrontar estos datos de la Biblia con los hechos de la historia general. Lo ha de hacer con reservas, que se derivan de la insuficiencia de los datos bíblicos y de la incertidumbre de la cronología extrabíblica. De ahí la variedad de hipótesis sobre la época de los patriarcas o sobre la fecha probable del éxodo de los israelitas de Egipto. Respecto de esta última, no podemos fiarnos de las indicaciones cronológicas de 1 R 6 1 y Jc 11 26. Para algunos el dato decisivo está en Ex 1 11: los hebreos en Egipto trabajaron en la construcción de las ciudades-almacenes Pitom y Ramsés. El éxodo habría sido, por tanto, posterior a la toma del poder por Ramsés II, que fundó la ciudad homónima. Los trabajos en esa ciudad se iniciaron desde los comienzos de su reinado y es probable que la salida del grupo de Moisés tuviera lugar en la primera mitad o a mediados de este largo reinado (1290-1224), hacia el 1250 a.C., o poco antes. Si tenemos en cuenta la tradición bíblica de la estancia en el desierto durante una generación, el establecimiento en Transjordania se situaría hacia el 1225 a.C.

La legislación.

En la Biblia judía, el Pentateuco se llama la Ley, la Torá; efectivamente, recoge el conjunto de prescripciones que regulaban la vida moral, social y religiosa del pueblo. Para nosotros, el rasgo más lla-

mativo de esta legislación es su carácter religioso. Ese aspecto se encuentra también en algunos códigos del Oriente antiguo, pero en ninguna parte se da tanta compenetración entre lo sagrado y lo profano; en Israel, la ley es dictada por Dios y regula los deberes para con Dios; sus prescripciones están motivadas por consideraciones religiosas. Esto parece obvio por lo que toca a las reglas morales del Decálogo o a las leyes cultuales del Levítico, pero es más significativo el que en una misma colección se mezclen leyes civiles y criminales con preceptos religiosos, y que el conjunto se presente como la carta de la alianza con Yahvé. De ahí que la formulación de dichas leyes se vincule a las narraciones de los acontecimientos del desierto, donde se concluyó la alianza.

Como las leyes se hacen para ser aplicadas, había que adaptarlas a las condiciones variables de cada ambiente y tiempo. De ahí que en los conjuntos que vamos a examinar se encuentren elementos antiguos junto a fórmulas o disposiciones nuevas. Por otra parte, en esta materia, Israel fue necesariamente tributario de sus vecinos. Algunas disposiciones del Código de la Alianza o del Deuteronomio aparecen con rara semejanza en los códigos de Mesopotamia, en la compilación de las leyes asirias o en el Código hitita. No hubo calco alguno directo, sino que tales coincidencias se explican por la irradiación de las legislaciones extranjeras o por un derecho consuetudinario que había llegado a ser patrimonio común del Próximo Oriente antiguo. Además, a raíz del éxodo, el influjo cananeo se dejó sentir fuertemente en la expresión de las leyes y en las formas del culto.

El Decálogo, las «Palabras» (Ex 20 l; 24 3-8; etc.) o las «Diez Palabras» (Dt 4 13; 10 4; véase Ex 34 18), es el «libro de la alianza» por excelencia (Ex 24 7), el que pone de relieve la tradición de las «tablas de piedra» (Ex 31 18+). Es la ley fundamental, moral y religiosa, de la Alianza de Yahvé con Israel. Se repite en Ex 20 2-17 y Dt 5 6-21, con variantes notables, que delatan retoques recientes. Estas dos versiones podrían depender de una forma más corta, que se limitaría a una serie de prohibiciones. Nada se opone, en principio, a su origen mosaico, pero no podemos demostrarlo.

El Código de la Alianza, Ex 20 22 - 23 33 (más estrictamente Ex 20 22 - 23 19) forma parte de las tradiciones elohistas y fue insertado entre el Decálogo y la con-clusión de la Alianza. Este conjunto de leyes responde a una situación posterior a la época de Moisés. Es el derecho de una sociedad de pastores y campesinos, y el interés que manifiesta por los animales de tiro, por los trabajos del campo, las viñas y las casas, supone que la sedentarización es ya un hecho. Sólo entonces pudo Israel conocer y practicar el derecho consuetudinario del que depende este Código y que explica sus paralelos exactos con los códigos mesopotámicos. Pero el Código de la Alianza está penetrado por el espíritu del yahvismo, que a menudo reacciona contra la civilización de Canaán. Sin plan sistemático, agrupa colecciones de preceptos que se distinguen por su objeto y por su formulación: «casuística» o condicional y «apodíctica» o imperativa. La colección tuvo en un principio existencia independiente y refleja un periodo relativamente antiguo de la historia de Israel. Su inclusión entre los relatos del Sinaí es anterior a la composición del Deuteronomio.

El Código Deuteronómico, Dt 12 1 - 26 15, ocupa la parte central del Deuteronomio, del que ya hemos descrito líneas arriba sus características y su historia literaria. Repite una parte de las leyes del Código de la Alianza, adaptándolas a los cambios de la vida económica y social; por ejemplo, en cuanto a la remisión de las deudas y el estatuto de los esclavos (Dt 15 1-11 y Ex 23 10-11; Dt 15 12-18 y Ex 21 2-11). Pero ya desde su primer precepto se opone en un punto importante al Código de la Alianza: éste había legitimado la multiplicidad de santuarios, Ex 20 24; el Deuteronomio impone la unidad de lugar de culto, Dt 12 2-12, y esta centralización implica modificaciones en las reglas sobre los sacrificios, los diezmos y las fiestas. El Código Deuteronómico contiene también prescripciones extrañas al Código de la Alianza, a veces arcaicas, que proceden de fuentes desconocidas. Lo que le pertenece como propio y señala el cambio de los tiempos, es la preocupación por proteger a los débiles, la apelación constante a los derechos de Dios sobre su tierra y sobre su pueblo, y el tono exhortatorio de las prescripciones legales.

El Levítico, aunque no recibió su forma definitiva hasta después del Destierro, contiene elementos muy antiguos: por ejemplo, las prohibiciones alimenticias, 11, o las reglas de pureza, 13-15; el ceremonial del gran día de la Expiación, 16, superpone un concepto muy elaborado del pecado a un viejo rito de purificación. Los *caps.* **17-26** *forman un conjunto conocido como la Ley de Santidad, que al principio existió independientemente del Pentateuco. Esta Ley agrupa elementos diversos, algunos de los cuales pueden remontarse hasta la época nómada, como* **18**; *otros son preexílicos, y los hay más recientes. Una primera colección quedó constituida en Jerusalén poco antes del destierro y pudo conocerla Ezequiel, que tiene muchas semejanzas de lenguaje y de fondo con la Ley de Santidad. Pero ésta no se publicó hasta el destierro; más tarde fue incorporada al Pentateuco por los redactores sacerdotales, que la adaptaron al resto del material.*

Sentido religioso.

La religión del AT, como la del NT, es una religión histórica; se funda en la revelación hecha por Dios a determinados hombres, en determinados lugares y circunstancias, y en intervenciones de Dios en determinados momentos de la evolución humana. El Pentateuco, que reproduce la historia de estas relaciones de Dios con el mundo, es el fundamento de la religión judía y se ha convertido en su libro canónico por excelencia, su Ley. En él encuentra el israelita la explicación de su destino. No sólo tiene, al comienzo del Génesis, respuesta para los problemas que se plantea todo hombre acerca del mundo y la vida, sino que encuentra también respuesta para su problema particular: ¿por qué Yahvé, el Único, es el Dios de Israel?; ¿por qué Israel es su pueblo entre todas las naciones de la tierra? Porque Israel ha recibido la promesa. El Pentateuco es el libro de las promesas: a Adán y Eva después de su caída, el anuncio de la salvación en Jerusalén, el Protoevangelio; a Noé después del diluvio, la garantía de un nuevo orden del mundo; y a Abrahán sobre todo. La promesa que se le hace es renovada a Isaac y a Jacob, y alcanza a todo el pueblo nacido de ellos.

La promesa y la elección están garantizadas por una alianza. El Pentateuco es también el libro de las alianzas. Hay una, aunque tácita, con Adán; es ya explícita con Noé, con Abrahán y con todo el pueblo a través del ministerio de Moisés. No es un pacto entre iguales, porque Dios no

lo necesita, y Él es el que toma la iniciativa. Sin embargo, Él se compromete, se ata en cierto modo con las promesas que ha hecho. Pero exige como contrapartida la fidelidad de su pueblo: la negativa de Israel, su pecado, puede romper el lazo que el amor de Dios anudó. Las condiciones de esta fidelidad están reguladas por el mismo Dios. Dios da su Ley al pueblo que se ha elegido.

Estos temas de la promesa, de la elección, de la alianza y de la Ley son los hilos de oro que se entrecruzan en la trama del Pentateuco y que atraviesan luego todo el AT. Porque el Pentateuco no es completo en sí mismo: anuncia la promesa, pero no narra su realización, puesto que termina antes de la entrada en Tierra Santa. Debía seguir abierto como una esperanza y un apremio: esperanza en las promesas, que la conquista de Canaán parece cumplir, Jos **23**, *pero que los pecados del pueblo iban a comprometer y que los deportados recordarán en Babilonia; apremio de una Ley siempre urgente, Ley que testimoniaba contra Israel, Dt* **31** *26.*

Esto duró hasta Cristo, que es el término hacia el que oscuramente tendía esta historia de salvación y que le da todo su sentido. San Pablo desentraña su significación, sobre todo Ga *15-29. Cristo selló la Nueva Alianza, prefigurada por los antiguos pactos, e hizo entrar en ella a los cristianos, herederos de Abrahán por la fe. En cuanto a la Ley, fue dada para guardar las promesas, como pedagogo que conduce hacia Cristo, en quien estas promesas se realizan.*

El cristiano no está ya bajo el pedagogo, sino liberado de las observancias de la Ley, mas no de su enseñanza moral y religiosa. Porque Cristo no ha venido a abrogar sino a completar, Mt **5** *17; el NT no se opone al Antiguo: lo prolonga. La Iglesia no sólo ha reconocido en los grandes eventos de la época patriarcal y mosaica, en las fiestas y ritos del desierto (sacrificio de Isaac, paso del mar Rojo, Pascua, etc.), las realidades de la Nueva Ley (sacrificio de Cristo, bautismo, Pascua cristiana), sino que la fe cristiana exige la misma actitud fundamental que los relatos y los preceptos del Pentateuco prescribían a los israelitas.*

GÉNESIS

I. Orígenes del mundo y de la humanidad

1. LA CREACIÓN Y LA CAÍDA

2 4-25

Jb 38-39
Sal 8; 104
Pr 8 22-31
↗ Jn 1 1-3
Col 1 15-17
Hb 1 2-3

↗ 2 Co 4 6
Jn 8 12+

Primer relato de la creación*.

1 ¹ En el principio creó Dios el cielo y la tierra*. ² La tierra era caos y confusión* y oscuridad por encima del abismo, y un viento* de Dios aleteaba por encima de las aguas.

³ Dijo Dios: «Haya luz», y hubo luz. ⁴ Vio Dios que la luz estaba bien, y apartó Dios la luz de la oscuridad*; ⁵ y llamó Dios a la luz «día», y a la oscuridad la llamó «noche». Y atardeció y amaneció: día primero.

⁶ Dijo Dios: «Haya un firmamento* por en medio de las aguas, que las aparte unas de otras.» ⁷ E hizo Dios* el firmamento; y apartó las aguas de por debajo del firmamento de las aguas de por encima del firmamento. Y así fue. ⁸ Y llamó Dios al firmamento «cielo». Y atardeció y amaneció: día segundo.

⁹ Dijo Dios: «Acumúlense las aguas de por debajo del firmamento en un solo conjunto*, y déjese ver lo seco»; y así fue. ¹⁰ Y llamó Dios a lo seco «tierra», y al

7 11+
Pr 8 28

1 Este relato, que se propone contar los «orígenes del cielo y de la tierra» (de donde el nombre del libro: **Génesis**), es una verdadera «cosmogonía», a diferencia de 2 4ᵇ-25, al que se puede calificar de «antropogonía». Mientras que este segundo relato sólo habla esencialmente de la formación del hombre y de la mujer, el cap. 1 trata de ofrecer una visión completa del origen de los seres según un plan meditado. No se habla explícitamente de creación *a partir de la nada*, pero queda claro que todo viene a la existencia por orden de Elohim, y todo es creado según un orden ascendente de dignidad. Elohim es anterior a la creación, y todos los seres han recibido de él el don de la existencia. El hombre y la mujer, creados a imagen de Dios, se hallan en el centro de las obras creadas; han recibido por la voluntad de Dios el dominio sobre los otros seres vivientes. Es ésta una enseñanza teológica que, a su vez, encuadra el aspecto más inmediatamente evidente, es decir, el origen de todas las cosas en Dios, en el marco de un segundo aspecto: el descanso del día séptimo, del sábado. Precisamente para transmitir mejor esta segunda enseñanza se ha utilizado el esquema de la semana israelita. Como las obras son ocho, se distribuyen de manera simétrica, incluyendo dos en los días tercero y sexto. Así, el «descanso» de Dios en el día séptimo se convierte en modelo que el hombre debe imitar. En el trasfondo del texto actual, de la escuela sacerdotal, hay probablemente una larga tradición, que se ajusta a los rudimentarios conocimientos de la época en materia científica. En este sentido, el relato contiene una enseñanza teológica revelada: la creación, muy por encima del vehículo conceptual primitivo usado para su transmisión. **1 1** Otros traducen: «En el principio, cuando Dios creó...», o bien: «Cuando Dios empezó a crear...». Ambas traducciones son gramaticalmente posibles, pero la que proponemos aquí, siguiendo todas las antiguas versiones, respeta mejor la coherencia del texto. El relato no comienza hasta el v. 2; el v.1 es en realidad un título o encabezamiento, al que corresponde la conclusión o epílogo de 2 4ª. En el lenguaje bíblico, «el cielo y la tierra» designan la totalidad del universo ordenado, el resultado del acto creador. Para expresar esta última se emplea el verbo *bara'*, reservado en el AT para formular la acción creadora de Elohim o sus intervenciones extraordinarias en la historia de su pueblo. Pero insistimos en que no debe leerse aquí una noción metafísica de creación *ex nihilo* («de la nada»), en el sentido de que no existía nada con precedencia de lo cual hubiesen sido formados los seres. Esta afirmación no llegará hasta 2 M 7 28, pero el texto afirma que ha habido un comienzo en el mundo: la creación no es un mito intemporal, sino que está integrada en la historia, de la que ella es el comienzo absoluto.

1 2 (a) En hebr. *tohû* y *bohû*, «desierto y vacío», bina que se ha hecho proverbial para designar un completo desorden, una ausencia de vida y fecundidad, con la mentalidad antigua asociada a la imagen del abandono, la soledad y la ausencia de vida propios de las zonas desérticas. El «abismo» (hebr. *tehom*) se corresponde con la *Tiamat* del mito babilónico de la creación, principio generador femenino, identificada con la gran mar salada. Aquí, *tehom* es masculino y designa el gran océano sobre el que flota la tierra. Estos tres términos hebreos presentan un cuadro negativo con el que contrastará la novedad de la intervención del Dios personal creando todo con su palabra. Este versículo constituye, pues, la descripción del caos primordial como situación que precede a la creación (2 5). **1 2** (b) Podría traducirse por «un huracán» o tromba, como la que se pensó que había arrebatado al profeta Elías, dejándolo en algún monte o valle (ver 2 R 2 11.16). La exégesis patrística ha deducido de este relato, que habla de Dios y del Espíritu (o viento) divino, y que implica a su Palabra («dijo Dios»), un anticipo del dogma de la Trinidad. Sin embargo, esta idea de la función creadora del Espíritu de Dios apenas aparece en el AT, y aquí restaría protagonismo a la intervención de Dios. Como idea cosmogónica, la intervención mediante acciones es probablemente más tradicional que la intervención mediante la palabra; aquí se coordinan las dos. **1 4** La luz es creación de Dios; las tinieblas no lo son, y constituyen su negación. Se menciona en primer lugar la creación de la luz porque la sucesión de los días y las noches va a ser el marco en que se desarrollará la obra creadora. Además, desde un punto de vista ingenuo, sólo se puede trabajar cuando la luz permite ver lo que se hace. **1 6** El «firmamento» (en griego *stereôma*, apoyo) o bóveda celeste era para los antiguos semitas una cúpula consistente, pero también una tienda desplegada, que retenía las aguas superiores mediante sus compuertas. A través de éstas hace Yahvé caer sobre la tierra la lluvia y la nieve, y abriéndolas de golpe desencadenó el diluvio sobre la tierra, 7 11. **1 7** A la creación por la palabra («dijo Dios») se añade la creación por la acción («hizo Dios), aquí el firmamento, los astros, v. 16, los animales terrestres, v. 25, el ser humano, v. 26. De este modo, el relato «sacerdotal» parece integrar en su idea de creación, más abstracta que la más tradicional y religiosa, aquella tradición antigua de que Yahvé-Dios «hace» el cielo y la tierra, el ser humano y los animales. **1 9** «Conjunto» según griego; hebr. «lugar, emplazamiento». El texto hebreo tiene su sentido: las aguas (pluconjunto de las aguas lo llamó «mar»; y vio Dios que estaba bien.

[11] Dijo Dios: «Produzca la tierra vegetación: hierbas que den semillas y árboles frutales que den fruto según su especie, con su semilla dentro, sobre la tierra.» Y así fue. [12] La tierra produjo vegetación: hierbas que dan semilla según sus especies, y árboles que dan fruto con la semilla dentro según sus especies; y vio Dios que estaban bien. [13] Y atardeció y amaneció: día tercero.

Ba 3 33-35
Jr 31 35
Is 40 26
Si 43 6.7

[14] Dijo Dios: «Haya luceros en el firmamento celeste, para apartar el día de la noche, y sirvan de señales para solemnidades, días y años; [15] y sirvan de luceros en el firmamento celeste para alumbrar sobre la tierra.» Y así fue. [16] Hizo Dios los dos luceros mayores*; el lucero grande para regir el día, y el lucero pequeño para regir la noche, y las estrellas; [17] y los puso Dios en el firmamento celeste para alumbrar la tierra, [18] y para regir el día y la noche, y para apartar la luz de la oscuridad; y vio Dios que estaba bien. [19] Y atardeció y amaneció: día cuarto.

Sal 136 7s

Jb 12 7-12

[20] Dijo Dios: «Bullan las aguas de animales vivientes, y aves revoloteen sobre la tierra frente al firmamento celeste.» [21] Y creó Dios los grandes monstruos marinos y todo animal viviente que repta y que hacen bullir las aguas según sus especies, y todas las aves aladas según sus especies; y vio Dios que estaba bien; [22] y los bendijo Dios diciendo: «sed fecundos

y multiplicaos, y henchid las aguas de los mares, y las aves crezcan en la tierra.» [23] Y atardeció y amaneció: día quinto.

[24] Dijo Dios: «Produzca la tierra animales vivientes según su especie: bestias, reptiles* y alimañas terrestres según su especie.» Y así fue. [25] Hizo Dios las alimañas terrestres según su especie, y las bestias según su especie, y los reptiles del suelo según su especie: y vio Dios que estaba bien.

[26] Y dijo Dios: «Hagamos* al ser humano* a nuestra imagen, como semejanza* nuestra, y manden en los peces del mar y en las aves del cielo, y en las bestias y en todas las alimañas* terrestres, y en todos los reptiles que reptan por la tierra.»

5 1.3; 9 6
Sal 8 5-6
Si 17 3-4
Sb 2 23

[27] Creó, pues, Dios al ser humano a imagen suya,

a imagen de Dios lo creó,
macho y hembra los creó.

/ 1 Co 11 7
Col 3 10
Ef 4 24
/ Mt 19 4p

[28] Y los bendijo Dios con estas palabras: «Sed fecundos y multiplicaos, y henchid la tierra y sometedla; mandad en los peces del mar y en las aves del cielo y en todo animal que repta sobre la tierra.»

Gn 8 17; 9 1
Sal 8 6-9
Si 17 2-4
Sb 9 2; 10 2
St 3 7

[29] Dijo Dios: «Ved que os he dado toda hierba de semilla que existe sobre la faz de toda la tierra, así como todo árbol que lleva fruto de semilla; os servirá de alimento.

[30] «Y a todo animal terrestre, y a toda ave del cielo y a todos los reptiles de la tierra, a todo ser animado de vida, les doy la hierba verde como alimento*.» Y

Sal 104 14s

---

ral hebreo que puede traducirse en singular) no ocuparán toda la superficie, sino que tendrán su lugar propio y delimitado. Que la tierra estuviera ya allí y sólo tuviera que ser separada de la masa acuática forma parte de la descripción del caos y, por tanto, de la tradición recibida.

1 16 Sus nombres se omiten adrede: el Sol y la Luna, divinizados por todos los pueblos vecinos. Aquí son simples focos que alumbran la tierra y fijan el calendario. La divinización de los astros era tan tentadora que el autor, haciéndose eco de la fantasía popular, tiene que reconocerles todavía un papel de «potencias», v. 16, que podían «regir», v. 18, algo que pertenece también a las representaciones tradicionales.

1 24 Fundamentalmente lo que repta o serpea: serpientes y lagartos, pero también, por extensión, el conjunto de insectos, gusanos, sabandijas y fauna menuda en general.

1 26 (a) No parece ser un plural mayestático, y tampoco se explica por el simple hecho de que el nombre *elohîm* tenga forma de plural, ya que casi siempre se utiliza como nombre propio referido a Dios y normalmente va acompañado de un verbo en singular. Probablemente el fenómeno que subyace a nuestro texto, aun cuando raro en hebreo, es el del «plural deliberativo»: cuando Dios, como en 11 7, o cualquier otra persona, habla consigo mismo, la gramática hebrea parece aconsejar el empleo del plural. El griego (seguido por Vulg.) del Sal 8 6, citado en Hb 2 7, ha entendido este texto como una deliberación de Dios con su corte celestial (ver Is 6), los ángeles. Y este plural acabó siendo una puerta abierta a

la interpretación de los Padres de la Iglesia, que vieron insinuado aquí el misterio de la Trinidad.

1 26 (b) Lit. «hombre», pero se trata de un colectivo (la humanidad), como se deduce del plural «manden».

1 26 (c) «Semejanza» parece atenuar el sentido de «imagen», excluyendo la igualdad. El término concreto de «imagen» implica un parecido físico, como el de Adán con relación a su hijo, 5 3. Esta relación con Dios separa al ser humano de los animales. Supone además una semejanza general de naturaleza, pero el texto no dice en qué consisten concretamente esa «imagen» y esa «semejanza». Ser imagen y semejanza de Dios subraya el hecho de que, al estar dotado de inteligencia y de voluntad, puede entrar activamente en relación con Dios. Para otros exegetas, sin embargo, el ser humano sería imagen de Dios porque recibe de Él dominio sobre los demás seres vivos.

1 26 (d) «Alimañas» parece significar «animales dañinos», no «pequeños».

1 30 Imagen de una edad de oro en que hombres y animales vivían en paz, alimentándose de plantas. El texto 9 3 marca el comienzo de una nueva era. En 11 6-8 habla de una restauración mesiánica, que sería como una vuelta a la situación de los orígenes. El optimismo de este relato, frente al pesimismo del siguiente en el mismo libro del Génesis, no invita al ser humano, imagen de Dios, al abuso antiecológico de la naturaleza, sino al cuidado y al uso racional de la misma; de ese modo comparte la tarea del Creador: obra «bien hecha» (ver 1 10.12.18.21.25).

Sal 104 24
> 3 11; 7 29
Si 39 21.33
1 Tm 4 4

Ex 20 8+
/ Ex 20 11;
31 12s
/ Hb 4 4

Jr 10 11s

1 1 - 2 4

así fue. [31] Vio Dios cuanto había hecho, y todo estaba muy bien. Y atardeció y amaneció: día sexto.

2 [1] Concluyéronse, pues, el cielo y la tierra y todo su aparato, [2] y dio por concluida Dios en el séptimo la labor que había hecho, y cesó en el día séptimo de toda la labor que hiciera. [3] Y bendijo Dios el día séptimo y lo santificó*; porque en él cesó Dios de toda la obra creadora que Dios había hecho.

[4] Ésos fueron los orígenes* del cielo y la tierra, cuando fueron creados.

La prueba de la libertad. El Paraíso*.

El día en que hizo Yahvé Dios la tierra y el cielo, [5] no había aún en la tierra arbusto alguno del campo, y ninguna hierba del campo había germinado todavía,

pues Yahvé Dios no había hecho llover sobre la tierra, ni había hombre que labrara el suelo. [6] Pero un manantial* brotaba de la tierra y regaba toda la superficie del suelo. [7] Entonces Yahvé Dios formó al hombre con polvo del suelo*, e insufló en sus narices aliento de vida, y resultó el hombre un ser viviente*.

[8] Luego plantó Yahvé Dios un jardín en Edén*, al oriente, donde colocó al hombre que había formado. [9] Yahvé Dios hizo brotar del suelo toda clase de árboles deleitosos a la vista y buenos para comer, y en medio del jardín, el árbol de la vida* y el árbol de la ciencia del bien y del mal. [10] De Edén salía un río que regaba el jardín, y desde allí se repartía en cuatro brazos*. [11] Uno se llama Pisón: es el que rodea todo el país de Javilá, donde hay oro.

Qo 3 20s;
12 7
Sb 15 8.11
Sal 104 29s
Jb 34 14s;
33 4
/ 1 Co 15 45

Pr 3 18
Ap 2 7; 22 14
Ez 47 1+
Ap 22 1-2
Jn 4 1+

---

2 3 El sábado (*šabbat*) es una institución divina: el mismo Dios ha descansado (*šabbat*) ese día. Sin embargo, aquí se evita la palabra *šabbat*, porque, según el redactor sacerdotal, el sábado será impuesto en el Sinaí, donde se convertirá en señal de la alianza, Ex 31 12-17. Con todo, Dios ha dado desde la creación un ejemplo que el hombre deberá imitar, Ex 20 11; 31 17.
2 4 (a) En hebreo *tôledôt*, propiamente «generaciones», y luego historia de un antepasado y de su linaje, ver 6 9; 25 19; 37 2. Con el empleo de esta palabra se desmitifica la creación, que es el comienzo de la historia y no, como en Sumer y Egipto, una serie de generaciones divinas.
2 4 (b) La sección 2 4[b] - 3 24 pertenece a las tradiciones yahvistas. Utiliza sistemáticamente el nombre divino compuesto «Yahvé Dios» (*yhwh 'elohîm*), que no es muy habitual. Este doble título podría deberse a una revisión tardía (ver griego). Más bien que un «segundo relato de la creación» (ya que el paralelismo con 1 1 - 2 4[a] es sólo parcial), lo que tenemos aquí es la narración de la formación del hombre y de la mujer (los animales no son formados más que como un ensayo para encontrar al hombre una «ayuda adecuada»), unida a otra sobre el paraíso y la caída. Hay, pues, al menos dos grandes tradiciones, la de la creación del hombre y la mujer, la «antropogonía» de vv. 4[b]-8 y 18-24, y la del paraíso y la caída, 2 9 y 15-17; 3. Lo que ha movido al autor a soldarlas es probablemente el hecho de que las dos hablan de un jardín, por más que las connotaciones parezcan un poco diferentes: suelo que el hombre debe cultivar (relación entre 2 8 y la descripción del «antes», v. 6), jardín de delicias que el hombre no tiene que cultivar (labrar con fatiga el suelo forma parte del castigo infligido, 3 17). Pero hay una parte del texto actual que sirve para unificar los elementos de los dos relatos (e incluso de motivos aislados, como el de los cuatro ríos, 2 10-14). El autor que unificó todo esto conoció incluso variantes; éstas aparecen incidentalmente, en particular cuando nos enteramos de que Dios quiere guardar la entrada del jardín para que el hombre no pueda acceder a él, 3 22 y 24, breve pasaje preparado probablemente por la mención conjunta de los dos árboles en 2 9. Aquí aparentemente no se trata de un castigo para el hombre a causa de una infracción ya cometida, sino de una medida preventiva. El conjunto construye un relato animado y popular. Si el hombre y la mujer (e incluso probablemente el resto de la creación, al menos por implicación, y no sólo los animales de los que habla 2 18-20) tienen su origen en Dios, el conjunto del relato quiere sobre todo explicar las limitaciones del hombre y de la mujer, 3 16-19. Si hay limitación, si ésta no se

identifica con el hecho de ser una criatura, no puede venir de Dios, a menos que sea un castigo infligido a causa de una infracción grave por parte del hombre y de la mujer. Ahora bien, siendo esa transgresión coextensiva al conjunto de la humanidad, debe situarse en el origen, en la pareja que no es sólo la primera desde el punto de vista cronológico, sino también el principio de toda la humanidad. Si este texto guarda alguna relación con el dogma del pecado original, su expresión es simbólica. Ella misma, la dimensión simbólica, está en el origen de las afirmaciones subsiguientes de la Escritura en relación con ese dogma: no debe buscarse aquí todo lo que sobre él se ha leído después, ya se trate de «relecturas bíblicas», p.e. la de Pablo (Rm 5 12s; 1 Co 15 21-22), ya de formulaciones dogmáticas de la Iglesia.
2 6 En hebr. *'ed*, palabra de significado incierto. La traducimos a la luz del contexto y apoyándonos en Job 36 27 y en el hecho de que, en Nm 21 17 y en algunos paralelos semíticos, «subir» (verbo que traducimos por «brotar») se dice de un manantial.
2 7 (a) El hombre, *'adam*, viene de suelo, *'adâmah*, ver 3 19. Este nombre colectivo será el nombre propio del primer ser humano, Adán, ver 4 25; 5 1.3.
2 7 (b) La palabra *nefeš*, que designa al ser animado por un soplo vital (también manifestado por el «espíritu», *ruaj*, 6 17+; Is 11 2+), ver Sal 6 5+.
2 8 «Jardín» se traduce por «paraíso» en la versión griega, y luego en toda la tradición literaria. «Edén» es un nombre geográfico imposible de localizar, y tal vez significara «estepa». Podría compararse con el *bit adini* asirio-babilónico, región a orillas del Éufrates, de la que hablan también algunos textos bíblicos, Am 1 5; 2 Re 19 12; Is 37 12; Ez 27 23. Pero los israelitas interpretaron la palabra según la raíz hebr. *'ēn*: «delicias». La distinción entre Edén y el jardín, expresada aquí y en el v. 10, se difumina luego: se habla de «jardín de Edén», v. 15; 3 23.24. En Ez 28 13 y 31 9, Edén es el «jardín de Dios», y en Is 51 3 Edén, el «jardín de Dios», se contrapone al desierto y a la estepa.
2 9 Símbolo de la inmortalidad, ver 3 22+. Sobre el árbol de la ciencia del bien y del mal, ver v. 17+.
2 10 Los vv. 10-14 son un paréntesis; probablemente ha sido introducido por el yahvista mismo, que utilizaba antiguas concepciones sobre la configuración de la tierra. Su propósito no fue localizar el jardín del Edén, sino destacar las grandes ríos, que son como las «arterias vitales» de las cuatro regiones del mundo tienen su manantial en el paraíso. No es extraño que esta geografía sea incierta. El Tigris y el Éufrates son bien conocidos y sus fuentes se hallan próximas, en los montes de Armenia;

¹² El oro de aquel país es fino. Allí se encuentra el bedelio* y el ónice. ¹³ El segundo río se llama Guijón: es el que rodea el país de Cus. ¹⁴ El tercer río se llama Tigris: es el que corre al oriente de Asiria. Y el cuarto río es el Éufrates. ¹⁵ Tomó, pues, Yahvé Dios al hombre y lo dejó en el jardín de Edén, para que lo labrase y cuidase. ¹⁶ Y Dios impuso al hombre este mandamiento: «De cualquier árbol del jardín puedes comer, ¹⁷ mas del árbol de la ciencia del bien y del mal* no comerás, porque el día que comieres de él, morirás sin remedio*.»

Rm 6 23

¹⁸ Dijo luego Yahvé Dios: «No es bueno que el hombre esté solo. Voy a hacerle una ayuda adecuada*.» ¹⁹ Y Yahvé Dios formó del suelo todos los animales del campo y todas las aves del cielo y los llevó ante el hombre para ver cómo los llamaba, y para que cada ser viviente tuviese el nombre que el hombre le diera. ²⁰ El hombre puso nombres a todos los ganados, a las aves del cielo y a todos los animales del campo, mas para el hombre no encontró una ayuda adecuada. ²¹ Entonces Yahvé Dios hizo caer un profundo sueño sobre el hombre, que se durmió. Y le quitó una de las costillas, rellenando el vacío

Qo 3 20

con carne*. ²² De la costilla que Yahvé Dios había tomado del hombre formó una mujer* y la llevó ante el hombre. ²³ Entonces éste exclamó:

  «Esta vez sí que es hueso de mis huesos
    y carne de mi carne.
  Ésta será llamada mujer*,
    porque del varón ha sido tomada.»

²⁴ Por eso deja el hombre a su padre y a su madre y se une a su mujer, y se hacen una sola carne. ²⁵ Estaban ambos desnudos, el hombre y su mujer, pero no se avergonzaban uno del otro.

↗ 1 Co 11 8-9
↗ 1 Tm 2 13

↗ Mt 19 5p
↗ Ef 5 31
↗ 1 Co 6 16

La caída.

3 ¹ La serpiente* era el más astuto de todos los animales del campo que Yahvé Dios había hecho. Y dijo a la mujer: «¿Cómo es que Dios os ha dicho: No comáis de ninguno de los árboles del jardín?» ² Respondió la mujer a la serpiente: «Podemos comer del fruto de los árboles del jardín. ³ Mas del fruto del árbol que está en medio del jardín, ha dicho Dios: No comáis de él, ni lo toquéis, so pena de muerte.» ⁴ Replicó la serpiente a la mujer: «De ninguna manera moriréis.

Sb 2 24
↗ Jn 8 44
↗ Ap 12 9;
20 2
↗ Rm 5
12-21

2 17; 3 22

---

pero el Pisón y el Guijón son desconocidos. Javilá es, según Gn **10** 29, una región de Arabia, y Cus designa en otras partes el Alto Egipto; pero no es seguro que estos dos nombres hayan de tomarse aquí en el mismo sentido.
2 12   Goma aromática.
2 17   (a) Esta «ciencia» es un privilegio que Dios se reserva y que el hombre usurpará por el pecado, **3** 5.22. No es, pues, ni la omnisciencia, que el hombre caído no posee, ni el discernimiento moral, que ya poseía el hombre inocente y que Dios no niega a su criatura racional. Es la facultad de decidir uno por sí mismo lo que es bueno y lo que es malo, y de obrar en consecuencia: una reclamación de autonomía moral, por la que el hombre no se conforma con su condición de criatura, ver Is **5** 20. El primer pecado ha sido un atentado a la soberanía de Dios, un pecado de orgullo. Esta rebelión se ha expresado concretamente en la transgresión de un precepto impuesto por Dios y representado en la imagen de la fruta prohibida.
2 17   (b) La misma expresión se emplea en las leyes y las sentencias que prevén una pena de muerte. El comer la fruta no debe provocar una muerte instantánea: Adán y Eva sobrevivirán, y la condena de **3** 16-19 habla de la muerte como el término de una vida miserable. El pecado, simbolizado por el hecho de comer la manzana, merece la muerte: nada más dice el texto, ver **3** 3.
2 18   El relato de la creación de la mujer, vv. 18-24 (25 no es más que una transición a **3**), no es la continuación lógica de 15-17, porque ahí «hombre» (v. 16; ver **3** 22) se toma colectivamente e incluye al varón y a la mujer. No obstante, tiene una función en el relato de la creación del *hombre. Desde el punto de vista de la tradición*, los vv. 18-24 son la continuación lógica del v. 7 (y 8), a pesar de que el pasaje se encuentra ahora un poco lejos como consecuencia del arreglo del autor, que ha preferido narrar la formación de la mujer justo antes del momento en que va a jugar un papel activo en la transgresión.
2 21   La carne (*bašar*) es ante todo, en el animal y en

el hombre, la «carne-comida», los músculos, **41** 2-4; Ex **4** 7; Jb **2** 5. La carne del cuerpo entero, Nm **8** 7; 1 R **21** 27; 2 R **6** 30, y, por tanto, el vínculo familiar, **2** 23; **29** 14; **37** 27, incluso la humanidad o el conjunto de los seres vivientes («toda carne», **6** 17.19; Sal **136** 25; Is **40** 5-6). El alma, **2** 7+; Sal **6** 5+ , o el espíritu, **6** 17+, animan la carne sin mezclarse con ella, haciéndola viviente. Sin embargo, la «carne» subraya con frecuencia lo que es frágil y perecedero hay en el hombre, **6** 3; Sal **56** 5; Is **40** 6; Jr **17** 5; y poco a poco se irá percibiendo una como oposición entre los dos aspectos del hombre viviente, Sal **78** 39; Qo **12** 7; Is **31** 3; ver también Sb **8** 19; **9** 15+. El hebreo no tiene palabra para decir «cuerpo»: el NT suplirá esta laguna promoviendo *sôma* junto a *sarx*, ver Rm **7** 5+; **7** 24+.
2 22   Imagen que expresa la relación que une al hombre y a la mujer, v. 23, y que les une en el matrimonio, v. 24.
2 23   El hebreo juega con la palabra *'iš*, «hombre, varón» y su femenino *'iššah*, «mujer», y a la letra, «varona».
3 1   ¿Sirve la serpiente de disfraz a un ser hostil a Dios y enemigo del hombre? Es sabido que la tradición sapiencial, y luego el NT y toda la tradición cristiana, han reconocido en ella al Adversario (o Tentador), al Diablo, véase Jb **1** 6+. En favor de esta identificación se puede aducir que la serpiente quiere rebatir la prohibición divina, haciendo ver que Dios intenta ocultar al hombre y a la mujer lo que ocurrirá si comen de la fruta prohibida; pero está en tensión con la descripción que la presenta como un simple animal, aunque astuto, y la condena a caminar sobre su vientre y comer polvo, v. 14. Quizá la intervención de un animal astuto como tentador no es más que una manera de sugerir que el hombre y la mujer sólo pueden acusarse a sí mismos por su transgresión. El autor presentaría como un diálogo entre la serpiente y la mujer lo que es el resultado de un proceso humano; la atracción del fruto prohibido conduce a la transgresión; **3** 6 describe tal proceso.

Is 14 14+

⁵ Es que Dios sabe muy bien que el día en que comiereis de él, se os abrirán los ojos y seréis como dioses*, conocedores del bien y del mal.» ⁶ Y como viese la mujer que el árbol era bueno para comer, apetecible a la vista y excelente para lograr sabiduría, tomó de su fruto y comió, y dio también a su marido, que igualmente comió. ⁷ Entonces se les abrieron a entrambos los ojos, y se dieron cuenta de que estaban desnudos*; y, cosiendo hojas de higuera, se hicieron unos ceñidores.

1 R 19 12

⁸ Oyeron luego el ruido de los pasos de Yahvé Dios que se paseaba por el jardín a la hora de la brisa, y el hombre y su mujer se ocultaron de la vista de Yahvé Dios por entre los árboles del jardín. ⁹ Yahvé Dios llamó al hombre y le dijo: «¿Dónde estás?» ¹⁰ Éste contestó: «Te he oído andar por el jardín y he tenido miedo, porque estoy desnudo; por eso me he escondido.» ¹¹ Él replicó: «¿Quién te ha hecho ver que estabas desnudo? ¿Has comido acaso del árbol del que te prohibí comer?» ¹² Dijo el hombre: «La mujer que me diste por compañera me dio del árbol y comí.» ¹³ Dijo, pues, Yahvé Dios a la mujer: «¿Por qué lo has hecho?» Contestó la mujer: «La serpiente me sedujo, y comí.»

/ 2 Co 11 3

¹⁴ Entonces Yahvé Dios dijo a la serpiente:

«Por haber hecho esto,
maldita seas entre todas las bestias
y entre todos los animales del campo.
Sobre tu vientre caminarás,

Is 65 25

y polvo comerás
todos los días de tu vida.
¹⁵ Enemistad pondré entre ti y la mujer,
entre tu linaje y su linaje:
él te pisará la cabeza
mientras acechas* tú su calcañar.»
¹⁶ A la mujer le dijo*:

/ Ap 12 17

«Tantas haré tus fatigas cuantos sean
tus embarazos:
con dolor parirás los hijos.
Hacia tu marido irá tu apetencia,
y él te dominará.»

/ Ap 12 2

2 22+

¹⁷ Al hombre le dijo: «Por haber escuchado la voz de tu mujer y comido del árbol del que yo te había prohibido comer,

maldito sea el suelo por tu causa:
con fatiga sacarás de él el alimento
todos los días de tu vida
¹⁸ Espinas y abrojos te producirá,
y comerás la hierba del campo.
¹⁹ Con el sudor de tu rostro comerás el pan,
hasta que vuelvas al suelo
pues de él fuiste tomado.
Porque eres polvo y al polvo tornarás.»

/ Rm 8 20
Os 4 3+
Is 11 6+

2 7
Jb 34 15
Sal 90 3;
104 29
Qo 3 20;
12 7
/ Rm 5 12

²⁰ El hombre llamó a su mujer «Eva», por ser ella la madre de todos los vivientes*. ²¹ Yahvé Dios hizo para el hombre y su mujer túnicas de piel y los vistió. ²² Y dijo Yahvé Dios: «¡Resulta que el hombre ha venido a ser como uno de nosotros, en cuanto a conocer el bien y el mal*! Ahora, pues, cuidado, no alargue su mano y tome también del árbol de la vida y comiendo de él viva para siempre*.» ²³ Y lo echó Yahvé Dios del jardín

2 17+

---

3 5 Nótese la diferencia de perspectiva respecto de 1 26-27: allí es Dios mismo el que crea al varón y a la mujer a su imagen; aquí el «ser como los dioses» (o «como Dios») sería una empresa humana.

3 7 Lo que el hombre y la mujer perciben como novedad es en realidad una experiencia turbadora. En la conciencia de su desnudez habría una manifestación del desajuste introducido por el pecado en la armonía y el orden de la creación.

3 15 Este versículo, conocido como «Protoevangelio» o primer buen anuncio, afirma la aversión radical entre la serpiente y la humanidad, pero deja entrever la superioridad y la victoria final de ésta. La traducción griega, al comenzar la última frase con un pronombre masculino, atribuye esa victoria no al linaje de la mujer en general, sino a uno de los descendientes de la mujer. Así queda esbozada la interpretación mesiánica de este texto, presente ya en la exégesis judía antigua y recogida y explicitada luego por muchos Padres de la Iglesia. Junto con el Mesías va incluida su madre, de ahí que la interpretación mariológica de la traducción latina *ipsa conteret caput tuum* se haya hecho tradicional en la Iglesia.

3 16 Aunque Dios no condena directamente a la pareja, sino a la serpiente y a la tierra, hombre y mujer se ven profundamente afectados por ella: la mujer en cuanto madre y esposa (a tenor de la antropología cul-

tural semita), y el hombre, como trabajador, sufren las consecuencias de su transgresión. El hombre debe esforzarse por arrancar sus medios de subsistencia a una tierra hostil que está muy lejos de parecerse al jardín del Edén. La mujer deja de ser la asociada del hombre y su igual, 2 18-24, porque el hombre actúa ya como señor y somete a la mujer. No se puede concluir apresuradamente que sin el pecado la condición de la pareja hubiera sido diferente, pero sí hay una percepción profunda de las consecuencias de la transgresión: el pecado del hombre y de la mujer trastorna la armonía y el orden dispuestos por Dios. Sin embargo, para que de aquí se infiera claramente la enseñanza de un pecado hereditario, habrá que esperar a que san Pablo ponga en paralelo la solidaridad de todos en Cristo salvador y en Adán pecador, Rm 5.

3 20 Etimología popular: el nombre de Eva, *jawwah*, es explicado por la raíz *jayah*, «vivir».

3 22 (a) El hombre pecador se ha erigido en juez del bien y del mal, 2 17+, lo cual es privilegio de Dios.

3 22 (b) El árbol de la vida había sido mencionado en 2 9 junto al árbol de «la ciencia del bien y del mal». Esta última expresión está en relación con la capacidad de discernimiento y el uso de razón (ve- Is 7 16), y, como expresión polar, se refiere a «todo lo que existe entre el bien y el mal», es decir, a todas las manifestaciones sude Edén, para que labrase el suelo de donde había sido tomado. ²⁴ Tras expulsar al hombre, puso delante del jardín de Edén querubines*, y la llama de espada vibrante, para guardar el camino del árbol de la vida.

╱ Ap 22 1s.
14

Caín y Abel*.

4 ¹ Conoció el hombre a Eva, su mujer, que concibió y dio a luz a Caín, y dijo: «He adquirido un varón con el favor de Yahvé*.» ² Volvió a dar a luz y tuvo a Abel, su hermano. Fue Abel pastor de ovejas y Caín labrador. ³ Pasó algún tiempo, y Caín hizo a Yahvé una oblación de los frutos del suelo. ⁴ También Abel hizo una oblación de los primogénitos de su rebaño y de la grasa de los mismos. Yahvé miró propicio a Abel y su oblación, ⁵ mas no miró propicio a Caín y su oblación*, por lo cual se irritó Caín en gran manera y se abatió su rostro. ⁶ Yahvé dijo a Caín: «¿Por qué andas irritado, y por qué se ha abatido tu rostro? ⁷ ¿No es cierto que si obras bien podrás alzarlo? Mas, si no obras bien, a la puerta está el pecado acechando como fiera que te codicia, y a quien tienes que dominar*.» ⁸ Caín dijo a su hermano Abel: «Vamos afuera*.» Y cuando estaban en

Ex 34 19
Lv 3 16

Hb 11 4

3 16

el campo, se lanzó Caín contra su hermano Abel y lo mató.
⁹ Yahvé dijo a Caín: «¿Dónde está tu hermano Abel?» Contestó: «No sé. ¿Soy yo acaso el guardián de mi hermano?» ¹⁰ Replicó Yahvé: «¿Qué has hecho? Se oye la sangre de tu hermano clamar a mí desde el suelo. ¹¹ Pues bien: maldito seas, lejos de este suelo que abrió su boca para recibir de tu mano la sangre de tu hermano. ¹² Aunque labres el suelo, no te dará más su fruto. Vagabundo y errante serás en la tierra.» ¹³ Entonces dijo Caín a Yahvé: «Mi culpa es demasiado grande para soportarla. ¹⁴ Es decir que hoy me echas de este suelo y he de esconderme de tu presencia, convertido en vagabundo errante por la tierra, y cualquiera que me encuentre me matará.» ¹⁵ Yahvé le respondió: «Al contrario, quienquiera que matare a Caín, lo pagará siete veces.» Y Yahvé puso una señal a Caín* para que nadie que lo encontrase lo atacara. ¹⁶ Caín dejó la presencia de Yahvé y se estableció en el país de Nod*, al oriente de Edén.

Sb 10 3
╱ 1 Jn 3 12

╱ Mt 23 35
╱ Hb 12 24
Jb 16 18

Descendencia de Caín*.

¹⁷ Conoció Caín a su mujer, que concibió y dio a luz a Henoc. Estaba cons-

---

jetas al discernimiento ético. La mención aquí del árbol de la vida cumple con una función: impedir que el ser humano se apodere de su fruto y coma de él; de ahí la vigilancia mencionada en el v. 24. Se trata de una tradición paralela a la del árbol de la ciencia del bien y del mal, pero sirve al plan del autor: la búsqueda de la inmortalidad está inscrita en el corazón del ser humano y, al mismo tiempo, fuera de sus posibilidades. Es un don divino del que se hará eco la palabra de Dios cuando llegue el tiempo oportuno.

3 24 Los querubines o querubes eran seres representados en forma de esfinge (ver Ex 25 18), a tenor de la iconografía asirio-babilónica. Pero estos guardianes del Paraíso no son querubines *con* una espada, sino más bien los querubines y la «llama de espada vibrante (o fulgurante)». El alejamiento del Paraíso traduce en términos espaciales el alejamiento de Dios: en el jardín donde había sido puesto el hombre, 2 15, ¡hasta el propio Dios venía a tomar la brisa de la tarde! (3 8).

4 En este capítulo, tanto el relato, vv. 1-16, como las genealogías, vv. 17-26, pertenecen a las tradiciones yahvistas. El relato supone una civilización algo desarrollada: en el terreno religioso, un culto con las ofrendas de los productos (quizá las primicias) del suelo y de los primogénitos del rebaño, vv. 3-4. Habría también hombres que podrían matar a Caín y otros que podrían vengarle, vv. 14-15. Este relato pudo referirse primeramente, no a los hijos del primer hombre, sino al antepasado epónimo de los Quenitas (Cainitas), ver Nm 24 21+. Trasladado a los orígenes de la humanidad, adquiere un alcance general: por un lado Caín y Abel se hallan en el origen de los dos modos de vida, el agricultor sedentario y el pastor nómada; por otro, estos dos hombres personifican la lucha del Hombre contra el Hombre. Junto a la rebelión del hombre contra Dios, está también la violencia del «hermano» contra su «herma-

no». El doble mandamiento del amor, Mt 22 40, vendrá a mostrar las exigencias fundamentales de la voluntad de Dios.

4 1 Expresión jubilosa de la primera mujer, que, de sierva de un marido, se convierte en madre de un hombre. Un juego de palabras relaciona el nombre de Caín *(Qayin)* con el verbo *qanah* «adquirir».

4 5 Se introduce el tema del menor preferido al primogénito, con el que se manifiesta la libre elección de Dios, su desdén por las grandezas terrenas y su predilección por los humildes. Este tema se repite a menudo a través del Génesis (Isaac preferido a Ismael, 21; Jacob a Esaú, 25 23; 27; Raquel a Lía, 29 15-30; asimismo los hijos de éstas...) y en toda la Biblia, 1 S 16 12; 1 R 2 15, etc.

4 7 Traducción conjetural de un texto corrompido, incluso gramaticalmente. Lit. «¿No es verdad que si tú obras bien, levantamiento, mas si no obras bien, a tu puerta está echado (masc.), y de ti tendrá él (masc.) gana, y tú mandarás en él?» Nótese que esta última expresión se corresponde con la dirigida a Eva en 3 16.

4 8 El verbo «decir» introduce normalmente un discurso directo, que no se encuentra en el texto hebreo. Las versiones, bien traduciendo dos palabras que posteriormente se habrían perdido, o más probablemente supliendo lo que les pareció que faltaba, dicen: «Vamos afuera».

4 15 La «señal de Caín» no es un estigma infamante, sino una marca que lo protege como a miembro de un clan que ejecuta con rigor la venganza de sangre.

4 16 País desconocido, cuyo nombre recuerda el epíteto dado a Caín, «errante», *nâd*, en el país de *Nôd*.

4 17 Restos de una genealogía de carácter anecdótico. Los mismos nombres, con algunas variantes, aparecerán en la genealogía sacerdotal de Set, entre Quenán y Látruyendo una ciudad, y la llamó Henoc, como el nombre de su hijo. [18] A Henoc le nació Irad, e Irad engendró a Mejuyael; Mejuyael engendró a Metusael, y Metusael engendró a Lámec. [19] Lámec tomó dos mujeres: la primera llamada Adá, y la segunda Silá. [20] Adá dio a luz a Yabal, que vino a ser padre de los que habitan en tiendas y crían ganado. [21] El nombre de su hermano era Yubal, padre de cuantos tocan la cítara y la flauta. [22] Silá, por su parte, engendró a Túbal Caín, padre de todos los forjadores* de cobre y hierro. Hermana de Túbal Caín fue Naamá. [23] Dijo Lámec a sus mujeres:

«Adá y Silá, oíd mi voz;

mujeres de Lámec, escuchad mi palabra:

Yo maté a un hombre por una herida que me hizo

y a un muchacho por un cardenal que recibí.

Mt 18 22p [24] Caín será vengado siete veces,

mas Lámec lo será setenta y siete*.»

Set y sus descendientes*.

[25] Adán conoció otra vez a su mujer, que dio a luz un hijo, al que puso por nombre Set, diciendo: «Dios me ha otorgado* otro descendiente en lugar de Abel, porque le mató Caín.» [26] También a Set le nació un hijo, al que puso por nombre Enós. Éste fue el primero en invocar el nombre de Yahvé*.

Ex 3 14+

Los patriarcas antediluvianos*.

1 Cro 1 1-4

5 [1] Ésta es la lista de los descendientes de Adán:

El día en que Dios creó a Adán, lo hizo a imagen de Dios. [2] Los creó varón y hembra, los bendijo y los llamó «Hombre» en el día de su creación

1 26+

[3] Tenía Adán ciento treinta años cuando engendró un hijo a su semejanza, según su imagen*, a quien puso por nombre Set. [4] Fueron los días de Adán, después de engendrar a Set, ochocientos años, y engendró hijos e hijas. [5] El total de los días de la vida de Adán fue de novecientos treinta años, y murió.

[6] Set tenía ciento cinco años cuando engendró a Enós. [7] Vivió Set, después de engendrar a Enós, ochocientos siete años y engendró hijos e hijas. [8] El total de los días de Set fue de novecientos doce años, y murió.

[9] Enós tenía noventa años cuando engendró a Quenán. [10] Vivió Enós, después de engendrar a Quenán, ochocientos quince años, y engendró hijos e hijas. [11] El total de los días de Enós fue de novecientos cinco años, y murió.

[12] Quenán tenía setenta años cuando engendró a Mahalalel. [13] Vivió Quenán, después de engendrar a Mahalalel, ochocientos cuarenta años, y engendró hijos e hijas. [14] El total de los días de Quenán fue de novecientos diez años, y murió.

4 17+

mec, **5** 12-28. Esta lista se ha relacionado artificialmente con Caín, hijo de Adán, condenado a la vida errante; aquí Caín es el constructor de la primera ciudad, el antepasado de los ganaderos, de los músicos, de los forjadores y quizá de las mujeres alegres, ver v. 22, que proporcionan el regalo y los placeres de la vida urbana. El autor atribuye estos progresos al linaje de Caín, el maldito; la misma condenación de la vida urbana volverá a darse en el relato de la torre de Babel, 11 1-9.
4 22 «Padre de todos los forjadores» Targ., ver vv. 20 y 21; «el forjador de todos los obreros» hebr. —Las tres castas de ganaderos, músicos y forjadores ambulantes se vinculan a tres antepasados cuyos nombres hacen asonancia y recuerdan los oficios de sus descendientes: Yabal (*ybl* «guiar»); Yubal (*yôbel* «trompeta»); Túbal (nombre de un pueblo del norte, Gn 10 2, en el país de los metales). Caín significa en otras lenguas semíticas «forjador, herrero». Naamá, «la linda», «la amada», podría ser el epónimo de otra «profesión» sobre la que el texto guarda silencio.
4 24 Este canto bárbaro, compuesto a la gloria de Lámec, un héroe del desierto, se da aquí como testimonio de la ferocidad creciente de los descendientes de Caín.
4 25 (a) Restos de otra genealogía primitiva.
4 25 (b) El nombre de Set (hebr. *Šet*) se explica por *šat* «ha otorgado».
4 26 «Éste fue el primero» griego y Vulg.; «Entonces se comenzó» hebr. —Las tradiciones elohísta y sacerdotal retrasan hasta Moisés, Ex 3 14 (ver 3 13+); 6 2s, la revelación del nombre divino.
5 Genealogía de tradición sacerdotal, que va desde

la creación hasta el diluvio, del mismo modo que la genealogía de Sem, 11 10-32, cubrirá el lapso de tiempo que separa el diluvio y Abrahán. No debe buscarse aquí ni una historia ni una cronología; los nombres están tomados de la tradición; son en parte los mismos que en 4 17-32. Se puede observar un esquema formal más o menos riguroso: edad del patriarca en el momento de engendrar a su primogénito, años vividos después, indicación general de que engendró otros hijos e hijas, y duración total de su vida. Este esquema sólo se rompe en la introducción, vv. 1-2, y en la conclusión (el v. 32 sólo contiene el primer elemento a propósito de Noé), y también cuando hay que introducir alguna noticia importante, vv. 22.24.29. Las cifras son diferentes en el Pentateuco samaritano y en los Setenta. Pensaban los israelitas que la vida humana había ido disminuyendo a medida que avanzaban las edades del mundo: no será más de 200 a 600 años después del diluvio, e inferior a 200 años para los patriarcas. El acortamiento de esta longevidad extraordinaria, que, sin embargo, es notablemente inferior a la edad atribuida a los reyes sumerios anteriores y posteriores al diluvio, está vinculada con el progreso del mal en el mundo, 6 3, porque una larga vida es una bendición de Dios, Pr 10 27, y será uno de los privilegios de la era mesiánica, Is 65 20.
5 3 La semejanza divina, expresada por los términos «imagen» y «semejanza», no es, pues, una característica exclusiva del primer hombre y la primera mujer, 1 26s, por cuanto que de la primera pareja se transmite a su descendencia.

¹⁵ Mahalalel tenía sesenta y cinco años cuando engendró a Yéred. ¹⁶ Vivió Mahalalel, después de engendrar a Yéred, ochocientos treinta años, y engendró hijos e hijas. ¹⁷ El total de los días de Mahalalel fue de ochocientos noventa y cinco años, y murió.

¹⁸ Yéred tenía ciento sesenta y dos años cuando engendró a Henoc. ¹⁹ Vivió Yéred, después de engendrar a Henoc, ochocientos años, y engendró hijos e hijas. ²⁰ El total de los días de Yéred fue de novecientos sesenta y dos años, y murió.

Si 44 16;
49 14

²¹ Henoc tenía sesenta y cinco años cuando engendró a Matusalén. ²² Henoc anduvo con Dios; vivió*, después de engendrar a Matusalén, trescientos años, y engendró hijos e hijas. ²³ El total de los días de Henoc fue de trescientos sesenta y cinco años. ²⁴ Henoc anduvo con Dios, y desapareció porque Dios se lo llevó*.

2 R 2 11
↗ Hb 11 5
Sb 4 10-11

²⁵ Matusalén tenía ciento ochenta y siete años cuando engendró a Lámec. ²⁶ Vivió Matusalén, después de engendrar a Lámec, setecientos ochenta y dos años, y engendró hijos e hijas. ²⁷ El total de los días de Matusalén fue de novecientos sesenta y nueve años, y murió.

²⁸ Lámec tenía ciento ochenta y dos años cuando engendró un hijo, ²⁹ y le

↗ Si 16 7
↗ Ba 3 26s
↗ Sb 14 6-7
↗ Mt 24 37sp
1 P 3 20s
Sal 14 2-3

Corrupción de la humanidad*.

⁵ Viendo Yahvé que la maldad del hombre cundía en la tierra y que todos

puso por nombre Noé, diciendo: «Éste nos consolará de nuestros afanes y de la fatiga de nuestras manos, por causa del suelo que maldijo Yahvé*.» ³⁰ Vivió Lámec, después de engendrar a Noé, quinientos noventa y cinco años, y engendró hijos e hijas. ³¹ El total de los días de Lámec fue de setecientos setenta y siete años, y murió.

³² Era Noé de quinientos años cuando engendró a Sem, a Cam y a Jafet*.

Los hijos de Dios y las hijas de los hombres*.

6 ¹ Cuando la humanidad comenzó a multiplicarse sobre la faz de la tierra y les nacieron hijas, ² vieron los hijos de Dios que las hijas de los hombres les venían bien, y tomaron por mujeres a las que preferían de entre todas ellas. ³ Entonces dijo Yahvé: «No permanecerá* para siempre mi espíritu en el hombre, porque no es más que carne; que sus días sean ciento veinte años*.» ⁴ Los nefilim existían en la tierra por aquel entonces (y también después), cuando los hijos de Dios se unían a las hijas de los hombres y ellas les daban hijos: éstos fueron los héroes de la antigüedad, hombres famosos.

2 7
Jn 3 5-6
Si 17 2

Si 16 7

Dt 1 28+

2. EL DILUVIO

los pensamientos que ideaba su corazón eran puro mal de continuo, ⁶ le pesó a Yahvé de haber hecho al hombre en la

1 S 15 11.35
Jr 18 10;
26 3

---

5 22 «Henoc... vivió» griego luc., Vulg.; omitido por hebr.

5 24 Henoc se distingue de los demás patriarcas por varios rasgos: su vida es más corta, pero alcanza una cifra perfecta: el número de días de un año solar; «anduvo con Dios», como Noé, 6 9; desaparece misteriosamente, arrebatado por Dios, como Elías, 2 R 2 11s. Henoc se convirtió en una gran figura de la tradición judía, que puso como ejemplo su piedad, Si 44 16; 49 14, y le atribuyó obras apócrifas (ver un eco en Judas 14-15) y de la tradición apocalíptica.

5 29 La utilización del nombre de Yahvé, contraria a la costumbre de las tradiciones sacerdotales antes de Ex 6 2-3 (pero ver 17 1), induciría a pensar que la explicación del nombre es un resto de tradición yahvista inserto en contexto sacerdotal, sobre todo a causa de la referencia evidente a 3 17. Por otro lado, el nombre de Noé, noaj, no se explica bien por la raíz njm, «consolar»; el pasaje ha podido referirse a otro nombre como Menajem o Najum, aunque se encuentren en él las dos primeras consonantes.

5 32 La edad de Noé resulta extraña, porque en todos los casos anteriores la edad del patriarca estaba entre 65, vv. 15 y 21, y 187 años, v. 25. La razón probable de esta diferencia es que todos los patriarcas anteriores habrían muerto antes del diluvio.

6 No todo está claro para nosotros en este breve episodio de tradición yahvista, pero el autor utiliza sin

duda elementos de una tradición popular de carácter mitológico. La dificultad procede en primer lugar de la identidad de los «hijos de Dios» (ver Dt 32 8+), y luego de la relación que puede existir entre su unión con las hijas de los hombres y los nefilim de v. 4. Podría pensarse que estos últimos (se recuerda aquí Ez 32 17-32, donde se habla precisamente de los que han «caído», que es lo que significa nefilim, y que han sido puestos o yacen, a pesar de su poderío, entre las víctimas de la espada, lo mismo que en el mito clásico de los Titanes) son el resultado de la unión de los «hijos de Dios» con las hijas de los hombres, pero el texto dice solamente que los nefilim habitaban en la tierra en aquel momento. Podrían ser los Gigantes (o Titanes) semíticos, pero en otros lugares se les llama «hijos de Anac» o anaquitas (ver Nm 13 28.33; Dt 1 28+).

6 3 (a) «...no sea indefinidamente responsable de» (texto). La significación del verbo es desconocida: sólo según el contexto (ver griego y Vulg.) se le da el sentido de «permanecer».

6 3 (b) Duración máxima a la que, según el autor sagrado, Dios reduce entonces la vida humana. En ello hay que ver un castigo por su falta. La unión de las hijas de los hombres con los «hijos de Dios» habría sido para los hombres el medio de procurarse la inmortalidad.

6 5 Hay en este conjunto muchas repeticiones, comenzando por la motivación del diluvio, 6 5-8 y 9-13, y diferencias notables (comparar 6 19-20 y 7 17 con 7

tierra, y se indignó en su corazón*. ⁷ Y dijo Yahvé: «Voy a exterminar de sobre la faz del suelo al hombre que he creado —desde el hombre hasta los ganados, los reptiles, y hasta las aves del cielo—, porque me pesa haberlos hecho.» ⁸ Pero Noé halló gracia a los ojos de Yahvé.

⁹ Ésta es la historia de Noé:

Noé fue el varón más justo y cabal de su tiempo. Noé andaba con Dios. ¹⁰ Noé engendró tres hijos: Sem, Cam y Jafet. ¹¹ La tierra estaba corrompida en la presencia de Dios: la tierra se llenó de violencias. ¹² Dios miró a la tierra y vio que estaba viciada, porque toda carne tenía una conducta viciosa sobre la tierra.

Preparativos para el diluvio.

¹³ Dijo, pues, Dios a Noé: «He decidido acabar con todo viviente, porque la tierra está llena de violencias por culpa de ellos. Por eso, he decidido exterminarlos de la tierra. ¹⁴ Hazte un arca* de maderas resinosas. Haces el arca de cañizo y la calafateas por dentro y por fuera con betún. ¹⁵ Así es como la harás: longitud del arca, trescientos codos; su anchura, cincuenta codos, y su altura, treinta codos. ¹⁶ Haces al arca una cubierta y a un codo la rematarás por encima*, pones la puerta del arca en su costado, y haces un primer piso, un segundo y un tercero.

¹⁷ «Por mi parte, voy a traer el diluvio, las aguas sobre la tierra, para exterminar todo viviente que tiene hálito de vida* bajo el cielo: todo cuanto existe en la tierra perecerá. ¹⁸ Pero contigo estableceré mi alianza*: Entrarás en el arca tú y tus hijos, tu mujer y las mujeres de tus hijos contigo. ¹⁹ Y de todo ser viviente meterás en el arca una pareja para que sobrevivan contigo. Serán macho y hembra. ²⁰ De cada especie de aves, de cada especie de ganados, de cada especie de reptiles entrarán contigo sendas parejas para sobrevivir*. ²¹ Tú mismo procúrate toda suerte de víveres y hazte acopio para que os sirvan de comida a ti y a ellos.» ²² Así lo hizo Noé y ejecutó todo lo que le había mandado Dios.

7 ¹ Yahvé dijo a Noé: «Entra en el arca tú y toda tu familia, porque tú eres el único justo que he visto en esta generación. ² De todos los animales puros tomarás para ti siete parejas, el macho con su hembra, y de todos los animales que no son puros, una pareja, el macho con su hembra. ³ (Asimismo de las aves del cielo, siete parejas, machos y hembras) para que sobreviva la casta sobre la faz

Marginal references: Hb 11 7 · Si 44 17 · 5 22 · 2 P 2 5 · 9 9s · Sb 10 4 · 2 P 2 5 · Lv 11+

2.3ᵇ), incluida la cronología: frente a 7 12 y 8 13ᵃ.14 (con algunos datos intermedios, ante todo los dos periodos de 150 días), otros pasajes (7 4.10.12 y 8 6-12) suponen una duración más corta. De hecho, hay aquí dos relatos prácticamente completos, el más antiguo de tradición yahvista, el más reciente de tradición sacerdotal. El relato yahvista está lleno de colorido y de vida; el de la tradición sacerdotal es más detallado, sobre todo en la cronología, y más pensado. Los elementos de las dos tradiciones se han reunido sin tratar de hacer desaparecer las diferencias que existen entre ambos. No obstante, acá y allá, sobre todo en 7 3, los redactores han intentado hacer desaparecer una diferencia demasiado acentuada. Ellos son también los responsables de la mayor fragmentación de la tradición yahvista, quizás también de la ausencia de los datos de esta tradición sobre los preparativos y la salida del arca. La narración sacerdotal parece completa; ha sido incluso conservada en grandes bloques al principio, 6 9-22, y al final, 9 1-17. A título indicativo para la lectura, se pueden señalar los pasajes de tradición yahvista (6 5-8; 7 1-2.3ᵇ-5.7.10.12.16ᵇ.17ᵇ.22-23; 8 2ᵇ-3ᵃ.6-12.20-22) y sacerdotal (6 9-22; 7 6.11.13.16ᵃ.17ᵃ.18-21.24; 8 1-2ᵃ.3ᵇ-5.13ᵃ.14-19; 9 1-17), lo mismo que los que delatan más claramente la presencia de redactores (7 3ᵃ.8-9, y, en parte, 6 7; 7 7.23; 8 20). El tema de un diluvio está presente en todas las culturas, pero los relatos de la antigua Mesopotamia tienen especial interés por sus semejanzas con el relato bíblico. Éste no depende directamente de ellos (pero algún pasaje puede delatar ese tipo de influencia; así 8 6-12 y la tableta XI de la Epopeya de Guilgamesh). El autor sagrado ha cargado estas tradiciones de una enseñanza eterna sobre la justicia y la misericordia de Dios, sobre la malicia del hombre y la salvación concedida al justo (véase Hb 11 7). Es un juicio de Dios, que prefigura el de los últimos tiempos, Lc 17 26s; Mt 24 37s, lo mismo

que la salvación concedida a Noé es figura de la salvación por las aguas del bautismo, 1 P 3 20-21.

6 6 Este pesar de Dios expresa a la manera humana la exigencia de su santidad, que no puede soportar el pecado. 1 S 15 29 evitará una interpretación demasiado literal. Con mucha más frecuencia el «arrepentimiento» de Dios significa el apaciguamiento de su cólera y la cancelación de su amenaza, ver Jr 26 3+.

6 14 La traducción latina pone arca («cofre»), de ahí el castellano «arca». —«Maderas resinosas» trad. aproximada. —«cañizo» (como la barquilla de Ex 2 3) conj.; «nidos» (¿cabinas?) hebr.

6 16 Sentido dudoso. Según la traducción adoptada, el tejado tendría una inclinación de un codo para desagüe de las aguas del cielo, 7 11.

6 17 La palabra ruaj designa al aire en movimiento: el soplo del viento, Ex 10 13; Jb 21 13; o el de las narices, 7 15.22, etc. Designa, pues, la fuerza vital y los pensamientos, sentimientos o pasiones por los que se expresa, 41 8; 45 27; 1 S 1 15; 1 R 21 5, etc. En el hombre es un don de Dios, 6 3; Nm 16 22 Jb 27 3; Sal 104 29; Qo 12 7. Es también el poder por el que Dios obra, tanto en la creación, 1 2; Jb 33 4; Sal 104 29; Qo 12 7, como en la historia de los hombres, Ex 15; 17, con todo el poder de los profetas, Jc 3 10+; Ez 36 28+, y del Mesías, Is 11 2+. Ver Rm 1 9+.

6 18 No un pacto bilateral, sino un compromiso gratuito de Dios mismo para con sus elegidos. Otras alianzas seguirán a ésta, con Abrahán, Gr 15; 17, con todo el pueblo, Ex 19 1+; en espera de la «nueva alianza» concluida en la plenitud de los tiempos, Mt 26 28+; Hb 9 15+.

6 20 Los seres irracionales son asociados, en el castigo y la salvación, al destino del hombre, cuya iniquidad ha corrompido toda la creación, 3 13; nos hallamos ya próximos a San Pablo, Rm 8 19-22.

de toda la tierra. [4] Porque dentro de siete días haré llover sobre la tierra durante cuarenta días y cuarenta noches, y exterminaré de sobre la faz del suelo todos los seres que hice.» [5] Y Noé ejecutó todo lo que le había mandado Yahvé.

[6] Noé contaba seiscientos años cuando acaeció el diluvio, las aguas, sobre la tierra.

[7] Noé entró en el arca, y con él sus hijos, su mujer y las mujeres de sus hijos, para salvarse de las aguas del diluvio. [8] (De los animales puros, y de los animales que no son puros, y de las aves, y de todo lo que repta, [9] sendas parejas de cada especie entraron con Noé en el arca, machos y hembras, como había mandado Dios a Noé*.) [10] A la semana, las aguas del diluvio vinieron sobre la tierra.

[11] El año seiscientos de la vida de Noé, el mes segundo, el día diecisiete del mes, en ese día saltaron todas las fuentes del gran abismo, y las compuertas del cielo se abrieron*, [12] y estuvo descargando la lluvia sobre la tierra cuarenta días y cuarenta noches.

Is 44 27
Sal 78 15;
104
Is 24 18

[13] En aquel mismo día entró Noé en el arca, como también los hijos de Noé, Sem, Cam y Jafet, y la mujer de Noé, y las tres mujeres de sus hijos; [14] y con ellos los animales de cada especie, los ganados de cada especie, los reptiles de cada especie que reptan sobre la tierra, y las aves de cada especie: toda clase de pájaros y seres alados; [15] entraron con Noé en el arca sendas parejas de todos los vivientes en los que hay aliento de vida, [16] y los que iban entrando eran macho y hembra de cada especie, como Dios se lo había mandado.

Y Yahvé cerró la puerta detrás de Noé.

La inundación.

[17] El diluvio duró cuarenta días sobre la tierra. Crecieron las aguas y levantaron el arca, que se alzó de encima de la tierra. [18] Subió el nivel de las aguas y crecieron mucho sobre la tierra, mientras el arca flotaba sobre la superficie de las aguas. [19] Subió el nivel de las aguas mucho, muchísimo sobre la tierra, y quedaron cubiertos los montes más altos que hay debajo del cielo. [20] Quince codos por encima subió el nivel de las aguas,

quedando cubiertos los montes. [21] Pereció toda carne: lo que repta por la tierra, junto con aves, ganados, animales y todo lo que pulula sobre la tierra, y toda la humanidad. [22] Todo cuanto respira hálito vital, todo cuanto existe en tierra firme, murió. [23] Yahvé exterminó todo ser que había sobre la faz del suelo, desde el hombre hasta los ganados, hasta los reptiles y hasta las aves del cielo: todos fueron exterminados de la tierra, quedando sólo Noé y los que con él estaban en el arca. [24] Las aguas inundaron la tierra por espacio de ciento cincuenta días.

Retroceden las aguas.

8 [1] Acordóse Dios de Noé y de todos los animales y de los ganados que con él estaban en el arca. Dios hizo pasar un viento sobre la tierra y las aguas decrecieron. [2] Se cerraron las fuentes del abismo y las compuertas del cielo, y cesó la lluvia del cielo. [3] Poco a poco retrocedieron las aguas de sobre la tierra. Al cabo de ciento cincuenta días, las aguas habían menguado, [4] y en el mes séptimo, el día diecisiete del mes, varó el arca sobre los montes de Ararat. [5] Las aguas siguieron menguando paulatinamente hasta el mes décimo, y el día primero del décimo mes asomaron las cumbres de los montes.

[6] Al cabo de cuarenta días, abrió Noé la ventana que había hecho en el arca [7] y soltó al cuervo, el cual estuvo saliendo y retornando hasta que se secaron las aguas sobre la tierra. [8] Después soltó a la paloma, para ver si habían menguado ya las aguas de la superficie terrestre. [9] La paloma, no hallando donde posar el pie, tornó donde él, al arca, porque aún había agua sobre la superficie de la tierra; y alargando él su mano, la tomó y la metió consigo en el arca. [10] Aún esperó otros siete días y volvió a soltar la paloma fuera del arca. [11] La paloma vino al atardecer trayendo en el pico un ramo verde de olivo, por donde conoció Noé que habían disminuido las aguas de encima de la tierra. [12] Aún esperó otros siete días y soltó la paloma, que ya no volvió donde él.

[13] El año seiscientos uno de la vida de Noé*, el día primero del primer mes, se secaron las aguas de encima de la tierra.

---

7 9   Adición que combina los dos relatos, distinguiendo animales puros e impuros, como la tradición yahvista, pero introduciendo sólo una pareja de cada uno, como la tradición sacerdotal.
7 11   Las aguas de abajo y las aguas de arriba rompen

los diques que Dios les había impuesto, 1 7; es el retorno al caos. Según la narración yahvista, el diluvio es producido por una lluvia torrencial, 7 4.12.
8 13   «de la vida de Noé» griego, ver 7 11; omitido por hebr.

Noé retiró la cubierta del arca, miró y vio que estaba seca la superficie del suelo.
[14] En el segundo mes, el día veintisiete del mes, quedó seca la tierra.

Noé sale del arca.

[15] Habló entonces Dios a Noé en estos términos: [16] «Sal del arca con tu mujer, tus hijos y las mujeres de tus hijos. [17] Saca contigo todos los animales de toda especie que te acompañan, aves, ganados y todos los reptiles que reptan sobre la tierra. Que pululen sobre la tierra y sean fecundos y se multipliquen sobre la tierra.» [18] Salió, pues, Noé con sus hijos, su mujer y las mujeres de sus hijos. [19] Todos los animales, todos los ganados, todas las aves y todos los reptiles que reptan sobre la tierra salieron por familias del arca.

1 22

[20] Noé construyó un altar a Yahvé, y tomando de todos los animales puros y de todas las aves puras, ofreció holocaustos en el altar. [21] Al aspirar Yahvé el calmante aroma*, dijo en su corazón: «Nunca más volveré a maldecir el suelo por causa del hombre, porque las trazas del corazón humano son malas desde su niñez*, ni volveré a herir a todo ser viviente como lo he hecho. [22] «Mientras dure la tierra,
sementera y siega,
frío y calor,
verano e invierno,
día y noche
no cesarán*.»

El orden nuevo del mundo.

9 [1] Dios bendijo a Noé y a sus hijos, y les dijo: «Sed fecundos, multiplicaos y llenad la tierra. [2] Infundiréis temor y miedo a todos los animales de la tierra, y a todas las aves del cielo, y a todo lo que repta por el suelo, y a todos los peces del mar; quedan a vuestra disposición*. [3] Todo lo que se mueve y tiene vida os servirá de alimento: todo os lo doy, lo mismo que os di la hierba verde. [4] Sólo dejaréis de comer la carne con su alma, es decir, con su sangre, [5] y yo os prometo reclamar vuestra propia sangre: la reclamaré a todo animal y al hombre: a todos y a cada uno reclamaré el alma humana. [6] Quien vertiere sangre de hombre,
por otro hombre será su sangre vertida,
porque a imagen de Dios
hizo Él al hombre*.
[7] Vosotros, pues, sed fecundos y multiplicaos; extendeos por la tierra y dominad en ella*.»

[8] Dijo Dios a Noé y a sus hijos: [9] «He pensado establecer mi alianza* con vosotros y con vuestra futura descendencia, [10] y con todo ser vivo que os acompaña: las aves, los ganados y todas las alimañas que hay con vosotros, con todo lo que ha salido del arca, todos los animales de la tierra. [11] Establezco mi alianza con vosotros, y no volveré nunca más a ser aniquilada la vida por las aguas del diluvio, ni habrá más diluvio para destruir la tierra.»

[12] Dijo Dios: «Ésta es la señal de la alianza que para las generaciones per-

1 28

1 29
Dt 12 15s
1 Tm 4 3

Lv 1 5+

Ex 20 13+

1 26+

6 18+

↗ Si 44 18
↗ Is 54 9-10

---

8 21 (a) Traducción literal. Este antropomorfismo pasará al lenguaje técnico del ritual, ver Ex 29 18.25; Lv 1 9.13; Nm 28 1, etc.
8 21 (b) El corazón es lo interior del hombre como distinto de lo que se ve, y sobre todo distinto de la «carne», 2 21+. Es la sede de las facultades y de la personalidad, de la que nacen pensamientos y sentimientos, palabras, decisiones, acción. Dios lo conoce a fondo, sean cuales fueren las apariencias, 1 S 16 7; Sal 17 3; 44 22; Jr 11 20+. El corazón es el centro de la conciencia religiosa y de la vida moral, Sal 51 12.19; Jr 4 4+; 31 31-33+; Ez 36 26. En su corazón busca el hombre a Dios, Dt 4 29; Sal 105 3; 119 2.10; le escucha, 1 R 3 9; Si 3 29; Os 2 16; ver Dt 30 14; le sirve, 1 S 12 20.24; le alaba, Sal 111 1; le ama, Dt 6 5. El corazón sencillo, recto, puro es aquél al que no divide ninguna reserva o segunda intención, ninguna hipocresía, con respecto a Dios o los hombres. Ver Ef 1 18+. Este pasaje señala un cambio decisivo en la conducta de Dios con el hombre: Yahvé, que había maldecido la tierra por la desobediencia del hombre y de la mujer, 3 17, se compromete ahora a no destruir otra vez la tierra por un diluvio. Y, si el pecado del hombre es la razón del castigo ejemplar, 6 5, ahora es la explicación de que Yahvé se comprometa a no maldecir la tierra nunca más. Hay en ello una transición para que la maldición del suelo

se cambie en bendición para Abrahán y en él para su descendencia y para todos los pueblos de la tierra, 12.
8 22 Las leyes del mundo quedan restablecidas para siempre. Dios sabe que el corazón del hombre sigue siendo malo, pero salva su creación y, a pesar del hombre, la llevará a donde quiere.
9 2 Se bendice de nuevo al hombre y se le consagra rey de la creación como en los orígenes, pero ya no se trata de un reino pacífico. La nueva era conocerá la lucha de la creación contra el hombre y de los hombres entre sí. La paz paradisíaca no volverá a florecer hasta los últimos tiempos, Is 11 6+.
9 6 Toda sangre pertenece a Dios, ver Lv 1 5+, pero de manera eminente la sangre del hombre hecho a su imagen. Dios la vengará (ver ya 4 10), y delega a este efecto al hombre mismo: la justicia del Estado y también los «vengadores de sangre», Nm 35 19+.
9 7 «dominad» redú conj., ver 1 28; «multiplicad» rebú hebr.
9 9 La alianza con Noé, cuya señal es el arco iris, se extiende a toda la creación; la alianza con Abrahán, cuya señal será la circuncisión, no afecta más que a los descendientes del patriarca, Gn 17; la alianza con Moisés, se limitará exclusivamente a Israel, con la obediencia a la ley como contrapartida, Ex 19 5; 24 7-8, y especialmente la observancia del sábado, Ex 31 16-17.

Ez 1 28
Ap 4 3

pertuas pongo entre yo y vosotros y todo ser vivo que os acompaña: ¹³ Pongo mi arco en las nubes, que servirá de señal de la alianza entre yo y la tierra. ¹⁴ Cuando yo anuble de nubes la tierra, entonces se verá el arco en las nubes, ¹⁵ y me acordaré de la alianza que media entre yo y vosotros y todo ser vivo, y no habrá más aguas diluviales para exterminar la vida. ¹⁶ Pues en cuanto esté el arco en las nubes, yo lo veré para recordar la alianza perpetua entre Dios y todo ser vivo, toda la vida que existe sobre la tierra.»

¹⁷ Y dijo Dios a Noé: «Ésta es la señal de la alianza que he establecido entre yo y toda la vida que existe sobre la tierra.»

3. DESDE EL DILUVIO HASTA ABRAHÁN

Noé y sus hijos*.

10 6

¹⁸ Los hijos de Noé que salieron del arca eran Sem, Cam y Jafet. Cam es el padre de Canaán. ¹⁹ Estos tres fueron los hijos de Noé, y a partir de ellos se pobló toda la tierra.

²⁰ Noé se dedicó a la labranza y plantó una viña. ²¹ Bebió del vino, se embriagó y quedó desnudo en medio de su tienda. ²² Vio Cam, padre de Canaán*, la desnudez de su padre y avisó a sus dos hermanos afuera. ²³ Entonces Sem y Jafet tomaron el manto, se lo echaron al hombro los dos, y andando hacia atrás, vueltas las caras, cubrieron la desnudez de su padre, sin verla. ²⁴ Cuando despertó Noé de su embriaguez y supo lo que había hecho con él su hijo menor, ²⁵ dijo*:

«¡Maldito sea Canaán!
¡Siervo de siervos
sea para sus hermanos!»

²⁶ Y después dijo:

«¡Bendito sea Yahvé, el Dios de Sem,
y sea Canaán esclavo suyo!
²⁷ ¡Haga Dios dilatado a Jafet*;
habite en las tiendas de Sem,
y sea Canaán esclavo suyo!»

²⁸ Vivió Noé después del diluvio trescientos cincuenta años. ²⁹ El total de los días de Noé fue de novecientos cincuenta años, y murió.

La tierra se repuebla*.

1 Cro 1 5-23

10 ¹ Ésta es la descendencia de los hijos de Noé, Sem, Cam y Jafet, a quienes les nacieron hijos después del diluvio:

² Hijos de Jafet: Gómer, Magog, los medos, Yaván, Túbal, Mésec y Tirás. ³ Hijos de Gómer: Asquenaz, Rifat, Togarmá. ⁴ Hijos de Yaván: Elisá, Tarsis, los queteos y los rodenses. ⁵ A partir de éstos se poblaron las islas de las gentes*.

9 18   Conjunto formado por una noticia genealógica, vv. 18-19, un relato más desarrollado, vv. 20-27, e indicaciones cronológicas sobre la duración de Noé después del diluvio, vv. 28-29, que podrían ser el comienzo de la lista de las naciones, 10. Estos dos últimos versículos son de tradición sacerdotal, y el resto de tradición yahvista. Los nombres de los tres hijos de Noé, Sem, Cam y Jafet, y el orden mismo en que están parecen un dato fijo de la tradición, ver 5 32; 6 10; 7 13; 10 1. El inciso «Cam, padre de Canaán», v. 18 (ver 22), de la noticia inicial, prepara el relato de 20-27 y por tanto finalmente su maldición, v. 25.
9 22   A Cam no se le nombrará más, y Canaán será el objeto de la maldición de los vv. 25-27. Probablemente en el relato tradicional su nombre figuraba solo. Según el relato, v. 24, Canaán era el más joven de los tres hijos de Noé, de modo que el orden debería haber sido Sem, Jafet y Canaán.
9 25   Las bendiciones y las maldiciones de los patriarcas, ver 27 y 49, son palabras eficaces dirigidas a una persona y que afectan a todo su linaje: la raza de Canaán estará sometida a Sem, antepasado de Abrahán y de los israelitas, colocados bajo la especial protección de Yahvé, y a Jafet, cuyos descendientes se extenderán a expensas de Sem. La situación histórica que pudo dar pie a este relato sería la del reinado de Saúl y comienzos del reinado de David, cuando israelitas y filisteos dominaban Canaán, y cuando estos últimos habían invadido una parte del territorio de Israel. Muchos Padres han visto aquí el anuncio de la entrada de los gentiles (Jafet) en la comunidad cristiana surgida de los hebreos

(Sem).
9 27   El hebreo juega con las palabras Yáfet y yaft, «haga dilatado».
10   En forma de cuadro genealógico, este cap. da una relación de pueblos agrupados no tanto según sus afinidades étnicas como según sus relaciones históricas y geográficas: los hijos de Jafet pueblan Asia Menor y las islas del Mediterráneo; los hijos de Cam los países del sur: Egipto, Etiopía y Arabia; y a Canaán se le mete entre ellos en recuerdo de la dominación egipcia sobre esta región; entre estos dos grupos están los hijos de Sem: elamitas, asirios, arameos y los antepasados de los hebreos. El cuadro es de tradición sacerdotal, pero incorpora elementos de tradición yahvista, vv. 18-19,21 y 24-30, cuya perspectiva es un poco diferente: más bien que un resumen sistemático, encontramos aquí, como en el cap. 4 (vv. 17-26), algunas noticias en relación con los nombres tradicionales. Por lo que respecta al conjunto sacerdotal, se halla en él el resumen de los conocimientos sobre el mundo habitado que se podían tener entre los judíos desterrados en Babilonia. Por otro lado, hay aquí una afirmación importante, la de la unidad de la especie humana, dividida en grupos a partir de un tronco común. Esta dispersión se presenta, 10 32, como cumplimiento de la bendición de 9 1. El relato yahvista de la torre de Babel, 11 1-9, dará una impresión menos favorable. Pero así nos dos aspectos complementarios de una historia del mundo en la que concurren el poder de Dios y la malicia de los hombres.
10 5   (a) Las islas y costas del Mediterráneo.

Éstos fueron los hijos de Jafet* por sus territorios y lenguas, por sus linajes y naciones respectivas.

⁶ Hijos de Cam: Cus, Misráin, Put y Canaán. ⁷ Hijos de Cus: Sebá, Javilá, Sabtá, Ramá y Sabtecá. Hijos de Ramá: Seba y Dedán.

1 R 10 1+

⁸ Cus engendró a Nemrod*, que fue el primero que se hizo prepotente en la tierra. ⁹ Fue un bravo cazador delante de Yahvé, por lo cual se suele decir: «Bravo cazador delante de Yahvé, como Nemrod.» ¹⁰ Los comienzos de su reino fueron Babel, Érec y Acad*, ciudades todas ellas en tierra de Senaar. ¹¹ De aquella tierra procedía Asur, que edificó Nínive, Rejobot Ir, Cálaj ¹² y Resen, entre Nínive y Cálaj (aquella es la Gran Ciudad)*.

¹³ Misráin engendró a los lidios, anamitas, lehabitas y naftujitas, ¹⁴ a los de Patrós, de Casluj y de Caftor, de donde salieron los filisteos*.

¹⁵ Canaán engendró a Sidón, su primogénito, y a Het, ¹⁶ al jebuseo, al amorreo, al guirgaseo, ¹⁷ al jivita, al arquita, al sinita, ¹⁸ al arvadita, al semarita y al jamatita. Más tarde se propagaron las estirpes cananeas. ¹⁹ La frontera de los cananeos iba desde Sidón, en dirección de Guerar, hasta Gaza; y en dirección de Sodoma, Gomorra, Admá y Seboín, hasta Lesa.

²⁰ Éstos fueron los hijos de Cam, según sus linajes y lenguas, por sus territorios y naciones respectivas.

²¹ También le nacieron hijos a Sem, padre de todos los hijos de Héber y hermano mayor de Jafet.

²² Hijos de Sem: Elam, Asur, Arfacsad, Lud y Aram. ²³ Hijos de Aram: Us, Jul, Guéter y Mas.

²⁴ Arfacsad engendró a Sélaj, y Sélaj engendró a Héber. ²⁵ A Héber le nacieron dos hijos: el nombre de uno fue Péleg,

porque en sus días fue dividida la tierra. Su hermano se llamaba Yoctán. ²⁶ Yoctán engendró a Almodad, a Selef, a Jasarmávet, a Yéraj, ²⁷ a Hadorán, a Uzal, a Diclá, ²⁸ a Obal, a Abimael, a Sebá, ²⁹ a Ofir, a Javilá y a Yobab. Todos fueron hijos de Yoctán. ³⁰ Su asiento se extendió desde Mesá, en dirección a Sefar, al monte del oriente.

³¹ Éstos fueron los hijos de Sem, según sus linajes y lenguas, por sus territorios y naciones respectivas.

³² Hasta aquí los linajes de los hijos de Noé, según su origen y sus naciones. Y a partir de ellos se dispersaron los pueblos por la tierra después del diluvio.

9 1

La torre de Babel*.

⤹ Sb 10 5
⤹ Hch 2
5-12
⤹ Ap 7 9-10

11 ¹ Todo el mundo era de un mismo lenguaje e idénticas palabras. ² Al desplazarse la humanidad desde oriente, hallaron una vega en el país de Senaar y allí se establecieron. ³ Entonces se dijeron el uno al otro: «Vamos a fabricar ladrillos y a cocerlos al fuego.» Así el ladrillo les servía de piedra y el betún de argamasa. ⁴ Después dijeron: «Vamos a edificarnos una ciudad y una torre con la cúspide en el cielo*, y hagámonos famosos, por si nos desperdigamos por toda la faz de la tierra.»

Si 40 19

⁵ Bajó Yahvé a ver la ciudad y la torre que habían edificado los humanos, ⁶ y pensó Yahvé: «Todos son un solo pueblo con un mismo lenguaje, y éste es el comienzo de su obra. Ahora nada de cuanto se propongan les será imposible. ⁷ Bajemos, pues, y, una vez allí, confundamos su lenguaje, de modo que no se entiendan entre sí.» ⁸ Y desde aquel punto los desperdigó Yahvé por toda la faz de la tierra, y dejaron de edificar la ciudad. ⁹ Por eso se la llamó Babel, porque allí embrolló* Yahvé el lenguaje de todo el mundo, y

3 22

Jr 51 53
Is 14 12s

10 5 (b) Estas palabras, omitidas por el hebr., se restituyen según los vv. 20 y 31.

10 8 Figura popular (el v. 9 enuncia un proverbio) tras de la cual se oculta un héroe de Mesopotamia, de incierta identificación.

10 10 Acad, ciudad próxima al emplazamiento de Babilonia; su nombre sirve para designar la parte de la Baja Mesopotamia, en contraposición al país de Sumer, que queda más al sur, y en general para designar la lengua y los pueblos semíticos de dicha región, también en contraposición a los sumerios.

10 12 Si esta glosa entre paréntesis se refiere a Cálaj, puede datar del s. IX a.C., cuando Cálaj, la actual Nimrud, se convirtió en capital de Asiria. Si se refiere a Nínive, es posterior a Senaquerib, que estableció en ella la capital.

10 14 El texto traslada «y de Caftor» después de «filisteos»; pero los filisteos eran precisamente oriundos de

Caftor, Jos 13 2+.

11 Este relato yahvista da una explicación distinta de la diversidad de los pueblos y de las lenguas. Es el castigo de un pecado colectivo que, como el de los primeros padres, 3, es también un pecado de orgullo (v. 4). La unión sólo quedará restaurada en Cristo salvador: milagro de las lenguas en Pentecostés, Hch 2 5-12, asamblea de las naciones en el cielo, Ap 7 9-10.

11 4 La tradición ha quedado unida a las ruinas de esas elevadas torres con pisos que se construían en Mesopotamia como símbolo de la montaña sagrada y altar de la divinidad. Los constructores habrían buscado un medio para hallar a su dios. Pero el yahvista ve en ello la empresa de un orgullo insensato. Este tema de la torre se combina con el de la ciudad de: una condena de la civilización urbana, ver 4 17+.

11 9 «Babel» se explica por bll «embrollar». El nombre de Babilonia significa en realidad «puerta de Dios».

Jn 11 52;
10 16
desde allí los desperdigó Yahvé por toda la faz de la tierra.

Patriarcas posdiluvianos*.

1 Cro 1
17-27
¹⁰ Éstos son los descendientes de Sem: Sem tenía cien años cuando engendró a Arfacsad, dos años después del diluvio. ¹¹ Vivió Sem, después de engendrar a Arfacsad, quinientos años, y engendró hijos e hijas. ¹² Arfacsad era de treinta y cinco años de edad cuando engendró a Sélaj. ¹³ Y vivió Arfacsad, después de engendrar a Sélaj, cuatrocientos tres años, y engendró hijos e hijas. ¹⁴ Era Sélaj de treinta años cuando engendró a Héber. ¹⁵ Y vivió Sélaj, después de engendrar a Héber, cuatrocientos tres años, y engendró hijos e hijas. ¹⁶ Era Héber de treinta y cuatro años cuando engendró a Péleg. ¹⁷ Y vivió Héber, después de engendrar a Péleg, cuatrocientos treinta años, y engendró hijos e hijas. ¹⁸ Era Péleg de treinta años cuando engendró a Reú. ¹⁹ Y vivió Péleg, después de engendrar a Reú, doscientos nueve años, y engendró hijos e hijas. ²⁰ Era Reú de treinta y dos años cuando engendró a Serug. ²¹ Y vivió Reú, después de engendrar a Serug, doscientos siete años, y engendró hijos e hijas. ²² Era Serug de treinta años cuando engendró a Najor. ²³ Y vivió Serug, después de engendrar a Najor, doscientos años, y engendró hijos e hijas. ²⁴ Era Najor de veintinueve años cuando engendró a Téraj. ²⁵ Y vivió Najor, después de engendrar a Téraj, ciento diecinueve años, y engendró hijos e hijas. ²⁶ Era Téraj de setenta años cuando engendró a Abrán, a Najor y a Harán.

Descendencia de Téraj*.

²⁷ Éstos son los descendientes de Téraj: Téraj engendró a Abrán, a Najor y a Harán. Harán engendró a Lot. ²⁸ Harán murió en vida de su padre Téraj, en su país natal, Ur de los caldeos. ²⁹ Abrán y Najor se casaron. La mujer de Abrán se llamaba Saray, y la mujer de Najor, Milcá, hija de Harán, el padre de Milcá y de Jiscá. ³⁰ Saray era estéril, sin hijos. ³¹ Téraj tomó a su hijo Abrán, a su nieto Lot, el hijo de Harán, y a su nuera Saray, la mujer de su hijo Abrán, y salieron juntos* de Ur de los caldeos, para dirigirse a Canaán. Llegados a Jarán, se establecieron allí*. ³² Téraj vivió doscientos cinco años*, y murió en Jarán.

22 20-23

16 1;
17 19-21

II. Historia de Abrahán*

Sb 10 5
Hch 7 2-3
Hb 11 8s
Vocación de Abrahán*.

12 *¹ Yahvé dijo a Abrán: «Vete de tu tierra, de tu patria y de la casa de tu padre a la tierra que yo te mostraré. ² De ti haré una nación grande y te bendeciré. Engrandeceré tu nombre; y sé tú una bendición.

---

11 10 Los vv. 10-27.31-32 reanudan la tradición sacerdotal abandonada desde 10 32. Es la continuación de la genealogía del cap. 5. El horizonte se reduce a los ascendientes directos de Abrahán.

11 27 La historia de la raza elegida va a comenzar, y así se detalla el cuadro genealógico para presentar a los padres de toda la raza: Abrán y Saray, cuyos nombres serán cambiados en Abrahán y Sara, 17 5 y 15, y también Najor, el abuelo de Rebeca, 24 24, y Lot, el antepasado de los moabitas y de los amonitas, 19 30-38. Los vv. 28-30 son de tradición yahvista.

11 31 (a) Lit. «salieron con ellos» hebr.; «les hizo salir» versiones.

11 31 (b) Primera emigración, rumbo a la Tierra Prometida. Ur se halla en la Baja Mesopotamia; Jarán al noroeste de Mesopotamia. Se discute la historicidad de esta primera emigración. Sin embargo está atestiguada por las tradiciones antiguas, en 11 28 y 15 7, redactadas en una época en que Ur había caído en el olvido. Por el contrario, a comienzos del segundo milenio era un centro importante y le unían ya los lazos religiosos y comerciales con Jarán. Hay que reconocer, por lo menos, la posibilidad de esta primera emigración; solamente la mención de los caldeos sería una precisión añadida en la época neobabilónica.

11 32 Sólo 145 según el Pentateuco samaritano, lo cual hace que Abrahán no abandone Jarán hasta la muerte de su padre (según 11 26 y 12 4); ver Hch 7 4.

12 (a) Título que debe entenderse de forma neutra: relatos en torno a los patriarcas.

12 (b) Los relatos sobre Abrahán, tal como se presentan en el Génesis, son una «teología de la promesa»: la doble promesa divina de descendencia y del don de la tierra son los dos ejes centrales en torno a los cuales, de un modo u otro, se organiza todo lo que los escritores sagrados tienen que decir sobre el patriarca.

12 (c) Los capítulos 12-13 pertenecen en lo esencial a las tradiciones yahvistas, pero no todo se sitúa en el mismo nivel de la tradición o de su fijación escrita. Muy probablemente una breve noticia de salida de Jarán y de llegada a Canaán, especie de itinerario, con la orden divina de abandonar Jarán, 12 1.4ª, y un primer punto de asentamiento alrededor de Betel, 12 8; 13 3, son el núcleo central de la tradición. El itinerario continúa con el relato de la separación de Abrahán y Lot, 13 3s. Promesas de descendencia y de bendición, 12 2-3, y luego del don de la tierra, 12 7, han podido ser añadidas en un estadio relativamente antiguo de la tradición, lo mismo

³ Bendeciré a quienes te bendigan
y maldeciré a quienes te maldigan.
Por ti se bendecirán
todos los linajes de la tierra*.»
⁴ Marchó, pues, Abrán, como se lo había dicho Yahvé, y con él marchó Lot. Tenía Abrán setenta y cinco años cuando salió de Jarán. ⁵ Tomó Abrán a Saray, su mujer, y a Lot, hijo de su hermano, con toda la hacienda que habían logrado y el personal que habían adquirido en Jarán, y salieron para dirigirse a Canaán.

Llegaron a Canaán, ⁶ y Abrán atravesó el país hasta el lugar sagrado de Siquén, hasta la encina de Moré. Por entonces estaban los cananeos en el país. ⁷ Yahvé se apareció a Abrán y le dijo: «A tu descendencia le he de dar esta tierra*.» Entonces él edificó allí un altar a Yahvé que se le había aparecido. ⁸ De allí pasó a la montaña, al oriente de Betel, y desplegó su tienda, entre Betel al occidente y Ay al oriente. Allí edificó un altar a Yahvé e invocó su nombre. ⁹ Luego Abrán fue desplazándose por acampadas hacia el Negueb.

Abrahán en Egipto*.

¹⁰ Hubo hambre en el país, y Abrán bajó a Egipto a pasar allí una temporada, pues el hambre abrumaba al país*. ¹¹ Estando ya próximo a entrar en Egipto, dijo a su mujer Saray: «Mira, yo sé que eres mujer hermosa. ¹² En cuanto te vean los egipcios, dirán: 'Es su mujer', y me matarán a mí, y a ti te dejarán viva. ¹³ Di, por favor, que eres mi hermana*, a fin de que me vaya bien por causa tuya, y viva yo gracias a ti.» ¹⁴ Efectivamente,

cuando Abrán entró en Egipto, vieron los egipcios que la mujer era muy hermosa. ¹⁵ La vieron los oficiales del faraón, que se la ponderaron, y la mujer fue llevada al palacio del faraón. ¹⁶ Éste trató bien por causa de ella a Abrán, que tuvo ovejas, vacas, asnos, siervos, siervas, asnas y camellos. ¹⁷ Pero Yahvé hirió al faraón y a su casa con grandes plagas por lo de Saray, la mujer de Abrán. ¹⁸ Entonces el faraón llamó a Abrán y le dijo: «¿Qué has hecho commigo? ¿Por qué no me avisaste de que era tu mujer? ¹⁹ ¿Por qué dijiste: 'Es mi hermana', de manera que yo la tomé por mujer? Ahora, pues, aquí tienes a tu mujer: tómala y vete.» ²⁰ Y el faraón ordenó a unos cuantos hombres que le despidieran con su mujer y todo lo suyo.

Separación de Abrahán y Lot.

13 ¹ De Egipto subió Abrán al Negueb, junto con su mujer y todo lo suyo, y acompañado de Lot. ² Abrán era muy rico en ganado, plata y oro. ³ Caminando de acampada en acampada, se dirigió desde el Negueb hasta Betel, hasta el lugar donde estuvo su tienda entre Betel y Ay, ⁴ el lugar donde había invocado Abrán el nombre de Yahvé.

⁵ También Lot, que iba con Abrán, tenía ovejas, vacadas y tiendas. ⁶ Ya la tierra no les permitía vivir juntos, porque su hacienda se había multiplicado, de modo que no podían vivir juntos. ⁷ Solía haber riñas entre los pastores de Abrán y los de Lot. (Además los cananeos y los perizitas habitaban por entonces en el país.) ⁸ Dijo, pues, Abrán a Lot: «No haya

---

Marginal references (left column):
↗ Jr 4 2
Si 44 21
↗ Hch 3 25
↗ Ga 3 8

33 18-20

13 15; 15 18
17 8; 26 3s
Hch 7 5
Ga 3 16
Gn 23+

=20
=26 1-11

Marginal references (right column):
12 8

36 7

Footnotes:

que el relato de la bajada a Egipto, 12 10-20, relato que no habla de Lot, con 13 1-4. Un desarrollo más reciente puede ser la promesa solemne de 13 14-17. A los autores sacerdotales se deben algunos complementos en los que se insiste en la riqueza de Abrahán y de Lot, motivo de su separación, 12 4ᵇ-5; 13 2.4-5. Si tal ha podido ser el desarrollo de los dos capítulos, la doble promesa de descendencia y del don de la tierra tienen a ocupar un lugar cada vez más preponderante. Rompiendo todos sus vínculos terrenos, Abrahán sale para un país desconocido, con su mujer estéril, 11 30, porque Dios lo ha llamado y le ha prometido una posteridad. Primer acto de fe de Abrahán, que volverá a expresarse cuando le sea renovada la promesa, 15 5-6+, y que Dios pondrá a prueba reclamándole a Isaac, fruto de esta promesa, 22+. La existencia y el porvenir del pueblo elegido dependen de este acto absoluto de fe, Hb 11 8-19. No se trata solamente de su descendencia carnal, sino de todos aquellos a quienes la misma fe hará hijos de Abrahán, como enseña san Pablo, Rm 4; Ga 3 7.

12 3 La fórmula se repite (con la palabra 'nación' o 'linaje') en 18 18; 22 18; 26 4; 28 14. En sentido estricto, significa (ver v. 2 y 48 20; Jr 29 22): «las gentes se dirán: 'Bendito seas como Abrahán'». Pero Si 44 21, la trad. de

los LXX y el NT han entendido: «En ti serán benditas todas las naciones».

12 7 Donación de la Tierra Santa.

12 10 (a) Este relato, cuyo tema se repite en cap. 20 (otra vez Sara) y en 26 1-11, quiere celebrar la hermosura de la matriarca de la raza, la astucia del patriarca y la protección que Dios concede a los dos. El relato lleva el sello de una edad moral en que la conciencia no siempre reprobaba la mentira y en que la vida del marido valía más que el honor de la esposa. La humanidad, guiada por Dios, sólo progresivamente ha ido tomando conciencia de la ley moral.

12 10 (b) También por causa de un período de hambre irán a Egipto los hermanos de José 42 1-5. El hambre obliga a bajar a Egipto a Jacob y a todos sus hijos, 46.

12 13 Se ha establecido un paralelo con una costumbre de la Alta Mesopotamia: en la aristocracia hurrita un marido podía adoptar, por ficción, a una mujer como «hermana», con lo que ésta gozaba de una consideración superior y de privilegios especiales. Ésta habría sido la situación de Saray, y Abrán se habría jactado de ello ante los egipcios, que a su vez se equivocaron, v. 19, lo mismo que el autor bíblico, que no conocía la costumbre. La explicación es dudosa.

disputas entre nosotros ni entre mis pastores y tus pastores, pues somos hermanos. [9] ¿No tienes todo el país por delante? Pues bien, apártate de mi lado. Si tomas por la izquierda, yo iré por la derecha; y si tú por la derecha, yo por la izquierda.»

[10] Lot levantó los ojos y vio toda la vega del Jordán*, toda ella de regadío —era antes de destruir Yahvé Sodoma y Gomorra—, como el jardín de Yahvé, como Egipto, hasta llegar a Soar*. [11] Eligió, pues, Lot para sí toda la vega del Jordán, y se trasladó al oriente; así se apartaron el uno del otro. [12] Abrán se estableció en Canaán y Lot en las ciudades de la vega, donde plantó sus tiendas hasta Sodoma. [13] Los habitantes de Sodoma eran muy malos y pecadores contra Yahvé*.

[14] Dijo Yahvé a Abrán, después que Lot se separó de él: «Alza tus ojos y mira desde el lugar en donde estás hacia el norte, el mediodía, el oriente y el poniente.

12 7+
[15] Pues bien, toda la tierra que ves te la daré a ti y a tu descendencia por siempre. [16] Haré tu descendencia como el polvo de la tierra: tal que si alguien puede contar el polvo de la tierra, también podrá contar tu descendencia. [17] Levántate, recorre el país a lo largo y a lo ancho, porque a ti te lo he de dar.» [18] Y Abrán vino a establecerse con sus tiendas junto a la encina* de Mambré, que está en Hebrón, y edificó allí un altar a Yahvé.

La campaña de los cuatro grandes reyes*.

14 [1] Aconteció en los días de Anrafel, rey de Senaar, de Arioc, rey de Elasar, de Quedorlaomer, rey de Elam, y de Tidal, rey de Goín, [2] que éstos hicieron guerra a Berá, rey de Sodoma, a Birsá, rey de Gomorra, a Sinab, rey de Admá, a Semeber, rey de Seboín, y al rey de Belá (o sea, Soar)*.

[3] Estos últimos se coaligaron en el valle de Sidín* (esto es, el mar de la Sal). [4] Doce años habían servido a Quedorlaomer, pero el año trece* se rebelaron. [5] Vinieron, pues, en el año catorce Quedorlaomer y los reyes que estaban por él, y derrotaron a los refaítas en Asterot Carnáin, a los zuzíes en Ham, a los emitas en la llanura de Quiriatáin, [6] y a los joritas en las montañas de Seír hasta El Parán, que está frente al desierto*. [7] De vuelta, llegaron a En Mispat (o sea, Cades), y batieron todo el territorio de los amalecitas, y también a los amorreos que habitaban en Jasasón Tamar. [8] Salieron entonces el rey de Sodoma, el rey de Gomorra, el rey de Admá, el rey de Seboín y el rey de Belá (esto es, de Soar) y en el valle de Sidín les presentaron batalla; [9] a Quedorlaomer, rey de Elam, a Tidal, rey de Goín, a Anrafel, rey de Senaar, y a Arioc, rey de Elasar: cuatro reyes contra cinco. [10] El valle de Sidín estaba lleno de pozos de betún y, cuando huían los reyes de Sodoma y Gomorra, cayeron allí. Los demás huyeron a la montaña. [11] Los vencedores tomaron toda la hacienda de Sodoma y Gomorra con todos sus víveres y se fueron. [12] Apresaron también a Lot, el sobrino de Abrán, y su hacienda, pues él habitaba en Sodoma, y se fueron.

[13] Un evadido vino a avisar a Abrán el hebreo, que habitaba junto a la encina de Mambré el amorreo, hermano de Escol y de Aner, aliados a su vez de Abrán. [14] Al

Dt 1 28+

Ex 17 8+
Dt 7 1+

13 18

---

13 10 (a) Lit. el «círculo», usado aquí como nombre geográfico que designa el valle bajo del Jordán hasta el sur del mar Muerto, que se considera como inexistente todavía, ver 14 3; 19 24s.

13 10 (b) Al sur del mar Muerto, ver 19 22.

13 13 Preparación de 18 20-21; 19 4-11. Es la introducción a una tradición en torno a Lot, que procedía de Transjordania y cuyo núcleo era la historia de Sodoma y Gomorra, 18-19. Puede tener orígenes muy lejanos, pero forma parte de la historia de Abrahán y de Lot, núcleo de la tradición sobre Abrahán. —Lot ha preferido la vida fácil y un clima de pecado; por ello se le castigará con dureza, 19. Pero la generosidad de Abrahán, que ha dejado la elección a su sobrino, va a ser premiada con la renovación de la promesa, 12 7.

13 18 «junto a la encina» griego, sir., ver 18 4; plur. hebr., y también en 14 13 y 18 1.

14 Este capítulo no pertenece a ninguna de las tres grandes tradiciones del Génesis. Se ha estimado su valor de manera muy diversa. Parece ser una composición tardía que imita relatos antiguos: los nombres de los cuatro reyes del Oriente tienen formas antiguas, pero no se pueden identificar con ningún personaje conoci-

do; y es históricamente imposible que Elam ejerciera dominio alguno sobre las ciudades del sur del Mar Muerto y estuviera a la cabeza de una coalición que reunía a un rey amorreo (Anrafel), a otro hurrita (Arioc) y a otro hitita (Tidal). El carácter artificial del relato es perceptible en los nombres de los reyes de Sodoma y Gomorra, Berá y Birsá respectivamente, es decir, «con malicia» y «con maldad», nueva alusión al pecado de las dos ciudades. El relato ha querido relacionar a Abrahán con la historia general y añadir a su figura una aureola de gloria militar.

14 2 Sobre Sodoma y Gomorra, ver cap. 19; sobre Admá y Seboín, Dt 29 22; Os 11 8.

14 3 El autor se figura inexistente aún el mar Muerto (mar de la Sal), ver 13 10; o bien el valle de Sidín (sólo en este pasaje aparece tal nombre) no ocupaba más que el sur del mar Muerto, que es un hundimiento reciente.

14 4 «el año trece» versiones; «trece años» hebr.

14 6 Refaítas, zuzíes (o zamzumíes), emíes y joritas: antiguos pueblos legendarios de Transjordania, ver Dt 2 10+ y 2 12+; sus ciudades jalonan la gran ruta que baja hacia el mar Rojo.

oír Abrán que su hermano había sido hecho cautivo, movilizó la tropa de gente nacida en su casa, en número de trescientos dieciocho, y persiguió a aquéllos hasta Dan. ¹⁵ Y cayendo él y sus siervos sobre ellos por la noche, los derrotó, y los persiguió hasta Jobá, que está al norte de Damasco; ¹⁶ recuperó toda la hacienda, y también a su hermano Lot con su hacienda, así como a las mujeres y a la gente.

Melquisedec.

Sal 110 4
⁄ Hb 5-7

¹⁷ A su regreso después de batir a Quedorlaomer y a los reyes que con él estaban, le salió al encuentro el rey de Sodoma en el valle de Savé (o sea, el valle del Rey)*. ¹⁸ Entonces Melquisedec, rey de Salem*, presentó pan y vino, pues era sacerdote del Dios Altísimo, ¹⁹ y le bendijo diciendo*:

«¡Bendito sea Abrán del Dios Altísimo, creador de cielos y tierra, ²⁰ y bendito sea el Dios Altísimo, que entregó a tus enemigos en tus manos!»

Y Abrán le dio el diezmo de todo.

²¹ Dijo luego el rey de Sodoma a Abrán: «Dame las personas, y quédate con la hacienda.» ²² Pero Abrán dijo al rey de Sodoma: «Alzo mi mano ante el Dios Altísimo*, creador de cielos y tierra; ²³ ni un hilo, ni la correa de un zapato, ni nada de lo tuyo tomaré, y así no dirás: 'Yo he enriquecido a Abrán.' ²⁴ Nada en absoluto, salvo lo que han comido los mozos y la parte de los hombres que fueron conmigo: Aner, Escol y Mambré. Ellos que tomen su parte.»

Las promesas divinas y la alianza*.

=17
12 2.7;
13 14-17

15 ¹ Después de estos sucesos fue dirigida la palabra de Yahvé a Abrán en visión, en estos términos:

«No temas, Abrán. Yo soy para ti un escudo. Tu premio será muy grande.»

Hch 7 5

² Dijo Abrán: «Mi Señor, Yahvé, ¿qué me vas a dar, si me voy sin hijos...?*.» ³ Dijo Abrán: «No me has dado descendencia, y un criado de mi casa me va a heredar.» ⁴ Pero Yahvé le dijo: «No te heredará ése, sino que te heredará uno que saldrá de tus entrañas.» ⁵ Y sacándole afuera, le dijo: «Mira al cielo, y cuenta las estrellas, si puedes contarlas.» Y le dijo: «Así será tu descendencia.» ⁶ Y creyó él en Yahvé, el cual se le reputó por justicia*.

Dt 1 10;
⁄ Hb 11 12
1 M 2 52;
⁄ Rm 4
⁄ Ga 3 6s;
⁄ St 2 23
11 31

⁷ Y le dijo: «Yo soy Yahvé, que te saqué de Ur de los caldeos para darte esta tierra en propiedad.» ⁸ Él dijo: «Mi Señor, Yahvé, ¿en qué conoceré que ha de ser mía?» ⁹ Le contestó: «Tráeme una novilla de tres años, una cabra de tres años, un carnero de tres años, una tórtola y un pi-

---

14 17 Mencionado en 2 S 18 18, se encontraba, según Josefo, a menos de 400 m. de Jerusalén.

14 18 Siguiendo el Sal 76 3, toda la tradición judía y muchos Padres han identificado a Salem con Jerusalén. Su Rey-sacerdote Melquisedec (nombre cananeo, ver Adoni Sédec, rey de Jerusalén, Jos 19 1) adora al Dios Altísimo, 'El-'Elyôn, nombre compuesto cuyos dos elementos corresponden a sendas divinidades del panteón fenicio. 'Elyôn se emplea en la Biblia (especialmente Sal) como título divino. Aquí, v. 22, 'El-'Elyôn se identifica con el Dios verdadero de Abrahán. Este Melquisedec, que en el relato hace una breve y misteriosa aparición como rey de Jerusalén, donde Yahvé escogerá morada, y como sacerdote del Altísimo aun con anterioridad a la institución levítica, es presentado en el Sal 110 4 como figura de David, que es una real figura del Mesías, rey sacerdote. La aplicación al sacerdocio de Cristo se desarrolla en Hb 7. La tradición patrística ha aprovechado y enriquecido esta exégesis alegórica, viendo en el pan y el vino ofrecidos por Abrahán una figura de la Eucaristía, y hasta un verdadero sacrificio, figura del sacrificio eucarístico, interpretación aceptada en el Canon de la Misa. Incluso habían admitido algunos Padres que Melquisedec era una aparición del Hijo de Dios en persona. Aquí los vv. 18-20 son una adición y son posteriores al resto del capítulo. En ellos, Melquisedec es imagen del sumo sacerdote postexílico, heredero de las prerrogativas reales y cabeza del sacerdocio, a quien los descendientes de Abrahán pagan el diezmo.

14 19 La bendición es una palabra eficaz, 9 25+, e irrevocable, 27 33+; 48 18+, que, aun pronunciada por un hombre, transmite el efecto que en ella se expresa, puesto que Dios es quien bendice, 1 27.28; 12 1; 28 3-4; Sal

67 2; 85 2, etc. Pero también el hombre bendice, a su vez, a Dios, alaba su grandeza y su bondad y desea al mismo tiempo verlas afianzarse y dilatarse, 24 48; Ex 18 10; Dt 8 10; 1 S 25 32.39, etc. Aquí se juntan las dos bendiciones. El culto israelita comprende las dos clases de bendiciones, Nm 6 22; Dt 27 14-26; Sal 103 1-2; Dn 2 19-23, etc. Ver Lc 1 68; 2 Co 1 3; Ef 1 3; 1 P 1 3.

14 22 Delante de «Dios» se omite «Yahvé», con griego y sir.

15 Relato de tradición yahvista, pero con indicios de origen reciente y adiciones muy tardías. La fe de Abrahán es puesta a prueba, las promesas tardan en realizarse. Luego, son renovadas y selladas con una alianza. La promesa de la tierra está en primer lugar. —El NT unirá la persona y la obra de Jesucristo, ver Hch 2 39+; Rm 4 13+, a estas promesas hechas a los Padres y en las que ha empeñado su misericordia y su fidelidad.

15 2 Texto corrompido: «y el hijo de... (una palabra ininteligible) mi casa, es Damasco Eliezer». El v. 4 parece indicar que se menciona a Eliezer. Por primera vez Abrahán responde a Dios para expresar una inquietud. El v. 3 parece ser una adición: repite la misma queja.

15 6 La fe de Abrahán es la confianza en una promesa humanamente irrealizable. Dios le reconoció el mérito de este acto (ver Dt 24 13; Sal 106 31), se le contó como justo, ya que el «justo» es el hombre a quien su rectitud y su sumisión hacen grato a Dios. San Pablo utiliza el texto para probar que la justificación depende de la fe y no de las obras de la Ley; pero la fe de Abrahán determina su conducta, es principio de acción, y Santiago puede invocar el mismo texto para condenar la fe «muerta», sin las obras de la fe.

chón.» ¹⁰ Tomó él todas estas cosas y, partiéndolas por el medio, puso cada mitad enfrente de la otra. Los pájaros no los partió. ¹¹ Las aves rapaces bajaron sobre los cadáveres, pero Abrán las espantó.

¹² Y cuando estaba ya el sol para ponerse, cayó sobre Abrán un sopor y de pronto le invadió un gran sobresalto*.
¹³ Yahvé dijo a Abrán: «Has de saber que tus descendientes serán forasteros en tierra extraña. Los esclavizarán y oprimirán durante cuatrocientos años. ¹⁴ Pero yo a mi vez juzgaré a la nación a quien sirvan; y luego saldrán con gran hacienda. ¹⁵ Tú, en tanto, irás en paz con tus padres, serás sepultado en buena ancianidad. ¹⁶ Y a la cuarta generación volverán ellos acá; porque hasta entonces no se habrá colmado la maldad de los amorreos*.»

¹⁷ Y, puesto ya el sol, surgió en medio de densas tinieblas un horno humeante y una antorcha de fuego que pasó por entre aquellos animales partidos. ¹⁸ Aquel día hizo Yahvé una alianza con Abrán en estos términos:

«Voy a dar a tu descendencia esta tierra, desde el río de Egipto hasta el Río Grande, el río Éufrates; ¹⁹ los quenitas, quenizitas, cadmonitas, ²⁰ hititas, perizitas, refaítas, ²¹ amorreos, cananeos, guirgaseos y jebuseos*.»

Nacimiento de Ismael*.

16 ¹ Saray, mujer de Abrán, no le daba hijos. Pero tenía una esclava egipcia, que se llamaba Agar, ² y dijo Saray a Abrán: «Mira, Yahvé me ha hecho estéril. Llégate, pues, te ruego, a mi esclava. Quizá podré tener hijos de ella*.» Abrán escuchó el consejo de Saray.

³ Así, al cabo de diez años de habitar Abrán en Canaán, tomó Saray, la mujer de Abrán, a su esclava Agar la egipcia, y se la dio por mujer a su marido Abrán. ⁴ Se llegó, pues, él a Agar, que concibió. Pero luego, al verse ella encinta, miraba a su señora con desprecio. ⁵ Dijo entonces Saray a Abrán: «Mi agravio recaiga sobre ti. Yo puse mi esclava en tu seno, pero, al verse ella encinta, me mira con desprecio. Juzgue Yahvé entre nosotros dos.» ⁶ Respondió Abrán a Saray: «Ahí tienes a tu esclava en tus manos. Haz con ella como mejor te parezca.» Saray dio en maltratarla y ella huyó de su presencia.

⁷ La encontró el Ángel de Yahvé* junto a una fuente que manaba en el desierto —la fuente que hay en el camino de Sur— ⁸ y dijo: «Agar, esclava de Saray, ¿de dónde vienes y a dónde vas?» Contestó ella: «Voy huyendo de mi señora Saray.» ⁹ «Vuelve a tu señora, le dijo el Ángel de Yahvé, y sométete a ella.» ¹⁰ Y dijo el Ángel de Yahvé: «Multiplicaré de tal modo tu descendencia, que por su gran multitud no podrá contarse.» ¹¹ Añadió el Ángel de Yahvé:

Sábete que has concebido y que darás
a luz un hijo,
al que llamarás Ismael,
porque Yahvé ha oído* tu aflicción.
¹² Será un onagro humano.
Su mano contra todos, y la mano de
todos contra él;
y enfrente de todos sus hermanos
plantará su tienda*.»

¹³ Dio Agar a Yahvé, que le había hablado, el nombre de «Tú eres El Roí», pues dijo: «¿Si será que he llegado a ver

---

Marginal references left column:
Hch 7 6-7
Ex 12 40
Jdt 5 9s
Ga 3 17
Hch 13 20
12 7+
Nm 24 21+
Dt 7 1+

Marginal references right column:
=21 10-19
Ex 15 22
25 12-18

---

15 12 El texto añade aquí: «una gran oscuridad», probablemente glosa para explicar el término raro «tinieblas», v. 17.

15 16 Los vv. 13-16 son una adición antigua al relato yahvista.

15 17 Antiguo rito de alianza (Jr 34 18): los contratantes pasaban entre las carnes sangrantes e invocaban sobre su cabeza la suerte sobrevenida al relato-base, si transgredían su compromiso. Bajo el símbolo del fuego (ver la zarza ardiendo, Ex 3 2; la columna de fuego, Ex 13 21; el Sinaí humeante, Ex 19 18), el que pasa es Yahvé, y pasa solo porque su alianza es un pacto unilateral, ver 9 9+. Es un compromiso solemne, sellado por un juramento imprecatorio (pasar entre los animales partidos).

15 21 La expresión idealizada de los límites del país de la promesa (comparar con «desde Dan hasta Berseba») y la lista de los pueblos son una adición al relato-base. Y no hay homogeneidad entre los dos elementos añadidos: los pueblos son sólo los de Canaán.

16 Relato de tradición yahvista con elementos de tradición sacerdotal (vv. 1ª.3.15-16).

16 2 Según el derecho mesopotámico, una esposa estéril podía dar a su marido una sierva como mujer y reconocer como suyos a los hijos nacidos de esta unión. El caso se repetirá con Raquel, 30 1-6, y Lía, 30 9-13.

16 7 En los textos antiguos, el Ángel de Yahvé, 22 11; Ex 3 2; Jc 2 1, etc., o el Ángel de Dios, 21 17; 31 11; Ex 14 19, etc., no es todavía claramente un ángel distinto de Dios, Ex 23 20; pero tampoco es, al parecer, una forma de hablar de Dios en cuanto que se manifiesta. Si bien parece que de este texto, v. 13, se desprende la identificación, hay que tener en cuenta que lo propio de un «enviado» es hablar en nombre del que lo envía. En otros textos, el Ángel de Yahvé es el ejecutor de sus venganzas, Ex 12 23. Véase igualmente Tb 5 4+; Mt 1 20+; Hch 7 38+.

16 11 El nombre de *Išma'el* significa: «escuche Dios», o: «Dios ha escuchado».

16 12 Los descendientes de Ismael son los árabes del desierto, independientes y vagabundos como el onagro (Jb 39 5-8).

aquí las espaldas de aquel que me ve*?.» [14] Por eso se llamó aquel pozo «Pozo de Lajay Roí». Está entre Cades y Béred.

↗ Ga 4 22

[15] Agar dio a luz un hijo a Abrán, y éste llamó al hijo que Agar le había dado Ismael. [16] Tenía Abrán ochenta y seis años cuando Agar le dio su hijo Ismael.

=15

La alianza y la circuncisión*.

9 9+

[1] Cuando Abrán tenía noventa y nueve años, se le apareció Yahvé y le dijo:

5 22.24; 6 9

«Yo soy El Sadday*, anda en mi presencia y sé perfecto. [2] Yo establezco mi alianza entre nosotros dos, y te multiplicaré sobremanera.»

[3] Cayó Abrán rostro en tierra, y Dios le habló así: [4] «Por mi parte ésta es mi alianza contigo: serás padre de una muchedumbre de pueblos. [5] No te llamarás más Abrán, sino que tu nombre será Abrahán*, pues te he constituido padre de muchedumbre de pueblos. [6] Te haré fecundo sobremanera, te convertiré en pueblos, y reyes saldrán de ti. [7] Y estableceré mi alianza entre nosotros dos, y con tu descendencia después de ti, de generación en generación: una alianza eterna, de ser yo tu Dios y el de tu posteridad. [8] Te daré a ti y a tu posteridad la tierra en la que andas como peregrino, todo el país de Canaán, en posesión perpetua, y yo seré el Dios de los tuyos.»

Ne 9 7
↗ Rm 4 17

12 7+

[9] Dijo Dios a Abrahán: «Guarda, pues, mi alianza, tú y tu posteridad, de generación en generación. [10] Ésta es mi alianza que habéis de guardar entre yo y vosotros —también tu posteridad—: Todos vuestros varones serán circuncidados*. [11] Os circuncidaréis la carne del prepucio, y eso será la señal de la alianza entre yo y vosotros. [12] A los ocho días será circuncidado entre vosotros todo varón, de generación en generación, tanto el nacido en casa como el comprado con dinero a cualquier extraño que no sea de tu raza. [13] Deben ser circuncidados el nacido en tu casa y el comprado con tu dinero, de modo que mi alianza esté en vuestra carne como alianza eterna. [14] El incircunciso, el varón a quien no se le circuncide la carne de su prepucio, será borrado de entre los suyos por haber violado mi alianza.

↗ Rm 4 11-12
↗ Hch 7 8

Lv 12 3+

[15] Dijo Dios a Abrahán: «A Saray, tu mujer, no la llamarás más Saray, sino que su nombre será Sara*. [16] Yo la bendeciré, y de ella también te daré un hijo. La bendeciré y se convertirá en naciones; reyes de pueblos procederán de ella.» [17] Abrahán cayó rostro en tierra y se echó a reír*, diciendo en su interior: «¿A un hombre de cien años va a nacerle un hijo?, ¿y Sara, a sus noventa años, va a dar a luz?» [18] Y dijo Abrahán a Dios: «¡Si al menos Ismael viviera en tu presencia!» [19] Respondió Dios: «Sí, pero Sara tu mujer te dará a luz un hijo, y le pondrás por nombre Isaac*. Yo estableceré mi alianza con él, una alianza eterna, de ser yo el Dios suyo y el de su posteridad*. [20] En cuanto a Ismael,

=18 9-15

18 12; 21 6.9 Jn 8 56+

---

16 13 *El-Ro'i* significa «Dios de visión»; el texto de las palabras de Agar parece alterado. *Lajay-Ro'i* puede interpretarse: el pozo del «viviente que me ve»; allí residirá Isaac, 24 62; 25 11.
17 Nuevo relato de la alianza, de tradición sacerdotal. La alianza sella las mismas promesas que en la tradición yahvista del cap. **15**, pero esta vez impone al hombre obligaciones de perfección moral, v. 1, vínculo religioso con Dios, vv. 7.19, y una prescripción positiva, la circuncisión. Comparar, en la misma fuente, la alianza con Noé, 9 9+.
17 1 Antiguo nombre divino de la época patriarcal, **28** 3; **35** 11; **43** 14; **48** 3; **49** 25, especialmente mantenido por la tradición sacerdotal, ver Ex **6** 3, raro fuera del Pentateuco, excepto en Job. La traducción común «Dios omnipotente» es inexacta. El sentido es dudoso; se ha propuesto «Dios de la Montaña» según el acádico *shadû*; sería preferible entender «Dios de la Estepa», según el hebr. *sadeh* y otro sentido distinto de la palabra acádica. Se trataría de una apelación divina que corresponde al modo de vida de los nómadas.
17 5 En la mentalidad antigua, el nombre de un ser no sólo lo designa, sino que determina su naturaleza. Un cambio de nombre señala por lo mismo un cambio de destino, ver v. 15 y **35** 10. En realidad *Abrán* y *Abrahán* parecen ser dos formas dialectales del mismo nombre y tener igual significación: «Es grande en cuanto a su padre, es de noble linaje.» Pero *Abrahán* se explica aquí por la asonancia con *'ab hamôn* «padre de multitud».

17 10 La circuncisión era primitivamente un rito de iniciación al matrimonio y a la vida del clan, Gn **34** 14s; Ex **4** 24-26; Lv **19** 23. Aquí se convierte en «señal» que recordará a Dios (como el arco iris, **9** 16-17) su alianza, y al hombre su pertenencia al pueblo elegido y las obligaciones consiguientes. Sin embargo, las leyes sólo mencionan un par de veces esta prescripción, Ex **12** 44; Lv **12** 3; ver Jos **5** 2-8. No adquirió toda su importancia más que a partir del Destierro, ver 1 M **1** 60s; 2 M **6** 10. San Pablo la interpreta como el «sello de la justicia de la fe», Rm **4** 11. Sobre «la circuncisión del corazón», ver Jr **4** 4+.
17 15 *Sara* y *Saray* son dos formas del mismo nombre, que significa «princesa»; y Sara será madre de reyes, v. 16.
17 17 A la risa de Abrahán hará eco la risa de Sara, **18** 12, y la de Ismael, **21** 9 (véase también **21** 6); son alusiones al nombre de Isaac, forma abreviada de *Yishaq-'El*, que significa: «Que Dios sonría, se muestre favorable» o «Dios ha sonreído, se ha mostrado favorable.» La risa de Abrahán expresa tanto su incredulidad (de ahí su petición en favor de Ismael, v. 18) cuanto su asombro ante lo desmedido de la promesa. Al menos quiere una confirmación, o solicita al recordar la existencia de Ismael, que podría ser el heredero prometido.
17 19 (a) La indicación del nombre que ha de llevar el niño forma parte de las anunciaciones de nacimiento; véase **16** 11.
17 19 (b) «de ser el Dios suyo y el de» con una parte del griego; omitido por hebr.

también te he escuchado: Voy a bendecirlo, lo haré fecundo y lo haré crecer sobremanera. Doce príncipes engendrará, y haré de él un gran pueblo. [21] Pero mi alianza la estableceré con Isaac, el que Sara te dará a luz el año que viene por este tiempo.» [22] Y después de hablar con él, subió Dios dejando a Abrahán.

[23] Tomó entonces Abrahán a su hijo Ismael, a todos los nacidos en su casa y a todos los comprados con su dinero —a todos los varones de la casa de Abrahán— y aquel mismo día les circuncidó la carne del prepucio, como Dios le había mandado. [24] Tenía Abrahán noventa y nueve años cuando circuncidó la carne de su prepucio. [25] Ismael, su hijo, era de trece años cuando se le circuncidó la carne de su prepucio. [26] El mismo día fueron circuncidados Abrahán y su hijo Ismael. [27] Y todos los varones de su casa, los nacidos en su casa y los comprados a extraños por dinero, fueron circuncidados juntamente con él.

La teofanía de Mambré*.

18 [1] Se le apareció Yahvé en la encina de Mambré estando él sentado a la puerta de su tienda en lo más caluroso del día. [2] Levantó los ojos y vio que había tres individuos parados a su vera. Inmediatamente acudió desde la puerta de la tienda a recibirlos, se postró en tierra* [3] y dijo: «Señor mío, si te he caído en gracia, no pases de largo cerca de tu servidor. [4] Que traigan un poco de agua, os laváis los pies y os recostáis bajo este árbol, [5] que yo iré a traer un bocado de pan, y repondréis fuerzas. Luego pasaréis adelante, que para eso os habéis acertado a pasar a la vera de este servidor vuestro.» Dijeron ellos: «Hazlo como has dicho.»

[6] Abrahán se dirigió presuroso a la tienda, adonde Sara, y le dijo: «Apresta tres arrobas de harina de sémola, amasa y haz unas tortas.» [7] Abrahán, por su parte, acudió a la vacada, apartó un becerro tierno y hermoso y se lo entregó al mozo, que se apresuró a aderezarlo. [8] Luego tomó cuajada y leche, junto con el becerro que había aderezado, y se lo presentó, manteniéndose en pie delante de ellos bajo el árbol. Así que hubieron comido, [9] le dijeron: «¿Dónde está tu mujer Sara?» —«Ahí, en la tienda», contestó. [10] Dijo entonces aquél: «Volveré sin falta a ti pasado el tiempo de un embarazo, y para entonces tu mujer Sara tendrá un hijo.» Sara lo estaba oyendo a la entrada de la tienda, a sus espaldas. [11] Abrahán y Sara eran viejos, entrados en años, y a Sara se le había retirado la regla de las mujeres. [12] Así que Sara rió para sus adentros* y pensó: «Ahora que estoy pasada, ¿sentiré el placer, y además con mi marido viejo?».

[13] Dijo Yahvé a Abrahán: «¿Por qué se ha reído Sara, pensando: ¡Seguro que voy a parir ahora de vieja!'? [14] ¿Hay algo difícil para Yahvé? En el plazo fijado volveré, al término de un embarazo, y Sara tendrá un hijo.» [15] Sara negó: «No me he reído», y es que tuvo miedo. Pero aquél dijo: «No digas eso, que sí te has reído.»

Intercesión de Abrahán.

[16] Partieron de allí aquellos hombres en dirección a Sodoma, y Abrahán los acompañó de despedida. [17] Dijo entonces Yahvé: «¿Cómo voy a ocultar a Abrahán lo que voy a hacer, [18] siendo así que Abrahán ha de ser un pueblo grande y poderoso, y se bendecirán por él los pueblos todos de la tierra? [19] Porque yo le conozco y sé que mandará a sus hijos y a su descendencia que guarden el camino de Yahvé, practicando la justicia y el derecho, de modo que pueda concederle

25 13-16

18 14

⟋ Hb 13 2

=15 2-4
=17 15-21

⟋ Rm 9 9

Lc 1 37

St 5 16
Ex 32 11+

Jn 15 15
Am 3 7

12 3+

---

18 En su forma final, los caps. **18-19** constituyen un relato de tradición yahvista que narra una aparición de Yahvé (vv. 1.10-11.13.22) acompañado de dos «hombres» (= individuos) que, según **19** 1.15, son dos ángeles. Pero la forma primitiva del relato pudo muy bien hablar sin más de «tres individuos», o incluso «tres ángeles», representantes y enviados de Yahvé, **19** 14, para hablar y actuar en su nombre, lo que explicaría el uso de «Yahvé dijo» en los momentos clave del relato. Pese *a esta pluralidad, habría en el fondo* una concepción semejante a la del cap. **16** (ver 13+), y esto explicaría el cambio entre plural y singular. El que en su estado actual Yahvé sea uno de los tres, se explica por adiciones, **18** 17-19; **19** 1 (sólo «dos»). 27[b], pero, sobre todo, por la intercesión de Abrahán, **18** 22[b]-33[a]. En estos «tres individuos», a los que Abrahán se dirige en singular, muchos de los Padres han visto el anuncio del misterio de la Trinidad, cuya revelación estaba reservada al NT. Este relato prepara el del cap. **19**. El yahvista ha recogido y transformado una antigua leyenda sobre la destrucción de Sodoma en la que intervienen tres personajes divinos. Esta historia formaba el núcleo de un ciclo de Lot, que fue unido al ciclo de Abrahán.

18 2 No se trata de una «adoración», de un acto de culto, sino de una mera muestra de homenaje. Abrahán no reconoce al principio en los visitantes más que a huéspedes humanos y les ofrece una magnífica hospitalidad. Su carácter divino sólo se manifestará paulatinamente, vv. 2.9.13.14.

18 12 Alusión al nombre de Isaac, ver **17** 17+. Esta risa no es una falta de fe; Sara desconoce todavía la identidad del huésped, que adivinará en el v 15; de ahí su temor entonces.

Yahvé a Abrahán lo que le tiene apalabrado.» ²⁰ Dijo, pues, Yahvé: «El clamor de Sodoma y de Gomorra es grande; y su pecado gravísimo. ²¹ Así que voy a bajar personalmente, a ver si lo que han hecho responde en todo* al clamor que ha llegado hasta mí, y si no, he de saberlo.»

4 10

²² Partieron de allí aquellos individuos* camino de Sodoma, en tanto que Abrahán permanecía parado delante de Yahvé.

²³ Abrahán le abordó y le dijo: «¿Así que vas a borrar al justo con el malvado? ²⁴ Tal vez haya cincuenta justos en la ciudad. ¿Vas a borrarlos sin perdonar a aquel lugar por los cincuenta justos que hubiere dentro*? ²⁵ Tú no puedes hacer tal cosa: dejar morir al justo con el malvado, y que corran parejas el uno con el otro. Tú no puedes. El juez de toda la tierra ¿va a fallar una injusticia*?» ²⁶ Dijo Yahvé: «Si encuentro en Sodoma a cincuenta justos en la ciudad perdonaré a todo el lugar por amor de aquéllos.» ²⁷ Replicó Abrahán: «¡Mira que soy atrevido de interpelar a mi Señor, yo que soy polvo y ceniza! ²⁸ Supón que los cincuenta justos fallen por cinco. ¿Destruirías por los cinco a toda la ciudad?» Dijo: «No la destruiré, si encuentro allí a cuarenta y cinco.» ²⁹ Insistió todavía: «Supón que se encuentran allí cuarenta.» Respondió: «Tampoco lo haría, en atención de esos cuarenta.» ³⁰ Insistió: «No se enfade mi Señor si le digo: 'Tal vez se encuentren allí treinta'.» Respondió: «No lo haré si encuentro allí a esos treinta.» ³¹ Volvió a decirle: «¡Cuidado que soy atrevido de interpelar a mi Señor! ¿Y si

se hallaren allí veinte?» ³² Respondió: «Tampoco los destruiría en atención a los veinte.» Insistió: «Vaya, no se enfade mi Señor, que ya sólo hablaré esta vez: '¿Y si se encuentran allí diez?'» Dijo: «Tampoco los destruiría, en atención a los diez.»

³³ Partió Yahvé así que hubo acabado de conversar con Abrahán, y éste se volvió a su lugar*.

Jr 5 1
Ez 22 30

Destrucción de Sodoma y Gomorra*.

19¹ Los dos ángeles llegaron a Sodoma por la tarde. Lot estaba sentado a la puerta de Sodoma. Al verlos, Lot se levantó a su encuentro y postrándose rostro en tierra, ² dijo: «Os ruego, señores, que vengáis a la casa de este servidor vuestro. Hacéis noche, os laváis los pies, y de madrugada seguiréis vuestro camino.» Ellos dijeron: «No; haremos noche en la plaza.» ³ Pero tanto porfió con ellos, que al fin se hospedaron en su casa. Él les preparó una comida cociendo unos panes cenceños y comieron.

⁴ No bien se habían acostado, cuando los hombres de la ciudad, los sodomitas, rodearon la casa desde el mozo hasta el viejo, todo el pueblo sin excepción. ⁵ Llamaron a voces a Lot y le dijeron: «¿Dónde están los hombres que han venido adonde ti esta noche? Sácalos, para que abusemos de ellos*.»

Jc 19 22-24

⁶ Lot salió donde ellos a la entrada, cerró la puerta detrás de sí, ⁷ y dijo: «Por favor, hermanos, no hagáis esta maldad. ⁸ Mirad, aquí tengo dos hijas que aún no han conocido varón. Os las sacaré y haced con ellas como bien os parezca*;

Lv 20 13

18 21 «todo» *kullah* conj.; «aniquilamiento» *kalah* hebr.
18 22 Los dos «individuos», distintos de Yahvé, que queda con Abrahán. Más adelante, 19 1, se dirá que son ángeles.
18 24 Problema de todos los tiempos: ¿han de sufrir los buenos con los malvados, y a causa de ellos? Era tan fuerte en el antiguo Israel el sentimiento de la responsabilidad colectiva, que no se pregunta aquí si los justos podrían ser liberados individualmente. De hecho, Dios salvará a Lot y su familia, 19 15-16; pero el principio de la responsabilidad individual no llegará a formularse hasta Dt 7 10; 24 16; Jr 31 29-30; Ez 14 12s y 18; ver las notas. Ya que todos han de sufrir la misma suerte, Abrahán únicamente pregunta si acaso algunos justos no llegarán a conseguir el perdón de muchos culpables. Las respuestas de Yahvé confirman el papel salvador de los santos en el mundo. Pero, en su regateo de misericordia, Abrahán no se atreve a bajar de diez justos. Según Jr 5 1 y Ez 22 30, Dios perdonaría a Jerusalén aun cuando no hallara en ella más que un justo. Finalmente, en Is 53, el sufrimiento del único Siervo es el que ha de salvar a todo el pueblo, pero este anuncio no será comprendido hasta que Cristo lo haya realizado.
18 25 Ver Rm 3 6. Más injusticia hay en condenar a

algunos inocentes que en absolver a una multitud de culpables.
18 33 Volverá al día siguiente, para mirar, 19 27.
19 Este relato empalma con el cap. 18, que lo prepara, 18 16-32. El mismo misterio envuelve a los protagonistas: los «dos ángeles» de 19 son los «individuos» que se habían ido del lado de Abrahán. 18 22ª y 33ª. La adición de la intercesión de Abrahán reduce su número a dos, v. 1, dado que Yahvé se ha quedado con Abrahán, 18 22ᵇ-33ª. El resto del capítulo sigue llamándolos «individuos», excepto en el v. 15. Éstos hablan, o se les habla, en plural o en singular, como representantes de Yahvé, quien no interviene en persona. Desde este antiguo texto se afirman el carácter moral de la religión de Israel y el poder universal de Yahvé. La terrible lección será evocada con frecuencia, ver en particular Dt 29 22; Is 1 9; 13 19; Jr 49 18; 50 40; Am 4 11; Sb 10 6-7; Mt 10 15; 11 23-24; Lc 17 28s; 2 P 2 6. Judas 7.
19 5 El pecado contra naturaleza que toma su nombre de este relato era abominable para los israelitas, Lv 18 22, y castigado con la muerte, Lv 20 13, pero se había extendido en torno a ellos, Lv 20 23. Ver Jc 19 22s.
19 8 El honor de una mujer valía entonces menos, 12 13, ver 12 10+, que el sagrado deber de la hospitalidad.

pero a estos hombres no les hagáis nada, que para eso han venido al amparo de mi techo.» [9] Pero ellos respondieron: «¡Venga ya! Uno que ha venido a avecindarse, ¿va a meterse a juez? Ahora te trataremos a ti peor que a ellos.» Y forcejearon con él, con Lot, de tal modo que estaban a punto de romper la puerta. [10] Pero los hombres alargaron las manos, tiraron de Lot hacia sí, adentro de la casa, cerraron la puerta, [11] y a los hombres que estaban a la entrada de la casa los dejaron deslumbrados desde el chico hasta el grande, y mal se vieron para encontrar la puerta.

2 R 6 18

[12] Los hombres dijeron a Lot: «¿A quién más tienes aquí? Saca de este lugar a tus hijos e hijas y a quienquiera que tengas en la ciudad, [13] porque vamos a destruir este lugar, que es grave la queja que contra ellos ha llegado a Yahvé, y Yahvé nos ha enviado a destruirlos.» [14] Salió Lot y habló con sus yernos, los prometidos de sus hijas: «Levantaos, dijo; salid de este lugar, porque Yahvé va a destruir la ciudad.» Pero sus yernos le tomaron a broma.

[15] Al rayar el alba, los ángeles apremiaron a Lot diciendo: «Levántate, toma a tu mujer y a tus dos hijas que se encuentran aquí, no vayas a ser barrido por culpa de la ciudad.» [16] Y como él remoloneaba, los hombres le asieron de la mano lo mismo que a su mujer y a sus dos hijas por compasión de Yahvé hacia él, y, sacándolo, lo dejaron fuera de la ciudad.

Mt 24 15s

[17] Mientras los sacaban afuera, dijo uno: «¡Escápate, por vida tuya! No mires atrás ni te pares en toda la redonda. Escapa al monte, no vayas a ser barrido.» [18] Lot les dijo: «No, por favor, Señor mío. [19] Ya que este servidor tuyo te ha caído en gracia, y me has hecho el gran favor de dejarme con vida, mira que no puedo escaparme al monte sin riesgo de que me alcance el daño y la muerte. [20] Ahí cerquita está esa ciudad a donde huir. Es

una pequeñez. ¡Mira, voy a escaparme allá —¿verdad que es una pequeñez?— y quedaré con vida!» [21] Díjole: «Bien, te concedo también eso de no arrasar la ciudad que has dicho. [22] Listo, escápate allá, porque no puedo hacer nada hasta que no entres allí.» Por eso se llamó aquella ciudad Soar*.

[23] El sol asomaba sobre el horizonte cuando Lot entraba en Soar. [24] Entonces Yahvé hizo llover sobre Sodoma y Gomorra azufre y fuego de parte de Yahvé. [25] Y arrasó aquellas ciudades y toda la redonda con todos los habitantes de las ciudades y la vegetación del suelo*. [26] Su mujer miró hacia atrás y se convirtió en poste de sal*.

Sb 10 7
↗ Lc 17 32

[27] Abrahán se levantó de madrugada y fue al lugar donde había estado en presencia de Yahvé. [28] Dirigió la vista en dirección de Sodoma y Gomorra y de toda la región de la redonda, y, al mirar, vio que subía de la tierra una humareda como la de una fogata.

18 16-33

[29] Así pues, cuando Dios destruyó las ciudades de la redonda, se acordó de Abrahán y puso a Lot a salvo de la catástrofe, cuando arrasó las ciudades en que Lot habitaba*.

Is 34 9-10
↗ Ap 14
10-11

Origen de los moabitas y amonitas*.

[30] Subió Lot desde Soar y se quedó a vivir en el monte con sus dos hijas, temeroso de vivir en Soar. Él y sus dos hijas se instalaron en una cueva. [31] La mayor dijo a la pequeña: «Nuestro padre es viejo y no hay ningún hombre en el país que se una a nosotras, como se hace en todo el mundo. [32] Ven, vamos a darle vino a nuestro padre, nos acostaremos con él y así engendraremos descendencia.» [33] En efecto, aquella misma noche dieron vino a su padre; entró la mayor y se acostó con su padre, sin que él se enterase de cuándo se acostó ni cuándo se levantó. [34] Al día siguiente dijo la mayor a la pequeña: «Mira, yo me he

---

19 22 Soar se relaciona aquí con *miš'ar* «pequeñez, una nada». La ciudad existía al sudoeste del mar Muerto, **13** 10; Dt 34 3; Is 15 5; Jr 48 34. En la época romana, otro seísmo llevó las aguas a la ciudad, que fue reconstruida más arriba y habitada hasta la Edad Media.
19 25 El texto permite situar el cataclismo (¿una sacudida sísmica acompañada de erupción de gases?) en la región meridional del mar Muerto. En realidad, el hundimiento de la parte sur del mar Muerto es geológicamente reciente, y la región no ha tenido estabilidad hasta la época moderna. Además de Sodoma y Gomorra (Am **4** 11; Is 1 9.10), las ciudades malditas son Admá y Seboín (Gn **14**; Dt 29 22; Os 11 8).

19 26 Explicación popular de alguna peña de forma caprichosa o de un bloque de formación salina.
19 29 Este v. pertenece a la tradición sacerdotal (ver **8** 1: Dios se acuerda), o bien es redaccional.
19 30 Este apéndice reproduce una tradición de los moabitas y de los amonitas, ver Nm **20** 23+, que podían gloriarse de tales orígenes. Como Tamar, ver Gn **38**, las hijas de Lot no son presentadas como impúdicas; ante todo quieren perpetuar el linaje. El v. 31 supone que Lot y sus hijas son los últimos supervivientes de la catástrofe. La historia de Sodoma, destruida a causa del pecado de sus habitantes, pudo haber sido primitivamente un paralelo transjordánico del relato del diluvio.

acostado anoche con mi padre. Vamos a darle vino también esta noche, y entras tú a acostarte con él, y así engendraremos de nuestro padre descendencia.» [35] Dieron, pues, también aquella noche vino a su padre, y la pequeña se acostó con él, sin que él se enterase de cuándo se acostó ni cuándo se levantó. [36] Las dos hijas de Lot quedaron encinta de su padre. [37] La mayor dio a luz un hijo, y lo llamó Moab: es el padre de los actuales moabitas. [38] La pequeña también dio a luz un hijo, y lo llamó Ben Amí: es el padre de los actuales amonitas*.

=12 10-20
=26 1-11

Abrahán en Guerar*.

20 [1] Abrahán se trasladó de allí al país del Negueb, y se estableció entre Cades y Sur. Una vez avecindado en Guerar, [2] solía decir Abrahán de su mujer Sara: «Es mi hermana.» Entonces el rey de Guerar, Abimélec, envió por Sara y la tomó. [3] Pero vino Dios a Abimélec en un sueño nocturno y le dijo: «Date muerto por esa mujer que has tomado, pues está casada.» [4] Abimélec, que no se había acercado a ella, dijo: «Señor, ¿es que asesinas a la gente aunque sea honrada? [5] ¿No me dijo él a mí: 'Es mi hermana', y ella misma dijo: 'Es mi hermano'? Con corazón íntegro y con manos limpias he procedido.» [6] Le dijo Dios en el sueño: «También yo sé que has procedido con corazón íntegro, como que yo mismo te he estorbado de faltar contra mí. Por eso no te he dejado tocarla. [7] Pero ahora devuelve la mujer a ese hombre, porque es un profeta*; él rogará por ti para que vivas. Pero si no la devuelves, sábete que morirás sin remedio, tú y todos los tuyos*.»

[8] Abimélec se levantó de mañana, llamó a todos sus siervos y les refirió todas estas cosas; los hombres se asustaron mucho. [9] Luego llamó Abimélec a Abrahán y le dijo: «¿Qué has hecho con nosotros, o en qué te he faltado, para que trajeras sobre mí y mi reino una falta tan grande? Lo que has hecho conmigo no se hace.» [10] Y añadió Abimélec a Abrahán: «¿Qué te ha movido a hacer esto?» [11] Contestó Abrahán: «Es que me dije: 'Seguramente no hay temor de Dios en este lugar, y van a asesinarme por mi mujer.' [12] Pero es que, además, es cierto que es hermana mía, hija de mi padre, aunque no de mi madre, y vino a ser mi mujer. [13] Y desde que Dios me hizo vagar lejos de mi familia, le dije a ella: Vas a hacerme este favor: allá donde lleguemos dirás que soy tu hermano.»

[14] Tomó Abimélec ovejas y vacas, siervos y esclavas, se los dio a Abrahán, y le devolvió a su mujer Sara. [15] Después dijo Abimélec: «Ahí tienes mi país por delante: quédate donde se te antoje.» [16] A Sara le dijo: «Mira, he dado a tu hermano mil monedas de plata, que serán para ti y para los que están contigo como venda en los ojos, y de todo esto serás justificada*.» [17] Abrahán rogó a Dios, que curó a Abimélec, a su mujer y a sus concubinas, que tuvieron hijos*; [18] pues Yahvé había cerrado absolutamente toda matriz de casa de Abimélec, por lo de Sara, mujer de Abrahán.

Nacimiento de Isaac*.

21 [1] Yahvé visitó a Sara como había dicho, e hizo por ella lo que había prometido. [2] Concibió Sara y dio a Abrahán un hijo en su vejez, en el plazo predicho por Dios. [3] Abrahán puso al hijo que le había nacido y que le trajo Sara el nombre de Isaac. [4] Abrahán circuncidó a su hijo Isaac a los ocho días como se lo había mandado Dios. [5] Abrahán tenía cien años cuando le nació su hijo Isaac. [6] Dijo Sara: «Dios me ha dado de qué reír; todo el que lo oiga reirá conmigo*.» [7] Y añadió:

«¿Quién le habría dicho a Abrahán
que Sara amamantaría hijos?;
pues bien, yo le he dado un hijo en su vejez.»

↗ Hch 7 8

17 12

17 17+

19 38 Etimologías populares: *Moab* se explica por *mê-'ab* «salido del padre»; *ben'ammî* «primo hermano» es relacionado con *Benê 'Ammôn*, «los hijos de Amón».
20 Duplicado de tradición elohísta de **12** 10-20 (ver también **26** 1-11), suavizado con varios rasgos de una moral más avanzada.
20 7 (a) En el sentido amplio de hombre que tiene relaciones privilegiadas con Dios y que hacen de él una persona inviolable, Sal 105 15, un intercesor poderoso, ver Dt **34** 10; Nm 11 2; **21** 7.
20 7 (b) Literalmente «con todo lo que te pertenece».
20 16 El texto del final del v. está corrompido; cambiando el texto, se propone a menudo traducir «y en todo esto serás justificada».—La cantidad de dinero es una reparación.
20 17 Abimélec y su harén habían sido castigados con impotencia y esterilidad. —El v. 18 es una glosa.
21 Pasaje complejo donde probablemente se han fundido elementos de tradición yahvista (vv. 1ª, 2ª y 7, continuación de **18** 15), elohísta (1ᵇ, 6 y 9) y sacerdotal (vv. 2ᵇ y 3-5, continuación de **17** 21).
21 6 Otra vez el juego de palabras acerca del nombre de Isaac, ver **17** 17+; ahora es una risa de alegría.

=16
Ga 4
22-31
Jn 8 31-37

Expulsión de Agar e Ismael*.

[8] Creció el niño y fue destetado, y Abrahán hizo un gran banquete el día que destetaron a Isaac. [9] Cuando vio Sara al hijo que Agar la egipcia había dado a Abrahán jugando* con su hijo Isaac, [10] dijo a Abrahán: «Despide a esa criada y a su hijo, pues no va a heredar el hijo de esa criada juntamente con mi hijo, con Isaac.» [11] Abrahán lo sintió muchísimo, por tratarse de su hijo, [12] pero Dios dijo a Abrahán: «No lo sientas ni por el chico ni por tu criada. Haz caso a Sara en todo lo que te dice, pues, aunque en virtud de Isaac llevará tu nombre una descendencia, [13] también del hijo de la criada haré una gran nación, por ser descendiente tuyo.» [14] Abrahán se levantó de mañana, tomó pan y un odre de agua y se lo dio a Agar; le puso al hombro el niño y la despidió.

Rm 9 7
Hb 11 18

1 R 19 3-4

Ella se fue y anduvo por el desierto de Berseba. [15] Como llegase a faltar el agua del odre, echó al niño bajo una mata [16] y ella misma fue a sentarse enfrente, a distancia como de un tiro de arco, pues pensaba: «No quiero ver morir al niño.» Sentada, pues, enfrente, se puso a llorar a gritos.

16 7+

[17] Oyó Dios la voz del chico; el Ángel de Dios llamó a Agar desde los cielos y le dijo: «¿Qué te pasa, Agar? No temas, porque Dios ha oído* la voz del chico en donde está. [18] ¡Arriba!, levanta al chico y tenle de la mano, porque he de convertirle en una gran nación.» [19] Entonces abrió Dios los ojos de Agar y vio un pozo de agua. Fue, llenó el odre de agua y dio de beber al chico.

[20] Dios asistió al chico, que se hizo mayor y vivía en el desierto, y llegó a ser un gran arquero. [21] Vivía en el desierto de Parán, y su madre tomó para él una mujer del país de Egipto.

Abrahán y Abimélec en Berseba*.

=26 15-33

[22] Sucedió por aquel tiempo que Abimélec, junto con Picol, capitán de su tropa, dijo a Abrahán: «Dios está contigo en todo lo que haces. [23] Ahora, pues, júrame por Dios aquí mismo sin mentir, y tanto a mí como a mis hijos y a mis nietos, que la misma benevolencia que he mostrado contigo, la tendrás tú conmigo y con el país donde te hemos recibido como huésped.» [24] Abrahán dijo: «Lo juro». [25] Entonces Abrahán se quejó a Abimélec con motivo de un pozo que habían usurpado los súbditos de Abimélec. [26] Dijo éste: «No sé quién ha hecho eso. Ni tú me lo habías notificado, ni yo había oído nada hasta hoy.» [27] Abrahán tomó unas ovejas y vacas, se las dio a Abimélec e hicieron los dos un pacto. [28] Abrahán puso siete corderas aparte. [29] Dijo Abimélec a Abrahán: «¿Para qué son esas siete corderas que has apartado?» [30] Contestó: «Estas siete corderas las vas a aceptar de mi mano, para que me sirvan de testimonio de que yo he excavado este pozo.» [31] Por eso se llamó a aquel lugar Berseba, porque allí juraron ambos. [32] Hicieron, pues, el pacto en Berseba; luego, levantándose Abimélec y Picol, capitán de su tropa, se volvieron al país de los filisteos. [33] Abrahán plantó un tamarisco en Berseba e invocó allí el nombre de Yahvé, Dios eterno. Abrahán estuvo residiendo en el país de los filisteos muchos años.

4 26+
Is 40 28

Sacrificio de Abrahán*.

22 [1] Después de estas cosas, Dios tentó a Abrahán. Le dijo: «¡Abrahán, Abrahán!*» Él respondió: «Aquí estoy.»

Sb 10 5;
Si 44 20
Hb 11 17s
St 2 21-22

---

21 8 Si este relato fuera continuación de 16, debería concluirse de 16 16 y 21 5 que Ismael tenía más de quince años, siendo así que aparece como niño pequeño, apenas algo mayor que Isaac. Este relato es un paralelo elohísta del relato yahvista de 16. Los dos se refieren a un pozo del desierto de Berseba y explican las relaciones de parentesco entre los ismaelitas y los israelitas descendientes de Isaac. Pero las circunstancias del despido de Agar y la actitud de todos los personajes son diferentes.
21 9 Nueva alusión al nombre de Isaac, ver **17** 17+, ya que el mismo verbo significa «reír» y «jugar». Griego y *Vulg.* añaden «con su hijo Isaac».
21 17 Alusión al nombre de Ismael, ver **16** 11+.
21 22 Relato de tradición elohísta, salvo quizá el v. 33, que combina dos explicaciones del nombre de Berseba; *Be'er Šeba'*, el «pozo del juramento» o el «Pozo de las siete (corderas)»; ver también **26** 33. La mención de los filisteos, vv. 32 y 34, refleja una época en la que éstos habitaban el sur de la llanura costera, ver Jos 13 2+.

22 Relato probablemente de tradición elohísta, vv. 1-14 y 19, en el que, por respeto a la tradición, se conserva el nombre de Yahvé, vv. 11 y 14. Los vv. 15-18 son una adición. Quizá se encuentre en su origen un relato de fundación de santuario israelita, en el que, a diferencia de los santuarios cananeos, no se ofrecían víctimas humanas. Justifica la prescripción ritual del rescate de los primogénitos en Israel: éstos, como todas las primicias, pertenecen a Dios; pero no deben ser sacrificados, sino rescatados, Ex 13 11. La narración implica, pues, la condenación, repetidas veces pronunciada por los Profetas, de los sacrificios de niños, ver Lv **18** 21+. Añade una lección espiritual más elevada: el ejemplo de la fe de Abrahán, que halla aquí un punto culminante. Los Padres han visto en el sacrificio de Isaac la figura de la Pasión de Jesús, el Hijo Único.
22 1 Esta doble llamada, cosa bastante habitual (ver v. 11; Ex 3 4; etc.), aparece en sam. y en las versiones antiguas.

31 11; 46 2
Ex 3 4
1 S 3 4s

² Después añadió: «Toma a tu hijo, a tu único, al que amas, a Isaac, vete al país de Moria* y ofrécelo allí en holocausto en uno de los montes, el que yo te diga.» ³ Abrahán se levantó de madrugada, aparejó su asno y tomó consigo a dos mozos y a su hijo Isaac. Partió la leña del holocausto y se puso en marcha hacia el lugar que le había dicho Dios. ⁴ Al tercer día levantó Abrahán los ojos y vio el lugar desde lejos. ⁵ Entonces dijo Abrahán a sus mozos: «Quedaos aquí con el asno. Yo y el muchacho iremos hasta allí, haremos adoración y volveremos donde vosotros.»

Jn 19 17

⁶ Tomó Abrahán la leña del holocausto, la cargó sobre su hijo Isaac, tomó en su mano el fuego y el cuchillo, y se fueron los dos juntos. ⁷ Dijo Isaac a su padre Abrahán: «¡Padre!» Respondió: «¿Qué hay, hijo?» —«Aquí está el fuego y la leña, pero ¿dónde está el cordero para el holocausto?» ⁸ Dijo Abrahán: «Dios proveerá el cordero para el holocausto, hijo mío.» Y siguieron andando los dos juntos.

⟋ St 2 21

⁹ Llegados al lugar que le había dicho Dios, construyó allí Abrahán el altar y dispuso la leña; luego ató a Isaac, su hijo, y lo puso sobre el ara, encima de la leña. ¹⁰ Alargó Abrahán la mano y tomó el cuchillo para inmolar a su hijo. ¹¹ Entonces le llamó el Ángel de Yahvé desde el cielo diciendo: «¡Abrahán, Abrahán!» Él dijo: «Aquí estoy.» ¹² Continuó el Ángel: «No alargues tu mano contra el niño, ni le hagas nada, que ahora ya sé que eres temeroso de Dios, ya que no me has negado tu hijo, tu único.»

Ex 20 20
Dt 6 2+
Jn 3 16
1 Jn 4 9
Rm 8 32
⟋ Hb 11 17

¹³ Alzó Abrahán la vista y vio un carnero trabado en un zarzal por los cuernos. Fue Abrahán, tomó el carnero y lo sacrificó en holocausto en lugar de su hijo. ¹⁴ Abrahán llamó a aquel lugar «Yahvé provee», de donde se dice hoy en día: «En el monte 'Yahvé se aparece*'.»

¹⁵ El Ángel de Yahvé llamó a Abrahán por segunda vez desde el cielo ¹⁶ y le dijo: «Por mí mismo juro, oráculo de Yahvé, que por haber hecho esto, por no haberme negado tu hijo, tu único, ¹⁷ yo te colmaré de bendiciones y acrecentaré muchísimo tu descendencia como las estrellas del cielo y como las arenas de la playa, y se adueñará tu descendencia de la puerta* de sus enemigos. ¹⁸ Por tu descendencia se bendecirán todas las naciones de la tierra, en pago de haber obedecido tú mi voz.»

12 2; 15 5;
16 10; 32 13

24 60
Is 14 12
12 3+

¹⁹ Volvió Abrahán al lado de sus mozos y emprendieron la marcha juntos hacia Berseba. Y Abrahán se quedó en Berseba.

Descendencia de Najor*.

²⁰ Después de estas cosas, se anunció a Abrahán: «También Milcá ha dado hijos a tu hermano Najor; ²¹ Us, su primogénito; Buz, hermano del anterior, y Quemel, padre de Aram, ²² Quésed, Jazó, Pildás, Yidlaf y Betuel. ²³ (Betuel engendró a Rebeca.) Estos ocho le dio Milcá a Najor, hermano de Abrahán. ²⁴ Su concubina, llamada Reumá, también dio a luz a Tébaj, Gaján, Tajas y Maacá.

24 15; 25 20
28 2

La tumba de los Patriarcas*.

23 ¹ Sara vivió ciento veintisiete años. ² Murió Sara en Quiriat Arbá —que es Hebrón— en el país de Canaán, y Abrahán hizo duelo por Sara y la lloró. ³ Dejó después Abrahán a la difunta y fue a hablar con los hijos de Het en estos términos: ⁴ «Yo soy un simple forastero que reside entre vosotros. Dadme una propiedad sepulcral entre vosotros, para retirar y sepultar a mi difunta.» ⁵ Respondieron los hijos de Het a Abrahán: ⁶ «A ver si nos entendemos, señor; tú eres un prestigioso jeque entre nosotros. Sepulta a tu difunta en el mejor de nuestros sepulcros. Ninguno de nosotros te ne-

33 19
2 S 24 18s
⟋ Hb 11 13
⟋ 1 P 2 11

---

22 2   2 Cro 3 1 identifica a Moria con la colina en que se levantará el templo de Jerusalén. La tradición posterior aceptó esta localización, pero el texto habla de un país de Moria, cuyo nombre no aparece en ninguna otra parte; el lugar del sacrificio sigue sin conocerse.
22 14 Se esperaría «Yahvé provee», lectura del griego, para que haya correspondencia con el nombre que se acaba de poner, como la tiene éste mismo con lo que había dicho Abrahán, v. 8.
22 17 Es decir, sus ciudades, como interpreta el griego; ver 24 60.
22 20 Lista, probablemente de tradición yahvista, de los hijos de Najor, 11 29; con los doce hijos de Ismael, 25 13, y de Jacob, 29 32 - 30 24; 35 22s. Son quizá los antepasados de los arameos, pero el v. 21 dice solamente que Quemel, uno de los doce, es el padre de Aram.

Una tradición diferente, que se da en 10 23, habla de cuatro hijos de Aram, hijo de Set, pero Us es el único nombre común a las dos listas.
23   Relato de tradición sacerdotal. Obteniendo así Abrahán un título de propiedad y un derecho de ciudadanía en Canaán, la promesa de la Tierra, 17 8; Ex 6 4, pero también Gn 12 7; 13 15; 15 7ss, comienza a realizarse. El texto habla sistemáticamente de los «hijos de Het». Se pregunta la crítica cuál sería su relación con los hititas, hasta que, posible que habitan el Asia Menor en el 2.º milenio. Al comienzo del primer milenio, los «reinos neo-hititas» se extendían al norte de Siria. Pero en otros lugares, el Antiguo Testamento menciona a los hititas con otros pueblos de Canaán (ver 15 20; Dt 7 1+), a quienes Dios desaloja para dar su tierra a la descendencia de Abrahán.

gará su sepulcro, para que entierres a tu difunta.»

[7] Abrahán se levantó e hizo una reverencia a los paisanos, a los hijos de Het, [8] y les habló en estos términos: «Si estáis de acuerdo con que yo retire y sepulte a mi difunta, escuchadme e interceded por mí ante Efrón, hijo de Sójar, [9] para que me dé la cueva de Macpelá, que es suya y que está al borde de su finca. Que me la dé por lo que valga en propiedad sepulcral entre vosotros.» [10] Efrón estaba sentado entre los hijos de Het. Respondió, pues, Efrón el hitita a Abrahán, teniendo como testigos a los hijos de Het y a todos los que entraban por la puerta de la ciudad: [11] «No, señor, escúchame: te doy la finca y te doy también la cueva que hay en ella. Te la doy en presencia de los hijos de mi pueblo; sepulta a tu difunta.»

[12] Abrahán hizo una reverencia a los paisanos [13] y se dirigió a Efrón, en presencia de los paisanos, diciendo: «A ver si nos entendemos. Te doy el precio de la finca; acéptamelo y enterraré allí a mi difunta.» [14] Respondió Efrón a Abrahán: [15] «Señor mío, escúchame: Cuatrocientos siclos de plata por un terreno, ¿qué nos suponen a ti y a mí? Sepulta a tu difunta.» [16] Abrahán accedió y pesó a Efrón la plata que éste había pedido, teniendo como testigos a los hijos de Het: cuatrocientos siclos de plata corriente de mercader.

[17] Así fue como la finca de Efrón que está en Macpelá, frente a Mambré, la finca y la cueva que hay en ella y todos los árboles que rodean la finca por todos sus lindes, todo ello vino a ser [18] propiedad de Abrahán, teniendo como testigos a los hijos de Het y a todos los que entraban por la puerta de la ciudad. [19] Después Abrahán sepultó a su mujer Sara en la cueva del campo de Macpelá, frente a Mambré (es Hebrón), en Canaán. [20] Así fue como aquel campo y la cueva que hay en él llegaron a ser de Abrahán como propiedad sepulcral, recibida de los hijos de Het.

Casamiento de Isaac*.

24 [1] Abrahán era ya un viejo entrado en años, y Yahvé había bendecido a Abrahán en todo. [2] Abrahán dijo al siervo más viejo de su casa y mayordomo de todas sus cosas: «Ven, pon tu mano debajo de mi muslo*, [3] que voy a juramentarte por Yahvé, Dios de los cielos y Dios de la tierra, que no tomarás mujer para mi hijo de entre las hijas de los cananeos con los que vivo, [4] sino que irás a mi tierra y a mi patria a tomar mujer para mi hijo Isaac.» [5] El siervo respondió: «Tal vez no quiera la mujer seguirme a este país. ¿Debo en tal caso volver y llevar a tu hijo a la tierra de donde saliste?» [6] Contestó Abrahán: «Guárdate de llevar allá a mi hijo. [7] Yahvé, Dios de los cielos y Dios de la tierra, que me tomó de mi casa paterna y de mi patria, y que me habló y me juró, diciendo: 'A tu descendencia daré esta tierra', él enviará su Ángel delante de ti, y tomarás de allí mujer para mi hijo. [8] Si la mujer no quisiera seguirte, no responderás de este juramento que te tomo. En todo caso, no lleves allá a mi hijo.» [9] El siervo puso su mano debajo del muslo de su señor Abrahán y le prestó juramento según lo hablado.

[10] Tomó el siervo diez camellos de los de su señor y de las cosas mejores de su señor y se puso en marcha hacia Aram Naharáin*, hacia la ciudad de Najor. [11] Hizo arrodillar a los camellos fuera de la ciudad junto al pozo, al atardecer, a la hora de salir las aguadoras, [12] y dijo: «Yahvé, Dios de mi señor Abrahán: dame suerte hoy y muéstrate fiel con mi señor Abrahán. [13] Voy a quedarme parado junto a la fuente, mientras las hijas de los ciudadanos salen a sacar agua. [14] Ahora bien, la muchacha a quien yo diga: 'Inclina, por favor, tu cántaro para que yo beba', y ella responda: 'Bebe, y también voy a abrevar tus camellos', ésa sea la que tienes designada para tu siervo Isaac, y por ello conoceré que te muestras fiel con mi señor.»

Marginal references:
12 2-3
47 29
28 1s
12 7+
29 2s
Ex 2 16s
1 S 14 10+

24   Último relato sobre Abrahán de tradición yahvista, pero algunas incoherencias dejan ver que el texto ha sido arreglado. *Los vv. 1-9 permiten suponer que el patriarca se halla en su lecho de muerte, ver* **47** 29-31, y el siervo, a su regreso, vv. 62-67, encuentra sólo a Isaac, que vive ya en otro sitio. Rebeca, según el v. 48 (ver **29** 5), es hija de Najor, pero según otra tradición era hija de Betuel, **25** 20; **28** 2.5, que es el hijo de Najor, **22** 22-23. Por eso se ha introducido a Betuel en el relato, vv. 15.24.47 y 50. Pero quien actúa como cabeza de familia es Labán, el hermano de Rebeca, v. 29, e hijo de Najor, **29** 5.
24 2   El mismo gesto en **47** 29, para dar firmeza inquebrantable al juramento por el contacto con las partes vitales. La tradición identifica al criado anónimo con Eliezer, ver **15** 2, pero el texto se halla corrompido.
24 10 Es decir, «Aram de los Ríos»: la Alta Mesopotamia, donde se hallaba Jarán, residencia de los parientes de Abrahán, **11** 31.

[15] Apenas había acabado de hablar, cuando apareció Rebeca, hija de Betuel, hijo de Milcá, la mujer de Najor, hermano de Abrahán, con su cántaro al hombro. [16] La joven era de muy buen ver, virgen, que no había conocido varón. Bajó a la fuente, llenó su cántaro y subió. [17] El siervo corrió a su encuentro y le dijo: «Dame un poco de agua de tu cántaro.» [18] «Bebe, señor», dijo ella; y, bajando en seguida el cántaro sobre su brazo, le dio de beber. [19] Cuando acabó de darle, añadió: «También para tus camellos voy a sacar, hasta que se hayan saciado.» [20] Vació rápidamente su cántaro en el abrevadero y, corriendo otra vez al pozo, sacó agua para todos los camellos. [21] El hombre la contemplaba callado, para saber si Yahvé había dado éxito o no a su misión.

[22] En cuanto los camellos acabaron de beber, tomó el hombre un anillo de oro de medio siclo de peso y lo colocó en la nariz* de la joven, y luego puso en sus brazos un par de brazaletes de diez siclos de oro. [23] Después le dijo: «¿De quién eres hija? Dime: ¿hay en casa de tu padre sitio para hacer noche?» [24] Ella le dijo: «Soy hija de Betuel, el hijo que Milcá dio a Najor.» [25] Y agregó: «También tenemos paja y forraje en abundancia, y sitio para pasar la noche.» [26] Entonces se postró el hombre y adoró a Yahvé [27] diciendo: «Bendito sea Yahvé, el Dios de mi señor Abrahán, que no ha retirado su favor y su lealtad* para con mi señor. Yahvé me ha traído a parar a casa del hermano de mi señor.»

[28] La joven corrió a anunciar a casa de su madre todas estas cosas. [29] Tenía Rebeca un hermano llamado Labán. Éste corrió donde el hombre, afuera, a la fuente. [30] En efecto, en cuanto vio el anillo y los brazaletes en los brazos de su hermana y oyó decir a su hermana Rebeca: «Así me ha hablado aquel hombre», se llegó adonde él. Lo encontró todavía junto a los camellos, cerca de la fuente, [31] y le dijo: «Ven, bendito de Yahvé. ¿Por qué te quedas parado fuera, si yo he desocupado la casa y he hecho sitio para los camellos?» [32] El hombre entró en la casa; Labán desaparejó los camellos y les dio paja y forraje. Y ofreció al hombre y a sus acompañantes agua para lavarse los pies.

[33] Después les sirvió de comer, pero el otro dijo: «No comeré hasta no haber dicho lo que tengo que decir.» A lo que respondió Labán: «Habla.» [34] «Yo soy, dijo, siervo de Abrahán. [35] Yahvé ha bendecido con larguez a mi señor, que se ha hecho rico, pues le ha dado ovejas y vacas, plata y oro, siervos y esclavas, camellos y asnos. [36] Y Sara, la mujer de mi señor, envejecida ya*, dio a luz un hijo a mi señor, que le ha cedido todo cuanto posee. [37] En cuanto a mí, mi señor me ha tomado juramento, diciendo: 'No tomarás mujer para mi hijo de entre las hijas de los cananeos en cuyo país resido. [38] ¡Como no vayas a casa de mi padre y a mi parentela a tomar mujer para mi hijo...!' [39] Yo dije a mi señor: '¿Y si no me sigue la mujer?' [40] A lo que él respondió: 'Yahvé, en cuya presencia he andado, enviará su Ángel contigo y dará éxito a tu viaje, y así tomarás mujer para mi hijo de mi parentela y de la casa de mi padre. [41] Entonces quedarás libre de mi maldición, cuando llegues a mi parentela; y, si no te la dieren, también quedarás libre de mi maldición.' [42] Pues bien: llego hoy a la fuente y me digo: 'Yahvé, Dios de mi señor Abrahán, si en efecto das éxito a este mi viaje, [43] aquí me quedo parado junto a la fuente. La doncella que salga a sacar agua, y yo le diga: Dame de beber un poco de agua de tu cántaro, [44] y ella me responda: Bebe tú, y voy a sacar también para tus camellos, ésa será la mujer que Yahvé tiene destinada para el hijo de mi señor.' [45] Apenas había acabado de hablar conmigo mismo, cuando aparece Rebeca con su cántaro al hombro; bajó a la fuente y sacó agua. Yo le dije: 'Dame de beber', [46] y en seguida bajó su cántaro del hombro y dijo: 'Bebe, y también voy a abrevar tus camellos.' Bebí, pues, y ella abrevó también los camellos. [47] Yo le pregunté: '¿De quién eres hija?' Me respondió: 'Soy hija de Betuel, el hijo que Milcá dio a Najor.' Entonces puse el anillo en su nariz y los brazaletes en sus brazos, [48] y postrándome adoré a Yahvé y bendije a Yahvé, el Dios de mi señor

---

24 22 «lo colocó en la nariz», añadido con sam., ver v. 47.
24 27 Se trata de la expresión *jesed we'emet*, ver v. 49; 32 11; 47 29; Ex 34 6; Jos 2 14; 2 S 2 6; 15 20, etc., lit. «gracia (o favor, misericordia) y fidelidad (o lealtad)», que expresa el amor fiel, el favor sin contrapartida de

Dios para con los hombres, la piedad perseverante del hombre hacia Dios o la lealtad en el amor del hombre para con su prójimo, ver Os 2 21+.
24 36 «envejecida ya» según hebr.; sam. y griego dicen «cuando él ya era viejo».

Abrahán, que me había puesto en el buen camino para tomar a la hija del hermano de mi señor para su hijo. ⁴⁹ Ahora, pues, decidme si estáis dispuestos a usar de favor y lealtad para con mi señor, y si no, decídmelo también, para que yo tome una u otra decisión.»

⁵⁰ Respondieron Labán y Betuel: «De Yahvé ha salido este asunto. Nosotros no podemos decirte que está mal o que está bien. ⁵¹ Ahí tienes a Rebeca: tómala y vete, y sea ella mujer del hijo de tu señor, como ha dicho Yahvé.» ⁵² Cuando el siervo de Abrahán oyó lo que decían, adoró a Yahvé rostro en tierra. ⁵³ Acto seguido sacó el siervo objetos de plata y oro y vestidos, y se los dio a Rebeca. También hizo regalos a su hermano y a su madre.

⁵⁴ Luego comieron y bebieron, él y los hombres que lo acompañaban, y pasaron la noche. Por la mañana se levantaron, y él dijo: «Permitidme que marche donde mi señor.» ⁵⁵ El hermano y la madre de Rebeca respondieron: «Que se quede la chica con nosotros unos días, por ejemplo diez. Luego se irá.» ⁵⁶ Mas él les dijo: «No me demoréis. Puesto que Yahvé ha dado éxito a mi viaje, dejadme salir para que vaya donde mi señor.» ⁵⁷ Ellos contestaron: «Llamemos a la joven y preguntémosle su opinión.» ⁵⁸ Llamaron, pues, a Rebeca y le preguntaron: «¿Qué?, ¿te vas con este hombre?» «Me voy», contestó ella. ⁵⁹ Entonces despidieron a su hermana Rebeca con su nodriza, y al siervo de Abrahán y a sus hombres. ⁶⁰ Y bendijeron a Rebeca con estas palabras:

«¡Oh hermana nuestra, que llegues a convertirte
en millares de miríadas,
22 17+   y conquiste tu descendencia
la puerta de sus enemigos!»

⁶¹ Rebeca se levantó con sus doncellas y, montadas en los camellos, siguieron al hombre. El siervo tomó a Rebeca y se fue.

16 13-14 ⁶² Entretanto, Isaac había venido del pozo de Lajay Roí, pues habitaba en el país del Negueb. ⁶³ Una tarde había salido Isaac de paseo* por el campo, cuando, al alzar la vista, vio que venían unos camellos. ⁶⁴ Rebeca a su vez alzó sus ojos

y, viendo a Isaac, se apeó del camello. ⁶⁵ Luego dijo al siervo: «¿Quién es aquel hombre que camina por el campo a nuestro encuentro?» Dijo el siervo: «Es mi señor.» Entonces ella tomó el velo y se cubrió.

⁶⁶ El siervo contó a Isaac todo lo que había hecho, ⁶⁷ e Isaac introdujo a Rebeca en la tienda, tomó a Rebeca, que pasó a ser su mujer, y él la amó. Así se consoló Isaac por la pérdida de su madre.

La descendencia de Queturá*.   ‖1 Cro 1 32-33

25 ¹ Abrahán volvió a tomar otra mujer, llamada Queturá. ² Ésta le dio a Zimrán, Yocsán, Medán, Madián, Yisbac y Súaj. —³ Yocsán engendró a Seba y a Dedán. Hijos de Dedán fueron los asuritas, los letusíes y los leumíes.— ⁴ Hijos de Madián: Efá, Éfer, Henoc, Abidá y Eldaá. Todos éstos, hijos de Queturá.

⁵ Abrahán dio todo cuanto tenía a Isaac. ⁶ A los hijos de las concubinas que tenía Abrahán les hizo donaciones y, viviendo aún él, los separó de Isaac, enviándolos hacia levante, al país de Oriente.

Muerte de Abrahán.

⁷ Éstos fueron los días de vida de Abrahán: ciento setenta y cinco años. ⁸ Expiró, pues, Abrahán y murió en buena ancianidad, viejo y lleno de días, y fue a juntarse con su pueblo. ⁹ Sus hijos Isaac e Ismael lo sepultaron en la cueva de Macpelá, al borde de la finca de Efrón,   **23** hijo de Sójar, el hitita, enfrente de Mambré. ¹⁰ Era la finca que Abrahán había comprado a los hijos de Het; allí fue sepultado Abrahán con su mujer Sara. ¹¹ Después de la muerte de Abrahán, bendijo Dios a su hijo Isaac. Isaac se estableció en las inmediaciones del pozo de **24 62** Lajay Roí.

Descendientes de Ismael*.

¹² Éstos son los descendientes de Ismael, hijo de Abrahán, el que tuvo Abrahán de Agar la egipcia, esclava de Sara;   ‖1 Cro 1 2 31 ¹³ y éstos son los nombres de los hijos de Ismael, por orden de nacimiento: El primogénito de Ismael, Nebayot; después, Quedar, Adbeel, Mibsán, ¹⁴ Mismá, Du-

---

24 63 Palabra que sólo aquí aparece y de sentido dudoso.
25 Este párrafo y los dos siguientes, que en lo esencial pertenecen a las tradiciones sacerdotales, son adiciones al ciclo de Abrahán. De Queturá descienden al-

gunos pueblos de Arabia, entre ellos los madianitas (Madián), ver Ex 2 15, los sabeos (Seba), ver 1 R 10 1-10, los dedanitas (Dedán), ver Is 21 13.
25 12 Los descendientes de Ismael, 17 20, constituyen las tribus de Arabia del norte.

má, Masá, [15] Jadad, Temá, Yetur, Nafís y Quedmá. [16] Éstos son los hijos de Ismael, y éstos sus nombres según sus poblados y sus aduares: doce caudillos de otros **16 12** tantos pueblos. [17] Y éstos fueron los años de vida de Is-

mael: ciento treinta y siete años. Luego expiró y murió, y fue a juntarse con su pueblo. [18] Ocupó desde Javilá hasta Sur, que cae enfrente de Egipto, según se va a Asur. Se estableció enfrente de todos sus hermanos*.

III.   Historia de Isaac y de Jacob

Nacimiento de Esaú y de Jacob*.

[19] Ésta es la historia de Isaac, hijo de Abrahán:

Abrahán engendró a Isaac. [20] Tenía **24 1+** Isaac cuarenta años cuando tomó por mujer a Rebeca, hija de Betuel, el arameo de Padán Aram, y hermana de Labán el arameo. [21] Isaac suplicó a Yahvé en favor de su mujer, pues era estéril. Yahvé le fue propicio y concibió su mujer Rebeca. [22] Pero sus hijos se entrechocaban en su seno. Ella se dijo: «Siendo así, ¿para qué vivir*?» Y fue a consultar a Yahvé*. [23] Yahvé le dijo:

«Dos pueblos hay en tu vientre,

dos naciones que, al salir de tus entrañas, se dividirán.

La una oprimirá a la otra;

4 5+ el mayor servirá al pequeño*.»
Ml 1 2-5 [24] Se le cumplieron los días de dar a luz,
✓ Rm 9 12 y resultó que había dos mellizos en su vientre. [25] Salió el primero, rubicundo, todo él, como una pelliza de zalea, y le lla-
Os 12 4 maron Esaú. [26] Después salió su hermano, cuya mano agarraba el talón de Esaú, y se llamó Jacob*. Isaac tenía sesenta años cuando los engendró.

[27] Crecieron los muchachos. Esaú llegó a ser un cazador experto, un hombre montaraz, y Jacob un hombre muy case-

ro. [28] Isaac quería a Esaú, porque le gustaba la caza, y Rebeca quería a Jacob.

Esaú vende la primogenitura.

[29] Una vez, Jacob había preparado un guiso cuando llegó Esaú del campo, agotado. [30] Dijo Esaú a Jacob: «Oye, dame a probar de lo rojo, de eso rojo, porque estoy agotado.» —Por eso se le llamó Edom*.— [31] Dijo Jacob: «Véndeme ahora **Dt 21 17** mismo tu primogenitura.» [32] Dijo Esaú: «Estoy que me muero. ¿Qué me importa la primogenitura?» [33] Dijo Jacob: «Júramelo ahora mismo.» Y él se lo juró, vendiendo su primogenitura a Jacob. [34] Jacob dio a Esaú pan y el guiso de lentejas, y éste comió y bebió, se levantó y se fue. Así desdeñó Esaú la primogenitura. **Hb 12 16**

Isaac en Guerar*.

26 [1] Hubo hambre en el país —aparte **=12 10-20** de la primera que tuvo lugar en **=20** tiempo de Abrahán*— y fue Isaac a Guerar, adonde Abimélec, rey de los filisteos. [2] Yahvé se le apareció y le dijo: «No bajes **12 1** a Egipto. Quédate en la tierra que yo te indique. [3] Reside en esta tierra, y yo te asistiré y bendeciré; porque a ti y a tu descendencia he de dar todas estas tierras, y mantendré el juramento que hice a tu pa-

25 18 Empalme redaccional con el final de **16 12**.
25 19 Relato de tradición yahvista, menos el marco genealógico y cronológico, vv. 19, 20 y 26ᵇ, de tradición sacerdotal.
25 22 (a) El texto está mal conservado; normalmente, con sir., se suple «vivir».
25 22 (b) Sobre los modos de *consultar a Yahvé*, ver Ex 33 7+ y 1 S 14 41+. Aquí se trataría de una visita a un lugar sagrado donde Yahvé se manifiesta.
25 23 Ver nota a **4 5**. La lucha de los niños en el seno materno presagia la hostilidad de los pueblos hermanos: los edomitas, descendientes de Esaú, y los israelitas, descendientes de Jacob. Los edomitas, Nm 20 23+, fueron sometidos por David, 2 S 8 13-14, y no se liberaron definitivamente hasta Jorán de Judá, a mediados del siglo IX, 2 R 8 20-22.
25 26 Etimologías populares: Esaú es rubicundo, *'admôni*, y será también llamado Edom, v. 30; 36 1.8; semeja una pelliza, *śe'ar*, y habitará en el país de *Se'ir*, Nm 24 18. Jacob, *Ya'aqob*, es llamado así porque tenía asido el talón, *'aqeb*, de su gemelo, pero según 27 36 y Os 12

4, porque ha suplantado, *'âqab*, a su hermano. En realidad, su nombre, abreviatura de *Ya'aqob-'El*, probablemente significa: «Dios proteja».
25 30 Por haber comido un plato de color rojizo, *'âdom*: otro juego de palabras.
26 Isaac no interviene apenas más que en la historia de su padre. Sólo este cap. 26 le concierne directamente, pero los tres episodios tienen sus paralelos en la historia de Abrahán, y se hallan unidos entre sí por la figura de Abimélec, rey de Guerar, ver 20 y los filisteos. El primer episodio es paralelo de 12 10-20 y 20 (ver las notas). Esta tercera presentación es la más discreta. En lo esencial de capítulo es de tradición yahvista, excepto una noticia de tradición sacerdotal, vv. 34-35, y algunas adiciones redaccionales, sobre todo en el discurso divino (bendición y promesa) de los vv. 3-5.
26 1 Paréntesis redaccional, que apunta a 12 10ss y que sirve además para introducir el breve relato sobre los problemas de Isaac y Rebeca en Guerar, idéntica narración popular aplicada a Abrahán y Sara en 12 10ss (y en 20 1-18).

22 17-18+
12 7+
12 3+

dre Abrahán. ⁴ Multiplicaré tu descendencia como las estrellas del cielo, y daré a tu descendencia todas estas tierras. Y por tu descendencia se bendecirán todas las naciones de la tierra, ⁵ en pago de que Abrahán me obedeció y guardó mis observancias, mis mandamientos, mis preceptos y mis instrucciones.» ⁶ Se estableció, pues, Isaac en Guerar.

⁷ Los del lugar le preguntaban por su mujer, y él decía: «Es mi hermana.» En efecto, le daba reparo decir: «Es mi mujer», no fuesen a matarle los del lugar por causa de Rebeca, ya que ella era de buen ver. ⁸ Ya llevaba largo tiempo allí, cuando aconteció que Abimélec, rey de los filisteos, atisbando por una ventana, observó que Isaac estaba solazándose* con su mujer Rebeca. ⁹ Llama Abimélec a Isaac y le dice: «¡Conque es tu mujer! ¿Pues cómo has venido diciendo: Es mi hermana?» Dícele Isaac: «Es que me dije: A ver si voy a morir por causa de ella.» ¹⁰ Replicó Abimélec: «¿Qué es lo que nos has hecho? Si por acaso llega a acostarse cualquiera del pueblo con tu mujer, tú nos habrías echado la culpa.» ¹¹ Entonces Abimélec ordenó a todo el pueblo: «Quien tocare a este hombre o a su mujer, morirá sin remedio.»

¹² Isaac sembró en aquella tierra y cosechó aquel año el ciento por uno. Yahvé le bendecía ¹³ y el hombre se enriquecía, se iba enriqueciendo más y más hasta que se hizo riquísimo. ¹⁴ Tenía rebaños de ovejas y vacadas y copiosa servidumbre. Los filisteos le tenían envidia.

=21 25-31

Los pozos entre Guerar y Berseba.

¹⁵ Todos los pozos que habían cavado los siervos de su padre —en tiempos de su padre Abrahán— los habían cegado los filisteos, llenándolos de tierra. ¹⁶ Entonces Abimélec dijo a Isaac: «Apártate de nuestro lado, porque te has hecho mucho más poderoso que nosotros.» ¹⁷ Isaac se fue de allí y acampó en la vaguada de Guerar, estableciéndose allí. ¹⁸ Isaac volvió a cavar los pozos de agua que habían cavado los siervos* de su padre Abrahán, y que los filisteos habían cegado después de la muerte de Abrahán, y les puso los mismos nombres que les había puesto su padre.

¹⁹ Cavaron los siervos de Isaac en la vaguada y encontraron allí un pozo de aguas vivas*. ²⁰ Pero riñeron los pastores de Guerar con los pastores de Isaac, diciendo: «El agua es nuestra.» Él llamó al pozo Ésec, ya que se habían querellado con él. ²¹ Excavaron otro pozo, y también riñeron por él: lo llamó Sitná. ²² Partió de allí y cavó otro pozo, y ya no riñeron por él: lo llamó Rejobot, y dijo: «Ahora Yahvé nos ha dado desahogo y prosperaremos en esta tierra*.»

²³ De allí subió a Berseba. ²⁴ Yahvé se le apareció aquella noche y dijo:
«Yo soy el Dios de tu padre Abrahán*.
No temas, porque yo estoy contigo.
Te bendeciré y multiplicaré tu descendencia
por amor de Abrahán, mi siervo.»

²⁵ Construyó allí un altar e invocó el nombre de Yahvé. Allí desplegó su tienda, y los siervos de Isaac perforaron allí un pozo.

4 26+

Alianza con Abimélec.　　　　　=21 22-33

²⁶ Entonces Abimélec fue adonde él desde Guerar, con Ajuzat, uno de sus familiares, y Picol, capitán de su tropa. ²⁷ Les dice Isaac: «¿Cómo venís a mí, si me habéis sido hostiles y me habéis echado de vuestra compañía?» ²⁸ Contestaron ellos: «Hemos visto claramente que Yahvé se ha puesto de tu parte, y nos hemos dicho: Mejor es que haya un juramento entre nosotros, entre tú y nosotros, y que hagamos un pacto contigo, ²⁹ de que no nos harás mal, como tampoco nosotros te hemos tocado a ti; no te hemos hecho sino bien, y te hemos dejado ir en paz, ¡oh bendito de Yahvé!» ³⁰ Él les dio un banquete, y comieron y bebieron.

³¹ Se levantaron de madrugada y se hicieron mutuo juramento; luego Isaac los despidió, y se fueron en paz de su lado.

---

26 8　Isaac (yiṣjaq) acaricia (meṣajeq) a Rebeca: de nuevo un juego de palabras, como en 21 9, ver 17 17; 18 12s; 21 6.
26 18　«que habían cavado los siervos de», según versiones; el hebr. dice «que habían sido cavados en los días de».
26 19　El Génesis atribuye a los Patriarcas, pastores de rebaños, la perforación de numerosos pozos. Junto al «pozo de Jacob», en Siquén (no mencionado por Gn) revelará Cristo a la Samaritana la verdadera agua viva, Jn 4 1+.

26 22　Ésec (v. 20) significa «riña»; Sitná (v. 21) «denuncia»; Rejobot «anchuras».
26 24　La religión patriarcal esencialmente es la del «Dios del padre», 28 13; 31 5; 32 10, etc., hasta la revelación del nombre de Yahvé, Ex 3 13-15. Es una religión de nómadas: este Dios no es el dueño de un territorio; se revela al antepasado de un grupo al que protege y guía, con ya 12 1 y hasta 46 3-4, y a quien otorga las promesas de una descendencia y de unas tierras, cap. 15.

³² Aquel mismo día llegaron unos siervos de Isaac y le dieron la noticia del pozo que habían cavado, diciéndole: «Hemos hallado agua.» ³³ Él lo llamó Seba*, de donde el nombre de la ciudad de Berseba, hasta la fecha.

36 1-5 ### Esaú se casa con mujeres hititas.

³⁴ Cuando Esaú tenía cuarenta años, tomó por mujeres a Judit, hija de Beerí el hitita, y a Basmat, hija de Elón el hitita, ³⁵ que fueron causa de amargura para Isaac y Rebeca.

24 3s; 28 1s

Jacob suplanta a Esaú en la bendición paterna*.

27 ¹ Como hubiese envejecido Isaac y ya no viese por tener debilitados sus ojos, llamó a Esaú, su hijo mayor, y le dijo: «¡Hijo mío!» Él respondió: «Aquí estoy.» ² «Mira, dijo, me he hecho viejo e ignoro el día de mi muerte. ³ Así pues, toma tus saetas, tu aljaba y tu arco, sal al campo y me cazas alguna pieza. ⁴ Luego me haces un guiso suculento, como a mí me gusta, y me lo traes para que lo coma, a fin de bendecirte antes de morir.» —⁵ Ahora bien, Rebeca estaba escuchando la conversación de Isaac con su hijo Esaú.— Esaú se fue al campo a cazar alguna pieza para el padre, ⁶ y entonces Rebeca dijo a su hijo Jacob: «Acabo de oír a tu padre que hablaba con tu hermano Esaú y le decía: ⁷ Tráeme caza y hazme un guiso suculento para que yo lo coma y te bendiga delante de Yahvé antes de morir. ⁸ Pues bien, hijo mío, hazme caso en lo que voy a recomendarte. ⁹ Ve al rebaño y tráeme de allí dos cabritos hermosos. Yo haré con ellos un guiso suculento para tu padre, como a él le gusta, ¹⁰ y tú se lo presentas a tu padre, que lo comerá, para que te bendiga antes de morir.»

25 28

¹¹ Jacob dijo a su madre Rebeca: «¡Pero si mi hermano Esaú es velludo, y yo soy lampiño! ¹² ¡A ver si me palpa mi padre y le parece que estoy mofándome de él! ¡Entonces me habré buscado una maldición en vez de una bendición!» ¹³ Dícele su madre: «¡Sobre mí tu maldición, hijo

25 25

mío! Tú obedéceme y basta; ve y me los traes.» ¹⁴ Él fue a buscarlos y los llevó a su madre, que hizo un guiso suculento, como le gustaba a su padre. ¹⁵ Después tomó Rebeca ropas de Esaú, su hijo mayor, las más preciosas que tenía en casa, y vistió a Jacob, su hijo pequeño. ¹⁶ Luego, con las pieles de los cabritos le cubrió las manos y la parte lampiña del cuello, ¹⁷ y puso el guiso y el pan que había hecho en las manos de su hijo Jacob.

¹⁸ Éste entró adonde su padre y dijo: «¡Padre!» Él respondió: «Aquí estoy; ¿quién eres, hijo?» ¹⁹ Jacob dijo a su padre: «Soy tu primogénito Esaú. He hecho como dijiste. Anda, levántate, siéntate y come de mi caza, para que me bendigas.» ²⁰ Dice Isaac a su hijo: «¡Qué listo has andado en hallarla, hijo!» Respondió: «Sí, es que Yahvé, tu Dios, me la puso delante*.» ²¹ Dice Isaac a Jacob: «Acércate, que te palpe, hijo, a ver si realmente eres o no mi hijo Esaú.» ²² Jacob se acercó a su padre Isaac, que lo palpó y dijo: «La voz es la de Jacob, pero las manos son las manos de Esaú.» ²³ Y no lo reconoció, porque sus manos estaban velludas, como las de su hermano Esaú. Luego se dispuso a bendecirlo. ²⁴ Dijo, pues: «¿Eres tú realmente mi hijo Esaú?» Respondió: «El mismo.» ²⁵ Dijo entonces: «Acércamelo, que coma de la caza, hijo, para que pueda bendecirte.» Le acercó la caza y comió; le trajo también vino, y bebió. ²⁶ Luego le dice su padre Isaac: «Acércate y bésame, hijo.» ²⁷ Él se acercó y le besó, y al aspirar Isaac el aroma de sus ropas, lo bendijo diciendo*:

«Es el aroma de mi hijo
como el aroma de un campo
que ha bendecido Yahvé.
²⁸ ¡Pues que Dios te dé el rocío del cielo
y la grosura de la tierra,
cantidad de trigo y mosto!
²⁹ Sírvante pueblos,
adórente naciones,
sé señor de tus hermanos
y adórente los hijos de tu madre.
¡Quien te maldijere, maldito sea,
y quien te bendijere, sea bendito!»

22 17-18
↗ Hb 11 20

25 23+

---

26 33 El texto dice *šibe'a*, «siete», pero el contexto pediría *šeba'* (o *šebu'a*) «juramento»; ver griego. Consultar también 21 28-30+.
27 Relato yahvista que celebra la astucia de Jacob, pero matizado en su redacción definitiva por una discreta reprobación de la astucia de Rebeca y cierto sentimiento de piedad hacia Esaú. La mentira aquí relatada dentro de los principios de una moral imperfecta todavía sirve misteriosamente a la acción de Dios, cuya libre elección ha preferido Jacob a Esaú, 25 23, ver Ml

1 2s; Rm 9 13.
27 20 Apelar así a Dios con mentira nos parece una blasfemia, pero la mentalidad oriental no veía nada malo en ello, refiriéndolo todo a Dios y desentendiéndose de las «causas segundas».
27 27 Esta bendición, que promete a Jacob, el pastor, una felicidad campesina, e igualmente la de Esaú, vv. 39-40, no son meramente personales, sino que sus consecuencias alcanzan también a los pueblos que proceden de ellos.

[30] Así que hubo concluido Isaac de bendecir a Jacob, y justo cuando acababa de salir Jacob de la presencia de su padre Isaac, llegó su hermano Esaú de su cacería. [31] Hizo también él un guiso suculento y, llevándoselo a su padre, le dijo: «Levántese mi padre y coma de la caza de su hijo, para que puedas bendecirme.» [32] Le dice su padre Isaac: «¿Quién eres tú?» Contestó: «Soy tu hijo primogénito, Esaú.» [33] A Isaac le entró un temblor fuerte, y le dijo: «Pues entonces, ¿quién es uno que ha cazado una pieza y me la ha traído? Porque de hecho yo he comido antes que tú vinieses, y le he bendecido, y bendito está*.» [34] Al oír Esaú las palabras de su padre, lanzó un grito fuerte y por extremo amargo, y dijo a su padre: «¡Bendíceme también a mí, padre mío!» [35] Le respondió: «Ha venido astutamente tu hermano y se ha llevado tu bendición.» [36] Dijo Esaú: «Con razón se llama Jacob, pues me ha suplantado dos veces: se llevó mi primogenitura y ahora se ha llevado mi bendición*.» Y añadió: «¿No has reservado alguna bendición para mí?» [37] Respondió Isaac y dijo a Esaú: «Mira, le he puesto por señor tuyo, le he dado por siervos a todos sus hermanos y le he abastecido de trigo y vino. Según eso, ¿qué voy a hacer por ti, hijo mío?» [38] Dijo Esaú a su padre: «¿Es que tu bendición es única, padre mío? ¡Bendíceme también a mí, padre mío!» Isaac guardó silencio* y Esaú alzó la voz y rompió a llorar. [39] Su padre Isaac le dijo por respuesta*:

«Lejos de la grosura de la tierra
　　será tu morada,
y lejos del rocío que baja del cielo.
[40] De tu espada vivirás
　　y a tu hermano servirás.
Mas luego, cuando te hagas libre,
　　partirás su yugo de sobre tu cerviz*.»

[41] Esaú se enemistó con Jacob a causa de la bendición con que le había bendecido su padre; y se dijo Esaú: «Se acercan ya los días del luto por mi padre. Entonces mataré a mi hermano Jacob.» [42] Se dio aviso a Rebeca de las palabras de Esaú, su hijo mayor; y ella envió a llamar a Jacob, su hijo pequeño, y le dijo: «Mira, tu hermano Esaú va a vengarse de ti matándote. [43] Ahora, pues, hijo mío, hazme caso: avíate y huye a Jarán, a donde mi hermano Labán, [44] y te quedas con él una temporada, hasta que se calme la cólera de tu hermano; [45] hasta que se calme la ira de tu hermano contra ti, y olvide lo que has hecho. Entonces enviaré yo a que te traigan de allí. ¿Por qué he de perderos a los dos en un mismo día*?»

Isaac manda a Jacob a casa de Labán*.

[46] Rebeca dijo a Isaac: «Me da asco vivir al lado de las hijas de Het. Si Jacob toma mujer de las hijas de Het como las que hay por aquí, ¿para qué seguir viviendo?»

28 [1] Llamó, pues, Isaac a Jacob, lo bendijo y le dio esta orden: «No tomes mujer de las hijas de Canaán. [2] Levántate y ve a Padán Aram, a casa de Betuel, padre de tu madre, y toma allí mujer de entre las hijas de Labán, hermano de tu madre. [3] Que El Sadday te bendiga, te haga fecundo y te acreciente, y que te conviertas en multitud de pueblos. [4] Que te dé la bendición de Abrahán a ti y a tu descendencia, para que te hagas dueño de la tierra donde has vivido y que Dios ha dado a Abrahán.» [5] Y despidió Isaac a Jacob, que se fue a Padán Aram, a casa de Labán, hijo de Betuel el arameo, hermano de Rebeca, la madre de Jacob y de Esaú.

Otro casamiento de Esaú*.

[6] Vio Esaú que Isaac había bendecido a Jacob, que le enviaba a Padán Aram a tomar mujer allí y que, al bendecirle, le había dado esta orden: «No tomes mujer de las hijas de Canaán», [7] y que Jacob,

Marginal references

25 26.29-34
Jr 9 3
Os 12 4
Is 43 27

=27 46 -
28 5

Sb 10 10

24 29

=27 41-45

17 1+

17 4-5

---

27 33 Las bendiciones (como las maldiciones) son eficaces e irrevocables, una vez pronunciadas.
27 36 Juego de palabras entre primogenitura, *bekorâh*, y «bendición» *berakâh*.
27 38 «Isaac guardó silencio» según griego; omitido por *hebr.*
27 39 Esaú (i. e. su descendencia) habitará fuera de la Palestina fértil (la Vulg. incurre aquí en contrasentido) y estará sometido a Jacob (a su descendencia, 2 S 8 13-14). Todo ello se le ha dado a su hermano, v. 37, y la única bendición que le queda es la de «vivir de su espada», de la rapiña y del bandolerismo.
27 40 Esta última frase, que no es rítmica, alude pro-

bablemente a la liberación de los edomitas bajo Salomón, 2 R 8 20-22, pero «cuando te hagas libre» es traducción conjetural.
27 45 Esaú caería, por homicida, bajo la venganza de sangre, Nm 35 19+.
27 46 Equivalente a 27 41-45, según la tradición sacerdotal, que descartaba la desagradable historia del cap. 27, basaba en una razón distinta la marcha de Jacob a Mesopotamia. Nótese la equivalencia establecida entre las «hijas de Het», v. 46, y las hijas de Canaán, 28 1.
28 6 Prosigue la fuente sacerdotal.

obedeciendo a su padre y a su madre, había marchado a Padán Aram. [8] Vio, pues, Esaú que las hijas de Canaán eran mal vistas de su padre Isaac, [9] y acudiendo Esaú a Ismael, tomó por mujer, además de las que tenía, a Majlat, hija de Ismael, el hijo de Abrahán, y hermana de Nebayot.

25 12-13

Sueño de Jacob*.

⁄ Sb 10 10

[10] Jacob salió de Berseba y fue a Jarán. [11] Llegando a cierto lugar, se dispuso a hacer noche allí, porque ya se había puesto el sol. Tomó una de las piedras del lugar, se la puso por cabezal y se acostó en aquel lugar. [12] Y tuvo un sueño. Soñó con una escalera apoyada en tierra, cuya cima tocaba los cielos, y vio que los ángeles de Dios subían y bajaban por ella. [13] Vio también que Yahvé estaba sobre ella y que le decía: «Yo soy Yahvé, el Dios de tu padre Abrahán y el Dios de Isaac. La tierra en que estás acostado te la doy para ti y tu descendencia. [14] Tu descendencia será como el polvo de la tierra y te extenderás al poniente y al oriente, al norte y al mediodía; y por ti se bendecirán todos los linajes de la tierra, y por tu descendencia. [15] Yo estoy contigo; te guardaré por donde vayas y te devolveré a este solar. No, no te abandonaré hasta haber cumplido lo que te he dicho.» [16] Despertó Jacob de su sueño y se dijo: «¡Así pues, está Yahvé en este lugar y yo no lo sabía!» [17] Y, asustado, pensó: «¡Qué temible es este lugar! ¡Esto no es otra cosa sino la casa de Dios y la puerta del cielo!» [18] Jacob se levantó de madrugada y, tomando la piedra que se había puesto por cabezal, la erigió como estela y derramó aceite sobre ella*. [19] Y llamó a aquel lugar Betel, aunque el nombre primitivo de la ciudad era Luz. [20] Jacob hizo un voto, diciendo: «Si Dios me asiste y me guarda en este camino que recorro, y me da pan que co-

⁄ Jn 1 51
12 2s; 13 14s; 5 5s; 18 18; 22 17s; 26 4
12 3+
Ex 19 12+
Ex 23 24+ 35 6; 48 3 Jc 1 23

mer y ropa con que vestirme, [21] y vuelvo sano y salvo a casa de mi padre, entonces Yahvé será mi Dios; [22] y esta piedra que he erigido como estela será Casa de Dios; y de todo lo que me dieres, te pagaré el diezmo.»

Am 4 4

Llega Jacob a casa de Labán*.

29 [1] Jacob se puso en marcha hacia el país de los orientales. [2] De pronto divisó un pozo en el campo, y allí mismo tres rebaños de ovejas sesteando junto a él, pues de aquel pozo se abrevaban los rebaños. Sobre la boca del pozo había una gran piedra. [3] Allí se reunían todos los rebaños: se revolvía la piedra de encima de la boca del pozo, abrevaban las ovejas y después colocaban la piedra en su sitio, sobre la boca del pozo. [4] Jacob les dijo (a los pastores): «Hermanos, ¿de dónde sois?» Dijeron ellos: «Somos de Jarán.» [5] —«¿Conocéis a Labán, hijo de Najor?» —«Lo conocemos.» [6] —«¿Se encuentra bien?» —«Muy bien; precisamente ahí llega Raquel, su hija, con las ovejas.» [7] Dijo él: «Todavía es muy de día, no es hora de recoger el ganado; abrevad las ovejas e id a apacentarlas.» [8] Contestaron: «No podemos hasta que se reúnan todos los rebaños y se retire la piedra de la boca del pozo. Entonces abrevaremos las ovejas.»

[9] Aún estaba él hablando con ellos, cuando llegó Raquel con las ovejas de su padre, pues ella era pastora. [10] En cuanto vio Jacob a Raquel, hija de Labán, el hermano de su madre, y las ovejas de Labán, hermano de su madre, se acercó Jacob, retiró la piedra de la boca y abrevó las ovejas de Labán, el hermano de su madre. [11] Jacob besó a Raquel y luego estalló en sollozos. [12] Jacob anunció a Raquel que era pariente de su padre e hijo de Rebeca. Ella echó a correr y se lo contó a su padre. [13] En cuanto oyó Labán hablar de Jacob, el hijo de su hermana,

24 11s Ex 2 16s

---

28 10 En este relato parece que hay elementos de tradición elohísta y yahvista, pero no siempre es fácil distinguirlos. A la primera pertenece el sueño de la escala (más bien una escalera) que lleva al cielo, idea mesopotámica simbolizada por las torres de pisos, los ziggurats, vv. 12 y 17, el voto de Jacob y la fundación del santuario de Betel, vv. 18.20.21.22; según la otra, Yahvé se aparece y renueva a Jacob las promesas hechas a Isaac, y Jacob le reconoce por su Dios, vv. 13-16.19.21[b]. Ambas tradiciones enaltecen el prestigio del santuario de Betel, 1 R 12 29-30+. Diversos Padres, siguiendo a Filón, han visto en la escala de Jacob la imagen de la Providencia que Dios ejerce sobre la tierra por ministerio de los ángeles. Para otros, prefiguraba la encarnación del Verbo, puente tendido entre el cielo y la tie-

rra. El v. 17 es utilizado por la liturgia en el oficio y la misa de la Dedicación de iglesias.
28 18 La piedra materializa el lugar de la presencia divina. Se convierte en un *bêt-'El*, «casa de Dios», lo cual explica el nombre de Betel, y recibe una unción de aceite, que era un acto de culto. Pero tales prácticas, que también se daban en la religión cananea y en todo el medio semítico, fueron más tarde condenadas por la Ley y los Profetas, ver Ex 23 24. Aquí mismo, a la idea de una morada divina sobre la tierra se yuxtapone una noción más espiritual: Betel es la «puerta del cielo», donde Dios habita, ver 1 R 8 27.
29 Relato de tradición yahvista: es continuación de 28 y se refiere a 27 41-45.

corrió a su encuentro, lo abrazó, lo besó y lo llevó a su casa. Entonces él contó a Labán toda esta historia*, [14] y Labán le dijo: «En suma, que tú eres hueso mío y carne mía.» Y Jacob se quedó con él un mes cumplido.

Doble casamiento de Jacob*.

[15] Labán dijo a Jacob: «¿Acaso porque seas pariente mío has de servirme de balde? Indícame cuál será tu salario.» [16] Ahora bien, Labán tenía dos hijas: la mayor llamada Lía, y la pequeña, Raquel. [17] Los ojos de Lía eran tiernos. Raquel, en cambio, era de bella presencia y de buen ver. [18] Jacob estaba enamorado de Raquel. Así pues, dijo: «Te serviré siete años por Raquel, tu hija pequeña.» [19] Dijo Labán: «Mejor es dártela a ti que dársela a otro. Quédate conmigo.»

[20] Sirvió, pues, Jacob por Raquel siete años, que se le antojaron como unos cuantos días, de tanto que la amaba. [21] Jacob dijo a Labán: «Dame mi mujer, que se ha cumplido el plazo y quiero casarme con ella.» [22] Labán juntó a todos los del lugar y dio un banquete. [23] Luego a la tarde tomó a su hija Lía y la llevó a Jacob, y éste se unió a ella. [24] Labán dio su esclava Zilpá como esclava de su hija Lía. [25] Se hizo de mañana, ¡y resultó que era Lía*! Jacob dijo a Labán: «¿Qué has hecho conmigo? ¿No te he servido por Raquel? ¿Pues por qué me has hecho trampa?» [26] Labán dijo: «No se usa en nuestro lugar dar la menor antes que la mayor. [27] Cumple esta semana* y te daré también a la otra por el servicio que me prestarás todavía otros siete años*.» [28] Así lo hizo Jacob. Y, habiendo cumplido aquella semana, le dio por mujer a su hija Raquel. [29] Labán dio su esclava Bil-

há como esclava de su hija Raquel. [30] Él se unió también a Raquel, y la amó más que a Lía, y sirvió en casa de su tío otros siete años más.

Hijos de Jacob*.

[31] Vio Yahvé que Lía no era amada* y la hizo fecunda, mientras que Raquel era estéril. [32] Lía quedó encinta y dio a luz un hijo al que llamó Rubén, pues dijo: «Yahvé ha reparado en mi cuita*: ahora sí que me querrá mi marido.» [33] Concibió otra vez y dio a luz un hijo, y dijo: «Yahvé ha oído que yo era aborrecida y me ha dado también a éste.» Y le llamó Simeón. [34] Concibió otra vez y dio a luz un hijo, y dijo: «Ahora, esta vez, mi marido se aficionará a mí, ya que le he dado tres hijos.» Por eso le llamó Leví. [35] Concibió otra vez y dio a luz un hijo, y dijo: «Esta vez alabo a Yahvé.» Por eso le llamó Judá, y dejó de dar a luz.

30 [1] Vio Raquel que no daba hijos a Jacob y, celosa de su hermana, dijo a Jacob: «Dame hijos o me muero.» [2] Jacob se enfadó con Raquel y dijo: «¿Estoy yo acaso en el lugar de Dios, que te ha negado el fruto del vientre?» [3] Ella dijo: «Ahí tienes a mi criada Bilhá; únete a ella y que dé a luz sobre mis rodillas: así también yo ahijaré de ella.» [4] Le dio, pues, a su esclava Bilhá por mujer; y Jacob se unió a ella. [5] Concibió Bilhá y dio a Jacob un hijo. [6] Y dijo Raquel: «Dios me ha hecho justicia, pues ha oído mi voz y me ha dado un hijo.» Por eso le llamó Dan. [7] Otra vez concibió Bilhá, la esclava de Raquel, y dio a Jacob un segundo hijo. [8] Y dijo Raquel: «Me he trabado con mi hermana a brazo partido y la he podido»; y le llamó Neftalí.

16 2+

---

29 13 Sus altercados con Esaú, cap. **27.**
29 15 Relato de tradición yahvista, como el precedente, del que es continuación.
29 25 La astucia de Labán y el error de Jacob se explican por la costumbre —vigente aún— de tener velada a la novia hasta la noche de bodas, ver **24** 65.
29 27 (a) Las fiestas nupciales duraban siete días, Jc **14** 12.17, ver Tb **8** 20; **10** 7.
29 27 (b) El matrimonio con dos hermanas será prohibido tardíamente en Lv **18** 18.
29 31 (a) Esta sección (29 31 - 30 43), de tradición yahvista con añadiduras de tradición elohísta, relaciona *las tribus de Israel* con la línea patriarcal mediante los doce hijos de Jacob. Es la fórmula más antigua del «sistema de las doce tribus», que pasará por varias fases: aquí se llega al número doce por la inclusión de Dina; ésta será sustituida más tarde por Benjamín, nacido en Canaán, **35** 16s. Pero no sabemos exactamente cuándo: Jc **5** 14-18 no menciona a Judá ni a Simeón y es también difícil precisar en qué medida el cántico de Débora

representa fielmente el período anterior a la monarquía. Estos «doce hijos de Jacob» de los que aquí se habla, que, en su mayor parte, no desempeñarán ningún papel en los relatos del Génesis, y algunos de los cuales ni siquiera volverán ya a ser nombrados, no son más que los antepasados epónimos de las tribus constituidas, ver Gn **49.**
29 31 (b) El texto dice «aborrecida»; pero en este caso simplemente significa la situación menos ventajosa de la mujer no preferida en un hogar polígamo.
29 32 La rivalidad de Lía y de Raquel sirve para explicar los nombre propios por medio de etimologías populares, oscuras a veces: *ra'a be'onyî* «ha reparado en mi cuita», Rubén; *šama'* «ha oído», Simeón; *yil-láveh* «se aficionará», Leví; *'ôdeh* «alabo», Judá; *dânannî* «me ha hecho justicia», Dan; *niftaltî* «me ha trabado», Neftalí; *gâd* «enhorabuena», Gad; *'ošrî* «feliz de mí» e *'iššerûnî* «me felicitarán», Aser; *śâkar* «pagar por» y *śâkâr* «recompensa», Isacar; *yizbelenî* «me apreciará», Zabulón; *'âsaf* «ha quitado» y *yôsef* «añada», José.

⁹ Viendo Lía que había dejado de dar a luz, tomó a su esclava Zilpá, y se la dio a Jacob por mujer. ¹⁰ Y Zilpá, la esclava de Lía, dio a Jacob un hijo. ¹¹ Lía dijo: «¡Enhorabuena!» Y le llamó Gad. ¹² Zilpá, la esclava de Lía, dio a Jacob un segundo hijo, ¹³ y dijo Lía: «¡Feliz de mí!, pues me felicitarán las demás.» Y le llamó Aser.

¹⁴ Una vez fue Rubén, al tiempo de la siega del trigo, y encontró en el campo unas mandrágoras*, que trajo a su madre Lía. Dijo Raquel a Lía: «¿Quieres darme las mandrágoras de tu hijo?» ¹⁵ Le respondió: «¿Es poco haberte llevado mi marido, que encima vas a llevarte las mandrágoras de mi hijo?» Dijo Raquel: «Sea: que se acueste contigo Jacob esta noche a cambio de las mandrágoras de tu hijo.» ¹⁶ A la tarde, cuando Jacob volvió del campo, sale Lía a su encuentro y le dice: «Tienes que venir conmigo porque he pagado por ti unas mandrágoras de mi hijo.» Y él se acostó con ella aquella noche. ¹⁷ Dios oyó a Lía, que concibió y dio un quinto hijo a Jacob. ¹⁸ Y dijo Lía: «Dios me ha dado mi recompensa, a mí, que tuve que dar mi esclava a mi marido.» Y le llamó Isacar. ¹⁹ Lía concibió otra vez y dio el sexto hijo a Jacob. ²⁰ Y dijo Lía: «Me ha hecho Dios un buen regalo. Ahora sí que me apreciará mi marido, pues le he dado seis hijos.» Y le llamó Zabulón. ²¹ Después dio a luz una hija, a la que llamó Dina.

²² Entonces se acordó Dios de Raquel. Dios la oyó y abrió su seno, ²³ y ella concibió y dio a luz un hijo. Y dijo: «Ha quitado Dios mi afrenta.» ²⁴ Y le llamó José, como diciendo: «Añádame Yahvé otro hijo.»

Prosperidad de Jacob.

²⁵ Cuando Raquel hubo dado a luz a José, dijo Jacob a Labán: «Déjame que me vaya a mi lugar y a mi tierra. ²⁶ Dame a mis mujeres y a mis hijos por quienes te he servido, para que me vaya; pues bien sabes bajo qué condiciones te he servido.» ²⁷ Díjole Labán: «¡Si en algo me estimas*!... Yo estaba bajo un maleficio, pero Yahvé me ha bendecido gracias a ti.» ²⁸ Y agregó: «Fíjame tu paga, y te la daré.» ²⁹ Le respondió: «Tú sabes cómo te he servido, y cómo le fue a tu ganado conmigo: ³⁰ bien poca cosa tenías antes de venir yo, pero ya se ha multiplicado muchísimo, y Yahvé te ha bendecido a mi llegada. Pues bien: ¿cuánto voy a hacer yo también algo por mi casa?» ³¹ Dijo Labán: «¿Qué he de darte?» Respondió Jacob: «No me des nada. Si haces por mí esto, volveré a apacentar tu rebaño. Fíjate bien:

³² Voy a desfilar hoy con todo tu rebaño*. Aparta toda oveja* negra y las cabras pintas y manchadas, y eso será mi paga, ³³ y la garantía de mi honradez el día de mañana. Cuando te presentes a controlar mi paga, todo lo que no fuere pinto y manchado entre las cabras y negro entre los corderos, será lo que he robado.» ³⁴ Dijo Labán: «Bien sea como dices.» ³⁵ Y aquel mismo día apartó los machos cabríos listados y manchados y todas las cabras pintas y manchadas, todo lo que tenía en sí algo de blanco, así como todo lo negro entre las ovejas, y lo confió a sus hijos, ³⁶ interponiendo tres jornadas de camino entre él y Jacob. Este último apacentaba el resto del rebaño de Labán.

³⁷ Entonces Jacob se procuró unas varas verdes de álamo, de almendro y de plátano, y labró en ellas unas muescas blancas, dejando al descubierto lo blanco de las varas, ³⁸ e hincó las varas así labradas en las pilas o abrevaderos a donde venían las reses a beber, justo delante de las reses, con lo que éstas se calentaban al acercarse a beber. ³⁹ O sea, que se calentaban a la vista de las varas, y así parían crías listadas, pintas o manchadas. ⁴⁰ Luego separó Jacob los machos, echándolos a lo listado y negro que ahora había en el

---

30 14 Lit. «frutos de mandrágora», planta cuyo nombre hebr. está formado de la misma raíz que «amor», y a la que los antiguos atribuían virtudes afrodisíacas. La tradición habría de relacionar este fruto con el nacimiento de José.

30 27 La frase queda cortada y se sobrentiende: «escúchame».

30 32 (a) El texto de los vv. 32-43 es de difícil interpretación. La historia, que sólo se ha podido formar entre seminómadas, debe de ser muy antigua. En los rebaños orientales, las ovejas generalmente son blancas y las cabras negras. Lo que Jacob exige como único salario son los animales raros (ovejas negras y cabras moteadas), y Labán cree hacer un buen negocio. La treta de Jacob se reduce a lo siguiente: 1.º, en cuanto a las cabras, vv. 37-39, las hace aparearse ante varitas listadas de blanco, cuya vista se suponía que influía en la formación del embrión; 2.º, en cuanto a las ovejas, v. 40, hace que al aparearse estén mirando a las cabras negras del rebaño; 3.º, para estas operaciones elige los machos vigorosos, dejando para Labán los animales débiles y sus crías. De este modo Jacob se toma «honradamente» su desquite de Labán.

30 32 (b) Texto sobrecargado; omitimos «pinta y moteada y todo animal», como hace también el griego.

rebaño de Labán, y así se fue formando unos hatajos propios, que no mezclaba con el rebaño de Labán. ⁴¹ Además, siempre que se calentaban las reses vigorosas, les ponía Jacob las varas ante los ojos en las pilas, para que se calentaran bajo el influjo de las varas; ⁴² mas, cuando el ganado estaba débil, no las ponía, de modo que las crías débiles eran para Labán, y las vigorosas para Jacob. ⁴³ Así que éste medró muchísimo, y llegó a tener rebaños numerosos, y siervas y siervos y camellos y asnos.

Fuga de Jacob*.

31 ¹ Oyó Jacob que los hijos de Labán decían: «Jacob se ha apoderado de todo lo de nuestro padre, y con lo de nuestro padre ha hecho toda esa fortuna.» ² Jacob observó el rostro de Labán y vio que ya no era para con él como hasta entonces. ³ Entonces Yahvé dijo a Jacob: «Vuélvete a la tierra de tus padres, a tu patria, y yo estaré contigo.» ⁴ Jacob envió a llamar a Raquel y a Lía al campo, donde estaba su rebaño, ⁵ y les dijo: «Vengo observando que vuestro padre ya no me mira como antes; pero el Dios de mi padre ha estado conmigo. ⁶ Vosotras sabéis que he servido a vuestro padre con todas mis fuerzas; ⁷ pero vuestro padre ha trapaceado conmigo y ha cambiado mi retribución una docena de veces, si bien Dios no le ha dejado perjudicarme. ⁸ Si él decía: Tu paga serán las reses pintas, entonces todas las ovejas parían pintas. Y si decía: Tu paga será lo listado, entonces todas las ovejas parían listado. ⁹ De esta suerte Dios ha quitado el ganado a vuestro padre y me lo ha dado a mí. ¹⁰ Pues bien: en la época de calentarse el rebaño, alcé los ojos y vi en un sueño cómo los machos que montaban al rebaño eran listados, pintos y salpicados. ¹¹ Y me dijo el Ángel de Dios en aquel sueño: ¡Jacob! Yo respondí: 'Aquí estoy.' ¹² Y añadió: 'Alza la vista y verás que todos los machos que montan al rebaño son listados, pintos y salpicados. Es que he visto todo lo que Labán te ha hecho. ¹³ Yo soy

el Dios que se te apareció en Betel*, donde ungiste una estela y donde me hiciste aquel voto. Ahora, levántate, sal de esta tierra y vuelve a tu país natal'.»

¹⁴ Raquel y Lía le contestaron: «¿Es que tenemos aún parte o herencia en la casa de nuestro padre? ¹⁵ ¿No hemos sido consideradas como extrañas para él, puesto que nos vendió y, por comerse, incluso se comió nuestra plata*? ¹⁶ Así que toda la riqueza que ha quitado Dios a nuestro padre nuestra es y de nuestros hijos. Conque todo lo que te ha dicho Dios, hazlo.»

¹⁷ Levantóse Jacob, montó a sus hijos y a sus mujeres en los camellos, ¹⁸ y se llevó todo su ganado y toda la hacienda que había adquirido, el ganado de su propiedad, que había adquirido en Padán Aram, para irse a donde su padre Isaac a Canaán. ¹⁹ Como Labán había ido a esquilar sus ovejas, Raquel robó los ídolos familiares* que tenía su padre, ²⁰ y Jacob actuó a hurtadillas de Labán el arameo, no dándole ningún indicio de que se fugaba. ²¹ En efecto, se fugó con todo lo suyo; se levantó, pasó el Río* y enderezó hacia la montaña de Galaad.

Labán da alcance a Jacob*.

²² Al tercer día recibió Labán la noticia de que Jacob se había fugado. ²³ Entonces tomó a sus parientes consigo y, tras siete jornadas de persecución, le dio alcance en la montaña de Galaad. ²⁴ Pero aquella noche vino Dios en sueños a Labán el arameo y le dijo: «Guárdate de hablar nada con Jacob, ni bueno ni malo.» ²⁵ Alcanzó, pues, Labán a Jacob. Éste había instalado su tienda en la montaña y Labán instaló la suya* con sus parientes en la misma montaña de Galaad.

²⁶ Dijo Labán a Jacob: «¿Qué has hecho? Has actuado a hurtadillas de mí y te has llevado a mis hijas como si fueran cautivas de guerra. ²⁷ ¿Por qué te has fugado con disimulo y a hurtadillas de mí, en vez de advertírmelo? Yo te habría despedido con alegría y con cantares, con adufes y arpas. ²⁸ Ni siquiera me has per-

Marginal references
26 3; 28 15

16 7+

28 18-22

Jc 17 5
1 S 19 13
2 R 23 24
Os 3 4

31 Relato fundamentalmente de tradición elohísta, con una adición de tradición sacerdotal en el v. 18 y, quizá, algunos restos yahvistas (ver v. 3). Pone de relieve los derechos de Jacob y la protección divina, que no se deducía de la tradición profana de 30.
31 13 «que se te apareció», añadido según griego.
31 15 En la Alta Mesopotamia, la costumbre era que la suma depositada en manos del suegro por el novio a raíz del matrimonio se entregara en parte a la esposa, pero Labán se benefició en exclusiva de los servicios de

Jacob.
31 19 En hebreo *terafim*, idolillos domésticos. Se ha dicho que su posesión constituía título de herencia, pero esto no es seguro.
31 21 El Éufrates.
31 22 Relato de tradición elohísta como los precedentes, probablemente con adiciones redaccionales para enlazarlo con 30 25-43.
31 25 «la suya» (e.d. «su tienda» *oholô*) conj.; «con sus hermanos» *'ejayw* hebr.

mitido besar a mis hijos e hijas. O sea, que has obrado como un necio. ²⁹ Hay poder en mi mano para hacerte mal; pero el Dios de tu padre* me dijo ayer noche: 'Guárdate de hablar a Jacob absolutamente nada, ni bueno ni malo.' ³⁰ Así pues, tú te has marchado porque añorabas la casa paterna, pero ¿por qué robaste mis dioses?»

³¹ Respondió Jacob a Labán: «Es que tuve miedo, pensando que acaso ibas a quitarme a tus hijas. ³² Pero eso sí, que aquél a quien le encuentres tus dioses no quede con vida. Delante de nuestros parientes reconoce lo tuyo que esté en mi poder y llévatelo.» En efecto, Jacob ignoraba que Raquel los había robado. ³³ Entró Labán en la tienda de Jacob, en la de Lía y en la de las dos criadas, y no halló nada. Salió de la tienda de Lía, y entró en la de Raquel. ³⁴ Pero Raquel había tomado los ídolos familiares y, poniéndolos en la albarda del camello, se había sentado encima. Labán registró toda la tienda sin hallar nada. ³⁵ Ella dijo a su padre: «No le dé enojo a mi señor de que no pueda levantarme en tu presencia, porque estoy con la regla.» Él siguió rebuscando por toda la tienda sin dar con los ídolos.

³⁶ Entonces Jacob montó en cólera, recriminó a Labán y, encarándose con él, le dijo: «¿Cuál es mi delito? ¿Cuál mi pecado, que me persigues con saña? ³⁷ Al registrar todos mis enseres, ¿qué has hallado de todos los enseres de tu casa? Ponlo aquí, ante mis parientes y los tuyos, y juzguen ellos entre nosotros dos. ³⁸ En veinte años que llevo contigo, tus ovejas y tus cabras nunca han malparido, y los machos de tu rebaño nunca me los he comido. ³⁹ Ganado destrozado por fieras nunca te llevé: yo pagaba el daño, de lo mío te cobrabas tanto si era ro-bado de día como si lo era de noche*. ⁴⁰ Estaba yo que de día me devoraba el

resistero y de noche la helada, mientras huía el sueño de mis ojos. ⁴¹ Estos fueron mis veinte años en tu casa. Catorce años te serví por tus dos hijas, y seis por tus ovejas, y tú has cambiado mi paga diez veces. ⁴² Si el Dios de mi padre, el Dios de Abrahán y el Padrino de Isaac* no hubiese estado por mí, a fe que ahora me despacharías de vacío. Mi cuita y la fatiga de mis manos las ha visto Dios y ha dado su fallo ayer noche.»

Tratado entre Labán y Jacob*.

⁴³ Labán respondió así a Jacob: «Estas hijas son mías, estos hijos son mis hijos, y estas ovejas mis ovejas, todo cuanto ves, mío es. Y, ¿qué voy a hacerles hoy a estas mis hijas?, ¿o a los hijos que me dieron? ⁴⁴ Venga, hagamos un pacto entre los dos*..., y sirva de testigo entre nosotros dos.»

⁴⁵ Jacob tomó una piedra y la erigió como estela. ⁴⁶ Y dijo Jacob a sus parientes: «Recoged piedras.» Tomaron piedras, hicieron un majano y comieron allí sobre el majano. ⁴⁷ Labán lo llamó Yegar Sahdutá, y Jacob lo llamó Galed*. ⁴⁸ Labán dijo: «Este majano es hoy testigo entre nosotros dos.» Por eso le llamó Galed, ⁴⁹ y también Mispá, pues dijo: «Que Yahvé nos vigile a los dos, cuando nos alejemos el uno del otro. ⁵⁰ Si tú humillas a mis hijas, si tomas otras mujeres, además de mis hijas, bien que nadie esté con nosotros que nos vea, sea Dios testigo entre los dos.» ⁵¹ Dijo Labán a Jacob: «Aquí está este majano, y aquí esta estela que he erigido entre nosotros dos. ⁵² Testigo sea este majano y testigo sea esta estela de que yo no he de traspasar este majano hacia ti, ni tú has de traspasar este majano y esta estela hacia mí para nada malo. ⁵³ El Dios de Abrahán y el Dios de Najor juzguen entre nosotros*.» Y Jacob juró por el Padrino de su padre Isaac. ⁵⁴ Jacob hizo un sacrificio en el

31 19
Lv 15 19-20

Ex 22 12

31 24.29

---

31 29 En sing. según sam. y griego; el hebr. trae plural.
31 39 Según Ex **22** 12, el pastor queda disculpado si presenta los restos del animal despedazado, ver Am **3** 12.
31 42 Título divino que sólo se repite en el v. 53, y cuyo sentido justifican el árabe y el palmireno. También traducen: «el Terror de Isaac».
31 43 Dos tradiciones (yahvista y elohísta) parecen combinarse aquí: 1.°, un pacto político fija la frontera entre Labán y Jacob, v. 52, es decir, entre Aram e Israel, con explicación del nombre de Galaad = Galed, «majano del testimonio»; 2.°, un acuerdo privado tocante a las hijas de Labán dadas a Jacob, v. 50, con explicación del nombre de Mispá = «la atalaya», ver v. 49, donde erigen una estela *(maṣṣebah)*. Pero es posible que no se

trate de dos fuentes, sino de dos explicaciones, y aparentemente de dos tradiciones, porque a tradición está vinculada a un nombre compuesto: *Mispeh Galaad*, «la atalaya de Galaad», localidad conocida por Jc **11** 29, en Transjordania, al sur del Yaboc. El texto, además, ha sido oscurecido por glosas.
31 44 Faltan probablemente algunas palabras del texto.
31 47 *Yegar-ṣáhadûta'* es, en arameo, la traducción exacta de *Gal'ed*, «majano del testimonio». También en castellano las piedras adosadas a una muga se llaman precisamente unas «testigos».
31 53 El texto añade aquí «el Dios de sus padres», glosa ausente del griego y de algunos mss hebr. —Según el uso de los viejos tratados, se citan como testigos los dioses de entrambas partes contratantes.

monte e invitó a sus parientes a tomar parte. Ellos tomaron parte, e hicieron noche en el monte.

32 ¹ A la mañana siguiente, Labán besó a sus hijos e hijas, los bendijo y se volvió a su lugar. ² Jacob se fue por su camino, y le salieron al encuentro ángeles de Dios. ³ Al verlos, dijo Jacob: «Éste es el campamento de Dios»; y llamó a aquel lugar Majanáin*.

Jacob prepara el encuentro con Esaú*.

⁴ Jacob envió mensajeros por delante hacia su hermano Esaú, al país de Seír, la estepa de Edom, ⁵ encargándoles: «Diréis a mi señor Esaú: Así dice tu siervo Jacob: Fui a pasar una temporada con Labán y me he demorado hasta hoy. ⁶ Me hice con bueyes, asnos, ovejas, siervos y siervas; y ahora mando a avisar a mi señor, para hallar gracia a sus ojos.» ⁷ Los mensajeros volvieron a Jacob, diciendo: «Hemos ido donde tu hermano Esaú, y él mismo viene a tu encuentro con cuatrocientos hombres.»

⁸ Jacob se asustó mucho y se llenó de angustia; dividió a sus gentes, las ovejas, vacas y camellos, en dos campamentos, ⁹ y dijo: «Si llega Esaú a uno de los campamentos y lo ataca, se salvará el otro.» ¹⁰ Luego dijo Jacob: «¡Oh Dios de mi padre Abrahán y Dios de mi padre Isaac, Yahvé, que me dijiste: 'Vuelve a tu tierra y a tu patria, que yo seré bueno contigo', ¹¹ ¡qué poco merecía yo todas las mercedes y toda la confianza que has dado a tu siervo! Pues con solo mi cayado pasé este Jordán y ahora he venido a formar dos campamentos. ¹² Líbrame de la mano de mi hermano, de la mano de Esaú, porque le temo, no sea que venga y nos ataque, a la madre junto con los hijos. ¹³ Que fuiste tú quien dijiste: 'Yo seré bueno de veras contigo y haré tu descendencia como la arena del mar,

que no se puede contar de tanta como hay.'» ¹⁴ Y Jacob pasó allí aquella noche.

Tomó de lo que tenía a mano un regalo para su hermano Esaú, ¹⁵ consistente en doscientas cabras y veinte machos cabríos, doscientas ovejas y veinte carneros, ¹⁶ treinta camellas criando, junto con sus crías, cuarenta vacas y diez toros, veinte asnas y diez garañones, ¹⁷ y, repartiéndolo en manadas independientes, lo confió a sus siervos y les dijo: «Pasad delante de mí, dejando espacio entre manada y manada.» ¹⁸ Y al primero le encargó: «Cuando te salga al paso mi hermano Esaú y te pregunte 'de quién eres y adónde vas, y para quién es eso que va delante de ti', ¹⁹ dices: 'De tu siervo Jacob; es un regalo enviado para mi señor Esaú. Precisamente, él mismo viene detrás de nosotros.'» ²⁰ El mismo encargo hizo también al segundo, como asimismo al tercero y a todos los que iban tras las manadas diciendo: «En estos términos hablaréis a Esaú cuando le encontréis, ²¹ añadiendo: 'Precisamente, tu siervo Jacob viene detrás de nosotros.'» Pues se decía: «Voy a ganármelo con el regalo que me precede, tras lo cual me entrevistaré con él; tal vez me ponga buena cara.» ²² Así, pues, mandó el regalo por delante, y él pasó aquella noche en el campamento.

Jacob lucha contra Dios*.

²³ Aquella noche se levantó, tomó a sus dos mujeres con sus dos siervas y a sus once hijos y cruzó el vado del Yaboc. ²⁴ Los tomó y les hizo pasar el río, e hizo pasar también todo lo que tenía. ²⁵ Y habiéndose quedado Jacob solo, estuvo luchando alguien* con él hasta rayar el alba. ²⁶ Pero viendo que no le podía, le tocó en la articulación femoral, y se dislocó el fémur de Jacob mientras luchaba con aquél. ²⁷ Éste le dijo: «Suéltame, que ha rayado el alba.» Jacob respondió: «No

Margin references:
55
32.¹
2
3
5
6
7
8
9
31 3
10
11
12
22 16-17+
28 14
13
14
15
16
17
18
19
20
21
Ex 4 24-26
Os 12 4-6
Sb 10 12
23
24
25
26

---

32 3 *Majaneh* «campamento» explica el nombre de *Majanáin*. Este nombre propiamente significa «los dos campamentos». A esto aluden los vv. 8 y 11. —Los vv. 1-3 son elohístas.

32 4 Jacob, al llegar cerca del país donde se ha establecido Esaú, toma sus precauciones, como toda caravana que se aproxima a un territorio hostil. Esta precaución está presentada de ambas maneras, según la tradición yahvista, vv. 4-14ª, y según la tradición elohísta, vv. 14ᵇ-22. Ambas tradiciones concuerdan en la actitud humilde de Jacob ante Esaú; y con esto volvemos a 27 41-45 y a lo que 25 27 y 27 40 han dicho del carácter de los hermanos.

32 23 En este relato misterioso, yahvista probablemente, se trata de una lucha física, cuerpo a cuerpo, con Dios, y al principio parece triunfar Jacob. Cuando éste ha reconocido el carácter sobrenatural de su adversario, le fuerza a bendecirle. Pero el texto evita el nombre de Yahvé, y el agresor desconocido se niega a descubrirse. El autor utiliza una antigua historia para explicar el nombre de Penuel por *peni'el* «cara de Dios», y dar un origen al nombre de Israel. Al mismo tiempo la llena de sentido religioso: el Patriarca se agarra a Dios, lucha con él hasta conseguir una bendición por la que Dios queda obligado a mostrar su favor a los que más tarde llevarán el nombre de Israel. De este modo la escena ha podido convertirse en la imagen del combate espiritual y de la eficacia de una oración perseverante (San Jerónimo, Orígenes).

32 25 Lit. «un hombre».

te suelto hasta que no me hayas bendecido.» ²⁸ Dijo el otro: «¿Cuál es tu nombre?» —«Jacob.» —²⁹ «En adelante no te llamarás Jacob, sino Israel, porque has sido fuerte* contra Dios y contra los hombres, y le has vencido.» ³⁰ Jacob le preguntó: «Dime por favor tu nombre.» —«¿Para qué preguntas por mi nombre?» Y le bendijo allí mismo. ³¹ Jacob llamó a aquel lugar Penuel, pues (se dijo): «He visto a Dios cara a cara, y tengo la vida salva*.» ³² El sol salió así que hubo pasado Penuel, pero él cojeaba del muslo. ³³ Por eso los israelitas no comen, hasta la fecha, el nervio ciático, que está sobre la articulación del muslo*, por haber sido tocado Jacob en la articulación femoral, en el nervio ciático.

Encuentro de Esaú y Jacob*.

33 ¹ Jacob alzó la vista y, al ver que venía Esaú con cuatrocientos hombres, repartió a los niños entre Lía y Raquel y las dos siervas. ² Puso a las siervas y sus niños al frente; después a Lía y sus niños, y a Raquel y José en la zaga, ³ y él se les adelantó y se inclinó en tierra siete veces, hasta llegar donde su hermano. ⁴ Esaú, a su vez, corrió a su encuentro, lo abrazó, se le echó al cuello, lo besó y lloró. ⁵ Levantó los ojos y, al ver a las mujeres y a los niños, dijo: «¿Qué son de ti éstos?» —«Son los hijos que ha otorgado Dios a tu siervo.» ⁶ Entonces se acercaron las siervas con sus niños y se inclinaron. ⁷ Después se acercó también Lía con sus niños y se inclinaron. Y por último se acercaron José y Raquel y se inclinaron. ⁸ Dijo Esaú: «¿Qué pretendes con toda esta caravana que acabo de encontrar*?» —«Es para hallar gracia a los ojos de mi señor.» ⁹ Dijo Esaú: «Tengo bastante, hermano mío; sea para ti lo tuyo.» ¹⁰ Replicó Jacob: «De ninguna manera. Si he hallado gracia a tus ojos, toma mi regalo de mi mano, ya que he visto tu rostro como quien ve el rostro de Dios*, y me has mostrado simpatía. ¹¹ Acepta, pues, el obsequio que te he traído pues Dios me ha favorecido y tengo de todo.» Y le instó tanto que aceptó.

Jacob se aparta de Esaú*.

¹² Dijo Esaú: «Vámonos de aquí, y yo te daré escolta.» ¹³ Él le dijo: «Mi señor sabe que los niños son tiernos y que tengo conmigo ovejas y vacas criando; un día de ajetreo bastaría para que muriese todo el rebaño. ¹⁴ Adelántese, pues, mi señor a su siervo, que yo avanzaré despacito, al paso del ganado que llevo delante, y al paso de los niños, hasta que llegue donde mi señor, a Seír.» ¹⁵ Dijo Esaú: «Entonces voy a destacar contigo a parte de la gente que me acompaña.» —«¿Para qué tal? Con que halle yo gracia a los ojos de mi señor...» ¹⁶ Rehízo, pues, Esaú aquel mismo día su camino rumbo a Seír, ¹⁷ y Jacob partió para Sucot, donde edificó para sí una casa y para su ganado hizo cabañas. Por donde se llamó aquel lugar Sucot*.

Llegada a Siquén*.

¹⁸ Jacob llegó sin novedad a la ciudad de Siquén, que está en el territorio cananeo, viniendo de Padán Aram, y acampó frente a la ciudad. ¹⁹ Compró a los hijos de Jamor, padre de Siquen, por cien agnos* la parcela de campo donde había desplegado su tienda, ²⁰ erigió allí un altar y lo llamó de «El», Dios de Israel.

Rapto de Dina*.

34 ¹ Dina, la hija que Lía había dado a Jacob, salió una vez a ver a las

Jc 13 17s

Ex 33 20+

12 6
Jn 4 6

23; Jos 24 32

---

32 29 Sentido que dan las versiones al verbo *śârah*, empleado aquí y en Os **12** 5. «Israel», que probablemente significa «muéstrese Dios fuerte», se interpreta «Fuerte ha sido él contra Dios», etimología popular. Este cambio será también indicado en **35** 10, donde parece ser más primitivo. Es posible que denote la fusión de dos grupos diferentes, el de «Jacob» y el de «Israel», ver **33** 20: «El, Dios de Israel».
32 31 La visión directa de Dios supone para el hombre peligro de muerte. Y salir vivo de la misma es un favor especial, ver Ex **33** 20+.
32 33 Vieja prohibición alimenticia, no confirmada en ninguna parte en la Biblia.
33 Relato de difícil atribución: aun siendo continuación de **32** 4-14ᵃ, de tradición yahvista, el nombre divino es aquí Dios (*Elohim*), vv. 5 y 10-11.
33 8 No los grupos de **32** 14ᵇ-22 (tradición elohísta),

sino el primer campamento de **32** 8. Jacob, que lo daba por perdido, **32** 9, se da por contento ofreciéndoselo como presente.
33 10 Nueva alusión al nombre de Fenuel: «cara de Dios», **32** 31.
33 12 Tema de Esaú, ceja la toma la delantera y, lejos de seguirle, le vuelve la espalda. Tradición yahvista.
33 17 Ubicado probablemente en Tell Akhsas, en el valle del Jordán. El nombre significa «choza».
33 18 Los vv. 18 es de tradición sacerdotal, los vv. 19-20 de tradición elohísta.
33 19 Hebr. *qešîtah*, moneda antigua de valor desconocido. Las versiones traducen «cordero». De ahí nuestra denominación «agnos».
34 Este cap. combina una historia de familia (Siquén, después de violar a Dina, la pide en matrimonio

mujeres del país. ² Siquén, hijo de Jamor el jivita*, príncipe de aquella tierra, la vio, se la llevó, se acostó con ella y la humilló. ³ Su alma se aficionó a Dina, hija de Jacob, se enamoró de la muchacha y trató de convencerla. ⁴ Siquén dijo a su padre Jamor: «Tómame a esta chica por mujer.» ⁵ Jacob oyó que Siquén había violado a su hija Dina, pero sus hijos estaban con el ganado en el campo, y Jacob guardó silencio hasta su llegada.

Propuesta de pacto con los de Siquén.

⁶ Jamor, padre de Siquén, salió adonde Jacob para hablar con él. ⁷ Los hijos de Jacob volvieron del campo al oírlo, y se indignaron los hombres y les dio mucha rabia la afrenta hecha por Siquén acostándose con la hija de Jacob: «Eso no se hace.» ⁸ Jamor habló con ellos diciendo: «Mi hijo Siquén se ha prendado de vuestra hija, así que dádsela por mujer. ⁹ Emparentad con nosotros: dadnos vuestras hijas y tomad para vosotros las nuestras. ¹⁰ Quedaos a vivir con nosotros: tenéis la tierra franca. Instalaos, circulad libremente y adquirid propiedades.» ¹¹ Siquén dijo al padre y a los hermanos de la chica: «Ojalá me concedáis vuestro favor, y yo os daré lo que me pidáis. ¹² Pedidme cualquier dote, por grande que sea, que yo os daré cuanto me digáis; pero dadme a la muchacha por mujer.» ¹³ Los hijos de Jacob respondieron a Siquén y a su padre Jamor con disimulo, y dirigiéndose a aquel que había violado a su hermana Dina, ¹⁴ dijeron: «No podemos hacer tal cosa: dar nuestra hermana a uno que es incircunciso, porque eso es una vergüenza para nosotros. ¹⁵ Tan sólo os la daremos a condición de que os hagáis como nosotros, circuncidándose todos vuestros varones. ¹⁶ Entonces os daremos nuestras hijas y tomaremos para nosotros las vuestras, nos quedaremos con vosotros y formaremos un solo pueblo. ¹⁷ Pero si no nos escucháis respecto a la circuncisión, entonces tomaremos a nuestra hija y nos iremos.» ¹⁸ Sus palabras parecieron bien a Jamor y a Siquén, hijo de Jamor. ¹⁹ Y el muchacho no tardó en ponerlo en práctica, porque quería a la hija de Jacob. Él mismo era el más honorable de toda la casa de su padre.

²⁰ Jamor y su hijo Siquén vinieron a la puerta de su ciudad y hablaron de este modo a todos sus conciudadanos: ²¹ «Estos hombres vienen a nosotros en son de paz. Que se queden en el país y circulen libremente, pues ya veis que pueden disponer de tierra espaciosa. Tomemos a sus hijas por mujeres y démosles las nuestras. ²² Pero sólo con esta condición accederán estos hombres a quedarse con nosotros para formar un solo pueblo: que nos circuncidemos todos los varones, igual que ellos están circuncidados. ²³ Sus ganados y hacienda y todas sus bestias, ¿no van a ser para nosotros? Así que lleguemos a un acuerdo con ellos y que se queden con nosotros.» ²⁴ Todos los que salían por la puerta de la ciudad escucharon a Jamor y a su hijo Siquén, y todos los varones se hicieron circuncidar*.

Venganza de Simeón y Leví.

²⁵ Pues bien, al tercer día, mientras ellos estaban con los dolores de la circuncisión, dos hijos de Jacob, Simeón y Leví, hermanos de Dina, blandieron cada uno su espada y, entrando en la ciudad sin peligro, mataron a todo varón. ²⁶ También mataron a Jamor y a Siquén a filo de espada, y tomando a Dina de la casa de Siquén, salieron. ²⁷ Los hijos de Jacob pasaron sobre los muertos, pillaron la ciudad que había violado a su hermana, ²⁸ se apoderaron de sus rebaños, vacadas y asnos, cuanto había en la ciudad y cuanto había en el campo, ²⁹ saquearon toda su hacienda y sus pequeñuelos y sus mujeres, y pillaron todo lo que había dentro.

³⁰ Jacob dijo a Simeón y a Leví: «Me habéis puesto a malas haciéndome odioso entre los habitantes de este país, los cananeos y los perizitas, pues yo dispongo de unos pocos hombres, y ellos van a juntarse contra mí, me atacarán y seré aniquilado yo y mi casa.» ³¹ Replicaron

17 10+

13 7

---

y acepta para ello la circuncisión, pero es matado alevosamente por Simeón y Leví) y una historia de clanes (alianza general de matrimonios propuesta por Jamor, padre de Siquén, a los hijos de Jacob, aceptada con la condición de la circuncisión por los hijos de Jacob, que saquean la ciudad y matan a sus habitantes). Ver aquí la presencia respectiva de tradiciones elohísta y yahvista parece abusivo, porque los criterios de atribución son insuficientes. En la fuente de este relato complejo está probablemente el recuerdo histórico del intento fallido de algunos grupos hebreos de asentarse en la región de Siquén en la época patriarcal; ver 49 5-7.

34 2 Uno de los antiguos pueblos de Canaán, 10 17.
34 24 Al final del v. el hebreo repite «todos los que salían por la puerta de la ciudad», omitido por el griego.

ellos: «¿Es que iban a tratar a nuestra hermana como a una prostituta?»

Jacob va a Betel*.

35 [1] Dios dijo a Jacob: «Levántate, sube a Betel y te estableces allí, haciendo un altar al Dios que se te apareció cuando huías de tu hermano Esaú.» [2] Jacob dijo a su familia y a todos los que le acompañaban: «Retirad los dioses extraños que hay entre vosotros*. Purificaos y mudaos de vestido*. [3] Luego, subiremos a Betel, y haré allí un altar al Dios que me dio respuesta favorable el día de mi tribulación, y que me asistió en mi viaje.» [4] Ellos entregaron a Jacob todos los dioses extraños que había en su poder y los anillos de sus orejas, y Jacob los escondió debajo de la encina que hay junto a Siquén. [5] Partieron, pues, y un pánico divino cayó sobre las ciudades de sus contornos; así no persiguieron a los hijos de Jacob.

[6] Jacob llegó a Luz, que está en territorio cananeo —es Betel— junto con toda la gente que lo acompañaba, [7] y edificó allí un altar, llamando al lugar El Betel*, porque allí mismo se le había aparecido* Dios cuando huía de su hermano. [8] Débora, la nodriza de Rebeca, murió y fue sepultada en las inmediaciones de Betel, debajo de una encina; y él la llamó la Encina del Llanto.

[9] Dios se apareció a Jacob una vez más a su llegada de Padán Aram y lo bendijo. [10] Díjole Dios: «Tu nombre es Jacob, pero ya no te llamarás Jacob, sino que tu nombre será Israel.» Y le llamó Israel. [11] Díjole Dios: «Yo soy El Sadday. Sé fecundo y multiplícate. Un pueblo, una multitud de pueblos tomará origen de ti y saldrán reyes de tus entrañas. [12] La tierra que di a Abrahán e Isaac, te la doy a ti y a tu descendencia.» [13] Y Dios subió de su lado*.

[14] Jacob erigió una estela en el lugar donde había hablado Dios con él: una estela de piedra; derramó sobre ella una libación y vertió sobre ella aceite. [15] Jacob llamó al lugar donde había hablado Dios con él «Betel».

Nacimiento de Benjamín y muerte de Raquel.

[16] Partieron de Betel y, cuando aún faltaba un trecho hasta Efratá, Raquel tuvo un mal parto. [17] Sucedió que, en medio de los dolores del parto, le dijo la comadrona: «¡Ánimo, que también éste es hijo!» [18] Entonces ella, al exhalar el alma, cuando moría, le llamó Ben Oní*; pero su padre le llamó Benjamín. [19] Murió Raquel y fue sepultada en el camino de Efratá, o sea Belén. [20] Jacob erigió una estela sobre su sepulcro: es la estela del sepulcro de Raquel hasta hoy.

Incesto de Rubén.

[21] Israel partió y desplegó su tienda más allá de Migdal Éder. [22] Sucedió por entonces, mientras Israel residía en aquel país, que fue Rubén y se acostó con Bilhá, la concubina de su padre, e Israel se enteró de ello.

Hijos de Jacob.

Los hijos de Jacob fueron doce. [23] Hijos de Lía: el primogénito de Jacob, Rubén; después Simeón, Leví, Judá, Isacar y Zabulón. [24] Hijos de Raquel: José y Benjamín. [25] Hijos de Bilhá, la esclava de Raquel: Dan y Neftalí. [26] Hijos de Zilpá, la esclava de Lía: Gad y Aser. Éstos fueron los hijos de Jacob, que le nacieron en Padán Aram.

Muerte de Isaac*.

[27] Jacob llegó adonde su padre Isaac, a Mambré o Quiriat Arbá —o sea, Hebrón—, donde residieron Abrahán e Isaac. [28] Isaac alcanzó la edad de ciento ochenta años. [29] Entonces Isaac expiró y murió, fue a reunirse con su pueblo, anciano y lleno de días. Lo sepultaron sus hijos Esaú y Jacob.

Marginal references:
28 10-22
12 6
34 30
28 19
32 29
17 1+
12 7+
Mi 5 1+
49 3-4
29 31 - 30 42

---

35 Este cap. reúne, siguiendo la ruta de Jacob entre Siquén y Hebrón, tradiciones de origen vario, que a veces tienen doble aplicación (comp. vv. 7 y 15). Los pasajes de tradición sacerdotal, vv. 9-13.15.22b-29, son los más fáciles de reconocer. Abundan las alusiones a la aparición de Betel, 28 10s.

35 2 (a) Esto significa algo más que el repudio de los ídolos domésticos llevados por Raquel, 31 19.34; como en Jos 24 (también en Siquén), es un acto de fe en el Dios único.

35 2 (b) Purificación preparatoria para la peregrinación a Betel; ver Ex 19 10.

35 7 (a) «El Betel»: Dios Betel o Dios de Betel», ver

28 18+. Las versiones dicen: «Betel».

35 7 (b) En hebreo, este verbo está en plural, quizá por referirse a los seres celestes de 28 12.

35 13 El texto añade: «en el lugar donde había hablado», ditografía del v. siguiente.

35 18 Ben Oní: «hijo de mi dolor». El padre cambia este nombre de mal agüero por el de Benjamín: «hijo de la diestra = hijo de buen augurio».

35 27 Este texto prolonga hasta aquí la vida de Isaac (ver 27 1-2), asentado a Mambré con Hebrón (ver 13 18+) y pasa por alto las diferencias con Esaú (ver 36 6s y antes 27 46 - 28 2).

Mujeres e hijos de Esaú en Canaán*.

36 ¹ Éste es el linaje de Esaú, o sea Edom. ² Esaú tomó a sus mujeres de entre las cananeas: a Adá, hija de Elón el hitita, a Oholibamá, hija de Aná, hijo de Sibeón el jorita*, ³ y a Basmat, hija de Ismael, la hermana de Nebayot. ⁴ Adá dio a luz para Esaú a Elifaz, y Basmat le dio a Reuel. ⁵ Oholibamá le dio a Yeús, Yalán y Coré. Éstos son los hijos que le nacieron a Esaú en Canaán.

26 34; 28 9

Emigración de Esaú*.

⁶ Esaú tomó a sus mujeres, hijos e hijas y a todas la personas de su casa, su ganado, todas sus bestias y toda la hacienda que había logrado en territorio cananeo, y se fue al país de Seír*, enfrente de su hermano Jacob, ⁷ porque los bienes de entrambos eran demasiados para poder vivir juntos, y el país donde residían no daba abasto para tanto ganado como tenían. ⁸ Esaú se estableció, pues, en la tierra de Seír. Esaú es Edom.

32 4
13 5-9

Descendencia de Esaú en Seír.

⁹ Éstos son los descendientes de Esaú, padre de Edom, en la montaña de Seír, ¹⁰ y éstos son los nombres de sus hijos: Elifaz, hijo de Adá, mujer de Esaú, y Reuel, hijo de Basmat, mujer de Esaú. ¹¹ Los hijos de Elifaz fueron: Temán, Omar, Sefó, Gatán y Quenaz. ¹² Timná fue concubina de Elifaz, hijo de Esaú, y dio a luz a Amalec. Éstos son los descendientes de Adá, mujer de Esaú. ¹³ Y éstos son los hijos de Reuel: Nájat, Zéraj, Samá y Mizá. Éstos son los descendientes de Basmat, mujer de Esaú. ¹⁴ Los hijos de la mujer de Esaú, Oholibamá, hija de Aná, hijo de Sibeón, que ella dio a luz a Esaú, fueron éstos: Yeús, Yalán y Coré.

=36 15-19
1 Cro 1 35s

Caudillos de Edom.

¹⁵ Éstos son los jeques de los hijos de Esaú.

=36 9-14

De los hijos de Elifaz, primogénito de Esaú: el jeque Temán, el jeque Omar, el jeque Sefó, el jeque Quenaz, ¹⁶ * el jeque Gatán, el jeque Amalec. Éstos son los jeques de Elifaz, en el país de Edom, y éstos los descendientes de Adá.

¹⁷ Los hijos de Reuel, hijo de Esaú, fueron: el jeque Najat, el jeque Zéraj, el jeque Samá, el jeque Mizá. Éstos son los jeques de Reuel, en el país de Edom; y éstos los descendientes de Basmat, mujer de Esaú.

¹⁸ Los hijos de Oholibamá, mujer de Esaú, fueron: el jeque Yeús, el jeque Yalán, el jeque Coré. Éstos son los jeques de Oholibamá, hija de Aná, mujer de Esaú.

¹⁹ Éstos son los hijos de Esaú y éstos sus jeques, los de Edom.

Descendencia del jorita Seír*.

²⁰ Éstos son los hijos de Seír el jorita, que habitaban en aquella tierra: Lotán, Sobal, Sibeón, Aná, ²¹ Disón, Éser y Disán. Éstos son los jeques de los joritas, hijos de Seír, en el país de Edom. ²² Los hijos de Lotán fueron: Jorí y Homán, y hermana de Lotán fue Timná. ²³ Los hijos de Sobal fueron: Alván, Manájat, Ebal, Sefó y Onán. ²⁴ Los hijos de Sibeón: Ayá y Aná. Éste es el mismo Aná que encontró las aguas termales en el desierto, cuando apacentaba los asnos de su padre Sibeón. ²⁵ Los hijos de Aná: Disón y Oholibamá, hijo de Aná. ²⁶ Los hijos de Disón: Jamrán, Esbán, Yitrán y Querán. ²⁷ Los hijos de Éser: Bilán, Zaaván y Acán. ²⁸ Los hijos de Disán: Us y Arán.

²⁹ Éstos son los jeques joritas: el jeque Lotán, el jeque Sobal, el jeque Sibeón, el jeque Aná, ³⁰ el jeque Disón, el jeque Éser, el jeque Disán. Éstos son los jeques joritas según sus clanes* en el país de Seír.

Reyes edomitas.

‖1 Cro 1
43-50

³¹ Éstos son los reyes que reinaron en Edom, antes de reinar rey alguno de los israelitas*. ³² Reinó en Edom Belá, hijo de Beor; y el nombre de su ciudad era Din-

Nm 20 14

---

36 Ya no se habla más de Esaú. Este cap. 36 reúne aquí tradiciones de origen israelita o edomita tocantes a su descendencia, sin preocuparse de concordarlas entre sí o con lo que precede (ver las ref. marginales).
36 2 «hijo de Sibeón el jorita» según versiones y v. 20; «hija de Sibeón el jivita» hebr. También corregimos «hija» por «hijo» en el v. 14.
36 6 (a) La tradición sacerdotal, que silencia la discordia entre Jacob y Esaú, explica aquí su separación, como lo ha hecho respecto a Abrahán y Lot, y casi en los mismos términos.
36 6 (b) «De Seír» falta en hebr., pero está en sir. y

complementaría bien una información que de otro modo quedaría imprecisa.
36 16 El hebr. añade aquí «el jeque Coré», que parece proceder del v. 18; omitido por sam.
36 20 Los joritas, Dt 2 12+, son los primitivos habitantes del país de Seír, nombre que se convierte en el de sus antepasados. Fueron desposeídos por los edomitas, Dt 2 12.22.
36 30 «sus clanes» griego; «sus jefes» hebr.
36 31 Es decir: «antes de que un rey israelita reinase en Edom», mejor que: «antes de que reinase un monarca en Israel» (como ha entendido el griego).

habá. ³³ Murió Belá, y reinó en su lugar Yobab, hijo de Zéraj, de Bosrá. ³⁴ Murió Yobab, y reinó en su lugar Jusán, del país de los temanitas. ³⁵ Murió Jusán, y reinó en su lugar Hadad, hijo de Bedad, el que derrotó a Madián en el campo de Moab; y el nombre de su ciudad era Avit. ³⁶ Murió Hadad, y reinó en su lugar Samlá de Masrecá. ³⁷ Murió Samlá, y reinó en su lugar Saúl, de Rejobot del Río. ³⁸ Murió Saúl, y reinó en su lugar Baal Janán, hijo de Acbor. ³⁹ Murió Baal Janán, hijo de Acbor, y reinó en su lugar Hadad*; el nombre de su ciudad era Pau, y el nombre de su mujer, Mehetabel, hija de Matred, hija de Mezahab.

Otra lista de caudillos edomitas.

⁴⁰ Éstos son los nombres de los jeques de Esaú, según sus familias y territorios, y por sus nombres. El jeque Timná, el jeque Alvá, el jeque Yetet, ⁴¹ el jeque Oholibamá, el jeque Elá, el jeque Pinón, ⁴² el jeque Quenaz, el jeque Temán, el jeque Mibsar, ⁴³ el jeque Magdiel, el jeque Irán. Éstos son los jeques de Edom, según sus moradas, en las tierras que ocupan. Éste es Esaú padre de Edom.

37 ¹ Jacob, por su parte, se estableció en el que fue país residencial de su padre, el país de Canaán.

‖1 Cro 1 51-54

IV.   Historia de José*

José y sus hermanos.

² Ésta es la historia de Jacob*.

José tenía diecisiete años. Estaba de pastor de ovejas con sus hermanos —él, muchacho todavía—, con los hijos de Bilhá y los de Zilpá, mujeres de su padre. Y José comunicó a su padre lo mal que se hablaba de ellos.

³ Israel amaba a José más que a todos sus demás hijos, por ser para él el hijo de la ancianidad. Le había hecho una túnica de manga larga. ⁴ Vieron sus hermanos cómo le prefería su padre a todos sus otros hijos*, y le aborrecieron hasta el punto de no poder ni siquiera saludarle.

⁵ José tuvo un sueño* y lo manifestó a sus hermanos, quienes le odiaron más aún. ⁶ Les dijo: «Oíd el sueño que he tenido. ⁷ Me parecía que nosotros estábamos atando gavillas en el campo, y de pronto mi gavilla se levantaba y se tenía derecha, mientras que vuestras gavillas le hacían rueda y se inclinaban hacia la mía.» ⁸ Sus hermanos le dijeron: «¿Será que vas a reinar sobre nosotros o que vas a tenernos domeñados?» Y acumularon todavía más odio contra él por causa de sus sueños y de sus palabras. ⁹ Volvió a tener otro sueño, y se lo contó a sus hermanos. Díjoles: «He tenido otro sueño: Resulta que el sol, la luna y once estrellas se inclinaban ante mí.» ¹⁰ Se lo contó a su padre y a sus hermanos, y su padre le reprendió y le dijo: «¿Qué sueño es ése que has tenido? ¿Es que yo, tu madre* y tus hermanos vamos a venir a inclinarnos ante ti hasta el suelo?» ¹¹ Sus hermanos le tenían envidia, mientras que su padre reflexionaba.

José vendido por sus hermanos*.

¹² Fueron sus hermanos a apacentar las ovejas de su padre en Siquén, ¹³ y dijo Israel a José: «Mira, tus hermanos están

37 23.31-33

Dn 7 28
Lc 2 19.51

↗ Sb 10 13
↗ Hch 7 9

---

36 39 «Hadad» 1 Cro 1 50 y vers.; «Hadar» hebr.
37 2 (a) Toda la última parte de Gn, excepto 38 y 49, gira en torno a José y describe sus diferencias con sus hermanos, pero los últimos capítulos complementan el final de la historia de Jacob: él y toda su descendencia se establecen en Egipto gracias a José, en el momento en que el hambre (ver 12 10) les empuja a buscar alimento allí, 42 1-5. La narración tiene más unidad que en los caps. 12-36, pero aún se advierten algunos indicios de dualidad, sobre todo en el cap. 37 y hacia el final.
37 2 (b) Versículo de tradición sacerdotal, paralela a la tradición, quizá de origen yahvista, de los vv. 3-11, pero limitando el odio de los hermanos sólo a los hijos de las concubinas. Aquí José es pastor como los otros, mientras que en todo el resto del relato es el predilecto y permanece en casa; tan sólo ocasionalmente Jacob le envía a llevar algún encargo a sus hermanos, vv. 13-14.
37 4 «sus otros hijos» griego, sam.; «sus hermanos»,

hebr.
37 5 Los sueños, que ocupan un lugar importante en la historia de José, ver 40-41, son anuncios anticipados, y no apariciones divinas como en 20 3; 28 12s; 31 11.24; 1 R 3 5; ver Nm 12 6; Si 34+.
37 10 Raquel ha muerto ya según 35 19. El relato parece seguir otra tradición que coloca más tarde la muerte de Raquel y el nacimiento de Benjamín, v. 3 y 43 29.
37 12 Se disciernen aquí los elementos de dos tradiciones, elohísta y yahvista; han sido combinados y su dualidad es visible sobre todo en la parte final, vv. 18s. Según la primera, los hijos de «Jacob» quieren matar a José, y Rubén consigue que se contenten con echarle en una cisterna, de donde piensa sacarle; pero unos mercaderes madianitas, que pasaban sin ser vistos por los hermanos, sacan a José y se lo llevan a Egipto. Según la segunda, los hijos de «Israel» quieren matar a José, pero Judá les propone venderlo a una caravana de ismaelitas

pastoreando en Siquén. Ve de mi parte adonde ellos.» Dijo: «Estoy listo.» [14] Díjole: «Anda, vete a ver si tus hermanos siguen sin novedad, y lo mismo el ganado, y tráeme noticias.» Lo envió, pues, desde el valle de Hebrón, y José fue a Siquén.

[15] Se encontró con él un hombre mientras iba desorientado por el campo. El hombre le preguntó: «¿Qué buscas?» [16] Contestó: «Estoy buscando a mis hermanos. Indícame, por favor, dónde están pastoreando.» [17] El hombre le dijo: «Partieron de aquí, pues yo les oí decir: 'Vamos a Dotán.'» José fue detrás de sus hermanos y los encontró en Dotán.

[18] Ellos lo vieron de lejos, y antes que se les acercara, conspiraron contra él para matarlo, [19] y se decían mutuamente: «Por ahí viene el soñador. [20] Vamos a matarlo y lo echaremos en un pozo cualquiera, y diremos que algún animal feroz lo devoró. Veremos entonces en qué paran sus sueños.»

[21] Rubén lo oyó y pensó en librarle de sus manos. Dijo: «No atentemos contra su vida.» [22] Y añadió: «No derraméis sangre. Echadle a ese pozo que hay en el páramo, pero no pongáis la mano sobre él.» Su intención era salvarlo de sus hermanos para devolverlo a su padre. [23] Entonces, cuando llegó José donde sus hermanos, éstos despojaron a José de su túnica —aquella túnica de manga larga que llevaba puesta—, [24] y echándole mano lo arrojaron al pozo. Aquel pozo estaba vacío, sin agua. [25] Luego se sentaron a comer.

Al alzar la vista, divisaron una caravana de ismaelitas que venían de Galaad, con camellos cargados de almáciga, sandáraca y ládano, que bajaban hacia Egipto. [26] Entonces dijo Judá a sus hermanos: «¿Qué aprovecha el que asesinemos a nuestro hermano y luego tapemos su sangre*? [27] Vamos a venderlo a los ismaelitas, pero no pongamos la mano en él, porque es nuestro hermano, carne nuestra.» Y sus hermanos asintieron.

[28] Pasaron unos madianitas mercaderes y, descubriéndolo, subieron a José del pozo. Vendieron a José por veinte

4 10
Jb 16 18
Is 26 21
Ez 24 7

piezas de plata a los ismaelitas, que se llevaron a José a Egipto. [29] Al volver Rubén al pozo, resulta que José no estaba en él. Rasgó sus vestiduras [30] y, volviendo donde sus hermanos, les dijo: «El niño no aparece, y yo ¿qué hago ahora?»

[31] Entonces tomaron la túnica de José y, degollando un cabrito, tiñeron la túnica en sangre [32] y enviaron la túnica de manga larga, haciéndola llegar hasta su padre con este recado: «Esto hemos encontrado: examina si se trata de la túnica de tu hijo, o no.» [33] Él la examinó y dijo: «¡Es la túnica de mi hijo! ¡Algún animal feroz lo ha devorado! ¡José ha sido despedazado!» [34] Jacob desgarró su vestido, se echó un sayal a la cintura e hizo duelo por su hijo durante muchos días. [35] Todos sus hijos e hijas acudieron a consolarle, pero él rehusaba consolarse y decía: «Voy a bajar en duelo al Seol, donde mi hijo.» Y su padre le lloraba.

Jr 31 15

[36] Por su parte, los madianitas, llegados a Egipto, lo vendieron a Putifar, eunuco del faraón y capitán de los guardias.

Historia de Judá y Tamar*.

38 [1] Por aquel tiempo bajó Judá de donde sus hermanos para dirigirse a cierto individuo de Adulán llamado Jirá. [2] Allí conoció Judá a la hija de un cananeo llamado Súa y, tomándola por esposa, se llegó a ella; [3] la mujer concibió y dio a luz un hijo, al que llamó Er*. [4] Volvió a concebir y dio a luz otro hijo, al que llamó Onán. [5] Nuevamente dio a luz otro hijo, al que llamó Selá. Ella se encontraba en Aczib al darle a luz.

[6] Judá tomó para su primogénito Er a una mujer llamada Tamar. [7] Er, el primogénito de Judá, fue malo a los ojos de Yahvé, que le hizo morir. [8] Entonces Judá dijo a Onán: «Cásate con la mujer de tu hermano y cumple como cuñado* con ella, procurando descendencia a tu hermano.» [9] Onán sabía que aquella descendencia no sería suya, y así, si bien tuvo relaciones con su cuñada, derramaba a tierra, evitando así dar descen-

Dt 25 5
Rt 1 11.13
Mt 22 24

---

de paso hacia Egipto. El resultado es el mismo en los dos casos: que José sea vendido a Putifar, eunuco del faraón, v. 36 y 39 1. Sobre «Jacob» - «Israel», ver 32 29.

37 26 Para evitar que la sangre de la víctima clamara al cielo, **4 10**, el homicida la tapaba con tierra, Ez 24 7; Jb 16 18+.

38 Tradición yahvista relativa a los orígenes de la tribu de Judá. Judá, que vive separado de sus hermanos, se ha aliado con los cananeos. De su unión con su nuera

Tamar han salido los clanes de Peres y de Zéraj, Nm 26 21; 1 Cro 2 3s; Peres es antepasado de David, Rt 4 18s, y por medio de éste, del Mesías, Mt 1 3; Lc 3 33. Así se afirman la mezcla de sangre en Judá y la diferencia de su destino con el de las otras tribus (Jc 1 3; Dt 33 7; y el resto de la historia).

38 3 Texto corregido según los dos versículos siguientes y sam.; hebr. «él le llamó».

38 8 Según la ley del «levirato», ver Dt 25 5+.

dencia a su hermano. [10] Pareció mal a Yahvé* lo que hacía y le hizo morir también a él. [11] Entonces dijo Judá a su nuera Tamar: «Quédate* como viuda en casa de tu padre hasta que crezca mi hijo Selá.» Pues se decía: «Por si acaso muere también él, lo mismo que sus hermanos.» Tamar se fue y se quedó en casa de su padre.

[12] Pasaron muchos días, y murió la hija de Súa, la mujer de Judá. Cuando Judá se hubo consolado*, subió a Timná para el trasquileo de su rebaño, junto con Jirá, su compañero adulanita. [13] Se lo notificaron a Tamar: «Oye, tu suegro sube a Timná para el trasquileo de su rebaño.» [14] Entonces ella se quitó de encima sus ropas de viuda y se cubrió con el velo, y bien disfrazada se sentó en Petaj Enáin, que está a la vera del camino de Timná. Veía, en efecto, que Selá había crecido, pero que ella no le era dada por mujer*.

[15] Judá la vio y la tomó por una ramera, porque se había tapado el rostro, [16] y desviándose hacia ella dijo: «Déjame ir contigo» —pues no la reconoció como su nuera—. Dijo ella: «¿Y qué me das por venir conmigo?» —[17] «Te mandaré un cabrito de mi rebaño.» —«Si me das prenda hasta que me lo mandes...» —[18] «¿Qué prenda he de darte?» —«Tu sello, tu cordón y el bastón que tienes en la mano*.» Él se lo dio y se unió a ella, la cual quedó encinta de él. [19] Entonces se marchó ella y, quitándose el velo, se vistió sus ropas de viuda.

[20] Judá, por su parte, envió el cabrito por mediación de su compañero el adulanita, para rescatar la prenda de manos de la mujer, pero éste no la encontró. [21] Preguntó a los del lugar: «¿Dónde está la ramera* aquella que había en Enáin, a la vera del camino?» «Ahí no ha habido ninguna ramera», contestaron. [22] Entonces él se volvió donde Judá y dijo: «No la

he encontrado; y los mismos lugareños me han dicho que allí no ha habido ninguna ramera.» [23] «Pues que se quede con ello —dijo Judá—; que nadie se burle de nosotros. Ya ves cómo he enviado ese cabrito, y tú no la has encontrado.»

[24] Ahora bien, tres meses después aproximadamente, Judá recibió este aviso: «Tu nuera Tamar ha fornicado, y lo que es más, ha quedado encinta a consecuencia de ello.» Dijo Judá: «Sacadla y que sea quemada*.» [25] Pero, cuando ya la sacaban, envió ella un recado a su suegro: «Del hombre a quien pertenece esto estoy encinta», y añadía: «Examina, por favor, de quién es este sello, este cordón y este bastón.» [26] Judá lo reconoció y dijo: «Ella tiene más razón que yo, porque la verdad es que no la he dado por mujer a mi hijo Selá.» Y nunca más volvió a tener trato con ella.

[27] Al tiempo del parto resultó que tenía dos mellizos en el vientre. [28] Y ocurrió que, durante el parto, uno de ellos sacó la mano, y la partera lo agarró y le ató una cinta escarlata a la mano, diciendo: «Éste ha salido primero.» [29] Pero entonces retiró él la mano, y fue su hermano el que salió. Ella dijo: «¡Cómo te has abierto brecha!» Y le llamó Peres. [30] Detrás salió su hermano, que llevaba en la mano la cinta escarlata, y le llamó Zéraj*.

José en Egipto*.

39 [1] José fue bajado a Egipto, y lo compró un egipcio, Putifar, eunuco del faraón y jefe de los guardias; lo compró a los ismaelitas que lo habían bajado allá. [2] Yahvé asistió a José, que llegó a ser un hombre afortunado, mientras estaba en casa de su señor egipcio. [3] Éste echó de ver que Yahvé estaba con él y que Yahvé hacía prosperar todas sus empresas. [4] José ganó su favor y entró a su servicio, y su señor lo puso al frente

Rt 4 12
Mt 1 3
Lc 3 33

Hch 7 9

38 10 Dios condena a la vez el egoísmo de Onán y su pecado contra la ley natural, y por lo mismo divina, del matrimonio.
38 11 O bien «vuélvete», «volvió», conj. El hebr. «quédate», «se quedó» tiene las mismas consonantes.
38 12 Quiere decir simplemente: que había cumplido todos los ritos del duelo, ver Jr 16 7.
38 14 Tamar, a guisa de prostituta, espera a Judá en el camino. No la mueve a ello la pasión, sino el deseo de tener un hijo de la misma sangre que su difunto marido. Su acción será reconocida como «justa» por Judá, v. 26, y alabada por sus descendientes, Rt 4 12.
38 18 El sello ensartado en un cordón y el bastón son objetos personales, verdaderas piezas de identidad.
38 21 Lit. «santa», es decir, prostituta sagrada, hieródula de un culto pagano. Nos hallamos en ambiente ca-

naneo.
38 24 Tamar es mujer de Er y, por la ley del levirato (ver Dt 25 5+), la prometida de Selá. Y aun cuando vive en casa de su padre, permanece bajo la autoridad de Judá, que la condena como adúltera, Lv 20 10; Dt 22 22; ver Jn 8 5. La pena del fuego fue luego reservada para las hijas de los sacerdotes, Lv 21 9.
38 30 Peres significa «brecha». El nombre de Zéraj parece aludir a la cinta escarlata que se le ató a la muñeca.
39 Este relato es continuación de 37, en la línea de la tradición yahvista, pero los vv. 2-6 parecen demasiado repetitivos. El cap 40, de tradición elohísta, contará la historia de modo algo diferente. Ambas tradiciones se han conservado y unificado mediante algunos retoques redaccionales, aquí la mención de Putifar, jefe de los guardias, en el v. 1, ver 37 36; 40 3.

de su casa y todo cuanto tenía se lo confió. [5] Desde entonces le encargó de toda su casa y de todo lo que tenía, y Yahvé bendijo la casa del egipcio en atención a José, extendiéndose la bendición de Yahvé a todo cuanto tenía en casa y en el campo. [6] Él mismo dejó todo lo suyo en manos de José y, con él, ya no se ocupó personalmente de nada más que del pan que comía. José era apuesto y de buena presencia.

José y la seductora.

[7] Tiempo más tarde sucedió que la mujer de su señor se fijó en José y le dijo: «Acuéstate conmigo.» [8] Pero él rehusó y dijo a la mujer de su señor: «Mira, mi señor no me controla nada de lo que hay en su casa, y todo cuanto tiene me lo ha confiado. [9] ¿No es él mayor que yo en esta casa? Y sin embargo, no me ha vedado absolutamente nada más que a ti misma, pues eres su mujer. ¿Cómo entonces voy a hacer este mal tan grande, pecando contra Dios?» [10] Ella insistía en hablar a José día tras día, pero él no accedió a acostarse y estar con ella.

[11] Hasta que cierto día entró él en la casa para hacer su trabajo y coincidió que no había ninguno de casa allí dentro. [12] Entonces ella le asió de la ropa diciéndole: «Acuéstate conmigo.» Pero él, dejándole su ropa en la mano, salió huyendo afuera. [13] Entonces ella, al ver que había dejado la ropa en su mano, huyó también afuera y gritó a los de su casa diciéndoles: [14] «¡Mirad! Nos ha traído un hebreo para que se burle de nosotros. Ha venido a mí para acostarse conmigo, pero yo he gritado [15] y, al oírme levantar la voz y gritar, ha dejado su vestido a mi lado y ha salido huyendo afuera.» [16] Ella depositó junto a sí el vestido de él, hasta que vino su señor a casa, [17] y le repitió esto mismo: «Ha entrado a mí ese siervo hebreo que tú nos trajiste, para abusar de mí; [18] pero yo he levantado la voz y he gritado, y entonces ha dejado él su ropa junto a mí y ha huido afuera.» [19] Al oír su señor las palabras que acababa de decirle su mujer: —«Esto ha hecho conmigo tu siervo»—, se encolerizó.

Sal 105 18s

[20] Y el señor de José mandó que lo prendieran y lo metió en la cárcel, en el sitio donde estaban los detenidos del rey.

José encarcelado.

Allí se quedó, en presidio. [21] Pero Yahvé asistió a José y lo cubrió con su misericordia, haciendo que se ganase el favor del alcaide. [22] El alcaide confió a José todos los detenidos que había en la cárcel; todo lo que se hacía allí, lo hacía él. [23] El alcaide no controlaba absolutamente nada de cuanto administraba José, ya que Yahvé le asistía y hacía prosperar todas sus empresas.

José interpreta los sueños de dos cortesanos*.

40 [1] Después de estas cosas sucedió que el escanciador y el panadero del rey de Egipto ofendieron a su señor, el rey de Egipto. [2] El faraón se enojó contra sus dos eunucos, contra el jefe de los escanciadores y el jefe de los panaderos, [3] y los puso bajo la custodia en casa del jefe de los guardias, en prisión, en el lugar donde estaba detenido José. [4] El jefe de los guardias encargó de ellos a José, para que les sirviese. Así pasaban los días en presidio.

[5] Aconteció que ambos tuvieron sendos sueños en una misma noche, cada cual con su sentido propio: el escanciador y el panadero del rey de Egipto que estaban detenidos en la prisión. [6] José vino a ellos por la mañana y los encontró preocupados. [7] Preguntó, pues, a los eunucos del faraón, que estaban con él en presidio en casa de su señor: «¿Por qué tenéis hoy mala cara?» [8] «Hemos tenido un sueño —le dijeron— y no hay quien lo interprete*.» José les dijo: «¿No son de Dios los sentidos ocultos? Vamos, contádmelo a mí.»

41 16

[9] El jefe de los escanciadores contó su sueño a José y le dijo: «Voy con mi sueño. Resulta que yo tenía delante una cepa, [10] y en la cepa tres sarmientos que, nada más echar yemas, florecían en seguida y maduraban las uvas en sus racimos. [11] Yo tenía en la mano la copa del faraón, y tomando aquellas uvas, las exprimía en la copa del faraón, y ponía la copa en la mano del faraón.» [12] José dijo: «Ésta es la interpretación: los tres sarmientos, son tres días. [13] Dentro de tres días levantará el faraón tu cabeza: te devolverá a tu cargo, y pondrás la copa del

---

40   Relato de tradición elohísta, excepto algunos retoques. José, que interpreta los sueños del jefe de los escanciadores y del de los panaderos, y luego el del faraón, es el prototipo del sabio, ver **41** 33.38-39.
40 8   Los egipcios, como otros muchos pueblos, atribuían a los sueños valor de presagios.

Ex 21 16
Dt 24 7

faraón en su mano, lo mismo que antes, cuando eras su escanciador. [14] A ver si te acuerdas de mí cuando te vaya bien, y me haces el favor de hablar de mí al faraón para que me saque de este lugar. [15] Pues fui raptado del país de los hebreos y, por lo demás, tampoco aquí hice nada para que me metieran en el calabozo.»

[16] Vio el jefe de panaderos que era buena la interpretación y dijo a José: «Voy con mi sueño: Había tres cestas de pan candeal sobre mi cabeza. [17] En la cesta de arriba había de todo lo que come el faraón de panadería, pero los pájaros se lo comían de la cesta, de encima de mi cabeza.» [18] Respondió José: «Ésta es su interpretación. Las tres cestas, son tres días. [19] A la vuelta de tres días levantará el faraón tu cabeza* y te colgará en un madero, y las aves se comerán la carne que te cubre.»

[20] Al tercer día, que era el natalicio del faraón, dio éste un banquete para todos sus servidores, y levantó la cabeza del jefe de escanciadores y la del jefe de panaderos en presencia de sus siervos. [21] Al jefe de escanciadores lo restituyó en su oficio, y volvió a poner la copa en manos del faraón. [22] En cuanto al jefe de panaderos, mandó que lo colgasen: tal y como les había interpretado José. [23] Pero el jefe de escanciadores no se acordó de José, sino que le echó en olvido.

Los sueños del faraón*.

41

[1] Al cabo de dos años, el faraón soñó que se encontraba a la vera del río. [2] De pronto subieron del río siete vacas hermosas y lustrosas, que se pusieron a pacer en el carrizal. [3] Pero resulta que detrás de aquéllas subieron del río otras siete vacas, de mal aspecto y macilentas, las cuales se pararon cabe las otras vacas en la margen del río, [4] y las vacas de mal aspecto y macilentas se comieron a las siete vacas hermosas y lustrosas. Entonces el faraón se despertó.

[5] Y, dormido de nuevo, soñó que siete espigas crecían en una misma caña, lozanas y buenas. [6] Pero resulta que otras

siete espigas flacas y asolanadas brotaron después de aquéllas, [7] y las espigas flacas consumieron a las siete lozanas y llenas. Despertó el faraón, y resultó que era un sueño.

[8] Aquella mañana estaba inquieto su espíritu y mandó llamar a todos los magos y a todos los sabios de Egipto. El faraón les contó su sueño, pero no hubo quien se lo interpretara al faraón*. [9] Entonces el jefe de escanciadores habló al faraón diciéndole: «Hoy me acuerdo de mi yerro. [10] El faraón se había enojado contra sus siervos y me había puesto bajo custodia en casa del jefe de los guardias a mí y al jefe de panaderos. [11] Entonces tuvimos sendos sueños en una misma noche, tanto yo como él, cada uno con su sentido propio. [12] Había allí con nosotros un muchacho hebreo, siervo del jefe de los guardias. Le contamos nuestro sueño y él nos dio el sentido propio de cada cual. [13] Y resultó que según nos lo había interpretado, así fue: A mí me restituyó el faraón en mi puesto, y a él lo colgó.»

[14] El faraón mandó llamar a José y lo sacaron del calabozo con premura, se afeitó y mudó de vestido y compareció ante el faraón. [15] Dijo el faraón a José: «He tenido un sueño y no hay quien lo interprete, pero he oído decir de ti que te basta oír un sueño para interpretarlo.» [16] Respondió José al faraón: «No hablemos de mí, que Dios responda en buena hora al faraón.»

[17] Y refirió el faraón a José su sueño: «Resulta que estaba yo a la orilla del río, [18] cuando de pronto subieron del río siete vacas lustrosas y de hermoso aspecto, que pacían en el carrizal. [19] Pero resulta que otras siete vacas subieron detrás de aquéllas, de muy ruin y mala catadura, y macilentas, que jamás vi como aquéllas en toda la tierra de Egipto, de tan malas. [20] Y las siete vacas macilentas y malas se comieron a las siete vacas primeras, las lustrosas. [21] Pero una vez que las tuvieron dentro, ni se conocía que las tuviesen, pues su aspecto seguía tan malo como al principio. Entonces me desperté, [22] y volví a ver en sueños cómo siete

Ex 7 11.22;
8 1-3

40 8

---

40 19 La expresión tiene generalmente un sentido favorable, ver v. 13 y 2 R 25 27; Jr 52 31. Pero aquí hay un trágico juego de palabras: la cabeza del copero será «levantada»: se le indultará, v. 13; la cabeza del panadero también será «levantada»: se le colgará. —Una glosa añade «de encima de ti».
41 Este relato es continuación del precedente y procede de la misma tradición elohísta, pero, especialmente a partir del v. 33, mezcla restos de una tradición paralela, la yahvista.
41 8 Egipto era la tierra de los magos y de los sabios, Ex 7 11.22; 8 1; 1 R 5 10; Is 19 11-13, pero su ciencia es eclipsada por la que Dios da a los suyos. El tema se repite en la historia de Moisés, Ex 7-8. Ver Dn 2, pero ya en otro ambiente.

espigas crecían en una misma caña, henchidas y buenas. ²³ Pero resulta que otras siete espigas secas, flacas y asolanadas brotaban después de aquéllas, ²⁴ y consumieron las espigas flacas a las siete espigas hermosas. Se lo he dicho a los magos, pero no hay quien me lo explique.»

²⁵ José dijo al faraón: «El sueño del faraón es uno solo: Dios anuncia al faraón lo que va a hacer. ²⁶ Las siete vacas buenas son siete años de abundancia, y las siete espigas buenas siete años son: porque el sueño es uno solo. ²⁷ Y las siete vacas macilentas y malas que subían después de aquéllas son siete años; e igualmente las siete espigas flacas* y asolanadas: es que habrá siete años de hambre. ²⁸ Esto es lo que yo he dicho al faraón. Lo que Dios va a hacer lo ha mostrado al faraón. ²⁹ Van a venir siete años de gran hartura en todo Egipto. ³⁰ Pero después sobrevendrán otros siete años de hambre y se olvidará toda la hartura en Egipto, pues el hambre asolará el país, ³¹ y no se conocerá hartura en el país, de tanta hambre como habrá. ³² Y el que se haya repetido el sueño del faraón dos veces es porque la cosa es firme de parte de Dios, y Dios se apresura a realizarla.

³³ «Ahora, pues, fíjese el faraón en algún hombre inteligente y sabio, y póngalo al frente de Egipto. ³⁴ Hágalo así el faraón: ponga encargados al frente del país y exija el quinto a Egipto durante los siete años de abundancia. ³⁵ Ellos recogerán todo lo comestible de esos años buenos que vienen, almacenarán el grano a disposición del faraón en las ciudades, y lo guardarán. ³⁶ De esta forma quedarán registradas las reservas de alimento del país para los siete años de hambre que habrá en Egipto, y así no perecerá el país de hambre.»

José, primer ministro.

³⁷ Pareció bien el discurso al faraón y a todos sus servidores, ³⁸ y dijo el faraón a sus servidores: «¿Acaso se encontrará otro como éste que tenga el espíritu de Dios?» ³⁹ Y dijo el faraón a José: «Después de haberte dado a conocer Dios todo esto, no hay entendido ni sabio como tú. ⁴⁰ Tú estarás al frente de mi casa, y de tu boca dependerá todo mi pueblo. Tan sólo el trono dejaré por encima de ti.» ⁴¹ Dijo el faraón a José: «Mira: te he puesto al frente de todo el país de Egipto.» ⁴² Y el faraón se quitó el anillo de la mano y lo puso en la mano de José, le hizo vestir ropas de lino fino y le puso el collar de oro al cuello; ⁴³ luego le hizo montar en su segunda carroza, e iban gritando delante de él: «¡Abrek*!» Así lo puso al frente de todo el país de Egipto.

⁴⁴ Dijo el faraón a José: «Yo, el faraón: sin tu licencia no levantará nadie mano ni pie en todo Egipto.» ⁴⁵ El faraón llamó a José Safnat Panéaj y le dio por mujer a Asnat, hija de Poti Fera, sacerdote de On*. Y salió José investido de autoridad sobre el país de Egipto.

⁴⁶ Tenía José treinta años cuando compareció ante el faraón, rey de Egipto, y salió José de delante del faraón, y recorrió todo Egipto. ⁴⁷ La tierra produjo con profusión durante los siete años de abundancia, ⁴⁸ y él hizo acopio de todos los víveres de los siete años en que hubo hartura* en Egipto, poniendo en cada ciudad los víveres de la campiña circundante. ⁴⁹ José recolectó grano como la arena del mar, una enormidad, hasta tener que desistir de contar, pues era innumerable.

Hijos de José.

⁵⁰ Antes que sobreviniesen los años de hambre, le nacieron a José dos hijos que le dio Asnat, la hija de Poti Fera, sacerdote de On. ⁵¹ Llamó José al primogénito Manasés, porque —decía— «Dios me ha hecho olvidar todo mi trabajo y la casa de mi padre», ⁵² y al segundo le llamó Efraín, porque —decía— «me ha hecho fructificar Dios en el país de mi aflicción*».

Dn 13 45

Hch 7 10
Sal 105 21s

41 27 «flacas» versiones; «vacías» hebr.
41 43 El autor se imagina esta investidura por lo que ha oído decir de la corte de Egipto. José se convierte en visir de Egipto; sin otro superior fuera del faraón, gobierna su casa, que es la sede de la administración, y usa el sello real. Los heraldos que preceden a su carro de honor gritan «Abrek», que podría explicarse por el egipcio *'ib-r-k*, «¡Eh, tu corazón!», o sea, «¡cuidado!», pero que actualmente se interpreta como «visir».
41 45 Nombres egipcios: *Safnat-Pa'neaj* = «Dios dice que esté vivo», *'Asnat* = «Propiedad de la diosa Neit», *Poti-Fera*, nombre idéntico al de **37** 36 = «Regalo de Ra» (el dios solar). El suegro de José es sacerdote de On = Heliópolis, centro del culto solar, cuyo sacerdocio jugaba un papel político de importancia. José emparenta con la nobleza más rancia de Egipto. Pero no hay testimonio de esta clase de nombres antes de la dinastía XX-XXI. Son producto de la fantasía del autor.
41 48 «en que hubo hartura» sam., griego; «que tuvo», hebr.
41 52 El nombre de Manasés, en hebr. *Menaššeh*, se explica por *naššani* «me ha hecho olvidar», el de *'Efrayim* por *hifrani* «me ha hecho fructificar».

↗ Hch 7 11
Sal 105 16

[53] Transcurrieron los siete años de hartura que hubo en Egipto [54] y empezaron a llegar los siete años de hambre, como había predicho José. Hubo hambre en todas las regiones; pero en todo Egipto había pan. [55] Toda la tierra de Egipto sintió también hambre, y el pueblo clamó al faraón pidiendo pan. Y dijo el faraón a todo Egipto: «Id a José: haced lo que él os diga.» —[56] El hambre cundió por toda la faz de la tierra.— Entonces José sacó todas las existencias y abasteció* de grano a Egipto. Arreciaba el hambre en Egipto; [57] de todos los países venían también a Egipto para proveerse comprando grano a José, porque el hambre cundía por toda la tierra.

↗ Jn 2 5

Primer encuentro de José y sus hermanos*.

↗ Hch 7 12

42 [1] Vio Jacob que se repartía grano en Egipto, y dijo Jacob a sus hijos: «¿Por qué os estáis ahí mirando? [2] Tengo oído que hay reparto de grano en Egipto. Bajad a comprarnos grano allí, para que vivamos y no muramos.» [3] Bajaron, pues, los diez hermanos de José a proveerse de grano en Egipto; [4] pero a Benjamín, hermano de José, no lo envió Jacob con sus hermanos, pues se decía: «No vaya a sucederle alguna desgracia.» [5] Fueron, pues, los hijos de Israel a comprar con otros que iban, pues había hambre en el país cananeo. [6] José era el que regía en todo el país, y él mismo en persona era el que distribuía grano a todo el mundo. Llegaron los hermanos de José y se inclinaron rostro en tierra. [7] Vio José a sus hermanos y los reconoció, pero él no se dio a conocer, y hablándoles con dureza les dijo: «¿De dónde venís?» Dijeron: «De Canaán, para comprar víveres.»

[8] O sea, que José reconoció a sus hermanos, pero ellos no lo reconocieron.

37 5-11

[9] José entonces se acordó de aquellos sueños que había soñado respecto a ellos, y les dijo: «Vosotros sois espías, que venís a ver los puntos desguarnecidos del país.» [10] Contestaron: «No, señor, sino que tus siervos han venido a proveerse de víveres. [11] Todos nosotros somos hijos de un mismo padre, y somos

gente de bien: tus siervos no son espías.» [12] Replicó: «Nada de eso: a lo que venís es a ver los puntos desguarnecidos del país.» [13] Dijéronle: «Tus siervos somos doce hermanos, hijos de un mismo padre, en el país cananeo; sólo que el menor está actualmente con nuestro padre, y el otro no existe.» [14] José replicó: «Lo que yo os dije: sois espías. [15] Con esto seréis probados, ¡por vida del faraón!: no saldréis de aquí mientras no venga vuestro hermano pequeño acá. [16] Enviad a cualquiera de vosotros y que traiga a vuestro hermano, mientras los demás quedáis presos. Así serán comprobadas vuestras afirmaciones, a ver si la verdad está con vosotros. Que si no, ¡por vida del faraón!, espías sois.» [17] Y los puso bajo custodia durante tres días.

[18] Al tercer día les dijo José: «Haced esto —pues yo también temo a Dios— y viviréis. [19] Si sois gente de bien, uno de vuestros hermanos se quedará detenido en la prisión mientras los demás hermanos vais a llevar el grano que tanta falta hace en vuestras casas. [20] Luego me traéis a vuestro hermano menor; entonces se verá que son verídicas vuestras palabras y no moriréis.» —Así lo hicieron ellos.— [21] Y se decían el uno al otro: «A fe que somos culpables contra nuestro hermano, cuya angustia veíamos cuando nos pedía que tuviésemos compasión y no hicimos caso. Por eso nos hallamos en esta angustia.» [22] Rubén les replicó: «¿No os decía yo que no pecarais contra el niño y no me hicisteis caso? ¡Ahora se reclama su sangre!» [23] Ignoraban ellos que José les entendía, porque mediaba un intérprete entre ellos. [24] Entonces José se apartó de su lado y lloró*; y volviendo donde ellos tomó a Simeón y lo hizo amarrar a vista de todos.

37 18-27
37 22
43 30

Los hijos de Jacob regresan a Canaán.

[25] Mandó José que se les llenaran los envases de grano, que se devolviera a cada uno su dinero en la talega y que se les pusiera provisiones para el camino; así se hizo con ellos. [26] Ellos pusieron su cargamento de grano sobre los burros y se fueron de allí. [27] Al ir a hacer noche, uno de ellos abrió su talega para dar

---

41 56 «todas las existencias» hebr.; «todos los almacenes de trigo» griego, sir. —«y abasteció» conj.; «y compró» hebr.

42 Relato casi enteramente de tradición elohísta. Pero la tradición yahvista del cap. **43** sabía también de un primer encuentro de José con sus hermanos, del que

probablemente quedan pasajes, a veces bastante breves, sobre todo al comienzo y al final del capítulo (ver vv. 27-28+; **43** 12.21).

42 24 El relieve que cobran los sentimientos humanos de los personajes es característico de los últimos relatos del Gn.

pienso a su burro y vio que su dinero estaba en la boca de la talega de grano. [28] Y dijo a sus hermanos: «Me han devuelto el dinero; lo tengo aquí en mi talega.» Se quedaron sin aliento y se miraban temblando y diciendo: «¿Qué es esto que ha hecho Dios con nosotros*?»

[29] Llegaron donde su padre, a Canaán, y le manifestaron todas sus aventuras, diciéndole: [30] «El hombre que es señor del país ha hablado con nosotros duramente y nos ha tomado por espías del país. [31] Nosotros le hemos dicho que éramos gente de bien y no espías, [32] que éramos doce hermanos, hijos del mismo padre; que uno de nosotros no existía, y que el otro se encontraba actualmente con nuestro padre en Canaán. [33] Entonces nos dijo el hombre que es señor del país: 'De este modo conoceré si sois gente de bien; dejad conmigo a uno de vosotros, tomad lo que hace falta en vuestras casas y marchaos [34] a buscarme a vuestro hermano pequeño. Así conoceré que no sois espías, sino gente de bien. Entonces os entregaré a vuestro hermano y circularéis libremente por el país.'»

[35] Ahora bien, cuando estaban vaciando sus talegas, resulta que cada uno tenía su dinero en la talega, y tanto ellos como su padre, al ver las bolsas, sintieron miedo. [36] Su padre Jacob les dijo: «Me dejáis sin hijos: Falta José, falta Simeón, y encima vais a quitarme a Benjamín. Esto acabará conmigo.»

[37] Dijo Rubén a su padre: «Que mueran mis dos hijos si no te lo traemos. Confíamelo y yo te lo devolveré*.» [38] Replicó: «No bajará mi hijo con vosotros, pues su hermano está muerto y sólo me
42 4 queda él*. Si le ocurre cualquier desgracia en ese viaje que vais a hacer, enton-
37 35 ces haríais bajar mi vejez angustiada al
Nm 16 33+ Seol.»

Los hijos de Jacob vuelven llevando a Benjamín*.

43 [1] El hambre seguía abrumando la tierra. [2] Así, pues, en cuanto acabaron de consumir el grano traído de Egipto, les dijo su padre: «Volved y compradnos algo de comer.» [3] Judá le dijo: «Bien claro nos dio a entender aquel hombre que no nos recibiría si no estaba con nosotros nuestro hermano. [4] Si mandas a nuestro hermano con nosotros, bajaremos y te compraremos víveres; [5] pero si no lo mandas, no bajamos, porque aquel hombre nos dijo: 'No os presentéis a mí si no está vuestro hermano con vosotros.'» [6] Dijo Israel: «¿Por qué para desgracia mía hicisteis saber a ese hombre que teníais otro hermano?» [7] Dijeron: «Él empezó preguntándonos por nuestra familia, diciéndonos: ¿Tenéis aún padre? ¿Vive todavía vuestro padre? ¿Tenéis algun otro hermano? Y nosotros nos limitamos a responder a sus palabras. ¿Podíamos saber que iba a decirnos: Bajad a vuestro hermano?» [8] Dijo
Judá a su padre Israel: «Deja ir al chico 42 37
conmigo; deja que vayamos para vivir y no morir ni nosotros, ni tú, ni nuestros pequeños. [9] Yo respondo de él, de mi mano lo exigirás si no lo trajere aquí y te lo presentare, y estaría yo en falta contigo a perpetuidad. [10] Que lo que es, si no nos hubiéramos entretenido, para estas horas ya estaríamos de vuelta.»

[11] Les dijo su padre Israel: «Siendo así, hacedlo; llevaos de lo más fino del país en vuestras cestas, y bajad a aquel hombre un regalo, un poco de sandácara, un 37 25
poco de miel, almáciga y ládano, pistachos y almendras. [12] Tomáis también con vosotros el doble de dinero y devolvéis personalmente el dinero devuelto en la boca de vuestras talegas, por si se trata de un error. [13] Tomad, pues, a vuestro hermano y volved inmediatamente donde ese hombre; [14] que El Sadday os haga 17 1+
hallar misericordia ante ese hombre, y
que él os deje partir con vuestro otro her- 42 24
mano y con Benjamín. Por mi parte, si he de perder a mis hijos, qué le vamos a hacer.»

Encuentro con José.

[15] Ellos tomaron dicho regalo y el doble de dinero consigo, y asimismo a Benjamín, y poniéndose en marcha bajaron a Egipto y se presentaron a José. [16] José

42 28 Los vv. 27-28 proceden de la tradición yahvista, según la cual los hermanos habían hallado su dinero en la boca de sus talegas en la primera parada, ver 43 21. Según la tradición elohísta, más adelante, lo hallaron en el fondo de sus talegas al llegar a casa de Jacob. En ambos casos el descubrimiento provoca un temor religioso, como ante un hecho misterioso en el que se adivina la mano de Dios.

42 37 En la tradición yahvista, ver 43 8-9, Judá, y no Rubén, respondía del regreso de Benjamín. Asimismo Judá, según la tradición yahvista, y Rubén según la elohísta, habían intervenido en favor de José, 37 22.26.

42 38 Sólo de los dos hijos de Raquel, la mujer amada.

43 Fuera de algunas breves glosas, los caps. 43 y 44 pertenecen enteramente a la tradición yahvista.

vio con ellos a Benjamín y dijo a su mayordomo: «Lleva a esos hombres a casa, mata algún animal y lo preparas, porque esos hombres van a comer conmigo a mediodía.» [17] El hombre hizo como le había dicho José, y llevó a los hombres a casa de José.

[18] Ellos se asustaron porque se les llevaba a casa de José, y dijeron: «Es por lo del dinero devuelto en nuestros sacos la otra vez, por lo que se nos trae acá, para ponernos alguna trampa, caer sobre nosotros y reducirnos a esclavitud, junto con nuestros asnos.» [19] Y, acercándose al mayordomo de José, le dijeron a la puerta de la casa: [20] «Mire, señor, nosotros bajamos anteriormente a comprar víveres. [21] Pero resultó que cuando fuimos a hacer noche y abrimos nuestras talegas de grano, nos encontramos con que el dinero de cada uno estaba en la boca de su talega, nuestra plata bien pesada, y la hemos devuelto con nosotros, [22] y además traemos con nosotros más dinero para comprar víveres. Ignoramos quién puso nuestro dinero en nuestras talegas.» [23] Respondió: «La paz sea con vosotros, no temáis. Vuestro Dios y el Dios de vuestro padre os puso ese tesoro en las talegas. Vuestro dinero ya me llegó*.» Y les sacó a Simeón.

[24] Luego los introdujo en casa de José, les dio agua y se lavaron los pies, y les dio pienso para sus asnos. [25] Entonces ellos prepararon el regalo, mientras llegaba José a mediodía, pues oyeron que iban a comer allí.

[26] Al entrar José en casa, le presentaron el regalo que llevaban consigo y se inclinaron hasta el suelo. [27] Él les saludó y les preguntó: «Vuestro anciano padre de quien me hablasteis, ¿vive aún?» [28] Y le dijeron: «Está bien tu siervo, nuestro padre: todavía vive.» Y, postrándose, se inclinaron. [29] Entonces José volvió los ojos y vio a Benjamín, su hermano de madre, y dijo: «¿Éste es vuestro hermano menor, de quien me hablasteis?» Y añadió: «Dios te guarde, hijo mío*.» [30] José tuvo que darse prisa, porque le daban ganas de llorar de emoción por su hermano, y entrando en el cuarto lloró allí. [31] Luego se lavó la cara, salió y conteniéndose dijo: «Servid la comida.» [32] Y le

sirvieron a él aparte, aparte a ellos, y aparte a los egipcios que comían con él, porque los egipcios no soportan comer con los hebreos, cosa detestable para ellos. [33] Sentáronse, pues, delante de él por orden de antigüedad, de mayor a menor, y se miraban entre sí asombrados. [34] Él fue tomando de delante de sí raciones para ellos, y la ración de Benjamín era cinco veces mayor que la de todos los demás. Ellos bebieron y se alegraron en su compañía.

La copa de José en la talega de Benjamín.

44 [1] Entonces él dio esta orden a su mayordomo: «Llena de víveres las talegas de estos hombres, cuanto quepa en ellas, y pones el dinero de cada uno en la boca de su talega. [2] Y mi copa, la copa de plata, la pones en la boca del saco del pequeño, además del dinero de su compra.» Y él hizo conforme a lo que había dicho José.

[3] En cuanto alumbró el día, se les despachó con sus asnos. [4] Salieron de la ciudad y, no bien se habían alejado, cuando José dijo a su mayordomo «Ponte en marcha y persigue a esos hombres, les das alcance y les dices: ¿Por qué habéis pagado mal por bien? [5] ¡Se trata nada menos que de lo que utiliza mi señor para beber, y también para sus adivinaciones*! ¡Qué mal habéis obrado!»

[6] Él los alcanzó y les habló a este tenor. [7] Ellos le dijeron: «¿Por qué habla mi señor de ese modo? ¡Lejos de tus siervos hacer semejante cosa! [8] De modo que te hemos devuelto desde Canaán el dinero que encontramos en la boca de nuestras talegas, ¿e íbamos a robar ahora de casa de nuestro señor plata u oro? [9] Aquél de tus siervos a quien se le encuentre, que muera; y también los demás nos haremos esclavos del señor.» [10] Respondió: «Sea como decís: aquél a quien se le encuentre, será mi esclavo; pero los demás quedaréis disculpados.» [11] Ellos se dieron prisa en bajar sus talegas a tierra y fueron abriendo cada cual la suya; [12] él les registró empezando por el grande y acabando por el chico, y apareció la copa en la talega de Benjamín. [13] Enton-

43 23 El mayordomo ha recibido la orden, **42** 25, de José, y conoce sus intenciones.

43 29 Hay mucha diferencia de edad entre José y Benjamín, ver **30** 22s y **35** 16. Puede ser incluso que una tradición hiciera nacer a Benjamín después de haber

sido llevado José a Egipto, ver 37 10+

44 5 El movimiento o el sonido del agua al caer en la copa, o la forma que en ella tomaban algunas gotas de aceite, se interpretaban como señales. Este tipo de adivinación era conocido en el Oriente Antiguo.

42 27-28

42 24

ces rasgaron ellos sus túnicas y, cargando cada cual su burro, regresaron a la ciudad.

¹⁴ Judá y sus hermanos entraron en casa de José, que todavía estaba allí, y cayeron rostro en tierra. ¹⁵ José les dijo: «¿Qué habéis hecho? ¿Ignorabais que uno como yo tenía que adivinarlo sin falta?» ¹⁶ Judá dijo: «¿Qué vamos a decir al señor, qué vamos a hablar, qué excusa vamos a dar? Dios ha hallado culpables a sus siervos*, y henos aquí como esclavos de nuestro señor, tanto nosotros como aquél en cuyo poder ha aparecido la copa.» ¹⁷ Replicó: «¡Lejos de mí hacer eso! Aquél a quien se le ha hallado la copa, ése será mi esclavo, que los demás subiréis sin novedad donde vuestro padre.»

Interviene Judá.

¹⁸ Entonces se le acercó Judá y le dijo: «Con permiso, señor, tu siervo va a pronunciar una palabra a mi señor, y que no se encienda tu ira contra tu siervo, pues tú eres como el mismo faraón. ¹⁹ Mi señor preguntó a sus siervos: '¿Tenéis padre o algún hermano?' ²⁰ Y nosotros dijimos a mi señor: 'Sí, tenemos padre anciano, y un hijo pequeño de su ancianidad. Otro hermano de éste murió; sólo le ha quedado éste de su madre, y su padre le quiere.' ²¹ Entonces tú dijiste a tus siervos: 'Bajádmelo, que ponga mis ojos sobre él*.' ²² Y dijimos a mi señor: 'Imposible que el muchacho deje a su padre, pues si le dejara, éste moriría.' ²³ Pero dijiste a tus siervos: 'Pues si no baja vuestro hermano menor con vosotros, no volveréis a verme la cara.' ²⁴ Así pues, cuando subimos nosotros donde mi padre, tu siervo, le expusimos las palabras de mi señor. ²⁵ Nuestro padre dijo: 'Volved y compradnos algo de comer.' ²⁶ Dijimos: 'No podemos bajar, a menos que nuestro hermano pequeño vaya con nosotros. En ese caso sí bajaríamos. Porque no podemos presentarnos a aquel hombre si no está con nosotros nuestro hermano el pequeño.' ²⁷ Mi padre, tu siervo, nos dijo: 'Bien sabéis que mi mujer me dio a los dos; ²⁸ el uno se me mar-

chó, y dije que seguramente habría sido despedazado, y no lo he vuelto a ver más hasta ahora. ²⁹ Y ahora os lleváis también a éste de mi presencia; si le ocurre alguna desgracia, haréis bajar mi ancianidad al Seol con amargura.' ³⁰ Ahora, pues, cuando yo llegue a donde mi padre, tu siervo, y el muchacho no esté con nosotros, teniendo como tiene el alma tan apegada a la suya, ³¹ en cuanto vea que falta el muchacho morirá, y tus siervos habrán hecho bajar la ancianidad de nuestro padre, tu siervo, con tristeza al Seol. ³² La verdad es que tu siervo ha traído al muchacho de junto a su padre bajo palabra de que: 'Si no te lo traigo, quedaré en falta para con mi padre a perpetuidad.' ³³ Ahora, pues, que se quede tu siervo en vez del muchacho como esclavo de mi señor, y suba el muchacho con sus hermanos. ³⁴ Porque ¿cómo subo yo ahora a mi padre sin el muchacho conmigo? ¡No quiero ni ver la aflicción en que caerá mi padre!»

José se descubre a sus hermanos*.

45 ¹ Ya no pudo José contenerse delante de todos los que en pie le asistían y exclamó: «Echad a todo el mundo de mi lado.» Y no quedó nadie con él mientras se daba a conocer José a sus hermanos. ² (Y se echó a llorar a gritos, y lo oyeron los egipcios, y lo oyó hasta la casa del faraón*.)

³ José dijo a sus hermanos: «Yo soy José. ¿Vive aún mi padre?» Sus hermanos no podían contestarle, porque se habían quedado atónitos ante él*. ⁴ José dijo a sus hermanos: «Vamos, acercaos a mí.» Se acercaron, y él continuó: «Yo soy vuestro hermano José, a quien vendisteis a los egipcios. ⁵ Ahora bien, no os pese ni os dé enojo haberme vendido acá, pues para salvar vidas me envió Dios delante de vosotros*. ⁶ Porque con éste van dos años de hambre en la tierra, y aún quedan cinco años en que no habrá arada ni siega. ⁷ Dios me ha enviado delante de vosotros para que podáis sobrevivir en la tierra y para salvaros la vida mediante una feliz liberación. ⁸ O sea, que no fuisteis vosotros los que me enviasteis acá,

---

44 16 Esto no quiere decir que reconocieran un hurto que no había realizado, ni siquiera que pensaran en un antiguo crimen contra José; sino que aquella desgracia les parece venir de la cólera de Dios, y es prueba de que están en pecado.

44 21 Por parte de un magnate o de Dios es una señal de benevolencia, Jr 39 12; 40 4; Sal 33 18; 34 17.

45 Las dos tradiciones elohísta y yahvista se combinan en este desenlace.

45 2 Según griego; hebr. corrompido.

45 3 Espanto de los hermanos que temen una venganza, ver 50 15 s.

45 5 Estos vv. 5-8, junto con 50 20, dan la clave de la historia de José, ver 37 2+.

sino Dios, y él me ha convertido en padre* del faraón, en dueño de toda su casa y amo de todo Egipto. ⁹ Subid de prisa a donde mi padre, y decidle: 'Así dice tu hijo José: Dios me ha hecho dueño de todo Egipto; baja a mí sin demora. ¹⁰ Vivirás en el país de Gosen*, y estarás cerca de mí con tus hijos y nietos, tus ovejas y tus vacadas y todo cuanto tienes. ¹¹ Yo te sustentaré allí, pues todavía faltan cinco años de hambre, no sea que quedéis en la miseria tú y tu casa y todo lo tuyo.' ¹² Con vuestros propios ojos estáis viendo, y también mi hermano Benjamín con los suyos, que soy yo en persona quien os habla. ¹³ Notificad, pues, a mi padre toda mi autoridad en Egipto y todo lo que habéis visto, y en seguida bajad a mi padre acá.» ¹⁴ Y, echándose al cuello de su hermano Benjamín, lloró; también Benjamín lloraba sobre el cuello de José. ¹⁵ Luego besó a todos sus hermanos, llorando abrazado a ellos; después de lo cual sus hermanos estuvieron conversando con él.

Invitación del faraón.

¹⁶ En el palacio del faraón corrió la voz: «Han venido los hermanos de José.» La cosa cayó bien al faraón y sus siervos, ¹⁷ y el faraón dijo a José: «Di a tus hermanos: Haced esto: Cargad vuestras acémilas y poneos inmediatamente en marcha hacia Canaán, ¹⁸ tomad a vuestro padre y vuestras familias, y venid a mí, que yo os daré lo mejor de Egipto, y comeréis lo más pingüe del país. ¹⁹ Por tu parte, ordénales*: Haced esto: Tomad de Egipto carretas para vuestros pequeños y mujeres, y os traéis a vuestro padre. ²⁰ Y vosotros mismos no tengáis pena de vuestras cosas, que lo mejor de Egipto será para vosotros.»

Regreso a Canaán.

²¹ Así lo hicieron los hijos de Israel; José les proporcionó carretas por orden del faraón; y les dio provisiones para el camino. ²² A todos ellos dio sendas mudas, pero a Benjamín le dio trescientas piezas de plata y cinco mudas. ²³ A su padre le envió asimismo diez burros cargados de lo mejor de Egipto y diez asnas cargadas de trigo, pan y víveres para el viaje de su padre. ²⁴ Luego despidió a sus hermanos, y cuando se iban les dijo: «No os excitéis en el camino*.»

²⁵ Subieron, pues, de Egipto y llegaron a Canaán, a donde su padre Jacob, ²⁶ y le anunciaron: «Todavía vive José, y es el amo de todo Egipto.» Pero él se quedó impasible, porque no les creía. ²⁷ Entonces le repitieron todas las palabras que José les había dicho, vio las carretas que José había enviado para transportarle, y revivió el espíritu de su padre Jacob. ²⁸ Y dijo Israel: «¡Esto me basta! Todavía vive mi hijo José; iré y lo veré antes de morirme.»

Sale Jacob para Egipto*.

46 ¹ Partió Israel con todas sus pertenencias y llegó a Berseba, donde hizo sacrificios al Dios de su padre Isaac. ² Y dijo Dios a Israel en visión nocturna*: «¡Jacob, Jacob!» —«Aquí estoy», respondió. —³ «Yo soy Dios, el Dios de tu padre; no temas bajar a Egipto, porque allí te haré una gran nación. ⁴ Bajaré contigo a Egipto y yo mismo te subiré también. José te cerrará los ojos.» ⁵ Jacob partió de Berseba y los hijos de Israel montaron a su padre Jacob, así como a sus pequeños y mujeres, en las carretas que había mandado el faraón para trasportarle. ⁶ También tomaron sus ganados y la hacienda lograda en Canaán, y fueron a Egipto, Jacob y toda su descendencia con él. ⁷ Sus hijos y nietos, sus hijas y nietas: a toda su descendencia se la llevó consigo a Egipto.

La familia de Jacob*.

⁸ Éstos son los nombres de los hijos de Israel que entraron en Egipto: Jacob y sus hijos. El primogénito de Jacob: Ru-

45 8 «padre» es un título del visir, ver Is 9 5; 22 21; Est 3 13 (= Vulg. 13 6); 8 12¹ (= 16 11).
45 10 Región oriental del Delta.
45 19 «ordénales» griego, Vulg.; «has recibido esta orden» hebr.
45 24 El texto no dice más, y su sentido no es seguro: ¿inquietudes?, ¿disputas?, ¿precipitación?
46 Este pasaje armoniza datos de diferentes tradiciones. La tradición yahvista, v. 1, probablemente hace venir a Jacob-Israel desde Hebrón, donde le había dejado 37 14; la tradición elohísta le hace venir de Berseba, v. 5. Los vv. 6-7 y quizá 26-27 son de tradición sacerdotal.
46 2 Ésta es la última teofanía de la época patriarcal. Dios manda a Jacob que baje a Egipto (estamos ya a la vista del Éxodo, v. 4), como había ordenado a Abrahán que partiera para Canaán, 12 1.
46 8 La lista de la familia de Jacob que no tenía nada que ver originalmente con la bajada a Egipto, ha sido insertada aquí tardíamente por un redactor sacerdotal.

46 28s; **47** 1-6 x 8 18; 9 26

43 11

31 24 **26** 23-24

‖Nm 26 5s

bén, [9] y los hijos de Rubén: Henoc, Palú, Jesrón y Carmí; [10] los hijos de Simeón: Yemuel, Yamín, Ohad, Yaquín, Sójar y Saúl, hijo de la cananea; [11] los hijos de Leví: Guersón, Queat y Merarí; [12] los hijos de Judá: Er, Onán, Selá, Peres y Zéraj, (pero Er y Onán ya habían muerto en Canaán) y los hijos de Peres: Jesrón y Jamul; [13] los hijos de Isacar: Tolá, Puá, Yasub y Simrón; [14] los hijos de Zabulón: Séred, Elón, Yajleel. [15] Éstos fueron los hijos que Lía había dado a Jacob en Padán Aram, y también su hija Dina. Sus hijos y sus hijas eran en total treinta y tres personas.

[16] Los hijos de Gad: Sefón, Jaguí, Suní, Esbón, Erí, Arodí y Arelí. [17] Los hijos de Aser: Yimná, Yisvá, Yisví, Beriá y Séraj, hermana de ellos. Hijos de Beriá: Jéber y Malquiel. [18] Éstos son los hijos de Zilpá, la que Labán diera a su hija Lía; ella engendró para Jacob estas dieciséis personas.

[19] Los hijos de Raquel, mujer de Jacob: José y Benjamín. [20] A José le nacieron en Egipto Manasés y Efraín, de Asnat, hija de Poti Fera, sacerdote de On. [21] Los hijos de Benjamín: Belá, Béquer, Asbel, Guerá, Naamán, Ejí, Ros, Mupín, Jupín y Ard. [22] Éstos son los hijos que Raquel dio a Jacob. En total catorce personas.

[23] Los hijos de Dan: Jusín. [24] Los hijos de Neftalí: Yajseel, Guní, Yéser y Salún. [25] Éstos son los hijos de Bilhá, la que Labán diera a su hija Raquel, y que aquélla engendró para Jacob: en total siete personas.

[26] Todas las personas que entraron con Jacob en Egipto, nacidas de sus entrañas —salvo las mujeres de los hijos de Jacob—, hacían un total de sesenta y seis personas. [27] Los hijos de José, que le habían nacido en Egipto, eran dos. Todas las personas de la casa de Jacob que entraron en Egipto eran setenta*.

José recibe a los suyos*.

[28] Israel mandó a Judá por delante adonde José, para que éste le precediera* a Gosen; y llegaron al país de Gosen. [29] José enganchó su carroza y subió a Gosen, al encuentro de su padre Israel.

Cuando lo vio, se echó a su cuello y estuvo llorando sobre su cuello. [30] Dijo Israel a José: «Ahora ya puedo morir, después de haber visto tu rostro, pues que tú vives todavía.»

[31] José dijo a sus hermanos y a la familia de su padre: «Voy a subir a avisar al faraón y decirle: 'Han venido a mí mis hermanos y la casa de mi padre que estaban en Canaán. [32] Son pastores de ovejas, pues siempre fueron ganaderos, y han traído ovejas, vacadas y todo lo suyo'. [33] Así, cuando os llame el faraón y os diga: '¿Cuál es vuestro oficio?', [34] le decís: 'Ganaderos hemos sido tus siervos desde la mocedad hasta ahora, lo mismo que nuestros padres.' De esta suerte os quedaréis en el país de Gosen.» Porque los egipcios detestan a todos los pastores de ovejas*.

Audiencia del faraón.

47 [1] Vino, pues, José a dar parte al faraón, diciendo: «Mi padre, mis hermanos, sus ovejas y vacadas y todo lo suyo han venido de Canaán, y ya están en el país de Gosen.» [2] Luego, de entre todos sus hermanos, tomó consigo a cinco varones y se los presentó al faraón. [3] Dijo el faraón a los hermanos: «¿Cuál es vuestro oficio?» Respondieron al faraón: «Pastores de ovejas son tus siervos, lo mismo que nuestros padres.» [4] Y dijeron al faraón: «Hemos venido a residir en esta tierra, porque no hay pastos para los rebaños que tienen tus siervos, por ser terrible el hambre en Canaán. Así pues, deja morar a tus siervos en el país de Gosen.» [5a] Dijo el faraón a José*: [6b] «Que residan en el país de Gosen. Y, si te consta que hay entre ellos gente capacitada, ponles por rabadanes de lo mío.»

Otro relato*.

[5b] Jacob y sus hijos vinieron a Egipto donde José. El faraón, rey de Egipto, se enteró y dijo a José: «Tu padre y tus hermanos han venido a ti. [6a] Tienes el territorio egipcio por delante: en lo mejor del país instala a tu padre y tus hermanos.»

Marginal references:
38 3-10
41 45
Ex 1 5
Dt 10 22
Hch 7 14
45 15
45 16s

---

46 27 La versión griega añade cinco descendientes de Efraín y Manasés, y de ahí el total de setenta y cinco personas conservado por Hch 7 14.
46 28 (a) La sección formada por **46** 28 - **47** 5ª.6ᵇ.12 procede de tradiciones yahvistas.
46 28 (b) O «se le presentara» sam., sir. Texto dudoso.
46 34 Esta frase, que hace extraño el consejo anterior,

puede ser una adición. Han querido explicarla por el odio de los egipcios hacia los Hiksos, los reyes «Pastores». Pero esta explicación de la palabra «hiksos» no es anterior a la época griega.
47 5ª Seguimos el orden del griego: 5ª-6ᵇ-5ᵇ-6ª.
47 5ᵇ Tradición sacerdotal del establecimiento en Egipto.

[7] José llevó a su padre Jacob y lo presentó al faraón, y Jacob bendijo al faraón. [8] Dijo el faraón a Jacob: «¿Cuántos años tienes?» [9] Respondió Jacob al faraón: «Los años de mis andanzas hacen ciento treinta años; pocos y malos han sido los años de mi vida, y no han llegado a igualar los años de vida de mis padres, en el tiempo de sus andanzas.» [10] Bendijo, pues, Jacob al faraón, y salió de su presencia. [11] José instaló a su padre y a sus hermanos, asignándoles predio en territorio egipcio, en lo mejor del país, en el país de Ramsés*, según lo había mandado el faraón. [12] Y José proveyó al sustento familiar de su padre y sus hermanos y toda la casa de su padre.

Política agraria de José*.

[13] No había pan en todo el país, porque el hambre era gravísima, y tanto Egipto como Canaán estaban muertos de hambre. [14] Entonces José se hizo con toda la plata existente en Egipto y Canaán a cambio del grano que ellos compraban, y llevó José aquella plata al palacio del faraón. [15] Agotada la plata de Egipto y de Canaán, acudió Egipto en masa a José diciendo: «Danos pan. ¿Por qué hemos de morir en tu presencia ahora que se ha agotado la plata?» [16] Dijo José: «Entregad vuestros ganados y os daré pan* por vuestros ganados, ya que se ha agotado la plata.» [17] Trajeron sus ganados a José y José les dio pan a cambio de caballos, ovejas, vacas y burros. Y les abasteció de pan a trueque de todos sus ganados por aquel año. [18] Cumplido el año, acudieron al año siguiente y le dijeron: «No disimularemos a nuestro señor que se ha agotado la plata, y también los ganados pertenecen ya a nuestro señor; no nos queda a disposición de nuestro señor nada, salvo nuestros cuerpos y nuestras tierras. [19] ¿Por qué hemos de morir delante de tus ojos así nosotros como nuestras tierras? Aprópiate de nosotros y de nuestras tierras a cambio de pan, y nosotros con nuestras tierras pasaremos a ser esclavos del faraón. Pero danos simiente para que vivamos y no muramos, y el suelo no quede desolado.» [20] De este modo se apropió José de todo el suelo de Egipto para el faraón, pues los egipcios vendieron cada uno su campo porque el hambre les apretaba, y la tierra vino a ser del faraón. [21] En cuanto al pueblo, lo redujo a servidumbre*, de cabo a cabo de las fronteras de Egipto. [22] Tan sólo las tierras de los sacerdotes no se las apropió, porque los sacerdotes tuvieron tal privilegio del faraón, y comieron de dicho privilegio que les concedió el faraón. Por lo cual no vendieron sus tierras. [23] Dijo entonces José al pueblo: «Veis que os he adquirido hoy para el faraón a vosotros y vuestras tierras. Ahí tenéis simiente: sembrad la tierra, [24] y luego, cuando la cosecha, daréis el quinto al faraón y las otras cuatro partes serán para vosotros, para siembra del campo, y para alimento vuestro y de vuestros familiares, para alimento de vuestras criaturas.» [25] Dijeron ellos: «Nos has salvado la vida. Hallemos gracia a los ojos de mi señor, y seremos siervos del faraón.» [26] Y José les impuso por norma, vigente hasta la fecha respecto a todo el agro egipcio, dar el quinto al faraón. Tan sólo el territorio de los sacerdotes no pasó a ser del faraón.

Testamento de Jacob*.

[27] Israel residió en Egipto, en el país de Gosen; se afincaron en él y fueron fecundos y se multiplicaron sobremanera. [28] Jacob vivió en Egipto diecisiete años, siendo los días de Jacob, los años de su vida, ciento cuarenta y siete años. [29] Cuando los días de Israel tocaron a su fin, llamó a su hijo José y le dijo: «Si he hallado gracia a tus ojos, pon tu mano debajo de mi muslo y hazme este favor y lealtad: No me sepultes en Egipto. [30] Cuando yo me acueste con mis padres, me llevarás de Egipto y me sepultarás en el sepulcro de ellos.» Respondió: «Yo

---

47 11 El nombre resulta anacrónico aquí. «Ramsés» (identificada con Tanis o Cantir) no pudo recibir este nombre hasta más tarde de Ramsés II.
47 13 Este párrafo yahvista empalma con 41. A los israelitas, que se regían por el sistema de propiedad individual, les llamaba la atención el sistema de bienes raíces de Egipto, donde casi todas las tierras eran propiedad de la corona. Es posible que en la época de Salomón, cuando los dominios de la corona iban extendiéndose, se establecían las prestaciones en especie y se instituía la prestación personal, algunos sabios de la corte consideraran al régimen egipcio como ideal y atribuyeran a José la gloria de haberlo inaugurado.
47 16 «pan» versiones; omitido por hebr.
47 21 «lo redujo a servidumbre» sam., griego; «lo confinó en las ciudades» hebr.
47 27 Tradición yahvista con una nota sacerdotal, vv. 27b-28.

1 R 1 47
Hb 11 21

haré según tu palabra.» —³¹ «Júramelo», dijo. Y José se lo juró. Entonces Israel se inclinó sobre la cabecera de su lecho*.

Jacob adopta y bendice a los hijos de José*.

48 ¹ Sucedió tras esto que se le dijo a José: «Mira que tu padre está malo.» Entonces él tomó consigo a sus dos hijos, Manasés y Efraín, ² y se hizo anunciar a Jacob: «Tu hijo José ha venido a verte.» Entonces Israel, haciendo un esfuerzo, se sentó en su lecho. ³ Dijo

17 1+
35 6.11-12

Jacob a José: «El Sadday se me apareció en Luz, en país cananeo; me bendijo ⁴ y me dijo: 'Mira, yo haré que seas fecundo y que te multipliques; haré de ti una multitud de pueblos, y daré esta tierra a tu posteridad en propiedad eterna.' ⁵ Pues bien, los dos hijos tuyos que te nacieron en Egipto antes de venir yo a Egipto a reunirme contigo, míos son: Efraín y Manasés, igual que Rubén y Simeón, serán míos. ⁶ En cuanto a la prole que has engendrado después de ellos, tuya será y con el apellido de sus demás hermanos se la citará en orden a la herencia.

35 16-20

⁷ «Cuando yo venía de Padán se me murió en el camino Raquel, tu madre, en el país de los cananeos, a poco trecho para llegar a Efratá, y allí la sepulté, en el camino de Efratá, o sea Belén.»

⁸ Vio Israel a los hijos de José y preguntó: «¿Quiénes son éstos?» ⁹ Dijo José a su padre: «Son mis hijos, los que me ha dado Dios aquí.» Y él dijo: «Tráemelos acá, que yo los bendiga.» ¹⁰ Los ojos de Jacob se habían nublado por la vejez, y no podía ver. Acercóselos, pues, y él los besó y los abrazó. ¹¹ Dijo Israel a José: «Yo no sospechaba ver más tu rostro, y ahora resulta que Dios me ha hecho ver también a tus hijos.» ¹² José los sacó de entre las rodillas de su padre y se postró ante él rostro en tierra*.

¹³ José los tomó a los dos, a Efraín con la derecha, a la izquierda de Israel, y a Manasés con la izquierda, a la derecha de Israel, y los acercó a éste. ¹⁴ Israel extendió su diestra y la puso sobre la cabeza de Efraín, aunque era el menor, y su izquierda sobre la cabeza de Manasés; es decir, que cruzó las manos, puesto que Manasés era el primogénito; ¹⁵ y bendijo a José diciendo:

49 24s

«El Dios en cuya presencia anduvieron mis padres Abrahán e Isaac,

el Dios que ha sido mi pastor desde que existo hasta el presente día,

Sal 23 1;
80 2-3
Gn 16 7+

¹⁶ el Ángel que me ha rescatado de todo mal, bendiga a estos muchachos;

sean llamados con mi nombre y con el de mis padres Abrahán e Isaac,

y multiplíquense y crezcan en medio de la tierra.»

¹⁷ Al ver José que su padre tenía la diestra puesta sobre la cabeza de Efraín, le pareció mal, y asió la mano de su padre para retirarla de sobre la cabeza de Efraín a la de Manasés. ¹⁸ Y dijo José a su padre: «Así no, padre mío, que éste es el primogénito; pon tu diestra sobre su cabeza*.» ¹⁹ Pero rehusó su padre, y dijo: «Lo sé, hijo mío, lo sé; también él será grande. Sin embargo, su hermano será

Dt 33 17

más grande que él, y su descendencia se hará una muchedumbre de gentes*.»

²⁰ Y los bendijo aquel día, diciendo:

«Que con vuestro* nombre se bendiga en Israel, y se diga:

12 3+

¡Hágate Dios como a Efraín y Manasés!»

—y puso a Efraín por delante de Manasés—.

²¹ Dijo entonces Israel a José: «Yo muero; pero Dios estará con vosotros y os devolverá a la tierra de vuestros padres. ²² Yo, por mi parte, te doy Siquén* a ti, mejorándote sobre tus hermanos: lo que tomé al amorreo con mi espada y con mi arco.»

---

47 31 Por una confusión entre *miṭṭah* «lecho» y *maṭṭeh* «bastón», la versión griega se figura a Jacob prosternándose sobre su bastón.

48 Este cap. combina diversas tradiciones: yahvista - elohísta, vv. 1-2.8-22; sacerdotal, vv. 3-7. Fundándose en la última voluntad de Jacob, quieren explicar por qué Manasés y Efraín, hijos de José, se han convertido en padres de tribus con el mismo título que los hijos de Jacob, por qué han prosperado estas dos tribus y por qué la tribu de Efraín ha aventajado a la de Manasés.

48 12 Los hijos habían sido puestos en el regazo (entre las rodillas) de Jacob, lo que parece formar parte del rito de adopción, ver **16** 2 y **30** 3. José los retira de allí y se postra para recibir con ellos la bendición de su padre.

48 18 Los gestos de bendición son eficaces por sí mismos, y la mano derecha trae más beneficios que la izquierda.

48 19 En efecto, Efraín llegará a ser la tribu más importante del grupo del norte, núcleo del futuro reino de Israel.

48 20 En plural, Targ., griego; hebr. singular.

48 22 El hebreo juega con la palabra *šekem* que significa «hombro» y designa también la ciudad y el distrito de Siquén, que corresponderán a los hijos de José, y donde el mismo José será enterrado, Jos **24** 32. Jacob reparte la Tierra Santa como el padre de familia o el oficiante distribuyen las porciones del banquete sacrificial, 1 S 1 4s, siendo la espaldilla trozo selecto, 1 S **9** 23-24. Se trata de una tradición aislada acerca del reparto de Canaán por Jacob y de una conquista del territorio de Siquén, donde, según **33** 19, Jacob únicamente había comprado un campo.

Bendiciones de Jacob*.

Jc 5
Dt 33

29 32

35 22

34 25-31

27 29

37 7.9

/ Ap 5 5

Nm 24 17
Mi 5 1-3
Is 9 5s;
11 1s
Za 9 9
2 S 7 1+
/ Ez 21 32

49 ¹ Llamó Jacob a sus hijos y dijo: «Reuníos, que yo os muestre lo que os sucederá al cabo de los días.
² Apiñaos y oíd, hijos de Jacob,
oíd a Israel vuestro padre.

³ Rubén, mi primogénito tú,
mi vigor, la primicia de mi virilidad,
exceso de pasión, exceso de ímpetu:
⁴ hierves como agua, ¡no te desbordes!,
porque subiste al lecho de tu padre,
violando mi tálamo indignamente*.
⁵ Simeón y Leví*, hermanos;
instrumento de violencia sus espadas*.
⁶ En su concejo no entres, alma mía,
a su asamblea no te unas, honra mía,
porque enojados mataban hombres,
y por gusto desjarretaban toros.
⁷ ¡Maldito su enojo, tan violento,
y su cólera, tan dura!
Los repartiré por Jacob
y los dispersaré por Israel.
⁸ A ti, Judá*, te alaben* tus hermanos;
tu mano en la cerviz de tus enemigos:
¡inclínense ante ti los hijos de tu padre!
⁹ Cachorro de león, Judá;
de la caza, hijo mío, vuelves;
se agacha, se echa cual león
o cual leona, ¿quién le va a desafiar?
¹⁰ No se irá cetro de mano de Judá,
bastón de mando de entre sus piernas,

hasta que venga el que le pertenece*,
y al que harán homenaje los pueblos*.
¹¹ El que ata a la vid su borrico
y a la cepa el pollino de su asna;
el que lava en vino su túnica
y en sangre de uvas su sayo;
¹² el de ojos rubicundos por el vino,
y blanquean sus dientes más que leche.
¹³ Zabulón a la ribera del mar habita,
a la ribera de barcos,
a horcajadas sobre Sidón*.
¹⁴ Isacar, asno robusto
echado entre las angarillas*.
¹⁵ Aunque ve que el reposo es bueno
y que la tierra es grata,
apresta su lomo a la carga
y acaba sometiéndose al trabajo.
¹⁶ Dan juzgará a su pueblo*
como una de las tribus de Israel.
¹⁷ Será Dan culebra en el camino,
víbora* en el sendero,
que pica al caballo en los pulpejos
y cae su jinete de espaldas.
¹⁸ Por tu salvación aguardo, Yahvé*.
¹⁹ A Gad atracadores le atracan,
pero él les atraca por retaguardia*.
²⁰ Aser tiene pingüe su pan
y da manjares de rey.
²¹ Neftalí, una cierva suelta
que da cervatillos hermosos*.
²² Un retoño, José, retoño cabe la fuente,
sus vástagos trepan por el muro*.

Ap 7 14;
19 13

2 S 20 18

Is 25 9

Dt 33 24

‖Dt 33
13-17

49 Título tradicional, pero más bien se trata de oráculos, ver v. 1: el patriarca revela y decide con sus palabras el destino de sus hijos, es decir, de las tribus que llevan sus nombres. Los oráculos aluden sin duda a sucesos de la época patriarcal (Rubén, Simeón, Leví), pero describen una situación posterior. La preeminencia dada a Judá y el honor conferido a la casa de José (Efraín y Manasés) reflejan una época en la que estas tribus compartían cierta preponderancia sobre la vida nacional. Este poema data de la época monárquica; otorga la realeza a Judá, pero no es posible atribuirlo con seguridad a ninguna de las tradiciones del Génesis, donde ha sido insertado bastante tardíamente. No pocos de sus elementos serían anteriores a la monarquía. Comparar el cuadro de las tribus en el cántico de Débora, Jc 5, sin duda más antiguo, y en las bendiciones de Moisés, Dt 33, más recientes como conjunto. El texto se halla en mal estado.
49 4 «indignamente» 'awlah, conj.; hebr. corrompido. —Rubén, el primogénito, pierde su preeminencia en castigo de su incesto. La tribu todavía es importante según el cántico de Débora; pero en las bendiciones de Moisés sólo cuenta con un número reducido de guerreros, Dt 33 6.
49 5 (a) A estos dos más bien se les maldice por su ataque alevoso contra Siquén. Estas tribus serán dispersadas en Israel: la de Simeón se extinguió pronto, absorbida principalmente por Judá; la de Leví desapareció como tribu profana, pero su función religiosa, que aquí no se menciona, aparece destacada en Dt 33 8-11.
49 5 (b) Otros, basándose en un sentido específico de la raíz krt, con el matiz «cortar/pactar» (una alianza), traducen «sus tratados».

49 8 (a) Al anuncio de la hegemonía y de la fuerza de Judá, vv. 8-9, se añade un oráculo mesiánico, vv. 10-12. —En Dt 33 7, Judá vive separado de su pueblo: el cisma estaba consumado para entonces.
49 8 (b) En hebreo yôdû, que juega con el nombre de Judá, ver 29 35.
49 10 (a) «que le pertenece», leyendo šel.lô, ver mss griegos, Targ., etc. (comp. Ez 21 32); šiloh texto recibido. Se trata del heredero de David, tipo del Mesías futuro. Texto y sentido muy discutidos.
49 10 (b) Lit. «a él la obediencia de los pueblos»; las versiones han leído «la esperanza», que hace explícito el sentido mesiánico del pasaje.
49 13 Texto dudoso. Quizá «él tiene barcos en la ribera».—Zabulón quedará afincado en la costa, cerca de Fenicia (Sidón).
49 14 Las tapias convergentes hacia la entrada del aprisco (ver Jc 5 16; Sal 68 14). Isacar, instalado en la rica llanura de Esdrelón, se ha relajado y ha aceptado el yugo de los cananeos.
49 16 «Dan juzgará» dân yaaîn juego de palabras como en 30 6.
49 17 La peligrosa víbora cerastes.
49 18 Exclamación litúrgica, que señala poco más o menos la mitad del poema.
49 19 El v. 19 es una serie de aliteraciones: gâd gedûd yegûdennu... yâgud. Instalado en Transjordania, Gad tenía que defenderse contra las incursiones de los nómadas.
49 21 «cervatillos» 'immerê conj.; «palabras» 'imrê hebr. El texto no es seguro.
49 22 Texto corrompido. Otra posible traducción, también conjetural: «Un novillo, José, un novillo (ver Os

²³ Le molestan y acribillan,
hostíganle flecheros,
²⁴ mientras sigue firme su arco
y sueltos los músculos de sus manos,
por las manos del Fuerte de Jacob,
por el Nombre del Pastor, la Piedra de
Israel*,

17 1+
²⁵ por el Dios de tu padre, y él te ayude,
el Dios Sadday*, y él te bendiga
con bendiciones del cielo por arriba,
bendiciones del abismo que yace abajo*,
bendiciones de ubres y vientre,
²⁶ bendiciones de espigas y frutos*,
amén de las bendiciones de los montes
antiguos,
lo apetecible de los collados eternos:
¡Vengan sobre la cabeza de José,
sobre el vértice del consagrado* de
sus hermanos!
²⁷ Benjamín, lobo rapaz:
de mañana devora su presa
y a la tarde reparte el despojo.*»

²⁸ Todas éstas son las tribus de Israel,
doce en total, y esto es lo que les dijo su
padre, bendiciéndolos a cada uno* con
su bendición correspondiente.

Muerte de Jacob*.

²⁹ Luego les dio este encargo: «Yo voy
a reunirme con los míos. Sepultadme
junto a mis padres en la cueva que está
en el campo de Efrón el hitita, ³⁰ en la
23   cueva que está en el campo de Macpelá,
enfrente de Mambré, en el país de Canaán, el campo que compró Abrahán a
Efrón el hitita, como propiedad sepulcral: ³¹ allí sepultaron a Abrahán y a su
mujer Sara; allí sepultaron a Isaac y a su
mujer Rebeca, y allí sepulté yo a Lía.
³² Dicho campo y la cueva que en él hay
fueron adquiridos de los hititas.*»

48 2
³³ Y en habiendo acabado Jacob de hacer encargos a sus hijos, encogió sus

piernas en el lecho, expiró y se reunió
con los suyos.

Exequias de Jacob*.

50¹ José cayó sobre el rostro de su
padre, lloró sobre él y lo besó.
² Luego encargó José a sus servidores
médicos que embalsamaran a su padre,
y los médicos embalsamaron a Israel.
³ Emplearon en ello cuarenta días, porque éste es el tiempo que se emplea con
los embalsamados.

46 4

Y los egipcios lo lloraron durante setenta días. ⁴ Transcurridos los días de
luto por él, habló José a la gente del faraón en estos términos: «Si he hallado
gracia a vuestros ojos, por favor, haced
llegar a oídos del faraón esta palabra:
⁵ Mi padre me tomó juramento diciendo:
'Yo me muero. En el sepulcro que yo me
labré en el país de Canaán, allí me has
de sepultar.' Ahora, pues, permíteme que
suba a sepultar a mi padre, y luego volveré.» ⁶ Dijo el faraón: «Sube y sepulta a
tu padre como él te hizo jurar.»

⁷ Subió José a enterrar a su padre, y
con él subieron todos los servidores del
faraón, los más viejos de palacio, y todos
los ancianos de Egipto, ⁸ así como toda
la familia de José, sus hermanos y la familia de su padre. Tan sólo a sus pequeñuelos*, sus rebaños y vacadas, dejaron
en el país de Gosen. ⁹ Subieron con él
además carros y aurigas: un cortejo muy
considerable.

¹⁰ Llegados a Goren Atad, que está
allende el Jordán, hicieron allí un duelo
muy grande y solemne, y José lloró a su
padre durante siete días. ¹¹ Los cananeos, habitantes del país, vieron el duelo
en Goren Atad y dijeron: «Duelo de importancia es ése de los egipcios.» Por eso
se llamó el lugar Abel Misráin*, que está
allende el Jordán.

10 11) junto a una fuente; en los prados (*benawot*), su
multitud está junto a un toro» (*sôr*, ver v. 6 y '*abîr*
«toro», v. 24ᵇ; Dt 32 15; Is 1 24). Este texto habría sido
retocado para eliminar toda posible alusión al culto al
toro (ver Os 8 3).
49 24 «Piedra» equivale a «Roca», apelación frecuente
de Yahvé (Dt 32 4; Sal 18 3). Hebr. oscuro, traducido
de modo diferente por el pasaje.
49 25 (a) «El-Sadday» versiones; «con Sadday» hebr.
49 25 (b) *Personificación de las aguas subterráneas*,
origen de la fertilidad, Dt 8 7.
49 26 (a) Leemos *hararê* «montes» según Dt 33 15 y
griego, en lugar de *hôrî*. Para 26ᵇ se propone «bendiciones de espigas y de flores» ('*abîb wegib'ol*, ver Ex 9 31).
49 26 (b) «consagrado», hebr. *nazîr*, ver Nm 6.
49 27 Este aspecto guerrero y feroz de Benjamín corresponde a la historia ulterior de la tribu, ver Jc 3 15s;

5 14; 19-20, y a la vida de Saúl, 1 S.
49 28 «a cada uno» varios mss y griego; «el hombre
que» hebr.
49 29 Conclusión de la vida de Jacob según la tradición sacerdotal.
49 32 El v. 32 falta en la Vulg.
50   El cap. mezcla las tradiciones yahvista, vv. 1-11
y 14, y elohísta, vv. 15-26, con retoque sacerdotal en los
vv. 12-13.
50 8   Aunque se traduce «pequeñuelos», «criaturas»,
el término hebreo tiene seguramente aquí y en algunos
otros pasajes (43 8; 47 12; 50 8.21) un sentido más amplio: cualesquiera personas que no se valen por sí mismas, niños y ancianos.
50 11   *Goren-ha-'Atad* significa «Era de la Espina», y '*A-
bel-Misrayim* «Prado de los Egipcios», con un juego de
palabras entre '*abel* «prado» y '*ebel* «duelo». Lugares

⁄ Hch 7 16

¹² Sus hijos, pues, hicieron por él como él se lo había mandado; ¹³ lo llevaron sus hijos al país de Canaán, y lo sepultaron en la cueva del campo de Macpelá, el campo que había comprado Abrahán en propiedad sepulcral a Efrón el hitita, enfrente de Mambré. ¹⁴ Regresó José a Egipto con sus hermanos y con todos cuantos habían subido con él a sepultar a su padre*.

Epílogo de la historia de José.

¹⁵ Vieron los hermanos de José que había muerto su padre y dijeron: «A ver si José nos guarda rencor y nos devuelve todo el daño que le hicimos.» ¹⁶ Por eso mandaron a José este recado: «Tu padre encargó antes de su muerte: ¹⁷ 'Así diréis a José: Por favor, perdona el crimen de tus hermanos y su pecado. Cierto que te hicieron daño, pero ahora tú perdona el crimen de los siervos del Dios de tu padre'.» Y José lloró mientras le hablaban. ¹⁸ Fueron entonces sus hermanos personalmente y, cayendo delante de él, dijeron: «Aquí nos tienes, somos tus esclavos.» ¹⁹ Les contestó José: «No temáis, ¿ocupo yo acaso el puesto de Dios? ²⁰ Aunque vosotros pensasteis hacerme daño, Dios lo pensó para bien, para hacer sobrevivir, como hoy ocurre, a un pueblo numeroso. ²¹ Así que no temáis; yo os mantendré a vosotros y a vuestros pequeñuelos.» Y los consoló y les habló con afecto.

²² José permaneció en Egipto junto con la familia de su padre, y alcanzó José la edad de ciento diez años. ²³ José vio a los biznietos de Efraín; asimismo los hijos de Maquir, hijo de Manasés, nacieron sobre las rodillas de José. ²⁴ Por último, José dijo a sus hermanos: «Yo muero, pero Dios se ocupará sin falta de vosotros y os hará subir de este país al país que juró a Abrahán, a Isaac y a Jacob.» ²⁵ José hizo jurar a los hijos de Israel, diciendo: «Dios os visitará sin falta, y entonces os llevaréis mis huesos de aquí.» ²⁶ Y José murió a la edad de ciento diez años; lo embalsamaron y se le puso en un sarcófago en Egipto.

37

45 5
Rm 12 19

Rm 8 28
Flp 1 12

48 12

Ex 12 41

Ex 13 19
Jos 24 32
Hb 11 22

---

desconocidos. Aquí hay vestigios de una tradición distinta a la de Macpelá: Jacob habría sido enterrado en Transjordania.

50 14 Al final del v., el hebr. añade «después que hubo enterrado a su padre», glosa omitida por el griego.

ÉXODO

I. La liberación de Egipto

1. ISRAEL EN EGIPTO*

Prosperidad de los hebreos en Egipto.

Hch 7
14-17
Gn 46 1-27

‖Gn 46 27
Dt 10 22

Gn 50 26

Sal 105 24
Hch 13 17

1 ¹ Éstos son los nombres de los israelitas que fueron a Egipto con Jacob, cada uno con su familia: ² Rubén, Simeón, Leví, Judá, ³ Isacar, Zabulón, Benjamín, ⁴ Dan, Neftalí, Gad y Aser. ⁵ Los descendientes de Jacob eran setenta personas. José estaba ya en Egipto*. ⁶ Luego, murió José, y todos sus hermanos, y toda aquella generación; ⁷ pero los israelitas eran fecundos y se propagaban; se multiplicaban y hacían muy fuertes, y llenaban el país.

Tiranía de los egipcios.

⁄ Hch 7
18-19

Sal 105 25

Gn 47 11

⁸ Surgió en Egipto un nuevo rey, que no había conocido a José; ⁹ y dijo a su pueblo: «Mirad, el pueblo de Israel es más numeroso y fuerte que nosotros. ¹⁰ Actuemos sagazmente contra él para que no siga multiplicándose, no sea que en caso de guerra se alíe también él con nuestros enemigos, luche contra nosotros y se marche del país.» ¹¹ Entonces, les impusieron capataces para oprimirlos con duros trabajos*; y así edificaron para el faraón* las ciudades de depósito: Pitom* y Ramsés. ¹² Pero cuanto más los oprimían, tanto más se multiplicaban y crecían, de modo que los egipcios llegaron a temer a los israelitas. ¹³ Los egipcios esclavizaron brutalmente a los israelitas, ¹⁴ y les amargaron la vida con dura servidumbre, con los trabajos del barro, de los ladrillos, del campo y con toda clase de servidumbre. Los esclavizaron brutalmente*.

Dt 11 10

¹⁵ Además, el rey de Egipto dijo a las parteras de las hebreas*, una de las cuales se llamaba Sifrá, y la otra Puá: ¹⁶ «Cuando asistáis a las hebreas, fijaos bien*: si es niño, matadlo; si es niña, que viva.» ¹⁷ Pero las comadronas temían a Dios, y no hicieron lo que les había mandado el rey de Egipto, sino que dejaban con vida a los niños. ¹⁸ El rey de Egipto llamó a las comadronas y les dijo: «¿Por qué habéis hecho esto y dejáis con vida a los niños?» ¹⁹ Respondieron las comadronas al faraón: «Es que las mujeres hebreas no son como las egipcias; son más robustas, y antes que llegue la comadrona, ya han dado a luz.» ²⁰ Dios premió a las comadronas. El pueblo se multiplicaba y se hacía muy fuerte. ²¹ Y a las comadronas, porque temían a Dios, les concedió descendencia. ²² Entonces el faraón ordenó a todo su pueblo: «A todo niño recién nacido arrojadlo al Río*; pero a las niñas, dejadlas con vida.»

---

1 La lista inicial, vv. 1-5.7, pertenece probablemente a la redacción sacerdotal del Pentateuco. En el resto del capítulo están presentes las tradiciones yahvista, vv. 6 y 8-12, elohista, vv. 15-22, y sacerdotal, vv. 13-14. De la vida de los grupos israelitas durante su estancia en Egipto, el autor sagrado no retiene más que lo que interesa a la historia religiosa que quiere escribir: la expansión numérica de las familias nacidas de Jacob y la opresión egipcia, cuyo relato prepara el del Éxodo y el de la Alianza en el Sinaí.

1 5 El griego precisa «setenta y cinco personas», ver Gn 46 27+, y pone «José estaba en Egipto» al principio del v.

1 11 (a) No parece que en Egipto se conociera una organización regular de prestación personal, pero para los grandes trabajos públicos reclutaban la mano de obra entre los prisioneros de guerra y los siervos adscritos a los dominios reales, ver en cuanto a Israel 2 S 12 31. Los israelitas recibieron como una opresión insoportable su equiparación a estas categorías inferiores; es comprensible que quisieran recuperar la vida libre del desierto; es también comprensible que los egipcios consideraran su propuesta como una rebelión de esclavos.

1 11 (b) Trascripción del egipcio *Per-âa*, «la gran Casa», fórmula protocolaria que designa el Palacio, la Corte y, desde la dinastía XVIII, la misma persona del rey. «Faraón» se utiliza aquí como nombre propio (en adelante, utilizaremos, sin embargo, la minúscula).

1 11 (c) Nombre de la residencia del faraón Ramsés II en el Delta, que se identifica con Tanis o con Cantir. Esta mención designa a Ramsés II (1290-1224) como faraón opresor y da aproximadamente la fecha del Éxodo.

1 14 La historia de la opresión seguirá en 5 6-23. En los vv. siguientes, las medidas tomadas para el exterminio de los niños varones no están acordes con las necesidades de los trabajos forzados, pero preparan la historia del nacimiento de Moisés.

1 15 Los descendientes de Jacob son llamados aquí, en los textos de la opresión, «hebreos». En la perspectiva del Pentateuco este nombre proviene probablemente de Abrahán (véase Gn 10 24-30; 11 27). El nombre «hebreo» se ha querido explicar por los textos no bíblicos del segundo milenio a.C. que hablan de *Habiru/'Apiru*. Fuera de la posible correspondencia de *'ibrî*, «hebreo», con *'apiru*, es posible que en Egipto los israelitas fueran asimilados a los *'apiru*, prisioneros de guerra.

1 16 Lit. «Fijaos en las dos piedras». Unos entienden que las dos piedras eran el asiento de la parturienta; otros opinan que la expresión se refiere al sexo del recién nacido. La versión siríaca dice: «las dos rodillas»; el griego traduce libremente: «cuando están a punto de dar a luz».

1 22 La palabra designa el río por excelencia de Egipto, el Nilo.

2. JUVENTUD Y VOCACION DE MOISÉS

Nacimiento y juventud de Moisés*.

Ex 6 20

Hch 7 20s
Hb 11 23

2 ¹ Un hombre de la casa de Leví tomó por mujer a una hija de Leví. ² La mujer concibió y dio a luz un hijo; y, viendo que era hermoso, lo tuvo escondido durante tres meses. ³ No pudiendo esconderlo por más tiempo, tomó una cestilla de papiro, la calafateó con betún y pez, metió en ella al niño, y la puso entre los juncos, a la orilla del Río. ⁴ La hermana del niño se apostó a lo lejos para ver lo que le pasaba.

⁵ Entonces, la hija del faraón bajó a bañarse en el Río, mientras sus doncellas se paseaban por la orilla del Río. Ella divisó la cestilla entre los juncos, y envió una criada para que la recogiera. ⁶ Al abrirla, vio que era un niño que lloraba. Se compadeció de él y exclamó: «Es un niño de los hebreos.» ⁷ Entonces, la hermana del niño dijo a la hija del faraón: «¿Quieres que vaya y llame una nodriza hebrea para que te críe al niño?» ⁸ «Vete», le contestó la hija del Faraón. Fue, pues, la joven y llamó a la madre del niño. ⁹ Y la hija del Faraón le dijo: «Toma este niño y críamelo, que yo te pagaré.» Tomó la mujer al niño y lo crió. ¹⁰ Cuando creció el muchacho, se lo llevó a la hija del faraón, que lo adoptó y le llamó Moisés, diciendo: «Del agua lo he sacado*.»

Hch 7 21

Huida a Madián*.

Hb 11
24-27

¹¹ Un día, cuando Moisés ya era mayor*, fue adonde estaban sus hermanos, y vio sus duros trabajos; vio también cómo un egipcio golpeaba a un hebreo, a uno de sus hermanos. ¹² Miró a uno y a otro lado y, no viendo a nadie, mató al egipcio y lo enterró en la arena. ¹³ Cuando salió al día siguiente, estaban riñendo dos hebreos. Y dijo al culpable: «¿Por qué pegas a tu compañero?» ¹⁴ Él respondió: «¿Quién te ha nombrado jefe y juez sobre nosotros? ¿Piensas matarme como mataste al egipcio?» Moisés tuvo miedo, pues se dijo: «Ciertamente la cosa se sabe.» ¹⁵ Cuando el faraón se enteró de lo sucedido, buscó a Moisés para matarlo.

Hch 7 35

Hch 7 29

Moisés huyó de la presencia del faraón y se dirigió al país de Madián*, donde se sentó junto a un pozo. ¹⁶ El sacerdote de Madián* tenía siete hijas, que fueron a sacar agua y llenar los abrevaderos para dar de beber al ganado de su padre. ¹⁷ Pero vinieron unos pastores y las echaron. Entonces, Moisés se alzó, las defendió y abrevó su ganado. ¹⁸ Ellas volvieron a casa de su padre Reuel* y él les preguntó: «¿Por qué habéis vuelto hoy tan pronto?» ¹⁹ Respondieron: «Un egipcio nos ha librado de las manos de los pastores; además nos ha sacado agua y ha abrevado el ganado.» ²⁰ Preguntó entonces a sus hijas: «¿Dónde está? ¿Cómo habéis dejado solo a ese hombre? Invitadlo a comer.» ²¹ Moisés aceptó morar con aquel hombre, y él le dio a su hija Seforá. ²² Ella dio a luz un hijo y Moisés lo llamó

Gn 24 11s;
29 2s

---

2 Atribuido a las tradiciones yahvista-elohísta, o sólo a la tradición elohísta.

2 10 Etimología popular del nombre de Moisés (hebreo *mošeh*) a partir del verbo *mâšah* «sacar». En realidad, este nombre es egipcio, conocido en su forma abreviada, *moses*, o en una forma completa, por ejemplo, Tutmosis, «ha nacido el dios Thot». —Se ha comparado la historia de Moisés sacado de las aguas con las leyendas acerca de la infancia de algunos personajes célebres, especialmente Sargón de Agadé, rey de Mesopotamia en el milenio III.

2 11 (a) Vv. 11-22 (o, según algunos, sólo 15-22) de tradición yahvista. A Madián generalmente se le sitúa en Arabia, al sur de Edom, al este del golfo de Ácaba; el folklore árabe ha conservado el recuerdo de una estancia de Moisés en esa región. Sin embargo, esta localización es posterior, y cierto número de textos nos presentan a los madianitas como grandes nómadas que frecuentaban las rutas de Palestina, Gn 37 28.36, o de la península sinaítica, Nm 10 29-32, y que realizaban *incursiones en Moab*, Gn 36 35 1 R 11 18 nos da una indicación más precisa sobre su territorio: un príncipe de Edom, en su huida a Egipto, atraviesa Madián y luego Farán (el sur del Negueb, entre Cadés y Egipto). Así pues, habría que situar a Madián, no en Arabia, sino en la península del Sinaí, al este del desierto de Farán, donde Dios se reveló a Moisés.

2 11 (b) El texto nada dice de la educación recibida por Moisés; **11 3** dirá simplemente que se había convertido en un «gran personaje», y Hch 7 22 que «fue educado en toda la sabiduría de los egipcios».

2 15 El hebreo repite dos veces el mismo verbo: primero «se instaló», después «se sentó» (el verbo tiene este doble significado). Nosotros, siguiendo las versiones griega y siríaca, leemos la primera vez otro verbo que parece más lógico.

2 16 Ver 18 1+.

2 18 Los textos no concuerdan en cuanto al nombre y la persona del suegro de Moisés. Tenemos aquí a Reuel, sacerdote de Madián; en 3 1; 4 18; 18 1, se llama Jetró; Nm 10 29 habla de Jobab, hijo de Reuel, el madianita, y Jc 1 16; 4 11, de Jobab el quenita. Podemos descartar aquí la mención de Reuel como secundaria, y ver en Nm 10 29 un intento para armonizar las dos tradiciones: matrimonio quenita y matrimonio madianita. Ambas tradiciones son en realidad encontradas y no hay por qué tratar de conciliarlas. La primera, yahvista y originaria de la Palestina del sur, refleja la existencia de lazos de amistad entre Judá y los quenitas, aun conservando el recuerdo del matrimonio de Moisés con una extranjera. La segunda, elohísta y estrechamente unida a la salida de Egipto, debe mantenerse como histórica.

28 3

Guersón*, pues dijo: «Forastero soy en tierra extraña.»

Dios vuelve por Israel.

²³ Durante este largo período murió el rey de Egipto. Como los israelitas gemían y se quejaban de su servidumbre, el clamor de su servidumbre subió a Dios. ²⁴ Dios escuchó sus gemidos y se acordó de su alianza con Abrahán, Isaac y Jacob. ²⁵ Dios se fijó en los israelitas y reconoció...*

6 2-13;
6 28-7 7
✓ Hch 13 17

La zarza ardiendo*.

19 2+
Gn 16 7+

Dt 33 16

3 ¹ Moisés pastoreaba el rebaño de su suegro Jetró, sacerdote de Madián. Trashumando con el rebaño por el desierto, llegó hasta Horeb*, la montaña de Dios. ² Allí se le apareció el ángel de Yahvé en llama de fuego*, en medio de una zarza. Moisés vio que la zarza ardía, pero no se consumía. ³ Dijo, pues, Moisés: «Voy a acercarme para ver este extraño caso: por qué no se consume la zarza.» ⁴ Cuando Yahvé vio que Moisés se acercaba para mirar, le llamó de en medio de la zarza: «¡Moisés, Moisés!» Él respondió: «Heme aquí.» ⁵ Le dijo: «No te acerques aquí; quita las sandalias de tus pies, porque el lugar que pisas es suelo sagrado.» ⁶ Y añadió: «Yo soy el Dios de tu padre, el

Jos 5 15
Gn 28 16-17
Lv 17 1+
Ex 19 12+

✓ Mt 22 32p

Dios de Abrahán, el Dios de Isaac y el Dios de Jacob.» Moisés se cubrió el rostro, porque temía ver a Dios*.

Ex 33 20+

Misión de Moisés.

⁷ Yahvé le dijo: «He visto la aflicción de mi pueblo en Egipto, he escuchado el clamor ante sus opresores y conozco sus sufrimientos. ⁸ He bajado para librarlo de la mano de los egipcios y para subirlo de esta tierra a una tierra buena y espaciosa; a una tierra que mana leche y miel*, al país de los cananeos, de los hititas, de los amorreos, de los perizitas, de los jivitas y de los jebuseos. ⁹ Así pues, el clamor de los israelitas ha llegado hasta mí y he visto la opresión con que los egipcios los afligen. ¹⁰ Ahora, pues, ve: yo te envío al faraón para que saques a mi pueblo, los israelitas, de Egipto.»

Dt 7 1+

¹¹ Moisés dijo a Dios: «¿Quién soy yo para ir al faraón y sacar de Egipto a los israelitas?» ¹² Dios le respondió: «Yo estaré contigo y ésta será la señal de que yo te envío: Cuando hayas sacado al pueblo de Egipto daréis culto a Dios en este monte*.»

1 S 14 10+

✓ Hch 7 7

Revelación del Nombre divino*.

¹³ Contestó Moisés a Dios: «Si voy a los israelitas y les digo: 'El Dios de vuestros

---

2 22   Etimología popular que no tiene en cuenta más que la primera sílaba: *gēr*, forastero residente.

2 25   Se suele considerar, con buen criterio, que el final del v. está truncado. Otros críticos opinan que podría traducirse en pasiva por «Dios se dio a conocer». Según ellos, la vocalización actual se debería a que no parecía conveniente hablar de la acción de Dios hasta que se hubiese manifestado a Moisés, cap. 3.

3   Este primer relato (caps. 3-4) de la vocación de Moisés combina elementos yahvistas, vv. 1-5.16-20 (teofanía y misión de Moisés) y elohísta, vv. 6.9-15 (revelación del nombre divino). Un segundo relato, sacerdotal, de la revelación del nombre divino y de la vocación de Moisés, esta vez en Egipto, aparece en 6 2-13 y 6 28 - 7 7.

3 1   Horeb es el nombre de la montaña del Sinaí en el marco histórico del Deuteronomio y en la redacción deuteronomista del libro de los Reyes. Aquí es una glosa, como en 17 6.

3 2   A lo largo del Antiguo Testamento, el fuego, entre otras connotaciones, es un elemento que describe tanto la naturaleza divina como su presencia. En este caso acompaña a una manifestación de Yahvé, que convierte en sagrado el suelo de los alrededores, v. 5. Esta escena, que tiene lugar en los aledaños de la montaña sagrada del Sinaí (= Horeb), v. 1, pretende ser, desde el punto de vista de la estructura del relato, una prefiguración de la teofanía del Sinaí (= Horeb), donde Yahvé se manifiesta entre fuego, 19 18, y no permite que la gente se aventure en territorio sagrado, 24 2.

3 6   Hasta tal punto es trascendente Dios, que una criatura no puede verle y vivir.

3 8   «Tierra que mana leche y miel»: designación de

la Tierra Prometida, frecuente en el Pentateuco, pero que probablemente proviene de una redacción deuteronomista.

3 12   Si la segunda parte del v. es una adición, la señal dada es la asistencia misma de Dios y no un acto de culto en la «montaña de Dios», v. 1ᵇ.

3 13   La tradición yahvista hace remontarse el culto de Yahvé a los orígenes de la humanidad, Gn 4 26, y emplea este nombre divino en toda la historia patriarcal. Según la tradición elohísta, a la que pertenece este texto, el nombre de Yahvé no fue revelado más que a Moisés, como el nombre del Dios de los Padres. La tradición sacerdotal, Ex 6 2-3, concuerda con ella precisando únicamente que el nombre del Dios de los Padres era *El Šadday*; ver Gn 17 1+. Este relato, uno de los pasajes culminantes del AT, plantea dos problemas: el primero, filológico, atañe a la etimología del nombre de «Yahvé»; el segundo, exegético y teológico, atañe al sentido general del relato y al alcance de la revelación que trasmite. 1.° Se ha tratado de explicar el nombre de *Yahvé* por lenguas distintas a la hebrea o por diversas raíces hebraicas. Ciertamente debe verse en él una forma arcaica del verbo «ser». Algunos opinan que aquí una forma factitiva de este verbo: «hace ser», «trae a la existencia». Con mucha mayor probabilidad se trata de una forma de tema simple, y la palabra significaría «es». 2.° En cuanto a la interpretación, la palabra se explica en red, y una adición antigua de la misma tradición. Se discute sobre el sentido de esta explicación: 'ehyeh 'ašer 'ehyeh. Dios, hablando de sí mismo, no puede emplear más que la primera persona: «Yo soy». El hebreo puede traducirse literalmente: «Yo soy lo que yo soy», y esto querría decir que Dios no quiere revelar

---

padres me ha enviado a vosotros'; y ellos me preguntan: '¿Cuál es su nombre?', ¿qué les responderé?» ¹⁴ Dijo Dios a Moisés: «Yo soy el que soy.» Y añadió: «Así dirás a los israelitas: 'Yo soy' me ha enviado a vosotros.» ¹⁵ Siguió Dios diciendo a Moisés: «Así dirás a los israelitas: Yahvé, el Dios de vuestros padres, el Dios de Abrahán, el Dios de Isaac y el Dios de Jacob, me ha enviado a vosotros. Éste es mi nombre para siempre, por él seré recordado generación tras generación.

Instrucciones sobre la misión de Moisés.

¹⁶ «Vete, reúne a los ancianos de Israel y diles: 'Yahvé, el Dios de vuestros padres, el Dios de Abrahán, de Isaac y de Jacob, se me apareció y me dijo: Yo os he visitado* y me he dado cuenta de lo que os han hecho en Egipto. ¹⁷ Y he decidido sacaros de la aflicción de Egipto y llevaros al país de los cananeos, los hititas, los amorreos, perizitas, jivitas y jebuseos, a una tierra que mana leche y miel.' ¹⁸ Ellos te harán caso, y tú irás con los ancianos de Israel donde el rey de Egipto y le diréis: 'Yahvé, el Dios de los hebreos, se nos ha aparecido; y ahora tenemos que hacer un viaje durante tres días por el desierto, para ofrecer sacrificios a Yahvé, nuestro Dios.' ¹⁹ Ya sé que el rey de Egipto no os dejará ir, a no ser forzado por una mano poderosa. ²⁰ Pero yo extenderé mi mano y heriré a Egipto con toda suerte de prodigios, que obraré en medio de ellos, y entonces os dejará salir.»

Despojo de los egipcios.

²¹ «Haré que este pueblo obtenga el favor de los egipcios, de modo que cuando partáis, no salgáis con las manos vacías, ²² sino que cada mujer pedirá a su vecina y a la dueña de su casa objetos de plata, objetos de oro y vestidos, que pondréis a vuestros hijos y a vuestras hijas, y así despojaréis a los egipcios.»

Dios otorga a Moisés el poder de hacer prodigios.

4 ¹ Moisés respondió: «Mira que no me creerán ni me harán caso, pues dirán: 'No se te ha aparecido Yahvé.'» ² Entonces Yahvé le preguntó: «¿Qué tienes en tu mano?» «Un cayado», respondió él. ³ Yahvé le dijo: «Tíralo al suelo.» Él lo tiró al suelo y se convirtió en una serpiente; y Moisés huyó de ella. ⁴ Yahvé dijo a Moisés: «Extiende tu mano y agárrala por la cola.» Extendió la mano, la agarró, y volvió a ser cayado en su mano...* ⁵ «Para que crean que se te ha aparecido Yahvé, el Dios de sus padres, el Dios de Abrahán, el Dios de Isaac y el Dios de Jacob.»

⁶ Yahvé añadió: «Mete tu mano en el pecho.» Metió él la mano en su pecho y cuando la sacó estaba cubierta de lepra, blanca como la nieve. ⁷ Y le dijo: «Vuelve a meter la mano en el pecho.» La volvió a meter y, cuando la sacó de nuevo, estaba ya como el resto de su cuerpo. ⁸ «Así pues, si no te creen ni te hacen caso al primer prodigio, creerán al segundo. ⁹ Y si tampoco creen a estos dos prodigios ni te hacen caso, tomarás agua del Río y la derramarás en el suelo; y el agua que saques del Río se convertirá en sangre sobre el suelo.»

Aarón, intérprete de Moisés.

¹⁰ Moisés dijo a Yahvé: «¡Por favor, Señor! Yo nunca he sido hombre de palabra fácil, ni aun después de haber hablado tú con tu siervo; sino que soy torpe de boca y de lengua.» ¹¹ Yahvé le respondió: «¿Quién ha dado la boca al hombre? ¿Quién hace al mudo y al sordo, al que ve y al ciego? ¿No soy yo, Yahvé? ¹² Así pues, vete, que yo estaré en tu boca y te enseñaré lo que debes decir.» ¹³ Él replicó: «¡Por favor, Señor! Envía a quien quieras.» ¹⁴ Entonces se encendió la ira de Yahvé contra Moisés, y le dijo: «¿No tienes a tu hermano Aarón el levita? Sé que él habla bien; además, va

Marginal references (left column):
Jn 17 6.26
Jn 8 24+
Is 42 8+
Ap 1 4+

Dt 7 1+

11 2-3;
12 35-36
Sb 10 17

Marginal references (right column):
Mt 13 57

7 8-12

Lv 13 1+

Jr 1 6-10

Dt 18 18
Mt 10 19-20p

Is 6 8

su nombre; pero precisamente Dios da aquí su nombre que, según la mentalidad semítica, parece definirlo de alguna manera. Pero el hebreo también puede traducirse literalmente «Yo soy el que soy», y según las reglas *de la sintaxis hebrea, esto corresponde a «Yo soy el que es», «Yo soy el existente»; así lo entendieron los traductores de los Setenta: Egô eimi ho ôn. Dios es el único verdaderamente existente. Ello significa que es trascendente y sigue siendo un misterio para el hombre, y también que actúa en la historia de su pueblo y en la historia humana a las que él dirige hacia un fin.

3 16 Cuando se trata de Dios, la «visita» implica un derecho absoluto de inspección, de juicio y de sanción. Sus intervenciones en el destino de los individuos o de los pueblos pueden aportar beneficio, **4** 31; Gn 21 1; 50 24-25; Sal 65 10; 80 15; Sb 3 7-13; Jr 29 10; ver Lc 1 68+; o castigo, 1 S 15 2; Sb 14 11; 19 15; Jr 6 15; 23 34; Am 3 2.
4 4 El v. 5, que interrumpe el relato pero reitera la idea central del desarrollo, vv. 1 y 8-9, podría ser una adición.

7 1-2
a salir a tu encuentro, y al verte se alegrará su corazón. [15] Tú le hablarás y pondrás las palabras en su boca; yo estaré en tu boca y en la suya, y os enseñaré lo que habéis de hacer. [16] Él hablará por ti al pueblo, él será tu boca y tú serás su dios. [17] Toma este cayado* en tu mano, porque con él has de hacer los prodigios.»

Vuelta a Egipto. Salida de Madián.

2 18+
[18] Moisés regresó a casa de su suegro Jetró y le dijo: «Permíteme volver a mis hermanos de Egipto para ver si aún viven.» Jetró respondió a Moisés: «Vete en paz.»

Mt 2 20
[19] Yahvé dijo a Moisés en Madián: «Anda, vuelve a Egipto, pues han muerto todos los que te buscaban para matarte.» [20] Moisés tomó a su mujer y a su hijo*, los montó en el asno y volvió al país de Egipto. Moisés tomó también el cayado de

4 17
Dios en su mano. [21] Yahvé dijo a Moisés: «Cuando vuelvas a Egipto, harás delante del faraón todos los prodigios que yo he puesto en tu mano. Yo endureceré su corazón, y no dejará salir al pueblo. [22] Y dirás al faraón: Así dice Yahvé: Mi hijo primogénito es Israel. [23] Por eso, Yo te digo:

Dt 1 31
Dt 7 6+
'Deja salir a mi hijo para que me dé culto.' Si te niegas a dejarle salir, yo daré muerte a tu hijo primogénito*.»

Gn 32 25-33
Circuncisión del hijo de Moisés*.

[24] Durante el viaje, en un albergue, Yahvé le salió al encuentro e intentó dar-

Jos 5 2-3+
le muerte. [25] Tomó entonces Seforá un pedernal, cortó el prepucio de su hijo y tocó las partes de Moisés, diciendo: «Eres mi esposo de sangre.» [26] Entonces Yahvé lo soltó; ella había dicho: «esposo

Gn 17 10+
de sangre», por la circuncisión.

Encuentro con Aarón.

[27] Yahvé dijo a Aarón: «Vete al desierto al encuentro de Moisés.» Él fue y lo encontró en el monte de Dios y lo besó. [28] Moisés contó a Aarón todo lo que Yahvé le había encomendado y todos los prodigios que le había mandado hacer. [29] Moisés y Aarón fueron y reunieron a todos los ancianos de los israelitas. [30] Aarón refirió todas las palabras que Yahvé había dicho a Moisés y realizó los prodigios ante el pueblo. [31] El pueblo creyó, y al oír que Yahvé había visitado a los israelitas y había visto su aflicción, se postraron y adoraron.

3 1
3 16
4 2-9
Jn 2 11
Ex 14 31

Primera entrevista con faraón*.

5 [1] Después Moisés y Aarón se presentaron al faraón y le dijeron: «Así dice Yahvé, el Dios de Israel: Deja salir a mi pueblo para que celebre fiesta* en mi honor en el desierto.» [2] Respondió el faraón: «¿Quién es Yahvé para que yo deba hacerle caso, dejando salir a Israel? No conozco a Yahvé y no dejaré salir a Israel.» [3] Ellos dijeron: «El Dios de los hebreos se nos ha aparecido; permite, pues, que hagamos un viaje de tres días al desierto para ofrecer sacrificios a Yahvé, nuestro Dios, si no nos castigará con peste o espada.» [4] El rey de Egipto les replicó: «Moisés y Aarón, ¿por qué queréis apartar al pueblo de sus trabajos? Volved a vuestros trabajos.» [5] Y añadió el faraón: «Ahora que son más numerosos que los nativos del país, ¿queréis que interrumpan sus trabajos?»

Instrucciones a los capataces.

[6] Aquel día el faraón ordenó a los capataces y a los inspectores: [7] «No proveáis, como hasta ahora, de paja* al pueblo para hacer ladrillos: que vayan ellos mismos a recogerla. [8] Pero que hagan la misma cantidad de ladrillos que hacían antes, sin disminuir nada. Son unos perezosos. Por eso andan diciendo: Vamos a ofrecer sacrificios a nuestro Dios.

---

4 17 Dios entrega a Moisés un cayado (de ahí su nombre de «cayado de Dios», ver v. 20), que será el instrumento de los prodigios, 7 20[b]; 9 22s; 10 13s, etc. Ver el cayado de Eliseo, 2 R 4 29.
4 20 «su hijo» conj., ver 2 22; 4 25; «sus hijos» hebr.
4 23 Estos vv. anuncian las plagas de Egipto: el v. 21, las nueve primeras plagas y el endurecimiento del corazón del faraón, véase 7 3+; los vv. 22-23, la décima plaga, véase 11 1+.
4 24 Relato misterioso por su brevedad y la ausencia de un contexto; no se nombra a Moisés y no se sabe a quién se refieren los pronombres personales. Se puede conjeturar que la incircuncisión de Moisés le atrae la cólera divina; ésta queda aplacada cuando Seforá circuncida realmente a su hijo y simula una circuncisión

de Moisés tocando su sexo («sus pies», ver Is 6 2; 7 20) con el prepucio del niño. Sobre la circuncisión, ver Gn 17 10+.
5 En su conjunto, este cap. (comprendido 6 1), es de tradición yahvista, con algunas armonizaciones redaccionales, por ejemplo en la mención de Aarón con Moisés.
5 1 La mención de este culto en el desierto, ver ya 3 18, se repetirá como un estribillo en el relato de cada una de las nueve primeras plagas, excepto en la tercera y la sexta, ver 7 16.26; 8 4.16 27; 9 1.13; 10 3.24. Esta fiesta probablemente es ya la Pascua, ver 12 1+.
5 7 La paja picada se mezclaba con arcilla para dar mayor consistencia a los ladrillos crudos.

⁹ Abrumadlos de trabajo para que estén ocupados y no hagan caso de palabras mentirosas.»

¹⁰ Salieron los capataces y los inspectores y dijeron al pueblo: «Así dice el faraón: No os daré ya más paja; ¹¹ id vosotros mismos a recogerla donde podáis; pero no disminuirá en nada vuestra tarea.» ¹² El pueblo se dispersó por el país de Egipto para recoger paja. ¹³ Los capataces los apremiaban, diciendo: «Terminad la tarea impuesta para cada día, como cuando se os proveía de paja.» ¹⁴ Y castigaron también a los inspectores israelitas, que habían sido nombrados por los capataces del faraón, diciendo: «¿Por qué no habéis hecho, ni ayer ni hoy, la misma cantidad de ladrillos que antes?»

Queja de los inspectores israelitas.

¹⁵ Entonces, los inspectores israelitas fueron a quejarse al faraón y le dijeron: «¿Por qué tratas así a tus siervos? ¹⁶ No se provee de paja a tus siervos. Sin embargo insisten en que hagamos ladrillos y se castiga a tus siervos ...*» ¹⁷ El faraón respondió: «Holgazanes, sois unos holgazanes; por eso decís: 'Vamos a ofrecer sacrificios a Yahvé.' ¹⁸ Ahora, id a trabajar; no se os proveerá de paja, pero vosotros tenéis que entregar la misma cantidad de ladrillos.»

Quejas del pueblo. Oración de Moisés.

¹⁹ Los inspectores israelitas se vieron en un gran aprieto, cuando les dijeron: «No disminuiréis vuestra producción diaria de ladrillos.» ²⁰ Y fueron corriendo al encuentro de Moisés y Aarón, que les estaban esperando a la salida del palacio del faraón, ²¹ y les dijeron: «Que Yahvé os examine y os juzgue. Nos habéis hecho odiosos al faraón y a sus siervos y habéis puesto la espada en sus manos para matarnos.» ²² Entonces Moisés se volvió a Yahvé y le dijo: «Señor, ¿por qué maltratas a este pueblo? ¿por qué me has enviado? ²³ Desde que fui al faraón para hablarle en tu nombre está maltratando a este pueblo, y tú no haces nada por librarlo.»

6 ¹ Yahvé respondió a Moisés: «Ahora verás lo que voy a hacer con el faraón; cuando sienta una mano férrea los dejará partir, los expulsará de su país.»

Nuevo relato de la vocación de Moisés*.

=3 1-4 23

² Dios habló a Moisés y le dijo: «Yo soy Yahvé. ³ Me aparecí a Abrahán, a Isaac y a Jacob como El Sadday; pero mi nombre de Yahvé no se lo di a conocer. ⁴ Después establecí con ellos mi alianza, para darles la tierra de Canaán, la tierra donde peregrinaron y moraron como forasteros. ⁵ Y ahora, al escuchar el gemido de los israelitas, esclavizados por los egipcios, he recordado mi alianza. ⁶ Por eso, di a los israelitas: Yo soy Yahvé; Yo os sacaré de los duros trabajos de los egipcios, os libraré de su esclavitud y os redimiré con brazo tenso* y juicios solemnes. ⁷ Yo os haré mi pueblo*, y seré vuestro Dios; y sabréis que yo soy Yahvé, vuestro Dios, que os sacaré de la esclavitud de Egipto. ⁸ Yo os introduciré en la tierra que he jurado dar a Abrahán, a Isaac y a Jacob, y os la daré en herencia. Yo, Yahvé.» ⁹ Moisés habló así a los israelitas, pero ellos, abrumados por la dura servidumbre, no le hicieron caso.

Gn 17 1+

Gn 17 7-8

Gn 15; 24 7

¹⁰ Entonces Yahvé dijo a Moisés: ¹¹ «Vete, habla con el faraón, rey de Egipto, para que deje salir a los israelitas de su país.» ¹² Pero Moisés respondió así ante Yahvé: «Si los israelitas no me hacen caso, ¿cómo me hará caso el faraón, a mí que soy torpe de palabra*?» ¹³ Yahvé habló a Moisés y a Aarón: les transmitió órdenes para los israelitas y para el faraón, rey de Egipto, a fin de sacar a los israelitas del país de Egipto.

4 10

Genealogía de Moisés y Aarón.

¹⁴ Éstos son los cabezas de familia: Hijos de Rubén, primogénito de Israel: Henoc, Palú, Jesrón y Carmí; éstos son los descendientes de Rubén.

Nm 26 5-14

¹⁵ Hijos de Simeón: Yemuel, Yamín, Ohad, Yaquín, Sójar y Saúl, hijo de la cananea; éstos son los descendientes de Simeón.

---

5 16 El texto del final del v., «el pecado de tu pueblo», no tiene ningún sentido.
6 2 El texto que va de 6 2 a 7 7 constituye el relato sacerdotal (paralelo a los caps. **3**-4) de la vocación de Moisés, pero la genealogía, vv. 14-25, y la reanudación del relato en los vv. 26-30 han sido añadidas por una redacción tardía.
6 6 Expresión equivalente a «mano férrea» de **6** 1.

El Deuteronomio unirá las dos expresiones, ver Dt **4** 34; **5** 15; **7** 19; **26** 8, etc.
6 7 Estos dos términos correlativos que indican las nuevas relaciones de Dios con su pueblo son la expresión consagrada de la elección y de la alianza divinas, especialmente Lv **26** 12; Dt **26** 17-19; **29** 12, y frecuentemente en Jr y Ez.
6 12 Lit. «a mí (que soy) incircunciso de labios».

Gn 46 11
Nm 3 17s

¹⁶ Y éstos son los nombres de los hijos de Leví por linajes: Guersón, Queat, Merarí. Leví vivió ciento treinta y siete años.
¹⁷ Hijos de Guersón: Libní, Semeí y sus descendientes.
¹⁸ Hijos de Queat: Amrán, Yisar, Hebrón y Uziel. Queat vivió ciento treinta y tres años.
¹⁹ Hijos de Merarí: Majlí y Musí. Éstos son los descendientes de los levitas, por sus linajes.

2 1-2
Nm 26 59

²⁰ Amrán tomó por mujer a Yoquébed, pariente suya, de la cual nacieron Aarón y Moisés. Amrán vivió ciento treinta y siete años.
²¹ Hijos de Yisar: Coré, Néfeg y Zicrí.
²² Hijos de Uziel: Misael, Elisafán y Sitrí.
²³ Aarón tomó por mujer a Isabel, hija de Aminadab, hermana de Najsón, de la cual le nacieron Nadab, Abihú, Eleazar e Itamar.
²⁴ Hijos de Coré: Asir, Elcaná y Abiasaf. Éstos son los descendientes de los coreítas.

Nm 25 6-13

²⁵ Eleazar, hijo de Aarón, tomó por mujer a una de las hijas de Putiel y de ella nació Pinjás.
Éstos son los cabeza de familia de los levitas, según sus descendientes.
²⁶ Éstos son Aarón y Moisés a quienes dijo Yahvé: «Sacad a los israelitas del país de Egipto, por legiones.» ²⁷ Éstos son los que hablaron al faraón, rey de Egipto, para sacar a los israelitas de Egipto. Éstos son Moisés y Aarón.

Prosigue el relato de la vocación de Moisés.

6 2-13

²⁸ Cuando Yahvé habló a Moisés en el país de Egipto, ²⁹ le dijo: «Yo soy Yahvé; transmite al faraón, rey de Egipto, cuanto yo te diga.» ³⁰ Moisés respondió ante Yahvé: «Siendo yo torpe de palabra, ¿cómo me va a hacer caso el faraón?»

4 16

7 ¹ Yahvé dijo a Moisés: «Mira yo te hago un dios para el faraón y tu hermano Aarón será tu profeta; ² tú le dirás cuanto yo te mande; y Aarón, tu hermano, se lo dirá al faraón, para que deje salir a los israelitas de su país. ³ Yo endureceré el corazón del faraón, y multiplicaré mis signos y prodigios en el país de Egipto.

4 21
Sal 135 9

⁴ El faraón no os hará caso, pero yo pondré mi mano sobre Egipto y sacaré del país de Egipto a mis legiones, mi pueblo, los israelitas, con juicios solemnes. ⁵ Y los egipcios reconocerán que yo soy Yahvé, cuando extienda mi mano sobre Egipto y saque a los israelitas de en medio de ellos.» ⁶ Moisés y Aarón hicieron así; como les mandó Yahvé, así hicieron. ⁷ Moisés tenía ochenta años, y Aarón ochenta y tres cuando hablaron al faraón.

3. LAS PLAGAS DE EGIPTO*.—LA PASCUA.

Sal 78; 105
Sb 11 14-20;
16-18

El cayado se trueca en serpiente.

⁸ Yahvé dijo a Moisés y a Aarón: ⁹ «Cuando el faraón os pida algún prodigio, dirás a Aarón: 'Toma tu cayado y tíralo delante del faraón, y se convertirá en serpiente.'» ¹⁰ Presentáronse, pues, Moisés y Aarón al faraón, e hicieron lo que Yahvé había ordenado: Aarón tiró su cayado delante del faraón y de sus ser-

4 2s

---

7 8 Expresión tardía, pero que en realidad el texto no aplica más que a la décima plaga; las nueve primeras plagas son «prodigios» o «señales», como las «señales» y «prodigios» de Ex 4 1-9.30; 7 9. Lo mismo que esos prodigios estaban destinados a acreditar a Moisés delante de los israelitas y del faraón, las «plagas» están destinadas a acreditar a Yahvé, es decir, a hacer que sea reconocido su poder por el faraón. Las nueve primeras plagas se distinguen de la décima tanto por su esquema como por su vocabulario; pero hay diferencias estructurales que no se derivan solamente de la desigual longitud de la narración correspondiente. El relato acaba con el rechazo definitivo del faraón, a quien Moisés no volverá a ver, 10 28-29; no le queda más que huir. La historia continúa con la persecución de los fugitivos y el milagro del mar, Ex 14. Esta tradición del éxodo-huida era originariamente independiente de la tradición de la plaga, en la que los israelitas son expulsados de Egipto, Ex 12 31-33; véase 4 21; 6 1; 11 1. Había otras tradiciones sobre estas «señales», véase Sal 78 43-51; 105 27-36, a la espera de los desarrollos de Sab 11 14-20; 16-18. Igual que estas otras presentaciones, el re-

lato de Ex 7 14 - 10 29 es en sí mismo complejo; una buena parte del texto pertenece a redacciones tardías, ya que la parte que se puede atribuir a las tradiciones yahvista y sacerdotal es reducida (probablemente no interviene la tradición elohísta). Es propio de la tradición sacerdotal la señal del cayado que se convierte en serpiente, 7 8-13, y las plagas III y VI; algunos elementos de esta tradición se encuentran en otras narraciones. La tradición yahvista interviene probablemente en cuatro plagas (I, II, IV y V), pero buena parte del relato actual ha sido añadido, como se han añadido también las plagas en que no intervienen las tradiciones yahvista o sacerdotal. Hay, pues, una buena parte de elementos redaccionales, pero una redacción parece ser presacerdotal. - Hay que tratar de justificar estos prodigios por la astronomía o las ciencias naturales; pero es verdad que el relato resultante utiliza fenómenos naturales que son conocidos en Egipto y desconocidos en Palestina (el Nilo rojo, las ranas, el siroco negro), o que son conocidos tanto en Egipto como en Palestina (las langostas), o conocidos en Palestina pero excepcionales en Egipto (el pedrisco).

vidores*, y se convirtió en serpiente. [11] A su vez, el faraón llamó a sus sabios y hechiceros, y los magos de Egipto hicieron lo mismo con sus encantamientos. [12] Cada cual tiró su bastón y se convirtieron en serpientes; pero el cayado de Aarón devoró los otros cayados. [13] Sin embargo, el corazón del faraón se endureció, y no les hizo caso, como había predicho Yahvé.

2 Tm 3 8

1.ª plaga:
El agua se convierte en sangre*.

Sb 11 6-8

[14] Yahvé dijo a Moisés: «El corazón del faraón se ha obstinado; se niega a dejar salir al pueblo. [15] Preséntate al faraón por la mañana, cuando vaya hacia el Río. Espéralo a la orilla del Río, llevando en tu mano el cayado que se convirtió en serpiente. [16] Y le dirás: Yahvé, el Dios de los hebreos, me ha enviado a ti para decirte: 'Deja partir a mi pueblo, para que me den culto en el desierto'; pero hasta ahora no has hecho caso. [17] Así dice Yahvé: En esto conocerás que yo soy Yahvé: Con el cayado que tengo en la mano*, golpearé las aguas del Río y se convertirán en sangre. [18] Los peces del Río morirán, el Río quedará apestado y los egipcios no podrán beber agua del Río.» [19] Yahvé dijo a Moisés: «Di a Aarón: Toma tu cayado y extiende tu mano sobre las aguas de Egipto, sobre sus canales, sus ríos, sus lagunas y sobre todas las cisternas, y se convertirán en sangre; y habrá sangre en todo el país de Egipto, en los recipientes de madera y en los de piedra.» [20] Moisés y Aarón hicieron lo que Yahvé les había mandado: alzó el cayado y golpeó las aguas que hay en el Río en presencia del faraón y de sus servidores, y todas las aguas del Río se convirtieron en sangre. [21] Los peces del Río murieron, el Río quedó apestado y los egipcios no podían beber el agua del Río; hubo sangre en todo el país de Egipto. [22] Pero los magos de Egipto hicieron lo mismo con sus encantamientos, y el corazón del faraón se obstinó y no les hizo caso, tal como había dicho Yahvé. [23] El faraón se volvió y entró en su casa sin prestar atención a lo sucedido. [24] Todos los egipcios tuvieron que cavar en los al-

Sal 78 44;
105 29
⁄ Ap 16 4-7;
8 8.11

rededores del Río en busca de agua potable, porque no podían beber las aguas del Río. [25] Pasaron siete días desde que Yahvé golpeó el Río.

2.ª plaga: Las ranas*.

[26] Yahvé dijo a Moisés: «Preséntate al faraón y dile: Así dice Yahvé: 'Deja salir a mi pueblo para que me dé culto.' [27] Si te niegas a dejarlo salir, infestaré de ranas todo tu país. [28] El Río bullirá de ranas; saltarán y entrarán en tu casa, en tu dormitorio y en tu lecho, en las casas de tus servidores y en tu pueblo, en tus hornos y en tus artesas. [29] Las ranas saltarán sobre ti, sobre tu pueblo, y sobre tus siervos.»

8 [1] Yahvé dijo a Moisés: «Di a Aarón: Extiende tu mano con tu cayado sobre los canales, sobre los ríos y sobre las lagunas, y haz saltar las ranas por todo el país de Egipto.» [2] Aarón extendió su mano sobre las aguas de Egipto; saltaron las ranas y cubrieron el país de Egipto. [3] Pero los magos hicieron lo mismo con sus encantamientos; hicieron saltar las ranas sobre el país de Egipto.

[4] El faraón llamó a Moisés y a Aarón y les dijo: «Pedid a Yahvé que aparte las ranas de mí y de mi pueblo, y yo dejaré salir al pueblo para que ofrezca sacrificios a Yahvé.» [5] Moisés respondió al faraón: «Dígnate indicarme* cuándo he de rogar por ti, por tus siervos y por tu pueblo, para que aparte de ti y de tus casas las ranas, y se queden sólo en el Río.» [6] «Mañana», contestó él. Moisés replicó: «Será conforme a tu palabra, para que sepas que no hay como Yahvé, nuestro Dios. [7] Las ranas se apartarán de ti, de tus casas, de tus siervos y de tu pueblo, y quedarán sólo en el Río.» [8] Moisés y Aarón salieron de casa del faraón y Moisés invocó a Yahvé para que apartara las ranas que afligían al faraón, [9] Yahvé hizo lo que Moisés le había pedido y murieron las ranas de las casas, de los patios y de los campos. [10] Las juntaron en montones y el país apestaba. [11] Pero como viera el faraón que le daban un respiro, se obstinó y no les hizo caso, tal como había predicho Yahvé.

8.[1]

[2]

[3]

[4]

[5]

Sal 78 45;
105 30
⁄ Ap 16 13
[7]

[8]

[9]

[10]

[11]

[12]

[13]

[14]

[15]

---

7 10   Es decir, los que le rodean, cortesanos y dignatarios.
7 14   Los vv. 14-15ª.16ª.18.23-25 provienen de la tradición yahvista; el resto, de los redactores.
7 17   La mano de Moisés, ejecutor de las decisiones divinas.

7 26   La parte de la tradición yahvista se encuentra en los vv. 26-27.29 (en parte); 8 4.5ª (en parte), 6 (en parte), 7ª (en parte) y 8-10.11ª (comienzo); la de la tradición sacerdotal en 8 1-3.11ª (final), 11ª.
8 5   Traducción según el griego. Lit. «Glorifícate a costa mía.»

3.ª plaga: Los mosquitos*.

¹⁶

¹⁷

Sal 105 31

¹⁸

Lc 11 20

¹² Yahvé dijo a Moisés: «Di a Aarón: Extiende tu cayado y golpea el polvo de la tierra, que se convertirá en mosquitos por todo el país de Egipto.» ¹³ Así lo hicieron: Aarón extendió su mano con el cayado y golpeó el polvo de la tierra; y aparecieron mosquitos sobre los hombres y sobre los ganados. Todo el polvo de la tierra se convirtió en mosquitos sobre todo el país de Egipto. ¹⁴ Los magos intentaron con sus encantamientos hacer salir mosquitos, pero no pudieron. Aparecieron, pues, los mosquitos sobre hombres y ganados. ¹⁵ Los magos dijeron al faraón: «¡Es el dedo de Dios*!» Pero el faraón continuó obstinado y no les hizo caso, como había dicho Yahvé.

4.ª plaga: Los tábanos*.

²⁰

²¹

Sal 78 45

²²

Gn 74 1s

²³

²⁴

²⁵

²⁶

²⁷

²⁸

¹⁶ Yahvé dijo a Moisés: «Levántate pronto mañana, preséntate al faraón cuando vaya hacia el río y dile: Así dice Yahvé: 'Deja salir a mi pueblo, para que me dé culto.' ¹⁷ Si no dejas salir a mi pueblo, enviaré tábanos contra ti, contra tus siervos, tu pueblo y tus casas. Las casas de los egipcios y las tierras donde habitan se llenarán de tábanos. ¹⁸ Pero exceptuaré ese día la región de Gosen, donde habita mi pueblo, para que no haya allí tábanos, a fin de que sepas que yo soy Yahvé en medio del país; ¹⁹ haré distinción* entre mi pueblo y el tuyo. Este signo sucederá mañana.» ²⁰ Así lo hizo Yahvé. Un enjambre enorme de tábanos vino sobre la casa del faraón y las casas de sus siervos y sobre el país de Egipto; los tábanos devastaron todo el país.

²¹ Entonces llamó el faraón a Moisés y a Aarón y les dijo: «Id y ofreced sacrificios a vuestro Dios en este país.» ²² Moisés respondió: «No conviene que se haga así, porque el sacrificio que ofrecemos a Yahvé, nuestro Dios, es abominación para los egipcios. Si los egipcios nos vieran ofrecer un sacrificio que para ellos es abominable*, ¿no nos lapidarían? ²³ Iremos tres días de camino por el desierto, y allí ofreceremos sacrificios a Yahvé, nuestro Dios, como nos ha ordenado.» ²⁴ Contestó el fa-

raón: «Yo os dejaré partir, para que ofrezcáis en el desierto sacrificios a Yahvé, vuestro Dios, con tal que no vayáis demasiado lejos. Rogad por mí.» ²⁵ Moisés respondió: «En cuanto yo salga de aquí, rogaré a Yahvé, y mañana los tábanos se alejarán del faraón, de sus siervos y de su pueblo; pero que el faraón deje de una vez de engañarnos, impidiendo al pueblo salir a ofrecer sacrificios a Yahvé.» ²⁶ Salió, pues, Moisés de la presencia del faraón, y rogó a Yahvé. ²⁷ Yahvé hizo lo que Moisés pedía, y alejó los tábanos del faraón, de sus siervos y de su pueblo; no quedó ni uno. ²⁸ Pero también esta vez se obcecó el faraón y no dejó salir al pueblo.

²⁹

³⁰

³¹

³²

5.ª plaga: Muere el ganado*.

9 ¹ Yahvé dijo a Moisés: «Preséntate al faraón y dile: Así dice Yahvé, el Dios de los hebreos: 'Deja salir a mi pueblo para que me dé culto.' ² Si te niegas a dejarlo salir y lo sigues reteniendo, ³ la mano de Yahvé caerá sobre tus ganados del campo, los caballos, los asnos, los camellos, las vacas y las ovejas; será una peste espantosa. ⁴ Pero Yahvé distinguirá entre el ganado de Israel y el ganado de Egipto; no perecerá nada de cuanto pertenece a Israel.» ⁵ Yahvé fijó un plazo en los siguientes términos: «Mañana hará esto Yahvé en el país.» ⁶ Al día siguiente cumplió Yahvé su palabra y murió todo el ganado de Egipto; mas del ganado de los israelitas no murió ni una res. ⁷ El faraón mandó averiguar y, efectivamente, del ganado de Israel no había muerto ni una res. Sin embargo, el faraón se obstinó y no dejó salir al pueblo.

Sal 78 48

6.ª plaga: Las úlceras*.

⁸ Yahvé dijo a Moisés y a Aarón: «Tomad dos puñados llenos de hollín de horno. Moisés lo echará al aire, en presencia del faraón; ⁹ y se convertirá en polvo fino sobre todo el país de Egipto, y originará, en hombres y ganados, úlceras que segregan pus por todo el país de Egipto.» ¹⁰ Tomaron, pues, hollín de horno y presentándose ante el faraón, Moisés lo echó al aire, produciendo en hombres y

Ap 16 2

---

8 12   Relato de tradición enteramente sacerdotal.
8 15   O: «el dedo de un dios», fórmula que se halla en los textos mágico-religiosos egipcios.
8 16   Relato yahvista con algunos complementos, sobre todo vv. 18-19.
8 19   «haré distinción» versiones; «yo realizaré una redención» hebr.

8 22   Los israelitas pastores ofrecían animales de sus rebaños; el ritual egipcio era muy diferente: ofrendas vegetales, aves, reses de matadero. Además, el carnero y el macho cabrío eran animales sagrados en Egipto.
9   Relato posterior a la tradición yahvista.
9 8   Relato de tradición sacerdotal.

animales úlceras con secreción de pus. [11] Ni siquiera los magos pudieron permanecer ante Moisés a causa de las úlceras; pues las úlceras afectaron a los magos como a todos los demás egipcios. [12] Pero Yahvé hizo que el faraón se obstinase y no les hiciera caso, tal como Yahvé había dicho a Moisés.

7.ª plaga: La granizada*.

[13] Yahvé dijo a Moisés: «Levántate de madrugada mañana, preséntate al faraón y dile: Así dice Yahvé, el Dios de los hebreos: 'Deja salir a mi pueblo para que me dé culto.' [14] Pues esta vez voy a mandar todas mis plagas contra ti*, tus siervos y tu pueblo, para que sepas que no hay como yo en toda la tierra. [15] Porque si yo hubiera extendido mi mano y te hubiera herido con peste a ti y a tu pueblo, ahora ya habrías desaparecido de la tierra; [16] pero te he preservado para mostrarte mi poder y para que se proclame mi nombre por toda la tierra. [17] Puesto que aún te resistes a dejar partir a mi pueblo, [18] mañana, a esta hora, haré caer una granizada tan fuerte como no la ha habido en Egipto desde su fundación hasta hoy. [19] Ahora, pues, manda recoger tu ganado y cuanto tienes en el campo. Sobre todos los hombres y animales que se hallen en el campo y no sean recogidos en casa, caerá el granizo y los matará.» [20] Los siervos del faraón que temieron la palabra de Yahvé recogieron en casa a sus esclavos y ganados, [21] mas los que no hicieron caso de la palabra de Yahvé, dejaron en el campo a sus esclavos y ganados.

[22] Yahvé dijo a Moisés: «Extiende tu mano hacia el cielo, y caerá granizo en todo el país de Egipto, sobre los hombres, los ganados y sobre toda la hierba del campo en el país de Egipto.» [23] Moisés extendió su cayado hacia el cielo, y Yahvé lanzó truenos*, granizo y rayos a la tierra. Yahvé desencadenó una lluvia de granizo sobre el país de Egipto. [24] El granizo y los rayos mezclados* con el granizo fueron tan fuertes que nunca se había visto una cosa semejante en el país de Egipto desde que comenzó a ser nación. [25] El granizo devastó cuanto había en el campo —hombres y animales— en todo el país de Egipto. El granizo machacó también toda la hierba del campo y tronchó todos los árboles del campo. [26] Tan sólo en la región de Gosen, donde habitaban los israelitas, no hubo granizo.

[27] El faraón hizo llamar a Moisés y a Aarón y les dijo: «Esta vez he pecado; Yahvé es justo, y mi pueblo y yo somos culpables. [28] Rogad a Yahvé. Basta ya de truenos y granizo. Yo os dejaré salir y no tendréis que quedaros más tiempo aquí.» [29] Moisés le respondió: «Cuando salga de la ciudad extenderé mis manos hacia Yahvé, cesarán los truenos y no habrá más granizo, para que sepas que la tierra entera es de Yahvé. [30] Pero sé que tú y tus siervos aún no teméis a Yahvé, Dios.» [31] (Se estropearon el lino y la cebada, pues la cebada estaba ya en espiga, y el lino en flor. [32] El trigo y la espelta no se estropearon por ser tardíos).

[33] Moisés salió de la presencia del faraón y de la ciudad, extendió las manos hacia Yahvé y cesaron los truenos y granizos, y no cayó más lluvia sobre la tierra. [34] Cuando el faraón vio que había cesado la lluvia, el granizo y los truenos, él y sus siervos se obstinaron de nuevo. [35] Se obstinó, pues, el faraón y no dejó salir a los israelitas como Yahvé había dicho por boca de Moisés.

8.ª plaga: Las langostas*.

10 [1] Yahvé dijo a Moisés: «Preséntate al faraón, porque yo le he hecho obcecarse a él y a sus siervos, para realizar mis signos en medio de ellos; [2] y para que puedas contar a tu hijo y a tu nieto cómo manejé a Egipto y los signos que realicé en medio de ellos. Así sabréis que yo soy Yahvé.» [3] Moisés y Aarón se presentaron ante el faraón y le dijeron: «Así dice Yahvé, el Dios de los hebreos: ¿Hasta cuándo te resistirás a humillarte ante mí? Deja salir a mi pueblo para que me dé culto. [4] Si te niegas a dejar salir a mi pueblo, mañana traeré las langostas sobre tu territorio; [5] y cubrirán la superficie de la tierra, de tal modo que no podrá verse el suelo. Devorarán lo que os quedó de la granizada y comerán todos los árboles que crecen en vuestros cam-

Rm 9 17

Sal 78 47s;
105 32
Ap 16 21;
8 7

Gn 47 1s

Dt 10 14
Sal 24 1

12 26; 13 8
Dt 4 9;
6 7.20-25
Jos 4 6s.21s
8 6

---

9 13   Relato posterior a la tradición yahvista.
9 14   Lit. «sobre tu corazón».
9 23   Lit. «dio voces». La «voz de Yahvé» es el trueno, ver v. 29; 19 19; Sal 18 14; 29 3-9; Jb 37 2.
9 24   Traducción dudosa; lit. «granizo y fuego en me- dio del granizo». Ver Ez 1 4.
10   Relato de tradición yahvista, vv. 1ª.3-5ª.6b- 11.13.15.16-19, con adiciones redaccionales, algunas dentro de los vv. indicados como yahvistas.

pos. ⁶ Llenarán tus casas, las casas de tus siervos y todas las casas de Egipto. Ni tus padres ni tus abuelos vieron nunca una cosa así desde que habitan en la tierra hoy.» Moisés se retiró y salió de la presencia del faraón. ⁷ Los siervos del faraón le dijeron: «¿Hasta cuándo nos tenderá ése un lazo a nosotros? Deja salir a esa gente y que dé culto a Yahvé, su Dios. ¿Aún no te das cuenta de que Egipto se está arruinando?».

⁸ Hicieron volver a Moisés y a Aarón ante el faraón y éste les dijo: «Id a dar culto a Yahvé, vuestro Dios. Pero ¿quiénes van a ir?» ⁹ Moisés respondió: «Iremos con nuestros niños y nuestros ancianos, con nuestros hijos y nuestras hijas, con nuestras ovejas y nuestras vacas, pues tenemos que celebrar la fiesta de Yahvé.» ¹⁰ Él les dijo: «¡Que Yahvé esté con vosotros lo mismo que yo voy a dejaros salir con vuestros pequeños! A la vista están vuestras malas intenciones. ¹¹ No lo permitiré; salid si queréis los varones* solos y dad culto a Yahvé, pues eso es lo que buscabais.» Y los echaron de la presencia del faraón.

Sal 78 46; 105 34

¹² Yahvé dijo a Moisés: «Extiende tu mano sobre el país de Egipto para que venga la langosta; que invada el país de Egipto y devore toda la hierba del país y cuanto quedó del granizo.» ¹³ Moisés extendió su cayado sobre el país de Egipto y Yahvé hizo soplar el viento del este sobre el país todo aquel día y toda la noche. Y cuando amaneció, el viento del este había traído la langosta.

✗ Ap 9 3s

¹⁴ La langosta invadió todo el país de Egipto y se posó en todo el territorio egipcio; una nube de langostas como no la había habido hasta entonces ni la habría después. ¹⁵ Cubrió toda la superficie del país, oscureciendo la tierra; devoró toda la hierba del país y todos los frutos de los árboles que el granizo había dejado. No quedó nada verde ni en los árboles ni en los campos en todo el país de Egipto.

¹⁶ El faraón se apresuró a llamar a Moisés y a Aarón, y dijo: «He pecado contra Yahvé, vuestro Dios, y contra vosotros.

¹⁷ Perdonad mi pecado por esta vez y rogad a Yahvé, vuestro Dios, que aparte de mí esta plaga mortífera.» ¹⁸ Moisés salió de la presencia del faraón y rogó a Yahvé. ¹⁹ Yahvé cambió la dirección del viento, que sopló con toda fuerza del oeste* y se llevó la langosta y la arrojó al mar de Suf. No quedó ni una langosta en todo el territorio de Egipto. ²⁰ Pero Yahvé hizo que el faraón se obstinara y no dejó salir a los israelitas.

9.ª plaga: Las tinieblas*.

✗ Sb 17 1-18 4

²¹ Yahvé dijo a Moisés: «Extiende tu mano hacia el cielo y aparezcan sobre el país de Egipto tinieblas. Tinieblas densas.» ²² Extendió Moisés su mano hacia el cielo y unas densas tinieblas cubrieron durante tres días el país de Egipto. ²³ No se veían unos a otros, y nadie se levantó de su sitio por espacio de tres días, mientras que todos los israelitas tenían luz en sus lugares de residencia.

Sal 105 28
✗ Ap 16 10

²⁴ El faraón llamó a Moisés y le dijo: «Id y dad culto a Yahvé; que se queden solamente vuestras ovejas y vuestras vacas. También vuestros niños podrán ir con vosotros.» ²⁵ Moisés replicó: «Tienes que dejarnos llevar también reses para ofrecer sacrificios y holocaustos a Yahvé, nuestro Dios. ²⁶ Nuestro ganado vendrá también con nosotros. No quedará ni una res, porque de él hemos de tomar para dar culto a Yahvé nuestro Dios. Aún no sabemos qué vamos a ofrecer a Yahvé hasta que lleguemos allá.» ²⁷ Yahvé hizo que el faraón se obstinara y no quisiera dejarlos salir. ²⁸ Y el faraón dijo a Moisés: «Lárgate y no vuelvas a presentarte ante mí, pues si te vuelvo a ver por aquí, morirás» ²⁹ Respondió Moisés: «Tú lo has dicho: no volveré a presentarme ante ti.»

Anuncio de la décima plaga*.

13 11+

11

¹ Yahvé dijo a Moisés: «Todavía enviaré una plaga al faraón y a Egipto, tras lo cual os dejará partir; más aún, no sólo os dejará partir sino que incluso os expulsará definitivamente de aquí*.

---

10 11 En vez de una salida en masa (v. 9), el faraón, desconfiado, preferiría que las mujeres y los niños quedaran como rehenes.

10 19 Lit. «del mar», desde el punto de vista de un habitante de Palestina, donde el mar está al oeste.

10 21 Los vv. 24-26 son de tradición yahvista, pero eran la continuación del relato precedente: el resto de la sección proviene de los redactores.

11 Los vv. 9-10 provienen de la tradición sacerdo-

tal, y v. 8ᵇ podría ser la continuación de 10 24-26 en la tradición yahvista; el resto del cap. se debería a los redactores.

11 1 Los últimos vv. del cap. 10 concluyen la historia de las nueve plagas, que pertenecen a la tradición del éxodo-huida, véase 7 8+. La historia de la décima plaga, que comienza aquí, presenta el éxodo como una expulsión, véase 12 31-33, y antes 4 21; 6 1. Las dos concepciones serían incompatibles si se hubiese tratado

² Habla al pueblo y que cada hombre pida a su vecino, y cada mujer a su vecina, objetos de plata y objetos de oro*.» ³ Yahvé hizo que el pueblo se ganase el favor de los egipcios. Moisés gozaba de gran consideración en el país de Egipto a los ojos de los servidores del faraón y a los ojos del pueblo.

⁴ Moisés dijo: «Así dice Yahvé: A media noche yo pasaré por en medio de Egipto. ⁵ Morirán en el país de Egipto todos los primogénitos: desde el primogénito del faraón, que se sienta en su trono, hasta el primogénito de la esclava, que se ocupa del molino, y todos los primogénitos del ganado*. ⁶ Y habrá en el país de Egipto alaridos tales cual nunca los ha habido ni los habrá. ⁷ Pero entre los israelitas no ladrará ni un perro, ni a los hombres ni a las bestias, para que sepáis que Yahvé distingue entre Egipto e Israel. ⁸ Entonces vendrán a mí todos estos siervos tuyos y, postrados ante mí, me suplicarán: Sal con todo el pueblo que te sigue. Entonces, saldré.» Y, ardiendo en cólera, salió de la presencia del faraón.

⁹ Yahvé dijo a Moisés: «El faraón no os hará caso, para que se multipliquen mis prodigios en el país de Egipto.» ¹⁰ Moisés y Aarón realizaron todos estos prodigios* ante el faraón; pero Yahvé hizo que el faraón se obstinara y no dejara salir de su país a los israelitas.

Institución de la Pascua*.

12 ¹ Yahvé dijo a Moisés y a Aarón en el país de Egipto: ² «Este mes* será para vosotros el primero de los meses; será para vosotros el primer mes del año. ³ Decid a toda la comunidad de Israel: el día diez de este mes cada uno tomará una res por familia, una res por casa. ⁴ Si la familia es demasiado pequeña para comer la res, que la comparta con el vecino más próximo, teniendo en cuenta el número de personas y la ración que cada cual pueda comer. ⁵ Será una res sin defecto, macho, de un año. La escogeréis entre los corderos o los cabritos. ⁶ La guardaréis hasta el día catorce de este mes; y, congregada toda la comunidad de Israel, la inmolará al atardecer*. ⁷ To-

Margin references:
3 21
Hch 7 22

34 18
Lv 23 5-8
Nm 28 16-25
Dt 16 1-8
Ez 45 21-24
╱ Mt 26
17sp
╱ Lc 22
15-16
╱ 1 Co 5 7

Lv 22 19s
╱ 1 P 1 19

---

del mismo grupo, pero una y otra pueden justificarse si se trataba de grupos diferentes, o si las tradiciones anteriores a los textos concebían la cosa de manera diferente. Es más arriesgado afirmar que la tradición del éxodo-huida se refería al grupo de Moisés y la del éxodo-expulsión a otro grupo emparentado, y que la doble tradición se manifiesta también en los datos sobre el itinerario de la salida de Egipto, 13 17. Es evidente que la doble tradición ha sido armonizada en torno a un único grupo liderado por Moisés.
11 2 El despojo de los egipcios es un motivo secundario que aparece ya en 3 21 y volverá a aparecer en 12 35-36. El hecho de mencionarlo aquí excluye que los egipcios hubieran padecido las nueve primeras plagas.
11 5 Los primogénitos del ganado han sido añadidos según 12 12 porque, al igual que los primogénitos de los hombres, pertenecen a las primicias reservadas a la divinidad.
11 10 Es decir, las nueve primeras plagas en la perspectiva actual del texto. Pero el lenguaje parece indicar que antes era la conclusión de la tradición sacerdotal.
12 Este largo pasaje, 12 1 - 13 16, reúne por primera vez narración, 12 28-42.50-51, y legislación-instrucción. El relato, núcleo del desarrollo, contiene sobre todo elementos de tradición yahvista, 12 29-30.32-34 y 37-39, pero también algunos de tradición elohísta, 12 31, sacerdotal, 12 28.40-42.50-51, o particular, 12 35-36. Las leyes rituales son, en su conjunto, más recientes: 12 21-23 podría pertenecer a la tradición yahvista; 12 1-10.43-49, y quizás 13 1-2, forman parte de la tradición sacerdotal o de sus complementos; los vv. 28 y 50-51 son un marco para la legislación sobre la Pascua y los ázimos. La mención de la masa sin fermentar, 12 34 y 39, y de la muerte de los primogénitos de los egipcios, 12 29, así como el empalme posterior de la Pascua con la salida de Egipto, proporcionan el engarce con las leyes e instrucciones sobre la Pascua, 12 1-14.21-27ª.43-49, sobre los ázimos, 12 15-20; 13 3-10, y sobre los primogénitos, 13 1-2.11-16. El lenguaje de 12 24-27ª y 13 3-16 recuerda la tradición deuteronómica o deuteronomista. Estas leyes rituales deben ser cotejadas con Lv 23 5-8; Nm 28 16-25 y Dt 16 1-8. Aunque el texto parece

decir que las celebraciones de la Pascua y los ázimos nacieron con la salida de Egipto, en realidad se trata de dos fiestas originalmente distintas. Los ázimos era una fiesta agrícola que comenzó a celebrarse en Canaán, y que no se unió con la Pascua hasta la reforma de Josías. La Pascua, de origen preisraelita, era una fiesta anual de los pastores nómadas, orientada a la protección de los rebaños. El comienzo del relato antiguo, v. 21, que la menciona sin explicación, supone que era ya conocida, probablemente «la fiesta de Yahvé» para cuya celebración pedía Moisés permiso al faraón, véase 5 1+. Así, pues, la unión entre la Pascua, la décima plaga y la salida de Egipto sería puramente ocasional: esa salida pudo tener lugar en el momento de la fiesta. Pero esta coincidencia temporal justifica que las adiciones deuteronomizantes de Ex 12 24-27; 13 3-10 expliquen la fiesta de la Pascua (y de los ázimos) como el memorial de la salida de Egipto, véase el Dt mismo, 16 1-3. La tradición sacerdotal relaciona todo el ritual de la Pascua con la décima plaga y con la salida de Egipto, 12 11ᵇ-14.42. Pero esa relación es más antigua, porque el relato yahvista, 12 34+.39, pone el viejo rito pascual de los panes sin levadura en relación con la salida de Egipto. Al ser puestos estos ritos en relación histórica con este acontecimiento decisivo de la vocación de Israel, adquirieron una significación religiosa enteramente nueva: expresaban que Dios había salvado a su pueblo, como explicaba la instrucción que acompañaba a la fiesta, 12 26-27; 13 8. La Pascua judía preparaba así la fiesta cristiana: Cristo, cordero de Dios, es inmolado (en la Cruz) y comido (en la Cena), en el marco de la Pascua judía (la Semana Santa). Trae así la salvación al mundo, y la renovación mística de este acto de redención viene a ser el centro de la liturgia cristiana, que se organiza alrededor de la Misa, sacrificio y banquete.
12 2 El primer mes de la primavera, correspondiente a nuestro marzo-abril, que se llamaba Abib en el antiguo calendario, Dt 16 1, y se llamará Nisán en el calendario postexílico de origen babilónico.
12 6 Lit. «entre las dos tardes», es decir, entre el ocaso del sol y la noche cerrada (samaritanos) o entre la caída y la puesta del sol (fariseos y Talmud).

maréis luego la sangre y untaréis las dos jambas y el dintel de las casas donde la comáis. [8] Esa noche comeréis la carne. La comeréis asada al fuego, con ázimos* y con hierbas amargas. [9] No comeréis de ella nada crudo ni cocido, sino asado al fuego con su cabeza, patas y vísceras. [10] No dejaréis nada hasta la mañana; pero si sobra algo, al amanecer lo quemaréis*. [11] La comeréis así: con la cintura ceñida, los pies calzados y el bastón en la mano*; y la comeréis de prisa. Es la Pascua* de Yahvé. [12] Esa noche yo pasaré por el país de Egipto y mataré a todos los primogénitos del país de Egipto, de los hombres y de los animales, y haré justicia con todos los dioses de Egipto. Yo, Yahvé. [13] La sangre os servirá de señal en las casas donde estéis. Cuando yo vea la sangre, pasaré de largo; y no os afectará la plaga exterminadora*, cuando yo hiera al país de Egipto. [14] Este día será memorable para vosotros; en él celebraréis fiesta a Yahvé; de generación en generación como ley perpetua, lo festejaréis.»

Nm 33 4
Lv 1 5+

13 3-10;
23 15
⁄ 1 Co 5 7

La fiesta de los Ázimos.

[15] «Durante siete días comeréis ázimos; desde el primer día retiraréis de vuestras casas la levadura. El que coma pan fermentado, cualquiera de esos siete días, será cercenado de Israel. [16] El primer día tendréis una asamblea santa y el día séptimo tendréis otra asamblea santa. En esos días no haréis trabajo alguno, salvo la comida para cada uno. Esto es lo único que podréis hacer. [17] Guardaréis la fiesta de los Ázimos, porque ese mismo día saqué yo vuestros ejércitos del país de Egipto. Guardad ese día, de generación en generación, como ley perpetua. [18] Comeréis ázimos en el mes primero, desde el día catorce por la tarde hasta el día veintiuno por la tarde. [19] Durante siete días no habrá levadura en vuestras casas. El que coma algo fermen-

tado, sea forastero o indígena, será cercenado de la comunidad de Israel. [20] No comeréis nada fermentado; en todo lugar donde habitéis, comeréis ázimos.»

Prescripciones sobre la Pascua.

[21] Moisés llamó a todos los ancianos de Israel y les dijo: «Escogeos una res por familia e inmolad la pascua. [22] Tomad un manojo de hisopo* mojadlo en la sangre del recipiente y untad el dintel y las dos jambas con la sangre del recipiente; y ninguno de vosotros saldrá por la puerta de su casa hasta la mañana. [23] Yahvé pasará para herir a los egipcios, pero al ver la sangre en el dintel y en las dos jambas, Yahvé pasará de largo por aquella puerta y no permitirá al Exterminador* entrar en vuestras casas para herir. [24] Observad todo esto como ley perpetua para vosotros y para vuestros hijos. [25] Cuando entréis en la tierra que Yahvé os dará, como prometió, observaréis este rito. [26] Y cuando vuestros hijos os pregunten*: '¿Qué significa este rito para vosotros?', [27] responderéis: 'Es el sacrificio de la Pascua de Yahvé, que pasó de largo por las casas de los israelitas en Egipto hiriendo a los egipcios y preservando nuestras casas.'» Entonces el pueblo se inclinó y se postró. [28] Los israelitas fueron e hicieron como Yahvé había mandado a Moisés y a Aarón; así lo hicieron.

Ez 9 4-7

⁄ Hb 11 28

Dt 6 20-25
Ex 10 2+

10.ª plaga: Muerte de los primogénitos.

[29] A media noche, Yahvé hirió a todos los primogénitos del país de Egipto, desde el primogénito del faraón, que se sienta en el trono, hasta el primogénito del preso, que está en la cárcel, y todos los primogénitos de los animales. [30] Aquella noche se levantó el faraón, sus servidores y todos los egipcios, y hubo grandes alaridos en Egipto, porque no había casa donde no hubiese un muerto. [31] El fa-

11 4-8
13 11+
⁄ Sb 18 6-19
Sal 78 51;
105 36;
135 8;
136 10

---

12 8 Es decir, los panes sin levadura, ver **12** 1+.
12 10 Para evitar la profanación. El griego añade: «No se ha de quebrar ni uno de sus huesos», ver v. 46.
12 11 (a) Como para emprender viaje.
12 11 (b) Se desconoce la etimología de *pesaj*. La Vulg. lo explica: «es decir el paso», pero esto no tiene apoyo en el hebreo. Ex 12 13. 23. 27 explica que Yahvé ha «saltado» u «omitido» o «protegido» las casas de los israelitas, pero se trata de una explicación secundaria.
12 13 O, corrigiendo: «no habrá contra vosotros golpe alguno del Exterminador» (ver v. 23).
12 22 Planta aromática utilizada en diversos ritos de purificación, Nm 19 6; Sal 51 9; Hb 9 19.
12 23 En el ritual preisraelita de la Pascua, el Exter-

minador era el demonio que personificaba los peligros que amenazaban al rebaño y a la familia; y para protegerse de sus ataques se ponía sangre en las puertas de las casas, primitivamente las tiendas.
12 26 Este pasaje, véase también 13 8-9.14-16; Dt 6 21-25; Jos 4 7-8.21-24, nos informa de una práctica de época tardía: el padre de familia explica el sentido de los ritos, lo mismo que en otras partes el sentido de la ley, o de un monumento de doce piedras, como respuesta a la pregunta del hijo. Se puede hablar de «catequesis etiológicas», ya que el padre de familia da una explicación del origen, real o supuesto, de algo: aquí de la Pascua.

raón llamó a Moisés y a Aarón de noche y les dijo: «Levantaos, salid de en medio de mi pueblo, tanto vosotros como los israelitas, e id a dar culto a Yahvé, como habéis dicho. [32] Tomad también vuestros rebaños y vuestras vacas, como habéis pedido, y marchad. Saludadme.» [33] Los egipcios presionaban al pueblo para que saliese rápidamente del país, pues decían: «Vamos a morir todos.» [34] El pueblo recogió la masa sin fermentar y, envolviendo las artesas en mantos, la cargaron a hombros.

3 21-22;
11 2

Despojo de los egipcios.

Sb 10 17

[35] Los israelitas actuaron conforme a la palabra de Moisés y pidieron a los egipcios objetos de plata, objetos de oro y vestidos. [36] Yahvé hizo que el pueblo se ganara el favor de los egipcios, que accedieron a su petición. Así despojaron a los egipcios.

Salida de los israelitas.

33 1-6
Nm 33 3-5
Nm 1 46+

[37] Los israelitas partieron de Ramsés hacia Sucot, unos seiscientos mil hombres de a pie*, sin contar los niños. [38] Sa-

Nm 11 4
Lv 24 10-14

lió también con ellos una gran muchedumbre, con ovejas y vacas; una cantidad enorme de ganado. [39] Cocieron la masa que habían sacado de Egipto en panes ázimos, pues aún no había fermentado. Cuando fueron expulsados de Egipto no pudieron detenerse ni hacerse con provisiones para el camino*. [40] La estancia de los israelitas en Egipto duró cuatrocientos treinta años*. [41] El mismo día que se cumplían los cuatrocientos treinta años, salieron del país de Egipto todos los ejércitos de Yahvé. [42] Aquella noche,

Gn 15 13
✓ Ga 3 17
✓ Hch 7 6

Yahvé veló para sacarlos del país de Egipto. Y esa noche los israelitas velarán en honor de Yahvé, de generación en generación.

Normas sobre la Pascua.

[43] Yahvé dijo a Moisés y a Aarón: «Ésta es la ley de la Pascua*: Ningún extranjero la comerá. [44] Los esclavos que hayas comprado, si los circuncidas, podrán comerla. [45] El forastero y el jornalero no la comerán. [46] Se ha de comer en una sola casa; no sacaréis fuera de casa nada de carne, ni le quebraréis ningún hueso. [47] Toda la comunidad de Israel la celebrará. [48] Si un emigrante que vive contigo* desea celebrar la Pascua de Yahvé, se circuncidará y entonces se acercará para celebrarla, pues será como los nativos; pero ningún incircunciso podrá comerla. [49] Habrá una misma ley para el indígena y para el emigrante que vive con vosotros.» [50] Todos los israelitas obraron así. Hicieron exactamente lo que Yahvé mandó a Moisés y a Aarón. [51] Aquel mismo día, Yahvé sacó del país de Egipto a los israelitas, por escuadrones.

Gn 17 10+

Nm 9 12
✓ Jn 19 36

Los primogénitos*.

13 11+

13 [1] Yahvé dijo a Moisés: [2] «Conságrame todo primogénito, todo primer parto entre los israelitas, tanto de hombres como de animales; es mío.»

Los Ázimos.

12 1+

[3] Y Moisés dijo al pueblo: «Recuerda este día en que salisteis de Egipto, de la esclavitud, pues con mano fuerte os sacó Yahvé de aquí; y no comáis pan fermentado. [4] Salís hoy, en el mes de Abib.

---

12 37 Esta cifra, muy exagerada, puede representar un censo de todo el pueblo de Israel en la época en que la tradición ha quedado fijada por escrito.
12 39 Estos panes sin fermentar no son los ázimos del ritual posterior, sino un elemento del ritual antiguo de la Pascua, fiesta de los nómadas que habitualmente comen pan no fermentado, ver Jos 5 11. La tradición yahvista vio en ello una señal de las prisas con que se había salido de Egipto.
12 40 Sam. y griego incluyen en esta cifra toda la estancia de los Patriarcas en Canaán.
12 43 La víctima, no la fiesta. Los vv. 43-50 precisan en qué condiciones podrán tomar parte en la manducación de la Pascua y cómo ha de ser preparada ésta. Estas disposiciones completan el ritual sacerdotal de los vv. 3-11. El israelita es considerado aquí como el «ciudadano» del país, v. 48, el verdadero autóctono del país.
12 48 El forastero asentado en Israel, el *gēr*, goza de un estatuto especial, como el meteco en Atenas y el *incola* en Roma. Así pues, los Patriarcas han sido forasteros con residencia en Canaán, Gn 23 4; los israelitas lo fue-

ron en Egipto, Gn 15 13; Ex 2 22. Después de la conquista de Tierra Santa, los papeles se han invertido: los israelitas son los ciudadanos del país y acogen a los forasteros como residentes, Dt 10 19. Estos extranjeros domiciliados se hallan sometidos a las leyes, Lv 17 15; 24 16-22, obligados al sábado, Ex 20 10; Dt 5 14. Son admitidos a presentar ofrendas a Yahvé, Nm 15 15-16, y a celebrar la Pascua, Nm 9 14, mas para esto deben circuncidarse, aquí 12 48. Así se va preparando el estatuto de los prosélitos de la época griega, ver ya Is 14 1. La ley protege a los «económicamente débiles», Lv 23 22; 25 35; Dt 24 *passim*; 26 12. Este último texto y Dt 12 12 los equipara a los levitas, que tampoco tienen parte en Israel, por lo que Jc 17 7 llama al levita de Belén «forastero residente» en Judá; comp. Jc 19 1. En la versión griega, el *gēr* será el «prosélito», Mt 23 15.
13   La ley de los primogénitos, vv. 1-2 y 11-16, es una adición al relato antiguo; no se relaciona con la Pascua, sino con la muerte de los primogénitos egipcios; en el Código de la Alianza, Ex 22 28-29, es independiente de la Pascua.

Dt 7 1+

34 18

12 26
10 2+

/ Lc 2
22-24
Gn 22 1+

⁵ Cuando Yahvé te haya introducido en la tierra de los cananeos, de los hititas, de los amorreos, de los jivitas y de los jebuseos, que juró a tus padres darte, tierra que mana leche y miel, en este mes celebrarás el siguiente rito: ⁶ Durante siete días comerás ázimos y el día séptimo será fiesta en honor de Yahvé.' ⁷ Durante los siete días se comerá pan ácimo y no se verá pan fermentado ni levadura en todo tu territorio. ⁸ Ese día explicarás a tu hijo: 'Esto es por lo que Yahvé hizo por mí cuando salí de Egipto.' ⁹ Y será para ti como señal en tu brazo y como recordatorio en tu frente, para que tengas en tu boca la ley de Yahvé; porque con mano fuerte te sacó Yahvé de Egipto. ¹⁰ Guardarás este precepto, año tras año, a su debido tiempo.»

De nuevo los primogénitos*.

¹¹ «Cuando Yahvé te haya introducido en la tierra de los cananeos, como juró a ti y a tus padres, y te la haya dado, ¹² consagrarás a Yahvé todo primogénito. Todo primer nacido de tu ganado, si es macho, pertenece a Yahvé. ¹³ Mas todo primer nacido del asno lo rescatarás con un cordero; y si no lo rescatas, lo desnucarás*. Rescatarás también todo primogénito de entre tus hijos. ¹⁴ Y cuando el día de mañana te pregunte tu hijo: '¿Qué significa esto?', le dirás: 'Con mano fuerte nos sacó Yahvé de Egipto, de la esclavitud.' ¹⁵ Como el faraón se obstinó en no dejarnos salir, Yahvé mató a todos los primogénitos en el país de Egipto, desde el primogénito del hombre hasta el primogénito del ganado. Por eso yo sacrifico a Yahvé todo primogénito macho del ganado y rescato todo primogénito de mis hijos. ¹⁶ Esto será como señal en tu brazo y como recordatorio en tu frente; porque con mano fuerte nos sacó Yahvé de Egipto.»

34 19

Nm 18 15

Dt 6 8; 11 18

4. SALIDA DE EGIPTO*

La partida*.

14 10-12
Nm 14 1s

¹⁷ Cuando el faraón dejó salir al pueblo, Dios no los llevó por el camino del país de los filisteos, aunque era más corto*; pues dijo: «No sea que, al verse atacado, el pueblo se arrepienta y se vuelva a Egipto.» ¹⁸ Dios hizo rodear al pueblo por el camino del desierto del mar de Suf*. Los israelitas salieron bien equipados del país de Egipto. ¹⁹ Moisés tomó consigo los huesos de José, pues éste había hecho jurar solemnemente a los israelitas: «Un día Dios os visitará; entonces os llevaréis de aquí mis huesos con vosotros.»

Gn 50 25
Jos 24 32

13 11 Ver v. 1+. Según los más antiguos códigos de Israel, Ex 22 28-29; 34 19-20, los primogénitos del hombre y de los animales pertenecen a Dios. Los primogénitos de los animales se ofrecen en sacrificio, Dt 15 19-20, y una parte de ellos corresponde a los sacerdotes, Nm 18 15-18, excepto el asno que es rescatado o desnucado, aquí v. 13; 34 20; Nm 18 15, así como en general los animales impuros, Lv 27 26-27. Los primogénitos del hombre siempre son rescatados, aquí v. 13; 34 19-20; Nm 3 46-47; ver Gn 22. Los textos de Ex 13 14s; Nm 3 13; 8 17 vinculan esta consagración a la salida de Egipto y a la décima plaga. Los levitas son consagrados a Dios en sustitución de los primogénitos de Israel, entonces salvados de la muerte, Nm 3 12.40-51; 8 16-18. 13 13 No se podía ofrecer en sacrificio al asno, animal impuro. 13 17 (a) Aquí comienza propiamente el *Éxodo*, la marcha del pueblo de Dios por el desierto, a la Tierra Prometida, período de la vida de Israel al que los Profetas se referirán como al tiempo del noviazgo del pueblo con Dios, Jr 2 2; Os 2 16+; 11 1s; Ez 16 8. Yahvé es, en toda la Biblia, «El que hizo subir de Egipto al pueblo», Jos 24 17; Am 2 10; 3 1; Mi 6 4; Sal 81 11. Ésa era la primera declaración que Dios hacía al manifestarse a Moisés, 3 8-10. 13 17 (b) El conjunto del relato (13 17 - 14 31) es complejo. La tradición elohista, que probablemente era muy parecida a la yahvista, ha dejado pocos rastros, 13 17-19; 14 5ª.19ª. 25ª. En el resto hay un entramado de dos tradiciones conservadas de manera más sustancial: yah-

vista, 13 21-22; 14 5ᵇ-6.9-14.19ᵇ-20.21ᵇ.24.25ᵇ.27ᵇ.30.31, y sacerdotal, 13 20; 14 1-4.8-9.15-18.21ᵃ.22-23.27ᵃ.28-29, pero algunos elementos han podido ser añadidos por los redactores, por ejemplo 14 31 (o sólo 31ᵇ); comparar con 4 1+.5.8-9.31. La determinación del itinerario del éxodo y la localización precisa de las etapas es muy difícil. A pesar del v. 17, algunos nombres tienden a indicar un itinerario por el norte, por el «País de los Filisteos» (término que, por lo demás, es anacrónico). Parecen quedar rastros de dos tradiciones diferentes, sea lo que fuere de su base histórica. 13 17 (c) Era la ruta normal, paralela a la costa, que pasaba por Sile (el-Kantara actual), jalonada de pozos y de guarniciones militares. Ciertamente no tomó esta ruta el grupo fugitivo. Pudo tomarla el grupo expulsado de Egipto. De hecho, en esta ruta se pueden situar con más probabilidad los tres nombres geográficos mencionados en 14 2; pero el Éxodo-huida, el más importante, ha incorporado los recuerdos de a otra tradición. 13 18 Las palabras «el mar del Suf», en hebreo *yam súf* o mar de las Cañas son una adición. El texto primitivo sólo daba una indicación general: los israelitas tomaron la ruta del desierto, hacia el este o sudeste. —El sentido de este término y la localización del «mar de Suf» son dudosos; no se le menciona en el relato de Ex 14, sino sólo habla del «mar». El único texto antiguo que menciona el «mar de Suf» o «mar de las Cañas» (según el egipcio) como teatro del milagro es Ex 15 4, que es poético.

Nm 33 5-6

40 36+
Dt 1 33
Sal 78 14;
105 39
Ne 9 19
Sb 10 17-18;
18 3
Is 4 5
Jn 8 12;
10 4

²⁰ Partieron de Sucot y acamparon en Etán, al borde del desierto. ²¹ Yahvé marchaba delante de ellos: de día en columna de nube, para guiarlos por el camino, y de noche en columna de fuego, para alumbrarlos, de modo que pudiesen marchar de día y de noche. ²² No se apartó del pueblo ni la columna de nube por el día, ni la columna de fuego por la noche*.

De Etán al mar de Suf.

14 ¹Yahvé dijo a Moisés: ² «Di a los israelitas que se vuelvan y acampen frente a Pi Hajirot, entre Migdol y el mar, enfrente de Baal Safón. Frente a ese lugar acamparéis, junto al mar. ³ El faraón pensará que los israelitas andan errantes por el país y que el desierto les cierra el paso. ⁴ Yo haré que el faraón se obstine y os persiga; entonces manifestaré mi gloria sobre el faraón y sobre todo su ejército, y sabrán los egipcios que yo soy Yahvé.» Ellos lo hicieron así.

Los egipcios persiguen a Israel.

⁵ Cuando anunciaron al rey de Egipto que el pueblo había huido, el faraón y sus servidores cambiaron de parecer sobre el pueblo y dijeron: «¿Qué es lo que hemos hecho? Hemos dejado marchar a Israel de nuestra servidumbre.» ⁶ El faraón hizo enganchar su carro y tomó consigo sus tropas. ⁷ Tomó seiscientos carros escogidos y todos los carros de Egipto, montados por sus combatientes. ⁸ Yahvé hizo que se obstinara el faraón, rey de Egipto, y persiguiera a los israelitas, pero los israelitas salieron con gesto victorioso. ⁹ Los egipcios los persiguieron con los caballos, los carros del faraón, sus jinetes y su ejército; y los alcanzaron cuando acampaban junto al mar, cerca de Pi Hajirot, frente a Baal Safón. ¹⁰ Al acercarse el faraón, los israelitas alzaron sus ojos, y viendo que los egipcios marchaban tras ellos, temieron mucho los israelitas y clamaron a Yahvé. ¹¹ Y dijeron a Moisés: «¿Acaso no había sepulturas en Egipto para que nos hayas traído a morir en el desierto? ¿Qué has hecho con nosotros sacándonos de Egipto? ¹² ¿No te dijimos en Egipto: Déjanos en paz, serviremos a los egipcios, pues más nos vale servir a los egipcios que morir en el desierto?» ¹³ Moisés respondió al pueblo: «No temáis; estad firmes, y veréis la salvación que Yahvé os otorgará en este día, pues los egipcios que ahora veis, no los volveréis a ver nunca jamás. ¹⁴ Yahvé peleará por vosotros; vosotros no os preocupéis.»

16 2s; 17 3;
15 24
Nm 11 1.4;
14 2; 20 2;
21 4-5
Sal 78 40
Ex 5 21; 6 9

Is 30 15

Paso del Mar*.

¹⁵ Yahvé dijo a Moisés: «¿Por qué clamas a mí? Di a los israelitas que se pongan en marcha. ¹⁶ Y tú, alza tu cayado, extiende tu mano sobre el mar y divídelo, para que los israelitas pasen por medio del mar, en seco. ¹⁷ Yo haré que los egipcios se obstinen y entren detrás de vosotros y mostraré mi gloria sobre el faraón y todo su ejército, sus carros y sus jinetes. ¹⁸ Y los egipcios sabrán que yo soy Yahvé, cuando muestre mi gloria sobre el faraón, sus carros y sus jinetes.» ¹⁹ El ángel de Dios, que iba delante del ejército de Israel, se desplazó y pasó a su retaguardia. La columna de nube, que iba delante de ellos, se desplazó y se colocó detrás, ²⁰ metiéndose entre el campamento de los egipcios y el campamento de los israelitas. La nube era tenebrosa y transcurrió la noche* sin que

Sal 78; 105;
106; 114
↗ Sb 10 18s
↗1 Co 10
1-2

Gn 16 7+

---

13 22 En el Pentateuco se encuentran diversas manifestaciones de la presencia divina: la columna de nube y la columna de fuego (tradición yahvista); el nublado oscuro y la nube (tradición elohísta); finalmente, asociada a la nube, la «gloria» de Yahvé, 24 16+, fuego devorador que se mueve como el mismo Yahvé (tradición sacerdotal), comp. 19 16s+.

14 15 Este relato nos presenta el milagro de dos maneras: 1.° Moisés alza su cayado sobre el mar, que se divide formando dos murallas de agua entre las cuales pasan los israelitas a pie enjuto. Luego, cuando los egipcios entran tras ellos, las aguas refluyen y los engullen. Este relato es atribuido a la tradición sacerdotal o elohísta. 2.° Moisés tranquiliza a los israelitas perseguidos, asegurándoles que nada tendrán que hacer ellos. Luego Yahvé hace soplar un viento que seca el «mar» (mar de Suf); al volver el mar a su sitio por la mañana, entran en él los egipcios y son engullidos por su reflujo. En este relato, atribuido al yahvista, sólo interviene Yahvé; no hay aquí paso del mar por los israelitas, sino sólo la destrucción milagrosa de los egipcios. Este relato representa la tradición primitiva. El antiquísimo canto de Ex 15 21, desarrollado en el poema 15 1-18, únicamente recoge la destrucción de los egipcios. No es posible determinar el lugar y el modo de este acontecimiento; pero a los ojos de los testigos se presentó como una intervención brillante de «Yahvé guerrero», Dt 11 4; Jos 24 7 y ver Dt 1 30; 6 21-22; 26 7-8. Se ha comparado este milagro del mar con otro milagro del agua, el paso del Jordán, Jos 3-4; la salida de Egipto fue concebida secundariamente a imagen de esta entrada en Canaán, y las dos presentaciones se mezclan en el cap. 14. La tradición cristiana ha considerado este milagro como figura de salvación, y en especial del bautismo (1 Co 10 1).

14 20 «transcurrió la noche» griego. El hebreo dice: «hubo la nube y la oscuridad; y aquélla iluminó la noche». En Jos 24 7 leemos que Yahvé extendió una densa niebla entre los israelitas y los egipcios. La traducción que aquí se da es conjetural.

pudieran acercarse unos a otros en toda la noche. ²¹ Moisés extendió su mano sobre el mar, y Yahvé hizo retroceder el mar mediante un fuerte viento del este que sopló toda la noche; el mar se secó y las aguas se dividieron. ²² Los israelitas entraron en medio del mar, en seco, y las aguas formaban muralla a derecha e izquierda. ²³ Los egipcios los persiguieron y entraron tras ellos, en medio del mar, con todos los caballos del faraón, sus carros y sus jinetes. ²⁴ A la vigilia matutina*, Yahvé miró desde la columna de fuego y humo hacia el ejército de los egipcios, y sembró la confusión en el ejército egipcio. ²⁵ Enredó las ruedas de sus carros, que a duras penas podían avanzar. Entonces los egipcios dijeron: «Huyamos ante Israel, porque Yahvé pelea por ellos contra Egipto.» ²⁶ Yahvé dijo a Moisés: «Extiende tu mano sobre el mar, y las aguas retornarán sobre los egipcios, sus carros y sus jinetes.» ²⁷ Moisés extendió su mano sobre el mar y, al rayar el alba, el mar volvió a su lugar habitual, de modo que los egipcios, en su huida, toparon con él. Así precipitó Yahvé a los egipcios en medio del mar. ²⁸ Las aguas retornaron y cubrieron los carros, los jinetes y todo el ejército del faraón, que había entrado en el mar para perseguirlos; no escapó ni uno siquiera. ²⁹ Mas los israelitas pasaron en seco, por medio del mar, mientras las aguas formaban muralla a derecha e izquierda. ³⁰ Aquel día salvó Yahvé a Israel del poder de los egipcios; e Israel vio a los egipcios muertos a orillas del mar. ³¹ Vio, pues, Israel la mano potente que Yahvé había desplegado contra los egipcios, temió el pueblo a Yahvé, y creyó en Yahvé y en Moisés, su siervo.

Canto Triunfal*.

15 ¹ Entonces Moisés y los israelitas cantaron este cántico a Yahvé:
«Canto a Yahvé, esplendorosa es su gloria,
caballo y jinete arrojó en el mar.
² Mi fortaleza y mi canción* es Yah*.
Él es mi salvación.
Él es mi Dios: yo lo alabaré,
el Dios de mi padre, yo lo exaltaré.
³ ¡Yahvé es un guerrero,
Yahvé es su nombre!
⁴ Los carros del faraón y sus soldados precipitó en el mar.
La flor de sus guerreros tragó el mar de Suf;
⁵ los abismos los cubrieron,
descendieron hasta el fondo como piedra.
⁶ Tu diestra, Yahvé, impresionante por su esplendor;
tu diestra, Yahvé, aplasta al enemigo.
⁷ Tu inmensa grandeza derriba al adversario.
Arde tu furor y los devora como paja.
⁸ Al soplo de tu ira se aglomeraron las aguas,
se irguieron las olas como un dique,
los abismos se helaron en el fondo del mar.
⁹ Dijo el enemigo: «Perseguiré, alcanzaré,
repartiré el botín,
saciaré mi sed en ellos,
desenvainaré mi espada
los aniquilará mi mano.»
¹⁰ Pero soplaste con tu aliento, los cubrió el mar;
se hundieron como plomo en las aguas impetuosas.
¹¹ ¿Quién como tú, Yahvé, entre los dioses?
¿Quién como tú, glorioso en santidad, terrible en prodigios, autor de maravillas?
¹² Extendiste tu diestra, los tragó la tierra.
¹³ Guiaste con bondad al pueblo que rescataste,
los condujiste con poder a tu santa morada.
¹⁴ Lo oyeron los pueblos y se turbaron,
produjo escalofríos en los habitantes de Filistea.
¹⁵ Los príncipes de Edom se estremecieron,
se angustiaron los jefes de Moab
y todas las gentes de Canaán temblaron.
¹⁶ Pavor y espanto cayeron sobre ellos.
Bajo la fuerza de tus brazos
enmudecieron como piedras,

Marginal references

Sal 77 17-19

Dt 11 4

4 31

‖Is 12 2

3 14+

Jr 51 63s
Ap 18 21

Is 5 24
Ab 18
Na 1 10

Dt 3 24
Sal 86 8
Lv 19 1+

Nm 20 21;
21 4-13
Dt 2 1-9.18

---

14 24 Última vigilia de la noche, de 2 a 6 de la mañana.
15 Con ocasión del exterminio del ejército del faraón, este salmo de acción de gracias (el primero y más célebre de los «cánticos» que la liturgia cristiana toma del AT) trata de toda su amplitud del tema de la salvación milagrosa que el poder y la solicitud de Yahvé

garantizan a su pueblo; el canto de victoria del v. 21 es amplificado hasta englobar el conjunto de las maravillas del Éxodo y de la conquista de Canaán, e incluso la edificación del templo de Jerusalén.
15 2 (a) «mi canción» mss; «a canción» hebr.; «me protege» (mi protección) griego
15 2 (b) Otra forma del nombre de Yahvé.

Sal 74 2
Is 11 11
Ef 1 14
Sal 74 2
1 R 8 13

hasta que pasó tu pueblo, Yahvé,
hasta que pasó el pueblo que adquiriste.
¹⁷ Lo introduces y lo plantas
en el monte* de tu heredad,
lugar que preparaste para tu morada,
Yahvé,
santuario, Adonay,
que fundaron tus manos.
¹⁸ ¡Yahvé reinará por siempre jamás!»
¹⁹ *Cuando los caballos del faraón, con
sus carros y sus jinetes, entraron en el

mar, Yahvé hizo que las aguas del mar
volvieran sobre ellos; en cambio, los israelitas pasaron en seco por medio del
mar.

Nm 26 59

²⁰ María, la profetisa, hermana de Aarón tomó en sus manos un tamboril y todas la mujeres la seguían con tamboriles
y danzando. ²¹ Y María les entonaba:

Jc 11 34
1 S 18 6

«Cantad a Yahvé, espléndida es su gloria,
caballo y jinete arrojó en el mar.»

II. Marcha por el desierto

↗1 Co 10
3-5

En Mará*.

Gn 16 7

²² Moisés hizo partir a los israelitas del
mar de Suf y se dirigieron hacia el desierto de Sur: caminaron tres días por el
desierto sin encontrar agua. ²³ Llegaron

Nm 33 8

a Mará, mas no pudieron beber el agua
de Mará, porque era amarga. Por eso

Rt 1 20
14 11+

se llama aquel lugar Mará*. ²⁴ El pueblo murmuró* contra Moisés, diciendo:
«¿Qué vamos a beber?» ²⁵ Entonces Moisés invocó a Yahvé, y Yahvé le mostró un

Si 38 5
2 R 2 21
Ez 47 1 8
1 Co 1 18
Jos 24 25

madero que Moisés echó al agua, y el
agua se volvió dulce.
Allí le dio* decretos y normas* y lo
puso a prueba.
²⁶ Y dijo: «Si escuchas atentamente la
voz de Yahvé, tu Dios, y haces lo recto a
sus ojos, y obedeces sus mandatos y
guardas todos sus preceptos, no te afli-

Dt 7 15

giré con ninguna de las plagas con que
afligí a los egipcios; porque yo soy Yah-

Sal 103 3

vé, el que te sana.»

²⁷ Después llegaron a Elín, donde hay
doce fuentes y setenta palmeras, y acamparon allí junto a las aguas.

Las codornices y el maná*.

‖Nm 11
Dt 8 3.16
Sal 78 32s;
105 40;
106 13-15
Sb 16 20-29
↗Jn 6 26-58

16 ¹ Toda la comunidad de los israelitas partió de Elín y llegó al desierto de Sin, entre Elín y el Sinaí, el día
quince del segundo mes después de su salida del país de Egipto. ² Toda la comunidad de los israelitas murmuró contra
Moisés y Aarón en el desierto. ³ Decían:
«¡Ojalá hubiéramos muerto a manos de

14 11+

Yahvé en el país de Egipto cuando nos
sentábamos junto a la olla de carne y co-
míamos pan hasta hartarnos! Nos habéis
traído a este desierto para matar de hambre a toda esta asamblea.»
⁴ Yahvé dijo a Moisés: «Mira, haré llover pan del cielo para vosotros; el pueblo
saldrá cada día a recoger la ración coti-

Dt 8 2

diana; así lo pondré a prueba, a ver si si-

15 17 La montaña de Jerusalén en la que se levantará
el Templo, o acaso más genéricamente la Tierra prometida, como país montañoso en que habitaban los israelitas.
15 19 Adición redaccional en relación con 14 26-28.
15 22 Pasaje probablemente de tradición yahvista,
pero con rasgos de estilo deuteronómico, v. 26. Las noticias sobre la partida, vv. 22 y 27, provienen de la tradición sacerdotal.
15 23 *Mará:* amarga, amargura, en hebr. *mar.*
15 24 En las narraciones de Ex y Nm, al revés que en
algunos Profetas, 13 17+, la marcha por el desierto está
jalonada por las murmuraciones de Israel: por la sed,
aquí y en 17 3; Nm 20 2s; por el hambre, Ex 16 2; Nm
11 4s; por los peligros de guerra, Nm 14 2s. Israel es ya
el pueblo recalcitrante que rechaza hasta los beneficios
de su Dios, véase Sal 78; 106, imagen del alma que se
resiste a los avances de la gracia.
15 25 (a) Yahvé.
15 25 (b) Idénticos términos en Jos 24 25. Este fragmento rítmico, que no armoniza con el contexto, parece
referirse al manantial de *Massá* («tentación», de cuyo
nombre da una explicación distinta Dt 17 7. Pero ha sido
empalmado al contexto actual gracias a la palabra *hoq*
(«estatuto, mandamiento»), que sirve de enganche, ya
que se encuentra también (en plural) en el v. siguiente.

16 Pasaje compuesto y de difícil análisis. Algunos
elementos de un relato sobre el maná, acaso desplazados
de Nm 11, podrían provenir de la tradición yahvista,
pero la parte más considerable, un relato sobre el maná
y las codornices, pertenece a la tradición sacerdotal (ver
la estricta reglamentación de la recogida del maná, sometida a las exigencias del sábado); los redactores tardíos han podido añadir mucho de su invención. La reunión del maná y las codornices en un mismo relato
plantea un problema. El maná es debido a la secreción
de unos insectos que viven en cierta especie de tamarindo, pero que sólo se halla en la región central del Sinaí;
se recoge en mayo-junio. Las codornices, agotadas por
su travesía del Mediterráneo a su regreso de la migración
a Europa, caen en gran número en la costa, al norte de
la península, empujadas por el viento del oeste, véase
Nm 11 31. Es posible que este relato combine los recuerdos de dos grupos que habrían abandonado Egipto
separadamente, véase 7 8+; 11 1+, cuyos itinerarios fueron diferentes, véase 13 17+. Estas curiosidades naturales sirven para ilustrar la providencia especial de Dios
para con su pueblo. El alimento del maná es celebrado
en los Salmos (sobre todo 78 20.23-27) y en el libro de
la Sabiduría. Ha venido a ser en la tradición cristiana
(ver Jn 6 26-58) la figura de la Eucaristía, alimento espiritual de la Iglesia durante su éxodo terrestre.

gue mi ley o no. ⁵ Mas el día sexto prepararán lo que hayan rocogido y será el doble de lo que recogen cada día.»

⁶ Moisés y Aarón dijeron a todos los israelitas: «Esta tarde sabréis que es Yahvé quien os ha sacado del país de Egipto; ⁷ y mañana veréis la gloria de Yahvé, porque ha oído vuestras murmuraciones contra él; pues nosotros, ¿qué somos para que murmuréis contra nosotros?» ⁸ Moisés añadió: «Esta tarde Yahvé os dará a comer carne y mañana pan hasta saciaros; porque Yahvé ha oído vuestras murmuraciones contra él; pues nosotros, ¿qué somos? No van contra nosotros vuestras murmuraciones, sino contra Yahvé.»

⁹ Moisés dijo a Aarón: «Di a toda la comunidad de los israelitas: Acercaos a Yahvé, pues ha oído vuestras murmuraciones.» ¹⁰ Mientras hablaba Aarón a toda la comunidad de los israelitas, ellos se volvieron hacia el desierto, y de pronto la gloria de Yahvé se apareció en la nube. ¹¹ Yahvé dijo a Moisés: ¹² «He oído las murmuraciones de los israelitas. Diles: Al atardecer comeréis carne y por la mañana os saciaréis de pan; y así sabréis que yo soy Yahvé, vuestro Dios.» ¹³ Por la tarde, en efecto, vinieron las codornices y cubrieron el campamento; y por la mañana había una capa de rocío en torno al campamento. ¹⁴ Cuando se evaporó la capa de rocío apareció en la superficie del desierto una cosa menuda, como granos*, parecida a la escarcha sobre la tierra. ¹⁵ Al verla los israelitas, se decían unos a otros: «¿Qué es esto*?» Pues no sabían lo que era. Moisés les dijo: «Éste es el pan que Yahvé os da de comer. ¹⁶ Esto es lo que manda Yahvé: Que cada uno recoja cuanto necesite para comer, un ómer por cabeza, según el número de personas que vivan en su tienda.»

¹⁷ Así lo hicieron los israelitas; unos recogieron más y otros menos. ¹⁸ Al medirlo con el ómer, no sobraba al que había recogido más, ni faltaba al que había recogido menos. Cada uno había recogido lo que necesitaba para comer.

¹⁹ Moisés les dijo: «Que nadie guarde nada para mañana.» ²⁰ Mas no obedecieron a Moisés, y algunos guardaron algo para el día siguiente; pero se llenó de gu-

sanos y se pudrió; y Moisés se irritó contra ellos. ²¹ Lo recogían cada mañana, cada uno según lo que podía comer, pues, con el calor del sol, se derretía.

²² El día sexto recogieron el doble, dos ómer por persona. Todos los jefes de la comunidad fueron a contárselo a Moisés; ²³ él les respondió: «Esto es lo que ha mandado Yahvé: Mañana es sábado, día de descanso consagrado a Yahvé. Coced lo que tengáis que cocer y hervid lo que tengáis que hervir; lo sobrante, guardadlo en reserva para mañana.» ²⁴ Ellos lo guardaron para el día siguiente, como había mandado Moisés; y no se pudrió, ni se agusanó. ²⁵ Moisés dijo: «Comedlo hoy, pues hoy es sábado en honor de Yahvé. Hoy no lo encontraréis en el campo. ²⁶ Seis días podéis recogerlo, pero el séptimo es sábado, no lo habrá.» ²⁷ El día séptimo salieron algunos del pueblo a recogerlo, pero no lo encontraron. ²⁸ Yahvé dijo a Moisés: «¿Hasta cuándo os negaréis a guardar mis mandatos y mis leyes? ²⁹ ¡Mirad! Yahvé os ha dado el sábado; por eso, el día sexto os da pan para dos días. Que se quede cada uno en su sitio y no se mueva de él el día séptimo.» ³⁰ El pueblo descansó el día séptimo*.

³¹ Israel llamó a aquel alimento maná. Era blanco, como semilla de cilantro, y con sabor a torta de miel.

³² Moisés dijo: «Esto es lo que ha mandado Yahvé: Llenad* un ómer de ello y conservadlo, para que vuestros descendientes vean el pan con que os alimenté en el desierto cuando os saqué del país de Egipto.» ³³ Moisés dijo a Aarón: «Toma una vasija, pon en ella un ómer lleno de maná, y colócala ante Yahvé; que se conserve para vuestros descendientes.» ³⁴ Aarón lo puso ante el Testimonio*, conforme había mandado Yahvé a Moisés, para conservarlo.

³⁵ Los israelitas comieron el maná durante cuarenta años, hasta que llegaron a tierra habitada. Lo comieron hasta que llegaron a los confines del país de Canaán. ³⁶ El ómer es el décimo del efá.

Brota agua de la roca*.

17 ¹ Toda la comunidad de los israelitas partió por etapas del desierto de

Sal 81 11

Lc 10 16

Nm 11 31

Nm 11 7-9

1 Co 10 3

↗2 Co 8 15

Jn 6 27

Nm 11 7

↗Hb 9 4

Nm 21 5
Jos 5 10-12

‖Nm 20
1-13

---

16 14 O bien «redondo» o «coagulado». —La escarcha se consideraba como rocío congelado que caía del cielo, ver Sal 147 16; Si 43 19.

16 15 En hebreo *man hû*: etimología popular de la palabra «maná», cuyo significado exacto se desconoce.

16 30 O «guardó el sábado».

16 32 «Llenad (un gomor)» griego, sam.; «el contenido»

(de un gomor) hebr.

16 34 Son las tablas de la Ley, ver 31 18, etc., conservadas en el arca, llamada con frecuencia «arca del Testimonio», ver 25 22+. Aquí es una anticipación del redactor sacerdotal.

17 Un milagro análogo es narrado en Nm 20 1-13 (véase 1+), que lo sitúa en la región de Cades. Aquí es

Nm 33 12-14

Sin, según la orden de Yahvé, y acampó en Refidín, donde el pueblo no encontró agua para beber. ² El pueblo disputó con

15 24
14 11+

Moisés y dijo: «Danos agua para beber.» Moisés les respondió: «¿Por qué disputáis conmigo? ¿Por qué tentáis a Yahvé?»

Dt 6 16

³ Pero el pueblo, sediento, murmuraba de Moisés: «¿Por qué nos has sacado de Egipto para matarnos de sed a nosotros, a nuestros hijos y a nuestros ganados?»
⁴ Entonces Moisés clamó a Yahvé y dijo:

Nm 14 10

«¿Qué puedo hacer con este pueblo? Por poco me apedrean.» ⁵ Yahvé respondió a Moisés: «Pasa delante del pueblo, toma contigo algunos de los ancianos de Israel; lleva también en tu mano el cayado con que golpeaste el Río y vete. ⁶ Yo estaré allí

Nm 20 10+

ante ti, junto a la roca del Horeb*; golpea la roca y saldrá agua para que beba el pueblo.» Moisés lo hizo así a la vista de los ancianos de Israel. ⁷ Y llamó a aquel

Nm 20 24
Dt 6 16;
9 22; 32 51;
33 8
Sal 95 8;
106 32

lugar Masá y Meribá*, a causa de la disputa de los israelitas, y por haber tentado a Yahvé, diciendo: «¿Está Yahvé entre nosotros o no?»

Batalla contra Amalec*.

Jos 1 1+

⁸ Amalec vino y atacó a Israel en Refidín. ⁹ Moisés dijo a Josué*: «Elige algunos hombres y sal a combatir contra Amalec. Mañana yo me pondré en la cima del monte, con el cayado de Dios en mi mano.» ¹⁰ Josué hizo lo que le mandó Moisés, y salió a combatir contra Amalec. Mientras tanto, Moisés, Aarón y Jur su-

24 14

bieron a la cima del monte. ¹¹ Mientras Moisés tenía las manos alzadas, vencía Israel; pero cuando las bajaba, vencía Ama-

lec. ¹² Como los brazos de Moisés se cansaran, ellos tomaron una piedra y se la pusieron debajo para que se sentase; mientras, Aarón y Jur le sostenían los brazos, uno a cada lado. Así resistieron sus brazos hasta la puesta del sol. ¹³ Josué derrotó a Amalec y a su pueblo a filo de espada. ¹⁴ Yahvé dijo a Moisés: «Escribe esto en un libro para recuerdo y haz saber a Josué que yo borraré por completo la memoria de Amalec de debajo de los cielos.» ¹⁵ Moisés construyó un altar y lo llamó «Yahvé, mi bandera», ¹⁶ diciendo: «¡La bandera de Yahvé* en mano!; Yahvé está en guerra con Amalec de generación en generación.»

Sal 44 5-8

Dt 25 17-19
Nm 24 20
1 S 15 3s

Visita de Jetró a Moisés*.

18 ¹ Jetró, sacerdote de Madián, suegro de Moisés, se enteró de todo lo que había hecho Dios en favor de Moisés y de Israel, su pueblo, y cómo Yahvé había sacado a Israel de Egipto. ² Jetró, suegro de Moisés, tomó a Séfora, mujer de Moisés, a la que Moisés había despedido*, ³ y a sus hijos: uno se llamaba Guersón (pues Moisés dijo: «Forastero soy en tierra extraña») ⁴ y el otro se llama Eliezer* (pues dijo Moisés: «El Dios de mi padre es mi protector y me ha librado de la espada del faraón»). ⁵ Jetró, suegro de Moisés, fue a ver a Moisés, con los hijos y la mujer de Moisés, al desierto, donde estaba acampado junto al monte de Dios. ⁶ Y le dijeron a Moisés: «Está ahí tu suegro Jetró: ha venido con tu mujer y tus hijos.» ⁷ Moisés salió al encuentro de su suegro, se postró y lo besó. Se saludaron

2 18+

2 22+

19 1+

---

localizado en Refidín, la última etapa antes del Sinaí. Si prescindimos de la noticia de la partida y de la acampada, v. 1a, que es de tradición sacerdotal, el relato parece combinar elementos de las tradiciones yahvista y elohista. Nos encontramos otra vez con el tema de las murmuraciones en el desierto, véase 15 24+.

17 6 «del Horeb» parece ser una glosa de lector. Algunos rabinos suponían que la roca había seguido a los israelitas en sus peregrinaciones. Ver 1 Co 10 4. Respecto de la designación del mismo Dios como «Roca», ver Sal 18 3+.

17 7 *Massá:* tentación. *Meribá:* querella.

17 8 Este relato antiguo, probablemente de tradición yahvista, representa una tradición de las tribus del Sur. Está unido redaccionalmente a Refidín, donde se situaba el episodio precedente. En realidad, los amalecitas moraban más al norte, en el Négueb y en el monte Seír, Gn 14 7; Nm 13 29; Jc 1 16; 1 Cro 4 42s, y aquí en esta región, *debe localizarse Jormá, Nm 14 39-45,* ver Dt 25 17-19; 1 S 15. Amalec, presentado por Gn 36 12.16 como nieto de Esaú, es en realidad un pueblo muy antiguo, Nm 24 20. En tiempo de los Jueces se asocia a los salteadores de Madián. Todavía David lucha contra él. Luego ya no se le menciona más que en 1 Cro 4 43 y Sal 83 8.

17 9 Primera mención de Josué en el Pentateuco.

17 16 «La bandera de Yahvé» (*nes yah*) corr. en lugar

de «el trono de Yahvé» de Vulg., que interpreta el hebr. *Kes yah* como *Kisseh yah.*

18 Relato de tradición probablemente elohista, que se vincula con el de la estancia de Moisés en Madián, **2** 11 - 4 31. —Se ha querido dar al yahvismo un origen madianita: en Madián recibió Moisés la revelación del nombre divino, 3 1; Jetró es «sacerdote de Madián», **18** 1, invoca el nombre de Yahvé, v. 10, le ofrece sacrificios y preside la comida que sigue, v. 12. En realidad, Jetró reconoce la grandeza y el poder de Yahvé, lo cual no significa que Yahvé fuera su Dios, ni siquiera que se convirtiera a Yahvé (ver, p.e., las profesiones de fe del faraón, 9 27, y de Rajab, Jos 2 9-10), aunque la tradición pudo interpretarlo así, v. 12. El «monte de Dios», v. 5, no es un santuario madianita servido por Jetró: acude a él para reunirse con Moisés y desde él regresa a su país, v. 27. También el origen madianita del nombre de Yahvé sigue siendo pura hipótesis, ver 3 13+. De todos modos, préstamo o no, el nombre de Yahvé expresará una realidad religiosa totalmente nueva.

18 2 Única mención del despido de la mujer de Moisés. Tradición independiente de la de Ex 4 19-20 y 24-26.

18 4 Guersón: ver **2** 22. Eliezer: *'Eli* —mi Dios— (es) *'ezer* —protección—.

ambos y entraron en la tienda. [8] Moisés contó a su suegro todo lo que Yahvé había hecho al faraón y a los egipcios, en favor de Israel, y todas las dificultades encontradas en el camino, y cómo Yahvé les había librado de ellos. [9] Jetró se alegró de todo el bien que Yahvé había hecho a Israel, librándolo de la mano de los egipcios, [10] y dijo: «¡Bendito sea Yahvé, que os ha librado de la mano de los egipcios y de la mano del faraón y ha salvado al pueblo del poder de los egipcios! [11] Ahora reconozco que Yahvé es más grande que todos los dioses...*»

[12] Después Jetró, suegro de Moisés, ofreció un holocausto y sacrificios a Dios; y Aarón y todos los ancianos de Israel fueron a comer* con el suegro de Moisés en presencia de Dios.

Institución de los jueces*.

‖Dt 1 9-18

[13] Al día siguiente, se sentó Moisés para decidir en los asuntos del pueblo; y el pueblo estuvo ante Moisés desde la mañana hasta la noche. [14] Al ver el suegro de Moisés todo los que éste hacía por el pueblo, le dijo: «¿Qué es lo que haces con el pueblo? ¿Por qué te sientas tú solo mientras todo el pueblo está ante ti desde la mañana hasta la noche?» [15] Contestó Moisés a su suegro: «Es que el pueblo acude a mí para consultar a Dios. [16] Cuando tienen un pleito, vienen a mí y yo decido entre unos y otros, y les enseño los preceptos y las leyes de Dios.»

33 7+

[17] El suegro de Moisés le respondió: «No está bien lo que estás haciendo. [18] Acabaréis agotándoos tú y el pueblo que te acompaña; la tarea es superior a tus fuerzas; no podrás realizarla tú solo. [19] Así que escúchame; te voy a dar un consejo y que Dios esté contigo. Sé tú el representante del pueblo delante de Dios y lleva ante Dios sus asuntos. [20] Instrúyele en los preceptos y las leyes, enséñale el camino que debe seguir y las obras que ha de practicar. [21] Pero elige de entre el pueblo hombres capaces, temerosos de Dios, hombres honrados e incorruptibles, y ponlos al frente del pueblo como jefes de mil, de ciento, de cincuenta y de diez. [22] Que ellos administren justicia al pueblo en todo momento; a ti te presentarán los asuntos más graves, pero en los asuntos de menor importancia, decidirán ellos. Así aligerarás tu carga, pues ellos la compartirán contigo. [23] Si haces esto, Dios te comunicará sus órdenes, tú podrás resistir, y todo el pueblo podrá volver a su casa en paz.»

[24] Moisés siguió el consejo de su suegro e hizo todo lo que le dijo. [25] Eligió entre todo Israel hombres capaces y los puso al frente del pueblo, como jefes de mil, de ciento, de cincuenta y de diez. [26] Éstos administraban justicia al pueblo en todo momento; los asuntos graves se los presentaban a Moisés, mas en todos los asuntos menores decidían por sí mismos. [27] Después Moisés despidió a su suegro, que se volvió a su tierra.

Nm 11 14

Nm 11 16-17

Nm 10 30

III. La Alianza en el Sinaí*

1. LA ALIANZA Y EL DECÁLOGO

Llegada al Sinaí.

19 [1] Al tercer mes de la salida del país de Egipto, ese mismo día, los israelitas llegaron al desierto de Sinaí. [2] Partieron de Refidín, llegaron al desierto de Sinaí y acamparon en el desierto. Israel acampó allí, frente al monte*.

Nm 33 15

18 11 El final del v.: «porque en el asunto en que obraban orgullosamente contra ellos», probablemente está incompleto o viciado.
18 12 «ofreció» versiones; «tomó» hebr. —Este v. que parece interpretar la declaración de Jetró como una conversión (ofrece sacrificios) y no habla de Moisés, es probablemente una adición.
18 13 Medida que supone un pueblo numeroso ya y sedentario, ver v. 23, y atribuye a Moisés una descentralización del poder judicial, que con toda seguridad es muy posterior. Con todo, el hecho de que una medida como ésta se atribuya a la intervención de Jetró puede testificar la influencia madianita en la primera organización del pueblo.
19 Esta larga sección contiene sobre todo materiales de tradición o redacción sacerdotal, 19 1-2ª; 24 15ᵇ - 31

18; 34 29 - **40** 38. Hay que poner aparte el Código de la Alianza, **20** 22 - **23** 19, con su apéndice parenético, **23** 20-33. El resto parece pertenecer a las tradiciones yahvista y elohísta, pero con muchas adiciones de las redacciones recientes; la distinción de los diferentes elementos es difícil. En su composición final, la alianza mosaica sella la elección del pueblo y las promesas ya hechas en 6 1-8, así como la alianza con Abrahán, recordada en 6 5, confirmó las primeras promesas, Gn 17. Pero la alianza con Abrahán se había concluido con un solo individuo (si bien alcanzaba a su descendencia) y no contenía más que una sola prescripción, la circuncisión. La alianza del Sinaí compromete a todo el pueblo, que recibe una Ley: el Decálogo y el Código de la Alianza.
19 2 Es difícil la localización del Sinaí. Desde el s. IV de nuestra era la tradición cristiana lo sitúa al sur de la

Promesa de la Alianza*.

³ Moisés subió al monte de Dios y Yahvé lo llamó desde el monte, y le dijo: «Habla así a la casa de Jacob y anuncia esto a los hijos de Israel: ⁴ 'Vosotros habéis visto lo que he hecho con los egipcios, y cómo os he llevado sobre alas de águila y os he traído a mí. ⁵ Ahora, pues, si de veras me obedecéis y guardáis mi alianza, seréis mi propiedad personal entre todos los pueblos, porque mía es toda la tierra; ⁶ seréis para mí un reino de sacerdotes y una nación santa.' Éstas son las palabras que has de decir a los israelitas.» ⁷ Moisés fue y convocó a los ancianos del pueblo y les expuso todas estas palabras que Yahvé le había mandado. ⁸ Todo el pueblo a una respondió: «Haremos todo cuanto ha dicho Yahvé.» Moisés transmitió a Yahvé las palabras del pueblo.

Preparación de la Alianza.

⁹ Yahvé dijo a Moisés: «Yo me acercaré a ti en una densa nube para que el pueblo me oiga hablar contigo, y así te crea para siempre.» Y Moisés refirió a Yahvé las palabras del pueblo*.
¹⁰ Yahvé dijo a Moisés: «Ve al pueblo y que se purifiquen hoy y mañana; que laven sus vestidos ¹¹ y estén preparados para el tercer día; porque el tercer día descenderá Yahvé sobre el monte Sinaí a la vista de todo el pueblo. ¹² Señala un límite alrededor del monte*, y di: Guardaos de subir al monte o de tocar su falda. Quien toque el monte morirá. ¹³ Nadie pondrá la mano sobre el culpable; será apedreado o asaeteado, sea hombre o animal; no quedará con vida. Sólo cuando suene el cuerno podrán subir al monte*.»
¹⁴ Moisés bajó del monte, adonde estaba el pueblo, lo purificó y ellos lavaron sus vestidos. ¹⁵ Y dijo al pueblo: «Estad preparados para el tercer día; no os acerquéis a vuestra mujer*.»

La teofanía*.

¹⁶ El tercer día, al rayar el alba, hubo truenos y relámpagos y una densa nube sobre el monte y un fuerte sonido de trompeta. Todo el pueblo, en el campamento, se echó a temblar. ¹⁷ Moisés hizo salir al pueblo del campamento, al encuentro de Dios, y se detuvieron al pie del monte. ¹⁸ Todo el monte Sinaí humeaba, porque Yahvé había descendido sobre él en el fuego. Subía el humo como el de un horno, y todo el monte retemblaba con violencia. ¹⁹ El sonar de la trompeta se hacía cada vez más fuerte; Moisés hablaba y Dios le respondía con el trueno*. ²⁰ Yahvé bajó al monte Sinaí, a la cumbre del monte, y llamó a Moisés a la cima del monte, y Moisés subió.

Marginal references (left column):
Dt 4 34;
29 2
Dt 32 11
Is 46 4; 63 9
Dt 10 14-15
1 P 2 9
Ap 5 10
Jos 24 16-24
Dt 5 27
13 22+
Si 45 5
14 31
Gn 35 2
Lv 11 25.28.
40

Marginal references (right column):
Hb 12 20
Dt 5 2-5.
25-31
Dt 4 10-12

---

península que de él toma el nombre, en Yébel-Musa (2.245 m). Pero una opinión hoy difundida se apoya en los elementos de carácter volcánico de la descripción de la teofanía, 19 16+, y en el itinerario de Nm 33 (ver 33 1+), para situar el Sinaí en Arabia, donde aún había volcanes activos en la época histórica. Estos argumentos no son decisivos (ver las notas mencionadas) y otros textos suponen una localización más próxima a Egipto y al sur de Palestina. En consecuencia, otra teoría sitúa al Sinaí cerca de Cadés, apoyándose en los textos que señalan una relación entre Seír, Edom y el monte Farán con la manifestación divina, Jc 5 4; Dt 33 2; Ha 3 3. Pero ningún pasaje relaciona a Cadés con el desierto del Sinaí, y algunos textos claramente sitúan a éste lejos de Cadés, Nm 11-13; 33; Dt 1 2.19. La localización en el sur de la península sigue siendo la más probable.
19 3   La Alianza hará de Israel propiedad personal y sagrada de Yahvé, Jr 2 3, un pueblo consagrado, Dt 7 6; 26 19, o santo (la palabra hebrea significa las dos cosas) como es santo su Dios, Lv 19 2, ver 11 44s; 20 7.26, y también un pueblo de sacerdotes, ver Is 61 6, porque lo sagrado dice relación inmediata al culto. La promesa tendrá su plena realización en el Israel espiritual, la Iglesia, *en la cual los fieles serán llamados* «santos», Hch 9 13+, y, unidos a Cristo Sacerdote, ofrecerán a Dios un sacrificio de alabanza, 1 P 2 5.9; Ap 1 6; 5 10; 20 6. —Los vv. 3-6 tienen estilo y fraseología deuteronómicos.
19 9   El final de los vv. 8 y 9 es idéntico, pero la repetición es un indicio del origen diferente de los pasajes (7s y 9s, respectivamente).
19 12 Trascendencia y santidad son inseparables, y la

santidad implica una separación de lo profano. Los lugares en que Dios se hace presente son lugares prohibidos, Gn 28 16-17; Ex 3 5; 40 35; Lv 16 2; Nm 1 51; 18 22. Asimismo, el arca será intocable, 2 S 6 7. Esta concepción primitiva de lo sagrado implica una enseñanza permanente sobre la grandeza inaccesible y la terrible majestad de Dios.
19 13 La segunda parte del v. contiene una indicación que resulta enigmática en el contexto inmediato; podría estar fuera de contexto y en relación con 24 [1-2] 9-11: es el único pasaje que habla de que suben al monte Sinaí otras personas además de Moisés.
19 15 Las relaciones sexuales hacen impuro para todo acto sagrado. Ver 1 S 21 5.
19 16 Aunque nuestras atribuciones siguen siendo conjeturales, las tradiciones yahvista, 19 18, sacerdotal, 24 15^b-17, y deuteronomista, Dt 4 11^b-12^a; 5 23-24; 9 15, describen la teofanía del Sinaí en el marco de una erupción volcánica. La tradición elohísta la describe como una tempestad, Ex 19 16, ver v. 19. Se trata de dos presentaciones inspiradas en los más impresionantes espectáculos de la naturaleza: una erupción volcánica. Estas imágenes expresan la majestad y la gloria de Yahvé, ver 24 16+, su trascendencia y el temor religioso que inspira, ver Jc 5 4s; Sal 29; 68 8; 77 18-19; 97 3-5; Ha 3 3-15.
19 19 Lit. «con (o en) una voz». Esta palabra, cuando se la emplea en plural siempre significa el trueno, ver v. 16. También en singular puede significar «el trueno», pero aquí puede expresar la voz inteligible de Dios que «responde» a Moisés.

19 12
33 20+

²¹ Yahvé dijo a Moisés*: «Baja y advierte al pueblo que no traspase los límites para ver a Yahvé, porque morirían muchos de ellos. ²² Los sacerdotes que se acerquen a Yahvé deben purificarse también, para que Yahvé no irrumpa contra ellos.» ²³ Moisés respondió a Yahvé: «El pueblo no podrá subir al monte Sinaí, porque nos has advertido, diciendo: Señala un límite alrededor del monte y declaralo sagrado.» ²⁴ Yahvé le dijo: «Anda, baja, y luego subes con Aarón; pero los sacerdotes y el pueblo no traspasarán las lindes para subir hacia Yahvé, a fin de que él no irrumpa contra ellos.» ²⁵ Bajó, pues, Moisés adonde estaba el pueblo y les dijo*...

‖Dt 5 6-22
Ex 34 10-27
↗ Mt 19
16-22+
↗ Mt 5

El Decálogo*.

20 ¹ Dios pronunció estas palabras: ² «Yo soy Yahvé, tu Dios, que te he sacado del país de Egipto, del lugar de esclavitud.

Dt 6 4
Os 13 4
Lv 19 4
Dt 4 15-20

³ No tendrás otros dioses fuera de mí*.

⁴ No te harás escultura ni imagen alguna de lo que hay arriba en los cielos, abajo en la tierra o en las aguas debajo de la tierra*.

⁵ No te postrarás ante ellas ni les darás culto, porque yo Yahvé, tu Dios, soy un Dios celoso, que castigo la iniquidad de los padres en los hijos hasta la tercera y cuarta generación de los que me odian, ⁶ pero tengo misericordia por mil generaciones con los que me aman y guardan mis mandamientos.

Dt 4 24+
Ex 34 7+

⁷ No pronunciarás el nombre de Yahvé, tu Dios*, en falso; porque Yahvé no dejará sin castigo a quien pronuncie su nombre en falso.

Lv 19 12

⁸ Recuerda el día del sábado* para santificarlo. ⁹ Seis días trabajarás y harás todos tus trabajos, ¹⁰ pero el día séptimo es día de descanso en honor de Yahvé, tu Dios. No harás ningún trabajo, ni tú, ni tu hijo, ni tu hija, ni tu siervo, ni tu sierva, ni tu ganado, ni el forastero que habita en tu ciudad. ¹¹ Pues en seis días hizo Yahvé el cielo y la tierra, el mar y todo cuanto contienen, y el séptimo descansó; por eso bendijo Yahvé el día del sábado y lo santificó.

23 12;
31 12-17;
34 21; 35 1-3
Lv 19 3; 23 3
Nm 15 32-36
Dt 5 12-15
2 Cro 36 21
↗ Lc 13 14

Gn 2 2-3

19 21 Los vv. 21-24 son una adición que se refiere a los vv. 12-13. En ella se menciona a los sacerdotes, quienes, según la tradición sacerdotal, la única que habla de ello, y largamente (28 1 - 29 35; 39 1-21; Lv 8-10), no han sido instituidos aún.
19 25 La frase queda manca; el relato se está interrumpido por la inserción del Decálogo en su lugar actual. En 20 18-21 nos encontramos de nuevo con el tema de la teofanía, pero esos vv. no son la continuación lógica del relato de este capítulo: nos informan del miedo del pueblo, estando Moisés en el campamento.
20 En el estado actual del libro, el Decálogo no enlaza con el relato que lo enmarca, 19 4-24 y 20 18-21; parece estar relacionado más bien con la orden de hablar al pueblo, 19 25. El Decálogo, las «diez Palabras» de Dt 4 13; 10 4 (ver Ex 34 28), no se encuentra en dos lugares del Pentateuco: aquí y en Dt 5 6-21. Las indicaciones de la introducción aquí (v. 1), el contexto inmediato en Dt 5 (sobre todo, vv. 4-22) y de la conclusión de la alianza en Ex 24 3-8 permiten decir que esta lista de mandamientos, de hecho más que una prohibiciones, contiene las «Palabras» de Yahvé. El Decálogo señala al pueblo las obligaciones de la alianza, y el pueblo se compromete a poner en práctica sus exigencias, 24 3 y 7; véase 19 8. Por tal motivo se hablará también de un «libro de la alianza», 24 4 y 7; véase Dt 5 2-3: «libro» porque Moisés puso por escrito las «Palabras»; «de la alianza» porque sus mandamientos son las cláusulas de la alianza entre Yahvé e Israel, 24 8. - El origen del Decálogo es una cuestión discutida. El texto actual tiene tras de sí una larga historia. En Dt 5 6-21, con el contexto inmediato, pertenece a una de las últimas redacciones del Deuteronomio, y algunas de sus formulaciones han pasado a Ex 20 2-17. Aquí parece que algunas de sus fórmulas, sobre todo la motivación del sábado, pertenecen a una redacción sacerdotal, todavía más reciente. Pero eso vale de los desarrollos posteriores: explicaciones y motivaciones. Se puede pensar que una lista de prohibiciones («Honra a tu padre y a tu madre» podría haber tenido también una formulación negativa, véase Ex 21 15.17; Dt 27 16, y la mención del sábado es un elemento

tardío en el Decálogo) con una introducción más breve: «Yo soy Yahvé tu Dios desde el país de Egipto» (véase Os 12 10; 13 4) es más antigua, quizás de tradición elohista. Os 4 2 sería probablemente la primera cita explícita de una parte de las prohibiciones del Decálogo; una cita posterior es la Jr 7, sobre todo v. 9. En el estado actual de nuestros conocimientos, nos podemos remontar aproximadamente al s. VIII, pero no hasta Moisés. El Decálogo abarca todo el campo de la vida religiosa y moral. Se han propuesto dos divisiones de los mandamientos: a) vv. 2-3; 4-6; 7; 8-11; 12; 13; 14; 15; 16; 17ª y b) vv. 3-6; 7; 8-11; 12; 13; 14; 15; 16; 17ª y 17ᵇ. La primera, que es la de los Padres griegos, se ha conservado en las Iglesias ortodoxas y reformadas. Las Iglesias católica y luterana han adoptado la segunda, establecida por San Agustín conforme al Deuteronomio. La polémica de San Pablo contra la Ley, Rm y Ga, no afecta a estos deberes esenciales para con Dios y para con el prójimo.
20 3 Yahvé exige de Israel un culto exclusivo; es la condición de la Alianza. La negación de la existencia de otros dioses no vendrá hasta más adelante, ver Dt 4 35+.
20 4 Prohibición de hacer imágenes cúlticas de Yahvé (véase la justificación dada en Dt 4 15). Esta prohibición separa a Israel de todos los pueblos que lo rodean.
20 7 Lo cual podría incluir, además del perjurio, Mt 5 33, y el falso testimonio, v. 16 y Dt 5 20, el uso mágico del nombre divino: el griego y la Vulg. lo han traducido «en vano».
20 8 El nombre del sábado es relacionado explícitamente por la Biblia, Ex 16 29-30; 23 12; 34 21, con una raíz que significa «cesar», «descansar». Es un día de reposo semanal, consagrado a Yahvé, que descansó el séptimo día de la creación, v. 11, ver Gn 2 2-3. A este motivo religioso se añade una preocupación humanitaria, Ex 23 12; Dt 5 14. La institución del sábado es muy antigua, pero su observancia cobró especial importancia a partir del Destierro y se convirtió en un distintivo del Judaísmo, Ne 13 15-22; 1 M 2 32-41.

Lv 19 3
↗ Ef 6 2-6

↗ Rm 13 9
↗ St 2 11

Lv 19 11
Dt 5 20

Mi 2 2

[12] Honra a tu padre y a tu madre, para que se prolonguen tus días sobre la tierra que Yahvé, tu Dios, te va a dar.
[13] No matarás.
[14] No cometerás adulterio.
[15] No robarás.
[16] No darás testimonio falso contra tu prójimo.
[17] No codiciarás la casa de tu prójimo, ni codiciarás la mujer de tu prójimo, ni su siervo, ni su sierva, ni su buey, ni su asno, ni nada que sea de tu prójimo.»

Dt 5 23-31

33 20+

Dt 8 2

[18] *Todo el pueblo percibía los truenos y relámpagos, el sonido de la trompeta y el monte humeante, y temblando de miedo* se mantenía a distancia. [19] Dijeron a Moisés: «Háblanos tú y te entenderemos, pero que no nos hable Dios, no sea que muramos.» [20] Moisés respondió al pueblo: «No temáis, pues Dios ha venido para poneros a prueba, para que tengáis presente su temor, y no pequéis*.» [21] Y el pueblo se mantuvo a distancia, mientras Moisés se acercaba a la densa nube donde estaba Dios.

2. EL CÓDIGO DE LA ALIANZA*

Ley sobre el altar.

[22] Yahvé dijo a Moisés: Así dirás a los israelitas: Vosotros mismos habéis visto que os he hablado desde el cielo. [23] No pongáis junto a mí dioses de plata ni dioses de oro; no os los fabriquéis.

Lv 1 1+;
3 1+

[24] Constrúyeme un altar de tierra para ofrecer sobre él tus holocaustos y tus sacrificios de comunión, tus ovejas y tus bueyes. En cualquier lugar donde conmemore mi nombre*, vendré a ti y te bendeciré. [25] Si me construyes un altar de piedra, no lo edificarás con sillares, porque al labrarlas con el escoplo las profanarías. [26] Tampoco subirás por gradas a mi altar, para que no se descubra tu desnudez* sobre él.

Dt 27 5-6

Leyes relativas a los esclavos.

Lv 25
35-46+
Dt 15 12-18

21 [1] Éstas son las leyes que les expondrás: [2] Si compras un esclavo hebreo, servirá seis años, y el séptimo saldrá libre, sin pagar nada. [3] Si entró solo, solo saldrá; si tenía mujer, su mujer saldrá con él. [4] Si su amo le dio mujer, y ella le dio a luz hijos o hijas, la mujer y sus hijos serán del amo, y él saldrá solo. [5] Si el esclavo declara: «Yo quiero a mi señor, a mi mujer y a mis hijos; no deseo salir libre», [6] su amo lo llevará ante Dios y, arrimándolo a la puerta o a la jamba, le horadará la oreja con una lezna; y será su esclavo para siempre. [7] Si un hombre vende a su hija por esclava*, ésta no saldrá como salen los esclavos. [8] Si no agrada a su señor, al que había sido destinada*, éste permitirá su rescate. No podrá venderla a extranjeros, tratándola con engaño. [9] Si la destina para su hijo, la tratará como a sus hijas*. [10] Si toma para sí otra mujer, no privará a la primera de la comida, del vestido ni de los derechos conyugales. [11] Y si no le da estas tres cosas, ella podrá irse de balde, sin pagar nada.

Jr 34 8-16

20 18 (a) Los vv. 18-19, sin ser la continuación inmediata del relato de la teofanía en el cap. 19, se relacionan sobre todo con la descripción, quizás de tradición elohista, de la teofanía como una tormenta, **19** 16+.19.
20 18 (b) «temblando de miedo», sam., griego; «percibió» hebr. (simple cambio de vocalización).
20 20 Aquí se distingue entre el terror ante las manifestaciones sensibles de la grandeza divina, en especial los fenómenos de la naturaleza que acompañan a las teofanías, y el temor, que es sumisión sin reserva a la voluntad de Dios, ver Gn 22 12; Dt 6 2+.
20 22 El «Código de la Alianza», **20** 22 - 23 33, es llamado así por los modernos, conforme a **24** 7, aunque este pasaje se refiere más bien al Decálogo. Esta colección de leyes y costumbres no se promulgó en el Sinaí: sus preceptos suponen una colectividad sedentaria y *agrícola*. Data de los primeros tiempos del establecimiento en Canaán, antes de la monarquía. Puesto que aplica el espíritu de los mandamientos del Decálogo, se le ha considerado como la carta de la Alianza del Sinaí y, por esta razón, se le ha incluido aquí a continuación del Decálogo. Sus contactos con el Código de Hammurabi, el Código hitita y el Decreto de Horemheb no prueban necesariamente una dependencia directa, sino

más bien una fuente común: un viejo derecho consuetudinario que se ha diferenciado según los ambientes y los pueblos. —Pueden clasificarse las prescripciones del Código, conforme a su contenido, en tres capítulos: derecho civil y penal, **21** 1 - **22** 20; reglas para el culto, **20** 22-26; **22** 28-31; **23** 10-19; moral social, **22** 21-27; **23** 1-9. Según su forma literaria, estas prescripciones se dividen en dos categorías: «casuística» o condicional en la línea de los códigos mesopotámicos; «apodíctica» o imperativa según el estilo del Decálogo y de los textos de la sabiduría egipcia.
20 24 Contrariamente a Dt 12 5, etc., el Código de la Alianza admite la pluralidad de lugares de culto. El culto es legítimo en cualquier lugar en el que Yahvé haya manifestado su presencia, en el que se haya revelado y del que, por lo mismo, haya tomado posesión.
20 26 El sacrificador debía cubrirse con un simple paño al modo egipcio, de ahí el peligro de indecencia cuando subía las gradas del altar.
21 7 Esclava que también será la concubina, vv. siguientes.
21 8 «al que había sido destinada» griego; «que no la había destinado» hebr.
21 9 Las hijas del dueño de la casa.

Homicidio.

[12] El que hiera mortalmente a un hombre, morirá; [13] pero si no fue intencionado, sino que Dios lo permitió*, yo te señalaré un lugar donde podrá refugiarse*. [14] En cambio, si alguien se excita contra su prójimo y lo mata con alevosía, lo arrancarás de mi altar para matarlo.

[15] El que pegue a su padre o a su madre, morirá. [16] El que rapte a una persona —la haya vendido o esté todavía en su poder—, morirá. [17] El que maldiga a su padre o a su madre, morirá.

Golpes y heridas.

[18] Si dos hombres riñen y uno hiere a otro con una piedra o con el puño, sin causarle la muerte, pero obligándolo a guardar cama, [19] si el herido puede levantarse y andar por la calle, apoyado en su bastón, entonces el que lo hirió será absuelto, pero deberá indemnizar el tiempo de paro y los gastos de la curación.

[20] Si uno golpea a su esclavo o a su esclava con un palo y muere en el acto, deberá ser castigado; [21] pero, si sobrevive un día o dos, no será castigado, pues era propiedad suya.

[22] Si, en el curso de una riña, alguien golpea a una mujer encinta, provocándole el aborto, pero sin causarle otros daños, el culpable deberá indemnizar con lo que le pida el marido de la mujer y determinen los jueces. [23] Pero si se produjeran otros daños, entonces pagarás vida por vida, [24] ojo por ojo, diente por diente, mano por mano, pie por pie, [25] quemadura por quemadura, herida por herida, cardenal por cardenal*.

[26] Si uno hiere a su esclavo o a su esclava en el ojo y lo deja tuerto, le dará libertad en compensación del ojo. [27] Si uno rompe un diente a su esclavo o a su esclava, le dará libertad en compensación del diente.

[28] Si un buey acornea a un hombre o a una mujer y le causa la muerte, el buey será apedreado, y no se comerá su carne, pero el dueño del buey será absuelto. [29] En cambio, si el buey ya embestía antes y su dueño, advertido, no lo guardó, entonces si ese buey mata a un hombre o a una mujer, el buey será apedreado, y también su dueño morirá. [30] Si se le impone una compensación, dará en rescate de su vida cuanto le impongan. [31] Si acornea a un muchacho o a una muchacha, se seguirá esta misma norma. [32] Si el buey acornea a un esclavo o a una esclava, se pagarán treinta siclos de plata al dueño de ellos, y el buey será apedreado.

[33] Si uno deja abierto un pozo, o cava un pozo y no lo tapa, y cae dentro un buey o un asno, [34] el propietario del pozo indemnizará con dinero al dueño del animal y se quedará con el animal muerto. [35] Si el buey de uno acornea al buey de otro, causándole la muerte, venderán el buey vivo y se repartirán el dinero; el buey muerto también lo repartirán. [36] Pero si se sabía que el buey ya embestía antes, y su dueño no lo guardó, pagará buey por buey y se quedará con el buey muerto.

Robo de animales.

[37] Si uno roba un buey o una oveja, y los mata o vende, restituirá cinco bueyes por el buey, y cuatro ovejas por la oveja.

22 [1] Si un ladrón es sorprendido en el acto y es herido de muerte, no hay delito de sangre. [2] Mas si ya había salido el sol, entonces sí hay delito de sangre. El ladrón debe restituir. Si no tiene con qué, será vendido para restituir por su robo. [3] Si el buey, el asno o la oveja robados, se hallan aún vivos en su poder, restituirá el doble.

Delitos que deben ser compensados.

[4] Si uno destroza un campo o una viña, dejando a su ganado pacer en cam-

21 13 (a) Se atribuyen a Dios los encuentros fortuitos. Estas palabras se aplican al homicidio sin premeditación.
21 13 (b) En esta sociedad, donde la Justicia de Estado no ha sustituido aún a la venganza privada, el homicida involuntario debe ser protegido contra el vengador de sangre, ver Nm 35 19+; el lugar de asilo es primitivamente el santuario, 1 R 1 50; 2 28-34 (pero el derecho de asilo no se aplica al homicida con premeditación, v. 14). Esta disposición originó la institución de las ciudades de asilo, ver Jos 20 1+.
21 25 Esta ley del talión, ver Lv 24 17-20; Dt 19 21, que se encuentra en el Código de Hammurabi y en las leyes asirias, es de naturaleza social, no individual. Al impo-

ner un castigo igual al daño causado, trata de limitar los excesos de la venganza, ver Gn 4 23-24. El caso más claro es la ejecución de un homicida, vv. 31-34; ver 21 12-17+; Lv 24 17. De hecho parece que la aplicación de esta regla perdió muy pronto su brutalidad primitiva. Las obligaciones del «vengador de sangre» go'el, Nm 35 19+, se fueron clarificando hasta abarcar esencialmente el rescate, Rt 2 20+, y protección, Sal 19 15+; Is 41 14+. El enunciado de principio siguió en uso, pero con formas suavizadas, Si 27 25 29; Sb 11 16+; ver 12 22. Dentro del pueblo israelita estaba prescrito el perdón, Lv 19 17-18; Si 10 6; 27 30 - 28 7, y Cristo subrayará más aún éste, Mt 5 38-39+ 18 21-22+.

po ajeno, restituirá con su mejor campo y su mejor viña.

Lv 5 21-26

⁵ Si se declara un incendio y se propaga por causa de los zarzales, abrasando las gavillas, las mieses o el campo, el autor del incendio deberá resarcir el daño.

⁶ Si uno deja en depósito a otro dinero o utensilios para que se los guarde y son robados de la casa de éste, si se descubre al ladrón, restituirá el doble. ⁷ Pero si no se descubre al ladrón, el dueño de la casa se presentará ante Dios y jurará que no ha tocado los bienes de su prójimo.

⁸ En los casos delictivos en que uno reclama a otro un buey, un asno, una oveja, un vestido o un objeto extraviado, se llevará la causa ante Dios y aquél a quien Dios declare culpable*, restituirá el doble a su prójimo.

⁹ Si uno deja en custodia a otro un asno, un buey, una oveja o cualquier otro animal y se le muere, daña o es robado sin que haya testigos, ¹⁰ éste jurará por Yahvé que no ha tocado el animal de su prójimo. El dueño aceptará el juramento* y no habrá nada que restituir. ¹¹ Pero si el animal ha sido robado de junto a él, restituirá a su dueño. ¹² Si el animal ha sido despedazado, traerá como prueba los despojos y no tendrá que restituir.

Gn 31 39

¹³ Si uno presta un animal y se daña o muere, en ausencia de su dueño, tendrá que restituir. ¹⁴ Si estaba presente su dueño, no tendrá que restituir. Si lo había alquilado, el dueño recibirá el precio del alquiler.

Dt 22 28-29

Violación de una virgen.

¹⁵ Si uno seduce a una virgen, no desposada, y se acuesta con ella, le pagará la dote*, y la tomará por mujer. ¹⁶ Si el padre de ella no quiere dársela, el seductor pagará el dinero de la dote de las vírgenes.

Leyes morales y religiosas.

Lv 20 6.27
Dt 18 9-12
Lv 18 23
Dt 27 21
Nm 25 1-5
12 48+
Lv 19 33s
Dt 10 18s;
24 17s; 27 19
Sal 146 9
Is 1 17

¹⁷ No dejarás con vida a la hechicera. ¹⁸ El que yaciere con bestia, morirá. ¹⁹ El que ofrezca sacrificios a los dioses, será entregado al anatema. ²⁰ No maltratarás al forastero, ni lo oprimirás, pues forasteros fuisteis vosotros en el país de Egipto. ²¹ No vejarás a viuda alguna ni a huérfano. ²² Si los vejas y claman a mí, yo escucharé su clamor, ²³ se encenderá mi ira y os mataré a espada; vuestras mujeres quedarán viudas y vuestros hijos huérfanos.

24

Lv 25 35-37
Dt 23 20-21

²⁴ Si prestas dinero a alguien de mi pueblo, a un pobre que habita contigo, no serás con él un usurero; no le exigirás intereses.

Dt 24 10-13.
17

²⁵ Si tomas en prenda el manto de tu prójimo, se lo devolverás al ponerse el sol, ²⁶ porque con él se abriga; es el vestido de su cuerpo. ¿Sobre qué va a dormir, si no? Clamará a mí, y yo lo escucharé, porque soy compasivo.

27

²⁷ No blasfemarás contra Dios, ni maldecirás al jefe de tu pueblo.

Oo 10 20
⁄ Hch 23 5

Las primicias y los primogénitos.

²⁸ No retrases la ofrenda de las primicias de tu era y de tu lagar*. Me entregarás el primogénito de tus hijos. ²⁹ Lo mismo harás con el de tus vacas y ovejas. Siete días estará con su madre, y al octavo me lo entregarás.

Ex 13 11+
Dt 26 1+

Dt 15 19

³⁰ Sed santos para mí. No comáis la carne despedazada por una fiera en el campo; echádsela a los perros.

Lv 11 44
Dt 14 21
Lv 17 15-16

La justicia*.
Deberes con los enemigos.

23 ¹ No levantes falsos rumores ni te confabules con el malvado para dar testimonio injusto. ² No te dejes arrastrar al mal por la mayoría ni declares en un proceso siguiendo a la mayoría en contra de la justicia. ³ Tampoco favorecerás al pobre en su pleito.

Lv 5 22;
19 16

Dt 16 18-20

⁴ Si encuentras el buey de tu enemigo o su asno extraviado, se lo llevarás. ⁵ Si ves el asno del que te aborrece, caído bajo la carga, no te desentiendas de él; préstale tu ayuda.

Lv 19 15
‖Dt 22 1-4

⁶ No tuerzas el derecho de tu pobre* en su pleito. ⁷ Evita las causas engañosas; no causes la muerte del inocente y del justo, ni absuelvas* al malvado. ⁸ No aceptes sobornos; porque el soborno ciega a los perspicaces* y pervierte las causas justas.

Dt 1 17;
16 19

Dt 16 19;
27 25

---

22 8 Por decisión judicial, ordalía, oráculo o juramento.
22 10 Otra traducción: «El propietario tomará lo que quede».
22 15 En hebreo *mohar*, suma entregada por el novio a la familia de su futura esposa.
22 28 «las primicias de tu era y de tu lagar», según griego. Hebr. dice «de tu abundancia y de tus jugos». Se trata de contribuciones para el culto con los productos de la tierra.
23 Los vv. 1-3 y 6-9 tratan de refrenar las faltas que se pueden dar en la administración de la justicia. La formulación prohibitiva hace que esta lista sea semejante a la que está en la base del Decálogo.
23 6 Es decir, el pobre que a ti se dirige.
23 7 «ni absuelvas» griego; «porque yo no absolveré» hebr.
23 8 O «los testigos oculares».

22 20+
⁹ No oprimas al forastero; ya sabéis lo que es ser forastero, porque forasteros fuisteis vosotros en el país de Egipto.

Lv 25 1+
El año sabático y el sábado.

Lv 25 2-7
Dt 24 19;
26 12-13
¹⁰ Durante seis años sembrarás tu tierra y recogerás la cosecha; ¹¹ pero el séptimo la dejarás descansar, en barbecho, para que coman los pobres de tu pueblo, y lo que sobre lo comerán los animales del campo. Harás lo mismo con tu viña y tu olivar.

20 8+
¹² Durante seis días harás tus faenas, pero el séptimo descansarás, para que reposen tu buey y tu asno, y tengan un respiro el hijo de tu esclava y el forastero.

Jos 23 7
¹³ Guardad todo lo que os he dicho. No invocarás el nombre de otros dioses: ni se oiga en vuestra boca.

Ex 34 18-23
Dt 16 1-16
Lv 23
Las fiestas de Israel*.

¹⁴ Tres veces al año me celebrarás fiesta. ¹⁵ Guardarás la fiesta de los Ázimos. Durante siete días comerás ázimos, como te he mandado, en el tiempo señalado del mes de Abib, pues en él saliste de Egipto. Nadie se presentará delante de mí con las manos vacías. ¹⁶ También celebrarás la fiesta de la Siega, de las primicias de tus trabajos, de lo que hayas sembrado en el campo; y la fiesta de la Recolección al final del año, cuando hayas recogido del campo los frutos de tu trabajo. ¹⁷ Tres veces al año se presentarán tus varones delante del Señor Yahvé.

34 25
¹⁸ No ofrecerás la sangre de mi sacrificio junto con pan fermentado ni guardarás hasta el día siguiente la grasa de mi fiesta*.

Dt 26 1+
¹⁹ Llevarás al templo de Yahvé, tu Dios, las primicias de tu suelo.

Ex 34 26
Dt 34 21
No cocerás el cabrito en la leche de su madre*.

Dt 7 1-26
Promesas e instrucciones en orden a la entrada en Canaán*.

14 19; 33 2
Ml 3 1
Is 63 9
²⁰ Yo voy a enviar un ángel* delante de ti, para que te guarde en el camino y te conduzca al lugar que te he preparado. ²¹ Hazle caso y obedécele; no te rebeles contra él, pues actúa en mi Nombre y no perdonará vuestras transgresiones*. ²² Si le obedeces fielmente y haces todo lo que yo diga, tus enemigos serán mis enemigos y tus adversarios mis adversarios. ²³ Mi ángel caminará delante de ti y te introducirá en el país de los amorreos, de

Dt 7 1+
los hititas, de los perizitas, de los cananeos, de los jivitas y de los jebuseos; y yo los exterminaré. ²⁴ No te postrarás ante

20 5
Lv 18 3
34 13
sus dioses, ni les darás culto; no imitarás su conducta. Al contrario, los destruirás y destrozarás sus estelas*. ²⁵ Daréis culto

Dt 7 5; 12 3
Nm 33 52
a Yahvé, vuestro Dios, y él bendecirá tu pan y tu agua. Y yo apartaré de ti las enfermedades. ²⁶ No habrá en tu tierra mu-

Dt 7 14; 28;
30 9
Lv 26 9
jer que aborte ni que sea estéril; y yo colmaré el número de tus días.

---

23 14 Diferentes textos del Pentateuco, Ex 23 14-17 (¿de tradición elohista?), Ex 34 18-23 (¿de tradición yahvista?), Dt 16 1-16 y Lv 23 con las reglas de Nm 28-29 (los dos últimos son de tradición sacerdotal), contienen un calendario de las grandes fiestas religiosas. El ritual se va precisando de un texto a otro, pero las tres fiestas principales siguen siendo las que prescribe Ex 23: 1.º En la primavera, la fiesta de los Ázimos. 2.º La fiesta de la siega, llamada fiesta de las Semanas en Ex 34 22, que se celebraba durante siete semanas, Dt 16 9, o cincuenta días, Lv 23 16, después de la Pascua (de donde su nombre griego de Pentecostés, Tb 2 1), y señalaba el fin de la cosecha del trigo; en época posterior se le asoció el recuerdo de la promulgación de la Ley en el Sinaí. 3.º La fiesta de la Recolección en otoño, al final de la estación de los frutos, llamada fiesta de las Tiendas o de los Tabernáculos, Dt 16 13; Lv 23 34, porque se utilizaban chozas de ramaje como las que se preparaban en los huertos en el momento de la recolección: evocaban el recuerdo de los campamentos de Israel en el desierto, Lv 23 43. La más popular de estas tres fiestas parece haber sido la de la Recolección, o de las Tiendas, que simplemente es llamada «la fiesta» en 1 R 8 2 y 65; Ez 45 25. Estas tres fiestas agrícolas no se celebraron sino después de la entrada en Canaán. No se da ninguna fecha concreta en el calendario de Ex 23 ni de Ex 34, porque las dos son anteriores a la centralización del culto y porque las fiestas podían celebrarse en los santuarios locales en fechas que tenían en cuenta el estado de las labores agrícolas en la región.

Luego se les añadieron otras fiestas: el Año Nuevo religioso, Lv 23 24; el Día de la Expiación, Lv 16 y 23 27-32; y, después del Destierro, los Purim, Est 9 24; la Dedicación, 1 M 4 59; el día de Nicanor, 1 M 7 49. Esta relación establecida de antiguo entre los Ázimos y la salida de Egipto, en primavera, facilió la conexión de esta fiesta con la de la Pascua, ver 12 1+.
23 18 Ex 34 25 dice explícitamente que se trata de la Pascua, pero en ambos casos la prescripción se da sin conexión con el calendario religioso, vv. 14-17 y 34 18-23, que no abarca la Pascua. Ésta se vino celebrando en familia hasta la reforma deuteronomista, ver Dt 16 5-6.
23 19 Costumbre cananea, señalada en Ugarit.
23 20 (a) Este párrafo heterogéneo muestra señales claras de una redacción deuteronomista. Sirve de conclusión al Código de la Alianza que, de este modo, es presentado como ley dada en el Sinaí que prepara el establecimiento en Canaán.
23 20 (b) Este ángel parece distinto de Dios, ver Gn 16 7+, aun cuando su actuación es «la de Yahvé. Es un ángel custodio, Gn 24 7; Nm 20 16, que preludia el del libro de Tobías, ver Tb 5 4+.
23 21 «no te rebeles contra él» griego; «no le exasperes» hebr. —El nombre expresa y representa a la persona.
23 24 Estelas o piedras hincadas en hebreo *masṣebôt*, eran, en la religión cananea, símbolos de la divinidad masculina. Su culto es condenado por la ley, aquí y 34 13; Dt 7 5; 12 3; 16 22; Lv 26 1; por los profetas, Os 3 4; 10 1; Mi 5 12. La religión patriarcal las aceptaba, ver Gn 28 18 y 22.

Dt 7 20
Jos 24 12
Sb 12 8

Dt 7 22+
Jc 2 6+

Jc 20 1+
Dt 11 24

²⁷ «Enviaré mi terror delante de ti y sembraré la confusión entre todos los pueblos donde vayas; haré que todos tus enemigos huyan ante ti. ²⁸ Enviaré el pánico delante de ti, que ahuyentará de tu presencia al jivita, al cananeo y al hitita. ²⁹ No los expulsaré de tu presencia en un solo año, no sea que al quedar desierta la tierra se multipliquen contra ti las fieras del campo. ³⁰ Los expulsaré poco a poco,

hasta que tú te multipliques y te apoderes de la tierra*. ³¹ Y fijaré tus confines desde el mar de Suf hasta el mar de los filisteos, y desde el desierto hasta el Río*. Entregaré en tus manos a los habitantes del país para que los arrojes de tu presencia. ³² No pactes con ellos ni con sus dioses. ³³ No habitarán en tu país, no sea que te hagan pecar contra mí, pues dando culto a sus dioses caerías en un lazo.»

3. RATIFICACIÓN DE LA ALIANZA*

19 20; 28 1

Nm 11 16

Jos 24 16-24

34 27-28

Jos 4 3-9.
20-24
Jos 24 26-27
1 R 18 31

Sal 50 5
↗ Hb 9 18s
↗ Mt 26 28p
1 P 1 2

24 ¹ Después dijo a Moisés: «Sube a Yahvé, tú, Aarón, Nadab y Abihú, y setenta ancianos de Israel y postraos a lo lejos. ² Moisés se acercará solo a Yahvé; ellos no se acercarán ni el pueblo subirá con ellos.»

³ Moisés vino y transmitió al pueblo todas las palabras de Yahvé y todas sus normas*. Y todo el pueblo respondió a una: «Cumpliremos todas las palabras que ha dicho Yahvé.» ⁴ Entonces Moisés escribió todas las palabras de Yahvé; se levantó temprano y construyó al pie del monte un altar con doce estelas por las doce tribus de Israel. ⁵ Luego mandó a algunos jóvenes israelitas que ofreciesen holocaustos e inmolaran novillos como sacrificios de comunión para Yahvé. ⁶ Moisés tomó la mitad de la sangre y la echó en vasijas; la otra mitad la derramó sobre el altar. ⁷ Tomó después el libro de la Alianza y lo leyó ante el pueblo, que respondió: «Obedeceremos y haremos todo cuanto ha dicho Yahvé.» ⁸ Entonces

Moisés tomó la sangre*, roció con ella al pueblo y dijo: «Ésta es la sangre de la Alianza que Yahvé ha hecho con vosotros, de acuerdo con todas estas palabras.»

⁹ Moisés subió con Aarón, Nadab y Abihú y setenta ancianos de Israel, ¹⁰ y vieron al Dios de Israel. Bajo sus pies había como un pavimento de zafiro, trasparente como el mismo cielo. ¹¹ Él no extendió su mano contra los notables de Israel, que vieron a Dios, y después comieron y bebieron.

Moisés en el monte*.

¹² Yahvé dijo a Moisés: «Sube hacia mí, al monte; quédate allí y te daré las tablas de piedra, con la ley y los mandamientos que he escrito para que los enseñes.» ¹³ Se levantó Moisés, con Josué, su ayudante; y subieron* al monte de Dios. ¹⁴ Dijo a los ancianos: «Esperadnos aquí hasta que volvamos. Aarón y Jur quedan con vosotros; el que tenga al-

33 20+
Ez 1 26
Ap 4 2-3

31 18; 32 15
34 1.4.28s
Dt 4 13;
5 22; 9 9.15.
10 1-5
Jos 1 1+

23 30 La lentitud de la conquista se explica aquí como en Dt 7 22; otras explicaciones se habían dado, ver Jc 2 6+.
23 31 Es decir: el golfo de Ácaba - el Mediterráneo - el Sinaí - el Éufrates. Se trata de los límites ideales del imperio de David y Salomón, 1 R 5 1. Sobre otras descripciones de la Tierra Prometida, ver Nm 34 1+; Jc 20 1+.
24 El relato de los vv. 1-11 se compone de segmentos claramente distintos. 1° Los vv. 1-2 y 9-11, de origen difícil de determinar, pueden estar preparados por 19 13ᵇ+. Se ha considerado el pasaje como un paralelo de 3-8, y como tanto un relato de conclusión de alianza; pero esto no está justificado. De hecho este texto subraya que Moisés y sus compañeros han podido ver a Dios sin que Él haya descargado su mano sobre ellos, vv. 10-11. Únicamente la frase «comieron y bebieron» (v. 11), junto con paralelos de alianzas humanas, véase Gn 31 43-54, han permitido decir que habría habido allí una conclusión de alianza entre Dios e Israel. La sangre derramada sobre el altar y sobre el pueblo, así como la lectura solemne del «libro de la alianza», son elementos esenciales del rito. La importancia que tiene

para todo Israel queda expresada con la mención de las doce estelas, v. 4. Habríamos esperado alguna otra cosa, algo así como un banquete festivo, véase Ex 32 1-6, tanto más cuanto que se ofrecen sacrificios pacíficos o de comunión, v. 5. Es probable que la frase «comieron y bebieron», del final del v. 11, sea el final del relato de conclusión de la alianza; puede haber sido desplazado para romper el paralelismo con Ex 32 1-6, mientras que este paralelismo entre la conclusión de la alianza y su ruptura tenía una dimensión altamente significativa.
24 3 Las «palabras», únicas que se mencionan a continuación, se refieren al Decálogo, ver 20 1, llamado «libro de la Alianza» en el v. 7. La expresión «todas sus normas» ha sido introducida más tarde para justificar la inserción del Código de la Alianza en este contexto, véase 21 1, y para hacer de él también una parte de las cláusulas de la alianza.
24 8 Moisés, intermediario entre Yahvé y el pueblo, los une simbólicamente derramando sobre el altar, que representa a Yahvé, y luego sobre el pueblo, la sangre de una misma víctima. De este modo, el pacto es ratificado por la sangre, ver Lv 1 5+, como la Nueva Alianza lo será por la sangre de Cristo, Mt 26 28+; Hb 9 12-16+.
24 12 Los vv. 12-15 y 18ᵇ serían de origen elohísta; los vv. 15ᵇ-18 son un relato paralelo de tradición sacerdotal.
24 13 «subieron» griego; «y Moisés subió» hebr.

19 3

gún problema que recurra a ellos.» [15] Después Moisés subió al monte. La nube cubría el monte. [16] La gloria de Yahvé* descansaba sobre el monte Sinaí y la nube lo cubrió durante seis días. Al séptimo día, Yahvé llamó a Moisés de

19 9

en medio de la nube. [17] La gloria de Yahvé aparecía a los israelitas como fuego devorador sobre la cumbre del monte. [18] Moisés penetró en la nube y subió al monte. Moisés permaneció en el monte cuarenta días y cuarenta noches*.

Dt 4 36

Dt 9 9
Ex 34 28

4. NORMAS REFERENTES A LA CONSTRUCCIÓN DEL SANTUARIO Y A SUS MINISTROS*

Aportaciones para el Santuario.

35 4-29

25 [1] Yahvé habló así a Moisés: [2] Di a los israelitas que me reserven ofrendas. Me reservaréis la ofrenda de todo el que la ofrezca de corazón. [3] Éstas son las ofrendas que reservaréis: oro, plata y bronce; [4] púrpura violeta y escarlata, carmesí, lino fino y pelo de cabra; [5] pieles de carnero teñidas de rojo, cueros finos* y maderas de acacia; [6] aceite para el alumbrado, aromas para el óleo de la unción y para el incienso aromático; [7] piedras de ónice y piedras de engaste para el efod y el pectoral. [8] Hazme* un Santuario para que yo habite en medio de ellos*. [9] Lo harás conforme al modelo de la Morada y del mobiliario que voy a mostrarte.

25 40+;
26 30; 27 8
Nm 8 4

La Tienda y su mobiliario. El Arca*.

37 1-9

[10] Harás un arca de madera de acacia de dos codos y medio de largo*, codo y medio de ancho y codo y medio de alto. [11] La revestirás de oro puro, por dentro y por fuera la revestirás; y además pondrás en su derredor una moldura de oro. [12] Fundirás para ella cuatro anillas de oro, que pondrás en sus cuatro pies, dos anillas a un costado, y dos anillas al otro. [13] Harás también varales de madera de acacia, que revestirás de oro, [14] y los pasarás por las anillas de los costados del arca, para transportarla. [15] Los varales deben quedar en las anillas del arca, y no se sacarán de allí. [16] En el arca pondrás el Testimonio* que yo te voy a dar.

[17] Harás asimismo un propiciatorio* de oro puro, de dos codos y medio de largo

2 S 6 7+

24 12+
Dt 10 1-2
Lv 16 12-15
Rm 3 25+

---

24 16 La «gloria de Yahvé», en la tradición sacerdotal, 13 22+, es la manifestación de la presencia divina. Es un fuego que se distingue claramente, aquí y 40 34-35, de la nube que lo acompaña y lo envuelve. Estos rasgos están tomados de las grandes teofanías que se desarrollan en el marco de una tempestad, 19 16+, pero se impregnan de un sentido superior: esta brillante luz, cuyos reflejos irradiará el rostro de Moisés, 34 29, expresa la majestad inaccesible y temible de Dios, y puede aparecer con independencia de toda tempestad, 33 22. La «gloria» llena la Tienda recién levantada, 40 34-35, como también tomará posesión del templo de Salomón, 1 R 8 10-11. Ezequiel ve cómo abandona Jerusalén en vísperas de su destrucción, Ez 9 3; 10 4.18-19; 11 22-23, y vuelve al nuevo santuario, Ez 43 1s, pero esta «gloria» es para él una luminosa apariencia humana, Ez 1 26-28. En otros textos, especialmente en los Salmos, la gloria de Yahvé expresa únicamente la majestad de Dios o el honor que se le debe, a menudo con un matiz escatológico, o también, Ex 15 7, su poder milagroso; ver la «gloria» de Jesús, Jn 2 11; 11 40.
24 18 Compárense los cuarenta días del viaje de Elías hacia el Sinaí, 1 R 19 8, y los cuarenta días de Cristo en el desierto, Mt 4 2p.
25 Los caps. 25-31, de tradición sacerdotal, amalgaman elementos antiguos como el Arca y su Tienda, que seguramente, como el mismo culto, se remontan a Moisés, mientras que otros elementos proceden de la evolución del culto en el decurso de la historia de Israel. Al atribuir todo a órdenes expresas de Yahvé a Moisés, el texto afirma el carácter divino de las instituciones religiosas de Israel.
25 5 Lit. «piel de tajás»; sentido dudoso.
25 8 (a) «Hazme» griego, sir.; «me han de hacer» hebr.
25 8 (b) Dios es venerado en los lugares donde de un

modo especial se ha hecho presente por una teofanía Gn 12 7; 28 12-19, etc. El Sinaí, donde dos ha esplendor se ha manifestado, es el «Monte de Dios», 3 1; 1 R 19 8, su residencia, Dt 33 1; Jc 5 4-5; Ha 3 3; Sal 68 9. El Arca es la señal de esta presencia, 25 22; ver 1 S 4 4; 2 S 6 2, y la Tienda que contiene el Arca es la Morada de Yahvé, v. 9 y 40 34, que sigue peregrinando con su pueblo, 2 S 7 6, hasta que el templo de Jerusalén se convierta en su Casa, 1 R 8 10.
25 10 (a) El arca era un cofre rectangular, trasportado con la ayuda de varales de madera. Sobre su historia, ver especialmente Jos 3 3; 6 4s; 1 S 4-6; 2 S 6; 1 R 8 3-9. Desapareció en la ruina de Jerusalén (o quizá desde el reinado impío de Manasés) y ya nunca fue reconstruida, ver Jr 3 16.
25 10 (b) Un codo mide unos 44 cm.
25 16 «Testimonio»: traducción corriente de la palabra 'edût' que, conforme a los paralelos orientales, designa propiamente las cláusulas de un tratado impuesto por un soberano a su vasallo. El «Testimonio» aquí es el Decálogo, escrito en tablas de piedra que algunas veces son llamadas «tablas del Testimonio», 31 18; 32 15; 34 29. En consecuencia, al arca se le llama «arca del Testimonio», 25 22; 26 33; 40 21.
25 17 Traducción corriente de la palabra 'kappôret', de la raíz 'kafar': «cubrir», pero también «hacer la expiación», «borrar». Aquí se presenta el 'kappôret' como distinto del arca. Interviene, sin arca, en el ritual postexílico del día de la Expiación, Lv 16 15, y 1 Cro 28 11 llama al Santo de los Santos el «lugar del Propiciatorio». Parece ser que el propiciatorio y los querubines que le son anexos eran en el templo postexílico el sustituto del arca y de los querubines del templo de Salomón. La descripción sacerdotal los ha reunido, ver v. 21. Yahvé aparece sobre el propiciatorio y desde allí habla a Moisés, v. 22; Lv 16 2; Nm 7 89.

y codo y medio de ancho. ¹⁸ Harás, además, dos querubines* de oro macizo; los harás en los dos extremos del propiciatorio: ¹⁹ haz el primer querubín en un extremo y el segundo en el otro. Los querubines formarán un cuerpo con el propiciatorio, en sus dos extremos. ²⁰ Estarán con las alas extendidas por encima, cubriendo con ellas el propiciatorio, uno frente al otro, con las caras vueltas hacia el propiciatorio. ²¹ Pondrás el propiciatorio encima del arca; y pondrás dentro del arca el Testimonio que yo te daré. ²² Allí me encontraré contigo; desde encima del propiciatorio, de en medio de los dos querubines colocados sobre el arca del Testimonio, te comunicaré todo lo que haya de ordenarte para los israelitas.

La mesa de los panes de la Presencia*.

²³ Harás una mesa de madera de acacia, de dos codos de largo, uno de ancho, y codo y medio de alto. ²⁴ La revestirás de oro puro y le pondrás alrededor una moldura de oro. ²⁵ Harás también en torno de ella un reborde de un palmo de ancho, con una moldura de oro alrededor del mismo. ²⁶ Le harás cuatro anillas de oro, y pondrás las anillas en los cuatro ángulos correspondientes a sus cuatro pies. ²⁷ Estarán las anillas junto al reborde, para pasar por ellas los varales y transportar la mesa. ²⁸ Harás los varales de madera de acacia y los revestirás de oro. Con ellos se transportará la mesa. ²⁹ Harás también las fuentes, los vasos, los jarros y las tazas para las libaciones. De oro puro los harás. ³⁰ Y sobre la mesa pondrás perpetuamente delante de mí el pan de la Presencia.

El candelabro.

³¹ Harás también un candelabro de oro puro. Harás de oro macizo el candela-

bro, su pie y su tallo. Sus cálices —corolas y flores— formarán un cuerpo con él. ³² Saldrán seis brazos de sus lados: tres brazos de un lado y tres del otro. ³³ El primer brazo tendrá tres cálices en forma de flor de almendro, con corola y flor; también el segundo brazo tendrá tres cálices en forma de flor de almendro, con corola y flor; y así los seis brazos que salen del candelabro. ³⁴ En el mismo candelabro habrá cuatro cálices en forma de flor de almendro, con sus corolas y sus flores: ³⁵ una corola debajo de los dos primeros brazos que forman cuerpo con el candelabro; una corola debajo de los dos siguientes, y una corola debajo de los dos últimos brazos; así con los seis brazos que salen del candelabro. ³⁶ Las corolas y los brazos formarán un cuerpo con el candelabro. Todo ello formará un cuerpo de oro puro macizo. ³⁷ Harás sus siete lámparas, que colocarás encima de manera que den luz al frente. ³⁸ Sus despabiladeras y sus ceniceros serán de oro puro. ³⁹ Se empleará un talento de oro puro para hacer el candelabro con todos estos utensilios. ⁴⁰ Fíjate para que lo hagas conforme al modelo que se te ha mostrado en el monte.

La Morada*. Cortinajes y toldos.

26 ¹ Harás la Morada con diez tapices, de lino fino torzal, de púrpura violeta y escarlata y de carmesí; bordarás en ellos unos querubines. ² La longitud de cada tapiz será de veintiocho codos y la anchura de cuatro. Todos los tapices tendrán las mismas medidas. ³ Cinco tapices estarán unidos entre sí y lo mismo los otros cinco. ⁴ Pondrás lazos de púrpura violeta en el borde del tapiz con que termina la primera serie, y lo mismo harás en el borde del tapiz con que termina

Márgenes:
26 34

37 10-16

Nm 4 7

Lv 24 5-9
1 S 21 4-7

37 17-24
Lv 24 2-4

25 9+
Hb 8 5

33 7-11;
36 8-19
〞Hb 9 11.24

---

25 18 El nombre corresponde al de los *kâribu* babilónicos: genios de figura semihumana y semianimal, que velaban a la puerta de los templos y de los palacios. Según las descripciones bíblicas y la iconografía oriental, los querubines son esfinges aladas. En el templo de Jerusalén rodean el arca, 1 R 6 23-28. No aparecen con seguridad en el culto de Yahvé más que a partir de la estancia del arca en Silo, donde se dirá que Yahvé «está sentado sobre los querubines», 1 S 4 4; 2 S 6 2; ver 2 R 19 15; Sal 80 2; 99 1, o «cabalga sobre los querubines», 2 S 22 11; ver Sal 18 11. En Ez 1 y 10 tiran del carro de Dios. Los querubines no existían en el culto del desierto. Los del templo de Salomón desaparecieron con el arca. En el templo postexílico, se añadieron al propiciatorio dos pequeñas figuras de querubines, ver n. precedente.
25 23 Lit. «panes de la faz», es decir, los panes propios de Yahvé; ver, sobre ellos, Lv 24 5-9; 1 S 21 5.

26 «Morada», *miškan*, es el término propio de la tradición sacerdotal para el santuario del desierto; el término generalmente se emplea sin precisiones, pero a veces se dice «Morada del Testimonio», ver 25 16+, o «Morada de la Tienda del Encuentro». Vuelve, pues, la tradición sacerdotal a coincidir con el nombre dado a este santuario en las tradiciones antiguas, la «Tienda del Encuentro», *'ohel mô'ed*, nombre que ella misma emplea con mayor frecuencia. —La descripción, difícilmente inteligible en sus detalles, es la de un santuario desmontable, adaptada a los desplazamientos del período nómada. Proyecta sobre el desierto el plano del templo de Salomón; pero los tapices que cubren la Morada conservan el recuerdo del santuario mosaico. Era una tienda, que las tradiciones antiguas no nos describen pero de las que sí nos hablan, ver Ex 37 7-11; 38 8; Nm 11 16s; 12 4-10; Dt 31 14-15.

el segundo conjunto. [5] Pondrás cincuenta lazos en el primer tapiz y otros cincuenta en el borde del último tapiz del segundo conjunto, correspondiéndose los lazos unos a otros. [6] Harás cincuenta broches de oro y con los broches enlazarás entre sí los tapices*, para que la Morada forme un espacio único.

[7] Tejerás también piezas de pelo de cabra para que a modo de tienda cubran la Morada. Tejerás once de estas piezas. [8] La longitud de cada pieza será de treinta codos; de cuatro, la anchura. Las once piezas tendrán las mismas medidas. [9] Juntarás cinco piezas en una parte y seis en la otra, y doblarás la sexta pieza ante la fachada de la Tienda. [10] Harás cincuenta lazos en el borde de la última pieza del primer conjunto, y cincuenta lazos en el borde de la última pieza del segundo conjunto. [11] Harás cincuenta broches de bronce e introducirás los broches en los lazos, uniendo así la Tienda en modo que forme un espacio único.

[12] Como las piezas de la Tienda exceden en amplitud, harás extender la mitad de la pieza excedente por detrás de la Morada. [13] Lo que excede en longitud de las piezas de la Tienda —un codo por cada lado— se extenderá a ambos lados de la Morada, a un lado y a otro, para cubrirla.

[14] También harás para la Tienda un toldo de pieles de carnero teñidas de rojo; y encima otro toldo de cueros finos.

36 20-34 ### El armazón.

[15] También harás para la Morada tableros de madera de acacia, y los pondrás de pie. [16] Cada tablero tendrá diez codos de largo y codo y medio de ancho. [17] Tendrá además dos espigas* paralelas. Harás lo mismo para todos los tableros de la Morada. [18] Pondrás veinte de los tableros en el flanco del Negueb, hacia el sur. [19] Harás cuarenta basas de plata para colocarlas debajo de los veinte tableros: dos basas debajo de un tablero para sus dos espigas y dos basas debajo del otro tablero para sus dos espigas. [20] Para el segundo flanco de la Morada, la parte del norte, otros veinte tableros,

[21] con sus cuarenta basas de plata: dos basas debajo de un tablero y dos basas debajo de otro tablero. [22] Para la parte posterior de la Morada, hacia el occidente, harás seis tableros; [23] y para los ángulos de la Morada, en su parte posterior, dos más, [24] que estarán unidos, desde abajo hasta arriba, hasta la primera anilla. Así se hará con los dos tableros destinados a los dos ángulos. [25] Serán, pues, ocho tableros con sus basas de plata; dieciséis basas, dos debajo de un tablero y dos basas debajo del otro tablero.

[26] Harás, además, cinco travesaños de madera de acacia para los tableros de un flanco de la Morada, [27] cinco travesaños para los tableros del otro flanco, y cinco travesaños para los tableros de la parte posterior de la Morada, hacia el occidente. [28] El travesaño central pasará a media altura de los tableros, de un extremo al otro. [29] Revestirás de oro los tableros y les harás anillas de oro, para pasar los travesaños. También revestirás de oro los travesaños. [30] Erigirás la Morada conforme al modelo que se te ha mostrado en el monte.

25 40+

El velo.

36 35-38
Lv 16
/ Hb 6 19;
9 1-10.24;
10 19s

[31] Harás un velo de púrpura violeta y escarlata, de carmesí y lino fino torzal; bordarás en él unos querubines. [32] Lo colgarás de cuatro postes de acacia, revestidos de oro, provistos de ganchos de oro y de sus cuatro basas de plata. [33] Colgarás el velo debajo de los broches; y allá, detrás del velo, llevarás el arca del Testimonio, y el velo os servirá para separar el Santo del Santo de los Santos*. [34] Pondrás el propiciatorio sobre el arca del Testimonio, en el Santo de los Santos. [35] Fuera del velo colocarás la mesa, y frente a la mesa, en el lado meridional de la Morada, el candelabro; pondrás la mesa en el lado norte. [36] Harás para la entrada de la Tienda una cortina de púrpura violeta y escarlata, de carmesí y lino fino torzal, labor de recamador. [37] Para la cortina harás cinco postes de acacia, que revestirás de oro; sus ganchos serán también de oro, y fundirás para ellos cinco basas de bronce.

25 21

---

26 6 Hay, pues, dos series de tapices que forman techo para la Morada, techo que será cubierto por el tejido más basto de los vv. 7-13 y por los toldos del v. 14.
26 17 Cada basa debía estar provista de dos muescas en las que venían a insertarse las espigas colocadas en la parte inferior de cada tablero.

26 33 El velo aísla de los fieles el Santo de los Santos, morada de Yahvé. Sólo el sumo sacerdote penetra en él el gran día de la Expiación, Lv 16 (y ver Hb 9 6-14). La misma separación existe entre el Santo y el Santo de los Santos en el templo de Salomón, 1 R 6 16; el velo se encuentra también en el templo de Herodes, Mt 27 51p.

38 1-7
1 R 8 64+
Ez 43 13-17

El altar de los holocaustos.

27 ¹ Harás el altar* de madera de acacia de cinco codos de largo y cinco de ancho; será cuadrado y tendrá tres codos de alto. ² Harás sobresalir de sus cuatro ángulos unos cuernos*, que formarán un cuerpo con él; lo revestirás de bronce. ³ Le harás ceniceros para la grasa incinerada, badiles y acetres, tenedores y braseros. Fundirás de bronce todos estos utensilios. ⁴ Fabricarás para él una rejilla de bronce, en forma de red; y en los cuatro extremos de la red fijarás cuatro anillas de bronce. ⁵ La colocarás bajo la cornisa inferior del altar, de modo que llegue desde abajo hasta la mitad del altar. ⁶ Harás varales para el altar, varales de madera de acacia, que revestirás de bronce. ⁷ Para transportar el altar, se pasarán estos varales por las anillas de ambos lados del altar. ⁸ Harás el altar hueco, de paneles; conforme a lo que se te ha mostrado en el monte, así lo harás.

38 9-20
Ez 40 17-49

El atrio*.

⁹ También harás el atrio de la Morada. Del lado del Negueb, hacia el sur, el atrio tendrá un cortinaje de lino fino torzal, en una longitud de cien codos a uno de los lados. ¹⁰ Sus veinte postes descansarán sobre veinte basas de bronce; sus ganchos y varillas serán de plata. ¹¹ A lo largo del lado septentrional habrá igualmente un cortinaje en una longitud de cien codos, con sus veinte postes que descansarán sobre veinte basas de bronce; los ganchos de los postes y sus varillas serán de plata. ¹² A lo ancho del atrio, por el lado occidental, habrá un cortinaje de cincuenta codos; sus postes serán diez, y diez igualmente las basas en que descansarán. ¹³ La anchura del atrio, al este, al oriente, será de cincuenta codos. ¹⁴ Quince codos tendrá el cortinaje de un lado, con sus tres postes y sus tres basas. ¹⁵ Por el otro lado, otro cortinaje de quince codos, con sus tres postes y sus tres basas. ¹⁶ La puerta del atrio tendrá un tapiz de veinte codos, de

púrpura violeta y escarlata, de carmesí y lino fino torzal, labor de recamador. Tendrá cuatro postes y cuatro basas. ¹⁷ Todos los postes que rodean al atrio tendrán varillas de plata; sus ganchos serán de plata y sus basas de bronce. ¹⁸ El atrio tendrá cien codos de largo, cincuenta codos de ancho* y cinco codos de alto; todo de lino fino torzal y con sus basas de bronce. ¹⁹ Todos los utensilios de la Morada para toda clase de servicios con toda su clavazón y toda la clavazón del atrio, serán de bronce.

El aceite para el alumbrado.

Lv 24 2-4

²⁰ Mandarás a los israelitas que te traigan aceite puro de oliva molida para el alumbrado, para alimentar continuamente la llama. ²¹ Aarón y sus hijos lo tendrán dispuesto delante de Yahvé desde la tarde hasta la mañana en la Tienda del Encuentro, fuera del velo que cuelga delante del Testimonio. Decreto perpetuo será éste para las generaciones de los israelitas.

30 7-8
1 S 3 3

Los ornamentos sacerdotales.

Lv 8-10

28 ¹ Manda acercarse a ti de en medio de los israelitas a tu hermano Aarón, con sus hijos, para que ejerza mi sacerdocio: Aarón, con Nadab y Abihú, Eleazar e Itamar, hijos de Aarón. ² Harás para Aarón, tu hermano, vestiduras sagradas, que le den majestad y esplendor. ³ Hablarás tú con todos los artesanos hábiles* a quienes he llenado de espíritu de sabiduría; ellos harán las vestiduras de Aarón para que sea consagrado sacerdote mío. ⁴ Harán las vestiduras siguientes: un pectoral, un efod, un manto, una túnica bordada, una tiara y una faja. Harán, pues, a tu hermano Aarón y a sus hijos vestiduras sagradas para que ejerzan mi sacerdocio. ⁵ Tomarán para ello oro, púrpura violeta y escarlata, carmesí y lino fino.

El efod*.

39 2-7

⁶ Bordarán el efod de oro, púrpura violeta y escarlata, carmesí y lino fino tor-

---

27 1 El altar por excelencia, el de los holocaustos, 1 R 8 64+.
27 2 Los «cuernos» son unos salientes en los cuatro ángulos del altar. A estos cuernos se les atribuía una santidad especial. La sangre del sacrificio se aplicaba a ellos, **29 12**, así como también a los cuernos del altar de los perfumes, **30 10**. El criminal podía asirse a ellos para eludir el castigo, 1 R 1 50; 2 28.
27 9 Espacio consagrado en torno al santuario. Aquí queda cerrado por una barrera de madera y de lienzo.

Equivale a los patios del templo de Jerusalén, 1 R 6 36; Ez 40; Mt 21 12p; Hch 21 27-30.
27 18 «cincuenta codos» sam.; «cincuenta por cincuenta» hebr.
28 3 Lit. «los sabios de corazón».
28 6 El hebreo bíblico aplica el nombre de efod (etimología incierta) a tres realidades diferentes: 1.º el efod instrumento adivinatorio que servía para consultar a Yahvé, ver 1 S 2 18+; 2.º el efod bad, «paño de lino», que vestían los ministros del culto ver 1 S 2 18+; 3.º el efod

zal. [7] Se le pondrán dos hombreras y se fijará por sus dos extremos. [8] La cinta con que se ciña el efod será de la misma hechura y formará con él una misma pieza: de oro, púrpura violeta y escarlata, carmesí y lino fino torzal. [9] Tomarás dos piedras de ónice, sobre las cuales grabarás los nombres de los israelitas: [10] seis de sus nombres en una piedra y los seis restantes en la otra, por orden de nacimiento. [11] Como se tallan las piedras y se graban los sellos, así harás grabar esas dos piedras con los nombres de los israelitas; las harás engarzar en engastes de oro. [12] Después pondrás las dos piedras sobre las hombreras del efod, como piedras que me hagan recordar a los hijos de Israel, y así llevará Aarón sus nombres sobre sus hombros para recuerdo delante de Yahvé. [13] Harás engarces de oro; [14] y también dos cadenillas de oro puro; las harás trenzadas a manera de cordones, y fijarás las cadenillas trenzadas en los engarces.

(margen: 30 16 / Nm 31 54)

El pectoral.

(margen: 39 8-21)

[15] Bordarás también el pectoral del juicio; lo harás al estilo de la labor del efod. Lo harás de oro, púrpura violeta y escarlata, de carmesí y lino fino torzal. [16] Será cuadrado y doble, de un palmo* de largo y otro de ancho. [17] Lo llenarás de pedrería, poniendo cuatro filas de piedras: en la primera fila, un sardio, un topacio y una esmeralda; [18] en la segunda fila, un rubí, un zafiro y un diamante; [19] en la tercera fila, un ópalo, una ágata y una amatista; [20] en la cuarta fila, un crisólito, un ónice y un jaspe; todas estarán engastadas en oro. [21] Las piedras corresponderán a los nombres de los hijos de Israel: doce, como los nombres de ellos. Estarán grabadas como los sellos, cada una con su nombre, conforme a las doce tribus. [22] Para el pectoral harás cadenillas de oro puro, trenzadas a manera de cordones; [23] *y harás también para el pectoral dos anillas de oro que fijarás en sus dos extremos. [24] Pasarás los dos cor-

(margen: 39 10-13 / Ez 28 13 / Ap 21 19s)

dones de oro por las dos anillas, en los extremos del pectoral; [25] unirás los dos extremos de los dos cordones a los dos engarces, y los fijarás en la parte delantera de las hombreras del efod. [26] Harás otras dos anillas de oro que pondrás en los dos extremos del pectoral, en el borde interior que mira hacia el efod. [27] Harás otras dos anillas de oro y las fijarás en la parte inferior de las dos hombreras del efod, por delante, cerca de su unión encima de la cinta del efod. [28] Sujetarán el pectoral por sus anillas a las anillas del efod, con un cordón de púrpura violeta, para que el pectoral quede sobre la cinta del efod y no se desprenda del efod. [29] Así llevará Aarón sobre su corazón los nombres de los hijos de Israel, en el pectoral del juicio, siempre que entre en el Santuario, para recuerdo perpetuo delante de Yahvé. [30] En el pectoral del juicio pondrás el *urim* y el *tumim*, que estarán sobre el corazón de Aarón cuando se presente ante Yahvé. Así llevará Aarón constantemente sobre su corazón, delante de Yahvé, el oráculo* de los israelitas.

(margen: 1 S 14 41+)

El manto.

(margen: 39 22-26)

[31] Tejerás el manto del efod todo él de púrpura violeta. [32] Habrá en su centro una abertura para la cabeza; esta abertura llevará en derredor una orla, tejida como el cuello de una cota, para que no se rompa. [33] En todo su ruedo inferior harás granadas de púrpura violeta y escarlata, de carmesí y lino fino torzal; y entre ellas, también alrededor, pondrás campanillas de oro*: [34] una campanilla de oro y una granada; otra campanilla de oro y otra granada; así por todo el ruedo inferior del manto. [35] Aarón lo llevará en su ministerio y se oirá el tintineo cuando entre en el Santuario, ante Yahvé, y cuando salga; así no morirá*.

(margen: Si 45 9)

La diadema.

(margen: 39 27-31)

[36] Harás, además, una lámina de oro puro y en ella grabarás como se graban

del sumo sacerdote, especie de coselete sujeto por un ceñidor y hombreras. A este coselete va adherido el «pectoral del juicio», vv. 15s, que contiene las suertes sagradas, el Urim y el Tumim, v. 30; Lv 8 7-8, ver 1 S 14 41+. Así pues, el efod del sumo sacerdote queda relacionado con el efod adivinatorio, y su nombre recuerda el antiguo vestido de los sacerdotes. Pero estas correlaciones son artificiales: la descripción del sumo sacerdote sólo vale para la época postexílica, y no hay testimonio del uso del efod adivinatorio, con las suertes sagradas, después de David. —Ver, además, Jc 8 27+.

28 16 Unos 22 cm.
28 23 Los vv. 23-28 del hebreo han sido abreviados en el griego y colocados después del v. 29.
28 30 Es decir, el procedimiento que servía para juzgar, por medio de 3 oráculos, a los israelitas, ver 28 6+.
28 33 «y lino fino torzal» griego, sam.; omitido por hebr.
28 35 Vestigio de una concepción primitiva ampliamente difundida, según la cual el tintineo de las campanillas alejaba a los demonios.

Za 14 20
Jn 17 19

los sellos: «Consagrado a Yahvé.» [37] La sujetarás con un cordón de púrpura violeta, de modo que esté fija sobre la tiara; estará en la parte delantera de la tiara. [38] Quedará sobre la frente de Aarón, pues Aarón cargará con las faltas cometidas por los israelitas en las cosas sagradas; es decir, al ofrecer toda clase de santas ofrendas*. La tendrá siempre sobre su frente, para que hallen favor delante de Yahvé. [39] Tejerás la túnica con lino fino; harás también la tiara de lino fino, y la faja con brocado.

Vestiduras de los sacerdotes.

20 26+

[40] Para los hijos de Aarón harás túnicas. Les harás también fajas y mitras que les den majestad y esplendor. [41] *Vestirás así a tu hermano Aarón y a sus hijos; los ungirás, los investirás* y los consagrarás para que ejerzan mi sacerdocio. [42] Hazles también calzones* de lino, para cubrir su desnudez desde la cintura hasta los muslos. [43] Aarón y sus hijos los llevarán al entrar en la Tienda del Encuentro, o al acercarse al altar para oficiar en el Santuario, para que no incurran en culpa y mueran. Decreto perpetuo será éste para él y su posteridad.

Lv 8
Hb 7 26-28

Consagración de Aarón y sus hijos. Preparación.

Lv 2 4

29 [1] Para consagrarlos a mi sacerdocio has de proceder con ellos de esta manera. Toma un novillo y dos carneros sin defecto, [2] panes ázimos y tortas sin levadura: unas, amasadas con aceite, y otras, untadas en aceite. Las harás con flor de harina de trigo. [3] Las pondrás en un canastillo y las presentarás en él junto con el novillo y los dos carneros.

Purificación, vestidura y unción.

40 12-15
Lv 8 2-13

[4] Mandarás que Aarón y sus hijos se acerquen a la entrada de la Tienda del Encuentro, donde los bañarás con agua*. [5] Tomarás las vestiduras y vestirás a Aarón con la túnica, el manto del efod, el efod y el pectoral, que ceñirás con la cinta del efod. [6] Pondrás la tiara sobre su cabeza, y sobre la tiara colocarás la diadema sagrada. [7] Entonces tomarás el óleo de la unción, lo derramarás sobre su cabeza y lo ungirás.

28 36s; 39 30

30 22-23+

[8] Harás igualmente que se acerquen sus hijos y los vestirás con túnicas; [9] ceñirás a Aarón y a sus hijos las fajas y les pondrás las mitras. A ellos les corresponderá el sacerdocio por decreto perpetuo. Así investirás a Aarón y a sus hijos.

Ofrendas.

[10] Presentarás el novillo ante la Tienda del Encuentro, y Aarón y sus hijos impondrán las manos sobre la cabeza del novillo*. [11] Luego inmolarás el novillo delante de Yahvé, a la entrada de la Tienda del Encuentro. [12] Tomando sangre del novillo, untarás con tu dedo los cuernos del altar, y derramarás toda la sangre al pie del altar. [13] Saca todo el sebo que cubre las entrañas, el que queda junto al hígado, y los dos riñones con el sebo que los envuelve, para quemarlo en el altar. [14] Pero quemarás fuera del campamento la carne del novillo, con su piel y sus excrementos. Es sacrificio por el pecado.

Lv 1 5+

Lv 4 7

Lv 4+

[15] Después tomarás uno de los carneros, y Aarón y sus hijos impondrán las manos sobre la cabeza del carnero. [16] Una vez inmolado el carnero, tomarás su sangre y la derramarás en torno al altar. [17] Luego despedazarás el carnero, lavarás sus entrañas y sus patas; las pondrás sobre sus porciones y sobre su cabeza, [18] y quemarás todo el carnero en el altar. Es holocausto para Yahvé, calmante aroma* de manjares abrasados en honor de Yahvé. [19] Tomarás también el segundo carnero, y Aarón y sus hijos impondrán las manos sobre la cabeza del carnero. [20] Una vez inmolado, tomarás su sangre y untarás con ella el lóbulo de la oreja derecha de Aarón y el lóbulo de la oreja derecha* de sus hijos; el pulgar de su mano derecha y el pulgar de su pie derecho, y derramarás la sangre alrede-

24 6

Lv 1 1+
Lv 1 9+

---

28 38 El sumo sacerdote, por hallarse consagrado a Yahvé, reparaba en su persona las faltas rituales involuntarias.
28 41 (a) Este v., que se anticipa a 29 1 y extiende a los simples sacerdotes la unción que 29 7 y Lv 8 12 reservan al sumo sacerdote, es una adición posterior.
28 41 (b) Lit. «llenarás sus manos». Es el gesto simbólico de poner por vez primera entre las manos del sacerdote las porciones de la víctima que aquél debe ofrecer en sacrificio, 29 9; 32 29; Lv 8 27-28; Jc 17 5.12; 1 R 13 33. Equivale al rito de la «entrega de los instru-

mentos» en la ordenación romana.
28 42 Para evitar toda indecencia. El Código de la Alianza, 20 26, prohibía por esta razón los altares con gradas; pero en el templo había uno de éstos.
29 4　Baño completo diferente de las abluciones de 30 19-21, y destinado a asegurar la pureza ritual requerida.
29 10 Para hacer de él su propio sacrificio.
29 18 Este antropomorfismo expresa la satisfacción que Dios encuentra en la ofrenda que se le hace, ver más abajo *passim*; Gn 8 21; Lv 1 9; Nm 28 2.
29 20 «la oreja derecha» versiones; «la oreja» hebr.

dor del altar. ²¹ *Tomarás luego sangre de la que está sobre el altar, y óleo de la unción, para rociar a Aarón y sus vestiduras, a sus hijos y las vestiduras de sus hijos juntamente con él. Así quedará consagrado él y sus vestiduras, y con él sus hijos y las vestiduras de sus hijos.

Investidura de los sacerdotes.

²² Toma después el sebo de este carnero: la cola, el sebo que cubre las entrañas, el que queda junto al hígado, los dos riñones con el sebo que los envuelve y la pierna derecha, porque se trata del carnero de la investidura. ²³ Toma del canastillo de los ázimos que está delante de Yahvé un pan redondo, una torta de pan de aceite y otra untada de aceite. ²⁴ Lo pondrás todo sobre las palmas de las manos de Aarón y de sus hijos; y lo mecerás como ofrenda mecida* delante de Yahvé. ²⁵ Después lo tomarás de sus manos y lo quemarás en el altar junto al holocausto como calmante aroma ante Yahvé. Es un manjar abrasado en honor de Yahvé. ²⁶ Tomarás también el pecho del carnero inmolado por la investidura de Aarón, y lo mecerás como ofrenda mecida delante de Yahvé; esa será tu porción. ²⁷ Así santificarás el pecho de la ofrenda mecida y la pierna de la ofrenda reservada, es decir, lo que ha sido mecido y reservado del carnero de la investidura de Aarón y de sus hijos; ²⁸ según decreto perpetuo, pertenecerán a Aarón y a sus hijos, como porción recibida de los israelitas, porque es ofrenda reservada; será reservada de lo que ofrecen los israelitas, en sus sacrificios de comunión como ofrenda reservada a Yahvé. ²⁹ Las vestiduras sagradas de Aarón serán, después de él, para sus hijos, de modo que, vestidos con ellas, sean ungidos e investidos. ³⁰ Por siete días las vestirá aquel de sus hijos que le suceda como sacerdote y entre en la Tienda del Encuentro para oficiar en el Santuario.

Banquete sagrado.

³¹ Tomarás después el carnero de la investidura y cocerás su carne en lugar sagrado; ³² Aarón y sus hijos comerán a la entrada de la Tienda del Encuentro la carne del carnero y el pan del canastillo. ³³ Comerán aquello que ha servido para su expiación al investirlos y consagrarlos; pero que ningún laico coma de ello, porque es cosa sagrada. ³⁴ Si a la mañana siguiente sobra algo de la carne o del pan de la investidura, quemarás este resto; no ha de comerse, porque es cosa sagrada. ³⁵ Harás, pues, con Aarón y con sus hijos de esta manera, según todo lo que te he mandado. Siete días invertirás en la investidura.

Consagración del altar de los holocaustos.

³⁶ Cada día ofrecerás un novillo en expiación como sacrificio por el pecado; y purificarás, mediante tu expiación, el altar, que ungirás para consagrarlo. ³⁷ Siete días harás la expiación por el altar, y lo santificarás; el altar será cosa sacratísima; todo cuanto toque al altar quedará consagrado.

Holocausto cotidiano.

³⁸ He aquí lo que has de ofrecer sobre el altar: dos corderos primales cada día, perpetuamente. ³⁹ Ofrecerás un cordero por la mañana y el otro entre dos luces; ⁴⁰ y con el primer cordero, una décima de medida* de flor de harina, amasada con un cuarto de sextario* de aceite de oliva molida, y como libación un cuarto de sextario de vino. ⁴¹ Ofrecerás el otro cordero entre dos luces; lo ofrecerás con la misma oblación que a la mañana y con la misma libación, como calmante aroma del manjar abrasado en honor de Yahvé, ⁴² en holocausto perpetuo, de generación en generación, ante Yahvé, a la entrada de la Tienda del Encuentro, donde me encontraré contigo*, para hablarte allí. ⁴³ Me encontraré con los israelitas en ese lugar, que será consagrado por mi gloria. ⁴⁴ Consagraré la Tienda del Encuentro y el altar, y consagraré también a Aarón y a sus hijos para que ejerzan mi sacerdocio. ⁴⁵ Moraré en medio de los israelitas, y seré su Dios. ⁴⁶ Y reconocerán que yo soy Yahvé, su Dios, que los saqué del país de Egipto para morar entre ellos. Yo, Yahvé, su Dios.

Lv 8 33s
29 2-3
Lv 7 30s
Lv 8 31
Ez 43 18-27
Lv 16 18-20
Nm 4 15.20
2 S 6 6-7
‖Lv 6 2-6+
‖Nm 28 3-8+
Ez 46 13-15
25 22+
24 16+; 40 34
25 8

29 21 Adición posterior cuyo lugar varía. Griego: antes del 20ᵇ; sam.: después de 28. En Lv después de 8 29, que corresponde a 29 26 de Ex.
29 24 Este rito de presentación consistía en balancear de delante hacia atrás el objeto que así quedaba ofrecido a la divinidad antes que pasara a posesión del sacerdote.
29 40 (a) Es decir, unos cuatro litros y medio.
29 40 (b) Es decir, 1,87 litros poco más o menos.
29 42 «contigo» sam., griego; «con vosotros» hebr.

37 25-28
Nm 4 11
1 R 6 20
Ap 8 3-5

El altar del incienso.

30¹ Harás también un altar para quemar el incienso*. De madera de acacia lo harás. ² Será cuadrado: de un codo de largo y otro de ancho; su altura será de dos codos. Sus cuernos formarán un solo cuerpo con él. ³ Lo revestirás de oro puro, tanto su parte superior como sus costados, así como sus cuernos. Pondrás en su derredor una moldura de oro, ⁴ y debajo de la moldura, a los costados, harás dos anillas. Las harás a ambos lados, para meter por ellas los varales con que transportarlo. ⁵ Harás los varales de madera de acacia y los revestirás de oro.

40 5

⁶ Colocarás el altar delante del velo que está junto al arca del Testimonio y ante el propiciatorio que cubre el Testimonio, donde yo me encontraré contigo. ⁷ Aarón quemará en él incienso aromático; lo quemará todas la mañanas, al preparar las lámparas, ⁸ y lo quemará también cuando al atardecer alimente las lámparas. Será incienso continuo ante Yahvé, de generación en generación. ⁹ No ofrezcáis sobre él incienso profano, ni holocausto ni oblación, ni derraméis sobre él libación alguna. ¹⁰ Aarón una vez al año hará expiación sobre los cuernos de este altar. Con la sangre del sacrificio por el pecado, es decir, el de la expiación, una

29 36-37

vez cada año hará expiación por él en vuestras sucesivas generaciones. Cosa sacratísima es el altar en honor de Yahvé.

38 25-28

Tributo para la Tienda del Encuentro.

¹¹ Yahvé habló así a Moisés: ¹² Cuando cuentes el número de los israelitas para hacer su censo, cada uno pagará a Yahvé el rescate por su vida al ser empadronado, para que no haya plaga entre ellos con motivo del empadronamiento. ¹³ Esto es lo que ha de dar cada uno de los comprendidos en el censo: medio siclo, en siclos del Santuario. Este siclo es de veinte

Nm 1

2 S 24

óbolos. El tributo reservado a Yahvé es medio siclo. ¹⁴ Todos los comprendidos en el censo, de veinte años en adelante, pagarán el tributo reservado a Yahvé. ¹⁵ El rico no dará más, ni el pobre menos del medio siclo, al pagar el tributo a Yahvé como rescate de vuestras vidas*. ¹⁶ Tomarás el dinero del rescate de parte de los israelitas, y lo darás para el servicio de la Tienda del Encuentro; y será para los israelitas como recordatorio ante Yahvé por el rescate de sus vidas.

Mt 17 24

1 P 1 18-19

La pila de bronce.

38 8
1 R 7 23-25

¹⁷ Yahvé habló así a Moisés: ¹⁸ Haz una pila de bronce, con su base de bronce, para las abluciones. Colócala entre la Tienda del Encuentro y el altar, y echa agua en ella, ¹⁹ para que Aarón y sus hijos se laven las manos y los pies con su agua. ²⁰ Antes de entrar en la Tienda del Encuentro se han de lavar con agua para que no mueran; también antes de acercarse al altar para el ministerio de quemar los manjares que se abrasan en honor de Yahvé. ²¹ Se lavarán las manos y los pies, y no morirán. Éste será decreto perpetuo para ellos, para Aarón y su posteridad, de generación en generación.

El óleo de la unción*.

Lv 8 10s

²² Yahvé habló así a Moisés: ²³ Toma tú aromas escogidos: de mirra pura, quinientos siclos; de cinamomo, la mitad, o sea, doscientos cincuenta; de caña aromática, doscientos cincuenta; ²⁴ de casia, quinientos, en siclos del Santuario, y un sextario de aceite de oliva. ²⁵ Prepararás con ello el óleo para la unción sagrada, perfume aromático como lo prepara el perfumista. Éste será el óleo para la unción sagrada. ²⁶ Con él ungirás la Tienda del Encuentro y el arca del Testimonio, ²⁷ la mesa con todos sus utensilios, el candelabro con todos sus utensilios, el altar del incienso, ²⁸ el altar del holo-

37 29

---

30 1 En el templo de Salomón está colocado ante el Santo de los Santos, 1 R 6 20-21. Altares semejantes se empleaban en todo el Oriente antiguo.
30 15 Ricos y pobres son iguales ante Dios. —El «siclo del santuario» sólo aparece en textos posteriores, aquí 38 24-26; ver Lv 5 15; 27 25; Nm 3 47; 18 16. Acaso sea el siclo antiguo que valía la quincuagésima parte de la mina y que pesaba unos 11,4 gr., mientras que el siclo corriente había bajado a la sexagésima parte de la mina, ver Ez 45 12.
30 22 Estas prescripciones referentes al uso del aceite, como las que siguen, aunque el perfume, son posteriores; todos los sacerdotes son ungidos, ningún laico puede serlo. En los textos históricos antiguos, la unción se re-

serva para el rey: 1 S 10 1s; 16 1s; 1 R 1 39; 2 R 9 6; 11 12. Esta unción confiere al rey carácter sagrado: es el Ungido de Yahvé, 1 S 24 7; 26 9.11.23; 2 S 1 14.16; 19 22, en hebreo «el Mesías», en griego «el Cristo». Este título, aplicado con frecuencia por los Salmos a David y a su dinastía, se ha convertido en título por excelencia del futuro Rey, el Mesías, de quien David era tipo, y el NT se lo otorga a Cristo Jesús. En cuanto a los miembros del sacerdocio, no parece que se les confiriera la unción antes de la época persa. Los textos sacerdotales antiguos la reservaban para el sumo sacerdote, Ex 29 7.29; Lv 4 3.5.16; 8 12. Luego se aplicó a todos los sacerdotes, aquí v. 30 y 28 41; 40 15; Lv 7 36; 10 7; Nm 3 3.

causto con todos sus utensilios y la pila con su base. ²⁹ Así los consagrarás y serán cosa sacratísima. Todo cuanto los toque quedará santificado. ³⁰ Ungirás también a Aarón y a sus hijos y los consagrarás para que ejerzan mi sacerdocio. ³¹ Hablarás a los israelitas, diciendo: Éste será para vosotros* el óleo de la unción sagrada de generación en generación. ³² No debe derramarse sobre el cuerpo de ningún hombre*; no haréis ningún otro de composición parecida a la suya. Santo es y lo tendréis por cosa sagrada. ³³ Cualquiera que prepare otro semejante, o derrame de él sobre un laico, será exterminado de su pueblo.

El incienso sagrado.

³⁴ Yahvé dijo a Moisés: Procúrate en cantidades iguales aromas: estacte, uña marina y gálbano, especias aromáticas e incienso puro. ³⁵ Prepara con ello, según el arte del perfumista, un incienso perfumado, sazonado con sal, puro y santo; ³⁶ pulverizarás una parte que pondrás delante del Testimonio, en la Tienda del Encuentro, donde yo me encontraré contigo. Será para vosotros cosa sacratísima. ³⁷ Y en cuanto a la composición de este incienso que vas a hacer, no la imitéis para vuestro uso. Lo tendrás por consagrado a Yahvé. ³⁸ Cualquiera que prepare otro semejante para aspirar su fragancia, será exterminado de en medio de su pueblo.

Los artífices del Santuario.

31 ¹ Yahvé habló así a Moisés: ² He designado a Besalel, hijo de Urí, hijo de Jur, de la tribu de Judá; ³ y le he llenado del espíritu de Dios* concediéndole habilidad, pericia y experiencia en toda clase de trabajos; ⁴ para concebir y realizar proyectos en oro, plata y bronce; ⁵ para labrar piedras de engaste, tallar la madera y ejecutar cualquier otra labor. ⁶ Le he dado por colaborador a Oholiab,

hijo de Ajisamac, de la tribu de Dan; y además, en el corazón de todos los hombres hábiles he infundido habilidad para que hagan todo lo que te he mandado: ⁷ la Tienda del Encuentro, el arca del Testimonio, el propiciatorio que la cubre y todos los utensilios de la Tienda; ⁸ la mesa con sus utensilios, el candelabro con todos sus utensilios, el altar del incienso, ⁹ el altar del holocausto con todos sus utensilios, la pila con su base; ¹⁰ las vestiduras de ceremonia, las vestiduras sagradas del sacerdote Aarón, y las vestiduras de sus hijos para las funciones sacerdotales; ¹¹ el óleo de la unción y el incienso aromático para el Santuario. Ellos lo harán conforme a todo lo que te he ordenado.

Descanso sabático*.

¹² Yahvé habló así a Moisés: ¹³ Di a los israelitas: No dejéis de guardar mis sábados, porque el sábado es una señal entre mí y vosotros, de generación en generación, para que sepáis que yo soy Yahvé, el que os santifica. ¹⁴ Guardad el sábado, porque es sagrado para vosotros. El que lo profane morirá. Todo el que haga algún trabajo en él será exterminado de en medio de su pueblo. ¹⁵ Seis días se trabajará, pero el día séptimo será día de descanso completo, consagrado a Yahvé. Todo aquel que trabaje en sábado, morirá. ¹⁶ Los israelitas guardarán el sábado celebrándolo de generación en generación como alianza perpetua. ¹⁷ Será una señal perpetua entre mí y los israelitas, pues en seis días hizo Yahvé los cielos y la tierra, y el día séptimo descansó y tomó respiro.

El Señor entrega a Moisés las tablas de la Ley*.

¹⁸ Después de hablar con Moisés en el monte Sinaí, le dio las dos tablas del Testimonio, tablas de piedra, escritas por el dedo de Dios.

Marginal references:
29 37
28 41; 40 15
37 29
25 22
35 30-35

20 8-11+
Ez 20 12
Nm 15 32-36
Gn 9 9+
=20 11
Gn 2 2-3
24 12+
25 16+

---

30 31 «será para vosotros» griego; «será para mí» hebr.
30 32 Para uso profano.
31 3 Se considera al espíritu de Dios como dispensador de las cualidades extraordinarias: aquí, la habilidad técnica, concebida como una cierta participación de la Sabiduría divina.
31 12 La ley del descanso sabático, sin relación con lo que precede, quizá se ha incluido aquí para subrayar su sentido cultual.
31 18 Este v. enlaza con 24 12-15 y reanuda los relatos antiguos independientemente de la extensa añadidura sacerdotal. —Las tablas contienen el Decálogo llamado el testimonio, ver 25 16+, que trae las cláusulas de la Alianza. Del mismo modo, los tratados orientales se hallaban inscritos en tabletas o en estelas, y se conservaban en un santuario.

5. EL BECERRO DE ORO
Y LA RENOVACIÓN DE LA ALIANZA*

El becerro de oro*.

32 [1] Al ver el pueblo que Moisés tardaba en bajar del monte, se reunió en torno a Aarón y le dijo: «Anda, haznos un dios que vaya delante de nosotros, pues no sabemos qué ha sido de ese Moisés, que nos sacó del país de Egipto.» [2] Aarón les respondió: «Quitad de las orejas los pendientes de oro a vuestras mujeres, hijos e hijas, y traédmelos.» [3] Todo el pueblo se quitó los pendientes de oro de las orejas, y los entregó a Aarón. [4] Él los tomó de sus manos, los fundió en un molde e hizo un becerro de fundición. Entonces ellos exclamaron: «Éste es tu Dios, Israel, el que te ha sacado del país de Egipto*.» [5] Al verlo Aarón, erigió un altar ante el becerro y anunció: «Mañana habrá fiesta en honor de Yahvé.»
[6] Al día siguiente se levantaron de madrugada y ofrecieron holocaustos y presentaron sacrificios de comunión. El pueblo se sentó a comer y beber, y después se levantó para divertirse.

Ira de Yahvé.

[7] Yahvé dijo a Moisés: «¡Anda, baja! Porque se ha pervertido tu pueblo, el que sacaste del país de Egipto. [8] Bien pronto se han apartado del camino que yo les había prescrito. Se han hecho un becerro fundido y se han postrado ante él; le han ofrecido sacrificios y han dicho: 'Éste es tu Dios, Israel, el que te ha sacado del país de Egipto.'» [9] Y añadió Yahvé a Moisés: «Ya veo que este pueblo es un pueblo de dura cerviz*. [10] Déjame ahora que se encienda mi ira contra ellos y los devore; de ti, en cambio, haré un gran pueblo.»

Ruego de Moisés*.

[11] Pero Moisés trató de aplacar a Yahvé su Dios, diciendo: «¿Por qué, oh Yahvé, ha de encenderse tu ira contra tu pueblo, el que tú sacaste del país de Egipto con gran poder y mano fuerte? [12] ¿Por qué han de decir los egipcios: Los sacó con mala intención, para matarlos en las montañas y exterminarlos de la superficie de la tierra? Abandona el ardor de tu cólera y arrepiéntete de la amenaza contra tu pueblo. [13] Acuérdate de Abrahán, de Isaac y de Israel, tus siervos, a quienes por ti mismo juraste: Multiplicaré vuestra descendencia como las estrellas del cielo; y toda esta tierra, de la que os he hablado, se la daré a vuestros descendientes, que la heredarán para siempre.» [14] Y Yahvé renunció a lanzar el mal con que había amenazado a su pueblo.

Moisés rompe las tablas de la Ley.

[15] Moisés se volvió y bajó del monte, con las dos tablas del Testimonio en su mano, tablas escritas por ambos lados;

Marginal references (left):
‖Dt 9 7 - 10 5
Jr 31 32
Ex 24 18
Hch 7 40-41
Ne 9 18
Sal 106 19s
1 R 12 28
✓ 1 Co 10 7
Jr 31 32

Marginal references (right):
33 3; 34 9
Dt 9 13+
Gn 12 2
Nm 14 12
Sal 106 23
Dt 9 26-29
Nm 14 13-1•
Dt 9 28;
32 27
Ez 20 9.44
Gn 15 5;
22 16-17+;
35 11-12
24 12+

---

32 (a) Desde el punto de vista de la crítica literaria, los caps. **32-34** son complejos, y resulta prácticamente imposible distinguir sus componentes hasta el detalle. Una parte del texto parece provenir de las tradiciones yahvista y elohista, pero otra -por cierto considerable- ha sido añadida por redactores tardíos, con rasgos acá y allá de estilo o de fraseología deuteronómicos. El texto actual presenta la conclusión de la alianza de la tradición yahvista, Ex **34**, como una renovación de la cap. **24**, rota por una rebelión de Israel: la adoración del becerro de oro. Se puede pensar que éste es un arreglo artificial y que el episodio del becerro de oro ha sido colocado aquí para separar los dos relatos de la alianza y permitir conservarlos. Pero la parte más antigua del cap. **32** tenía en sí mismo su significación como segunda hoja de un díptico, en el que la primera era el relato de la conclusión de la alianza en **24** 2-8+.11[b].
32 (b) El «Becerro» de oro, así llamado en son de burla, es, en realidad la imagen de un toro joven, uno de los símbolos divinos del Oriente antiguo. Un grupo rival del grupo de Moisés, o una fracción disidente de este último grupo, tuvo o quiso tener como símbolo de la presencia de su Dios a una figura de toro en lugar del arca de la Alianza. Pero en todo caso se trata de Yahvé, v. 5, que sacó a Israel de Egipto, vv. 4 y 8. Se ha dicho que este relato trasladaba al desierto los becerros de oro de Jeroboán; más bien parece que este último quiso reanudar una tradición antigua, ver 1 R **12** 28+. El relato contiene una parte antigua, probablemente de tradición elohista, en los vv. 1-6.15-16, pero quizás con adiciones de tradición o redacción sacerdotal, 19-20 y 35. Los vv. 17-18 y el episodio de 25-29 parecen pertenecer a otro contexto, pero se les ha dado un sentido aquí, sobre todo al episodio de los levitas. Los vv. 7-14 (Dios revela el pecado del pueblo a Moisés; éste intercede y obtiene un perdón incondicional, 20-24 (Aarón no es culpable, porque ha actuado a petición del pueblo) y 30-34 (nueva intercesión de Moisés; esta vez el castigo se dilata hasta un futuro indeterminado), proceden de los redactores; la tercera de estas secciones prepara los desarrollos, igualmente tardíos, de 33 1-6.12-23 y 34 6-9.
32 4 Este toro no es imagen de Yahvé; según los paralelos orientales, es la peana de la divinidad invisible, como lo es el arca, cuyo papel de guía debe asumir, ver v. 1.
32 9 Este v., que falta en el griego, podría proceder de Dt 9 13.
32 11 Moisés aparece como el gran intercesor: ya con ocasión de las plagas de Egipto, Ex **5** 22-23; **8** 4; **9** 28; **10** 17; en favor de su hermana María, Nm **12** 13; pero especialmente en favor de todo el pueblo en el desierto, Ex **5** 22-23; **32** 11-14.30-32; Nm **11** 2; **14** 13-19; **16** 22; **21** 7; Dt **9** 25-29. Estos textos pertenecen en lo esencial a los estadios recientes, redaccionales, de la formación del Pentateuco. Este papel intercesor es recordado por Jr **15** 1; Sal **99** 6; **106** 23; Si **45** 3. Véase 2 M **15** 14+. Esta intercesión de Moisés prefigura la de Cristo.

por una y otra cara estaban escritas. ¹⁶ Las tablas eran obra de Dios, y la escritura era escritura de Dios, grabada en las tablas.

¹⁷ Josué oyó las voces del pueblo que gritaba y dijo a Moisés: «Hay gritos de guerra en el campamento.» ¹⁸ Respondió Moisés:

«No es grito de victoria,
no es grito de derrota.
Es grito de algazara lo que oigo.»

¹⁹ Al acercarse al campamento y ver el becerro y las danzas, Moisés ardió en ira, arrojó las tablas y las hizo añicos al pie del monte. ²⁰ Luego tomó el becerro que habían hecho y lo quemó; lo molió, lo esparció en el agua, y se lo dio a beber a los israelitas*. ²¹ Moisés preguntó a Aarón: «¿Qué te ha hecho este pueblo para que lo cargues con tan grande culpa?» ²² Aarón respondió: «No se encienda la ira de mi señor. Tú sabes que este pueblo es obstinado. ²³ Me dijeron: 'Haznos un dios que vaya delante de nosotros, pues no sabemos qué le ha sucedido a ese Moisés, que nos sacó del país de Egipto.' ²⁴ Yo les contesté: 'El que tenga oro que se desprenda de él.' Ellos se lo quitaron y me lo dieron; yo lo eché al fuego y salió este becerro.»

Celo de los levitas*.

²⁵ Moisés vio que el pueblo estaba desenfrenado, pues Aarón les había permitido entregarse a la idolatría en medio de sus adversarios. ²⁶ Entonces Moisés se plantó a la puerta del campamento, y exclamó: «¡A mí los de Yahvé!», y se le unieron todos los hijos de Leví. ²⁷ Él les dijo: «Así dice Yahvé, el Dios de Israel: Cíñase cada uno su espada al costado; pasad y repasad por el campamento de puerta en puerta, y matad cada uno a su hermano, a su amigo y a su pariente.» ²⁸ Cumplieron los hijos de Leví la orden de Moisés; y cayeron aquel día unos tres mil hombres del pueblo*. ²⁹ Luego

dijo Moisés: «Hoy habéis recibido la investidura* como sacerdotes de Yahvé, cada uno a costa de vuestros hijos y vuestros hermanos, para que el os dé hoy la bendición.»

Moisés intercede de nuevo por el pueblo.

³⁰ Al día siguiente, Moisés dijo al pueblo: «Habéis cometido un gran pecado. Ahora subiré a Yahvé; acaso pueda obtener el perdón para vuestro pecado.» ³¹ Moisés volvió a Yahvé y dijo: «Este pueblo ha cometido un gran pecado al hacerse un dios de oro. ³² Pero ahora, ¡si quieres perdonar su pecado...!, si no, bórrame del libro que has escrito*.» ³³ Yahvé respondió a Moisés: «Al que haya pecado contra mí, lo borraré yo de mi libro. ³⁴ Ahora ve y conduce al pueblo adonde te he dicho. Mi ángel irá delante de ti, mas llegará un día en que los castigaré por su pecado.» ³⁵ Y Yahvé castigó al pueblo por lo que había hecho con el becerro fabricado por Aarón.

Orden de partida*.

33 ¹ Yahvé dijo a Moisés: «Anda, vete de aquí, con el pueblo que sacaste del país de Egipto, a la tierra que juré a Abrahán, a Isaac y a Jacob, diciendo: 'Se la daré a tu descendencia.' ² Enviaré delante de ti un ángel y expulsaré al cananeo, al amorreo, al hitita, al perizita, al jivita y al jebuseo. ³ Sube a la tierra que mana leche y miel; yo no subiré contigo, pues eres un pueblo obstinado y te destruiría en el camino.» ⁴ Al oír el pueblo tan duras palabras, hizo duelo y nadie se vistió de gala.

⁵ Yahvé dijo entonces a Moisés: «Di a los israelitas: Vosotros sois un pueblo obstinado; un solo momento que yo saliera contigo, te destruiría. Ahora, pues, quítate tus galas, y veré lo que hago contigo.» ⁶ Los israelitas se despojaron de sus galas desde el monte Horeb*.

31 18
Dt 9 21
Dt 33 9
Mt 10 37
Lc 14 26
Dt 33 8-11
Nm 25 7-13
Rm 9 3
Ap 20 12
Dn 12 1+
23 20+
3 16+
Nm 10 11-13
23 20+
Dt 7 1+
32 9+

---

32 20 De este modo el agua se convierte en «agua de maldición», véase Nm 5 11-31. Se trata de una ordalía, lo que quiere decir que Yahvé mismo será quien aplique el castigo a los culpables, no castigando a todos, o no a todos en el mismo grado (el castigo por mano de los levitas, vv. 22-25, es de otro contexto). El desenlace del castigo se encontraría en el v. 35. Dt 9 21 elimina la ordalía.

32 25 Este episodio, probablemente fuera de contexto, presenta las pretensiones de los levitas al sacerdocio, v. 29, por razón de su celo por Yahvé.

32 28 La Vulg. dice 23.000, quizá conforme a 1 Co 10 8, que pudo inspirarse en Nm 25 1-9.

32 29 «habéis recibido la investidura» (Lit. «habéis lle-

nado las manos», ver 28 41+) griego; «recibid la investidura» hebr.

32 32 El libro contiene las acciones de los hombres y describe su destino, ver Sal 69 29; 139 16, etc.

33 El cap. 33 reúne elementos cuyo único lazo es el tema de la presencia de Yahvé en medio de su pueblo. La parte más considerable del capítulo, vv. 1-6 y 12-23, parece ser la prolongación de 32 7-14.30-34, pero el enlace no se encuentra hasta 34 6-9. El estilo es deuteronomizante.

33 6 Los vv. 1-6, de estilo deuteronomizante, no están unificados: Yahvé ordena lo que el pueblo ha hecho ya por sí mismo.

La Tienda del Encuentro*.

26 1+

[7] Moisés tomó la Tienda y [la] plantó* a cierta distancia fuera del campamento; la llamó Tienda del Encuentro. El que tenía que consultar a Yahvé* salía hacia la Tienda del Encuentro, fuera del campamento. [8] Cuando Moisés salía hacia la Tienda, todo el pueblo se levantaba y se quedaba de pie a la puerta de su tienda, siguiendo con la vista a Moisés hasta que entraba en la Tienda. [9] Al entrar Moisés en la tienda, bajaba la columna de nube y se detenía a la puerta de la Tienda, mientras Yahvé hablaba con Moisés. [10] El pueblo, al ver la columna de nube a la puerta de la Tienda, se prosternaba junto a la puerta de su tienda. [11] Yahvé hablaba con Moisés cara a cara, como habla un hombre con su amigo. Luego Moisés volvía al campamento, pero su ayudante, el joven Josué, hijo de Nun, no se apartaba del interior de la Tienda.

34 34

33 20+
Nm 12 8
Dt 34 10
Jn 15 15

Jos 1 1+

Oración de Moisés.

[12] Moisés dijo a Yahvé: «Tú me has dicho: 'Conduce a este pueblo', pero no me has indicado a quién enviarás conmigo; a pesar de que me has dicho: 'Te conozco por tu nombre', y también: 'Has obtenido mi favor.' [13] Ahora, pues, si realmente he obtenido tu favor, enséñame tu camino y sabré que he obtenido tu favor; mira que esta gente es tu pueblo.» [14] Yahvé respondió: «Yo mismo iré contigo y te daré descanso*.» [15] Moisés contestó: «Si no vienes tú mismo, no nos hagas partir de aquí. [16] Pues ¿en qué podrá conocerse que tu pueblo y yo hemos obtenido tu favor, sino en el hecho de que tú vas con

33 11+

Hb 4 1

nosotros? Así, tu pueblo y yo nos distinguiremos de todos los pueblos que hay sobre la tierra.» [17] Yahvé respondió a Moisés: «Haré también esto que me pides, pues has obtenido mi favor y yo te conozco por tu nombre.»

Dt 2 7

Moisés desea ver a Dios.

[18] Entonces Moisés dijo a Yahvé: «Déjame ver tu gloria*.» [19] Él le contestó: «Yo haré pasar ante tu vista toda mi bondad y pronunciaré delante de ti el nombre de Yahvé*; pues concedo mi favor a quien quiero y tengo misericordia con quien quiero.» [20] Y añadió: «Pero mi rostro no podrás verlo, porque nadie puede verme y seguir con vida*.» [21] Yahvé añadió: «Aquí hay un sitio junto a mí; ponte sobre la roca. [22] Al pasar mi gloria, te meteré en la hendidura de la roca y te cubriré con mi mano hasta que yo haya pasado. [23] Luego apartaré mi mano, para que veas mis espaldas; pero mi rostro no lo verás.»

33 11+
1 R 19 9-18
⁄ Jn 1
14-18+

34 6-7

Gn 32 31
Ex 19 21
Lv 16 2
Nm 4 20
Dt 5 24
Jc 6 22-23
Is 6 5

Renovación de la Alianza*.
Nuevas tablas de la Ley.

19;
32 1+

34 [1] Yahvé dijo a Moisés: «Tállate dos tablas de piedra como las primeras, sube donde mí, al monte* y yo escribiré en ellas las palabras que había en las primeras tablas que rompiste. [2] Prepárate para mañana; sube temprano al monte Sinaí y aguárdame allí en la cumbre del monte. [3] Que nadie suba contigo, ni aparezca nadie en todo el monte. Ni siquiera las ovejas o las vacas pasten en el monte.» [4] Moisés labró dos tablas de piedra como las primeras, se levantó

19 12s

33 7 (a) Aquí aparece uno de los raros textos antiguos que hablan de la Tienda: ésta es el lugar del «encuentro» de Yahvé con Moisés y el pueblo, Nm 11 16s; 12 4-10; ver Ex 29 42-43; Lv 1 1.

33 7 (b) Después de este verbo, el hebr. añade *lô* «para él». Este pronombre puede referirse a Moisés, a Yahvé, o al arca (nombre masculino en hebreo), que habría sido mencionada anteriormente en el relato del que procede el pasaje. En efecto, es probable que la Tienda del desierto fuera el santuario del arca, y que Josué estuviera a su servicio según el v. 11.

33 7 (c) Es decir, pedir un oráculo por medio de Moisés, quien, en la Tienda, conversa a solas con Yahvé; sobre este papel de Moisés, ver ya 18 15. Más tarde, se «consultará» a Yahvé por medio de un hombre de Dios o de un profeta, 1 R 14 5; 22 5.8; 2 R 3 11; 8 8, etc., o por medio de suertes sagradas, ver 1 S 2 28+; 14 41+.

33 14 Tema deuteronomista, ver Dt 3 10; 12 10; 25 19; Jos 1 13; 22 4; 23 1; ver también Sal 95 11. Es el cumplimiento de las promesas.

33 18 Ver nota a 24 16.

33 19 Dios, al pronunciar su nombre, se revela de algún modo a Moisés, ver 3 13-15+.

33 20 Es tan grande el abismo entre la indignidad del

hombre y la santidad de Dios, ver Lv 17 1+, que el hombre debería morir con sólo ver a Dios, Ex 19 21; Lv 16 2; Nm 4 20, ver 6 25+, o con sólo oírle, Ex 20 19; Dt 5 24-26; ver 18 16. Por esto, Moisés Ex 3 6, Elías 1 R 19 13, y los mismos serafines, Is 6 2, se cubren la cara ante Yahvé. Al quedar con vida después de ver a Dios, se experimenta una agradecida admiración, Gn 32 31; Dt 5 24, o un temor religioso, Jc 6 22-23; 13 22; Is 6 5. Es un favor singular que Dios hace Ex 24 11, especialmente a Moisés, como «amigo» suyo, Ex 33 11; Nm 12 7-8; Dt 34 10, y a Elías, 1 R 19 11s, que serán testigos de la Transfiguración de Cristo, teofanía del NT, Mt 17 3p. En el NT, la «gloria» de Dios, ver aquí v. 18 y Ex 24 16+, se manifiesta en Jesús, Jn 1 14+; 11 40, ver 2 Co 4 4.6, porque sólo Jesús ha contemplado a Dios su Padre, Jn 1 18; 6 46; 1 Jn 4 12.

34 El cap. 34 1-28 es el relato de tradición yahvista de la conclusión de la alianza, pero glosas en los vv. 1 y 4 (ver nota al comienzo del cap. 32) hacen de él sólo una renovación de la alianza. Fuera de esas glosas y de los vv. 6-9 hay adiciones de los redactores.

34 1 «sube donde mí, al monte» griego; omitido por hebr.

temprano y subió al monte Sinaí como le había mandado Yahvé, llevando en su mano las dos tablas de piedra. [5] Yahvé descendió en una nube y se detuvo allí junto a él.

33 18-23 **Aparición de Dios.**

Moisés invocó el nombre de Yahvé. **3 14+** [6] Yahvé pasó por delante de él y exclamó*: «Yahvé, Yahvé, Dios misericordioso y clemente, tardo a la cólera y rico en **20 5-6** amor y fidelidad, [7] que mantiene su **Nm 14 18** amor por mil generaciones y perdona la **Dt 5 9-10** iniquidad, la rebeldía y el pecado, pero **Sal 86 15** no los deja impunes; que castiga la culpa **Jr 32 18** de los padres en los hijos y en los nietos **Na 1 3** hasta la tercera y cuarta generación.» **Jl 2 13** [8] Al instante, Moisés se inclinó a tierra y **Jn 1 14** se postró. [9] Y dijo: «Señor mío, si he obtenido tu favor, ¡dígnese mi Señor ir en **32 11-14** medio de nosotros!, aunque éste sea un pueblo obstinado; perdona nuestra iniquidad y nuestro pecado, y haznos tu heredad.»

20 1+ **La Alianza*.**

[10] El respondió: «Yo voy a hacer una **Jn 1 17** alianza; delante de tu pueblo realizaré maravillas, cual no se han hecho en toda **Dt 2 7** la tierra o en nación alguna. Y todo el pueblo que te rodea verá lo terrible que **23 20+** es la obra de Yahvé que yo haré contigo. **Dt 7 1+** [11] Observa lo que yo te mando hoy; expulsaré delante de ti al amorreo, al cananeo, al hitita, al perizita, al jivita y al **23 32-33** jebuseo. [12] Guárdate de hacer alianza con los habitantes del país donde vas a entrar, pues sería un lazo en medio de ti. **Nm 33 52** [13] Destruid sus altares, destrozad sus estelas y romped sus cipos*.

Dt 4 24+ [14] No te postres ante un dios extraño, pues Yahvé se llama Celoso, es un Dios celoso. [15] No hagas alianza con los habitantes del país, pues cuando se prostituyan* con sus dioses y les ofrezcan sa-

crificios, te invitarán a participar en sus sacrificios. [16] No tomes a sus hijas para tus hijos, pues sus hijas se prostituirán con sus dioses y prostituirán a tus hijos con sus dioses.

[17] No te hagas dioses de metal fundido. **20 4+**
[18] Guarda la fiesta de los Ázimos; du- **23 14+** rante siete días comerás ázimos, como te **12 1+** mandé, en el tiempo señalado del mes de Abib, pues en el mes de Abib saliste de Egipto.

[19] Todo primogénito es mío* y todo **13 11+** primer nacido, macho, de vaca o de oveja, es mío. [20] El primer nacido de asno lo rescatarás con una oveja; y si no lo rescatas, lo desnucarás. Rescatarás todos los primogénitos de tus hijos. Nadie se presentará ante mí con las manos vacías.

[21] Durante seis días trabajarás, pero el **20 8+** séptimo descansarás; en la siembra y en la siega, descansarás.

[22] Celebrarás la fiesta de las Semanas, al comenzar la siega del trigo, y la fiesta de la Cosecha, al final del año.

[23] Tres veces al año se presentarán todos tus varones ante el Señor Yahvé, Dios de Israel.

[24] Cuando expulse a las naciones delante de ti y ensanche tus fronteras, nadie codiciará tu tierra cuando subas, tres veces al año, a presentarte ante Yahvé, tu Dios.

[25] No ofrezcas pan fermentado **12 15-20** con la sangre de mi sacrificio, ni guardes para el día siguiente parte de la víctima **12 10** de la Pascua.

[26] Lleva a la casa de Yahvé, tu Dios, los **Dt 26 1+** primeros frutos de tu suelo.

No cuezas el cabrito en la leche de su **23 19** madre.»

[27] Yahvé dijo a Moisés: «Escribe estas **34 10** palabras, pues a tenor de ellas hago alianza contigo y con Israel.»

[28] Moisés estuvo allí con Yahvé cua- **24 18+** renta días y cuarenta noches, sin comer **Mt 4 2** pan ni beber agua. Y escribió* en las tablas las palabras de la alianza, las diez **20 1+** palabras.

---

34 6 No se sabe si el sujeto de «exclamó» es Yahvé o Moisés, pero, aunque lo que sigue parece una confesión de fe, Yahvé había prometido proclamar su nombre. Lo mejor es ver aquí la realización de la promesa de 33 19-23. La cita de Nm 14 17-18 lo confirma.
34 10 La Alianza contiene a la vez promesas y mandamientos: no hay oposición entre «gracia» y «ley». A los vv. 14-26 se les llama a veces el «Decálogo cultual» (aunque no hay conformidad en su distribución en diez mandamientos) o el Código yahvista de la Alianza, cuyas condiciones precisa; además del descanso sabático y de la prohibición de la idolatría, que también se hallan en el Decálogo de Ex 20, se trata de prescripciones cultuales: fiestas, primicias, sacrificios.

34 13 Para las estelas, ver **23 24+**. El cipo sagrado, *aserá*, era el emblema de la diosa del amor y de la fecundidad, Aserá (griego: Astarté), de donde toma su nombre.
34 15 Por oposición al culto de Yahvé, comparado a un matrimonio legal, el culto de los falsos dioses es equiparado a una prostitución. Ver Ez 16 y 23; Os 1-3; Ap 17.
34 19 Se omite aquí con el griego: «todos tus rebaños» de hebr. —«todo primer nacido, macho» griego; «que nazca macho» hebr.
34 28 Moisés, véase v. 27, o Yahvé, véase **34** 1; Dt 10 4. —«Las diez palabras» es probablemente una glosa. Véase Dt 4 13; 10 4.

↗ 2 Co 3 7-
4 6

Moisés desciende del monte*.

²⁹ Luego, Moisés bajó del monte Sinaí con las dos tablas del Testimonio en su mano. Al bajar, no sabía que la piel de su rostro se había vuelto radiante, por haber hablado con Yahvé. ³⁰ Aarón y todos los israelitas vieron a Moisés con la piel de su rostro radiante y temieron acercarse a él. ³¹ Moisés los llamó. Aarón y todos los jefes de la comunidad se volvieron hacia él y Moisés habló con ellos. ³² A continuación, se acercaron todos los israelitas y él les transmitió cuanto Yahvé le había dicho en el monte Sinaí. ³³ Cuando Moisés acabó de hablar con ellos, se puso un velo sobre el rostro. ³⁴ Siempre que Moisés se presentaba delante de Yahvé para hablar con él, se quitaba el velo hasta que salía. Al salir, transmitía a los israelitas lo que se le había mandado. ³⁵ Los israelitas veían la piel del rostro de Moisés radiante*, y Moisés se ponía de nuevo el velo hasta que volvía a hablar con Yahvé.

Jn 1 17

25-31

6. CONSTRUCCIÓN Y ERECCIÓN DEL SANTUARIO*

20 8+

Ley del descanso sabático.

35 ¹ Moisés reunió a toda la comunidad de los israelitas y les dijo: «Esto es lo que Yahvé ha mandado hacer. ² Durante seis días se trabajará, pero el día séptimo será sagrado para vosotros, día de descanso completo en honor de Yahvé. Cualquiera que trabaje en ese día, morirá. ³ En ninguna de vuestras moradas encenderéis fuego en día de sábado.»

Nm 15 32s

25 1-7

Colecta de materiales.

⁴ Moisés habló así a toda la comunidad de los israelitas: «Ésta es la orden de Yahvé: ⁵ Reservad de vuestros bienes una ofrenda para Yahvé. Todos los que la ofrezcan de corazón reserven ofrenda para Yahvé: oro, plata y bronce, ⁶ púrpura violeta y escarlata, carmesí, lino fino, pelo de cabra, ⁷ pieles de carnero teñidas de rojo, cueros finos y maderas de acacia, ⁸ aceite para el alumbrado, aromas para el óleo de la unción y para el incienso aromático, ⁹ piedras de ónice y piedras de engaste para el efod y el pectoral. ¹⁰ Que vengan los artífices hábiles de entre vosotros a realizar cuanto Yahvé ha ordenado: ¹¹ la Morada, su Tienda y su toldo, sus broches, sus tableros, sus travesaños, sus postes y sus basas; ¹² el Arca y sus varales, el propiciatorio y el velo que lo cubre; ¹³ la mesa con sus varales y todos sus utensilios, el pan de la Presencia, ¹⁴ el candelabro para el alumbrado con sus utensilios, y sus lámparas, y el aceite del alumbrado; ¹⁵ el altar del incienso con sus varales; el óleo de la unción, el incienso aromático, la cortina del vano de la entrada a la Morada, ¹⁶ el altar de los holocaustos con su rejilla de bronce, sus varales y todos sus utensilios; la pila con su base; ¹⁷ los cortinajes del atrio con sus postes y sus basas; el tapiz de la entrada del atrio; ¹⁸ la clavazón de la Morada y la clavazón del atrio y sus cuerdas; ¹⁹ los ornamentos de ceremonia para oficiar en el Santuario; las vestiduras sagradas para el sacerdote Aarón y las vestiduras de sus hijos para sus funciones sacerdotales.»

²⁰ Entonces, toda la comunidad de los israelitas se retiró de la presencia de Moisés; ²¹ todos los hombres generosos, impulsados por su espíritu, vinieron a traer la ofrenda reservada a Yahvé, para los trabajos de la Tienda del Encuentro, para todo su servicio y para las vestiduras sagradas. ²² Venían hombres y mujeres y ofrecían de corazón zarcillos, pendientes, anillos, collares y toda clase de objetos de oro, el oro que cada uno presentaba como ofrenda mecida para Yahvé. ²³ Cuantos poseían púrpura violeta y escarlata, y carmesí, lino fino, pelo de cabra, pieles de carnero teñidas de rojo y cueros finos, los traían también. ²⁴ Cuantos pudieron reservar una ofrenda de plata o de bronce, la llevaron como ofrenda reservada a Yahvé. Lo mismo hicieron los que poseían madera de acacia,

---

34 29 *Los vv 29-35 son de origen dudoso. Refieren una tradición sobre la irradiación del rostro de Moisés, expresada por el verbo* qaran, *derivado de* qeren, «cuerno», *de donde la traducción literal de la Vulg.: «su rostro tenía cuernos». Los vv. 29-33 utilizan esta tradición para describir a Moisés cuando bajó del monte; los vv. 34-35 la relacionan con la Tienda del Encuentro, si-* guiendo la tradición de 33 7-11.
34 35 *El hebr. añade aquí: «el cutis del rostro de Moisés»; omitido por el griego.*
35   *Esta sección, 35-39, menciona la ejecución de las órdenes dadas en los caps. 25-31, de los que es una repetición casi literal.*

que sirviera para los trabajos de la obra. [25] Todas las mujeres hábiles en el oficio hilaron con sus manos y llevaron la púrpura violeta y escarlata, el carmesí y lino fino que habían hilado. [26] Todas las mujeres hábiles en hilar y bien dispuestas, hilaron pelo de cabra. [27] Los jefes trajeron piedras de ónice y piedras de engaste para el efod y el pectoral; [28] aromas y aceite para el alumbrado, para el óleo de la unción y para el incienso aromático. [29] Todos los israelitas, hombres y mujeres, cuyo corazón les había impulsado a llevar algo para cualquiera de los trabajos que Yahvé, por medio de Moisés, les había encomendado, presentaron sus ofrendas voluntarias a Yahvé.

31 2-6   **Los artífices del Santuario.**

[30] Moisés dijo entonces a los israelitas: «Mirad, Yahvé ha designado a Besalel, hijo de Urí, hijo de Jur, de la tribu de Judá, [31] y le ha llenado del espíritu de Dios, confiriéndole habilidad, pericia y experiencia en toda clase de trabajos, [32] para concebir y realizar proyectos en oro, plata y bronce, [33] para labrar piedras de engaste, tallar la madera y ejecutar cualquier otra labor de artesanía; [34] a él y a Oholiab, hijo de Ajisamac, de la tribu de Dan, les ha concedido el don de enseñar. [35] Les ha llenado de habilidad para toda clase de labores en talla y bordado, en recamado de púrpura violeta y escarlata, de carmesí y lino fino, y en labores de tejidos. Son capaces de ejecutar toda clase de trabajos y de idear proyectos.»

36 [1] Así, pues, Besalel, Oholiab y todos los hombres hábiles a quienes Yahvé había concedido habilidad y pericia para saber realizar todos los trabajos en servicio del Santuario, ejecutaron todo conforme había mandado Yahvé.

Suspensión de la colecta.

[2] Moisés llamó a Besalel y a Oholiab y a todos los artesanos, a quienes Yahvé había concedido habilidad y estaban dispuestos a realizar un trabajo para realizarlo. [3] Recibieron de Moisés todas las ofrendas que los israelitas habían reservado para la ejecución de la obra del Santuario. Entre tanto los israelitas seguían entregando a Moisés cada mañana ofrendas voluntarias. [4] Por eso, todos los artífices dedicados a los trabajos del Santuario dejaron cada cual su trabajo, [5] y fueron a decir a Moisés: «El pueblo entrega más de lo que se precisa para la realización de las obras que Yahvé ha mandado hacer.» [6] Entonces Moisés mandó correr la voz por el campamento: «Ni hombre ni mujer reserve ya más ofrendas para el Santuario.» Suspendió el pueblo su aportación, [7] pues había material suficiente para ejecutar todos los trabajos; y aún sobraba.

La Morada*.   26 1-11.14

[8] Entonces los artífices más expertos de entre los que ejecutaban el trabajo hicieron la Morada* con diez tapices de lino fino torzal, de púrpura violeta y escarlata y de carmesí con querubines bordados. [9] La longitud de cada tapiz era de veintiocho codos y la anchura de cuatro. Todos los tapices tenían las mismas medidas. [10] Unió cinco tapices entre sí y lo mismo los otros cinco. [11] Puso lazos de púrpura violeta en el borde del tapiz con que termina el primer conjunto; los puso también en el borde del tapiz con que termina el segundo conjunto. [12] Puso cincuenta lazos en el primer tapiz y otros cincuenta en el borde del último tapiz del segundo conjunto, correspondiéndose los lazos unos a otros. [13] Hizo también cincuenta broches de oro, y con los broches enlazó entre sí los tapices, de modo que la Morada vino a formar un espacio único. [14] Tejió también piezas de pelo de cabra para que, a modo de tienda, cubrieran la Morada. Tejió once de estas piezas. [15] La longitud de cada pieza era de treinta codos, y de cuatro la anchura. Las once piezas tenían las mismas medidas. [16] Juntó cinco piezas en una parte y seis en la otra. [17] Hizo cincuenta lazos en el borde de la última pieza del primer conjunto, y cincuenta lazos en el borde de la última pieza del segundo conjunto. [18] Hizo cincuenta broches de bronce para unir la Tienda, formando un espacio único. [19] Hizo además para la Tienda un toldo de pieles de carnero teñidas de rojo, y encima otro toldo de cueros finos.

---

36 8 (a) En 36 8b - 39 43, el griego, que ha traducido un texto hebreo bastante diferente del nuestro, lo distribuye en un orden distinto, es decir: 36 8; 39 1-3; 36 8-9. 35-38; 38 9-20. 21-23; 37 1-23; 36 34. 36. 38; 38 20; 38 1-7; 37 5; 38 8 y 40 30-32; 38 24-31; 39 32; 39 1; 39 33-43 (con alteraciones de orden en el texto); 40 1-38.
36 8 (b) El singular sustituye al plural: el autor repite textualmente, con los cambios gramaticales exigidos, las órdenes dadas a Moisés en persona.

26 15-29

El armazón.

²⁰ Para la Morada hizo los tableros de madera de acacia y los puso de pie. ²¹ Cada tablero tenía diez codos de largo, y codo y medio de ancho. ²² Tenía además dos espigas paralelas. Hizo lo mismo para todos los tableros de la Morada. ²³ Puso los tableros para la Morada: veinte para el flanco del Negueb, hacia el sur; ²⁴ hizo cuarenta basas de plata para colocarlas debajo de los veinte tableros: dos basas debajo de un tablero para sus dos espigas y dos basas debajo del otro tablero para sus dos espigas. ²⁵ Para el segundo flanco de la Morada, la parte del norte, hizo otros veinte tableros, ²⁶ con sus cuarenta basas de plata; dos basas debajo de un tablero y dos basas debajo del otro tablero. ²⁷ Para la parte posterior de la Morada, hacia el occidente, hizo seis tableros; ²⁸ para los ángulos de la Morada en su parte posterior, dos más, ²⁹ que estaban unidos desde abajo hasta arriba, hasta la primera anilla. Así lo hizo con los dos tableros destinados a los dos ángulos. ³⁰ Eran, pues, ocho tableros con sus basas de plata; dieciséis basas, dos debajo de cada tablero. ³¹ Después hizo travesaños de madera de acacia: cinco travesaños para los tableros de un flanco de la Morada; ³² y cinco travesaños para los tableros del otro flanco de la Morada; y otros cinco para los tableros de la parte posterior de la Morada, hacia el occidente. ³³ Hizo el travesaño central de tal suerte que pasase a media altura de los tableros, de un extremo al otro. ³⁴ Revistió de oro los tableros; de oro hizo también sus anillas para pasar los travesaños, y los revistió igualmente de oro.

26 31-32.
36-37

El velo.

³⁵ Hizo el velo de púrpura violeta y escarlata, de carmesí y lino fino torzal; bordó en él unos querubines. ³⁶ Hizo para colgarlo cuatro postes de acacia, revestidos de oro y provistos de ganchos de oro; fundió para ellos cuatro basas de plata. ³⁷ Hizo para la entrada de la Tienda una cortina de púrpura violeta y escarlata, de carmesí y lino fino torzal, labor de recamador, ³⁸ con sus cinco postes y sus ganchos. Revistió de oro sus capiteles y sus varillas y fundió en bronce sus cinco basas.

25 10-20

El arca.

37 ¹ Besalel hizo el arca de madera de acacia, de dos codos y medio de largo, codo y medio de ancho, y codo y medio de alto. ² La revistió de oro puro, por dentro y por fuera, y además puso en su derredor una moldura de oro. ³ Fundió cuatro anillas de oro para sus cuatro pies, dos anillas a un costado y dos anillas al otro. ⁴ Hizo también varales de madera de acacia, que revistió de oro; ⁵ pasó los varales por las anillas de los costados del arca, para transportarla. ⁶ Después hizo un propiciatorio de oro puro, de dos codos y medio de largo, y de codo y medio de ancho. ⁷ Hizo igualmente los querubines de oro macizo; los hizo en los dos extremos del propiciatorio; ⁸ el primer querubín en un extremo y el segundo en el otro; hizo los querubines formando un cuerpo con el propiciatorio en sus dos extremos. ⁹ Estaban los querubines con las alas extendidas por encima, cubriendo con ellas el propiciatorio, uno frente al otro, con las caras vueltas hacia el propiciatorio.

La mesa de los panes de la Presencia.

25 23-29

¹⁰ Hizo, además, la mesa de madera de acacia, de dos codos de largo, un codo de ancho y codo y medio de alto. ¹¹ La revistió de oro puro y le puso alrededor una moldura de oro. ¹² Hizo, además, en torno de ella, un reborde de un palmo de ancho, con una moldura de oro alrededor del mismo. ¹³ Le hizo cuatro anillas de oro y puso las anillas en los cuatro ángulos, correspondientes a sus cuatro pies. ¹⁴ Junto al reborde se hallaban las anillas para pasar por ellas los varales y transportar la mesa. ¹⁵ Hizo los varales de madera de acacia y los revistió de oro. ¹⁶ Asimismo hizo de oro puro los utensilios que habían de estar sobre la mesa; sus fuentes, sus vasos, sus tazas y sus jarros con los que se hacían las libaciones.

El candelabro.

25 31-40

¹⁷ Hizo el candelabro de oro puro. Hizo el candelabro de oro macizo, su pie y su tallo. Sus cálices —corolas y flores— formaban con él un cuerpo. ¹⁸ De sus lados salían seis brazos: tres brazos de un lado, y tres brazos de otro. ¹⁹ El primer brazo tenía tres cálices en forma de flor de almendro, con corola y flor; también el segundo brazo tenía tres cálices, en forma de flor de almendro, con corola y flor; y así los seis brazos que salían del candelabro. ²⁰ En el mismo candelabro había cuatro cálices, en forma de flor de

almendro, con sus corolas y flores; [21] una corola debajo de los dos primeros brazos que formaban cuerpo con él, una corola debajo de los siguientes, y una corola debajo de los últimos brazos; así con los seis brazos que salían del mismo. [22] Las corolas y los brazos formaban un cuerpo con el candelabro; todo ello formaba un cuerpo de oro puro macizo. [23] Hizo también de oro puro sus siete lámparas, sus despabiladeras y sus ceniceros. [24] Empleó un talento de oro puro para el candelabro y todos sus utensilios.

30 1-5
El altar del incienso. El óleo de la unción y el incienso aromático.

[25] Hizo también de madera de acacia el altar del incienso, de un codo de largo y uno de ancho, cuadrado, y de dos codos de alto. Sus cuernos formaban un solo cuerpo con él. [26] Lo revistió de oro puro, por su parte superior, sus costados y también sus cuernos. Puso en su derredor una moldura de oro. [27] Y debajo de la moldura, a los costados, hizo dos anillas a sus dos lados, para meter por ellas los varales con que transportarlo. [28] Hizo los varales de madera de acacia y los revistió de oro. [29] Preparó también el óleo sagrado de la unción, y el incienso aromático puro, como lo prepara el perfumista.

30 22-25. 34-35

27 1-8
El altar de los holocaustos.

38 [1] Hizo el altar de los holocaustos de madera de acacia, de cinco codos de largo y cinco de ancho, cuadrado, y de tres codos de alto. [2] Hizo sobresalir de sus cuatro ángulos unos cuernos que formaban un cuerpo con él, y lo revistió de bronce. [3] Hizo, además, todos los utensilios del altar: los ceniceros, los badiles, los acetres, los tenedores y los braseros. Fundió de bronce todos sus utensilios. [4] Fabricó para el altar una rejilla de bronce en forma de red, bajo la cornisa inferior, de modo que llegaba hasta la mitad del altar. [5] Fijó cuatro anillas para los cuatro extremos de la rejilla de bronce, para meter los varales. [6] Hizo los varales de madera de acacia, y los revistió de bronce, [7] y pasó los varales por las anillas a los flancos del altar, para transportarlo así. Hizo el altar hueco, de paneles.

La pila de bronce.
30 18

[8] Hizo la pila y la basa de bronce, con los espejos* de las mujeres que servían a la entrada de la Tienda del Encuentro.
1 S 2 22+

Construcción del atrio.
27 9-19

[9] Hizo también el atrio; por el lado del Negueb, hacia el sur, estaba el cortinaje del atrio, de lino fino torzal, de cien codos. [10] Sus postes eran veinte, y veinte sus basas de bronce; los ganchos de los postes y sus varillas eran de plata. [11] Por el lado septentrional había igualmente un cortinaje de cien codos. Sus postes eran veinte, y veinte sus basas de bronce; los ganchos de los postes y sus varillas eran de plata. [12] En el lado occidental había un cortinaje de cincuenta codos. Sus postes eran diez, y diez sus basas; los ganchos de los postes y sus varillas eran de plata. [13] En el lado este, al oriente, colgaban también cincuenta codos de cortinaje. [14] El cortinaje era de quince codos, con tres columnas y tres basas, por un lado de la entrada; [15] y por el otro lado —a ambos lados de la entrada del atrio— había un cortinaje de quince codos; sus postes eran tres, y tres sus basas. [16] Todos los cortinajes del recinto del atrio eran de lino fino torzal. [17] Las basas de los postes eran de bronce, sus ganchos y sus varillas de plata. También sus capiteles estaban revestidos de plata, y todos los postes del atrio llevaban varillas de plata. [18] El tapiz de la puerta del atrio era labor de recamador y estaba recamado de púrpura violeta y escarlata, de carmesí y lino fino torzal. Tenía veinte codos de largo; su altura —en el ancho— era de cinco codos, lo mismo que los cortinajes del atrio. [19] Sus cuatro postes y sus cuatro basas eran de bronce; sus ganchos de plata, como también el revestimiento de sus capiteles y sus varillas. [20] Toda la clavazón de la Morada y del atrio que la rodeaba era de bronce.

Inventario de los metales*.

[21] Éste es el inventario de la Morada, de la Morada del testimonio, realizado por orden de Moisés, y hecho por los levitas bajo la dirección de Itamar, hijo del sacerdote Aarón.

---

38 8 Los espejos antiguos eran de bronce pulido. —No se sabe qué función ejecutaban estas mujeres. Quizá oigamos aquí el eco purificado de 2 R 23 7. Este texto ha servido para glosar 1 S 2 22.

38 21 Este trozo es una adición redaccional: supone la institución de los levitas, Nm 3, y el censo del pueblo, Nm 1.

²² Besalel, hijo de Urí, hijo de Jur, de la tribu de Judá, hizo todo cuanto Yahvé había mandado a Moisés, ²³ juntamente con Oholiab, hijo de Ajisamac, de la tribu de Dan, que era artífice, bordador y recamador en púrpura violeta y escarlata, en carmesí y lino fino.

²⁴ El total del oro empleado en el trabajo, en todo el trabajo del Santuario, es decir, el oro de la ofrenda reservada, fue de veintinueve talentos y setecientos treinta siclos, en siclos del Santuario;

²⁵ la plata de los incluidos en el censo de la comunidad, cien talentos y mil setecientos setenta y cinco siclos, en siclos del Santuario: ²⁶ un becá por cabeza, o sea medio siclo, en siclos del Santuario, para cada hombre comprendido en el

censo de los seiscientos tres mil quinientos cincuenta hombres, de veinte años en adelante. ²⁷ Los cien talentos de plata se emplearon en fundir las basas del Santuario y las basas del velo; cien basas correspondientes a los cien talentos, un talento por basa. ²⁸ De los mil setecientos setenta y cinco siclos hizo ganchos para los postes, revistió sus capiteles y los unió con varillas. ²⁹ El bronce de la ofrenda reservada fue de setenta talentos y dos mil cuatrocientos siclos. ³⁰ Con él hizo las basas para la entrada de la Tienda del Encuentro, el altar de bronce con su rejilla de bronce y todos los utensilios del altar, ³¹ las basas del recinto del atrio y las basas de la entrada del atrio, toda la clavazón de la Morada y toda la clavazón del atrio que la rodeaba.

Los ornamentos del Sumo Sacerdote.

39 ¹ Hicieron para el servicio del Santuario vestiduras de ceremonia de púrpura violeta y escarlata, de carmesí y lino fino. Hicieron también las vestiduras sagradas de Aarón, como Yahvé había mandado a Moisés.

El efod.

² Hicieron*, pues, el efod, de oro, de púrpura violeta y escarlata, de carmesí y lino fino torzal. ³ Batieron oro en láminas y las cortaron en hilos para hacer bordado junto con la púrpura violeta y escarlata, con el carmesí y el lino fino. ⁴ Pusieron al efod hombreras y lo fijaron

por sus dos extremos. ⁵ La cinta con que se ciñe el efod era de la misma hechura y formaba con él una sola pieza: era de oro, púrpura violeta y escarlata, carmesí y lino fino torzal, como Yahvé se lo había mandado a Moisés. ⁶ Prepararon igualmente las piedras de ónice engastadas en engastes de oro y grabadas como se graban los sellos, con los nombres de los hijos de Israel; ⁷ las colocaron sobre las hombreras del efod, como piedras recordatorio de los israelitas, como Yahvé había ordenado a Moisés.

El pectoral.

⁸ Bordaron también el pectoral, al estilo de la labor del efod, de oro, púrpura violeta y escarlata, carmesí y lino fino torzal. ⁹ El pectoral era cuadrado y lo hicieron doble; tenía un palmo de largo y otro de ancho; era doble. ¹⁰ Lo llenaron de cuatro filas de piedras. En la primera fila había un sardio, un topacio y una esmeralda; ¹¹ en la segunda fila: un rubí, un zafiro y un diamante; ¹² en la tercera fila: un ópalo, una ágata y una amatista; ¹³ y en la cuarta: un crisólito, un ónice y un jaspe. Todas ellas estaban engastadas en engarces de oro. ¹⁴ Las piedras eran doce, correspondientes a los nombres de los hijos de Israel, grabadas con sus nombres como se graban los sellos, cada una con su nombre, conforme a las doce tribus. ¹⁵ Hicieron para el pectoral cadenillas de oro puro, trenzadas a manera de cordones. ¹⁶ Hicieron dos engastes de oro y dos anillas de oro; fijaron las dos anillas en los dos extremos del pectoral. ¹⁷ *Pasaron después las dos cadenillas de oro por las dos anillas en los extremos del pectoral. ¹⁸ Unieron los otros dos extremos de las dos cadenillas a los dos engarces, que fijaron por delante a las hombreras del efod. ¹⁹ Hicieron otras dos anillas de oro y las pusieron en los otros dos extremos del pectoral en el borde interior que mira hacia el efod. ²⁰ E hicieron otras dos anillas de oro, que fijaron en la parte inferior de las dos hombreras del efod, por delante, cerca de su unión, encima de la cinta del efod. ²¹ Y por medio de sus anillas sujetaron el pectoral a las anillas del efod, con un cordón de púrpura violeta, para que quedase el pectoral sobre la cinta del efod y no se des-

---

39 2 Aquí y en los vv. 3.7.8.22, ponemos en plural, con sam. y sir., algunos verbos que el hebr. pone en singular.

39 17 La Vulg. omite en 39 17-21 ciertos detalles y tiene dos vv. menos que el hebr. La concordancia de las dos numeraciones no se restablece hasta el final del cap.

prendiese del efod, como Yahvé había mandado a Moisés.

28 31-35 **El manto.**

²² Tejieron el manto del efod, todo de púrpura violeta. ²³ Había una abertura en el centro del manto, semejante al cuello de una cota, con una orla alrededor de la abertura para que no se rompiese. ²⁴ En el ruedo inferior del manto hicieron granadas de púrpura violeta y escarlata, de carmesí y lino fino torzal*. ²⁵ Hicieron campanillas de oro puro, colocándolas entre las granadas, en todo el ruedo*. ²⁶ Una campanilla y una granada alternaban con otra campanilla y otra granada, en el ruedo inferior del manto. Servía para oficiar, como Yahvé había ordenado a Moisés.

28 39-42 **Vestiduras sacerdotales.**

²⁷ Tejieron también las túnicas de lino fino para Aarón y sus hijos; ²⁸ la tiara de lino fino, los adornos de las mitras de lino fino y también los calzones de lino fino torzal, ²⁹ lo mismo que las fajas recamadas de lino fino torzal, de púrpura violeta y escarlata y de carmesí, tal como Yahvé había ordenado a Moisés.

28 36-37 **La diadema.**

³⁰ E hicieron de oro puro una lámina, la diadema sagrada en la que grabaron, como se graban los sellos: «Consagrado a Yahvé.» ³¹ Fijaron en ella un cordón de púrpura violeta para sujetarla en la parte superior de la tiara, como Yahvé había mandado a Moisés.

³² Así fue acabada toda la obra de la Morada y de la Tienda del Encuentro. Los israelitas hicieron toda la obra conforme a lo que Yahvé había mandado a Moisés. Así lo hicieron.

Entregan a Moisés la obra realizada.

³³ Presentaron a Moisés la Morada, la Tienda y todos sus utensilios; los broches, los tableros, los travesaños, los postes y las basas; ³⁴ el toldo de pieles de carnero teñidas de rojo, el toldo de cueros finos y el velo protector; ³⁵ el arca del Testimonio con sus varales y el propiciatorio; ³⁶ la mesa con todos sus utensilios y el pan de la Presencia; ³⁷ el candelabro

de oro puro con sus lámparas —las lámparas que habían de colocarse en él—, todos sus utensilios y el aceite del alumbrado; ³⁸ el altar de oro, el óleo de la unción, el incienso aromático y la cortina para la entrada de la Tienda; ³⁹ el altar de bronce con su rejilla de bronce, sus varales y todos sus utensilios; la pila con su base; ⁴⁰ el cortinaje del atrio, los postes con sus basas, el tapiz para la entrada del atrio, sus cuerdas, su clavazón y todos los utensilios del servicio de la Morada para la Tienda del Encuentro; ⁴¹ las vestiduras de ceremonia para el servicio en el Santuario: los ornamentos sagrados para el sacerdote Aarón y las vestiduras de sus hijos para ejercer el sacerdocio. ⁴² Los israelitas hicieron toda la obra, conforme a lo que Yahvé había ordenado a Moisés.

⁴³ Moisés vio todo el trabajo y comprobó que lo habían llevado a cabo; tal como había mandado Yahvé, así lo habían hecho. Y Moisés los bendijo.

Erección y consagración del Santuario.

40 ¹ Yahvé habló así a Moisés: ² «El día primero del primer mes alzarás la Morada de la Tienda del Encuentro. ³ Allí pondrás el arca del Testimonio y cubrirás el arca con el velo. ⁴ Llevarás la mesa y colocarás lo que hay que ordenar sobre ella; llevarás también el candelabro y pondrás encima las lámparas. ⁵ Colocarás el altar de oro para el incienso delante del arca del Testimonio y colgarás la cortina a la entrada de la Morada. ⁶ Colocarás el altar de los holocaustos ante la entrada de la Morada de la Tienda del Encuentro. ⁷ Pondrás la pila entre la Tienda del Encuentro y el altar, y echarás agua en ella. ⁸ En derredor levantarás el atrio y tenderás el tapiz a la entrada del atrio. ⁹ Entonces tomarás el óleo de la unción y ungirás la Morada y todo lo que contiene. La consagrarás con todo su mobiliario y será cosa sagrada. ¹⁰ Ungirás además el altar de los holocaustos con todos sus utensilios. Consagrarás el altar, y el altar será cosa sacratísima. ¹¹ Asimismo ungirás la pila y su base, y la consagrarás. ¹² Después mandarás que Aarón y sus hijos se acerquen a la entrada de la Tienda del Encuentro y los lavarás con agua. ¹³ *Ves-

Lv 8 10

---

39 24 «y lino fino torzal» sam.; «torzal» hebr.
39 25 El hebr. repite «entre las granadas».
40 13 También aquí abrevia un poco la Vulg. y pronto

se retrasa en dos unidades al numerar los versículos siguientes.

29 4-8   tirás a Aarón con las vestiduras sagradas, lo ungirás, y lo consagrarás para que ejerza mi sacerdocio. [14] Mandarás también que se acerquen sus hijos; los vestirás con túnicas, [15] los ungirás, como ungiste a su padre, para que ejerzan mi sacerdocio. Así se hará para que su unción les confiera un sacerdocio sempiterno de generación en generación.»

Moisés ejecuta las órdenes divinas.

[16] Moisés hizo todo conforme a lo que Yahvé le había mandado. Así lo hizo. [17] En el primer mes del año segundo, el día primero del mes, fue alzada la Morada. [18] Moisés alzó la Morada, asentó las basas, colocó sus tableros, metió sus travesaños y erigió sus postes. [19] Después desplegó la Tienda por encima de la Morada y puso además por encima el toldo de la Tienda, como Yahvé había mandado a Moisés. [20] Luego tomó el Testimonio y lo puso en el arca; puso al arca los varales y sobre ella colocó el propiciatorio en la parte superior. [21] Llevó entonces el arca a la Morada, colgó el velo de protección y cubrió así el arca del Testimonio, como Yahvé había mandado a Moisés. [22] Colocó también la mesa en la Tienda del Encuentro, al lado septentrional de la Morada, fuera del velo. [23] Dispuso sobre ella las filas de los panes de la Presencia delante de Yahvé, como Yahvé había ordenado a Moisés. [24] Luego instaló el candelabro en la Tienda del Encuentro, frente a la mesa, en el lado meridional de la Morada, [25] y colocó encima las lámparas delante de Yahvé, como Yahvé había mandado a Moisés. [26] Asimismo puso el altar de oro en la Tienda del Encuentro, delante del velo;

[27] y quemó sobre él incienso aromático, como Yahvé había mandado a Moisés. [28] A la entrada de la Morada colocó la cortina, [29] y en la misma entrada de la Morada de la Tienda del Encuentro colocó también el altar de los holocaustos, sobre el cual ofreció el holocausto y la oblación, como Yahvé había mandado a Moisés. [30] Situó la pila entre la Tienda del Encuentro y el altar, y echó en ella agua para las abluciones; [31] Moisés, Aarón y sus hijos se lavaron en ella las manos y los pies. [32] Siempre que entraban en la Tienda del Encuentro y siempre que se acercaban al altar, se lavaban, como Yahvé había mandado a Moisés. [33] Por fin alzó el atrio que rodeaba la Morada y el altar, y colgó el tapiz a la entrada del atrio. Así acabó Moisés los trabajos.

Yahvé toma posesión del Santuario.

[34] La Nube cubrió entonces la Tienda del Encuentro y la gloria de Yahvé llenó la Morada. [35] Moisés no podía entrar en la Tienda del Encuentro, pues la Nube moraba sobre ella y la gloria de Yahvé llenaba la Morada.

La Nube guía a los israelitas.

[36] En todas las etapas, cuando la Nube se elevaba de encima de la Morada, los israelitas levantaban el campamento. [37] Pero si la Nube no se elevaba, ellos no levantaban el campamento, hasta el día en que se elevara. [38] Porque la Nube de Yahvé estaba sobre la Morada durante el día, y de noche había en ella fuego a la vista de toda la casa de Israel, en todas sus etapas.

25 8+
1 R 8 10-11
Ez 43 1-5

24 16+
⁄ Ap 15 8

‖Nm 9 15-2
Ex 13 21s
Sal 78 14;
105 39

LEVÍTICO

I. *Ritual de los sacrificios**

Ex 25 22

Los holocaustos*.

1 [1] Yahvé llamó a Moisés y le habló así desde la Tienda del Encuentro: [2] «Di esto a los israelitas: Cuando alguno de vosotros presente a Yahvé una ofrenda, podréis hacer vuestras ofrendas de ganado mayor o menor.

22 18-20
Ex 12 5

[3] «Si su ofrenda es un holocausto de ganado mayor ofrecerá un macho sin defecto; lo ofrecerá a la entrada de la Tienda del Encuentro, para que sea del agrado de Yahvé. [4] Impondrá su mano sobre la cabeza de la víctima y le será aceptada favorablemente para expiación*. [5] Inmolará* el novillo ante Yahvé; los hijos de Aarón, los sacerdotes, ofrecerán la sangre* y la derramarán alrededor del altar que está a la entrada de la Tienda del Encuentro. [6] Desollará después la víctima y la descuartizará; [7] los hijos de Aarón, los sacerdotes*, pondrán fuego sobre el altar y echarán leña al fuego; [8] luego, los hijos de Aarón, los sacerdotes, dispondrán las porciones, la cabeza y la grasa, encima de la leña que se ha echado al fuego del altar. [9] Él lavará con agua las entrañas y las patas, y el sacer-

19 26
Jch 15 20

dote lo quemará todo en el altar. Es un holocausto, un manjar abrasado de calmante aroma para Yahvé*.

Ex 29 18+

[10] «Si su ofrenda es un holocausto de ganado menor, de ovejas o cabras, ofrecerá un macho sin defecto. [11] Lo inmolará al lado septentrional del altar ante Yahvé, y los sacerdotes hijos de Aarón derramarán la sangre alrededor del altar. [12] Luego, lo despedazará en porciones, y el sacerdote las dispondrá, con la cabeza y la grasa, encima de la leña que se ha echado al fuego del altar. [13] Lavará él con agua las entrañas y las patas, y el sacerdote lo ofrecerá todo y lo quemará en el altar. Es un holocausto, un manjar abrasado de calmante aroma para Yahvé.

Ex 29 18+

Gn 15 9-10

[14] «Si su ofrenda a Yahvé es un holocausto de aves, presentará como ofrenda tórtolas o pichones. [15] El sacerdote la ofrecerá en el altar, le quitará la cabeza y la quemará en el altar; su sangre será exprimida contra la pared del altar. [16] Quitará entonces el buche y las plumas y los arrojará al lado oriental del altar, al lugar donde se echan las cenizas. [17] Abrirá el ave por entre las alas, sin llegar a

Lv 4 12
1 R 13 5

1 (a) El conjunto del ritual de los sacrificios, Lv 1-7, es puesto en conexión con la estancia en el desierto y colocado bajo la autoridad de Moisés. De hecho, al lado de antiguas reglamentaciones, incluye cierto número de disposiciones tardías, no recibió su forma definitiva sino después de la vuelta del Destierro. En su forma actual, Lv 1-7 representa el código sacrificial del segundo Templo. Por lo demás, se sabe muy poco del ritual israelita de la época nómada, dado que los textos antiguos no nos facilitan más indicaciones que las del sacrificio pascual, ver notas sobre Ex 12 1.23.39. —A la tradición cristiana se le ha gustado ver en este minucioso ritual de la Antigua Ley un conjunto de preparaciones y prefiguraciones del Sacrificio único y redentor de Cristo (ver ya Hb 8s) y de los sacramentos de la Iglesia.

1 (b) Sacrificios en que la víctima queda enteramente consumida. La imposición de las manos por el oferente, v. 4, es una solemne afirmación de que esta víctima, presentada seguidamente por el sacerdote, es su propio sacrificio. Los relatos, lo mismo que los textos rituales del Pentateuco, hacen remontar este tipo de sacrificio a la época del desierto, ver Ex 18 12; Nm 7 12, e incluso a los Patriarcas, Gn 8 20; 22 9-10. De hecho, los testimonios históricos más antiguos datan de la época de los Jueces, ver Jc 6 26; 11 31; 13 15-20. Parece que esta forma de sacrificio está influenciada por el ritual cananeo (ver 1 R 18, el holocausto de los profetas de Baal es semejante al de Elías) y que no es anterior a la instalación de las tribus. En Lv 1 se atribuye valor expiatorio al holocausto; en la época antigua es más bien un sacrificio de acción de gracias, ver 1 S 6 14; 10 8; 2 S 6 17, o un sacrificio para obtener un favor de Yahvé, 1 S 7 9; 13 9; 1 R 3 4.

1 4 La Expiación es el sacrificio por el cual el hombre que ha ofendido a Dios violando la Alianza puede recobrar la gracia. El animal ofrecido en rescate (kipper) se interpretó como un rescate (koper), ver Ex 30 12. En los sacrificios de expiación, los ritos de la sangre juegan un papel primordial, 17 11 ver 4 1+; 4 12+. Conocida por los asiro-babilonios y los cananeos, la expiación quedó ligada a los fundamentos de la ley israelita. En el NT aparecerá no como un pago o una sustitución, sino como el don de la vida de Dios para vivificar a los hombres, Rm 3 25-26.

1 5 (a) Ez 44 11 confía esta inmolación a los levitas. El papel del sacerdote comienza cuando la sangre de la víctima se pone en contacto con el altar. Es una ley general de toda forma de sacrificio: sólo el sacerdote sube al altar, ver Nm 18 7+.

1 5 (b) La sangre se consideraba como la sede del principio vital, ver Dt 9 4; Sal 30 10, de ahí su valor expiatorio, ver Lv 17 11, y su papel de primer orden en el ritual de los sacrificios y en las alianzas, Ex 24 8. Tenemos aquí un rasgo original del culto israelita con relación al culto cananeo. Según la antigua costumbre toda matanza de reses es un acto cultual que debe realizarse sobre un altar, 1 S 14 32-35, y según Lv 17 3s en el santuario, ver 17 4+.

1 7 Con las versiones y 8; «los hijos del sacerdote Aarón», hebr.

1 9 La expresión no sólo designa, como aquí, un holocausto, sino también la parte de todo sacrificio que se quemaba para Yahvé. No se considera la ofrenda como un alimento material que el hombre ofrece a Dios y comparte con él, ver Dt 18 1+, sino que es asimilada al humo del holocausto o del incienso que sube hacia Yahvé «como calmante aroma» ver Ex 29 18+.

partirla; y la quemará sobre el altar, encima de la leña que se ha echado al fuego. Es un holocausto, un manjar abrasado de calmante aroma para Yahvé.

6 7-11;
7 9-10
Nm 15 1-16

La oblación*.

2 ¹ «Cuando alguien ofrezca a Yahvé una oblación vegetal, su ofrenda consistirá en flor de harina, sobre la que derramará aceite y pondrá incienso. ² La presentará a los sacerdotes hijos de Aarón; tomará un puñado de la harina con el aceite y todo el incienso; el sacerdote lo quemará sobre el altar como memorial, manjar abrasado de calmante aroma para Yahvé. ³ El resto de la oblación será para Aarón y para sus hijos, como porción sacratísima* del manjar abrasado para Yahvé.

⁴ «Cuando ofrezcas una oblación de pasta cocida al horno, será de flor de harina, en forma de panes ázimos amasados con aceite, o de tortas ázimas untadas en aceite.

⁵ «Si tu ofrenda es una oblación preparada en la chapa, ha de ser de flor de harina, amasada con aceite, sin levadura. ⁶ La partirás en trozos y derramarás aceite encima. Es una oblación vegetal.

⁷ «Si tu ofrenda es una oblación preparada en cazuela, será de flor de harina con aceite.

⁸ «La oblación que ha sido así preparada, se la llevarás a Yahvé. Será presentada al sacerdote, quien la llevará al altar. ⁹ El sacerdote reservará parte de la oblación como memorial y la quemará sobre el altar, como manjar abrasado de calmante aroma para Yahvé. ¹⁰ El resto de la oblación será para Aarón y para sus hijos, como porción sacratísima del manjar abrasado de Yahvé.

¹¹ «Toda oblación que ofrezcáis a Yahvé será preparada sin levadura*, pues no quemaréis nada ni de fermento ni de miel como manjar abrasado para Yahvé. ¹² Sí que los podréis ofrecer como ofrenda de primicias, pero no los pondréis sobre el altar como sacrificio de calmante aroma. ¹³ Sazonarás con sal toda oblación que ofrezcas; en ninguna de tus oblaciones permitirás que falte nunca la sal de la alianza de tu Dios*; todas tus ofrendas llevarán sal.

¹⁴ «Si ofreces a Yahvé una oblación de primicias*, ofrecerás, como oblación de tus primicias, espigas tostadas al fuego o grano tierno majado. ¹⁵ Derramarás encima aceite y le echarás además incienso; es una oblación vegetal. ¹⁶ El sacerdote quemará, como memorial de la misma, parte del grano majado y del aceite, con todo el incienso, como manjar abrasado para Yahvé.

6 9

Nm 18 19
Mc 9 49

Dt 26 1+

El sacrificio de comunión*.

3 ¹ «Si su ofrenda es un sacrificio de comunión, si lo que ofrece es vacuno, macho o hembra, ofrecerá ante Yahvé una res sin defecto. ² Impondrá su mano sobre la cabeza de la ofrenda y la inmolará a la entrada de la Tienda del Encuentro. Luego los sacerdotes hijos de Aarón derramarán la sangre alrededor del altar. ³ Él ofrecerá parte del sacrificio de comunión como manjar abrasado para Yahvé: la grasa que cubre las entrañas y toda la que hay sobre las mismas; ⁴ los dos riñones con la grasa adherida a ellos y a los lomos; y el lóbulo del hígado; pondrá aparte todo esto junto con los riñones. ⁵ Los hijos de Aarón lo quemarán sobre el altar encima del holocausto colocado sobre la leña que se ha echado al

19 5-8;
22 21-25
1 Co 10 1
Lv 7 11-1[...]

9 18-21

---

2 La oblación, con las primicias que aquí son asimiladas a ella, vv. 14-15, es una ofrenda de los productos de la tierra; es, por tanto, desde el origen, un rito de sedentarios, que debe remontarse a los comienzos de la instalación en Canaán. La ofrenda de incienso que la acompaña, conocida entre los pueblos vecinos, principalmente en Egipto, puede tener un origen más antiguo. Se equipara la oblación a un holocausto quemando un puñado de harina bañada en aceite, como «calmante aroma» para Yahvé, ver Ex 29 18; Lv 1 9+. Este sacrificio es ofrecido ordinariamente como complemento de un sacrificio cruento, y entonces va acompañado de una libación de vino, ver **23** 13; Ex 29 40; Nm 15 5.7.

2 3 En las ofrendas se distinguían cosas sagradas y cosas sacratísimas, que consagran todo lo que las toca, Ex 29 37.

2 11 La levadura cambia el carácter natural del don ofrecido a Dios, y en cierto modo lo profana. Se puede también descubrir en ello una reacción contra los usos

cultuales cananeos, ver Am 4 5.

2 13 Se atribuía a la sal un valor purificador, Ez 16 4; 2 R 2 20; ver Mt 5 13. Entre los asirios se la utilizaba en el culto, y entre los nómadas, en las comidas de amistad o de alianza, de donde la expresión «alianza de sal», Nm 18 19, para expresar la estabilidad de la alianza entre Dios y su pueblo.

2 14 La antigua ofrenda de las primicias, ver Dt 26 1+; se coloca aquí entre las oblaciones.

3 El sacrificio llamado «de comunión», en que la víctima es compartida entre Dios y el oferente, está atestiguado en Canaán, pero el sacrificio israelita se distingue de él por el antiguo rito de la sangre, ver 1 5+. Es un banquete sagrado; las partes más vitales de la víctima se ofrecen a Dios; una parte elegida se concede a los sacerdotes, ver 7 28s, y el resto es consumido por los fieles. En la época antigua este tipo de sacrificio era el más frecuente y constituía el rito central de las fiestas, expresando ante todo la comunidad de vida, la relación de alianza y de amistad entre el fiel y su Dios.

fuego. Será un manjar abrasado de calmante aroma para Yahvé.

⁶ «Si su ofrenda de sacrificio de comunión para Yahvé es de ganado menor, macho o hembra, ofrecerá una res sin defecto.

⁷ «Si ofrece como ofrenda un cordero, lo presentará ante Yahvé, ⁸ impondrá su mano sobre la cabeza de la ofrenda y la inmolará delante de la Tienda del Encuentro; los hijos de Aarón derramarán la sangre alrededor del altar. ⁹ Él ofrecerá, de este sacrificio de comunión, la grasa, como manjar abrasado para Yahvé: el rabo entero, que se cortará desde la rabadilla; la grasa que cubre las entrañas y toda la que hay sobre las mismas; ¹⁰ los dos riñones y la grasa adherida a ellos y a los lomos, y el lóbulo del hígado; pondrá aparte todo esto junto con los riñones. ¹¹ El sacerdote lo quemará sobre el altar como alimento*, manjar abrasado para Yahvé.

¹² «Si su ofrenda consiste en una cabra, la presentará ante Yahvé, ¹³ impondrá la mano sobre su cabeza y la inmolará ante la Tienda del Encuentro; y los hijos de Aarón derramarán su sangre alrededor del altar. ¹⁴ Presentará de ella, como ofrenda suya, manjar abrasado para Yahvé: la grasa que cubre las entrañas y toda la que hay sobre las mismas; ¹⁵ los dos riñones y la grasa adherida a ellos y a los lomos; y el lóbulo del hígado; apartará todo esto junto con los riñones. ¹⁶ El sacerdote lo quemará sobre el altar como alimento, manjar abrasado de calmante aroma para Yahvé.

Toda la grasa pertenece a Yahvé. ¹⁷ «Ésta es una ley perpetua, de generación en generación, dondequiera que habitéis: no comeréis nada de grasa ni de sangre.»

6 17-23 El sacrificio por el pecado*:

4 ¹ Yahvé habló así a Moisés: ² Di esto a los israelitas: Si alguien peca por inadvertencia contra cualquiera de las prohibiciones ordenadas por Yahvé y comete una de esas acciones prohibidas:

a) del sumo sacerdote.

³ «Si el que peca es el sacerdote ungido, haciendo así culpable al pueblo*, ofrecerá a Yahvé por el pecado que ha cometido un novillo sin defecto, como sacrificio por el pecado. ⁴ Llevará el novillo a la entrada de la Tienda del Encuentro ante Yahvé, impondrá la mano sobre la cabeza del novillo y lo inmolará ante Yahvé. ⁵ El sacerdote ungido tomará parte de la sangre del novillo y la introducirá en la Tienda del Encuentro. ⁶ El sacerdote mojará su dedo en la sangre y hará con ella siete aspersiones ante Yahvé frente al velo del Santuario. ⁷ El sacerdote untará con parte de la sangre los cuernos del altar del incienso aromático que está ante Yahvé en la Tienda del Encuentro, y verterá toda la sangre restante del novillo al pie del altar de los holocaustos, que se encuentra a la entrada de la Tienda del Encuentro.

⁸ «De toda la grasa del novillo sacrificado por el pecado, reservará la que cubre las entrañas y toda la que hay sobre las mismas; ⁹ los dos riñones y la grasa adherida a ellos y a los lomos, y el lóbulo del hígado; reservará todo esto junto con los riñones, ¹⁰ lo mismo que se reserva del novillo del sacrificio de comunión; y el sacerdote lo quemará sobre el altar de los holocaustos.

¹¹ «La piel del novillo, toda su carne, con su cabeza y sus patas, sus entrañas con los excrementos, ¹² el novillo entero, lo sacará fuera del campamento, a un lugar puro, al vertedero de las cenizas. Lo quemará poniéndolo sobre leña y dándole fuego; será quemado en el vertedero de las cenizas*.

Ex 30 22+

Ex 26 33+

Ex 27 2+;
30 1-10+

---

3 11 La palabra «alimento» ha sido suprimida por el traductor griego y sustituida por «calmante aroma», ver 1 9+, aquí como en el v. 16, probablemente para evitar todo menoscabo de la espiritualidad y trascendencia de Dios (ver Sal 50 13; Dn 14, etc.).
4 La mayor parte del ritual sacrificial está consagrada a los sacrificios de expiación. Se distinguen dos tipos: sacrificio por el pecado y sacrificio de reparación, pero es difícil decir en qué difieren. El sacrificio por el pecado parece tener un alcance más amplio que el sacrificio de reparación, que contempla sobre todo faltas por las que se han lesionado los derechos de Dios o de sus sacerdotes, o del prójimo. De hecho, los dos sacrificios están aquí previstos para casos de naturaleza muy semejante, cap. 5, y la confusión aumenta si se los compara

para con leyes particulares, Lv 14 10-32; Nm 6 9-12; 15 22-31. Este minucioso ritual será reemplazado por el único sacrificio expiatorio de Cristo, ver Hb 9.
4 3 El sumo sacerdote representaba a la divinidad ante el pueblo, pero también al pueblo ante Dios; por lo mismo, su falta implicaba una culpabilidad colectiva de la nación.
4 12 Al ser ofrecido el sacrificio para restaurar la alianza, aquel por quien es ofrecido (aquí el sumo sacerdote, en el v. 21 toda la asamblea) no puede tener parte en la comida de la víctima, ya que no se encuentra en paz con Dios. Lo que no se ofrece en el altar se quema enteramente fuera del santuario. La mención del «campamento» obedece a la atribución al tiempo del desierto de este tardío ritual.

b) de la Asamblea de Israel.

[13] «Si toda la comunidad de Israel peca por inadvertencia y, haciendo cualquiera de las cosas que los mandamientos de Yahvé prohíben, se hace culpable, pero el hecho queda oculto a la asamblea; [14] en cuanto llegue a saberse el pecado cometido en ella, la asamblea ofrecerá un novillo como sacrificio por el pecado. Lo llevarán ante la Tienda del Encuentro; [15] los ancianos de la comunidad impondrán las manos sobre la cabeza del novillo ante Yahvé y se inmolará el novillo ante Yahvé*. [16] Luego, el sacerdote ungido introducirá parte de la sangre del novillo en la Tienda del Encuentro; [17] el sacerdote mojará su dedo en la sangre y hará siete aspersiones ante Yahvé frente al velo. [18] Untará con parte de la sangre los cuernos del altar que se halla ante Yahvé en la Tienda del Encuentro, y derramará el resto de la sangre al pie del altar de los holocaustos, que está a la entrada de la Tienda del Encuentro. [19] Reservará toda la grasa del novillo y la quemará sobre el altar, [20] haciendo con este novillo como con el novillo del sacrificio por el pecado. Lo mismo hará con él. Así el sacerdote hará expiación por ellos y se les perdonará. [21] Sacará el novillo fuera del campamento y lo quemará como el novillo anterior. Éste es el sacrificio por el pecado de la asamblea.

c) de un jefe.

1 11

[22] «Si es un príncipe el que ha pecado y, haciendo por inadvertencia cualquiera de las cosas prohibidas por los mandamientos de Yahvé su Dios, se ha hecho culpable; [23] si se le advierte del pecado cometido, presentará como ofrenda un macho cabrío sin defecto. [24] Impondrá su mano sobre la cabeza del macho cabrío y lo inmolará en el lugar donde se inmola el holocausto ante Yahvé. Es un sacrificio por el pecado. [25] El sacerdote mojará su dedo en la sangre de la víctima, untará los cuernos del altar de los holocaustos* y derramará la sangre restante al pie del altar de los holocaustos. [26] Quemará toda la grasa sobre el altar como la grasa del sacrificio de comunión. El sacerdote hará así la expiación por él, por su pecado, y se le perdonará.

d) de un hombre del pueblo.

[27] «Si uno cualquiera del pueblo de la tierra* peca por inadvertencia haciendo algo prohibido por los mandamientos de Yahvé, y se hace así culpable; [28] si se le advierte del pecado cometido, presentará como ofrenda por el pecado cometido una cabra sin defecto. [29] Impondrá su mano sobre la cabeza de la víctima y la inmolará en el mismo lugar que los holocaustos. [30] El sacerdote mojará su dedo en la sangre, untará con ella los cuernos del altar de los holocaustos y derramará toda la sangre restante al pie del altar. [31] Apartará toda la grasa de la víctima, como se aparta la grasa de un sacrificio de comunión, y el sacerdote la quemará sobre el altar como calmante aroma para Yahvé. El sacerdote hará así expiación por él y se le perdonará.

[32] «Si presenta un cordero como ofrenda suya por el pecado, sea lo que presenta una hembra sin defecto; [33] impondrá su mano sobre la cabeza de la víctima y la inmolará como sacrificio por el pecado en el lugar donde se inmola el holocausto. [34] El sacerdote mojará su dedo en la sangre de la víctima y untará con ella los cuernos del altar de los holocaustos, y derramará toda la sangre restante al pie del altar. [35] Apartará toda la grasa de la víctima, como se aparta la grasa del cordero del sacrificio de comunión, y el sacerdote la quemará sobre el altar, junto con los manjares abrasados de Yahvé. El sacerdote hará así expiación por él, por el pecado cometido, y se le perdonará.

Casos particulares del sacrificio por el pecado.

5 [1] «Si alguien peca porque: se le ha conjurado a que declare, y es testigo, porque lo ha visto u oído*, y no lo declara, y se carga así con un pecado;

[2] «o bien, uno toca, sin darse cuenta, cualquier cosa impura, sea el cadáver de

Pr 29 24
Dt 19 15

11-16

---

4 15 *El mismo ritual para el sumo sacerdote y para la asamblea, puesto que el primero representa a la segunda.*
4 25 A diferencia del sumo sacerdote y de la comunidad, el jefe (y el hombre del pueblo) pertenece al orden profano, Ez 44 3; 45 7-12; por eso la sangre de la víctima que ocupa su lugar no entra en la Tienda sagrada.

4 27 «Pueblo de la tierra». La expresión, que durante el período monárquico hacía referencia a la aristocracia rural, defensora del Yahvismo y de la dinastía davídica, sirvió para designar a la población israelita en general a partir del período postexílico.
5 1 Después de convocar al testigo, el juez pronunciaba sobre él una maldición condicionada, para el caso de que aquél mintiera o se inhibiera.

una fiera impura, o el de ganado impuro o el de un bicho impuro, y se hace así él mismo impuro y culpable*;

³ «o bien, uno toca, sin darse cuenta, cualquiera de las inmundicias humanas con que puede contaminarse, y luego, al caer en la cuenta, se hace culpable;

⁴ «o bien, uno pronuncia con los labios a la ligera un juramento de hacer algo, para bien o para mal, en esos casos en que el hombre suele jurar a la ligera, y luego, al caer en la cuenta, se hace culpable de ello;

⁵ «el que es culpable en uno de estos casos confesará* aquello en que ha pecado, ⁶ y presentará a Yahvé, como sacrificio de reparación por el pecado cometido, una hembra de ganado menor, oveja o cabra, como sacrificio por el pecado. Y el sacerdote hará así por él expiación de su pecado.

Sacrificio por el pecado del hombre del pueblo (continuación).

⁷ «Si no le alcanza para una res menor, presentará a Yahvé, como sacrificio de reparación por su pecado, dos tórtolas o dos pichones, una de las aves como sacrificio por el pecado y otra en holocausto. ⁸ Las presentará al sacerdote, quien ofrecerá primero la que se destina al sacrificio por el pecado. Con las uñas le cortará la cabeza junto a la nuca sin arrancarla del todo. ⁹ Rociará con sangre de la víctima el lateral del altar, y el resto de la sangre lo derramará al pie del altar. Es un sacrificio por el pecado. ¹⁰ Con la otra ave hará un holocausto, conforme al ritual. El sacerdote hará así expiación por el pecado que ha cometido y le será perdonado.

¹¹ «Si no le alcanza para dos tórtolas o dos pichones, presentará, como ofrenda suya por haber pecado, una décima de medida de flor de harina como sacrificio por el pecado. No añadirá aceite, ni pondrá sobre ella incienso, porque es sacrificio por el pecado. ¹² La presentará al sacerdote; y el sacerdote, tomando de ella un puñado como memorial, lo quemará sobre el altar, junto con los manjares que se abrasan para Yahvé. Es un sacrificio por el pecado. ¹³ El sacerdote hará así expiación por él, a causa del pecado que cometió en cualquiera de los casos citados, y se le perdonará. El sacerdote tendrá su parte como en la oblación.»

El sacrificio de reparación*.

7 1-6

¹⁴ Habló Yahvé a Moisés y le dijo: ¹⁵ «Si alguien comete una prevaricación pecando por inadvertencia tomando algo de los derechos sagrados* de Yahvé, ofrecerá a Yahvé su sacrificio de reparación, un carnero del rebaño, sin defecto, valorado en siclos de plata, en siclos del Santuario*, como sacrificio de reparación. ¹⁶ Resarcirá lo que defraudó de los derechos sagrados, y añadirá un quinto más, y se lo entregará al sacerdote. El sacerdote hará por él la expiación con el carnero del sacrificio de reparación; y se le perdonará.

Nm 5 5-8

2 R 12 17

¹⁷ «Si alguien peca, sin darse cuenta, haciendo algo prohibido por los mandamientos de Yahvé, se hace culpable y cargará con su pecado. ¹⁸ Llevará al sacerdote, como sacrificio de reparación, un carnero del rebaño, sin defecto, según valoración; y el sacerdote hará expiación por él a causa de la falta que cometió sin darse cuenta, y se le perdonará. ¹⁹ Es un sacrificio de reparación, pues era realmente culpable ante Yahvé*.»

²⁰ Habló Yahvé a Moisés y le dijo: ²¹ «Si uno peca y comete una prevaricación contra Yahvé mintiendo a su prójimo acerca de un depósito o de un objeto confiado a sus manos, o de algo robado, o quitado a la fuerza, ²² «o si halla un objeto perdido y lo niega, o jura en falso acerca de cualquiera de las cosas en que el hombre suele pecar; ²³ «si peca así y se hace culpable, devolverá lo robado, o lo quitado a la fuerza, o el depósito que se le confió, o la cosa perdida que halló, ²⁴ o todo aquello sobre lo cual juró en falso. Lo restituirá

6.¹
2

Ex 22 6-14

3
Ex 23 1-2

4

5

5 2 Muchos corrigen el texto en conformidad con los párrafos siguientes: «... sin darse cuenta; y, al saberlo, se hace culpable».
5 5 Es una confesión solemne y pública.
5 13 Todos los casos previstos en 4 22.27.
5 14 Cuando los derechos de Dios o del prójimo, ver 4 1+, han sufrido un daño estimable en dinero, se añade al sacrificio una multa, ver vv. 16.24. «El precio de la reparación» y el «precio del pecado», mencionados en 2 R 12 17, deben referirse a las tasas que acompañaban a los sacrificios, lo que supone que existían ya antes del Destierro, ver acaso también Os 4 8.
5 15 (a) Lit. «cosas sagradas», es decir, las ofrendas regulares o voluntarias.
5 15 (b) Siclo de más peso que el corriente, ver Ex 30 15+.
5 19 Otra traducción posible: «sacrificio de reparación que debe ofrecer como tal a Yahvé».

íntegramente, añadiendo un quinto más, y lo devolverá a su dueño en el día de su sacrificio de reparación. ²⁵ Entregará para Yahvé su sacrificio de reparación: un carnero del rebaño, sin defecto, según valoración, como sacrificio de reparación ante el sacerdote. ²⁶ El sacerdote hará por él la expiación delante de Yahvé, y le será perdonada cualquiera de las faltas de las que sea culpable.»

El sacerdocio y los sacrificios*:

A. El holocausto.

6 ¹ Habló así Yahvé a Moisés: ² «Da esta orden a Aarón y a sus hijos: Ésta es la ley del holocausto. (Éste es el holocausto que quedará sobre las brasas de encima del altar, toda la noche hasta la mañana; y el fuego del altar se mantendrá encendido*.) ³ El sacerdote se vestirá su túnica de lino y cubrirá su cuerpo con calzones de lino. Sacará las cenizas a que el fuego habrá reducido las grasas del holocausto puestas sobre el altar y las depositará a un lado del altar. ⁴ Después se quitará las vestiduras y se pondrá otras para llevar las cenizas fuera del campamento a un lugar puro. ⁵ «El fuego permanecerá encendido sobre el altar sin apagarse; el sacerdote lo alimentará con leña todas las mañanas, colocará encima el holocausto y sobre él quemará la grasa de los sacrificios de comunión. ⁶ Fuego permanente arderá sobre el altar sin apagarse.

B. La oblación.

⁷ «Ésta es la ley de la oblación vegetal: Los hijos de Aarón la presentarán delante de Yahvé, frente al altar; ⁸ uno de ellos tomará de la oblación un puñado de flor de harina (con su aceite, y todo el incienso que se añade a la oblación), y lo quemará sobre el altar, en memorial, como calmante aroma para Yahvé. ⁹ Lo restante lo comerán Aarón y sus hijos; se

comerá sin levadura, en lugar santo. En el atrio de la Tienda del Encuentro lo comerán. ¹⁰ No se cocerá con levadura: es la porción que yo les asigno de los manjares que se abrasan para mí. Es cosa cratísima, como el sacrificio por el pecado y como el sacrificio de reparación. ¹¹ Todos los varones de los hijos de Aarón lo podrán comer. Es ley perpetua para vuestros descendientes, relativa a los manjares que se abrasan para Yahvé. Todo cuanto entre en contacto con ellos quedará consagrado.»

¹² Habló Yahvé a Moisés y le dijo*: ¹³ «Ésta es la ofrenda que Aarón y sus hijos ofrecerán a Yahvé el día de su consagración: una décima de medida de flor de harina, como oblación perpetua, la mitad por la mañana y la mitad por la tarde. ¹⁴ Será preparada con aceite en la sartén; la ofrecerás bien frita y la presentarás partida en trozos como calmante aroma para Yahvé. ¹⁵ El sacerdote ungido que le suceda de entre sus hijos la ofrecerá. Es decreto perpetuo. Será totalmente quemada para Yahvé. ¹⁶ Cualquier oblación de sacerdote será quemada entera; nada se podrá comer*.»

C. El sacrificio por el pecado.

¹⁷ Habló Yahvé a Moisés y le dijo: ¹⁸ «Di esto a Aarón y a sus hijos:

Ésta es la ley del sacrificio por el pecado: En el lugar donde se inmola el holocausto, delante de Yahvé, será inmolada también la víctima por el pecado. Es cosa sacratísima. ¹⁹ La comerá el sacerdote que ha ofrecido la víctima por el pecado. Será comida en lugar santo, dentro del atrio de la Tienda del Encuentro. ²⁰ Todo cuanto entre en contacto con esta carne quedará consagrado y, si su sangre salpica los vestidos, lavarás en lugar santo la parte salpicada. ²¹ La vasija de barro en que haya sido cocida se romperá; y si ha sido cocida en vasija de bronce, ésta se fregará y lavará con agua. ²² Todo sacerdote varón podrá comerla.

---

6   Los caps. 1-5 trataban de los sacrificios desde el punto de vista de la materia del sacrificio. Los caps. 6-7 lo hacen desde el punto de vista de las funciones y de los derechos del sacerdote.

6 2   *Según* Ez 46 13-15, el holocausto perpetuo no supone más que un sacrificio cotidiano, por la mañana, lo cual está conforme con el uso de la época monárquica, ver 2 R 16 15, que distingue el holocausto de la mañana de la simple oblación de la tarde (ver 1 R 18 29). Según Ex 29 38-42 y Nm 28 3-8, debe haber un holocausto por la mañana y otro por la tarde. Aquí se prescribe el de la mañana en el v. 5; el de la tarde está

incluido en el v. 2^b, pero esta frase poco feliz parece ser una adición. El fuego perpetuo del altar significa la continuidad del culto; comp. la llama permanente, Lv 24 2-4.

6 12   Los vv. 12-16, que faltan en el ms griego A, se refieren a los ritos de investidura, ver 8 26; 9 4, e interrumpen el ritual común.

6 16   El sacerdote no puede hacer una ofrenda y recibirla; la idea es más la de una deuda para con Dios que la de una participación en la vida divina; esta participación era propia del sacrificio de comunión, 3 1s; 7 10s; ver 7 28.34.

³⁰ Es cosa sacratísima*. ²³ Pero no se comerá ninguna víctima ofrecida por el pecado cuya sangre haya sido introducida en la Tienda del Encuentro para hacer la expiación dentro del Santuario: será consumida por el fuego.

4 5.16

D. El sacrificio de reparación.

³¹ ³² **7** ¹ «Ésta es la ley del sacrificio de reparación: Es cosa sacratísima. ² En el lugar donde inmolan el holocausto inmolarán la víctima de reparación, y su sangre se derramará sobre todos los lados del altar. ³ Se ofrecerá toda la grasa de la víctima: el rabo y la grasa que recubre las entrañas; ⁴ los dos riñones y la grasa adherida a ellos y a los lomos, y el lóbulo del hígado; se apartará toda esta grasa junto con los riñones. ⁵ El sacerdote lo quemará sobre el altar como manjar abrasado para Yahvé. Es un sacrificio de reparación. ⁶ Podrán comerlo todos los sacerdotes varones; se comerá en lugar sagrado. Es cosa sacratísima.

³³

³⁴

³⁵

³⁶

Derechos de los sacerdotes.

³⁷ ⁷ «El sacrificio por el pecado es como el sacrificio de reparación: tienen la misma ley. La víctima pertenece al sacerdote que haya hecho la expiación con ella. ⁸ La piel de la víctima de un holocausto presentado por alguien, será para el sacerdote que ha ofrecido el holocausto. ⁹ Toda oblación cocida al horno y toda la preparada en cazuela o en sartén pertenece también al sacerdote que la ofrece; ¹⁰ pero toda oblación amasada con aceite, o seca, será para todos los hijos de Aarón, en porciones iguales.

³⁸

1
2 4-7

5 11-13
Nm 5 15
Ez 44 29

E. El sacrificio de comunión:

22 29-30

a) sacrificio en alabanza*.

7 1

¹¹ «Ésta es la ley del sacrificio de comunión que se ofrece a Yahvé:

² ¹² Si se ofrece en alabanza, se ofrecerán, juntamente con el sacrificio de alabanza, panes ázimos amasados con aceite, tortas ázimas untadas de aceite y tortas de flor de harina amasadas con aceite. ¹³ Se añadirá esta ofrenda a las tortas de pan fermentado y al sacrificio de comunión en alabanza. ¹⁴ Se reservará una pieza de cada clase como tributo a Yahvé y corresponderá al sacerdote que haya derramado la sangre del sacrificio de comunión. ¹⁵ La carne del sacrificio de comunión en alabanza se comerá el día mismo de su ofrecimiento, sin dejar nada de ella para la mañana siguiente.

3

4

5

b) sacrificios votivos o espontáneos.

22 18-23

¹⁶ «Si se ofrece la víctima en cumplimiento de un voto, o como ofrenda voluntaria, se comerá el mismo día en que ha sido ofrecida, y lo que sobre deberá comerse al día siguiente. ¹⁷ Pero al tercer día será quemado lo que quede de la carne de la víctima.

6

7

Normas generales.

¹⁸ «Si se come la carne de un sacrificio de comunión al tercer día, no obtendrá favor el que lo ofrece; no se le tendrá en cuenta. Será abominación. Y quien coma de ella, cargará con su iniquidad. ¹⁹ «No podrá comerse la carne que haya tocado cualquier cosa impura; será consumida por el fuego.

«Toda persona pura podrá comer la carne. ²⁰ Pero quien, en estado de impureza, coma carne del sacrificio de comunión presentado a Yahvé, ése será excluido de su pueblo*. ²¹ Si alguien toca cualquier cosa inmunda, sea inmundicia de hombre o de animal, o cualquier otra abominación impura, y luego come de la carne del sacrificio de comunión ofrecido a Yahvé, será excluido de su pueblo.»

²² Habló Yahvé a Moisés y le dijo: ²³ «Di esto a los israelitas:

No comeréis grasa de buey, ni de cordero ni de cabra. ²⁴ La grasa de animal muerto o destrozado podrá servir para cualquier uso, pero en modo alguno la comeréis. ²⁵ Porque todo aquel que coma grasa de animal que suele ofrecerse como manjar abrasado a Yahvé, será excluido de su pueblo.

8
19 7

9

11-16¹⁰

11

12

13

14

15

---

6 22 El sacrificio por el pecado de un hombre del pueblo no puede ser consumido por quien lo ofrece, cuya culpabilidad no está expiada todavía, vv 4 12+, pero los sacerdotes pueden comer de él. La regla es la misma para el sacrificio de reparación, v 7 6.8-10.

7 11 El sacrificio de comunión puede ofrecerse «en alabanza», vv. 12-15, o en cumplimiento de un voto, o como ofrenda voluntaria, vv. 16-17. Por otra parte, re-

sulta bastante difícil precisar las relaciones exactas de estas tres formas entre sí. Véase Dt 12 6.17; Am 4 5; Jr 17 26; 33 11.

7 20 Para un nómada del desierto, ser excluido de los suyos equivale a ser condenado a muerte. Además, esta condena adquiere aquí un sentido religioso: el de ser privado de las promesas divinas hechas a la raza de Abrahán.

^{1 5+}

¹⁷

²⁶ «Tampoco comeréis sangre, ni de ave ni de otro animal, en ninguno de los lugares en que habitéis. ²⁷ Todo el que coma cualquier clase de sangre será excluido de su pueblo.»

Dt 18 3

Porción de los sacerdotes.

¹⁸

¹⁹

²⁰

Ex 29 24+

²²

²³

²⁴

²⁸ Yahvé habló a Moisés y le dijo: ²⁹ «Di esto a los israelitas:

Quien ofrezca a Yahvé un sacrificio de comunión, presente a Yahvé una porción de su sacrificio. ³⁰ Con sus propias manos presentará los manjares que se abrasarán para Yahvé; él mismo presentará la grasa y el pecho: el pecho para que sea consagrado por el rito del balanceo ante Yahvé. ³¹ El sacerdote quemará la grasa sobre el altar; el pecho será para Aarón y sus hijos. ³² Reservaréis también al sacerdote, como tributo, la pierna derecha de vuestros sacrificios de comunión. ³³ Esta pierna derecha pertenecerá a aquel de los hijos de Aarón que haya ofrecido la sangre y la grasa de los sacrificios de comunión.

³⁴ Pues yo retengo a los israelitas, de sus sacrificios de comunión, el pecho sometido al rito de balanceo y la pierna reservada, y se lo doy, de parte de los israelitas, al sacerdote Aarón y a sus hijos. Es un decreto perpetuo.»

Conclusión.

³⁵ Ésta es la porción de Aarón y la porción de sus hijos, en los manjares que se abrasan en honor de Yahvé, desde el día en que fueron presentados para ejercer el sacerdocio de Yahvé. ³⁶ Esto es lo que mandó Yahvé que los israelitas les dieran el día en que los ungió, como decreto perpetuo, de generación en generación*. ³⁷ Ésta es la ley del holocausto, de la oblación, del sacrificio por el pecado, del sacrificio de reparación, del sacrificio de investidura y del sacrificio de comunión, ³⁸ que Yahvé prescribió a Moisés en el monte Sinaí, el día en que mandó a los israelitas, en el desierto del Sinaí, que presentaran sus ofrendas a Yahvé.

²⁵

²⁶

Ex 30 22+

²⁷

²⁸

II.   *La investidura de los sacerdotes*

||Ex 28 1-
29 35
||Ex 39 1-32
||Ex 40 12-15

Ritos de la ordenación*.

8 ¹ Yahvé habló así a Moisés: ² «Toma a Aarón y a sus hijos, y las vestiduras, y el óleo de la unción, y el novillo para el sacrificio por el pecado, y los dos carneros y el canastillo de los ázimos; ³ y congrega a toda la comunidad a la entrada de la Tienda del Encuentro.»
⁴ Moisés hizo como Yahvé le había mandado, y se congregó la comunidad a la entrada de la Tienda del Encuentro.
⁵ Moisés dijo a la comunidad: «Esto es lo que Yahvé ha ordenado hacer.»
⁶ Moisés mandó entonces que se acercaran Aarón y sus hijos y los lavó con agua. ⁷ Le impuso a Aarón la túnica y se la ciñó con la faja; lo vistió con el manto y le puso encima el efod, y se lo ciñó atándoselo con la cinta del mismo efod.
⁸ Luego, le impuso el pectoral, en el que depositó el *urim* y el *tumim*. ⁹ Colocó la

Ex 28 6+

Dt 33 8
1 S 14 41+

tiara sobre su cabeza y puso en su parte delantera la lámina de oro, la diadema santa, como Yahvé había mandado a Moisés.
¹⁰ Después Moisés tomó el óleo de la unción y ungió la Morada con todas las cosas que contenía, y así las consagró. ¹¹ Hizo siete aspersiones sobre el altar y lo ungió con todos sus utensilios, así como la pila con su base, y así los consagró. ¹² Y, derramando óleo de la unción sobre la cabeza de Aarón, lo ungió y lo consagró. ¹³ Luego Moisés mandó que se acercaran los hijos de Aarón; los vistió con las túnicas, les ciñó la faja y les puso las mitras, como Yahvé había mandado a Moisés.
¹⁴ Después hizo traer el novillo para el sacrificio por el pecado, y Aarón y sus hijos impusieron las manos sobre la cabeza del novillo, víctima por el pecado.

Ez 21 31

Ex 30 22+

---

7 36   Al aludir al primer sacrificio de investidura se esboza su descripción, que prosigue en los caps. **8-10**.
8   Este capítulo describe el ritual de la investidura del sumo sacerdote bajo la forma de un relato, el de la consagración de Aarón y de sus hijos. Este ritual comprende la entrega de las vestiduras y la unción, vv. 7-13, un sacrificio por el pecado, necesario para consagrar el altar, vv. 14-17, luego el holocausto, vv. 18-21, y final-

mente el sacrificio de consagración, vv. 22-35. La entrada en funciones del sacerdote sigue en el cap. **9**. El rito de la unción, que transfiere al sacerdote una prerrogativa real, no aparece hasta la época del segundo Templo, ver Ex **30** 22+. En la época antigua, no existía la ordenación propiamente dicha. El ejercicio mismo de sus funciones introducía al sacerdote en el ámbito de lo sagrado.

¹⁵ Moisés lo inmoló. Tomó la sangre y untó con su dedo los cuernos del altar, todo alrededor, para purificarlo. Después derramó la sangre al pie del altar; de esta manera lo consagró haciendo por él la expiación. ¹⁶ Tomó luego toda la grasa que cubre las entrañas, el lóbulo del hígado y los dos riñones con su grasa; y lo quemó Moisés sobre el altar. ¹⁷ Pero el resto del novillo, la piel, la carne y los excrementos, los quemó fuera del campamento, como Yahvé había mandado a Moisés.

¹⁸ Después hizo traer el carnero del holocausto. Aarón y sus hijos impusieron las manos sobre su cabeza. ¹⁹ Moisés lo inmoló y roció con la sangre todos los lados del altar. ²⁰ El carnero fue descuartizado y Moisés quemó la cabeza, los trozos y la grasa. ²¹ Después de lavar en agua las entrañas y las patas, Moisés quemó todo el carnero sobre el altar, como holocausto de calmante aroma, manjar abrasado para Yahvé, como Yahvé había mandado a Moisés.

²² Hizo luego traer el segundo carnero, el carnero del sacrificio de investidura, y Aarón y sus hijos impusieron las manos sobre la cabeza del carnero. ²³ Moisés lo inmoló y, tomando parte de su sangre, untó el lóbulo de la oreja derecha de Aarón, el pulgar de su mano derecha y el dedo gordo de su pie derecho. ²⁴ Después Moisés hizo que se acercaran los hijos de Aarón, les untó con la sangre el lóbulo de la oreja derecha, el pulgar de su mano derecha y el dedo gordo de su pie derecho; y derramó la sangre sobre el altar, todo alrededor. ²⁵ Tomó luego la grasa, el rabo, toda la grasa que cubre las entrañas, el lóbulo del hígado, los dos riñones con su grasa y la pierna derecha. ²⁶ Sacó del canastillo de los ázimos que estaba ante Yahvé un pan ázimo, una torta de pan amasada con aceite y otra torta untada, y los puso sobre la grasa y sobre la pierna derecha. ²⁷ Lo puso todo esto en manos de Aarón y en manos de sus hijos, e hizo con ello el rito de balanceo ante Yahvé. ²⁸ Luego Moisés lo tomó de sus manos y lo quemó en el altar, encima del holocausto. Fue el sacrificio de investi-

dura*, calmante aroma, manjar abrasado en honor de Yahvé. ²⁹ Moisés tomó entonces el pecho e hizo con él el rito de balanceo ante Yahvé; era ésta la porción del carnero de la investidura que correspondía a Moisés, como Yahvé se lo había mandado.

³⁰ Después Moisés tomó óleo de la unción y sangre de la que había encima del altar, y roció a Aarón y sus vestiduras, así como a sus hijos y las vestiduras de sus hijos. Así consagró a Aarón y sus vestiduras, así como a sus hijos y las vestiduras de sus hijos. ³¹ Moisés dijo a Aarón y a sus hijos: «Coced la carne a la entrada de la Tienda del Encuentro y comedla allí mismo; comed también el pan del canastillo de la investidura tal como lo he mandado diciendo: Aarón y sus hijos lo comerán. ³² Quemaréis las sobras de la carne y del pan. ³³ Y no os apartaréis de la entrada de la Tienda del Encuentro por espacio de siete días, hasta que se cumplan los días de vuestra investidura; porque siete días durará vuestra investidura. ³⁴ Yahvé ha mandado que se proceda como se ha procedido hoy para hacer expiación por vosotros. ³⁵ Así os quedaréis siete días, día y noche, a la entrada de la Tienda del Encuentro, guardando la norma de Yahvé, y así no moriréis*, pues así me fue ordenado.» ³⁶ Aarón y sus hijos hicieron cuanto Yahvé había mandado por medio de Moisés.

Los sacerdotes inauguran su ministerio*.

9 ¹ El día octavo Moisés llamó a Aarón y a sus hijos, y a los ancianos de Israel. ² Dijo a Aarón: «Trae un becerro para el sacrificio por el pecado y un carnero para el holocausto, ambos sin defecto, y ofrécelos ante Yahvé. ³ Luego les dirás a los israelitas: Tomad un macho cabrío para el sacrificio por el pecado y un becerro y un cordero, ambos de un año y sin defecto, para el holocausto; ⁴ para los sacrificios de comunión, un toro y un carnero, para sacrificarlos ante

8 28 «Investidura» o consagración; lit. «de llenar (las manos)», ver v. 33; véase Ex **28 41**+.
8 35 Cualquier falta contra los ritos prescritos es muy grave, ver **10 1**s.
9 Los sacerdotes inauguran su sacerdocio cumpliendo su función esencial de ofrecer sacrificios sobre el altar, ver **1 5**+, con la participación de toda la comunidad. Si bien el objeto de este cap. es en parte el contenido en los caps. **1**-**7** (ritual de los sacrificios), el vocabulario es diferente y menos evolucionado, y las víctimas no son exactamente las prescritas en el cap. **4**. Este cap. parece pertenecer al estrato más antiguo del escrito sacerdotal y pudiera ser la continuación de Ex **40**. Lo mismo que la gloria de Yahvé toma posesión del santuario, Ex **40 34**, de igual modo su aparición, **9 23**, señala la aceptación de los primeros sacrificios.

x 28 41+

Yahvé; y una oblación amasada con aceite, porque hoy Yahvé se os va a mostrar.»

[5] Trajeron, pues, ante la Tienda del Encuentro lo que Moisés había mandado; toda la comunidad se acercó y se mantuvo delante de Yahvé. [6] Dijo entonces Moisés: «Esto es lo que ha mandado Yahvé; hacedlo y se os mostrará la gloria de Yahvé.» [7] Después dijo Moisés a Aarón: «Acércate al altar, ofrece tu sacrificio por el pecado y tu holocausto, y haz la expiación por ti mismo y por tu casa*; presenta también la ofrenda del pueblo y haz la expiación por ellos, como ha prescrito Yahvé.»

[8] Se acercó, pues, Aarón al altar e inmoló el becerro del sacrificio por su propio pecado. [9] Los hijos de Aarón le presentaron la sangre; y él, mojando su dedo en la sangre, untó con ella los cuernos del altar y derramó la sangre al pie del altar. [10] Luego quemó sobre el altar la grasa, los riñones y el lóbulo del hígado de la víctima por el pecado, como Yahvé había mandado a Moisés; [11] pero la carne y la piel las quemó fuera del campamento.

[12] Después inmoló* la víctima del holocausto. Los hijos de Aarón le presentaron la sangre, que derramó sobre todos los lados del altar. [13] Le presentaron la víctima del holocausto ya descuartizada, juntamente con la cabeza, y lo quemó todo sobre el altar. [14] Y lavó las entrañas y las patas, y las quemó sobre el altar encima del holocausto.

[15] Después presentó la ofrenda del pueblo: tomó el macho cabrío correspondiente al sacrificio por el pecado del pueblo, lo degolló y lo sacrificó como sacrificio por el pecado, igual que el primero. [16] Ofreció el holocausto, haciéndolo según el ritual. [17] Además presentó la oblación. Tomando un puñado de ella, la quemó en el altar, además del holocausto de la mañana.

[18] Inmoló también el toro y el carnero como sacrificio de comunión por el pueblo. Los hijos de Aarón le presentaron la sangre, que él derramó sobre todos los lados del altar. [19] Las partes grasas del toro y del carnero, el rabo, la grasa que cubre las entrañas, los riñones y el ló-

Ex 24 16+
Hb 5 1-4
7 27

bulo del hígado, [20] las pusieron sobre los pechos de las víctimas, y él las quemó sobre el altar; [21] Aarón hizo el rito de balanceo con los pechos y la pierna derecha ante Yahvé, conforme había mandado Moisés.

[22] Entonces Aarón, alzando las manos hacia el pueblo, lo bendijo. Y, una vez acabados el sacrificio por el pecado, el holocausto y el sacrificio de comunión, descendió. [23] Luego Moisés y Aarón entraron en la Tienda del Encuentro y, cuando salieron, bendijeron al pueblo. La gloria de Yahvé se mostró a todo el pueblo. [24] Salió fuego de la presencia de Yahvé y consumió el holocausto y las partes grasas puestas sobre el altar. Todo el pueblo al verlo prorrumpió en gritos de júbilo y se postró rostro en tierra.

1 R 18 20
2 M 2 10

Reglas complementarias*:

A. Gravedad de las irregularidades. Nadab y Abihú.

Nm 16 1-
17 5

10 [1] Nadab y Abihú, hijos de Aarón, tomaron cada uno su incensario, les pusieron fuego, les echaron incienso y ofrecieron ante Yahvé un fuego profano, que él no les había mandado*. [2] Entonces salió de la presencia de Yahvé un fuego que los devoró, y murieron delante de Yahvé.

Nm 16 35
2 R 1 10s

[3] Moisés dijo entonces a Aarón: «Esto es lo que Yahvé había declarado cuando dijo:

En los que se me acercan mostraré mi santidad,

y ante la faz de todo el pueblo manifestaré mi gloria*.»

Aarón se calló.

B. Levantamiento de los cadáveres.

[4] Moisés llamó a Misael y a Elisafán, hijos de Uziel, tío paterno de Aarón, y les dijo: «Acercaos, retirad a vuestros hermanos de delante del santuario y llevadlos fuera del campamento.» [5] Se acercaron y los llevaron envueltos en sus propias túnicas fuera del campamento, como Moisés había mandado.

---

9 7　　«por tu casa» griego; «por el pueblo» hebr.
9 12　　Aarón.
10　　La finalidad de las anécdotas que siguen es introducir algunas reglas rituales.
10 1　　Quizá porque Nadab y Abihú no eran sacerdotes, o porque el fuego es presentado fuera del tiempo prescrito.
10 3　　Este dístico no se encuentra en ningún otro lugar de la Biblia. «Los que se acercan» a Yahvé (los sacerdotes) participan de su «santidad», ver Lv 19 2; su «gloria», ver Ex 24 16+, se manifiesta (con el fuego del castigo) a todo el pueblo.

C. Normas de duelo para los sacerdotes.

[6] Moisés dijo a Aarón y a sus hijos, Eleazar e Itamar: «No llevéis la cabeza desgreñada, ni rasguéis vuestras vestiduras*; así no moriréis, ni la ira de Yahvé se encenderá contra toda la comunidad; vuestros hermanos, toda la casa de Israel, llorarán a los abrasados por el fuego de Yahvé. [7] No os apartéis de la entrada de la Tienda del Encuentro, no sea que muráis, pues tenéis sobre vosotros la unción de Yahvé.» Ellos obedecieron a la palabra de Moisés.

D. Prohibición de bebidas alcohólicas.

[8] Yahvé habló a Aarón en estos términos: [9] «Cuando hayáis de entrar en la Tienda del Encuentro, no bebáis vino ni bebida que pueda embriagar, ni tú ni tus hijos, no sea que muráis. Decreto perpetuo es éste para vuestros descendientes. [10] Así podréis distinguir entre lo sagrado y lo profano, entre lo impuro y lo puro, [11] y enseñar a los israelitas todos los preceptos que Yahvé les ha dado por medio de Moisés.»

Ez 44 21

E. La porción de los sacerdotes en las ofrendas.

[12] Moisés dijo a Aarón y a los hijos que le quedaban, Eleazar e Itamar: «Tomad la oblación, lo sobrante de los manjares que se abrasan en honor de Yahvé y comedla sin levadura, junto al altar, pues es cosa sacratísima. [13] La comeréis en lugar sagrado, porque es tu porción y la porción de tus hijos, de los manjares que

6 9-10

se abrasan en honor de Yahvé: es la orden que he recibido.
[14] «El pecho de la ofrenda sometida al rito de balanceo y la pierna reservada las comeréis en lugar puro, tú, tus hijos y tus hijas, porque se os han dado, como porción tuya y de tus hijos, de los sacrificios de comunión de los israelitas. [15] Ellos entregarán la pierna reservada y el pecho de balanceo, además de las grasas que han de ser abrasadas con el rito de balanceo delante de Yahvé serán porción perpetua para ti y para tus hijos, según ha mandado Yahvé.»

7 34

F. Norma particular acerca del sacrificio por el pecado*.

[16] Moisés indagó acerca del macho cabrío del sacrificio por el pecado; y resultó que había sido ya quemado. Irritado contra Eleazar e Itamar, los hijos que le habían quedado a Aarón dijo: [17] ¿Por qué no habéis comido en lugar sagrado la víctima del sacrificio por el pecado? Era cosa sacratísima que se os daba a vosotros para borrar la falta de la comunidad, haciendo expiación por ellos ante Yahvé. [18] Teníais que haberla comido en lugar sagrado, según os había ordenado, porque su sangre no había sido introducida en el santuario.» [19] Respondió Aarón a Moisés: «Mira, ellos han presentado hoy su sacrificio por el pecado y su holocausto delante de Yahvé, y me ha sucedido esto; si yo hubiera comido hoy la víctima por el pecado, ¿acaso habría sido esto grato a Yahvé?» [20] Cuando Moisés oyó esto, le pareció bien.

9 15

6 19

---

10 6   Ritos de duelo. —El sacerdote debe permanecer separado del mundo profano; está por tanto sometido a reglas particulares, ver también cap. 21.
10 16   Esta anécdota no tiene en cuenta las reglas promulgadas en 4 13s y 6 17-23; la excusa presentada por Aarón y el asentimiento dado por Moisés son poco comprensibles. Este párrafo y los demás del mismo cap. son elementos independientes, artificialmente reunidos.

III. Reglas referentes a la pureza y a la impureza*

20 25-26
‖Dt 14 3-21
Gn 7 2
⟋ Mt 15
10-20p
⟋ Hch 10
9-16; 11 1-18

Animales puros e impuros*:

A. Animales terrestres.

11 ¹ Yahvé habló a Moisés y a Aarón en estos términos: ² «Decid esto a los israelitas: De entre todos los animales terrestres podréis comer éstos: ³ cualquier animal de pezuña partida, hendida en dos mitades y que rumia, lo podéis comer. ⁴ Pero entre los que rumian o tienen pezuña hendida, no comeréis: camello, pues aunque rumia, no tiene partida la pezuña: lo consideraréis impuro; ⁵ ni damán, porque rumia, pero no tiene la pezuña partida: lo consideraréis impuro; ⁶ ni liebre, porque rumia, pero no tiene la pezuña partida: la consideraréis impura; ⁷ ni cerdo, pues aunque tiene la pezuña partida, hendida en dos mitades, no rumia: lo consideraréis impuro. ⁸ No comeréis su carne ni tocaréis sus cadáveres; los consideraréis impuros.

B. Animales acuáticos.

⁹ «De entre todos los animales que viven en las aguas, podréis comer éstos: cuantos tienen aletas y escamas, sean de mar o río, los podréis comer. ¹⁰ Pero todo lo que carece de aletas y escamas, en mares o ríos, de toda clase de bichos acuáticos y de toda clase de otros animales que viven en el agua, los consideraréis abominables. ¹¹ Los tendréis por abominables: no comeréis su carne y tendréis sus cadáveres como abominables. ¹² Todo cuanto vive en las aguas y carece de aletas y escamas, lo consideraréis abominable.

C. Aves.

¹³ «De las aves, consideraréis abominables, y no las comeréis, por ser abo-

minación, las siguientes: el águila, el quebrantahuesos, el águila marina, ¹⁴ el buitre, el halcón en todas sus especies, ¹⁵ toda especie de cuervos, ¹⁶ el avestruz, la lechuza, la gaviota, el gavilán en todas sus especies, ¹⁷ el búho, el somormujo, el ibis, ¹⁸ el cisne, el pelícano, el calamón, ¹⁹ la cigüeña, la garza en todas sus especies, la abubilla y el murciélago.

D. Insectos alados.

²⁰ «Todo bicho alado que anda sobre cuatro patas lo consideraréis abominable*. ²¹ Pero de todos los bichos alados que andan sobre cuatro patas, podréis comer aquellos que, además de sus cuatro patas, tienen zancas* para saltar con ellas sobre el suelo. ²² De entre ellos podréis comer: la langosta en sus diversas especies y toda clase de saltamontes, chicharras y grillos. ²³ Cualquier otro bicho alado de cuatro patas lo tendréis por abominable.

Contacto de animales impuros.

²⁴ «Por estos animales contraéis impureza. El que toca su cadáver queda impuro hasta la tarde. ²⁵ El que levante alguno de sus cadáveres tendrá que lavar sus ropas y quedará impuro hasta la tarde. ²⁶ Todo animal que no tiene la pezuña partida en dos uñas y que no rumia, lo consideraréis impuro. Todo aquel que lo toque quedará impuro. ²⁷ De los cuadrúpedos, consideraréis impuros todos los que andan sobre las plantas de sus pies*. El que toque sus cadáveres quedará impuro hasta la tarde. ²⁸ El que levante el cadáver de uno de ellos tendrá que lavar sus ropas, y quedará impuro hasta la tarde.

---

11 (a) La «ley de pureza», cap. 11-16, va unida a la «ley de santidad», cap. 17-26, como los dos aspectos, negativo y positivo, de una misma exigencia divina. Las reglas aquí dadas se basan en prohibiciones religiosas muy antiguas: es puro lo que puede acercarse a Dios, es impuro lo que incapacita para su culto o excluye de él. Animales puros son los que pueden ser ofrecidos a Dios, Gn 7 2; impuros, los que los paganos consideran sagrados, o que, pareciendo al hombre repugnantes o malos, se cree que desagradan a Dios, 11. Otras reglas se refieren al nacimiento, 12, la vida sexual, 15, la muerte, 21 1.11, ver Nm 19 11-16, misteriosos dominios en que actúa Dios, dueño de la vida. Una señal de corrupción como la «lepra», 13 1+, hace también impuro. Pero por encima de esta pureza ritual, los profetas insisten en la purificación del corazón, Is 1 16; Jr 33 8, ver Sal 51 12, como preparación a la enseñanza de Jesús, Mt 15 10-20p, que libera a sus discípulos de pres-

cripciones de las que se conservaba sólo el aspecto material, Mt 23 24-26p. De esta antigua legislación permanecerá la lección de un ideal de pureza moral, protegido por reglas positivas.
11 (b) Las clasificaciones aquí dadas están hechas a posteriori, tomando como prototipo de animal puro al lanar o al vacuno; son clasificaciones empíricas: por ejemplo, se llama «rumiante» a la liebre, por razón del movimiento de su boca. La identificación de algunos animales es dudosa.
11 20 Los insectos alados son designados como «cuadrúpedos» para distinguirlos de las aves. El v. 21 exceptúa la langosta.
11 21 «tienen zancas» versiones; «no tienen zancas» hebr.
11 27 No se trata sólo de «plantígrados», sino de todos los animales no ungulados.

E. Bichos terrestres.

[29] «De los bichos que pululan por la tierra, tendréis por impuros los siguientes: la comadreja, el ratón, el lagarto en cualquiera de sus especies, [30] el erizo, el cocodrilo, el camaleón, la salamandra y el topo.

Otras normas sobre los contactos de impureza.

[31] «Consideraréis impuros todos estos bichos; todo el que toque su cadáver quedará impuro hasta la tarde. [32] Quedará impuro cualquier objeto sobre el que caiga uno de sus cadáveres, ya sea un instrumento de madera, un vestido, una piel, un saco o cualquier utensilio. Será metido en agua y quedará impuro hasta la tarde; después será puro. [33] Si cae uno de esos cadáveres en una vasija de barro, cuanto haya dentro de ella quedará impuro y romperéis la vasija. [34] Toda cosa comestible preparada con agua de esa vasija será impura, y toda bebida que se beba en una de esas vasijas será impura. [35] Cualquier objeto sobre el que caiga alguno de esos cadáveres quedará impuro: el horno y el fogón serán derribados; son impuros y como tales los consideraréis. [36] (Sólo las fuentes y cisternas, donde se recogen las aguas, seguirán siendo puras)*, pero el que toque sus cadáveres quedará impuro. [37] De igual manera, si cae alguno de esos cadáveres sobre una semilla destinada a la siembra, ésta seguirá siendo pura; [38] mas si cae alguno de esos cadáveres sobre semilla ya remojada, la tendréis por impura.

[39] «Cuando muera uno de los animales que podéis comer, el que toque su cadáver quedará impuro hasta la tarde. [40] El que coma carne de ese cadáver deberá lavar sus vestidos y quedará impuro hasta la tarde. Y el que levante ese cadáver habrá de lavar sus ropas y quedará impuro hasta la tarde.

Consideraciones doctrinales.

[41] «Todo bicho que pulula por la tierra es cosa abominable; no se podrá comer. [42] No comeréis ningún animal de los que caminan sobre su vientre o sobre cuatro o más patas, es decir, ningún bicho que se arrastra por la tierra, porque son abominación. [43] No os hagáis abominables por ninguna clase de bicho que se arrastra, ni os hagáis impuros por ellos, ni os contaminéis por su causa.

[44] «Porque yo soy Yahvé, vuestro Dios; santificaos y sed santos, pues yo soy santo. No os haréis impuros con ninguno de esos bichos que se arrastran por el suelo. [45] Pues yo soy Yahvé, el que os ha subido de la tierra de Egipto, para ser vuestro Dios. Sed, pues, santos porque yo soy santo.

Conclusión.

[46] «Ésta es la ley acerca de los animales, de las aves, de todos los seres vivientes que se mueven en el agua y de todos los que andan arrastrándose sobre la tierra; [47] para que hagáis distinción entre lo impuro y lo puro, entre el animal que puede comerse y el que no puede comerse.»

Purificación de la parturienta*.

12 [1] Yahvé le dijo a Moisés: [2] «Di esto a los israelitas: Cuando una mujer quede embarazada y tenga un hijo varón, quedará impura durante siete días; será impura como durante sus reglas. [3] El octavo día será circuncidado el niño; [4] pero ella permanecerá treinta y tres días más purificándose de su sangre. No tocará ninguna cosa santa ni irá al santuario hasta cumplirse los días de su purificación.

[5] «Si da a luz una niña, será impura durante dos semanas, como en el tiempo de sus reglas, y se quedará en casa sesenta y seis días más purificándose de su sangre.

[6] «Al cumplirse los días de su purificación, sea por niño sea por niña, presentará al sacerdote, a la entrada de la Tienda del Encuentro, un cordero de un año como holocausto, y un pichón o una tórtola como sacrificio por el pecado. [7] El sacerdote lo ofrecerá ante Yahvé, haciendo por ella el rito de expiación, y quedará purificada del flujo de su sangre. Ésta es la ley referente a la mujer que da a luz a un niño o una niña.

Referencias marginales:
17 1+
22 33+
19 2; 17 1+
∕ Mt 5 48
1 P 1 15-16
∕ 1 Jn 3 3
15 19
Gn 17 10+
∕ Lc 1 59; 2 21
∕ Lc 2 22-38

---

11 36 Las aguas son por sí mismas vivificantes y purificadoras.

12 El parto, al igual que las reglas o el derrame seminal masculino, 15, es considerado como una pérdida de vitalidad para el individuo, que por medio de ciertos ritos debe restablecer su integridad y, con ello, su unión con Dios, fuente de la vida.

5 7-13

⁸ «Si no le alcanza para presentar una res menor, tome dos tórtolas o dos pichones, uno para el holocausto y otro para el sacrificio por el pecado; y el sacerdote hará por ella el rito de expiación y quedará pura.»

Dt 24 8-9
Nm 12 10-15

La lepra* humana:

A. Tumor, erupción y mancha.

13 ¹ Yahvé habló a Moisés y a Aarón en estos términos: ² «Cuando uno tenga en la piel tumor, úlcera o mancha blancuzca reluciente, si se forma en su piel una llaga como de lepra, será llevado al sacerdote Aarón o a uno de sus hijos sacerdotes. ³ El sacerdote examinará la llaga de la piel; si el pelo de la llaga se ha vuelto blanco y la llaga parece más hundida que la piel, es llaga de lepra; cuando el sacerdote lo haya comprobado, lo declarará impuro. ⁴ Si hay en la piel una mancha blancuzca reluciente, pero no parece más hundida que la piel, y el pelo no se ha vuelto blanco, el sacerdote aislará al afectado durante siete días. ⁵ El séptimo día el sacerdote lo examinará, y si comprueba que la llaga se ha estabilizado, no se ha extendido por la piel, el sacerdote lo mantendrá aislado otros siete días. ⁶ Pasados esos siete días, el sacerdote lo examinará nuevamente; si ve que la llaga ha perdido su color y no se ha extendido por la piel, el sacerdote lo declarará puro; no se trata más que de una erupción. Lavará sus vestidos y quedará puro. ⁷ Pero si, después que el sacerdote lo ha examinado y declarado puro, sigue la erupción extendiéndose por la piel, se presentará de nuevo al sacerdote. ⁸ El sacerdote lo examinará y, si la erupción se ha extendido por la piel, lo declarará impuro: es un caso de lepra.

B. Lepra crónica*.

⁹ «Cuando en un hombre se manifieste una llaga como de lepra, será llevado al sacerdote. ¹⁰ El sacerdote lo examinará, y si observa un tumor blancuzco en la piel, y el color del pelo se ha vuelto blanco y se ha producido una úlcera, ¹¹ se trata de lepra crónica en su piel; el sacerdote lo declarará impuro, sin necesidad de aislarlo, porque es impuro*.

¹² «Pero si la lepra se ha extendido por la piel hasta cubrir toda la piel del enfermo, de la cabeza a los pies, en cuanto puede ver el sacerdote, ¹³ éste lo examinará, y si la lepra ha cubierto todo su cuerpo, declarará puro al afectado por la llaga*: como se ha vuelto todo blanco, es puro. ¹⁴ Pero si se ve en él una úlcera, será impuro; ¹⁵ en cuanto el sacerdote vea la úlcera, lo declarará impuro. La úlcera es impura; es un caso de lepra. ¹⁶ Pero si la úlcera cambia otra vez y se vuelve blanca, el afectado ha de presentarse al sacerdote. ¹⁷ El sacerdote lo examinará y, si ve que la llaga se ha vuelto blanca, declarará puro al afectado por la enfermedad: es puro.

C. Divieso.

¹⁸ «Si uno ha tenido en la piel un divieso* y se le ha curado, ¹⁹ pero en el lugar del divieso aparece un tumor blanco, o una mancha de color blanco rojizo, habrá de presentarse al sacerdote. ²⁰ El sacerdote lo examinará, y si la mancha aparece más hundida que la piel y su pelo se ha vuelto blanco, el sacerdote lo declarará impuro. Es lepra que ha brotado en el divieso. ²¹ Pero si el sacerdote ve que no hay en ella pelo blanco, ni está más hundida que la piel, y que ha perdido color, lo aislará durante siete días. ²² Si se ha extendido por la piel, el sacerdote lo declarará impuro; es un caso de lepra. ²³ Pero si la mancha sigue estacionaria, sin extenderse, es la cicatriz del divieso; el sacerdote lo declarará puro.

D. Quemadura.

²⁴ «Cuando uno tiene una quemadura en la piel, y sobre la quemadura se forma una mancha de color blanco rojizo o

13 La noción que los antiguos hebreos tenían de la «lepra» abarca diversas afecciones cutáneas o superficiales, **13** 1-44, a las que se equiparaban también los enmohecimientos *que pueden aparecer en los vestidos,* **13** 47-59, o en las paredes, **14** 33-53. El diagnóstico y las precauciones colectivas contra el contagio están codificados y se confían a la decisión del sacerdote. Estas medidas prácticas, en las que se ve la herencia de concepciones y usos primitivos, adquieren valor religioso en el Yahvismo, como un discernimiento de lo «impuro». La reintegración a la comunidad da lugar a ritos equiparados al sacrificio por el pecado, **14** 1-31.49-53,

designando aquí el «pecado» una oposición al poder vivificante del Dios de Israel.
13 9 Ya no se trata aquí de distinguir la lepra verdadera de la falsa, sino la contagiosa de la que no lo es. El Lv parece que únicamente considera contagiosa a la úlcera.
13 11 No es necesario un segundo reconocimiento. El griego, por el contrario, dice: «lo recluirá».
13 13 Esta generalización del mal es señal de curación: todas sus costras blancas van a caer.
13 18 Otras traducciones posibles: «úlcera» o «absceso».

sólo blanco, [25] el sacerdote la examinará; y si el pelo se ha vuelto blanco en la mancha blanca y ésta aparece más hundida que la piel, es que ha brotado lepra en la quemadura. El sacerdote lo declarará impuro; es un caso de lepra. [26] Si, en cambio, el sacerdote observa que en la mancha no aparece pelo blanco, que no está más hundida que la piel y que ha perdido color, lo aislará durante siete días. [27] El séptimo día lo examinará, y si la mancha se ha extendido por la piel, el sacerdote lo declarará impuro; es un caso de lepra. [28] Pero si la mancha sigue estacionaria, sin extenderse por la piel, y ha perdido color, se trata de la hinchazón de la quemadura. El sacerdote lo declarará puro; pues es la cicatriz de la quemadura.

E. Afecciones del cuero cabelludo.

[29] «Cuando un hombre o una mujer tengan una llaga en la cabeza o en la barbilla, [30] el sacerdote examinará la llaga, y si ésta aparece más hundida que la piel, y hay en ella pelo amarillento y más escaso, el sacerdote lo declarará impuro; es tiña*, o sea, lepra de la cabeza o de la barbilla. [31] Mas si el sacerdote observa que la llaga de tiña no aparece más hundida que la piel, y que no hay en ella pelo amarillento*, aislará al afectado por la tiña durante siete días. [32] El séptimo, el sacerdote examinará el mal; si no se ha extendido la tiña, ni hay en ella pelo amarillento, ni la llaga aparece más hundida que la piel, [33] aquella persona se afeitará, excepto en el lugar de la tiña; y el sacerdote aislará al afectado durante otros siete días. [34] El séptimo día el sacerdote lo examinará y, si no se ha extendido la llaga por la piel, ni aparece más hundida que la piel, lo declarará puro; lavará sus vestidos y quedará puro. [35] Pero si la tiña, después de la purificación, se extiende mucho por la piel, [36] el sacerdote lo examinará. Si comprueba que la tiña se ha extendido por la piel, el sacerdote ya no tendrá que mirar si hay pelo amarillento; aquella persona es impura. [37] Mas si, según su apreciación, la tiña no se ha extendido y ha brotado en ella pelo negro, se ha curado de la tiña. Esa persona es pura y el sacerdote la declarará pura.

F. Eccema.

[38] «Cuando un hombre o una mujer tengan en su piel manchas brillantes, manchas blancas, [39] el sacerdote las examinará; si comprueba que las manchas de la piel son de color blanco, se trata de un eccema que ha brotado en la piel; esa persona es pura.

G. Calvicie.

[40] «Si a uno se le cae el pelo de la cabeza y queda calvo por detrás, es puro. [41] Si se le cae el pelo de la parte delantera de la cabeza, es calvo por delante, y es puro. [42] Pero si en la calva por detrás o por delante, aparece una llaga de color rojizo, es lepra que ha brotado en la calva, por detrás o por delante. [43] El sacerdote la examinará y, si la hinchazón de la llaga en la parte calva es de color blanco rojizo, con aspecto de lepra en la piel, [44] se trata de un leproso: es impuro. El sacerdote lo declarará impuro; tiene lepra en la cabeza.

Norma de vida para el leproso.

[45] «El afectado por la lepra llevará la ropa rasgada y desgreñada la cabeza, se tapará hasta el bigote e irá gritando: «¡Impuro, impuro!» [46] Todo el tiempo que le dure la lepra, quedará impuro. Es impuro y vivirá aislado; fuera del campamento tendrá su morada.

La lepra de los vestidos.

[47] «Cuando aparezca una mancha como de lepra en un vestido de lana o de lino, [48] en el hilo o en la trama, o en una piel, o en cualquier objeto de cuero, [49] si la mancha en el vestido o en la piel, en el hilo o en la trama, o en cualquier objeto hecho de cuero, tiene color verdoso o rojizo, es un caso de lepra y debe ser mostrado al sacerdote. [50] El sacerdote examinará la mancha y aislará el objeto manchado durante siete días. [51] El séptimo día, el sacerdote examinará la mancha y, si se ha extendido por el vestido, hilo o trama, piel u objeto de cuero, es un caso de lepra maligna y el objeto es impuro. [52] Se quemará el vestido, hilo o trama, de lana o de lino, o el objeto de cuero en que se encuentre la mancha, pues es lepra maligna; será quemado.

---

13 30 O acaso la herpes.

13 31 Hebr. «pelo negro», pero véase v. 32.

⁵³ «Pero si el sacerdote ve que no se ha extendido la mancha por el vestido, hilo o trama, u objeto de cuero, ⁵⁴ hará lavar el objeto manchado y lo aislará otros siete días. ⁵⁵ Si el sacerdote ve que la mancha, después de haber sido lavada, no ha mudado de aspecto, aunque la mancha no se haya extendido, el objeto es impuro; lo echarás al fuego: es una infección por dentro y por fuera. ⁵⁶ Pero, si el sacerdote ve que la parte manchada, después de lavada, ha perdido color, la arrancará del vestido, del cuero, del hilo o de la trama. ⁵⁷ Pero si vuelve a aparecer en el vestido, hilo o trama, o en el objeto de cuero, es un brote de lepra; quemarás lo que está afectado por la lepra. ⁵⁸ Pero si en el vestido, hilo o trama, u objeto de cuero, después de lavado, desaparece la mancha, serán lavados por segunda vez y quedarán puros.

⁵⁹ «Ésta es la ley para la mancha de lepra que se halla en los vestidos, de lana o de lino, en el hilo o en la trama, o en cualquier objeto hecho de cuero, para declararlos puros o impuros.»

Purificación del leproso*.

14¹ Yahvé habló a Moisés en estos términos: ² «Ésta es la ley que ha de aplicarse al leproso en el día de su purificación. Se le llevará al sacerdote, ³ y el sacerdote saldrá fuera del campamento; si, tras de haberlo examinado, comprueba que el leproso está ya curado de de su lepra, ⁴ el sacerdote mandará traer para el que ha de ser purificado dos pájaros vivos y puros, madera de cedro, púrpura escarlata e hisopo. ⁵ Mandará degollar uno de los pájaros sobre una vasija de barro con agua corriente. ⁶ Tomará luego el pájaro vivo, la madera de cedro, la púrpura escarlata y el hisopo, los mojará, juntamente con el pájaro vivo, en la sangre del pájaro degollado sobre el agua corriente, ⁷ y hará siete aspersiones sobre el que ha de ser purificado de la lepra. Lo declará puro, y soltará en el campo al pájaro vivo. ⁸ El que se purifica lavará sus vestidos, se afeitará todo el pelo, se bañará y quedará limpio. Entonces podrá entrar en el campamento; pero durante siete días ha de habitar fuera de su tienda. ⁹ El día séptimo se afeitará todo el pelo, la cabellera, la barba, las cejas; en una palabra, se afeitará todo su pelo, lavará también sus vestidos, bañará su cuerpo y quedará limpio.

¹⁰ «El día octavo tomará dos corderos sin defecto y una cordera de un año sin defecto; y, como oblación, tres décimas* de flor de harina amasada con aceite y un cuartillo de aceite. ¹¹ El sacerdote que hace la purificación presentará ante Yahvé, junto con todas esas cosas, al hombre que ha de purificarse, a la entrada de la Tienda del Encuentro. ¹² El sacerdote tomará uno de los corderos y lo presentará como sacrificio de reparación, además del cuartillo de aceite, y ejecutará con él el rito de balanceo ante Yahvé. ¹³ Luego inmolará el cordero en el lugar donde se inmolan el sacrificio por el pecado y el holocausto, en lugar sagrado; porque, tanto en el sacrificio por el pecado como en el sacrificio de reparación, la víctima pertenece al sacerdote; es cosa sacratísima. ¹⁴ Después el sacerdote tomará sangre de la víctima de reparación y untará el lóbulo de la oreja derecha del que se está purificando, el pulgar de su mano derecha y el dedo gordo de su pie derecho. ¹⁵ El sacerdote tomará parte del cuartillo de aceite y la pondrá sobre la palma de su mano izquierda. ¹⁶ Después untará un dedo de su mano derecha en el aceite que tiene en la palma de su mano izquierda, y con su dedo hará siete aspersiones de aceite delante de Yahvé. ¹⁷ Con el aceite que le queda en su mano, el sacerdote untará el lóbulo de la oreja derecha del que se purifica, el pulgar de su mano derecha y el dedo gordo de su pie derecho, encima de la sangre de la víctima de reparación. ¹⁸ El resto del aceite que quede en la mano del sacerdote, se echará sobre la cabeza del que se purifica. El sacerdote expiará así por él ante Yahvé. ¹⁹ El sacerdote ofrecerá entonces el sacrificio por el pecado y hará expiación por el que se purifica de su impureza; después inmolará el holocausto. ²⁰ Y ofrecerá sobre el altar el holocausto y la oblación. De esta manera el sacerdote hará expiación por él y quedará limpio.

Notas marginales

/ Mt 8 4p
/ Lc 17 14

Nm 19 6.18
Sal 51 9

Nm 6 9

8 23

---

14   El cap. 14 reúne dos rituales de purificación: vv. 2-9, un ritual arcaico que se puede relacionar con el de la vaca roja, ver Nm 19 1+; supone que el mal está causado por un demonio al que se le puede arrojar de esta forma (comparar con el caso del macho cabrío para Azazel, Lv 16 10); vv. 10-32, un ritual más en relación con el conjunto de Lv, salvo las unciones de aceite, vv. 15-18, que carecen de equivalente.
14 10 Tres décimas de medida (efá), es decir, alrededor de 13,5 litros.

[21] «Si es pobre y no tiene suficientes recursos, tomará un cordero como sacrificio de reparación, como ofrenda de balanceo, para hacer expiación por él, y además, como oblación, una décima de flor de harina amasada con aceite, un cuartillo de aceite [22] y dos tórtolas o dos pichones, según sus posibilidades, uno como sacrificio por el pecado y otro como holocausto. [23] Al octavo día, los llevará al sacerdote, a la entrada de la Tienda del Encuentro, delante de Yahvé, para su purificación. [24] El sacerdote tomará el cordero del sacrificio de reparación y el cuartillo de aceite, y ejecutará con ellos el rito de balanceo ante Yahvé. [25] Inmolará el cordero del sacrificio de reparación, y el sacerdote tomará sangre de la víctima de reparación y untará el lóbulo de la oreja derecha del que se purifica, el pulgar de su mano derecha y el dedo gordo de su pie derecho. [26] Luego derramará parte del aceite sobre la palma de su mano izquierda; [27] con un dedo de su mano derecha hará ante Yahvé siete aspersiones con el aceite que tiene en la palma de la mano izquierda, [28] untará con el aceite que tiene en su mano el lóbulo de la oreja derecha del que se purifica, el pulgar de su mano derecha y el dedo gordo de su pie derecho, encima de la sangre de la víctima de reparación. [29] Derramará el resto del aceite que le quede en la mano sobre la cabeza del que se purifica, haciendo expiación por él ante Yahvé. [30] Luego ofrecerá una de las tórtolas o de los pichones, según las posibilidades, [31] uno como sacrificio por el pecado, y otro como holocausto, además de la oblación. De este modo el sacerdote hará expiación ante Yahvé por aquél que se purifica.

[32] «Ésta es la ley de la purificación para aquél que tiene lepra y cuyos recursos son limitados.»

La lepra de las casas.

[33] Yahvé habló a Moisés y a Aarón en estos términos: [34] «Cuando hayáis entrado en la tierra de Canaán que yo os doy en posesión, y yo haga aparecer manchas de lepra en alguna de las casas de la tierra que poseeréis, [35] el propietario de la casa irá a avisar al sacerdote y le dirá: «Ha aparecido algo así como lepra en mi casa.» [36] El sacerdote, antes de entrar en la casa para examinar la lepra, ordenará que desocupen la casa, para que nada se haga impuro de cuanto hay en ella. Después entrará el sacerdote a examinar la casa. [37] Si al examinarla el sacerdote observa que la mancha forma en las paredes de la casa cavidades verdosas y rojizas* que parecen hundidas en la pared, [38] saldrá a la puerta de la casa y la clausurará durante siete días. [39] Volverá al día séptimo y, si comprueba que la mancha se ha extendido por las paredes de la casa, [40] mandará arrancar las piedras manchadas y arrojarlas fuera de la ciudad en un lugar inmundo. [41] Hará raspar todo el interior de la casa; y echarán fuera de la ciudad, en un lugar inmundo, el polvo de las raspaduras. [42] Luego tomarán otras piedras y las pondrán en lugar de las primeras; y también argamasa nueva para revocar la casa.

[43] «Si la mancha vuelve a extenderse por la casa después de haber arrancado las piedras y de haberla raspado y revocado, [44] el sacerdote entrará de nuevo; y si comprueba que la mancha se ha extendido por la casa, hay un caso de lepra maligna en la casa, y ésta es impura. [45] Se derribará la casa. Sus piedras, sus maderas y todos los escombros serán sacados fuera de la ciudad a un lugar inmundo. [46] Quien entre en esa casa durante el tiempo que esté clausurada quedará impuro hasta la tarde. [47] El que duerma en ella habrá de lavar sus vestidos; y también el que coma en ella habrá de lavarlos. [48] Mas si el sacerdote comprueba al entrar que, después de revocada la casa, la mancha no se ha extendido por ella, la declarará pura, pues se ha curado del mal.

[49] «Entonces, para ofrecer por la casa un sacrificio por el pecado*, tomará dos pájaros, madera de cedro, púrpura escarlata e hisopo; [50] inmolará uno de los pájaros sobre una vasija de barro con agua corriente [51] y, tomando la madera de cedro, el hisopo y la púrpura escarlata, con el pájaro vivo, los mojará en la sangre del pájaro degollado y en el agua corriente; y hará siete aspersiones sobre la casa. [52] Hará el sacrificio por el pecado en favor de la casa con la sangre del pá-

---

14 37 Producidas por el enmohecimiento que desmorona y da color a las paredes.
14 49 «pecado» no tiene aquí ningún contenido moral: la impureza de la casa se asemeja a la del hombre, que se libera de ella mediante un sacrificio por el pecado. El ritual es el mismo que el ritual arcaico para los leprosos, vv. 4-7.

jaro, con el agua viva, el pájaro vivo, la madera de cedro, el hisopo y la lana escarlata, [53] y soltará el pájaro vivo fuera de la ciudad, en el campo. De este modo hará expiación por la casa, la cual quedará pura.

[54] «Ésta es la ley para toda clase de lepra o de tiña, [55] para la lepra del vestido y la de la casa, [56] para los tumores, erupciones y manchas blancas, [57] y para instruir sobre los días de impureza y los días de pureza. Ésta es la ley de la lepra.»

Impurezas sexuales*:

A. del hombre.

15 [1] Yahvé habló así a Moisés y a Aarón: [2] «Hablad a los israelitas y decidles: Cualquier hombre que padece flujo seminal, ese flujo es impuro. [3] La impureza causada por su flujo se da tanto si su cuerpo deja destilar el flujo como si lo retiene: es impuro. [4] Todo lecho en que se acueste el que padece flujo será impuro, y todo asiento en que se siente será impuro. [5] Quien toque su lecho lavará sus vestidos, se bañará y quedará impuro hasta la tarde. [6] Quien se siente sobre un mueble donde se haya sentado cualquiera que padece flujo lavará sus vestidos, se bañará y será impuro hasta la tarde. [7] Quien toque el cuerpo del que padece flujo lavará sus vestidos, se bañará y será impuro hasta la tarde. [8] Si el que tiene flujo escupe sobre un hombre puro, éste lavará sus vestidos, se bañará y quedará impuro hasta la tarde. [9] Toda montura sobre la que se haya montado el que padece flujo será inmunda. [10] Quien toque un objeto que haya estado debajo de él quedará impuro hasta la tarde, y quien lo transporte lavará sus vestidos, se bañará y será impuro hasta la tarde. [11] Todo aquél a quien toque el que padece flujo sin haberse antes lavado las manos, lavará sus vestidos, se bañará en agua y quedará impuro hasta la tarde. [12] Toda vasija de barro tocada por el que padece flujo será rota, y todo utensilio de madera será lavado con agua.

[13] «Si el que padece flujo sana de él, se contarán siete días para su purificación; después lavará sus vestidos, se bañará en *agua corriente* y *quedará puro*. [14] El día octavo tomará dos tórtolas o dos pichones y se presentará ante Yahvé a la entrada de la Tienda del Encuentro, para entregarlos al sacerdote. [15] El sacerdote los ofrecerá, uno como sacrificio por el pecado, el otro como holocausto, y así el sacerdote hará expiación por él ante Yahvé, a causa de su flujo.

[16] «El hombre que haya tenido derrame seminal lavará con agua todo su cuerpo y quedará impuro hasta la tarde. [17] Toda ropa y todo cuero sobre los cuales se haya derramado el semen será lavado con agua y quedará impuro hasta la tarde.

[18] «Cuando una mujer se acueste con un hombre y se haya producido eyaculación, se bañarán ambos y quedarán impuros hasta la tarde.

B. de la mujer.

[19] «La mujer que tenga la menstruación, permanecerá impura por espacio de siete días. Y quien la toque será impuro hasta la tarde. [20] Todo aquello sobre lo que se acueste durante su impureza quedará impuro; y todo aquello sobre lo que se siente quedará impuro. [21] Quien toque su lecho lavará los vestidos, se bañará y quedará impuro hasta la tarde. [22] Quien toque un mueble cualquiera sobre el que ella se haya sentado lavará sus vestidos, se bañará y será impuro hasta la tarde. [23] Quien toque algo que está sobre el lecho o sobre el mueble donde ella se sienta quedará impuro hasta la tarde. [24] Si uno se acuesta con ella, se contamina de la impureza de sus reglas y queda impuro siete días; todo lecho en que él se acueste será impuro.

[25] «Cuando una mujer tenga flujo de sangre durante muchos días, fuera del tiempo de sus reglas o cuando sus reglas se prolonguen, quedará impura mientras dure su flujo, como en los días del flujo menstrual. [26] Todo lecho en que se acueste mientras dura su flujo será impuro como el lecho de la menstruación, y cualquier mueble sobre el que se siente quedará impuro como durante la impureza menstrual. [27] Quien los toque quedará impuro y lavará sus vestidos, se bañará y quedará impuro hasta la tarde. [28] Una vez que ella sane de su flujo, contará siete días, y quedará después pura.

---

15   Los casos de impureza aquí tratados no son solamente la blenorragia, la enfermedad contagiosa, sino también el simple derrame seminal del varón y las re- glas de la mujer. Porque todo lo que se refiere a la fecundidad y a la reproducción tiene un carácter misterioso y sagrado, ver **12** 1+.

²⁹ «El octavo día tomará dos tórtolas o dos pichones y los presentará al sacerdote a la entrada de la Tienda del Encuentro. ³⁰ El sacerdote los ofrecerá uno como sacrificio por el pecado, el otro como holocausto; y hará expiación por ella ante Yahvé por la impureza de su flujo.

Conclusión.

³¹ «Mantendréis alejados a los israelitas de sus impurezas para que no mueran por contaminar con ellas mi Morada, que está en medio de ellos. ³² «Ésta es la ley relativa al hombre que padece flujo o que se hace impuro por efusión de semen, ³³ a la mujer durante el flujo menstrual, a aquél que padece flujo, sea varón o mujer, y a aquél que se acueste con una mujer en período de impureza.

El gran Día de la Expiación*.

23 26-32
m 29 7-11
Hb 9 6-14

10 1s

Ex 19 12+
Ex 25 17+

16 ¹ Yahvé habló a Moisés después de la muerte de los dos hijos de Aarón que murieron al acercarse a Yahvé. ² Dijo Yahvé a Moisés:

«Di a tu hermano Aarón que no entre en cualquier fecha en el santuario que está al otro lado del velo, ante el propiciatorio que está encima del arca, no sea que muera: pues yo me dejo ver en la nube encima del propiciatorio. ³ Sólo en estas condiciones podrá entrar Aarón en el santuario: con un novillo para el sacrificio por el pecado y un carnero para el holocausto. ⁴ Se revestirá con la túnica sagrada de lino, se pondrá los calzones de lino, se ceñirá la faja de lino y se cubrirá con la tiara de lino. Éstas son las vestiduras sagradas que se revestirá después de haberse lavado.

⁵ «Recibirá de la comunidad de los israelitas dos machos cabríos para el sacrificio por el pecado y un carnero para el holocausto. ⁶ Aarón ofrecerá su novillo por el pecado como expiación por sí mismo y por su casa; ⁷ tomará los dos machos cabríos y los presentará ante Yahvé,

a la entrada de la Tienda del Encuentro. ⁸ Echará las suertes sobre los dos machos cabríos, uno 'para Yahvé', y otro 'para Azazel'*. ⁹ Presentará el macho cabrío que haya caído en suerte 'para Yahvé', y lo ofrecerá como sacrificio por el pecado. ¹⁰ El macho cabrío que haya caído en suerte 'para Azazel', lo colocará vivo delante de Yahvé para hacer sobre él la expiación y echarlo al desierto, para Azazel.

16 22

¹¹ «Aarón ofrecerá su novillo por el pecado para hacer expiación por sí mismo y por su casa, y lo inmolará. ¹² Tomará después un incensario lleno de brasas tomadas del altar que está ante Yahvé, y dos puñados de incienso aromático en polvo para introducirlo detrás del velo; ¹³ pondrá el incienso sobre el fuego, delante de Yahvé, para que la nube del incienso envuelva el propiciatorio que está encima del Testimonio y así él no muera. ¹⁴ Tomará luego la sangre del novillo, rociará con su dedo el lado oriental del propiciatorio, y con su dedo hará siete aspersiones de sangre delante del propiciatorio.

Ex 25 17+

Ex 33 20+

¹⁵ «Después inmolará el macho cabrío como sacrificio por el pecado del pueblo e introducirá su sangre detrás del velo, haciendo con su sangre lo que hizo con la sangre del novillo: rociará el propiciatorio y su parte anterior. ¹⁶ Así purificará el santuario de las impurezas de los israelitas y de todas sus rebeldías y pecados. Lo mismo hará con la Tienda del Encuentro, que mora entre ellos, en medio de sus impurezas. ¹⁷ Nadie debe estar en la Tienda del Encuentro desde que Aarón entre a hacer la expiación dentro del santuario hasta que salga. Hará expiación por sí mismo, por su casa y por toda la asamblea de Israel. ¹⁸ Luego saldrá hacia el altar que se halla ante Yahvé y hará expiación por él: tomará sangre del novillo y del macho cabrío y untará los cuernos del altar. ¹⁹ Hará sobre él con su dedo siete aspersiones de sangre, y así lo purificará y lo consagrará, apartándolo de las impurezas de los israelitas.

Ez 45 18-20
Rm 3 25+

Dt 4 7+
Is 6 5

<hr/>

16 Este cap. concluye la enumeración de las impurezas con el rito anual por el que todas ellas se expían. La redacción combina dos rituales de espíritu y época diferentes: un sacrificio de expiación; vv. 6.11-19, ver cap. 4, y el rito del envío del macho cabrío a Azazel, vv. 8-10.20-22.26 (ver notas siguientes). Este rito es de carácter arcaico, pero, lo mismo que el doble ritual del cap. 14, quedó integrado con las prescripciones propiamente levíticas. Lejos de ser una nota de antigüedad, esta integración data de una época en que un anhelo

creciente de pureza ritual hizo multiplicar los casos de impureza y legitimar toda suerte de ritos de purificación. De hecho, la gran fiesta del Día de la Expiación no parece anterior al Destierro, ya que ningún texto antiguo alude a ella.
16 8 Azazel, como parece haber o entendido en la versión siria, es el nombre de un demonio que los antiguos hebreos y cananeos creían habitaba en el desierto, tierra estéril, donde Dios no ejerce su acción fecundante. Ver v. 22 y ref., y 17 7+.

²⁰ «Acabada la expiación del santuario, de la Tienda del Encuentro y del altar, Aarón hará traer el macho cabrío vivo, ²¹ impondrá ambas manos sobre la cabeza del macho cabrío vivo y confesará sobre él todas las iniquidades de los israelitas, todas sus rebeldías y todos sus pecados, los cargará sobre la cabeza del macho cabrío y lo enviará al desierto por medio de un hombre designado para ello. ²² Así el macho cabrío llevará sobre sí todas las iniquidades de ellos, hacia una tierra desierta*; y (el encargado) soltará el macho cabrío en el desierto.

²³ «Luego entrará Aarón en la Tienda del Encuentro, se despojará de las vestiduras de lino con que se había vestido al entrar en el santuario y las dejará allí; ²⁴ se lavará el cuerpo en lugar sagrado y se pondrá sus vestidos. Después saldrá y ofrecerá su holocausto y el holocausto del pueblo, hará la expiación por sí mismo y por el pueblo, ²⁵ y quemará sobre el altar la grasa de la víctima por el pecado.

²⁶ «El hombre encargado de soltar el macho cabrío para Azazel lavará sus vestidos y bañará su cuerpo; después de lo cual podrá entrar en el campamento. ²⁷ Del novillo del sacrificio por el pecado y del macho cabrío inmolado por el pecado, cuya sangre fue introducida en el santuario para hacer expiación, serán sacados fuera del campamento y quemados con fuego sus pieles, su carne y sus excrementos. ²⁸ El que los queme lavará sus vestidos y se bañará; después de lo cual podrá entrar en el campamento.

²⁹ «Éste será para vosotros un decreto perpetuo: El mes séptimo, el día décimo del mes, ayunaréis y no haréis trabajo alguno, ni el nativo ni el forastero que reside en medio de vosotros. ³⁰ Porque ese día se hará expiación por vosotros para purificaros. De todos vuestros pecados quedaréis limpios delante de Yahvé. ³¹ Será para vosotros día de descanso completo, en el que habéis de ayunar: es decreto perpetuo. ³² Hará la expiación el sacerdote ungido y de manos consagradas para ejercer el sacerdocio como sucesor de su padre; él se revestirá las vestiduras de lino, las vestiduras sagradas, ³³ y hará la expiación del santuario consagrado, de la Tienda del Encuentro y del altar. Hará también la expiación por los sacerdotes y por toda la asamblea del pueblo. ³⁴ Esto lo tendréis como decreto perpetuo: hacer la expiación por los israelitas, por todos sus pecados, una vez al año.»

Y se hizo como Yahvé había mandado a Moisés.

IV. La ley de santidad*

Inmolaciones y sacrificios.

17 ¹ Yahvé habló así a Moisés: ² «Di a Aarón y a sus hijos, y a todos los israelitas: Ésta es la orden de Yahvé:

³ Cualquier hombre de la casa de Israel que mate buey, oveja o cabra dentro del campamento o fuera del mismo, ⁴ y no los lleve a la entrada de la Tienda del Encuentro, para presentarlos como ofrenda a Yahvé ante su Morada, será considerado reo de sangre*. Tal hombre ha derramado sangre y será excluido de su pueblo; ⁵ a fin de que los israelitas presenten en honor de Yahvé al sacerdote, a la entrada de la Tienda del Encuentro, aquellas víc-

---

Marginal references (left column):
Is 13 21;
34 11
Tb 8 3

Lc 11 24

Ex 20 24
Dt 12 4-28

Marginal references (right column):
23 26-32

1 5+

---

16 22 Nótese que el animal no se sacrifica a Azazel, sino que el «macho cabrío» lleva al desierto, morada de Azazel, las faltas del pueblo; la transferencia y la expiación se hacen «delante de Yahvé», v. 10, por medio del sacerdote, v. 21; con esto, el culto yahvista incorpora, exorcizándola, esta vieja costumbre popular.

17 En una redacción sacerdotal, el fondo de la «ley de santidad», 17-26, parece que se remonta al final de la época monárquica, y que representa las tradiciones del templo de Jerusalén. Se descubren en ella contactos evidentes con el pensamiento de Ezequiel, que aparece así como el desarrollo de un movimiento preexílico. La santidad es uno de los atributos esenciales del Dios de Israel, ver Lv 11 44-45; 19 2; 20 7.26; 21 8; 22 32s. La primera idea es la de la separación, de inaccesibilidad, de una trascendencia que inspira religioso temor, Ex 33 20+. Esta santidad se comunica a lo que está cerca de Dios o le está consagrado: los lugares, Ex 19 12+; los

tiempos, Ex 16 23; Lv 23 4; el arca, 2 S 6 7+; las personas, Lv 19 6+, especialmente los sacerdotes, Lv 21 6; los objetos, Ex 30 29; Nm 18 9, etc. La noción de santidad, a causa de su relación con el culto, se une a la de pureza ritual: la «ley de santidad» se une a la «ley de pureza». Pero el carácter moral del Dios de Israel ha espiritualizado esta concepción primitiva: la separación de lo profano se convierte en abstención del pecado, y a la pureza ritual se une la pureza de conciencia, ver la visión inaugural de Isaías, Is 6 3+. Véanse las notas a 1 1 y a 11 1.

17 4 Este texto retrotrae a la época del desierto la ley de unicidad del santuario promulgada por Dt 12 1-12; no se puede inmolar sino en la Tienda del Encuentro. Pero no se refiere a la matanza profana como hace Dt 12 15-16. Es el recuerdo de la antigua costumbre, ver 1 S 14 32s; 17 12; 19 26; Hch 15 29.

timas que inmolan en el campo, para que se ofrezcan como sacrificios de comunión. ⁶ El sacerdote derramará la sangre sobre el altar de Yahvé, a la entrada de la Tienda del Encuentro, y quemará las grasas como calmante aroma para Yahvé. ⁷ En adelante no seguirán sacrificando sus sacrificios a los sátiros* tras los cuales se prostituían*. Decreto perpetuo será éste para ellos, generación tras generación.

⁸ «Diles: Cualquier hombre de la casa de Israel, o de los forasteros que residen entre ellos, que ofrezca holocausto o sacrificio de comunión ⁹ y no lo traiga a la entrada de la Tienda del Encuentro para sacrificarlo en honor de Yahvé, será excluido de su parentela.

¹⁰ «Si un hombre cualquiera de la casa de Israel, o de los forasteros que residen entre ellos, come cualquier clase de sangre, yo volveré mi rostro contra el que coma sangre y lo excluiré de su pueblo. ¹¹ Porque la vida de la carne está en la sangre, y yo os la he dado para hacer expiación sobre el altar por vuestras vidas, pues la expiación por la vida se hace con la sangre*. ¹² Por eso tengo dicho a los israelitas: Ninguno de vosotros comerá sangre; ni tampoco comerá sangre el forastero que reside entre vosotros.

¹³ «Cualquier hombre de la casa de Israel, o de los forasteros que residen entre ellos, que cace un animal o un ave que es lícito comer, derramará su sangre y la cubrirá con tierra. ¹⁴ Porque la vida de toda carne está en su sangre. Por eso mandé a los israelitas: No comeréis la sangre de ninguna carne, pues la vida de toda carne está en su sangre. Quien la coma, será excluido.

¹⁵ «Todo nativo o forastero que coma carne de bestia muerta o destrozada lavará sus vestidos, se bañará y quedará impuro hasta la tarde; después será

puro. ¹⁶ Si no los lava ni baña su cuerpo, cargará con su falta.»

Normas acerca de la unión conyugal*.

18 ¹ Yahvé dijo a Moisés: ² «Di a los israelitas: Yo soy Yahvé vuestro Dios*. ³ No hagáis como se hace en la tierra de Egipto, donde habéis habitado, ni hagáis como se hace en la tierra de Canaán, adonde os llevo; no debéis seguir sus costumbres. ⁴ Cumplid mis normas y guardad mis preceptos, comportándoos según ellos. Yo soy Yahvé, vuestro Dios. ⁵ Guardad mis preceptos y mis normas. El hombre que los cumpla, gracias a ellos vivirá. Yo, Yahvé.

⁶ «Ninguno de vosotros se acerque a una consanguínea suya* para descubrir su desnudez*. Yo, Yahvé.

⁷ «No descubrirás la desnudez de tu padre ni la desnudez de tu madre. Es tu madre; no descubrirás su desnudez.

⁸ «No descubrirás la desnudez de la mujer de tu padre: es la misma desnudez de tu padre.

⁹ «No descubrirás la desnudez de tu hermana, hija de tu padre o hija de tu madre, nacida en casa o fuera de ella.

¹⁰ «No descubrirás la desnudez de la hija de tu hijo o de la hija de tu hija: es tu propia desnudez.

¹¹ «No descubrirás* la desnudez de la hija de la mujer de tu padre, engendrada por tu padre: es tu hermana.

¹² «No descubrirás la desnudez de la hermana de tu padre: es carne de tu padre.

¹³ «No descubrirás la desnudez de la hermana de tu madre: es carne de tu madre.

¹⁴ «No descubrirás la desnudez del hermano de tu padre; no te acercarás a su mujer: es tu tía.

Márgenes izquierdos:
16 8+
Is 13 21;
34 12-14

1 5+

Hb 9 7.21s

Dt 12 16

Ex 22 30
Dt 14 21
Ez 4 14

Márgenes derechos:
20 8-21

Ez 20 7-8

Ex 23 23-24

Dt 4 1; 5 29;
6 24; 8 1
Ez 20 11
Ne 9 29
⁄ Rm 10 5
⁄ Ga 3 12

Dt 23 1;
27 20

Dt 27 22

---

17 7 (a) La palabra hebrea significa «macho cabrío» y designa a genios en forma de animal que, según se creía, frecuentaban los lugares desiertos y en ruinas, Is 13 21; 34 14. Azazel era considerado como uno de ellos, Lv 16 8+. Aquí y en 2 Cro 11 15, la palabra designa despectivamente a los falsos dioses.
17 7 (b) Imagen clásica de la infidelidad religiosa, véase Os 1 3+.
17 11 Otra explicación: «por la vida que hay en la sangre». Pero ver Dt 19 21.
18 Después de una introducción, vv. 1-5, el núcleo de este cap., vv. 6-18, prohíbe las uniones entre consanguíneos, y define así los límites de la familia. Los vv. 19-23 añaden diversas prohibiciones, los vv. 24-30 son una exhortación final. El cap. presenta, pues, cierta unidad. Está más cerca del Dt que el resto de la ley de santidad.
18 2 Esta afirmación, en su forma completa o en su

forma abreviada, «Yo soy Yahvé», se repite como estribillo en este cap. y los siguientes. Da su sentido a toda la ley de santidad. Yahvé es el Dios de Israel, al que hizo salir de Egipto, 19 36; 22 33, es el Dios santo, 19 1; 20 26; 21 8, que santifica a su pueblo, 20 8; 21 8.15; 22 9.32; ver 20 7.
18 6 (a) Lit. «a la carne de su cuerpo». El parentesco se expresa en hebreo con la imagen de una identidad de sangre, de carne y aun de huesos (Jc 9 2), identidad que se realiza eminentemente en la unión del hombre y de la mujer. Por eso las prohibiciones que siguen, resultado del parentesco natural o del parentesco por alianza (vv. 8.14.16), se reducen todas a la prohibición del incesto: una carne no se fecunda a sí misma.
18 6 (b) Designación de las relaciones sexuales.
18 11 «no descubrirás» griego; omitido por hebr.

¹⁵ «No descubrirás la desnudez de tu nuera: es la mujer de tu hijo; no descubrirás su desnudez.

¹⁶ «No descubrirás la desnudez de la mujer de tu hermano: es la desnudez de tu hermano.

¹⁷ «No descubrirás la desnudez de una mujer y la de su hija. No tomarás ni a la hija de su hijo ni a la hija de su hija para descubrir su desnudez: son tu propia carne*; sería una indecencia.

¹⁸ «No tomarás por esposa a una mujer y a su hermana cuando todavía vive la primera: harías a la segunda rival de la primera al descubrir también su desnudez.

¹⁹ «No te acercarás a una mujer durante su impureza menstrual, para descubrir su desnudez.

²⁰ «No te acostarás con la mujer de tu prójimo, contaminándote con ella*.

²¹ «No darás ningún hijo tuyo para hacerlo pasar ante Mólec*; no profanarás así el nombre de tu Dios. Yo, Yahvé.

²² «No te acostarás con varón como con mujer: es una abominación.

²³ «No te unirás con bestia haciéndote impuro por causa de ella. La mujer no se prostituirá ante una bestia para unirse con ella: es una infamia.

²⁴ «No os hagáis impuros con ninguna de estas prácticas, pues con ellas se han hecho impuras las naciones que yo voy a arrojar cuando lleguéis vosotros. ²⁵ Se ha hecho impuro el país; por eso he castigado su iniquidad, y el país ha vomitado a sus habitantes. ²⁶ Vosotros, pues, guardad mis preceptos y mis normas, y no cometáis ninguna de esas abominaciones, ni los de vuestro pueblo ni los forasteros que residen entre vosotros. ²⁷ Porque todas estas abominaciones han cometido los hombres que habitaron el país antes que vosotros, y por eso el país se ha contaminado. ²⁸ Y no os vomitará la tierra por vuestras impurezas, del mismo modo que vomitó a las naciones an-

teriores a vosotros; ²⁹ sino que todos aquellos que cometan una de esas abominaciones, ésos serán excluidos de su pueblo. ³⁰ Guardad, pues, mis prescripciones; no practicaréis ninguna de las costumbres abominables que se practicaban antes de vosotros, para que no os hagáis impuros con ellas. Yo, Yahvé, vuestro Dios.»

Prescripciones morales y cultuales*.

19 ¹ Yahvé le dijo a Moisés: ² «Di a toda la comunidad de los israelitas: Sed santos, porque yo, Yahvé, vuestro Dios, soy santo.

³ «Respete cada uno a su madre y a su padre. Guardad mis sábados. Yo, Yahvé, vuestro Dios. ⁴ No os volváis hacia los ídolos*, ni os hagáis dioses de metal fundido. Yo, Yahvé, vuestro Dios.

⁵ «Cuando sacrifiquéis a Yahvé un sacrificio de comunión, sacrificadlo de modo que os sea aceptado. ⁶ La víctima se ha de comer el mismo día en que la inmoléis, o al día siguiente; y lo que sobre hasta el día tercero, será quemado. ⁷ Si se come algo al tercer día, es un manjar corrompido; el sacrificio no será grato a Yahvé. ⁸ El que lo coma, cargará con su falta, porque ha profanado la Santidad de Yahvé. Esa persona será excluida de su parentela.

⁹ «Cuando coséchéis la mies de vuestra tierra, no siegues hasta el mismo orillo de tu campo, ni espigues los restos de tu mies. ¹⁰ No harás rebusco de tu viña, ni recogerás de tu huerto los frutos caídos; los dejarás para el pobre y el forastero. Yo, Yahvé, vuestro Dios.

¹¹ «*No hurtaréis; no mentiréis; no os engañéis unos a otros. ¹² No juraréis en falso por mi nombre: profanarías el nombre de tu Dios. Yo, Yahvé. ¹³ No oprimirás a tu prójimo, ni lo explotarás. El salario del jornalero no pasará lo noche contigo hasta la mañana siguiente. ¹⁴ No maldecirás a un mudo*, ni pondrás tropiezo a

Marginal references (left column):
20 14
Ex 29 27+
Ex 20 14
20 2-5
Gn 22 1+
Lv 19 12;
22 32
Gn 19 5+

Marginal references (right column):
11 44-45+;
17 1+
Ex 20 12+
19 30; 26 2
Ex 20 8+
Ex 20 4s
3
7 18
Dt 24 19-22
Ex 20 15+
Dt 24 7;
25 13
Dt 19 16-21
Dt 24 14-15

---

18 17 «tu propia carne» griego; «su resto» hebr. Fácil confusión entre *še'er* «carne» y *še'ar* «resto».
18 20 El adulterio se condena aquí bajo el aspecto de impureza ritual.
18 21 Estos sacrificios de niños a los que «se hacía pasar por el fuego», es decir, que eran quemados, son un rito cananeo condenado por la ley, Lv 20 2-5; Dt 12 31; 18 10. Este rito se había introducido en Israel, especialmente en Jerusalén, en el quemadero del valle de Ben Hinón (la «Gehenna»), 2 R 16 3; 21 6; 23 10; Is 30 33; Jr 7 31; 19 5s; 32 35; Ez 16 21. —La palabra Mólec es de origen fenicio; designa un tipo de sacrificio; pero fue divinizada en Ugarit, donde aparece en la lista de los dioses. En Israel se la entendió como nombre de un

dios, y algunos textos hablan de sacrificios ofrecidos al dios Mólec (es decir, *Melek*, «el rey», vocalizado como *bošet*, «vergüenza»).
19 Este cap. reúne, sin orden aparente, prescripciones concernientes a la vida cotidiana, sin más unión que la referencia repetida a Yahvé y a su santidad. Sus lazos con el Decálogo son aparentes.
19 4 Lit. «nadas», ver 26 1; Is 2 8, etc.
19 11 Los vv. 11-18 regulan el comportamiento social, dominado por el mandamiento del amor al prójimo, v. 18. Estas disposiciones se encuentran en todas las legislaciones del Pentateuco.
19 14 No puede devolver maldición por maldición. La palabra hebr. significa también «sordo».

un ciego, sino que temerás a tu Dios. Yo, Yahvé.

[15] «Siendo juez, no hagas injusticia, ni por favorecer al pobre ni por miramientos hacia el grande: con justicia juzgarás a tu prójimo*. [16] No andes difamando entre los tuyos; no demandes contra la vida de tu prójimo*. Yo, Yahvé.

[17] «No odies en tu corazón a tu hermano, pero corrige a tu prójimo, para que no te cargues con un pecado por su causa. [18] No te vengarás ni guardarás rencor a los hijos de tu pueblo. Amarás a tu prójimo como a ti mismo. Yo, Yahvé.

[19] «Guardad mis preceptos. No cruzarás ganado tuyo de diversas especies. No siembres tu campo con dos clases de grano diferentes. No uses ropa de tejidos de dos clases*.

[20] «Si un hombre se acuesta con una mujer que es una sierva que pertenece a otro, sin que haya sido rescatada ni liberada, será él castigado, pero no con pena de muerte, pues ella no era libre. [21] Él ofrecerá a Yahvé, como sacrificio de reparación, a la entrada de la Tienda del Encuentro, un carnero de reparación. [22] Con el carnero de reparación, el sacerdote hará expiación ante Yahvé por el pecado que cometió, y se le perdonará su pecado.

[23] «Cuando entréis en la tierra y plantéis toda clase de árboles frutales, consideraréis impuro su fruto, como incircunciso*; durante tres años los consideraréis incircuncisos y no se podrán comer. [24] El cuarto año todos su frutos serán consagrados festivamente a Yahvé. [25] El quinto año podréis ya comer de su fruto y almacenar su producto. Yo, Yahvé, vuestro Dios.

[26] «No comáis nada con sangre. No practiquéis la adivinación ni la magia. [27] *No rapéis en redondo vuestra cabellera, ni recortéis los bordes de vuestra barba. [28] No haréis incisiones en vuestra

carne por un muerto; no os haréis tatuajes. Yo, Yahvé.

[29] «No profanarás a tu hija, prostituyéndola; así la tierra no se prostituirá ni se llenará de indecencias.

[30] «Guardad mis sábados y honrad mi santuario. Yo, Yahvé.

[31] «No acudáis a nigromantes, ni consultéis a adivinos haciéndoos impuros por su causa. Yo, Yahvé, vuestro Dios.

[32] «Ponte en pie ante las canas y honra el rostro del anciano; teme a tu Dios. Yo, Yahvé.

[33] «Cuando un forastero resida entre vosotros, en vuestra tierra, no lo oprimáis. [34] Al forastero que reside entre vosotros, lo miraréis como a uno de vuestro pueblo y lo amarás como a ti mismo; pues también vosotros fuisteis forasteros en la tierra de Egipto. Yo, Yahvé, vuestro Dios.

[35] «No cometáis injusticia ni en los juicios, ni en las medidas de longitud, de peso o de capacidad: [36] tened balanza exacta, peso exacto, medida exacta y fanega exacta. Yo soy Yahvé vuestro Dios, que os saqué del país de Egipto.

[37] «Guardad todos mis preceptos y todas mis normas, y ponedlos en práctica. Yo, Yahvé.»

Sanciones*:

A. Faltas cultuales.

20 [1] Dijo Yahvé a Moisés: [2] «Dirás a los israelitas: Si un hombre cualquiera de entre los israelitas o de los forasteros que residen en Israel entrega uno de sus hijos a Mólec, morirá sin remedio; el pueblo de la tierra* lo apedreará. [3] Yo mismo volveré mi rostro contra ese hombre y lo extirparé de su pueblo, por haber entregado un hijo suyo a Mólec, haciendo impuro mi santuario y profanando mi nombre santo.

Marginal references (left column)

Ez 33 1-9+
Mt 18 15p
Si 10 6
Rm 12 19

╱ Mt 5 43;
22 39p
╱ Rm 13 9
╱ Ga 5 14
╱ St 2 8
Dt 22 9-11

Gn 17 10+

1 5+
17 10-14;
19 31
Dt 18 10-12

Marginal references (right column)

Ex 20 8+

19 26+
20 6.27
Dt 18 11
1 S 28 7

Ex 22 20+

Dt 25 13-16
Am 8 5
Is 10 1s

18 21+

---

19 15 Como la justicia de Dios, Sal 7 10+, de la que se deriva, la justicia del hombre desborda ampliamente las exigencias de nuestra justicia cívica o social. Implica una entera conformidad al querer de Dios, Gn 6 9; 7 1; 2 S 4 11; Jb 12 4; Is 1 26; 3 10; 56 1; Dn 4 24; Os 14 10. Después del Destierro se definirá como la fidelidad a la Ley, Sal 1 6; 119 7; Pr 11 5; 15 9; Sb 1 1, etc. Sus exigencias de perfección en la vida cotidiana, en las relaciones con Dios y los hombres, serán cada vez más precisas e interiores, y Jesús las profundizará todavía más, Mt 3 15; 5 17+.20; ver Rm 1 17+.
19 16 Por una acusación capital injustificada.
19 19 Esta prohibición se dirige contra la magia, que gusta de estas extrañas mezclas.
19 23 La circuncisión señalaba en sus orígenes la entrada en la madurez, Gn 17 10+, y el hombre incircun-

ciso era impuro. Por analogía, los frutos de un árbol demasiado joven son «incircuncisos», impuros, antes de su consagración a Dios.
19 27 Los vv. 27-28 prohíben los ritos de duelo que se consideran contaminados de paganismo, ver también 21 5; Dt 14 1. Sin embargo, su práctica está ampliamente atestiguada, Is 3 24; Jr 16 6; 41 5; 47 5; 48 37; Am 8 10; Jb 1 20, y la mención de estos mismos ritos en Ez 7 18 muestra que, pese a esta condena, continuaron siendo practicados, acaso porque se les atribuía un significado religioso de carácter penitencial, ver Is 22 12.
20 Esta nueva sección trata de las sanciones y repite, desde este punto de vista, prescripciones ya consignadas.
20 2 «pueblo de la tierra» ver nota a 4 27.

⁴ Si el pueblo de la tierra cierra los ojos ante ese hombre que entregó uno de sus hijos a Mólec y no le da muerte, ⁵ yo mismo volveré mi rostro contra ese hombre y contra su familia, y lo extirparé de su pueblo, a él y a todos los que como él se prostituyan tras Mólec.

⁶ «Si alguien consulta a los nigromantes y a los adivinos, y se prostituye con ellos, yo volveré mi rostro contra él y lo extirparé de su pueblo. ⁷ Santificaos y sed santos; porque yo soy Yahvé, vuestro Dios.

B. Faltas contra la familia.

⁸ «Guardad mis preceptos y cumplidlos. Yo soy Yahvé, el que os santifica.

⁹ «Quien maldiga a su padre o a su madre, será muerto: ha maldecido a su padre o a su madre; su sangre sobre él.

¹⁰ «Si un hombre comete adulterio con la mujer de su prójimo, serán castigados con la muerte: el adúltero y la adúltera.

¹¹ «Si uno se acuesta con la mujer de su padre, ha descubierto la desnudez de su padre: ambos morirán; su sangre sobre ellos.

¹² «Si un hombre se acuesta con su nuera, ambos morirán; han cometido una infamia; su sangre sobre ellos.

¹³ «Si un varón se acuesta con otro varón, como se hace con una mujer, ambos han cometido una abominación: han de morir; su sangre sobre ellos.

¹⁴ «Si uno toma por esposas a una mujer y a su madre, es un crimen. Serán quemados tanto él como ellas, para que no se dé tal crimen entre vosotros.

¹⁵ «Al que se una con bestia, se le dará muerte. Mataréis también a la bestia.

¹⁶ Si una mujer se prostituye ante una bestia y se une a ella, matarás a la mujer y a la bestia. Han de morir; su sangre sobre ellas.

¹⁷ «Si alguien toma por esposa a su hermana, hija de su padre o hija de su madre, y ve la desnudez de ella y ella ve la desnudez de él, es algo vergonzoso. Serán exterminados en presencia de los hijos de su pueblo*. Ha descubierto la desnudez de su hermana: cargará* con su iniquidad.

¹⁸ «El que se acueste con mujer durante el período menstrual, descubriendo la desnudez de ella, ha puesto al descubierto la fuente del flujo de ella y ella ha descubierto la fuente de su sangre. Ambos serán excluidos de su pueblo.

¹⁹ «No descubras la desnudez de la hermana de tu madre ni de la hermana de tu padre, porque desnudas su propia carne: cargarán con su pecado.

²⁰ «El que se acueste con la mujer de su tío paterno, descubre la desnudez de éste. Cargarán con su pecado; morirán sin hijos.

²¹ «Si uno toma por esposa a la mujer de su hermano, es algo impuro, pues descubre la desnudez de su hermano; no tendrán hijos.

Exhortación final*.

²² «Guardad, pues, todos mis preceptos y todas mis normas, y cumplidlos; así no os vomitará la tierra adonde os llevo para que habitéis en ella. ²³ No imitéis las costumbres de las naciones que yo voy a expulsar a vuestra llegada; pues, porque han obrado así, yo estoy asqueado de ellas. ²⁴ A vosotros ya os he dicho: «Tomaréis posesión de su tierra, la que yo os daré en herencia, tierra que mana leche y miel.» Yo soy Yahvé, vuestro Dios, que os ha separado de esos pueblos.

²⁵ «Habéis de distinguir entre animales puros e impuros, y entre aves impuras y puras; para que no os contaminéis, ni con animal, ni con ave ni con reptil que se arrastra por el suelo, de los que os he apartado yo como cosas impuras.

²⁶ «Sed santos para mí, porque yo, Yahvé, soy santo, y os he separado de los demás pueblos, para que seáis míos.

²⁷ «El hombre o la mujer que practique el espiritismo o la adivinación será castigado con la muerte: los apedrearán. Su sangre sobre ellos.

Santidad del sacerdocio.

A. Los sacerdotes.

21 ¹ Dijo Yahvé a Moisés: «Di a los sacerdotes, hijos de Aarón: Nadie se haga impuro por el cadáver* de alguno de los suyos, ² como no sea pariente cercano: la madre, el padre, el hijo, la hija, el hermano, ³ una hermana virgen que

---

Marginal references (left column):
1 R 11 7
19 26.31
11 44s+
17 1+
18
18 17
80 17

Marginal references (right column):
⁄ Mt 14 4p
11
11 44s+
17 1+
19 26.31;
20 6
Ez 44 25-27

---

20 17 (a) Es el único caso en que la sanción prevista es un castigo público.
20 17 (b) Griego y sam. en plural.
20 22 Volvemos aquí al vocabulario del cap. 18 24-30. El v. 27 es una adición.

21 1 El contacto de los muertos es impuro, Nm 6 9; 19 11-13; 31 19, ver Ag 2 13. La misma regla se da para los sacerdotes en Ez 44 25-27; es más severa para el sumo sacerdote, aquí v. 11.

viva con él* y no haya sido desposada aún; por ella puede contraer impureza. [4] Pero por una hermana casada, no debe hacerse impuro; se profanaría*.

19 27-28   [5] «Los sacerdotes no se raparán la cabeza, ni se cortarán los bordes de la barba, ni se harán incisiones en su cuerpo. [6] Santos han de ser para su Dios y no profanarán el nombre de su Dios, pues son ellos los que presentan los manjares

1 9+   que se han de abrasar para Yahvé, el alimento de su Dios; han de ser santos.

Ez 44 22   [7] «No tomarán por esposa a una mujer prostituta ni violada, ni una mujer repudiada por su marido; pues el sacerdote está consagrado a su Dios*. [8] Lo considerarás como cosa santa, porque él es

11 44s+   quien presenta el alimento de tu Dios; lo
17 1+   tendrás por santo, pues santo soy yo, Yahvé, el que os santifico. [9] Si la hija de un sacerdote se prostituye y se profana, a su padre profana; será quemada.

B.   El sumo sacerdote.

8 7-12   [10] «El sumo sacerdote, el mayor entre sus hermanos, sobre cuya cabeza fue derramado el óleo de la unción y que recibió la investidura revistiéndose los ornamentos, no llevará desgreñada su cabellera ni rasgará sus vestiduras, [11] ni se acercará a ningún cadáver; ni siquiera por su padre o por su madre se le permite hacerse impuro. [12] No saldrá del santuario para no profanar el santuario de su Dios; pues está consagrado con el óleo de la unción de su Dios. Yo, Yahvé. [13] «Tomará por esposa una virgen. [14] No se casará con viuda ni con repudiada ni con profanada por prostitución, sino que tomará por esposa una virgen de su parentela. [15] Así no profanará su descendencia entre su pueblo, pues soy yo, Yahvé, el que lo santifico*.»

C.   Impedimentos para el sacerdocio.

[16] Yahvé dijo a Moisés: [17] «Dile a Aarón: Ninguno de tus descendientes, en cualquiera de sus generaciones, si tiene un defecto corporal*, podrá acercarse a

ofrecer el alimento de su Dios. [18] Ningún hombre que tenga defecto corporal se acercará: ni ciego, ni cojo, ni deforme, ni monstruoso, [19] ni lisiado, ni manco; [20] ni jorobado, ni raquítico, ni con defecto en un ojo, ni sarnoso o tiñoso, ni eunuco. [21] Ningún descendiente de Aarón que tenga defecto corporal puede acercarse a ofrecer los manjares que se abrasan en honor de Yahvé. Tiene defecto; no se acercará a ofrecer el alimento de su Dios. [22] Podrá comer del alimento de su Dios, las cosas sacratísimas y las sagradas; [23] mas no podrá pasar hasta detrás del velo ni se acercará al altar, porque tiene un defecto y profanaría mi santuario, pues yo soy Yahvé, el que los santifico.»

[24] Moisés comunicó esto a Aarón y a sus hijos y a todos los israelitas.

Santidad en la participación de los manjares sagrados.

A.   Los sacerdotes.

22 [1] Yahvé dijo a Moisés: [2] «Di a Aarón y a sus hijos que se abstengan* de algunas ofrendas sagradas que los israelitas me consagran, para no profanar mi santo nombre. Yo, Yahvé.

[3] «Diles: Cualquier descendiente vuestro, de cualquier generación, que, en estado de impureza, se acerque a las cosas sagradas que los israelitas consagran a Yahvé, será excluido de mi presencia. Yo, Yahvé.

13; 15   [4] «Ningún descendiente de Aarón que sea leproso o padezca flujo comerá de las cosas sagradas hasta que se haya purificado. El que toque lo que es impuro por contacto de cadáver, o el que haya tenido un derrame seminal, [5] o el que haya tocado un bicho o a un hombre y contraído así alguna clase de impureza; [6] quien toque estas cosas quedará impuro hasta la tarde, y no comerá de las cosas sagradas, sino que lavará su cuerpo con agua; [7] puesto el sol, quedará limpio y podrá luego comer de las cosas sagradas, pues son su alimento. [8] No comerá

17 15
Ez 4 14

---

21 3   El matrimonio, al hacer de la mujer «carne» del marido, Gn 2 23, rompe su vínculo con los consanguíneos.
21 4   Sentido discutido. El texto está probablemente corrompido.
21 7   Una mujer viuda no está excluida, como lo está por Ez 44 22, que no hace excepción sino para la viuda de un sacerdote, y como se excluye aquí para el sumo sacerdote, v. 14.
21 15   Haciéndose «una sola carne» con una mujer que

no es de la tribu elegida, el sumo sacerdote profanaría el santuario y haría que corriera por su descendencia una sangre profana.
21 17   Dios es el creador del mundo físico en su integridad. A esto se opondría el defecto del sacerdote, llamado a acercarse a Dios y a participar más estrechamente de su santidad.
22 2   Las ofrendas del pueblo, aceptadas por Dios, se han hecho santas y consagran a los que las consumen. Deben estar en estado de pureza.

animal muerto o destrozado, que lo haría impuro. Yo, Yahvé.

9 «Que guarden mis prescripciones; así no incurrirán en culpa ni tendrán que morir por haber cometido una profanación. Yo, Yahvé, el que los santifico.

B. Los laicos*.

10 «Ningún laico comerá de las cosas sagradas; ningún huésped del sacerdote ni jornalero suyo comerá de las cosas sagradas. 11 Pero si un sacerdote compra con su dinero una persona, ésta podrá comer de las cosas sagradas; y también el siervo nacido en la casa: ambos pueden comer del alimento del sacerdote. 12 La hija de un sacerdote, casada con un laico, no podrá comer de la ofrenda reservada de las cosas sagradas. 13 Pero si la hija de un sacerdote queda viuda o es repudiada, y sin tener prole vuelve a la casa de su padre, podrá comer del alimento de su padre, como en su juventud. Pero ningún laico comerá de él. 14 Quien, por inadvertencia, coma cosa sagrada, la restituirá al sacerdote, añadiendo un quinto. 15 No profanarán las cosas sagradas de los israelitas, reservadas para Yahvé, 16 porque al comerlas cargarían con una falta que debería ser reparada. Yo soy Yahvé, el que los santifico.»

5 14-16

C. Los animales sacrificados.

17 Yahvé le dijo a Moisés: 18 «Di a Aarón y a sus hijos, y a todos los israelitas: Si cualquier hombre de la casa de Israel, o de los forasteros residentes en Israel, presenta una ofrenda, en cumplimiento de un voto, o voluntariamente, de las que se ofrecen a Yahvé como holocausto* 19 para que sea aceptada favorablemente, la víctima habrá de ser macho, sin defecto, vacuno, ovino o cabrío. 20 No ofrezcáis nada defectuoso, pues no os sería bien aceptado.

21 «Si alguno ofrece a Yahvé ganado mayor o menor como sacrificio de comunión, en cumplimiento de un voto, o voluntariamente, para que sea aceptado favorablemente, ha de ser una res sin defecto; no debe tener defecto alguno. 22 No presentaréis ante Yahvé animal ciego, cojo, mutilado, ulcerado, sarnoso

1 1+
3 1+
7 11+
1 3; 3 1
21 18-21

o ruin; nada de eso pondréis sobre el altar como manjar que se abrasa para Yahvé. 23 Si el vacuno u ovino es desproporcionado o enano, podréis presentarlo como ofrenda voluntaria, pero no será aceptado en cumplimiento de voto. 24 No ofreceréis a Yahvé animal que tenga los testículos aplastados, majados, arrancados o cortados. No hagáis tales cosas en vuestra tierra. 25 Y tampoco recibiréis nada de eso de la mano del extranjero como alimento de vuestro Dios, porque su mutilación es un defecto; no os serían aceptados favorablemente.»

Ml 1 8

26 Yahvé dijo a Moisés: 27 «Cuando nazca un ternero, un cordero o un cabrito, quedará siete días con su madre; a partir del día octavo será grato como ofrenda de manjar abrasado para Yahvé. 28 No inmoléis en el mismo día vaca u oveja juntamente con su cría. 29 Cuando ofrezcáis a Yahvé un sacrificio de alabanza, lo haréis de tal modo que os sea favorablemente aceptado: 30 será comido en el mismo día, sin dejar nada de él hasta la mañana siguiente. Yo, Yahvé.

Ex 23 19

7 11+

D. Exhortación final.

18 3-5

31 «Guardad mis mandamientos y cumplidlos. Yo, Yahvé. 32 No profanéis mi santo nombre, para que yo sea santificado en medio de los israelitas. Yo soy Yahvé, el que os santifica, 33 el que os ha sacado de la tierra de Egipto para ser vuestro Dios. Yo, Yahvé.»

11 44s
17 1+

11 45;
25 38.55;
26 13.45

Ritual para las fiestas del año*

Ex 23 14+

23 1 Dijo Yahvé a Moisés: 2 «Di a los israelitas: Las solemnidades de Yahvé en las que convocaréis asambleas santas son éstas:

A. El sábado.

Ex 20 8+

3 «Seis días se trabajará, pero el séptimo día será de gran descanso, reunión sagrada. No haréis en él trabajo alguno. Será descanso consagrado a Yahvé dondequiera que habitéis.

4 «Éstas son las solemnidades de Yahvé, las reuniones sagradas, a las que convocaréis en las fechas establecidas:

---

22 10 Los «laicos» son definidos aquí por oposición a la familia del sacerdote, que, según la antigua concepción, comprende también a los esclavos.
22 18 Según la Ley de Santidad, los holocaustos, como los sacrificios de comunión, pueden ser cumplimiento

de un voto u ofrenda espontánea, ver 7 11+.
23 Después de las condiciones morales (18-20) y rituales (21-22) de los sacrificios, el cap. 23 determina el ciclo litúrgico. Sobre las diversas fiestas, véase Ex 12 1+ y Ex 23 14+.

Ex 12 1+;
23 14+

B. La Pascua y los Ázimos*.

⁵ «El mes primero, el día catorce del mes, entre dos luces, será la Pascua de Yahvé. ⁶ El quince de ese mes se celebrará la fiesta de los Ázimos en honor de Yahvé. Durante siete días comeréis panes ázimos. ⁷ El día primero tendréis reunión sagrada; no haréis ningún trabajo servil. ⁸ Ofreceréis durante siete días manjares abrasados a Yahvé. El séptimo día celebraréis reunión sagrada; no haréis en él ningún trabajo servil.»

Dt 26 1+

C. La primera gavilla*.

⁹ Yahvé dijo a Moisés: ¹⁰ «Di a los israelitas: Cuando entréis en la tierra que yo os doy, y seguéis allí su mies, llevaréis al sacerdote una gavilla, como primicias

Ex 29 24+

de vuestra cosecha. ¹¹ El sacerdote ejecutará con la gavilla el rito de balanceo delante de Yahvé, para que sea bien aceptada. El sacerdote ejecutará el balanceo el día siguiente al sábado. ¹² El mismo día en que hagas el balanceo con la gavilla, sacrificaréis un cordero de un año, sin defecto, como holocausto a Yah-

Nm 15 4

vé. ¹³ La correspondiente oblación será de dos décimas de flor de harina amasada con aceite, como manjar abrasado de calmante aroma para Yahvé, y la libación de vino será un cuarto de sexta-

2 14

rio. ¹⁴ No comeréis pan ni grano tostado ni grano tierno hasta ese mismo día en que presentéis la ofrenda de vuestro Dios. Es un decreto perpetuo para todas vuestras generaciones, dondequiera que habitéis.

Ex 23 14+

D. La fiesta de las Semanas.

¹⁵ «A partir del día siguiente al sábado, o sea, desde el día en que llevéis la gavilla de la ofrenda de balanceo, contaréis siete semanas completas. ¹⁶ Contaréis cincuenta días hasta el día siguiente al séptimo sábado, y entonces ofreceréis a Yahvé una oblación nueva. ¹⁷ Llevaréis de vuestras casas como ofrenda de balanceo dos panes, hechos con dos décimas de flor de harina y cocidos con le-

vadura, como primicias para Yahvé. ¹⁸ Juntamente con el pan ofreceréis a Yahvé siete corderos de un año, sin defecto, un novillo y dos carneros; serán el holocausto para Yahvé, con su oblación y sus libaciones, como manjar abrasado de calmante aroma para Yahvé. ¹⁹ Ofreceréis también un macho cabrío como sacrificio por el pecado, y dos corderos de un año como sacrificio de comunión. ²⁰ El sacerdote ejecutará con ellos el rito de balanceo ante Yahvé, junto con el pan de las primicias y con los dos corderos; serán cosas consagradas a Yahvé y pertenecerán al sacerdote. ²¹ Ese mismo día convocaréis reunión sagrada; no haréis ningún trabajo servil. Decreto perpetuo es éste para todas vuestras generaciones dondequiera que habitéis.

19 9-10

²² «Cuando cosechéis las mieses de vuestra tierra, no siegues hasta el mismo orillo de tu campo, ni espigues los restos de tu mies; los dejarás para el pobre y para el forastero. Yo, Yahvé, vuestro Dios.»

Ex 12 48+

E. El día primero del mes séptimo.

Nm 29 1-6

²³ Dijo Yahvé a Moisés: ²⁴ «Di a los israelitas: En el mes séptimo, el primer día del mes*, será para vosotros de gran descanso, conmemoración al clamor de las trompetas, reunión sagrada. ²⁵ No haréis ningún trabajo servil, y ofreceréis manjares abrasados a Yahvé.»

Nm 10 10

F. El día de la Expiación.

16+
Nm 29 7-11

²⁶ Dijo Yahvé a Moisés: ²⁷ «El día décimo de ese séptimo mes es el día de la Expiación, en el cual tendréis reunión sagrada; ayunaréis y ofreceréis manjares abrasados a Yahvé. ²⁸ No haréis en ese día ningún trabajo, pues es el día de la Expiación, en el que se ha de hacer la expiación por vosotros delante de Yahvé, vuestro Dios. ²⁹ El que no ayune ese día será excluido de su pueblo. ³⁰ Al que haga en tal día un trabajo cualquiera, yo lo excluiré de su pueblo. ³¹ No haréis trabajo alguno. Es decreto perpetuo, para todas vuestras generaciones, dondequie-

---

23 5 Las dos fiestas se relacionan entre sí y se suceden en fechas que se precisan, como en Nm 28 16-25. A primera vista parecen estar más estrechamente unidas en Dt 16 1-8, pero el texto es compuesto.
23 9 Entre los Ázimos y la fiesta de las Semanas, la Ley de Santidad introduce, en su lugar dentro del año agrícola, una ofrenda de la primera gavilla (de la cosecha de cebada); es una nueva formulación de la antigua ofrenda de las primicias, Ex 23 19; 34 26.

23 24 El primer día del mes (lunar), la «luna nueva» o neomenia, era una fiesta celebrada entre los israelitas como entre los cananeos, 1 S 20 5.24; Is 1 13; Am 8 5, y lo fue hasta la época del NT, ver Nm 28 11-15; Ez 46 6-7; Ne 10 34; Col 2 16. Los rituales de Lv 23 y Nm 29 1-6 sólo conservan la neomenia del séptimo mes (del año que comienza en primavera), que por mucho tiempo fue el primer mes (cuando el año comenzaba en otoño).

ra que habitéis. [32] Será para vosotros día de descanso total y ayunaréis; guardaréis descanso el día nueve del mes, de tarde a tarde.»

Ex 23 14+

G. La fiesta de las Tiendas.

[33] Dijo Yahvé a Moisés: [34] «Di a los israelitas: El día quince de ese séptimo mes celebraréis durante siete días la fiesta de las Tiendas en honor a Yahvé. [35] El día primero habrá reunión sagrada y no haréis trabajo servil alguno. [36] Durante siete días ofreceréis manjares abrasados a Yahvé. El día octavo tendréis reunión sagrada y ofreceréis manjares abrasados a Yahvé. Es día de asamblea solemne: no haréis en él trabajo servil alguno.

Conclusión.

[37] «Éstas son las solemnidades de Yahvé en las que habéis de convocar reunión sagrada para ofrecer manjares abrasados a Yahvé, holocaustos y oblaciones, sacrificios de comunión y libaciones, cada cosa en su día, [38] sin contar los sábados de Yahvé, sin contar vuestros dones, sin contar todos vuestros votos, sin contar todas vuestras ofrendas voluntarias, las que ofrezcáis a Yahvé.

Complemento sobre la fiesta de las Tiendas*.

[39] «El día quince del séptimo mes, después de haber cosechado el producto de la tierra, celebraréis la fiesta en honor de Yahvé durante siete días. El primer día será de descanso total e igualmente el octavo. [40] El primer día tomaréis frutos de los mejores árboles, ramos de palmera, ramas de árboles frondosos y sauces de las riberas; y os alegraréis en la presencia de Yahvé, vuestro Dios, por espacio de siete días. [41] Celebraréis fiesta en honor de Yahvé durante siete días cada año. Es decreto perpetuo para todas vuestras generaciones. En el séptimo mes la celebraréis. [42] Durante los siete días habitaréis en cabañas. Todos los naturales de Israel morarán en cabañas, [43] para que sepan vuestros descendientes que yo hice habitar en cabañas a los is-

raelitas cuando los saqué de la tierra de Egipto. Yo, Yahvé, vuestro Dios.»

[44] Así promulgó Moisés las solemnidades de Yahvé a los israelitas.

Prescripciones rituales complementarias*:

A. La llama permanente.

24 [1] Dijo Yahvé a Moisés: [2] «Manda a los israelitas que te traigan para el alumbrado aceite puro de olivas molidas, para alimentar continuamente la lámpara. [3] Aarón la preparará fuera del velo del Testimonio, en la Tienda del Encuentro, para que arda de continuo ante Yahvé desde la tarde hasta la mañana. Es decreto perpetuo, para todas vuestras generaciones. [4] Él colocará las lámparas sobre el candelabro puro* para que ardan ante Yahvé continuamente.

Ex 25 31-40
Lv 6 5-6
Ex 27 20s

B. Los panes de la Presencia.

Ex 25 23+

[5] «Tomarás flor de harina y cocerás con ella doce tortas, de dos décimas cada una. [6] Las colocarás en dos hileras, seis en cada hilera, sobre la mesa pura, en la presencia de Yahvé. [7] Pondrás sobre cada hilera incienso puro: será para el pan un memorial, manjar abrasado para Yahvé.

[8] «Todos los sábados, sin excepción, lo dispondrá en presencia de Yahvé de parte de los israelitas, en señal de alianza perpetua. [9] Será para Aarón y sus hijos, y lo comerán en lugar sagrado; porque es cosa sacratísima, tomada de los manjares que se abrasan para Yahvé. Es decreto perpetuo.»

Blasfemia y ley del talión.

[10] Había entre los israelitas uno que era hijo de una mujer israelita, pero su padre era egipcio. El hijo de la israelita y un hombre de Israel riñeron en el campo, [11] y el hijo de la israelita blasfemó y maldijo el Nombre. Y fue llevado ante Moisés. Su madre se llamaba Selomit, hija de Dibrí, de la tribu de Dan. [12] Lo tuvieron detenido hasta que se decidiera el

Ex 22 27

---

23 39 Este texto es una adición postexílica, que insiste sobre el carácter gozoso de la fiesta, en el espíritu de Dt 16 13-16, y la vincula a los recuerdos del desierto, v. 43.
24 Salvo los vv. 15-22, que pertenecen a la Ley de Santidad, el cap. **24** proviene de una redacción sacerdotal posterior, que fija los usos cotidianos (vv. 2-4) o semanales (vv. 5-9) del templo de Jerusalén, refirién-

dose a los textos de la misma redacción en Ex **25**. Una historia, vv. 10-14 y 23, del género de **10** 1-5; **16** 20; Nm **15** 22-36, encuadra lo que la Ley de Santidad decía del blasfemo y del talión.
24 4 «Puro» ritualmente; o bien «de oro puro»; lo mismo en cuanto a la «mesa» en el v. 6.

caso por sentencia de Yahvé. [13] Entonces Yahvé le dijo a Moisés:

[14] «Saca al blasfemo fuera del campamento; todos los que lo oyeron pondrán las manos sobre su cabeza, y toda la comunidad lo apedreará*. [15] Y dirás a los israelitas: Cualquier hombre que maldiga a su Dios, cargará con su pecado. [16] Quien blasfeme el Nombre de Yahvé, será muerto; toda la comunidad lo apedreará. Sea forastero o nativo, si blasfema el Nombre*, morirá.

[17] «El que hiera* mortalmente a cualquier otro hombre, morirá.

[18] «El que hiera de muerte a un animal lo indemnizará: animal por animal. [19] Si alguno causa una lesión a su prójimo, se le hará lo mismo que hizo él: [20] fractura por fractura, ojo por ojo, diente por diente; se le hará la misma lesión que él haya causado al otro. [21] El que mate un animal, indemnizará por él; mas el que mate a un hombre, morirá. [22] Del mismo modo juzgarás al forastero que al nativo; porque yo soy Yahvé, vuestro Dios.»

[23] Habló, pues, Moisés a los israelitas y sacaron al blasfemo fuera del campamento y lo apedrearon. Los israelitas hicieron lo que Yahvé había mandado a Moisés.

Los años santos*

A. El año sabático.

25 [1] Dijo Yahvé a Moisés en el monte Sinaí: [2] «Di a los israelitas: Cuando hayáis entrado en la tierra que yo voy a daros, la tierra tendrá también su descanso en honor de Yahvé. [3] Seis años sembrarás tu campo, seis años podarás tu viña y cosecharás sus frutos; [4] pero el séptimo año será de completo descanso para la tierra, un sábado en honor de Yahvé: no sembrarás tu campo, ni podarás tu viña. [5] No segarás los rebrotes de la última siega, ni vendimiarás los racimos de tu viña inculta. Será año de descanso completo para la tierra. [6] La tierra, incluso en su descanso, os alimentará a ti, a tu siervo, a tu sierva, a tu jornalero y al emigrante que reside junto a ti. [7] Todo lo que produzca proporcionará alimento también a tus ganados y a los animales salvajes.

B. El año del jubileo.

[8] «Contarás siete semanas de años, siete por siete años; de modo que las siete semanas de años sumarán cuarenta y nueve años. [9] El mes séptimo, el día diez del mes, harás resonar el estruendo de las trompetas; el día de la Expiación haréis resonar el cuerno por toda vuestra tierra. [10] Declararéis santo el año cincuenta, y proclamaréis por el país la liberación para todos sus habitantes. Será para vosotros un jubileo; cada uno recobrará su propiedad, y cada cual regresará a su familia. [11] Este año cincuenta será para vosotros año jubilar: no sembraréis, ni segaréis los rebrotes, ni vendimiaréis la viña inculta, [12] porque es el año jubilar, que será sagrado para vosotros. Comeréis lo que el campo dé de sí. [13] «En este año jubilar recobraréis cada uno vuestra propiedad. [14] Si vendéis algo a vuestro prójimo o le compráis algo, que nadie perjudique a su hermano*. [15] Comprarás a tu prójimo atendiendo al número de años transcurridos después del jubileo; y en razón del número de años de cosecha que quedan, te fijará él el precio de venta: [15] a mayor número de años, mayor será el precio de la compra; cuantos menos años queden, tanto menor será su precio, porque lo que él te

Ex 21 12-20

Ex 21 24s+

Ex 23 10-11
Dt 15 1-11

Ex 21 2-11
Dt 15 12-18
Jr 34 8-22
Is 61 1-3

---

24 14 La comunidad manchada por la maldición se va a purificar mediante la lapidación del culpable, a quien se impone la mano como al animal que sustituye a la comunidad en un sacrificio, 16 21.

24 16 «el Nombre» sam.; «un nombre» hebr.; «el nombre de Yahvé» griego.

24 17 Se trata de golpes mortales, ver Ex 21 12. Estos vv. repiten las antiguas prescripciones del Código de la Alianza, equiparando al simple residente con el israelita (vv. 16ᵇ.20ᵇ-22).

25 Estas leyes afirman el dominio absoluto de Dios sobre la Tierra Santa: hasta los campos guardarán el sábado, véase Ex 20 8+. El año sabático aparece desde el Código de la Alianza, Ex 23 10-11; la legislación queda precisada en Lv 25 1-7. Después del Destierro su observancia está atestiguada en Ne 10 32 y 1 M 6 49-53. Dt 15 1-11 le añade la remisión de deudas. Los esclavos hebreos deben asimismo ser liberados al séptimo año de su servidumbre, pero sin relación necesaria con el año

sabático, Ex 21 2; Dt 15 12-18. Esta prescripción apenas se observaba, ver Jr 34 8-16. Para hacerla menos onerosa, se la limitó a ciclos de cincuenta años: el año jubilar, Lv 25 8-17, así llamado porque era anunciado al son del cuerno, *yóbel* (alusión en Is 61 1-2). Además del barbecho de los campos, implicaba una emancipación general de las personas y de los bienes, volviendo cada uno a su clan y haciéndose de nuevo con su propiedad, v. 10. La finalidad de estas medidas era garantizar la estabilidad de una sociedad fundada sobre la familia y el patrimonio familiar. Pero de hecho, sólo fue un esfuerzo tardío por hacer más eficaz la ley sabática, y no parece que la ley del año jubilar fuera jamás observada. Transferido al plano espiritual, el año santo o jubilar de la Iglesia ofrece periódicamente a los cristianos la ocasión de una remisión de sus deudas para con Dios.

25 14 Esta ley garantiza la equidad de las transacciones, a la vez que lucha contra el acaparamiento de las tierras denunciado por Is 5 8 y Mi 2 2.

vende es el número de cosechas. [17] Ninguno de vosotros perjudique a su prójimo. Y teme a tu Dios, porque yo soy Yahvé, vuestro Dios.

Garantía divina.

[18] «Cumplid mis preceptos; guardad mis normas y ponedlas en práctica; así viviréis seguros en esta tierra. [19] Y la tierra dará su fruto, y comeréis hasta saciaros; y habitaréis seguros en ella.

[20] «Si preguntáis: ¿Qué comeremos el año séptimo, si no podremos sembrar ni cosechar nuestras mieses? [21] Yo os mandaré mi bendición al año sexto, de modo que producirá para tres años*. [22] Cuando sembréis el año octavo, seguiréis todavía comiendo de la cosecha anterior. Hasta que llegue la nueva cosecha del año nono, seguiréis comiendo de la anterior.

Consecuencias de la santidad:

a) de la tierra: rescate de las propiedades*.

Sal 39 13; 119 19; 24 1

1 Cro 29 15 Jr 35 7 Rt 4 1-12 Jr 32 6-9

[23] «La tierra no puede venderse a perpetuidad, porque la tierra es mía, y vosotros sois forasteros y huéspedes en mi tierra. [24] En todo terreno de vuestra propiedad concederéis derecho a rescatar la tierra. [25] Si se empobrece tu hermano y vende parte de su propiedad, su pariente más cercano vendrá y rescatará lo vendido por su hermano. [26] Y si uno no tiene quien ejerza este derecho, pero adquiere por sí mismo recursos suficientes para el rescate, [27] descontará los años pasados desde la venta y abonará al comprador la diferencia; así recobrará su propiedad. [28] Pero si no obtiene lo suficiente para recobrarla, la propiedad vendida quedará en poder del comprador hasta el año jubilar, y en el año jubilar quedará libre; y volverá a propiedad del vendedor.

[29] «Si uno vende una vivienda en ciudad amurallada, su derecho a rescatarla durará hasta que se cumpla el año de su venta; un año entero durará su derecho de rescate. [30] Si no ha sido rescatada

dentro de un año entero, la casa situada en ciudad amurallada será a perpetuidad para el comprador y sus descendientes y no quedará libre en el año jubilar*. [31] En cambio, las casas de las aldeas sin murallas que las rodeen serán consideradas como propiedades rústicas: gozarán de derecho de rescate y en el año jubilar quedarán libres.

Nm 35 1-8 Jos 21 Ez 48 13-14

[32] «En cuanto a las ciudades de los levitas, a las casas de las ciudades de su propiedad, los levitas tendrán derecho de rescate perpetuamente*. [33] Si no se rescata algo perteneciente a un levita, lo que se haya vendido, si es una casa en una ciudad de su propiedad, quedará libre en el año jubilar; porque las casas de las ciudades de los levitas son su propiedad en medio de los israelitas. [34] Los campos que rodean sus ciudades no pueden venderse, pues son su propiedad para siempre.

b) del pueblo: préstamo y manumisión.

[35] «Si un hermano tuyo se empobrece y le tiembla la mano en sus tratos contigo, lo mantendrás como forastero o huésped, para que pueda vivir junto a ti. [36] No tomarás de él interés ni recargo; antes bien, teme a tu Dios y deja vivir a tu hermano junto a ti. [37] No le darás tu dinero con interés ni le darás tus víveres con recargo. [38] Yo soy Yahvé, vuestro Dios, que os saqué de la tierra de Egipto, para daros la tierra de Canaán y ser vuestro Dios.

Ex 12 48+

22 33+

[39] «Si un hermano tuyo se empobrece en sus asuntos contigo y tú lo compras, no le impondrás trabajos de esclavo; [40] estará contigo como jornalero o como huésped, y trabajará junto a ti hasta el año del jubileo. [41] Entonces saldrá libre de tu casa, él y sus hijos con él, y volverá a su familia y a la propiedad de sus padres*. [42] Porque son siervos míos, a quienes yo saqué de la tierra de Egipto; no han de ser vendidos como se vende un esclavo. [43] No serás tirano con él, sino que temerás a tu Dios.

Ex 21 2-11 Dt 15 12-18 Jr 34 8-22

---

25 21 Tres años incompletos: el de la recolección, el sabático y el que le sigue, cuando no se dispone aún de la cosecha sembrada *en otoño*.
25 23 Este texto pretende combinar con la ley del jubileo la antigua institución del *go'el*, el «pariente próximo» del v. 25, ver Nm 35 19+.
25 30 La ley del jubileo no se aplica a los bienes urbanos sino de manera limitada.
25 32 Queda así garantizado el carácter sagrado de las ciudades levíticas, en las que sólo los levitas podrán

adquirir derechos estables.
25 41 Se pretende armonizar aquí con la ley del jubileo la antigua ley del Código de la Alianza sobre la manumisión de los esclavos al cabo de seis años, Ex 21 2-6. Esta nueva ley es utópica: un esclavo comprado al comienzo de un período jubilar correría gran riesgo de morir antes de su liberación, en todo caso sería demasiado viejo para trabajar como hombre libre. Pero se le concede una situación más suave que la de un esclavo, ver vv. 45-46.

⁴⁴ «Los siervos y las siervas que tengas, serán de las naciones que os rodean; de ellos podréis adquirir siervos y siervas. ⁴⁵ También podréis comprarlos de entre los hijos de los huéspedes que residen en medio de vosotros, y de sus familias que viven entre vosotros, es decir, de los hijos que hayan tenido en vuestra tierra. Ésos pueden ser vuestra propiedad, ⁴⁶ y los podréis dejar en herencia a vuestros hijos después de vosotros, como propiedad perpetua. A éstos los podréis tener como siervos; pero tratándose de vuestros hermanos, los israelitas, uno no tratará a su hermano con dureza*.

⁴⁷ «Si el forastero o huésped que mora contigo adquiere bienes, y un hermano tuyo se empobrece en asuntos que tiene con él, y se vende al forastero que mora contigo, o a algún descendiente de la familia del forastero, ⁴⁸ después de haberse vendido le quedará el derecho al rescate: uno de sus hermanos lo rescatará. ⁴⁹ Lo rescatará su tío paterno, o el hijo de su tío, o algún otro pariente cercano dentro de su familia, o, si llegaran a alcanzarle sus propios recursos, él mismo se podrá rescatar. ⁵⁰ Contará con su comprador los años desde el año de la venta hasta el año jubilar; y el precio se calculará en proporción a los años, valorando sus días de trabajo como los de un jornalero. ⁵¹ Si faltan todavía muchos años, en proporción a ellos devolverá, como precio de su rescate, una parte del precio de venta. ⁵² Si faltan pocos años hasta el jubileo, se hará el cálculo en proporción a ellos, y lo pagará como rescate: ⁵³ como un jornalero que se ajusta año por año. No permitas que se le trate con dureza ante tus propios ojos. ⁵⁴ Si no es rescatado por otros, quedará libre el año del jubileo, él y sus hijos con él. ⁵⁵ Porque a mí es a quien pertenecen como siervos los israelitas; siervos míos son, a quienes yo he sacado del país de Egipto. Yo, Yahvé, vuestro Dios.»

Resumen. Conclusión.

26 ¹ «No os hagáis ídolos, ni erijáis imágenes o estelas, ni coloquéis en vuestra tierra piedras grabadas para postraros ante ellas, porque yo soy Yahvé, vuestro Dios. ² Guardaréis mis sábados, y respetaréis mi santuario. Yo, Yahvé.

Bendiciones*.

³ «Si camináis según mis preceptos y guardáis mis mandamientos, poniéndolos en práctica, ⁴ yo os enviaré las lluvias a su tiempo, para que la tierra dé sus frutos y el árbol del campo su fruto. ⁵ El tiempo de trilla alcanzará hasta la vendimia, y la vendimia hasta la siembra; comeréis vuestro pan hasta saciaros y habitaréis seguros en vuestra tierra.

⁶ «Yo daré paz a la tierra y dormiréis sin que nadie perturbe vuestro sueño; haré desaparecer del país las bestias feroces, y la espada no traspasará vuestras fronteras. ⁷ Perseguiréis a vuestros enemigos, que caerán ante vosotros a filo de espada. ⁸ Cinco de vosotros perseguirán a cien, y cien de vosotros perseguirán a diez mil; vuestros enemigos caerán ante vosotros a filo de espada.

⁹ «Yo me volveré hacia vosotros. Os haré fecundos, os multiplicaré y mantendré mi alianza con vosotros. ¹⁰ Comeréis de la cosecha añeja y tendréis que tirar la añeja para dar cabida a la nueva. ¹¹ Estableceré mi morada en medio de vosotros y no os rechazaré. ¹² Me pasearé en medio de vosotros, y seré vuestro Dios, y vosotros seréis mi pueblo. ³ Yo soy Yahvé, vuestro Dios, que os saqué del país de Egipto, para que no fueseis sus esclavos; rompí las coyundas de vuestro yugo y os hice andar con la cabeza bien alta.

Maldiciones.

¹⁴ «Pero, si no me escucháis y no cumplís todos estos mandamientos; ¹⁵ si despreciáis mis preceptos y rechazáis mis normas, no haciendo caso de todos mis mandamientos y rompiendo mi alianza, ¹⁶ también yo haré lo mismo con vosotros. Traeré sobre vosotros el terror, la tisis y la fiebre, que os abrasen los ojos y os consuman la vida. Sembraréis en vano vuestra semilla, pues el fruto se lo comerán vuestros enemigos. ¹⁷ Me volveré contra vosotros y seréis derrotados ante vuestros enemigos; os tiranizarán los que os aborrecen y huiréis sin que nadie os persiga.

Ne 5 8

22 33+

Ez 8 12

17 1+
=19 30
Jr 17 19-27
Ez 20 12-13

Dt 28 1-14

Dt 11 13-14

Ez 34 26-27
Is 1 19

Am 9 13

Dt 28 7

25 21-22

Dt 4 7+
Ez 48 35
Jn 1 14+
Ez 36 28;
37 27
2 Co 6 16
Ap 21 3

Ex 6 7
Lv 22 33+

Dt 28 15-68
Am 4 6-12

---

25 46 Esta legislación admite, en las relaciones entre israelitas y no israelitas, el estatuto ordinario del esclavo en la antigüedad. Pero dentro de Israel se impone en nombre de la alianza divina otro estatuto. El NT dará entrada a los demás pueblos en esta alianza.
26 3 Lo mismo que el Código Deuteronómico, Dt **28**,

la Ley de Santidad concluye con bendiciones y maldiciones. Pero las diferencias de vocabulario y de contenido indican que no hay entre los dos textos contactos literarios. Los tratados de alianza del Antiguo Oriente terminaban también con bendiciones y maldiciones.

¹⁸ «Si ni con eso me obedecéis, volveré a castigaros siete veces más por vuestros pecados. ¹⁹ Quebrantaré vuestro orgullo y vuestra fuerza y haré vuestro cielo como hierro y vuestra tierra como bronce. ²⁰ Vuestras fuerzas se consumirán en vano, pues vuestra tierra no dará sus productos y el árbol del campo os negará sus frutos.

²¹ «Y si seguís enfrentándoos a mí y no queréis oírme, volveré a castigaros siete veces más a causa de vuestros pecados. ²² Soltaré contra vosotros las fieras salvajes, que os privarán de vuestros hijos, exterminarán vuestro ganado y os reducirán a unos pocos, hasta que vuestros caminos queden desiertos.

²³ «Si ni con eso os corregís, sino que seguís enfrentándoos a mí, ²⁴ también yo me enfrentaré a vosotros, y os azotaré yo mismo siete veces más por vuestros pecados. ²⁵ Traeré sobre vosotros la espada que vengará la alianza. Os refugiaréis entonces en vuestras ciudades, pero yo enviaré contra vosotros la peste y seréis entregados en manos del enemigo. ²⁶ Cuando yo os retire el bastón del pan*, diez mujeres cocerán todo vuestro pan en un solo horno, y os lo darán tan racionado que comeréis y no os saciaréis.

²⁷ «Si ni con eso me obedecéis y seguís enfrentándoos a mí, ²⁸ yo me enfrentaré a vosotros con furia, y os castigaré yo mismo siete veces más por vuestros pecados. ²⁹ Comeréis la carne de vuestros hijos y la carne de vuestras hijas comeréis. ³⁰ Destruiré vuestros altos, demoleré vuestros altares de incienso, amontonaré vuestros cadáveres sobre los cadáveres de vuestros ídolos, y yo mismo os aborreceré. ³¹ Reduciré vuestras ciudades a ruina y devastaré vuestros santuarios*, no aspiraré ya más vuestros calmantes aromas. ³² Asolaré la tierra, y de ello quedarán horrorizados vuestros mismos enemigos al venir a ocuparla. ³³ A vosotros os esparciré entre las naciones y os perseguiré con la espada desenvainada. Vuestra tierra será un yermo y vuestras ciudades una ruina.

³⁴ «Entonces pagará la tierra sus sábados, durante todos los días en que esté desolada mientras vosotros estéis en el país de vuestros enemigos; entonces sí que descansará la tierra y pagará sus sábados. ³⁵ Durante todo el tiempo de la desolación descansará, por lo que no pudo descansar en vuestros sábados cuando habitabais en ella. ³⁶ A los que quedaren de vosotros les infundiré pánico en sus corazones, en el país de sus enemigos; el susurro de una hoja caída los ahuyentará, huirán como quien huye de la espada, y caerán sin que nadie los persiga. ³⁷ Se atropellarán unos a otros, como quien huye de la espada, aunque nadie los persiga. No podréis manteneros delante de vuestros enemigos. ³⁸ Pereceréis entre las naciones y os tragará la tierra de vuestros enemigos. ³⁹ Y quienes de vosotros sobrevivan, se pudrirán a causa de su iniquidad en las tierras de vuestros enemigos; por las iniquidades de sus padres unidas a las suyas, se pudrirán. ⁴⁰ Entonces confesarán su iniquidad y la iniquidad de sus padres, cómo se rebelaron contra mí y cómo se enfrentaron conmigo.

⁴¹ «También yo me enfrentaré con ellos y los llevaré al país de sus enemigos. Entonces se humillará su corazón incircunciso y expiarán su iniquidad. ⁴² Y yo me acordaré de mi alianza con Jacob y de mi alianza con Isaac; y recordaré mi alianza con Abrahán; y me acordaré de la tierra.

⁴³ «Pero la tierra será antes abandonada por ellos y pagará sus sábados, mientras quede desolada durante su ausencia*; y ellos también pagarán el castigo de su iniquidad, por cuanto desecharon mis normas y su alma desdeñó mis preceptos. ⁴⁴ Pero incluso cuando estén ellos en tierra enemiga, no los desecharé ni los aborreceré hasta exterminarlos y romper mi alianza con ellos, porque yo soy Yahvé, su Dios; ⁴⁵ me acordaré, en su favor, de la alianza que hice con sus padres, a quienes saqué de la tierra de Egipto, ante los ojos de las naciones, para ser su Dios. Yo, Yahvé.»

⁴⁶ Éstos son los preceptos, normas y leyes que Yahvé estableció entre él y los israelitas en el monte Sinaí, por medio de Moisés.

Jr 14 1-9;
3 3;
5 24s

Dt 11 17

Ez 14 15

Lm 1 4

Ez 21

Sal 105 16
Ez 4 16

Ez 5 10
Lm 2 20;
4 10
Ez 6 1-7

Jr 22 5
Lm 2 5

2 Cro 36 21

Ez 21 12

Ez 4 17

Ez 16 60s;
20 9.13.
16.24
Jr 4 4+
Ez 20 23

Dt 4 29-31

Lm 3 21s.
31s; 5 21s

22 33+

---

26 26 Lit. «os rompa el bastón del pan». Sobre esta imagen del hambre, ver Sal 105 16.

26 31 Muchos mss dicen «santuario» en singular.
26 43 0: «a causa de ellos».

Apéndice

ARANCELES Y TASACIONES*

A. Personas.

27¹ Yahvé dijo a Moisés: ² Di a los israelitas: Si alguien quiere cumplir ante Yahvé un voto relativo a una persona, la estimación de su valor será la siguiente:* ³ si se trata de un varón entre veinte y sesenta años, se estimará su valor en cincuenta siclos de plata, en siclos del santuario. ⁴ Mas si se trata de una mujer, el valor será de treinta siclos. ⁵ Entre los cinco y los veinte años el valor será: si es chico, veinte siclos; si es chica, diez siclos. ⁶ Entre un mes y cinco años, el valor será: para un niño, cinco siclos de plata; para una niña, tres siclos de plata. ⁷ De sesenta años en adelante el valor será: para un varón, quince siclos; para una mujer, diez siclos.

5 7.11 ⁸ «Si uno es tan pobre que no puede pagar esta valoración, presentará la persona al sacerdote, el cual estimará su valor; el sacerdote la evaluará en proporción a los recursos del oferente.

B. Animales.

⁹ «Si se trata de un animal de los que se pueden ofrecer a Yahvé, todo lo que se entregue así a Yahvé es cosa sagrada. ¹⁰ No se podrá cambiar ni sustituir ni bueno por malo, ni malo por bueno; y si se sustituye un animal por otro, tanto el permutado como su sustituto serán cosa sagrada. ¹¹ Mas si se trata de un animal impuro, de los que no se pueden ofrecer a Yahvé, se presentará el animal al sacerdote, ¹² el cual lo tasará según que sea bueno o malo; y se estará a su tasación. ¹³ Si uno quiere rescatarlo, añadirá un quinto más a su valor estimado.

C. Casas.

¹⁴ «Si alguno consagra su casa, como cosa sagrada de Yahvé, el sacerdote la tasará, según que sea buena o mala. Habrá que estar a la tasación del sacerdote. ¹⁵ Si el que consagró la casa desea rescatarla, añadirá la quinta parte al precio de su tasación, y será suya.

D. Campos.

¹⁶ «Si uno consagra parte de un campo de su patrimonio a Yahvé, será estimado según su sembradura a razón de cincuenta siclos de plata por cada carga de cebada de sembradura. ¹⁷ Si consagró su campo durante el año del jubileo, se atendrá a esta tasación. ¹⁸ Pero si consagra su campo después del año jubilar, el sacerdote calculará su precio según los años que quedan hasta el año del jubileo; con el consiguiente descuento en la tasación. ¹⁹ Si el que consagró el campo desea rescatarlo, añadirá la quinta parte al precio de la tasación, y será suyo. ²⁰ Pero si no rescata el campo, y éste es vendido a un tercero, el campo no podrá ser ya rescatado. ²¹ Ese campo, cuando quede libre en el año jubilar*, 27 28+
será consagrado a Yahvé, como si fuera campo en entredicho, y será propiedad del sacerdote.

²² «Si alguno consagra a Yahvé un campo que compró y que no formaba parte de su patrimonio, ²³ el sacerdote calculará su valor según los años hasta el año del jubileo; y él pagará ese mismo día la suma de la tasación como cosa sagrada de Yahvé. ²⁴ El año del jubileo volverá el campo a aquél que lo había vendido, a aquél a quien pertenecía como patrimonio.

²⁵ Toda tasación se hará en siclos del santuario; veinte óbolos equivalen a un Ex 30 15+
siclo.

Normas particulares para el rescate:

a) de los primogénitos.

²⁶ «Nadie podrá consagrar los primogénitos de su ganado, que ya, por ser tales, pertenecen a Yahvé. Sean de ganado Ex 13 11+
mayor o menor, pertenecen a Yahvé. ²⁷ Si se trata de un animal impuro, y lo quiere rescatar según la tasación, añadirá un quinto a su precio; pero si no es rescatado, será vendido, conforme a la tasación.

---

27 Este cap. es una añadidura. Enumera las reglas para el cumplimiento de los votos, 7 16; 22 21; Nm 30 3-16; Dt 12 6-12; 23 19.22-24. Es un reglamento del Templo postexílico que pudo existir aparte y que fue atribuido a la legislación dada en el Sinaí, vv. 1-2ª y 34. El voto imponía originariamente una obligación grave, pero se relajó y, finalmente, se admitió que fuera conmutado por un pago de dinero, salvo el anatema, vv. 28-29.
27 2 Se podía consagrar una persona, ver Jc 11 30-40; 13 3s; 1 S 1 11.
27 21 Esta referencia al jubileo y la del v. 23 dependen del cap. 25.

b)   del anatema*.

²⁸ «Nada de lo que a uno pertenece, hombre, animal o campo de su propiedad, que haya sido consagrado a Yahvé con anatema podrá ser vendido ni rescatado. Todo anatema es cosa sacratísima y pertenece a Yahvé. ²⁹ Ningún ser humano consagrado como anatema podrá ser rescatado; debe morir.

Dt 14 22+

c)   de los diezmos.

³⁰ «El diezmo entero de la tierra, tanto de las semillas de la tierra como de los frutos de los árboles, es de Yahvé; es cosa sagrada que pertenece a Yahvé. ³¹ Si alguno quiere rescatar parte de su diezmo, añadirá un quinto de su valor. ³² Todo diezmo de ganado mayor o menor, es decir, una de cada diez cabezas que pasan bajo el cayado, será cosa sagrada de Yahvé. ³³ No se escogerá entre animal bueno o malo, ni se le podrá sustituir; y si se hace cambio, tanto el animal permutado como su sustituto serán cosas sagradas; no podrán ser rescatados.»

Ml 1 8

³⁴ Éstos son los mandamientos que Yahvé encomendó a Moisés para los hijos de Israel en el monte Sinaí.

26 46

---

27 28 Por extensión de un término de la guerra santa, Jos 6 17+, se declara «anatema» lo que se consagra de un modo absoluto a Dios; su usufructo pertenece a los sacerdotes, según Lv 27 21; Nm 18 14; Ez 44 29. Asimismo es «anatema» lo que Dios prohíbe, Dt 7 26.

NÚMEROS

I. El Censo*

26
2 S 24

1 ¹ Yahvé habló a Moisés en el desierto del Sinaí, en la Tienda del Encuentro, el día primero del mes segundo*, el año segundo de la salida de Egipto. Le dijo: ² «Haced el censo de toda la comunidad de los israelitas, por clanes y por familias, contando los nombres de todos los varones, uno por uno. ³ Alistaréis, tú y Aarón, a todos los de veinte años para arriba, a todos los útiles para la guerra, por cuerpos de ejército. ⁴ Os ayudará un hombre por cada tribu, que sea jefe dentro de su familia.

10 13-28

Los encargados del censo.

⁵ Éstos son los nombres de los que os ayudarán:

2 10; 7 30;
10 18

Por Rubén, Elisur, hijo de Sedeur.
⁶ Por Simeón, Salumiel, hijo de Surisaday.

2 3
Rt 4 20
Mt 1 4
Lc 3 32-33

⁷ Por Judá, Najsón, hijo de Aminadab.
⁸ Por Isacar, Natanael, hijo de Suar.
⁹ Por Zabulón, Eliab, hijo de Jelón.
¹⁰ Por los hijos de José: por Efraín, Elisamá, hijo de Amiud; por Manasés, Gamaliel, hijo de Pedasur.
¹¹ Por Benjamín, Abidán, hijo de Guideoní.
¹² Por Dan, Ajiezer, hijo de Amisaday.
¹³ Por Aser, Paguiel, hijo de Ocrán.

2 14; 7 42

¹⁴ Por Gad, Eliasaf, hijo de Reuel.
¹⁵ Por Neftalí, Ajirá, hijo de Enán».
¹⁶ Éstos fueron los nombrados por la comunidad, príncipes de las tribus patriarcales, jefes de millar* en Israel.

Ex 18 21.25

¹⁷ Moisés y Aarón tomaron a aquellos hombres que habían sido designados por sus nombres, ¹⁸ y convocaron a toda la comunidad, el día primero del mes segundo. La gente fue registrada por clanes y familias*, anotando uno por uno los nombres de los de veinte años para arriba. ¹⁹ Tal como Yahvé se lo había mandado, los censó Moisés en el desierto del Sinaí.

El recuento.

Ap 7 4-8

²⁰ Hecho el recuento de las parentelas de los hijos de Rubén, primogénito de Israel, por clanes y familias, anotados uno por uno los nombres de todos los varones de veinte años para arriba, útiles para la guerra, ²¹ resultaron los censados de la tribu de Rubén 46.500.
²² Parentelas de los hijos de Simeón, por clanes y familias, anotados uno por uno los nombres de todos los varones de veinte años para arriba, útiles para la guerra: ²³ 59.300 censados de la tribu de Simeón.
²⁴ Parentelas de los hijos de Gad, por clanes y familias, anotados uno por uno los nombres de todos los varones de veinte años para arriba, útiles para la guerra: ²⁵ 45.650 censados de la tribu de Gad.
²⁶ Parentelas de los hijos de Judá, por clanes y familias, anotados uno por uno los nombres de todos los varones de veinte años para arriba, útiles para la guerra: ²⁷ 74.600 censados de la tribu de Judá.
²⁸ Parentelas de los hijos de Isacar, por clanes y familias, anotados uno por uno los nombres de todos los varones de veinte años para arriba, útiles para la guerra: ²⁹ 54.400 censados de la tribu de Isacar.
³⁰ Parentelas de los hijos de Zabulón, por clanes y familias, anotados uno por uno los nombres de todos los varones de veinte años para arriba, útiles para la guerra: ³¹ 57.400 censados de la tribu de Zabulón.
³² De los hijos de José: Parentelas de los hijos de Efraín, por clanes y familias, anotados uno por uno los nombres de todos los varones de veinte años para arriba, útiles para la guerra: ³³ 40.500 censados de la tribu de Efraín.
³⁴ Parentelas de los hijos de Manasés, por clanes y familias, anotados uno por uno los nombres de todos los varones de veinte años para arriba, útiles para la

---

1   La sección 1-4, de redacción sacerdotal, muestra a Israel como una comunidad santa, definida y ordenada. Por su puesto en el campamento, por sus funciones y por su mismo número (interpretado en relación con el rescate de los primogénitos), los levitas son el alma de la comunidad. El mismo censo es un acto religioso, ver 2 S 24. Las cifras difieren en ocasiones según los mss y las versiones.
1 1   Un mes, por tanto, después de la erección de la

Morada, Ex 40 17.
1 16   «millar» es una designación antigua que equivale a «clan», 1 S 10 19.21, pero subraya su carácter militar.
1 18   Punto esencial en la antigua Alianza, en que la elección estaba condicionada a la pertenencia a la raza de Abrahán. De ahí las genealogías de 1 Cro 1-9. Ver también Ne 7 4.5.61.

guerra: [35] 32.200 censados de la tribu de Manasés.

[36] Parentelas de los hijos de Benjamín, por clanes y familias, anotados uno por uno los nombres de todos los varones de veinte años para arriba, útiles para la guerra: [37] 35.400 censados de la tribu de Benjamín.

[38] Parentelas de los hijos de Dan, por clanes y familias, anotados uno por uno los nombres de todos los varones de veinte años para arriba, útiles para la guerra: [39] 62.700 censados de la tribu de Dan.

[40] Parentelas de los hijos de Aser, por clanes y familias, anotados uno por uno los nombres de todos los varones de veinte años para arriba, útiles para la guerra: [41] 41.500 censados de la tribu de Aser.

[42] Parentelas de los hijos de Neftalí, por clanes y familias, anotados uno por uno los nombres de todos los varones de veinte años para arriba, útiles para la guerra: [43] 53.400 censados de la tribu de Neftalí.

[44] Éstos fueron los censados por Moisés y Aarón y por los doce príncipes de Israel, que pertenecían cada uno a una casa patriarcal. [45] Sacado el total de los israelitas de veinte años para arriba, de todos los que había en Israel, útiles para la guerra, censados por sus casas paternas, [46] resultó el total de censados: 603.550*.

[47] Pero los levitas, y su tribu patriarcal, no fueron censados con los demás.

Estatuto de los levitas.

[48] Yahvé le dijo a Moisés: [49] «No hagas el censo de la tribu de Leví ni los registres entre los demás israelitas. [50] Alista tú mismo a los levitas para el servicio de la Morada del Testimonio, de todos sus utensilios y de todo lo que se relaciona con ella. Ellos han de llevar la Morada con todos sus utensilios, estarán al servicio de ella y acamparán en torno a ella. [51] Cuando haya de trasladarse la Morada, la desmontarán los levitas, y cuando la Morada se detenga, los levitas la montarán. El laico que se acerque, será muerto. [52] Los israelitas acamparán cada uno en su campamento y bajo su bandera, por cuerpos de ejército. [53] Pero los levitas acamparán alrededor de la Morada del Testimonio; y así no se desatará la Cólera* contra la comunidad de los is-

raelitas. Los levitas se encargarán del ministerio de la Morada del Testimonio.»

[54] Los israelitas lo hicieron tal como se lo había mandado Yahvé a Moisés. Así lo hicieron.

Disposición de las tribus en los campamentos.

10 11-28

2 [1] Habló Yahvé a Moisés y a Aarón en estos términos: [2] «Los israelitas acamparán cada uno bajo su bandera, bajo las enseñas de sus casas patriarcales, alrededor de la Tienda del Encuentro, a cierta distancia.

[3] Acamparán al este, hacia la salida del sol: La bandera del campamento de Judá, por cuerpos de ejército. Príncipe de los hijos de Judá, Najsón, hijo de Aminadab. [4] Su cuerpo de ejército, según el censo: 74.600.

[5] Acampados junto a él: La tribu de Isacar. Príncipe de los hijos de Isacar, Natanael, hijo de Suar. [6] Su cuerpo de ejército, según el censo: 54.400. [7] La tribu de Zabulón. Príncipe de los hijos de Zabulón, Eliab, hijo de Jelón. [8] Su cuerpo de ejército, según el censo: 57.400. [9] Total de alistados en el campamento de Judá: 186.400, repartidos en cuerpos de ejército. Marcharán en vanguardia.

[10] Al sur, la bandera del campamento de Rubén, por cuerpos de ejército. Príncipe de los hijos de Rubén, Elisur, hijo de Sedeur. [11] Su cuerpo de ejército, según el censo: 46.500.

[12] Acampan junto a él: La tribu de Simeón. Príncipe de los hijos de Simeón, Salumiel, hijo de Surisaday. [13] Su cuerpo de ejército, según el censo: 59.300. [14] La tribu de Gad. Príncipe de los hijos de Gad, Eliasaf, hijo de Reuel. [15] Su cuerpo de ejército, según el censo: 45.650. [16] Total de alistados en el campamento de Rubén: 151.450, repartidos en cuerpos de ejército. Marcharán en segundo lugar.

[17] Partirá entonces la Tienda del Encuentro, pues el campamento de los levitas está en medio de los demás campamentos. En el orden en que acamparon partirán, cada uno por su lado, bajo su propia bandera.

[18] Al occidente, la bandera del campamento de Efraín, por cuerpos de ejército. Príncipe de los hijos de Efraín, Elisamá,

2 32; 11 21; 26 51
Ex 12 37; 38 26

2 33

Ex 25-28

3 6-8
Ez 48 8-14

Ex 40 36-38
Nm 9 15-23

Ex 19 12+
Nm 3 10.38

---

1 46   Habían salido seiscientos mil de Egipto. Ambas cifras deben interpretarse de la misma forma, ver Ex 12 37+.
1 53   Se trata de castigos divinos, ver Lv 10 1-3; Dt 29

23-27, vinculados aquí inmediatamente a la presencia de Dios que habita en la Morada y a quien ofendería la falta de respeto del pueblo.

hijo de Amiud. [19] Su cuerpo de ejército, según el censo: 40.500.

[20] Junto a él: La tribu de Manasés. Príncipe de los hijos de Manasés, Gamaliel, hijo de Pedasur. [21] Su cuerpo de ejército, según el censo: 32.200. [22] La tribu de Benjamín. Príncipe de los hijos de Benjamín, Abidán, hijo de Guideoní. [23] Su cuerpo de ejército, según el censo: 35.400. [24] Total de alistados en el campamento de Efraín: 108.100, repartidos en cuerpos de ejército. Marcharán en tercer lugar.

[25] Al norte, la bandera del campamento de Dan, por cuerpos de ejército. Príncipe de los hijos de Dan, Ajiezer, hijo de Amisaday. [26] Su cuerpo de ejército, según el censo: 62.700.

[27] Acampan junto a él: La tribu de Aser. Príncipe de los hijos de Aser, Paguiel, hijo de Ocrán. [28] Su cuerpo de ejército, según el censo: 41.500. [29] La tribu de Neftalí. Príncipe de los hijos de Neftalí, Ajirá, hijo de Enán. [30] Su cuerpo de ejército, según el censo: 53.400. [31] Total de alistados del campamento de Dan: 157.600. Marcharán en retaguardia, repartidos en banderas.»

[32] Éstos fueron los israelitas censados por casas paternas. Total de alistados en los campamentos, repartidos en cuerpos
1 46+ de ejército, 603.550. [33] Pero los levitas no
fueron alistados entre los demás israelitas, según había mandado Yahvé a Moisés.

[34] Los israelitas hicieron todo tal como Yahvé había mandado a Moisés: así acampaban bajo sus banderas y así emprendían la marcha, cada uno entre los demás de su clan y con su familia.

La tribu de Leví:
A. Los sacerdotes.

26 59-61 **3** [1] Ésta era la descendencia de Aarón y
de Moisés, cuando Yahvé habló a Moisés en el monte Sinaí.

Ex 6 23 [2] Éstos eran los nombres de los hijos
de Aarón: Nadab, el primogénito; Abihú, Eleazar e Itamar*. [3] Éstos eran los nom-
Ex 29 bres de los hijos de Aarón, que fueron
Lv 8-9
ungidos sacerdotes, y cuyas manos fueron consagradas para ejercer el sacerdocio. [4] Nadab y Abihú murieron delante Ex 30 22+
de Yahvé, al presentar un fuego profano
delante de Yahvé en el desierto del Sinaí. Lv 10 1-7
Como no tenían hijos, fueron Eleazar e Itamar los que ejercieron el sacerdocio en presencia de su padre Aarón.

B. Los levitas. Sus funciones.

[5] Yahvé habló a Moisés: [6] «Manda que se acerque la tribu de Leví y ponlos delante del sacerdote Aarón para que estén a su servicio. [7] Harán su propia guardia y la guardia que corresponde a toda la comunidad ante la Tienda del Encuentro, prestando el servicio en la Morada. [8] Cuidarán de todos los utensilios de la Tienda del Encuentro, y harán la guardia que incumbe a los israelitas prestando servicio en la Morada. [9] Los levitas se los donarás a Aarón y a sus hijos en calidad
de donados*. De parte de todos los israe- 8 14-19
litas, ellos le serán donados*. Esd 2 43+

[10] A Aarón y a sus hijos los alistarás para que se encarguen de sus funciones
sacerdotales. El laico que se acerque, 1 51
será muerto.»

C. Su elección*.

[11] Yahvé habló a Moisés: [12] «Mira que he elegido a los levitas de entre los demás israelitas en lugar de todos los primogénitos de los israelitas que abren el
seno materno. Los levitas serán para mí, Ex 13 11+
[13] porque todo primogénito me pertenece. El día en que herí a todos los primogénitos de Egipto, consagré para mí a todos los primogénitos de Israel, tanto de hombre como de ganado. Son míos. Yo, Yahvé.»

D. Censo. 26 57-62

[14] Habló Yahvé a Moisés en el desierto del Sinaí. Le dijo:

[15] «Alista a los hijos de Leví por familias y por clanes: alistarás a todo varón de un mes para arriba.» [16] Moisés los alistó según la orden de Yahvé, tal como

3 2 A Eleazar se vinculan Sadoc y los sacerdotes del templo de Jerusalén, 1 Cro **5** 30s; **18** 16; ver 2 S **8** 17. De Itamar, por Ajimélec, descendía Abiatar, el otro sacerdote de los tiempos de David, 1 Cro **24** 3s; ver 2 S **20** 25.

3 9 (a) Los «donados» serán criados inferiores del Templo postexílico, Esd **2** 43+.

3 9 (b) Griego, sam. y 12 mss hebr. dicen: «me serán donados».

3 11 Los levitas pertenecen a Yahvé, como los primogénitos a quienes sustituyen, Ex **13** 11+. Su estatuto esboza en una forma primitiva el ideal de consagración que florecerá en el Cristianismo con el sacerdocio y la institución monástica. Como en Ex **13** 14, esta institución se vincula a la décima plaga de Egipto (Ex **11** 4s; **12** 29s), y la elección de los levitas se toma como una sustitución de los primogénitos israelitas salvados, ver **8** 12.

Gn **46** 11
Ex **6** 16-19

Yahvé se lo había mandado. ¹⁷ Los nombres de los hijos de Leví son: Guersón, Queat y Merarí.

¹⁸ Los nombres de los hijos de Guersón, por clanes, son: Libní y Semeí. ¹⁹ Los hijos de Queat, por clanes: Amrán, Yisar, Hebrón y Uziel; ²⁰ los hijos de Merarí, por clanes: Majlí y Musí. Éstos son los clanes de Leví, repartidos por familias. ²¹ De Guersón procedían el clan libnita y el clan semeíta: ésos son los clanes guersonitas. ²² El total de los alistados, contando todos los varones de un mes para arriba: 7.500. ²³ Los clanes guersonitas acampaban detrás de la Morada, al poniente. ²⁴ El príncipe de la casa patriarcal de Guersón era Eliasaf, hijo de Lael. ²⁵ Los hijos de Guersón estaban encargados, en la Tienda del Encuentro, de la Morada, de la Tienda, de su toldo y del tapiz de entrada a la Tienda del Encuentro; ²⁶ del cortinaje del atrio y de la cortina de entrada al atrio que rodea la Morada y el altar, y de las cuerdas necesarias para todo su servicio.

Ex **26**-27

²⁷ De Queat procedían el clan amranita, el clan yisarita, el clan hebronita y el clan uzielita: ésos son los clanes queatitas. ²⁸ Contando todos los varones de un mes para arriba, eran 8.300. Tenían a su cargo el servicio del santuario. ²⁹ Los clanes queatitas acampaban al lado meridional de la Morada. ³⁰ El príncipe de la casa patriarcal de los clanes queatitas era Elisafán, hijo de Uziel. ³¹ A su cargo estaban el arca, la mesa, el candelabro, los altares, los objetos sagrados que se usan en el culto, el velo y todo su servicio.

Ex **25** 10-40;
27 1-8;
30 1-10

³² El príncipe de los príncipes de Leví era Eleazar, hijo del sacerdote Aarón. Ejercía la supervisión de todos los encargados del santuario.

³³ De Merarí, el clan majlita y el clan musita: ésos eran los clanes meraritas. ³⁴ Sus alistados, contando todos los varones de un mes para arriba, eran 6.200. ³⁵ El príncipe de la casa patriarcal de los clanes meraritas era Suriel, hijo de Abijail. Acampaban al lado septentrional de la Morada. ³⁶ A los hijos de Merarí les estaba encomendado el cuidado de los tableros de la Morada, de sus travesaños, *postes y basas, de todos sus utensilios* y todo su servicio; ³⁷ y de los postes que ro-

Ex **26** 15-30;
27 9-19

dean el atrio, de sus basas, clavazón y cuerdas.

³⁸ Acampaban al este, frente a la Morada, delante de la Tienda del Encuentro hacia oriente, Moisés y Aarón con sus hijos, que montaban la guardia en el santuario en nombre de los israelitas. Cualquier laico que se acercara, sería muerto.

1 51

³⁹ El total de levitas alistados, de los que registró Moisés por clanes, siguiendo la orden de Yahvé, de todos los varones de un mes para arriba: 22.000.

E. Los levitas y el rescate de los primogénitos.

⁴⁰ Dijo Yahvé a Moisés: «Registra a todos los primogénitos varones de los israelitas, de un mes para arriba, y anota sus nombres. ⁴¹ Luego, tomarás para mí, Yahvé, a los levitas, en lugar de todos los primogénitos de los israelitas; y el ganado de los levitas en lugar de todos los primogénitos del ganado de los israelitas.»

3 12-13
Ex **13** 11+

⁴² Moisés registró, según le había ordenado Yahvé, a todos los primogénitos de los israelitas. ⁴³ Y resultó ser el total de los primogénitos varones, contándolos desde la edad de un mes para arriba, según el censo, 22.273*.

⁴⁴ Dijo entonces Yahvé a Moisés: ⁴⁵ «Toma a los levitas en lugar de todos los primogénitos de los israelitas y el ganado de los levitas en lugar de su ganado; los levitas serán míos; yo Yahvé. ⁴⁶ Por el rescate de los 273 primogénitos de los israelitas que exceden del número de los levitas, ⁴⁷ tomarás cinco siclos por cabeza, siclos del santuario, a razón de veinte óbolos por siclo. ⁴⁸ La plata la entregarás a Aarón y a sus hijos, por el rescate de los que sobrepasan el número.»

Ex **13** 11+

Lv **5** 15+

⁴⁹ Moisés tomó la plata del rescate de los que pasaban del número de los rescatados por los levitas. ⁵⁰ Tomó la plata de los primogénitos de Israel: 1.365 siclos, siclos del santuario. ⁵¹ Y entregó Moisés la plata del rescate a Aarón y a sus hijos, según la orden de Yahvé, como había mandado Yahvé a Moisés.

Los clanes de los levitas.
A. Los queatitas.

4 ¹ Yahvé habló a Moisés y a Aarón: ² «Haz el censo de los hijos de Queat, hijos de Leví, por clanes y por familias,

---

3 43   Esta cifra representa el número de levitas, v. 39, más un resto que va a ser rescatado a precio de dinero,

ver Lv **27** 3-7, lo cual se hará regla común.

³ de entre treinta y cincuenta años, de todos los aptos para la milicia, que prestan el servicio de la Tienda del Encuentro.
⁴ Éste será el servicio de los hijos de Queat en la Tienda del Encuentro: lo sagrado entre lo sagrado.
⁵ Cuando se levante el campamento, irán Aarón y sus hijos, descolgarán el velo de protección y cubrirán con él el arca del Testimonio. ⁶ Pondrán sobre ella una cubierta de cuero fino y extenderán encima un paño todo de púrpura; luego le pondrán los varales. ⁷ Sobre la mesa de la presencia extenderán un paño de púrpura, y pondrán sobre ella las fuentes, copas, tazas y jarros de libación; el pan estará perpetuamente encima. ⁸ Extenderán sobre ella un paño carmesí que cubrirán con una cubierta de cuero fino, y después le pondrán los varales.
⁹ Tomarán un paño de púrpura y cubrirán el candelabro del alumbrado con sus lámparas, despabiladeras y ceniceros, y todos los vasos de aceite que se utilizan en el servicio del candelabro. ¹⁰ Lo pondrán con todos sus utensilios en una cubierta de cuero fino y lo colocarán sobre las angarillas.
¹¹ Sobre el altar de oro* extenderán un paño de púrpura, lo cubrirán con una cubierta de cuero fino, y le pondrán los varales.
¹² Tomarán todos los vasos que se emplean en el servicio del santuario, los pondrán sobre un paño de púrpura, los cubrirán con una cubierta de cuero fino y los colocarán sobre las angarillas.
¹³ Quitarán la grasa incinerada del altar* y extenderán sobre él un paño escarlata; ¹⁴ pondrán encima todos los utensilios que se emplean en el servicio del altar: los braseros, tenedores, badiles, acetres: todos los utensilios del altar; extenderán sobre él una cubierta de cuero fino y le pondrán los varales.
¹⁵ Después que Aarón y sus hijos hayan terminado de envolver las cosas sagradas con todos sus utensilios, al ponerse en marcha el campamento, llegarán los hijos de Queat para transportarlas; pero que no toquen lo sagrado, pues morirían. Este es el cargo de los hijos de Queat en la Tienda del Encuentro.
¹⁶ Eleazar, hijo del sacerdote Aarón, estará al cuidado del aceite del alumbrado, del incienso aromático, de la obla-

ción perpetua y del óleo de la unción; al cuidado de toda la Morada y de cuanto hay en ella: tanto el santuario como sus utensilios.»
¹⁷ Dijo Yahvé a Moisés y a Aarón: ¹⁸ «No separéis de los demás levitas la tribu de los clanes queatitas. ¹⁹ Haced con ellos de esta manera, para que vivan y no mueran al acercarse a las cosas sacratísimas: Aarón y sus hijos irán y asignarán a cada uno su servicio y la carga que han de trasportar. ²⁰ Y no entrarán, ni por un instante, a ver las cosas sagradas; de lo contrario morirían.»

B. Los guersonitas.

²¹ Yahvé dijo a Moisés: ²² «Haz también el censo de los hijos de Guersón, por familias y clanes. ²³ Alistarás de treinta años en adelante hasta los cincuenta, a todos los aptos para la milicia, para que presten el servicio de la Tienda del Encuentro.
²⁴ Éste será el servicio de los clanes guersonitas, su servicio y la carga que transportarán. ²⁵ Llevarán los tapices de la Morada, la Tienda del Encuentro, su toldo y el toldo de cueros finos que la cubre por encima y el tapiz de entrada a la Tienda del Encuentro; ²⁶ el cortinaje del atrio y la cortina de la entrada al atrio que rodea la Morada y el altar, con sus cuerdas y todos los utensilios de su servicio: todo lo que se necesita para ellos.
Prestarán su servicio; ²⁷ pero todo el servicio de los hijos de Guersón, todas sus funciones y cargas, las desempeñarán a las órdenes de Aarón y de sus hijos. Los vigilaréis en el ministerio de su cargo. ²⁸ Éste será el servicio de los clanes guersonitas en la Tienda del Encuentro. Lo desempeñarán a las órdenes de Itamar, hijo del sacerdote Aarón.

C. Los meraritas.

²⁹ Harás el censo de los hijos de Merarí, por clanes y familias. ³⁰ Los censarás desde los treinta años en adelante hasta los cincuenta, a todos los aptos para la milicia, para que presten el servicio de la Tienda del Encuentro. ³¹ Esto es lo que han de transportar y éste es todo su servicio en la Tienda del Encuentro: los tableros de la Morada, sus travesaños, postes y basas; ³² los postes que rodean el atrio con sus basas, cla-

Ex 26 31-37; 35 12; 39 34
2 S 6 7+

Ex 25 23+

Ex 30 1-6

2 S 6 7+
Lv 17 1+

Ex 27 20; 30 22-33.34-38

4 11 El altar del incienso.

4 13 El altar de los holocaustos.

vazón y cuerdas; todos sus utensilios y todo lo preciso para su servicio. Nominalmente señalaréis cada uno de los objetos con que han de cargar. [33] Ése es el servicio de los clanes meraritas. Para todo su servicio en la Tienda del Encuentro estarán a disposición de Itamar, hijo del sacerdote Aarón.»

Censo de los levitas.

[34] Moisés y Aarón y los príncipes de la comunidad hicieron el censo de los hijos de Queat, por clanes y familias, [35] de treinta años en adelante hasta los cincuenta, todos los aptos para la milicia, para que prestaran el servicio de la Tienda del Encuentro. [36] Los registrados de los diversos clanes fueron 2.750. [37] Ésos fueron los registrados de los clanes queatitas, todos los que habían de servir en la Tienda del Encuentro. Los alistaron Moisés y Aarón, según había ordenado Yahvé por medio de Moisés.

[38] Se hizo el censo de los hijos de Guersón, por clanes y familias, [39] de treinta años para arriba hasta los cincuenta, todos los aptos para la milicia, para que prestaran el servicio de la Tienda del En-

cuentro. [40] Los alistados de los diversos clanes y familias fueron 2.630. [41] Ésos fueron los registrados de los clanes de los hijos de Guersón, todos los que habían de servir en la Tienda del Encuentro. Los alistaron Moisés y Aarón según la orden de Yahvé.

[42] Se hizo el censo de los clanes de los hijos de Merarí, por clanes y familias, [43] de treinta años para arriba hasta los cincuenta, todos los aptos para la milicia, para que prestaran el servicio de la Tienda del Encuentro. [44] Los censados de los diversos clanes fueron 3.200. [45] Ésos fueron los censados de los clanes de los hijos de Merarí. Los alistaron Moisés y Aarón, según había ordenado Yahvé por medio de Moisés.

[46] El total de los levitas que Moisés, Aarón y los príncipes de Israel registraron por clanes y familias, [47] de treinta años en adelante hasta los cincuenta, todos los aptos para entrar al servicio y el transporte de la Tienda del Encuentro, [48] fue, según el censo, 8.580. [49] Se hizo su censo por orden de Yahvé transmitida por Moisés, asignando a cada uno su servicio y su carga: su censo se hizo tal como lo había ordenado Yahvé a Moisés.

II.   Leyes diversas*

Dt 23 10-15
Expulsión de los impuros.

Lv 13 45-46
Lv 15
Nm 19 11-16

1 Co 5 7-13
2 Co 6 16-18
Ap 21 27;
22 15

5 [1] Dijo Yahvé a Moisés: [2] «Manda a los israelitas que echen del campamento a todo leproso, al que padece flujo y a todo impuro por contacto de cadáver. [3] Los has de echar, sean hombre o mujer; fuera del campamento los echarás, para que no contaminen su campamento, donde yo habito en medio de ellos*.»

[4] Así lo hicieron los israelitas: los echaron fuera del campamento. Los israelitas lo hicieron tal como había dicho Yahvé a Moisés.

La restitución.

Lv 5 15-26
[5] Yahvé dijo a Moisés: [6] «Di a los israelitas: Si un hombre o una mujer comete cualquier pecado en perjuicio de otro,

ofendiendo a Yahvé, el tal será reo de delito. [7] Confesará el pecado cometido y restituirá la suma de que es deudor, más un quinto. Se la devolverá a aquél de quien se ha hecho deudor. [8] Y si el hombre no tiene pariente a quien se pueda restituir, la suma, que en tal caso se ha de restituir a Yahvé, será para el sacerdote; aparte del carnero expiatorio con que el sacerdote expiará por él. [9] Y toda ofrenda reservada de lo que los hijos de Israel consagran y presentan al sacerdote, será para éste. [10] Lo que cada uno consagra, es suyo; pero lo que se presenta al sacerdote, es para el sacerdote.»

La oblación de los celos*.

[11] Yahvé dijo a Moisés: [12] «Di a los israelitas: Cualquier hombre cuya mujer

---

5 Estas leyes, de redacción sacerdotal, son adiciones redactadas según el espíritu de la ley de pureza (Lv 11-16). Recuerdan las leyes complementarias incluidas en la ley de santidad, por ejemplo Lv 20 22-25.
5 3 La redacción sacerdotal imagina en medio del campamento la Tienda que las antiguas tradiciones si-

túan al exterior, ver Ex 33 7.
5 11 El juicio de Dios, u ordalía, se practicó en toda la antigüedad y hasta en la Edad Media, para obtener una decisión de justicia cuando no existían pruebas. Era conocida en todo el antiguo Oriente la ordalía judicial por las aguas del río en que era arrojado el acu-

se haya desviado y le haya engañado [13] (ha dormido con ella un hombre con relación carnal, a ocultas del marido; ella se ha manchado en secreto, no hay ningún testigo, no ha sido sorprendida); [14] si el marido es atacado de celos y recela de su mujer, la cual efectivamente se ha manchado; o bien le atacan los celos y se siente celoso de su mujer, aunque ella no se haya manchado; [15] ese hombre llevará a su mujer ante el sacerdote y presentará por ella la ofrenda correspondiente: una décima de medida de harina de cebada. No derramará aceite sobre la ofrenda, ni le pondrá incienso, pues es «oblación de celos», oblación conmemorativa para recordar una falta.

[16] «El sacerdote presentará a la mujer y la pondrá delante de Yahvé. [17] Echará luego agua corriente en un vaso de barro y, tomando polvo del pavimento de la Morada, lo esparcirá sobre el agua. [18] Pondrá el sacerdote a la mujer delante de Yahvé, le descubrirá la cabeza y pondrá en sus manos la oblación conmemorativa, o sea, la oblación de los celos. El sacerdote tendrá en sus manos las aguas de amargura y maldición.

[19] «Entonces el sacerdote conjurará a la mujer y le dirá: 'Si no ha dormido un hombre contigo, si no te has desviado ni manchado desde que estás bajo la potestad de tu marido, sé inmune a estas aguas de amargura y maldición. [20] Pero si, estando bajo la potestad de tu marido, te has desviado y te has manchado, durmiendo con un hombre distinto de tu marido...' [21] El sacerdote entonces proferirá sobre la mujer este juramento, y dirá el sacerdote a la mujer: '...Que Yahvé te ponga como maldición y execración en medio de tu pueblo, que haga languidecer tus caderas e infle tu vientre. [22] Que entren estas aguas de maldición en tus entrañas, para que inflen tu vientre y hagan languidecer tus caderas'. Y la mujer responderá: ¡Amén, amén!

[23] «Después el sacerdote escribirá en una hoja estas imprecaciones y las borrará con las aguas amargas. [24] Hará beber a la mujer las aguas amargas de mal-

dición, y entrarán en ella las aguas amargas de maldición.

[25] «El sacerdote tomará entonces de la mano de la mujer la oblación de los celos, balanceará la oblación delante de Yahvé y la presentará en el altar. [26] El sacerdote tomará de la oblación un puñado, el memorial, y lo quemará sobre el altar, y le hará beber a la mujer las aguas. [27] Cuando le haga beber de las aguas, si la mujer está manchada y de hecho ha engañado a su marido, cuando entren en ella las aguas amargas de maldición, se inflará su vientre, languidecerán sus caderas y será mujer de maldición en medio de su pueblo. [28] Pero si la mujer no se ha manchado, sino que es pura, estará exenta de toda culpa y tendrá hijos.

[29] «Éste es el rito de los celos, para cuando una mujer, después de estar bajo la potestad de su marido, se haya desviado y manchado; [30] o para cuando un hombre, atacado de celos, recele de su mujer: entonces pondrá a su mujer en presencia de Yahvé y el sacerdote realizará con ella todo este rito. [31] El marido estará exento de culpa, y la mujer cargará con la suya.»

El nazireato*.

6 [1] Dijo Yahvé a Moisés: [2] Di esto a los israelitas: «Si un hombre o una mujer se decide a hacer voto de nazireo, consagrándose a Yahvé, [3] se abstendrá de vino y de bebidas embriagantes. No beberá vinagre de vino ni de bebida embriagante; tampoco beberá zumo de uvas, ni comerá uvas, frescas o pasas. [4] En todo el tiempo de su nazireato no tomará nada de lo que se obtiene de la vid, desde el agraz hasta el orujo. [5] En todos los días de su voto de nazireato no pasará navaja por su cabeza: hasta cumplirse los días por los que se consagró a Yahvé, será sagrado y se dejará crecer la cabellera. [6] No se acercará, en todos los días de su nazireato, en honor de Yahvé, a ningún cadáver. [7] Ni por su padre, ni por su madre, ni por su hermano, ni por su hermana se manchará,

Marginal references (left): Lv 5 11 · Lv 2 2 · Rt 1 17+

Marginal references (right): Lv 5 12 · Lc 1 15 · Jc 13 5; 16 17 · Jr 35 2-6 · Am 2 12

---

sado, pero esta prueba de las aguas de maldición carece de analogía. Se trata seguramente de una vieja práctica a la que se sobrepone un ritual israelita: intervención del sacerdote, ofrenda, juramento, etc.
6 El *nazir*, el «consagrado» a Dios, se compromete, por el tiempo de su voto, a no cortarse el cabello, no beber bebidas fermentadas y no acercarse a un cadáver. La primera regla expresa su consagración a Dios, a cuya fuerza deja actuar en él (ver Gn 49 26; Dt 33 16, donde

se da a José el mismo título); la segunda significa su repudio de la vida fácil (comp. los recabitas, Jr 35 5-8); la tercera señala su pertenencia especial a Dios (comp. respecto de los sacerdotes Lv 21 1-2 y 10-11). Ver Am 2 11-12, y los ejemplos de este voto temporal en Hch 18 18; 21 23-26. Un niño podía ser consagrado por su madre (¿sin límite de tiempo?): Sansón, Jc 13 5-7.14; 16 17; Samuel, 1 S 1 11 (falta la abstinencia de vino); Juan Bautista, Lc 1 15 (falta la cabellera larga).

Lv 21 12
Hch 21
23-26

en el caso de que murieran, pues lleva sobre su cabeza el nazireato de su Dios. [8] Todos los días de su nazireato es un consagrado a Yahvé.

[9] Si alguien muere de repente junto a él y mancha así su cabellera de nazireo, se rapará la cabeza el día de su purificación, y el día séptimo se la rapará otra vez. [10] El día octavo llevará un par de tórtolas o un par de pichones al sacerdote, a la entrada de la Tienda del Encuentro. [11] El sacerdote ofrecerá uno en sacrificio por el pecado y el otro en holocausto; y expiará por aquel hombre la falta contraída a causa del muerto. Aquel día consagrará su cabeza: [12] se consagrará a Yahvé por todo el tiempo de su nazireato y ofrecerá un cordero de un año como sacrificio de reparación. Los días anteriores son nulos, por haberse manchado su cabellera.

Lv 14 21-31

[13] Éste es el rito del nazireo, para cuando se cumplan los días de su nazireato. Se le llevará hasta la entrada de la Tienda del Encuentro, [14] y presentará su ofrenda a Yahvé: un cordero de un año, sin defecto, como holocausto; una cordera de un año, sin defecto, como sacrificio por el pecado; un carnero sin defecto como sacrificio de comunión; [15] un canastillo de panes ázimos de flor de harina amasada con aceite y tortas sin levadura untadas en aceite, con sus correspondientes oblaciones y libaciones. [16] El sacerdote lo presentará todo delante de Yahvé y ofrecerá el sacrificio por el pecado y el holocausto del nazireo. [17] Ofrecerá a Yahvé con el carnero un sacrificio de comunión, junto con el canastillo de ázimos, y ofrecerá luego el sacerdote la correspondiente oblación y libación. [18] Entonces el nazireo se rapará su cabellera de nazireo, a la entrada de la Tienda del Encuentro; tomará la cabellera de su nazireato y la echará al fuego que arde debajo del sacrificio de comunión. [19] El sacerdote tomará un brazuelo, ya cocido, del carnero, un pan ázimo del canastillo y una torta sin levadura, y lo pondrá todo en manos del nazireo, una vez que se haya rapado su cabellera de nazireo. [20] El sacerdote presentará todo ello con el rito del balanceo delante de Yahvé. Es cosa santa, pertenece al sacerdote, además del pecho balanceado y de la pierna reservada. Luego el nazireo beberá vino.

Lv 7 34;
10 14

[21] Ésta es la ley del nazireo que, además de su nazireato, ha prometido una ofrenda a Yahvé (aparte de lo que sus posibilidades le permitan): cumplirá lo que prometió a tenor de su promesa, además de lo prescrito para su nazireato.»

La fórmula de bendición.

[22] Dijo Yahvé a Moisés: [23] Di esto a Aarón y a sus hijos: «Así habéis de bendecir a los israelitas. Les diréis:

Sal 121 7-8
Ex 23 20
Jn 17 11-12
Sal 4 7;
31 17
Sal 122 6s
Jn 14 27

[24] Que Yahvé te bendiga y te guarde;
[25] que ilumine Yahvé su rostro sobre ti y te sea propicio;
[26] que Yahvé te muestre su rostro y te conceda la paz.

Dt 28 10
Si 50 20-21

[27] Que invoquen así mi nombre sobre los israelitas y yo los bendeciré*.»

III.   Ofrenda de los Jefes y consagración de los levitas*

Ofrenda de las carretas.

Ex 40 17-33

7 [1] El día en que Moisés acabó de montar la Morada, la ungió y la consagró con todo su mobiliario, así como el altar con todos sus utensilios. Cuando la hubo

Ex 40 9-15

ungido y consagrado, [2] los príncipes de Israel, jefes de familias y príncipes de las tribus, que habían presidido el censo, hicieron una ofrenda.

1 4

[3] Pusieron su ofrenda delante de Yahvé: seis carretas cubiertas y doce bueyes: una carreta por cada dos príncipes y un buey por cada uno. Lo presentaron delante de la Morada. [4] Yahvé habló a Moisés y le dijo: [5] «Tómaselos y que presten servicio en la Tienda del Encuentro. Dáselos a los levitas, a cada uno según su servicio.» [6] Moisés recibió las carretas y los bueyes y se los dio a los levitas: [7] dos carretas y cuatro bueyes dio a los hijos de Guersón, según sus servicios; [8] cuatro carretas y ocho bueyes a los hijos de Merarí, según los servicios que desempeñaban a las órdenes de Itamar, hijo del sacerdote Aarón. [9] Pero a los hijos de Queat no les

4 24-28

4 29-33

4 2-15

---

6 27   Expresión semítica del favor divino. El nombre divino, tres veces invocado, asegura a Israel la presencia del Dios que protege.

7   Tras las leyes adicionales de los caps. 5-6, se reanuda el relato «sacerdotal» hasta 10 28.

dio, porque su carga sagrada la tenían que llevar al hombro.

Ofrenda de la Dedicación.

Ez 43 18-26 [10] Los príncipes hicieron la ofrenda de la dedicación del altar, el día en que fue ungido. Hicieron los príncipes su ofrenda delante del altar. [11] Y dijo Yahvé a Moisés: «Que ofrezca un príncipe cada día su ofrenda por la dedicación del altar.»

2 3 [12] El que ofreció su ofrenda el primer día fue Najsón, hijo de Aminadab, de la tribu de Judá. [13] Su ofrenda consistió en una fuente de plata de ciento treinta siclos de peso, un acetre de plata de setenta siclos, siclos del santuario, ambos llenos de flor de harina amasada con aceite, para la oblación; [14] una naveta de oro de diez siclos, llena de incienso; [15] un novillo, un carnero, un cordero de un año, para el holocausto; [16] un chivo para el sacrificio por el pecado; [17] y para el sacrificio de comunión, dos bueyes, cinco carneros, cinco machos cabríos y cinco corderos de un año. Ésa fue la ofrenda de Najsón, hijo de Aminadab.

[18] El segundo día ofreció su ofrenda Natanael, hijo de Suar, príncipe de Isacar. [19] Su ofrenda consistió en una fuente de plata de ciento treinta siclos de peso, un acetre de plata de setenta siclos, siclos del santuario, ambos llenos de flor de harina amasada con aceite, para la oblación; [20] una naveta de oro de diez siclos, llena de incienso; [21] un novillo, un carnero, un cordero de un año, para el holocausto; [22] un chivo para el sacrificio por el pecado; [23] y para el sacrificio de comunión, dos bueyes, cinco carneros, cinco machos cabríos y cinco corderos de un año. Ésa fue la ofrenda de Natanael, hijo de Suar.

2 7 [24] El tercer día, el príncipe de los hijos de Zabulón, Eliab, hijo de Jelón. [25] Su ofrenda consistió en una fuente de plata de ciento treinta siclos de peso, un acetre de plata de setenta siclos, siclos del santuario, ambos llenos de flor de harina amasada con aceite, para la oblación; [26] una naveta de oro de diez siclos, llena de incienso; [27] un novillo, un carnero, un cordero de un año, para el holocausto; [28] un chivo para el sacrificio por el pecado; [29] y para el sacrificio de comunión, dos bueyes, cinco carneros, cinco machos cabríos y cinco corderos de un año. Ésa fue la ofrenda de Eliab, hijo de Jelón.

2 10 [30] El día cuarto, el príncipe de los hijos de Rubén, Elisur, hijo de Sedeur. [31] Su ofrenda consistió en una fuente de plata de ciento treinta siclos de peso; un acetre de plata de setenta siclos, siclos del santuario, ambos llenos de flor de harina amasada con aceite, para la oblación; [32] una naveta de diez siclos de oro llena de incienso; [33] un novillo, un carnero, un cordero de un año, para el holocausto; [34] un chivo para el sacrificio por el pecado; [35] y para el sacrificio de comunión, dos bueyes, cinco carneros, cinco machos cabríos, cinco corderos de un año. Ésa fue la ofrenda de Elisur, hijo de Sedeur.

2 12 [36] El día quinto, el príncipe de los hijos de Simeón, Salumiel, hijo de Surisaday. [37] Su ofrenda consistió en una fuente de plata de ciento treinta siclos de peso, un acetre de plata de setenta siclos, siclos del santuario, ambos llenos de flor de harina amasada con aceite, para la oblación; [38] una naveta de oro de diez siclos, llena de incienso; [39] un novillo, un carnero, un cordero de un año, para el holocausto; [40] un chivo para el sacrificio por el pecado; [41] y para el sacrificio de comunión, dos bueyes, cinco carneros, cinco machos cabríos y cinco corderos de un año. Ésa fue la ofrenda de Salumiel, hijo de Surisaday.

2 14 [42] El día sexto, el príncipe de los hijos de Gad, Eliasaf, hijo de Reuel. [43] Su ofrenda consistió en una fuente de plata de ciento treinta siclos; un acetre de plata de setenta siclos, siclos del santuario, ambos llenos de flor de harina amasada con aceite, para la oblación; [44] una naveta de oro de diez siclos, llena de incienso; [45] un novillo, un carnero y un cordero de un año, para el holocausto; [46] un chivo para el sacrificio por el pecado; [47] y para el sacrificio de comunión, dos bueyes, cinco carneros, cinco machos cabríos y cinco corderos de un año. Ésa fue la ofrenda de Eliasaf, hijo de Reuel.

2 18 [48] El día séptimo, el príncipe de los hijos de Efraín, Elisamá, hijo de Amiud. [49] Su ofrenda consistió en una fuente de plata de ciento treinta siclos de peso, un acetre de plata de setenta siclos, siclos del santuario, ambos llenos de flor de harina amasada con aceite, para la oblación; [50] una naveta de oro de diez siclos, llena de incienso; [51] un novillo, un carnero, un cordero de un año, para el holocausto; [52] un chivo, para el sacrificio por el pecado; [53] y para el sacrificio de comunión, dos bueyes, cinco carneros, cinco machos cabríos y cinco corderos de un año. Ésa fue la ofrenda de Elisamá, hijo de Amiud.

⁵⁴ El día octavo, el príncipe de los hijos de Manasés, Gamaliel, hijo de Pedasur. ⁵⁵ Su ofrenda consistió en una fuente de plata de ciento treinta siclos de peso, un acetre de plata de setenta siclos, siclos del santuario, ambos llenos de flor de harina amasada con aceite, para la oblación; ⁵⁶ una naveta de oro de diez siclos, llena de incienso; ⁵⁷ un novillo, un carnero, un cordero de un año, para el holocausto; ⁵⁸ un chivo para el sacrificio por el pecado; ⁵⁹ y para el sacrificio de comunión, dos bueyes, cinco carneros, cinco machos cabríos y cinco corderos de un año. Ésa fue la ofrenda de Gamaliel, hijo de Pedasur.

⁶⁰ El día nono, el príncipe de los hijos de Benjamín, Abidán, hijo de Guideoní. ⁶¹ Su ofrenda consistió en una fuente de plata de ciento treinta siclos de peso, un acetre de plata de setenta siclos, siclos del santuario, ambos llenos de flor de harina amasada con aceite, para la oblación; ⁶² una naveta de oro de diez siclos, llena de incienso; ⁶³ un novillo, un carnero, un cordero de un año, para el holocausto; ⁶⁴ un chivo para el sacrificio por el pecado; ⁶⁵ y para el sacrificio de comunión, dos bueyes, cinco carneros, cinco machos cabríos y cinco corderos de un año. Ésa fue la ofrenda de Abidán, hijo de Guideoní.

⁶⁶ El día décimo, el príncipe de los hijos de Dan, Ajiezer, hijo de Amisaday. ⁶⁷ Su ofrenda consistió en una fuente de plata de ciento treinta siclos de peso, un acetre de plata de setenta siclos, siclos del santuario, ambos llenos de flor de harina amasada con aceite, para la oblación; ⁶⁸ una naveta de oro de diez siclos, llena de incienso; ⁶⁹ un novillo, un carnero, un cordero de un año, para el holocausto; ⁷⁰ un chivo para el sacrificio por el pecado; ⁷¹ y para el sacrificio de comunión, dos bueyes, cinco carneros, cinco machos cabríos y cinco corderos de un año. Ésa fue la ofrenda de Ajiezer, hijo de Amisaday.

⁷² El día undécimo, el príncipe de los hijos de Aser, Paguiel, hijo de Ocrán. ⁷³ Su ofrenda consistió en una fuente de plata de ciento treinta siclos de peso, un acetre de plata de setenta siclos, siclos del santuario, ambos llenos de flor de harina amasada con aceite, para la oblación;

⁷⁴ una naveta de oro de diez siclos, llena de incienso; ⁷⁵ un novillo, un carnero, un cordero de un año, para el holocausto; ⁷⁶ un chivo para el sacrificio por el pecado; ⁷⁷ y para el sacrificio de comunión, dos bueyes, cinco carneros, cinco machos cabríos y cinco corderos de un año. Ésa fue la ofrenda de Paguiel, hijo de Ocrán.

⁷⁸ El día duodécimo, el príncipe de los hijos de Neftalí, Ajirá, hijo de Enán. ⁷⁹ Su ofrenda consistió en una fuente de plata de ciento treinta siclos de peso, un acetre de plata de setenta siclos, en siclos del santuario, ambos llenos de flor de harina amasada con aceite, para la oblación; ⁸⁰ una naveta de oro de diez siclos, llena de incienso; ⁸¹ un novillo, un carnero, un cordero de un año, para el holocausto; ⁸² un chivo para el sacrificio por el pecado; ⁸³ y para el sacrificio de comunión, dos bueyes, cinco carneros, cinco machos cabríos y cinco corderos de un año. Ésa fue la ofrenda de Ajirá, hijo de Enán.

⁸⁴ Ésta fue la ofrenda de los príncipes de Israel en la dedicación del altar, el día en que fue ungido: doce fuentes de plata, doce acetres de plata y doce navetas de oro. ⁸⁵ Cada fuente era de ciento treinta siclos, y cada acetre de setenta. Los siclos de plata de estos objetos eran en total 2.400, siclos del santuario. ⁸⁶ Las navetas de oro eran doce, llenas de incienso. Cada naveta era de diez siclos, siclos del santuario. Los siclos de oro de las navetas eran en total ciento veinte.

⁸⁷ El total del ganado para el holocausto, doce novillos, doce carneros, doce corderos de un año, con sus oblaciones correspondientes; y doce chivos para el sacrificio por el pecado. ⁸⁸ El total del ganado para los sacrificios de comunión: veinticuatro novillos, sesenta carneros, sesenta machos cabríos y sesenta corderos de un año. Ésas fueron las ofrendas de la dedicación del altar, una vez que fue ungido.

⁸⁹ Cuando Moisés entraba en la Tienda del Encuentro para hablar con Él, oía la voz que le hablaba* de lo alto del propiciatorio que está sobre el arca del Testimonio, entre los dos querubines. Entonces hablaba con Él*.

Las lámparas del candelabro.

8 ¹ Yahvé dijo a Moisés: ² Dile a Aarón: «Cuando coloques las lámparas, las

---

2 20

2 22

2 25

2 27

2 29

Ex 33 9-11

Ex 25 17+

Ex 25 31-40
Lv 24 2-4

---

7 89 (a) «que le hablaba» *medabber* conj.; hebr. *mid-dabber* corrompido.
7 89 (b) Este v. no se vincula ni a lo que precede ni a

lo que sigue, y su sentido es incierto; puede entenderse el final: «hablaba (la voz) con él» o también: «y ella le dijo», suponiendo que se ha perdido la continuación.

siete lámparas habrán de alumbrar hacia la parte delantera del candelabro*.»[3] Así lo hizo Aarón: colocó las lámparas en la parte delantera del candelabro, tal como había mandado Yahvé a Moisés. [4] Este candelabro era de oro macizo; desde el pie hasta las flores era de oro macizo. Hizo el candelabro según el modelo que Yahvé había mostrado a Moisés.

Lv 8

Los levitas son ofrecidos a Yahvé.

[5] Dijo Yahvé a Moisés: [6] «Pon a los levitas aparte del resto de los israelitas y purifícalos. [7] Para esta purificación harás con ellos de la siguiente manera: los rociarás con agua lustral*; se rasurarán ellos todo el cuerpo, lavarán sus vestidos y así quedarán purificados. [8] Tomarán luego un novillo, con su correspondiente oblación de flor de harina amasada con aceite y tú tomarás otro novillo como sacrificio por el pecado. [9] Mandarás que se acerquen los levitas a la Tienda del Encuentro y convocarás a toda la comunidad de los israelitas. [10] Harás que se acerquen los levitas ante Yahvé, y los israelitas les impondrán las manos. [11] Entonces Aarón presentará a los levitas como ofrenda de balanceo delante de Yahvé, de parte de los israelitas. Así quedarán destinados al servicio de Yahvé. [12] Los levitas impondrán sus manos sobre la cabeza de los novillos y tú ofrecerás uno como sacrificio por el pecado y otro en holocausto a Yahvé para expiar por los levitas*. [13] Pondrás luego a los levitas delante de Aarón y de sus hijos y las presentarás como ofrenda de balanceo a Yahvé. [14] Así separarás a los levitas del resto de los israelitas para que me pertenezcan. [15] Después comenzarán los levitas a servir en la Tienda del Encuentro. Los purificarás y los presentarás como ofrenda balanceada, [16] porque son «do-

19 1-10
Lv 14 8-9
Ez 36 25

3 6-8

Lv 1 4
Ex 29 24+

3 12-13
Ex 13 11+

nados», donados a mí, de parte de los israelitas, en lugar de todos los que abren el seno materno, de todos los primogénitos; los he tomado para mí de entre los demás israelitas. [17] Porque míos son todos los primogénitos de los israelitas, igual de hombres que de ganados: los consagré para mí el día que herí a todos los primogénitos en Egipto. [18] Y tomé a los levitas para sustituir a todos los primogénitos de los israelitas. [19] Yo cedo los levitas, como «donados» de parte de los israelitas, a Aarón y a sus hijos, para que presten el servicio, en nombre de los israelitas, en la Tienda del Encuentro, y para expiar por los israelitas de manera que ningún israelita incurra en castigo por acercarse al Santuario.»

[20] Moisés y Aarón y toda la comunidad de los israelitas hicieron con los levitas conforme había mandado Yahvé a Moisés; así hicieron con ellos los israelitas. [21] Los levitas se purificaron y lavaron sus vestidos. Aarón los presentó como ofrenda de balanceo delante de Yahvé; y Aarón hizo expiación por ellos para purificarlos. [22] Después de lo cual entraron los levitas a prestar servicio en la Tienda del Encuentro en presencia de Aarón y de sus hijos. Según había mandado Yahvé a Moisés acerca de los levitas, así hicieron con ellos.

Tiempo de servicio.

[23] Dijo Yahvé a Moisés: [24] «Esto es lo referente a los levitas. El levita entrará al servicio de la Tienda del Encuentro de veinticinco años para arriba, [25] y desde los cincuenta años cesará en el servicio; no prestará servicio en adelante. [26] Ayudará a sus hermanos en el desempeño de su ministerio en la Tienda del Encuentro, pero no prestará servicio. Así harás con los levitas en lo tocante a sus funciones.»

Nm 4 3

IV. La Pascua y la partida

Ex 12 1+

Fecha de la Pascua*.

9 [1] Habló Yahvé a Moisés, en el desierto del Sinaí, el año segundo de la salida de Egipto, el mes primero, y le dijo: [2] «Que los israelitas celebren la Pascua a su tiempo. [3] La celebraréis el día catorce de este mes, entre dos luces, en el tiempo

Ex 12 6

---

8 2   La Vulg. dice aquí: «Manda, pues, que las lámparas miren hacia el norte, frente a la mesa de los panes de la proposición; deberán alumbrar hacia la parte a la que mira el candelabro.»
8 7   Lit. «agua de pecado», ver 19 1+.
8 12   Los levitas, equiparados a una ofrenda, v. 10, ver Lv 1 4, deben purificarse de toda mancha del mundo

profano. Nótese aquí, después de la primera sustitución de los primogénitos de Israel por los levitas, ver 3 12-13, otra nueva sustitución, la de los levitas por animales sacrificados.
9   9 1-14, también de tradición «sacerdotal», no pertenece al mismo esquema cronológico que 1 (cuyo relato arranca del segundo mes, 1 1). Esta sección aña-

debido. La celebraréis según todos sus preceptos y normas.»

[4] Moisés dijo a los israelitas que celebraran la Pascua. [5] Ellos la celebraron en el desierto del Sinaí, el primer mes, el día catorce del mes, entre dos luces. Según había mandado Yahvé a Moisés lo hicieron los israelitas.

Casos particulares.

5 2; 19 11

[6] Pero sucedió que algunos hombres estaban impuros por contacto con cadáver humano y no podían celebrar la Pascua aquel día. Se presentaron a Moisés y a Aarón el mismo día [7] y les dijeron: «Estamos impuros por contacto con cadáver humano. ¿Por qué hemos de quedar excluidos de presentar la ofrenda a Yahvé a su tiempo con los demás israelitas?» [8] Moisés les respondió: «Esperad, que voy a consultar lo que manda Yahvé acerca de vosotros.»

[9] Yahvé habló a Moisés en estos términos: [10] «Di a los israelitas: Si uno de vosotros o de vuestros descendientes se encuentra impuro por un cadáver, o está de viaje en tierra lejana, también cele-

2 Cro 30 2-3

brará la Pascua en honor de Yahvé. [11] La celebrarán el mes segundo, el día catorce, entre dos luces. La comerán con panes ázimos y hierbas amargas. [12] No dejarán nada para la mañana, ni le quebrantarán ningún hueso. Según todo el ritual de la Pascua la celebrarán. [13] Pero el que, encontrándose puro y no habiendo estado de viaje, deje de celebrar la Pascua, ese tal será extirpado de su pueblo. Ese hombre cargará con su pecado, por no haber presentado a su tiempo la ofrenda a Yahvé.

Ex 12 48+

[14] Y si un forastero reside entre vosotros, celebrará la Pascua en honor de Yahvé; la celebrará según los preceptos y normas de la Pascua. Uno mismo será el ritual para vosotros, tanto para el forastero como para el nativo del país.»

Ex 13 22+;
40 34-38

La Nube.

[15] El día en que se erigió la Morada, la Nube cubrió la Morada, sobre la Tienda del Testimonio. Por la tarde se quedaba sobre la Morada, con aspecto de fuego, hasta la mañana. [16] Así sucedía permanentemente: la Nube la cubría (de día) y por la noche tenía aspecto de fuego. [17] Cuando se levantaba la Nube de encima de la Tienda, los israelitas levantaban el campamento, y en el lugar en que se paraba la Nube, acampaban los israelitas. [18] A la orden de Yahvé partían los israelitas y a la orden de Yahvé acampaban. Quedaban acampados todos los días que la Nube estaba parada sobre la Morada. [19] Si se detenía la Nube muchos días sobre la Morada, los israelitas respetaban la disposición de Yahvé* y no partían. [20] En cambio, si la Nube estaba sobre la Morada pocos días, a la orden de Yahvé acampaban y a la orden de Yahvé partían. [21] Si la Nube estaba sobre la Morada sólo de la noche a la mañana, y por la mañana se alzaba, partían. Si estaba un día y una noche y luego se elevaba, partían. [22] Si, en cambio, se detenía sobre la Morada dos días, o un mes, o un año, reposando sobre ella, los israelitas se quedaban en el campamento y no partían; pero en cuanto se elevaba, partían. [23] A la orden de Yahvé acampaban y a la orden de Yahvé movían el campamento. Respetaban la disposición de Yahvé, según la orden de Yahvé transmitida por Moisés.

Las trompetas.

Jl 2 1.15s
1 Ts 4 16s
1 Co 15 52

10[1] Dijo Yahvé a Moisés: [2] «Hazte dos trompetas; las harás de plata maciza. Te servirán para convocar a la comunidad y dar la señal de trasladar el

2 1-34

campamento. [3] Cuando suenen las dos, se reunirá junto a ti toda la comunidad, a la entrada de la Tienda del Encuentro. [4] Pero cuando suene una sola, se reuni-

1 16

rán contigo los príncipes, jefes de clanes de Israel. [5] Cuando toquéis con estruendo*, partirán los que acampan a oriente. [6] Cuando toquéis con estruendo por segunda vez, partirán los campamentos que acampan

---

de a la solemne reglamentación sacerdotal de la Pascua, Ex **12**, una disposición complementaria de gran interés *práctico para los judíos de la Diáspora*, que debían acudir a Jerusalén para celebrar la Pascua, Dt 16 2, y por necesidades del viaje incurrían en estado de impureza, corriendo el riesgo de faltar a la Pascua a causa del tiempo prescrito para las purificaciones.
9 19 Otra traducción: «los israelitas daban su culto a Yahvé».

10 5 La palabra hebrea *teru'ah* designa en primer lugar un clamor religioso y guerrero, v. 9; **31** 6 y ver Jos 6 5.20; Am 1 14; **2** 2; So 1 16, etc., que forma parte del ritual del arca, 1 S 4 5, ver 2 S 6 15. Las etapas del desierto son equiparadas a una marcha guerrera. La costumbre de proferir estos clamores se extendió a las fiestas reales, Nm 23 21, ver 1 R 1 34.40, y religiosas, Lv 25 9; Nm 29 1; Sal 33 3+.

al mediodía*. Tocaréis con estruendo para partir; [7] en cambio, para congregar la asamblea, tocaréis sin estruendo. [8] Los hijos de Aarón, los sacerdotes, serán los que toquen las trompetas; éste será un decreto perpetuo para vosotros y para vuestra descendencia.

[9] Cuando, ya en vuestra tierra, partáis para el combate contra un enemigo que os oprime, tocaréis las trompetas con estruendo; así se acordará Yahvé, vuestro Dios, de vosotros, y seréis librados de vuestros enemigos. [10] En vuestros días de fiesta, solemnidades y neomenias, tocaréis las trompetas durante vuestros holocaustos y sacrificios de comunión. Así haréis que vuestro Dios se acuerde de vosotros. Yo, Yahvé, vuestro Dios.»

Orden de marcha.

[11] *El año segundo, el mes segundo, el día veinte del mes, se levantó la Nube de encima de la Morada del Testimonio, [12] y los israelitas partieron, en orden de marcha, del desierto del Sinaí. La Nube se detuvo en el desierto de Parán.

[13] Partieron en vanguardia, según la orden que Yahvé había dado a Moisés: [14] la bandera del campamento de los hijos de Judá en primer lugar, por cuerpos de ejército; al frente de su tropa iba Najsón, hijo de Aminadab; [15] al frente de la tropa de la tribu de los hijos de Isacar, Natanael, hijo de Suar; [16] al frente de la tropa de la tribu de los hijos de Zabulón, Eliab, hijo de Jelón.

[17] Entonces fue desmontada la Morada y partieron los hijos de Guersón y los hijos de Merarí, llevando la Morada.

[18] Partió luego la bandera del campamento de Rubén, por cuerpos de ejército; al frente de su tropa iba Elisur, hijo de Sedeur; [19] al frente de la tropa de la tribu de los hijos de Simeón, Salumiel, hijo de Surisaday; [20] al frente de la tropa de la tribu de los hijos de Gad, Eliasaf, hijo de Reuel.

[21] Entonces partieron los queatitas, que llevaban el santuario (la Morada se montaba antes de que llegaran).

[22] Partió luego la bandera del campamento de los hijos de Efraín, por cuerpos de ejército; al frente de su tropa iba Elisamá, hijo de Amiud; [23] al frente de la tropa de la tribu de los hijos de Manasés, Gamaliel, hijo de Pedasur; [24] al frente de la tropa de la tribu de los hijos de Benjamín, Abidán, hijo de Guideoní.

[25] Luego, cerrando la marcha de todos los campamentos, partió la bandera del campamento de los hijos de Dan, por cuerpos de ejército; al frente de su tropa iba Ajiezer, hijo de Amisaday; [26] al frente de la tropa de la tribu de los hijos de Aser, Paguiel, hijo de Ocrán; [27] al frente de la tropa de la tribu de los hijos de Neftalí, Ajirá, hijo de Enán.

[28] Éste fue el orden de marcha de los israelitas, repartidos en cuerpos de ejército. Y así partieron.

Propuesta de Moisés a Jobab*.

[29] Dijo Moisés a Jobab, hijo de Reuel el madianita, suegro de Moisés: «Nosotros partimos para el lugar del que ha dicho Yahvé: Yo os lo daré. Ven con nosotros y te trataremos bien, porque Yahvé ha prometido bienestar a Israel.» [30] Él respondió: «No iré, sino que me volveré a mi tierra y a mi parentela.» [31] Moisés insistió: «Por favor, no nos dejes; tú conoces los sitios donde acampar en el desierto; tú serás nuestros ojos*. [32] Si vienes con nosotros, te haremos partícipe del bienestar con que Yahvé nos va a favorecer.»

La partida.

[33] Partieron del monte de Yahvé para hacer tres jornadas. El arca de la alianza de Yahvé iba delante de ellos los tres días de camino, buscándoles donde hacer alto. [34] *La Nube de Yahvé iba de día sobre ellos, desde que dejaban el campamento. [35] Cuando partía el arca, decía Moisés:

Lv 17+

2 1-34

Ex 2 15-22

Gn 12 2

Dt 1 33
9 15-23
Ex 40 34-38

---

10 6 El griego y la Vet. Lat. añaden aquí: «Cuando toquéis la tercera señal, partirán los campamentos que acampan al occidente. Cuando toquéis la cuarta señal, partirán los campamentos que acampan al norte». En lugar de «mediodía», sam. dice «norte».

10 11 El v. está precedido en la sir. hex. y el sam. por: «Yahvé dijo a Moisés: Habéis morado bastante en este monte. Idos, partid y encaminaos a la montaña de los amorreos y hacia todos sus habitantes en la Llanura, Montaña, la Tierra Baja, el Negueb y el Litoral, el país de Canaán y el Líbano hasta el gran río, el río Éufrates. Mirad, os he puesto delante ese país; id a tomar pose-

sión de ese país que juré a vuestros padres, Abrahán, Isaac y Jacob, que daría a su descendencia después de ellos.»

10 29 Aquí comienzan algunos relatos tomados, no ya del ciclo sacerdotal, sino del yahvista (con algunas inserciones elohístas). —Jobab, ver Ex 2 17+, es uno de aquellos quenitas, Nm 24 21+, a quienes se verá relacionados con los habitantes de Judá y que dominaron la región de Hebrón, Jc 1 16; Jos 14 14.

10 31 Los beduinos llaman todavía al guía «el ojo de la caravana».

10 34 En el griego este v. está después del v. 36.

‖Sal 68 2
Is 33 3

«Levántate, Yahvé, que tus enemigos
se dispersen,
que huyan delante de ti los que te
odian.»

³⁶ Y cuando se detenía, decía:
«Vuelve, Yahvé,
a las miriadas de millares de Israel*.»

V.   Etapas en el desierto

Taberá.

Dt 9 22
Ex 14 11+

11 ¹ El pueblo profería quejas que sonaban mal a los oídos de Yahvé, y Yahvé lo oyó. Se encendió su ira y ardió contra ellos un fuego de Yahvé* y devoró una punta del campamento. ² El pueblo

Ex 32 11+

clamó a Moisés, que intercedió ante Yahvé, y el fuego se apagó. ³ Por eso se llamó aquel lugar Taberá, porque había ardido contra ellos el fuego de Yahvé*.

‖Ex 16

Quibrot Hatavá*.
Lamentos del pueblo.

⁴ La chusma que se había mezclado al pueblo se dejó llevar de su apetito. También los israelitas volvieron a sus llantos diciendo: «¿Quién nos dará carne para comer? ⁵ ¡Cómo nos acordamos del pescado que comíamos de balde en Egipto, y de los pepinos, melones, puerros, cebollas y ajos! ⁶ En cambio ahora nos encontramos débiles. No hay de nada. No

Ex 16 14

vemos más que el maná.» ⁷ El maná era como la semilla del cilantro; su aspecto era como el del bedelio. ⁸ El pueblo se dispersaba para recogerlo; lo molían en la muela o lo majaban en el mortero; luego lo cocían en la olla y hacían con él tortas. Su sabor era parecido al de una torta de aceite. ⁹ Cuando, por la noche, caía el rocío sobre el campamento, caía también sobre él el maná.

Ex 32 11+

Intercesión de Moisés.

¹⁰ Moisés oyó llorar al pueblo, a todas sus familias, cada uno a la puerta de su

tienda. Se irritó mucho la ira de Yahvé. A Moisés le pareció mal, ¹¹ y le dijo a Yahvé: «¿Por qué tratas mal a tu siervo? ¿Por qué no he hallado gracia a tus ojos, para que hayas echado sobre mí la carga de todo este pueblo? ¹² ¿Acaso he sido yo el que ha concebido a todo este pueblo y lo ha dado a luz, para que me digas: 'Llévalo en tu regazo, como lleva la nodriza al niño de pecho, hasta la tierra que prometí con juramento a sus padres?' ¹³ ¿De dónde voy a sacar carne para dársela a todo este pueblo, que me llora diciendo: Danos carne para comer? ¹⁴ No puedo cargar yo solo con todo este pueblo: es demasiado pesado para mí. ¹⁵ Si vas a tratarme así, mátame, por favor, si he hallado gracia a tus ojos, para que no vea más mi desventura.»

Ex 3 11; 4 1;
5 22

Ex 18 18
Dt 19 11
1 R 3 9
1 R 19 4

Respuesta de Yahvé.

¹⁶ Yahvé respondió a Moisés: «Reúneme setenta ancianos de Israel, de los que te consta que son ancianos y escribas del pueblo. Llévalos a la Tienda del Encuentro y que estén allí contigo. ¹⁷ Yo bajaré a hablar contigo; tomaré parte del espíritu que hay en ti y lo pondré en ellos, para que lleven contigo la carga del pueblo y no la tengas que llevar tú solo. ¹⁸ Y al pueblo le dirás: Santificaos para mañana, que vais a comer carne, ya que os habéis lamentado a oídos de Yahvé, diciendo: '¿Quién nos dará carne para comer? Mejor nos iba en Egipto'. Pues Yahvé os va a dar carne, y comeréis. ¹⁹ No un día, ni dos, ni cinco, ni diez, ni

Ex 18 21-26

Jos 1 10

2 R 2 9

Ex 19 10

---

10 36 Estas aclamaciones de carácter guerrero forman parte del ritual del arca, ver también **10 5+**, que desempeñaba su papel en los combates, 1 S 4 3s; 2 S 11 11. Por otra parte la salida de Egipto y los desplazamientos del desierto se representaron como campañas militares, y lo fueron en parte.
11 1 La cólera de Dios, que frecuentemente se presenta bajo la forma de un castigo, es un aspecto de la santidad absoluta, Lv 17 1+, de sus «celos», Dt 4 24+, que no tolera la menor resistencia a sus designios, particularmente ninguna infidelidad a la alianza, 11 33; 12 9; Dt 1 34; 6 15; 9 8; 2 Cro 19 2; Is 5 25; Na 1 2; etc. Supone por tanto la misericordia, Ex 34 6+. Su manifestación total y definitiva se reserva para el «Día», Am

5 18+; So 1 15; ver Dn 8 19; Mt 3 7; Ap 19 15+.
11 3 Este nombre parece significar «lugar de pasto», pero el autor lo ha relacionado con una raíz análoga que significa «quemar».
11 4 El relato 11 4-34, combina dos tradiciones, una sobre el maná y las codornices, vv. 4-13; 18-24ª; 31-34, y otra sobre el don del Espíritu a los ancianos, vv. 14-17; 24ᵇ-30. El episodio del maná y de las codornices es situado por el Éxodo entre la salida de Egipto y la llegada al Sinaí, ver Ex 16 1+. Se sitúa aquí en el camino de Cades, ver 13 26. En ambos casos, se han agrupado elementos de diferentes tradiciones en un marco geográfico artificial.

veinte la comeréis, [20] sino un mes entero, hasta que os salga por las narices y os dé náuseas, pues habéis rechazado a Yahvé, que está en medio de vosotros, y os habéis lamentado en su presencia, diciendo: ¿Por qué salimos de Egipto?» [21] Moisés respondió: «El pueblo que va conmigo cuenta 600.000 de a pie, ¿y tú dices que les darás carne para comer un mes entero? [22] Aunque se mataran para ellos rebaños de ovejas y bueyes, ¿bastaría acaso? Aunque se juntaran todos los peces del mar, ¿habría suficiente?» [23] Pero Yahvé respondió a Moisés: «¿Es acaso corta la mano de Yahvé? Ahora vas a ver si vale mi palabra o no.»

Efusión del espíritu.

[24] Salió Moisés y transmitió al pueblo las palabras de Yahvé. Luego reunió a setenta ancianos del pueblo y los puso alrededor de la Tienda. [25] Bajó Yahvé en la Nube y le habló. Luego tomó algo del espíritu que había en él y se lo dio a los setenta ancianos. Y en cuanto reposó sobre ellos el espíritu, se pusieron a profetizar, pero ya no volvieron a hacerlo más*. [26] Habían quedado en el campamento dos hombres, uno llamado Eldad y el otro Medad. Reposó también sobre ellos el espíritu, ya que, si bien no habían salido a la Tienda, eran de los designados. Y profetizaban en el campamento. [27] Un muchacho corrió a anunciar a Moisés: «Eldad y Medad están profetizando en el campamento.» [28] Josué, hijo de Nun, que estaba al servicio de Moisés desde su mocedad, tomó la palabra y dijo: «Mi señor Moisés, prohíbeselo.» [29] Le respondió Moisés: «¿Es que estás tú celoso por mí? ¡Ojalá que todo el pueblo de Yahvé profetizara porque Yahvé les daba su espíritu!» [30] Luego Moisés volvió al campamento con los ancianos de Israel.

Las codornices.

[31] Se alzó un viento, enviado por Yahvé, que hizo pasar codornices de la parte del mar, y las abatió sobre el campamento, en una extensión de una jornada de camino a uno y otro lado alrededor del campamento, y a una altura de dos codos por encima del suelo. [32] El pueblo se dedicó todo aquel día y toda la noche y todo el día siguiente a capturar las codornices. El que menos, reunió diez modios. Y las tendieron alrededor del campamento. [33] Todavía tenían la carne entre los dientes, todavía la estaban masticando, cuando se encendió la ira de Yahvé contra el pueblo, y lo hirió Yahvé con una plaga muy grande. [34] Se llamó a aquel lugar Quibrot Hatavá*, porque allí sepultaron a la muchedumbre de glotones. [35] De Quibrot Hatavá partió el pueblo hacia Jaserot, donde acamparon.

Quejas de María y Aarón*

12 [1] María habló con Aarón contra Moisés a propósito de la mujer cusita que había tomado por esposa: porque se había casado con una cusita*. [2] Decían: «¿Es que Yahvé no ha hablado más que por medio de Moisés? ¿No ha hablado también por medio de nosotros?» Y Yahvé lo oyó. [3] Moisés era un hombre muy humilde, más que hombre alguno sobre la faz de la tierra.

Respuesta divina.

[4] De improviso, Yahvé dijo a Moisés, a Aarón y a María: «Salid los tres hacia la Tienda del Encuentro.» Y salieron los tres. [5] Bajó Yahvé en la columna de Nube y se quedó a la puerta de la Tienda. Llamó a Aarón y a María y se adelantaron los dos.
[6] Dijo Yahvé: «Escuchad mis palabras:
Si hay entre vosotros un profeta*,
en visión me revelo a él,
y hablo con él en sueños.
[7] No así con mi siervo Moisés*:
él es de toda confianza en mi casa;
[8] boca a boca hablo con él,
abiertamente y no en enigmas,

Marginal references (left column)

1 46+

Jn 6 7.9

Is 50 2; 59 1
Jr 32 17
Ez 12 25;
24 14

12 7+
1 S 10 9-13;
19 20-24
2 R 2 9

Jos 1 1+

Mc 9 38s
Jl 3 1-2
Hch 2

Ex 16 12-13

Marginal references (right column)

Dt 9 22

Ex 15 20
Nm 20 1

Ex 4 15-16

Ex 3 11;
4 10-11
Si 45 4

Ex 13 22+

✓ Hb 3 2-5
Ex 33 11+
1 Co 13 12
Ex 33 20+

---

11 25 Reciben el don profético sólo temporalmente. Pero también se puede traducir (Vulg.) «sin poderse detener».

11 34 Pudiera ser un nombre geográfico auténtico que significara «los sepulcros de los Taavá» (¿nombre de tribu?), que por lo demás es imposible localizar. Lo cierto es que la tradición lo ha entendido como «los sepulcros del apetito», con arreglo al contenido del relato.

12 El relato parece de tradición elohísta; se halla más o menos retocado en sentido sacerdotal.

12 1 Según el sentido ordinario de Cus, sería una etíope; pero ver Ha 3 7, Cusán es nombrado con Madián.

El matrimonio cusita de Moisés debe de ser una variante de la tradición del matrimonio madianita, ver Ex 2 18+, y ésta mujer sería Seforá.

12 6 «Dijo Yahvé... si hay entre vosotros un profeta» conj., ver Vulg.; «dijo... si está vuestro profeta, Yahvé» hebr.

12 7 Esto responde a la queja de Aarón y de María, v. 2: al modo ordinario del profetismo, v. 6 (María también era profetisa, Ex 15 20). Dios contrapone la intimidad que tiene con Moisés, ver Ex 33 11+ y Ex 33 20+. Otros han recibido excepcionalmente una parte de su espíritu, 11 25. Sin duda, tras la muerte de Moisés,

y contempla la imagen de Yahvé*.
¿Por qué, pues, habéis osado hablar contra mi siervo Moisés?»

⁹ Y se encendió la ira de Yahvé contra ellos. Cuando se marchó, ¹⁰ y la Nube se retiró de encima de la Tienda, María advirtió que estaba leprosa, blanca como la nieve. Aarón se volvió hacia María y vio que estaba leprosa*.

Dt 24 9
2 Cro 26 20

Ex 32 11+ ### Intercesión de Aarón y de Moisés.

¹¹ Y dijo Aarón a Moisés: «Perdón, Señor mío, no cargues sobre nosotros el pecado que neciamente hemos cometido. ¹² Por favor, que no sea ella como quien nace muerto del seno de su madre, con la carne medio consumida.»

¹³ Moisés clamó a Yahvé diciendo: «Oh Dios, cúrala, por favor.» ¹⁴ Yahvé respondió a Moisés: «Si tu padre le hubiera escupido al rostro, ¿no tendría que pasar Lv 13 4-6 siete días de vergüenza? Que quede siete días fuera del campamento y luego sea admitida otra vez*.» ¹⁵ María quedó siete días excluida del campamento. Pero el pueblo no partió hasta que ella se reintegró. ¹⁶ Después el pueblo partió de Jaserot y acamparon en el desierto de Parán.

Dt 1 20-29 ### Exploración de Canaán*.

13 ¹ Yahvé dijo a Moisés: ² «Envía algunos hombres, uno por cada tribu patriarcal, para que exploren la tierra de Canaán que voy a dar a los israelitas. Que sean todos príncipes entre ellos.» ³ Los envió Moisés, según la orden de Yahvé, desde el desierto de Parán: todos ellos eran jefes de los israelitas. ⁴ Sus nombres eran éstos*:

por la tribu de Rubén, Samúa, hijo de Zacur;

⁵ por la tribu de Simeón, Safat, hijo de Jorí;

⁶ por la tribu de Judá, Caleb, hijo de Jefoné;

⁷ por la tribu de Isacar, Yigal, hijo de José;

⁸ por la tribu de Efraín, Hosea, hijo de Nun;

⁹ por la tribu de Benjamín, Paltí, hijo de Rafú;

¹⁰ por la tribu de Zabulón, Gadiel, hijo de Sodí;

¹¹ por la tribu de José: por la tribu de Manasés, Gadí, hijo de Susí;

¹² por la tribu de Dan, Amiel, hijo de Guemalí;

¹³ por la tribu de Aser, Setur, hijo de Miguel;

¹⁴ por la tribu de Neftalí, Najbí, hijo de Vafsí;

¹⁵ por la tribu de Gad, Gueuel, hijo de Maquí.

¹⁶ Ésos son los nombres de los que envió Moisés a explorar el país. Pero a Hosea, hijo de Nun, Moisés le llamo Josué*. Jos 1 1+

¹⁷ Moisés los envió a explorar el país de Canaán*, y les dijo: «Subid ahí por el NeguEb y después subiréis a la montaña. ¹⁸ Reconoced el país, a ver qué tal es, y el pueblo que lo habita, si es fuerte o débil, escaso o numeroso; ¹⁹ y qué tal es el país en que viven, bueno o malo; cómo son las ciudades en que habitan, abiertas o fortificadas; ²⁰ y cómo es la tierra, fértil o pobre, si tiene árboles o no. Tened valor y traed algunos productos del país.»

Era el tiempo de las primeras uvas. ²¹ Subieron y exploraron el país, desde el desierto de Sin hasta Rejob, a la Entrada de Jamat*. ²² Subieron por el NeguEb y llegaron hasta Hebrón, donde residían Ajimán, Sesay y Talmay, descendientes de Anac. Hebrón había sido fundada siete años antes que Tanis de Egipto. ²³ Llegaron al Valle de Escol y cortaron allí un sarmiento con un racimo de uva, que transportaron con una pértiga entre dos, Dt 1 25

Dios suscitará una serie de profetas, Dt 18 15.18+, pero Moisés seguirá siendo el más grande, Dt 34 10, hasta Juan Bautista, el Precursor de la Nueva Alianza, Mt 11 9-11p.
12 8 En vez de «imagen», griego y sir. dicen «gloria».
12 10 Sólo María es castigada, si bien Aarón se reconoce tan culpable como ella, v. 11. Quizá también Aarón era culpable en una tradición primitiva del relato, que la tradición sacerdotal habría modificado.
12 14 En lugar de «admitida otra vez» el griego dice «purificada».
13 Los caps. 13-14 son compuestos. La tradición sacerdotal es fácil de delimitar: contiene la lista de los emisarios, vv. 1-6; el v. 21 (reconocimiento de todo el país, en contradicción con los vv. 18 y 22); los vv. 25-26; 32-33; 14 1-3; 5-10 (adición de Josué a Caleb, ver v. 30) y 26-38. El resto pertenece a la tradición antigua,

yahvista y elohísta. Los demás textos concernientes a este reconocimiento de Canaán por Caleb, 32 6-15; Dt 1 19-46; Jos 14 6-14 (ver 6 1+) dependen de éste, que conserva el recuerdo histórico de la penetración del grupo calebita en Palestina sin dar la vuelta por Transjordania. Sobre los vv. 39-45, ver 39+.
13 4 Esta lista, que comienza con Rubén, debe relacionarse con la del cap. 1; pero los nombres son diferentes; varios de ellos los llevaron algunos contemporáneos de David.
13 16 Esto es, «Yahvé salva».
13 17 Comparar los exploradores enviados por Josué, Jos 2 1, y los enviados por los Danitas, Jc 18. Ver también Nm 21 32; Jos 7 2; Jc 1 23.
13 21 El extremo norte de la Tierra Prometida, véase nota al cap. 34 y a Jc 20 1. En el v. 22, la expedición se detiene en los alrededores de Hebrón.

y también granadas e higos. ²⁴ Al lugar aquel se le llamó Valle del Racimo, por el racimo que cortaron allí los israelitas*.

Dt 1 25s

Relato de los enviados.

²⁵ Al cabo de cuarenta días volvieron de explorar la tierra. ²⁶ Fueron y se presentaron a Moisés, a Aarón y a toda la comunidad de los israelitas, en el desierto de Parán, en Cades*. Les hicieron una relación a ellos y a toda la comunidad, y les mostraron los productos del país.

Ex 3 8

²⁷ Les contaron lo siguiente: «Fuimos al país al que nos enviaste, y en verdad que mana leche y miel; éstos son sus productos. ²⁸ Sólo que el pueblo que habita en el país es poderoso; las ciudades, fortificadas y muy grandes; hasta hemos visto allí descendientes de Anac. ²⁹ El amalecita ocupa la región del Negueb; el hitita, el amorreo y el jebuseo ocupan la montaña; el cananeo, la orilla del mar y la ribera del Jordán.»

³⁰ Caleb acalló al pueblo delante de Moisés, diciendo: «Subamos, y conquistaremos el país, porque sin duda podremos con él.» ³¹ Pero los hombres que habían ido con él dijeron: «No podemos subir contra ese pueblo, porque es más fuerte que nosotros.» ³² Y empezaron a desacreditar ante los israelitas el país que habían explorado, diciendo: «El país que hemos recorrido y explorado es un país que devora a sus propios habitantes. Toda la gente que hemos visto allí es gente alta. ³³ Hemos visto también gigantes, hijos de Anac, de la raza de los gigantes. Nosotros nos veíamos ante ellos como saltamontes, y eso mismo les parecíamos a ellos.»

Dt 1 28+

‖Dt 1 26-32

Rebelión de Israel.

14 ¹ Entonces toda la comunidad alzó la voz y se puso a gritar; y la gente se pasó llorando toda aquella noche. ² Luego murmuraron todos los israelitas contra Moisés y Aarón, y les dijo toda la comunidad: «¡Ojalá hubiéramos muerto en Egipto! Y si no, ¡ojalá hubiéramos muerto en el desierto! ³ ¿Por qué Yahvé nos trae a este país para hacernos caer a filo de espada y que nuestras mujeres y

Ex 14 11+

niños caigan en cautiverio? ¿No es mejor que volvamos a Egipto?» ⁴ Y se decían unos a otros: «Nombremos a uno jefe y volvamos a Egipto.»

⁵ Moisés y Aarón cayeron rostro en tierra delante de toda la asamblea de la comunidad de los israelitas. ⁶ Pero Josué, hijo de Nun, y Caleb, hijo de Jefoné, que eran de los que habían explorado el país, rasgaron sus vestiduras ⁷ y dijeron a toda la comunidad de los israelitas: «La tierra que hemos recorrido y explorado es muy buena tierra. ⁸ Si Yahvé nos es favorable, nos llevará a esa tierra y nos la entregará. Es una tierra que mana leche y miel. ⁹ No os rebeléis contra Yahvé, ni temáis a la gente del país, porque son pan comido. Se ha retirado de ellos su sombra protectora*, y en cambio Yahvé está con nosotros. No les tengáis miedo.»

Cólera de Yahvé e intercesión de Moisés.

Ex 32 7-14

¹⁰ Toda la comunidad hablaba de apedrearlos, cuando la gloria de Yahvé se apareció a todos los israelitas en la Tienda del Encuentro. ¹¹ Y dijo Yahvé a Moisés: «¿Hasta cuándo me va a despreciar este pueblo? ¿Hasta cuándo van a desconfiar de mí, con todas las señales que he obrado entre ellos? ¹² Los heriré de peste y los desheredaré. Pero a ti te convertiré en un pueblo más grande y poderoso que ellos.»

Ex 32 10

Gn 12 2

¹³ Moisés respondió a Yahvé: «Los egipcios se han enterado de que tú, con tu poder, sacaste a este pueblo de en medio de ellos. ¹⁴ Se lo han contado a los habitantes de este país. Éstos se han enterado de que tú, Yahvé, estás en medio de este pueblo, y te das a ver cara a cara; de que tú, Yahvé, permaneces en tu Nube sobre ellos, y caminas delante de ellos de día en la columna de nube, y por la noche en la columna de fuego. ¹⁵ Si haces perecer a este pueblo como a un solo hombre, dirán los pueblos que han oído hablar de ti: ¹⁶ Yahvé, como no ha podido introducir a ese pueblo en la tierra que les había prometido con juramento, los ha matado en el desierto. ¹⁷ Muestra, pues, ahora tu poder, mi Señor, como prometiste diciendo: ¹⁸ Yahvé

Ex 33 14s;
34 9-10

9 15-23
Ex 13 21-22

‖Ex 34 6-7+

---

13 24 Valle del Racimo, en hebr. *Eškol*, cercano a Hebrón.

13 26 No una ciudad o un punto preciso, sino una región; se trata del principal oasis del norte del Sinaí, a 75 km. al sudoeste de Berseba. Se conserva el nombre en la fuente de Ayn Qedes. Este oasis fue siempre una etapa para las caravanas.

14 9 Designación de las divinidades, que las contrapone al terrible ardor del sol. En lugar de «su sombra», el griego dice «tiempo (oportuno)».

es tardo a la cólera y rico en bondad, tolera iniquidad y rebeldía; aunque nada deja sin castigo, castigando la iniquidad de los padres en los hijos hasta la tercera y cuarta generación. [19] Perdona, pues, la iniquidad de este pueblo conforme a la grandeza de tu bondad, como has soportado a este pueblo desde Egipto hasta aquí.»

‖Dt 1 34-40

Perdón y castigo.

Is 6 3; 11 9
Ha 3 3
Sal 57 6;
72 19
Ex 24 16+

Hb 3 16-19

[20] Dijo Yahvé: «Le perdono, según tus palabras. [21] Pero por vida mía y la gloria de Yahvé que llena toda la tierra, [22] que ninguno de los que han visto mi gloria y las señales que he realizado en Egipto y en el desierto, que me han puesto a prueba ya diez veces y no han escuchado mi voz, [23] verá la tierra que prometí con juramento a sus padres. No la verá ninguno de los que me han despreciado. [24] Pero a mi siervo Caleb, ya que fue animado de otro espíritu y me obedeció puntualmente, le haré entrar en la tierra donde estuvo, y su descendencia la poseerá. [25] (El amalecita y el cananeo habitan en el llano). Mañana, volveos y partid para el desierto, camino del mar de Suf.»

[26] Yahvé habló así a Moisés y a Aarón*: [27] «¿Hasta cuándo esta comunidad perversa murmurará contra mí? He oído las quejas de los israelitas, que están murmurando contra mí. [28] Diles: Por mi vida, oráculo de Yahvé, que he de hacer con vosotros lo que habéis hablado a mis oídos. [29] Por haber murmurado contra mí,

1 18s

todos los que fuisteis censados y contados, de veinte años para arriba, en este desierto caerán vuestros cadáveres. [30] Juro que no entraréis en la tierra en la que, mano en alto, juré estableceros. Sólo a Caleb, hijo de Jefoné, y a Josué, hijo de Nun, [31] y a vuestros pequeñuelos, de los que dijisteis que caerían en cautiverio, los introduciré, y conocerán la tierra que vosotros habéis despreciado. [32] Vuestros cadáveres caerán en este desierto, [33] y vuestros hijos serán nómadas

cuarenta años por el desierto, cargando con vuestra infidelidad, hasta que no estén por completo todos vuestros cadáveres en el desierto. [34] Según el número de los días que empleasteis en explorar el país, cuarenta días, cargaréis cuarenta años con vuestros pecados, un año por cada día. Así sabréis lo que es rebelarse contra mí*. [35] Yo, Yahvé, he hablado. Eso es lo que haré con toda esta comunidad perversa, amotinada contra mí. En este desierto no quedará uno: en él han de morir.»

[36] Los hombres que había enviado Moisés a explorar la tierra, que al volver habían incitado a toda la comunidad a murmurar contra él, poniéndose a hablar mal del país, [37] aquellos hombres que habían hablado mal del país, cayeron repentinamente muertos delante de Yahvé. [38] En cambio, Josué, hijo de Nun, y Caleb, hijo de Jefoné, sobrevivieron de entre los hombres que habían ido a explorar la tierra.

Vana tentativa de los israelitas*.

20 12+
Dt 1 41-45

[39] Refirió Moisés estas palabras a todos los israelitas y se afligió mucho el pueblo. [40] Madrugaron y subieron a la cumbre del monte, diciendo: «Aquí estamos. Vamos a subir a ese lugar respecto del cual ha dicho Yahvé que hemos pecado.» [41] Moisés les respondió: «¿Por qué hacéis eso, pasando por encima de la orden de Yahvé? Eso no tendrá buen éxito. [42] No subáis, porque Yahvé no está en medio de vosotros, no vayáis a ser derrotados frente a vuestros enemigos. [43] Porque el amalecita y el cananeo están allí contra vosotros, y caeréis a filo de espada, pues después de haber abandonado a Yahvé, Yahvé no está con vosotros.» [44] Pero ellos se obstinaron en subir a la cumbre del monte. Ni el arca de la alianza de Yahvé ni Moisés se movieron del campamento. [45] Bajaron los amalecitas y los cananeos que habitaban en aquella montaña, los batieron y los destrozaron hasta llegar a Jormá*.

10 35

Ex 17 8+

Jc 1 17

---

14 26 Los vv. 26-38 son paralelos a los vv. 11-25, pero redactados con el espíritu del relato sacerdotal, para el cual el pueblo elegido es una comunidad empadronada.
14 34 O bien: «lo que es caer en mi desgracia».
14 39 Conclusión teológica de este largo relato: A Israel llegado casi a la Tierra Prometida le falta fe y quiere regresar a Egipto; después, contra la voluntad divina, ataca sin que el arca de Yahvé esté en medio de él. Es la inversión de los temas del Éxodo y de la guerra santa: Israel es derrotado y arrojado al desierto; esto explica que tenga que dar este largo rodeo por Transjordania.

Este relato pretende integrar una tradición particular de Caleb (penetración en Canaán por el sur) en la tradición que se hizo común a todo Israel (penetración por el este). Utiliza un episodio diferente relativo a Jormá, ver v. 45.
14 45 Probablemente Tell el-Mešaš, al este de Berseba, 85 km. al norte de Cades, en el límite del país montañoso. Como los israelitas habían llegado «a la cima de la montaña», v. 44, habían rebasado Jormá hasta donde fueron rechazados. Por tanto, habían ya conquistado esta ciudad, ver 21 1+.

VI. Ordenanzas sobre los sacrificios.
Poderes de los sacerdotes y de los levitas*

Ex 29 40s
Lv 23 18
Lv 2 1-10

La oblación correspondiente a los sacrificios.

15 [1] Yahvé dijo a Moisés: [2] «Di a los israelitas: Cuando entréis en la tierra que yo os daré por morada, [3] y ofrezcáis manjares abrasados a Yahvé en holocausto o sacrificio de comunión, para cumplir un voto, o como ofrenda voluntaria, o con ocasión de vuestras fiestas, ofreciendo así, de vuestros bueyes u ovejas, calmante aroma para Yahvé, [4] el oferente presentará, para su ofrenda a Yahvé, una oblación de una décima de flor de harina amasada con un cuarto de sextario de aceite. [5] Harás una libación de un cuarto de sextario de vino por cada cordero, además del holocausto o sacrificio de comunión. [6] Si es un carnero, la oblación será de dos décimas de flor de harina amasada con un tercio de sextario de aceite, [7] y la libación, de un tercio de sextario de vino, que ofrecerás como calmante aroma para Yahvé. [8] Y si ofreces a Yahvé un novillo en holocausto o sacrificio, para cumplir un voto, o como sacrificio de comunión, [9] se ofrecerá además del novillo una oblación de tres décimas de flor de harina amasada con medio sextario de aceite, [10] y una libación de medio sextario de vino, como manjar abrasado de calmante aroma para Yahvé. [11] Así se hará con cada novillo y con las reses menores, cordero o cabrito. [12] Haréis así con cada uno de los que inmoléis, con tantos como hubiere. [13] Así hará todo hombre de vuestro pueblo, cuando ofrezca un manjar abrasado como calmante aroma para Yahvé. [14] Y si reside entre vosotros o entre vuestros descendientes un forastero, y ofrece un manjar abrasado como calmante aroma para Yahvé, hará lo mismo que vosotros.

Ex 12 48+

Lv 17 13;
24 22
Nm 9 14;
15 29s

[15] En la asamblea no habrá más que una norma para vosotros y para el forastero residente. Es decreto perpetuo para vuestros descendientes: será igual delante de Yahvé para vosotros y para el forastero. [16] Una sola ley y una sola norma regirá para vosotros y para el forastero que reside entre vosotros.»

Las primicias del pan.

[17] Yahvé dijo a Moisés: [13] «Di a los israelitas:

Cuando entréis en la tierra a la que os voy a llevar, [19] y comáis el pan del país, reservaréis primero la ofrenda para Yahvé. [20] Como primicias de vuestra molienda reservaréis como ofrenda una torta; la reservaréis como reserva de la era. [21] Reservaréis a Yahvé una ofrenda de las primicias de vuestra molienda, por todas vuestras generaciones.

Expiación de las faltas de inadvertencia.

Lv 4

[22] «Cuando por inadvertencia no cumpláis alguno de estos preceptos que Yahvé ha comunicado a Moisés, [23] algo de lo que os ha mandado Yahvé por medio de Moisés, desde que Yahvé lo ordenó en adelante, por todas vuestras generaciones, [24] en el caso de que la inadvertencia se haya cometido por descuido de la comunidad, toda la comunidad ofrecerá un novillo en holocausto, como calmante aroma para Yahvé, con su correspondiente oblación y libación según costumbre, y un macho cabrío en sacrificio por el pecado. [25] El sacerdote hará la expiación por toda la comunidad de los israelitas, y se les perdonará, porque ha sido un descuido. Cuando presenten sus ofrendas, como manjar abrasado a Yahvé, y su sacrificio por el pecado delante de Yahvé por su descuido, [26] se le perdonará a la comunidad de los israelitas y al forastero que reside entre ellos, pues el pueblo entero lo ha hecho por inadvertencia.

[27] «En el caso de que una sola persona haya pecado por inadvertencia, ofrecerá en sacrificio por el pecado una cabrita de un año. [28] El sacerdote hará la expiación delante de Yahvé por la persona que se ha descuidado con ese pecado de inadvertencia; cuando se haga expiación por ella, se le perdonará, [29] lo mismo al ciudadano israelita que al forastero residente entre vosotros: no tendréis más que una sola ley para el que obra por inadvertencia.

---

15 Se reanuda la tradición sacerdotal. La parte esencial de esta sección consiste en el relato de las rebeliones de Coré, Datán y Abirón, que subraya el origen divino de la autoridad en la comunidad y la preeminencia de Aarón. Se han añadido otras leyes y episodios con los que tiene conexión.

Ex 20 8+;
31 12-17;
35 1-3

Lv 24 12

Dt 22 12

Mt 9 20;
23 5

Lv 10 1-3
Sal 106 16-
18
Si 45 18-20
Judas 11

Ex 19 6+
Is 61 6

3 45;
8 14-19

Ex 3 8+

[30] Pero el que obra a conciencia, sea ciudadano o forastero, ultraja a Yahvé. Tal individuo será excluido de su pueblo, [31] por haber despreciado la palabra de Yahvé, y quebrantado su mandato. Será excluido tal individuo: su pecado pesa sobre él*.»

Violación del sábado.

[32] Cuando los israelitas estaban en el desierto, se encontró a un hombre que andaba buscando leña en día de sábado. [33] Los que lo encontraron buscando leña, lo presentaron a Moisés, a Aarón y a toda la comunidad. [34] Lo pusieron en presidio, porque no estaba determinado lo que había que hacer con él. [35] Yahvé dijo a Moisés: «Que muera ese hombre. Que lo apedree toda la comunidad fuera del campamento.» [36] Lo sacó toda la comunidad fuera del campamento y lo apedrearon hasta que murió, según había mandado Yahvé a Moisés.

Los flecos de los vestidos.

[37] Yahvé dijo a Moisés: [38] «Di a los israelitas que ellos y sus descendientes se hagan flecos en los bordes de sus vestidos, y pongan en el fleco de sus vestidos un hilo de púrpura violeta*. [39] Llevaréis, pues, flecos para que, cuando los veáis, os acordéis de todos los preceptos de Yahvé. Así los cumpliréis y no seguiréis los caprichos de vuestros corazones y de vuestros ojos, siguiendo a los cuales os prostituís. [40] Así os acordaréis de todos mis mandamientos y los cumpliréis, y seréis hombres consagrados a vuestro Dios. [41] Yo, Yahvé, vuestro Dios, que os saqué de Egipto para ser vuestro Dios. Yo, Yahvé, vuestro Dios.

Rebelión de Coré, Datán y Abirón*.

16 [1] Coré, hijo de Yisar, hijo de Queat, hijo de Leví, Datán y Abirón, hijos de Eliab, y On, hijo de Pélet, hijos de Rubén, se enorgullecieron* [2] y se alzaron contra Moisés junto con doscientos cincuenta israelitas, príncipes de la comunidad, distinguidos en la asamblea, personajes famosos. [3] Se amotinaron contra Moisés y Aarón y les dijeron: «Esto ya pasa de la raya. Toda la comunidad entera, todos están consagrados y Yahvé está en medio de ellos. ¿Por qué, pues, os encumbráis por encima de la asamblea de Yahvé?»

[4] Lo oyó Moisés y cayó rostro en tierra. [5] Dijo luego a Coré y a toda su cuadrilla: «Mañana por la mañana hará saber Yahvé quién es de él, quién es el consagrado, permitiendo que se le acerque. Al que Yahvé haya elegido le dejará acercarse. [6] Mirad, pues, lo que habéis de hacer: Tomad los incensarios, Coré y toda su cuadrilla, [7] ponedles fuego y mañana les echaréis incienso ante Yahvé. Aquél a quien elija Yahvé, será el consagrado; ¡esto ya pasa de la raya, hijos de Leví!»

[8] Dijo Moisés a Coré: «Oídme, hijos de Leví. [9] ¿Os parece poco que el Dios de Israel os haya apartado de la comunidad de Israel para poneros junto a sí, prestar el servicio a la Morada de Yahvé y estar al frente de la comunidad atendiendo al culto en lugar de ella? [10] Os ha puesto junto a sí, a ti y a todos tus hermanos, hijos de Leví, ¡y todavía se os ha antojado el sacerdocio! [11] Por eso, es contra Yahvé contra quien os habéis amotinado, tú y toda tu cuadrilla; porque ¿quién es Aarón, para que murmuréis contra él?»

[12] Mandó Moisés llamar a Datán y Abirón, hijos de Eliab. Pero ellos respondieron: «No queremos ir. [13] ¿Te parece poco habernos sacado de una tierra que mana leche y miel* para hacernos morir en el desierto, que todavía te eriges como príncipe sobre nosotros? [14] No nos has traído a ningún país que mana leche y miel, ni nos has dado una herencia de campos y viñedos. ¿Pretendes cegar los ojos de estos hombres? ¡No iremos!» [15] Moisés se enojó mucho y dijo a Yahvé: «No mires a su oblación. Yo no les he

---

15 31 Ley muy importante que parece excluir toda remisión en caso de falta deliberada (lit. «a mano alzada»). Pero no se profundiza aún mucho en el análisis del acto voluntario.

15 38 El fleco con un hilo de púrpura violeta (que juega un papel importante en los paños cultuales) debe recordar el carácter sagrado de la comunidad. En las reproducciones antiguas del vestido palestinense, y según Dt 22 12, estos flecos guarnecen todo el faldón. En la época judía no se los colocará más que en los bordes. Cristo se acomodó a la costumbre, Mt 9 20, pero censuró la afectación en su práctica, Mt 23 5. Los vv. 37-41 constituyen la última parte de la oración del *Šema*.

Dt 6 4+.

16 La mayoría de los críticos admiten que en estos caps. hay dos relatos paralelos imbricados uno en otro. Uno (yahvista o elohísta, vv. 1b.2.12-15.25-34) se refiere a la rebelión política de los rubenitas Datán y Abirón; el otro (sacerdotal, vv. 1a.2b-11.16-24.27b.35) a las pretensiones religiosas de los queatitas, frente a los aarónidas.

16 1 Corregido según las Héxaplas (y según el sentido de la raíz *yaqah* en árabe); hebr. «tomaron».

16 13 Esta expresión que en otros lugares designa la Tierra Prometida se aplica aquí excepcionalmente a Egipto.

1 S 12 3-5
quitado ni un solo asno, ni le he hecho mal a ninguno de ellos.»

El castigo.

[16] Dijo Moisés a Coré: «Tú y toda tu cuadrilla presentaos mañana delante de Yahvé: tú, ellos y Aarón. [17] Que tome cada uno su incensario, le ponga incienso y lo presente delante de Yahvé; cada uno su incensario: doscientos cincuenta incensarios en total. Tú también, y Aarón, presentad cada uno vuestro incensario.» [18] Tomaron cada uno su incensario, le pusieron fuego, le echaron incienso y se presentaron a la entrada de la Tienda del Encuentro, lo mismo que Moisés y Aarón. [19] Coré convocó contra éstos a toda la comunidad a la puerta de la Tienda del Encuentro. Y se apareció la gloria de Yahvé a toda la comunidad. [20] Habló Yahvé a Moisés y a Aarón y les dijo: [21] «Apartaos de esa comunidad, que los voy a devorar en un instante.» [22] Ellos cayeron rostro en tierra y clamaron: «Oh Dios, Dios de los espíritus de toda carne: un solo hombre ha pecado, ¿y te enojas con toda la comunidad?» [23] Respondió Yahvé a Moisés: [24] «Habla a esa comunidad y diles: Alejaos de los alrededores de la morada de Coré, Datán y Abirón*.»

[25] Se levantó Moisés y fue donde Datán y Abirón; los ancianos de Israel le siguieron. [26] Y habló a la comunidad diciendo: «Apartaos, por favor, de las tiendas de estos hombres malvados, y no toquéis nada de cuanto les pertenece, no sea que perezcáis por todos sus pecados.» [27] Ellos se apartaron de los alrededores de la morada de Coré, Datán y Abirón.

Datán y Abirón habían salido y estaban a la puerta de sus tiendas, con sus mujeres, hijos y pequeñuelos. [28] Moisés dijo: «En esto conoceréis que Yahvé me ha enviado para hacer todas estas obras, y que no es ocurrencia mía: [29] si mueren estos hombres como muere cualquier mortal, alcanzados por la sentencia común a todo hombre, es que Yahvé no me ha enviado. [30] Pero si Yahvé obra algo portentoso, si la tierra abre su boca y los traga con todo lo que les pertenece, y bajan vivos al Seol, sabréis que esos hombres han despreciado a Yahvé.»

[31] Y sucedió que, nada más terminar de decir estas palabras, se abrió el suelo debajo de ellos; [32] la tierra abrió su boca y se los tragó, con todas sus familias, así como a todos los hombres de Coré con todos sus bienes*. [33] Bajaron vivos al Seol* con todo lo que tenían. Los cubrió la tierra y desaparecieron de la asamblea. [34] A sus gritos huyeron todos los israelitas que estaban a su alrededor, pues se decían: «No vaya a tragarnos la tierra.»

[35] Brotó fuego de Yahvé, que devoró a los doscientos cincuenta hombres que habían ofrecido el incienso.

Los incensarios.

17 [1] Dijo Yahvé a Moisés: «Di a Eleazar, hijo del sacerdote Aarón, que saque los incensarios de entre las cenizas y esparza el fuego a distancia, porque están consagrados, [3] porque esos incensarios de pecado están consagrados a precio de la vida de esos hombres*. Haced con ellos láminas de metal, para cubrir el altar, pues fueron presentados a Yahvé y consagrados. Serán una señal para los israelitas.»

[4] Tomó el sacerdote Eleazar los incensarios de bronce que habían presentado los que fueron abrasados, y los laminó con destino al altar. [5] Sirven para recordar a los israelitas que no se acerque ningún laico, que no sea de la descendencia de Aarón, a ofrecer el incienso delante de Yahvé; no le ocurra lo que a Coré y a su cuadrilla, según se lo había dicho Yahvé por medio de Moisés.

Intercesión de Aarón*.

[6] Al día siguiente, murmuró toda la comunidad de los israelitas contra Moisés

27 16
Jb 12 10
Ap 22 6

1 18 16-33

Ex 3 12;
4 30-31
Jn 2 11+

Lv 10 1-3

Lv 10 1-3

16.36
37

38

39

40
1 51+

41

16 24 Según hebr. El griego omite «Datán y Abirón».
16 32 El relato de la rebelión de Datán y Abirón, más antiguo que el otro (ver 16 1+) ignora todavía la responsabilidad individual. El final de este v. fue añadido al fusionarse los dos relatos.
16 33 Palabra de origen desconocido, que designa las profundidades de la tierra, Dt 32 22; Is 14 9, etc., a donde «bajan» los muertos, Gn 37 35; 1 S 2 6, etc., y donde buenos y malos mezclados, 1 S 28 19; Sal 89 49; Ez 32 17-32, tienen una lúgubre supervivencia, Qo 9 10, donde no se alaba a Dios, Sal 6 6; 88 6.12-13; 115 19; Is 38 18. Sin embargo, el poder del Dios vivo, ver Dt 5 26+, se ejerce incluso en aquella desolada mansión, 1 S 2 6; Sb 16 13; Am 9 2. La doctrina de las recompensas y de

las penas de ultratumba y la de la resurrección, preparadas por la esperanza de los salmistas, Sal 16 10-11; 49 16, no aparecen claramente hasta el final del AT, Sb 3-5 (en conexión con la creencia en la inmortalidad, véase Sb 3 4+); 2 M 12 38+.
17 3 Vv. 2-3 corregidos con una parte de las versiones; el hebr. divide de otro modo. El fuego divino se dispersa para que no sirva a ningún uso profano, a los incensarios que ha tocado quedan por lo mismo consagrados.
17 6 Este párrafo adicional subraya los poderes de Aarón en los ritos expiatorios, ver Lv 16. En el v. 9, griego y sir. dicen: «a Moisés y a Aarón».

y Aarón, diciendo: «Vosotros habéis matado al pueblo de Yahvé.» [7] Como se amotinaba la comunidad contra Moisés y Aarón, se volvieron éstos hacia la Tienda del Encuentro. Y vieron que la Nube la había cubierto y se había aparecido la gloria de Yahvé. [8] Moisés y Aarón se llegaron hasta delante de la Tienda del Encuentro.

[9] Yahvé dijo a Moisés: [10] «Alejaos de esa comunidad, que voy a consumirlos en un instante.» Ellos cayeron rostro en tierra. [11] Dijo entonces Moisés a Aarón: «Toma el incensario, ponle fuego del que hay sobre el altar, echa incienso y vete rápidamente donde la comunidad a expiar por ellos. Porque ha salido ya la Cólera de la presencia de Yahvé y ha comenzado la Plaga.» [12] Aaron lo tomó como le había dicho Moisés y corrió a ponerse en medio de la asamblea; la Plaga había comenzado ya en el pueblo. Echó el incienso e hizo la expiación por el pueblo. [13] Se plantó entre los muertos y los vivos, y la Plaga se detuvo. [14] Los muertos por aquella plaga fueron 14.700, sin contar los que murieron por causa de Coré. [15] Luego Aarón se volvió donde Moisés a la puerta de la Tienda del Encuentro: había cesado ya la Plaga.

La rama de Aarón.

[16] Yahvé dijo a Moisés: [17] «Habla a los israelitas. Que te den una rama por cada familia patriarcal: que entre todos los príncipes, en representación de sus familias patriarcales, te den doce ramas. Y escribe el nombre de cada uno en su rama*. [18] En la rama de Leví escribe el nombre de Aarón, pues ha de haber una sola rama para el jefe de la familia de Leví. [19] Las depositarás en la Tienda del Encuentro, delante del Testimonio, donde me suelo manifestar a ti. [20] El hombre cuya rama retoñe, será el que yo elijo. Así dejarán de llegar hasta mí las murmuraciones que los israelitas profieren contra vosotros.»

[21] Moisés habló a los israelitas, y cada uno de los príncipes le dio una rama, doce ramas, en representación de todas las familias patriarcales. Entre sus ramas estaba también la rama de Aarón.

[22] Moisés depositó las ramas delante de Yahvé en la Tienda del Testimonio. [23] Al día siguiente, cuando entró Moisés en la Tienda del Testimonio, vio que había retoñado la rama de Aarón, por la casa de Leví: le habían brotado yemas, había florecido y había producido almendras. [24] Moisés sacó todas las ramas de la presencia de Yahvé, ante los israelitas; las vieron, y tomaron cada uno su rama. [25] Entonces dijo Yahvé a Moisés: «Vuelve a poner la rama de Aarón delante del Testimonio, para guardarla como señal para los rebeldes: acabará con las murmuraciones, que no llegarán ya hasta mí, y así no morirán.» [26] Moisés lo hizo así; como le había mandado Yahvé lo hizo.

Función expiatoria del sacerdocio.

[27] Dijeron los israelitas a Moisés: «¡Estamos perdidos! ¡Hemos perecido todos! ¡Hemos perecido! [28] Cualquiera que se acerca a la Morada de Yahvé, muere. ¿Es que vamos a perecer hasta no quedar uno*?»

18 [1] Entonces Yahvé dijo a Aarón: «Tú, tus hijos y la casa de tu padre contigo*, cargaréis con las faltas cometidas contra el santuario. Tú y tus hijos cargaréis con las faltas de vuestro sacerdocio. [2] Haz que se acerquen también contigo tus hermanos de la rama de Leví, de la tribu de tu padre. Que sean tus ayudantes y te sirvan a ti y a tus hijos, delante de la Tienda del Testimonio. [3] Atenderán a tu ministerio y al de toda la Tienda. Pero que no se acerquen ni a los objetos sagrados ni al altar, para que no muráis ni ellos ni vosotros. [4] Serán tus ayudantes, desempeñarán el ministerio en la Tienda del Encuentro, todos los servicios de la Tienda, y ningún laico se acercará a vosotros. [5] Vosotros desempeñaréis el ministerio en el santuario y en el altar, y así no vendrá de nuevo la Cólera sobre los israelitas. [6] Yo he elegido a vuestros hermanos los levitas, de entre los demás israelitas. Son un don que os hago; son «donados» a Yahvé para prestar servicio en la Tienda del Encuentro. [7] Pero tú y tus hijos os ocuparéis de vuestro sacerdocio en todo lo re-

Margin references (left):
42
43
44
16 21
Sb 18 20-25
46
47
48
49
50

17,1
2
3
4
Ex 25 21-22
5
6

Margin references (right):
7
8
9
10
11
12
13
⁄ Hb 7 25
28
3 10
Esd 2 43
Ex 26 33

---

17 17 La palabra hebr. *maṭṭeh* significa a la vez «rama» y «tribu». El término castellano «rama» expresa el mismo simbolismo: la rama representa una familia; ver el «retoño» de Is 11 1.
17 28 Continuación de 16 34, que sirve de empalme con el pasaje siguiente. Se trata de la distinción no entre aarónidas y levitas, sino entre levitas y laicos.
18 1 Es decir, Leví. Este párrafo asocia a los levitas (ver 3 5-10), pero únicamente a título de servidores, al ministerio expiatorio de los aarónidas respecto del pueblo (ver Lv 16 16).

ferente al altar y a todo lo de detrás del velo* y prestaréis vuestro servicio. Os doy vuestro sacerdocio como un servicio gratuito. El laico que se acerque morirá.»

Derechos de los sacerdotes.

[8] Dijo Yahvé a Aarón: «Yo te doy el ministerio de lo que se reserva para mí. Todo lo consagrado por los israelitas te lo doy a ti y a tus hijos, como porción tuya, por decreto perpetuo. [9] Esto es lo que será tuyo de las cosas sacratísimas apartadas del fuego: todas las ofrendas que me restituyan* los israelitas, como oblación, como sacrificio por el pecado, o como sacrificio de reparación, son sacratísimas: serán para ti y para tus hijos. [10] De las cosas sacratísimas os alimentaréis. Todo varón las podrá comer. Las considerarás como cosa sagrada. [11] También te pertenecerá la ofrenda reservada de todo lo que los israelitas entreguen como ofrenda de balanceo; te lo doy a ti y a tus hijos y a tus hijas por decreto perpetuo. Cualquiera que esté puro en tu casa lo podrá comer. [12] Todo lo mejor del aceite y la flor del mosto y del trigo, las primicias que ofrezcan a Yahvé, te las doy a ti. [13] Los primeros productos que lleven a Yahvé, de todo lo que produzca su tierra, serán para ti. Todo el que esté puro en tu casa lo podrá comer. [14] Cuanto caiga bajo el anatema en Israel, será para ti. [15] Todo primogénito de cualquier especie, hombre o animal, que se presente a Yahvé será para ti. Pero harás rescatar al primogénito del hombre y al primogénito de animal impuro. [16] Los harás rescatar al mes de nacidos, según tu valoración, por cinco siclos de plata, siclos del santuario, que son de veinte óbolos. [17] Pero al primogénito de vaca, o de oveja, o de cabra, no lo rescatarás: es sagrado. Derramarás su sangre sobre el altar y su grasa la harás arder como manjar abrasado de calmante aroma para Yahvé. [18] Su carne será para ti, así como el pecho del rito del balanceo y la pierna derecha. [19] Todo lo reservado de las cosas sagradas que los israelitas reservan a Yahvé, te lo doy a ti y a tus hijos e hijas, por decreto perpetuo. Alianza de sal es ésta, para siempre, delante de Yahvé, para ti y tu descendencia.»

Derechos de los levitas*.

[20] Yahvé dijo a Aarón: «Tú no tendrás heredad ninguna en su tierra; no habrá porción para ti entre ellos. Yo soy tu porción y tu heredad entre los israelitas. [21] A los hijos de Leví, les doy en herencia todos los diezmos de Israel, a cambio de su servicio: del servicio que prestan en la Tienda del Encuentro. [22] Los israelitas no se volverán a acercar a la Tienda del Encuentro: cargarían con un pecado y morirían. [23] Será Leví el que preste servicio en la Tienda del Encuentro: ellos cargarán con sus faltas. Es decreto perpetuo para vuestros descendientes: no tendrán heredad entre los israelitas, [24] porque yo les doy en herencia a los levitas los diezmos que los israelitas reservan para Yahvé. Por eso les he dicho que no tendrán heredad entre los israelitas.»

Los diezmos*.

[25] Dijo Yahvé a Moisés: [26] «Habla así a los levitas: Cuando percibáis de los israelitas el diezmo que yo tomo de ellos y os doy en herencia, reservaréis de él la parte de Yahvé: el diezmo del diezmo. [27] Vuestra ofrenda reservada equivaldrá a la del trigo tomado de la era y el mosto del lagar. [28] Así también vosotros reservaréis previamente la reserva de Yahvé de todos los diezmos que percibáis de los israelitas. Se lo daréis como ofrenda reservada de Yahvé al sacerdote Aarón. [29] De todos los dones que recibáis, reservaréis la parte de Yahvé: lo mejor de todo lo consagrado. [30] Les* dirás: Una vez que hayáis reservado lo mejor, que equivale para los levitas al producto de la era y al producto del lagar, [31] lo podréis comer, en cualquier lugar, vosotros y vuestras familias: es vuestro salario por vuestro servicio en la Tienda del Encuentro. [32] No tendréis que cargar por ello con ningún pecado, pues antes habéis reservado lo mejor: así no profanaréis las

1 51+
Lv 6-7
Ez 44 29-30
Ex 29 24+
Dt 26 1+
Ex 13 11+
Lv 2 13+
Dt 14 22+
Ex 19 12+
Dt 14 22+

---

18 7 El altar en que se ofrecen los sacrificios, y el Santo de los Santos en que penetra únicamente el sumo sacerdote. Los sacerdotes del Antiguo Testamento son ante todo ministros del altar, como los de la Nueva Alianza.
18 9 Las ofrendas se toman de los dones de Dios, ver 1 Cro 29 14, o reparan una injusticia que se le ha hecho, Lv 5 15s.
18 20 Esta legislación sacerdotal es una etapa inter-

media entre Dt 14 28-29; 26 12 en que los levitas solamente participan del diezmo trienal, y Nm 35 1-8, en que se les concede una dotación en bienes raíces.
18 25 Como los laicos viven de los productos de la tierra, los levitas viven de los diezmos, una vez retirada la «reserva de Yahvé» que es dada a los sacerdotes.
18 30 Es decir, a los levitas, a quienes se habla en el v. 31.

cosas consagradas por los israelitas y no moriréis.»

31 23
Hb 9 13

Las cenizas de la vaca roja*.

19 ¹ Dijo Yahvé a Moisés y a Aarón: ² «Éste es uno de los preceptos de la ley, prescrito por Yahvé con estas palabras: Di a los israelitas que te traigan una vaca roja, sin defecto, que no tenga mancha alguna, y que no haya llevado yugo. ³ Dádsela al sacerdote Eleazar. Que la saquen fuera del campamento y sea inmolada en su presencia. ⁴ Entonces el sacerdote Eleazar untará su dedo en la sangre de la vaca y hará con la sangre siete aspersiones hacia la entrada de la Tienda del Encuentro. ⁵ Luego será quemada la vaca en su presencia, con su piel, su carne, su sangre e incluso sus excrementos. ⁶ Tomará el sacerdote leña de cedro, hisopo y grana, y la echará en medio de la hoguera de la vaca. ⁷ El sacerdote purificará sus vestidos y se lavará el cuerpo con agua; luego podrá ya entrar en el campamento; pero será impuro el sacerdote hasta la tarde. ⁸ El que haya quemado la vaca purificará sus vestidos con agua y lavará su cuerpo con agua; pero será impuro hasta la tarde. ⁹ Un hombre puro recogerá las cenizas de la vaca y las depositará fuera del campamento, en lugar puro. Servirán a la comunidad de los israelitas para el rito de agua lustral: es un sacrificio por el pecado. ¹⁰ El que haya recogido las cenizas de la vaca lavará sus vestidos y será impuro hasta la tarde. Éste será decreto perpetuo tanto para los israelitas como para el forastero residente entre ellos.

Dt 21 3
Lv 4 12+
Hb 13 11s

Lv 4 5-6

Lv 14 4-6
Ex 12 22+

Lv 11 25.40

Lv 4 11-12

Hb 9 13

Casos de impureza*.

Lv 21 1
Ag 2 13

¹¹ «El que toque un muerto, cualquier cadáver humano, será impuro siete días. ¹² Se purificará con aquella agua los días tercero y séptimo, y quedará puro. Pero si no se ha purificado los días tercero y séptimo, no quedará puro. ¹³ Todo el que toca un muerto, un cadáver humano, y no se purifica, mancha la Morada de Yahvé; ese individuo será excluido de Israel, porque las aguas lustrales no han corrido sobre él: es impuro; su impureza sigue sobre él.

¹⁴ «Ésta es la ley para cuando uno muere en la tienda. Todo el que entre en la tienda, y todo el que esté en la tienda, será impuro siete días. ¹⁵ Y todo recipiente descubierto, que no esté cerrado con tapa o cuerda, será impuro.

¹⁶ «Todo el que toque, en pleno campo, a uno víctima de la espada, o a un muerto, o huesos de hombre, o una sepultura, será impuro siete días.

El ritual de las aguas lustrales.

¹⁷ «Se tomará para el impuro ceniza de la víctima inmolada en sacrificio por el pecado, y se verterá encima agua corriente de una vasija. ¹⁸ Un hombre puro tomará el hisopo, lo mojará en agua y rociará la tienda y todos los objetos y personas que había en ella, e igualmente al que tocó los huesos o al asesinado, o al muerto, o la sepultura. ¹⁹ El hombre puro rociará al impuro los días tercero y séptimo: el séptimo día le habrá limpiado de su pecado. Lavará el impuro sus vestidos, se lavará con agua, y será puro por la tarde. ²⁰ Pero el hombre que quedó impuro y no se purificó, ése será excluido de la asamblea, pues ha manchado el santuario de Yahvé. Las aguas lustrales no han corrido sobre él: es un impuro.

²¹ «Éste será para vosotros decreto perpetuo. El que haga la aspersión con las aguas lustrales lavará sus vestidos, y el que haya tocado las aguas lustrales será impuro hasta la tarde. ²² Y todo lo que haya sido tocado por el impuro, será impuro; y la persona que le toque a él, será impura hasta la tarde.»

Lv 14 4-5

Dt 21 1-9

---

19 El cap. 19 forma una unidad: el agua lustral, vv. 17-22, preparada con las cenizas de una vaca roja inmolada y quemada fuera del campamento, vv. 1-10, sirve para borrar la impureza contraída por contacto de cadáver, vv. 11-16. Este ritual, al que sólo alude otro texto, Nm 31 23 (luego Hb 9 13), legitima una vieja práctica impregnada de magia, equiparándola a un sacrificio de expiación por el pecado, v. 17 y comp. vv. 4-5 con Lv

27; v. 8 con Lv 16 28. Otras costumbres análogas fueron de este modo asumidas por la Ley mosaica, Lv 14 2-7; 16 5-10; Nm 5 17-28; Dt 21 1-9. La vaca debía ser roja porque, en el antiguo Oriente, todo lo que se aproxima al rojo tenía valor profiláctico; este color evoca la sangre, principio de vida, y protege contra la muerte.
19 11 Las reglas de pureza de Lv 11-16 no mencionan el contacto con un muerto.

VII. De Cades a Moab*

Las aguas de Meribá*.

20 ¹Los israelitas, toda la comunidad, llegaron al desierto de Sin el mes primero, y todo el pueblo se quedó en Cades. Allí murió María y allí la enterraron.

² No había agua para la comunidad, por lo que se amotinaron contra Moisés y contra Aarón. ³ El pueblo protestó contra Moisés, diciéndole: «Ojalá hubiéramos perecido igual que perecieron nuestros hermanos delante de Yahvé. ⁴ ¿Por qué habéis traído a la asamblea de Yahvé a este desierto, para que muramos en él nosotros y nuestros ganados? ⁵ ¿Por qué nos habéis subido de Egipto, para traernos a este lugar pésimo: un lugar donde no hay sembrado, ni higuera, ni viña, ni granado, y donde no hay ni agua para beber?»

⁶ Moisés y Aarón dejaron la asamblea, se fueron a la entrada de la Tienda del Encuentro y cayeron rostro en tierra. Y se les apareció la gloria de Yahvé. ⁷ Yahvé habló con Moisés y le dijo: ⁸ «Toma la vara y reúne a la comunidad, tú con tu hermano Aarón. Hablad luego a la peña en presencia de ellos, y ella dará sus aguas. Harás brotar para ellos agua de la peña, y darás de beber a la comunidad y a sus ganados.» ⁹ Tomó Moisés la vara de la presencia de Yahvé como se lo había mandado. ¹⁰ Convocaron Moisés y Aarón la asamblea ante la peña y él les dijo: «Escuchadme, rebeldes. ¿Haremos brotar de esta peña agua para vosotros?» ¹¹ Y Moisés alzó la mano y golpeó la peña con su vara dos veces. El agua brotó en abundancia, y bebió la comunidad y su ganado.

Castigo de Moisés y Aarón*.

¹² Dijo Yahvé a Moisés y Aarón: «Por no haber confiado en mí y reconocido mi santidad ante los israelitas, os aseguro que no guiaréis a esta asamblea hasta la tierra que les he dado.» ¹³ Éstas son las aguas de Meribá, donde protestaron los israelitas contra Yahvé, y con las que él manifestó su santidad.

Edom no permite el paso*.

¹⁴ *Envió Moisés mensajeros desde Cades: «Al rey de Edom. Así dice tu hermano Israel: Ya sabes por qué gran calamidad hemos pasado. ¹⁵ Nuestros padres bajaron a Egipto y nos quedamos en Egipto mucho tiempo. Pero los egipcios nos trataron mal, a nosotros igual que a nuestros padres. ¹⁶ Clamamos entonces a Yahvé, y él escuchó nuestra voz: envió un ángel y nos sacó de Egipto. Ahora estamos en Cades, ciudad fronteriza de tu territorio. ¹⁷ Déjanos, por favor, pasar por tu tierra. No cruzaremos por campo ni por viñedo, ni beberemos agua de pozo. Seguiremos el camino real, sin torcer ni a la derecha ni a la izquierda hasta que crucemos tus fronteras.» ¹⁸ Edom le respondió: «No pasarás por mi tierra. Si lo haces, saldré espada en mano a tu encuentro.» ¹⁹ Le respondieron los israelitas: «Seguiremos por la calzada, y si bebemos agua tuya, yo y mis rebaños, pagaremos su precio. Se trata sólo de pasar a pie.» ²⁰ Respondió él: «No pasarás.» Y salió Edom a su encuentro con mucha gente y mano poderosa. ²¹ Como Edom negó el paso a Israel por su territorio, Israel dio un rodeo.

Muerte de Aarón*.

²² Los israelitas, toda la comunidad, partieron de Cades y llegaron al monte Hor. ²³ Y dijo Yahvé a Moisés y a Aarón

---

Marginal references (left column):
Ex 17 1-7
Ex 14 11+
34; 17 28
17 25
Dt 8 15
Ne 9 15
Sal 78
15.16.20;
105 41;
114 8
Sb 11 4
Is 43 20;
48 21
Co 10 4
Jn 7 38;
19 34
Dt 1 37
s; 32 51;
33 8
106 32s

Marginal references (right column):
Nm 27 14
Ex 17 7
Dt 2 4-7
Jc 11 17
Is 34; 63 1-6
Ex 23 20+
21 22
33 38-39
Dt 10 6

---

20 Esta sección, en que predominan los relatos, se relaciona en el fondo con los grandes conjuntos yahvista y elohísta del Pentateuco; yuxtaponen o combinan a menudo varias tradiciones de espíritu diferente que resulta difícil distinguir en detalle. El tema general es el del avance de la comunidad santa a pesar de las oposiciones y las emboscadas.
20 1 Este episodio, de redacción sacerdotal, es un doble del de Ex 17 1-17 (ver la nota), con un motivo suplementario, el del castigo de Moisés y de Aarón, vv. 12-13. Su localización en Cades es secundaria; este paraje, ver 13 26, no puede ser el que describe el v. 5; sin embargo, el episodio aquí narrado hizo que se diera a Cades el nombre de Meribá-Cades, ver 27 14, etc.
20 12 Esta falta de Moisés y de Aarón queda en el misterio. Moisés ¿habría faltado a la fe golpeando dos veces la roca, lo cual no se encuentra en el paralelo de Ex 17?

Quizá el redactor sacerdotal trataba de explicar por qué Moisés y Aarón no entraron en la Tierra Prometida: sería esta la razón que le obligó a situar este relato, modificado (v. 11), antes de la muerte de Aarón, vv. 22s, y lo recordará antes de la muerte de Moisés, Dt 32 51. Según Dt 1 37; 3 26; 4 21, Moisés es causa del pueblo, que rehusó subir de Cades a Canaán, ver Nm 14.
20 14 (a) Las fuentes antiguas reanudan aquí su relato y hacen referencia a la partida de Cades, 14 25 y 14 39+. Pero Cades, en esta época, está lejos de la frontera de Edom (pese al v. 16). La demanda debió de ser presentada de camino, pero la tradición más antigua no ofrece ningún detalle sobre el itinerario seguido.
20 14 (b) El sam. y la ed. hex. añaden al principio de este v. algunas frases sacadas del Dt 3 24-28 y 2 2-6.
20 22 Relato sacerdotal. Hor de la Montaña no ha sido localizada. La precisión «en la frontera de Edom» pro-

en el monte Hor, en la frontera del país de Edom: ²⁴ «Que se reúna Aarón con los suyos, porque no debe entrar en la tierra que he dado a los israelitas, por haberos rebelado contra mi voz en las aguas de Meribá. ²⁵ Toma a Aarón y a su hijo Eleazar y súbelos al monte Hor. ²⁶ Le quitarás a Aarón sus vestiduras y se las revestirás a su hijo Eleazar. Entonces Aarón se reunirá con los suyos: allí morirá.»

²⁷ Moisés hizo como le había mandado Yahvé. Subieron al monte Hor a la vista de toda la comunidad. ²⁸ Quitó Moisés a Aarón sus vestiduras y se las puso a su hijo Eleazar. Y murió allí Aarón, en la cumbre del monte. Moisés y Eleazar bajaron de la montaña. ²⁹ Toda la comunidad se dio cuenta de que había fallecido Aarón, y lloró a Aarón toda la casa de Israel durante treinta días.

Dt 34 8

Toma de Jormá*.

21 ¹ Oyó el rey de Arad*, cananeo, que ocupaba el Negueb, que llegaba Israel por el camino de Atarín, y atacó a Israel y le hizo algunos prisioneros. ² Entonces Israel formuló este voto a Yahvé: «Si entregas a ese pueblo en mi mano, consagraré al anatema sus ciudades.» ³ Oyó Yahvé la voz de Israel y les entregó a aquel cananeo. Los consagraron al anatema a ellos y a sus ciudades. Por eso se llamó aquel lugar Jormá*.

Jc 1 16

Jos 6 17+

La serpiente de bronce*.

⁴ Partieron del monte Hor, camino del mar de Suf*, rodeando el territorio de Edom. El pueblo se impacientó por el camino. ⁵ Y habló el pueblo contra Dios y contra Moisés: «¿Por qué nos habéis subido de Egipto para morir en el desierto? Pues no tenemos ni pan ni agua,

Ex 22 27
Ex 14 11+

y estamos hastiados de ese manjar miserable.»

⁶ Envió entonces Yahvé contra el pueblo serpientes abrasadoras*, que mordían al pueblo; y murió mucha gente de Israel. ⁷ El pueblo fue a decirle a Moisés: «Hemos pecado por haber hablado contra Yahvé y contra ti. Intercede ante Yahvé para que aparte de nosotros las serpientes.» Moisés intercedió por el pueblo. ⁸ Y dijo Yahvé a Moisés: «Hazte una serpiente abrasadora y ponla sobre un mástil. Todo el que haya sido mordido y la mire, vivirá.» ⁹ Hizo Moisés una serpiente de bronce y la puso en un mástil. Y si una serpiente mordía a un hombre y éste miraba la serpiente de bronce, quedaba con vida.

Dt 8 15
↗1 Co 10

Ex 32 11+

2 R 18 4+
Sb 16 5s
↗Jn 3 14+
19 37

Etapas hacia Transjordania*.

¹⁰ Partieron los israelitas y acamparon en Obot. ¹¹ Partieron de Obot y acamparon en las ruinas de Abarín, en el desierto que limita con Moab, hacia la salida del sol. ¹² Partieron de allí y acamparon en el torrente de Zéred. ¹³ De allí partieron y acamparon más allá del Amón, que está en el desierto y sale del territorio de los amorreos, pues el Amón hace de frontera de Moab, entre moabitas y amorreos. ¹⁴ Por eso se dice en el libro de las Guerras de Yahvé*:

... Vaheb en Sufá y los torrentes del Arnón, ¹⁵ y la pendiente de los torrentes que corren hacia la región de Ar y confina con la frontera de Moab.

¹⁶ Y de allí fueron a Beer*. Éste es el pozo a propósito del cual dijo Yahvé a Moisés: «Reúne al pueblo y les daré agua.»

¹⁷ Entonces Israel entonó este cántico: ¡Arriba, pozo! Cantadle:

21 21+

Jn 4 1+

---

cede de la época exílica en que los edomitas, originariamente establecidos al este de la Arabá, se habían extendido al oeste, a expensas de Judá, ver Dt 2 1+.

21 Relato de tradición antigua, pero que se encuentra aquí fuera de su contexto. Jormá, ver 14 45+, fue tomada por los simeonitas, que subían directamente del sur, Jc 1 16-17+. La derrota de Jormá, Nm 14 39+, es posterior.

21 1 «el rey de Arad», glosa legitimida por la proximidad entre Arad y Jormá.

21 3 La palabra está relacionada con una raíz que significa «consagrar por anatema». El autor insinúa ya el carácter *religioso de la conquista*.

21 4 (a) Esta historia debe relacionarse con las minas de cobre de la Arabá, en que el metal fue ya explotado en el s. XIII a.C. Se encontraron en Meneiyeh (hoy Timna) varias pequeñas serpientes de cobre que fueron indudablemente utilizadas, como la de Moisés, para protegerse contra las serpientes venenosas. Esta región minera de la Arabá se encuentra en el camino de Cades

a Ácaba, ver v. 4+.

21 4 (b) Hacia el golfo de Ácaba, ver Dt 2 1; 1 R 9 26, que no se debe confundir con el Suf del Éxodo. La ocupación sedentaria de Edom no había alcanzado todavía el golfo de Ácaba y los israelitas tomaron la ruta normal que les permitía rodear el territorio edomita. Esta nota es la única indicación antigua sobre la ruta que tomaron.

21 6 «Abrasador» es traducción de *śaráf*, que Is 30 6 representa como una serpiente alada o dragón. El nombre de los serafines de Is 6 2-6 procede de la misma raíz.

21 10 Este trozo tardío pretende llenar las lagunas de la fuente antigua utilizando las indicaciones de Nm 33 (ver nota) y Dt 2 para descubrir el itinerario. En éste se insertan dos fragmentos de la antigua poesía hebraica, vv. 14-15 y 17-18.

21 14 Antigua recopilación de cantos épicos, hoy desaparecida y sólo citada aquí.

21 16 Beer, mencionado solamente aquí como nombre geográfico, sospechamos que esté tomado del cántico del v. 17: *Be'er* significa «pozo».

Dt 2 26-36

c 11 19-20
20 14-21

2 19+

48 45-46

18 Pozo que cavaron Príncipes,
que excavaron jefes del pueblo,
con el cetro, con sus bastones.
Y del desierto a Mataná*, 19 de Mataná
a Najaliel, de Najaliel a Bamot, 20 y de
Bamot al valle que está en la campiña de
Moab, hacia la cumbre del Pisgá, que domina la parte del desierto*.

Conquista de Transjordania*.

21 Israel envió mensajeros a decir a Sijón, rey de los amorreos*: 22 «Quisiera
pasar por tu tierra. No me desviaré por
campos y viñedos, ni beberé agua de
pozo. Seguiremos el camino real hasta
que crucemos tus fronteras.» 23 Pero Sijón negó a Israel el paso por su territorio; reunió toda su gente y salió al desierto, al encuentro de Israel, hasta
Yahas, donde atacó a Israel. 24 Pero Israel lo hirió a filo de espada y se apoderó
de su tierra, desde el Arnón hasta el Yaboc, hasta los límites de los hijos de
Amón, porque Yazer* estaba en la frontera de los hijos de Amón. 25 Israel tomó
todas aquellas ciudades. Ocupó Israel todos los pueblos de los amorreos, Jesbón
y todas sus aldeas. 26 Es que Jesbón era
la ciudad de Sijón, rey de los amorreos,
y éste había combatido al primer rey* de
Moab, y le había quitado toda su tierra
hasta el Arnón. 27 Por eso dicen los tro-
vadores*:

«¡Venid a Jesbón,
que sea construida, fortificada,
la ciudad de Sijón!
28 Porque fuego ha salido de Jesbón,

una llama de la ciudad de Sijón:
ha devorado Ar Moab,
ha tragado* las alturas del Arnón.
29 ¡Ay de ti, Moab!,
perdido estás, pueblo de Camós.
Ha entregado* sus hijos a la fuga
y sus hijas al cautiverio,
en manos de Sijón, el rey amorreo.
30 Su posteridad ha perecido,
desde Jesbón hasta Dibón,
y hemos dado fuego
desde Nofaj hasta Mádaba=.»
31 Así Israel se estableció en la tierra de
los amorreos.
32 Moisés mandó a explorar Yazer y la
tomaron junto con sus aldeas, despojando al amorreo que vivía allí.
33 Se volvieron y subieron camino de
Basán. Og, rey de Basán, salió a su encuentro con toda su gente, para presen-
tarles batalla en Edreí*. 34 Yahvé dijo a
Moisés: «No le temas, porque lo he puesto en tu mano con todo su pueblo y su
tierra. Harás con él como hiciste con Sijón, el rey amorreo que habitaba en Jesbón.» 35 Y lo derrotaron a él, a sus hijos
y a toda su gente, hasta que no quedó nadie a salvo. Y se apoderaron de su tierra.

‖Dt 3 1-7

22 1 Luego partieron los israelitas y
acamparon en las Estepas de
Moab, al otro lado del Jordán, en frente
de Jericó*.

El rey de Moab llama a Balaán*.

2 Vio Balac, hijo de Sipor, todo lo que
había hecho Israel con los amorreos 3 y

31 8.16
Dt 23 5-6
Jos 24 9-10
Ne 13 2
Mi 6 5
2 P 2 15s
Judas 11
Ap 2 14
Ex 2 15+

---

21 18 El redactor no entendió las últimas palabras del
poema: «y del desierto, es un don *(mattanah)*», y convirtió este nombre común en un nombre geográfico.
21 20 El v. 20 se presenta sobrecargado y confuso. En
el hebr., «la cumbre del Pisgá» se encuentra en aposición a «el campo de Moab».
21 21 (a) Continuación de la fuente antigua, interrumpida en 20 22².
21 21 (b) Pequeño reino cananeo establecido al norte
del Arnón, con Jesbón por capital. Invadido por los
moabitas, Sijón había logrado una victoria sobre ellos
(que será recordada en los vv. 28-29, ver 27+), pero será
batido por los israelitas.
21 24 «Yazer» griego; «Az» hebr.
21 26 Otra traducción: «el rey anterior».
21 27 Este poema, cuyo v. 30 que es crucial está irre-
mediablemente corrompido, es susceptible de dos interpretaciones. 1.° Es un canto de victoria amorreo celebrando la derrota de Moab por Sijón, e inserto como
un comentario de v. 26²; pero esto supone una corrección más radical del v. 30, que significaría que Jesbón
destruyó a Moab. 2.° Es un canto israelita, anunciado
por los vv. 25-26, que celebra la victoria de Israel sobre
Sijón, vv. 27ᵇ y 30 (corregido), pero que recuerda a este
propósito la victoria de Sijón sobre Moab, vv. 28-29:
Jesbón devoró las ciudades de Moab, pero nosotros, los
israelitas hemos destruido a Jesbón. El v. 27 es una invitación irónica para acudir a reconstruirla.

21 28 «tragado» *bâle'ah*, griego; «los señores de»
ba'alê, hebr.
21 29 Camós.
21 30 «su posteridad», griego; «su lámpara» hebr.;
«hemos dado fuego desde Nofaj hasta Mádaba» conj.,
hebr. ininteligible.
21 33 El relato de la guerra contra Og sirve para completar la conquista de Transjordania y para justificar las
pretensiones de la media tribu de Manasés sobre el Basán, que los israelitas jamás poseyeron de hecho. El personaje de Og es legendario, ver Dt 3 11.
22 1 Lit. «al otro lado del Jordán de Jericó», esto es,
a la altura de Jericó, pero al otro lado del Jordán desde
el punto de vista de un habitante de Palestina.
22 2 Los relatos que enmarcan los oráculos de Balaán combinan las dos tradiciones, yahvista y elohísta,
con predominio de la elohísta; los oráculos mismos deben de ser más antiguos. Este largo episodio presenta
un caso singular de profetismo. Balaán es un adivino de
las márgenes del Éufrates, pero a Yahvé por su
Dios, 22 18, etc., y bendice a Israel, 23 11-12.25-26; 24
10, ver Mi 6 5. Pero las tradiciones más recientes consideran a Balaán como un enemigo, obligado por la omnipotencia de Dios a bendecir a Israel contra su voluntad, Dt 23 5-6; Jos 24 9-10, que Ne 13 2, que lo
arrastró a la idolatría de Peor, Nm 31 8.16. El NT volverá a recoger esta tradición.

se estremeció Moab ante el pueblo, pues era muy numeroso. Tuvo miedo Moab de los israelitas [4] y dijo a los ancianos de Madián: «Ahora veréis cómo esa multitud va a devastarlo todo a nuestro alrededor, como devasta el buey la hierba del campo.»

Balac, hijo de Sipor, era rey de Moab por aquel tiempo. [5] Envió mensajeros a buscar a Balaán, hijo de Beor, a Petor del Río, en tierra de los hijos de Amav*, para decirle: «He aquí que un pueblo que ha salido de Egipto ha cubierto la superficie del territorio y se ha establecido frente a mí. [6] Ven, pues, por favor, maldíceme a ese pueblo, pues es más fuerte que yo, a ver si puedo vencerle y lo arrojo del país. Pues sé que el que tú bendices queda bendito y el que maldices, maldito.»

1 S 9 7+

[7] Fueron los ancianos de Moab y los ancianos de Madián, con la paga del vaticinio en sus manos. Llegaron donde Balaán y le dijeron las palabras de Balac. [8] Él les contestó: «Pasad aquí la noche y os responderé según lo que me diga Yahvé.» Los jefes de Moab se quedaron en casa de Balaán. [9] Entró Dios donde Balaán y le dijo: «¿Qué hombres son ésos que están en tu casa?» [10] Le respondió Balaán a Dios: «Balac, hijo de Sipor, rey de Moab, me ha enviado a decir: [11] Un pueblo que ha salido de Egipto ha cubierto la superficie del territorio. Ven, pues, maldícemelo, a ver si puedo vencerlo y expulsarlo.» [12] Pero dijo Dios a Balaán: «No vayas con ellos, no maldigas a ese pueblo, porque es bendito.» [13] Se levantó Balaán de madrugada y dijo a los jefes de Balac: «Id a vuestra tierra, porque Yahvé no quiere dejarme ir con vosotros.» [14] Se levantaron, pues, los jefes de Moab, volvieron donde Balac y le dijeron: «Balaán se ha negado a venir con nosotros.»

[15] Balac envió otra vez jefes en mayor número y más ilustres que los anteriores. [16] Fueron donde Balaán y le dijeron: «Así dice Balac, hijo de Sipor: No rehúses, por favor, venir donde mí, [17] que te recompensaré con grandes honores y haré todo lo que me digas. Ven, por favor, y maldíceme a ese pueblo.» [18] Respondió Balaán a los siervos de Balac: «Aunque me diera Balac su casa llena de plata y oro, no podría traspasar la orden de Yahvé mi Dios en nada, ni poco ni mucho. [19] Quedaos aquí también vosotros esta noche y averiguaré qué más me dice Yahvé.» [20] Entró Dios donde Balaán por la noche y le dijo: «¿No han venido esos hombres a llamarte? Levántate y vete con ellos. Pero has de cumplir la palabra que yo te diga.» [21] Se levantó Balaán de madrugada, aparejó su asna* y se fue con los jefes de Moab.

La burra de Balaán.

[22] Cuando iba, se encendió la ira de Yahvé y el Ángel de Yahvé se puso en el camino para estorbarle*. Él montaba la burra y sus dos muchachos iban con él. [23] La burra vio al Ángel de Yahvé plantado en el camino, la espada desenvainada en la mano, y la burra se apartó del camino y se fue a campo traviesa. Balaán pegó a la burra para hacerla volver al camino. [24] Pero el Ángel de Yahvé se puso en un sendero entre las viñas, con una pared a un lado y otra a otro. [25] Al ver la burra al Ángel de Yahvé, se arrimó a la pared y raspó el pie de Balaán contra la pared. Él le pegó otra vez. [26] Volvió el Ángel de Yahvé a cambiar de sitio, y se puso en un paso estrecho, donde no había espacio para apartarse ni a la derecha ni a la izquierda. [27] Vio la burra al Ángel de Yahvé y se tumbó, con Balaán encima. Balaán se enfureció y pegó a la burra con un palo. [28] Entonces Yahvé abrió la boca de la burra, que dijo a Balaán: «¿Qué te he hecho yo para que me pegues con ésta ya tres veces?» [29] Respondió Balaán a la burra: «Porque te has burlado de mí. Ojalá tuviera una espada en la mano; ahora mismo te mataba.» [30] Respondió la burra a Balaán: «¿No soy yo tu burra, y me has montado desde siempre hasta el día de hoy? ¿Acaso acostumbro a portarme así contigo?» Respondió él: «No.» [31] Entonces abrió Yahvé los ojos de Balaán, que vio al Ángel de Yahvé, de pie en el camino, la espada desenvainada en la mano; y se inclinó y postró rostro en tierra. [32] El Ángel de Yahvé le dijo: «¿Por qué has pegado a tu burra con ésta ya tres veces? He sido

2 P 2 1

---

22 5 Petor (del «Río», es decir, el Éufrates), y el país de Amav (con el hebr. contra «Amón» de sam., sir., Vulg.) son conocidos por los textos cuneiformes.
22 21 Montura de honor en el segundo milenio a.C. Ver Jc 5 10; 10 4; 12 14.

22 22 «Yahvé» con sam. y algunos mss griegos; «Dios» hebr. La contradicción con el v. 20 parece indicar un cambio de tradición, ver **22** 2+; este relato, de mayor colorido y más popular que el precedente, se atribuye al Yahvista. Hace hablar a los animales, como Gn 3 1s.

yo el que he salido a cerrarte el paso, porque éste es para mí un camino torcido*. ³³ La burra me ha visto y se ha apartado de mí tres veces. Gracias a que se ha desviado, porque si no, para ahora te habría matado y a ella la habría dejado con vida.» ³⁴ Dijo entonces Balaán al Ángel de Yahvé: «He pecado*, pues no sabía que tú te habías puesto en mi camino. Pero ahora mismo, si esto te parece mal, me vuelvo.» ³⁵ Respondió el Ángel de Yahvé a Balaán: «Vete con esos hombres, pero no dirás nada más que lo que yo te diga.» Balaán marchó con los jefes de Balac.

Balaán y Balac.

³⁶ Se enteró Balac de que llegaba Balaán y salió a su encuentro hacia Ar Moab*, en la frontera del Arnón, en los confines del territorio. ³⁷ Dijo Balac a Balaán: «¿No te mandé llamar? ¿Por qué no viniste donde mí? ¿Es que no puedo recompensarte?» ³⁸ Respondió Balaán a Balac: «Mira que ahora ya he venido donde ti. ¿Podré acaso decir algo? La palabra que ponga Dios en mi boca es la que diré.»

Jr 1 9

³⁹ Marchó Balaán con Balac y llegaron a Quiriat Jusot. ⁴⁰ Sacrificó Balac una vaca y una oveja y le envió porciones a Balaán y a los jefes que le acompañaban*. ⁴¹ A la mañana, tomó Balac a Balaán y lo hizo subir a Bamot Baal, desde donde se veía un extremo del campamento*.

23 ¹ Dijo Balaán a Balac: «Constrúyeme aquí siete altares y prepárame siete novillos y siete carneros.» ² Balac hizo lo que le había dicho Balaán, y ofreció en holocausto* un novillo y un carnero en cada altar. ³ Dijo entonces Balaán a Balac: «Quédate junto a tus holocaustos, mientras yo voy a ver si me sale al encuentro Yahvé. Yo te comuni-

caré lo que él me manifieste.» Y se fue a un monte pelado.

Oráculos de Balaán.

⁴ Salió Dios al encuentro de Balaán y éste le dijo: «Siete altares he preparado y he ofrecido en holocausto un novillo y un carnero sobre cada altar.» ⁵ Yahvé entonces puso una palabra en la boca de Balaán y le dijo: «Vuelve donde Balac y esto le dirás.» ⁶ Volvió donde él, que estaba aún de pie junto a su holocausto, con todos los príncipes de Moab. ⁷ Él entonó su trova y dijo*:

«De Aram me hace venir Balac,
el rey de Moab desde los montes de Quédem:
Ven, maldíceme a Jacob;
ven, augura males a Israel.
⁸ ¿Cómo maldeciré, si no maldice Dios?
¿Cómo auguraré, si no augura Yahvé?
⁹ De la cumbre de las peñas lo diviso,
de lo alto de las colinas lo contemplo:
es un pueblo que vive aparte;
no es contado entre las naciones*.
¹⁰ ¿Quién contará el polvo de Jacob,
quién numerará la polvareda de Israel?
Muera mi alma con la muerte de los justos,
sea mi paradero como el suyo*.»

¹¹ Dijo Balac a Balaán: «¿Qué me has hecho? ¡Te he traído para maldecir a mis enemigos y los has colmado de bendiciones!» ¹² Le respondió diciendo: «¿No tengo yo que esmerarme en repetir todo lo que Yahvé me pone en la boca?» ¹³ Le respondió Balac: «Ven, pues a otro sitio conmigo para que lo veas desde allí; sólo un extremo verás, no lo verás entero. Maldícemelo desde allí.» ¹⁴ Y lo llevó al Campo de los Centinelas, hacia la cumbre del Pisgá. Construyó siete altares y ofreció en holocausto un novillo y un carnero en

Dt 33 28

Gn 15 5+
Gn 13 16

---

22 32 Otra traducción: «porque este viaje me desagradaba».

22 34 Todo acto del hombre, consciente o no, que esté en oposición con la voluntad divina, es considerado aquí como pecado.

22 36 El texto dice 'îr mô'ab, «una ciudad de Moab», pero se trata de Ar, ciudad fuerte que domina la Garganta del Arnón, ver 21 15. Pero Balaán va a pronunciar sus oráculos desplazándose hacia el norte hasta el monte Nebo, costeando el borde de la meseta que domina la estepa ocupada por los israelitas. Estamos al norte, lejos de Arnón, frontera de Moab, y en el antiguo territorio de Sijón conquistado por los israelitas. Estos relatos reflejan una situación posterior a la conquista, pero anterior a la época de David, en que Moab se había

extendido hacia el Norte. Llegará un momento hasta Jericó, ver Jc 3 13.

22 40 Es un sacrificio de comunión, Lv 3 1+, que será seguido, 23 2, del holocausto, que prepara la manifestación divina, ver Jc 6 25s.

22 41 Lit. «extremo del pueblo».

23 2 «ofreció» en sing. con griego.

23 7 Los poemas que siguen parecen haber pertenecido primitivamente a una misma colección, dirigida contra Moab. Los dos primeros fueron trasmitidos por la tradición elohísta.

23 9 Es la elección de Israel, Dt 7 6+, sancionada por la bendición de una posteridad numerosa.

23 10 «el suyo» (de ellos) griego. El hebr. «de él».

cada altar. ¹⁵ Balaán dijo a Balac: «Quédate aquí junto a tus holocaustos, mientras yo salgo al encuentro*.» ¹⁶ Salió Yahvé al encuentro de Balaán, puso una palabra en su boca y le dijo: «Vuelve donde Balac y esto le dirás.» ¹⁷ Volvió donde él y lo encontró aún de pie junto a sus holocaustos, con los príncipes de Moab. Le dijo Balac: «¿Qué ha dicho Yahvé?» ¹⁸ Él entonó su trova diciendo:

«Levántate, Balac, y escucha,
préstame oído, hijo de Sipor.

1 S 15 29
Ml 3 6
Jb 9 32;
Rm 11 29
Tt 1 2
Hb 6 18
St 1 17

¹⁹ No es Dios un hombre, para mentir,
ni hijo de hombre, para volverse atrás.
¿Es que él dice y no hace,
habla y no lo mantiene?
²⁰ He aquí que me ha tocado bendecir*;
bendeciré y no me retractaré.
²¹ No ha divisado maldad en Jacob,
ni ha descubierto infortunio en Israel.
Yahvé su Dios está con él,
y en él se oye proclamar a un rey.

=24 8-9
⁄ Mt 2 15

²² Cuando Dios* lo sacó de Egipto,
como cuernos de búfalo* fue para él.
²³ No hay presagio contra Jacob,
ni sortilegio contra Israel*.
A su tiempo se dirá a Jacob

14 14-18

y a Israel lo que hace Dios.
²⁴ Mira, un pueblo se levanta como leona,
se yergue como león:

Gn 49 9

no se tumbará hasta devorar la presa
y beber la sangre de sus víctimas.»

²⁵ Balac dijo a Balaán: «Ya que no le maldices, por lo menos no le bendigas.» ²⁶ Respondió Balaán a Balac: «¿No te he dicho que haré todo lo que me diga Yahvé?» ²⁷ Dijo Balac a Balaán: «Ven, por favor, que te lleve a otro sitio, a ver si le place a Dios que me lo maldigas desde allí.» ²⁸ Llevó Balac a Balaán a la cumbre del Peor, que domina la parte del desierto. ²⁹ Dijo Balaán a Balac: «Construyeme aquí siete altares y prepárame aquí siete novillos y siete carneros.»

³⁰ Balac hizo lo que le había dicho Balaán, y ofreció en holocausto un novillo y un carnero en cada altar.

24 ¹ Vio Balaán que agradaba a Yahvé bendecir a Israel, y ya no fue como las otras veces al encuentro de los augurios, sino que se volvió cara al desierto. ² Y al alzar los ojos, vio Balaán a Israel acampado por tribus. Y le invadió el espíritu de Dios. ³ Entonó su trova y dijo*:

«Oráculo de Balaán, hijo de Beor,
oráculo del varón clarividente*.
⁴ Oráculo del que oye los dichos de Dios,

Gn 17 1+

del que ve la visión de Sadday,
del que obtiene respuesta, y se le abren los ojos*.
⁵ ¡Qué hermosas son tus tiendas, Jacob,

Sal 84 2
Is 54 2-3

y tus moradas, Israel!
⁶ Como valles espaciosos,
como jardines a la vera del río,
como áloes que plantó Yahvé,
como cedros a la orilla de las aguas.
⁷ Sale un héroe de su descendencia,

24 17
Gn 49 10
Is 9 5p;
11 1s

domina sobre pueblos numerosos*.
Se alza su rey por encima de Agag,
se alza su reinado.
⁸ Dios lo sacó de Egipto,

23 22-24
Dt 33 17

como cuernos de búfalo fue para él.
Devora* el cadáver de sus enemigos
y les quebranta los huesos.
⁹ Se agacha, se tumba,

Gn 49 9

como león, como leona,
¿quién le hará levantar?
¡Bendito el que te bendiga!

Gn 12 3;
27 29

¡Maldito el que te maldiga!»

¹⁰ Se enfureció Balac contra Balaán, palmoteó fuertemente, y dijo a Balaán: «Te he llamado para maldecir a mis enemigos y resulta que los has llenado de bendiciones ya por tercera vez. ¹¹ Lárgate ya a tu tierra. Te dije que te colmaría de honores, pero Yahvé te ha privado de ellos.» ¹² Respondió Balaán a Balac: «¿No les dije yo a los mensajeros

---

23 15 Lit. «seré encontrado».
23 20 Lit. «He aquí que ha bendecido, he tomado», pero las versiones emplean la pasiva: «he sido tomado».
23 22 (a) En lugar de Elohim el hebr. dice «El», que significa «Dios», pero que también es el nombre propio del gran dios cananeo El. Éste había sido ya identificado con el Dios de los padres, y lo fue con Yahvé. Lo mismo en **24** 4.8 y 16.
23 22 (b) Texto difícil. Otras traducciones: «tiene (Jacob) un vigor como de búfalo», o, «tiene (El) cuernos como de búfalo».
23 23 Otra traducción: «en Jacob» y «en Israel».
24 3 (a) Aquí comienza una nueva serie de oráculos que pertenecen al ciclo yahvista.

24 3 (b) Lit. «cuyo ojo es perfecto» šettam, siguiendo el griego; «cuyo ojo está cerrado», šetûm, hebr.
24 4 Sentido discutido. Otra traducción: «del que cae, y se le abren los ojos».
24 7 Seguimos el griego; este oráculo parece referirse al «mesianismo real» y apuntar directamente, o a Saúl, vencedor de Agag, rey amalecita, 1 S 15 8, o a David, que también combatió a los amalecitas, 1 S 30. El hebr. es totalmente diferente y puede traducirse: «el agua desborda de su cubo y su semilla (está en) aguas abundantes».
24 8 Israel. La continuación del v. es incierta y el texto corrompido. En lugar de «cadáver» los masoretas entendieron «naciones».

que me enviaste: [13] Aunque me diera Balac su casa llena de plata y oro, no podría salirme de la orden de Yahvé, ni hacer por mi cuenta nada, bueno ni malo; lo que me diga Yahvé, eso es lo que diré? [14] Ahora, pues, que me marcho a mi pueblo, ven, que te voy a anunciar lo que hará este pueblo al tuyo al cabo del tiempo.» [15] Entonó su trova y dijo:

«Oráculo de Balaán, hijo de Beor, oráculo del varón clarividente.
[16] Oráculo del que escucha los dichos de Dios,
del que conoce la ciencia del Altísimo;
del que ve lo que le hace ver Sadday,
del que obtiene la respuesta, y se le abren los ojos.
[17] Lo veo, aunque no para ahora, lo diviso, pero no de cerca:
de Jacob avanza una estrella*,
un cetro* surge de Israel.
Aplasta las sienes de Moab,
el cráneo de todos los hijos de Set*.
[18] Será Edom tierra conquistada,
tierra conquistada Seír.
Israel despliega su poder,
[19] Jacob domina a sus enemigos,
aniquila a los fugitivos de Ar*.»

[20] Después vio Balaán a Amalec, entonó su trova y dijo:

«Primicias de las naciones, Amalec;
pero al cabo perecerá para siempre*.»

[21] Vio luego a los quenitas, entonó su trova y dijo:

«Firme es tu morada, Caín,
en la peña has puesto tu nido*.
[22] Pero el nido es de Beor;
¿hasta cuándo te tendrá cautivo Asur*?»

[23] Entonó luego su trova y dijo:

«Pueblos del Mar* reviven por el Norte,
[24] barcos por el lado de Quitín.
Oprimen a Asur, oprimen a Héber*;
también él perecerá para siempre.»

[25] Luego se levantó Balaán, y se fue de vuelta a su país. También Balac se fue por su camino.

Israel en Peor*.

25 [1] Israel se estableció en Sitín*. Y el pueblo se puso a fornicar con las hijas de Moab. [2] Éstas invitaron al pueblo a los sacrificios de sus dioses, y el pueblo comió* y se postró ante sus dioses. [3] Israel se adhirió así al Baal de Peor, y se encendió la ira de Yahvé contra Israel.

[4] Dijo Yahvé a Moisés: «Toma a todos los jefes del pueblo y empálalos en honor de Yahvé, cara al sol; así cederá el furor de la cólera de Yahvé contra Israel.»

Marginal references

Ap 2 28;
22 16
Gn 49 10+

Dt 2 1+
Gn 25 23+;
27 39+

Ex 17 8+
Ex 17 14
1 S 15 3

1 S 15 6

Dn 11 30

31 8

31 16
Dt 3 29; 4 3
Sal 106
28-31
/ Ap 2 14

2 S 21 6s

Ex 18 25p

---

24 17 (a) La estrella es en el antiguo Oriente signo de un dios; de ahí pasó a ser signo de un rey divinizado. Véase igualmente Is 14 12. Este término parece evocar aquí la monarquía davídica y, para el futuro, al Mesías.
24 17 (b) En lugar de «un cetro», el griego dice «un hombre», y en lugar de «sienes», «príncipes». La misma palabra hebrea significa «sienes» y «príncipes».
24 17 (c) Aquí, tribus beduinas. El poeta va a pasar revista a los adversarios de Israel en la vecindad de Canaán.
24 19 «Enemigos» transposición del v. 18, donde el hebreo lo pone después de «Seir». «Ar» ver 22 36, en lugar de hebr. «ciudad» ('îr).
24 20 «Perecerá para siempre» sam.; «será hasta la ruina (?)» hebr. Lo mismo en el v. 24.
24 21 Juego de palabras entre qen, nido, y qyn, Caín, restituido por el ritmo. Los quenitas son nómadas (ver 1 Cro 2 55, donde son hermanos de los recabitas) en estrechas relaciones con Madián (ver Nm 10 29; y Jc 1 16). Rechazados los edomitas (el Beor del v. 22 parece ser el del Gn 36 32), conquistan el país de los amalecitas, Jc 1 16; 1 S 15 4.6, ver 27 10 y 30 29, y se les encontrará hasta en la llanura de Esdrelón, Jc 4 11.17; 5 24. Caín debe ser relacionado con Quenaz, nombre del padre de Otniel, hermano a su vez (¿o sobrino?) de «Caleb el quenizeo» (asimilado otras veces a la tribu de Judá), Nm 32 12; Jos 14 6.14; 15 17; Jc 1 13; 3 9-11; 1 Cro 4 13. En Gn 15 19 los quenizeos son nombrados entre los quenitas y los cadmoneos, «hijos del Oriente» de Gn 29 1; Jc 6 3, etc.) y en Gn 36 11.42, Quenaz es nieto de Esaú y hermanastro de Amalec, lo cual expresa una relación geográfica más bien que etnográfica.
24 22 El texto, muy dudoso, lo corregimos según el

griego. La mención de Asur, aquí y en el v. 24, es sorprendente: no puede tratarse de Asiria, porque esto sitúa el oráculo muy tarde (s. VII a.C.); quizá se trata de la tribu de Asur mencionada en Gn 25 3.
24 23 Lit. «de las islas» mediante una ligera corrección. Estos «pueblos del Mar», de los que formaban parte los filisteos, irrumpieron en Egipto y Palestina a fines del s. XIII a.C.
24 24 Quitín: Chipre, pero también las costas del Mediterráneo oriental. Héber: ver Gn 10 21; 11 14, población a la que se vincula Abrahán, Gn 11 26; hay que relacionar con «Héber» el nombre de los «hebreos» (ver «Abrán el Hebreo», Gn 14 13), cualquiera que sea el origen real de este nombre.
25 El relato antiguo vv. 1-5 supone la misma situación histórica que los relatos sobre Balaán, ver 22 36+. El santuario de Baal Peor, ver 23 28, en el límite entre Israel y Moab, es frecuentado por los dos pueblos, las mujeres moabitas arrastran a los israelitas al culto de sus dioses («de su dios»), ver 31 16. Los vv. 6-18, vinculados al mismo santuario por el v. 18, son de redacción sacerdotal, pero utilizan una tradición antigua que introduce en escena a una mujer madianita. Es posible que algunos madianitas que vivían como nómadas en toda esta región, ver 22 4.7, lejos de su territorio, ver Ex 2 11+, frecuentaran este santuario. Este relato dio ocasión a la historia de la guerra contra Madián, Nm 31 1+. Los madianitas, a los que las tradiciones sobre Moisés consideraban favorablemente, ver Ex 2 18+, se convierten en los enemigos de Israel, ver Nm 7-9.
25 1 Sobre Sitín o Abel Sitín, ver Jos 2 1+.
25 2 Es el banquete sagrado que acompaña a los sacrificios.

⁵ Dijo Moisés a los jueces de Israel: «Matad cada uno a los vuestros que se hayan adherido al Baal de Peor.»

⁶ Sucedió que un hombre, un israelita, vino y presentó ante sus hermanos a la madianita*, a los ojos de Moisés y de toda la comunidad de los israelitas, que estaban llorando a la entrada de la Tienda del Encuentro. ⁷ Al verlos Pinjás, hijo de Eleazar, hijo del sacerdote Aarón, se levantó de entre la comunidad, lanza en mano, ⁸ entró tras el hombre a la alcoba* y los atravesó a los dos, al israelita y a la mujer, por el bajo vientre. Y se detuvo la plaga que azotaba a los israelitas. ⁹ Los muertos por la plaga fueron 24.000.

¹⁰ Yahvé dijo a Moisés: ¹¹ «Pinjás, hijo de Eleazar, hijo del sacerdote Aarón, ha aplacado mi furor contra los israelitas, porque él ha sido, de entre vosotros, el que ha sentido celo por mí; por eso no he acabado con los israelitas a impulso de mis celos. ¹² Por eso digo: Le concedo a él mi alianza de paz: ¹³ será para él y para su descendencia después de él una alianza de sacerdocio perpetuo. En recompensa de haber sentido celo por su Dios, celebrará el rito de expiación* sobre los israelitas.»

¹⁴ El israelita muerto, el que fue matado con la madianita, se llamaba Zimrí, hijo de Salú, príncipe de una casa patriarcal de Simeón. ¹⁵ Y la mujer muerta, la madianita, se llamaba Cozbí, hija de Sur. Éste era jefe de su clan, de una casa patriarcal de Madián.

¹⁶ Habló Yahvé a Moisés y le dijo: ¹⁷ «Atacad a los madianitas y derrotadlos, ¹⁸ porque ellos os han atacado a vosotros engañándoos con sus malas artes, con lo de Peor, y con lo de su hermana Cozbí, hija de un príncipe de Madián, la que fue muerta el día de la plaga que hubo por lo de Peor.»

VIII. Nuevas disposiciones*

El censo.

¹⁹ Después de la plaga,

26 ¹ Yahvé habló a Moisés y a Eleazar, hijo del sacerdote Aarón, y les dijo: ² «Haced el censo de toda la comunidad de los israelitas, por casas patriarcales, de veinte años para arriba, de todos los útiles para la guerra.» ³ Moisés y el sacerdote Eleazar hicieron el censo en las Estepas de Moab, cerca del Jordán, frente a Jericó*, de veinte años para arriba, ⁴ como había mandado Yahvé a Moisés.

Israelitas que salieron de Egipto:
⁵ Rubén, primogénito de Israel. Hijos de Rubén: de Henoc, el clan henoquita; de Palú, el clan paluíta; ⁶ de Jesrón, el clan jesronita; de Carmí, el clan carmita. ⁷ Ésos eran los clanes rubenitas. Hecho el censo, resultaron ser 43.730. ⁸ Hijos de Palú: Eliab. ⁹ Hijos de Eliab: Nemuel, Datán y Abirón. Estos Datán y Abirón eran famosos en la comunidad, y se rebelaron contra Moisés y Aarón con la cuadrilla de Coré, cuando ésta se rebeló contra Yahvé. ¹⁰ La tierra abrió su boca y los tragó a ellos y a Coré, cuando el fuego devoró a doscientos cincuenta hombres, para que sirvieran de escarmiento. ¹¹ Pero los hijos de Coré no murieron.

¹² Hijos de Simeón, por clanes: De Yemuel, el clan yemuelita; de Yamín, el clan yaminita; de Yaquín, el clan yaquinita; ¹³ de Zéraj, el clan zerajita; de Saúl, el clan saulita. ¹⁴ Ésos eran los clanes simeonitas. Se contaron 22.200.

¹⁵ *Hijos de Gad, por clanes: De Sefón, el clan sefonita; de Jaguí, el clan jaguita; de Suní, el clan sunita; ¹⁶ de Ozní, el clan oznita; de Erí, el clan erita; ¹⁷ de Arod, el clan arodita; de Arelí, el clan arelita. ¹⁸ Ésos eran los clanes de los hijos de Gad. Según el censo se contaron 40.500.

¹⁹ Hijos de Judá: Er y Onán. Er y Onán murieron en la tierra de Canaán. ²⁰ Los hijos de Judá, por clanes, eran: de Selá,

Ex 2 15+
Ex 6 25
1 Co 10 8

Dt 4 24+
Ex 32 25-29
Lv 1-7
Dt 33 8-11
Ez 44 15
Sal 106
30-31
Si 45 23-26
31 3-12

1
Gn 46 8-9
16 1-17 15

Gn 46 10
Gn 46 16
Gn 46 12

25 6　De la que se va a tratar.
25 8　Lit. «el cuarto abovedado», acaso destinado a la prostitución sagrada.
25 13　Otra traducción: «En recompensa de haber sentido celo por su Dios y haber hecho la expiación».
25 19　Estas nuevas disposiciones, bastante incoherentes, son en su totalidad de tradición sacerdotal.
26 3　«hicieron el censo» Targ., sir.; «habló... diciendo», hebr. Este censo en las Estepas de Moab corresponde al que fue hecho al partir del Sinaí, Nm 1; es más detallado y sirvió para confeccionar el cuadro de la familia de Jacob en Gn 46 (sacerdotal). El orden de las tribus es diferente en el griego y conforme al del Gn 46.
26 15　El griego invierte aquí el orden de las tribus; de ahí un desajuste en la numeración.

el clan selanita; de Peres, el clan peresita; de Zéraj, el clan zerajita. ²¹ Hijos de Peres fueron: de Jesrón, el clan jesronita; de Jamul, el clan jamulita. ²² Ésos eran los clanes de Judá. Según el censo se contaron 76.500.

²³ Hijos de Isacar, por clanes: de Tolá, el clan tolaíta; de Puá, el clan puvita; ²⁴ de Yasub, el clan yasubita; de Simrón, el clan simronita. ²⁵ Ésos eran los clanes de Isacar. Según el censo se contaron 64.300.

²⁶ Hijos de Zabulón, por clanes: de Séred, el clan sardita; de Elón, el clan elonita; de Yajleel, el clan yajleelita. ²⁷ Ésos eran los clanes de Zabulón. Según el censo, 60.500.

²⁸ Hijos de José, por clanes: Manasés y Efraín.

²⁹ Hijos de Manasés: de Maquir, el clan maquirita. Maquir engendró a Galaad. De Galaad, el clan galaadita. ³⁰ Los hijos de Galaad eran: de Yézer, el clan yezerita; de Jélec, el clan jelequita; ³¹ de Asriel, el clan asrielita; de Siquén, el clan siquenita; ³² de Semidá, el clan semidaíta; de Jéfer, el clan jeferita; ³³ Selofjad, hijo de Jéfer, no tuvo hijos; solamente hijas. Se llamaban las hijas de Selofjad: Majlá, Noá, Jojlá, Milcá y Tirsá. ³⁴ Ésos eran los clanes de Manasés: según el censo, 52.700.

³⁵ Éstos eran los hijos de Efraín, por clanes: de Sutélaj, el clan sutelajita; de Béquer, el clan bequerita; de Taján, el clan tajanita. ³⁶ Éstos son los hijos de Sutélaj: de Erán, el clan eranita. ³⁷ Ésos eran los clanes de los hijos de Efraín. Según el censo se contaron 32.500.

Ésos eran los hijos de José, por clanes.

³⁸ Hijos de Benjamín, por clanes: de Belá, el clan belaíta; de Asbel, el clan asbelita; de Ajirán, el clan ajiranita; ³⁹ de Sefufán, el clan sefufanita; de Jufán, el clan jufanita. ⁴⁰ Fueron los hijos de Belá, Ard y Naamán: de Ard, el clan ardita; de Naamán, el clan naamanita. ⁴¹ Ésos eran los hijos de Benjamín, por clanes. Según el censo se contaron 45.600.

⁴² Éstos eran los hijos de Dan, por clanes: de Suján, el clan sujanita. Éstos eran los clanes de Dan: ⁴³ Todos los clanes sujanitas. Según el censo se contaron 64.400.

⁴⁴ Hijos de Aser, por clanes: de Yimná, el clan yimnita; de Yisví, el clan yisvita;

de Beriá, el clan berita. ⁴⁵ De los hijos de Beriá: de Jéber, el clan jeberita; de Malquiel, el clan malquielita. ⁴⁶ La hija de Aser, se llamaba Sáraj. ⁴⁷ Ésos eran los clanes de los hijos de Aser. Según el censo se contaron 53.400.

⁴⁸ Hijos de Neftalí, por clanes: de Yajseel, el clan yajseelita; de Guní, el clan gunita; ⁴⁹ de Yéser, el clan yeserita; de Silén, el clan silenita. ⁵⁰ Ésos eran los clanes de Neftalí, por clanes. Según el censo se contaron 45.400.

⁵¹ Los israelitas censados resultaron ser 601.730.

⁵² Dijo Yahvé a Moisés: ⁵³ «Entre éstos has de repartir la tierra en herencia, conforme al número de censados; ⁵⁴ al grande le aumentarás la herencia y al pequeño se la reducirás; a cada uno se le dará la herencia según el número de sus censados. ⁵⁵ Pero el reparto se hará a suertes; según el número de censados de cada tribu patriarcal se hará la distribución. ⁵⁶ A suertes distribuirás la herencia, distinguiendo entre el grande y el pequeño.»

Censo de los levitas.

⁵⁷ Éstos fueron los censados de Leví, por clanes. De Guersón, el clan guersonita; de Queat, el clan queatita; de Merarí, el clan merarita. ⁵⁸ Éstos eran los clanes de Leví: el clan libnita, el clan hebronita, el clan majlita, el clan musita, el clan coreíta*. Queat engendró a Amrán. ⁵⁹ La mujer de Amrán se llamaba Yoquébed, hija de Leví, que le nació a Leví en Egipto. Amrán tuvo de ella a Aarón, a Moisés y a María su hermana. ⁶⁰ Aarón engendró a Nadab y Abihú, a Eleazar e Itamar. ⁶¹ Nadab y Abihú murieron al ofrecer fuego profano delante de Yahvé.

⁶² El total del censo de todos los varones de un mes en adelante fue de 23.000. Porque no fueron alistados con los demás israelitas, pues no se les daba herencia entre los demás israelitas.

⁶³ Ésos fueron los censados por Moisés y el sacerdote Eleazar. Hicieron el censo de los israelitas en las Estepas de Moab, cerca del Jordán, frente a Jericó. ⁶⁴ Entre ellos no quedaba nadie de los que habían sido censados por Moisés y por el sacerdote Aarón, cuando hicieron el censo de los israelitas en el desierto del Sinaí. ⁶⁵ Es que Yahvé les había dicho que mo-

Gn 46 13
Jc 10 1-2

Gn 46 14
c 12 11-12

Gn 46 20

Jos 17 1
Jc 5 14
Cro 7 14-19

Gn 46 21

Gn 46 23

Gn 46 17

Gn 46 24

2 32; 11 21
1 46+

Jos 13s
=33 54

Gn 46 11
Ex 6 16-23
1 Cro 6 1-15

Ex 6 20

Lv 10 1-3
Nm 3 4

3 15.39

18 20-24

26 58 Estas dos divisiones de los levitas en clanes no coinciden; la segunda es sin duda la más antigua y conserva el recuerdo de la concentración primitiva de los levitas en el sur (Hebrón, Libná). 1 Cro 6 1-15 intenta conciliarlas.

14 20-38

rirían en el desierto, sin que quedara uno de ellos, excepto Caleb, hijo de Jefoné, y Josué, hijo de Nun.

La herencia de las hijas.

26 33
Jos 17 3-4

27 [1] Entonces se acercaron las hijas de Selofjad, hijo de Jéfer, hijo de Galaad, hijo de Maquir, hijo de Manasés, de los clanes de Manasés, hijo de José. Se llamaban las hijas: Majlá, Noá, Joglá, Milcá y Tirsá. [2] Se presentaron a Moisés y al sacerdote Eleazar, a los príncipes y a toda la comunidad, a la entrada de la Tienda del Encuentro, y dijeron: [3] «Nuestro padre murió en el desierto. No era de la facción que se amotinó contra Yahvé, de la facción de Coré; por sus propios pecados murió sin tener hijos varones*. [4] ¿Por qué ha de ser borrado de su clan el nombre de nuestro padre, sólo por no haber tenido hijos varones? Danos alguna propiedad entre los hermanos de nuestro padre.»

[5] Moisés expuso su caso ante Yahvé. [6] Respondió Yahvé a Moisés: [7] «Han hablado bien las hijas de Selofjad. Dales en propiedad una heredad entre los hermanos de su padre; traspásales a ellas la herencia de su padre. [8] Y dirás a los israelitas: Si un hombre muere y no tiene ningún hijo varón, traspasaréis su herencia a su hija. [9] Si tampoco tiene hija, daréis la herencia a sus hermanos. [10] Si tampoco tiene hermanos, daréis la herencia a los hermanos de su padre. [11] Y si su padre no tenía hermanos, daréis la herencia al pariente más próximo de su clan, el cual tomará posesión de ella. Ésta será norma de derecho para los israelitas, según lo ordenó Yahvé a Moisés.»

‖Dt 31
1-8.23
Dt 34 9

Josué, jefe de la comunidad.

[12] Dijo Yahvé a Moisés: «Sube ahí a la sierra de Abarín y contempla la tierra que he dado a los israelitas. [13] Cuando la veas, irás a reunirte con tus tuyos, como se reunió tu hermano Aarón. [14] Porque os rebelasteis en el desierto de Sin, cuando protestó la comunidad y cuando os mandé manifestar delante

20 12+

de ella mi santidad, por medio del agua.» Son las aguas de Meribá de Cades, en el desierto de Sin.

[15] Dijo Moisés a Yahvé: [16] «Que Yahvé, Dios de los espíritus de todo viviente, ponga un hombre al frente de esta comunidad, [17] uno que salga y entre delante de ellos y que los haga salir y entrar*, para que no quede la comunidad de Yahvé como rebaño sin pastor.» [18] Respondió Yahvé a Moisés: «Toma a Josué, hijo de Nun, hombre en quien está el espíritu, impónle tu mano, [19] y colócalo delante del sacerdote Eleazar y delante de toda la comunidad para darle órdenes en presencia de ellos [20] y comunicarle parte de tu dignidad, con el fin de que le obedezca toda la comunidad de los israelitas. [21] Que se presente al sacerdote Eleazar y que éste consulte acerca de él, según el rito de *urim*, delante de Yahvé. A sus órdenes saldrán y a sus órdenes entrarán él y todos los israelitas, toda la comunidad.» [22] Moisés hizo como le había mandado Yahvé: tomó a Josué y lo puso delante del sacerdote Eleazar y delante de toda la comunidad. [23] (Eleazar) le impuso su mano y le dio sus órdenes, como había dicho Yahvé por Moisés.

16 22

1 R 22 17
Ez 34 5
Mt 9 36
Jos 1 1+

2 R 2 9.15

Jos 1 16-1

1 S 14 41-
Dt 33 8

Dt 34 9

Precisiones sobre los sacrificios*.

Lv 23
Ex 23 14+

28 [1] Dijo Yahvé a Moisés: [2] «Manda a los israelitas en estos términos: Tendréis cuidado de ofrecer a su tiempo mi ofrenda, mi alimento, manjares míos abrasados de calmante aroma. [3] Les dirás: Éste será el manjar abrasado que ofreceréis a Yahvé:

Ex 29 18-

A. Sacrificios cotidianos.

Ex 29 38-
Lv 6 2+
Ez 46 13-

«Corderos de un año, sin defecto, dos al día, como holocausto perpetuo. [4] Uno de los corderos lo ofrecerás en holocausto por la mañana, y el otro cordero entre dos luces; [5] y como oblación, una décima de medida de flor de harina, amasada con un cuarto de sextario de aceite virgen. [6] Es el holocausto perpetuo ofrecido antaño en el monte Sinaí como calmante aroma, manjar abrasado para Yahvé. [7] Y la libación correspondiente: un cuarto de sex-

---

27 3   El castigo del pecado de incredulidad, **14**, no abolió los derechos de la generación siguiente; el del pecado de Coré, **16-17**, alcanza a la descendencia de los rebeldes.
27 17   Estas expresiones designan toda la actividad del jefe, Dt 28 6; 1 S 29 6; 2 R 19 27, el cual se amoldará a las respuestas del oráculo divino, trasmitido por el sa-

cerdote, v. 21, ver 1 S 14 18.37; 23 2s.
28   Los caps. **28** y **29** reanudan el ciclo litúrgico de Lv 23, pero desde un punto de vista muy particular. Es una sistematización de las disposiciones de Lv 23 13.17-18; ver Ez 45 21-25; 46 11.13-15, con vistas al reglamento del templo.

tario por cada cordero. La libación de bebida fermentada para Yahvé la derramarás en el santuario. [8] El segundo cordero lo ofrecerás entre dos luces: lo ofrecerás con la misma oblación y libación que el de la mañana, como manjar abrasado de calmante aroma para Yahvé.

B. El sábado.

Ex 23 12
Ez 46 4-5

[9] «El día de sábado, dos corderos de un año, sin tacha, y como oblación dos décimas de flor de harina amasada con aceite, y su correspondiente libación. [10] El holocausto del sábado, con su libación, se añadirá los sábados al holocausto perpetuo.

C. La neomenia.

Am 8 5
Is 1 13
Ez 46 6-7

[11] «Los primeros de mes ofreceréis un holocausto a Yahvé: dos novillos, un carnero y siete corderos de un año, sin tacha. [12] Como oblación, tres décimas de flor de harina amasada con aceite por cada novillo; dos décimas de flor de harina amasada con aceite, como oblación con el carnero; [13] una décima de flor de harina amasada con aceite, por cada cordero. Es un holocausto de calmante aroma, manjar abrasado para Yahvé. [14] Las libaciones correspondientes serán: medio sextario de vino por novillo, un tercio de sextario por carnero y un cuarto de sextario por cordero. Éste será el holocausto mensual, todos los meses del año, uno tras otro. [15] Ofrecerás también a Yahvé, como sacrificio por el pecado, un macho cabrío con su libación, además del holocausto perpetuo.

D. Los ázimos.

Ex 12+
Lv 23 5-8
Dt 16 1-8
: 45 21-24

[16] «El mes primero, el día catorce del mes, es la Pascua de Yahvé, [17] y el día quince del mismo mes es fiesta. Durante siete días comeréis panes ázimos. [18] El día primero habrá reunión sagrada. No haréis ningún trabajo servil. [19] Ofreceréis como manjar abrasado en holocausto a Yahvé: dos novillos, un carnero, siete corderos de un año, sin tacha. [20] La oblación correspondiente de flor de harina amasada con aceite será de tres décimas por novillo, dos décimas con el carnero, [21] y una décima por cada uno de los siete corderos; [22] y un macho cabrío como sa-

crificio por el pecado, para expiar por vosotros. [23] Esto, además del holocausto de la mañana, que ofreceréis como holocausto perpetuo. [24] Así haréis los siete días. Es un alimento, un manjar abrasado de calmante aroma para Yahvé: se ofrece además del holocausto perpetuo y de su libación. [25] El día séptimo tendréis reunión sagrada; no haréis ningún trabajo servil.

E. La fiesta de las Semanas.

Ex 23 14+
Lv 23 15-21
Dt 16 9-12

[26] «El día de las primicias, cuando ofrezcáis a Yahvé oblación de frutos nuevos en vuestra fiesta de las Semanas, tendréis reunión sagrada; no haréis ningún trabajo servil. [27] Ofreceréis en holocausto, como calmante aroma para Yahvé, dos novillos, un carnero y siete corderos de un año. [28] La oblación correspondiente será de flor de harina amasada con aceite: tres décimas por novillo, dos décimas con el carnero, [29] y una décima por cada uno de los siete corderos; [30] y un macho cabrío como sacrificio por el pecado* para hacer expiación por vosotros. [31] Haréis esto además del holocausto perpetuo, con su oblación* y sus libaciones.

F. La fiesta del gran Clamor*.

Lv 23 24
Nm 10 5+

29 [1] «El mes séptimo, el primero de mes, tendréis reunión sagrada; no haréis ningún trabajo servil. Será para vosotros el día del gran Clamor. [2] Ofreceréis un holocausto como calmante aroma para Yahvé: un novillo, un carnero, siete corderos de un año, sin tacha. [3] La oblación correspondiente de flor de harina amasada con aceite será de tres décimas por el novillo, dos décimas por el carnero [4] y una décima por cada uno de los siete corderos; [5] y un macho cabrío como sacrificio por el pecado, para hacer la expiación por vosotros. [6] Esto, además del holocausto mensual y de su oblación, del holocausto perpetuo y de su oblación y sus libaciones, según la norma correspondiente, como calmante aroma, manjar abrasado para Yahvé.

G. El día de la Expiación.

Lv 16+
Ez 45 18-20

[7] «El día décimo del mismo mes séptimo tendréis reunión sagrada; ayunaréis

---

28 30 «como sacrificio por el pecado» griego; falta en hebr.
28 31 El texto añade aquí: «serán para vosotros sin de-

fecto», que proviene quizá del v. 27.
29 Es quizá el vestigio de una antigua fiesta guerrera de Yahvé de los Ejércitos, al comienzo del año.

y no haréis ningún trabajo. ⁸ Ofreceréis en holocausto a Yahvé, como calmante aroma, un novillo, un carnero, siete corderos de un año, que habrán de ser sin defecto; ⁹ su oblación de flor de harina amasada con aceite será: tres décimas por el novillo, dos décimas por el carnero, ¹⁰ una décima por cada uno de los siete corderos; ¹¹ y un macho cabrío como sacrificio por el pecado; además del sacrificio por el pecado de la fiesta de la Expiación, del holocausto perpetuo, de su oblación y sus libaciones.

Ex 23 14+
Lv 23 33-43
Dt 16 13-15
Ez 45 25
Jn 7 2

H. La fiesta de las Tiendas.

¹² «El día quince del mes séptimo tendréis reunión sagrada; no haréis ningún trabajo servil y celebraréis fiesta en honor de Yahvé durante siete días. ¹³ Ofreceréis en holocausto un manjar abrasado de calmante aroma para Yahvé: trece novillos, dos carneros, catorce corderos de un año, que serán sin defecto; ¹⁴ la oblación correspondiente será de flor de harina amasada con aceite, tres décimas por cada uno de los trece novillos, dos décimas por cada uno de los dos carneros, ¹⁵ y una décima por cada uno de los catorce corderos; ¹⁶ y un macho cabrío como sacrificio por el pecado; además del holocausto perpetuo, de su oblación y su libación.

¹⁷ «El día segundo, doce novillos, dos carneros, catorce corderos de un año, sin tacha, ¹⁸ con las oblaciones y libaciones correspondientes a los novillos, carneros y corderos, conforme a su número y según la norma; ¹⁹ y un macho cabrío como sacrificio por el pecado; además del holocausto perpetuo, de su oblación y sus libaciones.

²⁰ «El día tercero: once novillos, dos carneros, catorce corderos de un año, sin tacha, ²¹ con las oblaciones y libaciones correspondientes a los novillos, carneros y corderos, conforme a su número y según la norma; ²² y un macho cabrío como sacrificio por el pecado; además del holocausto perpetuo, de su oblación y su libación.

²³ «El día cuarto: diez novillos, dos carneros, catorce corderos de un año, sin tacha; ²⁴ las oblaciones y libaciones correspondientes a los novillos, carneros y corderos, conforme a su número y según la norma; ²⁵ y un macho cabrío como sacrificio por el pecado; además del holocausto perpetuo, de su oblación y su libación.

²⁶ «El día quinto: nueve novillos, dos carneros, catorce corderos de un año, sin

tacha; ²⁷ las oblaciones y libaciones correspondientes a los novillos, carneros y corderos, conforme a su número y según la norma; ²⁸ y un macho cabrío como sacrificio por el pecado; además del holocausto perpetuo, de su oblación y su libación.

²⁹ «El día sexto: ocho novillos, dos carneros, catorce corderos de un año, sin tacha; ³⁰ las oblaciones y libaciones correspondientes a los novillos, carneros y corderos, conforme a su número y según la norma; ³¹ y un macho cabrío como sacrificio por el pecado; además del holocausto perpetuo, de su oblación y su libación.

³² «El día séptimo: siete novillos, dos carneros, catorce corderos de un año, sin tacha; ³³ las oblaciones y libaciones correspondientes a los novillos, carneros y corderos, conforme a su número y según la norma; ³⁴ y un macho cabrío como sacrificio por el pecado; además del holocausto perpetuo y de su oblación y su libación.

³⁵ «El día octavo será para vosotros de reunión solemne; no haréis ningún trabajo servil. ³⁶ Ofreceréis un holocausto, como manjar abrasado de calmante aroma para Yahvé: un novillo, un carnero, siete corderos de un año, sin tacha; ³⁷ la oblación y libaciones correspondientes al novillo, al carnero y a los corderos, conforme a su número y según la norma; ³⁸ y un macho cabrío como sacrificio por el pecado; además del holocausto perpetuo, de su oblación y su libación.

Jn 7 37

³⁹ «Éstos son los sacrificios que ofreceréis a Yahvé en vuestras solemnidades, aparte de vuestras ofrendas votivas y espontáneas, holocaustos, oblaciones, libaciones y sacrificios de comunión.»

30 ¹ Moisés habló a los israelitas conforme en todo a lo que le había ordenado Yahvé.

Leyes acerca de los votos.

Lv 27 1+
Dt 23 22-
Qo 5 3-4
Sal 50 14
56 13; 76
Jc 11 30-

² Dijo Moisés a los jefes de tribu de los israelitas: «Esto es lo que ha ordenado Yahvé: ³ Si un hombre hace un voto a Yahvé, o se compromete a algo con juramento, no violará su palabra: cumplirá todo lo que ha salido de su boca. ⁴ Y si una mujer hace un voto a Yahvé, o adquiere un compromiso, en su juventud, cuando está en casa de su padre, ⁵ si su padre se entera de su voto o del compromiso que ha contraído, y no le dice nada su padre, serán firmes todos sus vo-

tos, y todos los compromisos que ha contraído serán firmes. ⁶ Pero si su padre, el mismo día en que se entera de cualquiera de sus votos o de los compromisos que ha contraído, lo desaprueba, no serán firmes. Yahvé no se lo tendrá en cuenta, pues su padre lo ha desaprobado. ⁷ Y si se casa cuando todavía está ligada por sus votos o por un compromiso que inconsideradamente contrajeron sus labios, ⁸ si su marido se entera, y el mismo día en que se entera no lo desaprueba, serán firmes sus votos, y los compromisos que adquirió serán válidos. ⁹ Pero si el día en que se entera su marido, lo desaprueba, anula el voto que la obligaba y el compromiso que inconsideradamente contrajeron sus labios. Yahvé no se lo tendrá en cuenta. ¹⁰ El voto de una mujer viuda o repudiada, y todos los compromisos contraídos por ella, serán firmes. ¹¹ «Si una mujer ha hecho votos en casa de su marido, o se ha comprometido con juramento, ¹² y se entera su marido y no le dice nada, no lo desaprueba, serán firmes todos sus votos, y todo compromiso que haya adquirido será firme. ¹³ Pero si su marido se los anula el mismo día en que se entera, no será firme nada de lo que ha salido de sus labios, sea voto o compromiso. Yahvé no se lo tendrá en cuenta, porque su marido se los anuló. ¹⁴ Cualquier voto o compromiso jurado que es gravoso* para la mujer, puede ratificarlo o anularlo el marido. ¹⁵ Si no le dice nada su marido para el día siguiente, es que confirma cualquier voto o compromiso que tenga; los confirma por no haberle dicho nada el día que se enteró. ¹⁶ Pero si los anula más tarde, cargará él con la falta de ella.»

¹⁷ Éstos son los preceptos que Yahvé dio a Moisés acerca de las relaciones entre marido y mujer, y entre el padre y la hija que, durante su juventud, vive todavía en casa de su padre.

IX. Botín y reparto

Guerra santa contra Madián*.

Dt 20 1-20;
21 10-14
Jos 6 17+
S 15 1-33
Ex 2 15+

31 ¹ Dijo Yahvé a Moisés: ² «Haz que los israelitas tomen venganza de los madianitas. Luego irás a reunirte con tu parentela.»

³ Moisés habló al pueblo en estos términos: «Que se armen algunos de vosotros para la guerra de Yahvé contra Madián, para tomar de Madián la venganza de Yahvé. ⁴ Pondréis sobre las armas mil de cada tribu, de todas las tribus de Israel.»

⁵ Los clanes de Israel suministraron, a razón de mil por cada tribu, doce mil hombres armados para la guerra. ⁶ Moisés envió al combate mil por cada tribu, y con ellos a Pinjás, hijo del sacerdote Eleazar, que llevaba en su mano los objetos sagrados y las trompetas del clamoreo. ⁷ Atacaron a Madián como había mandado Yahvé a Moisés y mataron a todos los varones. ⁸ Mataron también a los reyes de Madián: Eví, Requen, Sur, Jur y Rebá, cinco reyes madianitas; y a Balaán, hijo de Beor, lo mataron a filo de espada.

⁹ Los israelitas hicieron cautivas a las mujeres de Madián y a sus niños, y tomaron como botín su ganado, sus rebaños y todos sus bienes. ¹⁰ Prendieron fuego a todas las ciudades en que habitaban y a todos sus campamentos. ¹¹ Reunieron todo el botín que habían capturado, hombres y bestias, ¹² y llevaron los cautivos, la presa y el botín ante Moisés, ante el sacerdote Eleazar y ante toda la comunidad de los israelitas, al campamento en las Estepas de Moab, que están cerca del Jordán, frente a Jericó.

Matanza de las mujeres y purificaciones del botín

¹³ Moisés, el sacerdote Eleazar y todos los príncipes de la comunidad salieron a su encuentro hasta fuera del campamento. ¹⁴ Moisés se encolerizó contra los jefes de las tropas, jefes de millar y jefes de cien, que volvían de la expedición guerrera. ¹⁵ Les dijo Moisés: «¿Pero habéis dejado con vida a todas las mujeres? ¹⁶ Precisamente ellas fueron las que in-

Lv 5 4

25 17-18

1 16+

25 6-13

10 9

13 21-22

---

30 14 Lit. «la compromete a oprimir su alma», que significa de ordinario ayunar. Pero el conjunto de los comentaristas admite que hay que ampliar aquí el sentido.
31 Texto de composición tardía (sacerdotal), que es una continuación lógica del asunto de Peor y permite introducir las reglas sobre la guerra santa, el reparto del botín y la partición de la Tierra Santa.

dujeron a prevaricar contra Yahvé a los israelitas, siguiendo el consejo de Balaán, cuando lo de Peor; por eso azotó la plaga a la comunidad de Yahvé. [17] Matad, pues, a todos los niños varones. Y a toda mujer que haya conocido varón, que haya dormido con varón, matadla también. [18] Pero dejad con vida para vosotros a todas las muchachas que no hayan dormido con varón. [19] Y vosotros, todos los que hayáis matado a alguien y todos los que hayáis tocado a algún muerto, acampad fuera del campamento siete días. Purificaos vosotros y vuestros cautivos, el día tercero y el día séptimo. [20] Purificad también todos los vestidos, todos los objetos de cuero, todo tejido de pelo de cabra y todo objeto de madera.»

[21] Dijo el sacerdote Eleazar a los hombres de la tropa que habían ido a la guerra: «Éste es el precepto de la Ley que ordenó Yahvé a Moisés: [22] El oro, la plata, el bronce, el hierro, el estaño y el plomo, [23] todo lo que puede pasar por el fuego, lo pasaréis por el fuego y quedará puro. Pero será purificado con las aguas lustrales. Pero todo lo que no puede pasar por el fuego lo pasaréis por las aguas*.» [24] Lavaréis vuestros vestidos el día séptimo y quedaréis puros. Luego podréis entrar en el campamento.

Reparto del botín.

[25] Dijo Yahvé a Moisés: [26] «Sacad la cuenta, tú, el sacerdote Eleazar y los príncipes de las familias de la comunidad, del botín y de los cautivos, personas y bestias. [27] Luego repartirás el botín, la mitad para los combatientes que fueron a la guerra y la otra mitad para toda la comunidad. [28] Reservarás para Yahvé, de la parte de los combatientes que fueron a la guerra, uno por cada quinientos, sean personas, bueyes, asnos u ovejas. [29] Lo tomarás de la mitad que les corresponde y se lo darás al sacerdote Eleazar, como reserva para Yahvé. [30] Y de la mitad que corresponde a los israelitas, uno por cada cincuenta, sean personas, bueyes, asnos u ovejas, cualquier clase de bestias, y se lo darás a los levitas, que están encargados del ministerio de la Morada de Yahvé.»

[31] Moisés y el sacerdote Eleazar hicieron como había mandado Yahvé a Moisés. [32] Fue el botín, el remanente de lo que la gente de guerra había saqueado: 675.000 cabezas de ganado lanar, [33] 72.000 de vacuno [34] y 61.000 de ganado asnal. [35] En cuanto a las personas, las mujeres que no habían dormido con varón eran, en total, 32.000. [36] La mitad correspondiente a los que fueron al combate: 337.500 cabezas de ganado lanar, [37] siendo la parte de Yahvé de ganado lanar, 675 cabezas; [38] 36.000 de vacuno, siendo la parte de Yahvé, 72; [39] 30.500 de asnal, siendo la parte de Yahvé, 61. [40] Las personas eran 16.000, correspondiendo a Yahvé, 32. [41] Moisés dio al sacerdote Eleazar la reserva de Yahvé, como había ordenado Yahvé a Moisés.

[42] La mitad perteneciente a los israelitas, que había separado Moisés de la de los combatientes, [43] esta mitad correspondiente a la comunidad era de 337.500 cabezas de ganado lanar; [44] 36.000 de vacuno; [45] 30.500 de asnal, [46] y 16.000 personas. [47] Tomó Moisés de la mitad de los israelitas, a razón de uno por cincuenta, hombres y bestias, y se los dio a los levitas, que se encargan del ministerio de la Morada de Yahvé, como había ordenado Yahvé a Moisés.

Las ofrendas*.

[48] Se presentaron ante Moisés los jefes de las tropas de Israel que habían ido a la guerra, jefes de millar y jefes de cien, [49] y dijeron a Moisés: «Tus siervos han sacado la cuenta de los combatientes que tenían a sus órdenes, y no falta ni uno. [50] Por eso traemos de ofrenda a Yahvé lo que cada uno de nosotros ha encontrado en objetos de oro, brazaletes, ajorcas, anillos, arracadas y collares, para hacer expiación por nosotros delante de Yahvé.» [51] Moisés y el sacerdote Eleazar recibieron de ellos el oro y las joyas. [52] El total del oro de la reserva que reservaron para Yahvé, de parte de los jefes de millar y de cien, fue 16.750 siclos.

[53] Los combatientes habían tomado cada uno su botín. [54] Pero Moisés y el sacerdote Eleazar recibieron el oro de los jefes de millar y de cien y lo llevaron a la

---

Margin references:
25
19 11-22
19 1-10
1 S 30 24
18 26-32
Jc 8 24-27
Ex 30 11-

---

31 23 El paso por el fuego es un rito antiguo, más o menos teñido de paganismo, al cual el texto sobrepone aquí el rito de la purificación con las aguas lustrales, ver **19** 1+.
31 48 Este pasaje, como **31** 21-25, parece ser una adición, que atestigua una teología más desarrollada: la misma guerra santa supone contactos impuros, que exigen a los combatientes una expiación. Así se comprende la ofrenda, v. 50. Los vv. 53-54 pueden ser de otra redacción.

Tienda del Encuentro, para que sirviera ante Yahvé de memorial en favor de los israelitas.

Reparto de Transjordania*.

32 [1] Los hijos de Rubén y los hijos de Gad tenían muchos rebaños, muy grandes. Vieron que el país de Yazer y el país de Galaad eran tierra propia para el pastoreo, [2] y los hijos de Gad y los hijos de Rubén fueron y dijeron a Moisés, al sacerdote Eleazar y a los príncipes de la comunidad: [3] «Atarot, Dibón, Yazer, Nimrá, Jesbón, Elalé, Sibmá, Nebo y Meón, [4] el país que Yahvé conquistó al llegar la comunidad de Israel, es tierra de ganado, y tus siervos tienen ganado.» [5] Y añadieron: «Si hemos hallado gracia a tus ojos, que se nos dé esta tierra a tus siervos en propiedad; no nos hagas pasar el Jordán.»

[6] Respondió Moisés a los hijos de Gad y a los hijos de Rubén: «¿Es que vuestros hermanos van a ir al combate y vosotros os vais a quedar aquí? [7] ¿Por qué os oponéis a que los israelitas pasen a la tierra que les ha dado Yahvé? [8] Así hicieron ya vuestros padres, cuando me mandé de Cades Barnea a ver la tierra: [9] subieron al Valle de Escol, vieron la tierra e impidieron que los israelitas entrasen en la tierra que les había dado Yahvé. [10] Por eso se encendió la ira de Yahvé aquel día y juró diciendo: [11] Nunca verán los hombres que salieron de Egipto, de veinte años para arriba, la tierra que prometí con juramento a Abrahán, a Isaac y a Jacob, porque no me han sido fieles, [12] excepto Caleb, hijo de Jefoné el quenizeo, y Josué, hijo de Nun, que fueron fieles a Yahvé. [13] Se encendió la ira de Yahvé contra Israel y los hizo andar errantes por el desierto durante cuarenta años, hasta que se acabó toda aquella generación que había obrado mal a los ojos de Yahvé. [14] ¡Y ahora vosotros os alzáis a imitación de vuestros padres, como retoño de hombres pecadores, para atizar más el fuego de la ira de Yahvé contra Israel! [15] Si os apartáis de él, volverá a re-

tenernos en el desierto, y acarrearéis el desastre a todo este pueblo.»

[16] Entonces se acercaron a Moisés y le dijeron: «Podemos construir aquí rediles para nuestras ovejas y ciudades para nuestros niños. [17] Pero nosotros tomaremos las armas* a la cabeza de los israelitas, hasta que los introduzcamos en sus lugares, mientras que nuestros hijos se quedarán en las plazas fuertes, al abrigo de los habitantes del país. [18] No volveremos a nuestras casas hasta que los israelitas se posesionen cada uno de su herencia. [19] Que nosotros no tendremos herencia con ellos al otro lado del Jordán, pues nuestra herencia nos ha tocado del lado oriental del Jordán.»

[20] Moisés les dijo: «Si hacéis lo que habéis dicho, si os armáis para combatir delante de Yahvé, [21] y todos vuestros combatientes pasan el Jordán delante de Yahvé, hasta que arroje a sus enemigos ante vosotros, [22] y la tierra sea ocupada a la llegada de Yahvé, y volvéis después, quedaréis exentos de culpa ante Yahvé y ante Israel. Esta tierra os pertenecerá en propiedad delante de Yahvé. [23] Pero si no lo hacéis así, habréis pecado contra Yahvé, y sabed que vuestro pecado os saldrá al encuentro. [24] Construíos ciudades para vuestros niños, y rediles para vuestros rebaños; pero haced lo que habéis prometido.» [25] Dijeron los hijos de Gad y los hijos de Rubén a Moisés: «Tus siervos harán como mi Señor manda. [26] Nuestros hijos, nuestras mujeres, nuestros rebaños y todo nuestro ganado se quedarán aquí en las ciudades de Galaad. [27] Pero tus siervos, todos los que llevan armas, pasarán delante de Yahvé, para ir a la guerra, como dice mi Señor.»

[28] Moisés dio orden al sacerdote Eleazar, a Josué, hijo de Nun, y a los jefes de las casas patriarcales de las tribus de los israelitas, [29] y les dijo Moisés: «Si los hijos de Gad y los hijos de Rubén, todos los que llevan armas, pasan con vosotros el Jordán, para combatir delante de Yahvé, y la tierra queda dominada por vosotros, les daréis el país de Galaad en propie-

Dt 3 12-20
Dt 33 6.20s
os 1 12-18;
13 8-32
Nm 21 24s.
31s

Dt 28 45

---

32 Este cap. de estilo deuteronomizante, con señales de redacción sacerdotal, utiliza una fuente antigua, vv. 1-4; 16-19. El país de Yazer, v. 1, está al norte del reino de Sijón. El Galaad primitivo, del que aquí se trata, se encuentra entre el país de Yazer y el Yaboc; pero con la penetración de los israelitas hacia el norte, el nombre de Galaad se extendió hasta el Yarmuc, Jos 13 10-12, y se habla de las dos mitades de Galaad, Dt 3 12-13; Jos 12 2.5; 13 31. La mitad norte será el territorio de la media tribu de Manasés, vv. 39-40. Estos vv. que

hablan de una conquista son una adición que se refiere a acontecimientos posteriores a la primera instalación: grupos manasitas emigraron del oeste y se hicieron con un territorio en el norte de Transjordania, Jos 13 8s; formaron la media tribu de Manasés mencionada en la adición del v. 33. Por el contrario, la instalación de Rubén y de Gad se hizo de manera pacífica.
32 17 «tomaremos las armas» griego y Vulg.; «nos equiparemos apresuradamente» hebr.

dad. [30] Pero si los que llevan armas no pasan con vosotros, tendrán su herencia entre vosotros en el país de Canaán.»

[31] Respondieron los hijos de Gad y los hijos de Rubén: «Lo que ha hablado Yahvé a tus siervos, eso haremos. [32] Nosotros pasaremos armados delante de Yahvé al país de Canaán; pero danos la propiedad de nuestra herencia a este lado del Jordán.» [33] Moisés dio a los hijos de Gad, a los hijos de Rubén y a la media tribu de Manasés, hijo de José, el reino de Sijón, rey de los amorreos, y el reino de Og, rey de Basán; el país con las ciudades comprendidas en sus fronteras y las ciudades colindantes.

[34] Los hijos de Gad construyeron las plazas fuertes de Dibón, Atarot y Aroer, [35] Atrot Sofán, Yazer, Yogboá, [36] Bet Nimrá, Bet Harán, y rediles para los rebaños.

[37] Los hijos de Rubén construyeron Jesbón, Elalé, Quiriatáin, [38] Nebo, Baal Meón, cambiadas de nombre, y Sibmá. Y pusieron nombres a las ciudades que construyeron*.

[39] Los hijos de Maquir, hijo de Manasés, fueron a Galaad, la conquistaron y expulsaron a los amorreos que habitaban allí. [40] Moisés dio Galaad a Maquir, hijo de Manasés, que se estableció allí. [41] Yaír, hijo de Manasés, fue y se apoderó de las aldeas de ellos y los llamó Aldeas de Yaír. [42] Nóbaj fue y se apoderó de Quenat y de sus filiales, y le puso su propio nombre Nóbaj.

Dt 3 14-15
Jc 10 4

Las etapas del Éxodo*.

33 [1] Éstas son las etapas de los israelitas que salieron de Egipto por cuerpos de ejército, a las órdenes de Moisés y Aarón. [2] Moisés, por orden de Yahvé, escribió los puntos de donde partían, etapa por etapa. Éstas fueron sus etapas, con indicación de los puntos de partida.

[3] Partieron de Ramsés el mes primero. El día quince del mes primero, al día siguiente de la Pascua, salieron los israelitas, la mano en alto, en presencia de todos

Ex 14 8

los egipcios. [4] Los egipcios estaban enterrando a los suyos que habían sido heridos por Yahvé, a todos los primogénitos; Yahvé había hecho justicia de sus dioses.

[5] Partieron los israelitas de Ramsés y acamparon en Sucot. [6] Partieron de Sucot y acamparon en Etán, que está en el extremo del desierto. [7] Partieron de Etán y se detuvieron en Pi Hajirot, que está frente a Baal Sefón y acamparon delante de Migdol. [8] Partieron de Pi Hajirot y pasaron por medio del mar hasta el desierto. Anduvieron tres días de camino por el desierto de Etán y acamparon en Mará. [9] Partieron de Mará y llegaron a Elín. En Elín había doce fuentes de agua y setenta palmeras; allí acamparon. [10] Partieron de Elín y acamparon cerca del mar de Suf. [11] Partieron del mar de Suf y acamparon en el desierto de Sin. [12] Partieron del desierto de Sin y acamparon en Dofcá. [13] Partieron de Dofcá y acamparon en Alús. [14] Partieron de Alús y acamparon en Refidín, pero no había allí agua para que bebiera la gente. [15] Partieron de Refidín y acamparon en el desierto del Sinaí. [16] Partieron del desierto del Sinaí y acamparon en Quibrot Hatavá. [17] Partieron de Quibrot Hatavá y acamparon en Jaserot. [18] Partieron de Jaserot y acamparon en Ritmá. [19] Partieron de Ritmá y acamparon en Rimón Peres. [20] Partieron de Rimón Peres y acamparon en Libná. [21] Partieron de Libná y acamparon en Risá. [22] Partieron de Risá y acamparon en Queelatá. [23] Partieron de Queelatá y acamparon en el monte Séfer. [24] Partieron del monte Séfer y acamparon en Jaradá. [25] Partieron de Jaradá y acamparon en Maquelot. [26] Partieron de Maquelot y acamparon en Tájat. [27] Partieron de Tájat y acamparon en Táraj. [28] Partieron de Táraj y acamparon en Mitcá. [29] Partieron de Mitcá y acamparon en Jasmoná. [30] Partieron de Jasmoná y acamparon en Moserot. [31] Partieron de Moserot y acamparon en Bene Yaacán. [32] Partieron de Bene Yaacán y acamparon en Jor Haguidgad. [33] Partieron de Jor Haguidgad y acamparon en Yotbá. [34] Partieron de Yotbá y

Ex 12 37

Ex 13 20
Ex 14 1-4

Ex 15 23
Ex 15 27

Ex 16 1

Ex 17 1-7

Ex 19 1

11 34-35

12 16

Dt 10 6-7

---

32 38 Estas ciudades, atribuidas a Gad y a Rubén, se extienden al otro lado del territorio de Yazer y del Galaad *primitivo, ver v. 1,* hasta el Arnón, frontera de Moab; es decir, que abarcan el antiguo reino de Sijón. Su repartición geográfica no delimita dos territorios y estas listas testimonian una época en que Gad y Rubén estaban considerados como una unidad, ver Jos 13 8.
33 Este cap. pertenece a un estrato secundario de la redacción sacerdotal. Utiliza indicaciones geográficas contenidas en Ex, Nm, Dt, pero más de la mitad de

los nombres son nuevos y provienen de otros documentos. El trayecto del Sinaí a Esión Guéber, vv. 16-35, utiliza una lista de etapas del noroeste de Arabia, que ha dado ocasión a una localización del Sinaí en esta región ver Ex 19 2+. Los vv. 41-49 utilizan otro «itinerario», que describe el camino más directo entre Cades y el norte del Arnón. Pero este trayecto es inconciliable con las indicaciones de las fuentes antiguas (vuelta por Esión Guéber, por fuera de Moab y de Edom, etc.), ver Nm 14 25; 20 14-22; Dt 2 1-25.

Dt 2 1-8
1 R 9 26

20 22-29
Dt 10 6;
32 50

21 1

21 10-20
21 4

21 10-11

22 1

25 1
Jos 2 1

Lv 26+
Dt 7 1-6.16;
12 2-3

Lv 26 1

1 S 9 12+

=26 54-56

acamparon en Abroná. ³⁵ Partieron de Abroná y acamparon en Esión Guéber. ³⁶ Partieron de Esión Guéber y acamparon en el desierto de Sin, es decir, en Cades. ³⁷ Partieron de Cades y acamparon en el monte Hor, en la frontera del país de Edom. ³⁸ El sacerdote Aarón subió al monte Hor, según la orden de Yahvé, y murió allí, el año cuarenta de la salida de los israelitas de Egipto, el mes quinto, el primero del mes. ³⁹ Tenía Aarón ciento veintitrés años cuando murió en el monte Hor. ⁴⁰ El rey cananeo de Arad, que habitaba en el Negueb, en el país de Canaán, se enteró de que llegaban los israelitas. ⁴¹ Partieron del monte Hor y acamparon en Salmoná. ⁴² Partieron de Salmoná y acamparon en Punón. ⁴³ Partieron de Punón y acamparon en Obot. ⁴⁴ Partieron de Obot y acamparon en las ruinas de Abarín, en la frontera de Moab. ⁴⁵ Partieron de aquí, y acamparon en Dibón Gad. ⁴⁶ Partieron de Dibón Gad y acamparon en Almón Diblatáin. ⁴⁷ Partieron de Almón Diblatáin y acamparon en los montes de Abarín, frente al Nebo. ⁴⁸ Partieron de los montes de Abarín y acamparon en las Estepas de Moab, cerca del Jordán, frente a Jericó. ⁴⁹ Acamparon cerca del Jordán entre Bet Yesimot y Abel Sitín en las Estepas de Moab.

Reparto de Canaán. La orden de Dios.

⁵⁰ Yahvé habló a Moisés en las Estepas de Moab, cerca del Jordán, frente a Jericó, y le dijo: ⁵¹ «Di a los israelitas: Cuando paséis el Jordán hacia el país de Canaán, ⁵² arrojaréis a vuestra llegada a todos los habitantes del país. Destruiréis todas sus imágenes pintadas, destruiréis sus estatuas de fundición, demoleréis todos sus altos. ⁵³ Os apoderaréis de la tierra y habitaréis en ella, pues os doy a vosotros todo el país en propiedad. ⁵⁴ Repartiréis la tierra a suertes entre vuestros clanes. Al grande le aumentaréis la herencia y al pequeño se la reduciréis. Donde le caiga a cada uno la suerte, allí será su propiedad. Haréis el reparto por tri-

bus patriarcales. ⁵⁵ Pero si no expulsáis a vuestra llegada a los habitantes del país, los que dejéis serán para vosotros pinchos en vuestros ojos y aguijones en vuestros costados y os oprimirán en país en que vais a habitar. ⁵⁶ Y yo os trataré a vosotros en la forma en que había pensado tratarles a ellos.»

Fronteras de Canaán*.

Jc 20 1+
Jos 14-19
Ez 47 13-21

Ez 47 15-20

34 ¹ Yahvé dijo a Moisés ² «Da esta orden a los israelitas: Cuando entréis en el país de Canaán, éste será el territorio que os tocará en herencia: el país de Canaán con todas sus fronteras. ³ Por el sur, os pertenecerá desde el desierto de Sin, siguiendo el límite de Edom. Vuestra frontera meridional empezará por el oriente en la extremidad del mar de la Sal. ⁴ Torcerá vuestra frontera por el sur hacia la Subida de los Escorpiones, pasará por Sin y terminará al sur de Cades Barnea. Luego irá hacia Jasar Adar y pasará por Asmón. ⁵ Torcerá la frontera de Asmón hacia el Torrente de Egipto y acabará en el Mar.

⁶ Vuestra frontera occidental será el mar Grande. Esta frontera será vuestro límite al oeste.

⁷ Vuestra frontera por el norte será la siguiente: Desde el mar Grande trazaréis el límite hasta el monte Hor*. ⁸ Del monte Hor, trazaréis el límite hasta la Entrada de Jamat, y vendrá a salir la frontera a Sedad. ⁹ Seguirá luego la frontera hacia Zifrón y terminará en Jasar Enán. Ésa será vuestra frontera septentrional.

¹⁰ Luego trazaréis vuestra frontera oriental desde Jasar Enán hasta Sefán. ¹¹ La frontera bajará de Sefán hacia Arbel, al oriente de Ayin. Seguirá bajando la frontera, y, tocando la orilla del mar de Quinéret* por el oriente, ¹² bajará al Jordán y vendrá a dar en el mar de la Sal.

Ésa será vuestra tierra con las fronteras que la circunscriben.

¹³ Moisés dijo esta orden a los israelitas: «Éste es el país que habéis de repartir a suertes, el que Yahvé ha mandado dar a

---

34 Este texto es, con Ez 47 13-21, la descripción más detallada de las fronteras de Canaán. Coinciden con las de la provincia egipcia de Canaán al final del s. XIII a.C.: de este uso administrativo tomaron los israelitas el nombre y el concepto. Canaán no se extiende al este del Jordán, vv. 13-15. El territorio aquí descrito es la Tierra Prometida, ver v. 1, aunque en otra parte se define en otros términos, ver Ex 23 31+; Dt 1 7; Jc 20 1+, etc. Tras el establecimiento de los reinos arameos, Canaán no se extendía ya al este de Fenicia (Sidón), pero

sí todavía al sur de ésta hasta Gaza, Gn 10 19; más tarde el nombre quedó restringido sólo a Fenicia: Tiro y Sidón son las «fortalezas de Canaán», Is 23 1-14, «sidonio» es sinónimo de «cananeo», Dt 3 9; Jc 18 7, etc., y ver Mt 15 22 comparado con Mc 7 26.
34 7 Lugar no identificado. El monte Hor debe ser aquí el macizo septentrional del Líbano; un sitio diferente del lugar de la muerte de Aarón, 33 38.
34 11 El lago de Genesaret. El «mar de la Sal» es el mar Muerto.

las nueve tribus y a la mitad de la otra, [14] pues la tribu de los hijos de Rubén con sus distintas casas patriarcales y la tribu de los hijos de Gad con sus distintas casas patriarcales, han recibido ya su herencia; y la media tribu de Manasés ha recibido también su herencia. [15] Las dos tribus y la otra media tribu han recibido ya su herencia más allá del Jordán, a oriente de Jericó, hacia la salida del sol.»

Los príncipes encargados del reparto.

[16] Dijo Yahvé a Moisés: [17] «Éstos son los nombres de los que os han de repartir la tierra: el sacerdote Eleazar y Josué, hijo de Nun. [18] Elegiréis también un príncipe de cada tribu, para que repartan la tierra. [19] Éstos son sus nombres*:

por la tribu de Judá, Caleb, hijo de Jefoné;

[20] por la tribu de los hijos de Simeón, Semuel, hijo de Amiud;

[21] por la tribu de Benjamín, Elidad, hijo de Quislón;

[22] por la tribu de los hijos de Dan, el príncipe Buquí, hijo de Yoglí;

[23] por los hijos de José: por la tribu de los hijos de Manasés, el príncipe Janiel, hijo de Efod; [24] y por la tribu de los hijos de Efraín, el príncipe Quemuel, hijo de Siftán;

[25] por la tribu de los hijos de Zabulón, el príncipe Elisafán, hijo de Parnac;

[26] por la tribu de los hijos de Isacar, el príncipe Paltiel, hijo de Azán;

[27] por la tribu de los hijos de Aser, el príncipe Ajiud, hijo de Selomí;

[28] por la tribu de los hijos de Neftalí, el príncipe Pedael, hijo de Amiud.»

[29] A éstos mandó Yahvé repartir la herencia a los israelitas en el país de Canaán.

La parte de los levitas*.

35 [1] Habló Yahvé a Moisés en las Estepas de Moab, cerca del Jordán, frente a Jericó, y le dijo: [2] «Manda a los israelitas que cedan a los levitas, de la herencia que les pertenece, ciudades en las que puedan habitar y pastos de alrededor de las ciudades. Se las daréis a los levitas. [3] Esas ciudades serán su morada, y sus pastos serán para sus bestias, su ganado y todos sus animales. [4] Los pastos de las ciudades que cedáis a los levitas comprenderán mil codos alrededor de la ciudad, a contar desde las murallas. [5] Mediréis, fuera de la ciudad, dos mil codos a oriente, dos mil codos a mediodía, dos mil codos a occidente y dos mil codos al norte, teniendo la ciudad como centro. Éstos serán los pastos de las ciudades. [6] Las ciudades que daréis a los levitas serán las seis de asilo, que cederéis para que se pueda refugiar en ellas el homicida, y además les daréis otras cuarenta y dos ciudades. [7] El total de ciudades que daréis a los levitas será cuarenta y ocho ciudades, todas ellas con sus pastos. [8] Estas ciudades que cederéis de la propiedad de los israelitas, las tomaréis en mayor número del grande y en menor del pequeño; cada uno cederá ciudades a los levitas en proporción a la herencia que le haya tocado.»

Las ciudades de asilo.

[9] Yahvé habló a Moisés: [10] «Di a los israelitas: Cuando paséis el Jordán hacia la tierra de Canaán, [11] encontraréis* ciudades, de las que algunas transformaréis en ciudades de asilo: en ellas se refugiará el homicida que ha herido a un hombre por inadvertencia. [12] Esas ciudades os servirán de asilo contra el vengador; no debe morir el homicida hasta que comparezca ante la comunidad para ser juzgado. [13] De las ciudades que cederéis, seis ciudades os servirán de asilo: [14] tres ciudades las cederéis al otro lado del Jordán y tres ciudades en el país de Canaán; serán ciudades de asilo. [15] Las seis ciudades serán de asilo tanto para los israelitas como para el forastero y para el huésped que viven en medio de vosotros, para que se pueda refugiar en ellas todo aquel que haya matado a un hombre por inadvertencia. [16] Pero si le ha herido con un instrumento de hierro, y muere, es un asesino. El asesino debe morir. [17] Si le hiere con una piedra como para causar la muerte con ella, y muere, es un asesino. El asesino debe morir. [18] Si le hiere

Dt 4 41-43

26 54

Ex 21 13+
Dt 19 1-13
Jos 20 1+

Dt 4 41-43

18 20-24
Jos 20-21
Ez 48 13

---

34 19 Todos los personajes de esta lista son nuevos, excepto Josué y Caleb, ya que toda la generación de las listas anteriores hubo de morir fuera de Canaán, ver **14** 23; **26** 64-65. El redactor ha hecho depender de la autoridad de Moisés el reparto que tendrá lugar después de la conquista, Jos 14-19.
35 Pese a la prescripción contraria de Nm **18** 20s,

los levitas obtienen ciudades, entre las cuales las seis de refugio, ver Jos 21 1+.
35 11 Parece que los israelitas no han hecho sino consagrar al yahvismo antiguas ciudades cananeas. —El derecho de asilo en los santuarios es una costumbre muy extendida.

con un instrumento de madera como para matarle, y muere, es un asesino. El asesino debe morir. ¹⁹ El mismo vengador de la sangre* dará muerte al asesino: en cuanto lo encuentre, lo matará. ²⁰ Si el homicida lo ha matado por odio, o le ha lanzado algo con intención, y muere, ²¹ o si por enemistad le ha golpeado con las manos, y muere, el que le ha herido tiene que morir: es un asesino. El vengador de la sangre dará muerte al asesino en cuanto le encuentre. ²² Pero si lo derribó de casualidad y sin enemistad, o le lanzó cualquier objeto sin ninguna mala intención, ²³ o le tiró, sin verle, una piedra capaz de matarle, y le causó la muerte, sin que fuera su enemigo ni buscara su daño, ²⁴ la comunidad juzgará entre el homicida y el vengador de la sangre según estas normas, ²⁵ y salvará la comunidad al homicida de la mano del vengador de la sangre. Le hará volver la comunidad a la ciudad de asilo en la que se refugió y en ella vivirá hasta que muera el Sumo Sacerdote ungido con el óleo santo. ²⁶ Pero si sale el homicida de los límites de la ciudad de asilo en que se ha refugiado, ²⁷ y le encuentra el vengador de la sangre fuera del término de su ciudad de asilo, el vengador de la sangre podrá matar al homicida, sin ser responsable de su sangre, ²⁸ porque aquél debía permanecer en la ciudad de asilo hasta la muerte del Sumo Sacerdote. Cuando muera el Sumo Sacerdote, el homicida podrá volver a la tierra de su propiedad. ²⁹ Esto será norma de derecho para vosotros y para vuestros descendientes, dondequiera que habitéis.

³⁰ En cualquier caso de homicidio, se matará al homicida según la declaración de los testigos; pero un solo testigo no bastará para condenar a muerte a un hombre. ³¹ No aceptaréis rescate por la vida de un homicida reo de muerte, pues debe morir. ³² Tampoco aceptaréis rescate por el que se ha refugiado en la ciudad de asilo y quiere volver a habitar en su tierra antes que muera el Sumo Sacerdote. ³³ No profanaréis la tierra en que estáis, porque aquella sangre profana la tierra, y la tierra no queda expiada

de la sangre derramada más que con la sangre del que la derramó. ³⁴ No harás impura la tierra en que habitáis, porque yo habito en medio de ella, pues yo, Yahvé, tengo mi morada entre los israelitas.

La herencia de la mujer casada*.

36 ¹ Los jefes de familia del clan de los hijos de Galaad, hijo de Maquir, hijo de Manasés, uno de los clanes de los hijos de José, se presentaron y dijeron delante de Moisés y de los príncipes jefes de las casas patriarcales de los israelitas: ² «Yahvé mandó a mi Señor que diera la tierra en herencia, por suertes, a los israelitas, y mi Señor recibió orden de Yahvé de dar la herencia de Selofjad, nuestro hermano, a sus hijas. ³ Si resulta que se casan con alguno de otra tribu israelita, será arrancada su parte de la herencia de nuestras familias. Aumentará la herencia de la tribu a la que vayan a pertenecer, y se reducirá la herencia que nos tocó en suerte. ⁴ Y cuando llegue el año jubilar para los israelitas, se añadirá la herencia de ellas a la herencia de la tribu a la que vayan a pertenecer y se restará su herencia de la herencia de la tribu de nuestros padres.»

⁵ Moisés, según la orden de Yahvé, mandó lo siguiente a los israelitas: «Dice bien la tribu de los hijos de José. ⁶ Esto es lo que Yahvé ordenó acerca de las hijas de Selofjad: Tomarán por esposos a los que bien les parezca, con tal que se casen dentro de los clanes de la tribu de su padre. ⁷ Así la herencia de los israelitas no pasará de una tribu a otra, sino que los israelitas estarán vinculados cada uno a la herencia de la tribu de sus padres. ⁸ Y toda hija que posea una herencia en una de las tribus de los israelitas se casará con uno de un clan de la tribu de su padre para que cada uno de los israelitas posea la herencia de sus padres, ⁹ y no pase una herencia de una tribu a otra. Cada una de las tribus de los israelitas quedará vinculada a su heredad.»

¹⁰ Tal como había mandado Yahvé a Moisés, así hicieron las hijas de Selofjad.

Ex 25 8+

27 1-11

Lv 25 1+

Gn 9 5-6

35 19 Es el régimen de la «venganza privada», que subsiste entre los árabes modernos: el «vengador de la sangre», el *go'el*, es el pariente más próximo de la víctima, Gn 4 15; 9 6; Dt 19 12; ver 2 S 14 11. El *go'el* es también el protector oficial de los parientes: tiene en particular el deber de impedir la enajenación de sus tierras, Lv 25 23-25; Rt 4 3s. Por extensión, a Dios se le llamará el *go'el* de Israel, Is 41 14; Jr 50 34; Sal 19 15.

La idea fundamental es la de protección.
36 Adición a la ley de 27 1-, a partir del mismo caso concreto. Pero el derecho de herencia de las hijas queda limitado por la obligación de casarse dentro de la tribu, para que no disminuya el territorio tribal. El v. 4 es una adición: se refiere a la ley del Jubileo, en que no se trata de tierras heredadas, sino de tierras vendidas.

¹¹ Majlá, Tirsá, Joglá, Milcá y Noá, las hijas de Selofjad, se casaron con los hijos de sus tíos paternos. ¹² Tomaron marido de los clanes de los hijos de Manasés, hijo de José, y así su herencia fue para la tribu del clan de su padre.

Conclusión.

¹³ Éstas son las órdenes y normas que dio Yahvé, por medio de Moisés, a los israelitas, en las Estepas de Moab, cerca del Jordán, frente a Jericó.

DEUTERONOMIO

I. Discursos introductorios

PRIMER DISCURSO DE MOISÉS

Tiempo y lugar*.

1 ¹ Éstas son las palabras que dirigió Moisés a todo Israel al otro lado del Jordán, en el desierto, en la Arabá, frente a Suf, entre Parán, Tófel, Labán, Jaserot y Di Zahab. ² Once son las jornadas desde el Horeb, por el camino del monte Seír, hasta Cades Barnea. ³ El año cuarenta, el día uno del undécimo mes, comunicó Moisés a los israelitas todo cuanto Yahvé le había mandado para ellos. ⁴ Después de haber derrotado a Sijón, rey de los amorreos, que moraba en Jesbón, y a Og, rey de Basán, que moraba en Astarot y en Edreí, ⁵ al otro lado del Jordán, en el país de Moab, comenzó Moisés a promulgar esta Ley, diciendo*:

Últimas instrucciones en el Horeb.

⁶ Yahvé, nuestro Dios, nos habló así en el Horeb: «Ya habéis estado bastante tiempo en esta montaña. ⁷ ¡En marcha!, partid y entrad en la montaña de los amorreos, y en todas sus comarcas vecinas de la Arabá, la Montaña, la Tierra Baja, el Negueb y el litoral; en la tierra de Canaán y en el Líbano, hasta el río grande, el río Éufrates. ⁸ Mirad: Yo he puesto esa tierra ante vosotros; id a tomar posesión de la tierra que Yahvé juró dar a vuestros padres, Abrahán, Isaac y Jacob, y a sus descendientes.»

⁹ Yo os hablé entonces y os dije: «No puedo cargar con todos vosotros yo solo. ¹⁰ Yahvé, vuestro Dios, os ha multiplicado y sois ahora tan numerosos como las estrellas del cielo. ¹¹ Que Yahvé, el Dios de vuestros padres, os aumente mil veces más todavía y os bendiga como ha prometido*. ¹² Pero ¿cómo voy a poder yo solo llevar vuestro peso, vuestra carga y vuestros litigios? ¹³ Escogeos entre vosotros hombres sabios, perspicaces y experimentados, de cada una de vuestras tribus, y yo los pondré al frente de vosotros.» ¹⁴ Me respondisteis: «Está bien lo que propones.» ¹⁵ Yo establecí a los jefes de vuestras tribus, hombres sabios y experimentados, y los constituí jefes vuestros: como jefes de millar, de cien, de cincuenta y de diez, y como oficiales para vuestras tribus. ¹⁶ Y di entonces esta orden a vuestros jueces: «Escuchad lo que haya entre vuestros hermanos y administrad justicia entre un hombre y su hermano o un forastero. ¹⁷ No hagáis en el juicio acepción de personas, escuchad al pequeño lo mismo que al grande*, no tengáis nunca a ningún hombre, pues la sentencia es de Dios. El asunto que os resulte demasiado difícil, me lo remitiréis a mí, y yo lo oiré.» ¹⁸ Yo os prescribí entonces todo lo que teníais que hacer.

Incredulidad en Cades.

¹⁹ Partimos, pues, del Horeb y atravesamos ese inmenso y terrible desierto que habéis visto, camino de la montaña de los amorreos, como Yahvé nuestro Dios nos había mandado, y llegamos a Cades Barnea. ²⁰ Yo os dije: «Ya habéis llegado a la montaña de los amorreos que Yahvé nuestro Dios nos da. ²¹ Mira:

Marginal references:
m 21 21-35
Ex 3 1+
Gn 12 7+; 15; 26 2-5; 28 13-15+
‖Ex 18 13-26
Nm 11 14
Gn 15 5; 22 17
Nm 11 16-17
17 8-13
Lv 19 15
‖Nm 13 1-14 9

---

1 Después del título, v. 1, este párrafo reúne indicaciones de lugar y tiempo, procedentes de diferentes manos y cuyo propósito es relacionar el Deuteronomio con el libro de los Números.

1 5 El primer discurso de Moisés 1 6 - 4 40, es un resumen de la historia de Israel desde su estancia en el Sinaí hasta su llegada al Pisgá, frente al Jordán, seguido de un recuerdo de la Alianza y de sus exigencias; anuncia el Destierro como castigo de la infidelidad, pero abre al mismo tiempo la perspectiva de la conversión y del retorno. Este conjunto pertenece a la segunda edición del Deuteronomio, durante el Destierro. El discurso vuelve en parte a repetir los relatos yahvistas y, sobre todo, elohístas del Ex y de los Nm, pero haciendo una selección y elaborándolos bajo un punto de vista diferente: insiste particularmente en la providencia divina y la elección de Israel, tomando como tema central el don de la Tierra Prometida por Yahvé. Los caps. 1-3,

que componen una especie de prólogo de carácter más netamente histórico (sobre todo 1 19ss), y donde este tema está particularmente puesto de relieve, pueden ser considerados como una introducción al conjunto de la historia deuteronomista, que continúa hasta los libros de los Reyes y termina con el relato de la pérdida de la tierra dada a Israel.

1 11 Corrección teológica de Nm 11 11-15, donde Moisés lamenta que los israelitas sean demasiado numerosos. Tenemos aquí la señal de una bendición divina.

1 17 Hacer acepción de personas, lit. «alzar el rostro», es mostrar benevolencia y más generalmente, dar pruebas de parcialidad, en materia de justicia, 16 19; Lv 19 15, etc. Los jueces deben imitar la soberana imparcialidad de Dios, 10 17+; Pr 24 23. Los profetas volverán con frecuencia, en términos diferentes, sobre esta obligación, Is 10 2; Jr 5 28; Ez 22 12; Am 2 6; 5 7.10; Mi 3 9.11.

Yahvé tu Dios te ha puesto delante ese país. Sube a tomar posesión de él como te ha dicho Yahvé el Dios de tus padres; no tengas miedo ni te acobardes*.» [22] Pero todos vosotros os acercasteis a decirme: «Enviemos por delante hombres que exploren el país y nos den noticias sobre el camino por donde hemos de subir y sobre las ciudades en que podemos entrar*.» [23] Me pareció bien la propuesta y tomé de entre vosotros doce hombres, uno por tribu. [24] Partieron y subieron a la montaña; llegaron hasta el Valle de Escol y lo exploraron. [25] Tomaron en sus manos frutos del país, nos los trajeron, y nos informaron: «Buena tierra es la que Yahvé nuestro Dios nos da.» [26] Pero vosotros os negasteis a subir; os rebelasteis contra la orden de Yahvé vuestro Dios, [27] y os pusisteis a murmurar en vuestras tiendas: «Por el odio que nos tiene nos ha sacado Yahvé de Egipto, para entregarnos en manos de los amorreos y destruirnos. [28] ¿Adónde vamos a subir? Nuestros hermanos nos han descorazonado al decir: Es un pueblo más numeroso y corpulento que nosotros, las ciudades son grandes y sus murallas llegan hasta el cielo. Y hasta anaquitas hemos visto allí*.»

[29] Yo os dije: «No os asustéis, no tengáis miedo de ellos. [30] Yahvé vuestro Dios, que marcha al frente de vosostros, combatirá por vosotros, como visteis que lo hizo en Egipto, [31] y en el desierto, de has visto que Yahvé tu Dios te llevaba como un hombre lleva a su hijo, a lo largo de todo el camino que habéis recorrido hasta llegar a este lugar.» [32] Pero aun así ninguno de vosotros confió en Yahvé vuestro Dios, [33] que era el que os precedía en el camino y os buscaba lugar donde acampar, con el fuego durante la noche para alumbrar el camino que debíais seguir, y con la nube durante el día.

Instrucciones de Yahvé en Cades.

[34] Oyó Yahvé vuestras palabras y se encolerizó y juró de esta manera: [35] «Ni un solo hombre de esta generación perversa verá la tierra buena que yo juré dar a vuestros padres, [36] excepto Caleb, hijo de Jefoné: él la verá, y yo le daré a él y a sus hijos la tierra que ha pisado, porque siguió cabalmente a Yahvé.» [37] Por culpa vuestra Yahvé se irritó también contra mí y me dijo: «Tampoco tú entrarás allá. [38] Será tu ayudante Josué, hijo de Nun, el que entrará. Dale ánimo, ya que él dará a Israel posesión de la tierra. [39] Pero vuestros pequeños, de los que dijisteis que iban a servir de botín, vuestros hijos que no distinguen todavía el bien del mal, sí entrarán allá; a ellos se la daré, y ellos la poseerán. [40] Y vosotros ahora, dad la vuelta y partid hacia el desierto por el camino del mar de Suf.»

[41] Vosotros me respondisteis: «Hemos pecado contra Yahvé nuestro Dios. Subiremos y combatiremos como Yahvé nuestro Dios nos ha mandado.» Ceñisteis cada uno vuestras armas y creisteis fácil subir a la montaña. [42] Pero Yahvé me dijo: «Diles: No subáis a combatir, porque no estoy yo en medio de vosotros, y así seréis derrotados por vuestros enemigos.» [43] Yo os lo dije, pero vosotros no me escuchasteis; fuisteis rebeldes a la orden de Yahvé y tuvisteis la osadía de subir a la montaña. [44] Los amorreos, habitantes de esa montaña, salieron a vuestro encuentro, os persiguieron como lo hubieran hecho las abejas, y os derrotaron desde Seír hasta Jormá. [45] A vuestro regreso llorasteis ante Yahvé, pero Yahvé no escuchó vuestra voz ni os prestó oídos. [46] Por eso tuvisteis que permanecer en Cades largo tiempo: todo ese tiempo que habéis estado allí.

De Cades al Arnón*.

2 [1] Luego nos volvimos y partimos hacia el desierto, por el camino del mar

(Marginal references, left column)

Jos 1 6.9

Hch 13 18
7 6+
14 1; 32 6
Ex 4 22
Os 11 1
Is 63 16
Jr 31 9
Ml 2 10-11
Sb 18 13
Nm 10 33

Ex 13 21s

(Marginal references, right column)

‖Nm 14
21-35

Nm 13 30;
14 6-9

Nm 20 12+
Dt 3 26;
4 21; 34 4

Nm 14 25

‖Nm 14
39-45

Sal 118 12

---

1 21   Esta confianza en la victoria es una característica de la guerra santa, frecuentemente subrayada en el Dt, ver v. 29; 7 21; 20 1; 30 8, etc.

1 22   Es el pueblo, y no Yahvé como en Nm 13 2, el que propone enviar exploradores. Este gesto aparece ya como una falta de fe y prepara la continuación del relato: la condena a no entrar en Canaán y el castigo del pueblo. Con esta falta relaciona el Dt la exclusión de Moisés, mientras que Nm 20 12 la relaciona con el episodio de Meribá: es el tema de la Tierra Prometida lo que aquí se sigue poniendo de relieve.

1 28   Los anaquitas, al igual que los emitas, los refaítas, los zanzumitas o los zuzitas (o Zuzim), 2 10-11.20-21, ver Gn 14 5, son los nombres legendarios de los primeros habitantes de Palestina y Transjordania. Se les

relacionaba con los fabulosos Nefilín, Nm 13 33; Gn 6 4, y se les atribuían los monumentos megalíticos, ver Dt 3 11. Los anaquitas constituían todavía, en tiempo de Josué, una aristocracia en la montaña de Hebrón y la región marítima, Jos 11 21s; 14 12-15; 15 13-15; 21 11. Los refaítas se habían mantenido en el país de Basán, Dt 3 13; Jos 12 4s; 13 12, pero también en Judea se conservó su recuerdo en el llamado valle de los refaítas al S.O. de Jerusalén, Jos 15 8; 18 16; 2 S 5 18, y los hombres de David acabaron con los últimos vástagos de Rafá, su antepasado epónimo, 2 S 21 16-22, ver 1 Cro 20 4-8. La palabra refa'im designaba también las sombras en el Seol, Sal 88 11; Is 14 9; 26 14.19.

2   Como en la fuente antigua, Nm 14 25, se da el mar de Suf como primera dirección; después el Dt con-

de Suf, como Yahvé me había mandado. Durante mucho tiempo anduvimos rodeando la montaña de Seír*. ² Yahvé me dijo: ³ «Ya habéis dado bastantes vueltas a esta montaña: dirigíos hacia el norte. ⁴ Y da al pueblo esta orden: Vais a pasar por el territorio de vuestros hermanos, los hijos de Esaú, que habitan en Seír. Os tendrán miedo, pero tened mucho cuidado; ⁵ no los ataquéis, porque yo no os daré nada de su tierra, ni lo de la planta del pie, ya que la montaña de Seír se la he dado en posesión a Esaú*. ⁶ La comida que comáis se la compraréis por dinero, y por dinero les compraréis también el agua que bebéis. ⁷ Pues Yahvé tu Dios te ha bendecido en todas tus empresas: ha protegido tu marcha por este gran desierto, y hace ya cuarenta años que Yahvé tu Dios está contigo sin que te haya faltado nada.»

⁸ Pasamos, pues, al lado de nuestros hermanos, los hijos de Esaú que habitan en Seír, por el camino de la Arabá, de Elat y de Esión Guéber; después, cambiando de rumbo, tomamos el camino del desierto de Moab. ⁹ Yahvé me dijo: «No ataques a·Moab, no le provoques al combate, pues yo no te daré nada de su tierra, ya que Ar se la he dado en posesión a los hijos de Lot. ¹⁰ (Antiguamente habitaban allí los emitas, pueblo grande, numeroso y corpulento como los anaquitas. ¹¹ Tanto a ellos como a los anaquitas se los tenía por refaítas, pero los moabitas los llamaban emitas. ¹² Igualmente en Seír habitaron antiguamente

los joritas*, pero los hijos de Esaú los desalojaron, los exterminaron y se establecieron en su lugar, como ha hecho Israel con la tierra de su posesión, la que Yahvé les dio.) ¹³ Y ahora, levantaos y pasad el torrente Zéred.»

Pasamos, pues, el torrente Zéred. ¹⁴ El tiempo que estuvimos caminando desde Cades Barnea hasta que pasamos el torrente Zéred fue de treinta y ocho años; hasta que desapareció del campamento toda la generación de hombres de guerra, como Yahvé les había jurado. ¹⁵ La mano misma de Yahvé cayó sobre ellos para exterminarlos del campamento hasta acabar con ellos.

¹⁶ Cuando la muerte había hecho desaparecer del pueblo a todos los hombres de guerra, ¹⁷ Yahvé me dijo: ¹⁸ «Vas a cruzar hoy la frontera de Moab, por Ar, ¹⁹ y vas a encontrarte con los hijos de Amón. No los ataques ni les provoques, pues yo no te daré nada de la tierra de los hijos de Amón*, ya que se la he entregado en posesión a los hijos de Lot. ²⁰ (También ésta era considerada tierra de refaítas; los refaítas habitaron allí antiguamente; y los amonitas los llamaban zanzumitas: ²¹ pueblo grande, numeroso y corpulento como los anaquitas; Yahvé los exterminó al llegar los amonitas, que los desalojaron y se establecieron en su lugar. ²² Así había hecho también en favor de los hijos de Esaú, que habitaban en Seír, exterminando al llegar ellos a los joritas; aquéllos los desalojaron y se establecieron en su lugar

Referencias marginales:
m 20 14-21 / Gn 36 8 / x 33 14.16; 34 9-10 8 2s; 29 5 Ne 9 20-21 / Nm 20 21 / n 21 10-20 / 1 28+ / 1 35 Nm 14 34 / Gn 19 30-38

Notas:
tinúa señalando una ruta por el desierto, hacia Moab y Amón. En su época Edom estaba instalado al oeste de la Arabá y en el golfo de Ácaba (mar de Suf); ya no se trata, pues, de una prohibición de paso por parte de Edom, ver Nm 20 14-21: Israel atravesará su territorio, pero no deberá tomar nada de él. Igualmente, nada recibirá de los territorios de Moab y de Amón, de los que no hablaba la fuente antigua. Los israelitas rodearon Moab por el desierto, pero no llegaron a alcanzar el territorio de los amonitas, ver 2 19+. El tema teológico del don de la Tierra Prometida, 1 6-8, ver 1 5+, se combina aquí con un tema más amplio: Dios distribuye a los pueblos sus territorios. Edom, Moab y Amón, parientes de Israel, conservarán el suyo, ver 2 5+, pero Sijón es un amorreo, y Dios entregará su territorio a Israel, v. 24.
2 1 El nombre de Seír, al que muy a menudo se le hace coincidir con el de Edom, ver Gn 32 4; Nm 24 18; Jc 5 4, designa el territorio de Esaú/Edom, Gn 33 14; 36 8, que se encontraba primitivamente al este de la Arabá. Pero aquí, como en Jos 11 17; 12 7, la «montaña de Seír» está localizada en la región de Cades, no muy lejos de Jormá, ver 1 44. Esto representa la situación de la época en que fue escrito este texto: los edomitas habían atravesado entonces la Arabá, ver Nm 20 23+. Tras la ruina de Judá, se adentrarán hasta Hebrón, y toda esta región tomará el nombre de Idumea, ver 1 M

5 3+; Mc 3 8.
2 5 Los edomitas, descendientes de Abrahán, Gn 36, los moabitas y los amonitas (vv. 9 y 19), descendientes de Lot, Gn 19 30s, fueron, como Israel, establecidos por Yahvé en un territorio que primitivamente pertenecía a otras naciones, cuyos nombres se recuerdan en la adición de los vv. 10-12.20s.
2 12 No hay razón para identificar esos Joritas con los Hurritas de los documentos cuneiformes. Estos últimos sólo llegaron a Palestina, hacia 1500 a. C., en número muy pequeño y fueron pronto asimilados. Los nombres propios atestiguan su presencia en ciertas ciudades al oeste del Jordán, pero nunca en Transjordania. El término «jorita» parece no ser más que una designación seudo-étnica, que aplica a «región de Edom-Seír (ver Gn 36 20) el término de Haru, uno de los nombres egipcios de Palestina en la época de la instalación de los israelitas.
2 19 El territorio de los amonitas estaba situado al norte del Sijón, en el curso superior del Yaboc, ver 3 16; Nm 21 24. Pese a los vínculos entre Israel y Amón en los que insiste este texto, ver v. 37, estos dos pueblos se harán la guerra desde la época de los Jueces, Jc 10 7s y, sobre todo, en tiempo de David, 2 S 10 6s; 11. Posteriormente, los amonitas se extenderán a expensas de Gad, ver Jr 49 1, y la tradición primitiva del Dt es hostil a ellos, ver 23 4.

Jos 13 2+

hasta el día de hoy. [23] Y también a los avitas, que habitan en los campos hasta Gaza; los caftoritas, venidos de Caftor*, los exterminaron y se establecieron en su lugar). [24] Levantaos, partid y pasad el torrente Arnón. Mira, yo pongo en tus manos a Sijón, el amorreo, rey de Jesbón, y todo su país. Comienza la conquista; provócale al combate. [25] Desde hoy comienzo a infundir terror y miedo de ti entre todos los pueblos que hay debajo del cielo: al tener noticia de tu llegada temblarán todos y se estremecerán.»

‖Nm 21
21-25
Jc 11 19-22

Conquista del reino de Sijón*.

[26] Del desierto de Quedemot* envié mensajeros a Sijón, rey de Jesbón, con estas palabras de paz: [27] «Voy a pasar por tu tierra; seguiré el camino sin desviarme ni a derecha ni a izquierda. [28] La comida que coma me la venderás por dinero, el agua que beba me la darás por dinero; sólo deseo pasar a pie, [29] como me lo han permitido los hijos de Esaú que habitan en Seír y los moabitas que habitan en Ar, hasta que cruce el Jordán, para ir hacia la tierra que nos da Yahvé nuestro Dios.»

2 6

Nm 20 18.21

[30] Pero Sijón, rey de Jesbón, no quiso dejarnos pasar por allí, porque Yahvé tu Dios le había empedernido el espíritu y endurecido el corazón, a fin de sometértelo, como sigue todavía hoy. [31] Yahvé me dijo: «Mira, voy a comenzar a entregarte a Sijón y su territorio; empieza la conquista, apodérate de su territorio.» [32] Sijón salió a nuestro encuentro con toda su gente, y nos presentó batalla en Yahas. [33] Yahvé nuestro Dios nos lo entregó y lo derrotamos a él, a sus hijos y a toda su gente. [34] Nos apoderamos entonces de todas sus ciudades y consagramos al anatema toda ciudad: hombres, mujeres y niños, sin dejar superviviente. [35] Sólo guardamos como botín el ganado y los despojos de las ciudades tomadas. [36] Desde Aroer, al borde del valle del Arnón, y la ciudad que está en el valle, hasta Galaad, no hubo ciudad inexpugnable para nosotros; Yahvé nuestro Dios nos las entregó todas. [37] Únicamente respetaste el país de los amonitas, toda la ribera del torrente Ya-

Ex 4 21

Jos 6 17+

boc y las ciudades de la montaña, todo lo que Yahvé nuestro Dios nos había prohibido.

Conquista del reino de Og.

‖Nm 21
33-35

3 [1] Luego torcimos y subimos camino de Basán. Og, rey de Basán, salió a nuestro encuentro con toda su gente y nos presentó batalla en Edreí. [2] Yahvé me dijo: «No le temas, porque yo lo he entregado en tus manos con toda su gente y su país. Harás con él lo que hiciste con Sijón, el rey amorreo que habitaba en Jesbón.» [3] Yahvé nuestro Dios entregó en nuestras manos también a Og, rey de Basán, con todo su pueblo. Lo derrotamos hasta no dejarle ni un superviviente. [4] Nos apoderamos entonces de todas sus ciudades; no hubo ciudad que no les conquistáramos: sesenta ciudades, toda la comarca de Argob, del reino de Og en Basán, [5] plazas fuertes todas ellas, con altas murallas, puertas y cerrojos; sin contar gran número de ciudades de los perizitas*. [6] Las consagramos al anatema, como habíamos hecho con Sijón, rey de Jesbón; consagramos al anatema a toda ciudad: hombres, mujeres y niños; [7] aunque guardamos como botín todo el ganado y los despojos de estas ciudades.

[8] Así tomamos entonces, de mano de los dos reyes amorreos, el país de Transjordania, desde el torrente Arnón hasta el monte Hermón [9] (los sidonios llaman al Hermón Sarión, y los amorreos lo llaman Sanir): [10] todas las ciudades de la altiplanicie, todo Galaad y todo Basán hasta Salcá y Edreí, ciudades del reino de Og en Basán. [11] (Og, rey de Basán, era el último superviviente de los refaítas: su lecho es el lecho de hierro que se halla en Rabá de los amonitas, de nueve codos de largo por cuatro de ancho, en codos corrientes*).

1 28+

Reparto de Transjordania.

[12] Este territorio del que tomamos posesión entonces: desde Aroer, a orillas del torrente Arnón, la mitad de la montaña de Galaad con sus ciudades, se lo di a los rubenitas y a los gaditas. [13] A la media tribu de Manasés le di el resto de Ga-

‖Nm 32

---

2 23   Los filisteos, llegados de Creta o de Asia Menor, ver Jos 13 2+.
2 26   (a) El Dt enlaza aquí con la fuente antigua, tanto para la conquista histórica del reino de Sijón como para el relato legendario sobre Og.
2 26   (b) O: «Del desierto de Oriente».

3 5   Los perizitas son los habitantes de la campiña, cuyas aldeas no están fortificadas.
3 11   Este «lecho de hierro» (o de basalto ferruginoso) era quizá uno de los dólmenes que se ven en la región de Amán. Nueve codos equivalen a unos cuatro metros.

Nm 32 41
Jc 10 3-5

laad y todo Basán, reino de Og: toda la comarca de Argob. (A todo este territorio de Basán se le llama el país de los refaítas). [14] Yaír, hijo de Manasés, se quedó con toda la comarca de Argob, hasta la frontera de los guesuritas y de los maacatitas, y dio a Basán el nombre que aún conserva: Aduares de Yaír. [15] A Maquir le di Galaad. [16] A los rubenitas y a los gaditas les di parte de Galaad: (por un lado) hasta el torrente Arnón, siendo frontera el curso del torrente, y (por otro) hasta el torrente Yaboc, frontera de los amonitas. [17] La Arabá y el Jordán hacían de frontera, desde Quinéret hasta el mar de la Arabá (el mar de la Sal), al pie de las laderas del Pisgá, al oriente.

m 34 11-12

Ultimas disposiciones de Moisés.

[18] Yo os ordené entonces: «Yahvé, vuestro Dios, os ha dado esta tierra en posesión. Vosotros, todos los hombres en edad militar, pasaréis armados al frente de vuestros hermanos los israelitas. [19] Sólo vuestras mujeres, vuestros hijos y vuestros rebaños (pues sé que tenéis rebaños numerosos) se quedarán en las ciudades que yo os he dado, [20] hasta que Yahvé conceda reposo a vuestros hermanos, como a vosotros, y ellos también hayan tomado posesión de la tierra que Yahvé vuestro Dios les ha dado al otro lado del Jordán; entonces volveréis cada uno a la heredad que yo os he dado.» [21] A Josué también le di entonces la orden siguiente: «Tus propios ojos han visto todo lo que Yahvé vuestro Dios ha hecho con estos dos reyes; lo mismo hará Yahvé con todos los reinos por donde vas a pasar. [22] No les temáis, porque el mismo Yahvé vuestro Dios combate por vosotros.»

[23] Entonces hice esta súplica a Yahvé: [24] «Yahvé, Señor mío, tú has comenzado a manifestar a tu siervo tu grandeza y la fortaleza de tu mano; pues ¿qué Dios hay, ni en los cielos ni en la tierra, que pueda hacer obras y proezas como las tuyas? [25] Déjame, por favor, pasar y ver la tierra buena de allende el Jordán, esa

Ex 33 14+

Jos 1 1+

24; 11 2-3
Ex 15 6-7
Sal 86 8

hermosa montaña y el Líbano.» [26] Pero, por culpa vuestra, Yahvé se irritó contra mí y no me escuchó; antes bien me dijo: «¡Basta ya! No me hables más de ello. [27] Sube a la cumbre del Pisgá, alza tus ojos al occidente, al norte, al mediodía y al oriente; y contempla con tus ojos, porque no pasarás ese Jordán. [28] Da tus órdenes a Josué, dale ánimo y valor, porque él pasará al frente de este pueblo: él le pondrá en posesión de esa tierra que ves.»

[29] Y nos quedamos, en el valle, enfrente de Bet Peor.

Nm 20 12+

32 48-52

Nm 25 1-18

La infidelidad de Peor y la verdadera sabiduría.

4 [1] Y ahora, Israel, escucha los preceptos y las normas que yo os enseño, para que las pongáis en práctica, a fin de que viváis y entréis a tomar posesión de la tierra que os da Yahvé, Dios de vuestros padres. [2] No añadiréis nada a lo que yo os mando, ni quitaréis nada, de modo que guardéis los mandamientos de Yahvé vuestro Dios que yo os prescribo. [3] Con vuestros propios ojos habéis visto lo que hizo Yahvé con Baal Peor: a todos los que se habían ido tras de Baal Peor, Yahvé tu Dios los exterminó de en medio de ti; [4] en cambio vosotros, que habéis seguido unidos a Yahvé vuestro Dios, estáis hoy todos vivos. [5] Mirad: como Yahvé mi Dios me ha mandado, yo os enseño preceptos y normas, para que los pongáis en práctica en la tierra en la que vais a entrar para tomar posesión de ella. [6] Guardadlos y practicadlos, porque ellos son vuestra sabiduría y vuestra inteligencia a los ojos de los demás pueblos, los cuales, cuando tengan noticia de todos estos preceptos, dirán: «Ciertamente esta gran nación es un pueblo sabio e inteligente.» [7] Porque, en efecto, ¿hay alguna nación tan grande que tenga los dioses tan cerca como lo está Yahvé nuestro Dios siempre que lo invocamos*? [8] Y ¿qué nación hay tan grande cuyos preceptos y normas sean tan justos como toda esta Ley* que yo os expongo hoy?

5 1 6 1; 8 1;
11 8-9
Lv 18 5
Ap 22 18-19
Nm 25 1-18
Jb 28 28
Sal 19 8
Si 1 14-16
Pr 1 7; 9 10
4 32-34
Jr 29 13-14
Sal 145 18;
147 19s;
148 14

---

4 7 Mientras las demás tradiciones del Pentateuco subrayan la distancia que separa a Dios del hombre, ver Ex 33 20+, el Dt insiste en la condescendencia que acerca a Dios a su pueblo, en medio del cual habita, 12 5. El mismo espíritu deuteronomista se deja ver en el relato de la dedicación del templo, 1 R 8 10-29. Volvemos a encontrar este pensamiento en Ez 48 35. La última palabra la dará el NT, Jn 1 14+.

4 8 La lenta elaboración de los «preceptos y normas», v. 5, desemboca en una visión global de la Ley que dominará toda la religión de Israel. El primer sentido de la palabra *tôrah* es «instrucción», «dirección dada»: débese incluir en ella todo el culto y toda la conducta humana, inspirada por una creciente conciencia de la Alianza y de Dios que la ha propuesto y sellado, Gn 15 1+. La revelación de Dios y la enseñanza transmitida por los textos antiguos y los profetas animarán cada vez más la «vida» entera del pueblo, v. 1; 8 3+; 30

La revelación del Horeb y sus exigencias.

32 7
Sal 44 2; 78
3-4
Jl 1 3

⁹ Pero ten cuidado y guárdate bien de olvidarte de estas cosas que tus ojos han visto, ni dejes que se aparten de tu corazón en todos los días de tu vida; enséñaselas a tus hijos y a los hijos de tus hijos.

Ex 19 16-20

¹⁰ El día en que estabas en el Horeb en presencia de Yahvé tu Dios, cuando Yahvé me dijo: «Reúneme al pueblo para que les haga oír mis palabras, a fin de que aprendan a temerme mientras vivan en el suelo y se las enseñen a sus hijos», ¹¹ vosotros os acercasteis y permanecisteis al pie de la montaña. La montaña ardía en llamas hasta el mismo cielo, entre tenebrosa nube y nubarrón.

Ex 19 18

¹² Yahvé os habló de en medio del fuego; vosotros oíais rumor de palabras, pero no percibíais figura alguna, sino sólo una voz.

Ex 20 1+

¹³ Él os reveló su alianza, y os mandó ponerla en práctica, las diez Palabras que escribió en dos tablas de piedra. ¹⁴ Y a mí me mandó entonces Yahvé que os enseñase los preceptos y normas, para que las pusierais en práctica en la tierra en la que vais a entrar para tomarla en posesión*.

¹⁵ Tened mucho cuidado: puesto que no visteis figura alguna el día en que Yahvé os habló en el Horeb de en medio del fuego*, ¹⁶ no vayáis a pervertiros y os

5 8
Ex 20 4-5

hagáis alguna escultura de cualquier representación que sea: figura masculina o femenina, ¹⁷ figura de alguna de las bestias de la tierra, figura de alguna de las

Rm 1 23

aves que vuelan por el cielo, ¹⁸ figura de alguno de los reptiles que se arrastran por el suelo, figura de alguno de los peces que hay en las aguas debajo de la tierra. ¹⁹ Cuando levantes tus ojos al cielo, cuando veas el sol, la luna, las estrellas y

17 3
Sb 13 2

todo el ejército de los cielos, no vayas a dejarte seducir y te postres ante ellos para darles culto. Eso se lo ha repartido Yahvé tu Dios a todos los pueblos que hay debajo del cielo. ²⁰ Pero a vosotros os

Jr 11 4
1 R 8 51
7 6+

tomó Yahvé y os sacó del horno de hierro de Egipto, para que fueseis el pueblo de su heredad, como lo sois hoy.

Perspectivas de castigo y de conversión.

²¹ Por culpa vuestra Yahvé se irritó contra mí y juró que yo no pasaría el Jordán ni entraría en la tierra buena que Yahvé tu Dios te da en herencia. ²² Yo voy a morir en este país y no pasaré el Jordán. Vosotros en cambio lo pasaréis y poseeréis esa tierra buena. ²³ Guardaos, pues, de olvidar la alianza que Yahvé vuestro Dios ha concluido con vosotros, y de fabricaros alguna escultura o representación de todo lo que Yahvé tu Dios te ha prohibido; ²⁴ porque Yahvé tu Dios es un fuego devorador, un Dios celoso*.

Nm 20 12+

Ex 20 5+
Ex 13 22+
Is 33 14
So 1 18
∕ Hb 12 29

²⁵ Cuando hayáis engendrado hijos y nietos y hayáis envejecido en el país, si os pervertís y os fabricáis alguna escultura de cualquier representación, haciendo lo malo a los ojos de Yahvé tu Dios hasta irritarle, ²⁶ pongo hoy por testigos contra vosotros al cielo y a la tierra de que desapareceréis rápidamente de esa tierra que vais a tomar en posesión al pasar el Jordán. No prolongaréis en ella vuestros días, porque seréis completamente aniquilados. ²⁷ Yahvé os dispersará entre los pueblos y no quedaréis más que unos pocos* en medio de las naciones adonde Yahvé os lleve. ²⁸ Allí serviréis a dioses hechos por manos de hombre, de madera y piedra, que ni ven ni oyen, ni comen ni huelen.

Is 1 2

Jos 23 16
Lv 26 14-19

2 R 17 6;
25 8s

Is 4 3+
Sal 105
12-13

²⁹ Desde allí buscarás a Yahvé tu Dios; y lo encontrarás si lo buscas con todo tu corazón y con toda tu alma. ³⁰ Cuando estés angustiado y te alcancen todas estas palabras, al fin de los tiempos*, te volverás a Yahvé tu Dios y escucharás su voz; ³¹ porque Yahvé tu Dios es un Dios misericordioso: no te abandonará ni te aniquilará, y no se olvidará de la alianza que con juramento concluyó con tus padres.

30 1-5
Os 5 15
Is 55 6
Jr 29 13
2 Cro 15 2
7s.15
Sal 27 8;
105 3s
Mt 7 7-8
Ex 34 6-7

14+; Sal 19 8-15; 77 1; 94 12; 119 1+; Si 1 26; 24 23; etc., ver Hch 7 38+. Jesús declarará haber venido para «cumplir» la Ley y los Profetas, Mt 5 17+, ver Mt 22 34-40 p.; y Pablo explicará cómo «la Ley» es reemplazada por la fe en Cristo, Rm 3 27+; 10 4.
4 14 El autor distingue las «diez Palabras», ver 5 4s, escritas por el mismo Dios en las tablas de piedra, Ex 34 28; Dt 5 22, de los «preceptos y normas», es decir, el Código Deuteronómico, ver 12 1; 26 16.
4 15 Este desarrollo homilético justifica la prohibición de las imágenes por la teofanía del Horeb, en la que Yahvé se dejó oír pero no se manifestó. Sin embargo, Yahvé se deja ver de los privilegiados, Moisés, Ex 34 18-23, y los ancianos, Ex 24 10-11.
4 24 Estos «celos» de Dios son el exceso mismo del amor, ver 5 9; 6 15; 32 16.21, etc.; Ex 20 5; 34 14; Nm 25 11; Ez 8 3-5; 39 25; Za 1 14; 2 Co 11 2. Sobre el «fuego», ver Ex 13 22+; 24 17, etc.
4 27 El «resto» de Isaías y de los Profetas, el único que supera la prueba.
4 30 En los Profetas esta expresión se refiere a la instauración definitiva del reino de Dios, la época de la Nueva Alianza.

Grandeza de la elección divina.

[32] Pregunta, pregunta a los tiempos antiguos que te han precedido, desde el día en que Dios creó al hombre sobre la tierra: ¿Hubo jamás desde un extremo a otro del cielo cosa tan grande como ésta? ¿Se oyó algo semejante? [33] ¿Hay algún pueblo que haya oído como tú has oído la voz del Dios vivo* hablando de en medio del fuego, y haya sobrevivido? [34] ¿Algún dios intentó jamás venir a buscarse una nación de en medio de otra por medio de pruebas, señales, prodigios, en la guerra, con mano fuerte y tenso brazo, con portentos terribles, como todo lo que Yahvé vuestro Dios hizo con vosotros, a vuestros mismos ojos, en Egipto? [35] A ti se te ha dado a ver todo esto, para que sepas que Yahvé es el Dios y que no hay otro fuera de él*. [36] Desde el cielo te ha hecho oír su voz para instruirte, y en la tierra te ha mostrado su gran fuego, y de en medio del fuego has oído sus palabras. [37] Porque amó a tus padres y eligió a su descendencia después de ellos, te sacó de Egipto personalmente con su gran fuerza, [38] desalojó ante ti naciones más numerosas y fuertes que tú, te introdujo en su tierra y te la dio en herencia, como la tienes hoy. [39] Reconoce, pues, hoy y medita en tu corazón que Yahvé es el Dios allá arriba en el cielo, y aquí abajo en la tierra; y no hay otro. [40] Guarda los preceptos y los mandamientos que yo te prescribo hoy, para que seas feliz, tú y tus hijos después de ti, y prolongues tus días en la tierra que Yahvé tu Dios te da para siempre.

Las ciudades de asilo*.

[41] Moisés reservó entonces tres ciudades allende el Jordán, al oriente, [42] en las que pudiera refugiarse el homicida que hubiera matado a su prójimo sin querer, sin que hubiera enemistad anterior, y refugiándose en una de estas ciudades, salvara su vida. [43] Para Rubén: Béser, en el desierto, en la altiplanicie; para Gad: Ramot en Galaad; para Manasés: Golán en Basán.

SEGUNDO DISCURSO DE MOISÉS*

[44] Ésta es la ley que expuso Moisés a los israelitas. [45] Éstos son los estatutos, los preceptos y las normas que dictó Moisés a los israelitas a su salida de Egipto, [46] al otro lado del Jordán, en el valle próximo a Bet Peor, en el país de Sijón, rey de los amorreos, que habitaba en Jesbón, aquél a quien Moisés y los israelitas habían derrotado a su salida de Egipto, [47] y cuyo territorio habían conquistado, así como el territorio de Og, rey de Basán, los dos reyes amorreos del lado oriental del Jordán: [48] desde Aroer, que está a la orilla del torrente Arnón, hasta el monte Sirión* (es decir, el Hermón), [49] con toda la Arabá del lado oriental del Jordán, hasta el mar de la Arabá, al pie de las laderas del Pisgá.

El Decálogo.

5 [1] Moisés convocó a todo Israel y les dijo: Escucha, Israel, los preceptos y las normas* que yo pronuncio hoy a tus oídos. Apréndelos y procura ponerlos en práctica. [2] Yahvé nuestro Dios ha concluido con nosotros una alianza en el Horeb. [3] No con nuestros padres concluyó Yahvé esta alianza, sino con nosotros, con nosotros que estamos hoy aquí, todos vivos. [4] Cara a cara os habló Yahvé en la montaña, de en medio del fuego. [5] Yo estaba entre Yahvé y vosotros para comunicaros la palabra de Yahvé, ya que vosotros teníais miedo del fuego y no subisteis a la montaña. Dijo:

Marginal references
4 7+
Ex 33 20+
7 6+

Jr 32 21
Sal 40 6

Ex 20 3
Dt 32 39
Is 43 10-13
Mc 12 32

2 26-3 17

7 1; 9 1;
11 23
Jos 2 11

6 4
1 R 8 23
2 Cro 20 6
Sal 83 19

Is 65 20
Za 8 4

Ex 21 13+
Jos 20 1+

Jos 20 8

4 1.5.8;
12 1

4 10-13+

Footnotes
4 33 «vivo» griego, ver 5 26; omitido por hebr.
4 35 Afirmación explícita de la inexistencia de otros dioses, ver Is 43 10-11; 44 6; 45 5, etc. El Decálogo prohibía simplemente el culto a los dioses extranjeros, a los que durante mucho tiempo se les consideró como inferiores a Yahvé, ineficaces, despreciables. Una nueva etapa se abre desde ahora: estos dioses no existen.
4 41 Esta pequeña noticia sobre las ciudades de asilo, ver Jos 20 1+, es una adición insertada entre los dos discursos de Moisés.
4 44 Después de una breve indicación de tiempo y lugar, 4 44-49, ver v 1-5, comienza el segundo discurso de Moisés, 5 1 - 11 32, que introduce el gran Código Deu-

teronómico, 12 1 - 26 15, y continuará en 26 16 - 28 68. Al igual que el primer discurso, éste recapitula ante todo la historia pasada de Israel, remontándose esta vez hasta la teofanía del Horeb y el Decálogo. Este discurso parece haber existido aparte, bajo formas diversas que aquí se combinan, y haber sido utilizado para usos catequéticos y cultuales antes de servir de introducción al Código Deuteronómico.
4 48 Siryón Sinaítico; ver 3 9; Siōn hebr.
5 1 Es el anuncio general de la ley deuteronómica y no solamente de la «Palabra», v. 5, del Decálogo. Ver también 6 1.

‖Ex 20
2-17+

6 «Yo soy Yahvé tu Dios, que te he sacado del país de Egipto, de la casa de servidumbre.

7 «No tendrás otros dioses fuera de mí.

4 15-20

8 «No te harás escultura ni imagen alguna, ni de lo que hay arriba en los cielos, ni de lo que hay abajo en la tierra, ni de lo que hay en las aguas debajo de la tierra. 9 No te postrarás ante ellas* ni les darás culto. Porque yo, Yahvé tu Dios, soy un Dios celoso, que castigo la iniquidad de los padres en los hijos hasta la tercera y cuarta generación, cuando me odian, 10 y tengo misericordia por mil generaciones cuando me aman y guardan mis mandamientos.

4 24+
7 9-10

11 «No tomarás en falso el nombre de Yahvé tu Dios, porque Yahvé no dejará sin castigo a quien toma su nombre en falso.

12 «Guardarás el día del sábado santificándolo, como te lo ha mandado Yahvé tu Dios. 13 Seis días trabajarás y harás todas tus tareas, 14 pero el día séptimo es día de descanso, consagrado a Yahvé tu Dios. No harás ningún trabajo, ni tú, ni tu hijo, ni tu hija, ni tu siervo, ni tu sierva, ni tu buey, ni tu asno, ni ninguna de tus bestias, ni el forastero que vive en tus ciudades; de modo que puedan descansar, como tú, tu siervo y tu sierva. 15 Recuerda que fuiste esclavo en el país de Egipto y que Yahvé tu Dios te sacó de allí con mano fuerte y tenso brazo; por eso Yahvé tu Dios te manda guardar el día del sábado*.

Ex 12 48+

Si 3 1-16

16 «Honra a tu padre y a tu madre, como te lo ha mandado Yahvé tu Dios, para que se prolonguen tus días y seas feliz en la tierra que Yahvé tu Dios te da.

17 «No matarás.

18 «No cometerás adulterio.

19 «No robarás.

18

20 «No darás testimonio falso contra tu prójimo.

21 «No desearás la mujer de tu prójimo, no codiciarás su casa, su campo, su siervo o su sierva, su buey o su asno: nada que sea de tu prójimo.»

22 Estas palabras dijo Yahvé a toda vuestra asamblea, en la montaña, de en medio de la nube ardiendo y el nubarrón, con voz potente. Y nada más añadió. Luego las escribió en dos tablas de piedra y me las entregó a mí.

19

Ex 24 16+
Dt 4 12-13

Mediación de Moisés.

Ex 20 18-21

23 Cuando vosotros oísteis la voz que salía de las tinieblas, mientras la montaña ardía, os acercasteis a mí todos vosotros, jefes de tribu y ancianos, 24 y me dijisteis: «Mira, Yahvé nuestro Dios nos ha mostrado su gloria y su grandeza y hemos oído su voz de en medio del fuego. Hemos visto en este día que puede Dios hablar al hombre y seguir éste con vida. 25 Pero, ¿por qué hemos de morir por ese fuego que nos va a devorar?; si seguimos oyendo la voz de Yahvé nuestro Dios, moriremos. 26 Pues, ¿qué hombre ha oído como nosotros la voz del Dios vivo* hablando de en medio del fuego, y ha sobrevivido? 27 Acércate tú a oír todo lo que diga Yahvé nuestro Dios, y luego nos dirás todo lo que Yahvé nuestro Dios te haya dicho; nosotros lo escucharemos y lo pondremos en práctica.»

20

21

Ex 19 16+

Ex 33 20+

23

24

Ex 19 8; 24

28 Yahvé oyó vuestras palabras y me dijo: «He oído las palabras de este pueblo, lo que te han dicho; está bien todo lo que han dicho. 29 ¡Ojalá fuera siempre así su corazón de modo que me temieran y guardaran todos mis mandamientos, y de esta forma serían eternamente felices, ellos y sus hijos! 30 Ve a decirles: Volved a vuestras tiendas. 31 Tú quédate aquí junto a mí; yo te diré a ti todos los mandamientos, preceptos y normas que has de enseñarles, para que los pongan en práctica en la tierra que yo les doy en posesión.»

25

26

27

28

El amor de Yahvé, esencia de la Ley*.

32 Cuidad, pues, de proceder como Yahvé vuestro Dios os ha mandado. No os desviéis ni a derecha ni a izquierda.

29

---

5 9   Ver Ex 20 5+.

5 15   La justificación del sábado no es la misma que en Ex 20 11. El sábado se relaciona aquí con la liberación de la esclavitud de Egipto, lo que le impone un doble carácter: es un día de alegría (ver lo mismo para la fiesta de las Semanas, 16 11-12), y un día en que los siervos y los esclavos extranjeros se ven liberados de su penoso trabajo (ver también la misma justificación en la legislación a favor de los pobres, 24 18.22). Estos nuevos matices fueron añadidos en una época en que el precepto sabático había adquirido más importancia.

5 26   Afirmar que Dios es un Dios vivo es una de las formas primeras de la fe en el verdadero Dios, 6 4+, que implica la repulsa de todos los dioses falsos, carentes de vida, lo mismo que sus imágenes, Jos 3 10; 1 S 17 26.36; Is 37 4; Jr 10 8-10; Os 2 1; Sal 84 3, etc.; ver Mt 16 16; 26 33; Rm 9 26; 1 Ts 1 9; 1 Tm 3 15, etc.

5 32   Después del resumen de la historia pasada, viene la parte catequética: es una serie de pequeños desarrollos homiléticos que resumen el espíritu de la religión deuteronómica.

17 11.20
Jos 1 7

[33] Seguid en todo el camino que Yahvé vuestro Dios os ha trazado: así viviréis, seréis felices y prolongaréis vuestros días en la tierra de la que vais a tomar posesión.

6 [1] Éstos son los mandamientos, preceptos y normas que Yahvé vuestro Dios ha mandado enseñaros, para que los pongáis en práctica en la tierra a la que vais a pasar para tomar posesión de ella. [2] Así temerás a Yahvé tu Dios*, guardando todos los preceptos y mandamientos que yo te prescribo hoy, tú, tu hijo y tu nieto, todos los días de tu vida, y así se prolongarán tus días. [3] Escucha, Israel; esmérate en practicarlos para que seas feliz y te multipliques, como se te ha prometido Yahvé, el Dios de tus padres, en la tierra que mana leche y miel. [4] Escucha, Israel: Yahvé nuestro Dios es el único Yahvé*. [5] Amarás a Yahvé tu Dios con todo tu corazón, con toda tu alma y con todas tus fuerzas*. [6] Queden en tu corazón estas palabras que yo te dicto hoy. [7] Se las repetirás a tus hijos, les hablarás de ellas tanto si estás en casa como si vas de viaje, así acostado como levantado; [8] las atarás a tu mano como una señal, y serán como una insignia entre tus ojos; [9] las escribirás en las jambas de tu casa y en tus puertas. [10] Cuando Yahvé tu Dios te haya introducido en la tierra que ha de darte, según juró a tus padres Abrahán, Isaac y Jacob: ciudades grandes y hermosas que tú no has edificado, [11] casas llenas de toda clase de bienes, que tú no has llenado, cisternas excavadas que tú no has excavado, viñedos y olivares que tú no has plantado, cuando comas y te hartes, [12] cuídate de no olvidarte de Yahvé que te sacó del país de Egipto, de la casa de servidumbre. [13] A Yahvé tu Dios temerás, a él servirás y por su nombre jurarás.

Ex 15 26

⁄ Lc 11 28

4 25+;
10 12
⁄ Mt 22
37p

Jr 31 33
11 18-21

Ex 13 9.16

Jos 24 13

8 10-18;
32 13-18
Os 2 7-11

Llamada a la fidelidad.

[14] No vayáis detrás de otros dioses, de los dioses de los pueblos que tendréis a vuestro alrededor, [15] porque Yahvé tu Dios, que está en medio de ti, es un Dios celoso. La ira de Yahvé tu Dios se encendería contra ti y te haría desaparecer de la faz de la tierra. [16] No tentaréis a Yahvé vuestro Dios, como le habéis tentado en Masá. [17] Guardaréis cuidadosamente los mandamientos de Yahvé vuestro Dios, los estatutos y preceptos que te ha prescrito, [18] harás lo que es recto y bueno a los ojos de Yahvé para que seas feliz y llegues a tomar posesión de esa tierra buena que Yahvé prometió con juramento a tus padres, [19] arrojando ante ti a todos tus enemigos, como se ha dicho Yahvé. [20] Cuando el día de mañana te pregunte tu hijo: «¿Qué son estos estatutos, estos preceptos y estas normas que Yahvé nuestro Dios os ha prescrito?», [21] dirás a tu hijo: «Éramos esclavos del faraón en Egipto, y Yahvé nos sacó de Egipto con mano fuerte. [22] Yahvé realizó a nuestros propios ojos señales y prodigios grandes y terribles en Egipto, contra el faraón y contra toda su casa. [23] Y nos sacó de allí para traernos y entregarnos la tierra que había prometido con juramento a nuestros padres. [24] Y Yahvé nos mandó que pusiéramos en práctica todos estos preceptos, temiendo a Yahvé nuestro Dios, para que nos vaya siempre bien y nos mantenga en vida como el día de hoy. [25] Tal será nuestra justicia: cuidar de poner en práctica todos estos mandamientos ante Yahvé nuestro Dios, como él nos ha mandado».

⁄ Mt 4 10p

Ex 23 32-33

Dt 4 24+

⁄ Mt 4 7p
Ex 17 1-7
Nm 20 2-13

Ex 12 26s;
13 8

---

6 2 «Temer a Yahvé» se ha hecho una expresión típica de la fidelidad a la Alianza. En adelante el temor, Ex 20 20+, implica a la vez un amor que responde al de Dios, 4 37, y una obediencia absoluta a todo lo que Dios manda, 6 2-5; 10 12-15; ver Gn 22 12. El contenido religioso y moral de este temor se irá afinando sin cesar, Jos 24 14; 1 R 18 3.12; 2 R 4 1; Pr 1 7+; Is 11 2; Jr 32 39, etc.
6 4 Otra traducción propuesta a veces: «Escucha Israel: Yahvé es nuestro Dios, sólo Yahvé». Pero la expresión parece ser una afirmación de monoteísmo. Con ella comenzará la oración llamada Šemá («Escucha»), que sigue siendo una de las preferidas de la piedad judía. —A lo largo de la historia de Israel, esta fe en un Dios único no cesó de desprenderse, con precisión creciente, de la fe en la elección y la alianza, Gn 6 18; 12 1+; 15 1+, etc. La existencia de otros dioses no se llegó a afirmar nunca expresamente en los tiempos antiguos, pero la afirmación del Dios vivo, 5 26+, único señor del

mundo lo mismo que de su pueblo, Ex 3 14+; 1 R 8 56-60; 18 21; 2 R 19 15-19; Si 1 8-9; Am 4 13; 5 8; Is 42 8+; Za 14 9; Mi 1 11, se refuerza cada vez más con una negación sistemática de los falsos dioses, Sb 13 10+; 14 13; Is 40 20+; 41 21+.
6 5 El amor de Dios no es algo que quede a elección, es un mandamiento. Este amor, que responde al amor de Dios hacia su pueblo, 4 37; 7 8; 10 15, incluye el temor de Dios, la obligación de servirle y la observancia de sus preceptos, aquí v. 13; 10 12-13; 11 1; ver 30 2. Este mandamiento de amor no se encuentra explícito fuera del Dt, pero su equivalente se da en 2 R 23 25 y en Os 6 6. Aunque falte la letra del precepto, la realidad del amor a Dios llena los libros proféticos, sobre todo Oseas y Jeremías, y los Salmos. Jesús, citando Dt 6 5, dirá que el mayor de los mandamientos es el amor de Dios, Mt 22 37p, un amor que es compatible con el temor filial, pero que excluye el temor servil, 1 Jn 4 18.

Israel, pueblo consagrado.

Ex 34 11-17
Sal 106
34-39

Hch 13 19

4 38+

Ex 23 32-33;
34 12-16

Jc 3 5-6
1 R 11 1-2
Ex 9 1-2

12 3

Ex 19 6+
Dt 14 2
Is 62 12
Jr 2 3
Am 3 2

7 [1] Cuando Yahvé tu Dios te haya introducido en la tierra en la que vas a entrar para tomarla en posesión, y haya arrojado al llegar tú a naciones numerosas: hititas, guirgaseos, amorreos, cananeos, perizitas, jivitas y jebuseos*, siete naciones más numerosas y fuertes que tú, [2] cuando Yahvé tu Dios te las entregue a tu llegada y tú las derrotes, las consagrarás al anatema. No harás alianza con ellas, no les tendrás compasión, [3] ni emparentarás con ellas: tu hija no la darás a su hijo ni tomarás una hija suya para tu hijo, [4] porque apartaría a tu hijo de mi seguimiento, y serviría a otros dioses; y la ira de Yahvé se encendería contra vosotros y se apresuraría a destruiros. [5] Por el contrario, esto es lo que haréis con ellos: demoleréis sus altares, romperéis sus estelas, arrancaréis sus cipos y prenderéis fuego a sus ídolos. [6] Porque tú eres un pueblo consagrado a Yahvé tu Dios; a ti te ha elegido para que seas, de entre todos los pueblos que hay sobre la faz de la tierra, el pueblo de su propiedad*.

La elección y el favor divino.

Jn 15 16
1 Co 1 26-29

1 Jn 4 10.19

Mi 6 4
4 35+; 5 9s
Ex 34 6-7

[7] No porque seáis el más numeroso de todos los pueblos se ha prendado Yahvé de vosotros y os ha elegido, pues sois el menos numeroso de todos los pueblos; [8] sino por el amor que os tiene y por guardar el juramento hecho a vuestros padres, por eso os ha sacado Yahvé con mano fuerte y os ha liberado de la casa de servidumbre, del poder del faraón, rey de Egipto. [9] Has de saber, pues, que Yahvé tu Dios es el Dios, el Dios fiel que guarda su alianza y su favor por mil generaciones con los que le aman y guar-

dan sus mandamientos, [10] pero que da su merecido en su propia persona a quien le odia, destruyéndolo. No es remiso* con quien le odia: en su propia persona le da su merecido. [11] Guarda, pues, los mandamientos, preceptos y normas que yo te mando hoy poner en práctica.

[12] Y por haber escuchado estas normas y haberlas guardado y practicado, Yahvé tu Dios te mantendrá la alianza y el favor que juró a tus padres. [13] Y te amará, te bendecirá y te multiplicará, y bendecirá el fruto de tu seno y el fruto de tu campo, tu trigo, tu mosto y tu aceite, las crías de tus vacas y las camadas de tu rebaño, en la tierra que juró a tus padres que te daría. [14] Serás bendito más que todos los pueblos. No habrá macho ni hembra estéril ni en ti ni en tu ganado. [15] Yahvé apartará de ti toda enfermedad; no dejará caer sobre ti ninguna de esas malignas epidemias de Egipto que tú has conocido, sino que se las enviará a todos los que te odian.

[16] Destruirás, pues, todos esos pueblos que Yahvé tu Dios te entrega; tu ojo no se apiadará de ellos, y así no darás culto a sus dioses, porque eso sería un lazo para ti.

/2 R 14 6
24 16+
Jr 31 29-30
Ez 14 12+

Ex 23 22-23

Jn 14 21.23
Lc 1 72

28 60
Ex 15 26

Ex 23 24-33

La fuerza divina.

9 1-6

[17] Si dices en tu corazón: «Esas naciones son más numerosas que yo; ¿cómo voy a poder desalojarlas?», [18] no las temas: acuérdate bien de lo que Yahvé tu Dios ha hecho con el faraón y con todo Egipto: [19] las grandes pruebas que tus ojos han visto, las señales y prodigios, la mano fuerte y el tenso brazo con que Yahvé tu Dios te ha sacado. Lo mismo hará Yahvé tu Dios con todos los pueblos a los que temes. [20] Yahvé tu Dios enviará contra ellos incluso avispas hasta ani-

Ex 23 28
Jos 24 12
Sb 12 8

---

7 1 Esta lista estereotipada de los seis o siete pueblos preisraelitas de Palestina aparece con algunas variantes en **20** 17 y en Gn 15 20; Ex 3 8.17; 13 5; 23 23; 33 2; 34 11; Jos 3 10; 9 1; 11 3; 12 8; 24 11; Jc 3 5; 1 R 9 20; Esd 9 1; Ne 9 8; 2 Cro 8 7. Los cananeos representan el fondo de la población semítica de Palestina. Los amorreos son una oleada semítica posterior, llegada al final del tercer milenio. La tradición «yahvista» prefiere el primer nombre, la tradición «elohísta» emplea sobre todo el segundo; Jos 11 3 los distingue geográficamente, ver Jos 9 10. Los hititas son un pueblo del Asia Menor, cuyo nombre se aplica impropiamente a un grupo no semítico de Palestina, Gn 23. Los guirgasitas, perizitas y jivitas tienen menos importancia. Los jebuseos son los antiguos habitantes de Jerusalén, 2 S 5 6+. **7 6** Como en **14 2**, tenemos aquí afirmada la elección de Israel. Dios ha querido «buscarse un pueblo» por medios milagrosos, **4** 34; ver **4** 20; **26** 7-8. Los motivos de esta elección se dan aquí, vv. 7-8: el amor y fi-

delidad a las promesas gratuitamente hechas a los Padres, ver **4** 37; **8** 18; **9** 5; **10** 15. Esta elección queda sellada por la Alianza, aquí v. 9; 5 2-3, y hace de Israel un pueblo consagrado, aquí v. 6 y **26** 19. Esta teología de la elección que con tanta fuerza expresa el Dt invade todo el Antiguo Testamento, en el cual Israel es un pueblo aparte, Nm **23** 9, el pueblo de Dios, Jc 5 13, a él consagrado, Ex 19 6+, que ha entrado en su Alianza, Ex 19 1+, su hijo Dt 1 31+, la nación del Emmanuel, «Dios con nosotros», Is 8 8.10. Esta elección hace de Israel un pueblo separado, pero los profetas anuncian el reconocimiento de Yahvé por todas las naciones y el universalismo de la salvación, Is 49 6; 45 14+; Za 14 16. Es la era mesiánica inaugurada por la venida de Jesús. **7 10** Otra traducción posible: «no busca a otro fuera de». Este v. insiste en la responsabilidad individual, ver Dt 24 16, progreso respecto de Ex 34 7, hasta que venga Ezequiel, ver Ez 14 12+; **18**.

quilar a los que queden y se hayan ocultado a ti.

²¹ Así que no tiembles ante ellos, porque en medio de ti está Yahvé tu Dios, Dios grande y temible. ²² Yahvé tu Dios irá arrojando a esas naciones de delante de ti poco a poco; no podrás exterminarlas de golpe, no sea que las bestias salvajes se multipliquen contra ti*, ²³ sino que Yahvé tu Dios te las entregará y les infligirá grandes descalabros hasta que queden destruidas. ²⁴ Entregará a sus reyes en tu mano y tú borrarás sus nombres de debajo de los cielos: nadie podrá resistir ante ti, hasta que los hayas destruido.

²⁵ Quemaréis las esculturas de sus dioses, y no codiciarás ni el oro ni la plata que los recubren, ni lo tomarás para ti, no sea que por ello caigas en una trampa, pues es una cosa abominable para Yahvé tu Dios; ²⁶ y no debes meter en tu casa una cosa abominable, pues te harías anatema como ella. La tendrás por cosa horrenda y abominable, porque es anatema.

La prueba del desierto*.

8 ¹ Poned en práctica todos los mandamientos que yo os prescribo hoy, para que viváis, os multipliquéis y lleguéis a tomar posesión de la tierra que Yahvé prometió bajo juramento a vuestros padres. ² Acuérdate de todo el camino que Yahvé tu Dios te ha hecho recorrer durante estos cuarenta años en el desierto para humillarte, para probarte y para conocer lo que había en tu corazón: si ibas a guardar sus mandamientos o no. ³ Te humilló y te hizo pasar hambre, y después te alimentó con el maná que ni tú conocías ni habían conocido tus padres, para hacerte saber que no sólo de pan vive el hombre, sino que el hombre vive de todo lo que sale de la boca de Yahvé*. ⁴ No se gastó el vestido que llevabas ni se hincharon tus pies a lo largo de esos cuarenta años. ⁵ Así te darás cuenta, en tu corazón, de que Yahvé tu Dios te corrige igual que un hombre corrige a su hijo, ⁶ y guardarás los mandamientos de Yahvé tu Dios siguiendo sus caminos y temiéndole.

Las tentaciones de la Tierra Prometida.

⁷ Ahora Yahvé tu Dios te introduce en una tierra buena, tierra de torrentes, de fuentes y hontanares que manan en los valles y en las montañas, ⁸ tierra de trigo y de cebada, de viñas, higueras y granados, tierra de olivares, de aceite y de miel, ⁹ tierra donde no comerás el pan tasado ni donde no carecerás de nada; tierra cuyas piedras son hierro y de cuyas montañas extraerás el bronce. ¹⁰ Comerás hasta hartarte y bendecirás a Yahvé tu Dios en esa tierra buena que te ha dado.

¹¹ Guárdate de olvidar a Yahvé tu Dios descuidando sus mandamientos, normas y preceptos, que yo te prescribo hoy; ¹² no sea que, cuando comas y quedes harto, cuando construyas hermosas casas y vivas en ellas, ¹³ cuando se multipliquen tus vacadas y tus ovejas, cuando tengas plata y oro en abundancia y se acrecienten todos tus bienes, ¹⁴ tu corazón se engría y olvides a Yahvé tu Dios que te sacó del país de Egipto, de la casa de servidumbre; ¹⁵ que te ha conducido a través de ese desierto grande y terrible entre serpientes abrasadoras y escorpiones, lugar de sed y sin agua, pero hizo brotar para ti agua de la roca más dura; ¹⁶ que te alimentó en el desierto con el maná, que no habían conocido tus padres, a fin de humillarte y ponerte a prueba para al final hacerte feliz.

¹⁷ No digas en tu corazón: «Con mi propia fuerza y el poder de mi mano me he creado esta riqueza», ¹⁸ sino acuérdate de Yahvé tu Dios, que es el que te da la fuerza para crear la riqueza, cumpliendo así la alianza que bajo juramento prometió a tus padres, como lo hace hoy. ¹⁹ Pero, si llegas a olvidarte de Yahvé tu Dios, si sigues a otros dioses, si les das culto y te postras ante ellos, yo certifico hoy contra vosotros que pereceréis. ²⁰ Lo mismo que las naciones que Yahvé va destruyendo a vuestra llegada, así pereceréis también vosotros por haber desoído la voz de Yahvé vuestro Dios.

Marginal references (left column):
Ex 23 29
Jc 2 6+

Lv 27 28+

29 4-5

Ex 16

Mt 4 4p
Jn 4 34

2 S 7 14
Pr 3 11-12
1 Co 11 31-32

Marginal references (right column):
11 10-12
Jr 2 7

2 R 18 32

Si 10 12
Jr 2 6

Nm 21 6+
Ex 17 1-7
Nm 20 1-13

Ex 16
Nm 11 7-9

9 4; 32 27
Jc 7 2
Is 10 13-15
Am 6 13
1 Co 1 26-3
Ef 2 8-9
Jn 15 5

4 26+

---

7 22   Este v. es paralelo de Ex 23 29, como el v. 20 era paralelo de Ex 23 28. Es la interpretación deuteronomista de la lentitud de la conquista, ver Ex 23 30+ y Jc 2 6+. Dt 9 3 insistirá por el contrario en la intervención terrorífica de Yahvé guerrero.

8   En contraste con los profetas, que consideraban la permanencia en el desierto como una época ideal, ver Os 2 16+, el Dt presenta aquí los cuarenta años como una prueba, ver ya 4 35. El redactor sacerdotal de Nm 14 26-35 lo verá como un castigo.

8 3   Yahvé, que puede crear todo con su palabra, da vida a los israelitas con los mandamientos (mișwá) que salen (mosa') de su boca. Sobre este texto, citado por Mt 4 4p, véase Am 8 11; Ne 9 20; Pr 9 1-5; Sb 16 26; Si 24 19-21; Jn 6 30-36.68+.

La victoria se debe a Yahvé, no a los méritos de Israel.

9 [1] Escucha, Israel. Hoy vas a pasar ya el Jordán para ir a desalojar a naciones más grandes y fuertes que tú, ciudades grandes, con murallas que llegan hasta el cielo, [2] un pueblo grande y de elevada estatura, hijos de Anac, a quienes tú conoces y de quienes has oído decir: «¿Quién puede hacer frente a los hijos de Anac?» [3] Pero has de saber hoy que Yahvé tu Dios es el que va a pasar delante de ti como un fuego devorador: él los destruirá y te los someterá, para que tú los desalojes y los destruyas rápidamente, como te ha prometido Yahvé. [4] No digas en tu corazón, cuando Yahvé tu Dios los arroje de delante de ti: «Por mis méritos me ha hecho Yahvé entrar en posesión de esta tierra», siendo así que sólo por la perversidad de estas naciones las desaloja Yahvé de delante ti. [5] No por tus méritos ni por la rectitud de tu corazón llegarás a tomar posesión de su tierra, sino que sólo por la perversidad de estas naciones las desaloja Yahvé tu Dios delante de ti; y también por cumplir la palabra que juró a tus padres, Abrahán, Isaac y Jacob. [6] Has de saber, pues, que no es por tu justicia por lo que Yahvé tu Dios te da en posesión esa tierra buena, ya que eres un pueblo de dura cerviz.

Pecado de Israel en el Horeb e intercesión de Moisés*.

[7] Acuérdate, no olvides de que irritaste a Yahvé tu Dios en el desierto, desde el día en que saliste del país de Egipto hasta vuestra llegada a este lugar: habéis sido rebeldes a Yahvé. [8] También en el Horeb irritasteis a Yahvé, y Yahvé montó en tal cólera contra vosotros como para destruiros. [9] Yo había subido al monte a recoger las tablas de piedra, las tablas de la alianza que Yahvé había concluido con vosotros. Yo permanecí en el monte cuarenta días y cuarenta noches: no comí pan ni bebí agua. [10] Yahvé me dio las dos tablas de piedra, escritas por el dedo de Dios, en las que estaban todas las palabras que Yahvé os había dicho en la montaña, de en medio del fuego, el día de la asamblea*. [11] Al cabo de cuarenta días y cuarenta noches, me dio Yahvé las dos tablas de piedra, las tablas de la alianza, [12] y me dijo Yahvé: «Levántate, baja de aquí a toda prisa, porque tu pueblo, el que tú sacaste de Egipto, se ha pervertido. Bien pronto se han apartado del camino que yo les había prescrito: se han hecho un ídolo de fundición.» [13] Continuó Yahvé y me dijo: «He visto a este pueblo y es un pueblo de dura cerviz. [14] Déjame que los destruya y borre su nombre de debajo del cielo; mientras que de ti haré una nación más fuerte y numerosa que ésta.»

[15] Yo me volví y bajé del monte: el monte ardía en llamas, y las dos tablas de la alianza las llevaba yo una en cada mano. [16] Y vi que vosotros habíais pecado contra Yahvé vuestro Dios: os habíais hecho un becerro de fundición: bien pronto os habíais apartado del camino que Yahvé os tenía prescrito. [17] Tomé entonces las dos tablas, las arrojé de mis manos y las hice pedazos en vuestra presencia. [18] Luego me postré ante Yahvé; como la otra vez, cuarenta días y cuarenta noches: no comí pan ni bebí agua, por todo el pecado que habíais cometido haciendo el mal a los ojos de Yahvé hasta irritarle. [19] Es que tenía mucho miedo de la ira y del furor que irritaba a Yahvé contra vosotros hasta querer destruiros. Y una vez más me escuchó Yahvé. [20] También contra Aarón estaba Yahvé violentamente irritado hasta querer destruirle. Yo intercedí también entonces en favor de Aarón. [21] Y vuestro pecado, el becerro que os habíais hecho, lo tomé y lo quemé en el fuego; lo hice pedazos, lo trituré hasta que quedó reducido a polvo, y tiré el polvo al torrente que baja de la montaña.

Otros pecados. Oración de Moisés.

[22] Y en Taberá, y en Masá, y en Quibrot Hatavá, irritasteis a Yahvé. [23] Y cuando Yahvé os hizo salir de Cades Barnea diciendo: «Subid a tomar posesión de la tierra que yo os he dado», os rebelasteis con-

Margin references (left column):
4 38+
1 28+
Nm 13 33
Jos 3 3-4;
6 8
7 22+
8 17+
Jb 7 2
18 12
8 17+
Ef 2 7-9
Tt 3 5
‖Ex 32
5 2-22

Margin references (right column):
9 6; 31 27
Ex 32 9+
2 R 17 14
Jr 7 26;
17 23; 19 15
Ba 2 30
Hb 12 21
Ex 32 20
Nm 11 1-3
Ex 17 1-7
Nm 20 1-13
11 4-34;
13 25; 14 3
Dt 1 25-40

---

9 7   *Comienza aquí un nuevo conjunto que llega hasta 10 11. Moisés recuerda, en primera persona, la historia del becerro de oro, las tablas de la Alianza rotas y hechas de nuevo y su intercesión. El género literario de esta sección recuerda el de los caps. 1-3. El relato es paralelo al de Ex 32, con algunas diferencias. No está hecho de una tirada, sino que se halla sobrecargado de* una serie de adiciones, así 9 20.22-24; 10 6-7.8-9; las repeticiones son en él frecuentes.
9 10   *Varias veces en el Dt la palabra* qahal *designa la asamblea religiosa del pueblo de Dios, especialmente el día de la promulgación de la Ley,* 18 16; *ver* 4 10; 23 2-9. *Concepto que irá precisándose,* 2 Cro 31 18+, *y que desembocará en la «iglesia» del NT,* Mt 16 18+; Hch 7 38.

tra la orden de Yahvé vuestro Dios, no creísteis en él ni eschuchasteis su voz. ²⁴ Habéis sido rebeldes a Yahvé vuestro Dios desde el día en que os conocí*.

‖Ex 32
11-14+

²⁵ Me postré, pues, ante Yahvé y estuve postrado esos cuarenta días y cuarenta noches, porque Yahvé había hablado de destruiros. ²⁶ Supliqué a Yahvé y dije: «Señor Yahvé, no destruyas a tu pueblo y a tu heredad, que tú rescataste con tu grandeza y que sacaste de Egipto con mano fuerte. ²⁷ Acuérdate de tus siervos Abrahán, Isaac y Jacob, y no tomes en cuenta la indocilidad de este pueblo, ni su maldad ni su pecado, ²⁸ para que no se diga en el país de donde nos sacaste: 'Porque Yahvé no ha podido hacerlos entrar en la tierra que les había prometido, y por el odio que les tiene, los ha sacado para hacerlos morir en el desierto.' ²⁹ Pero ellos son tu pueblo y tu heredad, los que tú sacaste con tu gran fuerza y tu tenso brazo.»

‖Ex 34 1s.27

El arca de la Alianza y la elección de Leví.

31 26

10 ¹ En aquel tiempo Yahvé me dijo: «Labra dos tablas de piedra como las primeras y sube donde mí a la montaña; también te harás un arca de madera. ² Yo escribiré en las tablas las palabras que había en las tablas primeras que rompiste, y tú las depositarás en el arca.» ³ Hice un arca de madera de acacia, labré dos tablas de piedra como las primeras y subí a la montaña con las dos tablas en la mano. ⁴ Él escribió en las tablas lo mismo que había escrito antes, las diez Palabras que Yahvé había dicho en el monte, de en medio del fuego, el día de la asamblea, y Yahvé me las entregó. ⁵ Yo me volví y bajé del monte, puse las tablas en el arca que había hecho, y allí quedaron, como me había mandado Yahvé.

Ex 25 10+

⁶ Los israelitas partieron de los pozos de Bené Yaacán, hacia Moserá. Allí murió Aarón y allí fue enterrado*. Le sucedió en el sacerdocio su hijo Eleazar. ⁷ De allí se dirigieron a Guidgad y de Guidgad a Yotbá, lugar de torrentes. ⁸ En aquel tiempo Yahvé apartó a la tribu de Leví* para llevar el arca de la alianza de Yahvé, y para estar en presencia de Yahvé, para estar a su servicio y para dar la bendición en su nombre hasta el día de hoy. ⁹ Por eso Leví no ha tenido parte ni heredad con sus hermanos: Yahvé es su heredad, como le dijo Yahvé tu Dios.

Nm 33 31-38

Nm 18 20+

¹⁰ Yo me quedé en el monte, como la primera vez, cuarenta días y cuarenta noches. También esta vez me escuchó Yahvé: no quiso destruirte. ¹¹ Y me dijo Yahvé: «Levántate, vete a ponerte en marcha al frente de este pueblo, para que vayan a tomar posesion de la tierra que yo juré dar a sus padres.»

La circuncisión del corazón*.

¹² Y ahora, Israel, ¿qué te pide Yahvé tu Dios, sino que temas a Yahvé tu Dios, siguiendo todos sus caminos, amándolo, sirviendo a Yahvé tu Dios con todo tu corazón y con toda tu alma, ¹³ guardando los mandamientos de Yahvé y sus preceptos que yo te prescribo hoy, para que te vaya bien? ¹⁴ Mira: De Yahvé tu Dios son los cielos y los cielos de los cielos*, la tierra y cuanto hay en ella; ¹⁵ pero sólo de tus padres se prendó Yahvé, amándolos, y eligió a su descendencia después de ellos, a vosotros, de entre todos los pueblos, como sucede hoy. ¹⁶ Circuncidad vuestro corazón* y no endurezcáis más vuestra cerviz, ¹⁷ porque Yahvé vuestro Dios es el Dios de los dioses y el Señor de los señores, el Dios grande, fuerte y terrible, que no es parcial ni admite soborno*; ¹⁸ que hace justicia al huérfano y a la viu-

6 5+

Sal 24 1-2
Is 66 1-2
Ex 19 5

7 6+

30 6
Jr 4 4+
Dt 9 13+
1 Tm 6 15
Ap 17 14;
19 16
↗Rm 2 11
↗Hch 10 34
2 Cro 19 7
Jb 34 19
Sb 6 7
Si 35 11-16

---

9 24 «os conocí» hebr.; «os conoció» griego, sam.
10 6 En Nm 33 38 el lugar de la muerte de Aarón es Hor de la Montaña; el nombre de Moserá puede designar el mismo lugar, no identificado por lo demás.
10 8 La adición de los vv. 8-9 es independiente de la de los vv. 6-7, y la elección de la tribu de Leví no tiene relación con la muerte de Aarón. Según Ex 32 25-29, los levitas fueron establecidos en recompensa por la matanza de sus hermanos después del sacrificio del becerro de oro, y esta relación justificaría su inserción en este relato. Pero según Nm 1 50; 3 6-8, fueron separados por Dios mismo, en sustitución de los primogénitos de Israel, Nm 3 12; 8 16.
10 12 Esta última sección del discurso reanuda el estilo directo y enuncia las exigencias de la alianza con Dios, tomando préstamos a los formularios de los tra-

tados de alianza, como la declaración de entrada, 10 12s, el recuerdo histórico, 11 2-7, la descripción del país, 11 10-12.24, y las bendiciones y maldiciones, 11 16-17.22-23.26-29.
10 14 El genitivo sirve en hebreo para expresar el superlativo. Los «cielos de los cielos» son la parte superior de los cielos.
10 16 La circuncisión era el signo de la pertenencia al pueblo de Yahvé, Gn 17 10+. Pero esta pertenencia debe llegar hasta las facultades espirituales, el «corazón», Gn 8 21+; Jr 4 4+.
10 17 Dios otorga su gracia con toda libertad e imparcialidad, 1 17; ver 2 Cro 19 7; Jb 34 19; Sb 6 7-8. El NT recogerá esta fórmula: Hch 10 34; Rm 2 11; Ga 2 6; Ef 6 9; Col 3 25; St 2 1; 1 P 1 17.

da, que ama al forastero y le da pan y vestido. ([19] Amaréis al forastero, porque forasteros fuisteis vosotros en el país de Egipto.) [20] A Yahvé tu Dios temerás, a él servirás, te apegarás a él y en su nombre jurarás. [21] Él es tu alabanza y él es tu Dios, que ha hecho por ti esas cosas grandes y terribles que han visto tus ojos. [22] No más de setenta personas eran tus padres cuando bajaron a Egipto, y Yahvé tu Dios te ha hecho ahora numeroso como las estrellas del cielo.

La experiencia de Israel*.

11 [1] Amarás a Yahvé, tu Dios, y guardarás sus consignas, sus preceptos, normas y mandamientos, todos tus días. [2] Vosotros sabéis hoy (no vuestros hijos, que ni lo saben ni lo han visto) la lección de Yahvé vuestro Dios, su grandeza, su mano fuerte y su tenso brazo, [3] sus señales y sus hazañas, las que realizó en Egipto, contra el faraón rey de Egipto y contra todo su territorio; [4] lo que hizo con el ejército de Egipto, con sus caballos y sus carros, precipitando sobre ellos las aguas del mar de Suf cuando os perseguían, y aniquilándolos Yahvé, hasta el día de hoy; [5] lo que ha hecho por vosotros en el desierto hasta vuestra llegada a este lugar; [6] lo que hizo con Datán y Abirón, hijos de Eliab el rubenita, cuando la tierra abrió su boca y los tragó, con sus familias, sus tiendas y todos los que les seguían, en medio de todo Israel. [7] Pues habéis visto con vuestros propios ojos toda esta gran hazaña que ha hecho Yahvé.

Promesas y advertencias.

[8] Guardaréis todos los mandamientos que yo os prescribo hoy, para que os hagáis fuertes y lleguéis a poseer la tierra a la que vais a pasar para tomarla en posesión, [9] y para que prolonguéis vuestros días en la tierra que Yahvé juró dar a vuestros padres y a su descendencia, tierra que mana leche y miel. [10] Porque la tierra en la que vas a entrar para tomar en posesión no es como el país de Egipto del que habéis salido, donde sembrabas tu semilla y luego regabas con ayuda de tu pie*, como en un huerto de hortalizas. [11] Sino que la tierra

a la que vais a pasar para tomarla en posesión es una tierra de montes y de valles, que bebe el agua de la lluvia del cielo; [12] una tierra de la que se cuida Yahvé tu Dios; los ojos de Yahvé tu Dios están constantemente puestos en ella, desde que comienza el año hasta que termina. [13] Y si vosotros obedecéis puntualmente mis mandamientos, que yo os prescribo hoy, amando a Yahvé vuestro Dios y sirviéndole con todo vuestro corazón y con toda vuestra alma, [14] yo daré* a vuestra tierra la lluvia a su tiempo, lluvia de otoño y lluvia de primavera, y tú cosecharás tu trigo, tu mosto y tu aceite; [15] yo daré a tu campo hierba para tu ganado, y comerás y te hartarás. [16] Cuidado, que no se pervierta vuestro corazón y os descarriéis y deis culto a otros dioses, y os postréis ante ellos; [17] pues la ira de Yahvé se encendería contra vosotros y cerraría los cielos, no habría más lluvia, y el suelo no daría su fruto y vosotros desapareceríais bien pronto de esa tierra buena que Yahvé os da.

Conclusión.

[18] Poned estas palabras mías en vuestro corazón y en vuestra alma, atadlas como una señal a vuestra mano, y sean como un signo entre vuestros ojos. [19] Enseñádselas a vuestros hijos, hablando de ellas tanto si estás en casa como si vas de camino, así acostado como levantado. [20] Las escribirás en las jambas de tu casa y en tus puertas, [21] para que vuestros días y los días de vuestros hijos en la tierra que Yahvé juró dar a vuestros padres sean tan numerosos como los días del cielo sobre la tierra.

[22] Porque, si de verdad guardáis todos estos mandamientos que yo os mando practicar, amando a Yahvé vuestro Dios, siguiendo todos sus caminos y apegándoos a él, [23] Yahvé desalojará delante de vosotros a todas esas naciones, y vosotros desalojaréis a naciones más numerosas y fuertes que vosotros. [24] Todo lugar que sea hollado por la planta de vuestro pie será vuestro; desde el desierto y el Líbano, desde el Río, el río Éufrates, hasta el Mar Occidental, se extenderá vuestra frontera. [25] Nadie podrá resistiros; Yahvé vuestro Dios sembrará

Marginal references (left column):
Gn 46 27+
Ex 7-15
Nm 16
28 3-5
8 7-10
Ne 9 25

Marginal references (right column):
Lv 26 3-13
Jr 5 24
Jl 2 19.23s
6 6-9
↗ Mt 23 5p
Pr 3 2
Ne 9 29
4 38+
Nm 31 1+
Jos 1 3-5

---

11   Parece que el discurso de Moisés terminaba primeramente con 11 1-17, pero se le añadió una nueva conclusión. vv. 18-25. Los vv. 26-32 unen este discurso con el Código Deuteronómico, ver 4 44+.

11 10   Alusión probable a una rueda hidráulica movida con el pie.
11 14   En los vv. 14-15 el texto pasa bruscamente a un discurso directo de Dios, ver 7 4; 17 3; 28 20.

el miedo y el pánico ante vosotros sobre todo el territorio que pisen vuestros pies, como él os ha dicho. [26] Mira: Yo pongo hoy ante vosotros bendición y maldición. [27] Bendición, si escucháis los mandamientos de Yahvé vuestro Dios que yo os prescribo hoy. [28] Maldición, si desoís los mandamientos de Yahvé vuestro Dios, si os apartáis del camino que yo os marco hoy, para seguir a otros dioses que no habíais conocido. [29] Cuando Yahvé tu Dios te haya introducido en la tierra a la que vas a entrar para tomarla en posesión, pondrás la bendición sobre el monte Garizín y la maldición sobre el monte Ebal. ([30] ¿No están al otro lado del Jordán, detrás del camino del poniente, en el país de los cananeos que habitan en la Arabá, frente a Guilgal, cerca de la Encina de Moré?*) [31] Ya que vais a pasar el Jordán para ir a tomar posesión de la tierra que Yahvé vuestro Dios os da, cuando la poseáis y habitéis en ella, [32] cuidaréis de poner en práctica todos los preceptos y las normas que yo os pongo delante hoy.

Márgenes izquierda:
27-28
30 15-20

Márgenes derecha:
Jos 8 33+

Jos 4 19+

II. El código deuteronómico*

12 [1] Éstos son los preceptos y las normas que cuidaréis de poner en práctica en la tierra que Yahvé el Dios de tus padres te ha dado en posesión, todos los días que viváis en su suelo.

El lugar del culto*.

[2] Suprimiréis todos los lugares donde los pueblos que vais a desalojar han dado culto a sus dioses, en lo alto de las montes y en las colinas, y bajo todo árbol frondoso. [3] Demoleréis sus altares, romperéis sus estelas, quemaréis al fuego sus cipos, derribaréis las esculturas de sus dioses y suprimiréis su nombre de aquel lugar. [4] No procederéis así respecto de Yahvé vuestro Dios, [5] sino que sólo iréis a buscarle al lugar elegido por Yahvé vuestro Dios, de entre todas las tribus, para poner allí su nombre, morando en él. [6] Allí llevaréis vuestros holocaustos y vuestros sacrificios de comunión, vuestros diezmos y los presentes de vuestras manos, vuestros votos y vuestras ofrendas voluntarias, los primogénitos de vuestro ganado mayor y de vuestro ganado menor. [7] Allí comeréis en presencia de Yahvé vuestro Dios y os regocijaréis, vosotros y vuestras casas, por toda empresa en que Yahvé tu Dios te haya bendecido*.

[8] No haréis lo que nosotros hacemos aquí hoy, cada cual lo que le parece bien, [9] porque todavía no habéis llegado al lugar de descanso y a la heredad que Yahvé tu Dios te da. [10] Pero cuando paséis el Jordán y habitéis en la tierra que Yahvé vuestro Dios os da en herencia, cuando él os haya puesto al abrigo de todos vuestros enemigos de alrededor, y viváis con tranquilidad, [11] llevaréis al lugar elegido por Yahvé vuestro Dios para morada de su nombre todo lo que yo os prescribo: vuestros holocaustos y vuestros sacrificios de comunión, vuestros diezmos y los presentes de vuestras manos, y lo más selecto de los votos que hayáis ofrecido a Yahvé; [12] y os regocijaréis en presencia de Yahvé, vosotros, vuestros hijos y vuestras hijas, vuestros siervos y vuestras siervas, así como el levita que vive

Márgenes izquierda:
1 R 14 23
2 R 16 4;
17 10
Is 57 5
Jr 2 20; 3 6.
13; 17 2
Ez 6 13

Ex 23 24+
Ex 34 13+

Ex 20 24+
1 R 8 29

Lv 1 3+
Dt 14 22+

Márgenes derecha:
Jc 17 6;
21 25

---

11 30 El v. 30 es una glosa en la que la frase «en el país de los cananeos que habitan en la Arabá, frente a Guilgal» aplica al Guilgal próximo a Jericó, Jos 4 19+, un texto que se refiere a la región de Siquén, donde se halla la encina de Moré, Gn 12 6.
12 Este Código, caps. 12-26, reúne sin orden aparente varias colecciones de leyes de origen diverso, algunas de las cuales deben de provenir del reino del Norte, de donde habrían sido introducidas en Judá después de la ruina de Samaria. Este conjunto, que tiene en cuenta la evolución social y religiosa del pueblo, debía sustituir al antiguo Código de la Alianza. Representa, al menos en su fondo, la Ley hallada en el templo bajo Josías, 2 R 22 8s.
12 2 Esta ley, que será fundamental para la religión de Israel, trata de proteger, dentro del espíritu de los Profetas, el culto yahvista de toda contaminación de los cul-

tos cananeos, mediante la destrucción de los altos de estos cultos y la elección de un solo lugar para el culto de Yahvé. La fórmula «lugar elegido por Dios para poner en él su nombre», vv. 5.21, o «para morada de su nombre», v. 11, ver 14 23; 16 11, etc., o «donde hacer memorable su nombre», Ex 20 24, podía, es cierto, designar todo lugar donde Dios se hubiera manifestado o donde el culto hubiera sido legitimado por Dios mismo, ver Jr 7 12 para Siló; así se entendió durante mucho tiempo, y el culto a Yahvé se practicaba en numerosos santuarios, ver Jc 6 24.28; 13 16; 1 R 3 4, etc. En el Dt esta fórmula designa exclusivamente a Jerusalén. Esta ley de unicidad del santuario será uno de los puntos principales de la reforma de Josías, 2 R 23.
12 7 El Código Deuteronómico insiste varias veces en este carácter alegre de las comidas cultuales y de las fiestas. Ver vv. 12.18; 16 11. 14, etc.

Nm 18 20-24

en vuestras ciudades, ya que no tiene parte ni heredad con vosotros.

Precisiones sobre los sacrificios*.

¹³ Guárdate de ofrecer tus holocaustos en cualquier lugar sagrado que veas; ¹⁴ sólo en el lugar elegido por Yahvé en una de tus tribus ofrecerás tus holocaustos y sólo allí pondrás en práctica todo lo que yo te mando.

¹⁵ Podrás, sin embargo, siempre que lo desees, matar y comer la carne, como bendición que te ha dado Yahvé tu Dios, en cualquiera de tus ciudades. Tanto el puro como el impuro la podrán comer, como se come la gacela o el ciervo*.

12 23
Lv 1 5+

¹⁶ Sólo la sangre no la comeréis; la derramarás por tierra, como el agua.

14 22+

¹⁷ No podrás comer en tus ciudades el diezmo de tu trigo, de tu mosto o de tu aceite, ni los primogénitos de tu ganado mayor o de tu ganado menor, ni ninguno de los votos que hayas ofrecido ni tus ofrendas voluntarias, ni los presentes de tus manos. ¹⁸ Sino que en presencia de Yahvé tu Dios lo comerás, en el lugar que haya elegido Yahvé tu Dios, tú, tu hijo, tu hija, tu siervo y tu sierva, y el levita que vive en tus ciudades. Y te regocijarás en presencia de Yahvé tu Dios por todas tus empresas. ¹⁹ Guárdate de dejar abandonado al levita mientras vivas en tu suelo.

²⁰ Cuando Yahvé tu Dios haya ensanchado tus fronteras, como te ha prometido, y digas: «Querría comer carne», puesto que deseas comer carne, siempre que lo desees podrás comer carne. ²¹ Si el lugar que elija Yahvé tu Dios para poner allí su nombre te queda demasiado lejos, podrás matar del ganado mayor y menor que Yahvé te haya concedido, del modo que yo te he prescrito; y podrás comerlo en tus ciudades a la medida de tus deseos; ²² exactamente como se come la gacela o el ciervo lo comerás; podrán comerlo tanto el puro como el impuro.

Lv 1 5+

²³ Pero cuidado con comer la sangre, porque la sangre es el alma, y no puedes comer el alma con la carne. ²⁴ No la comerás, la derramarás por tierra, como agua. ²⁵ No la comerás, para que te vaya bien a ti y a tu hijo después de ti, porque has hecho lo que es recto a los ojos de

Yahvé. ²⁶ Pero las cosas sagradas que tengas y las que hayas prometido con voto, irás a llevarlas a aquel lugar que haya elegido Yahvé. ²⁷ Harás tus holocaustos, la carne y la sangre, sobre el altar de Yahvé tu Dios. La sangre de tus sacrificios de comunión será derramada sobre el altar de Yahvé tu Dios, y tú podrás comer la carne. ²⁸ Observa y escucha todas estas cosas que yo te mando, para que te vaya bien a ti y a tu hijo después de ti, para siempre, si haces lo que es bueno y recto a los ojos de Yahvé tu Dios.

Contra los cultos cananeos.

7 1-6

²⁹ Cuando Yahvé tu Dios haya exterminado las naciones que tú vas a desalojar a tu llegada, cuando las hayas desalojado y habites en su tierra, ³⁰ guárdate de dejarte prender en el lazo siguiendo su ejemplo, después de haber sido ellas exterminadas ante ti, y de ir en busca de sus dioses, diciendo: «Como servían estas naciones a sus dioses, así lo haré yo también.» ³¹ No procederás así con Yahvé tu Dios. Porque todo lo que es una abominación para Yahvé, lo que él detesta, es lo que hacen ellos en honor de sus dioses: porque hasta a sus hijos y a sus hijas queman al fuego en honor de sus dioses.

Lv 18 21+

13 ¹ Cuidaréis de poner en práctica todo esto que os mando: no añadiréis ni quitaréis nada.

32

Contra las seducciones de la idolatría.

17 2-7;
18 21+
13.¹

² Si surge en medio de ti un profeta o un vidente en sueños, y te ofrece una señal o un prodigio, ³ y llega a realizarse la señal o el prodigio que te ha anunciado, y te dice: «Vamos detrás de otros dioses (que tú no habías conocido) a servirles», ⁴ no escucharás las palabras de ese profeta o de ese vidente en sueños. Es que Yahvé vuestro Dios os pone a prueba para saber si verdaderamente amáis a Yahvé vuestro Dios con todo vuestro corazón y con toda vuestra alma. ⁵ A Yahvé vuestro Dios seguiréis y a él temeréis; guardaréis sus mandamientos y escucharéis su voz, él serviréis y a él os apegaréis. ⁶ Ese profeta o vidente en sueños

Jr 23 11-14
2

3

6 5
4

6 13
5

---

12 13 La ley sobre la unicidad del lugar de culto lleva consigo la distinción entre el sacrificio profano del ganado, que puede practicarse en cualquier lugar, y el sacrificio religioso, que sólo puede efectuarse en el santuario elegido. Lv 17 3s no hacía distinción, ver Lv 17 4+; ver también 1 S 14 32s.
12 15 Caza no afectada por ninguna prohibición.

18 21+

⁄ 1 Co 5 13

6

7

8

9

10

11

12

13

14

15

Jos 6 17+

16

17

deberá morir, por haber predicado la rebelión contra Yahvé tu Dios que te sacó del país de Egipto y te rescató de la casa de servidumbre, para apartarte del camino que Yahvé tu Dios te ha mandado seguir. Así harás desaparecer el mal de en medio de ti.

⁷ Si tu hermano, hijo de tu padre* o hijo de tu madre, tu hijo o tu hija, la esposa que reposa en tu seno, o tu amigo que es como tu propia alma, trata de seducirte en secreto diciéndote: «Vamos a servir a otros dioses», que ni tú ni tus padres habíais conocido, ⁸ de entre los dioses de los pueblos próximos o lejanos que os rodean de un extremo a otro de la tierra, ⁹ no accederás ni le escucharás, tu ojo no tendrá piedad de él, no le perdonarás ni le encubrirás, ¹⁰ sino que le harás morir; tu mano caerá la primera sobre él para darle muerte, y después la mano de todo el pueblo. ¹¹ Lo apedrearás hasta que muera, porque ha tratado de apartarte de Yahvé tu Dios, el que te sacó del país de Egipto, de la casa de servidumbre. ¹² Y todo Israel lo oirá y temerá y dejará de cometer este mal en medio de ti.

¹³ Si oyes decir que en una de las ciudades que Yahvé tu Dios te da para habitar en ella ¹⁴ algunos hombres malvados*, salidos de tu propio seno, han seducido a sus conciudadanos diciendo: «Vamos a dar culto a otros dioses», que vosotros no conocíais, ¹⁵ consultarás, indagarás y preguntarás minuciosamente. Y es verdad, si se comprueba que en medio de ti se ha cometido tal abominación, ¹⁶ deberás pasar a filo de espada a los habitantes de esa ciudad; la consagrarás al anatema con todo lo que haya dentro de ella*. ¹⁷ Amontonarás todos sus despojos en medio de la plaza pública y prenderás fuego a la ciudad con todos sus despojos, todo ello en honor de Yahvé tu Dios. Quedará para siempre como un montón de ruinas, y no volverá a ser edificada. ¹⁸ De este anatema no se te quedará nada en la mano, para que Yahvé aplaque el ardor de su ira y sea misericordioso contigo y tenga

piedad de ti y te multiplique como prometió bajo juramento a tus padres, ¹⁹ a condición de que escuches la voz de Yahvé tu Dios guardando todos sus mandamientos que yo te prescribo hoy y haciendo lo que es recto a los ojos de Yahvé tu Dios.

18

Contra una práctica idolátrica.

14 ¹ Vosotros sois hijos de Yahvé vuestro Dios. No os haréis incisión ni os haréis tonsura entre los ojos por un muerto*. ² Porque tú eres un pueblo consagrado a Yahvé tu Dios, y Yahvé te ha escogido a ti para que seas el pueblo de su propiedad entre todos los pueblos que hay sobre la faz de la tierra.

Lv 19 27-28

Ex 19 6+
Dt 7 6+

Animales puros e impuros.

³ No comerás nada que sea abominable. ⁴ Éstos son los animales que podréis comer: buey, carnero, cabra, ⁵ ciervo, gacela, gamo, cabra montés, antílope, búfalo, gamuza. ⁶ Todo animal de pezuña partida, hendida en dos, y que rumia, lo podéis comer. ⁷ Sin embargo, entre los que rumian y entre los animales de pezuña partida y hendida no podréis comer los siguientes: el camello, la liebre y el damán, que rumian pero no tienen la pezuña hendida; los tendréis por impuros. ⁸ Tampoco el cerdo, que tiene la pezuña partida y hendida, pero no rumia; lo tendréis por impuro. No comeréis su carne ni tocaréis su cadáver.

⁹ Esto es lo que podéis comer de todo lo que vive en el agua: todo lo que tiene aletas y escamas lo podéis comer. ¹⁰ Pero no comeréis lo que no tiene aletas y escamas: lo tendréis por impuro.

¹¹ Podéis comer toda ave pura. ¹² Pero las siguientes no las podéis comer: el águila, el quebrantahuesos, el águila marina, ¹³ el buitre, las diferentes especies de halcón*, ¹⁴ todas las especies de cuervo, ¹⁵ el avestruz, la lechuza, la gaviota y las diferentes especies de gavilanes, ¹⁶ el búho, el ibis, el cisne, ⁷ el pelícano, el calamón, el somormujo, ¹⁸ la cigüeña, las diferentes especies de garza real, la abubilla

‖Lv 11+

---

13 7 «hijo de tu padre», griego, sam.; omitido por hebr.
13 14 Lit. «hijos de Belial». Sentido probable: «sin utilidad», de ahí «botarates», «malvados». Poco a poco, «Belial» fue entendiéndose como nombre propio, en relación con los poderes del mal, ver Sal 18 5 («Beliar» en el NT, 2 Co 6 15, y los Apócrifos).
13 16 Seguimos el texto breve del griego; hebr. añade: «así como su ganado, al filo de la espada».

14 1 Suele verse en este lugar la prohibición del culto a los muertos, ver Lv 19 27+. Pero cabe preguntarse también si el «muerto» del que aquí se trata no será el dios Baal, cuya muerte se celebraba al comienzo del verano, ver 26 14; 1 R 18 28, al desaparecer la vegetación; ver también Ez 8 14.
14 13 El hebr. se halla corrompido y las identificaciones son inciertas.

y el murciélago. [19] Todo insecto alado lo tendréis por impuro, no lo comeréis. [20] Todo volátil puro lo podéis comer.

Ex 22 30
Lv 17 15

[21] No comeréis ninguna bestia muerta. Se la darás al forastero que vive en tus ciudades para que él la coma, o bien véndesela a un extranjero. Porque tú eres un pueblo consagrado a Yahvé tu Dios*.

‖Ex 23 19+

No cocerás el cabrito en la leche de su madre.

El diezmo anual*.

[22] Cada año apartarás el diezmo de todo el producto de tu sementera, lo que haya producido el campo, año por año, [23] y lo comerás en presencia de Yahvé tu Dios, en el lugar que él haya elegido para morada de su nombre: el diezmo de tu trigo, de tu mosto y de tu aceite, así como los primogénitos de tu ganado mayor y de tu ganado menor; a fin de que aprendas a temer a Yahvé tu Dios, toda tu vida. [24] Si el camino te resulta demasiado largo, si no puedes transportarlo (el diezmo), porque el lugar que habrá elegido Yahvé para poner allí su nombre te cae demasiado lejos, y Yahvé tu Dios se ha bendecido, [25] lo cambiarás por dinero, llevarás el dinero en tu mano e irás al lugar que haya elegido Yahvé tu Dios; [26] allí emplearás este dinero en todo lo que desees, ganado mayor o menor, vino o bebida fermentada, todo lo que te apetezca, y comerás allí en presencia de Yahvé tu Dios y te regocijarás, tú y tu casa. [27] Y al levita que vive en tus ciudades no lo abandonarás, ya que él no tiene parte ni heredad contigo.

26 12

El diezmo trienal.

[28] Cada tres años apartarás todo el diezmo de tu cosecha de ese año y lo depositarás a tus puertas. [29] Así vendrán al levita, ya que él no tiene parte ni heredad contigo, el forastero, el huérfano y la viuda que viven en tus ciudades, y comerán y se hartarán, para que Yahvé tu Dios

Nm 18 20+

te bendiga en todas las obras que emprendas.

El año sabático.

Lv 25 1-7+

15 [1] Cada siete años harás la remisión. [2] En esto consiste la remisión: En que todo acreedor que ha hecho un préstamo a su prójimo, le haga remisión*; no apremiará a su prójimo ni a su hermano, porque se ha proclamado la remisión en honor de Yahvé. [3] Podrás apremiar al extranjero, pero lo tuyo que tenga tu hermano se lo condonarás. [4] Sólo que no habrá ningún pobre entre los tuyos, porque Yahvé te bendecirá abundantemente en la tierra que Yahvé tu Dios te da en herencia para que la poseas, [5] pero sólo si escuchas de verdad la voz de Yahvé tu Dios cuidando de poner en práctica todos estos mandamientos que yo te prescribo hoy. [6] Porque Yahvé tu Dios te bendecirá, como te ha dicho: tú prestarás a naciones numerosas, y tú no pedirás prestado; tú dominarás a naciones numerosas, y a ti no te dominarán.

23 20-21

[7] Si hay junto a ti algún pobre de entre tus hermanos, en alguna de las ciudades de tu tierra que Yahvé tu Dios te da, no endurecerás tu corazón ni cerrarás tu mano a tu hermano pobre, [8] sino que le abrirás tu mano y le prestarás lo que necesite para remediar lo que le falta.

1 Jn 3 17

[9] Cuidado con abrigar en tu corazón estos perversos pensamientos: «Ya pronto llega el año séptimo, el año de la remisión», y mires con malos ojos a tu hermano pobre y no le des nada; él clamaría a Yahvé contra ti y tú te cargarías con un pecado. [10] Se lo has de dar, y no se entristecerá tu corazón por ello, que por esta acción te bendecirá Yahvé, tu Dios, en todas tus obras y en todas tus empresas. [11] Pues no faltarán pobres en esta tierra; por eso te doy yo este mandamiento: Debes abrir tu mano a tu hermano, a aquél de los tuyos que es indigente y pobre en tu tierra.

Mt 26 11p

---

14 21 Las prescripciones morales, jurídicas o cultuales de Lv 17 15; 18 26; 19 33-34; 24 22, o también 5 14; Ex 12 49; 20 10 (sobre el sábado), insisten todas en el hecho de que el extranjero debe ser tratado como el «ciudadano». El Dt hace una *distinción fundada en la elección y la santidad de Israel*, ver también 15 3; 23 21. Los textos de Dt 24 14.17s, que no hacen esta distinción, reproducen leyes anteriores. Pero esto no impide al Deuteronomio afirmar el amor de Dios para con el extranjero, 10 18.
14 22 El diezmo es una renta percibida por el dueño de la tierra y debida a Yahvé, que es el dueño de la tie-

rra de Israel. Según Dt, se toma de los productos del campo y se lleva al templo, aquí vv. 22-27 y 12 6-7.17-19. Cada tres años, vv. 28-29, se deja para los pobres. Según Nm 18 21-32, aparece como un impuesto debido a los levitas, que entregan la décima parte a los sacerdotes, como tributo reservado para Yahvé. Lv 27 30-32 lo extiende al ganado. Dt 14 25 y Lv 27 31 prevén su substitución por dinero.
15 2 El deudor se comprometía a veces por contrato a entregar uno de sus hijos como esclavo o a trabajar personalmente para su acreedor en caso de falta de pago.

El esclavo.

Ex 21 2-4
Lv 25 8s+
Jr 34 14

[12] Si tu hermano hebreo, hombre o mujer, se vende a ti, te servirá durante seis años y al séptimo lo dejarás libre. [13] Al dejarlo libre, no lo mandarás con las manos vacías; [14] le harás algún presente de tu ganado menor, de tu era y de tu lagar; le darás aquello con lo que te ha bendecido Yahvé tu Dios.

24 18

[15] Te acordarás que tú fuiste esclavo en el país de Egipto y que Yahvé tu Dios te rescató: por eso yo te mando esto hoy.

Ex 21 5-6

[16] Pero si él te dice: «No quiero marcharme de tu lado», porque te ama, a ti y a tu casa, porque le va bien contigo, [17] tomarás un punzón, le horadarás la oreja contra la puerta, y será tu siervo para siempre. Lo mismo harás con tu sierva.

[18] No se te haga duro el dejarle en libertad, porque el haberte servido seis años vale por un doble salario de jornalero. Y Yahvé tu Dios te bendecirá en todo lo que hagas.

Los primogénitos.

Ex 13 2
Ex 13 11+

[19] Todo primogénito que nazca en tu ganado mayor y en tu ganado menor, si es macho, lo consagrarás a Yahvé tu Dios. No trabajarás con el primogénito de tu vaca ni esquilarás al primogénito de tu oveja. [20] En presencia de Yahvé tu Dios lo comerás, tú y tu casa, año tras año, en el lugar que elija Yahvé. [21] Si tiene alguna tara, si es cojo o ciego o tiene cualquier otro defecto grave, no lo sacrificarás a Yahvé tu Dios;

12 15

[22] lo comerás en tus ciudades, juntos el puro y el impuro*, como la gacela o el ciervo; [23] sólo la sangre no la comerás; la derramarás por tierra como agua.

Las fiestas: Pascua y Ázimos*.

Ex 12 1+
Ex 23 14+
Lv 23 5-8
m 28 16-25

16 [1] Guarda el mes de Abib y celebra en él la Pascua en honor de Yahvé tu Dios, porque fue en el mes de Abib, por la noche, cuando Yahvé tu Dios te sacó de Egipto. [2] Sacrificarás como pascua en honor de Yahvé tu Dios ganado mayor y ganado menor, en el lugar que elija Yahvé tu Dios para poner allí la morada de su nombre. [3] No comerás con ella pan fermentado; durante siete días la comerás con ázimos, pan de aflicción, porque a toda prisa saliste del país de Egipto: para que te acuerdes del día en que saliste del país de Egipto todos los días de tu vida. [4] Durante siete días no se verá junto a ti levadura, en todo tu territorio, y de la carne que hayas sacrificado la tarde del primer día no deberá quedar nada para la mañana siguiente. [5] No podrás sacrificar la Pascua en ninguna de las ciudades que Yahvé tu Dios te da,

12 11

[6] sino que sólo en el lugar que elegirá Yahvé tu Dios para poner allí la morada de su nombre, sacrificarás la Pascua, por la tarde, a la puesta del sol, hora en que saliste de Egipto. [7] La cocerás y la comerás en el lugar que elija Yahvé tu Dios, y a la mañana siguiente te volverás y marcharás a tus tiendas. [8] Comerás ázimos durante seis días; y el día séptimo habrá reunión en honor de Yahvé tu Dios; y no harás ningún trabajo.

Otras fiestas.

Ex 23 14+
Lv 23 15-21
Nm 28 26-31

[9] Contarás siete semanas. Desde el momento en que la hoz comience a segar la mies comenzarás a contar estas siete semanas. [10] Y celebrarás en honor de Yahvé tu Dios la fiesta de las Semanas; la medida de la ofrenda voluntaria que hagas estará en proporción con lo que Yahvé tu Dios te haya bendecido. [11] Y te regocijarás en presencia de Yahvé tu Dios, tú, tu hijo y tu hija, tu siervo y tu sierva, y el levita que vive en tus ciudades, y el forastero, el huérfano y la viuda que viven en medio de ti, en el lugar que elija Yahvé tu Dios para poner allí la morada de su nombre. [12] Te acordarás de que fuiste esclavo en Egipto y cuidarás de poner en práctica estos preceptos.

Lv 23 33-43
Nm 29 12-39

[13] La fiesta de las Tiendas la celebrarás durante siete días, cuando hayas recogido la cosecha de tu era y de tu lagar. [14] Y te regocijarás en tu fiesta, tú, tu hijo y tu hija, tu siervo y tu sierva, el levita, el forastero, y el huérfano y la viuda que viven en tus ciudades. [15] Durante siete días ha-

---

15 22 Para señalar con claridad que esta comida no tiene carácter cultual.

16 Texto heterogéneo. Los vv. 1.2.4[b]-7 se refieren a la Pascua (contrariamente al ritual antiguo, la víctima puede ser tomada del ganado mayor, v. 2, y puede ser «cocida» —es decir hervida— en lugar de asada, v. 7); los vv. 3.4[a] y 8 se refieren a los Ázimos (la calificación de los Ázimos como «pan de aflicción» es única). La unión de las dos fiestas es aquí un artificio literario. Fue sólo después de Josías cuando estas dos fiestas, que se celebraban en la misma época, terminaron por unirse. La innovación del Dt consiste en haber hecho de la Pascua, hasta entonces fiesta familiar, una peregrinación a Jerusalén. Según este ritual se celebró la Pascua de Josías, 2 R 23 21-23, ver 2 Crc 35 7s, que menciona los bueyes entre las víctimas.

rás fiesta a Yahvé tu Dios en el lugar que elija Yahvé; porque Yahvé tu Dios te bendecirá en todas tus cosechas y en todas tus obras, y serás plenamente feliz. [16] Tres veces al año se presentarán todos tus varones ante Yahvé tu Dios, en el lugar que él elija: en la fiesta de los Ázimos, en la fiesta de las Semanas y en la fiesta de las Tiendas. Nadie se presentará ante Yahvé con las manos vacías; [17] sino que cada cual ofrecerá el don de su mano, según la bendición que Yahvé tu Dios te haya otorgado.

Los jueces*.

Ex 23 1-3.
6-8
2 Cro 19 5

[18] Establecerás jueces y escribas para tus tribus en cada una de las ciudades que Yahvé tu Dios te da; ellos juzgarán al pueblo con juicios justos. [19] No torcerás el derecho, no harás acepción de personas, no aceptarás soborno, porque el soborno cierra los ojos de los sabios y corrompe las palabras de los justos. [20] Justicia, sólo justicia has de buscar, para que vivas y poseas la tierra que Yahvé tu Dios te da.

1 16-17

Desviaciones del culto.

Ex 34 13+

[21] No plantarás para ti como cipo ninguna clase de árbol, junto al altar de Yahvé tu Dios que hayas construido para ti; [22] y no te erigirás estela, cosa que detesta Yahvé tu Dios.

Ex 23 24+

17 [1] No sacrificarás a Yahvé tu Dios ganado mayor o menor que tenga cualquier tara o defecto, porque es una abominación para Yahvé tu Dios.

Lv 22 20-25

[2] Si hay en medio de ti, en alguna de las ciudades que Yahvé tu Dios te da, un hombre o una mujer que haga lo que es malo a los ojos de Yahvé tu Dios, violando su alianza, [3] que vaya a servir a otros dioses y se postre ante ellos, o ante el sol, la luna, o todo el ejército de los cielos, cosa que yo no he mandado, [4] y es denunciado a ti, y tú le has tomado declaración y has indagado a fondo, si se comprueba como verdadera la acusación: que se ha cometido tal abominación en Israel, [5] sacarás a las puertas de tu ciu-

13
19 15-21

4 19

dad a ese hombre o mujer, culpables de esa mala acción, y los apedrearás, al hombre o a la mujer, hasta que mueran. [6] Por declaración de dos o tres testigos se podrá ejecutar a un reo de muerte; no se le hará morir por declaración de un solo testigo. [7] La mano de los testigos será la primera que caerá sobre él para darle muerte, y luego la mano de todo el pueblo. Así harás desaparecer el mal de en medio de ti.

19 15+

⟋ 1 Co 5 13

Los jueces levitas.

21 5

[8] Si el caso a juzgar te resulta demasiado difícil, casos de sangre, de pleitos, de lesiones, casos de litigio en tus ciudades, te levantarás y subirás al lugar que elija Yahvé tu Dios, [9] y acudirás a los sacerdotes levitas y al juez que entonces esté en funciones. Ellos harán una investigación* y te indicarán el fallo de la causa. [10] Tú te ajustarás al fallo que te hayan indicado desde ese lugar que elija Yahvé, y cuidarás de actuar conforme a cuanto te hayan enseñado. [11] Te ajustarás a las instrucciones que te hayan dado y a la sentencia que te dicten: no te desviarás ni a derecha ni a izquierda del fallo que te señalen. [12] Y si un hombre procede insolentemente, no escuchando al sacerdote que se encuentra allí al servicio de Yahvé tu Dios, o al juez, ese hombre morirá y tú harás desaparecer el mal de Israel. [13] Así todo el pueblo se enterará y temerá y no actuará más con insolencia.

Los reyes*.

1 S 8 11-18

[14] Si, cuando hayas entrado en la tierra que Yahvé tu Dios te da, la hayas tomado en posesión y habites en ella, dices: «Querría poner un rey sobre mí como todas las naciones de alrededor», [15] podrás poner sobre ti un rey, el que elija Yahvé tu Dios; de entre tus hermanos pondrás rey sobre ti; no podrás poner sobre ti a un extranjero, que no sea hermano tuyo. [16] Pero no ha de multiplicar sus caballos, ni hará volver al pueblo a Egipto para aumentar su caballería, porque Yahvé os ha dicho: «No volveréis a ir jamás por ese camino*.» [17] Que no multi-

---

16 18 *Deben instituirse tribunales en todas las ciudades,* vv. 18-20; éstos remiten las causas que les sobrepasan a un tribunal supremo, el de Jerusalén, cuyas sentencias son sin apelación, 17 8-13. Esto refleja la reforma judicial de Josafat, 2 Cro 19 5-11.
17 9 «harán una investigación», griego, sam.; «harás...» hebr.
17 14 El rey no es mencionado en ninguna otra parte

del Código Deuteronómico. Esta «ley del rey» es paralela a la de 1 S 8 11-18, y no es mucho más favorable a la realeza. Ambos textos pertenecen a la misma corriente hostil a la monarquía que encontramos igualmente en Os 7 3-7; 13 9-11, etc., y en Ez 34 1-10.
17 16 Esta frase no se encuentra literalmente en la Biblia, aunque sí la idea: Nm 14 3s; ver Ex 13 17 y 14 11s.

plique sus mujeres, para que no se descarríe su corazón. Que su plata y su oro no los multiplique demasiado*. ¹⁸ Cuando suba al trono real, deberá escribir para su uso una copia de esta Ley, tomándola del libro de los sacerdotes levitas*. ¹⁹ La llevará consigo; la leerá todos los días de su vida para aprender a temer a Yahvé su Dios, observando todas las palabras de esta Ley y estos preceptos, para ponerlos en práctica. ²⁰ Así su corazón no se engreirá sobre sus hermanos y no se desviará de estos mandamientos ni a derecha ni a izquierda. Y así prolongará los días de su reino, él y sus hijos, en medio de Israel.

Nm 18

El sacerdocio levítico*.

18 ¹ Los sacerdotes levitas, toda la tribu de Leví, no tendrán parte ni heredad con Israel: comerán de los manjares ofrecidos* a Yahvé y de su heredad.

Ez 44 28-29

² No tendrá heredad entre sus hermanos; Yahvé es su heredad, como él le dijo.

Lv 6-7
Nm 18 8-24

³ Éste será el derecho de los sacerdotes sobre el pueblo, sobre aquellos que ofrezcan un sacrificio de ganado mayor o de ganado menor: se dará al sacerdote la espaldilla, las quijadas y el cuajar*. ⁴ Le darás las primicias de tu trigo, de tu mosto y de tu aceite, así como las primicias del esquileo de tu ganado menor. ⁵ Porque a él le ha elegido Yahvé tu Dios de entre todas las tribus para ejercer su ministerio en el nombre de Yahvé, él y sus hijos para siempre.

2 R 23 9+

⁶ Si el levita llega de una de tus ciudades de todo Israel donde reside, y entra, porque lo desea con toda su alma, en el lugar que elija Yahvé, ⁷ oficiará en el nombre de Yahvé su Dios, como todos sus hermanos levitas que están allí en presencia de Yahvé; ⁸ comerá una porción igual a la de ellos, aparte de lo que obtenga por la venta de su patrimonio*.

Los profetas.

⁹ Cuando hayas entrado en la tierra que Yahvé tu Dios te da, no aprenderás a cometer abominaciones como las de esas naciones. ¹⁰ No ha de haber dentro de ti nadie que haga pasar a su hijo o a su hija por el fuego, que practique la adivinación, la astrología, la hechicería o la magia, ¹¹ ningún encantador, ni quien consulte espectros o adivinos, ni evocador de muertos. ¹² Porque todo el que hace estas cosas es una abominación para Yahvé tu Dios y por causa de estas abominaciones desaloja Yahvé tu Dios a esas naciones a tu llegada. ¹³ Serás íntegro con Yahvé tu Dios. ¹⁴ Porque esas naciones que vas a desalojar escuchan a astrólogos y adivinos, pero a ti Yahvé tu Dios no te permite semejante cosa. ¹⁵ Yahvé tu Dios te suscitará, de en medio de ti, de entre tus hermanos, un profeta como yo: a él escucharéis. ¹⁶ Es exactamente lo que tú pediste a Yahvé tu Dios en el Horeb, el día de la asamblea, diciendo: «No volveré a escuchar la voz de Yahvé mi Dios, ni veré más ese gran fuego, para no morir». ¹⁷ Y Yahvé me dijo a mí: «Bien está lo que han dicho. ¹⁸ Yo los suscitaré, de en medio de sus hermanos, un profeta semejante a ti*, pondré mis palabras en su boca, y él les dirá todo lo que yo le mande. ¹⁹ Si un hombre no escucha mis palabras, las que ese profeta pronuncie en mi nombre, yo mismo le pediré cuentas de ello. ²⁰ Pero si el profeta tiene la

Lv 18 21+
Lv 19 31+

Nm 12 6+
Mt 17 5

↗ Hch 3
22-23; 7 37
↗ Jn 1 21+

Ex 4 12
Jn 12 49-50

Ez 3 19;
33 9

Dt 13 1-6
Jr 14 14-16

---

17 17 Estos vv. parecen aludir a Salomón, ver 1 R 10 26s y 11.

17 18 Otra traducción: «hará que los sacerdotes escriban...».

18 Según el Dt, todos los miembros de la tribu de Leví son hábiles para el sacerdocio —de donde la expresión «sacerdotes levitas», ver 21 5; 24 8; 31 9; ver también 17 9 y 18—, pero no pueden ejercer las funciones sacerdotales más que en Jerusalén, vv. 6-7, donde viven del altar, vv. 1-5. Siendo de hecho demasiado numerosos para servir todos en el santuario, muchos viven en provincia, donde son encomendados, como el extranjero, la viuda y el huérfano, a la caridad de los israelitas, Dt 12 18-19, etc. La distinción entre sacerdotes y levitas, sus servidores, no existe, pues, todavía, pero está ya preparada por la distinción de hecho entre los que sirven en el santuario central y los miembros de la tribu dispersos por el país.

18 1 «manjares ofrecidos», en hebr ʾiššeh; aquí y en 1 S 2 28, este vocablo designa simplemente los manjares ofrecidos a la divinidad (de los que los sacerdotes reciben una parte). En el Lv y en la tradición sacerdotal se le da un sentido menos material, relacionándolo con la palabra ʾeš, fuego, de donde «sacrificio por el fuego», y la consiguiente traducción por «manjar abrasado», ver Lv 1 9+.

18 3 Precisiones que permitirán evitar abusos, como los de los hijos de Elí en Siló, 1 S 2 13.

18 8 Esta terminación del v. es oscura. Tal vez se hacía necesario impedir que se valoraran los bienes personales de los levitas para disminuir su parte en el santuario. —De hecho, la disposición que otorgaba los mismos derechos a todos los levitas no se aplicó nunca, ver 2 R 23 9+.

18 18 Paralelamente a la institución de la realeza de que habla 17 14-20, se trata aquí de la institución del profetismo, que Moisés atribuye a Yahvé con ocasión de la teofonía del Horeb, ver Ex 20 19-21 y 5 23-28, institución a la que aluden en el NT, San Pedro, Hch 22-26, y San Esteban, Hch 7 37. Basándose en este texto del Dt, los judíos esperaban al Mesías como un nuevo Moisés, ver Jn 1 21+. El evangelio de San Juan subrayará el paralelismo entre Jesús y Moisés, ver Jn 1 17+.

presunción de decir en mi nombre una palabra que yo no le he mandado decir, o si habla en nombre de otros dioses, ese profeta morirá.» ²¹ Y si dices en tu corazón: «¿Cómo reconoceremos la palabra que no ha dicho Yahvé*?» ²² Si el profeta habla en nombre de Yahvé, y no sucede ni se cumple la palabra, es que Yahvé no ha dicho tal palabra; el profeta lo ha dicho por presunción; no le tengas miedo.

1 R 22 28
Jr 28 9
Ez 2 5; 33 33

El homicida y las ciudades de asilo.

Ex 21
13-14+
Nm 35
9-34+

19 ¹ Cuando Yahvé tu Dios haya exterminado a las naciones cuya tierra te da Yahvé tu Dios, cuando las hayas desalojado y habites en sus ciudades y en sus casas, ² te reservarás tres ciudades en medio de la tierra que Yahvé tu Dios te da en posesión. ³ Mantendrás abierto el camino de acceso a ellas, y dividirás en tres partes el territorio del país que Yahvé tu Dios te da en posesión: esto para que todo homicida pueda refugiarse allí. ⁴ Éste es el caso del homicida que puede salvar su vida refugiándose allí. El que mate a su prójimo sin querer, sin haberle odiado antes ⁵ (por ejemplo, si va al bosque con su prójimo a cortar leña y, al blandir su mano el hacha para tirar el árbol, se sale el hierro del mango y va a herir mortalmente a su prójimo), éste podrá refugiarse en una de esas ciudades y salvará su vida. ⁶ No sea que el vengador de la sangre persiga al asesino cuando el corazón le arde de ira, le dé alcance por ser largo el camino y le hiera de muerte, siendo así que no era reo de muerte, puesto que no odiaba anteriormente al otro.

Nm 35 19+

4 41-43

⁷ Por eso te doy yo esta orden: «Te pondrás aparte tres ciudades». ⁸ Y, si Yahvé tu Dios dilata tu territorio, como juró a tus padres, y te da toda la tierra que prometió dar a tus padres, ⁹ a condición de que guardes y practiques todos los mandamientos que yo te prescribo hoy, amando a Yahvé tu Dios y siguiendo sus caminos toda tu vida, a estas tres ciudades añadirás otras tres. ¹⁰ Así no se derramará sangre inocente en medio de la tierra que Yahvé tu Dios te da en herencia, y no caerá sangre sobre ti. ¹¹ Pero si un hombre odia a su prójimo y le tiende una emboscada, y se lanza

sobre él, le hiere mortalmente y aquél muere, y luego se refugia en una de esas ciudades, ¹² los ancianos de su ciudad mandarán a prenderlo allí, y lo entregarán en manos del vengador de sangre, y morirá*. ¹³ Tu ojo no se apiadará de él. Harás desaparecer de Israel la sangre del inocente, y así te irá bien.

19 21

Los límites.

27 17

¹⁴ No desplazarás los mojones de tu prójimo, los que pusieron los antepasados, en la heredad recibida en la tierra que Yahvé tu Dios te da en posesión.

Los testigos.

¹⁵ Un solo testigo no bastará como prueba contra un hombre por cualquier culpa o delito, por cualquier delito que haya cometido: sólo por declaración de dos testigos o por declaración de tres testigos se podrá fallar una causa. ¹⁶ Si un testigo injusto se levanta contra un hombre acusándolo de transgresión, ¹⁷ los dos hombres que por ello tienen pleito comparecerán en presencia de Yahvé, ante los sacerdotes y los jueces que estén entonces en funciones. ¹⁸ Los jueces indagarán a fondo, y si resulta que el testigo es un testigo falso, que ha acusado falsamente a su hermano, ¹⁹ haréis con él lo que él pretendía hacer con su hermano. Así harás desaparecer el mal de en medio de ti. ²⁰ Los demás se enterarán y temerán, y no volverán a cometer una maldad semejante en medio de ti. ²¹ No tendrá piedad tu ojo.

↗ Mt 18 16
↗ 2 Co 13 1
↗ 1 Tm 5 19
↗ Hb 10 28
↗ Jn 8 16-17

19 13

El talión.

Ex 21 25+

Vida por vida, ojo por ojo, diente por diente, mano por mano, pie por pie*.

La guerra y los combatientes.

20 ¹ Cuando salgas a la guerra contra tus enemigos y veas caballos, carros y un pueblo más numeroso que tú, no les tengas miedo, porque está contigo Yahvé tu Dios, el que te sacó del país de Egipto. ² Cuando estéis para entablar combate, el sacerdote se adelantará y hablará al pueblo. ³ Les dirá: «Escucha, Israel: hoy vais a entablar combate con

1 28-29

---

18 21 ¿Cómo distinguir entre verdaderos y falsos profetas? Para resolver esta inquietante cuestión (ver 1 R 22; Jr 28), hay dos criterios: fidelidad a la doctrina yahvista, ver Dt 13, y cumplimiento de las cosas anunciadas, aquí v. 22.

19 12 Con esto, la doctrina yahvista comienza a tener en cuenta la intención en la legislación penal, ver también Nm 35 20-23.
19 21 El recuerdo de la ley del talión está motivado por el v. 19.

1 21

Ex 33 14;
34 9-10

1 M 3 56

24 5

Jc 7 3

7 1-5

vuestros enemigos; no desmaye vuestro corazón, no tengáis miedo ni os turbéis, ni tembléis ante ellos, [4] porque es Yahvé vuestro Dios el que marcha con vosotros para pelear en favor vuestro contra vuestros enemigos y salvaros.»

[5] Luego los escribas dirán al pueblo: «¿Quién ha edificado una casa nueva y no la ha estrenado todavía? Que se vaya y vuelva a su casa, no sea que muera en el combate y la estrene otro hombre.

[6] «¿Quién ha plantado una viña y todavía no la ha disfrutado? Que se vaya y vuelva a su casa, no sea que muera en el combate y la disfrute otro.

[7] «¿Quién se ha desposado con una mujer y no se ha casado aún con ella? Que se vaya y vuelva a su casa, no sea que muera en el combate y se case con ella otro hombre.»

[8] Los escribas volverán a hablar al pueblo y le dirán: «¿Quién tiene miedo y siente enflaquecer su ánimo? Que se vaya y vuelva a su casa, para que no desanime el corazón de sus hermanos como lo está el suyo.»

[9] En cuanto los escribas hayan acabado de hablar al pueblo, se pondrán al frente de él jefes de tropa.

La conquista de las ciudades*.

[10] Cuando te acerques a una ciudad para combatir contra ella, le propondrás la paz. [11] Si ella te responde con la paz y te abre sus puertas, todo el pueblo que se encuentre en ella te deberá tributo y te servirá. [12] Pero si no hace la paz contigo y te declara la guerra, la sitiarás. [13] Yahvé tu Dios la entregará en tus manos, y pasarás a filo de espada a todos sus varones; [14] las mujeres, los niños, el ganado, todo lo que haya en la ciudad, todos sus despojos, los tomarás como botín. Comerás los despojos de los enemigos que Yahvé tu Dios te ha entregado.

[15] Así has de tratar a todas las ciudades muy alejadas de ti, que no son de las ciudades de estas naciones. [16] En cuanto a las ciudades de estos pueblos que Yahvé tu Dios te da en herencia, no dejarás nada con vida, [17] sino que las consagrarás al anatema: a hititas, amorreos, cananeos, perizitas, jivitas y jebuseos, como te ha mandado Yahvé tu Dios, [18] para que no os enseñen a imitar todas esas abominaciones que ellos cometen en honor de sus dioses: ¡pecaríais contra Yahvé vuestro Dios!

[19] Si asedias una ciudad durante mucho tiempo, combatiéndola para tomarla, no destruirás su arbolado metiendo el hacha en él, porque de él te has de alimentar. No lo talarás. ¿Es acaso hombre el árbol del campo para que lo trates como a un sitiado? [20] Sólo el árbol que sabes que no puedes comer de él lo podrás destruir y cortar, y hacer con él obras de asedio contra esa ciudad que está en guerra contigo, hasta que caiga.

El caso del homicida desconocido.

21 [1] Si en el suelo que Yahvé tu Dios te da en posesión se descubre un hombre muerto, tendido en el campo, sin que se sepa quién lo mató, [2] saldrán tus ancianos y tus escribas* y medirán la distancia entre la víctima y las ciudades de alrededor. [3] Una ciudad resultará la más próxima al muerto. Los ancianos de esa ciudad que resulte más próxima al muerto, tomarán una becerra a la que no se le haya hecho todavía trabajar ni llevar el yugo. [4] Los ancianos de esa ciudad bajarán la becerra a un torrente de agua perenne, donde no se haya arado ni se siembre, y allí, en el torrente, romperán la nuca de la becerra. [5] Se adelantarán entonces los sacerdotes hijos de Leví; porque a ellos ha elegido Yahvé tu Dios para estar a su servicio y para dar la bendición en el nombre de Yahvé, y a su decisión corresponde resolver todo litigio y toda causa de lesiones. [6] Todos los ancianos de la ciudad más próxima al hombre muerto se lavarán las manos en el torrente, sobre la becerra desnucada*. [7] Y pronunciarán estas palabras: «Nuestras manos no han derramado esa sangre y nuestros ojos no han visto nada. [8] Cubre* a tu pueblo Israel, tú Yahvé que lo

Nm 19 2

17 8-12
Sal 26 6;
73 13
Mt 27 24

---

20 10 No tenían ya estas reglas ocasión de ser aplicadas cuando fue promulgado el Deuteronomio bajo Josías; no había ya cananeos que consagrar al anatema, ver Jos 6 17+, y los israelitas habían dejado de sitiar las ciudades extranjeras. Este interés de interés por la guerra santa se debe relacionar tal vez con la renovación nacional y militar de la época de Josías.
21 2 «escribas» sam.; «jueces» hebr.
21 6 El animal es sacrificado en un lugar desierto y

no se hace mención de la sangre; no se trata de un sacrificio, sino de un viejo rito mágico, como los de Lv 14 2-9; 16 5-10.21-22; Nm 19 2-10, que fue asimilado por el yahvismo; ver v. 8.
21 8 Originalmente «cubrir (el rostro)» es «hacerse propicio», ver Gn 32 21. El término ha tomado un sentido técnico para designar la expiación y su rito, Ex 25 17+; Lv 1 4+; 16, etc.

rescataste, y no dejes que caiga sangre inocente en medio de tu pueblo Israel.»

⁹ Así quedarán a cubierto de esa sangre, y tú habrás quitado de en medio de ti la sangre inocente, haciendo lo que es justo a los ojos de Yahvé.

19 13

Los cautivos.

¹⁰ Cuando vayas a la guerra contra tus enemigos, y Yahvé tu Dios los entregue en tus manos y te lleves sus cautivos, ¹¹ si ves entre ellos una mujer hermosa, te prendas de ella y quieres tomarla por mujer, ¹² la llevarás a tu casa. Ella se rapará la cabeza y se cortará las uñas, ¹³ se quitará el vestido de cautiva que llevaba y se quedará en tu casa y llorará a su padre y a su madre un mes entero. Después de esto te llegarás a ella, y serás su marido y ella será tu mujer. ¹⁴ Si más tarde resulta que ya no la quieres, la dejarás marchar en libertad, y no podrás venderla por dinero, ni hacerla tu esclava, puesto que la has humillado.

Derecho de primogenitura.

Gn 29 30-31
1 S 1 2.8

¹⁵ Si un hombre tiene dos mujeres, una de ellas amada y a la otra no, y tanto la mujer amada como la otra le han dado hijos, si resulta que el primogénito es de la mujer a quien no ama, ¹⁶ el día que reparta la herencia entre sus hijos no podrá dar el derecho de primogenitura al hijo de la mujer amada, en perjuicio del hijo de la mujer que no ama, que es el primogénito. ¹⁷ Sino que reconocerá como primogénito al hijo de la no amada, dándole una parte doble de todo lo que posee*: porque este hijo, primicias de su vigor, tiene derecho de primogenitura.

El hijo indócil.

Pr 23 22;
30 17

¹⁸ Si un hombre tiene un hijo rebelde y díscolo, que no escucha la voz de su padre ni la voz de su madre, y le castigan y no por eso les escucha, ¹⁹ su padre y su madre lo agarrarán y lo llevarán afuera donde los ancianos de su ciudad, a la puerta del lugar. ²⁰ Dirán a los ancianos de su ciudad: «Este hijo nuestro es rebelde y díscolo, y no nos escucha, un libertino y un borracho.» ²¹ Y todos los

hombres de su ciudad lo apedrearán hasta que muera. Así harás desaparecer el mal de en medio de ti, y todo Israel se enterará y temerá.

Prescripciones diversas.

²² Si un hombre, reo de delito capital, ha sido ejecutado, lo colgarás de un árbol. ²³ No dejarás que su cadáver pase la noche en el árbol; lo enterrarás el mismo día, porque un colgado es una maldición de Dios. Así no harás impuro el suelo que Yahvé tu Dios te da en herencia.

Jos 8 29;
10 27

Jn 19 31

⁄ Ga 3 13

22

¹ Si ves extraviada alguna res de ganado mayor o menor de tu hermano, no te desentenderás de ella, sino que se la llevarás a tu hermano. ² Y si tu hermano no es vecino tuyo, o no le conoces, la recogerás en tu casa y la guardarás contigo hasta que tu hermano venga a buscarla; entonces se la devolverás.

‖Ex 23 4-5

Mt 7 12

³ Lo mismo harás con su asno, lo mismo harás con su manto, lo mismo harás con cualquier objeto perdido por tu hermano que tú encuentres; no puedes desentenderte.

⁴ Si ves caído en el camino el asno o el buey de tu hermano, no te desentenderás de ellos: le ayudarás a levantarlos*.

⁵ La mujer no llevará ropa de hombre ni el hombre se pondrá vestidos de mujer*, porque el que hace esto es una abominación para Yahvé tu Dios.

⁶ Si encuentras en el camino un nido de pájaros, en un árbol o en el suelo, con polluelos o huevos, y la madre echada sobre los polluelos o sobre los huevos, no tomarás a la madre con las crías. ⁷ Deja marchar a la madre, y podrás quedarte con las crías. Así tendrás prosperidad y larga vida.

⁸ Cuando construyas una casa nueva, pondrás un pretil a tu azotea; así no harás a tu casa responsable de sangre en el caso de que alguno se cayera de allí.

⁹ No sembrarás tu viña con semilla de dos clases, no sea que quede consagrado todo: la semilla que siembres y el fruto de la viña.

Lv 19 19

¹⁰ No ararás con un buey y una asna juntos.

¹¹ No vestirás ropa tejida mitad de lana y mitad de lino*.

---

21 17 Esta disposición en favor del primogénito se encuentra en otras legislaciones orientales. Ver 2 R 2 9 (donde la expresión se usa metafóricamente).

22 4 El Dt extiende a todos los israelitas (los «hermanos») las prescripciones que Ex 23 4-5 dictaba para los «enemigos» (según el contexto, los adversarios en

un proceso).

22 5 Alusión probable a ciertas costumbres de los cultos impuros de Canaán.

22 11 Estas tres últimas prohibiciones parecen ser vestigio de prohibiciones primitivas.

Nm 15 37+

¹² Te harás unas borlas en las cuatro puntas del manto con que te cubras.

Calumnias contra la reputación de una joven.

¹³ Si un hombre se casa con una mujer y se llega a ella, pero luego le cobra aversión, ¹⁴ le atribuye acciones torpes y la difama públicamente diciendo: «Me he casado con esta mujer y me he llegado a ella, pero no la he encontrado virgen,» ¹⁵ el padre de la joven y su madre tomarán las pruebas de su virginidad y las descubrirán ante los ancianos de la ciudad, a la puerta. ¹⁶ El padre de la joven dirá a los ancianos: «Yo di mi hija por esposa a este hombre; después él le ha cobrado aversión, ¹⁷ y ahora le achaca acciones torpes diciendo: No he encontrado virgen a tu hija. Sin embargo, aquí tenéis las señales de la virginidad de mi hija», y extenderán el paño ante los ancianos de la ciudad. ¹⁸ Los ancianos de aquella ciudad tomarán a ese hombre y lo castigarán, ¹⁹ y le pondrán una multa de cien monedas de plata, que entregarán al padre de la joven, por haber difamado públicamente a una virgen de Israel. Él la recibirá por mujer y no podrá repudiarla en toda su vida. ²⁰ Pero si resulta que es verdad, si no aparecen en la joven las pruebas de la virginidad, ²¹ sacarán a la joven a la puerta de la casa de su padre, y los hombres de su ciudad la apedrearán hasta que muera, porque ha cometido una infamia en Israel prostituyéndose en casa de su padre. Así harás desaparecer el mal de en medio de ti.

Adulterio y fornicación.

Lv 20 10

²² Si se sorprende a un hombre acostado con una mujer casada, morirán los dos: el hombre que se acostó con la mujer y también la mujer. Así harás desaparecer de Israel el mal. ²³ Si una joven virgen está prometida a un hombre y otro hombre la encuentra en la ciudad y se acuesta con ella, ²⁴ los sacaréis a los dos a la puerta de esa ciudad y los apedrearéis hasta que mueran: a la joven por no haber pedido socorro en la ciudad, y al hombre por haber violado a la mujer de su prójimo. Así harás desaparecer el mal de en medio de ti. ²⁵ Pero si ha sido en el campo donde el hombre ha encontrado a la joven prometida, y la ha forzado y se ha acostado con ella, sólo morirá el hombre que se acostó con ella; ²⁶ no harás nada a la joven: no hay en ella pecado que merezca la muerte. El caso es semejante al de un hombre que se lanza sobre su prójimo y lo mata: ²⁷ porque fue en el campo donde la encontró; la joven prometida gritó, pero no había nadie que la oyera. ²⁸ Si un hombre encuentra a una joven virgen no prometida, la agarra y se acuesta con ella, y son sorprendidos, ²⁹ el hombre que se acostó con ella dará al padre de la joven cincuenta monedas de plata y ella será su mujer, porque la ha violado, y no podrá repudiarla en toda su vida.

Ex 22 15-16

23 ¹ Nadie tomará a la mujer de su padre, ni retirará el borde del manto de su padre*.

27 20
Lv 18 18

Participación en las asambleas cultuales*.

² El hombre que tenga los testículos aplastados o el pene mutilado no será admitido en la asamblea de Yahvé. ³ El bastardo* no será admitido en la asamblea de Yahvé; ni siquiera en su décima generación será admitido en la asamblea de Yahvé. ⁴ Ni el amonita ni el moabita* serán admitidos en la asamblea de Yahvé; ni aun en la décima generación serán admitidos en la asamblea de Yahvé, nunca jamás. ⁵ Porque no vinieron a vuestro encuentro con el pan y el agua cuando estabais de camino a la salida de Egipto, y porque el (moabita) alquiló para maldecirte a Balaán, hijo de Beor, desde Petor, Aram Naharáin. ⁶ Pero Yahvé tu Dios no quiso escuchar a Balaán, y Yahvé tu Dios te cambió la maldición en bendición, porque Yahvé tu Dios te ama.

23.¹
Lv 21 17-23
Is 56 3-5

³

⁴

Nm 22 2+
⁵

---

23 1   «Extender el borde (del manto)» sobre una mujer significaba desposarla, Rt 3 9; Ez 16 8. «Retirar el borde» expresa el acto contrario, un atentado a los derechos del mando sobre la mujer.
23 2   El Dt ha conservado, actualizándolas, antiguas reglas que decidían los casos inciertos de participación en las asambleas de la comunidad de Israel.
23 3   El vocablo *mamzer* sólo se usa aquí y en Za 9 6, y su sentido exacto es desconocido. Siguiendo la exégesis judía, se suele ver designados en él a los descendientes de matrimonios entre israelitas y extranjeros, y se le relaciona con Ne 13 23 (donde, sin embargo, no se encuentra este término).
23 4   Contrariamente a 2 9.19 que es una excepción, reaparece aquí la hostilidad tradicional contra Moab y Amón. Las justificaciones del v 5 se refieren ambas a Moab, ver 2 1+; Nm 22 2+, y son más tardías.

⁶

⁷ No buscarás jamás mientras vivas su prosperidad ni su bienestar.

^{2 5}

⁸ No tendrás por abominable al idumeo, porque es tu hermano. No tendrás

Ex 2 22; 12 48+

por abominable al egipcio, porque fuiste forastero en su país. ⁹ A la tercera generación, sus descendientes podrán ser admitidos en la asamblea de Yahvé*.

Nm 5 1-4

Pureza del campamento.

⁹

¹⁰ Cuando salgas a campaña contra tus

¹⁰

enemigos, te guardarás de todo mal. ¹¹ Si hay entre los tuyos un hombre que no

Lv 15 16-17

esté puro, por causa de una polución nocturna, saldrá del campamento y no

¹¹

volverá a entrar en el campamento. ¹² Pero al llegar la tarde se lavará, y a la puesta del sol volverá al campamento.

¹²

¹³ Tendrás fuera del campamento un

¹³

lugar, y saldrás allá afuera. ¹⁴ Llevarás en tu equipo una estaca, y cuando vayas a evacuar afuera, harás un hoyo con la estaca, te darás vuelta, y luego taparás tus

¹⁴

excrementos. ¹⁵ Porque Yahvé tu Dios pasea por el campamento para protegerte y entregar en tu mano a tus enemigos. Por eso tu campamento debe ser una cosa sagrada, Yahvé no debe ver en él nada inconveniente; de lo contrario se apartaría de ti.

Leyes sociales y cultuales.

¹⁵

¹⁶ No entregarás a su amo el esclavo

¹⁶

que se haya acogido a ti huyendo de él. ¹⁷ Se quedará contigo, entre los tuyos, en el lugar que escoja en una de tus ciudades, donde le parezca bien; no le molestarás.

¹⁷

¹⁸ No habrá hieródula entre las israelitas, ni hieródulo entre los israelitas.

¹⁸

¹⁹ No llevarás a la casa de Yahvé tu Dios don de prostituta ni salario de perro*, sea cual fuere el voto que hayas hecho: porque ambos son abominación para Yahvé tu Dios.

15 6; Ex 22 24 Lv 25 35-38

²⁰ No prestarás a interés a tu hermano, sea rédito de dinero, o de víveres, o de cualquier otra cosa que produzca interés. ²¹ Al extranjero podrás prestarle a interés, pero a tu hermano no le prestarás a interés, para que Yahvé tu Dios te bendiga en todas tus empresas, en la tierra

²⁰

en la que vas a entrar para tomarla en posesión.

²² Si haces un voto a Yahvé tu Dios, no tardarás en cumplirlo, porque sin duda Yahvé tu Dios te lo reclamaría, y te cargarías con un pecado. ²³ Y si te abstienes de hacer voto, no habrá pecado en ti. ²⁴ Pero lo que salga de tus labios lo mantendrás y cumplirás, tal como has prometido a Yahvé tu Dios como don voluntario, que has prometido con tu propia boca.

²¹
Nm 30 3+ Qo 5 3-5
²²

²³

²⁵ Si entras en la viña de tu prójimo, podrás comer todas las uvas que quieras, hasta saciarte, pero no meterás nada en tu zurrón. ²⁶ Si pasas por las mieses de tu prójimo, podrás coger espigas con tu mano, pero no meterás la hoz en la mies de tu prójimo.

²⁴

²⁵
╱ Mt 12 1p

Divorcio.

24 ¹ Si un hombre toma una mujer y se casa con ella, y resulta que esta mujer no halla gracia a sus ojos, porque descubre en ella algo que le desagrada, le escribirá un acta de divorcio, se la pondrá en su mano y la despedirá de su casa. ² Si después que ella ha salido y se ha marchado de casa de éste, se casa con otro hombre, ³ y luego este segundo hombre la aborrece, le escribe el acta de divorcio, se la pone en su mano y la despide de su casa; o si se muere este otro hombre que se ha casado con ella; ⁴ el primer marido que la repudió no podrá volver a tomarla por esposa después de haberse hecho ella impura. Pues sería una abominación a los ojos de Yahvé, y tú no debes hacer pecar a la tierra que Yahvé tu Dios te da en herencia.

Mt 19 7+

Medidas de protección.

⁵ Si un hombre está recién casado, no saldrá a campaña ni se le impondrá trabajo alguno; quedará exento en su casa durante un año, para disfrutar de la mujer con la que se ha casado.

20 7

⁶ No se tomará en prenda ni las dos piedras de moler ni la muela; porque ello sería tomar en prenda la vida misma.

⁷ Si se encuentra a un hombre que ha raptado a uno de sus hermanos, de los

Ex 21 16

---

23 9   Esta disposición favorable a los edomitas y a los egipcios es sorprendente: se explica quizá por las relaciones políticas del reino del Norte en el s. VIII a.C. La mención de los edomitas como «hermanos» no es única; también en otros textos Edom e Israel son llamados así, Nm 20 14; Am 1 11; Ab 10.12, incluso cuando se

reprocha a Edom haber obrado mal.
23 19   La prostitución sagrada era una tara de los cultos cananeos, ver el Baal de Peor, Nm 25. Había contaminado a Israel, 1 R 14 24; 22 47; 2 R 23 7; Os 4 14. «Perro» designa despectivamente al hieródulo.

Lv 13-14

israelitas, sea que lo haya hecho su esclavo sea que lo haya vendido, ese ladrón debe morir, y así harás desaparecer el mal de en medio de ti.

[8] Ten cuidado con la plaga de lepra, observando bien y ejecutando todo lo que os enseñen los sacerdotes levitas. Procuraréis poner en práctica lo que yo les he mandado. [9] Recuerda lo que Yahvé tu Dios hizo con María cuando estabais de camino a la salida de Egipto.

Nm 12 10-15

[10] Si haces a tu prójimo un préstamo cualquiera, no entrarás en su casa para recobrar la prenda. [11] Te quedarás fuera, y el hombre a quien has hecho el préstamo te sacará la prenda afuera. [12] Y si es un pobre, no te acostarás sobre su prenda*; [13] se la devolverás a la puesta del sol, para que pueda acostarse en su manto. Así te bendecirá y tendrás un mérito a los ojos de Yahvé tu Dios.

‖Ex 22 25-25

Jb 22 6
Am 2 8

[14] No explotarás al jornalero humilde y pobre, ya sea uno de tus hermanos o un forastero que residen en tu tierra, en tus ciudades. [15] El mismo día le darás su salario, y el sol no se pondrá sobre esta deuda; porque es pobre, y de ese salario depende su vida. Así no clamará contra ti a Yahvé, y no te cargarás con un pecado.

Lv 19 13
Jr 22 13
Ml 3 5
St 5 4

[16] No serán ejecutados los padres por culpa de los hijos ni los hijos serán ejecutados por culpa de los padres. Cada cual será ejecutado por su propio pecado*.

Gn 18 24+
Dt 7 10
/2 R 14 6
Jr 31 29s
Ez 14 12+

[17] No torcerás el derecho del forastero ni del huérfano*, ni tomarás en prenda el vestido de la viuda. [18] Te acordarás de que fuiste esclavo en el país de Egipto y que Yahvé tu Dios te rescató de allí. Por eso te mando hacer esto.

Ex 22 20s
Dt 27 19

Dt 15 15

[19] Cuando siegues la mies en tu campo, si dejas olvidada una gavilla en el campo, no volverás a buscarla. Será para el forastero, el huérfano y la viuda, a fin de que Yahvé tu Dios te bendiga en todas tus empresas.

Lv 19 9s;
23 22
Rt 2 2
Ex 23 11
Dt 26 12-13

[20] Cuando varees tus olivos, no harás rebusco: será para el forastero, el huérfano y la viuda. [21] Cuando vendimies tu viña, no harás rebusco: será para el forastero, el huérfano y la viuda. [22] Te acordarás de que fuiste esclavo en el país de Egipto. Por eso te mando hacer esto.

25 [1] Cuando haya pleito entre dos hombres, se presentarán a juicio, y se los juzgará: se declarará justo al justo y se declarará culpable al culpable. [2] Si el culpable merece azotes, el juez le hará echarse en tierra en su presencia y hará que le azoten con un número de golpes proporcionado a su culpa. [3] Cuarenta le podrá infligir, pero no más, no sea que, si lo golpea más, sea excesivo el castigo, y tu hermano quede envilecido a tus ojos.

[4] No pondrás bozal al buey que trilla.

/2 Co 11 24

/1 Co 9 9
/1 Tm 5 18

La ley del levirato*.

[5] Si unos hermanos viven juntos y uno de ellos muere sin tener hijos, la mujer del difunto no se casará fuera con un hombre de familia extraña. Su cuñado se llegará a ella y la tomará por esposa y cumplirá con ella como cuñado, [6] y el primogénito que ella dé a luz perpetuará el nombre de su hermano difunto; así su nombre no se borrará de Israel. [7] Pero si el hombre no quiere tomar a su cuñada por mujer, subirá su cuñada a la puerta donde los ancianos y dirá: «Mi cuñado se niega a perpetuar el nombre de su hermano en Israel, no quiere cumplir conmigo como cuñado.» [8] Los ancianos de su ciudad lo llamarán y le hablarán. Si al comparecer dice: «No quiero tomarla por mujer», [9] su cuñada se acercará a él en presencia de los ancianos, le quitará la sandalia de su pie, le escupirá a la cara y pronunciará estas palabras: «Así se hace con el hombre que no edifica la

Gn 38
Rt 4
/Mt 22 24p

---

24 12 Lit. «no te acostarás *en* su prenda», porque originariamente no se trataba más que del manto, Ex 22 25s.
24 16 Texto muy importante sobre la responsabilidad individual. Este principio de la responsabilidad individual es una novedad, ver 5 9; Ex 34 7, etc. Está aplicado en 2 R 14 6, afirmado en Jr 31 29-30 y desarrollado en Ez 14 2-20; 18 10-20.
24 17 «del forastero ni del huérfano» versiones, Targ.; «del forastero huérfano» hebr.
25 5 Del latín *levir* «cuñado», que traduce el hebreo *yâbâm* (cuñado en sentido amplio): la viuda sin hijo varón es desposada por su cuñado; el primer hijo se considera como si fuera del difunto y recibe su parte de he-

rencia. Esta institución, que también existía entre los asirios y los hititas, tenía por objeto perpetuar la descendencia y garantizar la estabilidad de los bienes familiares. El primer aspecto se subraya en la historia de Tamar, Gn 38; el segundo se destaca en la historia de Rut, Rt 4, donde los derechos y deberes del levir se extienden al «vengador», ver Nm 35 19+. La ley del Dt limita esta obligación al caso en que los hermanos vivan juntos y permite sustraerse a ella. La institución se mantuvo en el Judaísmo posterior, a pesar de la oposición de ciertos grupos. De esta ley tomaron los saduceos argumento contra la doctrina de la resurrección, ver Mt 22 23s.

casa de su hermano»; [10] y se le llamará en Israel «Casa del descalzado*».

El pudor en las riñas.

[11] Si dos hombres están peleándose entre sí, y la mujer de uno de ellos se acerca para librar a su marido de los golpes del otro, y alarga la mano y agarra a éste por sus partes, [12] tú le cortarás a ella la mano sin piedad.

Apéndices.

Lv 19 35-36
Am 8 5
Os 12 8
Mi 6 10-11
Pr 11 1

[13] No tendrás en tu bolsa pesa y pesa, una grande y otra pequeña. [14] No tendrás en tu casa medida y medida, una grande y otra pequeña. [15] Tendrás un peso exacto y justo: tendrás una medida exacta y justa, para que se prolonguen tus días en el suelo que Yahvé tu Dios te da. [16] Porque todo el que hace estas cosas, todo el que comete una injusticia, es una abominación para Yahvé tu Dios.

Ex 17 8-16+

[17] Recuerda lo que te hizo Amalec cuando estabais de camino a vuestra salida de Egipto, [18] cómo vino a tu encuentro en el camino y atacó por la espalda a todos los que iban agotados en tu retaguardia, cuando tú estabas cansado y extenuado; ¡no tuvo temor de Dios! [19] Por eso, cuando Yahvé tu Dios te haya asentado al abrigo de todos tus enemigos de alrededor, en la tierra que Yahvé tu Dios te da en herencia para que la poseas, borrarás el recuerdo de Amalec de debajo de los cielos. ¡No lo olvides!

Las primicias*.

26 [1] Cuando entres en la tierra que Yahvé tu Dios te da en herencia, cuando la poseas y habites en ella, [2] tomarás las primicias de todos los frutos de la tierra que coseches en la tierra que Yahvé tu Dios te da, las pondrás en una cesta y las llevarás al lugar elegido por Yahvé tu Dios para poner allí la morada de su nombre. [3] Te presentarás al sacerdote que esté entonces allí y le dirás:

«Yo declaro hoy a Yahvé mi Dios que he entrado en la tierra que Yahvé juró a nuestros padres que nos daría.»

[4] El sacerdote tomará de tu mano la cesta y la depositará ante el altar de Yahvé tu Dios. [5] Tú tomarás la palabra y dirás ante Yahvé tu Dios*:

«Mi padre era un arameo errante, y bajó a Egipto y residió allí siendo unos pocos hombres, pero se hizo una nación grande, fuerte y numerosa. [6] Los egipcios nos maltrataron, nos oprimieron y nos impusieron dura servidumbre. [7] Nosotros clamamos a Yahvé, Dios de nuestros padres, y Yahvé escuchó nuestra voz; vio nuestra miseria, nuestras penalidades y nuestra opresión, [8] y Yahvé nos sacó de Egipto con mano fuerte y brazo extendido, con gran terror, con señales y con prodigios. [9] Y nos trajo a este lugar y nos dio esta tierra, tierra que mana leche y miel. [10] Y ahora yo traigo las primicias de los frutos de la tierra que tú, Yahvé, me has dado.»

10 22
Sal 105 12

4 34

Las depositarás ante Yahvé tu Dios y te postrarás ante Yahvé tu Dios. [11] Luego te regocijarás por todos los bienes que Yahvé tu Dios te haya dado a ti y a tu casa, y también se regocijarán el levita y el forastero que vive en medio de ti.

El diezmo trienal.

14 22+

[12] Cuando el tercer año, el año del diezmo, hayas acabado de apartar el diezmo de toda tu cosecha y se lo hayas dado al levita, al forastero, al huérfano y a la viuda, para que coman de ello en tus ciudades y se sacien, [13] dirás en presencia de Yahvé tu Dios:

«He retirado de mi casa lo que era sagrado; se lo he dado al levita, al forastero, al huérfano y a la viuda, según todos los mandamientos que me has dado: no he traspasado ninguno de tus manda-

Ex 12 48+

24 19

---

25 10 El rito de expropiación, el quitar la sandalia, va acompañado de un gesto de desprecio y de una frase infamante. No se ve con claridad cuáles fueran las consecuencias jurídicas; es probable, sin embargo, que en este caso la mujer continuara en posesión de los bienes de su marido. El rito no tiene exactamente el mismo sentido en Rt 4 8.
26 Así como los primogénitos del hombre y de los animales pertenecen a Dios, Ex 13 11+, también las primicias de los productos de la tierra le están consagradas, Ex 22 28; 23 19; 34 26; Lv 2 12.14; 23 10-17; Dt 18 4. Según Nm 18 12, corresponden a los sacerdotes, ver Ez 44 30. Esta ofrenda de los productos de la tierra, que en el antiguo calendario religioso, ver Ex 23 16 y 19, está ligada a las fiestas de origen cananeo, de la siega y

de la recolección, se relaciona aquí con un acontecimiento de la historia de la salvación: la entrada en la Tierra Prometida, vv. 1.3.9-10. Es una vez más el tema del don de la Tierra, que es central en el Dt, ver 1 5+.
26 5 La profesión de fe de los vv. 5-9 resume la historia de la salvación, centrada en la liberación de Egipto. Los mismos elementos se encuentran en las «profesiones» de Dt 6 20-23 y, con nuevos matices, de Jos 24 1-13 y Ne 9 7-25. La insistencia en el don de la tierra que mana leche y miel, v. 9, conviene a esta declaración, que está vinculada con la ofrenda de las primicias. El silencio sobre los acontecimientos del Sinaí no significa que esta profesión se remonte a una tradición que los ignoraba. El texto no es muy antiguo y el recuerdo de la promulgación de la ley no entraba en su perspectiva.

mientos ni los he olvidado. ¹⁴ Nada de ello he comido estando en duelo, nada he retirado hallándome impuro, nada he ofrecido a un muerto*. He escuchado la voz de Yahvé mi Dios y he obrado conforme a todo lo que me has mandado.

¹⁵ Desde la morada de tu santidad, desde lo alto de los cielos, contempla y bendice a tu pueblo Israel, así como a la tierra que nos has dado como habías jurado a nuestros padres, tierra que mana leche y miel.»

1 R 8 43
Sal 11 4
Ba 2 16

III. Discursos de conclusión

FIN DEL SEGUNDO DISCURSO*

Israel, pueblo de Yahvé*.

¹⁶ En este día Yahvé tu Dios te manda practicar estos preceptos y estas normas; las guardarás y las practicarás con todo tu corazón y con toda tu alma.

¹⁷ Hoy le has hecho decir a Yahvé que él será tu Dios y tú seguirás sus caminos, observarás sus preceptos, sus mandamientos y sus normas, y escucharás su voz. ¹⁸ Y Yahvé te ha hecho decir hoy que tú serás su pueblo propio, como él te ha dicho, y que tú deberás guardar todos sus mandamientos; ¹⁹ y que él te elevará en honor, renombre y gloria, por encima de todas las naciones que hizo, y que serás un pueblo consagrado a Yahvé tu Dios, como él te ha dicho.

Inscripción de la ley y ceremonias cultuales*.

27 ¹ Moisés y los ancianos de Israel dieron al pueblo esta orden: «Guardad todos los mandamientos que yo os prescribo hoy. ² El día que paséis el Jordán hacia la tierra que Yahvé tu Dios te da, erigirás grandes piedras, las blanquearás con cal, ³ y escribirás en

ellas todas las palabras de esta Ley, en el momento en que pases para entrar en la tierra que Yahvé tu Dios te da, tierra que mana leche y miel, como te ha dicho Yahvé, el Dios de tus padres.

⁴ Y cuando hayáis pasado el Jordán, erigiréis estas piedras, como os lo mando hoy, en el monte Ebal*, y las blanquearéis con cal. ⁵ Levantarás allí en honor de Yahvé tu Dios un altar de piedras: no las labrarás con el hierro. ⁶ Harás el altar de Yahvé tu Dios con piedras sin labrar, y sobre este altar ofrecerás holocaustos a Yahvé tu Dios. ⁷ Allí también inmolarás sacrificios de comunión, comerás y te regocijarás en presencia de Yahvé tu Dios. ⁸ Y escribirás en esas piedras todas las palabras de esta Ley. Grábalas bien.»

⁹ Después Moisés y los sacerdotes levitas hablaron así a todo Israel:

«Calla y escucha, Israel. Hoy te has convertido en el pueblo de Yahvé tu Dios. ¹⁰ Escucharás la voz de Yahvé tu Dios y pondrás en práctica los mandamientos y preceptos que yo te prescribo hoy.»

¹¹ Y Moisés ordenó aquel día al pueblo*: ¹² «Éstos son los que se situarán en

Jos 8 30-31

Ex 20 25

12 11

Jos 8 33-35
Lc 6 20-26

Jos 8 32

26 14 El producto del diezmo, consagrado a Yahvé, debe estar libre de toda profanación: rito de duelo, ver Os 9 4, o impureza, ver Ag 2 13. La ofrenda al muerto puede referirse también a los ritos de duelo, o al culto idolátrico de un dios que muere y renace (Baal-Adonis), ver 14 1+.
26 16 (a) Se reanuda aquí el segundo discurso de Moisés, ver 4 44+, que continúa hasta 28 68. Queda interrumpido por el cap. 27, que es una inserción. El cap. 28 es heterogéneo.
26 16 (b) El Código Deuteronómico, que precede, es el documento de la Alianza presentada como un contrato: Yahvé será el Dios de Israel e Israel será su pueblo, a condición de que guarde los mandamientos. Bendiciones y maldiciones, cap. 28, serán la sanción de la observancia de este contrato.
27 Este cap. comprende tres elementos heterogéneos: vv. 1-8; 9-10; 11-26. Los vv. 9-10 podrían haber sido la continuación de 26 19. Las otras dos secciones son inserciones. No ofrecen leyes generales, sino que prescriben actos cultuales que se relacionan con el santuario de Siquén: han sido utilizadas aquí, retocándolas, viejas tradiciones siquenitas; no era el Dt el que pu-

día prescribir la construcción de un altar y la ofrenda de sacrificios en el Ebal (o el Garizín); v. 4s; y la Ley escrita en las piedras, v. 8, debe de ser un texto más corto que el Dt, que será escrito en un libro, ver 32 24-26. Las ceremonias de los vv. 11-26 tienen el mismo marco exterior que en el santuario único, ver nota al v. 11.
27 4 El sam. dice: «en el monte Garizín»; quizá sea éste el texto primitivo, modificado por la polémica contra los samaritanos, cuyo lugar de culto estaba en el Garizín y conservaba acaso la vieja tradición. Por lo demás, en los vv. 12-13 lo mismo que en 11 29, las bendiciones se pronuncian en el Garizín.
27 11 La sección 11-26 combina dos ceremonias: 1.° vv. 12-13: las tribus, repartidas en dos grupos, se mandan bendiciones y maldiciones. El texto primitivo ha sido amputado aquí en beneficio de una ceremonia diferente. 2.° vv. 14-26: los levitas pronuncian doce maldiciones a las que todo el pueblo responde amén. La primera y la última son evidentemente deuteronomistas; las otras diez expresan viejas prohibiciones que tienen sus paralelos en el Código de la Alianza y en el texto antiguo de Lv 18.

el monte Garizín para dar la bendición al pueblo, cuando hayáis pasado el Jordán: Simeón, Leví, Judá, Isacar, José y Benjamín. [13] Y éstos los que se situarán, para la maldición, en el monte Ebal: Rubén, Gad, Aser, Zabulón, Dan y Neftalí. [14] Los levitas tomarán la palabra y dirán en voz alta a todos los hombres de Israel:

Ex 20 4+

[15] Maldito el hombre que haga un ídolo esculpido o fundido, abominación de Yahvé, obra de manos de artífice, y lo coloque en un lugar secreto. Y todo el pueblo responderá y dirá: Amén.

Ex 21 17+

[16] Maldito quien desprecie a su padre o a su madre. Y todo el pueblo dirá: Amén.

19 14

[17] Maldito quien desplace el mojón de su prójimo. Y todo el pueblo dirá: Amén.

Lv 19 14

[18] Maldito quien desvíe a un ciego en el camino. Y todo el pueblo dirá: Amén.

Ex 22 20s+

[19] Maldito quien tuerza el derecho del forastero, del huérfano o de la viuda. Y todo el pueblo dirá: Amén.

23 1

[20] Maldito quien se acueste con la mujer de su padre, porque descubre el borde del manto de su padre. Y todo el pueblo dirá: Amén.

Ex 22 18+
Lv 18 23

[21] Maldito quien se acueste con cualquier bestia. Y todo el pueblo dirá: Amén.

Lv 18 9

[22] Maldito quien se acueste con su hermana, hija de su padre o hija de su madre. Y todo el pueblo dirá: Amén.

Lv 18 8

[23] Maldito quien se acueste con su suegra. Y todo el pueblo dirá: Amén.

Ex 20 13+

[24] Maldito quien mate a escondidas a su prójimo. Y todo el pueblo dirá: Amén.

Ex 23 8+

[25] Maldito quien acepte soborno para quitar la vida a un inocente. Y todo el pueblo dirá: Amén.

Ga 3 10

[26] Maldito quien no mantenga las palabras de esta Ley, poniéndolas en práctica. Y todo el pueblo dirá: Amén.

Las bendiciones prometidas*.

28 [1] Y si tú escuchas de verdad la voz de Yahvé tu Dios, cuidando de practicar todos los mandamientos que yo te prescribo hoy, Yahvé tu Dios te levantará por encima de todas las naciones de la tierra, [2] y vendrán sobre ti y te alcanzarán todas las bendiciones siguientes, por haber escuchado la voz de Yahvé tu Dios.

4 30
Gn 49 25-26
11 10-15

[3] Bendito serás en la ciudad y bendito serás en el campo. [4] Bendito el fruto de tu vientre, el fruto de tu suelo, y el fruto de tu ganado, el parto de tus vacas y las crías de tus ovejas. [5] Bendita tu cesta y tu artesa. [6] Bendito serás cuando entres y bendito serás cuando salgas. [7] A los enemigos que se levanten contra ti, Yahvé los convertirá en vencidos: por un camino saldrán a tu encuentro, y por siete caminos huirán delante de ti. [8] Yahvé mandará a la bendición que esté contigo, en tus graneros y en tus empresas, y te bendecirá en la tierra que Yahvé tu Dios te da.

[9] Yahvé te establecerá como el pueblo consagrado a él, como te ha jurado, si tú guardas los mandamientos de Yahvé tu Dios y sigues sus caminos. [10] Todos los pueblos de la tierra verán que sobre ti es invocado el nombre de Yahvé* y te temerán. [11] Yahvé te hará rebosar de bienes: del fruto de tu vientre, del fruto de tu ganado y del fruto de tu tierra, en esta tierra que él juró a tus padres que te daría. [12] Yahvé abrirá para ti los cielos, su rico tesoro, para dar a su tiempo la lluvia a tu tierra y para bendecir todas tus empresas. Prestarás a naciones numerosas, y tú no tendrás que tomar prestado. [13] Yahvé te pondrá a la cabeza y no a la cola; siempre estarás encima y nunca debajo, si escuchas los mandamientos de Yahvé tu Dios, que yo te prescribo hoy, guardándolos y poniéndolos en práctica, [14] si no te apartas ni a derecha ni a izquierda de ninguna de estas palabras que yo os prescribo hoy, yendo en pos de otros dioses a servirles.

Jr 14 9
Jn 13 34-35

11 14

Las maldiciones.

[15] Pero si desoyes la voz de Yahvé tu Dios, y no cuidas de practicar todos sus mandamientos y sus preceptos, que yo te prescribo hoy, te sobrevendrán y te alcanzarán todas las maldiciones siguientes:

[16] Maldito serás en la ciudad y maldito serás en el campo. [17] Maldita tu cesta y tu artesa. [18] Maldito el fruto de tu vientre y el fruto de tu tierra, el parto de tus vacas y las crías de tus ovejas. [19] Maldito serás cuando entres y maldito serás cuando salgas.

Lv 26 14-3
Jr 26 4-6

---

28   Este cap. es continuación de 26 16-19; 27 9-10, donde el Código Deuteronómico había sido presentado como el documento del tratado entre Yahvé e Israel. Concluye éste con bendiciones y maldiciones, a la manera de los tratados orientales. Sorprendentes paralelos se encuentran en los tratados asirios de vasallaje del s. VII a.C., pero el estilo es aquí deuteronómico y recoge muchos temas de la predicación profética.
28 10 Expresión del lenguaje jurídico, que significa la pertenencia, ver 2 S 12 28; Is 4 1, etc.

²⁰ Yahvé enviará contra ti la maldición, el desastre, la amenaza, en todas tus empresas, hasta que seas exterminado y perezcas rápidamente, a causa de la perversidad de tus acciones por las que me habrás abandonado. ²¹ Yahvé hará que se te pegue la peste, hasta que te haga desaparecer de esa tierra en la que vas a entrar para tomarla en posesión. ²² Yahvé te herirá de tisis, de fiebre, de inflamación, de gangrena, de sequía, de tizón y de añublo, que te perseguirán hasta que perezcas. ²³ Los cielos de encima de tu cabeza serán de bronce, la tierra de debajo de ti será de hierro. ²⁴ Yahvé dará como lluvia a tu tierra polvo y arena, que caerán del cielo sobre ti hasta tu destrucción. ²⁵ Yahvé hará que sucumbas ante tus enemigos: por un camino saldrás hacia ellos, y por siete caminos huirás delante de ellos, y serás el espanto de todos los reinos de la tierra. ²⁶ Tu cadáver será pasto de todas las aves del cielo y de todas las bestias de la tierra sin que nadie las espante.

²⁷ Yahvé te herirá con úlceras de Egipto, con tumores, con sarna y con tiña, de las que no podrás sanar. ²⁸ Yahvé te herirá de delirio, de ceguera y de pérdida de sentidos; ²⁹ andarás a tientas en pleno mediodía como el ciego anda a tientas en la oscuridad, y no llegarás a término en tus caminos. Estarás oprimido y despojado toda la vida, y no habrá quien te socorra. ³⁰ Te desposarás con una mujer y otro hombre la hará suya; edificarás una casa y no la habitarás; plantarás una viña y no disfrutarás de ella. ³¹ Tu buey será degollado en tu presencia, y no comerás de él; tu asno será robado en tu presencia, y no se te devolverá; tus ovejas serán entregadas a tus enemigos, y no habrá quien te auxilie; ³² tus hijos y tus hijas serán entregados a otro pueblo; y tus ojos lo estarán viendo y se consumirán por ellos todos los días de tu vida, sin poder hacer nada. ³³ El fruto de tu tierra y toda tu fatiga lo comerá un pueblo que no conoces. No serás más que un explotado y oprimido toda la vida. ³⁴ Y te volverás loco ante el espectáculo que verás con tus ojos. ³⁵ Yahvé te herirá de úlceras malignas en las rodillas y en las piernas, de las que no podrás sanar, desde la planta de los pies hasta la coronilla de la cabeza.

³⁶ Yahvé te llevará, a ti y al rey que hayas puesto sobre ti, a una nación que ni tú ni tus padres conocíais, y allí servirás a otros dioses de madera y de piedra.

³⁷ Serás el asombro, el refrán y la irrisión de todos los pueblos a donde Yahvé te conduzca.

³⁸ Echarás en tus campos mucha semilla y cosecharás poco, porque la asolará la langosta. ³⁹ Viñas plantarás y las trabajarás, pero vino no beberás ni recogerás nada, porque el gusano las devorará. ⁴⁰ Olivos tendrás por todo tu territorio, pero con aceite no te ungirás, porque tus olivos caerán. ⁴¹ Hijos e hijas engendrarás, pero no serán para ti, porque irán al cautiverio. ⁴² Todos tus árboles y los frutos de tu tierra serán presa de los insectos.

⁴³ El forastero que vive en medio de ti subirá a costa tuya cada vez más alto, y tú caerás cada vez más bajo. ⁴⁴ Él te prestará, y tú no le prestarás a él; él estará a la cabeza y tú a la cola.

⁴⁵ Todas estas maldiciones caerán sobre ti, te perseguirán y te alcanzarán hasta destruirte, por no haber escuchado tú la voz de Yahvé tu Dios, guardando los mandamientos y los preceptos que él te ha prescrito. ⁴⁶ Serán como una señal y un prodigio sobre ti y sobre tu descendencia para siempre.

Perspectivas de guerra y de destierro.

⁴⁷ Por no haber servido a Yahvé tu Dios en la alegría y la dicha de corazón, cuando abundabas en todo, ⁴⁸ servirás a tus enemigos, los que Yahvé enviará contra ti, con hambre, con sed, con desnudez y con privación de todo. Él pondrá en tu cuello un yugo de hierro hasta que te destruya.

⁴⁹ Yahvé levantará contra ti una nación venida de lejos, de los extremos de la tierra, como el águila que se cierne; una nación de lengua desconocida para ti, ⁵⁰ una nación de rostro fiero, que no respetará al anciano ni tendrá compasión del muchacho. ⁵¹ Comerá el fruto de tu ganado y el fruto de tu suelo, hasta destruirte; no te dejará ni trigo, ni mosto, ni aceite, ni los partos de tus vacas, ni las crías de tus ovejas, hasta acabar contigo. ⁵² Te asediará en todas tus ciudades, hasta que caigan en toda tu tierra tus murallas más altas y mejor fortificadas, en las que tú habías puesto tu confianza. Te asediará en tus ciudades, en toda la tierra que te habrá dado Yahvé tu Dios. ⁵³ Comerás el fruto de tu vientre, la carne de tus hijos y de tus hijas que te haya dado Yahvé tu Dios, en el asedio y la angustia a que te reducirá tu enemigo. ⁵⁴ El hombre más delicado y tierno de entre

Marginal references (left column):

Jr 24 9

7 15; 28 60

Is 59 10

Is 62 8-9
Am 5 11
Mi 6 15
Dt 20 5-7

2 R 17 4-6
25 7.11

s 9 3; 11 5

Marginal references (right column):

Jr 24 9+

Jr 5 19

Is 5 26;
33 19
Jr 5 15
Ba 4 15

Mt 24

Jr 19 9
Lv 26 29
Ez 5 10
Lm 2 20;
4 10

los tuyos mirará con malos ojos a su hermano, y a la mujer que se acostaba en su seno y a los hijos que le queden, ⁵⁵ para no compartir con ellos la carne de sus hijos que él se va a comer, pues no le ha quedado ya nada, por el asedio y la angustia a que tu enemigo te reducirá en todas tus ciudades. ⁵⁶ La más delicada y tierna de las mujeres de tu pueblo, la que no habría osado posar en tierra la planta de su pie, mirará con malos ojos al hombre que se acostaba en su seno, y a su hijo y a su hija, ⁵⁷ y a la placenta que sale entre sus piernas y a los hijos que dé a luz, pues los comerá a escondidas, por la falta de todo, en el asedio y la angustia a que te reducirá tu enemigo en tus ciudades. ⁵⁸ Si no cuidas de poner en práctica todas las palabras de esta Ley escritas en este libro, temiendo a ese nombre glorioso y temible, a Yahvé tu Dios, ⁵⁹ Yahvé hará terribles tus plagas y las plagas de tu descendencia: plagas grandes y duraderas, enfermedades perniciosas y tenaces. ⁶⁰ Hará caer de nuevo sobre ti aquellas epidemias de Egipto, a las que tanto miedo tenías, y se te pegarán. ⁶¹ Más todavía, todas las enfermedades y plagas que no se mencionan en el libro de esta Ley, las suscitará Yahvé contra ti, hasta destruirte. ⁶² No quedaréis más que unos pocos hombres, vosotros que erais tan numerosos como las estrellas del cielo, por haber desoído la voz de Yahvé tu Dios.

⁶³ Y sucederá que lo mismo que Yahvé se complacía en haceros el bien y en multiplicaros, así se gozará en perderos y destruiros. Seréis arrancados de la tierra adonde vas a entrar para tomarla en posesión. ⁶⁴ Yahvé te dispersará entre todos los pueblos, de un extremo a otro de la tierra, y allí servirás a otros dioses, de madera y de piedra, que no conocíais ni tú ni tus padres. ⁶⁵ No hallarás sosiego en aquellas naciones, ni habrá descanso para la planta de tus pies, sino que Yahvé te dará allí corazón tembloroso, y languidez de ojos y ansiedad de alma. ⁶⁶ Tu vida estará ante ti como pendiente de un hilo, tendrás miedo de noche y de día, y no tendrás seguridad ni de tu vida. ⁶⁷ Por la mañana dirás: «¡Quién me diera que anocheciese!», y por la tarde dirás: «¡Quién me diera que amaneciese!», a causa del espanto que estremecerá tu corazón y del espectáculo que verán tus ojos. ⁶⁸ Yahvé volverá a llevarte a Egipto en barcos, por ese camino del que yo te había dicho: «No volverás a verlo más.» Y allí os ofreceréis en venta a vuestros enemigos como esclavos y esclavas, pero no habrá ni comprador*.

28 27 (margin)

Jb 7 4 (margin)

Os 8 13 (margin)

TERCER DISCURSO

29.¹   ⁶⁹ Éstas son las palabras de la alianza que Yahvé mandó a Moisés concluir con los israelitas en el país de Moab, aparte de la alianza que había concluido con ellos en el Horeb*.

Prólogo histórico*.

²

29¹ Moisés convocó a todo Israel y les dijo: Vosotros habéis visto todo lo que Yahvé ha hecho en Egipto con el faraón, y con todos sus siervos y con todo su país: ² las grandes pruebas que personalmente habéis visto, esas señales, esos grandes prodigios. ³ Pero hasta el día de hoy no os ha dado Yahvé corazón para entender, ni ojos para ver, ni oídos para oír. ⁴ Durante cuarenta años os he hecho caminar por el desierto; no se han gastado los vestidos que llevabais ni se han gastado las sandalias en tus pies. ⁵ No habéis comido pan, ni habéis bebido vino o licor, para que supierais que yo,

³ (margin)

⁴ (margin)

4 29; 30 14 (margin)
Is 29 10 (margin)
↗ Rm 11 8 (margin)
Dt 8 4 (margin)
⁶ (margin)

---

28 68 Al evocar las calamidades y la vuelta a la esclavitud, el autor hace estas amenazas para el futuro simétricas de las gracias pasadas, que recordaba el discurso de introducción. Yahvé destruirá como había salvado: con el mismo poder sobrenatural.
28 69 Este v. sirve de título a un tercer discurso de Moisés, que concluye al final del cap. **30**, más bien que en el **32 47**, hasta donde quieren extenderlo algunos. Sólo el Dt habla de esta alianza en Moab, que completa la del Horeb, donde fue dado el Decálogo, **5** 2-22. Esta ficción histórica presta al nuevo Código de **12** 1 - **26** 15 el valor de un documento de alianza con Dios, promul-

gado por Moisés.
29 Una vez más tenemos en Dt 29-30 los elementos de un formulario de alianza, ver **10** 12+; **28** 1+. El discurso comienza con un recuerdo histórico de los sucesos del Éxodo, vv. 1-7, ver **1** 4; **4** 46-47; **8** 2-4. A continuación viene el protocolo de la alianza en forma parenética, vv. 9-14, y seguido de una predicación, vv. 15-20, que parece continuar en **30** 11-14. Las bendiciones y maldiciones que acompañaban normalmente a estos tratados se encuentran en **30** 15-20. La sección **29** 21 - **30** 10, que agrupa elementos diversos, parece ser una inserción de la escuela deuteronomista.

2 30-35
3 1-13

Yahvé, soy vuestro Dios. ⁶ Luego llegasteis a este lugar. Y Sijón, rey de Jesbón, y Og, rey de Basán, salieron a nuestro encuentro para hacernos la guerra, pero los derrotamos. ⁷ Conquistamos su país, y se lo di en heredad a Rubén, a Gad y a la media tribu de Manasés.

⁸ Guardad, pues, las palabras de esta alianza y ponedlas en práctica, para que tengáis éxito en todas vuestras empresas.

La alianza en Moab.

⁹ Aquí estáis hoy en pie todos vosotros ante Yahvé vuestro Dios: vuestros jefes de tribu, vuestros ancianos y vuestros escribas, todos los hombres de Israel, ¹⁰ vuestros hijos y vuestras mujeres y el forastero que está en tu campamento, desde tu leñador hasta tu aguador*, ¹¹ para entrar en la alianza de Yahvé tu Dios, y en el juramento que Yahvé tu Dios concluye hoy contigo, ¹² para que él te constituya hoy pueblo suyo y él sea tu Dios, como te ha dicho y como juró a tus padres Abrahán, Isaac y Jacob. ¹³ Y no solamente con vosotros hago yo hoy esta alianza y este juramento, ¹⁴ sino que la hago tanto con quien está hoy aquí con nosotros en presencia de Yahvé nuestro Dios, como con quien no está hoy aquí con nosotros*.

¹⁵ Pues vosotros sabéis cómo vivíamos en Egipto, y cómo hemos pasado por medio de las naciones por las que habéis pasado. ¹⁶ Habéis visto sus monstruos abominables y los ídolos de madera y de piedra, de plata y de oro que hay entre ellos.

¹⁷ No haya entre vosotros hombre o mujer, familia o tribu, cuyo corazón se aparte hoy de Yahvé vuestro Dios para ir a servir a los dioses de esas naciones. No haya entre vosotros raíz que produzca veneno o ajenjo. ¹⁸ Si alguien, al oír las palabras de este juramento, se las promete felices en su corazón diciendo: «Yo tendré paz, aunque me conduzca en la terquedad de mi corazón, de modo que lo regado acabe con lo sediento*», ¹⁹ Yahvé no se avendrá a perdonarle. Porque la ira y el celo de Yahvé se encenderán contra ese hombre; todo el juramento escrito en este libro caerá sobre él, y Yahvé borrará su nombre de debajo

de los cielos. ²⁰ Yahvé lo separará de todas las tribus de Israel, para su desgracia, conforme a todos los juramentos de la alianza escrita en el libro de esta Ley.

Perspectivas de destierro.

²¹ La generación futura, vuestros hijos que vendrán después de vosotros, así como el extranjero llegado de un país lejano, cuando vean las plagas de esta tierra y las enfermedades con que Yahvé la castigará, exclamarán: ²² «Azufre, sal, un brasero es su tierra entera; no se sembrará, nada germinará ni hierba alguna crecerá en ella, como en la catástrofe de Sodoma y Gomorra, Admá y Seboir, que Yahvé asoló en su ira y su furor.» ²³ Y todas las naciones preguntarán: «¿Por qué ha tratado así Yahvé a esta tierra? ¿Por qué el ardor de tanta ira?» ²⁴ Y se dirá: «Porque han abandonado la alianza que Yahvé, Dios de sus padres, había concluido con ellos al sacarlos del país de Egipto; ²⁵ se han ido a servir a otros dioses y se han postrado ante ellos, dioses que no conocían y que él no les había asignado. ²⁶ Por eso se ha encendido la ira de Yahvé contra este país y ha traído sobre él toda la maldición escrita en este libro. ²⁷ Yahvé los ha arrancado de su tierra con ira, furor y gran indignación, y los ha arrojado a otro país, donde hoy están.»

²⁸ Las cosas secretas pertenecen a Yahvé nuestro Dios, pero las cosas reveladas nos pertenecen a nosotros y a nuestros hijos para siempre, a fin de que pongamos en práctica todas las palabras de esta Ley.

Vuelta del destierro y conversión.

30 ¹ Cuando te sucedan todas estas cosas, la bendición y la maldición que te he puesto delante, si las meditas en tu corazón en medio de todas las naciones donde Yahvé tu Dios te haya arrojado, ² si vuelves a Yahvé tu Dios, si escuchas su voz en todo lo que yo te mando hoy, tú y tus hijos, con todo tu corazón y con toda tu alma, ³ Yahvé tu Dios cambiará tu suerte, tendrá piedad de ti, y te reunirá de nuevo de en medio de todos los pueblos por los que Yahvé

Jos 9 27

Gn 19 25+
Os 11 8

Jr 22 8s
1 R 9 7s

Lv 26 40-35

4 29-31;
29 3

Is 27 13;
43 5-7
Jr 29 14;
31 10
Ez 34 13;
36 24
Mi 2 12
Za 8 7-8
Jn 11 52

---

29 10 Categorías sociales inferiores, a menudo de origen no israelita, Jos 9 27.
29 14 Moisés aparece aquí, más que en cualquier otro lugar, como el mediador de la alianza cuya fórmula central se da en v. 12, ver 26 16+. Los vv. 13-14 extienden los compromisos a los ausentes, lo que da a la

alianza un valor permanente.
29 18 Otra traducción posible: «de suerte que sea arrastrado el terreno de regadío con el de secano». En este caso se trataría de un proverbio indicador de una destrucción total. El griego traduce: «de suerte que el pecador no sea destruido con el que está sin pecado».

tu Dios te haya dispersado. ⁴ Aunque tus desterrados estén en el extremo de los cielos, de allí mismo te recogerá Yahvé tu Dios y vendrá a buscarte; ⁵ y te llevará otra vez a la tierra que poseyeron tus padres, y tú la poseerás, y te hará feliz y te multiplicará más que a tus padres.

⁶ Yahvé tu Dios circuncidará tu corazón y el corazón de tu descendencia, a fin de que ames a Yahvé tu Dios con todo tu corazón y con toda tu alma, para que vivas. ⁷ Yahvé tu Dios descargará todas estas maldiciones sobre los enemigos y contra los que te odian, los que te han perseguido. ⁸ Tú volverás a escuchar la voz de Yahvé tu Dios y pondrás en práctica todos sus mandamientos que yo te prescribo hoy. ⁹ Yahvé tu Dios te hará prosperar en todas tus empresas, en el fruto de tu vientre, en el fruto de tu ganado y en el fruto de tu tierra. Porque de nuevo se complacerá Yahvé en tu felicidad, como se complacía en la felicidad de tus padres, ¹⁰ porque tú escucharás la voz de Yahvé tu Dios guardando sus mandamientos y sus preceptos, lo que está escrito en el libro de esta Ley, cuando te conviertas a Yahvé tu Dios con todo tu corazón y con toda tu alma.

¹¹ Porque este mandamiento que yo te prescribo hoy no es superior a tus fuerzas, ni está fuera de tu alcance*. ¹² No está en el cielo, como para decir: «¿Quién subirá por nosotros al cielo y nos lo traerá, para que lo oigamos y lo pongamos en práctica?» ¹³ Ni está al otro lado del mar, como para decir: «¿Quién irá por nosotros al otro lado del mar y nos lo traerá para que lo oigamos y lo pongamos en práctica?» ¹⁴ Sino que la palabra está bien cerca de ti, en tu boca y en tu corazón, para que la pongas en práctica.

Los dos caminos.

¹⁵ Mira, yo pongo hoy delante de ti la vida y el bien, la muerte y el mal. ¹⁶ Si escuchas los mandamientos de Yahvé tu Dios* que yo te mando hoy, amando a Yahvé tu Dios, siguiendo sus caminos y guardando sus mandamientos, preceptos y normas, vivirás y te multiplicarás; Yahvé tu Dios te bendecirá en la tierra en la que vas a entrar para tomarla en posesión. ¹⁷ Pero si tu corazón se desvía y no escuchas, si te dejas arrastrar a postrarte ante otros dioses y a darles culto, ¹⁸ yo os declaro hoy que pereceréis sin remedio y que no viviréis muchos días en el suelo que vas a tomar en posesión al pasar el Jordán. ¹⁹ Pongo hoy por testigos contra vosotros al cielo y a la tierra: te pongo delante vida o muerte, bendición o maldición. Escoge la vida, para que vivas, tú y tu descendencia, ²⁰ amando a Yahvé tu Dios, escuchando su voz, viviendo unido a él; pues en ello está tu vida, así como la prolongación de tus días mientras habites en la tierra que Yahvé juró dar a tus padres Abrahán, Isaac y Jacob.

IV.   Últimos hechos y muerte de Moisés*

La misión de Josué.

31 ¹* Fue Moisés y dijo estas palabras a todo Israel. Y les añadió: ² «Tengo hoy ciento veinte años. Ya no puedo seguir como jefe*. Y Yahvé me ha dicho: Tú no pasarás este Jordán. ³ Yahvé tu Dios será el que pase delante de ti, él destruirá ante ti esas naciones y las desalojará. Será Josué quien pasará delante de ti, como ha dicho Yahvé. ⁴ Yahvé las tratará como ha tratado a Sijón y a Og, reyes amorreos, y a su país, a los cuales ha destruido. ⁵ Yahvé os los entregará, y vo-

Marginal references (left column):
Ne 1 9
10 16
Jr 4 4+
Rm 10 6-8
3 21-28

Marginal references (right column):
6 6
Si 51 26
Mt 13 18-23p
Lc 8 21;
11 28
Jn 1 14+
1 P 1 22-23
11 26-28
Sal 1
Jr 21 8
Si 15 16-17
Tm 6 21-23
Ga 6 8
Ne 9 29
Pr 8 34-35;
9 11
4 26;
31 28
Nm 21 24-

---

30 11 Tema frecuente en la literatura sapiencial, Jb 28; Qo 7 24; Si 1 6; Ba 3 15 (en sentido inverso, Pr 8 1s) es la inaccesibilidad de la sabiduría, fuente de felicidad. Pero Dios la revela en la Ley, Si 24 23-24; Sal 119.
30 16 «Si escuchas los mandamientos de Yahvé tu Dios», griego; omitido por hebr.
31 Los caps. 31-34 forman una especie de conclusión general al conjunto del Pentateuco: reagrupan elementos de origen y edad diferentes, que fueron agregados al cuerpo del Dt en el momento de la última redacción.
31 1 Este cap. es heterogéneo. Los vv. 1-8, de estilo muy típicamente deuteronomista, remiten a 3 23-29.

Los vv. 9-13; 24-27 (¿duplicado?) pertenecen a la primera edición del Dt. Es aquí la Ley (el Código Deuteronómico) la que servirá de testimonio contra Israel, v. 26, si se rebela contra Yahvé. Este párrafo continúa en 32 45-47. Los vv. 14-15.23, investidura de Josué por Yahvé (ver v. 7), son de origen diferente, probablemente elohísta. Los vv. 16-22, deuteronomistas, repetidos en 28-30, introducen el cántico del cap. 32 y hacen de él el testimonio contra Israel, vv. 19.21. Esta insistencia en los «testimonios» o testigos de la alianza, la Ley, el cántico y el cielo y la tierra, v. 28, recuerda los testimonios invocados por los antiguos tratados de alianza.
31 2 Ver Nm 27 17+.

1 29-30
Jos 1 6.9

sotros los trataréis exactamente conforme a la orden que yo os he dado. ⁶ ¡Sed fuertes y valerosos!, no temáis ni os asustéis ante ellos, porque es Yahvé tu Dios el que marcha contigo: no te dejará ni te abandonará.»

⁷ Después Moisés llamó a Josué y le dijo en presencia de todo Israel: «¡Sé fuerte y valeroso!, tú entrarás con este pueblo en la tierra que Yahvé juró dar a sus padres, y tú se la darás en posesión. ⁸ Yahvé marchará delante de ti, él estará contigo; no te dejará ni te abandonará. No temas ni te asustes.»

2 R 23 1s
Jos 8 34-35
Ne 8

Lectura ritual de la Ley*.

⁹ Moisés puso esta Ley por escrito y se la dio a los sacerdotes, hijos de Leví, que llevaban el arca de la alianza de Yahvé, así como a todos los ancianos de Israel. ¹⁰ Y Moisés les dio esta orden: «Cada siete años, en la fecha del año de la Remisión, en la fiesta de las Tiendas, ¹¹ cuando todo Israel acuda, para ver el rostro de Yahvé tu Dios, al lugar elegido por él, leerás esta Ley en presencia de todo Israel. ¹² Congrega al pueblo, hombres, mujeres y niños, y al forastero que vive en tus ciudades, para que oigan, y aprendan a temer a Yahvé vuestro Dios, y cuiden de poner en práctica todas las palabras de esta Ley. ¹³ Y sus hijos, que todavía no la conocen, la oirán y aprenderán a temer a Yahvé vuestro Dios todos los días que viváis en la tierra que vais a tomar en posesión al pasar el Jordán.»

Instrucciones de Yahvé.

Ex 25 22

¹⁴ Yahvé dijo a Moisés: «Mira que ya se acerca el día de tu muerte; llama a Josué y presentaos en la Tienda del Encuentro*, para que yo le dé mis órdenes.» Fueron, pues, Moisés y Josué a presentarse en la Tienda del Encuentro. ¹⁵ Y Yahvé se apareció en la Tienda, en una columna de nube; la columna de nube se detuvo a la entrada de la Tienda.

4 25-28

¹⁶ Yahvé dijo a Moisés: «Mira que vas a acostarte con tus padres, y este pueblo se levantará y se prostituirá con dioses extranjeros, los de la tierra en la que va

a entrar. Me abandonará y romperá mi alianza, que yo he concluido con él. ¹⁷ Aquel día montaré en cólera contra él, los abandonaré y les ocultaré mi rostro. Será pasto y presa de un sinfín de males y adversidades. Aquel día dirá: «¿No me habrán llegado estos males porque mi Dios no está en medio de mí?» ¹⁸ Pero yo ocultaré mi rostro aquel día, a causa de todo el mal que habrá hecho, yéndose detrás de otros dioses.

El cántico del testimonio.

¹⁹ «Y ahora escribid para vuestro uso el cántico siguiente; enséñaselo a los israelitas, ponlo en su boca para que este cántico me sirva de testimonio contra los israelitas, ²⁰ cuando yo los introduzca en la tierra que bajo juramento prometí a sus padres, tierra que mana leche y miel, cuando hayan comido y se hayan hartado y hayan engordado, y se vuelvan hacia otros dioses, les den culto, y a mí me desprecien y rompan mi alianza. ²¹ Y cuando les alcancen males y adversidades sin número, este cántico dará testimonio contra él, porque no caerá en olvido en la boca de su descendencia. Pues sé muy bien los planes que está tramando hoy, incluso antes de haberlo introducido en la tierra que le tengo prometida bajo juramento.» ²² Y Moisés escribió aquel día este cántico y se lo enseñó a los israelitas

32 15

²³ Luego dio esta orden a Josué, hijo de Nun: «¡Sé fuerte y valeroso!, porque tú llevarás a los israelitas a la tierra que yo les tengo prometida bajo juramento, y yo estaré contigo».

La Ley colocada junto al arca*.

²⁴ Cuando terminó Moisés de escribir en un libro las palabras de esta Ley, ²⁵ dio esta orden a los levitas que llevaban el arca de la alianza de Yahvé: ²⁶ «Tomad el libro de esta Ley. Ponedlo al lado del arca de la alianza de Yahvé vuestro Dios. Ahí quedará como testimonio contra ti. ²⁷ Porque conozco tu rebeldía y tu dura cerviz. Si hoy, que vivo todavía entre vosotros, sois rebeldes a Yahvé, ¡cuánto más lo seréis después de mi muerte!»

27 1+

Jn 12 47-48

---

31 9   Los tratados de alianza del antiguo Oriente prevén la lectura pública de los mismos. El Dt fija esta lectura cada año sabático, en la Fiesta de los Tabernáculos. Pero la tradición posterior, supuesta ya por 2 Cro 15 10 y explícita en el Libro de los Jubileos y en la secta de Qumrán, vincula los recuerdos de la alianza con la fiesta de las Semanas.

31 14 Estos dos vv., con la mención de la Tienda y la teofanía, una y otra únicas en el Deuteronomio, son, con el v. 23, un resto de tradición antigua.
31 24 La Ley, transmitida por medio de Moisés, 4 14+, queda así colocada junto al arca que contenía el Decálogo, promulgado por el mismo Dios.

**Israel reunido para escuchar
el cántico.**

²⁸ «Congregad junto a mí a todos los ancianos de vuestras tribus y a vuestros escribas, que voy a pronunciar en su presencia estas palabras, poniendo por testigos contra ellos al cielo y a la tierra. ²⁹ Porque sé que después de mi muerte

no dejaréis de pervertiros; os apartaréis del camino que os he prescrito; y la desgracia vendrá sobre vosotros en el futuro, porque habréis hecho lo que es malo a los ojos de Yahvé, irritándolo con vuestras obras.»

³⁰ Luego, en presencia de toda la asamblea de Israel, Moisés pronunció hasta el fin las palabras de este cántico:

margin left: 4 26

CANTICO DE MOISÉS*

32

¹ Prestad oído, cielos, y hablaré,
   escuche la tierra las palabras de
mi boca.
² Como lluvia se derrame mi doctrina,
caiga como rocío mi palabra,
como suave lluvia sobre la hierba verde,
como aguacero sobre el césped.
³ Porque voy a aclamar el nombre de
Yahvé;
¡ensalzad a nuestro Dios*!
⁴ Él es la Roca, su obra es consumada,
pues todos sus caminos son justicia.
Es Dios de lealtad, no de perfidia,
es justo y recto.
⁵ Se han pervertido los que él engendró sin tara*,
generación perversa y tortuosa.
⁶ ¿Así pagáis a Yahvé,
pueblo insensato y necio?
¿No es él tu padre, el que te creó*,
el que te hizo y te fundó?
⁷ Acuérdate de los días de antaño,
considera los años de edad en edad.
Interroga a tu padre, que te lo contará,
a tus ancianos, que te lo dirán.
⁸ Cuando el Altísimo repartió las naciones,
cuando distribuyó a los hijos de Adán,
fijó las fronteras de los pueblos,
según el número de los hijos de Dios*;

⁹ mas la porción de Yahvé fue su pueblo,
Jacob su parte de heredad.
¹⁰ En tierra desierta lo encuentra,
en la soledad rugiente de la estepa.
Y lo envuelve, lo sustenta, lo cuida,
como a la niña de sus ojos.
¹¹ Como un águila incita a su nidada,
revolotea sobre sus polluelos,
así él despliega sus alas y lo toma,
y lo lleva sobre su plumaje.
¹² Sólo Yahvé lo guía a su destino,
con él ningún dios extranjero.
¹³ Le hace cabalgar por las alturas de
la tierra,
lo alimenta de los frutos del campo,
le da a gustar miel de la peña,
y aceite de la dura roca,
¹⁴ cuajada de vacas y leche de ovejas,
con la grasa de corderos;
carneros de raza de Basán,
y machos cabríos,
con la flor de los granos de trigo,
y por bebida la roja sangre de la uva.
¹⁵ Come Jacob, se sacia*,
engorda Yesurún, respinga*,
te has puesto grueso, rollizo, turgente,
rechaza a Dios, su Hacedor,
desprecia a la Roca, su salvación.
¹⁶ Lo encelan con dioses extraños,
lo irritan con abominaciones.

Marginal references (left column):
4 26; 30 19
Is 1 2; 34 1;
51 4
Is 55 10
Jb 29 22-23
Sal 72 6
Os 6 3
Is 17 10;
44 8
Is 1 2
Os 11 1-4
1 31+
Is 63 16;
64 7
4 32
Gn 10
Hch 17 26+

Marginal references (right column):
7 6+
Jr 2 6
Os 9 10;
13 5
Sb 11 2
Sal 17 8
Ex 19 4+
Is 43 11
Os 13 4
Is 58 14
Dt 8 7-10;
11 10-17
Sal 81 17
31 20
Os 13 6
Is 63 10
Is 44 2+
Jr 5 7
Dt 4 24+

---

32 Este cántico es un trozo de elevada poesía que exalta el poder del Dios de Israel, único Dios verdadero. Después de una introducción de estilo sapiencial. vv. 1-2, proclama la perfección de las obras de Dios, vv. 3-7, su providencia para con Israel, vv. 8-14, a la que opone la rebelión del pueblo, vv. 15-19, seguida del juicio, vv. 19-25; pero Dios no abandona a Israel en manos de sus enemigos, vv. 26-35, e intervendrá a favor de su pueblo, vv. 36-42; el v. 43 es una doxología. Este cántico tuvo existencia independiente, antes de ser incorporado al *Dt. Es muy difícil fijarle una fecha*: algunos rasgos de estilo arcaico han llevado a veces a atribuirle una fecha remota; los opresores de Israel a los que se hace alusión serían entonces los filisteos (s. XI). Pero sus semejanzas con los Salmos y los Profetas, especialmente el Deutero-Isaías y Jeremías, sugieren más bien una fecha más reciente; los opresores serían en este caso los babilonios (s. VI a.C.).

32 3 La invitación se dirige a toda la naturaleza.
32 5 Lit. «no hijos de tara». Israel, nacido de Yahvé, era de buena cuna; culpa suya es el haber degenerado. Seguimos aquí el griego y sam.; el hebr. está alterado.
32 6 Comienza aquí un resumen de historia sagrada. Compárese con los discursos de introducción, y con los Sal 78; 105, etc.
32 8 Los «hijos de Dios» (o de «los dioses») son los ángeles, Jb 1 6+, miembros de la corte celestial, v 43 y Sal 29 1; 82 1; 89 7; ver Tb 5 4+; aquí los ángeles custodios de las naciones, ver Dn 10 13+. Pero Yahvé se ha reservado personalmente a Israel, su pueblo elegido, ver Dt 7 6+. Seguimos aquí el griego; el hebr. dice «los hijos de Israel».
32 15 (a) Griego, sam.; verso omitido por hebr.
32 15 (b) Como un toro, *šôr*, al que alude el nombre de *Yešurun*, de etimología incierta, dado a Israel aquí y en 33 5 y 26.

[17] Sacrifican a demonios, no a Dios,
a dioses que desconocían,
a nuevos, recién llegados,
que no veneraron vuestros padres.
[18] (¡Desdeñas a la Roca que te dio el ser,
olvidas al Dios que te engendró!)
[19] Yahvé lo ha visto y, en su ira,
ha desechado a sus hijos y a sus hijas.
[20] Ha dicho: Les voy a esconder mi rostro,
a ver en qué paran.
Porque es una generación torcida,
hijos sin lealtad.
[21] Me han encelado con lo que no es Dios,
me han irritado con sus vanos ídolos;
pues yo también voy a encelarles
con el que no es pueblo,
con una nación fatua los irritaré*!
[22] Porque se ha inflamado
el fuego de mi ira,
que quemará
hasta las honduras del Seol;
devorará la tierra y sus productos,
abrasará los cimientos de los montes.
[23] Acumularé desgracias sobre ellos,
agotaré en ellos mis saetas.
[24] Andarán extenuados de hambre,
consumidos de fiebre y mala peste.
Dientes de fieras mandaré contra ellos,
con veneno de reptiles.
[25] Por fuera la espada sembrará orfandad,
y dentro reinará el espanto.
Caerán a la vez joven y doncella,
niño de pecho y viejo encanecido.
[26] He dicho: A polvo los reduciría,
borraría su recuerdo
de entre los hombres,
[27] si no temiera
azuzar el furor del enemigo,
y que lo entiendan al revés
sus adversarios,
no sea que digan:
«Es nuestra mano la que prevalece,
y no es Yahvé el que hace todo esto.»
[28] Porque es gente
que ha perdido el juicio,
y no hay inteligencia en ellos.
[29] Si fueran sabios, podrían entenderlo,
sabrían vislumbrar su suerte última*.
[30] Pues, ¿cómo un solo hombre
puede perseguir a mil,
y dos poner en fuga a una miríada,
sino porque su Roca se los ha vendido,
porque Yahvé se los ha entregado?
[31] Mas no es su roca como nuestra Roca,
y nuestros enemigos son testigos.
[32] Porque su viña es viña de Sodoma
y de las plantaciones de Gomorra:
uvas venenosas son sus uvas;
racimos amargos sus racimos;
[33] su vino, un veneno de serpiente,
mortal ponzoña de áspid.
[34] Pero él*, ¿no está guardado
junto a mí, sellado en mis tesoros?
[35] A mí me toca la venganza y el pago*
para el momento en que su pie vacile.
Porque está cerca el día de su ruina,
ya se precipita lo que les espera*.
[36] (Que Yahvé va a hacer justicia
al pueblo suyo,
va a apiadarse de sus siervos.)
Porque verá que su fuerza se agota,
que no queda ya libre ni esclavo.
[37] Dirá entonces: ¿Dónde están sus dioses,
roca en que buscaban su refugio,
[38] los que comían la grasa de sus sacrificios
y bebían el vino de sus libaciones?
¡Levántense y os salven,
sean ellos vuestro amparo!
[39] Ved ahora que yo soy yo,
y que no hay otro Dios junto a mí.
Yo hago morir y hago vivir,
yo hiero y yo sano
(y no hay quien libre de mi mano).
[40] Sí, yo alzo al cielo mi mano,
y digo:
Tan cierto como que vivo eternamente,
[41] cuando afile el rayo de mi espada,
y mi mano empuñe el Juicio,
tomaré venganza de mis adversarios
y daré el pago a quienes me aborrecen.
[42] Embriagaré de sangre mis saetas,
y mi espada se saciará de carne:
de sangre de muertos y cautivos,
de cabezas encrestadas de enemigos.
[43] *¡Cielos, exultad con él,

---

32 21 Yahvé no elige a otro pueblo, pero utiliza para castigar a Israel a una nación que no ha recibido su sabiduría. Se suele ver aquí una alusión a los filisteos o a los babilonios.
32 29 El griego dice: «recibirán esto en el futuro».
32 34 «él», Israel a quien Dios guarda cuidadosamente. El poema canta ahora la liberación de Israel y el castigo de los adversarios; ver Is 14; 47; 51 y las profecías de Jr y Ez contra las naciones.

32 35 (a) Encontramos en estos vv. apóstrofes que los profetas dirigían a Israel, y que aquí son desviados contra sus enemigos, ver Jr 18 17; Is 10 3, etc.
32 35 (b) Lit. «lo que está preparado para ellos».
32 43 (a) Seguimos el hebr. dice: «Naciones, aclamad a su pueblo, porque él venga la sangre de sus siervos; hace caer su venganza sobre sus enemigos, y su pueblo purificará su tierra». Sobre los «hijos de Dios», ver v. 8+.

/ Hb 1 6
/ Rm 15 10

y adórenle los hijos de Dios!
¡Aclamadlo, naciones, con su pueblo,
y todos los mensajeros de Dios
narren su fuerza!
Porque él vengará
la sangre de sus siervos,
tomará venganza de sus adversarios,
dará su pago a quienes le aborrecen
y purificará* el suelo de su pueblo.
⁴⁴ * Fue Moisés y pronunció en presencia del pueblo todas las palabras de este cántico, acompañado de Josué, hijo de Nun.

La Ley, fuente de vida*.

⁴⁵ Cuando Moisés acabó de pronunciar estas palabras a todo Israel, ⁴⁶ les dijo: «Estad bien atentos a todas estas palabras con las que hoy os juramento. Mandaréis a vuestros hijos que cuiden de poner en práctica todas las palabras de esta Ley. ⁴⁷ Porque no es una palabra vana para vosotros, sino que es vuestra vida, y por esta palabra prolongaréis vuestros días en la tierra que vais a tomar en posesión al pasar el Jordán.»

8 3
Ne 9 29

Anuncio de la muerte de Moisés*.

3 23-28

⁴⁸ Yahvé habló a Moisés aquel mismo día y le dijo: ⁴⁹ «Sube a esa montaña de los Abarín, al monte Nebo que está en el país de Moab, frente a Jericó, y contempla la tierra de Canaán que yo doy en propiedad a los israelitas. ⁵⁰ En el monte al que vas a subir morirás, y irás a reunirte con los tuyos, como tu hermano Aarón murió en el monte Hor y fue a reunirse con los suyos. ⁵¹ Por haberme

Nm 27 12

Nm 20 12

Ez 20 41

sido infieles en medio de los israelitas, en las aguas de Meribá de Cades, en el desierto de Sin, por no haber reconocido mi santidad en medio de los israelitas, ⁵² por eso, sólo de lejos verás la tierra, pero no entrarás en ella, en esa tierra que yo doy a los israelitas.»

Bendiciones de Moisés*.

Gn 49

33 ¹ Ésta es la bendición con la que Moisés, hombre de Dios, bendijo a los israelitas antes de morir. ² Dijo:
Ha venido Yahvé del Sinaí*.
Para ellos desde Seír se ha levantado,
ha brillado desde el monte Parán.
Con él las miríadas* de Cades,
Ley de fuego en su diestra para ellos.
³ Tú que amas a los antepasados,
todos los santos están en tu mano*.
Y ellos, postrados a tus pies,
cargados están de tus palabras.
⁴ Una Ley nos señaló Moisés,
herencia de la asamblea de Jacob.
⁵ Hubo un rey en Yesurún,
cuando se congregaron los jefes del pueblo,
todas juntas las tribus de Israel.
⁶ ¡Viva Rubén y nunca muera,
aunque sean pocos sus nombres*!
⁷ Para Judá dijo esto:
Escucha, Yahvé, la voz de Judá
y guíale hacia su pueblo.
Sus manos le defenderán
y tú serás su auxilio contra sus enemigos.
⁸ Para Leví dijo:
Dale a Leví* tus *urim*
y tus *tumim* al hombre de tu agrado,

Ex 19 1+
Jc 5 4
Ha 3 3

4 37
Jn 10 29

Jn 1 17

32 15+

1 S 14 41·

32 43 (b) Lit. «hará el rito de expiación por», expresión frecuente en los textos rituales, Ex 25 17+.
32 44 El griego inserta aquí 31 22, y en lugar de «cántico» dice «Ley».
32 45 Continuación de 31 27. Aquí se trata de las palabras de la ley, v. 46 *in fine*, y no del cántico. El v. 48 es continuación del v. 44.
32 48 Este párrafo, que, salvando la inserción de las bendiciones de Moisés, continúa en 34 1, es obra del redactor sacerdotal que dio al Pentateuco su forma final, uniendo a él el Dt. Repite aquí lo que la misma fuente sacerdotal había dicho en Nm 27 12-14.
33 Este poema atribuido a Moisés fue añadido al final del Dt entre el anuncio de la muerte de Moisés y el relato de la misma. Es su testamento, como lo son las «bendiciones» de Jacob, Gn 49. Encuadrado en un himno, vv. 2-5; 26-29, da sobre las tribus una colección de trovas que debieron de tener una existencia individual. Refleja condiciones históricas que son difíciles de compulsar, y que pueden no referirse todas a la misma época. Estas trovas suponen que las tribus están instaladas en su territorio definitivo y que algunas han tenido ya una historia bastante larga (Rubén, Dan; Simeón es omitido y, quizá porque estuviera ya absorbido por Judá). La colección como tal da la impresión de ser más re-

ciente que la de Gn 49. Por otra parte, el v. 7 indicaría una fecha anterior al reinado de David, a menos que no haga alusión al cisma. En todo caso, el contraste entre la breve trova sobre Judá y la extensa bendición de José es indicio seguro de que el autor pertenece a las tribus del Centro (el reino de Israel en caso de redacción tardía). El aspecto de «bendición» está mucho más acentuado que en Gn 49, y Moisés ofrece aquí figura de profeta, ver 34 10.
33 2 (a) Versículo difícil y de vocabulario arcaico. El Dios del Sinaí ha aparecido como un astro y ha acompañado a su pueblo.
33 2 (b) Es decir, los clanes reunidos.
33 3 Los «antepasados» son los patriarcas (igual término arcaico —literal «los pueblos»— que en la expresión «reunirse con sus padres, o con su pueblo», Gn 25 8, etc.). Los «santos» representan a Israel. El final del v. es incierto.
33 6 El título de la bendición de Rubén ha desaparecido. Esta tribu cayó pronto en decadencia.
33 8 «Dale a Leví» griego; omitido por hebr. En contraste con las «bendiciones» de Jacob, Gn 49 5-7, que contemplan la suerte de la tribu profana de Leví, dispersada al mismo tiempo que la de Simeón, las bendiciones de Moisés se refieren a la tribu sacerdotal de

Nm 20
1-13+
Ex 32 25-29
Nm 25
7s.10s
Mt 12 46-50

a quien probaste en Masá,
con quien te querellaste
en las aguas de Meribá,
[9] el que dijo de su padre y de su madre:
«No los he visto.»
El que no reconoce a sus hermanos
y a sus hijos desconoce.
Pues guardan tu palabra,
y tu alianza observan.
[10] Ellos enseñan tus normas a Jacob
y tu Ley a Israel;
ofrecen incienso en tu presencia,
y perfecto sacrificio en tu altar.
[11] Bendice, Yahvé, su vigor,
y acepta la obra de sus manos.
Rompe los lomos a sus adversarios
y a sus enemigos, que no se levanten.
[12] Para Benjamín dijo:
Querido de Yahvé,
en seguro reposa junto a Él,
todos los días le protege,
y entre sus hombros mora*.

Gn 49 25

[13] Para José dijo:
Su tierra es bendita de Yahvé;
para él lo mejor de los cielos, el rocío,
y del abismo que reposa abajo;
[14] lo mejor de los frutos del sol,
de lo que brota a cada luna,

Gn 49 26
Ha 3 6

[15] las primicias de los montes antiguos,
lo mejor de los collados eternos,
[16] lo mejor de la tierra y cuanto contiene,
y el favor del que mora en la Zarza:

Ex 3 1-3

¡caiga sobre la cabeza de José,
sobre la frente del elegido
entre sus hermanos*!

1 Cro 5 2

[17] Primogénito del toro*, a él la gloria,
cuernos de búfalo sus cuernos;
con ellos acornea a los pueblos,
a todos juntos,
hasta los confines de la tierra.
Tales son las miríadas de Efraín,
tales los millares de Manasés.
[18] Para Zabulón dijo*:
Regocíjate, Zabulón, en tus empresas,
y tú, Isacar, en tus tiendas.

[19] Convocarán a pueblos a la montaña,
ofrecerán sacrificios de justicia,
pues gustarán
la abundancia de los mares,
y los tesoros ocultos en la arena.
[20] Para Gad dijo*:
¡Bendito el que ensanche a Gad!
Echado está como leona;
desgarra un brazo, y hasta una cabeza;
[21] se ha quedado con las primicias,
pues allí la porción de jefe
le estaba reservada,
y ha venido a la cabeza del pueblo:
ha cumplido la justicia de Yahvé,
y sus juicios con Israel.
[22] Para Dan dijo:
Dan es un cachorro de león,
que se lanza desde Basán*.
[23] Para Neftalí dijo:
Neftalí, saciado de favor,
colmado de la bendición de Yahvé,
Oeste y Mediodía son su posesión*.
[24] Para Aser dijo:
¡Bendito Aser entre los hijos!
Sea el favorito entre sus hermanos,
y bañe su pie en aceite.
[25] Sea tu cerrojo de hierro y de bronce,
y tu fuerza dure como tus días*.
[26] Nadie como el Dios de Yesurún,
que cabalga los cielos en tu auxilio,
y las nubes, en su majestad.
[27] El Dios de antaño es tu refugio,
debajo de ti están sus brazos eternos.
Él expulsa ante ti al enemigo,
y dice: ¡Destruye!
[28] Israel mora en seguro;
la fuente de Jacob aparte brota
para un país de trigo y vino;
hasta sus cielos el rocío destilan.
[29] Dichoso tú, Israel, ¿quién como tú,
pueblo salvado por Yahvé,
cuyo escudo es tu auxilio,
cuya espada es tu esplendor?
Tus enemigos tratarán de engañarte,
pero tú hollarás sus espaldas.

Ex 15 11
Dt 32 15+
Sal 18 11;
68 5+
Ha 3 8
Sal 90 1-2

Jr 23 6
Nm 23 9

Sal 33 12;
144 15
Sal 115 9-11

Leví, su origen como grupo separado y su triple función relativa al oráculo divino, a la enseñanza y al servicio del altar.
33 12 «hombros», lit. «espaldas», es decir, colinas o montes (como nosotros decimos «el espinazo» de una montaña); la descripción del territorio de Benjamín en Jos 18 señala cinco.
33 16 Ver Gn 49 26. «Elegido» traduce a *nazir*, ver Nm 6 1+.
33 17 Otros textos parecen conceder también a José la posición de un primogénito, 1 Cro 5 1-2, comparar con Gn 48; 47 29-31. La prioridad que esta bendición da a José era atribuida a Judá por Gn 49. La mención de Efraín y de Manasés es tal vez una adición.
33 18 Una misma trova es dedicada a las dos tribus de Isacar y Zabulón, que eran vecinas y tenían un ori-

gen común. Frecuentaban el mismo santuario (el Tabor) y explotaban juntas las mismas empresas comerciales, v. 19.
33 20 Gad, instalado el primero con Rubén en Transjordania, ver Nm 32, se extendió a expensas de éste; ver la trova sobre Rubén.
33 22 Dan, después de emigrar de su territorio, situado al oeste de Benjamín, ver Jos 18 40+, se había instalado al norte de Israel, en Lais (que significa «león»), al pie de Hermón y en los confines de Basán, ver 34 1.
33 23 Este v. parece aludir a una extensión del territorio de Neftalí, que no se puede precisar históricamente.
33 25 Aser habitaba cerca del mar, en una región favorable para el cultivo del olivo. La traducción es dudosa.

Muerte de Moisés*.

Nm 22 1;
27 12
Dt 3 27;
32 48s

34 [1] Moisés subió de las Estepas de Moab* al monte Nebo, a la cumbre del Pisgá, frente a Jericó, y Yahvé le mostró la tierra entera: de Galaad hasta Dan, [2] todo Neftalí, la tierra de Efraín y de Manasés, toda la tierra de Judá, hasta el mar Occidental*, [3] el Negueb, la comarca del valle de Jericó, ciudad de las palmeras, hasta Soar*. [4] Y Yahvé le dijo: «Ésta es la tierra que bajo juramento prometí a Abrahán, Isaac y Jacob, diciendo: A tu descendencia se la daré. Te dejo verla con tus ojos, pero no pasarás a ella.»

32 49s
Nm 27 12-16

[5] Allí murió Moisés, siervo de Yahvé, en el país de Moab, como había dispuesto Yahvé. [6] Lo enterró* en el Valle, en el País de Moab, frente a Bet Peor. Nadie hasta hoy ha conocido su tumba. [7] Tenía

Judas 9

Moisés ciento veinte años cuando murió: no se había apagado su ojo ni se había perdido su vigor. [8] Los israelitas lloraron a Moisés treinta días en las Estepas de Moab, hasta que se cumplieron los días de llanto por el duelo de Moisés.

[9] Josué, hijo de Nun, estaba lleno del espíritu de sabiduría, porque Moisés le había impuesto las manos. Y le obedecieron los israelitas, cumpliendo la orden que Yahvé había dado a Moisés.

Nm 27 18-2

[10] No ha vuelto a surgir en Israel un profeta como Moisés, a quien Yahvé trataba cara a cara; [11] nadie como él en todas las señales y prodigios que Yahvé le envió a realizar en el país de Egipto, contra el faraón, y contra todos sus siervos y contra todo su país, [12] y en la mano tan fuerte y el gran terror que Moisés puso por obra a los ojos de todo Israel.

Jr 15 1
Si 45 1-5
Jn 1 17
Ex 33 11+
20
Nm 12 6-8

---

34 Este relato es continuación de **32** 48-52. Combina elementos sacerdotales, principalmente los vv. 7-9, con un texto deuteronomista. La visión de Moisés engloba toda la Tierra Prometida, en la que no entrará, ver **4** 21, pero de la que toma así posesión para el pueblo; ver Gn **13** 14-15.
34 1   La expresión, propia de la corriente sacerdotal,

designa la llanura, entre el pie de los montes de Moab y el Jordán.
34 2   El Mediterráneo.
34 3   Al sur del mar Muerto, ver Gn **19** 20s, como Jericó lo está al norte.
34 6   Es decir, «Yahvé»; pero sam. y parte del griego dicen: «Ellos le enterraron».

LOS LIBROS DE JOSUÉ, JUECES, RUT, SAMUEL Y REYES

LOS LIBROS DE
JOSUÉ, JUECES, RUT,
SAMUEL Y REYES

Introducción

A los libros de Josué, Jueces, Samuel y Reyes *se les llama en la Biblia hebrea los Profetas anteriores, en contraposición a los Profetas posteriores: Isaías, Jeremías, Ezequiel y los Doce Profetas Menores. Este apelativo se explica por una tradición que atribuía la composición de estos libros a profetas: a Josué, la del libro que lleva su nombre; a Samuel, la de Jueces y Samuel; a Jeremías, la de Reyes. Y se justifica por el carácter religioso que les es común: estos libros, que nosotros llamamos históricos, tienen como tema principal las relaciones de Israel con Yahvé, su fidelidad o su infidelidad, sobre todo su infidelidad, a la palabra de Dios, cuyos portavoces son los profetas. En realidad, los profetas intervienen con frecuencia: Samuel, Gad, Natán, Elías, Eliseo, Isaías, (...) sin contar las figuras de menor relieve. Los libros de los Reyes ofrecen el marco en que se ejerció el ministerio de los profetas escritores antes del Destierro.*

Estos libros, así eslabonados con lo que inmediatamente les sigue en la Biblia hebrea, lo están también con lo que les precede. Por su contenido, vienen a ser una prolongación del Pentateuco: al final del Deuteronomio, Josué es designado sucesor de Moisés, y el libro de Josué comienza a raíz de la muerte de Moisés. Se ha supuesto que incluso existía unidad literaria entre los dos conjuntos y se ha buscado la continuación de los documentos o de las fuentes del Pentateuco, en el libro de Josué; de este modo se ha llegado a delimitar un Hexateuco; e incluso se ha ido más lejos, llegándose a abarcar los libros de los Reyes. Pero los esfuerzos realizados para descubrir los documentos del Pentateuco en Jueces, Samuel y Reyes no han dado ningún resultado satisfactorio. La situación es más favorable en cuanto a Josué, donde se distinguen corrientes que están más o menos relacionadas con la yahvista y la elohista, si es que no son continuación de éstas. Sin embargo, la influencia del Deuteronomio y de su doctrina resulta más clara aún y los partidarios de un Hexateuco deben admitir por su parte una redacción deuteronomista de Josué. Estas conexiones con el Deuteronomio prosiguen en los libros siguientes, si bien de manera variable: son extensas en los Jueces, más limitadas en Samuel, predominantes en los Reyes, pero siempre distinguibles. De ahí que se haya elaborado la hipótesis de que el Deuteronomio era el comienzo de una gran historia religiosa que se prolongaba hasta el final de los libros de los Reyes.

Justificada históricamente en el Deuteronomio la doctrina de la elección de Israel, y definida la constitución teocrática que de ahí se sigue, el libro de Josué narra el establecimiento del pueblo elegido en la tierra a él prometida; el de los Jueces esboza la sucesión de sus apostasías y de sus conversiones a la gracia, los de Samuel, después de la crisis que condujo a la institución de la realeza y puso en peligro el ideal teocrático, exponen cómo se realizó este ideal con David; los de los Reyes describen la decadencia que se inició desde el reinado de Salomón y que, por una serie de infidelidades, y a pesar de algunos reyes piadosos, condujo a la condenación del pueblo por su Dios. El Deuteronomio habría sido desprendido de este conjunto cuando se quiso reunir todo lo que se refería a la persona y la obra de Moisés (cf. la Introducción al Pentateuco).

Esta hipótesis parece justificada, pero ha de completarse, o corregirse, con dos corolarios. Por una parte, la redacción deuteronomista ha operado sobre tradiciones orales o documentos escritos, distintos por su antigüedad y carácter que, generalmente, estaban ya agrupados; y ha retocado de forma desigual los materiales que utilizaba. Esto explica que los libros, o grandes secciones en cada libro, conserven su individualidad. Por otra parte, no se llegó de un golpe a esta misma redacción deuteronomista, y cada libro muestra indicios de varias ediciones. A juzgar por el libro de los Reyes, cuyo testimonio es el más claro, hubo al menos dos redacciones, una a raíz de la reforma de Josías, otra durante el Destierro. A propósito de cada libro se irán dando precisiones sobre estos diversos puntos.

Son, pues, estos libros, en su forma definitiva, obra de una escuela de hombres piadosos, imbuidos en las ideas del Deuteronomio, que meditan sobre el pasado de su pueblo y deducen de él una lección religiosa. Pero también nos han conservado tradiciones o textos que se remontan hasta la época heroica de la conquista, con la narración de los hechos salientes de la historia de Israel. El hecho de que ésta sea presentada como historia sagrada no disminuye su interés para el historiador y realza su valor para el creyente: este último, no sólo aprenderá en ella a encontrar la mano de Dios en todos los acontecimientos del mundo, sino que, en la exigente solicitud de Yahvé para con su pueblo elegido, reconocerá la lenta preparación del nuevo Israel, la comunidad de los creyentes.

El libro de Josué se divide en tres partes: a) la conquista de la tierra prometida, 1-12; b) el reparto del territorio entre las tribus, 13-21; c) el fin de la jefatura de Josué, y especialmente su último discurso y la asamblea de Siquén, 22-24. Es cierto que este libro no fue escrito por Josué mismo, como lo ha admitido la tradición judía, y que emplea fuentes diversas. En la primera parte, en los caps. 2-9, se reconoce un grupo de tradiciones, a veces paralelas, que se vinculan al santuario benjaminita de Guilgal, y en los caps. 10-11, dos historias de batallas, la de Gabaón y la de Merom, de las que se hace depender la conquista de todo el Sur, y más adelante, la de todo el Norte del país. La historia de los gabaonitas, cap. 9, infiltrándose en 10 1-6, sirve de enlace entre estos elementos, que probablemente se hallaban reunidos desde los comienzos de la época monárquica.

El hecho de que los relatos de los caps. 2-9 sean originarios de Guilgal, santuario de Benjamín, no quiere decir que la figura de Josué, que es efrainita, sea en ellos secundaria, porque los componentes de Efraín y de Benjamín entraron juntos en Canaán antes de establecerse en sus territorios respectivos. Es innegable el aspecto etiológico de estos relatos, es decir, su afán por explicar hechos y situaciones que no dejan de ser observables, pero solamente afecta a las circunstancias o a las consecuencias de acontecimientos cuya historicidad no se debe rechazar, excepto, al parecer, el relato de la toma de Ay.

La segunda parte es una exposición geográfica de índole muy diferente. El cap. 13 localiza a las tribus de Rubén y Gad y a la

media tribu de Manasés, instaladas ya por Moisés en Transjordania, según Nm 32, ver Dt 3 12-17. Los caps. 14-19, concernientes a las tribus del oeste del Jordán, combinan dos clases de documentos: una descripción de los límites de las tribus, de una precisión muy desigual, y que en el fondo se remonta a la época premonárquica, y listas de ciudades que han sido añadidas. La más detallada es la de las ciudades de Judá, 15, que, completada con una parte de las ciudades de Benjamín, 18 25-28, distribuye las ciudades en doce distritos; refleja una división administrativa del reino de Judá, probablemente en tiempos de Josafat. A modo de complementos, el cap. 20 enumera las ciudades de asilo, cuya lista no es anterior al reinado de Salomón; el cap. 21, sobre las ciudades levíticas, es una adición posterior al Destierro, pero que utiliza los recuerdos de la época monárquica.

En la tercera parte, el cap. 22, acerca del regreso de las tribus de Transjordania y la erección de un altar a orillas del Jordán, presenta las señales de redacciones deuteronomista y sacerdotal; tiene su origen en una tradición particular cuya fecha y sentido son dudosos. El cap. 24 conserva el antiguo y auténtico recuerdo de una asamblea en Siquén y de un pacto religioso que allí se estableció.

Además de algunos retoques de detalle, se pueden atribuir a la redacción deuteronomista los pasajes siguientes: 1 (en gran parte); 8 30-35; 10 16-43; 11 10-20; 12; 22 1-8; 23; la revisión de 24. La forma en que el cap. 24, retocado según el espíritu del Deuteronomio, se ha mantenido junto al cap. 23, que se inspira en él pero que es de otra mano, nos proporciona el indicio de dos ediciones sucesivas del libro.

Éste presenta la conquista de toda la Tierra Prometida como el resultado de una acción de conjunto de las tribus bajo la dirección de Josué. El relato de Jc 1 ofrece un cuadro diferente: en él vemos que cada tribu lucha por su territorio y es a menudo derrotada; es una tradición con origen en Judá, pero algunos componentes de esta tradición penetraron en la parte geográfica de Josué: 13 1-6; 14 6-15; 15 13-19; 17 12-18. Esta imagen de una conquista desperdigada e incompleta está más cerca de la realidad histórica, que sólo de una manera conjetural es posible restituir. El establecimiento en el sur de Palestina se hizo desde Cadés y el Négueb y sobre todo por medio de grupos que sólo paulatinamente fueron integrados en Judá: los calebitas, quenizeos, etc., y los simeonitas. El establecimiento en Palestina central fue obra de los grupos que atravesaron el Jordán bajo la dirección de Josué y que comprendían a los elementos de las tribus de Efraín-Manasés y de Benjamín. El establecimiento en el Norte tuvo una historia particular: las tribus de Zabulón, Isacar, Aser y Neftalí pudieron hallarse ya establecidas desde una época indeterminada y no habrían bajado a Egipto. En Siquén se adhirieron a la fe yahvista que el grupo de Josué había traído y adquieren sus territorios definitivos luchando contra los cananeos que los habían subyugado o que les amenazaban. En estas diversas regiones, el establecimiento se realizó en parte mediante acciones de guerra y en parte mediante la infiltración pacífica y las alianzas con los anteriores ocupantes del país. Es preciso mantener como histórico el papel de Josué en el establecimiento en Palestina central, desde el paso del Jordán hasta la asamblea de Siquén. Tomando en consideración la fecha que se ha indicado para el Éxodo (Introducción a Pentateuco), se puede proponer la siguiente cronología: entrada de los grupos del Sur hacia el 1250, ocupación de la Palestina central por los grupos procedentes de allende el Jordán a partir de 1225, expansión de los grupos del Norte hacia el 1200 a.C.

De esta historia compleja, que sólo de un modo hipotético restituimos, el libro de Josué ofrece un cuadro idealizado y simplificado. El cuadro está idealizado: la epopeya de la salida de Egipto se prosigue con esta conquista en que Dios interviene milagrosamente en favor de su pueblo. Está simplificado: todos los episodios se han polarizado en torno a la gran figura de Josué, que dirige los combates de la casa de José, 1-12, y a quien se atribuye un reparto del territorio que no llevó él a cabo ni se realizó de una vez, 13-21. El libro concluye con la despedida y la muerte de Josué, 23; 24 29-31; de este modo, él es, del principio al fin, su personaje principal. Los Padres han reconocido en él una prefiguración de Jesús: no sólo lleva el mismo nombre, Salvador, sino que el paso del Jordán, que, con él al frente, da la entrada en la Tierra Prometida, es el tipo del bautismo en Jesús, que nos da acceso a Dios, y la conquista y el reparto del territorio son la imagen de las victorias y de la expansión de la Iglesia.

Esta tierra de Canaán es, con toda evidencia, en las limitadas perspectivas del AT, el verdadero tema del libro: el pueblo, que había encontrado a su Dios en el desierto, recibe ahora su tierra y la recibe de su Dios. Porque quien ha combatido en favor de los israelitas, 23 3-10; 24 11-12, y les ha dado en herencia el país que había prometido a los Padres, 23 5, 14, es Yahvé.

El libro de los Jueces comprende tres partes desiguales: a) una introducción, 1 1 - 2 5; b) el cuerpo del libro, 2 6 - 16 31; c) adiciones que narran la migración de los danitas, con la fundación del santuario de Dan, 17-18, y la guerra contra Benjamín en castigo del crimen de Guibeá, 19-21.

La introducción actual al libro, 1 1 - 2 5, en realidad no le pertenece. se ha dicho a propósito del libro de Josué que era otro cuadro de la conquista y sus resultados, considerado desde un punto de vista de los de Judá. Su inserción ha ocasionado la repetición en 2 6-10 de informaciones acerca de la muerte y la sepultura de Josué que se habían dado ya en Jos 24 29-31.

La historia de los Jueces se refiere en la parte central, 2 6 - 16 31. Los modernos distinguen seis grandes jueces, Otniel, Ehúd, Barac (y Débora), Gedeón, Jefté y Sansón, cuyos hechos se refieren de una manera más o menos detallada, y seis menores, Sangar, 3 31, Tolá y Yaír, 10 1-15, Ibsán, Elón y Abdón, 12 8-15, que solamente son objeto de breves menciones. Pero esta distinción no se hace en el texto; hay una diferencia mucho mayor entre los dos grupos, y el título común de jueces que se les da es el resultado de la composición del libro, que ha reunido elementos extraños entre sí en un principio. Los grandes jueces son héroes libertadores; su origen, su carácter y su acción varían mucho, pero todos poseen un rasgo común: han recibido una gracia especial, un carisma, han sido especialmente elegidos por Dios para una misión de salvación.

Sus historias fueron narradas primero oralmente, en formas variadas, e incorporaron elementos diversos. Finalmente, fueron reunidas en un libro de los libertadores, compuesto en el reino del Norte en la primera parte de la época monárquica. Abarcaba la historia de Ehúd, la de Barac y Débora, quizá alterada por el relato de Jos 11, referente a Yabín de Jasor, la historia de Gedeón-Yerubaal, a lo que se añadió el episodio de la realeza de Abimélec, la historia de Jefté ampliada con la de su hija. Se recogieron dos antiguas piezas poéticas, el Cántico de Débora, 5, que es un duplicado del relato en *prosa,* **4,** *y el apólogo de Jotán,* **9** *7-15, dirigido contra la realeza de Abimélec. Los héroes de algunas tribus se convertían en este libro en figuras nacionales que habían dirigido las guerras de Yahvé para todo Israel. Los jueces menores, Tolá, Yaír, Ibsán, Elón, Abdón, proceden de una tradición diferente. No se les atribuye ningún acto salvador, solamente se dan informaciones acerca de sus orígenes, su familia y el lugar de su sepultura, y se dice que han juzgado a Israel durante un número de años preciso y variable. Conforme al uso diverso del verbo* šft, *juzgar, en las lenguas semíticas del Oeste, emparentadas con el hebreo, en Mari en el s. XVIII a.C., y en Ugarit en el s. XIII, y hasta en los textos fenicios y púnicos de la época greco-rromana (los sufetes de Cartago), estos jueces no sólo administran justicia, sino que gobiernan. Su autoridad no se extendía más allá de su ciudad o de su distrito. Fue una institución política intermedia entre el régimen tribal y el régimen monárquico. Los primeros redactores deuteronomistas poseían informes auténticos de estos jueces, pero extendieron su poder a todo Israel y los ordenaron en sucesión cronológica. Trasladaron su título a los héroes del libro de los libertadores, que de ese modo se convirtieron en jueces de Israel. Jefté servía de lazo de unión entre los dos grupos: había sido un libertador, pero también había sido juez; se sabían, y se dan a propósito de él los mismos datos,* **11** *1-2;* **12** *7, que a propósito de los jueces menores, entre los cuales se incrusta su historia. Con ellos se equiparó también una figura que primitivamente nada tenía que ver con ninguno de los dos grupos: el singular héroe danita Sansón, que no había sido ni libertador ni juez, pero cuyas hazañas contra los filisteos se narraban en Judá,* **13-16.** *Se añadió en la lista a Otniel,* **3** *7-11, que pertenece a la época de la conquista, ver Jos* **14** *16-19; Jc* **1** *12-15, y más adelante a Sangar,* **3** *31, que ni siquiera era israelita, ver Jc* **5** *6, así se alcanzaba la cifra de doce, simbólica de todo Israel. Fue también la redacción deuteronomista la que puso al libro su marco cronológico: conservando los datos auténticos sobre los jueces menores, fue intercalando en los relatos indicaciones convencionales en que se repiten las cifras de 40, duración de una generación, o su múltiplo 80, o su mitad 20, en un esfuerzo por alcanzar un total que, combinado con otros datos de la Biblia, corresponde a los 480 años que la historia deuteronomista pone entre la*

salida de Egipto y la construcción del Templo, **1** R **6** *1. En este marco, las historias de los Jueces llenan sin lagunas el período que discurrió entre la muerte de Josué y los comienzos del ministerio de Samuel. Pero, sobre todo, los redactores deuteronomistas dieron al libro su sentido religioso. Éste se expresa en la introducción general de* **2** *6 -* **3** *6 y en la introducción particular a la historia de Jefté,* **10** *6-16, así como en las fórmulas redaccionales que llenan casi toda la historia de Otniel, que es una composición deuteronomista, y que sirven de marco a las grandes historias siguientes: los israelitas han sido infieles a Yahvé, él los ha entregado en manos de los opresores; los israelitas han implorado a Yahvé, él les ha enviado un salvador, el Juez. Pero vuelven las infidelidades y la serie se repite. Este libro deuteronomista de los Jueces tuvo por lo menos dos ediciones. Los indicios más claros son: los dos elementos que se añaden en la introducción,* **2** *11-19 y* **2** *6-10* * **2** *20 -* **3** *6, y las dos conclusiones a la historia de Sansón,* **15** *20 y* **16** *30, que significan que el cap.* **16** *es una adición.*

Este libro no contenía aún los apéndices, **17-21.** *Éstos no narran la historia de un juez, sino que informan de los acontecimientos ocurridos antes de la institución de la monarquía, razón por la cual han sido añadidos al final del libro después de la vuelta del Destierro. Reproducen antiguas tradiciones y han pasado por una larga historia literaria o preliteraria antes de ser aquí incluidos. Los caps.* **17-18** *tienen su origen en una tradición danita sobre la migración de la tribu y la fundación del santuario de Dan, que ha sido transformada en sentido peyorativo. Los caps.* **19-21** *combinan dos tradiciones de los santuarios de Mispá y Betel, que fueron divulgadas por todo Israel; estas tradiciones, quizá benjaminitas, fueron revisadas en Judá en sentido hostil a la realeza de Saúl en Guibeá.*

El libro es casi nuestra única fuente para el conocimiento de la época de los Jueces; pero no permite escribir una historia lógica de esa época. La cronología que nos da es artificial, como lo hemos dicho ya. Suma períodos que han podido superponerse en el tiempo, puesto que los tiempos de opresión y las liberaciones nunca afectan más que a una parte del territorio y la época de los Jueces no se extendió más de siglo y medio.

Los principales acontecimientos cuyo recuerdo se nos conserva pueden ser fe-

chados dentro de este período sólo por aproximación. La victoria de Tanac bajo Débora y Barac, 4-5, pudo haber sido conseguida hacia mediados del s. XII, es anterior a la invasión madianita (Gedeón) y a la expansión de los filisteos fuera de su territorio propio (Sansón). De ello se deduce sobre todo que, durante este turbulento período, los israelitas no sólo tuvieron que luchar contra los cananeos, primeros poseedores del país, por ejemplo contra los de la llanura de Yizreel, batidos por Débora y Barac, sino también contra los pueblos vecinos: moabitas (Ehúd), amonitas (Jefté), madianitas (Gedeón), y contra los filisteos recién llegados (Sansón). En estos momentos de peligro, cada grupo defiende su territorio. En ocasiones, un grupo se une a los grupos vecinos, 7 23, o a la inversa, una tribu poderosa protesta porque no ha sido invitada a participar del botín, 8 1-3; 12 1-6. El Cántico de Débora, 5, estigmatiza a las tribus que no han respondido al llamamiento y, cosa notable, Judá y Simeón ni siquiera aparecen nombrados.

Estas dos tribus vivían en el Sur, separadas por la barrera no israelita de Guézer, de las ciudades gabaonitas y de Jerusalén, y su aislamiento alimentaba los gérmenes del cisma futuro. Por el contrario, la victoria de Tanac, que daba a los israelitas la llanura de Yizreel, facilitó la unión de la Casa de José y de las tribus del Norte. Sin embargo, la unidad entre las diferentes fracciones estaba asegurada por la participación en la misma fe religiosa: todos los Jueces fueron yahvistas convencidos, y el santuario del arca en Silo era el centro donde todos los grupos se encontraban. Además, estas luchas forjaron el alma nacional y prepararon el momento en que, ante un peligro general, se unirían todos contra el enemigo común, bajo Samuel.

El libro enseñaba a los israelitas que la opresión es un castigo de la impiedad y que la victoria es una consecuencia de la vuelta a Dios. El Eclesiástico alaba a los Jueces por su fidelidad, Si 46 11-12, la epístola a los Hebreos presenta sus éxitos como la recompensa de su fe; forman parte de esa nube de testigos que anima al cristiano a rechazar el pecado y a soportar con valentía la prueba a que se le somete, Hb 11 32-34; 12 1.

El librito de Rut figura a continuación de los Jueces en los Setenta, la Vulgata y las traducciones modernas. En la Biblia hebrea se encuentra colocado con los Hagiógrafos como uno de los cinco rollos, los meguil.lot, que se leían en las fiestas principales; servía Rut para la fiesta de Pentecostés. Aunque el tema del libro lo relaciona con el período de los Jueces, ver 1 1, el libro no formaba parte de la redacción deuteronomista, que se extiende desde Josué hasta el final de Reyes.

Es la historia de Rut la Moabita que, tras la muerte de su marido, un hombre de Belén emigrado a Moab, vuelve a Judá con su suegra Noemí y se desposa con Booz, pariente de su marido, en cumplimiento de la ley del levirato; de este matrimonio nace Obed, que será el abuelo de David.

Una adición, 4 18-22, da una genealogía de David paralela a la de 1 Cro 2 5-15.

Se discute mucho la fecha de composición y se han propuesto todos los períodos desde David y Salomón hasta Nehemías. Los argumentos alegados en favor de una fecha tardía: lugar en el canon hebreo, lenguaje, costumbres familiares, doctrina, no son decisivos, y el librito, menos los últimos versículos, podría haber sido compuesto en la época monárquica. Es una historia edificante cuya intención principal es mostrar cómo resulta premiada la confianza que se pone en Dios, cuya misericordia se extiende hasta una extranjera, 2 12. Esta fe en la Providencia y este espíritu universalista son la enseñanza duradera del relato. El hecho de que Rut haya sido reconocida como la bisabuela de David ha dado un valor especial a este librito, y San Mateo ha incluido el nombre de Rut en la genealogía de Cristo, Mt 1 5.

Los libros de Samuel formaban una sola obra en la Biblia hebrea. La división en dos libros se remonta a la traducción griega que ha unido asimismo Samuel y Reyes bajo un mismo título. los cuatro libros de los Reinos; la Vulgata los llama los cuatro libros de los Reyes. El Samuel hebreo corresponde a los dos primeros. Este título proviene de la tradición que atribuía al profeta Samuel la composición de este escrito.

El texto es uno de los peor conservados del AT. La traducción griega de los Setenta da un texto bastante diferente, que se remonta a un prototipo del que las cuevas de Qumrán han proporcionado importantes fragmentos. Existían, pues, varias recensiones hebraicas de los libros de Samuel.

Se distinguen en él cinco partes: a) Samuel, 1 S 1-7; b) Samuel y Saúl, 1 S 8-15; c) Saúl y David, 1 S 16 a 2 S 1; d) David, 2 S 2-20; e) suplementos, 2 S 21-24. La obra combina o yuxtapone diversas fuentes y tradiciones sobre los comienzos *del período monárquico. Hay una historia del arca y de su cautiverio entre los filisteos, 1 S 4-6, en la que no aparece Samuel y que proseguirá en 2 S 6. Está enmarcada por un relato de la infancia de Samuel, 1 S 1-3, y por otro relato que presenta a Samuel como el último de los Jueces y anticipa la liberación del yugo filisteo, 7. Samuel desempeña un papel esencial en la historia de la institución de la realeza, 1 S 8-12, donde se han distinguido desde hace tiempo dos grupos de tradiciones: 9; 10 1-16; 11, por una parte, y 8; 10 17-24; 12, por otra. Al primer grupo se le ha denominado versión monárquica del acontecimiento, y al segundo, versión antimonárquica; esta última sería posterior. En realidad ambas tradiciones son antiguas y solamente representan tendencias diferentes; además, la segunda corriente no es tan antimonárquica como se afirma, sino que solamente se opone a una realeza que no respetaría los derechos de Dios. Las guerras de Saúl contra los filisteos son narradas en 13-14, con una primera versión del rechazo de Saúl, 13 7a; una segunda versión de este rechazo se da en 15, en conexión con una guerra contra los amalecitas. Este rechazo prepara la unción de David por Samuel, 16 1-13. Sobre los comienzos de David y sus desavenencias con Saúl, se han recogido tradiciones paralelas y, al parecer, de igual antigüedad en 1 S 16 14 - 2 S 1, donde los duplicados son frecuentes. El final de esta historia se encuentra en 2 S 2-5: el reinado de David en Hebrón, la guerra filistea y la toma de Jerusalén aseguran la confirmación de David como rey sobre todo Israel, 2 S 5 12. El cap. 6 prosigue la historia del arca; la profecía de Natán, 7, es antigua, pero ha sido retocada; el cap. 8 es un resumen redaccional. En 2 S 9 se inicia una larga narración que no concluirá hasta el comienzo de Reyes, 1R 1-2. Es la historia de la familia de David y de las luchas en torno a la sucesión al trono, escrita por un testigo ocular, en la primera mitad del reinado de Salomón. Queda interrumpida por 2 S 21-24, que agrupa trozos de origen diverso sobre el reinado de David.*

Es posible que desde los primeros siglos de la monarquía hayan tomado cuerpo, además de la gran historia de 2 S 9-20, otras agrupaciones literarias: un primer ciclo de Samuel, dos historias de Saúl y David. Es posible, asimismo, que estos conjuntos hayan sido combinados en torno al año 700, pero los libros no recibie-ron su forma definitiva hasta que fueron incorporados a la gran historia deuteronomista. Sin embargo, la influencia del Deuteronomio resulta aquí menos visible que en Jueces y Reyes. Se la descubre particularmente en los primeros capítulos de la obra, especialmente en 1 S 2 22-36; 7 y 12, quizá en una modificación de la profecía de Natán, 2 S 7; pero el relato de 2 S 9-20 se ha conservado casi sin retoque.

Los libros de Samuel abarcan el período que va de los orígenes de la monarquía israelita al final del reinado de David. La expansión de los filisteos (la batalla de Afec, 1 S 4, se sitúa hacia el 1050) ponía en peligro la existencia misma de Israel e impuso la monarquía. Saúl, hacia el 1030, es, en un principio, como un continuador de los Jueces, pero su reconocimiento por todas las tribus le confiere una autoridad universal y permanente: ha nacido la realeza. Comienza la guerra de liberación y los filisteos son arrojados hasta su territorio, 1 S 14; los encuentros ulteriores tienen lugar en los confines del territorio israelita, 1 S 17 (valle del Terebinto), 28 y 31 (Gelboé). Este último combate acaba en desastre y en él muere Saúl, hacia el 1010. La unidad nacional se ve de nuevo comprometida, David es consagrado rey en Hebrón por los de Judá, y las tribus del Norte le oponen a Isbaal, descendiente de Saúl, refugiado en Transjordania. Sin embargo, el asesinato de Isbaal hace posible la unión, y David es reconocido rey por Israel.

El segundo libro de Samuel no da más que un resumen de los resultados políticos del reinado de David: fueron, sin embargo, considerables. Los filisteos fueron definitivamente rechazados, la unificación del territorio concluye con la absorción de los enclaves cananeos, y en primer lugar Jerusalén, que se convirtió en la capital política y religiosa del reino. Fue sometida Transjordania, y David extendió su dominio sobre los arameos de Siria meridional. Con todo, cuando murió David, hacia el 970, la unidad nacional no estaba verdaderamente consolidada; David era rey de Israel y de Judá y estas dos fracciones se oponían a menudo: la rebelión de Absalón fue sostenida por las gentes del Norte, el benjaminita Seba quiso sublevar al pueblo al grito de «A tus tiendas, Israel». Se presiente ya el cisma.

Estos libros traen un mensaje religioso; exponen las condiciones y las dificultades de un reino de Dios sobre la tierra. El ideal sólo se ha conseguido bajo David; este lo-

gro ha sido precedido por el fracaso de Saúl y será seguido por todas las infidelidades de la monarquía, que atraerán la condenación de Dios y provocarán la ruina de la nación. A partir de la profecía de Natán, la esperanza mesiánica se ha alimentado de las promesas hechas a la casa de David. El NT se refiere a ellas tres veces, Hch **2** 30, 2 Co **6** 18, Hb **1** 5. Jesús es descendiente de David, y el nombre de hijo de David que le da el pueblo es el reconocimiento de sus títulos mesiánicos. Los Padres han establecido un paralelo entre la vida de David y la de Jesús, el Cristo, el Ungido, elegido para salvación de todos, rey del pueblo espiritual de Dios y, sin embargo, perseguido por los suyos.

Los libros de los Reyes, como los de Samuel, constituían una sola obra en la Biblia hebrea. Corresponden a los dos últimos libros de los Reinos en la traducción griega, y de los Reyes en la Vulgata.

Son la continuación de los libros de Samuel, y 1 R **1-2** contiene la parte final del gran documento de 2 S 9-20. La larga narración del reinado de Salomón, 1 R **3-11**, detalla la excelencia de su sabiduría, el esplendor de sus construcciones, sobre todo del Templo de Jerusalén, y la abundancia de sus riquezas. Es ciertamente una época gloriosa, pero el espíritu conquistador del reino de David ha desaparecido: se conserva, se organiza y, sobre todo, se saca partido de los triunfos de David. Se mantiene la oposición entre las dos fracciones del pueblo, y a la muerte de Salomón, en 931, el reino se divide: las diez tribus del Norte llevan a cabo una secesión agravada por un cisma religioso, 1 R **12-13**. La historia paralela de los dos reinos de Israel y Judá se desarrolla de 1 R **14** a 2 R **17**: con frecuencia es la historia de las luchas entre estos reinos hermanos, es también la de los asaltos del exterior por parte de Egipto contra Judá y de los arameos por el Norte. El peligro arrecia cuando los ejércitos asirios intervienen en la región, primero en el siglo IX, con más fuerza en el siglo VIII, cuando Samaría cae bajo sus golpes el 721, mientras que Judá se ha declarado ya vasallo. La historia, limitada ya a Judá, prosigue hasta la ruina de Jerusalén el 587 en 2 R **18-25** 21. La narración se alarga al tratar de dos reinados, el de Ezequías, 2 R **18-20**, y el de Josías, 2 R **22-23,** marcados por un despertar nacional y una reforma religiosa. Los grandes acontecimientos políticos son entonces la invasión de Senaquerib bajo Ezequías el 701, en respuesta a la denegación del tributo asirio y, bajo Josías, la ruina de Asiria y la formación del imperio caldeo. Judá hubo de someterse a los nuevos amos de Oriente, pero pronto se rebeló. El castigo no se hizo esperar: el 597, los ejércitos de Nabucodonosor conquistaron Jerusalén y llevaron cautivos a una parte de sus habitantes; diez años después un amago de independencia provocó una segunda intervención de Nabucodonosor, que terminó el 587 con la ruina de Jerusalén y una segunda deportación. Reyes concluye con dos breves apéndices, 2 R **25** 22-30.

La obra cita nominalmente tres de sus fuentes, una Historia de Salomón, los Anales de los reyes de Israel y los Anales de los reyes de Judá, pero también existieron otras: además de la parte final del gran documento davídico, 1 R **1-2**, una descripción del Templo, de origen sacerdotal, 1 R **6-7**, y, sobre todo, una historia de Elías compuesta hacia fines del siglo IX y una historia de Eliseo un poco posterior; estas dos historias forman la base de los ciclos de Elías, 1 R **17** - 2 R **1**, y de Eliseo, 2 R **2-13**. Los relatos del reinado de Ezequías que presentan en escena a Isaías, 2 R **17** - 20 19, provienen de los discípulos de este profeta.

Cuando la utilización de las fuentes no lo impide, los sucesos quedan encerrados en un marco uniforme: se trata cada reinado como una unidad independiente y completa, su comienzo y su fin se señalan casi con las mismas fórmulas, en las que jamás falta un juicio sobre la conducta religiosa del rey. Se condena a todos los reyes de Israel a causa del pecado original de este reino, la fundación del santuario de Betel; entre los reyes de Judá, ocho solamente son alabados por su fidelidad general a las prescripciones de Yahvé. Pero esta alabanza queda restringida siete veces por la observación de que los altos no desaparecieron; únicamente Ezequías y Josías reciben una aprobación sin reservas.

Estos juicios se inspiran evidentemente en la ley del Deuteronomio sobre la unidad del santuario. Más aún: el descubrimiento del Deuteronomio bajo Josías y la reforma religiosa que inspiró señalan el punto culminante de toda esta historia, y toda la obra es una demostración de la tesis fundamental del Deuteronomio, repetida en 1 R 8 y 2 R 17: si el pueblo observa la alianza concluida con Dios, será bendecido; si la rompe, será castigado. Este influjo deuteronomista se encuentra también en el estilo, siempre que el redactor desarrolla o comenta sus fuentes.

Es probable que una primera redacción deuteronomista fuera hecha antes del Destierro, antes de la muerte de Josías en Meguidó el 609, y la alabanza otorgada a este rey, 2 R 23 25 (menos las últimas palabras) sería la conclusión de la obra primitiva. Una segunda edición, asimismo deuteronomista, se hizo durante el Destierro: después del 562, si se le atribuye el final del libro, 2 R 25 22-30, o algo antes si ponemos su punto final después del relato de la segunda deportación, 2 R 25 21, que tiene trazas de ser una conclusión. Hubo, finalmente, algunas adiciones, durante y después del Destierro.

Los libros de los Reyes se han de leer con el espíritu con que fueron escritos, como una historia de salvación: la ingratitud del pueblo elegido, la ruina sucesiva de las dos fracciones de la nación parecen llevar al fracaso el plan de Dios; pero siempre queda, para defender el futuro, un grupo de fieles que no han doblado las rodillas ante Baal, un resto de Sión que guarda la Alianza. La firmeza de las disposiciones divinas se manifiesta en la admirable subsistencia del linaje davídico, depositario de las promesas mesiánicas, y el libro, en su forma definitiva, se cierra con la gracia concedida a Jeconías, como aurora de una redención.

JOSUÉ

I. Conquista de la Tierra Prometida

1. PREPARATIVOS

**Invitación a entrar
en la Tierra Prometida.**

Dt 34

1 ¹ Después de la muerte de Moisés, siervo de Yahvé*, habló Yahvé a Josué, hijo de Nun, y ayudante de Moisés*, y le dijo: ² «Moisés, mi siervo, ha muerto; arriba, pues; pasa ese Jordán, tú con todo este pueblo, hacia la tierra que yo les doy (a los israelitas). ³ Os doy todo lugar que sea hollado por la planta de vuestros pies, según declaré a Moisés. ⁴ Desde el desierto y el Líbano hasta el Río Grande, el Éufrates (toda la tierra de los hititas) y hasta el mar Grande de poniente, será vuestro territorio*. ⁵ Nadie podrá resistirte en todos los días de tu vida: lo mismo que estuve con Moisés estaré contigo; no te dejaré ni te abandonaré.

t 11 24-25

Gn 15 18
Dt 1 7

Dt 7 24
Ex 3 12

os 1 9.17;
3 7; 6 27

**La fidelidad a la Ley, condición
del auxilio divino**

Dt 3 28
31 7-8.23

Dt 5 32;
29 8

Dt 6 6s;
17 18s

t 31 7.23
21+.29s
21; 20 15
31 6

⁶ «Sé fuerte y valiente, porque tú vas a dar a este pueblo la posesión del país que juré dar a sus padres. ⁷ Basta que seas muy fuerte y valiente, teniendo cuidado de cumplir toda la Ley que te dio mi siervo Moisés. No te apartes de ella ni a la derecha ni a la izquierda, para que tengas éxito adondequiera que vayas. ⁸ No se aparte el libro de esta Ley de tus labios: medítalo día y noche; así procurarás obrar en todo conforme a lo que en él está escrito, y tendrás suerte y éxito en tus empresas. ⁹ ¿No te he mandado que seas fuerte y valiente? No tengas miedo ni te acobardes, porque Yahvé tu Dios estará contigo adondequiera que vayas.»

**Colaboración de las tribus
de Transjordania.**

¹⁰ Josué, pues, dio a los escribas* del pueblo la orden siguiente: ¹¹ «Pasad por medio del campamento y dad esta orden al pueblo: Haced provisiones, porque dentro de tres días pasaréis ese Jordán, para entrar a poseer la tierra que Yahvé vuestro Dios os da en posesión.»

Dt 16 18

¹² A los rubenitas, a los gaditas y a la media tribu de Manasés les habló así: ¹³ «Recordad la orden que os dio Moisés, siervo de Yahvé: Yahvé vuestro Dios os ha concedido descanso, dándoos esta tierra. ¹⁴ Vuestras mujeres, vuestros pequeños y vuestros rebaños se quedarán en la tierra que os ha dado Moisés aquí en Transjordania. Pero vosotros, todos los guerreros esforzados, pasaréis en orden de batalla al frente de vuestros hermanos y les ayudaréis* ¹⁵ hasta que Yahvé conceda descanso a vuestros hermanos igual que a vosotros, y también ellos tomen posesión de la tierra que Yahvé vuestro Dios les da. Entonces volveréis al país que os pertenece, el que os dio Moisés, siervo de Yahvé, al lado oriental del Jordán.» ¹⁶ Ellos respondieron a Josué: «Todo lo que nos has mandado, lo haremos; adondequiera que nos envíes, iremos. ¹⁷ Lo mismo que obedecimos en todo a Moisés, te obedeceremos a ti. Basta con que Yahvé tu Dios esté contigo como estuvo con Moisés. ¹⁸ A todo el que sea rebelde a tu voz y no obedezca tus órdenes, en cualquier cosa que le mandes, se le hará morir. Tú, sé fuerte y valiente.»

Nm 32
Dt 3 18-20

22

Dt 34 9

1 5
Dt 17 12

---

1 1   (a) El libro se presenta como continuación del Dt. En efecto, referirá la entrada y el establecimiento en la Tierra Prometida con el estilo y según las ideas del Dt, sirviéndose de tradiciones antiguas, sobre todo de las que atañen a las tribus de Palestina central.
1 1   (b) «ayudante», *mešaret* es el título que habitualmente se da a Josué, ver Ex 24 13; 33 11; Nm 11 28; más honroso que *'ebed*, siervo (excepto en la expresión «siervo de Yahvé»), es término que también se emplea con los funcionarios reales, ver 1 Cro 27 1, o para designar funciones litúrgicas.—Sobre el nombre de Josué, su papel en la exploración de la Tierra Prometida, su fidelidad y su designación como sucesor de Moisés, ver Ex 17 9; 24 13; 33 11; Nm 11 28; 13 8.16; 14 5s.30.38; 27 15-23; Dt 3 21.28; 31 7-8.14.23; 34 9. —En el griego y la Vulg. es llamado «hijo de Navé», a causa de una errata de los primeros mss de los Setenta, que traen NAYH

en lugar de NAYN.
1 4   Los límites asignados al territorio que se había de conquistar (ver Gn 15 18; Dt 1 7; 11 24, también Jc 20 1+) son los límites ideales de la Tierra Prometida; sobrepasan con mucho los del territorio que se repartirá en los caps. **13-19**. —«toda la tierra de los hititas», omitido por el griego, es glosa de origen probablemente sacerdotal.
1 10   Son los oficiales de recluta o de administración, ver Dt 20 5.8. Esta palabra también designa a las agentes judiciales, al actuario de los tribunales, al comisario ayudante de los jueces, ver 1 Cro 23 4.
1 14   Según el libro de Josué, a diferencia del libro de los Jueces, la conquista debe ser obra de todo el pueblo, y no el resultado de esfuerzos aislados de las tribus, realizados por diferentes puntos.

Los espías de Josué en Jericó*.

2 ¹ Josué, hijo de Nun, envió secretamente desde Sitín* dos espías con esta orden: «Id y explorad el país y la ciudad de Jericó.» Fueron y entraron en casa de una prostituta, llamada Rajab, y durmieron allí. ² Se le dijo al rey de Jericó: «Mira que unos hombres israelitas han entrado aquí por la noche para explorar el país.» ³ Entonces el rey de Jericó mandó decir a Rajab: «Haz salir a los hombres que han entrado donde ti (que han entrado a tu casa), porque han venido para explorar todo el país.» ⁴ Pero la mujer tomó a los dos hombres y los escondió. Luego respondió: «Es verdad que esos hombres han venido a mi casa, pero yo no sabía de dónde eran. ⁵ Cuando se iba a cerrar la puerta por la noche, esos hombres salieron y no sé adónde han ido. Perseguidlos aprisa, que los alcanzaréis.» ⁶ Pero ella los había hecho subir al terrado y los había escondido entre unos haces de lino que tenía amontonados en el terrado. ⁷ Salieron algunos hombres en su persecución camino del Jordán, hacia los vados, y se cerró la puerta en cuanto los perseguidores salieron tras ellos.

El pacto entre Rajab y los espías.

⁸ Todavía ellos no se habían acostado cuando Rajab subió al terrado, donde ellos ⁹ y les dijo: «Ya sé que Yahvé os ha dado esta tierra, que nos habéis aterrorizado y que todos los habitantes de esta región han temblado ante vosotros; ¹⁰ porque nos hemos enterado de cómo Yahvé secó las aguas del mar de Suf delante de vosotros a vuestra salida de Egipto, y lo que habéis hecho con los dos reyes amorreos del otro lado del Jordán, Sijón y Og, a quienes consagrasteis al anatema. ¹¹ Al oírlo, ha desfallecido nuestro corazón y no se encuentra ya nadie con aliento a vuestra llegada, porque Yahvé, vuestro Dios, es Dios arriba en los cielos y

abajo en la tierra*. ¹² Juradme, pues, ahora por Yahvé, ya que os he tratado con bondad, que vosotros también trataréis con bondad a la casa de mi padre, y dadme una señal segura ¹³ de que respetaréis la vida de mi padre y de mi madre, de mis hermanos y hermanas, y de todos los suyos, y que libraréis nuestras vidas de la muerte.»

¹⁴ Los hombres le respondieron: «Muramos nosotros en vez de vosotros, con tal de que no nos denunciéis. Cuando Yahvé nos haya entregado la tierra, te trataremos a ti con bondad y lealtad.» ¹⁵ Ella los descolgó con una cuerda por la ventana, pues su casa estaba en la pared de la muralla y ella vivía en la misma muralla. ¹⁶ Les dijo: «Id hacia la montaña, para que no os encuentren los que os persiguen. Estad escondidos allí tres días hasta que vuelvan los perseguidores: después podéis seguir vuestro camino.» ¹⁷ Los hombres le respondieron: «Nosotros cumpliremos ese juramento que nos has exigido con esta condición: ¹⁸ cuando estemos entrando en el país, atarás este cordón de hilo escarlata a la ventana por la que nos has descolgado, y reunirás junto a ti en casa a tu padre, a tu madre, a tus hermanos y a toda la familia de tu padre. ¹⁹ Si alguno sale fuera de las puertas de tu casa, caiga su sangre sobre su cabeza. Nosotros seremos inocentes. Pero la sangre de todos los que estén contigo en casa, caiga sobre nuestras cabezas, si alguien pone su mano sobre ellos. ²⁰ Mas si nos denuncias, quedaremos libres del juramento que nos has exigido.» ²¹ Ella respondió: «Sea según vuestras palabras.» Y los hizo marchar; ellos se fueron, y ella ató el cordón escarlata a la ventana*.

Vuelta de los espías.

²² Marcharon ellos y se metieron en el monte. Se quedaron allí tres días, hasta que regresaron los perseguidores. Éstos

Marginal references (left column):
7 2
Nm 13
Jc 18 2

Mt 1 5

Nm 13

Hb 11 31
St 2 25

9 9-10
Ex 14

Dt 2 26s
Nm 21
23s.33s

5 1

Marginal references (right column):
Dt 4 39+

6 22-25
1 S 19 12
Hch 9 25
2 Co 11 33

2 S 1 16+

---

2 Los caps. 2-9 agrupan tradiciones procedentes del santuario benjaminita de Guilgal, 4 19+. —En la historia de la conquista de Jericó se mezclan dos tradiciones: 1.° el envío de los espías y la historia de Rajab, cap. 2, con su conclusión, 6 22-25; 2.° la historia, también *heterogénea, del* paso del Jordán y de la toma de Jericó, caps. 3-4 y 6. Esta historia milagrosa parece haber ocupado el lugar de una acción militar que seguía a la historia de Rajab y que Jos 24 11 recuerda.
2 1 *Sittim* (las Acacias) designaba la parte de la estepa que linda con el mar Muerto al nordeste, Nm 25 1; 33 49.
2 11 El libro atribuye a Rajab una profesión de fe del

estilo del Dt, ver Dt 4 39. Rajab se ha salvado por su fe, Hb 11 31, y justificado por sus obras, St 2 25. Esta extranjera, que con su fe y su caridad consigue la salvación de toda su casa, se ha convertido entre los Padres en imagen de la Iglesia. —En hebreo, el nombre se escribe de modo diferente al de Rahab, monstruo mítico, Jb 9 13; 7 12+, y designación simbólica de Egipto, Sal 87 4.
2 21 Lógicamente los vv. 17-21 estarían mejor antes del v. 15. Ya no se hablará más del cordón escarlata. Algunos Padres han visto en él el símbolo de la sangre de Cristo, siguiendo la línea de su exégesis alegórica sobre Rajab, ver nota al v. 11.

los habían buscado por todo el camino, pero no los encontraron. ²³ Entonces los dos hombres volvieron a bajar del monte, pasaron el río y fueron donde Josué, hijo de Nun, a quien contaron todo lo que les había ocurrido. ²⁴ Dijeron a Josué: «Cierto que Yahvé ha puesto en nuestras manos todo el país; todos los habitantes del país tiemblan ya ante nosotros.»

6 2; 8 7
10 8
5 1

2. EL PASO DEL JORDÁN*

Preliminares del paso.

3 ¹ Josué se levantó de madrugada, partieron de Sitín y llegaron hasta el Jordán, él y todos los israelitas. Allí pernoctaron antes de pasar. ² Al cabo de tres días, los escribas pasaron por medio del campamento ³ y dieron al pueblo esta orden: «Cuando veáis el arca de la alianza de Yahvé vuestro Dios y a los sacerdotes levitas que la llevan, partiréis del sitio donde estáis e iréis tras ella, ⁴ᵇ para que sepáis qué camino habéis de seguir, pues no habéis pasado nunca hasta ahora por este camino. ⁴ᵃ Pero que haya entre vosotros y el arca una distancia de unos dos mil codos*: no os acerquéis más.» ⁵ Josué dijo al pueblo: «Purificaos, porque mañana Yahvé va a obrar maravillas en medio de vosotros.» ⁶ Y dijo Josué a los sacerdotes: «Tomad el arca de la alianza y pasad al frente del pueblo.» Ellos tomaron el arca de la alianza y partieron al frente del pueblo.

1 10+
8 33
Ex 19 10.15

Últimas instrucciones.

⁷ Yahvé dijo a Josué: «Hoy mismo voy a empezar a engrandecerte a los ojos de todo Israel, para que sepan que, lo mismo que estuve con Moisés, estoy contigo. ⁸ Tú darás esta orden a los sacerdotes que llevan el arca de la alianza: 'En cuanto lleguéis a la orilla del agua del Jordán, os pararéis, en el Jordán'.» ⁹ Josué dijo a los israelitas: «Acercaos y escuchad las palabras de Yahvé vuestro Dios.» ¹⁰ Y dijo Josué: «En esto conoceréis que el Dios vivo está en medio de vosotros y que arrojará ciertamente a vuestra llegada al cananeo, al hitita, al jivita, al perizita, al guirgaseo, al amorreo y al jebuseo. ¹¹ He aquí que el arca de Yahvé, Señor de toda la tierra, va a pasar el Jordán delante de vosotros. ¹² Escoged, pues, doce hombres de las tribus de Israel, un hombre por cada tribu. ¹³ En cuanto las plantas de los pies de los sacerdotes que llevan el arca de Yahvé, Señor de toda la tierra, pisen las aguas del Jordán, las aguas del Jordán que vienen de arriba, quedarán cortadas y se pararán formando un solo bloque.»

1 5.17

Ex 34 9-10
Dt 7 1+
4 2

El paso del río.

¹⁴ Cuando el pueblo partió de sus tiendas para pasar el Jordán, los sacerdotes llevaban el arca de la alianza a la cabeza del pueblo. ¹⁵ Y en cuanto los que llevaban el arca llegaron al Jordán, y los pies de los sacerdotes que llevaban el arca tocaron la orilla de las aguas (y el Jordán baja crecido hasta los bordes todo el tiempo de la siega*), ¹⁶ las aguas que bajaban de arriba se detuvieron y formaron un solo bloque a gran distancia, en Adán, la ciudad que está al lado de Sartán, mientras que las que bajaban hacia el mar de la Arabá, o mar de la Sal, quedaron cortadas por completo*, y el pueblo pasó frente a Jericó. ¹⁷ Los sacerdotes que llevaban el arca de la alianza de Yah-

Ex 14 21
Ex 14 22
2 R 2 8

---

3   El relato del paso del Jordán y de la entrada en Canaán, 3 1 - 5 12, presenta un paralelismo con el relato de la salida de Egipto, que el redactor subraya, 3 7; 4 14.23; Yahvé detiene el curso del Jordán, 3 7 - 4 18, como antes había secado el mar de Suf, Ex 14 5-31; el arca de Yahvé guía el paso, Jos 3 6-17; 4 10-11, como la columna de nube o de fuego, Ex 13 21-22; 14 19-20; Josué, Jos 3 7; 4 14, desempeña el mismo papel que Moisés en el Éxodo; la circuncisión, que el redactor de Jos atribuye al pueblo del Éxodo, es renovada para sus descendientes nacidos en el desierto, Jos 5 2-9; el maná, que había sido el alimento del desierto, Ex 16, deja de caer desde la entrada en Canaán, Jos 5 12, y la Pascua se celebra en Guilgal, después del segundo «paso», Jos 5 10, como se había celebrado en Egipto antes del primero, Ex 12 1-28; 13 3-10. Este paralelismo entre los acontecimientos del comienzo y del fin del Éxodo ha hecho que a la salida de Egipto se refiriera un milagro

del agua análogo a la travesía del Jordán, ver Ex 14+. —Como la Pasión y la Resurrección de Cristo renovarán espiritualmente los acontecimientos del Éxodo, ver 1 Co 10 1, Josué, uno de éstos su primer cumplimiento, ha sido considerado por los Padres figura de Jesús, de quien es homónimo.
3 4ª   La distancia de un camino sabático. Este paréntesis, que contradice a los vv. 3-4ᵇ, es expresión de un escrúpulo inspirado por la terrible trascendencia de Yahvé presente sobre el arca, 2 S 6 7+.
3 15   Esta crecida se produce con el deshielo de las nieves del Hermón, en marzo-abril, tiempo de la cosecha del valle inferior del Jordán.
3 16   Suele compararse con lo sucedido en 1267, según un cronista árabe: el Jordán dejó de fluir durante diez horas porque algunos desprendimientos de tierra habían taponado el cauce, precisamente en la región de Adama-Damieh.

vé se estuvieron a pie firme, en seco, en medio del Jordán, mientras que todo Israel pasaba en seco, hasta que toda la gente acabó de pasar el Jordán.

Las doce piedras conmemorativas.

4 ¹ Cuando todo el pueblo acabó de pasar el Jordán, Yahvé dijo a Josué: ² «Escoged doce hombres del pueblo, un hombre por cada tribu, ³ y dadles esta orden: 'Sacad de aquí, del medio del Jordán, de donde se han detenido los pies de los sacerdotes, doce piedras, que pasaréis con vosotros y depositaréis en el lugar donde pernoctéis'.» ⁴ Llamó Josué a los doce hombres que había elegido entre los israelitas, uno por cada tribu, ⁵ y les dijo: «Pasad delante del arca de Yahvé vuestro Dios, hasta el medio del Jordán, y cada uno de vosotros cargue sobre sus hombros una piedra, según el número de las tribus israelitas, ⁶ para que sea esto una señal en medio de vosotros.

=4 21-24
Ex 12 26
Dt 6 20

Cuando el día de mañana vuestros hijos os pregunten: '¿Qué significan esas piedras?', ⁷ les diréis: 'Es que las aguas del Jordán se separaron delante del arca de la alianza de Yahvé; cuando atravesó el Jordán, las aguas del Jordán se separaron. Estas piedras serán para los israelitas memorial para siempre'.» ⁸ Así lo hicieron los israelitas, según las órdenes de Josué: sacaron doce piedras del medio del Jordán, según el número de las tribus israelitas, como había mandado Yahvé a Josué; las llevaron al lugar donde iban a pasar la noche y las depositaron allí. ⁹ Y Josué erigió doce piedras en medio del Jordán, donde habían pisado los pies de los sacerdotes portadores del arca de la alianza, y allí están todavía hoy*.

Fin del paso.

¹⁰ Los sacerdotes portadores del arca estaban parados en medio del Jordán hasta que se cumpliera todo lo que Yahvé había mandado a Josué que dijera al pueblo (según todo lo que Moisés había ordenado a Josué); y el pueblo se apre-

suró a pasar. ¹¹ En cuanto terminó de pasar todo el pueblo, pasó el arca de Yahvé, y los sacerdotes (se pusieron) a la cabeza del pueblo. ¹² Los rubenitas, los gaditas y la media tribu de Manasés pasaron en orden de batalla al frente de los israelitas, como les había dicho Moisés. ¹³ Pasaron unos cuarenta mil guerreros armados, dispuestos al combate, delante de Yahvé, hacia la llanura de Jericó. ¹⁴ Aquel día Yahvé engrandeció a Josué a los ojos de todo Israel; y le respetaron a él como habían respetado a Moisés durante toda su vida.

¹⁵ Yahvé dijo a Josué: ¹⁶ «Manda a los sacerdotes que llevan el arca del Testimonio que salgan del Jordán.» ¹⁷ Josué mandó a los sacerdotes: «Salid del Jordán.» ¹⁸ Cuando los sacerdotes portadores del arca de la alianza de Yahvé salieron del Jordán, apenas las plantas de sus pies tocaron la orilla, las aguas del Jordán volvieron a su cauce y empezaron a correr como antes, por todas sus riberas.

Llegada a Guilgal*.

¹⁹ El pueblo salió del Jordán el día diez del mes primero y acamparon en Guilgal, al oriente de Jericó. ²⁰ Las doce piedras que habían sacado del Jordán las erigió Josué en Guilgal. ²¹ Y dijo a los israelitas: «Cuando el día de mañana vuestros hijos pregunten a sus padres: '¿Qué significan estas piedras?', ²² se lo explicaréis a vuestros hijos diciendo: 'A pie enjuto pasó Israel ese Jordán, ²³ porque Yahvé vuestro Dios secó delante de vosotros las aguas del Jordán hasta que pasarais, lo mismo que había hecho Yahvé vuestro Dios con el mar de Suf, que secó delante de nosotros hasta que pasamos, ²⁴ para que todos los pueblos de la tierra reconozcan lo fuerte que es la mano de Yahvé, y para que teman siempre a Yahvé vuestro Dios'.»

=4 6-7

Ex 14 21

Ex 14 31

Terror de las poblaciones del oeste del Jordán.

5 ¹ Cuando oyeron todos los reyes de los amorreos que habitaban al otro

---

4 9 El relato combina dos elementos diferentes: 1.º una explicación del círculo de piedras que se veía en Guilgal, 4 19+, relacionándolo con el paso de las doce tribus; 2.º una explicación de las piedras que se veían en el lecho del Jordán, relacionándolas con la travesía del arca, 4 9.
4 19 La palabra *guilgal* significa «círculo de piedras» y se ha convertido en el nombre propio de varias localidades, ver Dt 11 30; 2 R 2 1. El Guilgal de Josué se encuentra entre el Jordán y Jericó, «en el extremo oriental

(del territorio) de Jericó», pero su emplazamiento exacto es desconocido. Este antiguo lugar de culto se convirtió en el principal santuario de Benjamín; a él se vinculaba el recuerdo de la circuncisión y primera Pascua en Canaán, 5 9-10, y del juramento hecho a los gabaonitas, 9 6. Este primer campamento después del Jordán fue la base de partida para la conquista, 10 6; 14 6. Guilgal siguió siendo un gran centro político y religioso bajo Saúl, ver 1 S 11 15+. Su culto es reprobado por los profetas, Os 4 15; 9 15; 12 12; Am 4 4; 5 5.

lado del Jordán, al poniente, y todos los reyes de los cananeos que vivían hacia el mar, que Yahvé había secado las aguas del Jordán ante los israelitas hasta que **2 11** pasaron*, desfalleció su corazón y les faltó el aliento ante la presencia de los israelitas.

La circuncisión de los hebreos en Guilgal.

Gn 17 10+ ² En aquel tiempo dijo Yahvé a Josué: «Hazte cuchillos de pedernal y vuelve a circuncidar (por segunda vez*) a los israelitas.» ³ Josué se hizo cuchillos de pedernal y circuncidó a los israelitas en el Collado de los Prepucios.

⁴ Por este motivo hizo Josué esta circuncisión: toda la población masculina salida de Egipto, la gente apta para la guerra, había muerto en el desierto, por el camino, después de la salida de Egipto. ⁵ Estaba circuncidada toda la población que había salido, pero el pueblo nacido en el desierto, por el camino, después de la salida de Egipto, no había sido circuncidado. ⁶ Porque durante cuarenta años anduvieron los israelitas por el desierto, hasta que pereció toda la nación, los hombres salidos de Egipto aptos para la guerra. No obedecieron a la voz de Yahvé y Yahvé les juró que no les dejaría ver la tierra que había prometido a sus padres que nos daría a nosotros, tierra que mana leche y miel. ⁷ En su lugar puso a sus hijos y éstos son los que Josué circuncidó, porque eran incircuncisos, ya que no los habían circuncidado por el camino. ⁸ Cuando acabó de circuncidarse toda la gente, se quedaron donde estaban, en el campamento, hasta que se curaron. ⁹ Y dijo Yahvé a Josué: «Hoy os he quitado de encima el oprobio de Egipto.» Por eso se llamó aquel lugar Guilgal, hasta el día de hoy*.

Ex 3 8

La celebración de la Pascua.

¹⁰ Los israelitas acamparon en Guilgal y celebraron allí la Pascua el día catorce del mes, a la tarde, en los llanos de Jericó. ¹¹ Al día siguiente de la Pascua comieron ya de los productos del país: panes ázimos y espigas tostadas, desde ese mismo día. ¹² Y el maná cesó desde el día siguiente, en que empezaron a comer los productos del país. Los israelitas no tuvieron en adelante maná y se alimentaron ya aquel año de los productos de la tierra de Canaán*.

Ex 16 1+

3. LA CONQUISTA DE JERICÓ

Preludio: Teofanía*.

Nm 22 23
Cro 21 16

¹³ Sucedió que, estando Josué cerca de Jericó, levantó los ojos y vio a un hombre plantado frente a él con una espada desnuda en la mano. Josué se adelantó hacia él y le dijo: «¿Eres de los nuestros o de nuestros enemigos?» ¹⁴ Respondió: **Ex 23 20** «No, sino que soy el jefe del ejército de **Dn 12 1** Yahvé. Acabo de llegar.» Cayó Josué ros-**19 11-16**

tro en tierra, le adoró y dijo: «¿Qué dice mi Señor a su siervo?» ¹⁵ El jefe del ejército de Yahvé respondió a Josué: «Quítate las sandalias de tus pies, porque el lugar en que estás es sagrado.» Así lo hizo Josué.

Ex 3 5
Ex 19 12+

Toma de Jericó*.

6 ¹ Jericó estaba cerrada a cal y canto por miedo a los israelitas: nadie salía

---

5 1 «pasaron» qeré, mss, versiones; «pasamos» ketib.
5 2 «por segunda vez», glosa que es explicación de «vuelve a».
5 9 Juego de palabras entre Guilgal y *gallôti*, «he quitado».—Este «oprobio» consiste en el hecho de ser incircuncisos, como el autor lo creía de los egipcios.
5 12 La comida de ázimos y espigas tostadas, señal de la entrada de Israel en país agrícola, tomaba carácter religioso a causa de la Pascua y exigía la circuncisión. La cesación del maná significaba el fin del período del desierto.
5 13 Los vv. 13-15 son restos de una tradición perdida: esta teofanía suponía una revelación y órdenes dadas a Josué, v. 14, que sin duda se referían a la conquista concebida como una empresa personal de Yahvé. Puede quizá compararse con éste el episodio, también aislado, de Jc 2 1-5. En todo caso, hay aquí un nuevo paralelismo con el Éxodo: la escena recuerda la visión de la Zarza ardiendo y la misión de Moisés.
6 El origen de este relato es una tradición del santuario de Guilgal que explicaba las ruinas de las murallas de Jericó como el resultado del primer hecho de guerra de Yahvé en Canaán, vv. 2-10.15-16.20-21; el arca es la señal de la presencia de Yahvé, quien actúa solo. Este relato, que era un modelo de relato de la guerra santa de conquista, se transformó en relato cultual mediante una serie de adiciones que subrayaban la función de los sacerdotes. El texto hebreo es bastante más extenso que el de los LXX, que omite las repeticiones (entre paréntesis en el texto). Aun en su forma primitiva, el relato no es histórico en el sentido nuestro, pero ello no excluye el que se hubiera dado realmente una conquista de Jericó (ver 24 11 y nota a 2). Ciertamente, la arqueología no aporta ningún indicio de que Jericó fuera arruinada hacia el fin del s. XIII a.C., pero su testimonio no es concluyente, porque la erosión pudo hacer desaparecer los estratos de aquella época.

ni entraba. ² Yahvé dijo a Josué: «Mira, yo pongo en tus manos a Jericó y a su rey. ³ Vosotros, todos los hombres de guerra, rodearéis la ciudad, dando una vuelta alrededor. Así harás durante seis días. ⁴ Siete sacerdotes llevarán delante del arca las siete trompetas de cuerno de carnero. El séptimo día daréis la vuelta a la ciudad siete veces y los sacerdotes tocarán las trompetas. ⁵ Cuando suene el cuerno de carnero (cuando oigáis el sonar de la trompeta), todo el pueblo prorrumpirá en un gran alarido* y el muro de la ciudad se vendrá abajo. Y el pueblo se lanzará al asalto, cada uno por el lugar que tenga enfrente.»

⁶ Josué, hijo de Nun, llamó a los sacerdotes y les dijo: «Tomad el arca de la alianza y que siete sacerdotes lleven las trompetas de cuerno de carnero delante del arca de Yahvé.» ⁷ Al pueblo le dijo: «Pasad y dad la vuelta a la ciudad y que la vanguardia pase delante del arca de Yahvé.» ⁸ (Se hizo según la orden dada por Josué al pueblo). Los siete sacerdotes que llevaban las siete trompetas de cuerno de carnero delante de Yahvé pasaron y tocaron las trompetas; el arca de la alianza de Yahvé iba tras ellos; ⁹ la vanguardia iba delante de los sacerdotes que tocaban las trompetas y la retaguardia marchaba detrás del arca. Según iban caminando, tocaban las trompetas.

¹⁰ Josué había dado esta orden al pueblo: «No gritéis, ni dejéis oír vuestras voces (que no salga ni una palabra de vuestra boca) hasta el día en que yo os diga: Gritad. Entonces gritaréis.»

¹¹ Hizo que el arca de Yahvé diera la vuelta a la ciudad (rodeándola una vez); luego volvieron al campamento, donde pasaron la noche. ¹² Josué se levantó de mañana y los sacerdotes tomaron el arca de Yahvé. ¹³ Los siete sacerdotes que llevaban las siete trompetas de cuerno de carnero delante del arca de Yahvé, iban caminando y tocando las trompetas según caminaban. La vanguardia iba delante de ellos y la retaguardia detrás del arca de Yahvé, desfilando al son de las trompetas.

¹⁴ Dieron (el segundo día) una vuelta a la ciudad y volvieron al campamento. Se hizo lo mismo durante seis días. ¹⁵ El séptimo día, se levantaron con el alba y dieron la vuelta a la ciudad (según el mismo rito) siete veces. (Sólo aquel día dieron la vuelta a la ciudad siete veces.) ¹⁶ La séptima vez, los sacerdotes tocaron la trompeta y Josué dijo al pueblo: «¡Lanzad el alarido, porque Yahvé os ha entregado la ciudad!»

Jericó consagrada al anatema*.

¹⁷ «La ciudad será consagrada como anatema a Yahvé con todo lo que haya en ella; únicamente, Rajab, la prostituta, quedará con vida, así como todos los que están con ella en su casa, por haber ocultado a los emisarios que enviamos. ¹⁸ Pero vosotros guardaos del anatema, no vayáis a quedaros, llevados de la codicia, con algo de lo que es anatema, porque convertiríais en anatema todo el campamento de Israel y le acarrearíais la desgracia*. ¹⁹ Toda la plata y todo el oro, todos los objetos de bronce y de hierro, están consagrados a Yahvé: ingresarán en su tesoro.»

²⁰ El pueblo lanzó el alarido y se tocaron las trompetas. Al escuchar el pueblo la voz de la trompeta, prorrumpió en gran alarido, y el muro se vino abajo. La gente escaló la ciudad, cada uno por el lugar que tenía enfrente, y se apoderaron de ella. ²¹ Consagraron al anatema todo lo que había en la ciudad, hombres y mujeres, jóvenes y viejos, bueyes, ovejas y asnos, a filo de espada.

La casa de Rajab preservada*.

²² Josué dijo a los dos hombres que habían explorado el país: «Entrad en la casa de la prostituta y haced salir de ella a esa mujer con todos los suyos, como se lo habéis jurado.» ²³ Los jóvenes espías fueron e hicieron salir a Rajab, a su padre, a su madre, a sus hermanos y a todos los suyos. También hicieron salir a todos los de su familia y los dejaron fuera del campamento de Israel.

Lv 27 28-29

2 1-21

7 1-26

∕ Hb 11 3

2 1-21

---

6 5   Sobre este clamor religioso y guerrero, ver Nm 10 5+.
6 17   El anatema, en hebreo jérem, implica la renuncia a todo el botín y su atribución a Dios: se da muerte a los hombres y a los animales; los objetos preciosos son entregados al santuario. Es un acto religioso, una ordenanza de la guerra santa, Dt 7 1-2; 20 13s; 1 S 15 3, o de un voto para asegurarse la victoria, Nm 21 2. Todo incumplimiento es un sacrilegio que se castiga severamente, Jos 7, ver

1 S 15 16-23. Con todo, la regla absoluta admite atenuaciones, Nm 31 15-23; Dt 2 34-35; 3 6-7; 20 13-14; Jos 8 26-27. Esta primitiva noción de dominio absoluto de Dios está corregida por la de su paternidad misericordiosa, ver Sb 1 13 y, sobre todo, en el NT, Mt 5 44-45.
6 18   «llevados de la codicia» griego, ver 7 21 y Dt 7 25; «no seáis anatema» hebr.
6 22   Fin de la historia de Rajab y los espías, cap. 2, cuyo recuerdo conservaban los supervivientes de un clan de Rajab, v. 25.

Nm 31 22

²⁴ Prendieron fuego a la ciudad con todo lo que contenía. Sólo la plata, el oro y los objetos de bronce y de hierro los depositaron en el tesoro de la casa de Yahvé.

²⁵ Pero a Rajab, la prostituta, así como a la casa de su padre y a todos los suyos, Josué los conservó con vida. Ella se quedó en Israel hasta el día de hoy, por haber escondido a los emisarios que Josué había enviado a explorar Jericó.

Maldición a quien reconstruya Jericó.

²⁶ En aquel tiempo Josué pronunció este juramento:
¡Maldito sea delante de Yahvé el hombre que se levante
y reconstruya esta ciudad (de Jericó)!

✗ 1 R 16 34

¡Al precio de su primogénito echará su cimiento
y al de su benjamín colocará las puertas!

1 5+

²⁷ Y Yahvé estuvo con Josué, cuya fama se extendió por toda la tierra.

Violación del anatema*.

7 ¹ Pero los israelitas cometieron un delito en relación con el anatema. Acán, hijo de Carmí, hijo de Zabdí, hijo de Zéraj, de la tribu de Judá, se quedó con algo del anatema, y la ira de Yahvé se encendió contra los israelitas.

Derrota ante Ay, castigo del sacrilegio.

2 1

² Josué envió de Jericó a Ay*, que está (junto a Bet Avén) al oriente de Betel, unos hombres, diciéndoles: «Subid a explorar el país.» Los hombres subieron y exploraron Ay. ³ Volvieron donde Josué y le dijeron: «Que no suba toda la gente; para atacar a Ay basta con que suban dos o tres mil hombres. No molestes a toda la gente haciéndolos subir hasta allí, porque ellos son pocos.»

Jc 20 20-21

⁴ Subieron a Ay unos tres mil hombres del pueblo, pero tuvieron que huir ante los hombres de Ay. ⁵ Los hombres de Ay les mataron como unos treinta y seis hombres y los persiguieron fuera de la puerta hasta Sebarín, y los derrotaron en la bajada. Entonces desfalleció el corazón del pueblo y se derritió como agua.

Jc 20 26

Oración de Josué*.

⁶ Josué desgarró sus vestidos, se postró rostro en tierra delante del arca de Yahvé hasta la tarde, junto con los ancianos de Israel, y todos esparcieron polvo sobre sus cabezas. ⁷ Dijo Josué: «¡Ah, Señor Yahvé! ¿Por qué has hecho pasar el Jordán a este pueblo, para entregarnos en manos de los amorreos y destruirnos? ¡Ojalá nos hubiésemos empeñado en establecernos al otro lado del Jordán! ⁸ ¡Perdón, Señor! ¿Qué puedo decir ahora que Israel ha vuelto la espalda ante sus enemigos? ⁹ Se enterarán los cananeos y todos los habitantes del país: se aliarán contra nosotros y borrarán nuestro nombre de la tierra. ¿Qué harás tú entonces por tu gran nombre?»

Ex 32 11-14

Respuesta de Yahvé.

¹⁰ Yahvé respondió a Josué: «¡Levántate! ¿Por qué estás así rostro en tierra? ¹¹ Israel ha pecado, y también ha violado la alianza que yo le había impuesto. Y hasta se han quedado con algo del anatema, lo han robado, lo han escondido y lo han puesto entre sus utensilios. ¹² Los israelitas no podrán resistir ante sus enemigos; volverán la espalda ante sus enemigos, porque se han convertido en anatema. Yo no estaré ya con vosotros, si no hacéis desaparecer el anatema de en medio de vosotros*. ¹³ Levántate, purifica al pueblo y diles: Purificaos para mañana, porque así dice Yahvé, el Dios de Israel: El anatema está dentro de ti, Israel; no podrás resistir ante tus enemigos hasta

---

7 Originariamente, el episodio de Acán era independiente de la toma de Jericó y de la toma de Ay: Acán es hombre de Judá, y el valle de Acor está en Judá, lejos de Ay y de Jericó. Es una tradición particular, probablemente de origen benjaminita, ya que es hostil a Judá.
7 2 Ay (nombre que significa «La Ruina») es hoy et-Tell (que, en árabe, tiene el mismo sentido). El lugar se hallaba en ruinas en la época de Josué, y es difícil conceder valor histórico a este relato. Es paralelo al relato de la toma de Guibeá, Jc 20, y pudo haber sido narrado en Betel para contrapesar el recuerdo de la derrota de Benjamín en Guibeá con el relato de una acción gloriosa que se atribuía a la época de la conquista. —«que está junto a Bet Aven», glosa que introdujo en el texto el mote de «casa de vanidad», que se aplicaba a Betel, Os 4 15, etc.; ver Am 5 5.
7 6 Esta oración recuerda la de Moisés en circunstancias semejantes, Ex 32 11; Nm 14 13-16; Dt 9 6, pero con diferencias importantes: especialmente la de que Yahvé ofrecía a Moisés darle otro pueblo y Moisés lo rechazaba e intercedía, mientras que aquí Josué es el que cede al desaliento y Yahvé quien lo reanima: ver 1 R 19 4; Jr 15 10.18; 20 7.4-16
7 12 La violación del anatema es un sacrilegio, 6 17+, y toda la comunidad queda manchada, convertida en «anatema», por la presencia de los objetos robados. Para que aquélla quede liberada, es preciso que el anatema se ejecute sobre el mismo culpable.

que extirpéis el anatema de entre vosotros. [14] Os presentaréis, pues, mañana
por la mañana, por tribus: la tribu que
Yahvé designe por la suerte se presentará por clanes, el clan que Yahvé designe se presentará por familias, y la familia
que Yahvé designe* se presentará hombre por hombre. [15] El designado por la
suerte en lo del anatema será entregado
al fuego con todo lo que le pertenece, por
haber violado la alianza de Yahvé y cometido una infamia en Israel.»

1 S 14 40-42

Descubrimiento y castigo del culpable.

[16] Josué se levantó de mañana; mandó
que se acercara Israel por tribus, y fue
designada por la suerte la tribu de Judá.
[17] Mandó que se acercaran los clanes de
Judá, y fue designado por la suerte el
clan de Zéraj. Mandó que se acercara el
clan de Zéraj por familias, y fue designado por la suerte Zabdí*. [18] Mandó que
se acercara la familia de Zabdí, hombre
por hombre, y fue designado por la suerte Acán, hijo de Carmí, hijo de Zabdí,
hijo de Zéraj, de la tribu de Judá.
[19] Dijo entonces Josué a Acán: «Hijo
mío, da gloria a Yahvé, Dios de Israel, y
tribútale alabanza; decláreme lo que has
hecho, no me lo ocultes.» [20] Acán respon-

dió a Josué: «En verdad, yo soy el que ha
pecado contra Yahvé, Dios de Israel; esto
y esto es lo que he hecho: [21] Vi entre el
botín un hermoso manto de Senaar*,
doscientos siclos de plata y un lingote de
oro de cincuenta siclos de peso, me gustaron y me los guardé. Están escondidos
en la tierra en medio de mi tienda, y la
plata debajo.»
[22] Josué envió emisarios, que fueron
corriendo a la tienda, y en efecto el manto estaba escondido en la tienda y la plata debajo. [23] Lo sacaron de la tienda y se
lo llevaron a Josué y a todos los israelitas, y fue depositado delante de Yahvé.
[24] Entonces Josué tomó a Acán, hijo de
Zéraj, con la plata, el manto y el lingote
de oro, a sus hijos, sus hijas, su toro, su
asno y su oveja, su tienda y todo lo suyo
y los hizo subir al valle de Acor. Todo Israel le acompañaba.
[25] Josué dijo: «¿Por qué nos has traído
la desgracia? Que Yahvé te haga desgraciado en este día.» Y todo Israel lo apedreó (y los quemaron en la hoguera y los
apedrearon*).
[26] Levantaron sobre él un gran montón
de piedras*, que existe todavía hoy. Así
Yahvé se calmó del furor de su cólera.
Por eso se llama aquel lugar Valle de
Acor* hasta el día de hoy.

4. LA CONQUISTA DE AY

Orden dada a Josué.

8 [1] Yahvé dijo entonces a Josué: «¡No
tengas miedo ni te asustes! Toma
contigo a toda la gente de armas; levántate y ataca a Ay, pues entrego en tus manos al rey de Ay, a su pueblo, su ciudad
y su territorio. [2] Harás con Ay y con su
rey lo que has hecho con Jericó y con su
rey. Pero como botín sólo tomaréis el botín y el ganado. Pon una emboscada a espaldas de la ciudad.»

Jc 20 28

Maniobra de Josué.

[3] Josué se levantó con toda la gente de
armas para marchar sobre Ay. Escogió
Josué treinta mil guerreros valientes y
los hizo salir de noche, [4] dándoles esta
orden: «Mirad, vosotros vais a estar emboscados a espaldas de la ciudad, pero
no os alejéis mucho de ella, y estad todos
alerta. [5] Yo y toda la gente que me acompaña nos acercaremos a la ciudad y,
cuando la gente de Ay* salga a nuestro

Jc 20 29-4...

---

7 14 Compárese Saúl designado rey por la suerte, 1 S
10 20-21, Jonatán señalado como culpable, 1 S 14 40-
42. Explícitamente en este último caso y probablemente
en los otros, esta designación se hace por medio de las
suertes sagradas con las que se consulta a Dios, ver 1 S
2 28+. Ver también Jon 1 7.
7 17 «los clanes» griego; «el clan» hebr. —«por familias» mss hebr., sir., Vulg.; «hombre por hombre»
hebr.
7 21 Región de la Alta Mesopotamia (hoy Yébel Sin-
yar); pero en la Biblia, este término designa ordinariamente a Babilonia, Gn 10 10; 11 2; Dn 1 2. Éste es también aquí su sentido, ya que Babilonia tenía fama por
su lujo.

7 25 Glosa que se refiere a la familia y a los bienes de
Acán.
7 26 (a) Sepultura de un criminal, ver el rey de Ay, 8
29, Absalón, 2 S 18 17; trato análogo para los cinco reyes cananeos, Jos 10 27.
7 26 (b) Ver Is 65 10; Os 2 17. El nombre se explica
aquí por medio de *akar*, «traer la desgracia», v. 25. El
valle de Acor es la llanura que se extiende por encima
del acantilado de Qumrán; pertenecía a Judá, pero estaba en los confines de Benjamín, ver 7+. Este nombre
geográfico ha influido en la lectura del nombre de
Acán: Acar en el griego de este cap. y en el hebr. de 1
Cro 2 7.
8 5 «la gente de Ay» griego; «ellos» hebr.

encuentro como la primera vez, huiremos ante ellos. [6] Saldrán tras de nosotros hasta que los alejemos de la ciudad, porque se dirán: Huyen delante de nosotros como la primera vez*. [7] Entonces vosotros saldréis de la emboscada y os apoderaréis de la ciudad; Yahvé, vuestro Dios, la pondrá en vuestras manos. [8] En cuanto toméis la ciudad la incendiaréis. Lo haréis según la orden de Yahvé. Mirad que os lo mando yo.»

[9] Los despachó Josué y fueron al lugar de la emboscada, y se apostaron entre Betel y Ay, al occidente de Ay; Josué pasó aquella noche en medio de la gente. [10] Se levantó de mañana Josué, revistó la tropa y subió contra Ay, con los ancianos de Israel al frente de la tropa. [11] Toda la gente de guerra que estaba con él subió y se acercó hasta llegar ante la ciudad. Acamparon al norte de Ay. El valle quedaba entre ellos y la ciudad. [12] Tomó unos cinco mil hombres* y tendió con ellos una emboscada entre Betel y Ay, al oeste de la ciudad. [13] Pero el grueso de la tropa acampó al norte de la ciudad, quedando la emboscada al oeste de la ciudad. Josué pasó aquella noche en medio del valle.

Batalla de Ay.

[14] En cuanto vio esto el rey de Ay, se dieron prisa, se levantaron temprano y salieron él y toda su gente a presentar batalla a Israel en la bajada*, frente a la Arabá, sin saber que tenía una emboscada a espaldas de la ciudad. [15] Josué y todo Israel se hicieron los derrotados y huyeron camino del desierto. [16] Toda la gente que estaba en la ciudad se puso a dar grandes alaridos saliendo tras ellos y, al perseguir a Josué, se alejaron de la ciudad. [17] No quedó un solo hombre en Ay (ni en Betel*) que no saliera en persecución de Israel. Y dejaron la ciudad abierta por perseguir a Israel.

[18] Yahvé dijo entonces a Josué: «Tiende hacia Ay el sable que tienes en tu mano*, porque en tu mano te la entrego.» Josué tendió el sable que tenía en la mano hacia la ciudad. [19] Tan pronto como extendió la mano, los emboscados surgieron rápidamente de su puesto, corrieron y entraron en la ciudad, se apoderaron de ella y a toda prisa la incendiaron.

Desastre de la gente de Ay.

[20] Los hombres de Ay volvieron la vista atrás y vieron la humareda que subía de la ciudad hacia el cielo; no tenían posibilidad de escapar ni por un lado ni por otro. El pueblo que iba huyendo hacia el desierto se volvió contra los perseguidores. [21] Viendo Josué y todo Israel que los emboscados habían tomado la ciudad y que subía de ella una humareda, se volvieron y atacaron a los hombres de Ay. [22] Los otros salieron de la ciudad a su encuentro, de modo que los hombres de Ay se encontraron rodeados por los israelitas, unos por un lado y otros por otro. Éstos los derrotaron hasta que no quedó superviviente ni fugitivo. [23] Pero al rey de Ay lo prendieron vivo y lo condujeron ante Josué. [24] Cuando Israel acabó de matar a todos los habitantes de Ay en el campo y en el desierto, hasta donde habían salido en su persecución, y todos ellos cayeron a filo de espada hasta no quedar uno, todo Israel volvió a Ay y pasó a su población a filo de espada. [25] El total de los que cayeron aquel día, hombres y mujeres, fue doce mil: todos los habitantes de Ay.

El anatema y la ruina.

[26] Josué no retiró la mano que tenía extendida con el sable hasta que consagró al anatema a todos los habitantes de Ay. [27] Israel se repartió solamente el ganado y el botín de dicha ciudad, según la orden que Yahvé había dado a Josué. [28] Josué incendió Ay y la convirtió para siempre en una ruina, en desolación hasta el día de hoy. [29] Al rey de Ay lo colgó de un árbol* hasta la tarde; y a la puesta del sol ordenó Josué que bajaran el cadáver del árbol. Lo echaron luego a la entrada de la puerta de la ciudad y apilaron sobre él un gran montón de piedras, que existe todavía hoy.

8 26
Ex 17 8-15
R 13 14-19

Dt 21 22-23
Jos 10 27

---

8 6   Al final del v., el hebr. añade: «huiremos ante ellos», ditografía del v. 5.
8 12   Cifra más probable que la de 30.000 en el v. 3.
8 14   «bajada» *môrad* conj., ver 7 5; «lugar de la cita» *mo'ed*.
8 17   «ni en Betel» glosa omitida por griego.
8 18   No una simple señal, sino un gesto eficaz por sí

mismo, como el de Moisés, Ex 17 9.11.
8 29   Este trato ignominioso, que a veces seguía a la ejecución de un enemigo, ver 10 26-27, era una señal de infamia que también practicaban otros pueblos, ver 1 S 31 10. Pero, según la ley de Dt 21 22-23, los ajusticiados debían ser bajados antes de la noche, de ahí Jn 19 31.

5. SACRIFICIO Y LECTURA DE LA LEY SOBRE EL MONTE EBAL*

El altar de piedras sin labrar.

[30] Entonces Josué construyó un altar a Yahvé, Dios de Israel, en el monte Ebal, [31] como había mandado Moisés, siervo de Yahvé, a los israelitas, según está escrito en el libro de la Ley de Moisés: un altar de piedras sin labrar, a las que no haya tocado el hierro. Ofrecieron sobre él holocaustos a Yahvé e inmolaron sacrificios de comunión.

Ex 20 25
Dt 27 5-7

Lectura de la Ley.

Dt 27 2-4.8

[32] Josué escribió allí mismo, sobre las piedras, una copia de la Ley que Moisés había escrito delante de los israelitas. [33] Y todo Israel, sus ancianos, sus escri-

Dt 27 9-26

bas y sus jueces, de pie a los lados del arca, delante de los sacerdotes levitas que llevaban el arca de la alianza de Yahvé, todos, tanto forasteros como ciudadanos, se colocaron la mitad en la falda del monte Garizín y la otra mitad en la falda del monte Ebal*, según la orden de Moisés, siervo de Yahvé, para bendecir por primera vez al pueblo de Israel. [34] Luego, Josué leyó todas las palabras de la Ley, la bendición y la maldición, a tenor de cuanto está escrito en el libro de la Ley. [35] No hubo ni una palabra de cuanto Moisés había mandado que no la leyera Josué en presencia de toda la asamblea de Israel, incluidas las mujeres, los niños y los forasteros que vivían en medio de ellos.

3 3

Dt 11 29

Dt 31 10-12

6. EL TRATADO ENTRE ISRAEL Y LOS GABAONITAS

Coalición contra Israel.

9 [1] En cuanto se enteraron todos los reyes que estaban de este lado del Jordán, en la montaña, en la Tierra Baja, a lo largo de la costa del mar Grande hasta la región del Líbano, hititas, amorreos, cananeos, perizitas, jivitas y jebuseos, [2] se aliaron como un solo hombre para combatir contra Josué e Israel.

Jc 1 9

Dt 7 1+

Engaño de los gabaonitas*.

[3] Pero los habitantes de Gabaón se enteraron de lo que había hecho Josué con Jericó y Ay, [4] y recurrieron por su parte a la astucia. Fueron y se proveyeron de víveres*, tomaron alforjas viejas para sus asnos y odres de vino viejos, rotos y recosidos; [5] sandalias viejas y remendadas

en sus pies y vestidos viejos. Todo el pan que llevaban para su alimento era seco y hecho migajas.

[6] Fueron donde Josué, al campamento de Guilgal, y le dijeron a él y a los hombres de Israel: «Venimos de un país lejano: haced, pues, alianza con nosotros.» [7] Los hombres de Israel respondieron a aquellos jivitas: «¿A ver si habitáis en medio de nosotros? Entonces no podemos hacer alianza con vosotros.» [8] Respondieron a Josué: «Nosotros somos tus siervos.» Josué les dijo: «¿Quiénes sois vosotros y de dónde venís?» [9] Le respondieron: «De muy lejana tierra vienen tus siervos, por la fama de Yahvé tu Dios, pues hemos oído hablar de él, de todo lo que ha hecho en Egipto [10] y de todo lo que ha hecho con los dos reyes amorreos

2 10

---

8 30   Los vv. 30-35, que interrumpen los relatos de la conquista (en 9 6, Josué se encontrará aún en el campamento de Guilgal), son de un redactor que se inspira en los caps. 11, 27 y 31 del Dt. Quizá hayan sustituido esos vv. a la mención del santuario de Betel, que aquí era de esperar, puesto que se hallaba próximo a Ay; pero se ha borrado lo que parecía como la legitimación de un santuario posteriormente condenado.
8 33   Esta escena tiene lugar al oeste de Siquén, dominada al norte por el Ebal y al sur por el Garizín. Sobre el Garizín se levantará el templo cismático de los samaritanos, quizá desde la época de Nehemías. Será profanado por Antíoco Epífanes, 2 M 6 2; ver 5 23. Jesús alude a este culto en Jn 4 21.
9 3   El relato lleva en su conjunto la marca de una redacción deuteronomista, pero que utiliza antiguas tradiciones. Es imposible delimitarlas con claridad; con todo, su origen es seguramente benjaminita. —Los «ga-

baonitas» no sólo habitan Gabaón (el-Yib al noroeste de Jerusalén), sino también otras tres ciudades vecinas mencionadas en el v. 17. Formaban un enclave no cananeo en el país, ver v. 7; 11 19, lo cual explica que constituyeran grupo aparte y buscaran la alianza con los israelitas. La existencia de una alianza antigua entre Gabaón e Israel se halla garantizada por la reparación que David otorgó a sus habitantes, 2 S 21. Pero esta presentación del caso manifiesta aquí una preocupación teológica: se ha estimado que semejante pacto era contrario a las normas de la guerra santa, ver 6 17+. Sin embargo, esas normas no se aplicaban a los pueblos de fuera de Canaán, y de ahí la divertida historia de la astucia de los gabaonitas; ya no se podía romper el juramento que se les había hecho.
9 4   «se proveyeron de víveres» wayyistayyadû, ver vv. 11-12; hebr. wayyistayyarû ininteligible.

del otro lado del Jordán, Sijón, rey de Jesbón y Og, rey de Basán, que vivía en Astarot. [11] Y nos han dicho nuestros ancianos y todos los habitantes de nuestra tierra: «Tomad en vuestras manos provisiones para el viaje, id a su encuentro y decidles: Siervos vuestros somos: haced, pues, alianza con nosotros. [12] Este nuestro pan estaba caliente cuando hicimos provisión de él en nuestras casas para el viaje, el día en que partimos para venir a vuestro encuentro: miradlo ahora duro o hecho migajas. [13] Estos odres de vino, que eran nuevos cuando los llenamos, se han roto; nuestras sandalias y nuestros vestidos están gastados por lo largo del camino.»

[14] Los notables* hicieron aprecio de las provisiones de ellos sin haber consultado el oráculo de Yahvé. [15] Josué hizo las paces con ellos, hizo con ellos pacto de conservarles la vida, y los príncipes de la comunidad* se lo juraron.

[16] Sucedió que, al cabo de tres días de cerrado este pacto, supieron que vivían cerca y habitaban en medio de Israel. [17] Los israelitas partieron del campamento y llegaron al tercer día a las ciudades de ellos, que eran Gabaón, Quefirá, Beerot y Quiriat Yearín. [18] Los israelitas no los mataron, porque los príncipes de la comunidad se lo habían jurado por Yahvé, Dios de Israel. Pero toda la comunidad murmuró de los príncipes.

Estatuto de los gabaonitas.

[19] Todos los príncipes declararon a la comunidad reunida: «Nosotros lo hemos jurado por Yahvé, Dios de Israel; no podemos, pues, tocarlos. [20] Lo que hemos de hacer con ellos es: Déjalos* con vida para que no venga sobre nosotros la Cólera por el juramento que hemos hecho.» [21] Les dijeron también los príncipes: «Que vivan, pero que sean leñadores y aguadores para toda la comunidad.» Así les dijeron los príncipes. [22] Josué los llamó y les dijo: «¿Por qué nos habéis engañado diciendo: Vivimos muy lejos de vosotros, siendo así que habitáis en medio de nosotros? [23] Sois, pues, unos malditos y nunca dejaréis de servir como leñadores y aguadores de la casa de mi Dios*.» [24] Le respondieron a Josué: «Es que a tus siervos se habían enterado de la orden que había dado Yahvé tu Dios a Moisés su siervo, de entregaros todo este país y exterminar a vuestra llegada a todos sus habitantes. Temimos mucho por nuestras vidas a vuestra llegada y por eso hemos hecho esto. [25] Ahora, aquí estamos en tus manos: haz con nosotros lo que te parezca bueno y justo.» [26] Así hizo con ellos, los salvó de la mano de los israelitas, que no los mataron*. [27] Aquel día los puso Josué como leñadores y aguadores de la comunidad y del altar de Yahvé hasta el día de hoy, en el lugar que Yahvé había de elegir.

Dt 29 10

7. COALICIÓN DE LOS CINCO REYES AMORREOS. CONQUISTA DEL SUR DE PALESTINA*

Jc 1 1-8

Cinco reyes hacen la guerra a Gabaón.

10 [1] Sucedió, pues, que Adoni Sédec, rey de Jerusalén, se enteró de que Josué se había apoderado de Ay y la había consagrado al anatema, haciendo con Ay y su rey como había hecho con Jericó y su rey, y de que los habitantes de Gabaón habían hecho las paces con Israel y que vivían entre los israelitas. [2] Y

---

9 14   «notables» hebr.; «hombres» griego. —Por el hecho de que aceptaran probar los alimentos de los gabaonitas, los notables de Israel pactaban una alianza con ellos, Gn 31 46s.
9 15   La «comunidad» es término técnico que designa a la asamblea de Israel reunida para el culto o para tratar de los asuntos comunes, ver 1 R 12 20; Jc 20 1; Jos 22.
9 20   Este singular presenta una dificultad. Puede suponerse que el discurso a «la comunidad reunida» es interrumpido por una frase dirigida a Josué en persona.
9 23   Los gabaonitas ligados al santuario, quizás al alto de Gabaón, 1 R 3 4, son diferentes de los esclavos del templo, Esd 2 43 y 55, institución que Esdras hace remontarse hasta David. Quedan reducidos a un estatuto inferior, ver Dt 29 10, que ellos mismos han pedido, v. 11, y que originariamente no es un castigo.

9 26   Este pacto fue roto por Saúl, lo que exigió una reparación en el reinado de David, 2 S 21 1-14.
10   Los caps. 10 y 11, por su género literario, difieren de los precedentes: relacionan con dos expediciones contra los reyes cananeos coaligados la conquista de todo el sur, y luego de todo el norte de la Tierra Prometida, realizada bajo la dirección de Josué por todas las tribus unidas. Esto no concuerda ni con otros pasajes del mismo libro, por ejemplo, 13 1-6; 14 6-13; 15 13-19; 17 12.16, ni con la descripción con que se abre el libro de los Jueces, Jc 1, donde se ve que la conquista fue lenta e incompleta y que cada tribu tuvo una acción independiente. Esta última visión está más de acuerdo con la historia, pero el libro de Josué por todas hechos a los que él era ajeno o que fueron posteriores a él, con objeto de ofrecer un panorama general de la conquista.

se atemorizó mucho con ello, porque Gabaón era una ciudad grande, tanto como cualquier ciudad real, mayor que Ay, y todos sus hombres eran valientes. ³ Entonces Adoni Sédec, rey de Jerusalén, mandó a decir a Hohán, rey de Hebrón, a Pirán, rey de Yarmut, a Yafía, rey de Laquis, y a Debir, rey de Eglón: ⁴ «Venid en mi auxilio para que derrotemos a Gabaón, pues ha hecho las paces con Josué y con los israelitas.» ⁵ Se juntaron y subieron los cinco reyes amorreos: el rey de Jerusalén, el rey de Hebrón, el rey de Yarmut, el rey de Laquis y el rey de Eglón, con todas sus tropas; asediaron Gabaón y la atacaron.

Josué socorre a Gabaón.

⁶ Los gabaonitas mandaron a decir a Josué al campamento de Guilgal: «No dejes solos a tus siervos; sube aprisa donde nosotros, sálvanos y socórrenos, porque se han aliado contra nosotros todos los reyes amorreos que habitan en la montaña.» ⁷ Josué subió de Guilgal con toda la gente de guerra y todos los guerreros valientes. ⁸ Y Yahvé dijo a Josué: «No les temas, porque los he puesto en tus manos; ninguno de ellos te podrá resistir.» ⁹ Josué cayó sobre ellos de improviso, tras haber caminado toda la noche desde Guilgal.

El socorro de lo alto.

¹⁰ Yahvé los desbarató ante Israel, el cual les causó una gran derrota en Gabaón y los persiguió por el camino de la subida de Bet Jorón, y los fue destrozando hasta Azecá (y hasta Maquedá). ¹¹ Y, mientras huían ante Israel por la bajada de Bet Jorón*, Yahvé lanzó del cielo sobre ellos hasta Azecá grandes piedras, y murieron. Y fueron más los que murieron por las piedras que los que mataron los israelitas a filo de espada. ¹² Entonces, el día en que Yahvé entregó al amorreo en manos de los israelitas, habló Josué a Yahvé, en presencia de Israel, y dijo:

«Deténte, sol, en Gabaón,

y tú, luna, en el valle de Ayalón.»
¹³ Y el sol se detuvo y la luna se paró hasta que el pueblo se vengó de sus enemigos.

¿No está esto escrito en el libro del Justo*? El sol se paró en medio del cielo y no tuvo prisa en ponerse como un día entero. ¹⁴ No hubo día semejante ni antes ni después, en que obedeciera Yahvé a la voz de un hombre. Es que Yahvé combatía por Israel. ¹⁵ Josué volvió con todo Israel al campamento de Guilgal.

Los cinco reyes en la cueva de Maquedá*.

¹⁶ Aquellos cinco reyes habían huido y se habían escondido en la cueva de Maquedá. ¹⁷ Se dio aviso a Josué: «Han sido descubiertos los cinco reyes, escondidos en la cueva de Maquedá.» ¹⁸ Josué respondió: «Rodad unas piedras grandes a la boca de la cueva y poned junto a ella hombres que la guarden. ¹⁹ Y vosotros no os quedéis quietos: perseguid a vuestros enemigos, cortadles la retirada, no les dejéis entrar en sus ciudades, porque Yahvé vuestro Dios los ha puesto en vuestras manos.»

²⁰ Cuando Josué y los israelitas terminaron de causarles una grandísima derrota, hasta acabar con ellos, los supervivientes se escaparon y se metieron en las plazas fuertes. ²¹ Todo el pueblo volvió sano y salvo al campamento, junto a Josué, a Maquedá, y no hubo quien ladrara* contra los israelitas.

²² Dijo entonces Josué: «Abrid la boca de la cueva y sacadme de ella a esos cinco reyes.» ²³ Así lo hicieron: le sacaron de la cueva a los cinco reyes: al rey de Jerusalén, al rey de Hebrón, al rey de Yarmut, al rey de Laquis y al rey de Eglón. ²⁴ En cuanto sacaron a los reyes, Josué llamó a todos los hombres de Israel y dijo a los capitanes de tropa que le habían acompañado: «Acercaos y poned vuestros pies sobre la nuca de esos reyes.» Ellos se acercaron y pusieron los pies sobre las nucas de ellos. ²⁵ «No tengáis miedo, les

Marginal references (left column):
Jc 1 5
9 3-14
Si 46 4-6
Is 28 21
Jb 38 22-23
Ex 9 18-26
Is 28 17;
30 30

Marginal references (right column):
Ha 3 11-12
2 R 20 10-1
Ex 14 4
Dt 1 30; 3 1
Sal 110 1

---

10 11 En la ruta ordinaria de las invasiones, comp. la persecución de los filisteos por Saúl, 1 S 14 23 (griego), 31. Ver también la invasión siria, 1 M 3 16.24.
10 13 Antigua recopilación poética, hoy perdida, citada también en 2 S 1 18. Una copla rítmica, cuya justificación es inútil buscar en la astronomía o en los cultos astrales, es una expresión poética, comparable a Ex 15 (cántico de Moisés) y Jc 5 (cántico de Débora, ver sobre todo v. 20), de la ayuda sobrenatural concedida por Yahvé a Israel, ver v. 11. El redactor la ha copiado

a la letra y así subraya la grandeza de Josué, ver v. 14.
10 16 Esta historia representa una tradición particular, distinta de la de la batalla de Gabaón (la mención de Maquedá en el v. 10 es una adición redaccional). Se desconoce el emplazamiento. Según Jos 15 41, Maquedá se hallaba en la región de Eglón y Laquís, muy lejos de Gabaón.
10 21 Lit. «ni un hombre (*'iš* en vez de *le'iš* hebr.) aguza su lengua».

dijo Josué, ni os acobardéis; sed valientes y decididos, porque así hará Yahvé con todos los enemigos con quienes tenéis que combatir.» [26] Acto seguido, Josué los hirió, les dio muerte y los hizo colgar de cinco árboles, de los que quedaron colgados hasta la tarde.

[27] A la hora de la puesta del sol, a una orden de Josué, los descolgaron de los árboles y los arrojaron a la cueva en que se habían escondido, y echaron unas piedras grandes a la boca de la cueva: allí están todavía hoy.

Conquista de las ciudades meridionales de Canaán*.

[28] El mismo día Josué tomó Maquedá y la pasó a filo de espada, a ella y a su rey: los consagró al anatema con todos los seres vivientes que había en ella. No dejó escapar a nadie. Hizo con el rey de Maquedá como había hecho con el rey de Jericó.

[29] Josué, con todo Israel, pasó de Maquedá a Libná y la atacó. [30] Y Yahvé la entregó también, con su rey, en manos de Israel, que la pasó a filo de espada con todos los seres vivientes que había en ella: no dejó en ella ni uno solo con vida. Hizo con su rey como había hecho con el rey de Jericó.

[31] Josué, con todo Israel, pasó de Libná a Laquis, la asedió y atacó. [32] Yahvé entregó Laquis en manos de Israel, que la tomó al segundo día, y la pasó a cuchillo con todos los seres vivientes que había en ella, lo mismo que había hecho con Libná. [33] Entonces Horán, el rey de Guézer, subió en ayuda de Laquis, pero Josué le derrotó a él y a su pueblo, hasta no dejar ni un superviviente.

[34] Josué, con todo Israel, pasó de Laquis a Eglón. La sitiaron y atacaron. [35] La tomaron aquel mismo día y la pasaron a cuchillo. Consagró al anatema aquel día a todos los seres vivientes que había en ella, lo mismo que había hecho con Laquis.

[36] Josué subió, con todo Israel, de Eglón a Hebrón y la atacaron. [37] La tomaron y la pasaron a cuchillo, así como a su rey, y todas sus ciudades y todos los seres vivientes que había en ella. No dejó ni un superviviente, igual que había hecho con Eglón. La consagró al anatema, así como a todos los seres vivientes que había en ella.

[38] Entonces Josué, con todo Israel, se volvió contra Debir y la atacó. [39] Se apoderó de ella, de su rey y de todas sus ciudades; las pasaron a filo de espada y consagraron al anatema a todos los seres vivientes que había en ella sin dejar uno solo con vida. Como había hecho con Hebrón, así hizo con Debir y su rey, igual que había hecho con Libná y con su rey.

Recapitulación de las conquistas del Sur.

[40] Así conquistó Josué todo el país: la montaña, el Negueb, la Tierra Baja y las laderas, con todos sus reyes, sin dejar ni un superviviente. Consagró a todos los seres vivientes al anatema, como Yahvé, el Dios de Israel, le había ordenado. [41] Josué conquistó desde Cades Barnea hasta Gaza, y toda la región de Gosen hasta Gabaón. [42] Se apoderó Josué de todos aquellos reyes y de sus territorios de una sola vez, porque Yahvé, el Dios de Israel, peleaba en favor de Israel. [43] Y Josué, con todo Israel, se volvió al campamento de Guilgal.

8. CONQUISTA DEL NORTE*

Coalición de los reyes del Norte.

11 [1] Cuando Yabín, rey de Jasor*, se enteró, mandó aviso a Yobab, rey de Merón*, al rey de Simrón, al rey de Acsaf, [2] y a los reyes de la parte norte de la montaña, del valle al sur de Quinéret, de la Tierra Baja y de las alturas del oeste de Dor. [3] El cananeo estaba al oriente y al occidente; el amorreo, el jivita, el pe-

Marginal references:
8 29+
Jc 1 29+
Jc 1 10-15
Jos 14 12s; 15 13-14
15 15s
Jc 1 9
6 17+ / Dt 7 1-2
Dt 7 1+

10 28 Obsérvese el esquematismo de este cuadro, ver 10+. La conquista de Hebrón y Debir no puede atribuirse a Josué, ver 15 13-17; Jc 1 10-15. En cuanto a Libná, Laquís y Eglón sólo mucho más tarde llegaron a ser israelitas.
11   El cap. 11, conquista del norte, se elabora conforme a un plan estrictamente paralelo al del cap. 10, en torno al núcleo histórico que aquí es la victoria de las aguas de Merón.

11 1   (a) Al suroeste del lago Hulé, ver 1 R 9 15; 2 R 15 29; Jr 49 28s. Las excavaciones del tell de Jasor, el más extenso de toda Palestina, ver v. 10, confirman que esta grandísima ciudad fue completamente destruida e incendiada al final del «Bronce Superior», época en que se conviene en situar la invas[ó]r. israelita. —El Yabín de Jasor ha entrado indebidamente en el relato de Jc 4.
11 1   (b) «Merón» griego; «Madón» hebr.

rizita y el jebuseo en la montaña; el hitita en las faldas del Hermón, en el país de Mispá. ⁴ Partieron, pues, con todas sus tropas: una muchedumbre innumerable como la arena de la orilla del mar y con gran número de caballos y carros.

Victoria de Merón.

⁵ Se juntaron todos estos reyes, llegaron y acamparon juntos hacia las aguas de Merón para luchar contra Israel. ⁶ Yahvé dijo entonces a Josué: «No les tengas miedo, porque mañana a esta misma hora los haré caer a todos ellos muertos ante Israel; tú desjarretarás sus caballos y quemarás sus carros.» ⁷ Josué, con toda su gente de armas, los alcanzó de improviso junto a las aguas de Merón* y cayó sobre ellos. ⁸ Yahvé los entregó en manos de Israel, que los batió y persiguió por occidente* hasta Sidón la Grande y hasta Misrefot y, por oriente, hasta el valle de Mispé. Los derrotó hasta que no quedó ni uno vivo. ⁹ Josué los trató como le había dicho Yahvé: desjarretó sus caballos y quemó sus carros.

Toma de Jasor y de otras ciudades del Norte*.

¹⁰ Por entonces, Josué se volvió y tomó Jasor, y mató a su rey a espada. Jasor era antiguamente la capital de todos aquellos reinos. ¹¹ Pasaron a cuchillo a todo ser viviente que había en ella, dando cumplimiento al anatema. No quedó alma viva, y Jasor fue entregada a las llamas. ¹² Josué se apoderó de todas las ciudades de aquellos reyes, y de todos sus reyes, y las pasó a cuchillo. Cumplió en ellos el anatema, según le había mandado Moisés, siervo de Yahvé. ¹³ Pero Israel no quemó ninguna de las ciudades emplazadas sobre sus montículos; con la única excepción de Jasor, que fue incendiada por Josué. ¹⁴ El botín de estas ciudades, incluso el ganado, se

lo repartieron los israelitas. Pero pasaron a cuchillo a todo ser humano hasta acabar con todos. No dejaron ninguno con vida.

El mandato de Moisés ejecutado por Josué.

¹⁵ Tal como Yahvé había ordenado a su siervo Moisés, éste se lo había ordenado a Josué y éste lo ejecutó: no descuidó una sola palabra de lo que Yahvé había ordenado a Moisés. ¹⁶ Josué se apoderó de todo el país: de la montaña, de todo el Negueb y de todo el país de Gosen, de la Tierra Baja, de la Arabá, de la montaña de Israel y de sus estribaciones. ¹⁷ Desde el monte Pelado, que sube hacia Seír, hasta Baal Gad en el valle del Líbano, al pie del monte Hermón, apresó a todos sus reyes y los ajustició. ¹⁸ Largo tiempo estuvo Josué haciendo la guerra a todos estos reyes; ¹⁹ no hubo ciudad que hiciera paz con los israelitas, excepto los jivitas que vivían en Gabaón: de todas se apoderaron por la fuerza. ²⁰ Porque de Yahvé provenía el endurecer su corazón para combatir a Israel, para que fueran así consagradas al anatema sin remisión y para ser exterminadas, como había mandado Yahvé a Moisés*.

Exterminio de los anaquitas*.

²¹ Por entonces fue Josué y exterminó a los anaquitas de la montaña, de Hebrón, de Debir, de Anab, de toda la montaña de Judá y de toda la montaña de Israel: los consagró al anatema con sus ciudades. ²² No quedó un anaquita en el país de los israelitas; sólo quedaron en Gaza, Gad y Asdod. ²³ Josué se apoderó de toda la tierra tal como Yahvé le había dicho a Moisés, y se la dio en herencia a Israel según los lotes asignados a cada tribu.

Y, acabada la guerra, el país quedó en paz.

Marginal references:
17 16
9 3+
Ex 4 21
Dt 1 28+
Jos 15 13-14
Jc 1 10-15+
Jc 3 11+

11 7 Es decir, la fuente de la que dependía Merón, que quizá haya de localizarse en Tell el-Khureibeh, a 15 km al oeste de Jasor, en una meseta que permitía la evolución de los carros. —Quizá se da la explicación de la victoria israelita, a pesar de la superioridad militar de los cananeos (ver **17** 16; el ejército no dispondrá de carros antes de Salomón, 1 R 9 19; 10 26s) en los vv. 6-7.9, donde habría que ver la causa y no la consecuencia de la victoria.
11 8 «por occidente» *miyyam* conj.; «de las aguas» *mayim* hebr.
11 10 Es un episodio del establecimiento de las tribus del Norte, que tuvieron una historia diferente de la de la Casa de José.

11 20 Ver Dt **7** 2s y **20** 16-18, donde se han dado las razones de este exterminio: la conquista es una guerra santa, el país de Yahvé debe ser purificado de toda presencia pagana, Israel es un pueblo santo, y por tanto separado, Dt **7** 6+, que debe ser preservado de todo compromiso que le haga infiel. Esto no se ha realizado, ver notas a Jos **10** y Jc **1**. El motivo de este fracaso (pecados de Israel) y la razón porque Dios lo ha permitido (prueba impuesta al pueblo) se exponen en Jc **2** 20 - **3** 4; ver Jc **2** 6+.
11 21 Sobre los anaquitas, ver Dt **1** 28+. Esta noticia redaccional no concuerda con la conquista de Hebrón por Caleb, Jos **15** 13-14; ver **10** 28+.

9. RECAPITULACION*

Los reyes vencidos al este del Jordán.

Dt 2 26-3 17

12 ¹ Éstos son los reyes del país vencidos por los israelitas y despojados de su territorio en Transjordania, al oriente, desde el torrente Arnón hasta el monte Hermón, con toda la Arabá oriental: ² Sijón, rey de los amorreos, que residía en Jesbón, y dominaba desde

Dt 2 36

Aroer, situada a la orilla del torrente Arnón, la cuenca del torrente y la mitad de Galaad hasta el torrente Yaboc, que sirve de frontera con los amonitas, ³ y, al oriente, la Arabá hasta el mar de Genesaret por una parte y hasta el mar de la Arabá, o mar de la Sal, por otra, camino de Bet Yesimot, hasta llegar por el sur al pie de las laderas del Pisgá.

Dt 1 28+

⁴ Y Og*, rey de Basán, un residuo de los refaítas, que residía en Astarot y en Edreí, ⁵ y dominaba en la montaña del Hermón y Salcá, y en todo el Basán hasta la frontera de los guesuritas y los maacatitas, y en la mitad de Galaad hasta la

m 21 21-35

frontera de Sijón, rey de Jesbón. ⁶ Moisés, siervo de Yahvé, y los israelitas los

Nm 32

habían vencido, y Moisés, siervo de Yahvé, había dado el territorio en propiedad a los rubenitas, a los gaditas y a la media tribu de Manasés.

Los reyes vencidos al oeste del Jordán*.

⁷ Éstos son los reyes del país, vencidos por Josué y los israelitas, del lado occidental del Jordán, desde Baal Gad, en el valle del Líbano, hasta el monte Pelado, que se alza hacia Seír, y cuya tierra repartió Josué en herencia a las tribus de Israel según sus suertes: ⁸ en la montaña, en la Tierra Baja, en la Arabá, en las es-

tribaciones, en el desierto, en el Negueb: hititas, amorreos, cananeos, perizitas, jivitas y jebuseos:

Dt 7 1+

⁹ el rey de Jericó	uno;
el rey de Ay, que está junto a Betel,	uno;
¹⁰ el rey de Jerusalén,	uno;
el rey de Hebrón,	uno;
¹¹ el rey de Yarmut,	uno;
el rey de Laquis,	uno;
¹² el rey de Eglón,	uno;
el rey de Guézer,	uno;
¹³ el rey de Debir,	uno;
el rey de Guéder,	uno;
¹⁴ el rey de Jormá,	uno;
el rey de Arad,	uno;
¹⁵ el rey de Libná,	uno;
el rey de Adulán,	uno;
¹⁶ el rey de Maquedá,	uno;
el rey de Betel,	uno;
¹⁷ el rey de Tapúaj,	uno;
el rey de Jéfer,	uno;
¹⁸ el rey de Afec,	uno;
el rey de Sarón,	uno;
¹⁹ el rey de Merón*,	uno;
el rey de Jasor,	uno;
²⁰ el rey de Simron Merón,	uno;
el rey de Acsaf,	uno;
²¹ el rey de Tanac,	uno;
el rey de Meguidó,	uno;
²² el rey de Cades,	uno;
el rey de Yocneán, en el Carmelo,	uno;
²³ el rey de Dor, en la región de Dor,	uno;
el rey de Goin, en Galilea*,	uno;
²⁴ el rey de Tirsá,	uno;
Total de reyes:	treinta y uno.

Jc 1 29
Jc 1 22-26
Jc 1 27-28

---

12 Todo el cap. **12** es del redactor deuteronomista. En los vv. 1-6 utiliza las indicaciones dadas en Dt 2-3; en los vv. 7-24 recopila una lista de los reyes vencidos, según el relato de la conquista de Jos 1-10, pero añade algunos nombres de ciudades que proceden de una lista administrativa, acaso de la época de Salomón.
12 4 «Og» griego; «el territorio de Og» hebr.

12 7 Las diferencias que presenta el griego en los vv. 18, 19, 20 y 23 parece que no son sino una incomprensión del texto hebreo, que nosotros seguimos aquí con un mínimo de correcciones.
12 19 «Merón» conj., ver 11 1; «Madón» hebr.; falta en el griego.
12 23 «Galilea» griego; «Guilgal» hebr.

II. Reparto del país entre las tribus

Tierras que quedan sin conquistar*.

13 [1] Josué era ya viejo y entrado en años. Yahvé le dijo: «Eres viejo y entrado en años, y queda todavía muchísima tierra por conquistar. [2] Ésta es la tierra que queda:

«Todos los distritos de los filisteos* y todo lo de los guesuritas; [3] desde Sijor, que está al lado de Egipto, hasta el límite de Ecrón por el norte, es considerado como de los cananeos. Los cinco tiranos de los filisteos son el de Gaza, el de Asdod, el de Ascalón, el de Gat y el de Ecrón. Los avitas [4] están al sur. Todo el país de los cananeos, y Mearah*, que es de los sidonios, hasta Afec y hasta la frontera de los amorreos; [5] luego el país de los guiblitas con todo el Líbano hacia la salida del sol, desde Baal Gad, al pie del monte Hermón, hasta la Entrada de Jamat.

[6] «Yo arrojaré de la presencia de los israelitas a todos los habitantes de la montaña, desde el Líbano hasta Misrefot al occidente: a todos los sidonios. Tú solamente reparte por suertes la tierra como heredad entre los israelitas, según te he ordenado. [7] Reparte ya esta tierra como heredad entre las nueve tribus y la media tribu de Manasés: se la repartirás desde el Jordán hasta el mar Grande de occidente; el mar Grande será su límite*.»

Jc 3 3

23 5

1. DESCRIPCIÓN DE LAS TRIBUS DE TRANSJORDANIA*

Esbozo de conjunto.

Nm 32
Dt 3 12-17

[8] La otra media tribu de Manasés*, junto con los rubenitas y los gaditas, había recibido ya la parte de la heredad que Moisés les había dado al lado oriental del Jordán, tal como Moisés, siervo de Yahvé, se la había dado: [9] la tierra desde Aroer, que está a orillas del torrente Arnón, y la ciudad que está en medio de la vaguada; y toda la llanura desde Mádaba hasta Dibón; [10] todas las ciudades de Sijón, rey de los amorreos, que había reinado en Jesbón, hasta la frontera de los amonitas. [11] Además, Galaad y el territorio de los guesuritas y los maacatitas con toda la montaña del Hermón y todo Basán hasta Salcá; [12] y en el Basán, todo el reino de Og, que había reinado en Astarot y en Edreí, y era el último residuo de los refaítas. Moisés los había derrotado y expulsado. [13] Pero los israelitas no expulsaron ni a los guesuritas ni a los maacatitas, de manera que Guesur y Maacá siguen todavía hoy habitando en medio de Israel.

[14] La tribu de Leví fue la única a la que no se dio heredad: Yahvé, Dios de Israel, fue su heredad*, como se lo había dicho.

12 4

13 33
Nm 18 20
Dt 18 2

La tribu de Rubén.

Gn 49 3-4
Dt 33 6

[15] Moisés había dado a la tribu de los hijos de Rubén una parte, por clanes. [16] Su territorio iba desde Aroer, que está a orillas del torrente Arnón, incluida la

---

13 Se trata de territorios que nunca llegaron a ser israelitas, aunque se encuentran en el marco de la Tierra Santa ideal de Jos 1 4 y en la delimitación de fronteras de Nm 34 1-12: al sur, el país de los filisteos con los guesuritas, ver 1 S 27 8, y los avitas, ver Dt 2 23; al norte, el país de los sidonios, es decir, Fenicia. El pasaje **13** 1-7 es del redactor, que da entrada al documento geográfico.
13 2 Según Dt 2 23; Am 9 7; Jr 47 4s, los filisteos son originarios de Caftor, que es Creta con más probabilidad que Asia Menor. De todos modos, no fue más que una etapa en su emigración, y su origen sigue siendo oscuro. Formaban parte del gran movimiento de los «Pueblos del Mar» que irrumpió hasta las puertas de Egipto, donde fue detenido por *Ramsés III*, a comienzos del s. XII. Después de su derrota, los filisteos quedaron establecidos en la llanura ribereña de Palestina (que les dio su nombre). Su mención en Gn 21 32-34; 26 1-8 y Ex 13 7 es una anticipación. El v. 4 enumera sus cinco distritos, ver Jc 3 3; Jl 4 4. No eran semitas y no practicaban la circuncisión. Enemigos encarnizados de los israelitas desde los tiempos de los Jueces y Saúl,

fueron rechazados por David, pero se mantuvieron en la costa.
13 4 Texto corrompido. Se esperaría: «desde (tal lugar)». Todas las correcciones propuestas son dudosas.
13 7 «desde el Jordán... su límite», griego; omitido por hebr.
13 8 (a) Esta sección toma sus elementos de Nm **32** y Dt 3 12-17, añadiendo nombres de lugares, pero no da una descripción del territorio de las tribus, como se hará con el grupo de Cisjordania. La geografía de estas tribus era dudosa para los mismos israelitas, y a Rubén y Gad generalmente se les trata como una unidad, Nm **32** 1s; Dt 3 12; Jos 1 12, etc. Las dos tribus bien pronto se vieron reducidas, a causa del desarrollo de los reinos amonita y moabita, ver sobre Rubén, Gn 49 4; Dt 33 6, sobre Gad, Gn 49 19. Los orígenes de la media tribu de Manasés son oscuros; parece que su establecimiento en Galaad no data de este primer período, ver Nm 32+.
13 8 (b) «La otra media tribu de Manasés» restituido según el griego.
13 14 «Yahvé fue» griego; «los manjares abrasados en honor de Yahvé fueron» hebr.

ciudad que está en medio de la vaguada, y todo el llano hasta Mádaba; [17] Jesbón con todas las ciudades situadas en el llano: Dibón, Bamot Baal, Bet Baal Meón, [18] Yahas, Quedemot, Mefaat, [19] Quiriatáin, Sibmá, y Seret Hassajar, en el monte del valle; [20] Bet Peor, las laderas del Pisgá, Bet Yesimot, [21] todas las ciudades del llano y todo el reino de Sijón, rey de los amorreos, que reinó en Jesbón y a quien venció Moisés, igual que a los príncipes de Madián: Eví, Requen, Sur, Jur, Rebá, vasallos de Sijón, que habitaban en el país. [22] Al adivino Balaán, hijo de Beor, los israelitas lo habían pasado a cuchillo con otras víctimas. [23] Así el territorio de los rubenitas llegaba hasta el Jordán. Ésta fue la heredad de los hijos de Rubén, por clanes: las ciudades y sus aldeas.

La tribu de Gad.

[24] A la tribu de Gad, a los hijos de Gad, había dado Moisés una parte, por clanes. [25] Su territorio fue Yazer, todas las ciudades de Galaad, la mitad del país de los amonitas hasta Aroer, que está enfrente de Rabá, [26] y desde Jesbón hasta Ramat Hamispé y Betonín, y desde Majanáin hasta el territorio de Lo Debar; [27] y en el valle: Bet Harán, Bet Nimrá, Sucot, Safón, el resto del reino de Sijón, rey de Jesbón, el Jordán y el territorio hasta la punta del mar de Genesaret, al lado oriental del Jordán. [28] Ésta fue la heredad de los hijos de Gad, por clanes: las ciudades y sus aldeas.

La media tribu de Manasés.

[29] A la media tribu de Manasés* le había dado Moisés una parte, por clanes. [30] Su territorio comprendía, desde Majanáin, todo el Basán, todas las Aldeas de Yaír en Basán: sesenta ciudades; [31] la mitad de Galaad, Astarot y Edreí, ciudades del reino de Og en Basán. Pasaron a ser de los hijos de Maquir, hijo de Manasés (de la mitad de los hijos de Maquir), por clanes.
[32] Esto fue lo que repartió en heredad Moisés en las Estepas de Moab, al otro lado del Jordán, al oriente de Jericó. [33] Pero Moisés no dio heredad a la tribu de Leví: Yahvé, el Dios de Israel, es su heredad, como se lo había dicho.

Ex 2 15+
Nm 22 2+
Nm 31 8

Gn 49 19
Dt 33 20-21

13 14

2. DESCRIPCIÓN DE LAS TRES GRANDES TRIBUS AL OESTE DEL JORDÁN*

Introducción.

14 [1] Esto es lo que recibieron como heredad los israelitas en el país de Canaán, lo que les repartieron como heredad el sacerdote Eleazar y Josué, hijo de Nun, y los cabezas de familia de las tribus de Israel. [2] El reparto para las nueve tribus de Israel y la media tribu se hizo a suertes, como Yahvé había ordenado por medio de Moisés. [3] Porque Moisés había dado ya su heredad a las dos tribus y media de Transjordania sin dar a los levitas heredad entre ellas. [4] Pues los hijos de José vinieron a formar dos tribus: Manasés y Efraín, pero a los levitas no se les dio ninguna parte en el territorio, sino sólo ciudades para residir, con los pastos correspondientes para sus ganados y su hacienda. [5] Como Yahvé había mandado a Moisés, así hicieron los israelitas en el reparto de la tierra.

La parte de Caleb*.

[6] Se acercaron los hijos de Judá a Josué en Guilgal, y Caleb, hijo de Jefoné el quenizita, le dijo: «Ya sabes lo que le dijo Yahvé a Moisés, el hombre de Dios, de ti y de mí en Cades Barnea. [7] Cuarenta años tenía yo cuando Moisés, siervo de Yahvé, me envió de Cades Barnea a ex-

Nm 35 1-8
Jos 21

Nm 34

Nm 13-14

13 29 Después de «Manasés» una glosa añade: «a la media tribu de los hijos de Manasés», omitido por griego.
14 La gran sección 14 1 - 19 49 combina varios documentos: una descripción de los límites de las tribus, anterior a la época monárquica, y listas de ciudades, que se dan con detalle sobre todo para Judá (Simeón) y Benjamín, y que representan una situación de la época real. Estos documentos reunidos y glosados (ver especialmente Jos 15 13-19; 16 10; 17 11-13, textos paralelos de Jc 1), han servido para dar un cuadro de la ocupación bajo Josué. En realidad, los diferentes grupos se establecieron, mediante infiltración pacífica o

por conquista, cada cual en su territorio, cuya posesión no se aseguraron más que poco a poco.
14 6 Caleb es quenizita, vv. 6 y 14 y, por tanto, no israelita, ver Nm 24 21+. Su clan originario del sur de Palestina, está emparentado con los edomitas, ver Gn 36 11; entró en relaciones con Israel, y especialmente con Judá, desde la estancia en Cades, Nm 13-14. Ocupó la región de Hebrón, aquí y 15 13-19; Jc 1 12-15, cerca de la cual se encuentra «el Neguéb de Caleb», 1 S 30 14. Los calebitas fueron finalmente asimilados por Judá, ver las genealogías de las Crónicas, 1 Cro 2 18s.42s; 4 11s, y Jos 15 13+.

plorar esta tierra y yo le di un informe con toda sinceridad. [8] Los hermanos que habían subido conmigo desanimaron al pueblo, pero yo me mantuve fiel a Yahvé mi Dios. [9] Aquel día Moisés hizo este juramento: Te juro que la tierra que ha hollado tu pie será heredad tuya y de tus hijos para siempre, porque has sido fiel a Yahvé mi Dios. [10] Pues ahora mira cómo Yahvé me ha conservado con vida, según lo prometió. Hace cuarenta y cinco años que Yahvé le dijo esto a Moisés, cuando Israel iba por el desierto, y ahora tengo ochenta y cinco años. [11] Todavía estoy tan fuerte como el día en que Moisés me envió. Conservo todo mi vigor de entonces para combatir y para ir y venir. [12] Dame ya esta montaña que me prometió Yahvé aquel día. Ya entonces supiste que hay en ella anaquitas y ciudades grandes y fuertes. Si Yahvé está conmigo, los expulsaré, como me prometió Yahvé.»

[13] Josué bendijo a Caleb, hijo de Jefoné, y le dio Hebrón por heredad. [14] Por eso Hebrón sigue siendo hasta el día de hoy heredad de Caleb, hijo de Jefoné el quenizita, por haber sido fiel a Yahvé, Dios de Israel. [15] El nombre primitivo de Hebrón era Quiriat Arbá*. Arbá era el hombre más alto entre los anaquitas.

Y, acabada la guerra, el país quedó en paz.

La tribu de Judá*.

15 [1] La suerte que tocó a la tribu de los hijos de Judá, por clanes, cayó hacia la frontera de Edom, desde el desierto de Sin, hacia el mediodía*, hasta Cades, en el extremo sur. [2] Su límite meridional partía del extremo del Mar de la Sal, desde la lengua que da hacia el sur; [3] luego se dirigía por el sur de la Subida de los Escorpiones, pasaba hacia Sin y subía por el sur de Cades Barnea; pasando por Jesrón, subía hacia Adar y volvía a Carcá; [4] pasaba por Asmón, iba hacia el torrente de Egipto y venía a salir al mar. Ésa será vuestra frontera por el sur.

[5] Al oriente, el límite era el Mar de la Sal, hasta la desembocadura del Jordán. La frontera por el lado norte partía de la lengua de mar que hay en la desembocadura del Jordán. [6] El límite subía a Bet Joglá, pasaba al norte de Bet Arabá y subía hasta la Peña de Boján, hijo de Rubén. [7] El límite subía desde el Valle de Acor hasta Debir y volvía al norte hacia el círculo de piedras que hay enfrente de la subida de Adumín, que está al sur del Torrente. El límite pasaba hacia las aguas de En Semes y venía a salir a En Roguel. [8] Subía después por el Valle de Ben Hinón, por el sur, al Hombro del Jebuseo*, es decir, a Jerusalén; subía el límite por el oeste a la cima del monte que hay frente al Valle de Hinón, al extremo norte del Valle de los Refaín. [9] El límite torcía de la cumbre del monte hacia la fuente de agua de Neftoaj y seguía hacia las ciudades del monte Efrón para torcer en dirección a Baalá, o sea, Quiriat Yearín. [10] De Baalá, el límite doblaba por el oeste hacia el monte Seír y, pasando por la vertiente norte del monte Yearín, o sea Quesalón, bajaba a Bet Semes, pasaba a Timná, [11] iba hacia el lado norte de Ecrón, doblaba hacia Sicarón, pasaba por el monte de Baalá y salía por Yabnel. La frontera terminaba en el mar.

[12] El límite occidental era el mar Grande. Éste era el límite que rodeaba el territorio de los hijos de Judá, por clanes.

Los calebitas ocupan el territorio de Hebrón*.

[13] A Caleb, hijo de Jefoné, se le dio una parte entre los hijos de Judá, según la orden de Yahvé a Josué: Quiriat Arbá, la ciudad del padre de Anac, que es Hebrón. [14] Caleb echó de allí a los tres hijos de Anac: Sesay, Ajimán y Talmay, descendientes de Anac. [15] De allí se dirigió hacia los habitantes de Debir, que antiguamente se llamaba Quiriat Séfer. [16] Entonces dijo Caleb: «Al que derrote a Quiriat Séfer y la tome, le daré mi hija Acsá por mujer.» [17] El que la tomó fue

Nm **14** 38

Si **46** 9-10

Nm **14** 24

Dt **1** 28+

15 13-19
Jc **1** 10-15

15 14
11 24

Gn **49** 8-12
Dt **33** 7

Nm **34** 3-5

Jc **1** 36+

‖Jc **1** 10-15
Jos **14** 6+

---

14 15 Quiriat Arbá, ver Gn **23** 2; **35** 27; Jc **1** 10, etc., significa «ciudad de los cuatro»: ya sea los cuatro barrios de la ciudad, ya los cuatro clanes que la habitaban: Anac, antepasado epónimo de los «Anaquitas» y sus tres hijos, ver **15** 14; Dt **2** 10+. Aquí Arbá se ha convertido en nombre de persona.

15 Los límites sur, este y oeste de Judá son en realidad los del país de Canaán: el límite norte, que es el más detallado, representa la frontera de Judá en la época de David. Tiene en cuenta la situación particular de Jerusalén y la permanencia de los enclaves cananeos.

Su prolongación hasta el mar es teórica.

15 1 «desde el desierto» griego; «el desierto» hebr. —«hacia el mediodía, hasta Cades» griego; «desde el extremo sur» hebr.

15 8 El «Costado» o el «Hombro» del jebuseo, ver **18** 16, es la vertiente de la colina en que se asentaba la antigua Jerusalén, ver 2 S **5** 9+.

15 13 Los vv. 13-19 se repiten casi literalmente en Jc **1** 10-15, donde, con todo, la toma de Hebrón y Debir se atribuye a Judá. Otniel, v. 17, reaparecerá como uno de los «Jueces» de Israel, Jc **3** 7-11.

Otniel, hijo de Quenaz, hermano de Caleb, y éste le dio su hija Acsá por mujer. [18] Cuando iba a casa de su marido, éste le incitó* a que pidiera a su padre un campo; ella se apeó del asno y Caleb le preguntó: «¿Qué quieres?» [19] Ella respondió: «Hazme un regalo; ya que me has dado el desierto de Negueb, dame fuentes de agua.» Y él le dio las fuentes de arriba y las fuentes de abajo. [20] Ésta fue la heredad de la tribu de los hijos de Judá por clanes.

Nombres de las localidades de la tribu de Judá*.

[21] Ciudades fronterizas de la tribu de los hijos de Judá, hacia la frontera de Edom, en el Negueb:

Cabseel, Éder, Yagur, [22] Quiná, Dimón, Adadá, [23] Cades, Jasor Yitnán, [24] Zif, Telen, Bealot, [25] Jasor Jadatá, Queriyot Jesrón (que es Jasor), [26] Amán, Semá, Moladá, [27] Jasar Gadá, Jesmón, Bet Pélet, [28] Jasar Sual, Berseba y sus filiales*, [29] Baalá, Iyín, Esen, [30] Eltolad, Quesil, Jormá, [31] Sicelag, Madmaná, Sansaná, [32] Lebaot, Siljín, Ayin y Rimón. En total veintinueve ciudades con sus aldeas.

[33] En la Tierra Baja:

Estaol, Sorá, Asná, [34] Zanoaj, En Ganín, Tapúaj, Enán, [35] Yarmut, Adulán, Socó, Azecá, [36] Saaráin, Aditáin, Hag Guederá, Guederotáin*: catorce ciudades con sus aldeas.

[37] Senán, Jadasá, Migdal Gad, [38] Dilán, Mispé, Yocteel, [39] Laquis, Boscat, Eglón, [40] Cabón, Lajmás, Quitlís, [41] Guederot, Bet Dagón, Naamá, Maquedá: dieciséis ciudades con sus aldeas.

[42] Libná, Éter, Asán, [43] Iftaj, Asná, Nesib, [44] Queilá, Aczib, Maresá: nueve ciudades con sus aldeas.

[45] Ecrón* con sus filiales y aldeas. [46] De Ecrón hasta el mar, todo lo que está al lado de Asdod con sus aldeas. [47] Asdod con sus filiales y aldeas, Gaza con sus filiales y aldeas hasta el Torrente de Egipto, limitando con el mar Grande.

[48] En la montaña:

Samir, Yatir, Socó, [49] Daná, Quiriat Saná, que es Debir, [50] Anab, Estemoa, Anín, [51] Gosen, Jolón, Guiló: once ciudades y sus aldeas.

[52] Arab, Dumá, Esan, [53] Yanún, Bet Tapúaj, Afec, [54] Jumtá, Quiriat Arbá, que es Hebrón, Sior: nueve ciudades y sus aldeas.

[55] Maón, Carmelo, Zif, Yutá, [56] Yizreel, Yocdeán, Zanoaj, [57] Haccayin, Guibeá y Timná: diez ciudades con sus aldeas.

[58] Jaljul, Bet Sur, Guedor, [59] Maarat, Bet Anot, Eltecón: seis ciudades con sus aldeas.

Técoa, Efratá, que es Belén, Peor, Etán, Culón, Tatán, Sores, Caren, Galín, Béter, Manaj: once ciudades con sus aldeas*.

[60] Quiriat Baal, que es Quiriat Yearín, y Rabá: dos ciudades con sus aldeas.

[61] En el desierto:

Bet Arabá, Midín, Secacá, [62] Nibsán, la ciudad de la Sal y Engadí: seis ciudades con sus aldeas.

[63] Pero los hijos de Judá no pudieron echar a los jebuseos que ocupaban Jerusalén. Por eso los jebuseos siguen habitando en Jerusalén junto a los hijos de Judá hasta el día de hoy.

2 S 5 6-9+
Jc 1 8.21

La tribu de Efraín.

Gn 49 22-26
Dt 33 13-17

16 [1] La suerte que tocó a los hijos de José comenzaba, por el lado oriental, en el Jordán, a la altura de Jericó (las aguas de Jericó), en el desierto que sube de Jericó a la montaña de Betel*; [2] siguiendo de Betel a Luz, pasaba hacia la frontera de los arquitas por Atarot; [3] bajaba después al oeste hacia la frontera de los yafletitas, hasta el límite de Bet Jorón de Abajo y hasta Guézer, y venía a salir al mar. [4] Ésta fue la heredad de los hijos de José, Manasés y Efraín.

[5] Frontera de los hijos de Efraín, por clanes: el límite de su heredad era por el este Atrot Arac* hasta Bet Jorón de Arriba [6] e iba a salir el límite al mar, con

15 18 «éste le incitó» conj., ver Jc 1 14; «ella le incitó» hebr.

15 21 El texto no se halla muy bien conservado. Se corrigen varios nombres de ciudades con la ayuda del griego o de otros textos bíblicos, y con el apoyo de los nombres modernos.

15 28 «y sus filiales» *benôtêha* conj.; *bizyotyah* hebr. ininteligible.

15 36 El último nombre constituye una dificultad y hay un total de quince ciudades. Se ha propuesto corregirlo según el griego para leer: «Hagguedará y sus cercados», pero la lista en su conjunto es bastante diferente en la versión griega. El hebr. podría explicarse

por haberse agregado una ciudad (quizá Tapuaj), a menos que los dos últimos nombres hayan sido considerados como representación de una sola ciudad.

15 45 En realidad, Ecrón fue ciudad filistea probablemente hasta David, y desde Ajaz (736-716) hasta la época persa, ver Am 1 8; Za 9 5-7.

15 59 Desde «Técoa» hasta el fin del v., restablecido conforme al griego; omitido por hebr.

16 1 Traducción posible de un texto indudablemente corrompido.

16 5 «Atrot Arac» (es decir, Atrot de los arquitas) conj. según griego («Atarot») y v. 2; «Atrot Addar» hebr.; asimismo en 18 13.

Micmetat* al norte, y el límite doblaba al oriente hacia Taanat Siló, y cruzaba al este de Yanóaj; [7] bajaba de Yanóaj a Atarot y a Naará y tocaba en Jericó para terminar en el Jordán. [8] De Tapúaj iba el límite hacia occidente por el torrente de Caná y venía a parar en el mar. Ésta fue la heredad de la tribu de los hijos de Efraín, por clanes, [9] además de las ciudades reservadas para los hijos de Efraín de la herencia de los hijos de Manasés; todas estas ciudades y sus aldeas. [10] El cananeo que ocupaba Guézer no fue expulsado, y así continúa en medio de Efraín hasta el día de hoy, pero sujeto a servidumbre.

17 9

Jc 1 29+

Gn 49 22-26
Dt 33 13-17

La tribu de Manasés*.

17 [1] A la tribu de Manasés le correspondió una suerte, porque era el primogénito de José. A Maquir, primogénito de Manasés y padre de Galaad, como era hombre de armas, le tocó Galaad y Basán; [2] y a los otros hijos de Manasés, por clanes: a los hijos de Abiezer, a los hijos de Jelec, a los hijos de Asriel, a los hijos de Siquén, a los hijos de Jéfer, a los hijos de Semidá; éstos eran los hijos varones de Manasés, hijo de José, por clanes. [3] Pero Selofjad, hijo de Jéfer, hijo de Galaad, hijo de Maquir, hijo de Manasés, no tenía hijos; sólo tenía hijas. Sus hijas se llamaban: Majlá, Noá, Joglá, Milcá y Tirsá*. [4] Éstas se presentaron ante el sacerdote Eleazar, ante Josué, hijo de Nun, y ante los príncipes, y dijeron: «Yahvé ordenó a Moisés que nos diera una heredad entre nuestros hermanos». Les dio, pues, según la orden de Yahvé, una heredad entre los hermanos de su padre. [5] Tocaron a Manasés diez porciones, además del país de Galaad y de Basán, situado en Transjordania, [6] pues las hijas de Manasés obtuvieron una heredad entre sus hijos. El país de

Nm 27 1-11

Galaad pertenecía a los otros hijos de Manasés.

[7] El límite de Manasés era, por el lado de Aser, Micmetat, que está en frente de Siquén; de allí iba hacia la derecha, hacia Yasib, en la fuente* de Tapúaj. [8] El país de Tapúaj era de Manasés, pero Tapuaj, en la frontera de Manasés, era de los hijos de Efraín. [9] El límite bajaba por el torrente de Caná; al sur del torrente estaban las ciudades de Efraín, además de las que tenía Efraín* entre las ciudades de Manasés, y el territorio de Manasés estaba al norte del torrente, e iba a salir al mar. [10] Lo del sur era de Efraín y lo del norte de Manasés, y el mar era su frontera; lindaban con Aser al norte y con Isacar al este. [11] Manasés tenía, en Isacar y en Aser, Betsán y sus filiales, Yibleán y sus filiales, los habitantes de Dor y sus filiales*, los habitantes de Tanac y Meguidó y sus filiales, y un tercio de Néfet. [12] Los hijos de Manasés no pudieron apoderarse de estas ciudades y los cananeos lograron mantenerse en aquel país. [13] Pero, cuando los israelitas se hicieron más fuertes, sometieron a los cananeos a servidumbre, aunque no llegaron a expulsarlos.

Jc 1 27-28

1 R 9 20-2
9 27

Reclamación de los hijos de José*.

[14] Los hijos de José se dirigieron a Josué y le dijeron: «¿Por qué no me has asignado en heredad más que una suerte, una sola porción, siendo tan numeroso como soy porque Yahvé me ha bendecido?» [15] Josué respondió: «Si eres un pueblo tan numeroso sube a los bosques y tala árboles para ti en la región de los perizitas y de los refaítas, pues la montaña de Efraín es demasiado estrecha para ti.» [16] Los hijos de José respondieron: «La montaña no nos basta, y todos los cananeos que habitan en el llano tienen carros de hierro, lo mismo los de Betsán y sus filiales que los de la llanura

Jc 1 19

---

16 6   El «Micmetat» debe de ser un accidente de terreno, quizá un desfiladero muy angosto, o la falla del guadi Beidán, no lejos de Nablus-Siquén, ver 17 7. —Algunas palabras se han perdido en el texto delante de «Micmetat».
17   La media tribu de Manasés (sobre la otra media tribu, ver 13 29s), establecida al oeste del Jordán, soportó a sus *expensas* la expansión de Efraín, ver 16 9; 17 8-9. Este cambio se refleja en la historia de Efraín, que recibe el puesto de su hermano mayor Manasés, Gn 48 14s.
17 3   Los nombres de las «hijas» de Selofjad, bisnieto de Maquir, hijo de Manasés, son los de las localidades situadas al norte de Siquén. Esta situación geográfica de una parte del clan de Maquir se justifica con una historia que Nm 27 y 36 refieren al tiempo de Moisés y que hizo jurisprudencia para la herencia de las hijas.
17 7   «Yasib, en la fuente» griego; «los habitantes (*yošebê*) de la fuente» hebr.
17 9   Añadimos «además de las que tenía Efraín» según 16 9, para dar un sentido aceptable.
17 11   El hebr. añade aquí «los habitantes de En Dor y sus filiales»: ditografía probable, omitida por griego.
17 14   Este pasaje yuxtapone dos versiones de una misma tradición; la más antigua es la de los vv. 16-18, que recuerdan el desmonte de la montaña boscosa de Efraín por la Casa de José; la segunda, vv. 14-15, podría aludir al establecimiento en Galaad de una parte de la tribu de Manasés; ver Nm 32+.

de Yizreel.» [17] Josué dijo a la casa de José, a Efraín y a Manasés: «Eres un pueblo grande y tienes mucha fuerza; no tendrás sólo un lote, [18] sino que tendrás también la montaña; está cubierta de bosques, pero tú la talarás y será tuya esa región; y expulsarás al cananeo, aunque tiene carros de hierro y es muy fuerte.»

3. DESCRIPCIÓN DE LAS OTRAS SIETE TRIBUS

Descripción del territorio.

Ex 33 7+

18 [1] Toda la comunidad de los israelitas se reunió en Siló*, donde alzaron la Tienda del Encuentro; todo el país les estaba sometido. [2] Pero quedaban todavía entre los israelitas siete tribus a las que no se había repartido su heredad. [3] Josué, pues, dijo a los israelitas: «¿Hasta cuándo vais a retardar el ir a tomar posesión de la tierra que os ha dado Yahvé, el Dios de vuestros padres? [4] Escoged tres hombres por cada tribu, y los enviaré para que vayan a recorrer el país y hagan una descripción de él en orden al reparto; luego volverán donde mí. [5] Dividirán el territorio en siete lotes. Judá se quedará en su territorio al sur y la casa de José se quedará en su territorio al norte. [6] Vosotros haréis una descripción del país distribuyéndolo en siete lotes, y me la traeréis para que os lo sortee aquí, en presencia de Yahvé nuestro Dios. [7] Porque los levitas no tienen su parte entre vosotros, pues el sacerdocio de Yahvé es su heredad; y Gad, Rubén y la media tribu de Manasés, han recibido ya, al lado oriental del Jordán, la heredad que les dio Moisés, siervo de Yahvé.»

[8] Los hombres se pusieron en camino. Josué dio esta orden a los que iban a hacer la descripción del país: «Id, recorred el país y describidlo, y después volved donde mí; yo os haré el sorteo del territorio aquí delante de Yahvé, en Siló.» [9] Fueron los hombres, recorrieron la comarca, y la describieron ciudad por ciudad, en siete lotes, en un escrito que llevaron a Josué, al campamento de Siló. [10] Josué les echó suertes en Siló, delante de Yahvé, y repartió allí la tierra entre los israelitas, por lotes.

Gn 49 27
Dt 33 12

La tribu de Benjamín.

[11] Tocó una suerte a la tribu de los hijos de Benjamín, por clanes: los límites de su suerte resultaron comprendidos entre los de los hijos de Judá y los de los hijos de José. [12] Su límite por el lado norte, partía del Jordán, subía por el flanco norte de Jericó, hasta alcanzar la montaña hacia el oeste, y venía a salir al desierto de Bet Avén. [13] De allí pasaba el límite hacia Luz, por el flanco sur de Luz, o sea Betel, y bajaba a Atrot Adar sobre el monte que está al sur de Bet Jorón de Abajo. [14] Torcía el límite y volvía por el oeste hacia el sur, desde el monte que está al lado meridional de Bet Jorón, para ir a salir hacia Quiriat Baal, que es Quiriat Yearín, ciudad de los hijos de Judá. Ése era el lado oeste. [15] Y el lado sur: desde el extremo de Quiriat Yearín, el límite seguía hacia Gasín* y salía cerca de la fuente de las aguas de Neftoaj, [16] luego bajaba hacia el extremo del monte que está frente al Valle de Ben Hinón, al norte del Valle de Refaín, bajaba al Valle de Hinón por el flanco sur del jebuseo y seguía bajando hasta En Roguel. [17] Doblaba luego por el norte, salía en En Semes y salía hacia el círculo de piedras que hay frente a la subida de Adumín; bajaba a la Peña de Boján, hijo de Rubén; [18] pasaba luego hacia la vertiente de Bet Haarabá* por el norte y bajaba hacia la Arabá; [19] pasaba el límite hacia la pendiente de Bet Joglá al norte, e iba a dar el límite a la lengua septentrional del Mar de la Sal, en el extremo sur del Jordán. Ése era el límite meridional. [20] El Jordán era el límite del lado oriental. Ésa fue la heredad de los hijos de Benjamín, por clanes, con los límites que la rodean.

15 8+

Ciudades de Benjamín.

[21] Las ciudades de la tribu de los hijos de Benjamín, por clanes, fueron: Jericó, Bet Joglá, Émec Quesís; [22] Bet Arabá, Semaráin, Betel; [23] Avín, Pará, Ofrá; [24] Quefar Amoná, Ofní, Gabá: doce ciudades

---

18 1   La distribución de las tierras a las siete tribus restantes se inserta en un marco redaccional, 18 1-10 y 19 51, que sitúa este reparto en Siló, donde se supone que ha sido levantada la Tienda del Encuentro; Siló vendrá a ser uno de los principales santuarios de Israel, ver 21 2; 29 9.12, y será el santuario del arca en la época de los Jueces, 1 S 1 3+.
18 15 «Gasín» griego; «hacia el oeste» del hebr. no tiene sentido, ver 15 9.
18 18 «Bet Haarabá» griego, ver 15 6; «frente a la Arabá» hebr.

con sus aldeas. ²⁵ Gabaón, Ramá, Beerot, ²⁶ Mispé, Quefirá, Mosá; ²⁷ Requen, Yirpeel, Taralá; ²⁸ Sela Haalef, el Jebuseo (es decir, Jerusalén), Guibeá y Quiriat: catorce ciudades con sus aldeas. Ésa fue la heredad de los hijos de Benjamín, por clanes.

Gn 49 5-7
1 Cro 4
28-33

La tribu de Simeón*.

19 ¹ La segunda suerte cayó a Simeón, a la tribu de los hijos de Simeón, por clanes: su heredad estaba en medio de la heredad de los hijos de Judá. ² Les correspondió como heredad: Berseba, Semá, Moladá; ³ Jasar Sual, Balá, Esen; ⁴ Eltolad, Betul, Jormá; ⁵ Sicelag, Bet Marcabot; Jasar Susá; ⁶ Bet Lebaot y Sarujén: trece ciudades y sus aldeas. ⁷ Ayin, Rimón*, Éter y Asán; cuatro ciudades y sus aldeas. ⁸ Además todas las aldeas de los alrededores de estas ciudades hasta Baalat Beer, Ramá del Neguéb. Ésa fue la heredad de la tribu de los hijos de Simeón, por clanes. ⁹ La heredad de los hijos de Simeón se tomó de la porción de los hijos de Judá, porque la parte de los hijos de Judá era demasiado grande para ellos. Los hijos de Simeón recibieron, pues, su heredad en medio de la heredad de los hijos de Judá.

Jc 1 30
Gn 49 13
Dt 33 18-19

La tribu de Zabulón.

¹⁰ La tercera suerte tocó a los hijos de Zabulón, por clanes: el límite de su heredad se extendía hasta Sadud*; ¹¹ su límite subía al occidente hacia Maraalá y tocaba en Dabéset y luego en el torrente que hay frente a Yocneán. ¹² De Sadud volvía el límite hacia el este, hacia la salida del sol, hasta el límite de Quislot Tabor, seguía hacia Dobrat y subía a Yafía. ¹³ De allí pasaba hacia el este, al oriente, por Gat Jéfer y por Ita Casín, iba hacia Rimón y volvía hacia Neá*. ¹⁴ El límite volvía por el norte hacia Janatón e iba a salir al valle de Yiftajel. ¹⁵ Además, Catat,

Nahalal, Simrón, Yiralá y Belén*: doce ciudades con sus aldeas. ¹⁶ Ésa fue la heredad de los hijos de Zabulón, por clanes: esas ciudades y sus aldeas.

La tribu de Isacar.

Gn 49 14-15
Dt 33 18-19

¹⁷ La cuarta suerte tocó a Isacar, a los hijos de Isacar, por clanes. ¹⁸ Su territorio se extendía hasta Yizreel y comprendía Quesulot y Sunén; ¹⁹ Jafaráin, Sión, Anajarat, ²⁰ Daberat*, Quisión, Ebes; ²¹ Rémet y En Ganín, En Jadá y Bet Pasés. ²² Su límite tocaba en el Tabor, en Sajasín y en Bet Semes, y el límite terminaba en el Jordán; dieciséis ciudades con su aldeas. ²³ Ésa fue la heredad de la tribu de los hijos de Isacar, por clanes: las ciudades y sus aldeas.

La tribu de Aser.

Jc 1 31-32
Gn 49 20
Dt 33 24-25

²⁴ La quinta suerte tocó a la tribu de los hijos de Aser, por clanes. ²⁵ Su territorio comprendía: Jelcat, Jalí, Beten, Acsaf, ²⁶ Alamélec, Amad, Misal; tocaba en el Carmelo por el oeste y en el curso del Libnat; ²⁷ volvía luego hacia la salida del sol hasta Bet Dagón y tocaba por el norte en Zabulón y en el valle de Yiftajel, y Bet Émec y Neiel, yendo a parar hacia Cabul por la izquierda, con ²⁸ Abdón*, Rejob, Jamón y Caná hasta Sidón la Grande. ²⁹ El límite volvía a Ramá y hasta la plaza fuerte de Tiro y hasta Josá, e iba a terminar en el mar. Majaleb, Aczib*, ³⁰ Acó*, Afec, Rejob: veintidós ciudades con sus aldeas. ³¹ Ésa fue la heredad de la tribu de los hijos de Aser, por clanes: esas ciudades y sus aldeas.

La tribu de Neftalí.

Jc 1 33
Gn 49 21
Dt 33 23

³² A los hijos de Neftalí les tocó la sexta suerte; a los hijos de Neftalí, por clanes: ³³ su límite iba de Jélef y de la Encina de Saananín y Adamí Hanéqueb y Yabnel hasta Lacún e iba a salir al Jordán. ³⁴ Volvía el límite hacia el oeste por Az-

---

19   A la tribu de Simeón, poderosa en otro tiempo, Gn 34 25s; 49 5, ya no se la menciona en las bendiciones de Dt 33. Fue absorbida por la tribu de Judá, y esto explica que no se describa su territorio. Además, la lista de las ciudades simeonitas, aquí y en 1 Cro 4 28-32, es paralela a la segunda parte de la lista de las ciudades de Judá en el Neguéb, Jos 15 26ᵇ-32. Según 1 Cro 4 31, esta integración se hizo en el reinado de David.
19 7   Se ha propuesto leer En Rimón, aquí (según un parte del griego) y en 15 32; 1 Cro 4 32, ver Ne 11 29. Pero aquí y en el texto de 1 Cro, esta corrección está en contradicción con el total de las ciudades.
19 10   «Sadud» mss griegos, sir.; «Sarid» hebr.; asimismo en el v. 12.

19 13   «hacia Rimón y volvía» rimmônah weta'ar conj.; rimmôn hammeto'ar hebr. ininteligible.
19 15   Evidentemente distinta de la Belén de Judá; esta ciudad se hallaba en la Galilea inferior. —«Yiralá» mss, versiones; «Yidalá» hebr.
19 20   «Daberat» griego, ver v. 12 y 21 28; «Harabbit» hebr.
19 28   «Abdón» mss, ver 21 30; 1 Cro 6 59; «Ebrón» hebr.
19 29   «Majaleb» según un texto asirio y el nombre moderno; «Mejébel» hebr. —«Aczib» griego; «hacia Aczib» (o «Aczibah») hebr.
19 30   «Acó» según Jc 1 31; «Ummah» hebr.

not Tabor y de allí salía a Jucoc, lindaba con Zabulón al sur, con Aser al oeste y con el Jordán al oriente*. [35] Y las ciudades fuertes eran: Sidín, Ser, Jamat, Racat, Quinéret, [36] Adamá, Ramá, Jasor; [37] Cades, Edreí, En Jasor, [38] Yirón, Migdal El, Joren, Bet Anat, Bet Semes: diecinueve ciudades con sus aldeas. [39] Ésa fue la heredad de los hijos de Neftalí, por clanes: las ciudades y sus aldeas.

La tribu de Dan*.

49 16-17
Dt 33 22

[40] A la tribu de los hijos de Dan, por clanes, tocó la séptima suerte. [41] El territorio de su heredad comprendía: Sorá, Estaol, Ir Semes. [42] Saalbín, Ayalón, Silatá*; [43] Elón, Timná, Ecrón, [44] Eltequé, Guibetón, Baalat; [45] Azor*, Bené Berac, Gat Rimón; [46] y hacia el mar, Yeracón* con el territorio de enfrente de Jope. [47] Pero el territorio de los hijos de Dan quedaba fuera de su poder. Por eso, los

Jc 1 34-35
Jc 18

hijos de Dan subieron a atacar a Lésem; la tomaron y la pasaron a cuchillo. Tomada la ciudad, se establecieron en ella y a Lésem la llamaron Dan, por el nombre de Dan su padre. [48] Ésa fue la heredad de la tribu de los hijos de Dan, por clanes: esas ciudades y sus aldeas.

[49] Acabaron, pues, de sortear el país con sus fronteras. Y los israelitas dieron a Josué, hijo de Nun, una heredad en medio de ellos; [50] según orden de Yahvé, le dieron la ciudad que había pedido, Timnat Sérac, en la montaña de Efraín. Reconstruyó la ciudad y se estableció en ella*.

24 30
Jc 2 9

[51] Ésas son las heredades que el sacerdote Eleazar, Josué, hijo de Nun, y los jefes de familia sortearon entre las tribus de Israel en Siló, en presencia de Yahvé, a la entrada de la Tienda del Encuentro; y así se terminó el reparto de la tierra.

4. CIUDADES PRIVILEGIADAS

Las ciudades de asilo*.

Ex 21 13+
Nm 35 9-34
Dt 19 1-13

20 [1] Yahvé dijo a Josué: [2] «Di a los israelitas: Señalaos las ciudades de asilo de las que os hablé por medio de Moisés, [3] a las que pueda huir el homicida que haya matado a alguien por inadvertencia (sin querer), y que le sirvan de asilo contra el vengador de la sangre. [4] El homicida huirá a una de estas ciudades: se detendrá a la entrada de la puerta de la ciudad y expondrá su caso a los ancianos de la ciudad. Éstos le admitirán en su ciudad y le señalarán una casa para que habite con ellos. [5] Si el vengador de la sangre le persigue, no le entregarán al homicida en sus manos, pues ha herido a su prójimo sin querer, y no le tenía odio anteriormente. [6] El homicida habrá de permanecer en la ciu-

Nm 35 19+

dad, hasta que comparezca en juicio ante la comunidad, hasta la muerte del Sumo Sacerdote que esté en funciones por aquel tiempo. Entonces el homicida podrá volver a su ciudad y a su casa, a la ciudad de la que huyó.»

[7] Los israelitas consagraron: Cades en Galilea, en la montaña de Neftalí, Siquén en la montaña de Efraín, Quiriat Arbá, o sea Hebrón, en la montaña de Judá. [8] En Transjordania, al oriente de Jericó, habían designado a Béser, de la tribu de Rubén, en el desierto, en el llano; Ramot en Galaad, de la tribu de Gad, y Golán en Basán, de la tribu de Manasés. [9] Éstas son las ciudades designadas para todos los israelitas, así como para el forastero residente entre ellos, para que pueda refugiarse en ellas cualquiera que haya

Dt 4 43

---

19 34 «y con el Jordán» griego; «y en Judá el Jordán» hebr.
19 40 Las ciudades atribuidas a la tribu de Dan se sitúan al oeste del territorio de Benjamín, entre Efraín y Judá, y gran parte en territorio cananeo. En realidad, los danitas no pudieron establecerse en este territorio; fueron arrojados de él por la presión de los amorreos, según Jc 1 34-35, y luego por la de los filisteos; ver Jc 13-16. Su emigración hacia el norte, aquí recordada, v. 47, se narra en Jc 18.
19 42 «Silatá» con una parte del griego y el nombre moderno; «Yitlá» hebr.
19 45 «Azor» con una parte del griego y el nombre moderno; «Yehud» hebr.
19 46 «y hacia el mar, Yeracón» griego; «y las aguas de Yarcón y el Racón» hebr.

19 50 La partición del territorio entre las tribus concluye con una nota redaccional sobre la parte personal de Josué, nota que se inspira en la reseña acerca de su tumba, Jos 24 30 = Jc 2 9.
20 Los caps. 20-21 son complementos del reparto. Se presenta al capítulo 20 como una aplicación de la ley de asilo de Ex 21 13+. La cifra de seis ciudades de asilo, sin sus nombres, la había dado Nm 35 9s. Dt 4 41-43 designa con su nombre las tres ciudades de asilo de Transjordania. Dt 19 1s manda elegir otras tres ciudades después de la conquista de Canaán. Es lo que aquí se hace, donde se nombran las seis ciudades. En realidad, la institución de las ciudades de asilo no debe ser anterior al reinado de Salomón. —Los pasajes entre paréntesis, que faltan en el griego, han sido tomados a veces palabra por palabra de Dt 19 y Nm 35.

matado a alguien por inadvertencia, y no muera a manos del vengador de la sangre, hasta que comparezca ante la comunidad.

Nm 35 1-8
|| 1 Cro 6
39-66

Ciudades levíticas*.

21 [1] Se acercaron los cabezas de familia de los levitas al sacerdote Eleazar, a Josué, hijo de Nun, y a los cabezas de familia de las tribus de Israel, [2] cuando estaban en Siló, en tierra de Canaán, y les dijeron: «Yahvé ordenó por medio de Moisés que se nos dieran ciudades donde residir, con sus pastos para nuestro ganado.» [3] Los israelitas, conforme a la orden de Yahvé, dieron a los levitas, de su heredad, las siguientes ciudades con sus pastos.

[4] Se hizo el sorteo para los clanes queatitas: y a los levitas hijos del sacerdote Aarón les tocaron trece ciudades de las tribus de Judá, Simeón y Benjamín; [5] a los otros hijos de Queat, por clanes*, diez ciudades de las tribus de Efraín, de Dan y de la media tribu de Manasés. [6] A los hijos de Guersón, por clanes, les tocaron trece ciudades de las tribus de Isacar, Aser, Neftalí y de la media tribu de Manasés, en Basán. [7] A los hijos de Merarí, por clanes, les tocaron doce ciudades de las tribus de Rubén, Gad y Zabulón.

[8] Los israelitas dieron a los levitas por suertes esas ciudades y sus pastos, como Yahvé había ordenado por boca de Moisés.

Parte de los queatitas.

[9] De la tribu de Judá y de la tribu de Simeón les dieron las ciudades que se nombran a continuación*. [10] Ésta fue la parte de los hijos de Aarón, pertenecientes al clan queatita, de los hijos de Leví (porque la primera suerte fue para ellos). [11] Les dieron Quiriat Arbá (ciudad del padre de Anac), o sea Hebrón, en la montaña de Judá, con los pastos circundantes. [12] Pero la campiña de esta ciudad con sus aldeas se la dieron en propiedad a Caleb, hijo de Jefoné. [13] A los hijos del sacerdote Aarón les dieron, como ciudad de asilo para los homicidas, Hebrón con sus pastos, y además Libná y sus pastos, [14] Yatir con sus pastos, Estemoa con sus pastos, [15] Jolón con sus pastos, Debir con sus pastos, [16] Asán* con sus pastos, Yutá con sus pastos, Bet Semes con sus pastos: nueve ciudades de esas dos tribus. [17] De la tribu de Benjamín, Gabaón y sus pastos, Gueba y sus pastos, [18] Anatot y sus pastos, Almón y sus pastos: cuatro ciudades. [19] Total de las ciudades de los sacerdotes hijos de Aarón: trece ciudades con sus pastos.

[20] A los clanes de los hijos de Queat, a los levitas restantes entre los hijos de Queat, les tocaron en suerte ciudades de la tribu de Efraín. [21] Se les dio, como ciudad de asilo para los homicidas, Siquén con sus pastos, en la montaña de Efraín, y además Guézer con sus pastos, [22] Quibsáin con sus pastos, Bet Jorón con sus pastos: cuatro ciudades. [23] De la tribu de Dan, Eltequé con sus pastos, Guibetón con sus pastos, [24] Ayalón con sus pastos, Gat Rimón con sus pastos: cuatro ciudades. [25] De la media tribu de Manasés, Tanac con sus pastos y Yibleán* con sus pastos: dos ciudades. [26] Total: diez ciudades con sus pastos para los restantes clanes de los hijos de Queat.

Parte de los hijos de Guersón.

[27] A los hijos de Guersón, de los clanes levíticos, les dieron: de la media tribu de Manasés, como ciudad de asilo para los homicidas, Golán en Basán con sus pastos, y Astarot* con sus pastos: dos ciudades. [28] De la tribu de Isacar, Quisión con sus pastos, Dobrat con sus pastos, [29] Yarmut con sus pastos, En Ganín con sus pastos: cuatro ciudades. [30] De la tribu de Aser, Misal con sus pastos, Abdón con sus pastos, [31] Jelcat con sus pastos, Rejob con sus pastos: cuatro ciudades. [32] De la tribu de Neftalí, como ciudad de asilo para los homicidas, Cades en Galilea con sus pastos, Jamot Dor con sus pastos, Racat con sus pastos: tres ciudades. [33] Total de ciu-

21   La tribu de Leví, que no goza de autonomía política, no recibe territorio, 13 14.33; 14 3-4; 18 7, pero se concede a los levitas la residencia en ciertas ciudades y derechos sobre los pastos vecinos, ver Nm 35 1-8. Este cap., uno de los más recientes del libro, es la sistematización utópica de un estado de hecho que puede remontarse a la época de Salomón, cuando todas las ciudades mencionadas se hallaban efectivamente en poder de Israel. La lista puede apoyarse en la repartición de los levitas después de la fundación del templo de Jeru-

salén; incluye las seis ciudades de asilo, que responden a una intención bastante diferente.
21 5   «por clanes» conj., ver v. 7; «de los clanes de la tribu» hebr.; asimismo en el v. 6.
21 9   Fin del v. dudoso.
21 16   «Asán» mss griegos, ver 1 Cro 6 44; «Ayin» (la fuente) hebr.
21 25   «Yibleán» conj., ver 17 11; hebr. repite «Gat Rimón».
21 27   «Astarot» sir., ver 1 Cro 6 56; be'ešterah hebr.

dades de los guersonitas, por clanes: trece ciudades con sus pastos.

Parte de los hijos de Merarí.

[34] A los clanes de los hijos de Merarí, al resto de los levitas: de la tribu de Zabulón: Yocneán con sus pastos, Cartá con sus pastos, [35] Rimón* con sus pastos, Nahalal con sus pastos: cuatro ciudades; [36] al otro lado del Jordán, de la tribu de Rubén, como ciudad de asilo para los homicidas, Béser en el desierto, en el llano, con sus pastos, y además Yahás con sus pastos, [37] Quedemot con sus pastos, Mefaat con sus pastos: cuatro ciudades*. [38] De la tribu de Gad, como ciudad de asilo para los homicidas, Ramot en Galaad, y Majanáin, [39] Jesbón con sus pastos, Yazer con sus pastos: cuatro ciudades*. [40] Total de ciudades asignadas por suerte a los hijos de Merarí, por clanes,

es decir, al resto de los clanes levíticos: doce ciudades.

[41] Total de las ciudades de los levitas en medio de la propiedad de los israelitas: cuarenta y ocho ciudades con sus pastos. [42] Cada una de las ciudades comprendía la ciudad y los pastos circundantes. Así todas las ciudades mencionadas.

Conclusión del reparto.

[43] Yahvé dio a los israelitas toda la tierra que había jurado dar a sus padres. La ocuparon y se establecieron en ella. [44] Yahvé les concedió paz en todos sus confines, tal como había jurado a sus padres, y ninguno de sus enemigos pudo hacerles frente. Yahvé entregó a todos sus enemigos en sus manos. [45] No falló una sola de todas las espléndidas promesas que Yahvé había hecho a la casa de Israel. Todo se cumplió.

23 14
Is 55 11

III. Fin de la jefatura de Josué

1. VUELTA DE LAS TRIBUS ORIENTALES. LA CUESTIÓN DE SU ALTAR*

Despedida de las tribus de Transjordania.

1 12-18
13 8-32
Nm 32

22 [1] Josué convocó a los rubenitas, a los gaditas y a la media tribu de Manasés, [2] y les dijo: «Habéis cumplido todo lo que os mandó Moisés, siervo de Yahvé, y habéis atendido a mis órdenes siempre que os he mandado algo. [3] No habéis abandonado a vuestros hermanos durante tan largo tiempo hasta el día de hoy; habéis cumplido la orden que os encomendó Yahvé vuestro Dios. [4] Ahora Yahvé vuestro Dios ha dado a vuestros hermanos el descanso que les había prometido. Volveos, pues, e id a vuestras tiendas, a la tierra de vuestra propiedad, la que os dio Moisés, siervo de Yahvé, al otro lado del Jordán. [5] Únicamente preocupaos de guardar el mandato y la Ley

que os dio Moisés, siervo de Yahvé: que améis a Yahvé vuestro Dios, que sigáis siempre sus caminos, que guardéis sus mandamientos y os mantengáis unidos a él y le sirváis con todo vuestro corazón y con toda vuestra alma.» [6] Josué los bendijo y los despidió, y ellos se fueron a sus tiendas.

[7] Moisés había dado a la media tribu de Manasés su parte en Basán; a la otra media se la dio Josué entre sus hermanos, al lado occidental del Jordán. Cuando los mandó Josué a sus tiendas, les dio la bendición [8] y les dijo: «Volvéis a vuestras tiendas con grandes riquezas, rebaños numerosos, plata, oro, bronce, hierro y gran cantidad de vestidos; repartid con vuestros hermanos el botín de vuestros enemigos.»

Dt 6 5+

---

21 35 «Rimón» conj. según 19 13; 1 Cro 6 26; «Dimná» hebr.
21 37 Los vv. 36-37, omitidos por el TM, se hallan en numerosos mss hebr. y aquí los damos corregidos conforme al griego y 1 Cro 6 62-63.
21 39 «cuatro ciudades» sir., Vulg.; «total de las ciudades, cuatro» hebr.
22 El cap. 22 es heterogéneo: los vv. 1-6 son deuteronomistas y una réplica de Jos 1 12-18; los vv. 7-9

incluyen a la media tribu de Manasés que primero no figuraba en el relato; los vv. 10-34 muestran señales de redacción sacerdotal. Con todo, ese relato utiliza una tradición antigua. Puede que conserve el recuerdo de una oposición cultual entre el santuario de Siló, ver vv. 9 y 12, con sus sacerdotes, ver vv. 13s, 30s, y las tribus de Transjordania, a las que se consideraba como viviendo fuera de la Tierra Prometida, que concluía en el Jordán.

Erección de un altar a orillas del Jordán.

[9] Los rubenitas y los gaditas, con la media tribu de Manasés, se volvieron y dejaron a los israelitas en Siló, en la tierra de Canaán, para volver a la tierra de Galaad, tierra de su propiedad, donde se habían establecido según la orden de Yahvé dada por medio de Moisés. [10] Cuando llegaron a los círculos de piedras del Jordán, en tierra de Canaán, los rubenitas y los gaditas y la media tribu de Manasés levantaron allí un altar a orillas del Jordán, un altar de grandioso aspecto.

[11] Se enteraron los israelitas y dijeron: «Mirad, los rubenitas, los gaditas y la media tribu de Manasés han levantado ese altar, frente al país de Canaán, junto a los círculos de piedras del Jordán, del lado de los israelitas.» [12] Al oír esto los israelitas, se reunió en Siló toda la comunidad de los israelitas para hacerles la guerra.

Reproches dirigidos a las tribus del Este.

[13] Los israelitas enviaron donde los rubenitas, los gaditas y la media tribu de Manasés, al país de Galaad, al sacerdote Pinjás, hijo de Eleazar, [14] y a diez príncipes con él, un príncipe por cada familia, por cada tribu de Israel: cada uno de ellos era cabeza de su familia en los clanes de Israel. [15] Cuando llegaron donde los rubenitas, los gaditas y la media tribu de Manasés, al país de Galaad, les hablaron así:

[16] «Esto ha dicho toda la comunidad de Yahvé: ¿Qué significa esa infidelidad* que habéis cometido contra el Dios de Israel, apartándoos hoy de Yahvé, al construiros un altar, rebelándoos hoy contra Yahvé? [17] «¿No teníamos bastante con el crimen de Peor, del que hoy todavía no hemos acabado de purificarnos, a pesar de que vino la plaga sobre la comunidad de Yahvé? [18] Si vosotros hoy os apartáis de Yahvé, si hoy os rebeláis contra Yahvé, mañana se encenderá su ira contra toda la comunidad de Israel.

[19] «Ahora bien, si os parece impura vuestra propiedad, pasad a la tierra de propiedad de Yahvé, donde ha fijado su morada, y estableceos entre nosotros. Pero no os rebeléis contra Yahvé, ni nos arrastréis en vuestra rebeldía al construiros un altar aparte del altar de Yahvé nuestro Dios. [20] ¿No fue infiel Acán, hijo de Zéraj, en el anatema, y la Cólera alcanzó a toda la comunidad de Israel, aunque él no era más que un solo individuo? ¿No murió por su crimen?»

Justificación de las tribus de Transjordania.

[21] Respondieron los rubenitas, los gaditas y la media tribu de Manasés y dijeron a los jefes de los clanes de Israel: [22] «El Dios de los dioses, Yahvé, el Dios de los dioses*, Yahvé, lo sabe bien, y que lo sepa también Israel: si ha habido por nuestra parte rebelión o infidelidad contra Yahvé, que no nos salve hoy; [23] y si hemos levantado un altar para apartarnos de Yahvé y para ofrecer en él holocausto y oblación o para hacer sobre él sacrificios de comunión, que Yahvé nos lo demande. [24] En verdad, lo hemos hecho así por preocupación, diciéndonos a nosotros mismos que el día de mañana podrían decir vuestros hijos a los nuestros: '¿Qué tenéis que ver vosotros con Yahvé, el Dios de Israel? [25] Yahvé ha puesto entre nosotros y vosotros, rubenitas y gaditas, la frontera del Jordán. No tenéis parte con Yahvé.' Así vuestros hijos harían que nuestros hijos dejaran de temer a Yahvé. [26] Y nos hemos dicho: Vamos a construir este altar, pero no para holocaustos, ni sacrificios, [27] sino para que sea testigo entre nosotros y vosotros y entre nuestros descendientes después de nosotros, de que rendimos culto a Yahvé en su presencia con nuestros holocaustos, nuestras víctimas y nuestros sacrificios de comunión. Así no podrán decir mañana vuestros hijos a los nuestros: 'No tenéis parte con Yahvé.' [28] Nos hemos dicho: Si llega a suceder que nos hablen así a nosotros o el día de mañana a nuestros descendientes, les podremos responder: 'Mirad la forma del altar de Yahvé que hicieron nuestros padres, que no es para ofrecer holocaustos ni sacrificios, sino como testigo entre nosotros y vosotros.' [29] Lejos de nosotros rebelarnos contra Yahvé y desertar hoy de su servicio, levantando, para ofrecer

Márgenes:

Ex 6 25
Nm 25 7.11s

Nm 25 3-5
Dt 4 3

7

Dt 10 17

Lv 1-3

---

22 16 Aquí y en el v. 19 se condena la iniciativa de Rubén y Gad, desde el punto de vista de la ley de unicidad de santuario, Dt 12 5, posterior a este episodio.

22 22 Esta fórmula, que no supone politeísmo alguno, es un arcaísmo literario que viene de Gn 33 20; 46 3; Nm 16 22; ver también Dt 10 17; Sal 50 1; Dn 11 36.

en él holocaustos, oblaciones o sacrificios, un altar aparte del altar de Yahvé nuestro Dios erigido delante de su morada.»

Restablecimiento de la concordia.

³⁰ Cuando el sacerdote Pinjás, los príncipes de la comunidad y los jefes de los clanes de Israel que le acompañaban, oyeron las palabras pronunciadas por los gaditas, los rubenitas y los manasitas, les pareció bien. ³¹ Y el sacerdote Pinjás, hijo de Eleazar, dijo a los rubenitas, a los gaditas y a los manasitas: «Ahora reconocemos que Yahvé está en medio de nosotros, pues no habéis cometido tan grande infidelidad contra él. Así habéis salvado a los israelitas de la mano de Yahvé.»

³² El sacerdote Pinjás, hijo de Eleazar, y los príncipes, dejando a los rubenitas y a los gaditas, volvieron del país de Galaad al de Canaán, a donde los israelitas, y les dieron la respuesta. ³³ La cosa pareció bien a los israelitas: los israelitas dieron gracias a Dios y no hablaron más de hacerles la guerra y devastar el territorio habitado por los rubenitas y los gaditas. ³⁴ Los rubenitas y gaditas llamaron al altar...*, porque decían: «Será testigo entre nosotros de que Yahvé es Dios.»

Gn 31 48.52

2. ÚLTIMO DISCURSO DE JOSUÉ*

Josué resume su obra.

23 ¹ Sucedió, mucho tiempo después de que Yahvé concediera a Israel la paz de todos los enemigos de alrededor (Josué era ya viejo y de edad avanzada), ² que Josué convocó a todo Israel, a sus ancianos, sus jefes, sus jueces, sus escribas y les dijo: «Yo ya soy viejo, avanzado en edad; ³ y vosotros habéis visto todo lo que Yahvé, vuestro Dios, ha hecho en atención a vosotros con todos estos pueblos; pues Yahvé vuestro Dios era el que combatía por vosotros. ⁴ Mirad, yo os he dado por suertes, como heredad para vuestras tribus, esos pueblos que quedan por conquistar, así como todos los pueblos que yo exterminé desde el Jordán hasta el mar Grande de occidente*. ⁵ Yahvé mismo, vuestro Dios, los arrojará delante de vosotros, los expulsará de delante de vosotros, y vosotros tomaréis posesión de su tierra, como os lo ha prometido Yahvé vuestro Dios.

3 1; 14 10; 24 29

13 6

Cómo proceder en medio de las poblaciones extranjeras.

⁶ «Esforzaos mucho en guardar y cumplir todo lo que está escrito en el libro de la Ley de Moisés, no apartándoos de ella ni a la derecha ni a la izquierda, ⁷ no mezclándoos con esos pueblos que quedan todavía entre vosotros. No mentaréis el nombre de sus dioses ni juraréis por ellos, no les daréis culto ni os postraréis ante ellos, ⁸ sino manteneos unidos a Yahvé vuestro Dios, como habéis hecho hasta el día de hoy. ⁹ Yahvé ha arrojado de vuestra presencia a pueblos numerosos y fuertes, y nadie os ha podido resistir hasta el presente. ¹⁰ Uno solo de vosotros perseguía a mil, porque Yahvé mismo, vuestro Dios, peleaba por vosotros, como os lo había prometido. ¹¹ Tendréis buen cuidado, por vuestra vida, de amar a Yahvé vuestro Dios.

Lv 26 8
Dt 32 30

¹² «Pero si os desviáis y os unís a ese resto de naciones que quedan todavía entre vosotros, emparentáis con ellas y entráis en tratos con ellas, ¹³ tened por sabido que Yahvé vuestro Dios no seguirá arrojando de delante de vosotros a esos pueblos; serán para vosotros red, lazo, aguijones* en vuestros costados y pinchos en vuestros ojos, hasta que desaparezcáis de esta espléndida tierra que os ha dado Yahvé vuestro Dios.

Dt 6 5+
Ex 34 16
Dt 7 1-6
Jc 2 2-3

¹⁴ «Mirad que yo me voy ya por el camino de todo el mundo. Reconoced con todo vuestro corazón y con toda vuestra alma que, de todas las promesas que Yahvé vuestro Dios había hecho en vuestro favor, no ha fallado ni una sola: todas se os han cumplido. Ni una sola ha fallado.

21 45

Dt 7
Ex 23 13

---

22 34 El nombre ha desaparecido del texto; probablemente contenía la palabra «testigo». Comp. la explicación del nombre de Galaad en Gn 31 47-48.
23 Discurso de despedida; su continuación normal se encuentra en Jc 2 6-9. Comparar el último discurso de Moisés, Dt 31, pero también las despedidas de Samuel, 1 S 12, el testamento de David, 1 R 2 1-9, o las últimas palabras de Matatías, 1 M 2 49-68. En la primera redacción deuteronomista, este cap. habría servido de conclusión al libro, antes de la adición del cap. 24.
23 4 «todos los pueblos que yo exterminé» está desplazado en el hebr. después de «el Jordán».—«hasta el mar Grande» griego; «y el mar Grande» hebr.
23 13 «aguijones» griego, ver Nm 33 55; hebr. ininteligible.

Dt 28

[15] «Pues de la misma manera que se os han cumplido todas las espléndidas promesas hechas por Yahvé vuestro Dios en vuestro favor, igualmente acarreará Yahvé contra vosotros todas sus amenazas, hasta borraros de la espléndida tierra que Yahvé vuestro Dios os ha dado.

[16] «Si quebrantáis la alianza que Yahvé vuestro Dios os dio, si os vais a dar culto a otros dioses y os postráis ante ellos, la ira de Yahvé se encenderá contra vosotros y desapareceréis rápidamente de la espléndida tierra que os ha dado.»

Dt 4 26

3. LA GRAN ASAMBLEA DE SIQUÉN*

Recuerdo de la vocación de Israel.

24 [1] Josué reunió a todas las tribus de Israel en Siquén*, llamó a los ancianos de Israel, a sus jefes, jueces y escribas, que se situaron en presencia de Dios. [2] Josué dijo a todo el pueblo: «Esto dice Yahvé el Dios de Israel: Al otro lado del Río habitaban antaño vuestros padres, Téraj, padre de Abrahán y de Najor, y daban culto a otros dioses. [3] Yo tomé a vuestro padre Abrahán del otro lado del Río y le hice recorrer toda la tierra de Canaán, multipliqué su descendencia y le di por hijo a Isaac. [4] A Isaac le di por hijos a Jacob y Esaú. A Esaú le di en propiedad la montaña de Seír. Jacob y sus hijos bajaron a Egipto. [5] Envié después a Moisés y Aarón y herí a los egipcios con los prodigios que obré* en medio de ellos. Luego os saqué de allí. [6] Saqué a vuestros padres de Egipto y llegasteis al mar; los egipcios persiguieron a vuestros padres con sus carros y guerreros hasta el mar de Suf. [7] Clamaron entonces a Yahvé, el cual tendió unas densas nieblas entre vosotros y los egipcios, e hizo volver sobre ellos el mar, que los cubrió. Visteis con vuestros propios ojos lo que hice con Egipto; luego habitasteis largo tiempo en el desierto. [8] Os introduje después en la tierra de los amorreos, que habitaban al otro lado del Jordán; ellos os declararon la guerra y yo os entregué en vuestras manos; y así pudisteis poseer su tierra, porque yo los exterminé a vuestra llegada. [9] Después se levantó Balac, hijo

Gn 11 27-32

Gn 12-24
35 2-4

Gn 25 19-26
Gn 27;
36 1-8

Gn 46 1-7
Ex 3-15

Nm 21 21-35
Dt 2 26-3 11

Nm 22-24

de Sipor, rey de Moab, para pelear contra Israel, y mandó llamar a Balaán, hijo de Beor, para que os maldijera. [10] Pero no quise escuchar a Balaán, y hasta tuvo que bendeciros; así os salvé yo de su mano.

[11] «Pasasteis el Jordán y llegasteis a Jericó; pero las gentes de Jericó os hicieron la guerra, igual que los amorreos, los perizitas, los cananeos, los hititas, los guirgaseos, los jivitas y los jebuseos, pero yo los entregué en vuestras manos. [12] Mandé delante de vosotros avispas que expulsaron, antes que llegarais, a los dos reyes de los amorreos; no fue con tu espada ni con tu arco. [13] Os he dado una tierra que no os ha costado fatiga, unas ciudades que no habéis construido y en las que sin embargo habitáis, viñas y olivares que no habéis plantado y de los que os alimentáis.

Dt 7 1+

Dt 7 20

Dt 6 10-13

Israel elige a Yahvé.

[14] «Ahora, pues, temed a Yahvé y servidle perfectamente, con fidelidad; apartaos de los dioses a los que sirvieron vuestros padres más allá del Río y en Egipto y servid a Yahvé. [15] Pero, si no os parece bien servir a Yahvé, elegid hoy a quién habéis de servir, o a los dioses a quienes servían vuestros padres más allá del Río, o a los dioses de los amorreos en cuyo país habitáis ahora. Yo y mi casa serviremos a Yahvé.»

[16] El pueblo respondió: «Lejos de nosotros abandonar a Yahvé para servir a

Gn 35 2
Ez 20 7

---

24 Tres partes: 1.ª, Josué propone a la fe de los asistentes las intervenciones de Yahvé en favor de Israel, vv. 2-13; ver las confesiones de fe del Dt 6 21-24 y 26 5-9; 2.ª, la asamblea se pronuncia por Yahvé y contra los dioses extranjeros, vv. 14-24; 3.ª, se concluye la alianza y se pone su ley por escrito, vv. 25-28. —Este capítulo se añadió durante o después del Destierro, pero la tradición que representa es antigua. La fe en Yahvé, traída por el grupo que dirige Josué, es propuesta por él a otros grupos que no han oído hablar de ella todavía. Éstos no han estado en Egipto y no se han beneficiado de los prodigios del Éxodo ni de la revelación del Sinaí; sin embargo, no son cananeos y tienen un origen común

con el grupo de Josué: se trata de las tribus del norte, que con este pacto aceptan la fe en Yahvé y llegan así a formar parte del pueblo de Dios.
24 1 Ver 8 30-35. Siquén era, por su posición central, un lugar apto para la reunión de las tribus, ver también 1 R 12, y, por su pasado, un escenario predestinado para la conclusión de este pacto religioso: allí había levantado Abrahán un altar, Gn 12 6-7, allí había adquirido Jacob derechos, Gn 33 18-20, y escondido los ídolos traídos de Mesopotamia, Gn 35 2-4.
24 5 «los prodigios que obré» mss griegos, sir., Vulg.; «lo que obré» hebr.

otros dioses. [17] Porque Yahvé nuestro Dios es el que nos hizo subir, a nosotros y a nuestros padres, de la tierra de Egipto, de la casa de servidumbre, y el que delante de nuestros ojos obró tan grandes señales y nos guardó por todo el camino que recorrimos y en todos los pueblos por los que pasamos. [18] Además Yahvé expulsó delante de nosotros a todos esos pueblos y a los amorreos que habitaban en el país. También nosotros serviremos a Yahvé, porque él es nuestro Dios.» [19] Entonces Josué dijo al pueblo: «No podréis servir a Yahvé, porque es un Dios santo, es un Dios celoso, que no perdonará ni vuestras rebeldías ni vuestros pecados. [20] Si abandonáis a Yahvé para servir a los dioses del extranjero, él a su vez traerá el mal sobre vosotros y acabará con vosotros, después de haberos hecho tanto bien.» [21] El pueblo respondió a Josué: «No; nosotros serviremos a Yahvé.» [22] Josué dijo al pueblo: «Vosotros sois testigos contra vosotros mismos de que habéis elegido a Yahvé para servirle.» Respondieron ellos: «¡Testigos somos!» [23] «Entonces, quitad de en medio los dioses del extranjero e inclinad vuestro corazón hacia Yahvé, Dios de Israel.» [24] El pueblo respondió a Josué: «A Yahvé nuestro Dios serviremos y a su voz atenderemos.»

El pacto de Siquén.

[25] Aquel día, Josué selló una alianza con el pueblo; le impuso decretos y normas en Siquén. [26] Josué escribió estas palabras en el libro de la Ley de Dios. Tomó luego una gran piedra y la plantó allí, al pie de la encina que hay en el santuario de Yahvé. [27] Josué dijo a todo el pueblo: «Mirad, esta piedra será testigo contra nosotros*, pues ha oído todas las palabras que Yahvé ha hablado con nosotros; ella será testigo contra vosotros para que no podáis renegar de vuestro Dios.» [28] Y Josué despidió al pueblo, cada uno a su heredad.

4. APÉNDICES

Muerte de Josué*.

[29] Después de estos acontecimientos, murió Josué, hijo de Nun, siervo de Yahvé*, a la edad de ciento diez años. [30] Fue enterrado en el término de su heredad, en Timnat Séraj, que está en la montaña de Efraín, al norte del monte Gaás*. [31] Israel sirvió a Yahvé todos los días de Josué y todos los días de los ancianos que siguieron viviendo después de Josué y que sabían todas las hazañas que Yahvé había hecho en favor de Israel.

Los huesos de José.
Muerte de Eleazar*.

[32] Los huesos de José, que los hijos de Israel habían subido de Egipto, fueron sepultados en Siquén, en la parcela de campo que había comprado Jacob a los hijos de Jamor, padre de Siquén, por cien pesos, y que pasó a ser* heredad de los hijos de José. [33] También Eleazar hijo de Aarón, murió y lo enterraron en Guibeá, ciudad de su hijo Pinjás, que le había sido dada en la montaña de Efraín*.

Notas marginales

Ex 13 3
Dt 5 6

Lv 17 1+
Dt 4 24;
6 15

Ex 15 25

Gn 12 6;
35 4
Dt 11 30
Jc 9 6

Jc 2 6

‖Jc 2 6-10

Gn 50 24-25
Ex 13 19

Gn 33 18-20

---

24 27 Comparar el majano-testigo, Gn 31 48.52; el altar-testigo, Jos 22 26s; la estela-testigo, Is 19 19-20.
24 29 (a) Los vv. 28-31 se repiten casi textualmente al comienzo de la segunda introducción al libro de los Jueces, 2 6-10. Esto subraya la unidad redaccional de los dos libros.
24 29 (b) El mismo título se daba a Moisés, Ex 14 31; Jos 1 1; ver Dt 34 5, y se le dará a David, Sal 18 1; 89 4.21, prefiguración del «Siervo de Yahvé», Is 42 1+.
24 30 Los Setenta añaden: «Allí (en Timnat Séraj) depositaron con él, en la tumba en que lo habían enterrado, los cuchillos de pedernal con que había circuncidado a los israelitas en Gálgala cuando les hizo salir de Egipto como el Señor se lo había ordenado: y allí están todavía hasta el día de hoy». En realidad, hoy en día se encuentran aún numerosos sílex prehistóricos tallados

en los alrededores de la ciudad que se levanta en el emplazamiento de Timnat- Séraj.
24 32 (a) Josué y Eleazar han muerto en la Tierra Prometida, en el lugar y puesto de Moisés y Aarón, muertos antes de pasar el Jordán. Los huesos de José son también llevados a la Tierra ya dada a los Patriarcas. Así, con el libro de Josué, concluye la Vuelta de Egipto.
24 32 (b) «que pasó a ser» versiones; «que pasaron (los huesos) a ser» hebr.
24 33 Los Setenta añaden: «Entonces los israelitas se fueron cada cual a su morada y cada cual a su ciudad. Los israelitas dieron culto a Astarté a Astarot y a los dioses de las naciones que les rodeaban. Por lo mismo, el Señor los entregó al poder de Eglón, rey de Moab, que los oprimió durante dieciocho años». Ver Jc 3 14.

JUECES

*Primera introducción**

NARRACIÓN RESUMIDA DEL ESTABLECIMIENTO EN CANAÁN

Establecimiento de Judá, Simeón, Caleb y los quenitas.

1 ¹ Después de la muerte de Josué, los israelitas hicieron esta consulta a Yahvé: «¿Quién de nosotros subirá el primero a combatir a los cananeos?» ² Yahvé repondió: «Subirá Judá, he puesto el país en sus manos.» ³ Judá dijo a su hermano* Simeón: «Sube conmigo al territorio que me ha tocado; atacaremos al cananeo; y luego yo también iré contigo a tu territorio.» Y Simeón marchó con él. ⁴ Subió Judá; Yahvé puso en sus manos a los cananeos y a los perizitas, y derrotaron en Bézec a diez mil hombres. ⁵ Habiendo encontrado en Bézec a Adoni Bézec*, le atacaron y derrotaron a los cananeos y a los perizitas. ⁶ Huyó Adoni Bézec, pero le persiguieron, lo capturaron y le cortaron los pulgares de manos y pies. ⁷ Y Adoni Bézec dijo: «Setenta reyes, con los pulgares de manos y pies cortados, andaban recogiendo migajas bajo mi mesa. Según lo que yo hice, así me ha pagado Dios.» Lo llevaron a Jerusalén, y allí murió. ⁸ (Los hijos de Judá atacaron a Jerusalén, la tomaron, la pasaron a cuchillo y prendieron fuego a la ciudad).

⁹ Después, los hijos de Judá bajaron a atacar a los cananeos, que ocupaban la Montaña, el Negueb y la Tierra Baja*.

¹⁰ Luego Judá marchó contra los cananeos que habitaban en Hebrón (el nombre de Hebrón era antes Quiriat Arbá) y derrotó a Sesay, Ajimán y Talmay. ¹¹ De allí marchó contra los habitantes de Debir (el nombre de Debir era antes Quiriat Séfer). ¹² Y Caleb dijo: «Al que derrote a Quiriat Séfer y la tome, le daré mi hija Acsá por mujer.» ¹³ La tomó Otniel, hijo de Quenaz, el hermano menor de Caleb. Y éste le dio su hija Acsá por mujer. ¹⁴ Cuando ella vino donde el marido, le incitó* a que pidiera a su padre un campo. Ella se apeó del asno, y Caleb le preguntó: «¿Qué quieres?» ¹⁵ Ella respondió: «Hazme un regalo. Ya que me has dado la tierra del Negueb, dame fuentes de agua.» Y Caleb le dio las fuentes de arriba y las fuentes de abajo.

¹⁶ Los hijos de Jobab el quenita, suegro de Moisés*, subieron con los hijos de Judá de la ciudad de las Palmeras al desierto de Judá, que está en el Negueb de Arad, y fueron a habitar con el pueblo.

¹⁷ Judá se fue con su hermano Simeón, derrotaron a los cananeos que habitaban en Sefat y consagraron la ciudad al anatema. Por eso la ciudad se llamó Jormá. ¹⁸ Judá se apoderó de Gaza y su comarca, de Ascalón y su comarca, de Ecrón y su comarca*; ¹⁹ Yahvé estuvo con Judá, que conquistó la montaña; pero no pudo

Ex 33 7+

20 18

Jos 10 3
s 10 1-27

Jos 15 63
Jc 1 21
2 S 5 6+

Jos 9 1;
10 40

||Jos 15
13-19

Jos 10 36-39
Jos 11 21-22

Jos 14 6+

3 9-10

Nm 24 21+
Nm 10 29-32
Ex 2 16+

Nm 21 1-3

Jos 17 16.18

---

1 Jc 1 reúne datos, acerca de la conquista, que dan un cuadro muy diferente del de Jos 1-12: la conquista es el resultado de acciones individuales de las tribus y sigue incompleta. Este relato da, para el establecimiento en el Sur, informaciones más cercanas a la historia que la exposición esquemática de Jos 10. Se trata de tradiciones yahvistas que subrayan la función de Judá, ver vv. 9 y 17. La primera redacción del libro de Josué había descartado estas tradiciones porque no se ajustaban a su plan ni a sus intenciones teológicas. Luego, algunas quedaron incluidas en una nueva redacción del libro de Josué, p. e., Jos 14 6-15; 15 13-19. El redactor deuteronomista de los Jueces recupera esas tradiciones, pero, para evitar el conflicto con el libro de Josué, sitúa los acontecimientos después de la muerte de éste, v. 1.

1 3 Se trata de las dos tribus del Sur, ver v. 17s, que probablemente entraron en Canaán sin haber dado el rodeo por Transjordania, y cuya historia fue independiente por mucho tiempo de la de las otras tribus, ver cap 5; Nm 14 39; 21 1.

1 5 Parece como si hubiera habido alguna confusión entre este Adoni-Bézec y Adoni-Sédec, rey de Jerusalén, ver Jos 10 1-3; de ahí la mención de esta ciudad, v. 7, y la glosa posterior del v. 8, que se contradice con el v. 21 (y ver 2 S 5 6s). La victoria de

Bézec plantea por lo demás un problema: la única ciudad con este nombre de que se conoce se halla situada entre Siquén y Betsán, en la región donde efectivamente se hallaban los perizitas, pero lejos del territorio de Judá y Simeón. Quizá se trate de un recuerdo de la época patriarcal, en la que Simeón residía en Palestina central.

1 9 Introducción redaccional a la continuación del relato, que atribuye a Judá conquistas llevadas a cabo, de hecho, por grupos que sólo más tarde se le incorporaron: Caleb (conquista de Hebrón, v. 20, ver Jos 14 16s), Otniel (toma de Debir, v. 13, ver Jos 15 15-17), los quenitas (ocupación del Negueb de Arad, v. 16) y Simeón (toma de Jormá, v. 17).

1 14 «(Otniel) le incitó» griego, Vulg.; «(ella) le incitó» hebr.

1 16 «Los hijos de Jobab el quenita» versiones, ver 4 11; «los hijos de un quenita» hebr.

1 18 Judá no conquistó esas ciudades de Filistea ni en el momento del establecimiento ni más tarde, y este v. se contradice con 19b. Los Setenta eluden la dificultad añadiendo una negación: «Judá no pudo apoderarse...» Es posible que el texto hebreo refleje, amplificándolas, las victorias de David sobre los filisteos, 2 S 5 17-25; 8 1.

expulsar a los habitantes del llano, porque tenían carros de hierro.

1 10+ ²⁰ A Caleb le asignaron Hebrón, según el mandato de Moisés; y él arrojó de allí a los tres hijos de Anac. ²¹ Los hijos de **Dt 7 1+** Benjamín no expulsaron a los jebuseos que habitaban en Jerusalén; por eso los jebuseos siguen habitando en Jerusalén con los hijos de Benjamín, hasta el día de hoy*.

Toma de Betel*.

Jos 7 2+ ²² También la casa de José subió a Betel; Yahvé estuvo con ella. ²³ La casa de **Gn 28 18** José hizo una exploración por Betel. (Antes la ciudad se llamaba Luz.) ²⁴ Los es**Jos 18 13** pías vieron a un hombre que salía de la ciudad y le dijeron: «Indícanos la entrada de la ciudad y te lo agradeceremos.» **Jos 6 23** ²⁵ Él les enseñó la entrada de la ciudad: la pasaron a cuchillo, y dejaron libre a aquel hombre con toda su familia. ²⁶ El hombre se fue al país de los hititas y construyó una ciudad, a la que llamó Luz. Es el nombre que tiene hasta la fecha.

Las tribus septentrionales.

Jos 17 11-13 ²⁷ Manasés no se apoderó de Betsán y sus filiales, ni de Tanac y sus filiales. No expulsó a los habitantes de Dor y sus filiales, ni a los de Yibleán y sus filiales, ni a los de Meguidó y sus filiales: los cananeos siguieron ocupando el territorio. ²⁸ Sin embargo, cuando Israel cobró más fuerza, sometió a los cananeos a tributo, aunque no llegó a expulsarlos*. ²⁹ Tam**Jos 16 10** poco Efraín expulsó a los cananeos que habitaban en Guézer*, de manera que los cananeos siguieron viviendo en Gué**Jos 19 10-16** zer, en medio de Israel. ³⁰ Zabulón no expulsó a los habitantes de Catat, ni a los

de Nahalal. Los cananeos se quedaron en medio de Zabulón, pero fueron sometidos a tributo. ³¹ Aser no expulsó a **Jos 19 24** los habitantes de Aco, ni a los de Sidón, de Majaleb*, de Aczib, de Jelbá, de Afec, ni de Rejob. ³² Los aseritas se establecieron, pues, entre los cananeos que habitaban en el país, porque no los expulsaron. ³³ Neftalí no expulsó a los habitantes **Jos 19 32** de Bet Semes, ni a los de Bet Anat, y se estableció entre los cananeos que habitaban en el país; pero los habitantes de Bet Semes y de Bet Anat fueron sus tributarios. ³⁴ Los amorreos rechazaron hacia la montaña a los hijos de Dan, sin de**Jos 19 47** jarles bajar a la llanura. ³⁵ Los amorreos **Jc 17 1+** se mantuvieron en Har Jeres, en Ayalón y en Saalbín, pero luego cargó pesadamente sobre ellos la mano de la casa de José y fueron reducidos a tributo.

³⁶ (La frontera de los edomitas* va des**Jos 15 3** de la Cuesta de los Escorpiones, desde la **Nm 34 3-** Peña, y hacia arriba.) **2 R 14 7**

El Ángel de Yahvé anuncia desgracias a Israel*.

6 7-10

2 ¹ El Ángel de Yahvé* subió de Guilgal a Betel* y dijo: «Yo os hice subir de Egipto y os introduje en la tierra que había prometido con juramento a vuestros padres. Yo dije: No romperé jamás mi **Dt 7 1-5** alianza con vosotros. ² Pero vosotros no pactaréis con los habitantes de este país; sino que destruiréis sus altares. Pero no habéis escuchado mi voz. ¿Por qué habéis hecho esto? ³ Por eso os digo: No los arrojaré delante de vosotros; serán vuestros opresores*, y sus dioses serán una trampa para vosotros.» ⁴ Así que el Ángel de Yahvé dijo estas palabras a todos los israelitas, el pueblo se puso a llorar a gritos. ⁵ Y llamaron a aquel lugar Bojín*, y **20 26** ofrecieron allí sacrificios a Yahvé.

---

1 21 En efecto, se contará a Jerusalén entre las ciudades de Benjamín, Jos 18 28, pero David será quien la conquiste, 2 S 5 6-9. Esta noticia ha sido interpolada en Jos 15 63, sustituyendo Benjamín por Judá.
1 22 Esta toma de Betel, gracias a la traición de uno de sus habitantes, no figura en el relato de la conquista del libro de Josué.
1 28 En realidad estas ciudades no fueron conquistadas hasta los tiempos de los primeros reyes, 1 R 9 15-22.
1 29 La ciudad, en el camino de Jerusalén a Jafa, dominaba la llanura filistea. Por los mismo, las relaciones se hallaban prácticamente cortadas entre las tribus del norte y del sur.
1 31 «Majaleb», según Jos 19 20; «Ahlab» hebr.; «Jelbá» es sin duda un duplicado.

1 36 «edomitas» griego; «amorreos» hebr. —El v. es una glosa.
2 El redactor deuteronomista, que ha añadido el cap 1 al libro, da aquí una razón teológica del fracaso parcial de la conquista y concuerda con Jos 23 12-13. Empalma esta enseñanza con la explicación de un nombre de lugar de la región de Betel, vv. 4-5.
2 1 (a) En este caso, un doble de Yahvé, ver Gn 16 7+. Comp. la aparición a Josué cerca de Guilgal, Jos 5 13-15. Sobre Guilgal, ver Jos 4 19+.
2 1 (b) «Betel» griego; «Bojín» hebr., ver v. 5.
2 3 «opresores» versiones; «a vuestro lado» hebr.
2 5 En hebr. *bokim*: «los que lloran», emplazamiento desconocido; acaso la «Encina del Llanto», cerca de Betel, Gn 35 8.

Segunda introducción

CONSIDERACIONES GENERALES SOBRE EL PERIODO DE LOS JUECES*

Fin de la vida de Josué.

‖Jos 24 28

⁶ Josué despidió al pueblo, y los israelitas se volvieron cada uno a su heredad para ocupar la tierra. ⁷ El pueblo sirvió a Yahvé en vida de Josué y de los ancianos que le sobrevivieron y que habían sido testigos de todas las grandes hazañas que Yahvé había hecho a favor de Israel. ⁸ Josué, hijo de Nun, siervo de Yahvé, murió a la edad de ciento diez años. ⁹ Lo enterraron en el término de su heredad, en Timnat Jeres, en la montaña de Efraín, al norte del monte Gaás. ¹⁰ También aquella generación fue a reunirse con sus padres y les sucedió otra generación que no conocía a Yahvé ni lo que había hecho por Israel*.

‖Jos 24 31

‖Jos 24 29-30

Jos 19 50

Interpretación religiosa del período de los jueces*.

¹¹ Entonces los hijos de Israel hicieron lo que desagradaba a Yahvé. Dieron culto a los Baales. ¹² Abandonaron a Yahvé, el Dios de sus padres, que los había sacado de la tierra de Egipto, y siguieron a otros dioses de los pueblos de alrededor; se postraron ante ellos, irritaron a Yahvé; ¹³ dejaron a Yahvé y dieron culto a Baal y a las Astartés*. ¹⁴ Entonces se encolerizó Yahvé contra Israel. Los entregó en manos de salteadores que los despojaron, los dejó vendidos en manos de los enemigos de alrededor y no pudieron ya sostenerse ante sus enemigos. ¹⁵ En todas sus campañas la mano de Yahvé intervenía contra ellos para hacerles daño, como Yahvé se lo tenía dicho y jurado. Los puso así en gran aprieto.

Dt 28 15-46

¹⁶ Entonces Yahvé hizo surgir jueces* que los salvaron de la mano de los que los saqueaban. ¹⁷ Pero tampoco a sus jueces los escuchaban. Se prostituyeron* siguiendo a otros dioses, y se postraron ante ellos. Se desviaron muy pronto del camino que habían seguido sus padres, que atendían a los mandamientos de Yahvé; no los imitaron. ¹⁸ Cuando Yahvé les suscitaba jueces, Yahvé estaba con el juez y los salvaba de la mano de sus enemigos mientras vivía el juez, porque Yahvé se conmovía de los gemidos que proferían ante los que los maltrataban y oprimían. ¹⁹ Pero cuando moría el juez, volvían a corromperse más todavía que sus padres, yéndose tras de otros dioses, dándoles culto y postrándose ante ellos, sin renunciar en nada a las prácticas y a la conducta obstinada de sus padres.

8 27

Razón de la permanencia de las naciones extranjeras*.

²⁰ Se encolerizó Yahvé contra el pueblo de Israel y dijo: «Ya que este pueblo ha quebrantado la alianza que prescribí a sus padres y no ha escuchado mi voz, ²¹ tampoco yo arrojaré en adelante de su presencia a ninguno de los pueblos que dejó Josué cuando murió.» ²² Era para probar con ellos a Israel, a ver si seguían

2 3

---

2 6   La introducción a los relatos sobre los Jueces, 2 6 - 3 6, se construye en torno a 2 11-19, que, en una primera redacción, precedía inmediatamente a 3 7s. Los vv. 6-10 establecen la conexión con el libro de Josué, cuyos últimos vv. repiten (como Esd 1-3 repite 2 Cro 36 22-23). Se han añadido los vv. 2 20 - 3 6 para explicar la permanencia de las naciones extranjeras en medio de Israel.
2 10   Este v. no existe en el paralelo de Jos 24. La muerte de Josué y de la generación de la conquista abrió las puertas a las infidelidades de Israel.
2 11   El primer redactor deuteronomista del libro expone aquí el tema que repetirá en la historia de cada uno de los grandes Jueces (ver 3 7+), 3 7-9.12-15; 4 1 s; 6 10; 10 6s, etc.: Israel abandona a Yahvé por Baal; Yahvé lo entrega en manos de opresores; Israel clama a Yahvé; Yahvé le envía un salvador; luego, la historia se repite. Esta visión teológica de la historia, que supone que los Jueces se han sucedido según el orden cronológico del libro y que cada uno de ellos ha actuado en favor de todo Israel, sólo imperfectamente corresponde a la realidad histórica: la base del libro son relatos al principio independientes acerca de héroes locales, cuya relación cronológica se establece arbitrariamente.
2 13   El grupo «Baal y Astarté», o en plural «los Baales y las Astartés» es en la Biblia denominación corriente de las divinidades cananeas. Baal, «el Señor», es el principio divino masculino, considerado a menudo como el amo del suelo. Astarté, corresponde a la Istar asiria y es la diosa del amor y de la fecundidad. Su nombre es sustituido a veces, 3 7; 2 R 23 4, etc., con el de Aserá, otra divinidad femenina de iguales características, ver Ex 34 13+.
2 16   Ver 3 7 (a).
2 17   Metáfora corriente para designar el culto de los ídolos, ver Lv 17 7; Dt 31 16; Os 1 2; Is 1 21; Ez 16 15, etc.
2 20   Según 2 11-15, ver también 2 3, se ha dejado subsistir a las naciones extranjeras en castigo de la infidelidad de Israel. Aquí ha venido a ser un medio para poner a prueba su fidelidad, vv. 22-23; 3 1 y 4. La glosa de 3 2 ofrece otra explicación: mantener el espíritu guerrero. Otras razones se dan en Ex 23 29 y Dt 7 22: no convertir el país en un desierto abandonado a las bestias salvajes, y en Sb 12 3-22: dar tiempo para arrepentirse a los antiguos habitantes.

o no los caminos de Yahvé, como los habían seguido sus padres. ²³ Yahvé dejó en paz a estos pueblos, en vez de expulsarlos enseguida, y no los entregó en manos de Josué.

3 ¹ Éstos son los pueblos que Yahvé dejó subsistir para probar con ellos a Israel, a cuantos no habían conocido ninguna de las guerras de Canaán. ² (Era sólo para que aprendieran las generaciones de los hijos de Israel, para enseñarles el arte de la guerra; por lo menos los que antes no lo habían conocido): ³ los cinco

Jos 13 1

1 27-35

príncipes de los filisteos y todos los cananeos, los sidonios y los hititas* que vivían en el monte Líbano, desde la montaña de Baal Hermón hasta la entrada de Jamat. ⁴ Sirvieron para probar con ellos a Israel, a ver si guardaban los mandamientos que Yahvé había prescrito a sus padres por medio de Moisés. ⁵ Y los israelitas habitaron en medio de los cananeos, hititas, amorreos, perizitas, jivitas y jebuseos; ⁶ se casaron con sus hijas, dieron sus propias hijas a los hijos de aquéllos y dieron culto a sus dioses.

Jos 13 2-6

Dt 7 1+

Historia de los Jueces*

1. OTNIEL*

⁷ Los israelitas hicieron lo que desagradaba a Yahvé. Se olvidaron de Yahvé su Dios y dieron culto a los Baales y a las Aserás. ⁸ Se encolerizó Yahvé contra Israel y los dejó a merced de Cusán Risatáin, rey de Edom*, y los israelitas sirvieron a Cusán Risatáin durante ocho años.

⁹ Los israelitas clamaron a Yahvé y

2 13+

Yahvé suscitó a los israelitas un libertador que los salvó: Otniel, hijo de Quenaz y hermano menor de Caleb. ¹⁰ El espíritu de Yahvé vino sobre él, fue juez de Israel y salió a la guerra. Yahvé entregó en sus manos a Cusán Risatáin, rey de Edom y triunfó sobre Cusán Risatáin. ¹¹ El país quedó tranquilo cuarenta años. Y murió Otniel, hijo de Quenaz.

1 13
Jos 15 17

3 30; 5 31;
8 28
Jos 11 23;
14 15

2. EHÚD*

¹² Los israelitas volvieron a hacer lo que desagradaba a Yahvé; y Yahvé fortaleció a Eglón, rey de Moab, por encima de Is-

rael, porque hacían lo que desagradaba a Yahvé. ¹³ A Eglón se le juntaron los hijos de Amón y de Amalec; salió y derrotó a

---

3 3 «hititas» según Jos 11 3 y 2 S 24 6; «jivitas» hebr.

3 7 (a) Es costumbre llamar «mayores» a los Jueces cuya historia se refiere con más o menos detalles: Otniel, Ehúd, Débora (y Barac), Gedeón, Jefté, Sansón; y «menores» a los Jueces mencionados brevemente: Sangar, Tolá, Yaír, Ibsán, Elón, Abdón. Esta distinción no la hace el texto, pero corresponde poco más o menos a dos tipos diferentes de personajes que presenta. A los primeros los suscita Dios para librar al pueblo de la opresión: son jefes carismáticos y salvadores. Los segundos, evidentemente ejercen un cargo, pero es difícil concretar sus atribuciones. «Juzgar» incluye la administración de la justicia, pero la rebasa. El mismo verbo, rara vez en hebreo, pero con más frecuencia en otras lenguas semíticas del oeste, significa «gobernar», y «juez» es sinónimo de «rey». Al «Juez» (*Šofet*) se le puede comparar los «Suffetas» de Tiro y Cartago. Las cifras precisas que se dan para el tiempo que ejercieron su cargo indican una buena fuente histórica, pero la extensión de su autoridad a todo Israel y su sucesión cronológica parece ser una elaboración secundaria. El autor del libro de los Jueces extiende el nombre de esta función a los héroes libertadores cuyas historias recoge. Se los representa como si también ellos hubieran «juzgado» a Israel, y su lista, completada con la de los jueces «menores» para alcanzar la cifra de las doce tribus, le sirve para llenar el tiempo que ha pasado entre la muerte de Josué y la unción del rey Saúl. En realidad,

el régimen de los Jueces fue, a nivel de ciudad y de distrito, una etapa entre el gobierno tribal y la monarquía.

3 7 (b) Este pequeño relato es enigmático. Ciertamente, Otniel es el mismo que conquistó Debir en el momento del establecimiento. El opresor es Cusán Risatáin, rey de Aram. Naharáin según el hebr., es decir, la Alta Mesopotamia. Así presentado, el episodio es inverosímil. La solución más probable es que la palabra Aram es corrupción de la palabra Edom (cuya grafía es muy parecida en hebreo), y que se ha añadido Naharáin según los recuerdos del Génesis. No sería sorprendente un intento de los edomitas para establecerse en el sur de Palestina. Todo el pasaje denota la mano de un redactor deuteronomista, que parece haberse valido de una antigua tradición del sur para otorgar a Judá (que había incorporado a los calebitas) un puesto en su galería de los jueces.

3 8 Leemos «Edom» y no «Aram» hebr. (lo mismo en el v. 10) y suprimimos «Naharáin». —El nombre del rey significa «Cusán el de la doble maldad»; quizá sea un nombre antiguo modificado para escarnio.

3 12 La historia supone que los moabitas han rebasado el Arnón, ocupado las «Estepas de Moab» y franqueado el Jordán: su rey tiene una residencia en Jericó (la «ciudad de las Palmeras»). Están, pues, en el territorio de Benjamín. Esta expansión debe relacionarse con el debilitamiento de la tribu de Rubén, en el comienzo del período de los Jueces. La intervención del redactor deuteronomista queda aquí reducida al míni-

Israel, y tomó la ciudad de las Palmeras. [14] Los israelitas estuvieron sometidos a Eglón, rey de Moab, dieciocho años. [15] Entonces los israelitas clamaron a Yahvé y Yahvé les suscitó un libertador: Ehúd, hijo de Guerá, benjaminita, que era zurdo. Los israelitas le encargaron de llevar el tributo a Eglón, rey de Moab. [16] Ehúd se hizo un puñal de dos filos, de un codo de largo, se lo ciñó debajo de la ropa sobre el muslo derecho, [17] y presentó el tributo a Eglón, rey de Moab. Eglón era un hombre muy obeso. [18] En cuanto terminó de presentar el tributo, Ehúd mandó marchar a la gente que había llevado el tributo; [19] pero él, al llegar a los ídolos que hay en la región de Guilgal*, volvió otra vez y dijo: «Tengo un mensaje secreto para ti ¡oh rey!» El rey respondió: «¡Silencio!», y salieron de su presencia todos los que estaban con él. [20] Ehúd se le acercó. El rey estaba sentado en su galería fresca particular. Ehúd le dijo: «Tengo una palabra de Dios para ti.» El rey se levantó de su silla. [21] Ehúd alargó su mano izquierda, cogió el puñal de su cadera derecha y se lo hundió en el vientre. [22] Detrás de la hoja entró hasta el mango, y la grasa se cerró sobre la hoja, pues Ehúd no le sacó el puñal del vien-

Jos 4 19+

tre*. Luego escapó por la ventana. [23] Ehúd salió por la galería; había cerrado tras de sí las puertas de la galería y echado el cerrojo. [24] Después que se fue, llegaron los criados y vieron que las puertas de la galería tenían echado el cerrojo. Y se dijeron para sí: «Sin duda se está cubriendo los pies* en el aposento de la galería fresca.» [25] Estuvieron esperando hasta quedar desconcertados, porque no acababan de abrirse las puertas de la galería. Cogieron la llave y abrieron. Su amo yacía en tierra, muerto. [26] Mientras esperaban, Ehúd había huido: había pasado los ídolos y se había puesto a salvo en Seirá. [27] En cuanto llegó, tocó el cuerno en la montaña de Efraín y los israelitas bajaron con él de la montaña. Él se puso al frente de ellos, [28] y les dijo: «Seguidme, porque Yahvé ha entregado a Moab, vuestro enemigo, en vuestras manos.» Bajaron tras él, cortaron a Moab los vados del Jordán y no dejaron pasar a nadie. [29] Derrotaron en aquella ocasión a los de Moab; eran unos diez mil hombres, todos fuertes y valientes, y no escapó ni uno. [30] Aquel día fue humillado Moab bajo la mano de Israel, y el país quedó tranquilo ochenta años.

3 11+

3. SANGAR*

5 6
23 11-12

[31] Después de él vino Sangar, hijo de Anat. Derrotó a los filisteos, que eran seiscientos hombres, con una aguijada de bueyes; él también salvó a Israel.

4. DÉBORA Y BARAC*

Israel oprimido por los cananeos.

os 11 1+

4 [1] Cuando murió Ehúd, los israelitas volvieron a hacer lo que desagradaba a Yahvé, [2] y Yahvé los dejó a merced de

Yabín, rey de Canaán, que reinaba en Jasor. El jefe de su ejército era Sísara, que habitaba en Jaróset Hagoin [3] Entonces los israelitas clamaron a Yahvé. Porque Yabín tenía novecientos

1 S 12 9

mo: vv. 12.15ª y 30. Se vale de un relato que quizá se contaba en Guilgal, v. 19, y narraba con satisfacción, y despreocupándose de juicios morales, la astucia del benjaminita Ehúd. La extensión de la acción a todo Israel, vv. 27-29, es secundaria, pero acaso anterior a la utilización del relato por el deuteronomista.
3 19 La tradición local conocía perfectamente estos ídolos de piedra (*pesilim*) que, aquí y en el v. 26, sirven de mojón geográfico. No sabemos qué podían ser, pero no puede tratarse de las piedras erigidas por Josué, Jos 4 19-20, a las que no se llamaría «ídolos».
3 22 Seguimos el griego. Hebr. añade: «y salió el *paršedonah*» o «y salió por paršedôn», palabra desconocida. Quizá se trate de un duplicado del comienzo del v. siguiente («salió por la galería», donde «galería» es la traducción probable, ver v. 24, de una sola palabra).
3 24 Eufemismo por satisfacer una necesidad natural.

3 31 Este v. es una adición, ver 4 1. Sangar no parece ser israelita: su nombre es extranjero y él mismo, aparentemente, originario de Bet Anat, en Galilea, que seguía siendo cananea, Jc 1 33. Su inclusión en la lista de los Jueces se debe probablemente a 5 6 mal entendido.
4 La historia de Débora y Barac viene presentada en un relato en prosa, cap. 4, y en un cántico, cap. 5. Según el relato original en prosa, las tribus de Zabulón y Neftalí consiguen una victoria decisiva sobre Sísara, de Jaróset Hagoin, al noroeste de la llanura de Yizreel. A éste se le ha asociado secundariamente con Yabín, rey de Jasor, que había sido vencido bajo Josué, Jos 11 10-15; se le menciona en el relato en prosa, pero no en el cántico. Esta victoria, cuyo carácter histórico está asegurado, hizo desaparecer la barrera que separaba a las tribus del norte de las del centro de Palestina. Se sitúa probablemente a mediados del s. XII a. C.

carros de hierro y había oprimido duramente a los israelitas durante veinte años.

Débora.

⁴ En aquel tiempo, Débora, una profetisa*, mujer de Lapidot, era juez en Israel. ⁵ Se sentaba bajo la palmera* de Débora, entre Ramá y Betel, en la montaña de Efraín; y los israelitas subían donde ella en busca de justicia. ⁶ Ésta mandó llamar a Barac, hijo de Abinoán, de Cades de Neftalí, y le dijo: «¿No te ha dado Yahvé, Dios de Israel, esta orden: Vete, y recluta y toma contigo en el monte Tabor a diez mil hombres de los hijos de Neftalí y de los hijos de Zabulón, ⁷ que yo atraeré hacia ti al torrente Quisón a Sísara, jefe del ejército de Yabín, con sus carros y sus tropas, y los entregaré en tus manos?» ⁸ Barac le respondió: «Si vienes tú conmigo, voy. Pero si no vienes conmigo, no voy, porque no sé en qué día me dará la victoria el Ángel de Yahvé*.» ⁹ «Iré contigo», dijo ella, «sólo que entonces no será tuya la gloria de la campaña que vas a emprender, porque Yahvé entregará a Sísara en manos de una mujer.» Débora se levantó y marchó con Barac a Cades. ¹⁰ Y Barac convocó en Cades a Zabulón y Neftalí. Subieron tras él diez mil hombres y Débora subió con él.

Jéber el quenita*.

¹¹ Jéber, el quenita, se había separado de la tribu de Caín y del clan de los hijos de Jobab, el suegro de Moisés; había plantado su tienda cerca de la Encina de Saananín, cerca de Cades.

Derrota de Sísara.

¹² Le comunicaron a Sísara que Barac, hijo de Abinoán, había subido al monte Tabor. ¹³ Reunió Sísara todos sus carros, y todas las tropas que tenía y las llevó de Jaróset Hagoin al Torrente de Quisón. ¹⁴ Débora dijo a Barac: «Levántate, por-

que éste es el día en que Yahvé pone a Sísara en tus manos. ¿No es cierto que Yahvé marcha delante de ti?» Barac bajó del monte Tabor seguido de los diez mil hombres. ¹⁵ Yahvé sembró el pánico en Sísara, en todos sus carros y en todo su ejército ante Barac*. Sísara bajó de su carro y huyó a pie. ¹⁶ Barac persiguió a los carros y al ejército hasta Jaróset Hagoin. Todo el ejército de Sísara cayó a filo de espada: no quedó ni uno.

Muerte de Sísara.

¹⁷ Pero Sísara huyó a pie hacia la tienda de Yael, mujer de Jéber el quenita, porque reinaba la paz entre Yabín, rey de Jasor, y la casa de Jéber el quenita. ¹⁸ Yael salió al encuentro de Sísara y le dijo: «Entra, señor mío, entra en mi casa. No temas.» Y entró en su tienda y ella lo tapó con un cobertor. ¹⁹ Él le dijo: «Por favor, dame de beber un poco de agua, porque tengo sed.» Ella abrió el odre de la leche*, le dio de beber y lo volvió a tapar. ²⁰ Él le dijo: «Estáte a la entrada de la tienda, y si alguno viene, te pregunta y te dice: ¿Hay alguien aquí?, respóndele que no.» ²¹ Pero Yael, mujer de Jéber, cogió una clavija de la tienda, tomó el martillo en su mano, se le acercó callando y le hincó la clavija en la sien hasta clavarla en tierra. Él estaba profundamente dormido, agotado de cansancio; y murió. ²² Cuando llegó Barac persiguiendo a Sísara, Yael salió a su encuentro y le dijo: «Ven, que te voy a mostrar al hombre que buscas.» Entró donde ella, y Sísara yacía muerto con la clavija en la sien.

La liberación de Israel.

²³ Así humilló Dios aquel día a Yabín, rey de Canaán, ante los israelitas. ²⁴ La mano de los israelitas fue haciéndose cada vez más pesada sobre Yabín, rey de Canaán, hasta que acabaron con Yabín, rey de Canaán.

Marginal references (left column):
Hb 11 32
Sal 83 10
4 14
Gn 16 7+
Nm 24 21+
Jc 1 16+
5 19
4 8

Marginal references (right column):
Ex 14 24

---

4 4   Profetisa como María, Ex 15 20, y Juldá, 2 R 22 14, Débora administra justicia en nombre de Yahvé.
4 5   «palmera» *tamar* conj.; *tomer* hebr.
4 8   «porque no sé... la victoria» griego; omitido por hebr. Barac desea poder consultar a Yahvé (ver Ex 33 7+) por medio de Débora durante la campaña.

4 11   Este v., que interrumpe el relato, prepara la historia de Yael, v. 17, que quizá tuvo existencia independiente.
4 15   Después de «su ejército» hebr. añade: «a filo de espada», ver v. siguiente.
4 19   Es el *leben*, la leche agria de los nómadas.

CÁNTICO DE DÉBORA Y BARAC*

5 ¹ Aquel día, Débora y Barac, hijo de Abinoán, entonaron este cántico:

² Cuando Israel se suelta la cabellera*,
cuando el pueblo se ofrece voluntario,
¡bendecid a Yahvé!

Sal 2 10

³ ¡Escuchad, reyes! ¡Prestad oídos, príncipes!
A Yahvé voy a cantar.

Dt 32 3

Tocaré el salterio para Yahvé, Dios de Israel.

Dt 33 2
Sal 68 8-9
Ex 19 16+

⁴ Cuando saliste de Seír, Yahvé,
cuando avanzaste por los campos de Edom,
tembló la tierra, gotearon los cielos,
las nubes en agua se fundieron.

Sal 97 5

⁵ Los montes se licuaron
delante de Yahvé, el del Sinaí,
delante de Yahvé, el Dios de Israel.

3 31+
4 17
Is 33 8

⁶ En los días de Sangar, hijo de Anat,
en los días de Yael,
no había caravanas*;
los que hollaban calzadas
marchaban por senderos desviados.

⁷ Vacíos en Israel quedaron los poblados,
vacíos hasta tu despertar, oh Débora,
hasta tu despertar, oh madre de Israel.

⁸ Se elegían dioses nuevos;
la guerra les llegaba hasta las puertas;
¡ni un escudo se ve ni una lanza
para cuarenta mil en Israel!

S 13 19-22

⁹ Mi corazón con los jefes de Israel,
con los voluntarios del pueblo.
¡Bendecid a Yahvé!

¹⁰ Los que cabalgáis en blancas asnas,
los que os sentáis sobre tapices,
los que vais por el camino, cantad*,
¹¹ al clamor de los pregoneros del botín*,
junto a los abrevaderos.
Allí se cantan los favores de Yahvé,
los favores a sus poblados de Israel.
(Entonces el pueblo de Yahvé bajó a las puertas)*.

¹² ¡Despierta, Débora, despierta!
¡Despierta, despierta, entona un cantar!
¡Ánimo! ¡Arriba, Barac!
¡Apresa a los que te apresaron, hijo de Abinoán*!

¹³ Entonces Israel bajó a las puertas,
el pueblo de Yahvé bajó por él,
como un héroe*.

¹⁴ Los principales de Efraín en el valle.
Detrás de ti Benjamín entre tu gente.
De Maquir han bajado capitanes,
de Zabulón los que manejan cetro*.

Nm 32 39
Jos 17 1

¹⁵ Los jefes de Isacar están con Débora,
y Neftalí*, con Barac, en la llanura,
lanzado tras sus huellas.
En los arroyos de Rubén
grandes son las intenciones.

¹⁶ ¿Por qué te has quedado en los corrales,
escuchando los silbidos entre los rebaños*?
(En los arroyos de Rubén,
grandes son las intenciones.)

¹⁷ Allende el Jordán, Galaad* se queda,
y Dan, ¿por qué vive en naves extranjeras*?

17 1+
Jos 19 40+

---

5 El cántico de Débora es una de las piezas poéticas más antiguas de la Biblia y fue compuesta poco después de los acontecimientos. Es un canto de victoria en el marco de la composición hímnica. Celebra una gesta de la guerra santa, en la que Yahvé lucha contra los enemigos de su pueblo, vv. 20-21.23, que lo son también suyos, v. 31. El cántico exalta a las tribus que han respondido a la llamada de Débora, e increpa a las que no han acudido a combatir. La enumeración plantea varios problemas: en vez de Manasés se nombra a Maquir, v. 14; en lugar de Galaad era de esperar Gad v. 17; Meroz, v. 23, no aparece en ninguna otra lista de tribus. No se nombra ni a Judá ni a Simeón, o como consecuencia de su aislamiento en el sur, o porque no se habían aún incorporado a la confederación israelita.
5 2 Rito de guerra, comparar Dt 32 42. Los combatientes de la guerra santa son consagrados a Dios como los nazireos, ver Jc 13 5; 16 17.
5 6 «caravanas» 'orejôt conj.; 'arajôt hebr.
5 10 «cantad» šîrû conj.; «meditad» sîfû hebr.
5 11 (a) Lit. «los que dividen (o reparten)» (el agua, o el forraje, o los rebaños), es decir: los pastores.
5 11 (b) Este verso conserva el texto correcto del comienzo del v. 13, que se halla corrompido; ha sido incluido aquí por error.

5 12 «Ánimo» griego; omitido por hebr. —«Apresa a los que te apresaron», sir., ver Is 14 2; «apresa a los que has apresado» hebr.
5 13 Primer verso corregido según el último del v. 11, ver la nota. —«por él, como un héroe» conj.; «por mí contra los héroes» hebr.
5 14 «Los principales de Efraín en el valle» śarîm ba 'emeq griego; «su raíz está en Amalec» šoršam ba 'amaleq hebr. Después de «cetro», hebr. añade «del escriba», probablemente glosa.
5 15 Conj. en vez de Isacar, probablemente repetido por distracción.
5 16 Los rubenitas, pastores, se han quedado para proteger sus rebaños contra las incursiones de los nómadas; los silbidos son la señal de peligro y la llamada para reunir a los animales; comparar Is 5 26; 7 18; Za 10 8.
5 17 (a) Parece que aquí más que a una tribu de este nombre, se quiere mencionar a la tribu de Gad, junto a la tribu de Rubén, y se la denomina con el nombre del territorio que ocupaba, ver Nm 32 1s.
5 17 (b) Dan habría emigrado ya en esa época hacia el norte, ver Jc 1 34-35; 17-18 y Jos 19 40+, y probablemente los danitas alquilaban sus servicios a los marinos de la costa.

Aser se ha quedado a orillas del mar,
tranquilo en sus puertos mora.
[18] Zabulón es un pueblo que reta a la muerte,
y Neftalí, en las alturas del país*.

Sal 48 5
4 14

[19] Vinieron los reyes, combatieron,
combatieron entonces los reyes de Canaán,
en Tanac, en las aguas de Meguidó,
mas no lograron botín de plata.

Jos 10 10-14
2 S 5 24
Sal 18 14-15

[20] Desde los cielos combatieron las estrellas,
desde sus órbitas combatieron contra Sísara.
[21] El torrente Quisón los barrió,
¡el viejo* torrente, el torrente Quisón!
¡Avanza, alma mía, con denuedo!
[22] Cascos de caballos sacuden el suelo:
¡galopan, galopan sus corceles!
[23] Maldecid a Meroz*, dice el Ángel de Yahvé,
maldecid, maldecid a sus moradores:
pues no vinieron en ayuda de Yahvé,
en ayuda de Yahvé como los héroes.

Jdt 13 18
Lc 1 42

[24] ¡Bendita entre las mujeres Yael
(mujer de Jéber el quenita)*,
entre las mujeres que habitan en tiendas, bendita sea!
[25] Pedía agua, le dio leche,
en la copa de los nobles le ofreció nata.
[26] Tendió* su mano a la clavija,

la diestra al martillo de los carpinteros.
Hirió a Sísara, le partió la cabeza,
le golpeó y le partió la sien;
[27] a sus pies se desplomó, cayó, durmió,
a sus pies se desplomó, cayó;
donde se desplomó, allí cayó, deshecho.
[28] A la ventana se asoma y atisba*
la madre de Sísara, por las celosías:
«¿Por qué tarda en llegar su carro?,
¿por qué se retrasa el galopar de su carroza?
[29] La más discreta de sus princesas le responde;
ella se lo repite a sí misma:
[30] «¡Será que han cogido botín y lo reparten:
una doncella, dos doncellas para cada guerrero;
botín de paños de colores para Sísara,
botín de paños de colores;
un manto, dos mantos bordados para mi cuello*!»
[31] Así perezcan todos tus enemigos, ¡oh Yahvé!
¡Y sean los que te aman* como el sol cuando sale en todo su fulgor!

Y el país quedó tranquilo cuarenta años.

2 S 23 3-7
Dn 12 3
Mt 13 43

3 11+

5. GEDEÓN Y ABIMÉLEC*

A. VOCACIÓN DE GEDEÓN

Israel oprimido por los madianitas.

6 [1] Los israelitas hicieron lo que desagradaba a Yahvé y Yahvé los entregó durante siete años en manos de Madián,
[2] y la mano de Madián cargó pesadamente sobre Israel. Para escapar de Madián, los israelitas se valieron de las hendiduras de las montañas, de las cuevas y de las cumbres escarpadas. [3] Cuando sembraba Israel, venía Madián, con Amalec y los hijos de Oriente*: subían contra Is-

Ex 2 15+

1 S 13 6

---

5 18   Este v., donde por segunda vez aparece Zabulón y quizá Neftalí, ver v. 15, tiene un metro diferente del resto del poema. Es un refrán sobre las dos tribus, en el estilo de Gn 49, que parece aludir a la batalla de las aguas de Merón, Jos 11.
5 21   Sentido dudoso.
5 23   Localidad o grupo desconocido
5 24   Probablemente glosa según 4 11.17.21.
5 26   «Tendió» griego; plural hebr.
5 28   «atisba» griego; «lanzó gritos» hebr.
5 30   El fin del v. probablemente se halla corrompido y recargado. En vez de «un manto, dos mantos bordados para mi cuello», hebr. lee: «un paño de color, dos mantos bordados para el cuello del botín».
5 31   «que te aman» griego y lat.; «que te aman» hebr.
6   La larga historia de Gedeón agrupa diversas tradiciones de la tribu de Manasés, que el redactor deuteronomista del libro ha encontrado ya reunidas y ha

retocado. Algunas atañen a las proezas militares de Gedeón contra los madianitas, ya sea en territorio israelita, ya del otro lado del Jordán. A esto se añaden relatos cultuales: la legitimación de un altar en Ofrá, la destrucción de un altar de Baal, la señal del vellón. Estos relatos son importantes para comprender la crisis religiosa provocada por la sedentarización y la influencia del culto de Baal, y de la crisis política que se manifiesta con el ofrecimiento de la realeza a Gedeón y la desdichada experiencia de Abimélec.
6 3   Los madianitas son grandes nómadas cuyo hogar es el nordeste del Sinaí, ver Ex 2 11+. A los amalecitas se les localiza sobre todo en Palestina Meridional, pero su nombre puede ser una vaga denominación de las poblaciones nómadas. Los hijos de Oriente son las tribus del desierto al este del Jordán. —Este relato presenta el primer testimonio histórico de una cría intensiva del camello y de su empleo para las incursiones.

rael, [4] acampaban en sus tierras y devastaban los productos de la tierra hasta la entrada de Gaza. No dejaban víveres en Israel: ni ovejas, ni bueyes, ni asnos, [5] porque subían numerosos como langostas, con sus ganados y sus tiendas. Ellos y sus camellos eran innumerables e invadían el país y lo saqueaban. [6] Así Madián redujo a Israel a una gran miseria, y los israelitas clamaron a Yahvé.

Intervención de un profeta*.

[7] Cuando los israelitas clamaron a Yahvé por causa de Madián, [8] Yahvé envió a los israelitas un profeta que les dijo: «Así habla Yahvé, Dios de Israel: Yo os hice subir de Egipto, y os saqué de la casa de servidumbre. [9] Os libré de la mano de los egipcios y de todos los que os oprimían. Los arrojé de delante de vosotros, os di su tierra, [10] y os dije: Yo soy Yahvé, vuestro Dios. No veneréis a los dioses de los amorreos, en cuya tierra habitáis. Pero no habéis escuchado mi voz.»

Aparición del Ángel de Yahvé a Gedeón*.

[11] Vino el Ángel de Yahvé y se sentó bajo el terebinto de Ofrá*, que pertenecía a Joás de Abiezer. Su hijo Gedeón majaba trigo en el lagar para ocultárselo a Madián, [12] cuando el Ángel de Yahvé se le apareció y le dijo: «Yahvé contigo, valiente guerrero.» [13] Contestó Gedeón: «Perdón, señor mío. Si Yahvé está con nosotros, ¿por qué nos ocurre todo esto? ¿Dónde están todos esos prodigios que nos cuentan nuestros padres cuando dicen: ¿No nos hizo subir Yahvé de Egipto? Pero ahora Yahvé nos ha abandonado, nos ha entregado en manos de Madián...»

[14] Entonces Yahvé se volvió hacia él y dijo: «Vete con esa fuerza que tienes y salvarás a Israel de la mano de Madián. ¿No soy yo el que te envía?» [15] Le respondió Gedeón: «Perdón, señor mío, ¿cómo voy a salvar yo a Israel? Mi clan es el más pobre de Manasés y yo el último en la casa de mi padre.» [16] Yahvé le respondió: «Yo estaré contigo y derrotarás a Madián como si fuera un hombre solo.» [17] Gedeón le dijo: «Si he hallado gracia a tus ojos, dame una señal de que eres tú el que me hablas. [18] No te marches de aquí, por favor, hasta que vuelva donde ti. Te traeré mi ofrenda y la pondré delante de ti.» Él respondió: «Me quedaré hasta que vuelvas.»

[19] Gedeón se fue, preparó un cabrito y con una medida de harina hizo unas tortas ázimas; puso la carne en un canastillo y el caldo en una olla, y lo llevó bajo el terebinto. Cuando se acercaba, [20] le dijo el Ángel de Yahvé: «Toma la carne y las tortas ázimas, ponlas sobre esa roca y vierte el caldo.» Gedeón lo hizo así. [21] Entonces el Ángel de Yahvé extendió la punta del bastón que tenía en la mano y tocó la carne y las tortas ázimas. Salió fuego de la roca, consumió la carne y las tortas ázimas, y el Ángel de Yahvé desapareció de su vista*. [22] Entonces Gedeón se dio cuenta de que era el Ángel de Yahvé y dijo: «¡Ay, mi señor Yahvé, que he visto al Ángel de Yahvé cara a cara!» [23] Yahvé le respondió: «La paz sea contigo. No temas, no morirás.» [24] Gedeón levantó en aquel lugar un altar a Yahvé y lo llamó Yahvé-Paz. Todavía hoy está en Ofrá de Abiezer.

Gedeón contra Baal*.

[25] Sucedió que aquella misma noche Yahvé dijo a Gedeón: «Toma el toro de tu padre, el toro de siete años*; vas a derribar el altar de Baal propiedad de tu padre y cortar el cipo que está junto a él. [26] Luego construirás a Yahvé tu Dios, en la cima de esa altura escarpada, un altar

6 7 Primera intervención de un profeta en la historia de Israel. El pasaje denota la mano del redactor deuteronomista.
6 11 (a) Este pasaje empalma un relato de la vocación de Gedeón, que prosigue en los vv. 36-40, y un relato de fundación de santuario, según el modelo de los del Génesis, con una teofanía, un mensaje de salvación y la inauguración del culto. Al Ángel de Yahvé, v. 11, se le designa sólo con el nombre de Yahvé en los vv. 14, 16 y 23. En el v. 22, Gedeón identifica a Yahvé con su Ángel, ver Gn 16 7+.
6 11 (b) Un árbol sagrado, ver 4 11; 9 37, etc.; Jos 24 26. Se desconoce la localización de este Ofrá.
6 21 El fuego divino trasforma en holocausto la comida que Gedeón había preparado para el Ángel de

Yahvé —tuviera o no un carácter sacrificial— (comparar el sacrificio de Manóaj, 13 15-20). De ese modo la roca queda consagrada y Gedeón erige en ella un altar, v. 24.
6 25 (a) Este segundo relato cultual, que parece referirse al mismo santuario que el precedente, tiene otro carácter: aquí el culto de Baal es sustituido, violentamente, por el de Yahvé.
6 25 (b) El hebr. dice: «el toro de tu padre y un segundo toro de siete años», y en los vv. 26.28: «el segundo toro»; pero no hay más que un sacrificio. Es posible que la precisión «y un toro de siete años» se haya entendido como la mención de un segundo toro, lo que ha provocado el desorden del texto actual.

bien dispuesto. Tomarás el toro y lo quemarás en holocausto, con la leña del cipo que cortes.» ²⁷ Gedeón tomó entonces diez hombres de entre sus criados e hizo como Yahvé le había ordenado. Pero, como temía a su familia y a la gente de la ciudad, en lugar de hacerlo de día, lo hizo de noche. ²⁸ A la mañana siguiente se levantó la gente de la ciudad; el altar de Baal estaba derruido, el cipo que se alzaba junto a él, cortado; y el toro había sido ofrecido en holocausto sobre el altar recién construido. ²⁹ Entonces se dijeron unos a otros: «¿Quién habrá hecho esto?» Tras indagar y averiguar dijeron: «Es Gedeón, hijo de Joás, el que lo ha hecho.» ³⁰ La gente de la ciudad dijo entonces a Joás: «Haz salir a tu hijo, y que muera, pues ha derruido el altar de Baal y cortado el cipo que se alzaba a su lado.» ³¹ Joás repondió a todos los que tenía delante: «¿Es que vosotros vais a salir en defensa de Baal? ¿Vosotros lo vais a salvar? (El que defienda a Baal, será muerto antes del amanecer.) Si es dios, que se defienda, ya que se le ha destruido el altar.» ³² Aquel día se llamó a Gedeón Yerubaal*, porque decían: «¡Que Baal se defienda, pues se le ha destruido el altar!»

1 R 18 27

Dt 17 2-5

Llamamiento a las armas.

³³ Todo Madián, Amalec y los hijos de Oriente se juntaron, pasaron el Jordán y acamparon en la llanura de Yizrel. ³⁴ El espíritu de Yahvé revistió a Gedeón; tocó el cuerno y Abiezer se reunió con él. ³⁵ Envió mensajeros por todo Manasés, que se reunió también con él; y envió mensajeros por Aser, Zabulón y Neftalí, y le salieron al encuentro.

3 10+

3 27; 7 23s

La prueba del vellón*.

³⁶ Gedeón dijo a Dios: «Si verdaderamente vas a salvar por mi mano a Israel, como has dicho, ³⁷ yo voy a tender un vellón sobre la era; si hay rocío solamente sobre el vellón y todo el suelo queda seco, sabré que tú salvarás a Israel por mi mano, como has prometido.» ³⁸ Así sucedió. Gedeón se levantó de madrugada, estrujó el vellón y exprimió su rocío, una vasija llena de agua. ³⁹ Gedeón dijo a Dios: «No te irrites contra mí si me atrevo a hablar de nuevo. Por favor, quisiera hacer por última vez la prueba con el vellón: que quede seco sólo el vellón y que haya rocío por todo el suelo.» ⁴⁰ Y Dios lo hizo así aquella noche. Quedó seco solamente el vellón y por todo el suelo había rocío.

6 17

B. LA CAMPAÑA DE GEDEÓN AL OESTE DEL JORDÁN

1 S 14 6
1 Co 1 25s

Yahvé reduce el ejército de Gedeón*.

7 ¹ Madrugó Yerubaal (o sea Gedeón), así como todo el pueblo que estaba con él, y acampó junto a En Jarod*; el campamento de Madián quedaba al norte del suyo, al pie de la colina de Moré, en el valle. ² Yahvé dijo a Gedeón: «Demasiado numeroso es el pueblo que te acompaña para que entregue yo a Madián en sus manos; no se vaya a enorgullecer Israel de ello a mi costa diciendo: ¡Mi propia mano me ha salvado! ³ Ahora pues, pregona esto a oídos del pueblo: El que tenga miedo y tiemble, que se vuelva y mire desde el monte Gel-

Dt 8 17+

Dt 20 8
1 M 3 56

boé*.» Veintidós mil hombres de la tropa se volvieron y quedaron diez mil.

⁴ Yahvé dijo a Gedeón: «Hay todavía demasiada gente; hazles bajar al agua y allí te los pondré a prueba. Aquél de quien te diga: Que vaya contigo, ése irá contigo. Y aquél de quien te diga: Que no vaya contigo, no ha de ir.» ⁵ Gedeón hizo bajar la gente al agua y Yahvé le dijo: «A todos los que lamieren el agua con la lengua, como lame un perro, los pondrás a un lado, y a todos los que se arrodillen para beber, los pondrás al otro*.» ⁶ El número de los que lamieron el agua (llevándola con las manos a la boca*) resultó ser de trescientos. Todo el resto del

---

6 32   El segundo nombre de Gedeón, ver 7 1, etc., se explica aquí por una *etimología popular*. Originariamente, el nombre significaba: «Póngase Baal de parte de, defienda (al portador del nombre).» —Un santuario de Yahvé sustituye al santuario cananeo.
6 36   Es la señal pedida por Gedeón en el v. 17. Comparar Ex 4 1-7, donde dos señales autentifican la misión de Moisés.
7 1   (a) Para que no parezca que la victoria contra

los madianitas puede atribuirse a la fuerza militar de Israel: es una guerra santa en la que Dios da la victoria.
7 1   (b) *Jarod* significa «temblor», ver v. 3.
7 3   «y mire desde el monte Gelboé» conj.; «y escape (?) del monte de Galaad» hebr.
7 5   «los pondrás al otro (lado)» versiones; omitido por hebr.
7 6   Estas palabras, que podrían esperarse al fin del v., quizá hayan sido desplazadas.

pueblo se había arrodillado para beber. [7] Entonces Yahvé dijo a Gedeón: «Con los trescientos hombres que han lamido el agua os salvaré, y entregaré a Madián en tus manos. Que todos los demás vuelvan cada uno a su casa.» [8] Tomaron en sus manos las provisiones del pueblo y sus cuernos, y mandó a todos los israelitas a sus respectivas tiendas, quedándose sólo con los trescientos hombres. El campamento de Madián estaba debajo del suyo, en el valle.

Presagio de victoria.

[9] Aquella noche le dijo Yahvé: «Levántate y baja al campamento, porque lo he puesto en tus manos. [10] No obstante, si temes bajar, baja al campamento con tu criado Purá, [11] y escucha lo que dicen. Se fortalecerá tu mano con ello y luego bajarás a atacar al campamento. Bajó, pues, con su criado Purá hasta la extremidad de las avanzadillas del campamento. [12] Madián, Amalec y todos los hijos de Oriente habían caído sobre el valle, numerosos como langostas, y sus camellos eran innumerables como la arena de la orilla del mar. [13] Se acercó Gedeón y he aquí que un hombre contaba un sueño a su vecino; decía: «He tenido un sueño: una hogaza de pan de cebada rodaba por el campamento de Madián, llegaba hasta la tienda, chocaba contra ella* y la volcaba lo de arriba abajo.» [14] Su vecino le respondió: «Esto no puede significar más que la espada de Gedeón, hijo de Joás, el israelita. Dios ha entregado en sus manos a Madián y a todo el campamento.» [15] Cuando Gedeón oyó la narración del sueño y su explicación, se postró, volvió al campamento de Israel y dijo: «¡Levantaos!, porque Yahvé ha puesto en vuestras manos el campamento de Madián.»

Ataque por sorpresa.

[16] Gedeón dividió a los trescientos hombres en tres cuerpos. Les dio a todos cuernos y cántaros vacíos, con antorchas dentro de los cántaros. [17] Les dijo: «Fijaos en

mí y haced lo mismo que yo. Cuando llegue yo al extremo del campamento, lo que yo haga lo haréis vosotros. [18] Yo y todos mis compañeros tocaremos los cuernos; vosotros también tocaréis los cuernos alrededor del campamento y gritaréis: ¡Por Yahvé y por Gedeón!»

[19] Gedeón y los cien hombres que le acompañaban llegaron al extremo del campamento al comienzo de la guardia de la medianoche, cuando acababan de hacer el relevo de los centinelas; tocaron los cuernos y rompieron los cántaros que llevaban en la mano. [20] Entonces los tres cuerpos del ejército tocaron los cuernos, y rompieron los cántaros; en la izquierda tenían las antorchas y en la derecha los cuernos para poder tocarlos; y gritaron: «¡La espada por Yahvé y por Gedeón!» [21] Y se quedaron quietos cada uno en su lugar alrededor del campamento. Todo el campamento se despertó y, lanzando alaridos, se dieron a la fuga. [22] Mientras los trescientos tocaban los cuernos, Yahvé volvió la espada de cada uno contra su compañero por todo el campamento*. La tropa huyó hasta Bet Hasitá, hacia Sartán*, hasta la orilla de Abel Mejolá frente a Tabat.

La persecución.

[23] Los hombres de Israel de Neftalí, de Aser y de todo Manasés se reunieron y persiguieron a Madián. [24] Gedeón envió mensajeros por toda la montaña de Efraín diciendo: «Bajad al encuentro de Madián y cortadles los vados hasta Bet Bará y el Jordán.» Se reunieron todos los hombres de Efraín y ocuparon los vados hasta Bet Bará y el Jordán. [25] Hicieron prisioneros a los dos jefes de Madián, Oreb y Zeeb; mataron a Oreb en la Peña de Oreb y a Zeeb en el Lagar de Zeeb. Persiguieron a Madián y llevaron a Gedeón, al otro lado del Jordán, las cabezas de Oreb y Zeeb*.

Quejas de los efrainitas*.

[8] [1] La gente de Efraín dijo a Gedeón: «¿Por qué has hecho esto con noso-

6 5
x 10 14-15
Jr 46 23
Jl 1 6s

1 S 14 20

Jn 1 28+

Sal 83 12
Is 10 26

12 1-6

7 13 El hebr. añade aquí: «y cayó», omitido por griego, y al final del v.: «y la tienda había caído». —La tienda simboliza a los nómadas; el pan de cebada, a los israelitas agricultores. De ahí la respuesta del v. 14. El sueño es reconocido como una revelación divina, ver Gn 20 3+.
7 22 (a) Un rasgo más de la guerra santa: los israelitas no tienen que luchar, Dios siembra el pánico entre sus enemigos, ver Ex 14 14; Jos 6 20.
7 22 (b) «Sartán» según 1 R 4 12; «Serera» hebr.

—Los madianitas huyen hacia un vado del Jordán.
7 25 Oreb: «el cuervo»; Zeeb: «el lobo». Este episodio, recordado en 8 3, utiliza una tradición independiente, probablemente efrainita, que tiene relación con los dos lugares.
8 Efraín aparece aquí como subordinado a Manasés, ver 7 24.25b, pero los efrainitas difícilmente soportan verse así en segunda fila. Efraín acabará estableciendo su superioridad sobre Manasés, que es lo que expresa la preferencia que le da Jacob en Gn 48 17.

6 35; 7 24

tros, no convocándonos cuando has ido a combatir a Madián?» Y discutieron con él violentamente. [2] Él les respondió: «¿Qué he hecho yo en comparación de lo que habéis hecho vosotros? ¿No vale más el rebusco de Efraín que la vendi-

mia de Abiezer? [3] Dios ha entregado a los jefes de Madián, a Oreb y a Zeeb, en vuestras manos. ¿Qué he podido hacer yo en comparación con vosotros?» Con estas palabras que les dijo, se calmó su animosidad contra él.

C. LA CAMPAÑA DE GEDEÓN EN TRANSJORDANIA Y MUERTE DE GEDEÓN

Gedeón persigue al enemigo más allá del Jordán*.

[4] Gedeón llegó al Jordán y lo pasó; pero él y los trescientos hombres que tenía consigo estaban agotados por la persecución. [5] Dijo, pues, a la gente de Sucot: «Dad, por favor, tortas de pan a la tropa que me sigue, porque está agotada, y voy persiguiendo a Zébaj y a Salmuná, reyes de Madián*.» [6] Pero los jefes de Sucot respondieron: «¿Acaso tienes ya sujetas las manos de Zébaj y Salmuná para que demos pan a tu ejército?» [7] Gedeón les respondió: «Bien; cuando Yahvé haya entregado en mis manos a Zébaj y a Salmuná, os desgarraré las carnes con espinas del desierto y con cardos.» [8] De allí subió a Penuel y les habló de igual manera. Pero la gente de Penuel le respondió como lo había hecho la gente de Sucot. [9] Él respondió a los de Penuel: «Cuando vuelva vencedor, derribaré esa torre.»

Derrota de Zébaj y Salmuná.

[10] Zébaj y Salmuná estaban en Carcor con su ejército, unos quince mil hombres, todos los que habían quedado del ejército de los hijos de Oriente. Los guerreros que habían caído eran ciento veinte mil. [11] Gedeón subió por el camino de los que habitan en tiendas, al este de Nóbaj y de Yogboá, y derrotó al ejército, cuando se creían ya seguros. [12] Zébaj y Salmuná huyeron. Él los persiguió e hizo prisioneros a los dos reyes de Madián, Zébaj y Salmuná. Y destruyó todo el ejército.

La venganza de Gedeón.

[13] Después de la batalla, Gedeón, hijo de Joás, volvió por la pendiente de Jeres*. [14] Tras detener a un joven de la gente de Sucot, le interrogó, y él le dio por escrito los nombres de los jefes de Sucot y de los ancianos: setenta y siete hombres. [15] Gedeón se dirigió entonces a la gente de Sucot y dijo: «Aquí tenéis a Zébaj y Salmuná, a propósito de los cuales me injuriasteis diciendo: ¿Acaso tienes ya sujetas las manos de Zébaj y Salmuná para que demos pan a tus tropas agotadas?» [16] Tomó entonces a los ancianos de la ciudad y, cogiendo espinas del desierto y cardos, desgarró las carnes* de los hombres de Sucot. [17] Derribó la torre de Penuel y mató a los habitantes de la ciudad. [18] Luego dijo a Zébaj y Salmuná: «¿Cómo eran los hombres que matasteis en el Tabor*?» Ellos respondieron: «Se parecían a ti; cualquiera de ellos tenía el aspecto de un hijo de rey.» [19] Respondió Gedeón: «Eran mis hermanos, hijos de mi madre. ¡Vive Yahvé que, si los hubieseis dejado vivos, no os mataría!» [20] Y dijo a Yéter, su hijo mayor: «¡Venga! ¡Mátalos!» Pero el muchacho no desenvainó la espada; no se atrevía, porque era todavía muy joven. [21] Zébaj y Salmuná dijeron entonces: «Anda, mátanos tú, porque según es el hombre es su valentía.» Gedeón se levantó, mató a Zébaj y a Salmuná y tomó las lunetas que sus camellos llevaban al cuello.

9 54

Sal 83 12

Gedeón. Fin de su vida.

[22] Los hombres de Israel dijeron a Gedeón: «Reina sobre nosotros tú, tu hijo y

---

8 4   Se presenta esta campaña como continuación de la que se refiere en 7 1-22, ver 8 4, pero en su origen es una tradición independiente, relacionada quizá con otra incursión de los madianitas. En todo caso, es diferente del episodio de 7 25, en el que los «jefes» de Madián tienen nombres distintos a los «reyes» de Madián, v. 5. Las precisiones geográficas referentes a Sucot, Penuel y Transjordania indican una tradición local.
8 5   Zébaj «Víctima» y Salmuná «Sombra vacilante» parecen nombres inventados.

8 13   «por la pendiente de Jeres» griego; «de encima» (?) hebr.
8 16   «»desgarró» versiones y v. 7.; «dio a conocer» hebr.
8 18   «Cómo eran» Vulg.: «dónde estaban» hebr. —No hay ninguna otra noticia de esta batalla del Tabor. Gedeón hace saber a los reyes que han matado a sus hermanos y con ello justifica su papel de vengador de sangre, ver Nm 35 19+.

tu nieto, pues nos has salvado de la mano de Madián.» ²³ Pero Gedeón les respondió: «No seré yo el que reine sobre vosotros ni mi hijo; Yahvé será vuestro rey*.» ²⁴ Y añadió Gedeón: «Os voy a pedir una cosa: que cada uno me dé un anillo de su botín.» Porque los vencidos tenían anillos de oro, pues eran ismaelitas. ²⁵ Respondieron ellos: «Te los damos con mucho gusto.» Extendió él su manto y ellos echaron en él cada uno un anillo de su botín*. ²⁶ El peso de los anillos de oro que les había pedido se elevó a mil setecientos siclos de oro, sin contar las lunetas, los pendientes y los vestidos de púrpura que llevaban los reyes de Madián, ni tampoco los collares que pendían del cuello de sus camellos. ²⁷ Gedeón hizo con todo ello un efod*, que colocó en su ciudad, en Ofrá. Y todo Israel se prostituyó allí tras él y vino a ser una trampa para Gedeón y su familia. ²⁸ Allí fue humillado Madián ante los israelitas, y no volvió a levantar cabeza.

El país estuvo tranquilo cuarenta años, mientras vivió Gedeón. ²⁹ Se fue, pues, Yerubaal, hijo de Joás, y se quedó en su casa. ³⁰ Gedeón tuvo setenta hijos propios, pues tenía muchas mujeres. ³¹ Y la concubina que tenía en Siquén le dio a luz también un hijo, a quien puso por nombre Abimélec. ³² Murió Gedeón, hijo de Joás, después de una dichosa vejez; fue enterrado en la tumba de su padre Joás, en Ofrá de Abiezer*.

Recaída de Israel.

³³ Después de la muerte de Gedeón, los israelitas volvieron a prostituirse ante los Baales y tomaron por dios a Baal Berit*. ³⁴ Los israelitas olvidaron a Yahvé su Dios, que los había librado de la mano de todos los enemigos de alrededor. ³⁵ No fueron agradecidos con la casa de Yerubaal-Gedeón, por todo el bien que había hecho a Israel.

D. EL REINADO DE ABIMÉLEC*

Abimélec, rey.

9 ¹ Abimélec, hijo de Yerubaal, marchó a Siquén, donde los hermanos de su madre, y les dijo a ellos y a todo el clan de la familia de su madre: ² «Decid esto, por favor, a oídos de todos los señores de Siquén: ¿Qué es mejor para vosotros, que os estén mandando setenta hombres, todos los hijos de Yerubaal, o que os mande uno solo? Recordad además que yo soy de vuestros huesos y de vuestra carne.» ³ Los hermanos de su madre hablaron de él en los mismos términos a todos los señores de Siquén, y su corazón se inclinó hacia

Abimélec, porque se decían: «Es nuestro hermano.» ⁴ Le dieron setenta siclos de plata del templo de Baal Berit, con los que Abimélec contrató a hombres miserables y vagabundos, que se fueron con él. ⁵ Fue entonces a casa de su padre, en Ofrá, y mató a sus hermanos, los hijos de Yerubaal, setenta hombres, sobre una misma piedra. Sólo escapó Jotán, el hijo menor de Yerubaal, porque se escondió. ⁶ Luego se reunieron todos los señores de Siquén y todo Bet Miló, y fueron y proclamaron rey a Abimélec junto al Terebinto de la estela que hay en Siquén*.

Márgenes (referencias):

Ex 32

Nm 31
28s.50s
2 S 8 11-12

17-18
R 12 26-32

3 11+

9

9 16

8 33+

2 R 10 1-17;
11 1-3

Jos 24 26+

---

8 23 Los vv. 22-23 interrumpen el relato, pero es muy probable que, después de la victoria, la gente de la región de Siquén haya ofrecido la realeza a Gedeón; sin embargo, no se trata seguramente de todo Israel. La negativa de Gedeón quizá no expresa más que la opinión deuteronomista, en la línea antimonárquica de 9 7-15 y 1 S 8 12, porque, según 9 2, los hijos de Gedeón-Yerubaal dominan en Siquén.

8 25 «Extendió» griego; plural hebr.

8 27 No se trata de efod-vestidura, 1 S 2 18, sino de un objeto cultual utilizado para la adivinación, ver 1 S 2 28+. Seguramente, Gedeón lo destinaba al culto de Yahvé, pero el redactor deuteronomista lo condena, como asimismo estimará sospechoso el efod de Micá, 17 3s.

8 32 Los vv. 30-32 se parecen a las noticias sobre los jueces «menores», ver 10 1-5; 12 8-15. El v. 29, que repite el nombre de Yerubaal, estaría mejor a continuación de 6 25-32.

8 33 Baal Berit o El Berit, es el dios de la alianza venerado por los cananeos de Siquén, 9 46. Siquén es

también el lugar donde se había concluido una alianza con Yahvé, Jos 24; el sincretismo era casi inevitable.

9 Esta historia se ha conservado aquí porque Abimélec era el hijo de Gedeón-Yerubaal; en realidad no es la historia de un juez, ni siquiera la historia de Israel: Abimélec es hijo de una siquenita, lo eligen rey los cananeos de Siquén, se rodea de aventureros y sus únicas hazañas son la matanza de sus hermanos, su lucha contra los amotinados de Siquén y el asalto lanzado contra la ciudad israelita de Tebés, donde es muerto ignominiosamente. El relato es ciertamente histórico y nos da luz sobre las condiciones de la época: Israel y Canaán viven como buenos vecinos y el régimen político que representa esta realeza mantiene la situación que las cartas de Amarna nos dan a conocer para esta región en el s. XIV a. C. El fracaso de Abimélec servía a la intención del deuteronomista: sólo puede haber en Israel un rey elegido por Yahvé.

9 6 Bet Miló, probablemente idéntico al Migdal Siquén de los vv. 46 y 49. —«de estela» hammaṣṣebah conj.: «erigida» muṣṣab hebr.

Apólogo de Jotán*.

Jos 8 33+

[7] Se lo anunciaron a Jotán, quien se colocó en la cumbre del monte Garizín, alzó la voz y clamó:

«Escuchadme, señores de Siquén,
y que Dios os escuche.

2 R 14 9

[8] Los árboles se propusieron
ungir a uno como su rey.
Dijeron al olivo: Sé tú nuestro rey.

Lv 2
Sal 104 15
1 S 10 1;
16 13

[9] Les respondió el olivo:
¿Voy a renunciar a mi aceite
con el que son honrados los dioses y los hombres,
para ir a mecerme por encima de los árboles?

[10] Los árboles dijeron a la higuera:
Ven tú, reina sobre nosotros.

[11] Les respondió la higuera:
¿Voy a renunciar a mi dulzura
y a mi sabroso fruto,
para ir a mecerme por encima de los árboles?

[12] Los árboles dijeron a la vid:
Ven tú, reina sobre nosotros.

[13] Les respondió la vid:

Sal 104 15
Si 31 27-28
Pr 31 6
Qo 9 7

¿Voy a renunciar a mi mosto,
que alegra a los dioses y a los hombres,
para ir a mecerme por encima de los árboles?

[14] Todos los árboles dijeron a la zarza:
Ven tú, reina sobre nosotros.

[15] La zarza respondió a los árboles:
Si con sinceridad venís a ungirme a mí para reinar sobre vosotros,
llegad y cobijaos a mi sombra.
Y si no es así, brote fuego de la zarza
y devore los cedros del Líbano.

[16] *«Ahora pues, ¿habéis obrado con sinceridad y lealtad al elegir rey a Abimélec? ¿Os habéis portado bien con Yerubaal y su casa y lo habéis tratado según el mérito de sus manos*? [17] Mi padre combatió por vosotros, arriesgó su vida, os libró de la mano de Madián; [18] y vosotros os habéis alzado hoy contra la casa de mi padre, habéis matado a sus hijos, setenta hombres sobre una misma piedra, y habéis puesto por rey a Abimélec, el hijo de su esclava, sobre los señores de Siquén, por ser él vuestro hermano. [19] Si, pues, habéis obrado con sinceridad y lealtad con Yerubaal y con su casa en el día de hoy, que Abimélec sea vuestra alegría y vosotros la suya. [20] De lo contrario, que salga fuego de Abimélec y devore a los señores de Siquén y de Bet Miló; y que salga fuego de los señores de Siquén y Bet Miló y devore a Abimélec.»

9 49

[21] Y Jotán huyó, se puso a salvo y fue a Beer, donde se estableció, lejos del alcance de su hermano Abimélec.

Revolución de los siquenitas contra Abimélec.

[22] Abimélec gobernó tres años en Israel*. [23] Pero Dios envió un espíritu de discordia entre Abimélec y los señores de Siquén; y los señores de Siquén traicionaron a Abimélec, [24] para que el crimen cometido contra los setenta hijos de Yerubaal fuera vengado* y su sangre cayera sobre su hermano Abimélec, que los había asesinado, y sobre los señores de Siquén, que le habían ayudado a asesinar a sus hermanos. [25] Los señores de Siquén prepararon contra él emboscadas en las cimas de los montes y saqueaban a todo el que pasaba cerca por el camino. Y se dio aviso a Abimélec. [26] Gaal, hijo de Obed*, acompañado de sus hermanos, vino a pasar por Siquén y se ganó la confianza de los señores de Siquén. [27] Salieron éstos al campo a vendimiar sus viñas, pisaron las uvas, hicieron fiesta y entraron en el templo de su dios. Comieron y bebieron* y maldijeron a Abimélec. [28] Entonces Gaal, hijo de Obed, exclamó: «¿Quién es Abimélec y qué es Siquén para que le sirvamos? ¿Por qué el hijo de Yerubaal, y Zebul, su lugarteniente, no han de servir* a la gente de Ja-

1 S 16 14+
1 R 22 23

Gn 34

---

9 7   Este apólogo es, en la Biblia, el primer ejemplo de fábula que pone en escena plantas o animales, ver 2 R 9; Ez 17 3-10 y varias veces en Proverbios. Pero este género literario es universal (Mesopotamia, Egipto, Grecia, etc.). Esta fábula pudo tener una existencia independiente antes de que se la utilizara para ilustrar la *historia de Yerubaal y Abimélec.*
9 16 (a) Los vv. 16-20 hacen la aplicación de la fábula, que concluía con una llamada a la «sinceridad», a la situación creada por la realeza de Abimélec.
9 16 (b) La frase, interrumpida por un inciso, prosigue en el v. 19.
9 22 Nota redaccional. Abimélec no reinó sobre «Israel».
9 24 «para que (el crimen)... fuera vengado» conj.; lit. «para hacer que recayera (el crimen sobre...)» griego; «para que cayera» hebr.
9 26 «hijo de Obed» Vulg.; «hijo de un esclavo» *('ebed)* hebr.; asimismo en los vv. siguientes. Es un cananeo, aliado de los siquenitas, o quizá el mismo siquenita, v. 28. Subleva a la gente de Siquén contra Abimélec, que no reside en la ciudad, donde tiene a Zebul como representante suyo.
9 27 Fiesta religiosa al término de la cosecha.
9 28 «Por qué... no han de servir» conj.; «servid» hebr.

mor, padre de Siquén? ¿Por qué hemos de servirles nosotros? [29] ¡Quién pusiera este pueblo en mis manos! Yo echaría a Abimélec y le diría*: Refuerza tu ejército y sal a la lucha.» [30] Zebul, gobernador de la ciudad, se enteró de la propuesta de Gaal, hijo de Obed, y montó en cólera. [31] Envió secretamente mensajeros donde Abimélec, para decirle: «Mira que Gaal, hijo de Obed, con sus hermanos, ha llegado a Siquén y están soliviantando a la ciudad contra ti*. [32] Por tanto, levántate de noche, tú y la gente que tienes contigo, y tiende una emboscada en el campo; [33] por la mañana temprano, en cuanto salga el sol, te levantas y te lanzas contra la ciudad. Cuando Gaal salga a tu encuentro con su gente, harás con él lo que te venga a mano.» [34] Abimélec se levantó de noche con todas las tropas de que disponía y tendieron una emboscada frente a Siquén, repartidos en cuatro grupos. [35] Cuando Gaal, hijo de Obed, salió y se detuvo a la entrada de la puerta de la ciudad, Abimélec y la tropa que le acompañaba salieron de su emboscada. [36] Gaal vio la tropa y dijo a Zebul: «Mira la gente que baja de las cumbres de los montes.» Zebul respondió: «Es la sombra de los montes lo que ves y te parecen hombres.» [37] Gaal volvió a decir: «Mirad la gente que baja del lado del Ombligo de la Tierra, y otra partida llega por el camino de la Encina de los Adivinos*.» [38] Zebul le dijo entonces: «¿Qué has hecho de tu boca tú que decías: ¿Quién es Abimélec para que le sirvamos? ¿No es ésa la gente que despreciaste? Sal, pues, ahora y pelea contra ellos.» [39] Gaal salió al frente de los señores de Siquén y presentó batalla a Abimélec. [40] Abimélec persiguió a Gaal, pero éste se le escapó; y muchos cayeron muertos antes de llegar a la puerta. [41] Abimélec habitó en Arumá; y Zebul expulsó a Gaal y a sus hermanos y no les dejó habitar en Siquén.

Destrucción de Siquén y toma de Migdal Siquén*.

[42] Al día siguiente el pueblo salió al campo. Se dio aviso de ello a Abimélec, [43] que tomó su tropa, la repartió en tres cuerpos y tendió una emboscada en el campo. Cuando vio que la gente salía de la ciudad, cayó sobre ellos y los derrotó. [44] Abimélec, con el cuerpo que estaba con él, atacó y tomó posiciones a la entrada de la puerta de la ciudad; los otros dos cuerpos se lanzaron contra todos los que estaban en el campo y los derrotaron. [45] Todo aquel día estuvo Abimélec atacando a la ciudad. Cuando la tomó, mató a la población, arrasó la ciudad y la sembró de sal*. [46] Al saberlo, los vecinos de Migdal Siquén se metieron en la cripta del templo de El Berit*. [47] Se comunicó a Abimélec que todos los señores de Migdal Siquén estaban juntos; [48] entonces Abimélec subió al monte Salmón, con toda su tropa, y tomando un hacha en sus manos, cortó una rama de árbol, la alzó y echándosela al hombro dijo a la tropa que le acompañaba: «¡De prisa! Lo que me habéis visto hacer, hacedlo también vosotros.» [49] Y todos sus hombres cortaron cada uno su rama; luego siguieron a Abimélec, pusieron las ramas sobre la cripta y prendieron fuego a la cripta con ellos debajo. Así murieron también todos los habitantes de Migdal Siquén, unos mil hombres y mujeres.

8 33; 9 4

9 20

Asedio de Tebés y muerte de Abimélec.

[50] Marchó Abimélec contra Tebés*, la asedió y tomó. [51] Había en medio de la ciudad una torre fuerte, y en ella se refugiaron todos los hombres y mujeres, y todos los señores de la ciudad. Cerraron por dentro y subieron a la terraza de la torre. [52] Abimélec llegó hasta la torre, la atacó y alcanzó la puerta de la torre con ánimo de prenderla fuego. [53] Entonces una mujer le arrojó una muela de molino a la cabeza y le partió el cráneo. [54] Él lla-

1 S 31 4

---

9 29   «y le diría» griego; «y dijo a Abimélec» hebr.
9 31   «están soliviantando» *me'irîm* conj.; «sitian» *sarîm* hebr.
9 37   El «Ombligo de la Tierra», quizá el monte sagrado de Garizín; parece que Ez 38 12 aplica la misma denominación a Jerusalén. La «Encina de los Adivinos» se ha de identificar con la «Encina de Moré» (es decir «encina del instructor», o del «adivino»), Gn 12 6; Dt 11 30.
9 42   Es posible que Migdal Siquén (la «Torre de Siquén») fuera una localidad distinta de Siquén. O bien se dan aquí dos tradiciones yuxtapuestas, vv. 41-45, 46-

49, referentes a la destrucción de la ciudad; o bien el v. 45 es una anticipación, y los vv. 46-49 tratan de un detalle del sitio. Migdal Siquén y el templo de El Berit serían el templo fortificado descubierto por las excavaciones.
9 45   Gesto simbólico que ha de hacer estéril la tierra. —Las excavaciones de Siquén manifiestan una destrucción de la ciudad durante el s. XII a. C.
9 46   «cripta» o acaso «torre». Este templo es a la vez fortificación y lugar de asilo.
9 50   Hoy Tubas, a unos 15 km al norte de Siquén.

293

mó en seguida a su escudero y le dijo: «Desenvaina tu espada y mátame, para que no digan de mí: Lo ha matado una mujer.» Su escudero lo atravesó y murió. [55] Cuando la gente de Israel vio que Abimélec había muerto, se volvió cada uno a su lugar.

[56] Así devolvió Dios a Abimélec el mal que había hecho a su padre al matar a sus setenta hermanos. [57] Y también sobre la cabeza de la gente de Siquén hizo Dios caer toda su maldad. De este modo se cumplió en ellos la maldición de Jotán, hijo de Yerubaal.

9 20

Jefté y los «Jueces Menores*»

6. TOLÁ

Gn 46 13
Nm 26 23
1 Cro 7 1-5

10[1] Después de Abimélec surgió para salvar a Israel Tolá, hijo de Puá, hijo de Dodó. Era de Isacar y habitaba en Samir, en la montaña de Efraín. [2] Fue juez de Israel veintitrés años; murió y fue sepultado en Samir.

7. YAÍR*

Nm 32 41
Dt 3 14
1 R 4 13
1 Cro 2
21-23

[3] Tras él surgió Yaír, de Galaad, que fue juez de Israel veintidós años. [4] Tenía treinta hijos que montaban treinta pollinos y tenían treinta poblados, que se llaman todavía hoy las Aldeas de Yaír*, en el país de Galaad. [5] Murió Yaír, y fue sepultado en Camón.

12 14

8. JEFTÉ*

Opresión de los amonitas.

[6] Los israelitas volvieron a hacer lo que desagradaba a Yahvé. Dieron culto a los Baales y a las Astartés, a los dioses de Aram y Sidón, a los dioses de Moab, a los de los amonitas y de los filisteos. Abandonaron a Yahvé y ya no le servían. [7] Entonces se encolerizó Yahvé contra Israel y los entregó en manos de los filisteos y en manos de los amonitas. [8] Éstos molestaron y oprimieron a los israelitas desde aquel año durante dieciocho años, a todos los israelitas que vivían en Transjordania, en el país amorreo de Galaad. [9] Los amonitas pasaron el Jordán para atacar también a Judá, a Benjamín y a la casa de Efraín, e Israel pasó por grave aprieto. [10] Los israelitas clamaron a Yahvé diciendo: «Hemos pecado contra ti, porque hemos abandonado a Yahvé nuestro Dios para dar culto a los Baales.» [11] Y Yahvé dijo a los israelitas: «Cuando los egipcios, los amorreos, los amonitas, los filisteos, [12] los sidonios, Amalec y Madián* os oprimían y clamasteis a mí, ¿no os salvé de sus manos? [13] Pero vosotros me habéis abandonado y habéis dado culto a otros dioses. Por eso no he de salvaros otra vez. [14] Id y gritad a los dioses que habéis elegido: que os salven ellos en el tiempo de vuestra angustia.» [15] Los israelitas respondieron a Yahvé: «Hemos pecado, haz con nosotros todo lo que te plazca; pero, por favor, sálvanos hoy.» [16] Y quitaron de en medio a los dioses extranjeros y sirvieron a Yahvé. Y Yahvé no pudo soportar el sufrimiento de Israel.

2 13+

Nm 21 21-35

Jr 11 12

---

10 Sobre los «jueces menores», ver **3** 7+.
10 3 Se ha opinado que este juez menor fue inventado partiendo del clan de Yaír, instalado en Galaad del norte, Nm **32** 41, pero nada obsta a que haya existido un individuo de este nombre que desempeñara la función de «juez». Únicamente la mención de «las Aldeas de Yaír» sería una adición procedente de Nm **32** 41.
10 4 «(treinta) poblados» versiones; el hebr. repite «pollinos». —Aliteración entre *'aîr*, «pollino», *'îr* «ciudad» y *Yaír*.
10 6 Jefté es un «juez menor», como los que le preceden y le siguen, y respecto de él se da la misma clase

de indicaciones: sobre su familia, **11** 1-2, sobre la duración de su judicatura y sobre su sepultura, **12** 7. Pero de Jefté había que narrar una historia de liberación que lo equiparara a los «grandes jueces». —El redactor deuteronomista ha alargado mucho la introducción a esta historia, **10** 6-18, en la misma línea que **2** 6-19. El relato de la guerra de liberación contra los amonitas, **11** 1-11.29.32-33, ha sido recargado con la adición seudohistórica del mensaje de Jefté al rey de los amonitas, **11** 12-28, con la historia del voto de Jefté, **11** 19-31.34-40. Se le ha añadido el conflicto entre Efraín y Galaad, **12** 1-6.
10 12 «Madián» griego; «Maón» hebr.

[17] Los amonitas se concentraron y vinieron a acampar en Galaad. Los israelitas se reunieron y acamparon en Mispá. [18] Entonces el pueblo, los jefes de Galaad, se dijeron unos a otros: «¿Quién será el hombre que emprenda el ataque contra los hijos de Amón? Él acaudillará a todos los habitantes de Galaad.»

Jefté pone condiciones.

11 [1] Jefté, el galaadita, era un valiente guerrero. Era hijo de una prostituta. Y era Galaad el que había engendrado a Jefté*. [2] Pero la mujer de Galaad le había dado hijos. Cuando crecieron los hijos de la mujer, echaron a Jefté diciéndole: «Tú no tendrás herencia en la casa de nuestro padre, porque eres hijo de una mujer extraña.» [3] Jefté huyó lejos de sus hermanos y se quedó en el país de Tob. Se le juntó una banda de gente miserable, que hacía correrías con él*.

[4] Andando el tiempo, los amonitas vinieron a combatir contra Israel. [5] Y cuando los amonitas estaban atacando a Israel, los ancianos de Galaad fueron a buscar a Jefté al país de Tob. [6] Dijeron a Jefté: «Ven, tú serás nuestro caudillo en la guerra con los amonitas.» [7] Pero Jefté respondió a los ancianos de Galaad: «¿No sois vosotros los que me odiabais y me echasteis de la casa de mi padre? ¿Por qué acudís a mí ahora que estáis en aprieto?» [8] Los ancianos de Galaad replicaron a Jefté: «Por eso ahora volvemos donde ti: ven con nosotros; tú atacarás a los amonitas y serás nuestro jefe y el de todos los habitantes de Galaad.» [9] Jefté respondió a los ancianos de Galaad: «Si me hacéis volver para combatir a los amonitas y Yahvé me los entrega, yo seré vuestro jefe*.» [10] Respondieron a Jefté los ancianos de Galaad: «Yahvé sea testigo entre nosotros si no hacemos como tú has dicho.» [11] Jefté partió con los ancianos de Galaad y el pueblo le hizo su jefe y caudillo; y Jefté repitió to-das sus condiciones delante de Yahvé en Mispá*.

Conversaciones de Jefté con los amonitas*.

[12] Jefté envió al rey de los amonitas mensajeros que le dijeran: «¿Qué tenemos que ver tú y yo para que vengas a atacarme en mi propio país?» [13] El rey de los amonitas respondió a los mensajeros de Jefté: «Porque Israel, cuando subía de Egipto, se apoderó de mi país desde el Arnón hasta el Yaboc y el Jordán. Así que ahora devuélvemelo por las buenas.» [14] Jefté envió de nuevo mensajeros al rey de los amonitas [15] y le dijo «Así habla Jefté: Israel no se ha apoderado ni del país de Moab ni del país de los amonitas. [16] Cuando subió de Egipto, Israel caminó por el desierto hasta el mar de Suf y llegó a Cades. [17] Entonces Israel envió mensajeros al rey de Edom para decirle: Déjame, por favor, pasar por tu país; pero el rey de Edom no les atendió. Lo envió también al rey de Moab, el cual tampoco accedió, e Israel se quedó en Cades; [18] luego, avanzando por el desierto, bordeó el país de Edom y el de Moab y llegó al oriente del país de Moab. Acamparon a la otra parte del Arnón, sin cruzar la frontera de Moab, pues el Arnón es el límite de Moab. [19] Israel envió mensajeros a Sijón, rey de los amorreos, que reinaba en Jesbón, y le dijo: Déjame, por favor, pasar por tu país hasta llegar a mi destino. [20] Pero Sijón le negó* a Israel el paso por su territorio, reunió toda su gente, que acampó en Yahas, y atacó a Israel. [21] Yahvé, Dios de Israel, entregó a Sijón y a todo su pueblo en manos de Israel, que los derrotó, y conquistó Israel todo el país de los amorreos que habitaban allí. [22] Así conquistaron todo el territorio de los amorreos, desde el Arnón hasta el Yaboc y desde el desierto hasta el Jordán. [23] De modo que, después que Yahvé, Dios de Israel, ha quitado su he-

11 1   Galaad es claramente nombre geográfico en **10** 18 y 11 8; es el territorio ocupado por los gaditas, ver Nm 32 1+. Aquí se emplea este nombre como nombre de persona conforme al uso de las genealogías, ver Nm 26 29.

11 3   Ver Abimélec, 9 4, y David, 1 S 22 1-2; 25 13, etc.

11 9   Es posible que este ejemplo concreto nos muestre una de las maneras de elección de un «juez de Israel»: había salvado al pueblo; a ello se añade un aspecto carismático, 11 29. Ambos rasgos se encuentran también en una de las tradiciones sobre la elección de Saúl como rey, 1 S 11. El nombre de rey no aparece aquí, pero ciertamente Jefté reclama y obtiene el poder de un rey. Se ha de contraponer la negativa de Gedeón

y la desdichada aceptación de Abimélec. La historia de Jefté muestra que la oposición entre juez «mayor» y «menor» sólo es relativa y que la institución de los Jueces prepara ya la de la realeza.

11 11   Había, pues, en Mispá un santuario, en el que se tomaba a Yahvé por testigo.

11 12   Este resumen histórico es una composición secundaria que se vale de Nm **20-21** y Dt **2**, y confunde amonitas con moabitas; el territorio tomado por Israel, vv. 13 y 26, había pertenecido a Moab; Quemós, v. 24, es el dios principal de los moabitas; el de los amonitas era Milcón.

11 20   «le negó» versiones, ver Nm 20 21; «no tuvo confianza» hebr.

redad a los amorreos en favor de su pueblo Israel, ¿ahora tú se la vas a quitar a Israel? ²⁴ ¿No posees ya todo lo que tu dios Camós ha quitado para ti a sus poseedores? Igualmente nosotros poseemos todo lo que Yahvé nuestro Dios ha quitado para nosotros a sus poseedores. ²⁵ ¿Vas a ser tú más que Balac, hijo de Sipor, rey de Moab? ¿Pudo acaso él hacerse fuerte contra Israel y luchar contra él? ²⁶ Cuando se estableció Israel en Jesbón y en sus filiales, en Aroer y en sus filiales y en todos los poblados que están a ambos lados del Arnón (trescientos años), ¿por qué no las habéis recuperado desde entonces? ²⁷ Yo no te he ofendido; eres tú el que te portas mal conmigo si me atacas. Yahvé, el Juez, juzgue hoy entre los hijos de Israel y los hijos de Amón.» ²⁸ Pero el rey de los amonitas no hizo caso del mensaje que le envió Jefté.

El voto de Jefté y su victoria*.

²⁹ El espíritu de Yahvé vino sobre Jefté, que recorrió Galaad y Manasés, pasó por Mispé de Galaad y de Mispé de Galaad pasó donde los amonitas. ³⁰ Y Jefté hizo un voto a Yahvé: «Si entregas en mis manos a los amonitas, ³¹ el primero que salga de las puertas de mi casa a mi encuentro cuando vuelva victorioso de los amonitas, será para Yahvé y lo ofreceré en holocausto.» ³² Jefté pasó al territorio de los amonitas para atacarlos, y Yahvé los entregó en sus manos. ³³ Los derrotó desde Aroer hasta cerca de Minit (veinte poblados) y hasta Abel Queramín. Fue grandísima la derrota y los amonitas fueron humillados delante de los israelitas.

³⁴ Cuando Jefté volvió a Mispá, a su casa, he aquí que su hija salía a su encuentro bailando al son de las panderetas. Era su única hija; no tenía ni más hijo ni más hija que ella. ³⁵ Al verla, rasgó sus vestiduras y gritó: «¡Ay, hija mía! ¡Me has deshecho! ¿Habías de ser tú la causa de mi desgracia? Abrí la boca ante Yahvé y no puedo volverme atrás.» ³⁶ Ella le res-

pondió: «Padre mío, has abierto tu boca ante Yahvé, haz conmigo lo que salió de tu boca, ya que Yahvé te ha concedido vengarte de tus enemigos los amonitas.» ³⁷ Después dijo a su padre: «Que se me conceda esta gracia: déjame dos meses para ir a vagar por las montañas y llorar mi virginidad con mis compañeras*.» ³⁸ Él le dijo: «Vete.» Y la dejó marchar dos meses. Ella se fue con sus compañeras y estuvo llorando su virginidad por los montes. ³⁹ Al cabo de los dos meses, volvió donde su padre y él cumplió en ella el voto que había hecho. La joven no había conocido varón. Y se hizo costumbre en Israel: ⁴⁰ las hijas de Israel van, de año en año, cuatro días al año, a lamentarse* por la hija de Jefté el galaadita.

Guerra contra Efraín y Galaad*.
Muerte de Jefté.

12 ¹ Los hombres de Efraín se juntaron, pasaron el Jordán en dirección a Safón y dijeron a Jefté: «¿Por qué has ido a atacar a los amonitas y no nos has invitado a marchar contigo? Vamos a prender fuego a tu casa contigo dentro.» ² Jefté les respondió: «Teníamos un gran conflicto mi pueblo y yo con los amonitas; os pedí ayuda y no me librasteis de sus manos. ³ Cuando vi que nadie venía* a ayudarme, arriesgué la vida, marché contra los amonitas y Yahvé los entregó en mis manos. ¿Por qué, pues, habéis subido hoy contra mí para hacerme la guerra?» ⁴ Entonces Jefté reunió a todos los hombres de Galaad y atacó a Efraín; los de Galaad derrotaron a los de Efraín, porque éstos decían: «Vosotros los galaaditas sois fugitivos de Efraín, en medio de Efraín, en medio de Manasés.» ⁵ Galaad cortó a Efraín los vados del Jordán y cuando los fugitivos de Efraín decían: «Dejadme pasar», los hombres de Galaad preguntaban: «¿Eres efrainita?» Y si respondía: «No», ⁶ le añadían: «Pues di Shibbólet». Pero él decía: «Sibbólet» porque no podía pronunciarlo correctamente*. Entonces le echaban mano y lo

Marginal references (left column):
Nm 22-24
Jos 24 9-10

Gn 18 25

3 10+

2 R 3 27
Gn 22 1-19
Mi 6 7

1 S 18 6-7

Marginal references (right column):
Nm 30 3

2 Cro 35 2

8 1-3

3 28; 7 2

Mt 26 73

---

11 29 El fin de la historia del voto de Jefté, vv. 30-31.34-40, es explicar una fiesta anual que se celebraba en Galaad, v. 40, y cuyo verdadero sentido se desconoce. No hay por qué atenuar el sentido: Jefté inmola a su hija, v. 39, para no faltar al voto que ha hecho, v. 31. Israel siempre condenará los sacrificios humanos, ver ya Gn 22, pero el narrador refiere la historia sin expresar ninguna censura y hasta parece que se da más relieve a la fidelidad al voto pronunciado.
11 37 «para ir a vagar» versiones; «bajaré» hebr.
—Quedar sin descendencia se miraba como una des-

gracia y un deshonor para una mujer.
11 40 «lamentarse» griego; «cantar» hebr.
12 El episodio es paralelo al de 8 1-3, pero independiente de él. Efraín, que lucha por la supremacía, se inquieta por el amplio poder concedido a Jefté.
12 3 «que nadie venía» versiones; «que no venías» hebr.
12 6 Esta diferencia de pronunciación manifiesta las variedades dialectales del hebreo, que la redacción final de la Biblia ha borrado en gran parte. —La palabra *sibbólet* significa «espiga de trigo».

degollaban junto a los vados del Jordán. Perecieron en aquella ocasión cuarenta y dos mil hombres de Efraín.

[7] Jefté juzgó a Israel seis años; luego Jefté el galaadita murió y fue sepultado en su ciudad, Mispá de Galaad*.

9. IBSÁN

[8] Después de él fue juez en Israel Ibsán de Belén*. [9] Tenía treinta hijos y treinta hijas. A éstas las casó fuera y de fuera trajo treinta mujeres para sus hijos. Fue juez en Israel siete años. [10] Y murió Ibsán y fue sepultado en Belén.

10. ELÓN

Gn 46 14
Nm 26 16

[11] Después de él fue juez en Israel Elón de Zabulón. Juzgó a Israel diez años. [12] Y murió Elón de Zabulón y fue sepultado en Ayalón, en tierra de Zabulón.

11. ABDÓN

10 4

[13] Después de él fue juez en Israel Abdón, hijo de Hilel, de Piratón. [14] Tenía cuarenta hijos y treinta nietos, que montaban setenta pollinos. Juzgó a Israel ocho años. [15] Y murió Abdón, hijo de Hilel de Piratón, y fue sepultado en Piratón, en tierra de Efraín, en la montaña de los amalecitas*.

12. SANSÓN*

El anuncio del nacimiento de Sansón.

Jos 13 2+

Jos 15 33

Gn 11 30;
18 1-15
1 S 1
Lc 1 5-25

13 [1] Los israelitas volvieron a hacer lo que desagradaba a Yahvé y Yahvé los dejó a merced de los filisteos durante cuarenta años. [2] Había un hombre en Sorá, de la tribu de Dan*, llamado Manóaj. Su mujer era estéril y no había tenido hijos. [3] El Ángel de Yahvé* se apareció a esta mujer y le dijo: «Mira, eres estéril y no has tenido hijos, [4] pero concebirás y darás a luz un hijo*. En adelante guárdate de beber vino ni bebida fermentada y no comas nada impuro. [5] Porque vas a concebir y a dar a luz un hijo. No pasará la navaja por su cabeza, porque el niño será nazireo de Dios desde el seno de su madre. Él comenzará a salvar a Israel de la mano de los filisteos*.» [6] La mujer fue a decírselo a su marido: «Un hombre de Dios ha venido donde mí; su aspecto era como el del Ángel de Dios, muy terrible. No le he preguntado de dónde venía ni él me ha manifestado su nombre. [7] Pero me ha dicho: Vas a concebir y a dar a luz un hijo. En adelante no bebas vino ni bebida fermentada y no comas nada im-

Nm 6 1+

12 7 «en su ciudad... de Galaad» griego; «en las ciudades de Galaad» hebr.
12 8 No se sabe si se trata de Belén de Judá o de Belén de Zabulón, Jos 19 15, cerca de Nazaret.
12 15 Piratón se hallaba al suroeste de Siquén, en la montaña de Efraín, que no se sabe por qué se llama aquí «montaña de los amalecitas».
13 La historia de Sansón es diferente de todos los demás relatos del libro. Refiere la vida de un héroe local, desde su nacimiento hasta su muerte. Es fuerte como un gigante y débil como un niño, seduce a las mujeres y éstas le engañan, juega malas pasadas a los filisteos, pero no libera de ellos al país. La historia posee el humor de los cuentos populares, por medio de los cuales se venga de un opresor al que es preciso aguantar, pero del que se hace escarnio. En contraste con su aspecto popular y profano, Sansón es consagrado a Dios desde el seno de su madre, y su «nazireato» es la fuente de su fuerza. Este aspecto carismático es el que le ha valido un puesto entre los Jueces. —El relato es una colección de anécdotas: nacimiento de Sansón, 13

2-25; matrimonio y enigma, 14 1-20; Sansón y los filisteos, 15 1-8.9-19, con una primera conclusión, v. 20; Sansón en Gaza, 16 1-3; Sansón y Dalila, 16 4-21; cautiverio y muerte de Sansón, 16 22-31, con una segunda conclusión, v. 31.
13 2 La tribu de Dan había recibido un territorio donde se hallan las localidades aquí citadas: Sorá, Estaol, Timná, ver Jos 19 40+; emigró hacia el norte, Jc 17-18. Las aventuras de Sansón parecen suponer una situación posterior a esta emigración, en la que no intervienen los filisteos. Pero algunos clanes que se quedaron en sus sitios vivían mezclados con los cananeos y sujetos a los filisteos.
13 3 Ver 2 1; 6 11 y Gn 16 7+. En el v. 22, al Ángel se le identifica con Yahvé, como en 6 22-23.
13 4 «concebirás... un hijo» probablemente duplicado de 5ª.
13 5 Este dato justifica la inclusión de Sansón entre los Jueces, pero reconoce que la victoria sobre los filisteos no será el resultado de la actuación de Sansón: habrá que esperar a Saúl y David.

puro, porque el niño será nazireo de Dios desde el seno de su madre hasta el día de su muerte.»

Segunda aparición del Ángel.

8 Manóaj invocó a Yahvé y dijo: «Te ruego, Señor, que el hombre de Dios que has enviado venga otra vez donde nosotros y nos enseñe lo que hemos de hacer con el niño cuando nazca.» 9 Dios escuchó a Manóaj y el Ángel de Dios vino otra vez donde la mujer cuando estaba sentada en el campo. Manóaj, su marido, no estaba con ella. 10 La mujer corrió en seguida a informar a su marido y le dijo: «Mira, se me ha aparecido el hombre que vino donde mí el otro día.» 11 Manóaj se levantó y, siguiendo a su mujer, llegó donde el hombre y le dijo: «¿Eres tú el que has hablado con esta mujer?» Él respondió: «Yo soy.» 12 Le dijo Manóaj: «Cuando tu palabra se cumpla, ¿cuál deberá ser la norma de conducta del niño?» 13 El Ángel de Yahvé respondió a Manóaj: «Deberá abstenerse él de todo lo que indiqué a esta mujer. 14 No probará nada de lo que procede de la vid, no beberá vino ni bebida fermentada, no comerá nada impuro y observará todo lo que yo le he mandado*.» 15 Manóaj dijo entonces al Ángel de Yahvé: «Por favor, vamos a retenerte y te vamos a preparar un cabrito.» 16b Porque Manóaj no sabía que era el Ángel de Yahvé. 16a Pero el Ángel de Yahvé dijo a Manóaj: «Aunque me obligues a quedarme no probaré tu comida. Pero si quieres preparar un holocausto, ofréceselo a Yahvé.» 17 Manóaj dijo entonces al Ángel de Yahvé: «¿Cuál es tu nombre para que, cuando se cumpla tu palabra, te podamos honrar?» 18 El Ángel de Yahvé le respondió: «¿Por qué me preguntas el nombre, si es misterioso?*» 19 Manóaj tomó el cabrito y la oblación y lo ofreció en holocausto, sobre la roca, a Yahvé, que actúa misteriosamente. Manóaj y su mujer estaban mirando. 20 Cuando la llama subía del altar hacia el cielo, el Ángel de Yahvé subía en la llama*. Manóaj y su mujer lo estaban

viendo y cayeron rostro en tierra. 21 Al desaparecer el Ángel de Yahvé de la vista de Manóaj y su mujer, Manóaj se dio cuenta de que era el Ángel de Yahvé*. 22 Y dijo Manóaj a su mujer: «Seguro que vamos a morir, porque hemos visto a Dios.» 23 Su mujer le respondió: «Si Yahvé hubiera querido matarnos no habría aceptado de nuestra mano el holocausto ni la oblación, ni nos habría mostrado todas estas cosas, ni nos habría hecho oír tales cosas ahora mismo.» 24 La mujer dio a luz un hijo y lo llamó Sansón. El niño creció y Yahvé lo bendijo. 25 Y el espíritu de Yahvé comenzó a agitarlo en el Campamento de Dan, entre Sorá y Estaol.

El matrimonio de Sansón.

14 1 Sansón bajó a Timná y se fijó en una mujer entre las hijas de los filisteos. 2 Subió y se lo dijo a su padre y a su madre: «He visto en Timná una mujer de las hijas de los filisteos: tomádmela para esposa.» 3 Su padre y su madre le dijeron: «¿No hay ninguna mujer entre las hijas de tus hermanos y en todo mi pueblo, para que vayas a tomar mujer entre esos filisteos incircuncisos?» Pero Sansón respondió a su padre: «Toma a ésa para mí, porque ésa es la que me gusta.» 4 Ni su padre ni su madre sabían que esto venía de Yahvé, que buscaba un pretexto contra los filisteos, pues por aquel tiempo los filisteos dominaban a Israel*. 5 Sansón bajó a Timná* y, al llegar a las viñas de Timná, vio un leoncillo que venía rugiendo a su encuentro. 6 El espíritu de Yahvé le invadió, y sin tener nada en la mano, Sansón despedazó al león como se despedaza un cabrito; pero no contó ni a su padre ni a su madre lo que había hecho. 7 Bajó y habló con la mujer, la cual le agradó. 8 Algún tiempo después, volvió Sansón para casarse con ella. Dio un rodeo para ver el cadáver del león y resulta que en el esqueleto del león había un enjambre de abejas con miel. 9 La recogió en su mano y la iba comiendo según caminaba. Cuando llegó

Marginal references

Ap 1 17

Ex 33 20+

∕ Hb 11 3

3 10+
18 12
Jos 19 41

Gn 38 12
Jos 15 10
19 43

Gn 34 4

Gn 24 3-4
Gn 28 1-2

3 10+
1 S 17 3-
2 S 23 20

Gn 32 30
Ex 3 14+
Ap 19 12

Lv 9 24
Ez 1 28

---

13 14 Como Jeremías, Jr 1 5, y el Siervo, Is 49 1, Sansón es consagrado a Dios desde el seno de su madre. Ésta debe observar *también* las prescripciones del nazireato que se impondrán al que hijo que lleva.
13 18 El ángel se niega a dar su nombre, al igual que lo hizo el ser misterioso del Yabóc, Gn 32 30.
13 20 «en la llama» mss griegos; «en la llama del altar» hebr.
13 21 Manóaj, como Abrahán con sus tres visitantes, Gn 18, ha querido cumplir sus deberes de hospitalidad.

Por orden del ángel, la comida se trasforma en holocausto, en el que se revela Yahvé. Comparar el sacrificio de Gedeón, 6 19-22.
14 4 El redactor deuteronomista trata de conciliar el matrimonio de Sansón con su función de adversario de los filisteos. —Los filisteos se habían extendido fuera de su territorio propio hasta la montaña; pronto amenazarán con dominar enteramente a Israel.
14 5 El hebr. añade: «con su padre y su madre», probablemente una adición, ver v. 6.

donde su padre y su madre les dio miel, y comieron, pero no les dijo que la había cogido del esqueleto del león. [10] Su padre bajó donde la mujer y Sansón hizo allí un banquete, pues así suelen hacer los jóvenes. [11] Pero, cuando lo vieron, eligieron treinta compañeros, los cuales estuvieron con él*.

La adivinanza de Sansón.

1 R 10
Ez 17

[12] Sansón les dijo: «Os voy a proponer una adivinanza. Si me dais la solución dentro de los siete días de la fiesta* y acertáis, os daré treinta túnicas y treinta mudas. [13] Pero si no podéis darme la solución, entonces me daréis vosotros treinta túnicas y treinta mudas.» Ellos le dijeron: «Propón tu adivinanza, que te escuchamos.» [14] Él les dijo:

«Del que come salió comida,
y del fuerte salió dulzura.»

A los tres días aún no habían acertado la adivinanza.

16 5-21

[15] Al cuarto día* dijeron a la mujer de Sansón: «Convence a tu marido para que nos descifre la adivinanza. Si no, te quemaremos a ti y a la casa de tu padre. ¿O es que nos habéis invitado para robarnos?» [16] La mujer de Sansón se puso a llorar sobre él, y dijo: «Tú me odias y no me amas. Has propuesto una adivinanza a mis paisanos y a mí no me la has descifrado.» Él le respondió: «Ni a mi padre ni a mi madre se la he descifrado, ¿y te la voy a descifrar a ti?» [17] Ella estuvo llorando encima de él los siete días que duró la fiesta. Por fin el séptimo día se la descifró, porque lo tenía asediado y ella descifró la adivinanza a sus paisanos.

Lc 11 8

[18] El séptimo día, antes que entrara en la alcoba*, la gente de la ciudad dijo a Sansón:

«¿Qué hay más dulce que la miel,
qué más fuerte que el león?»

Él les repondió:

«Si no hubierais arado con mi novilla,
no habríais acertado mi adivinanza.»

[19] Luego el espíritu de Yahvé le invadió, bajó a Ascalón y mató allí a treinta hombres, tomó sus despojos y entregó las mudas a los acertantes de la adivinanza; luego, encendido en cólera, subió a la casa de su padre. [20] La mujer de Sansón pasó a ser de un compañero suyo, al que había tenido de compañero.

Sansón quema las mieses de los filisteos.

15 [1] Algún tiempo después, por los días de la siega del trigo, fue Sansón a visitar a su mujer llevando un cabrito y dijo: «Quiero llegarme a mi mujer, en la alcoba.» Pero el padre de ella no le dejó entrar. [2] Y le dijo: «Yo pensé que ya no la querías y se la di a tu compañero. ¿No vale más su hermana menor? Sea tuya en lugar de la otra.» [3] Sansón les replicó: «Esta vez soy inocente del daño que pueda hacer a los filisteos.» [4] Se fue Sansón, y cazó trescientas zorras; cogió unas teas y, juntando a los animales cola con cola, puso una tea en medio entre las dos colas. [5] Prendió fuego a las teas y luego, soltando las zorras por las mieses de los filisteos, incendió las gavillas y el trigo todavía en pie y hasta las viñas y olivares.

[6] Los filisteos preguntaron: «¿Quién ha hecho esto?» Y les respondieron: «Sansón, el yerno del timnita. porque éste tomó a su mujer y se la dio a su compañero.» Entonces los filisteos subieron y quemaron a aquella mujer y la casa de su padre*. [7] Sansón les dijo: «Ya que os portáis así, no he de parar hasta vengarme de vosotros.» [8] Y les midió las costillas causándoles un gran estrago. Después bajó a la gruta de la roca de Etán y se quedó allí.

La quijada de asno.

[9] Los filisteos subieron a acampar en Judá e hicieron una incursión por Lejí. [10] Y les dijeron los hombres de Judá: «¿Por qué habéis subido contra nosotros?» Respondieron: «Hemos subido para amarrar a Sansón, para hacer con

2 S 23 11

---

14 11 Sansón contrae un matrimonio en el que el marido no cohabita con su mujer, pero la visita trayéndole regalos, ver **15** 1. Es una clase de matrimonio conocido en los antiguos derechos orientales y entre los árabes. Sansón no ha llevado consigo a los jóvenes acompañantes que se exigen para la fiesta; el clan de la mujer le provee de ellos. El número de treinta es enorme: quizá se le quiere honrar, quizá se desconfía de él.
14 12 Comparar Gn **29** 27, pero el matrimonio se con-

sumaba la primera noche, Gn **29** 23. —El hebr. añade aquí «y si halláis», omitido por una parte de las versiones.
14 15 «cuarto día» versiones; «séptimo día» hebr., pero ver **15** 1.
14 18 «en la alcoba» hajadrah conj., ver **15** 1; TM dice hajarsah ininteligible.
15 6 «la casa de su padre» mss. versiones; ver **14** 15; «su padre» hebr.

él lo que él ha hecho con nosotros.» [11] Tres mil hombres de Judá bajaron a la gruta de la roca de Etán y dijeron a Sansón: «¿No sabes que los filisteos nos están dominando? ¿Qué nos has hecho?» Él les repondió: «Como me trataron a mí, les he tratado yo a ellos.» [12] Ellos le dijeron: «Hemos bajado para amarrarte y entregarte en manos de los filisteos.» Sansón les dijo: «Juradme que no me vais a matar vosotros mismos.» [13] Le respondieron: «No; sólo queremos amarrarte y entregarte en sus manos; pero matarte, no te mataremos.» Lo amarraron, pues, con dos cordeles nuevos y lo sacaron de entre las rocas.

[14] Cuando llegaba a Lejí y los filisteos corrían a su encuentro, con gritos de triunfo, el espíritu de Yahvé vino sobre él: los cordeles que sujetaban sus brazos fueron como hilos de lino que se queman al fuego y las ligaduras se deshicieron entre sus manos. [15] Encontró una quijada de asno todavía fresca, alargó la mano, la cogió y mató con ella a mil hombres. [16] Sansón dijo entonces:

«Con quijada de asno los amontoné*.
Con quijada de asno, a mil hombres sacudí.»

[17] Cuando terminó de hablar, tiró la quijada: por eso se llamó aquel lugar Ramat Lejí*. [18] Entonces sintió una sed terrible e invocó a Yahvé diciendo: «Tú has logrado esta gran victoria por mano de tu siervo y ahora, ¿voy a morir de sed y a caer en manos de los incircuncisos?» [19] Entonces Dios hendió la cavidad que hay en Lejí y brotó agua de ella. Sansón bebió, recobró su espíritu y se reanimó. Por eso, a la fuente que existe todavía hoy en Lejí, se le dio el nombre de En Hacoré*. [20] Sansón fue juez en Israel en la época de los filisteos por espacio de veinte años.

El episodio de las puertas de Gaza.

16 [1] De allí Sansón se dirigió a Gaza, vio allí una prostituta y entró en su casa. [2] Se dio aviso a los hombres de Gaza: «Ha venido Sansón.» Ellos le rodearon y le estuvieron acechando a la puerta de la ciudad. Estuvieron tranquilos toda la noche pensando: «Esperemos hasta que despunte el día y lo mataremos.» [3] Sansón estuvo durmiendo hasta media noche; y a media noche se levantó, cogió las hojas de la puerta de la ciudad con sus dos jambas, las arrancó junto con la barra, se las cargó a la espalda, y las subió hasta la cumbre del monte que está frente a Hebrón*.

Sansón traicionado por Dalila*.

[4] Después de esto, se enamoró de una mujer de la vaguada de Sorec, que se llamaba Dalila. [5] Los tiranos de los filisteos subieron donde ella y le dijeron: «Sonsácale y entérate de dónde le viene esa fuerza tan enorme, y cómo podríamos dominarlo para amarrarlo y tenerlo sujeto. Nosotros te daremos cada uno mil cien siclos de plata.»

[6] Dalila dijo a Sansón: «Dime, por favor, ¿de dónde te viene esa fuerza tan grande y con qué habría que atarte para tenerte sujeto?» [7] Sansón le respondió: «Si me amarraran con siete cuerdas de arco todavía frescas, sin dejarlas secar, me debilitaría y sería como un hombre cualquiera.» [8] Los tiranos de los filisteos llevaron a Dalila siete cuerdas de arco frescas, sin secar aún, y lo amarró con ellas. [9] Tenía ella hombres apostados en la alcoba y le gritó: «Los filisteos contra ti, Sansón.» Él rompió las cuerdas de arco como se rompe el hilo de estopa en cuanto siente el fuego. Así no se descubrió el secreto de su fuerza.

[10] Entonces Dalila dijo a Sansón: «Te has reído de mí y me has dicho mentiras; dime pues, por favor, con qué habría que atarte.» [11] Él le respondió: «Si me amarraran bien con cordeles nuevos sin usar, me debilitaría y sería como un hombre cualquiera.» [12] Dalila cogió unos cordeles nuevos, lo amarró con ellos y le gritó: «Los filisteos contra ti, Sansón.» Tenía ella hombres apostados en la alcoba, pero él rompió los cordeles de sus brazos como un hilo.

14 15-18

16 31

---

15 16 «amontoné» *jamôr jamártî* conj.; *jamôr jamora-tayin* hebr. ininteligible. Hay juego de palabras entre *jamôr* «asno» y *jamar* «amontonar».

15 17 Lit. «la altura de la mandíbula».

15 19 Es decir «la fuente de la perdiz». El nombre hebreo de la perdiz quiere decir «el que llama». Este nombre geográfico se explica por la llamada de Sansón a Dios, v. 18. El relato precedente quería asimismo explicar el nombre de Ramat Lejí.

16 3 Hebrón está a 60 km de Gaza. Esta hazaña del Hércules danita explica quizá el nombre de un lugar cerca de Hebrón, a la salida de la ruta que baja hacia Gaza.

16 4 Mujeres son las que han metido a Sansón en todas sus aventuras; de éstas ha salido gracias a la fuerza que Dios da al hombre que le está consagrado. Una última mujer le perderá, porque le hará faltar a su voto de nazireo.

300

¹³ Entonces Dalila dijo a Sansón: «Hasta ahora te has estado burlando de mí y no me has dicho más que mentiras. Dime con qué habría de amarrarte.» Él le respondió: «Si tejieras las siete trenzas de mi cabellera con la trama y las clavaras con la clavija del tejedor, me debilitaría y sería como un hombre cualquiera.» ¹⁴ Ella le hizo dormir, tejió luego las siete trenzas de su cabellera con la trama, las clavó con la clavija y le gritó: «Los filisteos contra ti, Sansón.» Él se despertó de su sueño y arrancó la trama y la clavija*. Así no se descubrió el secreto de su fuerza.

¹⁵ Dalila le dijo: «¿Cómo puedes decir: Te amo, si tu corazón no está conmigo? Tres veces te has reído ya de mí y no me has dicho en qué consiste esa fuerza tan grande.» ¹⁶ Como todos los días le asediaba con sus palabras y le importunaba, aburrido de la vida, ¹⁷ le abrió todo su corazón y le dijo: «La navaja no ha pasado jamás por mi cabeza, porque soy nazireo de Dios desde el vientre de mi madre. Si me rasuraran, mi fuerza se retiraría de mí, me debilitaría y sería como un hombre cualquiera.» ¹⁸ Dalila comprendió entonces que le había abierto todo su corazón, mandó llamar a los tiranos de los filisteos y les dijo: «Venid, pues esta vez me ha abierto todo su corazón.» Y los tiranos de los filisteos vinieron donde ella con el dinero en la mano. ¹⁹ Ella hizo dormir a Sansón sobre sus rodillas y llamó a un hombre, que le cortó las siete trenzas de su cabeza. Y comenzó a debilitarse*, y se le fue el vigor. ²⁰ Ella gritó: «Los filisteos contra ti, Sansón.» Él se despertó de su sueño y se dijo: «Saldré como las otras veces y me los sacudiré.» No sabía que Yahvé se había apartado de él. ²¹ Los filisteos le echaron mano, le sacaron los ojos y lo bajaron a Gaza. Allí lo ataron con una doble cadena de bronce y daba vueltas a la muela en la cárcel.

Venganza y muerte de Sansón.

²² Pero el pelo de su cabeza, nada más rapado, empezó a crecer. ²³ Los tiranos de los filisteos se reunieron para ofrecer un gran sacrificio a su dios Dagón* y hacer gran fiesta. Decían:

«Nuestro dios ha puesto en nuestras manos
a Sansón, nuestro enemigo.»

²⁴ En cuanto lo vio la gente alababa a su dios diciendo:

«Nuestro dios ha puesto en nuestras manos
a Sansón* nuestro enemigo,
al que devastaba nuestro país
y multiplicaba nuestros muertos.»

²⁵ Y como su corazón estaba alegre, dijeron: «Llamad a Sansón para que nos divierta.» Trajeron, pues, a Sansón de la cárcel, y él los estuvo divirtiendo; luego lo pusieron de pie entre las columnas. ²⁶ Sansón dijo entonces al muchacho que lo llevaba de la mano: «Ponme donde pueda tocar las columnas en las que descansa el edificio, para que me apoye en ellas.» ²⁷ El edificio estaba lleno de hombres y mujeres. Estaban dentro todos los tiranos de los filisteos y, en el terrado, unos tres mil hombres y mujeres contemplando los juegos de Sansón. ²⁸ Sansón invocó a Yahvé y exclamó: «Señor Yahvé, dígnate acordarte de mí, hazme fuerte aunque sólo sea esta vez, oh Dios, para que de un golpe me vengue de los filisteos por mis dos ojos.» ²⁹ Y Sansón tanteó dos columnas centrales sobre las que descansaba el edificio, se apoyó en ellas, en una con su brazo derecho, en la otra con el izquierdo, ³⁰ y gritó: «¡Muera yo con los filisteos!» Apretó con todas sus fuerzas y el edificio se derrumbó sobre los tiranos y sobre toda la gente allí reunida. Los muertos que mató al morir fueron más que los que había matado en vida*. ³¹ Sus hermanos y toda la casa de su padre bajaron y se lo llevaron. Lo subieron y sepultaron entre Sorá y Estaol, en el sepulcro de su padre Manóaj. Había juzgado a Israel por espacio de veinte años*.

15 20

---

16 14 Completamos los vv. 13-14 según el griego; una frase se ha perdido en el hebr. —Se trata de un telar horizontal en el que la urdimbre de la pieza que se teje se extiende entre clavijas hincadas en el suelo. Después de cada paso de la lanzadera se aprieta la trama con un mazo.
16 19 «comenzó a debilitarse» versiones; «ella comenzó a maltratarle» hebr.
16 23 Dagón fue antiguamente la gran divinidad de la región del Éufrates medio. Su culto se hallaba extendido en Siria y Palestina, ver el nombre de Bet Dagón, Jos 15 41; 19 27. Había sido adoptado por los filisteos,

que muy pronto parecen haberse olvidado de todo lo referente a su religión original. Daremos de nuevo con Dagón en la historia del arca, 1 S 5 2s.
16 24 Añadido para el ritmo y según el v. 23; omitido por hebr.
16 30 El fin de Sansón encierra una soberana grandeza: da su vida poniendo en juego por última vez, contra los enemigos de su pueblo, la fuerza que ha recibido de Dios.
16 31 Segunda conclusión deuteronomista, según la línea de los datos sobre los jueces «menores».

*Apéndices**

1. EL SANTUARIO DE MICÁ Y EL SANTUARIO DE DAN*

El Santuario privado de Micá.

17 [1] Había en la montaña de Efraín un hombre llamado Mikayehú*. [2] Dijo a su madre: «Los mil cien siclos de plata que te quitaron y por los que lanzaste una maldición, incluso oí que dijiste...* esa plata la tengo yo; yo la robé.» Su madre respondió: «Que mi hijo sea bendito de Yahvé.» [3] Y él le devolvió los mil cien siclos de plata. Y su madre dijo: «Yo había consagrado solemne y espontáneamente, por mi hijo, esta plata a Yahvé, para hacer con ella una imagen y un ídolo de fundición, pero ahora te la devuelvo.» Pero él devolvió la plata a su madre. [4] Su madre tomó doscientos siclos de plata y los entregó al fundidor. Éste le hizo una imagen (y un ídolo de metal fundido*) que quedó en casa de Mikayehú. [5] Este hombre, Micá, tenía una Casa de Dios; hizo un efod y unos *terafim* e invistió a uno de sus hijos, que vino a ser su sacerdote*. [6] En aquel tiempo no había rey en Israel y hacía cada uno lo que le parecía bien.

1 S 2 28+
Gn 31 19+
1 S 15 23+
1 S 7 1
Jc 18 1; 19 1;
21 25
Dt 12 8

[7] Había un joven de Belén de Judá, de la familia de Judá*, que era levita y residía allí como forastero. [8] Este hombre dejó la ciudad de Belén de Judá para ir a residir donde pudiera. Haciendo su camino llegó a la montaña de Efraín, a la casa de Micá. [9] Micá le preguntó: «¿De dónde vienes?» Le respondió: «Soy un levita de Belén de Judá. Vengo de paso para residir donde pueda.» [10] Micá le dijo: «Quédate en mi casa, y serás para mí un padre y un sacerdote; yo te daré diez siclos de plata al año, el vestido y la comida*.» [11] El levita accedió a quedarse en casa de aquel hombre y el joven fue para él como uno de sus hijos. [12] Micá invistió al levita; el joven fue su sacerdote y se quedó en casa de Micá. [13] Y dijo Micá: «Ahora sé que Yahvé me favorecerá, porque tengo a este levita como sacerdote.»

Ex 12 48

Los danitas en busca de territorio*.

18 [1] Por aquel tiempo no había rey en Israel. Por entonces la tribu de Dan buscaba un territorio donde habitar, pues hasta aquel día no le había tocado heredad entre las tribus de Israel. [2] Los dani-

Jos 19 4(
Jc 1 34;
5 17
Jc 17 6+

Jos 19 4:

---

17 (a) Los dos relatos de Jc **17-18** y **19-21**, que tienen orígenes diferentes, se han añadido aquí porque se referían a acontecimientos anteriores a la monarquía. La inclusión de estas antiguas aventuras en el libro de los Jueces quizá sea posterior al Destierro.
17 (b) El tema principal de los cap. **17-18** es la historia de la fundación del santuario de Dan y del origen de su sacerdocio. Esta tradición es ciertamente de origen danita y, sin embargo, el juicio que se da es negativo: el ídolo del santuario es producto de un doble robo; el sacerdocio se remonta a un levita giróvago que abandona a su primer patrono para irse a ganar más. Es posible que este juicio haya sido formulado por servidores del santuario real de Dan, establecido por Jeroboán, que puso en él sacerdotes de otro linaje, 1 R 12 28-31. Precisamente a esta autoridad del rey sobre el culto se referirían las noticias de 17 6; 18 1, que expresan sobre la realeza una opinión favorable extraña al espíritu deuteronomista. —Esta historia está enlazada con la de la migración de los danitas, ver **18** 1+.
17 1 *Mikayehu*: «¿Quién como Yahvé?», que luego siempre es abreviado en *Micá*.
17 2 Siendo las palabras de una maldición eficaces por sí mismas, no se repiten; su acción se contrarresta con la bendición que sigue, y quizá con la consagración de una parte de la plata. —Los vv. 2-3, traducidos literalmente, siguen siendo bastante oscuros.
17 4 Se puede pensar que se trata de un solo ídolo, ver **18** 20.30.31, en madera tallada, recubierta de plata, y la distinción en **18** 17 y 18 sería redaccional. Es posible que uno de los dos haya sido añadido según Dt 27 15. —Es el único ejemplo claro de una imagen cultual de Yahvé, en contra de la ley del Decálogo varias veces

repetida, ver Ex **20** 4. Sin embargo no se la condena, como tampoco el efod y los *terafim*, v. 5, que en el Yahvismo oficial vendrán a ser objetos sospechosos.
17 5 Conforme al uso antiguo que autorizaba a los jefes de clan y de familia a ejercer personalmente el oficio de sacerdote y a elegir sus sacerdotes. Sin embargo, el conjunto del relato muestra que se reconocía la situación de privilegio de los levitas.
17 7 Si no se admite que «levita» es aquí nombre de función y que no designa a un miembro de la tribu sacerdotal, a lo cual contradice **18** 30, el joven no puede ser a la vez levita y miembro del clan de Judá. Pero puede vivir en Belén como «forastero residente», ver Ex 12 48+.
17 10 El hebr. añade: «el levita fue», duplicado de las dos primeras palabras del v. siguiente.
18 Los danitas que residieron algún tiempo en la región de Sorá y Estaol, ver **13** 2+, no pudieron mantenerse en ella, ver Jos **19** 40+, y fueron expulsados por los amorreos, según Jc 1 34-35. Una exploración que recuerda la de Caleb a partir de Cades, Nm 13, precede a su migración hacia el norte. La fecha es dudosa. La ausencia de mención de los filisteos, aquí y en 1 34-35, indicaría el comienzo mismo del período de los Jueces; además, el puesto que Dan ocupa junto a Aser en el cántico de Débora, 5 17, parece indicar que ya se encuentra establecido en el norte. Pero este argumento no es seguro, y la facilidad de la migración se explicaría mejor después de la victoria de Débora y Barac. —Tenemos aquí un nuevo ejemplo de acción individual de una tribu, ver Jc 1, y una prueba de los movimientos de las tribus prosiguieron después de la muerte de Josué. Comparar la media tribu de Manasés, Nm 32 1+.

tas enviaron a cinco hombres* de su familia, hombres valientes, de Sorá y Estaol, para recorrer el país y explorarlo. Y les dijeron: «Id a explorar esa tierra.» Llegaron a la montaña de Efraín, cerca de la casa de Micá, y pasaron allí la noche. ³ Como estaban cerca de la casa de Micá, reconocieron la voz del joven levita, y acercándose le preguntaron: «¿Quién te ha traído por acá?, ¿qué haces en este lugar?, ¿qué se te ha perdido aquí?» ⁴ Él les respondió: «Esto y esto ha hecho por mí Micá. Me ha tomado a sueldo y soy su sacerdote.» ⁵ Le dijeron: «Consulta, pues, a Dios, para que sepamos si el viaje que estamos haciendo tendrá feliz término.» ⁶ Les respondió el sacerdote: «Id en paz; el viaje que hacéis está bajo la mirada de Yahvé.» ⁷ Los cinco hombres partieron y llegaron a Lais. Vieron que las gentes que habitaban* allí vivían seguras, según las costumbres de los sidonios, tranquilas y confiadas; que nada faltaba allí de cuanto produce la tierra, que estaban lejos de los sidonios y no tenían relaciones con los arameos*. ⁸ Volvieron entonces donde sus hermanos, a Sorá y Estaol, y éstos les preguntaron: «¿Qué noticias traéis?» ⁹ Ellos repondieron: «¡Arriba!, vayamos contra ellos, porque hemos visto el país y es excelente. Pero, ¿por qué estáis parados sin decir nada? No dudéis en partir para ir a conquistar aquella tierra. ¹⁰ Cuando lleguéis, os encontraréis con un pueblo tranquilo. El país es espacioso y Dios lo ha puesto en nuestras manos; es un lugar en el que no falta nada de lo que puede haber sobre la tierra.»

La migración de los danitas.

¹¹ Partieron, pues, de allí, del clan de los danitas, de Sorá y Estaol, seiscientos hombres bien armados. ¹² Subieron y acamparon en Quiriat Yearín, en Judá. Por eso, todavía hoy, se llama aquel lugar el Campamento de Dan. Está detrás de Quiriat Yearín. ¹³ De allí pasaron a la montaña de Efraín y llegaron a la casa de Micá. ¹⁴ Los cinco hombres que habían ido a recorrer la tierra*, tomaron la palabra y

dijeron a sus hermanos: «¿No sabéis que hay aquí en estas casas un efod, unos terafim, una imagen y un ícono de metal fundido? Considerad, pues, lo que habéis de hacer.» ¹⁵ Llegándose allá entraron en la casa del joven levita, la casa de Micá, y le dieron el saludo de paz. ¹⁶ Los seiscientos hombres danitas* con sus armas de guerra estaban en el umbral de la puerta. ¹⁷ Los cinco hombres que habían ido a recorrer la tierra subieron, entraron dentro y cogieron la imagen, el efod, los terafim y el ídolo de fundición; entre tanto el sacerdote estaba en el umbral de la puerta con los seiscientos hombres armados. ¹⁸ Aquéllos, pues, entrando en la casa de Micá, cogieron la imagen, el efod, los terafim y el ídolo de fundición. El sacerdote les dijo: «¿Qué estáis haciendo?» ¹⁹ «Calla», le contestaron, «pon la mano en la boca y ven con nosotros. Serás para nosotros padre y sacerdote. ¿Prefieres ser sacerdote de la casa de un particular a ser sacerdote de una tribu y de un clan de Israel?» ²⁰ Se alegró con ello el corazón del sacerdote, tomó el efod, los terafim y la imagen y se fue en medio de la tropa.

²¹ Reemprendieron el camino colocando en la cabeza a las mujeres, los niños, los rebaños y los objetos preciosos. ²² Estaban ya lejos de la casa de Micá, cuando los hombres de las casas vecinas a la casa de Micá dieron la alarma y salieron en persecución de los danitas, ²³ y les gritaron. Se volvieron éstos y dijeron a Micá: «¿Qué te pasa para gritar así?» ²⁴ Respondió: «Me habéis quitado a mi dios, el que yo me había hecho, y a mi sacerdote. Vosotros os marcháis, y a mí ¿qué me queda?, y encima me decís: ¿Qué te pasa?» ²⁵ Los danitas le contestaron: «Calla de una vez, no sea que algunos irritados caigan sobre vosotros y pierdas tu vida y la de tu familia.» ²⁶ Los danitas siguieron su camino; y Micá, viendo que eran más fuertes, se volvió a su casa.

Toma de Lais. Fundación de Dan y de su santuario.

²⁷ Ellos tomaron el dios que Micá había fabricado y el sacerdote que éste te-

---

18 2 El hebr. añade: «de sus confines, hombres», omitido por el griego.
18 7 (a) «que habitaban» griego; hebreo, en femenino.
18 7 (b) «que nada faltaba allí», corrección mínima de un texto corrompido. —«los arameos» griego; «el hombre» hebr., como en el v. 28.
18 14 Hebr. añade «Lais», glosa ausente del griego.

18 16 «danitas» accidentalmente desplazado al final del v. en el hebr. —El pasaje que sigue, con sus repeticiones, parece indicar dos fuentes: una narra la visita de los cinco emisarios al joven levita, mientras los seiscientos danitas se llevan la imagen tallada, v. 18ᵃ; según la otra, los que se apoderan de la imagen son los emisarios, y el sacerdote, que sigue en el umbral con el grueso de la tropa, les interpela, vv. 16-17.18ᵇ.

Marginal references:
13 2+
Dt 33 8
13 2; 18 2
13 25
Gn 31 22s

nía, y marcharon contra Lais, pueblo tranquilo y confiado. Pasaron a cuchillo a la población e incendiaron la ciudad. [28] Nadie vino en su ayuda, porque estaba lejos de Sidón y no tenía relaciones con los arameos. Estaba situada en el valle que se extiende hacia Bet Rejob. Reconstruyeron la ciudad, se establecieron en ella, [29] y le pusieron el nombre de Dan, en recuerdo de su padre Dan,

hijo de Israel. Aunque antiguamente la ciudad se llamaba Lais. [30] Los danitas instalaron para sí la imagen. Jonatán, hijo de Guersón, hijo de Moisés, y después sus hijos, fueron sacerdotes de la tribu de Dan hasta el día de la deportación del país*. [31] Se instalaron la imagen que había hecho Micá y allí permaneció mientras estuvo en Siló*, la casa de Dios.

Jos 19 47

Ex 2 22;
18 3

2 R 15 29

2. EL CRIMEN DE GUIBEÁ Y LA GUERRA CONTRA BENJAMÍN*

El levita de Efraín y su concubina.

17 6+

19 [1] En aquel tiempo, cuando aún no había rey en Israel, hubo un hombre, levita, que residía como forastero en los confines de la montaña de Efraín. Tomó por concubina a una mujer de Belén de Judá. [2] Se enfadó con él* su concubina y lo dejó para volver a la casa de su padre en Belén de Judá, donde permaneció bastante tiempo, unos cuatro meses. [3] Su marido se puso en camino y fue donde ella, para hablarle al corazón y hacerla volver; llevaba consigo a su criado y un par de asnos. Cuando llegó a casa del padre de ella, lo vio el padre de la joven y salió contento a su encuentro. [4] Su suegro, el padre de la joven, le retuvo y él se quedó con él tres días; comieron y bebieron y pasaron allí la noche. [5] Al cuarto día se levantaron de madrugada y el levita se dispuso a partir; el padre de la joven dijo a su yerno: «Toma un bocado de pan para cobrar ánimo, y luego marcharás.» [6] Se sentaron, y se pusieron a comer y beber los dos juntos. Luego el padre de la joven dijo al hombre: «Dígnate pasar aquí la

noche y que se alegre tu corazón.» [7] Se levantó el hombre para marchar, pero el suegro le porfió y se quedó aquella noche. [8] Al quinto día madrugó para marchar, pero el padre de la joven le dijo: «Cobra ánimo primero, por favor.» Y pasaron el tiempo* hasta declinar el día y comieron juntos. [9] Se levantaron para marchar el marido con su concubina y su siervo, pero su suegro, el padre de la joven, le dijo: «Mira que la tarde está al caer. Pasa aquí la noche y que se alegre tu corazón. Mañana de madrugada marcharéis y volverás a tu tienda.» [10] Pero el hombre no quiso pasar allí; se levantó, partió y llegó frente a Jebús*, o sea, Jerusalén. Llevaba consigo los dos asnos cargados, su concubina y su criado*.

El crimen de los vecinos de Guibeá*.

[11] Cuando llegaban cerca de Jebús, era ya hora muy avanzada. El criado dijo a su amo: «Vamos, dejemos el camino y entremos en esa ciudad de los jebuseos para pasar allí la noche.» [12] Su amo le respondió: «No vamos a entrar en una

Jos 15 8;
18 16.28
2 S 5 6+
1 Cro 11 4

Gn 19 1-[
Os 9 9; 10

---

18 30 Este v. es una adición: a un duplicado de 31ª, añade una nota sobre el sacerdocio de este primer santuario danita. Resulta muy probable la descendencia levítica de su primer servidor; ha extrañado a los copistas, que han añadido una *n* encima de la línea para trasformar el nombre de Moisés *(mošeh)* en el de Manasés *(manašeh)*.—La deportación aquí mencionada es la que siguió a la campaña de Teglatfalasar, el 734.
18 31 El final del v., en desacuerdo con el v. 30, es otra adición que toma como referencia el cierre del santuario de Siló, después de la captura del arca en la época de Samuel, 1 S 4.
19 Un redactor postexílico combinó aquí dos *diciones*, cuya dualidad aparece claramente en los caps. 20-21; una está relacionada con el santuario de Mispá, la otra con el Betel. Esto explica los dos relatos de la derrota de Benjamín y de la caída de Guibeá (comparar, por ejemplo, **20** 30-32 y 36ᵇ-44) y los medios para asegurar la supervivencia de la tribu de Benjamín, 21 1-12.15-23.
19 2 «Se enfadó con él» versiones; «le fue infiel»

hebr., pero ver v. 3.
19 8 «pasaron el tiempo» conj.; «pasad el tiempo» hebr.
19 10 (a) Sólo aquí, vv. 10-11, y en 1 Cro **11** 4s, se encuentra este nombre de Jerusalén. Se ha derivado del nombre de sus habitantes en la época de la conquista, los jebuseos, pero a la ciudad siempre se la llama Jerusalén.
19 10 (b) «y su criado» versiones; el hebr. repite «con él».
19 11 El levita sólo encuentra asilo en Guibeá de Benjamín, en casa de un hombre de Efraín, v. 16, que está dispuesto a cumplir con sus deberes de huésped hasta el heroísmo, v. 24. Los benjaminitas de la ciudad faltan gravemente a la ley de la hospitalidad, v. 15, y luego se conducen de una manera abominable. En la evocación de esta historia se esconde una controversia (¿de los de Judá?) contra Saúl, cuya capital era Guibeá. —Todo el relato supone en su redacción reminiscencias de la historia de Lot, Gn 19 1-11.

ciudad de extranjeros, que no son israelitas; pasaremos de largo hasta Guibeá.» [13] Y añadió a su criado: «Vamos a acercarnos a uno de esos poblados; pasaremos la noche en Guibeá o Ramá.» [14] Pasaron, pues, de largo y continuaron su marcha. Y a la puesta del sol, llegaron frente a Guibeá de Benjamín. [15] Se desviaron hacia allí y fueron a pasar la noche en Guibeá. El levita entró y se detuvo en la plaza de la ciudad, pero no hubo nadie que les ofreciera casa donde pasar la noche.

[16] Llegó un viejo que volvía por la tarde de sus faenas del campo. Era un hombre de la montaña de Efraín que residía como forastero en Guibeá; mientras que la gente del lugar era benjaminita. [17] Alzando los ojos, se fijó en el viajero que estaba en la plaza de la ciudad, y el anciano le dijo: «¿A dónde vas y de dónde vienes?» [18] Y el otro le respondió: «Estamos de paso, venimos de Belén de Judá y vamos hasta los confines de la montaña de Efraín, de donde soy. Fui a Belén de Judá y ahora vuelvo a mi casa*, pero nadie me ha ofrecido la suya. [19] Y eso que tenemos paja y forraje para nuestros asnos, y pan y vino para mí, para tu sierva y para el joven que acompaña a tu siervo. No nos falta de nada.» [20] El viejo le dijo: «La paz sea contigo; yo proveeré a todas tus necesidades; pero no pases la noche en la plaza.» [21] Le llevó, pues, a su casa y echó pienso a los asnos. Y ellos se lavaron los pies, comieron y bebieron.

Gn 19 4s

[22] Mientras alegraban su corazón, los hombres de la ciudad, gente malvada, cercaron la casa y golpeando la puerta le dijeron al viejo, dueño de la casa: «Haz salir al hombre que ha entrado en tu casa, para que lo conozcamos.» [23] El dueño de la casa salió donde ellos y les dijo: «No, hermanos míos; no os portéis mal. Puesto que este hombre ha entrado

en mi casa no cometáis esa infamia*. [24] Aquí está mi hija, que es doncella*. Os la entregaré. Abusad de ella y haced con ella lo que os parezca; pero no cometáis con este hombre semejante infamia.» [25] Pero aquellos hombres no quisieron escucharle. Entonces el hombre tomó a su concubina y se la sacó fuera. Ellos la conocieron, la maltrataron toda la noche hasta la mañana y la dejaron al amanecer.

[26] Llegó la mujer de madrugada y cayó a la entrada de la casa del hombre donde estaba su marido; allí quedó hasta que fue de día. [27] Por la mañana se levantó su marido, abrió las puertas de la casa y salió para continuar su camino; y vio que la mujer, su concubina, estaba tendida a la entrada de la casa, con las manos en el umbral, [28] y le dijo: «Levántate, vámonos.» Pero no le respondió. Entonces el hombre la cargó sobre su asno y se dirigió a su pueblo. [29] Llegado a su casa, cogió un cuchillo y tomando a su concubina la partió miembro por miembro en doce trozos y los envió por todo el territorio de Israel*. [30] Y dio esta orden a sus emisarios: «Esto habéis de decir a todos los israelitas: ¿Se ha visto alguna vez cosa semejante desde que los israelitas subieron del país de Egipto hasta hoy? Pensad en ello, pedid consejo y tomad una decisión.» Y todos los que lo veían, decían: «Nunca ha ocurrido ni se ha visto cosa igual desde que los israelitas subieron del país de Egipto hasta hoy*.»

1 S 11 7

Los israelitas se comprometen a vengar el crimen de Guibeá.

20 [1] Salieron, pues, todos los israelitas y se reunió toda la comunidad como un solo hombre, desde Dan hasta Berseba* y el país de Galaad, delante de Yahvé, en Mispá. [2] Los principales de todo el pueblo y todas las tribus de Israel acudieron a la asamblea del pueblo de

20 17

---

19 18 «vuelvo a mi casa» lit. «hacia mi casa», v. 29; «voy hacia la casa de Yahvé» hebr.
19 23 El término hebreo designa faltas graves contra la ley divina, sobre todo faltas contra las costumbres, especialmente reprobadas por reacción contra la licencia de los cultos cananeos. A la falta se añade aquí una ofensa al derecho sagrado de la hospitalidad.
19 24 El hebr. añade «y su concubina (del levita)».
19 29 Este truculento mensaje de venganza se dirige a todo Israel, ver 20 1.2.10, etc. Esto podría subrayar la solidaridad de las tribus ante una infracción de la ley religiosa, pero una acción común como ésta sería única; más probablemente hay aquí una extensión de la tradición primitiva que, en frente de Benjamín, debió poner principalmente a Efraín. Se trataría de un nuevo episodio

de la lucha de Efraín por la supremacía, ver 8 1+; 12 1.
19 30 «Y dio esta orden... habéis de decir» restituido según una parte del griego; ausente del hebr. que sólo ha conservado «Pensad en ello... tomad una decisión», corrompido y relegado al fin del v.
20 1 Locución estereotipada, utilizada fuera del Pentateuco para designar los límites norte y sur del país, de hecho ocupado por Israel, ver 1 S 3 20; 2 S 3 10; 1 R 5 5, etc. Por excepción, se añade el país de Galaad, a causa de la historia narrada en 21 8-12. Otras expresiones delimitan el territorio: «desde la entrada de Jamat hasta el torrente de Egipto (o de la Arabá)», 1 R 8 65; 2 R 14 25; o de sur a norte: «desde el torrente de Egipto hasta el Río Grande» (el Éufrates), Gn 15 18; 2 R 24 7; ver Nm 34 1−.

Dios: cuatrocientos mil hombres de a pie, armados de espada*. ³ Oyeron los benjaminitas que los hijos de Israel habían subido a Mispá... Los israelitas dijeron: «Decidnos cómo ha sido el crimen.» ⁴ El levita, marido de la mujer asesinada, tomó la palabra y dijo: «Había llegado yo con mi concubina a Guibeá de Benjamín para pasar la noche. ⁵ Los señores de Guibeá se levantaron contra mí y rodearon por la noche la casa; intentaron matarme a mí, y abusaron tanto de mi concubina que murió. ⁶ Tomé entonces a mi concubina, la descuarticé y la envié por todo el territorio de la heredad de Israel, porque habían cometido una vergüenza y una infamia en Israel. ⁷ Aquí estáis todos, israelitas: tratadlo y tomad aquí mismo una resolución.» ⁸ Todo el pueblo se levantó como un solo hombre diciendo: «Ninguno de nosotros marchará a su tienda, nadie volverá a su casa. ⁹ Esto es lo que hemos de hacer con Guibeá. Echaremos a suertes* ¹⁰ y tomaremos de todas las tribus de Israel diez hombres por cada cien, cien por cada mil, y mil por cada diez mil; ellos recogerán víveres para la tropa, para hacer, en cuanto lleguen, con Guibeá* de Benjamín según la infamia que han cometido en Israel.» ¹¹ Así se juntó contra la ciudad toda la gente de Israel como un solo hombre.

Obstinación de los benjaminitas.

¹² Las tribus de Israel enviaron emisarios a toda la tribu* de Benjamín diciendo: «¿Qué crimen es ése que se ha cometido entre vosotros? ¹³ Ahora, pues, entregadnos a esos hombres malvados de Guibeá, para que los matemos y desaparezca el mal de Israel.» Pero los benjaminitas no quisieron hacer caso a sus hermanos los israelitas.

Primeros combates*.

¹⁴ Los benjaminitas, dejando sus poblados, se reunieron en Guibeá para salir al combate contra los israelitas. ¹⁵ Aquel día los benjaminitas llegados de los diversos poblados hicieron el censo, que dio en total veinticinco mil hombres armados de espada, sin contar los habitantes de Guibeá*. ¹⁶ En toda esta tropa había setecientos hombres elegidos, zurdos, capaces todos ellos de lanzar una piedra con la honda contra un cabello sin errar el tiro. ¹⁷ La gente de Israel hizo también el censo. Sin contar a Benjamín, eran cuatrocientos mil hombres de espada; todos hombres de guerra. ¹⁸ Partieron, pues, y subieron a Betel. Consultaron a Dios y le preguntaron los israelitas: «¿Quién de nosotros subirá el primero a combatir contra los benjaminitas?» Y Yahvé respondió: «Judá subirá primero.»

¹⁹ Los israelitas se levantaron temprano y acamparon frente a Guibeá. ²⁰ Salieron los hombres de Israel para combatir contra Benjamín y se pusieron en orden de batalla frente a Guibeá. ²¹ Pero los benjaminitas salieron de Guibeá y dejaron muertos en tierra aquel día a veintidós mil hombres de Israel. ²³ *Los israelitas subieron a llorar delante de Yahvé hasta la tarde y luego consultaron a Yahvé diciendo: «¿He de entablar combate otra vez contra los hijos de mi hermano Benjamín?» Yahvé respondió: «Subid contra él.» ²² Entonces la tropa de Israel recobró su valor y volvió a ponerse en orden de batalla en el mismo lugar que el primer día. ²⁴ El segundo día los israelitas se acercaron a los benjaminitas; ²⁵ pero también aquel segundo día Benjamín salió de Guibeá a su encuentro y volvió a dejar tendidos en tierra a dieciocho mil israelitas; todos ellos armados de espada. ²⁶ Entonces todos los israelitas y todo el pueblo subieron hasta Betel, lloraron, se quedaron allí delante de Yahvé, ayunaron todo el día hasta la tarde y ofrecieron holocaustos y sacrificios de comunión delante de Yahvé. ²⁷ Consultaron luego los israelitas a Yahvé, pues el arca de la alianza de Dios se encontraba allí, ²⁸ y Pinjás, hijo de Eleazar, hijo de Aarón, estaba entonces a su servicio. Dijeron: «¿He de salir otra vez a combatir a los hijos de mi hermano

Referencias marginales:
20 27
Ex 33 7+

1 2

Jos 7 4.5

Jos 7 6-9;
8 1

Nm 25 7-

Dt 17 12

---

20 2   Esta cifra, como las del relato de los combates, ver vv. 15.21, etc., es evidentemente exagerada.
20 9   «Echaremos a suertes» griego; «contra ella, a suertes» hebr.
20 10 «Guibeá» versiones; «Gueba» hebr.
20 12 «a toda la tribu» versiones; «a todas las tribus» hebr.
20 14 Todo el relato de la batalla de Guibeá, en su desarrollo y en su estilo, se parece al relato de la toma de Ay, Jos 7-8. Mejor que ver una influencia redaccional de Jos en Jc, se puede admitir que el relato de la toma de Ay se inventó basándose en el relato histórico de la victoria de Guibeá, ver Jos 7 2+.
20 15 Hebr. añade: «setecientos hombres elegidos», duplicado de 16ᵇ.
20 23 Como lo exige el sentido, se invierten los vv. 22 y 23; en realidad estos dos vv. no pertenecen a la misma tradición.

Benjamín o debo dejarlo?» Yahvé respondió: «Subid, porque mañana lo entregaré en vuestras manos*.»

Derrota y exterminio de Benjamín*.

Jos 8 4.9 ²⁹ Israel puso gente emboscada alrededor de Guibeá. ³⁰ Al tercer día los israelitas marcharon contra los benjaminitas y se pusieron en orden de batalla como las otras veces frente a Guibeá. ³¹ Los benjaminitas salieron a su encuentro y se dejaron atraer lejos de la ciudad. Jos 8 6.16 Comenzaron como las otras veces a matar gente del pueblo por los caminos que suben, uno a Betel y otro a Guibeá*, a campo raso: unos treinta hombres de Israel. ³² Los benjaminitas se decían: «Los hemos derrotado como la primera vez.» Pero los israelitas se habían dicho: «Vamos a huir para atraerlos lejos de la ciudad hacia los caminos.» ³³ Entonces todos los hombres de Israel se levantaron de sus puestos, tomaron posiciones en Baal Tamar, y los emboscados de Israel atacaron desde su puesto al oeste de Gueba*. ³⁴ Diez mil hombres elegidos de todo Israel llegaron frente a Guibeá. El combate se endureció; los benjaminitas no se daban cuenta de la calamidad que se les venía encima. ³⁵ Yahvé derrotó a Benjamín ante Israel y aquel día los israelitas mataron en Benjamín a veinticinco mil cien hombres, todos ellos armados de espada. ³⁶ Los benjaminitas se vieron derrotados*.

Los hombres de Israel habían cedido terreno a Benjamín porque contaban con la emboscada que habían puesto Jos 8 19 contra Guibeá. ³⁷ Los emboscados marcharon a toda prisa contra Guibeá, se desplegaron y pasaron a cuchillo a toda la ciudad. ³⁸ La gente de Israel y los emboscados habían convenido en levantar una humareda*, como señal, desde la ciudad; ³⁹ entonces harían frente a los combatientes de Israel*. Benjamín comenzó matando a algunos israelitas, unos treinta hombres. Y se decían: «Están completamente derrotados ante nosotros, como en la primera batalla.» ⁴⁰ Pero entonces, la señal, la columna de Jos 8 20 humo, comenzó a levantarse de la ciudad, y Benjamín, mirando atrás, vio que toda la ciudad ardía en llamas que subían hacia el cielo. ⁴¹ Entonces los hombres de Israel se volvieron y los benjaminitas temblaron al ver la calamidad que se les venía encima.

⁴² Volvieron la espalda ante la gente de Jos 8 21-22 Israel camino del desierto, pero los combatientes los acosaban, y los que venían de la ciudad los destrozaban cogiéndolos en medio*. ⁴³ Así envolvieron a Benjamín, lo persiguieron sin descanso y lo aplastaron hasta llegar frente a Gueba por el oriente*. ⁴⁴ Cayeron de Benjamín dieciocho mil hombres, todos ellos hombres valerosos. ⁴⁵ Volvieron la espalda y huyeron al desierto, hacia la Peña de Rimón. Los israelitas fueron atrapando por los caminos a cinco mil hombres. Luego persiguieron a Benjamín hasta Guidón* y le mataron dos mil hombres. ⁴⁶ El total de los benjaminitas que cayeron aquel día fue de veinticinco mil hombres, armados de espada, todos ellos hombres valerosos. ⁴⁷ Seiscientos hombres habían podido volverse y escapar al desierto, hacia la Peña de Rimón. Se quedaron en la Peña de Rimón cuatro meses. ⁴⁸ Las tropas de Israel se volvieron contra los benjaminitas, y pasaron a cuchillo a los varones de la ciudad*, al ganado, y a todo lo que encontraron. Incendiaron también todos los poblados que encontraron.

---

20 28 Los dos primeros intentos se habían llevado a cabo por orden de Yahvé, vv. 18.23, pero sólo en la tercera consulta promete Dios la victoria. En el paralelo de Jos 7, se explica el fracaso por una violación del anatema. Aquí no se da razón alguna.
20 29 Como lo indican las incoherencias del texto, se combinan con desmaña en todo el final del cap. las dos tradiciones de Mispá y Betel.
20 31 El choque tuvo lugar entre Betel, de donde procedían los israelitas, y Guibeá, de donde habían salido los benjaminitas.
20 33 «al oeste de Gueba» versiones; «de la llanura (o: de la meseta) de Gueba» hebr.
20 36 La frase continuará en el v. 45; sin embargo, 36ᵇ-44 no es uniforme.
20 38 Después de «emboscados», hebr. añade «multi-

plica», incomprensible. Omitido por griego.
20 39 «harían frente» conj.; «hicieron frente» hebr., pero ver v. 41.
20 42 «de la ciudad» griego; «de las ciudades» hebr. —«cogiéndolos en medio» *battawek* conj.; «en medio de él» *betôkô* hebr. —Los benjaminitas se ven cogidos entre el grueso de la tropa y los emboscados, ver igualmente Jos 8 21-22.
20 43 «lo persiguieron sin descanso» conj; «les hicieron perseguir, descanso (?)» hebr. —«Gueba» conj; «Guibeá» hebr.
20 45 Localidad desconocida. El texto primitivo acaso dijera Gueba o Gabaón.
20 48 «a los varones» *metim* conj.; «(de la ciudad) intacta» *metom* hebr.

Pesar de los israelitas*.

21 ¹ Los hombres de Israel habían jurado en Mispá: «Ninguno de nosotros dará su hija en matrimonio a Benjamín.» ² El pueblo fue a Betel y allí permaneció delante de Dios hasta la tarde clamando y llorando con grandes gemidos. ³ Decían: «Yahvé, Dios de Israel, ¿por qué ha de suceder esto en Israel, que desaparezca hoy de Israel una de sus tribus*?» ⁴ Al día siguiente el pueblo se levantó de madrugada, construyó allí un altar, y ofreció holocaustos y sacrificios de comunión. ⁵ Dijeron los israelitas: «¿Quién de entre todas las tribus de Israel no acudió a la asamblea ante Yahvé?» Porque se había jurado solemnemente que el que no subiera a Mispá ante Yahvé tenía que morir.

⁶ Los israelitas estaban apenados por su hermano Benjamín y decían: «Hoy ha sido arrancada una tribu de Israel. ⁷ ¿Qué haremos para proporcionar mujeres a los que quedan? Pues nosotros hemos jurado por Yahvé no darles nuestras hijas en matrimonio.»

Las vírgenes de Yabés dadas a los benjaminitas.

⁸ Entonces se dijeron: «¿Cuál es la única tribu de Israel que no subió ante Yahvé a Mispá?» Y vieron que nadie de Yabés de Galaad había ido al campamento, a la asamblea. ⁹ Hicieron el censo de la gente y no había entre ella ninguno de los habitantes de Yabés de Galaad. ¹⁰ Entonces la comunidad mandó allá doce mil hombres valientes y les dio esta orden: «Id y pasad a cuchillo a los habitantes de Yabés de Galaad, incluidas las mujeres y los niños. ¹¹ Esto es lo que habéis de hacer: Consagraréis al anatema a todo varón y a toda mujer que haya conocido varón, pero dejaréis con vida a las doncellas.» Así lo hicieron*. ¹² Entre los habitantes de Yabés de Galaad encontraron cuatrocientas muchachas vír-

Nm 31 5-6

Jos 6 17+
Nm 31 17-18

genes que no habían conocido varón y las llevaron al campamento (de Siló, que está en el país de Canaán).

¹³ Toda la comunidad mandó emisarios a los benjaminitas que estaban en la Peña de Rimón para hacer las paces. ¹⁴ Volvió entonces Benjamín. Les dieron las mujeres de Yabés de Galaad que habían quedado con vida, pero no hubo suficientes para todos.

El rapto de las muchachas de Siló.

¹⁵ El pueblo se compadeció de Benjamín, pues Yahvé había abierto una brecha entre las tribus de Israel. ¹⁶ Decían los ancianos de la comunidad: «¿Qué podemos hacer para proporcionar mujeres a los que quedan, pues las mujeres de Benjamín han sido exterminadas?» ¹⁷ Y añadían: «¿Cómo conservar un resto* a Benjamín para que no sea borrada una tribu de Israel? ¹⁸ Porque nosotros no podemos darles nuestras hijas en matrimonio.» Es que los israelitas habían pronunciado este juramento: «Maldito sea el que dé mujer a Benjamín.»

¹⁹ Pero se dijeron: «Es ahora la fiesta de Yahvé, la que se celebra todos los años en Siló*.» (La ciudad está al norte de Betel, al oriente de la calzada que sube de Betel a Siquén y al sur de Leboná.) ²⁰ Dieron esta orden a los benjaminitas: «Id a esconderos entre las viñas. ²¹ Estaréis alerta, y cuando las muchachas de Siló salgan para danzar en corro, saldréis de las viñas y raptaréis cada uno una mujer de entre las muchachas de Siló y os iréis a la tierra de Benjamín. ²² Si sus padres o sus hermanos vienen a querellarse contra vosotros, les diremos: Hacednos el favor de perdonarles, pues no hemos podido capturar una mujer para cada uno en el combate; y no sois vosotros los que se las habéis dado, porque en ese caso seríais culpables*.» ²³ Así lo hicieron los benjaminitas: se llevaron tantas mujeres cuantas eran ellos raptando otras tantas dan-

1 S 1 3+

---

21 Este cap. yuxtapone dos tradiciones enlazadas por las últimas palabras del v. 14. Es probable que la primera proceda del santuario de Mispá y la segunda del de Betel, pero la participación del redactor postexílico es tan grande que resulta difícil llegar a la certeza. El asunto de Yabés de Galaad sirve para explicar los lazos que existían entre esta ciudad y Benjamín en la época de Saúl, ver 1 S 11 1; 30 11-13. La historia del rapto de las muchachas de Siló utiliza un recuerdo cultual: una antigua fiesta de la vendimia a la que las jóvenes acuden en busca de marido.
21 3 Los conflictos entre las tribus no anulan el sentimiento de solidaridad que une al pueblo de Israel, y

que el redactor postexílico subraya hablando varias veces de la «comunidad».
21 11 «pero dejaréis... Así lo hicieron» versiones; omitido por hebr.
21 17 «Cómo conservar un resto»; lit., con una parte del griego, «cómo se conservarán supervivientes»; «la herencia de los supervivientes» hebr.
21 19 Fiesta cananea, ver 9 27, que se identificó con la fiesta de la Recolección, Ex 23 16, o con la fiesta de las Tiendas, Dt 16 13.
21 22 Este v., cuyo texto por lo demás es oscuro, parece que alude al asunto de Yabés y al juramento de Mispá, y parece ser redaccional.

zarinas; luego se fueron, volvieron a su heredad, reedificaron las ciudades y se establecieron en ellas.

²⁴ Los israelitas se marcharon entonces de allí cada uno a su tribu y a su clan, y partieron de allí cada uno a su heredad.

²⁵ Por aquel tiempo no había rey en Israel y cada uno hacía lo que le parecía bien*.

17 6+

---

21 25 El marco del relato de **19** 1 - **21** 25 es el mismo que se señala en **17** 6 y **18** 1. Aquí, quizá venga del redactor; acaso sea una reflexión de los sacerdotes del santuario oficial de Betel, que expresan el mismo juicio de los sacerdotes del santuario real de Dan en la historia precedente, ver **17** 1+.

RUT

Rut y Noemí

Mi 5 1
1 Cro 4 4

1 [1] En los días en que gobernaban los Jueces hubo hambre en el país, y un hombre de Belén de Judá se fue a residir, con su mujer y sus dos hijos, a los campos de Moab. [2] El hombre se llamaba Elimélec, su mujer Noemí y sus dos hijos Majlón y Quilión*; eran efrateos de Belén de Judá. Llegados a los campos de Moab, se establecieron allí. [3] Murió Elimélec, el marido de Noemí, y quedó ella con sus dos hijos. [4] Éstos se casaron con mujeres moabitas, una de las cuales se llamaba Orfá y la otra Rut. Y habitaron allí unos diez años. [5] Murieron también los dos, Majlón y Quilión, y quedó sola Noemí, sin sus dos hijos y sin su marido. [6] Entonces decidió regresar de los campos de Moab con sus dos nueras, porque oyó en los campos de Moab que Yahvé había visitado a su pueblo* y le daba pan. [7] Salió, pues, con sus nueras, del país donde había vivido y se pusieron en camino para volver a la tierra de Judá.

[8] Noemí dijo a sus dos nueras: «Andad, volveos cada una a casa de vuestra madre. Que Yahvé tenga piedad con vosotras como vosotras la habéis tenido con los que murieron y conmigo. [9] Que Yahvé os conceda encontrar vida apacible en la casa de un nuevo marido.» Y las besó. Pero ellas rompieron a llorar, [10] y dijeron: «No; volveremos contigo a tu pueblo.» [11] Noemí respondió: «Volveos, hijas mías, ¿por qué vais a venir conmigo?

n 38 8-11
Dt 25 5-10

¿Acaso tengo yo aún hijos en mi seno que puedan llegar a ser vuestros maridos*? [12] Volveos, hijas mías, andad, porque yo soy demasiado vieja para casarme otra vez. Y aun cuando dijera que no he perdido toda esperanza, que esta misma noche voy a tener un marido y que tendré hijos, [13] ¿habríais de esperar hasta que fueran mayores?, ¿dejaríais por

eso de casaros? No, hijas mías. Siento gran pena por vosotras, porque la mano de Yahvé ha caído sobre mí.» [14] Ellas rompieron a llorar de nuevo; después Orfá besó a su suegra y se volvió a su pueblo*, pero Rut se quedó con ella.

[15] Entonces Noemí dijo: «Mira, tu cuñada se ha vuelto a su pueblo y a su dios, vuélvete tú también con ella.» [16] Pero Rut respondió: «No insistas en que te abandone y me separe de ti, porque

adonde tú vayas, iré yo,
donde tú vivas, viviré yo.
Tu pueblo será mi pueblo
y tu Dios será mi Dios*.
[17] Donde tú mueras moriré
y allí seré enterrada.
Que Yahvé me dé este mal
y añada este otro todavía*
si no es tan sólo la muerte
lo que nos ha de separar.»

2 S 15 21
2 R 2 2-4
Dt 23 2-9

[18] Viendo Noemí que Rut estaba decidida a acompañarla, no insistió más.

[19] Caminaron, pues, las dos juntas hasta Belén. Cuando llegaron a Belén, su presencia provocó una gran excitación en toda la ciudad. Las mujeres exclamaban: «Pero, ¿no es ésta Noemí?» [20] Mas ella respondía: «¡No me llaméis ya Noemí! Llamadme Mará*, porque Sadday me ha llenado de amargura.

Ex 15 23
Gn 17 17

Jb 1 21

[21] Colmada partí yo,
vacía me devuelve Yahvé.
¿Por qué me llamáis aún Noemí,
cuando Yahvé da testimonio contra mí
y Sadday me ha hecho desdichada?»

[22] Así fue como regresó Noemí, con su nuera Rut, la moabita, la que vino de los campos de Moab. Llegaron a Belén al comienzo de la siega de la cebada.

---

1 2   Los nombres quizá sean imaginarios y elegidos por su significación: los dos hijos, que mueren jóvenes, *majlôn*: «languidez» y *kilyôn*: «consunción»; *'orpâ*: «la que vuelve la espalda» (1 14); *rût*: «la amiga»; *no'omi*: «mi dulzura»; *'elî melek*: «mi Dios es rey».
1 6   Ver Ex 3 16+. La «visita» es aquí favorable.
1 11   Según la ley del levirato, Dt 25 5-10+.
1 14   «y se volvió a su pueblo» griego; omitido por hebr.
1 16   Al contrato de Orpá que regresa a Moab y a su dios Quemós, Rut, entrando en el dominio y el pueblo

de Yahvé, sólo a él tendrá por Dios. Por el contrario, Dt 23 4 excluye del culto a los moabitas.
1 17   Es la fórmula del juramento imprecatorio, ver Nm 5 21; 1 S 3 17; 14 44; 20 13; 25 22; 2 S 3 9.35; 19 14; 1 R 2 23; 2 R 6 31. Al pronunciarlo, se precisaban los males que se invocaban sobre la persona en cuestión; mas, como la eficacia de las maldiciones era temible, el narrador emplea para referirlas esta fórmula indeterminada.
1 20   *Mará*, «la amarga» o, corrigiéndolo, *marî*, «mi amargura», que corresponde a *no'omî*, «mi dulzura».

Rut en los campos de Booz

2 ¹ Tenía Noemí por parte de su marido un pariente de buena posición, de la familia de Elimélec, llamado Booz.

Lv 19 9-10;
23 22
Dt 24 19-22

² Rut, la moabita, dijo a Noemí: «Déjame ir al campo a espigar* detrás de aquél a cuyos ojos encuentre favor»; ella respondió: «Vete, hija mía.» ³ Fue ella y se puso a espigar en el campo detrás de los segadores, y quiso su suerte que fuera a dar en una parcela de Booz, el de la familia de Elimélec. ⁴ Llegaba entonces Booz de Belén y dijo a los segadores: «Yahvé con vosotros.» Le respondieron: «Que Yahvé te bendiga.» ⁵ Preguntó Booz al criado que estaba al mando de los segadores: «¿De quién es esta muchacha*?» ⁶ El criado que estaba al mando de los segadores dijo: «Es la joven moabita que vino con Noemí de los campos de Moab. ⁷ Me dijo: 'Permitidme, por favor, espigar y recoger detrás de los segadores.' Ha venido y ha estado sin parar desde la mañana hasta ahora*.»

Sal 129 7-8

⁸ Booz dijo a Rut: «¿Me oyes, hija mía? No vayas a espigar a otro campo ni te alejes de aquí; quédate junto a mis criadas. ⁹ Fíjate en la parcela que siegan y vete detrás de ellas. ¿No he mandado a mis criados que no te molesten? Si tienes sed vete a las vasijas y bebe de lo que saquen del pozo los criados.» ¹⁰ Cayó ella sobre su rostro, se postró en tierra y le dijo: «¿Cómo he hallado gracia a tus ojos para que te fijes en mí, que no soy más que una extranjera?» ¹¹ Booz le respondió: «Me han contado al detalle todo lo que hiciste con tu suegra después de la muerte de tu marido, y cómo has dejado a tu padre y a tu madre y la tierra en que naciste, y has venido a un pueblo que hasta entonces no conocías. ¹² Que Yahvé te recompense por tu obra y que tengas cumplida recompensa de parte de Yahvé, Dios de Israel, bajo cuyas alas has venido a refugiarte.» ¹³ Ella dijo: «Halle yo favor a tus ojos, mi señor, pues me has consolado y has hablado al corazón de tu sierva, cuando yo no soy ni siquiera una de tus criadas.»

Sal 17 8;
91 1.4

¹⁴ A la hora de la comida, Booz le dijo: «Acércate aquí, puedes comer y untar tu pan en el vinagre*.» Ella se sentó junto a los segadores, y él le ofreció grano tostado. Comió ella hasta saciarse y aun le sobró. ¹⁵ Cuando se levantó ella para seguir espigando, Booz ordenó a sus criados: «Dejadla espigar también entre las gavillas* y no la molestéis. ¹⁶ Podéis sacar incluso algunas espigas de las gavillas y las dejáis caer para que ella las recoja, y no la riñáis*.» ¹⁷ Estuvo espigando en el campo hasta el atardecer y, cuando desgranó lo que había espigado, había como una medida de cebada.

¹⁸ Cargó con ella y entró en la ciudad. Mostró a su suegra lo que había espigado, sacó lo que le había sobrado después de haberse saciado y se lo dio. ¹⁹ Su suegra le dijo: «¿Dónde has estado espigando hoy y qué has hecho? ¡Bendito sea el que se ha fijado en ti*!» Ella contó a su suegra con quién había estado trabajando y añadió: «El hombre con quien he trabajado hoy se llama Booz.» ²⁰ Noemí dijo a su nuera: «Bendito sea Yahvé que no deja de mostrar su bondad hacia los vivos y los muertos.» Le dijo Noemí: «Ese hombre es nuestro pariente, es uno de los que tienen derecho de rescate sobre nosotros*.» ²¹ Dijo Rut a su suegra: «Hasta me ha dicho: Quédate con mis criados hasta que hayan acabado toda mi cosecha.» ²² Dijo Noemí a Rut su nuera: «Es mejor que salgas con sus criadas, hija mía, así no te molestarán en otro

2 1

---

2 2 Es el derecho de los pobres según la ley. Pero su ejercicio depende de la buena disposición del propietario.

2 5 En Oriente, toda mujer pertenece a alguien, padre, marido, hermano o dueño.

2 7 Fin del v. corrompido.

2 14 Se trata de una mezcla de agua, vinagre de vino y cualquier bebida fermentada, brebaje prohibido a los *nazireos*, ver Nm 6 3.

2 15 La ley permitía espigar lo que caía de las gavillas detrás de los segadores, Lv 19 19; 23 22; Dt 24 19, pero aquí la autorización es un favor contrario a la costumbre.

2 16 Estas repetidas recomendaciones, ver vv. 9 y 15, muestran que a pesar de la ley que autorizaba a espigar, los segadores se mostraban duros a veces con los que

realizaban esa labor.

2 19 Noemí se extraña de la cantidad de cebada traída por Rut: una «medida» (un *efá*) equivale a unos 45 litros; esa cantidad sólo se explica por un favor del que Rut ha sido objeto.

2 20 Lit. «es uno de nuestros *go'el*», ver Nm 35 19+. Aquí el deber del pariente más próximo, el *go'el*, de Elimélec o de Majlón, combina dos costumbres diferentes: 1.º, el deber que incumbía al *go'el*, Lv 25 23-25.47-49, era el de evitar la enajenación del patrimonio; debe, pues, rescatar el campo de Rut, 4 4; 2.º, la costumbre del levirato, Dt 25 5-10−, que exige que una viuda se case con el hermano o el pariente próximo de su marido y le dé así descendencia. Pero Booz no es el pariente más próximo, ver 3 12.

campo.» ²³ *Se quedó, pues, con las criadas de Booz para espigar hasta que acabó la recolección de la cebada y la recolección del trigo, y siguió viviendo con su suegra.

Booz dormido en la era

3 ¹ Noemí, su suegra, le dijo: «Hija mía, ¿es que no debo procurarte una posición segura que te convenga? ² Ahora bien: ¿No es pariente nuestro aquel Booz con cuyas criadas estuviste? Pues mira: Esta noche estará aventando la cebada en la era. ³ Lávate, perfúmate y ponte encima el manto, y baja a la era; que no te reconozca ese hombre antes que acabe de comer y beber. ⁴ Cuando se acueste, mira el lugar en que se haya acostado, vas, descubres un sitio a sus pies y te acuestas; y él mismo te indicará lo que debes hacer.» ⁵ Ella le dijo: «Haré todo lo que me dices.»

⁶ Bajó a la era e hizo todo lo que su suegra le había mandado. ⁷ Booz comió y bebió, y sintió el corazón alegre. Entonces fue a acostarse junto al montón de cebada. Vino ella sigilosamente, descubrió un sitio a sus pies y se acostó. ⁸ A media noche sintió el hombre un escalofrío, se volvió y notó que había una mujer acostada a sus pies. ⁹ Dijo: «¿Quien eres tú?»; ella respondió: «Soy Rut, tu sierva. Extiende sobre tu sierva el borde de tu manto*, porque tienes derecho de rescate.» ¹⁰ Él dijo: «Bendita seas de Yahvé, hija mía; tu segundo acto de lealtad* ha sido mejor que el primero, porque no has pretendido a ningún joven, pobre o rico ¹¹ Y ahora, hija mía, no temas; haré por ti cuanto me digas, porque toda la gente de mi pueblo sabe que eres una mujer virtuosa. ¹² Ahora bien: es verdad que tengo derecho de rescate, pero hay un pariente más cercano que yo que tiene este derecho. ¹³ Pasa aquí esta noche, y mañana, si él quiere ejercer su derecho, que lo ejerza; pero, si se niega, te rescataré yo, ¡vive Yahvé! Acuéstate hasta el amanecer.» ¹⁴ Se acostó ella a sus pies hasta la madrugada; se levantó él* a la hora en que todavía un hombre no puede reconocer a otro, pues se decía: «Que no se sepa que la mujer ha venido a la era.» ¹⁵ Él dijo: «Trae el manto que tienes encima y sujeta bien.» Sujetó ella, y él midió seis medidas de cebada, se las puso a cuestas y luego entró en la ciudad.

¹⁶ Volvió ella donde su suegra que le dijo: «¿Cómo te ha ido, hija mía?» Y le contó cuanto el hombre había hecho por ella, ¹⁷ y añadió: «Me ha dado estas seis medidas de cebada, pues dijo: 'No debes volver de vacío donde tu suegra.'» ¹⁸ Noemí le dijo: «Quédate tranquila, hija mía, hasta que sepas cómo acaba el asunto; este hombre no parará hasta concluirlo hoy mismo.»

2 20

2 11

Booz se casa con Rut

4 ¹ Booz subió a la puerta de la ciudad y se sentó allí. Acertó a pasar el pariente de que había hablado Booz, y le dijo: «Acércate y siéntate aquí, fulano.» Fue y se sentó. ² Reunió a diez ancianos de la ciudad y dijo: «Sentaos aquí.» Y se sentaron. ³ Dijo entonces al que tenía el derecho de rescate: «Noemí, que ha vuelto de los campos de Moab, vende la parcela de campo de nuestro hermano Elimélec. ⁴ He querido hacértelo saber y decirte: Adquiérela en presencia de los aquí sentados, en presencia de los ancianos de mi pueblo. Si vas a rescatar, rescata; si no vas a rescatar, dímelo para que yo lo sepa, porque después de ti soy yo quien tiene derecho de rescate.» Él dijo: «Yo rescataré.» ⁵ Booz añadió: «El día que adquieras la parcela para ti de manos de Noemí tienes que adquirir también a Rut, la moabita, mujer del difunto, para perpetuar el nombre del difunto en

Lv 25 25

Dt 25 5-10

---

2 23　En las versiones, el cap. 3 comienza con esta frase.
3 9　Con este gesto, Rut pide a Booz, su *go'el,* que la despose, ver Dt **23** 1; **27** 20; Ez **16** 8.

3 10　Rut no sólo ha acompañado a su suegra (2 11), sino que ha asegurado la perpetuación de la familia aceptando casarse con Booz.
3 14　«él» conj.: «ella» hebr.

su heredad.» ⁶ El pariente respondió: «Así no puedo rescatar, porque podría perjudicar mi herencia. Usa tú mi derecho de rescate, porque yo no puedo usarlo*.» ⁷ Antes en Israel, en caso de rescate o de cambio, para dar fuerza al contrato, había la costumbre de quitarse uno la sandalia y dársela al otro. Ésta era la manera de testificar en Israel. ⁸ El que tenía el derecho de rescate dijo a Booz: «Adquiérela para ti.» Y se quitó la sandalia*.

⁹ Entonces dijo Booz a los ancianos y a todo el pueblo: «Testigos sois vosotros hoy de que adquiero todo lo de Elimélec y todo lo de Quilión y Majlón de manos de Noemí ¹⁰ y de que adquiero también a Rut la moabita, la que fue mujer de Quilión, para que sea mi mujer a fin de perpetuar el nombre del difunto en su heredad y que el nombre del difunto no sea borrado entre sus hermanos y en la puerta de su localidad. Vosotros sois hoy testigos.» ¹¹ Toda la gente que estaba en la puerta y los ancianos repondieron: «Somos testigos. Haga Yahvé que la mujer que entra en tu casa sea como Raquel y como Lía, las dos que edificaron la casa de Israel.

Hazte poderoso en Efratá
y sé famoso en Belén.

¹² Sea tu casa como la casa de Peres*, el que Tamar dio a Judá, gracias a la descendencia que Yahvé te conceda por esta joven.»

¹³ Booz tomó a Rut, y ella fue su mujer; se unió a ella, y Yahvé hizo que concibiera, y dio a luz un niño. ¹⁴ Las mujeres dijeron a Noemí: «Bendito sea Yahvé que no ha permitido que te falte hoy uno que te rescate para perpetuar su nombre en Israel. ¹⁵ Será el consuelo de tu alma y el apoyo de tu ancianidad, porque lo ha dado a luz tu nuera que tanto te quiere y que es para ti mejor que siete hijos.» ¹⁶ Tomó Noemí al niño y lo puso en su seno* y se encargó de criarlo.

¹⁷ Las vecinas le pusieron un nombre diciendo: «Le ha nacido un hijo a Noemí». Y le llamaron Obed*. Es el padre de Jesé, padre de David.

Genealogía de David*.

¹⁸ Estos son los descendientes de Peres. Peres engendró a Jesrón. ¹⁹ Jesrón engendró a Ram y Ram engendró a Aminadab. ²⁰ Aminadab engendró a Najsón y Najsón engendró a Salmón. ²¹ Salmón engendró a Booz y Booz engendró a Obed. ²² Obed engendró a Jesé y Jesé engendró a David.

Dt 25 9-10
Sal 60 10;
108 10

Gn 35 23-26

Gn 35 19-20

Gn 38
1 Cro 2 5.
9-12.19.50s

Lc 1 58

1 S 1 8
Gn 30 3

‖1 Cro 2 5-
╱ Mt 1 3-6
╱ Lc 3 31-

---

4 6 Booz une el matrimonio con Rut, según la ley del levirato, a la compra de la tierra, deber del *go'el* al que el otro pariente consiente. El niño que nazca será el heredero legal de Majlón y de Elimélec, y a él pertenecerá la tierra. El primer *go'el* teme hacer un mal negocio, y renuncia a sus prerrogativas en favor de Booz.

4 8 La costumbre descrita en Dt 25 9-10 tiene sentido *distinto*: en aquel caso es la mujer misma la que demuestra su desprecio hacia el hombre demasiado cobarde para desposarse con ella en nombre de su hermano difunto. Aquí, el gesto simplemente sanciona un contrato de intercambio. Poner el pie sobre una tierra o lanzar a ella la sandalia es tomar posesión de la misma, Sal 60 10; 108 10. El calzado se convierte, pues, en símbolo del derecho de propiedad. Quitándoselo y entregándoselo al adquiriente, el poseedor le trasmite este derecho.

4 12 El antepasado de Booz y de Efratá.

4 16 Es el ritual de adopción, ver Gn 48 5, en otros pueblos del Próximo Oriente antiguo.

4 17 *Obed:* «el siervo» (se entiende de Yahvé). —La abnegación de Rut y Booz convierten así a Noemí en abuela del rey David.

4 18 Esta segunda genealogía no puede ser del autor de Rut: contra toda la intención del relato, Booz se le considera padre de Obed, desaparece el nombre de Elimélec, y la abnegación de Rut ya no tiene el mismo sentido; la ley del levirato y la piedad filial que esta ley implica se pierden de vista. Pero se deduce otra enseñanza universalista: como lo subrayará el Evangelio, una extranjera, Rut, es abuela de David y, por él, de Cristo.

SAMUEL

LIBRO PRIMERO DE SAMUEL

I. Samuel

1. LA INFANCIA DE SAMUEL*

Peregrinación de Siló.

1 ¹ Hubo un hombre de Ramatáin Sofín*, un sufita de la montaña de Efraín, llamado Elcaná, hijo de Yeroján, hijo de Elihú, hijo de Toju, hijo de Suf, efrainita. ² Tenía dos mujeres: una se llamaba Ana y la otra Peniná. Peniná tenía hijos; Ana, en cambio, no los tenía. ³ Este hombre subía anualmente desde su ciudad para adorar y ofrecer sacrificios a Yahvé Sebaot* en Siló*, donde estaban Jofní y Pinjás, los dos hijos de Elí, sacerdotes de Yahvé. ⁴ El día en que Elcaná sacrificaba, daba sendas porciones a su mujer Peniná y a sus hijos e hijas, ⁵ y a Ana le daba una porción especial, pues era su preferida, aunque Yahvé había cerrado su seno. ⁶ Su rival la zahería para irritarla, porque Yahvé había cerrado su seno. ⁷ Así sucedía año tras año: cuando subía al templo de Yahvé* la mortificaba. Ana no dejaba de llorar y se negaba a comer. ⁸ Elcaná su marido le decía: «Ana, ¿por qué lloras y no comes? ¿Por qué está apenado tu corazón? ¿No soy para ti mejor que diez hijos?»

Oración de Ana.

⁹ Tras haber comido y bebido en Siló, Ana se levantó. —El sacerdote Elí estaba sentado en su silla, contra la jamba de la puerta del santuario de Yahvé. ¹⁰ Estaba ella llena de amargura y oró a Yahvé llorando sin consuelo, ¹¹ e hizo este voto: «¡Oh Yahvé Sebaot! Si te dignas mirar la aflicción de tu sierva y acordarte de mí, no olvidarte de tu sierva y darle un hijo varón, yo le entregaré a Yahvé por todos los días de su vida y la navaja no tocará su cabeza*.»

¹² Mientras ella prolongaba su oración ante Yahvé, Elí observaba sus labios. ¹³ Ana oraba para sus adentros; sus labios se movían, pero no se oía su voz. Elí creyó que estaba ebria* ¹⁴ y le dijo: «¿Hasta cuándo va a durar tu embriaguez? ¡Echa el vino que llevas!» ¹⁵ Pero Ana le respondió: «No, señor; soy una mujer acongojada*; no he bebido vino ni cosa que embriague, sino que desahogo mi alma ante Yahvé. ¹⁶ No juzgues a tu sierva como una mala mujer; hasta ahora sólo por pena y pesadumbre he hablado.» ¹⁷ Elí le respondió: «Vete en paz y que el Dios de Israel

1 Cro 6
19-23

Ex 23 14+
Lv 23 39

Jc 21 19

Dt 12 18

Gn 16 4-5

Rt 4 15

Lc 1 48

Nm 6 1+
Jc 13 5;
16 17

---

1 Los caps. 1-3 son una composición literaria unificada. Se puede descubrir en ella una tradición silonita que gira en torno a tres elementos: 1.° nacimiento de Samuel y su entrada en el santuario de Siló; 2.° los hijos de Elí; 3.° la revelación de Yahvé a Samuel. Sólo el primero y el tercero se refieren a la persona de Samuel. El segundo se ocupa principalmente del pecado de los hijos de Elí, que contrasta con la fidelidad de Samuel y reclama el castigo divino.

1 1 Esta ciudad, llamada más adelante Ramá (1 19; 2 11), estaba habitada por un grupo que se consideraba descendiente de un antepasado común: Suf. No debemos confundirla con Ramá de Benjamín (Jos 18 25; 1 R 15 17.21-22).

1 3 (a) No es segura la interpretación de la expresión «Yahvé de los ejércitos» (ya se trate de los ejércitos de Israel, o de los ejércitos celestes, ángeles, astros o todas las fuerzas cósmicas). El título aparece aquí por primera vez y está relacionado con el culto del santuario de Siló; la expresión «Yahvé Sebaot que está sobre los querubines» aparecerá por primera vez en 4 4 a propósito del arca traída de Siló. Este título quedó unido al ritual del arca y con ella entró en Jerusalén, 2 S 6 2.18; 7 8.27. Volvieron a utilizarlo los profetas mayores

(excepto Ezequiel), los profetas postexílicos (sobre todo Zacarías) y los Salmos.

1 3 (b) Actual Seilún, a unos 20 km al sur de Nablus. El arca quedó instalada allí en tiempo de los Jueces, quizá ya con Josué, ver Jos 18 1+, en un santuario destruido por los filisteos tras la derrota narrada en 1 S 4 (ver Jr 7 12; 26 6.9; Sal 78 60). La peregrinación anual mencionada aquí es la de la Fiesta de las Tiendas.

1 7 El santuario de Siló es concebido como un edificio construido según el modelo del templo de Jerusalén, ver 1 9; 3 3.

1 11 Samuel será el hijo concedido por Dios a una madre estéril, como en los casos de Isaac, Sansón, Juan Bautista. El niño que va a nacer es consagrado por su madre a Yahvé para servir en su santuario. Los cabellos largos serán la señal de esta consagración, como en el caso de Sansón. Pero de Samuel no se dice expresamente que sea nazireo, ver Nm 6+, como se dice de Sansón, Jc 13 5.

1 13 La oración en voz alta. A veces las fiestas daban lugar a excesos en la bebida, Is 22 13; Am 2 8. De ahí el juicio despectivo de Elí.

1 15 Lit. «dura (o terca) de espíritu». La expresión puede significar obstinación, pero también aflicción.

te conceda lo que le has pedido.» [18] Ella dijo: «Que tu sierva halle gracia a tus ojos.» Se fue la mujer por su camino, comió y no pareció ya la misma.

Nacimiento y consagración de Samuel.

[19] Se levantaron de mañana y, después de haberse postrado ante Yahvé, regresaron a su casa, en Ramá. Elcaná se unió a su mujer Ana y Yahvé se acordó de ella. [20] Concibió Ana y, llegado el tiempo, dio a luz un niño a quien llamó Samuel, «porque, dijo, se lo he pedido a Yahvé*». [21] Subió el marido Elcaná con toda su familia para ofrecer a Yahvé el sacrificio anual y cumplir su voto, [22] pero Ana no subió, porque dijo a su marido: «Cuando el niño haya sido destetado*, entonces lo llevaré, será presentado a Yahvé y se quedará allí para siempre.» [23] Elcaná, su marido, le respondió: «Haz lo que mejor te parezca, y quédate hasta que lo destetes; así Yahvé cumpla su palabra*.» Se quedó, pues, la mujer y amamantó a su hijo hasta que lo destetó.
[24] Cuando lo hubo destetado, lo subió consigo, llevando además un novillo de tres años*, una medida de harina y un odre de vino, e hizo entrar en la casa de Yahvé, en Siló, al niño todavía muy pequeño. [25] Inmolaron el novillo y llevaron el niño a Elí. [26] Ella dijo: «Óyeme, señor. Por tu vida, señor, yo soy la mujer que estuvo aquí junto a ti, orando a Yahvé. [27] Este niño pedía yo y Yahvé me ha concedido la petición que le hice. [28] Ahora se lo ofrezco a Yahvé por todos los días de su vida; está ofrecido a Yahvé.» Y se postró* allí, ante Yahvé.

Sal 2; 18
✗ Lc 1 45-55

Cántico de Ana*.

2 [1] Entonces Ana dijo esta oración:

Lc 1 47
Is 61 10

«Mi corazón exulta en Yahvé,
mi fuerza se apoya en Dios,
mi boca se burla de mis enemigos,
porque he gozado de tu socorro.

[2] No hay Santo como Yahvé,
(porque nadie hay fuera de ti),
ni roca como nuestro Dios.

[3] No multipliquéis palabras altaneras,
no salga de vuestra boca la arrogancia.
Dios de sabiduría es Yahvé,
Él juzga las acciones.

[4] El arco de los fuertes se ha quebrado,
los que tambalean se ciñen de fuerza.

[5] Los hartos se contratan por pan,
los hambrientos dejan su trabajo*.
La estéril da a luz siete veces,
la de muchos hijos se marchita.

[6] Yahvé da muerte y vida,
hace bajar al Seol y retornar.

[7] Yahvé enriquece y despoja,
abate y ensalza.

[8] Levanta del polvo al humilde,
alza del muladar al indigente
para sentarlo junto a los nobles,
y darle en heredad trono de gloria,
pues de Yahvé los pilares de la tierra
y sobre ellos ha asentado el universo.

[9] Guarda los pasos de sus fieles,
y los malos perecen en tinieblas
(pues no por la fuerza triunfa el hombre).

[10] Yahvé, ¡quebrantados sus rivales!,
el Altísimo* truena desde el cielo.
Yahvé juzga los confines de la tierra,
da pujanza a su Rey,
exalta el poder de su Ungido.»

Lv 17 1+

Sal 18 3+

Is 40 29

Sal 113 9
Is 54 1

Dt 32 39
2 R 5 7
Sb 16 13
Sal 30 4
Tb 13 2
St 4 12
✗ Lc 1 52-
Sal 113 7-

Sal 75 4;
104 5
Jb 9 6; 38

Sal 98 9

Sal 89 25

[11] Partió Elcaná para su casa de Ramá, y el niño servía a Yahvé a las órdenes del sacerdote Elí.

Los hijos de Elí.

[12] Los hijos de Elí eran unos malvados que no conocían a Yahvé [13] ni las normas

---

1 20   Esta explicación por la raíz hebrea *ša'al*, «pedir», debería dar el nombre de Sa'úl, Saúl. La etimología bíblica se contenta en este caso con una vaga asonancia. «Samuel» se explica mejor por el compuesto Šem-'El, «el Nombre de Dios» o «el Nombre (de Dios) es El».
1 22   *Generalmente se tardaba bastante en destetar a los niños, a veces hasta tres años.*
1 23   Las versiones y 4Q dicen «tu palabra», pero el deseo de Elcaná no hace sino prolongar el de Elí (v. 17).
1 24   «un novillo de tres años» griego, sir.; «tres novillos» hebr.; pero ver v. 25.
1 28   El verbo está en masc. sing. sin sujeto explícito. Éste puede ser Elí, a quien Ana acaba de dirigirse (vv.

26-28a), o Samuel.
2   A este cántico se le ha llamado «el prototipo del Magníficat», pero el tono del Magníficat es mucho más personal. Éste es un salmo de la época monárquica que expresa la esperanza de los «humildes», ver So 2 3+, y concluye con la evocación del Rey-Mesías. El haberlo puesto en boca de Ana se explica por la alusión al v. 5b a la mujer «estéril». —Texto corregido en los vv. 1.3.5.10.
2 5   «su trabajo» (*abod*) conj.; «hasta» (*ad*) hebr.
2 10   «el Altísimo» (*elyôn*) conj.; «contra él» (*alaw*) hebr.

de los sacerdotes respecto del pueblo*: cuando alguien ofrecía un sacrificio, venía el criado del sacerdote, mientras se estaba cociendo la carne, con el tenedor de tres dientes en la mano, [14] lo hincaba en el caldero o la olla, en la cacerola o el puchero, y el sacerdote se quedaba con todo lo que sacaba el tenedor; y así hacían con todos los israelitas que iban allí, a Siló. [15] Incluso antes de que quemasen la grasa, venía el criado del sacerdote y decía al que sacrificaba: «Dame carne para asársela al sacerdote. No te aceptará carne hervida, sino solamente carne cruda.» [16] Y si el hombre le decía: «Primero se quema la grasa, y después tomarás cuanto se te antoje», le respondía: «No, me lo darás ahora o lo tomo por la fuerza.» [17] Yahvé consideraba grave el pecado de los jóvenes, porque la gente despreciaba* la ofrenda hecha a Yahvé.

Samuel en Siló.

[18] El muchacho Samuel estaba al servicio de Yahvé*, vestido con efod de lino. [19] Le hacía su madre un vestido pequeño que le llevaba de año en año, cuando subía con su marido para ofrecer el sacrificio anual. [20] Bendecía luego Elí a Elcaná y a su mujer diciendo: «Que Yahvé te conceda descendencia de esta mujer a causa de la súplica que ha presentado a Yahvé.» Y ellos se volvían a su lugar. [21] En efecto, Yahvé visitó a Ana, que concibió y dio a luz tres hijos y dos hijas; el niño Samuel crecía ante Yahvé.

Nuevos datos sobre los hijos de Elí.

[22] Elí era muy anciano. Cuando se enteró de todo cuanto sus hijos hacían a todo Israel, [23] y de que se acostaban con las mujeres que servían a la entrada de la Tienda del Encuentro*, les dijo: «¿Por qué hacéis estas villanías* que yo mismo he oído comentar a todo el pueblo? [24] No, hijos míos, los rumores que oigo no son buenos...* [25] Si un hombre peca contra otro hombre, Dios será el árbitro; pero si el hombre peca contra Yahvé, ¿quién intercederá por él?» Pero ellos no escucharon la voz de su padre, porque Yahvé deseaba hacerles morir*. [26] Cuanto al niño Samuel, iba creciendo y haciéndose grato tanto a Yahvé como a los hombres.

Anuncio del castigo*.

[27] Vino un hombre de Dios a Elí y le dijo: «Así ha dicho Yahvé. Claramente me he revelado a la casa de tu padre*, cuando ellos estaban en Egipto al servicio de la casa del faraón. [28] Y lo elegí entre todas las tribus de Israel para ser mi sacerdote, para subir a mi altar, incensar la ofrenda y llevar el efod* en mi presencia, y he concedido a la casa de tu padre parte en todos los sacrificios por el fuego de los hijos de Israel. [29] ¿Por qué pisoteáis el sacrificio y la oblación que yo dispuse en la Morada*, y por qué honras a tus hijos más que a mí, cebándoos con lo mejor de todas las oblaciones de mi pueblo Israel? [30] Por eso —palabra de Yahvé, Dios de Israel— yo había dicho

Marginal references:
Dt 18 3
Lv 7 29-36
Lv 3 3-5
Si 46 13
Lc 2 52
3 11-14

---

2 13 Los hijos de Elí no observan las normas que fijaban la porción de los sacerdotes, ver Lv 7 28s; Nm 18 8s; Dt 18 3s.
2 17 Lit. «los hombres despreciaban». El reproche se extiende al conjunto de los israelitas que aceptan la situación creada por los hijos de Elí.
2 18 La fórmula es semejante a la de 2 11, pero subraya ya el vínculo entre Yahvé y Samuel. El efod de lino era normalmente una vestidura sacerdotal, ver 22 18; 2 S 6 14. ¿Quiere dar a entender el texto que Samuel era sacerdote? El texto que viene a continuación no lo dice. Es probablemente otra manera de sugerir que Samuel es más importante que Elí y sus hijos.
2 23 (a) Este segundo reproche, que falta en griego, toma una expresión de Ex 38 8 y añade nuevas sombras al sacerdocio de Siló.
2 23 (b) La precisión «estas villanías», que parece una glosa, es propia del hebreo, que emite así un juicio sobre los hijos de Elí.
2 24 Final del v. corrompido; hebr. «ofendiendo al pueblo de Yahvé».
2 25 Como en otros pasajes de la Biblia, Ex 4 21; Jos 11 20; Is 6 9-10, etc., el endurecimiento del pecador es atribuido a Yahvé como causa primera. Pero se trata de un modo de hablar semítico, que de ninguna manera pretende negar la libertad humana.

2 27 (a) Este episodio es una inserción tardía que repite la idea de 3 11-14. La muerte de Jofní y Pinjás, 4 11, no será más que la «señal», v. 34, de las futuras desgracias anunciadas en el v. 33: matanza de los sacerdotes de Nob, descendientes de Elí, 22 18-19, excepto Abiatar, 22 22-23, que será destituido por Salomón, 1 R 2 27; en el v. 35: sustitución por la familia de Sadoc, que a partir de Salomón contará con el favor del rey, «el ungido del Señor»; pero el v. 36 no corresponde a la situación descrita en 2 R 23 9, y la composición podría ser anterior al reinado de Josías.
2 27 (b) Se alude aquí a Leví como antepasado del sacerdocio.
2 28 Este efod no es un vestido que se ciñe, como el del v. 18, sino un objeto que «se lleva», que se puede «acercar», 14 3; 23 6; 30 7, y que contiene las suertes sagradas mediante las cuales se consulta a Yahvé, 14 18s; 23 9s; 30 8, ver 14 41+. Aparece en la época de los Jueces, Jc 17 5; 18 14s (el efod de Gedeón será condenado como símbolo idolátrico) y no vuelve a mencionarse en los relatos posteriores a David (una alusión en Os 3 4).
2 29 Término sin preposición en hebreo, que parece ser una designación poética del santuario de Jerusalén, ver Sal 26 8; 68 6.

que tu casa y la casa de tu padre andarían siempre en mi presencia, pero ahora —palabra de Yahvé— me guardaré bien de ello. Porque a los que me honran, yo los honro, pero los que me desprecian son despreciados*. [31] He aquí que vienen días en que amputaré tu brazo y el brazo de la casa de tu padre, de suerte que en tu casa los hombres no lleguen a madurar. [32] Mirarás como enemigo la Morada y todo el bien que yo haré a Israel, y nunca habrá hombres maduros en tu casa. [33] Conservaré a alguno de los tuyos cabe mi altar para que sus ojos se consuman y tu alma se marchite, pero la mayor parte de los tuyos perecerá por la espada de los hombres. [34] Será para ti señal lo que va a suceder a tus dos hijos Jofní y Pinjás: en el mismo día morirán los dos. [35] Yo me suscitaré un sacerdote fiel, que obre según mi corazón y mis deseos, le edificaré una casa permanente y caminará siempre en presencia de mi ungido. [36] El que quedare de tu casa vendrá a postrarse ante él para conseguir algún dinero o una hogaza de pan y dirá: 'Destíname, por favor, a una función sacerdotal cualquiera, para que tenga un bocado de pan que comer.'»

Llamada de Dios a Samuel*.

3 [1] Servía el niño Samuel a Yahvé a las órdenes de Elí; en aquel tiempo era rara la palabra de Yahvé, y no eran corrientes las visiones. [2] Cierto día, estaba Elí acostado en su habitación. Sus ojos iban debilitándose y ya no podía ver. [3] No estaba aún apagada la lámpara de Dios*; Samuel estaba acostado en el Santuario de Yahvé, donde se encontraba el arca de Dios*. [4] Llamó Yahvé a Samuel. Él respondió: «¡Aquí estoy!», [5] y corrió donde Elí diciendo: «Aquí estoy, porque me has llamado.» Pero Elí le contestó: «Yo no te he llamado. Vuelve a acostarte.» Él se fue y se acostó. [6] Volvió a llamar Yahvé a Samuel. Se levantó Samuel y se fue donde Elí diciendo: «Aquí estoy, porque me has llamado.» Elí le

respondió: «Yo no te he llamado, hijo mío; vuelve a acostarte.» [7] Aún no conocía Samuel a Yahvé, pues no le había sido revelada la palabra de Yahvé. [8] Por tercera vez llamó Yahvé a Samuel y él se levantó y se fue donde Elí diciendo: «Aquí estoy, porque me has llamado.» Comprendió entonces Elí que era Yahvé quien llamaba al niño, [9] y dijo a Samuel: «Vete y acuéstate, y si te llaman, dirás: Habla, Yahvé, que tu siervo escucha.» Samuel se fue y se acostó en su sitio.

[10] Vino Yahvé, se paró y llamó como las veces anteriores: «¡Samuel, Samuel!» Respondió Samuel: «¡Habla, que tu siervo escucha!». [11] Dijo Yahvé a Samuel: «Voy a ejecutar una cosa tal en Israel, que a todo el que la oiga le zumbarán los oídos. [12] Ese día cumpliré contra Elí todo cuanto he dicho contra su casa*, desde el principio hasta el fin. [13] Ya le he anunciado que yo condeno su casa para siempre, porque sabía que sus hijos vilipendiaban a Dios* y no los ha corregido. [14] Por esto juro a la casa de Elí que ni sacrificio ni oblación expiarán jamás la iniquidad de la casa de Elí.»

[15] Samuel siguió acostado hasta la mañana y después abrió las puertas del santuario de Yahvé. Samuel temía contar la visión a Elí, [16] pero Elí le llamó y le dijo: «Samuel, hijo mío»; él respondió: «Aquí estoy.» [17] Él preguntó: «¿Qué es lo que te ha dicho? ¡No me ocultes nada! Que Dios te haga esto y añada esto otro si me ocultas una palabra de lo que te ha dicho.» [18] Entonces Samuel se lo manifestó todo, sin ocultarle nada; Elí dijo: «Él es Yahvé. Que haga lo que bien le parezca.»

[19] Samuel crecía, Yahvé estaba con él y no dejó caer en tierra ninguna de sus palabras*. [20] Todo Israel, desde Dan hasta Berseba, supo que Samuel estaba acreditado como profeta de Yahvé. [21] Yahvé continuó manifestándose en Siló, porque en Siló se revelaba Yahvé a Samuel mediante la palabra de Yahvé.

4 [1] La palabra de Samuel llegaba a todo Israel.

Margin references (left)
2 S 22 26
Sal 18 26

22 18-19;
14 10+

4 11

9 26+

Ex 27 20
Lv 24 3

Ex 25 22+

Margin references (right)
2 27-36

Rt 1 17+

Jb 1 21

2 21
Gn 39 2
Jc 20 1+

---

2 30   La promesa de Yahvé se ve aquí cuestionada por el pecado de los sacerdotes de Siló.
3   Primera revelación que consagra a Samuel como profeta, v. 20. No se trata de un sueño, ya que la voz despierta a Samuel, ni de una «visión» más que en sentido lato, porque Samuel no ve a Yahvé; sólo lo oye.
3 3   (a) En el santuario arde una lámpara toda la noche, ver Ex 27 20-21; Lv 24 3. En el templo de Salomón habrá diez lámparas, 1 R 7 49, y un candelabro de siete brazos en el segundo Templo (y en la tienda del desierto según Ex 25 31s).

3 3   (b) Yahvé se hace presente encima del arca, desde donde comunica sus órdenes, ver Ex 25 22; Is 6.
3 12   Probablemente añadido después de la inserción de 2 27-36.
3 13   En lugar de la palabra «Dios» (*elohim*), el hebreo ha leído «a ellos» (*lahem*), corrección intencionada para evitar que Dios sea el complemento del verbo «vilipendiar».
3 19   Fórmula que expresa el fiel cumplimiento de la palabra de Dios, ver 2 R 10 10.

2. EL ARCA ENTRE LOS FILISTEOS*

Derrota de los israelitas y captura del arca.

Salió Israel al encuentro de los filisteos para el combate y acamparon cerca de Eben Haézer, mientras que los filisteos habían acampado en Afec*. ² Se pusieron los filisteos en orden de batalla contra Israel; se libró un gran combate e Israel fue batido por los filisteos, que mataron, en campo abierto, cerca de cuatro mil hombres. ³ Volvió el pueblo* al campamento, y los ancianos de Israel dijeron: «¿Por qué nos ha derrotado hoy Yahvé delante de los filisteos? Vamos a buscar en Siló el arca de la alianza de Yahvé; que venga en medio de nosotros y que nos salve del poder de nuestros enemigos*.» ⁴ El pueblo envió a Siló y sacaron de allí el arca de Yahvé Sebaot que está sobre los querubines*; estaban allí, con el arca de la alianza de Dios, los dos hijos de Elí, Jofní y Pinjás. ⁵ Cuando el arca de la alianza de Yahvé llegó al campamento, todos los israelitas lanzaron un gran clamor* que hizo retumbar las tierras. ⁶ Los filisteos oyeron el estruendo del clamoreo y dijeron: «¿Qué significa este gran clamor en el campamento de los hebreos?» Y se enteraron de que el arca de Yahvé había llegado al campamento. ⁷ Temieron entonces los filisteos, porque se decían: «Dios ha venido al campamento.» Y exclamaron: «¡Ay de nosotros! Nunca había sucedido tal cosa. ⁸ ¡Ay de nosotros! ¿Quién nos librará de la mano de estos dioses poderosos? ¡Éstos son los dioses que castigaron a Egipto con toda clase de plagas en el desierto*! ⁹ ¡Cobrad ánimo y sed hombres, filisteos, para no tener que servir a los hebreos como ellos os han servido a vosotros; sed hombres y pelead!» ¹⁰ Traba-

ron batalla los filisteos. Israel fue batido y cada cual huyó a sus tiendas; la mortandad fue muy grande, cayendo de Israel treinta mil infantes. ¹¹ El arca de Dios fue capturada y murieron Jofní y Pinjás, los dos hijos de Elí.

Muerte de Elí.

¹² Un hombre de Benjamín salió corriendo del campo de batalla y llegó a Siló aquel mismo día, con los vestidos rotos y la cabeza cubierta de polvo. ¹³ Cuando llegó, estaba Elí en su asiento, a la puerta, atento al camino*, porque su corazón temblaba por el arca de Dios. Vino, pues, este hombre a traer la noticia a la ciudad, y toda la ciudad comenzó a gritar. ¹⁴ Oyó Elí los gritos y preguntó: «¿Qué tumulto es éste?» Diose prisa el hombre y se lo anunció a Elí. ¹⁵ Contaba Elí noventa y ocho años, tenía las pupilas inmóviles y no podía ver. ¹⁶ El hombre dijo a Elí: «Vengo del campo de batalla, he huido hoy del campo.» Elí preguntó: «¿Qué ha pasado, hijo mío?» ¹⁷ El mensajero respondió: «Israel ha huido ante los filisteos. El ejército ha sufrido una gran derrota, también han muerto tus dos hijos y hasta el arca de Dios ha sido capturada.» ¹⁸ A la mención del arca de Dios, cayó Elí de su asiento, hacia atrás, junto a la puerta, se rompió la nuca y murió, pues era anciano y estaba ya torpe. Había sido juez en Israel durante cuarenta años*.

Muerte de la mujer de Pinjás.

¹⁹ Su nuera, la mujer de Pinjás, estaba encinta y para dar a luz. Cuando oyó la noticia de que el arca de Dios había sido capturada y la muerte de su suegro y su marido, se encogió y dio a luz, pues la

Jos 13 2+
1 S 29 1

Nm 10 35s
2 S 11 11

4 1 (a) Esta historia, 4 1b-7, no tiene apenas relación con la precedente, salvo en las menciones de Siló, de Elí y de sus hijos. Samuel aparece al comienzo (4 1a) y al final de esta sección (7 2-17) como dominando todo el periodo. El arca (ver Ex 25 10+ y 2 S 6 7+) es ahora el asunto principal. Por su contenido, su marco geográfico y su humor respecto a los filisteos, el relato se parece a la historia de Sansón, Jc 13-16.
4 1 (b) Actualmente Rosh el-Ain, a 25 km al oeste de Jerusalén.
4 3 (a) La palabra «pueblo» designa aquí al conjunto de los hombres armados para la guerra, según el uso frecuente en los relatos bélicos.
4 3 (b) El arca es la señal de la presencia de Yahvé, v. 7; pero este mismo v. indica que sólo excepcionalmente acompañaba al ejército, ver Jos 6 6; 2 S 11 11.
4 4 Primera mención de este título, que aparece re-

lacionado con el santuario de Siló, ver 1 3+. Los querubines son las efigies aladas que flanqueaban los tronos divinos o reales en la antigua Siria. En Siló, como en el templo de Jerusalén, 1 R 8 6, los querubines y el arca son el trono de Yahvé, la sede o «asiento» de su presencia invisible.
4 5 Este grito guerrero y religioso formaba parte del ritual del arca, ver Nm 10 5+.
4 8 El redactor considera que los filisteos son politeístas, lo que permite comprender la presencia de un plural desusado.
4 13 Traducido según el griego; el hebr. se halla corrompido.
4 18 Elí es impropiamente comparado con los Jueces de Israel, ver Jc 3 7+. «Cuarenta años» es un número redondo que expresa el tiempo de una generación.

Gn 35 16s

habían acometido sus dolores. ²⁰ Estando a la muerte, las que la asistían le decían: «Ánimo, que es un niño lo que has dado a luz», pero ella no respondió ni prestó atención. ²¹ Llamó al niño Icabod*, diciendo: «La gloria ha sido desterrada de Israel», aludiendo a la captura del arca de Dios, a su suegro y a su marido. ²² Y dijo: «La gloria ha sido desterrada de Israel, porque el arca de Dios ha sido capturada.»

Sinsabores de los filisteos con el arca*.

5 ¹ Los filisteos, por su parte, tomaron el arca de Dios y la llevaron de Eben Haézer a Asdod*. ² Tomaron los filisteos el arca de Dios, la introdujeron en el templo de Dagón y la colocaron al lado de Dagón*.

Jc 16 23+

³ Cuando al día siguiente se levantaron los asdodeos, se encontraron con

Is 45 5s.20s

que Dagón* estaba caído de bruces en tierra, delante del arca de Yahvé. Tomaron a Dagón y lo volvieron a su sitio. ⁴ Pero a la mañana siguiente temprano, Dagón estaba caído de bruces en tierra, delante del arca de Yahvé, y la cabeza de Dagón y sus dos manos estaban rotas en el umbral; sólo quedaba Dagón. ⁵ Por eso los sacerdotes de Dagón y todos los que entran en el templo de Dagón no pisan el umbral de Dagón en Asdod hasta el día de hoy*.

⁶ La mano de Yahvé cayó pesadamente

Sal 78 66

sobre los asdodeos hiriéndolos con tumores*, a Asdod y su comarca. ⁷ Cuando los vecinos de Asdod vieron lo que sucedía, dijeron: «Que no se quede entre nosotros el arca del Dios de Israel, porque su mano se ha endurecido contra nosotros y contra nuestro dios Dagón.» ⁸ Hicieron,

Jos 13 2+

pues, convocar junto a ellos a todos los príncipes* de los filisteos y dijeron: «¿Qué debemos hacer con el arca del Dios de Israel?» Decidieron: «El arca del Dios de Is-

rael será trasladada* a Gat.» Y trasladaron allí el arca del Dios de Israel. ⁹ Pero así que la trasladaron, la mano de Yahvé cayó sobre la ciudad provocando gran terror; los hombres de la ciudad, desde el más pequeño al más grande, fueron castigados y les salieron tumores. ¹⁰ Enviaron entonces el arca de Dios a Ecrón, pero cuando el arca de Dios llegó a Ecrón, exclamaron los ecronitas: «Han encaminado hacia mí el arca del Dios de Israel para hacerme perecer con mi pueblo.» ¹¹ Hicieron convocar a todos los príncipes de los filisteos y dijeron: «Devolved el arca del Dios de Israel; que vuelva a su sitio y no me haga morir a mí y a mi pueblo.» Pues había un terror mortal en toda la ciudad, porque descargó allí duramente la mano de Dios. ¹² Los hombres que no murieron fueron atacados de tumores y los alaridos de angustia de la ciudad subieron hasta el cielo.

Devolución del arca.

6 ¹ Siete meses estuvo el arca de Yahvé en territorio filisteo. ² Llamaron los filisteos a los sacerdotes y adivinos y preguntaron: «¿Qué debemos hacer con el arca de Yahvé? Hacednos saber cómo la hemos de enviar a su sitio.» ³ Ellos respondieron: «Si queréis devolver el arca del Dios de Israel, no la devolváis de vacío, ofrecedle una reparación y entonces sanaréis y sabréis por qué no se ha apartado su mano de vosotros.» ⁴ Preguntaron ellos: «¿Qué reparación hemos de ofrecer?» Y respondieron: «Conforme al número de los príncipes de los filisteos, cinco tumores de oro y cinco ratas de oro*, porque el mismo castigo sufrís vosotros que vuestros príncipes. ⁵ Haced imágenes de vuestros tumores y de vuestras ratas que devastan el país y dad gloria al Dios de Israel*. Acaso aligere su

Jos 7 19
Jn 9 24

---

4 21   En hebr. *'ê-kabôd* = «¿Dónde está la gloria?». Esta gloria es la de Yahvé, que tiene su trono sobre el arca.

5   Los filisteos y su dios Dagón, ver Jc 16 23+, van a sufrir los terribles efectos de la santidad del arca, en la que Yahvé se hace presente, 2 S 6 7.

5 1   Una de las cinco ciudades que componían la pentápolis filistea; igualmente Gat, v. 8, y Ecrón, v. 10. Ver 6 17; Jos 13 2+, y el mapa.

5 2   Como trofeo del dios vencido.

5 3   Conviene advertir la brevedad e ironía de este relato, que juega con los diferentes matices del verbo «tomar»: si los filisteos «tomaron» el arca, después tuvieron que «tomar» del suelo a su dios Dagón, con lo que experimentaron el poder de Yahvé.

5 5   En realidad, era una costumbre bastante extendida en la antigüedad saltar el umbral, considerado como morada de los espíritus. Pero aquí se ofrece otra explicación, decididamente irónica.

5 6   Los «tumores» pueden entenderse como hemorroides, o bien como abscesos provocados por la disentería, ver Dt 28 27. El relato se muestra muy irónico respecto a los filisteos.

5 8   (a) Se trata de los *seranim*, título específico de los jefes o príncipes filisteos.

5 8   (b) El verbo sugiere la idea de una procesión.

6 4   La mención de las ratas es sorprendente, pues no viene anticipada por nada en el texto. No pueden ser entendidas como animales propagadores de la peste, pues los antiguos desconocían esta vía de transmisión de las epidemias. En 6 5 se evoca una invasión de ratas de campo. Es posible que el cap. **6**, combinando dos tradiciones, se refiera a dos plagas: una que afecta a los hombres y otra que devasta el país.

6 5   Expresión que invita a los filisteos a reconocer el poder del Dios de Israel y, al mismo tiempo, su propia transgresión, ver Jos 7 19.

mano de sobre vosotros, vuestros dioses y vuestra tierra. ⁶ ¿Por qué habéis de endurecer vuestros corazones como endurecieron su corazón los egipcios y el faraón? ¿No los tuvieron que dejar partir después de haberlos dejado malparados? ⁷ Ahora, pues, tomad y preparad una carreta nueva y dos vacas que estén criando y que no hayan llevado yugo*; unciréis las vacas a la carreta y haréis volver sus becerros al establo*. ⁸ Tomaréis el arca de Yahvé y la pondréis sobre la carreta. Cuanto a los objetos de oro que le habéis ofrecido como reparación, los meteréis en un cofre, a su lado. Dejadla marchar y se irá. ⁹ Y fijaos: si toma el camino de su país, hacia Bet Semes, es él el que nos ha causado esta gran calamidad; si no, sabremos que no ha sido su mano la que nos ha castigado y que todo esto nos ha sucedido por casualidad*.»

¹⁰ Así lo hicieron aquellos hombres: tomaron dos vacas que estaban criando y las uncieron a la carreta, pero retuvieron las crías en el establo. ¹¹ Colocaron sobre la carreta el arca de Yahvé y el cofre con las ratas de oro y las imágenes de sus tumores.

¹² Tomaron las vacas en derechura por el camino de Bet Semes y se mantuvieron en la misma ruta; caminaban mugiendo, sin desviarse ni a derecha ni a izquierda. Los príncipes de los filisteos las siguieron hasta los confines de Bet Semes.

El arca en Bet Semes.

¹³ Estaban los de Bet Semes segando el trigo en el valle y, alzando la vista, se sintieron dichosos de verla. ¹⁴ Al llegar la carreta al campo de Josué de Bet Semes, se detuvo; había allí una gran piedra*. Astillaron la madera de la carreta y ofrecieron las vacas en holocausto a Yahvé. ¹⁵ Los le-

vitas* bajaron el arca de Yahvé y el cofre que estaba a su lado y que contenía los objetos de oro, y lo depositaron sobre la gran piedra. Los de Bet Semes ofrecieron aquel día holocaustos e hicieron sacrificios a Yahvé. ¹⁶ Cuando los cinco príncipes filisteos lo vieron, se tornaron a Ecrón el mismo día. ¹⁷ Éstos son los tumores de oro que los filisteos ofrecieron en reparación a Yahvé: uno por Asdod, uno por Gaza, uno por Ascalón, uno por Gat, uno por Ecrón. ¹⁸ Y ratas de oro, tantas cuantas son las ciudades de los filisteos, las de los cinco príncipes, desde las ciudades fortificadas hasta las aldeas abiertas y hasta la gran piedra* que está en el campo de Josué de Bet Semes, hasta el día de hoy. ¹⁹ De entre los habitantes de Bet Semes, los hijos de Jeconías no se alegraron cuando vieron el arca de Yahvé, y castigó Yahvé a setenta hombres*. El pueblo hizo duelo porque Yahvé los había castigado con un gran golpe*.

El arca en Quiriat Yearín.

²⁰ Dijeron entonces las gentes de Bet Semes: «¿Quién podrá resistir delante de Yahvé, este Dios Santo? ¿A quién subirá, alejándose de nosotros? ²¹ Enviaron mensajeros a los habitantes de Quiriat Yearín* para decirles: «Los filisteos han devuelto el arca de Yahvé. Bajad y subidla con vosotros.»

7 ¹ Vinieron las gentes de Quiriat Yearín y subieron el arca de Yahvé. La llevaron a la casa de Abinadab, en la loma, y consagraron a su hijo Eleazar* para que custodiase el arca de Yahvé.

Samuel, juez y libertador*.

² Pasaron muchos días —veinte años— desde el día en que el arca se instaló en

Nm 19 2
Dt 21 3
2 R 2 20

Sal 76 8
Ml 3 2

---

6 7   (a) Se escoge una carreta nueva (ver 2 S 6 3) y vacas que no han trabajado nunca (ver Nm 19 2; Dt 21 3) para realizar una acción sagrada según un procedimiento afín al de la adivinación. Si Dios lo quiere, las vacas tomarán la dirección de Israel a pesar de su instinto maternal.
6 7   (b) Lit. «a casa». La intervención de Yahvé es tanto más asombrosa cuanto más numerosos son los obstáculos, ver 1 R 18.
6 9   En el relato los pronombres se refieren al arca (masculino en hebreo) y no a la carreta (femenino en hebreo). Se pasa fácilmente de Dios al arca, símbolo de su presencia.
6 14   Cualquier piedra grande puede servir de altar, 14 33.
6 15   El v. 15a interrumpe el relato para precisar quién puede tocar el arca y transportarla. Conviene observar que quienes llevan el arca son levitas, no sacerdotes, ver 1 R 8 3.

6 18   «y hasta la gran piedra», corr. según el griego.
6 19   (a) Versículo de difícil traducción. El verbo «castigar» tiene como sujeto a Dios, detalle que está implícito en el texto. No resulta clara la naturaleza de la falta cometida; algunos exegetas la han interpretado como el intento de descubrir el contenido del arca. El hebr. añade «cincuenta mil hombres», dato que puede ser una glosa, a menos que se entienda «setenta hombres entre cincuenta mil».
6 19   (b) Después de los filisteos, también los israelitas experimentan hasta qué punto es temible el arca para quien no la respeta, ver 2 S 5 7+.
6 21   Llamada también Baalá, Jos 15 9, donde el arca permanecerá hasta que David la traslade a Jerusalén, 2 S 6 1-8.
7 1   Aunque no era levita, ver Jc 17 5.
7 2   Este cap. no es la continuación del precedente: en aquél no aparece Samuel, mientras que aquí desempeña el papel principal. El relato es generalmente considerado

Jc 6 6-10;
10 10-16

Quiriat Yearín, y toda la casa de Israel suspiró por Yahvé. ³ Dijo entonces Samuel a toda la casa de Israel: «Si os volvéis a Yahvé con todo vuestro corazón, quitad de en medio de vosotros los dioses extraños y las Astartés, fijad vuestro corazón en Yahvé y servidle a él solo y entonces él os librará de la mano de los filisteos.» ⁴ Los israelitas quitaron los Baales y las Astartés y sirvieron sólo a Yahvé.

Jc 2 13+

⁵ Samuel dijo: «Congregad a todo Israel en Mispá* y yo suplicaré a Yahvé por vosotros.» ⁶ Se congregaron, pues, en Mispá, sacaron agua, que derramaron ante Yahvé, ayunaron aquel día y dijeron: «Hemos pecado contra Yahvé.» Samuel juzgó a los israelitas en Mispá.

Jc 20 1
1 S 10 17

⁷ Cuando los filisteos supieron que los israelitas se habían reunido en Mispá, subieron los príncipes de los filisteos contra Israel. Habiéndolo oído los israelitas, temieron a los filisteos ⁸ y dijeron los israelitas a Samuel: «No dejes de invocar a Yahvé nuestro Dios, para que él nos salve de la mano de los filisteos.» ⁹ Tomó Samuel un cordero lechal y lo ofreció entero en holocausto a Yahvé, invocó a Yahvé en favor de Israel y Yahvé

Ex 17 6-13

Si 46 16-18

le escuchó. ¹⁰ Estaba Samuel ofreciendo el holocausto, cuando los filisteos presentaron batalla a Israel, pero tronó Yahvé aquel día con gran estruendo sobre los filisteos, los llenó de terror y fueron batidos ante Israel. ¹¹ Los hombres de Israel salieron de Mispá y persiguieron a los filisteos desbaratándolos hasta más abajo de Bet Car*. ¹² Tomó entonces Samuel una piedra y la erigió entre Mispá y Yesaná y le dio el nombre de Eben Haézer*, diciendo: «Hasta aquí nos ha socorrido Yahvé.»

¹³ Los filisteos fueron humillados. No volvieron más sobre el territorio de Israel, y la mano de Yahvé pesó sobre los filisteos durante toda la vida de Samuel. ¹⁴ Las ciudades que los filisteos habían tomado a los israelitas volvieron a Israel, desde Ecrón hasta Gat, liberando Israel su territorio del dominio de los filisteos. Y hubo paz entre Israel y los amorreos.

¹⁵ Samuel juzgó a Israel todos los días de su vida. ¹⁶ Hacía cada año un recorrido por Betel, Guilgal, Mispá, juzgando a Israel en todos estos lugares. ¹⁷ Después se volvía a Ramá porque allí tenía su casa, allí juzgaba a Israel y allí edificó un altar a Yahvé.

Jc 3 30;
8 28; 11 33

Jc 12 7.
9.11.
14; 16 31

---

como el prólogo de una versión «antimonárquica» de la institución de la realeza, que se hallaría en 8; 10 17-24; 12. Pero se trata más bien de una tradición propia del santuario de Mispá, que explicaba el nombre de *'eben ha'ezer* («la piedra del socorro») a partir de la «ayuda» prestada por Dios en respuesta a una liturgia penitencial. Samuel actúa como intercesor, igual que Moisés, Ex 32 11+; ver Jr 15 1, y juez, también como Moisés, Ex 18 13s. Según los vv. 15-17, Samuel, y sus hijos después de él, 8 1-3, fueron los últimos de los Jueces «menores», Jc 10 1-5; 12 8-15. Los vv. 13-14 lo transforman en un «gran» Juez, en un libertador. Pero este detalle no concuerda con 9 16; 10 5; 13-14. La liberación del territorio fue intentada por Saúl y realizada por David.
7 5   Mispá era un santuario en el que se reunía el antiguo Israel, v. 6; 10 17-24, ver Jc 20 1.3; 21 1.5.8. Hay

que distinguir esta Mispá de la de 1 R 15 22 y Jr 40-41, que se localiza en Tell en-Nasbeh, donde la ocupación israelita sólo fue importante a partir de Salomón. Mispá es un nombre común que significa «atalaya», lo que induce a identificar la Mispá de la época de los Jueces y de Samuel con el alto de Nebi Samwil, puesto de observación excepcional, situado al norte de Jerusalén, que podría ser el alto de Gabaón, «alto principal» en la época de Salomón, 1 R 3 4.
7 11   Emplazamiento desconocido. Se ha propuesto corregirlo por Bet Jorón.
7 12   El nombre significa «la piedra del socorro». Su emplazamiento no coincide con el Eben Haézer de 4 1, que era el lugar de una derrota. La judicatura de Samuel se cierra con una victoria.

II. Samuel y Saúl

1. INSTITUCIÓN DE LA MONARQUÍA*

El pueblo pide un rey*.

8 [1] Cuando Samuel se hizo viejo, puso a sus hijos como jueces de Israel*. [2] Su primogénito se llamaba Joel, y el segundo, Abías; juzgaban a Israel en Berseba. [3] Pero sus hijos no siguieron su camino: fueron atraídos por el lucro, aceptaron regalos y torcieron el derecho. [4] Se reunieron, pues, todos los ancianos de Israel y se fueron donde Samuel a Ramá, [5] y le dijeron: «Mira, tú te has hecho viejo y tus hijos no siguen tu camino. Por tanto, asígnanos un rey para que nos juzgue, como todas las naciones*.» [6] Disgustó a Samuel que dijeran: «Danos un rey para que nos juzgue» y oró a Yahvé. [7] Pero Yahvé dijo a Samuel: «Haz caso a todo lo que el pueblo te dice. Porque no te han rechazado a ti, me han rechazado a mí, para que no reine sobre ellos. [8] Todo lo que ellos me han hecho desde el día que los saqué de Egipto hasta hoy, abandonándome y sirviendo a otros dioses, te han hecho también a ti. [9] Escucha, sin embargo, su petición. Pero les advertirás claramente y les enseñarás el fuero del rey que va a reinar sobre ellos.»

Los inconvenientes de la monarquía.

[10] Samuel repitió todas estas palabras de Yahvé al pueblo que le pedía un rey, [11] diciendo: «He aquí el fuero del rey que va a reinar sobre vosotros*. Tomará vuestros hijos y los destinará a sus carros y a sus caballos y tendrán que correr delante de su carro. [12] Los nombrará jefes de mil y jefes de cincuenta; les hará labrar sus campos, segar su cosecha, fabricar sus armas de guerra y los arreos de sus carros. [13] Tomará vuestras hijas para perfumistas, cocineras y panaderas. [14] Tomará vuestros campos, vuestras viñas y vuestros mejores olivares y se los dará a sus servidores*. [15] Tomará el diezmo de vuestros cultivos y vuestras viñas para dárselo a sus eunucos y a sus servidores. [16] Tomará vuestros criados y criadas, y vuestros jóvenes y asnos, y los hará trabajar para él. [17] Sacará el diezmo de vuestros rebaños y vosotros mismos seréis sus criados. [18] Ese día os lamentaréis a causa del rey que os habéis elegido, pero entonces Yahvé no os responderá.»

[19] El pueblo no quiso escuchar la voz de Samuel y dijo: «¡No! Tendremos un rey [20] y nosotros seremos también como los demás pueblos: nuestro rey nos juzgará, irá al frente de nosotros y combatirá nuestros combates.» [21] Oyó Samuel todas las palabras del pueblo y las repitió a los oídos de Yahvé. [22] Pero Yahvé dijo a Samuel: «Hazles caso y haz que reine sobre ellos un rey.» Samuel dijo entonces a los hombres de Israel: «Volved cada uno a vuestra ciudad*.»

Márgenes izquierdo:
Dt 17 14
Hch 13 21

12 12
Jc 8 22-23

Jc 10 13
1 R 9 9

1 R 12
Dt 17 14-20

Márgenes derecho:
2 S 15 1
1 R 1 5

1 R 21 1-24

1 R 12 4

Pr 1 25-33
Mi 3 4

---

8 Nos encontramos en un punto crucial de la historia política y religiosa de Israel. El santuario del arca, en Silo, ha sido destruido y la unidad se ve amenazada ante el creciente peligro filisteo. Renovando la oferta hecha a Gedeón, Jc 8 22s, y el intento de Abimélec, Jc 9 1s, una parte del pueblo pide un rey «como todas las naciones», pero otra corriente de opinión se opone, dejando a Yahvé, único señor de Israel, el cuidado de suscitar los jueces que requieran las circunstancias. Ambas corrientes hallan su expresión en los relatos yuxtapuestos de la institución monárquica. Pero es exagerado hablar de una «versión antimonárquica» (8; 10 17-24; 12) y de una «versión monárquica» (9 1 - 10 16; 11). Estas tradiciones diversas, que proceden de santuarios diferentes, concuerdan en lo tocante a la función histórica y religiosa de Samuel. Su importancia radica en haber hecho prevalecer una realeza que respetaba los derechos de Yahvé sobre el pueblo. Pero a causa del fracaso del reinado de Saúl, tal ideal se conseguirá bajo David. Su gran personalidad conciliará el aspecto religioso y el aspecto profano de la monarquía en Israel, y, en su persona, el guía político no desatenderá los deberes del ungido de Yahvé. Este ideal ya no lo alcanzarán sus sucesores, y David pasará a la historia como ideal del rey futuro, por quien Yahvé obrará la salvación de su pueblo, como Ungido del Señor, como Mesías.

8 1 (a) Este relato es originario del santuario de Ramá. Samuel se opone al movimiento del pueblo que quiere un rey «como todas las naciones», ver v. 5+, pero no está en contra de una monarquía que reconozca las prerrogativas de Yahvé.

8 1 (b) Ver nota a 7 2.

8 5 Israel se olvida de que no es un pueblo como los demás, y se profana al seguir su ejemplo y rechazar así a Yahvé, su verdadero rey, ver v. 7 y 12 12.

8 11 Durante mucho tiempo se ha entendido que este «fuero del rey» reflejaba los abusos del poder real bajo Salomón y sus sucesores. Pero los textos recientemente descubiertos indican que responde a la práctica de los reyes cananeos anteriores a Israel.

8 14 En hebreo la palabra «servidor» designa a una persona que está sometida a otra. Aquí, como en el v. 15, designa a los funcionarios reales, pero en el v. 16 sugiere otro estatus social por el paralelismo con el término «criados»; en el v. 17 designa a los súbditos del rey.

8 22 El final redaccional del v. permite la inserción de 9 1 - 10 6, relato de la unción de Saúl.

Saúl y las asnas de su padre*.

9 ¹ Había un hombre de Benjamín, llamado Quis, hijo de Abiel, hijo de Seror, hijo de Becorat, hijo de Afíaj. Era un benjaminita y hombre bien situado. ² Tenía un hijo llamado Saúl*, joven aventajado y apuesto. Nadie entre los israelitas le superaba en gallardía; de los hombros arriba aventajaba a todos. ³ Se habían extraviado unas asnas pertenecientes a su padre Quis. Dijo Quis a su hijo Saúl: «Toma contigo uno de los criados y vete a buscar las asnas.» ⁴ Atravesó la montaña de Efraín, atravesó el territorio de Salisá y no encontraron nada; cruzaron el país de Saalín, pero no estaban allí; cruzaron el país de Benjamín y no encontraron nada. ⁵ Cuando llegaron a la comarca de Suf, dijo Saúl a su criado que le acompañaba: «Vamos a volvernos, no sea que mi padre se olvide de las asnas y se inquiete por nosotros.» ⁶ Pero él respondió: «Cabalmente hay en esta ciudad* un hombre de Dios. Es hombre acreditado: todo lo que dice se cumple con seguridad. Vamos, pues, allá y acaso nos oriente en nuestro viaje.» ⁷ Saúl dijo a su criado: «Vamos a ir, pero, ¿qué ofreceremos a ese hombre? No queda pan en nuestros zurrones y no tenemos ningún regalo que llevar al hombre de Dios. ¿Qué nos queda*?» ⁸ Replicó el criado y dijo a Saúl: «Es el caso que tengo en mi poder un cuarto de siclo de plata; se lo daré al hombre de Dios y nos orientará sobre nuestro viaje.» ⁹ Antes, en Israel, cuando alguien iba a consultar a Dios, decía: «Vayamos al vidente,» porque en vez de «profeta» como hoy, antes se decía «vidente». ¹⁰ Saúl dijo a su criado: «Tienes razón; vamos, pues.» Y se fueron a la ciudad donde se encontraba el hombre de Dios.

Saúl encuentra a Samuel.

¹¹ Cuando subían por la cuesta de la ciudad, encontraron a unas muchachas que salían a sacar agua y les preguntaron: «¿Está aquí el vidente*?» ¹² Ellas les respondieron con estas palabras: «Sí, ahí delante de ti; date prisa, pues acaba ahora de llegar a la ciudad, porque hay hoy un sacrificio por el pueblo en el alto*. ¹³ En cuanto entréis en la ciudad, le encontraréis antes de que suba al alto para la comida. El pueblo no comerá antes que él llegue, porque es él quien ha de bendecir el sacrificio; y a continuación comerán los invitados*. Subid ahora y al momento lo encontraréis.»

¹⁴ Subieron, pues, a la ciudad, y cuando entraban en la ciudad salía Samuel en dirección a ellos para subir al alto. ¹⁵ Ahora bien, la víspera de la venida de Saúl Yahvé había revelado* a Samuel: ¹⁶ «Mañana, a esta misma hora, te enviaré un hombre de la tierra de Benjamín, lo ungirás como jefe de mi pueblo Israel y él librará a mi pueblo de la mano de los filisteos, porque he visto a mi pueblo y su clamor ha llegado hasta mí*.» ¹⁷ Y cuando Samuel vio a Saúl, Yahvé le indicó: «Éste es el hombre del que te he hablado. Él regirá a mi pueblo.» ¹⁸ Saúl se acercó a Samuel en medio de la puerta, y le dijo: «Indícame, por favor, dónde está la casa del vidente.» ¹⁹ Samuel respondió a Saúl: «Yo soy el vidente; sube delante de mí al alto y comeréis hoy conmigo. Mañana por la mañana te despediré y te descubriré todo lo que hay en tu corazón. ²⁰ No te preocupes por las asnas que perdiste hace tres días, porque ya han aparecido. Por lo demás, ¿para quién es lo mejor de Israel? ¿No es para ti y para la casa de tu padre*?» ²¹ Saúl

Referencias marginales (columna izquierda)
1 Cro 8 33
10 23; 16 12
Dt 33 1
1 R 13 1
Jc 13 6
Nm 22 7
2 R 5 15

Referencias marginales (columna derecha)
Gn 24 11
Ex 2 16
Si 46 15
Lv 3 1+
Hch 9 10-1
Ex 3 7.10
Jn 1 33
1 S 16 12

---

9   El relato de **9 1 - 10 16** no tiene relación con lo precedente. Éste procede de Ramá y supone que Saúl fue ungido siendo joven, y que esa unción se mantuvo en secreto, como la de David, **16**. Pero la unción está asociada a la toma de poder. Es seguro que Saúl fue ungido, **24** 7.11; **26** 9.11.16.23; 2 S 1 14-15; es probable que lo fuera por Samuel, pero se ignora en qué circunstancias. La historia queda centrada en Saúl, y Samuel no es presentado como Juez, sino como un profeta a quien Saúl encuentra por casualidad. La realeza ha sido voluntad de Yahvé; el primer rey es su elegido.
9 2   Nombre que significa «pedido (a Dios)». La precisión sobre la estatura de Saúl al final del v. procede de **10 23**.
9 6   Probablemente Ramá, la ciudad de Samuel, **7** 17.
9 7   No se consultaba a un profeta sin ofrecerle un presente, Nm 22 7; 1 R 14 3; 2 R 4 42; 5 15; 8 8. Ver Am 7 12; Mi 3 11; Ez 13 19.
9 11   Término raro para designar a un profeta. El

v. 9, glosa mal insertada en el texto, explica la equivalencia entre «vidente» y «profeta» para preparar así el v. 11.
9 12   Los «altos» eran santuarios erigidos en las alturas cercanas a las ciudades. Eran ya una tradición cananea, que se adoptó poniendo a Yahvé en el lugar de Baal, Jc 6 25s. El culto legítimo los toleró por mucho tiempo (1 Re 3 4s), hasta que fueron prohibidos por la ley relativa a la unicidad del santuario (Dt 12 2+).
9 13   La comida era un elemento esencial del sacrificio de comunión, ver Lv 3 1+.
9 15   Lit. «había abierto la oreja», imagen bastante frecuente para expresar la idea de un mensaje o advertencia dirigido por una persona a otra, ver **20** 2.12-13; **22** 8.17.
9 16   El final del v. se inspira en Ex 3 7.9, como bien ha visto el griego, que habla de «la miseria de mi pueblo».
9 20   Primer anuncio de la proclamación de Saúl.

respondió: «¿No soy yo de Benjamín, una de las menores tribus de Israel? ¿No es mi familia la más pequeña de todas las de la tribu de Benjamín? ¿Cómo me dices estas cosas?»

²² Tomó Samuel a Saúl y a su criado y los hizo entrar en la sala, y les dio un asiento a la cabecera de los invitados, que eran unos treinta. ²³ Después dijo Samuel al cocinero: «Sirve la porción que te di, la que te dije que pusieras aparte.» ²⁴ Tomó el cocinero la pierna y lo que había encima, lo puso delante de Saúl y dijo: «Aquí tienes, delante de ti, lo que se guardó. Come, porque ha sido guardado para el tiempo reservado para ti, al decir: He invitado al pueblo*.» Aquel día Saúl comió con Samuel.

²⁵ Bajaron del alto a la ciudad. Se extendió una estera para Saúl en el terrado, ²⁶ y se acostó*.

Consagración de Saúl*.

Cuando apuntó el alba, llamó Samuel a Saúl en el terrado y le dijo: «Levántate, que voy a despedirte.» Se levantó Saúl y salieron ambos afuera, Samuel y Saúl. ²⁷ Habían bajado hasta las afueras de la ciudad, cuando Samuel dijo a Saúl: «Manda a tu criado que se adelante —y se adelantó—, y tú quédate ahora para que te dé a conocer la palabra de Dios.»

9 16-17

10 ¹ Tomó Samuel el cuerno de aceite y lo derramó sobre la cabeza de Saúl, y después le besó diciendo: «¿No es Yahvé quien te ha ungido como caudillo de su heredad? Tú regirás al pueblo de Yahvé y lo librarás de la mano de los enemigos que lo rodean. Y ésta será para ti la señal de que Yahvé te ha ungido como

14 10+
Dt 32 9
Dt 7 6+

caudillo de su heredad. ² En cuanto te separes hoy de mí, encontrarás dos hombres junto a la tumba de Raquel, sobre la frontera de Benjamín, en Selsaj*, y ellos te dirán: 'Las asnas que has ido a buscar ya han aparecido. Ahora tu padre ha olvidado el asunto de las asnas y está preocupado por vosotros, diciendo: ¿Qué debo hacer por mi hijo?' ³ Pasando más allá, cuando llegues a la Encina del Tabor, encontrarás tres hombres que suben hacia Dios, a Betel, uno llevará tres cabritos, otro llevará tres tortas de pan, y el tercero llevará un odre de vino. ⁴ Te saludarán y te darán dos ofrendas de pan*, que tú tomarás de su mano. ⁵ Llegarás después a Guibeá de Dios*, donde se encuentran los gobernadores* de los filisteos, y a la entrada de la ciudad tropezarás con un grupo de profetas que bajan del alto, precedidos del añafil, el adufe, la flauta y la cítara, en trance profético*. ⁶ Te invadirá entonces el espíritu de Yahvé, entrarás en trance con ellos y quedarás cambiado en otro hombre. ⁷ Cuando se te hayan cumplido estas señales, haz lo que te viniere a mano, porque Dios está contigo. ⁸ Bajarás delante de mí a Guilgal*, y yo me reuniré allí contigo para ofrecer holocaustos y sacrificios de comunión. Esperarás siete días a que yo vaya a tu encuentro y te diré lo que debes hacer.»

13 3

Jc 3 10+

Gn 39 2

Lv 1 1+
3 1+

Vuelta de Saúl.

⁹ Apenas volvió las espaldas para dejar a Samuel, le cambió Dios el corazón y todas las señales se realizaron aquel mismo día. ¹⁰ Cuando llegaron allí*, a Guibeá, venía frente a él un grupo de profetas; le invadió el espíritu de Dios y se

19 20-24

---

9 24   Texto difícil. Parece que una porción escogida se ha reservado para hacer que Saúl sea el presidente del banquete, atribuyéndole así el derecho de decir que es él quien convoca a los invitados. La acción y las palabras ponen de relieve el papel futuro de Saúl y anticipan lo que hará y dirá Samuel al día siguiente.
9 26   (a) El terrado es a la vez el lugar donde se han entrevistado Samuel y Saúl y el lugar donde éste ha dormido y ha sido interpelado por Samuel. La narración es en este punto muy hábil.
9 26   (b) Los reyes de Israel eran ungidos por un hombre de Dios (sacerdote o profeta), ver 16 13; 1 R 1 39; 2 R 9 6; 11 12. Este rito confería al rey un carácter sagrado y le hacía vasallo de Yahvé; era «el ungido de Yahvé», ver 2 35; 24 7.11; 26 9.16, y la nota a Ex 30 22+.
10 2   Nombre de lugar de localización desconocida.
10 4   El hebr. dice «dos panes» y omite la palabra «ofrenda», porque, en una época tardía, este término designaba lo destinado a los sacerdotes; y Saúl era laico, ver Lv 23 17-20.
10 5   (a) Otro nombre de Guibeá, la patria de Saúl, vv.

10s; 11 4; 15 34.
10 5   (b) Lo extraño del plural hebreo en esta palabra ha hecho que las versiones la hayan leído en singular. Esta precisión prepara 13 3.
10 5   (c) Estos profetas, que vivían en grupos, provocaban con la música y las gesticulaciones un éxtasis que se hacía contagioso, 19 20-24; 1 R 22 10s. Se los ha comparado con las hermandades de derviches modernos. Los pueblos vecinos de Israel conocían (p.e. los profetas de Baal, 1 R 18 25-29) esta forma inferior de vida religiosa, que el culto de Yahvé toleró por largo tiempo, 1 R 18 4. Los encontramos de nuevo, esta vez sosegados, en torno a Eliseo, 2 R 2 3+. Los grandes profetas de Israel serán de otra clase, ver la Introducción a los profetas.
10 8   Cerca de Jericó, ver Jos 4   9+. El v. 8 es una adición que prepara 13 8-15 y que procede de otra fuente.
10 10   El relato no se detiene a referir el cumplimiento de las dos primeras señales. La tercera es, por lo demás, de naturaleza diferente y se apoya en un proverbio que se repite en 19 18-24.

puso en trance en medio de ellos. ¹¹ Los que lo conocían de toda la vida lo vieron profetizando con los profetas, y todos los del pueblo se decían entre sí: «¿Qué le ha pasado al hijo de Quis? ¿Conque también Saúl anda entre los profetas?» ¹² Replicó uno de allá: «Y ¿quién es su padre*?» Y así pasó a proverbio: «¿Conque también Saúl entre los profetas?»

¹³ Y cuando salió del trance se fue a su casa. ¹⁴ El tío de Saúl le dijo a él y a su criado: «¿A dónde habéis ido?» Contestó: «A buscar las asnas. Y como no vimos nada, acudimos a Samuel.» ¹⁵ Dijo el tío de Saúl: «Vamos, cuéntame qué os ha dicho Samuel.» ¹⁶ Saúl dijo a su tío: «Sencillamente, nos avisó que las asnas habían aparecido.» Pero no le dijo ni palabra de lo que le había dicho Samuel acerca del reino.

Saúl es designado rey por suertes*.

¹⁷ Samuel convocó al pueblo en Mispá junto a Yahvé. ¹⁸ Y dijo a los israelitas: «Así ha dicho Yahvé, el Dios de Israel: Yo hice subir a Israel de Egipto y os libré de la mano de Egipto y de la mano de todos los reinos que os tenían oprimidos. ¹⁹ Pero vosotros ahora habéis rechazado a vuestro Dios, a aquel mismo que os salvó de todos vuestros males y aprietos, y le habéis dicho: 'No: tú asígnanos un rey'. Ahora, pues, compareced delante de Yahvé distribuidos por tribus y familias.»

²⁰ Samuel hizo acercarse a todas las tribus de Israel y fue designada la tribu de Benjamín. ²¹ Hizo que se acercara la tribu de Benjamín por familias y fue designada la familia de Matrí. Y fue designado* Saúl, hijo de Quis, y lo buscaron, pero no lo encontraron.

²² Entonces volvieron a interrogar a Yahvé: «¿Ha venido ese hombre?» Dijo Yahvé: «Aquí lo tenéis escondido entre la impedimenta.» ²³ Corrieron y lo sacaron de allí y, puesto en medio del pueblo, les llevaba a todos la cabeza. ²⁴ Dijo Samuel

a todo el pueblo: «¿Veis al que ha elegido Yahvé? No hay como él en todo el pueblo.» Y todo el pueblo gritó: «¡Viva el rey!»

²⁵ Samuel dictó al pueblo el fuero real* y lo puso por escrito, depositándolo delante de Yahvé, y despidió Samuel a todo el pueblo, a cada cual a su casa. ²⁶ También Saúl se fue a su casa, a Guibeá; le acompañaron algunos valientes* a quienes Dios tocó el corazón. ²⁷ Pero algunos malvados dijeron: «¡Qué nos va a salvar ése!» Y lo despreciaron y no le llevaron regalos. Pero él no contestó*.

Victoria contra los amonitas*.

11 Cosa de un mes más tarde, ¹ subió Najás el amonita, y acampó contra Yabés de Galaad. Y todos los hombres de Yabés dijeron a Najás: «Haz un trato con nosotros y te serviremos.» ² Dijo Najás el amonita: «Éstas son mis condiciones: saltar a todos el ojo derecho y quedará en ridículo todo Israel.» ³ Y los ancianos de Yabés le dijeron: «Danos una tregua de siete días y mandaremos mensajeros por todo el territorio de Israel y, si no hay quien nos socorra, entonces nos rendiremos a ti.» ⁴ Llegaron los mensajeros a Guibeá de Saúl y comunicaron todo esto al pueblo, que se puso a llorar a voces.

⁵ Saúl, que venía entonces del campo detrás de sus bueyes, dijo: «¿Qué tiene el pueblo que está llorando?», y le contaron las palabras de los de Yabés. ⁶ Invadió a Saúl el espíritu de Dios en oyendo estas palabras, y se irritó sobremanera. ⁷ Y tomando una yunta de bueyes los despedazó y los repartió por todo el territorio de Israel por medio de mensajeros, diciendo: «Así se hará con los bueyes del que no salga detrás de Saúl y de Samuel*.» Y el temor de Yahvé se apoderó del pueblo, que salió como un solo hombre. ⁸ Les pasó revista en Bézec, y eran los israelitas trescientos mil y los hom-

7 5+

Jc 6 8-9
Ex 20 2
Lv 25 38

Jos 7 16-18

9 2

1 R 1 39
3 R 11 12

8 11-18
Dt 17 18-20
Jos 24 26-28

11 12-14

10 10
Jc 3 10+

Jc 19 29

14 15
Gn 35 5

---

10 12 La pregunta da a entender que este grupo no puede reclamar para sí un fundador o un antepasado con prestigio. Este juicio negativo alcanza también a Saúl, cuya presencia causa extrañeza.
10 17 Tradición del santuario de Mispá, ver 7 5+, paralela a la de la unción, 9 26 - 10 16. Sobre este sorteo, ver Jos 7 14-18.
10 21 El proceso del sorteo es descrito aquí de forma muy simplificada.
10 25 Este «fuero real», ver 8 11-18, es aquí un texto escrito, una «constitución», un pacto que liga entre sí al rey y al pueblo, ver 2 R 11 17.

10 26 «algunos valientes» griego; hebr. corrompido.
10 27 Lit. «y estuvo como silencioso».
11   Tradición de Guilgal, independiente de las precedentes: nada indica que Saúl haya sido ya ungido ni aclamado como rey por el pueblo. El relato recuerda a los de los Jueces «mayores». Pero la diferencia está en que, reconocido por su victoria, Saúl no es reconocido como «juez», sino proclamado rey. Y la diferencia es considerable.
11 7   La acción de Saúl se pone aquí bajo la autoridad de Samuel, el juez, ver 7 2+.

bres de Judá treinta mil*. ⁹ Dijeron a los mensajeros que habían venido: «Así diréis a los hombres de Yabés de Galaad: Mañana, cuando el sol apriete, seréis liberados.» Fueron los mensajeros y lo anunciaron a los hombres de Yabés, que se alegraron. ¹⁰ Y los hombres de Yabés dijeron*: «Mañana salimos a vosotros* y hacéis con nosotros lo que mejor os parezca.»

¹¹ A la mañana siguiente dispuso Saúl a sus hombres en tres columnas, que irrumpieron en el campamento durante la guardia de la madrugada, y batieron a los amonitas hasta que apretó el sol. Y los demás huyeron no quedando dos juntos.

Saúl es proclamado rey*.

¹² El pueblo dijo a Samuel: «¿Quién andaba preguntando si Saúl iba a reinar sobre nosotros? Dadnos esos hombres y los haremos morir.» ¹³ Pero Saúl dijo: «Que no muera nadie en este día, porque Yahvé ha realizado hoy una liberación en Israel.» ¹⁴ Samuel dijo al pueblo: «Vamos todos a Guilgal e inauguraremos allí la monarquía.»

¹⁵ Fue todo el pueblo a Guilgal, y allí en Guilgal, proclamaron rey a Saúl delante de Yahvé, ofreciendo allí sacrificios de comunión delante de Yahvé; y Saúl y todos los israelitas se alegraron en extremo.

Samuel pasa a segundo plano*.

12 ¹ Samuel dijo a todo Israel: «Ya veis que os he atendido en todo lo que me habéis pedido y os he asignado un rey. ² En adelante, el rey marchará delante de vosotros. Cuanto a mí, he envejecido y encanecido, y mis hijos entre vosotros están. He andado delante de vosotros desde mi juventud hasta hoy. ³ Aquí me tenéis. Atestiguad contra mí

delante de Yahvé y delante de su ungido. ¿De quién he tomado yo el buey o de quién he tomado el asno? ¿A quién he atropellado u oprimido? ¿Quién me ha sobornado para que cerrara los ojos? Yo os lo restituiré.» ⁴ Respondieron: «No nos has atropellado ni oprimido, y nada has recibido de nadie.» ⁵ Él les dijo: «Yahvé es testigo contra vosotros, y su ungido es testigo hoy de que vosotros no habéis encontrado nada en mis manos.» Respondieron: «Es testigo.»

⁶ Dijo entonces Samuel al pueblo*: «Es Yahvé quien suscitó a Moisés y Aarón y quien hizo subir a vuestros padres del país de Egipto. ⁷ Presentaos ahora para que yo pleitee con vosotros ante Yahvé acerca de todos los beneficios que Yahvé ha llevado a cabo en favor vuestro y de vuestros padres. ⁸ Cuando Jacob entró en Egipto*, los egipcios los oprimieron y vuestros padres clamaron a Yahvé. Entonces Yahvé envió a Moisés y Aarón, que sacaron a vuestros padres de Egipto y los pusieron en este lugar. ⁹ Pero ellos olvidaron a Yahvé su Dios, y él los entregó en manos de Sísara, jefe del ejército de Jasor, en manos de los filisteos y del rey de Moab, que combatieron contra ellos. ¹⁰ Clamaron a Yahvé diciendo: 'Hemos pecado, porque hemos abandonado a Yahvé y servido a los Baales y a las Astartés. Pero ahora, líbranos de las manos de nuestros enemigos y te serviremos.' ¹¹ Envió entonces Yahvé a Yerubaal, a Bedán*, a Jefté y a Samuel os ha librado de los enemigos que os rodeaban y habéis vivido en seguridad ¹² «Pero, en cuanto habéis visto que Najás, rey de los amonitas, venía contra vosotros, me habéis dicho: '¡No! Que reine un rey sobre nosotros,' siendo así que vuestro rey es Yahvé, Dios vuestro. ¹³ Aquí tenéis ahora al rey que os habéis elegido, que habéis reclamado. Yahvé ha establecido un rey sobre vosotros. ¹⁴ Si teméis a

Marginal references (left column):
Ex 14 24

10 27

2 S 19 23

Jos 4 19+

Lv 3 1+

Jos 24 1-28

m 27 16-17

Marginal references (right column):
Nm 16 15
Si 46 19
1 S 8 11-17

Mi 6 4

Jc 4-5; 13-16; 3 12-30

Jc 6-8; 4; 5; 11-12

11 1s

8 7

---

11 8 La enormidad de las cifras y la distinción entre Israel y Judá delatan una mano posterior.
11 10 (a) No se sabe a quién va dirigida la respuesta. ¿A Najás? Es lo que cabe deducir de la continuación del v. 3. También podría ir dirigida a los mensajeros de Saúl.
11 10 (b) Los habitantes de Yabés juegan con la ambivalencia significativa de esta expresión: «atacar» o «rendirse», como en el v. 3.
11 12 La continuación original del v. 11 está en el v. 15; después de la victoria, el pueblo aclama a Saúl como rey. Pero, según el relato paralelo, Saúl ya ha sido proclamado rey en Mispá, 10 24. Los vv. 12-14 armonizan los dos relatos: Saúl no ha sido reconocido por todos, ver 10 27, y hay que «renovar» su entronización.
12 Comparar este discurso de despedida de Samuel

con los de Moisés, Dt 29-30, y Josué, Jos 23. Al comienzo de cada nueva etapa de la historia (conquista, jueces, monarquía) el gran personaje con el que se cierra la etapa precedente recuerda las grandes obras de Yahvé en el pasado y promete la asistencia divina para el futuro, a condición de que el pueblo sea fiel. En los casos de Moisés y Josué, estas «despedidas» van acompañadas de una renovación de la alianza, Dt 31; Jos 24, que aquí está implícita, vv. 7-15. El lugar es probablemente Guilgal, como en 11 15.
12 6 El comienzo de este discurso, vv. 6-15, está redactado en estilo deuteronómico.
12 8 Esta retrospectiva histórica no recoge todas las etapas de la historia de Israel con Yahvé. Se limita a ofrecer un resumen.
12 11 Nombre de un «juez» del que no hay noticias.

Yahvé y le servís, si escucháis su voz y no os rebeláis contra las órdenes de Yahvé; si vosotros y el rey que reine sobre vosotros seguís a Yahvé vuestro Dios, está bien. [15] Pero si no escucháis la voz de Yahvé, si os rebeláis contra sus órdenes, entonces la mano de Yahvé pesará sobre vosotros y sobre vuestros padres*.

[16] «Una vez más, quedaos para ver este gran prodigio que Yahvé realiza a vuestros ojos. [17] ¿No es ahora la cosecha del trigo*? Pues bien, voy a invocar a Yahvé para que haga tronar y llover. Reconoced y ved el gran mal que habéis hecho a los ojos de Yahvé, al pedir un rey para vosotros.» [18] Invocó Samuel a Yahvé, que hizo tronar y llover aquel mismo día, y todo el pueblo cobró mucho temor a Yahvé y a Samuel. [19] Dijo todo el pueblo a Samuel: «Suplica a Yahvé tu Dios en favor de tus siervos, para que no mura-

mos, pues a todos nuestros pecados hemos añadido la maldad de pedir un rey para nosotros.»

[20] Pero Samuel dijo al pueblo: «No temáis. Cierto que habéis hecho el mal: dad. Pero ahora, no os alejéis de Yahvé y servidle con todo vuestro corazón, [21] y no os apartéis en pos de los que no son nada, que no sirven ni salvan porque no son nada*. [22] Pues Yahvé no rechazará a su pueblo a causa del honor de su gran nombre, pues Yahvé ha querido haceros su pueblo. [23] Por mi parte, lejos de mí pecar contra Yahvé dejando de suplicar por vosotros y de enseñaros el camino bueno y recto. [24] Sólo a Yahvé temeréis y le serviréis fielmente, con todo vuestro corazón, porque habéis visto esta cosa grandiosa que ha realizado con vosotros. [25] Pero si os portáis mal, pereceréis, vosotros y vuestro rey.»

2. COMIENZOS DEL REINADO DE SAÚL

Levantamiento contra los filisteos*.

13 [1] Saúl tenía la edad de...* cuando llegó a ser rey, y reinó dos años sobre Israel. [2] Se eligió Saúl tres mil hombres de Israel; había dos mil con Saúl en Micmás y en las montañas de Betel, y mil con Jonatán en Gueba* de Benjamín, y el resto del pueblo lo devolvió a sus tiendas*.

[3] Jonatán mató al gobernador de los filisteos que se hallaba en Guibeá y los filisteos lo supieron. Saúl hizo sonar el cuerno por toda la tierra, diciendo: «¡Enteraos, hebreos*!» [4] Y todo Israel se enteró de la noticia: «Saúl ha matado al go-

bernador de los filisteos y también Israel se ha hecho odioso a los filisteos.» Y se reunió el pueblo tras Saúl en Guilgal. [5] Se concentraron los filisteos para combatir a Israel: treinta mil carros, seis mil caballos y un ejército tan numeroso como la arena de la orilla del mar; y acamparon en Micmás, al este de Bet Avén*. [6] Cuando los hombres de Israel se vieron en peligro, porque se les apretaba de cerca, se escondió la gente en las cavernas, los agujeros, las hendiduras de las peñas, los subterráneos y las cisternas. [7] Algunos hebreos pasaron también el Jordán al país de Gad y Galaad.

Marginal references
1 R 18

Dt 32 37-38

Jr 14 21
Ez 20 9
Dn 3 34
Dt 7 6+

Ex 32 11+

14 1-15
10 5

Jos 7 2+

14 11

---

12 15 El castigo a los padres, sorprendente a primera vista, puede llevarse a cabo, según la antigua mentalidad, mediante la violación de sus tumbas.

12 17 Época en la que nunca llueve en Palestina.

12 21 No es pronunciada la palabra «ídolos», pero basta su mera evocación por el pronombre en plural (*hemmah* en hebr.) para condenarlos.

13 Los caps. 13-14 presentan de manera rápida el reinado de Saúl, con introducción (13 1) y conclusión (14 47-52). Pero sólo refieren el asesinato de un gobernador filisteo, la reacción de los filisteos y la batalla de Micmás, que no dura más de un día. El cap. 13 se compone de elementos diversos. Los vv. 16-18 y 23 pertenecen al relato antiguo, que prosigue en el cap. 14. Los vv. 7b-15 son una composición más reciente. Ninguna alusión se hará después a esta primera repulsa de Saúl, que parece ser una anticipación del cap. 15, donde la repulsa pasa a ser el asunto principal. Después del cap. 15 el rey Saúl sigue presente en los relatos agrupados en los caps. 16 – 31, pero aquí el protagonista es ya David.

13 1 Probablemente se desconocía la edad que tenía

Saúl al subir al trono, por lo que se dejó un espacio en blanco en los manuscritos. La duración de su reinado ha sido reducida a dos años, pero esto se debe probablemente a una consideración teológica, dado que esta duración pasaba por ser la de un mal rey, como p.e. Isbaal, 2 S 2 10.

13 2 (a) El hebreo alterna los nombres de Guibeá y Gueba, pero la exacta transmisión de estos nombres es una dificultad de los caps. 13-14. —Jonatán es el hijo mayor de Saúl; cuando aparece mencionado, es ya un guerrero, capaz de notables hazañas.

13 2 (b) Restos de una tradición independiente.

13 3 La palabra «hebreos» parece designar una población más amplia que la de sólo los israelitas, población que vacila en ponerse del lado de Saúl, y tan pronto huye del país (13 7) como se pasa al bando de los filisteos (14 21). Son con frecuencia extranjeros los que llaman a los israelitas hebreos (14 11; ver 4 6.9).

13 5 Interpretado como «casa de vanidad» y convertido en mote de Betel, ver Am 5 5. Pero aquí y en otros pasajes, este nombre debe de designar una ciudad diferente, no localizada.

15 **Ruptura entre Samuel y Saúl*.**

Saúl estaba todavía en Guilgal y todo el pueblo temblaba junto a él. [8] Esperó 10 8 siete días, según el plazo que Samuel había fijado, pero Samuel no llegó a Guilgal y el ejército se desbandó, abandonando a Saúl. [9] Entonces Saúl dijo: «Acercadme el holocausto y los sacrificios de comunión», y ofreció el holocausto. [10] Acababa él de ofrecer el holocausto, cuando llegó Samuel, y Saúl le salió al encuentro para saludarle. [11] Samuel dijo: «¿Qué has hecho?» Y Saúl respondió: «Como vi que el ejército me abandonaba y se desbandaba, y que tú no venías en el plazo fijado, y que los filisteos estaban ya concentrados en Micmás, [12] me dije: Ahora los filisteos van a bajar contra mí a Guilgal y no he apaciguado a Yahvé. Entonces me he visto forzado a ofrecer el holocausto.» [13] Samuel dijo a Saúl: «Te has portado como un necio. No has cumplido la orden* que Yahvé tu Dios te ha dado; entonces Yahvé hubiera afianzado tu reino para siempre sobre Israel. [14] Pero ahora tu reino Hch 13 22 no se mantendrá. Yahvé se ha buscado un hombre según su corazón*, al que ha designado caudillo de su pueblo, porque tú no has cumplido lo que Yahvé te había ordenado.» [15] Se levantó Samuel y subió de Guilgal para seguir su camino.

Los que quedaban del pueblo subieron tras Saúl al encuentro de los hombres de guerra, y vino de Guilgal a Gueba* de Benjamín. Saúl pasó revista a las tropas que tenía con él: había unos seiscientos hombres.

Preparativos de guerra*.

[16] Saúl, su hijo Jonatán y las tropas que estaban con ellos, se hallaban situados en Gueba de Benjamín, mientras que los filisteos acampaban en Micmás*. [17] La fuerza de choque salió del campo filisteo en tres columnas: una columna tomó la dirección de Ofrá, en la comarca de Sual; [18] la segunda tomó la dirección de Bet Jorón y la tercera tomó el camino de la frontera que domina el valle de los Seboín, hacia el desierto*.

[19] No había herreros en todo el territorio de Israel, porque los filisteos se decían: «Que no hagan los hebreos espadas ni lanzas.» [20] Así, todos los israelitas tenían que bajar a los filisteos para afilar cada cual su reja, su hacha, su azuela o su aguijada. [21] El precio era dos tercios de siclo por aguzar las azuelas y enderezar la aguijada*. [22] Y así, el día de la batalla nadie, en toda la tropa que estaba con Saúl y Jonatán, tenía en la mano espada ni lanza. Las había sólo para Saúl y para su hijo Jonatán.

[23] Una avanzadilla de filisteos partió hacia el paso de Micmás.

Jonatán ataca el puesto.

14 [1] Un día, Jonatán, hijo de Saúl, dijo a su escudero*: «Ven, vamos a cruzar hasta la avanzadilla de los filisteos que está al otro lado», pero no dijo nada a su padre. [2] Saúl estaba situado en el límite de Guibeá, bajo el granado que está cerca de Migrón*, y la gente que estaba con él sumaban unos seiscientos hombres. [3] Ajías, hijo de Ajitub, hermano 4 21 de Icabod, hijo de Pinjás, hijo de Elí, 2 28+ sacerdote de Yahvé en Siló. Llevaba el efod. 14 18 La tropa no advirtió que Jonatán se había marchado.

[4] Entre los pasos que Jonatán intentaba franquear para llegar a la avanzadilla de los filisteos, uno de ellos tenía a ambos lados sendos picachos. Uno se llama Boses y el otro Sené; [5] el primer picacho está al norte, frente a Micmás, el segundo al sur, frente a Gueba. [6] Jonatán dijo a su escudero: «Ven, crucemos hasta la avanzadilla de esos incircuncisos. Acaso Yahvé haga algo por nosotros, porque 17 47 Jc 7 4-7

---

13 7 Es el drama del reinado de Saúl: elegido por Yahvé, ha salvado a su pueblo, 11 y 14; sin embargo, Yahvé lo rechaza, 13 y 15. Desde la preferencia dada a Jacob sobre Esaú, Gn 25 23; ver Rm 9 13, y la elección de Israel, Dt 7 6; Am 3 2, hasta la vocación de los apóstoles, la de san Pablo y la de todo cristiano, toda la historia sagrada proclama la gratuidad de las elecciones divinas. Pero también proclama la conservación de la gracia depende de la fidelidad del elegido: Saúl ha sido infiel a su vocación.
13 13 No se acaba de ver cuál fue la falta de Saúl: ha esperado siete días conforme a la orden dada; y él mismo ha ofrecido un sacrificio, algo que no chocaba con la mentalidad de los antiguos, ver 14 32-35. La razón de la repulsa se dará más claramente en el cap. 15.

13 14 Se trata de David.
13 15 Seguimos el griego; el hebr. se ha saltado del primer «Guilgal» al segundo.
13 16 (a) En el v. 16 comienza e relato antiguo de la batalla de Micmás. Los vv. 19-22 son un paréntesis.
13 16 (b) Separados por la profunda vaguada de Suveinit, que Jonatán atravesará, 14 4s.
13 18 Estas tres columnas van a saquear todo el territorio ocupado por la tribu de Benjamín.
13 21 La traducción es dudosa debido a la abundancia de términos técnicos para designar los utensilios.
14 1 Lit. «el mozo que llevaba sus armas», ver 14 6.7.12+.
14 2 Localidad benjaminita, ver Is 10 28.

nada impide a Yahvé dar la victoria con pocos o con muchos.» ⁷ Su escudero respondió: «Haz lo que te parezca razonable. Yo estoy contigo, a tu servicio.» ⁸ Jonatán dijo: «Vamos a pasar hacia esos hombres y dejaremos que nos vean. ⁹ Si nos dicen: '¡Quedaos ahí! hasta que lleguemos a vosotros', nos quedaremos en el sitio y no subiremos a ellos. ¹⁰ Pero si nos dicen: 'Subid hacia nosotros,' subiremos, porque Yahvé los ha entregado en nuestras manos; esto nos servirá de señal*.»

13 6   ¹¹ Se dejaron ver de la avanzadilla de los filisteos, que dijeron: «Mirad, los hebreos salen de los escondrijos donde se habían metido.» ¹² Los hombres de la avanzadilla, dirigiéndose a Jonatán y a su escudero, dijeron: «Subid hacia nosotros, que os vamos a enseñar algo.» Entonces Jonatán dijo a su escudero: «Sube detrás de mí, pues Yahvé los ha entregado en manos de Israel.» ¹³ Subió Jonatán ayudándose de pies y manos, y su escudero le seguía. Caían los filisteos ante Jonatán y detrás de su escudero los iba rematando. ¹⁴ Este primer estrago de Jonatán y de su escudero alcanzó a unos veinte hombres, como en medio surco de tierra*.

Batalla general.

13 16
13 23
13 17

11 7

¹⁵ Cundió el terror en el campo y en el campamento y en la gente toda; la avanzadilla y los cuerpos de descubierta fueron presa del espanto, la tierra tembló y hubo un terror de Dios. ¹⁶ Los escuchas de Saúl que estaban en Guibeá de Benjamín vieron que la multitud se agitaba de un lado para otro, ¹⁷ y dijo Saúl a las tropas que estaban con él: «Pasad revista y ved quién se ha marchado de los nuestros.» Se pasó revista y vieron que faltaban Jonatán y su escudero.

2 28+   ¹⁸ Entonces Saúl dijo a Ajías: «Trae el arca de Dios», porque aquel día el arca

de Dios estaba con los israelitas*. ¹⁹ Pero mientras Saúl hablaba al sacerdote, el tumulto del campamento filisteo iba creciendo y Saúl dijo al sacerdote: «Retira tu mano*.» ²⁰ Saúl y toda la tropa que estaba con él se reunieron y llegaron al campo de batalla, y he aquí que la espada de cada uno se volvía contra el otro. La confusión era enorme. ²¹ Los hebreos que antes estaban al servicio de los filisteos y que habían subido con ellos al campamento, también se pusieron de parte de los israelitas que estaban con Saúl y Jonatán. ²² Todos los israelitas que se habían escondido en la montaña de Efraín, al saber que los filisteos huían, los persiguieron hostigándolos. ²³ Aquel día Yahvé dio la victoria a Israel.

Una prohibición de Saúl violada por Jonatán*.

El combate se extendió más allá de Bet Jorón*. ²⁴ Los hombres de Israel estaban en gran apuro aquel día y Saúl pronunció una imprecación sobre el pueblo: «Maldito el hombre que coma algo antes del anochecer, antes que me haya vengado de mis enemigos.» Y nadie del pueblo probó bocado*.

²⁵ Toda la gente entró en el bosque. Había miel por el suelo*. ²⁶ Entró el pueblo en el bosque y el panal destilaba miel, pero nadie se llevó la mano a su boca, porque el pueblo temía la imprecación. ²⁷ Jonatán no había oído la imprecación que su padre había pronunciado sobre el pueblo y alargó la punta de la vara que tenía en la mano, la metió en el panal y después llevó la mano a su boca y le brillaron los ojos*. ²⁸ Uno del pueblo le habló diciendo: «Tu padre ha pronunciado solemnemente esta imprecación sobre el pueblo; ha dicho 'Maldito el hombre que coma hoy algo'». Y el pueblo está extenuado. ²⁹ Jonatán respon-

---

14 10 Jonatán se dispone a hacer una especie de consulta divina, ya que solicita un presagio para conocer la voluntad de Yahvé, el único que puede dar la victoria, ver Jc 7 9-15. Por lo demás, el relato muestra la desproporción entre la acción humana y su resultado.
14 14 La traducción del final de este versículo es difícil.
14 18 El arca de Dios que tiene en las manos el sacerdote *Ajías es aquí una caja que contiene los dados adivinatorios.* Un redactor tardío la ha confundido con el arca tomada por los filisteos (1 S 5-6), de ahí el inciso explicando el papel de Saúl.
14 19 El sacerdote va a echar las suertes; Saúl le detiene y, sin más consulta, se lanza al combate.
14 23 (a) En este pasaje han sido mezcladas dos tradiciones: 1.ª) Saúl ha ordenado un ayuno hasta el ano-

checer, v. 24, el pueblo lo guarda y luego se lanza sobre el botín sin cumplir las prescripciones rituales, vv. 31-35. 2.ª) Saúl ha ordenado un ayuno, v. 24; Jonatán, que ignora la orden, lo quebranta, vv. 25-30, y es señalado como culpable por la suerte, vv. 36-46.
14 23 (b) El hebr. dice «Bet Avén», ver 13 5; las versiones, «Bet Jorón».
14 24 Este ayuno de circunstancias es un medio de obtener la victoria, que es concedida por Dios.
14 25 Este v. es un duplicado del v. siguiente, señal probable de la dualidad de tradiciones.
14 27 El brillo de los ojos no se refiere a la recuperación de la visión, debilitada a causa del hambre. La fórmula (y otras análogas) indica más bien que la persona en cuestión es objeto de la benevolencia divina.

dió: «Mi padre ha causado un trastorno al país. Ved cómo me brillan los ojos por haber tomado este poco de miel. [30] Pues si la tropa hubiese comido hoy del botín tomado al enemigo, ¿no hubiera sido mayor el estrago de los filisteos?»

Pecado ritual del pueblo.

[31] Aquel día fueron batidos los filisteos desde Micmás hasta Ayalón* y la gente quedó extenuada. [32] La tropa se arrojó sobre el botín y, tomando ganado menor, bueyes y terneros, los immoló sobre el suelo y lo comió con la sangre*. [33] Avisaron a Saúl: «El pueblo está pecando contra Yahvé comiendo la sangre.» Él entonces dijo: «Habéis sido infieles. Rodadme ahora mismo una piedra grande*.» [34] Luego dijo: «Repartíos entre el pueblo y decidles: que cada uno traiga su buey o su carnero; los immolaréis aquí y comeréis, sin pecar contra Yahvé por comerlo con sangre.» Todos los hombres llevaron cada cual el buey que tenía aquella noche y lo immolaron allí. [35] Alzó Saúl un altar a Yahvé; éste fue el primer altar que edificó.

Jonatán reconocido culpable es salvado por el pueblo.

[36] Saúl dijo: «Bajemos durante la noche en persecución de los filisteos y saqueémoslos hasta el amanecer; no dejaremos ni un solo hombre.» Le respondieron: «Haz lo que mejor te parezca.» Pero el sacerdote dijo: «Acerquémonos aquí a Dios*.» [37] Consultó Saúl a Dios: «¿Bajaré en persecución de los filisteos? ¿Los entregarás en manos de Israel?» Pero no respondió en aquella ocasión. [38] Entonces dijo Saúl: «Acercaos aquí todos los principales del pueblo. Investigad y ved en qué ha consistido el pecado de hoy. [39] ¡Vive Yahvé que ha salvado a Is-

rael!, que el que ha pecado aunque se trate de mi hijo Jonatán, morirá sin remisión.» Nadie del pueblo se atrevió a responderle. [40] Dijo a todo Israel: «Poneos a un lado, y yo y mi hijo Jonatán nos pondremos al otro», y el pueblo respondió a Saúl: «Haz lo que mejor te parezca.» [41] Dijo entonces Saúl: «Yahvé Dios de Israel, ¿por qué no respondes hoy a tu siervo? Si el pecado es mío o de mi hijo Jonatán, Yahvé Dios de Israel, da urim; si el pecado es de tu pueblo Israel, da tumim*.» Fueron señalados Saúl y Jonatán, quedando libre el pueblo. [42] Saúl dijo: «Sortead entre mi hijo Jonatán y yo»; y fue señalado Jonatán. [43] Dijo entonces Saúl a Jonatán: «Cuéntame lo que has hecho.» Jonatán se lo contó. Y dijo: «No he hecho más que probar un poco de miel con la punta de la vara que tenía en la mano. Estoy dispuesto a morir.» [44] Saúl replicó: «Que Dios me haga esto y me añada esto otro si no mueres, Jonatán.» [45] Pero el pueblo dijo a Saúl: «¿Es que va a morir Jonatán siendo él quien ha conseguido esta gran victoria en Israel? ¡Dios nos libre! ¡Vive Yahvé! que no caerá en tierra ni un cabello de su cabeza, porque con ayuda de Dios lo hizo.» Así salvó el pueblo a Jonatán y no murió. [46] Regresó Saúl de la persecución de los filisteos y los filisteos alcanzaron su país.

Resumen del reinado de Saúl*.

[47] Cuando Saúl se constituyó rey sobre Israel guerreó por todas partes contra todos sus enemigos: contra Moab, los amonitas, Edom, el rey de Sobá y los filisteos; doquiera se dirigía llevaba la salvación*. [48] Hizo proezas de valor, batió a los amalecitas y libró a Israel del poder de los que le saqueaban.

Marginal references:
os 10 10-12
Lv 1 5+
Jc 6 24
28 6
Rt 1 17+
2 S 8 2s; 10 6s
1 S 15

---

14 31 Los filisteos son rechazados en su propia ruta ordinaria de invasión. Verdaderamente es una gran victoria: la montaña, corazón del reino, queda liberada.
14 32 La práctica de comer la carne con la sangre era objeto de una prohibición antigua, ver Lv 19 26; estaba relacionada con la adivinación y la comunicación con el mundo infernal.
14 33 Esta piedra va a servir de altar, ver 6 14; Jc 6 20; 13 19, para que la matanza se convierta en inmolación ritual, ver Lv 17+.
14 36 El sacerdote invita a consultar a Dios según la técnica sugerida en 14 18. Parece que la respuesta fue negativa.
14 41 Hemos restituido casi totalmente a partir del griego la interpelación de Saúl a Dios, porque el hebreo se ha saltado del primer «Israel» al tercero. El texto

muestra cómo se consultaba a Dios por medio de dos dados contenidos en una caja o efod; se llamaban urim y tumim (el valor de las palabras es dudoso) y se les daba un significado convencional. Era, pues, una respuesta por medio de un sí o de un no, ver 23 10-12, y la consulta era a veces larga. El manejo de las suertes estaba reservado a los sacerdotes levitas, Nm 27 21; Dt 33 8. Su empleo cayó en desuso después del reinado de David y no se restableció, ver Esd 2 62; Ne 7 65. Pero el nombre quedó asociado a un detalle de la vestidura del sumo sacerdote, ver Ex 28 30; Lv 8 8 y Ex 28 6+.
14 47 (a) Resumen análogo en 7 13-15 (Samuel) y 2 S 8 (David). Ver también 2 S 3 2-5; 5 13-16; 20 23-26.
14 47 (b) Hebr. y versiones han rebajado el hecho de que Saúl fuera designado como «salvador», cosa que el cap. 15 desmentía.

⁴⁹ Los hijos de Saúl fueron*: Jonatán, Isyó* y Malquisúa. Los nombres de sus dos hijas eran: Merab la mayor y Mical la más pequeña. ⁵⁰ La mujer de Saúl se llamaba Ajinoán, hija de Ajimás. El jefe de su ejército se llamaba Abner, hijo de Ner, tío de Saúl; ⁵¹ Quis, padre de Saúl, y Ner, padre de Abner, eran hijos de Abiel.

⁵² Hubo una guerra encarnizada contra los filisteos toda la vida de Saúl. En cuanto Saúl veía un hombre fuerte y valeroso, se lo incorporaba*.

Guerra santa contra los amalecitas*.

15 ¹ Samuel dijo a Saúl: «Yahvé me ha enviado para ungirte rey de su pueblo Israel. Escucha, pues, las palabras de Yahvé: ² Esto dice Yahvé Sebaot: He decidido castigar a Amalec por lo que hizo a Israel, cortándole el camino cuando subía de Egipto. ³ Ahora, vete y castiga a Amalec, consagrándolo al anatema con todo lo que posee; no tengas compasión de él, mata hombres y mujeres, niños y lactantes, bueyes y ovejas, camellos y asnos.»

⁴ Convocó Saúl al pueblo y le pasó revista en Telán: doscientos mil infantes y diez mil hombres de Judá. ⁵ Avanzó Saúl hasta la ciudad de Amalec y se emboscó en el barranco. ⁶ Dijo Saúl a los quenitas: «Marchaos, apartaos de los amalecitas, no sea que os haga desaparecer con ellos, pues os portasteis con benevolencia con todos los israelitas cuando subían de Egipto»; y los quenitas se apartaron de los amalecitas.

⁷ Batió Saúl a los amalecitas desde Javilá, en dirección de Sur, frente a Egipto. ⁸ Capturó vivo a Agag, rey de los amalecitas, y pasó a todo el pueblo a filo de espada en cumplimiento del anatema. ⁹ Pero Saúl y la tropa perdonaron a Agag y a lo más escogido del ganado mayor y menor, las reses cebadas y los corderos y todo lo bueno. No quisieron consagrarlo al anatema. Sólo consagraron al anatema toda la hacienda vil y sin valor*.

Saúl es rechazado por Yahvé.

¹⁰ Le fue dirigida la palabra de Dios a Samuel diciendo: ¹¹ «Me arrepiento de haber hecho rey a Saúl, porque se ha apartado de mí y no ha ejecutado mis órdenes.» Se conmovió Samuel y estuvo clamando a Yahvé toda la noche.

¹² Se levantó Samuel por la mañana al encuentro de Saúl. Avisaron a Samuel: «Saúl ha ido a Carmelo*, se ha erigido un monumento y después ha seguido y ha bajado a Guilgal.» ¹³ Llegó Samuel donde Saúl y éste dijo: «Bendito seas de Yahvé. Ya he ejecutado la orden de Yahvé.» ¹⁴ Pero Samuel preguntó: «¿Y qué son esos balidos que vienen a mis oídos y esos mugidos que oigo?» ¹⁵ Respondió Saúl: «Los hemos traído de Amalec porque el pueblo ha perdonado lo mejor del ganado mayor y menor para ofrecerlo en sacrificio a Yahvé tu Dios. Cuanto a lo demás, lo hemos entregado al anatema.»

¹⁶ Pero Samuel dijo a Saúl: «Basta ya. Deja que te anuncie lo que Yahvé me ha revelado esta noche.» Él le dijo: «Habla.» ¹⁷ Entonces Samuel dijo: «Aunque tú te crees pequeño, ¿no eres acaso el jefe de las tribus de Israel? Yahvé te ha ungido rey de Israel. ¹⁸ Yahvé te ha enviado por el camino y te ha dicho: 'Vete, y consagra al anatema a estos pecadores, los amalecitas, hazle la guerra hasta el exterminio'. ¹⁹ ¿Por qué no has escuchado la voz de Yahvé? ¿Por qué te has lanzado sobre el botín y has hecho lo que desagrada a Yahvé?» ²⁰ Saúl respondió a Samuel: «¡Yo he escuchado la voz de Yah-

Marginal references (left): 18 17s.20s   9 1   Ex 17 8-16   Dt 25 17-19   Jos 6 17+   Nm 10 29+   Ex 17 8+

Marginal references (right): Gn 6 7

---

14 49 (a) Lista de los hijos de Saúl, que hay que comparar con 31 2.

14 49 (b) Es decir, «el hombre de Yahvé». Al parecer, se trata del mismo personaje a quien se llama Isbaal, «el hombre de Baal», en 1 Cro 8 33, e Isbóset, «el hombre de vergüenza», en el hebreo de 2 S 2 8, etc., donde *bošet* (vergüenza) sustituye a «Baal», nombre del dios cananeo.

14 52 Comienzo de formación de un ejército profesional, diferente del reclutamiento o leva del pueblo en masa.

15 Este capítulo desconoce la primera repulsa de Saúl, 13 8-15, y condena solamente a Saúl, no a la institución real. Pero sí subraya la oposición, inherente a la monarquía israelita, entre la política profana y las exigencias de Yahvé, oposición que se manifiesta en la lucha entre reyes y profetas, aquí entre Saúl y Samuel;

más tarde entre Ajab y Elías, Ezequías e Isaías, Sedecías y Jeremías.

15 9 El anatema es la ofrenda hecha a Yahvé de todo el botín cobrado por la victoria. Pero Saúl y el pueblo incumplieron el anatema que debía alcanzar a todos los seres vivos. Ofrecer lo mejor del botín en sacrificio (v. 15) no responde a la prescripción. Saúl ha obrado sin tomar en serio la orden de Yahvé, y ése es el drama: su falta consiste en haber elegido, por complacer al pueblo, una manera distinta de honrar a Yahvé. Entre Yahvé, que le ha elegido, y el pueblo, que le ha aclamado y reconocido, Saúl ha buscado un compromiso, sin decidirse exclusivamente por Yahvé.

15 12 Ciudad al sur de Hebrón, ver 25 2s. Su emplazamiento se encuentra en la ruta de Saúl, del Négueb hacia Guilgal.

vé! He seguido el camino por el que me envió, he traído a Agag, rey de los amalecitas, y he entregado a éstos al anatema. [21] Del botín, el pueblo ha tomado el ganado mayor y menor, lo mejor del anatema, para sacrificarlo a Yahvé, tu Dios, en Guilgal.» [22] Pero Samuel dijo*:

«¿Acaso se complace Yahvé en los holocaustos y sacrificios tanto como en la obediencia a la palabra de Yahvé?

Mejor es obedecer que sacrificar, mejor la docilidad que la grasa de los carneros.

[23] Como pecado de hechicería es la rebeldía,

crimen de *terafim** la contumacia.

Porque has rechazado la palabra de Yahvé, él te rechaza para que no seas rey.»

Saúl pide perdón en vano.

[24] Saúl dijo a Samuel: «He pecado conculcando la orden de Yahvé y tus palabras, porque tuve miedo al pueblo y le escuché. [25] Ahora, pues, perdona mi pecado, por favor, y vuelve conmigo para que adore a Yahvé.» [26] Pero Samuel respondió a Saúl: «No iré más contigo; ya que has rechazado la palabra de Yahvé, Yahvé te ha rechazado para que no seas rey de Israel.» [27] Y como Samuel se volviera para marcharse, le asió Saúl el extremo del manto, que se desgarró, [28] y Samuel dijo: «Hoy te ha desgarrado Yahvé el reino de Israel y se lo ha dado a otro mejor que tú.» [29] Pues la Gloria de Israel no miente ni se arrepiente porque no es un hombre para arrepentirse*. [30] Saúl dijo: «He pecado, pero, con todo, te ruego que me honres ahora delante de los ancianos de mi pueblo y delante de Israel y vuelvas conmigo para que adore a Yahvé tu Dios*.» [31] Volvió Samuel con Saúl y éste adoró a Yahvé.

Muerte de Agag y partida de Samuel.

[32] Después dijo Samuel: «Traedme a Agag, rey de los amalecitas». Agag se acercó a él, ligero, pues se decía: «Se ha alejado la amargura de la muerte*.» [33] Samuel dijo:

«Como tu espada ha privado a las mujeres de sus hijos,

así entre las mujeres, privada de su hijo será tu madre»,

y Samuel descuartizó* a Agag ante Yahvé en Guilgal.

[34] Partió Samuel para Ramá, y Saúl subió a su casa en Guibeá de Saúl. [35] Samuel no vio más a Saúl hasta el día de su muerte*. Y lloraba Samuel por Saúl, pero Yahvé se había arrepentido de haberle hecho rey de Israel.

III. Saúl y David

1. DAVID EN LA CORTE

Unción de David*.

16 [1] Dijo Yahvé a Samuel: «¿Hasta cuándo vas a estar llorando por Saúl, después que yo lo he rechazado para que no reine sobre Israel? Llena tu cuerno de aceite y vete. Voy a enviarte a Jesé, de Belén, porque he visto entre sus hijos un rey para mí.» [2] Samuel replicó: «¿Cómo voy a ir? Se enterará Saúl y me matará.» Respondió Yahvé: «Lleva contigo una becerra y di: 'He venido a sacrificar a Yahvé.' [3] Invitarás a Jesé al sacrificio y yo te indicaré lo que tienes que

Margin references:
1 R 11 30s
Jr 18 1+

Nm 23 19
1 S 15 11

Am 5 21-25+
Os 6 6

1 R 11 11

Rt 4 17-22
Is 11 1

---

15 22 Samuel no condena el culto sacrificial en general. Pero lo que agrada a Yahvé es la obediencia interior, no el rito externo sin más. Practicar sólo el rito contra la voluntad de Yahvé es rendir homenaje a otro dios, es caer en la idolatría, evocada aquí por la hechicería y los *terafim*, idolillos a los que se confiaba la custodia de las casas y los bienes, ver Gn 31 19.30s; 1 S 19 13.

15 23 La condena de los *terafim* como medio de sortilegio no aparece hasta una época tardía.

15 29 Inciso teológico citando Nm 23 19.

15 30 La repulsa de Saúl por parte de Yahvé no se verificará inmediatamente, y Saúl continúa ejerciendo la dignidad real. Samuel acepta confirmar la autoridad de Saúl, presentándose con él en el santuario.

15 32 Como no se le ha aplicado el anatema, Agag cree haber escapado de la muerte.

15 33 Samuel ejecuta lo que tendría que haber sido hecho por Saúl.

15 35 Ver, sin embargo, 19 22-24, de tradición diferente.

16 Este episodio vincula la unción de David con Samuel y parece proceder de la tradición profética, pero no tiene relación con la historia siguiente. David será ungido en Hebrón por el pueblo de Judá, 2 S 2 4, y luego por los ancianos de Israel, 2 S 5 3, y no volverá a ser mencionada la unción referida aquí: según 17 28, y a pesar de 16 13, Eliab la desconoce. Al igual que el cap. 9 para Saúl, este relato sirve de prólogo a la historia de la «ascensión» de David al trono.

hacer, y me ungirás a aquel que yo te diga.»

⁴ Hizo Samuel lo que Yahvé le había ordenado y se fue a Belén. Salieron temblando a su encuentro los ancianos de la ciudad y le preguntaron: «¿Es de paz tu venida, vidente?» ⁵ Samuel respondió: «De paz. He venido a sacrificar a Yahvé. Purificaos y venid conmigo al sacrificio.» Purificó a Jesé y a sus hijos y los invitó al sacrificio.

⁶ Cuando ellos se presentaron, vio a Eliab y se dijo: «Sin duda está ante Yahvé su ungido.» ⁷ Pero Yahvé dijo a Samuel: «No mires su apariencia ni su gran estatura, pues yo lo he descartado. No es como ve el hombre, pues el hombre ve las apariencias*, pero Yahvé ve el corazón.» ⁸ Llamó Jesé a Abinadab y le hizo pasar ante Samuel, que dijo: «Tampoco a éste ha elegido Yahvé.» ⁹ Jesé hizo pasar a Samá, pero Samuel dijo: «Tampoco a éste ha elegido Yahvé.» ¹⁰ Hizo pasar Jesé a sus siete hijos ante Samuel, pero Samuel dijo: «A ninguno de éstos ha elegido Yahvé.» ¹¹ Preguntó, pues, Samuel a Jesé: «¿No quedan ya más muchachos?» Él respondió: «Todavía falta el más pequeño, que está guardando el rebaño.» Dijo entonces Samuel a Jesé: «Manda que lo traigan, porque no comeremos hasta que haya venido.» ¹² Mandó, pues, que lo trajeran; era rubio, de bellos ojos y hermosa presencia. Dijo Yahvé: «Levántate y úngelo, porque éste es.» ¹³ Tomó Samuel el cuerno de aceite y le ungió en medio de sus hermanos. Y, a partir de entonces, vino sobre David el espíritu de Yahvé*. Samuel se levantó y se fue a Ramá.

David entra al servicio de Saúl*.

¹⁴ El espíritu de Yahvé se había apartado de Saúl y un espíritu malo que venía de Yahvé le infundía espanto*. ¹⁵ Dijéronle, pues, los servidores de Saúl: «Mira, un espíritu malo de Dios te infunde espanto; ¹⁶ permítenos, señor, que tus siervos que están en tu presencia te busquen un hombre que sepa tocar la cítara, y cuando te asalte el espíritu malo de Dios tocará y te hará bien*.» ¹⁷ Dijo Saúl a sus servidores: «Buscadme, pues, un hombre que sepa tocar bien y traédmelo.» ¹⁸ Tomó la palabra uno de los servidores y dijo: «He visto a un hijo de Jesé el belenita que sabe tocar; es valeroso, buen guerrero, de palabra amena, de agradable presencia y Yahvé está con él.» ¹⁹ Despachó Saúl mensajeros a Jesé que le dijeran: «Envíame a tu hijo David, el que está con el rebaño.» ²⁰ Tomó Jesé un asno, pan, un odre de vino y un cabrito y lo envió a Saúl por medio de su hijo David. ²¹ Llegó David donde Saúl y se quedó a su servicio. Saúl le cobró mucho afecto y lo hizo su escudero. ²² Mandó Saúl a decir a Jesé: «Te ruego que David se quede a mi servicio, porque ha hallado gracia a mis ojos.» ²³ Cuando el espíritu de Dios asaltaba a Saúl, tomaba David la cítara, la tocaba, Saúl encontraba calma y bienestar y el espíritu malo se apartaba de él.

Goliat desafía al ejército de Israel.

17 ¹ Reunieron los filisteos sus tropas para la guerra y se concentraron en Socó de Judá, acampando entre Socó y Azeca, en Fesdamín. ² Se reunieron Saúl y los hombres de Israel, acamparon en el valle del Terebinto y se ordenaron en batalla frente a los filisteos. ³ Ocupaban los filisteos una montaña por un lado y los israelitas ocupaban la montaña frontera, quedando el valle por medio.

⁴ Salió de las filas de los filisteos un hombre de las tropas de choque, llamado Goliat*, de Gat, de seis codos y un palmo

Marginal refs: 9 2; 10 23s · Is 55 8-9 · Jb 10 4 · Sal 147 10s · Jr 11 20+ · Pr 15 11 · Gn 39 6 · 2 S 14 25s · 10 6 · Jc 3 10+ · 2 S 21 19

---

16 7 Lit. «los ojos».
16 13 Sin ninguna señal exterior y en conexión inmediata con la unción: el «espíritu de Yahvé» es aquí la gracia impartida a una persona consagrada.
16 14 (a) Había dos tradiciones sobre los comienzos de la historia de David junto a Saúl. Según una de ellas, David es llamado a la corte de Saúl como trovador y llega a ser su escudero, 16 14-23; en calidad de tal acompaña al rey en la guerra filistea, 17 1-11, y se distingue en un combate singular, 17 32-53 (mezclado con la otra tradición). Según la otra, David es un joven pastor desconocido para Saúl, que viene a ver a sus hermanos en el ejército justo cuando el campeón filisteo provoca a los israelitas, 17 12-30. (El v. 31 sirve de enlace: en seguida se vuelve al primer relato, 17 32-53). Saúl manda venir entonces al joven héroe y lo pone a su servicio, 17 55 - 18 5.

16 14 (b) Al haberle abandonado el espíritu de Yahvé, 15 23; ver Jc 3 10+, Saúl queda «poseído» por un mal espíritu. Se dice que éste viene de Yahvé, y hasta se le llamará «espíritu malo de Dios», vv. 15 y 16; ver 18 10; 19 9, porque el israelita atribuye todo a Dios como causa primera. (Comparar p.e. con el espíritu de discordia, Jc 9 23, el espíritu de mentira, 1 R 22 19-23, el espíritu de vértigo, Is 19 24, el espíritu de sopor, Is 29 10).
16 16 La música se utilizó en toda la antigüedad tanto para excitar el espíritu bueno como para ahuyentar el mal espíritu.
17 4 2 S 21 19 atribuye la victoria sobre Goliat a uno de los valientes de David, y ésta parece ser la tradición más antigua. La tradición primitiva del cap. 17 sólo hablaba de una victoria de David sobre un adversario anónimo, «el filisteo». El nombre de Goliat ha sido añadido a los vv. 4 y 23. —La estatura del filisteo alcanza casi

de estatura; [5] tenía un yelmo de bronce sobre su cabeza y estaba revestido de una coraza de escamas, siendo el peso de la coraza cinco mil siclos de bronce. [6] Tenía en las piernas grebas de bronce y una jabalina de bronce entre los hombros. [7] El asta de su lanza era como enjullo* de tejedor y la punta de su lanza pesaba seiscientos siclos de hierro. Su escudero le precedía.

[8] Goliat se plantó y gritó a las filas de Israel diciéndoles: «¿Para qué habéis salido a poneros en orden de batalla? ¿Acaso no soy yo filisteo y vosotros servidores de Saúl? Escogeos* un hombre y que baje contra mí. [9] Si es capaz de pelear conmigo y me mata, seremos vuestros esclavos, pero si yo lo venzo y lo mato, seréis nuestros esclavos y nos serviréis.» [10] Y añadió el filisteo: «Yo desafío hoy a las filas de Israel; dadme un hombre y lucharemos mano a mano.» [11] Oyó Saúl y todo Israel estas palabras del filisteo y se consternaron y se llenaron de miedo.

Llegada de David al campamento.

Rt 1 2+
1 S 16 10s

[12] Era David hijo de un efrateo, el de Belén de Judá, llamado Jesé, que tenía ocho hijos. En tiempo de Saúl este hombre era ya anciano, muy entrado en años*. [13] Los tres hijos mayores de Jesé se habían ido a la guerra con Saúl; el nombre de los tres hijos suyos que marcharon a la guerra era Eliab, el primogénito, Abinadab, el segundo, y Samá, el tercero. [14] David era el más pequeño; los tres mayores habían seguido a Saúl. [15] David iba y venía del campamento de Saúl para cuidar el rebaño de su padre en Belén*. [16] El filisteo se acercaba mañana y tarde, y se presentó así durante cuarenta días. [17] Jesé dijo a su hijo David: «Toma para tus hermanos esta medida de trigo tostado y estos diez panes y corre a llevarlo al campamento, adonde tus hermanos. [18] Y estos diez requesones llévalos al jefe de millar; entérate de la salud de tus hermanos y toma señal de recibo de ellos. [19] Están Saúl, ellos y todos los hombres de Israel en el valle del Terebinto, guerreando con los filisteos.»

[20] Se levantó David de madrugada, dejó el rebaño al guarda y, tomando las cosas, se fue como le había mandado Jesé, y llegó al círculo del campamento justo cuando salía el ejército para ordenarse en batalla, lanzando el grito de guerra. [21] Israel y los filisteos se pusieron en orden de batalla, fila contra fila. [22] Dejó David las cosas que traía encima en manos del guardia de la impedimenta y corrió a las filas y fue a preguntar a sus hermanos cómo estaban.

[23] Mientras hablaba con ellos, el hombre de las tropas de choque, llamado Goliat, el filisteo de Gat, subía de las filas de los filisteos, diciendo las mismas palabras, y le oyó David. [24] Al ver a aquel hombre, todos los hombres de Israel huyeron delante de él, llenos de miedo. [25] Los hombres de Israel decían: «¿Habéis visto a este hombre que sube? Sube a provocar a Israel. A quien lo mate colmará el rey de grandes riquezas y le dará su hija y librará de tributo la casa de su padre en Israel.»

[26] Preguntó, pues, David a los hombres que estaban a su lado: «¿Qué se hará al hombre que mate a ese filisteo y aparte la afrenta de Israel? Pues ¿quién es ese filisteo incircunciso para injuriar a las huestes de Dios vivo?» [27] Y el pueblo le repitió las mismas palabras: «Así se hará al hombre que lo mate.» [28] Se enteró Eliab, su hermano mayor, de su pregunta a los hombres y se encendió en cólera Eliab contra David, y le dijo: «¿Para qué has bajado, y a quién has dejado aquel pequeño rebaño en el desierto? Ya sé yo tu atrevimiento y la maldad de tu corazón. Has bajado para ver la batalla.» [29] Respondió David: «Pues ¿qué he hecho yo?, ¿es que uno no puede hablar?» [30] Y volviéndose se dirigió a otro y preguntó lo mismo y la gente le respondió como la primera vez. [31] Fueron oídas las palabras que decía David y las contaron ante Saúl, que le hizo venir.

17 8-10

Jos 5 9+
Jc 14 3;
15 18

Is 37 4.17
2 R 19 4.16

David se ofrece a aceptar el desafío.

[32] Dijo David a Saúl: «Que nadie se acobarde por ése*. Tu siervo irá a com-

---

los 3 m. El equipo y las armas con que se le describe representan a un guerrero tal como se le podía imaginar en la época de la redacción del texto.
17 7 Grueso cilindro o madero que sirve para subir enrollando la urdimbre en un telar.
17 8 «escogeos» griego; hebr. corrompido.
17 12 Traducción dudosa. Seguimos el texto griego.
—La antigua versión griega suprime los vv. 12-31, que

pertenecen a la tradición según la cual David era aún desconocido para Saúl, ver **16 14+**.
17 15 Precisión introducida para armonizar las dos tradiciones.
17 32 Se reanuda aquí el primer relato, y el v. 32 enlaza con el v. 11. Después, ambas tradiciones se mezclan.

batir con ese filisteo.» [33] Dijo Saúl a David: «No puedes ir contra ese filisteo para luchar con él, porque tú eres un niño y él es hombre de guerra desde su juventud.»

[34] Respondió David a Saúl: «Cuando tu siervo estaba guardando el rebaño de su padre y venía el león o el oso y se llevaba una oveja del rebaño, [35] salía tras él, lo golpeaba y se la arrancaba de sus fauces, y si se revolvía contra mí, lo sujetaba por la quijada y lo golpeaba hasta matarlo. [36] Tu siervo ha dado muerte al león y al oso, y ese filisteo incircunciso será como uno de ellos, pues ha retado a las huestes del Dios vivo.» [37] Añadió David: «Yahvé que me ha librado de las garras del león y del oso, me librará de la mano de ese filisteo.» Dijo Saúl a David: «Vete, y que Yahvé sea contigo.»

Sal 18 18
Dt 30 3-4
Lv 26 8
Pr 28 1

[38] Mandó Saúl que vistieran a David con sus propios vestidos y le puso un casco de bronce en la cabeza y le cubrió con una coraza. [39] Ciñó a David su espada sobre su vestido. Intentó David caminar, pues aún no estaba acostumbrado, y dijo a Saúl: «No puedo caminar con esto, pues nunca lo he hecho.» Y David se lo quitó de encima.

Combate singular*.

16 12

[40] Tomó su cayado en la mano, escogió en el torrente cinco cantos lisos y los puso en su zurrón de pastor, en su morral , y con su honda en la mano se acercó al filisteo. [41] El filisteo fue avanzando y acercándose a David, precedido de su escudero. [42] Volvió los ojos el filisteo, y viendo a David, lo despreció, porque era un muchacho rubio y apuesto. [43] Dijo el filisteo a David: «¿Acaso soy un perro, pues vienes contra mí con palos?» Y maldijo a David el filisteo por sus dioses, [44] y dijo el filisteo a David: «Ven hacia mí y daré tu carne a las aves del cielo y a las fieras del campo.» [45] Dijo David al filisteo: «Tú vienes contra mí con espada, lanza y jabalina, pero yo voy contra ti en nombre de Yahvé Sebaot, Dios de los ejércitos de Israel, a los que has desafiado. [46] Hoy mismo te entrega Yahvé en

mis manos, te mataré y te cortaré la cabeza y entregaré hoy mismo los cadáveres del ejército filisteo a las aves del cielo y a las fieras de la tierra, y sabrá toda la tierra que hay Dios para Israel. [47] Y toda esta asamblea sabrá que no por la espada ni por la lanza salva Yahvé, porque de Yahvé es el combate y os entrega en nuestras manos.»

Jos 4 24
Os 1 7
1 S 14 6
2 R 19 34s

[48] Se levantó el filisteo y fue acercándose al encuentro de David. David salió rápidamente de las filas* al encuentro del filisteo. [49] Metió su mano David en su zurrón, sacó de él una piedra, la lanzó con la honda e hirió al filisteo en la frente; la piedra se clavó en su frente y cayó de bruces en tierra. [50] Y venció David al filisteo con la honda y la piedra; hirió al filisteo y lo mató sin tener espada en su mano. [51] Corrió David, se detuvo sobre el filisteo y tomando la espada de éste la sacó de su vaina, lo mató y le cortó la cabeza.

Viendo los filisteos que había muerto su campeón, huyeron. [52] Se levantaron los hombres de Israel y de Judá y, lanzando el grito de guerra, persiguieron a los filisteos hasta la entrada del valle y hasta las puertas de Ecrón. Los cadáveres de los filisteos cubrían el camino, desde Saaráin hasta Gat y Ecrón. [53] Cuando los israelitas regresaron de perseguir sañudamente a los filisteos, saquearon el campamento. [54] Tomó David la cabeza del filisteo y la llevó a Jerusalén; pero sus armas las colocó en su tienda*.

17 57
21 10

David vencedor es presentado a Saúl*.

[55] Cuando Saúl vio a David salir al encuentro del filisteo, preguntó a Abner, jefe del ejército: «¿De quién es hijo este muchacho, Abner?» Abner respondió: «Por tu vida, oh rey, que no lo sé.» [56] El rey dijo: «Pregunta de quién es hijo este muchacho.»

[57] Cuando volvió David de matar al filisteo, lo tomó Abner y lo llevó ante Saúl con la cabeza del filisteo en la mano. [58] Saúl le preguntó: «¿De quién eres hijo, muchacho?» David respondió: «De tu siervo Jesé, de Belén.»

---

17 40 Es un combate entre dos campeones, que debe poner fin a la guerra y decidir la suerte de los dos pueblos, ver vv. 8-10; también 2 S 2 12-17; 21 15-22; 23 20-21. Ha sido comparado con los combates singulares de la Ilíada.
17 48 «de las filas» conj.; «hacia las filas» hebr.
17 54 Este v. es una adición: Jerusalén no será conquistada hasta más tarde, y David no tenía en el campamento una tienda propia.
17 55 La misma tradición que en **17** 12-30. David es aún un desconocido para Saúl. Por ser esta tradición inconciliable con **16** 14-23, la antigua versión griega omitía **17** 55 − **18** 5, de igual modo que **17** 12-31, ver **17** 12+.

19 1-7; 20;
23 16-18
2 S 1 26

18 ¹ En acabando de hablar David a Saúl, el alma de Jonatán se apegó al alma de David, y lo amó Jonatán como a sí mismo*. ² Lo retuvo Saúl aquel día y no le permitió regresar a casa de su padre. ³ Hizo Jonatán alianza con David, pues le amaba como a sí mismo. ⁴ Se quitó Jonatán el manto que llevaba y se lo dio a David, su vestido y también su espada, su arco y su cinturón*. ⁵ David lograba éxito en todas las campañas que Saúl le encomendaba, y lo puso Saúl al frente de hombres de guerra, y se hizo querer de todo el pueblo, también de los servidores de Saúl.

Despierta la envidia de Saúl.

Ex 15 20s
Jc 5; 11 34

⁶ A su regreso, cuando volvió David de matar al filisteo, salían las mujeres de todas las ciudades de Israel al encuentro del rey Saúl para cantar danzando al son de adufes y triángulos con cantos de alegría. ⁷ Las mujeres, danzando, cantaban a coro:

21 12; 29 5

«Saúl mató sus millares
y David sus miriadas.»

⁸ Irritóse mucho Saúl y le disgustó el suceso, pues decía: «Dan miriadas a David y a mí millares; sólo le falta ser rey.» ⁹ Y desde aquel día en adelante miraba Saúl a David con ojos de envidia.

=19 9-10;
16 14+

¹⁰ Al día siguiente se apoderó de Saúl un espíritu malo de Dios y deliraba en medio de la casa; David tocaba como otras veces. Tenía Saúl la lanza en la mano. ¹¹ Blandió Saúl la lanza y dijo: «Voy a clavar a David en la pared.» Pero David le esquivó dos veces*. ¹² Temía Saúl a David porque Yahvé estaba con David y de Saúl se había apartado, ¹³ y lo alejó Saúl de junto a sí, nombrándolo jefe de mil, y entraba y salía a la cabeza de la tropa. ¹⁴ David eje-

Gn 39 2

cutaba con éxito todas sus empresas y Yahvé estaba con él. ¹⁵ Viendo Saúl que tenía mucho éxito le temió. ¹⁶ Todo Israel y Judá quería a David, pues salía y entraba a la cabeza de ellos.

2 S 5 2

Matrimonio de David*.

¹⁷ Dijo Saúl a David: «Voy a darte por mujer a mi hija mayor Merab, tan sólo con que me seas valeroso y luches las batallas de Yahvé.» Saúl se había dicho: «Que no muera por mi mano, sino por mano de los filisteos.» ¹⁸ Dijo David a Saúl: «¿Quién soy yo y qué es mi vida y la casa de mi padre en Israel, para ser yerno del rey?» ¹⁹ Pero cuando llegó el tiempo de entregar a Merab, la hija de Saúl, a David, fue entregada a Adriel de Mejolá.

17 25

2 S 21 8

²⁰ Mical, hija de Saúl, estaba enamorada de David; se lo dijeron a Saúl y le agradó la noticia. ²¹ Dijo Saúl: «Se la entregaré, pero será para él un lazo, pues caerá sobre él la mano de los filisteos.» Saúl, pues, dijo dos veces a David*: «Ahora serás mi yerno.» ²² Ordenó Saúl a sus servidores: «Insinuad a David: Mira que el rey te estima; también te estiman todos sus servidores; procura ser yerno del rey.» ²³ Los servidores de Saúl dijeron estas palabras a oídos de David y David replicó: «¿Os parece sencillo ser yerno del rey? Yo soy un hombre pobre y ruin.» ²⁴ Comunicaron a Saúl sus servidores: «Estas palabras ha dicho David.» ²⁵ Respondió Saúl: «Decid así a David: No quiere el rey dote*, sino cien prepucios* de filisteos para vengarse de los enemigos del rey.» Tramaba el rey hacer sucumbir a David a manos de los filisteos.

17 26+

²⁶ Los servidores comunicaron a David estas palabras y la cosa pareció bien a David para llegar a ser yerno del rey. No se había cumplido el plazo, ²⁷ cuando se levantó David y partió con sus hombres. Mató a los filisteos doscientos hombres y trajo David sus prepucios, que entregó cumplidamente al rey para ser yerno del rey. Saúl le dio a su hija Mical por mujer. ²⁸ Temió Saúl, pues sabía que Yahvé estaba con David y que Mical, hija de

---

18 1 Esta amistad entre David y Jonatán será un lenitivo dentro de los violentos relatos que vienen a continuación, y durará hasta la muerte de Jonatán.
18 4 Jonatán, que es el heredero del rey Saúl y debe, por tanto, sucederle en el trono, llega en este pacto entre dos individuos hasta el don de su equipo y de sus armas. Este pacto de amistad deja entrever una dimensión política, ya que será David quien suceda a Saúl.
18 11 Los vv. 10-11, de la misma tradición que 16 14-23, interrumpen aquí el hilo del relato, anticipando el episodio de 19 8-10.
18 17 Los vv. 17-19 no cuadran bien con lo que sigue:

excepto la glosa del v. 21, a estos desposorios rotos no hay alusión alguna en los vv. 20-27, que desarrollan los mismos temas a propósito de Mical.
18 21 Esta frase es una glosa y supone que Saúl ha prometido Merab y luego Mical a David; se anticipa así al v. 22.
18 25 (a) El *mohar*, cantidad de dinero que el novio pagaba al padre de la novia.
18 25 (b) Algunas veces se hacía recuento de los enemigos muertos cortándoles un miembro. Los prepucios certificarán que las víctimas son filisteos incircuncisos.

Saúl, le amaba. [29] Aumentó el temor de Saúl hacia David y fue siempre hostil a David. [30] Salían los jefes de los filisteos, pero en todas sus incursiones obtenía David más éxito que los demás servidores de Saúl, y su nombre se hizo muy famoso.

20 Jonatán intercede por David*.

19 [1] Saúl dijo a su hijo Jonatán y a todos sus servidores que haría morir a David; pero Jonatán, hijo de Saúl, amaba mucho a David, [2] y avisó Jonatán a David diciéndole: «Mi padre Saúl te busca para matarte. Anda sobre aviso mañana por la mañana; retírate a un lugar oculto y escóndete. [3] Yo saldré y estaré junto a mi padre en el campo, donde tú estés, y hablaré por ti a mi padre; veré lo que hay y te avisaré.»

[4] Habló Jonatán a Saúl su padre en favor de David y dijo: «No peque el rey contra su siervo David, porque él no ha pecado contra ti, sino que te ha hecho grandes servicios. [5] Puso su vida en peligro, mató al filisteo y concedió Yahvé una gran victoria para todo Israel. Tú lo viste y te alegraste. ¿Por qué, pues, vas a pecar contra sangre inocente haciendo morir a David sin motivo?» [6] Escuchó Saúl las palabras de Jonatán y juró: «¡Vive Yahvé!, no morirá.» [7] Llamó entonces Jonatán a David, le contó todas estas palabras y llevó a David donde Saúl, y se quedó a su servicio como antes.

2. FUGA DE DAVID

=18 10-11   Atentado de Saúl contra David.

[8] Reanudada la guerra, partió David para combatir a los filisteos, les causó una gran derrota y huyeron ante él. [9] Se **16 14+** apoderó de Saúl un espíritu malo de Yahvé; estaba sentado en medio de la casa con su lanza en su mano y David tocaba. [10] Intentó Saúl clavar con su lanza a David en la pared; esquivó David a Saúl y la lanza se clavó en la pared; huyó David y se puso a salvo aquella misma noche*.

David salvado por Mical.

[11] Envió Saúl gente a casa de David para vigilarle y matarle por la mañana, pero su mujer Mical advirtió a David: «Si no te pones a salvo esta misma noche, mañana morirás.» [12] Mical hizo bajar a David por la ventana. Él partió y se puso a salvo.

15 22+ [13] Tomó Mical los *terafim* y los puso en el lecho, colocó una estera de pelos de cabra a la cabecera, y los cubrió con una colcha. [14] Cuando Saúl envió emisarios para prender a David, ella dijo: «Está enfermo.» [15] Saúl envió emisarios para ver a David y les dijo: «Traédmelo en su lecho, para matarlo.» [16] Entraron los emisarios y hallaron los *terafim* en el lecho

y la estera de pelos de cabra en la cabecera. [17] Dijo Saúl a Mical: «¿Por qué me has engañado y has dejado escapar a mi enemigo para que se salve?» Respondió Mical a Saúl: «Él me dijo: déjame escapar o te mato.»

Saúl y David con Samuel*.

[18] Huyó David y se puso a salvo. Se fue donde Samuel, en Ramá, y le contó cuanto Saúl le había hecho. Después, él y Samuel se fueron a habitar en las celdas*. [19] Avisaron a Saúl: «Mira, David **2 R 1 9-14** está en las celdas de Ramá.» [20] Mandó Saúl emisarios para prender a David; vieron éstos* la agrupación de los profetas en trance de profetizar, con Samuel **10 5+** a la cabeza. Vino sobre los emisarios de Saúl el espíritu de Dios y también ellos se pusieron en trance. [21] Se lo comunicaron a Saúl y envió nuevos emisarios que también se pusieron en trance. Saúl volvió a enviar emisarios por tercera vez y también éstos se pusieron en trance. [22] Entonces partió él mismo para Ramá y llegó a la gran cisterna de la era que está en Secu y preguntó: «¿Dónde están Samuel y David?», y le dijeron: «Están en las celdas de Ramá.» [23] Se fue de allí a las celdas de Ramá y vino también so-

---

19   Este episodio no concuerda con el relato del cap. 20, donde Jonatán ignora aún, v. 2, las intenciones criminales de su padre. Se trata de dos tradiciones sobre la intervención de Jonatán en favor de David.
19 10 El relato enlaza mejor con 18 27 que con lo que precede: es la misma noche de las bodas de David.
19 18 (a) Relato independiente y probablemente pos-

terior. Según 15 35, Saúl y Samuel no volvieron a verse. Es un duplicado de 10 10-12.
19 18 (b) Morada de los profetas, 2 R 6 1s, en Ramá o en sus alrededores. O acaso un lugar de Ramá: «en Navit» o «en Nayot».
19 20 «vieron éstos» versiones; «y vio él» hebr.

bre él el espíritu de Dios e iba caminando en trance hasta que llegó a las celdas de Ramá. ²⁴ También él se quitó sus vestidos y se puso en trance profético ante Samuel, y quedó desnudo en tierra todo aquel día y toda aquella noche, por lo que se suele decir: «¿Conque también Saúl entre los profetas?»

10 10-12

19 1-7.
11-17

Jonatán favorece la huida de David*.

20 ¹ Huyó David de las celdas de Ramá* y se fue a decir a Jonatán: «¿Qué he hecho, cuál es mi falta y en qué he pecado contra tu padre para que busque mi muerte?» ² Jonatán le dijo: «De ninguna manera, no morirás. Mi padre no hace ninguna cosa, grande o pequeña, sin descubrírmela; ¿por qué me había de ocultar mi padre este asunto? ¡No puede ser!» ³ Pero David volvió a jurar: «Sabe muy bien tu padre que me tienes mucho afecto y se ha dicho: 'Que no lo sepa Jonatán para que no se apene.' Y, con todo, por vida de Yahvé y por tu vida, que no hay más que un paso entre yo y la muerte.»

⁴ Dijo Jonatán a David: «Dime lo que deseas y te lo haré.» ⁵ Dijo David a Jonatán: «Mira, mañana es el novilunio*; yo tendría que sentarme con el rey a comer, pero tú me dejarás marchar y me esconderé en el campo hasta la noche*. ⁶ Si tu padre nota mi ausencia, dirás: 'David me ha pedido con insistencia que le deje hacer una escapada a Belén, su ciudad, porque se celebra allí el sacrificio anual de toda la familia.' ⁷ Si tu padre dice: 'Está bien,' es que me encuentro a salvo; pero si se enfurece, sabrás que ha decidido mi ruina. ⁸ Haz este favor a tu siervo, ya que hiciste que tu siervo estableciera contigo alianza de Yahvé; si en algo he fallado, dame tú mismo la muerte; ¿para qué llevarme hasta tu padre?» ⁹ Respondió Jonatán: «¡Lejos de ti! Si yo supiera con certeza que por parte de mi padre está decretado que venga la ruina sobre ti, ¿no

te lo avisaría?» ¹⁰ Respondió David a Jonatán: «¿Quién me avisará si tu padre te responde con aspereza*?»

¹¹ Respondió Jonatán a David: «Ven, salgamos al campo.» Y salieron ambos al campo. ¹² Dijo Jonatán a David: «Por Yahvé, Dios de Israel, te juro que mañana a esta misma hora sondearé a mi padre; si la cosa se pone bien para David y no envío un mensaje y quien te lo haga saber, ¹³ que Yahvé me pida cuentas de lo que he hecho. Si mi padre decide hacerte mal, te lo haré saber para que te pongas a salvo y vayas en paz. Y que Yahvé sea contigo como lo fue con mi padre. ¹⁴ Si para entonces estoy vivo todavía, usa conmigo la bondad de Yahvé y, si muerto, ¹⁵ nunca apartes tu misericordia de mi casa. Y cuando Yahvé haya exterminado a los enemigos de David de la faz de la tierra, ¹⁶ que no sea exterminado Jonatán con la casa de Saúl; de lo contrario, que Yahvé pida cuentas a David.» Jonatán concluyó un pacto con la casa de David: Yahvé pedirá cuentas a la casa de David*. ¹⁷ Jonatán hizo jurar* a David por el amor que le tenía, pues le amaba como a sí mismo.

¹⁸ Jonatán le dijo: «Mañana es novilunio y se notará tu ausencia, porque mirarán tu asiento. ¹⁹ Pasado mañana se notará más. Tú te vas al sitio en que te escondiste el día del suceso aquel* y te pones junto a aquella piedra. ²⁰ Ese mismo día, yo tiraré flechas por esa parte, como para tirar al blanco. ²¹ Mandaré al muchacho: 'Anda, busca la flecha.' Si digo al muchacho: 'La flecha está más acá de ti, tómala,' vienes, porque todo va bien para ti y no hay nada, por vida de Yahvé. ²² Pero si digo al muchacho: 'La flecha está más allá de ti,' vete, porque Yahvé quiere que te vayas. ²³ Cuanto a la palabra que tú y yo tenemos hablada, mira, Yahvé está entre los dos para siempre.»

Rt 1 17+

2 S 9;
21 7

---

20 Relato de una tradición diferente de **19** 1-7 y paralela a **19** 11-17. En un caso la hija del rey y en otro el hijo, salvan a David.
20 1 Nexo redaccional: según el relato que sigue, David no se ha separado aún de Saúl.
20 5 (a) Señalado por una fiesta religiosa, Is 1 13-14; Os 2 13; Am 8 5; ver 2 R 4 23, que incluía sacrificios, Nm 10 10; 28 11s.
20 5 (b) Con el griego omitimos «tercera» después de «la noche».
20 10 La pregunta supone que para los dos amigos es peligroso reunirse. La respuesta vendrá en el v. 18. Los vv. 11-17 son una adición que tiene ya presente una

transferencia de poderes de Saúl a David.
20 16 El pacto alcanza a la descendencia de Jonatán y supone la realeza de David. La segunda parte del v. es una fórmula de amenaza en caso de violación del pacto. El hebr. dice «a los enemigos de David», una manera de suavizar la gravedad de la amenaza, pero el pacto concierne sólo a David.
20 17 El v. insiste en el juramento hecho por David invocando su amor a Jonatán. La expresión, sin ser idéntica, recuerda la de 18 3.
20 19 Recuerdo de un episodio que no se nos ha conservado, o influencia redaccional de 19 1-7.

²⁴ David se escondió en el campo. Llegado el novilunio, el rey se puso a la mesa para comer. ²⁵ Se sentó el rey en su asiento, como de costumbre, en el asiento de la pared; Jonatán se sentó enfrente* y Abner al lado de Saúl; el asiento de David quedó vacío. ²⁶ Saúl no dijo nada aquel día, porque pensó: «Será un accidente, no estará puro porque no se ha purificado*.» ²⁷ Al día siguiente del novilunio, el segundo día, se fijaron en el asiento de David, y Saúl dijo a su hijo Jonatán: «¿Por qué no ha venido a comer ni ayer ni hoy el hijo de Jesé?» ²⁸ Jonatán respondió a Saúl: «David me pidió con insistencia poder ir a Belén. ²⁹ Me dijo: 'Déjame ir, por favor, porque es nuestro sacrificio de familia en la ciudad y mis hermanos me han reclamado. Así que, si he hallado gracia a tus ojos, déjame hacer una escapada para ver a mis hermanos.' Por esto no ha venido a la mesa del rey.»

³⁰ Se encendió la cólera de Saúl contra Jonatán y le dijo: «¡Hijo de una perdida! ¿Acaso no sé yo que prefieres al hijo de Jesé para vergüenza tuya y vergüenza de la desnudez de tu madre? ³¹ Pues mientras viva sobre el suelo el hijo de Jesé, no estarás a salvo ni tú ni tu reino; así que manda a buscarlo y tráemelo, porque es reo de muerte.» ³² Respondió Jonatán a su padre Saúl y le dijo: «¿Por qué ha de morir? ¿Qué ha hecho?» ³³ Blandió Saúl su lanza contra él para herirle y comprendió Jonatán que por parte de su padre la muerte de David era cosa decidida. ³⁴ Se levantó Jonatán de la mesa ardiendo en ira y no comió el segundo día del novilunio, pues estaba afligido por David y porque su padre le había injuriado*.

³⁵ A la mañana siguiente salió Jonatán con un muchacho al campo, a la hora acordada con David. ³⁶ Dijo al muchacho: «Corre a buscar las flechas que voy a tirar.» Corrió el muchacho, y entonces Jonatán lanzó las flechas más allá de él.

³⁷ Cuando el muchacho llegaba al lugar donde había lanzado la flecha Jonatán, éste gritó detrás de él: «¿Acaso no está la flecha más allá de ti?», ³⁸ y siguió gritando detrás del muchacho: «Pronto, date prisa, no te detengas.» Tomó el muchacho de Jonatán la flecha y volvió donde su señor. ³⁹ El muchacho no se enteró de nada. Solamente lo entendían Jonatán y David.

⁴⁰ Dio Jonatán sus armas al muchacho que estaba con él y le dijo: «Anda, llévalas a la ciudad.» ⁴¹ Se marchó el muchacho y David se levantó de junto a la loma*. Y, cayendo sobre su rostro en tierra, se postró tres veces. Se abrazaron los dos y lloraron copiosamente*. ⁴² Dijo Jonatán a David: «Vete en paz, ya que nos hemos jurado en nombre de Yahvé: 'Que Yahvé esté entre tú y yo, entre mi descendencia y la tuya para siempre*.'»

21 ¹ Se levantó David y se fue, y Jonatán volvió a la ciudad.

Parada en Nob.

² Llegó David a Nob*, donde el sacerdote Ajimélec*; vino Ajimélec temblando al encuentro de David y le preguntó: «¿Por qué vienes solo y no hay nadie contigo?» ³ Respondió David al sacerdote Ajimélec: «El rey me ha dado una orden y me ha dicho: 'Que nadie sepa el asunto que te mando y que te ordeno.' A los muchachos los he citado en tal lugar. ⁴ Así, pues, ¿qué tienes a mano? Dame cinco panes o lo que haya.» ⁵ Respondió el sacerdote a David: «No tengo a mano pan profano, pero hay pan consagrado*, si es que los muchachos se han abstenido al menos del trato con mujeres.»

⁶ Respondió David al sacerdote: «Ciertamente que la mujer nos está prohibida, como siempre que salgo a campaña, y los cuerpos de los muchachos están puros; aunque es un viaje profano, cierto

20 25   «se sentó enfrente» griego; «se levantó» hebr.
20 26   Un «accidente», una polución involuntaria, hace impuro hasta la noche, según Lv 15 16; Dt 23 11.
20 34   El primer motivo está inspirado por el v. 3 y pudo haber sido introducido tardíamente en el texto; el segundo se refiere al v. 30.
20 41   (a) Designación del *mismo* lugar que en el v. 19, *pero de otra forma*. La traducción del final del v. es dudosa.
20 41   (b) «tierra» (*regueb*) conj.; «sur» (*negueb*) hebr.
  —«copiosamente» griego; hebr. corrompido.
20 42   Los vv. 40-42 son una adición, pues la estratagema de las flechas sólo tiene razón de ser si David y Jonatán no pueden comunicarse directamente; supo-

nen los vv. 11-17.
21 2   (a) En la ladera oriental del monte Scopus, al este de Jerusalén, que todavía se hallaba en poder de los cananeos y que había que rodear para ir de Benjamín a Judá. El episodio prepara 22 9-23.
21 2   (b) Hijo de Ajitub, 22 9, y descendiente del sacerdote Elí de Siló, 14 3; no hay que confundirlo con Ajías, 14 3, que es, sin duda, hermano suyo. Los sacerdotes de Siló se habían refugiado en Nob después del desastre del cap. 4.
21 5   Los panes de la presencia. Estaban reservados para los sacerdotes, Lv 24 5-9. En tiempo de David era posible una derogación de esta ley, pero había que estar ritualmente puro.

20 22

43

21.¹

²

³

Ex 25 30
Lv 24 5-9
⁄ Mt 12 3-

⁵

que hoy sus cuerpos están puros*.» [7] El sacerdote le dio entonces pan consagrado, porque no había allí otro pan sino el pan de la presencia, el retirado de delante de Yahvé para colocar pan reciente el día que tocaba retirarlo.

Lv 24 8

[8] Estaba allí aquel día uno de los servidores de Saúl, detenido ante Yahvé; se llamaba Doeg, edomita, mayoral de los pastores* de Saúl.

22 9s

[9] Dijo David a Ajimélec: «¿No tienes aquí a mano una lanza o una espada? Porque ni siquiera he cogido mi espada y mis armas, pues urgía la orden del rey.» [10] Respondió el sacerdote: «Ahí está la espada de Goliat el filisteo que mataste en el valle del Terebinto, envuelta en un paño detrás del efod*; si la quieres, tómala; fuera de ésta, no hay otra.» Dijo David: «Ninguna mejor. Dámela.»

17 51.54

David en Gat*.

[11] David huyó aquel día de Saúl y se refugió donde Aquis, rey de Gat. [12] Los servidores de Aquis le dijeron: «¿No es éste David, rey de la tierra? ¿No es éste a quien cantaban en corro:

Saúl mató sus millares
y David sus miriadas?»

[13] Meditó David estas palabras y temió mucho a Aquis, rey de Gat. [14] Y se fingió demente ante sus ojos, haciéndose el loco en medio de ellos; tamborileaba* sobre el batiente de la puerta y dejaba caer la saliva sobre su barba.

[15] Dijo, pues, Aquis a sus servidores: «Mirad, este hombre está loco. ¿Para qué me lo habéis traído? [16] ¿Es que me hacen falta locos, que me habéis traído a éste para que haga el loco a mi costa? ¿Va a entrar éste en mi casa?»

27

10

11

18 7; 29 5

12

13

14

15

3.   DAVID JEFE DE BANDA

David comienza su vida errante.

22 [1] Partió de allí David y se refugió en la cueva de Adulán*. Se enteraron sus hermanos y toda la casa de su padre y bajaron allí, junto a él. [2] Todo el que se encontraba en apuros, todos los entrampados y desesperados se unieron a él y fue jefe de ellos. Había con él unos cuatrocientos hombres.

[3] De allí se fue David a Mispé de Moab y dijo al rey de Moab: «Permite, por favor, que mi padre y mi madre se queden con vosotros* hasta que yo sepa qué va a hacer conmigo Dios.» [4] Los llevó ante el rey de Moab, y se quedaron con él todo el tiempo que David estuvo en el refugio.

[5] El profeta Gad* dijo a David: «No te quedes en el refugio. Vete y penetra en las tierras de Judá.» Partió David y entró en el bosque de Jéret.

Matanza de los sacerdotes de Nob.

[6] Oyó Saúl que David y los hombres que estaban con él habían sido descubiertos. Estaba Saúl en Guibeá, en el alto, debajo del tamarisco, con la lanza en la mano, rodeado de todos sus servidores. [7] Dijo Saúl a todos los servidores que le rodeaban: «Oídme todos, benjaminitas: ¿también a cada uno de vosotros os va a dar el hijo de Jesé campos y viñas y os va a nombrar a todos jefes de millares y jefes de cien, [8] pues conspiráis todos contra mí y no ha habido quien me descubriera la alianza de mi hijo con el hijo de Jesé, nadie que sintiera pena por mí y me avisara que mi hijo hacía que mi servidor atentase contra mí, como ocurre hoy mismo?»

[9] Respondió Doeg el edomita, que estaba entre los servidores de Saúl: «Yo he visto al hijo de Jesé venir a Nob, donde Ajimélec, hijo de Ajitub. [10] Consultó por él a Yahvé, le dio víveres e incluso le entregó la espada de Goliat el filisteo.» [11] Mandó el rey llamar al sacerdote Ajimélec, hijo de Ajitub, y a toda la casa de su padre, a los sacerdotes que había en Nob, y vinieron todos donde el rey.

8 14

21 2-10

---

21 6   V. difícil, que entendemos así: aunque se trata de un viaje profano, los hombres se han conducido como en una expedición militar, en la que la continencia era una norma religiosa; «sus cuerpos» puede ser un eufemismo por el miembro viril.
21 8   Esto prepara 22 9-10 y 18.
21 10 Este efod de Nob reaparecerá en 23 6.9, y ya se supone en 23 10.13.15. Sigue siendo el efod adivinatorio, ver 2 28+, que ciertamente era un objeto bastante voluminoso, ver Jc 8 26. La espada de Goliat está guardada detrás del efod, como un trofeo, ver 31 10.

21 11 Tradición independiente sobre la fuga de David, que anticipa el relato del cap. 27 y subraya con un rasgo humorístico la habilidad de David.
21 14 «tamborileaba» versiones; «hacía señales» hebr.
22 1   Las cuevas del desierto de Judá siempre han servido de refugio a los fuera de la ley. Adulán era una ciudad de la Sefela o Tierra Baja.
22 3   David sustrae a sus padres de la venganza de Saúl; le unen lazos familiares con Moab, según Rt 4 17, ver Mt 1 5-6.
22 5   Será el vidente de David, 2 S 24 11s.

¹² Dijo Saúl: «Escucha, hijo de Ajitub.» Éste respondió: «Aquí estoy, mi señor.» ¹³ Díjole Saúl: «¿Por qué conspiráis contra mí tú y el hijo de Jesé, pues le diste pan y una espada y consultaste a Dios por él, para que se alzase contra mí, como ahora está sucediendo?» ¹⁴ Respondió Ajimélec al rey: «¿Y quién, entre todos tus servidores, es como David, el fiel, el yerno del rey y el jefe* de tu guardia personal y honrado en tu propia casa? ¹⁵ ¿Es que he comenzado hoy a consultar a Dios por él? ¡Líbreme Dios! No achaque el rey a su siervo y a toda la casa de mi padre una cosa tal porque nada sabe tu siervo de esto, ni poco ni mucho.» ¹⁶ Respondió el rey: «Vas a morir, Ajimélec, tú y toda la casa de tu padre.»

¹⁷ Dijo pues el rey a los corredores* que estaban a su lado: «Acercaos y dad muerte a los sacerdotes de Yahvé, porque también su mano está con David, pues sabían que huía y no me lo hicieron saber.» Pero los servidores del rey no quisieron alzar su mano para herir a los sacerdotes de Yahvé. ¹⁸ Dijo, pues, el rey a Doeg: «Acércate tú y hiere a los sacerdotes.» Acercóse Doeg el edomita y él mismo hirió a los sacerdotes; mató aquel día a ochenta y cinco hombres que llevaban efod de lino. ¹⁹ Saúl pasó a filo de espada a Nob, la ciudad de los sacerdotes, hombres, mujeres, niños y lactantes, bueyes, asnos y ovejas, todos a cuchillo.

²⁰ Sólo pudo escapar un hijo de Ajimélec, hijo de Ajitub, llamado Abiatar, y huyó donde David. ²¹ Abiatar notificó a David que Saúl había dado muerte a los sacerdotes de Yahvé. ²² David dijo a Abiatar: «Ya sabía yo aquel día que, estando allí Doeg el edomita, no dejaría de avisar a Saúl. Yo soy el responsable* de todas las vidas de la casa de tu padre. ²³ Quédate conmigo y no temas, que quien busca tu muerte busca la mía, y junto a mí estarás bien custodiado*.»

David en Queilá.

23 ¹ Avisaron a David: «Mira, los filisteos están atacando a Queilá y han saqueado las eras.» ² Consultó David a Yahvé: «¿Debo ir a batir a esos filisteos?» Yahvé respondió a David: «Vete, batirás a los filisteos y salvarás a Queilá.» ³ Dijeron a David sus hombres: «Mira, ya en Judá estamos con temor, ¿y todavía vamos a marchar a Queilá contra las huestes de los filisteos?» ⁴ David consultó de nuevo a Yahvé. Yahvé respondió: «Levántate, baja a Queilá porque he entregado a los filisteos en tus manos.» ⁵ Fue David con sus hombres a Queilá, atacó a los filisteos, se llevó sus rebaños, les causó una gran mortandad y libró David a los habitantes de Queilá. ⁶ Cuando Abiatar, hijo de Ajimélec, huyó a donde David, descendió también a Queilá, con el efod* en su mano.

⁷ Se avisó a Saúl que David había entrado en Queilá y dijo: «Dios lo ha entregado* en mis manos, pues él mismo se ha encerrado yendo a una ciudad con puertas y cerrojos.» ⁸ Llamó Saúl a todo el pueblo a las armas para bajar a Queilá y cercar a David y sus hombres. ⁹ Supo David que Saúl tramitaba su ruina, y dijo al sacerdote Abiatar: «Acerca el efod.» ¹⁰ Dijo David: «Yahvé, Dios de Israel, tu siervo ha oído que Saúl intenta venir a Queilá para destruir la ciudad por mi causa. ¹¹ ¿Me entregarán en sus manos los notables de Queilá*? ¿Descenderá de verdad Saúl como tu siervo ha oído? Yahvé, Dios de Israel, hazlo saber por favor a tu siervo.» Yahvé respondió: «Bajará.» ¹² Preguntó David: «¿Me entregarán los notables de Queilá, a mí y a mis hombres, en manos de Saúl?» Respondió Yahvé: «Te entregarán*.» ¹³ Se levantó David con sus hombres, que eran unos trescientos; salieron de Queilá, y anduvieron errando. Avisaron a Saúl que David se había escapado de Queilá y suspendió la expedición.

¹⁴ David se asentó en el desierto, en refugios, y se quedó en la montaña del desierto de Zif*; Saúl le buscaba sin cesar, pero Dios no le entregó en sus manos.

22 14 Leyendo con el griego; «alejado» hebr.
22 17 Los «corredores» forman parte de la escolta personal, ver 1 R 1 5; 14,27; 2 R 10 25; 11 4; etc.
22 22 *David repite el verbo usado en los vv. 17 y 18 por Saúl, pero con un sentido diferente.*
22 23 Abiatar será el sacerdote de David hasta la muerte de éste. Será despedido por Salomón, 1 R 2 26-27.
23 6 Esta observación prepara la consulta, a través del efod, que viene a continuación, ver v. 9.
23 7 Este verbo, como bien ha comprendido la versión griega, significa «vender»; la misma idea se encuentra en Jc 2 14; 3 8.
23 11 La primera pregunta se repite en el v. 12, y el griego la omite.
23 12 David ha salvado a los habitantes de Queilá, pero les hace pagar esta asistencia viviendo a sus expensas con su tropa, ver 25 4-8; por eso la traicionan y apelan al poder regular. Ver 23 19-20; 24 2; 26 1.
23 14 Al sur de Hebrón. El v. enlaza el episodio de Queilá, vv. 1-13, con el de Zif, vv. 19-28.

2 31-33
2 18+
22 20-23
2 28+
2 28+

David en Jorsa. Visita de Jonatán*.

[15] Se enteró David de que Saúl había salido a campaña para buscar su muerte. Estaba entonces David en el desierto de Zif, en Jorsa. [16] Jonatán, hijo de Saúl, se levantó y fue donde David, en Jorsa, le dio ánimos en Dios, [17] y le dijo: «No temas, porque la mano de Saúl, mi padre, no te alcanzará; tú reinarás sobre Israel y yo seré tu segundo. Hasta mi padre Saúl lo tiene sabido.» [18] Hicieron ambos una alianza ante Yahvé; David se quedó en Jorsa y Jonatán se volvió a su casa.

David escapa con apuros de Saúl.

[19] Subieron algunos zifitas a Guibeá, donde Saúl, para decirle: «¿No se esconde David entre nosotros, en los refugios de Jorsa, en la colina de Jaquilá, que está al sur de la estepa? [20] Tú deseas con toda tu alma, oh rey, descender. Desciende y es cosa nuestra entregarlo en manos del rey.» [21] Respondió Saúl: «Que Yahvé os bendiga por haberos compadecido de mí. [22] Id, pues; enteraos bien y mirad el lugar por donde anda y quién le ha visto allí, porque me han dicho que es muy astuto. [23] Mirad y reconoced todos los escondrijos en que pueda esconderse, y volved a mí cuando estéis seguros y subiré con vosotros, y si está en la comarca lo rebuscaré entre todas las familias de Judá.» [24] Se pusieron en marcha hacia Zif antes que Saúl. Estaban David y sus hombres en el desierto de Maón, en la llanura, al sur del desierto. [25] Fue Saúl con sus hombres en su busca; avisaron a David y bajó al tajo* que está en el desierto de Maón. Lo oyó Saúl y persiguió a David en el desierto de Maón. [26] Iba Saúl y sus hombres por un lado de la montaña, y David y sus hombres por el lado de la otra. Huía David a toda prisa ante Saúl, mientras éste y sus hombres intentaban rodear a David y sus hombres para apresarlos, [27] cuando de pronto llegó un mensajero a Saúl y le dijo:

«Date prisa y ven, porque los filisteos han invadido la tierra.» [28] Abandonó Saúl la persecución de David y marchó al encuentro de los filisteos. Por eso se llamó aquel lugar «Peña de la Separación.»

David perdona a Saúl.

=26

24 [1] Subió de allí David y se asentó en los refugios de Engadí*. [2] Cuando regresó Saúl de perseguir a los filisteos, le avisaron: «David está en el desierto de Engadí.» [3] Tomó entonces Saúl tres mil hombres selectos de todo Israel y partió en busca de David y de sus hombres frente a las Peñas de los Rebecos. [4] Llegó a unos rediles de ganado junto al camino; había allí una cueva y Saúl entró en ella para hacer sus necesidades*. David y sus hombres estaban en el fondo de la cueva. [5] Los hombres de David le dijeron: «Mira, éste es el día que Yahvé te anunció: Yo pongo a tu enemigo en tus manos, haz de él lo que te plazca.» Levantóse David y silenciosamente cortó la punta del manto de Saúl. [6] Después su corazón le latía fuertemente por haber cortado la punta del manto de Saúl*, [7] y dijo a sus hombres: «Yahvé me libre de hacer tal cosa a mi señor, al ungido de Yahvé*, y de alzar mi mano contra él, porque es el ungido de Yahvé.» [8] David disuadió a sus hombres con estas palabras, y no les permitió lanzarse contra Saúl.

26 9
31 4
2 S 1 14

Saúl marchó de la cueva y siguió su camino. [9] A continuación salió David de la cueva y gritó a espaldas de Saúl: «¡Oh rey, mi señor!» Volvió Saúl la vista, e inclinándose David, rostro en tierra, se postró ante él, [10] y dijo David a Saúl: «¿Por qué escuchas las palabras de la gente que te dice: David busca tu ruina? [11] Acabas de ver que Yahvé te ha puesto en mis manos en la cueva, y han hablado de matarte, pero te he perdonado, pues me he dicho: No alzaré mi mano contra mi señor, porque es el ungido de

24 7+

23 15 Los vv. 15-18 pertenecen a las tradiciones sobre la amistad entre David y Jonatán, y especialmente 20 11-17. El anuncio del reinado de David es en este caso explícito, y Jonatán se reserva el segundo lugar, v. 17. Esto no significa que haya habido un complot de los dos amigos contra Saúl, ver 20 30; 22 8. El relato de estos lances se hace a la luz de los acontecimientos que siguieron.
23 25 El término hebreo *sela'* tiene aquí su sentido propio de «tajo en la roca». Saúl y David no siguen las dos vertientes de una altura, sino las dos vertientes de una garganta de difícil tránsito, v. 26. Ver situaciones

similares en 26 13.22; 2 S 16 13.
24 1 La «Fuente del Cabrito», en la orilla occidental del Mar Muerto, a la altura de Zif.
24 4 Lit. «para cubrirse los pies».
24 6 David siente remordimientos (para la expresión, ver 2 S 24 10). En efecto, el vestido es un sustituto de la persona, ver 18 4; tocar el vestido es tocar a la persona.
24 7 Probable glosa, dado que el final del v. repite esta designación del rey, que por la unción se ha convertido en una persona sagrada.

Yahvé. ¹² Mira, padre mío, mira la punta de tu manto en mi mano; si he cortado la punta de tu manto y no te he matado, reconoce y mira que no hay en mi camino maldad ni crimen, ni he pecado contra ti, mientras que tú me pones insidias para quitarme la vida. ¹³ Que juzgue Yahvé entre los dos y que Yahvé me vengue de ti, pero mi mano no te tocará, ¹⁴ pues como dice el antiguo proverbio: De los malos sale malicia, pero mi mano no te tocará*. ¹⁵ ¿Contra quién sale el rey de Israel, a quién estás persiguiendo? A un perro muerto, a una pulga. ¹⁶ Que Yahvé juzgue y sentencie entre los dos, que él vea y defienda mi causa y me haga justicia librándome de tu mano.»

2 S 9 8; 16 9

¹⁷ Cuando David hubo acabado de decir estas palabras a Saúl, dijo Saúl: «¿Es ésta tu voz, hijo mío David?» Y alzando Saúl su voz, rompió a llorar, ¹⁸ y dijo a David: «Más justo eres tú que yo, pues tú me haces beneficios y yo te devuelvo males; ¹⁹ hoy has mostrado tu bondad, pues Yahvé me ha puesto en tus manos y no me has matado. ²⁰ ¿Qué hombre encuentra a su enemigo y le permite seguir su camino en paz? Que Yahvé te premie por el bien que hoy me has hecho. ²¹ Ahora tengo por cierto que reinarás y que el reino de Israel se afirmará en tu mano. ²² Ahora, pues, júrame por Yahvé que no exterminarás mi descendencia después de mí y que no borrarás mi nombre de la casa de mi padre.» ²³ David se lo juró a Saúl*. Éste se fue a su casa y David y sus hombres subieron al refugio.

=28 3

Muerte de Samuel.

25 ¹ Samuel murió. Todo Israel se congregó para llorarle y lo sepultaron en su heredad, en Ramá.

Historia de Nabal y Abigail.

David se puso en marcha y bajó al desierto de Parán*. ² Había un hombre en Maón que tenía su hacienda en Carmelo. Era un hombre muy rico; poseía tres mil ovejas y mil ca-

15 12

bras. Estaba entonces en Carmelo, esquilando su rebaño. ³ El hombre se llamaba Nabal y su mujer se llamaba Abigail; ella era muy prudente y hermosa, pero el hombre era duro y de mala conducta. Era calebita.

⁴ Supo David en el desierto que Nabal estaba esquilando su rebaño ⁵ y mandó diez muchachos. David dijo a los muchachos*: «Subid a Carmelo y llegad donde Nabal y le saludáis en mi nombre. ⁶ Le diréis: 'Que sea así también el año que viene. Salud para tí, salud para tu casa y salud para todo lo tuyo*. ⁷ He sabido que estás de esquileo; pues bien, tus pastores han estado con nosotros y nunca les hemos molestado ni han echado en falta nada de lo suyo mientras estuvieron en Carmelo. ⁸ Pregunta a tus criados y ellos te lo dirán. Que estos muchachos encuentren, pues, gracia a tus ojos, ya que hemos venido en un día de fiesta, y dales lo que tengas a mano para tus siervos y tu hijo David.'»

⁹ Llegaron los muchachos de David, dijeron a Nabal todas estas palabras en nombre de David y se quedaron esperando. ¹⁰ Pero Nabal respondió a los servidores de David: «¿Quién es David y quién es el hijo de Jesé? Abundan hoy en día los siervos que andan huídos de sus señores. ¹¹ ¿Voy a tomar acaso mi pan y mi agua y las reses que he sacrificado para los esquiladores y se las voy a dar a unos hombres que no sé de dónde son?» ¹² Los muchachos de David dieron la vuelta y se volvieron por su camino, y en llegando le comunicaron todas estas palabras. ¹³ David dijo a sus hombres: «Que cada uno ciña su espada.» Todos ciñeron su espada. También David ciñó su espada. Subieron detrás de David unos cuatrocientos hombres, quedándose doscientos con el bagaje.

¹⁴ Uno de los servidores avisó a Abigail, mujer de Nabal, diciendo: «Mira que David ha enviado mensajeros desde el desierto para saludar a nuestro amo, y se ha lanzado contra ellos. ¹⁵ Sin embargo, esos hombres han sido muy buenos con nosotros, no nos han molestado y nada echamos en falta mientras anduvi-

---

24 14   *Es decir, tocar a los malos conlleva desgracias. Proverbio insertado por un glosador.*
24 23   *Los vv. 21-23ᵃ, que anuncian el reinado de David, son una adición del mismo tipo que las de 20 12-17.41-42; 23 15-18.*
25 1   *Región al sur de Judá, que se extiende hasta la frontera de Egipto.*
25 5   *El esquileo de las ovejas es ocasión de fiesta, ver*

2 S 13 23s, en la que un rico propietario debe mostrarse generoso. David se aprovecha de ello para exigir la tasa que los nómadas imponen a las ciudades vecinas por la «protección» que les conceden no saqueándolas y alejando a los merodeadores, v. 16. Es el derecho de «fraternidad».
25 6   *Deseo de prosperidad que abre el saludo, ya que estamos en tiempo del esquileo de las ovejas.*

mos con ellos, cuando estábamos en el campo. [16] Fueron nuestra defensa noche y día todo el tiempo que estuvimos con ellos guardando el ganado. [17] Date cuenta y mira lo que debes hacer, porque ya está decretada la ruina de nuestro amo y de toda la casa, y es un necio al que nada se puede decir.»

[18] Tomó Abigail a toda prisa doscientos panes y dos odres de vino, cinco carneros ya preparados, cinco arrobas de trigo tostado, cien racimos de uvas pasas y doscientos panes de higos secos, y lo cargó sobre unos asnos, [19] diciendo a sus servidores: «Pasad delante de mí, que yo os sigo.» Pero nada dijo a su marido Nabal.

[20] Cuando bajaba ella, montada en el asno, por lo cubierto de la montaña, David y sus hombres bajaban a su encuentro y se tropezó con ellos. [21] David se decía: «Muy en vano he guardado en el desierto todo lo de este hombre para que nada de lo suyo le faltase, pues me devuelve mal por bien. [22] Esto haga Dios a David* y esto otro añada si para el alba dejo con vida ni un solo varón* de los de Nabal.» [23] Apenas vio a David, se apresuró Abigail a bajar del asno y cayendo ante David se postró en tierra, y [24] arrojándose a sus pies le dijo: «Caiga sobre mí la falta, señor. Deja que tu sierva hable a tus oídos y escucha las palabras de tu sierva. [25] No haga caso mi señor de este necio de Nabal; porque le va bien el nombre: necio* se llama y la vileza está con él; yo, tu sierva, no vi a los siervos que mi señor había enviado. [26] Ahora, mi señor, por Yahvé y por tu vida, por Yahvé que te ha impedido derramar sangre y tomarte la justicia por tu propia mano, que sean como Nabal* tus enemigos y los que buscan la ruina de mi señor. [27] Cuanto a este presente que tu sierva ha hecho traer para mi señor, que sea entregado a los muchachos que marchan en pos de mi señor. [28] Perdona, por favor, la falta de tu sierva, ya que ciertamente hará Yahvé una casa permanente a mi señor, pues mi señor combate las batallas de Yahvé y no vendrá mal sobre ti en toda tu vida. [29] Y aunque se alza un

hombre para perseguirte y buscar tu vida, la vida de mi señor está encerrada en la bolsa de la vida*, al lado de Yahvé tu Dios, mientras que la vida de los enemigos de mi señor la volteará en el hueco de la honda. [30] Cuando haga Yahvé a mi señor todo el bien que te ha prometido y te haya establecido como caudillo de Israel, [31] que no haya turbación ni remordimiento en el corazón de mi señor por haber derramado sangre inocente y haberse tomado mi señor la justicia por su mano; y cuando Yahvé haya favorecido a mi señor, acuérdate de tu sierva.»

[32] David dijo a Abigail: «Bendito sea Yahvé, Dios de Israel, que te ha enviado hoy a mi encuentro. [33] Bendita sea tu prudencia y bendita tú misma que me has impedido derramar sangre y tomarme la justicia por mi mano. [34] Pero con todo, vive Yahvé, Dios de Israel, que me ha impedido hacerte mal, que de no haberte apresurado a venir a mi encuentro, no le hubiera quedado a Nabal, al romper el alba, ni un solo varón.» [35] Tomó David de mano de ella lo que le traía y le dijo: «Sube en paz a tu casa; mira, he escuchado tu voz y he accedido a tu petición.»

[36] Cuando Abigail llegó donde Nabal, estaba celebrando en su casa un banquete regio; estaba alegre su corazón y completamente borracho. No le dijo una palabra, ni grande ni pequeña, hasta el lucir del día. [37] Pero a la mañana, cuando se le pasó el vino a Nabal, le contó su mujer lo sucedido; el corazón se le murió en el pecho y se le quedó como una piedra. [38] Al cabo de unos diez días hirió Yahvé a Nabal y murió.

[39] Oyó David que Nabal había muerto y dijo: «Bendito sea Yahvé que ha defendido mi causa contra la injuria de Nabal y ha preservado a su siervo de hacer mal. Yahvé ha hecho caer la maldad de Nabal sobre su cabeza.»

Envió David mensajeros para proponer a Abigail que fuera su mujer. [40] Llegaron los mensajeros de David a casa de Abigail en Carmelo y le hablaron diciendo: «David nos envía a ti para tomarte por mujer.» [41] Se levantó ella y se postró

Rt 1 17+

Sal 69 29
Is 4 3
Dn 12 1
Ap 3 5

---

25 22 (a) El hebr. lee «a los enemigos de David», que es un eufemismo como en **20** 16 para evitar la imprecación directa a David.
25 22 (b) Lit. «que orina contra la pared».
25 25 En hebreo, el término *nabal* designa al insensato que se porta mal con Dios y con los hombres, estúpido a la vez que impío y malvado, ver Is 32 5s. La mujer

asocia *nabal* con *nebalah*, la infamia.
25 26 Participando de su trágica muerte, que Abigail prevé.
25 29 En ella conserva Dios como un tesoro la vida de sus amigos. Imagen semejante a la del «libro de la vida», Sal 69 29; Is 4 3; Dn 12 1; Ap 3 5.

rostro en tierra diciendo: «Tu sierva es una esclava para lavar los pies de los siervos de mi señor.» ⁴² Se levantó Abigail apresuradamente, montó en su asno y, seguida de cinco de sus siervas, se fue tras los enviados de David y fue su mujer.

⁴³ David había tomado también por mujer a Ajinoán de Yizreel y las dos fueron mujeres suyas. ⁴⁴ Saúl había dado su hija Mical, mujer de David, a Paltí, hijo de Layis, de Galín.

18 20s;
19 10s
2 S 3 13s

=24

David perdona a Saúl*.

23 19s

26 ¹ Llegaron los de Zif donde Saúl, en Guibeá, diciendo: «¿Acaso no está escondido David en la colina de Jaquilá, hacia el este de la estepa?» ² Se levantó Saúl y bajó al desierto de Zif, con tres mil hombres escogidos de Israel, para buscar a David en el desierto de Zif. ³ Acampó Saúl en la colina de Jaquilá, que está frente a la estepa, junto al camino. Andaba David por el desierto y vió que entraba Saúl en el desierto para perseguirle. ⁴ Envió David exploradores y supo con seguridad que Saúl había venido. ⁵ Se puso David en marcha y llegó al lugar donde acampaba Saúl. Observó el sitio en que estaban acostados Saúl y Abner, hijo de Ner, jefe de su tropa. Dormía Saúl en el círculo del campamento, y la tropa acampaba en torno a él.

1 Cro 2 16

⁶ David dirigió la palabra a Ajimélec, hitita, y a Abisay, hijo de Sarvia, hermano de Joab, diciendo: «¿Quién quiere bajar conmigo al campamento, donde Saúl?» Abisay respondió: «Yo bajo contigo.» ⁷ David y Abisay se dirigieron de noche hacia la tropa. Saúl dormía acostado en el centro del campamento, con su lanza, clavada en tierra, a su cabecera; Abner y el ejército estaban acostados en torno a él.

⁸ Dijo entonces Abisay a David: «Hoy ha copado Dios a tu enemigo en tu mano. Déjame que ahora mismo lo clave en tierra con la lanza de un solo golpe. No tendré que repetir.» ⁹ Pero David dijo a Abisay: «No lo mates. ¿Quién

18 11; 19 10

24 7;
9 26+

atentó contra el ungido de Yahvé y quedó impune?» ¹⁰ Añadió David: «Vive Yahvé, que ha de ser Yahvé quien le hiera, bien que llegue su día y muera, bien que baje al combate y perezca. ¹¹ Líbreme Yahvé de levantar mi mano contra el ungido de Yahvé. Ahora toma la lanza de su cabecera y el jarro de agua y vámonos.» ¹² Tomó David la lanza y el jarro de la cabecera de Saúl y se fueron. Nadie los vio, nadie se enteró, nadie se despertó. Todos dormían porque se había abatido sobre ellos el sopor profundo de Yahvé.

Gn 2 21;
15 12

¹³ Pasó David al otro lado* y se colocó lejos, en la cumbre del monte, quedando un gran espacio entre ellos. ¹⁴ Gritó David a la gente y a Abner, hijo de Ner, diciendo: «¿No me respondes, Abner?» Respondió Abner: «¿Quién eres tú, llamas al rey?» ¹⁵ Dijo David a Abner: «¿No eres tú un hombre? ¿Quién como tú en Israel? ¿Por qué, pues, no has custodiado al rey tu señor? Pues uno del pueblo ha entrado para matar al rey, tu señor. ¹⁶ No está bien esto que has hecho. Vive Yahvé que sois reos de muerte por no haber velado sobre vuestro señor, el ungido de Yahvé. Mira ahora. ¿Dónde está la lanza del rey y el jarro del agua que había junto a la cabecera?»

¹⁷ Reconoció Saúl la voz de David y preguntó: «¿Es ésta tu voz, hijo mío David?» Respondió David: «Mi voz es, oh rey, mi señor.» ¹⁸ Y añadió: «¿Por qué persigue mi señor a su siervo? ¿Qué he hecho y qué maldad hay en mí? ¹⁹ Que el rey mi señor se digne escuchar ahora las palabras de su siervo. Si es Yahvé quien te excita contra mí, que sea aplacado con una oblación, pero si son los hombres, malditos sean ante Yahvé, porque me expulsan hoy para que no participe en la heredad de Yahvé, diciéndose: 'Que vaya a servir a otros dioses*'. ²⁰ Que no caiga ahora mi sangre en tierra lejos de la presencia de Yahvé*, pues ha salido el rey de Israel a la caza de una simple pulga* como quien persigue una perdiz en los montes.»

Dt 7 6+

---

26 El relato de este capítulo es muy parecido al del *cap. 24. Se trata o de sucesos similares, moldeados de forma idéntica por la tradición oral y luego escrita, o bien, con mayor probabilidad, de un duplicado, dos formas paralelas de referir la generosidad de David y su respeto religioso del carácter sagrado del rey, «el ungido de Yahvé», ver 9 26+.*
26 13 A la otra vertiente del valle.
26 19 Tan estrechamente estaba unido Yahvé con la

tierra de Israel, su «heredad», que no se creía posible honrarle en el extranjero, donde reinaban otros dioses. Por eso, Naamán se llevará a Damasco un poco de tierra de Israel, 2 R 5 17. Forzar a David a exiliarse es condenarlo a abandonar a Yahvé.
26 20 (a) En el desierto, dominio de los espíritus malignos, Is 13 21; 34 13-14; Lv 16 10, David se siente ya fuera de la presencia de Yahvé.
26 20 (b) Referencia a 24 15.

²¹ Respondió Saúl: «He pecado. Vuelve, hijo mío, David, no te haré ya ningún mal, ya que mi vida ha sido hoy preciosa a tus ojos. Me he portado como un necio y estaba totalmente equivocado.» ²² Respondió David: «Aquí está la lanza del rey. Que pase uno de los servidores y la tome. ²³ Yahvé devolverá a cada uno según su justicia y su fidelidad; pues hoy te ha entregado Yahvé en mis manos, pero no he querido alzar mi mano contra el ungido de Yahvé. ²⁴ De igual modo que tu vida ha sido hoy de gran precio a mis ojos, así será de gran precio la mía a los ojos de Yahvé, de suerte que me libere de toda angustia.»

²⁵ Dijo Saúl a David: «Bendito seas, hijo mío David. Triunfarás en todas tus empresas.» Siguió David por su camino y Saúl se volvió a su casa.

Sal 7 9;
18 21

24 21

4. DAVID CON LOS FILISTEOS

David se refugia en Gat.

27 ¹ David dijo para sí: «Algún día voy a perecer a manos de Saúl. Estaré a salvo y seguro en tierra de filisteos*. Saúl dejará de perseguirme por todos los términos de Israel y escaparé de sus manos.» ² David se puso en marcha y pasó, con los seiscientos hombres que tenía, a Aquis, hijo de Maoc, rey de Gat.

21 11-16

David vasallo de Aquis.

³ Se asentó David con Aquis en Gat, él y sus hombres, cada cual con su familia; David con sus dos mujeres, Ajinoán de Yizreel y Abigail, mujer de Nabal, de Carmelo. ⁴ Se dio aviso a Saúl que David había huido a Gat y dejó de buscarlo.

⁵ Dijo David a Aquis: «Si he hallado gracia a tus ojos, que se me asigne un lugar en una de las ciudades del territorio y residiré en ella. ¿Por qué ha de morar tu siervo a tu lado, en la ciudad real?» ⁶ Aquel mismo día Aquis le asignó Sicelag; por eso Sicelag* pertenece hasta el día de hoy a los reyes de Judá*. ⁷ El número de días que moró David en territorio de los filisteos fue de un año y cuatro meses.

29 3

⁸ Subía David con su gente y hacía incursiones* contra los guesuritas, los guirzitas y los amalecitas, pues éstos son los habitantes de la región, desde Telán*, hasta Sur y hasta la tierra de Egipto. ⁹ Devastaba David la tierra y no dejaba con vida hombre ni mujer; se apoderaba de las ovejas y bueyes, asnos y camellos y vestidos, y se volvía para llevarlos a Aquis. ¹⁰ Aquis preguntaba: «¿Dónde habéis hecho hoy la incursión?», y David respondía: «Contra el Negueb de Judá, o contra el Negueb de Yerameel, o contra el Negueb de los quenitas*.» ¹¹ David no dejaba llevar a Gat con vida hombres ni mujeres, pues decía: «No sea que den aviso contra nosotros y digan: 'Esto ha hecho David.'» De esta forma se comportó David todo el tiempo que moró en territorio de filisteos. ¹² Aquis confiaba en David diciéndose: «Seguramente se ha hecho odioso a su pueblo Israel y será mi servidor para siempre.»

Ex 17 8
1 S 15
Jos 13 2

Los filisteos van a la guerra contra Israel.

28 ¹ Por aquellos días reunieron los filisteos sus tropas para ir a la guerra contra Israel; Aquis dijo a David: «Bien sabes que debes venir a la guerra conmigo, tú y tus hombres.» ² Respondió David a Aquis: «Ahora vas a saber bien lo que va a hacer tu servidor*.» Dijo Aquis a David: «Con seguridad te haré mi guardia personal para siempre.»

---

27 1 Era un medio seguro de librarse de Saúl, pero esta aparente deserción al enemigo ponía a David en una situación falsa, de la que no saldrá más que a fuerza de habilidad, vv. 8-12, y con ayuda de las circunstancias, cap. **29**.

27 6 (a) En la frontera del país de los filisteos, al noreste de Berseba. Aquis da la ciudad en feudo a David, contando con su tropa para vigilar el desierto vecino.

27 6 (b) Es decir, que era tierra del dominio del rey.

27 8 (a) El sistema de guerra empleado por David es el de la «razzia» o algarada. Traducimos «incursiones» porque David tenía solamente tropa de a pie, mientras que las algaradas se hacían siempre con gente de a caballo.

27 8 (b) Este nombre, conservado por algunos mss griegos, aparece ya en **15** 4; hebr. dice «desde siempre» (*me'olam*).

27 10 El Negueb es la región escasamente habitada y mayormente de pastoreo que se extiende al sur de Palestina. Pertenece a la población de Judá y a sus aliados, como los quenitas, ver también 30 14. David presenta como dirigidas contra éstos sus incursiones contra los bandidos del desierto, incursiones que en cambio le granjean las simpatías de los de Judá.

28 2 Respuesta ambigua que Aquis toma como anuncio de proezas guerreras. David cuenta con que las circunstancias le impedirán combatir a Israel, y en efecto se lo impidieron (cap. **29**).

Saúl y la pitonisa de Endor*.

=25 1

³ Samuel había muerto, todo Israel le había llorado y fue sepultado en Ramá, su ciudad. Saúl había echado del país a los nigromantes y adivinos.

⁴ Los filisteos se reunieron, llegaron y acamparon en Sunén*. Reunió Saúl a todo Israel y acampó en Gelboé. ⁵ Vio Saúl el campamento de los filisteos y tuvo miedo, temblando sobremanera su corazón. ⁶ Consultó Saúl a Yahvé, pero Yahvé no le respondió ni por sueños ni por los *urim* ni por los profetas. ⁷ Dijo Saúl a sus servidores: «Buscadme una nigromante para que vaya a consultarla.» Dijéronle sus servidores: «Aquí mismo, en Endor, hay una nigromante.»

14 41+
Ex 33 7+

1 R 14 2

⁸ Se disfrazó Saúl poniéndose otras ropas y fue con dos de sus hombres; llegó donde la mujer de noche y dijo: «Adivíname por un muerto y evócame al que yo te diga.» ⁹ La mujer le respondió: «Bien sabes lo que hizo Saúl, que suprimió de esta tierra a los nigromantes y adivinos. ¿Por qué tiendes un lazo a mi vida para hacerme morir?» ¹⁰ Saúl juró por Yahvé diciendo: «¡Vive Yahvé! Ningún castigo te vendrá por este hecho.» ¹¹ La mujer dijo: «¿A quién debo invocar para ti?» Respondió: «Evócame a Samuel.»

Si 46 20

¹² Vio entonces la mujer a Samuel y lanzó un gran grito. Dijo la mujer a Saúl: «¿Por qué me has engañado? ¡Tú eres Saúl*!» ¹³ El rey le dijo: «No temas, pero ¿qué has visto?» La mujer respondió a Saúl: «Veo un espectro* que sube de la tierra*.» ¹⁴ Saúl le preguntó: «¿Qué aspecto tiene?» Ella respondió: «Es un hombre anciano que sube envuelto en su manto.» Comprendió Saúl que era Samuel y cayendo rostro en tierra se postró.

¹⁵ Samuel dijo a Saúl: «¿Por qué me perturbas evocándome?» Respondió Saúl:

«Estoy en grande angustia; los filisteos mueven guerra contra mí, Dios se ha apartado de mí y ya no me responde ni por los profetas ni en sueños. Te he llamado para que me indiques lo que debo hacer.» ¹⁶ Dijo Samuel: «¿Para qué me consultas si Yahvé se ha separado de ti y se ha convertido en tu enemigo? ¹⁷ Yahvé ha cumplido lo que dijo por mi boca: ha arrancado Yahvé el reino de tu mano y se lo ha dado a otro, a David, ¹⁸ porque no oíste la voz de Yahvé y no llevaste a cabo la indignación de su ira contra Amalec. Por eso te trata hoy Yahvé de esta manera. ¹⁹ Y contigo entregará Yahvé también a todo Israel en manos de los filisteos. Mañana tú y tus hijos estaréis conmigo*. Yahvé ha entregado también el ejército de Israel en manos de los filisteos.»

15 27-28

31 2-6

²⁰ Al instante Saúl cayó en tierra cuan largo era. Estaba aterrado por las palabras de Samuel: se hallaba, además, sin fuerzas, porque no había comido nada en todo el día y toda la noche. ²¹ Acercóse la mujer donde Saúl, y viendo que estaba tan conturbado, le dijo: «Tu sierva ha escuchado tu voz y he puesto mi vida en peligro por obedecer las órdenes que me diste. ²² Escucha, pues, tú también la voz de tu sierva y permíteme que te sirva un bocado de pan para que comas y tengas fuerzas para ponerte en camino.» ²³ Saúl se negó diciendo: «No quiero comer.» Pero sus servidores, a una con la mujer, le insistieron hasta que accedió. Se levantó del suelo y se sentó en el diván. ²⁴ Tenía la mujer en casa un ternero cebado y se apresuró a degollarlo. Tomó harina, la amasó y coció unos ázimos. ²⁵ Lo sirvió a Saúl y a sus servidores. Lo comieron, se levantaron y se marcharon aquella misma noche.

---

28 3   La nigromancia se practicaba en Israel, 2 R 21 6; Is 8 19, aunque estaba prohibida en la Ley, Lv 19 31; 20 6.27; Dt 18 11, y aquí mismo (v. 9). Mientras que el narrador parece compartir la creencia popular en los aparecidos, aunque considerando ilícita su evocación, los Padres y los comentaristas se han preocupado por dar una explicación del hecho: intervención divina, intervención diabólica, fraude de la mujer. Cabría admitir que la escena se preparaba como las sesiones de este *género, con credulidad por parte de Saúl y fraude por parte de la mujer, pero que Dios permitió manifestarse realmente al espíritu de Samuel (de ahí el terror de la mujer) y anunciar el futuro. Ver 1 Cro 10 13 (LXX) y Si 46 20. O simplemente puede pensarse que el narrador se ha servido de esta escenificación para expresar una vez más la repulsa de Saúl y su sustitución por David, tema de todos estos lances. Comparar el v. 17 con 15

28 y la referencia de Amalec en el v. 18, y ver también 13 14; 16 1; 23 17; 24 21; 25 30.
28 4   En la llanura de Yizreel. El monte Gelboé cierra esta llanura al sur de Sunén. Endor está al pie del monte Tabor y al norte de Sunén. Así, pues, para dirigirse a aquel lugar, Saúl deberá rodear el campamento filisteo.
28 12   La mujer conoce las relaciones que Samuel ha tenido con Saúl. Si, con gran espanto por su parte, el difunto profeta se aparece, es que el consultante es el rey de Israel.
28 13 (a) En hebreo un *elohim*, un ser sobrehumano, ver Gn 3 5; Sal 8 6. El término sólo aquí se aplica a los muertos.
28 13 (b) Sube del Seol, la morada subterránea de los muertos, ver Nm 16 13+.
28 19   En el Seol, morada común de todos los muertos, buenos y malos, ver Nm 16 33+.

David es despedido por los jefes de los filisteos*.

29 1 Los filisteos concentraron todas sus tropas en Afec, mientras que los israelitas acamparon en la fuente que hay en Yizreel. 2 Los príncipes de los filisteos marcharon al frente de las centurias y millares; David y sus hombres marchaban a retaguardia con Aquis. 3 Dijeron los príncipes de los filisteos: «¿Qué hacen estos hebreos?» Aquis respondió a los príncipes de los filisteos: «Es David, el servidor de Saúl, rey de Israel; ha estado conmigo días y años* y no he hallado nada contra él desde el día en que vino a mí hasta hoy.» 4 Pero los príncipes de los filisteos se irritaron contra él y le dijeron: «Manda regresar a ese hombre y que se vuelva al lugar que le señalaste. Que no baje con nosotros a la batalla, no sea que se convierta en nuestro adversario durante la lucha. ¿Cómo se ganará éste el favor de su dueño mejor que con las cabezas de estos hombres? 5 ¿No es éste David de quien cantaban en corro:

Saúl mató sus millares
y David sus miriadas?»

6 Aquis llamó a David y le dijo: «¡Vive Yahvé! que tú eres leal y me hubiera gustado que salieras y entraras conmigo en el campamento, pues nada malo he hallado en ti desde el día en que viniste a mí hasta hoy, pero no eres bien visto por los príncipes. 7 Ahora vuélvete y vete en paz, y así no harás nada malo a los ojos de los príncipes de los filisteos.» 8 David dijo a Aquis*: «¿Qué he hecho yo y qué has hallado en tu siervo, desde el día en que me puse a tu servicio hasta hoy, para que no pueda ir a luchar contigo contra los enemigos del rey, mi señor?» 9 Respondió Aquis a David: «Lo sé. Me eres grato como un ángel de Dios; pero los príncipes filisteos han dicho: 'No bajará al combate con nosotros.' 10 Levántate, pues, de mañana, con los servidores de tu señor que han venido contigo e id al sitio que te he asignado. No guardes resentimiento en tu corazón, porque me eres grato*. Levantaos de mañana y partid en cuanto sea de día.»

11 David y sus hombres se levantaron temprano para partir por la mañana y volverse a la tierra de los filisteos. Los filisteos, por su parte, subieron a Yizreel.

Campaña contra los amalecitas.

30 1 Cuando David y sus hombres llegaron al tercer día a Sicelag, los amalecitas habían hecho una incursión contra el Negueb y contra Sicelag, y habían irrumpido en Sicelag y la habían incendiado. 2 Se llevaron a las mujeres que había allí, a pequeños y grandes, pero no mataron a nadie, sino que se los llevaron cautivos y se fueron por su camino. 3 Cuando David y sus hombres llegaron a la ciudad, vieron que estaba incendiada y que sus mujeres, hijos e hijas habían sido llevados. 4 David y las tropas que con él estaban alzaron su voz y lloraron hasta quedar sin aliento. 5 Habían sido llevadas las dos mujeres de David, Ajinoán de Yizreel y Abigaíl, mujer de Nabal, de Carmelo.

6 David se hallaba en grave apuro porque la gente hablaba de apedrearlo, pues el alma de todo el pueblo estaba llena de amargura, cada uno por sus hijos y sus hijas. Pero David halló fortaleza en Yahvé su Dios. 7 Dijo David al sacerdote Abiatar, hijo de Ajimélec: «Acércame el efod.» Abiatar acercó el efod a David. 8 Consultó David a Yahvé diciendo: «¿Debo perseguir a esta banda? ¿Le daré alcance?» Le contestó: «Persíguela, porque de cierto la alcanzarás y librarás a los cautivos.» 9 Partió David con los seiscientos hombres que tenía y llegaron al torrente Besor*. 10 Continuó David la persecución con cuatrocientos hombres: doscientos se quedaron, pues estaban demasiado fatigados para atravesar el torrente Besor.

11 Encontraron en el campo a un egipcio y lo llevaron a David. Le dieron pan, que él comió, y agua para beber. 12 Diéronle también un trozo de pan de higos secos y dos racimos de pasas. Cuando hubo comido, recobró su espíritu, pues había estado tres días y tres noches sin comer pan ni beber agua. 13 David le preguntó: «¿A quién perteneces y de dónde eres?» Respondió: «Soy un muchacho egipcio, esclavo de un amalecita, pero mi

---

4 1

14 21

8 7; 21 12

2 S 14 17.
20; 19 28

27 3

2 28+

29   Continuación inmediata de **28 2**.
29 3   Fórmula que da a entender una larga estancia de David junto a Aquis, ver **27 7**.
29 8   David, librado por la decisión de Aquis de una situación embarazosa, no por eso deja de desempeñar

el papel de la lealtad ofendida.
29 10 Texto omitido por el hebr. y restablecido según el griego.
30 9   El texto hebr. añade: «y los demás se quedaron», glosa tomada del v. 10.

27 10
dueño me abandonó porque me puse enfermo hace tres días. ¹⁴ Hemos hecho una incursión contra el Negueb de los quereteos* y el de Judá, y contra el Negueb de Caleb, y hemos incendiado Sicelag.» ¹⁵ Díjole David: «¿Podrías guiarme hacia esa banda?» Respondió: «Júrame por Dios que no me matarás y que no me entregarás en manos de mi dueño, y te guiaré hacia esa banda.»

¹⁶ Les guió, y los hallaron desparramados por todo el campo, comiendo, bebiendo y bailando por el gran botín que habían tomado en tierra de filisteos y en tierra de Judá. ¹⁷ David los batió desde el alba al anochecer; sólo se salvaron de entre ellos cuatrocientos jóvenes, que montaron en camellos y huyeron. ¹⁸ Salvó David todo lo que los amalecitas habían capturado. También rescató David a sus dos mujeres. ¹⁹ Nada les faltó, ni pequeño ni grande, ni sus hijos, ni sus hijas, ni el botín, nada de cuanto les habían capturado. David se lo llevó todo. ²⁰ Tomó David todo el ganado menor. Y llevaron el ganado mayor delante de aquel rebaño, diciendo: «Éste es el botín de David.»

²¹ Llegó David donde los doscientos hombres que, demasiado fatigados para seguirle, se habían quedado en el torrente Besor. Salieron al encuentro de David y de la gente que venía con él; se acercaron David y la tropa y les saludaron. ²² Pero todos los perversos y malvados de entre los hombres que habían ido con David, contestaron: «A los que no han venido conmigo* no se les dará el botín que hemos salvado, sino sólo su mujer y sus hijos; que lo tomen y se vayan.» ²³ David dijo: «No hagáis así, hermanos míos, con lo que Yahvé nos ha concedido. Nos ha guardado y ha entregado en nuestras manos a esa banda que vino contra nosotros. ²⁴ ¿Quién os dará la razón en este caso? Porque:

Ésta es la parte del que baja a la batalla

y ésta la parte del que se queda con la impedimenta.

Nm 31 27
Se partirá por igual.» ²⁵ Y desde aquel día en adelante lo estableció como decreto y norma para Israel, hasta el día de hoy.

²⁶ Llegó David a Sicelag y envió parte del botín a los ancianos de Judá, sus compañeros, diciendo: «Aquí tenéis un presente del botín tomado a los enemigos de Yahvé», ²⁷ a los de Betul*, Jos 15; 19

a los de Ramot del Négueb,

a los de Yatir,

²⁸ a los de Aroer,

a los de Sifmot,

a los de Estemoa,

²⁹ a los de Racal,

a los de las ciudades de los yerajmeelitas,

a los de las ciudades de los quenitas,

³⁰ a los de Jormá,

a los de Borasán,

a los de Atac,

³¹ a los de Hebrón

y a todos los lugares por donde anduvo David con sus hombres*.

Batalla de Gelboé. Muerte de Saúl*.

‖1 Cro 10 1-12
2 S 1 1-16

31 ¹ Trabaron batalla los filisteos contra Israel; huyeron los hombres de Israel ante los filisteos y cayeron heridos de muerte en el monte Gelboé. ² Apretaron de cerca los filisteos a Saúl y a sus hijos y mataron los filisteos a Jonatán, Abinadab y Malquisúa, hijos de Saúl. 14 49 ³ El peso de la batalla cargó sobre Saúl. Lo descubrieron los tiradores, los hombres del arco, y se llenó de miedo ante los tiradores. ⁴ Dijo Saúl a su escudero: «Saca tu espada y traspásame, no sea Jc 9 54 que lleguen esos incircuncisos y hagan mofa de mí», pero el escudero no quiso, 17 26+
26 9
9 26+ pues estaba lleno de temor. Entonces Saúl tomó la espada y se arrojó sobre ella. ⁵ Viendo el escudero que Saúl había muerto, se arrojó también sobre su espada y murió con él. ⁶ Así murieron aquel día juntamente Saúl y sus tres hijos y su escudero, así como todos sus hombres. ⁷ Cuando los hombres de Israel que estaban del lado frontero del valle y del otro lado del Jordán vieron que las tropas de Israel se daban a la fuga y que Saúl y sus hijos habían muerto, aban-

---

30 14 Los quereteos están emparentados con los filisteos, y David reclutará entre ellos una parte de su guardia, 2 S 8 18; 15 18; etc.

30 22 Los que hablan lo hacen como si cada uno de ellos fuese el único vencedor, olvidando así la solidaridad con los otros y con David. Este último les interpela empleando la palabra «hermanos» (v. 23).

30 27 «Betul» conj.; «Betel» hebr., pero la ciudad debe

encontrarse, al igual que las otras, en el sur de Judá, como es precisamente el caso de Betul, ver Jos 19 4; 1 Cro 4 30.

30 31 Es un modo de pagar la hospitalidad recibida y, sobre todo, de hacerse amigos que llevarán a David al trono, 2 S 2 4. Las ciudades mencionadas están localizadas al sur de Hebrón.

31 Continuación del cap. 28.

donaron sus ciudades y huyeron; vinieron los filisteos y se establecieron en ellas.

17 54

⁸ Al otro día vinieron los filisteos para despojar a los muertos y encontraron a Saúl y a sus tres hijos caídos en el monte Gelboé. ⁹ Cortaron su cabeza y le despojaron de sus armas, que hicieron pasear a la redonda por el país de los filisteos para anunciar la buena nueva en sus templos* y a su pueblo. ¹⁰ Depositaron sus armas en el templo de As-

5 2; 21 10

tarté y colgaron su cuerpo de los muros de Betsán.

¹¹ Supieron los habitantes de Yabés de Galaad* lo que los filisteos habían hecho con Saúl, ¹² se levantaron todos los valientes y, caminando durante toda la noche, tomaron del muro de Betsán el cuerpo de Saúl y los cuerpos de sus hijos y, habiendo vuelto a Yabés, los quemaron allí*. ¹³ Tomaron sus huesos y los sepultaron bajo el tamarisco de Yabés y ayunaron siete días*.

Gn 50 10

LIBRO SEGUNDO DE SAMUEL

David se entera
de la muerte de Saúl*.

S 31 1-13
1 S 30
S 4 12-17

1 ¹ Después de la muerte de Saúl, volvió David de derrotar a los amalecitas y se quedó dos días en Sicelag. ² Al tercer día llegó del campamento uno de los hombres de Saúl, con los vestidos rotos y cubierta de polvo su cabeza; al llegar donde David cayó en tierra y se postró. ³ David le dijo: «¿De dónde vienes?» Le respondió: «Vengo huyendo del campamento de Israel.» ⁴ Le preguntó David: «¿Qué ha pasado? Cuéntamelo.» Respondió: «Que el pueblo ha huido de la batalla; han caído y han muerto muchos del pueblo, y también han muerto Saúl y su hijo Jonatán.» ⁵ Dijo David al joven que le daba la noticia: «¿Cómo sabes que han muerto Saúl y su hijo Jonatán?» ⁶ Respondió el joven que daba la noticia: «Yo estaba casualmente en el monte Gelboé; Saúl se apoyaba en su lanza, mientras los carros y los jinetes lo acosaban. ⁷ Se volvió y, al verme, me llamó y contesté: 'Aquí estoy.' ⁸ Me dijo: '¿Quién eres tú?' Le respondí: 'Soy un amalecita.' ⁹ Me dijo: 'Acércate a mí y mátame, porque me ha acometido un vértigo aunque tengo aún toda la vida

en mí.' ¹⁰ Me acerqué a él y lo maté, pues sabía que no podría vivir después de su caída; luego tomé la diadema que tenía en su cabeza y el brazalete que tenía en el brazo y se los he traído aquí a mi señor.»

2 R 11 12

¹¹ Tomando David sus vestidos los desgarró, y lo mismo hicieron los hombres que estaban con él. ¹² Se lamentaron y lloraron y ayunaron hasta la noche por Saúl y por su hijo Jonatán, por el pueblo de Yahvé, y por la casa de Israel, pues habían caído a espada.

1 S 31 13+

¹³ David preguntó al joven que le había llevado la noticia: «¿De dónde eres?» Respondió: «Soy hijo de un forastero amalecita.» ¹⁴ Le dijo David: «¿Cómo no has temido alzar tu mano para matar al ungido de Yahvé?» ¹⁵ Y llamó David a uno de los jóvenes y le dijo: «Acércate y mátalo.» Él lo hirió y murió. ¹⁶ David le dijo: «Tu sangre sobre tu cabeza*, pues tu misma boca te acusó cuando dijiste: 'Yo maté al ungido de Yahvé.'»

1 S 9 26

Jos 2 19
Lv 20 9

Elegía de David por Saúl y Jonatán*.

¹⁷ David entonó esta elegía por Saúl y por su hijo Jonatán. ¹⁸ Está escrita en el Libro del Justo, para que aprendan el arco los hijos de Judá*. Dijo:

Jos 10 13+

31 9 Traducción dudosa; «al templo de los dioses» hebr.
31 11 Habían sido salvados por Saúl, cap. 11, y quieren rendirle los últimos honores.
31 12 Costumbre extraña en Israel.
31 13 Sobre el ayuno por los difuntos, ver 2 S 1 12; 3 35 y contraponer 2 S 12 23. Sobre el duelo de siete días, ver Gn 50 10; Jdt 16 24; Si 22 12.
1 Otra tradición sobre la muerte de Saúl. El relato, que es continuación inmediata de 1 S 30, también se compone de elementos diversos: según una forma de la tradición, un hombre del ejército viene a anunciar la

muerte de Saúl y de Jonatán; David y el pueblo hacen duelo, vv. 1-4 y 11-12. Según la otra forma, un joven amalecita se gloría de haber matado a Saúl y trae las insignias reales, esperando una recompensa; es ejecutado por orden de David, vv. 5-10 y 13-16.
1 16 David se dirige al muerto, cuya sangre no clamará venganza (contra David), pues su ejecución ha sido justa, ver 1 R 2 32.
1 17 Esta pieza ciertamente es auténtica.
1 18 La lamentación, vv. 19-27, acompañaba probablemente a los ejercicios de tiro con arco, ver 2 S 22 35.

[19] La gloria, Israel, ha sucumbido en tus montañas.
↗1 M 9 21 ¡Cómo han caído los héroes!
↗Mi 1 10 [20] No lo anunciéis en Gat,
no lo divulguéis por las calles de Ascalón,
1 S 31 9 que no se regocijen las hijas de los fi-
Jc 16 23-24 listeos,
no salten de gozo las hijas de los incircuncisos.
[21] Montañas de Gelboé:
Dt 33 13 Ni lluvia ni rocío sobre vosotras,
Gn 27 28 ni seáis campos de primicias*,
porque allí fue mancillado el escudo de los héroes.
El escudo de Saúl, no ungido de aceite,
Is 21 5 [22] ¡mas de sangre de muertos, de grasa de héroes!
El arco de Jonatán jamás retrocedía,
1 S 14 47 nunca fracasaba la espada de Saúl.

[23] Saúl y Jonatán, amados y amables,
ni en vida ni en muerte separados,
más veloces que águilas,
más fuertes que leones.
[24] Hijas de Israel, por Saúl llorad,
que con púrpura os vestía y adornaba, Jc 5 30
que prendía joyas de oro
de vuestros vestidos.
[25] ¡Cómo cayeron los héroes en medio del combate!
¡Jonatán! Herido de muerte en las alturas.
[26] Lleno estoy de angustia por ti,
Jonatán, hermano mío,
en extremo querido.
Tu amor fue para mí más delicioso
que el amor de las mujeres.
[27] ¡Cómo cayeron los héroes,
cómo perecieron las armas de combate!

IV. *David*

1. DAVID REY DE JUDÁ

Consagración de David en Hebrón.

1 S 2 28+ **2** [1] Después de esto, consultó David a
Yahvé diciendo: «¿Debo subir a al-
guna de las ciudades de Judá?» Yahvé le
respondió: «Sube.» David preguntó: «¿A
cuál subiré?» Le respondió: «A Hebrón»*. [2] Subió allí David con sus dos
mujeres, Ajinoán de Yizreel y Abigail, la
mujer de Nabal de Carmelo. [3] David hizo
subir a los hombres que estaban con él,
cada cual con su familia, y se asentaron
en las ciudades de Hebrón*. [4] Llegaron
los hombres de Judá, y ungieron allí a
David como rey sobre la casa de Judá*.

Mensaje a los habitantes de Yabés.

Comunicaron a David que los hom-
1 S 31 11-13 bres de Yabés de Galaad habían sepultado a Saúl. [5] Y David envió mensajeros
a los hombres de Yabés de Galaad para
decirles: «Benditos seáis de Yahvé por
haber hecho esta misericordia con Saúl,
vuestro señor, y haberle dado sepultura.
[6] Que Yahvé sea con vosotros misericordioso y fiel. También yo os trataré bien
por haber hecho esto. [7] Y ahora tened
fortaleza y sed valerosos, pues murió
Saúl, vuestro señor, pero la casa de Judá
me ha ungido a mí por rey suyo*.»

Abner proclama a Isbaal rey de Israel.

[8] Abner, hijo de Ner, jefe del ejército de
Saúl, tomó a Isbaal*, hijo de Saúl, y le 1 S 14 49
hizo pasar a Majanáin*. [9] Lo proclamó
rey sobre Galaad, sobre los aseritas*, sobre Yizreel, sobre Efraín y Benjamín y

El «Libro del Justo» es una antigua colección poética perdida, pero citada todavía en Jos 10 13.
1 21 La naturaleza debe participar en el dolor de David; la falta de lluvia impedirá la fertilidad de la tierra.
2 1 *Hebrón era la ciudad más importante de Judá. Con ocasión de la conquista, la habían tomado y ocupado los calebitas*, Jos 15 13s; Jc 1 20, pero éstos pronto fueron incorporados a Judá.
2 3 Los pueblos dependientes de Hebrón.
2 4 David se había conquistado simpatías en Judá, 1 S 27 10-12; 30 26-31. Más tarde, David será ungido por los ancianos de Israel, 5 3. Esta tradición desconoce la unción del joven David por Samuel, 1 S 16 1-13.
2 7 David invita a los yabesitas a que le reconozcan como sucesor de Saúl. No disponemos de su respuesta, pero no podían permanecer fuera de la órbita de Israel.
2 8 (a) A este hijo de Saúl se le llama unas veces Isbaal, o Esbaal (ver 1 Cro 8 33; 9 39), y otras Isbóset, donde el término *bošet* «vergüenza» sustituye al de *baal*, pero se trata del mismo individuo.
2 8 (b) Ciudad de Transjordania, ver Gn 32 3 y 2 S 17 24.
2 9 Gentilicio de origen desconocido.

sobre todo Israel. [10] Cuarenta años tenía Isbaal, hijo de Saúl, cuando fue proclamado rey de Israel; reinó dos años. Solamente la casa de Judá siguió a David. [11] El número de días que estuvo David en Hebrón como rey de la casa de Judá fue de siete años y seis meses.

=5 5

Guerra entre Judá e Israel.
Batalla de Gabaón.

[12] Salió Abner, hijo de Ner, y los servidores de Isbaal, hijo de Saúl, de Majanáin hacia Gabaón. [13] Salieron también Joab, hijo de Sarvia, y los veteranos de David, y se encontraron cerca de la alberca de Gabaón*; se detuvieron, los unos a un lado de la alberca y los otros al otro. [14] Dijo Abner a Joab: «Que se levanten los muchachos y luchen en nuestra presencia*.» Dijo Joab: «Que se levanten.» [15] Se levantaron y avanzaron los designados: doce por Benjamín y por Isbaal, hijo de Saúl, y doce de los veteranos de David. [16] Cada uno agarró a su adversario por la cabeza y le hundió la espada en el costado; así cayeron todos a la vez, por lo que aquel lugar se llamó: «Campo de las Rocas»; está en Gabaón. [17] Hubo aquel día una batalla durísima, y Abner y los hombres de Israel fueron derrotados por los veteranos de David. [18] Estaban allí los tres hijos de Sarvia: Joab, Abisay y Asael; era Asael ligero de pies como un corzo montés. [19] Asael marchó en persecución de Abner, sin desviarse en su carrera tras de Abner ni a la derecha ni a la izquierda. [20] Se volvió Abner y dijo: «¿Eres tú Asael?» Respondió: «Yo soy.» [21] Abner le dijo: «Apártate a la derecha o a la izquierda. Atrapa a uno de esos muchachos y apodérate de sus despojos.» Pero Asael no quiso apartarse. [22] Insistió de nuevo Abner diciendo a Asael: «¡Apártate de mí! ¿Por qué he de derribarte en tierra? ¿Cómo podré alzar la vista ante tu hermano Joab*?» [23] Pero no quiso apartarse y Abner le hirió con el extremo de la lanza, y la lanza le salió por detrás. Cayó y allí mismo murió. Todos cuantos llegaban al lugar donde Asael cayó y murió se detenían.

3 27

[24] Joab y Abisay partieron en persecución de Abner; cuando el sol se ponía llegaron a la colina de Amá que está frente a Giaj, en el camino del desierto de Gabaón. [25] Los benjaminitas se agruparon tras de Abner en escuadrón cerrado y aguantaron a pie firme en la cumbre de una colina. [26] Abner llamó a Joab y le dijo: «¿Hasta cuándo devorará la espada? ¿No sabes que, al cabo, todo será amargura? ¿Hasta cuándo esperas a decir al pueblo que deje de perseguir a sus hermanos?» [27] Respondió Joab: «¡Vive Dios, que de no haber hablado tú, mi gente no hubiera dejado de perseguir cada uno a su hermano hasta el alba*!» [28] Joab hizo sonar el cuerno: toda la tropa se detuvo y no persiguió más a Israel; así cesó el combate.

[29] Abner y sus hombres marcharon toda aquella noche por la Arabá*, pasaron el Jordán, recorrieron todo el Bitrón* y llegaron a Majanáin. [30] Joab se volvió de la persecución de Abner y reunió todo el ejército; de los veteranos de David faltaban diecinueve hombres, además de Asael. [31] Los veteranos de David mataron de Benjamín y de los hombres de Abner trescientos sesenta hombres. [32] Se llevaron a Asael y lo sepultaron en el sepulcro de su padre en Belén. Joab y sus hombres caminaron toda la noche y despuntaba el día cuando llegaron a Hebrón.

3 [1] Se prolongó la guerra entre la casa de Saúl y la casa de David; pero David se iba fortaleciendo, mientras que la casa de Saúl se debilitaba.

Hijos de David nacidos en Hebrón.

‖1 Cro 3 1-4
2 S 5 13-16

[2] David tuvo hijos en Hebrón. Su primogénito era Amnón, hijo de Ajinoán de Yizreel; [3] su segundo, Quilab, de Abigail, mujer de Nabal de Carmelo; el tercero, Absalón, hijo de Maacá, la hija de Talmay, rey de Guesur*; [4] el cuarto, Adonías, hijo de Jaguit; el quinto, Sefatías, hijo de Abital; [5] el sexto, Yitreán, de Eglá, mujer de David. Éstos le nacieron a David en Hebrón.

---

2 13   Localidad situada a unos diez km. al norte de Jerusalén, ver Jr 41 12.
2 14   Abner propone resolver el asunto por medio de un combate entre varios guerreros de los dos partes, ver 1 S 17 8-9. Mas, por haber sucumbido a la vez todos los campeones, queda el asunto sin decidir y se traba una batalla general, v. 17.

2 22   Abner no quiere atraer sobre sí la venganza de sangre. Pero ver 3 27.
2 27   Joab acepta la tregua.
2 29   (a) El término designa aquí el valle del Jordán.
2 29   (b) Bitrón es un topónimo que puede designar el valle del Yaboc.
3 3   Al este del lago de Tiberíades.

Ruptura entre Abner e Isbaal.

[6] En el curso de la guerra entre la casa de Saúl y la casa de David, Abner se fue afianzando en la casa de Saúl. [7] Había tenido Saúl una concubina, llamada Rispá, hija de Ayá, y Abner la tomó. Pero Isbóset* dijo a Abner: «¿Por qué te has llegado a la concubina de mi padre?» [8] Abner se irritó mucho por las palabras de Isbóset y respondió: «¿Soy yo una cabeza de perro que pertenece* a Judá? Hasta hoy he favorecido a la casa de tu padre Saúl, a sus hermanos y sus amigos, y no te he entregado en manos de David, ¿y hoy me llamas la atención por una falta con esta mujer? [9] Esto haga Dios a Abner y esto le añada si no cumplo a David lo que Yahvé le ha jurado, [10] que quitaría la realeza de la casa de Saúl y levantaría el trono de David sobre Israel y sobre Judá, desde Dan hasta Berseba*.» [11] Isbaal no replicó ni una palabra a Abner, por el miedo que le tenía.

Abner negocia con David.

[12] Envió Abner mensajeros para decir a David: «¿A quién pertenece el país*? Haz un pacto conmigo y me pondré de tu parte para traer a ti todo Israel.» [13] David respondió: «Bien. Haré un pacto contigo. Solamente te pido una cosa: No te presentes ante mí si no traes a Mical, hija de Saúl, cuando vengas a mi presencia.» [14] Envió David mensajeros a Isbóset, hijo de Saúl, para decirle: «Devuélveme a mi mujer Mical, que adquirí por cien prepucios de filisteos.» [15] Isbóset mandó que se la quitaran a su marido Paltiel, hijo de Layis. [16] Su marido partió con ella; la seguía llorando detrás de ella, hasta Bajurín. Abner le dijo: «Anda vuélvete.» Y se volvió.

[17] *Abner había hablado con los ancianos de Israel diciendo: «Desde siempre habéis estado buscando a David para rey vuestro. [18] Pues hacedlo ahora, ya que Yahvé ha dicho a David: Por mano de David mi siervo libraré* a mi pueblo Israel de mano de los filisteos y de mano de todos sus enemigos.» [19] Abner habló igualmente a Benjamín y marchó después a Hebrón a comunicar a David lo que había parecido bien a los ojos de Israel y a los ojos de toda la casa de Benjamín.

[20] Llegó Abner a donde David, en Hebrón, con veinte hombres. Y David ofreció un banquete a Abner y a los hombres que lo acompañaban. [21] Abner dijo a David: «Voy a levantarme e iré a reunir todo Israel junto a mi señor, el rey; harán un pacto contigo y reinarás conforme a tus deseos.» Despidió David a Abner, que se fue en paz.

Asesinato de Abner.

[22] Vinieron los veteranos de David, con Joab, de hacer una incursión, trayendo un gran botín. No estaba ya Abner con David en Hebrón, pues David le había despedido y él había marchado en paz. [23] Llegaron, pues, Joab y todo el ejército que lo acompañaba; y se hizo saber a Joab: «Abner, hijo de Ner, ha venido donde el rey, que le ha despedido y él se ha ido en paz.» [24] Entró Joab donde el rey y dijo: «¿Qué has hecho? Abner ha venido a ti, ¿por qué le has dejado marcharse? [25] ¿No sabes que Abner, hijo de Ner, ha venido para engañarte, para enterarse de tus idas y venidas y saber todo lo que haces?»

[26] Salió Joab de donde David y envió mensajeros en pos de Abner, que le hicieron volver desde la cisterna de Sirá, sin saberlo David. [27] Volvió Abner a Hebrón y lo tomó aparte Joab en la misma puerta, como para hablarle en secreto; y le hirió en el vientre allí mismo y lo mató por la sangre de su hermano Asael. [28] Lo supo David inmediatamente y dijo: «Limpio estoy yo, y mi reino, ante Yahvé para siempre de la sangre de Abner, hijo de Ner. [29] Caiga sobre la cabeza de Joab y sobre toda la casa de su padre, nunca falte en la casa de Joab quien padezca flujo de sangre, ni leproso, ni quien ande con cachava, ni quien muera a espada, ni quien carezca de pan.» [30] Joab y su hermano Abisay asesinaron a Abner porque éste

Marginal references (left column): 21 8-10 · Rt 1 17+ · 3 18; 5 2 · 1 S 25 30 · 1 S 18 20-27 · 1 S 25 44 · 3 10+

Marginal references (right column): 2 22-23

---

3 7 Se restablece el sujeto a partir del griego. Al apropiarse de una de las concubinas de Saúl, Abner indica sus pretensiones al trono, porque el harén del rey difunto pasaba a su sucesor, ver 12 8; 16 20-22 y 1 R 2 22.

3 8 Las palabras «que pertenece a Judá» faltan en la versión griega y son quizá una adición.

3 10 No se dice en qué ocasión se hizo esta promesa a David, pero ver 5 2 y 1 S 28 3+.

3 12 La primera pregunta de Abner da a entender que él es el verdadero dueño del reino de Saúl. La frase siguiente propone a David un pacto para ayudarle a apoderarse de este reino.

3 17 Los vv. 17-19 pertenecen a una redacción posterior, pero es posible que fueran muchos en Israel los corazones que ya en vida de Saúl se inclinaban por David, 1 S 18 7.16.28, sobre todo ante la desdibujada figura de su heredero Isbaal/Isbóset.

3 18 «libraré» según versiones; «ha librado» hebr.

Jos 18 25

2 22-23 había matado a su hermano Asael en la batalla de Gabaón. ³¹ Y dijo David a Joab y a todo el ejército que lo acompañaba: «Rasgad vuestros vestidos, ceñíos los sayales y llorad por Abner.» El rey David iba detrás de las andas. ³² Sepultaron a Abner en Hebrón. El rey alzó su voz y lloró junto al sepulcro de Abner, y también lloró todo el pueblo. ³³ El rey entonó esta elegía por Abner:

«¿Como muere un necio había de morir Abner?
³⁴ No ligadas tus manos ni puestos en cadenas tus pies.
Has caído como quien cae ante malhechores*.»

Y arreció el pueblo en su llanto por él.

Rt 1 17+
1 S 31 13

³⁵ Fue todo el pueblo y, siendo aún de día, rogaban a David que comiese, pero David juró: «Esto me haga Dios y esto me añada, si pruebo el pan o cualquiera otra cosa antes de ponerse el sol.» ³⁶ Todo el pueblo lo supo y lo aprobó. Todo lo que hizo el rey pareció bien a todo el pueblo. ³⁷ Y aquel día supo todo el pueblo y todo Israel que el rey no había tenido parte en la muerte de Abner, hijo de Ner. ³⁸ El rey dijo a sus servidores: «¿No sabéis que hoy ha caído un gran caudillo en Israel? ³⁹ Hoy estoy reblandecido, pues soy rey ungido*, pero estos hombres, hijos de Sarvia, son más duros que yo. Que Yahvé devuelva al malhechor según su malicia.»

Sal 28 4
Is 3 11

Asesinato de Isbaal.

4 ¹ Se enteró el hijo de Saúl de que había muerto Abner en Hebrón y sus manos desfallecieron, y todo Israel quedó consternado. ² Estaban con Isbaal, hijo de Saúl, dos hombres, jefes de banda, uno llamado Baaná y el otro Recab, hijos de Rimón de Beerot, benjaminitas, porque también Beerot se considera de Benjamín. ³ Los habitantes de Beerot habían huido a Guitáin, donde se han quedado hasta el día de hoy como forasteros residentes. ⁴ *Tenía Jonatán, hijo de Saúl, un hijo tullido de pies. Tenía cinco años cuando llegó de Yizreel la noticia de lo de Saúl y Jonatán; su nodriza lo tomó y huyó, pero con la prisa de la fuga, cayó y se quedó cojo. Se llamaba Mefibóset*. ⁵ Se pusieron en camino Recab y Baaná, hijos de Rimón de Beerot, y llegaron a casa de Isbaal con el calor del día, cuando dormía la siesta. ⁶ Entraron en la casa, llevando trigo, Recab y su hermano Baaná, que le hirieron en el vientre y huyeron*. ⁷ Cuando entraron en la casa, estaba acostado en su lecho en su dormitorio; le hirieron y lo mataron; luego le cortaron la cabeza y, tomándola, caminaron toda la noche por la ruta de la Arabá*. ⁸ Llevaron la cabeza de Isbaal a David, en Hebrón, y dijeron al rey: «Aquí tienes la cabeza de Isbaal, hijo de Saúl, tu enemigo, el que buscó tu muerte. Hoy ha concedido Yahvé a mi señor el rey venganza sobre Saúl y sobre su descendencia.» ⁹ Respondió David a Recab y a su hermano Baaná, hijos de Rimón de Beerot, y les dijo: «¡Vive Yahvé, que ha librado mi alma de toda angustia! ¹⁰ Al que me anunció que Saúl había muerto, creyendo que me daba buena noticia, lo agarré y ordené matarlo en Sicelag, dándole este pago por su buena noticia; ¹¹ ¡cuánto más ahora que hombres malvados han dado muerte a un hombre justo en su casa y en su lecho no os voy a pedir cuenta de su sangre, exterminándoos de la tierra*?» ¹² Y David dio una orden a sus muchachos, que los mataron, les cortaron las manos y los pies y los colgaron junto a la alberca de Hebrón. Tomaron la cabeza de Isbaal y la sepultaron en el sepulcro de Abner, en Hebrón.

Ex 12 48+
1 S 31
1 1-16
1 S 31 10
Dt 21 22-23

---

3 34 Abner ha muerto sin defenderse, aunque se hallaba en completa libertad de movimientos (lo cual sería prueba de insensatez de no haber sido asesinado a traición).
3 39 Sentido incierto. David parece disculparse de no poder actuar contra los homicidas, por ser tan reciente su consagración, y deja el castigo a Yahvé. Finalmente encargará este cometido a Salomón, 1 R 2 5-6, ver 31-34.
4 4 (a) Noticia extraña en el contexto. Quizá se haya querido recordar aquí que fuera de Isbaal no quedaba más que este tullido para suceder a Saúl.

4 4 (b) Como sucede con Isbaal, llamado a menudo Isbóset (2 S 2 8 nota), al hijo de Jonatán se le llama aquí Mefibóset, nombre que suprime la referencia al Baal («señor») cananeo, aunque su verdadero nombre es Mefibaal, «de la boca de Baal». En 1 Cro 8 34; 9 40, el mismo personaje es llamado Meribaal.
4 6 Texto incierto. Acaso duplicado corrompido del v. 7.
4 7 El valle del Jordán, ver 2 29.
4 11 La indignación de David no es fingida. Sin embargo, la muerte de Isbaal, tras la de Abner, le va a dejar libre el acceso al trono de Israel.

2. DAVID, REY DE JUDÁ Y DE ISRAEL

‖1 Cro 11
1-3

Consagración de David como rey de Israel.

5 ¹ Vinieron todas las tribus de Israel donde David a Hebrón y le dijeron:

Dt 17 15

«Mira: hueso tuyo y carne tuya somos nosotros. ² Ya de antes, cuando Saúl era

1 S 18 16

nuestro rey, eras tú el que dirigías las entradas y salidas de Israel. Yahvé te ha di-

2 S 3 10+

cho: Tú apacentarás a mi pueblo Israel, tú serás el caudillo de Israel.» ³ Vinieron, pues, todos los ancianos de Israel donde el rey, a Hebrón. El rey David hizo un pacto con ellos en Hebrón, en presencia de Yahvé, y ungieron a David como rey de Israel.

⁴ David tenía treinta años cuando comenzó a reinar, y reinó cuarenta años.

=2 11
‖1 Cro 3 4

⁵ Reinó en Hebrón sobre Judá siete años y seis meses. Reinó en Jerusalén sobre todo Israel y sobre Judá treinta y tres años*.

‖1 Cro 11
4-9

Conquista de Jerusalén*.

⁶ Marchó el rey con sus hombres sobre Jerusalén contra los jebuseos que habitaban aquella tierra. Dijeron éstos a David: «No entrarás aquí; porque hasta los ciegos y cojos bastan para rechazarte*.» (Querían decir: no entrará David aquí.) ⁷ Pero David conquistó la fortaleza de Sión, que es la Ciudad de David. ⁸ Y dijo David aquel día: «Todo el que quiera ata-

car a los jebuseos deberá subir por el canal*. En cuanto a los ciegos y a los cojos, David los aborrece*.» Por eso se dice: «Ni cojo ni ciego entrarán en la Casa.»

Lv 21 18

⁹ David se instaló en la fortaleza y la llamó Ciudad de David*. Edificó una muralla en derredor, desde el Miló hacia el interior*. ¹⁰ David iba medrando y Yahvé, el Dios Sebaot, estaba con él.

Gn 39 2
1 S 1 3+

¹¹ Jirán, rey de Tiro, envió a David mensajeros con maderas de cedro, carpinteros y canteros que construyeron el palacio de David. ¹² Y David conoció que Yahvé le había confirmado como rey de Israel y que había exaltado su reino a causa de su pueblo Israel.

‖1 Cro 14
1-2
1 R 5 15

Hijos de David en Jerusalén.

‖1 Cro 14
3-7
2 S 3 2-5

¹³ Tomó David más concubinas y mujeres en Jerusalén, después de venir de Hebrón, y le nacieron a David hijos e hijas. ¹⁴ Éstos son los nombres de los que le nacieron en Jerusalén: Samúa, Sobab, Natán, Salomón, ¹⁵ Yibjar, Elisúa, Néfeg, Yafía, ¹⁶ Elisamá, Baalyadá, Elifélet.

‖1 Cro 3 5-

Victoria contra los filisteos*.

‖1 Cro 14
8-16

¹⁷ Oyeron los filisteos que David había sido ungido rey de Israel y subieron todos en busca de David. Lo supo David y bajó al refugio*. ¹⁸ Llegaron los filisteos y se desplegaron por el Valle de Refaín*.

---

5 5 David, consagrado al principio por los de Judá, **2 4**, ahora es reconocido por los israelitas, pero los dos grupos siguen separados: David es rey «sobre todo Israel» y sobre Judá». Es una monarquía dualista, un Reino Unido, desgarrado por luchas internas que desembocarán en la escisión, 1 R 12.
5 6 (a) Esta conquista se sitúa cronológicamente después de las victorias sobre los filisteos, referidas en los vv. 17-25.
5 6 (b) Creen que la posición es tan firme que bastarán los inválidos para defenderla.
5 8 (a) El texto es dudoso. El «canal», si realmente es éste el sentido del término hebreo, sería el pozo excavado en la colina de Jerusalén para bajar a la fuente de Guijón (1 R 1 33s) sin salir de la ciudad. Pero es muy poco seguro, y el v. 8 puede traducirse e interpretarse de otro modo. 1 Cro 11 6 tiene un texto más sencillo: «Quien primero hiera a los jebuseos será jefe y capitán. El primero que subió fue Joab».
5 8 (b) Esta frase, concerniente al Templo y sin nexo con el contexto, falta en Crónicas.
5 9 (a) La situación de Jerusalén entre las tribus del Sur y las del Norte explica la elección de David. El nombre de la ciudad está atestiguado desde el año 2000. La antigua ciudad de los jebuseos (Dt 7 1+) ocupaba la colina del Ofel o Monte Sión, entre los valles del Cedrón y del Tiropeón (ver mapa). Se hallaba dominada al norte por la cumbre en que David levantará un altar, 2 S 24 16s, y Salomón el Templo, 1 R 6; los palacios de Salomón se erigirán al sur del santuario, 1 R 7. Sólo mu-

cho después se extenderá la ciudad sobre la gran colina occidental, cuya muralla septentrional deberá ser trasladada por dos veces al norte, 2 R 14 13+. El sistema de aguas (v. 8+) fue perfeccionado sobre todo por Ezequías, 2 R 20 20+. Nabucodonosor destruyó la ciudad el 587, 2 R 25, pero se rehízo el Templo a partir del 515, Esd 6 15, y las murallas el 445, Ne 2-6. Antíoco Epífanes hizo construir la acrópolis frente al Templo, 1 M 1 33+, y los asmoneos transformaron esta ciudadela en palacio, al que Herodes sustituirá por una residencia oficial más al oeste. Herodes transformó la antigua ciudadela del Templo, Ne 7 2, en una vasta fortaleza, la Antonia, y reconstruyó el Templo, Jn 2 20. Finalmente la ciudad será destruida el 70 d.C. por Tito, ver Lc 21 20. —Jerusalén (o Sión), que aparece en la Biblia por vez primera con su sacerdote-rey Melquisedec, Gn 14 18+; Sal 76 3, y que bajo David se convirtió en capital política y religiosa de Israel, acabará personificando al pueblo elegido, Ez 23; Is 62. Es la morada de Yahvé, Sal 76 3+, y de su Ungido, Sal 2 y 110, el futuro lugar de cita de las naciones, Is 2 1-5; 60. La Biblia concluirá, Ap 21s, con la visión de la nueva Jerusalén, Is 54 11+.
5 9 (b) Sobre el Miló, ver 1 R 9 15.
5 17 (a) David, rey de Judá en Hebrón, seguía siendo nominalmente vasallo de los filisteos, 1 S 27 5-6. Ahora empieza a inquietarles su creciente poder.
5 17 (b) Quizá el de Adulán, 1 S 22 1-5; Jerusalén no ha sido aún conquistada, ver **5** 6+.
5 18 Valle encajonado, al suroeste de Jerusalén, Jos 15 8; 18 16, ver Dt 1 28+.

1 S 2 28+

[19] Entonces David consultó a Yahvé diciendo: «¿Debo subir contra los filisteos? ¿Los entregarás en mis manos?» Respondió Yahvé a David: «Sube, porque ciertamente entregaré a los filisteos en tus manos.» [20] Llegó David a Baal Perasín. Allí los derrotó David y dijo: «Yahvé me ha abierto brecha entre mis enemigos como brecha de aguas.» Por eso se llamó aquel lugar Baal Perasín*. [21] Ellos abandonaron allí sus ídolos y David y sus hombres se los llevaron.

1 S 4 11

[22] Volvieron a subir los filisteos y se desplegaron por el Valle de Refaín. [23] David consultó a Yahvé, que le dijo: «No subas contra ellos. Da un rodeo detrás de ellos y atácalos desde las balsameras. [24] Cuando oigas ruido de pasos* en la cima de las balsameras, ataca con decisión, porque Yahvé sale delante de ti para derrotar al ejército de los filisteos.» [25] Hizo David lo que Yahvé le ordenaba y batió a los filisteos desde Gabaón hasta la entrada de Guézer*.

2 R 7 6
Gn 3 8

El arca en Jerusalén*.

‖1 Cro 13
Sal 132
6-10.
13-14

os 15 9.60

1 S 4 3-4
Ex 25 10+

1 S 6 7

al 150 3.5;
68 25s

6 [1] Reunió de nuevo David a todo lo mejor de Israel, treinta mil hombres. [2] Se levantó David y partió con todo el pueblo que estaba con él a Baalá* de Judá para subir desde allí el arca de Dios sobre la que se invoca un nombre, el nombre de Yahvé Sebaot que se sienta sobre los querubines. [3] Cargaron el arca de Dios en una carreta nueva y la llevaron de la casa de Abinadab que está en la loma. Uzá y Ajió, hijos de Abinadab, conducían la carreta con el arca de Dios. [4] Uzá caminaba* al lado del arca de Dios y Ajió iba delante de ella. [5] David y toda la casa de Israel bailaban delante de Yahvé con todas sus fuerzas, cantando* con cítaras, arpas, adufes, sistros y cimbalillos. [6] Al llegar a la era de Nacón, extendió Uzá la mano hacia el arca de Dios y la sujetó porque los bueyes amenazaban volcarla. [7] Entonces la ira de Yahvé se encendió contra Uzá: allí mismo le hirió Dios por este atrevimiento* y murió allí junto al arca de Dios. [8] David se irritó porque Yahvé había irrumpido contra Uzá y se llamó aquel lugar Peres de Uzá* hasta el día de hoy.

[9] Aquel día David tuvo miedo de Yahvé y dijo: «¿Cómo voy a llevar a mi casa el arca de Yahvé?» [10] Y no quiso llevar el arca de Yahvé junto a sí, a la Ciudad de David, sino que la hizo llevar a casa de Obededón, el de Gat. [11] El arca de Yahvé estuvo en casa de Obededón, el de Gat, tres meses y Yahvé bendijo a Obededón y a toda su casa.

‖1 Cro 15

[12] Se hizo saber al rey David: «Yahvé ha bendecido la casa de Obededón y todas sus cosas a causa del arca de Dios.» Fue David e hizo subir el arca de Dios de casa de Obededón a la Ciudad de David, con gran alborozo. [13] Cada seis pasos que avanzaban los portadores del arca de Yahvé, sacrificaba un buey y un carnero cebado. [14] David danzaba girando con todas sus fuerzas delante de Yahvé, ceñido de un efod de lino*. [15] David y toda la casa de Israel hacían subir el arca de Yahvé entre clamores y resonar de cuernos. [16] Cuando el arca de Yahvé entró en la Ciudad de David, Mical, hija de Saúl, que estaba mirando por la ventana, vio al rey David saltando y girando ante Yahvé y le despreció en su corazón.

1 R 18 26
1 S 2 18+

[17] Metieron el arca de Yahvé y la colocaron en su sitio, en medio de la tienda que David había levantado para ella, y David ofreció holocaustos y sacrificios de comunión en presencia de Yahvé. [18] Cuando David hubo acabado de ofrecer los holocaustos y sacrificios de comunión, bendijo al pueblo en nombre de Yahvé Sebaot [19] y repartió a todo el pue-

‖1 Cro 16
1-3

Lv 1 1+;
3 1+

---

5 20   *Pereṣ* (singular de *peraṣim* = Perasín) significa «brecha», ver Gn 38 29.
5 24   Los pasos de Yahvé que se acerca.
5 25   Guézer está en el límite del territorio filisteo; así, pues, el enemigo es rechazado hasta su país.
6   Este relato reanuda la historia del arca donde se había interrumpido (1 S 7 1), pero es de otra mano. —Jerusalén, al recibir el arca en que Yahvé se hace presente, Ex 25 8+; Dt 4 7+, se convierte en la capital no sólo política, sino también religiosa, de Israel, es decir, en la Ciudad Santa.
6 2   Antiguo nombre de Quiriat Yearín, Jos 15 9, ver Jos 15 60; 18 14.
6 4   El hebreo repite el comienzo del v. 3: «una carreta nueva... loma».
6 5   Sentido incierto. Podría también entenderse: «al son de todos los instrumentos de madera de ciprés, cí-

taras...».
6 7   El arca era terrible para los enemigos de Israel, 1 S 5, o para los que la desprecian, 1 S 6 19. Pero aquí hay algo más: la santidad de arca, sobre la que tiene su trono Yahvé, la hace intangible. Esta concepción primitiva de lo sagrado, ver Lv 17+, revela un profundo sentido de la temible majestad de Yahvé, ver Ex 33 20+. La ley sacerdotal codifica este sentimiento: los propios levitas no pueden aproximarse al arca, sin peligro de muerte, antes de que los sacerdotes la hayan cubierto, Num 4 5.15.20. No la tocan, sino que la transportan por medio de varales, Ex 25 15.
6 8   Es decir, «la brecha de Uzá». Explicación popular del nombre: «Yahvé se ha lanzado (ha abierto brecha) sobre Uzá».
6 14   David, que acaba de sacrificar y que va a bendecir, v. 18, lleva vestidura sacerdotal, pero ver 1 S 2 18.

blo, a toda la muchedumbre de Israel, hombres y mujeres, una torta de pan, un pastel de dátiles* y un pan de pasas a cada uno de ellos, y se fue todo el pueblo cada uno a su casa.

²⁰ Cuando se volvía David para bendecir su casa, Mical, hija de Saúl, le salió al encuentro y le dijo: «¡Cómo se ha cubierto hoy de gloria el rey de Israel, descubriéndose hoy a la vista de las criadas de sus servidores, como se descubriría un cualquiera*!» ²¹ Respondió David a Mical: «Delante de Yahvé, que me ha preferido a tu padre y a toda su casa para constituirme caudillo de todo el pueblo de Yahvé, de Israel, delante de Yahvé danzo yo. ²² Y me haré más vil todavía; seré vil a tus ojos, pero seré honrado ante las criadas de que hablas*.» ²³ Y Mical, hija de Saúl, no tuvo ya hijos hasta el día de su muerte.

20 3

Profecía de Natán*.

‖1 Cro 17 1-15
1 R 5 4
Dt 12 10; 25 19
Sal 132 1-5

7¹ Cuando el rey se estableció en su casa y Yahvé le concedió paz de todos sus enemigos de alrededor, ² dijo el rey al profeta Natán: «Mira, yo habito en una casa de cedro mientras que el arca de Dios habita en una tienda de lona.» ³ Respondió Natán al rey: «Anda, haz todo lo que te dicta el corazón, porque Yahvé está contigo.»

1 R 8 16.27
Is 66 1
↗ Hch 7 48

⁴ Pero aquella misma noche vino la palabra de Dios a Natán diciendo: ⁵ «Ve y di a mi siervo David: Esto dice Yahvé. ¿Me vas a edificar tú una casa para que yo habite? ⁶ No he habitado en una casa desde el día en que hice subir a los israelitas de Egipto hasta el día de hoy, sino que he ido de un lado a otro en una tienda, en un refugio. ⁷ En todo el tiempo que he ca-

Ex 40 34-38

minado entre todos los israelitas, ¿he dicho acaso a uno de los jueces* de Israel a los que mandé que apacentaran a mi pueblo Israel: ¿Por qué no me edificáis una casa de cedro*?' ⁸ Ahora, pues, di esto a mi siervo David: Así habla Yahvé Sebaot: Yo te he tomado del pastizal, de detrás del rebaño, para que seas caudillo de mi pueblo Israel. ⁹ He estado contigo dondequiera has ido, he eliminado de delante de ti a todos tus enemigos y voy a hacerte un nombre grande como el nombre de los grandes de la tierra. ¹⁰ Fijaré un lugar a mi pueblo Israel y lo plantaré allí para que more en él; no será ya perturbado y los malhechores no seguirán oprimiéndolo como antes, ¹¹ en el tiempo en que instituí jueces en mi pueblo Israel; y te daré paz con todos sus enemigos. Yahvé te anuncia que Yahvé te edificará una casa. ¹² Y cuando tus días se hayan cumplido y te acuestes con tus padres, afirmaré después de ti la descendencia que saldrá de tus entrañas, y consolidaré el trono de su realeza. ¹³ (Él constituirá una casa para mi Nombre y yo consolidaré el trono de su realeza para siempre*.) ¹⁴ Yo seré para él padre y él será para mí hijo*. Si hace mal, le castigaré con vara de hombres y con golpes de hombres, ¹⁵ pero no apartaré de él mi amor, como lo aparté de Saúl, a quien quité de delante de mí. ¹⁶ Tu casa y tu reino permanecerán para siempre ante ti; tu trono estará firme, eternamente.»

¹⁷ Natán habló a David según todas estas palabras y esta visión.

Oración de David*.

¹⁸ El rey David entró, se sentó ante Yahvé* y dijo:

1 S 16 11
17 15.20
Sal 78 70s

Sal 89 28

23 5
Sal 89 30-3
Sal 132 11-12

↗ Hch 2 30

1 R 5 19; 8 19
1 Cro 17 1 14; 22 10; 28 6
↗ Hb 1 5
Dt 8 5+
1 S 13 14; 15 28

2 S 23 5
Lc 1 32-33

‖1 Cro 17 16-27

---

6 19   Traducción conjetural.
6 20   Vestido sólo con un paño, David deja ver su desnudez, ver Ex 20 26 y 28 42-43.
6 22   Todo el relato trata de mostrar la sencillez y la profundidad de la religiosidad de David.
7   La profecía es elaborada a base de una contraposición: no será David quien edifique una casa (un templo) a Yahvé, v. 5, sino que será Yahvé quien levante una casa (una dinastía) a David, v. 11. La promesa concierne esencialmente a la permanencia del linaje davídico sobre el trono de Israel, vv. 12-16. Así lo entienden David, vv. 19.25.27.29, ver 23 5, y los salmos 89 30-38; 132 11-12. Es el texto de la alianza de Yahvé con David y su dinastía. Así, pues, el oráculo rebasa la persona del primer sucesor de David, Salomón, a quien se le aplica por medio de la adición del v. 13, por 1 Cro 17 11-14; 22 10; 28 6 y por 1 R 5 19; 8 16-19. Pero el claroscuro de la profecía deja entrever un descendiente preciso en quien Yahvé se complacerá. Es el primer eslabón de las profecías sobre el Mesías, hijo de David, Is 7 14+; Mi 4 14+; Ag 2 23+, y Hch 2 30 aplicará el texto a Cristo.
7 7   (a) Hebr. «tribus». Se podría también entender

la palabra como «cetros» y ver en ella una referencia a los jefes.
7 7   (b) Se ha querido ver en los vv. 6-7 la primera expresión de una corriente hostil al templo, que efectivamente se expresa en 1 R 8 27; Is 66 1-2; Hch 7 48. De hecho, Natán está a favor del mantenimiento de la antigua tradición representada por el arca, y contra la novedad de un templo al modo cananeo. El problema quedará resuelto con la colocación del arca en el templo construido por Salomón, 1 R 8 1.10-12.
7 13   Este v., que evidentemente se refiere a Salomón, es considerado a menudo una adición, ya que la promesa divina contempla sobre todo a la descendencia.
7 14   Se trata de una fórmula de adopción, como en Sal 2 7; 110 3 (griego), pero también es la primera expresión del mesianismo real: cada rey de la dinastía davídica será una imagen (imperfecta, ver el final del v. y Sal 89 31-34) del rey ideal y del aplicarla al Mesías, 1 Cro 17 13 ha suprimido la segunda parte del v.
7 18   (a) Es una oración de alabanza y de acción de gracias en respuesta a la promesa de los vv. 8-15.
7 18   (b) En la tienda donde se hallaba el arca.

1 S 18 18

«¿Quién soy yo, señor Yahvé, y qué mi casa, que me has traído hasta aquí? [19] Y aun esto es poco a tus ojos, señor Yahvé, que hablas también a la casa de tu siervo para el futuro lejano. Y ésta es la ley del hombre*, Señor Yahvé. [20] ¿Qué más podrá David añadir a estas palabras? Tú me tienes conocido, Señor Yahvé. [21] Has realizado todas estas grandes cosas según tu palabra y tu corazón, para dárselo a conocer a tu siervo*. [22] Por eso eres grande, Señor Yahvé; nadie como tú, no hay Dios fuera de ti, como oyeron nuestros oídos. [23] ¿Qué otro pueblo hay en la tierra como tu pueblo Israel a quien un dios haya ido a rescatar para hacerle su pueblo, darle renombre y hacer en su favor grandes y terribles cosas, expulsando de delante de tu pueblo, al que rescataste de Egipto, a naciones y dioses extraños? [24] Tú has constituido a tu pueblo Israel para que sea tu pueblo para siempre, y tú, Yahvé, eres su Dios. [25] Y ahora, Yahvé Dios, mantén firme eternamente la palabra que has dirigido a tu siervo y a su casa y haz según lo que has dicho. [26] Sea tu nombre por siempre engrandecido; que se diga: Yahvé Sebaot es Dios de Israel; y que la casa de tu siervo David subsista en tu presencia, [27] ya que tú, Yahvé Sebaot, Dios de Israel, has hecho esta revelación a tu siervo diciendo: 'yo te edificaré una casa'; por eso tu siervo ha encontrado valor para orar en tu presencia. [28] Ahora, Señor Yahvé, tú eres Dios, tus palabras son verdad y has prometido a tu siervo esta dicha; [29] dígnate, pues, bendecir la casa de tu siervo para que permanezca por siempre en tu presencia, pues tú, Señor Yahvé, has hablado y con tu bendición la casa de tu siervo será eternamente bendita.»

Ex 15 11

Dt 4 7.34

Sal 44 2-3

Ex 6 7
Dt 7 6+
Dt 26 17;
29 12

Nm 23 19
Jn 17 17

1 Cro 18
1-13

Las guerras de David*.

8 [1] Después de esto, batió David a los filisteos y los humilló; tomó David de manos de los filisteos Gat y sus dependencias*. [2] Batió también a los moabitas y los midió con la cuerda, haciendo que se echaran en tierra; midió dos cuerdas y los condenó a muerte, y una cuerda llena la dejó con vida. Los moabitas quedaron sometidos a David y pagaron tributo.

[3] David batió a Hadadézer, hijo de Rejob, rey de Sobá, cuando iba a imponerse su dominio en el Río*. [4] David le apresó mil setecientos jinetes y veinte mil de a pie, y desjarretó toda la caballería de los carros, reservando cien tiros*. [5] Los arameos de Damasco vinieron en socorro de Hadadézer, rey de Sobá; pero David causó veintidós mil bajas a los arameos. [6] Y estableció David gobernadores en Aram de Damasco. Los arameos quedaron sometidos a David y pagaron tributo; Yahvé hizo triunfar a David por dondequiera que iba. [7] Tomó David los escudos de oro que llevaban los servidores de Hadadézer y los llevó a Jerusalén. [8] De Tebaj y de Berotay, ciudades de Hadadézer, tomó el rey una gran cantidad de bronce.

[9] Tou, rey de Jamat*, supo que David había derrotado a todas las fuerzas de Hadadézer, [10] y envió a su hijo Jorán* al rey David para saludarle y felicitarle por haber atacado y vencido a Hadadézer, ya que Tou estaba en guerra con Hadadézer. Traía Hadorán vasos de plata, oro y bronce. [11] El rey David los consagró también a Yahvé, con la plata y el oro consagrado procedente de todos los pueblos sometidos, [12] de Aram, de Moab, de los amonitas, de los filisteos, de Amalec y del botín de Hadadézer, hijo de Rejob, rey de Sobá.

[13] David se hizo famoso cuando volvió de su victoria sobre los arameos*, en el valle de la Sal*, en número de dieciocho mil. [14] Puso gobernadores en Edom; en todo Edom puso gobernadores*, y todos los edomitas quedaron sometidos a David, y Yahvé hizo triunfar a David dondequiera que iba.

Jos 11 6.9
Dt 17 16

2 R 11 10

2 R 14 7

1 R 11 14-25

---

7 19   Se trata sin duda de la ley divina que fija el destino de cada persona, especialmente el de David y sus descendientes.
7 21   Todo el v. es dudoso.
8   Resumen de las campañas militares del reino. Se omite la guerra amonita, porque será narrada (10-12) en conexión con la historia de Betsabé.
8 1   Lit. «la brida del codo». Se trata quizá de una metáfora para designar el poder filisteo al exigir un tributo o apoderarse de las riquezas de los países vecinos.
8 3   Este rey arameo pretende extender su dominio hasta el Éufrates («el Río»). David lo detiene en sus conquistas. Quizá tengamos aquí otra versión de la cam-

paña del cap. 10.
8 4   El ejército israelita no dispondrá de carros de combate antes de Salomón.
8 9   Ciudad junto al Orontes, al norte de los territorios controlados por Hadadézer.
8 10   Personaje llamado Adorán en 1 Cro 18 10.
8 13   (a) Se propone a veces leer «edomitas» con 1 Cro 18 12, pero el Sal 60 2 menciona a Aram junto a Edom.
8 13   (b) La Arabá, el valle que es prolongación meridional del Mar Muerto.
8 14   El v. insiste en la ocupación administrativa de todo el territorio de Edom.

‖1 Cro 18
14-17

La administración del reino.

¹⁵ Reinó David sobre todo Israel, administrando derecho y justicia a todo su pueblo. ¹⁶ Joab, hijo de Sarvia, era jefe del ejército, y Josafat, hijo de Ajilub, era

=20 23-26
1 R 4 1-6+

el heraldo. ¹⁷ Sadoc, hijo de Ajitub, y Abiatar, hijo de Ajimélec, eran sacerdotes*. Serayas* era secretario, ¹⁸ Benaías, hijo de Joadá, mandaba a los quereteos y los peleteos*. Los hijos de David eran sacerdotes*.

3. LA FAMILIA DE DAVID Y LAS INTRIGAS POR LA SUCESIÓN*

A. MERIBAAL

Bondad de David con el hijo de Jonatán.

1 S 18 1-4+
1 S 20
15s.42
2 S 21 1-14
16 1-4
19 27-31

9 ¹ David preguntó: «¿Queda todavía algún hijo de la casa de Saúl? Quiero favorecerle por amor a Jonatán.» ² Tenía la familia de Saúl un siervo llamado Sibá. Lo convocaron ante David y el rey le dijo: «¿Eres tú Sibá?» Respondió: «Tu siervo soy.» ³ Dijo el rey: «¿Queda alguien todavía de la casa de Saúl para que yo tenga con él una misericordia sin medida*?» Sibá contestó al rey: «Vive todavía un hijo de Jonatán, tullido de pies.» ⁴ El rey le preguntó: «¿Dónde está?» Respondió Sibá al rey: «Está en casa de Maquir, hijo de Amiel, en Lo Debar.» ⁵ Y el rey David mandó traerlo de la casa de Maquir, hijo de Amiel, de Lo Debar.

4 4

17 27

⁶ Llegó Mefibóset*, hijo de Jonatán, hijo de Saúl, adonde David y, cayendo sobre su rostro, se postró. David le dijo: «Mefibóset», y respondió: «Aquí tienes a tu siervo.» ⁷ David le dijo: «No temas,

quiero favorecerte por amor de Jonatán, tu padre. Haré que te devuelvan todos los campos de tu padre Saúl, y tú comerás siempre a mi mesa.» ⁸ Él se postró y dijo: «¿Qué es tu siervo, para que te fijes en un perro muerto como yo?»

⁹ Llamó el rey a Sibá, criado de Saúl, y le dijo: «Todo lo que pertenecía a Saúl y a toda su casa, se lo doy al hijo de tu señor. ¹⁰ Cultivarás para él la tierra tú, tus hijos y tus siervos, y se lo llevarás a la familia* de tu señor para que pueda comer. Mefibóset, el hijo de tu señor, comerá siempre a mi mesa.» Tenía Sibá quince hijos y veinte siervos. ¹¹ Respondió Sibá al rey: «Tu siervo hará todo lo que mi señor el rey ha mandado a su siervo.» Mefibóset comía a la mesa de David como uno de los hijos del rey. ¹² Tenía Mefibóset un hijo pequeño, llamado Micá. Todos los que vivían en casa de Sibá eran siervos de Mefibóset. ¹³ Pero Mefibóset vivía en Jerusalén porque comía siempre a la mesa del rey. Estaba tullido de pies.

1 Cro 8 3

16 1-4; 1:
25-31; 21

B. LA GUERRA AMONITA. NACIMIENTO DE SALOMÓN

‖1 Cro 19
1-5

Afrenta a los embajadores de David.

10 ¹ Después de esto, murió el rey de los amonitas y reinó en su lugar su hijo Janún. ² Dijo David: «Tendré con Ja-

nún, hijo de Najás, la misma benevolencia que su padre tuvo conmigo.» David envió a sus servidores para que le consolaran por su padre. Cuando los servidores de David llegaron al país de los

1 S 21 1:
2 S 3 24-

---

8 17   (a) El texto trata de dar a Sadoc una ascendencia de la que carecía, que componen la guardia también en 1 Cro 5 34; 6 37-38. Sin embargo, Sadoc es un «hombre nuevo». Algunos han propuesto leer aquí, fundándose en 1 S 22 20: «Abiatar, hijo de Ajimélec, hijo de Ajitub». Pero es preferible mantener el hebreo tal como está.
8 17   (b) El nombre parece original en esta antigua lista. Pero se convierte en Siya o Suwa, 20 25; Sisá, 1 R 4 3; Susa, 1 Cro 18 16, acaso corrupciones de su título egipcio de «escriba». .
8 18   (a) Mercenarios extranjeros, originarios de Filistea, que componen la guardia personal de David, 15 18; 20 7.23; 1 R 38 44. La lista puede compararse con 1 S 20 23-25.
8 18   (b) Indicación extraña que no se encuentra en 1 Cro 18 17.

9   Los caps. 9-20, que prosiguen en 1 R 1-2, proceden en lo esencial de un relato antiguo, utilizado, no sin retoques, por los redactores de Samuel. La profecía de Natán (cap. 7), en su forma primitiva, le servía quizá de prólogo. Se describe en él cómo había correspondido a Salomón la sucesión de David, a pesar de la supervivencia de un descendiente de Saúl, Mefibaal (cap. 9), y de la oposición de Seba (cap. 20), a través de la trágica historia de la familia real: adulterio de David y nacimiento de Salomón (caps. 10-12), muerte de Amnón (cap. 13), rebelión de Absalón (caps. 15-18), intrigas de Adonías, 1 R 1-2.
9 3   Lit. «misericordia de Dios», donde el nombre divino hace las veces de superlativo.
9 6   Aquí y en adelante «Mefibóset» con hebr., ver 4 4+.
9 10   «la familia» griego luc.; «el hijo» hebr.

amonitas, ³ dijeron los jefes de los amonitas a Janún, su señor: «¿Acaso David te envía a consolar porque quiere hacer honor a tu padre ante tus ojos? ¿No te ha enviado David sus siervos para espiar la ciudad*, explorarla y destruirla?» ⁴ Entonces Janún prendió a los servidores de David, les rapó la mitad de la barba, cortó sus vestidos hasta la mitad de las nalgas, y los despachó. ⁵ Se lo comunicaron a David y envió gente a su encuentro porque los hombres estaban cubiertos de vergüenza; el rey les mandó a decir: «Quedaos en Jericó hasta que os crezca la barba; después volveréis.»

Primera campaña amonita.

⁶ Vieron los amonitas que se habían hecho odiosos a David y enviaron para tomar a sueldo arameos de Bet Rejob y arameos de Sobá, veinte mil infantes; del rey de Maacá mil hombres y del rey de Tob doce mil*. ⁷ Lo supo David y mandó a Joab con toda la tropa, los valientes*. ⁸ Salieron a campaña los amonitas y se ordenaron en batalla a la entrada de la puerta, mientras que los arameos de Sobá y de Rejob, y los hombres de Tob y de Maacá estaban aparte en el campo. ⁹ Viendo Joab que tenía un frente de combate por delante y otro por detrás, escogió a los mejores de Israel y los puso en línea contra los arameos. ¹⁰ Puso el resto del ejército al mando de su hermano Abisay y lo ordenó en batalla frente a los amonitas. ¹¹ Y dijo: «Si los arameos me dominan, ven en mi ayuda; si los amonitas te dominan a ti, vendré en tu socorro. ¹² Ten fortaleza, esforcémonos por nuestro pueblo y por las ciudades de nuestro Dios y que Yahvé haga lo que bien le parezca.» ¹³ Y avanzó Joab con su ejército para luchar contra los arameos, que huyeron ante él. ¹⁴ Vieron los amonitas que los arameos emprendían la fuga, y huyeron también ellos ante Abisay y entraron en la ciudad. Joab se alejó de los amonitas y entró en Jerusalén.

Victoria sobre los arameos*.

¹⁵ Vieron los arameos que habían sido vencidos por Israel y se concentraron todos. ¹⁶ Hadadézer mandó venir a los arameos del otro lado del Río y llegaron a Jelán. Venía a su cabeza Sobac, jefe del ejército de Hadadézer. ¹⁷ Se dio aviso a David, que reunió a todo Israel, pasó el Jordán y llegó a Jelán; los arameos se ordenaron en batalla frente a David y combatieron contra él. ¹⁸ Huyeron los arameos ante Israel y David abatió a los arameos setecientos carros y cuarenta mil jinetes. Hirió también a Sobac, jefe de su ejército, que murió allí mismo. ¹⁹ Cuando todos los reyes vasallos de Hadadézer vieron que habían sido batidos ante Israel, hicieron la paz con Israel y le quedaron sometidos. Los arameos no se atrevieron a seguir ayudando a los amonitas.

Segunda campaña amonita.
Crimen de David*.

11 ¹ A la vuelta del año* en la época en que los reyes salen a campaña, envió David a Joab con sus veteranos y todo Israel. Derrotaron a los amonitas y pusieron sitio a Rabá, mientras que David se quedó en Jerusalén.

² Un atardecer se levantó David de su lecho y se paseaba por el terrado de la casa del rey cuando vio desde lo alto del terrado a una mujer que se estaba bañando. Era una mujer muy hermosa. ³ Mandó David para informarse sobre la mujer y le dijeron: «Es Betsabé, hija de Elián, mujer de Urías el hitita*.» ⁴ David envió gente que la trajese; llegó donde David y él se acostó con ella, cuando acababa de purificarse de sus reglas. Y ella se volvió a su casa. ⁵ La mujer quedó embarazada y le hizo saber a David: «Estoy encinta.»

⁶ David envió a decir a Joab: «Mándame a Urías el hitita.» Joab envió a Urías adonde David. ⁷ Llegó Urías donde él y David le preguntó por Joab, por el ejército y por la marcha de la guerra. ⁸ Y dijo David a Urías: «Baja a tu casa y lava tus pies.» Salió Urías de la casa del rey, seguido de un obsequio de la mesa real. ⁹ Pero Urías se acostó a la entrada de la casa del rey, con la guardia de su señor, y no bajó a su casa.

Marginal references (left column):
Is 20 4

‖1 Cro 19
6-15

8 3

21 15-22;
23 8-39

‖1 Cro 19
16-19
2 S 8 3-8

Marginal references (right column):
‖1 Cro 20 1

10 7

Lv 15 19

---

10 3 Es la capital Rabá, 11 1; 12 26, hoy Amán.
10 6 Sobá y Bet Rejob, al norte de las fuentes del Jordán, se hallaban unidas bajo el poder de Hadadézer. Maacá y Tob se hallaban al norte de Transjordania.
10 7 La aposición indica una distinción entre el grupo de los veteranos y el ejército reclutado entre las tribus; éste no intervendrá hasta más tarde, v. 17 y 11 11.

10 15 Este pequeño relato parece proceder de una fuente distinta.
11 En el conjunto literario que forman las caps. 9-20, la guerra amonita no es más que el marco de la historia de David y Betsabé.
11 1 El equinoccio de primavera.
11 3 Un mercenario extranjero. Los hititas, ver Dt 7 1+.

1 S 4 3s

[10] Avisaron a David: «Urías no ha bajado a su casa.» Preguntó David a Urías: «¿No vienes de un viaje? ¿Por qué no has bajado a tu casa?» [11] Urías respondió a David: «El arca, Israel y Judá habitan en tiendas; Joab mi señor y los siervos de mi señor acampan en el suelo, ¿y voy a entrar yo en mi casa para comer, beber y acostarme con mi mujer*? ¡Por tu vida y la vida de tu alma, no haré tal!» [12] Entonces David dijo a Urías: «Quédate hoy también y mañana te despediré.» Se quedó Urías aquel día en Jerusalén y al día siguiente [13] le invitó David a comer con él y le hizo beber hasta emborracharse. Por la tarde salió y se acostó en el lecho, con la guardia de su señor, pero no bajó a su casa.

[14] A la mañana siguiente escribió David una carta a Joab y se la envió por medio de Urías. [15] En la carta había escrito: «Poned a Urías en primera línea, donde la lucha sea más reñida, y retiraos de detrás de él para que sea herido y muera.» [16] Estaba Joab asediando la ciudad y colocó a Urías en el sitio en que sabía que estaban los hombres más valientes. [17] Los hombres de la ciudad hicieron una salida y atacaron a Joab; cayeron algunos del ejército de entre los veteranos de David. También murió Urías el hitita.

[18] Joab envió a comunicar a David todas las noticias de la guerra, [19] y ordenó al mensajero: «Cuando hayas acabado de decir al rey todas las noticias sobre la batalla, [20] si salta la cólera del rey y te dice: '¿Por qué os habéis acercado a la ciudad para atacarla? ¿No sabíais que tirarían sobre vosotros desde lo alto de la muralla?

Jc 9 50-54

[21] ¿Quien mató a Abimélec, el hijo de Yerubaal*? ¿No arrojó una mujer sobre él una piedra de molino desde lo alto de la muralla y murió él en Tebés? ¿Por qué os habéis acercado a la muralla?', tú le dices: También ha muerto tu siervo Urías, el hitita.»

[22] Partió el mensajero y fue a comunicar a David todo lo que le había mandado Joab. David se irritó contra Joab y dijo al mensajero: «¿Por qué os habéis acercado a la muralla para luchar? ¿Quién mató a Abimélec, el hijo de Yerubaal? ¿No arrojó una mujer sobre él una piedra de molino desde lo alto de la muralla y murió él en Tebés? ¿Por qué os habéis acercado a la muralla?» [23] El mensajero dijo a David: «Aquellos hombres se crecieron frente a nosotros, hicieron una salida contra nosotros en campo raso y los rechazamos hasta la entrada de la puerta, [24] pero los arqueros tiraron contra tus veteranos desde lo alto de la muralla y murieron algunos de los veteranos del rey. También murió tu siervo Urías, el hitita.»

[25] Entonces David dijo al mensajero: «Esto has de decir a Joab: 'No te inquietes por este asunto, porque la espada devora unas veces a unos y otras a otros. Redobla tu ataque contra la ciudad y destrúyela.' Y así le darás ánimos.» [26] Supo la mujer de Urías que había muerto Urías su marido e hizo duelo por su señor. [27] Pasado el luto, David envió por ella y la recibió en su casa y la tomó por mujer; ella le dio a luz un hijo; pero aquella acción que David había hecho desagradó a Yahvé.

Reproches de Natán. Arrepentimiento de David*.

12 [1] Envió Yahvé a Natán donde David, y llegando a él le dijo:

14 4-17

«Había dos hombres en una ciudad, el uno era rico y el otro era pobre. [2] El rico tenía ovejas y bueyes en gran abundancia; [3] el pobre no tenía más que una corderilla, sólo una, pequeña, que había comprado.
Él la alimentaba y ella iba creciendo con él y sus hijos, comiendo su pan, bebiendo en su copa, durmiendo en su seno igual que una hija. [4] Vino un visitante donde el hombre rico y, dándole pena tomar su ganado, sus vacas y sus ovejas, para dar de comer a aquel hombre llegado a su casa, tomó la ovejita del pobre y dio de comer a aquel hombre llegado a su casa.»

[5] David se encendió en gran cólera contra aquel hombre y dijo a Natán: «¡Vive Yahvé! que merece la muerte el hombre que tal hizo. [6] Pagará cuatro ve-

Ex 21 37
Lc 19 8

---

11 11 La continencia era una ley religiosa de la guerra, ver 1 S 21 6.
11 21 «Yerubaal» griego, ver Jc 7 1s; «Yerubéset» hebr. Sobre estas variantes, ver 2 8+ y 4 4+.
12   Es posible que la intervención de Natán, 12 1-15a, no figurara en el relato primitivo: en el v. 22 David parece ignorar que el niño está sentenciado. Pero este relato y el siguiente ponen de manifiesto un mismo sentido religioso: se condena el crimen de David como una falta grave, pero con su arrepentimiento consigue el perdón de Dios.

ces la oveja por haber hecho semejante cosa y por no haber tenido compasión.» ⁷ Entonces Natán dijo a David: «Tú eres ese hombre. Así dice Yahvé, Dios de Israel: Yo te he ungido rey de Israel y te he librado de las manos de Saúl. ⁸ Te he dado la casa de tu señor y he puesto en tu seno las mujeres de tu señor; te he dado la casa de Israel y de Judá; y si es poco, te añadiré todavía otras cosas. ⁹ ¿Por qué has menospreciado a Yahvé* haciendo lo que le parece mal? Has matado a espada a Urías el hitita, has tomado a su mujer por mujer tuya y lo has matado por la espada de los amonitas. ¹⁰ Pues bien, nunca se apartará la espada de tu casa*, ya que me has despreciado y has tomado la mujer de Urías el hitita para mujer tuya. ¹¹ Así habla Yahvé: Haré que de tu propia casa se alce el mal contra ti. Tomaré tus mujeres ante tus ojos y se las daré a otro que se acostará con tus mujeres a la luz de este sol. ¹² Pues tú has obrado en lo oculto, pero yo cumpliré esta palabra ante todo Israel y a la luz del sol.» ¹³ David dijo a Natán: «He pecado contra Yahvé.» Respondió Natán a David: «También Yahvé ha perdonado tu pecado; no morirás. ¹⁴ Pero por haber ultrajado a Yahvé* con ese hecho, el hijo que te ha nacido morirá sin remedio.» ¹⁵ Y Natán se fue a su casa.

Muerte del hijo de Betsabé.
Nacimiento de Salomón.

Hirió Yahvé al niño que había engendrado a David la mujer de Urías y enfermó gravemente. ¹⁶ David suplicó a Dios por el niño; hizo David un ayuno riguroso, entraba en casa y pasaba la noche acostado en el suelo. ¹⁷ Los ancianos de su casa estaban junto a él y se esforzaban por levantarlo del suelo, pero él se negó y no quiso comer con ellos. ¹⁸ El séptimo día murió el niño; los servidores de David temieron decirle que el niño había muerto, porque se decían: «Cuando el niño aún vivía le hablábamos y no nos escuchaba. ¿Cómo le diremos que el niño ha muerto? ¡Hará un desatino!» ¹⁹ Vio David que sus servidores cuchicheaban entre sí, comprendió David que el niño había muerto y dijo a sus servidores: «¿Ha muerto el niño?» Le respondieron: «Así es.»

²⁰ David se levantó del suelo, se lavó, se ungió y se cambió de vestidos. Fue luego a la casa de Yahvé y se postró. Se volvió a su casa, pidió que le trajesen de comer y comió. ²¹ Sus servidores le dijeron: «¿Qué es lo que haces? Cuando el niño aún vivía ayunabas y llorabas, y ahora que ha muerto te levantas y comes*.» ²² Respondió: «Mientras el niño vivía ayuné y lloré, pues me decía: ¿Quién sabe si Yahvé tendrá compasión de mí y el niño vivirá? ²³ Pero ahora que ha muerto, ¿por qué he de ayunar? ¿Podré hacer que vuelva? Yo iré donde él*, pero él no volverá a mí.»

²⁴ David consoló a Betsabé su mujer, fue donde ella y se acostó con ella; dio ella a luz un hijo y se llamó Salomón; Yahvé lo amó, ²⁵ y envió al profeta Natán, que lo llamó Yedidías, por lo que había dicho Yahvé*.

Conquista de Rabá.

²⁶ Joab atacó a Rabá de los amonitas y conquistó la ciudad real. ²⁷ Y envió Joab mensajeros a David para decirle: «He atacado a Rabá y me he apoderado también de la ciudad de las aguas*. ²⁸ Ahora, pues, reúne el resto del ejército, acampa contra la ciudad y tómala, para que no sea yo quien la conquiste y no le dé mi nombre.» ²⁹ Reunió David todo el ejército y partió para Rabá, la atacó y la conquistó. ³⁰ Tomó de la cabeza de Milcón* la corona, que pesaba un talento de oro; tenía ésta engarzada

Notas marginales
3 7+
16 22
21 10
R 21 27
Jb 7 9
‖1 Cro 20 1ᵇ-3

12 9 El hebr. ha leído «la palabra de Yahvé», muy probablemente para evitar que el nombre divino sea directamente el sujeto del verbo.
12 10 Alusión a la sangrienta muerte de Amnón, de Absalón y de Adonías, hijos los tres de David.
12 14 «ultrajado a Yahvé» corr. El hebr. dice: «ultrajado a los enemigos de Yahvé», para evitar una blasfemia. —El pecado no es únicamente la violación de un determinado orden moral o social, sino ante todo la ruptura de una relación personal entre el hombre y la divinidad, ver Gn 39 9; Sal 51 6; 59 2, que sólo Dios restablece, Sal 65 4; ver Mc 2 5s+.
12 21 David sorprende a su corte al no guardar las reglas del duelo. Su religiosidad es espontánea y no conformista, vv. 22-23 y 6 21-22.

12 23 A la morada de los muertos, el Seol, ver Nm 16 33+.
12 25 El nacimiento de Salomón, hijo de Betsabé, «amado de Yahvé» (éste es el sentido de Yedidyah), es la garantía del perdón de Dios. Y la elección gratuita de Dios llevará a Salomón al trono de su padre con preferencia a otros herederos con mejores títulos.
12 27 La expresión alude probablemente a una fortificación contra la traída de aguas a la ciudad.
12 30 El hebr. lee «el rey de ellos» (malkam), pues cree que se trata de una corona puesta sobre la estatua del rey de los amonitas. Dado que el peso de esta corona es enorme (más de 30 kg.), debe pensarse más bien en la estatua de Milcón, dios de los amonitas (1 R 11 5), tal como lo ha entendido el griego.

una piedra preciosa que fue puesta en la cabeza de David; y se llevó un enorme botín de la ciudad. [31] A la gente que había en ella la hizo salir y la puso a trabajar en las sierras, en los trillos de dientes de hierro, en las hachas de hierro y los empleó en los hornos de ladrillo*. Lo mismo hizo con todas la ciudades de los amonitas. Luego David regresó con todo el ejército a Jerusalén.

‖1 Cro 20 3
Ex 1 13-14

C. HISTORIA DE ABSALÓN*

Amnón ultraja a su hermana Tamar.

3 2-3

13 [1] Sucedió después que Absalón, hijo de David, tenía una hermana que era hermosa, llamada Tamar, y Amnón, hijo de David, se prendó de ella. [2] Estaba Amnón tan atormentado que se puso enfermo, porque su hermana Tamar era virgen y le parecía difícil a Amnón hacerle algo. [3] Tenía Amnón un amigo llamado Jonadab, hijo de Simá, hermano de David; era Jonadab hombre muy astuto, [4] y le dijo: «¿Qué te sucede, hijo del rey, que de día en día estás más afligido? ¿No me lo vas a descubrir?» Amnón le dijo: «Estoy enamorado de Tamar, hermana de mi hermano Absalón.» [5] Jonadab le dijo: «Acuéstate en tu lecho y fíngete enfermo y cuando tu padre venga a verte le dices: Que venga, por favor, mi hermana Tamar a darme de comer; que prepare delante de mí algún manjar para que lo vea yo y lo coma de su mano.» [6] Amnón se acostó y se fingió enfermo. Entró el rey a verle y Amnón dijo al rey: «Que venga, por favor, mi hermana Tamar y fría delante de mí un par de buñuelos, y yo los comeré de su mano.» [7] David envió a decir a Tamar a su casa: «Vete a casa de tu hermano Amnón y prepárale algo de comer.» [8] Fue, pues, Tamar a casa de su hermano, que estaba acostado; tomó harina, la amasó, hizo los buñuelos y los puso a freír delante de su hermano; [9] tomó la sartén y la vació delante de él, pero él no quiso comer; y dijo Amnón: «Que salgan todos de aquí.» Y todos salieron de allí. [10] Entonces Amnón dijo a Tamar: «Tráeme la comida a la alcoba para que coma de tu mano.» Tomó Tamar los buñuelos que había hecho, se los llevó a su hermano Amnón a la alcoba [11] y se los acercó para que los comiese, pero él la sujetó y le dijo: «Ven, acuéstate conmigo, hermana mía.» [12] Pero ella respondió: «No, hermano mío, no me fuerces, pues no se hace esto en Israel. No cometas esta infamia. [13] ¿A dónde iría yo a deshonrada? Y tú serías como un infame en Israel. Habla, te lo suplico, al rey, que no rehusará entregarme a ti*.» [14] Pero él no quiso escucharla, sino que la sujetó y forzándola se acostó con ella.

[15] Después Amnón la aborreció con tan gran aborrecimiento que fue mayor su aborrecimiento que el amor con que la había amado. Y el dijo Amnón: «Levántate y vete.» [16] Ella le dijo: «No, hermano mío, por favor, porque si me echas, este segundo mal es peor que el que me hiciste primero*.» Pero él no quiso escucharla. [17] Llamó al criado que le servía y le dijo: «Échame a ésta fuera y cierra la puerta tras ella.» [18] Vestía ella una túnica con mangas, porque así vestían antes las hijas del rey que eran vírgenes. Su criado la hizo salir fuera y cerró la puerta tras ella.

[19] Tamar se echó ceniza sobre la cabeza, rasgó la túnica de mangas que llevaba, puso sus manos sobre la cabeza y se iba gritando mientras caminaba*. [20] Su hermano Absalón le dijo: «¿Es que tu hermano Amnón ha estado contigo? Ahora calla, hermana mía; es tu hermano. No te preocupes de este asunto.» Y Tamar quedó desolada en casa de su hermano Absalón.

[21] Se enteró David de todas estas cosas y se irritó en extremo*. [22] Absalón no le habló a Amnón ni una palabra, ni buena ni mala, pues odiaba Absalón a Amnón porque había violado a su hermana Tamar.

Gn 34 7
Dt 22 21
Jc 20 6.10
Jr 29 23

Gn 37 3

---

12 31 Trabajo penoso al que se sometía a los prisioneros de guerra o a los esclavos, ver Ex 5.
13   Absalón, asesino de su hermano, rebelde contra su padre, es el personaje central del gran drama de la familia de David, caps. 13-20. Este drama familiar provoca una serie de crisis políticas que ponen al vivo las dissensiones de la nación y comprometen el futuro reino.
13 13 Conforme a la antigua costumbre, ver Gn 20 12.

Amnón podía desposarse con Tamar, que no era más que hermanastra. Tales uniones fueron prohibidas por las leyes de Lv 18 11; 20 17; Dt 27 22.
13 16 El v., mal conservado, es difícil de traducir.
13 19 Gestos de duelo y de dolor, ver 1 2; Est 4 1; Jr 2 37.
13 21 El griego añade: «pero no quiso castigar a su hijo Amnón, al que amaba porque era su primogénito».

Absalón hace asesinar a Amnón y huye.

1 S 25 4s

[23] Dos años después, estaban los esquiladores con Absalón esquilando en Baal Jasor, junto a Efraín, y Absalón invitó a todos los hijos del rey. [24] Se presentó Absalón al rey y le dijo: «Ya que estoy de esquileo, que vengan, por favor, conmigo el rey y sus servidores.» [25] El rey dijo a Absalón: «No, hijo mío, no podemos ir todos para no serte gravosos.» Insistió, pero el rey no quiso ir y le dio su bendición. [26] Absalón le dijo: «Que venga, por favor, con nosotros mi hermano Amnón.» Respondió el rey: «¿Para qué ha de ir contigo?» [27] Pero Absalón le insistió y dejó que fueran con él Amnón y todos los hijos del rey.

Absalón mandó preparar un convite regio*. [28] Y ordenó a sus criados: «Estad atentos: cuando el corazón de Amnón esté alegre por el vino y yo os diga: 'Herid a Amnón', lo mataréis. No tengáis temor, porque os lo mando yo. Cobrad ánimo y sed valerosos.» [29] Los criados de Absalón hicieron con Amnón lo que Absalón les había mandado. Entonces todos los hijos del rey se levantaron, montó cada cual en su mulo y huyeron.

[30] Cuando iban todavía de camino, llegó a David la noticia de que Absalón había matado a todos los hijos del rey y que no había quedado ni uno solo de ellos.

1 11

[31] Se levantó el rey, rasgó sus vestidos y se echó en tierra; todos los servidores que estaban a su lado rasgaron también sus vestidos. [32] Pero Jonadab, hijo de Simá, hermano de David, tomó la palabra y dijo: «No diga el rey, mi señor, que han muerto todos los muchachos, los hijos del rey, porque solamente ha muerto Amnón; pues era cosa decidida en boca de Absalón desde el día en que aquél violó a su hermana Tamar. [33] Así que no haga caso mi señor el rey de esos rumores de que han muerto todos los hijos del rey, porque sólo ha muerto Amnón.» [34] Absalón huyó.

El joven que estaba de centinela levantó la vista y vio una multitud que venía por el camino de Joronáin, por la ladera, y fue a avisar al rey: «He visto algunos hombres que bajan por el camino de Jo-

ronáin, por la ladera de la montaña*.» [35] Jonadab dijo al rey: «Son los hijos del rey que llegan; ha sido lo que tu servidor había dicho.» [36] Apenas había acabado de hablar, entraron los hijos del rey y lloraron a voz en grito. También el rey y todos los servidores se echaron a llorar con gran llanto. [37] Absalón huyó y se fue adonde Talmay, hijo de Amiud, rey de Guesur; y el rey lloraba todos los días por su hijo. [38] Absalón, por su parte, había huido y se había ido a Guesur: allí se quedó tres años.

3 3

Joab negocia la vuelta de Absalón.

[39] La cólera del rey David* contra Absalón se calmó finalmente, porque se había consolado ya de la muerte de Amnón.

14 [1] Conoció Joab, hijo de Sarvia, que el corazón del rey estaba por Absalón [2] y envió Joab a Técoa*, a traer de allí una mujer sagaz a la que dijo: «Da muestras de duelo, vístete de luto y no te perfumes; pórtate como una mujer que hace muchos días que está en duelo por un muerto. [3] Entra luego donde el rey y dile estas palabras», y Joab puso las palabras en su boca*.

12 1s

[4] Entró, pues, donde el rey la mujer de Técoa, cayó rostro en tierra, se postró y dijo: «¡Sálvame, oh rey*!» [5] El rey le dijo: «¿Qué te pasa?» Y ella contestó: «¡Ay de mí! Soy una mujer viuda. Mi marido ha muerto. [6] Tu sierva tiene dos hijos. Se pelearon en el campo, no había quien los separase y uno hirió al otro y lo mató. [7] Y ahora se alza toda la familia contra tu sierva y dicen: 'Entréganos al asesino de su hermano: le haremos morir por la vida de su hermano, al que mató, y haremos desaparecer también al heredero.' Así van a extinguir el ascua que me queda y no dejarán a mi marido nombre ni superviviente en la tierra.» [8] El rey dijo a la mujer: «Vete a tu casa, que yo daré órdenes sobre tu asunto.» [9] Pero la mujer de Técoa dijo al rey: «Caiga, oh rey mi señor, la culpa sobre mí y sobre la casa de mi padre y queden inocentes el rey y

1 R 3 16s
2 R 8 3s

2 R 6 26s

Nm 35 19+

---

13 27 El griego precisa: «Absalón ofreció un festín, un festín verdaderamente regio». Puede ser un detalle literario antiguo.
13 34 El v. ha sido restituido según el griego. El hebr. ha omitido este pasaje por inadvertencia, debido a la repetición de «por el camino de Joronáin».
13 39 El griego ha leído: «El espíritu del rey cesó de

airarse», lo que podría corresponder al texto antiguo.
14 2 Patria del profeta Amós, a 13 km. al sur de Jerusalén.
14 3 Al igual que Natán (12 1s), Joab va a inducir al rey a que se pronuncie fingiendo un caso de justicia.
14 4 Era una fórmula utilizada cuando se recurría al rey.

su trono*.» [10] El rey dijo: «Si alguno todavía te dice algo, hazle venir y no te molestará más.» [11] Replicó ella: «Que el rey mencione, por favor, a Yahvé, tu Dios, para que el vengador de sangre no aumente la ruina y no extermine a mi hijo.» Él dijo: «Vive Yahvé, que no caerá en tierra ni un cabello de tu hijo.»

[12] La mujer dijo: «Te suplico que tu sierva pueda decir a mi señor el rey una palabra.» Dijo: «Habla». [13] Respondió la mujer: «¿Por qué has tenido tal pensamiento contra el pueblo de Dios y se hace el rey culpable diciendo que no vuelva más su desterrado? [14] Todos hemos de morir; como el agua que se derrama en tierra no se vuelve a recoger, así Dios no vuelve a conceder la vida. Que el rey elija* medios para que el proscrito no siga alejado de él*.

[15] *«Así, pues, si tu sierva ha venido para hablar a mi señor el rey estas cosas, es porque la gente me ha metido miedo y tu sierva se ha dicho: Hablaré al rey y acaso el rey cumpla la palabra de su esclava, [16] pues el rey me escuchará y librará a su esclava de la ira del hombre que quiere exterminarme, a mí juntamente con mi hijo, de la heredad de Dios. [17] Tu sierva dice: Que la palabra de mi señor el rey traiga la paz, pues mi señor el rey es como el Ángel de Dios* para discernir el bien y el mal*. Y que Yahvé tu Dios sea contigo.»

[18] El rey respondió a la mujer y dijo: «No me ocultes nada de lo que voy a preguntarte.» La mujer dijo: «Habla, oh rey, mi señor.» [19] Dijo el rey: «¿No anda contigo la mano de Joab en todo esto?» Respondió la mujer: «Por tu vida, oh rey mi señor, que no se desvía ni a la derecha ni a la izquierda nada de lo que el rey mi señor dice. Tu siervo Joab me ha mandado y ha puesto en la boca de tu sierva todas estas palabras. [20] Para abordar con rodeos el tema hizo esto tu siervo Joab. Pero mi señor es prudente como el Ángel de Dios y sabe todo cuanto sucede en la tierra.»

[21] Entonces el rey dijo a Joab: «Mira, he decidido el asunto. Anda y haz que regrese el joven Absalón.» [22] Cayó Joab sobre su rostro en tierra y postrándose bendijo al rey. Joab dijo: «Hoy ha conocido tu siervo que ha hallado gracia a tus ojos, oh rey mi señor, pues ha cumplido el rey el deseo de su siervo.» [23] Levantóse Joab, fue a Guesur y llevó a Absalón a Jerusalén. [24] Pero el rey dijo: «Que se retire a su casa, pues no pienso recibirle.» Y Absalón se retiró a su casa sin poder entrevistarse con el rey.

Algunos pormenores sobre Absalón*.

[25] No había en todo Israel un hombre tan apuesto como Absalón, ni tan celebrado; de la planta de los pies hasta la coronilla de la cabeza no había en él defecto. [26] Cuando se cortaba el pelo —y se lo cortaba cada año, porque le pesaba mucho y por eso se lo cortaba— pesaba el cabello de su cabeza doscientos siclos, peso real. [27] Le nacieron a Absalón tres hijos y una hija, llamada Tamar; era una mujer de gran belleza.

Absalón obtiene el perdón.

[28] Absalón estuvo en Jerusalén dos años sin ver el rostro del rey. [29] Llamó Absalón a Joab para enviarle al rey, pero él no quiso ir. Le llamó todavía una segunda vez, pero tampoco quiso. [30] Entonces dijo a sus servidores: «Ved el campo de Joab, que está junto al mío, donde él tiene la cebada. Id y prendedle fuego.» Los servidores de Absalón prendieron fuego al campo. [31] Entonces se levantó Joab, fue a casa de Absalón y le dijo: «¿Por qué tus servidores han prendido fuego a mi campo?» [32] Absalón respondió a Joab: «Te he mandado llamar para decirte: Ven, por favor, pues quiero enviarte al rey para que le digas: ¿Para qué he vuelto de Guesur? Mejor me hubiera sido estarme allí. Quiero ver el rostro del rey; si hay alguna culpa en mí, que me haga morir.» [33] Fue Joab al rey y se lo comunicó. Entonces llamó a Absalón. Entró éste donde el rey y se postró sobre su rostro en presencia del rey. Y el rey besó a Absalón.

Nm 35 19+

Jb 14 7-12
Sal 88 6.11
Jb 7 9

18 18

Jc 15 4-5

---

14 9   La mujer apremia: si alguna culpabilidad se deriva de no perseguir al homicida, ella asume la responsabilidad, ver Jos 2 19; Mt 27 25.
14 14 (a) «Que el rey elija» según griego; «Y él (Dios) ha hecho» hebr.
14 14 (b) Nada se puede hacer ya por Amnón, que ha muerto. Conviene, pues, que vuelva Absalón.
14 15 La mujer, después de haber abierto los ojos del rey aplicando el caso a Absalón, reanuda su papel. El v.

17 se aplica igualmente al caso fingido y al caso real.
14 17 (a) En los textos antiguos, Gn 16 7+, el Ángel de Dios es el mismo Dios, en la forma visible en que aparece a los hombres: David posee una sabiduría divina, igualmente en el v. 20.
14 17 (b) Es decir, absolutamente todo, ver 13 22.
14 25 Los vv. 25-27 interrumpen el relato y proceden de otra fuente.

Intrigas de Absalón.

1 R 15
1 S 8 11

15 [1] Después de esto, se hizo Absalón con un carro, caballos y cincuenta hombres que corrían delante de él. [2] Se levantaba Absalón temprano y se colocaba a la vera del camino de la puerta, y a los que tenían algún pleito y venían donde el rey para el juicio, los llamaba Absalón y les decía: «¿No eres tú de...?» Él respondía: «Tu siervo es de tal tribu de Israel*.» [3] Absalón le decía: «Mira, tu causa es justa y buena, pero nadie te escuchará de parte del rey.» [4] Y añadía Absalón: «¡Quién me pusiera por juez de esta tierra! Podrían venir a mí todos los que tienen pleitos o juicios y yo les haría justicia.» [5] Cuando alguno se acercaba a él y se postraba, le tendía la mano, lo retenía y lo besaba. [6] Así hacía Absalón con todos los israelitas que iban al tribunal del rey. Absalón robaba así el corazón de los hombres de Israel.

Revuelta de Absalón.

[7] Al cabo de cuatro* años dijo Absalón al rey: «Permíteme que vaya a Hebrón* a cumplir el voto que hice a Yahvé. [8] Porque tu siervo hizo voto cuando estaba en Guesur de Aram diciendo: Si Yahvé me permite volver a Jerusalén, daré culto a Yahvé en Hebrón*.» [9] El rey le dijo: «Vete en paz.» Él se levantó y se fue a Hebrón.

13 37

[10] Envió Absalón mensajeros a todas las tribus de Israel diciendo: «Cuando oigáis el sonido del cuerno, decid: ¡Absalón se ha proclamado rey en Hebrón!» [11] Con Absalón habían partido de Jerusalén doscientos hombres invitados; eran inocentes y no sabían absolutamente nada. [12] Mientras ofrecía los sacrificios, mandó Absalón llamar a Ajitófel el guilonita, consejero de David, de su ciudad de Guiló. Así la conjuración se fortalecía y eran cada vez más numerosos los partidarios de Absalón.

16 23

Huida de David.

[13] Llegó uno que avisó a David: «El corazón de los hombres de Israel va tras de Absalón.» [14] Entonces David dijo a todos los servidores que estaban con él en Jerusalén: «Levantaos y huyamos, porque no tenemos escape ante Absalón. Apresuraos a partir, no sea que venga a toda prisa y nos dé alcance, vierta sobre nosotros la ruina y pase la ciudad a filo de espada*.» [15] Dijeron al rey sus servidores: «Para todo cuanto mi señor el rey elija estamos aquí tus servidores.» [16] El rey salió con toda su casa, a pie, dejando diez concubinas para guardar la casa. [17] Salió el rey a pie, con todo el pueblo, y se detuvieron en la última casa. [18] Pasaron a su lado todos sus veteranos. Todos los quereteos, los perizitas, Itay y todos los guititas, seiscientos hombres que le habían seguido desde Gat, marchaban delante del rey. [19] Y dijo el rey a Itay el guitita: «¿Por qué has de venir tú también conmigo? Vuélvete y quédate con el rey porque eres un extranjero, desterrado también de tu país. [20] Llegaste ayer, ¿y voy a obligarte hoy a andar errando con nosotros, cuando voy a la ventura? Vuélvete y haz que tus hermanos se vuelvan contigo; y que Yahvé tenga* contigo amor y fidelidad.» [21] Itay respondió al rey: «¡Por vida de Yahvé y por tu vida, rey mi señor, que donde el rey mi señor esté, para muerte o para vida, allí estará tu siervo!» [22] Entonces David dijo a Itay: «Anda y pasa.» Pasó Itay de Gat con todos sus hombres y todos sus niños. [23] Iban todos llorando a voz en grito. El rey se detuvo en el torrente Cedrón y toda la gente pasaba ante él por el camino del desierto.

16 21-22;
20 3

8 18

La suerte del arca.

[24] Llegó también Sadoc acompañado de todos los levitas, llevando el arca de la alianza de Dios. Se detuvieron con el arca de Dios junto a Abiatar* hasta que todo el pueblo acabó de salir de la ciudad. [25] Dijo el rey a Sadoc: «Haz volver el arca de Dios a la ciudad. Si he hallado gracia a los ojos de Yahvé, me hará volver y me permitirá ver el arca y su morada. [26] Y si él dice: 'No me has agradado', que me haga lo que

16 10

---

15 2 Aquí se trata probablemente de las tribus de Norte por oposición a Judá. Absalón aprovecha la oposición latente entre los dos grupos que componen la nación, ver 19 42s.
15 7 (a) «cuatro» griego luc.; «cuarenta» hebr.
15 7 (b) Después de haber trabajado al Norte, Absalón busca apoyos en el Sur: Hebrón, la primera capital (2 1s), podía haber guardado rencor a David por haber preferido Jerusalén.
15 8 «en Hebrón» griego luc.; omitido por hebr.

15 14 David no lo cree todo perdido, ya que deja en la ciudad algunos partidarios suyos, vv. 27s y 34s. Pero, atrapado entre los amotinados del Norte y los del Sur, realiza una retirada estratégica.
15 20 «y que Yahvé tenga» griego; omitido por hebr.
15 24 Resulta curiosa esta mención del sacerdote Abiatar, pues en 15 27-29; 19 12 se le cita al lado del sacerdote Sadoc. La entrada de los levitas como portadores del arca ha podido llevar a un desplazamiento de Abiatar al interior del v.

mejor le parezca.» ²⁷ Dijo el rey al sacerdote Sadoc: «Mira, vuelve en paz a la ciudad y que vuelvan con vosotros vuestros dos hijos, tu hijo Ajimás y Jonatán, hijo de Abiatar. ²⁸ Mirad, yo me detendré en las estepas del desierto*, hasta que me llegue una palabra vuestra que me dé noticias.» ²⁹ Sadoc y Abiatar devolvieron el arca de Dios a Jerusalén y se quedaron allí.

David se asegura el concurso de Jusay.

³⁰ David subía la cuesta de los Olivos, subía llorando con la cabeza cubierta y los pies desnudos*; y toda la gente que estaba con él había cubierto su cabeza y subía la cuesta llorando. ³¹ Notificaron entonces a David*: «Ajitófel está entre los conjurados con Absalón», y David dijo: «¡Vuelve necios, Yahvé, los consejos de Ajitófel!»

³² Cuando David llegó a la cima donde se postran ante Dios*, le salió al encuentro Jusay el arquita, con la túnica desgarrada y cubierta de polvo su cabeza. ³³ David le dijo: «Si vienes conmigo, me serás una carga. ³⁴ Pero si te vuelves a la ciudad y dices a Absalón: 'Soy tu siervo, oh rey, mi señor*; antes serví a tu padre, ahora soy siervo tuyo', podrás frustrar, en favor mío, los consejos de Ajitófel. ³⁵ ¿No estarán allí contigo los sacerdotes Sadoc y Abiatar? Todo cuanto oigas en la casa del rey, se lo comunicas a los sacerdotes Sadoc y Abiatar. ³⁶ Estarán allí con ellos sus dos hijos, Ajimás de Sadoc y Jonatán de Abiatar, y por su medio podréis comunicarme todo lo que sepáis.» ³⁷ Jusay, amigo de David, entró en la ciudad cuando Absalón llegaba a Jerusalén.

David y Sibá.

16 ¹ Había pasado David un poco más allá de la cumbre, cuando le salió al encuentro Sibá, criado de Mefibóset, con dos asnos aparejados, cargados con doscientos panes, cien racimos de uvas pasas, cien frutas maduras y un odre de vino. ² El rey preguntó a Sibá: «¿Para qué es esto?» Sibá contestó: «Los asnos son para que la familia del rey pueda montar, los panes y frutas son para que los muchachos coman y el vino para que beba el que se fatigue en el desierto.» ³ El rey preguntó: «¿Dónde está el hijo de tu señor?» Sibá respondió al rey: «Se ha quedado en Jerusalén porque se ha dicho: Hoy me devolverá la casa de Israel el reino de mi padre.» ⁴ El rey dijo a Sibá: «Todo lo de Mefibóset es para ti.» Sibá respondió: «Me postro ante ti. ¡Que halle yo gracia a tus ojos, oh rey mi señor!»

Semeí maldice a David.

⁵ Cuando el rey David llegó a Bajurín, salió de allí un hombre de la misma familia que la casa de Saúl, llamado Semeí, hijo de Guerá. Iba maldiciendo mientras avanzaba. ⁶ Tiraba piedras a David y a todos los servidores del rey, mientras toda la gente y todos los servidores se colocaban a derecha e izquierda. ⁷ Semeí decía maldiciendo: «Vete, vete, hombre sanguinario y malvado. ⁸ Yahvé te devuelva toda la sangre de la casa de Saúl*, cuyo reino usurpaste. Así Yahvé ha entregado tu reino en manos de Absalón tu hijo. Has caído en tu propia maldad, porque eres un hombre sanguinario.» ⁹ Abisay, hijo de Sarvia, dijo al rey: «¿Por qué ha de maldecir este perro muerto a mi señor el rey? Voy ahora mismo y le corto la cabeza.» ¹⁰ *Respondió el rey: «¿Qué tengo yo con vosotros, hijos de Sarvia? Deja que maldiga, pues si Yahvé le ha dicho: 'Maldice a David' ¿quién le puede decir: 'Por qué haces esto'?» ¹¹ Y añadió David a Abisay y a todos sus siervos: «Mirad, mi hijo, salido de mis entrañas, busca mi muerte, pues ¿cuánto más ahora un benjaminita? Dejadle que maldiga, pues se lo ha mandado Yahvé. ¹² Acaso Yahvé mire mi aflicción y me devuelva Yahvé bien por las maldiciones de este día.» ¹³ Y David y sus hombres prosiguieron su camino, mientras Semeí marchaba por el flanco de la montaña, paralelo a él; iba maldiciendo, tirando piedras* y arrojando polvo. ¹⁴ El rey y todo el pueblo que iba con él, llegaron extenuados a...* y allí tomaron aliento.

15 28 La región yerma entre Jerusalén y el Jordán.
15 30 Costumbres de duelo, ver **19** 5; Ez **24** 17, convertidas en señales de dolor, ver Jr **14** 3s; Est **6** 12; Mi **1** 8.
15 31 «Notificaron entonces a David» griego; «David notificó» hebr.
15 32 Quizá el santuario de Nob, 1 S **21** 2.
15 34 «mi señor» conj.

16 8 Una alusión a la matanza narrada en **21** 1-14, que se refiere a los comienzos del reinado, ver **9** 1.
16 10 Texto del v. dudoso.
16 13 Después de «tirando piedras», el hebr. repite «paralelo a él».
16 14 Falta en el texto el nombre geográfico que se esperaría aquí. Parece que David ha llegado ya al Jordán.

368

Jusay se une a Absalón.

¹⁵ Absalón y todos los hombres de Israel entraron en Jerusalén; Ajitófel estaba con él. ¹⁶ Llegó Jusay el arquita, amigo de David, donde Absalón y dijo Jusay a Absalón: «¡Viva el rey, viva el rey!» ¹⁷ Absalón dijo a Jusay: «¿Es éste tu afecto por tu amigo? ¿Por qué no te has ido con tu amigo?» ¹⁸ Jusay respondió a Absalón: «No. Yo quiero estar y permanecer con aquel a quien ha elegido Yahvé, este pueblo y todos los hombres de Israel. ¹⁹ Por lo demás ¿a quién voy a servir? ¿No es a su hijo? Como he servido a tu padre, te serviré a ti.»

15 32-37

Absalón y las concubinas de David.

²⁰ Absalón dijo a Ajitófel: «Tomad consejo sobre lo que se debe hacer.» ²¹ Ajitófel dijo a Absalón: «Llégate a las concubinas que tu padre ha dejado para guardar la casa; todo Israel sabrá que te has hecho odioso a tu padre y se fortalecerán las manos de todos los que están contigo*.» ²² Se levantó, pues, una tienda para Absalón sobre el terrado y Absalón se unió a las concubinas de su padre a la vista de todo Israel. ²³ El consejo que daba Ajitófel aquellos días era como si se hubiese pedido el consejo de Ajitófel, tanto por David como por Absalón.

15 16

12 11-12

Jusay trastoca los planes de Ajitófel.

17 ¹ Ajitófel dijo a Absalón: «Voy a elegir doce mil hombres y me lanzaré en persecución de David esta misma noche. ² Caeré sobre él cuando esté fatigado y falto de fuerzas, le llenaré de espanto y huirá toda la gente que está con él; heriré al rey solamente ³ y haré que vuelva a ti todo el pueblo, como la novia viene a su esposo. Tú sólo buscas la muerte de un hombre, y todo el pueblo quedará en paz*.» ⁴ Pareció bueno el consejo a Absalón y a todos los ancianos de Israel.

⁵ Pero Absalón dijo: «Llamad también a Jusay, el arquita, y oigámosle también a él.» ⁶ Llegó Jusay donde Absalón y éste le dijo: «Ajitófel nos ha dicho esto. ¿Debemos hacer lo que dice. Si no, habla tú.» ⁷ Jusay dijo a Absalón: «Por esta vez,

no es bueno el consejo de Ajitófel.» ⁸ Añadió Jusay: «Tú ya sabes que tu padre y sus hombres son gente valerosa y están exasperados como una osa salvaje a la que han quitado sus oseznos. Tu padre es hombre de guerra y no permitirá que el pueblo descanse durante la noche. ⁹ Ahora estará escondido en alguna caverna o en algún lugar. Si caen al principio algunos de los nuestros se correrá el rumor y se dirá: Ha habido un desastre en la tropa que sigue a Absalón. ¹⁰ Y sucederá que incluso los más valientes, cuyo corazón es como corazón de león, perderán el ánimo, porque todo Israel sabe que tu padre es esforzado y que son valerosos los que están con él. ¹¹ Por eso te aconsejo que reúnas en torno a ti* a todo Israel, desde Dan hasta Berseba, como la arena de la orilla del mar, y tú marcharás en persona al combate. ¹² Nos acercaremos a él en cualquier lugar en que se encuentre, caeremos sobre él como cae el rocío sobre la tierra y no dejaremos con vida ni a él ni a uno solo de los hombres que lo acompañan. ¹³ Si se recoge a una ciudad, todo Israel hará llevar cuerdas y la arrastraremos hasta el torrente, de modo que no se pueda hallar en ella ni un pedrusco.» ¹⁴ Absalón y todos los hombres de Israel dijeron: «El consejo de Jusay, el arquita, es mejor que el consejo de Ajitófel.» Es que Yahvé había decidido frustrar el consejo de Ajitófel —que era bueno— para traer Yahvé la ruina sobre Absalón.

15 31

¹⁵ Después Jusay dijo a los sacerdotes Sadoc y Abiatar: «Esto ha aconsejado Ajitófel a Absalón y a los ancianos de Israel; y esto y esto he aconsejado yo. ¹⁶ Ahora mandad rápidamente a avisar a David: 'No hagas noche en las estepas del desierto. Pasa sin tardanza al otro lado, no vaya a ser devorado el rey y todo el pueblo que lo acompaña.'»

15 27-28

David, avisado, pasa el Jordán.

¹⁷ Jonatán y Ajimás estaban apostados en la fuente de Roguel. Una criada vendría a avisarles y ellos irían a comunicárselo al rey David, porque no podían dejarse ver al entrar en la ciudad. ¹⁸ Pero los vio un muchacho y avisó a Absalón. Entonces los dos partieron a toda prisa

15 27
1 R 1 9

---

16 21 La acción de Absalón no es un alarde de inmoralidad, pues, tomando posesión del harén de su padre, afirma su derecho a la sucesión, ver 3 7+.
17 3 Ajitófel se siente seguro de ganar al pueblo para

Absalón. Una vez muerto David, todos los que le seguían no dejarán de reconocer a Absalón como rey.
17 11 Lo que se le propone hacer requiere su tiempo. David, que espera, **15 28**, podrá ponerse a salvo.

y entraron en casa de un hombre de Bajurín. Tenía éste un pozo en el patio y los
bajaron a él. ¹⁹ La mujer tomó una manta, la extendió sobre la boca del pozo y
puso encima grano trillado, de modo que
no se notaba nada.

²⁰ Llegó la gente de Absalón a la casa,
donde la mujer, y dijeron: «¿Dónde están
Ajimás y Jonatán?» La mujer respondió:
«Han pasado cerca del agua*.» Buscaron, pero no hallaron nada y se volvieron
a Jerusalén. ²¹ Después que se fueron, subieron ellos del pozo y fueron a avisar al
rey David diciéndole: «Levantaos y pasad
aprisa el agua, porque este consejo les ha
dado Ajitófel contra vosotros.» ²² Se levantó David y todo el pueblo que estaba
con él y pasaron el Jordán; al romper la
luz de la mañana no quedaba nadie sin
pasar el Jordán.

²³ Cuando vio Ajitófel que no habían
seguido su consejo, aparejó el asno y se
dirigió a su casa en su ciudad; ordenó a
su casa, y luego se dio muerte ahorcándose*. Lo sepultaron en la tumba de su padre.

Absalón atraviesa el Jordán.
David en Majanáin.

²⁴ Llegaba David a Majanáin cuando
atravesaba Absalón el Jordán con todos
los hombres de Israel. ²⁵ Absalón había
puesto a Amasá al frente del ejército, en
lugar de Joab. Amasá era hijo de un
hombre llamado Yéter el ismaelita, que
se había unido con Abigaíl, hija de Najás, hermana de Sarvia, madre de Joab*.
²⁶ Israel y Absalón acamparon en tierra
de Galaad.

²⁷ Cuando David llegó a Majanáin,
Sobí, hijo de Najás, de Rabá de los amonitas, y Maquir, hijo de Amiel, de Lo Debar, y Barzilay de Galaad de Roguelín,
²⁸ llevaron lechos, esteras, copas y vasos
de barro, así como trigo, cebada, harina,
grano tostado, lentejas, habas, ²⁹ *miel,
cuajada, ovejas y quesos de vaca, y lo
ofrecieron a David y a la gente que estaba con él, para que comiesen, pues se
habían dicho: «La gente habrá pasado
hambre, fatigas y sed en el desierto.»

Derrota del partido de Absalón.

18 ¹ David pasó revista al ejército que
estaba con él y puso a su cabeza jefes de millar y de cien. ² Dividió David el
ejército en tres cuerpos*: un tercio a las
órdenes de Joab; un tercio a las órdenes
de Abisay, hijo de Sarvia, hermano de
Joab, y un tercio a las órdenes de Itay de
Gat. Y dijo David a su ejército: «Yo mismo saldré también con vosotros.» ³ Pero
la tropa dijo: «No debes salir, porque si
nosotros tenemos que huir, no tendría
importancia; aunque muriera la mitad
de nosotros no tendría importancia; pero
tú eres como diez mil de nosotros. Es
mejor que puedas venir en nuestra ayuda
desde la ciudad.» ⁴ El rey les dijo: «Haré
lo que bien os parezca.» Se quedó, pues,
el rey junto a la puerta y salió todo el
ejército por centenares y millares. ⁵ El
rey ordenó a Joab, Abisay e Itay: «Tratad
bien, por amor a mí, al joven Absalón.»
Y todo el ejército oyó las órdenes del rey
a todos los jefes acerca de Absalón. ⁶ El
ejército salió al campo, al encuentro de
Israel, y se trabó la batalla en el bosque
de Efraín*. ⁷ El pueblo de Israel fue derrotado allí por los veteranos de David, y
hubo aquel día un gran estrago de veinte
mil hombres. ⁸ La batalla se extendió por
todo aquel contorno y aquel día devoró
el bosque más hombres que la espada.

Muerte de Absalón.

⁹ Absalón se topó con los veteranos de
David. Iba Absalón montado en un mulo
y el mulo se metió bajo el ramaje de una
gran encina. La cabeza de Absalón se
trabó y quedó en la encina colgado* entre el cielo y la tierra, mientras que el
mulo sobre el que montaba siguió adelante. ¹⁰ Lo vio un hombre y se lo avisó a
Joab diciendo: «He visto a Absalón colgado de una encina.» ¹¹ Joab dijo al hombre que le avisaba: «Si lo has visto, ¿por
qué no lo has derribado allí mismo en
tierra? Yo te habría dado diez siclos de
plata y un cinturón.» ¹² El hombre respondió a Joab: «Aunque pudiera pesar
en la palma de mi mano mil siclos de

Marginal references (left column):
Jos 2 4s.15s
15 31
19 14;
20 4-13
10 2
9 4
19 32

Marginal references (right column):
1 S 11 11
Jc 7 16

---

17 20 La indicación es irónica, pues los enviados de
Absalón ignoran que hay un pozo en el patio.
17 23 Único caso de suicidio mencionado en el AT,
fuera de los casos en que un guerrero se da la muerte
para escapar al enemigo, Jc 9 54; 1 S 31 4s; 1 R 16 18;
2 M 14 41s, y el caso particularísimo de Sansón, Jc 16
28s. Ajitófel tiene un extraño parecido con Judas, el
traidor.
17 25 Amasá es, pues, primo de Joab, pero la genea-

logía no es muy clara y el griego la ha transmitido de
otro modo.
17 29 El hebr. repite «grano tostado» al final del v. 28.
Algunas palabras de la lista de alimentos del v. 29 son
de traducción dudosa.
18 2 «dividió (en tres)» griego luc.; «envió» hebr.
18 6 Emplazamiento dudoso.
18 9 «quedó... colgado» versiones; «fue puesto» hebr.

plata, no alzaría mi mano contra el hijo del rey, pues ante nuestros oídos te ordenó el rey, a ti, a Abisay y a Itay: 'Guardadme al joven Absalón.' [13] Si me hubiera mentido a mí mismo, expondría mi vida, pues al rey nada se le oculta y tú mismo te hubieras mantenido aparte.» [14] Respondió Joab: «No voy a estarme mirando tu cara.» Y tomando tres dardos en su mano los clavó en el corazón de Absalón, que estaba todavía vivo en medio de la encina. [15] Luego se acercaron diez jóvenes, escuderos de Joab, que hirieron a Absalón y lo remataron.

[16] Joab mandó tocar el cuerno y el ejército dejó de perseguir a Israel, porque Joab retuvo al ejército. [17] Tomaron a Absalón, lo echaron en el bosque en un gran hoyo y pusieron encima un gran montón de piedras; y todo Israel huyó, cada uno a su tienda.

[18] Estando en vida, había decidido Absalón alzarse la estela que está en el valle del rey, pues se había dicho: «No tengo hijo para perpetuar mi nombre», y había puesto a la estela su mismo nombre. Se llama «La Mano de Absalón», hasta el día de hoy*.

Llegan noticias a David.

[19] Ajimás, hijo de Sadoc, dijo: «Voy a correr y anunciar al rey la buena noticia de que Yahvé lo ha librado de manos de sus enemigos.» [20] Pero Joab le dijo: «No serás tú hombre que dé buenas noticias hoy. Otro día las darás; hoy no las darás porque el hijo del rey ha muerto.» [21] Y Joab dijo al cusita: «Anda y anuncia al rey lo que has visto.» El cusita se postró ante Joab y partió a la carrera. [22] Insistió de nuevo Ajimás, hijo de Sadoc, y dijo a Joab: «Pase lo que pase, yo también quiero correr tras el cusita.» Joab le dijo: «¿Para qué vas a correr, hijo mío? Aunque vayas, por esta noticia no te van a dar albricias*.» [23] Él dijo: «Pase lo que pase, voy a correr.» Entonces le dijo: «Corre.» Ajimás corrió por el camino de la vega y adelantó al cusita.

[24] Estaba David entre las dos puertas. El centinela que estaba en el terrado de la puerta, sobre la muralla, alzó la vista y vio a un hombre que venía corriendo solo. [25] Gritó el centinela y se lo comunicó al rey, y él dijo: «Si viene solo, hay buenas noticias en su boca*.» Mientras éste se acercaba corriendo, [26] vio el centinela otro hombre corriendo y gritó el centinela de la puerta: «Ahí viene otro hombre solo, corriendo.» Dijo el rey: «También éste trae buenas noticias.» [27] Dijo el centinela: «Ya distingo el modo de correr del primero: por su modo de correr es Ajimás, hijo de Sadoc.» Dijo el rey: «Es un hombre de bien; viene para dar buenas noticias.»

[28] Ajimás gritó al rey: «¡Paz!», y se postró ante el rey, rostro en tierra. Luego prosiguió: «Bendito sea Yahvé, tu Dios, que ha sometido a los hombres que alzaban la mano contra mi señor el rey.» [29] Preguntó el rey: «¿Está bien el joven Absalón?» Ajimás respondió: «Yo vi un gran tumulto cuando el siervo del rey, Joab, envió a tu siervo, pero no sé qué era*.» [30] El rey dijo: «Pasa y ponte acá.» Él pasó y se quedó.

[31] Llegó el cusita y dijo: «Recibe, oh rey mi señor, la buena noticia, pues hoy te ha liberado Yahvé de la mano de todos los que se alzaban contra ti.» [32] Dijo el rey al cusita: «¿Está bien el joven Absalón?» Respondió el cusita: «Que les suceda como a ese joven a todos los enemigos de mi señor el rey y a todos los que se levantan contra ti para hacerte mal.»

Dolor de David.

19 [1] Entonces el rey se estremeció. Subió a la estancia que había encima de la puerta y rompió a llorar. Decía mientras caminaba: «¡Hijo mío, Absalón; hijo mío, hijo mío, Absalón! ¡Quién me diera haber muerto en tu lugar, Absalón, hijo mío, hijo mío!» [2] Avisaron a Joab: «Mira que el rey está llorando y lamentándose por Absalón.» [3] La victoria se trocó en duelo aquel día para todo el pueblo, porque aquel día supo el pueblo que el rey estaba desolado por su hijo. [4] Y aquel día fue entrando el ejército a escondidas en la ciudad, como cuando va a escondidas un ejército que huye avergonzado de la batalla. [5] El rey, tapado el rostro, decía con grandes gemidos: «¡Hijo mío, Absalón; Absalón, hijo mío, hijo mío!»

Marginal references (left column):
18 5
1 S 14 13
Jos 7 26
29; 10 27
Gn 14 17
2 S 14 27

Marginal references (right column):
2 R 9 20
1 R 1 42
33
19.1
2
3
15 30

---

18 18 Este monumento no es la tumba helenística que puede verse en el valle del Cedrón. Era una *maṣṣebah*, una estela funeraria, ver Gn 35 20.
18 22 Al portador de una buena noticia se le dan albricias, es decir, una gratificación.

18 25 Un desastre sería anunciado por un tropel de fugitivos.
18 29 Ajimás trata de pasar a segundo plano, dejando que sea el otro mensajero quien dé la mala noticia.

⁶ Entró Joab en la casa, donde el rey, y le dijo: «Estás hoy cubriendo de vergüenza el rostro de todos tus servidores, que han salvado hoy tu vida, la vida de tus hijos y tus hijas, la vida de tus mujeres y la vida de tus concubinas, **⁷** porque amas a los que te aborrecen y aborreces a los que te aman; hoy has demostrado que nada te importan tus jefes ni tus soldados; ahora comprendo que si Absalón viviera y todos nosotros hubiéramos muerto hoy, te habría parecido bien. **⁸** Ahora, pues, levántate, sal y habla al corazón de tus servidores, porque por Yahvé te juro que, si no sales, no quedará contigo esta noche ni un hombre, y esto sería para ti mayor calamidad que cuantas vinieron sobre ti desde tu juventud hasta hoy.» **⁹** Se levantó el rey y vino a sentarse a la puerta. Se avisó a todo el ejército: «El rey está sentado a la puerta», y todo el ejército se presentó ante el rey.

Se prepara la vuelta de David.

Israel había huido cada uno a su tienda. **¹⁰** Y todo el pueblo discutía en todas las tribus de Israel diciendo: «El rey nos libró de nuestros enemigos y nos salvó de manos de los filisteos y ahora ha tenido que huir del país, lejos de Absalón. **¹¹** Pero Absalón, a quien ungimos por rey nuestro, ha muerto en la batalla. Así pues, ¿por qué estáis sin hacer nada para traer al rey?»

¹²ᵇ Llegaron hasta el rey estas palabras de todo Israel*; **¹²ᵃ** y el rey David mandó a decir a los sacerdotes Sadoc y Abiatar: «Decid a los ancianos de Judá*: ¿Por qué vais a ser los últimos en traer al rey a su casa? **¹³** Sois mis hermanos, mis carne y mis huesos sois, y ¿vais a ser los últimos en hacer volver al rey?' **¹⁴** Decid también a Amasá*: ¿No eres tú hueso mío y carne mía? Esto me haga Dios y esto me añada si no entras a mi servicio toda mi vida como jefe del ejército, en lugar de Joab.'» **¹⁵** Entonces se inclinó el corazón de todos los hombres de Judá como un solo hombre y enviaron a decir al rey: «Vuelve, tú y todos tus servidores.»

Episodios de la vuelta: Semeí.

¹⁶ Volvió, pues, el rey y llegó hasta el Jordán. Judá llegó hasta Guilgal, viniendo al encuentro del rey para ayudar al rey a pasar el Jordán. **¹⁷** Semeí, hijo de Guerá, benjaminita de Bajurín, se apresuró a bajar con los hombres de Judá al encuentro del rey David. **¹⁸** Venían con él mil hombres de Benjamín. Sibá, criado de la casa de Saúl, sus quince hijos y sus veinte siervos bajaron al Jordán delante del rey, **¹⁹** para ayudar a pasar a la familia del rey, y hacer todo lo que le pareciera bien.

Semeí, hijo de Guerá, se echó ante el rey, cuando hubo pasado el Jordán, **²⁰** y dijo al rey: «No me impute culpa mi señor y no recuerdes el mal que tu siervo hizo el día en que mi señor el rey salía de Jerusalén; que no lo guarde el rey en su corazón, **²¹** porque bien conoce tu siervo que he pecado, pero he venido hoy el primero de toda la casa de José*, para bajar al encuentro de mi señor el rey.»

²² Entonces Abisay, hijo de Sarvia, tomó la palabra y dijo: «¿Es que no va a morir Semeí por haber maldecido al ungido de Yahvé?» **²³** Pero David dijo: «¿Qué tengo yo con vosotros, hijos de Sarvia, que os convertís hoy en adversarios míos? ¿Ha de morir hoy alguien en Israel? ¿Acaso no conozco que hoy vuelvo a ser rey de Israel?» **²⁴** El rey dijo a Semeí: «No morirás.» Y el rey se lo juró*.

Mefibóset.

²⁵ También Mefibóset, nieto de Saúl, bajó al encuentro del rey. No había aseado sus manos, no había cuidado su bigote ni había lavado sus vestidos desde el día en que se marchó el rey hasta el día en que volvió en paz a Jerusalén*. **²⁶** Cuando llegó al encuentro del rey, éste le dijo: «¿Por qué no viniste conmigo, Mefibóset?» **²⁷** Respondió él: «¡Oh rey, señor mío! Mi servidor me engañó: Tu siervo se había dicho: 'Aparejaré mi asno, montaré en él y me iré con el rey', porque tu siervo es cojo. **²⁸** Ha calumniado a tu siervo ante mi señor el rey. Pero el rey mi señor es como

Margin refs: 16 5-13; 16 1-4; 19 25-31; 16 9-10; 1 S 11; Rt 1 17+; Dt 21 1

19 12 (b) El hebr. repite al final del v. 12 «a su casa», pero esta precisión es inútil.
19 12 (a) David quiere que primero le llame su tribu: es la voz de la sangre, y también el presentimiento de que su dinastía no puede contar más que con la fidelidad de Judá.
19 14 Hay que ganarse ante todo al jefe militar de la revuelta, **17 25**. David soporta mal las violencias de Joab y quisiera alejarlo, pero Joab se desembarazará de su rival (**20 8-13**) y seguirá en su puesto hasta la muerte de David, 1 R 2 5s.28s.
19 21 Con la cual se relaciona a veces a Benjamín.
19 24 Pero se reserva una venganza póstuma, 1 R 2 8s.34-36.
19 25 La mención «a Jerusalén», que en el hebr. se halla al comienzo del v. 26, se ha desplazado en el curso de la transmisión del texto, pero su lugar debe ser éste.

el Ángel de Dios y harás lo que bien te pareciere. ²⁹ Pues toda la familia de mi padre merecía la muerte de parte del rey mi señor, y tú, con todo, has puesto a tu siervo entre los que comen a tu mesa. ¿Qué derecho tengo yo a implorar todavía al rey?» ³⁰ El rey le dijo: «¿Para qué vas a seguir repitiendo tus palabras? He decidido que tú y Sibá os repartáis las tierras.» ³¹ Dijo Mefibóset al rey: «Y aun todo puede llevárselo, ya que mi señor el rey ha vuelto en paz a su casa.»

Barzilay.

³² También Barzilay de Galaad había bajado de Roguelín y había pasado el Jordán con el rey para despedirle en el Jordán. ³³ Barzilay era muy anciano; tenía ochenta años. Había proporcionado alimentos al rey durante su estancia en Majanáin, porque era un hombre muy rico. ³⁴ Dijo el rey a Barzilay: «Sigue conmigo y yo te mantendré junto a mí en Jerusalén.» ³⁵ Pero Barzilay dijo al rey: «¿Cuántos podrán ser los años de mi vida para que suba con el rey a Jerusalén? ³⁶ Ochenta años tengo. ¿Puedo hoy distinguir entre lo bueno y lo malo? Tu siervo no llega ya a saborear lo que come o bebe, ni alcanzo ya a oír la voz de los cantores y cantoras. ¿Por qué tu siervo ha de seguir siendo una carga para el rey mi señor? ³⁷ Tu siervo continuará con el rey un poco más allá del Jordán, pero ¿para qué ha de concederme el rey tal recompensa? ³⁸ Permite que tu siervo se vuelva para morir en mi ciudad, junto al sepulcro de mi padre y de mi madre. Aquí está tu siervo Quinhán*. Que siga él con el rey mi señor y haz con él lo que bien te parezca.» ³⁹ Dijo el rey: «Que venga Quinhán conmigo; haré por él cuanto desees, y todo cuanto me pidas te lo concederé.» ⁴⁰ Todo el pueblo pasó el Jordán. Pasó el rey, que besó a Barzilay y le bendijo, y éste se volvió a su casa.

Israel y Judá se disputan al rey.

⁴¹ Siguió el rey hacia Guilgal y Quinhán* pasó con él. Hicieron pasar a todo el pueblo de Judá y la mitad del pueblo de Israel. ⁴² En esto todos los hombres de Israel fueron al rey y le dijeron: «¿Por qué nuestros hermanos, los hombres de Judá, te tienen secuestrado y han hecho pasar el Jordán al rey, a su casa y a todos los hombres de David con é.?» ⁴³ Todos los hombres de Judá respondieron a los hombres de Israel: «Porque el rey está emparentado conmigo. ¿Por qué te ha de irritar esto? ¿Hemos comido acaso a expensas del rey? ¿O nos hemos reservado algo para nosotros?» ⁴⁴ Los hombres de Israel respondieron a los hombres de Judá: «Yo tengo diez partes del rey y más derechos que tú sobre David. ¿Por qué me has menospreciado? ¿No hablé yo primero para hacer volver a mi rey?» Pero las palabras de los hombres de Judá fueron más ásperas que las de los hombres de Israel.

Revuelta de Seba*.

20 ¹ Había allí un malvado llamado Seba, hijo de Bicrí, benjaminita, que hizo sonar el cuerno y dijo:

«No tenemos parte con David,
ni tenemos heredad con el hijo de Jesé.
¡Cada uno a sus tiendas, Israel!»

² Y todos los hombres de Israel se apartaron de David para seguir a Seba, hijo de Bicrí, mientras que los hombres de Judá se adhirieron a su rey, desde el Jordán hasta Jerusalén.

³ David entró en su casa de Jerusalén; tomó el rey las diez concubinas que había dejado para guardar la casa y las puso bajo custodia. Proveyó a su mantenimiento, pero no se acercó a ellas y estuvieron encerradas hasta el día de su muerte, como viudas de por vida.

Asesinato de Amasá.

⁴ El rey dijo a Amasá: «Convócame a los hombres de Judá y preséntate aquí dentro de tres días.» ⁵ Partió Amasá para convocar a Judá, pero tardó más tiempo del señalado. ⁶ Entonces David dijo a Abisay: «Ahora Seba, hijo de Bicrí, nos va a hacer más mal que Absalón. Toma los veteranos de tu señor y parte en su persecución para que no alcance las ciudades fortificadas y lo perdamos de vista.» ⁷ Salieron tras él los hombres de Joab, los quereteos, los peleteos y todos los valientes; salieron de Jerusalén para perseguir a Seba, hijo de Bicrí. ⁸ Estaban

Márgenes izquierdos: 28 · 9 10 · 29 · 30 · 31 · 32 · 17 27-29 · 33 · 34 · 35 · 36 · 37 · 38 · 39 · 40 · 41

Márgenes derechos: 42 · 43 · 1 R 11 31 · 1 R 12 16 · 15 16; 16 20-22 · 19 14 · 8 18; 23 8s · 2 13

---

19 38 El hijo de Barzilay.
19 41 El hebr. da aquí una ortografía de este nombre propio diferente de la que tiene en los vv. 38-39.

20   En esta rebelión, provocada por un benjaminita, no contaba sólo el rencor de la tribu de Saúl. En ella se encerraba la enemistad entre Israel y Judá.

cerca de la piedra grande que hay en Gabaón cuando Amasá se presentó ante ellos. Vestía Joab su vestido militar y llevaba sobre él la espada, en la vaina, ceñida al costado. La espada se salió y cayó. [9] Joab dijo a Amasá: «¿Estás bien, hermano mío?», y sujetó Joab con su mano derecha la barba de Amasá como para besarle. [10] Amasá no se fijó en la espada que Joab tenía en su mano; éste le hirió en el vientre y se esparcieron sus entrañas por tierra. No tuvo que repetir para matarlo. Luego Joab y su hermano Abisay continuaron la persecución de Seba, hijo de Bicrí.

[11] Se quedó junto a Amasá uno de los criados de Joab que decía: «Quien quiera a Joab y quien esté por David, que siga a Joab.» [12] Amasá, envuelto en sangre, estaba en medio del camino; viendo el hombre que todo el pueblo paraba, apartó a Amasá del camino al campo, y le puso encima un vestido, porque vio que todos los que llegaban hasta él se detenían. [13] Cuando Amasá fue apartado del camino, todos los hombres seguían en pos de Joab*, en persecución de Seba, hijo de Bicrí.

Fin de la revuelta.

[14] Atravesó todas las tribus de Israel hacia Abel Bet Maacá*, y todos los aliados* se reunieron y le siguieron. [15] Vinieron y le cercaron en Abel Bet Maacá. Alzaron junto a la ciudad un terraplén que llegaba hasta el contramuro y todo el ejército que estaba con Joab hacía trabajos de zapa para derribar el muro.

[16] Entonces una mujer sagaz gritó desde la ciudad: «¡Escuchad, escuchad! Decid a Joab que se acerque aquí, que quiero hablarle.» [17] Se acercó él y la mujer dijo: «¿Eres tú Joab?» Respondió: «Yo soy.» Ella le dijo: «Escucha las palabras de tu sierva.» «Te escucho» —dijo él—. [18] Ella continuó: «Antes se solía decir: Para consultar, que se consulte en Abel. Y el asunto queda zanjado*. [19] Soy pacífica y fiel en Israel. ¿Y tú estás buscando la destrucción de una ciudad, madre de ciudades en Israel? ¿Por qué quieres destruir una heredad de Yahvé?» [20] Respondió Joab: «¡Lejos, lejos de mí querer destruir y aniquilar! [21] No se trata de eso, sino de un hombre de la montaña de Efraín, llamado Seba, hijo de Bicrí, que ha alzado su mano contra el rey, contra David. Entregadlo en nuestras manos y me marcharé de la ciudad.» Respondió la mujer a Joab: «Se te echará su cabeza por encima del muro.» [22] La mujer habló a todo el pueblo con su habitual sagacidad. Le cortaron la cabeza a Seba, hijo de Bicrí, y se la arrojaron a Joab. Entonces éste hizo sonar el cuerno y se alejaron de la ciudad cada uno a su tienda. Joab se volvió a Jerusalén junto al rey.

Altos cargos del reino de David.   =8 16-18

[23] Joab era jefe de todo el ejército de Israel. Benaías, hijo de Joadá, era jefe de los quereteos y los peleteos. [24] Adonirán era jefe de la leva, y Josafat, hijo de Ajilud, era el heraldo. [25] Serayas* era secretario; Sadoc y Abiatar eran sacerdotes. [26] También   8 18+
Irá el yairita era sacerdote de David.

V. Apéndices. Suplementos*

La gran hambre y la ejecución de los descendientes de Saúl*.

21 [1] En tiempo de David hubo hambre por tres años consecutivos. David consultó a Yahvé*, que respondió así: «Hay sangre sobre Saúl y sobre su casa, porque mató a los gabaonitas.» [2] Llamó el rey a los gabaonitas y les dijo: (Estos gabaonitas no eran israelitas, sino   Jos 9 3

---

20 13 Joab se impone con su prestigio como jefe, contra la voluntad del rey, y el ejército se une a él.
20 14 (a) El v. no está muy claro, pero parece que es Joab quien recorre el territorio de Israel, refuerza su *tropa* y *pone cerco a Abel Bet Maacá.*
20 14 (b) Un espacio en blanco en los mss sugiere que han desaparecido algunas palabras. El texto del v. es dudoso.
20 18 La mujer habla en nombre de la ciudad, cuya reputación en materia de juicio es proverbial.
20 25 Serayas, restituido según 8 17. Hebr. «Seya».
21 Los caps. 21-24, interrumpiendo la gran historia

de la familia de David y de la sucesión al trono, que se reanudará en 1 R 1, contienen seis apéndices distribuidos de dos en dos: los dos relatos de 21 1-14 (hambre de tres años) y 24 (peste de tres días); dos series de anécdotas heroicas: 21 15-22 (los cuatro gigantes filisteos) y 23 8-39 (los valientes de David); dos piezas poéticas: 22 (cántico de David) y 23 1-7 (últimas palabras de David).
21 1 (a) Este relato, separado de su contexto, debe colocarse al parecer, cronológicamente, antes de 9 1. El v. 7 debe de ser una glosa posterior.
21 1 (b) Como se pide audiencia a un rey, 1 R 10 24.

uno de los residuos amorreos, a los que los israelitas habían hecho juramento. Pero Saúl intentó exterminarlos, llevado del celo por los israelitas y Judá*.) ³ Dijo, pues, David a los gabaonitas: «¿Qué debo hacer por vosotros y cómo puedo aplacaros para que bendigáis* la heredad de Yahvé?» ⁴ Le respondieron los gabaonitas: «No es para nosotros cuestión de oro ni plata con Saúl y su casa, ni se trata de hacer morir a nadie en Israel.» Él dijo: «Haré por vosotros lo que me digáis.» ⁵ Entonces ellos dijeron al rey: «Aquel hombre nos exterminó y proyectó aniquilarnos para hacernos desaparecer de todos los términos de Israel. ⁶ Que se nos entreguen siete de entre sus hijos y los despeñaremos* ante Yahvé, en Guibeá de Saúl, el elegido de Yahvé*.» El rey dijo: «Os los entregaré.» ⁷ Pero el rey perdonó a Mefibóset, hijo de Jonatán, hijo de Saúl, a causa del juramento de Yahvé que había entre ellos, entre David y Jonatán, hijo de Saúl. ⁸ Tomó el rey a los dos hijos que Rispá, hija de Ayá, había dado a Saúl, Armoní y Mefibóset, y a los cinco hijos que Mical, hija de Saúl, había dado a Adriel, hijo de Barzilay de Mejolá ⁹ y los puso en manos de los gabaonitas, que los despeñaron en el monte ante Yahvé. Cayeron los siete a la vez; fueron muertos en los primeros días de la cosecha, al comienzo de la siega de la cebada. ¹⁰ Rispá, hija de Ayá, tomó un sayal* y se lo tendía sobre la roca desde el comienzo de la siega hasta que cayeron sobre ellos las lluvias del cielo*; no dejaba que se pararan junto a ellos las aves del cielo por el día ni las bestias del campo por la noche. ¹¹ Avisaron a David lo que había hecho Rispá, hija de Ayá, concubina de Saúl. ¹² Entonces David fue a recoger los huesos de Saúl y los huesos de su hijo Jonatán, de entre los vecinos de Yabés de Galaad que los habían hurtado

de la explanada de Betsán, donde los filisteos los habían colgado el día que mataron a Saúl en Gelboé; ¹³ subió desde allí los huesos de Saúl y los huesos de su hijo Jonatán y los reunió con los huesos de los despeñados. ¹⁴ Sepultaron los huesos de Saúl y los de su hijo Jonatán en tierra de Benjamín, en Selá, en el sepulcro de Quis, padre de Saúl, y ejecutaron cuanto había ordenado el rey, después de lo cual Dios quedó aplacado con la tierra.

Hazañas contra los filisteos*.

¹⁵ Hubo otra guerra de los filisteos contra Israel. Bajó David con sus veteranos y atacaron a los filisteos. David estaba extenuado. ¹⁶ Yisbi, hijo de Nob*, era un campeón de los descendientes de Rafá; el peso de su lanza era de trescientos siclos de bronce, ceñía una espada nueva y se dijo: «Voy a matar a David.» ¹⁷ Pero acudió en su socorro Abisay, hijo de Sarvia, que hirió al filisteo y lo mató. Entonces los hombres de David le conjuraron diciendo: «No vuelvas a salir al combate con nosotros, para que no apagues la antorcha en Israel.» ¹⁸ Después de esto, hubo guerra de nuevo en Gob contra los filisteos; entonces Sibecay, jusatita, mató a Saf, uno de los descendientes de Rafá. ¹⁹ Hubo otra guerra en Gob contra los filisteos, y Eljanán, hijo de Yaír* de Belén, mató a Goliat de Gat; el asta de su lanza era como un enjullo de tejedor. ²⁰ Hubo guerra de nuevo en Gat y había allí un campeón* que tenía seis dedos en cada mano y seis dedos en cada pie, veinticuatro dedos en total; también él descendía de Rafá. ²¹ Desafió a Israel, y Jonatán, hijo de Simá, hermano de David, lo mató. ²² Estos cuatro descendían de Rafá de Gat y sucumbieron a manos de David y de sus veteranos.

Referencias marginales (columna derecha):
1 S 31 10-13

Dt 1 28+

14 7
1 R 11 36;
15 4
2 R 8 19
‖1 Cro 20 4-8
2 S 23 27
1 S 17 4+;
17 7

13 3
1 S 16 9

Referencias marginales (columna izquierda):
S 20 15s. 42

3 7
S 18 19

12 16

---

21 **2** El v. 2 es una observación para el lector, y su valor histórico es difícil de apreciar. Según Jos 9 7, los gabaonitas son jivitas.
21 **3** Los gabaonitas ofendidos han proferido una maldición contra Israel. Es necesario que la anulen con una bendición, ver Jc 17 2; 1 R 2 33.44-45.
21 **6** (a) No conocemos suficientemente el género de muerte expresado por el verbo hebreo «yaqa'». La raíz árabe indica «acción de caer».
21 **6** (b) Desaparecido Saúl, la venganza de sangre se ejecuta sobre sus descendientes. —El título «elegido de Yahvé» dado a Saúl (ver 1 S 10 24) expresa el desprecio de los gabaonitas hacia quien ha querido aniquilarlos.
21 **10** (a) Vestido de duelo, ver 3 31; 12 16.
21 **10** (b) La llegada de la lluvia anuncia que el hambre

va a cesar y que la expiación ha sido aceptada por Dios. Sólo entonces mandará David levantar los cadáveres. A estos casos particulares no se aplica Dt 21 22-23, ver Jos 10 27.
21 **15** Estos episodios de las guerras filisteas estarían mejor situados después de 5 17-25, al comienzo del reinado. Son combates individuales, ver 1 S 17 40+, entre campeones filisteos y David o uno de sus valientes, ver también 23 20-21. En el primer episodio, David es salvado, contra las reglas, por la intervención de Abisay; entonces, sus hombres le piden que no se exponga más en combate individual, v. 17.
21 **16** La traducción del comienzo del v. es dudosa.
21 **19** El nombre propio va seguido en hebr. de la palabra «tejedor», que vuelve a encontrarse al final del v.
21 **20** Traducción dudosa.

Salmo de David*.

22 ¹ David dijo a Yahvé las palabras de este cántico el día que lo salvó Yahvé de la mano de todos sus enemigos y de la mano de Saúl. ² Dijo:

‖Sal 18

Yahvé, mi roca y mi baluarte,
mi libertador, ³ mi Dios,

1 S 2 2
1 S 2 1

la roca en que me amparo,
mi escudo y fuerza salvadora,
mi ciudadela y mi refugio,
mi salvador que me salva de la violencia.

⁴ Invoco a Yahvé, digno de alabanza,
y me veo libre de mis enemigos.

23 6

⁵ Las olas de la muerte me envolvían,
me espantaban los torrentes destructores,
⁶ los lazos del Seol me rodeaban,
me aguardaban los cepos de la muerte.

⁷ En mi angustia grité a Yahvé,
pedí socorro a mi Dios;
desde su templo escuchó mi voz,
resonó mi socorro en sus oídos.

Ex 19 16+

⁸ La tierra rugió, retembló,
las bases de los cielos retemblaron.
Vacilaron bajo su furor.
⁹ De su nariz salía una humareda,
de su boca un fuego abrasador
(y lanzaba carbones encendidos).

Sal 144 5

¹⁰ Inclinó los cielos y bajó,
con espeso nublado a sus pies;

Ex 25 18+

¹¹ volaba a lomos de un querubín,
sostenido por las alas del viento.

¹² Se puso como tienda un cerco de tinieblas,
de aguas oscuras y espesos nubarrones;
¹³ el brillo de su presencia despedía
granizo y ascuas de fuego.

¹⁴ Tronó Yahvé desde los cielos,
lanzó el Altísimo su voz;

Sal 144 6

¹⁵ disparó sus saetas y los dispersó,
la cantidad de rayos los desbarató.

¹⁶ El fondo del mar quedó a la vista,
los cimientos del orbe aparecieron
a causa de tu bramido, Yahvé,
al resollar el aliento en sus narices.

¹⁷ Lanzó su mano de lo alto y me agarró
para sacarme de las aguas caudalosas;

Sal 144 7

¹⁸ me libró de un enemigo poderoso,
de adversarios más fuertes que yo.

¹⁹ Me aguardaban el día de mi ruina.
Mas Yahvé fue un apoyo para mí;
²⁰ me sacó a campo abierto,
me quería y me salvó.

²¹ Mi rectitud recompensa Yahvé,
retribuye la pureza de mis manos,
²² pues guardé los caminos de Yahvé
y no me rebelé contra mi Dios.

²³ Pues tengo presentes sus normas,
sus preceptos no aparto de mi lado;
²⁴ he sido irreprochable con él,
y de incurrir en culpa me he guardado.

²⁵ Yahvé retribuye mi rectitud,
según mi pureza que está ante sus ojos.
²⁶ Con el leal te muestras leal,
intachable con el hombre sin tacha;

²⁷ con el puro eres puro,
y sagaz con el ladino;
²⁸ tú que salvas a la gente humilde,
y abates los ojos altaneros.

²⁹ Tú, Yahvé, eres mi lámpara,
mi Dios que alumbra mis tinieblas;
³⁰ con tu ayuda yo fuerzo el cerco,
con mi Dios asalto la muralla.
³¹ Dios es íntegro en su proceder,
la palabra de Yahvé, acrisolada,
escudo de quienes se acogen a él.

³² Pues ¿quién es Dios, fuera de Yahvé?
¿Quién Roca, sino sólo nuestro Dios?
³³ El Dios que me ciñe de fuerza
y hace mi conducta irreprochable.

³⁴ Que hace mis pies como de ciervas,
y en las alturas me sostiene en pie,
³⁵ que adiestra mis manos para la lucha
y mis brazos para tensar el arco.

³⁶ Tú me das tu escudo victorioso,
multiplicas tus cuidados conmigo;
³⁷ al andar ensanchas mis pasos,
mis tobillos no se tuercen.

³⁸ Persigo a mis enemigos, los deshago,
no vuelvo hasta que acabo con ellos;
³⁹ los machaco, no pueden levantarse,
sucumben debajo de mis pies.

⁴⁰ Me ciñes de valor para el combate,
sometes bajo mi pie a mis agresores,
⁴¹ pones en fuga a mis enemigos,
exterminas a los que me odian.

⁴² Piden auxilio y nadie los salva,
a Yahvé, y no les responde.
⁴³ Los reduzco como polvo de la tierra,

---

22 Este cántico es muy semejante al Sal 18, pero tiene algunas variantes que la traducción se ha esforzado por conservar, y que una comparación con el salmo permite descubrir fácilmente.

los piso como barro de las calles.

⁴⁴ Me libras de los pleitos de mi pueblo,
me pones al frente de naciones;
pueblos desconocidos me sirven;

⁴⁵ los extranjeros me adulan,
todo oídos, me obedecen;

⁴⁶ los extranjeros se acobardan,
dejan temblando sus refugios.

⁴⁷ ¡Viva Yahvé, bendita sea mi Roca,
sea ensalzado mi Dios salvador,

⁴⁸ el Dios que me concede la venganza
y abate los pueblos a mis plantas!

⁴⁹ Tú me libras de mis enemigos,
me exaltas sobre mis agresores,
me salvas del hombre violento.

Sal 22 23 ⁵⁰ Por eso te alabaré entre las naciones,
en tu honor, Yahvé, cantaré.

⁵¹ Él ennoblece las victorias de su rey
y muestra su amor a su ungido,
a David y su linaje para siempre.

1 R 2 1-9 **Últimas palabras de David*.**

23
¹ Éstas son las últimas palabras de David:

Nm 24
3s.15s
Oráculo de David, hijo de Jesé,
oráculo del hombre puesto en alto,
el ungido del Dios de Jacob,
el suave salmista de Israel:

Is 59 21
Jr 1 9
² El espíritu de Yahvé habla por mí,
su palabra está en mi lengua.

³ El Dios de Israel ha hablado,
me ha dicho la Roca de Israel:

al 72 1-6
Quien gobierna a los hombres con
justicia,
el que gobierna en el temor de Dios,
⁴ como luz del alba cuando rompe el
sol
en una mañana sin nubes,
y hace brillar tras la lluvia
el césped de la tierra.

7 11-16
Is 55 3
⁵ ¿No es así mi casa ante Dios?
Porque ha hecho conmigo un pacto
eterno,

en todo ordenado y custodiado.
Él hará germinar toda mi salud y
todo mi deseo.

Dt 13 14+ ⁶ Todos los malvados como espinas del
desierto
que no se recogen con la mano.

⁷ Nadie los toca si no es con hierro
o el fuste de una lanza
para ser consumidos por el fuego.

Los Valientes de David*.

‖1 Cro 11
11-47
‖1 Cro 27
2-15
⁸ Éstos son los nombres de los valientes de David:

Isbaal el jacmonita, el primero de los Tres*; fue el que blandió su lanza e hizo ochocientas víctimas de una sola vez. ⁹ Después de él, Eleazar, hijo de Dodó, ajojita, uno de los tres héroes. Estaba con David en Fesdamín cuando desafiaron a los filisteos que se habían concentrado para presentar batalla. Los hombres de Israel se retiraban. ⁰ Pero él se levantó y atacó a los filisteos hasta que se le crispó la mano y se le quedó pegada a la espada; aquel día obró Yahvé una gran victoria; el ejército volvió sobre sus pasos, pero sólo para apoderarse de los despojos. ¹¹ Después de él, Samá, hijo de Agué, ararita. Los filisteos se habían concentrado en Lejí. Había allí una pieza toda de lentejas. El ejército huyó ante los filisteos. ¹² Pero él se puso en medio de la pieza, la defendió y batió a los filisteos. Yahvé obró una gran victoria.

1 S 17 1

¹³ Tres* de los Treinta bajaron al tiempo de la cosecha y llegaron donde David a la caverna de Adulán, cuando un destacamento filisteo estaba acampado en el Valle de los Refaín. ¹⁴ David estaba en el refugio y había en Belén un puesto de filisteos. ¹⁵ David expresó este deseo: «¡Quién me diera a beber agua de la cisterna que hay a la puerta de Belén!» ¹⁶ Rompieron entonces los Tres héroes por el campamento de los filisteos y sacaron agua de la cisterna que hay a la puerta de Belén, se la llevaron y la ofre-

1 S 22 1

2 S 5 18

---

23 Como a Jacob, Gn **49**, y a Moisés, Dt **33**, también a David se le atribuyen unas «últimas palabras». La traducción de este poema es a veces dudosa, y las restituciones textuales son conjeturales. El poema puede datar de la época monárquica, pero el testamento de David, 1 R **2** 5-9, está más cerca de la historia.
23 8 (a) Esta sección venía tras el cap. **21**. Incluye: vv. 8-12, noticias sobre los Tres, que son guerreros sin par; vv. 13-17, un episodio de las guerras filisteas, introducido aquí porque pone en escena a «tres» héroes; vv. 18-24.ª, noticias sobre Abisay, Benaías y probablemente sobre Asahel (ver la nota al v. 24); vv. 24ᵇ-39, una lista de

los Treinta.
23 8 (b) La lectura «Isbaal el jacmonita» se apoya en el griego. «Blandió su lanza», ver v. 18. Parece que el hebr. tiene aquí un nombre propio, «Adinó el eznita». Aquí el texto que sigue al hebr. ofrece variantes para los nombres propios, si lo comparamos con las versiones y con Crónicas. En fin, resulta difícil saber lo que representa el grupo de los Tres; incluso la palabra podría traducirse de otra manera.
23 13 El texto juega con el número «tres», que el hebr. y las versiones leen a veces «treinta», lo que explica las incertidumbres de la traducción.

cieron a David, pero él no quiso beberla, sino que la derramó como libación a Yahvé, [17] diciendo: «¡Líbreme Yahvé de hacer tal cosa! ¡Es la sangre de los hombres que han ido exponiendo su vida!» Y no quiso beberla. —Estas cosas hicieron los Tres héroes.

[18] Abisay, hermano de Joab e hijo de Sarvia, era jefe de los Tres; fue él quien blandió su lanza contra trescientos hombres, y conquistó renombre entre los Tres. [19] Fue el más afamado de los Treinta*, y llegó a ser su capitán, pero no igualó a los Tres.

[20] Benaías, hijo de Joadá, hombre animoso y pródigo en hazañas, era de Cabseel. Fue el que mató a los dos héroes* de Moab; el que bajó y mató al león dentro del pozo, un día de nieve. [21] Mató también a un egipcio de hermosa presencia; tenía el egipcio una lanza en su mano, pero él bajó a su encuentro con un bastón, arrancó la lanza de la mano del egipcio y con su misma lanza lo mató. [22] Esto hizo Benaías, hijo de Joadá, y se granjeó renombre entre los Tres valientes. [23] Fue más ilustre que los Treinta pero no igualó a los Tres. David le hizo jefe de su guardia personal.

[24] Asael, hermano de Joab, estaba entre los Treinta*.

Eljanán, hijo de Dodó, de Belén.
[25] Samá, de Jarod.
Elicá, de Jarod.
[26] Jeles, de Bet Pélet.
Irá, hijo de Iqués, de Técoa.
[27] Abiezer, de Anatot.
Sabení*, de Jusá.
[28] Salmón, de Ajoj.
Majray, de Netofá.
[29] Jeled, hijo de Baaná, de Netofá.
Itay, hijo de Ribay, de Guibeá de Benjamín.
[30] Benaías, de Piratón.
Hiday, de los torrentes de Gaás.

[31] Abibaal, de Bet Arabá.
Azmávet de Bajurín.
[32] Elyajbá, de Saalbín.
Yasén*, de Guizón.
Jonatán, [33] hijo de Samá, de Arar.
Ajián, hijo de Sarar, de Arar.
[34] Elifélet, hijo de Ajasbay, de Bet Maacá.
Elián, hijo de Ajitófel, de Guiló.
[35] Jesró, de Carmelo.
Paaray, de Arab.
[36] Yigal, hijo de Natán, de Sobá.
Baní, de Gad.
[37] Sélec el amonita.
Najray, de Beerot, escudero de Joab, hijo de Sarvia.
[38] Irá, de Yatir.
Gareb, de Yatir.
[39] Urías el hitita.
En total, treinta y siete*.

Censo del pueblo*.

24 [1] Se encendió otra vez la ira de Yahvé contra los israelitas e incitó a David contra ellos diciendo: «Anda, haz el censo de Israel y de Judá*.» [2] El rey dijo a Joab, jefe del ejército, que estaba con él: «Recorre todas las tribus de Israel desde Dan hasta Berseba y haz el censo para que yo sepa la cifra de la población.» [3] Joab respondió al rey: «Que Yahvé tu Dios multiplique el pueblo cien veces más de lo que es y que los ojos de mi señor el rey lo vean. Mas ¿para qué quiere esto mi señor el rey?» [4] Pero prevaleció la orden del rey sobre Joab y los jefes del ejército, y salió Joab con los jefes del ejército de la presencia del rey para hacer el censo del pueblo de Israel.

[5] Pasaron el Jordán y acamparon en Aroer. Por el sur de la ciudad* que está en medio del torrente de Gad llegaron hasta Yazer. [6] Fueron luego a Galaad y al país de los hititas, a Cades. Llegaron has-

Marginal references (left column):
8 18; 20 23
1 R 2 29s

1 S 22 14

2 18-23

21 18

Marginal references (right column):
11 3s

1 Cro 21
1-5

Footnotes:

23 19 El hebr. ha leído «tres», ver v. 23.
23 20 La palabra *'ariel*, traducida aquí por «héroe», significa «león de Dios».
23 24 Los «Treinta» constituyen un cuerpo de guerreros selectos, mencionado sólo aquí. Se trataba probablemente de los mejores compañeros de David. La lista de los «Treinta» comienza con Eljanán; Asael ha entrado en ella de manera secundaria.
23 27 «Sabení», griego. El hebr. lee «Mebunay».
23 32 Restitución poco segura de un texto hebreo mal transmitido.
23 39 Cálculo redaccional que parece sumar: los Treinta (vv. 24ᵇ-39) + Joab (mencionado en v. 37) + Abisay, Benaías, Asael (vv. 18-24.ᵃ) + los Tres (vv. 8-12).
24 Todo este cap. es parejo al relato de 21 1-14, ver 21+.
24 1 El cumplimiento de lo que parece una orden divina será considerado por David como «pecado», v. 10, y castigado con una plaga, vv. 15s. La mentalidad religiosa del antiguo Israel lo refería todo a Yahvé como causa primera. El cronista ha sustituido «Yahvé» por «Satán». Por aquel entonces el empadronamiento era considerado una impiedad, pues lesionaba las prerrogativas de Yahvé, que posee los registros de los que deben vivir o morir, Ex 32 32-33, ver Ex 30 12.
24 5 Aroer, en el Arnón, marca, según Dt 2 36; Jos 13 9.16, el límite sur de las posesiones israelitas en Transjordania. En Cisjordania, los límites son Dan, al norte, y Berseba, al sur, vv. 2.6-7.15. Recorren, pues, todo el territorio de Israel. Pero el texto añade Tiro y Sidón, y, al parecer, Cades de los hititas, muy al norte, en el Orontes, lo cual se trata de justificar invocando Nm 34 7-9; Ez 47 15-17, y las conquistas de David, 8 3-12.

ta Dan y desde Dan doblaron hacia Sidón*. [7] Llegaron hasta la fortaleza de Tiro y todas las ciudades de los jivitas y cananeos, saliendo finalmente al Negueb de Judá, a Berseba. [8] Recorrieron así todo el país y al cabo de nueve meses y veinte días volvieron a Jerusalén. [9] Joab entregó al rey la cifra del censo del pueblo. Había en Israel ochocientos mil hombres de guerra capaces de manejar las armas; en Judá había quinientos mil hombres*.

La peste y el perdón divino.

[10] Después de haber hecho el censo del pueblo, le remordió a David el corazón y dijo David a Yahvé: «He cometido un gran pecado. Pero ahora, Yahvé, perdona, te ruego, la falta de tu siervo, pues he sido muy necio.» [11] Cuando David se levantó por la mañana, le había sido dirigida la palabra de Yahvé al profeta Gad, vidente de David, diciendo: [12] «Anda y di a David: Así dice Yahvé: Tres cosas te propongo; elige una de ellas y la llevaré a cabo.» [13] Llegó Gad donde David y le anunció: «¿Qué quieres que te venga, tres años de gran hambre en tu país, tres meses de derrotas ante tus enemigos y que te persigan*, o tres días de peste en tu tierra? Ahora piensa y mira qué debo responder al que me envía.» [14] David respondió a Gad: «Estoy en grande angustia. Pero caigamos en manos de Yahvé, que es grande su misericordia. No caiga yo en manos de los hombres.» [15] Y David eligió la peste para sí.

Eran los días de la recolección del trigo. Yahvé envió la peste a Israel desde la mañana hasta el tiempo señalado y murieron setenta mil hombres del pueblo, desde Dan hasta Berseba. [16] El ángel extendió la mano hacia Jerusalén para destruirla, pero Yahvé se arrepintió del estrago y dijo al ángel que exterminaba el pueblo: «¡Basta ya! Retira tu mano.» El ángel de Yahvé estaba entonces junto a la era de Arauná el jebuseo. [17] Cuando David vio al ángel que hería al pueblo, dijo a Yahvé: «Yo fui quien pequé, yo cometí el mal*, pero estas ovejas ¿qué han hecho? Caiga, te suplico, tu mano sobre mí y sobre la casa de mi padre.»

Construcción de un altar.

[18] Vino Gad aquel día donde David y le dijo: «Sube y levanta un altar a Yahvé en la era de Arauná el jebuseo.» [19] David subió, según la palabra de Gad, como había ordenado Yahvé. [20] Miró Arauná y vio al rey y a sus servidores que venían hacia él. Entonces Arauná salió y se postró rostro en tierra ante el rey. [21] Y dijo Arauná: «¿Cómo mi señor el rey viene a su siervo?» David respondió: «Vengo a comprarte la era para levantar un altar a Yahvé y detener la plaga del pueblo.» [22] Arauná dijo a David: «Que el rey mi señor tome y ofrezca lo que bien le parezca. Mira los bueyes para el holocausto, los trillos y los yugos de los bueyes para leña. [23] Todo esto, oh rey, se lo da Arauná al rey.» Y Arauná dijo al rey: «Que Yahvé tu Dios te sea propicio.» [24] Pero el rey dijo a Arauná «No; quiero comprártelo por su precio, no quiero ofrecer a Yahvé mi Dios holocaustos de balde.» Y David compró la era y los bueyes por cincuenta siclos de plata*. [25] Levantó allí David un altar a Yahvé y ofreció holocaustos y sacrificios de comunión. Entonces Yahvé atendió a las súplicas en favor de la tierra y la peste se apartó de Israel.

Márgenes de referencia:
1 Cro 21 7-17
1 S 24 6
1 S 22 5
21 1
15-17
Ex 12 23+
2 R 19 35
‖1 Cro 21 18-28
1 S 6 14
1 R 19 21
21 14

---

24 6 «al país de los hititas, a Cades», griego luc.; hebr. mal transmitido.
24 9 Cifras evidentemente exageradas, como otras muchas cifras análogas en el AT, y todavía aumentadas en Crónicas. El censo de Israel se hace aparte del de Judá, ver 5 5+.
24 13 El hebr. trae el verbo en singular.

24 17 El griego ha conservado un texto quizá mejor: «fui yo, el pastor, quien pecó». La imagen del pastor es coherente con el texto que sigue.
24 24 Seiscientos siclos de oro según Crónicas. La era de Arauná se hallaba fuera de la ciudad, en la colina que dominaba la primitiva Jerusalén por el norte; allí se levantará el Templo de Salomón. Ver 5 9+.

REYES

LIBRO PRIMERO DE LOS REYES

I. *La sucesión de David**

David anciano.

1 ¹ El rey David era ya viejo y entrado en años; lo cubrían con mantas, pero no entraba en calor. ² Sus servidores le dijeron: «Que se busque para el rey mi señor una joven virgen que sirva al rey y sea su doncella; que duerma sobre tu pecho y el rey mi señor entrará en calor.» ³ Buscaron una muchacha hermosa por todos los términos de Israel; encontraron a Abisag la sunamita, y la llevaron al rey. ⁴ La joven era extraordinariamente hermosa; era su doncella y le servía, pero el rey no intimó con ella.

Adonías pretendiente al trono.

2 S 3 4
⁵ Adonías, hijo de Jaguit, se jactaba diciendo: «Yo he de ser el rey.» Se procuró carros y caballos y una escolta de cin-
2 S 15 1
cuenta hombres que desfilaban ante él. ⁶ Su padre nunca le había disgustado preguntándole: «¿Por qué obras de esta o de aquella manera?» Adonías tenía también buena prestancia y era más joven que Absalón. ⁷ Entabló negociaciones con Joab, hijo de Sarvia, y con el sacerdote Abiatar*, quienes apoyaban a Adonías. ⁸ En cambio, el sacerdote Sadoc, Benaías, hijo de Joadá, el profeta Natán, Semeí, el amigo del rey* y los valientes de David no tomaron parte a favor de Adonías.

⁹ Éste hizo un sacrificio de ovejas, bueyes y vacas cebadas en la Piedra de Sojélet, junto a la fuente de Roguel. Invitó a todos sus hermanos, los hijos del rey, y a todos los hombres de Judá, servidores del rey, ¹⁰ pero no invitó al profeta Natán, a Benaías, a los valientes ni tampoco a su hermano Salomón.

Natán y Betsabé a favor de Salomón.

3 S 12 24
¹¹ Natán dijo entonces a Betsabé, madre de Salomón: «¿No has oído que Adonías, hijo de Jaguit, se ha erigido en rey sin que David nuestro señor lo sepa? ¹² Ve ahora mismo, te daré un consejo para que pongas a salvo tu vida y la vida de tu hijo Salomón. ¹³ Ve y entra donde el rey David y dile: 'Rey mi señor, ¿no juraste* a tu sierva: Tu hijo Salomón será quien reine después de mí y se siente en mi trono? ¿Entonces, por qué Adonías se ha erigido en rey?' ¹⁴ Mientras estés hablando allí con el rey, entraré detrás de ti y corroboraré tus palabras.»

¹⁵ Betsabé entró donde el rey, en la alcoba —el rey era muy anciano, y Abisag la sunamita cuidaba de él—. ¹⁶ Betsabé hizo una inclinación y, postrada ante el rey, le preguntó éste: «¿Qué te trae?» ¹⁷ Ella le respondió: «Mi señor, tú has jurado a tu sierva por Yahvé tu Dios: 'Tu hijo Salomón será quien reine después de mí y se siente en mi trono.' ¹⁸ Pero Adonías se ha erigido en rey, sin saberlo tú, rey mi señor. ¹⁹ Ha sacrificado bueyes, vacas cebadas y ovejas en abundancia, y ha invitado a todos los hijos del rey, al sacerdote Abiatar y a Joab, jefe del ejército, pero a tu siervo Salomón no lo ha invitado. ²⁰ Rey mi señor, todo Israel tiene sus ojos puestos en ti, esperando que les anuncies quién ocupará el trono del rey mi señor tras él*. ²¹ De lo contrario, cuando el rey mi señor repose con sus antepasados, yo y mi hijo Salomón seremos tratados como culpables.»

²² Estaba todavía hablando con el rey cuando llegó el profeta Natán. ²³ Avisaron al rey: «Está aquí el profeta Natán.» Entró donde el rey y se postró ante él, rostro en tierra, y ²⁴ dijo: «Rey mi señor:

---

1 Los caps. 1-2 son continuación del relato de 2 S 13-20.
1 7 Joab, sobrino de David y viejo compañero suyo, que permanece como jefe del ejército, 2 S 19 14 +; Abiatar, único superviviente del sacerdocio de Nob, 1 S 22 20, y fiel siempre a David.
1 8 «amigo del rey», según el griego; «Reí», hebr. Cuestiones personales oponen al partido de Salomón y al de Adonías: Sadoc es rival de Abiatar; Benaías, jefe de la guardia, siente celos de Joab, jefe del ejército. Natán ha sido el intermediario de Dios ante David, especialmente con ocasión del nacimiento de Salomón, 2 S 12 24-25.
1 13 Este juramento no se menciona en la historia precedente de David.
1 20 La sucesión al trono no se hallaba aún regulada por el derecho. Saúl y David habían sido los elegidos de Dios y del pueblo. La primogenitura no aparece como título suficiente y esperan a que el mismo rey elija entre sus hijos. David no sólo designa a Salomón, sino que le transmite el poder por medio de ceremonias que él mismo prescribe, vv. 33-35.

Tú tienes que haber dispuesto: 'Adonías reinará después de mí y se sentará en mi trono,' [25] porque Adonías ha bajado hoy a sacrificar bueyes, vacas cebadas y ovejas en abundancia, y ha invitado a todos los hijos del rey, a los jefes del ejército y al sacerdote Abiatar; en este momento comen y beben en su presencia y profieren gritos de 'Viva el rey Adonías.' [26] Pero ni a mí, tu siervo, ni al sacerdote Sadoc, ni a Benaías, hijo de Joadá, nos ha invitado, ni tampoco a tu siervo Salomón. [27] ¿Viene esta orden del rey mi señor, sin que hayas comunicado a tus siervos quién se sentará en el trono del rey mi señor tras él?»

Salomón, designado por David, es consagrado rey.

[28] El rey David respondió: «Llamadme a Betsabé.» Ella entró a presencia del rey y se quedó de pie ante él. [29] Entonces el rey pronunció este juramento: «¡Vive Yahvé que me ha librado de todo aprieto! [30] Te juré por Yahvé, Dios de Israel: 'Tu hijo Salomón reinará después de mí y se sentará sobre mi trono en mi lugar'. ¡Pues así he de cumplirlo hoy mismo!» [31] Betsabé se inclinó rostro a tierra y, postrada ante el rey, dijo: «¡Viva por siempre el rey David, mi señor!»

Salomón consagrado rey.

[32] El rey David ordenó: «Llamadme al sacerdote Sadoc, al profeta Natán y a Benaías, hijo de Joadá.» Entraron a presencia del rey, [33] quien les dijo: «Tomad con vosotros a los leales de vuestro señor, montad a mi hijo Salomón en mi propia mula y bajadlo a Guijón y allí [34] el sacerdote Sadoc y el profeta Natán lo ungirán rey de Israel. Tocad entonces el cuerno y aclamad: ¡Viva el rey Salomón!' [35] Subiréis luego tras él, y cuando llegue se sentará en mi trono y reinará en mi lugar, pues he dispuesto que sea el príncipe designado de Israel y de Judá.» [36] Benaías, hijo de de Joadá, respondió al rey: «Amén. Así lo disponga Yahvé, Dios del rey mi señor. [37] ¡Que Yahvé esté con Salomón como lo estuvo con el rey mi señor! ¡Que exalte su trono más aún que el del rey David, mi señor!» [38] El sacerdote Sadoc, el profeta Natán, Benaías, hijo de Joadá, descendieron con los quereteos y los peleteos.

Montaron a Salomón en la mula del rey David y lo condujeron a Guijón. [39] El sacerdote Sadoc tomó de la Tienda el cuerno del aceite y ungió a Salomón. Hicieron sonar la trompeta y el pueblo todo aclamaba: «Viva el rey Salomón.» [40] Luego todo el pueblo subió tras él tocando flautas, con una fiesta tan estruendosa que la tierra parecía resquebrajarse.

Salomón perdona la vida a Adonías.

[41] Adonías y todos sus invitados estaban acabando de comer cuando oyeron lo que pasaba. Al escuchar el sonido de la trompeta, Joab preguntó: «¿Por qué ese ruido de la ciudad alborotada?» [42] Estaba hablando todavía cuando llegó Jonatán, hijo del sacerdote Abiatar. Adonías le dijo: «Entra, eres hombre valeroso y traerás buenas noticias.» [43] Jonatán le respondió: «Todo lo contrario. El rey David, señor nuestro, ha proclamado rey a Salomón. [44] Ha enviado con él al sacerdote Sadoc, al profeta Natán, a Benaías, hijo de Joadá, con los quereteos y peleteos, y lo han montado en la mula del rey. [45] El sacerdote Sadoc y el profeta Natán lo han ungido rey en Guijón; desde allí han subido alegres y contentos y la ciudad está alborotada; éste es el tumulto que habéis oído. [46] Más aún, Salomón se ha sentado en el trono real, [47] y los servidores del rey han ido a felicitar a nuestro rey David diciendo: '¡Que tu Dios encumbre el nombre de Salomón más que tu propio nombre y exalte su trono más aún que el tuyo!'. El rey en su lecho, con un gesto de reverencia, ha exclamado: [48] 'Bendito Yahvé, Dios de Israel, que ha concedido hoy que un descendiente mío* se siente sobre mi trono y que mis ojos lo vean.'» [49] A todos los invitados que estaban con Adonías les entró pánico, se levantaron y se fueron cada uno por su lado. [50] Adonías tuvo miedo de Salomón, se levantó, fue a la Tienda de Yahvé y se agarró a los cuernos del altar. [51] Avisaron a Salomón: «Adonías tiene miedo del rey Salomón, pues está asido a los cuernos del altar y dice: '¡Júreme hoy el rey Salomón que no me matará a espada!'.» [52] Salomón repuso: «Si se porta como un hombre de bien, no caerá a tierra uno solo de sus cabellos, pero si se le prueba malicia, ha de morir.» [53] El rey Salomón

1 S 10 1;
16 1.13
Ex 30 22+

2 S 18 27

2 R 11 11-20

1 S 9 26+

2 S 8 18+

Ex 21 1
27 2+
1 R 2 2

---

1 48   «un descendiente mío» griego; omitido por hebr.

envió gente que lo bajara del altar; él vino a postrarse ante el rey Salomón, y éste le dijo: «Ve a tu casa.»

Testamento y muerte de David*.

2 ¹ Se acercaban los días de la muerte de David. Aconsejó a su hijo Salomón: ² «Yo emprendo el camino de todos. Ten valor y sé hombre. ³ Guarda lo que Yahvé tu Dios manda guardar, siguiendo sus caminos, observando sus preceptos, órdenes, sentencias e instrucciones, según está escrito en la ley de Moisés. Así tendrás éxito en cuanto emprendas, según todo lo que te aconsejo. ⁴ Así Yahvé cumplirá la promesa que hizo diciendo: '(Si tus hijos guardan su senda, caminando fielmente en mi presencia, con todo su corazón y toda su alma) no te faltará uno de los tuyos sobre el trono de Israel.'

⁵ «Tú sabes bien lo que me hizo Joab, hijo de Sarvia, lo que hizo a los dos jefes de los ejércitos de Israel: a Abner, hijo de Ner, y a Amasá, hijo de Yéter: los asesinó, derramando en tiempo de paz sangre de guerra; ha manchado de sangre inocente la faja de mi cintura y la sandalia de mis pies*. ⁶ Haz lo que tu prudencia te dicte, pero no permitas que sus canas desciendan en paz al Seol. ⁷ En cambio, a los hijos de Barcilay de Galaad los tratarás con magnanimidad. Los contarás entre los que comen a tu mesa, porque también ellos se portaron como parientes míos cuando yo huía de tu hermano Absalón. ⁸ Ahí tienes a Semeí, hijo de Guerá, el benjaminita de Bajurín, que me lanzó atroces maldiciones el día en que yo iba a Majanáin; pero bajó a mi encuentro al Jordán y entonces le juré por Yahvé: 'No te mataré a espada'*. ⁹ Pero tú* no lo dejes impune; eres hombre avisado y sabrás qué hacer con él para que sus canas bajen en sangre al Seol.»

¹⁰ David reposó con sus antepasados y lo sepultaron en la Ciudad de David. ¹¹ David reinó sobre Israel cuarenta años; en Hebrón reinó siete años y en Jerusalén treinta y tres.¹² Salomón se sentó en el trono de David su padre y el reino quedó establecido sólidamente en su mano.

Muerte de Adonías.

¹³ Adonías, hijo de Jaguit, fue donde Betsabé, madre de Salomón. Ella le preguntó: «¿En son de paz?» Respondió: «Paz.» ¹⁴ Y añadió: «Tengo algo que decirte.» Ella dijo: «Dilo.» ¹⁵ Respondió: «Tú sabes que el poder real me pertenecía* y que todos los israelitas tenían puestos los ojos en mí para hacerme rey; pero el poder real me dio la espalda y fue a parar a mi hermano, pues Yahvé lo tenía destinado para él. ¹⁶ Ahora pues, tengo un único ruego que hacerte y no me apartes la cara. Ella le dijo: «Habla.» ¹⁷ Él dijo: «Habla, por favor, al rey Salomón, que a ti no te volverá la cara. Que me dé por mujer a Abisag, la sunamita.» ¹⁸ Betsabé contestó: «Está bien. Hablaré al rey en favor tuyo.» ¹⁹ Betsabé entró donde el rey Salomón para interceder en favor de Adonías. El rey se levantó a su encuentro, hizo una inclinación ante ella, y tomó luego asiento en su trono. Dispuso un trono para la madre del rey, que tomó asiento a su derecha*. ²⁰ Ella dijo: «Tengo sólo un pequeño ruego que hacerte, no me vuelvas la cara.» El rey contestó: «Expón tu ruego, madre, que no te volveré la cara.» ²¹ Ella continuó: «Que Abisag, la sunamita, sea entregada por mujer a tu hermano Adonías.» ²² El rey Salomón replicó a su madre: «¿Por qué pides tú a Abisag, la sunamita, para Adonías? Pide también para él el poder real*, pues, además de ser mi hermano mayor, ya tiene de su parte al sacerdote Abiatar y a Joab, hijo de Sarvia.» ²³ El rey Salo-

Jos 23 14
Dt 17 18-20

Dt 29 8

S 7 11-16

2 S 3 27;
20 10

m 16 33+

S 17 27s;
19 32s

2 S 16 5s

S 19 19s

2 S 5 9+
‖1 Cro 29
26-27

Gn 4 5+

---

2 Este «testamento», en el que David confía a Salomón la ejecución de sus venganzas personales refleja las ideas de esta época del AT sobre la venganza de sangre y sobre la eficacia persistente de las maldiciones, ver v. 8. Los vv. 3-4 son una antigua relato en estilo deuteronómico. El v. 4 yuxtapone dos referencias bíblicas.
2 5 Texto según las versiones; hebr. «manchando con sangre de guerra la faja de su cintura y las sandalias de sus pies».—Los crímenes de Joab han manchado el honor militar de David, a quien se pudo acusar de ser su instigador, 2 S 16 7. Pesa, pues, sobre el rey y sus descendientes una venganza de sangre, que sólo puede extinguirse hiriendo al verdadero culpable.
2 8 La maldición de Semeí pesará sobre los descendientes de David, porque la maldición (como la bendi-

ción) es eficaz. Para anularla, hay que volverla contra su autor (vv. 44-45). A David se le ha impedido su juramento, pero éste no obliga a Salomón.
2 9 «Pero tú» Vulg.; «ahora» hebr.
2 15 Como a primogénito.
2 19 Estos honores contrastarán con el humilde recibimiento que David dispensó a Betsabé, 1 16.31. Salomón no testifica solamente un respeto filial. La «madre del rey» tenía un rango oficial y poderes que sobrepasaban los que una madre tiene sobre su hijo. Llevaba el título de *guebirá*, la «Gran Dama».
2 22 Poseer a una de las mujeres del rey muerto o destituido, confiere un título a la sucesión, ver 2 S 3 7; 16 21.—«tiene de su parte al sacerdote Abiatar» versiones; «(pide también para él...) y para Abiatar y para Joab» hebr.

Rt 1 17+

2 S 7 11-16

món juró entonces por Yahvé: «Así me castigue Yahvé una y mil veces, si al decir tal cosa no se ha jugado Adonías la vida. ²⁴ ¡Vive Yahvé, quien me ha entronizado y consolidado sobre el trono de David mi padre, y me ha dado una dinastía, tal como había prometido, que Adonías será hoy hombre muerto!» ²⁵ El rey Salomón envió a Benaías, hijo de Joadá, que cargó sobre él y lo mató.

Suerte de Abiatar y de Joab.

Jr 1 1

²⁶ En cuanto al sacerdote Abiatar, el rey le dijo: «¡A Anatot*, ve a tus tierras! ¡Eres reo de muerte! Aunque, en esta ocasión, no voy a matarte, en atención a que llevabas el arca de mi Señor Yahvé en presencia de mi padre David y que compartiste todas las tribulaciones de mi padre.» ²⁷ Salomón destituyó a Abiatar de su función como sacerdote de Yahvé, cumpliendo así la palabra que Yahvé había sentenciado contra la casa de Elí en Siló.

1 S 2 30-36

²⁸ El rumor de lo sucedido llegó a Joab, quien había tomado partido por Adonías —aunque no por Absalón—. Joab huyó entonces a la Tienda de Yahvé y se agarró a los cuernos del altar. ²⁹ Comunicaron al rey Salomón: «Joab ha huido a la Tienda de Yahvé y allí está, al lado del altar.» Salomón envió* a decir a Joab: «¿Qué te sucede, que has huido al altar?» Joab respondió: «He tenido miedo de ti y he huido a Yahvé.» Salomón envió a Benaías, hijo de Joadá, con esta orden: «Ve, carga contra él.» ³⁰ Benaías entró en la Tienda de Yahvé y le dijo: «Así dice el rey: 'Sal'.» Respondió: «No, aquí moriré*.» Benaías llevó respuesta al rey: «Así ha hablado Joab y así le he respondido.» ³¹ El rey le dijo: «Haz como él ha dicho. ¡Carga contra él y entiérralo! Así apartarás de mí y de la casa de mi padre la sangre inocente, derramada por Joab. ³² ¡Que Yahvé haga recaer su sangre sobre su cabeza por haber cargado contra dos hombres más justos y mejores que él, asesinándolos con la espada, —sin que mi padre David supiera nada de ello—: a Abner, hijo de Ner, jefe del ejército de Israel, y a Amasá, hijo de

Ex 27 2+
1 R 1 50

Ex 21 14

2 5+

Yéter, jefe del ejército de Judá. ³³ ¡Que la sangre de ellos recaiga sobre la cabeza de Joab y la de su descendencia para siempre! ¡Para David, su descendencia, su casa y su trono, haya paz perpetua de parte de Yahvé!» ³⁴ Benaías, hijo de Joadá, subió, cargó contra Joab y lo mató. Luego lo enterraron en su casa, en el desierto. ³⁵ En su lugar, el rey puso al frente del ejército a Benaías, hijo de Joadá, y en lugar de Abiatar, puso a Sadoc, el sacerdote.

Muerte de Semeí*.

³⁶ El rey envió a llamar a Semeí y le dijo: «Hazte una casa en Jerusalén y vive en ella. No saldrás de allí ni a un lado ni a otro. ³⁷ Ten por cierto que el día en que salgas y cruces el torrente Cedrón, morirás y tu sangre caerá sobre tu cabeza.» ³⁸ Semeí dijo al rey: «Está bien lo que dices. Tu siervo hará como el rey mi señor ha dicho.» Semeí permaneció en Jerusalén por mucho tiempo.

1 S 21 11
27 2s

³⁹ Pero al cabo de tres años, dos siervos de Semeí huyeron a donde Aquis, hijo de Maacá, rey de Gat. Se lo comunicaron a Semeí: «Tus siervos están en Gat.» ⁴⁰ Semeí se alzó, aparejó su asno y marchó a Gat, donde Aquis, en busca de sus siervos. Fue y se trajo de Gat a sus siervos. ⁴¹ Informaron a Salomón: «Semeí ha ido de Jerusalén a Gat y ha traído a sus siervos.»

⁴² El rey envió a llamar a Semeí y le dijo: «¿No te hice jurar por Yahvé y te advertí: 'El día en que salgas para ir a dondequiera que sea ten por cierto que morirás y tú asentiste a lo que escuchabas?'. ⁴³ ¿Por qué no has guardado el juramento pronunciado ante Yahvé y la orden que te impuse?» ⁴⁴ El rey añadió: «Tú sabes todo el mal —bien lo recuerdas— que hiciste a David mi padre. ¡Que Yahvé haga recaer toda tu maldad sobre tu cabeza! ⁴⁵ Pero ¡el rey Salomón sea bendito y el trono de David se mantenga firme por siempre ante Yahvé!» ⁴⁶ El rey dió instrucciones a Benaías, hijo de Joadá, que salió y cargó contra él hasta que murió.

El poder real quedó entonces consolidado en manos de Salomón.

---

2 26   Ciudad levítica cerca de Jerusalén.
2 29   El hebr. ha saltado de este «Salomón envió», al segundo «Salomón envió». El texto está conservado por el griego.
2 30   Benaías ha tratado de aplicar el procedimiento de Ex 21 14, que corresponde exactamente al caso de Joab: «Al que se atreva a matar a su prójimo con alevosía, hasta de mi altar lo arrancarás para matarlo»,

pero Joab quiere echar sobre Salomón la odiosidad de una profanación del lugar santo.
2 36   Salomón impone a Semeí, bajo pena de muerte, el residir en Jerusalén y le obliga con juramento. Como Semeí resulta perjuro, se le ejecuta «justamente». Pero Salomón revela, v. 44, que el motivo real es la maldición antaño pronunciada contra David.

II. Historia de Salomón

1. SALOMÓN EL SABIO

Matrimonio con la hija del faraón.

7 8;
9 16s.24

2 S 5 9+

1 S 9 12+

3 ¹ Salomón emparentó con el faraón, rey de Egipto*. Tomó a la hija del faraón y la condujo a la Ciudad de David, mientras terminaba de construir su palacio, el templo de Yahvé y la muralla en torno a Jerusalén. ² El pueblo seguía ofreciendo sacrificios en los altozanos, pues todavía no se había construido hasta entonces un templo al Nombre de Yahvé. ³ Salomón amaba a Yahvé y obraba según los preceptos de su padre David. A pesar de ello, ofrecía sacrificios y quemaba incienso en los altozanos.

‖2 Cro 1
3-12
Sb 8 19-
9 12

El sueño de Gabaón.

⁴ El rey acudió a Gabaón a ofrecer allí sacrificios, pues era entonces el santuario principal. Salomón ofreció mil holocaustos sobre aquel altar. ⁵ En Gabaón se apareció Yahvé a Salomón aquella noche mediante un sueño*. Dios dijo: «Pídeme lo que haya de darte.» ⁶ Salomón respondió: «Has actuado con gran benevolencia hacia tu siervo David, mi padre, porque él caminaba en tu presencia con lealtad, justicia y rectitud de corazón. Has guardado hacia él esta gran benevolencia, concediéndole un hijo que había de sentarse en su trono, como así acaece en este día. ⁷ Pues bien, Yahvé mi Dios, tú has hecho rey a tu siervo en lugar de David mi padre, pero soy un joven muchacho y no sé por dónde empezar y terminar. ⁸ Tu siervo está en medio de tu pueblo, el que tú te elegiste, un pueblo numeroso, que no es posible contar ni calcular. ⁹ Concede, pues, a tu siervo, un corazón atento para juzgar* a tu pueblo, para discernir entre el bien y el mal. Cierto, ¿quién podrá hacer justicia a este pueblo tuyo tan grande?» ¹⁰ Agradó al Señor esta súplica de Salomón. ¹¹ Entonces le dijo Dios: «Por haber pedido esto y no una vida larga o riquezas para ti ni tampoco la vida de tus enemigos, sino inteligencia para atender a la justicia,

4 20

Pr 2 6-9

Si 47 14
Qo 1 16

¹² obraré según tu palabra: te concedo un corazón sabio e inteligente, como no ha habido antes de ti ni surgirá otro igual después de ti. ¹³ Te concedo también aquello que no has pedido, riquezas y gloria, mayores que las de ningún otro rey mientras vivas*. ¹⁴ [Si caminas por mis sendas, guardando mis preceptos y mandamientos, como hizo David, tu padre, prolongaré los días de tu vida].» ¹⁵ Salomón se despertó: ¡Había sido un sueño! Entonces se levantó y fue a Jerusalén. Puesto en pie ante el arca de la alianza del Señor, ofreció holocaustos y sacrificios de comunión, y dio luego un banquete a todos sus servidores.

Mt 6 33

Qo 2 4-10

Dt 5 33
Pr 3 1-2

Lv 1 1+;
3 1+

Juicio de Salomón.

¹⁶ Por entonces dos mujeres prostitutas fueron a presentarse al rey. Se pararon ante él, ¹⁷ y dijo una de ellas: «Por favor, mi señor, yo y esa mujer vivíamos en una misma casa, y di a luz, mientras estaba conmigo en la casa. ¹⁸ A los tres días de mi parto, parió también la mujer esa; estábamos juntas, no había nadie más en la casa, sólo nosotras dos. ¹⁹ Una noche murió el hijo de la mujer esa, porque ella había permanecido acostada sobre él. ²⁰ Se levantó durante la noche y, mientras tu servidora dormía, tomó a mi hijo de mi costado y lo acostó en su regazo, y a su hijo, el que estaba muerto, lo acostó en el mío. ²¹ Al amanecer me levanté para amamantar a mi hijo, y ¡estaba muerto! Pero lo examiné bien a la luz de la mañana y vi que no era mi hijo, el que yo había parido.» ²² La otra mujer repuso: «No, por cierto, mi hijo es el vivo y tu hijo es el muerto.» Pero la otra replicaba: «No, al contrario, tu hijo es el muerto y mi hijo es el vivo.» Y seguían discutiendo ante el rey. ²³ Dijo el rey: «Ésa dice: 'Éste es mi hijo, el vivo, y tu hijo es el muerto,' y la otra dice: 'No, al contrario, tu hijo es el muerto, y mi hijo es el vivo.'» ²⁴ Entonces ordenó el rey: «Traedme una espada.» Presentaron la

---

3 1   Probablemente Psusenas II, último rey de la dinastía XXI. —La «Ciudad de David» corresponde a la ciudad primitiva de Jerusalén, ver 2 S 5 9 +.
3 5   Los sueños, con anterioridad a los Profetas, eran uno de los principales medios de comunicación entre Dios y los hombres, ver Gn 20 3; 28; 31 11.24; 37 5 +.

y Nm 12 6.
3 9   Salomón pide una sabiduría práctica, no para su propio gobierno, sino para el pueblo. Ver 5 13+; Ex 31 3+.
3 13   El hebr. añade: «toda tu vida», según el v. 14; omitido por griego.

espada al rey [25] y éste sentenció: «Cortad al niño vivo en dos partes y dad mitad a una y mitad a otra.» [26] A la mujer de quien era el niño vivo se le conmovieron las entrañas por su hijo y replicó al rey: «Por favor, mi señor, que le den a ella el niño vivo, pero matarlo, ¡no!, ¡no lo matéis!» Mientras, la otra decía: «Ni para mí ni para ti: ¡que lo corten!» [27] Sentenció entonces el rey: «Entregadle a ella el niño vivo, ¡no lo matéis! Ella es su madre.» [28] El juicio pronunciado por el rey llegó a oídos de todo Israel y cobraron respeto al rey, al ver que dentro de él había una sabiduría divina con la que hacer justicia*.

Dignatarios del reino de Salomón.

4 [1] El rey Salomón era rey sobre todo Israel. [2] Éstos eran sus ministros*:
Azarías, hijo de Sadoc, sacerdote;
[3] Elihaf y Ajías, hijos de Serayas*, secretarios;
Josafat, hijo de Ajilud, heraldo;
[4] (Benaías, hijo de Joadá, jefe del ejército;
Sadoc y Abiatar, sacerdotes*);

4 7s [5] Azarías, hijo de Natán, jefe de gobernadores;
Zabud, hijo de Natán, amigo del rey*,
[6] Ajisar mayordomo de la casa real;
Eliab, hijo de Joab, jefe del ejército*;

5 27 Adonirán hijo de Abdá, supervisor de trabajos forzados.

Gobernadores de Salomón.

[7] Salomón tenía doce gobernadores* al frente de todo Israel. Proveían al rey y a la casa real; un mes al año recaía sobre cada uno procurar el suministro.
[8] Éstos eran sus nombres*:
...hijo de Jur, en la montaña de Efraín, uno.
[9] ...hijo de Dequer, en Mahás, Saalbín, Bet Semes, Ayalón, hasta Bet Janán, uno.
[10] ...hijo de Jésed, en Arubot; tenía Socó y toda la tierra de Jéfer.
[11] ...hijo de Abinadab: todo el distrito de Dor (Tabaat, hija de Salomón, fue su mujer), uno.
[12] ...Baaná, hijo de Ajilud, en Tanac, Meguidó (hasta más allá de Yocmeán) y todo Betsán, por debajo de Yizreel, desde Betsán hasta Abel Mejolá, que está hacia Sartán, uno*.
[13] ...hijo de Guéber, en Ramot de Galaad (le correspondían las aldeas de Yaír, hijo de Manasés, que están en Galaad) (también la región de Argob en el Basán, sesenta grandes ciudades, amuralladas y con cerrojos de bronce), uno.
[14] Ajinadab, hijo de Idó, en Majanáin.
[15] Ajimás en Neftalí (también éste casó con una hija de Salomón, llamada Basmat), uno.
[16] Baaná, hijo de Jusay, en Aser y las subidas, uno*.
[17] Josafat, hijo de Paruaj, en Isacar.
[18] Semeí, hijo de Elá, en Benjamín.
[19] Guéber, hijo de Urí, en la tierra de Gad, el país de Sijón, rey de los amorreos, y de Og, rey de Basán.

Y había, además, un gobernador en el país*.

---

3 28   La primera condición del rey en todo el Oriente es la de ser justo. Para Israel, ver Sal 72 1-2; Pr 16 12; 25 5; 29 14; Is 9 6. Salomón lo ha pedido, v. 9. Dios se lo ha concedido, vv. 11-12 y la historia de los vv. 16-28 muestra esta justicia en acción.
4 2   El heraldo es jefe del protocolo e intermediario entre el rey y el pueblo; el mayordomo de palacio es el visir de las cortes orientales, el primer ministro; el amigo del rey ostenta más bien un título honorífico, propiamente no ejerce una función; el sacerdote, jefe del sacerdocio, se encuentra equiparado a los funcionarios del rey. Salomón conserva al heraldo de David y concede cargos a los hijos de su sacerdote y de su secretario, ver 2 S 8 16s; 20 23s. —Corregimos los nombres de Elihaf y Adorán; hebr.: «Elioref» y «Adonirán».
4 3   «Serayas»: corregido conforme a 2 Sam 8 17. Hebr. Sisá.
4 4   Glosa cuya segunda parte contradice al v. 2 y 2 26s.
4 5   Delante de «amigo del rey» se omite «sacerdote» con la antigua Septuaginta y Vet. Lat.
4 6   El nombre y el título del jefe del ejército faltan en el hebr. y los restituimos conforme al griego.
4 7   Es una institución salomónica que asegura la recaudación de impuestos y el empleo de las prestaciones en especie. Los doce distritos se reparten en tres grupos: 1.º, el dominio de los hijos de José, Efraín y Manasés, v. 8, con las ciudades cananeas conquistadas o reconquistadas, vv. 9-12, y los anejos de Transjordania, vv. 13-14; 2.º, las tribus del Norte, vv. 15-17; 3.º, Benjamín, v. 18, y Gad, v. 19. Según esta lista, Judá parecía gozar de un régimen especial, v. 19+.
4 8   Acaso el documento de archivo inserto en este lugar tenía la borde deteriorado, lo cual explicaría que, respecto de los primeros gobernadores, sólo se haya conservado el nombre del padre de los mismos. —Corregimos en el v. 9 los nombres geográficos de Mahás y Ayalón; en el v. 11 leemos Tabaat según el griego por «Tapat» hebr. Restituimos también el númeral «uno», con el que se señalaba cada una de las entradas de un listado como éste.
4 12   La traducción restablece el orden geográfico alterado.
4 16   Es la costa montañosa entre Acre y Tiro.
4 19   «Gad» griego; «Galaad» hebr. —«el país», sin más, designa el territorio de Judá, por oposición a las provincias de Israel. El texto es incierto. No está claro si Judá gozaba de una administración especial, conforme a un supuesto carácter dualista de la monarquía salomónica.

5 ⁷ *Estos gobernadores proveían, un mes cada uno*, al rey Salomón y a todos los acogidos por Salomón a mesa puesta, sin que les faltara cosa alguna. ⁸ Cada uno según su turno, suministraban también la cebada y la paja para los caballos y los animales de tiro, allí donde el rey se encontrara. ² El suministro diario de Salomón era de treinta cargas de flor de harina y sesenta cargas de harina, ³ diez bueyes cebados y veinte de pasto, cien cabezas de ganado menor, aparte los ciervos y gacelas, los gamos y las aves cebadas*. ⁴ Dominaba en toda la Transeufratina*, desde Tafsaj hasta Gaza, sobre todos los reyes de más acá del Río*; gozó de paz en todas sus fronteras.

4 ²⁰ Judá e Israel eran numerosos como la arena a orillas del mar. Comían y bebían felices y contentos.

5 ¹ Salomón regía todos los reinos (desde el Río hasta el país de los filisteos y hasta la frontera de Egipto). Pagaron tributo y estuvieron sometidos a Salomón durante todo el tiempo de su vida. ⁵ Durante los días de Salomón, Judá e Israel vivieron en tranquilidad, cada cual bajo su parra y su higuera, desde Dan hasta Berseba. ⁶ Salomón disponía de establos para cuatro mil* caballos de tiro y doce mil caballos de montar*.

Fama de sabio de Salomón.

⁹ Dios concedió a Salomón sabiduría e inteligencia extraordinarias y un corazón abierto como la playa a orillas del mar. ¹⁰ La sabiduría de Salomón superaba a la de todos los hijos de Oriente y a toda la sabiduría de Egipto. ¹¹ Superó en sabiduría a cualquier hombre, a Etán el ezrajita*, a Hemán, Calcol y Dardá, hijos de Majol; su nombre se hizo famoso entre todos los países vecinos. ¹² Compuso tres mil proverbios y su cancionero contenía mil y cinco canciones. ¹³ Trató sobre las plantas, desde el cedro del Líbano hasta el hisopo que brota en el muro; disertó también sobre cuadrúpedos, aves, reptiles y peces*. ¹⁴ De todos los pueblos venían a escuchar la sabiduría de Salomón, trayendo presentes de parte de todos los reyes de la tierra que habían tenido noticia de su sabiduría.

2. SALOMÓN CONSTRUCTOR

Preparativos para la construcción del Templo.

¹⁵ Jirán, rey de Tiro, oyó que Salomón había sido ungido en lugar de su padre. Envió una embajada a Salomón, pues Jirán había sido amigo de David durante toda la vida de éste. ¹⁶ Salomón remitió a Jirán esta respuesta: ¹⁷ «Tú sabes que mi padre David no pudo construir un templo al Nombre de Yahvé su Dios, debido a las guerras que lo tuvieron cercado hasta que Yahvé puso a sus enemigos bajo las plantas de sus pies. ¹⁸ Pero ahora, Yahvé mi Dios me ha concedido tranquilidad a mi alrededor. No tengo adversario alguno ni se producen acciones hostiles. ¹⁹ Me propongo construir un templo al Nombre de Yahvé mi Dios (según lo dicho por Yahvé a David mi padre: 'Tu hijo, al que pondré en tu lugar sobre tu trono, será quien construya el templo a mi Nombre)' ²⁰ Así pues, da orden de que corten para mí cedros del Líbano. Mis servidores irán con los tuyos. Te pagaré el salario de tus servidores conforme a lo que me digas, pues tú sabes que no hay entre nosotros quien sepa talar árboles como los sidonios*.» ²¹ Cuando Jirán oyó las palabras de Salomón se alegró sobremanera y exclamó: «Bendito sea hoy Yahvé, que ha conce-

Margin references
4,²⁷
28
22
23
24
Si 47 13
26
Jo 3 12-13
2 Cro 9 26
=10 26
‖2 Cro 1 14; 9 25
29
3 12
Gn 22 17; 32 13
31
1 Cro 2 6
Si 47 16
32
33
34
5,¹
2 S 5 11
‖2 Cro 2 2-3
3
4
2 S 7 12-13
5
6
‖2 Cro 2 10-11

Footnotes
5 7 (a) La traducción sigue el orden griego, que confiere una continuidad lógica a la lista de los gobernadores. Este orden ha sido alterado en el hebr. por glosas; el v. 4 no es anterior al Destierro; el resto, hasta el fin del párrafo, es posterior y falta en el griego.
5 7 (b) No sólo la casa real y sus clientes, sino también todos los siervos, funcionarios y tropas regulares.
5 3 Traducción conjetural.
5 4 (a) La región comprendida entre el Éufrates y el Mediterráneo, designación oficial en la época persa, en que se añadió este v.
5 4 (b) El Éufrates.
5 6 (a) «cuatro mil» según 2 Cro 9 25; «cuarenta mil» hebr.
5 6 (b) Había tres caballos para cada carro. Dos uncidos y otro de reserva.
5 11 Es decir «el aborigen». Los nombres que siguen eran probablemente los de los sabios célebres de Canaán. El Sal 89 se atribuye a Etán.
5 13 Salomón es el primer «sabio de Israel» (ver la Introd. a los libros sapienciales) y no hay duda de que ejerció una actividad literaria y poética, ver 8 12-13. Una parte de Pr puede remontarse a él. Se han puesto bajo su nombre los Sal 72 y 127 y Qo, Ct y Sb.
5 20 «sidonios» designa a los fenicios en general. Jirán era rey de Tiro y Sidón.

dido a David un hijo sabio al frente de ese pueblo numeroso.» ²² Jirán envió a decir a Salomón: «He escuchado lo que me has enviado a decir. Cumpliré tu deseo acerca de la madera de cedro y ciprés. ²³ Mis siervos la bajarán del Líbano al mar, la cargaré en balsas y la haré llegar por mar al lugar que me indiques. Allí la desmontaré y tú la cargarás. Por tu parte, cumple tú mi deseo suministrando víveres para mi casa real.» ²⁴ Jirán entregaba a Salomón madera de cedro y ciprés según su deseo. ²⁵ Por su parte, Salomón entregaba a Jirán veinte mil cargas de trigo para el aprovisionamiento de su casa real y veinte mil medidas* de oliva molida. Tal era la aportación anual de Salomón a Jirán. ²⁶ Yahvé concedió sabiduría a Salomón, como le había prometido. Entre Jirán y Salomón reinó la paz, establecida mediante tratado.

²⁷ *El rey Salomón suscitó una leva de trabajos forzados en todo Israel. La leva alcanzó a treinta mil hombres. ²⁸ Los envió al Líbano, diez mil por mes, en turnos de estancia de un mes en el Líbano y dos meses en casa. Adonirán estaba al frente de la leva. ²⁹ Salomón disponía también de setenta mil cargadores y ochenta mil canteros en la montaña, ³⁰ además de los capataces que tenía al frente de las obras, tres mil trescientos que mandaban a la gente empleada en las obras. ³¹ El rey mandó extraer grandes bloques de piedra de calidad, para cimentar el templo con sillares. ³² Los obreros de Salomón, los de Jirán y los guiblitas* labraron la piedra y prepararon la madera para construir el templo.

La construcción del Templo.

6 ¹ El año cuatrocientos ochenta de la salida de los israelitas de la tierra de Egipto*, el año cuarto del reinado de Salomón en Israel, en el segundo mes (que es el de Ziv), Salomón construyó el templo de Yahvé. ² El templo* que edificó el rey Salomón a Yahvé tenía sesenta codos de largo, veinte de ancho y veinticinco* de alto. ³ El vestíbulo ante la nave del templo tenía veinte codos de longitud a lo ancho del templo y diez codos de anchura a lo largo del edificio*. ⁴ Hizo en el templo ventanas con celosías*. ⁵ Adosada al muro del templo edificó una galería* en torno a la nave y al santuario (con habitaciones laterales). ⁶ La galería inferior medía cinco codos de ancho, la intermedia seis codos y la tercera siete codos, pues había dispuesto huecos alrededor del templo, por la parte exterior, para no horadar sus muros. ⁷ (El templo se construyó con piedra tallada en la cantera, de modo que durante la construcción no se escucharon martillos, sierras ni instrumentos de hierro.) ⁸ La entrada del piso bajo estaba en el ala derecha del templo. Por una escalera de caracol se subía al piso intermedio y de éste al tercero. ⁹ Construyó el templo hasta su conclusión. Recubrió el templo con artesonado* de cedro. ¹⁰ Construyó la galería adosada a todo el edificio, de cinco codos de altura y unida al templo por vigas de cedro. ¹¹ Llegó a Salomón la palabra de Yahvé que decía:* ¹² «Por este templo que estás construyendo, si caminas según mis preceptos, obras según mis sentencias y guardas todos mis mandamientos, caminando conforme a ellos, yo te cumpliré mi palabra, la que prometí a David tu padre. ¹³ Habitaré en medio de los hijos de Israel y no abandonaré a mi pueblo Israel.» ¹⁴ Construyó Salomón el templo hasta su conclusión.

Marginal references:
‖2 Cro 2 16
‖2 Cro 2 9
‖2 Cro 3 1-7
4 6
‖2 Cro 2
2.17
2 S 7 11-

5 25   «veinte mil medidas» griego, ver Cro 2 9; «veinte toneles» hebr.
5 27   Los vv. 27-32 son adiciones.
5 32   Los obreros de Guebal, la Biblos de los griegos, al norte de Beirut.
6 1   Esta fecha depende de un sistema cronológico que ponía igual intervalo entre la erección de la Tienda en el desierto y la construcción del templo bajo Salomón, por una parte; y entre esta construcción y la reconstrucción, a la vuelta del Destierro, por otra. El suceso se sitúa en los alrededores del 960 a.C.
6 2   (a) El templo o Casa de Yahvé era un edificio alargado con tres piezas sucesivas: el *Ulam* es el vestíbulo; el *Hekal*, más tarde llamado Santo, es la gran sala de culto, antes; el *Debir*, la cámara del fondo, es la parte más sagrada, el santuario, al que se llamará Santo de los Santos, donde está el arca de la alianza, 6 19. La diferencia de cinco codos de altura entre el Hekal y el

Debir (6 2 y 10) indica que el suelo del Debir estaba más alto, formando una especie de estrado para el arca. El Debir debía separarse del Hekal por medio de una mampara. Sobre tres de los lados exteriores del templo, se apoyaba un edificio de tres pisos poco elevados (6 10). Comparar la descripción de la Tienda en el desierto, Ex 26-36, y la del templo futuro en Ez 40-42.
6 2   (b) «veinticinco» griego, «treinta» hebr.
6 3   El griego contiene la frase: «Construyó el templo y lo concluyó» (vv. 9 y 14). La repetición tiene la función de enmarcar las diversas partes del texto.
6 4   Traducción dudosa.
6 5   El hebr. repite «alrededor de las paredes de la Casa» omitido por griego.
6 9   El sentido de las últimas palabras es dudoso.
6 11   Los vv. 11-13 no se encuentran en el griego. Son un añadido.

‖2 Cro 3
8-9

Interior del Templo.
El Santo de los Santos.

¹⁵ Revistió los muros interiores del templo con planchas de cedro desde el suelo hasta las vigas del techo; revistió de madera el interior y el suelo con planchas de ciprés. ¹⁶ Recubrió los veinte codos del fondo con planchas de cedro desde el suelo hasta las vigas*, formando así en el interior el santuario, el Santo de los Santos. ¹⁷ El templo, es decir, la nave delante del santuario* medía cuarenta codos. ¹⁸ El cedro del interior presentaba bajorrelieves de calabazas y capullos abiertos; todo era de cedro, no se veía la piedra. ¹⁹ Dispuso el santuario al fondo del templo, colocando allí el arca de la alianza de Yahvé. ²⁰ El santuario medía veinte codos de largo, veinte de ancho y veinte de alto. Lo revistió de oro fino y alzó, delante del santuario, un altar de cedro*, ²¹ *recubierto de oro. ²² Revistió de oro la totalidad del templo, de arriba abajo*.

‖2 Cro 3
10-13
Ex 25 18+

Los querubines.

²³ Hizo en el santuario dos querubines de madera de acebuche de diez codos de altura. ²⁴ Un ala de un querubín medía cinco codos y cinco codos también la otra ala: diez codos desde la punta de un ala hasta la punta de la otra. ²⁵ El segundo querubín medía también diez codos. Los dos querubines tenían las mismas medidas y la misma forma. ²⁶ La altura de un querubín era de diez codos; igualmente el segundo querubín. ²⁷ Colocó los querubines en medio del recinto interior. Los querubines tenían las alas desplegadas. Cada uno tocaba un muro con un ala y en el centro del templo se tocaban uno al otro, ala con ala. ²⁸ Revistió de oro los querubines. ²⁹ (Esculpió todos los muros del templo, del santuario y de la nave, con bajorrelieves de querubines, palmeras, capullos abiertos*. ³⁰ Recubrió de oro el pavimento del templo, del santuario y de la nave.)

Las puertas*. El patio.

³¹ Construyó la entrada del santuario con puertas de madera de acebuche (el dintel y las jambas tenían cinco laterales.) ³² Esculpió sobre ellos bajorrelieves de querubines, palmas y capullos abiertos. Los recubrió de oro, aplicando láminas de oro sobre los querubines y las palmeras. ³³ Lo mismo hizo para la puerta de la nave: montantes de madera de acebuche (de cuatro laterales) ³⁴ y dos puertas de madera de abeto: las dos planchas de cada puerta estaban redondeadas. ³⁵ Esculpió querubines, palmeras, capullos abiertos y aplicó oro sobre los relieves.

³⁶ Construyó el patio interior*, con tres hileras de piedra tallada y una de tablones de cedro*.

Fechas.

³⁷ El año cuarto, en el mes de Ziv, se echaron los cimientos del templo de Yahvé, ³⁸ y el año once, en el mes de Bul —que es el mes octavo— fue concluido el templo en su totalidad, conforme al proyecto establecido. Salomón lo construyó en siete años.

El palacio de Salomón*.

7 ¹ Salomón construyó su palacio en trece años. Lo concluyó en su totalidad. ² Construyó la sala del «Bosque del Líbano*», de cien codos de longitud, cincuenta de anchura y treinta de altura, sobre cuatro hileras de columnas de cedro, con vigas también de cedro que reposaban sobre las columnas. ³ Un artesonado de cedro reposaba sobre los travesaños que apoyaban sobre las columnas —cuarenta y cinco, en total, quince por cada fila—*. ⁴ Había tres filas de ventanas con

---

6 16   «hasta las vigas» (ya v. 15) griego; «hasta los muros» hebr.
6 17   El hebr. pone por error «delante del santuario» al comienzo del v. 20.
6 20   Se trata del altar del incienso, ver Ex 30 1 +.
6 21   Al comienzo, el hebr. está sobrecargado y su texto está corrompido.
6 22   El hebr. añade «y todo el altar del santuario lo revistió de oro»; omitido por griego.
6 29-30 Los dos vv. son adicionales.
6 31   Descripción de difícil interpretación. El texto debe ser corregido y el sentido de varios términos técnicos es dudoso.
6 36   (a) El patio en que se alzaba el templo, en contraposición al gran patio, 7 12, que rodeaba el templo y el palacio.

6 36   (b) Los tablones formaban una armadura que aseguraba la estabilidad del muro. La superestructura probablemente era de ladrillo.
7   La descripción sólo se extiende un tanto sobre las partes del palacio a las que tenía acceso el público. Estos edificios se alzaban al sur de la explanada del templo.
7 2   Gran sala hipóstila con columnas de cedro que le daban el aspecto de un bosque. Servía de sala de guardia, ver 10 17.21, y de acceso para las entradas reales. Tenía un pórtico, v. 6, y comunicaba con las habitaciones del rey, v. 8, y la sala del trono, v. 7.
7 3   «cuarenta y cinco, en total, quince por cada fila», traído del v. 4. Posiblemente los «travesaños» iban apoyados sobre las columnas a lo largo, y las vigas (v. 2) lo hacían a lo ancho.

celosías*, unas frente a otras, de tres en tres. ⁵ Todas las puertas y montantes eran cuadrangulares, unas frente a otras, de tres en tres. ⁶ Hizo el Pórtico de las columnas, de cincuenta codos de longitud y treinta de anchura; el Pórtico estaba en frente de (las columnas), y había columnas con un dosel en frente*. ⁷ Hizo el Salón del trono o de la audiencia, donde administraba justicia (estaba recubierto de cedro desde el suelo hasta las vigas*.) ⁸ El edificio en el que residía, en otro patio en el interior del Pórtico, tenía la misma estructura; hizo también otro edificio como este Pórtico para la hija del faraón que Salomón había tomado por mujer.

^{3 1+}

⁹ Todo era de piedras selectas, (talladas a medida), cortadas con sierra por los lados externo e interno, desde los cimientos hasta las cornisas y en el exterior hasta el patio principal*. ¹⁰ (Los cimientos eran de piedras de calidad, grandes piedras, de diez y de ocho codos, ¹¹ y encima piedras escogidas, talladas a medida, y madera de cedro). ¹² En el exterior, el patio principal tenía en torno tres filas de piedras talladas y una de vigas de cedro, igual que el patio interior del templo de Yahvé y el Pórtico del palacio.

‖2 Cro 4 9

Jirán el broncista.

‖2 Cro 2
12-14

¹³ El rey Salomón envió a buscar y trajo a Jirán de Tiro. ¹⁴ Era hijo de una viuda de la tribu de Neftalí. Su padre había sido un tirio, artesano del cobre. Estaba dotado de conocimiento, pericia y habilidad para ejecutar cualquier trabajo en bronce. Se presentó ante el rey Salomón y llevó a cabo todo el trabajo encomendado.

Ex 35 30-35

Las columnas de bronce.

‖2 Cro 3
15-17

¹⁵ Fundió las dos columnas de bronce*. Una medía dieciocho codos de altura y doce de circunferencia; lo mismo la segunda columna. ¹⁶ Hizo dos capiteles de bronce fundido, de cinco codos de altura cada uno, con objeto de situarlos sobre lo alto de las columnas. ¹⁷ *Hizo dos encajes y dos trenzados a modo de cadenas para los capiteles en lo alto de las columnas, un trenzado para cada capitel. ¹⁸ Hizo dos hileras de granadas alrededor de cada trenzado. ¹⁹ Los capiteles que estaban en lo alto de las columnas tenían forma de azucenas (cuatrocientas en total, ²⁰ colocadas sobre la moldura situada detrás del trenzado; doscientas granadas alrededor de cada capitel. ²¹ Erigió las columnas ante el pórtico de la nave. Alzó la columna de la derecha y la llamó Yaquín; elevó la columna de la izquierda y la llamó Boaz*. ²² *Los capiteles que estaban en lo alto de las columnas tenían forma de azucenas.) Concluyó el trabajo de las columnas.

El Mar de bronce.

‖2 Cro 4 2-

²³ Hizo el Mar* de metal fundido, que medía diez codos de diámetro, cinco de altura y treinta de circunferencia. ²⁴ Debajo del borde había calabazas todo alrededor, dando vuelta al Mar a lo largo de treinta* codos; había dos filas de calabazas fundidas en una sola pieza. ²⁵ Reposaba sobre doce bueyes, tres mirando al Norte, tres al Oeste, tres al Sur y tres al Este. Sobre ellos se asentaba el Mar, quedando hacia el interior las partes traseras de los bueyes. ²⁶ Su espesor era de un palmo y su borde era como el del cáliz de la flor de azucena. Su capacidad era de dos mil medidas.

Las basas móviles y los estanques de bronce*.

²⁷ Hizo también las diez basas de bronce, de cuatro codos de largo cada una, cuatro de ancho y tres de alto. ²⁸ La estructura de las basas era ésta: tenían paneles y los paneles estaban entre listones. ²⁹ Sobre el panel que estaba entre los listones había leones, bueyes y querubines. Lo mismo sobre los listones.

---

7 4   Sentido incierto.
7 6   Final del v. corrompido.
7 7   «hasta las vigas» sir.; hebr. repite «suelo».
7 9   La repetición de «en el exterior al patio principal» al principio del v. 12 indica que el texto prosigue tras la interpolación presente en los vv. 10-11.
7 15   Estas dos columnas se alzaban ante el atrio del templo, a ambos lados de la entrada.
7 17   El texto de los vv. 17-20 está trastocado y corrompido en algunas partes. Restitución conjetural.
7 21   Estos dos nombres son oscuros; quizá «es sólida» y «con fuerza».

7 22   Este v. no está presente en el griego. La repetición de «los capiteles que estaban en lo alto de las columnas tenían forma de azucenas» en los vv. 19 y 22 es indicio de que el texto interpuesto es añadido, aunque su origen puede ser antiguo.
7 23   Era un gran depósito de agua lustral.
7 24   «treinta» conj.; «diez» hebr.
7 27   El texto de esta descripción está corrompido y es de difícil interpretación. (Las palabras con que concluyen los vv. 29, 30, 36 son ininteligibles.) Trátase de basas cuadrangulares, coronadas por un sustentáculo circular en el que encajaba la jofaina.

Por encima y por debajo de los leones y de los toros había volutas de metal labrado. ³⁰ Cada basa tenía cuatro ruedas de bronce y ejes de bronce; sus cuatro pies tenían asas debajo de la pila, y los apliques estaban fundidos... ³¹ Su boca, desde el interior de las asas hasta arriba, tenía un codo; la boca era redonda, teniendo un soporte de codo y medio; sobre la boca había también esculturas, pero los paneles eran cuadrados, no redondos. ³² Las cuatro ruedas estaban bajo los paneles, y los ejes de las ruedas estaban en la basa; la altura de cada rueda era de codo y medio. ³³ La forma de las ruedas era como la forma de la rueda de un carro, y sus ejes, sus llantas, sus radios y sus cubos, todo era de metal fundido. ³⁴ Había cuatro asas en los cuatro ángulos de cada basa; la basa formaba un cuerpo con su asa. ³⁵ En la cima de la basa había un soporte de medio codo de altura completamente redondo; y en la cima de la basa, los ejes y el armazón formaban un cuerpo con ella. ³⁶ Grabó sobre las tablas querubines, leones y palmeras... y volutas alrededor. ³⁷ De esta forma hizo las diez basas: una misma fundición y un mismo tamaño para todas.

‖2 Cro 4 6

³⁸ Hizo diez pilas de bronce de cuarenta medidas cada una; cada pila medía cuatro codos; había una pila sobre cada una de las diez basas. ³⁹ Colocó las basas, cinco al lado derecho del templo y cinco

Cro 4 10

al lado izquierdo del templo. El Mar lo colocó en el lado derecho del templo hacia el sureste.

‖2 Cro 4 11-18

Mobiliario menor. Resumen.

⁴⁰ Jirán hizo los ceniceros*, las paletas y los acetres. Jirán concluyó toda la obra que le hizo el rey Salomón le encargó que hiciera para el templo de Yahvé; ⁴¹ dos columnas, las molduras de los capiteles que estaban sobre la cima de las dos columnas, los trenzados para recubrir las dos molduras de los capiteles que estaban en la cima de las columnas; ⁴² las cuatro-

cientas granadas para los dos trenzados; dos filas de granadas para cada trenzado*; ⁴³ las diez basas y las diez pilas sobre las basas; ⁴⁴ el Mar y los doce bueyes debajo del Mar, ⁴⁵ y los ceniceros, las paletas y los acetres.

Todos estos objetos que Jirán hizo al rey Salomón para el templo de Yahvé eran de bronce bruñido. ⁴⁶ El rey los hizo fundir en la vega del Jordán, en moldes de tierra, entre Sucot y Sartán*; ⁴⁷ *en cantidad tan enorme que no era posible calcular el peso del bronce.

⁴⁸ Salomón hizo todos los objetos que había en el templo de Yahvé; el altar, de oro*; la mesa sobre la que se ponían los panes presentados*, de oro; ⁴⁹ los candelabros delante del santuario, cinco a la derecha y cinco a la izquierda, de oro fino; las flores, las lámparas y las despabiladeras, de oro; ⁵⁰ las cucharas, los cuchillos, los acetres, las copas y los braseros, de oro fino; los goznes para las puertas del santuario interior, el Santo de los Santos, y para las puertas de la nave del templo, de oro*.

Ex 25 23+
‖2 Cro 4 7
1 R 6 20-21

‖2 Cro 4 8

⁵¹ Cuando se completó toda la obra que el rey Salomón había hecho en el templo de Yahvé, Salomón hizo traer todo lo consagrado por David su padre, la plata, el oro y los objetos, y lo depositó entre los tesoros del templo de Yahvé.

‖2 Cro 5 1

Traslado del arca de la alianza.

8 ¹ Entonces Salomón congregó a los ancianos de Israel (todos los jefes de las tribus y los cabezas de familia de los israelitas ante el rey Salomón)* en Jerusalén para hacer subir el arca de la alianza de Yahvé desde la ciudad de David, que es Sión. ² (Se congregaron en torno al rey Salomón todos los hombres de Israel). En el mes de Etanín (que es el mes séptimo, en la fiesta*, vinieron todos los ancianos de Israel y) los sacerdotes condujeron el arca ⁴ (e hicieron subir el arca de Yahvé) y la Tienda del Encuentro, con todos los objetos sagra-

‖2 Cro 5 2-10

Ex 25 10+
2 S 6 7+

8 65

---

7 40 «ceniceros» algunos mss, griego y Vulg.; «jofainas» hebr. La repetición de los vv. 40 y 45 marca la división del texto.
7 42 El hebr. trae aquí un duplicado del v. 41 desde «para recubrir las dos molduras».
7 46 Sucot y Sartán en la orilla oriental del Jordán pueden identificarse con Tel Akšas y Tel es-Saidiyeh.
7 47 El hebr. añade aquí: «Salomón puso todos los objetos» duplicado del v. 48.
7 48 (a) El altar del incienso, ver 6 20-21. El texto oscila entre los verbos «Salomón hizo» o «puso» todos los

objetos (vv. 45, 47 y 48).
7 48 (b) O «panes de la Presencia» ver Ex 25 23-30.
7 50 El final del v. está recargado en el hebr.
8 1 Los pasajes señalados entre paréntesis no tienen correspondencia en el griego. Se trata generalmente de añadidos procedentes de la tradición del texto de Crónicas.
8 2 Etanín es un mes del calendario cananeo que correspondía al 7.° mes del calendario israelita posterior, como lo indica una glosa. La fiesta por excelencia es la de las Tiendas, ver Ex 23 14+.

dos que había en ella*. [5] El rey (Salomón) y todo Israel (toda la comunidad de Israel reunida en torno a él) sacrificaron ante el arca ovejas y bueyes en número incalculable e incontable. [6] Los sacerdotes llevaron el arca de la alianza de Yahvé al santuario del templo, el Santo de los Santos, a su propio lugar, situado bajo las alas de los querubines. [7] Los querubines extendían las alas sobre el lugar del arca y cubrían el arca y sus varales por encima. [8] Los varales se prolongaban hasta dejar ver sus extremos desde el santuario, pero no se dejaban ver más hacia fuera. (Han estado allí hasta el día de hoy). [9] En el arca no había nada más que las dos tablas de piedra que Moisés depositó allí, en el Horeb, las tablas de la alianza* que Yahvé estableció con los israelitas cuando salieron de la tierra de Egipto.

Dios toma posesión de su templo.

[10] Cuando los sacerdotes salieron del santuario, —pues la nube* había llenado el templo de Yahvé—, [11] los sacerdotes no pudieron permanecer ante la nube para completar el servicio, pues la gloria de Yahvé llenaba el templo de Yahvé. [12] Entonces Salomón dijo*:

«Yahvé puso el sol en los cielos,
pero ha decidido habitar en densa nube.»
[13] He querido erigirte una morada principesca,

un lugar donde habites para siempre.»

Discurso de Salomón al pueblo.

[14] El rey, volviéndose, bendijo a toda la asamblea de Israel, que se mantenía en pie, [15] y dijo: «Bendito sea Yahvé, Dios de Israel, que con su mano ha cumplido lo que había prometido con su propia boca, diciendo: [16] 'Desde el día en que saqué de Egipto a mi pueblo Israel no elegí ninguna ciudad entre todas las tribus de Israel para edificar un templo en el que resida mi Nombre [y no elegí tampoco ningún varón para que fuera príncipe sobre mi pueblo Israel, pero he elegido a Jerusalén para que resida allí mi Nombre]*, y he elegido a David para que esté al frente de mi pueblo Israel.' [17] Mi padre David acariciaba en su corazón el propósito de construir un templo al Nombre de Yahvé, Dios de Israel, [18] pero Yahvé dijo a David mi padre: 'Has acariciado en tu corazón el deseo de construir un templo a mi Nombre; has hecho bien en ello, [19] pero no serás tú el que construya el templo. Un hijo tuyo, salido de tus entrañas, ése será quien construya el templo a mi Nombre.' [20] Yahvé ha cumplido la promesa que pronunció. Me ha establecido como sucesor de mi padre David y me ha sentado sobre el trono de Israel*, como Yahvé había dicho, y yo construiré el templo al Nombre de Yahvé, Dios de Israel, [21] y fijaré en él un lugar para el arca en la que se encuentra la alianza que Yahvé pactó con nuestros padres cuando los sacó de la tierra de Egipto.»

Oración personal de Salomón*.

[22] Salomón se puso en pie ante el altar de Yahvé frente a toda la asamblea de Israel, extendió las manos al cielo [23] y dijo: «Yahvé, Dios de Israel, no hay Dios como tú arriba en los cielos ni abajo en la tierra, tú (que guardas la alianza y la fidelidad a tus siervos que caminan ante ti de todo corazón,) [24] que has manteni-

Margin references:
Ex 25 21; 40 20 Dt 10 2.5
||2 Cro 5 11-6 2
Ex 40 34-35 Ez 43 4-5 / Ap 15 8 Ex 24 16+
Sal 18 12; 97 2 Sal 132 13-14
||2 Cro 6 3-11
2 S 7 4-16+ Sal 132
Ez 48 35
||2 Cro 6 12-20
Dt 4 39; 7

---

8 4   Esta tienda es la que había levantado David para cobijar el arca, 2 S 7 8; 1 R 1 39. Un glosador la llama «Tienda del Encuentro», como la del desierto, que había desaparecido al entrar en Canaán.
8 9   El griego conoce una doble lectura: «tablas de piedra que... tablas de la alianza que...». El hebreo ignora la segunda.
8 10   La nube, Ex 13 22+; 19 16+, es la manifestación sensible de la presencia de Yahvé, que toma posesión de su santuario.
8 12   Este corto poema, ciertamente auténtico, se encuentra en la antigua versión griega después de 8 53, con el verso inicial que falta en el hebreo: «Yahvé puso el sol en los cielos, pero ha decidido». Yahvé, señor del universo y rodeado de misterio, tiene ahora una morada en la tierra, en medio de su pueblo Israel. Es toda una «teología del templo». Según el texto griego, el poema formaba parte del Libro del Canto (o de Yašar).
8 16   El texto entre corchetes se encuentra en el manuscrito de Qumrán de Reyes (4Q54) y en el pasaje paralelo de 2 Cro 6 5-6. Es «el Nombre» de Yahvé el que

mora en el templo, pues éste no puede contener a Yahvé, ver la inserción del v. 27, que descarta una interpretación demasiado grosera de la presencia divina en el templo. Pero el nombre expresa verdaderamente la persona y la representa: donde está «el Nombre de Yahvé», está Dios presente de una manera muy especial, pero no exclusiva.
8 20   «Me ha establecido... me ha sentado» según el texto de la antigua versión griega, representado por el texto antioqueno. El texto hebreo lee «He sucedido... me he sentado».
8 22   El autor va a desarrollar, en estilo de inspiración deuteronómica, las ideas del discurso de los vv. 15-21. Primero, el principio de la fidelidad recíproca (v. 23); la benevolencia divina dimana del pacto del Sinaí, pero tiene como condición la lealtad de los fieles; aquí está toda la teología de la alianza, doctrina central del AT. Luego, dos aplicaciones: Yahvé ha cumplido su promesa con relación al templo, v. 24; que se cumpla también su promesa de asegurar la perpetuidad de la dinastía, v. 25.

do a mi padre David la promesa que le hiciste y que has cumplido en este día con tu mano lo que con tu boca habías prometido. ²⁵ Ahora, pues, Yahvé, Dios de Israel, mantén a tu siervo David mi padre la promesa que le hiciste diciéndole: 'Nunca te faltará uno de los tuyos en mi presencia que se siente en el trono de Israel, siempre que tus hijos guarden su camino, procediendo ante mí como tú has procedido.' ²⁶ Y ahora, Dios de Israel, cúmplase la palabra que dijiste a tu siervo David, mi padre. ²⁷ ¿Habitará Dios con los hombres* en la tierra? Los cielos y los cielos de los cielos no pueden contenerte, ¡cuánto menos este templo que yo te he construido! ²⁸ Inclínate a la plegaria y a la súplica de tu siervo, Yahvé, Dios mío. Escucha el clamor y la plegaria que tu siervo entona hoy en tu presencia. ²⁹ Que día y noche tus ojos estén abiertos hacia este templo, hacia este lugar del que dijiste: 'Allí estará mi Nombre'. Escucha la plegaria que tu servidor entona en dirección a este lugar. ³⁰ Escucha la súplica de tu siervo y de tu pueblo Israel que entonen en dirección a este lugar. Escucha tú, hacia el lugar de tu morada, hacia el cielo, escucha y perdona.

Súplicas por el pueblo.

³¹ «Si un hombre peca contra su prójimo y éste pronuncia una imprecación* para traer maldición sobre él y viene con su imprecación a tu altar ante este templo, ³² escucha tú en los cielos; intervén y juzga a tus siervos; declara culpable al malo, de modo que su conducta recaiga sobre su cabeza, e inocente al justo, retribuyéndole según su justicia. ³³ «Cuando tu pueblo Israel haya sido derrotado por un enemigo, por haber pecado contra ti, y se vuelva a ti y alabe tu Nombre, ore y suplique ante ti en este templo, ³⁴ escucha tú en los cielos y perdona el pecado de tu pueblo Israel y devuélvelos a la tierra que diste a sus padres. ³⁵ «Cuando, por haber pecado contra ti, los cielos se cierren y deje de haber

lluvia, y acudan a orar en este lugar y alaben tu Nombre y se conviertan de su pecado porque los humillaste*, ³⁶ escucha tú en los cielos y perdona el pecado de tus siervos y de tu pueblo Israel, enseñándoles el buen camino que deberán seguir, y envía lluvia a la tierra que diste en herencia a tu pueblo.

³⁷ «Cuando en el país haya hambre, peste, tizón, añublo, langosta o pulgón, cuando el enemigo ponga asedio en una de sus puertas*, en la desgracia o la enfermedad ³⁸ de cualquier persona (o de todo el pueblo de Israel)*, que conozca la aflicción en su corazón, eleve plegarias y súplicas y extienda sus manos hacia este templo, ³⁹ escucha tú en los cielos, lugar de tu morada, perdona e intervén, dando a cada uno según su merecido, tú que conoces su corazón, tú el único que conoce el corazón de los hijos de los hombres, ⁴⁰ de modo que te respeten a lo largo de los días que vivan en la tierra que diste a nuestros padres.

Otras oraciones*.

⁴¹ «También al extranjero, al que no es de tu pueblo Israel y viene de un país lejano a orar en este templo a causa de tu Nombre, —⁴² porque oirán hablar de tu gran Nombre, de tu mano fuerte y de tu brazo extendido—, ⁴³ escúchalo tú en los cielos, lugar de tu morada; haz al extranjero según lo que te pida, para que todos los pueblos de la tierra conozcan tu Nombre y te respeten como tu pueblo Israel, y reconozcan que tu Nombre es invocado en este templo que yo he construido. ⁴⁴ «Cuando tu pueblo salga a la guerra contra el enemigo, por el camino por el que le envíes, y supliquen a Yahvé vueltos hacia la ciudad que has elegido y hacia el templo que he construido para tu Nombre, ⁴⁵ escucha tú en los cielos su oración y su plegaria y hazles justicia. ⁴⁶ Cuando pequen contra ti, pues no hay hombre que no peque, y tú, irritado contra ellos, los entregues al enemigo, y sus vencedores los deporten al país enemigo, lejano o

---

Marginal references (left column):

2 S 7 11-16

Dt 4 7+
Jn 1 14

Is 66 1
Jr 23 24
Hch 7 49
17 24

Dt 12 5.11
Ez 48 35

Sal 123 1

2 Cro 6 21-31

26 14.17
28 25.45
Jos 7

Dt 11 17;
28 23-24

Marginal references (right column):

Dt 28 21.
38.42.51

Gn 8 21+

Dt 12 1

2 Cro 6 32-39
Ex 12 48+
Hch 8 27
Is 2 2-5
Mi 4 1-3
Jr 16 19-21

Za 8 20-23

Dn 6 11

Pr 20 9
Qo 7 20
Rm 3 23
1 Jn 1 8-10
Dt 28 63-64;
30 1-2

---

8 27   «con los hombres» griego, Targ. y 2 Cro 6 18; omitido por hebr.
8 31   «pronuncia» griego; «prestar sobre prendas» hebr. —Se trata de un juicio de Dios; un acusador, a falta de prueba, pronuncia ante el altar una fórmula de imprecación a la cual queda asociado el acusado; Dios declarará así culpable o inocente, llevando o no a efecto la maldición. Ver Ex 22 6-10; Nm 5 19-28; Jc 17 1-3.

8 35   «humillaste» griego, Vulg.; «respondiste» hebr.
8 37   «en una de sus puertas» griego, sir.; «en cualquiera de los asentamientos del país» hebr.
8 38   V. corregido según el griego. Hebr. añade «o de todo el pueblo de Israel».
8 41   Añadidos después del Destierro. Obsérvese el espíritu universalista de los vv. 41-43. La costumbre de rezar orientándose hacia Jerusalén, v. 44, la preocupación por los que han quedado en el extranjero, vv. 47s.

próximo, [47] si en la tierra de sus dominadores se convierten en su corazón, se
arrepienten y te suplican, diciendo: 'Hemos pecado, hemos actuado perversamente, nos hemos hecho culpables', [48] si
en el país de los enemigos que los deportaron se vuelven a ti con todo su corazón
y con toda su alma y te suplican vueltos

Dt 9 5

hacia la tierra que diste a sus padres y hacia la ciudad que has elegido y el templo
que he edificado a tu Nombre, [49] escucha
tú en los cielos, lugar de tu morada*,
[50] perdona a tu pueblo lo que ha pecado
contra ti, todas las rebeliones que cometieron; concédeles que encuentren la

Dt 9 26;
32 9
Jr 11 4
Dt 4 20

compasión de sus dominadores para que
se apiaden de ellos, [51] porque son tu pueblo y tu heredad, los que sacaste de Egipto, del crisol del hierro.

‖2 Cro 6 40

Conclusión de la plegaria y bendición del pueblo.

[52] «Estén abiertos tus ojos a la súplica
de tu siervo, a la súplica de tu pueblo Israel, para escucharles en cuanto te im-
ploren. [53] Porque tú, Señor Yahvé, los

Dt 7 6+

apartaste para ti, en herencia, entre todos los pueblos de la tierra, según dijiste
a través de Moisés tu siervo cuando sacaste a nuestros padres de Egipto.»
[54] Cuando Salomón concluyó esta plegaria y súplica a Yahvé, se levantó delante del altar de Yahvé, donde había estado arrodillado con las manos extendidas hacia el cielo, [55] y, puesto en pie,
bendijo a toda la asamblea de Israel, diciendo en voz alta: [56] «Bendito sea Yahvé
que ha dado el descanso a su pueblo Israel, según todas sus promesas; no ha fallado ni una sola de las palabras de bondad que prometió por medio de Moisés

Is 55 10s

su siervo. [57] Que Yahvé, nuestro Dios,
esté con nosotros como estuvo con nuestros padres, que no nos abandone ni nos

Dt 31 6
Jos 1 5

rechace. [58] Que incline nuestros corazones hacia él, para que marchemos por
sus caminos y guardemos todos los man-

Jr 31 31+

datos, preceptos y decretos que ordenó a
nuestros padres. [59] Que estas palabras
mías con las que he suplicado ante Yahvé permanezcan cercanas a Yahvé, nues-

tro Dios, día y noche, para que haga justicia a su siervo y a su pueblo Israel,
según las necesidades de cada día,
[60] para que todos los pueblos de la tierra
reconozcan que Yahvé es Dios y no hay
otro, [61] y vuestros corazones estén enteramente con Yahvé, nuestro Dios, marchando según sus decretos y guardando
sus mandatos como en este día.»

Sacrificios en la fiesta de la Dedicación.

‖2 Cro 7
4-10

[62] El rey, y todo Israel con él, ofrecieron sacrificios ante Yahvé. [63] Salomón
sacrificó, como sacrificios de comunión

Lv 3 1+

en honor de Yahvé, veintidós mil bueyes
y ciento veinte mil ovejas. De este modo
el rey y todos los hijos de Israel dedicaron el templo de Yahvé. [64] Aquel día consagró el rey el atrio interior que está delante del templo de Yahvé, ofreciendo

Lv 1-3+

allí el holocausto, la oblación y las grasas
de los sacrificios de comunión, pues el
altar de bronce* que estaba ante Yahvé
era demasiado reducido para contener el
holocausto, la oblación y las grasas de
los sacrificios de comunión. [65] En aque-

Jc 20 1+

lla ocasión Salomón celebró la fiesta*.
Todo Israel estaba con él, una asamblea
inmensa, desde la entrada de Jamat hasta el torrente de Egipto, ante Yahvé,
nuestro Dios, en el templo que había
construido. Comieron, bebieron e hicieron fiesta ante Yahvé, nuestro Dios, durante siete días*. [66] El día octavo despidió al pueblo. Bendijeron al rey y
regresaron a sus tiendas, gozosos y felices por todos los beneficios que Yahvé
había hecho a su siervo David y a su pueblo Israel.

Nueva aparición divina.

‖2 Cro 7
11-22

9 [1] Cuando Salomón terminó de construir el templo de Yahvé, el palacio
real y todo cuanto era su deseo haber he-

3 5-15

cho, [2] se apareció Yahvé a Salomón por
segunda vez, como se le había manifestado en Gabaón. [3] Yahvé le dijo: «He escuchado la plegaria y la súplica que has
pronunciado ante mí. Consagro este
templo que me has construido para poner en él mi Nombre para siempre; mis

---

8 49   La repetición de vv. 44b-45 en 48b-49 constituye
un hilo editorial que señala la adición de lo interpuesto.
8 64   Este altar de los holocaustos se hallaba colocado
ante la entrada del templo. Era una construcción me-
tálica que se podía transportar, ver 2 R 16 14, y que recordaba al altar móvil de la Tienda, en el desierto, cuya
descripción, Ex 27 1s, por lo demás, está idealizada. El
altar erigido por Salomón, 9 25, siguió usándose hasta

el tiempo de Ajaz, 2 R 16 10.
8 65   (a) La dedicación del templo coincide con la
fiesta de las Tiendas, v. 2, que duraba siete días, Dt 16
13-15.
8 65   (b) El hebr. ha perdido varias palabras y añade
seguidamente: «y otros siete días, esto es catorce días»,
glosa inspirada en 2 Cro 7 9, que falta en el griego, a la
que contradice el v. 66.

ojos y mi corazón estarán en él por siempre. ⁴ Y en cuanto a ti, si marchas ante mí como lo hizo David tu padre, con corazón íntegro y recto, haciendo todo lo que te ordene y guardando mis mandatos y decretos, ⁵ afianzaré el trono de tu realeza sobre Israel para siempre, como prometí a David tu padre: 'No te habrá de faltar alguno de los tuyos que se siente sobre el trono de Israel.' ⁶ Pero si vosotros y vuestros hijos dais la vuelta tras mí y no guardáis los mandatos y decretos que os he dado, y vais a servir a otros dioses postrándoos ante ellos, ⁷ arrancaré a Israel de la superficie de la tierra que les di; retiraré de mi presencia el templo que he consagrado a mi Nombre, e Israel se convertirá en ejemplo y escarnio entre todos los pueblos. ⁸ Y todos los que pasen ante este templo que debía ser sublime*, quedarán estupefactos y silbarán, diciendo: '¿Por qué ha actuado Yahvé de este modo con esta tierra y este templo?' ⁹ Y responderán: 'Porque abandonaron a Yahvé, su Dios, que había sacado a sus padres de la tierra de Egipto; abrazaron otros dioses, se postraron ante ellos y les rindieron culto; por eso ha hecho venir Yahvé sobre ellos todo este mal'.»

Tratado con Jirán.

¹⁰ Al cabo de los veinte años que duró la construcción por Salomón de las dos casas, el templo de Yahvé y el palacio real, ¹¹ para lo que Jirán, rey de Tiro, había proporcionado a Salomón madera de cedro y de ciprés y todo el oro que quiso*, entonces el rey Salomón entregó a Jirán veinte ciudades en la tierra de Galilea. ¹² Salió Jirán de Tiro para observar las ciudades que Salomón le había entregado, pero no le agradaron, ¹³ y se quejó: «¿Qué ciudades son éstas que me has entregado, hermano mío?» Las denominó: «Tierra de Cabul*», nombre conservado hasta el día de hoy. ¹⁴ Jirán había enviado al rey ciento veinte talentos de oro.

Leva para las construcciones.

¹⁵ Esto es lo referente a la prestación personal* que el rey Salomón estableció para construir el templo de Yahvé y el palacio real, el Miló* y la muralla de Jerusalén, Jasor, Meguidó y Guézer, (¹⁶ el faraón rey de Egipto había subido y tomado Guézer y, tras incendiarla y matar a los cananeos que habitaban la ciudad, la entregó en dote a su hija, la mujer de Salomón, ¹⁷ quien reconstruyó Guézer), Bet Jorón de abajo, ¹⁸ Baalat y Tamar (en el desierto del país, ¹⁹ todas las ciudades de aprovisionamiento que tenía Salomón), las ciudades de carros y las de caballos*, y todo cuanto Salomón quiso construir en Jerusalén, (en el Líbano) y en todos los dominios de su reino. ²⁰ A cuantos quedaron de los amorreos, hititas, perizitas, jivitas y jebuseos, que no eran israelitas y ²¹ cuyos descendientes habían permanecido en el país y a los que los israelitas no habían podido exterminar mediante anatema, Salomón los redujo a mano de obra forzada, como ha sucedido hasta el día de hoy. ²² Pero a los israelitas* no les impuso trabajos forzados, pues eran sus hombres de guerra, oficiales y jefes, escuderos y jefes de sus carros y de su caballería. ²³ Éstos eran los capataces de los prefectos que estaban al frente de las obras de Salomón: quinientos cincuenta que mandaban a la gente que trabajaba en las obras. ²⁴ Una vez que la hija del faraón subió de la ciudad de David al palacio que Salomón había construido para ella, entonces edificó el Miló.

El servicio del Templo.

²⁵ Tres veces al año, Salomón ofrecía holocaustos y sacrificios de comunión en el altar que había construido a Yahvé y quemaba ante Yahvé las ofrendas abrasadas*. Llevó a conclusión la obra del templo.

Marginal references (left column):
Dt 28 15
Dt 28 37; 18 16; 19 8; 29 18
t 29 23-26
Cro 8 1-6
5 24-25

Marginal references (right column):
‖2 Cro 8 7-10
Dt 7 1+
Dt 7 2; 20 16
‖2 Cro 8 11
‖2 Cro 8 12-16
Dt 16 16
Ex 23 14+

---

9 8   El targum y otras versiones antiguas leen «será una ruina»; «debía ser sublime» hebr.
9 11   Esta referencia es una glosa desacertada, porque aquí se trata de un nuevo contrato; Salomón vende a precio de oro, v. 14, una parte de su territorio.
9 13   No es seguro que exista relación entre la reflexión de Jirán y el nombre del país.
9 15   (a) La *prestación personal* es una medida de gobierno por la que los reyes obligaban a sus súbditos a trabajar sin salario en obras del rey. David sometió a esta leva forzosa a los prisioneros de guerra, 2 S 12 31; Salomón la extendió a los israelitas, 1 R 5 27; 11 28 (a pesar de 9 22). La condición de estos hombres difería

muy poco de la de los esclavos.
9 15   (b) Es un terraplén de tierra contra la colina rocosa en la que se asientan el templo y el palacio.
9 19   Son las ciudades que se acaban de enumerar. En ellas tenían sus cuarteles los carros de guerra, núcleo del ejército permanente bajo Salomón. Constituían una línea de defensa en torno al territorio propiamente israelita.
9 22   Esta afirmación del autor no concuerda con los datos antiguos que él mismo utiliza en 5 27; 11 28, y que deben ser preferidos.
9 25   El hebr. es ininteligible.

3. SALOMÓN COMERCIANTE

‖2 Cro 8
17-18

Salomón naviero.

²⁶ El rey Salomón construyó una flota en Esión Guéber, que está cerca de Elat, a orillas del mar de Suf, en la tierra de Edom. ²⁷ Jirán envió en las naves servidores suyos, marineros expertos en la mar, con los servidores de Salomón. ²⁸ Llegaron a Ofir, y trajeron de allí cuatrocientos veinte talentos de oro que llevaron al rey Salomón*.

‖2 Cro 9
1-12
↗ Mt 12 42p

Visita de la reina de Sabá*.

10 ¹ La reina de Sabá oyó la fama de Salomón...* y vino a ponerlo a prueba con enigmas. ² Llegó a Jerusalén con una gran fuerza de camellos que portaban perfumes, oro en gran cantidad y piedras preciosas. Se presentó ante Salomón y le planteó todo cuanto había ideado. ³ Salomón resolvió todas sus preguntas. No había cuestión tan arcana que el rey no pudiera desvelar. ⁴ Cuando la reina de Sabá observó la sabiduría toda de Salomón, el palacio que había construido, ⁵ los manjares de su mesa, las residencias de sus servidores, el porte de sus ministros y sus vestimentas, sus coperos y los holocaustos que ofrecía en el templo de Yahvé, se quedó sin respiración ⁶ y dijo al rey: «¡Era verdad cuanto oí en mi tierra acerca de tus enigmas y tu sabiduría! ⁷ Yo no daba crédito a lo que se decía; ahora he venido y mis propios ojos lo han visto. ¡No me dijeron ni la mitad! Tu sabiduría y prosperidad superan con mucho las noticias que yo escuché. ⁸ Dichosas tus mujeres*, dichosos estos servidores tuyos que están siempre en tu presencia y escuchan tu sabiduría. ⁹ Bendito sea Yahvé, tu Dios, que se ha complacido en ti y te ha situado en el trono de Israel. Por el amor eterno de Yahvé a Israel, te ha puesto como rey para administrar derecho y justicia.» ¹⁰ Dio al rey ciento veinte talentos de oro, gran cantidad de perfumes y piedras preciosas. Jamás llegaron en tal abundancia perfumes como los que la reina de Sabá dio al rey Salomón. ¹¹ La flota de Jirán, la que transportó el oro de Ofir, trajo también madera de almugguim* en gran cantidad, y piedras preciosas. ¹² Con la madera de almugguim hizo el rey balaustradas para el templo de Yahvé y para el palacio real, cítaras y salterios para los cantores. Nunca como entonces volvió a llegar madera de almugguim ni ha vuelto a verse hasta el día de hoy. ¹³ El rey Salomón concedió a la reina de Sabá todos los deseos que ella manifestó, aparte de lo que le regaló con la munificencia regia* propia de Salomón. Luego se volvió a su país, ella y sus servidores.

Riqueza de Salomón.

‖2 Cro 9
13-24

¹⁴ El peso del oro que llegaba a Salomón cada año era de seiscientos sesenta y seis talentos de oro, ¹⁵ sin contar lo procedente de los tributos impuestos a los mercaderes, las ganancias por el tráfico comercial y lo aportado por todos los reyes árabes* y los inspectores del país. ¹⁶ El rey Salomón hizo doscientos escudos de gran tamaño en oro batido, seiscientos siclos de oro batido por cada escudo, ¹⁷ y trescientos escudos de menor tamaño en oro batido, tres minas de oro por cada escudo. El rey los colocó en la casa denominada «Bosque del Líbano». ¹⁸ El rey hizo un gran trono de marfil, que revistió de oro finísimo. ¹⁹ El trono tenía seis gradas, un respaldo redondo, brazos a uno y otro lado del asiento, dos leones de pie junto a los brazos ²⁰ y doce leones de pie sobre las seis gradas, a uno y otro lado. Nada igual llegó a hacerse para ningún otro reino.

---

9 28 Esión Guéber, cerca de Ácaba, era un puerto en el extremo del Golfo de ese nombre. Ofir es una región aurífera en la costa occidental de Arabia o en la costa opuesta de los somalíes.
10   El reino de Sabá ocupaba el sudoeste de la península arábiga, pero esta reina era más probablemente la regente de una de las colonias sabeas establecidas en Arabia del norte. El motivo de su visita pudo ser el establecimiento de relaciones comerciales. Salomón, que dominaba en Transjordania y era dueño de Esión Guéber, tenía vigiladas las rutas de caravanas que iban de Arabia del norte a Siria y a Egipto. A Sabá se la menciona varias veces con Dedán, otro pueblo árabe, Gn **10** 7; **25** 3; Ez **38** 13, considerándosela como una de las grandes tribus caravaneras, Ez **27** 20s; Jr **6** 20; Jl **4** 8; Jb **6** 19. Esta lejana nación vendrá a rendir homenaje al Rey futuro, Sal **72** 10.15, en la nueva Jerusalén, Is **45** 14 y **60** 6s, ver Mt **2** 11.
10 1 Después de «Salomón», hebr. añade: «para el Nombre de Yahvé», probablemente en relación con la lectura del griego, «la fama del Nombre de Salomón»; la adición falta en 2 Cro **9** 1.
10 8 «tus mujeres» versiones; «los hombres» hebr.
10 11 Esencia rara que no es posible determinar. 2 Cro **2** 7 señala que esta madera procede del Líbano; esto lo han confirmado textos acádicos que emplean la misma palabra.
10 13 «Con la munificencia»; lit. «con mano».
10 15 «lo procedente de los tributos» griego; «hombres» hebr. — «árabes» Aq. Sim. sir., 2 Cro **9** 14; «occidente» hebr.

Si 47 18

²¹ Todas las copas para bebidas del rey Salomón eran de oro y toda la vajilla de la casa «Bosque del Líbano» era de oro puro; en tiempos del rey Salomón, la plata no se estimaba en nada, ²² porque el rey tenía una flota de Tarsis* en el mar, junto con la de Jirán, y cada tres años venía la flota de Tarsis, trayendo oro, plata, marfil, monos y pavos reales. ²³ El rey Salomón superó a todos los reyes de la tierra en riqueza y sabiduría. ²⁴ Todo el mundo quería ver el rostro de Salomón para escuchar la sabiduría con la que Dios había dotado su mente. ²⁵ Y cada cual aportaba su presente, año tras año: objetos en plata y oro, vestiduras, aromas y perfumes, caballos y mulos.

Los carros de Salomón.

²⁶ Salomón reunió carros y caballos; tenía mil cuatrocientos carros y doce mil caballos que acuarteló en las ciudades de carros y en Jerusalén en torno al rey. ²⁷ El rey hizo que en Jerusalén la plata fuera tan abundante como las piedras, y los cedros tanto como los sicómoros de la Tierra Baja. ²⁸ Los caballos de Salomón procedían de Musur y Cilicia*. Los mercaderes del rey los compraban en Cilicia a precio fijo. ²⁹ Un carro importado de Egipto valía seiscientos siclos de plata y un caballo ciento cincuenta. Eran exportados también a todos los reyes de los hititas y a los reyes de Aram*.

‖2 Cro 1 14-17

‖2 Cro 1 14 =9 25 1 R 5 6; 9 19

‖2 Cro 1 15 ‖9 27

‖2 Cro 1 16 =9 28

4. LAS SOMBRAS DEL REINO

Las mujeres de Salomón.

Dt 17 17 Si 47 19

11 ¹ El rey Salomón amó a muchas mujeres extranjeras, además de la hija del faraón: moabitas, amonitas, edomitas, sidonias e hititas, ² de los pueblos de los que había dicho Yahvé a los israelitas: «No os unáis a ellas y ellas a vosotros, pues seguro que arrastrarán vuestro corazón tras sus dioses». Pero Salomón se unía a ellas por amor; ³ tuvo setecientas mujeres con rango de princesas y trescientas concubinas*. ⁴ Al tiempo de su ancianidad, las mujeres de Salomón desviaron su corazón tras otros dioses, y su corazón no fue por entero de Yahvé su Dios, como el corazón de David, su padre. ⁵ Salomón marchaba tras Astarté, diosa de los sidonios, y tras Milcón, abominación de los amonitas. ⁶ Salomón hizo lo malo a los ojos de Yahvé, y no se mantuvo del todo al lado de Yahvé, como David su padre. ⁷ Por entonces Salomón edificó un altar a Camós, abominación de Moab, sobre el monte que está frente a Jerusalén,

Dt 7 3-4

Cro 11 23- 12 1

Jc 2 13+

y a Milcón, abominación de los amonitas*. ⁸ Lo mismo hizo con todas sus mujeres extranjeras que quemaban incienso y sacrificaban a sus dioses.

⁹ Yahvé se enojó contra Salomón por haber desviado su corazón de Yahvé, Dios de Israel, que se le había aparecido dos veces, ¹⁰ y le había dado instrucciones sobre esta cuestión: que no marchara en pos de otros dioses. Pero no guardó lo que Yahvé le había ordenado. ¹¹ Yahvé dijo a Salomón: «Por haber actuado así y no haber guardado mi alianza y las leyes que te ordené, voy a arrancar el reino de tus manos y lo daré a un siervo tuyo. ¹² Pero no lo haré en vida tuya, en atención a David tu padre. Lo arrancaré de mano de tu hijo. ¹³ Tampoco arrancaré todo el reino; daré una tribu a tu hijo, en atención a David, mi siervo, y a Jerusalén que he elegido*.»

Adversarios de Salomón.

¹⁴ Yahvé suscitó a Salomón un adversario, Hadad el edomita, de la estirpe

---

10 22 *Es improbable la identificación con Tartesos, colonia fenicia de España. La palabra puede significar simplemente* «fundición», *y las* «naves de Tarsis» *estarían al servicio de las líneas de explotaciones mineras. Aquí se trataría de la flota que transportaba, como mercancía de intercambio, los productos de las fundiciones de la Arabá, ver* 22 49. *Por lo demás, la expresión tiene el sentido de* «navío de alto bordo», *Is* 23 1.14; 60 9; *Ez* 27 25; *Sal* 48 8.
10 28 «De Musur y de Cilicia» *(mimmusur ûmiqqoweh) conj.;* «de Egipto *(misrayim)* y de *miqweh (?)» hebr.*
10 29 *Los vv.* 28-29 *se pueden entender de un doble comercio de tránsito; los agentes de comercio de Salomón proveían a Egipto de caballos importados de Asia*

Menor; a los «reyes hititas» *en Siria del norte y a los* «reyes de Aram» *en Siria del sur, de carros importados de Egipto.*
11 3 *El hebr. añade:* «y sus mujeres inclinaron su corazón», *duplicado del v.* 4; *falta en v. griego.*
11 7 «Milcón» *griego;* «Mólec» *hebr. —Milcón es el dios nacional de los amonitas, Jr* 49 1-3; 2 S 12 30 (*griego*); *Camós, el de los moabitas, Nm* 21 29; *Jr* 48 7.
11 13 *Los matrimonios con extranjeras servían a la política de Salomón; los santuarios paganos se destinaban a sus mujeres y a los comerciantes. Pero estos contactos ponían en peligro la pureza del yahvismo, y el autor interpreta los hechos con el espíritu y estilo del Dt.; infidelidad religiosa que Dios castiga suscitando enemigos en el exterior, vv.* 14s, *y en el interior, vv.* 26s.

2 S 8 13-14 real de Edom. [15] Cuando David derrotó a Edom, Joab, jefe del ejército, subió a dar sepultura a los muertos y mató a todos los varones de Edom, [16] pues Joab y todo Israel permanecieron allí seis meses hasta que exterminaron a todos los varones de Edom. [17] Pero Hadad huyó en dirección a Egipto, junto con algunos hombres edomitas de entre los servidores de su padre. Hadad era entonces un muchacho joven. [18] Partieron de Madián y llegaron a Farán, tomaron consigo hombres de Farán y llegaron a Egipto, ante el faraón, rey de Egipto, quien le dio casa, le prometió sustento y le concedió tierras. [19] Hadad encontró gran favor a los ojos del faraón, que le dió como mujer a la hermana de su mujer, la hermana de la Gran Dama Tajfenés*. [20] La hermana de Tajfenés le dio a luz su hijo, Guenubat. Tajfenés lo crió* en la casa del faraón, y Guenubat vivió en la casa del faraón con los hijos del faraón. [21] Cuando Hadad se enteró de que David había reposado con sus antepasados y que Joab, jefe del ejército, había muerto, Hadad dijo al faraón: «Dame la despedida para que pueda regresar a mi tierra.» [22] El faraón le dijo: «¿Qué te falta aquí a mi lado para que trates de ir a tu tierra?» Él respondió: «Nada, pero dame la despedida.» [25b] Hadad regresó a su tierra. El mal hecho por Hadad consistió en rechazar la autoridad de Israel y reinar en Edom.

[23] Dios le suscitó otro adversario, Rezón hijo de Elyadá, que había huido de 2 S 8 3;
10 16s su señor Hadadézer, rey de Sobá: [24] se le unieron algunos hombres y se hizo jefe de banda (en el tiempo en que David los mató). Fueron a Damasco, se instalaron allí y establecieron un reino en Damasco. [25a] Fue un adversario de Israel durante toda la vida de Salomón*.

Revuelta de Jeroboán.

[26] Jeroboán era hijo de Nebat, efrainita de Seredá; su madre, una mujer viuda, se llamaba Seruá. Estaba al servicio de Salomón, pero alzó la mano contra el rey.

[27] Las circunstancias de su alzamiento contra el rey fueron éstas:

Salomón construía el Miló, con objeto 9 15 de cerrar la brecha de la ciudad de David, su padre. [28] El hombre aquel, Jeroboán, 2 S 5 6+ era un líder valeroso. Salomón observó que el joven era un trabajador experto y le puso al frente de toda la leva de la Casa de José. [29] Sucedió entonces que Jeroboán salía de Jerusalén y el profeta Ajías de Siló 1 S 1 3 le salió al encuentro cubierto con un manto nuevo. Estando los dos solos en campo abierto, [30] Ajías tomó el manto nuevo que llevaba puesto, lo rasgó en doce jirones* [31] y dijo a Jeroboán: «Toma diez jirones para ti, porque así dice Yahvé, Dios de Israel: Rasgaré el reino de manos de Salomón y te daré diez tribus. [32] La otra tribu será para él, en atención a mi siervo David y a Jerusalén, la ciudad que me elegí entre todas las tribus de Israel; [33] porque me ha abandonado y se ha postrado ante Astarté, diosa de los sidonios, ante Camós, dios de Moab, y ante Milcón, dios de los amonitas, y no ha seguido mis caminos*, haciendo lo que es justo a mis ojos, ni mis decretos ni mis sentencias como su padre David. [34] Pero no tomaré todo el reino de su mano; lo mantendré como príncipe todos los días de su vida en atención a David mi siervo, a quien elegí y quien guardó mis mandatos y mis decretos. [35] Pero tomaré el reino de mano de su hijo y te lo daré, las diez tribus; [36] daré a su hijo una tribu para que a David mi 2 S 21 17
1 R 15 4
2 R 8 19 siervo le quede siempre una lámpara* en mi presencia en Jerusalén, la ciudad que me elegí para poner allí mi Nombre. [37] A ti, te tomaré y reinarás sobre cuanto desees. Serás rey de Israel. [38] Si escuchas todo cuanto yo te ordene, y andas por mi camino, y haces lo recto a mis ojos guardando mis decretos y mis mandamientos como hizo David mi siervo, yo estaré contigo y te daré una dinastía estable como se la di a David. (Te entrego Israel [39] y humillaré el linaje de David por esta causa. Pero no para siempre).»

[40] Salomón intentó matar a Jeroboán, pero Jeroboán emprendió la huida a

---

11 19 Tajfenés no es nombre propio, sino título egipcio: «la esposa del rey» cuyo sentido aproximado lo da el título hebr. «la Gran Dama», título que designa a la reina madre, ver 15 13+.
11 20 «crió» griego; «destetó» hebr.
11 25ª Restablecemos según griego el orden de los vv., trastornado por la inserción de los datos sobre Rezón. —Este establecimiento del reino de Damasco, que había estado sometido a David, 2 S 8 6, preparaba un temible enemigo para Israel.

11 30 Las acciones simbólicas de los profetas son gestos no sólo expresivos, sino ya eficaces, ver Jr 18+. Los diez jirones atribuidos a Jeroboán son las diez tribus del Norte (ver 2 S 19 44); quedan dos jirones, pero no representan más que a una tribu que se deja al sucesor de Salomón: la de Judá, que había absorbido a Simeón, Jos 19 1.
11 33 Los verbos en singular con las versiones.
11 36 Imagen de la permanencia de un linaje.

14 25 Egipto, junto a Sosac, rey de Egipto, y permaneció en Egipto hasta la muerte de Salomón.

|2 Cro 9
29-31

Muerte de Salomón.

⁴¹ El resto de los hechos de Salomón, todo cuanto hizo y su sabiduría, ¿no está escrito en el libro de los hechos de Salomón*? ⁴² El tiempo que Salomón reinó en Jerusalén sobre todo Israel fue de cuarenta años. ⁴³ Salomón pasó a reposar con sus antepasados y lo enterraron en la ciudad de su padre David. Su hijo Roboán reinó en su lugar.

III. Secesión política y cisma religioso

|2 Cro 10

La asamblea de Siquén.

12 ¹ Roboán fue a Siquén, porque todo Israel había ido a Siquén con objeto de proclamarle rey. ² *Cuando se enteró Jeroboán, hijo de Nebat, —estaba todavía en Egipto, adonde había huido del rey Salomón para establecerse allí— ³ después que enviaron a llamarle, Jeroboán llegó con toda la asamblea de Israel* y hablaron a Roboán diciendo: ⁴ «Tu padre hizo pesado nuestro yugo; aligera tú ahora la dura servidumbre de tu padre y el pesado yugo que cargó sobre nosotros, y te serviremos.» ⁵ Él les dijo: «Marchaos todavía durante tres días y volved luego a mí». El pueblo se fue.

⁶ El rey Roboán se aconsejó con los ancianos que habían servido a su padre Salomón en vida de éste: «¿Cómo me aconsejáis que dé respuesta a este pueblo?» ⁷ Le dijeron: «Si hoy tú te conviertes en servidor de este pueblo y les sirves a ellos y les ofreces buenas palabras, ellos serán tus siervos por siempre.» ⁸ Pero él ignoró el consejo que los ancianos le ofrecían y buscó consejo entre los jóvenes que se habían criado con él y estaban a su servicio. ⁹ Les dijo: «¿Qué me aconsejáis que responda a este pueblo que me ha hablado diciendo: 'Aligera el yugo que tu padre puso sobre nosotros'?» ¹⁰ Los jóvenes que se habían criado con él respondieron: «Esto debes contestar a este pueblo que te ha dicho: 'Tu padre hizo pesado nuestro yugo; aligera tú ahora nuestro yugo', esto debes contestar: 'Mi dedo meñique es más grueso que los lomos de mi padre.

¹¹ Mi padre os impuso un yugo pesado, yo añadiré peso a vuestro yugo; mi padre os azotaba con látigos, yo os azotaré con escorpiones'.»

¹² Al día tercero, Jeroboán y todo el pueblo vinieron a Roboán, como había dicho el rey: «Volved a mí al tercer día.» ¹³ El rey respondió al pueblo con dureza, ignorando el consejo de los ancianos le habían dado, ¹⁴ y les habló según el consejo de los jóvenes, diciendo:

«Mi padre hizo pesado vuestro yugo, yo añadiré peso a vuestro yugo. Mi padre os azotaba con látigos, yo os azotaré con escorpiones.»

¹⁵ (No escuchó el rey al pueblo, pues se trataba de algo dispuesto por Yahvé, para que se cumpliera la palabra que Yahvé había anunciado a Jeroboán, hijo de Nebat, por medio de Ajías de Siló). ¹⁶ Viendo todo Israel que el rey no escuchaba, el pueblo devolvió la palabra al rey diciendo:

11 29-39

«¡No tenemos parte con David! ¡No tenemos herencia con el hijo de Jesé! ¡A tus tiendas, Israel! ¡Mira ahora por tu casa. David!»

2 S 20 1

Israel regresó a sus tiendas. ¹⁷ Roboán reinó sobre aquellos israelitas que habitaban en las ciudades de Judá. ¹⁸ El rey Roboán envió entonces a Adonirán, jefe de la leva, pero todo Israel lo apedreó

4 6; 5 27

---

11 41 Este libro, perdido, parece haber sido una de las fuentes antiguas de 1 R 3-11.
12 2 Los vv. 2-3ᵃ son una glosa que procede de 2 Cro 10, y que falta en el griego. Contradicen el v. 20, que falta en las Crónicas. La mención de Jeroboán en el v. 12 debe ser, asimismo, una glosa. No asistió, pues, según el relato antiguo, a la asamblea de Siquén y sólo más adelante fue llamado por los amotinados (v. 20). Como el Cronista había omitido referir la rebelión de

Jeroboán, aquí recuerda desacertadamente su fuga a Egipto.
12 3 Como en los antiguos textos históricos, «todo Israel» designa a las tribus del Norte, como distintas de Judá. En Jerusalén, los de Judá han reconocido a Roboán. En Siquén, los israelitas, tratados con desventaja por Salomón en beneficio de Judá, exigen una constitución. La crisis venía preparándose desde mucho tiempo atrás.

hasta matarlo, y el rey Roboán se apresuró a subir a su carro para huir a Jerusalén. [19] Israel se rebeló contra la casa
de David, así hasta el día de hoy.

Si 47 21

Secesión política.

[20] Cuando todo Israel supo que Jeroboán había vuelto, enviaron a llamarle a
la asamblea y lo proclamaron rey sobre
todo Israel; nadie se puso de parte de la
casa de David, sino únicamente la tribu
de Judá.

‖2 Cro 11
1-4

[21] Al llegar a Jerusalén, Roboán reunió
a toda la casa de Judá y a la tribu de Benjamín, ciento ochenta mil jóvenes dispuestos para la guerra, con objeto de
combatir contra la casa de Israel y devolver el reino a Roboán, hijo de Salomón. [22] La palabra de Dios se dirigió a
Semaías, hombre de Dios, diciendo:
[23] «Habla a Roboán, hijo de Salomón,
rey de Judá, y a toda la casa de Judá, a
Benjamín y al resto del pueblo y diles:
[24] Así dice Yahvé: No subáis a combatir
con vuestros hermanos los israelitas.
Que cada uno se vuelva a su casa, pues
por mí se resolverá este asunto.» Ellos
obedecieron la palabra de Yahvé, y dieron la vuelta y se fueron conforme a lo
dicho por Yahvé*.
[25] Jeroboán fortificó Siquén, en la
montaña de Efraín, y residió en ella. Se
trasladó de ella y fortificó Penuel.

Cisma religioso.

[26] Jeroboán se dijo en su corazón:
«Ahora podría volver el reino a la casa de
David. [27] Si el pueblo continúa subiendo
para ofrecer sacrificios en el templo de
Yahvé en Jerusalén, el corazón del pueblo se volverá a su señor, a Roboán, rey
de Judá, y me matarán*.» [28] Tomó consejo el rey, hizo dos becerros de oro*, y
dijo al pueblo: «Basta ya de subir a Je-

rusalén. Éste es tu dios, Israel, el que te
hizo subir de la tierra de Egipto.» [29] Instaló uno en Betel y el otro en Dan.
[30] (Este hecho fue ocasión de pecado). El
pueblo marchó delante de uno a Betel y
delante del otro hasta Dan*. [31] Construyó
lugares de culto en los altos e instituyó
sacerdotes del común del pueblo, que no
eran descendientes de Leví. [32] Estableció
Jeroboán una fiesta en el mes octavo, el
día quince del mes, al modo de la fiesta
de Judá*. (Subió al altar que había edificado en Betel a ofrecer sacrificios a los
becerros que había hecho. Estableció en
Betel sacerdotes para los lugares de culto
que había instituido). [33] Subió al altar
que había edificado en Betel el día quince del octavo mes (el mes que ideó por
su cuenta) e instituyó una fiesta para los
israelitas, y subió al altar a ofrecer incienso.

Ex 32 4

8 65

Condenación del altar de Betel.

13 [1] Un hombre de Dios llegó de Judá
a Betel, bajo orden de Yahvé, en el
momento en que Jeroboán estaba en pie
sobre el altar dispuesto a quemar incienso. [2] Por orden de Yahvé, gritó al altar diciendo: «Altar, altar, así dice Yahvé: Un
hijo nacerá a la casa de David, de nombre Josías. Él sacrificará sobre ti a los sacerdotes de los lugares de culto, a los que
queman incienso sobre ti. Se quemarán
huesos humanos sobre ti*.» [3] Aquel día
realizó un signo portentoso, diciendo:
«Éste es el signo y el portento que Yahvé
ha decretado. El altar se hará pedazos y
las cenizas que hay sobre él quedarán esparcidas.» [4] Cuando el rey oyó lo que el
hombre de Dios gritaba contra el altar de
Betel, extendió Jeroboán su mano desde
lo alto del altar diciendo: «Prendedlo.»
Pero la mano extendida quedó seca y no
podía volverla hacia sí. [5] El altar se hizo
pedazos y las cenizas que había sobre el

2 R 23 15-1

---

12 24 Después del v. 24, los LXX insertan una larga
adición que cuenta la historia de Jeroboán de una manera bastante diversa a la del texto canónico. Combina
y transporta elementos tomados de los caps. 11, 12 y
14, añadiendo algunos detalles que parecen inventados.
Es un ejemplo de midrás antiguo.
12 27 El hebr. añade: «Volverán a Roboán, rey de
Judá», duplicado omitido por griego.
12 28 Jeroboán no pensaba en cambiar de divinidad,
sino que actuaba por fines políticos. Al arca de la alianza, que era en Jerusalén el símbolo de la presencia de
Yahvé, contrapone el novillo, símbolo de la peana de
Yahvé invisible. Se basa en una antigua tradición que
también aparece en el episodio del «becerro de oro», Ex
32. Los dos relatos han sido transformados por la polémica. Pero, al elegir el mismo símbolo que para Baal,

Jeroboán abría la puerta a la peor ocasión comprome-
tedora, ver Os 13 2. Éste era el «pecado de Jeroboán»,
que se repetirá como un estribillo en las condenas de
los reyes de Israel para el historiador deuteronomista.
12 30 Texto según el griego. Dan, próxima a una de las
fuentes del Jordán, y Betel, en el camino de Jerusalén,
delimitan el nuevo reino. Eran ya santuarios venerados,
Gn 12 8, etc.; Jc 17-18.
12 32 Se hace la dedicación del nuevo templo de Betel
en la fiesta de las Tiendas, como la del templo de Salomón.
13 2 «se quemarán» hebr.; «quemará» versiones.
—Este anuncio, cuya precisión es extraña al género
profético, ha sido añadido al oráculo primitivo, que se
limitaba al v. 3.

altar quedaron esparcidas, conforme al signo portentoso que había realizado el hombre de Dios por orden de Yahvé. [6] Respondió el rey al hombre de Dios: «Aplaca, por favor, el rostro de Yahvé tu Dios*, para que mi mano pueda volver a mí.» El hombre de Dios aplacó el rostro de Yahvé y la mano del rey volvió hacia él y quedó como antes. [7] El rey dijo al hombre de Dios: «Entra a palacio conmigo para reconfortarte y te haré un regalo.» [8] El hombre de Dios replicó al rey: «Aunque me dieras la mitad de tu palacio, no entraré contigo. No comeré pan ni beberé agua en este lugar, [9] porque así me ha sido ordenado a través de la palabra de Yahvé: 'No comerás pan ni beberás agua ni volverás por el camino por el que has ido'.» [10] Y se fue por otro camino, no volvió por el camino por donde había venido a Betel.

El hombre de Dios y el profeta*.

[11] Un anciano profeta vivía en Betel. Sus hijos vinieron y le contaron cuanto el hombre de Dios había hecho aquel día en Betel y las palabras que había dicho al rey. [12] Cuando terminaron su relato, el padre les preguntó: «¿Por qué camino se ha ido?» Sus hijos le mostraron* el camino por el que se había ido el hombre de Dios venido de Judá. [13] Dijo a sus hijos: «Aparejadme el asno.» Aparejaron el asno y se montó en él. [14] Fue en pos del hombre de Dios y lo encontró sentado bajo el terebinto. Le preguntó: «¿Eres tú el hombre de Dios que ha venido de Judá?» Él respondió: «Yo soy.» [15] Le dijo: «Ven conmigo a casa y toma algo de comer.» [16] Respondió: «No puedo volver contigo ni entrar en tu casa. No puedo comer pan ni beber agua en este lugar* [17] porque he recibido orden, por la palabra de Dios: 'No comerás pan ni beberás agua ni volverás por el camino por el que viniste'.» [18] Pero él le dijo: «También yo soy profeta como tú, y un ángel me ha hablado por orden de Yahvé diciendo: 'Hazle volver contigo a tu casa y que coma pan y beba agua'», pero le estaba mintiendo*. [19] Lo hizo volver y comió pan y bebió agua en su casa.

[20] Estando ellos sentados a la mesa, llegó la palabra de Dios al profeta que lo había hecho volver. [21] Éste gritó al hombre de Dios venido de Judá: «Así dice Yahvé: Has desobedecido la voz de Yahvé y no has guardado la orden que Yahvé tu Dios te había dado, [22] sino que has vuelto y has comido pan y bebido agua en el lugar del que dijo: 'No comerás pan y no beberás agua'. Por ello, tu cadáver no acabará en la tumba de tus antepasados.» [23] Después que hubo comido y bebido, le aparejó su asno (al profeta al que había hecho volver). [24] Éste partió, y un león le salió al encuentro en el camino y lo mató; su cadáver yacía en el camino, el asno de pie junto a él y el león erguido también junto al cadáver. [25] Algunos hombres que pasaban vieron el cadáver tirado en el camino y al león de pie junto al cadáver; fueron y lo contaron en la ciudad en la que vivía el anciano profeta. [26] Lo oyó el profeta que le había hecho volver del camino, y dijo: «Es el hombre de Dios que desobedeció la orden de Yahvé, y Yahvé lo ha entregado al león, que lo ha destrozado y matado, según la palabra que Yahvé le dijo.» [27] Habló a sus hijos diciendo: «Aparejadme el asno». Se lo aparejaron. [28] Marchó y encontró el cadáver tendido en el camino, y al asno y al león de pie junto al cadáver. El león no había devorado el cadáver ni había descuartizado al asno. [29] El profeta recogió el cadáver del hombre de Dios, lo acomodó sobre el asno y lo volvió a llevar a la ciudad para enterrarlo. [30] Depositó el cadáver en su propio sepulcro, y entonaron lamentaciones por él: «¡Ay, hermano mío!» [31] Después de enterrarlo, dijo a sus hijos: «Cuando yo muera, enterradme en el sepulcro en el que el hombre de Dios está enterrado. Donde están sus huesos poned los míos, [32] porque se ha de cumplir la palabra que, por orden de Yahvé, gritó contra el altar de Betel y contra todos los santuarios de los lugares altos que hay en las ciudades de Samaría.»

[33] Tras esto, Jeroboán no se volvió de su mal camino, siguió consagrando para los lugares de culto sacerdotes tomados

Nm 22 18

Jr 22 18

2 R 23 17-18

---

13 6 El hebr. añade: «y ruega por mí», ausente de las versiones.
13 11 El «profeta», *nabí*, en esta época representa una clase de inspirados inferior al verdadero «hombre de Dios». Comparar con Elías y Eliseo con los «hijos de los profetas», 2 R 2, etc., y ver Am 7 14.
13 12 «le mostraron» versiones; «vieron» hebr.

13 16 El hebr. está algo recargado.
13 18 Para probarle. La continuación del relato, en estilo popular muy acusado, enseña esta lección: que las órdenes divinas exigen una sumisión absoluta; el hombre de Dios no debió dudar de la orden recibida ni aun cuando un ángel de Dios le hubiera dicho lo contrario, ver Ga 1 8.

de entre el pueblo común; a todo el que lo deseaba, lo consagraba sacerdote de los lugares de culto. [34] Este proceder condujo al pecado a la casa de Jeroboán y a su perdición y exterminio de la superficie de la tierra.

IV. Los dos reinos hasta Elías

Continuación del reinado de Jeroboán I (931-910).

14 [1] Por aquel tiempo cayó enfermo Abías, hijo de Jeroboán. [2] Éste dijo a su mujer: «Anda, disfrázate para que nadie sepa que eres la mujer de Jeroboán; ve a Siló, pues allí se encuentra el profeta Ajías, el que me predijo que yo sería rey de este pueblo. [3] Toma en tus manos diez panes, tortas y un tarro de miel, y preséntate a él; él te dará a conocer qué será del niño.» [4] Hizo así la mujer de Jeroboán: se levantó, fue a Siló, y entró en casa de Ajías. Ajías no podía ver porque sus ojos estaban rígidos por su ancianidad, [5] pero Yahvé había dicho a Ajías: «Ahí tienes a la mujer de Jeroboán, viene a pedirte un oráculo sobre su hijo enfermo. Le hablarás así y así. Cuando entre, se hará pasar por otra.» [6] En cuanto Ajías oyó el ruido de sus pasos al entrar por la puerta, dijo: «Entra, mujer de Jeroboán. ¿Por qué pretendes pasar por otra? Tengo un duro mensaje para ti. [7] Ve, di a Jeroboán: 'Así dice Yahvé, Dios de Israel: Te elevé de entre el pueblo y te hice príncipe designado de mi pueblo Israel; [8] arranqué el reino de la casa de David y te lo di a ti, pero tú no has sido como mi siervo David, que guardó mis mandatos y me siguió con todo su corazón, haciendo sólo lo que es recto a mis ojos; [9] tú has actuado peor que todos los que te han precedido; has ido a hacerte otros dioses, imágenes fundidas*, para irritarme, y me has echado detrás dándome tu espalda. [10] Por ello, traeré el mal a la casa de Jeroboán, exterminaré todo varón* de Jeroboán, siervo o libre* en Israel, barreré a fondo la casa de Jeroboán como se barre del todo la basura. [11] Al de Jeroboán que muera en la ciudad lo devorarán los perros, y al

que muera en el campo, lo devorarán las aves del cielo*, porque ha hablado Yahvé.' [12] Y tú, álzate y vete a tu casa; en cuanto tus pies pisen la ciudad, morirá el niño. [13] Todo Israel llorará por él y le darán sepultura, pues éste es el único de los de Jeroboán que accederá a un sepulcro, porque de la casa de Jeroboán sólo en él se encuentra algo agradable a Yahvé, Dios de Israel. [14] Yahvé suscitará para sí un rey en Israel que exterminará la casa de Jeroboán*. [15] Yahvé golpeará a Israel como se agita a una caña en las aguas; arrojará a Israel de esta tierra fecunda que dio a sus padres, y los dispersará al otro lado del Río, porque se hicieron sus estelas, irritando a Yahvé. [16] Y entregará a Israel por los pecados que Jeroboán cometió e hizo cometer a Israel.» [17] La mujer de Jeroboán se alzó, fue y llegó a Tirsá*. Cuando entraba por el umbral de la casa, el niño murió. [18] Lo enterraron y todo Israel hizo duelo por él, conforme a la palabra que Yahvé había dicho por boca de su siervo, el profeta Ajías.

[19] El resto de los hechos de Jeroboán, cuanto guerreó y lo que reinó, está escrito en el libro de los Anales de los reyes de Israel. [20] El tiempo que reinó Jeroboán fueron veintidós años y reposó con sus antepasados. Su hijo Nadab reinó en su lugar.

Reinado de Roboán (931-913).

[21] Roboán, hijo de Salomón, reinó en Judá; tenía cuarenta y un años cuando comenzó a reinar y reinó diecisiete años en Jerusalén, la ciudad que había elegido Yahvé entre todas las tribus de Israel para poner allí su Nombre. Su madre se llamaba Naamá y era amonita. [22] Judá obró el mal a los ojos de Yahvé. Provocaron su

Marginal references (left column):
11 29-39
1 S 9 7+
Ex 20 3-5
1 S 25 22
15 27-30
16 4; 21 24

Marginal references (right column):
‖2 Cro 12 13-14

---

14 9   Es la reacción del yahvismo puro: los becerros de oro de Jeroboán (que quería sirvieran al culto de Yahvé, 12 28+) no podían representar a Yahvé y no son más que falsos dioses.
14 10 (a) Lit. «los que orinan contra la pared».
14 10 (b) Dos palabras de sentido impreciso que expresan la totalidad y hacen aliteración.

14 11 Estas expresiones designan la privación de sepultura; ver como contraste el v. 13.
14 14 El texto añade: «He aquí el día, ¿y qué más ahora?», glosa al v. 15 por un deportado.
14 17 Primera capital del reino de Israel antes de la fundación de Samaria, 16 24. Hoy, Tel el-Fâr'ah, al norte de Nablus.

celo más que lo hicieron sus antepasados con sus pecados que cometieron: [23] construyeron (también ellos) santuarios, estelas y cipos en toda colina elevada y bajo todo árbol frondoso. [24] En el país hubo incluso consagrados a la prostitución. Cometieron los mismos actos abominables de los pueblos que Yahvé había expulsado frente a los israelitas. [25] El año quinto del rey Roboán, Sosac*, rey de Egipto, subió contra Jerusalén [26]. Se apoderó de los tesoros del templo de Yahvé y del palacio real. Se apoderó de todo, incluso de todos los escudos de oro que había hecho Salomón, [27] por lo que el rey Roboán hizo en su lugar escudos de bronce, que confió a los jefes de la guardia* que custodiaban la entrada del palacio real. [28] Cuando el rey entraba en el templo de Yahvé, los guardianes los portaban y después los devolvían a la sala de guardia. [29] El resto de los hechos de Roboán, todo cuanto hizo, ¿no está escrito en el libro de los Anales de los reyes de Judá? [30] Hubo guerras incesantes entre Roboán y Jeroboán. [31] Roboán reposó con sus antepasados y lo enterraron en la ciudad de David. Su hijo Abías reinó en su lugar*.

Reinado de Abías en Judá (913-911).

15 [1] El año dieciocho del rey Jeroboán, hijo de Nebat, comenzó a reinar Abías sobre Judá. [2] Reinó tres años en Jerusalén; el nombre de su madre era Maacá, hija de Absalón. [3] Prosiguió la serie de pecados que su padre había cometido antes de él. Su corazón no estaba por entero de parte de Yahvé su Dios, como el corazón de David su padre. [4] Pero en atención a David, Yahvé, su Dios, le concedió una lámpara en Jerusalén, suscitando a su hijo después de él y afianzando a Jerusalén, [5] porque David había hecho lo recto a los ojos de Yahvé sin apartarse durante toda su vida de lo que le había prescrito (salvo en el caso de Urías el hitita).

(⁶ *)[7] El resto de los hechos de Abías, todo cuanto hizo, ¿no está escrito en el libro de los Anales de los reyes de Judá? Hubo guerras incesantes entre Abías y Jeroboán. [8] Abías reposó con sus antepasados y lo enterraron en la ciudad de David. Su hijo Asá reinó en su lugar.

Reinado de Asá en Judá (911-870).

[9] El año veinte de Jeroboán, rey de Israel, Asá commenzó a reinar en Judá. [10] Reinó cuarenta y un años en Jerusalén; su madre se llamaba Maacá, hija de Absalón. [11] Asá hizo lo recto a los ojos de Yahvé, como David su padre. [12] Expulsó del país a los consagrados a la prostitución, y retiró todos los ídolos fabricados por sus antepasados. [13] Llegó a retirar a su madre la función de Gran Dama* por haber hecho un objeto abominable* para Aserá. Asá abatió este objeto abominable y lo quemó en el torrente Cedrón. [14] Pero no abolieron los santuarios, aunque el corazón de Asá fue por completo de Yahvé toda su vida. [15] Introdujo en el templo de Yahvé las ofrendas consagradas por su padre y las suyas propias, plata, oro y utensilios. [16] Hubo guerras incesantes entre Asá y Basá, rey de Israel. [17] Basá, rey de Israel, subió contra Judá y fortificó Ramá, para impedir las idas y venidas de Asá, rey de Judá. [18] Entonces Asá tomó toda la plata y el oro que quedaban en los tesoros del templo de Yahvé y del palacio real, lo confió a sus servidores y lo envió a Ben Hadad*, hijo de Tabrimón, hijo de Jezión, rey de Aram, que habitaba en Damasco, con el mensaje: [19] «Existe una alianza entre tú y yo, entre mi padre y tu padre. Te envío un presente de plata y oro. Ve, rompe tu alianza con Basá, rey de Israel, para que se aleje de mí.» [20] Ben Hadad atendió la petición del rey Asá y envió a los jefes de su ejército contra las ciudades de Israel, atacando a Iyón, Dan y Abel Bet Maacá, todo el Quinerot* y todo el país de Neftalí. [21] Cuando se enteró Basá, suspendió las obras de Ramá y permaneció* en

Margin references (left column):
1 S 9 12+
Ex 23 24+
Ex 34 13+
Dt 12 2+

Dt 23 19+

‖2 Cro 12
2.9-11

10 16

2 Cro 12 16

‖2 Cro 13
1-2ᵃ

2 Cro 11 20

11 36+
2 R 8 19

Margin references (right column):
‖2 Cro 13 3ᵇ

‖2 Cro 13 23

‖2 Cro 14
1-3

Dt 23 19+

‖2 Cro 15
16-18
11 19+

‖2 Cro 16
1-6

---

14 25 Primer faraón de la dinastía XXII. Parece que emprendió una campaña en Palestina perdonando a Judá (a causa sin duda del tributo pagado por Roboán).
14 27 La guardia real (o corredores, ver 1 R 1 5) que escoltaban el carro del rey.
14 31 Texto corregido según 2 Cro 12 16; el hebr. está recargado.
15 6 Este v., que falta en los mejores testigos griegos, es un duplicado de 14 30.
15 13 (a) En Judá, como en otros reinos orientales, la reina madre gozaba de un rango de honor, ver 2 19, y de alguna prerrogativa. Llevaba el título de «Gran

Dama». Su nombre, salvo excepciones, se da en la introducción a cada reinado. Maacá había conservado esta dignidad bajo su nieto, que había tomado el poder de muy joven.
15 13 (b) Traducción dudosa. Se ignora qué era ese objeto.
15 18 Ben Hadad I. Sobre la sucesión de la dinastía, ver 20 1. Asá inauguró la política de alianzas extranjeras que los grandes profetas censurarán constantemente en favor de Judá, ver Is 7 4-9; 8 6-8, etc.
15 20 La región al oeste del lago Tiberíades.
15 21 «permaneció en» hebr.; «se volvió» griego

Tirsá. ²² El rey Asá convocó a todo Judá sin excepción. Se llevaron la piedra y la madera con las que Basá fortificaba Ramá. Con ellas el rey Asá fortificó Gueba de Benjamín y Mispá.

||2 Cro 16 11-14

²³ El resto de los hechos de Asá, todos sus éxitos militares y cuanto hizo*, ¿no está escrito en el libro de los Anales de los reyes de Judá? En su ancianidad enfermó de los pies. ²⁴ Asá reposó con sus antepasados y lo enterraron junto a sus padres en la ciudad de David, su padre. Su hijo Josafat reinó tras él.

Reinado de Nadab en Israel (910-909).

²⁵ Nadab, hijo de Jeroboán, comenzó a reinar en Israel el año segundo de Asá, rey de Judá, y reinó dos años sobre Israel. ²⁶ Obró el mal a los ojos de Yahvé, y siguió el camino de su padre y los pecados que hizo cometer a Israel. ²⁷ Basá, hijo de Ajías, de la casa de Isacar, conspiró contra él y lo mató en Guibetón de los filisteos, cuando Nadab y todo Israel asediaban Guibetón. ²⁸ Basá hizo que lo mataran el año tercero de Asá, rey de Judá, y reinó en su lugar. ²⁹ Cuando llegó a rey, mató a toda la casa de Jeroboán, no dejó con vida a ninguno de los de Jeroboán, exterminándolos conforme a la

14 10-11

palabra que Yahvé había dicho por boca de su siervo el profeta Ajías de Siló, ³⁰ por los pecados que Jeroboán cometió e hizo cometer a Israel, provocando la irritación de Yahvé, Dios de Israel. ³¹ El resto de los hechos de Nadab y todo cuanto hizo, ¿no está escrito en el libro de los Anales de los reyes de Israel? (³² *).

Reinado de Basá en Israel (909-886).

³³ El año tercero de Asá, rey de Judá, comenzó a reinar Basá, hijo de Ajías, sobre todo Israel en Tirsá; reinó veinticuatro años. ³⁴ Obró el mal a los ojos de Yahvé y siguió el camino de Jeroboán y los pecados que hizo cometer a Israel.

14 7-11

16 ¹ La palabra de Yahvé llegó a Jehú, hijo de Jananí, contra Basá diciendo: ² «Te he alzado del polvo y te he concedido ser príncipe designado de mi pueblo Israel, pero tú has seguido el camino

de Jeroboán y has hecho pecar a mi pueblo Israel irritándome con sus pecados. ³ Por ello, voy a barrer a Basá y a su casa, la trataré como a la de Jeroboán, hijo de Nebat. ⁴ Al de Basá que muera en la ciudad lo comerán los perros, y al que muera en el campo lo comerán las aves del cielo.»

14 11

⁵ El resto de los hechos de Basá, todo cuanto hizo y sus éxitos militares, ¿no está escrito en el libro de los Anales de los reyes de Israel? ⁶ Basá reposó con sus antepasados y lo enterraron en Tirsá. Su hijo Elá reinó en su lugar.

⁷ La palabra de Yahvé había llegado por boca del profeta Jehú, hijo de Jananí, contra Basá y contra su casa por todo el mal que había hecho a los ojos de Yahvé, irritándolo con los ídolos fabricados con sus manos y haciéndose igual a la casa de Jeroboán, y también por haber exterminado a ésta*.

Reinado de Elá en Israel (886-885).

⁸ El año veintiséis de Asá, rey de Judá, comenzó a reinar Elá, hijo de Basá, sobre Israel en Tirsá. Reinó dos años. ⁹ Su servidor Zimrí, jefe de la mitad del cuerpo de carros, conspiró contra él mientras bebía y se emborrachaba en Tirsá, en casa de Arsá, mayordomo del palacio de Tirsá. ¹⁰ Zimrí entró, lo hirió y lo mató el año veintisiete de Asá, rey de Judá, reinando en su lugar. ¹¹ Tan pronto como llegó a rey y tomó posesión de su trono, mató a toda la casa de Basá, sin dejar ni un solo varón, pariente o amigo*. ¹² Zimrí exterminó a toda la casa de Basá conforme a la palabra que Yahvé había dirigido a Basá por boca del profeta Jehú, ¹³ a causa de todos los pecados que Basá y Elá, su hijo, cometieron e hicieron cometer a Israel, irritando con sus ídolos a Yahvé, Dios de Israel. ¹⁴ El resto de los hechos de Elá, todo cuanto hizo, ¿no está escrito en el libro de los Anales de los reyes de Israel?

Is 5 11

1 S 25 22

16 1-4

Reinado de Zimrí en Israel (885).

¹⁵ El año veintisiete de Asá, rey de Judá, reinó Zimrí siete días en Tirsá. El pueblo acampaba en Guibetón de los fi-

---

15 23 El hebr. añade aquí: «y las ciudades que construyó», adición inspirada en el v. anterior.
15 32 El v. 32, simple duplicado del v. 16, se omite en el griego.
16 7 Después de «Jananí» hebr. añade: «el profeta», omitido por griego. Todo el v. es una adición que repite

los vv. 1-4 y da una segunda razón del castigo de Basá, extraña al espíritu de libro.
16 11 Suprimir los parientes y amigos era una medida necesaria para el usurpador, pues, en caso contrario, quedaba expuesto a la «venganza de sangre». El amigo era un título oficial de la corte, ver 4 5.

listeos. [16] El ejército acampado oyó que se decía: «Zimrí ha conspirado e incluso ha matado al rey». Aquel día en el campamento, todo Israel proclamó rey de Israel a Omrí, jefe del ejército. [17] Omrí y con él todo Israel subieron de Guibetón y pusieron sitió a Tirsá. [18] Cuando Zimrí vio que la ciudad era tomada, entró en la torre del palacio real, al que prendió fuego consigo dentro, y murió. [19] Todo a causa de los pecados que cometió obrando el mal a los ojos de Yahvé, siguiendo el camino de Jeroboán y los pecados que hizo cometer a Israel.

[20] El resto de los hechos de Zimrí y la conjuración que tramó, ¿no está escrito en el libro de los Anales de los reyes de Israel?

[21] Entonces el pueblo de Israel se dividió en dos facciones; una parte del pueblo se alió a favor de Tibní, hijo de Guinat, con el propósito de hacerle rey, y otra a favor de Omrí. [22] El pueblo que seguía a Omrí se impuso al que seguía a Tibní, hijo de Guinat; Tibní murió y reinó Omrí.

Reinado de Omrí en Israel (885-874)*.

[23] El año treinta y uno de Asá, rey de Judá, comenzó a reinar Omrí sobre Israel. Reinó doce años, seis en Tirsá. [24] Compró a Sémer la montaña de Samaría por dos talentos de plata, fortificó la montaña y construyó en lo alto una ciudad, a la que puso por nombre Samaría, por el nombre de Sémer, dueño de la montaña. [25] Omrí obró el mal a los ojos de Yahvé y actuó peor que cuantos le precedieron. [26] Siguió en todo el camino de Jeroboán, hijo de Nebat, y los pecados que hizo cometer a Israel irritando a Yahvé, Dios de Israel, con sus ídolos.

[27] El resto de los hechos de Omrí, cuanto hizo y sus éxitos militares, ¿no está escrito en el libro de los Anales de los reyes de Israel? [28] Omrí reposó con sus antepasados, y lo enterraron en Samaría. Su hijo Ajab reinó en su lugar.

Introducción al reinado de Ajab (874-853).

[29] Ajab, hijo de Omrí, comenzó a reinar en Israel el año treinta y ocho de Asá, rey de Judá. Ajab, hijo de Omrí, reinó sobre Israel en Samaría veintidós años. [30] Ajab, hijo de Omrí, obró el mal a los ojos de Yahvé, más que todos los que le precedieron. [31] No le bastó seguir los pecados de Jeroboán, hijo de Nebat, sino que, además, tomó por mujer a Jezabel, hija de Itobaal, rey de los sidonios*, y se puso a servir a Baal postrándose ante él. [32] Elevó un altar a Baal en el santuario de Baal que edificó en Samaría. [33] Construyó Ajab la estela y prosiguió obrando de forma que irritó a Yahvé, Dios de Israel, más que todos los reyes de Israel que le precedieron. [34] En su tiempo, Jiel de Betel reconstruyó Jericó. A costa de Abirón, su primogénito, echó los fundamentos, y a costa de su hijo menor, Segub, erigió las puertas*, según la palabra que había dicho Yahvé por boca de Josué, hijo de Nun.

Ex 34 13+

Lv 18 21+

Jos 6 26

V.   El ciclo de Elías

1.   LA GRAN SEQUÍA

El anuncio del castigo.

17 [1] Elías, el tesbita, de Tisbé de Galaad*, dijo a Ajab: «Vive Yahvé, Dios de Israel, ante quien sirvo, que no habrá en estos años rocío ni lluvia si no es por la palabra de mi boca.»

St 5 17
Ap 11 6

---

16 23 Omrí fue en realidad un gran soberano, pero el Libro de los Reyes, que no se interesa por el reino de Israel más que en relación con la historia religiosa, sólo menciona la fundación de Samaría, que sería la capital hasta la ruina del reino.
16 31 Itobaal (Etbaal en el hebr.) es un sacerdote de Astarté que llegó al poder en Tiro al mismo tiempo que Omrí en Israel; los dos usurpadores han entrado en relaciones y han cimentado su unión con una alianza de familia. Las consecuencias religiosas de estas estrechas relaciones con los fenicios se desarrollarán durante todo el reinado de Ajab.
16 34 Es posible, pero no seguro, que los dos hijos sirvieran de víctimas para un sacrificio de fundación.
17 1 «de Tisbé» griego; «de los habitantes» (mittošabê) hebr. —El documento sobre la historia de Elías, utilizado a partir de aquí (ver Introd.) refería sin duda los antecedentes del profeta, pero el autor lo toma en el punto en que se une a su relato. la sequía debe castigar el establecimiento del culto de Baal, 16 32-33.

En el torrente de Querit.

Ex 16 8.12

² La palabra de Yahvé llegó a Elías diciendo: ³ «Sal de aquí, dirígete hacia oriente y escóndete en el torrente de Querit que está frente al Jordán. ⁴ Habrás de beber del torrente y he ordenado a los cuervos que te suministren allí alimento.» ⁵ Procedió según la palabra de Yahvé, y fue a establecerse en el torrente de Querit que está frente al Jordán. ⁶ Los cuervos le llevaban pan por la mañana y carne por la tarde*, y bebía del torrente, ⁷ pero al cabo de los días el torrente se secó, porque no había lluvia en el país.

En Sarepta. El milagro de la harina y el aceite.

2 R 4 1-7

Lc 4 25-26

⁸ La palabra de Yahvé llegó a Elías diciendo: ⁹ «Álzate, vete a Sarepta de Sidón y establécete allí, pues he ordenado a una mujer viuda de allí que te suministre alimento.» ¹⁰ Se alzó y fue a Sarepta. Entraba por la puerta de la ciudad cuando una mujer viuda estaba allí recogiendo leña. Elías la llamó y le dijo: «Tráeme, por favor, un poco de agua en el jarro y beberé.» ¹¹ Ella fue a traérsela, pero le gritó: «Tráeme, por favor, en tu mano un trozo de pan.» ¹² Ella respondió: «Vive Yahvé, tu Dios, que no me queda pan cocido; sólo un puñado de harina en el cántaro y un poco de aceite en la aceitera. Estoy recogiendo un par de palos, entraré y prepararé el pan para mí y mi hijo, lo comeremos y luego moriremos.» ¹³ Pero Elías le dijo: «No temas. Entra y haz como has dicho, pero primero haz con él para mí una pequeña torta y tráemela. Para ti y tu hijo la harás después. ¹⁴ Porque así dice Yahvé, Dios de Israel:

El cántaro de harina no quedará vacío,
la aceitera de aceite no se agotará,
hasta el día en que Yahvé conceda
lluvia sobre la superficie de la tierra.

¹⁵ Ella se fue e hizo según la palabra de Elías, y comieron él y ella y su familia*. ¹⁶ Por mucho tiempo* el cántaro de harina no quedó vacío y la aceitera de aceite no se agotó, según la palabra que Yahvé había dicho por boca de Elías.

La resurrección del hijo de la viuda.

2 R 4 18-37
Lc 7 11-17

¹⁷ Después de esto, el hijo de la dueña de la casa cayó enfermo; la enfermedad se agravó hasta el punto de que no le quedaba ya aliento. ¹⁸ Entonces ella dijo a Elías: «¿Se acabó todo entre tú y yo, hombre de Dios? ¡Has venido a recordarme mis faltas y a causar la muerte de mi hijo*!» ¹⁹ Elías respondió: «Entrégame a tu hijo.» Él lo tomó de su regazo y lo subió a la habitación de arriba, donde él vivía, y lo acostó en su lecho. ²⁰ Luego clamó a Yahvé, diciendo: «Yahvé, Dios mío, ¿vas a hacer mal también a la viuda que me hospeda, causando la muerte de su hijo?» ²¹ Se tendió tres veces sobre el niño, y gritó a Yahvé: «Yahvé, Dios mío, que vuelva la vida de este niño a su cuerpo.» ²² Yahvé escuchó el grito de Elías, y volvió la vida del niño a su cuerpo y revivió. ²³ Elías tomó al niño, lo bajó de la habitación de arriba al interior de la casa y lo entregó a su madre. Dijo Elías: «Mira, tu hijo está vivo.» ²⁴ La mujer dijo a Elías: «Ahora sé que eres un hombre de Dios, y que la palabra de Yahvé está de verdad en tu boca.»

2 R 4 33-36
Hch 20 10

Encuentro de Elías y Abdías.

18 ¹ Pasado mucho tiempo, llegó la palabra de Yahvé a Elías, al tercer año, diciendo: «Vete, déjate ver de Ajab, pues voy a conceder lluvia sobre la superficie de la tierra.» ² Elías partió para dejarse ver de Ajab. El hambre arreciaba en Samaría. ³ Ajab llamó a Abdías, mayordomo de palacio. (Abdías era profundamente temeroso de Yahvé. ⁴ Cuando Jezabel exterminó a los profetas de Yahvé, Abdías había tomado a cien de ellos y los había ocultado en una cueva, en dos grupos de cincuenta, alimentándolos con pan y agua)*. ⁵ Ajab dijo a Abdías: «Vete por el país*, por todas las fuentes y torrentes; tal vez encontremos hierba y vivan los caballos y mulos y no nos quedemos con el ganado exterminado.» ⁶ Se repartieron el país para recorrerlo: Ajab se fue solo por un camino y Abdías solo por el otro. ⁷ Estando Abdías de camino, Elías salió a su encuentro. Lo reconoció

4 2+

---

17 6   Traducido según el griego; «pan y carne por la mañana, pan y carne por la tarde» hebr.
17 15   «y su familia» hebr., que añade «mucho tiempo»; griego: «y su hijo», ver vv. 12 y 13.
17 16   «Por mucho tiempo», al comienzo del v., según el griego.
17 18   La mujer atribuye su desgracia a la intrusión de Elías; un hombre de Dios es como un testigo: con su presencia, las faltas ocultas o inconscientes se manifiestan y atraen el castigo.
18 4   Paréntesis que prepara el v. 13. Sobre estos «profetas», ver 1 S 10 5+; tendrán mucha importancia en el ciclo de Eliseo.
18 5   «Vete por el país» hebr.; «ven, vamos a recorrer el país» griego.

y cayó rostro en tierra, y dijo «¿Eres tú, Elías, mi señor?» [8] Él respondió: «Yo soy. Vete y di a tu señor: 'Elías está aquí'.» [9] Respondió: «¿Qué pecado he cometido? Así entregas a tu siervo en manos de Ajab para que me mate. [10] ¡Vive Yahvé tu Dios que no hay pueblo ni reino adonde mi señor no haya enviado a alguien a buscarte! Y si decían: 'No está aquí', hacía jurar al pueblo o al reino que no te habían encontrado. [11] Y ahora tú dices: 'Vete y di a tu señor: Elías está aquí.' [12] Cuando me aleje de ti, el espíritu de Yahvé te llevará adonde yo no sepa*; entonces llego y aviso a Ajab, pero no te encuentra y me mata. Sin embargo, tu siervo es temeroso de Yahvé desde su juventud. [13] ¿Nadie ha hecho saber a mi señor lo que hice cuando Jezabel mató a los profetas de Yahvé, que oculté a cien de los profetas de Yahvé, de cincuenta en cincuenta, en una cueva, y los alimenté con pan y agua? [14] Y ahora tú me dices: 'Ve y di a tu señor: Elías está aquí.' ¡Me matará!» [15] Elías respondió: «¡Vive Yahvé Sebaot a quien sirvo que hoy me haré ver a él!»

1 S 1 3+

Elías y Ajab.

[16] Abdías fue al encuentro de Ajab y le dio aviso. Ajab partió al encuentro de Elías, [17] y al verlo, le dijo: «¿Eres tú, ruina de Israel?» [18] Él respondió: «No soy yo quien ha arruinado a Israel, sino tú y la casa de tu padre, por abandonar los mandatos de Yahvé* y seguir a los Baales. [19] Pero ahora, haz un llamamiento y reúne en torno a mí a todo Israel en el monte Carmelo, y especialmente a los cuatrocientos cincuenta profetas de Baal* que comen a la mesa de Jezabel.»

Jc 2 13+

El sacrificio del Carmelo.

[20] Ajab hizo un llamamiento entre todos los israelitas y reunió a los profetas en el monte Carmelo. [21] Elías se acercó a todo el pueblo y dijo: «¿Hasta cuándo vais a estar cojeando sobre dos muletas*? Si Yahvé es el Dios, seguidlo; si Baal lo es, seguid a Baal.» El pueblo no respondió palabra. [22] Elías les dijo: «Quedo yo solo como profeta de Yahvé, mientras que los profetas de Baal son cuatrocientos cincuenta. [23] Que nos den dos novillos; que ellos elijan uno, lo despedacen y lo acomoden sobre la leña, pero sin prenderle fuego. Yo prepararé el otro novillo y lo pondré sobre la leña, y tampoco prenderé fuego. [24] Clamaréis invocando el nombre de vuestro dios; yo clamaré invocando el nombre de Yahvé. Y el dios que responda por el fuego, ése es el Dios*.» Todo el pueblo respondió: «¡Está bien lo que propones!» [25] Elías dijo a los profetas de Baal: «Elegid un novillo y preparadlo vosotros primero pues sois más numerosos. Clamad invocando el nombre de vuestro dios, pero no pongáis fuego.» [26] Tomaron el novillo que les dieron, lo prepararon y estuvieron invocando el nombre de Baal desde la mañana hasta el mediodía, diciendo: «¡Baal, respóndenos!» Pero no hubo voz ni respuesta. Danzaban cojeando en torno al altar que habían hecho. [27] Al mediodía, Elías se puso a burlarse de ellos y decía: «¡Gritad con voz más fuerte, porque él es dios, pero tendrá algún negocio, le habrá ocurrido algo, estará de camino; tal vez esté dormido y despertará*!» [28] Gritaron con voz más fuerte, haciéndose incisiones, según su costumbre, con cuchillos y lancetas hasta chorrear la sangre por sus cuerpos. [29] Pasado el mediodía, se pusieron a hacer el profeta hasta la hora de la presentación de la ofrenda*, pero no hubo voz, no hubo quien escuchara ni quien respondiera.

18 36
2 R 3 20
Dn 9 21

[30] Entonces Elías dijo a todo el pueblo: «Acercaos a mí.» Todo el pueblo se acercó a él. Entonces él restauró el altar de

---

18 12 Estas súbitas desapariciones parecen haber sido uno de los rasgos de la historia de Elías, 2 R 2 16, hasta que definitivamente fue arrebatado, 2 R 2 11s. El espíritu de Yahvé es una fuerza exterior que transporta al profeta, ver Ez 3 12; 8 3; 11 1; 43 5; Hch 8 39.
18 18 «los mandatos de Yahvé» hebr.; el griego dice «a Yahvé».
18 19 Una glosa añade: «y a los cuatrocientos profetas de Aserá», de los que no se volverá a hablar. —Había extáticos entre los pueblos vecinos de Israel, Jr 27 9s, y formaban colegios numerosos, como los profetas de Yahvé, 18 4. Aquí se trata de los devotos de Baal de Tiro, llamados a Israel por Jezabel, que los mantenía.
18 21 El sentido de la última palabra no es seguro, pero la traducción (ver griego) se acopla a la mímica del

v. 26; los israelitas danzan a la vez para Yahvé y para Baal.
18 24 No sólo se trata de decidir cuál de los dos, Yahvé o Baal, es el señor del monte o el más poderoso, sino absolutamente, cuál de ellos es Dios: las palabras de Elías, su oración, v. 37, la aclamación del pueblo, v. 39, no dejan lugar a duda: lo que se dirime en esta competición es la fe monoteísta.
18 27 Las burlas de Elías se inspiran en la leyenda y en el culto al Baal de Tiro, mercader y viajero, como sus fieles, y cuyo «despertar» se celebraba según un texto griego.
18 29 La mención del sacrificio de la tarde, Ex 29 39; Nm 28 4; 2 R 16 15, es aquí una simple indicación de la hora.

Yahvé que estaba demolido. ³¹ Elías tomó doce piedras (según el número de tribus de Jacob, sobre el que viniera la palabra de Yahvé: «Tu nombre será Israel.»)* ³² Erigió con las piedras un altar (al nombre de Yahvé), e hizo alrededor una zanja de la capacidad de un par de arrobas de sembrado. ³³ Dispuso la leña, descuartizó el novillo y lo puso sobre la leña. ³⁴ Dijo luego: «Llenad de agua cuatro tinajas y derramadla sobre el holocausto y sobre la leña.» Así lo hicieron*. Dijo: «Hacedlo segunda vez», y segunda vez lo hicieron. Dijo: «Hacedlo tercera vez», y tercera vez lo hicieron. ³⁵ El agua corrió alrededor del altar, e incluso la zanja se llenó de agua*. ³⁶ A la hora de la ofrenda, el profeta Elías se acercó y dijo: «Yahvé, Dios de Abrahán, de Isaac y de Israel, que se reconozca hoy que tú eres Dios en Israel y que yo soy tu servidor y que por orden tuya he obrado todas estas cosas. ³⁷ Respóndeme, Yahvé, respóndeme, para que todo este pueblo sepa que tú, Yahvé, eres Dios y que tú has convertido sus corazones*.» ³⁸ Cayó el fuego de Yahvé, que devoró el holocausto y la leña*, y lamió el agua de las zanjas. ³⁹ Todo el pueblo lo vió, cayeron rostro en tierra y exclamaron:

Margin references left column:
Gn 32 29

Nm 11 1;
16 35
Lv 9 24
Jc 6 21

«¡Yahvé, él es Dios; Yahvé, él es Dios!» ⁴⁰ Elías les dijo: «Echad mano a los profetas de Baal, que no escape ni uno de ellos». Les echaron mano y Elías los hizo bajar al torrente de Quisón, y allí los degolló*.

Fin de la sequía.

⁴¹ Elías dijo a Ajab: «Sube, come y bebe*, porque hay ruido de mucha lluvia.» ⁴² Ajab subió a comer y beber, mientras que Elías subía a la cima del Carmelo, y se encorvó hacia tierra, con el rostro entre las rodillas. ⁴³ Dijo a su criado: «Sube y mira hacia el mar.» Subió, miró y dijo: «No hay nada.» Él dijo: «Vuelve.» Y así siete veces. ⁴⁴ A la séptima dijo: «Aparece una nubecilla como la palma de una mano, que sube del mar.» Entonces dijo: «Sube y dile a Ajab: 'Engancha el carro y desciende, no te detenga la lluvia'.» ⁴⁵ En unos instantes los cielos se oscurecieron a causa de las nubes y el viento, y sobrevino una gran lluvia. Ajab montó en su carro y marchó a Yizreel*. ⁴⁶ La mano de Yahvé estaba sobre Elías, que se ciñó la cintura y echó a correr delante de Ajab hasta la entrada de Yizreel.

Margin references right column:
/ St 5 18

2 R 3 15
Ez 1 3+

2. ELÍAS EN EL HOREB

En camino hacia el Horeb.

19 ¹ Ajab comunicó a Jezabel cuanto había hecho Elías y cómo había pasado a cuchillo a todos los profetas. ² Jezabel envió un mensajero a Elías, diciendo: «Así me hagan los dioses y aún más si mañana a estas horas no he hecho de tu vida como ha sido la de ellos.» ³ Él tuvo miedo*, se levantó y se fue para poner su vida a salvo. Llegó a Berseba de Judá y dejó allí a su criado. ⁴ Anduvo por el desierto una jornada de camino, hasta llegar y sentarse bajo una retama. Imploró la muerte y dijo: «¡Ya es demasiado,

Margin references left column:
Rt 1 17+

Gn 21 14-21

Nm 11 14
Tb 3 6
Jon 4 3.8
Jb 7 15

Yahvé! ¡Toma mi vida, pues no soy mejor que mis padres!» ⁵ Se recostó y quedó dormido bajo una retama, pero un ángel le tocó y le dijo: «Levántate y come.» ⁶ Miró y a su cabecera había una torta cocida sobre piedras calientes y un jarro de agua. Comió y bebió y se volvió a recostar. ⁷ El ángel de Yahvé volvió segunda vez, lo tocó y le dijo: «Levántate y come, pues el camino ante ti es muy largo.» ⁸ Se levantó, comió y bebió, y con la fuerza de aquella comida caminó cuarenta días y cuarenta noches hasta el monte de Dios, el Horeb*.

Margin references right column:
Ex 24 18
Mt 4 1+

---

18 31 El v. 31 parece ser una glosa.
18 34 «Así lo hicieron» griego, omitido por hebr.
18 35 Elías no practicaba un rito mágico para atraer la lluvia; quiere hacer más deslumbrante el milagro del fuego.
18 37 El milagro demostrará: 1.°, a los profetas de Baal y al séquito extranjero de Jezabel («que se reconozca», v. 36), que nada tienen que hacer en Israel, donde el Dios es Yahvé; 2.°, a los israelitas («este pueblo», v. 37), que Yahvé es el único Dios que convierte a él los corazones.
18 38 El texto añade: «las piedras y la tierra», glosa.
18 40 En la guerra entre Yahvé y Baal, los servidores de Baal sufren la suerte que entonces corrían los vencidos.

18 41 Se había ayunado como preparación del sacrificio y para conseguir la lluvia.
18 45 Era entonces como una segunda capital para los reyes de Israel, 21 1; 2 R 8 29; 9 30s.
19 3 «tuvo miedo» versiones; «vio» hebr.
19 8 Ver Ex 19+. Elías, queriendo salvaguardar la alianza y restablecer la pureza de la fe, se dirige al lugar donde se ha revelado el verdadero Dios, Ex 3 y 33 18 - 34 9, y donde se ha concluido la alianza, Ex 19; 24; 34 10-28; enlaza directamente su obra con la de Moisés. Relacionados con la teofanía del Horeb, Moisés y Elías lo estarán también en la Transfiguración de Cristo, teofanía del NT, Mt 17 1-9p.

El encuentro con Dios.

Ex 33 18-34 9

⁹ Allí se introdujo en la cueva*, y pasó en ella la noche. Le llegó la palabra de Yahvé, diciendo: «¿Qué haces aquí, Elías?» ¹⁰ Él dijo: «Ardo en celo por Yahvé, Dios Sebaot, porque los israelitas han abandonado tu alianza, han derribado tus altares y han pasado a espada a tus profetas; quedo yo solo y buscan mi vida para quitármela*.» ¹¹ Le dijo: «Sal y permanece de pie en el monte ante Yahvé.» Entonces Yahvé pasó y hubo un huracán tan violento que hendía las montañas y quebraba las rocas ante Yahvé; pero en el huracán no estaba Yahvé. Después del huracán, un terremoto; pero en el terremoto no estaba Yahvé. ¹² Después del terremoto, fuego, pero en el fuego no estaba Yahvé. Después del fuego, el susurro de una brisa suave*. ¹³ Al oírlo Elías, enfundó su rostro con el manto, salió y se mantuvo en pie a la entrada de la cueva. Le llegó una voz que le dijo: «¿Qué haces aquí, Elías?» ¹⁴ Él respondió: «Ardo en celo por Yahvé, Dios Sebaot, porque los israelitas han abandonado tu alianza, han derribado tus altares y han pasado a espada a tus profetas; quedo yo solo y buscan mi vida para quitármela.»

Ex 13 22+; 19 16+

Gn 3 8

Ex 3 6; 33 20+

Rm 11 3

¹⁵ Yahvé le dijo: «Vuelve a tu camino en dirección al desierto de Damasco. Cuando llegues, unge rey de Aram a Jazael, ¹⁶ rey de Israel a Jehú, hijo de Nimsí,* y profeta sucesor tuyo a Eliseo, hijo de Safat, de Abel Mejolá*. ¹⁷ Al que escape a la espada de Jazael lo matará Jehú, y al que escape a la espada de Jehú lo matará Eliseo. ¹⁸ Dejaré un resto de siete mil en Israel: todas las rodillas que no se doblaron ante Baal, y todas las bocas que no le besaron.»

2 R 8 7-15

2 R 9 1-13 19 19-21

Is 4 3+ Rm 11 4-5

La vocación de Eliseo.

¹⁹ Partió de allí y encontró a Eliseo*, hijo de Safat, que estaba arando. Tenía frente a él doce yuntas y él estaba con la duodécima. Elías pasó a su lado y le echó su manto encima*. ²⁰ Entonces Eliseo abandonó los bueyes y echó a correr tras Elías, diciendo: «Déjame ir a besar a mi padre y a mi madre y te seguiré.» Le respondió: «Anda y vuélvete, pues ¿qué te he hecho?» ²¹ Volvió atrás Eliseo, tomó la yunta de bueyes y los ofreció en sacrificio. Con el yugo de los bueyes asó la carne y la entregó al pueblo para que comieran. Luego se levantó, siguió a Elías y le servía.

2 R 2 13

Lc 9 61

2 R 3 11

3. GUERRAS ARAMEAS

Sitio de Samaría.

20 ¹ Ben Hadad, rey de Aram*, reunió todo su ejército. Le acompañaban treinta y dos reyes*, con caballos y carros. Subió y puso sitio a Samaría y la atacó. ² Envió mensajeros a la ciudad, a Ajab, rey de Israel. ³ Le decía: «Así habla Ben Hadad: Tu plata y tu oro son míos. Tus mujeres y tus hijos mejores son míos*.» ⁴ El rey de Israel respondió: «Como tú dices, rey mi señor*; tuyo soy, yo y todo lo mío.»

⁵ Volvieron los mensajeros y dijeron: «Así habla Ben Hadad: Envié a decirte: 'Dame tu plata, tu oro, tus mujeres y tus hijos'. ⁶ Así que mañana a estas horas te enviaré mis siervos que registrarán tu casa y las casas de tus siervos, y echarán mano de cuanto sea precioso a tus ojos* y se lo llevarán.»

---

19 9 La «hendidura de la peña» donde se metió Moisés durante la aparición divina, Ex 33 22.
19 10 Los vv. 9ᵇ-10 son un duplicado de los vv. 13-14.
19 12 Huracán, temblor de tierra, fuego, que en Ex 19 manifestaban la presencia de Yahvé, aquí no son más que los signos precursores de su paso; el susurro de una brisa suave simboliza la espiritualidad de Dios y la intimidad de su trato con sus profetas; pero no la suavidad de su acción; las terribles órdenes dadas en los vv. 15-17 demuestran la falsedad de esta interpretación que, sin embargo, es común.
19 16 (a) En realidad, el que llevará a cabo estas misiones será Eliseo.
19 16 (b) La unción, Ex 30 22+, no se daba a los profetas; este término impropio se trae aquí por el paralelismo. Se ungía a los reyes, 1 S 9 26+.
19 19 (a) Los vv. 19-21 proceden del ciclo de Eliseo.
19 19 (b) El manto simboliza la personalidad y los de-

rechos de su dueño. Además, el manto de Elías tiene una eficacia milagrosa, 2 R 2 8 Elías adquiere así un derecho sobre Eliseo, al que Eliseo no puede hurtarse. Destruyendo el yugo de los bueyes, Eliseo indica su renuncia a su anterior estado.
20 1 (a) Ben Hadad II, rey de principado arameo de Damasco, sucesor de Ben Hadad I, 1 R 15 18 +. En la edición representada por la versión griega, el cap. 20 seguía al cap. 21, formando con el cap. 22 un conjunto referido a las guerras arameas.
20 1 (b) Señores, vasallos de Ben Hadad, ver v. 24.
20 3 Se ha propuesto la conjetura «son tuyos» en lugar de «son míos».
20 4 Ajab se había el vencido y va desde ahora el vasallo. Al sitio habían precedido algunos reveses israelitas (el texto no hace más que una alusión, v. 34).
20 6 Según hebr.: «a los ojos de ellos» versiones.

[7] El rey de Israel convocó a todos los ancianos del país, y les dijo: «Reconoced y ved cómo éste busca el mal, pues cuando me pidió mis mujeres y mis hijos, mi plata y mi oro, no se lo negué*.» [8] Todos los ancianos y todo el pueblo dijeron: «No le hagas caso y no le consientas.» [9] Dijo a los enviados de Ben Hadad: «Decid a mi señor el rey: Haré todo lo que mandaste a tu siervo la primera vez, pero esto no puedo hacerlo.» Los mensajeros se fueron llevando la respuesta.

Rt 1 17+

[10] Entonces, Ben Hadad envió a decir: «Así me hagan los dioses y aún más si hay polvo suficiente en Samaría para los puñados que recogerán los hombres que me siguen.» [11] El rey de Israel respondió: «Replicad: No ha de cantar victoria quien ciñe la espada, sino quien la desciñe.» [12] Nada más escuchar esta respuesta en el momento en que estaban de bebidas él y los otros reyes en Sucot, ordenó a sus servidores: «Tomad posiciones.» Y tomaron posiciones frente a la ciudad.

Victoria israelita.

[13] Un profeta se acercó a Ajab, rey de Israel, y le dijo: «Así habla Yahvé: ¿Ves esa gran multitud? La entrego hoy en tus manos y sabrás que yo soy Yahvé.» [14] Ajab preguntó: «¿Por medio de quién?» Respondió: «Así dice Yahvé: Por medio de los ayudantes de los gobernadores provinciales.» Ajab preguntó: «¿Quién ha de entablar el combate?» Respondió: «Tú*.»
[15] Ajab pasó revista a los ayudantes de los gobernadores provinciales, doscientos treinta y dos, y seguidamente a todo el ejército (todos los israelitas), siete mil. [16] Hicieron una salida a mediodía, mientras Ben Hadad estaba en Sucot bebiendo hasta emborracharse con los treinta y dos reyes aliados. [17] Los ayudantes de los gobernadores provinciales salieron en cabeza. Ben Hadad envió (mensajeros), que le advirtieron: «Algunos hombres han salido de Samaría.» [18] Él respondió: «Si han salido en son de paz, prendedlos vivos, y si en son de guerra, vivos habéis de cogerlos.» [19] Habían salido, pues, de la ciudad los ayudantes de los gobernadores provinciales y los siguió luego la tropa. [20] Cada uno mató a un adversario. Aram se dio a la fuga e Israel los persiguió, pero Ben Hadad, rey de Aram, logró salvarse a caballo con algunos jinetes. [21] El rey de Israel salió, atacó a* los caballos y carros e infligió a Aram una gran derrota.

Intermedio.

[22] Entonces el profeta se acercó al rey de Israel y le dijo: «Anda, manténte fuerte, piensa y mira lo que has de hacer, porque a la vuelta del año el rey de Aram subirá para atacarte.»
[23] Los servidores del rey de Aram le dijeron: «Su Dios es un Dios de las montañas; por eso han sido más fuertes que nosotros. Pero si los combatimos en la llanura, seremos más fuertes que ellos. [24] Has de actuar de esta manera: Destituye a los reyes de sus puestos y pon gobernadores en su lugar. [25] Recluta un ejército como el que perdiste, otros tantos caballos y carros. Los combatiremos en la llanura y seremos más fuertes que ellos.» Atendió su aviso y actuó de esta manera.

Victoria de Afec.

[26] A la vuelta del año*, Ben Hadad pasó revista a los arameos y subió a Afec para luchar contra Israel. [27] Se revistó a los israelitas y, tras suministrarles provisiones, marcharon a su encuentro. Los israelitas acamparon frente a ellos; parecían un par de rebaños de cabras, mientras que los arameos llenaban la tierra. [28] El hombre de Dios* se acercó al rey de Israel y dijo: «Así habla Yahvé: Por haber dicho los arameos: 'Yahvé es un Dios de las montañas, no es Dios de las llanuras', he entregado toda esta gran muchedumbre en tus manos y así sabréis que yo soy Yahvé.» [29] Estuvieron acampados frente a frente durante siete días y el séptimo trabaron batalla. Los israelitas derrotaron a los arameos, cien mil hombres de infantería* en un solo día. [30] Los supervivientes huyeron a la ciudad de Afec, pero la muralla se desplomó sobre los veintisiete mil supervivientes.

---

20 7 *«mi plata y mi oro, no se lo negué»* hebr.; «a pesar de que no le he negado mi plata y mi oro», griego. —De seguir el texto griego y la posible conjetura señalada en el v. 3, Ajab se aviene a entregar su tesoro, pero se niega a entregar su familia. Según el hebreo, Ajab consiente en entregarlo todo, pero rechaza el registro y el saqueo de la ciudad.
20 14 Se consulta a Dios sobre el modo de entablar la

batalla, **22** 5s; ver Jc 1 1s; **20** 18; ver también Ex 33 7 + y 1 S 14 18.
20 21 Según hebr.; «se apoderó de» griego.
20 26 El equinoccio de primavera, ver 2 S 11 1.
20 28 El profeta de los vv. 13 y 22. —«y así sabréis» hebr.; «y sabrás» griego.
20 29 Cifra fantástica, como la siguiente; se trata de historia popular.

Ben Hadad huyó y se refugió dentro de la ciudad, en una habitación interior. [31] Dijo a sus servidores: «Conozco* que los reyes de la casa de Israel son reyes misericordiosos. Pongámonos sayales a la cintura y cuerdas a la cabeza y salgamos ante el rey de Israel. Tal vez nos perdone la vida.» [32] Se ciñeron sayales a la cintura y cuerdas a la cabeza y se presentaron al rey de Israel, diciendo: «Tu siervo Ben Hadad pide: 'Perdóname la vida'.» Él respondió: «¿Está vivo todavía? ¡Es mi hermano*!» [33] Los hombres adivinaron el sentido y le tomaron la palabra, diciendo: «Ben Hadad es hermano tuyo.» Él dijo: «Id a traerlo.» Ben Hadad salió hacia él, que lo subió a su carro. [34] Ben Hadad le dijo: «Devolveré las ciudades que mi padre tomó a tu padre; y podrás abrir bazares para ti en Damasco, como mi padre los puso en Samaría.» «Por mi parte, (dijo Ajab), con este pacto te dejaré partir*.» Estableció un pacto con él y lo dejó partir.

Un profeta condena la conducta de Ajab.

2 R 2 3+

[35] Un hombre, discípulo de los profetas, dijo a su compañero por orden de Yahvé: «Hiéreme»; pero el hombre no quiso herirle. [36] Le dijo: «Por no haber atendido a la voz de Yahvé, en cuanto te apartes de mí, el león te herirá.» Partió de su lado y el león dio con él y lo mató*. [37] Entonces encontró a otro hombre y le dijo: «Hiéreme.» El hombre le pegó un golpe y lo hirió* [38] El profeta se fue y se puso a esperar al rey en el camino, disfrazado con una banda sobre los ojos. [39] Cuando el rey pasaba, gritó al rey: «Tu siervo se introdujo en el centro de la batalla cuando uno se retiró y me entregó un hombre diciendo: 'Custodia a este hombre; si llega a faltar, tu vida responderá por la suya, o pagarás un talento de plata.' [40] Tu siervo estaba ocupado de acá para allá y el hombre desapareció.» El rey de Israel le dijo: «Así será tu sentencia. Tú mismo la has pronunciado.» [41] Él quitó rápidamente la banda de los ojos y el rey de Israel lo reconoció como uno de los profetas*. [42] Dijo al rey: «Así habla Yahvé: Por haber dejado partir al hombre entregado a mi anatema, tu vida pagará por su vida y tu ejército por su ejército.» [43] El rey de Israel se fue a su casa triste e irritado, y entró en Samaría.

13 20-25
2 S 12 1-12; 14 1-20
Jos 6 17+

4. LA VIÑA DE NABOT

Is 5 8-10+

Nabot se niega a ceder su viña.

21 [1] Tras estos sucesos ocurrió que Nabot, de Yizreel, tenía una viña junto al palacio de Ajab*, rey de Samaría. [2] Ajab habló a Nabot diciendo: «Dame tu viña para que pueda tener un huerto ajardinado, pues está pegando a mi casa; yo te daré a cambio una viña mejor, o si te parece bien te daré su precio en plata.» [3] Respondió Nabot a Ajab: «Que Yahvé me libre de cederte la herencia de mis padres*.»

Ajab y Jezabel.

[4] Ajab se fue a su casa triste e irritado por la respuesta que le diera Nabot de Yizreel: «No te cederé la heredad de mis padres»; se postró en su lecho, volvió la cara y no comió alimento alguno. [5] Jezabel, su mujer, se le acercó y le dijo: «¿Qué pasa que estás entristecido y no comes alimento alguno?» [6] Él le respondió: «Hablé con Nabot de Yizreel y le propuse: 'Dame tu viña por su valor en plata, o, si lo prefieres, te daré otra viña

21 3

---

20 31 Señales de duelo y penitencia. «Dijo a sus servidores: 'Conozco...'» griego; «Sus servidores le dijeron: 'Hemos oído...'» hebr.

20 32 Los reyes vasallos se llamaban «siervos» de su soberano, los reyes de igual poderío se trataban mutuamente de «hermanos». Ben Hadad ahora se confiesa vencido, pero Ajab rehúsa su homenaje, y los mensajeros oyendo esta apelación de «hermano», adivinan que la causa de su señor está ganada.

20 34 Por el sentido, es Ajab quien habla en esta última frase.

20 36 Historia similar y del mismo estilo popular en 1 R 13 24s; toda la desobediencia, aun por motivos loables, a la palabra de Dios o de un hombre de Dios, es

castigada: concepción inferior, que no es la de los grandes profetas, pero que refleja la mentalidad de los antiguos grupos de inspirados.

20 37 Esta herida ayudará al profeta a hacerse pasar por combatiente, v. 39.

20 41 Quizá llevaban los profetas una señal distintiva en la frente: tatuaje, incisión o tonsura (ver 2 R 2 23).

21 1 Su palacio de Yizreel, 1 R 18 46, no el de Samaría, 2 R 9 25-26; esto explica una glosa del hebr., desacertadamente referida a «Nabot».

21 3 El patrimonio de bienes raíces ligaba al israelita con su clan y fundamentaba su derecho de ciudadanía; además, este rincón de tierra con tenía con frecuencia la tumba de los antepasados, ver 2 34, etc.

a cambio', y me respondió: 'No te cederé mi viña.'» [7] Jezabel, su mujer, le replicó: «¡Ya es hora de que ejerzas el poder regio en Israel! Álzate, come y se te alegrará el ánimo. Yo me encargo de darte la viña de Nabot de Yizreel.»

Asesinato de Nabot.

[8] Escribió cartas con el nombre de Ajab y las selló con su sello, y las envió a los ancianos y notables que vivían junto a Nabot*. [9] En las cartas escribió lo siguiente: «Proclamad un ayuno y sentad a Nabot al frente de la asamblea*. [10] Sentad frente a él a dos hombres hijos del diablo, que testifiquen contra él* diciendo: 'Tú has maldecido a Dios y al rey'. Entonces lo sacaréis fuera y lo lapidaréis hasta que muera*.»

[11] Los hombres de la ciudad, los ancianos y notables que vivían junto a Nabot en su ciudad, hicieron tal como Jezabel les ordenó según lo escrito en las cartas que les había remitido. [12] Proclamaron un ayuno y sentaron a Nabot al frente de la asamblea. [13] Llegaron los dos hombres hijos del diablo, se sentaron frente a él y testificaron contra él* diciendo: «Nabot ha maldecido a Dios y al rey». Lo sacaron fuera de la ciudad y lo lapidaron a pedradas hasta que murió. [14] Enviaron a decir a Jezabel: «Nabot ha sido lapidado y ha muerto.» [15] En cuanto Jezabel oyó que Nabot había sido lapidado y muerto, dijo a Ajab: «Álzate y toma posesión de la viña de Nabot, el de Yizreel, que se negó a dártela por su valor en plata, pues Nabot ya no está vivo, ha muerto.» [16] Apenas oyó Ajab que Nabot había muerto, se levantó y bajó a la viña de Nabot, el de Yizreel, para tomar posesión de ella.

Elías fulmina la condenación divina*.

[17] La palabra de Yahvé llegó entonces a Elías tesbita diciendo: [18] «Álzate, baja al encuentro de Ajab, rey de Israel, que está en Samaría. Se encuentra ahora en la viña de Nabot, a donde ha bajado para tomar posesión de ella. [19] Le hablarás diciendo: Así habla Yahvé: ¿Has asesinado y pretendes tomar posesión? Por esto*, así habla Yahvé: En el mismo lugar donde los perros han lamido la sangre de Nabot, lamerán los perros también tu propia sangre.» [20] Ajab dijo a Elías: «Así que has dado conmigo, enemigo mío.» Respondió: «He dado contigo. Por haberte vendido, para hacer el mal a los ojos de Yahvé, [21] yo mismo voy a traer sobre ti el desastre. Barreré tu descendencia y exterminaré todo varón de Ajab, libre o esclavo en Israel. [22] Dispondré de tu casa como de la de Jeroboán, hijo de Nebat, y de la de Basá, hijo de Ajías, por la irritación que me has producido y por haber hecho pecar a Israel. [23] También contra Jezabel ha hablado Yahvé diciendo: 'Los perros devorarán a Jezabel en el campo* de Yizreel.' [24] A los de Ajab que mueran en la ciudad los devorarán los perros y a los que mueran en el campo los devorarán las aves del cielo.»

[25] (*No hubo otro como Ajab que se vendiera para hacer el mal a los ojos de Yahvé, instigado por su mujer Jezabel. [26] Actuó del modo más abominable, siguiendo a los ídolos, procediendo en todo como los amorreos a los que Yahvé había expulsado frente a los israelitas).

Arrepentimiento de Ajab.

[27] Al oír estas palabras, Ajab rasgó sus vestiduras, se echó un sayal sobre el cuerpo y ayunó. Se acostaba con el sayal puesto y andaba pesadamente. [28] Llegó a Elías tesbita la palabra de Yahvé diciendo: [29] «¿Has visto cómo se ha humillado Ajab ante mí? Por haberse humillado ante mí, no traeré el mal en los días de su vida, sino en vida de su hijo*.»

Marginal references:
Ex 22 27
Lv 24 14
2 S 12

2 R 9 25-26
14 10-11;
16 3-4
2 R 9 10
16 30-34
11 4
Gn 3 12
2 S 12 13-1
2 R 9-10

---

21 8 El hebr. presenta una doble lectura: «que había en la ciudad» - «que vivían junto a Nabot».
21 9 En tiempos de infortunio, se proclamaban un ayuno y una oración públicos, Jc 20 26; Jl 1 14; 2 15, etc., para apaciguar a Dios y descubrir la falta que había provocado su cólera. Una calamidad pública (sequía, hambre...) debió de servir de pretexto a la astuta Jezabel.
21 10 (a) La ley exigía dos testigos para una acusación capital, Nm 30 30; Dt 17 6; ver Mt 26 60. —El hebr. ha sustituido «maldecido» por «bendecido», como el v. 13 (e igualmente en Jb 1 5.11; 4 5.9).
21 10 (b) Parece que los bienes de los condenados a muerte revertían al rey.
21 13 El hebr. añade «los hombres hijos del diablo» contra Nabot frente a la asamblea».
21 17 Obsérvense las semejanzas de situación con la intervención de Natán ante David, 2 S 12; igual intervención de Yahvé en favor del pequeño contra el poderoso, igual moratoria concedida al pecador arrepentido, a quien se castiga en su hijo; pero también las diferencias: la dinastía davídica conserva la promesa, la de Ajab es «barrida»; Natán sigue siendo el profeta de David y bendecirá a Salomón, pero Elías es «el enemigo» de Ajab.
21 19 «Por esto» griego; hebr. repite «le hablarás, diciendo».
21 23 «en el campo» mss, versiones y 2 Re 9 36; «ante la muralla» hebr.
21 25 Los vv. 25-26 son la reflexión de un redactor que no estaba convencido del arrepentimiento de Ajab, vv. 27-29.
21 29 El hebr. presenta una doble lectura: «por haberse humillado ante mí, ya que se humilló delante de mí».

5. NUEVA GUERRA ARAMEA

Ajab decide una expedición a Ramot de Galaad.

||2 Cro 18
2-3

22 ¹ Pasaron tres años en los que no hubo guerra entre Aram e Israel. ² Al tercer año, Josafat, rey de Judá, descendió a visitar al rey de Israel*. ³ Éste dijo a sus servidores: «Vosotros sabéis que Ramot de Galaad nos pertenece y, sin embargo, no hacemos nada por rescatarla de manos del rey de Aram*.»

2 R 3 7

⁴ Dijo a Josafat: «¿Vas a venir conmigo a la guerra contra Ramot de Galaad?» Josafat respondió al rey de Israel: «Yo haré como tú, mi pueblo como tu pueblo, mis caballos como tus caballos.»

||2 Cro 18
4-11

Los falsos profetas predicen el éxito.

20 13-14+

⁵ Josafat dijo al rey de Israel: «Consulta en este día la palabra de Yahvé.» ⁶ El rey de Israel reunió a los profetas, unos cuatrocientos hombres*, y les dijo: «¿He de ir a la guerra contra Ramot de Galaad, o debo desistir?» Le respondieron: «Sube, porque Yahvé la entregará en manos del rey.» ⁷ Pero Josafat dijo: «¿No hay aquí todavía otro profeta de Yahvé al que consultar?» ⁸ Dijo el rey de Israel a Josafat: «Hay todavía un hombre para consultar a Yahvé por su medio, pero yo lo odio, pues no me profetiza el bien, sino el mal. Es Miqueas, hijo de Yimlá*.» Dijo Josafat: «No hable el rey de esta manera.» ⁹ Llamó el rey de Israel a un eunuco y le dijo: «Trae en seguida a Miqueas, hijo de Yimlá.»

2 R 3 11

¹⁰ El rey de Israel y Josafat, rey de Judá, estaban sentados en sus tronos, vestidos con sus galas, en la era que se encuentra a la entrada de la puerta de Samaría, mientras todos los profetas hacían el profeta ante ellos. ¹¹ Sedecías, hijo de Quenaaná, se había hecho unos cuernos de hierro* y decía: «Así dice Yahvé: Con éstos acornearás a los arameos hasta acabar con ellos.» ¹² Todos los profetas profetizaban del mismo modo diciendo: «Sube contra Ramot de Galaad, tendrás éxito. Yahvé la entregará en manos del rey.»

El profeta Miqueas predice el fracaso.

||2 Cro 18
12-27

¹³ El mensajero que había ido a llamar a Miqueas le habló diciendo: «Los oráculos de los profetas a una voz son favorables al rey. Que tu oráculo sea como el de cualquiera de ellos y sea favorable lo que anuncies.» ¹⁴ Miqueas respondió: «¡Vive Yahvé que lo que Yahvé me diga, eso anunciaré!» ¹⁵ Cuando llegó ante el rey, éste le preguntó: «Miqueas, ¿hemos de marchar en guerra contra Ramot de Galaad o debemos desistir?» Le respondió: «Sube, tendrás éxito. Yahvé la entregará en manos del rey*.» ¹⁶ Pero el rey dijo: «¿Cuántas veces he de hacerte jurar que no me digas sino sólo la verdad en nombre de Yahvé?» ¹⁷ Entonces él dijo:

He visto todo Israel en desbandada por los montes,
como rebaño sin pastor.
Yahvé ha dicho: «No tienen señor.
Vuelva cada cual en paz a su casa.»

22 35-36

¹⁸ El rey de Israel dijo a Josafat: «¿No te dije que no me profetiza el bien, sino el mal?» ¹⁹ Dijo Miqueas: «Por todo ello, escucha la palabra de Yahvé: He visto a Yahvé sentado en su trono, con todo el ejército de los cielos* en pie junto a él, a derecha e izquierda. ²⁰ Preguntó Yahvé: '¿Quién engañará a Ajab para que suba y caiga en Ramot de Galaad?' Entonces unos decían una cosa y otros otra, ²¹ hasta que el espíritu* se adelantó y de pie ante Yahvé dijo: 'Yo lo engañaré.' Yahvé le preguntó: '¿De qué modo?' ²² Respondió: 'Iré y me convertiré en espíritu de mentira en la boca de todos sus profe-

Is 6 1
Jb 1 6; 2 1

---

22 2 Los dos reinos se habían aproximado: Jorán, hijo de Josafat, se había casado con Atalía, hermana de Ajab, 2 R 8 18.
22 3 Probablemente, aún Ben Hadad II, ver 20 1. La ciudad, tomada por los arameos bajo Omrí o antes de él, no había sido devuelta después de la paz de Afec, 20 34. Ver también 2 R 8 28.
22 6 Estos «profetas» están totalmente entregados al rey, y no son yahvistas puros, como los profetas ejecutados o perseguidos por Jezabel, 18 4.13; 19 1. De ahí la pregunta de Josafat, v. 7.
22 8 Este profeta sólo el nombre tiene en común con Miqueas, cuyos oráculos se conservan en la colección de los Doce Profetas Menores y que vivió siglo y medio

más tarde.
22 11 Este Sedecías, desconocido por lo demás, aparece como jefe de la tropa de extáticos. Su acción simbólica, ver 11 30+ y Jr 18+, debe significar y también procurar la victoria de Ajab. Los cuernos representan la fuerza, Dt 33 17, etc.
22 15 Miqueas repite textualmente las palabras de los falsos profetas. Pero se mofa del rey y éste cae en la cuenta.
22 19 Los espíritus celestes que forman la corte de Yahvé.
22 21 Una personificación del espíritu profético, al que el designio divino transforma en espíritu de mentira, v. 22.

tas.' Yahvé dijo: 'Lo engañarás y vencerás. Ve y haz como dices.' [23] Así pues, Yahvé ha puesto un espíritu de mentira en la boca de todos estos profetas tuyos, porque Yahvé ha predicho el mal contra ti.»

[24] Entonces Sedecías, hijo de Quenaaná, se acercó y dio una bofetada a Miqueas en la mejilla, preguntándole: «¿Por qué camino el espíritu de Yahvé ha pasado de mí para hablar contigo?» [25] Miqueas replicó: «Tú mismo lo verás en el día aquel, cuando trates de esconderte en la habitación más oculta.» [26] Entonces el rey de Israel sentenció: «Prende a Miqueas y entrégalo a Amón, gobernador de la ciudad, y a Joás, hijo del rey. [27] Y les dirás: Así habla el rey: Meted a éste en la cárcel y alimentadlo a pan y agua de prisión hasta que yo vuelva victorioso.» [28] Miqueas replicó: «Si vuelves salvo, es que Yahvé no ha hablado por mi boca».»

‖2 Cro 18 28-34

Muerte de Ajab en Ramot de Galaad.

[29] El rey de Israel y Josafat, rey de Judá, subieron contra Ramot de Galaad. [30] El rey de Israel dijo a Josafat: «Voy a disfrazarme para entrar* en combate, pero tú ponte tus vestiduras.» El rey de Israel se disfrazó y entró en combate. [31] Ahora bien, el rey de Aram había ordenado a los jefes de los carros*: «No ataquéis a chicos ni a grandes, sino sólo al rey de Israel.» [32] Cuando los jefes de los carros vieron a Josafat, dijeron: «Seguro que éste es el rey de Israel.» Y lo rodearon para cargar sobre él, pero Josafat dio el grito, [33] y, viendo los jefes de los carros que no era él el rey de Israel, dieron vuelta en su persecución.

[34] Entonces un hombre disparó su arco al azar e hirió al rey de Israel por entre las placas de la coraza*, y el rey dijo a su auriga: «Da la vuelta a los caballos y sácame de la batalla*, porque me siento mal.» [35] Aquel día el combate se prolongó y el rey hubo de ser sostenido en pie en su carro frente a los arameos, hasta que murió al atardecer; la sangre de la herida corría por el fondo del carro. [36] Al caer el sol corrió un grito por el campamento: «Cada uno a su ciudad, cada uno a su herencia*. [37] ¡El rey ha muerto!» Condujeron al rey a Samaría y allí lo enterraron. [38] Lavaron* el carro junto a la alberca de Samaría. Los perros lamieron su sangre y las prostitutas se bañaron en ella, según la palabra que Yahvé había dicho.

22 17

6. DESPUÉS DE LA MUERTE DE AJAB

Conclusión del reinado de Ajab.

Am 315

[39] El resto de los hechos de Ajab, todo cuanto hizo, —la casa de marfil que edificó y todas las ciudades que fortificó—, ¿no está escrito en el libro de los Anales de los reyes de Israel? [40] Ajab reposó con sus antepasados y Ocozías, su hijo, reinó en su lugar.

‖2 Cro 20 31 - 21 1

Reinado de Josafat en Judá (870-848).

[41] Josafat, hijo de Asá, comenzó a reinar en Judá el año cuarto de Ajab, rey de Israel. [42] Josafat tenía treinta y cinco años cuando comenzó a reinar y reinó veinticinco años en Jerusalén. Su madre se llamaba Azubá, hija de Siljí. [43] Siguió en todo el camino de Asá, su padre, sin desviarse de él, haciendo lo recto a los ojos de Yahvé. [44] Pero no desaparecieron los lugares de culto; el pueblo seguía sacrificando y quemando incienso en los lugares de culto. [45] Josafat mantuvo la paz con el rey de Israel.

[46] El resto de los hechos de Josafat, la bravura que demostró (y las guerras que sostuvo), ¿no está escrito en el libro de los Anales de los reyes de Judá? [47] (Barrió de la tierra a los consagrados a la

15 12
Dt 23 19+

---

22 28 El texto añade: «Y dijo: Oíd, todos vosotros, oh pueblos.» Es el comienzo de los oráculos del profeta canónico Miqueas, añadido por un glosador que ha confundido a las dos personas.
22 30 «Voy a disfrazarme para entrar» versiones; «disfrázate y vete» hebr., en contradicción con lo que sigue.
22 31 El texto añade: «treinta y dos», glosa inspirada en 20 1.16, que falta en 2 Cro 18 30.
22 34 (a) La coraza consistía en un corselete de cuero o de tejido sobre el que se fijaban placas de metal que daban una apariencia de escamas. El significado del término hebreo traducido por «placas» es, sin embargo, incierto.
22 34 (b) «caballos», lit. «mano», pues un movimiento de la mano hacía girar a los caballos; «batalla» según griego; hebr. «campamento».
22 36 «Herencia» y «¡El rey ha muerto!», griego; «tierra» y «Y el rey murió», hebr.
22 38 «Lavaron» griego; «Lavó» hebr. —El v. es una glosa que recuerda 21 19; pero el homicidio de Nabot había ocurrido en Yizreel, y 21 29 transfería el castigo de Ajab a su hijo.

prostitución que habían quedado en el país en los días de Asá su padre). ⁴⁸ No había rey establecido en Edom; un virrey actuaba como rey*. ⁴⁹ Josafat construyó una flota de Tarsis para ir a Ofir por oro, pero no fue, porque la flota naufragó en Esión Guéber. ⁵⁰ Entonces Ocozías, hijo de Ajab, dijo a Josafat: «Que mis siervos naveguen con los tuyos en las naves», pero Josafat no aceptó. ⁵¹ Josafat reposó con sus antepasados y lo enterraron con sus padres en la ciudad de su padre David. Jorán, su hijo, reinó en su lugar.

9 26-28;
10 22

El rey Ocozías de Israel (853-852) y el profeta Elías.

⁵² Ocozías, hijo de Ajab, comenzó a reinar sobre Israel, en Samaría, el año diecisiete de Josafat, rey de Judá, y reinó dos años sobre Israel. ⁵³ Hizo el mal a los ojos de Yahvé y siguió el camino de su padre, de su madre y de Jeroboán, hijo de Nabat, el que hizo pecar a Israel. ⁵⁴ Rindió culto a Baal, se postró ante él e irritó a Yahvé, Dios de Israel, exactamente como había hecho su padre.

LIBRO SEGUNDO DE LOS REYES*

3 4-27

1 ¹ Tras la muerte de Ajab, Moab se rebeló contra Israel.
² Ocozías cayó del balcón de su cámara alta en Samaría y quedó malherido. Envió mensajeros diciéndoles: «Id a consultar a Baal Zebub*, el dios de Ecrón, para saber si me repondré de estas heridas.» ³ El Ángel de Yahvé dijo entonces a Elías el tesbita: «Álzate, sube al encuentro de los mensajeros del rey de Samaría y diles: ¿No hay Dios en Israel para que vayáis a consultar a Baal Zebub, el dios de Ecrón? ⁴ Por eso, así habla Yahvé: De la cama en la que te has metido ya no saldrás*. Morirás sin remedio.» Y Elías se fue.
⁵ Los mensajeros volvieron ante Ocozías, quien les preguntó: «¿Qué sucede para que hayáis vuelto?» ⁶ Le respondieron: «Un hombre salió a nuestro encuentro y nos dijo: 'Volved al rey que os ha enviado y decidle: Así habla Yahvé: ¿No hay Dios en Israel para que envíes a consultar a Baal Zebub, el dios de Ecrón? Por eso, de la cama en la que te has metido ya no saldrás. Morirás sin remedio.'» ⁷ Les preguntó: «¿Cómo era ese hombre que subió a vuestro encuentro y os dijo tales palabras?» ⁸ Le respondieron: «Un hombre con vestido de pieles y faja de piel ceñida a la cintura*.» Él dijo: «Es Elías el tesbita.»

⁹ Envió a Elías un jefe de cincuenta con sus cincuenta hombres. Subió a donde estaba él y lo encontró sentado en la cumbre de la montaña. Le dijo: «Hombre de Dios, el rey ha ordenado: 'Desciende'.» ¹⁰ Elías respondió al jefe de los cincuenta: «Si efectivamente soy un hombre de Dios, descienda fuego del cielo y te consuma a ti y a tus cincuenta hombres.» Descendió fuego del cielo que lo consumió a él y a sus cincuenta hombres. ¹¹ El rey envió de nuevo otro jefe de cincuenta hombres, que subió* y le dijo: «Hombre de Dios. Así dice el rey: Desciende sin tardar.» ¹² Pero Elías les respondió: «Si efectivamente soy un hombre de Dios, descienda fuego del cielo y te consuma a ti y a tus cincuenta hombres.» Descendió fuego del cielo, que lo devoró a él y a sus cincuenta hombres. ¹³ El rey envió un tercer jefe de cincuenta con sus cincuenta hombres. Subió el tercer jefe de cincuenta, pero, al llegar, cayó de rodillas ante Elías y le suplicaba diciendo: «Hombre de Dios, te ruego, ten consideración de mi vida y de la vida de estos cincuenta siervos tuyos. ¹⁴ Mira que ya descendió fuego del cielo y devoró a los dos jefes de cincuenta anteriores y a sus cincuenta hombres. Pero ahora, ten consideración de mi vida.» ¹⁵ El Ángel de Yahvé

Lc 9 54-55

---

22 48 El texto es dudoso. «Un virrey actuaba como rey» o, en unión con el comienzo del v. siguiente, «El virrey del rey Josafat construyó una flota...».
1 La división de *Reyes* en dos libros es artificial. La primera Biblia hebrea no la conocía.
1 2 *Baal Zebub* «Baal de las moscas», juego de palabras burlesco sobre el verdadero nombre del dios, que era *Baal Zebul* «Baal el Príncipe», ver Mt 10 25+.

1 4 Lit. «De la cama a la que has subido no bajarás».
1 8 Elías vestía un manto de pelos suelto y un ceñidor o faja, ver 1 R 18 46 y 2 R 2 8.13. Este vestido será el de los profetas, Za 13 4, y el del nuevo Elías, Juan el Bautista, Mt 3 4p.
1 11 «subió», texto de la antigua Septuaginta representado por el texto antioqueno, ver v. 9; «respondió» hebr.

dijo a Elías: «Desciende con él. No tengas miedo ante él.» Se alzó y descendió con él donde el rey. [16] Le dijo: «Así dice Yahvé: Por haber enviado mensajeros a consultar a Baal Zebub, el dios de Ecrón*, por eso, de la cama en que te has metido ya no saldrás. Morirás sin remedio*.»

[17] Y murió, conforme a la palabra de Yahvé que Elías había pronunciado. En su lugar reinó su hermano* Jorán, en el año segundo de Jorán, hijo de Josafat, rey de Judá*, porque él no tenía hijos. [18] El resto de los hechos de Ocozías, cuanto hizo, ¿no está escrito en el Libro de los Anales de los reyes de Israel?

VI. El ciclo de Eliseo

1. LOS COMIENZOS

Elías arrebatado al cielo*.

2 [1] Esto es lo que sucedió cuando Yahvé arrebató a Elías en la tempestad hacia el cielo. Elías y Eliseo partieron de Guilgal*. [2] Elías dijo a Eliseo: «Quédate aquí, pues Yahvé me envía a Betel.» Eliseo dijo: «¡Por el Dios vivo y por tu propia vida, yo no te dejaré!» Y bajaron a Betel. [3] Los discípulos de los profetas* que había en Betel salieron al encuentro de Eliseo y le dijeron: «¿Sabes que Yahvé va hoy a arrebatar a tu señor por encima de tu cabeza?» Respondió: «Ya lo sé yo también. ¡Callad!» [4] Elías le dijo: «Eliseo, quédate aquí, porque Yahvé me envía a Jericó.» Pero él respondió: «¡Por el Dios vivo y por tu propia vida, yo no te dejaré!». Y llegaron a Jericó. [5] Los discípulos de los profetas que había en Jericó se acercaron a Eliseo y le dijeron: «¿Sabes que Yahvé va hoy a arrebatar a tu señor por encima de tu cabeza?» Respondió: «Ya lo sé yo también. ¡Callad!» [6] Elías le dijo: «Quédate aquí, porque Yahvé me envía al Jordán.» Respondió: «¡Por el Dios vivo y por tu propia vida, yo no te dejaré!» Y los dos continuaron caminando. [7] Cincuenta hombres de los discípulos de los profetas iban también de camino y se pararon frente (al Jordán), a cierta distancia de Elías y Eliseo, que se detuvieron al lado del Jordán. [8] Elías se quitó el manto, lo enrolló y golpeó con él las aguas, que se separaron a un lado y a otro y ambos pasaron sobre terreno seco. [9] Mientras pasaban, Elías dijo a Eliseo: «Pídeme lo que quieras que haga por ti antes de que sea arrebatado de tu lado.» Eliseo respondió: «Que pasen a mí dos tercios de tu espíritu*.» [10] Replicó: «Pides algo difícil; si alcanzas a verme cuando sea arrebatado de tu lado, entonces pasará a ti; si no, no pasará.» [11] Iban caminando y hablando, y de pronto un carro de fuego con caballos de fuego los separó a uno del otro. Elías subió al cielo en la tempestad*. [12] Eliseo lo veía y clamaba: «¡Padre mío, padre mío! ¡Carros y caballería de Israel!» Cuando dejó de verlo, agarró sus vestidos y los desgarró en dos. [13] Recogió el manto que había caído de las espaldas de Elías, volvió al Jordán y se detuvo a la orilla.

[14] Tomó el manto que había caído de las espaldas de Elías y golpeó las aguas, pero éstas no se separaron. Dijo entonces: «¿Dónde está Yahvé, el Dios de Elías?» Golpeó otra vez las aguas, que se separaron a un lado y a otro, y Eliseo

Ex 14 16.22

6 16-17

✓ Si 48 9.12
13 14

---

1 16   (a) El hebr. repite aquí la pregunta de los vv. 3 y 6, que el griego no conoce en este lugar.
1 16   (b) Los vv. 9-16 parecen ser una adición procedente de discípulos de Eliseo, ver 2 23-24. En este relato se trata de inculcar —desatendiendo los demás consideraciones morales— el respeto y la sumisión a los representantes de Yahvé.
1 17   (a) «su hermano» versiones; omitido por hebr.
1 17   (b) Este dato, que no concuerda con 3 1, pertenece a otro sistema cronológico.
2   Literalmente, este bello pasaje pertenece ya al ciclo de Eliseo, al que sirve de introducción.
2 1   Este Guilgal, al norte de Betel, es distinto del Guilgal de Jos 4 19; ver la nota.
2 3   «Los discípulos de los profetas», lit. «los hijos de

los profetas» son profetas agrupados en hermandades y que viven juntos. Eliseo mantenía con ellos relaciones, al contrario que Elías, el profeta solitario.
2 9   «dos tercios», ver Zac 13 8. —El primogénito recibía una parte doble de la herencia paterna, Dt 21 17. Eliseo quiere ser reconocido como el principal heredero espiritual de Elías. Difícil petición, pues el espíritu profético no se transmite: viene de Yahvé y Yahvé será quien dé a conocer que la petición ha sido escuchada, concediendo a Eliseo ver lo que está oculto a los ojos humanos, ver v. 12 y 2 R 6 17; los «hijos de los profetas» sólo verán el marco natural del misterio.
2 11   Esta misma expresión emplea Lc 9 51 para hablar de la ascensión o «subida» a los cielos de Jesús, y Si 44 16 para la de Henoc.

pasó sobre terreno seco*. ¹⁵ Cuando los discípulos de los profetas* lo vieron venir hacia ellos, dijeron: «El espíritu de Elías se ha posado sobre Eliseo.» Fueron a su encuentro, se postraron en tierra ante él, ¹⁶ y le dijeron: «Tus siervos cuentan con cincuenta hombres de guerra. Deja que marchen y busquen a tu señor. Tal vez el espíritu de Yahvé se lo ha llevado y lo ha arrojado sobre alguna montaña o algún valle.» Él dijo: «No enviéis a nadie.» ¹⁷ Pero tanto le insistieron que exclamó abochornado: «Enviadlos.» Ellos enviaron cincuenta hombres que estuvieron tres días buscándolo, pero no lo encontraron. ¹⁸ Cuando volvieron a Eliseo, que se había quedado en Jericó, les dijo: «¿No os ordené: 'No vayáis'*?»

Dos milagros de Eliseo*.

¹⁹ Los hombres de la ciudad dijeron a Eliseo: «El emplazamiento de la ciudad es bueno, como mi señor puede apreciar, pero el agua es mala y la tierra lo aborta todo*.» ²⁰ Él dijo: «Traedme una olla nueva y poned sal en ella.» Cuando se la trajeron, ²¹ salió hacia el lugar del manantial, lo roció con la sal y dijo: «Así dice Yahvé: Yo he saneado esta agua; ya no surgirán de aquí muerte o esterilidad.» ²² El agua quedó saneada hasta el día de hoy, conforme a la palabra que había pronunciado Eliseo.

²³ Luego subió de allí a Betel y, según subía por el camino, unos cuantos chicuelos salieron de la ciudad y se burlaban de él diciendo: «¡Sube, calvo; sube, calvo!» ²⁴ Él se dio la vuelta, se les quedó mirando y los maldijo en el nombre de Yahvé. Dos osos salieron entonces del bosque y despedazaron a cuarenta y dos de aquellos chicuelos. ²⁵ De allí se fue al monte Carmelo, de donde regresó a Samaría.

Ex 15 25s

2. LA GUERRA MOABITA

Introducción al reinado de Jorán en Israel (852-841).

3 ¹ Jorán, hijo de Ajab, comenzó a reinar sobre Israel en Samaría el año dieciocho de Josafat, rey de Judá, y reinó doce años*. ² Hizo lo malo a los ojos de Yahvé, aunque no como su padre y su madre, pues hizo desaparecer la estela de Baal que había erigido su padre. ³ Siguió apegado, sin embargo, a los pecados que Jeroboán, hijo de Nebat, hizo cometer a Israel, sin retractarse de ellos.

Expedición de Israel y Judá contra Moab.

⁴ Mesá, rey de Moab*, poseía ganado lanar y pagaba al rey de Israel cien mil corderos y la lana de cien mil carneros. ⁵ Pero a la muerte de Ajab, el rey de Moab se rebeló contra el rey de Israel.

⁶ El rey Jorán salió aquel día de Samaría y pasó revista a todo Israel, ⁷ al tiempo que enviaba a decir a Josafat, rey de Judá*: «El rey de Moab se ha rebelado contra mí. ¿Vas a venir conmigo a la guerra contra Moab?» Respondió: «Subiré. Yo seré como tú; mi pueblo como tu pueblo, mis caballos como tus caballos.» ⁸ Y preguntó: «¿Por qué camino hemos de subir?» Respondió: «Por el camino del desierto de Edom.»

⁹ El rey de Israel, el rey de Judá y el rey de Edom* partieron e hicieron el recorrido de siete días de marcha. Faltó entonces el agua para el campamento y

1 R 22

1 R 22 4

para las bestias de carga que les seguían. [10] El rey de Israel dijo: «¡Ay! ¡Yahvé ha convocado a estos tres reyes nada más que para entregarlos en manos de Moab!» [11] Pero Josafat dijo: «¿No hay aquí algún profeta de Yahvé para consultar a Yahvé por medio de él?» Uno de los servidores del rey de Israel respondió: «Aquí está Eliseo, hijo de Safat, el que vertía el agua sobre las manos de Elías.» [12] Dijo Josafat: «Por él llega la palabra de Yahvé.» El rey de Israel, Josafat, y el rey de Edom bajaron entonces donde él [13] y Eliseo dijo al rey de Israel: «¿Qué tenemos que ver tú y yo? ¡Acude a los profetas de tu padre y a los de tu madre!» Pero el rey de Israel respondió: «No (hables así), pues Yahvé ha convocado a estos tres reyes para entregarlos en manos de Moab.» [14] Eliseo dijo entonces: «Vive Yahvé Sebaot a quien sirvo, que si no fuera por la consideración que Josafat, rey de Judá, me merece, no había de mirarte ni te prestaría atención. [15] Traedme ahora un músico*.» Mientras el músico tañía, la mano de Yahvé vino sobre Eliseo, [16] que dijo: «Así dice Yahvé: 'Excavad en este valle albercas y más albercas', [17] pues así dice Yahvé: 'No podréis vislumbrar viento ni lluvia y, sin embargo, esta torrentera se colmará de agua y beberéis vosotros, vuestros ejércitos* y vuestros ganados.' [18] Y Yahvé no se contenta con esto, pues entregará también a Moab en vuestras manos: [19] tomaréis todas las ciudades amuralladas*, talaréis los árboles mejores, cegaréis las fuentes todas y cubriréis con pie-

1 R 22 7
1 R 19 21
1 R 18 15
1 S 10 6
Dt 20 19

dras los campos más fértiles.» [20] A la mañana siguiente, a la hora de la ofrenda*, comenzó a llegar agua de la dirección de Edom y la tierra se cubrió de agua.

[21] Los moabitas todos habían oído que los reyes subían para atacarles. Movilizaron a los que estaban ya en edad de ceñir espada y de ahí en adelante, y se apostaron en la frontera. [22] Cuando se levantaron por la mañana, el sol brillaba sobre las aguas. Los moabitas veían de frente las aguas rojas como sangre*, [23] y exclamaron: «Es sangre. Los reyes se han pasado a espada unos a otros, se han matado entre sí. Así que, ¡al botín, Moab!»

[24] Pero cuando llegaron al campamento de Israel, los israelitas se alzaron y atacaron a los moabitas, que huían delante de ellos; avanzaron con ímpetu* y derrotaron a Moab. [25] Demolieron las ciudades, cada uno arrojó una piedra sobre las tierras fértiles hasta cubrirlas, cegaron todos los manantiales y talaron los árboles frutales. Sólo quedaron las murallas de Quir Jeres*, pero los honderos la cercaron y la destruyeron. [26] Viendo que la batalla arreciaba en su contra, el rey de Moab tomó consigo setecientos hombres que empuñaban espada y trató de abrir brecha hacia el rey de Aram*, pero no lo consiguieron. [27] Tomó entonces a su hijo primogénito, el que había de reinar tras él, y lo ofreció en holocausto sobre la muralla. Una cólera* inmensa se desató entre los israelitas, que se retiraron apartándose de él y regresaron a su país.

3. ALGUNOS MILAGROS DE ELISEO

1 R 17 8-15 **Elías socorre a la viuda.**

4 [1] Una mujer, de las mujeres de los discípulos de los profetas, clamó a Eliseo diciendo: «Tu siervo, mi marido, ha muerto. Tú sabes que tu siervo temía

a Yahvé y ahora viene un acreedor a llevarse a mis dos hijos como esclavos.» [2] Eliseo le respondió: «¿Qué puedo hacer por ti? Dime, ¿qué tienes en casa?.» Ella respondió: «Tu sierva no tiene nada en casa; sólo un frasco de aceite de perfu-

---

3 15   La música ayuda a procurar el éxtasis.
3 17   «ejércitos» o «campamentos», según el griego antiguo, atestiguado por el texto antioqueno; «rebaños» hebr.
3 19   El hebr. añade: «y toda ciudad principal», omitido por el griego.
3 20   Tras el exilio la ofrenda de la mañana se hacía en el templo de Jerusalén al amanecer.
3 22   Coloración debida probablemente a las arenas del torrente el-Hesa. Hay un juego de palabras entre 'adom «rojo», dam «sangre» y el nombre de Edom.
3 24   «avanzaron con ímpetu», griego; el hebr. es du-

doso.
3 25   «Sólo quedaron las murallas de», conj.; hebr. lit. «hasta quedar sus piedras en Quir Jeres». —Quir Jeres es la capital de Moab, Is 16 7.11; Jr 48 31.36, sobre el emplazamiento actual de Kérak.
3 26   «Aram» conj.; «Edom» hebr.
3 27   Interpretación discutida. El sacrificio de su hijo es un acto desesperado del rey de Moab para aplacar a su dios Quemós. Realizado sobre la muralla, provoca el pánico sobre los sitiadores, que se sienten objeto de la cólera divina.

me.» ³ Él dijo: «Anda y pide a todas tus vecinas vasijas de las de importación, vasijas que estén vacías, y no te vayas a quedar corta al final. ⁴ Entra luego y cierra la puerta tras de ti y de tus hijos. Vierte (aceite) en todas las vasijas, poniendo aparte las llenas.» ⁵ Ella le dejó y cerró la puerta tras de sí y de sus hijos. Ellos le acercaban las vasijas y ella vertía el aceite. ⁶ Cuando las vasijas estuvieron llenas, dijo a su hijo: «Tráeme otra vasija.» Él le respondió: «Ya no quedan más.» Entonces dejó de fluir el aceite. ⁷ Ella fue a decírselo al hombre de Dios*, que dijo: «Ve a vender el aceite y paga a tu acreedor. Así tú y tu hijo podréis vivir de lo restante.»

Eliseo, la sunamita y su hijo.

1 R 1 3

⁸ Eliseo pasó un día por Sunén, donde vivía una mujer principal que le porfió a que se quedara a comer. Desde entonces, cada vez que pasaba, se detenía allí a comer. ⁹ Ella dijo a su marido: «Estoy segura de que es un santo hombre de Dios, que pasa siempre junto a nosotros. ¹⁰ Construyamos en la terraza una pequeña habitación y pondremos allí para él una cama, una mesa, una silla y una lámpara, para que, cuando venga junto a nosotros, pueda retirarse allí arriba*.» ¹¹ Llegó el día en el que Eliseo se acercó por allí y se retiró a la habitación de arriba, donde se acostó. ¹² Él dijo a Guejazí, su criado: «Llama a esta sunamita.» Éste la llamó y ella se quedó de pie ante él. ¹³ Eliseo dijo a su criado: «Dile: 'Te has tomado todas estas molestias por nosotros, ¿qué podemos hacer por ti?, ¿hemos de hablar en tu favor al rey o al jefe del ejército?'» Ella respondió: «Yo vivo tranquila entre las gentes de mi pueblo*.» ¹⁴ Él dijo: «¿Qué podemos hacer entonces por ella?» Guejazí respondió: «Por desgracia ella no tiene hijos y su marido es ya anciano.» ¹⁵ Dijo él: «Llámala.» La llamó y ella se detuvo a la entrada. ¹⁶ Él dijo: «El año próximo, por esta época, tú estarás abrazando un

Gn 18 10

hijo.» Ella respondió: «No, mi señor*, no engañes a tu sierva.» ¹⁷ La mujer concibió y dio a luz un niño por la época* que le había dicho Eliseo.

¹⁸ El niño creció y un día fue donde estaba su padre con los segadores, ¹⁹ y dijo a su padre: «¡Ay, mi cabeza, mi cabeza!» El padre dijo a un criado: «Llévalo a su madre.» ²⁰ Lo cogió y lo llevó a su madre. Estuvo sentado en las rodillas de la madre hasta el mediodía y luego murió. ²¹ Entonces ella lo subió y lo acostó sobre el lecho del hombre de Dios. Lo dejó cerrado y salió*. ²² Llamó a su marido y le dijo: «Envíame uno de los criados y una de las burras. Voy corriendo junto al hombre de Dios y vuelvo.» ²³ Él dijo: «¿Por qué vas donde él? Hoy no es novilunio ni sábado*.» Pero ella se despidió: «Paz.» ²⁴ Hizo aparejar la burra y dijo a su criado: «Conduce. En marcha y no me frenes el trote a no ser que te lo diga.» ²⁵ Hizo camino hasta llegar donde el hombre de Dios en el monte Carmelo. Cuando el hombre de Dios la vio a lo lejos, dijo a su criado Guejazí: «Ahí viene aquella mujer sunamita. ²⁶ Corre a su encuentro y pregúntale: ¿Estás bien? ¿Está bien tu marido? ¿Está bien el niño?» Ella respondió: «Bien.» ²⁷ Pero cuando llegó junto al hombre de Dios a lo alto del monte, se abrazó a sus pies. Guejazí se acercó para apartarla, pero el hombre de Dios dijo: «Déjala, porque está pasando una amargura y Yahvé me lo ha ocultado, no me lo ha manifestado.» ²⁸ Ella dijo: «¿Pedí yo acaso a mi señor un hijo? ¿No te dije: 'No me engañes'?»

²⁹ Él dijo a Guejazí: «Ciñe tu cintura y toma mi bastón en tu mano. Si encuentras a alguien no le saludes, y si alguien te saluda no le respondas*. Ve y coloca mi bastón* sobre la cara del niño.» ³⁰ Pero la madre del niño dijo: «Por el Dios vivo y por tu vida que no te dejaré.» Entonces él se alzó y marchó tras ella. ³¹ Guejazí había pasado antes que ellos y había colocado el bastón sobre la cara del niño, pero no se escuchó voz ni res-

1 R 17 17-24

Lc 10 4

---

4 7 Título corriente de Eliseo en los relatos procedentes de los «discípulos de los profetas», ver cap. 4; 5 8; 6 17.
4 10 El mobiliario era lujoso para una época en la que la gente se sentaba, comía y dormía en el suelo.
4 13 Eliseo se ofrece a intervenir en la corte. La mujer responde con altivez que le basta la protección de su clan.
4 16 El hebr. añade «hombre de Dios».
4 17 «por la época», conj.; hebr. repite «al año próximo, por este mismo tiempo» del v. 16.

4 21 Fe de esta mujer: Eliseo, que le ha conseguido un hijo, podrá devolvérselo; mientras tanto, nadie debe saber nada de su muerte, v. 23, y ella oculta el cadáver.
4 23 Había, pues, costumbre de visitar a los santos personajes por las fiestas.
4 29 (a) No saludar a nadie es señal de una misión urgente.
4 29 (b) Parece atribuirse un poder mágico al bastón de Eliseo (como al de Moisés, Ex 4 17), pero lo que sigue pondrá de manifiesto que nada se puede hacer sin la oración y la intervención personal del profeta.

puesta alguna. Se volvió al encuentro de Eliseo y le comunicó: «El niño no ha despertado.» [32] Eliseo entró en la casa; allí estaba el niño, muerto, acostado en su lecho. [33] Entró, cerró la puerta con ellos dos dentro, y oró a Yahvé. [34] Se subió (a la cama) y se tumbó sobre el niño, boca con boca, ojos con ojos, manos con manos. Se mantuvo recostado sobre él y la carne del niño iba entrando en calor. [35] Se bajó y se puso a caminar por la casa de acá para allá. Se subió y se recostó insuflando sobre él hasta siete veces. El niño estornudó* y abrió sus ojos. [36] Llamó a Guejazí y le dijo: «Llama a la sunamita.» Y la llamó. Cuando llegó, él le dijo: «Toma tu hijo.» [37] Ella entró y se echó a sus pies postrada en tierra. Luego tomó a su hijo y salió.

1 R 17 21

La olla envenenada.

2 1

[38] Eliseo regresó a Guilgal cuando había una hambruna en el país. Los discípulos de los profetas estaban sentados ante él y dijo a su criado: «Coloca la olla grande y cuece un potaje para los discípulos de los profetas.» [39] Uno de ellos salió al campo a recoger hierbas comestibles; encontró unas cepas silvestres y arrancó calabazas silvestres* hasta llenar su vestido. Llegó y, sin saber lo que era, las cortó en pedazos en la olla del potaje. [40] Lo sirvieron a los hombres para que comieran y, mientras estaban comiendo, comenzaron a dar gritos: «¡Muerte en la olla, hombre de Dios!» Y no podían comer. [41] Él dijo: «Traedme harina». La echó en la olla y dijo: «Servidlo a la gente y que coman.» Y no había ya mal alguno en la olla.

Mt 14 13-21+;
15 32-38+

La multiplicación de los panes.

[42] Un hombre de Baal Salisá llegó trayendo al hombre de Dios primicias de pan, veinte panes de cebada y grano fresco en espiga*. Eliseo dijo: «Dáselo a la gente y que coman.» [43] Su servidor replicó: «¿Cómo voy a poner esto delante de cien hombres?» Él dijo: «Dáselo a la gente y que coman, porque así dice Yahvé: 'Comerán y sobrará'.» [44] Lo puso ante ellos, comieron y dejaron todavía sobras, conforme a la palabra de Yahvé.

Curación de Naamán.

5 [1] Naamán, jefe del ejército del rey de Aram, era hombre notable y muy estimado por su señor, pues por su medio Yahvé había concedido la victoria a Aram*. Pero este hombre (siendo un gran militar) era leproso*. [2] Unas bandas de arameos habían hecho una incursión y habían traído de la tierra de Israel una muchacha que pasó al servicio de la mujer de Naamán. [3] Ella dijo a su señora: «Ah, si mi señor pudiera presentarse ante el profeta que hay en Samaría. Él le curaría de su lepra.» [4] (Naamán) fue y se lo comunicó a su señor diciendo: «Esto y esto ha dicho la muchacha que procede de la tierra de Israel.» [5] El rey de Aram dijo: «Anda y ve; yo enviaré una carta al rey de Israel.» Tomó en su mano diez talentos de plata, seis mil siclos de oro y diez vestidos nuevos [6] y llevó al rey de Israel la carta que decía: «Cuando te llegue esta carta, sabrás que te envío a mi siervo Naamán, para que lo cures de su lepra.» [7] Cuando el rey de Israel leyó la carta, rasgó sus vestiduras, diciendo: «¿Soy yo Dios para repartir muerte y vida? Éste me encarga nada menos que curar a un hombre de su lepra. Daos cuenta y veréis que está buscando querella contra mí.»

Gn 30 2
1 S 2 6+

[8] Cuando Eliseo*, el hombre de Dios, oyó que el rey de Israel había rasgado sus vestiduras, envió a decir al rey: «¿Por qué has rasgado tus vestiduras? Que venga a mí y sabrá que hay un profeta en Israel.» [9] Naamán llegó con sus caballos y carros y se detuvo a la entrada de la casa de Eliseo. [10] Éste envió un mensajero a decirle: «Ve y lávate siete veces en el Jordán. Tu carne te renacerá y quedarás limpio.» [11] Naamán se puso furioso y se marchó diciendo: «Yo me había

Jn 9 7

---

4 35 Seguimos el orden del griego y de Vet. Lat.; el hebr. dice «hasta siete veces» después de «el niño estornudó. —Yahvé insufla el espíritu de vida en las narices de Adán, Gn 2 7, y por las narices respira el hombre, Is 2 22. El estornudo manifiesta la vuelta a la vida.
4 39 Frutos amarguísimos y de violento efecto purgante.
4 42 Traducción conjetural. Algunos corrigen «en su alforja».
5 1 (a) Yahvé, Dios universal, preside los destinos de Aram como los de Israel; la enseñanza de este cap. se

identifica con la de 1 R 18.
5 1 (b) Esta «lepra», como la de Guejazí, v. 27, quizá no sea más que una incursión de la piel, distinta de la verdadera lepra, ya que no interrumpe las relaciones sociales. Ver Lv 13+.
5 8 Seguimos el texto hebreo. El griego luc. designa a Eliseo por su nombre, omitiendo «hombre de Dios». Como las historietas recopiladas por los «hijos de los profetas» le llamaban «el hombre de Dios», ver 4 7, el título ha sido introducido en algunos pasajes.

dicho: ¡Saldrá seguramente a mi encuentro, se detendrá, invocará el nombre de su Dios*, frotará con su mano mi parte enferma y sanaré de la lepra! ¹² El Abaná y el Farfar, los ríos de Damasco, ¿no son mejores que todas las aguas de Israel? ¡Podía bañarme en ellos y quedar limpio!» Se dió la vuelta y se marchó furioso. ¹³ Sus servidores se le acercaron y le dijeron: «Padre mío, si el profeta te hubiera mandado una cosa difícil, ¿no la habrías hecho? ¡Cuánto más si te ha dicho: Lávate y quedarás limpio!» ¹⁴ Bajó, pues, y se bañó en el Jordán siete veces, conforme a la palabra del hombre de Dios. Su carne volvió a ser como la de un niño pequeño, y quedó limpio.

Mt 3 13-15p
Lc 4 27

¹⁵ Él y toda su comitiva volvieron ante el hombre de Dios. Al llegar, se detuvo ante él y exclamó: «Ahora conozco que no hay en toda la tierra otro Dios que el de Israel*. Recibe, pues, un presente de tu siervo.» ¹⁶ Pero él replicó: «Vive Yahvé ante quien sirvo, que no he de aceptar nada». Le insistió que aceptara, pero él rehusó. ¹⁷ Naamán dijo: «Entonces, que al menos se entregue a tu siervo tierra, la carga de un par de mulos, porque tu siervo no ofrecerá ya holocausto ni sacrificio a otros dioses más que a Yahvé. ¹⁸ Que Yahvé perdone a tu siervo por esto: cuando mi señor entra en el templo de Rimón* para postrarse allí en adoración, se apoya en mi brazo de manera que yo tengo que postrarme en el templo de Rimón. Así que, cuando me postro en el templo de Rimón, que Yahvé perdone a tu siervo por ello.» ¹⁹ Él le dijo: «Ve en paz*.»

Cuando se había alejado de él a una cierta distancia, ²⁰ Guejazí, el criado de Eliseo, el hombre de Dios, pensó para sí: «Mi amo ha dejado marchar a ese arameo, Naamán, sin aceptar lo que traía. ¡Vive Yahvé que correré para conseguir algo de él!» ²¹ Guejazí se precipitó tras Naamán, que, al verlo correr tras él, se apeó del carro a su encuentro y le preguntó: «¿Está todo bien?» ²² Respondió:

«Todo bien. Mi señor me envía a decirte: Dos jóvenes de los discípulos de los profetas acaban de llegar a mí desde la montaña de Efraín. Dame, por favor, para ellos un talento de plata y dos mudas de ropa.» ²³ Naamán dijo: «Acepta, por favor, dos talentos.» Le insistió, y envolvió los dos talentos de plata en dos bolsas, que entregó, junto con dos mudas de ropa, a dos de sus criados para que se los llevaran. ²⁴ Cuando llegó al Ofel*, (Guejazí) recogió todo lo que le entregaron y lo depositó en la casa. Luego despidió a los hombres y éstos se marcharon.

²⁵ Él entró y se presentó a su señor. Eliseo le dijo: «¿De dónde vienes, Guejazí?» Él respondió: «Tu siervo no ha ido a ninguna parte.» ²⁶ Le replicó: «¿No iba mi espíritu por el camino cuando un hombre se apeó de su carro a tu encuentro? ¿Es momento éste para recibir plata y adquirir ropas, olivares y viñas, rebaños de ovejas y bueyes, siervos y siervas? ²⁷ La lepra de Naamán se pegará a ti y a tus descendientes para siempre.» (Guejazí) salió de su presencia con lepra de un blanco de nieve.

Ex 4 6
Nm 12 10

El hacha perdida y hallada.

6 ¹ Los discípulos de los profetas dijeron a Eliseo: «Mira, el lugar en el que residimos* bajo tu dirección, es demasiado estrecho para nosotros. ² Iremos al Jordán, tomaremos una viga cada uno y nos construiremos allí un lugar donde habitar.» Él respondió: «Id.» ³ Uno de ellos dijo: «¿Querrás, por favor, venir con tus siervos?» Él respondió: «Sí, iré». ⁴ Los acompañó y, al llegar al Jordán, se pusieron a cortar madera. ⁵ Cuando uno de ellos derribaba un tronco, el hierro del hacha cayó al agua, y gritó: «¡Ay, mi señor, que era prestada!» ⁶ El hombre de Dios preguntó: «¿Dónde ha caído?» Le indicó el lugar y (Eliseo) cortó un palo, lo tiró hacia allí y sacó el hierro a flote. ⁷ Dijo: «Súbelo.» Él extendió su mano y lo alcanzó.

5 11   Según griego; «el nombre de Yahvé, su Dios» hebr.
5 15   Sólo Yahvé es verdaderamente Dios. Pero este Dios único mantiene relaciones especiales con el pueblo y la tierra de Israel, y por eso se llevará Naamán tierra de Samaría para erigir un altar a Yahvé en Damasco.
5 18   Rimón: otro nombre de Hadad, dios de la tempestad, divinidad principal de Damasco.
5 19   Eliseo excusa esta señal exterior de idolatría.
5 24   También había un Ofel en Jerusalén (ver Miq 4 8). En ambos casos la altura fortificada en que se asentaba la residencia real. El término significa «protuberancia».
6 1   Probablemente Guilgal, donde Eliseo residía en medio de los profetas, 1 R 4 38

4. GUERRAS ARAMEAS

Eliseo captura un destacamento arameo.

[8] El rey de Aram estaba en guerra con Israel y tomó consejo con sus siervos diciendo: «Acamparé en tal y tal lugar*.» [9] El hombre de Dios envió a decir al rey de Israel: «Cuidado con pasar por tal lugar, porque los arameos están allí acampados.» [10] El rey de Israel envió entonces gente al lugar que el hombre de Dios le había dicho. Éste le alertó más de dos y tres veces sobre aquel lugar y el rey montaba allí vigilancia.

[11] El rey de Aram, muy alarmado por este hecho, convocó a sus oficiales y les dijo: «¿No sois capaces de asegurar la información? ¿Quién de los nuestros está de parte del rey de Israel?» [12] Uno de los oficiales dijo: «Nadie, rey mi señor. Lo que sucede es que Eliseo, el profeta que hay en Israel, comunica al rey de Israel todo lo que tú dices en el interior de tu cámara.» [13] Él dijo: «Id y averiguad dónde se encuentra para enviar a prenderlo.» Le informaron: «Está en Dotán.» [14] Envió allí caballos, carros y un fuerte destacamento. Llegaron de noche y pusieron cerco a la ciudad.

[15] Cuando el criado del hombre de Dios se levantó de mañana y salió fuera, vió el destacamento que rodeaba la ciudad con caballos y carros, y preguntó: «¡Ay, mi señor!, ¿cómo vamos a hacer?» [16] Él respondió: «No temas. Están más con nosotros que con ellos.» [17] Entonces Eliseo oró diciendo: «Yahvé, abre sus ojos para que vea.» Yahvé abrió los ojos del criado y vio la montaña cubierta de caballos y carros de fuego en torno a Eliseo.

[18] (Los arameos) descendieron contra él y Eliseo suplicó a Yahvé diciendo: «Hiere a esa gente con una luz cegadora.» Y los deslumbró*, conforme a la palabra de Eliseo. [19] Eliseo les dijo: «No es éste el camino ni es ésta la ciudad. Seguidme y os conduciré al hombre que buscáis.» Y los condujo a Samaría. [20] Cuando entraban en Samaría, Eliseo dijo: «Abre, Yah-

vé, sus ojos para que vean.» Yahvé abrió sus ojos y vieron sorprendidos que estaban en medio de Samaría. [21] Cuando el rey de Israel los vio, dijo a Eliseo: «¿Los ataco, padre mío*?» [22] Él respondió: «No los ataques. ¿Matas tú acaso a quienes has hecho prisioneros con tu espada y con tu arco*? Ofréceles pan y agua para que coman y beban y vuelvan a su señor.» [23] Les sirvió un gran banquete y, luego que comieron y bebieron, los despidió y regresaron a su señor. Las bandas de arameos dejaron de invadir la tierra de Israel.

Hambre en el sitio de Samaría.

[24] Tiempo después, Ben Hadad, rey de Aram*, movilizó todas sus tropas, se puso en marcha y sitió Samaría. [25] El hambre arreciaba en Samaría y el asedio se prolongaba hasta el punto de que una cabeza de asno llegó a venderse a ochenta siclos de plata, y un par de cebollas silvestres* a cinco siclos de plata.

[26] El rey de Israel pasaba por la muralla cuando una mujer le gritó: «¡Ayúdame, rey, mi señor!» [27] Él respondió: «No (hables así). ¡Que Yahvé te salve! ¿De dónde puedo yo sacar ayuda?, ¿de la era o del lagar?» [28] El rey le preguntó: «¿Qué te aflige?» Ella respondió: «La mujer esa me dijo: 'Entrega a tu hijo y lo comeremos hoy; y mañana comeremos el mío'. [29] Así que cocimos a mi hijo y lo comimos. Al otro día le dije: 'Entrega a tu hijo y lo comeremos', pero ella lo escondió.» [30] Cuando el rey oyó las palabras de la mujer rasgó sus vestiduras. Pasaba a lo largo de la muralla y el pueblo pudo ver que llevaba debajo un sayal. [31] Él dijo: «Así y así me haga Dios si la cabeza de Eliseo, hijo de Safat, permanece hoy sobre sus hombros*.»

Eliseo anuncia el fin inmediato del asedio.

[32] Eliseo estaba sentado en su casa y los ancianos estaban también sentados

Dt 28 53-57

1 R 20 31;
21 27

Rt 1 17+

2 10-12;
7 6

Gn 19 11

---

6 8   «Acamparé» según griego; hebr. dudoso.
6 18   No ceguera completa, sino un defecto de la vista, ver Gn 19 11. Yahvé, por el contrario, había manifestado al criado, v. 17, lo que está oculto a los ojos humanos.
6 21   El título indica la veneración que sentía el rey por el profeta, ver 8 9 y 13 14.
6 22   Fuera del anatema pronunciado por Yahvé o de casos particulares, no era costumbre en Israel ejecutar

a los prisioneros de guerra, ver 1 R 20 31.
6 24   Quizá Ben Hadad III de Damasco, ver cap. 13. El orden de todos estos relatos parece artificial.
6 25   «cebollas silvestres» *jarsonim* conj.; el hebr. ketib dice *jarê yônim* «palomina», que acaso designe una planta no suficientemente conocida.
6 31   Eliseo había animado probablemente la resistencia anunciando la ayuda de Yahvé; el rey, que la ha oído, piensa ahora que Eliseo le ha engañado.

con él. El rey envió por delante a un hombre, pero antes de que el mensajero llegara ante Eliseo, éste dijo a los ancianos: «¿Habéis visto? Ese hijo de asesino ha enviado uno a cortarme la cabeza. ¡Estad vigilantes! Cuando llegue el mensajero, cerrad la puerta y sostenedla bien contra él. ¿No es ése el ruido de los pasos de su señor?» [33] Estaba (Eliseo) hablando con ellos cuando el rey* descendió donde él y dijo: «¡Esta desgracia procede de Yahvé! ¿Qué puedo esperar todavía de Yahvé?»

7 [1] Eliseo repuso: «Escucha la palabra de Yahvé: Así dice Yahvé: Mañana a estas horas, en la puerta de Samaría, la arroba de flor de harina se venderá a un siclo y las dos arrobas de cebada a un siclo.» [2] El ayudante en cuyo brazo se apoyaba el rey, respondió al hombre de Dios y le dijo: «Incluso si Yahvé abriera ventanas en el cielo, ¿podría ocurrir tal cosa?» Respondió: «Lo verás con tus ojos, pero de ello no has de comer.»

El campamento arameo abandonado.

[3] Había cuatro hombres, leprosos, a la entrada de la puerta, y se decían: «¿Qué estamos haciendo aquí sentados hasta morir? [4] Si decidimos entrar en la ciudad, con el hambre que hay en ella, moriremos allí, y si quedamos aquí, moriremos lo mismo. ¡Ea!, pasémonos al campamento de Aram; si nos dejan vivir, viviremos, y si nos matan, moriremos.» [5] Al oscurecer se pusieron en camino hacia el campamento arameo. Cuando llegaron al límite del campamento arameo, allí no había nadie. [6] Yahvé había hecho oír en el campamento arameo estrépito de carros y caballos, el estrépito de un gran ejército, y se dijeron unos a otros: «El rey de Israel ha pagado a los reyes de los hititas y a los reyes de Egipto* para que vengan contra nosotros.» [7] Al anochecer emprendieron la huida, abandonando sus tiendas, caballos y asnos, el campamento tal como estaba, y así huyeron para salvar sus vidas. [8] Cuando aquellos leprosos llegaron al límite del campamento, entraron en una tienda, comieron y bebieron; luego salieron de allí plata, oro y vestidos, y fueron a esconderlo. Regresaron y entraron en otra tienda, se llevaron lo que allí había y lo escondieron.

Fin del asedio y del hambre.

[9] Entonces se dijeron unos a otros: «No está bien lo que hacemos. Hoy es un día de alegría y nosotros estamos callados. Si esperamos hasta la luz de la mañana, se nos tratará como culpables. ¡Andando!, vayamos a informar al palacio real.» [10] Llegaron y llamaron a los guardias de la puerta de la ciudad e informaron diciendo: «Hemos ido al campamento arameo, y allí no hay nadie, ni una voz humana, sólo los caballos atados, los asnos atados y las tiendas tal como estaban.» [11] Los centinelas llamaron y pasaron noticia al interior del palacio real.

[12] El rey se levantó de noche y dijo a sus oficiales: «Os diré lo que nos han hecho los arameos. Como saben que nos estamos muriendo de hambre, han dejado el campamento y se han escondido en descampado, pensando: 'Seguro que saldrán de la ciudad. Los prenderemos vivos y entraremos en la ciudad'.» [13] Uno de los oficiales respondió: «Que tomen cinco caballos de los que quedan en ella y los enviaremos para reconocimiento, pues, al fin y al cabo, les va a pasar lo que a toda la muchedumbre de Israel que había quedado y ha perecido*.» [14] Tomaron dos tiros de caballos y el rey los envió en pos del ejército arameo, diciendo: «Id y ved.» [15] Los siguieron hasta el Jordán: todo el camino estaba lleno de vestidos y objetos que los arameos habían arrojado en sus prisas. Los mensajeros regresaron y dieron cuenta al rey.

[16] Entonces el pueblo salió y saqueó el campamento arameo. La arroba de flor de harina se vendía a un siclo y dos arrobas de cebada se vendían a un siclo, conforme a la palabra de Yahvé. [17] El rey había puesto de vigilante a la puerta al ayudante en cuyo brazo se apoyaba, pero el pueblo lo pisoteó en la puerta y murió, conforme a la palabra del hombre de Dios pronunciada cuando el rey había bajado donde él. [18] Sucedió todo conforme a la palabra del hombre de Dios al rey: «Mañana a estas horas en la puerta de Samaría, dos arrobas de cebada se

Gn 7 11; 8 2
Is 24 18
Ml 3 10
2 R 7 17

19 35-36

Lv 13 46

6 17

7 2

---

6 33 «el rey» *melek* conj.: «el mensajero» *mal'ak* hebr.
7 6 Los príncipes de Siria del norte. No hay razón para corregir *misrayim* (Egipto) en *musri*, un país enigmático de Asia Menor.

7 13 Bien pueden ser sacrificados para este reconocimiento esos caballos, que de otro modo morirán de hambre. —El texto es confuso: el hebr. dice «a su llegada como a todo Israel»; luego vuelve a repetir la frase.

venderán a un siclo y la arroba de flor de harina a un siclo.» [19] El ayudante respondió al hombre de Dios: «Aun si Yahvé abriera ventanas en el cielo, ¿podría ocurrir tal cosa?» Respondió: «Lo verás con tus ojos, pero de aquello no has de comer.» [20] Y así sucedió. El pueblo lo pisoteó en la puerta y murió*.

Epílogo de la historia de la sunamita*.

8 [1] Eliseo dijo a la mujer cuyo hijo había revivido: «Anda, tú y tu familia, ve a residir donde puedas, pues Yahvé ha decretado siete años de hambre sobre el país y ya han comenzado.» [2] La mujer se alzó e hizo conforme a la palabra del hombre de Dios; ella y su familia fueron a vivir en el país de los filisteos por siete años. [3] Al cabo de los siete años, la mujer regresó del país de los filisteos y fue a quejarse ante el rey por su casa y su campo*.

[4] El rey estaba hablando con Guejazí, criado del hombre de Dios, y le dijo: «Cuéntame todas las maravillas que hacía Eliseo.» [5] Mientras estaba contando al rey cómo había devuelto a la vida al niño muerto, apareció la mujer cuyo hijo había revivido, quejándose por su casa y su campo. Guejazí dijo entonces: «¡Rey, mi señor! Ésta es la mujer y éste su hijo, al que Eliseo devolvió la vida.» [6] El rey preguntó a la mujer y ella le hizo su relato. El rey puso un eunuco a disposición de la mujer con la orden: «Devuelve todo lo que le pertenece y las rentas de su campo, desde el día en que dejó el país hasta ahora.»

Eliseo y Jazael de Damasco.

[7] Eliseo fue a Damasco cuando Ben Hadad*, rey de Aram, se encontraba enfermo, y avisaron al rey: «El hombre de Dios viene de camino hacia aquí.» [8] El rey dijo a Jazael*: «Coge en tu mano un *5; 1 2*

regalo, ve al encuentro del hombre de Dios y consulta a Yahvé a través de él, diciendo: ¿Sobreviviré a esta enfermedad?»

[9] Jazael fue a su encuentro llevando en su mano como regalo la carga de cuarenta camellos con todo lo mejor de Damasco. Entró, se detuvo ante él y dijo: «Tu hijo, Ben Hadad, rey de Aram, me ha enviado a ti para preguntarte: ¿Sobreviviré a esta enfermedad?» [10] Eliseo le dijo: «Ve y dile: 'Sobrevivirás'*, pero Yahvé me ha revelado que morirá sin remedio.» [11] Al hombre de Dios se le quedó el rostro totalmente rígido por largo tiempo*, y luego se echó a llorar. [12] Jazael le preguntó: «¿Por qué llora mi señor?» Le respondió: «Porque sé el mal que vas a hacer a los israelitas: pondrás fuego a sus fortalezas, matarás sus jóvenes a espada, despedazarás a sus pequeñuelos y abrirás el vientre a sus embarazadas.» [13] Jazael dijo: «Pues, ¿cómo puede tu siervo, siendo como es un perro*, hacer algo tan grande?» Eliseo respondió: «Yahvé me ha mostrado una visión en la que tú eres rey de Aram.»

[14] Dejó a Eliseo y regresó ante su señor, quien le preguntó: «¿Qué te ha dicho Eliseo?» Respondió: «Me ha dicho que sobrevivirás.» [15] A la mañana siguiente, (Jazael) tomó una manta, la empapó en agua y la tendió sobre la cara (del rey) hasta que murió. Jazael reinó en su lugar.

Reinado de Jorán en Judá (848-841).

[16] El año quinto de Jorán, hijo de Ajab, rey de Israel*, comenzó a reinar Jorán, hijo de Josafat, rey de Judá. [17] Tenía treinta y dos años cuando comenzó a reinar y reinó ocho años en Jerusalén. [18] Siguió el camino de los reyes de Israel, como había hecho la casa de Ajab, porque se había casado con una mujer de la familia* de Ajab, e hizo mal a los ojos de Yahvé. [19] Pero Yahvé no

6 21+

1 R 19 15

15 16
Am 1 13

||2 Cro 21
5-7

---

7 20   Los vv. 17ᵇ-20 son probablemente una adición que repite los vv. 1, 2 y 17ᵃ.
8   Continuación natural de **4** 37.
8 3   Usurpados en su ausencia por los vecinos o los granjeros.
8 7   Ben Hadad II, como en 1 R **20** 1.
8 8   Antes de su usurpación, v. 15, Jazael aparece como oficial de Ben Hadad.
8 10   La traducción se basa en un valor del infinitivo absoluto antepuesto, atestiguado en Gn 2 16 y otros pasajes. Para exonerar a Eliseo de una mentira, el hebr. ha sustituido *lô* «le» con la negación *lo'*: «Vete y dile: no sobrevivirás». En realidad no es Ben Hadad el que importa; la revelación atañe principalmente a Jazael, que

suplantará a Ben Hadad. Eliseo no incita al homicidio; prevé como inevitable la realización de los designios divinos.
8 11   Señales físicas del éxtasis.
8 13   «perro», aquí simplemente término relativo a la humildad, ver 1 S 24 15; 2 S 9 8; Jazael se extraña del glorioso destino que se le predice.
8 16   El hebr. añade aquí: «siendo rey de Judá Josafat», que falta en las versiones.
8 18   «de la familia» *mibbêt* conj.; «la hija» *bat* hebr.
—Es Atalía, ver cap. **11**, hija de Omrí y hermana de Ajab, ver v. 26 y 2 Cro **22** 2, o hija de Ajab, aquí (hebr.) y 2 Cro **21** 6. La cronología favorece la primera solución.

2 S 7 11-
16+
1 R 11 36+

||2 Cro 21
8-10

|2 Cro 21 20

quiso destruir a Judá en atención a David su siervo, conforme a lo que le había prometido: darle una lámpara a sus hijos para siempre. ²⁰ En su tiempo Edom se rebeló contra el poder de Judá, y se dieron un rey propio*. ²¹ Jorán pasó a Saír* con todos sus carros. Se levantó por la noche y derrotó a los edomitas que lo estaban cercando a él y a los jefes de los carros, pero su ejército huyó a sus tiendas. ²² Así Edom se independizó del poder de Judá, como sucede hasta hoy. También en aquel tiempo se rebeló Libná*. ²³ El resto de los hechos de Jorán, cuanto hizo, ¿no está escrito en el Libro de los Anales de los reyes de Judá? ²⁴ Jorán reposó con sus antepasados y fue sepultado con sus padres en la ciudad de David. Ocozías, su hijo, reinó en su lugar.

Reinado de Ocozías en Judá (841).

||2 Cro 22
1-6

²⁵ El año doce de Jorán hijo de Ajab, rey de Israel, comenzó a reinar Ocozías, hijo de Jorán, rey de Judá. ²⁶ Ocozías tenía veintidós años cuando comenzó a reinar y reinó un año en Jerusalén. Su madre se llamaba Atalía, hija de Omrí, rey de Israel. ²⁷ Siguió el camino de la casa de Ajab, e hizo mal a los ojos de Yahvé como la casa de Ajab, pues había emparentado con la casa de Ajab. ²⁸ Partió con Jorán, hijo de Ajab, en guerra contra Jazael, rey de Aram, en Ramot de Galaad, pero los arameos hirieron a Jorán. ²⁹ El rey Jorán regresó a Yizreel para curarse de las heridas que le habían infligido los arameos en Ramot luchando contra Jazael, rey de Aram. Ocozías, hijo de Jorán, rey de Judá, bajó a Yizreel a visitar a Jorán hijo de Ajab, cuando estaba enfermo.

1 R 22 3-4
2 R 9 14-15

5. HISTORIA DE JEHÚ

Un discípulo de Eliseo unge rey a Jehú.

9 ¹ El profeta Eliseo llamó a uno de los discípulos de los profetas y le dijo: «Ciñe tu cintura, toma en tu mano este frasco de aceite y ve a Ramot de Galaad. ² Cuando llegues allí, ve a ver a Jehú, hijo de Josafat, hijo de Nimsí. Entras, logras que se levante de entre sus camaradas y lo llevas a una habitación interior. ³ Entonces tomas el frasco de aceite y lo derramas sobre su cabeza diciendo: 'Así dice Yahvé: Te unjo rey de Israel.' Luego abres la puerta y huyes sin dilación.» ⁴ El joven, el siervo del profeta, marchó a Ramot de Galaad. ⁵ Cuando llegó, los jefes del ejército estaban sentados y dijo: «Jefe, tengo un mensaje para ti.» Jehú preguntó: «¿Para quién de nosotros?» Respondió: «Para ti, jefe.» ⁶ Jehú se levantó y entró en la casa y (el discípulo) derramó el aceite sobre su cabeza y le dijo: «Así habla Yahvé, Dios de Israel: Te unjo rey del pueblo de Yahvé, de Israel. ⁷ Derrotarás a la casa de Ajab, tu

1 R 19 16

R 16 4, 13;
19 10; 21

señor. Así vengaré sobre Jezabel la sangre de mis siervos los profetas y la sangre de todos los siervos de Yahvé. ⁸ Perecerá toda la casa de Ajab y exterminaré a todos los varones de Ajab, libres o esclavos, en Israel. ⁹ Dejaré la casa de Ajab como la casa de Jeroboán, hijo de Nebat, y como la casa de Basá, hijo de Ajías. ¹⁰ Y a Jezabel la comerán los perros en el campo de Yizreel, sin que nadie la entierre*.» Luego abrió la puerta y huyó.

1 R 21 21-24

1 R 14 10-11
1 R 16 3-4

Jehú es proclamado rey

¹¹ Jehú salió adonde los servidores de su señor, que le preguntaron*: «¿Está todo bien? ¿A qué ha venido a ti ese loco*?» Respondió: «Ya conocéis a ese hombre y sus desvaríos.» ¹² Dijeron: «Mentira. Infórmanos.» Replicó: «Me ha dicho esto y esto. Así dice Yahvé: Te unjo rey de Israel.» ¹³ Cada uno se apresuró a tomar su manto y lo colocó a sus pies* sobre el empedrado. Tocaron el cuerno y dieron el grito: «Jehú es rey.»

---

8 20 Edom, ver Nm **20** 23+, era un reino vasallo de Judá bajo Josafat, 1 R **22** 48, y todavía en los comienzos del reinado de Jorán, 2 R **3** 9.
8 21 Localidad desconocida de Transjordania. La continuación del texto se halla mutilada: se ha intentado borrar el recuerdo de un fracaso. Lo mismo en el v. 22.
8 22 La ciudad pasó entonces a los filisteos.
9 10 Los vv. 7-10ª han sido añadidos por el autor de Reyes: en el relato primitivo, el joven debía huir inme-

diatamente después de la unción, conforme a la orden de Eliseo, v. 3.
9 11 (a) «le preguntaron» versiones; hebr. en singular.
9 11 (b) Así trataba el pueblo a los profetas, Jr **29** 26; Os **9** 7. El término no es en absoluto despectivo, pero implica un matiz de mofa, y Jehú responderá en el mismo sentido.
9 13 Como la muchedumbre que rinde honores reales a Jesús, Mt **21** 8p.

Jehú prepara la usurpación del poder.

¹⁴ Jehú, hijo de Josafat, hijo de Nimsí, conspiró contra Jorán. Jorán y todo Israel habían estado defendiendo Ramot de Galaad* contra Jazael, rey de Aram. ¹⁵ Pero el rey Jorán había regresado a Yizreel para curarse de las heridas que los arameos le habían infligido en su batalla contra Jazael, rey de Aram. Jehú dijo: «Si os parece bien, que no salga ni un fugitivo de la ciudad para ir a informar a Yizreel.» ¹⁶ Jehú montó en el carro y se dirigió a Yizreel, pues Jorán estaba allí convaleciente, y Ocozías, rey de Judá, había bajado a visitar a Jorán.

¹⁷ El vigía, en pie en lo alto de la torre de Yizreel, vio la tropa de Jehú que se aproximaba, y dijo: «Veo una tropa.» Dijo Jorán: «Coge un jinete y envíalo a su encuentro a preguntar: ¿Venís en son de paz*?» ¹⁸ El jinete salió a su encuentro y preguntó: «Así dice el rey: ¿Venís en son de paz?» Jehú respondió: «¿Qué te importa a ti si hay paz? Da la vuelta tras de mí.» El vigía avisó: «El mensajero ha llegado donde ellos, pero no regresa.» ¹⁹ Envió un segundo jinete que llegó donde ellos y dijo: «Así dice el rey: ¿Venís en son de paz?» Jehú respondió: «¿Qué te importa a ti si hay paz? Da la vuelta tras de mí.» ²⁰ El vigía avisó: «Ha llegado donde ellos pero no regresa. Su modo de guiar es el de Jehú, hijo de Nimsí, pues conduce como un loco.» ²¹ Dijo Jorán: «Enganchad», y engancharon su carro. Jorán, rey de Israel, y Ocozías, rey de Judá, cada uno en su carro, salieron al encuentro de Jehú y lo encontraron en el campo de Nabot el de Yizreel.

Asesinato de Jorán.

²² Cuando Jorán vio a Jehú, preguntó: «¿En son de paz, Jehú?» Respondió: «¿Qué paz puede haber mientras continúen las prostituciones* y las muchas hechicerías de tu madre Jezabel?» ²³ Jorán volvió riendas y huyó gritando a Ocozías: ¡Traición!, Ocozías.» ²⁴ Pero Jehú tensó el arco en su mano y alcanzó a Jorán entre los hombros; la flecha le atravesó el corazón y se desplomó en su carro. ²⁵ Jehú ordenó a su escudero Bidcar: «Recógelo y tíralo en el campo de Nabot de Yizreel, pues recuerda cómo tú y yo cabalgábamos uno al lado del otro detrás de Ajab, su padre, y entonces Yahvé lanzó contra él esta sentencia: ²⁶ 'Juro que vi ayer la sangre de Nabot y la sangre de sus hijos, oráculo de Yahvé. En este mismo campo te lo reclamaré, oráculo de Yahvé.' Así que recógelo y tíralo al campo según la palabra de Yahvé.»

Asesinato de Ocozías.

²⁷ Al ver esto, Ocozías, rey de Judá, huyó por el camino de Bet Hagán. Jehú partió en su persecución diciendo: «¡También a él! ¡Tiradle!» Y le tiraron en su carro en la cuesta de Gur, cerca de Yibleán. Se refugió en Meguidó y allí murió. ²⁸ Sus servidores lo condujeron en un carro a Jerusalén y lo enterraron en su sepultura con sus padres en la ciudad de David. ²⁹ Ocozías había comenzado a reinar en Judá en el año once de Jorán, hijo de Ajab.

Asesinato de Jezabel.

³⁰ Jehú fue a Yizreel. Nada más enterarse, Jezabel se alcoholó los ojos con antimonio, se adornó la cabeza y se asomó al balcón. ³¹ Cuando Jehú llegó a la puerta, le gritó: «¿Te va bien, Zimrí, asesino de su señor*?» ³² Jehú alzó la vista hacia el balcón y preguntó: «¿Quién está conmigo, quién?» Dos o tres eunucos miraron hacia Jehú ³³ y él les ordenó: «Arrojadla abajo.» Ellos la arrojaron y su sangre salpicó las murallas y los caballos, que la pisotearon. ³⁴ Luego entró, comió y bebió. Jehú dió órdenes: «Atended a esa maldita y dadle sepultura, pues no deja de ser hija del rey.» ³⁵ Cuando fueron a enterrarla, no encontraron de ella más que el cráneo, los pies y las palmas de las manos. ³⁶ Volvieron a dar cuenta a Jehú, quien sentenció: «Se cumple la palabra de Yahvé que dijo por boca de su siervo Elías el tesbita: 'En el campo de Yizreel comerán los perros la carne de Jezabel. ³⁷ El cadáver de Jezabel será como estiércol sobre la superficie del campo*, de modo que nadie podrá decir: Ésa era Jezabel.'»

Marginal references:
1 R 22 3
1 R 21
1 R 21 19
‖2 Cro 22 8-9
‖2 Cro 22 7-8
1 R 16 9-18
9 10
1 R 21 23
Jr 8 2

---

9 14   La ciudad había sido, pues, recuperada por los israelitas; los arameos trataban de tomarla.
9 17   El rey no se imagina en un principio una traición, pero está inquieto por las noticias de Ramot de Galaad.
9 22   Prostitución en el sentido metafórico de culto a los falsos dioses, como en los Profetas, quizá con alguna alusión a la prostitución sagrada, ver Dt 23 19+, práctica de la religión fenicia.
9 31   Alusión sarcástica a Zimrí, que sólo reinó ocho días, después de haber asesinado a Elá, rey de Israel.
9 37   El hebr. añade: «en el campo de Yizreel», glosa omitida por una parte del griego.

Jc 9 5
1 R 15 29;
16 11
2 R 11 1

Matanza de la familia real de Israel.

10 ¹ Ajab tenía setenta hijos en Samaría*. Jehú escribió cartas y las envió a Samaría, a los jefes de la ciudad*, a los ancianos y a los preceptores de los hijos de Ajab diciendo: ² «Así que esta carta llegue a vosotros, dado que los hijos de vuestro señor están con vosotros y disponéis de carros, caballos, una ciudad amurallada y un arsenal de armas, ³ ved cuál es el mejor y más justo de los hijos de vuestro señor, ponedlo en el trono de su padre y luchad por la casa de vuestro señor.» ⁴ Pero ellos fueron presa del pánico, pues pensaron: «Los dos reyes no pudieron hacerle frente, ¿cómo podremos nosotros?» ⁵ El mayordomo de palacio, el gobernador de la ciudad, los ancianos y los preceptores enviaron a decir a Jehú: «Somos siervos tuyos; haremos cuanto nos digas; no proclamaremos rey a nadie; haz lo que te parezca bien.»

⁶ Les envió por segunda vez una carta, que decía: «Si estáis de mi lado y obedecéis mi voz, tomad a los jefes* de los hombres de la casa de vuestro señor y venid a mí a Yizreel, mañana a esta hora.» (Los hijos del rey, setenta en número, estaban con los notables de la ciudad que los criaban.) ⁷ En cuanto les llegó la carta, tomaron a los hijos del rey y degollaron a los setenta, pusieron sus cabezas en cestas y se las enviaron a Yizreel.

⁸ Llegó el mensajero e informó: «Han traído las cabezas de los hijos del rey.» Respondió: «Apiladlas en dos montones a la entrada de la puerta, hasta la mañana.» ⁹ Por la mañana salió, se paró allí y dijo a todo el pueblo: «Vosotros sois inocentes. Es cierto, yo he conspirado contra mi señor y lo he matado, pero ¿quién ha matado a todos éstos? ¹⁰ Sabed, pues, que nada de lo que Yahvé ha dicho sobre la casa de Ajab quedará sin cumplir, pues Yahvé ha hecho lo que dijo por boca de su siervo Elías.» ¹¹ Y

R 21 21-24

Jehú mató a todos los que quedaban de la casa de Ajab en Yizreel, a todos sus notables, familiares y sacerdotes, sin dejar uno solo con vida.

Matanza de los príncipes de Judá.

‖2 Cro 22 8

¹² Jehú se puso en marcha hacia Samaría y, estando de camino en Betequed de los Pastores, ¹³ encontró a los hermanos* de Ocozías, rey de Judá, y preguntó: «¿Quiénes sois?» Ellos respondieron: «Somos los hermanos de Ocozías y hemos bajado a saludar a los hijos del rey y a los hijos de la reina madre.» ¹⁴ Él ordenó: «Prendedlos vivos.» Los prendieron vivos y los degollaron junto a la cisterna de Betequed, cuarenta y dos hombres. No dejó uno solo con vida.

Jehú y Jonadab.

Jr 35 1-11

¹⁵ Marchó de allí y encontró a Jonadab, hijo de Recab, que salía a su encuentro. Le saludó y le dijo: «¿Estás de mi parte con la misma lealtad con la que yo estoy de tu parte?*» Respondió Jonadab: «Sí, estoy.» «Si así es, (dijo Jehú), dame tu mano.» Le dio la mano y (Jehú) le hizo subir junto a él en su carro. ¹⁶ Le dijo: «Ven conmigo y verás mi celo por Yahvé». Y lo llevó en su carro. ¹⁷ Cuando llegó a Samaría mató a todos los supervivientes de Ajab en Samaría, hasta acabar con ellos, conforme a la palabra que Yahvé había dicho a Elías.

Matanza de los fieles de Baal y destrucción de su templo.

¹⁸ Jehú reunió a todo el pueblo y les dijo: «Ajab dio algo de culto a Baal, Jehú le dará mucho. ¹⁹ Así que convocadme a todos los profetas de Baal* y a todos sus sacerdotes. Que no falte ninguno, pues voy a hacer un gran sacrificio a Baal. Quien falte, no sobrevivirá.» Jehú obraba con astucia para hacer perecer a los fieles de Baal. ²⁰ Jehú ordenó: «Convocad

---

10 1 (a) «Setenta» es una cifra consagrada para expresar la totalidad de la descendencia, Gn 46 27; Jc 8 30; 9 2; 12 14. Se trata de los hijos y nietos de Ajab, pero en primer lugar de los hijos de Jorán.
10 1 (b) «de la ciudad» griego luc.; «de Yizreel» hebr.; «hijos» griego luc., omitido por error.
10 6 El hebreo *ro'š* significa a la vez «jefe» y «cabeza». El equívoco, quizá intencionado por parte de Jehú, lo resuelven en el sentido más brutal los destinatarios de la carta, v. 7, a quienes después hace responsables, v. 9.
10 13 «hermanos» en el sentido amplio de «parientes». Acuden a visitar a los hijos de Jorán y a los de Jezabel.

No es probable que, habiendo rebasado ya Samaría, no supieran nada de la matanza de los vv. 6-7. El episodio está sacado de su sitio.
10 15 Lit. «¿Es tu corazón tan recto como el mío para el tuyo?», con griego; hebr. intraducible. —Jonadab, hijo de Recab, era un yahvista fervoroso que había impuesto a su clan las normas de la vida del desierto, Jr 35 1-11. Es normal que haya apoyado a Jehú; pero este episodio, como el precedente, parece no hallarse en el lugar adecuado.
10 19 El texto añade: «a todos sus fieles», pero ver vv. 20-21.

una asamblea sagrada en honor de Baal», y la convocaron. [21] Jehú envió mensajeros por todo Israel y vinieron todos los fieles de Baal; no quedó uno solo que no viniera. Entraron en el templo de Baal, que se llenó de un cabo al otro. [22] Dijo al encargado del vestuario: «Saca las vestiduras para todos los fieles de Baal*.» Él las sacó. [23] Jehú y Jonadab, hijo de Recab, entraron entonces en el templo de Baal y él dijo a los fieles de Baal: «Buscad y aseguraros de que no hay aquí entre vosotros ningún fiel de Yahvé, sino sólo fieles de Baal.» [24] Se adelantaron para hacer los sacrificios y holocaustos.

Pero Jehú había apostado afuera ochenta de sus hombres, con la orden: «Por cada uno que escape de los hombres que pongo en vuestras manos, pagará con su vida uno de vosotros.» [25] Cuando Jehú terminó de ofrecer el holocausto, dijo a los guardias y oficiales: «Entrad y matadlos. Que no salga ni uno.» Los pasaron a filo de espada, dejándolos allí tirados. Luego avanzaron hasta el interior del templo de Baal*. [26] Sacaron la estatua del templo de Baal y la quemaron. [27] Derribaron el altar* de Baal, demolieron el templo de Baal y lo convirtieron en letrinas hasta el día de hoy.

1 R 16 32

Reinado de Jehú en Israel (841-814).

[28] Así erradicó Jehú a Baal de Israel. [29] Pero Jehú no se retractó de los pecados que Jeroboán, hijo de Nebat, hizo cometer a Israel, los becerros de oro de Betel y de Dan*. [30] Yahvé dijo a Jehú: «Por haber actuado bien, haciendo lo recto a mis ojos, y por haber cumplido todo lo que yo tenía decidido respecto a la casa de Ajab, tus descendientes ocuparán el trono de Israel hasta la cuarta generación.» [31] Pero Jehú no guardó el sendero de la enseñanza de Yahvé, Dios de Israel, con todo su corazón. No se retractó de los pecados que Jeroboán hizo cometer a Israel.

[32] En aquellos días Yahvé comenzó a reducir el territorio de Israel. Jazael los hostigaba a lo largo de todas las fronteras de Israel, [33] desde el Jordán al sol levante, todo el país de Galaad (de los gaditas y rubenitas, de Manasés, desde Aroer, sobre el torrente Arnón, hasta Galaad) y Basán*.

[34] El resto de los hechos de Jehú, todo cuanto hizo y todos sus éxitos militares, ¿no está escrito en el Libro de los Anales de los reyes de Israel? [35] Jehú reposó con sus antepasados y lo enterraron en Samaría. Joacaz, su hijo, reinó en su lugar. [36] Jehú reinó sobre Israel veintiocho años en Samaría.

1 R 12 28-2

6.   DESDE EL REINADO DE ATALÍA A LA MUERTE DE ELISEO

‖2 Cro 22 10-23 21

Historia de Atalía (841-835)*.

11 [1] Cuando Atalía, madre de Ocozías, vio que su hijo había muerto, se dispuso a eliminar toda la estirpe real. [2] Pero Josebá*, hija del rey Jorán y hermana de Ocozías, tomó a Joás, hijo de Ocozías, de entre los hijos del rey que estaban siendo asesinados y lo escondió e instaló, a él y a su nodriza, en el dormitorio. Lo mantuvieron oculto de la vista de Atalía y no lo mataron. [3] Seis años estuvo con ella, escondido en el templo de Yahvé, mientras Atalía reinaba en el país.

[4] El año séptimo, Joadá* envió a buscar y tomó a los centuriones de los carios* y de los guardias, conduciéndolos junto a sí al templo de Yahvé. Estableció un pacto con ellos, haciéndoles prestar

---

10 22 Cambiarse el vestido es una purificación previa a la participación en el culto, atestiguada entre los fenicios y los árabes; ver Gn 35 2.
10 25 Traducción conjetural de un texto corrompido; hebr.: «La guardia y los escuderos los pasaron a filo de espada y los arrojaron y llegaron hasta la ciudad del santuario de Baal».
10 27 «el altar» conj.; hebr. «estela».
*10 29 Es el juicio del autor de los libros de los Reyes. La fuente que seguía en los relatos precedentes alababa sin reticencias, v. 30, el sincero y brutal yahvismo de Jehú. Pero, exterminando a los fieles de Baal, Jehú quería también probablemente suprimir los últimos valedores de la dinastía de Ajab.
10 33 Los israelitas pierden, pues, todas sus posesio-

nes en Transjordania. El v. está recargado de glosas inspiradas en Dt 3 12s.
11   En esta historia pueden reconocerse dos relatos combinados. El primero, vv. 1-12 y 18ᵇ-20, atribuye la caída de Atalía a la acción de los sacerdotes, apoyados por la guardia real. El segundo, vv. 13-18ᵃ, incompleto, más bien caracteriza el hecho como un movimiento popular.
11 2   Según 2 Cro 22 11, era mujer del sacerdote Joadá, v. 4, lo que explica que pudiera tener oculto a Joás en el templo, v. 3.
11 4   (a) El jefe del sacerdocio de Jerusalén, 12 8.
11 4   (b) Mercenarios originarios de Asia Menor. Son distintos de los quereteos, que ya no son mencionados después de Salomón, 1 R 1 38.

juramento*, y les presentó al hijo del rey. ⁵ Luego, les ordenó*: «Esto habéis de hacer: un tercio de los que entran de servicio el sábado, mantendrán la guardia del palacio real. ⁶ *Otro tercio se situará en la Puerta de la Fundación, y otro tercio en la puerta detrás de los guardias, manteniendo la guardia del templo por todos lados. ⁷ Las otras dos divisiones, todos los que salen de servicio el sábado, quedarán de guardia en el templo de Yahvé para protección del rey. ⁸ Rodearéis al rey por todos lados, arma en mano. El que intente forzar vuestras filas morirá. Manteneos junto al rey en su ir y venir.»

⁹ Los centuriones cumplieron cuanto el sacerdote Joadá les ordenó. Cada uno tomó sus hombres, los que entraban y los que salían de servicio el sábado, y se presentaron ante el sacerdote Joadá.

2 S 8 7

¹⁰ El sacerdote entregó a los centuriones las lanzas y escudos del rey David depositados en el templo de Yahvé*. ¹¹ Los guardias se apostaron, arma en mano, desde el extremo sur hasta el extremo norte del templo, ante el altar y el templo, rodeando al rey de un lado y de otro*. ¹² Hizo salir entonces al hijo del rey y le impuso la diadema y las insignias. Luego lo proclamaron rey y lo ungieron. Batieron palmas y gritaron: «¡Viva el rey!»

¹³ Cuando Atalía oyó el griterío de los guardias y del pueblo, se fue hacia la muchedumbre que estaba en el templo de Yahvé. ¹⁴ Miró y vio al rey de pie junto a la columna, según la costumbre, los jefes con sus trompetas junto al rey, y a todo el pueblo de la tierra* en júbilo y tocando las trompetas. Atalía rasgó sus vestiduras y gritó: «¡Traición, traición!» ¹⁵ Entonces el sacerdote Joadá dio orden a los jefes* de las tropas: «Hacedla salir de entre las filas. Quien la siga será pasado a espada» (pues el sacerdote se decía: «No debe ser ejecutada en el templo de Yahvé.») ¹⁶ Le abrieron paso y, cuando entró en el palacio real por la Puerta de los Caballos*, allí fue ejecutada.

¹⁷ Joadá celebró la alianza entre Yahvé, el rey y el pueblo, por la que el pueblo se convertía en pueblo de Yahvé (así como entre el rey y el pueblo)*. ¹⁸ El pueblo todo de la tierra acudió al templo de Baal. Lo derribaron, hicieron pedazos sus altares e imágenes, y a Matán, sacerdote de Baal, lo mataron frente a los altares*.

El sacerdote puso centinelas en el templo de Yahvé. Tomó ¹⁹ luego a los centuriones, a los carios, a la guardia y a todo el pueblo del país. Escoltaron al rey desde el templo de Yahvé al palacio real, haciendo entrada por la puerta de la guardia, y lo entronizaron* en el trono de los reyes. ²⁰ Todo el pueblo del país exultaba de júbilo y la ciudad quedó tranquila. En cuanto a Atalía, había muerto a espada en el palacio real.

Reinado de Joás en Judá (835-796).

‖2 Cro 24 1-16 21
12.¹

12 ¹ Joás tenía siete años al subir al trono. ² Comenzó a reinar el año séptimo de Jehú y reinó cuarenta años en Jerusalén. El nombre de su madre era Sibía, de Berseba. ³ A lo largo de su vida, Joás hizo lo recto a los ojos de Yahvé, como el sacerdote Joadá le había ins-

---

11 4 (c) El hebr. añade: «en la Casa de Yahvé», omitido por griego y sir.

11 5 Parece ser que, los días ordinarios, un tercio de la guardia vigilaba el templo y los otros dos tercios el palacio, invirtiéndose la proporción los sábados. Joadá se aprovecha de un sábado: los dos tercios hacen como de costumbre su relevo en el templo, pero Joadá mantiene también el tercio que debía relevar a aquellos en el palacio.

11 6 Texto dudoso, compuesto quizá de varias glosas corrompidas.

11 10 Probable glosa procedente del relato paralelo, 2 Cro 23 9, en el que la función de la guardia es desempeñada por los levitas, que necesitaban estar armados. —«las lanzas» versiones; «la lanza» hebr.

11 11 Las últimas palabras son dudosas.

11 14 El «pueblo de la tierra» *'am ha'areṣ* no designa propiamente a una clase social, el campesinado, por oposición a los ciudadanos, más bien a una aristocracia rural integrada por hombres libres, es decir, con plenos derechos civiles. Suelen intervenir tanto en los negocios públicos como en actividades políticas de apoyo a la monarquía davídica. En el periodo postexí-

lico, la expresión empieza a sufrir un desplazamiento significativo, pasando a designar el conjunto del pueblo llano, en ocasiones con matices despectivos.

11 15 «jefes» según griego, que corresponde a hebr. *peqidê*; «empadronados» (*pequdê*) hebr., que delante de esta palabra añade: «los centuriones», probable glosa.

11 16 Es la Puerta de los Caballos de Jr 31 40 y Ne 3 28, que daba acceso a las caballerizas del palacio y que estaba situada fuera del recinto del templo, junto al ángulo sureste, donde todavía pueden verse los establos de Salomón.

11 17 A veces las últimas palabras son consideradas una adición; faltan en 2 Cro 23 16. Sin embargo, la existencia de un pacto entre el rey y el pueblo está indicada por 1 S 10 15 (Saúl); 2 S 5 3 (David); 1 R 12 1s (Roboán).

11 18 La revolución es paralela a la de Jehú en el reino del Norte, 10 18-28. Pero aquí cuenta con el apoyo del «pueblo de la tierra», guardián de la tradición yahvista, en contraposición a la capital, alcanzada por las influencias extranjeras y paganas.

11 19 «lo entronizaron», griego antiguo; «se sentó», hebr.

3 truido*. ⁴ Sin embargo, los lugares de culto no fueron retirados, y el pueblo seguía ofreciendo sacrificios y quemando incienso en los altozanos.

4 ⁵ Joás dijo a los sacerdotes: «Todo el dinero, en moneda corriente, aportado al templo de Yahvé por las ofrendas sagradas (el dinero que alguien pueda pagar como dinero equivalente de personas*, todo el dinero que cada uno piense ofre-

5 cer al templo de Yahvé), ⁶ los sacerdotes lo tomarán, cada uno de su benefactor*. Proveerán con él a las reparaciones del templo, de todo desperfecto que se pue-

6 da encontrar*.» ⁷ Sin embargo, en el año veintitrés del rey Joás, los sacerdotes no habían procedido todavía a la reparación

7 del templo. ⁸ El rey Joás llamó entonces al sacerdote Joadá y a los sacerdotes y les dijo: «¿Por qué no habéis procedido a la reparación del templo? A partir de ahora, no recojáis ya el dinero de vuestros benefactores, sino entregadlo para

8 la reparación del templo.» ⁹ Los sacerdotes consintieron en no recoger dinero del pueblo y en no hacer reparaciones en el templo.

9 ¹⁰ El sacerdote Joadá tomó un cofre e hizo una ranura en la tapa. Lo colocó junto al altar, al lado derecho según se entra en el templo de Yahvé. Los sacerdotes que custodiaban el umbral depo-

10 sitaban en él todo el dinero ofrecido al templo de Yahvé*. ¹¹ Cuando veían que había mucho dinero en el cofre, el secretario real y el sumo sacerdote subían, lo depositaban en bolsas* y contaban el dinero acumulado en el templo de Yahvé.

11 ¹² Entregaban el dinero, una vez pesado, en manos de los capataces que estaban al cargo del templo de Yahvé; éstos lo destinaban al pago de los carpinteros y constructores que trabajaban en el tem-

12 plo de Yahvé, ¹³ de los albañiles y canteros, y a la compra de madera y de piedra de cantería para las reparaciones en el templo de Yahvé y para todo otro gasto preciso para restaurar el edificio.

13 ¹⁴ Sin embargo, con el dinero ofrecido al templo de Yahvé no se hacían fuentes de

plata, cuchillos, acetres, trompetas, ni objetos de oro o plata; ¹⁵ éstos eran entregados a los capataces para la reparación del templo de Yahvé. ¹⁶ No se pedían cuentas a los hombres a cuyas manos se confiaba el dinero para el pago de los trabajadores, pues actuaban con honestidad. ¹⁷ El dinero de las ofrendas de expiación y el dinero de las ofrendas por el pecado no era depositado en el templo de Yahvé, sino que era para los sacerdotes.

¹⁸ Por entonces Jazael, rey de Aram, hizo una campaña de ataque contra Gat y la capturó; luego se dirigió en campaña contra Jerusalén. ¹⁹ Entonces Joás, rey de Judá, tomó todos los objetos sagrados que sus padres Josafat, Jorán y Ocozías, reyes de Judá, habían consagrado, todos los que él mismo había consagrado y todo el oro que se encontraba en los tesoros del templo de Yahvé y en el palacio real, y los envió a Jazael, rey de Aram, que suspendió el ataque a Jerusalén.

²⁰ El resto de los hechos de Joás, todo cuanto hizo, ¿no está escrito en el Libro de los Anales de los reyes de Judá? ²¹ Sus cortesanos promovieron un alzamiento y una conspiración y asesinaron a Joás en Bet Miló, en la bajada a Silá*. ²² Los cortesanos que lo asesinaron fueron Yosacar, hijo de Simat, y Jozabad, hijo de Somer. Murió y lo enterraron con sus antepasados en la ciudad de David. Amasías, su hijo, reinó en su lugar.

Reinado de Joacaz en Israel (814-798).

13 ¹ En el año veintitrés de Joás, hijo de Ocozías, rey de Judá, comenzó a reinar Joacaz, hijo de Jehú, sobre Israel, en Samaría. Reinó diecisiete años. ² Hizo lo malo a los ojos de Yahvé y siguió los pecados* que Jeroboán, hijo de Nebat, hizo cometer a Israel, sin retractarse de ellos.

³ Yahvé descargó su ira contra los israelitas y los entregó, durante aquel tiempo, en manos de Jazael, rey de Aram, y de Ben Hadad*, hijo de Jazael. ⁴ Pero Joacaz suplicó a Yahvé, que le es-

14
15
16

‖2 Cro 24
23-27
2 R 8 7-15

18

19
20
21

---

12 3   Y no: «durante todo el tiempo en que el sacerdote Joadá le instruía», como se traduce a veces para armonizarlo con 2 Cro **24** 2 y 17s.
12 5   Texto dudoso, reconstruido conforme al griego.
12 6   (a) Quizá haya aquí una referencia a la «venta» de los servicios religiosos, algo así como nuestro «estipendio» o «derechos de altar».
12 6   (b) Primera ordenanza real: los sacerdotes pagarán de sus réditos los gastos de reparación del templo.
12 10 Ejecución de la nueva ordenanza real. —«el al-

tar» hebr.; «la estela» griego.
12 11 «depositaban en bolsas» *wayyaṣurû* hebr.; se ha propuesto la conjetura «fundían» *wayyiṣṣerû*.
12 21 Bet Miló («La casa del Miló»), ver 1 R 9 15. Al final, dos palabras con texto corrompido: «en la bajada a Silá» (?).
13 2   «pecados» en plural en hebr., pero el pronombre que a él se refiere está en singular; asimismo en v. 11.
13 3   Ben Hadad III, que será el adversario de Joás de Israel, v. 25.

14 26-27
cuchó, pues había visto la represión con la que el rey de Aram tiranizaba a Israel. ⁵ Yahvé concedió entonces a Israel un libertador que los sacó* de la opresión de Aram. Los israelitas habitaron en sus casas como antes. ⁶ Sin embargo, no se retractaron de los pecados que Jeroboán* había hecho cometer a Israel, persistieron en ellos e incluso la estela permaneció erigida en Samaría. ⁷ En realidad* Joacaz se quedó con un ejército de sólo cincuenta jinetes, diez carros y diez mil infantes, pues el rey de Aram había hecho perecer a los demás y los había pisado como polvo bajo sus pies.

Ex 34 13+

⁸ El resto de los hechos de Joacaz, todo cuanto hizo y sus éxitos militares, ¿no está escrito en el Libro de los Anales de los reyes de Israel? ⁹ Joacaz reposó con sus antepasados y lo enterraron en Samaría. Joás, su hijo, reinó en su lugar.

Reinado de Joás en Israel (798-783).

¹⁰ En el año treinta y siete de Joás, rey de Judá, comenzó a reinar Joás, hijo de Joacaz, sobre Israel, en Samaría. Reinó dieciséis años. ¹¹ Hizo lo malo a los ojos de Yahvé, no se retractó de ninguno de los pecados que Jeroboán, hijo de Nebat, hizo cometer a Israel, sino que persistió en ellos. ¹² El resto de los hechos de Joás, todo cuanto hizo, sus éxitos militares y guerras contra Amasías, rey de Judá, ¿no está escrito en el Libro de los Anales de los reyes de Israel? ¹³ Joás reposó con sus antepasados y Jeroboán ocupó su trono. Joás fue enterrado en Samaría, junto a los reyes de Israel.

=14 15-16

14 8-14

Muerte de Eliseo.

¹⁴ Eliseo cayó enfermo de la enfermedad de que había de morir. Joás, rey de Israel, bajó para verle y lloró por él diciendo: «¡Padre mío, padre mío, carros y caballería de Israel!» ¹⁵ Eliseo le dijo: «Toma un arco y flechas», y él tomó un arco y flechas. ¹⁶ Dijo al rey de Israel: «Pon tu mano sobre el arco». Él puso su mano y Eliseo puso las suyas sobre las manos del rey, ¹⁷ y dijo: «Abre la ventana que mira a Oriente.» Él la abrió. Eliseo dijo: «¡Dispara!» Y disparó. Eliseo dijo: «¡Flecha de victoria de Yahvé!, ¡flecha de victoria contra Aram! Derrotarás por completo a Aram en Afec*.»

¹⁸ Añadió luego: «Toma las flechas.» Él las tomó y Eliseo dijo al rey de Israel: «Golpea hacia tierra.» El golpeó tres veces, pero se detuvo. ¹⁹ El hombre de Dios se irritó entonces con él y le dijo: «¡Si hubieras golpeado cinco o seis veces, entonces habrías derrotado por completo a Aram! Pero ahora derrotarás a Aram sólo tres veces.»

²⁰ Eliseo murió y lo enterraron. Bandas de moabitas penetraban en el país al inicio de cada año. ²¹ En una ocasión estaban unos enterrando a un hombre y, al avistar la banda, lo arrojaron en la tumba de Eliseo y huyeron. El hombre entró en contacto con los huesos de Eliseo, cobró vida y se puso en pie.

Victorias sobre los arameos.

²² Jazael, rey de Aram, había oprimido a Israel durante toda la vida de Joacaz. ²³ Pero Yahvé tuvo piedad y se compadeció de ellos, se volvió hacia ellos en atención a su alianza con Abrahán, Isaac y Jacob y no quiso aniquilarlos ni rechazarlos lejos de su rostro. ²⁴ Jazael, rey de Aram, murió y Ben Hadad, su hijo, reinó en su lugar. ²⁵ Joás, hijo de Joacaz, recuperó del domino de Ben Hadad, hijo de Jazael, las ciudades que habían tomado por las armas a Joacaz su padre. Joás lo derrotó tres veces y recobró las ciudades de Israel.

Gn 50 1
2 R 2 12

13 19

---

13 5 «que los sacó» griego; «y se liberaron» hebr. —Este libertador no es Joacaz, ni su hijo Joás, a pesar del v. 25, sino Jeroboán II, ver **14 27**, donde se inspira el redactor que ha añadido los vv. 4-6 como una anticipación.
13 6 «Jeroboán» Targ., sir.; «la casa de Jeroboán» hebr.

13 7 El v. 7 enlaza con el v. 3 por encima de la adición de los vv. 4-6.
13 17 Eliseo, poniendo sus manos sobre las del rey, le comunica la fuerza divina. La flecha lanzada hacia Oriente va dirigida contra los arameos. La acción profética prefigura el acontecimiento y con ello influye en su realización, ver Jr **18+**.

VII.   Los dos reinos hasta la caída de Samaría

‖2 Cro 25
1-4.11-12.
17-28

Reinado de Amasías en Judá (796-781).

14 [1] En el año segundo de Joás, hijo de Joacaz, rey de Israel, comenzó a reinar Amasías, hijo de Joás, rey de Judá. [2] Tenía veinticinco años cuando comenzó a reinar, y reinó veintinueve años en Jerusalén. Su madre se llamaba Joadán, de Jerusalén. [3] Hizo lo recto a los ojos de Yahvé, pero no como su padre David. Actuó exactamente como su padre Joás. [4] Sin embargo, los altozanos no desaparecieron; el pueblo seguía ofreciendo sacrificios y quemando incienso en los altozanos.

12 21-22

[5] Cuando el reino estuvo afianzado en sus manos, mató a los servidores que habían matado al rey su padre, [6] pero no ejecutó a los hijos de los asesinos, en conformidad con lo escrito en el libro de la Doctrina de Moisés, donde Yahvé dio una orden diciendo: «*Los padres no serán ajusticiados por causa de los hijos; los hijos no serán ajusticiados a causa de los padres, sino que cada uno será ajusticiado por su propio pecado*.*»

Dt 24 16+
Ez 14 12+

2 S 8 13

[7] Fue él quien derrotó a los edomitas, diez mil hombres, en el Valle de la Sal y quien conquistó Sela en el curso de la guerra. Le puso el nombre de Yocteel, conservado hasta el día de hoy.

[8] Entonces Amasías envió mensajeros a Joás, hijo de Joacaz, hijo de Jehú, rey de Israel, diciendo: «Ponte en marcha, que nos veamos las caras en la guerra.» [9] Joás, rey de Israel, envió respuesta a Amasías, rey de Judá: «El cardo del Líbano mandó a decir al cedro del Líbano: 'Dame tu hija por esposa de mi hijo'. Pero pasó una fiera del Líbano y pisoteó el cardo. [10] Porque has derrotado a Edom te has vuelto arrogante. ¡Puedes jactarte de tu gloria, pero quédate en tu casa! ¿Por qué provocar un desastre y un fracaso, arrastrando contigo a Judá?»

Jc 9 8-15

[11] Pero Amasías no le hizo caso. Joás, rey de Israel, emprendió la marcha y se enfrentaron él y Amasías, rey de Judá, en Bet Semes de Judá. [12] Judá cayó derrotada ante Israel y cada uno huyó a su casa. [13] Joás, rey de Israel, hizo prisionero en Bet Semes a Amasías, rey de Judá, hijo de Joás, hijo de Ocozías, y lo condujo* a Jerusalén. Abrió una brecha de cuatrocientos codos en la muralla de Jerusalén desde la puerta de Efraín hasta la Puerta del Ángulo*. [14] Tomó todo el oro y la plata y todos los objetos que se encontraban en el templo de Yahvé y en los tesoros del palacio real, así como rehenes. Se volvió luego a Samaría.

[15] El resto de los hechos de Joás, cuanto hizo, sus éxitos militares y sus guerras contra Amasías, rey de Judá, ¿no está escrito en el Libro de los Anales de los reyes de Israel? [16] Joás reposó con sus antepasados y lo enterraron en Samaría junto a los reyes de Israel. Jeroboán, su hijo, reinó en su lugar.

= 13 12-13

[17] Amasías, hijo de Joás, rey de Judá, vivió quince años después de la muerte de Joás, hijo de Joacaz, rey de Israel.

[18] El resto de los hechos de Amasías, ¿no está escrito en el Libro de los Anales de los reyes de Judá? [19] Se tramó una conjura contra él en Jerusalén, por lo que huyó a Laquis. Pero enviaron gente tras él hasta Laquis, donde lo mataron. [20] Lo condujeron luego a lomos de caballo y lo enterraron en Jerusalén con sus antepasados, en la Ciudad de David. [21] Entonces todo el pueblo de Judá tomó a Ozías*, que tenía dieciséis años, y lo proclamaron rey como sucesor de su padre Amasías. [22] Fue él quien reconstruyó Elat* y la devolvió a Judá, después que el rey (Amasías) hubo reposado con sus antepasados.

‖2 Cro 26

Reinado de Jeroboán II en Israel (783-743).

[23] En el año quince de Amasías, hijo de Joás, rey de Judá, comenzó a reinar Je-

---

14 6   Según las costumbres antiguas, la familia era solidaria de las faltas de su jefe, ver Jos 7 24; 2 S 21 5. La moderación de Amasías constituye una novedad digna de ser subrayada. El principio de la responsabilidad *individual* está codificado en Dt 24 16, al que remite el autor del libro de los Reyes. Con todo, Ezequiel, cap. 18, deberá recordarlo de nuevo.

14 13 (a) «y lo condujo» versiones, 2 Cro 25 23; «y vino» *qeré*; «y vinieron» *ketib*. —«desde la puerta» versiones, Cro; «hasta la puerta» hebr.

14 13 (b) Es la muralla de la colina occidental (ver 2 S 5 9+). Será trasladada más al norte, 2 Cro 32 5, y el

Calvario y el sepulcro de Cristo quedarán en el exterior de la nueva «Puerta de Efraín» (Ne 8 16; 12 39). Herodes Agripa I levantará una tercera muralla más al norte todavía.

14 21 El texto, aquí y varias veces a continuación, le llama Azarías por la forma ordinaria, fuera de 2 R, es Ozías. El primer nombre podría ser el de nacimiento; el segundo, el de la coronación.

14 22 Muy cerca de Esión Guéber, 1 R 9 26-28+, y más tarde confundido con esta ciudad. Se había perdido bajo Jorán, 2 R 8 20-21.

roboán, hijo de Joás, rey de Israel, en Samaría. Reinó cuarenta y un años. [24] Hizo lo malo a los ojos de Yahvé y no se retractó de todos los pecados que Jeroboán, hijo de Nebat, hizo cometer a Israel.

[25] Fue él quien recuperó el territorio fronterizo de Israel, desde la Entrada de Jamat hasta el mar de la Arabá, conforme a la palabra que Yahvé, Dios de Israel, había dicho por medio de su siervo, el profeta Jonás*, hijo de Amitay, el de

13 4-5
R 14 10+

Gat de Jéfer. [26] Yahvé vio la amarga desgracia* de Israel, pues no quedaba ya esclavo ni libre ni quien auxiliara a Israel. [27] Pero Yahvé no había decidido borrar el nombre de Israel bajo los cielos y lo salvó por medio de Jeroboán, hijo de Joás.

[28] El resto de los hechos de Jeroboán, todo cuanto hizo, sus éxitos militares y sus guerras, y cómo recuperó Damasco y Jamat para Israel*, ¿no está escrito en el Libro de los Anales de los reyes de Israel? [29] Jeroboán reposó con sus antepasados y lo enterraron en Samaría* con los reyes de Israel. Zacarías, su hijo, reinó en su lugar.

‖2 Cro 26
3-4.21-23

Reinado de Ozías en Judá (781-740).

15 [1] En el año veintisiete de Jeroboán, rey de Israel, comenzó a reinar Ozías, hijo de Amasías, rey de Judá. [2] Tenía dieciséis años cuando comenzó a reinar y reinó cincuenta y dos años en Jerusalén. Su madre se llamaba Yecolía, de Jerusalén. [3] Hizo lo recto a los ojos de Yahvé, exactamente como había hecho Amasías, su padre. [4] Sin embargo, los lugares altos no desaparecieron y el pueblo siguió ofreciendo sacrificios y quemando incienso en los altozanos. [5] Yahvé contagió al rey, que se quedó leproso y vivió en una residencia apartada* hasta el día de su muerte. Jotán, hijo del rey, estaba al frente del palacio

1 R 4 2+

y gobernaba al pueblo del país. [6] El resto de los hechos de Ozías, todo cuanto hizo, ¿no está escrito en el Libro de los Anales de los reyes de Judá? [7] Ozías reposó con sus antepasados y lo enterraron con sus padres en la Ciudad de David. Jotán, su hijo, reinó en su lugar.

Reinado de Zacarías en Israel (743).

[8] En el año treinta y ocho de Ozías, rey de Judá, comenzó a reinar Zacarías, hijo de Jeroboán, sobre Israel, en Samaría; reinó seis meses. [9] Hizo lo malo a los ojos de Yahvé como hicieron sus padres; no se retractó de los pecados que Jeroboán, hijo de Nebat, hizo cometer a Israel. [10] Salún, hijo de Yabés, conspiró contra él, lo atacó en Yibleán* lo mató, y reinó en su lugar. [11] El resto de los hechos de Zacarías ¿no está escrito en el Libro de los Anales de los reyes de Israel? [12] Ésta fue la palabra de Yahvé dicha a Jehú: «Tus hijos hasta la cuarta generación se sentarán en el trono de Israel.» Y así fue.

10 30

Reinado de Salún en Israel (743).

[13] Salún, hijo de Yabés, comenzó a reinar el año treinta y nueve de Ozías, rey de Judá, y reinó un mes en Samaría. [14] Menajén, hijo de Gadí, subió de Tirsá, entró en Samaría y atacó a Salún, hijo de Yabés, en Samaría. lo mató y reinó en su lugar. [15] El resto de los hechos de Salún y la conspiración que tramó está escrito en el Libro de los Anales de los reyes de Israel. [16] Por entonces Menajén, partiendo de Tirsá, atacó Tapúaj*, a sus habitantes y su territorio, y por no haberle abierto las puertas, masacró a su población y abrió el vientre a todas las mujeres embarazadas.

8 12+

Reinado de Menajén en Israel (743-738).

[17] En el año treinta y nueve de Ozías, rey de Judá, comenzó a reinar Menajén, hijo de Gadí, en Israel. Reinó diez años en Samaría. [18] Hizo lo malo a los ojos de Yahvé y no se retractó de los pecados que Jeroboán, hijo de Nebat, hizo cometer a Israel.

---

14 25 A él se atribuye, por seudonimia, el libro de Jonás.
14 26 «amarga» griego; «rebelde» hebr.
14 28 Según sir.; «para Judá en Israel» hebr.
14 29 «lo enterraron en Samaría», antigua Septuaginta según texto luc.; omitido en el hebr.
15 5 Traducción dudosa. La expresión traducida por

«en una residencia apartada» es sugerida por Lv 13 46.
15 10 «en Yibleán» antigua Septuaginta según texto luc.; «ante el pueblo» hebr.
15 16 Según griego luc. El hebr. dice: «Tipsah», pero Tipsah = Thapsaque está a orillas del Éufrates y no es probable que Menajén dirigiese hasta allá una expedición.

En su tiempo*, [19] Pul*, rey de Asiria, invadió el país, pero Menajén entregó a Pul mil talentos de plata para que le prestara ayuda y consolidara el poder real en su mano. [20] Menajén consiguió el dinero a través de impuestos sobre Israel: los ricos todos habían de entregar al rey de Asiria cincuenta siclos de plata por cabeza. Entonces el rey de Asiria regresó, sin detenerse en el país.

[21] El resto de los hechos de Menajén, todo cuanto hizo, ¿no está escrito en el Libro de los Anales de los reyes de Israel? [22] Menajén reposó con sus antepasados, y Pecajías, su hijo, reinó en su lugar.

Reinado de Pecajías en Israel (738-737).

[23] En el año cincuenta de Ozías, rey de Judá, comenzó a reinar Pecajías, hijo de Menajén, sobre Israel, en Samaría. Reinó dos años. [24] Hizo lo malo a los ojos de Yahvé y no se retractó de los pecados que Jeroboán, hijo de Nebat, hizo cometer a Israel.

[25] Su ayudante Pécaj, hijo de Romelías, tramó una conspiración contra él y lo atacó en Samaría, en el torreón del palacio real en Samaría*. Lo acompañaban cincuenta hombres de los galaaditas. Mató al rey y reinó en su lugar.

[26] El resto de los hechos de Pecajías, todo cuanto hizo, está escrito en el Libro de los Anales de los reyes de Israel.

Reinado de Pécaj en Israel (737-732).

[27] En el año cincuenta y dos de Ozías, rey de Judá, comenzó a reinar Pécaj, hijo de Romelías, sobre Israel, en Samaría. Reinó veinte años*. [28] Hizo lo malo a los ojos de Yahvé y no se retractó de los pecados que Jeroboán, hijo de Nebat, hizo cometer a Israel.

[29] En tiempo de Pécaj, rey de Israel, llegó Teglatfalasar, rey de Asiria, que tomó Iyón, Abel Bet Maacá, Yanóaj, Cades, Jasor, Galaad, Galilea y todo el país de Neftalí*, deportando (a sus habitantes) a Asiria*. [30] Oseas, hijo de Elá, tramó una conspiración contra Pécaj, hijo de Romelías, lo atacó, lo mató y reinó en su lugar*.

[31] El resto de los hechos de Pécaj, todo cuanto hizo, está escrito en el Libro de los Anales de los reyes de Israel.

Reinado de Jotán en Judá (740-736).   ‖2 Cro 27 1-4.7-9

[32] En el año segundo de Pécaj, hijo de Romelías, rey de Israel, comenzó a reinar Jotán, hijo de Ozías, rey de Judá. [33] Tenía veinticinco años cuando comenzó a reinar, y reinó dieciséis años* en Jerusalén. Su madre se llamaba Yerusá, hija de Sadoc. [34] Hizo lo recto a los ojos de Yahvé, exactamente como había hecho su padre Ozías. [35] Sin embargo, los altozanos no desaparecieron y el pueblo siguió sacrificando y quemando incienso en los altos.

Fue él quien construyó la Puerta Superior del templo de Yahvé.

[36] El resto de los hechos de Jotán, cuanto hizo, ¿no está escrito en el Libro de los Anales de los reyes de Judá? [37] En aquellos días, Yahvé comenzó a enviar contra Judá a Rasón*, rey de Aram, y a Pécaj, hijo de Romelías. [38] Jotán reposó con sus antepasados y lo enterraron con sus padres en la ciudad de David, su padre. Ajaz, su hijo, reinó en su lugar.

Reinado de Ajaz en Judá (736-716).

16 [1] En el año diecisiete de Pécaj, hijo de Romelías, comenzó a reinar Ajaz, hijo de Jotán, rey de Judá. [2] Tenía Ajaz veinte años cuando comenzó a reinar y reinó dieciséis años en Jerusalén. No hizo lo recto a los ojos de Yahvé, su Dios, como David, su padre. [3] Siguió el camino de los reyes de Israel; incluso arrojó a su hijo a la pira de fuego, según   ‖2 Cro 28 1-4   Lv 18 21

---

15 18 «En su tiempo» griego; «durante todo su tiempo» (referido a la frase precedente) hebr.
15 19 Según los documentos asirio-babilónicos, *Pûlu* es el nombre de coronación que tomó Teglatfalasar III, rey de Asiria (745-727) cuando asumió el poder en Babilonia el 729. —El tributo del v. 20 se menciona en los textos asirios en conexión con la campaña de este rey en Siria el 738.
15 25 El texto añade «Argob y Aryeh», que quizá deba corregirse por «Argob y los aduares de Yaír», glosa destinada a «Galaad» del v. 29.
15 27 Cinco años a lo sumo, según datos comprobados.
15 29 (a) Las ciudades mencionadas fueron conquis-

tadas al paso de Teglatfalasar en su campaña contra Filistea el 734. La mención de Galaad y Galilea engloba con estas conquistas las de la campaña de 733-732, principalmente dirigida contra Damasco.
15 29 (b) Primera deportación israelita.
15 30 El hebr. añade: «el año veinte de Jorán, hijo de Ozías», que falta en griego luc. y contradice el v. 33.
15 33 Si la cifra es exacta, incluye los años de regencia de Jotán, v. 5.
15 37 Rasón (griego; hebr. Resín) es el último rey de Damasco antes de la conquista de la ciudad por los asirios, 16 9. Se trata de la preparación de la guerra que se desarrollará bajo Ajaz, 16 5-9.

la costumbre abominable de las naciones que Yahvé había expulsado ante los israelitas. [4] Ofreció sacrificios y quemó incienso en los altozanos, en las colinas y bajo todo árbol frondoso.

[5] Entonces Rasón, rey de Aram, y Pécaj, hijo de Romelías, rey de Israel, avanzaron sobre Jerusalén para atacarla y pusieron cerco a Ajaz*, pero no pudieron entablar combate. [6] En aquel tiempo, Rasón, rey de Aram, recuperó Elat para Aram*. Expulsó de Elat a los de Judá y los edomitas entraron en Elat y habitaron allí hasta el día de hoy. [7] Ajaz envió mensajeros a Teglatfalasar, rey de Asiria, diciendo: «Siervo tuyo e hijo tuyo soy*. Emprende una campaña y líbrame de manos del rey de Aram y del rey de Israel que se han alzado contra mí.» [8] Ajaz tomó la plata y el oro que se encontraba en el templo de Yahvé y en los tesoros del palacio real y lo envió como regalo al rey de Asiria. [9] El rey de Asiria atendió su demanda, marchó contra Damasco, la conquistó, deportó (sus habitantes) a Quir y mató a Rasón*.

[10] Cuando el rey Ajaz fue a Damasco a recibir a Teglatfalasar, rey de Asiria, y vio el altar que había en Damasco*, envió al sacerdote Urías un modelo del altar y un proyecto para su reproducción. [11] El sacerdote Urías construyó el altar conforme a las instrucciones enviadas por el rey Ajaz desde Damasco; (de esta forma el sacerdote Urías construyó el altar, antes incluso de que el rey Ajaz regresara de Damasco)*. [12] Cuando, a su regreso de Damasco, el rey vio el altar, se acercó y subió al altar, [13] quemó su holocausto y su ofrenda y vertió su libación sobre el altar, que asperjó con la sangre de los sacrificios de comunión*. [14] Respecto al altar de bronce que estaba ante

Yahvé*, lo retiró de su lugar delante del templo, entre el (nuevo) altar y el templo de Yahvé, y lo instaló al lado norte del (nuevo) altar. [15] Después el rey Ajaz ordenó al sacerdote Urías: «Sobre este gran altar quemarás el holocausto de la mañana y la ofrenda de la tarde, el holocausto y la ofrenda del rey, el holocausto, la ofrenda y las libaciones de todo el pueblo del país. Asperjerás (el altar) con la sangre de todos los holocaustos y la sangre de todos los sacrificios. En cuanto al altar de bronce, yo decidiré*.» [16] El sacerdote Urías hizo cuanto el rey Ajaz le había ordenado.

[17] El rey Ajaz desmontó los paneles de las basas y retiró la pila que estaba encima. Bajó también el Mar que estaba sobre los bueyes de bronce y lo colocó sobre un pavimento de piedra*. [18] En atención al rey de Asiria tuvo que retirar el estrado del trono construido en el templo de Yahvé y la entrada exterior del rey*.

[19] El resto de los hechos de Ajaz, lo que hizo, ¿no está escrito en el Libro de los Anales de los reyes de Judá? [20] Ajaz reposó con sus antepasados y lo enterraron con sus padres en la Ciudad de David. Ezequías, su hijo, reinó en su lugar.

Reinado de Oseas en Israel (732-724).

17 [1] En el año doce de Ajaz, rey de Judá, comenzó a reinar Oseas, hijo de Elá, en Samaría, sobre Israel. Reinó nueve años. [2] Hizo lo malo a los ojos de Yahvé, aunque no tanto como los reyes de Israel que le precedieron.

[3] Salmanasar*, rey de Asiria, marchó contra Oseas, que se hizo vasallo suyo y le pagaba tributo. [4] Pero el rey de Asiria descubrió que Oseas le traicionaba: ha-

Dt 12 2+

2 Cro 28 5s
Is 7-8
Os 5 8 - 6 6

2 Cro 28 17

2 Cro 28 16

2 Cro 28 21

1 R 8 64
2 Cro 28 23

Ex 29 39
Nm 28 4

||2 Cro 28 24
1 R 7 27-37

1 R 7 23-26

||2 Cro 28
26-27

16 5 Esta guerra, que dio ocasión a las profecías de Is 7-8, tenía como fin arrastrar a Judá a una coalición contra Asiria.

16 6 Una corrección propuesta supone que la referencia histórica es a «Edom» y no a «Aram». La confusión entre las letras «d» y «r» es muy frecuente en la escritura hebrea. —Los edomitas se aprovechan de la situación para recuperar Elat, ver 14 22.

16 7 Ajaz se declara vasallo de Teglatfalasar el 734. Pero, al comprar de este modo la protección del rey extranjero, prepara la ruina de su reino, ver Is 8 5s.

16 9 Campaña de Teglatfalasar contra Damasco (733-732).

16 10 Se trata del gran altar del templo de Damasco, 5 18, no de un altar erigido por el ejército de ocupación.

16 11 Este pasaje entre paréntesis no figura en la versión griega.

16 13 El rey es quien consagra el altar, desempeñando él mismo funciones propiamente sacerdotales. En algunas circunstancias se reservaban los reyes esta fun-

ción. El rey es también el administrador del templo y el organizador del culto (ver ya 12 5-17), y Urías sólo aparece como funcionario real.

16 14 Se trata del altar de bronce (como lo indica una glosa exacta del hebr.) instalado por Salomón, 1 R 8 64; 9 25, ante la entrada del templo.

16 15 Traducción dudosa. «Yo diré», lit. «me lo reservo para examinar» (¿las entrañas de las víctimas?).

16 17 Texto alterado en hebr. —Se ignora si los cambios efectuados por Ajaz responden a una intención cultual o si simplemente le han de procurar el bronce que necesita (¿para pagar su tributo al rey de Asiria?).

16 18 «retirar (en el templo)», conj.; «modificó el templo» hebr. —«el estrado del trono» griego; hebr. ininteligible. Se discute la interpretación. Probablemente «el estrado» y «la entrada....del rey» son signos exteriores de soberanía, cuya supresión exige Teglatfalasar de su vasallo.

17 3 Salmanasar V (727-722), sucesor de Teglatfalasar III.

bía despachado mensajeros a So*, rey de Egipto, y dejó de pagar tributo al rey de Asiria, como en años anteriores. El rey de Asiria arrestó a Oseas y lo encadenó en prisión*.

=18 9-11 **Caída de Samaría (721).**

⁵ Entonces el rey de Asiria avanzó contra todo el país, marchó contra Samaría y la cercó durante tres años. ⁶ El año noveno de Oseas, el rey de Asiria conquistó Samaría*. Deportó a los israelitas a Asiria y los estableció en Jalaj, en el Jabor, río de Gozán*, y en las ciudades de los medos*.

18 12 **Reflexiones sobre la ruina del reino de Israel*.**

⁷ Esto sucedió porque los israelitas habían pecado contra Yahvé, su Dios, que los había sacado de la tierra de Egipto, sustrayéndolos a la mano del faraón, rey de Egipto. Habían dado culto a otros dioses y ⁸ seguido las costumbres de las naciones que Yahvé había expulsado ante ellos*. ⁹ Los israelitas cometieron acciones torcidas contra Yahvé su Dios: se edificaron altozanos en todas sus poblaciones, desde las atalayas de vigía hasta las ciudades amuralladas. ¹⁰ Se erigieron estelas y cipos sagrados sobre toda colina elevada y bajo todo árbol frondoso. ¹¹ Allí quemaban incienso, en todo lugar de culto, al modo de los pueblos paganos que Yahvé había deportado ante ellos. Obraron mal, irritando a Yahvé, ¹² y daban culto a los ídolos cuando Yahvé les había dicho: «No haréis tal cosa.»

¹³ Yahvé había advertido a Israel y a Judá por boca de todos los profetas y videntes: «Volveos de vuestros malos caminos y guardad mis mandamientos y

Ex 23 24+
Ex 34 13+
Dt 12 2+

decretos, conforme a la Doctrina que prescribí a vuestros padres y que les transmití por mano de mis siervos los profetas.» ¹⁴ Pero no hicieron caso y mantuvieron rígida la cerviz como habían hecho sus padres, que no confiaron en Yahvé, su Dios. ¹⁵ Despreciaron sus leyes y la alianza que había establecido con sus padres y las exigencias que les había impuesto. Caminaron tras dioses que eran nada y se volvieron nada, imitando a las naciones de alrededor, cuando Yahvé les había prescrito no actuar como ellas. ¹⁶ Abandonaron todos los mandamientos de Yahvé su Dios, y se hicieron ídolos fundidos, los dos becerros, y un cipo sagrado. Se postraron ante todo el ejército de los cielos y rindieron culto a Baal. ¹⁷ Arrojaron sus hijos e hijas a la pira de fuego, consultaron los augurios y practicaron la adivinación. Se prestaron por dinero a hacer lo malo a los ojos de Yahvé, hasta el punto de provocar su ira. ¹⁸ Yahvé se encolerizó sobremanera contra Israel y los apartó de delante de su rostro. No quedó sino sólo la tribu de Judá.

¹⁹ Tampoco Judá guardó los mandamientos de Yahvé, su Dios. Siguieron las costumbres que Israel había practicado. ²⁰ Yahvé rechazó la descendencia de Israel, los humilló y entregó en manos de saqueadores, hasta que los arrojó de su presencia, ²¹ porque Israel se había desgajado de la casa de David y había hecho rey a Jeroboán, hijo de Nebat. Jeroboán provocó que Israel se alejara de Yahvé y cometiera un gran pecado. ²² Los israelitas persistieron en todos los pecados que Jeroboán había cometido; no se apartaron de ellos, ²³ hasta que Yahvé apartó a Israel de su presencia, como había advertido por medio de sus siervos los profetas, y deportó a Israel de su tierra a Asiria, hasta el día de hoy.

Dt 9 13+

Jr 2 5

1 R 12 28

Ex 34 13+
Dt 4 19;
17 3

Lv 18 21+
Dt 18 10

1 R 12 20

1 R 12 26

---

17 4 (a) So es desconocido como nombre de un rey de Egipto; acaso deba leerse un nombre de ciudad, Sais, en el delta, residencia del faraón Tefnakht, contemporáneo de Oseas. Según otra conjetura, se trataría de un general egipcio llamado Sibe por los asirios.
17 4 (b) Este encarcelamiento de Oseas, que había salido al encuentro de Salmanasar o que había huido de Samaría, coincidió con el comienzo del sitio de la ciudad y señala el final del reino (año noveno).
17 6 (a) Salmanasar había iniciado el sitio el 724. La ciudad no fue tomada hasta el comienzo del reinado de su hijo Sargón, probablemente a principios del 721. El «año noveno de Oseas» responde al comienzo del sitio.
17 6 (b) No lejos de Jarán, en el extremo norte de Mesopotamia.
17 6 (c) Al este de Mesopotamia. Los colonos israe-

litas sustituían allí a los indígenas que Teglatfalasar había deportado. La acción del libro de Tobías es situada en este marco.
17 7 Estas reflexiones no son de una sola mano. Para el autor principal del libro, el gran pecado de Israel es el cisma religioso, 1 R 12 26-33, «pecado original» recordado contra cada uno de los reyes de Israel y también aquí en los vv. 7ª y 21-23. Se ha añadido una exposición llena de reminiscencias del Dt y de los Profetas (sobre todo Jr), acerca del sincretismo religioso y los santuarios locales, vv. 7ᵇ -18. Otra adición engloba a Judá en esta reprobación, vv. 19-20.
17 8 El hebr. añade algunas palabras: «y (las costumbres) de los reyes de Israel que ellos eligieron», glosa (según el v. 21) destinada al comienzo del v. 9.

Origen de los samaritanos*.

²⁴ El rey de Asiria hizo venir gentes de Babilonia, de Cutá, de Avá, de Jamat y de Sefarváin, y los estableció en las poblaciones de Samaría en lugar de los israelitas; ellos tomaron posesión de Samaría y habitaron en sus ciudades. ²⁵ Cuando empezaron a establecerse allí, no conocían el culto a Yahvé, y Yahvé soltó leones que causaban muertos entre ellos. ²⁶ Entonces dijeron al rey de Asiria: «Las gentes paganas que has deportado y establecido en las poblaciones de Samaría no conocen las reglas del dios de la tierra y éste ha soltado leones que los están matando, pues no conocen las reglas del dios de la tierra.» ²⁷ El rey de Asiria dio orden: «Enviad allá a uno de los sacerdotes que habéis deportado; que vaya a establecerse allí* y les enseñe las reglas del dios de la tierra.» ²⁸ Uno de los sacerdotes deportados de Samaría fue a establecerse en Betel y les enseñó cómo dar culto a Yahvé.

²⁹ Sin embargo, cada uno de aquellos pueblos paganos continuaba fabricando sus propios dioses y los instalaban en los altozanos que habían hecho los samaritanos; cada nación (los ponía) en las poblaciones que habitaba. ³⁰ Las gentes de Babilonia hacían unos Sucot Benot, las de Cutá un Nergal, las de Jamat un Asimá, ³¹ los avitas un Nibjaz y un Tartac, y los sefarvitas quemaban a sus hijos en honor de Adramélec y Anamélec, dioses de los sefarvitas. ³² Daban culto también a Yahvé y se hicieron entre ellos sacerdotes de los altozanos, que oficiaban en los lugares de culto. ³³ Daban culto a Yahvé y servían a la vez a sus dioses según las costumbres de las naciones de las que habían sido deportados. ³⁴ Hasta el día de hoy han seguido practicando sus ritos antiguos.

No rinden culto (adecuado) a Yahvé* y no siguen sus preceptos y sus ritos, la Doctrina y la Instrucción que Yahvé mandó a los hijos de Jacob, al que puso el nombre de Israel. ³⁵ Yahvé hizo una alianza con ellos con el mandato: «No daréis culto a otros dioses, no os postraréis ante ellos, no les serviréis ni ofreceréis sacrificios. ³⁶ Rendiréis culto únicamente a Yahvé, que os trajo de la tierra de Egipto con gran fuerza y con su brazo extendido; ante él os postraréis y a él ofreceréis sacrificios. ³⁷ Guardaréis los preceptos, los ritos, la Doctrina y la Instrucción que os dio por escrito, cumpliéndolos todos los días, y no daréis culto a otros dioses. ³⁸ No olvidéis la alianza que hice con vosotros; no déis culto a otros dioses. ³⁹ Pues sólo a Yahvé vuestro Dios rendiréis culto y él os librará de las manos de todos vuestros enemigos.» ⁴⁰ Pero ellos no obedecieron, sino que persistieron en sus antiguos ritos.

⁴¹ Aquellas gentes daban culto a Yahvé, pero servían también a sus ídolos. Hasta el día de hoy, sus hijos y los hijos de sus hijos han seguido actuando como lo habían hecho sus padres

Márgenes:
Jn 4 9+
1 R 12 31
Gn 32 29
Ex 19 1+

VIII. Los últimos tiempos del reino de Judá

1. EZEQUÍAS, EL PROFETA ISAÍAS Y ASIRIA

Introducción al reinado de Ezequías (716-687).

18 ¹ En el año tercero de Oseas*, hijo de Elá, rey de Israel, comenzó a reinar Ezequías, hijo de Ajaz, rey de Judá. ² Tenía veinticinco años cuando comenzó a reinar y reinó veintinueve años en Jerusalén. Su madre se llamaba Abía*, hija de Zacarías. ³ Hizo lo recto a los ojos de Yahvé, exactamente como David, su padre. ⁴ Él fue quien retiró los

Márgenes:
‖2 Cro 29 1-2
‖2 Cro 31 1
Dt 12 2+
Ex 23 24+
Ex 34 13+

---

17 24 Los vv. 24-28 y 41 ofrecen una visión simplificada de la repoblación del reino del Norte: suponen una deportación total de los habitantes israelitas y engloban diversas colonizaciones sucesivas; la historia de los vv. 25-28 explica la persistencia del culto yahvista en ese ambiente pagano. Los detalles de los vv. 29-34ª han sido añadidos durante el Destierro. La exposición de los vv. 34ᵇ-40 vuelve sobre las faltas que han motivado la ruina de Israel y estaría mejor en la primera parte del cap.
17 27 Según hebr.; Targ. dice: «deporté de allí».

—«que vaya» versiones; plural en hebr.
17 34 Ya no se trata de paganos, como en los vv. precedentes, sino de israelitas infieles, como en los vv. 14s.
—«sus preceptos y sus ritos (de Yahvé)» conj.; «los preceptos y los ritos de ellos» hebr. Los vv. 34ᵇ-40 son una adición que acumula fórmulas generales sin conexión con la situación histórica.
18 1 Cronología dudosa.
18 2 «Abía» 2 Cro 29 1; «Abí» hebr.

santuarios, derribó las estelas y cortó los cipos sagrados*. Hizo pedazos la serpiente de bronce que Moisés había hecho, pues hasta entonces los israelitas habían quemado incienso en su honor; la llamaban Nejustán*.

Nm 21 4-9+
Sb 16 6

⁵ Puso su confianza en Yahvé, Dios de Israel, y no hubo entre todos los reyes de Judá ninguno semejante a él, ni antes ni después de él. ⁶ Se arrimó a Yahvé y no se apartó de él, guardando los mandamientos que Yahvé había mandado a Moisés. ⁷ Yahvé estuvo con él y tuvo éxito en todas sus empresas; se rebeló contra el rey de Asiria* y le negó vasallaje. ⁸ Él fue quien derrotó a los filisteos hasta Gaza y sus fronteras, desde las atalayas de vigía hasta las ciudades amuralladas.

Gn 39 2

Recuerdo de la caída de Samaría*.

=17 1-6

⁹ En el año cuarto del rey Ezequías, que era el séptimo de Oseas, hijo de Elá, rey de Israel, marchó Salmanasar, rey de Asiria, contra Samaría y la cercó. ¹⁰ Al cabo de tres años la conquistó. Era el año sexto de Ezequías, el noveno de Oseas, rey de Israel, cuando Samaría fue conquistada. ¹¹ El rey de Asiria deportó a los israelitas a Asiria, instalándolos* en Jalaj, en el Jabor, río de Gozán, y en las poblaciones de los medos. ¹² Esto sucedió porque no escucharon la voz de Yahvé, su Dios, y violaron su alianza, todo cuanto había ordenado Moisés, siervo de Yahvé. No obedecieron y no lo pusieron en práctica.

17 7-18

Invasión de Senaquerib*.

‖2 Cro 32 1
‖Is 36 1

¹³ En el año catorce del rey Ezequías, Senaquerib, rey de Asiria, marchó contra todas las ciudades amuralladas de Judá y se apoderó de ellas. ¹⁴ Ezequías, rey de Judá, envió este mensaje a Senaquerib, a

Laquis: «He cometido un error; retírate de mí y soportaré cuanto me impongas.» El rey de Asiria impuso a Ezequías, rey de Judá, el tributo de trescientos talentos de plata y treinta talentos de oro. ¹⁵ Ezequías entregó todo el dinero que se encontraba en el templo de Yahvé y en los tesoros del palacio real. ¹⁶ En aquella ocasión Ezequías rompió las puertas del santuario de Yahvé y los batientes que Ezequías*, rey de Judá, había revestido de oro, y los entregó al rey de Asiria.

1 R 6 20-22

Misión del copero mayor.

¹⁷ El rey de Asiria despachó al copero mayor desde Laquis a Jerusalén, donde el rey Ezequías*, con un fuerte destacamento. Avanzó sobre Jerusalén y, nada más llegar*, tomó una posición próxima al canal de la Alberca Superior, junto al camino del Campo del Batanero. ¹⁸ Llamaron al rey y salieron hacia ellos el mayordomo de palacio, Eliaquín, hijo de Jilquías, el secretario Sebná y el heraldo Joaj, hijo de Asaf. ¹⁹ El copero mayor les dijo: «Decid a Ezequías: Así habla el gran rey, el rey de Asiria: ¿Qué seguridad es ésa en la que has puesto tu confianza? ²⁰ Has pensado para ti: 'La palabra de los labios es consejo y valor para la guerra'. Pero, ¿en quién confías para haberte rebelado contra mí? ²¹ Te has confiado al apoyo de esa caña rota que es Egipto*, que penetra y traspasa la mano de quien se apoya en ella. Eso es el faraón, rey de Egipto, para todos los que en él confían. ²² Pero si me replicáis: 'Nosotros confiamos en Yahvé, nuestro Dios', entonces, ¿no es ése el dios cuyos santuarios y altares retiró Ezequías, ordenando a Judá y Jerusalén: 'Daréis culto sólo en Jerusalén, ante este altar'? ²³ Haced, pues, una apuesta con mi señor, el rey de Asiria: Te daré dos mil caballos si eres ca-

‖2 Cro 32
9-19
‖Is 36 2-22

Is 7 3
1 R 4 2+

Is 22 15-25

Is 30 1-7;
31 1-3
Ez 29 6-7

18 4

18 4 (a) «los cipos» versiones; hebr. en singular. —Por medio de esta centralización del culto y esta lucha contra la idolatría, Ezequías preludia la reforma deuteronómica de Josías, cap. 23, y merece los elogios de los vv. 3 y 5-6.
18 4 (b) Este nombre propio alude a la materia del objeto, *nejošet* «bronce», y a su figura de serpiente, *najaš*. La imagen pasaba por ser la que Moisés había hecho en el desierto, Nm 21 8-9, y recibía culto idolátrico, Sb 16 6-7.
18 7 *El 711*, o quizá mejor después de la muerte de Sargón el 705.
18 9 Este pasaje repite los datos de 17 5-6 y añade una reflexión según el espíritu de 17 7.
18 11 «instalándolos» versiones; «los llevó» hebr.
18 13 La campaña de Senaquerib (hijo y sucesor de Sargón) en Palestina tuvo lugar el 701. El detallado informe que de ella dan sus Anales confirma las indica-

ciones de los vv. 13-16, pero no contienen nada que corresponda a 18 17 - 19 37, silenciando así el fracaso final de Senaquerib. El texto bíblico contiene dos relatos paralelos, 18 17 - 19 9ᵃ y 19 36-37, por una parte, y 19 9ᵇ-35 por otra, que refieren de manera un poco distinta la misma relación de hechos. Todo el conjunto 18 13 - 19 37 ha sido repetido, salvo algunas variantes, en Is 36-37.
18 16 El texto trae aquí el nombre de Ezequías, que ha sustituido por inadvertencia el de un rey anterior.
18 17 (a) El texto de 2 R inserta: «al comandante en jefe y al eunuco» (y en consecuencia pone en concordancia los verbos en los vv. 17-18), omitido por Is 32 6. Estos personajes no aparecen en el resto del relato.
18 17 (b) El hebr. dice aquí: «subieron pues a Jerusalén y llegaron y subieron y llegaron».
18 21 Los intentos de alianza egipcia han sido censurados por Isaías.

paz de agenciarte jinetes para ellos. [24] ¿Te crees capaz de ofender aunque sea a uno solo* de los siervos más insignificantes de mi señor? ¿Te fías de Egipto para disponer de carros y caballería! [25] ¿Crees que he venido a destruir este lugar sin contar antes con Yahvé? Yahvé es quien me ha dicho: Marcha contra esa tierra y destrúyela.»

[26] Eliaquín*, Sebná y Joaj dijeron al copero mayor: «Por favor, háblanos a nosotros, tus siervos, en arameo, que lo entendemos; no nos hables en el hebreo de Judá y a oídos del pueblo que está en la muralla*.» [27] El copero mayor respondió: «¿Crees que es a tu señor o a ti a quienes me envía mi señor a decir estas cosas? Es precisamente a los hombres que se asoman en la muralla, quienes como vosotros habrán de comerse sus excrementos y beberse su orina*.»

[28] El copero mayor se puso en pie y gritó a toda voz en el hebreo de Judá: «Escuchad la palabra del Gran Rey, rey de Asiria. [29] Así habla el rey: No os engañe Ezequías, que no podrá libraros de mi mano*. [30] Que Ezequías no os haga confiar en Yahvé diciendo: 'Yahvé nos librará; esta ciudad no caerá jamás en manos del rey de Asiria.' [31] No hagáis caso a Ezequías, porque así habla el rey de Asiria: Haced las paces conmigo y salid hacia aquí. Así cada uno de vosotros podrá comer de su viña y de su higuera y beber del agua de su cisterna, [32] hasta que llegue yo y os conduzca a una tierra como la vuestra, tierra de trigo y mosto, de pan y de vino, de aceite y de miel, para que viváis y no muráis. Pero no hagáis caso a Ezequías, que os engaña diciendo: 'Yahvé nos librará.' [33] ¿Es que los dioses de las demás naciones han podido librar sus territorios del poder del rey de Asiria? [34] ¿Dónde están los dioses de Jamat y de Arpad? ¿Dónde están los dioses de Sefarváin, de Hená y de Avá? ¿Han podido (los dioses de Samaría) librar a Samaría de mi mano?* [35] ¿Qué dioses, de entre todos los dioses de las naciones, han librado sus territorios de mi poder, como para que Yahvé pueda librar a Jerusalén de mi mano?»

[36] El pueblo callaba, sin responder palabra, pues el rey había ordenado: «No le respondáis.» [37] Eliaquín, hijo de Jilquías, mayordomo de palacio, y el secretario Sebná y el heraldo Joaj, hijo de Asaf, se presentaron ante Ezequías, con las vestiduras rasgadas, y le comunicaron lo dicho por el copero mayor.

Recurso al profeta Isaías.

19 [1] Cuando el rey Ezequías lo oyó, rasgó sus vestiduras, se cubrió de sayal y fue al templo de Yahvé. [2] Envió a Eliaquín, mayordomo de palacio, a Sebná, el secretario, y a los más ancianos de los sacerdotes, todos cubiertos de sayal, donde el profeta Isaías, hijo de Amós*, [3] para decirle: «Así habla Ezequías: ¡Día de angustia, de castigo y de vergüenza! Los niños coronan en el cuello del útero, pero falta fuerza para alumbrarlos*. [4] ¿Tal vez Yahvé tu Dios ha tomado nota de todas las palabras del copero mayor, enviado por el rey de Asiria, su señor, para insultar al Dios vivo, y Yahvé tu Dios castiga las palabras que ha oído? ¡Eleva una plegaria por el resto que aún queda*!»

[5] Cuando los siervos del rey Ezequías llegaron donde Isaías, [6] éste les dijo: «Hablad así a vuestro señor: Esto dice Yahvé: No tengas miedo por las palabras que has oído y con las que los criados del rey de Asiria me han insultado. [7] Infundiré en él un espíritu* por el que oirá ciertos rumores y entonces se volverá a su tierra. Haré que caiga a espada en su país.»

Partida del copero mayor.

[8] El copero mayor, tras oír que el rey de Asiria se había retirado de Laquis, se

‖Is 37 1-7

1 R 21 27

Is 4 3+

Is 10 5-19

‖Is 37 8-9

17 5.6.24

---

18 24 «uno solo» conj.; «un solo gobernador» hebr.
18 26 (a) «Eliaquín» Is 16 11; hebr. añade «hijo de Jilquías».
18 26 (b) El arameo empezaba a convertirse en la lengua de las relaciones internacionales del Próximo Oriente; más adelante llegará a ser la lengua común hablada en Palestina. Pero, en la época de Ezequías, el pueblo sólo entendía el «judío», el hebreo hablado en Jerusalén.
18 27 Expresión realista del hambre a que un asedio reduciría la ciudad.
18 29 «de mi mano» versiones; «de su mano» hebr.
18 34 Sobre estas ciudades sirias, ver 17 24. Habían sido conquistadas por los predecesores inmediatos de

Senaquerib. Las versiones añaden: «¿Dónde están los dioses del país de Samaría?»; omitido por hebr.
19 2 Ezequías recurre a Isaías, al igual que los antiguos reyes de Israel y Judá recurrían a los profetas, sus consejeros de guerra, como Elías o Eliseo, ver 1 R 22 8s; 2 R 1 9s; 3 11s; 6 8s, etc.
19 3 Sin duda, expresión proverbial de una situación desesperada.
19 4 La salvación de un «resto» del pueblo elegido es uno de los temas de la predicación de Isaías, ver Is 4 3+ y aquí vv. 30-31.
19 7 No un espíritu personal, sino una inspiración de Dios que gobierna los corazones.

dio la vuelta para ir al encuentro del rey que estaba atacando Libná. ⁹ Pero (el rey de Asiria) recibió esta noticia: «Tirhacá*, rey de Cus, ha partido en campaña contra ti.»

‖Is 37 9-20
‖2 Cro 32 17

Carta de Senaquerib a Ezequías.

Entonces envió de nuevo mensajeros a Ezequías, diciendo: ¹⁰ «Así hablaréis a Ezequías, rey de Judá: Que tu Dios, en el que confías, no te engañe, diciendo: 'Jerusalén no será entregada en manos del rey de Asiria'. ¹¹ Tú mismo has oído cómo los reyes de Asiria han tratado a todos los países, entregándolos al anatema, ¿y vas tú a librarte? ¹² ¿Salvaron acaso los dioses de las naciones a Gozán, a Jarán, a Résef y a los habitantes de Eden en Tel Basar*, que mis antepasados habían aniquilado? ¹³ ¿Dónde está el rey de Jamat?, ¿y el rey de Arpad?, ¿y los reyes de Laír, de Sefarváin, de Hená y de Avá*?»

17 6

18 34

¹⁴ Ezequías tomó la carta* de manos de los mensajeros y la leyó. Luego subió al templo de Yahvé y Ezequías abrió el rollo de carta ante Yahvé. ¹⁵ Ezequías elevó esta plegaria ante Yahvé: «Yahvé, Dios de Israel, entronizado sobre los Querubines, tú sólo eres el Dios para todos los reinos de la tierra. Tú hiciste los cielos y la tierra. ¹⁶ ¡Inclina tu oído, Yahvé, y escucha; abre tus ojos, Yahvé, y mira! Escucha las palabras de Senaquerib, enviadas para insulto del Dios vivo. ¹⁷ Es verdad, Yahvé, los reyes de Asiria han exterminado las naciones*, ¹⁸ han arrojado sus dioses al fuego y los han destruido, pero no eran dioses, sino hechuras de mano de hombre, de madera y de piedra. ¹⁹ Pero ahora, Yahvé, Dios nuestro, líbranos de sus manos, sepan todos los reinos de la tierra que sólo tú eres Yahvé Dios.»

‖2 Cro 32 20

Ex 25 18+

Is 40 20+
Jr 10 1-16

1 R 18 24+

Intervención de Isaías.

‖Is 37 21-35

²⁰ Isaías, hijo de Amós, envió a Ezequías este mensaje: «Así dice Yahvé, Dios de Israel: He escuchado tu plegaria acerca de Senaquerib, rey de Asiria. ²¹ Éste es el oráculo que Yahvé pronuncia contra él*:

«Te desprecia, se burla de ti,
la doncella Sión,
menea la cabeza a tu espalda
la dama Jerusalén.
²² ¿A quién has insultado y ultrajado?
¿Contra quién has alzado la voz
y lanzado miradas altivas?
Contra el Santo de Israel.

²³ A través de tus mensajeros has insultado a mi Señor.
Has pensado: 'Con mis carros numerosos
he subido a las cumbres de las montañas,
a los extremos inaccesibles del Líbano,
he talado los cedros más altos,
los cipreses más escogidos,
he alcanzado el pico más elevado,
la espesura más densa.

²⁴ Yo extraje y bebí aguas extranjeras,
con la planta de mis pies
sequé los canales todos de Egipto*'.

²⁵ ¿No has oído? Desde lejos lo planeé,
de antiguo lo preparé,
y ahora, lo cumplo.
A ti el reducir a montaña de ruinas
las ciudades amuralladas.

²⁶ Sus habitantes, manicortos,
confusos y aterrados,
eran hierba del campo, verde heno,
musgo de azotea
abrasado por el viento del este*.

²⁷ Conozco tu estar, tu ir y tu venir
(y tu estallar de rabia contra mí)*,

Sal 139 2

---

19 9   Faraón de la dinastía XXV, de origen etiópico; de ahí su título de «rey de Cus». Reinó de 690 a 664, y nació no antes del 715. En 701 no era rey y no se hallaba en edad de mandar un ejército. Se plantea la hipótesis de que el relato bíblico yuxtapone o combina el relato de dos campañas de Senaquerib: una el 701, narrada en sus Anales; la otra el 689-688, de la que no habla ningún documento asirio. Si solamente se acepta la campaña de 701, debe admitirse que la mención de Tirhacá es un error, debido a la reputación de gran conquistador que se le había atribuido.
19 12 «Tel Basar» conj.; «Telassar» hebr.
19 13 Dudoso.
19 14 «la carta» griego luc.; «las cartas» hebr.
19 17 Después de «naciones» el hebr. añade «y su país», omitido por griego.

19 21 Este poema, del estilo de Isaías, ha sido al menos retocado por un discípulo del profeta. De los tres oráculos aquí recogidos, sólo el tercero, vv. 32-34, se refiere directamente a la liberación del 701.
19 24 En realidad, el primer rey que invadió Egipto fue Asaradón, sucesor de Senaquerib.
19 26 «manicortos» expresa escasas posibilidades de actuar; la «mano» representa (y significa) el «poder» desde antiguo. —«por el viento del este», según Is 37 27 y 1QIsᵃ, viento seco del desierto; «antes de crecer» hebr.
19 27 En lugar de la tríada «estar-ir-venir», cabe conjeturar las parejas «levantarse-sentarse, entrar-salir»; 1QIsᵃ presenta el primer elemento «levantarse». —«y tu estallar de rabia contra mí», duplicado del v. 28, omitido en el texto griego.

²⁸ porque has estallado de rabia contra mí,
y tu alboroto ha llegado a mis oídos.
Te pondré mi argolla en la nariz
y mi freno en el hocico,
y te haré volver por el camino
por el que has venido.

S 14 10+

²⁹ Ésta será para ti la señal*:
Comed este año lo que crece sin cultivo,
el próximo lo que brota sin siembra,
y al tercer año, sembrad y segad,
plantad viñas y comed sus frutos.

³⁰ Los supervivientes de la casa de Judá,
los que han quedado,
echarán de nuevo raíces en lo hondo
y fruto en lo alto.

Dt 4 24+

³¹ Pues de Jerusalén saldrá un resto,
los supervivientes, del monte Sión.
El celo de Yahvé lo hará realidad.

³² Por ello así dice el Señor acerca del rey de Asiria:
No entrará en esta ciudad,
no disparará contra ella una flecha,
no avanzará sobre ella con escudo,
no alzará junto a ella una rampa.

³³ Por el camino que ha venido, regresará,
en esta ciudad no entrará —dice Yahvé.

2 S 7 12-17+
Os 1 7+

³⁴ Yo protegeré esta ciudad (para salvarla)*,
por mi honor y el de David, mi siervo—.»

2 Cro 32 21-22
37 36-38
Si 48 21

Fracaso y muerte de Senaquerib.

³⁵ Aquella misma noche el Ángel de Yahvé avanzó y golpeó en el campamento asirio a ciento ochenta y cinco mil hombres; al amanecer eran todos cadáveres*.

³⁶ Senaquerib, rey de Asiria, levantó el campamento y regresó a Nínive, quedándose allí. ³⁷ Mientras estaba celebrando el culto en el templo de su dios Nisroc, sus hijos Adramélec y Sarésar lo mataron a espada. Huyeron al país de Ararat* y su hijo Asaradón reinó en su lugar.

Enfermedad y curación de Ezequías*.

2 Cro 32 24
Is 38 1-8

20 ¹ En aquellos días* Ezequías cayó enfermo de muerte. El profeta Isaías, hijo de Amós, vino a decirle: «Así habla Yahvé: Pon orden en tu casa, pues eres hombre muerto y no revivirás.» ² Ezequías volvió la cara a la pared y oró a Yahvé: ³ «¡Ah, Yahvé!, recuerda que he caminado ante ti con sinceridad y un corazón íntegro, haciendo lo recto a tus ojos.» Y Ezequías lloró deshecho en lágrimas.

⁴ Antes que Isaías abandonara el patio* central, le llegó la palabra de Yahvé en estos términos: ⁵ «Vuelve y di a Ezequías, jefe de mi pueblo: Así habla Yahvé, el Dios de tu padre David: He escuchado tu plegaria y he visto tus lágrimas. Voy a curarte; al tercer día subirás al templo de Yahvé. ⁶ Añadiré otros quince años a tu vida. Te libraré además, a ti y a esta ciudad, de la mano del rey de Asiria, y, por mi honor y el de David, mi siervo, extenderé mi protección sobre esta ciudad.»

⁷ Isaías dijo entonces: «Traed una torta de higos.» La trajeron, la aplicaron sobre la úlcera y quedó sano.

⁸ *Ezequías dijo a Isaías: «¿Cuál será la señal de que Yahvé me va a curar y de que al tercer día subiré al templo de Yahvé?» ⁹ Isaías repondió: «Ésta es la señal que Yahvé te envía de que cumplirá lo prometido: ¿Avanzará o retrocederá la sombra diez gradas?*» ¹⁰ Ezequías dijo: «Es fácil que la sombra se alargue diez gradas, pero no que retroceda diez gradas.» ¹¹ El profeta Isaías invocó a Yahvé

1 S 14 10+

---

19 29 Isaías se dirige a Ezequías. La interpretación de la «señal» es difícil: puede no sembrarse durante dos años y, primero, se come lo que produzca el trigo caído en la recolección anterior; luego lo que la tierra dé espontáneamente. Pero Senaquerib ni siquiera ha permanecido un año en Palestina, y la liberación no va a ser inmediata, v. 35. O el oráculo fue pronunciado en otras circunstancias o bien su lección es muy general: tras un mal días viene la prosperidad.
19 34 «para salvarla» no se encuentra en el texto griego.
19 35 Un azote de Yahvé, quizá la peste, diezma el ejército asirio, ver 2 S 24 15s.
19 37 «Nisroc», desconocido; probablemente deformación de algún otro nombre divino, Ninurta o Nuscu. —«sus hijos» versiones, Is 37 38; omitido por hebreo. —Efectivamente, Senaquerib fue asesinado el 681.

20 Este cap. se repite en Is 38-39 con texto más breve, con un orden a veces distinto de los vv. y con la adición del cántico de Ezequías.
20 1 Vaga indicación cronológica. Si Ezequías murió el 687, los quince años del v. 6 indicarían el tiempo que precede inmediatamente a la invasión de Senaquerib, a la que alude el final del mismo v. Esta fecha parece confirmada por la que se puede aplicar a la embajada de Merodac Baladán, a la que el v. 12 relaciona con la curación del rey.
20 4 «el patio» versiones; «la ciudad» hebr.
20 8 Los vv. 8-11 son una adición. Ezequías está ya curado en el v. 7.
20 9 «¿Avanzará...» Targ.; «La sombra ha avanzado» hebr. En Egipto se ha encontrado un modelo de reloj solar con gradas y escaleras.

y Yahvé hizo que la sombra retrocediera las diez gradas que había recorrido en las escalinatas de Ajaz*.

‖Is 39

Embajada de Merodac Baladán.

¹² En aquel tiempo, Merodac Baladán, hijo de Baladán*, rey de Babilonia, enterado de que Ezequías había estado enfermo*, le envió cartas y un presente. ¹³ Ezequías se alegró* por ello y enseñó a los mensajeros su cámara del tesoro, la plata, el oro, los aromas y el aceite perfumado, así como su arsenal y todo cuanto había en los tesoros; no quedó nada en su palacio y en todos sus dominios que Ezequías no les mostrara. ¹⁴ Entonces el profeta Isaías se presentó al rey Ezequías y le dijo: «¿Qué te han dicho estos hombres y de dónde han venido?» Respondió Ezequías: «Han venido de un país lejano, de Babilonia.» ¹⁵ Preguntó de nuevo: «¿Qué han visto en tu palacio?» Respondió Ezequías: «Han visto todo cuanto hay en mi palacio; no

‖2 Cro 32 23

2 Cro 32 25-29

quedó nada en los tesoros por enseñarles.» ¹⁶ Isaías dijo a Ezequías: «Escucha la palabra de Yahvé: ¹⁷ Llega el tiempo en que se llevarán a Babilonia cuanto hay en tu palacio y cuanto atesoraron tus padres hasta el día de hoy. No quedará nada, dice Yahvé. ¹⁸ A algunos de tus hijos, salidos de ti, que tú engendraste, se los llevarán para convertirlos en eunucos en el palacio del rey de Babilonia.» ¹⁹ Ezequías respondió a Isaías: «Está bien la palabra de Yahvé que me anuncias.» Pensaba para sí: «¿No quiere eso decir que a lo largo de mi vida habrá paz y tranquilidad*?»

Conclusión del reinado de Ezequías.

²⁰ El resto de los hechos de Ezequías, sus éxitos militares, cómo construyó la alberca y el canal para la traída de aguas a la ciudad*, ¿no está escrito en el Libro de los Anales de los reyes de Judá? ²¹ Ezequías reposó con sus antepasados, y Manasés, su hijo, reinó en su lugar.

‖2 Cro 32 .

Si 48 17

2. DOS REYES IMPÍOS

Reinado de Manasés en Judá (687-642).

‖2 Cro 33 1-10

21 ¹ Manasés tenía doce años cuando comenzó a reinar, y reinó cincuenta y cinco años* en Jerusalén. Su madre se llamaba Jefsí Baj. ² Hizo lo malo a los ojos de Yahvé según la costumbre abominable de las naciones que Yahvé había expulsado ante los israelitas. ³ Reconstruyó los santuarios que su padre Ezequías había destruido; erigió altares dedicados a Baal y fabricó un cipo sagrado como había hecho Ajab, rey de Israel. Se postraba ante todo el ejército de los cielos al que rendía culto, y ⁴ construyó altares* en el templo de Yahvé, del que

18 4

1 R 16 32-33

2 R 17 16

Yahvé había dicho: «En Jerusalén estableceré mi Nombre.» ⁵ Construyó altares a todo el ejército de los cielos en los dos patios del templo de Yahvé. ⁶ Arrojó su hijo a la pira de fuego; practicó la adivinación y la magia, consultó a adivinos y nigromantes; se excedió en hacer lo malo a los ojos de Yahvé, provocando su cólera. ⁷ Fabricó la imagen esculpida de Aserá* y la instaló en el templo del que Yahvé había dicho a David y a Salomón, su hijo: «En este templo y en Jerusalén, que he elegido entre todas las tribus de Israel, estableceré mi Nombre para siempre. ⁸ No volveré a hacer que Israel vague errante fuera de

Lv 18 21 +

1 R 8 16

---

20 11 La escalera que sube al terrado construido por Ajaz, ver 23 12+.

20 12 (a) En asirio: Marduk-apal-iddina («Marduc ha dado un hijo»), promotor de la independencia babilónica contra Asiria. Reinó en Babilonia, primero del 721 al 710, luego el 703 durante nueve meses. Fue probablemente entonces cuando buscó en Ezequías un aliado contra Asiria.

20 12 (b) «Ezequías» hebr. Is 39 1 añade: «y se había restablecido».

20 13 «se alegró» versiones, Is 39 2; «escuchó» hebr.

20 19 Isaías predice el saqueo de Jerusalén y la deportación de la nobleza, ver 24 13s. Ezequías deduce de manera egoísta que, al menos, sus días serán tranquilos; pero la segunda mitad del v., ausente de una parte del griego, quizá sea una glosa. La respuesta de Ezequías se limitaría a expresar su resignación.

20 20 La fuente de Guijón, 1 R 1 33, estaba fuera de la ciudad. Ezequías mandó abrir un canal en la roca para traer agua a la piscina llamada de Siloé, Jn 9 7, la «alberca» de Is 22 11 y Si 48 17, dentro de las murallas. Este canal sustituía a otro canal más antiguo, abierto en parte en la superficie, en el flanco oriental del monte Sión, y que llevaba las aguas a otra alberca situada un poco más abajo de la piscina de Siloé, Is 7 3; 2 R 18 17 = Is 36 2; Is 22 9.

21 1 Cifra aumentada probablemente en diez años.

21 4 La repetición entre los vv. 4 y 5 indica que los altares estaban dedicados a las divinidades paganas y señala, por otra parte, que lo interpuesto es una interpolación ausente del texto luciánico.

21 7 Se trata aquí de una imagen de la diosa cananea Aserá, no de uno de los cipos conocidos con su nombre, Ex 34 13+.

la tierra que di a sus padres, a condición de que se comprometan a actuar conforme a todo lo que les he mandado y a la Doctrina toda que mi siervo Moisés les mandó*.» [9] Pero ellos no obedecieron y Manasés los extravió hasta el punto de actuar peor que las naciones que Yahvé había eliminado ante los israelitas.

[10] Yahvé habló por boca de sus siervos, los profetas, diciendo: [11] «Manasés, rey de Judá, ha hecho estos actos abominables, superando todo el mal que cometieron los amorreos antes de él y provocando que también Judá pecase con sus ídolos. [12] Por eso, así habla Yahvé, Dios de Israel: Voy a acarrear tal desgracia sobre Jerusalén y Judá que a quienes lo oigan les zumbarán los oídos. [13] Aplicaré a Jerusalén la misma medida que a Samaría y los mismos pesos que a la casa de Ajab; fregaré a Jerusalén como se friega un plato y se le deja cara abajo. [14] Arrojaré el resto de mi heredad* y los entregaré en manos de sus enemigos; serán presa y botín de todos sus enemigos, [15] porque hicieron lo malo a mis ojos y me irritaron desde el día en que sus padres salieron de Egipto hasta este día.» [16] Manasés derramó tanta sangre inocente que inundó Jerusalén de punta a punta*, aparte del pecado que hizo cometer a Judá, haciendo lo que es malo a los ojos de Yahvé.

[17] El resto de los hechos de Manasés, todo cuanto hizo, los pecados que cometió, ¿no está escrito en el Libro de los Anales de los reyes de Judá? [18] Manasés reposó con sus padres y lo enterraron en el jardín de su palacio, en el jardín de Uzá, y su hijo, Amón, reinó en su lugar.

Reinado de Amón en Judá (642-640).

[19] Amón tenía veintidós años cuando comenzó a reinar y reinó dos años en Jerusalén. Su madre se llamaba Mesulémet, hija de Jarús de Yotbá. [20] Hizo lo malo a los ojos de Yahvé como había hecho su padre Manasés. [21] Siguió en todo los caminos de su padre, dando culto a los ídolos a los que su padre había servido y postrándose ante ellos. [22] Abandonó a Yahvé, Dios de sus padres, y no siguió el camino de Yahvé. [23] Los siervos de Amón conspiraron contra él y mataron al rey en su palacio. [24] Pero el pueblo de la tierra* mató a todos los que habían conspirado contra el rey Amón, y el pueblo del país proclamó rey a su hijo Josías en su lugar. [25] El resto de los hechos de Amón, cuanto hizo, ¿no está escrito en el Libro de los Anales de los reyes de Judá? [26] Lo enterraron en su sepulcro, en el jardín de Uzá, y Josías, su hijo, reinó en su lugar.

Marginal references left column:
1 R 21 26
Is 34 11
Am 7 7-9
Lm 2 8

Marginal references right column:
‖2 Cro 33 18-20
‖2 Cro 33 21-25

3. JOSÍAS Y LA REFORMA RELIGIOSA

Introducción al reinado de Josías (640-609).

22 [1] Josías tenía ocho años cuando comenzó a reinar, y reinó treinta y un años en Jerusalén. Su madre se llamaba Yedidá, hija de Adaías, de Boscat. [2] Hizo lo recto a los ojos de Yahvé y siguió en todo los caminos de David su padre, sin desviarse a derecha ni izquierda.

Descubrimiento del rollo de la Doctrina.

[3] En el año dieciocho del rey Josías, el rey envió al secretario Safán, hijo de Asalías, hijo de Mesulán, al templo de Yahvé

con este mensaje: [4] «Ve al sumo sacerdote Jilquías y que pese* el dinero recogido entre el pueblo por los guardianes del umbral, depositado en el templo de Yahvé; [5] que se entregue en manos de los capataces que están al cargo del templo de Yahvé y que éstos lo destinen al pago de los que trabajan en restaurar el templo de Yahvé, [6] carpinteros, constructores y albañiles, y para la compra de madera y piedra de cantería para la restauración del edificio. [7] Pero que no se les pida cuentas del dinero que se les entrega, porque actúan con honestidad.» [8] El sumo sacerdote Jilquías dijo al escriba Safán: «He hallado en el templo de

Marginal references left column:
‖2 Cro 34 1-2
2 Cro 34 8-18

Marginal reference right column:
12 11-16

21 8 Alusión al Deuteronomio, al que se refiere todo el pasaje; ver Dt 17 3; 18 9-14; 12 5 y 29s.
21 14 Desde la ruina del reino del Norte, los de Judá son el resto, ver Is 4 3+, del pueblo elegido, heredad de Yahvé.
21 16 Según la tradición judía, Isaías fue una de las víctimas de la persecución.
21 24 Idéntica fidelidad del «pueblo de la tierra» al linaje davídico en 11 20 y 14 21; ver 11 18+.
22 4 «pese» hebr., ver 12 12; «funda» griego, Vulg., ver v. 9.

Yahvé un rollo de la Doctrina*.» Jilquías entregó el rollo a Safán, que lo leyó. [9] El secretario Safán se presentó al rey y le dio cuenta: «Tus siervos han fundido el dinero depositado en el templo y lo han entregado a los capataces encargados del templo de Yahvé.» [10] El secretario Safán informó también al rey: «El sumo sacerdote Jilquías me ha entregado un rollo.» Y Safán lo leyó ante el rey.

‖2 Cro 34
19-28

Consulta a la profetisa Juldá.

[11] Cuando el rey oyó las palabras del rollo de la Doctrina, rasgó sus vestiduras. [12] Y el rey ordenó al sacerdote Jilquías, a Ajicán, hijo de Safán, a Acbor, hijo de Miqueas, al escriba Safán y a Asayas, ministro del rey: [13] «Id a consultar a Yahvé por mí y por el pueblo y por todo Judá a propósito de las palabras de este rollo que se ha encontrado, pues ha debido de encenderse la ira de Yahvé contra nosotros, porque nuestros padres no obedecieron las palabras de este rollo haciendo lo que está escrito para nosotros*.»

[14] El sacerdote Jilquías, Ajicán, Acbor, Safán y Asayas fueron donde la profetisa Juldá*, mujer de Salún, hijo de Ticvá, hijo de Jarjás, encargado del vestuario. Vivía en Jerusalén, en el Barrio Nuevo. Ellos le hablaron [15] y ella respondió: «Así habla Yahvé, Dios de Israel: Decid al hombre que os ha enviado a mí: [16] 'Así habla Yahvé: Voy a traer el desastre sobre este lugar y sus habitantes, todo lo dicho en el rollo que ha leído el rey de Judá. [17] Porque ellos me han abandonado y han quemado incienso a otros dioses irritándome con todos los ídolos que se han hecho. Arde mi ira contra este lugar y ya no se apagará. [18] Decid al rey de Judá, que os envió a consultar a Yahvé: 'Así dice Yahvé, Dios de Israel: Ya que al escuchar mis palabras* [19] contra este lugar y sus habitantes, que se volverán es-

panto y maldición, (tu corazón se ha conmovido y te has humillado ante Yahvé), has rasgado tus vestiduras y has llorado ante mí, yo a mi vez he escuchado, oráculo de Yahvé: [20] Por eso, te reuniré con tus antepasados y serás enterrado en paz en tu sepulcro*; tus ojos no verán todo el desastre que yo acarrearé sobre este lugar.'» Ellos llevaron la respuesta al rey.

Lectura solemne del rollo de la Doctrina.

‖2 Cro 34
29-31

23 [1] El rey envió una orden y todos los ancianos de Judá y de Jerusalén se reunieron en asamblea ante él. [2] El rey subió al templo de Yahvé con todos los hombres de Judá y todos los habitantes de Jerusalén, los sacerdotes, los profetas y todo el pueblo, desde los más jóvenes a los más ancianos, y leyó ante ellos el texto completo del rollo de la alianza* hallado en el templo de Yahvé. [3] El rey se situó en pie junto a la columna y celebró el rito de la alianza ante Yahvé: que ellos deberían seguir a Yahvé y guardar sus mandamientos, sus testimonios y sus preceptos con todo el corazón y toda el alma, y cumplir los términos de esta alianza tal como estaban en este rollo. Todo el pueblo se comprometió a la alianza.

Reforma religiosa de Judá.

‖2 Cro 34
3-5

[4] El rey ordenó a Jilquías*, al segundo de los sacerdotes* y a los encargados del umbral que sacaran del santuario de Yahvé todos los objetos fabricados para Baal y Aserá y todo el ejército de los cielos. Los quemó fuera de Jerusalén en los yermos del Cedrón y llevó sus cenizas a Betel. [5] Suprimió los sacerdotes paganos que los reyes de Judá habían designado para quemar incienso* en los altozanos, en las poblaciones de Judá y alrededores

21 3.7

---

22 8 Este «rollo de la Doctrina», llamado «rollo de la alianza» en 23 2.21, es el Deuteronomio, al menos su sección legislativa, cuyas principales prescripciones impondrán la reforma que va a seguirse. Se trata del documento de la alianza con Yahvé, quizá redactada en relación con la reforma de Ezequías, 18 4, y escondida o perdida o caída en olvido durante el reinado del impío Manasés. Ciertamente el descubrimiento no es un fraude de los sacerdotes de Jerusalén, ver 23 9.
22 13 «para nosotros» hebr.; «en él», griego luc.
22 14 Nada más se conoce de esta profetisa.
22 18 «ya que al escuchar mis palabras» griego luc.; «las palabras que has escuchado» hebr., debiendo completarse tal vez la frase con «se cumplirán». La inserción de comentarios en el texto ha producido diversas

repeticiones. La traducción ha reordenado el texto.
22 20 «tu sepulcro» versiones; «tus sepulturas» hebr. Este relato ha sido compuesto antes de la trágica muerte de Josías, 23 29-30.
23 2 Ver 22 8+. El Dt se presenta a sí mismo como el código de la alianza con Yahvé, Dt 5 2; 28 69.
23 4 (a) El hebr. añade: «el sumo sacerdote», título postexílico.
23 4 (b) «al segundo de los sacerdotes» Targ.; «a los sacerdotes de segundo rango», hebr. —Es el sustituto del sumo sacerdote. Los encargados del umbral, ver 2 R 12 10, ocupaban también un rango elevado en el sacerdocio. Ver también 25 18.
23 5 (a) «para quemar incienso», griego antiguo; «y quemó» hebr.

de Jerusalén, y los que ofrecían incienso a Baal, al sol, a la luna, a las constelaciones y a todo el ejército de los cielos*. [Dt 17 3] ⁶ Sacó la Aserá del templo de Yahvé fuera de Jerusalén, al torrente Cedrón, la quemó allí en el torrente Cedrón, la redujo a cenizas y esparció las cenizas sobre las tumbas* del pueblo llano. ⁷ Derribó las dependencias* de los consagrados a la prostitución que estaban en el templo de Yahvé, en el lugar en el que las mujeres tejían mantos para Aserá.

⁸ Hizo venir a todos los sacerdotes de las poblaciones de Judá y profanó los altozanos en los que los sacerdotes habían quemado incienso, desde Gueba hasta Berseba*. Derribó los templetes* de las puertas que estaban a la entrada de la puerta de Josué, gobernador de la ciudad, a la izquierda según se entra por la puerta de la ciudad. ⁹ Sin embargo, los sacerdotes de los altozanos no podían subir al altar de Yahvé en Jerusalén, pero comían los panes ázimos junto con sus hermanos*. ¹⁰ Profanó el Tófet* que había en el valle de Ben Hinón, para que nadie pudiera arrojar a su hijo o hija a la pira de fuego en honor de Mólec. ¹¹ Retiró los caballos que los reyes de Judá habían dedicado al Sol*, situados a la entrada del templo de Yahvé, cerca de la cámara del eunuco Natanmélec que había en las dependencias. Quemó el carro del Sol ¹² y derribó los altares construidos por los reyes de Judá que estaban sobre la azotea* de la cámara superior de Ajaz, y los altares que edificó Manasés

(margen izquierdo: Dt 17 3; 1 R 14 23 / Dt 16 21+; 1 R 14 24 / Dt 23 18-19+; Dt 12; Lv 18 21+; 21 5)*

en los dos patios del templo de Yahvé. Los retiró, los destruyó allí* y arrojó sus cenizas al torrente Cedrón. ¹³ El rey profanó también los altozanos que estaban frente a Jerusalén, al sur del Monte de los Olivos*, que Salomón, rey de Israel, había construido a Astarté, abominación de los sidonios, a Camós, abominación de Moab, y a Milcón, abominación de los amonitas. ¹⁴ Deshizo las estelas y cortó los cipos sagrados, cubriendo sus lugares con huesos humanos*.

(margen derecho: 1 R 11 7; 1 R 14 23 / Dt 16 21-22+)*

La reforma se extiende al antiguo reino del Norte*.

¹⁵ También derribó el altar que había en Betel y el altozano que había levantado Jeroboán, hijo de Nebat, el que hizo incurrir en pecado a Israel. Quemó el altozano, rompió las piedras*, las redujo a polvo, y quemó el cipo sagrado. ¹⁶ Josías se dio la vuelta y vio los sepulcros que había allí en la montaña. Mandó entonces que recogieran los huesos de las tumbas y los quemaran sobre el altar. Lo profanó en cumplimiento del oráculo de Yahvé que el hombre de Dios había proclamado (cuando Jeroboán estaba en pie junto al altar durante la fiesta. Josías se dió la vuelta y alzó los ojos sobre la tumba del hombre de Dios* que había proclamado estos acontecimientos). ¹⁷ Y preguntó: «¿Qué monumento es ése que estoy viendo?» Los hombres de la ciudad le respondieron «Es la tumba del hombre de Dios que vino de Judá y

(margen derecho: 1 R 12 31-32; 1 R 12 33 - 13 32)*

---

23 5   (b) Los vv. 4ᵇ -5 pueden ser una adición.
23 6   «tumbas» griego antiguo; «tumba» o cementerio, hebr.
23 7   «dependencias» hebr.; singular en griego. —«mantos», «estolas», griego antiguo; *battîm* en hebr., *battum* «vestido» en árabe.
23 8   (a) Josías centraliza por la fuerza en Jerusalén el culto de todo el territorio de Judá, conforme a la ley de la unicidad de santuario, Dt 12. Estos «altozanos» (1 R 3 2) son santuarios de Yahvé, condenados únicamente porque contravienen la ley.
23 8   Nada se sabe sobre estos lugares de culto.
23 9   La ley preveía, Dt 18 6-8, que los sacerdotes de provincia que vinieran a Jerusalén gozaran de los mismos derechos que los sacerdotes de la ciudad; sus «hermanos». La oposición del clero de la capital consiguió sin duda reducir a un rango subalterno a los «sacerdotes de los altozanos» concentrados en Jerusalén.
23 10 Nombre del lugar en que los hijos eran sacrificados por el fuego a Mólec, Lv 18 21+. El término (al que sin duda se le han incorporado las vocales de *bošet* «vergüenza/infamia») acabó teniendo probablemente el significado de «quemadero».
23 11 Mención aislada y de difícil explicación. —«a la entrada del templo» versiones; «para no entrar en el templo» hebr. —«las dependencias» traducción dudosa. —«el carro» griego; «los carros» hebr.
23 12 (a) Pequeños altares dedicados a las divinidades

astrales, Jr 19 13; So 1 5.
23 12 (b) «los destruyó allí» *wayyeraṣṣem šam* , conj.; «corrió de allí» *wayyaros miššam* hebr. La traducción pretende expresar la doble lectura «removió de allí» / «destruyó allí».
23 13 «de los Olivos», lit. «del aceite» griego, Targ.; «de la Perdición» hebr., deformación peyorativa de «Monte de la Unción».
23 14 Así profanaba definitivamente estos lugares, ver vv. 16 y 20. Las medidas de Josías se dirigen, por una parte, contra los santuarios locales, donde se practicaba un culto más o menos adulterado a Yahvé, y, por otra, contra costumbres francamente paganas, relacionadas con los dioses y ritos cananeos o importados de Asiria (cultos astrales). Esto, referido a la situación religiosa de Judá, da una triste impresión, confirmada por Jeremías, Sofonías y Ezequiel.
23 15 (a) Josías, aprovechándose de la decadencia de Asiria, no sólo había devuelto la independencia a Judá, sino que había extendido su autoridad sobre una parte del antiguo territorio israelita.
23 15 (b) «rompió las piedras» griego; «quemó el altozano», hebr. La traducción yuxtapone las dos lecturas alternativas.
23 16 «cuando Jeroboán... del hombre de Dios» griego; omitido por hebr. Puede tratarse de una interpolación o de una omisión por homoioteleuton.

anunció esto que has hecho con el altar de Betel.» [18] Él dijo: «Dejadlo. Que nadie remueva sus huesos.» Así respetaron sus huesos junto con los del profeta que procedía de Samaría*.

1 R 13 31

|| 2 Cro 34 6-7

[19] Josías abolió también todos los santuarios de los altozanos en las poblaciones de Samaría que habían construido los reyes de Israel irritando con ello a Yahvé*. Hizo con ellos exactamente como había hecho con Betel. [20] Inmoló sobre los altares a todos los sacerdotes de los altozanos que se encontraban allí y quemó sobre ellos huesos humanos. Luego se volvió a Jerusalén.

|| 2 Cro 35 1. 18-19

Celebración de la Pascua.

Dt 16 1-8

[21] El rey dio orden a todo el pueblo: «Celebrad la Pascua en honor de Yahvé, vuestro Dios, según está escrito en este rollo de la alianza.» [22] La Pascua no se había celebrado de este modo en los días de los Jueces que habían gobernado Israel ni en los días de los reyes de Israel y de los reyes de Judá. [23] Tan sólo el año dieciocho del rey Josías se celebró de este modo una Pascua en honor de Yahvé en Jerusalén*.

2 R 21 6
Dt 18 11
Gn 31 19+
Jc 18 14

Conclusión sobre la reforma religiosa.

[24] Josías eliminó también los nigromantes y adivinos, los *terafim* y los ídolos, y todas las abominaciones que se podían ver en la tierra de Judá y en Je-

rusalén, cumpliendo así los términos de la Doctrina escritos en el rollo encontrado por el sacerdote Jilquías en el templo de Yahvé. [25] No hubo antes rey alguno que como él se volviera a Yahvé con todo su corazón, con toda su alma y con todas sus fuerzas, conforme a la Doctrina de Moisés; tampoco ha surgido después ninguno como él*.

Dt 6 5

[26] Sin embargo, Yahvé no se volvió atrás del ardor de su fuerte cólera que echaba chispas* contra Judá por todo lo que Manasés había hecho para irritarle. [27] Yahvé había dicho: «Expulsaré también a Judá de mi presencia, como aparté a Israel, y rechazaré a Jerusalén, la ciudad que había elegido, y el templo del que había dicho: Mi Nombre estará en él.»

Final del reinado de Josías.

|| 2 Cro 35 26-27

[28] El resto de los hechos de Josías, todo cuanto hizo, ¿no está escrito en el Libro de los Anales de los reyes de Judá? [29] En sus días el faraón Necó, rey de Egipto, marchó hacia el río Éufrates donde el rey de Asiria*. El rey Josías fue a su encuentro, pero, en cuanto le hizo frente, Necó lo mató en Meguidó. [30] Sus servidores condujeron su cuerpo en carro desde Meguidó, lo trasladaron a Jerusalén y lo enterraron en su sepulcro. El pueblo del país tomó a Joacaz, hijo de Josías, y lo ungieron y proclamaron rey, en lugar de su padre.

|| 2 Cro 35 20-24

|| 2 Cro 36 2 R 11 20; 21 24

4. LA RUINA DE JERUSALÉN

|| 2 Cro 36 2-4

Reinado de Joacaz en Judá (609).

[31] Joacaz tenía veintitrés años cuando comenzó a reinar, y reinó tres meses en Jerusalén. Su madre se llamaba Jamital, hija de Jeremías*, de Libná. [32] Hizo lo

malo a los ojos de Yahvé, exactamente como habían hecho sus padres. [33] El faraón Necó lo hizo prisionero en Riblá*, en el país de Jamat (para impedirle reinar en Jerusalén*), e impuso al país una indemnización de cien talentos

25 6
Ez 6 14

---

23 18 Este profeta residía en Betel, que en tiempos de Josías pertenecía a la provincia asiria de Samaría.
23 19 «a Yahvé» versiones; omitido por hebr.
23 23 Estos vv., que insisten en el hecho de que una Pascua como aquella no había sido celebrada nunca durante el período de la monarquía, no se explican suficientemente acudiendo a una celebración excepcionalmente solemne. Todo esto supone una «novedad» en el ritual deuteronómico, aplicado por primera vez. Esta novedad es la obligación de celebrar la Pascua en el templo, Dt 16 2.5-6. Es la vuelta a la costumbre de la federación de las tribus, cuando la Pascua se celebraba en el santuario central del Arca. Durante la monarquía se había convertido en una fiesta familiar.
23 25 Aquí se detenía el relato de la reforma, y quizá la primera edición de los Libros de los Reyes.
23 26 El término hebr. *'appayim* «nariz» significa tam-

bién «ira» y la expresión literal antropomórfica es «echar chispas por la nariz».
23 29 «donde el rey», no «contra el rey». Necao (609-595), al que la Biblia llama Necó, vino en efecto (609) en ayuda del último rey de Asiria, expulsado de Babilonia, y luego de Jarán, por los medos y los babilonios. Josías quiso oponerse a la unión entre egipcios y asirios, porque calculaba sacar, de la ruina definitiva de Asiria, ventajas para el reino de Judá.
23 31 Este Jeremías sólo el nombre tiene en común con el profeta.
23 33 (a) Necao volvía de su expedición hacia el norte, v. 29, y la caída de Asiria le había dado el dominio sobre Siria y Palestina.
23 33 (b) «para impedirle reinar en Jerusalén» qeré y versiones, ver 2 Cro 36 3; «cuando era rey en Jerusalén» ketib. —«talentos»: sin duda la cifra desapareció acci-

de plata y diez talentos de oro. ³⁴ El faraón Necó designó rey a Eliaquín, hijo de Josías, en lugar de su padre Josías, cambiando su nombre por el de Joaquín*. Tomó a Joacaz y lo llevó* a Egipto, donde murió.

³⁵ Joaquín entregó al faraón la plata y el oro, pero impuso un gravamen sobre el país para pagar el dinero exigido por el faraón. Requirió al pueblo del país, a cada uno según sus bienes, la plata y el oro que había de entregar al faraón Necó.

Reinado de Joaquín en Judá (609-598).

‖2 Cro 36 5-7

³⁶ Joaquín tenía veinticinco años cuando comenzó a reinar, y reinó once años en Jerusalén. Su madre se llamaba Zebida, hija de Pedayas, de Rumá. ³⁷ Hizo lo malo a los ojos de Yahvé, exactamente como hicieron sus padres.

24 ¹ En sus días, Nabucodonosor*, rey de Babilonia, emprendió una campaña y Joaquín pasó a ser vasallo suyo por tres años, pero luego cambió y se rebeló contra él. ² Yahvé lanzó contra él bandas de caldeos, arameos, moabitas y amonitas; las envió contra Judá para aniquilarla, conforme al oráculo de Yahvé pronunciado por boca de sus siervos los profetas. ³ Esto le ocurrió a Judá por orden* de Yahvé, que la echó de su presencia por los pecados cometidos por Manasés, ⁴ y también por la sangre inocente que había derramado. Inundó Jerusalén de sangre inocente y Yahvé no quiso perdonar.

21 16

2 Cro 36 8

⁵ El resto de los hechos de Joaquín, todo cuanto hizo, ¿no está escrito en el Libro de los Anales de los reyes de Judá? ⁶ Joaquín reposó con sus antepasados y Jeconías, su hijo, reinó en su lugar.

⁷ El rey de Egipto no volvió a aventurarse fuera de su tierra, pues el rey de Babilonia había conquistado todo el territorio desde el torrente de Egipto hasta el río Éufrates, todo cuanto pertenecía al rey de Egipto*.

Introducción al reinado de Jeconías (598).

‖2 Cro 36 9

⁸ Jeconías tenía dieciocho años cuando comenzó a reinar, y reinó tres meses en Jerusalén. Su madre se llamaba Nejustá, hija de Elnatán, de Jerusalén. ⁹ Hizo lo malo a los ojos de Yahvé, exactamente como había hecho su padre.

Primera deportación.

‖2 Cro 36 10

¹⁰ En aquel tiempo, Nabucodonosor, rey de Babilonia, marchó* contra Jerusalén y la ciudad quedó cercada. ¹¹ Nabucodonosor, rey de Babilonia, llegó a la ciudad mientras sus siervos la asediaban. ¹² Entonces Jeconías, rey de Judá, se rindió al rey de Babilonia, él, su madre, sus cortesanos, jefes y eunucos; el rey de Babilonia lo hizo prisionero en el año octavo de su reinado*. ¹³ Se llevó de allí todos los tesoros del templo de Yahvé y los del palacio real y deshizo toda la decoración de oro que Salomón, rey de Israel, había hecho en el santuario de Yahvé, como Yahvé había advertido. ¹⁴ Deportó a todo Jerusalén, todos los jefes y guerreros, diez mil deportados, y todos los herreros y cerrajeros. No quedó más que la gente más pobre del país. ¹⁵ Deportó a Babilonia a Jeconías* y llevó al destierro, de Jerusalén a Babilonia, a la madre del rey y a las mujeres del rey, a sus eunucos y a los notables del país. ¹⁶ El rey de Babilonia llevó deportados a Babilonia a todos los hombres pudientes, en número de siete mil, entre ellos los herreros y cerrajeros que hacían un millar, así como a todos los hombres aptos para la guerra*.

20 17

¹⁷ El rey de Babilonia designó rey, en lugar de Jeconías, a su tío Matanías,

---

dentamente del hebr.; griego luc. y sir. dicen «diez talentos»; el resto del griego dice «ciento diez talentos».
23 34 (a) El nombre (en hebreo *Yehoyaquim*) es poco más o menos el mismo («Yahvé exalta» en lugar de «Dios exalta»). Acaso sea un nombre de coronación, ver **14 21+**, o bien el cambio supondría una señal de vasallaje, ver también **24 17**.
23 34 (b) «lo llevó» griego; «vino» hebr.
24 1 Nabû-kudur-ussur, organizador del imperio neobabilónico o caldeo, sucesor del imperio asirio, reinó del 605 al 562. Su primera expedición contra Palestina y la sumisión de Joaquín se sitúan hacia el 604, la rebelión de Judá el 601.
24 3 «por orden» hebr.; «a causa de la cólera» versiones.
24 7 La victoria en Carquemis sobre los egipcios

(605) había dado a Nabucodonosor el dominio sobre Siria y Palestina.
24 10 Así el ketib y el griego y sir.; qeré en plural, sujeto «los siervos».
24 12 Exactamente el 16 de marzo del 597, según una crónica babilónica. Esta crónica y Jr **52** 28 datan la conquista en el séptimo año de Nabucodonosor, sin contar el año incompleto de la toma de poder, ver también **25** 8.
24 15 Allí debería seguir durante treinta y siete años, hasta la muerte de Nabucodonosor, ver **25** 27, en un cautiverio bastante suave.
24 16 Los vv. 13-14 y 15-16 son duplicados que valoran de modo un tanto diferente la importancia de la primera deportación.

cambiando su nombre por el de Sede-cías*.

‖2 Cro 36
11-12
‖Jr 52 1-3

Introducción al reinado de Sedecías en Judá* (598-587).

¹⁸ Sedecías tenía veintiún años cuando comenzó a reinar, y reinó once años en Jerusalén. Su madre se llamaba Jamital, hija de Jeremías, de Libná. ¹⁹ Hizo lo malo a los ojos de Yahvé, exactamente como había hecho Jeconías. ²⁰ Esto sucedió por la cólera de Yahvé contra Jerusalén y Judá, hasta el punto de echarlas de su presencia.

22 17;
23 26-27

Jr 52 3-11

Sitio de Jerusalén.

Sedecías se rebeló contra el rey de Babilonia.

‖2 Cro 36 13
‖Jr 39 1-7

25 ¹ El año noveno de su reinado*, el mes décimo (el día diez), Nabucodonosor, rey de Babilonia, vino con todo su ejército contra Jerusalén. Acampó frente a ella y la cercaron con una empalizada. ² La ciudad quedó sitiada hasta el año once de Sedecías. ³ El mes cuarto*, el nueve del mes, arreciaba el hambre en la ciudad y no quedaba pan para la gente del pueblo; ⁴ se abrió entonces un boquete en la (muralla de la) ciudad y, a pesar de que los caldeos rodeaban completamente la ciudad, el rey salió* con todos los soldados, durante la noche, por la puerta entre los dos muros que está cerca del parque del rey; se fue por el camino de la Arabá*. ⁵ Las tropas caldeas persiguieron al rey y le dieron alcance en las estepas de Jericó; entonces todas sus tropas se dispersaron abandonándolo.

23 33
Ez 6 14

⁶ Capturaron al rey, lo llevaron ante el rey de Babilonia, a Riblá, y lo sometieron a juicio*. ⁷ A la vista de Sedecías degollaron a sus hijos, a él le arrancaron los ojos, lo encadenaron con una doble cadena de bronce y lo condujeron a Babilonia.

Saqueo de Jerusalén y segunda deportación.

‖Jr 52 12-27
‖Jr 39 8-10

⁸ En el mes quinto*, el siete del mes —era aquél el año diecinueve de Nabucodonosor, rey de Babilonia—, Nebuzardán, jefe de la guardia, siervo del rey de Babilonia, vino a Jerusalén. ⁹ Incendió el templo de Yahvé, el palacio real y todas las casas de Jerusalén; puso fuego a las casas de los altos personajes*. ¹⁰ Todas las tropas caldeas que acompañaban al jefe de la guardia demolieron las murallas que rodeaban Jerusalén. ¹¹ Nebuzardán, jefe de la guardia, deportó al resto del pueblo que quedaba en la ciudad, a los desertores que se habían pasado al rey de Babilonia y al resto de la población. ¹² El jefe de la guardia dejó una parte de los más pobres del pueblo del país para cultivar las viñas y los campos.

‖2 Cro 36 1

¹³ Los caldeos rompieron las columnas de bronce del templo de Yahvé, las basas y el Mar de bronce que estaba en el templo de Yahvé, y el bronce se lo llevaron a Babilonia. ¹⁴ Tomaron también los ceniceros, las paletas, los cuchillos, las cucharas y todos los utensilios de bronce destinados al culto. ¹⁵ El jefe de la guardia tomó los incensarios y los aspersorios, tanto los de oro como los de plata. ¹⁶ Las dos columnas, el Mar, que era único, y las basas que Salomón había fabricado para el templo de Yahvé: el peso del bronce de todos estos objetos era incalculable. ¹⁷ La altura de la primera columna era de dieciocho codos; soportaba un capitel de bronce de cinco codos de alto, con un trenzado y granadas en torno, todo de bronce. La segunda columna con su trenzado era similar*.

1 R 7 15-3
2 R 16 17
‖2 Cro 36
1 R 7 45.5

¹⁸ El jefe de la guardia hizo prisioneros a Serayas, sacerdote principal, a Sefanías, segundo sacerdote, y a los tres guardias del umbral. ¹⁹ En la ciudad arrestó a un eunuco, inspector militar, a cinco de los cortesanos del rey que se encontraban en la ciudad, al secretario del

2 R 23 4

---

24 17 Matanías significa «Don de Dios»; «Sedecías», «Yahvé es mi justicia». Ver 23 34+.
24 18 Se ha utilizado el relato 24 18 - 25 30 como conclusión del libro de Jeremías, cap. 52 . Además, 2 R 25 1-12 se ha vuelto a usar en Jr 39 1-10 (con una adición en el v. 3), o bien los dos pasajes provienen de una misma fuente.
25 1 Del reinado de Sedecías. Finales de diciembre del 589.
25 3 «El mes cuarto» Jr 52 6; omitido por hebr. Estamos en junio-julio del 587.
25 4 (a) «el rey salió» griego luc.; omitido por hebr.
25 4 (b) Los «dos muros»: probablemente una línea interior que databa de los comienzos de la monarquía

y una línea exterior construida bajo Ezequías. El parque del rey se extendía por el exterior, en el valle del Cedrón. —La Arabá es el desolado valle del Jordán, que discurre desde el Mar Muerto en dirección sur.
25 6 Como a un vasallo traidor, ver Jr 52 8. El hebr. emplea el plural; lo mismo en el v. 7.
25 8 Seguimos en el año undécimo de Sedecías, v. 2, el 587. En lugar del «año diecinueve», Jr 52 29 dice «dieciocho», ver 24 12.
25 9 El sentido de esta frase en hebreo es dudoso.
25 17 «cinco codos» Jr 52 22, ver 1 R 7 16; «tres codos» hebr. Las últimas palabras son una glosa destinada a «granadas» o bien los restos de una descripción más detallada, ver Jr 52 23.

jefe del ejército, encargado de alistar al pueblo del país, y a sesenta hombres del pueblo del país que se hallaban en la ciudad. [20] Nebuzardán, jefe de la guardia, los hizo prisioneros y los condujo a Riblá ante el rey de Babilonia. [21] Éste los golpeó y mató en Riblá, en el país de Jamat. Así fue como Judá partió al exilio, lejos de su tierra.

Godolías gobernador de Judá*.

Jr 40 5.7-41 18

[22] Nabucodonosor, rey de Babilonia, puso a Godolías, hijo de Ajicán, hijo de Safán, al frente del pueblo que quedó en el territorio de Judá. [23] Cuando los jefes de las tropas y sus hombres oyeron que el rey de Babilonia había hecho gobernador a Godolías, se presentaron en Mispá ante Godolías con Ismael, hijo de Netanías, Juan, hijo de Caréaj, Serayas, hijo de Tanjumet el netofita, Jazanías de Maacá, acompañados de sus hombres. [24] Godolías les tomó juramento, a ellos y a sus hombres, diciendo: «No temáis a los siervos de los caldeos*, quedaos en el país, servid al rey de Babilonia y os irá bien.»

[25] Pero en el mes séptimo, Ismael, hijo de Netanías, hijo de Elisamá, que era de linaje real, vino con diez hombres e hirieron de muerte a Godolías, así como a los judíos y caldeos que estaban con él, en Mispá. [26] Entonces todo el pueblo, desde los más jóvenes a los más ancianos, y también los jefes de tropas se pusieron en marcha y fueron a Egipto, pues tenían miedo de los caldeos.

El perdón del rey Jeconías.

|Jr 52 31-34

[27] En el año treinta y siete de la deportación de Jeconías, rey de Judá, el mes doce, el veintisiete del mes, Evil Merodac*, rey de Babilonia, en el año en que comenzó a reinar, hizo gracia a Jeconías, rey de Judá, y lo liberó* de la prisión. [28] Lo trató con benevolencia y le concedió un trono superior al de los otros reyes que estaban con él en Babilonia. [29] Le hizo mudar sus ropas de prisión y (Jeconías) comió siempre a la mesa en su presencia por el resto de sus días. [30] Por disposición del rey, se le consignó un sustento permanente, para cada día, durante todos los días de su vida.

---

25 22 Ambos relatos, vv. 22-26 y 27-30, son apéndices añadidos durante el Destierro.
25 24 «los siervos de los caldeos» hebr.; «de los caldeos» griego luc., sir.
25 27 (a) Se trata de Avil Marduc, hijo y sucesor de

Nabucodonosor, que subió al trono el 562, cabalmente el año 37 de la cautividad de Jeconías.
25 27 (b) «hizo gracia a», lit. «alzó la cabeza de». —«y lo liberó» Jr 52 31; omitido por hebr.

LOS LIBROS
DE LAS CRÓNICAS,
DE ESDRAS Y NEHEMÍAS

LOS LIBROS DE LAS CRÓNICAS DE ESDRAS Y NEHEMÍAS

Introducción

El AT comprende un segundo grupo de libros históricos que en gran parte reiteran y luego prosiguen la historia deuteronomista que abarca de Josué al fin de los Reyes. Se trata de los dos libros de las Crónicas, y además del libro de Esdras y, según la opinión común, del libro de Nehemías. Los dos libros de las Crónicas formaban primitivamente uno solo, y los libros de Esdras y Nehemías integraban el mismo conjunto, obra de un solo autor. No sólo encontramos en ellos el mismo estilo y las mismas ideas fundamentales, sino que la repetición, al comienzo de Esd 1, de los versículos con que concluye 2 Cro 36, certifica la unidad de composición.

Son, pues, los libros de las Crónicas (según el título hebreo; la Biblia griega y la Vulgata los llaman «Paralipómenos», es decir, los libros que refieren las «cosas omitidas», que añaden un complemento) obra del Judaísmo postexílico, de una época en que el pueblo, privado de su independencia política, gozaba con todo de una especie de autonomía reconocida por los dueños del Oriente: vivía bajo la dirección de sus sacerdotes, según las reglas de su ley religiosa. El Templo y sus ceremonias eran el centro de la vida nacional. Pero este marco legalista y ritual recibe vida de una corriente de piedad personal, de las doctrinas sapienciales, del recuerdo de las glorias o de las debilidades del pasado y de la confianza en las promesas de los profetas.

El autor de las Crónicas, un levita de Jerusalén, es profundamente adicto a este medio.

Escribe después de Esdras y Nehemías, bastante tiempo después, puesto que puede combinar a su gusto las fuentes que a aquéllos se refieren. La fecha más probable parece ser el comienzo de la época griega, antes del año 300 a.C. El libro recibió después adiciones procedentes de una o de varias manos. En especial fueron ampliados los cuadros genealógicos de 1 Cro 2-9 y se añadieron listas de nombres, probablemente las de los partidarios de David, 1 Cro 12, las de sacerdotes y levitas, 1 Cro 15, y la larga adición de 23 3 - 27 34, que es un recuento del personal cultual y administrativo de David.

Estos complementos, que posiblemente utilizaron excelentes documentos, siguen la línea de pensamiento del Cronista.

Muestra gran interés por el Templo. El clero desempeña en su obra un papel preeminente: no sólo los sacerdotes y los levitas, según el espíritu del Deuteronomio y de los textos sacerdotales del Pentateuco, sino también las clases inferiores del clero, los porteros y los cantores, equiparados en adelante a los levitas. La santificación del clero se extiende a los seglares mediante la participación de éstos en los sacrificios de comunión, que ante el Cronista recuperan su antigua importancia. Esta comunidad santa no se restringe exclusivamente a los de Judá: por encima de la apostasía del reino de Israel, del que habla lo menos posible, se imagina a las Doce Tribus unidas bajo el cetro de David y, por encima de las circunstancias del momento, espera la reunión de todos los hijos de Israel. Ni aun los mismos paganos quedan excluidos de la oración del Templo. «Israel» es para él todo el pueblo fiel, con el que Dios había concertado en otro tiempo una alianza y con el que ha renovado aquella alianza en la persona de David. Bajo David se realizaron mejor que nunca las condiciones de la teocracia del reino de Dios sobre la tierra; y en el espíritu de David debe vivir la comunidad, con un afán constante de reforma que es una vuelta a las tradiciones, para que Dios le conserve su favor y cumpla sus promesas.

El centro de interés permanente de esta larga historia es el Templo de Jerusalén y su culto, desde los preparativos bajo David hasta la restauración llevada a cabo por la comunidad vuelta del Destierro.

Estos grandes pensamientos del Cronista explican la composición de su obra. Los primeros caps., 1 Cro 1-9, ofrecen listas genealógicas que se detienen más en la tribu de Judá y la descendencia de David, en los levitas y en los habitantes de Jerusalén. Esto sirve de introducción a la historia de David, que ocupa todo el final del primer libro, 10-29. Se omiten las desavenencias con Saúl, así como el pecado con Betsabé, los dramas de familia y las rebeliones, pero se da relieve a la profecía de Natán, **17**, y se concede una importancia considerable a las instituciones religiosas: traslado del arca y organización del culto en Jerusalén, **13**, **15-16**, preparativos para la construcción del Templo, **21-29**. David ha levantado el plano, reunido los materiales, ha organizado las funciones del clero hasta en los detalles, y ha dejado la realización a su hijo Salomón. En la historia de éste, 2 Cro **1-9**, la construcción del Templo, la oración del rey en la dedicación y las promesas con que Dios corresponde, ocupan la mayor parte. A partir del cisma, el Cronista sólo se preocupa del reino de Judá y de la dinastía davídica. A los reyes se les juzga conforme a su fidelidad o infidelidad a los principios de la alianza, según se aproximen o se aparten del modelo dado por David, 2 Cro **10-36**. A los desórdenes siguen las reformas, y las más profundas de éstas son las de Ezequías y Josías; este último rey tiene sucesores impíos que precipitan el desastre, pero las Crónicas concluyen con la autorización dada por Ciro para reconstruir el Templo. Continuación de estas Crónicas, como hemos dicho, son los libros de Esdras y Nehemías.

Para escribir esta historia, el autor se ha valido, en primer lugar, de los libros canónicos: Génesis y Números para las listas del comienzo, y sobre todo Samuel y Reyes. Los utiliza con libertad, elige lo que cuadra a su propósito, añade y corta. Con todo, jamás cita estas fuentes esenciales que nosotros podemos verificar. En cambio, se refiere a cierto número de otras obras, «libros» de los reyes de Israel o de los reyes de Israel y de Judá, un «midrás» del libro de los Reyes, «palabras» o «visiones» de tal o cual profeta, etc. Estos escritos son desconocidos para nosotros y se discute respecto a su contenido y sus mutuas relaciones. Probablemente describían los diversos reinos a la luz de las intervenciones proféticas. Es dudoso que el Cronista se haya valido también de tradiciones orales.

Puesto que el Cronista ha dispuesto de fuentes que nosotros ignoramos y que podían ser dignas de fe, no hay razón para desconfiar, en principio, de todo lo que añade a los libros canónicos que nosotros conocemos. Se ha de examinar cada caso en sí, e investigaciones recientes han vindicado en diversos puntos al Cronista del descrédito en que le tenían muchos exegetas. Pero también se da el caso de que presente noticias incompatibles con el cuadro que trazan Samuel o los Reyes, o bien que modifique a sabiendas lo que dicen estos últimos libros. Este procedimiento —que no tendría excusa en ningún historiador moderno, cuya misión es narrar y explicar la sucesión de los hechos— se justifica por la intención del autor; él no es un historiador, es un teólogo que, a la luz de las experiencias antiguas y, sobre todo, de la experiencia davídica, «medita» sobre las condiciones del reino ideal; hace que el pasado, el presente y el futuro confluyan en una síntesis: proyecta sobre la época de David toda la organización cultual que tiene ante sus ojos, omite todo lo que pudiera empequeñecer a su héroe. Fuera de los datos nuevos que contiene y cuyo valor se puede verificar, su obra no vale tanto para reconstruir el pasado como para ofrecernos un cuadro del estado y de las preocupaciones de su época.

Porque el Cronista escribe para sus contemporáneos. Les recuerda que la vida de la nación depende de su fidelidad a Dios y que esta fidelidad se expresa mediante la obediencia a la ley y a la regularidad de un culto animado por la verdadera piedad. Quiere hacer de su pueblo una comunidad santa, en cuyo favor se realizarán las promesas hechas a David. Los hombres religiosos del Judaísmo contemporáneo de Cristo vivirán en este espíritu, a veces con desviaciones que él no había previsto. Su enseñanza sobre la primacía de lo espiritual y sobre el gobierno divino de todos los acontecimientos del mundo tiene un valor permanente; deberíamos meditarlo en una época como la nuestra, en que la invasión de lo profano parece retrasar indefinidamente el establecimiento del reino de Dios.

Los libros de Esdras y Nehemías formaban un solo «libro de Esdras» en la Biblia hebrea y en los Setenta. Como ésta retenía el libro apócrifo griego de Esdras y lo ponía en el primer puesto (Esdras I), denomina Esdras II al libro de Esdras-Nehemías. En la época cristiana fue dividido en dos, costumbre que siguió la Vulgata, en la cual Esdras I equivalía a Esdras, y Esdras II a Nehemías; la misma Vulgata llama Esdras III al apócrifo griego de Esdras. La designación de los dos libros por sus dos personajes principales, Esdras y Nehemías, es todavía más reciente y se ha introducido en las ediciones impresas de la Biblia masorética.

Los libros de Esdras y Nehemías son, como se ha dicho, continuación de la *obra del Cronista. Después de los cincuenta años de destierro, del que no habla, vuelve aquél a tomar el hilo de la historia en el momento en que el edicto de Ciro, 538 a.C., autoriza a los judíos a volver a Jerusalén para reconstruir el Templo. El regreso escalonado comienza inmediatamente, pero los trabajos del Templo se interrumpen por la oposición de los samaritanos y no se reanudan hasta Darío I; el Templo se acaba el 515. En el medio siglo inmediato, los esfuerzos para levantar las murallas de Jerusalén son obstaculizados por los mismos samaritanos, Esd 1-6. Bajo Artajerjes, Esdras, un escriba encargado de los asuntos judíos en la corte de Persia, llega a Jerusalén con una nueva caravana. Viene provisto de un decreto que le concede facultades para imponer a la comunidad la ley de Moisés, reconocida como ley real. Se ve precisado a tomar severas medidas contra los judíos que habían contraído matrimonio con mujeres extranjeras, Esd/47-10. Luego, Nehemías, copero de Artajerjes, logra que el rey le otorgue la misión de ir a Jerusalén para levantar las murallas. Rápidamente se concluye este trabajo, a pesar de la oposición de los enemigos, y se repuebla la ciudad Ne 1 1 - 7 72ª. Entre tanto, Nehemías ha sido nombrado gobernador. Esdras hace una lectura solemne de la Ley, se celebra la fiesta de las Tiendas, el pueblo confiesa sus pecados y se compromete a observar la Ley, Ne 7 72ᵇ - 10 40. Siguen algunas listas y medidas complementarias y la dedicación de la muralla, 11 1 - 13 3. Nehemías, después de haber vuelto de Persia, regresa para una nueva misión, durante la cual se ve obligado a reprimir algunos desórdenes que ya se han introducido en la comunidad, Ne 13 4-31.*

Se ve, por este resumen, que estos libros tienen mucha importancia para la historia de la Restauración judía después del Destierro. Los primeros caps. de Esdras completan las informaciones que se pueden sacar de los profetas Ageo, Zacarías y Malaquías. Los dos libros son la única fuente de que disponemos sobre la actividad de Esdras y Nehemías. La fecha de su composición es anterior a la de las Crónicas; pero, sobre todo, utilizan y citan textualmente documentos contemporáneos de los hechos: listas de repatriados o de la repoblación de Jerusalén, actas de los reyes de Persia, correspondencia en la corte y, sobre todo, el informe en que Esdras dio cuenta de su misión y la memoria justificativa de Nehemías.

A pesar de esta abundancia de fuentes, la exégesis de Esdras y Nehemías está erizada de dificultades, porque los documentos se presentan en ellos en un orden desconcertante. La lista de los inmigrantes se da dos veces, Esd 2 y Ne 7; en la sección de Esd 4 6 - 6 18, escrita en arameo, los sucesos del tiempo de Darío son referidos después de los sucesos de los reinados de Jerjes y Artajerjes, que, sin embargo, se sitúan en los cincuenta años siguientes. Los escritos procedentes de Esdras y Nehemías han sido fraccionados para luego reunirlos combinándolos. Utilizando las fechas concretas que se dan en ellos, el informe de Esdras puede restituirse en el orden siguiente: Esd 7 1 - 8/436; Ne 7 72ᵇ - 8 18; Esd 1 - 10 44; Ne 9 1-37.

Pero este documento ha sido rehecho por el Cronista, quien puso algunas partes en tercera persona, y ha recibido adiciones: la lista de los culpables de Esd 10 18. 20-44 y las plegarias de Esd 9 6-15 y Ne/49 6-37. La memoria de Nehemías comprende los trozos siguientes: 1-2; 3 33 - 7 5; 12 27 - 13 31. El Cronista ha introducido un documento sobre la reconstrucción de las murallas, 3 1-32. La lista de los primeros sionistas, 7 6-72ª, se repite en Esd 2. El cap. 10 es otro documento más de archivo que pone el sello al compromiso aceptado por la comunidad durante la segunda misión de Nehemías, 13. El marco del cap. 11 es una composición del Cronista, a la que se han añadido listas de la población de Jerusalén y de Judá y, en el cap. 12, listas de sacerdotes y levitas.

Se ve que el Cronista ha querido proceder por medio de series unitarias. En Esd 1-6, su objetivo principal es la reconstrucción del Templo bajo Darío: agrupa los regresos sucesivos de la cautividad, difumina la figura de Sesbasar en beneficio de Zorobabel, forma una especie de expediente antisamaritano. A lo largo de los libros, presenta a Esdras y Nehemías trabajando juntos en la realización de una misma obra.

Tales procedimientos literarios plantean graves problemas a los historiadores. La cuestión más discutida y más difícil atañe a la cronología de Esdras y Nehemías. Según el orden del libro, Esdras llegó a Jerusalén el 458, el año siete de Artajerjes I, Esd 7 8; Nehemías se le unió el 445, el año veinte del mismo rey, Ne 2 1. Permaneció doce años, Ne 13 6, es decir, hasta el 433; volvió a Persia por tiempo indeterminado y regresó para una segunda permanencia, también bajo Artajerjes I, que no murió hasta el 424. Hay buenos exegetas que conservan este orden tradicional, pero que, conforme a las indicaciones precisas del mismo libro, limitan a un año la misión de Esdras, y le hacen volverse antes de la llegada de Nehemías. Otros exegetas invierten este orden porque les parece que la obra de Esdras supone ya realizada la de Nehemías. Los datos que suministra Esdras se referirían no al reinado de Artajerjes I, como los de Nehemías, sino al reinado de Artajerjes II, y Esdras no habría llegado hasta el 398. Finalmente, algunos exegetas recientes, concediendo que Esdras haya venido después de Nehemías, pero negándose a reconocer un cambio de reinado del que nada dice el texto, hacen venir a Esdras entre las dos misiones de Nehemías, a costa de una corrección textual de Esd **7** 8: Esdras habría llegado, no en el año 7, sino en el 37 de Artajerjes, el 428.

Cada una de estas soluciones puede invocar buenos argumentos, pero también cada una de ellas tropieza con dificultades; el problema ha de seguir abierto. Sólo un punto es seguro: la actividad de Nehemías en Jerusalén desde el 445 al 433 a.C.

Por lo demás, para la inteligencia religiosa de los libros, es de interés secundario. De conformidad con la intención del autor, presentan un cuadro sintético, pero no engañoso, de la Restauración judía; y para comprender ésta, importa mucho más conocer las ideas que la animaron que el orden exacto de los hechos. Los judíos, beneficiándose de la política religiosa liberal que los Aqueménidas aplicaban en su imperio, vuelven a la Tierra Prometida, restablecen el culto, restauran el Templo, levantan las murallas de Jerusalén y viven en comunidad, gobernados por hombres de su raza y regidos por la Ley de Moisés. Ello no les exige más que una lealtad, fácil de guardar ante un poder central respetuoso con sus costumbres. Es un acontecimiento de gran importancia: se trata del nacimiento del Judaísmo, pre-

parado en las largas meditaciones del Destierro y ayudado por la intervención de hombres providenciales.

Después de Zorobabel, que reconstruyó el Templo, pero cuyos títulos mesiánicos, reconocidos por Ageo y Zacarías, Ag **2** 23; Za **6** 12s, calla el Cronista, los pioneros de esta restauración fueron Esdras y Nehemías. Esdras es en verdad el padre del Judaísmo, con sus tres ideas esenciales: la Raza elegida, el Templo y la Ley. Su ardiente fe y la necesidad de proteger a la comunidad renaciente explica la intransigencia de sus reformas y el particularismo que impuso a los suyos. Es el modelo de los escribas y su figura ha venido agrandándose en la tradición judía. Nehemías está al servicio de las mismas ideas, pero actúa en otro plano: en la Jerusalén restaurada y repoblada por él, ofrece a su pueblo la posibilidad y el placer de una vida nacional. En su memoria, más personal que el informe de Esdras, se nos muestra sensible y humano, arriesgándose personalmente, pero prudente y reflexivo, confiando en Dios, a quien ora con frecuencia. Dejó un gran recuerdo y Ben Sirá canta el elogio del «que nos levantó las murallas en ruinas», Si **49** 13.

No ha de extrañarnos que, en esta reagrupación de la comunidad en torno al Templo y bajo la égida de la Ley, el Cronista haya visto una realización del ideal teocrático que él había proclamado en las Crónicas. Sabe que hay que esperar algo más; pero es que su dependencia de los documentos que reproduce es mayor que en las Crónicas: conserva su tono particularista que las circunstancias justifican, y, en relación con la esperanza mesiánica, respeta su silencio, inspirado sin duda en una honrada lealtad. Escribe en medio de este período de los siglos IV-III antes de nuestra era, que tan mal conocemos y en el que la comunidad de Jerusalén, replegada sobre sí misma, se reconstruye en silencio y adquiere hondura espiritual.

LOS LIBROS DE LAS CRÓNICAS

LIBRO PRIMERO DE LAS CRÓNICAS

I. *En torno a David: Las Genealogías**

1. DE ADÁN A ISRAEL*

‖Gn 5
Origen de los tres grandes grupos.

1 ^{1} Adán, Set, Enós; ^{2} Quenán, Mahalalel, Yéred; ^{3} Henoc, Matusalén, Lámec; ^{4} Noé, Sem, Cam y Jafet.

‖Gn 10 2-4
Los jafetitas.

^{5} Hijos de Jafet: Gómer, Magog, los medos, Yaván, Túbal, Mésec y Tirás. ^{6} Hijos de Gómer: Asquenaz, Rifat y Togarmá. ^{7} Hijos de Yaván: Elisá, Tarsis, los queteos y los rodenses.

Los camitas.

‖Gn 10 6-8
^{8} Hijos de Cam: Cus y Egipto, Put y Canaán. ^{9} Hijos de Cus: Sebá, Javilá, Sabtá, Ramá y Sabtecá. Hijos de Ramá: Sebá y Dedán. ^{10} Cus engendró a Nimrod, que fue el primer hombre poderoso de la tierra.

n 10 13-18
^{11} Egipto engendró a los lidios, anamitas, lehabitas, naftujitas, ^{12} patrusitas, caslujitas y caftoritas, de donde proceden los filisteos. ^{13} Canaán engendró a Sidón, su primogénito, a Het, ^{14} y al jebuseo, al amorreo, al guirgaseo, ^{15} al jivita, al arquita, al sinita, ^{16} al arvadita, al semarita y al jamatita.

‖ 10 22-29
Los semitas.

^{17} Hijos de Sem: Elam, Asur, Arfacsad, Lud y Aram. Hijos de Aram: Us, Jul, Guéter y Mésec. ^{18} Arfacsad engendró a Sélaj, y Sélaj engendró a Héber. ^{19} A Héber le nacieron dos hijos: el nombre del primero era Péleg, porque en sus días fue dividida la tierra, y el nombre de su hermano era Yoctán. ^{20} Yoctán engendró a Almodad, Sélef, Jasarmávet, Yéraj, ^{21} Hadorán, Uzal, Diclá, ^{22} Ebal, Abimael, Sebá, ^{23} Ofir, Javilá, Yobab: todos ellos hijos de Yoctán.

‖Gn 11 10-26
De Sem a Abrahán.

^{24} Arfacsad, Sélaj, ^{25} Héber, Péleg, Reú, ^{26} Serug, Najor, Téraj, ^{27} Abrán, o sea Abrahán. ^{28} Hijos de Abrahán: Isaac e Ismael. ^{29} Sus descendientes son éstos:

Los ismaelitas.

‖Gn 25 13-16
El primogénito de Ismael: Nebayot; después, Quedar, Adbeel, Mibsán, ^{30} Mismá, Dumá, Masá, Jadad, Temá, ^{31} Yetur, Nafís y Quedmá. Éstos son los hijos de Ismael.

‖Gn 25 2-4
^{32} Hijos de Queturá, concubina de Abrahán. Dio a luz a Zimrán, Yocsán, Medán, Madián, Yisbac y Súaj. Hijos de Yocsán: Sebá y Dedán. ^{33} Hijos de Madián: Efá, Éfer, Henoc, Abidá y Eldaá. Todos ellos son hijos de Queturá.

Isaac y Esaú.

‖Gn 25 19
^{34} Abrahán engendró a Isaac. Hijos de Isaac: Esaú e Israel.

‖Gn 36 10-13
‖Gn 36 15-17
^{35} Hijos de Esaú: Elifaz, Reuel, Yeús, Yalán y Coré. ^{36} Hijos de Elifaz: Temán, Omar, Sefó, Gatán, Quenaz, Timná y Amalec. ^{37} Hijos de Reuel: Nájat, Zéraj, Samá y Mizá.

Seír.

‖Gn 36 20-28
^{38} Hijos de Seír: Lotán, Sobal, Sibeón, Aná, Disón, Éser y Disán. ^{39} Hijos de Lo-

---

1 (a) Los caps. 1-9 contienen casi exclusivamente listas genealógicas. Las genealogías de Gn **1-12** terminaban en Abrahán; las de 1 Cro concluyen con Saúl, preparando así la historia de David, héroe principal del Cronista. Compárense las genealogías de Cristo, Mt **1** 1-17; Lc **3** 23-28. El Cronista utiliza el Pentateuco en su forma definitiva y los primeros libros históricos; añade datos, probablemente auténticos, procedentes de otras fuentes que le eran accesibles. Esas genealogías han sido ampliamente completadas después del Cronista y con el mismo espíritu. —Como en otros pasajes de la Biblia, esas genealogías no indican a menudo más que vagas relaciones de parentesco o vecindad; nombres geográficos se convierten en nombres personales—. El hebreo y las versiones presentan múltiples variantes que no vamos a indicar detalladamente.

1 (b) Abreviando las largas series de Gn **5** y **11** y copiando importantes pasajes de Gn **10**, de todos los linajes procedentes del primer hombre, el autor solamente retiene al semita Abrahán, y luego a sus hijos Isaac y Jacob.

tán: Jorí y Homán. Hermana de Lotán fue Timná. [40] Hijos de Sobal: Alván, Manájat, Ebal, Sefó y Onán. Hijos de Sibeón: Ayá y Aná.
[41] Hijos de Aná: Disón. Hijos de Disón: Jamrán, Esbán, Yitrán y Querán. [42] Hijos de Éser: Bilán, Zaaván y Acán. Hijos de Disón: Us y Arán.

‖Gn 36 31-39

Los reyes de Edom.

[43] Éstos son los reyes que reinaron en el país de Edom antes de que hubiera rey entre los israelitas: Belá, hijo de Beor; el nombre de su ciudad era Dinhabá. [44] Murió Belá, y reinó en su lugar Yobab, hijo de Zéraj, de Bosrá. [45] Murió Yobab, y reinó en su lugar Jusán, del país de los temanitas. [46] Y murió Jusán, y en su lugar reinó Hodad, hijo de Bedad, que de-

rrotó a los madianitas en los campos de Moab; el nombre de su ciudad fue Avit. [47] Murió Hodad, y reinó en su lugar Samlá, de Masrecá. [48] Murió Samlá, y reinó en su lugar Saúl, de Rejobot del Río. [49] Murió Saúl y reinó en su lugar Baal Janán, hijo de Acbor. [50] Murió Baal Janán y reinó en su lugar Hodad. El nombre de su ciudad era Pau, y el de su mujer Mehetabel, hija de Matred, hija de Mezahab.

Los jeques de Edom.

‖Gn 36 40-4

[51] Murió Hodad, y hubo jeques en Edom: el jeque Timná, el jeque Alvá, el jeque Yetet, [52] el jeque Oholibamá, el jeque Elá, el jeque Pinón, [53] el jeque Quenaz, el jeque Temán, el jeque Mibsar, [54] el jeque Magdiel, el jeque Irán. Éstos fueron los jeques de Edom.

2. JUDÁ

‖Gn 35 23-26

Hijos de Israel.

2 [1] Éstos son los hijos de Israel: Rubén, Simeón, Leví y Judá, Isacar y Zabulón, [2] Dan, José y Benjamín, Neftalí, Gad y Aser.

Descendientes de Judá*.

‖Gn 38 2-5

[3] Hijos de Judá: Er, Onán y Selá; los tres le nacieron de Bat Súa la cananea.

‖Gn 38 7
‖Gn 38 27-30

Er, primogénito de Judá, era malo a los ojos de Yahvé, que le quitó la vida. [4] Tamar, nuera de Judá, le dio a luz a Peres y Zéraj. En total, Judá tuvo cinco hijos.

‖Gn 46 12
‖1 R 5 11

[5] Hijos de Peres: Jesrón y Jamul.
[6] Hijos de Zéraj: Zimrí, Etán, Hemán, Calcol y Dardá. Cinco en total.

Jos 7

[7] Hijos de Carmí: Acán, que perturbó a Israel por haber quebrantado el anatema.
[8] Hijos de Etán: Azarías.

Orígenes de David.

[9] Hijos que le nacieron a Jesrón: Yerajmeel, Ram y Quelubay*.

‖Nm 1 7
‖Rt 4 19-22

[10] Ram engendró a Aminadab, Aminadab engendró a Najsón, príncipe de los hijos de Judá. [11] Najsón engendró a Sal-

má, y Salmá engendró a Booz. [12] Booz engendró a Obed y Obed engendró a Jesé. [13] Jesé engendró a su primogénito Eliab; Abinadab, el segundo; Simá, el tercero; [14] Netanel, el cuarto; Raday, el quinto; [15] Osen, el sexto; David, el séptimo. [16] Hermanas suyas fueron Sarvia y Abigail. Hijos de Sarvia: Abisay, Joab y Asael, tres. [17] Abigail dio a luz a Amasá, el padre de Amasá fue Yéter el ismaelita.

Caleb.

Jos 14 6+

[18] Caleb, hijo de Jesrón, engendró a Yeriot, de su mujer Azubá*. Éstos son sus hijos: Yéser, Sobab y Ardón. [19] Murió Azubá y Caleb tomó por mujer a Efratá, de la que tuvo a Jur. [20] Jur engendró a Urí, y Urí engendró a Besalel.

1 Cro 2 42
4 11s

[21] Después se unió Jesrón a la hija de Maquir, padre de Galaad. Tenía él sesenta años cuando la tomó por mujer; y le dio a luz a Segub. [22] Segub engendró a Yaír, que poseyó veintitrés ciudades en el país de Galaad. [23] Los guesuritas y los

Nm 32 41

arameos les tomaron las aldeas de Yaír, Quenat y sus aduares: sesenta ciudades. Todo esto pertenece a los hijos de Maquir*, padre de Galaad.

---

2 3   El Cronista comienza por Judá, la tribu de David, vv. 3-17. El resto del cap. recoge listas de orígenes diversos (dos genealogías de los calebitas), acerca de los grupos que se integraron a Judá. Probablemente se trata de adiciones.
2 9   Quelubay, como Quelub, **4 11**, debe ser identi-

ficado con Caleb, **2 18**, ver Jos **14 6+**.
2 18   «de su mujer Azubá», según las versiones: «engendró a Azubá, mujer» hebr., pero ver v. 19.
2 23   «Todo esto pertenece a los hijos de Maquir» conj.

1 S 27 10

²⁴ Después de morir Jesrón, Caleb se unió a Efratá*, mujer de su padre Jesrón, la cual le dio a luz a Asjur, padre de Técoa.

Yerajmeel.

²⁵ Los hijos de Yerajmeel, primogénito de Jesrón, fueron: Ram, el primogénito, y Buná, Oren, Osen y Ajías. ²⁶ Yerajmeel tuvo otra mujer cuyo nombre era Atará, que fue madre de Onán.
²⁷ Los hijos de Ram, primogénito de Yerajmeel, fueron: Maás, Yamín y Équer. ²⁸ Y los hijos de Onán fueron Samay y Yadá; los hijos de Samay, Nadab y Abisur. ²⁹ La mujer de Abisur se llamaba Abihail, que le dio a luz a Ajbán y Molid. ³⁰ Los hijos de Nadab fueron Séled y Efraín; Séled murió sin hijos. ³¹ Hijo de Efraín fue Yisí; hijo de Yisí, Sesán; hijo de Sesán, Ajlay. ³² Hijos de Yadá, hermano de Samay, fueron Yéter y Jonatán; Yéter murió sin hijos. ³³ Hijos de Jonatán: Pélet y Zazá.
Éstos fueron los descendientes de Yerajmeel.
³⁴ Sesán no tuvo hijos*, sino hijas; tenía Sesán un siervo egipcio que se llamaba Yarjá. ³⁵ Y dio Sesán una hija suya a su siervo Yarjá por esposa, la cual le engendró a Atay, ³⁶ Atay engendró a Natán, Natán engendró a Zabad, ³⁷ Zabad engendró a Eflal, Eflal engendró a Obed, ³⁸ Obed engendró a Jehú, Jehú engendró a Azarías, ³⁹ Azarías engendró a Jeles, Jeles engendró a Elasá, ⁴⁰ Elasá engendró a Sismay, Sismay engendró a Salún, ⁴¹ Salún engendró a Yecamías, Yecamías engendró a Elisamá.

Caleb*.

⁴² Hijos de Caleb, hermano de Yerajmeel: Mesá, su primogénito, que fue padre de Zif; tuvo por hijo* a Maresá, padre de Hebrón. ⁴³ Hijos de Hebrón: Coré, Tapúaj, Requen y Sema. ⁴⁴ Sema engendró a Rajan, padre de Yorqueán; Requen engendró a Samay. ⁴⁵ Hijo de Samay fue Maón, y Maón fue padre de Bet-Sur. ⁴⁶ Efá, concubina de Caleb, dio a luz a Jarán, Mosá y Gazez; Jarán engendró a Gazez.
⁴⁷ Hijos de Yoday: Reguen Jotán, Guesán, Pélet, Efá y Sáaf.
⁴⁸ Maacá, concubina de Caleb, dio a luz a Séber y Tirjaná. ⁴⁹ Engendró también a Sáaf, padre de Madmaná, y a Sevá, padre de Macdená y padre de Guibeá.
Hija de Caleb fue Acsá.
⁵⁰ Éstos fueron los hijos de Caleb.

Jur*.

Hijos de Jur, primogénito de Efratá: Sobal, padre de Quiriat Yearín; ⁵¹ Salmá, padre de Belén; Járef, padre de Bet Gáder. ⁵² Sobal, padre de Quiriat Yearín, tuvo por hijos a Haroé, es decir, la mitad de los manajatitas ⁵³ y las familias de Quiriat Yearín; los yeteritas, los futeos, los sumateos y los misraítas. De ellos salieron los soraítas y los de Estaol.
⁵⁴ Hijos de Salmá: Belén y los netofatitas, Atrot Bet Joab, la otra mitad de los manajatitas, los soraítas ⁵⁵ y las familias de los sofritas que habitaban en Yabés, los tirateos, los simateos, los sucateos. Éstos son quenitas, descendientes de Jamat, padre de la casa de Recab.

Jos 14 6+
1 Cro 2 18s.
4 11s

Jos 15 16-19

2 19; 4 1s

Jc 13 2; 18 2

Nm 24 21+
2 R 10 15

3.   LA CASA DE DAVID*

Hijos de David.

2 S 3 2-5

3 ¹ Éstos son los hijos que le nacieron a David en Hebrón: el primogénito Amnón, hijo de Ajinoán, de Yizreel; el segundo, Daniel, hijo de Abigail, de Carmelo; ² el tercero, Absalón, hijo de Maacá, hija de Talmay, rey de Guesur; el cuarto, Adonías, hijo de Jaguit; ³ el quin-

---

2 24   «Caleb se unió a Efratá» griego: «en Caleb Efratá» hebr.
2 34   Tradición distinta de la del v. 31.
2 42   (a) Otro registro genealógico de los descendientes de Caleb, ver vv. 18s, correspondiente sin duda a una época distinta, cuando las relaciones de los clanes habían cambiado.
2 42   (b) «tuvo por hijo» conj.; «los hijos de (Maresá)» hebr.
2 50   Jur, «primogénito de Efratá» sólo una vez aparece mencionado como hijo de Caleb, v. 20, pero ver vv.

24. 42. En contraste con el grupo de este último, ver Jos 14 6+, parece que Jur representa un mero linaje de la de Judá, que se extendió desde Efratá Belén hacia el noroeste (Quiriat Yearín, Sorá, Estaol).
3   Este cap. que continúa el linaje davídico hasta después del Destierro, no está en su sitio en esta nomenclatura de las tribus; debería seguir por lo menos a 2 17, pero probablemente es adicional. La lista de los hijos de David nacidos en Jerusalén vv. 5-8, se repite en 14 3-7.

to, Sefatías, de Abital; el sexto, Yitreán,
de su mujer Eglá. [4] Estos seis le nacieron
en Hebrón, donde reinó siete años y seis
meses.
Reinó en Jerusalén treinta y tres años.
=14 3-7 [5] Éstos son los que le nacieron en Jeru-
||2 S 5 14-16 salén: Simá, Sobab, Natán, Salomón, los
cuatro de Bat Súa*, hija de Amiel. [6] Además, Yibjar, Elisamá, Elifélet, [7] Nogah,
Néfeg, Yafía, [8] Elisamá, Elyadá, Elifélet:
nueve.
[9] Éstos son todos los hijos de David,
sin contar los hijos de las concubinas.
2 S 13 1s Hermana de ellos fue Tamar.

Reyes de Judá*.

[10] Hijo de Salomón: Roboán; hijo suyo,
Abías; hijo suyo, Asá; hijo suyo, Josafat;
[11] hijo suyo, Jorán; hijo suyo, Ocozías;
hijo suyo, Joás; [12] hijo suyo, Amasías;
hijo suyo, Azarías; hijo suyo, Jotán;
[13] hijo suyo, Acaz; hijo suyo, Ezequías;
hijo suyo, Manasés; [14] hijo suyo, Amón;
hijo suyo, Josías. [15] Hijos de Josías: Juan,
el primogénito*; Joaquín, el segundo; Sedecías, el tercero; Salún, el cuarto. [16] Hi- 2 Cro 36 1
jos de Joaquín: su hijo Jeconías y su hijo
Sedecías.

Linaje monárquico post-exílico*.

[17] Hijos de Jeconías, el cautivo: Sealtiel
su hijo; [18] Malquirán, Pedayas, Senasar,
Yecamías, Hosamá, Nedabías. [19] Hijos
de Pedayas: Zorobabel* y Semeí. Hijos
de Zorobabel: Mesulán, Jananías y Selomit, hermana de ellos. [20] Hijos de Mesulán*: Jasubá, Ohel, Berequías, Jasadías y
Yusab Jésed: cinco. [21] Hijos de Jananías:
Pelatías; Isaías, hijo suyo; Refayas, hijo
suyo; Arnán, hijo suyo; Abdías, hijo suyo;
Secanías, hijo suyo*. [22] Hijos de Seca- Esd 8 3
nías: Semaías, Jatús, Yigal, Baríaj, Nearías y Safat: seis. [23] Hijos de Nearías: Eljoenay, Ezequías, Azricán: tres. [24] Hijos
de Eljoenay: Hodavías, Eliasib, Pelayas,
Acub, Juan, Delaías y Ananí: siete.

4. LAS TRIBUS MERIDIONALES*

Judá. Sobal.

2 3 **4** [1] Hijos de Judá: Peres, Jesrón, Carmí,
Jur y Sobal.
[2] Reayas, hijo de Sobal, engendró a
Yájat. Yájat engendró a Ajumay y a La-
had. Éstas son familias de los soraítas.

2 50+ **Jur.**

[3] Éstos son los hijos de Jur*, padre de
Etán: Yizreel, Yismá y Yibdás. Su hermana se llamaba Haslelponí.
[4] Penuel fue el padre de Guedor, y
Ézer padre de Jusá.
Éstos son los hijos de Jur, primogénito
de Efratá, padre de Belén.

Asjur.

[5] Asjur, padre de Técoa, tuvo dos mujeres: Jelá y Naará.
[6] Naará dio a luz a Ajuzán, Jéfer, los
timnitas y los ajastaritas. Éstos son los
hijos de Naará.
[7] Hijos de Jelá: Séret, Sójar, Etnán.
[8] Cos engendró a Anub, a Sobebá y a
las familias de Ajarjel, hijo de Harún.
[9] Pero Yabés fue más ilustre que sus her- 2 55
manos, y su madre le dio el nombre de Gn 35 18
Yabés, diciendo: «Di a luz con dolor*.»
[10] Yabés invocó al Dios de Israel, excla-
mando: «Si de verdad me bendices, en-
sancharás mis términos, tu mano estará
conmigo y alejarás el mal para que no
padezca aflicción.» Y Dios escuchó su
petición.

Descendencia de Caleb. Jos 14 6+

[11] Quelub, hermano de Sujá, engendró 1 Cro 2 1 42s
a Mejir, que fue padre de Estón. [12] Estón 2 9+
engendró a Bet Rafá, Paséaj y Tejiná, pa-

3 5 Idéntica a «Betsabé», que traen aquí el griego y la Vulg.
3 10 Esta lista depende del libro de los Reyes. —Salún, hijo de Josías, se identifica, Jr 22 11, con el Joacaz del libro de los Reyes.
3 15 Algunos mss traen «Joacaz» en lugar de «Juan».
3 17 Esta lista nos lleva probablemente hasta el tiempo del mismo Cronista.
3 19 En todos los demás textos, ver Esd 3 2; Ag 1 1, Zorobabel es hijo de Sealtiel.
3 20 «Hijos de Mesulán» falta en el texto.
3 21 «hijo suyo» (las cuatro veces) griego; «los hijos de» hebr.
4 Las reseñas acerca de Judá, Jur y Caleb son paralelas a las del cap. 2, pero con nombres en gran parte diferentes. Se añaden nuevos datos acerca de Asjur y Selá. Es posible que también esta sección sea adicional, aunque por lo demás utilice recuerdos antiguos y aunque el libro primitivo haya pasado de la noticia acerca de Judá, 2 1-17, a la de Simeón, 4 24s.
4 3 «Éstos son los hijos de Jur» restituido según v. 4.
4 9 Juego de palabras entre *Yaʿbeṣ* y *ʿoṣeb* «dolor».

dre de Ir Najás. Éstos son los hombres de Recal. ¹³ Hijos de Quenaz: Otniel y Serayas. Hijos de Otniel: Jatat y Meonotay. ¹⁴ Meonotay engendró a Ofrá, y Serayas engendró a Joab, padre de Gue Jarasín*, pues eran artesanos. ¹⁵ Hijos de Caleb, hijo de Jefoné: Ir, Elá y Naán; hijo de Elá: Quenaz. ¹⁶ Hijos de Jalelel: Zif, Zifá, Tiryá y Asarel. ¹⁷ Hijos de Ezrá: Yéter, Méred, Éfer y Yalón. Ella* concibió a María, Samay y Yisbaj, padre de Estemoa. ¹⁸ Su mujer, la de Judá, dio a luz a Yéred, padre de Guedor, a Héber, padre de Socó, y a Yecutiel, padre de Zanóaj. Éstos son los hijos de Bitía, hija del faraón, que Méred había tomado por esposa. ¹⁹ Hijos de la mujer de Hodías, hermana de Naján, padre de Queilá el garmita y Estemoa el maacatita. ²⁰ Hijos de Simón: Amnón y Riná, Ben Janán y Tilón. Hijos de Yisí: Zójet y Ben Zójet.

Hijos de Selá*.

²¹ Hijos de Selá, hijo de Judá: Er, padre de Lecá, y Ladá, padre de Maresá, y las familias de los que trabajan el lino en Bet Asbea. ²² Yoquín, los hombres de Cozebá; y Joás y Saraf, que se casaron en Moab*, antes de volver a Belén*. Éstas son cosas muy antiguas. ²³ Ellos eran alfareros y habitaban en Netaín y Guederá; moraban allí con el rey, trabajando a su servicio.

Descendientes de Simeón*.

²⁴ Hijos de Simeón: Yemuel, Yamín, Yarib, Zéraj y Saúl. ²⁵ Salún, su hijo; Mibsán, su hijo; Mismá, su hijo. ²⁶ Hijos de Mismá: Jamuel, hijo suyo; Zacur, hijo suyo; Semeí, hijo suyo. ²⁷ Semeí tuvo dieciséis hijos y seis hijas, pero sus hermanos no tuvieron muchos hijos, ni todas sus familias se multiplicaron como los hijos de Judá. ²⁸ Habitaban en Berseba, Moladá, Jasar-Sual, ²⁹ Balá, Esen y Tolad, ³⁰ Betuel, Jormá, Sicelag, ³¹ Bet Marcabot, Jasar Susá, Bet Birí y Saaráin. Éstas fueron sus ciudades hasta el reino de David. ³² También sus aldeas: Etán, Ayin, Rimón, Toquén y Asán, cinco ciudades, ³³ y todas sus aldeas que están en torno a aquellas ciudades, hasta Baalat. Aquí habitaron y éste fue su registro genealógico.

³⁴ Mesobab, Yamlec, Yocsá, hijo de Amasías, ³⁵ Joel, Jehú, hijo de Josibías, hijo de Serayas, hijo de Asiel; ³⁶ Eljoenay, Jacobá, Yesojaías, Asayas, Adiel, Yesimiel y Benaías, ³⁷ Zizá, hijo de Sifí, hijo de Alón, hijo de Yedaías, hijo de Simrí, hijo de Semaías. ³⁸ Éstos que han sido citados por sus nombres, fueron jefes en sus familias y en sus casas paternas, y se multiplicaron sobremanera. ³⁹ Se dirigieron a la entrada de Guerar*, hasta el oriente del valle, buscando pastos para sus ganados. ⁴⁰ Y hallaron pastos pingües y buenos, y una tierra espaciosa, tranquila y segura, pues antes habían morado allí los descendientes de Cam*. ⁴¹ Éstos que se han citado por sus nombres vinieron en tiempos de Ezequías, rey de Judá, y destruyeron las tiendas de aquellos y los refugios* que allí se encontraban, entregándolos al anatema hasta el día de hoy; y habitaron en lugar de ellos, ya que había allí pastos para sus ganados. ⁴² Algunos de los hijos de Simeón, en número de quinientos hombres, se fueron a la montaña de Seír sus jefes eran Pelatías, Nearías, Refayas Uziel, hijos de Yisí: ⁴³ derrotaron a los restos de Amalec que habían escapado, y habitaron allí hasta el día de hoy.

Marginal references (left column):
- ||Jc 1 13
- Ne 11 35
- ||Nm 13 6
- 2 3
- ||Gn 46 10
- Nm 26 12s
- 1 29-30
- n 25 13-14

Marginal references (right column):
- ||Jos 19 1-8
- Nm 1 2
- Jos 6 17+
- Ex 17 8+

---

4 14   Este nombre significa «Valle de los Artesanos» (en madera y hierro), ver Ne 11 35.
4 17   Bitía, v. 18.
4 21   Esta reseña corta las listas precedentes. Las relaciones de familia entre Belén y Moab quedan también subrayadas en 1 S 22 3 y en el libro de Rut. —El artesanado era empresa familiar y hereditaria, ver ya v. 14; la elección de residencia dependía de las condiciones geográficas y económicas.
4 22   (a) Ver Rt 1. —Otra traducción: «dominaron en Moab».
4 22   (b) «(antes) de volver a Belén» (wayyašubû bêt lejem) conj.; wayyašubê lajem hebr. corrompido.

4 24   Esta reseña comprende: una genealogía, vv. 24-27; una lista de ciudades, vv. 28-33; los movimientos de los clanes, vv. 34-43. El v. 31^b da, como fecha de la integración de Simeón a Judá, el reinado de David, ver Jos 15, donde se cuenta a esas ciudades entre las de Judá. Los simeonitas conservaron por mucho tiempo su género de vida seminómada, ver v. 39s.
4 39   «Guerar» griego; «Guedor» hebr.
4 40   Según 1 8, los hijos de Cam son a la vez los habitantes de Canaán y de África. Aquí simplemente designan a los no israelitas.
4 41   Otra traducción: «y los meunitas», ver 2 Cro 20 1.

5. LAS TRIBUS DE TRANSJORDANIA

Descendientes de Rubén.

5 [1] Hijos de Rubén, primogénito de Israel. Verdad es que había nacido el primero, pero por haber manchado el tálamo de su padre se dio su primogenitura a los hijos de José, hijo de Israel. Con todo, José no fue inscrito en las genealogías como el primogénito, [2] pues Judá se hizo poderoso entre sus hermanos y de él procede el príncipe, pero la primogenitura pertenece a José*. [3] Hijos de Rubén, primogénito de Israel: Henoc, Palú, Jesrón y Carmí.

Gn 35 22

‖Gn 46 9
‖Nm 26 5s

Joel*.

[4] Hijos de Joel: Semaías, hijo suyo; Gog, hijo suyo; Semeí, hijo suyo; [5] Micá, hijo suyo; Reayas, hijo suyo; Baal, hijo suyo; [6] Beerá, hijo suyo, al cual Teglatfalasar, rey de Asiria, llevó cautivo. Era jefe de los rubenitas. [7] Hermanos suyos, por familias, agrupados según sus genealogías: el primero, Yeiel, Zacarías, [8] Belá, hijo de Azaz, hijo de Sema, hijo de Joel.

Lugar de residencia.

Éste habitaba en Aroer y hasta Nebo y Baal Meón. [9] Habitaban, asimismo, al oriente hasta el borde del desierto que se extiende desde el río Éufrates, pues sus ganados se habían multiplicado en la tierra de Galaad. [10] En los días de Saúl hicieron guerra contra los agarenos, que cayeron en sus manos; y habitaron en sus tiendas por toda la parte oriental de Galaad*.

‖Nm 32 37s

Descendencia de Gad*.

[11] Los hijos de Gad habitaban junto a ellos en la tierra de Basán, hasta Salcá. [12] Joel fue el primero, Safán el segundo; luego Yanay y Safat, en Basán.

Jos 13 24-28
Gn 46 16
Nm 26 15-18
Dt 3 10s

[13] Sus hermanos, por casas paternas, fueron: Miguel, Mesulán, Seba, Yoray, Yacán, Zía y Héber: siete. [14] Éstos son los hijos de Abijail, hijo de Jurí, hijo de Yaróaj, hijo de Guilad, hijo de Miguel, hijo de Yesisay, hijo de Yajdó, hijo de Buz. [15] Ají, hijo de Abdiel, hijo de Guní, era cabeza de sus casas paternas. [16] Habitaban en Galaad, en Basán y sus aldeas, y en todos los ejidos de Sarón* hasta sus confines. [17] Todos ellos fueron registrados en los días de Jotán, rey de Judá, y en los días de Jeroboán, rey de Israel.

[18] Los hijos de Rubén, los de Gad y la media tribu de Manasés eran hombres valientes, llevaban escudo y espada, manejaban el arco y eran diestros en la guerra. Salían a campaña en número de 44.760. [19] Hicieron guerra contra los agarenos, contra Yetur, Nafís y Nodab, [20] y Dios les ayudó contra ellos, de suerte que los agarenos y todos los que con ellos estaban fueron entregados en sus manos; pues en la batalla clamaron a Dios y les fue propicio, por cuanto confiaban en él. [21] Capturaron sus ganados: sus camellos, en número de 50.000, 250.000 ovejas, 2.000 asnos y 100.000 personas, [22] pues, por ser guerra de Dios, cayeron muertos muchos. Y habitaron sus territorios hasta el destierro*.

Gn 25 15

Dt 33 20-21

La media tribu de Manasés.

[23] Los hijos de la media tribu de Manasés habitaron en el país desde Basán hasta Baal Hermón, Senir y la montaña de Hermón.

Eran muy numerosos. [24] Éstos fueron los jefes de sus casas paternas: Éfer, Yisí, Eliel, Azriel, Jeremías, Hodavías y Yajdiel, hombres valerosos y renombrados, jefes de sus casas paternas. [25] Pero fueron infieles al Dios de sus padres y se prostituyeron siguiendo a los

‖Nm 32 39

---

5 2　El Cronista, adicto al rey y a su dinastía, concilia la preeminencia concedida a Judá por Gn 49 10 con la tradición que consideraba a José como un primogénito, ver Dt 33 17+. —El texto griego corrige «primogenitura» por «bendición».
5 4　Esta reseña es propia del Cronista, que no concreta el lazo entre Joel y Rubén. —La deportación por Teglatfalasar el 732, ver 2 R 15 29, había afectado también a Galaad, morada de la tribu de Rubén.
5 10　Según este texto, parece que algunos grupos rubenitas llevaron una vida seminómada, en los confines del desierto oriental, hasta la época de Saúl, en que ca-

yeron bajo los golpes de los árabes agarenos.
5 11　Las listas referentes a Gad y a la media tribu de Manasés son propias del Cronista. Pueden proceder de un censo bajo Jeroboán II, ver v. 17.
5 16　«Sarón», no el valle ribereño, sino un lugar de Transjordania citado en la estela Mesa.
5 22　El breve relato de los vv. 18-22, que no tiene paralelo, y cuyas cifras son fantásticas, conserva el recuerdo de los conflictos periódicos entre las tribus de Transjordania y sus levantiscos vecinos árabes. El destierro en cuestión es la deportación de Teglatfalasar, ver vv. 6 y 26.

dioses de los pueblos del país que Dios había destruido delante de ellos. [26] Entonces el Dios de Israel suscitó el espíritu de Pul*, rey de Asiria, y el espíritu de Te-

glatfalasar, rey de Asiria, que deportó a los rubenitas, los gaditas y la media tribu de Manasés, y los llevó a Jalaj, Jabor, Jará y el río Gozán, hasta el día de hoy.

6. LEVÍ*

6.[1]
‖Gn 46 11
Ex 6 18
‖Nm 26
59-60

Ascendencia de los Sumos Sacerdotes.

[27] Hijos de Leví: Guersón, Queat y Merarí. [28] Hijos de Queat: Amrán, Yisar, Hebrón y Uziel. [29] Hijos de Amrán: Aarón, Moisés y María. Hijos de Aarón: Nadab, Abihú, Eleazar e Itamar.

[30] Eleazar engendró a Pinjás, Pinjás engendró a Abisúa. [31] Abisúa engendró a Buquí, y Buquí engendró a Uzí; [32] Uzí engendró a Zerajías, Zerajías engendró a Merayot, [33] Merayot engendró a Amarías, Amarías engendró a Ajitub, [34] Ajitub engendró a Sadoc, Sadoc engendró a Ajimás, [35] Ajimás engendró a Azarías, Azarías engendró a Juan, [36] Juan engendró a Azarías, el cual ejerció el sacerdocio en el templo que Salomón edificó en Jerusalén. [37] Azarías engendró a Amarías, Amarías engendró a Ajitub, [38] Ajitub engendró a Sadoc, Sadoc engendró a Salún, [39] Salún engendró a Jilquías, Jilquías engendró a Azarías, [40] Azarías engendró a Serayas, Serayas engendró a Josadac, [41] Josadac marchó cuando Yahvé deportó a Judá y Jerusalén por mano de Nabucodonosor.

m 3 17-20

Hijos de Leví.

6 [1] Hijos de Leví: Guersón, Queat y Merarí.
[2] Éstos son los nombres de los hijos de Guersón: Libní y Semeí. [3] Hijos de Queat: Amrán, Yisar, Hebrón y Uziel. [4] Hijos de Merarí: Majlí y Musí. Éstas son las familias de los levitas según sus casas paternas.

[5] De Guersón*: Libní, hijo suyo; Yájat, hijo suyo: Zimá, hijo suyo; [6] Joaj, hijo suyo; Idó, hijo suyo; Zéraj, hijo suyo; Yeatray, hijo suyo.

[7] Hijos de Queat: Aminadab, hijo suyo; Coré, hijo suyo; Asir, hijo suyo; [8] Elcaná, hijo suyo; Abiasaf, hijo suyo; Asir, hijo suyo; [9] Tájat, hijo suyo; Uriel, hijo suyo; Uzías, hijo suyo; Saúl, hijo suyo. [10] Hijos de Elcaná: Amasay y Ajimot. [11] Elcaná, hijo suyo; Sufay, hijo suyo; Nájat, hijo suyo. [12] Eliab, hijo suyo; Yerojam, hijo suyo; Elcaná, hijo suyo. [13] Hijos de Elcaná: Samuel, el primogénito, y Abías, el segundo.

[14] Hijos de Merarí: Majlí; Libní, hijo suyo; Semeí, hijo suyo; Uzá, hijo suyo; [15] Simá, hijo suyo; Jaguías, hijo suyo; Asayas, hijo suyo.

Los cantores y sus familias*.

[16] Éstos son los que puso David para dirigir el canto en el templo de Yahvé, desde que el arca tuvo un lugar de reposo. [17] Ejercían el ministerio de cantores ante la Morada de la Tienda del Encuentro, hasta que Salomón edificó el templo de Yahvé en Jerusalén. Cumplían su servicio conforme a su reglamento.

[18] Éstos son los que ejercían ese ministerio con sus hijos*:
De los hijos de Queat: Hemán el cantor, hijo de Joel, hijo de Samuel, [19] hijo de Elcaná, hijo de Yerojám, hijo de Eliel, hijo de Toju, [20] hijo de Suf, hijo de Elcaná, hijo de Májat, hijo de Amasay,

20
21

22
23

24

25
26

1 S 1 1

Ex 6 19
Nm 26 58
30

31

32

33

34

35
36

---

5 26   Pul y Teglatfalasar son un mismo personaje, ver 2 R 15 19+. —El Cronista combina la deportación de Galaad por Teglatfalasar, 2 R 15 29, con la lista de las ciudades a donde fueron deportados los habitantes de Samaría por Sargón, el 721.
5 27   Estas largas listas son en su mayor parte adiciones, compuestas a base de los datos de la Biblia, y de fuentes no verificables y combinaciones arbitrarias. Es posible que el libro primitivo no contuviera mucho más sobre Leví que 6 1-4.34-38.
6 5   Guersón probablemente descendía de Moisés según las tradiciones del Norte, Ex 2 22; Jc 18 30. Esta familia había estado encargada del santuario cismático de Dan, y por ello la tradición «sacerdotal» prefirió a los queatitas.

6 16   Al igual que Os 14 3; Is 12; 25-26, y probablemente Ml 1 11, el Cronista ve en el canto sagrado (alabanza, confesión, acción de gracias) lo esencial del culto sacrificial. Hace depender su institución de David.
6 18   A los tres cantores de David Hemán, Asaf y Etán (Yedutún en 25 1-3, ver cap. 16) se los relaciona aquí con los tres linajes levíticos de Queat, Guersón y Merarí. En realidad, a Hemán y Etán se les menciona como antiguos sabios-cantores en 1 R 5 11, donde además a Etán se le llama «el aborigen», así como en el título del Sal 89; parece que el Templo de Jerusalén recurrió al principio a expertos cananeos. —La adscripción de Hemán y Etán al linaje de Judá, 2 6, podría deberse a una confusión entre la palabra 'ezraj «el aborigen» y el nombre de Zéraj, hijo de Judá, ver Gn 38 30; 46 12.

³⁷ ²¹ hijo de Elcaná, hijo de Joel, hijo de Azarías, hijo de Sofonías, ²² hijo de Tájat, ³⁸ hijo de Asir, hijo de Abiasaf, hijo de Coré, ²³ hijo de Yisar, hijo de Queat, hijo de Leví, hijo de Israel.

³⁹ ²⁴ Su hermano Asaf asistía a su derecha: Asaf era hijo de Berequías, hijo de ⁴⁰ Simá, ²⁵ hijo de Miguel, hijo de Baasías, ⁴¹ hijo de Malquías, ²⁶ hijo de Etní, hijo de ⁴² Zéraj, hijo de Adaías, ²⁷ hijo de Etán, hijo ⁴³ de Zimá, hijo de Semeí, ²⁸ hijo de Yájat, hijo de Guersón, hijo de Leví.

⁴⁴ ²⁹ Sus hermanos, los hijos de Merarí, asistían a la izquierda: Etán, hijo de Cu-⁴⁵ sayas, hijo de Abdí, hijo de Maluc, ³⁰ hijo de Jasabías, hijo de Amasías, hijo de Jil-⁴⁶ quías, ³¹ hijo de Amsí, hijo de Baní, hijo ⁴⁷ de Sémer, ³² hijo de Majlí, hijo de Musí, hijo de Merarí, hijo de Leví.

Los levitas restantes.

⁴⁸ ³³ Sus hermanos, los levitas, estaban dedicados a los servicios de la Morada ⁴⁹ del templo de Dios. ³⁴ Aarón y sus hijos quemaban las ofrendas en el altar del ho-
Lv 2 3+
Lv 1 4
locausto y en el altar de los perfumes, según todo el servicio de las cosas sacra-tísimas, y hacían la expiación por todo Israel, conforme a todo cuanto había mandado Moisés, siervo de Dios.
⁵⁰ ³⁵ Éstos son los hijos de Aarón: Elea-zar, su hijo; Pinjás, su hijo; Abisúa, su ⁵¹ hijo; ³⁶ Buquí, su hijo; Uzí, su hijo; Ze-⁵² rajías, su hijo; ³⁷ Merayot, su hijo; Ama-⁵³ rías, su hijo; Ajitub, su hijo; ³⁸ Sadoc, su hijo; Ajimás, su hijo.

Jos 21 4-40
Ciudades aaronitas.

⁵⁴ ³⁹ Éstas fueron sus residencias según el orden de sus fronteras:
‖Jos 21 4.
10-19
A los hijos de Aarón, de la familia de los queatitas —pues a ellos les tocó en ⁵⁵ suerte— ⁴⁰ se les dio Hebrón en la tierra ⁵⁶ de Judá, con sus ejidos circundantes; ⁴¹ pero el campo de la ciudad y sus al-⁵⁷ deas se le dieron a Caleb, hijo de Jefoné. ⁴² Se dio a los hijos de Aarón como ciu-dades de asilo: Hebrón, Libná con sus ⁵⁸ ejidos, Yatir y Estemoa con sus ejidos, ⁵⁹ ⁴³ Jilaz con sus ejidos, Debir con sus eji-dos, ⁴⁴ Asán con sus ejidos y Bet Semes ⁶⁰ con sus ejidos. ⁴⁵ De la tribu de Benja-mín: Gueba con sus ejidos, Alémet con sus ejidos y Anatot con sus ejidos. El to-tal de todas sus ciudades: trece ciudades según sus familias.

Ciudades de los restantes levitas.

⁴⁶ A los otros hijos de Queat les dieron
‖Jos 21 5-8
por sorteo, conforme a sus familias, diez ciudades de la tribu de Efraín, de la tribu de Dan y de la media tribu de Manasés.
⁶²
⁴⁷ A los hijos de Guersón, según sus fa-milias, trece ciudades de la tribu de Isa-car, de la tribu de Aser, de la tribu de Neftalí y de la tribu de Manasés en Ba-⁶³ sán. ⁴⁸ A los hijos de Merarí, según sus familias, les tocaron en suerte doce ciu-dades de la tribu de Rubén, de la tribu ⁶⁴ de Gad y de la tribu de Zabulón; ⁴⁹ los is-raelitas dieron a los levitas estas ciuda-des con sus ejidos.
⁵⁰ Les tocaron, pues, en suerte, estas
‖Jos 21 9
ciudades de la tribu de los hijos de Judá, de la tribu de los hijos de Simeón y de la tribu de los hijos de Benjamín, a las que pusieron sus nombres.
⁵¹ En la tribu de Efraín se tomaron ciu-
‖Jos 21 20-3
dades para algunas familias de los hijos de Queat. ⁵² Se les asignó como ciudades ⁶⁷ de asilo: Siquén con sus ejidos, en la montaña de Efraín, Guézer con sus eji-⁶⁸ dos, ⁵³ Yocmeán con sus ejidos y Bet Jo-⁶⁹ rón con sus ejidos, ⁵⁴ Ayalón con sus eji-⁷⁰ dos, Gat Rimón con sus ejidos. ⁵⁵ Y de la media tribu de Manasés: Aner con sus ejidos, Yibleán con sus ejidos. Esto para las familias de los restantes hijos de Queat.
⁵⁶ Para los hijos de Guersón: De la fa-⁷¹ milia de la media tribu de Manasés, Go-lán, en Basán, con sus ejidos, Astarot con sus ejidos. ⁵⁷ De la tribu de Isacar, Cades ⁷² con sus ejidos, Dobrat con sus ejidos, ⁷³ ⁵⁸ Ramot con sus ejidos, Ain Ganín con ⁷⁴ sus ejidos. ⁵⁹ De la tribu de Aser, Misal con sus ejidos, Abdón con sus ejidos, ⁷⁵ ⁶⁰ Jucoc con sus ejidos y Rejob con sus ⁷⁶ ejidos. ⁶¹ De la tribu de Neftalí: Cades en Galilea con sus ejidos, Jamón con sus ejidos y Quiriatáin con sus ejidos.
⁶² Para los demás hijos de Merarí: de la ⁷⁷ tribu de Zabulón: Rimón con sus ejidos y Tabor con sus ejidos. ⁶³ Y en la otra ⁷⁸ parte del Jordán, frente a Jericó, al oriente del Jordán, de la tribu de Rubén: Béser en el desierto, con sus ejidos, y Ya-⁷⁹ has con sus ejidos, ⁶⁴ Quedemot con sus ⁸⁰ ejidos y Mefaat con sus ejidos. ⁶⁵ De la tribu de Gad: Ramot en Galaad con sus ejidos, Majanáin con sus ejidos, ⁶⁶ Jes-⁸¹ bón con sus ejidos y Yazer con sus eji-dos.

7. LAS TRIBUS DEL NORTE*

Descendientes de Isacar.

‖Gn 46 13
‖Nm 26
23-24
Jc 10 1

7 ¹ Hijos de Isacar: Tolá, Puá, Yasub, Simrón: cuatro. ² Hijos de Tolá: Uzí, Refayas, Yeriel, Yajmay, Yibsán y Samuel, jefes de las casas paternas de Tolá. En los días de David, su número era, según sus genealogías, de 22.600 guerreros valientes. ³ Hijos de Uzí: Yizrajías; hijos de Yizrajías: Miguel, Abdías, Joel, Yisías: en total cinco jefes. ⁴ Según sus genealogías, por sus casas paternas, sus escuadrones de tropas de guerra sumaban 36.000 hombres, pues tenían muchas mujeres e hijos. ⁵ Sus hermanos de todas las familias de Isacar eran 87.000, guerreros esforzados, inscritos todos ellos en las genealogías.

Descendientes de Benjamín.

8 1s
‖Gn 46 21
‖Nm 26 38

⁶ Hijos de Benjamín: Belá, Béquer, Yediael: tres.

⁷ Hijos de Belá: Esbón, Uzí, Uziel, Yerimot e Irí: cinco jefes de las casas paternas, esforzados guerreros, inscritos en las genealogías en número de 22.034.

Jos 21 18

⁸ Hijos de Béquer: Zemirá, Joás, Eliezer, Eljoenay, Omrí, Yeremot, Abías, Anatot y Alémet; todos éstos hijos de Béquer. ⁹ Estaban inscritos según sus linajes y los jefes de sus casas paternas; tenían 20.200 guerreros esforzados.

¹⁰ Hijos de Yediael: Bilán. Hijos de Bilán: Yeús, Benjamín, Ehúd, Cananá, Zetán, Tarsis y Ajisajar. ¹¹ Todos éstos fueron hijos de Yediael, cabezas de familia, esforzados guerreros, en número de 17.200, aptos para la milicia y la guerra.

‖Nm 26 39

¹² Supín y Jupín eran hijos de Irí. Jusín era de Ajer.

Descendencia de Neftalí.

‖Gn 46 24
‖Nm 26
48-50

¹³ Hijos de Neftalí: Yajseel, Guní, Yéser y Salún, hijos de Bilhá*.

Descendencia de Manasés*.

¹⁴ Hijos de Manasés: Asriel, que le dio a luz su concubina aramea. Ésta le dio también a luz a Maquir, padre de Galaad. ¹⁵ Maquir tomó mujer para Jupín y para Supín, y su hermana se llamaba Maacá.

El nombre del segundo* era Selofjad; Selofjad tuvo hijas. Nm 26 33

¹⁶ Maacá, mujer de Maquir, dio a luz un hijo, a quien llamó Peres. Su hermano se llamaba Seres y sus hijos Ulán y Requen.

¹⁷ Hijos de Ulán: Bedán. Éstos son los hijos de Galaad, hijo de Maquir, hijo de Manasés.

¹⁸ Su hermana, Malcat, dio a luz a Ishod, Abiezer y Majlá. Jc 6 11s

¹⁹ Los hijos de Semidá fueron: Ajián, Siquén, Licjí y Anián.

Descendencia de Efraín*.

²⁰ Hijos de Efraín: Sutélaj, Béred, su hijo; Tájat, su hijo; Eladá, su hijo; Tájat, su hijo; ²¹ Zabad, su hijo; Sutélaj, su hijo; Ézer y Elad*. Nm 26 35

Pero los hombres de Gat, nativos del país, los mataron, pues habían bajado a apoderarse de sus ganados. ²² Su padre Efraín los lloró durante muchos días, y sus hermanos vinieron a consolarle. ²³ Después se unió a su mujer, que concibió y le dio un hijo, a quien llamó Beriá, porque la desgracia* estaba en su casa. ²⁴ Hija suya fue Seerá, que edificó Bet Jorón de Arriba y de Abajo, y Uzén Seerá. 8 13
Jos 16 3

²⁵ Réfaj, hijo suyo; Sutélaj*, hijo suyo; Taján, hijo suyo. ²⁶ Ladán, hijo suyo; Amiud, hijo suyo; Elisamá, hijo suyo; ²⁷ Nun, hijo suyo; Josué, hijo suyo. Nm 1 10
Ex 33 11

²⁸ Tenían propiedades y habitaban en Betel y sus aldeas anejas, en Naará hacia el oriente, en Guézer y sus aldeas anejas

---

7 Este cap. también se ha elaborado a base de fuentes diversas; particularmente, las cifras referentes a Isacar, Benjamín y Aser denotan el uso de la lista de censo, diferente por otra parte de la de Nm 1 y 26.
7 13 Los hijos de Bilhá fueron Dan y Neftalí, Gn 30 5-8. Jusín, v. 12, ver Gn 46 23, indudablemente representa aquí a la tribu de Dan, a la que no se describe en parte alguna.
7 14 La lista es complicada y probablemente está corrompida: Jupín y Supín provendrán sin duda del v. 12; Maacá es hermana, v. 15, y mujer, v. 16, de Maquir. Esta lista se refiere sobre todo a Maquir, establecido en Galaad, es decir, la «media tribu» de Manasés, Nm 32 39s.

7 15 Sin duda el segundo hijo, ya que el primero es Asriel.
7 20 La lista de los descendientes de Efraín termina en Josué, v. 27. Es interrumpida por la pequeña historia de los vv. 21ᵇ-24.
7 21 El Cronista completa la lista de Nm 26 35s por medio de otra lista que añade dos nombres benjaminitas: Zabad, ver 8 15s, y Ézer, ver 4 4. Efraín y Benjamín eran vecinos y algunos clanes han podido pasar de una tribu a otra.
7 23 El nombre de Beriá se relaciona con bera'ah «en la desgracia». —Beriá es por tanto un clan de Efraín, que más adelante pasó a Benjamín, ver 8 13.
7 25 Según v. 20 y Nm 26 35; «Résef y Télaj» hebr.

hacia el occidente, en Siquén* y sus aldeas hasta Ayá y sus aldeas. [29] Y en manos de los hijos de Manasés estaban Betsán y sus aldeas anejas, Tanac y sus aldeas, Meguidó y sus aldeas, Dor y sus aldeas. En ellas habitaron los hijos de José, hijo de Israel.

Descendencia de Aser*.

‖Gn 46 17
‖Nm 26 44s

[30] Hijos de Aser: Yimná, Yisvá, Yisví, Beriá, y Séraj, hermana de éstos. [31] Hijos de Beriá: Jéber y Malquiel, el cual fue padre de Birzait. [32] Jéber engendró a Yaflet, Semer, Jotán y Suá, hermana de ellos.

[33] Hijos de Yaflet: Pasac, Binhal y Asvat. Éstos son los hijos de Yaflet. [34] Hijos de Sémer: Ají, Rohagá, Jubá y Aram. [35] Hijos de su hermano Helen: Sofaj, Yimná, Seles y Amal. [36] Hijos de Sofaj: Súaj, Jarnéfer, Sual, Berí y Yimrá; [37] Béser, Hod, Samá, Silsá, Yitrán y Beerá. [38] Hijos de Yéter: Jefoné, Pispá y Ará. [39] Hijos de Ulá: Araj, Janiel y Risiá. [40] Todos éstos fueron hijos de Aser, jefes de familia, gente escogida, esforzados guerreros, jefes de príncipes. En los registros genealógicos estaban inscritos en número de 26.000 hombres, aptos para la milicia y la guerra.

8. BENJAMÍN Y JERUSALÉN

Descendencia de Benjamín*.

‖Gn 46 21
‖Nm 26
38-40

Jc 3 15s

8 [1] Benjamín engendró a Belá, su primogénito; Asbel, el segundo; Ajirán* el tercero; [2] Nojá, el cuarto, y Rafá, el quinto. [3] Los hijos de Belá fueron: Adar y Guerá, padre de Ehúd*, [4] Abisúa, Naamán, Ajóaj, [5] Guerá, Sefufán y Jurán.

En Gueba*.

[6] Éstos son los hijos de Ehúd, los jefes de familia de los que moraban en Gueba y a los que deportaron a Manájat: [7] Naamán, Ajías y Guerá. Éste los deportó, y engendró a Uzá y Ajijud.

En Moab.

[8] Sajaráin engendró hijos en los campos de Moab, después de haber repudiado a sus mujeres Jusín y Baará. [9] Y de su nueva mujer engendró a Yobab, Sibías, Mesá, Malcán, [10] Yeús, Saquías y Mirmá. Éstos son sus hijos, jefes de casas paternas.

En Onó y Lud.

[11] Y de Jusín había engendrado a Abitub y Elpaal. [12] Hijos de Elpaal: Héber,

Misán y Sémed, el cual edificó Onó, Lud y sus aldeas anejas.

En Ayalón.

[13] Beriá y Sema fueron cabezas de familia de los habitantes de Ayalón, que pusieron en fuga a los moradores de Gat. [14] Hermano suyo: Sesac.

En Jerusalén.

Yeremot, [15] Zebadías, Arad, Éder, [16] Miguel, Yispá, Yojá: eran hijos de Beriá. [17] Zebadías, Mesulán, Jizquí, Jéber, [18] Yismeray, Yizlías y Yobab: hijos de Elpaal. [19] Yaquín, Zicrí, Zabdí, [20] Elienay, Siletay, Eliel, [21] Adaías, Beraías y Simrat: hijos de Semeí. [22] Yispán, Éber, Eliel, [23] Abdón, Zicrí, Janán, [24] Jananías, Elam, Antotías, [25] Yifdías y Penuel: hijos de Sesac. [26] Samseray, Serajías, Atalías, [27] Yaresías, Elías y Zicri: hijos de Yeroján. [28] Éstos eran los jefes de las casas paternas, según sus linajes, que habitaban en Jerusalén.

7 23+

=9 34

---

7 28   En otro pasaje, a Siquén se le relaciona con Manasés. Los vv. 28-29 consideran en bloque a Efraín y Manasés, los «hijos de José».
7 30   El territorio de Aser se extendía entre Fenicia y el Carmelo, Jos 19 24-31, pero esta lista contiene varios *nombres que se localizan al sur de la montaña de Efraín*. Acaso se trate del recuerdo de un hábitat primitivo; más probablemente algunos grupos aseritas emigraron hacia el sur y fueron integrados en las tribus de Efraín y Benjamín.
8   Nueva lista benjaminita, cuyo estilo y contenido son diferentes de la lista precedente, 7 6-11. Aquí se cla-

sifica a las familias benjaminitas según su residencia. La fuente parece ser una lista de la repoblación benjaminita tras una época que no podemos determinar.
8 1   Según Nm 26 38; «Ahrah» hebr.
8 3   «padre de Ehúd» según Jc 3 15; «y Abihúd» hebr.
8 6   Se ignora lo que esta reseña quiere decir. Ehúd es el juez que liberó a Benjamín de los moabitas, Jc 3 11-30. El destierro de los habitantes de Gueba (¿confundido con Guibéa?) podría ser una versión transformada de Jc 20.

=9 35-38

En Gabaón.

²⁹ En Gabaón habitaba Yeiel, padre de Gabaón, cuya mujer se llamaba Maacá; ³⁰ y su primogénito Abdón; después Sur, Quis, Baal, Ner, Nadab, ³¹ Guedor, Ajió, Zéquer. ³² Miclot engendró a Simá. También éstos habitaron, igual que sus hermanos, en Jerusalén, con sus hermanos*.

Saúl y su familia*.

‖1 S 14
49-51
=1 Cro 9
39-43

³³ Ner engendró a Quis y éste a Saúl; Saúl engendró a Jonatán, Malquisúa, Abinadab y Esbaal. ³⁴ Hijo de Jonatán: Meribaal. Meribaal engendró a Micá. ³⁵ Hijos de Micá: Pitón, Mélec, Tarea, Ajaz. ³⁶ Ajaz engendró a Joadá, Joadá engendró a Alémet, Azmávet y Zimrí; Zimrí engendró a Mosá. ³⁷ Mosá engendró a Biná, cuyo hijo fue Rafá, cuyo hijo fue Elasá, cuyo hijo fue Asel. ³⁸ Asel tuvo seis hijos, cuyos nombres son: Azricán, su primogénito*; después, Ismael, Searías, Abdías y Janán. Todos ellos son hijos de Asel.

³⁹ Hijos de su hermano Ésec: Ulán, su primogénito, Yeús, el segundo, y Elifélet, el tercero. ⁴⁰ Los hijos de Ulán fueron esforzados guerreros que manejaban el arco*; tuvieron muchos hijos y nietos: ciento cincuenta.

Todos estos eran descendientes de Benjamín.

Jerusalén, ciudad israelita y ciudad santa*.

9 ¹ Todos los israelitas estaban registrados en las genealogías e inscritos en el libro de los reyes de Israel y de Judá, cuando fueron deportados a Babilonia por sus infidelidades.

² Los primeros que volvieron a habitar en sus propiedades y ciudades fueron israelitas, sacerdotes, levitas y donados. ³ En Jerusalén habitaron hijos de Judá, hijos de Benjamín, hijos de Efraín y de Manasés*.

‖Ne 11 3-19

Esd 2 43+

⁴ De los hijos de Peres, hijo de Judá, Utay, hijo de Amiud, hijo de Omrí, hijo de Imrí, hijo de Baní. ⁵ De los silonitas: Asayas, el primogénito, y sus hijos. ⁶ De los hijos de Zéraj: Yeuel y sus hermanos: 690.

⁷ De los hijos de Benjamín: Salú, hijo de Mesulán, hijo de Hodavías, hijo de Hasenuá; ⁸ Yibnías, hijo de Yeroján; Elá, hijo de Uzí, hijo de Micrí, y Mesulán, hijo de Sefatías, hijo de Reuel, hijo de Yibnías, ⁹ y sus hermanos, según sus genealogías: 956. Todos éstos eran jefes de familia en sus respectivas casas paternas.

¹⁰ De los sacerdotes: Yedaías, Joarib, Yaquín, ¹¹ Azarías, hijo de Jilquías, hijo de Mesulán, hijo de Sadoc, hijo de Merayot, hijo de Ajitub, príncipe del templo de Dios. ¹² Adaías, hijo de Yeroján, hijo de Pasjur, hijo de Malquías; Masay, hijo de Adiel, hijo de Yajzerá, hijo de Mesulán, hijo de Mesilemot, hijo de Imer; ¹³ y sus hermanos, jefes de sus casas paternas: 1.760 hombres aptos para los ejercicios del culto en el templo de Dios.

¹⁴ De los levitas: Semaías, hijo de Jasub, hijo de Azricán, hijo de Jasabías, de los hijos de Merarí. ¹⁵ Bacbacar, Jeres, Galal y Matanías, hijo de Micá, hijo de Zicrí, hijo de Asaf. ¹⁶ Abdías, hijo de Semaías, hijo de Galal, hijo de Yedutún; y Berequías, hijo de Asá, hijo de Elcaná, que habitaban en los poblados de los netofatitas.

¹⁷ Los porteros*: Salún, Acub, Talmón, Ajimán y sus hermanos. Salún era el jefe. ¹⁸ Están hasta el presente junto a la puer-

---

8 32   Restituimos «Yeiel», «Ner» y el primer «Miclot» según 9 35s. Otra traducción posible para la última frase: «Pero éstos, contrariamente a sus hermanos...» Sobre los benjaminitas que vivían en Jerusalén, ver Jc 1 21; Ne 11 7-9.
8 33   Los ascendientes de Saúl son distintos de los que se dan en 1 S 9 1. En 1 S 14 50-51, Ner y Quis son hermanos, y no padre e hijo (y ver v. precedente). Desde el v. 35, la descendencia de Saúl, repetida en 9 41-44, no tiene paralelo en la Biblia. Lleva el linaje hasta la duodécima generación, probablemente durante el Destierro.
8 38   Para contar con el total de seis hijos, el hebr. lee «Bocrú» en lugar de «primogénito» *(bekorô)*.
8 40   Rasgo característico de los benjaminitas, 12 2; Cro 14 7; 2 S 1 22.
9   Esta lista, que el v. 1 data de antes del Destierro, se inspira de hecho en la lista de repoblación de Jerusalén bajo Nehemías, Ne 11, con ciertas diferencias que

quizá reflejen la situación de una época aún posterior. Todo el cap. parece redacción.
9 3   Efraín y Manasés representan a las tribus del Norte. Para la tribu, Jerusalén, ciudad santa, es la ciudad de todas las tribus. Pero en la enumeración que sigue sólo aparecerán Benjamín, Judá y Leví.
9 17   Se reserva a los porteros un mayor espacio entre el personal cultual, vv. 17-26: sus funciones se remontan al desierto, vv. 19-21 y continuaron bajo Salomón y David en la «Casa de la Tienda», v. 23; se les alaba por su fidelidad, v. 22; descienden de Coré, descendiente de Leví, v. 19. En realidad, los porteros sólo posteriormente fueron equiparados a los levitas; no lo están aún en el momento de la Vuelta, ver Esd 2 42; Ne 7 45, y la lista de Ne 11, en la que se inspira este cap., los clasifica aparte, Ne 11 19. Agregados ya a los levitas, tratan de igualarse con los cantores, ver vv. 17, 27 y 2 Cro 20 19. Se atribuyen doce salmos a los hijos de Coré.

ta del rey, al oriente. Éstos son los porteros del campamento de los hijos de Leví: [19] Salún, hijo de Coré, hijo de Abiasaf, hijo de Coré, y sus hermanos los coreítas, de la misma casa paterna, tenían el servicio del culto como guardianes de los umbrales de la Tienda, pues sus padres habían tenido a su cargo la guardia de acceso al campamento de Yahvé*. [20] Antiguamente había sido su jefe Pinjás, hijo de Eleazar, con el que estuvo Yahvé. [21] Zacarías, hijo de Meselemías, era portero de la entrada de la Tienda del Encuentro. [22] El total de los elegidos para porteros de las entradas era de 212, y estaban inscritos en sus poblados. David y Samuel el vidente les habían establecido en sus cargos permanentemente.

[23] Ellos y sus hijos tenían a su cargo las puertas del templo de Yahvé, la casa de la Tienda. [24] Había porteros a los cuatro vientos: al oriente, al occidente, al norte y al mediodía. [25] Sus hermanos, que habitaban en sus alquerías, tenían que venir periódicamente a estar con ellos durante siete días, [26] pero los cuatro jefes de los porteros tenían servicio permanente. Algunos levitas estaban al cuidado de las cámaras y de los tesoros del templo de Dios. [27] Pasaban la noche alrededor del templo de Dios, pues les incumbía su vigilancia y tenían que abrirlo todas las mañanas.

[28] Unos tenían el cuidado de los utensilios del culto, y los contaban al meterlos y al sacarlos. [29] Otros estaban encargados de los utensilios y de todos los instrumentos del Santuario, de la flor de harina, el vino, el aceite, el incienso y los aromas. [30] Los que preparaban la mezcla para los aromas eran hijos de los sacerdotes.

[31] Matitías, uno de los levitas, primogénito de Salún, el coreíta, estaba al cuidado constante de las cosas que se freían en sartén. [32] Entre los queatitas, sus hermanos, algunos estaban encargados de poner en filas los panes cada sábado.   Lv 2 4-7

[33] Había también cantores*, cabezas de familia de los levitas; moraban en las habitaciones del templo, exentos de servicio, pues se ocupaban de día y de noche en su ministerio.

[34] Éstos eran, según sus genealogías, los cabezas de familia de los levitas, jefes de sus linajes que habitaban en Jerusalén.   =8 28

9. SAÚL, PREDECESOR DE DAVID

=8 29-38   **Orígenes de Saúl.**

[35] En Gabaón moraban el padre de Gabaón, Yeiel, cuya mujer se llamaba Maacá [36] y Abdón su hijo primogénito; después, Sur, Quis, Baal, Ner, Nadab, [37] Guedor, Ajió, Zacarías y Miclot. [38] Miclot engendró a Simá. También éstos habitaron en Jerusalén junto a sus hermanos y en unión con éstos*.

[39] Ner engendró a Quis y éste a Saúl; Saúl engendró a Jonatán, Malquisúa, Abinadab y Esbaal. [40] Meribaal, que era hijo de Jonatán, engendró a Micá. [41] Hijos de Micá: Pitón, Mélec, Tarea. [42] Ajaz engendró a Yará, Yará engendró a Álemet, Azmávet y Zimrí. Zimrí engendró a Mosá.

[43] Mosá engendró a Biná, cuyo hijo fue Refayas, cuyo hijo fue Elasá, cuyo hijo fue Asel. [44] Asel tuvo seis hijos, cuyos nombres son: Azricán, su primogénito, Ismael, Searías, Abdías y Janán. Éstos fueron los hijos de Asel.

Batalla de Gelboé, muerte de Saúl*.   ‖1 S 31 1-1

10 [1] Trabaron batalla los filisteos contra Israel; huyeron los hombres de Israel ante los filisteos, y cayeron heridos de muerte en el monte Gelboé. [2] Los filisteos apretaron de cerca a Saúl y a sus hijos, y mataron a Jonatán, Abinadab y Malquisúa, hijos de Saúl. [3] El peso de la batalla cargó sobre Saúl, los arqueros lo descubrieron y lo hirieron con flechas. [4] Dijo Saúl a su escudero: «Saca tu espada y traspásame con ella, no sea que vengan esos incircuncisos y hagan mofa de mí.» Pero el escudero no quiso, pues estaba lleno de temor. Entonces tomó Saúl la espada y se arrojó sobre ella. [5] Al ver el escudero que Saúl había muerto, se arrojó, también él, sobre la espada y

---

9 19   El Cronista compara a Jerusalén con el campamento israelita descrito por los textos «sacerdotales».
9 33   Era de esperar aquí una lista de los cantores, como para los demás grupos.
9 38   Ver 8 29+.

10   Como prólogo a la historia de David, que llenará todo lo que sigue en el primer libro, el Cronista recuerda el trágico fin del primer rey de Israel, rechazado por Dios.

murió con él. ⁶ Así murió Saúl con sus tres hijos; y toda su casa murió juntamente con él. ⁷ Viendo todos los hombres de Israel, que estaban en el valle, que las tropas de Israel se daban a la fuga y que Saúl y sus hijos habían muerto, abandonaron sus ciudades y huyeron; vinieron los filisteos y se establecieron en ellas. ⁸ Al otro día vinieron los filisteos para despojar a los muertos, y encontraron a Saúl y a sus hijos caídos en el monte Gelboé. ⁹ Lo despojaron, se llevaron su cabeza y sus armas, y mandaron anunciar la buena nueva por el contorno del país de los filisteos, a sus dioses y al pueblo. ¹⁰ Depositaron sus armas en el templo de su dios y clavaron su cabeza en el templo de Dagón. ¹¹ Supieron todos los habitantes de Yabés de Galaad* lo que los filisteos habían hecho con Saúl, ¹² se pusieron en marcha todos los valientes, tomaron el cadáver de Saúl y los cadáveres de sus hijos, se llevaron a Yabés Enterraron sus huesos bajo el tamarindo de Yabés, y ayunaron siete días. ¹³ Saúl murió a causa de la infidelidad que había cometido contra Yahvé, porque no guardó la palabra de Yahvé y también por haber interrogado y consultado a una nigromante, ¹⁴ en vez de consultar a Yahvé, por lo que le hizo morir, y transfirió el reino a David, hijo de Jesé*.

II. David, fundador del culto del templo

1. LA MONARQUÍA DE DAVID

∥2 S 5 1-3

Unción de David*.

11 ¹ Congregóse todo Israel en torno a David, en Hebrón, y dijeron: «Mira: hueso tuyo y carne tuya somos nosotros. ² Ya de antes, cuando Saúl era nuestro rey, eras tú el que dirigías las entradas y salidas de Israel; Yahvé, tu Dios, te ha dicho: 'Tú apacentarás a mi pueblo Israel'.» ³ Vinieron todos los ancianos de Israel adonde el rey, a Hebrón; David hizo un pacto con ellos en Hebrón, en presencia de Yahvé; y ellos ungieron a David como rey sobre Israel, según la palabra que Yahvé había pronunciado por boca de Samuel.

S 16 1-13

2 S 5 6-10

Conquista de Jerusalén.

⁴ Después marchó David con todo Israel* contra Jerusalén, o sea, Jebús; los habitantes del país eran jebuseos. ⁵ Y decían los habitantes de Jebús a David: «No entrarás aquí.» Conquistó David la fortaleza de Sión, que es la Ciudad de David. ⁶ Y dijo David: «El que primero ataque al jebuseo, será jefe y capitán.»

Subió el primero Joab, hijo de Sarvia, y pasó a ser jefe. ⁷ Se instaló David en la fortaleza; por eso la llamaron Ciudad de David. ⁸ Y edificó en derredor de la ciudad, tanto el Miló como la circunvalación; Joab restauró el resto de la ciudad*. ⁹ David iba medrando, y Yahvé Sebaot estaba con él.

Los valientes de David.

¹⁰ Éstos son los jefes de los valientes que tenía David, y que durante su reinado, se esforzaron con él y con todo Israel para hacerle reinar, conforme a la palabra de Yahvé respecto de Israel. ¹¹ Ésta es la lista de los héroes que tenía David: Yasobán, hijo de Jacmoní, jefe de los Treinta*, que blandió su lanza e hizo más de trescientas bajas de una sola vez. ¹² Después de él Eleazar, hijo de Dodó, el ajotita, que era uno de los Tres héroes. ¹³ Éste estaba con David en Fesdamín, donde los filisteos se habían concentrado para la batalla. Había allí una parcela toda de cebada, y el pueblo estaba ya huyendo delante de los filisteos, ¹⁴ pero él

∥2 S 23 8-39

---

10 11 «los habitantes de Yabés de Galaad», conj. según 1 S 31 11; «todo Yabés de Galaad» hebr.
10 14 Los dos últimos vv. expresan el juicio del Cronista sobre el reinado de Saúl, del que solamente retiene los aspectos desfavorables.
11 La unión de las tribus del norte sólo tuvo lugar varios años después de la muerte de Saúl. Pero el Cronista sólo quiere ver en David al que ha unido las tribus en torno a Yahvé.
11 4 Según 2 S 5 6, sólo David y su pequeño ejército se apoderan de Jerusalén.
11 8 El Cronista reserva a David la construcción de las murallas y atribuye a Joab una obra menor, la construcción de las casas.
11 11 «Treinta» hebr.: «Tres» griego luc., ver v. 20.

se apostó en medio de la parcela, la defendió y derrotó a los filisteos. Yahvé obró allí una gran victoria*.

[15] Tres de los Treinta bajaron a la peña de la cueva de Adulán, donde David, cuando los filisteos se hallaban acampados en el Valle de los Refaín. [16] David estaba a la sazón en el refugio, mientras que una guarnición de filisteos ocupaba Belén. [17] Le vino a David un deseo y dijo: «¡Quién me diera a beber agua de la cisterna que hay en la puerta de Belén!» [18] Rompieron los Tres por el campamento de los filisteos, sacaron agua de la cisterna que hay en la puerta de Belén, se la llevaron y se la ofrecieron a David. Pero David no quiso beberla, sino que la derramó como libación a Yahvé, [19] diciendo: «¡Líbreme Dios de hacer tal cosa! ¿Voy a beber yo la sangre de estos hombres junto con sus vidas? Pues con riesgo de sus vidas la han traído.» Y no quiso beberla. Esto hicieron los Tres héroes.

[20] Abisay, hermano de Joab, era el primero de los Treinta. Hirió con su lanza a trescientos hombres, y conquistó renombre entre los Treinta*. [21] Fue más afamado que los Treinta, llegando a ser su capitán; pero no igualó a los Tres*. [22] Benaías, hijo de Joadá, hombre valeroso y pródigo en hazañas, de Cabseel, mató a los dos héroes de Moab; además bajó y mató a un león dentro de una cisterna, en un día de nieve. [23] Mató también a un egipcio que tenía cinco codos de altura; tenía el egipcio una lanza en su mano del tamaño de un enjullo de tejedor, pero Benaías bajó contra él con un bastón, arrancó la lanza de la mano del egipcio, y con su misma lanza lo mató. [24] Esto hizo Benaías, hijo de Joadá, y se conquistó renombre entre los Tres héroes. [25] Fue muy famoso entre los Treinta, pero no igualó a los Tres; David le hizo jefe de su guardia personal.

[26] Los valientes esforzados fueron*: Asael, hermano de Joab; Eljanán, hijo de Dodó, de Belén; [27] Samá, de Arod; Jeles, el pelonita; [28] Irá, hijo de Iqués, de Tecoa; Abiezer, de Anatot; [29] Sibcay, de Jusá; Ilay, el ajotita; [30] Mahray, de Netofá; Jéled, hijo de Baaná, de Netofá; [31] Itay, hijo de Ribay, de Guibeá, de los hijos de Benjamín; Benaías, de Piratón; [32] Juray, de los torrentes de Gaás; Abiel, de Arabá; [33] Azmávet, de Bajurín; Elyajbá, de Saalbín; [34] Bené Hasén, el guizonita; Jonatán, hijo de Sagué, de Arar; [35] Ajián, hijo de Sacar, el ararita; Elifélet, hijo de Ur; [36] Jéfer, de Mequerá; Ajías, el pelonita; [37] Jesró, de Carmelo; Naaray, hijo de Ezbay; [38] Joel, hermano de Natán; Mibjar, hijo de Agrí; [39] Sélec, el amonita; Najray, de Berot, escudero de Joab, hijo de Sarvia; [40] Irá, de Yatir; Gareb, de Yatir; [41] Urías, el hitita; Zabad, hijo de Ajlay; [42] Adiná, hijo de Sizá, el rubenita, jefe de los rubenitas, y con él treinta; [43] Janán, hijo de Maacá; Josafat, el mitnita; [44] Uzías, de Astarot; Samá y Yeiel, hijos de Jotán, de Aroer; [45] Yediael, hijo de Simrí; Jojá, su hermano, el tisita. [46] Eliel, el majavita; Yeribay y Josavías, hijos de Elnaán; Yitmá, el moabita; [47] Eliel, Obed y Yaasiel, de Sobá.

Los primeros partidarios de David*.

12 [1] Éstos son los que vinieron donde David, a Sicelag, cuando estaba retenido lejos de Saúl, hijo de Quis. Estaban también entre los valientes que le ayudaron en la guerra. [2] Manejaban el arco con la derecha y con la izquierda, y lanzaban con el arco piedras y flechas.

De los hermanos de Saúl el benjaminita: [3] Ajiézer, el jefe, y Joás, hijos de Semaá, de Guibeá; Yeziel y Pélet, hijos de Azmávet; Beracá y Jehú, de Anatot; [4] Yismaías, de Gabaón, valeroso entre los Treinta y jefe de los mismos; [5] Jeremías, Yajaziel, Juan, Jozabad, de Guederot; [6] Eluzay, Yerimot, Bealías, Semarías y Sefatías, de Jarif; [7] Elcaná, Isaías, Azarel, Yoézer, Yasobán, coreítas; [8] Yoelá y Zebadías, hijos de Yeroján.

[9] Y hubo también gaditas que se pasaron a David en los refugios del desierto, guerreros valientes, hombres de gue-

8 40+

5

6

7

8

---

11 14 Según griego, que pone los verbos en singular, concertando con Eleazar. En hebr. plural.
11 20 «Treinta» sir., mss griegos; «Tres» hebr., también v. 24, pero ver vv. 21 y 25.
11 21 Una glosa ha añadido: «en los dos».
11 26 En 2 S 23 24-39, esta lista corresponde, hasta Urías, v. 41ª, a la lista de los Treinta. Los dieciséis valientes que siguen, vv. 41ᵇ-47, son generalmente originarios de Transjordania. Estos nombres deben provenir de otra lista utilizada por el Cronista mismo o por un

continuador.
12 El cap. 12 se divide en dos partes: vv. 1-23, los partidarios de David antes de su reinado; vv. 24-41, los contingentes de las doce tribus que constituyen a David rey sobre todo Israel. Este cap. no tiene paralelo en Samuel. La primera parte puede remontarse a una fuente antigua. Si el Cronista es responsable de la segunda parte, su intención aquí es insistir en el carácter panisraelita de la realeza de David, ver 11 1; pero la lista puede ser posterior a él.

rra, preparados para el combate, diestros con el escudo y la lanza. Sus rostros, como rostros de león, y ligeros como la gacela de los montes. [10] Su jefe era Ézer; Abdías, el segundo; Eliab, el tercero; [11] Masmaná, el cuarto; Yirmeyá, el quinto; [12] Atay, el sexto; Eliel, el séptimo; [13] Juan, el octavo; Elzabad, el noveno; [14] Jeremías, el décimo; Macbanay, el undécimo; [15] éstos eran, entre los hijos de Gad, jefes del ejército; el menor mandaba sobre cien, y el mayor sobre mil.

[16] Éstos fueron los que atravesaron el Jordán en el mes primero, cuando suele desbordarse por todas sus riberas, y pusieron en fuga a todos los habitantes de los valles, a oriente y occidente.

[17] También vinieron al refugio, donde estaba David, algunos de los hijos de Benjamín y Judá. [18] Salió David a su encuentro y les dijo: «Si venís a mí en son de paz para ayudarme, mi corazón irá a una con vosotros; pero si es para engañarme en favor de mis enemigos, sin que hubiere violencia en mis manos, ¡véalo el Dios de nuestros padres y lo castigue!»

[19] Entonces el espíritu revistió a Amasay, jefe de los Treinta:

«¡A ti, David! ¡Contigo, hijo de Jesé!
¡Paz, paz a ti!
¡Y paz a los que te ayuden,
pues tu Dios te ayuda a ti!»

David los recibió y los puso entre los jefes de las tropas.

[20] También de Manasés se pasaron algunos a David, cuando éste iba con los filisteos a la guerra contra Saúl, aunque no les ayudaron, porque los príncipes de los filisteos, reunidos en consejo, lo despidieron, diciendo: «Se pasará a Saúl, su señor, con nuestras cabezas.» [21] Cuando regresó a Sicelag, se pasaron a él algunos de los hijos de Manasés: Adná, Yozabad, Yediael, Miguel, Jozabad, Elihú y Siletay, jefes de millares de Manasés. [22] Éstos ayudaron a David al frente de algunas partidas, pues todos eran hombres valientes y llegaron a ser jefes en el ejército.

[23] Cada día, en efecto, acudía gente a David para ayudarle, hasta que el campamento llegó a ser grande, como un campamento de Dios*.

Guerreros que hicieron rey a David*.

[24] Éste es el número de los guerreros preparados para la guerra que vinieron donde David, a Hebrón, para transferirle el reino de Saúl, conforme a la orden de Yahvé.

[25] De los hijos de Judá, llevando escudo y lanza, 6.800, armados para la guerra.

[26] De los hijos de Simeón, hombres valerosos para la guerra, 7.100.

[27] De los hijos de Leví, 4.600. [28] Joadá*, príncipe de los hijos de Aarón, con otros 3.700. [29] Sadoc, joven y valeroso, con veintidós jefes de su casa paterna.

[30] De los hijos de Benjamín, hermanos de Saúl, 3.000; hasta entonces la mayor parte de ellos habían permanecido fieles a la casa de Saúl.

[31] De los hijos de Efraín, 20.800 hombres valientes, famosos en sus casas paternas.

[32] De la media tribu de Manasés, 18.000, nominalmente designados para ir a proclamar rey a David.

[33] De los hijos de Isacar, duchos en discernir las oportunidades y saber lo que Israel debía hacer, 200 jefes, y todos sus hermanos bajo sus órdenes.

[34] De Zabulón, 50.000 aptos para salir a campaña, preparados para la batalla, provistos de todas las armas de guerra, audaces en la lucha, con corazón entero.

[35] De Neftalí, 1.000 jefes, y con ellos 37.000 hombres con escudo y lanza.

[36] De los danitas, preparados para la batalla, 28.600.

[37] De Aser, aptos para salir a campaña y preparados para la batalla, 40.000.

[38] Y de Transjordania, de los rubenitas, de los gaditas y de la media tribu de Manasés, provistos de todos los pertrechos de guerra para la batalla, 120.000.

[39] Todos estos hombres de guerra, formados en orden de batalla, vinieron a Hebrón con corazón entero para proclamar a David rey sobre todo Israel; y los demás israelitas estaban unánimes en hacer rey a David. [40] Permanecieron allí con David tres días comiendo y bebiendo, porque sus hermanos les proveían. [41] Además, los que estaban cerca y hasta de Isacar, Zabulón y Neftalí traían víveres en asnos, camellos, mulos y bueyes;

Dt 33 20

1 S 29

---

12 23 Expresión de superlativo en hebreo.
12 24 Censo de guerreros según el esquema de Nm 1-3; 26.
12 28 El nombre de Joadá sustituye al de Abiatar, que era el que se esperaba, ver 2 S 8 17; y es que Abiatar había sido destituido por Salomón. Hubo un Joadá, jefe del sacerdocio de Jerusalén, pero mucho más tarde, ver 2 R 11 y 12.

provisiones de harina, tortas de higos y pasas, vino, aceite, ganado mayor y menor en abundancia; pues reinaba la alegría en Israel.

Traslado del arca de Quiriat Yearín*.

13 ¹ Consultó David con los jefes de millar y de ciento y con todos los caudillos, ² y dijo a toda la asamblea de Israel: «Si os parece bien y la cosa viene de Yahvé, nuestro Dios, vamos a mandar un mensaje a nuestros hermanos que han quedado en todas las regiones de Israel y, además, a los sacerdotes y levitas en sus ciudades y ejidos, para que se reúnan con nosotros; ³ y volvamos a traer a nuestro lado el arca de nuestro Dios, ya que no nos hemos preocupado de ella desde los días de Saúl.»

⁴ Toda la asamblea resolvió hacerlo así, pues la propuesta pareció bien a todo el pueblo. ⁵ Congregó entonces David a todo Israel, desde Sijor de Egipto hasta la Entrada de Jamat, para traer el arca de Dios desde Quiriat Yearín. ⁶ Fue, pues, David, con todo Israel, hacia Baalá, a Quiriat Yearín de Judá, para subir desde allí el arca de Dios que lleva el Nombre de Yahvé que está sobre los querubines. ⁷ Cargaron el arca de Dios en una carreta nueva y la sacaron de la casa de Abinadab; Uzá y Ajió conducían la carreta. ⁸ David y todo Israel bailaban delante de Dios con todas sus fuerzas, cantando y tocando cítaras, salterios, adufes, címbalos y trompetas. ⁹ Al llegar a la era de Quidón, extendió Uzá su mano para sostener el arca, porque los bueyes amenazaban volcarla. ¹⁰ Se encendió contra Uzá la ira de Yahvé y le hirió por haber extendido su mano hacia el arca; y murió allí delante de Dios. ¹¹ Se irritó David porque Yahvé había irrumpido contra Uzá; y se llamó aquel lugar Peres de Uzá hasta el día de hoy.

¹² Aquel día tuvo David miedo de Dios, y dijo: «¿Cómo voy a llevar a mi casa el arca de Dios?» ¹³ Y no trasladó David el arca de Dios junto a sí, a la Ciudad de David, sino que la hizo llevar a casa de

Obededón, el de Gat. ¹⁴ El arca de Dios estuvo tres meses en la casa de Obededón, en su misma casa. Y bendijo Yahvé la casa de Obededón y cuanto tenía.

David en Jerusalén. Su familia*.

14 ¹ Jirán, rey de Tiro, envió a David mensajeros y maderas de cedro, y también albañiles y carpinteros, para edificarle una casa. ² Y conoció David que Yahvé le había confirmado como rey de Israel, pues había ensalzado su realeza en atención a su pueblo Israel.

³ Tomó David otras mujeres en Jerusalén y engendró más hijos e hijas. ⁴ Éstos son los nombres de los que tuvo en Jerusalén: Samúa, Sobab, Natán, Salomón, ⁵ Yibjar, Elisúa, Elpálet, ⁶ Nogah, Néfeg, Yafía, ⁷ Elisamá, Baalyadá y Elifélet.

Guerras contra los filisteos.

⁸ Oyeron los filisteos que David había sido ungido rey de todo Israel y subieron todos en su busca. Lo supo David y les salió al paso. ⁹ Llegaron los filisteos y se desplegaron por el Valle de Refaín. ¹⁰ Entonces consultó David a Dios, diciendo: «¿Debo subir contra los filisteos? ¿Los entregarás en mis manos?» Yahvé le respondió: «Sube, pues yo los entregaré en tu mano.» ¹¹ Y subieron a Baal Perasín, donde David los derrotó. Dijo entonces David: «Dios ha abierto brecha entre mis enemigos por mi mano, como una brecha de aguas.» Por eso se llamó a aquel lugar Baal Perasín. ¹² Abandonaron allí a sus ídolos, y dijo David: «Arrojadlos al fuego.»

¹³ Volvieron otra vez los filisteos y se desplegaron por el valle, ¹⁴ y David volvió a consultar a Dios, y Dios le contestó: «No subas contra ellos; da un rodeo y atácalos desde las balsameras. ¹⁵ Y cuando oigas el ruido de pasos en la cima de las balsameras, saldrás a la batalla, porque Dios sale delante de ti para derrotar al ejército de los filisteos.» ¹⁶ Hizo David

Jc 20 1+
‖2 S 6 2-11

‖2 S 5 11-16

=3 5-8

‖2 S 5 17-2

---

13 La primera iniciativa de David después de la *toma de Jerusalén*, 11 4-9, es salir en busca del arca a Quiriat Yearín. El Cronista sitúa esta acción antes de la victoria sobre los filisteos, 14 8-16, que el libro de Samuel situaba antes del regreso del arca y que históricamente debe ser anterior a la toma de Jerusalén. Lo que el Cronista retendrá del reinado de David es sobre todo lo que concierne al santuario. Aquí depende estrechamente del texto de 2 S, pero añade la introducción,

vv. 1-3, en la que, una vez más, interviene toda la asamblea de Israel.
14 El Cronista utiliza la estancia del arca en casa de Obededón durante tres meses, v. 14, para incluir las indicaciones de su fuente sobre la construcción del palacio, la familia de David y su victoria sobre los filisteos. A ello añadirá los preparativos para recibir el arca en Jerusalén, 15 1-3.

como le había mandado Dios, y derrotaron al campamento de los filisteos desde Gabaón hasta Guézer.

2. EL ARCA EN LA CIUDAD DE DAVID

Preparativos para el traslado*.

15 [1] Se hizo casas en la Ciudad de David, preparó un lugar para el arca de Dios y le levantó una Tienda para ella.

Nm 1 50;
3 5s; 4; 7 9
Dt 31 25

[2] Entonces dijo David: «Solamente los levitas han de llevar el arca de Dios, pues a ellos los escogió Yahvé para llevar el arca de Yahvé y servirle por siempre*.» [3] Congregó, pues, David a todo Israel en Jerusalén para subir el arca de Yahvé al lugar que había preparado para ella. [4] David reunió también a los hijos de Aarón y a los levitas: [5] De los hijos de Queat: a Uriel, el jefe, y a sus hermanos, ciento veinte; [6] de los hijos de Merarí: a Asayas, el jefe, y a sus hermanos, doscientos veinte; [7] de los hijos de Guersón: a Joel, el jefe, y a sus hermanos, ciento treinta; [8] de los hijos de Elisafán: a Semaías, el jefe, y a sus hermanos, doscientos; [9] de los hijos de Hebrón: a Eliel, el jefe, y a sus hermanos, ochenta; [10] de los hijos de Uziel: a Aminadab, el jefe, y a sus hermanos, ciento doce.

[11] También llamó David a los sacerdotes Sadoc y Abiatar, y a los levitas Uriel, Asayas, Joel, Semaías, Eliel y Aminadab, [12] y les dijo: «Vosotros sois los cabezas de familia de los levitas. Santificaos, vosotros y vuestros hermanos, para subir el arca de Yahvé, el Dios de Israel, al lugar que para él le tengo preparado; [13] pues por no haber estado vosotros la vez primera, Yahvé, nuestro Dios, hizo brecha en nosotros*, ya que no le consultamos conforme a la norma.» [14] Se santificaron, pues, los sacerdotes y los levitas, para subir el arca de Yahvé, Dios de Israel.

Nm 7 9

[15] Y los levitas trasladaron el arca de Dios a hombros, llevando los varales sobre los hombros, como lo había ordenado Moisés, según la palabra de Yahvé.

[17] La fama de David se extendió por todas las regiones, pues Yahvé le hizo temible a todas las naciones.

[16] Dijo David a los jefes de los levitas que colocaran a sus hermanos los cantores, con instrumentos músicos, salterios, cítaras y címbalos, para que los hiciesen resonar, alzando la voz con júbilo. [17] Los levitas designaron a Hemán, hijo de Joel; y de sus hermanos, a Asaf, hijo de Berequías; y de los hijos de Merarí, hermanos suyos, a Etán, hijo de Cusayas. [18] Y con ellos, como segundos, a sus hermanos Zacarías, hijo de Yaaziel, Semiramot, Yejiel, Uní, Eliab, Benaías, Maasías, Matitías, Eliflehú Micnías, Obededón y Yeiel, porteros [19] Los cantores Hemán, Asaf y Etán hacían resonar címbalos de bronce. [20] Zacarías, Yaaziel, Semiramot, Yejiel, Uní, Eliab, Maasías y Benaías tenían salterios de tonos altos*. [21] Matitías, Eliflehú, Micnías, Obededón, Yeiel y Azazías tenían cítaras de octava, para dirigir el canto. [22] Quenanías, jefe de los levitas encargados del transporte, dirigía el traslado, porque era hombre entendido. [23] Berequías y Elcaná eran porteros del arca. [24] Sebanías, Josafat, Natanael, Amasay, Zacarías, Benaías y Eliezer, sacerdotes, tocaban las trompetas delante del arca de Dios. Obededón y Yejías eran porteros del arca.

Traslado del arca.

|| 2 S 6 12-19

[25] Así pues, David, los ancianos de Israel y los jefes de millares fueron a traer el arca de la alianza de Yahvé, desde la casa de Obededón, con alborozo. [26] Y habiendo Dios ayudado a los levitas portadores del arca de la alianza de Yahvé, sacrificaron siete becerros y siete carneros. [27] David iba revestido de un manto de lino fino, lo mismo que todos los levitas que portaban el arca, los cantores y Quenanías, el jefe que dirigía el traslado*. Llevaba también David sobre sí un

---

15 Antes de reanudar el relato de 2 S, en el v. 25, el libro primitivo de las Crónicas parece haber contenido solamente los vv. 1-3, 11-15: erección de la tienda para cobijar el arca, y evocación de la ley levítica cuya transgresión ha originado el trágico episodio de Peres Uzá, ver **13** 9s. Se le han hecho adiciones: una lista de sacerdotes y levitas, vv. 4-10; una descripción de la orquesta, dispuesta ya para tocar en torno al arca, vv. 16-24.

15 2 El Cronista va a definir el papel de los sacerdotes y levitas en la ceremonia, según los textos «sacerdotales».
15 13 Así interpreta el autor la muerte de Uzá, **13** 10s, ver 2 S 6 8+.
15 20 Traducción dudosa. Los demás nombres de instrumentos se hallan en los Sal
15 27 Después de «que dirigía el traslado», hebr. repite «los cantores», por ditografía.

efod de lino. [28] Todo Israel subía el arca de la alianza de Yahvé entre clamores y resonar de cuernos, trompetas y címbalos, y haciendo sonar los salterios y las cítaras. [29] Cuando el arca de la alianza de Yahvé entró en la Ciudad de David, Mical, hija de Saúl, que estaba mirando por la ventana, vio al rey David que saltaba y bailaba, y lo despreció en su corazón.

16

[1] Introdujeron el arca de Dios y la colocaron en medio de la Tienda que David había hecho levantar para ella; y ofrecieron holocaustos y sacrificios de comunión en presencia de Dios. [2] Cuando David hubo acabado de ofrecer los holocaustos y sacrificios de comunión, bendijo al pueblo en nombre de Yahvé, [3] y repartió a todo el pueblo de Israel, hombres y mujeres, a cada uno una torta de pan, un pastel de dátiles y un pastel de pasas.

Organización del culto*.

[4] David determinó los levitas que habían de hacer el servicio delante del arca de Yahvé para celebrar, glorificar y alabar a Yahvé, el Dios de Israel. [5] Asaf era el jefe; Zacarías era el segundo; luego Uziel*, Semiramot, Yejiel, Matitías, Eliab, Benaías, Obededón y Yeiel, con salterios y cítaras. Asaf hacía sonar los címbalos. [6] Los sacerdotes Benaías y Yajaziel tocaban sin interrupción las trompetas delante del arca de la alianza de Dios. [7] Aquel día David, alabando el primero a Yahvé, entregó a Asaf y a sus hermanos este canto*:

[8] ¡Dad gracias a Yahvé, invocad su nombre, _{||Sal 105 1-15}
divulgad entre los pueblos sus hazañas!
[9] ¡Cantadle, tañed para él, recitad todas sus maravillas;
[10] gloriaos en su santo Nombre, se alegren los que buscan a Yahvé!
[11] ¡Buscad a Yahvé y su poder, id tras su rostro sin tregua,
[12] recordad todas sus maravillas, sus prodigios y los juicios de su boca!
[13] Raza de Israel, su siervo, hijos de Jacob, su elegido:

[14] él, Yahvé, es nuestro Dios, sus juicios afectan a toda la tierra.
[15] Él se acuerda siempre de su alianza, palabra que impuso a mil generaciones,
[16] aquello que pactó con Abrahán, el juramento que hizo a Isaac,
[17] que puso a Jacob como precepto, a Israel como alianza eterna:
[18] diciendo: «Te daré la tierra de Canaán como lote de vuestra herencia».
[19] Cuando erais poco numerosos, gente de paso y forasteros,
[20] vagando de nación en nación, yendo de un reino a otro pueblo,
[21] a nadie permitió oprimirlos, por ello castigó a los reyes:
[22] «Guardaos de tocar a mis ungidos no hagáis daño a mis profetas.»
[23] Cantad a Yahvé toda la tierra _{||Sal 96}
anunciad su salvación día tras día.
[24] Contad su gloria a las naciones, sus maravillas a todos los pueblos.
[25] Pues grande es Yahvé y digno de alabanza,
más temible que todos los dioses.
[26] Pues nada son los dioses paganos, pero Yahvé hizo los cielos.
[27] Gloria y majestad están ante él, fortaleza y alegría en su Morada.
[28] ¡Tributad a Yahvé, familias de los pueblos,
tributad a Yahvé gloria y poder!
[29] Tributad a Yahvé la gloria de su nombre.

Traed ofrendas, entrad en sus atrios.
Postraos ante Yahvé en el atrio sagrado
[30] ¡Tiemble en su presencia toda la tierra! El orbe está seguro, no vacila.
[31] ¡Alégrense los cielos, goce la tierra! Decid a las naciones: «¡Yahvé es rey!»
[32] ¡Retumbe el mar y cuanto encierra! ¡Exulte el campo y cuanto hay en él!
[33] Griten de júbilo los árboles de los bosques
ante Yahvé, pues viene a juzgar la tierra.
[34] ¡Dad gracias a Yahvé, porque es bueno, _{||Sal 106 1 47-48}

---

16 4   Con mayor legitimidad que el continuador en 5 16-24, el Cronista no sitúa el comienzo del servicio hímnico hasta después de la instalación del arca en la tienda. Según él toda la liturgia del Templo se remonta a David, conformándose ya a las prescripciones del Código sacerdotal.
16 5   «Uziel», ver 15 18; «Yeiel» hebr.
16 7   Este himno se compone de fragmentos de los Sal 105, 96 y 106, con algunas variantes textuales.

porque es eterna su misericordia!
³⁵ Y decid: «¡Sálvanos, Yahvé, Dios nuestro,
reúnenos de entre las naciones,
para dar gracias a tu santo Nombre
y honrarnos cantando tu alabanza!»
³⁶ ¡Bendito Yahvé, Dios de Israel,
desde siempre y para siempre!»
Y todo el pueblo dijo: «Amén.» Y alabó a Yahvé.
³⁷ David dejó allí, ante el arca de la alianza de Yahvé, a Asaf y a sus hermanos, para el ministerio continuo delante del arca, según el rito de cada día; ³⁸ y a Obededón, con sus hermanos, en número de sesenta y ocho, y a Obededón, hijo de Yedutún, y a Josá*, como porteros; ³⁹ y al sacerdote Sadoc y a sus hermanos, los sacerdotes, delante de la Morada de Yahvé, en el alto de Gabaón*, ⁴⁰ para que ofreciesen continuamente holocaustos a Yahvé en el altar de los holocaustos, por la mañana y por la tarde, según todo lo escrito en la Ley que Yahvé había mandado a Israel. ⁴¹ Con ellos estaban Hemán y Yedutún y los restantes escogidos y nominalmente designados para alabar a Yahvé: «Porque es eterno su amor.» ⁴² Y con ellos, Hemán y Yedutún, que hacían sonar trompetas, címbalos e instrumentos para los cánticos de Dios. Los hijos de Yedutún eran porteros.

2 S 6 19-20
⁴³ Luego, todo el pueblo se fue, cada cual a su casa; también David se volvió para bendecir su casa.

2 S 7 1-17
La profecía de Natán*.

17 ¹ Una vez instalado en su casa, dijo David al profeta Natán: «Ya ves, yo habito en una casa de cedro, mientras que el arca de la alianza de Yahvé está bajo una lona.» ² Respondió Natán a David: «Haz lo que dicte el corazón, porque Dios está contigo.»
³ Pero aquella misma noche vino la palabra de Dios a Natán en estos términos:

⁴ «Ve y di a mi siervo David: Esto dice Yahvé: No serás tú quien me edifique Casa para que habite yo en ella. ⁵ Pues no he habitado en casa alguna desde el día en que hice subir a los israelitas hasta el día de hoy; sino que he andado de tienda en tienda y de refugio en refugio. ⁶ En todo el tiempo que he ido de un lado para otro con todo Israel, ¿he dicho acaso a alguno de los Jueces de Israel, a los que mandé que apacentaran a mi pueblo: Por qué no me edificáis una casa de cedro? ⁷ Di, pues, ahora a mi siervo David: Así habla Yahvé Sebaot: Yo te he tomado del pastizal, de detrás del rebaño, para que seas caudillo de mi pueblo Israel. ⁸ He estado contigo dondequiera que hayas ido, he eliminado de delante de ti a todos tus enemigos y voy a hacerte un nombre grande como el nombre de los grandes de la tierra. ⁹ Fijaré un lugar a mi pueblo Israel, y lo plantaré allí para que more en él; no será ya perturbado, y los malhechores no seguirán oprimiéndole como al principio, ¹⁰ y como en los días en que instituí Jueces sobre mi pueblo Israel. Someteré a todos tus enemigos. Y te anuncio que Yahvé te edificará una casa*. ¹¹ Cuando se cumplan tus días para ir con tus padres, afirmaré después de ti la descendencia que saldrá de tus entrañas y consolidaré su reino. ¹² Él me construirá una casa y yo consolidaré su trono para siempre. ¹³ Yo seré para él padre y él será para mí hijo, y no apartaré de él mi amor, como lo aparté de aquel que fue antes de ti. ¹⁴ Yo le estableceré en mi Casa y en mi reino para siempre, y su trono estará firme eternamente.»
¹⁵ Conforme a todas estas palabras, y conforme a toda esta visión, habló Natán a David.

Acción de gracias de David.
2 S 7 18-29

¹⁶ El rey David entró, se puso delante de Yahvé y dijo: «¿Quién soy yo, oh Yah-

---

16 38 Yedutún, conocido asimismo por los títulos de los Sal 39, 62 y 77, es el mismo Etán. Aquí es el padre de Obededón, v. 38, y por tanto uno de los porteros, v. 42. Algunos levitas de la época de Nehemías descendían de él, Ne 11 17; 1 Cro 9 16. Sobre Josá, ver 26 10.
16 39 El santuario de Gabaón había tomado quizá el puesto del Silo después de la captura del arca por los filisteos. Será «el alto principal» bajo Salomón, 1 R 3 4-15. El Cronista tiene en cuenta esta situación histórica y la justifica diciendo que la «Morada», la Tienda del desierto, había quedado allí erigida, ver también 21 29; 2 Cro 1 3. En consecuencia divide el personal del culto entre el santuario de la Morada y el nuevo santuario del

arca, en Jerusalén.
17 El Cronista repite casi textualmente la profecía de Natán de 2 S 7, que para él tiene importancia capital: expresa la alianza con David y la permanencia de su dinastía, depositaria de las promesas mesiánicas. Las únicas modificaciones importantes que trae son: precisar la promesa hecha al linaje de David se realizará primero en uno de sus hijos (Salomón), v. 11, y suprimir la eventualidad del mal comportamiento de un descendiente de David (2 S 7 14).
17 10 «Yahvé te anuncia... casa» según 2 S 7; «Te anuncio, y Yahvé te edificará una casa» hebr.

vé Dios, y qué mi casa, que me has traído hasta aquí? [17] Y aun esto es poco a tus ojos, oh Dios, que hablas también a la casa de tu siervo para el futuro lejano y me miras como si fuera un hombre distinguido, oh Yahvé Dios. [18] ¿Qué más podrá añadirte David por la gloria que concedes a tu siervo? Pues tú conoces a tu siervo. [19] Oh Yahvé, por amor de tu siervo, y según tu corazón, has hecho todas estas cosas tan grandes, para manifestar todas estas grandezas. [20] Oh Yahvé, nadie como tú, ni hay Dios fuera de ti, según todo lo que hemos oído con nuestros oídos. [21] ¿Qué otro pueblo hay sobre la tierra como tu pueblo Israel, a quien un dios haya ido a rescatar para hacerle su pueblo, dándole renombre por medio de obras grandes y terribles, arrojando naciones de delante de tu pueblo al que rescataste de Egipto*? [22] Tú has constituido a Israel tu pueblo como pueblo tuyo para siempre; y tú, Yahvé, eres su Dios. [23] Y ahora, Yahvé, mantén firme eternamente la palabra que has dirigido a tu siervo y a su casa; y haz según lo que has dicho. [24] Sí, sea firme; y sea tu nombre por siempre engrandecido; que se diga: 'Yahvé Sebaot, el Dios de Israel, es el Dios para Israel'. Y que la casa de tu siervo David subsista en tu presencia. [25] Ya que tú, oh Dios mío, has revelado a tu siervo que vas a edificarle una casa, por eso tu siervo ha encontrado valor para orar en tu presencia. [26] Ahora, Yahvé, tú eres Dios, y tú has prometido a tu siervo esta dicha. [27] Y ahora te has dignado bendecir la casa de tu siervo, para que permanezca por siempre en tu presencia, porque lo que tú bendices, Yahvé, queda bendito por siempre.»

‖2 S 8 1-14   **Victorias de David*.**

18 [1] Después de esto, batió David a los filisteos, los humilló y tomó Gat y sus dependencias de manos de los filisteos. [2] Batió también a los moabitas, que quedaron sometidos a David y pagaron tributo.

[3] Batió David a Hadadézer, rey de Sobá, en Jamat, cuando éste iba a establecer su dominio sobre el río Éufrates. [4] David apresó mil carros, siete mil soldados de carro y veinte mil hombres de a pie y desjarretó toda la caballería de los carros, reservando cien tiros. [5] Los arameos de Damasco vinieron en socorro de Hadadézer, rey de Sobá, pero David causó veintidós mil bajas a los arameos. [6] Estableció David gobernadores en Aram de Damasco. Los arameos quedaron sometidos a David y pagaron tributo. Yahvé hizo triunfar a David por dondequiera que iba. [7] Tomó David los escudos de oro que llevaban los servidores de Hadadézer y los llevó a Jerusalén. [8] De Tibjat y Cun, ciudades de Hadadézer, tomó David una gran cantidad de bronce, con el cual hizo Salomón el Mar de bronce, las columnas y los utensilios de bronce.

22 3

[9] Tou, rey de Jamat, supo que David había derrotado a todas las fuerzas de Hadadézer, rey de Sobá, [10] y envió a Hadorán, su hijo, donde el rey David para saludarle y para felicitarle por haber atacado y vencido a Hadadézer, ya que Tou estaba en guerra con Hadadézer. Traía Hadorán toda clase de objetos de oro, de plata y de bronce. [11] El rey David los consagró también a Yahvé, con la plata y el oro que había tomado a todas las naciones: a Edom, a Moab, a los amonitas, a los filisteos y a los amalecitas.

[12] Abisay, hijo de Sarvia, derrotó en el Valle de la Sal a dieciocho mil edomitas; [13] puso gobernadores en Edom; y todos los edomitas quedaron sometidos a David. Yahvé hizo triunfar a David dondequiera que iba.

Altos cargos del reino.

‖2 S 8 15-

[14] Reinó David sobre todo Israel administrando derecho y justicia a todo su pueblo.

[15] Joab, hijo de Sarvia, era jefe del ejército; Josafat, hijo de Ajilud, era el heraldo; [16] Sadoc*, hijo de Ajitub, y Ajimélec, hijo de Abiatar, eran sacerdotes; Serayas era secretario; [17] Benaías, hijo de Joadá, mandaba a los quereteos y a los peleteos,

---

17 21 *Corregimos el v. utilizando el paralelo de Samuel, ver 2 S 7 23+.*
18   *Del amplio relato de 2 S 9 - 1 R 2 sobre el reinado de David, el Cronista sólo ha retenido las victorias, omitiendo las disensiones internas y la trágica historia de la familia real: adulterio de David y nacimiento de Salomón, muerte de Amnón, rebelión de Absalón, oposición de Seba, intrigas de Adonías. El Cronista evita*

todo lo que pudiera empañar la imagen de su héroe y prepara la afirmación de que David no debía construir el Templo porque había sido un hombre de guerra, 22 8; 28 3. Deja entender que el botín de sus victorias servirá para la construcción del Templo, 29 2-5.
18 16 El Cronista se vale del texto de 2 S 8, ya retocado, para dar a Sadoc una ascendencia levítica, ver 2 S 8 17+.

y los hijos de David eran los primeros junto al rey*.

2 S 10 1-5 **Guerra contra Amón y Aram.**

19 ¹ Después de esto, murió Najás, rey de los amonitas, y en su lugar reinó su hijo. ² Dijo entonces David: «Tendré con Janún, hijo de Najás, la misma benevolencia que su padre tuvo conmigo.» Y envió David mensajeros para que le consolaran por su padre. Pero cuando los servidores de David llegaron al país de los amonitas, donde Janún, para consolarle, ³ dijeron los príncipes de los amonitas a Janún: «¿Acaso David ha enviado a consolarte porque quiere hacer honor a tu padre ante tus ojos? ¿No han venido a ti sus servidores más bien para explorar y para destruir y para espiar el país?» ⁴ Entonces Janún prendió a los servidores de David, les rapó, cortó a media altura sus vestidos, y los despachó. ⁵ Fueron a avisar a David lo de estos hombres; y él envió gente a su encuentro, porque los hombres estaban cubiertos de vergüenza. El rey les dijo: «Quedaos en Jericó hasta que os crezca la barba; después volveréis.»

2 S 10 6-14 **Primera campaña amonita.**

⁶ Vieron los amonitas que se habían hecho odiosos a David y Janún, y los amonitas enviaron mil talentos de plata para tomar a sueldo carros y hombres de carro de Aram Naharáin, de Aram de Maacá y de Sobá. ⁷ Tomaron a sueldo treinta y dos mil carros y al rey de Maacá con su ejército, los cuales vinieron y acamparon frente a Mádaba. Los amonitas se congregaron también desde sus ciudades y salieron a campaña. ⁸ Lo supo David y mandó a Joab con toda la tropa y con los valientes. ⁹ Salieron a campaña los amonitas y se ordenaron en batalla a la entrada de la ciudad, mientras que los reyes que habían venido estaban aparte en el campo. ¹⁰ Viendo Joab que tenía un frente de combate por delante y otro por detrás escogió a los mejores de Israel y los puso en línea contra Aram. ¹¹ Puso el resto del ejército al mando de su hermano Abisay y lo ordenó en batalla frente a los amonitas. ¹² Y dijo: «Si los arameos me dominan, ven en mi ayuda; y si

los amonitas te dominan a ti, iré en tu socorro. ¹³ Ten fortaleza y esforcémonos por nuestro pueblo y por las ciudades de nuestro Dios. Y que Yahvé haga lo que bien le parezca.» ¹⁴ Y avanzó Joab con su ejército para luchar contra los arameos, que huyeron delante de él. ¹⁵ Vieron los amonitas que los arameos emprendían la fuga y huyeron también ellos ante Abisay, hermano de Joab, y entraron en la ciudad, mientras que Joab volvió a Jerusalén.

Victoria sobre los arameos. 2 S 10 15-19

¹⁶ Al ver los arameos que habían sido vencidos por Israel, enviaron emisarios para hacer venir a los arameos del otro lado del Río; venía a su cabeza Sofac, jefe del ejército de Hadadézer. ¹⁷ Se dio aviso a David, que reunió a todo Israel, pasó el Jordán, llegó donde estaban y tomó posiciones frente a ellos. Se puso David en orden de batalla contra los arameos y éstos trabaron combate con él. ¹⁸ Huyeron los arameos ante Israel; y David mató a los arameos siete mil jinetes y cuarenta mil hombres de a pie. Mató también a Sofac, jefe del ejército. ¹⁹ Cuando los vasallos de Hadadézer vieron que habían sido batidos ante Israel, hicieron la paz con David y le quedaron sometidos. Los arameos no se atrevieron a seguir ayudando a los amonitas.

Segunda campaña amonita.

20 ¹ A la vuelta del año, por la época en que los reyes salen a campaña, 2 S 11 1 llevó Joab el grueso del ejército y asoló el país de los amonitas; después fue a poner sitio a Rabá. Mientras David se quedó en Jerusalén. Entretanto Joab derrotó 2 S 12 26 a Rabá y la destruyó. ² David tomó de la cabeza de Milcón* la corona y resulta 2 S 12 30-31 que pesaba un talento de oro. Había en ella una piedra preciosa que fue puesta en la cabeza de David, y se llevó un enorme botín de la ciudad. ³ Hizo salir a la gente que había en ella y la puso a trabajar en las sierras, los trillos de dientes de hierro y las hachas de hierro. Hizo lo mismo con todas las ciudades de los amonitas. Luego David se volvió con todo el ejército a Jerusalén.

---

18 17 Según 2 S eran sacerdotes, ver 8 18+, pero en tiempo del Cronista no se concebía que pudieran existir sacerdotes que no fueran descendientes de Leví.
20 2 En vez de «Milcón», el hebr. ha leído «su rey».

—Entre el v. 1, David en Jerusalén, y el v. 2, David en Rabá, el Cronista omite toda la historia de la falta de David, 2 S 11 2 - 12 25.

Hazañas contra los filisteos.

||2 S 21
18-22

Dt 1 28+

⁴ Después de esto, tuvo lugar una batalla en Guézer contra los filisteos; entonces Sibecay, jusatita, mató a Saf, uno de los descendientes de Rafá. Los filisteos fueron sometidos. ⁵ Hubo otra guerra contra los filisteos, y Eljanán, hijo de Yaír, mató a Lajmí, hermano de Goliat el de Gat*; el asta de su lanza era como un enjullo de tejedor. ⁶ Hubo guerra de nuevo en Gat, y había un campeón que tenía veinticuatro dedos, seis en cada extremidad. También él descendía de Rafá. ⁷ Desafió a Israel, y Jonatán, hijo de Simá, hermano de David, lo mató. ⁸ Éstos descendían de Rafá de Gat y sucumbieron a manos de David y de sus servidores.

3. HACIA LA CONSTRUCCIÓN DEL TEMPLO*

||2 S 24 1-9

El censo*.

21 ¹ Alzóse Satán* contra Israel, e incitó a David a hacer el censo del pueblo. ² Dijo, pues, David a Joab y a los jefes del ejército: «Id, contad los israelitas desde Berseba hasta Dan, y volved después para que yo sepa su número.» ³ Respondió Joab: «¡Multiplique Yahvé su pueblo cien veces más de lo que es! ¿Acaso no son, oh rey mi señor, todos ellos siervos de mi señor? ¿Por qué, pues, pide esto mi señor? ¿Por qué acarrear culpa sobre Israel?» ⁴ Pero prevaleció la orden del rey sobre Joab, de modo que éste salió y recorrió todo Israel, volviéndose después a Jerusalén. ⁵ Joab entregó a David la cifra del censo del pueblo: había en todo Israel 1.100.000 hombres capaces de manejar las armas; había en Judá 470.000 hombres capaces de manejar las armas*. ⁶ No incluyó en este censo a Leví y Benjamín, porque Joab detestaba la orden del rey.

||2 S 24
10-17

La peste y el perdón.

⁷ Desagradó esto a Dios, por lo cual castigó a Israel. ⁸ Entonces dijo David a Dios: «He cometido un gran pecado haciendo esto. Pero ahora perdona, te ruego, la falta de tu siervo, pues he sido muy necio.» ⁹ Y Yahvé habló a Gad, vidente de David, en estos términos: ¹⁰ «Anda y di a David: Así dice Yahvé: Tres cosas te propongo; elige una de ellas y la llevaré a cabo.» ¹¹ Llegó Gad donde David y le dijo: «Así dice Yahvé: Elige para ti: ¹² tres años de hambre, o tres meses de derrotas ante tus enemigos, con la espada de tus enemigos a la espalda, o bien tres días durante los cuales la espada de Yahvé y la peste anden por la tierra y el ángel de Yahvé haga estragos en todo el territorio de Israel. Ahora, pues, mira qué debo responder al que me envía.» ¹³ David respondió a Gad: «Estoy en gran angustia. Pero caigamos en manos de Yahvé, que es grande su misericordia. No caiga yo en manos de los hombres.»

¹⁴ Yahvé envió la peste sobre Israel, y cayeron de Israel 70.000 hombres. ¹⁵ Mandó Dios un ángel contra Jerusalén para destruirla; pero cuando ya estaba destruyéndola, miró Yahvé y se arrepintió del estrago, y dijo al ángel Exterminador: «¡Basta ya; retira tu mano!»

El ángel de Yahvé estaba junto a la era de Ornán el jebuseo. ¹⁶ *Alzando David los ojos vio al ángel de Yahvé que estaba entre la tierra y el cielo con una espada desenvainada en su mano, extendida contra Jerusalén. Entonces David y los ancianos, cubiertos de sayal, cayeron rostro en tierra. ¹⁷ Y dijo David a Dios: «Yo fui quien mandé hacer el censo del pueblo; yo fui quien pequé, yo cometí el mal; pero estas ovejas, ¿qué han hecho? ¡Oh Yahvé, Dios mío, caiga tu mano sobre mí y sobre la casa de mi padre, y no haya plaga entre tu pueblo!»

20 5 El Cronista interpreta así 2 S 21 19, teniendo en cuenta el relato que atribuye a David la victoria sobre Goliat, 1 S 17.
21 (a) Este cap. abre una sección capital del libro: la organización del culto y del clero en la comunidad davídica, la que posee las promesas mesiánicas del oráculo de Natán.
21 (b) El Cronista ha conservado este relato en el que David aparece como pecador, v. 8, porque termina con la erección de un altar en el lugar en que se levantará el Templo, ver v. 18+.
21 1 El Cronista atribuye a Satanás (ver Jb 1 6+), según una teología más desarrollada, lo que 2 S refería a la «ira de Yahvé» como la causa principal.
21 5 Cifras distintas en 2 S 24, ver 1 Cro 27 24. A Leví se le excluye del censo, como en Nm 1.
21 16 Este v., propio del Cronista, supone una nueva representación de los ángeles, bastante cercana a la de Dn 9 21 y de 2 M 10 29.

|2 S 24
18-25

Se erige el altar*.

[18] Entonces el ángel de Yahvé dijo a Gad que diera a David la orden de subir para alzar un altar a Yahvé en la era de Ornán el jebuseo. [19] Subió David, según la palabra que Gad le había dado en nombre de Yahvé. [20] Ornán, que estaba trillando el trigo, se volvió y, al ver al ángel, él y sus cuatro hijos se escondieron. [21] Cuando David llegó junto a Ornán, miró Ornán y, viendo a David, salió de la era y postróse ante David, rostro en tierra. [22] Dijo David a Ornán: «Dame el sitio de esta era para erigir en él un altar a Yahvé —dámelo por su justo valor en plata— para que la plaga se retire del pueblo.» [23] Respondió Ornán a David: «Tómalo, y haga mi señor el rey lo que bien le parezca. Mira que te doy los bueyes para holocaustos, los trillos para leña y el trigo para la ofrenda; todo te lo doy.» [24] Replicó el rey David a Ornán: «No; quiero comprártelo por su justo precio, pues no tomaré para Yahvé lo que es tuyo, ni ofreceré holocaustos de balde.» [25] Y David dio a Ornán por el sitio la suma de seiscientos siclos de oro.

1 R 18 38

[26] David erigió allí un altar a Yahvé y ofreció holocaustos y sacrificios de comunión e invocó a Yahvé, el cual le respondió con fuego del cielo sobre el altar del holocausto. [27] Entonces Yahvé ordenó al ángel que volviera la espada a la vaina. [28] En aquel tiempo, al ver David que Yahvé le había respondido en la era de Ornán el jebuseo, ofreció allí sacrificios. [29] Pues la Morada de Yahvé, que Moisés había hecho en el desierto, y el altar de los holocaustos estaban a la sazón en el alto de Gabaón; [30] pero David no se había atrevido a presentarse delante de Dios para consultarle, porque estaba aterrado ante la espada del ángel de Yahvé*.

22 [1] Entonces dijo David: «¡Aquí está el templo de Yahvé Dios, y aquí el altar de los holocaustos para Israel!»

Preparativos para la construcción del Templo*.

[2] Mandó, pues, David reunir a los forasteros residentes* en la tierra de Israel, y designó canteros que preparasen piedras talladas para la construcción del templo de Dios. [3] Preparó también David hierro en abundancia para la clavazón de las hojas de las puertas y para las grapas, incalculable cantidad de bronce, [4] y madera de cedro innumerable, pues los sidonios y los tirios trajeron a David una gran cantidad de madera de cedro.

1 R 5 31-32

[5] Porque David se decía: «Mi hijo Salomón es todavía joven e inmaduro, y el templo que ha de edificarse para Yahvé debe ser grandioso sobre toda ponderación, para tener nombre y gloria en todos los países. Así que le haré yo los preparativos.» Hizo David, en efecto, grandes preparativos antes de su muerte. [6] Después llamó a su hijo Salomón y le mandó que edificase un templo para Yahvé, el Dios de Israel. [7] Dijo David a Salomón: «Hijo mío, yo había deseado edificar un templo al nombre de Yahvé, mi Dios. [8] Pero me fue dirigida la palabra de Yahvé, que me dijo: 'Tú has derramado mucha sangre y hecho grandes guerras; no podrás edificar tú el templo a mi nombre, porque has derramado en tierra mucha sangre delante de mí*. [9] Mira que se va a nacer un hijo, que será hombre de paz; le concederé paz con todos sus enemigos en derredor, porque Salomón será su nombre* y en sus días concederé paz y tranquilidad a Israel. [10] Él edificará un templo a mi nombre; él será para mí un hijo y yo seré para él un padre y consolidaré el trono de su reino sobre Israel para siempre'. [11] Ahora, pues, hijo mío, que Yahvé sea contigo, para que logres edificar el templo de Yahvé tu Dios, como él de ti lo ha predicho. [12] Quiera Yahvé concederte prudencia y entendimiento y darte órdenes sobre Israel, para que guardes la Ley de

21 18 El episodio de 2 S 24 se convierte en el Cronista en un relato de la fundación del Templo de Jerusalén: el altar erigido por David será el altar del Templo, 22 1. El Cronista es el único que pone explícitamente al Templo de Salomón en relación directa con la era de Ornán. —Del mismo modo, a la vuelta del Destierro, Esd 3 1s, la erección del altar precedió a la reconstrucción del Templo.
21 30 Estos dos vv. explican mediante la intervención del Ángel el traslado a Jerusalén del culto de Gabaón donde, ver ya 16 39-40, se encontraba la Morada, ante la cual se debía consultar a Yahvé, Ex 29 42; 30 36; 33 7s.
22 2 (a) Este cap. no tiene paralelo bíblico, excepto

versículos aislados. Es posible que el Cronista haya utilizado otras fuentes o, por lo menos, otras tradiciones que realmente se referían al reinado de Salomón.
22 2 (b) En conformidad con el redactor deuteronomista de los Reyes, ver 1 R 9 20-22, el Cronista no acepta la idea de que haya habido israelitas sujetos a la prestación personal, pero esto se dice explícitamente en los textos antiguos de 1 R 5 27 y 11 28. —Según Is 60 10, la Jerusalén mesiánica deberá ser reconstruida por extranjeros.
22 8 Ver 18+.
22 9 El nombre de Salomón deriva de šalom «paz». Hay una contraposición intencionada entre él y David, hombre de guerra.

Yahvé tu Dios. [13] No prosperarás si no cuidas de cumplir los decretos y las normas que Yahvé ha prescrito a Moisés para Israel. ¡Sé fuerte y ten buen ánimo! ¡No temas ni desmayes! [14] Mira lo que yo he preparado en mi pequeñez para el templo de Yahvé: cien mil talentos de oro, un millón de talentos de plata y una cantidad de cobre y de hierro incalculable por su abundancia. He preparado también maderas y piedras que tú podrás aumentar. [15] Y tienes a mano muchos obreros, canteros, artesanos en piedra y en madera, expertos en toda clase de obras. [16] El oro, la plata, el bronce y el hierro son innumerables. ¡Levántate, pues! Manos a la obra y que Yahvé sea contigo.»

[17] Mandó David a todos los jefes de Israel que ayudasen a su hijo Salomón: [18] «¿No está con vosotros Yahvé vuestro Dios? ¿Y no os ha dado paz por todos lados? Pues él ha entregado en mis manos a los habitantes del país y el país está sujeto ante Yahvé y ante su pueblo. [19] Aplicad ahora vuestro corazón y vuestra alma a buscar a Yahvé vuestro Dios. Levantaos y edificad el santuario de Yahvé Dios, para trasladar el arca de la alianza de Yahvé y los utensilios del santuario de Dios al templo que ha de edificarse al Nombre de Yahvé.»

Organización de los levitas*.

23 [1] Viejo ya David y colmado de días, proclamó a su hijo Salomón rey de Israel. [2] Reunió a todos los jefes de Israel, a los sacerdotes y a los levitas, [3] y se hizo el censo de los levitas de treinta años para arriba*; su número, contado por cabezas uno a uno, fue de 38.000 varones. [4] De éstos, 24.000 estaban al frente del servicio* del templo de Yahvé; 6.000 eran escribas y jueces, [5] 4.000 eran porteros y 4.000 alababan a Yahvé con los instrumentos que David había fabricado* para rendir alabanzas.

[6] *David los distribuyó por clases, según los hijos de Leví: Guersón, Queat y Merarí.

[7] De los guersonitas*: Ladán y Semeí. [8] Hijos de Ladán: Yejiel, el primero, Zetán y Joel, tres. [9] Hijos de Semeí: Selomit, Jaziel y Harán, tres. Éstos son los jefes de las casas paternas de Ladán. [10] Hijos de Semeí: Yájat, Zizá, Yeús y Beriá. Éstos eran los cuatro hijos de Simí. [11] Yájat era el jefe, Zizá, el segundo, Yeús y Beriá no tuvieron muchos hijos, por lo cual representaron en el censo una sola casa paterna.

[12] Hijos de Queat: Amrán, Yisar, Hebrón y Uziel, cuatro. [13] Hijos de Amrán: Aarón y Moisés. Aarón fue separado, juntamente con sus hijos, para consagrar por siempre las cosas sacratísimas, para quemar incienso ante Yahvé, para servirle y para bendecir en su nombre por siempre. [14] En cuanto a Moisés, varón de Dios, sus hijos fueron contados en la tribu de Leví. [15] Hijos de Moisés: Guersón y Eliezer. [16] Hijos de Guersón: Sebuel, el primero. [17] Hijos de Eliezer: Rejabías, el primero. Eliezer no tuvo más hijos, pero los hijos de Rejabías fueron muy numerosos. [18] Hijos de Yisar: Selomit, el primero, [19] Hijos de Hebrón: Yerías, el primero, Amarías, el segundo, Yajaziel, el tercero y Yecamán, el cuarto. [20] Hijos de Uziel: Micá, el primero y Yisías el segundo.

[21] Hijos de Merarí: Majlí y Musí. Hijos de Majlí: Eleazar y Quis. [22] Eleazar murió sin tener hijos; sólo tuvo hijas, a las que los hijos de Quis, sus hermanos, tomaron por mujeres. [23] Hijos de Musí: Majlí, Éder y Yeremot, tres.

[24] Éstos son los hijos de Leví, según sus casas paternas, los cabezas de familia, según su censo, contados nominalmente uno por uno. Estaban encargados del servicio del templo de Yahvé desde la edad de veinte años en adelante.

[25] Pues David había dicho: «Yahvé, el Dios de Israel, ha dado reposo a su pue-

Dt 31 23

26 21s

24 20-30;
26 24-25

1 R 1 1-2 1

Nm 4 3

Am 6 5

---

23 Una larga adición interrumpe, de **23** 3 a **27** 34, el curso normal del relato que de **23** 1 se continuaba en **28** 2. El v. **23** 2 es de enlace; pone en escena a los sacerdotes y levitas de que habla la adición.
23 3 Como en Nm 4 3. 23. 30, pero de veinte años para arriba, según el v. 24.
23 4 *Sin duda se trata de los cantores; las categorías son las mismas que en los caps.* **25** *y* **26**: cantores, ver **25**, porteros, **26** 1s, escribas y jueces, **26** 29, y finalmente instrumentistas, ver 15 19s.
23 5 «David había fabricado» conj.; «yo había fabricado» hebr.
23 6 Los vv. 6-32 sirven de introducción, inspirada en Nm 8 5s, a la organización del clero. Pero las funciones

de los levitas ya no son las que preveía Nm. Como Dios ha elegido domicilio, ya no tiene que cuidarse de los traslados, Nm 3-4, sino que han de permanecer en el Templo para ayudar a los sacerdotes en las funciones previstas en el Lv. Es verdad que los Aarónidas gozan de poderes especiales, vv. 13s, pero el autor ya no distingue aquí entre sacerdotes y levitas. Este nuevo orden de cosas, definitivo y estable, se cree que viene de David, como el antiguo, ambulante y provisional, venía de Moisés.
23 7 Esta lista tiene las afinidades más numerosas con **26** 21s. Discrepa de las demás listas de guersonitas, Ex 6 17; Nm 3 18; 1 Cro 6 2.5.

blo y mora en Jerusalén para siempre. [26] Y en cuanto a los levitas, ya no tendrán que transportar la Morada, con todos los utensilios de su servicio.» [27] Conforme a estas últimas disposiciones de David, se hizo el cómputo de los hijos de Leví de veinte años para arriba. [28] Estaban a las órdenes de los hijos de Aarón, para el servicio del templo de Yahvé, teniendo a su cargo los atrios y las cámaras, la limpieza de todas las cosas sagradas y la obra del servicio del templo de Dios; [29] asimismo tenían a su cargo disponer en filas los panes, la flor de harina para la oblación, las tortas sin levadura, lo frito en la sartén, lo cocido y toda clase de medidas de capacidad y longitud*. [30] Tenían que estar presentes todas las mañanas y todas las tardes para celebrar y alabar a Yahvé [31] y para ofrecer todos los holocaustos a Yahvé en los sábados, novilunios y solemnidades, según su número y su rito especial, delante de Yahvé para siempre, [32] guardando en el servicio del templo de Dios el ritual de la Tienda del Encuentro, el ritual del santuario y el ritual de los hijos de Aarón, sus hermanos.

Organización de los sacerdotes.

24 [1] Éstas son las clases de los hijos de Aarón. Hijos de Aarón: Nadab, Abihú, Eleazar e Itamar. [2] Nadab y Abihú murieron antes que su padre, sin tener hijos, de modo que ejercieron las funciones sacerdotales Eleazar e Itamar. [3] David, junto con Sadoc, descendiente de Eleazar, y con Ajimélec, descendiente de Itamar*, los clasificó y los inscribió en el registro según sus funciones. [4] Se hallaron entre los hijos de Eleazar más varones que entre los hijos de Itamar, por lo que se dividió a los hijos de Eleazar en dieciséis jefes de casas paternas y a los hijos de Itamar en ocho jefes de casas paternas. [5] Los repartieron por suertes a unos y otros; porque había jefes del santuario y jefes de Dios, tanto entre los hijos de Eleazar como entre los hijos de Itamar. [6] Los inscribió el escriba Se-

maías, hijo de Natanael, de la tribu de Leví, en presencia del rey y de los jefes, y en presencia del sacerdote Sadoc, de Ajimélec, hijo de Abiatar, y de los jefes de familias sacerdotales y levíticas. Se sacaba a suertes: una vez para Itamar y dos veces para Eleazar*.

[7] Tocó la primera suerte a Joarib; la segunda a Yedaías; [8] la tercera a Jarín; la cuarta a Seorín; [9] la quinta a Malquías; la sexta a Miyamín; [10] la séptima a Hacós; la octava a Abías*; [11] la novena a Yesúa; la décima a Secanías; [12] la once a Eliasib; la doce a Yaquín; [13] la trece a Jupá; la catorce a Yisbaal; [4] la quince a Bilgá; la dieciséis a Imer; [15] la diecisiete a Jezir; la dieciocho a Hapsés; [16] la diecinueve a Petajías; la veinte a Ezequiel; [17] la veintiuna a Yaquín; la veintidós a Gamul; [18] la veintitrés a Delaías; la veinticuatro a Maazías*.

[19] Fueron inscritos en el registro según sus servicios para entrar en el templo de Yahvé conforme al reglamento que Yahvé, el Dios de Israel, había prescrito por medio de su padre Aarón.

[20] Respecto de los otros hijos de Leví: De los hijos de Amrán: Subael. De los hijos de Subael: Yejdías. [21] De Rejabías: de los hijos de Rejabías: Yisías era el primero. [22] De los yisaritas: Selomot; de los hijos de Selomot: Yájat; [2] Hijos de Hebrón: Yerías, el primero; Amarías, el segundo; Yajaziel, el tercero; Yecamán, el cuarto. [24] Hijos de Uziel: Micá; de los hijos de Micá, Samir; [25] Yisías era hermano de Micá; de los hijos de Yisías, Zacarías. [26] Hijos de Merari: Majlí y Musí. Hijos de Yaazías, su hijo; [27] hijos de Merarí por la línea de Yaazías, su hijo: Sohán, Zacur e Ibrí. [28] De Majlí: Eleazar, que no tuvo hijos. [29] De Quis: los hijos de Quis: Yerajmeel. [30] Hijos de Musí: Majlí, Éder y Yerimot.

Éstos fueron los hijos de los levitas según sus casas paternas. [31] También éstos entraron en suerte, de la misma manera que sus hermanos, los hijos de Aarón, en presencia del rey David, de Sadoc, Ajimélec y los cabezas de familias de los sa-

---

23 29 Los levitas no son los controladores de pesos y medidas: simplemente deben velar para que las ofrendas tengan la cantidad fijada por el ritual.
24 3 Este texto demuestra el acuerdo a que llegaron al fin del destierro las dos familias sacerdotales rivales: la de los descendientes de Sadoc, en posesión del Templo hasta el destierro y la de los descendientes de Abiatar (y de Elí) apartados del santuario por Salomón, 1 R 2 27. Se les dio como antepasados los dos hijos de Aarón, ver v. 1: Sadoc fue vinculado a Eleazar, ver 1 Cro

5 30-34; 6 35-38; Abiatar, de limpio origen levítico, ver 1 S 2 27, lo fue a Itamar, sin que se diera en ninguna parte el detalle de su genealogía. De este modo, todos los sacerdotes eran «hijos de Aarón».
24 6 Traducción dudosa, pero ver v. 4.
24 10 A ésta clase pertenecerá Zacarías, padre de Juan el Bautista, Lc 1 5.
24 18 Ne 12 contiene dos listas de familias sacerdotales que no abarcan más que 22 (ó 21) nombres. La clasificación del Cronista parece posterior.

cerdotes y de los levitas. Recibieron el mismo trato las primeras familias y las últimas.

Organización de los cantores.

25 ¹ David y los jefes del ejército separaron para el servicio a los hijos de Asaf, Hemán y Yedutún, profetas*, que cantaban con cítaras, salterios y címbalos. Éste es el número de personas que se encargaban de este servicio*:

² De los hijos de Asaf: Zacur, José, Natanías, Asarelá, hijos de Asaf, bajo la dirección de Asaf, que profetizaba según las órdenes del rey.

³ De Yedutún: los hijos de Yedutún: Godolías, Serí, Isaías, Jasabías y Matías, seis, bajo la dirección de su padre Yedutún, que profetizaba al son de la cítara para celebrar y alabar a Yahvé.

⁴ De Hemán: los hijos de Hemán: Buquías, Matanías, Uziel, Sebuel, Yerimot, Jananías, Jananí, Eliatá, Guidaltí, Romanti Ézer, Yosbecasa, Malotí, Hotir, Majaziot. ⁵ Todos éstos eran hijos de Hemán, vidente del rey; a las palabras de Dios debían hacer sonar la trompa*. Dios había dado a Hemán catorce hijos y tres hijas. ⁶ Todos ellos se hallaban bajo la dirección de su padre para el canto del templo de Yahvé, con címbalos, salterios y cítaras al servicio del templo de Dios, siguiendo las indicaciones del rey, de Asaf, Yedutún y Hemán. ⁷ Su número, contando a sus hermanos, los que estaban instruidos en el canto de Yahvé, todos ellos maestros, era de doscientos ochenta y ocho. ⁸ Echaron a suertes el turno del servicio, tanto el pequeño como el grande, el maestro como el discípulo. ⁹ La primera suerte recayó sobre el asafita José; la segunda sobre Godolías con sus hermanos e hijos, doce; ¹⁰ la tercera, sobre Zacur, sus hijos y hermanos, doce; ¹¹ la cuarta sobre Yisrí, sus hijos y hermanos, doce; ¹² la quinta sobre Natanías, sus hijos y hermanos, doce; ¹³ la sexta sobre Buquías, sus hijos y her-

manos, doce; ¹⁴ la séptima sobre Yesarela, sus hijos y hermanos, doce; ¹⁵ la octava sobre Isaías, sus hijos y hermanos, doce; ¹⁶ la novena sobre Matanías, sus hijos y hermanos, doce; ¹⁷ la décima sobre Semeí, sus hijos y hermanos, doce; ¹⁸ la once sobre Azarel, sus hijos y hermanos, doce; ¹⁹ la doce sobre Jasabías, sus hijos y hermanos, doce; ²⁰ la trece, sobre Sebuel, sus hijos y hermanos, doce; ²¹ la catorce, sobre Matitías, sus hijos y hermanos, doce; ²² la quince, sobre Yerimot, sus hijos y hermanos, doce; ²³ la dieciséis, sobre Jananías, sus hijos y hermanos, doce; ²⁴ la diecisiete, sobre Yosbecasa, sus hijos y hermanos, doce; ²⁵ la dieciocho, sobre Jananí, sus hijos y hermanos, doce; ²⁶ la diecinueve, sobre Malotí, sus hijos y hermanos, doce; ²⁷ la veinte, sobre Eliatá, sus hijos y hermanos, doce; ²⁸ la veintiuna, sobre Hotir, sus hijos y hermanos, doce; ²⁹ la veintidós, sobre Guidaltí, sus hijos y hermanos, doce; ³⁰ la veintitrés, sobre Majaziot, sus hijos y hermanos, doce; ³¹ la veinticuatro, sobre Romanti Ézer, sus hijos y hermanos, doce.

Organización de los porteros*.

26 ¹ Éstas son las clases de porteros: de los coreítas: Meselemías, hijo de Coré, de los hijos de Abiasaf*. ² Meselemías tuvo hijos: el primogénito, Zacarías; el segundo, Yediael; el tercero, Zebadías; el cuarto, Yatniel; ³ el quinto, Elam; el sexto, Juan; el séptimo, Eljoenay.

⁴ Hijos de Obededón: Semaías, el primogénito; Jozabad, el segundo; Joaj, el tercero; Sacar, el cuarto; Natanael, el quinto; ⁵ Amiel, el sexto; Isacar el séptimo; Peuletay, el octavo; pues Dios le había bendecido. ⁶ A su hijo Semaías le nacieron hijos, que se impusieron en sus familias paternas, pues eran hombres valerosos. ⁷ Hijos de Semaías: Otní, Rafael, Obed, Elzabad y sus hermanos, hombres valerosos, Elihú y Semaquías. ⁸ Todos

Margin references:
16 37-43
2 R 3 15
9 17-27
2 S 6 10s
1 Cro 15 2

---

25 1   (a) Solamente las Crónicas dan a los cantores el nombre de «profeta», vv. 2.3, o de «videntes», v. 5. El autor equipara la composición y el canto de los salmos a cierta especie de inspiración, pero no convierte a los cantores en una clase de profetas cultuales.

25 1   (b) Junto a las veinticuatro clases de sacerdotes, 1 Cro enumera veinticuatro clases de cantores vinculados a los tres grandes nombres de Asaf, Hemán y Yedutún. Por otros pasajes, solamente están atestiguados Zacur, hijo de Asaf, ver 9 15 (Zicrí); Ne 12 35; Matitías, 15 18.21; 16 5. Matanías, 9 15; Ne 11 17. Es posible que los últimos nueve nombres, v. 4^b, se hayan puesto para

llegar a la cifra de veinticuatro, no basándose en una lista, sino recortando un fragmento de salmo. Éste, con pequeñas correcciones, podría traducirse como sigue: «Perdóname, Yahvé, perdóname. Tú eres mi Dios. He prosperado, me he encumbrado, oh tú, sostén mío, a quien he buscado. Dame numerosas visiones.»

25 5   Sentido dudoso. Lit. «para levantar el cuerno». Otros tienen: «para exaltar su poder, según la palabra de Dios».

26   Es la más detallada de las tres listas de porteros, ver 9 17-27; 16 37-42.

26 1   «Abiasaf» conj., ver 9 19; «Asaf» hebr.

éstos eran hijos de Obededón; ellos y sus hijos y sus hermanos eran hombres de gran valor para el servicio. Sesenta y dos de Obededón. ⁹ Meselemías tuvo hijos y hermanos, dieciocho hombres valerosos.

¹⁰ Josá, de los hijos de Merarí, tuvo como hijos a Simrí, el primero, pues aunque no fue el primogénito, su padre le puso al frente; ¹¹ Jilquías, el segundo; Tebalías, el tercero; Zacarías, el cuarto. El total de los hijos y hermanos de Josá fue de trece.

¹² Estas secciones de los porteros, los jefes, igual que sus hermanos, tenían el cuidado del ministerio del templo de Yahvé. ¹³ Echaron suertes para cada puerta, sobre pequeños y grandes, con arreglo a sus casas paternas. ¹⁴ Para la puerta oriental cayó la suerte sobre Selemías. Después echaron suertes: tocó la parte norte a su hijo Zacarías, que era un prudente consejero. ¹⁵ A Obededón le tocó el sur, y a sus hijos los almacenes. ¹⁶ A Supín y a Josá, el occidente, con la puerta del tronco abatido, en el camino de la subida, correspondiéndose un puesto de guardia con el otro. ¹⁷ Al oriente seis por día*, al norte cuatro por día, al mediodía cuatro por día y en los almacenes de dos en dos; ¹⁸ en el Parbar, a occidente, había cuatro para la subida, dos para el Parbar*. ¹⁹ Éstas son las clases de los porteros, de entre los hijos de los coreítas y de los hijos de Merarí.

Los encargados de los tesoros del Templo.

²⁰ Los levitas, sus hermanos*, custodiaban los tesoros del templo de Dios y los tesoros de las cosas sagradas. ²¹ Los hijos de Ladán, hijos de Guersón por la línea de Ladán, tenían a los yejielitas por jefes de familia de Ladán el guersonita. ²² Los yejielitas, Zetán y su hermano Joel* estaban al frente de los tesoros del templo de Yahvé.

²³ Cuanto a los amranitas, los yisaritas, los hebronitas y los uzielitas: ²⁴ Sebuel, hijo de Guersón, hijo de Moisés, era tesorero mayor. ²⁵ Sus hermanos por parte de Eliezer: Rejabías, hijo suyo; Isaías, hijo suyo Jorán, hijo suyo; Zicrí, hijo suyo; Selomit, hijo suyo. ²⁶ Este Selomit y sus hermanos estaban al cuidado de los tesoros de las cosas sagradas que había consagrado el rey David, las cabezas de las casas paternas, los jefes de millar y de cien y los jefes del ejército. ²⁷ Lo habían consagrado del botín de guerra y de los despojos, para el sostenimiento del templo de Yahvé. ²⁸ Todo lo que habían consagrado el vidente Samuel, Saúl, hijo de Quis, Abner, hijo de Ner, y Joab, hijo de Sarvia: todo lo consagrado estaba al cuidado de Selomit y sus hermanos.

²⁹ De los yisaritas: Quenanías y sus hijos administraban como escribas y jueces los negocios exteriores de Israel*. ³⁰ De los hebronitas: Jasabías y sus hermanos, hombres de valer, en número de mil setecientos, estaban encargados de la administración de Israel allende el Jordán, al occidente, para todos los asuntos referentes a Yahvé y al servicio del rey. ³¹ El jefe de los hebronitas era Yerías. Acerca de los hebronitas, en el año cuarenta del reinado de David, se hicieron investigaciones sobre sus genealogías paternas, y se hallaron entre ellos hombres de valía en Yazer de Galaad. ³² Los hermanos de Yerías, hombres valerosos, jefes de familias en número de dos mil setecientos, fueron constituidos por el rey David sobre los rubenitas, los gaditas y la media tribu de Manasés, en todos los asuntos de Dios y en todos los negocios del rey.

Organización militar y civil*.

27 ¹ Por lo que se refiere al número de los hijos de Israel:

Referencias marginales:
Gn 48 13-20
9 24
18 11
Nm 31 48-54
15 22
27 17

---

26 17 «seis por día» griego; «seis levitas» hebr.
26 18 Etimología y sentido dudosos.
26 20 «sus hermanos» griego; «Ajías» hebr.
26 22 Zetán y Joel, con Sebuel y Selomit, forman una comisión encargada de velar por los tesoros públicos, análoga a la que existía en tiempo de Nehemías, Ne 13 13, y de Esdras, Esd 8 33.
26 29 Ver Nm 11 16: se trata de asuntos que la autoridad real confía a los levitas, ver vv. 30 y 32, y que caen fuera del servicio propiamente cultual, ver 2 Cro 19 4-11.
27 Este cap. añade cuatro listas diferentes: 1.ª los responsables del servicio mensual, vv. 1-15; 2.ª los responsables de las tribus de Israel, vv. 16-24; 3.ª los responsables de las provisiones del rey, vv. 25-31; 4.ª los consejeros reales, vv. 32-34. —En cuanto a la primera lista, es posible que David hubiera pensado ya en una organización administrativa, pero lo que aquí se describe parece inspirada en los doce distrito de Salomón, cada uno de los cuales aseguraba las necesidades del rey, de su gente y de sus tropas durante un mes, ver 1 R 5 7-8. Por otra parte, la división en categorías hace pensar en una organización militar, y los nombres de los responsables se toman de entre los valientes de David. Quizá se trata de los contingentes del ejército de reclutas que, al fin de la monarquía, habrían provisto un mes tras otro al servicio de las guarniciones.

Los cabezas de casas paternas, los jefes de millar y de cien y sus escribas atendían al servicio de todo el que acudiera. Las secciones intervenían en todos los asuntos del rey y se turnaban todos los meses del año*. Cada sección tenía 24.000 hombres.

² Al frente de la primera sección, que era la del primer mes, estaba Yasobán, hijo de Zabdiel; en su sección había 24.000 hombres. ³ Pertenecía a los hijos de Peres y era jefe de todos los comandantes del ejército del primer mes.

⁴ Al frente de la sección del segundo mes estaba Doday, el ajoíta*; su sección tenía 24.000 hombres.

⁵ Jefe del tercer ejército, para el tercer mes, era Benaías, hijo del sacerdote Joadá; en su sección había 24.000 hombres. ⁶ Este Benaías era uno de los Treinta valientes y se hallaba al frente de ellos; en su sección estaba su hijo Amizabad.

⁷ El cuarto, para el cuarto mes, era Asael, hermano de Joab; le sucedió su hijo Zebadías. En su sección había 24.000 hombres. ⁸ El quinto, para el quinto mes, era el jefe Samá, el zarejita*, cuya sección constaba de 24.000 hombres. ⁹ El sexto, para el sexto mes, era Irá, hijo de Iqués, el tecoíta, y en su sección había 24.000 hombres. ¹⁰ El séptimo, para el séptimo mes, era Jeles, el pelonita, de los benjaminitas; su sección constaba de 24.000 hombres. ¹¹ El octavo, para el octavo mes, era Sibecay, de Jusá, el zarejita; su sección constaba de 24.000 hombres. ¹² El noveno, para el noveno mes, era Abiezer, de Anatot de los benjaminitas; en su sección había 24.000 hombres. ¹³ El décimo, para el décimo mes, era Mahray, de Netofá, zarejita; su sección constaba de 24.000 hombres. ¹⁴ El undécimo, para el mes undécimo, era Benaías, de Piratón, de los efrainitas; su sección tenía 24.000 hombres. ¹⁵ El duodécimo, para el mes duodécimo, era Jelday, de Netofá, de la estirpe de Otniel; su sección comprendía 24.000 hombres.

¹⁶ Jefes de las tribus de Israel*: Jefe de los rubenitas: Eliezer, hijo de Zicrí. De los simeonitas: Sefatías, hijo de Maacá. ¹⁷ De los levitas: Jasabías, hijo de Quemuel. De Aarón: Sadoc. ¹⁸ De Judá: Elihú, uno de los hermanos de David. De Isacar: Omrí, hijo de Miguel. ¹⁹ De Zabulón: Yismaías, hijo de Abdías. De Neftalí: Yerimot, hijo de Azriel. ²⁰ De los efrainitas: Oseas, hijo de Azazías. De la media tribu de Manasés: Joel, hijo de Pedayas. ²¹ De la media tribu de Manasés en Galaad: Yidó, hijo de Zacarías. De Benjamín: Yaasiel, hijo de Abner. ²² De Dan: Azarael, hijo de Yeroján. Éstos son los jefes de las tribus de Israel.

²³ David no hizo el censo de los que tenían menos de veinte años, porque Yahvé había dicho que multiplicaría a Israel como las estrellas del cielo. ²⁴ Joab, hijo de Sarvia, comenzó a hacer el censo, pero no lo acabó; pues con ese motivo la Cólera descargó sobre Israel, por eso su número no alcanza el número de los Anales del rey David*.

²⁵ Azmávet, hijo de Adiel, tenía a su cargo los depósitos reales*. Sobre los depósitos del campo, de las ciudades, de las aldeas y de las torres, estaba Jonatán, hijo de Uzías; ²⁶ sobre los labradores del campo que cultivaban las tierras, Ezrí, hijo de Quelub; ²⁷ sobre las viñas, Semeí, de Ramá; sobre las provisiones de vino de las bodegas, Zabdí, de Sefán; ²⁸ sobre los olivares y los sicómoros que había en la Tierra Baja, Baal Janán, de Guéder; sobre los almacenes de aceite, Joás; ²⁹ sobre las vacadas que pacían en Sarón, Sitray, el saronita; sobre las vacadas de los valles, Safat, hijo de Adlay; ³⁰ sobre los camellos, Obil, el ismaelita; sobre las asnas, Yejdías, de Meronot; ³¹ sobre las ovejas, Yaziz, el agareno. Todos éstos eran intendentes de la hacienda del rey David.

³² Jonatán, tío de David, hombre prudente e instruido, era consejero; él y Yejiel, hijo de Yacmoní, cuidaban de los hijos del rey. ³³ Ajitófel era consejero del rey, y Jusay, el arquita, era amigo del rey. ³⁴ Después de Ajitófel, lo fueron Joa-

Margin references:
11 11
11 12
12 28
2 S 2 18-23
21
2 S 15 31
16 17

---

27 1   Traducido según griego.
27 4   El texto añade: «y su clase, y Miclot el comandante», omitido por griego.
27 8   «el zarejita» hazareji conj.; ver vv. 11 y 13; hayizeraj hebr.
27 16   Es probable que David mantuviera la organización tribal, pero esta lista es artificial: también sigue el orden de los hijos de Jacob, dado en 1 Cro 2 1-2, mantiene a Rubén, Simeón y Leví, que ya no son bajo David tribus autónomas, y, como ha dividido a José en tres tribus (Efraín y las dos medias tribus de Manasés), omite a Gad y Aser para no rebasar la cifra de doce.
27 24   Estos dos vv. se refieren al cap. 21 y parece que tratan de explicar por qué las cifras de 1 Cro 21 son inferiores a las de 2 S 24 9.
27 25   Son los administradores de los dominios reales, que ya existían bajo David, ver 28 1. Esta lista no es inventada, como lo indican los nombres propios no israelitas que contiene, pero no podemos comprobarla en sus detalles ni en su fecha.

dá, hijo de Benaías, y Abiatar*. Joab era el jefe del ejército del rey.

Recomendaciones de David para la edificación del Templo*.

28 [1] David reunió en Jerusalén a todos los jefes de Israel, los jefes de las tribus, los jefes de las secciones que estaban al servicio del rey, los jefes de millar y los jefes de cien, los administradores de la hacienda y del ganado del rey y de sus hijos, a los eunucos, los valientes y todos los hombres de valor. [2] Y, poniéndose en pie, dijo el rey David:

«Oídme, hermanos míos y pueblo mío: Había decidido en mi corazón edificar una Casa donde descansase el arca de la alianza de Yahvé y sirviese de escabel de los pies de nuestro Dios. Ya había hecho yo preparativos para la construcción, [3] pero Dios me dijo: 'No edificarás tú la Casa a mi nombre, pues eres hombre de guerra y has derramado sangre.'

[4] «Sin embargo, Yahvé, el Dios de Israel, me ha elegido de entre toda la casa de mi padre, para que fuese rey de Israel para siempre. Pues escogió a Judá para ser caudillo, y de las familias de Judá a la casa de mi padre, y de entre los hijos de mi padre se ha complacido en mí para establecer un rey sobre todo Israel. [5] Y entre todos mis hijos —pues Yahvé me ha dado muchos hijos— eligió a mi hijo Salomón para que se siente en el trono del reino de Yahvé sobre Israel. [6] Y Él me dijo: 'Tu hijo Salomón edificará mi Casa y mis atrios; porque le he escogido a él por hijo mío, y yo seré para él padre. [7] Haré estable su reino para siempre, si se mantiene firme en el cumplimiento de mis mandamientos y de mis normas como lo hace hoy.'

[8] «Ahora, pues, a los ojos de todo Israel, que es la asamblea de Yahvé, y a oídos de nuestro Dios, guardad y meditad todos los mandamientos de Yahvé vuestro Dios, para que podáis poseer esta tierra espléndida y la dejéis como heredad a vuestros hijos después de vosotros para siempre.

[9] «Y tú, Salomón, hijo mío, reconoce al Dios de tu padre, y sírvele con corazón entero y con ánimo generoso, porque Yahvé sondea todos los corazones y penetra los pensamientos en todas sus formas. Si le buscas, se dejará encontrar; pero si le dejas, él te desechará para siempre. [10] Mira ahora que Yahvé te ha elegido para edificar una Casa que sea su santuario. ¡Sé fuerte, y manos a la obra*!»

[11] David dio a su hijo Salomón el diseño del vestíbulo* y de los demás edificios, de los almacenes, de las salas altas, de las salas interiores y del lugar del Propiciatorio; [12] y también el diseño de todo lo que tenía en su mente* respecto de los atrios del templo de Yahvé y de todas las cámaras de alrededor, para los tesoros del templo de Dios y los tesoros de las cosas sagradas; [13] asimismo respecto de las clases de los sacerdotes y de los levitas y del ejercicio del servicio del templo de Yahvé, como también de todos los utensilios del servicio de la Casa de Yahvé. [14] Cuanto al oro, el peso de oro para cada uno de los utensilios de cada servicio, y también la plata según el peso que correspondía a cada uno de los utensilios de cada clase de servicio; [15] asimismo el peso de los candelabros de oro y sus lámparas de oro, según el peso de cada candelabro* y de sus lámparas, y para los candelabros de plata según el peso de cada candelabro y sus lámparas, conforme al servicio de cada candelabro; [16] el peso de oro para las mesas de las filas de pan, para cada mesa, y la plata para las mesas de plata*; [17] oro puro para los tenedores, los acetres y los jarros; y asimismo lo correspondiente para las copas de oro, según el peso de cada

Sal 132 7

22 8

17 12s;
22 10s

Dt 4 5

Ex 42

26 20

Nm 4 14
Ex 27 3

---

27 34 Con la excepción de Joab, la lista no corresponde a las de los altos cargos de David, dados en 18 14-17; 2 S 8 15-16; 20 23-26. Se trata de consejeros privados del rey. Es posible que esta lista dependa de una buena fuente antigua que datara del fin del reinado de David. Abiatar debe ser el sacerdote de ese nombre, 1 S 22 20s, pero no se precisa su carácter sacerdotal a causa de la preponderancia conseguida por la familia de su rival Sadoc.
28 Este cap. reanuda el relato en el punto en que había quedado en 23 1. El Cronista descuida todo el relato de 1 R 1-2 sobre la subida de Salomón al trono y desarrolla su propio punto de vista de la historia: Dios ha elegido a David de Judá como rey de Israel, y ahora elige a su hijo Salomón, que le sucederá y construirá el

Templo.
28 10 Esta exhortación moral, en el estilo del Dt, que precede a la descripción puramente cultual, refleja las huellas de la enseñanza de los profetas sobre el culto interior.
28 11 Moisés había recibido de Dios el diseño de la Tienda, Ex 25 9. David, que para el Cronista es el fundador de las nuevas instituciones, da él mismo el diseño del Templo. Pero en el v. 19, todo queda referido a Dios.
28 12 Otra traducción: «recibía por el Espíritu».
28 15 Son varios, 1 R 7 49; en la Tienda sólo había uno, Ex 25 31-40.
28 16 Serían según 2 Cro 4 8. En la Tienda, Ex 25 23s; y en el Templo de Salomón, 1 R 7 48, no había más que una.

copa, y para las copas de plata según el peso de cada copa; [18] para el altar del incienso, oro acrisolado según el peso; asimismo el modelo de la carroza* y de los querubines que extienden las alas y cubren el arca de la alianza de Yahvé. [19] Todo esto conforme a lo que Yahvé había escrito de su mano para hacer comprender todos los detalles del diseño.

[20] Y dijo David a su hijo Salomón: «¡Sé fuerte, ten buen ánimo y manos a la obra! No temas ni desmayes, porque Yahvé mío, el Dios mío, está contigo; no te dejará ni te desamparará, hasta que acabes toda la obra para el servicio del templo de Yahvé. [21] Ahí tienes las clases de los sacerdotes y de los levitas para todo el servicio del templo de Dios; estarán a tu lado, para cada clase de obra, todos los hombres de buena voluntad y hábiles para cualquier clase de servicio; y los jefes del pueblo entero están a tus órdenes.»

Donativos para el Templo*.

29 [1] Dijo el rey David a toda la asamblea: «Mi hijo Salomón, el único elegido por Dios, es todavía joven e inmaduro, y la obra es grande; pues este alcázar no es para hombre, sino para Yahvé Dios. [2] Con todas mis fuerzas he preparado, con destino al templo de mi Dios, el oro para los objetos de oro, la plata para los de plata, el bronce para los de bronce, el hierro para los de hierro y la madera para los de madera; piedras de ónice y de engaste, piedras brillantes y de varios colores, toda suerte de piedras preciosas y piedras de alabastro en abundancia. [3] Fuera de esto, en mi amor por el templo de mi Dios, doy al templo de mi Dios el oro y la plata que poseo, además de todo lo que tengo preparado para el templo del santuario: [4] 3.000 talentos de oro, del oro de Ofir, y 7.000 talentos de plata acrisolada para recubrir las paredes de los edificios; [5] el oro para los objetos de oro, la plata para los de plata y para todas las obras de orfebrería. ¿Quién, pues, quiere ahora hacer a manos llenas una ofrenda a Yahvé?»

[6] Entonces los cabezas de familia, los jefes de las tribus de Israel, los jefes de millar y de cien y los encargados de las obras del rey ofrecieron espontáneamente sus donativos [7] y dieron para el servicio del templo de Dios 5.000 talentos de oro, 10.000 dáricos, 10.000 talentos de plata, 18.000 talentos de bronce y 100.000 talentos de hierro. [8] Los que tenían piedras preciosas las entregaron para el tesoro del templo de Yahvé, en manos de Yejiel el guersonita. [9] Y el pueblo se alegró por estas ofrendas voluntarias; porque de todo corazón lo habían ofrecido espontáneamente a Yahvé. También el rey David tuvo un gran gozo.

Nm 7

Acción de gracias de David*.

[10] Después bendijo David a Yahvé en presencia de toda la asamblea diciendo: «¡Bendito tú, oh Yahvé, Dios de nuestro padre Israel, desde siempre hasta siempre! [11] Tuya, oh Yahvé, es la grandeza, la fuerza, la magnificencia, el esplendor y la majestad; pues tuyo es cuanto hay en el cielo y en la tierra. Tuyo, oh Yahvé, es el reino; tú te levantas por encima de todo. [12] De ti proceden las riquezas y la gloria. Tú lo gobiernas todo; en tu mano están el poder y la fortaleza, y es tu mano la que todo lo engrandece y a todo da consistencia. [13] Pues bien, oh Dios nuestro, te celebramos y alabamos tu Nombre magnífico. [14] Pues, ¿quién soy yo y quién es mi pueblo para que podamos ofrecerte estos donativos? Porque todo viene de ti, y de tu mano te lo damos. [15] Porque forasteros y huéspedes somos delante de ti, como todos nuestros padres; como sombras son nuestros días sobre la tierra y no hay esperanza. [16] Yahvé, Dios nuestro, todo este grande acopio que hemos preparado para edificarte un templo para tu santo Nombre viene de tu mano y tuyo es todo. [17] Bien sé, Dios mío, que tú pruebas los corazones y amas la rectitud; por eso te he ofrecido voluntariamente todo esto con rectitud de corazón, y ahora veo con regocijo que tu pueblo, que está aquí, te ofrece espontáneamente sus dones. [18] Oh

Sal 39 13

---

28 18 *El arca de la alianza representaba un trono y no una carroza. Pero el Cronista piensa en el carro de Ez 1 y 10.*

29 *David dona para el Templo todos los tesoros que con esa intención ha acumulado, y todos sus tesoros personales. Los principales de Israel añaden sus dádivas. Las fantásticas cifras subrayan la importancia que David concede al proyecto y el esplendor del Templo fu-*

turo. Para el Cronista, David lo ha preparado todo y Salomón no hará más que ejecutarlo.

29 10 *En esta bellísima oración, David refiere a Dios el origen de los donativos que acaban de hacerse para su Templo. La entrega se le hace mediante una ofrenda cuya sinceridad es agradable a Dios, v. 17. Verdaderamente es una oración de «Ofertorio».*

Yahvé, Dios de nuestros padres Abrahán, Isaac e Israel, conserva esto perpetuamente para formar los pensamientos en el corazón de tu pueblo y dirige tú su corazón hacia ti. [19] Da a mi hijo Salomón un corazón perfecto, para que guarde tus mandamientos, tus instrucciones y tus preceptos, para que todo lo ponga por obra y edifique el alcázar que yo te he preparado.»

[20] Después dijo David a toda la asamblea: «¡Bendecid a Yahvé, vuestro Dios!» Y toda la asamblea bendijo a Yahvé, el Dios de sus padres, se inclinaron y se postraron ante Yahvé y ante el rey.

Advenimiento de Salomón. Final de David.

Ex 24 5

Ex 24 11

1 R 1 39

[21] Al día siguiente sacrificaron víctimas a Yahvé y le ofrecieron holocaustos: mil novillos, mil carneros y mil corderos, con sus libaciones y muchos sacrificios por todo Israel. [22] Aquel día comieron y bebieron* ante Yahvé con gran gozo y por segunda vez* proclamaron rey a Salomón, hijo de David; le ungieron como caudillo ante Yahvé, y a Sadoc como sacerdote*. [23] Sentóse Salomón como rey sobre el trono de Yahvé en lugar de su padre David; él prosperó y todo Israel le obedeció. [24] Todos los jefes y valientes, y también todos los hijos del rey David, prestaron obediencia al rey Salomón. [25] Y Yahvé engrandeció sobremanera a Salomón a los ojos de todo Israel y le dio un reinado glorioso como nunca había tenido ningún rey de Israel antes de él.

[26] David, hijo de Jesé, había reinado sobre todo Israel. [27] El tiempo que reinó sobre Israel fue de cuarenta años. En Hebrón reinó siete años y en Jerusalén treinta y tres. [28] Murió en buena vejez, lleno de días, riqueza y gloria; y en su lugar reinó su hijo Salomón. [29] Los hechos del rey David, de los primeros a los postreros, están escritos en la historia del vidente Samuel, en la historia del profeta Natán y en la historia del vidente Gad*, [30] juntamente con todo su reinado y sus hazañas, y las cosas que le sobrevinieron a él, a Israel y a todos los reinos de los demás países.

‖1 R 2 11

LIBRO SEGUNDO DE LAS CRÓNICAS

III. *Salomón y la construcción del templo**

Salomón recibe la Sabiduría*.

1 [1] Salomón, hijo de David, se afianzó en su reino; Yahvé, su Dios, estaba con él y le engrandeció sobremanera. [2] Salomón habló a todo Israel, a los jefes de millar y de cien, a los jueces y a todos los jefes de todo Israel, cabezas de casas paternas. [3] Después Salomón fue con toda la asamblea al alto de Gabaón, porque allí se hallaba la Tienda del Encuentro de Dios, que Moisés, siervo de Yahvé, había hecho en el desierto. [4] Cuanto al arca de Dios, David la había llevado de Quiriat Yearín al lugar preparado para ella, pues le había alzado una tienda en Jerusalén. [5] Estaba también allí, delante de la Morada de Yahvé, el altar de bronce que había hecho Besalel, hijo de Urí, hijo de Jur. Fueron, pues, Salomón y la asamblea para consultarle. [6] Subió Salomón allí, al altar de bronce que estaba ante Yahvé, junto a la Tienda del En-

R 3 4-15
ro 16 39; 21 29

Ex 27 1-2
31 2
1 Cro 2 20

29 22 (a) Como después de la primera alianza, ver Ex 24 5.11.
29 22 (b) Al parecer, estas palabras, ausentes del griego, han sido introducidas para armonizar este pasaje con 23 1.
29 22 (c) El Cronista traslada a esta época antigua la unción del sumo sacerdote, que no parece haberse practicado hasta después del Destierro. —Según 1 R 1 39, fue Sadoc quien ungió a Salomón.
29 29 Según parece, estas fuentes proféticas sólo representan, aquí al menos, a los libros canónicos de Samuel y Reyes que, en la Biblia hebraica, forman parte de los «Profetas anteriores».
1 (a) Los caps. 1-9 de 2 Cro apenas retienen del reinado de Salomón más que la construcción del Templo, con lo que concluye la obra emprendida por David. Se ignoran las sombras del reinado, y el comienzo y al fin (cap. 1 y 9) se insiste en las riquezas y la gloria de Salomón, que son fruto de la bendición divina.
1 (b) El Cronista, que silencia las luchas que siguieron a la muerte de David, 1 R 2, abre su relato del reinado por el sueño de Gabaón. Justifica esta consulta a Dios en Gabaón con la presencia de la Tienda del Encuentro, ver 16 39+, y allí se añade el altar del desierto, ver v. 6. De ese modo subraya el Cronista la continuidad con las instituciones mosaicas. —La sabiduría recibida en Gabaón será el origen de la gloria de Salomón.

cuentro, y ofreció sobre él mil holocaustos*.

[7] Aquella noche se apareció Dios a Salomón y le dijo: «Pídeme lo que haya de darte.» [8] Salomón respondió a Dios: «Tú tuviste gran amor a mi padre David, y a mí me has hecho rey en su lugar. [9] Ahora, pues, oh Yahvé Dios, que se cumpla la promesa que hiciste a mi padre David, ya que tú me has hecho rey sobre un pueblo numeroso como el polvo de la tierra. [10] Dame, pues, ahora sabiduría e inteligencia, para que sepa conducirme ante este pueblo tuyo tan grande.»

[11] Respondió Dios a Salomón: «Ya que piensas esto en tu corazón, y no has pedido riquezas ni bienes ni gloria ni la muerte de tus enemigos; ni tampoco has pedido larga vida, sino que has pedido para ti sabiduría e inteligencia para saber juzgar a mi pueblo, del cual te he hecho rey, [12] por eso te son dadas la sabiduría y el entendimiento, y además te daré riqueza, bienes y gloria como no las tuvieron los reyes que fueron antes de ti, ni las tendrá ninguno de los que vengan después de ti.»

Mt 6 33

[13] Salomón regresó a Jerusalén desde el alto de Gabaón, de delante de la Tienda del Encuentro, y reinó sobre Israel. [14] Salomón reunió carros y caballos, tuvo 1.400 carros y 12.000 caballos que acuarteló en las ciudades de los carros y en Jerusalén en torno al rey. [15] El rey consiguió que en Jerusalén la plata y el oro fuesen tan abundantes como las piedras, y los cedros tanto como los sicómoros de la Tierra Baja. [16] Los caballos de Salomón procedían de Musur y de Cilicia*; los mercaderes del rey los adquirían en Cilicia a precio fijo. [17] Traían de Egipto un carro por seiscientos siclos de plata, y un caballo por ciento cincuenta. Eran exportados también a todos los reyes de los hititas y todos los reyes de Aram.

‖1 R 10 26-29 =2 Cro 9 25

Últimos preparativos. Jirán de Tiro.

2.[1]

[18] Decidió, pues, Salomón edificar un templo al Nombre de Yahvé y un palacio para sí.

[1] Salomón designó 70.000 hombres para porteadores y 80.000 canteros en el monte, y puso al frente de ellos 3.600 capataces. [2] Salomón envió a decir a Jirán, rey de Tiro: «Haz conmigo como hiciste con mi padre David, enviándole maderas de cedro para que se construyera una casa en que habitar. [3] Me propongo edificar un templo al Nombre de Yahvé, mi Dios, para consagrárselo, para quemar ante él incienso aromático, para la ofrenda perpetua de los panes presentados, y para los holocaustos de la mañana y de la tarde, de los sábados, novilunios y solemnidades* de Yahvé nuestro Dios, como se hace siempre en Israel. [4] El templo que voy a edificar será grande, porque nuestro Dios es mayor que todos los dioses. [5] Pero ¿quién será capaz de construirle un templo, cuando los cielos y los cielos de los cielos no pueden contenerle? ¿Y quién soy yo para edificarle un templo, aunque esté destinado tan sólo para quemar incienso en su presencia? [6] Envíame, pues, un hombre diestro en trabajar el oro, la plata, el bronce, el hierro, la púrpura escarlata, el carmesí y la púrpura violeta, y que sepa grabar; estará con los expertos que tengo conmigo en Judá y en Jerusalén, y que mi padre David ya había preparado*. [7] Envíame también madera de cedro, de ciprés y algummim* del Líbano; pues bien sé que tus siervos saben talar los árboles del Líbano, y mis siervos trabajarán con tus siervos, [8] para prepararme madera en abundancia; pues el templo que voy a edificar ha de ser grande y maravilloso. [9] Daré para el sustento* de tus siervos, los taladores de los árboles, 20.000 cargas de trigo, 20.000 cargas de cebada, 20.000 medidas de vino y 20.000 medidas de aceite.»

[10] Jirán, rey de Tiro, respondió en una carta que envió al rey Salomón: «Por el amor que tiene Yahvé a su pueblo te ha hecho rey sobre ellos.» [11] Y añadía Jirán: «Bendito sea Yahvé, el Dios de Israel, hacedor del cielo y de la tierra, que ha dado

=2 17
1 R 5 29-30

‖1 R 5 15-2
1 Cro 14 1
4
Nm 20 12
Nm 17 5
Lv 24 6
Nm 28-29
5
6
6 18
7
8
9
10
11
12

---

1 6   El autor deuteronomista de los Reyes había disculpado los sacrificios fuera del Templo con la excelente *razón de que el Templo no existía todavía,* 1 R 3 2, y de que todavía se sacrificaba en los altos. El Cronista legitima el santuario y los sacrificios suponiendo que la Tienda y el altar del desierto se hallaban en Gabaón, ver v. 3 y las referencias marginales.
1 16   Como en el paralelo de los Reyes, el texto dice «Egipto» en vez de «Musur», y aquí y en el v. siguiente, *miqwe'* («¿reunión?») en lugar de *miqqoweh* «de Cilicia»

(cuyo antiguo nombre es «Que»).
2 3   Estas expresiones describen el culto de la Tienda en los textos «sacerdotales» del Pentateuco.
2 6   El Cronista combina los textos de 1 R 5 32 y 7 13-15 con reminiscencias de la construcción de la Tienda, Ex 26 1; 31 2s.
2 7   *almuggim* en 1 R 10 11, donde se dice que esta madera viene de Ofir y no del Líbano, ver 2 Cro 9 10.
2 9   «sustento» *(makkolet)* versiones; «golpes» *(makkôt)* hebr.

al rey David un hijo sabio, prudente e inteligente, que edificará un templo a Yahvé y un palacio para sí. [12] Te envío, pues, ahora a Jirán Abí, hombre hábil, dotado de inteligencia; [13] es hijo de una danita, y su padre es de Tiro. Sabe trabajar el oro, la plata, el bronce, el hierro, la piedra y la madera, la púrpura escarlata, la púrpura violeta, el lino fino y el carmesí. Sabe también hacer toda clase de grabados y ejecutar cualquier obra que se le proponga, a una con tus artífices y los artífices de mi señor David, tu padre. [14] Que mande, pues, a sus siervos el trigo, la cebada, el aceite y el vino de que ha hablado mi señor, [15] y por nuestra parte cortaremos del Líbano toda la madera que necesites y te la llevaremos en balsas, por mar, hasta Jope, y luego tú mandarás que la suban a Jerusalén.»

Las obras*.

[16] Salomón hizo el censo de todos los forasteros residentes en Israel, tomando por modelo el censo que había hecho su padre, David. Eran 153.600. [17] De ellos destinó 70.000 para el transporte de cargas, 80.000 para las canteras en las montañas y 3.600 como capataces para los trabajos del pueblo.

3 [1] Empezó, pues, Salomón a edificar el templo de Yahvé en Jerusalén, en el monte Moria, donde Dios se había manifestado a su padre David, en el lugar donde David había hecho los preparativos, en la era de Ornán el jebuseo. [2] Dio comienzo a las obras el segundo mes* del año cuarto de su reinado. [3] Éste es el plano sobre el que Salomón edificó el templo de Dios: sesenta codos de longitud, en codos de medida antigua, y veinte codos de anchura. [4] El vestíbulo que estaba delante de la nave del templo tenía una longitud de veinte codos, correspondiente al ancho del templo, y una altura de ciento veinte. Salomón lo recubrió por dentro de oro puro. [5] Revistió la Sala Grande de madera de ciprés y la recubrió

de oro fino, haciendo esculpir en ella palmas y cadenillas. [6] Para adornar el templo lo revistió también de piedras preciosas; el oro era oro de Parváin. [7] Recubrió de oro el templo, las vigas, los umbrales, sus paredes y sus puertas, y esculpió querubines sobre las paredes.

[8] Construyó también la sala del Santo de los Santos*, cuya longitud, correspondiente al ancho del templo, era de veinte codos, y su anchura igualmente de veinte codos. Lo recubrió de oro puro, que pesaba seiscientos talentos. [9] Los clavos de oro pesaban cincuenta siclos. Recubrió también de oro las salas superiores. [10] En el interior de la sala del Santo de los Santos hizo dos querubines, de obra esculpida, que revistió de oro. [11] Las alas de los querubines tenían veinte codos de largo. Un ala era de cinco codos y tocaba la pared de la sala; la otra ala tenía también cinco codos y tocaba el ala del otro querubín. [12] El ala del segundo querubín era de cinco codos y tocaba la pared de la sala; la otra ala tenía también cinco codos y pegaba con el ala del primer querubín. [13] Las alas desplegadas de estos querubines medían veinte codos. Estaban de pie, y con sus caras vueltas hacia la sala.

[14] Hizo también el velo* de púrpura violeta, púrpura escarlata, carmesí y lino fino, con querubines bordados.

[15] Delante de la sala hizo dos columnas de treinta y cinco codos de alto. El capitel que las coronaba tenía cinco codos. [16] En el santuario hizo cadenillas y las colocó sobre los remates de las columnas; hizo también cien granadas, que puso en las cadenillas. [17] Erigió las columnas delante de la nave, una a la derecha y otra a la izquierda, y llamó a la de la derecha Yaquín y a la de la izquierda Boaz.

4 [1] Construyó también un altar de bronce de veinte codos de largo, veinte codos de ancho y diez codos de alto*. [2] Hizo el Mar de metal fundido, que medía diez codos de diámetro, cinco de altura y treinta de circunferencia. [3] Debajo

Márgenes izquierdos:
[13]
[14]
‖1 R 7 14
Ex 31 2s

[15]

R 5 22-26

Cro 22 2+

=2 1

‖1 R 6

Gn 22 2
Cro 21 15s

Ez 40 5+

Márgenes derechos:
‖1 R 7
15-22

‖1 R 7 23-26

---

2 16   A pesar de la importancia que concede al Templo, el Cronista abrevia mucho la descripción de los Reyes (y modifica cierto número de detalles y cifras). Pone mayor interés en el culto que en los edificios que, por lo demás, en el Templo postexílico, no tenían ya el esplendor salomónico.
3 2   Después de «segundo mes» hebr. repite «el segundo» (¿día?), ditografía.
3 8   El Cronista sustituye aquí el término «Debir» (ver v. 16; 4 21, etc.) de 1 R por el de «Santo de los Santos» que había sido utilizado por Ez 41 3-4 en su visión

del Templo futuro, y por Ex 26 34 etc., en la descripción de la Morada del desierto. El término se hizo luego corriente.
3 14   Es el velo de la Tienda del Éxodo, 26 31. En su lugar, había en el Templo de Salomón una puerta de madera sobre la cual había serafines esculpidos, 1 R 6 31-32, que el Cronista recupera en este pasaje.
4 1   Los textos paralelos, 1 R 8 64 y 9 25, no precisan las dimensiones del altar de bronce del Templo de Salomón. El Cronista quizá dé aquí las medidas del altar de piedra del Templo postexílico.

del borde, todo alrededor, había figuras de toros, diez en cada codo, colocadas en dos órdenes y fundidas en una sola pieza. [4] Reposaba sobre doce bueyes: tres mirando al Norte, tres al Oeste, tres al Sur y tres al Este. Sobre ellos se asentaba el Mar, quedando hacia el interior las partes traseras de los bueyes. [5] Su espesor era de un palmo y su borde como el del cáliz de la flor de la azucena. Su capacidad era de tres mil medidas.

‖ 1 R 7 38-39

[6] Hizo diez pilas para las abluciones y colocó cinco de ellas a la derecha y cinco a la izquierda para lavar en ellas lo que se ofrecía en holocausto. El Mar era para las abluciones de los sacerdotes*. [7] Hizo

‖ 1 R 7 49

diez candelabros de oro según la forma prescrita, y los colocó en la nave, cinco a la derecha y cinco a la izquierda. [8] Hizo

1 Cro 28
16+
‖ 1 R 7 50

diez mesas, que puso en la nave, cinco a la derecha y cinco a la izquierda. Hizo también cien acetres de oro.

1 R 7 12

[9] Construyó también el atrio de los sacerdotes* y el atrio grande con sus puertas, y recubrió las puertas de bronce. [10] Colocó el Mar al lado derecho, hacia el sureste.

1 R 7 40-51

[11] Jirán hizo los ceniceros, las paletas y los acetres. Jirán concluyó toda la obra que el rey Salomón le encargó que hiciera para el templo de Yahvé: [12] dos columnas, las molduras de los capiteles que estaban sobre la cima de las dos columnas, los dos trenzados para recubrir las dos molduras de los capiteles que estaban en la cima de las columnas; [13] las cuatrocientas granadas para los dos trenzados*; [14] las diez basas* y las diez pilas sobre las basas; [15] el Mar y los doce bueyes debajo del Mar; [16] los ceniceros, las paletas y los acetres. Todos estos objetos que hizo Jirán al rey Salomón para el templo de Yahvé eran de bronce bruñido. [17] El rey los hizo fundir en la vega del Jordán, en moldes de tierra, entre Sucot y Seredá. [18] Salomón fabricó todos estos utensilios en tan enorme cantidad que no se pudo calcular el peso del bronce.

[19] Salomón hizo todos los objetos que había en el templo de Yahvé: el altar de oro; la mesa sobre la que se ponían los panes presentados, [20] de oro; los candelabros con sus lámparas, delante del santuario, para que ardieran, según el rito, de oro fino; [21] las flores, las lámparas y las despabiladeras de oro, de oro purísimo; [22] los cuchillos, los acetres, las copas y los braseros, de oro fino. Eran también de oro las puertas del santuario interior, el Santo de los Santos, y las puertas de la nave del templo.

5 [1] Cuando se completó toda la obra que el rey Salomón había hecho en el templo de Yahvé, Salomón hizo traer todo lo consagrado por David, su padre: la plata, el oro y los objetos, y lo depositó entre los tesoros del templo de Yahvé.

Traslado del arca.

‖ 1 R 8 1-9

[2] Entonces congregó Salomón en Jerusalén a todos los ancianos de Israel, a todos los jefes de las tribus y a los principales de las casas paternas de los hijos de Israel, para hacer subir el arca de la alianza de Yahvé desde la Ciudad de David, que es Sión. [3] Se congregaron en torno al rey todos los hombres de Israel, en la fiesta del mes séptimo. [4] Cuando llegaron todos los ancianos de Israel, los levitas* alzaron el arca; [5] y llevaron el arca y la Tienda del Encuentro y todos los objetos del santuario que había en la Tienda; lo llevaron los sacerdotes levitas. [6] El rey Salomón, con toda la comunidad de Israel que se había reunido en torno a él, sacrificaron ante el arca ovejas y bueyes en número incalculable e incontable. [7] Los sacerdotes llevaron el arca de la alianza de Yahvé al santuario del templo, el Santo de los Santos, a su propio lugar, situado bajo las alas de los querubines. [8] Los querubines extendían las alas sobre el lugar del arca y cubrían el arca y sus varales por encima. [9] Los varales se prolongaban hasta dejar ver sus extremos desde el santuario*, pero no se dejaban ver más hacia afuera. (Han estado allí hasta el día de hoy).

---

4 6   Ésta era la función que en la época del Cronista se *asignaba* al Mar y a las pilas, pero es posible que en su origen el Mar haya tenido la misma función que los lagos sagrados egipcios, símbolo del océano primordial.
4 9   El paralelo de los Reyes solamente distinguía entre «patio interior» y «patio grande». El Cronista se inspira en las costumbres de su tiempo.
4 13   Como en 1 R 7 42, el texto añade: «para cubrir

las dos molduras», duplicado del v. precedente.
4 14   «diez» (las dos veces) *'aser* según 1 R 7 43; «hizo» *'ašah* hebr.
5 4   1 R hablaba aquí de los sacerdotes, pero el Cronista tiene en cuenta Nm 1 50s (ver 1 Cro 15 2). La expresión deuteronómica «los sacerdotes levitas» une al final del v. 5 ambas tradiciones. Ver 23 18; 30 27.
5 9   «Santuario» griego y 1 R 8 8; «arca» hebr.

¹⁰ En el arca no había nada más que las dos tablas de piedra que Moisés depositó allí, en el Horeb, cuando Yahvé estableció alianza con los israelitas cuando salieron de Egipto.

Dios toma posesión de su Templo*.

¹¹ Cuando los sacerdotes salieron del santuario (pues todos los sacerdotes que se hallaban presentes se habían santificado, sin guardar orden de clases), ¹² y todos los levitas cantores, Asaf, Hemán y Yedutún, con sus hijos y hermanos, vestidos de lino fino, estaban de pie al oriente del altar, tocando címbalos, salterios y cítaras, y con ellos ciento veinte sacerdotes que tocaban las trompetas, ¹³ se hacían oír al mismo tiempo y al unísono los que tocaban las trompetas y los cantores, alabando y celebrando a Yahvé; alzando la voz con las trompetas y con los címbalos y otros instrumentos de música, alababan a Yahvé diciendo: «Porque es bueno, porque es eterna su misericordia»; el templo se llenó de una nube, el templo mismo de Yahvé. ¹⁴ Cuando los sacerdotes salieron del santuario —pues la nube había llenado el templo de Yahvé— los sacerdotes no pudieron permanecer ante la nube para completar el servicio, pues la gloria de Yahvé llenaba el templo de Yahvé.

6 ¹ Entonces Salomón dijo:

«Yahvé puso el sol en los cielos,
    pero ha decidido habitar en densa nube.
² He querido erigirte una morada principesca,
    un lugar donde habites para siempre.»

Discurso de Salomón al pueblo*.

³ El rey, volviéndose, bendijo a toda la asamblea de Israel, que se mantenía en pie. ⁴ Dijo: «Bendito sea Yahvé, Dios de Israel, que habló por su boca a mi padre David, y ha cumplido por su mano lo que dijo: ⁵ 'Desde el día en que saqué de la tierra de Egipto a mi pueblo Israel, no he elegido ninguna ciudad entre todas las tribus de Israel para edificar un templo en el que resida mi Nombre (y no elegí tampoco ningún varón que fuera príncipe sobre mi pueblo Israel, ⁶ pero he elegido a Jerusalén para que resida allí mi Nombre) y he elegido a David para que esté al frente de mi pueblo Israel.'

⁷ «Mi padre David acariciaba en su corazón el propósito de construir un templo al Nombre de Yahvé, Dios de Israel. ⁸ Pero Yahvé dijo a David, mi padre: 'Has acariciado en tu corazón el deseo de construir un templo a mi Nombre; has hecho bien en ello. ⁹ Pero no serás tú el que construya el templo a mi Nombre. Un hijo tuyo, salido de tus entrañas, será quien construya el templo a mi Nombre.' ¹⁰ Yahvé ha cumplido la promesa que pronunció. Me ha establecido como sucesor de mi padre David y me he sentado sobre el trono de Israel, como Yahvé había dicho, y he construido el templo al Nombre de Yahvé, Dios de Israel; ¹¹ y he fijado en él un lugar para el arca en la que se encuentra la alianza que Yahvé pactó con los israelitas.»

Oración personal de Salomón.

¹² Salomón se puso en pie ante el altar de Yahvé, frente a toda la asamblea de Israel, y extendió las manos. ¹³ Salomón había hecho un estrado de bronce de cinco codos de largo, cinco codos de ancho, y tres codos de alto, que había colocado en medio del atrio; poniéndose sobre él se arrodilló frente a toda la asamblea de Israel*. Y extendiendo sus manos hacia el cielo, ¹⁴ dijo:

«Yahvé, Dios de Israel, no hay Dios como tú ni en el cielo ni en la tierra; tú que guardas la alianza y la fidelidad a tus siervos que caminan ante ti de todo corazón; ¹⁵ que has mantenido a mi padre David la promesa que le hiciste y que has cumplido en este día con tu mano lo que con tu boca habías prometido. ¹⁶ Ahora, pues, Yahvé, Dios de Israel, mantén a tu siervo David, mi padre, la promesa que le hiciste, diciéndole: 'Nunca te faltará uno de los tuyos en mi presencia que se siente en el trono de Israel, siempre que tus hijos guarden su camino, andando en mi Ley, procediendo ante mí como tú

R 8 10-13

1 Cro 24

R 8 14-21

‖**1 R 8 22-29**

---

5 11   Un largo paréntesis corta el relato tomado de los Reyes; es quizá del Cronista mismo o del continuador que, en 1 Cro 23 27, insistía en las funciones de los cantores. La frase sigue en el v. 13^b.
6 3   Todo este cap. sigue muy de cerca a 1 R 8, cuya redacción deuteronomista y adiciones postexílicas corrrespondían anticipadamente a las intenciones del Cronista.
6 13   Este v. es propio del Cronista, pero quizá conserve un recuerdo auténtico: en el Templo había un lugar reservado al rey, ver 2 R 16 18; 23 3.

has procedido.' [17] Y ahora, Dios de Israel, cúmplase la palabra que dijiste a tu siervo David. [18] ¿Habitará Dios con los hombres en la tierra? Los cielos y los cielos de los cielos no pueden contenerte, ¡cuánto menos este templo que yo te he construido! [19] Inclínate a la plegaria y a la súplica de tu siervo, Yahvé, Dios mío. Escucha el clamor y la plegaria que tu siervo entona en tu presencia. [20] ¡Que día y noche tus ojos estén abiertos hacia este templo, hacia este lugar del que dijiste: 'Allí estará mi Nombre'. Escucha la súplica de tu siervo que entona en dirección a este lugar!

‖ 1 R 8 30-51

Plegaria en favor del pueblo.

[21] «Escucha la plegaria de tu siervo Israel, tu pueblo, que entone en dirección a este lugar. Escucha tú, hacia el lugar de tu morada, hacia el cielo, escucha y perdona. [22] «Si un hombre peca contra su prójimo y éste pronuncia* una imprecación ante tu altar en este templo, [23] escucha tú en los cielos; intervén y juzga a tus siervos; declara culpable al malo, de modo que su conducta recaiga sobre su cabeza, e inocente al justo, retribuyéndole según su justicia. [24] «Cuando tu pueblo Israel haya sido derrotado por un enemigo por haber pecado contra ti, y se vuelva a ti y alabe tu Nombre, ore y suplique ante ti en este templo, [25] escucha tú en el cielo y perdona el pecado de tu pueblo Israel, y devuélvelos a la tierra que diste a sus padres. [26] «Cuando, por haber pecado contra ti, los cielos se cierren y deje de haber lluvia, y acudan a orar en este lugar y alaben tu Nombre, y se conviertan de su pecado porque los humillaste, [27] escucha tú en el cielo y perdona el pecado de tus siervos y de tu pueblo Israel, enseñándoles el buen camino que deberán seguir, y envía lluvia a tu tierra, la que diste en herencia a tu pueblo. [28] «Cuando en el país haya hambre, peste, tizón, añublo, langosta o pulgón, cuando el enemigo ponga asedio a una de sus puertas, en la desgracia o la enfermedad [29] de cualquier persona o de todo el pueblo de Israel, que conozca la aflicción en su corazón, eleve plegarias y súplicas, y extienda sus manos hacia este templo, [30] escucha tú en el cielo, lugar de tu morada, perdona e intervén, dando a cada uno según su conducta, tú que conoces su corazón, — tú el único que conoce el corazón de los hijos de los hombres—, [31] de modo que te respeten a lo largo de los días que vivan en la tierra que diste a nuestros padres.

[32] «También al extranjero, al que no es de tu pueblo y viene de un país lejano a orar en este templo a causa de tu gran Nombre, tu mano fuerte y tu tenso brazo, [33] escúchalo tú en el cielo, lugar de tu morada; haz al extranjero según lo que te pida, para que todos los pueblos de la tierra conozcan tu Nombre y te respeten como a tu pueblo Israel, y reconozcan que tu Nombre es invocado en este templo que yo te he construido.

[34] «Cuando tu pueblo salga a la guerra contra el enemigo, por el camino por el que le envíes, y supliquen a Yahvé vueltos hacia la ciudad que has elegido y hacia el templo que he construido para tu Nombre, [35] escucha tú en el cielo su oración y su plegaria, y hazles justicia. [36] Cuando pequen contra ti —pues no hay hombre que no peque— y tú, irritado contra ellos, los entregues al enemigo y sus vencedores los deporten al país enemigo, lejano o próximo, [37] si en la tierra de su cautividad se convierten en su corazón y te suplican diciendo: 'Hemos pecado, hemos actuado perversamente, nos hemos hecho culpables'; [38] si en el país de los enemigos que los deportaron se vuelven a ti con todo su corazón y con toda su alma y te suplican vueltos hacia la tierra que diste a sus padres y hacia la ciudad que has elegido y el templo que he edificado a tu Nombre, [39] escucha tú en el cielo, lugar de tu morada, su oración y su plegaria, hazles justicia y perdona lo que ha pecado contra ti.

Conclusión de la plegaria*.

‖ 1 R 8 52

[40] «Estén abiertos tus ojos y atentos tus oídos, Dios mío, a la súplica que se haga en este lugar. [41] Y ahora

¡levántate, Yahvé Dios, hacia tu reposo,

tú y el arca de tu fuerza!

‖ Sal 132

---

6 22 «pronuncia» (naša') griego; «se obligue» (naša') hebr.

6 40 De la conclusión de la plegaria de Salomón en 1 R 8 51-53, el Cronista omite las referencias a la salida de Egipto, a Moisés y a la elección del pueblo. Lo sustituye con una cita libre del Sal 132, que celebra la entrada del arca en Jerusalén y la alianza davídica, con las promesas mesiánicas hechas a su dinastía.

¡Que tus sacerdotes, Yahvé Dios, se revistan de salvación,
y tus fieles gocen de la felicidad!
[42] Yahvé, Dios mío, no rechaces el rostro de tu Ungido;
acuérdate de las misericordias otorgadas a David tu siervo.»

Fiesta de la Dedicación*.

1 Cro 21 26+
=5 14 Ex 24 16+

7 [1] Cuando Salomón acabó de orar, bajó fuego del cielo que devoró el holocausto y los sacrificios; y la gloria de Yahvé llenó el templo. [2] Los sacerdotes no podían entrar en el templo de Yahvé, porque la gloria de Yahvé llenaba el templo de Yahvé. [3] Entonces todos los israelitas, viendo descender el fuego y la gloria de Yahvé sobre el templo, se postraron rostro en tierra sobre el pavimento y adoraron y alabaron a Yahvé «porque es bueno, porque es eterna su misericordia». [4] Luego el rey y todo el pueblo ofrecieron sacrificios ante Yahvé. [5] El rey Salomón ofreció en sacrificio 22.000 bueyes y 120.000 ovejas. De este modo el rey y todos los israelitas dedicaron el templo de Yahvé. [6] Los sacerdotes atendían a su ministerio, mientras los levitas glorificaban a Yahvé con los instrumentos que el rey David fabricó para acompañar los cánticos de Yahvé, «porque es eterna su misericordia», ejecutando los cánticos compuestos por David. Los sacerdotes estaban delante de ellos tocando las trompetas, y todo Israel se mantenía en pie. [7] Salomón consagró el interior del patio que está delante del templo de Yahvé, ofreciendo allí los holocaustos y las grasas de los sacrificios de comunión, pues el altar de bronce que había hecho Salomón era demasiado reducido para contener el holocausto, la comunión y las grasas. [8] En aquella ocasión Salomón celebró la fiesta durante siete días. Todo Israel estaba con él, una asamblea inmensa, desde la entrada de Jamat hasta

5 13 Sal 136 1
R 8 62-63
Sal 136 1
n 10 1-10
R 8 64-66

el torrente de Egipto. [9] El día octavo tuvo lugar la asamblea solemne, pues habían hecho la dedicación del altar por siete días, de manera que la fiesta duró siete días. [10] El día veintitrés* de mes séptimo, Salomón envió al pueblo a sus tiendas, gozosos y felices por todos los beneficios que Yahvé había hecho a David, a Salomón y a su pueblo Israel.

Respuesta de Yahvé a Salomón*.

‖1 R 9 1-9

[11] Cuando Salomón terminó de construir el templo de Yahvé, el palacio real y todo cuanto fue su deseo hacer tanto en el templo de Yahvé como en su propia casa, [12] se apareció Yahvé a Salomón por la noche y le dijo: «He oído tu oración, y me he elegido este lugar como templo de sacrificio. [13] Si yo cierro el cielo y no llueve, o si mando a la langosta devorar la tierra, o envío la peste entre mi pueblo, [14] y mi pueblo, sobre el cual es invocado mi Nombre, se humilla, orando y buscando mi rostro, y se vuelven de sus malos caminos, yo les oiré desde los cielos, perdonaré su pecado y sanaré su tierra. [15] Mis ojos estarán abiertos, y mis oídos atentos a la oración que se haga en este lugar; [16] pues ahora he escogido y santificado este templo para que en él permanezca mi Nombre por siempre. Allí estarán mis ojos y mi corazón todos los días. [17] Y en cuanto a ti, si marchas ante mí como lo hizo David, tu padre, haciendo todo lo que te ordene y guardando mis mandatos y mis decretos, [18] afianzaré el trono de tu realeza para siempre, como prometí a David, tu padre: 'No te habrá de faltar alguno de los tuyos que domine en Israel. [19] Pero si os apartáis, abandonando los decretos y los mandatos que os he dado, y vais a servir a otros dioses, postrándoos ante ellos, [20] os arrancaré de mi tierra que os he dado, retiraré de mi presencia el templo que he consagrado a mi Nombre y lo convertiré en ejemplo y escarnio entre

---

7 Al relato de 1 R **8**, el Cronista añade: una repetición de la manifestación de la gloria de Yahvé, v. 2, como cuando introdujeron el arca en el Santo de los Santos, 2 Cro **5** 14; el fuego del cielo que consume los sacrificios, vv. 1. 3, como cuando se inauguró el altar de David, 1 Cro **21** 26; el v. 6 sobre la música litúrgica, y una prolongación de las festividades, ver v. 10+.
7 10 Aunque 1 R se limitaba simplemente a hacer coincidir la dedicación del Templo con la fiesta de las Tiendas, el Cronista supone una fiesta de la dedicación seguida de la fiesta de las Tiendas. Según Dt 16 13-15, la fiesta de las Tiendas sólo duraba siete días, y así se celebró según 1 R **8** 65-66: al octavo día, Salomón despide al pueblo. Pero según el ritual de Lv 23 33-43; Nm 29 35-38, la fiesta concluía con una asamblea solemne el día octavo. Esto es lo que supone el Calendario del Cronista: del 8 al 14 del mes séptimo, fiesta de la dedicación; del 15 al 21, fiesta de las Tiendas; el 22, asamblea de clausura, y el 23, despedida del pueblo. Este texto de las Crónicas ha reaccionado contra el de los Reyes, donde una glosa a 1 R **8** 65 había añadido otros siete días de fiesta.
7 11 Los vv. 13-16, propios del Cronista, son una respuesta a la solemne plegaria del rey en el cap. precedente.

todos los pueblos. [21] Y este templo, que debía ser tan sublime, vendrá a ser el espanto de todos los que pasen cerca de él, y dirán: '¿Por qué ha actuado Yahvé de este modo con esta tierra y este templo?' [22] Y responderán: 'Porque abandonaron a Yahvé, el Dios de sus padres, que los había sacado de la tierra de Egipto, abrazaron otros dioses, se postraron ante ellos y les rindieron culto; por eso ha hecho venir sobre ellos todo este mal.'»

‖1 R 9 10-25

Conclusión: Fin de las obras.

8 [1] Al cabo de los veinte años que empleó Salomón en edificar el templo de Yahvé y su palacio, [2] reconstruyó las ciudades que Jirán le había dado*, y estableció allí a los israelitas. [3] Salomón marchó contra Jamat de Sobá* y se apoderó de ella; [4] reedificó Tadmor en el desierto*, y todas las ciudades de avituallamiento que construyó en Jamat; [5] reconstruyó Bet Jorón de arriba y Bet Jorón de abajo, ciudades fortificadas, con murallas, puertas y barras, [6] y Baalat, con todas las ciudades de aprovisionamiento que tenía Salomón, todas las ciudades de carros y las de los caballos, y todo cuanto quiso construir en Jerusalén, en el Líbano y en todos los dominios de su reino.

[7] A cuantos quedaron de los hititas, los amorreos, los perizitas, los jivitas y los jebuseos, que no eran israelitas, [8] y cuyos descendientes habían permanecido en el país, y a los que los israelitas no habían exterminado, Salomón los redujo a mano de obra forzada, como ha sucedido hasta el día de hoy. [9] Pero a los israelitas Salomón no les impuso trabajos forzados, pues eran sus hombres de guerra, oficiales y jefes, escuderos y jefes de sus carros y de su caballería. [10] Los jefes de las guarniciones que tenía el rey Salomón eran doscientos cincuenta, que gobernaban al pueblo.

[11] Salomón trasladó a la hija de faraón desde la Ciudad de David a la casa que había edificado para ella; pues se decía: «Mi mujer no puede vivir en la casa de David, rey de Israel, porque los lugares donde ha estado el arca de Yahvé son sagrados*.»

[12] Entonces empezó a ofrecer Salomón holocaustos a Yahvé sobre el altar de Yahvé que había erigido delante del vestíbulo; [13] ofreció holocaustos según el rito de cada día, conforme a lo prescrito por Moisés, en los sábados, los novilunios y en las solemnidades, tres veces al año: en la fiesta de los Ázimos, en la fiesta de las Semanas y en la fiesta de las Tiendas. [14] Estableció también las secciones de los sacerdotes en sus servicios conforme al reglamento de su padre David, a los levitas en sus cargos de alabar y servir junto a los sacerdotes, según el rito de cada día; y a los porteros con arreglo a sus secciones, en cada puerta; porque ésta era la orden de David, hombre de Dios. [15] No se apartaron en nada de la orden del rey en lo tocante a los sacerdotes y los levitas, ni tampoco en lo relativo a los tesoros. [16] Así fue dirigida toda la obra de Salomón, desde el día en que se echaron los cimientos del templo de Yahvé hasta su terminación. De esta manera fue acabado el templo de Yahvé*.

Nm 28-29
Ex 23 14+

1 Cro 23-2

Gloria de Salomón.

[17] Entonces Salomón fue a Esión Guéber y a Elat, a orillas del mar, en la tierra de Edom, [18] y Jirán le envió, por medio de sus siervos, navíos y marineros expertos en el mar, que fueron con los siervos de Salomón a Ofir. Trajeron de allí cuatrocientos cincuenta talentos de oro, que llevaron al rey Salomón.

‖1 R 9 26

9 [1] La reina de Sabá oyó la fama de Salomón y vino a poner a prueba a Salomón con enigmas. Llegó a Jerusalén con una gran fuerza de camellos que portaban perfumes, oro en gran cantidad y piedras preciosas. Se presentó a Salomón y le planteó todo cuanto había idea-

‖1 R 10 ▶

---

8 2   Debe de tratarse de las ciudades de Galilea que Salomón ofreció en pago a Jirán (Jurán), y a quien no agradaron, 1 R 9 11-12. Al parecer Jirán las rechazó y el Cronista lo interpreta diciendo que las «ha dado».
8 3   *No se menciona esta campaña* en Reyes. Reyes y Samuel distinguen entre Jamat y Sobá. Para realzar el prestigio de Salomón, el Cronista ha podido atribuirle la victoria de David referida en 2 S 8 3; 10 8 (ver 1 Cro 18 3s; 19 16).
8 4   El Cronista ha visto en la Tamar de 1 R 9 18 la gran ciudad de Tadmor, que es Palmira.
8 11   Esta explicación no se halla en 1 R. Las impu-

rezas rituales propias de las mujeres las apartaban de ciertos lugares consagrados. Esta preocupación, que después del Destierro se intensifica, llevará a la instalación de un atrio de las mujeres en el Templo herodiano.
8 16   El Cronista transforma profundamente 1 R 9 25 (v. 12) y añade los vv. 13-16, en los cuales muestra la obra de Salomón como la ejecución de las reglas dictadas por David en conformidad con las prescripciones mosaicas tal como fueron elaboradas por el Código sacerdotal.

do. ² Salomón resolvió todas sus preguntas. No había cuestión tan arcana que el rey no pudiera desvelar. ³ Cuando la reina de Sabá observó la sabiduría toda de Salomón, el palacio que había construido, ⁴ los manjares de su mesa, las residencias de sus servidores, el porte de sus ministros y sus vestimentas, sus coperos con sus trajes y los holocaustos que ofrecía en el templo* de Yahvé, se quedó sin respiración, ⁵ y dijo al rey: «¡Era verdad cuanto yo oía en mi tierra acerca de tus enigmas y tu sabiduría! ⁶ Yo no daba crédito a lo que se decía; ahora he venido y mis propios ojos lo han visto. ¡No me dijeron ni la mitad! Tu sabiduría y tu prosperidad superan con mucho las noticias que yo escuché. ⁷ ¡Dichosa tu gente*! ¡Dichosos estos servidores tuyos que están siempre en tu presencia y escuchan tu sabiduría! ⁸ ¡Bendito sea Yahvé, tu Dios, que se ha complacido en ti, poniéndote sobre su trono como rey de Yahvé*, tu Dios, y te ha situado en el trono de Israel. Por el amor eterno de Yahvé a Israel te ha puesto como rey sobre ellos para administrar derecho y justicia!» ⁹ Dio al rey ciento veinte talentos de oro, gran cantidad de aromas y piedras preciosas. Nunca hubo aromas como los que la reina de Sabá dio al rey Salomón. ¹⁰ Los siervos de Jirán y los siervos de Salomón, que habían traído oro de Ofir, trajeron también madera de algummim y piedras preciosas. ¹¹ Con la madera de algummim hizo el rey entarimados para el templo de Yahvé y para el palacio real, cítaras y salterios para los cantores. No se había visto nunca en la tierra de Judá madera semejante. ¹² El rey Salomón concedió a la reina de Sabá todos los deseos que ella manifestó, aparte lo que ella había traído al rey*. Luego se volvió y se fue a su tierra, ella y sus servidores.

‖1 R 10 14-15

¹³ El peso del oro que llegaba a Salomón cada año era de seiscientos sesenta y seis talentos de oro, ¹⁴ sin contar lo procedente de los tributos impuestos a los mercaderes y las ganancias del tráfico comercial. Todos los reyes árabes y los inspectores del país traían oro y plata

a Salomón. ¹⁵ El rey Salomón hizo doscientos escudos de gran tamaño en oro batido, seiscientos siclos de oro batido por cada escudo, ¹⁶ y trescientos escudos de menor tamaño en oro batido, trescientos siclos de oro por cada escudo. El rey los colocó en la casa denominada «Bosque del Líbano». ¹⁷ El rey hizo un gran trono de marfil, que revistió de oro finísimo. ¹⁸ El trono tenía seis gradas y un cordero de oro al respaldo*, y brazos a uno y otro lado del asiento, y dos leones, de pie, junto a los brazos. ¹⁹ Más doce leones de pie sobre las seis gradas a uno y otro lado. Nada igual llegó a hacerse para ningún otro reino. ²⁰ Todas las copas para bebidas del rey Salomón eran de oro, y toda la vajilla de la casa «Bosque del Líbano» era de oro puro. La plata no se estimaba en nada en tiempo del rey Salomón, ²¹ porque el rey tenía una flota de Tarsis con los siervos de Jirán, y cada tres años venía la flota de Tarsis trayendo oro y plata, marfil, monos y pavos reales. ²² Así el rey Salomón sobrepujó a todos los reyes de la tierra en riqueza y sabiduría. ²³ Todos los reyes de la tierra querían ver el rostro de Salomón para escuchar la sabiduría con que Dios había dotado su mente. ²⁴ Y cada uno de ellos traía su presente, objetos de plata y objetos de oro, vestidos, armas, aromas, caballos y mulos, año tras año. ²⁵ Tenía Salomón cuatro mil caballerizas para sus caballos y carros, y doce mil caballos que acuarteló en las ciudades de carros y en Jerusalén en torno al rey. ²⁶ Dominaba sobre todos los reyes desde el Río hasta el país de los filisteos y hasta la frontera de Egipto. ²⁷ El rey hizo que en Jerusalén la plata fuese tan abundante como las piedras, y los cedros tanto como los sicómoros en la Tierra Baja. ²⁸ Los caballos de Salomón procedían de Musur* y de todos los países.

‖1 R 10 16-17

‖1 R 10 18-20

‖1 R 10 21-25

‖1 R 5 6; 10 26 =2 Cro 1 14

‖1 R 5 1

‖1 R 10 27-28 =2 Cro 1 15

Muerte de Salomón.

²⁹ El resto de los hechos de Salomón, los primeros y los postreros, ¿no están escritos en la historia del profeta Natán,

‖1 R 11 41-43

9 4   «los holocaustos que ofrecía» versiones, 1 R 10 15; «sus salas superiores donde él subía» hebr.
9 7   El texto griego de 1 R 10 8 dice «tus mujeres», que debe ser original. Pero no puede introducirse aquí esta corrección: el Cronista ha evitado hablar del harén de Salomón, ver 1 R 11 1-8.
9 8   Añadiendo estas últimas palabras, el Cronista subraya que Yahvé sigue siendo el rey de Israel.
9 12   Es decir, probablemente, el equivalente de sus

propios regalos. El texto de 1 R 10 13, diferente, aclara este texto.
9 14   «contribuciones» sir. y 1 R 10 15 griego; «hombres» hebr.
9 18   Sin duda por desconfianza respecto de los cultos cananeos, el Cronista sustituye el toro de 1 R por el cordero del sacrificio; «respaldo», según 1 R 10 19.
9 28   «Musur» conj.; «Egipto» hebr.. ver 1 16.

en la profecía de Ajías el silonita, y en las visiones de Yedó el vidente*, sobre Jeroboán, hijo de Nebat? [30] Salomón reinó en Jerusalén sobre todo Israel cuarenta años. [31] Salomón pasó a reposar con sus antepasados y fue enterrado en la ciudad de su padre David. Roboán, su hijo, reinó en su lugar.

IV. *Primeras reformas de la monarquía*

1. ROBOÁN Y LA REAGRUPACIÓN DE LOS LEVITAS

|| 1 R 12 1-19 **El cisma*.**

10 [1] Roboán fue a Siquén, porque todo Israel había ido a Siquén con objeto de proclamarlo rey. [2] Cuando se enteró Jeroboán, hijo de Nebat —que estaba todavía en Egipto, adonde había huido del rey Salomón para establecerse allí—, [3] después que enviaron a llamarle, llegó Jeroboán con todo Israel, y hablaron a Roboán diciendo: [4] «Tu padre hizo pesado nuestro yugo: aligera tú ahora la dura servidumbre de tu padre y el pesado yugo que cargó sobre nosotros y te serviremos.» [5] Él les dijo: «Volved a mí de aquí a tres días.» El pueblo se fue.

[6] El rey Roboán se aconsejó de los ancianos que habían servido a su padre Salomón en vida de éste: «¿Cómo me aconsejáis que dé respuesta a este pueblo?» [7] Le dijeron: «Si eres bueno con este pueblo y les sirves y les ofreces buenas palabras, ellos serán tus siervos por siempre.» [8] Pero él ignoró el consejo que los ancianos le ofrecían y buscó consejo entre los jóvenes que se habían criado con él y estaban a su servicio. [9] Les dijo: «¿Qué me aconsejáis que responda a este pueblo que me ha hablado diciendo: 'Aligera el yugo que tu padre puso sobre nosotros?'»

[10] Los jóvenes que se habían criado con él le respondieron: «Esto debes contestar al pueblo que te ha dicho: 'Tu padre hizo pesado nuestro yugo, ahora tú aligera nuestro yugo'. Esto debes contestar: 'Mi dedo meñique es más grueso que los lomos de mi padre. [11] Mi padre os impuso un yugo pesado, yo añadiré peso a vuestro yugo; mi padre os azotaba con látigos, yo os azotaré con escorpiones.'»

[12] Al día tercero, Jeroboán y todo el pueblo vinieron a Roboán, como había dicho el rey: «Volved a mí al tercer día». [13] El rey respondió al pueblo con dureza, ignorando el consejo que los ancianos le habían dado, [14] y les habló según el consejo de los jóvenes: «Mi padre hizo* pesado vuestro yugo, yo añadiré peso a vuestro yugo. Mi padre os azotaba con látigos, yo os azotaré con escorpiones.» [15] —No escuchó el rey al pueblo, pues se trataba de algo dispuesto por Dios, para que se cumpliera la palabra que Yahvé había anunciado a Jeroboán, hijo de Nebat, por medio de Ajías de Siló—. [16] Viendo* todo Israel que el rey no le escuchaba, el pueblo devolvió la palabra al rey diciendo:

«No tenemos parte con David.

No tenemos herencia en el hijo de Jesé.

¡A tus tiendas, Israel!

Mira ahora por tu casa, David.»

Y todo Israel se fue a sus tiendas. [17] Roboán reinó sobre aquellos israelitas que habitaban en las ciudades de Judá. [18] El rey Roboán envió entonces a Adonirán, jefe de la leva, pero todo Israel lo apedreó hasta matarlo, y el rey Roboán se apresuró a subir a su carro para huir a Jerusalén. [19] Israel se rebeló contra la casa de David hasta el día de hoy.

Reinado de Roboán.

11 [1] Al llegar a Jerusalén, Roboán reunió a la casa de Judá y Benjamín, 180.000 jóvenes dispuestos para la guerra, con objeto de combatir contra Israel y devolver el reino a Roboán. [2] Pero la palabra de Yahvé se dirigió a Semaías, hombre de Dios, diciendo: [3] «Habla a Roboán, hijo

|| 1 R 12 21-24

---

9 29   Este profeta, probablemente el mismo Idó que en 12 15; 13 22, puede ser el «hombre de Dios» anónimo de 1 R 13. Natán y Ajías son conocidos.
10   Este cap. sigue casi literalmente el texto de 1 R 12. Ciertamente, el Cronista se ve forzado a aceptar la realidad del cisma, pero ha omitido la precedente his-

toria de la rebelión de Jeroboán, 1 R 11, y sólo hará una breve alusión, 11 14-15, al cisma religioso ampliamente expuesto en 1 R 12 26-13 32.
10 14   «Mi padre hizo», 1 R 12 14; «Yo haré» hebr.
10 16   «Viendo», restituido según 1 R 12 16.

de Salomón, rey de Judá, y a todo Israel que está en Judá y Benjamín, y diles: [4] Así habla Yahvé: 'No subáis a combatir con vuestros hermanos; que cada uno se vuelva a su casa, porque esto es cosa mía'.» Ellos escucharon la palabra de Yahvé y desistieron de marchar contra Jeroboán.

[5] Roboán habitó en Jerusalén y edificó ciudades fortificadas en Judá. [6] Fortificó Belén, Etán, Técoa, [7] Bet Sur, Socó, Adulán, [8] Gat, Maresá, Zif, [9] Adoráin, Laquis, Azecá, [10] Sorá, Ayalón y Hebrón, ciudades fortificadas de Judá y Benjamín*. [11] Reforzó las fortificaciones y puso en ellas comandantes y provisiones de víveres, de aceite y vino. [12] En todas estas ciudades había escudos y lanzas, y las hizo sumamente fuertes. Estaban por él Judá y Benjamín.

Los sacerdotes y levitas partidarios de Roboán*.

[13] Los sacerdotes y levitas de todo Israel se pasaron a él desde todos sus territorios; [14] pues los levitas abandonaron sus ejidos y sus posesiones y se fueron a Judá y a Jerusalén, porque Jeroboán y sus hijos les habían prohibido el ejercicio del sacerdocio de Yahvé, [15] y Jeroboán nombró sus propios sacerdotes para los altos, los sátiros y los becerros que había hecho. [16] Tras ellos vinieron a Jerusalén, para ofrecer sacrificios a Yahvé, el Dios de sus padres, aquellos de entre todas las tribus de Israel que tenían puesto su corazón en buscar a Yahvé, el Dios de Israel; [17] y fortalecieron el reino de Judá y consolidaron a Roboán, hijo de Salomón, por tres años. Pues tres años siguió el camino de David y de Salomón.

La familia de Roboán*.

[18] Roboán tomó por mujer a Majalat, hija de Yerimot, hijo de David y de Abihail, hija de Eliab*, hijo de Jesé. [19] Ésta le dio los hijos Yeús, Semarías y Zahán. [20] Después de ésta tomó a Maacá, hija de Absalón, la cual le dio a Abías, Atay, Zizá y Selomit. [21] Roboán amaba a Maacá, hija de Absalón, más que a todas sus mujeres y concubinas, pues tuvo dieciocho mujeres y sesenta concubinas; y engendró veintiocho hijos y sesenta hijas. [22] Roboán puso a la cabeza a Abías, hijo de Maacá, como príncipe de sus hermanos, porque quería hacerle rey*. [23] Repartió hábilmente a todos sus hijos por toda la tierra de Judá y de Benjamín, en todas las ciudades fortificadas, les dio alimentos en abundancia y les buscó mujeres*.

Infidelidad de Roboán*.

12 [1] Tras haber consolidado y afianzado el reino, Roboán abandonó la Ley de Yahvé y con él todo Israel. [2] Y sucedió que el año quinto del rey Roboán subió Sosac, rey de Egipto, contra Jerusalén, —pues no era fiel a Yahvé— [3] con 1.200 carros y 60.000 caballos; no se podía contar la gente que venía con él de Egipto: libios, suquíes y etíopes. [4] Tomó las ciudades fortificadas de Judá y llegó hasta Jerusalén. [5] El profeta Semaías vino a Roboán y a los jefes de Judá que se habían reunido en Jerusalén para hacer frente a Sosac, y les dijo: «Así dice Yahvé: Vosotros me habéis abandonado, y por esto también yo os abandono en manos de Sosac.» [6] Entonces los jefes de Israel y el rey se humillaron y dijeron: «¡Justo es Yahvé!» [7] Cuando Yahvé vio que se habían humillado, la palabra de Yahvé se dirigió a Semaías, diciendo: «Ya que se han humillado, no los destruiré, sino que dentro de poco les daré la salvación y no se derramará mi cólera sobre Jerusalén por mano de Sosac. [8] Pero serán sus siervos, para que sepan

1 R 15 2

1 R 14 22
‖1 R 14 25

11 2

Nm 35 2

1 R 12 30
Lv 17 7+

R 11 1-13

---

11 10 Esta lista de ciudades fuertes de Roboán no tiene paralelo en 1 R, pero procede de una buena fuente histórica. Esta actuación de Roboán pudo haber seguido a la campaña de Sesonc, 12 9, que había demostrado lo vulnerable que era el territorio. Las fortalezas aquí enumeradas no jalonaban la frontera del reino, sino que se hallaban situadas en puntos estratégicos favorables. Estaban guarnecidas por cuerpos del ejército profesional, vv. 11-12.

11 13 Según el Cronista, el cisma religioso de Jeroboán tuvo como consecuencia la emigración de los levitas y de los israelitas fieles hacia Jerusalén, el único santuario legítimo. Una emigración de este tipo se produjo efectivamente después de la caída de Samaría, dos siglos después.

11 18 (a) Estas informaciones sobre la familia de Roboán son propias del Cronista, que nada había dicho de las numerosas mujeres de Salomón, pero que aquí reseña el harén de un rey infiel.

11 18 (b) «hija (de Yerimot)» griego: «hijo» hebr. —«y de Abihail» griego; «Abihail» hebr.

11 22 Roboán elige como sucesor al hijo de su esposa preferida, que no era su primera mujer, tal como David lo había hecho con Salomón.

11 23 «les buscó mujeres» (*wayyissa lahem našim*) conj.; «consultó a una multitud de mujeres» (*wayyišal hamon našim*) hebr.

12   A las indicaciones de 1 R 14 sobre la campaña de Sesonc, el Cronista añade los vv. 2?-8 y 12, que son de una fuente independiente, acaso el escrito del profeta Semaías mencionado en el v. 15

lo que es mi servidumbre y la servidumbre de los reinos de las naciones.»

‖1 R 14 26-28
⁹ Subió, pues, Sosac, rey de Egipto, contra Jerusalén y se apoderó de los tesoros del templo de Yahvé y de los tesoros del palacio real. Se apoderó de todo, incluso de todos los escudos de oro que había hecho Salomón, ¹⁰ por lo que el rey Roboán hizo en su lugar escudos de bronce, que confió a los jefes de la guardia que custodiaban la entrada del palacio real. ¹¹ Cuando el rey entraba en el templo de Yahvé, los guardias los portaban, y después los devolvían a la sala de la guardia. ¹² Gracias a su humillación se apartó de él la ira de Yahvé y no le destruyó del todo; y concedió algunas cosas buenas a Judá. ¹³ Se afianzó, pues, el rey Roboán en Jerusalén, y reinó. Roboán tenía cuarenta y un años cuando comenzó a reinar y reinó diecisiete años en Jerusalén, la ciudad que había elegido Yahvé entre todas las tribus de Israel para poner allí su Nombre.

‖1 R 14 21

Su madre se llamaba Naamá, y era amonita. ¹⁴ Hizo lo que era malo, porque no había dispuesto su corazón para buscar a Yahvé. ¹⁵ El resto de los hechos de Roboán, de los primeros a los postreros, ¿no está escrito en la historia del profeta Semaías y del vidente Idó*? Hubo guerras incesantes entre Roboán y Jeroboán. ¹⁶ Roboán reposó con sus antepasados y fue enterrado en la ciudad de David. Abías, su hijo, reinó en su lugar.

‖1 R 14 29-31

2.   ABÍAS Y LA FIDELIDAD AL SACERDOCIO LEGÍTIMO

La guerra entre Abías y Jeroboán.

‖1 R 15 1-2.7
13 ¹ El año dieciocho del rey Jeroboán comenzó a reinar Abías* sobre Judá. ² Reinó tres años en Jerusalén. Su madre se llamaba Micaía*, hija de Uriel, de Guibeá. Hubo guerra entre Abías y Jeroboán. ³ Abías partió al combate con un ejército de valientes guerreros: cuatrocientos mil hombres escogidos; Jeroboán se ordenó en batalla contra él con ochocientos mil guerreros escogidos y valerosos.

El discurso de Abías*.

⁴ Abías se levantó en el monte Semaráin, que está en la montaña de Efraín, y dijo: «¡Oídme, Jeroboán y todo Israel! ⁵ ¿Acaso no sabéis que Yahvé, el Dios de Israel, dio el reino de Israel para siempre a David, a él y a sus hijos, con pacto de sal*? ⁶ Pero Jeroboán, hijo de Nebat, siervo de Salomón, hijo de David, se alzó en rebeldía contra su señor. ⁷ Se le unieron algunos hombres fatuos y malvados que se impusieron a Roboán, hijo de Salomón, pues Roboán era joven y débil de corazón y no podía resistirles. ⁸ ¿Y ahora tratáis vosotros de poner resistencia al reino de Yahvé, que está en manos de los hijos de David, porque vosotros sois una gran muchedumbre? Pero tenéis los becerros de oro que Jeroboán os puso por dioses. ⁹ ¿No habéis expulsado a los sacerdotes de Yahvé, los hijos de Aarón y los levitas? ¿No os habéis hecho sacerdotes a la manera de los pueblos de los demás países? Cualquiera que viene con un novillo y siete carneros y pide ser consagrado, es hecho sacerdote de los que no son dioses. ¹⁰ Cuanto a nosotros, Yahvé es nuestro Dios y no le hemos abandonado; los sacerdotes que sirven a Yahvé son los hijos de Aarón, igual que los levitas en su ministerio. ¹¹ Cada mañana y cada tarde quemamos holocaustos a Yahvé, y tenemos el incienso aromático; las filas de pan están sobre la mesa pura, y el candelabro de oro con sus lámparas para ser encendidas cada tarde, pues nosotros guardamos el ritual de Yahvé nuestro Dios, en tanto que vosotros le habéis abandonado. ¹² He aquí que con nosotros, a nuestra cabeza, está Dios con sus sacerdotes y las trompetas del clamor, para lanzar el grito de guerra contra vosotros. Israelitas, no hagáis la guerra contra Yahvé, el Dios de vuestros padres, porque nada conseguiréis.»

Dt 13 14+

Nm 10 9

2 M 7 19
Hch 5 39

---

12 15   Hebr. añade: «según el registro genealógico (?)».
13 1   El mismo que Abiyán de 1 R 14 31; 15 1.7.8.
13 2   El griego y 1 R la llaman Maacá y la consideran hija de Absalón. Ver 11 20.
13 4   Esta composición del Cronista es un hermoso ejemplo de predicación levítica de su época, que se sirve de acontecimientos del pasado para dar una enseñanza.

Por encima de los israelitas del tiempo de Abías, el Cronista se dirige a la gente de Samaría y le recuerda que Judá posee la única realeza, al único verdadero Dios, el único sacerdocio legítimo y el único culto conforme a la legislación del Pentateuco.
13 5   Es decir, pacto irrompible, ver Lv 2 13.

La batalla*.

[13] Entre tanto, Jeroboán había hecho dar un rodeo para poner una emboscada y atacarles por detrás, de manera que él estaba frente a Judá y la emboscada a espaldas de éstos. [14] Al volver Judá la cabeza, vio que se presentaba combate de frente y por detrás. Entonces clamaron a Yahvé y, mientras los sacerdotes tocaban las trompetas, [15] los hombres de Judá lanzaron el grito de guerra; y al alzar el grito de guerra los hombres de Judá, desbarató Dios a Jeroboán y a todo Israel delante de Abías y de Judá. [16] Huyeron los israelitas delante de Judá, y Dios los entregó en sus manos. [17] Abías y su tropa les causaron una gran derrota; cayeron quinientos mil hombres escogidos de Israel. [18] Quedaron entonces humillados los israelitas y prevalecieron los hijos de Judá por haberse apoyado en Yahvé, el Dios de sus padres.

Fin del reinado.

[19] Abías persiguió a Jeroboán y le tomó las ciudades de Betel con sus aldeas, Yesaná con sus aldeas y Efrón con sus aldeas*. [20] Jeroboán ya no tuvo fuerza en los días de Abías, pues Yahvé le hirió y murió. [21] Pero Abías se fortaleció; tomó catorce mujeres y engendró veintidós hijos y dieciséis hijas. [22] El resto de los hechos de Abías, sus hechos y sus acciones, están escritos en el midrás del profeta Idó. [23] Abías reposó con sus antepasados y fue enterrado en la ciudad de David. Asá, su hijo, reinó en su lugar.

En su tiempo el país estuvo en paz durante diez años.

‖ 1 R 15 7-8

12 15
14.¹

3. ASÁ Y SUS REFORMAS CULTUALES

Piedad y prosperidad de Asá.

‖ 1 R 15
11-12
S 9 12+
x 23 24+
x 34 13+

14 [1] Asá hizo lo que era bueno y recto a los ojos de Yahvé su Dios. [2] Suprimió los altares del culto extranjero y los altos; rompió las estelas, abatió los cipos, [3] y mandó a Judá que buscase a Yahvé, el Dios de sus padres, y cumpliese la ley y los mandamientos*. [4] Hizo desaparecer de todas las ciudades de Judá los altos y los altares de incienso; y el reino estuvo en paz bajo su reinado. [5] Edificó ciudades fuertes en Judá, porque el país estaba en paz, y no hubo guerra contra él por aquellos años; pues Yahvé le había dado tranquilidad.

[6] Dijo a Judá: «Edifiquemos estas ciudades, y cerquémoslas de murallas, torres, puertas y barras, mientras el país esté a nuestra disposición; pues hemos buscado a Yahvé, nuestro Dios, y por haberle buscado, él nos ha dado paz por todas partes.»

Edificaron, pues, y prosperaron. [7] Asá tenía un ejército de trescientos mil hombres de Judá, que llevaban pavés y lanza, y doscientos ochenta mil de Benjamín, que llevaban escudo y eran arqueros; todos ellos esforzados guerreros.

1 Cro 8 40+

La invasión de Zéraj*.

[8] Salió contra ellos Zéraj el etíope, con un ejército de un millón de hombres y trescientos carros, y llegó hasta Maresá. [9] Salió Asá contra él y se pusieron en orden de batalla en el valle de Sefatá, junto a Maresá. [10] Asá invocó a Yahvé su Dios, y dijo: «¡Oh Yahvé, sólo tú puedes ayudar entre el poderoso y el desvalido! ¡Ayúdanos, pues, Yahvé, Dios nuestro, porque en ti nos apoyamos y en tu nombre marchamos contra esta inmensa muchedumbre! ¡Yahvé, tú eres nuestro Dios! ¡No prevalezca contra ti hombre alguno!»

[11] Yahvé derrotó a los etíopes ante Asá y Judá; y los etíopes se pusieron en fuga. [12] Asá y la gente que con él estaba los persiguieron hasta Guerar; y cayeron de

9

10

11

12

13

---

13 13 Se describe la batalla con reminiscencias de los relatos sobre la toma de Ay, Jos 8, y de Guibeá, Jc 20 (la emboscada) y de los relatos de guerra santa (clamor de guerra), toque de trompeta, atribución de la victoria a Dios, ver Jos 6.
13 19 No hay por qué poner en duda esta conquista, pero no fue duradera. Es un episodio de los conflictos fronterizos que Judá tuvo con Israel, con alternativas de éxitos y reveses, 1 R 15 16-23; 2 Cro 15 8; 16 1-6; 17 2.
14 3 El Cronista exagera el elogio que 1 R 15 hace de Asá, y le atribuye una reforma religiosa sobre la cual volverá en el cap. 15.

14 8 Este episodio, ausente de 1 R, no parece haber sido inventado: está demasiado ligado a lugares concretos y no encaja con la imagen de paz que el Cronista da de casi todo el reinado de Asá, ver vv. 5-6 15 19. Pero no se sabe quién es ese Zéraj. Como Cus normalmente designa a Etiopía, puede ser un mercenario etíope, jefe de alguna guarnición egipcia dejada por Sesonc en el sur del país, ver 12 3; 16 8. Pero Cus también puede designar a nómadas del Néguev (ver la mujer cusita de Moisés, Nm 12 1+) que habrían venido a hacer correrías en Judá, v. 14. En todo caso, la cifra de los combatientes es seguramente exagerada.

los etíopes hasta no quedar uno vivo, pues fueron destrozados delante de Yahvé y su campamento; y se recogió un botín inmenso. [13] Batieron todas las ciudades de los alrededores de Guerar, porque el terror de Yahvé cayó sobre ellas; y saquearon todas las ciudades, pues había en ellas gran botín. [14] Asimismo atacaron las majadas y capturaron gran cantidad de ovejas y camellos. Después se volvieron a Jerusalén.

La profecía de Azarías y la reforma religiosa*.

15 [1] Vino entonces el espíritu de Dios sobre Azarías, hijo de Oded, [2] el cual salió al encuentro de Asá y le dijo: «¡Oídme vosotros, Asá y todo Judá y Benjamín! Yahvé estará con vosotros mientras vosotros estéis con él; si le buscáis, se dejará hallar de vosotros; pero si le abandonáis, os abandonará. [3] Durante mucho tiempo Israel estará sin verdadero Dios, sin sacerdote que enseñe y sin ley. [4] Mas cuando en su angustia se vuelva a Yahvé, el Dios de Israel, y le busque, él se dejará hallar de ellos. [5] En aquellos tiempos no habrá paz para los hombres, sino grandes terrores sobre todos los habitantes de los países. [6] Chocarán pueblo contra pueblo y ciudad contra ciudad, porque Dios los conturbará con toda suerte de aflicciones. [7] ¡Vosotros, pues, esforzaos, y que no se debiliten vuestras manos! Porque vuestras obras tendrán recompensa.»

[8] Al oír Asá estas palabras y esta profecía* cobró ánimo e hizo desaparecer los monstruos abominables de todo el país de Judá y Benjamín y de las ciudades que había conquistado en la montaña de Efraín, y restauró el altar de Yahvé, que estaba delante del vestíbulo de Yahvé. [9] Congregó a todo Judá y Benjamín, y a los de Efraín, Manasés y Simeón que habitaban entre ellos; pues se habían pasado a él muchos de los israelitas, al ver que Yahvé, su Dios, estaba con él. [10] Se reunieron en Jerusalén en el mes tercero del año quince del reinado de Asá. [11] Aquel día ofrecieron a Yahvé sacrificios del botín que habían traído: setecientos bueyes y siete mil ovejas. [12] Y se obligaron con un pacto a buscar a Yahvé, el Dios de sus padres, con todo su corazón y con toda su alma; [13] y que todo aquel que no buscase a Yahvé, el Dios de Israel, moriría, desde el pequeño hasta el grande, hombre o mujer. [14] Juraron, pues, a Yahvé en alta voz, con gritos de júbilo y al son de las trompetas y cuernos. [15] Y todo Judá se alegró con motivo del juramento, porque de todo corazón había prestado el juramento, y con plena voluntad había buscado a Yahvé. Por eso él se dejó hallar de ellos; y les dio paz por todas partes.

Otras actividades de Asá.

[16] El rey Asá llegó a retirar a su madre Maacá la función de Gran Dama por haber hecho un objeto abominable para Aserá. Asá abatió este objeto abominable, lo hizo pedazos y lo quemó en el torrente Cedrón. [17] Pero no abolieron los santuarios de los altos de en medio de Israel*, aun cuando el corazón de Asá fue perfecto todos sus días. [18] Introdujo en el templo de Yahvé las ofrendas consagradas por su padre y las suyas propias: plata, oro y utensilios. [19] No hubo guerra hasta el año treinta y cinco del reinado de Asá.

Guerra contra Basá*.

16 [1] El año treinta y seis del reinado de Asá, Basá, rey de Israel, subió contra Judá y fortificó Ramá, para impedir las idas y venidas de Asá, rey de Judá. [2] Entonces Asá tomó plata y oro de los tesoros del templo de Yahvé y del palacio real, y envió mensajeros a Ben Hadad, rey de Aram, que habitaba en Damasco, con el mensaje: [3] «Existe una alianza entre tú y yo, entre mi padre y tu padre. Te envío plata y oro. Ve, rompe tu alianza con Basá, rey de Israel, para que

Marginal references:
Os 3 4-5
Dt 4 29-30+
Is 19 2
Is 7 4
Jr 31 16
Ne 10 30
‖ 1 R 15 13-15
‖ 1 R 15 16-22

---

15 El Cronista vuelve al tema de la reforma, ver **14** 1-4; la suscita la acción de un profeta, vv. 1-7 y abarca: una supresión de los ídolos hasta en el territorio de Israel, trabajos en el Templo, un sacrificio solemne y una renovación de la alianza. El relato parece haberse inspirado en la reforma de Ezequías, 2 Cro **29-31**, ver Jr 26 18-19, y sobre todo en la de Josías, 2 Cro **34-35**, donde aparecen los mismos temas: supresión de los ídolos y de los altos en todo el país, trabajos en el Templo, predicación profética, renovación de la alianza y sacrificios solemnes.

15 8 El hebr. añade: «Oded el profeta» refiriendo de este modo lo que precede a Oded, y no a su hijo como el v. 1.
15 17 El Cronista sigue 1 R, sin armonizarlo con 2 Cro 14 4.
16 Al relato paralelo de 1 R, el Cronista añade la fecha exacta, v. 1, que ha debido tomar de buena fuente, y la intervención de un profeta, vv. 7-10, que condena el llamamiento al extranjero, como lo hará Isaías a propósito de Egipto, Is 30 1-7; 31 1-3; ver también Os 6 13; 7 11; 12 2.

se aleje de mí.» ⁴ Ben Hadad atendió la petición del rey Asá y envió a los jefes de su ejército contra las ciudades de Israel; conquistó Iyón, Dan, Abel Mayin y todos los depósitos de las ciudades situadas en Neftalí. ⁵ Cuando se enteró Basá, suspendió las obras de Ramá e interrumpió los trabajos. ⁶ Entonces el rey Asá tomó a todo Judá y se llevaron de Ramá las piedras y maderas que Basá había empleado para la construcción; y con ellas fortificó Gueba y Mispá.

⁷ En aquel tiempo el vidente Jananí fue donde Asá, rey de Judá, y le dijo: «Por haberte apoyado en el rey de Aram, y no haberte apoyado en Yahvé, tu Dios, por eso se ha escapado de tu mano el ejército del rey de Aram. ⁸ ¿No eran un ejército numeroso los etíopes y los libios, con carros y una muchedumbre de hombres de carro? Y, sin embargo, por haber puesto tu confianza en Yahvé, él los entregó en tu mano. ⁹ Porque los ojos de Yahvé recorren toda la tierra, para fortalecer a los que tienen corazón entero para con él. Has procedido neciamente en esto, y por eso de aquí en adelante tendrás guerras.» ¹⁰ Irritóse entonces Asá contra el vidente y lo metió en la cárcel, pues estaba enojado con él por este asunto. En esa época también maltrató Asá a varios del pueblo.

Fin del reinado.

¹¹ Éstos son los hechos de Asá, los primeros y los postreros; están escritos en el libro de los reyes de Judá y de Israel. ¹² El año treinta y nueve de su reinado enfermó Asá de los pies, pero tampoco en su enfermedad buscó a Yahvé, sino a los médicos*. ¹³ Asá reposó con sus antepasados. Murió el año cuarenta y uno de su reinado, ¹⁴ y lo sepultaron en el sepulcro* que se había hecho en la Ciudad de David. Lo pusieron sobre un lecho lleno de bálsamo, de aromas y de ungüentos preparados según el arte de los perfumistas; y le encendieron una hoguera enorme*.

4. JOSAFAT Y LA ADMINISTRACIÓN

Poderío de Josafat*.

17 ¹ Reinó tras él su hijo Josafat, que se fortificó contra Israel. ² Puso guarniciones en todas las ciudades fortificadas de Judá y estableció gobernadores en el país de Judá y en las ciudades de Efraín, que Asá su padre había conquistado.

Sus desvelos por la Ley.

³ Estuvo Yahvé con Josafat, porque anduvo por los caminos que había seguido anteriormente su padre David y no buscó a los Baales, ⁴ sino que buscó al Dios de sus padres andando en sus mandamientos, sin imitar los hechos de Israel. ⁵ Yahvé consolidó el reino en su mano; y todo Judá traía presentes a Josafat, que adquirió grandes riquezas y honores. ⁶ Su corazón cobró ánimo en los caminos de Yahvé, hasta hacer desaparecer de Judá los santuarios de los altos y los cipos.

⁷ El año tercero de su reinado envió a sus oficiales Ben Jáyil, Abdías, Zacarías, Natanael y Miqueas para que enseñasen en las ciudades de Judá*, ⁸ y con ellos a los levitas Semaías, Natanías, Zebadías, Asael, Semiramot, Jonatán, Adonías, Tobías, y con estos levitas a los sacerdotes Elisamá y Jorán, ⁹ los cuales enseñaron en Judá, llevando consigo el libro de la Ley de Yahvé. Recorrieron todas las ciudades de Judá, enseñando al pueblo. ¹⁰ El terror de Yahvé se apoderó de todos los reinos de los países que rodeaban a Judá, de manera que no hicieron guerra contra Josafat. ¹¹ Los filisteos trajeron a Josafat presentes y plata como tributo. También los árabes* le trajeron ganado menor: siete mil setecientos car-

Marginal references:
Jr 20 2
‖1 R 15 23-24
14 8-14
l 33 13-15
1 S 9 12+
Ex 34 13+
19 8
Esd 7 25
Is 16 1

---

16 12 Por entonces, la magia contaminaba a menudo la medicina, pero el texto quiere decir sobre todo que Asá se ha dirigido únicamente a los médicos para un mal que era un castigo de Yahvé, ver v. 10.

16 14 (a) El hebr. dice «en sus sepulcros».

16 14 (b) No se trata de una incineración, sino de una combustión de aromas, rito de funeral para los reyes muertos en paz con Dios, ver Jr 34 5. Se le negará a Ocozías, 2 Cro 21 19.

17 Al igual que Asá era el tipo del rey pacífico, Josafat es para el Cronista el tipo del rey que gobierna con firmeza. El nombre del rey significa: «Yahvé juzga». Es uno de los predilectos del Cronista con Ezequías y Josías.

17 7 Esta misión de enseñanza de la Ley, confiada a cinco laicos, ocho levitas y dos sacerdotes, difícilmente se puede atribuir al reinado de Josafat. Más bien refleja la época del Cronista, en la que se desarrolló la función docente de los levitas, preparando la era de las sinagogas y de los doctores de la Ley.

17 11 No las tribus de Arabia, sino nómadas infiltrados en las regiones de Edom y Moab ver 21 16.

neros y siete mil setecientos machos cabríos. ¹² Así Josafat iba engrandeciéndose cada vez más, hasta lo sumo, y edificó en Judá castillos y ciudades de aprovisionamiento.

El ejército*.

¹³ Llevó a cabo muchas obras en las ciudades de Judá, y tuvo una guarnición de guerreros escogidos en Jerusalén. ¹⁴ Ésta es la lista, por sus casas paternas: De Judá, jefes de millar: Adná, el jefe, y con él 300.000 hombres esforzados. ¹⁵ A su lado el jefe Juan, y con él 280.000. ¹⁶ A su lado Amasías, hijo de Zicrí, que se había consagrado espontáneamente a Yahvé, y bajo su mando 200.000 hombres esforzados.

1 Cro 8 40+

¹⁷ De Benjamín: Elyadá, hombre valeroso, y con él, 200.000 armados de arco y escudo. ¹⁸ A su lado Jozabad, y con él, 180.000 equipados para la guerra. ¹⁹ Éstos eran los que servían al rey, sin contar los que el rey había puesto en las ciudades fortificadas por todo Judá.

‖ 1 R 22 1-35

Alianza con Ajab e intervención los profetas*.

18 ¹ Josafat tuvo grandes riquezas y honores; emparentó con Ajab*, ² y al cabo de algunos años bajó a visitarle a Samaría. Ajab sacrificó gran número de ovejas y de bueyes* para él y la gente que le acompañaba; y le incitó a que subiese con él contra Ramot de Galaad. ³ Dijo Ajab, rey de Israel, a Josafat, rey de Judá: «¿Vas a venir conmigo a Ramot de Galaad?» Le contestó: «Yo haré como tú, mi pueblo como tu pueblo, mis caballos como tus caballos. Contigo estaremos en la batalla.»

⁴ Josafat dijo al rey de Israel: «Consulta en este día la palabra de Yahvé.» ⁵ El rey de Israel reunió a los profetas, unos cuatrocientos hombres, y les dijo: «¿He de ir a guerrear contra Ramot de Galaad o debo desistir?» Le respondieron: «Sube, porque Dios la entregará en manos del rey.» ⁶ Pero Josafat dijo: «¿No

hay aquí todavía otro profeta de Yahvé al que consultar?» ⁷ Dijo el rey de Israel a Josafat: «Hay todavía un hombre para consultar a Yahvé por su medio, pero yo le odio, pues no me profetiza el bien, sino el mal. Es Miqueas, hijo de Yimlá.» Dijo Josafat: «No hable el rey de esta manera.» ⁸ Llamó el rey de Israel a un eunuco y le dijo: «Trae enseguida a Miqueas, hijo de Yimlá.»

⁹ El rey de Israel y Josafat, rey de Judá, estaban sentados en sus tronos, vestidos con sus galas, en la era que se encuentra a la entrada de la puerta de Samaría, mientras todos los profetas estaban en trance ante ellos. ¹⁰ Sedecías, hijo de Quenaaná, se había hecho unos cuernos de hierro, y decía: «Así dice Yahvé: Con éstos acornearás a Aram hasta acabar con ellos.» ¹¹ Todos los profetas profetizaban del mismo modo diciendo: «¡Sube contra Ramot de Galaad! Tendrás éxito. Yahvé la entregará en manos del rey.»

¹² El mensajero que había ido a llamar a Miqueas le habló diciendo: «Los oráculos de los profetas a una voz son favorables al rey. Que tu oráculo sea como el de cualquiera de ellos y sea favorable lo que anuncies.» ¹³ Respondió Miqueas: «¡Vive Yahvé, que lo que mi Dios me diga, eso anunciaré!» ¹⁴ Cuando llegó ante el rey, éste le preguntó: «Miqueas, ¿hemos de marchar en guerra contra Ramot de Galaad o debemos desistir?» Le respondió: «Sube, tendrás éxito. Yahvé la entregará en manos del rey.» ¹⁵ Pero el rey le dijo: «¿Cuántas veces he de hacerte jurar que no me digas sino sólo la verdad en nombre de Yahvé?» ¹⁶ Entonces él dijo:

«He visto a todo Israel en desbandada por los montes,
como rebaño sin pastor.
Yahvé ha dicho: 'No tienen señor.
Vuelva cada cual en paz a su casa'.»

¹⁷ El rey de Israel dijo a Josafat: «¿No te dije que nunca me profetiza el bien, sino el mal?»

¹⁸ Miqueas dijo:

«Por todo ello, escuchad la palabra de Yahvé. He visto a Yahvé sentado en su

---

17 13 Aparte las cifras, que son extravagantes, esta reseña proviene de buena fuente. Josafat disponía de un *ejército movilizado, reclutado por familias, distribuido* en contingentes hombres, que se hace distinción de Judá y Benjamín, y provisto de un cuadro de oficiales. Había también un servicio de las plazas fuertes.

18   El Cronista, que no se ocupa del reino del Norte y que omite todo el ciclo de Elías, 1 R 17-18, y el de Eliseo, 2 R 2-8, porque no guardan relación alguna con Judá, reproduce casi textualmente este relato que, sin

embargo, concierne principalmente al reino de Israel. Lo hace porque su héroe, Josafat, se hallaba estrechamente implicado en él, y también porque interviene un verdadero profeta de Yahvé que se opone a los falsos profetas a sueldo de Ajab.

18 1   Su hijo Jorán se casó con Atalía, hija o hermana de Ajab, ver 2 R 8 18+.

18 2   Este sacrificio, que no se menciona en Reyes, será funesto por haberse ofrecido lejos del santuario legítimo.

trono, con todo el ejército de los cielos a su lado, a derecha e izquierda. ¹⁹ Preguntó Yahvé: '¿Quién engañará a Ajab, rey de Israel, para que suba y caiga en Ramot de Galaad?' Entonces unos decían una cosa y otros otra. ²⁰ Entonces se adelantó el Espíritu, se puso ante Yahvé y dijo: 'Yo le engañaré.' Le preguntó Yahvé: '¿De qué modo?' ²¹ Respondió: 'Iré y me haré espíritu de mentira en la boca de todos sus profetas.' Y Yahvé dijo: 'Lo engañarás y vencerás. Ve y haz lo que dices'. ²² Así, pues, Yahvé ha puesto un espíritu de mentira en la boca de todos estos profetas tuyos, porque Yahvé ha predicho el mal contra ti.»
²³ Entonces Sedecías, hijo de Quenaaná, se acercó y dio una bofetada a Miqueas en la mejilla, diciendo: «¿Por qué camino se ha ido de mí el espíritu de Yahvé para hablar contigo?» ²⁴ Miqueas replicó: «Tú mismo lo verás en el día aquel, cuando trates de esconderte en la habitación más oculta.» ²⁵ El rey de Israel sentenció: «Prended a Miqueas y entregádselo a Amón, gobernador de la ciudad, y a Joás, hijo del rey; ²⁶ y les diréis: 'Así habla el rey: Meted a éste en la cárcel y alimentadle a pan y agua hasta que yo vuelva victorioso.'» ²⁷ Miqueas replicó: «Si vuelves ayuno, es que no ha hablado Yahvé por mí*.»

El combate. Intervención de un profeta.

²⁸ El rey de Israel y Josafat, rey de Judá, subieron contra Ramot de Galaad. ²⁹ El rey de Israel dijo a Josafat: «Yo voy a disfrazarme para entrar en combate*. Pero tú ponte tus vestiduras.» El rey de Israel se disfrazó, y así entraron en combate. ³⁰ Ahora bien, el rey de Aram había ordenado a los jefes de sus carros: «No ataquéis ni a chicos ni a grandes, sino tan sólo al rey de Israel.» ³¹ Cuando los jefes de los carros vieron a Josafat, dijeron: «Seguro que éste es el rey de Israel», y le rodearon para cargar sobre él. Pero Josafat dio el grito y Yahvé lo socorrió, alejándolos Dios de él. ³² Viendo los jefes de los carros que no era el rey de Israel, dieron vuelta en su persecución. ³³ Entonces un hombre disparó su arco al azar e hirió al rey de Israel por entre las placas de la coraza; el rey dijo al auriga: «Da vuelta a los caballos y sácame de la batalla*, porque me siento mal.» ³⁴ Aquel día el combate se prolongó y el rey de Israel tuvo que ser sostenido en pie en su carro frente a los arameos hasta la tarde; y a la caída del sol murió*.

19 ¹ Cuando Josafat, rey de Judá, regresaba en paz a su casa, a Jerusalén, ² le salió al encuentro Jehú, hijo de Jananí el vidente, y le dijo al rey Josafat*: «¿Con que tú ayudas al malo y amas a los que aborrecen a Yahvé? Por esto ha caído sobre ti la cólera de Yahvé. ³ Sin embargo, han sido halladas en ti obras buenas, porque has quitado de esta tierra los cipos, y has dispuesto tu corazón para buscar a Dios.»

Reformas judiciales*.

⁴ Residía Josafat en Jerusalén, pero volvió a visitar al pueblo desde Berseba hasta la montaña de Efraín y los convirtió a Yahvé, el Dios de sus padres. ⁵ Estableció jueces en el país, en todas las ciudades fortificadas de Judá, de ciudad en ciudad; ⁶ y dijo a los jueces: «Mirad lo que hacéis; porque no juzgáis en nombre de los hombres, sino en nombre de Yahvé, que está con vosotros cuando administráis justicia. ⁷ ¡Que esté sobre vosotros el temor de Yahvé! Atended bien a lo que hacéis, porque en Yahvé nuestro Dios no hay iniquidad ni acepción de personas ni soborno.»
⁸ También en Jerusalén estableció Josafat levitas, sacerdotes y cabezas de familia de Israel, para la administración de la justicia de Yahvé y para los litigios. Éstos habitaban en Jerusalén*. ⁹ Les dio

Dt 1 16-17;
16 19

Dt 10 17+

Dt 17 8-13

---

18 27 El hebr. añade: «Y dijo: Oíd, todos vosotros, pueblos»; es el comienzo del libro del canónico Miqueas, que también añadió un glosador en 1 R 22 28.
18 29 «Yo voy a disfrazarme para entrar» griego; «Disfrázate y entra» hebr., pero ver la continuación.
18 33 «de la batalla» griego; «del campamento» hebr.
18 34 El Cronista, que únicamente se interesa por Josafat y Judá, omite los detalles de 1 R 22 35ᵇ-38 sobre la muerte de Ajab.
19 2 El profeta Jehú, ausente de Reyes, aquí interviene para expresar la opinión del Cronista sobre la alianza con Ajab; ésta había disgustado a Dios; con todo, las buenas obras de Josafat le han valido el ser perdonado.
19 4 Aunque no se la menciona en Reyes, esta reforma de Josafat debe retenerse como histórica, aun cuando la redacción ha sido influida por el Dt y por la situación de la época del Cronista. Josafat estableció una jurisdicción central junto a la jurisdicción comunal, y descargó al rey de su tribunal de juez supremo. Esta reforma pudo influir en el relato de análogas medidas atribuidas a Moisés, cfr Ex 18 13+, y es la base de las leyes de Dt 16 18-20; 17 8-13. La medida forma parte de una reforma religiosa, v. 4; los tribunales juzgan en nombre de Yahvé, vv. 6.8, y son competentes para los asuntos religiosos, vv. 10-11.
19 8 «habitaban (wayyešebû)» en Jerusalén» conj.; «volvieron (wayyašubû) a Jerusalén» hebr.; «para juzgar a los habitantes de Jerusalén» griego.

esta orden: «Obraréis en todo en el temor de Yahvé, con fidelidad y con corazón perfecto. ¹⁰ En todo pleito que venga a vosotros de parte de vuestros hermanos que habitan en sus ciudades, sean causas de sangre o cuestiones de la Ley, de los mandamientos, decretos y sentencias, habéis de esclarecerlos, a fin de que no se hagan culpables para con Yahvé y se encienda su ira contra vosotros y contra vuestros hermanos. Obrando así, no os haréis culpables.

¹¹ «Amarías, sumo sacerdote, será vuestro jefe en todos los asuntos de Yahvé; y Zebadías, hijo de Ismael, jefe de la casa de Judá, en todos los asuntos del rey*. Los levitas os servirán de escribas. ¡Esforzaos, y manos a la obra! Y esté Yahvé con quien sea bueno.»

La guerra santa edomita*.

20 ¹ Después de esto, los moabitas y amonitas, y con ellos algunos amonitas*, marcharon contra Josafat para atacarle. ² Vinieron mensajeros que avisaron a Josafat diciendo: «Viene contra ti una gran muchedumbre de gentes de allende el mar, de Edom*, que están ya en Jasasón Tamar, o sea, Engadí.»

³ Tuvo miedo Josafat y se dispuso a buscar a Yahvé, promulgando un ayuno para todo Judá. ⁴ Congregóse Judá para implorar a Yahvé, y también de todas las ciudades de Judá vino gente a suplicar a Yahvé. ⁵ Entonces Josafat, puesto en pie en medio de la asamblea de Judá y de Jerusalén, en el templo de Yahvé, delante del atrio nuevo, ⁶ dijo*: «Yahvé, Dios de nuestros padres, ¿no eres tú Dios en el cielo, y no dominas tú en todos los reinos de las naciones? ¿No está en tu mano el poder y la fortaleza, sin que nadie pueda resistirte? ⁷ ¿No has sido tú, oh Dios nuestro, el que expulsaste a los habitantes de esta tierra delante de tu pueblo Israel, y la diste a la posteridad de tu amigo Abrahán para siempre?

⁸ Ellos la han habitado, y han edificado un santuario a tu Nombre, diciendo: ⁹ 'Si viene sobre nosotros algún mal, espada, castigo, peste o hambre, nos presentaremos delante de este templo, y delante de ti, porque tu Nombre reside en este templo; clamaremos a ti en nuestra angustia, y tú oirás y nos salvarás.'

¹⁰ «Pero mira ahora cómo los amonitas y moabitas y los del monte Seír, a donde no dejaste entrar a Israel cuando salía de la tierra de Egipto, de modo que Israel se apartó de ellos sin destruirlos, ¹¹ ahora nos pagan viniendo a echarnos de la heredad que tú nos has legado. ¹² Oh Dios nuestro, ¿no harás tú justicia con ellos? Pues nosotros no tenemos fuerza contra esta gran multitud que viene contra nosotros y no sabemos qué hacer. Pero nuestros ojos se vuelven hacia ti.»

¹³ Todo Judá estaba en pie ante Yahvé con sus niños, sus mujeres y sus hijos. ¹⁴ Vino el espíritu de Yahvé sobre Yajaziel*, hijo de Zacarías, hijo de Benaías, hijo de Yeiel, hijo de Matanías, levita, de los hijos de Asaf, que estaba en medio de la asamblea, ¹⁵ y dijo: «¡Atended vosotros, Judá entero y habitantes de Jerusalén, y tú, oh rey Josafat! Así os dice Yahvé: No temáis ni os asustéis ante esa gran muchedumbre; porque esta guerra no es vuestra, sino de Dios. ¹⁶ Bajad contra ellos mañana; mirad, ellos van a subir por la cuesta de Sis. Los encontraréis en el valle de Sof*, junto al desierto de Yeruel. ¹⁷ No tendréis que pelear en esta ocasión. Apostaos y quedaos quietos, y veréis la salvación de Yahvé que vendrá sobre vosotros, oh Judá y Jerusalén. ¡No temáis ni os asustéis! Salid mañana al encuentro de ellos, pues Yahvé estará con vosotros.»

¹⁸ Josafat se inclinó rostro en tierra; y todo Judá y los habitantes de Jerusalén se postraron ante Yahvé para adorar a Yahvé. ¹⁹ Y los levitas, de los hijos de los queatitas y de la estirpe de los coreítas,

Marginal references: 1 R 21 9 / Jr 36 6 / Jl 1 14 / Dt 4 35+ / Is 41 8 / Dt 2 4s. 9s.18s / 1 Cro 9 15 / Ne 11 17.. / Is 8 10

---

19 11 Esta distinción de lo religioso y lo profano refleja la influencia de Ezequiel.
20 Este largo relato, sin paralelo en Reyes, no es invención del Cronista y debe descansar en alguna tradición del Sur, como lo demuestran las precisiones geográficas. Su núcleo histórico puede ser un ataque de *elementos procedentes de Transjordania y del Négueb*, uno de aquellos esfuerzos periódicos que concluían con el establecimiento de los edomitas en el sur de Palestina. Pero el relato abunda en reminiscencias deuteronomistas y está descrito en el estilo de los relatos de guerra santa, ver en especial vv. 15-18; 22-23; 29.
20 1 «maonitas» griego; hebr. corrompido. —Generalmente se relaciona su nombre con Maân, al este de

Petra, en Transjordania, pero la relación es dudosa. En el curso del relato se les sustituye con «los (hijos) del monte Seír». El nombre de Seír es el equivalente de Edom, pero se le aplicó desde muy antiguo al macizo montañoso del Négueb septentrional.
20 2 «Edom» conj.; «Aram» hebr. (confusión frecuente).
20 6 Este llamamiento comienza repitiendo los temas de la oración de Salomón, 6 1s.
20 14 El Cronista atribuye a este cantor el espíritu profético, ver 1 Cro 25 1+, como lo hace en cuanto a Zacarías, hijo del sacerdote Joadá, 2 Cro 24 20.
20 16 Otra traducción: «al extremo del valle».

se levantaron para alabar con gran clamor a Yahvé, el Dios de Israel.

Is 7 9 [20] Al día siguiente se levantaron temprano y salieron al desierto de Técoa. Mientras iban saliendo, Josafat, puesto en pie, dijo: «¡Oídme, Judá y habitantes de Jerusalén! Tened confianza en Yahvé vuestro Dios y estaréis seguros; tened confianza en sus profetas y triunfaréis.»

Sal 136 1 [21] Después, habiendo deliberado con el pueblo, señaló cantores que, vestidos de ornamentos sagrados y marchando al frente de los guerreros, cantasen en honor de Yahvé: «¡Alabad a Yahvé porque es eterna su misericordia!» [22] Y en el momento en que comenzaron las aclamaciones y las alabanzas, Yahvé puso emboscadas contra los amonitas y moabitas y los del monte Seír, que habían venido contra Judá, y fueron derrotados. [23] Por-

Jos 6 17+ que se levantaron los amonitas y moabitas contra los moradores del monte Seír, para entregarlos al anatema y ani-

Ez 38 21 quilarlos, y cuando hubieron acabado con los moradores de Seír se aplicaron a destruirse mutuamente.

[24] Judá había venido a la atalaya del desierto y se volvieron hacia la multitud, pero no había más que cadáveres tendidos por tierra, pues ninguno pudo escapar. [25] Josafat y su pueblo fueron a saquear los despojos y hallaron mucho ganado, riquezas y vestidos y objetos preciosos*, y recogieron tanto que no lo podían llevar. Emplearon tres días en saquear el botín, porque era abundante. [26] Al cuarto día se reunieron en el valle de Beracá, y allí bendijeron a Yahvé; por eso se llama aquel lugar valle de Beracá* hasta el día de hoy. [27] Después todos los hombres de Judá y de Jerusalén, con Josafat al frente, regresaron con júbilo a Jerusalén, porque Yahvé les había colmado de gozo a costa de sus enemigos. [28] Entraron en Jerusalén, en el templo de Yahvé, con salterios, cítaras y trompetas.

Dt 2 25 [29] El terror de Dios cayó sobre todos los reinos de los países cuando supieron que Yahvé había peleado contra los enemigos de Israel. [30] El reinado de Josafat fue tranquilo, y su Dios le dio paz por todos lados.

Fin del reinado.

|| 1 R 22 41-51

[31] Josafat reinó sobre Judá. Tenía treinta y cinco años cuando comenzó a reinar, y reinó veinticinco años en Jerusalén. Su madre se llamaba Azubá, hija de Siljí. [32] Siguió en todo el camino de Asá, su padre, sin desviarse de él, haciendo lo que era recto a los ojos de Yahvé. [33] Pero no desaparecieron los lugares

17 6 altos de culto, pues el pueblo aún no había fijado su corazón en el Dios de sus padres. [34] El resto de los hechos de Josafat, los primeros y los postreros, están escritos en la historia de Jehú, hijo de Jananí, que se halla inserta en el libro de los reyes de Israel.

[35] Después de esto, Josafat, rey de Judá, se alió con Ocozías, rey de Israel, que le impulsó a hacer el mal. [36] Se asoció con él para construir naves que fueran a Tarsis; y fabricaron las naves en Esión Guéber. [37] Entonces Eliezer, hijo de Dodaías, de Maresá, profetizó contra Josafat diciendo: «Por haberte aliado con Ocozías, Yahvé ha abierto brecha en tus obras.» En efecto, las naves se destrozaron y no pudieron ir a Tarsis*.

21 [1] Josafat reposó con sus antepasados y fue enterrado con sus padres en la ciudad de su padre David. Jorán, su hijo, reinó en su lugar.

5. IMPIEDAD Y DESASTRES DE JORÁN, OCOZÍAS, ATALÍA Y JOÁS

Advenimiento y crimen de Jorán.

[2] Jorán tenía seis hermanos, hijos de Josafat, que eran Azarías, Yejiel, Zacarías, Azaryau, Miguel y Sefatías. Todos éstos eran hijos de Josafat, rey de Israel*. [3] Su padre les había hecho grandes donaciones de plata, oro y objetos preciosos, y ciudades fuertes en Judá; pero entregó el reino a Jorán porque era el primogénito. [4] Jorán tomó posesión del trono de su padre; y cuando se afianzó

---

20 25 «ganado» *bejemat* conj.; «entre ellos» *bahem* hebr. —«vestidos» *begadim* mss; «cadáveres» *pegarim* hebr.
20 26 *Beraká* significa bendición.
20 37 El Cronista modifica la historia de 1 R 22 49-51; aquí, el fracaso de Josafat se atribuye a su alianza con el rey de Israel. Por otra parte, el profeta Eliezer es desconocido.
21 2 Las versiones han corregido en «Judá», pero para el Cronista, Judá es el verdadero «Israel», ver v. 4; 28 19.

en él pasó a cuchillo a todos sus hermanos y también a algunos de los jefes de Israel.

‖2 R 8 17-19

⁵ Treinta y dos años tenía Jorán cuando empezó a reinar, y reinó ocho años en Jerusalén. ⁶ Siguió el camino de los reyes de Israel, como había hecho la casa de Ajab, porque se había casado con una mujer de la familia de Ajab, e hizo el mal a los ojos de Yahvé. ⁷ Pero Yahvé no quiso destruir la casa de David, a causa de la alianza* que había hecho con David, porque le había prometido que le daría siempre una lámpara a él y a sus hijos.»

1 R 11 36+

Rebelión de Edom y de Libná.

‖2 R 8 20-22

⁸ En su tiempo, Edom se rebeló contra el poder de Judá y se dieron un rey propio. ⁹ Pasó Jorán con sus jefes y con todos sus carros. Se levantó por la noche y derrotó a los edomitas que le estaban cercando a él y a todos los jefes de los carros. ¹⁰ Así se independizó Edom del poder de Judá, como sucede hasta hoy. También en aquel tiempo se rebeló Libná de bajo su mano, porque había abandonado a Yahvé, el Dios de sus padres.

¹¹ Construyó asimismo lugares de culto en los montes de Judá, incitó a la prostitución a los habitantes de Jerusalén y empujó a ella a Judá. ¹² Le llegó un escrito del profeta Elías*, que decía: «Así dice Yahvé, el Dios de tu padre David: Porque no has seguido los caminos de tu padre Josafat, ni los caminos de Asá, rey de Judá, ¹³ sino que has andado por los caminos de los reyes de Israel, y has prostituido a Judá y a los habitantes de Jerusalén siguiendo las prostituciones de la casa de Ajab, y también porque has dado muerte a tus hermanos de la casa de tu padre que eran mejores que tú; ¹⁴ he aquí que Yahvé castigará con terrible azote a tu pueblo, tus hijos, tus mujeres y toda tu hacienda; ¹⁵ tú mismo padecerás grandes* enfermedades y una dolencia de entrañas tal, que día tras día se te saldrán fuera a causa de la enfermedad.»

¹⁶ Excitó Yahvé contra Jorán el espíritu de los filisteos y de los árabes, vecinos de los etíopes, ¹⁷ que subieron contra Judá y lo invadieron llevándose todas las riquezas que hallaron en la casa del rey, y también a sus hijos y a sus mujeres, no dejándole otro hijo que Ocozías, el menor. ¹⁸ Después de todo esto le hirió Yahvé con una enfermedad incurable de vientre. ¹⁹ Y al cabo de cierto tiempo, al fin del año segundo, se le salieron las entrañas a causa de su enfermedad, y murió en medio de terribles dolores. El pueblo no le encendió fuego, como lo había encendido por su padre.

14 8+
16 14

²⁰ Tenía treinta y dos años cuando empezó a reinar, y reinó en Jerusalén ocho años. Se fue sin que nadie le llorara; y lo sepultaron en la ciudad de David, pero no en los sepulcros de los reyes.

‖2 R 8 24ᵃ

Ocozías y su política.

22 ¹ Los habitantes de Jerusalén proclamaron rey en su lugar a su hijo menor Ocozías, porque una banda de árabes que había invadido el campamento había dado muerte a todos los mayores, de suerte que llegó a ser rey Ocozías, hijo de Jorán, rey de Judá. ² Ocozías tenía cuarenta y dos años* cuando comenzó a reinar, y reinó un año en Jerusalén. Su madre se llamaba Atalía, hija de Omrí. ³ También él siguió los caminos de la casa de Ajab, pues su madre le instigaba a hacer el mal. ⁴ Hizo el mal a los ojos de Yahvé, como los de la casa de Ajab, porque después de la muerte de su padre fueron ellos sus consejeros para su perdición. ⁵ También por consejo de ellos fue con Jorán, hijo de Ajab, rey de Israel, para combatir a Jazael, rey de Aram, en Ramot de Galaad; los arameos* hirieron a Jorán, ⁶ que se retiró a Yizreel para curarse de las heridas que había recibido en Ramá, en la batalla contra Jazael, rey de Aram.

Ocozías*, hijo de Jorán, rey de Judá, bajó a Yizreel para visitar a Jorán, hijo de Ajab, que se hallaba enfermo. ⁷ Esta visita a Jorán vino de Dios para ruina de Ocozías; pues llegado allí, salió con Jorán contra Jehú, hijo de Nimsí, a quien Yahvé había ungido para exterminar la

2 R 8 24ᵇ-2
10 6s
Qo 10 16
‖2 R 9 21

---

21 7   El Cronista añade a 2 R 8 19 la mención de la «casa de David» y de la alianza davídica, de conformidad con su preocupación principal.
21 12   Es la única mención de Elías en este libro, y esta intervención de Elías en Judá no es conocida por el libro de los Reyes. Según la cronología de 2 R, Elías había desaparecido antes del reinado de Jorán de Israel, 2 R 2 y 3 1, y por tanto antes de Jorán de Judá, ver 2 R

8 16 (ver, sin embargo, 2 R 1 17). Al parecer, el Cronista utiliza una tradición apócrifa.
21 15   «grandes» griego; «numerosas» hebr.
22 2   Veintidós años según 2 R 8 26.
22 5   «arameos» ha'arammîm conj.; «tiradores» harammîm hebr.
22 6   El hebr. trae «Azarías».

||2 R 10
12-14
casa de Ajab. [8] Mientras Jehú hacía justicia de la casa de Ajab, se encontró con los jefes de Judá y con los hijos de los hermanos de Ocozías, que se hallaban al servicio de Ocozías, y los mató.

[9] Buscó luego a Ocozías, al que prendieron en Samaria, donde se había escondido. Lo llevaron donde Jehú, que lo R 9 28-29 mató, pero le dieron sepultura, pues decían: «Es hijo de Josafat, el que buscó a Yahvé con todo su corazón.»

2 R 11 1-3 **El crimen de Atalía.**

No quedó de la casa de Ocozías nadie que fuese capaz de reinar. [10] Cuando Atalía, madre de Ocozías, vio que su hijo había muerto, se dispuso a eliminar* a toda la estirpe real de la casa de Judá. [11] Pero Josebá, hija del rey, tomó a Joás, hijo de Ocozías, de entre los hijos del rey que estaban siendo asesinados, y lo escondió e instaló, a él y a su nodriza, en el dormitorio. Josebá, hija del rey Jorán, mujer del sacerdote Joadá y hermana de Ocozías, lo ocultó de la vista de Atalía, que no pudo matarle. [12] Seis años estuvo escondido con ellos en el templo de Yahvé, mientras Atalía reinaba en el país.

R 11 4-16 **El clero contra Atalía.
Proclamación de Joás*.**

23 [1] El año séptimo, Joadá cobró ánimo y envió a buscar a los jefes de cien, a Azarías, hijo de Yeroján; a Ismael, hijo de Juan; a Azarías, hijo de Obed; a Maasías, hijo de Adaías, y a Elisafat, hijo de Zicrí; concertando un pacto con ellos, [2] recorrieron Judá y reunieron a los levitas de todas las ciudades de Judá y a los cabezas de familia de Israel, que vinieron a Jerusalén. [3] Toda la asamblea hizo alianza con el rey en el templo de Dios. Joadá les dijo: «Aquí tenéis al hijo del rey que ha de reinar, como dijo Yahvé de los hijos de David. [4] Esto habéis de hacer: Un tercio de vosotros, así sacerdotes como levitas, los que entráis el sábado, se quedarán de porteros en las entradas; [5] otro tercio en el palacio real y

otro tercio se situará en la Puerta de la Fundación, mientras que todo el pueblo estará en los atrios del templo de Yahvé. [6] Nadie podrá entrar en el templo de Yahvé fuera de los sacerdotes y los levitas que estén de servicio; éstos podrán entrar por estar consagrados, pero todo el pueblo tiene que guardar el precepto de Yahvé. [7] Los levitas rodearán al rey por todos lados, arma en mano. Cualquiera que penetre en el palacio morirá. Sólo ellos acompañarán al rey en su ir y venir.»

[8] Los levitas y todo Judá hicieron cuanto les había mandado el sacerdote Joadá. Cada uno tomó sus hombres, los que entraban y los que salían de servicio el sábado, pues el sacerdote Joadá no exceptuó a ninguna de las secciones. [9] El 1 Cro 24 19 sacerdote Joadá entregó a los jefes de cien las lanzas y los escudos, grandes y pequeños, del rey David depositados en el templo de Yahvé, [10] y apostó a todo el pueblo, arma en mano, desde el extremo oriental del templo hasta el extremo occidental, entre el altar y el templo, rodeando al rey. [11] Hicieron salir entonces al hijo del rey y le pusieron la diadema y las insignias. Le proclamaron rey. Joadá y sus hijos* le ungieron y gritaron: «¡Viva el rey!»

[12] Cuando Atalía oyó el griterío del pueblo que corría y aclamaba al rey, se fue hacia la muchedumbre que estaba en el templo de Yahvé. [13] Miró y vio al rey en pie junto a la columna, a la entrada, a los jefes con sus trompetas junto al rey, a todo el pueblo de la tierra en júbilo y tocando las trompetas, y a los cantores que, con instrumentos de música, dirigían los cánticos de alabanza*. Atalía rasgó sus vestiduras y gritó «¡Traición, traición!» [14] Entonces el sacerdote Joadá dio esta orden a los jefes de las tropas: «Hacedla salir de las filas. Quien la siga será pasado a espada», pues el sacerdote se decía: «No debe ser ejecutada en el templo de Yahvé.» [15] Le abrieron paso y, cuando entró en el palacio real por la Puerta de los Caballos, allí fue ejecutada.

---

22 10 «exterminó» *te'abbed* 2 R 11 1; «dijo» *tedabber* hebr.
23 Algunas modificaciones y adiciones al paralelo de Reyes reflejan los puntos de vista del Cronista: sustituye a los mercenarios extranjeros al servicio del rey por israelitas; el pueblo permanece en su sitio en el atrio; dirigen la acción los levitas, de quienes se supone que responden de la guardia del Templo; todo se hace según el «precepto de Yahvé», v. 6, es decir, según la

legislación sacerdotal. Esto da a este golpe de Estado político el aspecto de una función litúrgica, conforme a un tema del agrado del Cronista. Otro de los temas, la preocupación por la descendencia davídica, se subraya en el v. 3.
23 11 El texto antiguo no precisaba que la unción hubiera sido hecha por los sacerdotes.
23 13 Nueva indicación propia del Cronista.

‖2 R 11
17-20

La reforma de Joadá.

Ex 25 1-9;
38 24-31

[16] Entonces Joadá celebró alianza con todo el pueblo y el rey, por la que el pueblo se convertía en pueblo de Yahvé. [17] Acudió después todo el pueblo al templo de Baal. Lo derribaron, hicieron pedazos sus altares e imágenes, y a Matán, sacerdote de Baal, lo mataron frente a los altares.

1 Cro 23 13

1 Cro 25

1 Cro 26

[18] Joadá puso centinelas en el templo de Yahvé, a las órdenes de los sacerdotes y levitas que David había distribuido en el templo de Yahvé, conforme a lo escrito en la Ley de Moisés*, para ofrecer los holocaustos con alegría y cánticos, según las disposiciones de David. [19] Puso porteros junto a las puertas del templo de Yahvé para que no entrase ninguno que por cualquier causa fuese inmundo*. [20] Tomó después a los centuriones, a los notables, a los dirigentes del pueblo y al pueblo entero del país, y escoltaron al rey desde el templo de Yahvé, haciendo entrada por la puerta superior del palacio real, y lo entronizaron en el trono del reino. [21] Todo el pueblo del país exultaba de júbilo y la ciudad quedó tranquila. En cuanto a Atalía, había muerto a espada.

‖2 R 12 1-17

Joás restaura el Templo*.

24 [1] Joás tenía siete años al subir al trono y reinó cuarenta años en Jerusalén. Su madre se llamaba Sibía, de Berseba. [2] Joás hizo lo recto a los ojos de Yahvé durante toda la vida del sacerdote Joadá. [3] Éste le casó con dos mujeres, y engendró hijos e hijas. [4] Después de esto resolvió Joás restaurar el templo de Yahvé. [5] Reunió a los sacerdotes y a los levitas y les dijo: «Recorred las ciudades de Judá* y juntad cada año plata en todo Israel para reparar el templo de vuestro Dios; y daos prisa en ello.» Pero los levitas no se dieron prisa. [6] Llamó entonces el rey a Joadá, sumo sacerdote, y le dijo: «¿Por qué no has tenido cuidado de que los levitas trajesen de Judá y de Je-

rusalén la contribución que Moisés, siervo de Yahvé, y la asamblea de Israel prescribieron para la Tienda del Testimonio?» [7] Pues la impía Atalía y sus hijos habían arruinado el templo de Dios, llegando incluso a emplear para los Baales todas las cosas consagradas al templo de Yahvé. [8] Mandó, pues, el rey que se hiciera un cofre, que fue colocado junto a la puerta del templo de Yahvé, por la parte exterior; [9] y echaron bando en Judá y en Jerusalén de que trajesen a Yahvé la contribución que Moisés, siervo de Dios, había impuesto a Israel en el desierto. [10] Todos los jefes y todo el pueblo se alegraron; y traían la contribución y la echaban en el cofre hasta que se llenaba.

[11] Cuando llevaban el cofre a los inspectores del rey, por medio de los levitas, si veían que había mucho dinero, venía el secretario del rey y el inspector del sumo sacerdote para vaciar el cofre; luego, lo tomaban y lo volvían a su lugar. Así lo hacían cada vez, y recogían dinero en abundancia. [12] El rey y Joadá se lo daban a los encargados de las obras del servicio del templo de Yahvé, y éstos tomaban a sueldo canteros y carpinteros para restaurar el templo de Yahvé, y también a los que trabajaban en hierro y bronce, para reparar el templo de Yahvé. [13] Trabajaron, pues, los encargados de la obra, y con sus trabajos adelantaron las reparaciones del edificio; restituyeron el templo de Dios a su primer estado y lo consolidaron. [14] Acabado el trabajo, entregaron al rey y a Joadá el resto del dinero, con el cual hicieron objetos para el templo de Yahvé, utensilios para el ministerio y para los holocaustos, vasos y objetos de oro y plata.

Durante toda la vida de Joadá se ofrecieron siempre holocaustos en el templo de Yahvé. [15] Envejeció Joadá, y murió colmado de días. Tenía ciento treinta años cuando murió. [16] Lo sepultaron en la Ciudad de David, con los reyes, porque había hecho el bien en Israel, con Dios y con su templo*.

---

23 18 Al parecer, tenemos aquí y en 30 16 el empleo más antiguo del término «Ley de Moisés» para designar no ya sólo al Deuteronomio, ver Jos 8 31; 23 6, etc., sino al conjunto de los cinco libros que llamamos Pentateuco, ver Si prol.; 24 23. El reconocimiento del papel decisivo desempeñado por Moisés se une a la conciencia del vínculo creado por Yahvé entre él mismo y el pueblo de la Alianza, ver Dt 4 8+.
23 19 En los vv. 18-19, el Cronista presenta la reforma de Joadá como una restauración de las instituciones davídicas, a las que ha transferido los usos del Templo

postexílico.
24 El Cronista ofrece un relato que, en conjunto, está de acuerdo con el de Reyes, pero con diferencias que indican el empleo de una fuente paralela, acaso el «Midrás del libro de los Reyes», citado en v. 27.
24 5 El Cronista ha sustituido las ofrendas hechas al Templo, 2 R 12 5, por esta colecta inspirada en las prescripciones atribuidas a Moisés para la construcción de la Tienda, Ex 25 1-9; 30 12-16; 38 25-28, y renovadas por Nehemías, Ne 10 33-35. Ver también Mt 17 24s.
24 16 En Reyes no hay nada parecido a los vv. 14-16.

Apostasía y castigo de Joás.

[Ex 34 13+]

[17] Después de la muerte de Joadá vinieron los jefes de Judá a postrarse delante del rey, y entonces el rey les prestó oído*. [18] Abandonaron el templo de Yahvé, el Dios de sus padres, y sirvieron a los cipos y a los ídolos; la cólera estalló contra Judá y Jerusalén a causa de esta culpa suya. [19] Yahvé les envió profetas que dieron testimonio contra ellos para que se convirtiesen a él, pero no les prestaron oído. [20] Entonces el espíritu de Dios revistió a Zacarías, hijo del sacerdote Joadá, que, presentándose delante del pueblo, les dijo: «Así dice Dios: ¿Por qué traspasáis los mandamientos de Yahvé? No tendréis éxito; pues por haber abandonado a Yahvé, él os abandonará a vosotros.» [21] Mas ellos conspiraron contra él, y por mandato del rey lo apedrearon en el atrio del templo de Yahvé. [22] Pues el rey Joás no se acordó del amor que le había tenido Joadá, padre de Zacarías, sino que mató a su hijo, que exclamó al morir: «¡Véalo Yahvé y exija cuentas!»

[Mt 23 35+]

[23] A la vuelta de un año* subió contra Joás el ejército de los arameos, que invadieron Judá y Jerusalén, mataron de entre la población a todos los jefes del pueblo, y enviaron todo el botín al rey de Damasco, [24] pues aunque el ejército de los arameos había venido con poca gente, Yahvé entregó en sus manos a un ejército muy grande; porque habían abandonado a Yahvé, el Dios de sus padres.

De este modo los arameos hicieron justicia con Joás. [25] Y cuando se alejaron de él, dejándole gravemente enfermo, se conjuraron contra él sus servidores, por la sangre del sacerdote Joadá, lo mataron en su lecho y murió. Lo sepultaron en la Ciudad de David, pero no lo sepultaron en los sepulcros de los reyes. [26] Los que conspiraron contra él fueron Zabad, hijo de Simat la amonita, y Jozabad, hijo de Simrit la moabita. [27] Lo tocante a sus hijos, la gran cantidad de impuestos que percibió y la restauración del templo de Dios, se halla escrito en el midrás del libro de los reyes. Amasías, su hijo, reinó en su lugar.

[2 R 12 18-22]

[Dt 32 30]

6.   PIEDAD Y PROSPERIDAD RELATIVAS DE AMASÍAS, OZÍAS Y JOTÁN

[R 14 2-6]

Advenimiento de Amasías*.

25 [1] Veinticinco años tenía Amasías cuando comenzó a reinar, y reinó veintinueve años en Jerusalén. Su madre se llamaba Joadán, de Jerusalén. [2] Hizo lo recto a los ojos de Yahvé, aunque no de todo corazón. [3] Cuando el reino estuvo afianzado en sus manos, mató a los servidores que habían matado al rey, su padre, [4] pero no ejecutó a los hijos de los asesinos, en conformidad con lo escrito en el libro de la Doctrina de Moisés, donde Yahvé dio una orden diciendo: «*Los padres no serán ajusticiados por causa de los hijos; los hijos no serán ajusticiados por causa de los padres, sino que cada uno será ajusticiado por su propio pecado.*»

[Dt 24 16]

Guerra contra Edom.

[5] Amasías congregó a Judá y estableció por todo Judá y Benjamín, según las casas paternas, jefes de millar y jefes de cien; hizo el censo de ellos, desde los veinte años para arriba, y halló trescientos mil hombres escogidos aptos para la guerra y el manejo de lanza y pavés. [6] Tomó también a sueldo en Israel, por cien talentos de plata, a cien mil hombres valientes. [7] Pero vino donde él un hombre de Dios que le dijo: «Oh rey, que no salga contigo el ejército de Israel, porque Yahvé no está con Israel, ni con ninguno de los efrainitas. [8] Si vienen contigo, tú te portarás esforzadamente en la batalla, pero Dios te hará caer ante el enemigo, porque Dios tiene poder para

---

24 17 En 2 R no aparecen vestigios de este cambio de política; pero es probable que después de la muerte de Joadá el rey se hubiera sacudido la tutela clerical y hubiera seguido a sus consejeros laicos. —Según su costumbre, el Cronista señala aquí la intervención de profetas.

24 23 2 R habla de una guerra entre los filisteos y los arameos, que se alejan de Judá después de hacerse pagar un fuerte tributo, y menciona a continuación el asesinato de Joás. Parece que el Cronista dispuso de otra fuente que quizá presentaba ya la muerte violenta de

Joás como el castigo de su impiedad.
24 25 El hebr. dice «los hijos».
25 A este párrafo sólo corresponde un v. (14 7) en 2 R. El Cronista parece haber dispuesto de una fuente mucho más desarrollada. La venganza de los mercenarios israelitas, después de su despido, contra ciudades de Judá, llevará a la guerra contra Israel, v. 17s; 2 R no daba para ello más motivo que la exaltación insensata de Amasías tras su victoria sobre Edom. Nótese de nuevo la intervención profética, vv. 7 y 15.

ayudar y para derribar.» [9] Respondió Amasías al hombre de Dios: «¿Y qué hay de los cien talentos que he dado a la tropa de Israel?» Contestó el hombre de Dios: «Tiene Yahvé poder para darte mucho más que eso.» [10] Y Amasías apartó los destacamentos que le habían venido de Efraín, para que se volviesen a sus lugares. Ellos se irritaron mucho contra Judá y se volvieron a sus casas ardiendo en cólera.

Infidelidad después de la campaña edomita.

|2 R 14 7

[11] Amasías cobró ánimo y, tomando el mando de su pueblo, marchó al valle de la Sal, y dio muerte a diez mil hombres de los seiríes. [12] Los hijos de Judá apresaron vivos a otros diez mil y, llevándolos a la cumbre de la peña, los precipitaron desde allí, quedando todos ellos reventados. [13] Entretanto, la tropa que Amasías había despedido, para que no fuesen con él a la guerra, se desparramaron por las ciudades de Judá, desde Samaría hasta Bet Jorón, pero fueron derrotados tres mil de ellos y se recogió mucho botín.

[14] Después de regresar Amasías de su victoria sobre los edomitas, introdujo los dioses de los seiríes; eligió los dioses de ellos, se postró ante ellos y les quemó incienso. [15] Se encendió la ira de Yahvé contra Amasías y le envió un profeta, que le dijo: «¿Por qué has buscado a los dioses de ese pueblo, que no han podido librar de tu mano a su propia gente?» [16] Mientras él le hablaba, Amasías le interrumpió: «¿Acaso te hemos hecho consejero del rey? ¡Cállate! ¿Por qué te han de matar?» El profeta concluyó diciendo: «Yo sé que Dios ha determinado destruirte, porque hiciste eso y no quieres escuchar mi consejo.»

|2 R 14 8-14

El desastre de Bet Semes.

[17] Amasías, rey de Judá, después de haber deliberado, envió mensajeros a Joás, hijo de Joacaz, hijo de Jehú, rey de Israel, diciéndole: «¡Ponte en marcha, que nos veamos las caras en la guerra!» [18] Joás, rey de Israel, envió esta respuesta a Amasías, rey de Judá: «El cardo del Líbano mandó a decir al cedro del Líbano:

Jc 9 7-15

Dame tu hija por esposa de mi hijo. Pero pasó una fiera del Líbano y pisoteó el cardo. [19] Tú te dices: 'He derrotado a Edom'. Por eso te lleva tu corazón a jactarte. Puedes jactarte de tu gloria, pero quédate en tu casa. ¿Por qué provocar un desastre y un fracaso, arrastrando contigo a Judá?»

[20] Pero Amasías no hizo caso, pues era disposición de Dios entregarlos en manos de sus enemigos, por haber buscado a los dioses de Edom. [21] Subió Joás, rey de Israel, y se enfrentaron, él y Amasías, rey de Judá, en Bet Semes de Judá. [22] Judá cayó derrotada ante Israel y cada uno huyó a su casa. [23] Joás, rey de Israel, hizo prisionero en Bet Semes a Amasías, rey de Judá, hijo de Joás, hijo de Ocozías*, y lo condujo a Jerusalén. Abrió una brecha de cuatrocientos codos en la muralla de Jerusalén, desde la puerta de Efraín hasta la puerta del Ángulo. [24] Tomó todo el oro y la plata y todos los objetos que se hallaban al cuidado de Obededón en el templo de Dios y en los tesoros del palacio real, así como rehenes. Se volvió luego a Samaría.

1 Cro 26

Muerte de Amasías.

[25] Amasías, hijo de Joás, rey de Judá, vivió quince años después de que hubiera muerto Joás, hijo de Joacaz, rey de Israel. [26] El resto de los hechos de Amasías, los primeros y los postreros, ¿no están escritos en el libro de los reyes de Judá y de Israel? [27] Después que Amasías se apartó de Yahvé, se tramó una conjura contra él en Jerusalén, por lo que huyó a Laquis; pero enviaron gente tras él hasta Laquis y allí lo mataron. [28] Lo condujeron a lomos de caballo y lo sepultaron con sus antepasados en la Ciudad de David*.

|2 R 14 17-20

Comienzos de Ozías.

26

[1] Entonces todo el pueblo de Judá tomó a Ozías, que tenía dieciséis años, y lo proclamaron rey como sucesor de su padre Amasías. [2] Fue él quien reconstruyó Elat* y la devolvió a Judá, después que el rey reposado con sus antepasados. [3] Tenía Ozías dieciséis años cuando comenzó a reinar, y reinó cincuenta y dos años en Jerusalén. Su ma-

|2 R 14 21-22

|2 R 15

---

25 23 «Ocozías» conj.; «Joacaz» hebr.
25 28 «David» 2 R 14 20; «Judá» hebr.
26 2 El Cronista parece querer subrayar que esta

conquista no es obra del padre, que había tenido mal fin. También Ozías comienza bien y acaba mal.

dre se llamaba Yecolía, de Jerusalén. ⁴ Hizo lo recto a los ojos de Yahvé, exactamente como había hecho su padre, Amasías*. ⁵ Buscó a Dios durante la vida de Zacarías, que le instruyó en el temor de Dios*; y mientras buscó a Yahvé, Dios le dio prosperidad.

Poderío de Ozías*.

⁶ Salió a campaña contra los filisteos y abrió brecha en el muro de Gat, en el muro de Yabné y en el muro de Asdod; restauró las ciudades en la región de Asdod y entre los filisteos. ⁷ Dios le ayudó contra los filisteos, contra los árabes que habitaban en Gur Baal* y contra los meunitas. ⁸ Los amonitas pagaron tributo a Ozías, y su fama llegó hasta la frontera de Egipto, porque se había hecho sumamente poderoso.

⁹ Ozías construyó torres en Jerusalén sobre la puerta del Ángulo, sobre la puerta del Valle y en el Ángulo, y las fortificó*. ¹⁰ Construyó también torres en el desierto y excavó muchas cisternas, pues poseía numerosos ganados en la Tierra Baja y en la llanura, así como labradores y viñadores en las montañas y en los campos fértiles, porque le gustaba la agricultura.

¹¹ Ozías tenía un ejército que hacía la guerra; salía a campaña por grupos, conforme al número de su censo hecho bajo la vigilancia de Yeiel, el escriba, y de Maasías, el notario, a las órdenes de Jananías, uno de los jefes del rey. ¹² El número total de los jefes de familia era de dos mil seiscientos hombres esforzados. ¹³ A sus órdenes había un ejército de campaña de trescientos siete mil quinientos hombres, que hacían la guerra con gran valor, para ayudar al rey contra el enemigo. ¹⁴ Ozías proporcionó a todo aquel ejército en cada una de sus campañas escudos y lanzas, yelmos y corazas, arcos y hondas, para tirar piedras.

¹⁵ Hizo construir en Jerusalén ingenios inventados por expertos, para colocarlos sobre las torres y los ángulos y para arrojar saetas y grandes piedras*. Su fama se extendió lejos, porque fue prodigioso el modo como supo buscarse colaboradores hasta hacerse fuerte.

Orgullo y castigo del rey.

¹⁶ Mas, una vez fortalecido en su poder, se ensoberbeció hasta acarrearle la ruina, y se rebeló contra Yahvé, su Dios, pues entró en el templo de Yahvé para quemar incienso sobre el altar del incienso*. ¹⁷ Fue tras él Azarías, el sacerdote, y con él ochenta sacerdotes de Yahvé, hombres valientes, ¹⁸ que se opusieron al rey Ozías y le dijeron: «No te corresponde a ti, Ozías, quemar incienso a Yahvé, sino a los sacerdotes, los hijos de Aarón, que han sido consagrados para quemar el incienso. ¡Sal del santuario porque estás prevaricando, y tú no tienes derecho a la gloria que viene de Yahvé Dios!» ¹⁹ Entonces Ozías, que tenía en la mano un incensario para ofrecer incienso, se llenó de ira, y mientras se irritaba contra los sacerdotes, brotó la lepra* en su frente, a vista de los sacerdotes, en el templo de Yahvé, junto al altar del incienso. ²⁰ El sumo sacerdote Azarías y todos los sacerdotes volvieron hacia él sus ojos, y vieron que tenía lepra en la frente. Por lo cual lo echaron de allí a toda prisa; y él mismo se apresuró a salir, porque Yahvé le había herido

²¹ El rey Ozías quedó leproso hasta el día de su muerte, y habitó en una residencia aislada, porque, como leproso, había sido excluido del templo de Yahvé. Jotán, hijo del rey, estaba al frente del palacio real y administraba justicia al pueblo del país. ²² El resto de los hechos de Ozías, los primeros y los postreros, los escribió* el profeta Isaías, hijo de Amós. ²³ Ozías reposó con sus antepasa-

Margin references:
24 2
20 1+
1 Cro 27 25-31
Nm 12 10
2 R 15 5-7
Lv 13 46
Nm 19 20

26 4 Esta frase tomada de 2 R no concuerda bien con 2 Cro **25**.
26 5 «temor de Dios» griego; «visión de Dios» hebr. —Zacarías es desconocido. Su papel es paralelo al de Joadá ante Joás.
26 6 Es evidente que el Cronista ha dispuesto para el reinado de Ozías de una buena fuente independiente, mucho más desarrollada que 2 R. —Las construcciones de Ozías en el desierto, v. 10, están confirmadas por la arqueología.
26 7 Es decir, «Estancia de Baal»; sólo aquí se menciona este nombre. Localización desconocida.
26 9 Ozías repara los desastres de la guerra precedente, ver **25** 23.
26 15 No se trata de balistas o de catapultas, sino de

saledizos añadidos a las murallas, al estilo de los matacanes de la Edad Media.
26 16 2 R habla del castigo, la lepra, pero no de su causa. Los reyes han ejercido ciertas funciones cultuales sin provocar protestas. Solamente después del Destierro se llegó a la ofuscación en este asunto, y la ofrenda del incienso llegó a ser privilegio exclusivo de los descendientes de Aarón, ver Nm **17** 5; 1 Cro **23** 17.
26 19 Idéntico castigo para María, con lepra arrogado los derechos de Moisés, Nm **12** 10. La lepra hacía impuro e impedía la entrada en el santuario, Lv **13** 45.
26 22 Parece que se trata de algún escrito perdido, atribuido al gran profeta. A Ozías solamente se le menciona en el libro de Isaías en los títulos, **1** 1; **6** 1; **7** 1.

dos y fue enterrado con sus padres en el campo de los sepulcros de los reyes*, porque decían: «Es un leproso.» Jotán, su hijo, reinó en su lugar.

Reinado de Jotán.

||2 R 15 32-38

27 ¹ Tenía Jotán veinticinco años cuando comenzó a reinar, y reinó dieciséis años en Jerusalén. Su madre se llamaba Yerusá, hija de Sadoc. ² Hizo lo recto a los ojos de Yahvé, exactamente como había hecho su padre Ozías, salvo que no penetró en el templo de Yahvé*. El pueblo, sin embargo, seguía corrompiéndose.

³ Fue él quien construyó la Puerta Superior del templo de Yahvé, e hizo muchas obras en los muros de Ofel. ⁴ Edificó también ciudades en la montaña de Judá, y edificó castillos y torres en las tierras de labor.

⁵ Hizo guerra contra el rey de los amonitas*, a los que venció. Los amonitas le dieron aquel año cien talentos de plata, diez mil cargas de trigo y diez mil de cebada. Los amonitas le trajeron lo mismo el año segundo y el tercero. ⁶ Jotán llegó a ser poderoso, porque se afirmó en los caminos de Yahvé su Dios.

⁷ El resto de los hechos de Jotán, todas sus guerras y sus obras, están escritos en el libro de los reyes de Israel y de Judá. ⁸ Tenía veinticinco años cuando comenzó a reinar, y reinó dieciséis años en Jerusalén. ⁹ Jotán reposó con sus antepasados y fue enterrado en la Ciudad de David, su padre. Ajaz, su hijo, reinó en su lugar.

V. Las grandes reformas de Ezequías y de Josías

1. IMPIEDAD DE AJAZ, PADRE DE EZEQUÍAS

Características del reinado de Ajaz.

||2 R 16 2-4

28 ¹ Tenía Ajaz veinte años cuando empezó a reinar, y reinó dieciséis años en Jerusalén. No hizo lo recto a los ojos de Yahvé, como David su padre. ² Siguió los caminos de los reyes de Israel, llegando a fundir estatuas para los Baales. ³ Quemó incienso en el valle de Ben Hinón* e incluso arrojó a su hijo a la pira de fuego, según la costumbre abominable de las naciones que Yahvé había expulsado ante los israelitas. ⁴ Ofreció sacrificios y quemó incienso en los altozanos, en las colinas y bajo todo árbol frondoso.

Lv 18 21+

La invasión*.

2 R 16 Is 7-9

⁵ Yahvé su Dios le entregó en manos del rey de los arameos, que le derrotaron, haciéndole gran número de prisioneros, que fueron llevados a Damasco. Fue entregado también en manos del rey de Israel, que le causó una gran derrota. ⁶ Pécaj, hijo de Remalías, mató en Judá en un solo día a ciento veinte mil, todos ellos hombres valientes, porque habían abandonado a Yahvé, el Dios de sus padres. ⁷ Zicrí, uno de los valientes de Efraín, mató a Maasías, hijo del rey, a Azricán, mayordomo de palacio, y a Elcaná, segundo después del rey. ⁸ Los israelitas se llevaron de entre sus hermanos doscientos mil prisioneros: mujeres, hijos e hijas. Se apoderaron también de un enorme botín, que se llevaron a Samaría.

Los israelitas escuchan al profeta Oded*.

⁹ Había allí un profeta de Yahvé, llamado Oded, que salió al encuentro del ejército que volvía a Samaría, y les dijo:

---

26 23 Por tanto en tierra, pero no en el sepulcro.
27 2 Esta observación parece ser un elogio, por oposición a la conducta de Ozías, 26 16s.
27 5 Esta guerra contra los amonitas no se menciona en 2 R. Judá no tenía frontera común con Amón.
28 3 Es la Gehenna, valle al sur de Jerusalén y lugar de culto de Mólec, ver Lv 18 21; 2 R 23 10; Jr 32 35.
28 5 Este relato de la guerra siroefraimita se hace desde un punto de vista muy diferente al de otras fuentes de Judá, 2 R 16 e Is 7-8. El Cronista parece haber

dispuesto de una fuente efrainita.
28 9 Conviene observar que, a pesar de su animosidad contra el reino del Norte, el Cronista ha aceptado esta tradición, ausente de 2 R, sobre la intervención de un profeta de Samaría, representante fiel de Yahvé, que llama «hermanos» suyos a los de Judá y convence a los jefes de Israel para que dejen en libertad a los prisioneros. Una visión tan amplia es única en el libro y anuncia ya la parábola del buen samaritano.

«He aquí que Yahvé, el Dios de vuestros padres, irritado contra Judá, los ha entregado en vuestras manos, mas vosotros los habéis matado con un furor que ha subido hasta el cielo. [10] Y ahora pensáis en someter a los hijos de Judá y de Jerusalén como siervos y siervas vuestros. ¿Es que vosotros mismos no sois culpables contra Yahvé vuestro Dios? [11] Oídme, pues, y dejad volver a vuestros hermanos que habéis tomado prisioneros, porque el furor de la ira de Yahvé viene sobre vosotros.»

[12] Entonces algunos hombres de los jefes de Efraín: Azarías, hijo de Juan; Berequías, hijo de Mesilemot; Ezequías, hijo de Salún, y Amasá, hijo de Jadlay, se levantaron contra los que venían de la guerra, [13] y les dijeron: «No metáis aquí a estos prisioneros. ¿Por qué, además de la culpa contra Yahvé que ya tenemos contra nosotros, habláis de aumentar todavía nuestros pecados y nuestro delito?; pues grande es nuestro delito y el furor de la ira amenaza a Israel.» [14] Entonces la tropa dejó a los prisioneros y el botín delante de los jefes y de toda la asamblea. [15] Levantáronse entonces los hombres nominalmente designados, reanimaron a los prisioneros y vistieron con el botín a todos los que estaban desnudos, dándoles vestido y calzado. Les dieron de comer y de beber y los ungieron; y transportaron en asnos a todos los débiles, los llevaron a Jericó, ciudad de las palmeras, junto a sus hermanos. Luego se volvieron a Samaria.

Impiedad de Ajaz.

[16] En aquel tiempo el rey Ajaz envió mensajeros a los reyes de Asiria para que le socorriesen*.

[17] Porque los de Edom habían venido otra vez y habían derrotado a Judá, llevándose algunos prisioneros. [18] También los filisteos invadieron las ciudades de la Tierra Baja y del Negueb de Judá, y tomaron Bet Semes, Ayalón Guederot, Socó con sus aldeas, Timná con sus aldeas y Guinzó con sus aldeas, y se establecieron allí. [19] Porque Yahvé humillaba a Judá a causa de Ajaz, rey de Israel, que permitía el desenfreno de Judá, y se había rebelado contra Yahvé.

[20] Vino contra él Teglatfalasar, rey de Asiria; y le puso sitio, pero no le dominó*. [21] Porque Ajaz despojó el templo de Yahvé, el palacio real y las casas de los jefes para dárselo al rey de Asiria, pero de nada le sirvió. [22] Aun en el tiempo del asedio, el rey Ajaz persistió en su rebeldía contra Yahvé. [23] Ofrecía sacrificios a los dioses de Damasco que le habían derrotado, pues se decía: «Los dioses de los reyes de Aram les ayudan a ellos; les ofreceré sacrificios, y me ayudarán a mí.» Ellos fueron la causa de su ruina y de la de todo Israel.

[24] Ajaz juntó algunos de los objetos del templo de Dios e hizo añicos otros; cerró las puertas de la Casa de Yahvé y fabricó altares en todas las esquinas de Jerusalén. [25] Erigió altos en cada una de las ciudades de Judá, para quemar incienso a otros dioses, provocando así la ira de Yahvé, el Dios de sus padres*.

[26] El resto de sus hechos y todas sus obras, las primeras y las postreras, está escrito en el libro de los reyes de Judá e Israel.

[27] Ajaz reposó con sus antepasados y fue enterrado dentro de la Ciudad, en Jerusalén: pues no le colocaron en los sepulcros de los reyes de Israel. Ezequías, su hijo, reinó en su lugar.

2 10 29-37

2 R 16 7
Is 7-8

||2 R 16 8

||2 R 16 12-13
Is 10 20

||2 R 16 17

||2 R 16 19-20

2. LA RESTAURACIÓN DE EZEQUÍAS

R 18 1-3

Introducción.

29 [1] Ezequías tenía veinticinco años cuando comenzó a reinar y reinó veintinueve años en Jerusalén. Su madre se llamaba Abía, hija de Zacarías. [2] Hizo lo recto a los ojos de Yahvé, exactamente como David su padre.

---

28 16 Según la fuente del Cronista, Ajaz estaba amenazado no sólo por los arameos y los israelitas como en 2 R 16 7, sino también por los edomitas y los filisteos. Los Anales asirios testifican efectivamente una campaña de Teglatfalasar contra los filisteos. El precio de esta asistencia fue un fuerte tributo y la reducción al vasallaje. El Cronista interpreta estos hechos como castigo.

28 20 Ni los textos asirios ni 2 R lo confirman. Al parecer, el Cronista traslada al reinado de Ajaz lo que había sucedido bajo Ezequías, 2 Cro 32.
28 25 Desde el v. 22, el Cronista retoca 2 R destacando en él solamente el hecho que tiene una significación religiosa: el servilismo de Ajaz ante las divinidades extranjeras victoriosas.

Purificación del Templo*.

³ En el año primero de su reinado, el primer mes, abrió las puertas del templo de Yahvé y las reparó. ⁴ Hizo venir a los sacerdotes y levitas, los reunió en la plaza oriental, ⁵ y les dijo:

«¡Escuchadme, levitas! Santificaos ahora y santificad el templo de Yahvé, el Dios de vuestros padres; y sacad fuera del santuario la inmundicia. ⁶ Porque nuestros padres han sido infieles* haciendo lo malo a los ojos de Yahvé, nuestro Dios; lo han abandonado, han apartado sus rostros de la Morada de Yahvé, le han vuelto la espalda. ⁷ Hasta llegaron a cerrar las puertas del Vestíbulo, apagaron las lámparas, y no quemaron incienso ni ofrecieron holocaustos en el santuario al Dios de Israel. ⁸ Por eso, la ira de Yahvé ha venido sobre Judá y Jerusalén, y él los ha convertido en objeto de espanto, terror y burla, como lo estáis viendo con vuestros ojos. ⁹ Por esto han caído a espada nuestros padres; y nuestros hijos, hijas y mujeres se hallan en cautividad. ¹⁰ Pero ahora he decidido en mi corazón hacer alianza con Yahvé, el Dios de Israel, para que aparte de nosotros el furor de su ira. ¹¹ Hijos míos, no seáis ahora negligentes; porque Yahvé os ha elegido a vosotros para que estéis en su presencia y le sirváis para ser sus ministros y para quemarle incienso.»

¹² Levantáronse entonces los levitas*: Májat, hijo de Amasay, y Joel, hijo de Azarías, de los hijos de Queat; Quis, hijo de Abdí, y Azarías, hijo de Jalelel, de los hijos de Merarí; Joaj, hijo de Zimá, y Eden, hijo de Joaj, de los hijos de los guersonitas; ¹³ Simrí y Yeiel, de los hijos de Elisafán; Zacarías y Matanías, de los hijos de Asaf; ¹⁴ Yejiel y Semeí, de los hijos de Hemán; Semaías y Uziel, de los hijos de Yedutún. ¹⁵ Éstos reunieron a sus hermanos, se santificaron y vinieron a purificar el templo de Yahvé, conforme al mandato del rey, según las palabras de Yahvé. ¹⁶ Los sacerdotes* entraron en el interior del templo de Yahvé para purificar-

lo, y sacaron al atrio del templo de Yahvé todas las impurezas que encontraron en el santuario de Yahvé. Los levitas, por su parte, las amontonaron para llevarlas fuera, al torrente Cedrón. ¹⁷ Comenzaron la consagración el día primero del primer mes, y el día octavo del mes llegaron al Vestíbulo de Yahvé; pasaron ocho días consagrando el templo de Yahvé, y el día dieciséis del mes primero habían acabado.

Sacrificio expiatorio.

¹⁸ Fueron luego a las habitaciones del rey Ezequías y le dijeron: «Hemos purificado todo el templo de Yahvé, el altar del holocausto con todos sus utensilios, y la mesa de las filas de pan con todos sus utensilios. ¹⁹ Hemos preparado y santificado todos los objetos que profanó el rey Ajaz durante su reinado con su infidelidad, y están ante el altar de Yahvé.»

²⁰ Entonces se levantó el rey Ezequías de mañana, reunió a los jefes de la ciudad y subió al templo de Yahvé. ²¹ Trajeron siete novillos, siete carneros, siete corderos y siete machos cabríos para el sacrificio por el pecado en favor del reino, del santuario y de Judá; y mandó a los sacerdotes, hijos de Aarón, que ofreciesen holocaustos sobre el altar de Yahvé. ²² Inmolaron los novillos, y los sacerdotes recogieron la sangre y rociaron el altar; luego inmolaron los carneros y rociaron con su sangre el altar; degollaron igualmente los corderos y rociaron con la sangre el altar. ²³ Acercaron después los machos cabríos por el pecado, ante el rey y la asamblea, y éstos pusieron las manos sobre ellos; ²⁴ los sacerdotes los inmolaron y ofrecieron la sangre en sacrificio por el pecado junto al altar como expiación por todo Israel; porque el rey había ordenado que el holocausto y el sacrificio por el pecado fuese por todo Israel*.

²⁵ Luego estableció en el templo de Yahvé a los levitas con címbalos, salterios y cítaras, según las disposiciones de David, de Gad, vidente del rey, y de Na-

28 24

2 3

Lv 26 32
Dt 28 25
Jr 25 18

15 16

---

29 3   El Cronista expone en tres caps., **29-31**, la reforma religiosa de Ezequías que 2 R narra en un solo v. (18 4), repetido en 31 1. Esta reforma centralizadora tenía mucha importancia a sus ojos, y la describe inspirándose en la reforma de Josías.

29 6   Lo que sigue es una confesión pública como en Dn 9 4-19; Ba 1 15 - 3 8. Ver también Lm 5 y Jr 3 22-25.

29 12   Esta lista de levitas agrupa a los levitas descen-

dientes de Queat, Merarí y Guersón, y a los cantores descendientes de Asaf, Hemán y Yedutún. Esta unión de los cantores y los levitas refleja una situación postexílica, ver ya 1 Cro 6 18-32.

29 16   Sobre el oficio de los sacerdotes en materia de purificación, ver Lv 13-16.

29 24   Este ritual se inspira en Lv 4, ver 13-21. La purificación del Templo en la época macabaica parece haberse inspirado a su vez en este modelo, 1 M 4 42-59.

tán, profeta; pues de mano de Yahvé había venido ese mandamiento, por medio de sus profetas. ²⁶ Cuando ocuparon su sitio los levitas con los instrumentos de David, y los sacerdotes con las trompetas, ²⁷ mandó Ezequías ofrecer el holocausto sobre el altar. Y al comenzar el holocausto, comenzaron también los cantos de Yahvé, al son de las trompetas y con el acompañamiento de los instrumentos de David, rey de Israel. ²⁸ Toda la asamblea estaba postrada, se cantaban cánticos y las trompetas sonaban. Todo ello duró hasta que fue consumido el holocausto.

²⁹ Consumido el holocausto*, el rey y todos los presentes doblaron las rodillas y se postraron. ³⁰ Después, el rey Ezequías y los jefes mandaron a los levitas que alabasen a Yahvé con las palabras de David y del vidente Asaf; y ellos cantaron alabanzas hasta la exaltación, e inclinándose, adoraron. ³¹ Después tomó Ezequías la palabra y dijo: «Ahora estáis enteramente consagrados a Yahvé; acercaos y ofreced víctimas y sacrificios de alabanza en el templo de Yahvé.» Y la asamblea trajo sacrificios en acción de gracias, y los de corazón generoso, también holocaustos. ³² El número de los holocaustos ofrecidos por la asamblea fue de setenta bueyes, cien carneros y doscientos corderos; todos ellos en holocausto a Yahvé. ³³ Se consagraron también seiscientos bueyes y tres mil ovejas. ³⁴ Pero como los sacerdotes eran pocos y no bastaban para desollar todos estos holocaustos, les ayudaron sus hermanos los levitas, hasta que terminaron la labor, y los sacerdotes se santificaron*, pues los levitas estaban más dispuestos que los sacerdotes para santificarse. ³⁵ Hubo, además, muchos holocaustos de grasa de los sacrificios de comunión y libaciones para el holocausto. Así quedó restablecido el culto del templo de Yahvé. ³⁶ Ezequías y el pueblo entero se regocijaron de que Dios hubiera dispuesto al pueblo; pues todo se hizo rápidamente.

Lv 7 11+

Cro 15 12

Convocatoria para la Pascua*.

30 ¹ Ezequías envió mensajeros a todo Israel y Judá, y escribió también cartas a Efraín y Manasés, para que viniesen al templo de Yahvé, en Jerusalén, a fin de celebrar la Pascua en honor de Yahvé, el Dios de Israel. ² Pues el rey y sus jefes y toda la asamblea de Jerusalén habían determinado celebrar la Pascua en el mes segundo, ³ ya que no fue posible celebrarla a su debido tiempo*, porque los sacerdotes no se habían santificado en número suficiente y el pueblo no se había reunido en Jerusalén. ⁴ Pareció bien esto a los ojos del rey y de toda la asamblea. ⁵ Y decidieron enviar aviso a todo Israel, desde Berseba hasta Dan, para que vinieran a Jerusalén a celebrar la Pascua en honor de Yahvé, Dios de Israel, pues eran muchos los que no la habían celebrado según lo escrito. ⁶ Los correos, con las cartas del rey y de sus jefes, recorrieron todo Israel y Judá, como el rey lo había mandado y decían: «Hijos de Israel, volveos a Yahvé, el Dios de Abrahán, de Isaac y de Israel, y él se volverá al resto que ha quedado de vosotros, los que han escapado de la mano de los reyes de Asiria. ⁷ No seáis como vuestros padres y vuestros hermanos, que fueron infieles a Yahvé, el Dios de sus padres; por lo cual él los entregó a la desolación, como estáis viendo. ⁸ Ahora, no endurezcáis vuestra cerviz como vuestros padres; dad la mano a Yahvé, venid a su santuario, que él ha santificado para siempre; servid a Yahvé, vuestro Dios, y se apartará de vosotros el furor de su ira. ⁹ Porque si os volvéis a Yahvé, vuestros hermanos y vuestros hijos hallarán misericordia ante aquellos que los llevaron cautivos, y volverán a esta tierra, pues Yahvé vuestro Dios es clemente y misericordioso, y no apartará de vosotros su rostro, si vosotros os convertís a él*.»

¹⁰ Los correos pasaron de ciudad en ciudad por el país de Efraín y de Manasés, llegaron hasta Zabulón; pero se reían y se burlaban de ellos. ¹¹ Sin em-

Ex 12 1+

Nm 9 6-13

1 R 8 50

---

29 29 Después de la purificación del Templo y de la ceremonia de expiación, ya puede comenzar el culto, que queda inaugurado con una liturgia solemne.
29 34 Este v. es favorable a los levitas y refleja cierta animosidad contra los sacerdotes. Con esta su participación en los sacrificios, los levitas rozan el dominio reservado a los sacerdotes. No debieron faltar problemas.
30 El Cronista se inspira en Nm 9 1-14, donde aparecen también estos dos rasgos: estado de impureza y un largo viaje en perspectiva. Las condiciones posterio-

res al destierro y la participación de los fieles de la diáspora explican esta reglamentación.
30 3 Es decir, la fecha normal del primer mes (Nisán).
30 9 Este llamamiento, afín a las exhortaciones del Dt, atestigua, en el v. 9, la preocupación de los hermanos israelitas desterrados desde la caída de Samaría. En tiempo del Cronista se esperaba la reunión de toda la diáspora judía.

bargo, hubo hombres de Aser, de Manasés y de Zabulón que se humillaron y vinieron a Jerusalén. [12] También en Judá se dejó sentir la mano de Dios, que les dio corazón unánime para cumplir el mandamiento del rey y de los jefes, según la palabra de Yahvé. [13] Se reunió en Jerusalén mucha gente para celebrar la fiesta de los Ázimos en el mes segundo; era una asamblea muy grande. [14] Y se levantaron y quitaron los altares que había en Jerusalén; quitaron también todos los altares de incienso y los arrojaron al torrente Cedrón.

La Pascua y los Ázimos*.

[15] Inmolaron la Pascua el día catorce del mes segundo. También los sacerdotes y los levitas, llenos de confusión, se santificaron y trajeron holocaustos al templo de Yahvé. [16] Ocuparon sus puestos según su reglamento, conforme a la Ley de Moisés, hombre de Dios; y los sacerdotes rociaban con la sangre que recibían de mano de los levitas. [17] Y como muchos de la asamblea no se habían santificado, los levitas fueron encargados de inmolar los corderos pascuales* para todos los que no se hallaban puros, a fin de santificarlos para Yahvé. [18] Pues una gran parte del pueblo, muchos de Efraín, de Manasés, de Isacar y de Zabulón, no se habían purificado y, con todo, comieron la Pascua sin observar lo escrito. Pero Ezequías oró por ellos diciendo: «¡Que Yahvé, que es bueno, perdone a todos aquellos [19] cuyo corazón está dispuesto a buscar al Dios Yahvé, el Dios de sus padres, aunque no tengan la pureza requerida para las cosas sagradas!» [20] Y oyó Yahvé a Ezequías y dejó salvo al pueblo*. [21] Los israelitas que estaban en Jerusalén celebraron la fiesta de los Ázimos por siete días con gran alegría; mientras los levitas y los sacerdotes alababan a Yahvé todos los días con todas sus fuerzas. [22] Ezequías habló al corazón de todos los levitas que tenían perfecto conocimiento de Yahvé. Comieron durante los siete días las víctimas de la solemnidad, sacrificando sacrificios de comunión y alabando a Yahvé, el Dios de sus padres*. [23] Toda la asamblea resolvió celebrar la solemnidad por otros siete días, y la celebraron con júbilo siete días más. [24] Porque Ezequías, rey de Judá, había reservado para toda la asamblea mil novillos y siete mil ovejas. Los jefes, por su parte, habían reservado para la asamblea mil novillos y diez mil ovejas, pues ya se habían santificado muchos sacerdotes. [25] Toda la asamblea de Judá, los sacerdotes y los levitas y también toda la asamblea que había venido de Israel y los forasteros venidos de la tierra de Israel, lo mismo que los que habitaban en Judá, se llenaron de alegría. [26] Hubo gran gozo en Jerusalén; porque desde los días de Salomón, hijo de David, rey de Israel, no se había hecho cosa semejante en Jerusalén*. [27] Después se levantaron los sacerdotes y los levitas, y bendijeron al pueblo*; y fue oída su voz, y su oración penetró en el cielo, su santa morada.

Reforma del culto.

31 [1] Terminado todo esto, salieron todos los israelitas que se hallaban presentes a recorrer las ciudades de Judá; y rompieron las estelas, abatieron los cipos y derribaron los altozanos y los altares en todo Judá y Benjamín, y también en Efraín y Manasés, hasta acabar con ellos. Después volvieron todos los israelitas, cada cual a su propiedad, a sus ciudades.

Reorganización del clero*.

[2] Ezequías restableció las clases de los sacerdotes y de los levitas, cada uno en su sección, según su servicio, ya fuera sacerdote, ya levita, ya se tratara de holocaustos y sacrificios de comunión, ya de servicio litúrgico, acción de gracias o himnos, en las puertas del campamento

Marginal references (left): 28 24-25   Esd 9 6

Marginal references (right): ‖2 R 18 4   1 Cro 9 1

---

30 15 Esta Pascua solemne, más que las prescripciones de Dt 16, sigue las del Código sacerdotal, en el que, al fin, los Ázimos y la Pascua quedan ligados, ver Lv 23 5+.
30 17 El oferente mismo es quien debía inmolar la víctima, Lv 1 5; 3 2. 8. 16, etc. Cuando el oferente no se hallaba en estado de pureza ritual, y en los solemnes sacrificios públicos, Ez 44 11, esta acción la realizaba el clero inferior.
30 20 Este pasaje reacciona contra una interpretación demasiado rígida de las leyes de pureza. Ver Mt 15 1-20p.

30 22 Es el «sacrificio de comunión con alabanza» de Lv 7 12s.
30 26 El Cronista establece un paralelo entre esta restauración del Templo bajo Ezequías y su dedicación bajo Salomón.
30 27 Nuevo poder concedido a los levitas, ver Dt 10 8; 21 5. En Nm 6 22-27 sólo los sacerdotes bendicen.
31 2 Según el Cronista, Ezequías restablece el orden instituido por Salomón, 2 Cro 8 12-14, quien por lo demás no hacía más que aplicar las reglas dictadas por David.

de Yahvé. ³ Destinó el rey una parte de su hacienda para los holocaustos, holocaustos de la mañana y de la tarde y holocaustos de los sábados, de los novilunios y de las solemnidades, según lo escrito en la Ley de Yahvé. ⁴ Mandó al pueblo que habitaba en Jerusalén que entregase la parte de los sacerdotes y levitas a fin de que pudiesen perseverar en la Ley de Yahvé. ⁵ Cuando se divulgó esta disposición, los israelitas trajeron en abundancia las primicias del trigo, del vino, del aceite y de la miel y de todos los productos del campo; presentaron igualmente el diezmo de todo en abundancia. ⁶ Los hijos de Israel y de Judá que habitaban en las ciudades de Judá trajeron también el diezmo del ganado mayor y menor y el diezmo de las cosas sagradas consagradas a Yahvé, su Dios*, y lo distribuyeron por montones. ⁷ En el mes tercero comenzaron a apilar los montones y terminaron el mes séptimo*. ⁸ Vinieron Ezequías y los jefes a ver los montones y bendijeron a Yahvé y a su pueblo Israel. ⁹ Cuando Ezequías preguntó a los sacerdotes y a los levitas acerca de los montones, ¹⁰ respondió el sumo sacerdote Azarías, de la casa de Sadoc, y dijo: «Desde que se comenzaron a traer las ofrendas reservadas al templo de Yahvé, hemos comido y nos hemos saciado, y aún sobra muchísimo, porque Yahvé ha bendecido a su pueblo; y esta gran cantidad es lo que sobra*.»

¹¹ Entonces mandó Ezequías que se preparasen salas en el templo de Yahvé. Las prepararon, ¹² y metieron allí en lugar seguro las ofrendas reservadas, los diezmos y las cosas consagradas. El levita Quenanías fue nombrado intendente, y Semeí, hermano suyo, era el segundo. ¹³ Yejiel, Azazías, Nájat, Asael, Yerimot, Jozabad, Eliel, Yismaquías, Májat y Benaías eran inspectores, a las órdenes de Quenanías y de Semeí, su hermano, bajo la vigilancia del rey Ezequías y de Azazías, príncipe del templo de Dios. ¹⁴ El levita Coré, hijo de Yimná, portero de la puerta oriental, estaba encargado de las ofrendas voluntarias hechas a Dios, y de repartir la ofrenda reservada a Yahvé y las cosas sacratísimas*. ¹⁵ En las ciudades sacerdotales estaban permanentemente bajo sus órdenes Eden, Minyamín, Yesúa, Semaías, Amarías y Secanías, para repartir a sus hermanos, así grandes como chicos, según sus clases, ¹⁶ dejando aparte a los hombres de treinta años* para arriba, inscritos en las genealogías, a todos los que entraban en la Casa de Yahvé, según la tarea de cada día, para cumplir los servicios de su ministerio, conforme a sus clases. ¹⁷ Los sacerdotes estaban inscritos en las genealogías, conforme a sus casas paternas, igual que los levitas, desde los veinte años en adelante, según sus obligaciones y sus clases. ¹⁸ Estaban también inscritos en las genealogías todos sus niños, sus mujeres, sus hijos y sus hijas, de toda la asamblea*, porque se santificaban fielmente por medio de las cosas sagradas. ¹⁹ Para los sacerdotes, hijos de Aarón, que vivían en el campo, en los ejidos de sus ciudades, había en cada ciudad hombres designados nominalmente para dar las porciones a todos los varones de los sacerdotes*, y a todos los levitas inscritos en las genealogías.

²⁰ Esto hizo Ezequías en todo Judá, haciendo lo bueno y recto y verdadero ante Yahvé su Dios. ²¹ Todas las obras que emprendió en servicio del templo de Dios, la Ley y los mandamentos, las hizo buscando a su Dios con todo su corazón y tuvo éxito.

Invasión de Senaquerib*

32 ¹ Después de todas estas pruebas de lealtad, vino Senaquerib, rey de Asiria, invadió Judá, puso sitio a las ciudades fortificadas y mandó forzar las murallas. ² Cuando vio Ezequías que Senaquerib venía con intención de atacar a

31 6 El diezmo parece aquí extendido a las ofrendas voluntarias.
31 7 Por consiguiente, entre la fiesta de Pentecostés y la fiesta de las Tiendas en que termina la recolección.
31 10 Ezequías parece haber tenido la preocupación de saber si se había esquilmado al pueblo.
31 14 Es un dato importante. Apoyados en sus funciones de porteros, los levitas tienen poder sobre las ofrendas reservadas a Yahvé, Lv 7 14.32; 10 14; Nm 5 9, y las cosas sacratísimas, Lv 2 3.10; 6 10.22; 7 6; 10 12, etc.; Nm 18 8s, que están reservadas a los sacerdotes.
31 16 «treinta años» conj., ver 1 Cro 23 3; «tres años» hebr. —Los varones son los sacerdotes y los levitas.

31 18 Texto oscuro; el final del v. es dudoso.
31 19 Compárese la comisión creada por Nehemías, Ne 13 10-14.
32 El Cronista, que había ampliado extensamente la breve mención de 2 R sobre la reforma religiosa, es, por el contrario, mucho más breve que su fuente sobre los demás acontecimientos del reinado; con todo, añade una noticia sobre los preparativos militares de Ezequías ante la amenaza de Senaquerib, v. 3s. Exalta la figura de Ezequías, lo muestra decidido y animoso, exhortando al pueblo a que tenga confianza en la ayuda de Yahvé, v. 7-8, con términos que recuerdan los del profeta Isaías en Reyes.

Jerusalén, [3] decidió, en consejo con sus jefes y sus valientes, cegar las fuentes de agua que había fuera de la ciudad; y ellos le apoyaron. [4] Juntóse mucha gente, y cegaron todas las fuentes y el arroyo que corría por medio de la región, diciendo: «Cuando vengan los reyes de Asiria, ¿por qué han de hallar tanta agua?» [5] Y cobrando ánimo, reparó toda la muralla que estaba derribada, alzando torres sobre la misma, levantó otra muralla exterior, fortificó el Miló en la Ciudad de David, y fabricó una gran cantidad de armas arrojadizas y escudos. [6] Puso jefes de combate al frente del pueblo, los reunió a su lado en la plaza de la puerta de la ciudad y, hablándoles al corazón, dijo: [7] «Sed fuertes y tened ánimo; no temáis, ni desmayéis ante el rey de Asiria, ni ante toda la muchedumbre que viene con él, porque es más el que está con nosotros que el que está con él. [8] Con él está un brazo de carne, pero con nosotros está Yahvé nuestro Dios para ayudarnos y para combatir nuestros combates.» Y el pueblo quedó confortado con las palabras de Ezequías, rey de Judá.

Palabras impías de Senaquerib.

[9] Después de esto, Senaquerib, rey de Asiria, que estaba sitiando Laquis con todas sus fuerzas, envió sus siervos a Jerusalén, a Ezequías, rey de Judá, y a todos los de Judá que estaban en Jerusalén para decirles: [10] «Así dice Senaquerib, rey de Asiria: ¿En qué ponéis vuestra confianza, para que permanezcáis cercados en Jerusalén? [11] ¿No os engaña Ezequías para entregaros a la muerte por hambre y sed, cuando dice: 'Yahvé nuestro Dios nos librará de la mano del rey de Asiria'? [12] ¿No es éste el mismo Ezequías que ha quitado sus santuarios y sus altares, ordenando a Judá y Jerusalén: 'daréis culto ante un solo altar y sobre él quemaréis incienso'? [13] ¿Acaso no sabéis lo que yo y mis padres hemos hecho con todos los pueblos de los países? ¿Por ventura los dioses de las naciones de estos países han sido capaces de librar sus territorios de mi mano? [14] ¿Quién de entre todos los dioses de aquellas naciones que mis padres dieron al anatema pudo librar a su pueblo de mi mano? ¿Es que vuestro Dios podrá libraros de mi mano? [15] Ahora, pues, que no os engañe Ezequías ni os embauque de esa manera. No le creáis; ningún dios de ninguna nación ni de ningún reino ha podido salvar a su pueblo de mi mano, ni de la mano de mis padres, ¡cuánto menos podrá vuestro Dios libraros a vosotros de mi mano!» [16] Sus siervos dijeron todavía más cosas contra Yahvé Dios y contra Ezequías su siervo. [17] Escribió además cartas para insultar a Yahvé, Dios de Israel, hablando contra él de este modo: «Así como los dioses de las naciones de otros países no han salvado a sus pueblos de mi mano, así tampoco el Dios de Ezequías salvará a su pueblo de mi mano.» [18] Los enviados gritaban en voz alta, en lengua judía, al pueblo de Jerusalén, que estaba sobre el muro, para atemorizarlos y asustarlos, y poder conquistar la ciudad. [19] Hablaban del Dios de Jerusalén como de los dioses de los pueblos de la tierra, que son obra de manos de hombre.

Plegaria de Ezequías.

[20] En esta situación, el rey Ezequías y el profeta Isaías, hijo de Amós, oraron y clamaron al cielo. [21] Y Yahvé envió un ángel que exterminó a todos los guerreros esforzados de su ejército, a los príncipes y a los jefes que había en el campamento del rey de Asiria, que volvió a su tierra cubierta la cara de vergüenza y, al entrar en la casa de su dios, allí mismo, los hijos de sus propias entrañas le hicieron caer a espada. [22] Así salvó Yahvé a Ezequías y a los habitantes de Jerusalén de la mano de Senaquerib, rey de Asiria, y de la mano de todos sus enemigos, y les dio paz* por todos lados. [23] Muchos trajeron entonces ofrendas a Yahvé, a Jerusalén, y presentes a Ezequías, rey de Judá, que de allí en adelante adquirió gran prestigio a los ojos de todas las naciones.

[24] En aquellos días Ezequías cayó enfermo de muerte; pero hizo oración a Yahvé, que le escuchó* y le otorgó una señal maravillosa. [25] Pero Ezequías no correspondió al bien que había recibido, pues se ensoberbeció su corazón, por lo cual la Cólera vino sobre él, sobre Judá y Jerusalén. [26] Mas después de haberse ensoberbecido en su corazón, se humilló Ezequías, él y los habitantes de Jerusalén; y por eso no estalló contra ellos la

Is 22 9-11

Ne 2 17s

14 10;
20 6-12

Is 31 3

‖2 R 18
17-37
‖Is 36 1-22

‖2 R 19 9-1
Is 37 9-13

‖2 R 19 15
‖Is 37 15

‖2 R 19
35-37
‖Is 37 36-3

14 6

‖2 R 20 1

‖2 R 20 1
‖Is 38 1s

‖2 R 20
12-19
‖Is 39 1-8

---

32 22 «dio paz» griego; «condujo» hebr.   32 24 «que le escuchó» griego; «y le dijo» hebr.

‖2 R 20 13
‖Is 39 2

ira de Yahvé en los días de Ezequías*. ²⁷ Ezequías tuvo riquezas y gloria en gran abundancia. Adquirió tesoros de plata, oro, piedras preciosas, bálsamos, joyas* y toda suerte de objetos de valor. ²⁸ Tuvo también almacenes para las rentas de trigo, de mosto y de aceite; pesebres para toda clase de ganado y apriscos para los rebaños. ²⁹ Se hizo con asnos* y poseía ganado menor y mayor en abundancia, pues Dios le había dado muchísima hacienda*.

Resumen del reinado.

‖2 R 20
20-21
2 R 20 20+

³⁰ Este mismo Ezequías cegó la salida superior de las aguas del Guijón y las condujo, bajo tierra, a la parte occidental de la Ciudad de David. Ezequías triunfó en todas sus empresas; ³¹ cuando los príncipes de Babilonia enviaron embajadores para investigar la señal maravillosa ocurrida en el país, Dios le abandonó para probarle y descubrir todo lo que tenía en su corazón*. ³² El resto de los hechos de Ezequías y sus obras piadosas están escritos en las visiones del profeta Isaías, hijo de Amós, y en el libro de los reyes de Judá y de Israel. ³³ Ezequías reposó con sus antepasados y fue enterrado en la subida de los sepulcros de los hijos de David*; y todo Judá y los habitantes de Jerusalén le rindieron honores a su muerte. Manasés, su hijo, reinó en su lugar.

3.   IMPIEDAD DE MANASÉS Y DE AMÓN

2 R 21 1-18

Manasés destruye la obra de Ezequías.

33 ¹ Manasés tenía doce años cuando comenzó a reinar, y reinó cincuenta y cinco años en Jerusalén. ² Hizo lo malo a los ojos de Yahvé, según la costumbre abominable de las naciones que Yahvé había expulsado delante de los israelitas. ³ Reconstruyó los santuarios que su padre Ezequías había destruido, erigió altares dedicados a los Baales, hizo cipos, se postró ante todo el ejército de los cielos, al que rendía culto, ⁴ y construyó altares en el templo de Yahvé del que Yahvé había dicho: «En Jerusalén estableceré mi Nombre para siempre.»

⁵ Construyó altares a todo el ejército de los cielos en los dos patios del templo de Yahvé. ⁶ Arrojó a sus hijos a la pira del fuego en el valle de Ben Hinón; practicó la adivinación, la magia y la hechicería, consultó a nigromantes y adivinos; se excedió en hacer lo malo a los ojos de Yahvé, provocando su cólera. ⁷ Instaló en el templo de Dios la imagen del ídolo que había fabricado, del que había dicho Yahvé a David y a Salomón, su hijo: «En este templo y en Jerusalén, que he elegido de entre todas las tribus de Israel, estableceré mi Nombre para siempre. ⁸ No volveré a hacer que Israel vague errante fuera de la tierra que di a vuestros padres, a condición de que se comprometan a actuar conforme a todo lo que les he mandado, según toda la Ley, los decretos y normas ordenados por Moisés.» ⁹ Manasés desvió a Judá y a la población de Jerusalén, hasta el punto de actuar peor que las naciones que Yahvé había eliminado ante los israelitas. ¹⁰ Yahvé habló a Manasés y a su pueblo, pero no hicieron caso.

Castigo y conversión de Manasés*.

¹¹ Entonces Yahvé hizo venir sobre ellos a los jefes del ejército del rey de Asiria, que apresaron a Manasés con ganchos, lo ataron con cadenas de bronce y lo llevaron a Babilonia. ¹² Cuando se vio en angustia, quiso aplacar a Yahvé su

Ez 19 9

---

32 26 Estos tres vv. únicamente contienen alusiones a los relatos de 2 R 20: v. 24, la enfermedad de Ezequías y la señal favorable que se le dio; v. 25, la embajada de Merodac Baladán; v. 26, la respuesta egoísta de Ezequías a Isaías, aquí considerada como aceptación de la voluntad divina.
32 27 «joyas» (*migdanîm*) conj.; «escudos» (*maginîm*) hebr.
32 29 (a) «asnos» (*'ayarîm*) conj.; «ciudades» (*'arîm*) hebr.
32 29 (b) Esta enumeración de las riquezas de Ezequías, más extensa que en 2 R, demuestra que ha sido bendecido por Dios, como lo fueron David, 1 Cro 29 2; ver 27 25-31, y Salomón, 2 Cro 9 10-28.

32 31 Nueva interpretación (ver v. 26) del relato de 2 R 20 12-19.
32 33 Esto podía significar un puesto eminente en la necrópolis real.
33 11 Algunos textos asirios mencionan a Manasés de Judá como vasallo de Asaradón y de Asurbanipal, pero ni los textos asirios ni el libro de los Reyes hablan del cautiverio de Manasés. Puede relacionarse esto con las sublevaciones antiasirias que por esa época sacudieron a Palestina, o bien puede representar la interpretación por el Cronista de una convocatoria de todos sus vasallos por Asaradón, que mencionan otros textos asirios. El Cronista interpreta la libertad de Manasés, v. 13, como el fruto de su conversión.

Dios, humillándose profundamente en presencia del Dios de sus padres. [13] Oró a él y Dios accedió, oyó su oración y le concedió el retorno a Jerusalén, a su reino. Entonces supo Manasés que Yahvé es el Dios. [14] Después de esto edificó la muralla exterior de la Ciudad de David al occidente de Guijón, en el torrente, hasta la entrada de la Puerta de los Peces, cercando el Ofel, y la elevó a gran altura. Puso también jefes del ejército en todas las plazas fuertes de Judá.

14 2

[15] Quitó del templo de Yahvé los dioses extraños, el ídolo y todos los altares que había erigido en el monte del templo de Yahvé y en Jerusalén, y los echó fuera de la ciudad*. [16] Reconstruyó el altar de Yahvé y ofreció sobre él sacrificios de comunión y de alabanza, y mandó a Judá que diese culto a Yahvé, el Dios de Israel. [17] Sin embargo, el pueblo ofrecía aún sacrificios en los altos, aunque sólo a Yahvé su Dios.

||2 R 21
17-18

[18] El resto de los hechos de Manasés, su oración a Dios*, y las palabras de los videntes que le hablaron en nombre de Yahvé, Dios de Israel, se encuentran es-

critos en los Hechos de los reyes de Israel. [19] Su oración y cómo fue oído, todo su pecado, su infidelidad, los sitios donde edificó santuarios y donde puso cipos e ídolos antes de humillarse: todo está escrito en los Hechos de Jozay*. [20] Manasés reposó con sus antepasados y fue enterrado en su casa. Amón, su hijo, reinó en su lugar.

Obstinación de Amón*.

[21] Amón tenía veintidós años cuando empezó a reinar, y reinó dos años en Jerusalén. [22] Hizo lo malo a los ojos de Yahvé, como había hecho su padre Manasés. Amón ofreció sacrificios y dio culto a todos los ídolos que había fabricado su padre Manasés. [23] Pero no se humilló delante de Yahvé, como se había humillado su padre Manasés; al contrario, Amón cometió aún más pecados. [24] Los siervos de Amón conspiraron contra él y mataron al rey en su palacio. [25] Pero el pueblo del país mató a todos los que habían conspirado contra el rey Amón y el pueblo del país proclamó rey en su lugar a su hijo Josías.

||2 R 21
19-26

4. LA REFORMA DE JOSÍAS*

||2 R 22 1-2

Síntesis del reinado.

34 [1] Josías tenía ocho años cuando comenzó a reinar, y reinó treinta y un años en Jerusalén. [2] Hizo lo recto a los ojos de Yahvé y siguió los caminos de David, su padre, sin desviarse a derecha ni a izquierda.

||2 R 23 4-20

Primeras reformas.

[3] El año octavo de su reinado, siendo todavía joven, comenzó a buscar al Dios de su padre David; y en el año doce empezó a purificar a Judá y a Jerusalén de

14 1-4; 31 1

los santuarios, de los cipos, de las estatuas y de los ídolos fundidos. [4] Derribaron en su presencia los altares de los Baales, hizo arrancar los altares de aromas que había sobre ellos, y rompió los cipos, las imágenes y los ídolos fundidos reduciéndolos a polvo, que esparció sobre las sepulturas de los que les habían ofrecido sacrificios. [5] Quemó los huesos de los sacerdotes sobre los altares y purificó a Judá y Jerusalén. [6] En las ciudades de Manasés, de Efraín y de Simeón, y hasta en Neftalí y en los territorios asolados que las rodeaban, [7] derribó los al-

---

33 15 El Cronista atribuye a Manasés una reforma descrita según el modelo de las de Asá, Ezequías y Josías.

33 18 Existe un Salmo apócrifo titulado «Oración de Manasés», inspirado sin duda por este pasaje de las Crónicas.

33 19 Profeta desconocido, cuyo nombre significa «vidente».

33 21 El Cronista atribuye a Amón la condenación que 2 R 21 12 lanzaba contra Manasés. El reinado de Amón fue tan breve como largo el de Manasés, y la vida larga es una recompensa, Pr 4 10; Sal 34 13s.

34 El libro de los Reyes presenta la reforma como una consecuencia del hallazgo del rollo de la Doctrina, con ocasión de los trabajos en el Templo. El Cronista

presenta estos trabajos como una purificación del Templo, 34 8, precedida a su vez por una lucha contra la idolatría en Jerusalén, en Judá y en Israel, vv. 3-7. De este modo, la reforma habría comenzado en el año doce del reinado de Josías y no en el dieciocho como en 2 R. Esta cronología es probable: los trabajos en el Templo pudieron ser inspirados por un afán reformador, y la lucha contra los cultos extranjeros es la expresión de una renovación nacional que se beneficia del debilitamiento de Asiria, en los últimos años de Asurbanipal. Se puede creer que la reforma se llevaría a cabo por etapas: 2 R agrupa todo después del hallazgo de la Ley; el Cronista se ha servido de esta fuente para describir las primeras etapas y sólo ha guardado el fin de la renovación de la alianza y la Pascua solemne.

tares, demolió los cipos y las estatuas y las redujo a polvo, y abatió los altares de aromas en toda la tierra de Israel. Después regresó a Jerusalén.

Las obras del Templo.

2 R 22 3-7

⁸ El año dieciocho de su reinado, mandó a Safán, hijo de Asalías, a Maasías, comandante de la ciudad, y a Joaj, hijo de Joacaz, heraldo, que reparasen el templo de Yahvé, su Dios, para purificar la tierra y el edificio. ⁹ Fueron ellos donde el sumo sacerdote Jilquías y le entregaron el dinero traído al templo de Dios, que los levitas y porteros habían recibido de Manasés y de Efraín y de todo el resto de Israel, de todo Judá y Benjamín y de los habitantes de Jerusalén*. ¹⁰ Lo pusieron en manos de los que hacían el trabajo, los encargados del templo de Yahvé, y éstos se lo dieron a los obreros para reparar y restaurar el edificio. ¹¹ Lo dieron a los carpinteros, constructores y albañiles para la compra de piedra de cantería, madera y vigas de trabazón del maderamen de los edificios destruidos por los reyes de Judá.

24 8s

¹² *Estos hombres ejecutaban los trabajos con honradez. Estaban bajo la vigilancia de Yájat y Abdías, levitas de los hijos de Merarí, y de Zacarías y Mesulán, de los hijos de Queat, que les dirigían, y de otros levitas; todos ellos maestros en tañer instrumentos músicos. ¹³ Dirigían también a los peones de carga y a todos los que trabajaban en la obra, en los distintos servicios. Entre los levitas había además escribas, notarios y porteros.

Descubrimiento del rollo de la Doctrina.

R 22 8-13

¹⁴ Cuando estaban sacando el dinero traído al templo de Yahvé, el sacerdote Jilquías encontró el rollo de la Doctrina de Yahvé dada por Moisés. ¹⁵ Jilquías tomó la palabra y dijo al secretario Safán: «He encontrado un rollo de la Doctrina en el templo de Yahvé.» Y entregó el rollo a Safán. ¹⁶ Safán llevó el libro al rey, y le rindió cuentas diciendo: «Tus siervos están haciendo todo lo que les ha sido encargado. ¹⁷ Han fundido el dinero

traído al templo de Yahvé y lo han entregado a los encargados y a los que trabajan en la obra.» ¹⁸ El secretario Safán informó también al rey: «El sacerdote Jilquías me ha entregado un rollo.» Y Safán leyó una parte ante el rey*.

¹⁹ Cuando el rey oyó las palabras del rollo de la Doctrina, rasgó sus vestiduras, ²⁰ y ordenó a Jilquías, a Ajicán, hijo de Safán, a Abdón, hijo de Miqueas, a Safán, secretario, y a Asayas, ministro del rey: ²¹ «Id a consultar a Yahvé por mí y por el resto de Israel y de Judá, a propósito de las palabras de este rollo que se ha encontrado, pues ha debido de encenderse la ira de Yahvé contra nosotros, pues nuestros padres no han guardado las palabras de Yahvé actuando conforme a todo lo escrito en este rollo.»

El oráculo de la profetisa.

2 R 22 14-20

²² Jilquías y los enviados del rey fueron donde la profetisa Juldá, mujer de Salún, hijo de Tocat, hijo de Jasrá, encargado del vestuario. Vivía ella en Jerusalén, en el Barrio Nuevo. Y ellos le hablaron conforme a lo indicado. ²³ Ella les respondió: «Así habla Yahvé, el Dios de Israel: Decid al hombre que os ha enviado a mí: ²⁴ Así habla Yahvé: Voy a traer el desastre sobre este lugar y sobre sus habitantes; todas las maldiciones escritas en el rollo que se ha leído delante del rey de Judá; ²⁵ porque ellos me han abandonado y han quemado incienso a otros dioses, irritándome con todas las obras de sus manos; arde mi cólera contra este lugar y ya no se apagará. ²⁶ Decid al rey de Judá que os envió a consultar a Yahvé: Así dice Yahvé, Dios de Israel, acerca de las palabras que has oído .. ²⁷ Porque tu corazón se ha conmovido y te has humillado delante de Dios al oír sus palabras contra este lugar y sus habitantes, y porque te has humillado ante mí, has rasgado tus vestiduras y has llorado ante mí, por eso yo, a mi vez te escucho, oráculo de Yahvé. ²⁸ Te reuniré con tus antepasados y serás enterrado en paz en tu sepulcro; tus ojos no verán todo el desastre que yo acarrearé sobre este lugar y sobre sus moradores.» Ellos llevaron la respuesta al rey.

---

34 9 Todos los israelitas han participado, pues, con su dinero en esta restauración del Templo. El Cronista no deja de insistir en la unidad del pueblo de Yahvé, ver Ez **37** 15s.
34 12 Párrafo propio del Cronista, que deja a los levi-

tas y a los cantores la dirección de los trabajos.
34 18 En 2 R **22** 10 se dice: «lo leyó.» Mas, para el Cronista, este libro es el Pentateuco, demasiado extenso para ser leído en una sesión.

‖2 R 23 1-3

Renovación de la alianza.

²⁹ El rey envió una orden y todos los ancianos de Judá y de Jerusalén se reunieron en asamblea. ³⁰ El rey subió al templo de Yahvé con todos los hombres de Judá y los habitantes de Jerusalén, los sacerdotes, los levitas y todo el pueblo, desde los más jóvenes a los más ancianos, y leyó a sus oídos el texto completo del rollo de la alianza que había sido hallado en el templo de Yahvé. ³¹ El rey se situó en pie junto a la columna* y celebró el rito de la alianza ante Yahvé: que ellos deberían seguir a Yahvé y guardar sus mandamientos, sus testimonios y sus preceptos, con todo su corazón y con toda su alma, y cumplir los términos de esta alianza tal como estaban escritos en este rollo. ³² Hizo que la aceptaran cuantos se hallaban en Jerusalén y en Benjamín. Y los habitantes de Jerusalén hicieron conforme a la alianza de Dios, el Dios de sus padres. ³³ Josías hizo desaparecer todas las abominaciones de todas las regiones de los israelitas, y obligó a todos los que se hallaban en Israel a servir a Yahvé su Dios. Y mientras él vivió no se apartaron de Yahvé, el Dios de sus padres*.

2 R 23 4s

Preparación de la Pascua.

‖2 R 23 21
Ex 12 1+

35 ¹ Josías celebró una Pascua en honor de Yahvé en Jerusalén; inmolaron la Pascua el día catorce del primer mes. ² Restableció a los sacerdotes en sus ministerios y los animó al servicio del templo de Yahvé*. ³ Dijo a los levitas que tenían inteligencia* para todo Israel y estaban consagrados a Yahvé: «Colocad el arca santa en el templo que construyó Salomón, hijo de David, rey de Israel, porque ya no habréis de llevarla a hombros; servid ahora a Yahvé vuestro Dios y a Israel, su pueblo. ⁴ Estad preparados según vuestras casas paternas y vuestras clases, conforme a lo escrito por David,

1 Cro 15 15
2 Cro 5 4

1 Cro 24-26

rey de Israel, y lo escrito por su hijo Salomón. ⁵ Ocupad vuestros sitios en el santuario según los grupos de casas paternas a disposición de vuestros hermanos, los hijos del pueblo; los levitas tendrán parte en la familia paterna. ⁶ E inmolad la Pascua, santificaos y prepararadla para vuestros hermanos, cumpliendo la orden de Yahvé, dada por medio de Moisés.

30 17+
Dt 12 18-19

La solemnidad*.

⁷ Josías reservó para la gente del pueblo ganado menor, así corderos como cabritos, en número de treinta mil, todos ellos como víctimas pascuales para cuantos se hallaban presentes, y tres mil bueyes. Todo ello de la hacienda del rey. ⁸ También sus jefes reservaron ofrendas voluntarias para el pueblo, los sacerdotes y los levitas. Jilquías, Zacarías y Yejiel, intendentes del templo de Dios, dieron a los sacerdotes, como víctimas pascuales, dos mil seiscientas ovejas y trescientos bueyes. ⁹ Quenanías, Semaías y Natanael, su hermano, y Jasabías, Yeiel y Jozabad, jefes de los levitas, reservaron para los levitas cinco mil corderos pascuales y quinientos bueyes. ¹⁰ Preparado así el servicio, ocuparon los sacerdotes sus puestos, lo mismo que los levitas, según sus clases, conforme al mandato del rey. ¹¹ Se inmolaron las víctimas pascuales, y mientras los sacerdotes rociaban con la sangre que recibían de mano de los levitas*, los levitas las desollaban ¹² y apartaban lo destinado al holocausto para darlo a las secciones de las casas paternas de los hijos del pueblo, a fin de que lo ofreciesen a Yahvé conforme a lo escrito en el libro de Moisés. Lo mismo se hizo con los bueyes. ¹³ Asaron la Pascua al fuego, según el ritual; cocieron las cosas sagradas* en ollas, calderos y cazuelas, y las repartieron con presteza entre todos los hijos del pueblo. ¹⁴ Después prepararon la Pascua

Ex 12 5

Nm 7
1 Cro 29 6-

Ex 12 2-1

---

34 31 «junto a la columna» ver **23** 13; 2 R **11** 14; «en su puesto» hebr.
34 33 El Cronista resume brevemente los datos de 2 R **23** 4s, que ha trasladado al comienzo de su relato, 2 Cro **34** 3s.
35 2 Como en el caso de Ezequías, la ceremonia *precede una restauración* del clero, ver **31** 2s, según las normas atribuidas a David. También el Cronista se interesa sobre todo por los levitas.
35 3 La inteligencia, en el sentido que el término ha tomado en los escritos sapienciales: el discernimiento de las cosas de Dios.
35 7 Aquí se describe en detalle la fiesta, que 2 R **23**

21 se limita a mencionar. El ritual es el de Dt **16**, pero con adiciones que al parecer se inspiran en la práctica de la época del Cronista. Los levitas desempeñan un papel predominante en la acción litúrgica. Aquí, el sacrificio pascual se combina con holocaustos y sacrificios de comunión.
35 11 «que recibían de mano de los levitas» completado según **30** 16. Según Lv 1 6 ésta era la función del laico.
35 13 No las hierbas amargas y los panes sin levadura, sino el sacrificio de comunión que aquí se asocia a la Pascua.

para sí y para los sacerdotes, porque los sacerdotes, hijos de Aarón, estuvieron ocupados hasta la noche en ofrecer los holocaustos y las grasas. Por eso los levitas la prepararon para sí y para los sacerdotes, hijos de Aarón. [15] También los cantores, hijos de Asaf, estaban en su puesto, conforme a lo dispuesto por David, Asaf, Hemán y Yedutún, vidente del rey; lo mismo los porteros, cada uno en su puerta. No tenían necesidad de retirarse de su servicio, porque sus hermanos, los levitas, se lo preparaban todo.

[16] De esta manera se organizó aquel día todo el servicio de Yahvé para celebrar la Pascua y ofrecer los holocaustos sobre el altar de Yahvé, según la orden del rey Josías. [17] Los israelitas que se hallaban allí celebraron en ese tiempo la Pascua y la fiesta de los Ázimos durante siete días.

|| 2 R 23 22
[18] No se había celebrado Pascua como ésta en Israel desde los días de Samuel, profeta; y ningún rey de Israel celebró una Pascua como la que celebraron Josías*, los sacerdotes y los levitas, todo Judá e Israel, que allí se hallaban presentes, y los habitantes de Jerusalén.

Fin trágico de Josías*.

|| 2 R 23 23.
29-30
[19] Esta Pascua se celebró el año dieciocho del reinado de Josías*. [20] Después de todo lo que hizo para reparar el Templo,

subió Necó, rey de Egipto, para combatir en Carquemis, junto al Éufrates; y Josías le salió al encuentro. [21] Necó le envió mensajeros para decirle: «¿Qué tengo yo que ver contigo, rey de Judá? No he venido hoy contra ti, sino contra la casa con la cual estoy en guerra; ▼ Dios me ha mandado que me apresure. Deja de oponerte a Dios, que está conmigo, no sea que él te destruya.» [22] Pero Josías no se apartó de él, pues estaba decidido* a darle batalla, sin escuchar las palabras de Necó, que venían de boca de Dios. Y avanzó para librar batalla en la llanura de Meguidó. [23] Los arqueros tiraron contra el rey Josías, y dijo el rey a sus siervos: «Llevadme fuera, pues estoy gravemente herido.» [24] Sus siervos lo sacaron del carro, y pasándolo a otro carro que tenía, lo llevaron a Jerusalén, donde murió. Fue sepultado en los sepulcros de sus padres y todo Judá y Jerusalén hicieron duelo por Josías. [25] Jeremías compuso una elegía sobre Josías, y todos los cantores y cantoras hablan todavía hoy de Josías en sus elegías; lo cual se ha hecho costumbre en Israel. Están escritas entre las Lamentaciones▼.

18 33-34

[26] El resto de los hechos de Josías, sus obras piadosas conforme a lo escrito en la Ley de Yahvé, [27] y sus obras primeras y postreras, están escritas en el libro de los reyes de Israel y de Judá.

5. SITUACIÓN DE ISRAEL AL FINAL DE LA MONARQUÍA*

|| 2 R 23
30-34
Joacaz.

36 [1] El pueblo del país tomó a Joacaz, hijo de Josías, y le proclamó rey en Jerusalén, en lugar de su padre. [2] Joacaz tenía veintitrés años cuando comenzó a reinar, y reinó tres meses en Jerusalén*. [3] El rey de Egipto lo destituyó en Jerusalén e impuso al país una indemnización de cien talentos de plata y un talento de oro. [4] El rey de Egipto proclamó rey de Judá y Jerusalén a Eliaquín, hermano de Joacaz, cambiándole el nombre por el de Joaquín. Y a Joacaz, su hermano, lo tomó Necó y lo llevó a Egipto.

---

35 18 La novedad de la Pascua está en su celebración por todo el pueblo en Jerusalén; es una consecuencia de la centralización del culto promulgado por el Dt, y que 2 Cro 30 15-27 había trasladado a la época de Ezequías. La Pascua se había conservado como ceremonia familiar durante toda la época monárquica. La referencia a la época de Samuel, aquí, y a la época de los Jueces en el paralelo de 2 R 23 22, parece indicar que ya de antes se celebraba en común en un santuario central.
35 19 (a) Parece que el Cronista dispuso de una fuente más detallada que el paralelo de 2 R, paralelo que interpreta según su teología de la retribución, v. 22.
35 19 (b) El griego añade aquí un elogio de Josías que reproduce 2 R 23 24-27.

35 22 «estaba decidido» griego; «se disfrazó» hebr. (ver 1 R 23 30).
35 25 En Jr 27 10 se alude a la muerte de Josías, pero el libro de las Lamentaciones, atribuido al profeta, no incluye nada que se refiera específicamente a este rey. El texto al que el Cronista se refiere se ha perdido para nosotros.
36   Resumen de los acontecimientos referidos por 2 R 23 31 - 25 30. El Cronista pasa así rápidamente sobre el período sombrío que corre entre la reforma religiosa de Josías y la restauración nacional y religiosa a la vuelta del Destierro.
36 2   El griego añade aquí 2 R 23 31-33.

Joaquín.

‖2 R 23
36-37

⁵ Joaquín tenía veinticinco años cuando comenzó a reinar, y reinó once años en Jerusalén. Hizo lo malo a los ojos de Yahvé, su Dios. ⁶ Nabucodonosor, rey de Babilonia, subió contra él y lo ató con cadenas de bronce para conducirlo a Babilonia*. ⁷ Nabucodonosor llevó también a Babilonia algunos objetos del templo de Yahvé, que depositó en su santuario, en Babilonia. ⁸ El resto de los hechos de Joaquín, las abominaciones que cometió y todo lo que le sucedió, está escrito en el libro de los reyes de Israel y de Judá. Jeconías, su hijo, reinó en su lugar.

‖2 R 24 1s

‖2 R 24 5

Jeconías.

‖2 R 24 8-9

⁹ Jeconías tenía ocho años* cuando empezó a reinar, y reinó tres meses y diez días en Jerusalén; hizo lo malo a los ojos de Yahvé. ¹⁰ A la vuelta de un año mandó el rey Nabucodonosor que le llevasen a Babilonia, juntamente con los objetos más preciosos del templo de Yahvé, y puso por rey en Judá y Jerusalén a Sedecías, hermano de Jeconías*.

‖2 R 24
10-16

‖2 R 24 17

Sedecías.

‖2 R 24
18-20
‖Jr 52 1-3

¹¹ Sedecías tenía veintiún años cuando comenzó a reinar, y reinó once años en Jerusalén. ¹² Hizo lo malo a los ojos de Yahvé, su Dios, y no se humilló ante el profeta Jeremías que le hablaba por boca de Yahvé. ¹³ También él se rebeló contra el rey Nabucodonosor, que le había hecho jurar por Dios; endureció su cerviz y se obstinó en su corazón, en vez de volverse a Yahvé, el Dios de Israel.

Jr 37-39

Ez 17 13-16

La nación*.

¹⁴ Del mismo modo, todos los jefes de los sacerdotes y el pueblo multiplicaron sus infidelidades, según todas las costumbres abominables de las gentes, y mancharon el templo de Yahvé, que él se había consagrado en Jerusalén. ¹⁵ Yahvé, el Dios de sus padres, les envió desde el principio avisos por medio de sus mensajeros, porque tenía compasión de su pueblo y de su Morada. ¹⁶ Pero ellos se burlaron de los mensajeros de Dios, despreciaron sus palabras y se mofaron de sus profetas, hasta que subió la ira de Yahvé contra su pueblo a tal punto que ya no hubo remedio.

Hb 1 1

Mt 23
34-36p

La ruina.

¹⁷ Entonces hizo subir contra ellos al rey de los caldeos, que mató a espada a los mejores en el edificio de su santuario, sin perdonar a joven ni a doncella, a viejo ni a canoso; a todos los entregó Dios en su mano. ¹⁸ Todos los objetos del templo de Dios, grandes y pequeños, los tesoros del templo de Yahvé y los tesoros del rey y de sus jefes, todo se lo llevó a Babilonia. ¹⁹ Incendiaron el templo de Dios y derribaron las murallas de Jerusalén, pegaron fuego a todos sus palacios y destruyeron todos sus objetos preciosos. ²⁰ Y a los que escaparon de la espada los llevó cautivos a Babilonia, donde fueron esclavos de él y de sus hijos hasta el advenimiento del reino de los persas; ²¹ para que se cumpliese la palabra de Yahvé, por boca de Jeremías: «Hasta que el país haya pagado sus sábados, descansará todos los días de la desolación, hasta que se cumplan los setenta años.»

Lm 1 15;
5 11-14

‖2 R 25 14s

‖2 R 25 9s

Hacia el porvenir*.

‖Esd 1 1-3

²² En el año primero de Ciro, rey de Persia, en cumplimiento de la palabra de Yahvé, por boca de Jeremías, movió Yahvé el espíritu de Ciro, rey de Persia, que mandó publicar de palabra y por escrito en todo su reino: ²³ «Así habla Ciro, rey de Persia: Yahvé, el Dios de los cielos, me ha dado todos los reinos de la tierra. Él me ha encargado que le edifique un templo en Jerusalén, en Judá. Quien de entre vosotros pertenezca a su pueblo, ¡sea su Dios con él y suba!»

---

36 6   No tenemos más datos de este cautiverio y de este saqueo. Parece ser que en una época posterior se atribuyeron al perverso Joaquín algunas de las desgracias de su hijo Jeconías. Ver Dn 1 1-2.

36 9   «ocho años» hebr.; «dieciocho años» versiones, 2 R 24 8.

36 10   En realidad su tío, 2 R 24 17. Pero 1 Cro 3 16 distingue dos Sedecías, un tío y un hermano de Jeconías.

36 14   Juicio general sobre la infidelidad del pueblo que causa la ruina de Judá. El Cronista se une aquí a Jeremías y Ezequiel.

36 22   Estos dos últimos vv. reproducen el comienzo de Esd. Pero la utilización de este texto como conclusión cambia su sentido. El anuncio de una labor penosa se convierte aquí en un grito de triunfo sobre la restauración del Templo, por la que se afirma la perennidad de las instituciones davídicas.

EL LIBRO DE ESDRAS

I. La vuelta del destierro y la reconstrucción del templo

La vuelta de los sionistas.

‖2 Cro 36 22-23

Jr 25 11-12; 29 10
Za 1 12

Is 45 1

Ag 1 14

Ex 3 22; 1 2; 12 35

1 ¹ En el año primero de Ciro, rey de Persia*, en cumplimiento de la palabra de Yahvé, por boca de Jeremías*, movió Yahvé el espíritu de Ciro, rey de Persia, que mandó publicar de palabra y por escrito en todo su reino: ² «Así habla Ciro, rey de Persia: Yahvé, el Dios de los cielos, me ha dado todos los reinos de la tierra. Él me ha encargado que le edifique un templo en Jerusalén, en Judá*. ³ Quien de entre vosotros pertenezca a su pueblo*, sea su Dios con él. Suba a Jerusalén, en Judá, a edificar el templo de Yahvé, Dios de Israel, el Dios que está en Jerusalén. ⁴ A todo el resto* del pueblo, dondequiera residan, que las gentes del lugar les ayuden proporcionándoles plata, oro, hacienda y ganado, así como ofrendas voluntarias para el templo de Dios que está en Jerusalén*.»
⁵ Entonces los cabezas de familia de Judá y Benjamín, los sacerdotes y los levitas y todos aquellos cuyo ánimo había movido Dios, se pusieron en marcha para subir a edificar el templo de Yahvé en Jerusalén. ⁶ Todos sus vecinos les proporcionaron toda clase de ayuda*: plata, oro, hacienda, ganado, gran cantidad de objetos preciosos y toda clase de ofrendas voluntarias.
⁷ El rey Ciro mandó sacar los utensilios del templo de Yahvé que Nabucodonosor se había llevado de Jerusalén y había depositado en el templo de su dios. ⁸ Ciro, rey de Persia, los puso en manos del tesorero Mitrídates, el cual los contó para entregárselos a Sesbasar, príncipe de Judá*. ⁹ Éste es el inventario: fuentes de oro: 30; fuentes de plata: 1.000; reparadas: 29; ¹⁰ copas de oro: 30; copas de plata: 1.000; estropeadas: 410; otros utensilios: 1.000. ¹¹ Total de los utensilios de oro y plata: 5.400*. Todo esto se lo llevó Sesbasar, cuando los deportados subieron con él, de Babilonia a Jerusalén.

Lista de los sionistas*.

‖Ne 7 6-72

2 ¹ Éstas son las personas de la provincia que regresaron del cautiverio, las que había deportado a Babilonia Nabucodonosor, rey de Babilonia, y que volvieron a Jerusalén y Judá, cada uno a su ciudad. ² Vinieron con Zorobabel, Josué, Nehemías, Serayas, Reelayas, Najamaní, Mardoqueo, Bilsán, Mispar, Bigvay, Rejún, Baaná*.

---

1 1 (a) La conquista de Babilonia por Ciro data del otoño del 539; el primer año de su reinado (sobre el imperio babilónico) comienza en Nisán (marzo-abril) del 538.
1 1 (b) Los setenta años de cautiverio anunciados por Jeremías no eran más que una cifra en números redondos, pero podían tomarse literalmente haciendo que la sumisión de Judá comenzara con el reinado de Joaquín (609), ver 2 R 24 1. En cuanto al papel de Ciro, lo anuncia Is 44 28; 45 1s.
1 2 Los reyes de Persia fueron en general muy liberales con los cultos de los pueblos conquistados, que ellos restauraron y sostuvieron con su apoyo, sin dejar de controlarlos. Su política religiosa en relación con el Judaísmo se inspiró en los mismos principios. El Judaísmo quizá se benefició también de una preferencia especial: Yahvé, designado siempre como «Dios del cielo» en las actas oficiales, podía ser equiparado con el dios supremo, al que los Grandes Reyes reconocían: Ahura-Mazda.
1 3 La expresión parece incluir a los desterrados del reino del Norte. Pero ver 5.
1 4 (a) Este resto de supervivientes, 9 8.13-15; Ne 1 2, ha sido separado por Dios y, desde Ez 6 8-10, se le identifica con los deportados de Babilonia, ver Is 4 3+.
1 4 (b) Este edicto aparece como una proclama, hecha en hebreo por heraldos públicos, a los judíos desterrados, y probablemente redactada por empleados judíos de la cancillería persa. En cambio, 6 3-5 reproduce un memorándum al estilo de los funcionarios persas.
1 6 «toda clase de ayuda» según 3 Esd 2 6; «ayuda con utensilios de plata» hebr. —Con 3 Esd se designa el libro apócrifo llamado Esdras A en la Biblia griega y Esdras III en manuscritos y ediciones de la Vulgata. En parte es paralelo al libro canónico y su texto griego, traducido de un original semítico, permite a veces corregir el texto masorético.
1 8 El jefe de la primera expedición, ver la Introducción.
1 11 Los vv. 8-11ª reproducen un documento arameo desgraciadamente mutilado. El total de los utensilios no corresponde a la suma de los objetos enumerados.
2 Esta lista se encuentra en Ne 7 y en 3 Esd 5 con diferencias en cuanto a los nombres, las cifras y el uso alternado de «hijos» y de «hombres». Se trata de tres estados de un mismo texto que, en algunos casos, parece haberse conservado mejor en 3 Esd, pero resulta una arbitrariedad corregir un texto por el otro. Esta lista heterogénea abarca clasificaciones por familias y por localidades. Representa un censo de la población de Judá claramente posterior a los primeros regresos del Destierro. El Cronista lo ha utilizado, aquí para ilustrar la historia de la vuelta, y luego en Ne 7 en conexión con la repoblación de Jerusalén.
2 2 Los guías son doce: la cifra de Israel.

Lista de los hombres del pueblo de Israel: [3] los hijos de Parós: 2.172; [4] los hijos de Sefatías: 372; [5] los hijos de Araj: 775; [6] los hijos de Pajat Moab, por parte de los hijos de Josué y de Joab: 2.812; [7] los hijos de Elam: 1.254; [8] los hijos de Zatú: 945; [9] los hijos de Zacay: 760; [10] los hijos de Baní: 642; [11] los hijos de Bebay: 623; [12] los hijos de Azgad: 1.222; [13] los hijos de Adonicán: 666; [14] los hijos de Bigvay: 2.056; [15] los hijos de Adín: 454; [16] los hijos de Ater, de Ezequías: 98; [17] los hijos de Besay: 323; [18] los hijos de Yorá: 112; [19] los hijos de Jasún: 223; [20] los hijos de Guibar: 95; [21] los hombres de Belén: 123; [22] los hombres de Netofá: 56; [23] los hombres de Anatot: 128; [24] los hombres de Azmávet: 42; [25] los hombres de Quiriat Yearín, Quefirá y Beerot: 743; [26] los hombres de Ramá y Gueba: 621; [27] los hombres de Micmás: 122; [28] los hombres de Betel y de Ay: 223; [29] los hijos de Nebo: 52; [30] los hijos de Magbís: 156; [31] los hijos del otro Elam: 1.254; [32] los hijos de Jarín: 320; [33] los hombres de Lod, Jadid y Onó: 725; [34] los hombres de Jericó: 345; [35] los hombres de Senaá: 3.630.

[36] Sacerdotes: los hijos de Yedaías, de la casa de Josué: 973; [37] los hijos de Imer: 1.052; [38] los hijos de Pasjur: 1.247; [39] los hijos de Jarín: 1.017.

[40] Levitas: los hijos de Josué y de Cadmiel, de los hijos de Hodavías: 74.

[41] Cantores*: los hijos de Asaf: 128.

[42] Porteros: los hijos de Salún, los hijos de Ater, los hijos de Talmón, los hijos de Acub, los hijos de Jatitá, los hijos de Sobay: en total 139.

[43] Donados*: los hijos de Sijá, los hijos de Jasufá, los hijos de Tabaot, [44] los hijos de Querós, los hijos de Siahá, los hijos de Padón, [45] los hijos de Lebaná, los hijos de Jagabá, los hijos de Acub, [46] los hijos de Jagab, los hijos de Salmay, los hijos de Janán, [47] los hijos de Guidel, los hijos de Gajar, los hijos de Reayas, [48] los hijos de Resín, los hijos de Necodá, los hijos de Gazán, [49] los hijos de Uzá, los hijos de Paséaj, los hijos de Besay, [50] los hijos de Asná, los hijos de los meunitas, los hijos de los nefusitas, [51] los hijos de Bacbuc, los hijos de Jacufá, los hijos de Jarjur, [52] los hijos de Baslut, los hijos de Mejidá, los hijos de Jarsá, [53] los hijos de Barcós, los hijos de Sisrá, los hijos de Témaj, [54] los hijos de Nesíaj, los hijos de Jatifá.

[55] Hijos de los siervos de Salomón: los hijos de Sotay, los hijos de Has Soféret, los hijos de Perudá, [56] los hijos de Yaalá, los hijos de Darcón, los hijos de Guidel, [57] los hijos de Sefatías, los hijos de Jatil, los hijos de Poquéret Hasebáin, los hijos de Amí. [58] Total de los donados y de los hijos de los siervos de Salomón: 392.

[59] Y éstos son los que venían de Tel Mélaj, Tel Jarsá, Querub, Adón e Imer, y que no pudieron probar si su familia y su estirpe eran de origen israelita: [60] los hijos de Delaías, los hijos de Tobías, los hijos de Necodá: 652. [61] Y entre los sacerdotes: los hijos de Jobaías, los hijos de Hacós, los hijos de Barzilay —el cual se había casado con una de las hijas de Barzilay el gaaladita, cuyo nombre adoptó—. [62] Éstos investigaron en su registro genealógico, pero no figuraban, por lo cual se les excluyó del sacerdocio*. [63] El gobernador* les prohibió comer de las cosas sacratísimas* hasta que no se presentara un sacerdote para el urim y el tumim*.

[64] La asamblea ascendía a 42.360 personas, [65] sin contar sus siervos y siervas, que eran 7.337, y los 200 cantores y cantoras. [66] Tenían 736 caballos, 245 mulos, [67] 435 camellos y 6.720 asnos.

[68] Algunos de los cabezas de familia, al llegar al templo de Yahvé en Jerusalén, hicieron ofrendas voluntarias para el templo de Dios, para que fuese reedificado en su mismo emplazamiento. [69] Según sus posibilidades, entregaron al tesoro de la obra 61.000 dracmas de oro, 5.000 minas de plata y 100 túnicas sacerdotales.

[70] Los sacerdotes, los levitas y parte del pueblo se establecieron en Jerusalén*;

2 S 17 27;
19 32s
1 R 2 7

---

2 41   No incluidos entre los levitas, a diferencia de 3 10. Sólo se menciona un gremio, a diferencia de 1 Cro 6 16s.

2 43   Los Natineos (netînîm) o «donados» (el término traduce literalmente el hebreo y el griego), cuyo origen se refiere en Jos 9 27, y los hijos de los siervos de Salomón (nombrados aquí y en Ne 11 3), descendientes de prisioneros de guerra o de paganos sujetos al servicio, ver Ez 44 7-9, eran empleados en el templo en funciones inferiores, al servicio de los levitas. Ver Esd 8 10.

2 62   Esta medida fue anulada, al menos por lo que concierne a los hijos de Hacós, Ne 3 4.21; Esd 8 33.

2 63   (a) Al gobernador se le designa con un título honorífico: Tiršatá, palabra persa cuyo sentido parece ser «Su Reverencia», que vuelve a encontrarse en Ne 7 65.69; 8 9; 10 2. El gobernador cede a los sacerdotes las decisiones religiosas. Las directrices de Ezequiel, ver Ez 45 7-17; 46 1-10.12.16-18, han dado fruto.

2 63   (b) Sobre este privilegio sacerdotal, ver Lv 22 10s; 10 14-15.

2 63   (c) Para consultar a Dios por medio de las suertes sagradas, ver 1 S 14 41+. Así pues, el sumo sacerdote no está todavía restablecido en sus funciones, ver Za 3; Ag 1 1.

2 70   «en Jerusalén» griego, 2 Esd 5 45; omitido por hebr.

los cantores, los porteros y los donados, en sus ciudades respectivas. Todo Israel estaba, pues, en sus respectivas ciudades.

Reanudación del culto.

||Ne 7 72^b
8 1

3 ¹ Llegado el séptimo mes, y estando ya los israelitas en sus ciudades, se congregó todo el pueblo como un solo hombre en Jerusalén*. ² Josué, hijo de Josadac, con sus hermanos los sacerdotes, y Zorobabel, hijo de Sealtiel, con sus

1 R 8 64+

hermanos*, se pusieron a reconstruir el altar del Dios de Israel, para ofrecer en él holocaustos, como está escrito en la Ley de Moisés, hombre de Dios. ³ Erigieron el altar en su emplazamiento*, a pesar del temor que les infundían los pue-

Ex 23 14+

blos de la tierra*, y ofrecieron en él holocaustos a Yahvé, holocaustos de la mañana y de la tarde; ⁴ celebraron la

Nm 28 3-8

fiesta de las Tiendas, según está escrito, con el número de holocaustos cotidianos establecidos según el rito de cada día; ⁵ después, ofrecieron el holocausto perpetuo y los de los sábados*, novilunios y todas las solemnidades consagradas a Yahvé, además de lo que cada uno quería ofrecer voluntariamente a Yahvé*. ⁶ Desde el día primero del séptimo mes, comenzaron a ofrecer holocaustos a Yahvé, aunque no se habían echado todavía los cimientos del santuario de Yahvé*.

1 Cro 22 4
Cro 2 9.14

⁷ Pagaron con dinero a los canteros y a los carpinteros, y dieron víveres, bebidas y aceite a los sidonios y a los tirios para que enviasen por mar a Jope madera de cedro del Líbano, según la autorización de Ciro, rey de Persia*. ⁸ El año segundo de su llegada al templo de Dios en Jerusalén*, el segundo mes, Zorobabel, hijo de Sealtiel, y Josué, hijo de Josadac, con el resto de sus hermanos, los sacerdotes, los levitas y todos los que habían vuelto del destierro a Jerusalén, comenzaron la obra; designaron a algunos levitas, de veinte años en adelante, para dirigir las obras del templo de Yahvé*. ⁹ Josué, sus hijos y sus hermanos, Cadmiel y sus hijos, los hijos de Hodavías*, se pusieron como un solo hombre a dirigir a los que trabajaban en la obra del templo de Dios*. ¹⁰ Cuando los albañiles echaron los cimientos del santuario de Yahvé, estaban presentes los sacerdotes, revestidos de lino fino*, con trompetas, y los levitas, hijos de Asaf, con

2 41

címbalos, para alabar a Yahvé según las prescripciones de David, rey de Israel. ¹¹ Cantaban alabando y dando gracias a

Sal 100 5+
Sal 136

Yahvé: «Porque es bueno, porque es eterna su misericordia para Israel.» Y el pueblo entero prorrumpía en grandes clamores, alabando a Yahvé, porque el

Nm 10 5+

templo de Yahvé tenía ya sus cimientos. ¹² Muchos sacerdotes, levitas y jefes de familia, ya ancianos, que habían cono-

Ag 2 3
Tb 14 5

cido con sus propios ojos el primer templo, sobre sus cimientos*, lloraban a voz en grito, mientras que otros lanzaban gozosos clamores. ¹³ Y nadie podía distinguir los acentos de clamor jubiloso de los acentos de lamentación, porque el pueblo lanzaba grandes clamores, y el estrépito se podía oír desde muy lejos.

---

3 1   La misma frase (después de corr.) describe la reunión realizada por Esdras, Ne 7 72^b - 8 1.
3 2   La mención de Zorobabel y Josué, como iniciadores de los trabajos, aquí y v. 8, procede del redactor. Esta misión había sido confiada oficialmente a Sesbasar, 5 13-16; 6 3-5.
3 3   (a) «en su emplazamiento» griego, sir., ver 2 68; «sobre sus cimientos» hebr.
3 3   (b) La expresión «pueblo de la tierra» ('am ha'areṣ) fundamentalmente designa a todos los hombres libres en el pleno goce de sus derechos cívicos en un territorio determinado, distintos de sus jefes. Hasta el Destierro se aplicó al pueblo de Judá e Israel. En Esd 4 4; 9 1-2; 10 2, y en Ne 10 29.31s, la expresión, casi siempre en plural («los pueblos de la tierra»), designa a los samaritanos, y a los amonitas, moabitas, etc., que ocuparon las tierras que los deportados dejaron desocupadas, y que ahora gozan de los derechos políticos. Se les distingue del «pueblo de Judá». Este uso prepara el de la época rabínica, en la que «el pueblo de la tierra» representa a los que no guardan la ley religiosa, ver ya Jn 7 49.
3 5   (a) «de los sábados» 3 Esd 5 51, ver 2 Cro 2 3;

omitido por hebr.
3 5   (b) El sacrificio voluntario se distingue de las ofrendas sacrificiales obligatorias en virtud de la Ley, o convertidas en obligatorias a consecuencia de un voto, Lv 7 11+.
3 6   En el pensamiento del Cronista se trata de la reanudación de todo el sistema cultual definido por los textos «sacerdotales» de la Ley.
3 7   Preparativos análogos a los que se hicieron para el templo de Salomón.
3 8   (a) En Ag 1 14; 2 10s; Za 4 9, se pone el comienzo de las obras en el año segundo de Darío. De hecho, es cierto que comenzaron bajo Ciro, Esd 5 16, pero al parecer avanzaron poco, ver 4 24.
3 8   (b) La importancia dada a los levitas es rasgo del Cronista.
3 9   (a) «Hodavías» conj., ver 2 40; «Judá» hebr.
3 9   (b) El hebr. añade: «los hijos de Jenadad, los hijos y hermanos de ellos», glosa según Ne 3 18.24; 10 10.
3 10   «de lino fino» corr., ver 2 Cro 5 12.
3 12   Después de «cimientos», hebr. añade: «se trata del templo», glosa.

Alegato antisamaritano: obstrucción samaritana bajo Ciro*.

4 [1] Cuando los enemigos de Judá y de Benjamín se enteraron de que los deportados estaban edificando un santuario a Yahvé, Dios de Israel, [2] se presentaron a Zorobabel, a Josué* y a los cabezas de familia, y les dijeron: «Vamos a edificar junto con vosotros, porque, como vosotros, buscamos a vuestro Dios y le sacrificamos*, desde los tiempos de Asaradón, rey de Asiria, que nos trajo aquí*.» [3] Zorobabel, Josué y los restantes cabezas de familia israelitas les contestaron: «No podemos edificar juntos nosotros y vosotros un templo a nuestro Dios: a nosotros solos nos toca construir para Yahvé, Dios de Israel, como nos lo ha mandado Ciro, rey de Persia.» [4] Entonces el pueblo de la tierra se puso a desanimar al pueblo de Judá y a atemorizarlos para que no siguiesen edificando. [5] Sobornaron contra ellos a algunos consejeros* para hacer fracasar su proyecto; así durante todo el tiempo de Ciro, rey de Persia, hasta el reinado de Darío, rey de Persia.

Obstrucción samaritana bajo Jerjes y Artajerjes*.

[6] Bajo el reinado de Jerjes, al comienzo de su reinado*, presentaron ellos* por escrito una denuncia contra los habitantes de Judá y Jerusalén. [7] En tiempo de Artajerjes*, Mitrídates, Tabel y demás colegas suyos escribieron contra Jerusalén* a Artajerjes, rey de Persia. El texto del documento estaba redactado en escritura aramea y en lengua aramea. [8] El gobernador* Rejún y el secretario Sinsay escribieron una carta al rey Artajerjes en contra de Jerusalén. [9] —El gobernador Rejún, el secretario Sinsay y demás colegas; los jueces y los legados, funcionarios persas; las gentes de Uruc, de Babilonia y de Susa —es decir los elamitas— [10] y los restantes pueblos que el gran Asurbanipal deportó y estableció en las ciudades de Samaría y en el resto de Transeufratina*. [11] Ésta es la copia de la carta que le enviaron:

«Al rey Artajerjes, tus servidores, las gentes de Transeufratina, etc.

[12] «Ha de saber el rey que los judíos que subieron de tu lado hacia nosotros y llegaron a Jerusalén están reconstruyendo esta ciudad rebelde y perversa; tratan de levantar las murallas, y ya han echado los cimientos. [13] Sepa, pues, el rey, que si esta ciudad se reconstruye y se levantan sus murallas, no se pagarán más impuestos, contribución ni peaje, y al fin esta ciudad perjudicará a los reyes*. [14] Y puesto que nosotros comemos la sal del palacio y nos resulta intolerable ver esta afrenta que se hace al rey, enviamos al rey esta denuncia, [15] para que se investigue en las Memorias de tus padres: en estas Memorias encontrarás y descubrirás que esta ciudad es una ciudad rebelde, molesta para los reyes y las provincias, y que en ella se han fomentado insurrecciones desde antiguo. Por este motivo fue destruida esta ciudad. [16] Nosotros informamos al rey que, si esta ciudad se reconstruye y se levantan sus murallas, bien pronto ya no tendrás más territorios en Transeufratina.»

[17] El rey envió esta respuesta:

«Al gobernador Rejún, al secretario Sinsay y a los restantes colegas residentes en Samaría y demás lugares en Transeufratina, paz, etc.

[18] «El documento que nos habéis enviado ha sido traducido y leído en mi presencia. [19] Di orden de que se investigase, y se ha encontrado que esta ciudad se ha

---

4 Ag 1 2 achacaba el retraso de la construcción del templo —del 538 al 520— a la negligencia de los judíos. El Cronista subraya la oposición samaritana.
4 2 (a) «a Josué» griego; omitido por hebr.
4 2 (b) «y le sacrificamos» qeré, griego, sir.; «y nos sacrificamos» hebr.
4 2 (c) Deportación que quizá se haya de referir a la campaña egipcia de Asaradón y a la toma de Tiro (671); ver Is 7 8[b] (según la lectura del hebreo: «sesenta y cinco años»).
4 5 Funcionarios reales, con residencia en Samaría.
4 6 (a) Aquí comienza la «fuente aramea» que termina en 6 18; pero el Cronista, en los vv. 6-7, ha resumido, en hebreo, algunos datos.
4 6 (b) Finales del 486-comienzos del 485.
4 6 (c) Los mismos que en el v. 4.
4 7 (a) Artajerjes I (465-424).

4 7 (b) «contra Jerusalén» bešalem conj.; «de conformidad (con Mitrídates)» bišelam hebr. (a no ser que se considere a Bišelam nombre propio, como en 3 Esd 2 12 y Vulg.).
4 8 Gobernador de Samaría, ver v. 17. Samaría era la capital de la provincia que todavía incluía el distrito de Judá. Por tanto, su gobernador tenía derecho de inspección sobre Jerusalén.
4 10 «las ciudades» griego; «la ciudad» aram. —Al fin del v. el arameo añade: «etc.»; ver v. 11[c]. —Los vv. 9-10 estarían mejor después de 11[b]. —La lista de denunciantes samaritanos comprende a las autoridades supremas de la provincia, luego a los altos funcionarios persas, y finalmente a los jefes de los grupos naturales de colonos según su país de origen.
4 13 «perjudicará a los reyes» conj.; «perjudicarás a los reyes» arameo.

venido rebelando contra los reyes desde antiguo, y que ha fomentado revueltas e insurrecciones. [20] Que hubo en Jerusalén reyes poderosos, cuyo dominio se extendía sobre toda Transeufratina* a los que pagaban impuestos, contribuciones y peaje. [21] Ordenad, pues, que se interrumpa la empresa de esos hombres: esa ciudad no debe ser reconstruida hasta nueva orden. [22] Guardaos de actuar con negligencia en este asunto, no sea que el mal aumente en perjuicio de los reyes.»

[23] En cuanto la copia del documento del rey Artajerjes fue leída ante el gobernador Rejún*, el secretario Sinsay y sus colegas, salieron a toda prisa hacia Jerusalén, donde los judíos, y, por la fuerza de las armas, los obligaron a suspender las obras.

La construcción del Templo (520-515).

[24] *Así se suspendieron las obras del templo de Dios en Jerusalén. Estuvieron interrumpidas hasta el año segundo del reinado de Darío, rey de Persia.

5 [1] El profeta Ageo y el profeta Zacarías, hijo de Idó, empezaron a profetizar a los judíos de Judá y de Jerusalén, en nombre del Dios de Israel que velaba sobre ellos. [2] Con esto, Zorobabel, hijo de Sealtiel, y Josué, hijo de Josadac, se decidieron a reanudar la construcción del templo de Dios en Jerusalén: los profetas de Dios estaban con ellos, apoyándolos*. [3] Por entonces, Tatenay, sátrapa de Transeufratina, Setar Boznay y sus colegas vinieron donde ellos y les preguntaron: «¿Quién os ha autorizado a construir este templo y a rematar este santuario? [4] *¿Cómo se llaman los hombres que construyen este edificio?» [5] Pero los ojos de su Dios velaban sobre los ancianos de los judíos, y no se les obligó a suspender la obra en espera de que llegase un informe a Darío y volviera un decreto oficial sobre aquel asunto.

[6] Copia de la carta que Tatenay, sátrapa de Transeufratina, Setar Boznay y sus colegas, las autoridades de Transeufra-

tina, remitieron al rey Darío. [7] Le enviaron un escrito de este tenor:

«Al rey Darío, paz completa. [8] Sepa el rey que nosotros hemos ido a la provincia de Judá, al templo del gran Dios: se está reconstruyendo con piedras sillares; se recubren de madera las paredes; la obra se ejecuta cuidadosamente y adelanta en sus manos. [9] Hemos preguntado a estos ancianos y les hemos dicho: '¿Quién os ha autorizado a construir este templo y a rematar este santuario?' [10] Les hemos preguntado además sus nombres para informarte de ello. Te damos, pues, por escrito los nombres de los hombres que están al frente de ellos.

[11] «Ellos nos han dado esta respuesta: 'Nosotros somos servidores del Dios del cielo y de la tierra; estamos reconstruyendo un templo que estuvo en pie anteriormente durante muchos años y que un gran rey de Israel construyó y acabó. [12] Pero nuestros padres irritaron al Dios del cielo, y él los entregó en manos de Nabucodonosor, el caldeo, rey de Babilonia. [13] Sin embargo, el año primero de Ciro, rey de Babilonia, el rey Ciro dio autorización para reconstruir este templo de Dios; [14] además, el rey Ciro mandó sacar del santuario de Babilonia los utensilios de oro y plata del templo de Dios que Nabucodonosor había quitado al santuario de Jerusalén y había llevado al santuario de Babilonia, y entregárselos a un hombre llamado Sesbasar, a quien nombró sátrapa; [15] y le dijo: Toma estos utensilios; vete a llevarlos al santuario de Jerusalén y que sea reconstruido el templo de Dios en su emplazamiento. [16] Vino, pues, el tal Sesbasar y echó los cimientos del templo de Dios en Jerusalén. Y desde entonces hasta el presente se viene reconstruyendo, pero no está acabado.'

[17] «Ahora, pues, si le place al rey, investíguese en el departamento del tesoro del rey de Babilonia si es verdad que el rey Ciro dio autorización para reconstruir este templo de Dios en Jerusalén. Y que se nos remita la decisión del rey sobre este asunto.»

Ne 1 3+

3 1 14 - 2 9
Za 4 9

---

4 20 Alusión voluntariamente exagerada al imperio de David y Salomón.
4 23 «el gobernador» 1 ms hebr., mss griegos, sir.; omitido por arameo.
4 24 «Así» conj.; «entonces» arameo. —Mediante este v. el redactor enlaza lo que sigue con **4** 5.
5 2 Estos dos vv. coinciden con las informaciones de los libros de Ageo y Zacarías. El impulso inicial para la reconstrucción del templo, dado por Sesbasar, **5** 16, no había tenido efecto y, en el otoño del 520, todavía no

había más que ruinas, Ag 1 4. Se puede, pues, hablar de un verdadero comienzo de las obras en esta fecha. Zorobabel, cuya importancia se sub raya en Ag 1 y Za, se esfuma aquí ante los «ancianos», v. 5.
5 4 Omitimos al comienzo con 3 Esd 6 4: «les hemos dicho, pues».
5 16 La reflexión de los ancianos idealiza intencionadamente la realidad, ver 4 1-5.23-24, para no dejar que prescribiera el derecho concedido en 538.

6 [1] Entonces, por orden del rey Darío, se investigó en los archivos del tesoro conservados en Babilonia*, [2] y se encontró en Ecbátana, la fortaleza situada en la provincia de los medos, un rollo del tenor siguiente:

«Memorándum.

1 4+   [3] «El año primero del rey Ciro, el rey Ciro ha ordenado: 'Templo de Dios en Jerusalén':

«Constrúyase el templo como lugar donde se ofrezcan sacrificios y échense sus cimientos. Su altura será de sesenta codos y de sesenta codos su anchura*. [4] Habrá tres hileras de piedras de sillería y una de madera*. Los gastos serán costeados por la casa del rey. [5] Además, serán restituidos los utensilios de oro y plata del templo de Dios, que Nabucodonosor sacó del santuario de Jerusalén y se llevó a Babilonia, para que todo vuelva a ocupar su lugar en el santuario de Jerusalén y vuelva a ser colocado en el templo de Dios*.

[6] «Ahora, pues, Tatenay, sátrapa de Transeufratina, Setar Boznay y vosotros, sus colegas, las autoridades de Transeufratina, retiraos de allí; [7] dejad trabajar en este templo de Dios al sátrapa de Judá* y a los ancianos de los judíos, y que reconstruyan ese templo de Dios en su emplazamiento. [8] Éstas son mis órdenes acerca de vuestro proceder con los ancianos de los judíos para la reconstrucción de ese templo de Dios: de los fondos reales de los impuestos de Transeufratina, se les pagarán a esos hombres los gastos exactamente y sin interrupción. [9] Lo que necesiten para holocaustos del Dios del cielo: novillos, carneros y corderos, así como trigo, sal, vino y aceite, se les proporcionará sin falta cada día, según las indicaciones de los sacerdotes de Jerusalén, [10] para que se ofrezcan al Dios del cielo ofrendas agradables y se ruegue por la vida del rey y de sus hijos*. [11] Ordeno, además, lo siguiente: A todo aquel que no cumpla este edicto, le será arrancada de su casa una viga, se le amarrará a ella y será azotado; en cuanto a su casa, será reducida, por este delito, a un montón de escombros. [12] Y el Dios que ha puesto allí la morada de su Nombre, aplaste a todo aquel rey o pueblo que trate de transgredir este decreto y destruir ese templo de Dios en Jerusalén. Yo, Darío, he promulgado este decreto. Sea ejecutado exactamente.»

[13] Tatenay, sátrapa de Transeufratina, Setar Boznay y sus colegas ejecutaron exactamente las instrucciones dadas por el rey Darío. [14] Los ancianos de los judíos continuaron reconstruyendo con éxito, según la profecía del profeta Ageo y de Zacarías, hijo de Idó. Llevaron a término la construcción según la orden del Dios de Israel y la orden de Ciro y de Darío*. [15] Este templo fue terminado el día veintitrés del mes de Adar, el año sexto del reinado del rey Darío*. [16] Los israelitas —los sacerdotes, los levitas y el resto de los deportados*— celebraron con júbilo la dedicación de este templo de Dios. [17] Ofrecieron para la dedicación de este templo de Dios cien toros, doscientos carneros, cuatrocientos corderos y, como sacrificio por el pecado de todo Israel, doce machos cabríos, conforme al número de las tribus de Israel. [18] Luego establecieron a los sacerdotes según sus categorías, y a los levitas según sus clases, para el servicio del templo de Dios* en Jerusalén, según está escrito en el libro de Moisés*.

La Pascua del 515.

Ex 12 1+   [19] Los deportados celebraron la Pascua el día catorce del primer mes. [20] Como los levitas se habían purificado todos a una, estaban todos puros. Inmolaron, pues, la pascua para todos los deportados, para sus hermanos los sacerdotes y para sí mismos*. [21] Comieron la pascua*

---

6 1   Babilonia puede designar aquí generalmente el imperio persa, p.e. «Ciro, rey de Babilonia», 5 13. El rey compartía su residencia entre Babilonia, Susa y Ecbátana, donde se halló el edicto, v. 2.
6 3   Texto alterado. Falta la longitud y las otras medidas son inverosímiles.
6 4   Ver 5 8; idéntico procedimiento de construcción que para los edificios salomónicos, 1 R 7 9-12.
6 5   «todo» añadido por conj. —«y vuelva a ser colocado» versiones; «tú volverás a colocarlo» arameo.
6 7   «de Judá» 3 Esd 6 22; «de los judíos» arameo.
6 10   La oración por los soberanos paganos se recomienda en Jr 29 7; Ba 1 10-11; 1 M 7 33. La misma lealtad en Rm 13 1-7; 1 P 2 13-17.
6 14   El arameo añade: «y de Artajerjes, rey de Persia».

6 15   «el día veintitrés» 3 Esd 7 5; «el tercer día» arameo. —Es el 1.º de abril del 515. Este templo, transformado por Herodes el Grande, ver Jn 2 20+, estará en servicio durante 585 años. Será destruido por Tito el 70 d. C.
6 16   Es el Resto conservado por Dios y vuelto del Destierro, ver nota a 1 4.
6 18   (a) «templo de Dios» sir., griego luc.; «de Dios» arameo y griego.
6 18   (b) Aquí concluye el documento arameo. El Cronista ha escrito los vv. 19-22.
6 20   Al principio del v. el hebr. añade: «los sacerdotes y», pero no al fin del v. —Los levitas inmolan la pascua, según las ideas del Cronista, ver 2 Cro 35 6.11. Pero esto no lo preveía el ritual, Dt 16 2; Ex 12 6, y en la época del NT, los fieles mismos degollaban sus víctimas.
6 21   «la pascua» griego; omitido por hebr.

los israelitas que habían vuelto del destierro y todos aquellos que, habiendo roto con la impureza de la gente del país, se habían unido a ellos para buscar a Yahvé, Dios de Israel. ²² Celebraron con júbilo, durante siete días, la fiesta de los Ázimos, porque Yahvé les había llenado de gozo, pues cambió en su favor el corazón del rey de Asiria para reafirmar sus manos en las obras del templo de su Dios, el Dios de Israel.

II. Organización de la comunidad por Esdras y Nehemías

Misión y personalidad de Esdras*.

7 ¹ Después de estos acontecimientos, bajo el reinado de Artajerjes, rey de Persia, Esdras, hijo de Serayas, hijo de Azarías, hijo de Jilquías, ² hijo de Salún, hijo de Sadoc, hijo de Ajitub, ³ hijo de Amarías, hijo de Azarías, hijo de Merayot, ⁴ hijo de Zerajías, hijo de Uzí, hijo de Buquí, ⁵ hijo de Abisúa, hijo de Pinjás, hijo de Eleazar, hijo del sumo sacerdote Aarón*, ⁶ este Esdras subió de Babilonia. Era un escriba* versado en la Ley de Moisés que había dado Yahvé, Dios de Israel. Como la mano de Yahvé su Dios estaba con él, el rey le concedió todo lo que pedía. ⁷ Subieron también a Jerusalén, el año séptimo del rey Artajerjes, algunos israelitas, sacerdotes, levitas, cantores, porteros y donados. ⁸ Llegó a Jerusalén el mes quinto: era el año séptimo del rey. ⁹ Había decidido salir de Babilonia el día uno del primer mes, y llegó a Jerusalén el día uno del quinto mes. La mano bondadosa de su Dios estaba con él, ¹⁰ porque Esdras había aplicado su corazón a escrutar la Ley de Yahvé, a ponerla en práctica y a enseñar en Israel los preceptos y las normas.

El decreto de Artajerjes*.

¹¹ Ésta es la copia del documento que el rey Artajerjes entregó a Esdras, el sacerdote-escriba dedicado a escribir las palabras de los mandamientos de Yahvé y sus decretos acerca de Israel.

¹² *«Artajerjes, rey de reyes, al sacerdote Esdras, secretario de la Ley del Dios del cielo, paz perfecta*, etc.

¹³ «Éstas son mis órdenes: Todo aquel que en mi reino pertenezca al pueblo de Israel, o a sus sacerdotes o sus levitas, y quiera volver a Jerusalén, puede partir contigo, ¹⁴ ya que el rey y sus siete consejeros te envían para inspeccionar a Judá y Jerusalén en lo referente a la Ley de tu Dios que está en tus manos, ¹⁵ y para llevar la plata y el oro que el rey y sus consejeros han ofrecido voluntariamente al Dios de Israel, cuya morada está en Jerusalén, ¹⁶ así como toda la plata y el oro que hayas reunido de toda la provincia de Babilonia, con las ofrendas voluntarias que el pueblo y los sacerdotes hayan hecho para el templo de su Dios en Jerusalén. ¹⁷ Con este dinero procura comprar novillos, carneros, corderos, con las oblaciones y libaciones correspondientes, para ofrecerlo luego sobre el altar del templo de vuestro Dios en Jerusalén. ¹⁸ La plata y el oro que sobre, lo emplearéis como mejor os parezca a ti y a tus hermanos, conforme a la voluntad de vuestro Dios. ¹⁹ Los utensilios que se te entregan para el servicio del templo de tu Dios, deposítalos delan-

Marginal references: 7 28; 8 18 Ne 2 8.18 | 1 2+

---

7 Los vv. 1-11 son del Cronista, que utiliza el informe de Esdras, ver la Introducción.
7 5 La genealogía de Esdras responde a la preocupación de los desterrados por hacer valer los títulos al sacerdocio, 2 62; 8 2. Pero probablemente ha sido desarrollada por el Cronista sobre la base de 1 Cro 5 28s.
7 6 Ver Sal 45 2. Esta habilidad en el arte de escribir convertía a los escribas en funcionarios de las cortes orientales. Por eso, el título de «escriba» designa a Esdras en los vv. 12 y 21 como una especie de secretario para los asuntos judíos en la corte persa. Pero el Cronista comenta aquí el título oficial según el comportamiento de Esdras en Jerusalén, Ne 8 8+: el escriba es el que lee, traduce y explica la Ley al pueblo de Israel. Esdras inaugura este género de actividad que tan fecunda será después del Destierro y del que los escribas (*grammateis*) del

tiempo de Cristo serán los continuadores.
7 11 Tres cosas se han de notar en el decreto: *a)* el permiso para establecerse en Judá a favor de los judíos que viven en Babilonia, v. 13; *b)* la elevación de la Ley de Moisés a ley del Estado, vv. 25-26: esta Ley servirá de base para controlar a la comunidad palestina, v. 14, y también a las comunidades judías de Transeufratina, v. 25; esta Ley será obligatoria, v. 26; *c)* disposiciones financieras, vv. 15-20. Sobre la política religiosa de los reyes de Persia, ver 1 2+.
7 12 (a) Los vv. 12-26 están en arameo.
7 12 (b) Traducción hipotética; el arameo sólo dice: «perfecto», «hecho»; 3 Esd 8 9 y sir. sólo dicen «salud», «paz». El arameo puede significar que el documento está promulgado y es inalterable.
7 18 Es decir, a la Ley, como en el v. 25.

te de tu Dios en Jerusalén*. [20] El tesoro real te proporcionará las restantes cosas que necesites para el templo de tu Dios. [21] Yo, el rey Artajerjes, doy esta orden a todos los tesoreros de Transeufratina: 'Todo lo que os pida el sacerdote Esdras, Secretario de la Ley del Dios del cielo, se lo daréis puntualmente, [22] hasta la suma de cien talentos de plata, cien cargas de trigo, cien medidas de vino y cien medidas de aceite; la sal se le dará sin tasa. [23] Todo lo que ordena el Dios del cielo debe ser cumplido con celo para el templo del Dios del cielo, a fin de que la Cólera no caiga sobre el reino, el rey y sus hijos. [24] Os hacemos saber también que no se puede percibir impuesto, contribución o peaje de ninguno de los sacerdotes, levitas, cantores, porteros, donados ni de ninguno de los servidores de este templo de Dios.'

[25] «Y tú, Esdras, conforme a la sabiduría de tu Dios, que posees*, nombra jueces* y magistrados que administren la justicia a todo el pueblo de Transeufratina, a todos los que conocen la Ley de tu Dios*. A quienes la ignoran, habréis de enseñársela. [26] Y a todo aquel que no cumpla la Ley de tu Dios y la ley del rey, apliquésele una rigurosa justicia: muerte, destierro, multa o cárcel.»

(hebreo)   ### Viaje de Esdras de Babilonia a Palestina.

[27] ¡Bendito sea Yahvé, Dios de nuestros padres, que movió de esta manera el corazón del rey para glorificar el templo de Yahvé en Jerusalén, [28] y me granjeó el favor del rey, de sus consejeros y de los altos jefes del rey! Yo cobré ánimo porque la mano de Yahvé, mi Dios, estaba conmigo, y reuní a los jefes de Israel para que salieran conmigo.

8 [1] Éstos son, según su genealogía, los cabezas de familia que subieron conmigo de Babilonia en el reinado del rey Artajerjes:

[2] De los hijos de Pinjás: Guersón; de los hijos de Itamar*: Daniel; de los hijos de David: Jatús, [3] hijo de Secanías; de los hijos de Pardós: Zacarías, con el que fueron registrados ciento cincuenta varones; [4] de los hijos de Pajat Moab: Eljoenay, hijo de Zerajías, y con él doscientos varones; [5] de los hijos de Zatú*: Secanías, hijo de Yajaziel, y con él trescientos varones; [6] de los hijos de Adín: Ébed, hijo de Jonatán, y con él cincuenta varones; [7] de los hijos de Elam: Isaías, hijo de Atalías, y con él setenta varones; [8] de los hijos de Sefatías: Zebadías, hijo de Miguel, y con él ochenta varones; [9] de los hijos de Joab: Abdías, hijo de Yejiel y con él doscientos dieciocho varones; [10] de los hijos de Baní*: Selomit, hijo de Josifías, y con él ciento sesenta varones; [11] de los hijos de Bebay: Zacarías, hijo de Bebay, y con él veintiocho varones; [12] de los hijos de Azgad: Juan, hijo de Hacadán, y con él ciento diez varones; [13] de los hijos de Adonicán: los últimos, cuyos nombres son: Elifélet, Yeiel y Semaías, y con ellos sesenta varones; [14] y de los hijos de Bigvay: Utay, hijo de Zabud*, y con él setenta varones.

[15] Yo los reuní junto al río que corre hacia Ahavá*. Allí acampamos tres días. Observé que había laicos y sacerdotes, pero no encontré ningún levita. [16] Entonces llamé a Eliezer, Ariel, Semaías, Elnatán, Yarib, Elnatán, Natán, Zacarías y Mesulán, hombres discretos*, [17] y les mandé donde Idó, jefe de la localidad de Casifías. Puse en su boca las palabras que habían de decir a Idó y a su hermano*, establecidos en la localidad de

---

7 19   «delante de tu Dios en Jerusalén» griego, 3 Esd 8 17; «delante del Dios de Jerusalén» arameo.
7 25   (a) En concreto, la Ley, ver v. 18.
7 25   (b) «jueces» arameo; «escribas» griego.
7 25   (c) «la Ley» griego, 3 Esd 8 23; «las leyes» arameo. —«Conocer la Ley» es practicarla.
8 1   Esta lista, que interrumpe el informe de Esdras entre 7 28 y 8 15 incluye dos sacerdotes descendientes de Pinjás e Itamar, un descendiente del linaje de David y doce familias, cuyos cabezas, también se encuentran en la lista de Esd 2 = Ne 7. Es una elaboración del Cronista o de un redactor. —Corregimos el texto, defectuoso en diversos pasajes, según 3 Esd 8 y las versiones.
8 2   El descendiente de Pinjás pertenece al linaje sadoquita, únicamente representado en la lista de Esd 2 = Ne 7. El descendiente de Itamar pertenece al linaje de Abiatar, que había sido apartado del templo, ver 1 R 2 27. Su presencia en esta lista significa la reconci-

liación de las dos familias rivales que en el segundo Templo compartirán el sacerdocio de los «hijos de Aarón», aunque conservando los sadoquitas su preponderancia con dieciséis clases contra ocho los itamaritas, 1 Cro 24 4.
8 5   «Zatú» 3 Esd 8 32; omitido por hebr.
8 10   «Baní» 3 Esd 8 36; omitido por hebr.
8 14   «hijo de Zabud» 3 Esd 8 40; «y Zabud» hebr.
8 15   Localidad desconocida. El «río» es un canal de riego.
8 16   «hombres discretos» según griego y 3 Esd 8 43; «jefes, y Yarib y Elnatán, discretos» hebr.
8 17   «a su hermano» hebr.; «a sus hermanos» 3 Esd 8 45 y versiones. Casifías: localidad desconocida. No se puede deducir del texto que hubiera existido un lugar de culto en Casifías: si hubo allí una concentración de levitas, fue porque los deportados se habían mantenido agrupados según sus lazos familiares y su comunidad de origen.

Casifías, para que nos proporcionaran ministros para el templo de nuestro Dios. [18] Y gracias a la mano bondadosa de nuestro Dios que estaba con nosotros, nos trajeron a Serebías, de los hijos de Majlí, hijo de Leví, hijo de Israel, hombre experto, y a sus hijos y hermanos: dieciocho hombres; [19] además a Jasabías, y con él a su hermano Isaías, de los hijos de Merarí*, y sus hijos: veinte hombres. [20] Y doscientos veinte donados de los que David y los jefes habían destinado al servicio de los levitas, todos ellos nominalmente designados.

2 43+

[21] Allí, a orillas del río Ahavá, pregoné un ayuno para humillarnos delante de nuestro Dios y pedirle un viaje feliz para nosotros, nuestros hijos y nuestros bienes. [22] Pues me daba vergüenza solicitar del rey soldados de infantería y de caballería para protegernos del enemigo en el camino; por el contrario, habíamos declarado al rey: «La mano de nuestro Dios está, para bien, con todos los que lo buscan; y su poder y su cólera sobre todos los que lo abandonan.» [23] Ayunamos, pues, e invocamos a nuestro Dios con este fin. Y él nos atendió.

Ne 2 9

[24] Elegí a doce jefes de los sacerdotes, y además a Serebías y Jasabías, y con ellos a diez de sus hermanos; [25] les pesé la plata, el oro y los utensilios, ofrendas que el rey, sus consejeros, sus jefes y todos los israelitas que se encontraban allí habían reservado para el templo de nuestro Dios. [26] Pesé y les entregué seiscientos cincuenta talentos de plata, cien utensilios de plata de dos talentos*, cien talentos de oro, [27] veinte copas de oro de mil dáricos y dos objetos de hermoso bronce dorado, preciosos como el oro. [28] Y les dije: «Vosotros estáis consagrados a Yahvé; estos utensilios son sagrados; esta plata y este oro son una ofrenda voluntaria a Yahvé, Dios de nuestros padres. [29] Vigilad y guardadlos hasta que los peséis ante los jefes de los sacerdotes y de los levitas y los cabezas de familia de Israel, en Jerusalén, en las cámaras del templo de Yahvé.» [30] Los sacerdotes y levitas tomaron entonces el oro y la plata ya pesados y los utensilios, para llevarlos a Jerusalén, al templo de nuestro Dios.

[31] El día doce del primer mes partimos del río Ahavá para ir a Jerusalén. La mano de nuestro Dios estaba con nosotros y nos salvó en el camino de la mano de enemigos y salteadores. [32] Llegamos a Jerusalén y descansamos allí tres días. [33] El cuarto día, fueron pesados en el templo de nuestro Dios la plata, el oro y los utensilios, y entregados al sacerdote Meremot, hijo de Urías; estaba con él Eleazar, hijo de Pinjás; les acompañaban los levitas Jozabad, hijo de Josué, y Noadías, hijo de Binuy. [34] Todo se contó y se pesó, y se registró su peso total.

En aquel tiempo, [35] los deportados que volvían del cautiverio ofrecieron holocaustos al Dios de Israel: doce novillos por todo Israel, noventa y seis carneros, setenta y siete* corderos y doce machos cabríos por el pecado: todo en holocausto a Yahvé.

[36] Y se entregaron los decretos del rey a los sátrapas del rey y a los gobernadores de Transeufratina, los cuales favorecieron al pueblo y a la Casa de Dios.

Separación de los matrimonios con extranjeros*.

Ml 2 10-12

9 [1] Concluido esto, se me presentaron los jefes diciendo: «El pueblo de Israel, los sacerdotes y los levitas no se han separado de las abominaciones de la gente del país —cananeos, hititas, perizitas, jebuseos, amonitas, moabitas, egipcios y amorreos—, [2] sino que han tomado para sí y para sus hijos mujeres de entre las hijas de ellos: la raza santa se ha mezclado con la gente del país; los jefes y los consejeros han sido los primeros en esta rebeldía.» [3] Al oír esto rasgué mis vestiduras y mi manto, me arranqué los pelos de la cabeza y de la barba, y me senté desolado. [4] Todos los temerosos de las palabras del Dios de Israel se reunieron en torno a mí, a causa de esta rebeldía de los deportados*. Yo permanecí sentado, desolado, hasta la oblación de la tarde. [5] A la hora

Dt 7 1+

Ne 9 2

Is 66 2.5

---

8 19 «su hermano Isaías, de los hijos de Merarí» 3 Esd 8 46; «Isaías, de los hijos de Merarí, sus hermanos» hebr.
8 26 «de dos talentos» *lekikkarayim* conj.; «de talentos» *lekikkarîm* hebr.
8 35 «setenta y siete» hebr.; «setenta y dos» 3 Esd 8 63.
9 Estos matrimonios no estaban prohibidos en el antiguo Israel, Gn 41 45; 48 5s; Nm 12 1s; Rt 1 4; 2 S 3 3. Lo fueron por el Deuteronomio, para combatir la idolatría, que corría peligro de introducirse en su hogar con las mujeres paganas, Dt 7 1-4, ver 23 4s. El peligro, después del Destierro, se redobló, sin duda porque los repatriados eran en su mayoría hombres. El motivo de la ruptura era siempre religioso, 9 1.11, pero ocasiona otro: la preocupación por la pureza de la sangre, 9 2.
9 4 A la comunidad judía en su conjunto se la llama la *Golah* (los deportados), del nombre de su élite, 4 1; 6 16; 10 6.8.16. Se identifica con un Resto, ver Is 4 3+.

de la oblación de la tarde salí de mi postración y, con las vestiduras y el manto rasgados, caí de rodillas, extendí las manos hacia Yahvé mi Dios, [6] y dije*:

«Dios mío, harta vergüenza y confusión tengo para levantar mi rostro hacia ti, Dios mío. Porque nuestros crímenes se han multiplicado hasta sobrepasar nuestra cabeza, y nuestro delito ha crecido hasta el cielo. [7] Desde los días de nuestros padres hasta el día de hoy nos hemos hecho muy culpables: por nuestros crímenes fuimos entregados, nosotros, nuestros reyes y nuestros sacerdotes, en manos de los reyes de los países, a la espada, al cautiverio, al saqueo y al oprobio, como sigue sucediendo en la actualidad. [8] Mas ahora, en un instante, Yahvé nuestro Dios nos ha concedido la gracia de dejarnos un Resto y de darnos una liberación en su lugar santo: nuestro Dios ha iluminado así nuestros ojos y nos ha reanimado en medio de nuestra esclavitud. [9] Porque esclavos fuimos nosotros, pero en nuestra esclavitud nuestro Dios no nos ha abandonado; nos ha granjeado el favor de los reyes de Persia, nos ha dado ánimos para levantar de nuevo el templo de nuestro Dios, restaurar sus ruinas y procurarnos un valladar seguro en Judá y Jerusalén. [10] Pero ahora, Dios nuestro, ¿qué vamos a decir, si, después de todo esto, hemos abandonado tus mandamientos, [11] que por medio de tus siervos los profetas tú habías prescrito en estos términos: 'La tierra en cuya posesión vais a entrar es una tierra manchada por la inmundicia de las gentes de la tierra, por las abominaciones con que la han llenado de un extremo a otro con su impureza*? [12] Así, pues, no deis vuestras hijas a sus hijos ni toméis sus hijas para vuestros hijos; no busquéis nunca su paz ni su bienestar, a fin de que podáis haceros fuertes, comáis los mejores frutos de la tierra y la dejéis en herencia a vuestros hijos para siempre.'

[13] «Mas después de todo lo que nos ha sobrevenido por nuestras malas acciones y nuestras culpas —y eso que tú, Dios nuestro, has disminuido nuestros crímenes y nos has concedido esta liberación*—, [14] ¿hemos de volver a violar tus mandamientos, emparentándonos con esta gente abominable? ¿No te irritarías tú contra nosotros hasta exterminarnos sin que quedara Resto ni salvación? [15] Yahvé, Dios de Israel, justo eres*, pues un Resto nos hemos salvado, como en el caso presente: aquí estamos ante ti, con nuestro delito, pues por su causa no podemos resistir en tu presencia.»

10 [1] Mientras Esdras, llorando y prosternado ante el templo de Dios, oraba y hacía esta confesión, una inmensa asamblea de Israel, hombres, mujeres y niños, se había reunido en torno a él; y este pueblo lloraba copiosamente. [2] Entonces, Secanías, hijo de Yejiel, de los hijos de Elam, dijo a Esdras: «Hemos sido rebeldes a nuestro Dios, casándonos con mujeres extranjeras, tomadas de entre la gente del país. Ahora bien, a pesar de ello, todavía hay una esperanza para Israel. [3] Hagamos un pacto con nuestro Dios comprometiéndonos a despedir a todas las mujeres extranjeras y a los hijos nacidos de ellas, conforme al consejo de mi señor* y de los temerosos de los mandamientos de nuestro Dios. Hágase según la Ley. [4] Levántate, que este asunto te incumbe a ti; nosotros estaremos a tu lado. ¡Ánimo y manos a la obra!» [5] Entonces Esdras se levantó e hizo jurar a los jefes de los sacerdotes y de los levitas y a todo Israel que harían conforme a lo dicho; y lo juraron. [6] Luego Esdras se retiró de delante del templo de Dios y se fue al aposento de Juan, hijo de Eliasib, donde pasó la noche* sin comer pan ni beber agua, haciendo duelo a causa de la rebeldía de los deportados.

[7] Se pregonó un bando en Judá y Jerusalén para que todos los deportados se reunieran en Jerusalén. [8] Todo aquel que no viniera en el plazo de tres días, según el consejo de los jefes y de los ancianos, vería consagrada al anatema* toda su hacienda y sería él mismo excluido de la asamblea de los deportados. [9] Todos los hombres de Judá y de Benjamín se reunieron, pues, en Jerusalén en el plazo de tres días. Era el día veinte del mes noveno. Todo el pueblo se congregó en la

Márgenes izquierdos:
Is 4 3+
Lv 18 24s
Ez 36 17
Dt 7 3

---

9 6   La oración de Esdras, que es a la vez una predicación, se inspira en el Deuteronomio y los profetas, vv. 11s.
9 11   «Inmundicia», «abominación» e «impureza» caracterizan a la idolatría.
9 13   Traducción conjetural.
9 15   La misericordia suaviza la justicia de Dios, de lo contrario no hubiera quedado nadie. Es la justicia salvífica, ver Is 56 1; Rm 1 17.
10 3   «extranjeras» 1 ms, 3 Esd 8 90; omitido por hebr. —«mi señor» conj.; «(del) Señor» hebr.
10 6   «pasó la noche» 3 Esd 9 2; «se fue» hebr.
10 8   Ver Jos 6 17+; Lv 27 28+.

plaza del templo de Dios, temblando, debido al caso, y también porque llovía a cántaros. [10] Entonces el sacerdote Esdras se levantó y les dijo: «Habéis sido rebeldes al casaros con mujeres extranjeras, aumentando así el delito de Israel. [11] Ahora, pues, dad gracias a Yahvé, el Dios de vuestros padres, cumplid su voluntad y separaos de la gente del país y de las mujeres extranjeras.» [12] Toda la asamblea respondió en alta voz: «Sí; haremos como tú dices; [13] sólo que el pueblo es numeroso y estamos a la intemperie; además, no se trata de una cosa de un día o dos, porque somos muchos los que hemos incurrido en este pecado. [14] Nuestros jefes podrían representar a toda la asamblea*: todos los que en nuestras ciudades se hayan casado con mujeres extranjeras, vendrían a plazos fijados, acompañados de los ancianos y los jueces de cada ciudad, hasta que hayamos apartado de nosotros el furor de la cólera de nuestro Dios por causa de este asunto.» [15] Sólo Jonatán, hijo de Asahel, y Yajzías, hijo de Ticvá, se opusieron a esto, apoyados por Mesulán y el levita Sabtay*. [16] Los deportados actuaron según lo convenido. El sacerdote Esdras escogió* como colaboradores a los cabezas de familia, según sus casas, todos ellos designados nominalmente. Las sesiones para examinar el caso se iniciaron el día uno del décimo mes. [17] Y el día uno del primer mes se había terminado ya con todos los hombres que estaban casados con mujeres extranjeras.

Lista de los culpables*.

[18] Entre los sacerdotes, se halló que se habían casado con mujeres extranjeras los siguientes: entre los hijos de Josué, hijo de Josadac, y entre sus hermanos: Maasías, Eliezer, Yarib y Godolías; [19] éstos se comprometieron bajo juramento a despedir a sus mujeres, y ofrecieron por su delito un carnero en sacrificio* de reparación.

[20] Entre los hijos de Imer: Jananí y Zebadías. [21] Entre los hijos de Jarín: Maasías, Elías, Semaías, Yejiel y Uzías. [22] Entre los hijos de Pasjur: Eljoenay, Maasías, Ismael, Natanael Jozabad y Elasá. [23] Entre los levitas: Jozabad, Semeí, Quelayas (es decir, Quelitá), Petajías, Judá y Eliezer. [24] Entre los cantores: Eliasib y Zacur*. Entre los porteros: Salún, Telen y Urí. [25] Entre los israelitas: de los hijos de Parós: Ramías, Yizías, Malquías, Miyamín, Eleazar, Malquías y Benaías; [26] de los hijos de Elam: Matanías, Zacarías, Yejiel, Abdí, Yeremot y Elías; [27] de los hijos de Zatú: Eljoenay, Eliasib, Matanías, Yeremot, Zabad y Azizá; [28] de los hijos de Bebay: Juan, Jananías, Zabay, Atlay; [29] de los hijos de Bigvay: Mesulán, Maluc, Adaías, Yasub, Yisal, Yeremot; [30] de los hijos de Pajat Moab: Adná, Quelal, Benaías, Maasías, Matanías, Besalel, Binuy y Manasés; [31] de los hijos de Jarín: Eliezer, Yisías, Malquías, Semaías, Simeón, [32] Benjamín, Maluc, Semarías; [33] de los hijos de Jasún: Matenay, Matatá, Zabad, Elifélet, Yeremay, Manasés, Semeí; [34] de los hijos de Baní: Maday, Amrán, Joel, [35] Benaías, Bedías, Quelaías, [36] Vanías, Meremot, Eliasib, [37] Matanías, Matenay y Yasay; [38] de los hijos de Binuy: Semeí, [39] Selemías, Natán y Adaías; [40] de los hijos de Zacay Sasay, Saray, [41] Azareel, Selemías, Semarías, [42] Salún, Amarías, José; [43] de los hijos de Nebo: Yeiel, Matitías, Zabad, Zebiná, Yaday, Joel, Benaías. [44] Todos éstos se habían casado con mujeres extranjeras, pero despidieron tanto a las mujeres como a sus hijos*.

Ne 8 7; 10 11

10 14 Creación de una comisión de notables para investigar los hechos.
10 15 La oposición al procedimiento parece venir de gentes celosas que no lo consideran suficientemente rápido.
10 16 «escogió» 3 Esd 9 16; «fueron escogidos» hebr.
10 18 El informe sobre el despido de las mujeres extranjeras sólo tenía, después del v. 17, los vv. 19 y 44ᵇ. El Cronista ha introducido aquí una lista de los culpables, vv. 18.20-44ᵃ, que ha podido tomar de los archivos del templo, pero que ha modificado inspirándose en

Esd 2 = Ne 7 y en Esd 8. Las cuatro familias sacerdotales son las mismas que en 2 36-39, siete de las familias laicas se encuentran en 2 3-35 y 3-14. —Corregimos algunos nombres según 3 Esd y las versiones.
10 19 «en sacrificio de reparación» griego, 3 Esd 9 20; «eran culpables» hebr.
10 24 «y Zacur» 3 Esd 9 24; omitido por hebr.
10 44 «pero despidieron tanto a las mujeres como a sus hijos» 3 Esd 9 36; «hubo entre ellas mujeres que habían dado a luz hijos» hebr.

EL LIBRO DE NEHEMÍAS

**Vocación de Nehemías:
su misión a Judá.**

1 ¹ Palabras de Nehemías, hijo de Jacalías*.

En el mes de Quisleu, el año veinte del rey Artajerjes*, estando yo en la ciudadela de Susa, ² llegó Jananí, uno de mis hermanos, con algunos hombres venidos de Judá. Yo les pregunté por los judíos —el Resto que se había salvado* del cautiverio— y por Jerusalén. ³ Me respondieron: «Los restos del cautiverio que han quedado allí en la provincia se encuentran en gran estrechez y confusión. La muralla de Jerusalén está llena de brechas, y sus puertas incendiadas*.» ⁴ Al oír estas palabras me senté y rompí a llorar. Permanecí en duelo algunos días, ayunando y orando ante el Dios del cielo.

⁵ Y dije*: «Ah, Yahvé, Dios del cielo, tú, el Dios grande y temible, que guardas la alianza y el amor a los que te aman y observan tus mandamientos. ⁶ Estén atentos tus oídos y abiertos tus ojos para escuchar la oración de tu siervo, que yo hago ahora en tu presencia día y noche, por los israelitas, tus siervos, confesando los pecados que los israelitas hemos cometido contra ti; ¡yo mismo y la casa de mi padre hemos pecado! ⁷ Hemos obrado muy mal contigo, porque no hemos observado los mandamientos, los preceptos y las normas que tú habías prescrito a Moisés tu siervo. ⁸ Pero acuérdate de la palabra que confiaste a Moisés, tu siervo: 'Si sois infieles, yo os dispersaré entre los pueblos; ⁹ pero si, volviéndoos a mí, guardáis mis mandamientos y los ponéis en práctica, aunque vuestros desterrados estuvieren en los confines de los cielos, yo los reuniré de allí y los conduciré de nuevo al Lugar que he elegido para morada de mi Nombre.' ¹⁰ Aquí tienes tus siervos y a tu pueblo que tú has rescatado con tu gran poder y tu fuerte mano. ¹¹ ¡Ea, Señor, estén atentos tus oídos a la oración de tu siervo, a la oración de tus servidores, que desean venerar tu Nombre! Muéstrate ahora favorable a tu siervo y haz que tenga éxito ante ese hombre.»

Era yo entonces copero del rey.

2 ¹ En el mes de Nisán, el año veinte del rey Artajerjes*, siendo yo encargado del vino, tomé vino y se lo ofrecí al rey. Anteriormente* nunca había estado yo triste. ² Me dijo, pues, el rey: «¿Por qué ese semblante tan triste? Tú, enfermo no estás. ¿Acaso tienes alguna preocupación en el corazón?» Yo quedé muy turbado, ³ y dije al rey: «¡Viva por siempre el rey! ¿Cómo no ha de estar triste mi semblante, cuando la ciudad donde están las tumbas de mis padres está en ruinas, y sus puertas devoradas por el fuego?» ⁴ Replicóme el rey: «¿Qué deseas, pues?» Invoqué al Dios del cielo, ⁵ y respondí al rey: «Si le place al rey y estás satisfecho de tu siervo, envíame a Judá, a la ciudad de las tumbas de mis padres, para que yo la reconstruya.» ⁶ El rey, que tenía a su lado a la reina sentada a su lado, me preguntó: «¿Cuánto durará tu viaje? ¿Cuándo volverás?» Yo le fijé un plazo que pareció aceptable al rey, y él me envió. ⁷ Añadí al rey: «Si le place al rey, que se me den cartas para los gobernadores de Transeufratina, para que me faciliten el camino hasta Judá; ⁸ y asimismo una carta para Asaf, el encargado de los parques reales, para que me proporcione madera de construcción para las puertas de la ciudadela del templo, la muralla de la ciudad y la casa en que yo me he de instalar.» El rey me lo concedió, pues la mano bondadosa de mi Dios estaba conmigo.

⁹ Me dirigí, pues, a los gobernadores de Transeufratina y les entregué las cartas del rey. El rey me había proporcionado una escolta de oficiales del ejército y gente de a caballo.

Dt 7 9.12

2 Cro 6 40

Dt 30 1-4

‖Dt 30 4

Dt 9 29

Esd 8 22

---

1 1 (a) Aquí comienza la memoria de Nehemías, ver la Introducción.
1 1 (b) Del rey Artajerjes I (465-424), ver **2** 1, o sea, diciembre de 446.
1 2 El pueblo fiel vuelto del Destierro, agrupado en torno a Jerusalén. Ver Esd **1** 4+; **6** 15; Is **4** 3+.
1 3 La preocupación por reconstruir las murallas de Jerusalén aparece durante el Destierro, Is **54** 11-12, y después, Is **60** 10-17; Za **2** 5s. La iniciativa data probablemente del tiempo de Jerjes, Esd **4** 6, atestiguada bajo Artajerjes, Esd **4** 12-13.16. Apareció como una reivindicación de autonomía, que amenazaba con lesionar los derechos adquiridos de Samaria. De ahí la oposición samaritana, que arrancó al poder persa una suspensión brutal de las obras, Esd **4** 23. A este reciente acontecimiento alude Jananí.
1 5 La oración de Nehemías se inspira en el Dt.
2 1 Marzo-abril de 446.
2 1 (b) «siendo yo encargado» griego; «estaba encargado» hebr. «Anteriormente» *'epanîm* conj.; «En su presencia» *lepanayw* hebr.

[10] Al enterarse de ello Sambalat el joronita y Tobías, el servidor amonita*, les sentó muy mal que alguien viniera a procurar el bienestar de los israelitas.

Decisión de reconstruir la muralla de Jerusalén.

[11] Llegué a Jerusalén y me quedé allí tres días. [12] Luego me levanté de noche con unos pocos hombres, sin comunicar a nadie lo que mi Dios me había inspirado que hiciera por Jerusalén, y sin llevar conmigo más que la cabalgadura en que iba montado. [13] Saliendo, pues, de noche por la Puerta del Valle, me dirigí hacia la Fuente del Dragón y hacia la Puerta del Muladar: inspeccioné la muralla de Jerusalén por donde tenía brechas*, y las puertas que habían sido devoradas por el fuego. [14] Continué luego hacia la Puerta de la Fuente y la alberca del Rey, pero no había paso para mi cabalgadura. [15] Volví a subir, todavía de noche, por el Torrente, inspeccionando la muralla, y volví a entrar por la Puerta del Valle*. Así regresé a casa. [16] Los consejeros no supieron dónde había ido ni lo que había hecho. Hasta entonces no había dicho nada a los judíos: ni a los sacerdotes ni a los notables ni a los consejeros ni a los funcionarios. [17] Entonces les dije: «Vosotros mismos veis la triste situación en que nos encontramos, pues Jerusalén está en ruinas, y sus puertas devoradas por el fuego. Vamos a reconstruir la muralla de Jerusalén, y no seremos más objeto de escarnio.» [18] Y les referí cómo la mano bondadosa de mi Dios había estado conmigo, y les relaté también las palabras que el rey me había dicho. Ellos dijeron: «¡Levantémonos y construyamos!» Y se afianzaron en su buen propósito.

[19] Al enterarse de ello Sambalat, el joronita, Tobías el siervo amonita, y Guesen* el árabe, se burlaban de nosotros y nos menospreciaban diciendo: «¿Qué hacéis? ¿Es que os habéis rebelado contra el rey?» [20] Yo les respondí: «El Dios del cielo nos hará triunfar. Nosotros sus siervos, vamos a ponernos a la obra. En cuanto a vosotros, no tenéis parte ni derecho ni recuerdo en Jerusalén.»

Los voluntarios en la reconstrucción*.

3 [1] El sumo sacerdote Eliasib y sus hermanos, los sacerdotes, se encargaron de construir la Puerta de las Ovejas: la armaron, fijaron sus hojas, barras y goznes*, y continuaron hasta la Torre de los Cien y hasta la torre de Jananel. [2] Al lado de ellos construyeron los de Jericó; a su lado construyó Zacur, hijo de Imrí. [3] Los hijos de Hasenúa construyeron la Puerta de los Peces: la armaron y fijaron sus hojas, barras y goznes. [4] A su lado reparó Meremot, hijo de Urías, hijo de Hacós; a continuación reparó Mesulán, hijo de Berequías, hijo de Mesezabel; a su lado reparó Sadoc, hijo de Baaná. [5] Junto a él repararon los de Técoa, pero sus notables se negaron a poner su cuello al servicio de sus señores*. [6] La Puerta del Barrio nuevo* la repararon Joadá, hijo de Paséaj, y Mesulán, hijo de Besodías: la armaron y fijaron sus hojas, barras y goznes. [7] A continuación de éstos repararon Melatías de Gabaón y Yadón de Meronot, así como los de Gabaón y de Mispá, a expensas* del gobernador de Transeufratina. [8] A su lado reparó Uziel, hijo de Jaraías, del gremio de los orfebres*, y a continuación reparó Jananías, del gremio de los perfumistas. Éstos reconstruyeron Jerusalén hasta el muro ancho. [9] A continuación reparó Refayas, hijo de Jur, jefe de la mitad del distrito de Jerusalén. [10] A continuación reparó Yedaías, hijo de Harumaf, delante de su casa; a continuación reparó Jatús, hijo de Hasabnías. [11] Malquías, hijo de Jarín, y Jasub, hijo de Pajat Moab, repararon

Jr 31 38

Esd 2 35

---

2 10   Sambalat es conocido como gobernador de Samaría. Tobías era, a sus órdenes, un judío gobernador de Amón.
2 13   «la muralla» mss, griego, Vulg.; «las murallas» hebr. —«por donde tenía brechas» *hamepôrasim* conj.; «que se hallaban destruidas» *'aser hem perûsîm* hebr.
2 15   Ver el plano al fin del volumen. El «Torrente» es el Cedrón.
2 19   Guesen o Gasmu (6 6), rey de la federación árabe de Quedar, cuyo territorio se extendía hasta el sur de Transjordania y Palestina.
3   El cap. 3 reproduce un documento sacado de los archivos del templo, que forma parte integrante de la Memoria de Nehemías. Nos informa sobre la topografía de Jerusalén (ver plano), ver 2 S 5 9+; 2 R 14 13+, y

sobre la geografía política de la provincia, que contaba con cinco cabezas de distrito: Jerusalén, Bet Haqueren, Mispá, Bet Sur y Queilá, ver el mapa al fin del volumen.
3 1   «la armaron» conj. según vv. 3.6; «la consagraron» hebr. —«hasta la torre» conj.; «y la consagraron hasta la torre» hebr.
3 5   De Nehemías y sus colegas.
3 6   «del Barrio nuevo» sir.; «Vieja» hebr. —La expansión de la parte norte de la Ciudad llevó a la formación de este barrio, ver 2 R 22 14; So 1 10-11. En 12 39 se llama a esta puerta «puerta de Efraín».
3 7   Sentido dudoso.
3 8   «del gremio de los orfebres» corr. según sir.; «hijo de Jaraías, orfebres» hebr.

la parte siguiente, hasta la torre de los Hornos*. [12] A continuación de éstos reparó, con sus hijos*, Salún, hijo de Halojés, jefe de la mitad del distrito de Jerusalén. [13] Repararon la Puerta del Valle, Hanún y los habitantes de Zanóaj. La construyeron, fijaron sus hojas, barras y goznes, e hicieron mil codos de muro, hasta la Puerta del Muladar*. [14] La Puerta del Muladar la reparó Malquías, hijo de Recab, jefe del distrito de Bet Queren, con sus hijos*. Fijó sus hojas, barras y goznes.

[15] La Puerta de la Fuente la reparó Salún, hijo de Coljozé, jefe del distrito de Mispá. La construyó, la cubrió y fijó sus hojas, barras y goznes. También restauró el muro de la alberca del canal, que está junto al huerto del rey, hasta las escaleras que bajan de la Ciudad de David*. [16] Después de él Nehemías, hijo de Aztuc, jefe de la mitad del distrito de Bet Sur, reparó hasta enfrente de las tumbas de David, hasta la alberca artificial* y hasta la Casa de los Valientes*. [17] A continuación repararon los levitas: Rejún, hijo de Baní; a su lado reparó Jasabías, jefe de la mitad del distrito de Queilá, en su distrito. [18] A continuación repararon sus hermanos: Binuy, hijo de Jenadad, jefe de la mitad del distrito de Queilá. [19] A continuación Ézer, hijo de Josué, jefe de Mispá, reparó otra sección frente a la subida del Arsenal del Ángulo.

[20] Después de él Baruc, hijo de Zabay, reparó* otro sector, desde el Ángulo hasta la puerta de la casa del sumo sacerdote Eliasib. [21] Después de él Meremot, hijo de Urías, hijo de Hacós, reparó otro sector, desde la puerta de la casa de Eliasib hasta el término de la misma. [22] Después de él prosiguieron la reparación los sacerdotes que habitaban en la Vega*. [23] Repararon a continuación Benjamín y Jasub frente a sus casas. Después de

ellos Azarías, hijo de Maasías, hijo de Ananías, reparó junto a su casa. [24] Después de él Binuy, hijo de Jenadad, reparó otra sección, desde la casa de Azarías hasta el Ángulo y la esquina. [25] A continuación Palal, hijo de Uzay, reparó* enfrente del Ángulo y de la torre en saliente de la casa del rey, la de arriba que da al patio de la cárcel. Después de él Pedayas, hijo de Parós, reparó [26] *hasta la Puerta de las Aguas hacia Oriente y hasta delante de la torre en saliente. [27] A continuación los de Técoa repararon otro sector frente a la torre grande en saliente hasta el muro del Ofel.

[28] Desde la Puerta de los Caballos repararon los sacerdotes, cada uno frente a su casa. [29] Después de ellos reparó Sadoc, hijo de Imer, frente a su casa. Después de él reparó Semaías, hijo de Secanías, encargado de la puerta Oriental. [30] Después de él*, repararon otro sector Jananías, hijo de Selemías, y Janún, sexto hijo de Salaf. A continuación reparó Mesulán, hijo de Berequías, frente a su vivienda. [31] Después de él Malquías, del gremio de los orfebres, reparó hasta la casa de los donados y de los comerciantes, frente a la puerta de la Inspección, hasta la cámara alta del ángulo. [32] Y entre la cámara alta del ángulo y la Puerta de las Ovejas repararon los orfebres y los comerciantes.

Reacción de los enemigos de los judíos*.

[33] Cuando Sambalat se enteró de que estábamos reconstruyendo la muralla, montó en cólera y se irritó mucho. Se burlaba de los judíos, [34] y decía delante de sus hermanos y de la gente principal de Samaría: «¿Qué pretenden hacer esos miserables judíos*? ¿Es que quieren terminar en un día? ¿Van a dar vida a esas piedras, sacadas de montones de escom-

Ez 40 6

4,¹

2

---

3 11   O torre del Ángulo, 2 Cro 26 9. —«hasta la torre» griego; «y con la torre» hebr.
3 12   «sus hijos» conj.; «sus hijas» hebr.
3 13   «Muladar» qeré y griego; «de los Quesos» ketib. —Más tarde llamada puerta de los Esenios.
3 14   «con sus hijos» mss griegos; «él la construyó» hebr.
3 15   La Ciudad de David, emplazamiento primitivo de Jerusalén sobre la colina de Ofel, estaba situada al sur del complejo Templo-palacio real, ver 2 S 5 9+. Las escaleras de que se habla han sido encontradas, talladas en la roca.
3 16   (a) Viejo depósito que primitivamente recibe el agua del Guijón en su salida natural. El rey Ezequías mandó rellenarlo cuando abrió el canal subterráneo que lleva el agua a la piscina de Siloé, ver 2 R 20 20+.
3 16   (b) Era el cuartel de la antigua guardia personal

de los reyes, 2 S 16 6; 23 8.
3 20   Antes de «reparó» hebr. añade «inflamó», ditografía omitida por el griego.
3 22   Otros entienden: en el contorno.
3 25   Se añade «A continuación, reparó» (el hebr. sólo da el nombre propio) así como «reparó» al fin del v.
3 26   El hebr. trae al comienzo: «Los donados habitaban en el Ofel», glosa tomada de 11 21 y que correspondería al v. 27.
3 30   «de él» qeré, versiones; «de mí» ketib. Lo mismo en el v. 31.
3 33   Las dificultades exteriores con que tropezó Nehemías son las más subrayadas. Después de las mofas y los insultos, 2 19-20; 3 33-35, Sambalat y sus aliados amenazan con pasar a la acción directa, 4. Luego se intenta un chantaje, 6.
3 34   Estas últimas palabras son dudosas.

bros y calcinadas?» [35] Tobías el amonita, que estaba junto a él, dijo: «¡Déjales que construyan; que si un chacal se alza, abrirá brecha en su muralla de piedra!» [36] ¡Escucha, Dios nuestro, porque nos desprecian. Haz que su insulto caiga sobre su cabeza. Entrégalos al desprecio en un país de cautividad! [37] No pases por alto su iniquidad, ni su pecado sea borrado en tu presencia, porque han insultado a los constructores.

[38] Construimos, pues, la muralla, que quedó terminada hasta media altura. El pueblo había puesto su corazón en el trabajo.

4 [1] Cuando Sambalat, Tobías, los árabes, los amonitas y los asdodeos se enteraron de que la reparación de la muralla de Jerusalén adelantaba —pues las brechas comenzaban a taparse— se enfurecieron mucho [2] y se conjuraron todos a una para venir a atacar Jerusalén y sembrar confusión en ella.

[3] Pero invocamos a nuestro Dios y montamos guardia contra ellos de día y de noche. [4] Judá decía: «¡Flaquean las fuerzas de los cargadores: hay demasiado escombro; nosotros no podemos reconstruir la muralla!» [5] Y nuestros enemigos decían: «¡Antes que se enteren o se den cuenta, iremos contra ellos, y los mataremos y pararemos la obra!» [6] Pero algunos judíos que vivían junto a ellos vinieron a advertirnos por diez veces: «Vienen contra nosotros desde todos los lugares que habitan*.» [7] Aposté, pues, al pueblo en los puntos más bajos, detrás de la muralla y en los lugares descubiertos, y coloqué a la gente por familias, cada uno con sus espadas, sus lanzas y sus arcos. [8] Al ver su miedo*, me levanté y dije a los notables, a los consejeros y al resto del pueblo: «¡No les temáis; acordaos del Señor, grande y terrible, y combatid por vuestros hermanos, vuestros hijos y vuestras hijas, vuestras mujeres y vuestras casas!» [9] Cuando nuestros enemigos supieron que estábamos advertidos y que Dios había desbaratado sus planes, se retiraron*, y todos nosotros volvimos a la muralla, cada cual a su trabajo.

[10] Pero desde aquel día, sólo la mitad de mis hombres tomaban parte en el trabajo; la otra mitad, provistos de lanzas, escudos, arcos y corazas*, se mantenía detrás de toda la casa de Judá [11] que construía la muralla. También los cargadores estaban armados*: con una mano cuidaba cada uno de su trabajo, con la otra empuñaba el arma. [12] Cada uno de los constructores tenía ceñida a la cintura su espada mientras trabajaba. Había un corneta junto a mí para sonar el cuerno. [13] Dije a los notables, a los consejeros y al resto del pueblo: «La obra es importante y extensa, y nosotros estamos diseminados a lo largo de la muralla, lejos unos de otros: [14] corred a reuniros con nosotros al lugar donde oigáis el sonido del cuerno, y nuestro Dios combatirá por nosotros.» [15] Así organizábamos el trabajo* desde el despuntar del alba hasta que salían las estrellas. [16] Dije también entonces al pueblo: «Todos pasarán la noche en Jerusalén con sus criados, y así haremos guardia de noche y trabajaremos de día.» [17] Pero ni yo ni mis hermanos ni mis gentes ni los hombres de guardia que me seguían nos quitábamos la ropa. Todos teníamos el arma al alcance de la mano*.

Dificultades sociales en tiempo de Nehemías. Apología de su administración.

5 [1] Un gran clamor se suscitó entre la gente del pueblo y sus mujeres contra sus hermanos judíos. [2] Había quienes decían: «Nosotros, nuestros hijos y nuestras hijas somos muchos y necesitamos grano con que comer y vivir.» [3] Había otros que decían: «Nosotros tenemos que empeñar nuestros campos, nuestras viñas y nuestras casas para conseguir grano en esta penuria.» [4] Y otros decían: «Tenemos que pedir prestado dinero a cuenta de nuestros campos y de nuestras viñas para el impuesto del rey; [5] y siendo así que tenemos la misma carne que nuestros hermanos, y que nuestros hijos son como sus hijos, sin embargo tenemos que entregar como esclavos a nuestros hijos y a nuestras hijas; ¡hay incluso entre nuestras hijas quienes son deshonradas! Y no podemos hacer nada, ya que

Margin references:

Jr 18 23

Jr 34 8-22

Ex 21 7
Lv 25 39

---

4 6   «Vienen» griego; omitido por hebr. —«viven» *yešebú* conj.; «volveréis» *tašûbú* hebr.
4 8   «su miedo» está añadido según lo que sigue del v.
4 9   «se retiraron» está añadido.
4 10   Delante de «se mantenía» hebr. añade «los

jefes».
4 11   «estaban armados» griego; «cargaban» hebr.
4 15   El hebr. añade: «y la mitad de ellos sostenían lanzas», ver v. 10.
4 17   «al alcance de la mano» *bîmînô* conj.; «agua» *hammayim* hebr.

540

nuestros campos y nuestras viñas pertenecen a otros*.»

⁶ Yo me indigné mucho al oír su queja y estas palabras. ⁷ Tomé la firme determinación de reprender a los notables y a los consejeros, y les dije: «¡Qué carga* impone cada uno de vosotros a su hermano!» Congregué contra ellos una gran asamblea, ⁸ y les dije: «Nosotros hemos rescatado, en la medida de nuestras posibilidades, a nuestros hermanos judíos que habían sido vendidos a las naciones. ¡Y ahora sois vosotros los que vendéis a vuestros hermanos para que nosotros se los compremos!*» Ellos callaron sin saber qué responder. ⁹ Y yo* continué: «No está bien lo que estáis haciendo. ¿No queréis caminar en el temor de nuestro Dios, para evitar los insultos de las naciones enemigas? ¹⁰ También yo, mis hermanos y mi gente, les hemos prestado dinero y trigo. Pues bien, condonemos estas deudas. ¹¹ Restituidles inmediatamente sus campos, sus viñas, sus olivares y sus casas, y perdonadles la deuda* del dinero, del trigo, del vino y del aceite que les habéis prestado*.» ¹² Respondieron ellos: «Restituiremos y no les reclamaremos ya nada; haremos como tú has dicho.» Entonces llamé a los sacerdotes y les hice jurar que harían cumplir esta promesa. ¹³ Luego sacudí los pliegues de mi manto diciendo: «¡Así sacuda Dios, fuera de su casa y de su hacienda, a todo aquel que no mantenga esta palabra: así sea sacudido y despojado!» Toda la asamblea respondió: «¡Amén!», y alabó a Yahvé. Y el pueblo cumplió esta palabra.

Jr 18 1+

¹⁴ Además*, desde el día en que el rey me nombró gobernador del país de Judá, desde el año veinte hasta el treinta y dos del rey Artajerjes, durante doce años, ni yo ni mis hermanos comimos jamás del pan del gobernador*. ¹⁵ En cambio, los gobernadores anteriores que me precedieron* gravaban al pueblo, tomándole pan y vino, además de cuarenta siclos de plata; también sus servidores oprimían al pueblo. Pero yo, por temor de Dios, no hice nunca esto. ¹⁶ Además, he ayudado a la obra de la reparación de esta muralla y, aunque no he adquirido campos, toda mi gente estaba también allí colaborando en la tarea. ¹⁷ A mi mesa se sentaban los jefes* y los consejeros en número de ciento cincuenta, sin contar los que venían a nosotros de las naciones vecinas. ¹⁸ Diariamente se aderezaban a expensas mías un toro, seis carneros escogidos y aves; y cada diez días se traía cantidad de odres de vino*. Y a pesar de todo, jamás reclamé el pan del gobernador, porque un duro trabajo gravaba ya al pueblo. ¹⁹ ¡Acuérdate, Dios mío, para mi bien, de todo lo que he hecho por este pueblo!

Intrigas de los enemigos de Nehemías. Terminación de la muralla*.

6 ¹ Cuando Sambalat, Tobías, Guesen, el árabe, y los demás enemigos nuestros se enteraron de que yo había reconstruido la muralla y de que ya no quedaba en ella brecha alguna —aunque en aquel tiempo no estaban colocadas las hojas de las puertas— ² Sambalat y Guesen mandaron a decirme: «Ven a entrevistarte con nosotros en Haquefirín, en el valle de Onó.» Pero ellos tramaban hacerme mal. ³ Por eso les envié mensajeros para decirles: «Estoy ocupado en una obra importante y no puedo bajar. ¿Por qué voy a abandonar la obra y dejar que se paralice para bajar donde vosotros?» ⁴ Cuatro veces me enviaron el mismo recado, y yo di la misma respuesta. ⁵ Entonces Sambalat me envió a decir por quinta vez lo mismo por un criado suyo que traía una carta abierta ⁶ en la que estaba escrito: «Se oye entre las naciones, y así lo afirma Gasmu*, el rumor de que tú y los judíos estáis pensando sublevaros; que para ello reconstruyes la muralla y tratas de hacerte su rey*, ⁷ que

---

5 5 Esta crisis no puede deberse tan sólo al trabajo de las murallas. El mal era endémico en Israel, ver **2 R 4** 1; Am 2 6; 8 6; Is 50 1.
5 7 «carga» *maśśa'* conj.; «deuda» *maśśa'* hebr.
5 8 Según Vulg.; «para que nos los vendan» hebr.
5 9 «yo» qeré, versiones; «él» ketib.
5 11 (a) «la deuda» *maśśa't* conj.; «la centésima» *me'at* hebr.
5 11 (b) Aquí Nehemías, como Jr 34 8-22, se inspira en el espíritu de Dt 15, sin que la remisión de las deudas dependa del año sabático, Lv 25 1+.
5 14 (a) Este pasaje enlaza con v. 10 y expone las pruebas del desinterés de Nehemías.
5 14 (b) «el rey» Vulg.; «él» hebr.

5 14 (c) El impuesto para el mantenimiento del gobernador, vv. 15 y 18.
5 15 Los gobernadores de Samaria, cabeza de la provincia de la que dependía el distrito de Judá, más bien que los gobernadores judíos.
5 17 «los jefes» sir.; «los judíos» hebr.
5 18 «se traía» añadido por conj. —«odres de vino» 2 mss; «con todas las clases de vino» hebr.
6 El cap. 6 es continuación del cap. 4.
6 6 (a) O Guesen, v. 1; ver nota a 2 19.
6 6 (b) Estas esperanzas pudieron ponerse de hecho en Nehemías. Existía el precedente de Zorobabel, Za 6 9-15. —Omitimos al fin del v. «según sus palabras», ausente del griego.

incluso has designado profetas* que proclamen en Jerusalén, refiriéndose a ti: ¡Judá tiene rey! Estos rumores van a ser oídos por el rey; así que ven para que tomemos consejo juntos.» [8] Pero yo les mandé decir: «No hay nada de eso que dices; son invenciones de tu corazón.» [9] Porque lo que querían era atemorizarnos, pensando: «Desfallecerán sus manos y no acabarán la obra.» Pero, por el contrario, yo me reafirmé más*.

[10] Había ido yo a casa de Semaías, hijo de Delaías, hijo de Mehetabel, que se encontraba detenido*. Dijo él:

«Démonos cita en el templo de Dios,
en el interior del santuario;
cerremos las puertas del santuario;
porque van a venir a matarte,
esta misma noche vienen a matarte.»

[11] Pero yo respondí: «¿Un hombre como yo va a huir? ¿Qué hombre que sea como yo entraría en el santuario para salvar su vida*? No iré.»

[12] Pues comprendí que él no había sido enviado por Dios, sino que había dicho esta profecía sobre mí porque Tobías y Sambalat le habían comprado, [13] *para que yo, llevado del miedo, lo hiciera así y pecase; y esto me diera mala reputación y pudieran burlarse de mí. [14] Acuérdate, Dios mío, de Tobías y de Sambalat por lo que han hecho; y también de la profetisa Noadía y de los demás profetas que trataron de asustarme.

[15] La muralla quedó terminada el día veinticinco de Elul*, en cincuenta y dos días. [16] Cuando se enteraron todos nuestros enemigos y todas las naciones de alrededor lo vieron, les pareció una gran maravilla* y reconocieron que esta obra había sido realizada por nuestro Dios.

[17] En aquellos mismos días, los notables de Judá multiplicaron sus cartas a Tobías y recibían las de éste, [18] porque tenía en Judá muchos aliados, por ser yerno de Secanías, hijo de Araj, y por estar casado su hijo Juan con la hija de Mesulán, hijo de Berequías. [19] Incluso llegaron a hablar bien de Tobías en mi presencia y le repetían mis palabras. Y Tobías mandaba cartas para intimidarme.

7 [1] Reconstruida la muralla, y una vez que hube fijado las hojas de las puertas, se colocaron guardias en las puertas (cantores y levitas*). [2] Puse al frente de Jerusalén a mi hermano Jananí y a Jananías, jefe de la ciudadela, porque era un hombre fiel y temeroso de Dios como pocos. [3] Y les dije: «No se abrirán las puertas de Jerusalén hasta que el sol comience a calentar. Y se cerrarán y se echarán las barras cuando todavía esté alto*. Se establecerán puestos de guardia de entre los habitantes de Jerusalén, unos en su puesto y otros delante de su casa.»

La repoblación de Jerusalén*.

[4] La ciudad era espaciosa y grande, pero tenía muy poca población y no se fundaban nuevas familias*. [5] Me puso Dios en el corazón reunir a los notables, a los consejeros y al pueblo, para hacer el registro genealógico. Hallé el registro genealógico de los que habían venido al principio, y encontré escrito en él:

Lista de los primeros sionistas*.

‖Esd 2 1-7

[6] Éstas son las personas de la provincia que regresaron del cautiverio, aquellos que Nabucodonosor, rey de Babilonia, había deportado y que volvieron a Jerusalén y Judea, cada uno a su ciudad. [7] Vinieron con Zorobabel, Josué, Nehemías, Azarías, Raamías, Najamaní, Mar-

Jr 23 9-40
Za 13 2s

Sal 118
22-23
Sal 127 1

---

6 7 Ageo y Zacarías habían apoyado así a Zorobabel.
6 9 «yo me reafirmé» versiones; «reafirma» hebr.
6 10 ¿«Detenido», o «confinado» o «arrebatado» en éxtasis? Quizá, simplemente, el profeta, impedido para acudir, llamara al gobernador para comunicarle su oráculo.
6 11 Todo el episodio resulta oscuro y probablemente está retocado por el redactor. Al parecer, Semaías aconseja a Nehemías que recurra al derecho de asilo anejo al altar del atrio, 1 R 1 50s; 2 28s, y más adelante extendido a todo el templo, Sal 27 5 (?); 1 M 10 43. Pero, concretando el lugar, «el interior del santuario», donde no podía penetrar un laico, arrastra a Nehemías a una falta grave, vv. 11 y 13, ver Nm 18 7.
6 13 Al principio se omite «para que éste sea comprado», glosa.
6 15 Comienzos de octubre del 445.
6 16 «lo vieron» varios mss; «temieron» hebr. —«les

pareció una gran maravilla» *wayyippale'* conj.; «cayeron» *wayyippelû* hebr.
7 1 Esta adición equipara a las guardias de las puertas de la ciudad con los «porteros» del templo, junto a los cuales son nombrados generalmente los levitas y los cantores, ver vv. 43-45.
7 3 «todavía esté alto», Áquila, sir.; «estarán en su puesto» hebr.
7 4 (a) La repoblación de Jerusalén por Nehemías, 7 4-72ª; 11 1-2.20.25ª, puede compararse con análogas operaciones en el mundo griego, donde el «sinecismo» designa la concentración de varias aglomeraciones dispersas en una única, o bien la concentración en una ciudad de los cuadros administrativos y cultuales de una región.
7 4 (b) Lit. «y no se reconstruían casas», donde «casa» significa la familia, ver Dt 25 9.
7 6 Esta lista es paralela a la de Esd 2, ver la nota a 2 1.

doqueo, Bilsán, Mispar, Bigvay, Nejún y Baaná.

Lista de los hombres del pueblo de Israel: [8] los hijos de Parós: 2.172; [9] los hijos de Sefatías: 372; [10] los hijos de Araj: 652; [11] los hijos de Pajat Moab, por parte de los hijos de Josué y de Joab: 2.818; [12] los hijos de Elam: 1.254; [13] los hijos de Zatú: 845; [14] los hijos de Zacay: 760; [15] los hijos de Binuy: 648; [16] los hijos de Bebay: 628; [17] los hijos de Azgad: 2.322; [18] los hijos de Adonicán: 667; [19] los hijos de Bigvay: 2.067; [20] los hijos de Adín: 655; [21] los hijos de Ater, de Ezequías: 98; [22] los hijos de Jasún: 328; [23] los hijos de Besay: 324; [24] los hijos de Jarif: 112; [25] los hijos de Gabaón: 95; [26] los hombres de Belén y de Netofá: 188; [27] los hombres de Anatot: 128; [28] los hombres de Bet Azmávet: 42; [29] los hombres de Quiriat Yearín, Quefirá y Beerot: 743; [30] los hombres de Ramá y Gueba: 621; [31] los hombres de Micmás: 122; [32] los hombres de Betel y de Ay: 123; [33] los hombres de Nebo: 52; [34] los hijos del otro Elam: 1.254; [35] los hijos de Jarín: 320; [36] los hombres de Jericó: 345; [37] los hijos de Lod, Jadid y Onó: 721; [38] los hijos de Senaá: 3.930.

[39] Sacerdotes: los hijos de Yedaías, de la casa de Josué: 973; [40] los hijos de Imer: 1.052; [41] los hijos de Pasjur: 1.247; [42] los hijos de Jarín: 1.017.

[43] Levitas: los hijos de Josué y Cadmiel, de los hijos de Hodavías: 74.

[44] Cantores: los hijos de Asaf: 148.

[45] Porteros: los hijos de Salún, los hijos de Ater, los hijos de Talmón, los hijos de Acub, los hijos de Jatitá, los hijos de Sobay: 138.

[46] Donados: los hijos de Sijá, los hijos de Jasufá, los hijos de Tabaot, [47] los hijos de Querós, los hijos de Siá, los hijos de Padón, [48] los hijos de Lebaná, los hijos de Jagabá, los hijos de Salmay, [49] los hijos de Janán, los hijos de Guidel, los hijos de Gajar, [50] los hijos de Reayas, los hijos de Resín, los hijos de Necodá, [51] los hijos de Gazán, los hijos de Uzá, los hijos de Paséaj, [52] los hijos de Besay, los hijos de los meunitas, los hijos de los nefusitas, [53] los hijos de Bacbuc, los hijos de Jacufá, los hijos de Jarjur, [54] los hijos de Baslit, los hijos de Mejidá, los hijos de Jarsá, [55] los hijos de Barcós, los hijos de Sisrá, los hijos de Témaj, [56] los hijos de Nesíaj, los hijos de Jatifá.

[57] Los hijos de los siervos de Salomón: los hijos de Setay, los hijos de Soféret, los hijos de Perudá, [58] los hijos de Yaalá, los hijos de Darcón, los hijos de Guidel, [59] los hijos de Sefatías, los hijos de Jatil, los hijos de Poquéret Hasebáin, los hijos de Amón. [60] Total de los donados y de los hijos de los siervos de Salomón: 392.

[61] Y éstos eran los que venían de Tel Mélaj, Tel Jarsá, Querub, Adón e Imer, y que no pudieron probar si su familia y su estirpe eran de origen israelita: [62] los hijos de Delaías, los hijos de Tobías, los hijos de Necodá: 642. [63] Y entre los sacerdotes, los hijos de Jobaías, los hijos de Hacós, los hijos de Barzilay —el cual se había casado con una de las hijas de Barzilay el galaadita, cuyo nombre adoptó—. [64] Éstos investigaron en su registro genealógico, pero no figuraban; por lo cual se les excluyó del sacerdocio. [65] El gobernador les prohibió comer de las cosas sacratísimas hasta que no se presentara un sacerdote para el *urim* y el *tumim*.

[66] La asamblea ascendía a 42.360 personas, [67] sin contar sus siervos y siervas, que eran 7.337, y los 245 cantores y cantoras. [68] Tenían 736 caballos, 245 mulos, 435 camellos y 6.720 asnos.

[69] Algunos de los cabezas de familia hicieron ofrendas para la obra. El gobernador entregó al tesoro mil dracmas de oro, 50 copas y 30 túnicas sacerdotales*. [70] Entre los cabezas de familia entregaron al tesoro de la obra 20.000 dracmas de oro y 2.200 minas de plata. [71] Lo que entregó el resto del pueblo ascendía a 20.000 dracmas de oro, 2.000 minas de plata y 67 túnicas sacerdotales.

[72] *Los sacerdotes, los levitas, los porteros, los cantores, los donados y todos los demás israelitas se establecieron en sus respectivas ciudades.

El día del nacimiento de. Judaísmo. Esdras lee la Ley. La fiesta de las Tiendas*.

Llegado el mes séptimo, **8** [1] todo el pueblo se congregó como un solo hombre en la plaza que está de-

Esd 3 1

---

7 69 «30 túnicas» griego; «530 túnicas» (lit. túnicas: 30 y 500) hebr. Según las listas de los vv. 70-71, quizá haya de leerse «30 túnicas y 500 minas de plata», añadiendo «minas de plata» por conjetura.
7 72 7 72 - 8 1 es paralelo de Esd 2 70 - 3 1, al que seguimos para corregir el v. 72 corrompido.
8 Lógica y cronológicamente, Ne 8 es continuación de Esd 8 36: Esdras había venido de Babilonia para promulgar la Ley, Esd 7 25-26. El Cronista se sirve aquí del informe de Esdras.

lante de la puerta del Agua*. Dijeron al escriba Esdras que trajera el libro de la Ley de Moisés que Yahvé había prescrito a Israel*. ² Trajo el sacerdote Esdras la Ley ante la asamblea, integrada por hombres, mujeres y todos los que tenían uso de razón. Era el día uno del mes séptimo*. ³ Leyó una parte en la plaza que está delante de la puerta del Agua, desde el alba hasta el mediodía, en presencia de los hombres, las mujeres y todos los que tenían uso de razón; y los oídos del pueblo estaban atentos al libro de la Ley.

⁴ El escriba Esdras estaba de pie sobre un estrado de madera levantado para esta ocasión; junto a él estaban: a su derecha, Matitías, Sema, Anayas, Urías, Jilquías y Maasías, y a su izquierda, Pedayas, Misael, Malquías, Jasún, Jasbadaná, Zacarías y Mesulán*. ⁵ Esdras abrió el libro a los ojos de todo el pueblo —pues estaba más alto que todo el pueblo— y al abrirlo, el pueblo entero se puso en pie. ⁶ Esdras bendijo a Yahvé, el Dios grande; y todo el pueblo, alzando las manos, respondió: «¡Amén! ¡Amén!»; e inclinándose se postraron ante Yahvé, rostro en tierra. ⁷ (Josué, Baní, Serebías, Yamín, Acub, Sabtay, Hodías, Maasías, Quelitá, Azarías, Jozabad, Janán, Pelayas, que eran levitas, explicaban la Ley al pueblo que seguía en pie*.) ⁸ Y Esdras leyó* en el libro de la Ley de Dios, aclarando e interpretando el sentido, para que comprendieran la lectura.

⁹ Entonces (Nehemías —el gobernador*— y) Esdras, el sacerdote escriba (y los levitas que explicaban al pueblo) dijeron a todo el pueblo: «Este día está consagrado a Yahvé vuestro Dios; no estéis tristes ni lloréis». Pues todo el pueblo lloraba al oír las palabras de la Ley. ¹⁰ Díjoles también: «Id y comed manjares grasos, bebed bebidas dulces y mandad su ración a quien no tiene nada preparado. Porque este día está consagrado a

Esd 7 6+

nuestro Señor. No estéis tristes: la alegría de Yahvé es vuestra fortaleza.» ¹¹ También los levitas tranquilizaban al pueblo diciéndole: «Callad: este día es santo. No estéis tristes.» ¹² Y el pueblo entero se fue a comer y beber, a repartir raciones y hacer gran festejo, porque habían comprendido las palabras que les habían enseñado.

¹³ El segundo día, los cabezas de familia de todo el pueblo, los sacerdotes y levitas se reunieron junto al escriba Esdras para comprender las palabras de la Ley. ¹⁴ Y encontraron escrito en la Ley que Yahvé había mandado por medio de Moisés que los israelitas tenían que habitar en cabañas durante la fiesta del séptimo mes*. ¹⁵ En cuanto lo oyeron, hicieron pregonar en todas las ciudades y en Jerusalén: «Salid al monte y traed ramas de olivo, de pino, de mirto, de palmera y de otros árboles frondosos, para hacer cabañas conforme a lo escrito.» ¹⁶ Salió el pueblo y trajeron ramas y se hicieron cabañas, cada uno en su terrado, en sus patios, en los atrios del templo de Dios, en la plaza de la puerta del Agua y en la plaza de la puerta de Efraín. ¹⁷ Toda la asamblea, los que habían vuelto del cautiverio, construyó cabañas y habitó en ellas —cosa que los israelitas no habían hecho desde los días de Josué, hijo de Nun, hasta aquel día*— y hubo gran regocijo.

¹⁸ Esdras leyó en el libro de la Ley de Dios diariamente, desde el primer día al último. Durante siete días se celebró fiesta; al octavo tuvo lugar, según la norma, una asamblea solemne.

Lv 23 33-36 39-43 Ex 23 14+

Ceremonia expiatoria*.

9 ¹ El día veinticuatro de aquel mismo mes, se congregaron los israelitas para ayunar*, vestidos de sayal y la cabeza cubierta de polvo. ² La raza de Is-

Esd 9 1-2+ Esd 10 11

8 1 (a) Al sudeste del templo, en terreno no sagrado.
8 1 (b) El Pentateuco, tal como entonces existía.
8 2 Con la fiesta del mes séptimo (setiembre-octubre) se inauguraba, antes del Destierro, el nuevo año, Ex 23 16; 34 22; Nm 29 1.
8 4 Estos asesores son laicos principales.
8 7 «que eran levitas» griego, ver v. 3; Vulg.; «y los levitas» hebr. —El v. es una adición del Cronista, que *quiere atribuir a los levitas* el papel importante que juegan en el culto más reciente.
8 8 «Esdras leyó» griego, ver v. 3; «y leyeron» hebr.
8 9 3 Esd omite «Nehemías»; griego omite «el gobernador». Estas menciones proceden del redactor.
8 14 Lv 23 33-36.39-43 coloca también la fiesta de las Tiendas en el séptimo mes; la fiesta dura ocho días. Pero según Lv 23 40 las ramas del árbol servían para

los actos procesionales, en lugar de emplearse en la preparación de las cabañas, como en Ne 8 15. Según Lv 23 27.34.39; Nm 29 12-38, la fiesta comienza el 15 del séptimo mes. Nuestro relato ignora el día de la Expiación, Lv 16, que, por celebrarse el 10 del séptimo mes, Lv 23 27, se debió situar entre la lectura de la Ley por Esdras y la fiesta de las Tiendas.
8 17 Comparar 2 R 23 22; 2 Cro 35 18. No se ven en qué consiste aquí esta vuelta a las viejas tradiciones; no se trata de la erección de las cabañas, que ya daba su nombre a la fiesta en Dt 16 13, y ver Esd 3 4.
9 9 Por el pecado de los matrimonios mixtos. El relato es continuación de Esd 10 44. Pero únicamente los vv. 1-2 forman parte de la Memoria de Esdras.
9 1 La liturgia penitencial, ver Jl 1-2, incluye una lamentación cantada, ver Sal 74; 79; 83: aquí los vv. 5ᵇ-37.

rael se separó de todos los extranjeros; y puestos en pie, confesaron sus pecados y las culpas de sus padres. ³ (De pie, y cada uno en su sitio, leyeron en el libro de la Ley de Yahvé su Dios, por espacio de un cuarto de día; durante otro cuarto hacían confesión y se postraban ante Yahvé su Dios*.) ⁴ (Josué, Binuy*, Cadmiel, Sebanías, Buní, Serebías, Baní y Quenaní subieron al estrado de los levitas y clamaron en alta voz hacia Yahvé su Dios, ⁵ y los levitas Josué, Cadmiel, Baní, Jasabnías, Serebías, Hodías, Sebanías y Petajías dijeron: «¡Levantaos, bendecid a Yahvé nuestro Dios*!»)

Sal 78+ ¡Bendito seas, Yahvé Dios nuestro*,
de eternidad en eternidad!
Dn 3 52 ¡Y sea bendito el Nombre de tu Gloria
que supera toda bendición y alabanza!

Dt 6 4   ⁶ ¡Tú, Yahvé, tú el único!
Tú hiciste los cielos, el cielo de los cielos y toda su mesnada,
la tierra y todo cuanto abarca,
los mares y todo cuanto encierran.
Todo esto tú lo animas,
y la mesnada de los cielos ante ti se prosterna.

Gn 12 1 ⁷ Tú, Yahvé, eres el Dios
que elegiste a Abrán,
le sacaste de Ur de Caldea
Gn 17 5 y le diste el nombre de Abrahán.

Gn 15 18s ⁸ Hallaste su corazón fiel ante ti,
con él hiciste alianza,
para darle el país del cananeo,
del hitita y del amorreo,
del perizita, del jebuseo y del guirgaseo,
a él y a su posteridad.
Y has mantenido tu palabra,
porque eres justo.

Ex 2 23-24 ⁹ Tú viste la aflicción de nuestros padres en Egipto,
y escuchaste su clamor junto al mar de Suf.
Ex 7-12 ¹⁰ Contra el faraón obraste señales y prodigios,
contra sus siervos y todo el pueblo de su país,
pues sabías que eran altivos con ellos.

¡Te hiciste un nombre hasta el día de hoy!
¹¹ Tú hendiste el mar ante ellos: Ex 14
por medio del mar pasaron a pie enjuto.
Hundiste en los abismos a sus perseguidores,   Ex 15 5.10
como una piedra en aguas tumultuosas.
¹² Con columna de nube los guiaste de día,   Ex 13 21s
con columna de fuego por la noche,
para alumbrar ante ellos el camino
que debían recorrer.
¹³ Bajaste sobre el monte Sinaí   Ex 19
y del cielo les hablaste;
les diste normas justas,   Dt 4 5-8
leyes verdaderas,
preceptos y mandamientos excelentes;
¹⁴ les diste a conocer tu santo sábado;   Ex 20 8+
les ordenaste mandamientos, preceptos* y Ley
por mano de Moisés, tu siervo.
¹⁵ Del cielo les mandaste el pan para su hambre,   Ex 16 1+
para su sed hiciste brotar el agua de la roca.   Ex 17 1+
Y les mandaste ir
a apoderarse de la tierra
que tú juraste darles mano en alto.

¹⁶ Altivos se volvieron nuestros padres,
su cerviz endurecieron y desoyeron tus mandatos.   Nm 14 1-4
¹⁷ No quisieron oír, no recordaron los prodigios
que con ellos hiciste;
endurecieron la cerviz y se obstinaron
en volver a Egipto* y a su servidumbre.
Pero tú eres el Dios de los perdones,   Ex 34 6+
clemente y entrañable,
tardo a la cólera y rico en bondad.
¡No los desamparaste!
¹⁸ Ni siquiera cuando se fabricaron
un becerro de metal fundido   Ex 32 4
y exclamaron: «¡Éste es tu dios
que te sacó de Egipto!»,
y gran desprecio te hicieron.
¹⁹ Tú, en tu inmensa ternura,
no los abandonaste en el desierto:
la columna de nube no se apartó de ellos,

---

9 3   El v. es glosa inspirada en 8 3-6, que equipara la asamblea con las reuniones litúrgicas penitenciales del tiempo del Cronista.
9 4   «Binuy» conj., ver 10 10; 12 8.24; «Baní» hebr.
9 5   (a) El Cronista introduce a los levitas para el acto de invitar a la muchedumbre y de recitar el salmo que sigue, tomado sin duda de la liturgia de su tiempo.

Este salmo está lleno de reminiscencias bíblicas y recuerda a Si 36 1-17.
9 5   (b) Verso restablecido por conjetura.
9 14   Debe añadirse una de estas dos palabras según v. 13; el ritmo está cortado.
9 17   «a Egipto» griego, mss hebr.; «en su rebelión» hebr.

545

para guiarles de día por la ruta,
ni la columna de fuego por la noche,
para alumbrar ante ellos el camino
que debían recorrer.
²⁰ Tu espíritu bueno les diste
para instruirles,
el maná no retiraste de su boca,
y para su sed agua les diste.
²¹ Cuarenta años los sustentaste en el desierto,
y nada les faltó:

Dt 8 4
ni sus vestidos se gastaron
ni se hincharon sus pies.

Dt 1 4;
2 26 - 3 11
Nm 21 21-35
²² Reinos y pueblos les donaste
y las tierras vecinas repartiste:
se apoderaron del país de Sijón, rey de Jesbón*,
y del país de Og, rey de Basán.

Dt 1 10
²³ Y multiplicaste sus hijos
como estrellas del cielo,
los llevaste a la tierra de la que a sus padres dijiste
que tendrían posesión.
²⁴ Llegaron los hijos y tomaron el país,
y tú ante ellos aplastaste
a los habitantes del país, los cananeos,
los pusiste en sus manos,
con sus reyes y las gentes del país,
para que los trataran a merced de su capricho.

Dt 3 5;
6 10-11
²⁵ Ciudades fuertes conquistaron
y una tierra generosa;
y heredaron casas
de toda suerte de bienes rebosantes,
cisternas ya excavadas, viñas y olivares,
árboles frutales sin medida:

Dt 32 15
comieron, se saciaron, engordaron,
se deleitaron en tus inmensos bienes.
²⁶ Pero después, indóciles, se rebelaron contra ti,
arrojaron tu Ley a sus espaldas,
mataron a los profetas que les conjuraban
a convertirse a ti

Sb 2 10-20
y gran desprecio te hicieron.
²⁷ Tú los entregaste en poder de sus enemigos
que los oprimieron.
Oprimidos, clamaban a ti,
y tú los escuchabas desde el cielo;
y en tu inmensa ternura les mandabas
salvadores que los libraron de las manos opresoras.
²⁸ Pero, apenas en paz, volvían a hacer el mal ante ti,

y tú los dejabas en mano de sus enemigos, que los oprimían.
Ellos de nuevo gritaban hacia ti,
y tú escuchabas desde el cielo:
¡muchas veces, por ternura, los salvaste!
²⁹ Les conminaste para volverlos a tu Ley,
pero ellos en su orgullo no escucharon tus mandatos;
contra tus normas pecaron,
contra aquellas que, cumplidas, dan la vida;
dieron la espalda,
endurecieron su cerviz y no escucharon.
³⁰ Tuviste paciencia con ellos
durante muchos años;
les advertiste por tu espíritu,
por boca de tus profetas;
pero ellos no escucharon.
Y los pusiste en manos de las gentes de los países.
³¹ Mas en tu inmensa ternura no los acabaste,
no los abandonaste,
porque eres tú Dios clemente
y lleno de ternura.

Lm 5
Si 36 1-9
³² Ahora, pues, oh Dios nuestro,
tú, Dios grande, poderoso y temible,
que mantienes la alianza y el amor,
no menosprecies las penalidades
que han caído sobre nosotros,
sobre nuestros reyes y príncipes,
nuestros sacerdotes y profetas,
sobre nuestros padres
y sobre todo tu pueblo,
desde los tiempos de los reyes de Asiria
hasta el día de hoy.

³³ Has sido justo
en todo lo que nos ha sobrevenido,
pues tú fuiste fiel,
y nosotros malvados:
³⁴ nuestros reyes y jefes, nuestros sacerdotes y padres
no guardaron tu Ley,
no hicieron caso de los mandamientos y dictámenes
que tú les diste.
³⁵ Mientras vivían en su reino,
entre los grandes bienes que tú les regalabas,
y en la espaciosa y generosa tierra
que tú les habías preparado,

---

9 22   Delante de «rey de Jesbón», hebr. repite «el país   de», ditografía.

no te sirvieron
ni se convirtieron de sus malas acciones.

³⁶ Mira que hoy somos esclavos,
en el país que habías dado a nuestros
padres
para gozar de sus frutos y bienes,
mira que aquí en servidumbre nos su-
mimos.
³⁷ Sus muchos frutos son para los reyes,
que por nuestros pecados tú nos im-
pusiste,
y que a capricho dominan
nuestras personas, cuerpos y ganados.
¡En gran angustia nos hallamos!

Actas del compromiso aceptado por la comunidad*.

10 ¹ ...De acuerdo con todo esto, adquirimos un firme compromiso por escrito. En el documento sellado figuran nuestros jefes, nuestros levitas y nuestros sacerdotes*...

² En el documento sellado figuraban*: Nehemías, hijo de Jacalías, y Sedecías.

³ Serayas, Azarías, Jeremías, ⁴ Pasjur, Amarías, Malquías, ⁵ Jatús, Sebanías, Maluc, ⁶ Jarín, Meremot, Abdías, ⁷ Daniel, Guinetón, Baruc, ⁸ Mesulán, Abías, Miyamín, ⁹ Maazías, Bilgá, Semaías: éstos son los sacerdotes.

¹⁰ Luego los levitas: Josué, hijo de Azanías, Binuy, de los hijos de Jenadad, Cadmiel ¹¹ y sus hermanos Secanías, Hodavías, Quelitá, Pelayas, Janán, ¹² Micá, Rejob, Jasabías, ¹³ Zacur, Serebías, Sebanías, ¹⁴ Hodías, Baní, Quenaní.

¹⁵ Los jefes del pueblo: Parós, Pajat Moab, Elam, Zatú, Baní, ¹⁶ Buní, Azgad, Bebay, ¹⁷ Adonías, Bigvay, Adín, ¹⁸ Ater, Ezequías, Azur, ¹⁹ Hodías, Jasún, Besay, ²⁰ Jarif, Anatot, Nobay, ²¹ Magpiás, Mesulán, Jezir, ²² Mesezabel, Sadoc, Yadúa, ²³ Pelatías, Janán, Anayas, ²⁴ Oseas, Jananías, Jasub, ²⁵ Halojés, Piljá, Sobec,

²⁶ Rejún, Jasabná, Maasías, ²⁷ Ajías, Janán, Anán, ²⁸ Maluc, Jarín, Baaná.

²⁹ ...y el resto del pueblo, los sacerdotes y los levitas, los porteros, los cantores, los donados y todos los separados de la gente del país para seguir la Ley de Dios, sus mujeres, sus hijos y sus hijas, cuantos tienen uso de razón, ³⁰ se adhieren a sus hermanos y a los nobles y se comprometen por imprecación y juramento a caminar en la Ley de Dios, que fue dada por mano de Moisés, siervo de Dios, y a guardar y practicar todos los mandamientos de Yahvé nuestro Señor, sus normas y sus leyes.

³¹ A no dar nuestras hijas a las gentes del país ni tomar sus hijas para nuestros hijos*.

³² Si la gente del país trae, en día de sábado, mercancías o cualquier otra clase de comestibles para vender, nada les compraremos en día de sábado ni en día sagrado.

En el año séptimo, renunciaremos a la cosecha de la tierra* y a todas las deudas.

³³ Nos imponemos como obligación: Dar un tercio de siclo al año para el servicio del templo de nuestro Dios: ³⁴ para el pan que se presenta, para la oblación perpetua y el holocausto perpetuo, para los sacrificios de los sábados, de los novilunios, de las solemnidades, para los alimentos sagrados, para los sacrificios por el pecado como expiación por Israel y para toda la obra del templo de nuestro Dios*; ³⁶ *y traer cada año al templo de Yahvé las primicias de nuestro suelo y las primicias de los frutos de todos los árboles, ³⁷ y los primogénitos de nuestros hijos y de nuestro ganado, conforme a lo escrito en la Ley —los primeros nacidos de nuestro ganado mayor y menor, que se traen al templo de nuestro Dios son para los sacerdotes que ejercen el ministerio en la casa de nuestro Dios—. ³⁸ Lo

Referencias marginales:
25
26 27
28
29
30
13 23-27
31
13 15-22
Ex 20 8+
5 1-13+
Lv 25 1+
32
Ex 30 11s
2 Co 24 6.9
33
Lv 24 5-9
Nm 28 3-8
35
13 31
Dt 26 1+
Gn 22 1+
Ex 13 11+
13 10-14

10.¹
12 12-26
2 3
4
5 6
7
8
9
10
11
12
13
14
15
16
17 18
19
20 21
22
23 24

10 A continuación de la lectura de la Ley y de la ceremonia penitencial, 8-9, el Cronista da un documento que no proviene ni del informe de Esdras ni de la memoria de Nehemías, sino que lo ha tomado de los archivos del templo modificándolo; los vv. 31-39 guardan estrecha relación con 13 10-31. La lista de los vv. 2-28 es un añadido posterior, ver nota a 10 2.
10 1 Continúan las actas en el v. 29.
10 2 La lista que se supone de los firmantes, vv. 2-28, es una elaboración artificial: en los vv. 3-9 utiliza las listas de 12 1-6,12-18, dando nombres de familia cuando eran de esperar nombres de individuos; los vv. 10-14 son una selección de nombres levíticos de los que casi todos aparecen en otros pasajes; los nombres de los laicos, vv. 15-21, proceden de la lista de Esd 2 = Ne 7. Los

nombres nuevos en los vv. 12-14 y 22-28 deben ser contemporáneos del autor de la lista, que es posterior a Nehemías. —Corregimos algunos nombres según las versiones.
10 31 Es un compromiso para el futuro; ya no se trata, como en Esd 9-10, de romper los matrimonios ya contraídos. ¿Estaría ya resuelto este asunto? Esd 10 44.
10 32 «la cosecha de la tierra» conj. según Ex 23 10; omitido por hebr.
10 34 El v. 35 se ha de leer después del v 40ᵇ.
10 36 Se han retocado los vv. 36-40, en 37 y, sobre todo, en 38ᵇ-39, que armonizan la práctica del diezmo de los levitas con el texto más reciente de Nm 18 21.24s. Estos retoques son normales en un texto que debe servir para usos jurídicos.

mejor de nuestras moliendas*, de los frutos de todo árbol, del vino y del aceite, se lo traeremos a los sacerdotes, a los almacenes del templo de nuestro Dios; y el diezmo de nuestro suelo a los levitas, que cobrarán el diezmo de la labranza de todas nuestras ciudades; [39] un sacerdote, hijo de Aarón, irá con los levitas cuando éstos cobren el diezmo; los levitas subirán el diezmo del diezmo al templo de nuestro Dios, a los almacenes de la casa del tesoro, [40ab]pues a estos almacenes traen los israelitas y los levitas la ofrenda reservada de trigo, vino y aceite. Allí se encuentran también los utensilios del santuario, de los sacerdotes que están de servicio y de los porteros y cantores.

[35] Hemos echado a suertes —sacerdotes, levitas y pueblo— la ofrenda de la leña que ha de traer al templo de nuestro Dios cada familia en su turno, a sus tiempos, cada año, para quemarla sobre el altar de Yahvé, nuestro Dios, con arreglo a lo escrito en la Ley.

[40c]No abandonaremos más el templo de nuestro Dios.

Concentración urbana bajo Nehemías*. Listas diversas.

11 [1] Los jefes del pueblo se establecieron en Jerusalén. El resto del pueblo echó a suertes para que de cada diez hombres habitase uno en Jerusalén, la Ciudad Santa*, quedando los otros nueve en las ciudades. [2] Y el pueblo bendijo a todos los hombres que se ofrecieron voluntarios para habitar en Jerusalén.

[3] Éstos son los jefes de la provincia que se establecieron en Jerusalén y en las ciudades de Judá. Cada cual vivía en su propiedad en las ciudades de Israel: sacerdotes, levitas, donados e hijos de los siervos de Salomón.

La población judía en Jerusalén*.

[4] Habitaban en Jerusalén hijos de Judá e hijos de Benjamín.

De los hijos de Judá: Atayas, hijo de Uzías, hijo de Zacarías, hijo de Amarías, hijo de Sefatías, hijo de Mahalalel, de los hijos de Peres; [5] Maasías, hijo de Baruc, hijo de Coljozé, hijo de Jazaías, hijo de Adaías, hijo de Joarib, hijo de Zacarías, el selanita. [6] El total de los hijos de Peres que habitaban en Jerusalén era de 468, hombres vigorosos.

[7] Los hijos de Benjamín eran: Salú, hijo de Mesulán, hijo de Yoed, hijo de Pedayas, hijo de Colayas, hijo de Maasías, hijo de Itiel, hijo de Isaías, [8] y sus hermanos*, hombres vigorosos: 928.

[9] Joel, hijo de Zicrí, era su encargado y Judá, hijo de Hasenuá, era el segundo jefe de la ciudad.

[10] De los sacerdotes: Yedaías, hijo de Joaquín, hijo* de [11] Serayas, hijo de Jilquías, hijo de Mesulán, hijo de Sadoc, hijo de Merayot, hijo de Ajitub, príncipe del templo de Dios*, [12] y sus hermanos empleados en la obra del templo: 822; Adaías, hijo de Yeroján, hijo de Pelalías, hijo de Amsí, hijo de Zacarías, hijo de Pasjur, hijo de Malquías, [13] y sus hermanos, cabezas de familia: 242; y Amasay, hijo de Azarel, hijo de Ajzay, hijo de Mesilemot, hijo de Imer, [14] y sus hermanos, hombres vigorosos: 128.

Su encargado era Zabdiel, hijo de Hagadol.

[15] De los levitas: Semaías, hijo de Jasub, hijo de Azricán, hijo de Jasabías, hijo de Buní; [16] Sabtay y Jozabad, que entre los jefes de los levitas estaban al frente de los servicios exteriores del templo de Dios; [17] Matanías, hijo de Micá, hijo de Zabdí, hijo de Asaf*, que dirigía los himnos*, entonaba la acción de gracias de la oración; Bacbuquías, el segundo entre sus hermanos; Abdá, hijo de Samúa, hijo de Galal, hijo de Yedutún. [18] Total de los levitas en la Ciudad Santa: 284.

[19] Los porteros: Acub, Talmón y sus hermanos, que hacían la guardia de las puertas: 172*.

Marginal references
Dt 14 22+
Nm 18
21.24s
38
Nm 18 26
39ab
34
13 31
39c
7 4+
‖1 Cro 9 2
‖1 Cro 9
4-17

Footnotes

10 38 El hebr. añade: «y nuestras contribuciones»; omitido por griego.
11   El cap. 11 tiene dos capas literarias: los vv. 1-2.20.25ᵃ.36, son composición del Cronista a partir de 7 1-5ᵃ (memoria de Nehemías); un redactor ha incluido las listas de los vv. 4-19 y 20-36, que encontró en los *documentos* de archivos, por medio de un título, v. 3, y ha añadido (él o algún otro) las notas de los vv. 21-24.
11 1   Así se designa a Jerusalén desde Is 48 2; 52 1. Ver Ne 11 18; Dn 9 24; Tb 13 9; Mt 4 5; 27 53; Ap 11 2. Pero la idea es más antigua, ver 2 S 5 9+.
11 4   Esta lista, de la que depende 1 Cro 9 1-18, parece exponer el estado de la población de Jerusalén, una o más generaciones después de Nehemías.

11 8   «y sus hermanos» ms griego; «y después de él» hebr.
11 10   «Joaquín, hijo de» conj.; «Joarib, Yaquín» hebr.
11 11   Título del sumo sacerdote, 2 Cro 31 13.
11 17 (a) Los cantores están ya equiparados a los levitas, v. 22; pero no todavía los porteros, v. 19. Entre los cantores, sólo los hijos de Asaf habían vuelto del Destierro, Esd 2 41 = Ne 7 44. Es posible que los otros dos gremios, Hemán y Yedutún, hayan salido de los cantores del primer Templo que no habían sido deportados, ver 1 Cro 16 37.41.
11 17 (b) «los himnos» ms griego, Vulg.; «el comienzo» hebr.
11 19 Trasladamos el v. 20 después del v. 24.

Notas complementarias*.

[21] Los donados habitaban el Ofel; Sijá y Guispá estaban al frente de los donados. [22] Al frente de los levitas en Jerusalén estaba Uzí, hijo de Baní, hijo de Jasabías, hijo de Matanías, hijo de Micá; era uno de los hijos de Asaf que estaban encargados del canto según el servicio del templo de Dios. [23] Acerca de los cantores había, en efecto, un mandato del rey y un reglamento que fijaba los actos de cada día. [24] Petajías, hijo de Mesezabel, de los hijos de Zéraj, hijo de Judá, estaba a las órdenes del rey para todos los asuntos del pueblo.

[20] El resto de los israelitas, de los sacerdotes y levitas, se estableció en todas las ciudades de Judá, cada uno en su heredad, [25] y en los poblados situados en sus campos.

La población judía en la provincia*.

Parte de los hijos de Judá habitaban en Quiriat Arbá y sus aldeas anejas, en Dibón y sus aldeas anejas, en Jecabsel y sus poblados, [26] en Yesúa, en Moladá, en Bet Pélet, [27] en Jasar Sual, en Berseba y sus aldeas anejas, [28] en Sicelag, en Meconá y sus aldeas anejas, [29] en Enrimón, en Soreá, en Yarmut, [30] en Zanóaj, Adulán y sus caseríos; Laquis y su comarca, Azecá y sus aldeas anejas: se establecieron desde Berseba hasta el valle de Hinón. [31] Algunos benjaminitas habitaban en Gueba*, Midmás, Ayá, Betel y sus aldeas anejas, [32] Anatot, Nob, Ananías, [33] Jasor, Ramá, Guitáin, [34] Jadid, Seboín, Nebalat, [35] Lod y Onó, y el valle de los Artesanos. [36] Había grupos de levitas en Judá y en Benjamín*.

Sacerdotes y levitas que regresaron con Zorobabel y Josué*.

10 3-14
12+

12 [1] Éstos son los sacerdotes y los levitas que subieron con Zorobabel, hijo de Sealtiel, y con Josué:

Serayas, Jeremías, Esdras, [2] Amarías, Maluc, Hatús, [3] Secanías, Rejún, Meremot, [4] Idó, Guinetón, Abías, [5] Miyamín, Maadías, Bilgá, [6] Semaías; además: Joarib, Yedaías, [7a] Salú, Amoc, Jilquías, Adaías.

[8] Levitas: Josué, Binuy, Cadmiel, Serebías, Judá, Matanías —que dirigía con sus hermanos los himnos de acción de gracias—, [9] y Bacbuquías, Uní y sus hermanos les hacían coro en sus ministerios.

[7b] Éstos eran los jefes de los sacerdotes y de sus hermanos, en tiempo de Josué.

Lista genealógica de los sumos sacerdotes*.

[10] Josué engendró a Joaquín; Joaquín engendró a Eliasib; Eliasib engendró a Joadá; [11] Joadá engendró a Juan, y Juan engendró a Yadúa.

Sacerdotes y levitas en tiempo del sumo sacerdote Joaquín*.

10 3-14;
12 1+

[12] En los días de Joaquín los sacerdotes cabezas de familia eran: de la familia de Serayas: Meraías; de la familia de Jeremías: Jananías; [13] de la de Esdras: Mesulán; de la de Amarías: Juan; [14] de la de Maluc: Jonatán; de la de Secanías: José; [15] de la de Jarín: Azná; de la de Meremot: Jelcay; [16] de la de Idó: Zacarías; de la de Guinetón: Mesulán; [17] de la de Abías: Zicrí; de la de Miyamín: ...; de la de Maazías: Piltay; [18] de la de Bilgá: Samúa; de la de Semaías: Jonatán; [19] además: de la de Joarib: Matenay; de la Yedaías: Uzí; [20] de la de Salú: Calay; de la de Amoc: Héber; [21] de la de Jilquías: Jasabías; de la de Yedaías: Natanael.

[22] En tiempo de Eliasib, Joadá, Juan y Yadúa, los cabezas de familias sacerdotales* fueron registrados en el libro de las Crónicas*, hasta el reinado de Darío, el persa*.

---

11 21 La nota referente a los «donados», v. 21, puede ser coetánea de la lista precedente. La nota sobre Uzí, vv. 22-23, es posterior: es bisnieto del Matanías mencionado en el v. 17. Petajías, v. 24, ejercía en época indeterminada o tal vez análoga al de Nehemías.

11 25 Esta lista, testimonio de la expansión judía hasta el Negueb, es de época posterior, a no ser que debamos situarla en la época preexílica (bajo Josías).

11 31 «Algunos» 2 mss, ver v. 25; «Los» hebr. —«Gueba» conj.; «desde Gueba» hebr.

11 36 «en Judá y en Benjamín» ms griego; «grupos de Judá (se unieron) a Benjamín» hebr.

12 Los nombres, ausentes de Esd 2 36-39, son los de las familias sacerdotales bajo Joaquín, sucesor de Jo-

sué, ver vv. 12-21. La lista así presentada ofrecía un procedimiento jurídico, el de la antigüedad, para dejar constancia de sus derechos.

12 10 Del 520 al 405 (Darío II).

12 12 Por tanto, después del 500. Los nombres registrados figuran también en el cap. 10, más reciente, con tres familias nuevas. A la lista sigue una nota justificativa sobre su procedencia.

12 22 (a) Al principio del v. el hebr. añade: «los levitas». —«los cabezas de familia sacerdotales» un ms; «los cabezas de familia y los sacerdotes» hebr.

12 22 (b) Crónica oficial del templo. —«el libro de las Crónicas, hasta» añadido por conj.

12 22 (c) Darío II, muerto el 405.

²³ Los hijos de Leví:

Los cabezas de familia fueron registrados en el libro de las Crónicas, hasta el tiempo de Juan, nieto de Eliasib.

Esd 2 40
²⁴ Los jefes de los levitas eran: Jasabías, Serebías, Josué, Binuy*, Cadmiel; y sus hermanos, frente por frente para ejecutar los himnos de alabanza y de acción de gracias, conforme a las instrucciones de David, hombre de Dios, en grupos alternos, 11 17 ²⁵ eran: Matanías, Bacbuquías y Abdías. Y Mesulán, Talmón y Acub, porteros, montaban la guardia en los almacenes junto a las puertas*.

²⁶ Éstos vivían en tiempo de Joaquín, hijo de Josué, hijo de Josadac, y en tiempo de Nehemías, el gobernador, y de Esdras, el sacerdote-escriba*.

Dedicación de la muralla de Jerusalén*.

²⁷ Cuando la dedicación de la muralla de Jerusalén, se buscó a los levitas por todos los lugares para traerlos a Jerusalén, con el fin de celebrar la dedicación con alegría, con cánticos de acción de gracias y música de címbalos, salterios y cítaras. ²⁸ Los cantores, hijos de Leví*, se congregaron de la región circundante de Jerusalén, de los poblados de los netofatíes, ²⁹ de Bet Haguilgal, de los campos de Gueba y de Azmávet; porque los cantores habían construido poblados alrededor de Jerusalén. ³⁰ Los sacerdotes y levitas se purificaron, y luego purificaron al pueblo, las puertas y la muralla.

³¹ Mandé entonces a los jefes de Judá que subieran a la muralla y organicé dos grandes coros. El primero marchaba* por encima de la muralla, hacia la derecha, hacia la Puerta del Muladar; ³² detrás de ellos iban Hosaías y la mitad de los jefes de Judá, ³³ Azarías, Esdras, Mesulán, ³⁴ Judá, Benjamín, Semaías y Je-

remías, ³⁵ elegidos entre los sacerdotes y provistos de trompetas; y Zacarías, hijo de Jonatán, hijo de Semaías, hijo de Matanías, hijo de Micá, hijo de Zacur, hijo de Asaf, ³⁶ con sus hermanos, Semaías, Azarel, Milalay, Guilalay, Maay, Natanael, Judá, Jananí, con los instrumentos músicos de David, hombre de Dios. Y Esdras, el escriba, iba al frente de ellos.

Am 6 5
1 Cro 23 5

³⁷ A la altura de la Puerta de la Fuente, subieron de frente por la escalera de la Ciudad de David, por encima de la muralla, y por la subida de la Casa de David*, hasta la Puerta del Agua, al Oriente.

³⁸ El segundo coro marchaba por la izquierda; yo iba detrás, con la mitad de los jefes del pueblo, por encima de la muralla, pasando por la Torre de los Hornos, hasta la muralla de la Plaza*, ³⁹ por encima de la Puerta de Efraín*, la Puerta de los Peces, la Torre de Jananel*, hasta la Puerta de las Ovejas; se hizo alto en la Puerta de la Prisión.

⁴⁰ Luego los dos coros se colocaron en el templo de Dios. —Tenía yo a mi lado a la mitad de los consejeros ⁴¹ y a los sacerdotes Eliaquín, Maasías, Miyamín, Micá, Eljoenay, Zacarías, Jananías, con trompetas, ⁴² y Maasías, Semaías, Eleazar, Uzí, Juan, Malquías, Elam y Ézer—. Los cantores entonaron su canto bajo la dirección de Yizrajías. ⁴³ Se ofrecieron aquel día grandes sacrificios y la gente se entregó a la algazara, pues Dios les había concedido un gran gozo; también se regocijaron las mujeres y los niños. Y el alborozo de Jerusalén se oía desde lejos.

Una época ideal*.

⁴⁴ Aquel mismo día, se nombraron hombres encargados de los aposentos destinados a almacenar las ofrendas reservadas, las primicias y los diezmos.

13 10s

---

12 24 «Binuy» conj., ver v. 8; **10 10**; «hijo de» *ben* hebr.

12 25 Los cantores y porteros son ahora equiparados a los levitas, ver **11 17**+.

12 26 La sincronización de estos tres personajes es cosa del Cronista.

12 27 La ceremonia se sitúa históricamente después de **6 16**; pero el Cronista la ha situado en forma simétrica a Esd **6** 13-18. (Dedicación del templo): de ese modo, dos dedicaciones concluyen dos períodos de historia, uno dominado por Zorobabel y, el otro, a los ojos del Cronista, por Esdras y Nehemías. —Podemos reconstruir *como sigue la ceremonia*: después de las purificaciones usuales, dos procesiones recorren la puerta del Valle, una hacia el sur, la otra hacia el norte (ver el mapa). Se juntan en el templo, donde tiene lugar la clausura de la fiesta. Cada cortejo se compone de un coro de sacerdotes seguido de los consejeros. El Cronista ha interrumpido el relato introduciendo en los vv. 33-36 la lista de los sacerdotes del primer coro, y, en los

vv. 40-42, la de los sacerdotes del segundo coro. También ha incluido a Esdras en el desfile.

12 28 «hijos de Leví» ms griego; «los hijos de los sacerdotes cantores» hebr.

12 31 «El primero marchaba» conj., ver v. 38; «Y procesiones» hebr.

12 37 «por encima de la muralla y por la subida de la Casa» conj.; «por la subida de la muralla encima de la Casa» hebr.

12 38 «por la izquierda» conj., ver v. 31; «frente a» (?) hebr. —«de los jefes» conj. según v. 32; omitido por hebr.

12 39 (a) El hebr. añade: «y sobre la puerta Vieja».

12 39 (b) El hebr. añade: «y la torre de los Cien».

12 44 Esta pintura ideal de la comunidad en tiempos de los gobernadores Zorobabel y Nehemías hará resaltar como anomalías los defectos que enumera el final de la Memoria de Nehemías, **13** 4s.

Debían recoger en ellos, según los campos de las ciudades, las porciones que la Ley otorga a los sacerdotes y a los levitas. Pues Judá se complacía en ver a los sacerdotes y levitas en sus funciones. [45] Ellos cumplían el ministerio de su Dios y el ministerio de las purificaciones, junto con los cantores y los porteros, conforme a lo mandado por David y su hijo Salomón. [46] Pues ya desde un principio, desde los días de David y de Asaf, había jefes de cantores y cánticos de alabanza y acción de gracias a Dios. [47] Y todo Israel, en tiempo de Zorobabel y en tiempo de Nehemías, daba a los cantores y a los porteros las raciones correspondientes a cada día. A los levitas se les entregaban las cosas sagradas, y los levitas entregaban su parte a los hijos de Aarón.

13 [1] En aquel tiempo se leyó a oídos del pueblo en el libro de Moisés, y se encontró escrito en él: «*El amonita y el moabita no entrarán jamás en la asamblea de* Dios, [2] *porque no recibieron* a los israelitas *con pan y agua. Tomaron a sueldo* contra ellos a *Balaán, para maldecirles*, *pero* nuestro Dios *cambió la maldición en bendición.*» [3] Así que, en oyendo la Ley, se excluyó de Israel a todo extranjero*.

Segunda misión de Nehemías.

[4] Antes de esto*, el sacerdote Eliasib* había sido encargado de los aposentos* del templo de nuestro Dios. Como era pariente de Tobías, [5] le había proporcionado un aposento espacioso, donde anteriormente se depositaban las oblaciones, el incienso, los utensilios, el diezmo del trigo, del vino y del aceite, es decir, lo que está prescrito para los levitas, los cantores y los porteros, y lo reservado a los sacerdotes. [6] No estaba yo en Jerusalén cuando sucedían estas cosas, porque el año treinta y dos de Artajerjes, rey de Babilonia*, había ido donde el rey; pero al cabo de algún tiempo el rey me permitió volver. [7] A mi regreso a Jeru-

salén, me enteré de la mala acción que había hecho Eliasib en favor de Tobías, preparándole un aposento en el atrio del templo de Dios. [8] Esto me desagradó mucho; eché fuera del aposento todos los muebles de la casa de Tobías, [9] y mandé purificar los aposentos y volver a poner en ellos los utensilios del templo de Dios, las oblaciones y el incienso.

[10] Me enteré también de que ya no se entregaban las raciones de los levitas, por lo que ellos —los levitas y los cantores encargados del servicio— se habían marchado, cada uno a su campo. [11] Reprendí por ello a los consejeros, diciéndoles: «¿Por qué ha sido abandonado el templo de Dios?» Luego los* reuní de nuevo y los restablecí en sus puestos. [12] Y todo Judá trajo a los almacenes el diezmo del trigo, del vino y del aceite. [13] Puse al frente* de los almacenes al sacerdote Selemías, al escriba Sadoc y a Pedayas, uno de los levitas, y, como ayudante, a Janán, hijo de Zacur, hijo de Matanías, porque eran considerados como personas fieles; les incumbía distribuir las porciones a sus hermanos. [14] ¡Acuérdate de mí por esto, Dios mío; no borres las obras de piedad que yo hice por el templo de mi Dios y por sus servicios!

[15] Por aquellos días, vi que había en Judá quienes pisaban los lagares en día de sábado; otros acarreaban los haces de trigo y los cargaban sobre los asnos, y también vino, uva, higos y toda clase de cargas, para traerlo a Jerusalén en día de sábado: les advertí que no vendiesen sus mercancías*. [16] En Jerusalén, algunos tirios que habitan en ella traían pescado y toda clase de mercancías para vendérselas a los judíos en día de sábado. [17] Reprendí a los notables de Judá diciendo: «¡Qué mala acción cometéis profanando el día del sábado! [18] ¿No fue así como obraron vuestros padres y por lo que nuestro Dios hizo caer toda esta desgracia sobre nosotros y sobre esta ciudad? ¡Y vosotros aumentáis así la Cólera contra Israel profanando el sábado!» [19] Así

13 2   «Tomaron... ellos... les» versiones; el hebr. trae en singular como Dt 23 5.
13 3   Este rigorismo rebasa lo que exigía la Ley, ver Dt 23 7-9.
13 4   (a) El Cronista introduce por medio de esta transición la continuación de la Memoria de Nehemías, ver 12 44+. Nehemías enumera las medidas que tomó con ocasión de los desórdenes ocurridos en la comunidad: acción contra Tobías, ver 2 10, que tenía en el templo un aposento reservado (4-9); entrega regular de las porciones a los levitas (10-14); revalorización del sábado (15-22); acción contra los matrimonios mixtos (23-29);

reglamentaciones cultuales (30-31). Ver 10 1+.
13 4   (b) Distinto del sumo sacerdote de este nombre, 3 1s.20s; 12 10.22; 13 28.
13 4   (c) «de los aposentos» conj., ver 12 44; «del aposento» hebr.
13 6   La primera misión de Nehemías había durado, por tanto, del 445 al 433.
13 11 A los levitas.
13 13 «Puse al frente» ms griego, sir.; «Nombré tesoreros» hebr.
13 15 «les advertí...» conj. según sir.; «dirigí reproches, el día en que vendían estas mercancías» hebr.

Margin references:
1 Cro 23-26
2 Cro 8 14

Cro 29 30; 35 15

13 10s

10 39
Nm 18 26

Dt 23 4-6

13 4-9. 23-27.28

10

12 44

Mt 21 12-13p
Jn 2 13-17

12 44.47

10 38s

10 32
Ex 20 8+

Jr 17 21

que ordené que cuando la sombra cubriese las puertas de Jerusalén, la víspera del sábado* se cerrasen las puertas, y que no se abriesen hasta después del sábado. Y puse junto a las puertas a algunos de mis hombres para que no entrase carga alguna en día de sábado. ²⁰ Una o dos veces, algunos mercaderes que vendían toda clase de mercancías pasaron la noche fuera de Jerusalén, ²¹ pero yo les avisé diciéndoles: «¿Por qué pasáis la noche junto a la muralla? ¡Si volvéis a hacerlo, os echaré mano!» Desde entonces no volvían más en sábado. ²² También por esto, ordené a los levitas purificarse y venir a guardar las puertas, para santificar el sábado. ¡También por esto acuérdate de mí, Dios mío, y ten piedad de mí según tu gran misericordia!

10 31;
13 1-3+

²³ Vi también en aquellos días que algunos judíos se habían casado con mujeres asdodeas, amonitas o moabitas. ²⁴ De sus hijos, la mitad hablaban asdodeo* o la lengua de uno u otro pueblo, pero no sabían ya hablar judío. ²⁵ Yo los reprendí y los maldije, hice azotar a algunos de ellos y arrancarles los cabellos,

y los conjuré en nombre de Dios: «¡No debéis dar vuestras hijas a sus hijos ni tomar ninguna de sus hijas por mujeres ni para vuestros hijos ni para vosotros mismos! ²⁶ ¿No pecó en esto Salomón, rey de Israel? Entre tantas naciones no había un rey semejante a él; era amado de su Dios; Dios le había hecho rey de todo Israel. Y también a él le hicieron pecar las mujeres extranjeras. ²⁷ ¿Se tendrá que oír de vosotros que cometéis el mismo gran crimen de rebelaros contra nuestro Dios casándoos con mujeres extranjeras?»

²⁸ Uno de los hijos de Joadá, hijo del sumo sacerdote Eliasib, era yerno de Sambalat el joronita. Yo lo eché de mi lado. ²⁹ ¡Acuérdate de estas gentes, Dios mío, por haber mancillado el sacerdocio y la alianza de los sacerdotes y levitas*!

³⁰ Los purifiqué, pues, de todo lo extranjero. Y establecí, para los sacerdotes y levitas, reglamentos que determinaran la tarea de cada uno, ³¹ y lo mismo para las ofrendas de leña a plazos fijos y para las primicias.

¡Acuérdate de mí, Dios mío, para mi bien!

1 R 11 1-13
2 S 12 25+
2 10+

---

13 19 El sábado comenzaba el viernes por la tarde, al caer el sol.
13 24 Probablemente un dialecto arameo. El arameo era la lengua usual, 8 8, pero Nehemías no quería que se olvidara el hebreo.
13 29 «de los sacerdotes» 1 ms, sir.; el hebr. repite «sacerdocio».

LOS LIBROS DE
TOBÍAS, JUDIT Y ESTER

LOS LIBROS DE TOBÍAS, JUDIT Y ESTER

Introducción

Los tres libros de Tobías, Judit y Ester se ponen en la Vulgata a continuación de los libros históricos. Algunos manuscritos importantes de la versión griega siguen este mismo orden, pero otros los colocan después de los Escritos sapienciales. Forman un pequeño grupo que se distingue por varias características particulares:

1.º No tienen un texto del todo seguro. El libro de Tobías depende de un original semítico que se ha perdido. San Jerónimo se había servido para la Vulgata de un texto «caldeo» (arameo) que ya no poseemos. Pero, en una cueva de Qumrán, se han descubierto los restos de cuatro manuscritos arameos y de un manuscrito hebreo de Tobías. Las versiones griega, siríaca y latina representan cuatro recensiones del texto. Las dos más importantes son: la de los dos manuscritos Vaticano (B) y Alejandrino (A), por una parte, y la del Códice Sinaítico (S) y la de la antigua versión latina, por otra. Esta última recensión, apoyada ahora por los fragmentos de Qumrán, parece la más antigua y es la que sigue la presente traducción, sin dejar de acudir a los demás testigos.

También se ha perdido el original hebreo del libro de Judit. Es dudoso que esté representado por ninguno de los textos hebreos que circularon en la Edad Media. Los textos griegos se nos ofrecen en tres formas notablemente divergentes. La Vulgata, a su vez, presenta un texto muy distinto: parece como si San Jerónimo se hubiera limitado a revisar alguna traducción latina anterior con la ayuda de una paráfrasis aramea.

El libro de Ester presenta una forma breve, la hebrea, y otra larga, la griega. Del texto griego existen dos recensiones: el tipo común de la Biblia griega y el divergente de Luciano de Antioquía. La versión griega añade al hebreo los siguientes complementos: sueño de Mardoqueo, 1 1^{a-r}, y su explicación, 10 3^{a-k}, dos edictos de Asuero, 3 13^{a-g} y 8 12^{a-v}, oraciones de Mardoqueo, 4 17^{a-i} y de Ester, 4 17^{k-z}, otro relato de la gestión de Ester ante Asuero, 5 1^{a-f} y 5 2^{a-b}, un apéndice que explica el origen de la versión griega, 10 3^l. San Jerónimo tradujo estas adiciones a continuación del texto hebreo (Vulg. 10 4 - 16 24); en la presente traducción las hemos dejado en el lugar que les corresponde en el texto griego, en cursiva y con numeración especial.

2.º Entraron en el canon de las Escrituras. La Biblia hebrea no admitió los libros de Tobías y Judit ni tampoco los aceptan los protestantes. Se trata de libros deuterocanónicos que la Iglesia católica ha reconocido tras algunas vacilaciones en la época patrística. Muy pronto fueron leídos y utilizados y figuran en las listas oficiales del Canon: en Occidente, a partir del sínodo romano del 382; en Oriente, a partir del concilio de Constantinopla llamado «in Trullo», el 692.

Las secciones griegas de Ester son asimismo deuterocanónicas y tienen el mismo historial que Tobías y Judit. El libro hebreo era aún discutido por los Rabinos en el siglo I de nuestra era, pero luego tuvo gran aceptación entre los judíos.

3.º Tienen en común un determinado género literario. Estas narraciones tratan con mucha libertad la historia y la geografía. Según Tobías, el anciano Tobit en su juventud presenció la división del reino a la muerte de Salomón (el 931), Tb 1 4; fue deportado con la tribu de Neftalí (el 734), Tb 1 5 y 10; y su hijo Tobías no murió hasta después de la destrucción de Nínive (el 612), Tb 14 15. El libro supone a Senaquerib sucesor de Salmanasar, Tb 1 15, omitiendo el reinado de Sargón. Entre Ragués, situado en la montaña, y Ecbátana, en medio de la llanura, no habría más que dos días de camino, Tb 5 6, cuando en realidad Ecbátana se hallaba mucho más alta que Ragués (a 2.000 metros de altura) y los kilómetros que separaban a ambas ciudades eran 300. El libro de Ester ofrece un marco histórico más seguro: se describe correctamente la ciudad de Susa, así como algunas costumbres persas. Asuero, transcripción hebrea de Jerjes, es un personaje conocido, y el retrato moral del rey está en armonía con lo que nos dice Herodoto. Con todo, no concuerda bien con la política tolerante de los Aqueménidas el decreto de exterminio de los judíos que Asuero se aviene a firmar, y aún es menos probable que haya autorizado la matanza de sus propios súbditos y que 75.000 persas se hayan dejado matar sin resistencia. En la épocas del relato, la reina de los persas, esposa de Jerjes, se llamaba Amestris *y la historia general no deja espacio para Vasti ni para Ester. Si Mardoqueo hubiera sido deportado en tiempo de Nabucodonosor, Est 2 6, habría tenido ciento cincuenta años en el reinado de Jerjes.*

El libro de Judit manifiesta sobre todo una gran despreocupación por la historia y la geografía. La narración se sitúa bajo «Nabucodonosor, que reinó sobre los asirios en la gran ciudad de Nínive», Jdt 1 1, cuando en realidad Nabucodonosor fue rey de Babilonia, y Nínive había sido destruida por su padre Nabopolasar. A su vez, la vuelta del Destierro bajo Ciro se presenta como algo que ya ha tenido lugar, Jdt 4 3; 5 19. Holofernes y Bagoas tienen nombres persas, pero hay también alusiones claras a ciertas costumbres griegas, 3 7-8; 15 13. El itinerario bélico de Holofernes, 2 21-28, es un reto a la geografía. Al llegar a Samaría, cree uno hallarse en terreno más firme y se multiplican los nombres de lugares. Pero muchos nombres son desconocidos y suenan extrañamente; la misma ciudad de Betulia, que es el centro de la acción, no puede localizarse en un mapa, pese a las aparentes precisiones topográficas de la narración.

Estas sorprendentes libertades sólo se explican suponiendo que los autores han querido escribir algo que no es una obra de historia. Es probable que se basen en hechos reales, pero es imposible determinar de qué hechos se trata, ahogados por el relato al que habrían servido de pretexto; relato que es la obra propia de los autores y contiene su mensaje. Lo que importa, pues, es determinar la intención de cada libro y deducir de él la enseñanza que contiene.

El libro de Tobías es una historia de familia. Tobit, un deportado de la tribu de Neftalí, piadoso, observante, caritativo, queda ciego en Nínive. Su pariente Ragüel, en Ecbátana, tiene una hija, Sarra, que ha visto morir sucesivamente a siete prometidos, muertos la noche de las bodas por el demonio Asmodeo. Tobit y Sarra, cada cual por su parte, piden a Dios que les libre de esta vida. Dios hará que los dos infortunios y las dos plegarias engendren una gran alegría: envía a su ángel Rafael, que guía a Tobías, hijo de Tobit, a casa de Ragüel, hace que se despose con Sarra y le proporciona el remedio que curará al ciego. Es una narración edificante, en la que cobran notable relieve los deberes para con los muertos y el consejo de dar limosna. El sentimiento familiar se expresa con emociones y encanto. Desa-

rrolla unas ideas ya muy adelantadas acerca del matrimonio, que preludian el concepto cristiano. El ángel Rafael manifiesta y encubre a un mismo tiempo la acción de Dios, cuyo instrumento él mismo es. Así, el libro invita a reconocer esta Providencia cotidiana, esta vecindad de un Dios bueno.

El libro se inspira en modelos bíblicos, especialmente en las narraciones patriarcales del Génesis; literariamente se sitúa entre Job y Ester, entre Zacarías y Daniel. Tiene puntos de contacto con la Sabiduría de Ajicar (ver Tb 1 22; 2 10; 11 18; 14 10), obra apócrifa cuyo argumento se remonta por lo menos al siglo V a.C. El libro de Tobías parece haberse escrito hacia el año 200 a.C., acaso en Palestina y probablemente en arameo.

El libro de Judit es la historia de una victoria del pueblo elegido contra sus enemigos, merced a la intervención de una mujer. La pequeña nación judía se enfrenta con el imponente ejército de Holofernes, que quiere someter el mundo al rey Nabucodonosor y destruir todo culto que no sea el de Nabucodonosor endiosado. Los judíos son sitiados en Betulia. Privados de agua, están a punto de rendirse. Aparece entonces Judit, viuda joven, hermosa, prudente, piadosa y decidida que triunfará sobre la apatía de sus compatriotas y luego sobre el ejército asirio. Echa en cara a los jefes de la ciudad su falta de confianza en Dios. Después ora, se acicala, sale de Betulia y se hace presentar a Holofernes. Echa mano contra él de la seducción y de la astucia y, una vez a solas con aquel militarote ebrio, le corta la cabeza. Los asirios huyen presa del pánico y su campamento es entregado al saqueo. El pueblo ensalza a Judit y se dirige a Jerusalén para una solemne acción de gracias.

Parece como si el autor hubiese multiplicado adrede los dislates de la historia para distraer la atención de cualquier contexto histórico concreto y llevarla por entero al drama religioso y a su desenlace. Es una narración hábilmente compuesta, que guarda estrecho parentesco con los apocalipsis. Holofernes, servidor de Nabucodonosor, es una síntesis de las potencias del mal; Judit, cuyo nombre significa «la Judía», representa la causa de Dios, identificada con la de la nación. Esta causa parece condenada al exterminio, pero Dios cuida de su triunfo por medio de las débiles manos de una mujer, y el pueblo santo sube a Jerusalén. El libro tiene contactos ciertos con Daniel, Ezequiel y Joel:

la escena tiene lugar en la llanura de Esdrelón, cerca de la llanura de Harmague-
dón, donde San Juan situará la batalla escatológica de Ap **16** 16; la victoria de Judit
es el premio de su oración, de su observancia escrupulosa de las normas de pureza legal, y, sin embargo, la perspectiva
del libro es universalista: la salvación de
Jerusalén queda asegurada en Betulia, en
aquella Samaría odiosa para los «ortodo-
xos» del Judaísmo rígido; Ajior es quien
da con el sentido religioso del conflicto, y
Ajior es un amonita, Jdt **5** 5-21, que se
convierte al Dios verdadero, Jdt **14** 5-10.

El libro fue escrito en Palestina, hacia
mediados del siglo II antes de nuestra era,
en una atmósfera de fervor nacional y religioso que la sublevación de los Macabeos había creado.

El libro de Ester, como el de Judit, refiere una liberación de la nación por medio de una mujer. Los judíos establecidos
en Persia se ven amenazados de exterminio por el odio de un visir omnipotente,
Amán, y se salvan gracias a la intervención de Ester, joven compatriota que ha
llegado a reina, dirigida a su vez por su tío
Mardoqueo. La situación se vuelve del revés: Amán es ahorcado, Mardoqueo ocupa
su lugar, los judíos exterminan a sus enemigos. Se instituye la fiesta de los Purim
para conmemorar esta victoria y se recomienda a los judíos que la celebren todos
los años.

La narración hace ver claramente la
hostilidad de que eran objeto los judíos en
el mundo antiguo, a causa de la singula-
ridad de su vida, que les ponía en conflicto con las leyes del príncipe (compárese la
persecución de Antíoco Epífanes); su nacionalismo exacerbado es una reacción de
defensa. Su violencia choca desagradable-
mente, pero no debemos perder de vista
que el libro es anterior a la revelación cris-

tiana. También se ha de tener en cuenta el
elemento literario: las intrigas de harén y
las degollinas sólo sirven para la presentación dramática de una tesis que es una
tesis religiosa. La exaltación de Mardoqueo y de Ester y la liberación consiguiente recuerdan la historia de Daniel y, sobre
todo, la de José, oprimido y luego exaltado
para la salvación de su pueblo. En la narración del Génesis a propósito de José,
Dios no manifiesta externamente su poder
y, sin embargo, dirige los acontecimientos. Del mismo modo, la Providencia gobierna todas las peripecias del drama en el
libro hebreo de Ester, que evita nombrar a
Dios. Lo saben los actores y ponen toda su
confianza en Dios, que llevará a cabo su
plan de salvación, incluso aunque fallen
los instrumentos humanos que ha escogido, ver Est **4** 3-17 que da la clave del libro. Las adiciones griegas tienen un tono
más religioso (son las que han proporcionado todos los pasajes de Ester utilizados
por la liturgia), pero se limitan a hacer explícito lo que el autor hebreo dejaba adivinar.

La versión griega existía el 114 (ó 78)
a.C., en que fue enviada a Egipto para au-
tenticar la fiesta de los Purim, Est **10** 3[1].
El texto hebreo es anterior; según 2 M **15**
36, los judíos de Palestina celebraban, el
160 a.C., un «día de Mardoqueo», que supone conocida la historia de Ester, y probablemente, el mismo libro. Éste pudo haber sido compuesto en el segundo cuarto
del siglo II a.C. Su relación original con la
fiesta de los Purim no es segura: el pasaje
de Est **9** 20-32 es de estilo diferente y parece ser añadidura. Los orígenes de la fiesta son oscuros y es posible que el libro
haya sido posteriormente relacionado con
ella (2 M **15** 36 no da el nombre de «Purim» al «día de Mardoqueo») y haya servido para justificarla históricamente.

TOBÍAS*

1 ¹ Historia de Tobit*, hijo de Tobiel, hijo de Ananiel, hijo de Aduel, hijo de Gabael, del linaje de Asiel, de la tribu de Neftalí, ² que en tiempo de Salmanasar*, rey de Asiria, fue deportado de Tibé, que queda al sur de Cadés de Neftalí, en la Galilea superior, por encima de Jasor, detrás del camino del oeste y al norte de Sefat.

I. El deportado

³ Yo, Tobit, he andado por caminos de verdad y en justicia todos los días de mi vida*, y he repartido muchas limosnas entre mis hermanos y compatriotas, deportados conmigo a Nínive, al país de los asirios. ⁴ Siendo yo joven todavía y estando en mi país, en la tierra de Israel, toda la tribu de mi padre Neftalí se apartó de la casa de David y de Jerusalén, la ciudad elegida entre todas las tribus de Israel para ofrecer allí sacrificios, y en la que había sido edificado y consagrado, para todas las generaciones venideras, el Templo de la Morada del Altísimo. ⁵ Todos mis hermanos y la casa de mi padre Neftalí ofrecían sacrificios al becerro que Jeroboán, rey de Israel, había hecho en Dan, en los montes de Galilea.

⁶ Muchas veces era yo el único que iba a Jerusalén, con ocasión de las fiestas, tal como está prescrito para todo Israel por decreto perpetuo; en cobrando las primicias y las crías primeras y diezmos de mis bienes y el primer esquileo de mis ovejas, acudía presuroso a Jerusalén ⁷ y se lo entregaba a los sacerdotes, hijos de Aarón, para el altar. Daba a los levitas, que hacían el servicio en Jerusalén, el diezmo del vino, del grano, del olivo, de los granados, de los higos y demás frutales; tomaba en metálico el segundo diezmo, de los seis años, y lo gastaba en Jerusalén. ⁸ Entregaba el tercer diezmo* a los huérfanos, a las viudas y a los prosélitos que vivían con los israelitas; se lo llevaba y entregaba cada tres años, celebrando una comida con ellos conforme a lo que se prescribe en la Ley de Moisés y conforme a los preceptos que me dio Débora, madre de nuestro padre Ananiel, pues mi padre había muerto dejándome huérfano. ⁹ Una vez llegado a la edad adulta, me casé con Ana, mujer de nuestra parentela; y ella dio a luz a Tobías.

¹⁰ Cuando la deportación de Asiria, yo también fui deportado y me trasladé a Nínive. Todos mis hermanos y los de mi linaje comían los manjares de los paganos*, ¹¹ mas yo me guardé bien de comerlos. ¹² Como me acordaba de Dios con toda mi alma, ¹³ me concedió el Altísimo gracia y favor ante Salmanasar, y llegué a ser procurador suyo. ¹⁴ Me trasladé a Media y administré allí sus negocios hasta su muerte; y deposité en Ragués de Media, en casa de Gabael, hermano de Gabrí, unos sacos de plata por valor de diez talentos*.

¹⁵ Muerto Salmanasar, le sucedió en el trono su hijo Senaquerib: en su reinado, los caminos de Media se hicieron inseguros y no pude volver allí. ¹⁶ En los días de Salmanasar hice muchas limosnas a mis hermanos de raza; ¹⁷ di mi pan a los hambrientos y vestido a los desnudos; y

Referencias marginales

- 1 12 26-32
- Dt 16 16
- Dt 14 22+
- Dt 18 3-5
- Nm 18 12s
- 14 22-27
- 14 28-29
- 11
- 12
- 13
- Dn 2 48.49
- 16
- 18
- Jb 31 16-20

1 El texto latino de la Vulgata es a menudo bastante diferente del texto griego que seguimos en esta traducción (ver la Introducción), lo que implica frecuentes discordancias en la numeración de los versículos. En las notas se señalarán las adiciones más notables de la Vulg., y, en el margen, se encontrará la numeración de la Vulg. cuando difiere del griego y el texto de la Vulg. corresponde, sustancialmente al menos, al del griego.

1 1 El nombre del padre es, en griego, Tôbeiz, o Tôbeit, lo que en castellano se transcribe Tobit; el del hijo, Tôbeías, o Tôbías, forma castellanizada: Tobías. Los demás nombres propios del libro varían mucho según los testigos. —El Sinaítico (S) prolonga esta genealogía añadiendo después de «Gabael»: «hijo de Rafael, hijo de Ragüel», omitido por Alejandrino (A) y Vaticano (B).

1 2 El marco histórico ofrece escorzos convencionales. Ver la Introducción.

1 3 La piedad de Tobit no consiste tanto en meditar la Ley, ver Sal 119, etc., cuanto en la práctica de las buenas obras con que aquélla se cumple: dar limosna, sepultar a los muertos, peregrinaciones, pago de los diezmos, etc.

1 8 «tercer diezmo» sir.; «la del tercer año» Vet. Lat.; omitido por S.

1 10 Preparados sin tener en cuenta las prohibiciones legales, ver Lv 11; Dt 14.

1 14 Un talento de plata, o sesenta minas, equivalía a unos 44 kilos de peso.

si veía el cadáver de alguno de los de mi raza arrojado extramuros de Nínive, le daba sepultura. ^18 Enterré igualmente a los que mató Senaquerib (cuando vino huyendo de Judea después del escarmiento que hizo contra él el Rey del Cielo, a causa de sus blasfemias. Senaquerib, en su cólera, mandó matar a muchos israelitas); y yo sustraje sus cuerpos y los enterré. Senaquerib los buscó sin encontrarlos. ^19 Un ninivita fue a denunciarme al rey de que yo los había enterrado en secreto. Cuando supe que el rey tenía informes acerca de mí, y que me buscaba para matarme, tuve miedo y escapé. ^20 Me fueron arrebatados todos mis bienes; nada quedó sin confiscar para el tesoro real, salvo mi mujer Ana y mi hijo Tobías.

^21 Aún no habían transcurrido cuarenta días, cuando Senaquerib fue asesinado por sus dos hijos, que huyeron luego hacia los montes Ararat. Le sucedió su hijo Asaradón. Este rey puso a Ajicar*, hijo de mi hermano Anael, al frente de las finanzas de su reino, de modo que dirigía toda la administración. ^22 Ajicar intercedió por mí y pude regresar a Nínive. Ajicar, de hecho, había sido copero mayor, custodio del sello, administrador y encargado de las finanzas bajo Senaquerib, rey de Asiria; y Asaradón le confirmó en los cargos. Era sobrino mío y de mi propia parentela.

II. El ciego

2 ^1 En el reinado de Asaradón pude regresar a mi casa y me devolvieron a mi mujer Ana y a mi hijo Tobías. En nuestra solemnidad de Pentecostés, que es la santa solemnidad de las Semanas, me habían preparado una excelente comida y me dispuse a comer. ^2 Cuando me presentaron la mesa, con numerosos manjares, dije a mi hijo Tobías: «Hijo, ve a buscar entre nuestros hermanos deportados en Nínive a algún indigente que se acuerde del Señor y tráelo para que coma con nosotros. Te esperaré hasta que vuelvas, hijo mío.» ^3 Se fue, pues, Tobías a buscar a alguno de nuestros hermanos pobres, y cuando regresó me dijo: «Padre.» Le respondí: «¿Qué hay, hijo?» Contestó: «Padre, han asesinado a uno de los nuestros; lo han estrangulado y lo han arrojado en la plaza del mercado y aún está allí.» ^4 Me levanté al punto y, sin probar la comida, me llevé el cadáver de la plaza y lo dejé en una habitación, en espera de que se pusiera el sol, para enterrarlo. ^5 Volví a entrar, me lavé y comí con aflicción, ^6 acordándome de las palabras que el profeta Amós dijo contra Betel:

Convertiré vuestra fiesta en lamento,
y en elegía todas vuestras canciones.

^7 Y lloré. Cuando el sol se puso, cavé una fosa y sepulté el cadáver. ^8 Mis vecinos se burlaban y decían: «Todavía no ha aprendido. (Pues, de hecho, ya habían querido matarme por un hecho semejante.) Apenas si pudo escapar y ya vuelve a sepultar a los muertos.»

^9 Aquella misma noche, después de bañarme, salí al patio y me recosté contra la tapia, con el rostro cubierto a causa del calor. ^10 Ignoraba yo que arriba, en el muro, hubiera gorriones; me cayó excremento caliente sobre los ojos y me salieron manchas blancas. Fui a los médicos, para que me curasen; pero cuantos más remedios me aplicaban, menos veía a causa de las manchas, hasta que me quedé completamente ciego. Cuatro años estuve sin ver. Todos mis hermanos estaban afligidos; Ajicar, por su parte, proveyó a mi sustento durante dos años, hasta que se trasladó a Elimaida*.

Ex 23 14+

Am 8 10

Mc 5 26

---

1 21   La mención de Ajicar, Tb 1 22; 2 10; 11 18; 14 10 (ver Jdt 5 5+) relaciona la historia de Tobit con el *Libro* (o: *Sabiduría*) *de Ajicar*, obra antigua, conocida en diversas formas y en diversas lenguas. Es un relato que sirve de marco a dos colecciones sapienciales, cuyo eco hallamos en Tb y en Si. El sabio Ajicar, canciller de los reyes de Asiria, Senaquerib y Asaradón, educa a su sobrino Nadab, a quien prepara para que le suceda; y esto da lugar a una primera serie de máximas. Nadab, arribista e ingrato, hace condenar a muerte a su bienhechor. Ajicar escapa a la muerte con un subterfugio y se oculta. Asaradón, apremiado por Faraón para que le presente un sabio capaz de responder a sus pruebas, lamenta la desaparición de Ajicar. Éste abandona entonces su escondite, sale victorioso ante el faraón y, rehabilitado, castiga a su sobrino y le dirige reproches que constituyen la segunda serie de sentencias.
2 10   Una adición de la Vulg. (vv. 12-18) compara la paciencia de Tobit con la de Job. Ante los reproches de sus parientes, Tobit responde: «No habléis así, porque hijos de santos somos, y esperamos aquella vida que ha de dar Dios a aquellos que nunca mudan de él su fe».

Ex 34 7

[11] En aquellas circunstancias, mi mujer Ana tuvo que trabajar a sueldo en labores femeninas; hilaba lana y hacía tejidos*, [12] que entregaba a sus señores, cobrando un sueldo; el siete del mes de Distros* acabó un tejido y se lo entregó a los dueños, que le dieron todo su jornal y le añadieron un cabrito para una comida. [13] Cuando entró ella en casa, el cabrito empezó a balar. Yo, entonces, llamé a mi mujer y le dije: «¿De dónde ha salido ese cabrito? ¿Ha sido robado? Devuélvelo a sus dueños, porque no podemos comer nada robado.» [14] Ella me dijo: «Es un regalo que me han añadido a mi sueldo.» Pero yo no la creí. Ordené que lo devolviera a los dueños y me irrité contra ella por este asunto. Entonces ella me replicó: «¿Dónde están tus limosnas y tus buenas obras? ¡Ahora se ve todo bien claro*!»

3 [1] Anegada entonces mi alma de tristeza, suspirando y llorando, comencé a orar con gemidos:

[2] Tú eres justo, Señor,
y justas son todas tus obras.
Misericordia y verdad
son todos tus caminos.
Tú eres el Juez del Universo.

[3] Y ahora, Señor,
acuérdate de mí y mírame.
No me condenes por mis pecados,

19
20
21
22
Jb 2 9

n 3 27-32
l 119 137

Sal 25 10

mis inadvertencias y las de mis padres.

Hemos pecado en tu presencia,
[4] no hemos escuchado tus mandatos
y nos has entregado al saqueo,
a la burla, al comentario
y al oprobio de todas las gentes
entre las que nos has dispersado.

[5] Pero cierto es, Señor,
que todas tus sentencias
a la verdad responden
cuando me tratas según mis pecados
y los de mis padres*;
porque no hemos cumplido tus mandatos,
y no hemos caminado en la verdad
delante de ti.

[6] Haz conmigo ahora
según lo que te plazca
y ordena que reciban mi vida
para que yo me disuelva
sobre la faz de la tierra,
porque más me vale morir que vivir.
Tengo que aguantar injustos reproches
y me anega la tristeza.

Manda, Señor, que sea liberado
de esta aflicción
y déjame partir al lugar eterno,
y no apartes, Señor, tu rostro de mí,
pues prefiero morir
a pasar tanta aflicción durante la vida
y tener que seguir oyendo injurias.

Ex 34 7

Ba 1 17-18
Dn 9 5-6
Ba 2 4s;
3 8

Nm 11 15
1 R 19 4

Jon 4 3.8
Jb 7 15

III. Sarra

[7] Sucedió que, aquel mismo día, también Sarra, hija de Ragüel, el de Ecbátana de Media, fue insultada por una de las esclavas de su padre, [8] porque había sido dada en matrimonio a siete hombres, pero el malvado demonio Asmodeo* los había matado antes de que se unieran a ella como esposa. La esclava le decía: «¡Eres tú la que matas a tus maridos! Ya has tenido siete, pero ni de uno siquiera has disfrutado*. [9] ¿Nos castigas porque se te mueren los maridos? ¡Vete con ellos y que nunca veamos hijo ni hija tuyos!» [10] Entonces Sarra, con el alma llena de tristeza, se echó a llorar y subió al aposento de su padre con intención de ahorcarse. Pero, reflexionando, pensó: «Acaso esto sirva para que injurien a mi padre y le digan: 'Tenías una hija única, amada y se ha ahorcado porque se sentía desgraciada.' No puedo consentir que mi padre, en su ancianidad, baje con tris-

6 15
Gn 37 35;
42 38;
44 29.31

2 11   «hilaba... tejidos» añadiendo con Vet. Lat.
2 12   El mes macedónico de Distros correspondía al mes de Adar entre los judíos (febrero-marzo).
2 14   La Vulg. (v. 23) acentúa el paralelo entre Ana y la mujer de Job.
3 5   «y los de mis padres», añadiendo con B, Vet. Lat, sir.
3 8   (a) El nombre de Asmodeo significaría: «el que hace perecer», ver el Angel Exterminador de 2 S 24 16;

Sb 18 25; Ap 9 11. A Asmodeo se le encuentra en el *Testamento de Salomón* (donde aparece como enemigo de la unión conyugal) y en el judaísmo posbíblico. Se le ha relacionado con Aesma, uno de los demonios del parsismo.
3 8   (b) «ni de uno siquiera has disfrutado» A, B, Vet. Lat., sir.; «no has sido nombrada» S. —Sarra se ve afligida por un maleficio que acarrea la muerte de sus prometidos.

teza a la mansión de los muertos*. Es mejor que, en vez de ahorcarme, suplique al Señor que me envíe la muerte para no tener que oír injurias durante mi vida.» [11] Y en aquel momento, extendiendo las manos hacia la ventana, oró así:

Bendito seas tú, Dios de misericordias, y bendito sea tu Nombre por los siglos, y que todas tus obras te bendigan por siempre.

[12] Vuelvo ahora mi rostro y alzo mis ojos hacia ti.

[13] Manda que yo sea librada de la tierra, para no escuchar ultrajes.

[14] Tú sabes, Señor, que yo estoy pura de todo contacto de varón;

[15] que no he mancillado mi nombre ni el nombre de mi padre en la tierra de mi cautiverio. Soy la única hija de mi padre. No tiene otros hijos que le hereden,

no tiene junto a sí ningún hermano ni pariente a quien me deba por mujer.

Ya perdí siete maridos: ¿para qué quiero la vida? Si no te place, Señor, darme la muerte, ¡mírame con compasión! y no tenga yo que escuchar injurias*.

[16] Fue oída en aquel instante, en la Gloria de Dios, la plegaria de ambos, [17] y fue enviado Rafael* a curar a los dos: a Tobit, para que se le quitaran las manchas blancas de los ojos y pudiera con sus mismos ojos ver la luz de Dios; y a Sarra, la de Ragüel, para entregarla por mujer a Tobías, hijo de Tobit, y librarla de Asmodeo, el demonio malvado; porque Tobías tenía más derechos sobre ella que todos cuantos la pretendían. En aquel mismo momento se volvía Tobit del patio a la casa, y Sarra, la de Ragüel, descendía del aposento.

Referencias marginales (columna izquierda):
Dn 6 11
1 R 8 44.48
Sal 5 8; 28 2;
134 2; 138 2

14

15

3 6+

16

17

Referencias marginales (columna derecha):
12 12
25

4 12-13;
6 12+

IV. Tobías

4 [1] Aquel día, se acordó Tobit del dinero que había dejado en depósito a Gabael, en Ragués de Media, [2] y se dijo para sí: «Yo estoy deseando ya la muerte. Así que voy a llamar a mi hijo Tobías y le voy a hablar de este dinero antes de morirme.» [3] Llamó, pues, Tobit a su hijo, que se presentó ante él. Tobit le dijo:

«Cuando yo muera*, me darás una digna sepultura; honra a tu madre y no le des un disgusto en todos los días de su vida; haz lo que le agrade y no le causes tristeza por ningún motivo. [4] Acuérdate, hijo, de que ella pasó muchos trabajos por ti cuando te llevaba en su seno. Y cuando ella muera, sepúltala junto a mí, en el mismo sepulcro.

[5] »Acuérdate, hijo, del Señor todos los días y no quieras pecar ni transgredir sus mandamientos; practica la justicia todos los días de tu vida y no andes por caminos de injusticia, [6] pues si te portas según verdad*, tendrás éxito en todas tus cosas, [7] como todos los que practican la justicia.

»Haz limosna con tus bienes; y al hacerlo, que tu ojo no tenga rencilla. No vuelvas la cara ante ningún pobre y Dios no apartará de ti su cara. [8] Regula tu limosna según la abundancia de tus bienes. Si tienes poco, da conforme a ese poco, pero nunca temas dar limosna, [9] porque así te atesoras una buena reserva para el día de la necesidad. [10] Porque la limosna libra de la muerte e impide caer en las tinieblas. [11] Don valioso es la limosna para cuantos la practican en presencia del Altísimo.

[12] »Guárdate, hijo, de toda impureza y, sobre todo, toma mujer del linaje de tus padres. No tomes mujer extraña que no pertenezca a la tribu de tu padre, porque

Referencias marginales (columna izquierda):
Ex 20 12
Pr 23 22
Si 7 27

5

6

Referencias marginales (columna derecha):
13 6
Jn 3 21
Ef 4 15

12 8-10
Pr 19 17
Si 4 1-6
Dt 15 7-8
1 Jn 3 17

9

Mt 6 20;
11

Si 3 30;
29 12

13

Gn 24 3
28 1-2
Jc 14 3

---

3 10   Uno de los estribillos de la historia de José.
3 15   «no tenga yo que escuchar injurias» B, Vet. Lat., sir.; «escucha mi injuria» S. —El final de la oración es bastante diferente en la Vulg.: «[18]Consentí en tomar marido llevada de tu temor, no de mi liviandad. [19]Pero yo no fui digna de ellos, o acaso ellos no fueron dignos de mí, y tal vez me has reservado para otro esposo. [20]Porque tu consejo supera la inteligencia humana. [21]Pero todo aquel que te sirve, será coronado; si está en tribulación, será librado; y si en corrección, podrá alcanzar tu misericordia. [22]Ya que no te complaces en nuestra perdición, sino que después de la tempestad traes

bonanza; y después de las lágrimas y el llanto, infundes la alegría».
3 17   Rafael, el ángel protector enviado a Tobit y Sarra, ha estado antes delante de Dios, cap. 12 12.15, como intercesor de la oración de ambos. Ver 5 4+.
4 3   «Cuando yo muera» B, Vet. Lat., sir.; omitido por S.
4 6   Lit. «si tú haces la verdad» B, Vet. Lat., sir.; «los que hacen la verdad» S. —Los vv. 7-19 faltan en el griego del Sinaítico y los restituimos conforme a Vet. Lat., teniendo presente a B y sir.

Gn 11 31;
25 20;
29 15-30
Tb 6 12+

somos descendientes de profetas. Recuerda, hijo, que desde siempre nuestros padres Noé, Abrahán, Isaac y Jacob tomaron mujeres de entre sus hermanos y fueron bendecidos en sus hijos, de modo que su estirpe poseerá la tierra en herencia. [13] Así, pues, hijo, ama a tus hermanos; no tengas con tus hermanos, ni con los hijos y las hijas de tu pueblo, corazón soberbio, en orden a tomar para ti mujer de entre ellos; pues la soberbia acarrea la ruina y prolija inquietud; y la ociosidad, bajeza y extrema penuria; porque la ociosidad es madre de la indigencia.

Lv 19 13
Dt 24 15

[14] «No retengas el salario de los que trabajan para ti; dáselo al momento. Si sirves a Dios serás recompensado. Pon cuidado, hijo, en todas tus acciones y muéstrate educado en toda tu conducta.

Mt 7 12
Lc 6 31

[15] No hagas a nadie lo que no quieras que te hagan. No bebas vino hasta emborracharte y no hagas de la embriaguez tu compañera de camino.

Is 58 7
t 25 35-36

[16] «Da de tu pan al hambriento y de tus vestidos al desnudo. Haz limosna de todo cuanto te sobra; y no recuerdes las rencillas cuando hagas limosna. [17] Esparce tu pan sobre la tumba de los justos, pero no lo des a los pecadores*.

Dt 15 10
2 Co 9 7
Dt 26 14

[18] «Busca el consejo de los prudentes y no desprecies ningún aviso saludable.

19

[19] Bendice al Señor Dios en toda circunstancia, pídele que sean rectos todos tus caminos y que lleguen a buen fin todas tus sendas y proyectos. Pues no todos los pueblos tienen consejo; es el Señor quien da todos los bienes y, cuando quiere, eleva* o abate hasta lo profundo del Hades. Así, pues, hijo, recuerda estos mandamientos y no permitas que se borren de tu corazón.

20

Sal 119 10.
12.26s.33s

Dt 4 6

1 S 2 7

[20] «También quiero decirte que dejé en depósito a Gabael, hijo de Gabrí, en Ragués de Media, diez talentos de plata. [21] No debes preocuparte, hijo, porque seamos pobres. Muchos bienes posees si temes a Dios, huyes de todo pecado y haces lo que es bueno ante el Señor, tu Dios.»

21

23
1 Tm 6 6-8

V. El compañero

5 [1] Entonces Tobías respondió a su padre Tobit: «Haré cuanto me has mandado, padre. [2] Pero ¿cómo podré recuperar el depósito? Ni él me conoce a mí ni yo a él. ¿Qué señal debo darle para que me reconozca, me crea y me devuelva el dinero? Por otra parte, desconozco la ruta que conduce a Media.» [3] Tobit respondió a su hijo Tobías: «Él me dio un recibo y yo a él otro; lo partí en dos, tomé una parte* y dejé la otra con el dinero. ¡Ya va para veinte años que deposité esta suma! Ahora, hijo, busca un hombre de confianza que vaya contigo, y lo tomaremos a sueldo hasta tu vuelta, y vete a recuperar ese dinero.»

[4] Salió Tobías a buscar un hombre que conociera la ruta y fuera con él a Media. Al salir, encontró a Rafael, el ángel*, parado ante él; pero no sabía que era un ángel de Dios. [5] Díjole, pues: «¿De dónde eres, joven?» Le respondió: «De los israelitas, tus hermanos, y ando en busca de trabajo.» Díjole Tobías: «¿Conoces la ruta de Media?» [6] Respondió: «Sí; he estado allá muchas veces y conozco al detalle todos los caminos. He ido a Media con frecuencia y he sido huésped de Gabael, nuestro hermano, el que vive en Ragués de Media*. Hay dos jornadas de camino entre Ecbátana y Ragués, pues Ragués está en la montaña y Ecbátana en el llano*.» [7] Tobías le dijo: «Espéra-

4

5

3 17+

7

8

9

4 17   El precepto procede de *Ajicar*, ver 1 21+. Con todo, Tobit parece aconsejar a su hijo, no que haga ofrendas a los muertos, costumbre reprobada por la Ley, sino que haga limosnas en honor de ellos.
4 19   «eleva» Vet. Lat.; omitido por S.
5 3   «tomé una parte» añadiendo con Vet. Lat.
5 4   Con excepción del «Ángel de Yahvé» o «el Ángel de Dios» que, en los textos antiguos, designa la apariencia visible de Dios, ver Gn 16 7+, los ángeles son criaturas distintas de Dios, miembros de su corte celeste (llamados «hijos de Dios», Jb 1 6; ver Sal 29 1+, «santos», Jb 5 1; «ejército del cielo», 1 R 22 19; Ne 9 6; Sal 103 21; 148 2). El prólogo de Job evoca su asamblea, Jb 1 6; 2 1, de donde salen los mensajeros (éste es el sentido de la palabra «ángel»), que Dios envía a la tie-rra. Unas veces son ángeles de destrucción, ver Ex 12 23+; 2 R 19 35; Ez 9 1; Sal 78 49, y otras, ángeles custodios de las naciones y de los individuos, ver Ex 23 20+; Dn 10 13+. A Rafael se le envía como guía de Tobías, 3 17, ver Gn 24 7. Sobre el papel de intermediarios de los ángeles en la profecía, ver Ez 40 3+. La doctrina se desarrollará en el Judaísmo y en el NT.
5 6   (a) «Ragués (de Media)» Vet. Lat., ver 1 14; 4 1; «Ecbátana (de Media)» S.
5 6   (b) Geografía poco exacta; Ecbátana, hoy Hamadán, se encuentra bastante lejos de Ragués, hoy Rai, cerca de Teherán, ver la Introducción. Pero al autor no le preocupa la exactitud, sólo quiere situar su relato en una región lejana.

me, joven, que voy a decírselo a mi padre, porque necesito que vengas conmigo; y yo te pagaré tu sueldo.» [8] Él le dijo: «Te espero, pero no tardes.»

[9] Fue Tobías a informar a su padre y le dijo: «Ya he encontrado un hombre que es israelita, hermano nuestro.» Tobit le contestó: «Llámale, para que me entere de qué familia es y a qué tribu pertenece, y si es digno de confianza para que te acompañe, hijo.» Salió Tobías, le llamó y le dijo: «Joven, mi padre te llama.»

[10] Entró el ángel y Tobit se adelantó a saludarle. El ángel contestó: «Que disfrutes de mucha alegría.» Replicó Tobit: «¿Qué alegría puedo disfrutar ya? Estoy ciego y no puedo ver la luz del cielo; yazgo en tinieblas como los muertos, que no contemplan la luz; vivo como un muerto; oigo la voz de los hombres, pero no los veo.» Le dijo el ángel: «Ten confianza, que Dios te curará dentro de poco. Ten confianza.» Tobit le dijo: «Mi hijo Tobías quiere ir a Media. ¿Puedes ir con él y servirle de guía? Yo te daría tu salario, hermano.» Él respondió: «Puedo ir con él, pues conozco al detalle todos los caminos y he viajado a Media con frecuencia; he recorrido todos sus llanos y sus montes y tengo conocimiento de todas sus rutas.» [11] Tobit le dijo: «¿Querrías decirme, hermano, a qué familia y tribu perteneces?» [12] Le respondió el ángel: «¿Qué puede importar mi tribu?» Tobit insistió: «Me gustaría, hermano, saber con seguridad tu tribu y nombre.» [13] Respondió el ángel: «Yo soy Azarías, hijo del gran Ananías, uno de tus hermanos.» [14] Le dijo Tobit: «Seas venido sano y salvo, hermano; y no lleves a mal, hermano, mi deseo de conocer con certeza tu nombre y familia. Resulta ahora que eres de mi parentela y que perteneces a un linaje bueno y honrado. He conocido a Ananías y a Natán, los dos hijos del gran Semeías; ellos iban conmigo a Jerusalén y conmigo adoraban allí, sin desviarse del buen camino. Tus hermanos son hombres de bien; de buen linaje procedes. ¡El gozo sea contigo!»

[15] Y añadió: «Te daré como sueldo una dracma por día, y en lo demás tendrás el mismo trato que mi hijo. [16] Vete con mi hijo y después te añadiré una gratificación.» [17] Le dijo el ángel: «Partiré con él y no abrigues temor; sanos partimos y sanos regresaremos a ti, porque la ruta es segura.» Le respondió Tobit: «Bendito seas, hermano.» Y, llamando a su hijo, le anunció: «Hijo, prepara las cosas para el camino y emprende la marcha con tu hermano; que el Dios que está en los cielos os proteja allí y os devuelva a mí sanos; y su ángel os acompañe con su protección, hijo.»

Tobías se dispuso a emprender la marcha y besó a su padre y a su madre. Tobit le dijo: «¡Que tengáis buen viaje!» [18] Pero su madre lloraba y dijo a Tobit: «¿Por qué has hecho que se vaya mi hijo? ¿No era él el bastón de nuestra mano, que siempre va y viene con nosotros? [19] ¡Que no sea el dinero lo primero de todo! ¡Que no se convierta en el precio de nuestro hijo*! [20] ¡Con lo que el Señor nos daba para vivir teníamos bastante!» [21] Él le dijo: «No pienses tal cosa; sano ha partido nuestro hijo y sano volverá a nosotros; con tus propios ojos lo verás el día que regrese sano junto a ti. [22] No pienses tal cosa ni te atormentes por ellos, hermana*; porque un ángel bueno lo acompañará, le dará un viaje fácil y lo devolverá sano.»

6
[1] Y ella dejó de llorar.

Gn 24 7.4(
Ex 23 20+

VI. El pez

[2] Partió el muchacho en compañía del ángel, y el perro los seguía. Yendo de camino, aconteció que, una noche, acamparon junto al río Tigris. [3] Bajó el muchacho al río a lavarse los pies, cuando saltó del agua un gran pez que quería devorar el pie del muchacho. Éste gritó, [4] pero el ángel le dijo: «¡Agarra el pez y tenlo bien sujeto!» El muchacho se apoderó del pez y lo arrastró a tierra. [5] El án-

---

5 19 «dinero» conj.; «dinero a dinero» griego. —Este difícil v. desconcierta a los traductores. Podría también entenderse: «Que el dinero (de allí) no se añada al dinero (de aquí), sino que sea el precio de nuestro hijo*»; o bien, corrigiendo: «Que el dinero no sea primero que el hijo, sino que sea sin valor al lado de nuestro hijo». Ciertamente, el texto sugiere esa idea de que el dinero no debe ser primero que el hijo.
5 22 Igual nombre dado a la esposa o prometida en 8 4.7.21 y en Ct 4 9s; 5 1; ver 8 1.

gel añadió: «Abre el pez, sácale la hiel, el corazón y el hígado y guárdatelos, y tira los intestinos; porque su hiel, su corazón y su hígado son remedios útiles.» [6] El joven abrió el pez y tomó la hiel, el corazón y el hígado. Asó parte del pez y lo comió, salando el resto. Luego continuaron su camino, los dos juntos, hasta cerca de Media.

[7] Preguntó entonces el muchacho al ángel: «Hermano Azarías, ¿qué remedios hay en el corazón, el hígado y la hiel del pez?» [8] Le respondió: «Si se quema el corazón o el hígado del pez ante un hombre o una mujer atormentados por un demonio o un espíritu malo, el humo ahuyenta todo mal y le hace desaparecer para siempre. [9] En cuanto a la hiel, untando con ella los ojos de un hombre atacado por manchas blancas, y soplando sobre las manchas, queda curado.»

[10] Cuando entraron en Media, y estando ya cerca de Ecbátana, [11] dijo Rafael al joven: «Hermano Tobías.» Le respondió: «¿Qué deseas?» Contestó él: «Pasaremos esta noche en casa de Ragüel; es pariente tuyo y tiene una hija que se llama Sarra; [12] aparte de ella no tiene más hijos ni hijas; tú eres el más cercano, tienes más derechos sobre ella que todos los demás* y es justo que heredes la hacienda de su padre; la muchacha es prudente, valerosa y muy bella, y su padre la ama*.» [13] Y añadió: «Es justo que la tomes para ti. Escúchame, hermano. Yo hablaré esta noche al padre acerca de la muchacha para que te la conceda como prometida, y a nuestro regreso de Ragüés celebraremos la boda. Estoy seguro de que Ragüel no puede negártela, ni dársela a otro, pues se haría reo de muerte, según la sentencia del libro de Moisés, pues él sabe que te asiste el derecho a tomar a su hija por mujer. Así, pues, óyeme bien, hermano; hablaremos esta noche sobre la muchacha y que la den como prometida; y, cuando volvamos de Ragüés, la tomaremos y la llevaremos con nosotros a tu casa.»

[14] Tobías respondió a Rafael: «Hermano Azarías, he oído decir que ya ha sido dada a siete maridos y que todos han muerto la noche de bodas; que cuando entraban donde ella, morían; también he oído decir que un demonio los mataba; [15] así que tengo miedo, pues a ella no le hace ningún daño, porque la ama*; pero al que intenta acercarse a ella, lo mata; yo soy hijo único y, si muero, haré bajar en tristeza al sepulcro, por mi causa, la vida de mi padre y de mi madre. Ellos no tienen otro hijo que les dé sepultura.» [16] Respondió el ángel*: «¿Has olvidado las recomendaciones de tu padre, que te mandó tomar mujer de la casa de tu padre? Escúchame bien, hermano: no tengas miedo a ese demonio y tómala; sé bien que esta noche te la darán por mujer. [17] Cuando entres en la cámara nupcial, tomas el corazón del pez y parte del hígado y lo pones sobre las brasas de los perfumes. Se difundirá el aroma y cuando el demonio lo huela, huirá y nunca aparecerá ya a su lado. [18] Y cuando vayas a unirte a ella, levantaos primero los dos y haced oración y suplicad al Señor del Cielo que se apiade de vosotros y os salve. Y no tengas miedo, porque para ti está destinada desde el principio; tú la salvarás; ella se vendrá contigo y te aseguro que te dará hijos que serán para ti como hermanos. No te preocupes.» [19] Cuando Tobías oyó las razones de Rafael y que era su hermana suya, del linaje de la casa de su padre, se enamoró de tal modo que se le apegó el corazón a ella.

marginal references:
3 10+
4 12-13
4 12-13
Gn 24 44

6 12 (a) Según la costumbre patriarcal del matrimonio endogámico de los clanes, ver 4 12-13 y el relato del matrimonio de Isaac, Gn 24. (La ley del levirato, Dt 25 5+, quizá derive de esta costumbre.) Para las tribus establecidas en Palestina esta costumbre aseguraba la estabilidad de los lotes que se hicieron en el reparto de Canaán, ver Nm 36. En la Diáspora se mantenía la idea de conservar en la parentela los bienes de la familia, y la voluntad de seguir fiel al derecho ancestral de Israel.
6 12 (b) «la ama» Vet. Lat.
6 15 «porque la ama», añadido con B, Vet. Lat., sir.
6 16 El final del diálogo aparece de otro modo en la Vulg.: «[16]Entonces el ángel le dijo: Escúchame y te mostraré quiénes son aquellos contra los que puede prevalecer el demonio. [17]Son aquellos que abrazan el matrimonio de tal modo que excluyen a Dios de sí y de su mente y se entregan a su pasión, como el caballo y el mulo, que carecen de entendimiento: sobre éstos tiene potestad el demonio. [18]Cuando tú la tomes por mujer y entres en el aposento, no te acerques a ella en tres días, y ocúpate tan sólo en hacer oración con ella. [19]La primera noche será expulsado el demonio con el humo del hígado del pez. [20]La segunda noche serás admitido en el consorcio de los santos Patriarcas. [21]Y la tercera noche conseguirás bendición para que nazcan de vosotros hijos sanos. [22]Y pasada la tercera noche recibirás a la doncella en el temor del Señor, guiado más del deseo de tener hijos que de la pasión, para que consigas en los hijos la bendición del linaje de Abrahán».

VII. Ragüel

7 ¹ Cuando entraron en Ecbátana dijo Tobías: «Hermano Azarías, guíame en derechura a casa de Ragüel, nuestro hermano.» Lo condujo, pues, a casa de Ragüel y lo encontraron sentado a la puerta del patio. Le saludaron ellos primero y él les contestó: «Mucha dicha os deseo, hermanos, y en buena salud vengáis.» Los llevó a su casa ² y dijo a su mujer Edna: «¡Cómo se parece este muchacho a mi hermano Tobit!» ³ Edna les preguntó: «¿De dónde sois, hermanos?» Respondieron: «Somos de los hijos de Neftalí, de los deportados de Nínive.» ⁴ Les dijo: «¿Conocéis a Tobit, nuestro hermano?» Ellos contestaron: «Sí, le conocemos.» —«¿Está bien?»— ⁵ «Vive y está bien.» Y Tobías añadió: «Es mi padre.» ⁶ Ragüel se puso en pie de un salto, lo besó entre sollozos y le dijo: «¡Bendito seas, hijo! Tienes un padre honrado y bueno. ¡Qué gran desgracia, haberse quedado ciego un hombre tan justo y tan limosnero!» Y echándose al cuello de su hermano Tobías, rompió a llorar. ⁷ También lloró su mujer Edna y su hija Sarra. ⁸ Mató luego un carnero del rebaño y los acogió con toda cordialidad.

⁹ Después de lavarse y bañarse, se pusieron a comer. Tobías dijo entonces a Rafael: «Hermano Azarías, di a Ragüel que me dé por mujer a mi hermana Sarra.» ¹⁰ Al oír Ragüel estas palabras, dijo al joven: «Come, bebe y disfruta esta noche, porque ningún hombre hay, fuera de ti, que tenga derecho a tomar a mi hija Sarra, de modo que ni yo mismo estoy facultado para darla a otro, si no es a ti, que eres mi pariente más próximo. Pero voy a hablarte con franqueza, muchacho. ¹¹ Ya la he dado a siete maridos, de nuestros hermanos, y todos murieron la misma noche que entraron donde ella. Así que, muchacho, ahora come y bebe y el Señor os dará su gracia y su paz*.» Pero Tobías replicó: «No comeré ni beberé hasta que no hayas tomado una decisión acerca de lo que te he pedido.» Ragüel le dijo*: «¡Está bien! A ti se te debe dar, según la sentencia del libro de Moisés, y el Cielo decreta que te sea dada. Recibe a tu hermana. A partir de ahora, tú eres su hermano y ella es tu hermana. Tuya es desde hoy por siempre. Que el Señor del Cielo os guíe a buen fin esta noche, hijo, y os dé su gracia y su paz.» ¹² Llamó Ragüel a su hija Sarra, y cuando ella se presentó, la tomó de la mano y se la entregó a Tobías, diciendo: «Recíbela, pues se te da por mujer, según la ley y la sentencia escrita en el libro de Moisés. Tómala y llévala con bien a la casa de tu padre. Y que el Dios del Cielo os guíe en paz por el buen camino.» ¹³ Llamó luego a la madre, mandó traer una hoja de papiro y redactó el contrato matrimonial, con lo cual se la entregó por mujer, conforme a la sentencia de la ley de Moisés.

¹⁴ Y acabado esto, empezaron a comer y beber. ¹⁵ Ragüel llamó a su mujer Edna y le dijo: «Hermana, prepara la otra habitación y lleva allí a Sarra.» ¹⁶ Ella fue y preparó un lecho en la habitación, tal como se lo había ordenado, y llevó allí a Sarra. Lloró ella y luego, secándose las lágrimas, le dijo: «Ten confianza, hija; que el Señor del Cielo te dé alegría en vez de esta tristeza. Ten confianza, hija.» Y salió.

Marginal references: Gn 29 4-6; 43 27-30 · Gn 33 4; 45 14; Lc 15 20 · Gn 24 33 · Gn 24 50 · 16 · 6 12+ · 17 · 24 54 · 19 · 20

VIII. La tumba

8 ¹ Cuando acabaron de comer y beber, decidieron acostarse y llevaron al joven al aposento.

² Recordó Tobías las palabras de Rafael y, tomando el hígado y el corazón del pez de la bolsa donde los tenía, los puso sobre las brasas de los perfumes. ³ El olor del pez expulsó al demonio, que escapó por

---

7 11 (a) «su gracia y su paz», restituido según el fin del v.

7 11 (b) La redacción de la Vulg. es diferente; a la petición que presenta Tobías (v. 10), Ragüel, mueve primero la cabeza sin responder (v. 11), y sólo cede a instancias de Rafael (v. 12). «...¹⁴Yo creo que Dios os ha hecho venir a mi casa precisamente para que ella se case con uno de su linaje, conforme a la ley de Moisés, así que no tengas duda de que te la entregaré'. ¹⁵Y tomando a su hija de la mano derecha, la colocó en la mano derecha de Tobías, diciendo: 'El Dios de Abrahán, Dios de Isaac y Dios de Jacob sea con vosotros. Que Él os una y os llene de bendición.'» En esta fórmula se ha inspirado la bendición litúrgica de los esposos.

Mt 12 22-30.
43-45p

los aires hacia la región de Egipto*. Fue Rafael a su alcance, lo ató de pies y manos y, en un instante, lo encadenó. ⁴ Los padres salieron y cerraron la puerta de la habitación. Entonces Tobías se levantó del lecho y le dijo: «Levántate, hermana, y oremos*, y pidamos a nuestro Señor que se apiade de nosotros y nos salve.» ⁵ Ella se levantó y empezaron a suplicar y a pedir el poder quedar a salvo. Comenzó él diciendo:

Dn 3 26

¡Bendito seas, Dios de nuestros padres,
y bendito sea tu Nombre
por todos los siglos de los siglos!
Bendígante los cielos
y tu creación entera,
por los siglos todos.

⁶ Tú creaste a Adán, y para él creaste a Eva, su mujer, para sostén y ayuda, y para que de ambos proviniera la raza de los hombres.

Tú mismo dijiste:

Gn 2 18

No es bueno que el hombre se halle solo; hagámosle una ayuda semejante a él.

⁷ Yo no tomo a esta mi hermana
con deseo impuro,
mas con recta intención.
Ten piedad de mí y de ella
y podamos llegar juntos
a nuestra ancianidad.

⁸ Y dijeron a coro*: «Amén, amén.» ⁹ Y se acostaron para pasar la noche.

Se levantó Ragüel y, llamando a los criados que tenía en casa, fueron a cavar una tumba, ¹⁰ porque se decía: «No sea que haya muerto y nos sirva de mofa y escarnio.» ¹¹ Cuando tuvieron cavada la tumba, volvió Ragüel a casa, llamó a su mujer ¹² y le dijo: «Manda a una criada

que entre a ver si vive; y, si ha muerto, lo enterraremos sin que nadie se entere.» ¹³ Mandaron a la criada, encendieron la lámpara y abrieron la puerta. Entró ella y vio que estaban acostados juntos y dormidos. ¹⁴ Salió la criada y les anunció: «Vive, nada malo ha ocurrido.» ¹⁵ Ragüel bendijo* al Dios del Cielo, diciendo:

15

16

17

¡Bendito seas, oh Dios,
con toda pura bendición,
y seas bendito
por los siglos todos!

¹⁶ Seas bendecido por haberme alegrado
y no haber ocurrido el mal que temía,
pues te has portado con nosotros
conforme a tu gran piedad.
¹⁷ Seas bendecido por tener compasión
de dos hijos únicos.
Ten, Señor, piedad de ellos
y dales tu salvación,
y haz que su vida transcurra
en alegría y piedad.

19

¹⁸ Después ordenó a sus criados que rellenasen la fosa antes que amaneciera. ¹⁹ Mandó a su mujer cocer una gran hornada; y él fue al establo, tomó dos bueyes y cuatro carneros y ordenó que los aderezaran. Y comenzaron los preparativos. ²⁰ Hizo llamar a Tobías y le dijo: «Durante catorce días no te moverás de aquí; te quedarás conmigo comiendo y bebiendo y llenarás de gozo el corazón de mi hija por sus tristezas pasadas. ²¹ Luego, tomarás la mitad de todo cuanto aquí poseo y te volverás con felicidad a casa de tu padre*. Cuando mi mujer y yo hayamos muerto, también será para vosotros la otra mitad. Ten confianza, hijo; yo soy tu padre y Edna tu madre; junto a ti estaremos y junto a tu hermana desde ahora en adelante. Ten confianza, hijo.»

20

Gn 24 54-55
Jc 14 10-18

24

IX.   La boda

9 ¹ Entonces Tobías llamó a Rafael y le dijo: ² «Hermano Azarías, toma contigo cuatro criados y dos camellos y vete

a Ragués. ³ Dirígete a Gabael, dale el recibo y hazte cargo del dinero; invítale también a que se venga contigo a la

8 3   «por los aires hacia la región de Egipto»; var. «hacia las regiones altas de Egipto».
8 4   Conforme a su texto, de 6 18s, la Vulg. precisa que estas oraciones durarán tres noches.
8 8   En la Vulg., después de la oración de Tobías (vv. 7-9), Sarra toma la palabra a su vez (v. 10) e invoca la misericordia de Dios.
8 15   «Ragüel bendijo» Vet. Lat.; «bendijeron» griego.
8 21   El relato del matrimonio de Sarra tiene muchos rasgos comunes con los relatos concernientes a Rebeca, Gn 24; Raquel, Gn 29; Dina, Gn 34; la mujer de Sansón, Jc 14; Mical, 1 S 18. Pero aquí no existe el *mohar* (precio entregado por el prometido al padre de su mujer, Gn 34 12; 1 S 18 25); por el contrario, el padre dota a su hija.

boda. ⁴ Tú sabes que mi padre lleva cuenta de los días y, si me demoro uno solo, le daré un gran disgusto; ⁵ ya ves que Ragüel me ha conjurado, y que no puedo desatender su deseo.» ⁶ Rafael se puso en camino para Ragués de Media con los cuatro criados y los dos camellos y fueron a pernoctar en casa de Gabael. Le presentó el recibo y le dio la noticia de que Tobías, hijo de Tobit, se había casado y le invitaba a la boda. Gabael se levantó, le entregó todos los sacos de dinero, con los sellos intactos, y los cargaron sobre los camellos*. ⁸ Levantándose de madrugada, partieron juntos para la boda y, llegados a casa de Ragüel, encontraron a Tobías puesto a la mesa. Y como se levantara a toda prisa para saludarle, Gabael rompió a llorar y le bendijo diciendo: «¡Hombre bueno y honrado, hijo de un hombre honrado y bueno, justo y limosnero! Que el Señor te conceda las bendiciones del cielo a ti, a tu mujer, al padre y a la madre* de tu mujer. ¡Bendito sea Dios, que me ha permitido ver un vivo retrato de mi primo Tobit*!»

Gn 44 18-34
Lc 15 20

10 ¹ Tobit, mientras tanto, llevaba cuenta, uno por uno, de los días de ida y vuelta. Cuando se cumplió el plazo sin que el hijo hubiera regresado, ² pensó: «¿Habrá algo que lo retenga allí? ¡Es posible que haya muerto Gabael y que no haya nadie que le entregue el dinero!» ³ Y empezó a ponerse triste. ⁴ Ana, su mujer, decía: «Mi hijo ha muerto y ya no se cuenta entre los vivos.» Y rompió a llorar y a lamentarse por su hijo, diciendo: ⁵ «¡Ay de mí, hijo mío! ¡Que te dejé marchar a ti, luz de mis ojos!» ⁶ Tobit le dijo: «Calla, hermana, no pienses eso. Él está bien. Habrán tenido algún contratiempo allí, pero su compañero es hombre de fiar y uno de los nuestros; no te inquietes por él, que debe de estar cerca.» ⁷ Ella le replicó: «Déjame, no intentes engañarme. Mi hijo ha muerto.» Y todos los días se iba a mirar el camino por donde su hijo había marchado. No creía a nadie. Y cuando se ponía el sol, entra-

Gn 45 26

ba en casa y pasaba las noches gimiendo y llorando, sin poder dormir.

⁸ Cuando pasaron los catorce días con que Ragüel había determinado celebrar la boda de su hija, se dirigió a él Tobías y le dijo: «Déjame regresar, porque estoy seguro de que mi padre y mi madre están pensando que ya no van a volver a verme. Así que te ruego, padre, que me permitas regresar al lado de mi padre. Ya te dije en qué situación le he dejado.» ⁹ Ragüel respondió a Tobías: «Quédate, hijo; quédate conmigo y yo enviaré mensajeros a tu padre Tobit para que le den noticias tuyas.» Pero Tobías replicó: «No. Te ruego que me permitas volver al lado de mi padre.» ¹⁰ Entonces Ragüel se levantó y entregó a Tobías su mujer Sarra y la mitad de todos sus bienes, criados, criadas, bueyes y carneros, asnos y camellos, vestidos, plata y utensilios, ¹¹ y los dejó partir gozosos. Al despedirse de Tobías le dijo: «¡Salud, hijo, y buen viaje! El Señor del Cielo os guíe a vosotros y a tu mujer Sarra por buen camino, y que pueda ver yo a vuestros hijos antes de morir.» ¹² A su hija Sarra le dijo: «Vas al lado de tu suegro, pues desde ahora ellos son padres tuyos igual que los que te han engendrado. Vete en paz, hija. Que tenga buenas noticias de ti, mientras yo viva.» Y saludándolos, se despidió de ellos.

¹³ Edna dijo a Tobías: «Hijo y hermano queridísimo: Que el Señor te devuelva y que yo viva hasta ver a tus hijos y de mi hija Sarra antes de morir. En presencia del Señor te entrego a mi hija en custodia; no le causes tristeza en todos los días de tu vida. Vete en paz, hijo. A partir de ahora, yo soy tu madre y Sarra es tu hermana. ¡Ojalá pudiéramos vivir juntos todos los días de nuestra vida!» Y besando a los dos, los dejó partir llenos de gozo.

¹⁴ Tobías salió de casa de Ragüel contento y gozoso, y bendiciendo al Señor del Cielo y de la tierra, rey de todas las cosas, porque había llevado a buen término su viaje. Bendijo a Ragüel y a su mujer Edna y les dijo: «Que pueda yo honraros todos los días de mi vida*.»

Gn 24 54-61

Gn 24 35;
30 43

Gn 45 28
13

12

Gn 24 2
42.56

---

9 5   «sobre los camellos» Vet. Lat.; omitido por S.
9 6   (a) «al padre y a la madre» Vet. Lat.; «a tu padre» griego.

9 6   (b) Algunos testigos omiten la bendición de Gabael que la Vulg., en cambio, amplifica (vv. 9-12).
10 14   Texto corregido según B y Vet. lat.

X. La curación

11 [1] Cuando llegaron cerca de Caserín, que está frente a Nínive, [2] dijo Rafael: «Tú sabes bien en qué situación dejamos a tu padre; [3] vamos a adelantarnos nosotros a tu mujer para preparar la casa, mientras llegan los demás.» [4] Prosiguieron, pues, los dos juntos. El ángel le dijo: «Toma contigo la hiel.» El perro seguía detrás de ellos*.

[5] Estaba Ana sentada, con la mirada fija en el camino de su hijo. [6] Tuvo la corazonada de que él venía y dijo al padre: «Mira, ya viene tu hijo y el hombre que lo acompañaba.»

[7] Rafael iba diciendo a Tobías, mientras se acercaban al padre: «Tengo por seguro que se abrirán los ojos de tu padre. [8] Úntale los ojos con la hiel del pez, y el remedio hará que las manchas blancas se contraigan y se le caerán como escamas de los ojos. Y así tu padre podrá mirar y ver la luz.»

[9] Corrió Ana y se echó al cuello de su hijo, diciendo: «¡Ya te he visto, hijo! ¡Ya puedo morir!» Y rompió a llorar. [10] Tobit se levantó y salió a trompicones a la puerta del patio. [11] Corrió hacia él Tobías, llevando en la mano la hiel del pez; le sopló en los ojos y abrazándole estrechamente le dijo: «¡Ten confianza, padre!» Le aplicó el remedio y esperó; [12] y luego se lo quitó con ambas manos las escamas de la comisura de los ojos. [13] Entonces él se arrojó a su cuello, lloró y le dijo: «¡Ahora te veo, hijo, luz de mis ojos!» [14] Y añadió:

¡Bendito sea Dios!
¡Bendito su gran Nombre!
¡Benditos todos sus santos ángeles!
¡Bendito su gran Nombre
por todos los siglos*!
[15] Porque me había azotado,
pero se ha compadecido
y ahora veo a mi hijo Tobías.

Tobías entró en casa lleno de gozo y bendiciendo a Dios con toda su voz*; luego contó a su padre el éxito de su viaje, cómo traía el dinero y cómo se había casado con Sarra, la hija de Ragüel, que venía con él y estaba ya a las puertas de Nínive.

[16] Tobit salió al encuentro de su nuera hasta las puertas de Nínive, bendiciendo a Dios, lleno de gozo. Cuando los de Nínive lo vieron caminar, avanzando con su antigua firmeza, sin necesidad de lazarillo, se maravillaron. Tobit proclamó delante de ellos que Dios se había compadecido de él y le había abierto los ojos. [17] Se acercó Tobit a Sarra, la mujer de su hijo, y la bendijo diciendo: «¡Bienvenida seas, hija! Y bendito sea tu Dios, hija, que te ha traído hasta nosotros. Bendito sea tu padre, y bendito Tobías, mi hijo, y bendita tú misma, hija. Bienvenida seas, entra en tu casa con gozo y bendición.» [18] Todos los judíos de Nínive celebraron fiesta aquel día. [19] También Ajicar y Nabad, primos de Tobit vinieron a darle la enhorabuena*.

XI. Rafael

12 [1] Acabados los días de la boda, llamó Tobit a su hijo Tobías y le dijo: «Hijo, ya es tiempo de pagar el salario al hombre que te acompañó. Y le añadirás una gratificación.» [2] Respondió Tobías: «Padre, ¿qué salario puedo darle? Aun entregándole la mitad de la hacienda que traje contigo, no salgo perdiendo. [3] Me

ha guiado incólume, ha cuidado de mi mujer, me ha traído el dinero y te ha curado a ti. ¿Qué salario voy a darle?» [4] Díjole Tobit: «Hijo, bien merece que tome la mitad de cuanto trajo.» [5] Lo llamó, pues, Tobías y le dijo: «Toma como salario la mitad de todo lo que has traído y vete en paz.»

Gn 46 28

Gn 33 4;
45 14;
46 29-30
Lc 15 20

13

Hch 9 18

30 25-31

17

Dt 32 39
Tb 13 2

20

---

11 4 «el perro» B, Vet. Lat.; «el Señor» S (en una redacción corrompida). —«seguía detrás de», var.; «corría delante». En el sir., lo que Ana ve llegar por el camino antes de advertírselo a Tobit es el perro. Igualmente la Vulg. (v. 9): «Entonces el perro, que les había acompañado en el viaje, se adelantó corriendo y, haciendo oficio de mensajero, daba muestras de alegría moviendo la cola.»

11 14 V. 14 según Vet. Lat.: el griego alarga las bendiciones por ditografía.
11 15 «con toda su voz» Vet. Lat., ver 13 6; «con todo el cuerpo» S.
11 19 B, Vet. Lat. y sir. añaden: «Y las bodas prosiguieron durante siete días y se hicieron muchos presentes»; y Vulg.: «Y celebrando banquetes por espacio de siete días, tuvieron todos grande alegría».

⁶ Entonces Rafael llevó aparte a los dos y les dijo: «Bendecid a Dios y proclamad ante todos los vivientes los bienes que os ha concedido, para bendecir y cantar su Nombre. Manifestad a todos los hombres las acciones de Dios, dignas de honra, y no seáis remisos en confesarle. ⁷ Bueno es mantener oculto el secreto del rey y también es bueno proclamar y publicar las obras gloriosas de Dios. Practicad el bien y no tropezaréis con el mal.

⁸ «Buena es la oración con ayuno*; y mejor es la limosna con justicia que la riqueza con iniquidad. Mejor es hacer limosna que atesorar oro. ⁹ La limosna libra de la muerte y purifica de todo pecado. Los limosneros tendrán larga vida. ¹⁰ Los pecadores e inicuos son enemigos de su propia vida.

¹¹ «Os voy a decir toda la verdad, sin ocultaros nada. Ya os he manifestado que es bueno mantener oculto el secreto del rey y que también es bueno publicar las obras gloriosas de Dios. ¹² Cuando tú y Sarra hacíais oración, era yo el que presentaba y leía ante la Gloria del Señor el memorial* de vuestras peticiones. Y lo

mismo hacía cuando enterrabas a los muertos. ¹³ Cuando te levantabas de la mesa sin tardanza, dejando la comida, para esconder un cadáver, era yo enviado para someterte a prueba*. ¹⁴ También ahora me ha enviado Dios para curarte a ti y a tu nuera Sarra. ¹⁵ Yo soy Rafael, uno de los siete* ángeles que están siempre presentes y tienen entrada a la Gloria del Señor.»

¹⁶ Se turbaron ambos y cayeron sobre sus rostros, llenos de terror. ¹⁷ Él les dijo: «No temáis. La paz sea con vosotros. Bendecid a Dios por siempre. ¹⁸ Si he estado con vosotros no ha sido por pura benevolencia mía hacia vosotros, sino por voluntad de Dios. A él debéis bendecir por todos los días, a él debéis cantar. ¹⁹ Os ha parecido que yo comía, pero sólo era apariencia*. ²⁰ Y ahora bendecid al Señor sobre la tierra y confesad a Dios. Mirad, yo subo al que me ha enviado. Poned por escrito todo cuanto os ha sucedido.» Y se elevó. ²¹ Ellos se levantaron pero ya no lo vieron más. Alabaron a Dios y entonaron himnos, dándole gracias por aquella gran maravilla, pues se les había aparecido un ángel de Dios.

XII.   Sión

13 ¹ Y dijo*:

¡Bendito sea Dios, que vive eternamente,
y bendito sea su reinado!
² Porque él es quien castiga
y tiene compasión;
el que hace descender hasta el más profundo Hades de la tierra
y el que hace subir de la gran Perdición,

sin que haya nada que escape de su mano.
³ Confesadle, hijos de Israel,
ante todas las naciones,
porque él os dispersó entre ellas
⁴ y aquí os ha mostrado su grandeza.
Exaltadle ante todos los vivientes,
porque él es nuestro Dios y Señor,
nuestro Padre por todos los siglos.

⁵ Os ha castigado por vuestras injusticias,

Marginal references

4 7-11+

Si 29 8-13
Pr 11 4; 16 8

Si 3 30
Dn 4 24

Za 1 12
Jb 33 23-24
Hch 10 4
Ap 8 3-4

Jb 1-2

3 17

Za 4 10
Ap 8 2
Lc 1 19

Jc 13 20-2

Jc 13 16.2
Lc 24 41-

Jn 20 17;
16 5

21 22

3 11; 8 5.15
Sal 144 1
1 Cro 29 10
Dn 3 26
Lc 1 68
Ef 1 3

1 S 2 6
Sb 16 13
Dt 32 39
Sb 16 15

Is 63 16
64 7
Jr 3 4
Sb 14 3
Si 23 1.
Mt 6 9+

---

12 8 «con ayuno» B, Vet. Lat.; «con verdad» S.

12 12 «y leía», restituido según Vet. Lat. —El ángel, ver 5 4+, se hace aquí intercesor. Rafael presenta ante Dios el «memorial» de las oraciones y de las buenas obras de Tobit. La palabra evoca un resumen oficial; puede también evocar el «memorial» de los sacrificios, Lv 2 2+, es decir, la parte de las ofrendas abrasadas en el altar «como calmante aroma». También el ángel del centurión Cornelio dirá a éste, Hch 10 4, que sus oraciones y sus limosnas han subido en «memorial» ante Dios.

12 13 Como, de forma distinta, Satán a Job, **1-2**.

12 15 Los libros sagrados no conocen más que tres nombres de ángeles. Gabriel, Dn 8 16; 9 21; Lc 1 19, Miguel, Dn 10 13.21; **12 1**; Judas 9, y Rafael, aquí y **3**

17. Los apócrifos completan la lista de los Siete dejándose llevar de la fantasía. Encontramos un eco de Tb en los siete ángeles del Apocalipsis, Ap 8 2.

12 19 Con Vet. Lat.; S: «Ya veis que nada he comido, y que habéis tenido una visión». Vulg.: «Mas yo uso un manjar y una bebida que no puede ser vista por los hombres».

13 1 El cántico final (ver Ex 15; Jdt 16) comprende dos partes. La primera, vv. 1-8, es un canto de acción de gracias que utiliza motivos de himnos y de salmos del Reino; la segunda, vv. 9-17, es un saludo a Jerusalén en el estilo de los profetas, y traduce las esperanzas de los desterrados en una Jerusalén ideal. El texto presenta, según los testigos, notables divergencias y lagunas; la restitución es, a veces, conjetural.

Dt 30 3 mas tiene compasión de todos vosotros
y os juntará* de nuevo de entre todas las naciones
por donde os ha dispersado.

Dt 30 2 ⁶ Si os volvéis a él
de todo corazón y con toda el alma,
para obrar en verdad en su presencia,
se volverá a vosotros sin esconder su faz.
Mirad lo que ha hecho con vosotros
y confesadle en alta voz.
Bendecid al Señor de justicia
1 Tm 1 17 y exaltad al Rey de los siglos*.
7 Yo le confieso en el país del destierro,
y publico su fuerza y su grandeza
a gente pecadora.
8 ¡Volved, pecadores!
Practicad la justica en su presencia.
¡Quién sabe si os amará
y os tendrá misericordia!
9 ⁷ Yo exalto a mi Dios
y mi alma se alegra
en el Rey del Cielo.
Su grandeza
⁸ sea de todos celebrada
y confiésenle todos en Jerusalén.

Is 60
⁄ Ap 21
Mi 7 19 ⁹ ¡Jerusalén, ciudad santa!
Dios te castigó por las obras de tus hijos,
mas tendrá otra vez piedad
de los hijos de los justos.
12 ¹⁰ Confiesa al Señor cumplidamente
y alaba al Rey de los siglos
Am 9 11
⁊ 44 26.28
Za 1 16 para que de nuevo levante
en ti, con regocijo, su Tienda,
y llene en ti de gozo a todos los cautivos
y muestre en ti su amor a todo miserable
por todos los siglos de los siglos.

Is 9 1;
⁊ 9 6; 60 1
Sal 22 28
Mi 4 2
Is 2 3
⁊ 8 20-22 ¹¹ Brillará luz de lámparas
por todos los confines de la tierra.
Vendrán a ti de lejos pueblos numerosos
y los habitantes del confín del mundo,
al Nombre del Señor, tu Dios,
llevando en sus manos los obsequios
para el Rey del Cielo.

Todas las generaciones
darán en ti señales de alegría,
y el Nombre del Elegido
durará por siempre.
¹² ¡Malditos cuantos digen palabras crueles! Ba 4 31s
¡Malditos sean cuantos te destruyan!
¡Cuantos derriben tus muros,
echen tus torres por tierra
y pasen a fuego tus moradas!
¡Mas sean benditos por siempre
los que te construyan*!
¹³ Entonces exultarás, te alegrarás 17
por los hijos de los justos,
pues serán reunidos todos
y bendecirán al Señor de los siglos.

¹⁴ ¡Dichosos los que te amen! Is 66 10
Sal 122 6
¡Dichosos los que se alegren en tu paz!
¡Dichosos cuantos hombres
tuvieron tristeza en todos tus castigos,
pues se alegrarán en ti
y verán por siempre toda tu alegría!
¹⁵ Bendice, alma mía, al Señor y gran Rey, 19
¹⁶ que Jerusalén va a ser reconstruida
y en la ciudad su Casa para siempre.
Seré feliz 20
si alguno quedare de mi raza
para ver tu Gloria
y confesar al Rey del Cielo.
Las puertas de Jerusalén serán rehechas Ag 2 9
Is 62 1-2
Ba 5 1
con zafiros y esmeraldas,
y de piedras preciosas sus murallas. Is 54 11-12;
60 17
⁄ Ap 21
10-21
Las torres de Jerusalén serán alzadas
con oro, y con oro puro sus defensas.
¹⁷ Las plazas de Jerusalén serán soladas
con rubí y piedra de Ofir;
las puertas de Jerusalén
entonarán cantos de alegría
y todas sus casas cantarán:
¡Aleluya! ¡Bendito sea 23
el Dios de Israel!
Y los benditos
bendecirán el Santo Nombre
por todos los siglos de los siglos.

14 ¹ Aquí acabaron las palabras de acción de gracias de Tobit.

---

13 5 «os juntará» Vet. Lat.; omitido por griego.
13 6 Desde aquí, en S hay una laguna hasta 10ᶜ; restituímos según B, Vet. Lat. y sir., corrigiendo 7-8 según
Sal 145 6.11.
13 12 «los que te construyan» Vet. Lat.; «que te teme» S.

XIII. Nínive

Tobit murió en paz a la edad de ciento doce años años y recibió honrosa sepultura en Nínive. [2] Tenía sesenta y dos años cuando perdió la vista; y, después de recuperarla, vivió feliz, practicando la limosna, bendiciendo siempre a Dios y proclamando sus grandezas. [3] Cercana ya su muerte, llamó a su hijo Tobías y le recomendó: «Hijo mío, toma tus hijos [4] y vete a Media, porque yo creo en la profecía que pronunció Dios por Nahúm* sobre Nínive. Todo cuanto los profetas de Israel, enviados por Dios, anunciaron sobre Asur y Nínive, todo vendrá y se realizará. Todo tendrá cumplimiento. No se rebajará ni una sola de sus palabras. Todo llegará a su tiempo*. Habrá más seguridad en Media que en Asiria y Babilonia, porque sé y creo que cuanto ha dicho Dios se cumplirá, sucederá y no fallará ni una de sus palabras.

«Todos nuestros hermanos que habitan en la tierra de Israel serán numerados y deportados de aquella tierra venturosa. Todo el país de Israel quedará desierto. Un desierto serán Jerusalén y Samaría. La Casa de Dios quedará desolada y quemada durante algún tiempo. [5] Pero Dios tendrá una vez más compasión de ellos y los volverá a la tierra de Israel; construirán de nuevo la Casa, aunque no como la primera, hasta que se cumplan los tiempos; entonces volverán todos del destierro, edificarán una Jerusalén maravillosa y construirán en ella la Casa de Dios, como lo anunciaron los profetas de Israel. [6] Todas las naciones del universo se volverán a Dios en verdad y le temerán; abandonarán los ídolos que los extraviaron en la mentira de sus errores [7] y bendecirán al Dios de los siglos en justicia. Todos los israelitas salvados aquellos días se acordarán de Dios en verdad, se reunirán e irán a Jerusalén y les será dada la tierra de Abrahán, que ellos habitarán por siempre y en seguridad. Y los que aman a Dios en verdad se alegrarán. Pero los que cometen pecados e injusticias desaparecerán de toda la tierra.

[8] «Ahora, pues, hijos, yo os recomiendo que sirváis a Dios en verdad y hagáis lo que es agradable en su presencia. Mandad a vuestros hijos que practiquen la justicia y la limosna, que se acuerden de Dios y bendigan su Nombre en todo tiempo, en verdad y con todas sus fuerzas.

[9] «Tú, hijo, sal de Nínive. No te quedes aquí. [10] El día que sepultes a tu madre junto a mí, ya ese mismo día, no te quedes en este territorio, porque he visto que se cometen aquí muchas injusticias y muchos engaños, sin rebozo. Mira, hijo, lo que hizo Nadab con Ajicar, que lo había criado. ¿No le hizo bajar vivo a la tierra? Pero Dios lo cubrió de infamia ante su misma víctima. Sacó a Ajicar a la luz y metió a Nadab en las tinieblas eternas, por haber tramado la muerte de Ajicar. Por haber practicado la limosna* se libró Ajicar de la trampa mortal que le había tendido Nadab. Fue Nadab quien cayó en la trampa de muerte para su perdición. [11] Ved, pues, hijos, a dónde lleva la limosna y a dónde la injusticia: a la muerte. Pero me falta el aliento.»

Lo tendieron en el lecho y expiró*, y se le dio honrosa sepultura.

[12] Cuando murió su madre, Tobías la sepultó al lado de su padre, y se marchó, con su mujer y sus hijos*, a Media, en Ecbátana, junto a su suegro Ragüel. [13] Los rodeó de atenciones en su ancianidad y los sepultó en Ecbátana de Media, y heredó así la casa de Ragüel y la de Tobit, su padre. [14] Murió, honrado, a la edad de ciento diecisiete años*. [15] Antes de morir presenció y oyó la ruina de Nínive y vio cómo los ninivitas eran llevados cautivos a Media, cuando la deportación de Ciaxares*, rey de Media. Y bendijo a Dios por todo cuanto había hecho a los ninivitas y asirios. Antes de morir pudo alegrarse por la suerte de Nínive y bendijo al Señor Dios por los siglos de los siglos. Amén.

Marginal references

2
3
4
4 2-3
Gn 47 29
5
Na 1-3
6
Is 5 13
Jr 9 15
Ez 12 15
Ez 23
Is 64 10
Is 35 8-10
Jr 31+
Ez 36 24s
Esd 3 12
Ag 2 3
Jr 31 38s
Ag 2 9
Ez 40-42
Is 18 7;
19 22
Jr 16 19
Is 60 4.21
Jr 32 37
Ez 34 28;
36 12; 37 25;
39 26

10 11
12
13
1 21+
4 4
Gn 49 31
15
16
Sal 137
Na 1-2

---

14 4   (a) B trae «Jonás» en lugar de «Nahúm».
14 4   (b) El relato que ha presentado a Tobit como contemporáneo del apogeo asirio le hace anunciar, como futuros, acontecimientos ya pasados por el autor, según el artificio propio de la apocalíptica. Pero una vez llegada al tiempo real del autor, la profecía no se detiene y se adentra hacia el futuro mesiánico (cuando «se cumplan los tiempos» v. 5).

14 10 Var.: «sus buenas obras» conj.; «mis buenas obras» S.
14 11 B añade: «de ciento cincuenta años de edad».
14 12 «y sus hijos» B, Vet. Lat.; omitido por S.
14 14 Var.: «ciento veintisiete» (B); «ciento siete» (sir.); «noventa y nueve» (Vulg.).
14 15 «Ciaxares» conj.; «Ajicar» S y Vet. Lat.; «Nabucodonosor y Asuero» B.

JUDIT*

I. La campaña de Holofernes

Nabucodonosor y Arfaxad.

Gn 10 22

1 ¹ El año doce del reinado de Nabucodonosor*, que reinó sobre los asirios en la gran ciudad de Nínive, Arfaxad*, que reinaba en aquel tiempo sobre los medos, en Ecbátana, ² rodeó esta ciudad con un muro de piedras de sillería que tenían tres codos de anchura y seis codos de longitud, dando al muro una altura de setenta codos y una anchura de cincuenta. ³ Alzó torres de cien codos junto a las puertas; sus cimientos medían sesenta codos de anchura. ⁴ Las puertas se elevaban a setenta codos de altura, con una anchura de cuarenta codos, para permitir la salida de sus fuerzas y el desfile ordenado de la infantería.

⁵ Por aquellos días, el rey Nabucodonosor hizo la guerra contra el rey Arfaxad, en la gran llanura de Ragau, en el territorio de Ragau. ⁶ Se le unieron todos los habitantes de las montañas*, todos los habitantes del Éufrates, del Tigris y del Hidaspes, y los de la llanura de Arioj, rey de Elam*. Se congregaron, pues, numerosos pueblos para combatir a los hijos de Jeleúd*.

⁷ Envió, además, Nabucodonosor, rey de Asiria, mensajeros a todos los habitantes de Persia y a todos los habitantes de Occidente: a los de Cilicia, Damasco, el Líbano y el Antilíbano, y a todos los que viven en el litoral, ⁸ a todos los pueblos del Carmelo y Galaad, de la Galilea superior y de la gran llanura de Esdrelón, ⁹ a todos los de Samaría y sus ciudades, y a los del otro lado del Jordán, hasta Jerusalén, Batanea, Jelús, Cadés, el río de Egipto, Tafnes, Remeses y toda la tierra de Gosen, ¹⁰ y hasta más arriba de Tanis y Menfis, a todos los habitantes de Egipto, hasta los confines de Etiopía*. ¹¹ Pero los moradores de toda aquella tierra despreciaron el mensaje de Nabucodonosor, rey de los asirios, y no quisieron ir con él a la guerra, pues no le temían, sino que le consideraban un hombre sin apoyo*. Así que despidieron a los mensajeros de vacío y afrentados. ¹² Nabucodonosor experimentó una gran cólera contra toda aquella tierra* y juró por su trono y por su reino que tomaría venganza y pasaría a cuchillo todo el territorio de Cilicia, Damasco y Siria, y a todos los habitantes de Moab, a los amonitas, a toda la Judea y a todos los de Egipto, hasta los confines de los dos mares*.

Campaña contra Arfaxad.

¹³ El año diecisiete libró batalla con su ejército contra el rey Arfaxad; lo derrotó en el combate y puso en fuga a todas las fuerzas de Arfaxad, a su caballería y a todos sus carros; ¹⁴ se apoderó de sus ciudades, llegó hasta Ecbátana, ocupó sus torres, devastó sus calles y convirtió en afrenta su hermosura. ¹⁵ Alcanzó a Arfaxad en las montañas de Ragau, lo atravesó con sus lanzas y lo destruyó para siempre.

¹⁶ Luego regresó con sus soldados y con una inmensa multitud de gente armada que se les había agregado. Y se quedó allí con su ejército, viviendo en la molicie, durante ciento veinte días.

Est 1 3-4

---

1 El texto de la Vulg. difiere bastante del texto griego. Damos aquí, en nota, sus adiciones más importantes y, en el margen, la numeración aproximada de sus vv. cuando difieren del griego.
1 1 (a) A Nabucodonosor, rey de Babilonia (604-562 a.C.), nunca se le llamó «rey de Asur» ni reinó en Nínive, destruida desde el 612 por su padre, Nabopolasar. Sobre las libertades del relato en relación con la historia, ver Introducción. Nabucodonosor es aquí el tipo de soberano poderoso e impío, adversario del pueblo de Dios.
1 1 (b) Arfaxad es desconocido en la historia. Su nombre ha hecho pensar en Fraortes (675-653), fundador del reino de Media, cuya capital fue Ecbátana (hoy Hamadán).
1 6 (a) Las mesetas del Irán occidental.
1 6 (b) El autor quiere probablemente designar a

Elimaida, provincia oriental del Imperio persa, ver 1 M 6 1. —El Hidaspes parece ser el Choaspes, que pasa por Susa.
1 6 (c) Este nombre probablemente designa a los caldeos.
1 10 El texto enumera a todos los vasallos o amigos de Nabucodonosor.
1 11 Lit. «un hombre solo», reducido a buscar apoyos en todas partes; a no ser que pueda entenderse: «un pobre hombre».
1 12 (a) Lit. «toda la tierra». La expresión, frecuente en Jdt, designa la región considerada en el contexto (= «todo el país»), o bien tiene matiz enfático.
1 12 (b) A la lista de los vv. 7-11 se añaden ahora Moab, Amón y Judea. —La expresión «los confines de los dos mares» es una manera de expresar un dominio universal, comp. Sal 72 8; Mi 7 12; Za 9 10.

Campaña occidental.

2 [1] El año dieciocho*, el día veintidós del primer mes, se celebró consejo en el palacio de Nabucodonosor, rey de Asiria, para concretar la venganza que había de tomarse a toda aquella tierra, tal como lo había anunciado. [2] Convocó a todos sus ministros y a todos sus magnates y expuso ante ellos su secreto designio, decidiendo personalmente la total desgracia de aquella tierra. [3] Y ellos sentenciaron que debía ser destruida toda persona que no hubiera secundado su invitación.

[4] Acabado el consejo, Nabucodonosor, rey de Asiria, llamó a Holofernes*, jefe supremo del ejército y segundo suyo, y le dijo: [5] «Así dice el gran rey, señor de toda la tierra*: En cuanto salgas de mi presencia, toma contigo hombres de valor probado, unos ciento veinte mil infantes y una gran cantidad de caballos, con doce mil jinetes, [6] y marcha contra toda la tierra de occidente, pues no secundaron mi invitación. [7] Ordénales que pongan a tu disposición tierra y agua*, porque partiré airado contra ellos y cubriré toda la superficie de la tierra con los pies de mis soldados, a los que entregaré el país como botín. [8] Sus heridos llenarán sus barrancos; sus ríos y torrentes, repletos todos de cadáveres, se desbordarán; [9] y los deportaré hasta los confines de la tierra. [10] Parte, pues, y comienza por apoderarte de su territorio. Si se rinden a ti, resérvamelos para el día de su vergüenza. [11] Pero no perdones a los rebeldes. Entrégalos a la muerte y al saqueo en todo el país conquistado. [12] Juro por mi vida y por el poderío de mi reino que, tal como lo he dicho, lo cumpliré por mi propia mano. [13] Por tu parte, no omitas ni una sola de las órdenes de tu señor; las cumplirás estrictamente, sin tardanza, tal como te lo he mandado.»

[14] Holofernes, una vez que salió de la presencia de su señor, convocó a todos los príncipes, jefes y capitanes del ejército asirio, [15] y eligió a los hombres más selectos para la guerra, como lo había ordenado su señor: unos ciento veinte mil hombres, más doce mil arqueros a caballo, [16] y los puso en orden de combate, como se ordena una multitud para la batalla. [17] Tomó una gran cantidad de camellos, asnos y mulas para el bagaje e incontable número de ovejas, bueyes y cabras para el avituallamiento; [18] provisiones abundantes para cada hombre y muchísimo oro y plata de la casa real.

[19] Holofernes se puso después en camino con todo su ejército, precediendo al rey Nabucodonosor, y cubrió todo el territorio de occidente con sus carros, sus caballos y sus mejores infantes. [20] Se les agregó una multitud tan numerosa como la langosta y como la arena de la tierra, que les seguía en tan gran número que no se podía calcular.

Etapas del ejército de Holofernes*.

[21] Se alejaron de Nínive tres jornadas de camino hasta la llanura de Bectilez, y acamparon junto a Bectilez, cerca del monte que está a la izquierda de la Cilicia superior. [22] Junto con todo su ejército, infantes, jinetes y carros, partió de allí hacia la montaña. [23] Desbarató a Put y Lud, devastó a todos los hijos de Rasis y a los hijos de Ismael que habitan al borde del desierto, al sur de Jeleón, [24] atravesó el Éufrates, recorrió Mesopotamia, arrasó todas las ciudades altas que dominan el torrente Abroná y llegó hasta el mar. [25] Se apoderó del territorio de Cilicia y, derrotando a cuantos se le oponían, alcanzó la frontera de Jafet por el sur, frente a Arabia. [26] Cercó a todos los madianitas, incendió sus tiendas y saqueó sus aduares; [27] descendió hacia la llanura de Damasco, al tiempo de la siega del trigo*, incendió todos sus cultivos, exterminó sus rebaños de ovejas y bueyes, saqueó sus ciudades, devastó sus campos y pasó a cuchillo a todos sus jóvenes. [28] Su presencia llenó de temor y

8

10

11

Jl 2 2-7.11
Jc 7 12

12

Gn 10 6.
22

14

15

16

17

18

7

---

2 1   De su reinado, es decir, el año 587, el de la toma de Jerusalén. El autor habrá querido contraponer a este triste recuerdo el relato de la victoria judía obtenida por *Judit*. Este relato está elaborado a imitación de las grandes campañas militares de los reyes de Asiria y Babilonia contra sus vasallos rebelados del oeste.
2 4   Holofernes y Bagos, **12 11**, llevan nombres persas de oficiales de Artajerjes III Ocos (358-338). Es posible también que el autor haya querido evocar, bajo el nombre de Nabucodonosor, las campañas de este rey.
2 5   Título oficial del rey de los persas.
2 7   Lo necesario para el paso y estancia del vence-

dor, según una fórmula persa.
2 21   El itinerario comprende cierto número de localidades desconocidas o cuya identificación es dudosa; según otros, los nombres conocidos parecen utilizarse de forma desacostumbrada. En todo caso, el trayecto descrito es inconcebible. Acaso el autor ignoraba la geografía de esta región, o quizá no tuvo interés en localizar con exactitud los hechos.
2 27   Los hebreos distinguen la siega de la cebada en abril, ver **2 S 21 9**, y la siega del trigo a fines de mayo, ver **Gn 30 14**.

Ex 15 15-16
espanto a todos los habitantes del litoral. Los de Sidón y Tiro, los habitantes de Sur y Oquina, los de Yamnia, Asdod y Ascalón temblaron ante él.

3 [1] Entonces le enviaron mensajeros para decirle en son de paz: [2] «Nosotros, siervos del gran rey Nabucodonosor, nos postramos ante ti. Trátanos como mejor te parezca. [3] Nuestras granjas y todo nuestro territorio, nuestros campos de trigo, los rebaños de ovejas y bueyes, todas las majadas de nuestros campamentos, están a tu disposición. Haz con ellos lo que quieras. [4] También nuestras ciudades y los que las habitan son siervos tuyos. Ven, dirígete a ellas y haz lo que te parezca bien.» [5] Los enviados se presentaron ante Holofernes y le comunicaron estas palabras.

7
8
9
10
2 Cro 17 6
Ex 34 13+
[6] Entonces él bajó con todo su ejército al litoral, puso guarniciones en las ciudades altas y les tomó los mejores hombres en calidad de tropas auxiliares. [7] Los habitantes de las ciudades y todos los de los contornos salieron a recibirle con coronas y danzando al son de tambores. [8] Holofernes saqueó sus santuarios* y taló sus bosques sagrados, pues había recibido la orden de destruir todas las divinidades del país para que todas las gentes adorasen únicamente a Nabucodonosor, y todas las lenguas y todas las tribus le proclamasen dios*. [9] Llegó después frente a Esdrelón, junto a Dotán, que está ante la gran sierra montañosa de Judea, [10] acampó entre Gueba y Escitópolis y se detuvo allí un mes, haciendo acopio de provisiones para su ejército.

Alerta en Judea.

4 [1] Los israelitas que habitaban en Judea oyeron todo cuanto Holofernes, jefe supremo del ejército de Nabucodonosor, rey de Asiria, había hecho con todas las naciones: cómo había saqueado sus templos y los había destruido, [2] y tuvieron gran miedo ante él, temblando por la suerte de Jerusalén y por el templo

del Señor, su Dios, [3] pues hacía poco que habían vuelto del destierro y apenas si acababa de reunirse el pueblo de Judea y de ser consagrados el mobiliario, el altar y el templo profanados*.

3
[4] Pusieron, pues, sobre aviso a toda la región de Samaría, a Coná, Bet Jorón, Belmáin, Jericó, y también Joba, Esorá y el valle de Salén, [5] y ocuparon con tiempo todas las alturas de las montañas más elevadas, fortificaron los poblados que había en ellas e hicieron provisiones con vistas a la guerra, pues acababan de cosechar la mies de los campos. [6] El sumo sacerdote Joaquín, que estaba entonces en Jerusalén, escribió a los habitantes de Betulia y Betomestáin*, que está frente a Esdrelón, a la entrada de la llanura cercana a Dotán, [7] ordenándoles que tomaran posiciones en las subidas de las montañas que dan acceso a Judea, pues era fácil detener allí a los atacantes por la angostura del paso, que sólo permite avanzar dos hombres de frente. [8] Los israelitas cumplieron la orden del sumo sacerdote Joaquín y del Consejo de Ancianos de todo el pueblo de Israel que se encontraba en Jerusalén*.

4
5
6
7

Las grandes rogativas.

[9] Todos los hombres de Israel clamaron a Dios con gran fervor, y con gran fervor se humillaron. [10] Se ciñeron de sayal junto con sus mujeres, sus hijos y sus ganados, los forasteros residentes, los jornaleros y los esclavos. [11] Todos los hombres, mujeres y niños de Israel que habitaban en Jerusalén se postraron ante el templo, cubrieron de ceniza sus cabezas y extendieron las manos* ante el Señor. [12] Cubrieron el altar de saco* y clamaron insistentemente, todos a una, al Dios de Israel, para que no entregase sus hijos al saqueo, sus mujeres al pillaje, las ciudades de su herencia a la destrucción y las cosas santas a la profanación y al ludibrio, para mofa de los paganos. [13] El Señor oyó su voz y vio su angustia.

8
Jon 3 7-8
9
Est 4 1s

---

3 8   (a) «santuarios» sir.; «territorio» griego, pero ver la continuación del v.
3 8   (b) Los reyes asirios o babilonios jamás tuvieron tal exigencia. Los Seléucidas, a ejemplo de Alejandro, fueron los primeros en exigir honores divinos.
4 3   El autor prescinde del tiempo (ver Introducción) para poder evocar, en vida de Nabucodonosor, la vuelta del destierro y la repoblación de Jerusalén (539-400) y hasta quizá la purificación del templo después de la persecución de Antíoco IV (165).

4 6   En ningún otro lugar se cita a estas dos ciudades. Betulia es considerada aquí como una posición clave que domina el paso hacia Judea, v. 7 y 8 21.
4 8   El «Consejo de Ancianos» no aparece junto al sumo sacerdote antes del Destierro. Parece ser una institución permanente en la época griega.
4 11   «las manos» conj.; «sus sayales» griego. Vulg.: «y a los niños les hicieron postrarse ante el templo».
4 12   El uso del saco o sayal como vestido de penitencia es habitual; pero este gesto resulta sorprendente.

Est 4 16

El pueblo ayunó largos días en toda Judea y en Jerusalén, ante el santuario del Señor Omnipotente*. ¹⁴ El sumo sacerdote Joaquín y todos los que estaban delante del Señor, sacerdotes y ministros del Señor, ceñidos de sayal, ofrecían el holocausto perpetuo, las oraciones y las ofrendas voluntarias del pueblo, ¹⁵ y con la tiara cubierta de ceniza clamaban al Señor con todas sus fuerzas para que velara benignamente por toda la casa de Israel.

Jl 2 17

Consejo de guerra en el campamento de Holofernes

5 ¹ Se dio aviso a Holofernes, jefe supremo del ejército asirio, de que los israelitas se habían preparado para la guerra, que habían cerrado los pasos de las montañas, fortificado todas las alturas de los montes elevados y puesto trampas en las llanuras. ² La noticia le irritó sobremanera. Mandó llamar a todos los jefes de Moab, a los generales de Amón y a todos los sátrapas del litoral; ³ les dijo: «Cananeos, hacedme saber quién es este pueblo instalado en la montaña, qué ciudades habita, cuál es la importancia de su ejército y en qué estriba su poder y su fuerza; qué rey está a su frente y manda a sus soldados; ⁴ y por qué, a diferencia de todos los demás pueblos de occidente*, han desdeñado salir a recibirme.»

⁵ Entonces Ajior*, general de todos los amonitas, le dijo: «Escuche mi señor las palabras de tu siervo y te diré la verdad sobre este pueblo que habita esta montaña junto a la que te encuentras. No saldrá mentira de la boca de tu siervo. ⁶ Este pueblo desciende de los caldeos. ⁷ Al principio se fueron a residir a Mesopotamia, porque no quisieron seguir a los dioses de sus padres, que vivían en Caldea. ⁸ Se apartaron del camino de sus padres y adoraron al Dios del Cielo*, al Dios que habían reconocido. Por eso los arrojaron de la presencia de sus dioses y ellos se refugiaron en Mesopotamia, donde residieron por mucho tiempo. ⁹ Su Dios les or-

Nm 21 21
Dt 2 19+

11 9-19

Gn 11 31-
12 5

denó salir de su casa y marchar a la tierra de Canaán; se establecieron en ella y fueron colmados de oro, de plata y de gran cantidad de ganado. ¹⁰ Bajaron después a Egipto, porque el hambre se extendió sobre el territorio de Canaán, y permanecieron allí mientras tuvieron alimentos. Allí se multiplicaron de tal manera que no se podía contar a los de su raza. ¹¹ Pero el rey de Egipto se alzó contra ellos y los engañó con el trabajo de los ladrillos, los humilló y los redujo a esclavitud. ¹² Clamaron a su Dios, que castigó a la tierra de Egipto con plagas incurables. Los egipcios, entonces, los arrojaron lejos de sí. ¹³ Dios secó a su paso el mar Rojo* ¹⁴ y los condujo por el camino del Sinaí y Cadés Barnea. Arrojaron a todos los moradores del desierto, ¹⁵ se establecieron en el país de los amorreos y aniquilaron por la fuerza a todos los jesbonitas. Pasaron el Jordán y se apoderaron de toda la montaña, ¹⁶ expulsaron ante ellos al cananeo, al perizita, al jebuseo, a los siquenitas y a todos los guirgasitas, y habitaron allí por mucho tiempo. ¹⁷ Mientras no pecaron contra su Dios vivieron en prosperidad, porque está con ellos un Dios que odia la injusticia. ¹⁸ Pero cuando se apartaron del camino que les había impuesto, fueron duramente aniquilados por múltiples guerras y deportados a tierra extraña. El templo de su Dios fue arrasado y sus ciudades cayeron en poder de sus adversarios. ¹⁹ Pero ahora, convertidos ya a su Dios, han vuelto de los diversos lugares en que habían sido dispersados, han tomado posesión de Jerusalén, donde se encuentra su santuario, y se han establecido en la montaña que había quedado desierta. ²⁰ Así, pues, dueño y señor, si hay algún extravío en este pueblo, si han pecado contra su Dios, y vemos que hay en ellos alguna causa de ruina, subamos y ataquémoslos. ²¹ Pero si no hay iniquidad en esa gente, que mi señor se detenga, no sea que su Dios y Señor los proteja con su escudo y nos convirtamos en la irrisión de toda la tierra.»

Gn 42 1-5;
46 1-7

Ex 1 7

Ex 1 8-14

Ex 7-12
¹¹

¹²
Ex 14 21-2

Nm 21 21-
Jos 3

²⁰
Dt 7 1+

Dt 28-30
Is 59 2
Sal 106
40-46
²²

2 R 25

²³

²⁴

11 10

---

4 13   Vulg. menciona una misión del sumo sacerdote a través de todo Israel para exhortar a la oración recordando la antigua derrota de Amalec, Ex 17 9-13.
5 4   *Sobre el no-conformismo judío*, ver Est 3 8+.
5 5   El personaje Ajior, el amonita, parece inspirado en la figura de Ajicar, pagano, pero sabio y bueno, Tb 1 21+. El autor pone en sus labios una evocación de la historia del pueblo elegido, concebida como *Gesta Dei*, tema frecuentemente tratado en el AT, especialmente en Sal 78, 105, 106; ver Ez 16, 20; Sb 10s y, en el NT, Hch 7. Compárese el episodio del adivino pagano Ba-

laán, Nm 22-24. Con ellos se prepara el discurso de Judit, 11 9-19.
5 8   Expresión persa, ver Esd 5 11s; 6 9s y los papiros de Elefantina, pero que en la Biblia se pone a menudo en labios de un no judío para designar al Dios de Israel, ver Dn 2 18+.
5 13   En ningún texto antiguo (a excepción de Sb 10 18) se designa así al lugar del milagro que señaló la salida de Egipto; es «el mar de las Cañas» o, más a menudo, «el mar», ver Ex 13 18+.

26

27

28

²² Cuando acabó Ajior este discurso, se alzó un murmullo entre toda la tropa que estaba en torno de la tienda, y los magnates de Holofernes y los habitantes de la costa y de Moab hablaron de despedazarle. ²³ «¡No tememos a los israelitas! No son gente que tenga fuerza ni vigor para un combate duro. ²⁴ ¡Subamos y serán un bocado para todo tu ejército, señor Holofernes*!»

Ajior es entregado a los israelitas.

6 ¹ Calmado el tumulto provocado por los hombres que estaban en torno al Consejo, Holofernes, jefe supremo del ejército de Asiria, dijo a Ajior delante de todos los pueblos extranjeros y de los moabitas*: ² «¿Quién eres tú, Ajior, y quiénes los mercenarios de Amón, que te permites hoy lanzar profecías entre nosotros y nos aconsejas que no luchemos contra esta ralea de Israel, porque su Dios los protegerá con su escudo? ¿Qué otro dios hay fuera de Nabucodonosor? Éste enviará su fuerza y los extirpará de la superficie de la tierra, sin que su Dios pueda librarlos. ³ Nosotros, sus siervos, los batiremos como si fueran sólo un hombre, ⁴ y no podrán resistir el empuje de nuestros caballos. Los pasaremos a fuego sin distinción. Sus montes se embriagarán de su sangre y sus llanuras se colmarán con sus cadáveres. No podrán mantenerse a pie firme ante nosotros y serán totalmente destruidos, dice el rey Nabucodonosor, Señor de toda la tierra. Porque lo ha dicho y no quedarán sin cumplimiento sus palabras. ⁵ En cuanto a ti, Ajior, mercenario amonita, que has pronunciado este discurso el día de tu perdición, a partir de ahora no verás ya mi rostro hasta el día en que tome venganza de esa ralea venida de Egipto. ⁶ Entonces, el hierro de mis soldados y la lanza* de mis servidores te atravesará los costados y caerás junto a sus heridos, cuando yo me revuelva contra ellos. ⁷ Mis servidores te van a llevar a la montaña y te van a dejar en una de las ciudades que están en las subidas. ⁸ Morirás cuando seas aniquilado junto con ellos.

3 8
Dn 3 14-18

s 36 18-20;
37 4.16-20

12; 16 12

⁹ Y no muestres un rostro tan abatido, pues seguro que esperas en tu corazón que no sean conquistados. Así lo digo, y no dejará de cumplirse ni una sola de mis palabras.»

¹⁰ Holofernes ordenó a los servidores que estaban al servicio de su tienda que tomasen a Ajior, lo llevasen a Betulia y lo entregasen en manos de los israelitas. ¹¹ Los servidores lo agarraron y lo condujeron fuera del campamento, a la llanura; y de la llanura abierta pasaron a la región montañosa, alcanzando las fuentes que había al pie de Betulia. ¹² Cuando los hombres de la ciudad los divisaron desde la cumbre del monte, corrieron a las armas y salieron fuera de la ciudad, a la cumbre del monte, mientras los honderos dominaban la subida y disparaban sus piedras contra ellos. ¹³ Entonces los asirios se deslizaron al pie del monte, ataron a Ajior, lo dejaron tendido en la falda y se volvieron donde su señor.

¹⁴ Los israelitas bajaron de su ciudad, se acercaron y, tras desatarle, lo llevaron a Betulia y lo presentaron a los jefes de la ciudad, ¹⁵ que en aquel tiempo eran Ozías, hijo de Miqueas, de la tribu de Simeón*, Jabrís, hijo de Gotoniel, y Jarmís, hijo de Melquiel. ¹⁶ Éstos mandaron convocar a todos los ancianos de la ciudad. Se unieron también a la asamblea todos los jóvenes y las mujeres; pusieron a Ajior en medio de todo el pueblo y Ozías le interrogó acerca de lo sucedido. ⁷ Ajior respondió narrándoles las deliberaciones habidas en el Consejo de Holofernes, todas las cosas que él mismo había dicho ante todos los jefes de los asirios y las bravatas que Holofernes había proferido contra la casa de Israel. ¹⁸ Entonces el pueblo se postró, adoró a Dios y clamó: ¹⁹ «Señor, Dios del cielo, mira su soberbia, compadécete de la humillación de nuestra raza y mira con piedad el rostro de los que se están consagrados*.» ²⁰ Después dieron ánimos a Ajior y le felicitaron calurosamente, ²¹ y a la salida de la asamblea, Ozías lo condujo a su propia casa y ofreció un banquete a los ancianos Y estuvieron invocando la ayuda del Dios de Israel durante toda la noche.

7

8

9

10

11

12

14

15

16

19

---

5 24 A la concepción religiosa de la historia propuesta por Ajior, oponen la consideración, totalmente humana, de la fuerza. Todo el libro es una ilustración de la tesis de Ajior, repetida por Judit, 11 10.
6 1 «moabitas» texto recibido; «amonitas» griego luc. —En el v. siguiente «Amón» con Vet. Lat. y sir.; «Efraín» texto recibido.
6 6 «lanza» Vet. Lat. y sir.; «muchedumbre» griego.

6 15 El autor del libro parece haberse interesado especialmente por la tribu de Simeón, totalmente eclipsada, sin embargo, en la historia de Israel. El nombre de Ozías recuerda al de Uziel, 1 Cro 4 42. En 9 2-4 Judit rehabilita al Patriarca, censurado en Gn 34 20 y 49 5-7.
6 19 Así era la situación del conjunto de Israel, a consecuencia de la alianza.

II.   *El asedio de Betulia*

Campaña contra Israel.

7 ¹ Al día siguiente ordenó Holofernes a todo su ejército y a todos los pueblos que iban como tropas auxiliares avanzar contra Betulia, ocupar los accesos de la montaña y comenzar las hostilidades contra los israelitas. ² El mismo día levantaron el campamento todos los hombres de su ejército; el número de sus guerreros era de ciento veinte mil infantes* y doce mil jinetes, sin contar los encargados del bagaje y la gran cantidad de hombres que iban a pie con ellos. ³ Acamparon en el valle que hay cerca de Betulia, junto a la fuente, y se desplegaron a lo largo y a lo ancho: desde Dotán hasta Belbáin, y desde Betulia hasta Quiamón, que está frente a Esdrelón. ⁴ Cuando los israelitas vieron tal muchedumbre, quedaron sobrecogidos y se dijeron unos a otros: «Ahora arrasarán éstos toda la tierra y ni los montes más altos ni los barrancos ni las colinas podrán soportar su peso.» ⁵ Tomó cada cual su equipo de guerra, encendieron hogueras en las torres y permanecieron junto a las armas toda aquella noche.

⁶ Al segundo día, Holofernes hizo desfilar toda su caballería ante los israelitas que había en Betulia. ⁷ Inspeccionó todas las subidas de la ciudad, reconoció las fuentes y las ocupó, dejando en ellas guarniciones de soldados; y él se volvió donde su ejército. ⁸ Se acercaron entonces a él los príncipes de los hijos de Esaú, todos los jefes de los moabitas* y los generales del litoral, y le dijeron: ⁹ «Que nuestro señor escuche una palabra y no habrá ni un solo herido en tu ejército. ¹⁰ Este pueblo de los israelitas no confía tanto en sus lanzas como en las alturas de los montes en que habitan. De hecho, no es fácil escalar la cumbre de estos montes.

¹¹ »Por eso, señor, no pelees contra ellos en el orden de batalla acostumbrado, para que no caiga ni un solo hombre de los tuyos. ¹² Quédate en el campamento y conserva todos los hombres de tu ejército. Que tus siervos se apoderen de la fuente que brota en la falda de la montaña, ¹³ porque de ella se abastecen todos los habitantes de Betulia. La sed los destruirá y tendrán que entregarte la ciudad. Nosotros y nuestro pueblo ocuparemos las alturas de los montes cercanos y acamparemos en ellas, vigilando para que no salga de la ciudad ni un solo hombre. ¹⁴ Ellos, sus mujeres y sus hijos, serán consumidos por el hambre y, aun antes de que la espada los alcance, caerán tendidos por las plazas de su ciudad. ¹⁵ Entonces les impondrás un duro castigo por haberse rebelado y no haber salido a tu encuentro en son de paz.»

¹⁶ Parecieron bien estos consejos a Holofernes y a todos sus oficiales, y ordenó que se ejecutara lo que proponían. ¹⁷ Se puso en marcha el ejército moabita*, reforzado por cinco mil asirios, acamparon en el valle y se apoderaron de los depósitos de agua y de las fuentes de los israelitas. ¹⁸ Los edomitas y amonitas, por su parte, acamparon en el monte, frente a Dotán, y enviaron destacamentos hacia el sur y el este, frente a Egrebel, que está al lado de Jus, sobre el torrente Mojmur. El resto del ejército asirio quedó acampado en la llanura y cubría toda su superficie. Sus tiendas y bagajes formaban un campamento inmenso, porque eran una enorme muchedumbre.

¹⁹ Clamaron los israelitas al Señor su Dios, pues su ánimo empezaba a flaquear, viendo que el enemigo les había cercado y cortado toda retirada. ²⁰ Treinta y cuatro días estuvieron cercados por todo el ejército asirio, infantes, carros y jinetes. A todos los habitantes de Betulia se les acabaron las reservas de agua; ²¹ las cisternas se agotaron; ni un solo día se podían beber a satisfacción, porque se les daba el agua racionada. ²² Los niños aparecían abatidos, las mujeres y los adolescentes desfallecían de sed y caían en las plazas y a las salidas de las puertas de la ciudad, faltos de fuerzas.

²³ Todo el pueblo, los adolescentes, las mujeres y los niños, se reunieron en torno a Ozías y a los jefes de la ciudad y clamaron a grandes voces, diciendo delante de los ancianos: ²⁴ «Juzgue Dios entre nosotros y vosotros, pues habéis cometido

1 M 12 28-29

1 R 20 23.28
Sal 68 15.17

10

11

12

13

---

7 2   «ciento veinte mil» con Vulg., ver **2** 15; «ciento setenta mil» griego.
7 8   Los edomitas (los «hijos de Esaú») y los moabitas son los enemigos tradicionales de Israel, Nm 20

23+.
7 17   «moabita» Vet. Lat. y sir.; «amonita» texto recibido. —Aquí, como en **10** 17, la cifra señalada no está en proporción con la misión que se trata de realizar.

una gran injusticia contra nosotros, por no haber hecho tentativas de paz con los asirios. [25] Y ahora no hay nadie que pueda valernos. Dios nos ha entregado en sus manos, para sucumbir ante ellos de sed y destrucción total. [26] Llamadles ahora mismo y entregad toda la ciudad al saqueo de la gente de Holofernes y de todo su ejército. [27] Es mejor que nos convirtamos en botín suyo. Seremos sus esclavos, pero salvaremos la vida y no tendremos que ver cómo se mueren nuestros niños y expiran nuestras mujeres y nuestros hijos en nuestra presencia. [28] Os conjuramos por el cielo y por la tierra, y por nuestro Dios, Señor de nuestros padres, que nos ha castigado por nuestros pecados, y por

los pecados de nuestros padres, que cumpláis ahora mismo nuestros deseos*.» [29] Y toda la asamblea, a una, prorrumpió en gran llanto y clamaron, a grandes voces, al Señor Dios*.

[30] Ozías les dijo: «Tened confianza, hermanos; resistamos aún cinco días, y en este tiempo el Señor nuestro Dios se mostrará compasivo con nosotros, porque no nos ha de abandonar por siempre. [31] Pero si pasan estos días sin recibir ayuda, cumpliré vuestros deseos.» [32] Y despidió a la gente, que ocupó cada cual su puesto. Los hombres fueron a las murallas y torres de la ciudad, y a las mujeres y a los niños los enviaron a casa. Había en la ciudad un gran abatimiento.

III. Judit

Presentación de Judit.

8 [1] Se enteró entonces de ello Judit*, hija de Merarí, hijo de Ox, hijo de José, hijo de Oziel, hijo de Elcías, hijo de Ananías, hijo de Gedeón, hijo de Rafaín, hijo de Ajitob, hijo de Elías, hijo de Jilquías, hijo de Eliab, hijo de Natanael, hijo de Salamiel, hijo de Sarasaday, hijo de Israel*. [2] Su marido Manasés, de la misma tribu y familia que ella, había muerto durante la recolección de la cebada. [3] Mientras estaba en el campo vigilando a los que ataban las gavillas, le dio una insolación a la cabeza, cayó en cama y vino a morir en su ciudad de Betulia. Fue sepultado junto a sus padres, en el campo donde hay entre Dotán y Balamón. [4] Judit llevaba ya tres años y cuatro meses viuda, recogida en su casa. [5] Se había hecho construir un aposento sobre el terrado de la casa, se había ceñido de sayal y vestía ropas de viuda; ayunaba [6] desde que había enviudado, a excepción de los sábados y las vigilias de los sábados, los novilunios y sus vigilias, las solemnidades y los días de regocijo

de la casa de Israel. [7] Era muy bella y muy bien parecida. Su marido Manasés le había dejado oro y plata, siervos y siervas, ganados y campos, de los que ella era dueña, [8] y no había nadie que pudiera decir de ella una palabra maliciosa, porque era muy temerosa de Dios.

Judit y los ancianos.

[9] Oyó, pues, Judit las amargas palabras que el pueblo había dicho contra el jefe de la ciudad, pues habían perdido el ánimo ante la escasez de agua. Supo también todo cuanto Ozías les había respondido y cómo les había jurado que entregaría la ciudad a los asirios al cabo de cinco días. [10] Entonces, mandó llamar a Jabrís y Jarmís, ancianos de la ciudad, por medio de la sierva que tenía al frente de su hacienda. [11] Vinieron y ella les dijo: «Escuchadme, jefes de los vecinos de Betulia. No están bien las palabras que habéis pronunciado hoy ante el pueblo, cuando habéis interpuesto entre Dios y vosotros un juramento, asegurando que entregaríais la ciudad a nuestros enemi-

2 R 4 10
Jc 3 20

---

7 28 «Os conjuramos (...) que cumpláis» sir., Vet. Lat.; el griego añade una negación, pero ésta no es más que un calco de la fórmula hebrea de juramento cuyo sentido es positivo. —El castigo de las faltas individuales queda aquí ligado al castigo colectivo, según la antigua creencia de Israel en la solidaridad del pueblo en la falta y en la pena.

7 29 Vulg. expresa como sigue la oración del pueblo: «[19]Hemos pecado con nuestros padres, hemos obrado injustamente, hemos cometido la iniquidad. [20]Tú, que eres misericordioso, ten piedad de nosotros. O al menos castiga con tu látigo nuestras iniquidades, pero no en-

tregues a los que creen en ti a un pueblo que no te conoce, [21]para que no se diga entre las naciones: ¿Dónde está su Dios? (ver Sal 42 11; Jl 2 17). [22]Y cansados de clamar y hartos de llorar, se callaron.»

8 1 (a) El nombre de Judit (ver Gn 26 34) parece haberse elegido por su significación: «la Judía». Judit, émula de Yael, Jc 4 17-22, es el tipo de la verdadera israelita. En su canto triunfal, 16 2.4, etc. hablará como la nación personificada.

8 1 (b) Esta genealogía omite el nombre de Simeón (que se encuentra en algunos mss y versiones), ver 9 2. Pero el v. 2 supone un nombre de tribu.

Jb 38 2;
40 2s.7s;
42 3

Pr 14 10
1 Co 2 11

Sal 139
16-17
Rm 11 33-34

gos si en el plazo convenido no os enviaba socorro el Señor. [12] ¿Quiénes sois vosotros para permitiros hoy poner a Dios a prueba y suplantar a Dios entre los hombres? [13] ¡Así tentáis al Señor Omnipotente, vosotros que nunca llegaréis a comprender nada! [14] Nunca llegaréis a sondear el fondo del corazón humano, ni podréis apoderaros de los pensamientos de su inteligencia, pues ¿cómo vais a escrutar a Dios que hizo todas las cosas, conocer su inteligencia y comprender sus pensamientos? No, hermanos, no provoquéis la cólera del Señor, Dios nuestro. [15] Si no quiere socorrernos en el plazo de cinco días, tiene poder para protegernos en cualquier otro momento, como lo tiene para aniquilarnos en presencia de nuestros enemigos. [16] Pero vosotros no exijáis garantías a los designios del Señor nuestro Dios, porque Dios no se somete a las amenazas, como un hombre, ni se le marca, como a cualquier mortal, una línea de conducta. [17] Pidámosle más bien que nos socorra, mientras esperamos confiadamente que nos salve. Y él escuchará nuestra súplica, si le place hacerlo*.

15

5 20-21;
11 10

[18] «Verdad es que no hay en nuestro tiempo ni en nuestros días tribu, familia, pueblo o ciudad de las nuestras que se postre ante dioses hechos por mano de hombre, como sucedió en otros tiempos, [19] en castigo de lo cual fueron nuestros padres entregados a la espada y al saqueo, y sucumbieron desastradamente ante sus enemigos. [20] Pero nosotros no conocemos otro Dios que él, y en esto estriba nuestra esperanza de que no nos mirará con desdén ni a nosotros ni a ninguno de nuestra raza*.

Sal 78 56s;
106 13s
Ez 16 15-58
Jr 7 17-20;
14 7 - 15 9+

[21] «Porque si de hecho se apoderan de nosotros, caerá toda Judea; nuestro santuario será saqueado y nosotros tendremos que responder de esta profanación con nuestra propia sangre. [22] La muerte de nuestros hermanos, la deportación de esta tierra y la devastación de nuestra heredad caerá sobre nuestras cabezas, en medio de las naciones en que estemos como esclavos, y seremos para nuestros amos escarnio y mofa, [23] ya que nuestra

esclavitud no concluiría en benevolencia, sino que el Señor nuestro Dios la convertiría en deshonra. [24] Ahora, pues, hermanos, mostremos a nuestros hermanos que su vida depende de nosotros y que sobre nosotros se apoyan las cosas sagradas, el templo y el altar.

[25] «Por todo esto, debemos dar gracias al Señor, nuestro Dios, que ha querido probarnos como a nuestros padres*. [26] Recordad lo que hizo con Abrahán, las pruebas por que hizo pasar a Isaac, lo que aconteció a Jacob en Mesopotamia de Siria, cuando pastoreaba los rebaños de Labán, el hermano de su madre. [27] Como los puso a ellos en el crisol para sondear sus corazones, así el Señor nos hiere a nosotros, los que nos acercamos a él, no para castigarnos, sino para amonestarnos.»

21

22

Gn 22 1-1?
28 5;
29 22-30; .

Dt 4 7

[28] Ozías respondió: «En todo cuanto has dicho, has hablado con recto juicio y nadie podrá oponerse a tus razones, [29] ya que no has empezado hoy a dar muestras de tu sabiduría, sino que de antiguo conoce todo el pueblo tu inteligencia y la bondad de los pensamientos que brotan de tu mente. [30] Pero el pueblo padecía gran sed y nos obligaron a pronunciar aquellas palabras, y a comprometernos con un juramento que no podemos violar. [31] Ahora, pues, tú que eres una mujer piadosa, pide por nosotros al Señor que envíe lluvia para llenar nuestras cisternas, y así no nos veamos acabados.»

[32] Respondió Judit: «Escuchadme. Voy a hacer algo que se transmitirá de generación en generación entre los hijos de nuestra raza. [33] Estad esta noche a la puerta de la ciudad. Yo saldré con mi sierva y antes del plazo que os habéis fijado para entregar la ciudad a nuestros enemigos, vendrá el Señor en defensa de Israel a través de mi acción. [34] No intentéis averiguar lo que quiero hacer, pues no lo diré hasta no haberlo cumplido.» [35] Ozías y los jefes le dijeron: «Vete en paz y que el Señor Dios te preceda para tomar venganza de nuestros enemigos.» [36] Y, dejando el aposento, regresaron a sus puestos.

28

29

30

32

33

34

8 17   Como Job, Jb 38 2, etc., los ancianos de Betulia hacen mal en discutir los designios de Dios. Como él, deben humillarse y callar. Pero el autor de Jdt invita a una confianza más filial que la de Job. Su concepto de la eficacia de la oración es ya cristiano.
8 20   Tesis afirmada por Ajior y que Judit repetirá ante Holofernes. Judit hace con sus compatriotas un

examen de conciencia nacional: tal examen demuestra que el pueblo está libre de la idolatría antaño denunciada por los profetas (como efectivamente lo estuvo al final de la época del segundo Templo).
8 25   Lección de la historia patriarcal (que el autor de Jb no había deducido): la desgracia del justo no es un castigo, sino una prueba.

Oración de Judit.

9 ¹ Cayó Judit, rostro en tierra, echó ceniza sobre su cabeza, dejó ver el sayal que tenía puesto y, a la misma hora en que se ofrecía en Jerusalén, en el templo de Dios, el incienso de aquella tarde*, clamó al Señor en alta voz diciendo:

Ex 30 7-8
Sal 141 2

² Señor, Dios de mi padre Simeón,
a quien diste una espada
para vengarse de los extranjeros
que habían soltado el ceñidor*
de una virgen para mancillarla,
que desnudaron sus caderas
para cubrirla de vergüenza
y profanaron su seno para deshonor.
Tú dijiste: «Eso no se hace»,
y ellos, sin embargo, lo hicieron.
³ Por eso entregaste sus jefes a la muerte,
y su lecho, rojo de vergüenza por su engaño,
lo dejaste con engaño ensangrentado.
Castigaste a los esclavos
junto con los príncipes,
a los príncipes con los siervos*.
⁴ Entregaste al saqueo a sus mujeres,
sus hijas al destierro,
todos sus despojos en reparto
para tus hijos amados,
que se habían encendido de tu celo,
y tuvieron horror a la mancha
hecha a su sangre
y te llamaron en su ayuda.

¡Oh Dios, mi Dios,
escucha a esta viuda!
⁵ Tú que hiciste las cosas pasadas,
las de ahora y las venideras,
que has pensado el presente y el futuro;
y sólo sucede lo que tú dispones,
⁶ y tus designios se presentan
y te dicen: «¡Aquí estamos!»
Pues todos tus caminos
están ya preparados
y tus juicios previstos de antemano.

⁷ Mira, pues, a los asirios
que concentran numerosas tropas,
orgullosos de sus caballos y jinetes,

engreídos por la fuerza de sus infantes,
fiados en sus escudos y en sus lanzas,
en sus arcos y en sus hondas,
y no han reconocido
que tú eres el Señor,
quebrantador de guerras*.
⁸ Tu Nombre es «¡Señor!»
¡Quebranta su poder con tu fuerza!
¡Abate su poderío con tu cólera!,
pues planean profanar tu santuario,
manchar la Tienda en que reposa
la Gloria de tu Nombre,
y derribar con hierro
el cuerno de tu altar.

⁹ Mira su altivez,
desata tu ira sobre sus cabezas;
da a mi mano de viuda
fuerza para lo que he proyectado.
¹⁰ Hiere al esclavo con el jefe,
y al jefe con su siervo,
por la astucia de mis labios.
Abate su soberbia
por mano de mujer.

¹¹ No está en el número tu fuerza,
ni tu poder en los valientes,
sino que eres el Dios de los humildes,
el defensor de los pequeños,
apoyo de los débiles,
refugio de los desvalidos,
salvador de los desesperados*.

¹² ¡Sí, sí! Dios de mi padre
y Dios de la herencia de Israel,
Señor de los cielos y la tierra,
Creador de las aguas,
Rey de toda tu creación,
¡escucha mi plegaria!
¹³ Dame una palabra seductora
para herir y matar
a los que traman duras decisiones
contra tu alianza,
contra tu santo templo
y contra el monte Sión
y la casa propiedad de tus hijos.

¹⁴ Haz reconocer a naciones y tribus
que tú eres Yahvé,
Dios* de toda fuerza y poder,
y que no hay protector fuera de ti
para la estirpe de Israel.

Margin references (left column): 6 15+ · Gn 34 · 3 · 4 · Is 44 7 · Sal 115 3; 135 6 · Ba 3 35 · Jb 38 35 · Is 46 9-13 · 5 23; 6 2 · 33 16-17

Margin references (right column): 2 M 8 18 · 10 · 16 2 · Sal 46 10; 76 4 · 11 · 12 · 1 S 14 6 · Jc 7 4-7 · 17 · Est 4 17ᶜ⁻ᵉ · Jdt 10 4; 11 20.23; 16 6.9 · 19

---

9 1   El autor se refiere a menudo a Jerusalén, al templo, al culto, al sumo sacerdote; 4 2-3.6-8; 5 19; 8 21-24; 9 8.13; 15 8; 16 18.
9 2   «el ceñidor» conj.; «el vientre» griego. La expresión «soltar la cintura» tiene el sentido de «casarse con»; aquí, «tener relaciones con».
9 3   Verso corregido según 9 10; ver Sb 18 11; griego: «y los príncipes en sus tronos».
9 7   La presunción de los paganos, orgullosos de su

fuerza militar, siempre fue para Israel un escándalo y una razón para esperar con confianza la ayuda de Dios, ver Ha 1 12-17; Is 30 15; 31 1-3, etc.
9 11   Aquí aparece la religión de los «pobres», característica de la piedad del AT, ver So 2 3+.
9 14   Aquí y en 13 11, el griego dice: «Dios, Dios», fraseología de los Salmos retocados por el elohísta, ver Sal 45 8; 50 7.

IV.   Judit y Holofernes

Judit se dirige al campamento de Holofernes.

10 [1] Acabada su plegaria al Dios de Israel, y dichas todas estas palabras, [2] se levantó Judit del suelo, llamó a su sierva y, bajando a la casa donde pasaba los sábados y solemnidades, [3] se quitó el sayal que vestía, se despojó de sus vestidos de viuda, se bañó toda, se ungió con perfumes exquisitos, se peinó, se puso una diadema en el cabello y se vistió la ropa que llevaba cuando era feliz, en vida de su marido Manasés. [4] Se calzó las sandalias, se puso los collares, brazaletes y anillos, sus pendientes y todas sus joyas, y realzó su hermosura cuanto pudo, con ánimo de seducir a todos los hombres que la viesen*. [5] Luego entregó a su sierva un odre de vino y un cántaro de aceite, llenó una alforja con harina de cebada, tortas de higos y panes puros*, empaquetó las provisiones y se lo entregó todo igualmente a su sierva. [6] A continuación, se dirigieron a la puerta de la ciudad de Betulia, donde se encontraron con Ozías y con Jabrís y Jarmís, ancianos de la ciudad. [7] Cuando vieron a Judit con el rostro transformado y mudada de vestidos, se quedaron maravillados de su extremada hermosura y le dijeron:

[8] «¡Que el Dios de nuestros padres
te haga alcanzar favor
y dé cumplimiento a tus designios,
para gloria de los hijos de Israel
y exaltación de Jerusalén!»

[9] Ella adoró a Dios y les dijo: «Mandad que me abran la puerta de la ciudad para que vaya a poner por obra los deseos de que me habéis hablado.» Ellos mandaron a los jóvenes que le abrieran, tal como lo pedía. [10] Así lo hicieron, y salió Judit con su sierva. Los hombres de la ciudad la siguieron con la mirada mientras descendía por la ladera, hasta que llegó al valle; y allí la perdieron de vista.

[11] Avanzaron ellas a través del valle, hasta que les salió al encuentro una avanzada de los asirios, [12] que la detuvieron y preguntaron: «¿Quién eres? ¿De dónde vienes? ¿A dónde vas?» Ella respondió: «Hija de hebreos soy y huyo de ellos, porque están a punto de ser devorados por vosotros. [13] Vengo a presentarme ante Holofernes, jefe de vuestro ejército, para hablarle con sinceridad* y mostrarle un camino por el que pueda pasar para adueñarse de toda la montaña, sin que perezca ninguno de sus hombres y sin que se pierda una sola vida.» [14] Oyéndola hablar aquellos hombres, y viendo la admirable hermosura de su rostro, le dijeron: [15] «Has salvado tu vida con tu decisión de bajar a presentarte ante nuestro señor. Dirígete a su tienda, que algunos de los nuestros te acompañarán hasta ponerte en sus manos. [16] Cuando estés en su presencia, no tengas miedo; anúnciale tus propósitos y él se portará bien contigo.» [17] Y eligieron entre ellos cien hombres que le dieran escolta a ella y a su sierva y las llevaran hasta la tienda de Holofernes.

[18] Habiéndose corrido por todas las tiendas la noticia de su llegada, concurrió la gente del campamento, que hicieron corro en torno a ella, mientras esperaba, fuera de la tienda, que la anunciasen a Holofernes. [19] Se quedaban admirados de su belleza y, por ella, admiraban a los israelitas, diciéndose unos a otros: «¿Quién puede menospreciar a un pueblo que tiene mujeres como ésta? ¡Sería un error dejar con vida a uno solo de ellos, porque los que quedaran, serían capaces de engañar a todo el mundo!»

[20] Salieron, pues, los de la escolta personal de Holofernes y todos sus servidores y la introdujeron en la tienda. [21] Estaba Holofernes descansando en su lecho, bajo colgaduras de oro y púrpura recamadas de esmeraldas y piedras preciosas. [22] Se la anunciaron y él salió hasta la entrada de la tienda, precedido de lámparas de plata*. [23] Cuando Judit llegó

Marginal references (left column): 8 6 · 9 13+ · Est 4 17ʸ · Lv 17 10-14

Marginal references (right column): 18 · 19

---

10 4   La Vulg. añade: «El Señor le concedió también hermosura porque este atavío no se inspiraba en la sensualidad, sino en el valor» (ver Est **5** 1 griego y **15** 4-5 Vulg.). El griego, que refiere sin pestañear la audaz empresa de Judit, deja entender, hasta el grito de acción de gracias de 13 16, la ayuda divina que la conservará incólume.

10 5   Judit parece más escrupulosa que Ester respecto de la pureza legal, incluso más exigente que la misma Ley, ver 11 17; 12 6-9.

10 13   Las protestas de veracidad, ver 11 5.10, que se atribuyen a Judit, resuelta a engañar a Holofernes, 11 12-19, se han de entender en el contexto moral de la época patriarcal (ver Gn 27 1-25; 34 13-29; 37 32-34) o de las guerras de Yahvé (Jos 2 1-7; Jc 4 17-22), en que el autor quiere situarse.

10 22   La tienda de Holofernes, ver también 12 1; 13 1-3; 14 14-15, parece ser un pabellón amplio y ricamente

ante Holofernes y sus ministros, todos se
²⁰ maravillaron de la hermosura de su rostro. Cayó ella rostro en tierra y se postró
ante él, pero los siervos la levantaron.

Primera entrevista de Judit y Holofernes.

11 ¹ Holofernes le dijo: «Ten confianza, mujer, no tengas miedo, porque yo ningún mal hago a quien se decide a servir a Nabucodonosor, rey de
toda la tierra. ² Tampoco contra tu pueblo de la montaña habría alzado yo mi
lanza, si ellos no me hubieran despreciado; pero ellos mismos se lo han buscado.
³ Dime ahora por qué razón huyes de
ellos y te pasas a nosotros. Desde luego,
al venir aquí te has salvado. Ten confianza; vivirás esta noche y las restantes.
⁴ Nadie te hará ningún mal; serás bien
tratada, como se hace con los siervos de
mi señor, el rey Nabucodonosor.»

⁴ ⁵ Respondió Judit: «Acoge las palabras
de tu sierva, y que tu sierva pueda hablar
en tu presencia. Ninguna falsedad diré
esta noche a mi señor*. ⁶ Si te dignas seguir los consejos de tu sierva, Dios actuará contigo hasta el fin y mi señor no
fracasará en sus proyectos. ⁷ ¡Viva Nabucodonosor, rey de toda la tierra y viva
su poder, que te ha enviado para poner
en el recto camino a todo viviente! Porque gracias a ti no le sirven tan sólo los
hombres, sino que, por medio de tu fuerza, hasta las fieras salvajes, los ganados
y las aves del cielo viven para Nabucodonosor y para toda su casa.

⁶ ⁸ «Hemos oído hablar de tu sabiduría
y de la prudencia de tu espíritu, y se dice
por toda la tierra que tú eres el mejor en
todo el reino, de profundos conocimientos y admirable como estrategia. ⁹ Por lo
que se refiere al discurso que Ajior pronunció en tu Consejo, nosotros hemos
oído sus mismas palabras, pues los hombres de Betulia le han salvado y él les refirió todo lo que le dijo. ¹⁰ Acerca de esto,
dueño y señor, no desestimes sus palabras; tenlas bien presentes, porque responden a la verdad*. Pues nuestra raza
no recibe castigo ni la espada tiene poder sobre ellos si no han pecado contra
su Dios. ¹¹ Pero precisamente para que
mi señor no se vea rechazado y con las
manos vacías, la muerte va a descender
sobre sus cabezas. Han caído en un pecado con el que provocan la cólera de su
Dios cada vez que cometen tal desorden.
¹² En vista de que se les acaban los víveres y escasea el agua, han deliberado
echar mano de sus ganados y están ya
decididos a consumir todo aquello que
su Dios, por sus leyes, les ha prohibido
comer*. ¹³ Han decidido, igualmente,
consumir las primicias del trigo y el
diezmo del vino y del aceite que habían
reservado, porque están consagrados a
los sacerdotes responsables del servicio
de nuestro Dios en Jerusalén, y que ningún laico puede ni tan siquiera tocar con
la mano*. ¹⁴ Han enviado mensajeros a
Jerusalén (cuyos habitantes hacen estas
mismas cosas) para recabar del Consejo
de Ancianos los permisos. ¹⁵ Y en cuanto
les sea concedido y lo realicen, en ese
mismo momento te serán entregados
para su destrucción. ¹⁶ Cuando yo, tu esclava, supe todo esto, huí de ellos. Mi
Dios me ha enviado para que yo haga
contigo cosas de las que se pasmará toda
la tierra y todos cuantos las oigan. ¹⁷ Porque tu esclava es piadosa y sirve noche y
día al Dios del Cielo. Ahora, mi señor,
quisiera quedarme a tu lado. Tu sierva
saldría por las noches hacia el barranco
para suplicar a mi Dios y me dirá
cuándo han cometido su pecado. ¹⁸ Yo
vendré a comunicártelo y entonces tú
saldrás con todo tu ejército y ninguno de
ellos podrá resistirte. ¹⁹ Yo te guiaré por
medio de Judea hasta llegar a Jerusalén
y haré que te asientes en medio de ella.
Tú los saquearás como a rebaño sin pastor, y ni un perro ladrará contra ti. He
tenido el presentimiento de todo esto;
me ha sido anunciado y he sido enviada
para comunicártelo.»

²⁰ Agradaron estas palabras a Holofernes y a todos sus servidores, que estaban
admirados de su sabiduría, y dijeron:
²¹ «De un cabo al otro del mundo, no hay
mujer como ésta, de tanta hermosura en
el rostro y tanta sensatez en las pala-

Marginal references (left column)

10 13+

Jr 27 6
Ba 3 16-17
Dn 2 38

Marginal references (right column)

⁹
¹⁰
¹¹
¹²

Dt 14 22

¹³

11 5+

¹⁴

¹⁵

¹⁶
¹⁷

¹⁸

¹⁹

---

decorado. La fantasía del narrador se ha desbordado en
esta presentación de una tienda de ejército en campaña,
aunque se tratara de la de un general en jefe.
11 5 El discurso de Judit emplea hábilmente el equívoco. La acción y el Señor que se nombran en el v. 6 no
son los mismos para Judit que habla y para Holofernes
que escucha. Idéntico doble sentido en el v. 16. Y, en el
v. 8, Judit hace el elogio de la sagacidad de Holofernes

en el mismo momento en que se burla de él.
11 10 Nueva ambigüedad: la tesis de Ajior es verdadera, no lo es el comportamiento que Judit va a atribuir
a los judíos.
11 12 Vulg. hace consistir la infracción en el uso de la
sangre, ver Lv 17 10-14.
11 13 También aquí exagera el autor las exigencias de
la Ley, quizá conforme a una tradición farisea.

bras.» ²² Holofernes le dijo: «Bien ha hecho Dios en enviarte por delante de tu pueblo, para que esté en nuestras manos el poder, y la ruina en manos de los que han despreciado a mi señor. ²³ Por lo demás, eres tan bella de aspecto como prudente en tus palabras. Si haces lo que has prometido, tu Dios será mi Dios, vivirás en el palacio del rey Nabucodonosor y serás famosa en toda la tierra.»

12 ¹ Mandó luego que la introdujeran donde tenía su vajilla y ordenó que le sirvieran de sus propios manjares y le dieran a beber de su propio vino. ² Pero Judit dijo: «No debo comer esto, para que no me sea ocasión de falta. Que me den de las provisiones que traje conmigo.» ³ Holofernes le dijo: «Cuando se te acaben las cosas que tienes, ¿de dónde podremos traerte otras iguales? Porque no hay nadie de los tuyos con nosotros.» ⁴ Respondió Judit: «Por tu vida, mi señor, que, antes que tu sierva haya consumido lo que traje, cumplirá el Señor, por mi mano, sus designios.» ⁵ Los siervos de Holofernes la condujeron a la tienda, y ella durmió hasta media noche. Al acercarse la vigilia de la aurora, se levantó ⁶ y envió a decir a Holofernes: «Ordene mi señor que se dé a tu sierva permiso para salir a orar.» ⁷ Holofernes ordenó a su escolta que no se lo impidieran. Judit permaneció tres días en el campamento. Cada noche se dirigía hacia el barranco de Betulia y se lavaba en la fuente donde estaba el puesto de guardia. ⁸ A su regreso, suplicaba al Señor, Dios de Israel, que diese buen fin a sus proyectos para exaltación de los hijos de su pueblo. ⁹ Y, ya purificada, entraba en la tienda y allí permanecía hasta que le traían su comida de la tarde.

Judit en el banquete de Holofernes.

¹⁰ Al cuarto día, dio Holofernes un banquete exclusivamente para sus oficiales; no invitó a ninguno de los encargados de los servicios. ¹¹ Dijo, pues, a Bagoas, el eunuco que tenía al frente de sus negocios: «Trata de persuadir a esa mujer hebrea que tienes contigo de que venga a comer y beber con nosotros. ¹² Sería una vergüenza para nosotros que dejáramos marchar a tal mujer sin habernos entretenido con ella*. Si no somos capaces de atraer-

la, luego hará burla de nosotros.» ¹³ Salió Bagoas de la presencia de Holofernes, entró en la tienda de Judit y dijo: «Que esta bella esclava no se niegue a venir donde mi señor, para ser honrada en su presencia, para beber vino alegremente con nosotros y ser, en esta ocasión, como una de las hijas de los asirios que viven en el palacio de Nabucodonosor.» ¹⁴ Judit le respondió: «¿Quién soy yo para oponerme a mi señor? Haré prontamente todo cuanto le agrade y ello será para mí motivo de gozo mientras viva.»

¹⁵ Después se levantó y se engalanó con sus vestidos y todos sus ornatos femeninos. Se adelantó su sierva para extender en tierra, frente a Holofernes, los tapices que había recibido de Bagoas para el uso cotidiano, con el fin de que pudiera tomar la comida reclinada sobre ellos*. ¹⁶ Entrando luego Judit, se reclinó. El corazón de Holofernes quedó arrebatado por ella, su alma quedó turbada y experimentó un violento deseo de unirse a ella, pues, desde el día que la vio, andaba buscando ocasión de seducirla. ¹⁷ Díjole Holofernes: «¡Bebe, pues, y comparte la alegría con nosotros!» ¹⁸ Judit respondió: «Beberé, señor, pues nunca, desde el día en que nací, nunca estimé en tanto mi vida como ahora.» ¹⁹ Y comió y bebió, frente a él, sirviéndose de las provisiones que su sierva había preparado. ²⁰ Holofernes, que se hallaba bajo el influjo de su encanto, bebió vino tan copiosamente como jamás lo había hecho en toda su vida.

13 ¹ Cuando se hizo tarde, sus oficiales se apresuraron a retirarse. Bagoas cerró la tienda por el exterior, después de haber apartado de la presencia de su señor a los que todavía quedaban; y todos se fueron a dormir, aturdidos por el exceso de bebida. ² Sólo quedaron en la tienda Judit y Holofernes, desplomado sobre su lecho y rezumando vino. ³ Judit había mandado a su sierva que se quedara fuera de su dormitorio y esperase a que saliera, como los demás días. Porque, en efecto, ella había dicho que saldría para hacer su oración, y en este mismo sentido había hablado a Bagoas. ⁴ Todos se habían retirado; nadie, ni grande ni pequeño, quedó en la alcoba. Judit, puesta de pie junto al lecho, dijo para sus adentros:

---

²⁰

²¹

10 5+
Dn 1 8
Est 4 17ˢ

⁷

⁸

¹¹

¹²

^{13 14}

¹⁵

¹⁶

¹⁷

²

^{3 4}

⁵

---

12 12 «sin habernos entretenido», eufemismo, ver Dn 13 54.58.

12 15 La suerte de Israel se va a decidir, como en Ester, en el curso de un banquete.

«¡Oh Señor, Dios de toda fuerza!
Atiende, en esta hora,
a la empresa de mis manos
para exaltación de Jerusalén.
⁵ Ha llegado el momento
de esforzarse por tu heredad
y hacer que mis decisiones
sean la ruina de los enemigos
que se alzan contra nosotros.»

⁶ Avanzó, después, hasta la columna del lecho que estaba junto a la cabeza de Holofernes, tomó de allí su cimitarra, ⁷ se acercó al lecho, agarró la cabeza de Holofernes por los cabellos y dijo: «¡Dame fortaleza, Dios de Israel, en este momento!» ⁸ Y, con todas sus fuerzas, descargó dos golpes sobre el cuello y le cortó la cabeza. ⁹ Después hizo rodar el tronco fuera del lecho, arrancó las colgaduras de las columnas y, saliendo, entregó la cabeza de Holofernes a su sierva, ¹⁰ que la metió en la alforja de las provisiones. Luego salieron las dos juntas a hacer la oración, como de ordinario, atravesaron el campamento, contornearon el barranco, subieron por el monte de Betulia y se presentaron ante las puertas de la ciudad.

Judit lleva a Betulia la cabeza de Holofernes.

¹¹ Judit gritó desde lejos a los centinelas de las puertas: «¡Abrid, abrid la puerta! El Señor, nuestro Dios, está con nosotros para hacer todavía hazañas en Israel y mostrar su poder contra nuestros enemigos, como lo ha hecho hoy mismo.» ¹² Al oír su voz, los hombres de la ciudad bajaron rápidamente a la puerta y llamaron a los ancianos. ¹³ Acudieron todos corriendo, desde el más grande al más chico, porque no tenían esperanza de que ella volviera. Abrieron, pues, la puerta, las recibieron y, encendiendo una hoguera para que se pudiera

ver, hicieron corro en torno a ellas. ¹⁴ Judit les dijo a voz en grito: «¡Alabad a Dios, alabadle! Alabad a Dios, que no ha apartado su misericordia de la casa de Israel, sino que esta noche ha destrozado a nuestros enemigos por mi mano.» ¹⁵ Y sacando de la alforja la cabeza, se la mostró, diciéndoles: «Mirad la cabeza de Holofernes, jefe supremo del ejército asirio, y mirad las colgaduras bajo las cuales se acostaba en sus borracheras. ¡El Señor le ha herido por mano de mujer! ¹⁶ ¡Vive el Señor!, que me ha guardado en el camino que emprendí, que Holofernes fue seducido, para perdición suya, por mi rostro, pero no ha cometido conmigo ningún pecado que me manche o me deshonre*.»

¹⁷ Todo el pueblo quedó lleno de estupor y, postrándose, adoraron a Dios y dijeron a una: «¡Bendito seas Dios nuestro, que has aniquilado el día de hoy a los enemigos de tu pueblo!» ¹⁸ Ozías dijo a Judit*:

«¡Bendita seas, hija del Dios Altísimo
más que todas las mujeres de la tierra!
Y bendito sea Dios, el Señor,
Creador del cielo y de la tierra,
que te ha guiado para cortar la cabeza
del jefe de nuestros enemigos.
¹⁹ Jamás tu confianza
faltará en el corazón de los hombres,
que recordarán la fuerza
de Dios eternamente.
²⁰ Que Dios te conceda,
para exaltación perpetua,
ser favorecida con todos los bienes,
porque no vacilaste en exponer tu vida
a causa de la humillación de nuestra raza.
Detuviste nuestra ruina
procediendo rectamente ante nuestro Dios.»

Todo el pueblo respondió: «¡Amén, amén!»

Jc 4 21

Ex 15 1-2
al 48 8-12;
68; 98 1-3

17 18

19

22

23

Jc 5 24
/ Lc 1 28.42

24

25

26

---

13 16 Al v. 16 corresponden los 20-21 de la Vulg.: «²⁰¡Vive el Señor! porque su ángel me ha protegido mientras iba (hacia Holofernes), durante mi estancia y a mi regreso. El Señor no ha permitido que yo, su esclava, fuera mancillada, sino que me ha hecho volver entre vosotros sin mancha de pecado, gozosa de mi vic-

toria, de mi evasión y de vuestra liberación. ²¹Celebradle todos porque es bueno, porque es eterna su misericordia» (ver Sal 136 1).
13 18 El texto de la Vulg., aun desarrollando las mismas ideas, es bastante diferente.

V. La victoria

Los judíos asaltan el campamento asirio.

14 ¹ Judit les dijo: «Escuchadme, hermanos; tomad esta cabeza y colgadla en el saliente de nuestras murallas. ² Y apenas despunte el alba y salga el sol sobre la tierra, empuñaréis cada uno vuestras armas y saldréis fuera de la ciudad todos los hombres capaces. Que se ponga uno al frente, como si intentarais bajar a la llanura, contra la avanzada de los asirios. Pero no bajéis. ³ Los asirios tomarán sus armas y marcharán a su campamento para despertar a los jefes del ejército de Asiria. Correrán a la tienda de Holofernes, pero al no dar con él, quedarán aterrorizados y huirán ante vosotros. ⁴ Entonces, vosotros y todos los habitantes del territorio de Israel saldréis en su persecución y los abatiréis en la retirada.

⁵ «Pero antes, traed aquí a Ajior el amonita*, para que vea y reconozca al que despreciaba a la casa de Israel, al que le envió a nosotros como destinado a la muerte.» ⁶ Hicieron, pues, venir a Ajior desde la casa de Ozías. Al llegar y ver que uno de los hombres de la asamblea del pueblo tenía en la mano la cabeza de Holofernes, cayó al suelo, desvanecido. ⁷ Cuando lo reanimaron, se echó a los pies de Judit, se postró ante ella y dijo:

«¡Bendita seas en las tiendas de Judá
y en todas las naciones,
que, cuando oigan tu nombre,
se sentirán turbadas!»

⁸ «Y ahora, cuéntame lo que has hecho durante este tiempo.» Judit le contó, en presencia del pueblo, todo cuanto había hecho, desde que salió hasta el momento en que se le estaba hablando. ⁹ Cuando hubo acabado su relato, todo el pueblo lanzó grandes aclamaciones y en toda la ciudad resonaron los gritos de alegría. ¹⁰ Ajior, por su parte, viendo todo cuanto había hecho el Dios de Israel, creyó en él firmemente, se hizo circuncidar y quedó anexionado para siempre* a la casa de Israel.

¹¹ Apenas despuntó el alba, colgaron de la muralla la cabeza de Holofernes, tomaron las armas todos los hombres de Israel y salieron, por grupos, hacia las subidas. ¹² Al verlos los asirios, comunicaron la novedad a sus oficiales, que a su vez la fueron comunicando a sus estrategas, comandantes y a todos sus jefes, ¹³ hasta llegar a la tienda de Holofernes. Dijeron, pues, a su intendente general: «Despierta a nuestro señor, porque esos esclavos* tienen la osadía de bajar a combatir contra nosotros, para hacerse exterminar completamente.» ¹⁴ Entró, pues, Bagoas y dio palmadas* ante la cortina de la tienda, porque suponía que Holofernes estaría durmiendo con Judit. ¹⁵ Como nadie respondía, apartó la cortina, entró en el dormitorio y lo encontró tendido sobre el umbral*, muerto y decapitado. ¹⁶ Dio entonces un gran grito, con gemidos, llanto y fuertes alaridos, al tiempo que rasgaba sus vestiduras. ¹⁷ Entró luego en la tienda en que se había aposentado Judit y, al no verla, se precipitó hacia la tropa gritando: ¹⁸ «¡Esas esclavas eran unas pérfidas! Una sola mujer hebrea ha llenado de vergüenza la casa del rey Nabucodonosor. ¡Mirad a Holofernes, derribado en tierra y decapitado!» ¹⁹ Cuando los jefes del ejército asirio oyeron estas palabras, su ánimo quedó turbado hasta el extremo, rasgaron sus túnicas y recorrieron el campamento lanzando gritos y voces.

15 ¹ Los del campamento, al oírlo, quedaron estupefactos; ² fueron presa del terror y del pánico, y nadie ya fue capaz de mantenerse al lado de sus compañeros. Huyeron todos a la desbandada, por todos los caminos, por la llanura y la montaña. ³ También los que estaban acampados en la altura, sitiando a Betulia, se dieron a la fuga. Entonces, todos los hombres de guerra de Israel cayeron sobre ellos. ⁴ Ozías mandó aviso a Betomestáin, a Bebé, Jobá y Colá, y a los habitantes de la montaña de Israel, dando noticia de cuanto había pasado, para que todos se arrojaran sobre los enemigos y

Margin references (left):
14.¹
13.²⁷ ²⁸
²⁹
³⁰
³¹
Dt 23 4-5

Margin references (right):
14.⁷
⁸
⁹ ¹¹
¹²
¹³
¹⁴
¹⁵
13 15;
16 5-9
Jc 9 54
¹⁷
¹⁸

---

14 5 Vulg. ha colocado la intervención de Ajior al fin del cap 13, y pone en boca de Judit un breve discurso que recuerda la presunción de Holofernes.
14 10 Lit. «hasta hoy», ver también 1 5. —La anexión de Ajior a Israel es una rehabilitación de los amonitas, ver Dt 23 4-5.

14 13 Vulg.: «Las ratas salidas de los agujeros han tenido la audacia de provocarnos a combate».
14 14 «dio palmadas» algunos mss: «sacudió (la cortina)» griego.
14 15 «umbral» (griego *jelōnis»*) trad. conjetural.

los exterminaran. ⁵ Cuando los israelitas lo supieron, todos, como un solo hombre, se lanzaron sobre los asirios y los batieron hasta Jobá. También acudieron los de Jerusalén y los de la montaña*, porque también a ellos se les dio noticia de lo sucedido en el campo enemigo; de igual modo, los de Galaad y Galilea, atacándolos de flanco, les hicieron enorme estrago hasta que pudieron refugiarse en Damasco y su región. ⁶ En cuanto a los demás habitantes de Betulia, cayeron sobre el campamento asirio, lo saquearon y obtuvieron grandes riquezas. ⁷ Los israelitas, de vuelta de la matanza, se hicieron dueños del resto; también los de las aldeas y granjas de la montaña y del llano obtuvieron gran botín, porque había una abundancia incalculable.

Acción de gracias.

⁸ El sumo sacerdote Joaquín, con el Consejo de Ancianos de Israel y los habitantes de Jerusalén, vinieron a contemplar los beneficios que el Señor había hecho a Israel, y a ver y saludar a Judit. ⁹ Al llegar ante ella, todos a una la bendijeron diciendo:

«Tú eres la exaltación de Jerusalén,
tú el gran orgullo de Israel,
tú la suprema gloria de nuestra raza.

¹⁰ Al hacer todo esto por tu mano
has procurado la dicha de Israel
y Dios se ha complacido
en todo lo que has hecho.
Bendita seas del Señor Omnipotente
por siglos infinitos*.»

Y todo el pueblo respondió: «¡Amén!»

¹¹ Todo el pueblo estuvo recogiendo botín del campamento durante treinta días; dieron a Judit la tienda de Holofernes, con toda su vajilla de plata, sus divanes, sus vasijas y todo su mobiliario. Ella lo tomó y lo cargó sobre su mula, preparó sus carros y lo amontonó todo encima. ¹² Todas las mujeres de Israel acudieron para verla y la bendecían danzando en corro. Judit tomaba tirsos con

la mano y los distribuía entre las mujeres que estaban a su lado*. ¹³ Ellas y sus acompañantes se coronaron con ramas de olivo; después, dirigiendo el corro de las mujeres, se puso danzando a la cabeza de todo el pueblo. La seguían los hombres de Israel, armados con sus armas, llevando coronas y cantando himnos. ¹⁴ Judit entonó, en medio de todo Israel, este himno de acción de gracias y todo el pueblo repetía sus alabanzas*:

16 ¹ ¡Alabad a mi Dios con tamboriles,
elevad cantos al Señor con címbalos,
entonadle un salmo de alabanza,
ensalzad e invocad su Nombre!

² Porque el Señor es un Dios
exterminador de guerras,
porque en sus campos,
en medio de su pueblo,
me arrancó de la mano
de mis perseguidores.

³ Los asirios de los montes del norte
vinieron con tropa innumerable;
su muchedumbre obstruía los torrentes,
y sus caballos cubrían las colinas.

⁴ Hablaban de incendiar mis tierras,
de pasar mis jóvenes a espada,
de estrellar contra el suelo a los bebés,
de entregar como botín a mis niños
y dar como presa a mis doncellas.

⁵ El Señor Omnipotente
por mano de mujer los anuló.

⁶ Que no fue derribado su caudillo
por jóvenes guerreros,
ni le hirieron hijos de Titanes,
ni altivos gigantes lo vencieron;
lo subyugó Judit, hija de Merarí,
con sólo la hermosura de su rostro.

⁷ Se despojó de sus vestidos de viuda,
para exaltar a los afligidos de Israel;
ungió su rostro de perfumes,

⁸ prendió con una cinta sus cabellos,
ropa de lino vistió para seducirle.

⁹ La sandalia de ella le robó los ojos,
su belleza cautivóle el alma...
¡y la cimitarra atravesó su cuello!

¹⁰ Se pasmaron los persas con su audacia,

Est 9 5.16

Ex 15 20
Jc 11 34
1 S 18 6
r 31 4.13

16.¹

Sal 81 2-4;
135 1-3;
149 1-3

9 7
Ex 15 3
Sal 46 10;
68 31; 76 4

6

7

8

9

10

11

12

15 5   La montaña de Judá.
15 10 En lugar del v. 10, la Vulg. (v. 11) dice: «Porque has obrado varonilmente. Tu corazón se ha fortalecido porque has amado la castidad, y después de tu marido no has querido conocer a ningún otro. Por eso la mano de Dios te ha dado fuerza. Por lo que serás eternamente bendita.»
15 12 Son muy conocidos estos cortejos (ver las referencias en el margen), pero los adornos de coronas de

follaje, v. 13, eran propiamente costumbre griega. Tampoco aparecen en la Biblia, hasta 2 M 10 7, los tirsos, ramos o bastones decorados de follaje. Sin embargo sí existía la costumbre de agitar ramas para expresar la alegría, Lv 23 40, ver Jn 12 13; Ap 7 9.
15 14 El poema está compuesto como un salmo hímnico y utiliza, en los vv. 13-16, locuciones frecuentes en los salmos.

se turbaron los medos por su teme-
ridad.
¹¹ Entonces clamaron mis humildes,
y ellos temblaron de miedo;
clamaron mis débiles,
y ellos quedaron aterrados;
alzaron su voz éstos,
y ellos se dieron a la fuga.

5 23
6 5

¹² Hijos de jovenzuelas los asaetearon,
como a hijos de desertores los hirieron,
perdieron en la batalla contra mi Señor.

Sal 144 9
Sal 86 10;
147 5

¹³ Cantaré a mi Dios un cantar nuevo:

«¡Tú eres grande, Señor, eres glorioso,
admirable en poder e insuperable!»

17

Sal 33 9;
148 5
Sal 104 30
Est 4¹⁷ᵇ

¹⁴ Sírvante a ti las criaturas todas,
pues hablaste tú y fueron hechas,
enviaste tu espíritu y las hizo,
y nadie puede resistir tu voz.

Sal 97 5
Jc 5 5

¹⁵ Pues los montes, desde sus cimientos,
serán sacudidos con las aguas;
las rocas en tu presencia
se fundirán como cera;
pero con aquellos que te temen,
te muestras tú siempre propicio.

Sal 25 14;
103 13

Sal 51 18-19

¹⁶ Porque es muy poca cosa
todo sacrificio de calmante aroma,
y apenas es nada la grasa
para serte ofrecida en holocausto.
Mas quien teme al Señor
será grande para siempre.

Si 34 13-17

Jc 5 31
Jl 4 1-4

¹⁷ ¡Ay de las naciones
que se alzan contra mi raza!
El Señor Omnipotente las castigará
en el día del juicio.

Entregará sus cuerpos
al fuego y a los gusanos,
y gemirán en dolor eternamente.

Is 66 24+

¹⁸ Cuando llegaron a Jerusalén, adoraron a Dios y, una vez purificado el pueblo, ofrecieron sus holocaustos, sus ofrendas voluntarias y sus dones. ¹⁹ Judit ofreció todo el mobiliario de Holofernes, que el pueblo le había concedido, y entregó a Dios en anatema las colgaduras que ella misma había tomado del dormitorio de Holofernes. ²⁰ Durante tres meses per-maneció el pueblo en Jerusalén, cele-brando festejos delante del santuario. También Judit estaba presente.

Jos 6 17+
Nm 31 48-5
Dt 13 13-19
Lv 27 28-29

Ancianidad y muerte de Judit.

²¹ Pasados aquellos días, se volvió cada uno a su heredad. Judit regresó a Betu-lia, donde vivió disfrutando de su ha-cienda; fue en su tiempo muy famosa en toda aquella tierra. ²² Muchos la preten-dieron, pero ella no tuvo relaciones con ningún hombre en toda su vida, desde que su marido Manasés murió y fue a reunirse con su pueblo. ²³ Vivió hasta la avanzada edad de ciento cinco años*, transcurriendo su ancianidad en casa de su marido. A su sierva le concedió la li-bertad. Murió en Betulia y fue sepultada en la cueva de su marido Manasés. ²⁴ La casa de Israel la lloró durante siete días. Antes de morir, distribuyó su hacienda entre los parientes de su marido Mana-sés y entre sus propios parientes.

²⁵ Nadie ya atemorizó a los israelitas mientras vivió Judit, ni en mucho tiem-po después de su muerte*.

25

26

28

Gn 23 19;
49 29-32
29

Jc 3 11+

---

16 23 Esta edad tan avanzada termina por colocar a Judit en el rango de los héroes de la época patriarcal, ver Gn 23 1; 35 28; 50 26.
16 25 Este final recuerda las conclusiones del libro de los Jueces. Vulg. añade (v. 31): «El aniversario de la

fiesta de esta victoria es considerada por los hebreos como día sagrado; los judíos lo celebran desde enton-ces hasta el día de hoy.» De hecho no poseemos ningún vestigio de esta solemnidad, pero ver Est 9 27s; 1 M 7 48-49.

ESTER*

Preliminares

Sueño de Mardoqueo.

11.²

1 ¹ᵃ *El año segundo del reinado del rey Asuero* el Grande, el día uno del mes de Nisán, tuvo un sueño* Mardoqueo, hijo de Yaír, hijo de Semeí, hijo de Quis, de la tribu de Benjamín,* ¹ᵇ*judío, que habitaba en la ciudad de Susa*, varón ilustre, adscrito al servicio del palacio real.*

³

⁴ ¹ᶜ*Era uno de los deportados que Nabucodonosor, rey de Babilonia, había llevado cautivos de Jerusalén con Jeconías, rey de Judá*.*

2 R 24 8.15

⁵ ¹ᵈ*El sueño fue así: Voces y estrépito, truenos y terremotos, perturbación en la tierra.* ¹ᵉ*Dos enormes dragones avanzaron, prestos ambos al combate; lanzaron un gran rugido,* ¹ᶠ*y a su voz todos los pueblos paganos se dispusieron a la guerra para luchar contra el pueblo de los justos.* ¹ᵍ*Día de tinieblas y oscuridad, tribulación y angustia, ruina y gran turbación sobre la tierra.* ¹ʰ*Todo el pueblo de los justos, estremecido por el terror de sus desgracias, se disponía a perecer y clamaba a Dios.* ¹ⁱ*A su clamor, de una pequeña fuente nació un gran río de abundantes aguas.* ¹ᵏ*La luz*

⁶

⁷

⁸

⁹

¹⁰

¹¹

y el sol surgieron y los humildes se alzaron y devoraron a los soberbios. ¹ˡ*Despertado Mardoqueo, después de tener este sueño, puso gran empeño y se esforzó, hasta la noche, en alcanzar su sentido y saber lo que Dios quería llevar a cabo.*

8 16
So 2 3+

¹²

Conjura contra el rey.

2 21s; 6 2s

¹ᵐ*Vivía Mardoqueo en el palacio con Bigtán y Teres*, dos eunucos del rey, guardianes del palacio.* ¹ⁿ*Les oyó sus proyectos, descubrió sus intenciones y se enteró de que estaban dispuestos a poner sus manos en el rey Asuero. Entonces Mardoqueo los denunció al rey,* ¹ᵒ*que sometió a interrogatorio a los dos eunucos; y habiendo ellos confesado la verdad, fueron llevados al suplicio.* ¹ᵖ*El rey hizo escribir todo esto para memoria; también Mardoqueo, por su parte, escribió sobre estos sucesos.* ¹ᵠ*Por aquel servicio, el rey confió a Mardoqueo un puesto en palacio y le hizo regalos.* ¹ʳ*Pero Amán, hijo de Hamdatá, del país de Agag, que gozaba del favor real, buscaba la ruina de Mardoqueo y de su pueblo, por el asunto de los dos eunucos del rey.*

12.¹

²

³

⁴

6 1;
10 2
6 3

3 1s

3 5-6

I. Asuero y Vastí

Banquete de Asuero.

1 ¹ En tiempo del rey Asuero, el que reinó desde la India hasta Etiopía sobre ciento veintisiete provincias, ² en aquellos días, estando el rey sentado en el trono real, en la ciudadela de Susa, ³ en el año tercero de su reinado, ofreció un banquete en su presencia a todos sus servidores: a jefes del ejército* de los persas y los medos, a los nobles y a los gobernadores de las provincias. ⁴ Les hizo ver la riqueza y la gloria de su reino y el magnífico esplendor de su grandeza durante ciento ochenta días.

⁵ Cumplido aquel plazo, ofreció el rey a todos los que se hallaban en la ciudadela de Susa, desde el mayor al más pe-

---

1 En cursiva, los pasajes que la versión griega añade al texto hebreo, adiciones que las Iglesias católica y ortodoxa reconocen como inspiradas. San Jerónimo las relegó al apéndice en su versión latina, 10 4s. Nosotros volvemos a colocarlas conforme a la disposición del texto griego, con la numeración de la edición de los LXX de Rahlfs. Damos en el margen la numeración de estos pasajes en la Vulg.
1 1ᵃ (a) Asuero, trascripción latina y castellana de la forma hebrea del nombre persa Kšajarša, en griego Jerjes, ver Esd 4 6. Por confusión con el nombre de sus sucesores, el griego dice Artajerjes.
1 1ᵃ (b) El texto griego, único que refiere este sueño, adelanta la trama del relato en forma enigmática y apocalíptica (la clave se dará en 10 3ᵃ⁻ᵏ) y subraya así la intervención divina.
1 1ᵇ Ciudad situada al este de Babilonia, antigua capital de Elam y residencia de invierno de los reyes persas.
1 1ᶜ La cronología es muy libre: la genealogía de Mardoqueo no retiene más que algunos nombres para llenar cinco o seis siglos. A él mismo se le presenta como cortesano de Asuero (hacia el 480) y como deportado contemporáneo de Jeconías (hacia el 598).
1 1ᵐ Unificamos los nombres propios que tienen formas diversas según los textos.
1 3 «jefes del ejército» conj.; «el ejército» hebr.
—Los «servidores» son aquí los altos funcionarios. Banquetes así eran frecuentes, ver Gn 40 20; 1 R 3 15; Dn 5 1; Mc 6 21.

queño, un banquete de siete días en el patio del jardín del palacio real. [6] Había colgaduras de lino fino, de lana y de púrpura violeta, fijadas, por medio de cordones de lino y púrpura, en anillas de plata sujetas a columnas de mármol blanco; lechos de oro y plata sobre un pavimento de pórfido, mármol, nácar y mosaicos. [7] Se bebía en copas de oro de formas diversas y el vino ofrecido por el rey corría con regia abundancia. [8] En cuanto a la bebida, a nadie se le obligaba, pues así lo había mandado el rey a los oficiales de su casa, para que cada cual hiciese lo que quisiera.

El caso de Vastí.

Dn 5 1-4

[9] También la reina Vastí* ofreció un banquete a las mujeres en el palacio del rey Asuero. [10] El día séptimo, alegre por el vino el corazón del rey, mandó a Mehumán, a Bizetá, a Jarboná, a Bigtá, a Abagtá, a Zetar y a Carcás, los siete eunucos que estaban al servicio del rey Asuero, [11] que hicieran venir a la reina Vastí a presencia del rey, tocada con diadema real, para que vieran la gente y los jefes su belleza, porque, en efecto, era muy bella. [12] Pero la reina Vastí se negó a cumplir la orden del rey transmitida por los eunucos. El rey se irritó sobremanera, montó en cólera, [13] y mandó llamar a los sabios expertos en la ciencia de las leyes*, pues los asuntos reales se discuten en presencia de los conocedores de la ley y el derecho. [14] Hizo, pues, venir a Carsená, Setar, Admatá, Tarsis, Meres, Marsená y Memucán, los siete jefes de los persas y los medos que eran admitidos a la presencia del rey* y ocupaban los primeros puestos del reino, [15] y les dijo: «¿Qué debe hacerse, según la ley, a la reina Vastí, por no haber obedecido la orden del rey Asuero, transmitida por los eunucos?» [16] Respondió Memucán en presencia del rey y de los jefes: «La reina Vastí no ha ofendido solamente al rey, sino a todos los jefes y a todos los pueblos de todas las provincias del rey Asuero. [17] Porque se correrá el caso de la reina entre todas las mujeres y hará que pierdan estima a sus maridos, pues dirán: 'El rey Asuero mandó hacer venir a su presencia a la reina Vastí, pero ella no fue.' [18] Y a partir de hoy, las princesas de los persas y los medos que conozcan la conducta de la reina hablarán de ello a los jefes del rey y habrá menosprecio y altercados. [19] Si al rey le parece bien, publíquese, de su parte, e inscríbase en las leyes de los persas y los medos, para que no sea conculcado*, este decreto: que no vuelva Vastí a presencia del rey Asuero. Y dé el rey el título de reina a otra mejor que ella. [20] El acuerdo tomado por el rey será conocido en todo el reino, a pesar de ser tan grande, y todas las mujeres honrarán a sus maridos, desde el mayor al más pequeño.»

Dn 6 8.10.
13.16
Est 3 12;
8 5.8

[21] Pareció bueno el consejo al rey y a los jefes, y el rey ordenó que se pusiera en práctica la sugerencia de Memucán. [22] Envió el rey cartas a todas las provincias, a cada provincia según su escritura, y a cada pueblo según su lengua, para que todo marido fuese señor de su casa*.

Dn 3 4; 6 2

II. Mardoqueo y Ester

Ester, elegida reina.

2 [1] Después de estos sucesos, se aplacó la cólera del rey Asuero y se acordó de Vastí, de cuanto había hecho, y de lo que acerca de ella se había decidido*. [2] Dijeron los cortesanos que estaban al servicio del rey: «Que se busquen para el rey jóvenes vírgenes y bellas. [3] Nombre el rey inspectores en todas las provincias de su reino para que reúnan en la ciudadela de Susa, en el harén, a todas las jóvenes vírgenes y bellas, bajo la vigilancia de Hegué, eunuco del rey, encargado de las mujeres, y que él les proporcione cuanto necesiten para su adorno, [4] y la

---

1 9   Vastí, *lo mismo que Ester*, es desconocida de la historia.
1 13   «la ciencia de las leyes» conj.; «la ciencia de los tiempos» hebr.
1 14   Es decir, admitidos al consejo real, ver 2 R 25 19. —Dn 2 2s; 5 7-12 son también testigos de esta consulta de sabios.
1 19   El tema del edicto irrevocable y en seguida abolido, se explota mucho en la literatura bíblica de inspiración persa, quizá con una sutil ironía del escritor judío.
1 22   Hebr. añade: «que hable la lengua de su pueblo», omitido por griego.
2 1   El hebr. supone que el rey echa de menos a Vastí. El griego y Luciano sugieren, por el contrario, que la ha olvidado.

joven que agrade al rey reinará en lugar de Vastí.» Le pareció bien al rey y así se hizo.

1 1ᵃ⁻ᶜ ⁵ Había en la ciudadela de Susa un judío llamado Mardoqueo, hijo de Yaír, hijo de Semeí, hijo de Quis, de la tribu de Benjamín. ⁶ Había sido deportado de Jerusalén con Jeconías, rey de Judá, en la deportación que hizo Nabucodonosor, rey de Babilonia. ⁷ Tenía en su casa a Hadasá, es decir, Ester*, hija de un tío suyo, pues era huérfana de padre y madre. La joven era hermosa y de buen parecer, y, al morir su padre y su madre, Mardoqueo la adoptó por hija*.

Dn 1 3-20 ⁸ Cuando se proclamó la orden y el edicto del rey, fueron reunidas muchísimas jóvenes en la ciudadela de Susa, bajo la vigilancia de Hegué. También Ester fue conducida al palacio real y puesta bajo la vigilancia de Hegué, encargado de las mujeres. ⁹ La joven le agradó y ganó su favor, por lo que se apresuró a proporcionarle cuanto necesitaba para su adorno y mantenimiento. Puso también a su disposición siete doncellas elegidas de la casa del rey y la instaló, con sus doncellas, en el mejor departamento del harén. ¹⁰ Ester no dio a conocer ni su pueblo ni su origen, pues así se lo había ordenado Mardoqueo*. ¹¹ Día tras día, se paseaba Mardoqueo delante del patio del harén para enterarse de la salud de Ester y de lo que le sucedía.

¹² A cada joven le llegaba el turno de presentarse al rey Asuero al cabo de doce meses, según el estatuto de las mujeres. El tiempo de preparación incluía seis meses de tratamiento con óleo y mirra, y otros seis meses con los aromas y perfumes que usan las mujeres. ¹³ Cuando una joven se presentaba al rey, le daban cuanto pedía y lo llevaba consigo del harén al palacio real. ¹⁴ Se presentaba por la tarde y a la mañana siguiente volvía al otro harén, bajo la vigilancia de Saasgaz, el eunuco real encargado de las concubinas; no se presentaba más ante el rey, a no ser que éste quisiera verla y la llamara expresamente.

4 11 ¹⁵ Cuando a Ester, hija de Abijail, tío de Mardoqueo, que la había adoptado por hija, le llegó el turno de presentarse al rey, sólo pidió lo que le indicó Hegué, el eunuco real encargado de las mujeres. Ester se ganaba el favor de cuantos la veían. ¹⁶ Ester fue presentada al rey Asuero, en el palacio real, el mes décimo, es decir, el mes de Tébet, en el año séptimo de su reinado. ¹⁷ Al rey le gustó Ester más que las otras mujeres; halló ella, ante el rey, más gracia y favor que ninguna otra doncella, y el rey colocó la diadema real sobre la cabeza de Ester y la declaró reina, en lugar de Vastí.

4 17ᵘ⁻ʸ ¹⁸ Ofreció el rey un gran banquete a todos sus jefes y servidores, el banquete en honor de Ester. Concedió, además, un día de descanso a todas las provincias y repartió regalos con real magnificencia.

Amán y Mardoqueo.

¹⁹ Cuando Ester pasó, como las otras jóvenes*, el segundo harén*, ²⁰ no reveló ni su origen ni su pueblo, tal como se lo había ordenado Mardoqueo; pues Ester seguía cumpliendo las órdenes de Mardoqueo, como cuando vivía bajo su tutela*. ²¹ Por aquellos mismos días, estaba adscrito Mardoqueo a la Puerta Real*; Bigtán y Teres, dos eunucos del rey, guardianes del umbral, estaban irritados y andaban buscando poner la mano sobre el rey Asuero. ²² Llegó el hecho a conocimiento de Mardoqueo, que se lo comunicó a la reina Ester, y esta se lo dijo al rey, en nombre de Mardoqueo. ²³ Investigado el caso, resultó ser verdadero, por lo que fueron colgados los dos del madero y se consignó por escrito, en los Anales, en presencia del rey.

2 14

3 ¹ Después de esto, el rey Asuero elevó al poder a Amán, hijo de Hamdatá, del

---

2 7 (a) El nombre de Ester es probablemente de origen babilonio (*Ištar*) como el de Mardoqueo (*Marduk*); pero podemos pensar en el persa *staré* «estrella». Hadasá es nombre hebreo («mirto»).
2 7 (b) Griego lee al final: «la había criado para hacerla su mujer». La tradición judía posterior a la era cristiana ha seguido esta lectura y hace de Ester la mujer de Mardoqueo.
2 10 La situación recuerda la de Daniel y sus tres compañeros, Dn 1. Pero en Dn, el favor de que los jóvenes hebreos gozan ante el rey, que conoce su origen, se relaciona claramente con su fidelidad a la Ley.
2 19 Texto corregido. Hebr. (seguido por Vulg.): «y cuando se reunieron las doncellas por segunda vez,

Mardoqueo estaba sentado a la puerta del rey»; griego: «Mardoqueo cumplía su función en el palacio». La mención de Mardoqueo y de su función resulta aquí inesperada. Cuadra perfectamente en el v. 21, del que es ditografía, sin duda.
2 20 El griego, más religioso que el hebr., lee: «Pero Ester no reveló su patria. Porque Mardoqueo le había mandado temer a Dios y observar sus mandamientos como cuando estaba con él. Y Ester no había cambiado de conducta».
2 21 La expresión designa el conjunto de servicios reales, o, en otros casos, los edificios que los albergaban (por eso traducimos «la Puerta Real»).

país de Agag*. Lo encumbró y lo situó por encima de todos los dignatarios que estaban con él; ² todos los servidores del rey, adscritos a la Puerta Real, doblaban la rodilla y se postraban ante Amán, porque así lo había ordenado el rey; pero Mardoqueo ni doblaba la rodilla ni se postraba*. ³ Los servidores del rey, adscritos a la Puerta Real, dijeron a Mardoqueo: «¿Por qué incumples la orden del rey?» ⁴ Y como se lo repitieran día tras día

_{4 17ᵈ⁻ᶜ}

y él no les hiciera caso, se lo comunicaron a Amán, para ver si Mardoqueo persistía en su palabra, pues les había manifestado que él era judío. ⁵ Vio Amán que Mardoqueo no doblaba la rodilla ni se postraba ente él, y montó en cólera. ⁶ Y cuando le notificaron a qué pueblo pertenecía Mardoqueo, no contentándose con poner la mano sobre él solo, intentó exterminar, junto con él, a todos los judíos de todo el reino de Asuero.

III.   Los judíos amenazados

Decreto de exterminio de los judíos.

⁷ El año doce del rey Asuero, el mes primero, es decir, el mes de Nisán, se sacó el «Pur*» (es decir, las suertes) en presencia de Amán, por días y por meses. Salió el doce, que es el mes de Adar. ⁸ *Amán dijo al rey Asuero: «Hay un pueblo disperso y diseminado entre los pueblos de todas las provincias de tu reino, con sus leyes, distintas de las de todas las naciones, y que no cumplen las leyes reales*. No conviene al rey dejarlos en paz. ⁹ Si el rey juzga conveniente publicar un decreto para exterminarlos, yo haré que se entreguen diez mil talentos de plata a los intendentes, para que los ingresen en la cámara del tesoro.» ¹⁰ El rey sacó el anillo de su dedo, se lo entregó a Amán, hijo de Hamdatá, de Agag, enemigo de los judíos, ¹¹ y dijo el rey a Amán: «La plata, te la regalo; y pongo también ese pueblo en tus manos, para que hagas lo que te parezca.» ¹² El día trece del primer mes fueron convocados los secretarios del rey para escribir, según lo ordenado por Amán, a los sátrapas del rey, a los inspectores de cada provincia y a los jefes de todos los

_{9 24-26}

_{3 13ᵈ⁻ᶜ}
_{Dn 3 8-12}
_{Sb 2 14-15}

_{7 4}

_{Gn 41 42}

_{Dn 3 4.7}

pueblos, a cada provincia según su escritura, y a cada pueblo según su lengua. Se escribió en nombre del rey Asuero, se selló con el anillo del rey, ¹³ y se enviaron las cartas, por medio de los correos, a todas las provincias del rey, para exterminar, matar y aniquilar a todos los judíos, jóvenes y ancianos, niños y mujeres, y para saquear sus bienes, en el espacio de un solo día, el trece del mes doce, que es el mes de Adar.

¹³ᵃ*He aquí el texto de la carta:*
«El gran rey Asuero, a los jefes y gobernadores, súbditos suyos, de las ciento veintisiete provincias que van desde la India hasta Etiopía, les escribe lo siguiente: ¹³ᵇ*«Puesto al frente de muchos pueblos, y siendo yo señor de toda la tierra, he procurado no dejarme arrastrar por el orgullo del poder, sino gobernar siempre del modo más conveniente y benigno, manteniendo tranquilas en toda ocasión las vidas de mis súbditos, ofreciendo un reino culto y en seguridad hasta sus últimas fronteras y haciendo florecer la paz, tan deseada de todos los hombres.* ¹³ᶜ*Queriendo yo saber, por medio de mis consejeros, cómo podría llevar a buen término mis intenciones,*

_{13.ᶦ}

_{Jdt 2 5}
_{Dn 3 31}

₃

---

3 1 País desconocido, cuyo nombre, el de un rey de Amalec vencido por Saúl, 1 S 15 7-9, ha podido elegirse para subrayar la oposición entre Amán y Mardoqueo, benjaminita, hijo de Quis, como Saúl.
3 2 La genuflexión exigida, gesto de deferencia admitido en todas las cortes orientales y comprobado en la Biblia, ver 1 R 1 23; 2 R 4 37, etc., no tenía por qué irritar a un judío. Así pues, Mardoqueo, con su negativa, da muestras más que de una fidelidad inusitada a Dios y a su Ley (como en Dn 1 8; 3 12; 6 14), de un orgullo racial, que en la oración del texto griego se interpretará en un sentido religioso, 4 17ᵈ⁻ᶜ.
3 7 Palabra babilonia que el autor explica. De hecho, Amán ha decidido el exterminio. Lo único que pide a la suerte es que designe el día favorable. El griego, completando al hebreo, añade que Amán preparó un decreto el año doce del rey, que echó las suertes para

destruir la raza de Mardoqueo y que la suerte cayó en el día catorce del mes de Adar. —Este v. puede ser una adición introducida a la vez que la sección referente a la fiesta de los «Purim», 9 24-26.
3 8 (a) Luciano parafrasea como sigue: «Amán, celoso y excitados todos sus sentimientos, enrojeció del todo y apartó de sí sus ojos. Luego, con perverso corazón habló por mal de Israel al rey: Hay un pueblo, le dijo, disperso por todos los reinos, un pueblo belicoso y rebelde, que tiene leyes muy especiales. Pero de tus leyes, oh rey, no hacen caso, conocidos como son en todos los pueblos como gente perversa. Violan tus decretos para reducir a la nada tu gloria».
3 8 (b) Estas quejas contra los judíos se hallan en diversos escritos de la época helenística, ver 3 13ᵈ⁻ᶜ; Dn 1 8; 3 8-12; Jdt 12 2; Esd 4 12s; Sb 2 14s y el apócrifo 3 Macabeos.

uno de ellos, distinguido entre todos por su prudencia y señalado por su inquebrantable lealtad y su firme fidelidad, segundo en el reino por su dignidad, Amán, [13d]*nos denunció que se hallaba diseminado, entre todas las tribus del universo, un pueblo hostil, opuesto por sus leyes a todas las naciones, que rechaza constantemente las órdenes reales, de modo que no hay seguridad en el programa de gobierno que nosotros, con indiscutible acierto, venimos ejecutando.*

[13e]*«Considerando, pues, que este pueblo se mantiene aislado y en total oposición a todos los hombres, que vive según leyes exóticas y es hostil a nuestros intereses, llevando a cabo los peores crímenes para que no se consiga la estabilidad del reino,* [13f]*hemos decidido que todos los que os han sido señalados en cartas de Amán, encargado de nuestros negocios y nuestro segundo padre, sean exterminados de raíz, con sus mujeres y sus niños, por la espada de sus enemigos, sin ninguna compasión ni miramiento, el día catorce del mes doce de Adar del presente año,* [13g]*de modo que los malévolos de ayer y hoy desciendan en un solo día al Hades por la violencia y nos permitan gozar, en los días futuros, de perpetua paz y seguridad.»*

[14] El texto de este escrito debía ser promulgado como ley en todas las provincias, y fue puesto en conocimiento de todos los pueblos a fin de que estuviesen preparados para aquel día. [15] Por orden del rey, partieron los correos apresuradamente. El decreto fue publicado también en la ciudadela de Susa.

Mientras el rey y Amán banqueteaban, en Susa reinaba la consternación*.

Mardoqueo y Ester intentan conjurar el peligro.

4 [1] Cuando Mardoqueo supo lo que pasaba, rasgó sus vestidos, se vistió de sayal y ceniza y salió por la ciudad lanzando grandes gemidos, [2] hasta llegar ante la Puerta Real, pues nadie podía pasar la Puerta cubierto de sayal. [3] En todas las provincias, dondequiera que se publicaban la palabra y el edicto real, había entre los judíos gran duelo, ayunos y lágrimas y lamentos, y a muchos el sayal y la ceniza les sirvió de lecho*.

[4] Las siervas y eunucos de Ester vinieron a comunicárselo. La reina se llenó de angustia y ordenó que envasen ropa a Mardoqueo para que se vistiese y se quitase el sayal*, pero él no quiso. [5] Llamó Ester a Hatac, uno de los eunucos que el rey había puesto a su servicio, y le envió a Mardoqueo para enterarse de lo que pasaba y a qué obedecía todo aquello.

[6] Salió Hatac y fue donde Mardoqueo, que estaba en la plaza de la ciudad que hay frente a la Puerta Real. [7] Mardoqueo le informó de todo cuanto había pasado y de la suma de dinero que Amán había prometido entregar al tesoro real por el exterminio de los judíos. [8] Le dio también una copia del texto del edicto de exterminio publicado en Susa, para que se lo enseñara a Ester y se informara. Y ordenó a la reina que se presentase ante el rey, se ganara su favor y suplicara por su pueblo. [8a]*«Acuérdate, le mandó a decir, de cuando eras pequeña y recibías el alimento de mi mano. Porque Amán, el segundo después del rey, ha sentenciado nuestra muerte. Ora al Señor, habla al rey en favor nuestro y líbranos de la muerte*.»*

[9] Regresó Hatac e informó a Ester de las palabras de Mardoqueo*. [10] Ester mandó a Hatac que dijera a Mardoqueo: [11] «Todos los servidores del rey y todos los habitantes de las provincias del rey saben que todo hombre o mujer que se presente al rey, en el patio interior, sin haber sido llamado, es condenado a muerte por el edicto, salvo aquél sobre quien el rey extienda su cetro de oro; y hace ya treinta días que yo no he sido llamada a presencia del rey.»

[12] Llevó la respuesta de Ester a Mardoqueo, [13] y éste le remitió esta contestación: «No te imagines que por estar en la casa del rey, te vas a librar tú sola entre todos los judíos, [14] porque, si te empeñas en callar en esta ocasión, por otra parte* vendrá el socorro de la liberación

Marginal references:
3 8+
8 12[1]
Gn 45 8
13.[1-3]
Gn 45 7

3 15 La Vet. Lat. introduce aquí una oración de los judíos, en la que se expresan sentimientos de penitencia por los pecados del pueblo y llamadas a la fidelidad de Dios.
4 3 Señales de duelo y penitencia, ver Is 37 1; Jdt 4 10; 1 M 3 47, etc.
4 4 Para que pudiera entrar en el palacio y venir a hablarle.
4 8ª La Vet. Lat. añade aquí al griego: «Levántate. ¿Por qué sigues sentada en silencio? Porque has sido entregada, tú y tu casa y la de tu padre y todo tu pueblo

y toda tu descendencia. Levántate. Veamos si es posible luchar y sufrir por nuestro pueblo, para que Dios le sea propicio.»
4 9 La Vet. Lat. describe en estos términos el dolor de Ester: «Habiendo leído Ester el mensaje de su hermano, rasgó sus vestiduras y clamó con voz dolorosa. Derramó abundante llanto y su cuerpo daba pena y su carne se debilitó».
4 14 El autor del texto hebreo evita escribir el nombre de Dios.

de los judíos, mientras que tú y la casa de tu padre pereceréis. ¡Quién sabe si precisamente has llegado a ser reina para una ocasión semejante!»

¹⁵ Ester mandó que respondieran a Mardoqueo: ¹⁶ «Vete a reunir a todos los judíos que hay en Susa y ayunad por mí. No comáis ni bebáis durante tres días y tres noches. También yo y mis siervas ayunaremos. Y así, a pesar de la ley, me presentaré ante el rey; y, si tengo que morir, moriré.» ¹⁷ Se alejó Mardoqueo y cumplió cuanto Ester le había mandado.

Oración de Mardoqueo*.

^{13.8}

¹⁷ᵃ*Mardoqueo oró al Señor, acordándose de todas sus maravillas, y exclamó:*

Ex 19 5
2 Cro 20 6-7
Jdt 16 14

¹⁷ᵇ*«¡Señor, Señor, Rey Omnipotente!*
Todo está sometido a tu poder,
y no hay quien se resista a tu voluntad
si has decidido salvar a Israel.

Is 41 10-16

2 R 19 15
Is 45 21-26

¹⁷ᶜ*Tú hiciste el cielo y la tierra,*
cuantas maravillas existen bajo el cielo.
Eres Señor de todo,
y nadie se te puede oponer, Señor.

¹¹

¹⁷ᵈ*Tú lo conoces todo,*
tú sabes, Señor,
que no por insolencia,
orgullo o pundonor,
me negué a inclinarme
ante el orgulloso Amán,
pues gustoso besaría
las plantas de sus pies
por la salvación de Israel.

¹²

³ ²

¹³

¹⁴

¹⁷ᵉ*Pero yo lo hice*
por no rendir gloria a un hombre
por encima de la gloria de Dios;
no me postraré ante nadie,
sino ante ti solo, Señor;
y no dicta el orgullo mi conducta.

¹⁵

¹⁷ᶠ*Ahora, pues, Señor, Dios,*
Rey, Dios de Abrahán,
perdona a tu pueblo,
porque andan mirando
cómo destruirnos
y desean exterminar la heredad
que fue tuya desde siempre.

Ex 3 6
Sal 47 10

Dt 9 26;
32 9
1 R 8 51
Jr 10 16
Sal 33 12
Jl 4 2

¹⁷ᵍ*No desprecies tu parte,*
la que rescataste para ti
del país de Egipto.

¹⁷ʰ*Escucha mi oración,*
muéstrate propicio a tu heredad;

convierte nuestro duelo en alegría,
para que, viviendo,
cantemos himnos a tu Nombre, Señor.
No tapes la boca de los que te alaban.»

Sal 6 6;
115 17s
Is 38 18-20

¹⁷ⁱ*Todo Israel clamaba con todas sus fuerzas, pues tenían la muerte ante los ojos.*

Oración de Ester.

¹⁷ᵏ*Por su parte, la reina Ester se refugió en el Señor, presa de mortal angustia. Despojándose de sus magníficos vestidos, se vistió de angustia y duelo. En vez de exquisitos perfumes, echó sobre su cabeza ceniza y suciedad, humilló su cuerpo hasta el extremo, encubrió con sus desordenados cabellos la gozosa belleza de su cuerpo, y suplicó al Señor, Dios de Israel, diciendo:*

14.1

²

³

¹⁷ˡ*«Señor y Dios nuestro, tú eres único.*
Ven en mi ayuda, que estoy sola
y no tengo socorro sino en ti,
y mi vida está en peligro.

4 11.16

¹⁷ᵐ*Yo oí desde mi infancia,*
en mi tribu paterna,*
que tú, Señor,
elegiste a Israel
de entre todos los pueblos,
y a nuestros padres
de entre todos sus mayores,
para ser herencia tuya para siempre,
cumpliendo en su favor cuanto dijiste.

Dt 6 20-25

Dt 7 6+

¹⁷ⁿ*Ahora hemos pecado en tu presencia,*
nos has entregado a nuestros enemigos,
porque hemos honrado a sus dioses.
¡Justo eres, Señor!

⁶

Jc 2 6+

⁷

¹⁷º*Mas no se han contentado*
con nuestra amarga esclavitud,
sino que han puesto sus manos
*en las manos de sus ídolos**
para borrar el decreto de tu boca
y destruir tu heredad;
para cerrar las bocas que te alaban
y apagar la gloria
de tu Casa y de tu altar;

⁸

⁹

4 17+

¹⁷ᵖ*para abrir las bocas de las gentes*
en alabanza de sus dioses
y admirar eternamente
a un rey de carne.

¹⁰

¹⁷ᑫ*No entregues, Señor,*
tu cetro a los que nada son;
que no se regocijen por nuestra caída;

¹¹

---

4 17ᵃ Las oraciones de Mardoqueo y Ester están henchidas de la piedad del AT, pero con un análisis de los sentimientos del que ora, preocupado por su propia justificación, que no se encuentra en los textos más antiguos.

4 17ᵐ La tradición israelita sobre todas las maravillas realizadas por Dios en favor de su pueblo se transmitía a través de la familia, ver Dt 6 20-25.
4 17º Gesto de juramento, acaso de alianza.

vuelve en contra de ellos sus deseos,
y el primero que se alzó contra nosotros
haz que sirva de escarmiento.

¹² ^{17r}*Acuérdate, Señor, y date a conocer
en el día de nuestra aflicción;
y dame a mí valor, rey de los dioses
y señor de toda autoridad.*

Dt 10 17
Sal 136 2;
95 3
Dn 2 47;
11 36

^{17s}*Pon en mis labios palabras armoniosas
cuando esté en presencia del león;
vuelve el odio de su corazón
contra el que nos combate
para ruina suya y de los que piensan
como él.*

¹⁴ ^{17t}*Líbranos con tus manos
y acude en mi socorro, que estoy sola,
y a nadie tengo, sino a ti, Señor.*

¹⁵ ^{17u}*Tú que conoces todas las cosas,
sabes que odio la gloria de los malos,
que aborrezco el lecho incircunciso
y el de todo extranjero.*

¹⁶ ^{17v}*Tú sabes bien la necesidad en que me
hallo,
que me asquean los emblemas de grandeza*

Is 64 5
v 15 19-30

*que ciñen mi frente los días de gala,
como asquea el paño menstrual,
y que no me los pongo en días de retiro.*

¹⁷ ^{17x}*Que tu sierva no ha comido a la mesa
de Amán,
que no he tenido a honra los regios festines,
ni bebido el vino de las libaciones.*

¹⁸ ^{17y}*Que no tuvo tu sierva instante de ale-
gría,
desde su encumbramiento hasta el día
de hoy,
sino sólo en ti, Señor y Dios de Abrahán.*

¹⁹ ^{17z}*Oh Dios, que dominas a todos,
oye el clamor de los desesperados,
líbranos del poder de los malvados
y líbrame a mí de mi temor.*

Ester se presenta en el palacio.

^{15.4} **5** ^{1a} Al tercer día*, *y una vez acabada su
oración, se despojó de sus vestidos de
orante y se vistió de reina. Recobrada su
esplendida belleza, invocó a Dios, que vela
sobre todos y los salva, y tomando a dos
siervas, se apoyó suavemente en una de
ellas, mientras la otra la seguía alzando el
ruedo del vestido.* ^{1b}*Iba resplandeciente,
en el apogeo de su belleza, con rostro alegre como de enamorada, aunque su co-*

razón estaba oprimido por la angustia.
^{1c} *Franqueando todas las puertas, llegó
hasta la presencia del rey. Estaba el rey
sentado en su trono, revestido de las vestiduras de las ceremonias públicas, cubierto de oro y piedras preciosas y con aspecto verdaderamente impresionante.*
^{1d} *Alzando su rostro, resplandeciente de
gloria, lanzó una mirada tan colmada de
ira que la reina se desvaneció; perdió el color y apoyó la cabeza sobre la sierva que
la precedía.* ^{1e}*Mudó entonces Dios el corazón del rey en dulzura, angustiado se
precipitó del trono y la tomó en sus brazos
y, en tanto ella se recobraba, le dirigía dulces palabras,* ¹¹*diciendo: «¿Qué ocurre, Ester? Yo soy tu hermano, ten confianza. No
morirás, pues mi mandato sólo alcanza a
la gente común. Acércate.»* ² Y tomando el
rey el cetro de oro, lo puso sobre el cuello de Ester, *y la besó, diciendo: «Hábla-
me.»* ^{2a}*Ella respondió: «Te he visto, señor,
como a un ángel de Dios y mi corazón se
turbó ante el temor de tu gloria. Porque
eres admirable, señor, y tu rostro está lleno de dignidad.»* ^{2b}*Y en diciendo esto, se
desmayó de nuevo. El rey se turbó, y todos
sus cortesanos se esforzaron por reani-
marla.* ³ El rey le preguntó: «¿Qué sucede, reina Ester? ¿Qué deseas? Incluso la
mitad del reino te será dada.» ⁴ Respondió Ester: «Si al rey le place, venga hoy
el rey, con Amán, al banquete que le tengo preparado.» ⁵ Respondió el rey: «Avisad inmediatamente a Amán para que se
cumpla el deseo de Ester.» El rey y Amán
fueron al banquete preparado por Ester
⁶ y, durante el banquete, dijo el rey a Es-
ter: «¿Qué quieres pedir?, pues se te
dará. ¿Qué deseas? Hasta la mitad del
reino te será concedida.» ⁷ Ester respondió: «¿Mi petición y mi deseo? ⁸ Si cuento con la benevolencia del rey, y si al rey
le place escuchar mi petición y cumplir
mi deseo, que vengan mañana el rey y
Amán al banquete que he preparado
para ellos. Y haré entonces lo que el rey
me pide.»

⁹ Salió aquel día Amán contento y con
alegre corazón; pero, al ver a Mardoqueo
en la Puerta Real, que no se levantaba, ni
siquiera se movía ante él, se llenó Amán
de ira contra Mardoqueo, ¹⁰ pero se dominó y, yéndose a su casa, mandó venir a
sus amigos y a su mujer Zeres ¹¹ y les ha-

9

10

11

12

13
14 15

16

17

18 19

5 6; 7 2; 9 12
Mc 6 23

---

5 1^a   En lugar del texto ampliado del griego que damos, el hebr. dice simplemente: «Al tercer día, Ester se
revistió de reina. Franqueando todas las puertas, llegó
hasta la presencia del rey; estaba el rey sentado en el

trono real. Alzó su rostro con dulzura y tomando el rey
el cetro de oro lo puso sobre el cuello de Ester». El
griego y el hebreo vuelven a estar de acuerdo en el
v. 3.

bló de su gloria y sus riquezas, de sus muchos hijos y de cómo el rey lo había encumbrado, elevándolo por encima de los jefes y servidores del rey. [12] Y añadió: «Más aún; la reina Ester me ha invitado a mí solo, junto con el rey, a un banquete que ha preparado; también para mañana estoy invitado por ella, junto con el rey. [13] Pero todo esto nada significa para mí, mientras vea que el judío Mardoqueo sigue sentado a la Puerta Real.» [14] Su mujer Zeres y todos sus amigos le respondieron: «Manda preparar una horca de cincuenta codos de altura y mañana por la mañana pides al rey que cuelguen de ella a Mardoqueo; así podrás ir satisfecho al banquete con el rey.» Agradó el consejo a Amán y mandó preparar la horca.

IV.   Desquite de los judíos

Desgracia de Amán.

6 [1] *Aquella misma noche, no pudiendo el rey conciliar el sueño, mandó que trajeran y leyeran en su presencia el libro de las Memorias, o Crónica. [2] Estaba allí, consignada por escrito, la denuncia que Mardoqueo había hecho contra Bigtán y Teres, los dos eunucos del rey, guardianes del umbral, que habían intentado poner las manos sobre el rey Asuero. [3] Preguntó el rey: «¿Qué honor o dignidad se concedió por esto a Mardoqueo?» Los jóvenes del servicio del rey dijeron: «No se hizo nada en su favor*.» [4] Continuó el rey: «¿Quién está en el atrio?» —Justamente entonces llegaba Amán al atrio exterior de la casa del rey, para pedir al rey que colgaran a Mardoqueo de la horca que él había hecho levantar—. [5] Los jóvenes del servicio del rey le respondieron: «Es Amán el que está en el atrio.» Dijo el rey: «Que entre.» [6] Entró, pues, Amán, y el rey le preguntó: «¿Qué debe hacerse al hombre a quien el rey quiere honrar?» Amán pensó: «¿A quién ha de querer honrar el rey, sino a mí?» [7] Respondió, pues, Amán al rey: «Para el hombre a quien el rey quiere honrar, [8] deben tomarse regias vestiduras que el rey haya vestido, y un caballo que el rey haya montado, y en cuya cabeza* se haya puesto una diadema real. [9] Deben darse los vestidos y el caballo a uno de los servidores más principales del rey, para que vista al hombre a quien el rey desea honrar; y le hará cabalgar sobre el caballo por la plaza mayor de la ciudad gritando delante de él: «¡Así se trata al hombre a quien el rey quiere honrar!» [10] Dijo el rey a Amán: «Toma al momento vestidos y caballo, tal como lo has dicho, y hazlo así con el judío Mardoqueo, que está en la Puerta Real. No dejes de cumplir ni un solo detalle.»

[11] Tomó Amán los vestidos y el caballo, vistió a Mardoqueo y lo paseó a caballo por la plaza mayor de la ciudad, gritando delante de él: «¡Así se trata al hombre a quien el rey quiere honrar!» [12] Después Mardoqueo se quedó en la Puerta Real, mientras Amán regresaba precipitadamente a su casa, entristecido y con la cabeza tapada. [13] Contó Amán a su mujer Zeres y a todos sus amigos cuanto había pasado; sus consejeros y su mujer Zeres le dijeron: «Si Mardoqueo, ante el que has comenzado a declinar, pertenece al linaje de los judíos, no podrás vencerle, sino que sin remedio caerás ante él*.»

Amán en el banquete de Ester.

[14] Todavía estaban hablando con él, cuando llegaron los eunucos del rey y llevaron a Amán rápidamente al banquete preparado por Ester.

7 [1] El rey y Amán fueron al banquete de la reina Ester. [2] También el segundo día dijo el rey a Ester, durante el banquete: «¿Qué deseas pedir, reina Ester?, pues te será concedido. ¿Cuál es tu deseo? Aunque fuera la mitad del reino, se cumplirá.» [3] Respondió la reina Ester: «Si cuento con tu benevolencia, ¡oh rey!, y si al rey le place, concédeme la vida —éste es mi deseo— y la de mi pueblo —ésta es mi petición—. [4] Pues yo y mi pueblo hemos sido vendidos, para ser exterminados, muertos y aniquilados. Si hubiéramos sido vendidos para esclavos

Marginal references (left column):
2 21-23

Qo 9 13-16
Est 1 1⁹

Gn 41 42s
1 R 1 33
Dn 5 29

---

6 1   En los caps. 6 y 7, el texto de Luciano parafrasea ampliamente los pasajes honoríficos para Mardoqueo, o deshonrosos para Amán.
6 3   El autor del texto hebreo ignora la tradición referida por el texto griego, ver 1 1⁹.

6 8   «en cuya cabeza (del caballo)...» hebr.; «y poner en su cabeza (del hombre)...» Targum.
6 13   El texto hebreo sugiere cómo será el desenlace, sin mencionar la ayuda divina. El griego hace explícito el pensamiento y añade: «porque el Dios vivo está con él».

y esclavas, aún hubiera callado; mas el enemigo no podrá compensar al rey por tal pérdida*.» ⁵ Preguntó el rey Asuero a la reina Ester: «¿Quién es, y dónde está el hombre que ha pensado en su corazón ejecutar semejante cosa?» ⁶ Respondió Ester: «¡El perseguidor y enemigo es Amán, ese miserable!» Amán quedó aterrado en presencia del rey y de la reina. ⁷ El rey se levantó, lleno de ira, del banquete y se fue al jardín del palacio. Amán se quedó junto a la reina Ester para suplicarle por su vida, porque comprendía que, de parte del rey, se le venía encima la perdición.

⁸ Cuando el rey volvió del jardín de palacio a la sala del banquete, Amán se había dejado caer sobre el lecho de Ester. El rey exclamó: «¿Es que incluso en mi propio palacio quiere hacer violencia a la reina?» Dio el rey una orden y cubrieron el rostro de Amán*. ⁹ Jarboná, uno de los eunucos que estaban ante el rey, sugirió: «Precisamente, la horca que Amán había destinado para Mardoqueo, aquel cuyo informe fue tan útil al rey, está preparada en casa de Amán, y tiene cincuenta codos de altura*.» Dijo el rey: «¡Colgadle de ella!» ¹⁰ Colgaron a Amán de la horca que había levantado para Mardoqueo. Así se aplacó la ira del rey.

El favor real pasa a los judíos.

8 ¹ Aquel mismo día, el rey Asuero entregó a la reina Ester la hacienda de Amán, el enemigo de los judíos, y Mardoqueo fue presentado al rey, pues Ester le hizo saber lo que él había sido para ella. ² El rey se sacó el anillo que había mandado quitar a Amán y se lo entregó a Mardoqueo, a quien Ester encargó de la hacienda de Amán.

³ Ester volvió a suplicar al rey, cayendo a sus pies, llorando y ganando su benevolencia, que anulara la maldad de Amán, el de Agag, y los proyectos que había concebido contra los judíos. ⁴ Extendió el rey el cetro de oro y tocó a Ester, que se puso en pie en presencia del rey. ⁵ Dijo ella: «Si al rey le parece bien, y si cuento con su benevolencia, si la petición le parece justa al rey y yo misma soy grata a sus ojos, que se escriba para revocar los decretos escritos por Amán, hijo de Hamdatá, de Agag, y maquinados para hacer perecer a los judíos de todas las provincias del rey. ⁶ Porque ¿cómo podré yo ver la desgracia que amenaza a mi pueblo y la ruina de mi gente?»

⁷ El rey Asuero respondió a la reina Ester y al judío Mardoqueo: «Ya he dado a la reina Ester la hacienda de Amán, a quien he mandado colgar de la horca por haber alzado su mano contra los judíos. ⁸ Vosotros, por vuestra parte, escribid acerca de los judíos, en nombre del rey, lo que os parezca oportuno, y selladlo con el anillo del rey. Pues todo lo que se escribe en nombre del rey y se sella con su sello es irrevocable*.» ⁹ Fueron convocados al momento los secretarios del rey, en el mes tercero, que es el mes de Siván, el día veintitrés*, y escribieron, según las órdenes de Mardoqueo, a los judíos, a los sátrapas, a los inspectores y a los jefes de todas las provincias, desde la India hasta Etiopía, a cada provincia según su escritura y a cada pueblo según su lengua, y a los judíos según su lengua y escritura. ¹⁰ Escribieron en nombre del rey Asuero y lo sellaron con el anillo del rey. Se enviaron las cartas por medio de correos montados en caballos de las caballerizas reales. ¹¹ En las cartas concedía el rey que los judíos de todas las ciudades pudieran reunirse para defender sus vidas, para exterminar, matar y aniquilar a las gentes de todo pueblo o provincia que los atacaran con las armas, junto con sus hijos y sus mujeres, y para saquear sus bienes, ¹² y esto en un mismo día, en todas las provincias del rey Asuero, el trece del mes doce, que es el mes de Adar.

Decreto de rehabilitación.

¹²ᵃ*He aquí el texto de la carta:*

¹²ᵇ*«El gran rey Asuero, a los sátrapas de las ciento veintisiete provincias comprendidas entre la India y Etiopía, y a todos nuestros fieles súbditos, salud:*

¹²ᶜ*Hay muchos que, cuanto más abundantes favores reciben de sus bienhechores,*

Referencias laterales:
3 8-9
Pr 11 8; 26 27 Mt 7 2
Dn 2 48-49 Pr 13 22
1 19; 3 12
16.¹
²

---

7 4   Ester invoca la razón de Estado, como lo había hecho el mismo Amán para perder a los judíos, 3 8.
7 8   Este gesto equivale a una condena a muerte: se solía cubrir la cabeza de los que iban a ser colgados.
7 9   Comparar los dichos acerca de los que caen en la fosa que ellos mismos han cavado, Pr 26 27; 28 10; Qo 10 8; Si 27 26; Sal 7 16; 9 16; 35 7-8; 57 7.

8 8   El texto griego, 8 12ᶜ⁻ᵒ, da una explicación, por medio de Mardoqueo, al escribir éste en nombre del rey, de cómo con el decreto anterior, también «irrevocable», han sorprendido la buena fe real. El texto de Luciano insiste en el papel de Ester en la matanza.
8 9   Griego: «el primer mes de este año, que es el de Nisán, el día veintitrés».

tanto más se dejan arrastrar por el orgullo.
³ Y no contentos con tramar la perdición de
nuestros súbditos, e incapaces ya de poner
límites a su insolencia, llegan a conspirar
⁴ contra sus propios bienhechores; ¹²ᵈy no
sólo hacen desaparecer la gratitud de entre
los hombres, sino que, envanecidos con la
jactancia de los que obran el mal, se ima-
ginan que podrán escapar a la justicia de
Dios, que odia toda maldad y a la que nada
⁵ se oculta. ¹²ᵉSucede con frecuencia, a muchos de los que detentan la autoridad, que,
por haberse dejado influenciar por sus amigos y haber puesto en sus manos la administración de los negocios, se han hecho
cómplices de sangre inocente y se han visto
arrastrados a desgracias irremediables,
⁶ ¹²ᶠpues con perversos razonamientos, nacidos de su maldad, consiguieron engañar
la natural nobleza de sentimientos de las
⁷ autoridades. ¹²ᵍY no es necesario, para
comprobar todo esto, acudir a las antiguas
historias que acabamos de mencionar, sino
que basta con observar lo que en nuestra
misma presencia lleva a cabo la pestilente
ralea de los que indignamente detentan el
⁸ poder. ¹²ʰEn consecuencia, nos proponemos procurar, en lo sucesivo, paz y tranquilidad para todos los hombres de nuestro
⁹ reino, ¹²ⁱhaciendo los cambios oportunos y
juzgando las cosas que se nos expongan
con espíritu abierto y benevolente.
¹⁰ ¹²ᵏPorque, en efecto, Amán, hijo de Hamdatá, macedonio* y, a la verdad, extraño a
la raza de los persas y muy alejado de nuestra benevolencia, fue recibido por nosotros
¹¹ como huésped ¹²ˡy tratado con la humanidad que nosotros solemos usar con todos
los pueblos, a tal punto que es públicamente llamado «nuestro padre» y había obtenido el segundo puesto en el reino, y
¹² todos se postraban ante él. ¹²ᵐPero, dominado por su orgullo, intentó arrebatarnos el
¹³ poder y la vida. ¹²ⁿComenzó pidiéndonos,
con toda suerte de falaces argumentos, la
muerte de Mardoqueo, nuestro salvador y
bienhechor continuo, la de Ester, irreprochable compañera de nuestro reino, y la de
¹⁴ todo su pueblo, ¹²ᵒpara aislarnos por este
medio y poder entregar a los macedonios el
imperio de los persas.
¹⁵ ¹²ᵖPero nosotros hemos comprobado que
los judíos, condenados al exterminio por
aquel hombre tres veces criminal, no son
malhechores, sino que se gobiernan por le-
¹⁶ yes enteramente justas; ¹²ᵠy que son hijos

del Altísimo, del gran Dios vivo, que, para
bien nuestro y de nuestros padres, mantiene el reino en el más floreciente estado.
¹²ʳHaréis, pues, bien no teniendo en cuenta   17 18
las cartas que os ha enviado Amán, hijo de
Hamdatá, puesto que el autor de ellas ha
sido ahorcado, con toda su familia, a las
puertas de Susa: castigo merecido que, sin
tardar, le ha enviado Dios, Señor universal.   19
¹²ˢPoned una copia de esta carta en todo lu-   Esd 7 25-26
gar público y dejad que los judíos se rijan
libremente por sus leyes; prestadles ayuda   20
para que puedan rechazar a cuantos les
ataquen el día designado para su destrucción, es decir, el día trece del mes doce, el
mes de Adar, ¹²ᵗporque el Dios, Señor uni-   21
versal, ha mudado en gozo el día destinado
a la destrucción y al exterminio de la raza
elegida. ¹²ᵘCuanto a vosotros, judíos, cele-   22
braréis con toda suerte de regocijos este día
insigne, como una de vuestras solemnidades, para que ahora y en el futuro sea salvación para vosotros y para los persas de
buena voluntad; y a los que se conjuran   23
contra vosotros les sirva de recuerdo de su
ruina.
¹²ᵛCualquier ciudad, o, en general, cual-   24
quier provincia que no se conformare a   Dn 3 29
esto, será implacablemente aniquilada a
lanza y fuego, y no sólo será inhabitable
para los hombres, sino también odiosa
por siempre para las bestias y las aves.»
¹³ Una copia de este escrito debía ser
publicada como ley en todas las provincias y promulgada en todos los pueblos;
y los judíos debían estar preparados
aquel día para vengarse de sus enemigos.
¹⁴ Los correos salieron con celeridad y a
toda prisa, empleando los caballos de las
caballerizas reales, según la orden del
rey; la ley también fue promulgada en la
ciudadela de Susa. ¹⁵ En cuanto a Mardoqueo, salió de la presencia del rey espléndidamente vestido de púrpura violeta y lino blanco, con una gran diadema
de oro y manto de lino fino y púrpura; la
ciudad de Susa se llenó de gozo y alegría.
¹⁶ Para los judíos todo fue esplendor, alegría, triunfo y gloria. ¹⁷ En todas las provincias y ciudades, en los lugares en que
se publicaba la orden y edicto del rey,
hubo entre los judíos alegría triunfal,
banquetes y días de fiesta. Y muchos habitantes del país se hicieron judíos, pues
el temor a los judíos se había apoderado
de ellos.

---

8 12ᵏ La palabra «macedonio», testificada (aquí y en
12ᵒ) por todos los mss, es sorprendente. Era de esperar

«medo», porque el contexto histórico sugiere una alusión a los conflictos de hegemonía entre medos y persas.

El día triunfal de los Purim.

9 ¹ Las órdenes del rey fueron ejecutadas en el mes doce, es decir, el mes de Adar, el día trece del mes, el mismo día en que los enemigos de los judíos esperaban aplastarlos; pero la situación cambió y fueron los judíos los que aplastaron a sus enemigos. ² En todas las provincias del rey Asuero se reunieron los judíos en sus ciudades para poner la mano sobre cuantos habían intentado hacerles mal, sin que nadie les opusiera resistencia, porque el temor se había apoderado de todos los pueblos. ³ Todos los jefes de las provincias, los sátrapas, los inspectores y los funcionarios del rey apoyaron a los judíos, porque todos temían a Mardoqueo, ⁴ dada su influencia en el palacio real y dado que su fama se había extendido por todas las provincias. De hecho, su poder crecía de día en día. ⁵ Los judíos pasaron a filo de espada a todos sus enemigos; fue un degüello, un exterminio: hicieron lo que quisieron con sus adversarios*. ⁶ En la ciudadela de Susa los judíos mataron y exterminaron a quinientos hombres, ⁷ y además a Parsandata, Dalfón, Aspata, ⁸ Porata, Adalías, Andata, ⁹ Parmasta, Arisay, Ariday y Yezata, ¹⁰ los diez hijos de Amán, hijo de Hamdatá, enemigo de los judíos. Los mataron, pero no saquearon sus bienes.

¹¹ Aquel mismo día llevaron al rey la cifra de los que habían sido muertos en las ciudadela de Susa. ¹² Dijo el rey a la reina Ester: «En la ciudadela de Susa han matado y exterminado los judíos a quinientos hombres y a los diez hijos de Amán. ¿Qué habrán hecho en las restantes provincias del rey? ¿Qué deseas pedir ahora? Pues te será concedido. Se seguirá haciendo lo que tú desees.» ¹³ Respondió Ester: «Si al rey le parece bien, que se conceda a los judíos de Susa que puedan actuar mañana según el edicto de hoy; en cuanto a los diez hijos de Amán, que sean colgados de la horca.» ¹⁴ Ordenó el rey que se hiciera así; se promulgó la ley en Susa y los diez hijos de Amán fueron colgados. ¹⁵ Los judíos de Susa se reunieron también el día catorce del mes de Adar y mataron en Susa a trescientos hombres, pero no saquearon sus bienes.

¹⁶ Los judíos de las restantes provincias del rey se reunieron para defender, contra sus enemigos, sus vidas y su seguridad; mataron de entre sus adversarios a setenta y cinco mil*, pero no saquearon sus bienes. ¹⁷ Ocurrió esto el día trece del mes de Adar y el día catorce descansaron, convirtiéndolo en un día de alegres festines. ¹⁸ En cuanto a los judíos de Susa, que se habían reunido los días trece y catorce, descansaron el día quince, convirtiéndolo en un día de alegres festines*. ¹⁹ Por eso, los judíos diseminados en las ciudades no fortificadas celebran el día catorce del mes de Adar con alegres festines, como día de fiesta, y se intercambian regalos, ¹⁹ᵃ*mientras que los que habitan en las ciudades celebran su día de gozo y envían regalos a sus vecinos el día quince del mes de Adar.*

V. La fiesta de los Purim

Institución oficial de la fiesta de los Purim.

²⁰ Mardoqueo consignó por escrito todas estas cosas y envió cartas a los judíos de todas las provincias del rey Asuero, tanto lejanos como próximos, ²¹ ordenándoles que celebraran todos los años el día catorce y el día quince del mes de Adar, ²² porque en tales días obtuvieron los judíos paz contra sus enemigos, y en este mes la aflicción se trocó en alegría y el llanto en festividad; que los convirtieran en días de alegres festines y mutuos regalos, y de donaciones a los pobres. ²³ Los judíos adoptaron esta costumbre, que ya habían comenzado a observar, y acerca de la cual les escribió Mardoqueo: ²⁴ «Amán, hijo de Hamdatá, de Agag, enemigo de todos los judíos, había proyec-

---

9 5 Así como el relato de estas matanzas no es históricamente probable (ver la Introducción), tampoco debe entenderse como una exaltación y consagración del espíritu de venganza. La exageración caprichosa de las cifras y el énfasis del relato denuncian la intención del autor: ante todo, ha querido ilustrar el tema (muy bíblico) de la inversión de las situaciones en favor de los oprimidos, y lo hace conforme a la mentalidad antigua de que están animados los relatos de las guerras de Israel, y que se expresa por la ley del talión.
9 16 Griego: «quince mil».
9 18 Los festines, que tanto realce tienen en el libro de Ester, serán la característica del día de los Purim, fiesta más popular que religiosa.

Márgenes: 4 17⁹ / 8 1+ / Gn 22 17 / 3 13; 9 15 / 15 6-7.11 / Ap 11 10 / Ne 8 10-12

53vm53v53vm53vm53vm53vm53vm53vm

tado exterminar a los judíos y echó el 'Pur', es decir, la suerte, para su ruina y exterminio. ²⁵ Pero cuando se presentó al rey*, para hacer ahorcar a Mardoqueo, su proyecto se volvió contra él, y los males que había meditado contra los judíos cayeron sobre su cabeza, siendo ahorcados él y sus hijos. ²⁶ Por esta razón, estos días son llamados 'Purim', de la palabra 'Pur'.» Asimismo, por todo lo relatado en esta carta, por lo que ellos mismos vieron y por lo que se les contó, ²⁷ hicieron los judíos de estos días una institución irrevocable para sí, para sus descendientes y para todos los que se pasaron a ellos*, conforme a este escrito y esta fecha, de año en año. ²⁸ Así, estos días de los Purim, conmemorados y celebrados de generación en generación, en todas las familias, en todas las provincias y en todas las ciudades, no desaparecerán de entre los judíos, ni su recuerdo se perderá entre sus descendientes.

²⁹ La reina Ester, hija de Abijail, y el judío Mardoqueo escribieron, con toda su autoridad, para dar fuerza de ley a esta segunda carta de los Purim, ³⁰ y se enviaron cartas a todos los judíos de las ciento veintisiete provincias del rey Asuero, con palabras de paz y fidelidad, ³¹ para ratificar en su fecha estos días de los Purim, tal como había sido ordenado por el judío Mardoqueo y la reina Ester, y tal como lo habían establecido para sí mismos y para sus descendientes, añadiendo lo tocante a los ayunos y lamentaciones*. ³² La orden de Ester fijó la institución de estos Purim, y quedó consignado en el libro.

Elogio de Mardoqueo.

10 ¹ El rey Asuero impuso un tributo al país y a las islas del mar. ² Todas las obras de su poder y su vigor y el relato del encumbramiento de Mardoqueo,

a quien el rey enalteció, ¿no están escritos en las Crónicas de los reyes de los medos y los persas*?

³ Pues el judío Mardoqueo era el segundo después del rey, persona importante entre los judíos, amado por la multitud de sus hermanos, preocupado por el bien de su pueblo y procurador de la paz de su raza*.

³ᵃMardoqueo dijo: «¡De Dios ha venido todo esto! ³ᵇPorque haciendo memoria del sueño que tuve, ninguna de aquellas cosas ha dejado de cumplirse: ³ᶜni la pequeña fuente, convertida en río, ni la luz, ni el sol, ni el agua abudante. El río es Ester, a quien el rey hizo esposa y reina. ³ᵈLos dragones somos yo y Amán. ³ᵉLos pueblos son los que se reunieron para destruir el nombre judío. ³ᶠMi pueblo es Israel, que clamó a Dios y fue salvado. Salvó el Señor a su pueblo, el Señor nos liberó de todos estos males; obró Dios grandes señales y prodigios como nunca los hubo en los demás pueblos. ³ᵍPor eso, Dios ha marcado dos suertes: una para su pueblo y otra para los pueblos restantes; ³ʰy estas dos suertes se han cumplido en la hora, ocasión y día determinados en presencia de Dios y de todos los pueblos. ³ⁱDios entonces se acordó de su pueblo y dictó sentencia a favor de su heredad*; ³ᵏpara éstos, los días catorce y quince del mes de Adar serán días de asamblea, de alegría y gozo delante de Dios, por todas las generaciones para siempre, en su pueblo Israel.»

Nota sobre la traducción griega del libro*.

³ˡEn el año cuarto del reinado de Tolomeo y Cleopatra, Dositeo, que decía ser sacerdote y levita, y su hijo Tolomeo, trajeron la presente carta relativa a los Purim. Aseguraron que era auténtica y que había sido traducida por Lisímaco, hijo de Tolomeo, de la ciudad de Jerusalén.

LOS LIBROS
DE LOS MACABEOS

LOS LIBROS DE LOS MACABEOS

Introducción

Los dos libros de los Macabeos *no formaban parte del canon de la Escritura de los judíos, pero han sido reconocidos por la Iglesia cristiana como inspirados (libros deuterocanónicos). Se refieren a la historia de las luchas sostenidas contra los soberanos seléucidas para conseguir la libertad religiosa y política del pueblo judío. El título les viene del sobrenombre de Macabeo dado al héroe principal de esta historia, 1 M 2 4, y que también se aplicó a sus hermanos.*

El Primer libro de los Macabeos *fija en su introducción,* **1-2**, *los adversarios que se enfrentan: el helenismo invasor, que halla cómplices en algunos judíos, y la reacción de la conciencia nacional, adherida a la Ley y al Templo. Por un lado, Antíoco Epífanes que profana el Templo y desencadena la persecución; por el otro, Matatías que lanza el grito de guerra santa. El cuerpo del libro se divide en tres partes, consagradas a las actividades de los tres hijos de Matatías que sucesivamente se ponen a la cabeza de la resistencia. Judas Macabeo (166-160 a.C.),* **3** 1 - **9** 22, *obtiene una serie de victorias sobre los generales de Antíoco, purifica el Templo y logra para los judíos la libertad de vivir conforme a sus costumbres. Bajo Demetrio I, las intrigas del sumo sacerdote Alcimo le crean dificultades, pero continúan sus éxitos militares, y Nicanor, que quería destruir el Templo, es derrotado y muerto. Judas busca la alianza de los romanos para asegurar sus posiciones. Muere en el campo de batalla. Le sucede su hermano Jonatán (160-142),* **9** 23 - **12** 53. *Las maniobras políticas alcanzan entonces mayor importancia que las operaciones militares. Jonatán se aprovecha con habilidad de las rivalidades de los que pretenden el trono de Siria: es nombrado sumo sacerdote por Alejandro Balas, reconocido por Demetrio II y confirmado por Antíoco VI. Trata de concertar alianza con los romanos y los espartanos. Va dilatándose el territorio sometido a su control y parece asegurada la paz interior, cuando Jonatán cae en manos de Trifón, que le hace morir, así como al joven Antíoco VI. El hermano de Jonatán, Simón (142-134),* **13** 1 - **16** 24, *apoya a Demetrio II, que recupera el poder. Demetrio, y luego Antíoco VII, le*

reconocen como sumo sacerdote, estratega y etnarca de los judíos. Con esto, está ya conseguida la autonomía política. Estos títulos le son confirmados por un decreto del pueblo. Se renueva la alianza con los romanos. Es una época de paz y prosperidad. Pero Antíoco VII se vuelve contra los judíos, y Simón, con dos de sus hijos, es asesinado por su yerno, que creía hacer con esto un servicio al soberano.

La narración, pues, abarca cuarenta años, desde la subida de Antíoco Epífanes, el año 175, hasta la muerte de Simón, a quien sucede Juan Hircano, el 134 a.C. Se escribió en hebreo, pero sólo se conserva en una traducción griega. Su autor es judío de Palestina y ha compuesto su obra después del 134, pero antes de la toma de Jerusalén por Pompeyo el 63 a.C. Las últimas líneas del libro, **16** 23-24, *indican que fue escrito hacia el final del reinado de Juan Hircano, como fecha más temprana, probablemente hacia el año 100 a.C. Es un documento precioso para la historia de aquel tiempo, siempre que se tenga en cuenta el género literario, imitación de las antiguas crónicas de Israel, y las intenciones del autor.*

Porque, por mucho que se extienda en narrar los sucesos de la guerra y las intrigas políticas, el autor quiere relatar una historia religiosa. Considera las desgracias de su pueblo como castigo del pecado y atribuye a la asistencia de Dios los éxitos de sus adalides. Es un judío celoso de su fe y ha comprendido que ésta era la que estaba en juego en la lucha entre la influencia pagana y las costumbres de los padres. Es, pues, un decidido adversario de la helenización y se siente lleno de admiración por los héroes que han combatido por la Ley y por el Templo, y que han conquistado para el pueblo la libertad religiosa y luego la independencia nacional. Es el cronista de una lucha en que se salvó el Judaísmo, portador de la Revelación.

El Segundo libro de los Macabeos *no es continuación del primero. Es, en parte, paralelo a él, y toma los acontecimientos de un poco más atrás, desde el fin del reinado de Seleuco IV, predecesor de Antíoco Epífanes, pero sólo los sigue hasta la derrota de Nicanor, antes de la muerte de Judas Macabeo. Todo ello comprende sólo* una quincena de años y corresponde únicamente a los caps. **1-7** del Primer libro.

El género es muy distinto. El libro, escrito originariamente en griego, se presenta como el compendio de la obra de un tal Jasón de Cirene, **2** 19-32, y lo encabezan dos cartas de los judíos de Jerusalén, **1** 1 - **2** 18. El estilo, que es el de los escritores helenísticos, pero no de los mejores, resulta a veces ampuloso. Es más el de un predicador que el de un historiador, aunque ciertamente el conocimiento de las instituciones griegas y de los personajes de la época de que hace gala nuestro autor es muy superior al que demuestra el autor de 1 M.

En realidad, su objetivo es agradar y edificar, **2** 25; **15** 39, narrando la guerra de liberación dirigida por Judas Macabeo, sostenida por apariciones celestes y ganada gracias a la intervención divina, **2** 19-22; la persecución misma era efecto de la misericordia de Dios, que corregía a su pueblo antes de que la medida del pecado quedara colmada, **6** 12-17. Escribe para los judíos de Alejandría y su intención es despertar el sentimiento de que formaban una comunidad con sus hermanos de Palestina. En especial, quiere interesarles por la suerte del Templo, centro de la vida religiosa según la Ley, blanco del odio de los gentiles. Esta preocupación imprime su sello al plan del libro: tras el episodio de Heliodoro, **3** 1-40, que subraya la santidad inviolable del santuario, la primera parte, **4** 1 - **10** 8, concluye con la muerte del perseguidor, Antíoco Epífanes, que ha profanado el Templo, y con la institución de la fiesta de la Dedicación; la segunda parte, **10** 9 - **15** 36, concluye asimismo con la muerte de un perseguidor, Nicanor, que había amenazado al Templo, y con la institución de una fiesta conmemorativa. Las dos cartas, puestas al comienzo de libro, **1** 1 - **2** 18, responden al mismo objetivo: son invitaciones dirigidas por los judíos de Jerusalén a sus hermanos de Egipto para celebrar con ellos la fiesta de la purificación del Templo, la Dedicación.

Como el último acontecimiento referido es la muerte de Nicanor, la obra de Jasón de Cirene pudo haberse compuesto poco después del 160 a.C. Si es el autor mismo del compendio —aunque esto se discute— el que ha colocado en cabeza las dos cartas de 1-2 para acompañar el envío de su compendio, la fecha de éste nos la daría la indicación de 1 10ᵇ, que corresponde al año 124 a.C. No debe menospreciarse el valor histórico del libro. Es cierto que el compendiador (¿o un redactor?) ha aceptado los

relatos apócrifos contenidos en la carta de 1 10ᵇ - **2** 18, y que reproduce las conmovedoras historias de Heliodoro, **3**, del martirio de Eleazar, **6** 18-31, y de los siete hermanos, **7**, que halló en Jasón y que ilustraban muy bien sus tesis religiosas. Pero la concordancia general con 1 M garantiza la historicidad de los acontecimientos que las dos fuentes independientes refieren. En un punto importante en que 2 M disiente del 1 M, debe aquél ser preferido: 1 M 6 1-13 sitúa la purificación del Templo antes de la muerte de Antíoco Epífanes, al tiempo que 2 M 9 1-29 la sitúa después; una tableta cronológica babilónica, recientemente publicada, da la razón a 2 M. Antíoco murió en octubre-noviembre del 164, antes de la nueva dedicación del Templo a finales de diciembre del mismo año. En las secciones que pertenecen a 2 M, no hay razón para recelar de las informaciones que se dan en el cap. **4** acerca de los años que precedieron al saqueo del Templo por Antíoco. Sin embargo, el compendiador, más bien que Jasón, es responsable de una grave confusión: disponiendo de una carta de Antíoco V, **11** 22-26, ha añadido en **11-12** 9 otras cartas y el relato de acontecimientos que datan del final del reinado de Antíoco IV y que debieron hallar su sitio entre los caps. **8** y **9**.

El libro tiene importancia por las afirmaciones que contiene sobre la resurrección de los muertos, ver la nota a **7** 9; **14** 46, las sanciones de ultratumba, **6** 26, la oración por los difuntos, **12** 41-46 y nota, el mérito de los mártires, **6** 18 - **7** 41, la intercesión de los santos, **15** 12-16 y nota. Estas enseñanzas, que tienen por objeto puntos que los demás escritos del Antiguo Testamento no aclaraban, justifican la autoridad que la Iglesia le ha reconocido.

Conocemos mejor el sistema cronológico seguido por cada uno de los dos libros desde el descubrimiento de una tableta cuneiforme, que es un fragmento de cronología de los reyes seléucidas. Ésta ha permitido fijar la fecha de la muerte de Antíoco Epífanes. Se comprueba que 1 M sigue el cómputo macedónico, que comienza en octubre del 312 a.C., mientras que 2 M sigue el cómputo judío, análogo al cómputo babilónico, que comienza en nisán (3 de abril) del 311. Pero todo esto con una doble excepción: en 1 M, los acontecimientos relativos al templo y a la historia judía se fechan según el calendario judeo-babilónico (1 54; 2 70; 4 52; 93, 54; 10 21; 13 41.51; 14 27; 16 14), mientras que las cartas citadas por 2 M **11** se fechaban según el cómputo macedónico, lo cual es perfectamente normal.

El texto nos ha sido transmitido por tres unciales, el Sinaítico, el Alejandrino y el Véneto, y por una treintena de minúsculos, pero por desgracia, la parte correspondiente al 2 M se ha perdido en el Sinaítico (nuestro mejor testigo). Los minúsculos, que son testigos de la recensión del sacerdote Luciano (300 d.C.), conservan a veces un texto más antiguo que el de otros manuscritos griegos, texto que vuelve a encontrarse en las Antigüedades Judías del historiador Flavio Josefo que, en general, sigue a 1 M e ignora a 2 M. La Vetus Latina traduce, por su parte, un texto griego perdido y a menudo mejor que el de los manuscritos que conocemos. La traducción de la Vulgata no es obra de San Jerónimo, para quien los Macabeos no eran canónicos, y sólo representa una recensión secundaria.

LIBRO PRIMERO DE LOS MACABEOS

I. Preámbulo

Alejandro y los Diadocos.

1 [1] Alejandro de Macedonia, hijo de Filipo, partió del país de los Queteos*, derrotó a Darío, rey de los persas y los medos, y reinó en su lugar, empezando por la Hélada*. [2] Suscitó muchas guerras, se apoderó de plazas fuertes y dio muerte a reyes de la tierra. [3] Avanzó hasta los confines del mundo y se hizo con el botín de multitud de pueblos. La tierra enmudeció ante él y su corazón se ensoberbeció y se llenó de orgullo. [4] Reunió un ejército potentísimo y ejerció el mando sobre tierras, pueblos y príncipes, que le pagaban tributo. [5] Después cayó enfermo y se dio cuenta que se moría. [6] Hizo llamar entonces a sus servidores, a los nobles que con él se habían criado desde su juventud y, antes de morir, repartió entre ellos su reino. [7] Alejandro murió tras doce años de reinado*. [8] Sus generales entraron en posesión del poder, cada uno en su región. [9] A su muerte, todos ellos se ciñeron la diadema, y sus hijos después de ellos durante largos años; y multiplicaron los males sobre la tierra.

Antíoco Epífanes* y la penetración del helenismo en Israel.

2 M 4 7

[10] De ellos surgió un renuevo pecador, Antíoco Epífanes, hijo del rey Antíoco, que había estado como rehén* en Roma. Subió al trono el año ciento treinta y siete del imperio de los griegos*. [11] En aquellos días surgieron de Israel unos hijos rebeldes* que sedujeron a muchos diciendo: «Vamos, concertemos alianza con los pueblos que nos rodean, porque desde que nos separamos de ellos, nos han sobrevenido muchos males.» [12] Estas palabras les parecieron bien, [13] y algunos del pueblo se apresuraron a acudir donde el rey y obtuvieron de él autorización para seguir las costumbres de los paganos*. [14] En consecuencia, levantaron en Jerusalén un gimnasio al uso de los paganos, [15] rehicieron sus prepucios, renegaron de la alianza santa para atarse al yugo de los paganos, y se vendieron para obrar el mal*.

|| 2 M 4 9-17

1 Co 7 18

Primera campaña de Egipto y saqueo del templo*.

[16] Antíoco, una vez asentado en el reino, concibió el proyecto de reinar sobre el país de Egipto para ser rey de ambos reinos. [17] Con un fuerte ejército, con carros, elefantes*, (jinetes) y numerosa flota, entró en Egipto [18] y trabó batalla con el rey de Egipto, Tolomeo. Éste evitó su presencia y huyó; muchos cayeron heridos. [19] Ocuparon las ciudades fuertes de

Dn 11 25-28
2 M 5 1

---

1 1 (a) Los Queteos eran los habitantes de Kition o Citium y, de una manera más general, de la isla de Chipre, Gn 10 4; 1 Cro 1 7; Is 23 1. Después, la denominación se extendió a las islas, Jr 2 10; Ez 27 6, y a las regiones situadas más al oeste, como Macedonia, 1 M 8 5, y finalmente al mundo romano.

1 1 (b) El término designa una región más amplia que Grecia propiamente dicha. Su correspondiente hebreo *Yaván*, Is 66 19; Ez 27 13, designa ante todo a Jonia en Asia Menor.

1 7 En Junio del 323 a. C. Esta convocatoria hizo concebir la idea de una partición a la muerte de Alejandro; *en realidad, los intentos de partición no se impusieron a la noción de imperio único hasta después de la batalla de Ipsos*, el 301. También Dn 8 12.22; 10 4 alude al fraccionamiento del imperio.

1 10 (a) 175-164. Hermano menor de Seleuco IV e hijo de Antíoco III. —El epíteto real de *epífanes* («que se manifiesta con esplendor») denota la pretensión del rey de ser la manifestación terrestre de Zeus.

1 10 (b) Antíoco IV formó parte de los rehenes entregados por su padre a los romanos en el 189, tras la derrota de Magnesia de Sípilos.

1 10 (c) Es decir, de la era seléucida, que en Siria comenzó el otoño del 312 (fecha teórica de la fundación de Antioquía) y en Babilonia en la primavera del 311.

1 11 Lit. «transgresores de la Ley», expresión que en los LXX generalmente traduce a «hijos de Belial», Dt 13 14.

1 13 Lit. «de las naciones»; equivale a la palabra hebrea *goyim*, que con frecuencia designa a las naciones paganos, en contraposición al «pueblo (de Israel)» *am* (aunque con excepciones, 3 59; 8 23; 9 29, ver Gn 12 2; Ex 32 10, etc.).

1 15 La religión, la Ley, las costumbres, hacían de los judíos un grupo aparte, un cuerpo extraño en el mundo oriental, unificado y helenizado desde la conquista de Alejandro. La asimilación, que proporcionaba las ventajas humanas de la nueva civilización, no podría realizarse más que rompiendo los cuadros que aseguraban la fidelidad a la fe. Todavía no se identificaban las innovaciones con las prácticas idolátricas que el rey impondrá siete años después, pero sí multiplicaban las ocasiones de participar en ellas. Es el drama que late en los dos libros de los Macabeos. Este movimiento de los judíos helenófilos no podía menos de encontrar apoyo en Antíoco Epífanes, entusiasta de la cultura griega, ver vv. 41-51.

1 16 Es la primera campaña contra Tolomeo Filométor, el 169. El autor de 2 M la omite y sólo menciona «la segunda expedición», 2 M 5 1, que aquí se omite. El curso de los hechos aparece con mayor claridad en el libro de Daniel, 11 25-27: primera campaña; v. 28: saqueo del templo; v. 29: segunda campaña e intervención romana; v. 30: represión en Jerusalén; 31-39: abolición del culto.

1 17 Procedían de la India, y el centro de la preparación de estos animales de combate, ver cap. 6, era Apamea.

Egipto, y Antíoco se hizo con los despojos del país. [20] El año ciento cuarenta y tres, después de vencer a Egipto, emprendió el camino de regreso. Subió contra Israel y llegó a Jerusalén con un fuerte ejército.

[21] Entró con insolencia en el santuario y se llevó el altar de oro, el candelabro de la luz con todos sus accesorios, [22] la mesa de la proposición, los vasos de las libaciones, las copas, los incensarios de oro, la cortina, las coronas, y arrancó todo el decorado de oro que recubría la fachada del templo. [23] Se apropió también de la plata, oro, objetos de valor y de cuantos tesoros ocultos pudo encontrar. [24] Tomándolo todo, partió para su tierra después de derramar mucha sangre y de hablar con gran insolencia*.

[25] En todo el país hubo gran duelo por Israel.
[26] Jefes y ancianos gimieron,
languidecieron doncellas y jóvenes,
la belleza de las mujeres se marchitó.
[27] El recién casado entonó un canto de dolor;
sentada en el lecho nupcial, la esposa lloraba.
[28] Se estremeció la tierra por sus habitantes,
y toda la casa de Jacob se cubrió de vergüenza*.

Intervención del Misarca.
Construcción de la Ciudadela.

[29] Dos años después, envió el rey a las ciudades de Judá al Misarca*, que se presentó en Jerusalén con un fuerte ejército. [30] Habló dolosamente palabras de paz y, cuando se hubo ganado la confianza, cayó de repente sobre la ciudad y le asestó un duro golpe matando a muchos del pueblo de Israel. [31] Saqueó la ciudad, la incendió y arrasó sus casas y la muralla que la rodeaba. [32] Sus hombres hicieron cautivos a mujeres y niños,

y se adueñaron del ganado. [33] Después reconstruyeron la Ciudad de David con una muralla grande y fuerte, con torres poderosas, y la hicieron su Ciudadela*. [34] Establecieron allí una raza pecadora de rebeldes, que en ella se hicieron fuertes. [35] La proveyeron de armas y vituallas, y depositaron en ella el botín que habían reunido del saqueo de Jerusalén. Fue un peligroso lazo.

[36] Se convirtió en asechanza contra el santuario,
en un adversario maléfico para Israel en todo tiempo.
[37] Derramaron sangre inocente en torno al santuario y lo profanaron.
[38] Por ellos los habitantes de Jerusalén huyeron;
vino a ser ella habitación de extraños,
extraña para los que en ella nacieron,
pues sus hijos la abandonaron.
[39] Quedó su santuario desolado como un desierto,
sus fiestas convertidas en duelo,
sus sábados en irrisión,
su honor en desprecio.
[40] A medida de su gloria creció su deshonor,
su grandeza se volvió aflicción.

Establecimiento de cultos paganos.

[41] El rey publicó un edicto en todo su reino ordenando que todos formaran un único pueblo [42] y abandonara cada uno sus peculiares costumbres. Los paganos acataron todos el edicto real [43] y muchos israelitas aceptaron su culto, sacrificaron a los ídolos y profanaron el sábado. [44] También a Jerusalén y a las ciudades de Judá hizo el rey llegar, por medio de mensajeros, el edicto* que ordenaba seguir costumbres extrañas al país. [45] Debían suprimir en el santuario holocaustos, sacrificios y libaciones; profanar sábados y fiestas; [46] mancillar el santuario y lo santo; [47] levantar altares, recintos

Marginal references (left column):
‖2 M 5 11-16 22
23
2 M 5 21
25
26
27
28
29
‖2 M 5 24-26
31
32
33
34

Marginal references (right column):
35
36
37
38
39
40
41
42
43
44
45
46
47 ‖2 M 6 1-9
48
49
50

---

1 24   El orgullo de Epífanes, que se hacía igual a Zeus, había asombrado a sus contemporáneos, que, jugando con su nombre, le llamaban *epímanes*, «loco», ver 2 M 5 17.21; 9 4-11 Dn 7 8.25; 11 36.
1 28   Es la primera de las composiciones poéticas del libro, ver también vv. 38-42; 2 8-13.49-64; 3 3-9.45; 14 4-14.
1 29   «al Misarca» *conj. según 2 M 5 24* (que da su nombre: Apolonio); *griego:* «prefecto de los tributos»; las dos palabras son parecidas en hebreo. —Ejercía el mando de los mercenarios de Misia, de ahí su título. Vino a Jerusalén el 167. Se le volverá a encontrar en 3 10.
1 33   El nombre de «Ciudad de David» se había extendido a la gran colina occidental. Convertido en Ciudadela, *Akra* en griego, este barrio albergará a la guar-

nición siro-macedonia y a los judíos helenizantes; será una amenaza para el templo, situado al este, más abajo, sobre lo que entonces se llamaba el monte Sión. La toponimia de este tiempo no corresponde a la del período davídico, ver 2 S 5 9+.
1 44   Procurando la unidad de su imperio, Antíoco Epífanes impone a los judíos prácticas de los paganos, abrogando de este modo el privilegio que Antíoco III había concedido en 198 a los judíos, reconociéndoles la Ley de Moisés con su estatuto legal (como lo habían hecho los reyes de Persia al regreso del Destierro). Con ello, la fidelidad a la ley se convertía en un acto de rebeldía política, y de ahí la persecución. La libertad religiosa se restablecerá con el rescripto de Antíoco V, 6 57-61; 2 M 11 22-26.

sagrados y templos idolátricos; sacrificar puercos y animales impuros; ⁴⁸ dejar a sus hijos incircuncisos; volverse abominables con toda clase de impurezas y profanaciones, ⁴⁹ de modo que olvidasen la Ley y cambiasen todas sus costumbres. ⁵⁰ El que no obrara conforme a la orden del rey, moriría. ⁵¹ En el mismo tono escribió a su reino, nombró inspectores para todo el pueblo y ordenó a las ciudades de Judá que en cada una de ellas se ofrecieran sacrificios. ⁵² Muchos del pueblo, todos los que abandonaban la Ley, se unieron a ellos. Causaron males al país ⁵³ y obligaron a Israel a ocultarse en toda suerte de refugios.

⁵⁴ El día quince del mes de Quisleu del año ciento cuarenta y cinco* levantó el rey sobre el altar de los holocaustos la Abominación de la Desolación*. También construyeron altares en las ciudades de alrededor de Judá. ⁵⁵ A las puertas de las casas y en las plazas quemaban incienso.

⁵⁶ Rompían y echaban al fuego los libros de la Ley* que podían hallar. ⁵⁷ Al que encontraban con un ejemplar de la Alianza en su poder, o bien descubrían que observaba los preceptos de la Ley, era condenado a muerte por decisión real. ⁵⁸ Actuaban violentamente contra los israelitas que sorprendían un mes y otro en las ciudades; ⁵⁹ el día veinticinco de cada mes* ofrecían sacrificios en el ara que se alzaba sobre el altar de los holocaustos. ⁶⁰ A las mujeres que hacían circuncidar a sus hijos las llevaban a la muerte, conforme al edicto, ⁶¹ con sus criaturas colgadas al cuello. La misma suerte corrían sus familiares y los que habían efectuado la circuncisión. ⁶² Muchos en Israel se mantuvieron firmes y se resistieron a comer cosa impura. ⁶³ Prefirieron morir antes que contaminarse con aquella comida y profanar la alianza santa; y murieron. ⁶⁴ Inmensa fue la Cólera que descargó sobre Israel.

II. Matatías desencadena la guerra santa*

Matatías y sus hijos.

¹ Por aquel tiempo, Matatías, hijo de Juan, hijo de Simeón, sacerdote del linaje de Joarib*, dejó Jerusalén y fue a establecerse en Modín. ² Tenía cinco hijos: Juan, por sobrenombre Gadí; ³ Simón, llamado Tasí; ⁴ Judas, llamado Macabeo; ⁵ Eleazar, llamado Avarán; y Jonatán, llamado Afús*. ⁶ Al ver las impiedades que en Judá y en Jerusalén se cometían, ⁷ exclamó: «¡Ay de mí! ¡He nacido para ver la ruina de mi pueblo y la ruina de la ciudad santa, y para estarme allí cuando es entregada en manos de enemigos y su santuario en poder de extraños?

⁸ Ha quedado su templo como hombre sin honor*,

⁹ los objetos que eran su gloria, llevados como botín,

muertos en las plazas sus niños,

y sus jóvenes por espada enemiga.

¹⁰ ¿Qué pueblo no ha venido a heredar su reino

y a entrar en posesión de sus despojos?

---

1 54 (a) De la era seléucida, computándola desde la primavera. Nos hallamos en diciembre del 167.
1 54 (b) La «Abominación de la desolación», Dn 9 27; 11 31, es el altar de *Baal Šamem* o Zeus Olímpico, edificado sobre el gran altar de los holocaustos.
1 56 Libro de «la Alianza» o libros de «la Ley»: aquí el Pentateuco.
1 59 Día mensual del aniversario del rey, ver 2 M 6 7, que también lo fue de la inauguración del altar. Judas celebrará la dedicación del nuevo altar, 1 M 4 52s, tres años más tarde, día por día.
2 La persecución provoca un sobresalto en la conciencia religiosa. La oposición al helenismo adquiere la forma de intervenciones brutales, 2 15-28, o de resistencia pasiva, 2 29-38, y, finalmente, de guerra santa, ya con Matatías, 2 39-48, y sobre todo con Judas Macabeo, 3-5. Éste había comprendido que la conservación de la religión estaba vinculada a la independencia nacional, y por eso prosiguió la lucha, aun después de que se hubo reconocido la libertad religiosa, 6 57-62. Pero esta trasposición del conflicto al terreno político abría las puertas a compromisos y luchas de partido,

que ocupan todo el final del libro y acabarán por suplantar las preocupaciones religiosas y desacreditarán a los Asmoneos, sucesores de los Macabeos, a los ojos de los hombres verdaderamente religiosos.
2 1 Jefe de la primera de las veinticuatro clases sacerdotales; la de Yedaías, antepasada de los Oníadas según Josefo, era solamente la segunda, ver 1 Cro 24 7. Pero esta preeminencia puede deberse a un arreglo del texto después de la consecución por los Macabeos del soberano sacerdocio, 10 20.
2 5 Los sobrenombres de Gadí, Avarán, Afús, pueden significar «el Afortunado», «el Despierto», «el Favorito»; Macabeo puede significar «que tiene la cabeza en forma de martillo», o ser una forma abreviada de *Maqqabyahu*, «la designación de Yahvé», con fundamento en Is 62 2. Sobre el sentido de «Tasí» no hay nada seguro.
2 8 «sin honor» *adoxos* mss griegos y lat.; «noble» *endoxos* griego. El texto primitivo diría «no noble» (hebraísmo) y la negación habría caído por accidente o por escrúpulos.

¹¹ Todos sus adornos le han sido arrancados
  y de libre que era, ha pasado a ser esclava.
¹² Mirad nuestro santuario,
  nuestra hermosura y nuestra gloria,
  convertido en desierto;
  miradlo profanado de los paganos.
¹³ ¿Para qué vivir más?»

¹⁴ Matatías y sus hijos rasgaron sus vestidos, se vistieron de sayal y se entregaron a un profundo dolor.

La prueba del sacrificio en Modín.

¹⁵ Los enviados del rey, encargados de imponer la apostasía, llegaron a la ciudad de Modín para los sacrificios. ¹⁶ Muchos israelitas acudieron donde ellos. También Matatías y sus hijos fueron convocados. ¹⁷ Tomando entonces la palabra los enviados del rey, se dirigieron a Matatías y le dijeron: «Tú eres jefe ilustre y poderoso en esta ciudad y estás bien apoyado de hijos y hermanos. ¹⁸ Acércate, pues, el primero y cumple la orden del rey, como la han cumplido todas las naciones, los notables de Judá y los que han quedado en Jerusalén. Entonces tú y tus hijos seréis contados entre los amigos del rey*, y os veréis honrados, tú y tus hijos, con plata, oro y muchas dádivas.» ¹⁹ Matatías contestó con fuerte voz: «Aunque todas las naciones que forman el imperio del rey le obedezcan hasta abandonar cada uno el culto de sus padres y acaten sus órdenes, ²⁰ yo, mis hijos y mis hermanos nos mantendremos en la alianza de nuestros padres. ²¹ El Cielo nos guarde de abandonar la Ley y los preceptos. ²² No obedeceremos las órdenes del rey ni nos desviaremos un ápice de nuestro culto.» ²³ Apenas había concluido de pronunciar estas palabras, cuando un judío se adelantó, a la vista de todos, para sacrificar en el altar de Modín, conforme al decreto real. ²⁴ Al verle Matatías, se inflamó en celo y se estremecieron sus entrañas. Encendido en justa cólera*, corrió y lo degolló

sobre el altar. ²⁵ Al punto mató también al enviado del rey que obligaba a sacrificar y destruyó el altar. ²⁶ Emuló en su celo por la Ley la gesta de Pinjás contra Zimrí, el hijo de Salú. ²⁷ Luego, con fuerte voz, gritó Matatías por la ciudad: «Todo aquel que sienta celo por la Ley y mantenga la alianza, que me siga.» ²⁸ Y dejando en la ciudad cuanto poseían, huyeron él y sus hijos a las montañas.

Nm 25 6-15

2 M 5 27

La prueba del sábado en el desierto.

²⁹ Por entonces muchos, preocupados por la justicia y la equidad, bajaron al desierto para establecerse allí ³⁰ con sus mujeres, sus hijos y sus ganados, porque los males duramente los oprimían. ³¹ La gente del rey y la tropa que estaba en Jerusalén, en la Ciudad de David, recibieron la denuncia de que unos hombres que habían rechazado el mandato del rey habían bajado a los lugares ocultos del desierto. ³² Muchos corrieron tras ellos y los alcanzaron. Los cercaron y se prepararon para atacarles el día del sábado. ³³ Les dijeron: «Basta ya, salid, obedeced la orden del rey y salvaréis vuestras vidas.» ³⁴ Ellos les contestaron: «No saldremos ni obedeceremos la orden del rey de profanar el día de sábado*.» ³⁵ Asaltados al instante, ³⁶ no replicaron ni arrojando piedras ni atrincherando sus cuevas. Dijeron: ³⁷ «Muramos todos en nuestra rectitud. El cielo y la tierra son testigos de que nos matáis injustamente.» ³⁸ Los atacaron, pues, en sábado y murieron ellos, sus mujeres, hijos y ganados: unas mil personas.

||2 M 6 11

Actividades de Matatías y su partido.

³⁹ Lo supieron Matatías y sus amigos y sintieron por ellos gran pesar. ⁴⁰ Pero se dijeron: «Si todos nos comportamos como nuestros hermanos y no peleamos contra los paganos por nuestras vidas y nuestras costumbres, muy pronto nos exterminarán de la tierra.» ⁴¹ Aquel mismo día tomaron el siguiente acuerdo: «A todo aquel que venga a atacarnos en día

---

2 18   Distinción honorífica, heredada de la corte de Persia; abarcaba varios grados. Los «amigos del rey» tenían acceso al soberano, que en ocasiones les confiaba algunos cargos, ver **3** 38; **7** 8; **10** 16.20.60.65; **11** 27.57; **14** 39; **15** 28; **2 M 8** 9.

2 24   Lit. «(una cólera) conforme a la Ley», ver Dt **13** 7-12.—El celo de la Ley es característico de la piedad de la época. En el siglo siguiente tomará un giro más político con el partido de los Zelotas.

2 34   Ex **16** 29 prohíbe salir de casa el día de sábado,

ver Ex **20** 8+; uno de los textos de Qumrán, el Documento de Damasco, fija, según Nm **35** 4s, en mil codos el camino del sábado fuera de la ciudad, en dos mil si se trata de apacentar un rebaño, y prácticamente excluye toda actividad, ver Ne **13** 15s. En realidad, los sublevados pronto comprenderán que incluso en día de sábado deberán defenderse, v. 40s, y Jesús dirá que «el sábado ha sido instituido para el hombre y no el hombre para el sábado», Mc **2** 27.

de sábado, le haremos frente para no morir todos como murieron nuestros hermanos en las cuevas.»
⁴² Se les unió por entonces el grupo de los asideos*, israelitas valientes y entregados de corazón a la Ley. ⁴³ Además, todos aquellos que querían escapar de los males, se les juntaron y les ofrecieron su apoyo. ⁴⁴ Formaron así un ejército e hirieron en su ira a los pecadores, y a los impíos en su furor. Los restantes tuvieron que huir a tierra de paganos buscando su salvación. ⁴⁵ Matatías y sus amigos hicieron correrías destruyendo altares, ⁴⁶ obligando a circuncidar cuantos niños incircuncisos hallaron en el territorio de Israel ⁴⁷ y persiguiendo a los insolentes. La empresa prosperó en sus manos: ⁴⁸ arrancaron la Ley de mano de paganos y reyes, y no consintieron que el pecador se impusiera*.

Testamento y muerte de Matatías*.

⁴⁹ Los días de Matatías se acercaban a su fin. Dijo entonces a sus hijos:

«Ahora reina la insolencia y la reprobación,
    es tiempo de ruina y de violenta Cólera.
⁵⁰ Ahora, hijos, mostrad vuestro celo por la Ley;
    dad vuestra vida por la alianza de nuestros padres.
⁵¹ Recordad las gestas que en su tiempo realizaron nuestros padres;
    alcanzaréis inmensa gloria, inmortal nombre.
⁵² ¿No fue hallado Abrahán fiel en la prueba
    y se le reputó por justicia?
⁵³ José, en el tiempo de su angustia, observó la Ley
    y vino a ser señor de Egipto.
⁵⁴ Pinjás, nuestro padre*, por su ardiente celo,

Gn 15 6+
Gn 37; 39-41
m 25 6-13

alcanzó la alianza de un sacerdocio eterno.
⁵⁵ Josué, por cumplir su mandato,
    llegó a ser juez en Israel.
⁵⁶ Caleb, por su testimonio en la asamblea,
    obtuvo una herencia en esta tierra.
⁵⁷ David, por su piedad,
    heredó un trono real para siempre.
⁵⁸ Elías, por su ardiente celo por la Ley,
    fue arrebatado al cielo.
⁵⁹ Ananías, Azarías, Misael, por haber tenido confianza,
    se salvaron de las llamas.
⁶⁰ Daniel, por su rectitud,
    escapó de las fauces de los leones.
⁶¹ Advertid, pues, que de generación en generación
    todos los que esperan en Él jamás sucumben.
⁶² No temáis amenazas de hombre pecador*:
    su gloria parará en estiércol y gusanos;
⁶³ estará hoy encumbrado y mañana no se le encontrará:
    habrá vuelto a su polvo
    y sus maquinaciones se desvanecerán.
⁶⁴ Hijos, sed fuertes y manteneos firmes en la Ley,
    que en ella hallaréis gloria.

⁶⁵ Ahí tenéis a Simeón*, vuestro hermano. Sé que es hombre sensato; escuchadle siempre: él será vuestro padre. ⁶⁶ Tenéis a Judas Macabeo, valiente desde su mocedad: él será jefe de vuestro ejército y dirigirá la guerra contra los pueblos. ⁶⁷ Vosotros, atraeos a cuantos observan la Ley, vengad a vuestro pueblo, ⁶⁸ devolved a los paganos el mal que os han hecho y observad los preceptos de la Ley.» ⁶⁹ A continuación, los bendijo y fue a reunirse con sus antepasados. ⁷⁰ Murió el año ciento cuarenta y seis y fue sepultado en Modín, en el sepulcro de sus padres. Todo Israel hizo gran duelo por él.

Jos passim

Nm 13 30; 14 24

2 S 7

1 R 19 10.14
2 R 2 22-12
Dn 3

Dn 6

2 42   Forma helenizada del hebr. *jasídim*, los «Piadosos»: comunidad de judíos adheridos a la Ley; resistieron al influjo pagano desde antes de los macabeos, y se convirtieron en tropas de choque de Judas, 2 M 14 6, pero sin adherirse a la política de los asmoneos, ver 1 M 7 13. Según Josefo, durante el principado de Jonatán, hacia el 150, se dividirán en fariseos (Mt 3 7+; Hch 4 1+) y esenios, mejor conocidos desde los descubrimientos de Qumrán (ver *Ant.* XIII, 171s).
2 48   Lit. «no dieron un cuerno al pecador»; sobre el símbolo bíblico de fuerza, ver Sal 18 3+; ver también Dn 7-8.
2 49   Este testamento evoca el elogio de los Padres de

Si 44-50.
2 54   El autor relaciona al sumo sacerdote contemporáneo, Simón II, con Eleazar, hijo de Aarón y padre de Pinjás, de quien procedían Sadoc y los Oníadas: no le parece, pues, dudosa la legitimidad del sacerdocio asmoneo.
2 62   Probablemente Antíoco Epífanes, ver 1 10 (y 2 48?); 2 M 9 9.
2 65   Simeón es el nombre semítico del segundo hijo de Matatías, ver 2 2, mientras que Simón es nombre griego, escogido por su homofonía. —A pesar de su edad y sus cualidades, sólo será el tercero en ponerse a la cabeza del pueblo, ver cap. 13

III. Judas Macabeo, jefe de los judíos (166-160 a.C.)

Elogio de Judas Macabeo.

3 ¹ Ocupó su lugar su hijo Judas, llamado Macabeo. ² Todos sus hermanos y los que habían seguido a su padre le ofrecieron apoyo y sostuvieron con entusiasmo la guerra de Israel.

³ Él dilató la gloria de su pueblo;
como gigante revistió la coraza
y se ciñó sus armas de guerra.
Se empeñó en batallas,
protegiendo al ejército con su espada,
⁴ semejante al león en sus hazañas,
como cachorro que ruge sobre su presa.
⁵ Persiguió a los impíos hasta sus rincones,
dio a las llamas a los perturbadores de su pueblo.
⁶ Por el miedo que les infundía, se apocaron los impíos,
se sobresaltaron todos los que obraban la iniquidad;
la liberación en su mano alcanzó feliz éxito.
⁷ Amargó a muchos reyes,
regocijó a Jacob con sus hazañas;
su recuerdo será eternamente bendecido.
⁸ Recorrió las ciudades de Judá,
exterminó de ellas a los impíos
y apartó de Israel la Cólera.
⁹ Su nombre llegó a los confines de la tierra
y reunió a los que estaban perdidos.

Primeros éxitos de Judas*.

‖2 M 8 1-7

¹⁰ Apolonio reunió paganos y una numerosa fuerza de Samaría para llevar la guerra a Israel*. ¹¹ Judas, al tener noticia de ello, salió a su encuentro, le venció y lo mató. Muchos sucumbieron y los demás se dieron a la fuga. ¹² Recogido el botín, Judas tomó para sí la espada de Apolonio y en adelante entró siempre en combate con ella. ¹³ Serón, general del ejército de Siria, al saber que Judas había congregado en torno a sí una multitud de fieles y gente de guerra, ¹⁴ se dijo: «Conseguiré un nombre y alcanzaré gloria en el reino atacando a Judas y a los suyos, que desprecian las órdenes del rey.» ¹⁵ Partió, pues, a su vez, y subió con él una poderosa tropa de impíos para ayudarle a tomar venganza de los hijos de Israel. ¹⁶ Cuando se aproximaba a la subida de Bet Jorón, le salió al encuentro Judas con unos pocos hombres. ¹⁷ Al ver éstos el ejército que se les venía encima, dijeron a Judas: «¿Cómo podremos combatir, siendo tan pocos, con una multitud tan poderosa? Además estamos extenuados por no haber comido hoy en todo el día.» ¹⁸ Judas respondió: «Es fácil que una multitud caiga en manos de unos pocos. Al Cielo* le da lo mismo salvar con muchos que con pocos; ¹⁹ que en la guerra no depende la victoria de la muchedumbre del ejército, sino de la fuerza que viene del Cielo. ²⁰ Ellos vienen contra nosotros rebosando insolencia e impiedad con intención de destruirnos a nosotros, a nuestras mujeres y a nuestros hijos, y hacerse con nuestros despojos; ²¹ nosotros, en cambio, combatimos por nuestras vidas y nuestras leyes; ²² Él los quebrantará ante nosotros; no les temáis*.» ²³ Cuando acabó de hablar, se lanzó de improviso sobre ellos y Serón y su ejército fueron derrotados por él. ²⁴ Los persiguieron por la pendiente de Bet Jorón hasta la llanura. Unos ochocientos sucumbieron y los restantes huyeron al país de los filisteos*. ²⁵ Comenzó a cundir el miedo a Judas y sus hermanos, y el espanto se apoderó de los paganos circunvecinos. ²⁶ Su nombre llegó hasta el rey y en todos los pueblos se comentaban las batallas de Judas.

2 21+
1 S 14 6

Jos 10 10

Preparativos de Antíoco contra Persia y Judea*. Regencia de Lisias.

²⁷ El rey Antíoco, al oír lo sucedido, se encendió en violenta ira; mandó juntar las

---

3 10   (a) 2 M no menciona estos dos primeros encuentros.
3 10   (b) Según Josefo, Apolonio, ver 1 29+, es gobernador de Samaría.
3 18   «Al Cielo» mss griegos, Vet. Lat.; «Al Dios del cielo» el resto del griego, Vulg., pero 1 M, por respeto, evita sistemáticamente la palabra «Dios».
3 22   Arenga dentro del estilo deuteronómico, ver por ejemplo Dt 1 29s; 3 18-22; 9 1s, etc. A la literatura judía de esa época le gusta inspirarse en los relatos de los Pa-

triarcas y la conquista. —El v. 21 resume a la perfección los móviles profundos de las primeras luchas macabeas.
3 24   Expresión arcaizante para designar la zona marítima, ver 15 38.
3 27   Puntos de vista generales propios del autor de 1 M, que sitúa el problema judío en el centro de las preocupaciones de Antíoco IV. En realidad, el fin de la campaña de Asia no era solamente poner a flote sus finanzas, sino también reconquistar Armenia.

fuerzas todas de su reino, un ejército poderosísimo; [28] abrió su tesoro y dio a las tropas la soldada de un año con la orden de que estuviesen preparadas para cualquier evento. [29] Entonces advirtió que se le había acabado el dinero del tesoro y que los tributos de la región eran escasos, debido a las revueltas y calamidades que él había provocado en el país al suprimir las leyes en vigor desde los primeros tiempos. [30] Temió no tener, como otras veces, para los gastos y para los donativos que solía antes prodigar con largueza, superando en ello a los reyes que le precedieron. [31] Hallándose, pues, en tan grave aprieto, resolvió ir a Persia a recoger los tributos de aquellas provincias y reunir mucho dinero. [32] Dejó a Lisias, personaje de la nobleza y de la familia real, al frente de los negocios del rey desde el río Éufrates hasta la frontera de Egipto*; [33] le confió la tutela de su hijo Antíoco* hasta su vuelta; [34] puso a su disposición la mitad de sus tropas y los elefantes, y le dio orden de ejecutar cuanto había resuelto. En lo que tocaba a los habitantes de Judea y Jerusalén, [35] debía enviar contra ellos un ejército que quebrantara y deshiciera las fuerzas de Israel y lo que quedaba de Jerusalén hasta borrar su recuerdo del lugar. [36] Luego establecería extranjeros en todo su territorio y repartiría entre ellos sus tierras*. [37] El rey, tomando consigo la otra mitad del ejército, partió de Antioquía, capital de su reino, el año ciento cuarenta y siete. Atravesó el río Éufrates y prosiguió su marcha a través de la región alta*.

Gorgias y Nicanor entran en Judea con el ejército sirio.

2 M 8 8-15

[38] Lisias eligió a Tolomeo, hijo de Dorimeno, a Nicanor y a Gorgias, hombres

2 M 4 45;
8 8s;
10 14
2 18+

poderosos entre los amigos del rey*, [39] y los envió con cuarenta mil soldados de infantería y siete mil de caballería a invadir el país de Judá y arrasarlo, como lo había mandado el rey. [40] Partieron con todo su ejército, llegaron y acamparon cerca de Emaús, en la Tierra Baja. [41] Los mercaderes de la región, que oyeron hablar de ellos, tomaron grandes sumas de plata y oro, además de grilletes*, y se fueron al campamento con intención de adquirir como esclavos a los hijos de Israel. Se les unió también una fuerza de Idumea y del país de los filisteos*. [42] Judas y sus hermanos comprendieron que la situación era grave: el ejército estaba acampado dentro de su territorio y conocían la consigna del rey de destruir el pueblo y acabar con él. [43] Y se dijeron unos a otros: «Levantemos a nuestro pueblo de la ruina y luchemos por nuestro pueblo y por el Lugar Santo.» [44] Se convocó la asamblea para prepararse a la guerra, hacer oración y pedir piedad y misericordia.

[45] Pero Jerusalén estaba despoblada
como un desierto,
ninguno de sus hijos entraba ni salía;
conculcado el santuario,
hijos de extraños en la Ciudadela,
convertida en albergue de paganos.
Había desaparecido la alegría de Jacob,
la flauta y la lira habían enmudecido.

Reunión de los judíos en Masfá.

2 M 8
16-23

Jc 20 1-3
1 S 7 5-6+

[46] Por eso, una vez reunidos, se fueron a Masfá*, frente a Jerusalén, porque tiempos atrás había habido en Masfá un lugar de oración para Israel. [47] Ayunaron aquel día, se vistieron de sayal, esparcieron ceniza sobre la cabeza y rasgaron

---

3 32 Es decir, la Transeufratina de la época persa. Lisias (conocido también por el historiador Polibio) era, pues, gobernador supremo de Celesiria y Fenicia, ver 2 M 10 11, así como de la Siria superior. —La expresión «de la familia real» corresponde a «pariente del rey», 2 M 11 1, el título honorífico más alto en la corte seléucida, ver 1 M 10 89.
3 33 El futuro Antíoco V Eupátor, 6 17, cuya tutela se confiará dos años después a Filipo, el amigo íntimo del rey, 6 14; 2 M 9 29.
3 36 Los judíos rebeldes debían ser exterminados o vendidos como esclavos, 2 M 8 9-11, y sus tierras confiscadas y luego repartidas a extranjeros, ver Dn 11 39. Se convertía, pues, Judea en «tierra real», arrendada a colonos por lotes, según la costumbre seléucida. Las rentas por ellas exigidas constituían un impuesto más gravoso que el tributo antiguo.
3 37 Esta expresión designa la meseta irania, ver 6 1; 2 M 9 25. —Nos encontramos en la primavera del 165.

3 38 Tolomeo es el estratega de la provincia de Celesiria y Fenicia, 2 M 8 8. Gorgias es estratega en el sentido militar de la palabra, y él dirigió las operaciones, aunque Nicanor gozara de precedencia sobre él como «primer amigo» del rey, 2 M 8 9. Encontraremos a este último como jefe de guerra cinco años más tarde, 1 M 7 26.
3 41 (a) «grilletes» pedas conj. según sir. y Josefo; «niños» paidas griego, lat.
3 41 (b) «Idumea» conj.; el griego y las versiones traen «Siria», que al parecer traduce al hebr. 'aram leído en lugar de 'edom, según confusión frecuente, ver Jc 3 8; 2 S 8 12; 1 R 11 25; 2 R 16 6, etc. —«país de los filisteos», lit. «tierra de extranjeros» en griego allofilos, palabra que en los LXX designa a los filisteos, ver 5 68.
3 46 La Mispá bíblica, a 13 km al norte de Jerusalén, lugar tradicional de reunión para Israel, Jc 20 1; 1 S 7 5; 10 17; ver Jr 40 5.

sus vestidos. [48] Desenrollaron el libro de la Ley para buscar en él lo que los paganos consultan a las imágenes de sus ídolos*. [49] Trajeron los ornamentos sacerdotales, las primicias y los diezmos, e hicieron comparecer a los nazireos que habían cumplido el tiempo de su voto*. [50] Levantaron sus clamores al Cielo diciendo: «¿Qué haremos con éstos? ¿Adónde los llevaremos? [51] Tu Lugar Santo está conculcado y profanado, tus sacerdotes en duelo y humillación, [52] y ahí están los paganos coaligados contra nosotros para exterminarnos. Tú conoces lo que traman contra nosotros. [53] ¿Cómo podremos resistir frente a ellos si no acudes en nuestro auxilio?» [54] Hicieron sonar las trompetas y prorrumpieron en grandes gritos.

[55] A continuación, Judas nombró jefes del pueblo: jefes de mil hombres, de cien, de cincuenta y de diez*. [56] A los que estaban construyendo casas, a los que acababan de casarse o de plantar viñas y a los cobardes, les mandó, conforme a la Ley, que se volvieran a sus casas. [57] Luego, se puso en marcha el ejército y acamparon al sur de Emaús. [58] Judas les dijo: «Preparaos, revestíos de valor y estad dispuestos mañana temprano para entrar en batalla con estos paganos que se han coaligado contra nosotros para destruirnos y destruir nuestro Lugar Santo. [59] Porque es mejor morir combatiendo que quedarnos mirando las desdichas de nuestra nación y del Lugar Santo. [60] Lo que el Cielo tenga dispuesto, lo cumplirá.»

La batalla de Emaús.

4 [1] Gorgias, tomando cinco mil hombres y mil jinetes escogidos, partió con ellos de noche [2] para caer sobre el campamento de los judíos y vencerlos por sorpresa. La gente de la Ciudadela los guiaba. [3] Pero lo supo Judas y salió él a su vez con sus guerreros con intención de batir al ejército real que quedaba en Emaús [4] mientras estaban todavía dispersas las tropas fuera del campamento.

[5] Gorgias llegó de noche al campamento de Judas y, al no encontrar a nadie, los estuvo buscando por las montañas, pues pensaba: «Éstos van huyendo de nosotros.» [6] Al rayar el día, apareció Judas en la llanura con tres mil hombres. Sólo que no tenían las armas defensivas y las espadas que hubiesen querido, [7] mientras veían el campamento de los paganos fuerte, bien atrincherado, rodeado de la caballería y todos diestros en la guerra.

[8] Judas entonces dijo a los que con él iban*: «No temáis a esa muchedumbre ni su pujanza os acobarde. [9] Recordad cómo se salvaron nuestros padres en el mar Rojo, cuando el faraón los perseguía con su ejército. [10] Clamemos ahora al Cielo, a ver si tiene piedad de nosotros, si recuerda la alianza de nuestros padres y destruye hoy este ejército a nuestro favor. [11] Entonces reconocerán todas las naciones que hay quien rescata y salva a Israel.»

[12] Los extranjeros alzaron la vista y, al ver a los judíos que venían contra ellos, [13] salieron del campamento a presentar batalla. Los soldados de Judas hicieron sonar la trompeta [14] y entraron en combate. Salieron derrotados los paganos y huyeron hacia la llanura. [15] Los rezagados cayeron todos a filo de espada. Los persiguieron hasta Gázara* y hasta las llanuras de Idumea, Asdod y Yamnia. Cayeron de ellos al pie de tres mil hombres.

[16] Judas, al volver con su ejército de la persecución, [17] dijo a su gente: «Contened vuestros deseos de botín, que otra batalla nos amenaza; [18] Gorgias y su ejército se encuentran cerca de nosotros en la montaña. Haced frente ahora a nuestros enemigos y combatid con ellos; después podréis con tranquilidad haceros con el botín.» [19] Apenas había acabado Judas de hablar, cuando se dejó ver un destacamento que asomaba por la montaña. [20] Advirtieron éstos que los suyos habían huido y que el campamento había sido incendiado, como se lo daba a entender el humo que divisaban. [21] Vién-

Referencias marginales (columna izquierda)

2 M 8 23

Nm 6 1+

3 18+
2 21+

Ex 18 21s

Jc 7 3+
Dt 20 5-9

3 18+

‖2 M 8
23-29

1 33

Referencias marginales (columna derecha)

2 21+
3 18+

---

3 48   2 M 8 23 aclara este pasaje. Como ya no hay profetas, se abre al azar el libro de la Ley para encontrar en él una respuesta divina sobre la oportunidad y desenlace de la batalla.

3 49   Los nazireos debían ofrecer, al término de su voto, un sacrificio en el templo, Nm 6 13. Pero el templo está profanado y es inaccesible.

3 55   Estas unidades sólo parcialmente se encuentran en los ejércitos helenísticos, y Judas se inspira sobre todo en la organización judicial y militar antigua, Ex 18

21 (ver 18 13+); Nm 31 48; Dt 1 15; 2 S 18 1; 2 R 1 9-14. Los esenios conservarán esta misma organización.

4 8   Ver 3 22+. La arenga antes del combate, prescrita por Dt 20 2, parece haber sido normal en la antigüedad; ver también 2 M 8 16-20.

4 15   Es Guézer, Jos 10 33, que será atacada por Judas, 2 M 10 32, pero no será tomada sino por Simón, que la convertirá en residencia de su hijo (Juan Hircano), 13 43s; 14 7.34; 16 1.21.

dolo se llenaron de pavor y, al ver por otro lado en la llanura el ejército de Judas dispuesto para el combate, [22] huyeron todos al país de los filisteos. [23] Judas se volvió entonces al campamento para saquearlo. Recogieron mucho oro y plata, telas teñidas en púrpura marina* y muchas otras riquezas. [24] De regreso cantaban y bendecían al Cielo: «Porque es bueno, porque es eterna su misericordia*.» [25] Hubo aquel día gran liberación en Israel.

Sal 118 14+

[26] Los extranjeros que habían podido escapar se fueron donde Lisias y le comunicaron todo lo que había pasado*. [27] Al oírles quedó consternado y abatido, porque a Israel no le había sucedido lo que él quería ni las cosas habían salido como el rey se lo tenía ordenado.

‖2 M 11 1-12

Primera campaña de Lisias.

[28] Al año siguiente, reunió Lisias sesenta mil hombres escogidos y cinco mil jinetes para combatir contra ellos. [29] Llegaron a Idumea y acamparon en Bet Sur*. Judas fue a su encuentro con diez mil hombres [30] y, cuando vio aquel poderoso ejército, oró diciendo: «Bendito seas, Salvador de Israel, que quebrantaste el ímpetu del poderoso guerrero por mano de tu siervo David y entregaste el ejército de los filisteos en manos de Jonatán, hijo de Saúl, y de su escudero. [31] Pon de la misma manera este ejército en manos de tu pueblo Israel, y sus fuerzas y su caballería queden defraudadas. [32] Infúndeles miedo, rompe la confianza que ponen en su fuerza y queden abatidos con su derrota. [33] Hazles sucumbir bajo la espada de los que te aman, y entonen himnos en tu alabanza todos los que conocen tu nombre.» [34] Vinieron a las manos y cayeron en el combate unos cinco mil hombres del ejército de Lisias. [35] Al ver Lisias la derrota sufrida por su ejército y

1 S 17

S 14 1-23

la intrepidez de los soldados de Judas, y cómo estaban resueltos a vivir o morir valerosamente, partió para Antioquía*, donde reclutó mercenarios con ánimo de presentarse de nuevo en Judea con fuerzas más numerosas.

Purificación y Dedicación del Templo*.

‖2 M 10 1-8

[36] Judas y sus hermanos dijeron: «Nuestros enemigos están vencidos; subamos, pues, a purificar el Lugar Santo y a celebrar su dedicación.» [37] Se reunió todo el ejército y subieron al monte Sión. [38] Cuando vieron el santuario desolado, el altar profanado, las puertas quemadas, arbustos nacidos en los atrios como en un bosque o en un monte cualquiera, y las salas destruidas, [39] rasgaron sus vestidos, dieron muestras de gran dolor y echaron ceniza sobre sus cabezas. [40] Cayeron luego rostro en tierra y a una señal dada por las trompetas, alzaron sus clamores al Cielo. [41] Judas dio orden a sus hombres de combatir a los de la Ciudadela hasta terminar la purificación del Lugar Santo. [42] Luego eligió sacerdotes irreprochables, celosos de la Ley, [43] que purificaron el Lugar Santo y llevaron las piedras de la contaminación* a un lugar inmundo.

Sal 74 2-7

2 21+
3 18+

[44] Deliberaron sobre lo que había de hacerse con el altar de los holocaustos que estaba profanado. [45] Con buen criterio, acordaron demolerlo para evitarse un oprobio, dado que los paganos lo habían contaminado. Lo demolieron, pues, [46] y depositaron sus piedras en el monte del templo, en un lugar conveniente, hasta que surgiera un profeta* que diera respuesta sobre ellas. [47] Tomaron luego piedras sin labrar, como prescribía la Ley, y construyeron un nuevo altar como el anterior. [48] Repararon el Lugar Santo y el interior del templo y santificaron los atrios. [49] Hicieron nuevos objetos sagra-

1 R 8 64+

Ex 20 25

---

4 23 La «púrpura marina», de un rojo oscuro, es la de Tiro. Es la «púrpura escarlata» de Ex 25-29.
4 24 Cantaban sin duda al Sal 118, ver 2 Cro 20 21.
4 26 Ver 3 37 y 2 M 11 21. Nos hallamos en los comienzos del 164.
4 29 El ejército había dado un rodeo a Judea por la zona llana. La ciudadela seléucida de Bet Sur, ver 6 7, límite sur de Judea, está a 28 km de Jerusalén en el camino de Hebrón.
4 35 El autor parece ignorar las negociaciones que siguieron a este choque decisivo entre Judas y el importante ejército de Lisias, 2 M 11 13s.
4 36 El templo, centro de la vida religiosa, marco exigido para la observación integral de la Ley, es una de las preocupaciones esenciales de los sublevados, ver 2 7; 3 43; 2 M 13 11. Saqueado y profanado por los gen-

tiles, 1 21s.54, es purificado y consagrado de nuevo a raíz de las primeras victorias. La muerte de Antíoco Epífanes, que nuestro autor sitúa erróneamente después de las expediciones contra los pueblos vecinos, cap. 5, no fue sin duda ajena a esos hechos. La idea de la santidad del templo alcanzará un relieve particular en el segundo libro, 2 M 3 12+; 5 15, 13 11; 15 18.37+.
4 43 La palabra griega traduce sin duda al hebr. *šiqqus*, empleado frecuentemente para designar a los ídolos (los «monstruos abominables», ver Dt 29 16; Jr 4 1; 7 30; etc.; Ez 5 11; 7 20; 11 18, etc.), y aquí se refiere al altar idolátrico, ver 1 54.
4 46 El libro vuelve a menudo sobre esta interrupción de la profecía, ver 9 27; 14 41; ver ya Sal 74 9; 77 9; Lm 2 9; Ez 7 26.

Ex 25 31-39
Ex 30 1-10
Ex 25 23-30

dos y colocaron dentro del templo el candelabro, el altar del incienso y la mesa. ⁵⁰ Quemaron incienso sobre el altar y encendieron las lámparas del candelabro, que lucieron en el templo. ⁵¹ Pusieron panes sobre la mesa, colgaron las cortinas y dieron fin a la obra que habían emprendido.

⁵² El día veinticinco del noveno mes, llamado Quisleu, del año ciento cuarenta y ocho*, se levantaron al romper el día ⁵³ y ofrecieron sobre el nuevo altar de los holocaustos que habían construido un sacrificio conforme a la Ley. ⁵⁴ Precisamente fue inaugurado el altar con cánticos, cítaras, liras y címbalos, en el mismo tiempo y el mismo día en que los paganos lo habían profanado. ⁵⁵ El pueblo entero se postró rostro en tierra y adoró y bendijo al Cielo que los había conducido al triunfo. ⁵⁶ Durante ocho días celebraron la dedicación del altar y ofrecieron con alegría holocaustos y el sacrificio de comunión y acción de gracias. ⁵⁷ Adornaron la fachada del templo con coronas de oro y pequeños escudos, restauraron las entradas y las salas y les pusieron puertas. ⁵⁸ Hubo grandísima alegría en el pueblo, y el ultraje inferido por los paganos quedó borrado. ⁵⁹ Judas, de acuerdo con sus hermanos y con toda la asamblea de Israel, decidió que cada año, a su debido tiempo y durante ocho días a contar del veinticinco del mes de Quisleu, se celebrara con alborozo y regocijo el aniversario de la dedicación del altar*.

⁶⁰ Por aquel tiempo, levantaron en torno al monte Sión altas murallas y fuertes torres, no fuera que otra vez se presentaran como antes los paganos y lo pisotearan. ⁶¹ Puso Judas allí una guarnición que lo defendiera y, para que el pueblo tuviese una fortaleza frente a Idumea, fortificó Bet Sur*.

Expedición contra los idumeos y amonitas*.

5 ¹ Cuando los pueblos circunvecinos supieron que había sido reconstruido el altar y restaurado como antes el santuario, se irritaron sobremanera. ² Decidieron acabar con los descendientes de Jacob que entre ellos vivían y comenzaron a matar y exterminar gente del pueblo.

³ Judas movió la guerra a los hijos de Esaú en Idumea, al país de Acrabatena*, porque tenían asediados a los israelitas. Les infligió fuerte derrota, los rechazó y se alzó con sus despojos. ⁴ Recordó luego la maldad de los hijos de Baián*, que eran un lazo y una trampa para el pueblo por las emboscadas que en los caminos le tendían. ⁵ Les obligó a encerrarse en sus torres, les puso cerco y dándolos al anatema, abrasó las torres con todos los que estaban dentro. ⁶ Pasó a continuación a los amonitas, donde encontró una fuerte tropa y una población numerosa cuyo jefe era Timoteo. ⁷ Después de muchos combates, los derrotó y deshizo. ⁸ Ocupó Yazer y sus aldeas, y regresó a Judea.

Preliminares de las campañas de Galilea y Galaad.

⁹ Los paganos de Galaad* se unieron para exterminar a los israelitas que vivían en su territorio, pero ellos se refugiaron en la fortaleza de Datemá. ¹⁰ Enviaron cartas a Judas y sus hermanos diciéndoles: «Los paganos que nos rodean se han unido para exterminarnos; ¹¹ se preparan para venir a tomar la fortaleza donde nos hemos refugiado, y Timoteo está al frente de su ejército. ¹² Ven, pues, ahora a librarnos de sus manos, que muchos de entre nosotros han caído ya;

‖2 M 10
15-23

Jos 6 17+

Dt 2 5+

---

4 52   Diciembre del 164, tercer aniversario del primer sacrificio ofrecido a Zeus, ver 1 59.

4 59   Esta fiesta de la Dedicación, *Janukká* en hebreo, es una de las más recientes del calendario de Israel, ver Ex 23 14+. Se cantaba en ella el *Hallel* (Sal 113-118), se llevaban ramos verdes y palmas. Estas semejanzas con la fiesta de las Tiendas se subrayan en 2 M 1 9+; 10 6. Por lo demás, el templo de Salomón se había inaugurado en la fiesta de las Tiendas, 1 R 8 2.62-66. También se encendían lámparas, que pronto dieron a la fiesta su otro nombre de «fiesta de las luminarias». Estas lámparas, símbolo de la Ley, colocadas en los vanos de cada casa, aseguraron la conservación y la popularidad de la fiesta después de la destrucción del templo. Tiene gran importancia en 2 M; ver las dos cartas preliminares y 2 M 10 1-8. Se la menciona en Jn 10 22.

4 61   El griego añade «que lo defendiera», ditografía.

5   Estas campañas contra los pueblos que rodean

a Judea, referidas en el cap. 5, se escalonan desde comienzos hasta el otoño del 163, y por tanto, después de la muerte de Antíoco Epífanes. Las incursiones dirigidas el año anterior contra Jope y Yamnia, 2 M 12 1-9, fueron su preludio.

5 3   «Idumea»: nombre helenizado de Edom, el país de los «Hijos de Esaú», ver Nm 20 23+. —«Acrabatena»: distrito de Acrabatá, probablemente la actual Aqrabeh, al sureste de Siquén.

5 4   Tribu seminómada, que al parecer imponía exacciones a los viajeros en el camino de Jerusalén a Jericó.

5 9   Primitivamente, Galaad era el país al sur del Yaboc, pero pronto abarcó la región entre el Yaboc y el Yarmuc y, en la época helenística, la meseta siria, al norte del Yarmuc, donde los judíos contaban con numerosas colonias.

Is 8 23

[13] todos nuestros hermanos que vivían en el país de Tubías* han sido muertos, llevados cautivos sus mujeres, hijos y bienes, y han perecido allí unos mil hombres.» [14] Estaban todavía leyendo las cartas, cuando otros mensajeros, con los vestidos rasgados, llegaron de Galilea con esta noticia: [15] «Se han unido los de Tolemaida*, Tiro, Sidón y toda la Galilea de los paganos para acabar con nosotros.» [16] Cuando Judas y el pueblo oyeron tales noticias, reunieron una gran asamblea para deliberar sobre lo que habían de hacer para socorrer a sus hermanos puestos en angustia y combatidos de enemigos. [17] Judas dijo a su hermano Simón: «Toma gente contigo y parte a librar a tus hermanos de Galilea; mi hermano Jonatán y yo iremos a la región de Galaad.» [18] Dejó para defensa de Judea a José, hijo de Zacarías, y a Azarías, jefe del pueblo, con el resto del ejército, [19] dándoles esta orden: «Estad al frente del pueblo y no entréis en batalla con los paganos hasta que nosotros regresemos.» [20] Se le dieron tres mil hombres a Simón para la campaña de Galilea y ocho mil a Judas para la de Galaad.

Expediciones a Galilea y a la región de Galaad.

‖2 M 12
10-31

[21] Simón partió para Galilea y luego de empeñar muchos combates con los paganos, los derrotó [22] y los persiguió hasta la entrada de Tolemaida. Sucumbieron unos tres mil paganos y se llevó sus despojos. [23] Tomó luego consigo a los judíos de Galilea y Arbatá*, con sus mujeres, hijos y cuanto poseían, y en medio de una gran alegría los llevó a Judea. [24] Por su parte, Judas Macabeo y su hermano Jonatán atravesaron el Jordán y caminaron tres jornadas por el desierto. [25] Se encontraron con los nabateos*, que les acogieron amistosamente y les pusieron al tanto de lo que les ocurría a sus hermanos de la región de Galaad.

[26] que muchos de ellos se encontraban encerrados en Bosorá y Bosor, en Alemá, Casfó, Maqued y Carnáin*, todas ellas ciudades fuertes y grandes; [27] que también los había encerrados en las demás ciudades de la región de Galaad, y que sus enemigos habían fijado el día siguiente para atacar las fortalezas, tomarlas y exterminarlos a todos en un solo día. [28] Inmediatamente Judas hizo que su ejército tomara el camino de Bosorá, a través del desierto; tomó la ciudad y después de pasar a filo de espada a todo varón y de saquearla por completo, la incendió. [29] Partió de allí por la noche y avanzó hasta las cercanías de la fortaleza*. [30] Cuando, al llegar el día, alzaron la vista los judíos, vieron una muchedumbre innumerable que levantaba escalas e ingenios para tomar la plaza, y había comenzado ya el ataque. [31] Al ver que el ataque se había iniciado y que un inmenso griterío y sonido de trompetas se levantaba de la ciudad hasta el cielo, [32] Judas dijo a los hombres de su ejército: «Combatid hoy por vuestros hermanos.» [33] Y, ordenados en tres columnas, los hizo avanzar detrás del enemigo tocando las trompetas y gritando invocaciones. [34] El ejército de Timoteo, al reconocer que era Macabeo, huyeron ante él, sufrieron una fuerte derrota y dejaron tendidos unos ocho mil hombres aquel día. [35] Volvióse luego Judas contra Alemá*. La atacó, la tomó y, después de matar a todos los varones y saquearla, la dio a las llamas. [36] Partiendo de allí, se apoderó de Casfó, Maqued, Bosor y de las restantes ciudades de la región de Galaad. [37] Después de estos acontecimientos, juntó Timoteo un nuevo ejército y acampó frente a Rafón, al otro lado del torrente. [38] Judas envió a reconocer el campamento y le trajeron el siguiente informe: «Todos los paganos de nuestro alrededor se le han unido y forman un

---

5 13   La región entre Amán y el Jordán, gobernada por la familia judía de los Tobíadas, ver Ne 2 6; 6 17s; 13 8. —Este cruel episodio quizá explique la incursión de represalias ordenada por Judas, 2 M 12 17s.
5 15   Tolemaida es el nombre dado a Aco (ver Jos 19 30; Jc 1 31) por Tolomeo II el 261 a.C.
5 23   La región de Arbatá (no es segura la transmisión textual del topónimo) parece ser la Narbatana de Josefo, entre Galilea y Samaría. —El autor de 2 M, a quien sólo Judas interesa, nada dice de esta campaña de Galilea.
5 25   Son los «árabes» de 2 M 5 8; 12 10, y Jonatán conservará su amistad, 1 M 9 35, después de una violenta acción, ver 2 M 5 11s. Su centro era Petra, pero

en el siglo siguiente serán los dueños de una gran parte de la meseta transjordana y aun por algún tiempo de Damasco. Aquí, nos encontramos con grupos caravaneros, procedentes de Bosorá (v. 28, la actual Bosrá, en Siria meridional, donde confluyen las rutas del desierto) y del Hauran, donde acababan de ser testigos de los hechos referidos a Judas.
5 26   El nombre de casi todas estas aldeas, apenas deformado, subsiste en la toponimia del Hauran y del Golán.
5 29   Datemá, v. 9, emplazamiento no identificado al oeste de Bosrá.
5 35   «Alemá» 1 ms griego y ver v. 7; la tradición manuscrita fluctúa.

ejército considerable. [39] Tienen además, como auxiliares, árabes tomados a sueldo. Acampan al otro lado del torrente y están preparados para venir a atacarte.» Judas salió a su encuentro. [40] Cuando se aproximaba con su ejército al torrente de agua, dijo Timoteo a los capitanes de sus tropas: «Si él lo pasa primero y viene sobre nosotros, no podremos resistirle, porque nos vencerá seguramente, [41] pero si muestra miedo y acampa al otro lado del río, lo atravesaremos nosotros, iremos sobre él y le venceremos.»

[42] Cuando Judas llegó al borde del torrente de agua, situó a los escribas del pueblo* a la orilla y les dio esta orden: «No dejéis acampar a nadie; que todos vayan al combate.» [43] Pasó él el primero contra el enemigo y toda su gente le siguió. Los paganos todos, derrotados ante ellos, tiraron las armas y corrieron a buscar refugio en el templo de Carnáin*. [44] Pero los judíos tomaron la ciudad y quemaron el templo con todos los que había dentro. Carnáin fue arrasada. Y ya nadie pudo resistir a Judas.

[45] Judas reunió a todos los israelitas de la región de Galaad, pequeños y grandes, a sus mujeres, hijos y bienes, una inmensa muchedumbre, para llevarlos al país de Judá. [46] Llegaron a Efrón, ciudad importante y muy fuerte, situada en el camino. Necesariamente tenían que pasar por ella, por no haber posibilidad de desviarse ni a la derecha ni a la izquierda. [47] Pero los habitantes les negaron el paso y bloquearon las entradas con piedras. [48] Judas les envió un mensaje en son de paz diciéndoles: «Pasaremos por vuestro país para llegar al nuestro; nadie os hará mal alguno; nos limitaremos a pasar a pie.» Pero no quisieron abrirle. [49] Entonces Judas hizo correr la voz por el ejército que cada uno tomara posición donde se encontrara. [50] La gente de guerra tomó posición y Judas atacó la ciudad todo aquel día y toda la noche, hasta que cayó en sus manos. [51] Hizo pasar a filo de espada a todos los varones, la arrasó, la saqueó y cruzó la ciudad por encima de los cadáveres. [52] Pasaron el Jordán

para entrar en la Gran Llanura frente a Betsán. [53] Judas fue durante toda la marcha recogiendo a los rezagados y animando al pueblo hasta llegar a la tierra de Judá. [54] Subieron al monte Sión con alborozo y alegría y ofrecieron holocaustos* por haber regresado felizmente sin haber perdido a ninguno de los suyos.

Revés de Yamnia.

[55] Cuando Judas y Jonatán estaban en el país de Galaad, y su hermano Simón en Galilea, frente a Tolemaida, [56] José, hijo de Zacarías, y Azarías, jefes del ejército, al oír las proezas y combates que aquéllos habían realizado, [57] se dijeron: «Hagamos nosotros también célebre nuestro nombre saliendo a combatir a los paganos de los alrededores.» [58] Y dieron orden a la tropa que estaba bajo su mando de ir sobre Yamnia*. [59] Gorgias salió de la ciudad con su gente para irles al encuentro y entrar en batalla. [60] Y José y Azarías fueron derrotados y perseguidos hasta la frontera de Judea. Sucumbieron aquel día alrededor de dos mil hombres del pueblo de Israel. [61] Sobrevino este grave revés al pueblo por no haber obedecido a Judas y sus hermanos, creyéndose capaces de grandes hazañas. [62] Pero no eran ellos de aquella casta de hombres a quienes estaba confiada la salvación de Israel.

Éxitos en Idumea y Filistea.

[63] El valiente Judas y sus hermanos alcanzaron gran honor ante todo Israel y todas las naciones adonde su nombre llegaba. [64] Las muchedumbres se agolpaban a su alrededor para aclamarlos. [65] Salió Judas con sus hermanos a campaña contra los hijos de Esaú, al país del mediodía. Tomó Hebrón y sus aldeas, arrasó sus murallas y prendió fuego a las torres de su contorno. [66] Partió luego en dirección al país de los filisteos y atravesó Marisá*. [67] Al querer señalarse tomando parte imprudentemente en el combate, cayeron aquel día algunos sa-

1 S 14 9-10

Nm 20 14s;
21 21s

Jos 6 17+

---

5 42   Los oficiales administrativos del ejército, ver Ex 5 6; Dt 20 5.8s; Jos 1 10; 3 2.
5 43   Es decir, «los dos cuernos», atributo de la Astarté local, y del que tomaba su nombre el templo, el Carnión de 2 M 12 26. La capital de Og, rey de Basán (Hauran) era Asterot Carnáin, Gn 14 5; Jos 9 10, cuyo nombre se conserva en el actual Tell Astarah.
5 54   Durante las fiestas de Pentecostés (mediado junio del 163), ver 2 M 12 31.

5 58   Nombre helenizado de Yabné o Yabneel, Jos 15 11; 2 Cro 26 6, al sur de Jafa, cabeza de la zona marítima, 1 M 10 69; 15 38.40; ver 2 M 12 8.
5 59   Ver 3 38+. Ahora es estratega, es decir, prefecto de la zona marítima y de Idumea, ver 2 M 12 32.
5 66   «Marisá» Vet. Lat., Josefo y 2 M 12 35; «Samaría» griego y Vulg. Marisá, la antigua Mareiá, Jos 15 44, capital muy helenizada de Idumea, se halla en el camino que va de Hebrón hacia Filistea.

cerdotes. ⁶⁸ Dobló luego Judas sobre Asdod*, territorio de los filisteos, y destruyó sus altares, pegó fuego a las imágenes de sus dioses y saqueó sus ciudades. Después, regresó al país de Judá.

|| 2 M 9
2 M 1 11-17

Fin de Antíoco Epífanes*.

6 ¹ El rey Antíoco, en su recorrido por la región alta, tuvo noticia de que había una ciudad en Persia, llamada Elimaida*, famosa por sus riquezas, su plata y su oro. ² Tenía un templo rico en extremo*, donde se guardaban armaduras de oro, corazas y armas dejadas allí por Alejandro, hijo de Filipo, rey de Macedonia, que fue el primer rey de los griegos. ³ Allá se fue con intención de tomar la ciudad y entrar a saco en ella. Pero no lo consiguió, porque los habitantes de la ciudad, al conocer sus propósitos, ⁴ le ofrecieron resistencia armada, y tuvo que salir huyendo y marcharse de allí con gran tristeza para volverse a Babilonia. ⁵ Todavía se hallaba en Persia, cuando llegó un mensajero anunciándole la derrota de las tropas enviadas a la tierra de Judá. ⁶ Lisias, en primer lugar, había ido al frente de un poderoso ejército, pero había tenido que huir ante los judíos. Éstos se habían crecido con las tropas y los muchos despojos tomados a los ejércitos vencidos.

1 54; 4 45

⁷ Habían destruido la Abominación levantada por él sobre el altar de Jerusalén. Habían rodeado de altas murallas como antes el santuario, así como a Bet Sur, ciudad del rey. ⁸ Ante tales noticias, quedó el rey consternado, presa de intensa agitación, y cayó en cama enfermo de pesadumbre por no haberle salido las cosas como él quería*. ⁹ Muchos días permaneció allí, renovándose sin cesar su profunda tristeza, hasta que sintió que se iba a morir. ¹⁰ Hizo venir entonces a todos sus amigos y les dijo: «Huye el sueño de mis ojos y mi corazón desfallece de ansiedad. ¹¹ Me decía a mí mismo: ¿Por qué he llegado a este extremo de aflicción y me encuentro en tan gran tribulación, siendo así que he sido bueno y amado en mi gobierno? ¹² Pero ahora caigo en cuenta de los males que hice en Jerusalén, cuando me llevé los objetos de plata y oro que en ella había y envié gente para exterminar sin motivo a los habitantes de Judá. ¹³ Reconozco que por esta causa me han sobrevenido los males presentes y muero de inmensa pesadumbre en tierra extraña*.»

Advenimiento de Antíoco V.

¹⁴ Llamó luego a Filipo*, uno de sus amigos, y lo puso al frente de todo su reino. ¹⁵ Le dio su diadema, sus vestidos y su anillo, encargándole que educara a su hijo Antíoco y lo preparara para que fuese rey. ¹⁶ Allí murió el rey Antíoco el año ciento cuarenta y nueve*. ¹⁷ Lisias, al saber la muerte del rey, puso en el trono a su hijo Antíoco, al que había educado desde niño, y le dio el sobrenombre de Eupátor.

Judas Macabeo pone cerco a la Ciudadela de Jerusalén.

1 33-35

¹⁸ La guarnición de la Ciudadela tenía sitiado a Israel en el recinto del Lugar Santo; buscaba siempre ocasión de causarle mal y de ofrecer apoyo a los paganos. ¹⁹ Resuelto Judas a exterminarlos, convocó a todo el pueblo para sitiarlos. ²⁰ El año ciento cincuenta*, una vez reunidos, dieron comienzo al sitio de la Ciudadela y construyeron plataformas de tiro e ingenios de guerra. ²¹ Pero algunos de los sitiados lograron romper el cerco y juntándoseles otros de entre los impíos

5 68 Esta ciudad filistea, Jos 11 22, célebre por su *templo de Dagón*, 1 M 10 83s, aquí designa el conjunto de la antigua Fenicia. —Los objetos consagrados a «los ídolos de Yamnia», 2 M 12 40, proceden del saqueo aquí descrito.
6 El lugar propio de este episodio estaría, cronológicamente, antes de la Dedicación del Templo, 4 36. El relato del fin de Antíoco Epífanes, referido de manera análoga por Polibio, es mucho más sobrio que en 2 M.
6 1 En realidad, no se conoce ninguna ciudad con el nombre de Elimaida, forma griega de «Elam», Gn 10 22. Elimaida es el país en torno a Susa, antigua capital de Persia, Ne 1 1, y, en sentido restringido, la región montañosa al nordeste de esta ciudad.
6 2 El templo de Nanea-Artemis, ver 2 M 1 13.
6 8 En realidad Antíoco debió de morir antes de estos acontecimientos, pero el autor de 1 M tiene que adaptar su relato a la cronología que se ha fijado.
6 13 De hecho, Persia dependía aún del imperio seléucida. —Para el autor de 1 M, la muerte del rey no es castigo por el saqueo del templo de Artemisa, como para el autor de 2 M, sino por el de Jerusalén. Pero los dos autores le atribuyen los mismos sentimientos de arrepentimiento.
6 14 Este Filipo, a quien vuelve a encontrarse en 6 55 y 2 M 9 29, es distinto del Filipo de 2 M 5 22; 8 8. Nombrado regente y tutor del joven Antíoco, recibe en depósito las insignias reales destinadas a este último.
6 16 En septiembre u octubre del 164.
6 20 Es decir, 163-162. El asedio de la Ciudadela sigue a la expedición de Idumea que tuvo lugar después de Pentecostés del 163, 1 33. El autor de 2 M no habla de ello.

de Israel, ²² acudieron al rey para decirle: «¿Hasta cuándo vas a estar sin hacer justicia y sin vengar a nuestros hermanos? ²³ Nosotros aceptamos de buen grado servir a tu padre, seguir sus órdenes y obedecer sus edictos. ²⁴ *Ésta es la causa por la que nuestros conciudadanos se nos muestran hostiles. Han matado a cuantos de nosotros han caído en sus manos y nos han arrebatado nuestras haciendas. ²⁵ Pero no sólo han alzado su mano sobre nosotros, sino también sobre todos tus territorios*. ²⁶ He aquí que hoy tienen puesto cerco a la Ciudadela de Jerusalén con intención de tomarla y han fortificado el santuario y Bet Sur. ²⁷ Si no te apresuras a atajarles, se atreverán a más, y ya te será imposible contenerlos.»

Campaña de Antíoco V y de Lisias. Batalla de Bet Zacaría.

²⁸ Al oírlo el rey, montó en cólera y convocó a todos sus amigos, capitanes del ejército y comandantes de la caballería*. ²⁹ Le llegaron tropas mercenarias de otros reinos y de las islas del mar. ³⁰ El número de sus fuerzas era de cien mil infantes, veinte mil jinetes y treinta y dos elefantes adiestrados para la guerra. ³¹ Viniendo por Idumea*, pusieron cerco a Bet Sur y la atacaron durante mucho tiempo, valiéndose de ingenios de guerra. Pero los sitiados, en salidas que hacían, se los quemaban y peleaban valerosamente. ³² Entonces Judas partió de la Ciudadela y acampó en Bet Zacaría*, frente al campamento real. ³³ El rey se levantó de madrugada y puso en marcha el ejército con todo su ímpetu por el camino de Bet Zacaría. Los ejércitos se dispusieron para entrar en batalla y se tocaron las trompetas. ³⁴ A los elefantes les habían mostrado zumo de uvas y moras para prepararlos al combate. ³⁵ Las bestias estaban repartidas entre las falanges. Mil hombres, con cota de malla y casco de bronce en la cabeza, se alineaban al lado de cada elefante. Además, con cada bestia iban quinientos jinetes escogidos, ³⁶ que estaban donde el animal estuviese y lo acompañaban adonde fuese, sin apartarse de él. ³⁷ Cada elefante llevaba sobre sí, sujeta con cinchas, una torre fuerte de madera como defensa y tres guerreros* que combatían desde ella, además del conductor. ³⁸ Al resto de la caballería el rey la colocó a un lado y otro, en los flancos del ejército, con la misión de hostigar al enemigo y proteger las falanges*.

³⁹ Cuando el sol dio sobre los escudos de oro y bronce*, resplandecieron los montes a su fulgor y brillaron como antorchas encendidas. ⁴⁰ Una parte del ejército real se desplegó por las alturas de los montes, mientras algunos lo hicieron por el llano; y avanzaban con seguridad y buen orden. ⁴¹ Se estremecían todos los que oían el griterío de aquella muchedumbre y el estruendo que levantaba al marchar y entrechocar las armas; era, en efecto, un ejército numeroso y fuerte. ⁴² Judas y su ejército se adelantaron para entrar en batalla, y sucumbieron seiscientos hombres del ejército real. ⁴³ Eleazar, llamado Avarán, viendo una de las bestias que iba protegida de una coraza real y que aventajaba en corpulencia a todas las demás, creyó que el rey iba en ella, ⁴⁴ y se entregó* por salvar a su pueblo y conseguir un nombre inmortal. ⁴⁵ Corrió audazmente hasta la bestia, metiéndose entre la falange, matando a derecha e izquierda y haciendo que los enemigos se apartaran de él a un lado y a otro; ⁴⁶ se deslizó debajo del elefante e hiriéndole por debajo, lo mató. Cayó a tierra el animal sobre él y allí murió Eleazar. ⁴⁷ Los judíos, al fin, viendo la potencia del reino y la impetuosidad de sus tropas, cedieron ante ellas.

6 24 Al comienzo del v., el texto (excepto algunos mss y Vulg.) añade: «dieron comienzo al sitio», ditografía del v. 20.
6 25 «tus territorios» Vet. Lat.; «sus territorios» griego; «nuestros territorios» Vulg.
6 28 En realidad, el que actúa es Lisias; Antíoco sólo tiene nueve años. —«comandantes», lit. «encargados de las riendas», título del que no hay otro testimonio.
6 31 Probablemente por el valle del Terebinto, 1 S 17 2, y Odolán, 2 M 12 38. En Modín tendrá lugar un primer encuentro, 2 M 13 14.
6 32 A 9 km al norte de Bet Sur. Una aldea lleva todavía este nombre.
6 37 «tres» conj.; «treinta (o treinta y dos)» griego y lat. El original hebr. traía sin duda šališim, «los tres (hombres que montan un carro)», ver Ex 14 7; 15 4; 2 R 10 25; el traductor leería šelošim, «treinta», —«el conductor», lit. «el hindú»: expresión que terminó designando la profesión.
6 38 Lit. «con la misión de hostigar (al enemigo) y proteger (o cerrar) las falanges». —Una parte del texto dice faranxin en lugar de falanxin «con la misión de cerrar las gargantas» (ver v. 40?).
6 39 Posiblemente una reminiscencia bíblica, ver 1 R 10 16.
6 44 Ver Ga 1 4; 1 Tm 2 6; Tt 2 14. —Parece tratarse de la acción que 2 M 13 14 sitúa «en las cercanías de Modín».

Los sirios toman Bet Sur y sitian el monte Sión.

⁴⁸ El ejército real subió a Jerusalén, al encuentro de los judíos, y el rey acampó contra Judea y contra el monte Sión.
⁴⁹ Hizo la paz con los de Bet Sur, que salieron de la ciudad al no tener allí víveres para sostener el sitio por ser año sabático para la tierra*. ⁵⁰ El rey ocupó Bet Sur y dejó allí una guarnición para su defensa. ⁵¹ Muchos días estuvo sitiando el santuario. Levantó allí plataformas de tiro e ingenios de guerra, lanzallamas, catapultas, escorpiones de lanzar flechas y hondas*. ⁵² Por su parte, los sitiados construyeron ingenios contra los ingenios de los otros y combatieron durante muchos días. ⁵³ Pero no había víveres en los almacenes*, porque aquel era año séptimo, y además los israelitas liberados de los paganos y traídos a Judea habían consumido las últimas reservas.
⁵⁴ Víctimas, pues, del hambre, dejaron unos pocos hombres en el Lugar Santo y los demás se dispersaron cada uno a su casa.

Lv 25 1+

El rey concede a los judíos la libertad religiosa.

⁵⁵ Lisias se enteró de que Filipo, aquel a quien el rey Antíoco había confiado antes de morir la educación de su hijo Antíoco para el trono, ⁵⁶ había vuelto de Persia y Media y con él las tropas que acompañaron al rey, y que trataba de hacerse con la dirección del gobierno.
⁵⁷ Entonces se apresuró a señalar la conveniencia de volverse, diciendo al rey, a los capitanes del ejército y a la tropa: «De día en día venimos a menos; las provisiones faltan; la plaza que asediamos está bien fortificada y los negocios del reino nos urgen. ⁵⁸ Demos, pues, la mano a estos hombres, hagamos la paz con ellos y con toda su nación ⁵⁹ y permitámosles vivir según sus costumbres tra-

‖2 M 11 13-33

dicionales, pues irritados por habérselas abolido nosotros, se han portado de esta manera*.» ⁶⁰ El rey y los capitanes aprobaron la idea y el rey envió a proponer la paz a los sitiados. Éstos la aceptaron, ⁶¹ y el rey y los capitanes se la juraron. Con esta garantía salieron de la fortaleza ⁶² y el rey entró en el monte Sión. Pero al ver la fortaleza de aquel lugar, violó el juramento que había hecho y ordenó destruir la muralla que lo rodeaba*. ⁶³ Luego, a toda prisa, partió y volvió a Antioquía, donde encontró a Filipo dueño de la ciudad. Le atacó y se apoderó de la ciudad por la fuerza.

Demetrio I, rey. Envía a Báquides y Alcimo a Judea.

‖2 M 14 1-10

7 ¹ El año ciento cincuenta y uno, Demetrio, hijo de Seleuco, salió de Roma y, con unos pocos hombres, arribó a una ciudad marítima donde se proclamó rey*. ² Cuando se disponía a entrar en la residencia real de sus padres, el ejército apresó a Antíoco y a Lisias para llevarlos a su presencia. ³ Al saberlo, dijo: «No quiero ver sus caras.» ⁴ El ejército los mató y Demetrio se sentó en su trono real. ⁵ Entonces todos los hombres sin ley e impíos de Israel acudieron a él, con Alcimo al frente, que pretendía el sumo sacerdocio. ⁶ Ya en su presencia, acusaron al pueblo diciendo: «Judas y sus hermanos han hecho perecer a todos tus amigos y a nosotros nos han expulsado de nuestro país. ⁷ Envía, pues, ahora una persona de tu confianza, que vaya y vea los estragos que en nosotros y en la provincia del rey han causado, y los castigue a ellos y a todos los que los apoyan.»
⁸ El rey eligió a Báquides, uno de los amigos del rey, gobernador de Transeufratina*, grande en el reino y fiel al rey. ⁹ Lo envió con el impío Alcimo, a quien concedió el sacerdocio, a tomar vengan-

2 18+

6 49 Según Lv 25 1, el año sabático excluía la siembra y la siega. Había comenzado el otoño del 164, ya que esta escasez data del otoño del 163.
6 51 Los «escorpiones» son ballestas. Esta descripción de la artillería de sitio seléucida es la más completa de las conocidas.
6 53 «en los almacenes» angeiois conj. según lat.; «en el santuario» hagiois griego.
6 59 Este cambio se explica por la muerte de Antíoco Epífanes, partidario de la helenización a la fuerza, por el quebranto que la carencia de víveres produce en los dos campos, v. 57, y por las intrigas de Filipo, v. 56.
6 62 El rescripto del rey, 2 M 11 25, devolvía el tem-

plo a los judíos y no mencionaba las murallas, pero nuestro autor las considera inseparables y por lo mismo ve en este gesto el quebrantamiento de una promesa.
7 1 Demetrio I, que había sustituido a Antíoco Epífanes como rehén en Roma el 176, escapó el 161 con la complicidad de Polibio, que nos refiere el hecho. Demetrio llega primeramente a Trípol, desde donde irá a Antioquía (v. 2). Roma le reconocerá el 160.
7 8 Es la mitad oeste del imperio seléucida, desde el Éufrates a Egipto, que Antíoco Epífanes había confiado a Lisias, 3 22. Báquides es el encargado de pacificar la región mientras el rey acude a atajar una revuelta en Media.

za de los israelitas*. ¹⁰ Partieron con un ejército numeroso y, tras llegar a la tierra de Judá, enviaron mensajeros a Judas y sus hermanos con falsas proposiciones de paz. ¹¹ Pero éstos no hicieron caso de sus palabras, porque vieron que habían venido con un ejército numeroso. ¹² No obstante, un grupo de escribas* se reunió con Alcimo y Báquides, tratando de encontrar una solución justa. ¹³ Los asideos eran los primeros entre los israelitas en pedirles la paz*, ¹⁴ pues se decían: «Un sacerdote del linaje de Aarón ha venido con el ejército; no nos hará ningún mal.» ¹⁵ Habló con ellos amistosamente y les aseguró bajo juramento: «No intentaremos haceros mal ni a vosotros ni a vuestros amigos.» ¹⁶ Le creyeron, pero él prendió a sesenta de ellos y los hizo morir en un mismo día, según la palabra que estaba escrita*: ¹⁷ «*Esparcieron la carne y la sangre de tus santos en torno a Jerusalén y no hubo quien les diese sepultura.*» ¹⁸ Con esto, el miedo hacia ellos y el espanto se apoderaron del pueblo, que decía: «No hay en ellos verdad ni justicia, pues han violado el pacto y el juramento que habían jurado.»

¹⁹ Báquides partió de Jerusalén y acampó en Bet Zet. De allí mandó a prender a muchos que habían desertado donde él y a algunos del pueblo, los mató y los arrojó en el pozo grande*. ²⁰ Luego puso la provincia en manos de Alcimo, dejó con él tropas que lo sostuvieran y se marchó adonde el rey. ²¹ Alcimo luchó por el sumo sacerdocio. ²² Se le unieron todos los perturbadores del pueblo, se hicieron dueños de la tierra de Judá y causaron graves males a Israel. ²³ Viendo Judas todo el daño que Alcimo y los suyos hacían a los hijos de Israel, mayor que el que habían causado los paganos, ²⁴ salió a recorrer todo el territorio de Judea para tomar venganza de los desertores y no dejarles andar por la región.

Nicanor en Judea. Batalla de Cafarsalamá.

²⁵ Al ver Alcimo que Judas y los suyos cobraban fuerza y que él no podía resistirles, se volvió donde el rey y los acusó de graves delitos. ²⁶ El rey envió a Nicanor, uno de sus generales más distinguidos y enemigo declarado de Israel, y le mandó exterminar al pueblo. ²⁷ Nicanor llegó a Jerusalén con un ejército numeroso y envió a Judas y sus hermanos un insidioso mensaje de paz diciéndoles: ²⁸ «No haya lucha entre vosotros y yo; iré a veros amistosamente con una pequeña escolta.» ²⁹ Fue, pues, donde Judas y ambos se saludaron amistosamente, pero los enemigos estaban preparados para raptar a Judas. ³⁰ Al conocer que había venido a él con engaños, se atemorizó Judas y no quiso verle más. ³¹ Viendo descubiertos sus planes, Nicanor salió a enfrentarse con Judas cerca de Cafarsalamá*. ³² Cayeron unos quinientos hombres del ejército de Nicanor y los demás huyeron a la Ciudad de David.

Amenazas contra el templo.

³³ Después de estos sucesos, subió Nicanor al monte Sión. Salieron del Lugar Santo sacerdotes y ancianos del pueblo para saludarle amistosamente y mostrarle el holocausto que se ofrecía por el rey. ³⁴ Pero él se burló de ellos, los escarneció, los mancilló* y habló insolentemente. ³⁵ Colérico, les dijo con juramento: «Si esta vez no se me entrega Judas y su ejército en mis manos, cuando vuelva, hecha la paz, prenderé fuego a este templo.» Y salió enfurecido. ³⁶ Entraron los sacerdotes y, de pie ante el altar y el santuario, exclamaron llorando: ³⁷ «Tú* has elegido este templo para que en él fuese invocado tu nombre y fuese casa de oración y súplica para tu pueblo; ³⁸ toma venganza de este hombre y de su ejército

Marginal references (left column):
2 42+
Sal 79 2-3

Marginal references (right column):
2 M 14 12-14
1 M 3 38;
2 M 8
9.34-36;
15 3
2 M 14 15-24
2 M 14 30
2 M 14 31

---

7 9   A Alcimo («el valeroso», nombre griego escogido por su semejanza con el nombre judío Yaquim), se le acusa de impío porque trataba con los griegos y creaba un obstáculo a las pretensiones de los Asmoneos, pero su calidad de aarónida legitimaba su nombramiento y atraía hacia él a los asideos, ver vv. 12s.
7 12   Son levitas o sacerdotes versados en la Ley, Esd 7 6s; 2 Cro 34 13.
7 13   Los «Piadosos», que primeramente se habían adherido a Judas, 2 42, comienza a distanciarse. Consideran sin duda que la libertad religiosa estaba suficientemente asegurada por las concesiones del rey, 6 59. Judas, escéptico, no participa directamente en las negociaciones, aunque el rey no lo ha destituido todavía, ver 2 M 14 12.
7 16   Lit. «según la palabra que él había escrito», es

decir, David (ms 56), Asaf (Eusebio), o el Profeta (griego luc.).
7 19   «Bet Zet» («el olivar») es la lectura mejor testificada, pero la tradición manuscrita vacila. El nombre se ha conservado en la aldea de Bet Zeita, a 6 km al norte de Bet Sur, donde se ha encontrado un pozo con escalera en espiral. —Báquides no duda en suprimir a todos los que él estima demasiado comprometidos en la revuelta, aun los que se habían unido a él.
7 31   La «aldea de la paz», quizá la actual Quirbet Selma, cerca de Gabaón y a 4 km de Adasá (7 40), ver 2 M 14 16+.
7 34   Escupiendo en dirección al templo, según la tradición judía.
7 37   Después de «Tú», griego luc. y versiones añaden: «Señor», pero 1 M evita las palabras «Dios» y «Señor».

y caigan bajo la espada. Acuérdate de sus blasfemias y no les des tregua.»

El día de Nicanor en Adasá.

³⁹ Nicanor partió de Jerusalén y acampó en Bet Jorón, donde se le unió un contingente de Siria. ⁴⁰ Judas acampó en Adasá* con tres mil hombres y oró diciendo: ⁴¹ «Cuando los enviados del rey* blasfemaron, salió tu ángel y mató a ciento ochenta y cinco mil de ellos; ⁴² destruye también hoy este ejército ante nosotros y reconozcan los que queden que su jefe profirió palabras impías contra tu Lugar Santo; júzgale según su maldad.»

⁴³ El día trece del mes de Adar trabaron batalla los ejércitos y salió derrotado el de Nicanor. Nicanor cayó el primero en el combate, ⁴⁴ y su ejército, al verle caído, arrojó las armas y se dio a la fuga. ⁴⁵ Los estuvieron persiguiendo un día entero, desde Adasá hasta llegar a Gázara, dando aviso tras ellos con el sonido de las trompetas. ⁴⁶ Salió gente de todos los pueblos judíos del contorno y, envolviéndolos, los obligaron a volverse los unos sobre los otros; todos cayeron a espada; no quedó ni uno de ellos. ⁴⁷ Tomaron los despojos y el botín; cortaron la cabeza de Nicanor y su mano derecha, aquella que había extendido insolentemente, y las llevaron para exponerlas a la vista de Jerusalén. ⁴⁸ El pueblo se llenó de gran alegría; celebraron aquel día como un gran día de regocijo ⁴⁹ y acordaron conmemorarlo cada año el trece de Adar*. ⁵⁰ El país de Judá gozó de sosiego por algún tiempo*.

Elogio de los romanos*.

8 ¹ La fama de los romanos llegó a oídos de Judas. Decían que eran poderosos, se mostraban benévolos con todos los que se les unían, establecían amistad con cuantos acudían a ellos ² (y eran poderosos). Le contaron sus guerras y las proezas que habían realizado entre los galos*, cómo les habían dominado y sometido a tributo; ³ todo cuanto habían hecho en la región de España para hacerse con las minas de plata y oro de allí, ⁴ cómo se habían hecho dueños de todo el país gracias a su prudencia y perseverancia (a pesar de hallarse aquel país a larga distancia del suyo); a los reyes venidos contra ellos desde los confines de la tierra, los habían derrotado e inferido fuerte descalabro, y los demás les pagaban tributo cada año; ⁵ habían vencido en la guerra a Filipo, a Perseo, rey de los Queteos, y a cuantos se habían alzado contra ellos, y los habían sometido*; ⁶ Antíoco el Grande, rey de Asia, había ido a hacerles la guerra con ciento veinte elefantes, caballería, carros y tropas muy numerosas, y fue derrotado ⁷ le apresaron vivo* y le obligaron, a él y a sus sucesores en el trono, a pagarles un fuerte tributo, a entregar rehenes y a ceder ⁸ algunas de sus mejores provincias: la provincia índica, Media y Lidia, que le quitaron para dárselas al rey Eumeno; ⁹ los de Grecia habían concebido el proyecto de ir a exterminarlos, ¹⁰ y en sabiéndolo los romanos, enviaron contra ellos a un solo general, les hicieron la guerra, mataron a muchos de ellos, llevaron cautivos a sus mujeres y niños, saquearon sus bienes, subyugaron el país, arrasaron sus fortalezas y los sometieron a servidumbre hasta el día de hoy*; ¹¹ a los demás reinos y a las islas, a cuantos en alguna ocasión les hicieron frente, los destruyeron y redujeron a servidumbre.

¹² En cambio, a sus amigos y a los que en ellos buscaron apoyo, les mantuvieron su amistad. Tienen bajo su dominio a los reyes vecinos y a los lejanos, y todos cuantos oyen su nombre los temen. ¹³ Aquellos a quienes quieren ayudar a conseguir el trono, reinan; y deponen a los que ellos quieren. Han alcanzado gran altura. ¹⁴ No obstante ninguno de

7 40 Es la Jadasá («ciudad nueva») de Jos 15 37, que 2 M 14 16 transcribe Desau, situada entre Bet Jorón y Jerusalén.
7 41 Senaquerib, como lo precisa la Vulg. Algunos ms traen «el rey de los asirios». —Después de «tu ángel», mss griego luc. y Vet. Sir. añaden «Señor»; ver v. 37+.
7 49 El 13 de Adar del 151 seléucida se hacia el 28 de marzo del 160 a.C. El 13 de Adar estaba inscrito entre los días festivos como «Día de Nicanor», ver 2 M 15 36. La celebración cesó muy pronto en el Judaísmo.
7 50 Aquí es donde concluye el relato de 2 M.
8 El elogio de los romanos sirve de introducción al tratado concluido entre Judas y Roma, vv. 17s. Ésta

ayudaba de buena gana a los rebeldes para debilitar a las monarquías todavía no del todo sometidas.
8 2 Lit. «los gálatas». Probablemente se trata de los galos cisalpinos, sometidos el 222.
8 5 Filipo, rey de Macedonia, fue derrotado el 197 en Cinoscéfalos y su hijo Perseo el 168 en Pidna.
8 7 Derrota de Magnesia de Sípilos, el 189, seguida del gravosísimo tratado de Apamea, ver 2 M 3 1+.
8 10 Estos dos vv. no pueden menos de referirse a la derrota de la liga aquea, a la destrucción de Corinto y a la reducción de Grecia a provincia romana, el 146. El autor rebasa ampliamente el horizonte de Judas.

‖2 M 15 22-24
2 R 18 17 - 19 37
Is 36-37

‖2 M 15 25-36

ellos se ciñe la diadema ni se viste de púrpura para engreírse con ella. [15] Se han creado un Consejo, donde cada día trescientos veinte consejeros deliberan constantemente en favor del pueblo para mantenerlo en buen orden. [16] Confían cada año a uno solo* el mando sobre ellos y el dominio de toda su tierra. Todos obedecen a este solo hombre sin que haya entre ellos envidias ni celos.

Alianza de los judíos con los romanos.

2 M 4 11

[17] Judas eligió a Eupólemo, hijo de Juan, hijo de Hacós, y a Jasón, hijo de Eleazar, y los envió a Roma a concertar amistad y alianza*, [18] para sacudirse el yugo de encima, porque veían que el reino de los griegos tenía a Israel sometido a servidumbre. [19] Partieron, pues, para Roma y luego de un larguísimo viaje, entraron en el Consejo, donde tomando la palabra, dijeron: [20] «Judas, llamado Macabeo, sus hermanos y el pueblo judío nos han enviado donde vosotros para concertar con vosotros alianza y paz y para que nos inscribáis en el número de vuestros aliados y amigos.» [21] La propuesta les pareció bien. [22] Ésta es la copia de la carta que enviaron a Jerusalén, grabada en planchas de bronce, para que fuesen allí para ellos documento de paz y alianza:

14 18

[23] «Felicidad a los romanos y a la nación de los judíos por mar y tierra para siempre. Lejos de ellos la espada y el enemigo. [24] Pero, si le sobreviene una guerra primero a Roma o a cualquiera de sus aliados en cualquier parte de sus dominios, [25] la nación de los judíos luchará a su lado, según las circunstancias se lo dicten, de todo corazón. [26] No darán a los enemigos ni les suministrarán trigo, armas, dinero ni naves. Así lo ha decidido Roma. Guardarán sus compromisos sin recibir compensación alguna. [27] De la misma manera, si sobreviene una guerra primero a la nación de los ju-

díos, los romanos lucharán a su lado, según las circunstancias se lo dicten, con toda el alma. [28] No darán a los combatientes trigo, armas, dinero ni naves. Así lo ha decidido Roma. Guardarán sus compromisos sin dolo. [29] En estos términos se han concertado los romanos con el pueblo de los judíos. [30] Si posteriormente unos y otros deciden añadir o quitar algo, lo podrán hacer a su agrado, y lo que añadan o quiten será valedero*.

[31] «En cuanto a los males que el rey Demetrio les ha causado, le hemos escrito diciéndole: '¿Por qué has hecho sentir pesadamente tu yugo sobre nuestros amigos y aliados los judíos? [32] Si otra vez vuelven a quejarse de ti, nosotros les haremos justicia y te haremos la guerra por mar y tierra.'»

Batalla de Beerzet y muerte de Judas Macabeo*.

9 [1] Cuando supo Demetrio que Nicanor y su ejército habían caído en la guerra, envió a la tierra de Judá, en una nueva expedición, a Báquides y Alcimo con el ala derecha de su ejército. [2] Tomaron el camino de Galilea y pusieron cerco a Mesalot*, en el territorio de Arbelas; se apoderaron de ella y mataron mucha gente. [3] El primer mes del año ciento cincuenta y dos* acamparon frente a Jerusalén, [4] de donde partieron con veinte mil hombres y dos mil jinetes en dirección a Beerzet*. [5] Judas tenía establecido su campamento en Eleasá*, y estaban con él tres mil hombres escogidos. [6] Pero, al ver la gran muchedumbre de los enemigos, les entró pánico y muchos escaparon del campamento; no quedaron más que ochocientos hombres. [7] Judas vio que su ejército iba a la desbandada y que la batalla le apremiaba, y se le quebrantó el corazón, pues no había tiempo de volverlos a juntar. [8] Aunque desfallecido, dijo a los que le habían quedado: «Levantémonos y subamos contra

---

8 16   En realidad había dos cónsules, pero quizá el autor solamente conoce la existencia de un único cónsul, que estaba encargado de los asuntos de Oriente.
8 17   Esta embajada parece que tuvo lugar antes de la muerte de Nicanor (que algún otro meses fue anterior a la de Judas): uno siente deseos de identificarla con la que Josefo menciona para el año 161.
8 30   Aquí concluye el texto del tratado, cuyo estilo recuerda otros documentos similares. El párrafo siguiente resume una respuesta oral dada a los enviados.
9   El relato es continuación de 7 50.
9 2   «Galilea» conj. según Josefo; «Gálgala» griego y lat. —«Mesalot», topónimo hebr. que significa «sende-

ros»: al parecer, llevaban a las cavernas de Arbelas, que en diversas ocasiones sirvieron de refugio.
9 3   Abril-mayo del 160.
9 4   «Beerzet» griego luc., Vet. Sir. y Josefo. Es la actual Birzeit, a 20 km al norte de Jerusalén. Si se mantiene la lectura «Berean» o «Beret» de griego y lat., habrá que situar el campamento en El-Biré, la Beerot bíblica, Jos 9 17, a 13 km al sur de Birzeit.
9 5   «Eleasá» mss; «Elasá» o «Alasá» conjunto del griego. Si se trata del Khirbet Il'asa, cerca de Bet Jorón, el campamento de Judas se encuentra muy alejado del de Báquides, lo cual no concuerda con el relato, a no ser que aquí se trate de la base de retaguardia de Judas.

nuestros adversarios por si podemos hacerles frente.» ⁹ Trataban de disuadirle diciéndole: «No podemos; salvemos nuestras vidas de momento y volvamos luego con nuestros hermanos para combatir contra ellos, que ahora estamos pocos.» ¹⁰ Judas replicó: «¡Eso nunca, obrar así y huir ante ellos! Si ha llegado nuestra hora, muramos con valor por nuestros hermanos y no dejemos mancillada nuestra gloria.»

¹¹ Salió la tropa del campamento y se ordenó para irles al encuentro: la caballería dividida en dos escuadrones, arqueros y honderos en avanzadilla, y los más aguerridos en primera línea; ¹² Báquides ocupaba el ala derecha. La falange se acercó por los dos lados y tocaron las trompetas. Los que estaban con Judas tocaron también las suyas, ¹³ y la tierra se estremeció con el estruendo de los ejércitos. Se trabó el combate y se mantuvo desde el amanecer hasta la caída de la tarde.

¹⁴ Vio Judas que Báquides y sus mejores tropas se encontraban en la parte derecha; se unieron a él los más esforzados, ¹⁵ y derrotaron al ala derecha y la persiguieron hasta los montes de Azara*. ¹⁶ Pero el ala izquierda, al ver derrotada el ala derecha, se volvió sobre los pasos de Judas y los suyos, por detrás. ¹⁷ La lucha se encarnizó y cayeron muchos de uno y otro bando. ¹⁸ Judas cayó y los demás huyeron.

Funerales por Judas Macabeo.

¹⁹ Jonatán y Simón tomaron a su hermano Judas y le dieron sepultura en el sepulcro de sus padres en Modín. ²⁰ Todo Israel le lloró, hizo gran duelo por él y muchos días estuvieron repitiendo esta lamentación: ²¹ «¡Cómo ha caído el héroe que salvaba a Israel!» ²² Las demás empresas de Judas, sus guerras, proezas que realizó, ocasiones en que alcanzó gloria, fueron demasiado numerosas para ser escritas.

2 S 1 27

IV. Jonatán jefe de los judíos y sumo sacerdote (160-143 a. C.)

Triunfo del partido griego. Jonatán, jefe de la resistencia.

²³ Con la muerte de Judas asomaron los sin ley por todo el territorio de Israel y levantaron cabeza todos los que obraban la iniquidad. ²⁴ Hubo entonces un hambre extrema y el país se pasó a ellos. ²⁵ Báquides escogió hombres impíos y los puso al frente del país. ²⁶ Se dieron éstos a buscar con toda suerte de pesquisas a los amigos de Judas y los llevaban a Báquides, que los castigaba y escarnecía. ²⁷ Tribulación tan grande no sufrió Israel desde los tiempos en que dejaron de aparecer profetas. ²⁸ Entonces todos los amigos de Judas se reunieron y dijeron a Jonatán: ²⁹ «Desde la muerte de tu hermano Judas no tenemos un hombre semejante a él que salga y vaya contra los enemigos, contra Báquides y contra los que odian a nuestra nación. ³⁰ Por eso, te elegimos hoy a

4 46+

ti para que, ocupando el lugar de tu hermano, seas nuestro jefe y guía en la lucha que sostenemos.» ³¹ En aquel momento Jonatán tomó el mando como sucesor de su hermano Judas.

Jonatán en el desierto de Técoa. Episodios sangrientos en torno a Mádaba.

³² Al enterarse Báquides, trataba de hacer morir a Jonatán. ³³ Pero Jonatán lo supo, así como su hermano Simón y todos sus partidarios, y huyeron al desierto de Técoa, donde establecieron su campamento junto a las aguas de la cisterna de Asfar*. ³⁴ (Báquides se enteró un día de sábado y pasó con todas las tropas al otro lado del Jordán*.)

³⁵ Jonatán envió a su hermano, jefe de la tropa, a pedir a sus amigos los nabateos autorización para dejar con ellos su impedimenta, que era mucha. ³⁶ Pero los

5 25+

9 15 «Azara» según Josefo; «Asdod» griego y lat., pero no hay montes cerca de Asdod.
9 33 Técoa o Thekoi, patria del profeta Amós, al sudeste de Belén, domina una región árida, 2 Cro 20 20; sus arroyos que bajaban al mar Muerto habían servido de refugio a los partidarios de David, S 24; 26, y serán igualmente utilizados por los partidarios de Bar Kokheba durante la segunda rebelión judía (132-135 d.C.).
—El topónimo «Asfar» no se ha identificado.
9 34 Duplicado del v. 43.

hijos de Amrai*, los de Mádaba, hicieron una salida, se apoderaron de Juan y de cuanto llevaba y se alejaron con su presa. [37] Después de esto, Jonatán y su hermano Simón recibieron la noticia de que los hijos de Amrai celebraban una espléndida boda y traían de Nabatá*, en medio de gran pompa, a la novia, hija de uno de los principales de Canaán. [38] Recordaron entonces el sangriento fin de su hermano Juan y subieron a ocultarse al abrigo de la montaña. [39] Al alzar los ojos, vieron que avanzaba en medio de confusa algazara una numerosa caravana, y que a su encuentro venía el novio, acompañado de sus amigos y hermanos, con tambores, música y gran aparato. [40] Salieron entonces de su emboscada y cayeron sobre ellos para matarlos. Muchos cayeron muertos y los demás huyeron a la montaña. Se hicieron con todos sus despojos. [41] *La boda acabó en duelo y la música en lamentación.* [42] Una vez tomada venganza de la sangre de su hermano, se volvieron a las orillas pantanosas del Jordán.

Am 8 10

El paso del Jordán.

[43] Al enterarse Báquides, vino el día de sábado con numerosa tropa a las riberas del Jordán. [44] Jonatán dijo a su gente: «Levantémonos y luchemos por nuestras vidas, que hoy no es como ayer y anteayer. [45] Delante de nosotros y detrás, la guerra; por un lado y por otro, las aguas del Jordán, las marismas, las malezas: no hay lugar adonde retirarse. [46] Levantad, pues, ahora la voz al Cielo para salvaros de las manos de vuestros enemigos.» [47] Entablado el combate, Jonatán tendió su mano para herir a Báquides y éste le esquivó echándose atrás, [48] con lo que Jonatán y los suyos pudieron lanzarse al Jordán y ganar a nado la orilla opuesta. Sus enemigos no atravesaron el río en su persecución*. [49] Unos mil hombres del ejército de Báquides sucumbieron aquel día.

Fortificaciones de Báquides. Muerte de Alcimo.

[50] Vuelto a Jerusalén, hizo Báquides levantar ciudades fortificadas en Judea: la fortaleza de Jericó, Emaús, Bet Jorón, Betel, Tamnatá, Faratón y Tefón*, con altas murallas, puertas y cerrojos, [51] y puso en ellas guarniciones que hostilizaran a Israel. [52] Fortificó también la ciudad de Bet Sur, Gázara y la Ciudadela, y puso en ellas tropas y depósitos de víveres. [53] Tomó como rehenes a los hijos de los principales de la región y los dejó bajo guardia en la Ciudadela de Jerusalén.

[54] El segundo mes del año ciento cincuenta y tres*, ordenó Alcimo demoler el muro del atrio interior del Lugar Santo. Destruía con ello la obra de los profetas*. Había comenzado la demolición, [55] cuando en aquel tiempo sufrió Alcimo un ataque y su obra quedó parada. Se le obstruyó la boca y se le quedó paralizada, de suerte que no le fue posible ya pronunciar palabra ni dar disposiciones en lo tocante a su casa. [56] Alcimo murió entonces en medio de grandes sufrimientos. [57] Cuando Báquides vio que había muerto Alcimo, se volvió adonde el rey y hubo tranquilidad en el país de Judá por espacio de dos años.

Sitio de Bet Basí.

[58] Todos los sin ley se confabularon diciendo: «Jonatán y los suyos viven tranquilos y confiados. Hagamos, pues, venir ahora a Báquides, que los prenderá a todos ellos en una sola noche.» [59] Fueron a preparar el plan con él, [60] y Báquides se puso en marcha con un fuerte ejército. Envió cartas secretas a sus aliados de Judea ordenándoles prender a Jonatán y a los suyos. Pero no pudieron, porque fueron conocidas sus intenciones; [61] antes bien, ellos prendieron a unos cincuenta hombres de la región, cabecillas de esta maldad, y les dieron muerte.

9 36   «Amrai» según Josefo y sir.; «Ambrei» o «Lambri» griego, lat. —Los «Bene-Amrai» son una tribu árabe, diferente de los Nabateos.
9 37   «Nabatá» según Josefo; «Gabadán» o «Nabadat» griego, lat. —Se trata probablemente de una plaza fuerte aramea de Nebo, Nm 32 3, al borde de la llanura de Moab, llamada aquí «Canaán», término que engloba a todos los indígenas paganos.
9 48   Situamos el encuentro, con Josefo, en la orilla oeste del Jordán, donde Jonatán levantaría su campamento con la intención de ganar la región occidental del mar Muerto. Báquides le obliga a volverse a la orilla oriental del río que él, por su parte, no franquea.

9 50   «Tamnatá, Faratón», lat. sir., Josefo; griego y mss lat. los reducen a un solo nombre. —Tamnatá es la Timná de Jos 19 15; Faratón es Piratón, Jc 12 15, y Tefón puede ser Tapuaj, Jos 12 17. —Las excavaciones arqueológicas practicadas en Guézer, Bet Sur, Betel y Jericó confirman la ocupación seléucida.
9 54   (a) Abril-mayo del 159.
9 54   (b) En los dos de la vuelta del Destierro, como Ageo y Zacarías. Este muro quizá corresponde a la balaustrada que separará el atrio de los paganos del de los judíos en el templo de Herodes, ver Ez 44 9, pero los dos patios que el texto supone pueden ser los que existían ya en tiempo de Manasés, 2 R 21 5.

⁶² A continuación, Jonatán, Simón y los suyos se retiraron a Bet Basí*, en el desierto, repararon lo que en aquella plaza estaba derruido y la fortificaron. ⁶³ En sabiéndolo Báquides, juntó a toda su gente y convocó a sus partidarios de Judea. ⁶⁴ Llegó y puso cerco a Bet Basí, la atacó durante muchos días y construyó ingenios de guerra. ⁶⁵ Jonatán, dejando a su hermano Simón en la ciudad, salió por la región y fue con una pequeña tropa, ⁶⁶ con la que derrotó en su campamento a Odomerá y a sus hermanos, así como a los hijos de Fasirón*. Éstos empezaron a herir y a subir con las tropas. ⁶⁷ Simón y sus hombres, por su parte, salieron de la ciudad y prendieron fuego a los ingenios. ⁶⁸ Trabaron combate con Báquides, lo derrotaron y lo dejaron sumido en profunda amargura, porque habían fracasado su plan y su ataque. ⁶⁹ Montó en cólera contra los hombres sin ley que le habían aconsejado venir a la región, mató a muchos de ellos y decidió volverse a su tierra. ⁷⁰ Al saberlo, le envió Jonatán legados para concertar con él la paz y conseguir que les devolviera los prisioneros. ⁷¹ Báquides aceptó y accedió a las peticiones de Jonatán. Se comprometió con juramento a no hacerle mal en todos los días de su vida, ⁷² y le devolvió los prisioneros que anteriormente había capturado en el país de Judá. Partió luego para su tierra y no volvió más a territorio judío. ⁷³ Así descansó la espada en Israel. Jonatán se estableció en Micmás, comenzó a juzgar al pueblo e hizo desaparecer de Israel a los impíos*.

Dt 19 19;
22 22

Rivalidad de Alejandro Balas.
Nombra a Jonatán sumo Sacerdote.

10 ¹ El año ciento sesenta, Alejandro Epífanes*, hijo de Antíoco, vino por mar y ocupó Tolemaida, donde, siendo bien acogido, se proclamó rey*. ² Al tener noticia de ello, el rey Demetrio juntó un ejército muy numeroso y salió a su encuentro para combatir con él. ³ Envió también Demetrio una carta amistosa a Jonatán en que prometía engrandecerle, ⁴ porque se decía: «Adelantémonos a hacer la paz con ellos antes que Jonatán la haga con Filipo contra nosotros, ⁵ al recordar los males que le causamos a él, a sus hermanos y a su nación.» ⁶ Le concedía autorización para reclutar tropas, fabricar armamento y contarse entre sus aliados. Mandaba, además, que le fuesen entregados los rehenes que se encontraban en la Ciudadela.

⁷ Jonatán fue a Jerusalén y leyó la carta ante todo el pueblo y ante los que ocupaban la Ciudadela. ⁸ Les entró mucho miedo cuando oyeron que el rey le concedía autorización para reclutar tropas. ⁹ La gente de la Ciudadela entregó los rehenes a Jonatán y él los devolvió a sus padres. ¹⁰ Jonatán fijó su residencia en Jerusalén y se entregó a la reconstrucción y restauración de la ciudad. ¹¹ Ordenó a los encargados de las obras levantar las murallas y rodear el monte Sión con piedras de sillería* para fortificarlo, y así lo hicieron. ¹² Los extranjeros que ocupaban las fortalezas levantadas por Báquides huyeron; ¹³ abandonando sus puestos, partieron cada uno para su país. ¹⁴ Sólo en Bet Sur quedaron algunos de los que habían abandonado la Ley y los preceptos, porque esta plaza era su refugio.

¹⁵ El rey Alejandro se enteró de los ofrecimientos que Demetrio había hecho a Jonatán. Le contaron además las guerras y proezas que él y sus hermanos habían realizado y los trabajos que habían sufrido. ¹⁶ Y dijo: «¿Podremos hallar otro hombre como éste? Hagamos de él un amigo y un aliado nuestro.» ¹⁷ Le escribió, pues, y le envió una carta redactada en los siguientes términos: ¹⁸ «El rey Alejandro saluda a su hermano Jonatán. ¹⁹ Hemos oído que eres un valiente guerrero y digno de ser amigo nuestro. ²⁰ Por eso te nombramos hoy sumo sacerdote de tu nación* y te concedemos el título de amigo del rey —le enviaba al

2 18+

9 62   La lista de los repatriados de Babilonia menciona a los Hijos de Besay, Esd 2 17, que pudieron dar el nombre a nuestra localidad, hoy Beit Basá, entre Belén y Técoa.
9 66   Tribus árabes que al parecer colaboraban con Báquides.
9 73   Como Judas, Jonatán es equiparado a un Juez, ver 3 10; 4 4, etc. Micmás o Majmas, al sudeste de Betel, era célebre por la gesta de Jonatán, hijo de Saúl, 1 S 14.
10 1   (a) Este epíteto se lee en las monedas, pero la historia lo conoce con el nombre de Alejandro Balas. Se

hacía pasar por hijo de Antíoco Epífanes.
10 1   (b) La defección de Tolemaida en favor de Balas tuvo lugar en 152. Éste había recibido el asentimiento del Senado a comienzos del mismo año.
10 11   «de sillería», lit. «de cuatro caras», griego luc., lat.; «de cuatro pies» griego.
10 20   Jonatán es descendiente de Joarib, jefe de una de las clases sacerdotales, ver 2 1 54, y Alejandro, soberano reconocido, tenía el derecho de nombrarlo, ver 7 9; 2 M 4 24. Así quedaba suplantada la familia de los Oníadas, que tradicionalmente daba los sumos sacer-

mismo tiempo una clámide de púrpura y una corona de oro—. Por tu parte, haz tuya nuestra causa y guárdanos tu amistad.»

²¹ El séptimo mes del año ciento sesenta*, con ocasión de la fiesta de las Tiendas, vistió Jonatán los ornamentos sagrados; reclutó tropas y fabricó gran cantidad de armamento.

Carta de Demetrio I a Jonatán.

²² Demetrio, al saber lo sucedido, dijo disgustado: ²³ «¿Qué hemos hecho para que Alejandro se nos haya adelantado en ganar la amistad y el apoyo de los judíos? ²⁴ Les escribiré también yo con ofrecimientos de dignidades y riquezas para que sean auxiliares míos.» ²⁵ Y les escribió en estos términos:

²⁶ «El rey Demetrio saluda a la nación de los judíos. Nos hemos enterado con satisfacción de que habéis guardado los términos de nuestra alianza y perseverado en nuestra amistad sin pasaros al bando de nuestros enemigos. ²⁷ Continuad, pues, guardándonos fidelidad y os recompensaremos por todo lo que por nosotros hagáis. ²⁸ Os descargaremos de muchas obligaciones y os concederemos favores. ²⁹ Y ya desde ahora os libero y descargo a todos los judíos de las contribuciones, del impuesto de la sal y de las coronas. ³⁰ Renuncio también de hoy en adelante a percibir el tercio de los granos y la mitad de los frutos de los árboles que me correspondían*, del país de Judá y también de los tres distritos que le son anexionados de Samaría-Galilea* ...a partir de hoy para siempre. ³¹ Jerusalén sea santa y exenta, así como todo su territorio, sus diezmos y tributos.

³² «Renuncio asimismo a mi soberanía sobre la Ciudadela de Jerusalén y se la cedo al sumo sacerdote, que podrá poner en ella de guarnición a los hombres que él elija. ³³ A todo judío llevado cautivo de Judá a cualquier parte de mi reino, le devuelvo la libertad sin rescate. Todos queden libres de tributo, incluso sobre sus ganados. ³⁴ Todas las fiestas, los sábados y los novilunios y, además del día fijado, los tres días que las preceden y los tres que las siguen, sean todos ellos días de inmunidad y franquicia* para todos los judíos residentes en mi reino: ³⁵ nadie tendrá autorización para demandarles ni inquietarles a ninguno de ellos por ningún motivo. ³⁶ En los ejércitos del rey sean alistados hasta treinta mil judíos, que percibirán la soldada asignada a las demás tropas del rey. ³⁷ De ellos, algunos serán apostados en las fortalezas importantes del rey y otros ocuparán puestos de confianza en el reino. Sus oficiales y jefes salgan de entre ellos, y vivan conforme a sus leyes, como lo ha dispuesto el rey para el país de Judá. ³⁸ Los tres distritos incorporados a Judea, de la provincia de Samaría, queden anexionados a Judea y contados por suyos, de modo que, sometidos a un mismo jefe, no acaten otra autoridad que la del sumo sacerdote. ³⁹ Entrego Tolemaida y sus dominios como obsequio al Lugar Santo de Jerusalén para cubrir los gastos normales del Lugar Santo*. ⁴⁰ Por mi parte, daré cada año quince mil siclos de plata, que se tomarán de los ingresos reales en las localidades convenientes. ⁴¹ Todo el excedente que los funcionarios no hayan entregado como en años anteriores, lo darán desde ahora para las obras del templo. ⁴² Además, los cinco mil siclos de plata que se deducían de los ingresos del Lugar Santo en la cuenta de cada año, los cedo por ser emolumento de los sacerdotes en servicio del culto. ⁴³ Todo aquel que por deudas con los impuestos reales, o por cualquier otra deuda, se re-

---

dotes. Ésta fue sin duda la ocasión en que el hijo de Onías III se refugió en Egipto, donde levantó el templo de Leontópolis, ver 2 M 1 1, y en que otro sacerdote, el «Maestro de Justicia» del que habla el escrito esenio llamado *Documento de Damasco*, se refugió en Qumrán. —Jonatán inaugura una dinastía de príncipes-sacerdotes, como otras que existían en aquella época. Con sus sucesores (los Asmoneos) las preocupaciones políticas se impondrán a las preocupaciones religiosas.
10 21 Octubre del 152.
10 30 (a) «el tercio» Vet. Lat., Vet. Sir; «a cambio del tercio» griego. —El «impuesto de la sal» (lit. «el precio de la sal») es el contravalor de la sal del mar Muerto debido al rey, ver 11 35. Las «coronas» («palmas» o «ramos de olivo», 13 37; 2 M 14 4) son presentes ofrecidos al soberano, en realidad hechos en especies contantes y sonantes. —Estas pesadas tasas que, desde el 165 ha-

bían sustituido al tributo, ver **3 36+**, se explican por las pretensiones que los seléucidas tenían, como los Tolomeos de Egipto, de ser los propietarios de todas las tierras, que en cierto modo arrendaban a los indígenas. Pero ciertamente el tributo parece restablecido: en el texto habría que suplir «a cambio de 300 talentos», ver 11 28.
10 30 (b) Los distritos conquistados por Judas, que los judíos consideraban suyos y que, por otra parte, Báquides había incluido en Judea, ver 9 50.
10 34 Generalización de la costumbre según la cual las deudas y derechos de fielato quedaban suspendidos durante las fiestas de peregrinación.
10 39 Era como una invitación a que los judíos realizaran una incursión contra la base de operaciones de Balas, 10 1; precisamente tenían una cuenta que ajustar con los Tolomeos, 2 M 6 8; 1 M 5 15.22.

fugie en el templo de Jerusalén o en su recinto, quede inmune, él y cuantos bienes posea en mi reino. ⁴⁴ Los gastos que se originen de las construcciones y reparaciones en el Lugar Santo correrán a cuenta del rey. ⁴⁵ Los gastos de la construcción de las murallas de Jerusalén y la fortificación de su recinto correrán asimismo a cuenta del rey, como también la reconstrucción de murallas en Judea.»

Jonatán rechaza las ofertas de Demetrio. Muerte del rey.

⁴⁶ Cuando Jonatán y el pueblo oyeron tales ofrecimientos, no les dieron crédito ni los aceptaron, porque recordaban los graves males que Demetrio había causado a Israel y la opresión tan grande a que les había sometido. ⁴⁷ Se decidieron, pues, por el partido de Alejandro, que, a su parecer, les ofrecía mayores ventajas*, y fueron aliados suyos en todo tiempo. ⁴⁸ El rey Alejandro juntó un gran ejército y acampó frente a Demetrio. ⁴⁹ Los dos reyes trabaron combate y salió huyendo el ejército de Alejandro. Demetrio se lanzó en su persecución y prevaleció sobre ellos. ⁵⁰ Mantuvo vigorosamente el combate hasta la puesta del sol. Pero en aquella jornada Demetrio sucumbió.

Boda de Alejandro y Cleopatra. Jonatán, estratega y gobernador.

⁵¹ Alejandro envió embajadores a Tolomeo, rey de Egipto, con el siguiente mensaje: ⁵² «Vuelto a mi reino, me he sentado en el trono de mis padres y ocupado el poder después de derrotar a Demetrio y hacerme dueño de nuestro país; ⁵³ porque trabé combate con él y luego de derrotarle a él y a su ejército, nos hemos sentado en su trono real. ⁵⁴ Establezcamos, pues, vínculos de amistad entre nosotros y dame a tu hija por esposa; seré tu yerno y te haré, como a ella, presentes dignos de ti.»

⁵⁵ El rey Tolomeo le contestó diciendo: «¡Dichoso el día en que, vuelto al país de tus padres, te sentaste en el trono de su reino! ⁵⁶ Pues bien, haré por ti lo que has escrito. Pero ven a encontrarme en Tolemaida, donde nos veamos el uno al otro, y te tomaré por yerno como has dicho.»

⁵⁷ Tolomeo partió de Egipto llevando consigo a su hija Cleopatra y llegó a Tolemaida. Era el año ciento sesenta y dos*. ⁵⁸ El rey Alejandro fue a su encuentro y Tolomeo le entregó a su hija Cleopatra, y celebró la boda en Tolemaida con la gran magnificencia que suelen hacerlo los reyes. ⁵⁹ El rey Alejandro escribió a Jonatán que fuera a verle. ⁶⁰ Partió éste con gran pompa hacia Tolemaida, se entrevistó con los reyes, les dio a ellos y a sus amigos plata y oro, les hizo numerosos presentes y halló gracia a sus ojos. ⁶¹ Entonces se unieron contra él algunos rebeldes, peste de Israel, para querellarse con él, pero el rey no les hizo ningún caso*; ⁶² antes bien, dio orden de que le quitaran a Jonatán sus vestidos y le vistieran de púrpura. Cumplida la orden, ⁶³ le hizo el rey sentar a su lado y dijo a sus capitanes: «Salid con él por medio de la ciudad y anunciad a voz de heraldo que nadie le levante acusación alguna ni le molesten por ningún motivo.» ⁶⁴ Sus acusadores, que vieron el honor que a voz de heraldo se le hacía y a él vestido de púrpura, huyeron todos. ⁶⁵ El rey, queriendo honrarle, le inscribió entre sus primeros amigos y le nombró estratega y meridarca*. ⁶⁶ Jonatán regresó a Jerusalén con paz y alegría.

2 18+

Demetrio II. Apolonio, gobernador de Celesiria, derrotado por Jonatán.

⁶⁷ El año ciento sesenta y cinco, Demetrio, hijo de Demetrio, vino de Creta al país de sus padres*. ⁶⁸ Al enterarse el rey Alejandro, quedó muy disgustado y se volvió a Antioquía. ⁶⁹ Demetrio confir-

---

10 47 «les ofrecía mayores ventajas» conj.; el griego: «fue para ellos príncipe de palabras pacíficas» apenas tiene algún sentido. El traductor confundiría *šil-lûm* «ventaja» con *šalom* «paz».
10 57 En el otoño del 150 a.C. —Cleopatra Thea, hija de Tolomeo VI Filométor, se casaría sucesivamente con Alejandro Balas (de quien nacería Antíoco VI), Demetrio II, 11 12, y el hermano de éste, Antíoco VII.
10 61 Los judíos del partido griego consideraban, y no sin razón, que no se les recompensaba debidamente por su adhesión al helenismo. Algunos veían con disgusto que se rechazaran los derechos de otras familias sacer-

dotales.
10 65 El meridarca gobernaba una merida (ver Hch 16 12), es decir, una «parte» de territorio mayor que el de una estrategia, aquí la de Judea con os tres distritos, v. 30. Ver el caso análogo de Apolonio el Misarca, 3 10; 2 M 5 24. Para el título de «primer amigo», ver 1 M 2 18; 2 M 8 9.
10 67 El 147 a.C., pero de hecho sólo el 145 dará comienzo a su reinado, después de la muerte de Alejandro, 11 17. Reinará hasta el 125, con una interrupción del 138 al 129, cuando, prisionero de los partos, será sustituido por su hermano Antíoco VII, ver 14 3; 15 1s.

mó a Apolonio como gobernador de Celesiria*, el cual, juntando un numeroso ejército, acampó en Yamnia y envió a decir a Jonatán, sumo sacerdote: [70] «Tú eres el único en levantarte contra nosotros, y por tu causa he venido a ser yo objeto de irrisión y desprecio. ¿Por qué ejerces tu poder contra nosotros desde las montañas? [71] Si es que tienes confianza en tus fuerzas, baja ahora a encontrarte con nosotros en la llanura y allí nos mediremos, que conmigo está la fuerza de las ciudades. [72] Pregunta y sabrás quién soy yo y quiénes nuestros auxiliares. Ellos dicen que no podréis manteneros frente a nosotros, que ya dos veces tus padres fueron derrotados en su país*, [73] y que ahora no podrás resistir a la caballería y a un ejército tan grande en la llanura, donde no hay piedra, ni roca, ni lugar donde huir.»

[74] Cuando Jonatán oyó las palabras de Apolonio, se le sublevó el espíritu. Escogió diez mil hombres y partió de Jerusalén. Su hermano Simón fue a su encuentro para ayudarle. [75] Acampó frente a Jope. Los de la ciudad le cerraron las puertas, porque había en Jope una guarnición de Apolonio. La atacaron [76] y la gente de la ciudad, atemorizada, les abrió las puertas, y Jonatán se hizo dueño de Jope. [77] Cuando Apolonio se enteró, puso en pie de guerra tres mil jinetes y un numeroso ejército y partió en dirección a Asdod, como que quería pasar por allí, pero al mismo tiempo se iba adentrando en la llanura, porque tenía mucha caballería y confiaba en ella. [78] Jonatán fue tras él persiguiéndole hacia Asdod y ambos ejércitos trabaron combate. [79] Había dejado Apolonio mil jinetes ocultos a espaldas de ellos. [80] Se dio cuenta Jonatán de que a sus espaldas había una emboscada. Éstos rodearon su ejército y dispararon tiros sobre la tropa desde la mañana hasta el atardecer; [81] pero la tropa se mantuvo firme, como lo había ordenado Jonatán, y los caballos de los enemigos se cansaron. [82] Sacó entonces Simón su ejército y atacó a la falange —pues ya la caballería estaba

agotada—, la derrotó y puso en fuga, [83] mientras la caballería se desbandaba por la llanura. En su huida llegaron a Asdod y entraron en Bet Dagón, el templo de su ídolo, para salvarse. [84] Pero Jonatán prendió fuego a Asdod y a las ciudades que la rodeaban, se hizo con el botín y abrasó el templo de Dagón y a los que en él se habían refugiado. [85] Los muertos por la espada y los abrasados por el fuego fueron unos ocho mil hombres. [86] Partió de allí Jonatán y acampó frente a Ascalón, donde los habitantes salieron a recibirle con grandes honores. [87] Luego Jonatán regresó a Jerusalén con los suyos, cargados de rico botín. [88] Cuando el rey Alejandro se enteró de estos acontecimientos, concedió nuevos honores a Jonatán, [89] le envió una fíbula de oro, como es costumbre conceder a los parientes de los reyes*, y le dio en propiedad Acarón y todo su territorio.

1 S 5 1s
1 M 11 4

Tolomeo VI apoya a Demetrio II y muere a la vez que Alejandro Balas.

11 [1] El rey de Egipto reunió fuerzas numerosas como las arenas que hay a orillas del mar y muchas naves. Intentaba hacerse astutamente con el reino de Alejandro y unirlo al suyo. [2] Salió, pues, para Siria en son de paz y la gente de las ciudades le abría las puertas y salía a su encuentro, ya que tenían orden del rey Alejandro de salir a recibirle por ser suegro suyo. [3] Pero una vez que entraba en las ciudades, Tolomeo* ponía tropas de guarnición en cada una de ellas. [4] Cuando llegó cerca de Asdod le mostraron el templo de Dagón incendiado, la ciudad y sus aldeas destruidas, los cadáveres por el suelo y los restos calcinados de los abrasados en la guerra, pues habían hecho montones de ellos por el recorrido del rey. [5] Le contaron lo que Jonatán había hecho para que el rey le censurara, pero el rey guardó silencio. [6] Jonatán fue al encuentro del rey a Jope con gran fasto; se saludaron y pasaron allí aquella noche. [7] Acompañó Jonatán al rey hasta el río llamado Eléuteros* y

10 84

10 69 Sin duda, el Apolonio que ayudó a Demetrio I a fugarse de Roma, ver **7** 1. Lleva el mismo nombre que su padre, que también fue gobernador de Celesiria y Fenicia, 2 M 3 5.
10 72 Esta alusión a la historia de los «padres», ver 1 S 4 2.10, es redaccional; como la alusión a la debilidad de los hebreos en zonas llanas, 1 R 20 23.28.
10 89 Alejandro, queriendo pujar más alto, no duda en hacer a Jonatán su «pariente», ver 3 32. La fíbula de oro

que abrochaba el manto de púrpura era la insignia de este rango, superior incluso al de «primer amigo», v. 65.
11 3 «Tolomeo» mss, griego luc., lat.; «de Tolemaida» conjunto del griego.
11 7 Tanto para cumplir con Tolomeo como para mostrar a los judíos y a los paganos el favor que gozaba ante aquél. —El río Eléuteros se halla al norte de Trípoli.

regresó a Jerusalén. ⁸ Por su parte, el rey Tolomeo se hizo dueño de las ciudades de la costa hasta Seleucia Marítima* y meditaba planes malvados contra Alejandro. ⁹ Envió embajadores al rey Demetrio diciéndole: «Ven y concertemos entre nosotros una alianza. Te daré mi hija, la que tiene Alejandro*, y reinarás en el reino de tu padre. ¹⁰ Estoy arrepentido de haberle dado mi hija, pues ha intentado asesinarme.» ¹¹ Le hacía estos cargos porque codiciaba su reino*. ¹² Quitándole, pues, su hija, se la dio a Demetrio, rompió con Alejandro y quedó manifiesta la enemistad entre ambos. ¹³ Tolomeo entró en Antioquía y se ciñó la diadema de Asia, con lo que rodeó su frente de dos diademas, la de Egipto y la de Asia*. ¹⁴ En este tiempo se encontraba el rey Alejandro en Cilicia por haberse sublevado la gente de aquella región. ¹⁵ Al saber lo que ocurría, vino a luchar contra él. Tolomeo salió con fuerzas poderosas, fue a su encuentro y lo derrotó*. ¹⁶ Alejandro huyó a Arabia, buscando un refugio allí, y el rey Tolomeo quedó triunfador. ¹⁷ El árabe Zabdiel* cortó la cabeza a Alejandro y se la envió a Tolomeo. ¹⁸ Pero tres días después murió el rey Tolomeo y los que estaban en sus plazas fuertes perecieron a manos de los que las habitaban. ¹⁹ Demetrio comenzó a reinar el año ciento sesenta y siete.

Primeros contactos entre Demetrio II y Jonatán.

²⁰ Por aquellos días juntó Jonatán a los de Judea para atacar la Ciudadela de Jerusalén y levantó contra ella muchos ingenios de guerra*. ²¹ Entonces algunos rebeldes que odiaban a su nación acudieron al rey a anunciarle que Jonatán tenía puesto cerco a la Ciudadela. ²² La noticia le irritó y, nada más oírla, se puso en marcha y vino a Tolemaida. Escribió a Jonatán que cesara en el cerco y que viniera a verle lo antes posible a Tolemaida para entrevistarse con él. ²³ Al enterarse, ordenó Jonatán que se siguiese el cerco, eligió ancianos de Israel y sacerdotes y se expuso a sí mismo al peligro. ²⁴ Tomando plata, oro vestidos y otros presentes en gran cantidad, partió a verse con el rey en Tolemaida y halló gracia ante él. ²⁵ Algunos sin ley de la nación le acusaron, ²⁶ pero el rey lo trató como lo habían tratado sus predecesores y lo honró en presencia de todos sus amigos. ²⁷ Lo confirmó en el sumo sacerdocio y en todos los honores que antes tenía, e hizo que se le contara entre sus primeros amigos. ²⁸ Jonatán pidió al rey que dejara libres de impuesto a Judea y a los tres distritos de Samaría, a cambio de trescientos talentos que le prometía*. ²⁹ Accedió el rey y escribió a Jonatán una carta sobre todos estos puntos redactada de la forma siguiente:

Nuevo documento en favor de los judíos*.

³⁰ «El rey Demetrio saluda a su hermano Jonatán y a la nación de los judíos. ³¹ Os escribimos también a vosotros una copia de la carta que sobre vosotros hemos escrito a nuestro pariente Lástenes para que la conozcáis: ³² El rey Demetrio saluda a su padre Lástenes. ³³ Por sus buenas disposiciones hacia nosotros hemos decidido conceder favores a la nación de los judíos, que son amigos nuestros y observan lo que es justo con nosotros. ³⁴ Les confirmamos la posesión del territorio de Judea y de los tres distritos de Aferema, Lida y Ramatáin* que

Marginal references:
2 18+; 10 65+
10 30; 11 34

10 26-45

10 30

---

11 8   El puerto de Antioquía.
11 9   Algunos mss leen «la que tenía». Es difícil saber si, como lo cree Josefo, había ya quitado su hija a Alejandro.
11 11   Este atentado contra la vida de Tolomeo ha sido relatado por Josefo; pero, al igual que el historiador Diodoro, el autor de 1 M, que conocía esta tradición, no cree en él.
11 13   Según Diodoro, Trifón, que se había pasado al bando de Balas y tenía a Antioquía en su nombre, ofreció la diadema a Tolomeo. Éste se quedó, al parecer, solamente con Celesiria, a la que consideraba como la herencia de su madre, Cleopatra I, y dejó Asia a Demetrio II.
11 15   Batalla del Oinoparos (que corre por la llanura de Antioquía), a finales de agosto o en septiembre del 145. Tolomeo VI recibió en ella una herida de la que murió cuatro días después.
11 17   Diodoro le llama Diocles, con su nombre griego,

y precisa que Alejandro le había confiado a su hijo Antíoco, ver v. 39.
11 20   Así, pues, el artículo de 10 32 había sido letra muerta.
11 28   El importe tradicional del tributo anual debido por el sumo sacerdote, ver 2 M 4 8. Jonatán pide al rey que sustituya el impuesto territorial con el tributo que su padre había ya concedido, ver 10 30+. Demetrio II accederá, al parecer, pero excluyendo de este favor los tres distritos, vv. 34s.
11 30   Demetrio reitera en parte el decreto de Demetrio I, que Jonatán había rechazado. —El título de «hermano» aquí aplicado a Jonatán, v. 30, sugiere que ha sido nombrado «pariente del rey» y no solamente «primer amigo», v. 27, título que también le había concedido Balas, 10 89. —El original de la carta está dirigido al cretense Lástenes, el ministro de Demetrio.
11 34   Estos tres distritos, ver 10 30.38; 11 28, son los territorios de Efraín (u Ofrá), Jos 18 23; 2 S 13 23, a 20

han sido desprendidos de Galilea y agregados a Judea con todas sus dependencias en favor de los que sacrifican en Jerusalén, a cambio de los derechos reales que el rey percibía de ellos antes cada año por los productos de la tierra y el fruto de los árboles. [35] En cuanto a los otros derechos que tenemos sobre los diezmos y tributos nuestros, sobre las salinas y coronas que se nos deben, les concedemos desde ahora una exención total*. [36] No será derogada ni una de estas concesiones a partir de ahora en ningún tiempo. [37] Procurad hacer una copia de estas disposiciones que le sea entregada a Jonatán para ponerla en el monte santo en lugar visible.»

Demetrio II socorrido por las tropas de Jonatán en Antioquía.

[38] El rey Demetrio, viendo que el país estaba en calma bajo su mando y que nada le ofrecía resistencia, licenció todas sus tropas mandando a cada uno a su lugar, excepto las tropas extranjeras que había reclutado en las islas de las naciones*. Todas las tropas que había recibido de sus padres se enemistaron con él. [39] Entonces Trifón, antiguo partidario de Alejandro, al ver que todas las tropas murmuraban contra Demetrio, se fue donde el árabe Yamlicú*, que criaba al niño Antíoco, hijo de Alejandro, [40] y le instaba a que se lo entregase para ponerlo en el trono de su padre. Le puso al corriente de toda la actuación de Demetrio y del odio que le tenían sus tropas. Permaneció allí muchos días.

[41] Entre tanto envió Jonatán a pedir al rey Demetrio que retirara las guarniciones de la Ciudadela de Jerusalén y de las plazas fuertes porque hostilizaban a Israel. [42] Demetrio envió a decir a Jonatán: «No sólo haré esto por ti y por tu nación, sino que os colmaré de honores a ti y a tu nación cuando tenga oportunidad. [43] Pero ahora harás bien en enviarme hombres en mi auxilio, pues todas mis tropas me han abandonado.» [44] Jonatán le envió a Antioquía tres mil guerreros valientes, y cuando llegaron, el rey experimentó gran satisfacción con su venida. [45] Se amotinaron en el centro de la ciudad los ciudadanos, al pie de ciento veinte mil, y querían matar al rey. [46] Él se refugió en el palacio, y los ciudadanos ocuparon las calles de la ciudad y comenzaron el ataque. [47] El rey llamó entonces en su auxilio a los judíos, que se juntaron todos en torno a él y luego se diseminaron por la ciudad. Aquel día llegaron a matar hasta cien mil. [48] Prendieron fuego a la ciudad, se hicieron ese mismo día con un botín considerable y salvaron al rey. [49] Cuando los de la ciudad vieron que los judíos dominaban la ciudad a su talante, perdieron el ánimo y levantaron sus clamores al rey suplicándole: [50] «Danos la mano y cesen los judíos en sus ataques contra nosotros y contra la ciudad.» [51] Depusieron las armas e hicieron la paz. Los judíos alcanzaron gran gloria ante el rey y ante todos los de su reino y se volvieron a Jerusalén con un rico botín. [52] El rey Demetrio se sentó en el trono de su reino y la tierra quedó sosegada en su presencia. [53] Pero faltó a todas sus promesas y se indispuso con Jonatán. Lejos de corresponder a los servicios que le había prestado, le causaba graves molestias*.

Jonatán contra Demetrio II. Simón recupera Bet Sur. Batalla de Asor.

[54] Después de estos acontecimientos, volvió Trifón y con él Antíoco*, niño todavía, que se proclamó rey y se ciñó la diadema. [55] Todas las tropas que Demetrio había licenciado se unieron a él y salieron a luchar contra Demetrio, le derrotaron y le pusieron en fuga. [56] Trifón tomó los elefantes y se apoderó de Antioquía.

[57] El joven Antíoco escribió a Jonatán diciéndole: «Te confirmo en el sumo sacerdocio, te pongo al frente de los cuatro

---

km al nordeste de Jerusalén, Lod, 1 Cro **8** 11, y Ramá, 1 **S** 1 1 (la Arimatea de Mt 27 57). Están adscritos a Judea, pero los impuestos sobre las cosechas siguen debiéndose al rey, contrariamente a la petición de Jonatán, v. 28.

11 35 Pero no es seguro que el tributo de 300 talentos se halle incluido en esta exención, v. 28. El documento de Demetrio II no contiene tantas ventajas como el de su padre; por ejemplo, no se trata de devolver la Ciudadela ni se habla de los donativos para reconstruir Jerusalén o proveer al culto.

11 38 Medida de economía, ordenada probablemente

por Lástenes, que sólo conserva a los mercenarios, de los que un gran número eran cretenses.

11 39 «Yamlicú» según sir. y Diodoro; «Imalcué» o «Simalcué» griego. —Puede ser el hijo de Zabdiel, v. 17. Este príncipe árabe residía probablemente en Calcis, al sur de Alepo, donde Antíoco VI será coronado, v. 54.

11 53 Según Josefo, Demetrio II exigió la entrega del tributo tradicional, pero esto está conforme con el documento, vv. 28.35. Se trata, pues, al parecer, de otra cosa, pero no sabemos de qué.

11 54 Antíoco VI Diónisos (144-142).

2 18+ distritos* y quiero que te cuentes entre los amigos del rey.» [58] Le envió copas de oro y un servicio de mesa, y le concedió autorización de beber en copas de oro, vestir púrpura y llevar fíbula de oro*. [59] A su hermano Simón le nombró estratega desde la Escalera de Tiro hasta la frontera de Egipto. [60] Jonatán salió a recorrer la Transeufratina y sus ciudades, y todas las tropas de Siria se le unieron como aliadas. Llegó a Ascalón y los habitantes de la ciudad le salieron a recibir con muchos honores. [61] De allí pasó a Gaza*, donde los habitantes le cerraron las puertas. Entonces la sitió y entregó sus arrabales a las llamas y al pillaje. [62] Los de la ciudad vinieron a suplicarle y Jonatán les dio la mano, pero tomó como rehenes a los hijos de los jefes y los envió a Jerusalén. A continuación, siguió recorriendo la región hasta Damasco.

[63] Jonatán se enteró de que los generales de Demetrio se habían presentado en Quedés de Galilea* con un ejército numeroso para apartarle de su cargo. [64] Entonces dejó en el país a su hermano Simón y salió a su encuentro. [65] Simón acampó frente a Bet Sur, la atacó durante muchos días y la bloqueó. [66] Le pidieron que les diese la mano y él se la dio. Les hizo salir de allí, ocupó la ciudad y puso en ella una guarnición*. [67] Por su parte, Jonatán y su ejército acamparon junto a las aguas de Genesar, y muy de madrugada partieron para la llanura de Asor*, [68] donde el ejército extranjero les vino al encuentro en la llanura después de dejar hombres emboscados en los montes. Mientras este ejército se presentaba de frente, [69] surgieron de sus puestos los emboscados y entablaron combate. [70] Todos los hombres de Jonatán se dieron a la fuga, sin que quedara ni uno de ellos, a excepción de Matatías, hijo de

Absalón, y de Judas, hijo de Calfi, capitanes del ejército. [71] Jonatán entonces rasgó sus vestidos, echó polvo sobre su cabeza y oró. [72] Vuelto al combate, derrotó al enemigo y lo puso en fuga. [73] Al verlo, sus hombres que huían volvieron a él y con él persiguieron al enemigo hasta su campamento en Quedés y acamparon allí. [74] Cayeron aquel día del ejército extranjero hasta tres mil hombres. Jonatán regresó a Jerusalén.

Relaciones de Jonatán con Roma y Esparta.

12 [1] Viendo Jonatán que las circunstancias le eran favorables, escogió hombres y los envió a Roma con el fin de confirmar y renovar la amistad con ellos*. [2] Con el mismo objeto envió cartas a los espartanos y a otros lugares. [3] Se fueron, pues, a Roma y entrando en el Senado dijeron: «Jonatán, sumo sacerdote, y la nación de los judíos nos han enviado para que se renueve con ellos la amistad y la alianza como antes.» [4] Les dieron los romanos cartas para la gente de cada lugar recomendando que se les condujera en paz hasta el país de Judá. [5] Ésta es la copia de la carta que escribió Jonatán a los espartanos:

[6] «Jonatán, sumo sacerdote, el senado de la nación, los sacerdotes y el resto del pueblo judío saludan a sus hermanos los espartanos. [7] Ya en tiempos pasados, Areios*, que reinaba entre vosotros, envió una carta al sumo sacerdote Onías en que le decía que erais vosotros hermanos nuestros, como lo atestigua la copia adjunta. [8] Onías recibió con honores al embajador y tomó la carta que hablaba claramente de alianza y amistad. [9] Nosotros, aunque no tenemos necesidad de esto por tener como consolación los li-

8 17-32

12 20-23
2 M 5 9

---

11 57 El cuarto distrito, al parecer, es Acrabatá, ver **5** 3.

11 58 Antíoco renueva las mercedes concedidas por su padre Alejandro, ver **10** 89 (y por su rival Demetrio II). Asimismo nombrará a Jonatán estratega de Celesiria, v. 60, mientras que su hermano Simón será estratega de la zona marítima, v. 59. Esta alta valoración por los reyes de Siria muestra que el principado asmoneo representaba una potencia real.

11 61 La más meridional de las ciudades de la antigua Pentápolis filistea, 1 S 6 17. Gaza era un centro helenístico especialmente hostil a los judíos. Alejandro Janeo se apoderará de ella hacia el año 100 a.C., tras un asedio de un año, y dará la ciudad al saqueo y a la matanza.

11 63 La Quedés de Jos 12 22, a 36 km de Tiro, donde los generales pudieron desembarcar.

11 66 Jonatán, estratega de Celesiria tiene el derecho

de control sobre esta importante plaza real. (La victoria de Simón será contada entre los días fastos).

11 67 La antigua metrópoli cananea de Jasor, Jos 11 10, que no era más que una fortaleza, situada a unos diez km al norte de las «aguas de Genesar» (el lago de Tiberíades).

12 1 Estas renovaciones de alianza son características de la época, ver **14** 18.22. Para el texto del tratado renovado, ver **8** 22s.

12 7 «Areios» conj. según Josefo; «Darío» griego. —Areios II había muerto con ocho años; no puede, pues, tratarse más que de Areios I (309-265) y por tanto de Onías I, contemporáneo de Alejandro. La respuesta a la carta ha tardado pues siglo y medio (ver v. 10)! Josefo, que no ha caído en la cuenta de que este primer documento solamente era una ficción diplomática, sitúa el asunto en tiempos de Onías III (muerto el 174).

Rm 15 4

bros santos* que están en nuestras manos, [10] hemos procurado enviaros embajadores para renovar la fraternidad y la amistad con vosotros y evitar que vengamos a seros extraños, pues ha pasado mucho tiempo ya desde que nos enviasteis vuestra embajada. [11] Por nuestra parte, en las fiestas y demás días señalados, os recordamos sin cesar en toda ocasión en los sacrificios que ofrecemos y en nuestras oraciones, como es justo y conveniente acordarse de los hermanos. [12] Nos alegramos de vuestra gloria. [13] A nosotros, en cambio, nos han rodeado muchas tribulaciones y guerras, pues nos hemos visto atacados por los reyes vecinos. [14] Pero en estas luchas no hemos querido molestaros a vosotros ni a los demás aliados y amigos nuestros, [15] porque contamos con el auxilio del Cielo, que, viniendo en nuestra ayuda, nos ha librado de nuestros enemigos y a ellos los ha humillado. [16] Hemos, pues,

14 22; 15 15

elegido a Numenio, hijo de Antíoco, y a Antípatro, hijo de Jasón, y les hemos enviado a los romanos para renovar la amistad y la alianza que antes teníamos, [17] y les hemos dado orden de pasar también donde vosotros para saludaros y entregaros nuestra carta sobre la renovación de nuestra fraternidad. [18] Y ahora haréis bien en contestarnos a esto.»

[19] Ésta es la copia de la carta enviada a Onías:

[20] «Areios*, rey de los espartanos, saluda a Onías, sumo sacerdote. [21] Se ha encontrado un documento relativo a espartanos y judíos de que son hermanos y que son de la raza de Abrahán*. [22] Y ahora que estamos enterados de esto, haréis bien escribiéndonos sobre vuestro bienestar. [23] Nosotros por nuestra parte os escribimos: Vuestro ganado y vuestros bienes son nuestros, y los nuestros vuestros son*. Damos orden de que se os envíe un mensaje en tal sentido.»

Jonatán en Celesiria, Simón en Filistea.

[24] Tuvo noticia Jonatán de que los generales de Demetrio habían vuelto con fuerzas mayores que antes con ánimo de atacarle. [25] Partió, pues, de Jerusalén y fue a encontrarlos a la región de Jamat, sin darles tiempo a irrumpir en su país. [26] Envió exploradores al campamento enemigo y supo por ellos, a su vuelta, que los enemigos estaban dispuestos para caer sobre ellos a la noche. [27] Cuando se puso el sol, ordenó Jonatán a los suyos que se mantuviesen despiertos y sobre las armas toda la noche, preparados para entrar en combate, y dispuso avanzadillas alrededor del campamento. [28] Cuando supieron los enemigos que Jonatán y los suyos estaban preparados para el combate, sintieron miedo y, llenos de pánico, encendieron fogatas por su campamento y se retiraron*. [29] Jonatán y los suyos, como veían brillar las fogatas, no se percataron de su partida hasta el amanecer. [30] Entonces se lanzó Jonatán en su persecución, pero no les pudo dar alcance porque habían atravesado ya el río Eléuteros*. [31] Jonatán se volvió contra los árabes llamados zabadeos*, los derrotó y se hizo con sus despojos. [32] Levantó luego el campamento, llegó a Damasco y recorrió toda la región. [33] Simón, por su parte, hizo una expedición hasta Ascalón y las plazas vecinas. Se volvió luego hacia Jope y la tomó, [34] pues había oído que sus habitantes querían entregar aquella plaza fuerte a los partidarios de Demetrio, y dejó en ella una guarnición para defenderla*.

Trabajos en Jerusalén.

[35] Jonatán, de vuelta, reunió la asamblea de los ancianos del pueblo, y decidió con ellos edificar fortalezas en Judea, [36] dar mayor altura a las murallas de Jerusalén y levantar un alto muro entre la

---

12 9   Los «libros santos» representan a un grupo más amplio que «el libro de la Ley», 3 48, o «el libro santo», 2 M 8 23; se trata de todos libros a los que se reconoce una autoridad divina. Entonces se constituye el canon del AT: un Salmo es citado como «Escritura», 7 17, y el *Prólogo del Eclesiástico* (132 a.C.) conoce la división en Ley, Profetas y «otros libros» (ver 2 M 2 13), que será la de la Biblia hebrea, ver Rm 1 2; 2 Tm 3 15+.
12 20 «a Onías: Areios» conj. según Josefo; «a Onías» griego.
12 21 Esta leyenda, conforme con las ficciones diplomáticas de la época, existía ya en Esparta cuando Jasón buscó allí asilo, 2 M 5 9.
12 23 Este cuadro idílico descubre al autor del *escrito*:

un judío que ve su ideal en los relatos sobre los Patriarcas.
12 28 «y se retiraron» 2 mss., griego luc., sir., Josefo; omitido por el resto del griego y el lat.
12 30 El actual Nahr el-Kebir, que separa al Líbano de Siria. Era probablemente la frontera norte de la provincia de Celesiria y Fenicia, cuyo estratega era Jonatán.
12 31 Este nombre se encuentra todavía en topónimos del Antilíbano, por ejemplo Zebdani.
12 34 Simón actúa, pues, en cuanto estratega nombrado por Antíoco VI, 11 59, pero en su elogio de Simón, el autor subraya toda la importancia que para los judíos suponía la toma de este puerto tan disputado, 14 5.

Ciudadela* y la ciudad para separarlas y para que quedara la Ciudadela aislada y no pudieran comprar ni vender. ³⁷ Se reunieron, pues, para reconstruir la ciudad, pues había caído un trecho de la muralla que daba al torrente por la parte de levante; restauró también el barrio llamado Cafenatá*. ³⁸ Por su lado, Simón reconstruyó Jadidá* en la Tierra Baja, la fortificó y la guarneció de puertas y cerrojos.

Jonatán cae en manos de sus enemigos.

11 39s.54s

³⁹ Trifón aspiraba a reinar en Asia, ceñirse la diadema y extender su mano contra el rey Antíoco. ⁴⁰ Temiendo que Jonatán se lo estorbara y le hiciera la guerra, trataba de apoderarse de él y matarle. Se puso, pues, en marcha y llegó a Betsán. ⁴¹ Jonatán salió a su encuentro con cuarenta mil hombres escogidos para la guerra y llegó a Betsán. ⁴² Vio Trifón que había venido con un ejército numeroso y temió extender la mano contra él. ⁴³ Lo recibió con honores, le presentó a todos sus amigos, le hizo regalos y dio orden a sus amigos y a sus tropas que le obedeciesen como a él mismo. ⁴⁴ Y dijo a Jonatán: «¿Por qué has fatigado a toda esta gente no habiendo guerra entre nosotros? ⁴⁵ Envíalos a sus casas, elige algunos hombres que te acompañen y ven conmigo a Tolemaida. Te entregaré la ciudad, las demás fortalezas, el resto de las fuerzas y a todos los funcionarios*, y luego emprenderé el regreso, pues para eso he venido.» ⁴⁶ Le creyó Jonatán y obró como le decía: despachó sus tropas, que partieron para el país de Judá, ⁴⁷ y conservó consigo tres mil hombres, de los cuales dejó dos mil en Galilea y mil le acompañaron. ⁴⁸ Pero apenas entró Jonatán en Tolemaida, los tolemaiditas cerraron las puertas, lo apresaron y pasaron a filo de espada a cuantos con él habían entrado. ⁴⁹ Envió Trifón tropas y caballería a Galilea y a la Gran Llanura para acabar con todos los partidarios de Jonatán, ⁵⁰ pero éstos, enterados de que él había sido apresado y muerto con los que le acompañaban, se animaron unos a otros y avanzaron, cerradas las filas, prontos para combatir. ⁵¹ Sus perseguidores, al ver que luchaban por su vida, se volvieron. ⁵² Aquéllos llegaron todos en paz al país de Judá, lloraron a Jonatán y a sus compañeros y un gran temor se apoderó de ellos. Todo Israel hizo un gran duelo. ⁵³ Todos los paganos circunvecinos trataban de aniquilarlos: «No tienen jefe —decían— ni quien les ayude. Ésta es la ocasión de atacarlos y borrar su recuerdo de entre los hombres.»

V. Simón sumo sacerdote y etnarca de los judíos (143-134 a.C.)

Simón toma el mando.

13 ¹ Supo Simón que había reunido Trifón un ejército numeroso para ir a devastar el país de Judá. ² Viendo al pueblo espantado y medroso, subió a Jerusalén, reunió al pueblo ³ y le exhortó diciendo: «Vosotros sabéis todo lo que hemos hecho mis hermanos, la casa de mi padre y yo por la Ley y el Lugar Santo, y las guerras y tribulaciones que hemos sufrido. ⁴ Por esta causa, por Israel, han muerto mis hermanos todos y he quedado yo solo*. ⁵ No busco yo ahora poner a salvo mi vida cuando llega la angustia, pues no soy yo mejor que mis hermanos; ⁶ lo que quiero es vengar a mi nación, al Lugar Santo y a vuestras mujeres e hijos, puesto que, impulsados por el odio, se han unido todos los paganos para aniquilarnos.» ⁷ Al oír estas palabras, se enardecieron los ánimos del pueblo ⁸ y respondieron en voz alta diciendo: «Tú eres nuestro guía en lugar de Judas y de tu hermano Jonatán; ⁹ toma la dirección de nuestra guerra y haremos

5 2; 12 53

---

12 36 Que seguía en poder de los mercenarios de Demetrio, 11 20, a los que nada impedía pasar a la ciudad.
12 37 Término que se debe relacionar con el arameo *kafelta*, «la doble»: es la traducción del hebr. *ha-mišneh* que designa el barrio nuevo, al noroeste del templo, ver 2 R 22 14. —El «torrente» es el Cedrón.
12 38 La Jadid de Esd 2 33, a 6 km al nordeste de Lida,

de la que al parecer hizo su base, 13 13.
12 45 Así pues, Trifón reconoce a Jonatán (o aparenta reconocer) su cualidad de estratega de Celesiria y Fenicia.
13 4 Simón, como todo el pueblo, creía que Jonatán había muerto. Todavía no era más que un prisionero, v. 12.

cuanto nos mandes*». [10] Reunió entonces Simón a todos los hombres aptos para la guerra y se dio prisa en acabar las murallas de Jerusalén hasta que la fortificó en todo su contorno. [11] Envió a Jonatán, hijo de Absalón, a Jope con un importante destacamento, el cual expulsó a los que estaban en la ciudad y se estableció en ella*.

Simón rechaza de Judea a Trifón.

[12] Partió Trifón desde Tolemaida con un ejército numeroso para entrar en el país de Judá, llevando consigo prisionero a Jonatán. [13] Simón puso su campamento en Jadidá, frente a la llanura. [14] Al enterarse Trifón de que Simón había sucedido en el mando a su hermano Jonatán y que estaba preparado para entablar combate con él, le envió mensajeros diciéndole: [15] «Tenemos detenido a tu hermano Jonatán por las deudas contraídas con el tesoro real en el desempeño de su cargo. [16] Envíanos, pues, cien talentos de plata y a dos de sus hijos como rehenes, no sea que, una vez libre, se rebele contra nosotros. Entonces lo soltaremos.» [17] Simón, aunque se dio cuenta de que le hablaban con falsedad, envió a buscar el dinero y los niños para no provocar contra sí una gran enemistad del pueblo, que diría: [18] «Porque no envié yo el dinero y los niños, ha muerto Jonatán.» [19] Envió, pues, los niños y los cien talentos, pero Trifón faltó a su palabra y no soltó a Jonatán. [20] Después de esto, se puso Trifón en marcha para invadir la región y devastarla. Dio un rodeo por el camino de Adorá*, al tiempo que Simón y su ejército obstaculizaban su marcha adondequiera que iba. [21] Los de la Ciudadela enviaron a Trifón legados dándole prisa a que viniese donde ellos a través del desierto y les enviase víveres. [22] Preparó Trifón toda su caballería para ir, pero aquella noche cayó tal

cantidad de nieve que le impidió acudir allá. Partió de allí y se fue a la región de Galaad. [23] Cuando se encontraba cerca de Bascamá*, hizo matar a Jonatán, que fue enterrado allí. [24] Luego dio Trifón la vuelta y se marchó a su país.

Jonatán sepultado en el mausoleo de Modín construido por Simón.

[25] Envió Simón a recoger los restos de su hermano Jonatán y le dio sepultura en Modín, ciudad de sus padres. [26] Todo Israel hizo gran duelo por él y le lloró muchos días. [27] Simón construyó sobre el sepulcro de su padre y sus hermanos un mausoleo alto, que pudiera verse, de piedras pulidas por delante y por detrás. [28] Levantó siete pirámides, una frente a otra, dedicadas a su padre, a su madre y a sus cuatro hermanos*. [29] Levantó alrededor de ellas grandes columnas y sobre las columnas hizo panoplias para recuerdo eterno. Al lado de las panoplias esculpió unas naves que pudieran ser contempladas por todos los que navegaran por el mar. [30] Tal fue el mausoleo que construyó en Modín y que subsiste en nuestros días.

Favores de Demetrio II a Simón.

[31] Trifón, procediendo insidiosamente con el joven rey Antíoco, le dio muerte*. [32] Ocupó el reino en su lugar, se ciñó la diadema de Asia y causó grandes estragos en el país. [33] Simón, por su parte, reconstruyó las fortalezas de Judea, las rodeó de altas torres y grandes murallas con puertas y cerrojos, y almacenó víveres en ellas. [34] Además escogió Simón hombres que envió al rey Demetrio, intentando conseguir una remisión para la región, dado que toda la actividad de Trifón había sido un continuo robo*. [35] El rey Demetrio contestó a su petición y le escribió la siguiente carta:

---

13 9   Simón es nombrado por aclamación, como lo había sido Jonatán, 9 30, mientras Judas había sido designado por su padre, 2 66; por lo demás, éste había pedido a sus hijos que consideraran a Simón, el mayor, como a un padre, para hasta entonces se mantuvo en la penumbra ante sus hermanos menores.
13 11   La política judía de Simón es más radical que la de Jonatán. Ya en Bet Sur había expulsado a toda la población gentil, 11 66.
13 20   La Adoráin de 2 Cro 11 9, hoy Dura, a 8 km al oeste de Hebrón. Trifón realiza el mismo movimiento envolvente que Lisias, ver 4 29; 6 31.
13 23   En el extremo occidental del promontorio del Carmelo; es Sykaminos, donde desembarcará Tolomeo IX hacia el 100 a.C. En consecuencia podemos ver en

la difícil «región de Galaad» (= «Galaadítida») un error por «Galilea». —Trifón habrá ya ejecutado a Jonatán antes de volver a embarcarse.
13 28   Los monumentos en forma de pirámide son característicos del arte funerario de la época.
13 31   Para nuestro autor, como para Diodoro, este homicidio es anterior al advenimiento de Trifón (que debe fijarse en el año 142-141), pero según Tito Livio y Josefo, siguió a la captura de Demetrio (el 139, ver 14 2). El orden real podría ser: advenimiento de Trifón, captura de Demetrio y asesinato de Antíoco.
13 34   Probablemente hay un juego de palabras en el hebr. entre el nombre de Trifón y *teref*, «robo». —La exención pedida se refiere a las tasas.

[36] «El rey Demetrio saluda a Simón, sumo sacerdote y amigo de reyes, a los ancianos y a la nación de los judíos. [37] Hemos recibido la corona de oro y la palma que nos habéis enviado y estamos dispuestos a concertar con vosotros una paz completa y a escribir a los funcionarios que os concedan la remisión de las deudas. [38] Cuanto hemos decidido sobre vosotros, quede firme y sean vuestras las fortalezas que habéis construido. [39] Os perdonamos los errores y delitos cometidos hasta el día de hoy y la corona que nos debéis*. Si algún otro tributo se percibía en Jerusalén, ya no se exija. [40] Y si algunos de vosotros son aptos para alistarse en nuestra guardia, alístense y haya paz entre nosotros.» [41] El año ciento setenta quedó Israel libre del yugo de los paganos* [42] y el pueblo comenzó a escribir en las actas y contratos: «En el año primero de Simón, gran sumo sacerdote, estratega y hegumeno de los judíos*.»

‖2 M 10
32-38

Toma de Gázara por Simón.

[43] Por aquellos días puso cerco Simón a Gázara* y la rodeó con sus tropas. Construyó una torre móvil que acercó a la ciudad y, abriendo brecha en un baluarte, lo tomó. [44] Saltaron los de la torre a la ciudad y se produjo en ella gran agitación. [45] Los habitantes, rasgados los vestidos, subieron a la muralla con sus mujeres e hijos y pidieron a grandes gritos a Simón que les diese la mano. [46] «No nos trates, le decían, según nuestras maldades, sino según tu misericordia.» [47] Simón se reconcilió con ellos y no los atacó, pero los echó de la ciudad y mandó purificar las casas en que había ídolos. Entonces entró en ella con himnos y bendiciones. [48] Echó de ella toda impureza, estableció en ella hombres observantes de la Ley, la fortificó y se construyó en ella para sí una residencia.

Conquista de la Ciudadela de Jerusalén por Simón.

[49] Los de la Ciudadela de Jerusalén se veían imposibilitados de entrar y salir por la región, de comprar y de vender*. Sufrían grave escasez y bastantes de ellos habían perecido de hambre. [50] Clamaron a Simón que hiciera con ellos la paz y Simón se lo concedió. Los echó de allí y purificó de inmundicias la Ciudadela. [51] Entraron en ella el día veintitrés del segundo mes del año ciento setenta y uno* con aclamaciones y ramos de palma, con liras, címbalos y arpas, con himnos y cantos, porque un gran enemigo había sido vencido y expulsado de Israel. [52] Simón dispuso que este día se celebrara con júbilo cada año. Fortificó el monte del templo, que está al lado de la Ciudadela, y habitó allí con los suyos. [53] Y viendo Simón que su hijo Juan era todo un hombre, lo nombró jefe de todas las fuerzas con residencia en Gázara.

Elogio de Simón.

14 [1] El año ciento setenta y dos* reunió el rey Demetrio su ejército y partió hacia Media para procurarse ayuda con que combatir a Trifón. [2] Pero al enterarse Arsaces, rey de Persia y Media*, de que Demetrio había entrado en su territorio, mandó a uno de sus generales para capturarlo vivo. [3] Partió éste y derrotó al ejército de Demetrio, lo hizo prisionero y lo llevó ante Arsaces, que lo encerró en prisión.

[4] El país de Judá gozó de paz durante todos los días de Simón*.

Él procuró el bien a su nación,
les fue grato su gobierno
y su gloria en todo tiempo.
[5] Además de toda su gloria,
tomó a Jope como puerto
y se abrió paso a las islas del mar.

3 3-9

---

13 39 Probablemente el tributo anual (aunque en el v. 37 parece que se trataba de un donativo ocasional). —Para las demás tasas, sólo Jerusalén (en realidad, Judea) parece exenta, con exclusión de los tres distritos, 11 34+; ver 15 31.
13 41 El 142 a.C. —El «yugo» es el símbolo de la servidumbre, 8 18; 1 R 12 4, concretado en el pago del tributo.
13 42 Es decir, «príncipe» o «jefe de la comunidad» (equivalente del hebr. rôš lit. «cabeza»). —Simón cuenta sus años como los reyes de Egipto o Trifón, partiendo de su advenimiento y no en relación con la era seléucida.
13 43 «Gázara» conj. según Josefo, y ver 14 7; 15 28; 16 21; 2 M 10 32s; «Gaza» griego y lat. —Es Guézer, a 30 km al noroeste de Jerusalén.

13 49 Situación que duraba ya desde hacía dos años, ver 12 36.
13 51 Comienzos de junio del 141. —Esta expulsión marca el fin de la ocupación seléucida de Jerusalén, que duraba desde el 167, ver 1 33-40.
14 1 De octubre del 141 a septiembre del 140.
14 2 Mitrídates I, Arsaces VI (171-138), fundador del imperio parto, había ya arrebatado a Demetrio Media y Persia. Llamado en socorro por sus antiguos súbditos, Demetrio parece que vence al principio, pero es hecho prisionero el 139, y confinado en Hircania (al sur del Caspio), donde por lo demás recibió un trato digno de su rango.
14 4 El elogio rítmico que sigue, ver 1 28+, está henchido de reminiscencias bíblicas.

Ex 34 24
[6] Ensanchó las fronteras de su nación,
se hizo dueño del país
[7] y repatrió numerosos cautivos.
Tomó Gázara, Bet Sur y la Ciudadela*,
la limpió de sus impurezas
y no hubo quien le resistiera.

Za 8 12
[8] Cultivaban en paz sus tierras;
la tierra daba sus cosechas
y los árboles del llano sus frutos.

Za 8 4-5
[9] Los ancianos se sentaban en las plazas,
todos conversaban sobre el bienestar
y los jóvenes vestían galas y armadura.
[10] Procuró bastimentos a las ciudades,
las protegió con fortificaciones
hasta llegar la fama de su gloria
a los confines de la tierra.
[11] Estableció la paz en el país
y gozó Israel de gran alegría.

1 R 5 5
Mi 4 4
Za 3 10
[12] Se sentaba cada cual bajo su parra y su higuera
y no había nadie que los inquietara.
[13] No quedó en el país quien los combatiera
y fueron derrotados los reyes en aquellos días.
[14] *Dio apoyo a los humildes de su pueblo
[14] c hizo desaparecer a todo impío y malvado.
[14] b Observó fielmente la Ley,
[15] dio gloria al Lugar Santo
y multiplicó su ajuar.

Renovación de la alianza con Esparta y Roma.

[16] Cuando llegó a Roma y hasta Esparta la noticia de la muerte de Jonatán, lo sintieron mucho; [17] pero, cuando supieron que su hermano Simón le había sucedido en el sumo sacerdocio y había tomado el mando del país y sus ciudades, [18] le escribieron en planchas de bronce para renovar con él la amistad y la alianza que habían establecido con sus hermanos Judas y Jonatán*. [19] Se leyeron en Jerusalén ante la asamblea.

8 22
8 17s; 12 3

[20] Ésta es la copia de la carta enviada por los espartanos:

«Los magistrados y la ciudad de los espartanos saludan al sumo sacerdote Simón, a los ancianos, a los sacerdotes y al resto del pueblo de los judíos, nuestros hermanos. [21] Los embajadores enviados a nuestro pueblo nos han informado de vuestra gloria y honor y nos hemos alegrado con su venida. [22] Hemos registrado sus declaraciones entre las decisiones del pueblo en estos términos: Numenio, hijo de Antíoco, y Antípatros, hijo de Jasón, embajadores de los judíos, se nos han presentado para renovar la amistad con nosotros. [23] Ha sido del agrado del pueblo recibir con honor a estos personajes y depositar la copia de sus discursos en los archivos públicos para que el pueblo espartano conserve su recuerdo. Se ha sacado una copia de esto para el sumo sacerdote Simón.»

12 16

[24] Después, envió Simón a Roma a Numenio con un gran escudo de oro de mil minas de peso para confirmar la alianza con ellos.

Decreto honorífico en favor de Simón.

[25] Cuando estos hechos llegaron a conocimiento del pueblo, dijeron: «¿Cómo mostraremos nuestro reconocimiento a Simón y a sus hijos? [26] Porque se ha mostrado valiente*, tanto él como sus hermanos y la casa de su padre; ha combatido y rechazado a los enemigos de Israel y le ha conseguido su libertad.» Grabaron una inscripción en planchas de bronce y las fijaron en estelas en el monte Sión. [27] Ésta es la copia de la inscripción:

«El dieciocho de Elul del año ciento setenta y dos, año tercero del gran sumo sacerdote Simón, en Asaramel*, [28] en la gran asamblea de los sacerdotes, del pueblo, de los príncipes de la nación y de los ancianos del país, se nos hizo saber lo siguiente:

---

14 7 Con la toma del puerto de Jope, v. 5, ver 12 32; 13 11; 14 34, y la de las tres plazas fuertes seléucidas más importantes, había «fundamentado la libertad de Israel» sobre bases sólidas, 14 26.
14 14 Este v. trae ecos casi mesiánicos, ver Sal 18 28; Lc 1 52. —El resto del v., restablecido según el orden lógico (con griego luc. y mss sir.), interpreta ajustadamente el legalismo de la época y la preocupación por la Ley, característica de Simón, 13 3; 14 29; ver 2 M 13 10.14.
14 18 Ver 8 22. En realidad, Simón debió de solicitar esta renovación de alianza poco después de su llegada

al poder el 142, ya que la respuesta de Roma data de ese mismo año (el del consulado de Lucio, 15 16). Ése fue, al parecer, el objeto de la misión de Numenio, 14 24. —La distribución de estos documentos por la trama del relato no es afortunada.
14 26 «se ha mostrado valiente» trad. conjetural de un verbo que normalmente tiene sentido activo.
14 27 En septiembre del 140. —«Asaramel» (y no la forma mutilada «Saramel» de algunos mss) es la trascripción de *hasar'am'el*, «el atrio del pueblo de Dios». Se trata sin duda del patio exterior del santuario, ver v. 48; 9 54.

²⁹ «En los muchos combates que se dieron en nuestra región, Simón, hijo de Matatías, sacerdote descendiente de los hijos de Joarib, y sus hermanos se expusieron al peligro, hicieron frente a los enemigos de su nación para mantener en pie su Lugar Santo y la Ley y alcanzaron inmensa gloria para su nación. ³⁰ Jonatán realizó la unidad de la nación y llegó a ser sumo sacerdote suyo hasta que fue a reunirse con su pueblo. ³¹ Quisieron los enemigos de los judíos invadir el país para devastarlo y llevar su mano contra el Lugar Santo. ³² Pero entonces se levantó Simón para combatir por su nación y gastó mucha hacienda propia* en armar las tropas de su nación y pagarles la soldada. ³³ Fortificó las ciudades de Judea y Bet Sur, ciudad fronteriza de Judea, donde se encontraban antes las armas de los enemigos, y puso en ella una guarnición de guerreros judíos. ³⁴ Fortificó Jope, situada junto al mar, y Gázara, en los límites de Asdod, donde habitaban anteriormente los enemigos, y estableció en ella una población judía a la que proveyó de todo lo necesario para su sustento. ³⁵ Viendo el pueblo la fidelidad de Simón y la gloria que procuraba alcanzar para su nación, lo nombró su hegumeno y sumo sacerdote por todos los servicios que había prestado, por la justicia y fidelidad que había guardado a su nación y por sus esfuerzos de toda clase por exaltar a su pueblo. ³⁶ En sus días se consiguió felizmente por su medio exterminar a los paganos de su país* y a los que se encontraban en la Ciudad de David, en Jerusalén, donde se habían hecho una Ciudadela desde la que hacían salidas y mancillaban los alrededores del Lugar Santo causando graves ultrajes a su santidad. ³⁷ Estableció en ella guerreros judíos, la fortificó para defensa de la región y de la ciudad y dio mayor altura a las murallas de Jerusalén. ³⁸ En consecuencia, el rey Demetrio le concedió el sumo sacerdocio, ³⁹ lo contó en el número de sus amigos y le colmó de honores*, ⁴⁰ pues había sabido que los romanos llamaban a los judíos amigos, aliados y hermanos*, que habían recibido con honor a los embajadores de Simón ⁴¹ y que a los judíos y a los sacerdotes les había parecido bien que fuese Simón su hegumeno y sumo sacerdote para siempre hasta que apareciera un profeta digno de fe, ⁴² y también que fuese su estratega, que estuviese a su cuidado designar los encargados de las obras del Lugar Santo, de la administración del país, de los armamentos y de las plazas fuertes ⁴³ (que estuviese a su cuidado el Lugar Santo*), que todos le obedeciesen, que se redactasen en su nombre todos los documentos en el país, que vistiese de púrpura y llevase adornos de oro. ⁴⁴ A nadie del pueblo ni de los sacerdotes le estará permitido rechazar ninguna de estas disposiciones, ni contradecir sus órdenes, ni convocar en el país asambleas sin contar con él, ni vestir de púrpura, ni llevar fíbula de oro. ⁴⁵ Todo aquel que obre contrariamente a estas decisiones o anule alguna de ellas, será reo. ⁴⁶ El pueblo entero estuvo de acuerdo en conceder a Simón el derecho de obrar conforme a estas disposiciones, ⁴⁷ y Simón aceptó y le pareció bien ejercer el sumo sacerdocio, ser estratega y etnarca de los judíos y sacerdotes* y estar al frente de todos.»

⁴⁸ Decretaron que este documento se grabase en planchas de bronce, que se fijasen éstas en el recinto del Lugar Santo, en lugar visible, ⁴⁹ y que se archivasen copias en el Tesoro a disposición de Simón y de sus hijos.

Carta de Antíoco VII. Cerco de Dora.

15 ¹ Envió Antíoco, hijo del rey Demetrio, desde las islas del mar*, una carta a Simón, sacerdote y etnarca de los judíos, y a toda la nación, ² redactada en los siguientes términos:

2 18+

4 46+

---

14 32 Mención característica de los textos honoríficos. —Un ejército permanente ha sustituido poco a poco a la movilización general.
14 36 «su país (de él)» 1 ms lat.; «su país (de ellos)» griego, lat.
14 39 Ver 13 36. Son, pues, reales los lazos con Antíoco.
14 40 La fórmula «amigos y aliados» está bien documentada; la de «hermanos» parece ser redaccional, porque exigiría una comunidad de origen, fingida al menos, como son los espartanos, 12 21.
14 43 Probablemente ditografía, ver v. 42.

14 47 La mención explícita de los sacerdotes, aquí y v. 41, podría explicarse por la oposición del clero que permanecía fiel a los Oníadas suplantados. —El poder de Simón se estima tradicional (sumo sacerdote), respetuoso con la soberanía seléucida (estratega), pero ante todo nacional (etnarca = hegumeno, jefe de un grupo étnico dentro del imperio).
15 1 Antíoco VII se enteró en Rocas del cautiverio de su hermano Demetrio II. Criado en Cnido y Side, recibió el sobrenombre de Sidetes, pero en las monedas se titula Evergetes («benefactor»).

«El rey Antíoco saluda a Simón, sumo sacerdote y etnarca, y a la nación de los judíos. [3] Puesto que una peste de hombres ha venido a apoderarse del reino de nuestros padres, y he resuelto reivindicar mis derechos sobre él y restablecerlo como anteriormente estaba, y he reclutado fuerzas considerables y equipado navíos de guerra, [4] y quiero desembarcar en el país para encontrarme con los que lo han arruinado y han devastado muchas ciudades de mi reino, [5] ratifico ahora en tu favor todas las exenciones que te concedieron los reyes anteriores a mí y cuantas dispensas de otras donaciones te otorgaron*. [6] Te autorizo a acuñar moneda propia de curso legal en tu país*. [7] Jerusalén y el Lugar Santo sean libres. Todas las armas que has fabricado y las fortalezas que has construido y ocupas, queden en tu poder. [8] Cuanto debes al tesoro real y cuanto en el futuro dejes a deber, te sea perdonado desde ahora para siempre. [9] Y cuando hayamos ocupado nuestro reino, te honraremos a ti, a tu nación y al santuario con tales honores que vuestra gloria será conocida en toda la tierra.»

[10] El año ciento setenta y cuatro* partió Antíoco para el país de sus padres y todas las tropas se pasaron a él de modo que pocos quedaron con Trifón. [11] Antíoco se lanzó en su persecución y Trifón se refugió en Dora* a orillas del mar, [12] porque veía que las desgracias se abatían sobre él y se encontraba abandonado de sus tropas. [13] Antíoco puso cerco a Dora con los ciento veinte mil combatientes y los ocho mil jinetes que consigo tenía. [14] Bloqueó la ciudad, y de la parte del mar se acercaron las naves, de modo que estrechó a la ciudad por tierra y por mar sin dejar que nadie entrase o saliese.

Retorno a Judea de la embajada a Roma y promulgación de la alianza con los romanos.

[15] Entre tanto, regresaron de Roma Numenio y sus acompañantes trayendo cartas para los reyes y países, escritas de este modo: 12 16; 14 22.24 8 17

[16] «Lucio*, cónsul de los romanos, saluda al rey Tolomeo. [17] Han venido a nosotros, en calidad de amigos y aliados nuestros, los embajadores de los judíos para renovar nuestra antigua amistad y alianza, enviados por el sumo sacerdote Simón y por el pueblo de los judíos, [18] y nos han traído un escudo de oro de mil minas*. [19] Nos ha parecido bien, en consecuencia, escribir a los reyes y países que no intenten causarles mal alguno, ni les ataquen a ellos ni a sus ciudades ni a su país, y que no presten su apoyo a los que los ataquen. [20] Hemos decidido aceptar de ellos el escudo. [21] En caso de que individuos perniciosos huyan de su país y se refugien en el vuestro, entregadlos al sumo sacerdote Simón para que los castigue según su ley.» [22] Cartas iguales fueron remitidas al rey Demetrio, a Átalo, a Ariarates, a Arsaces* [23] y a todos los países: a Sámpsamo, a los espartanos, a Delos, a Mindos, a Sición, a Caria, a Samos, a Panfilia, a Licia, a Halicarnaso, a Rodas, a Fasélida, a Cos, a Side, a Árados, a Gortina, a Cnido, a Chipre y a Cirene*. [24] Redactaron además una copia de esta carta para el sumo sacerdote Simón.

Antíoco VII, sitiando Dora, se vuelve hostil a Simón, y le reprende.

[25] El rey Antíoco, pues, tenía puesto cerco a Dora en los arrabales, lanzaba sin tregua sus tropas contra la ciudad y construía ingenios de guerra. Tenía bloqueado a Trifón y nadie podía entrar ni

---

15 5   Ver 13 39. Antíoco incluye aquí, al menos implícitamente, las tasas debidas por los tres distritos, 15 30s, ver 11 34+.

15 6   De hecho, pronto fue revocado el privilegio (v. 27), y ninguna moneda judía hallada hasta hoy puede ser atribuida a Simón. Por el contrario, las pequeñas piezas de bronce a nombre de «Juan y la comunidad de los judíos» son abundantes; quizá son de Juan Hircano, hijo de Simón.

15 10 139-138. —Las primeras monedas de Antíoco datan del 138; su desembarco tuvo lugar en el otoño del 139, llamado por su hermana política Cleopatra Thea.

15 11 Al sur del Carmelo. Esta antigua capital de distrito, 1 R 4 11, seguía siendo un puerto próspero.

15 16 Lucio Cecilio Metelo Calvo, cónsul del 142; su circular no está, pues, en su sitio, ver 14 18.

15 18 Habrá que entender sin duda «de (un valor de)»

mil minas (de plata)» —es decir, el equivalente de 44 kgs de oro; se conocen en efecto esos escudos decorativos— y corregir 14 24 donde se lee: «de mil minas de peso», lo cual daría cerca de media tonelada de oro.

15 22 Átalo II (159-138), rey de Pérgamo. Ariarates V (162-131), rey de Capadocia. Sobre Arsaces, ver 14 2.

15 23 Esta lista refleja perfectamente el estado político del Próximo Oriente hacia mediados del siglo II a.C. Junto a grandes reinos, había una multitud de ciudades (Side, en Panfilia, Sición, en el Peloponeso, etc.), islas (Delos, Samos, Rodas, Árados, la actual Ruad, al norte de Trípoli) y territorios (Caria, Licia, etc.) prácticamente independientes, donde existían cierto número de colonias judías. Chipre y Cirene eran aún egipcias, pero Roma no vacilaba en dirigirse directamente a los estados vasallos.

salir. ²⁶ Simón le envió dos mil hombres escogidos para ayudarle en la lucha, además de plata, oro y abundante material. ²⁷ Pero no quiso recibir el envío; antes bien rescindió cuanto había convenido anteriormente con Simón y se mostró hostil con él. ²⁸ Envió a Atenobio, uno de sus amigos, a entrevistarse con él y decirle: «Vosotros ocupáis Jope, Gázara y la Ciudadela de Jerusalén, ciudades de mi reino*. ²⁹ Habéis devastado sus territorios, causado graves daños en el país y os habéis adueñado de muchas localidades* de mi reino. ³⁰ Devolved, pues, ahora las ciudades que habéis tomado y los impuestos de las localidades de que os habéis adueñado fuera de los límites de Judea. ³¹ O bien, pagad en compensación quinientos talentos de plata y otros quinientos talentos por los estragos que habéis causado y por los impuestos de las ciudades. De lo contrario, iremos y os declararemos la guerra.» ³² Llegó, pues, Atenobio, el amigo del rey, a Jerusalén y, al ver la magnificencia de Simón, su aparador con vajilla de oro y plata y todo el esplendor que le rodeaba, quedó asombrado. Le comunicó el mensaje del rey ³³ y Simón le respondió con estas palabras: «Ni nos hemos apoderado de tierras ajenas ni nos hemos apropiado bienes de otros, sino de la heredad de nuestros padres. Por algún tiempo la poseyeron injustamente nuestros enemigos, ³⁴ y nosotros, aprovechando una ocasión favorable, hemos recuperado la heredad de nuestros padres. ³⁵ En cuanto a Jope y Gázara que nos reclamas, esas ciudades causaban graves daños al pueblo y asolaban nuestro país*. Por ellas daremos cien talentos.» No respondió palabra Atenobio, ³⁶ sino que se volvió furioso adonde el rey y le refirió la respuesta, la magnificencia de Simón y todo lo que había visto. El rey montó en violenta cólera.

El gobernador Cendebeo hostiga a Judea.

³⁷ Trifón, embarcado en una nave, huyó a Ortosia*. ³⁸ Entonces el rey nombró a Cendebeo epistratega de la Zona Marítima y le entregó tropas de infantería y de caballería, ³⁹ con la orden de acampar frente a Judea, construir Cedrón, fortificar sus puertas y combatir contra el pueblo. El rey partió en seguimiento de Trifón. ⁴⁰ Cendebeo llegó a Yamnia y comenzó a hostigar al pueblo, efectuando incursiones por Judea, capturando prisioneros y asesinando. ⁴¹ Reconstruyó Cedrón*, donde alojó caballería y tropas para recorrer en salidas los caminos de Judea, como se lo tenía ordenado el rey.

Victoria de los hijos de Simón sobre Cendebeo.

16 ¹ Subió Juan desde Gázara y comunicó a su padre Simón las actividades de Cendebeo. ² Simón llamó entonces a sus dos hijos mayores, Judas y Juan, y les dijo: «Mis hermanos y yo y la casa de mi padre hemos combatido a los enemigos* de Israel desde nuestra juventud hasta el día de hoy y llevamos muchas veces a feliz término la liberación de Israel; ³ pero ahora ya estoy viejo, mientras que vosotros, por la misericordia del Cielo*, estáis en buena edad. Ocupad, pues, mi puesto y el de mi hermano, salid a combatir por nuestra nación y que el auxilio del Cielo sea con vosotros.» ⁴ Escogió luego en el país veinte mil combatientes y jinetes que partieron contra Cendebeo y pasaron la noche en Modín. ⁵ Al levantarse de mañana, avanzaron hacia la llanura y vieron que un ejército numeroso, infantería y caballería, venía a su encuentro. Un torrente* se interponía entre ellos. ⁶ Juan* tomó posiciones con sus tropas frente al enemigo y, advirtiendo que sus tropas tenían mie-

15 28 La ciudadela de Jerusalén era suficientemente amplia como para merecer el nombre de ciudad; ver **1** 33. Simón se negará naturalmente a entregarla o a pagar impuesto por ella, pero sí consentirá en cuanto a las otras dos plazas fuertes que no formaban parte de Judea ni de los cuatro distritos v. 29.
15 29 En griego *topos*, término muy vago que aquí parece designar los cuatro distritos o «toparquías», ver **11** 57.
15 35 «y asolaban nuestro país» 1 ms; «y nuestro país» o «y a nuestro país» conjunto del griego.
15 37 Entre Trípoli y el río Eléuteros. En ella se han encontrado treinta y tres tetradracmas de Trifón, y la rareza de estas piezas autoriza a relacionarlas con su paso. Trifón huirá hasta Apamea, donde será muerto (a

no ser que se suicidara, si se da más crédito a Estrabón que a Josefo).
15 41 La actual Qatra, a 6 km al sudeste de Yamnia.
16 2 «a los enemigos» 1 ms griego; «las guerras» griego. —Este Juan es Juan Hircano que sucederá a su padre al 134. —Las palabras de Simón recuerdan el testamento de Matatías, **2** 49s. Ver asimismo **2** 66; **12** 15; **13** 3; **14** 26.36.
16 3 Lit. «por la misericordia»; la precisión está sobrentendida, ver **2** 21.
16 5 Quizá el arroyo Qatra, que pasa a un kilómetro al norte de Qatra, entre Modín (a 25 km) y Asdod (v. 10, a 13 km).
16 6 No se expresa el sujeto, pero no puede ser Simón, v. 3.

do de pasar el torrente, lo pasó él el primero, y sus hombres, al verle, pasaron detrás de él. [7] Dividió su ejército (en dos cuerpos) y puso a los jinetes en medio de los de a pie*, pues la caballería de los contrarios era muy numerosa. [8] Tocaron las trompetas y Cendebeo y su ejército salieron derrotados. Muchos de ellos cayeron heridos de muerte y los que quedaron huyeron en dirección a la fortaleza. [9] Entonces cayó herido Judas, el hermano de Juan. Pero Juan les persiguió hasta que Cendebeo entró en Cedrón, que él había reconstruido. [10] Fueron también a refugiarse en las torres que hay por los campos de Asdod, y Juan le prendió fuego. Unos dos mil de ellos sucumbieron y Juan regresó en paz a Judea.

Muerte trágica de Simón en Doc. Le sucede su hijo Juan.

[11] Tolomeo, hijo de Abubos, había sido nombrado estratega de la llanura de Jericó* y poseía mucha plata y oro, [12] pues era yerno del sumo sacerdote. [13] Su corazón se ensoberbeció tanto que aspiró a apoderarse del país, para lo cual tramaba quitar a traición la vida a Simón y a sus hijos. [14] Yendo Simón de inspección por las ciudades del país preocupándose de su administración, bajó con sus hijos, Matatías y Judas, a Jericó. Era el año ciento setenta y siete en el undécimo mes, que es el mes de Sebat*. [15] El hijo de Abubos los recibió traidoramente en una pequeña fortaleza llamada Doc*, construida por él, les dio un gran banquete y ocultó allí hombres. [16] Cuando Simón y sus hijos estuvieron bebidos, se levantó Tolomeo con los suyos, tomaron sus armas y lanzándose sobre Simón en la sala del banquete, lo mataron a él, a sus dos hijos* y a algunos de sus servidores. [17] Cometió de esta manera una gran alevosía y devolvió mal por bien. [18] Luego escribió Tolomeo al rey contándole lo ocurrido y pidiéndole que le enviara tropas en su auxilio para entregarle el país y sus ciudades. [19] Envió otros a Gázara para quitar de en medio a Juan. Escribió a los quiliarcos* invitándoles a venir donde él para darles plata, oro y otras dádivas. [20] Envió otros que se apoderasen de Jerusalén y del monte del santuario. [21] Pero, adelantándose uno, anunció a Juan en Gázara que su padre y sus hermanos habían perecido y añadió: «Ha enviado gente a matarte a ti también.» [22] Al oír estas noticias, quedó profundamente afectado, prendió a los hombres que venían a matarle y les dio muerte, pues sabía que pretendían asesinarle*.

[23] Las restantes actividades de Juan, sus guerras, las proezas que llevó a cabo, las murallas que levantó y otras empresas suyas, [24] están escritas en el libro de los Anales de su pontificado a partir del día en que fue nombrado sumo sacerdote como sucesor de su padre*.

---

16 7 Esta táctica era conocida por los antiguos y permitía resistir a una caballería superior en número. Aquí tenemos la primera mención de la caballería asmonea.
16 11 ¿Habría nombrado Simón a Tolomeo para Jericó como a Juan para Gázara? En cualquier caso, esta «estrategia» dependía de Judea, 50, 50, y será más adelante una de las toparquías herodianas.
16 14 Enero-febrero de 134.
16 15 En la cima del monte de la Cuarentena, que domina Jericó.
16 16 En realidad, los dos hijos de Simón fueron muertos más tarde. Tolomeo los guardaba como rehenes, así como a su madre; y Juan Hircano, para evitar su muerte, no se atrevía a estrechar el asedio de Doc. Josefo nos indica que Tolomeo aprovechó una suspen-

sión del asedio, los mató y huyó a Filadelfia (Amán).
16 19 Es decir, «jefes de mil», ver 3 55; Jdt 14 12.
16 22 Según Josefo, Juan Hircano se refugió en Jerusalén, donde fue bien recibido por el pueblo, que rechazó a Tolomeo. Este último tuvo que llamar a Antíoco, que vino a poner sitio a la ciudad, pero acabó entendiéndose con Hircano. A la muerte del rey (129), se hizo prácticamente independiente. —El autor omite todo esto, porque su objeto se limitaba a las gestas de Matatías y sus hijos.
16 24 Extractos de estos Anales aparecen en la obra de Josefo. La fórmula recuerda adrede las de los libros de los Reyes; ver, por ejemplo, 2 R 10 20, y se entiende mejor si Juan Hircano ha muerto ya, por tanto después del 104 a.C.

LIBRO SEGUNDO DE LOS MACABEOS

I. Cartas a los judíos de Egipto*

PRIMERA CARTA

1 ¹ A los hermanos judíos que viven en Egipto* les saludan sus hermanos judíos que están en Jerusalén y en la región de Judea, deseándoles una paz dichosa. ² Que Dios os llene de bienes y recuerde su alianza con Abrahán, Isaac y Jacob, sus fieles servidores. ³ Que a todos os dé corazón para adorarle y cumplir su voluntad con corazón grande y ánimo generoso. ⁴ Que abra vuestro corazón a su Ley y a sus preceptos, y os otorgue la paz. ⁵ Que escuche vuestras súplicas, se reconcilie con vosotros y no os abandone en tiempo de desgracia. ⁶ Esto es lo que estamos ahora pidiendo por vosotros. ⁷ Ya el año ciento sesenta y nueve, en el reinado de Demetrio, nosotros, los judíos, os escribimos así*: «En lo más grave de la tribulación que ha caído sobre nosotros en estos años, desde que Jasón y sus partidarios traicionaron la tierra santa y el reino, ⁸ incendiaron el portón (del templo) y derramaron sangre inocente, suplicamos al Señor y hemos sido escuchados. Hemos ofrecido un sacrificio con flor de harina, hemos encendido las lámparas y presentado los panes.» ⁹ También ahora os escribimos para que celebréis la fiesta de las Tiendas en el mes de Quisleu. Es el año ciento ochenta y ocho*.

1 Cro 28 9

4 7s

SEGUNDA CARTA*

Saludo.

¹⁰ Los que están en Jerusalén y en Judea, los ancianos y Judas* saludan y desean prosperidad a Aristóbulo*, preceptor del rey Tolomeo, del linaje de los sacerdotes ungidos, y a los judíos que están en Egipto.

Acción de gracias por el castigo de Antíoco.

¹¹ Salvados por Dios de grandes peligros, le damos rendidas gracias, como a quien nos ha guiado en la batalla contra el rey, ¹² ya que Él ha arrojado fuera a los que combatían contra la ciudad santa.

¹³ Pues, cuando llegó a Persia su jefe acompañado de un ejército, al parecer invencible, fueron desbaratados en el templo de Nanea*, gracias al engaño tramado por los sacerdotes de Nanea. ¹⁴ Antíoco, y con él sus amigos, llegaron a aquel lugar como tratando de desposarse con la diosa, con objeto de apoderarse, a título de dote, de abundantes riquezas. ¹⁵ Una vez que los sacerdotes del templo de Nanea las hubieron expuesto y que él se hubiera presentado con unas pocas personas en el recinto sagrado, cerraron el templo en cuanto entró Antíoco. ¹⁶ Abrieron la puerta secreta del techo y a pedradas aplastaron al jefe; le

1 M 6 1-13
2 M 9 1-29

---

1 Estas dos cartas son invitaciones a celebrar la fiesta de la Dedicación, ver 1 M 4 59+. La primera parte del libro, hasta 10 8, será una justificación histórica de esta fiesta.

1 1 Hacía tiempo que existían colonias judías en Egipto. La mejor conocida es la de Elefantina, que se remonta a comienzos del siglo VI. Hacia el 150 a.C., el sacerdota Onías IV, hijo de Onías III, asesinado en Dafne, 4 33s, levantó en Leontópolis un templo según el modelo del de Jerusalén, ver 1 M 10 20+. Los judíos de Jerusalén quieren conservar la comunidad de culto con sus hermanos de Egipto, perseguidos por entonces por Tolomeo VIII.

1 7 Se recuerda, pues, aquí una carta anterior, escrita a los egipcios el 169 seléucida (142 a.C., ver 1 M 1 10+), referente a los infortunios de los de Judea que siguieron a la defección de Jasón, ver 4 7s. Este castigo cesó con la reconciliación del templo y de sus fieles. De ahí la recomendación de celebrar la nueva dedicación del templo de Jerusalén.

1 9 El 124 a.C.; esta «fiesta de las Tiendas» (y también v. 18) de Quisleu (diciembre) es la Dedicación, ver 1 M 4 59+; este otro nombre le viene de su semejanza con la gran fiesta de las Tiendas del mes de Tišrí (octubre), ver 10 6; Lv 24 34s.

1 10 (a) Se hace pasar la segunda carta como documento cuarenta años más antiguo que el anterior, puesto que es una invitación, v. 18, para la misma dedicación del templo, que tuvo lugar el 25 de Quisleu del 148 seléucida (15 de diciembre del 17- a.C.). A los rumores sobre la muerte de Antíoco Epífanes, el relato asocia algunas tradiciones referentes a Nehemías y Jeremías. Al incluirla en el comienzo de su obra, el autor sagrado no sale fiador en cuanto a su valor histórico.

1 10 (b) Judas Macabeo.

1 10 (c) Judío alejandrino conocido por sus explicaciones alegóricas del Pentateuco. Dedicó su obra a Tolomeo VI Filométor (180-145).

1 13 Diosa mesopotámica equiparada a la Artemisa de Éfeso. El templo que Antíoco IV quería expoliar era el de Artemisa en Elimaida.

descuartizaron y, cortándole la cabeza*, la arrojaron a los que estaban fuera. [17] En todo sea bendito nuestro Dios, que ha entregado los impíos (a la muerte).

El fuego sagrado es conservado milagrosamente*.

[18] A punto de celebrar en el veinticinco de Quisleu la purificación del templo, nos ha parecido conveniente informaros, para que también vosotros la celebréis como la fiesta de las Tiendas y del fuego aparecido cuando ofreció sacrificios Nehemías*, el que construyó el Templo y el altar. [19] Pues, cuando nuestros padres fueron llevados a Persia, los sacerdotes piadosos de entonces, habiendo tomado fuego del altar, lo escondieron secretamente en una concavidad semejante a un pozo seco, en el que tan a seguro lo dejaron, que el lugar quedó ignorado de todos. [20] Pasados muchos años, cuando a Dios le plugo, Nehemías, enviado por el rey de Persia*, mandó que buscaran el fuego los descendientes de los sacerdotes que lo habían escondido; [21] pero como ellos informaron que en realidad* no habían encontrado fuego, sino un líquido espeso, él les mandó que lo sacasen y trajesen. Cuando estuvo dispuesto el sacrificio, Nehemías mandó a los sacerdotes que rociaran con aquel líquido la leña y lo que había colocado sobre ella. [22] Cumplida la orden, y pasado algún tiempo, el sol que antes estaba nublado volvió a brillar, y se encendió una llama tan grande que todos quedaron maravillados. [23] Mientras se consumía el sacrificio, los sacerdotes hacían oración: todos los sacerdotes con Jonatán* que comenzaba, y los demás, como Nehemías, respondían. [24] La oración era la siguiente: «Señor, Señor Dios, creador de todo, temible y fuerte, justo y misericordioso, tú, rey único y bueno, [25] tú solo generoso, solo justo, todopoderoso y eterno, que salvas a Israel de todo mal, que elegiste a nuestros padres y los santificaste, [26] acepta el sacrificio por todo tu pueblo Israel, guarda tu heredad y santifícala. [27] Reúne a los nuestros dispersos*, da libertad a los que están esclavizados entre las naciones, vuelve tus ojos a los despreciados y abominados, y conozcan los paganos que tú eres nuestro Dios. [28] Aflige a los que tiranizan y ultrajan con arrogancia. [29] Planta a tu pueblo en tu lugar santo, como dijo Moisés.»

Dt 30 3-5

[30] Los sacerdotes salmodiaban los himnos. [31] Cuando fue consumido el sacrificio, Nehemías mandó derramar el líquido sobrante sobre unas grandes piedras. [32] Hecho esto, se encendió una llamarada que quedó absorbida por el mayor resplandor que brillaba en el altar. [33] Cuando el hecho se divulgó y se refirió al rey de los persas que en el lugar donde los sacerdotes deportados habían escondido el fuego había aparecido aquel líquido con el que habían santificado las ofrendas del sacrificio Nehemías y sus compañeros*, [34] el rey, después de verificar tal hecho, mandó alzar una cerca haciendo sagrado el lugar. [35] El rey recogía grandes sumas y las repartía a quienes quería hacer favores. [36] Nehemías y sus compañeros llamaron a ese líquido «neftar», que significa «purificación»; pero la mayoría lo llama «nafta*».

Jeremías esconde los utensilios del culto.

2 [1] Se encuentra en los documentos que el profeta Jeremías* mandó a los de-

---

1 16   «la cabeza» 1 ms, sir.; «las cabezas» griego y lat. (distracción del escriba, provocada por el plural: «trozos» de = «le descuartizaron» lit. = «le hicieron trozos») —Este relato popular del fin de Antíoco no cuadra ni con el de 9 1s, ni con el de 1 M 6 1s. No se conocían todavía las circunstancias reales de su muerte y se figurarían éstas ajustándose a la muerte de Antíoco III, que pereció en una emboscada con todo su ejército, después de saquear un templo de Bel, también en Elimaida.
1 18   (a) El fin de la anécdota es mostrar que el santuario de Jerusalén no ha perdido ninguno de sus privilegios, puesto que incluso ha conservado el antiguo fuego sagrado, ver Lv 6 5-6.
1 18   (b) Algunas memorias apócrifas (2 13) atribuyen la restauración del altar y del templo a Nehemías, que con Esdras fundó hacia los años 445-425 la nueva comunidad judía. La verdad es que el altar estaba ya dedicado desde el 538 y el templo desde el 515, Esd 3 1s; 6 14s. Nótese también que la inauguración del altar por Zorobabel aparece relacionada con la fiesta de las Tiendas, Esd 3 4.
1 20   Probablemente Artajerjes I (464-423).
1 21   «En realidad» *ē mên* conj.; «nos» *hêmin* griego y lat.
1 23   «todos los sacerdotes» Vulg.; «los sacerdotes y todos» griego y Vet. Lat. —Hay un anacronismo: los sumos sacerdotes del tiempo de Nehemías son Eliasib y Joadá, Ne 3 1; 13 28, pero ver Ne 12 11.
1 27   Lit. «nuestra dispersión» (diáspora), ver Dt 30 11; Ne 1 5.8s; Sal 147 2; Is 49 6.
1 33   Es la versión contada al rey, distinta de la precedente.
1 36   Etimología popular y poco clara que se da a la palabra persa *naft*. —Esta historia combina el recuerdo del culto del fuego entre los persas, v. 34, con cierto conocimiento de las propiedades de la nafta, el petróleo en bruto, que fue la admiración de geógrafos y naturalistas griegos y romanos.
2 1   Jeremías fue una de las grandes figuras reconocidas por el Judaísmo, ver 15 13-15. Se le han atri-

Ba 6 Vulg.

portados que tomaran fuego como ya se ha indicado; [2] y cómo el profeta, después de darles la Ley, ordenó a los deportados que no se olvidaran de los preceptos del Señor ni se desviaran en sus pensamientos al ver ídolos de oro y plata y las galas que los envolvían. [3] Entre otras cosas, les exhortaba a no apartar la Ley de sus corazones. [4] Se decía también en el escrito cómo el profeta, después de una revelación, mandó llevar consigo la Tienda y el arca; y cómo salió hacia el monte donde Moisés había subido para contemplar la heredad de Dios. [5] Y cuando llegó Jeremías, encontró una estancia en forma de cueva; allí metió la Tienda, el arca y el altar del incienso, y tapó la entrada. [6] Volvieron algunos de sus acompañantes para marcar el camino, pero no pudieron encontrarlo. [7] En cuanto Jeremías lo supo, les reprendió diciéndoles: «Este lugar quedará desconocido hasta que Dios vuelva a reunir a su pueblo y le sea propicio. [8] El Señor entonces mostrará todo esto; y aparecerá la gloria del Señor y la Nube, como se mostraba en tiempo de Moisés, y cuando Salomón rogó que el Lugar* fuera solemnemente consagrado.» [9] Se explicaba también cómo éste, dotado de sabiduría, ofreció el sacrificio de la dedicación y la terminación del templo. [10] Como Moisés oró al Señor y bajó del cielo fuego, que devoró las ofrendas del sacrificio, así también

Ex 24 16
1 R 8 10-11

Lv 9 24
2 Cro 7 1

oró Salomón y bajó fuego que consumió los holocaustos. [11] Moisés había dicho: «La víctima por el pecado ha sido consumida por no haber sido comida.» [12] Salomón celebró igualmente los ocho días de fiesta.

Lv 10 16-17

1 R 8 65-66

La biblioteca de Nehemías.

[13] Lo mismo se narraba también en los archivos y en las Memorias del tiempo de Nehemías*; y cómo éste, para fundar una biblioteca, reunió los libros referentes a los reyes y a los profetas, los de David y las cartas de los reyes acerca de las ofrendas*. [14] De igual modo Judas reunió todos los libros dispersos a causa de la guerra que sufrimos, los cuales están en nuestras manos. [15] Por tanto, si tenéis necesidad de ellos, enviad a quienes os los lleven.

1 M 1 56-57

Invitación a la Dedicación.

[16] A punto ya de celebrar la purificación, os escribimos: Bien haréis también en celebrar estos días. [17] El Dios que salvó a todo su pueblo y que a todos otorgó la heredad, el reino, el sacerdocio y la santidad, [18] como había prometido por la Ley, el mismo Dios, esperamos, se apiadará pronto de nosotros y nos reunirá de todas partes bajo el cielo en el Lugar Santo; pues nos ha sacado de grandes males y ha purificado el Lugar.

1 M 4 59+

Dt 30 3-5

II. Prefacio del autor

[19] La historia de Judas Macabeo y de sus hermanos, la purificación del más grande templo, la dedicación del altar, [20] las guerras contra Antíoco Epífanes y su hijo Eupátor, [21] y las manifestaciones celestiales en favor de los que combatieron viril y gloriosamente por el Judaísmo, de suerte que, aun siendo pocos, saquearon toda la región, ahuyentaron las hordas bárbaras, [22] recuperaron el templo famoso en todo el mundo, liberaron la ciudad y restablecieron las leyes que estaban a punto de ser abolidas, pues el Señor se mostró propicio hacia ellos con toda benignidad; [23] todo esto, expuesto en cinco libros por Jasón de Cirene, in-

buido las Lamentaciones, la Carta contra los ídolos de Ba 6 (Vulg.) y varios apócrifos. Uno de éstos, perdido para nosotros, contenía los detalles que el texto menciona. No concuerdan con la historia los siguientes: la Tienda no existía ya desde la construcción del templo de Salomón, el arca desapareció en la destrucción de este templo, y el Jeremías histórico no la lamenta, Jr 3 16. Pero la intención del relato es afirmar a pesar de la ausencia de la Tienda y del arca, la continuidad del culto legítimo, ver 1 18+, y enlazar esta Dedicación con la del primer templo por Salomón y con la de la Tienda por Moisés, ver los vv. 8-12.
2 8   «El Lugar», igualmente en 2 18; 3 2.18.30.38; 5

16-20; 10 7; 13 23; 15 34, expresión más frecuente que «el Lugar Santo» para designar el templo, 1 29; 2 18; 8 17; pero el sentido es idéntico.
2 13   (a) Obra no canónica desconocida fuera de este pasaje.
2 13   (b) No se trata todavía de una colección de escritos considerados como canónicos. Son obras útiles para la vida de la comunidad. Se compara esta iniciativa con la de Judas Macabeo v. 14. Los «libros santos», 1 M 12 9, están aquí representados por Samuel-Reyes (los Reyes de los LXX), los Profetas y os Salmos; la lista no es exhaustiva, puesto que no nombra el «libro santo» de la Ley, 2 M 2 23, ver 1 M 3 48.

tentaremos nosotros compendiarlo en uno solo*. ²⁴ Porque al considerar la marea de números y la dificultad existente, por la amplitud de la materia, para los que quieren sumergirse en los relatos de la historia, ²⁵ nos hemos preocupado por ofrecer algún atractivo a los que desean leer, facilidad a los que gustan retenerlo de memoria, y utilidad a cualquiera que lo lea. ²⁶ Para nosotros, que nos hemos encargado de la fatigosa labor de este resumen, no es fácil la tarea, sino de sudores y desvelos, ²⁷ como tampoco al que prepara un banquete y busca el provecho de los demás le resulta esto cómodo. Sin embargo, esperando la gratitud de muchos, soportamos con gusto esta fatiga, ²⁸ dejando al historiador la tarea de precisar cada suceso y esforzándonos por seguir las normas de un resumen. ²⁹ Pues, así como al arquitecto de una casa nueva corresponde la preocupación por la estructura entera, y, en cambio, al encargado de la encáustica y pinturas, el cuidado de lo necesario para la decoración, lo mismo me parece de nosotros: ³⁰ profundizar, revolver las cuestiones y examinar punto por punto corresponde al que compone la historia; ³¹ pero buscar concisión al exponer y renunciar a tratar el asunto de forma exhaustiva debe concederse al divulgador. ³² Comencemos, por tanto, desde ahora la narración, después de haber abundado tanto en los preliminares; pues sería absurdo abundar en lo que antecede a la historia y ser breves en la historia misma.

III.   Historia de Heliodoro*

Llegada de Heliodoro a Jerusalén.

3 ¹ Mientras la ciudad santa era habitada en completa paz y las leyes guardadas a la perfección, gracias a la piedad y al aborrecimiento del mal del sumo sacerdote Onías*, ² sucedía que hasta los reyes veneraban el Lugar Santo y honraban el templo con magníficos presentes, ³ hasta el punto de que Seleuco, rey de Asia, proveía con sus propias rentas a todos los gastos necesarios para el servicio de los sacrificios*. ⁴ Pero un tal Simón, de la tribu de Bilgá*, constituido administrador del templo, tuvo diferencias con el sumo sacerdote sobre la reglamentación del mercado de la ciudad. ⁵ No pudiendo vencer a Onías, se fue donde Apolonio, hijo de Traseo, estratega por entonces de Celesiria y Fenicia, ⁶ y le comunicó que el tesoro de Jerusalén estaba repleto de riquezas incontables, hasta el punto de ser incalculable la cantidad de dinero, sin equivalencia con los gastos de los sacrificios, y que era posible que cayeran en poder del rey. ⁷ Apolonio, en conversación con el rey, le habló de las riquezas de que había tenido noticia, y entonces el rey designó a Heliodoro, el encargado de sus negocios, y lo envió con la orden de realizar la transferencia de las mencionadas riquezas. ⁸ Heliodoro emprendió en seguida el viaje con el pretexto de inspeccionar las ciudades de Celesiria y Fenicia, cuando en realidad iba a ejecutar el proyecto del rey. ⁹ Llegado a Jerusalén y amistosamente acogido por el sumo sacerdote y por la ciudad, expuso el hecho de la denuncia e hizo saber el motivo de su presencia; preguntó si las cosas eran realmente así. ¹⁰ Manifestó el sumo sacerdote que eran depósitos de viudas y huérfanos, ¹¹ que una parte pertenecía a Hircano, hijo de

---

2 23   Los dos reinados, v. 20, ocupan los años 175 al 162. En realidad, el marco histórico de Jasón (letrado de la importante comunidad judía de Cirenaica) era más amplio: la victoria sobre Nicanor es de marzo del 160, bajo Demetrio I. El episodio de Heliodoro, con el que el autor comienza su relato, se sitúa también bajo el reino de Seleuco IV, el hijo mayor de Epífanes y padre de Demetrio I.
3   El autor ha conservado del libro de Jasón este episodio lleno de imágenes, porque ilustra su tesis, expresada en el v. 39. Los hechos ocurren en tiempos de Seleuco IV Filopátor (187-175). No es de extrañar que este monarca quisiera apoderarse de las riquezas del templo; realmente se hallaba muy escaso de dinero a causa de la pesada deuda que con Roma había con-

traído su padre Antíoco III después de la derrota de Magnesia (189), ver 1 M 8 7.
3 1   Onías III, que es alabado en 2 M 4 5-6; 15 12, es el hijo de Simón II, del que Si 50 1s hace también un bello elogio. Los Oníadas continúan el linaje de los sumos sacerdotes de la época persa, que desciende de Josué, ver Ne 12 10s, un descendiente de Sadoc, ver 2 S 8 17; 1 Cro 5 27s.
3 3   Tolomeo I y Tolomeo III de Egipto, como Antíoco III de Siria, habían también distinguido al templo con sus donativos el siglo anterior. Ver 1 M 10 39s (para Demetrio I).
3 4   «Bilgá» Vet. Lat. y arm.; «Benjamín» griego. Es un linaje sacerdotal, ver Ne 12 5.18. —El administrador llevaba la gestión financiera del templo.

Tobías, personaje de muy alta posición* y que, contra lo que había calumniado el impío Simón, el total era de cuatrocientos talentos de plata y doscientos de oro*; [12] que de ningún modo se podía perjudicar a los que tenían puesta su confianza en la santidad del Lugar y en la majestad inviolable de aquel templo venerado en todo el mundo.

Conmoción de la ciudad.

[13] Pero Heliodoro, en virtud de las órdenes del rey, mantenía de forma terminante que los bienes debían pasar al tesoro real. [14] En la fecha fijada hacía su entrada para realizar el inventario de los bienes. No era pequeña la angustia en toda la ciudad: [15] los sacerdotes, postrados ante el altar con sus vestiduras sacerdotales, suplicaban al Cielo, el que había dado la ley sobre los bienes en depósito, que los guardara intactos para quienes los habían depositado. [16] El ver la figura del sumo sacerdote llegaba a partir el alma, pues su aspecto y su color demudado manifestaban la angustia de su alma. [17] Aquel hombre estaba embargado de miedo y temblor en su cuerpo, con lo que mostraba a los que le contemplaban el dolor que había en su corazón. [18] De las casas salía en tropel la gente a una rogativa pública, pues el lugar estaba a punto de caer en el oprobio. [19] Las mujeres, ceñidas de sayal bajo el pecho, llenaban las calles; de las jóvenes, que estaban recluidas, unas corrían a las puertas, otras subían a los muros, otras se asomaban por las ventanas. [20] Todas, con las manos tendidas al cielo, tomaban parte en la súplica. [21] Daba compasión aquella multitud confusamente postrada y el sumo sacerdote angustiado en honda ansiedad. [22] Mientras ellos invocaban al Señor Todopoderoso para que guardara intactos, en completa seguridad, los bienes en depósito para quienes los habían confiado, [23] Heliodoro llevaba a cabo lo que tenía decidido.

Castigo de Heliodoro.

[24] Estaba ya allí mismo con su guardia junto al Tesoro, cuando el Soberano de los Espíritus y de toda Potestad se manifestó en su grandeza, de modo que todos los que con él juntos se habían atrevido a acercarse, pasmados ante el poder de Dios, se volvieron débiles y cobardes. [25] Pues se les apareció un caballo montado por un jinete terrible y guarnecido con riquísimo arnés; lanzándose con ímpetu levantó contra Heliodoro sus patas delanteras. El que lo montaba aparecía con una armadura de oro. [26] Se le aparecieron además otros dos jóvenes de notable vigor, espléndida belleza y magníficos vestidos, que, colocándose a ambos lados, le azotaban sin cesar, moliéndolo a golpes. [27] Al caer de pronto a tierra, rodeado de densa oscuridad, lo recogieron y lo pusieron en una litera; [28] al mismo que poco antes, con numeroso séquito y con toda su guardia, había entrado en el mencionado Tesoro, lo llevaban ahora incapaz de valerse por sí mismo, reconociendo todos claramente la soberanía de Dios.

[29] Mientras él yacía mudo y privado de toda esperanza de salvación, a causa del poder divino, [30] otros bendecían al Señor que había glorificado maravillosamente su propio Lugar; y el templo, lleno poco antes de miedo y turbación, rebosaba de gozo y alegría después de la manifestación* del Señor Todopoderoso. [31] Pronto algunos de los acompañantes de Heliodoro instaban a Onías a que invocara al Altísimo para que diese la gracia de vivir a aquel que yacía ya en su último suspiro. [32] Temiendo el sumo sacerdote que acaso el rey sospechara que los judíos hubieran perpetrado alguna fechoría contra Heliodoro, ofreció un sacrificio por la salud de aquel hombre. [33] Mientras el sumo sacerdote ofrecía el sacrificio de expiación, se aparecieron otra vez a Heliodoro los mismos jóvenes, vestidos con la misma indumentaria y en pie le dijeron: «Da muchas gracias al sumo sacerdote Onías, pues por él te concede el Señor la gracia de vivir; [34] y tú, que has sido azotado por el Cielo, haz saber a todos la grandeza del poder de Dios.» En diciendo esto, desaparecieron.

Conversión de Heliodoro.

[35] Heliodoro, habiendo ofrecido al Señor un sacrificio y tras haber orado lar-

5 4+

---

3 11   (a) Gobernador de la Amanítida, ver 1 M 5 13+.
3 11   (b) Lo depositado ascendería a 10.500 kg de plata y 5.250 kg de oro, cifra poco probable.
3 30   En griego *epifaineszai*, ver 2 21. La literatura judía y pagana de la época grecorromana está llena de «epifanías» y «teofanías», que de algún modo eran una ilustración de la omnipotencia divina. Aquí, el relato procede de Jasón, ver 2 23+. La intervención de Dios es real, pero desconocemos su modo.

gamente al que le había concedido la vida, se despidió de Onías y volvió con sus tropas adonde el rey. [36] Ante todos daba testimonio de las obras del Dios grande que él había contemplado con sus ojos. [37] Al preguntar el rey a Heliodoro a quién convendría enviar otra vez a Jerusalén, él respondió: [38] «Si tienes algún enemigo conspirador contra el Estado, mándalo

allá y te volverá molido a azotes, si es que salva su vida, porque te aseguro que rodea a aquel Lugar una fuerza divina. [39] Pues el mismo que tiene en los cielos su morada, vela y protege aquel Lugar; y a los que se acercan con malas intenciones los hiere de muerte.» [40] Así sucedieron las cosas relativas a Heliodoro y a la preservación del Tesoro.

IV. Propaganda helenista y persecución bajo Antíoco Epífanes

Perversidad de Simón, el administrador.

4 [1] El mencionado Simón, delator de los tesoros y de la patria, calumniaba a Onías como si éste hubiera maltratado a Heliodoro y fuera el causante de sus desgracias*; [2] y se atrevía a decir que el bienhechor de la ciudad, el defensor de sus compatriotas y celoso observante de las leyes, era un conspirador contra el Estado. [3] A tal punto llegó la hostilidad, que hasta se cometieron asesinatos por parte de uno de los esbirros de Simón. [4] Considerando Onías que aquella rivalidad era intolerable y que Apolonio, hijo de Menesteo, estratega de Celesiria y Fenicia, instigaba a Simón al mal, [5] se hizo llevar donde el rey, no porque pretendiera acusar a sus conciudadanos, sino que miraba por los intereses generales y particulares de toda su gente. [6] Pues bien veía que sin la intervención real era ya imposible pacificar la situación y detener a Simón en sus locuras.

El sumo sacerdote Jasón introduce el helenismo.

1 M 1 10

[7] Cuando Seleuco dejó esta vida y Antíoco, por sobrenombre Epífanes, comenzó a reinar*, Jasón, el hermano de Onías*, usurpó el sumo pontificado, [8] después de haber prometido al rey, en una conver-

sación, trescientos sesenta talentos de plata y ochenta talentos de otras rentas. [9] Se comprometía además a firmar el pago de otros ciento cincuenta, si se le concedía la facultad de instalar por su propia cuenta un gimnasio y una efebía, así como la de inscribir a los Antioquenos en Jerusalén*. [10] Con el consentimiento del rey y con los poderes en su mano, pronto cambió las costumbres de sus compatriotas conforme al estilo griego. [11] Suprimiendo los privilegios que los reyes habían concedido a los judíos por medio de Juan, padre de Eupólemo, el que fue enviado en embajada a los romanos para un tratado de amistad y alianza, y abrogando las instituciones legales, introdujo costumbres nuevas, contrarias a la Ley. [12] Así pues, fundó a su gusto un gimnasio bajo la misma acrópolis* e indujo a lo mejor de la juventud a educarse bajo el petaso*. [13] Era tal el auge del helenismo y el progreso de la moda extranjera a causa de la extrema perversidad de aquel Jasón, que tenía más de impío que de sumo sacerdote, [14] que ya los sacerdotes no sentían celo por el servicio del altar, sino que despreciaban el templo; descuidando los sacrificios, en cuanto se daba la señal con el gong se apresuraban a tomar parte en los ejercicios de la palestra contrarios a la ley; [15] sin apreciar en nada la honra patria, te-

1 M 1 11-15

1 M 8 17

---

4 1   Tramando alguna estratagema para espantar a Heliodoro.
4 7   (a) Antíoco IV (175-164), hermano de Seleuco IV.
4 7   (b) La muerte de Seleuco, provocada por Heliodoro el 175, contrarió las esperanzas de Onías. Jesús, *hermano de Onías,* había dado pruebas de su helenismo tomando el nombre de Jasón.
4 9   La efebía era un cuerpo de jóvenes de dieciocho a veinte años que aprendían el manejo de las armas y se dedicaban a los ejercicios corporales y a un cierto cultivo de la literatura. —La fórmula «Antioquenos de Jerusalén» (ver igualmente los «Antioquenos de Tolemai-

da» mencionados en algunas monedas) demuestra cierta transformación de la ciudad santa en ciudad griega, cuyos ciudadanos estaban empadronados.
4 12   (a) Sede de la guarnición siria, la acrópolis de aquel tiempo dominaba la explanada del templo hacia el ángulo noroeste, ver Ne 7 2 (es la futura Antonia de Herodes el Grande). Se hallaba, pues, el gimnasio contiguo al santuario.
4 12   (b) «Educar bajo el petaso» era llevar a alguien a los ejercicios del gimnasio, en los que se llevaba un sombrero de alas anchas, el de Hermes, dios de la lucha y de las competiciones deportivas.

nían por mejores las glorias helénicas. [16] Por esto mismo, una difícil situación los puso en aprieto, y tuvieron como enemigos y verdugos a los mismos cuya conducta emulaban y a quienes querían parecerse en todo. [17] Pues no resulta fácil violar las leyes divinas; así lo mostrará el tiempo venidero.

[18] Cuando se celebraron en Tiro los juegos cuadrienales, en presencia del rey, [19] el impuro Jasón envió embajadores, como Antioquenos de Jerusalén, que llevaban consigo trescientas dracmas de plata para el sacrificio de Hércules. Pero los portadores prefirieron, dado que no convenía, no emplearlas en el sacrificio, sino en otros gastos. [20] Y así, el dinero que estaba destinado, por voluntad del que lo enviaba, al sacrificio de Hércules, se empleó por deseo de los portadores en la construcción de las trirremes.

Antíoco Epífanes, aclamado en Jerusalén.

[21] Apolonio, hijo de Menesteo, fue enviado a Egipto para la boda del rey Filométor*. Cuando supo Antíoco que aquél se había convertido en su adversario político, se preocupó de su propia seguridad; por eso, pasando por Jope, se presentó en Jerusalén. [22] Fue magníficamente recibido por Jasón y por la ciudad, e hizo su entrada entre antorchas y aclamaciones. Después de esto llevó sus tropas hasta Fenicia*.

Menelao es nombrado sumo sacerdote.

[23] Tres años después, Jasón envió a Menelao, hermano del ya mencionado Simón, para llevar el dinero* al rey y gestionar la negociación de asuntos urgentes. [24] Menelao se hizo presentar al rey, a quien impresionó con su aire majestuoso, y logró ser investido del sumo sacerdocio, ofreciendo trescientos talentos de plata más que Jasón. [25] Provisto del mandato real, se volvió sin poseer nada digno del sumo sacerdocio, sino más bien el furor de un cruel tirano y la furia de una bestia salvaje. [26] Jasón, por su parte, suplantador de su propio hermano y él mismo suplantado por otro, se vio forzado a huir al país de Amán. [27] Menelao detentaba ciertamente el poder, pero nada pagaba del dinero prometido al rey, [28] aunque Sóstrates, el alcaide de la Acrópolis, se lo reclamaba, pues a él correspondía la percepción de los tributos. Por este motivo, ambos fueron convocados por el rey. [29] Menelao dejó como sustituto del sumo sacerdocio a su hermano Lisímaco; Sóstrates a Crates, jefe de los chipriotas*.

Asesinato de Onías.

[30] Mientras tanto, sucedió que los habitantes de Tarso y de Malos se sublevaron por haber sido cedidas sus ciudades como regalo a Antioquida, la concubina del rey. [31] Fue, pues, el rey a toda prisa, para poner orden en la situación, dejando como sustituto a Andrónico, uno de los dignatarios. [32] Menelao pensó aprovecharse de aquella buena oportunidad; arrebató algunos objetos de oro del templo y se los regaló a Andrónico; también logró vender otros en Tiro y en las ciudades de alrededor. [33] Cuando Onías llegó a saberlo con certeza, se lo reprochó, no sin haberse retirado antes a un lugar de refugio, a Dafne, cerca de Antioquía. [34] Por eso, Menelao, a solas con Andrónico, le incitaba a matar a Onías. Andrónico se llegó adonde Onías y, confiando en la astucia, estrechándole la mano y dándole la diestra con juramento, persuadió a Onías, aunque a éste no le faltaban sospechas, a salir de su refugio, e inmediatamente le dio muerte, sin respeto alguno a la justicia. [35] Por este motivo, no sólo los judíos, sino también muchos de las demás naciones, se indignaron y se irritaron por el injusto asesinato de aquel hombre. [36] Cuando el rey volvió de las regiones de Cilicia, los judíos de la ciudad, junto con los griegos, que también odiaban el mal, fueron a su encuentro a quejarse de la injustificada muerte de Onías. [37] Antíoco, hondamente entristecido y movido a compasión, lloró recordando la prudencia y la gran moderación del difunto. [38] Encendido en ira, despojó inmediatamente a Andrónico de la púrpura y desgarró sus vestidos. Lo hizo conducir por toda la

marginal: 4 9
marginal: 3 4
marginal: Dn 9 26

---

costa palestina, y Jope (Jaffa) pudo ser el cuartel general del rey.
4 23   El tributo anual, ver 4 8; 1 M 11 28, y quizá otras sumas prometidas, ver 4 9.
4 29   Se trata de mercenarios.

ciudad hasta el mismo lugar donde tan impíamente había tratado a Onías; allí hizo desaparecer de este mundo al criminal, a quien el Señor daba el merecido castigo*.

Lisímaco perece en una revuelta.

39 Lisímaco había cometido muchos robos sacrílegos en la ciudad con el consentimiento de Menelao, y la noticia se había divulgado fuera; por eso, la multitud se amotinó contra Lisímaco. Pero eran ya muchos los objetos de oro que estaban dispersos. **40** Como las turbas estaban excitadas y en el colmo de su cólera, Lisímaco armó a cerca de tres mil hombres e inició una represión violenta, poniendo por jefe a un tal Aurano, avanzado en edad y no menos en locura. **41** Cuando se dieron cuenta del ataque de Lisímaco, unos se armaron de piedras, otros de estacas y otros, tomando a puñadas ceniza que allí había*, lo arrojaban todo contra las tropas de Lisímaco. **42** De este modo hirieron a muchos de ellos y mataron a algunos; a todos los demás los pusieron en fuga, y al mismo ladrón sacrílego lo mataron junto al Tesoro.

Menelao absuelto por dinero.

43 Sobre todos estos hechos se instruyó proceso contra Menelao. **44** Cuando el rey llegó a Tiro, tres hombres enviados por el Senado expusieron ante él el alegato. **45** Menelao, perdido ya, prometió una importante suma a Tolomeo, hijo de Dorimeno, para que persuadiera al rey. **46** Entonces Tolomeo, llevando al rey aparte a una galería como para tomar el aire, le hizo cambiar de parecer, **47** de modo que absolvió de las acusaciones a Menelao, el causante de todos los males, y, en cambio, condenó a muerte a aquellos infelices, que hubieran sido absueltos aun cuando hubieran declarado ante un tribunal de escitas. **48** Así que, sin di-

1 M 3 38
2 M 8 8;
10 12

lación, sufrieron aquella injusta pena los que habían defendido la causa de la ciudad, del pueblo y de los vasos sagrados. **49** Por este motivo, algunos tirios, indignados contra aquella iniquidad, prepararon con magnificencia su sepultura. **50** Menelao, por su parte, por la avaricia de aquellos gobernantes, permaneció en el poder, creciendo en maldad, constituido en el principal adversario de sus conciudadanos.

Segunda campaña de Egipto.

5 **1** Por esta época preparaba Antíoco la segunda expedición a Egipto*. **2** Sucedió que durante cerca de cuarenta días aparecieron en toda la ciudad, corriendo por los aires, jinetes vestidos de oro, tropas armadas distribuidas en cohortes, **3** escuadrones de caballería en orden de batalla, ataques y cargas de una y otra parte, movimiento de escudos, espesura de lanzas, espadas desenvainadas, lanzamiento de dardos, resplandores de armaduras de oro y corazas de toda clase. **4** Ante ello todos rogaban que aquella aparición presagiase algún bien*.

Ataque de Jasón y represión de Epífanes.

5 Al difundirse el falso rumor de que Antíoco había dejado esta vida, Jasón, con no menos de mil hombres, lanzó un ataque imprevisto contra la ciudad; al ser rechazados los que estaban en la muralla y capturada ya por fin la ciudad, Menelao se refugió en la Acrópolis. **6** Jasón hacía cruel matanza de sus propios ciudadanos sin caer en cuenta que un éxito sobre sus compatriotas era el peor de los desastres; se imaginaba ganar trofeos de enemigos y no de sus compatriotas. **7** Pero no logró el poder, sino que al fin, con la ignominia ganada por sus intrigas, se fue huyendo de nuevo al país de Amán. **8** Por último encontró un final desastroso: acusado ante Aretas, tirano

4 38 Onías es el Príncipe Mesías de Dn 9 25s y el Príncipe de una alianza de Dn 11 22. Con su muerte comienza la 70ª y última semana de años; la mitad de la semana estará marcada por la interrupción del sacrificio legítimo y la instalación de la «Abominación de la desolación», Dn 9 27; ver 7 25; 8 11-14; 11 31; 12 11s; 1 M 1 54; 4 52; 2 M 1 9; 6 2; 10 5. Este período de tres años y medio (la mitad de una «semana de años») parece corresponder a una realidad, porque ella ha sugerido al autor de Dn su traslado de la profecía de Jeremías (25 11-12; 29 10). La fecha que se da en 1 M 1 54 (diciembre del 167) autoriza, por tanto, a situar el asesinato de Onías durante el verano del 170.
4 41 La ceniza de los sacrificios, ya que la escara-

muza tuvo lugar en el atrio del templo.
5 1 Según el autor de 2 M, la violenta intervención de Antíoco IV, ver 5 11s, habría sido provocada por una sedición en Jerusalén, vv. 5s, y sitúa el hecho durante la segunda expedición de Egipto el 168. Es preferible el orden de 1 M: saqueo del templo después de la primera expedición el 169, 1 M 1 16-24; sedición durante el verano del 169, reprimida el 167 por el Misarca Apolonio, 1 29-35; ver 2 M 5 24-26.
5 4 El autor gusta referir estas apariciones celestes, que utiliza como procedimiento literario 3 25; 10 29-30; 11 8, y que ya había anunciado en su prefacio, 2 21. Ver una aparición análoga antes de la ruina del templo el 70, contada por Josefo en su *Guerra Judía*.

de los árabes, obligado a huir de su ciudad*, perseguido por todos, detestado como apóstata de las leyes, y abominado como verdugo de la patria y de los conciudadanos, fue arrojado a Egipto. [9] El que a muchos había desterrado de la patria, en el destierro murió, cuando se dirigía a Lacedemonia, con la esperanza de encontrar protección por razón de parentesco; [10] y el que a tantos había privado de sepultura, pasó sin ser llorado, sin recibir honras fúnebres ni tener un sitio en la sepultura de sus padres.

[11] Cuando llegaron al rey noticias de lo sucedido, sacó la conclusión de que Judea se separaba; por eso regresó de Egipto, rabioso como una fiera, tomó la ciudad por las armas [12] y ordenó a los soldados que hirieran sin compasión a los que encontraran y que mataran a los que subiesen a los terrados de las casas. [13] Perecieron jóvenes y ancianos; fueron asesinados muchachos, mujeres y niños, y degollaron a doncellas y niños de pecho. [14] En sólo tres días perecieron ochenta mil personas, cuarenta mil en la refriega y otros, en número no menor que el de las víctimas, fueron vendidos como esclavos.

Saqueo del templo.

[15] Antíoco, no contento con esto, se atrevió a penetrar en el templo más santo de toda la tierra, llevando como guía a Menelao, el traidor a las leyes y a la patria. [16] Con sus manos impuras tomó los vasos sagrados y arrebató con sus manos profanas las ofrendas presentadas por otros reyes para acrecentamiento de la gloria y honra del Lugar.

[17] Antíoco estaba engreído en su pensamiento, sin considerar que el Soberano estaba irritado por poco tiempo a causa de los pecados de los habitantes de la ciudad y por eso desviaba su mirada del Lugar. [18] Pero de no haberse dejado arrastrar ellos por los muchos pecados, el mismo Antíoco, como Heliodoro, el enviado por el rey Seleuco para inspeccionar el Tesoro, al ser azotado nada más llegar, habría renunciado a su osadía. [19] Pero el Señor no ha elegido a la nación

por el Lugar, sino el Lugar por la nación*. [20] Por esto, también el mismo Lugar, después de haber participado de las desgracias acaecidas a la nación, ha tenido luego parte en sus beneficios; y el que había sido abandonado en tiempo de la cólera del Todopoderoso, de nuevo en tiempo de la reconciliación del gran Soberano ha sido restaurado con toda su gloria.

[21] Así pues, Antíoco, llevándose del Templo mil ochocientos talentos, se fue pronto a Antioquía, creyendo orgullosamente que haría la tierra navegable y el mar viable, por la arrogancia de su corazón. [22] Dejó también prefectos para hacer daño a la raza: en Jerusalén a Filipo, de raza frigia*, que tenía costumbres más bárbaras que el que le había nombrado; [23] en el monte Garizín, a Andrónico*, y además de éstos, a Menelao, que superaba a los demás en maldad contra sus conciudadanos.

Intervención del Misarca Apolonio.

El rey, que albergaba hacia los judíos sentimientos de odio, [24] envió al Misarca Apolonio con un ejército de veintidós mil hombres, y la orden de degollar a todos los que estaban en el vigor de la edad, y de vender a las mujeres y a los más jóvenes. [25] Llegado éste a Jerusalén y fingiendo venir en son de paz, esperó hasta el día santo del sábado. Aprovechando el descanso de los judíos, mandó a sus tropas que se equiparan con las armas, [26] y a todos los que salían a ver aquel espectáculo, los hizo matar e, invadiendo la ciudad con los soldados armados, hizo caer una considerable multitud.

[27] Pero Judas, llamado también Macabeo, formó un grupo de unos diez y se retiró al desierto. Llevaba con sus compañeros, en las montañas vida de fieras salvajes, sin comer más alimento que hierbas, para no contaminarse de impureza*.

Establecimiento de cultos paganos.

6 [1] Poco tiempo después, el rey envió al ateniense Geronta para obligar a los judíos a que desertaran de las leyes de

Margin references:
1 M 12 7
M 1 20-24
6 12-16;
7 16-19,
32-38
3 1+
Cro 17 9
Mc 2 27
|1 M 1 29-37
1 M 2 28
|1 M 1 45-51

5 8 «de su ciudad», lit. «de la ciudad» (es Petra, la capital) Vet. Lat.; «de ciudad en ciudad» griego. —Se trata de Aretas I, rey de los nabateos, ver 1 M 5 25+.
5 19 Dios no es esclavo de las instituciones judaicas, ver Jr 7 14; Mc 2 27. Esta afirmación de la primacía del pueblo elegido sobre las instituciones en que aquélla se concreta es ya un presagio del Evangelio.
5 22 Filipo el Frigio, que también aparece en 6 11 y

8 8, es distinto del Filipo «amigo del rey» de 9 29; 1 M 6 14.
5 23 Andrónico, distinto del de 4 31s, era como Filipo un *epístata*, representante del rey en una ciudad. Seguramente residía al pie del monte Garizín en Siquén.
5 27 El autor agrupa los acontecimientos referidos en 1 M 1 53; 2 28.

sus padres y a que dejaran de vivir según las leyes de su Dios; ² y además para contaminar el templo de Jerusalén, dedicándolo a Zeus Olímpico, y el de Garizín, a Zeus Hospitalario, como lo habían pedido los habitantes del lugar*. ³ Este recrudecimiento del mal era para todos penoso e insoportable. ⁴ El templo estaba lleno de desórdenes y orgías por parte de los paganos, que holgaban con meretrices y que en los atrios sagrados andaban con mujeres*, y hasta introducían allí cosas prohibidas. ⁵ El altar estaba repleto de víctimas ilícitas, prohibidas por las leyes. ⁶ No se podía ni celebrar el sábado, ni guardar las fiestas patrias, ni siquiera confesarse judío; ⁷ antes bien eran obligados con amarga violencia a la celebración mensual del nacimiento del rey con un banquete sacrificial y, cuando llegaba la fiesta de Díoniso, eran forzados a formar parte de su cortejo, coronados de hiedra. ⁸ Por instigación de los habitantes de Tolemaida* salió un decreto para las vecinas ciudades griegas, obligándolas a que procedieran de la misma forma contra los judíos y a que les hicieran participar en los banquetes sacrificiales, ⁹ con orden de degollar a los que no adoptaran el cambio a las costumbres griegas. Podíase ya entrever la calamidad inminente.

‖1 M 1
60-61

¹⁰ Dos mujeres fueron delatadas por haber circuncidado a sus hijos; las hicieron recorrer públicamente la ciudad con los niños colgados del pecho, y las precipitaron desde la muralla. ¹¹ Otros, que se habían reunido en cuevas próximas para celebrar a escondidas el día séptimo, fueron denunciados a Filipo y quemados juntos, sin que quisieran hacer nada en su defensa, por respeto a la santidad del día.

‖1 M 2
32-38

Sentido providencial de la persecución.

5 17-20; 7
16-19.32-38

¹² Ruego a los lectores de este libro que no se desconcierten por estas desgracias;

piensen antes bien que estos castigos buscan no la destrucción, sino la educación de nuestra raza; ¹³ pues el no tolerar por mucho tiempo a los impíos, de modo que pronto caigan en castigos, es señal de gran benevolencia. ¹⁴ Pues con las demás naciones el Soberano, para castigarlas, aguarda pacientemente a que lleguen a colmar la medida de sus pecados; pero con nosotros ha decidido no proceder así, ¹⁵ para que no tenga luego que castigarnos, al llegar nuestros pecados a la medida colmada*. ¹⁶ Por eso mismo nunca retira de nosotros su misericordia: cuando corrige con la desgracia, no está abandonando a su propio pueblo. ¹⁷ Quede esto dicho a modo de recuerdo. Después de estas pocas palabras, prosigamos la narración.

Sb 11 9-10;
12 2.22
1 Ts 2 16

Martirio de Eleazar*.

¹⁸ A Eleazar, uno de los principales escribas, varón de ya avanzada edad y de muy noble aspecto, le forzaban a abrir la boca y a comer carne de puerco. ¹⁹ Pero él, prefiriendo una muerte honrosa a una vida infame, marchaba voluntariamente al suplicio del apaleamiento, ²⁰ después de escupir todo, que es como deben proceder los que tienen valentía para rechazar los alimentos que no es lícito probar ni por amor a la vida. ²¹ Los que estaban encargados del banquete sacrificial contrario a la Ley, tomándolo aparte en razón del conocimiento que de antiguo tenían con este hombre, le invitaban a traer carne preparada por él mismo, y que le fuera lícita; a simular como si comiera la mandada por el rey, tomada del sacrificio, ²² para que, obrando así, se librara de la muerte, y por su antigua amistad hacia ellos alcanzara benevolencia. ²³ Pero él, tomando una noble resolución digna de su edad, de la prestancia de su ancianidad, de sus experimentadas y ejemplares canas, de su inmejorable proceder desde niño y, sobre todo, de la

Lv 11 7-8
Hb 11 35

---

6 2   «(como lo) habían pedido los habitantes» *enetygjanon* conj. según Josefo (*Ant. Jud.*); «(como) sucedía que eran (los habitantes)» *etygjanon* griego, lat.; esto quería decir que los samaritanos escogen este epíteto por ser ellos mismos hospitalarios. Pero en griego la construcción de la frase resultaría laboriosísima. —Los *samaritanos, que no quieren ser tratados como los judíos*, se anticipan a los deseos del soberano.
6 4   En la época grecorromana, los atrios de los templos incluían pórticos y salas de banquete para las comidas rituales, que fácilmente degeneraban en orgías. Además, aún seguía practicándose la prostitución sagrada en los templos de Siria.

6 8   «los habitantes de Tolemaida» conj.; «de los Tolomeos» o «de Tolomeo» griego y lat. —La ciudad griega de Tolemaida, la antigua Aco (San Juan de Acre), era hostil a los judíos, ver 13 25; 1 M 5 15; 12 48.
6 15   El autor de la Sabiduría desarrollará este doble aspecto de la justicia divina, pero enseñará que Dios es indulgente aun para los paganos, Sb 11 10; 12 20-22. En cuanto a la medida colmada de los pecados, ver Dn 8 23; 9 24; 1 Ts 2 16. La expresión es antigua, ver ya Gn 15 16.
6 18   Los Padres de la Iglesia han celebrado en Eleazar a un mártir de antes de Cristo.

legislación santa dada por Dios, se mostró consecuente consigo diciendo que se le mandara pronto al Hades. ²⁴ «Porque a nuestra edad no es digno fingir, no sea que muchos jóvenes, creyendo que Eleazar, a sus noventa años, se ha pasado a las costumbres paganas, ²⁵ también ellos por mi simulación y por mi apego a este breve resto de vida, se desvíen por mi culpa y yo atraiga mancha y deshonra a mi vejez. ²⁶ Pues aunque me libre al presente del castigo de los hombres, sin embargo ni vivo ni muerto podré escapar de las manos del Todopoderoso. ²⁷ Por eso, al abandonar ahora valientemente la vida, me mostraré digno de mi ancianidad, ²⁸ dejando a los jóvenes un ejemplo noble al morir generosamente con ánimo y nobleza por las leyes venerables y santas*.»

Habiendo dicho esto, se fue en seguida al suplicio del apaleamiento. ²⁹ Los que lo conducían cambiaron su suavidad de poco antes en dureza, después de oír las referidas palabras que ellos consideraban una locura; ³⁰ él, por su parte, a punto ya de morir por los golpes, dijo entre suspiros: «El Señor, que posee la ciencia santa, sabe bien que, pudiendo librarme de la muerte, soporto flagelado en mi cuerpo recios dolores, pero en mi alma los sufro con gusto por temor de él.» ³¹ De este modo llegó a su tránsito. (No sólo a los jóvenes, sino también a la gran mayoría de la nación, Eleazar dejó su muerte como ejemplo de nobleza y recuerdo de virtud.)

Hb 11 35

El martirio de los siete hermanos*.

Jr 15 9

7 ¹ Sucedió también que siete hermanos apresados junto con su madre eran forzados por el rey, flagelados con azotes y nervios de buey, a probar carne de puerco (prohibida por la Ley). ² Uno de ellos, hablando en nombre de los demás, decía así: «¿Qué quieres preguntar y saber de nosotros? Estamos dispuestos a morir antes que violar las leyes de nuestros padres.» ³ El rey, fuera de sí, ordenó poner al fuego sartenes y calderas. ⁴ En cuanto estuvieron al rojo, mandó cortar la lengua al que había hablado en nombre de los demás, arrancarle el cuero cabelludo y cortarle las extremidades de los miembros, en presencia de sus demás hermanos y de su madre. ⁵ Cuando quedó totalmente mutilado, pero respirando todavía, mandó que le acercaran al fuego y le tostaran en la sartén. Mientras el humo de la sartén se difundía lejos, los demás hermanos, junto con su madre, se animaban mutuamente a morir con generosidad, y decían: ⁶ «El Señor Dios vela y con toda seguridad se apiadará de nosotros, como declaró Moisés en el cántico que atestigua claramente: 'Se apiadará de sus siervos'.»

Dt 32 36

⁷ Cuando el primero hizo así su tránsito, llevaron al segundo al suplicio y, después de arrancarle la piel de la cabeza con los cabellos, le preguntaban: «¿Vas a comer antes de que tu cuerpo sea torturado miembro a miembro?» ⁸ Él, respondiendo en su lenguaje patrio*, dijo: «¡No!» Por ello, también éste sufrió a su vez la tortura, como el primero. ⁹ Al llegar a su último suspiro dijo: «Tú, criminal, nos privas de la vida presente, pero el Rey del mundo, a nosotros que morimos por sus leyes, nos resucitará a una vida eterna*.»

12 38-46+

¹⁰ Después de éste, fue castigado el tercero; en cuanto se lo pidieron, presentó la lengua, tendió decidido las manos ¹¹ (y dijo con valentía: «Por don del Cielo po-

---

6 28 La expresión procede del campo jurídico helénico, pero para el autor «las leyes» son esencialmente la Ley, **7 30; 10 26; 12 40; 15 9**, que se identifica con la Alianza, ver **1 M 2 20**, y es prenda de la benevolencia divina, ver **7 36; 8 15**.

7 Después del ejemplo de un venerable doctor de la Ley, se nos da el de una madre de familia y sus hijos. La persecución, en la que se empleaban medios muy crueles en aquella época, se había extendido en efecto hasta las mujeres y los niños, ver **1 M 1 60s**. Es, pues, histórico el fondo del relato, y la elaboración literaria se manifiesta sobre todo en los discursos que se ponen en boca de los protagonistas. El culto de los «siete hermanos macabeos» se extendió hasta Occidente, donde se les dedicaron varias iglesias. El relato llamado «Pasión de los santos macabeos» tuvo una amplia difusión y sirvió de modelo a diversas Actas de Mártires.

7 8 Esta expresión se repite en los vv. 21 y 27, y el autor parece haberla entendido como si aludiera al hebreo, ver **12 37; 15 29**. En realidad, la lengua de esta mujer más bien parece que sería el arameo. —Aquí **7 9** Lit. «a una revivificación eterna de vida». —Aquí (y ver vv. 11.14.23.29.36) y en el pasaje de Dn 12 2-3, éste, a su vez, relacionado con la persecución de Antíoco Epifanes (Dn 11), se afirma por vez primera la fe en la resurrección de los cuerpos, que no se desprende con certeza de Is 26 19 y de Jb 19 26-27 (ver las notas). Ver también 2 M 12 38-46; 14 46 Los mártires resucitarán, en virtud del poder del Creador, v. 23, a la vida, v. 14, ver Jn 5 29, a la vida eterna, vv. 9.36. Enlazamos así con la doctrina de la inmortalidad, que será desarrollada, en ambiente griego y sin referencias a la resurrección de los cuerpos, por Sb 3 1-5; 5 15-16. Mas, para el pensamiento hebreo, que no distinguía entre cuerpo y alma, la idea de una supervivencia implicaba la resurrección de los cuerpos, como lo vemos aquí. El texto no enseña directamente la resurrección de todos los hombres, y sólo trata del caso de los justos, ver v 14. Dn 12 2-3 es más claro.

seo estos miembros, por sus leyes los desdeño y de Él espero recibirlos de nuevo*).» ¹² Hasta el punto de que el rey y sus acompañantes estaban sorprendidos del ánimo de aquel muchacho, que en nada temía los dolores.

¹³ Llegado éste a su tránsito, maltrataron de igual modo con suplicios al cuarto. ¹⁴ Cerca ya del fin decía así: «Es preferible morir a manos de hombres con la esperanza que Dios otorga de ser resucitado de nuevo por él; para ti, en cambio, no habrá resurrección a la vida.»

¹⁵ En seguida llevaron al quinto y se pusieron a atormentarlo. ¹⁶ Él, mirando al rey, dijo: «Tú, porque tienes poder entre los hombres aunque eres mortal, haces lo que quieres. Pero no creas que Dios ha abandonado a nuestra raza. ¹⁷ Aguarda tú y contemplarás su magnífico poder, cómo te atormentará a ti y a tu linaje.»

5 17-20; 6 12-16

¹⁸ Después de éste, trajeron al sexto, que, estando a punto de morir, decía: «No te hagas ilusiones, pues nosotros por nuestra propia culpa padecemos; por haber pecado contra nuestro Dios (nos suceden cosas sorprendentes). ¹⁹ Pero no pienses quedar impune tú que te has atrevido a luchar contra Dios.»

2 Cro 13 12
Hch 5 39

²⁰ Admirable de todo punto y digna de glorioso recuerdo fue aquella madre que, al ver morir a sus siete hijos en el espacio de un solo día, sufría con valor porque tenía la esperanza puesta en el Señor. ²¹ Animaba a cada uno de ellos en su lenguaje patrio y, llena de generosos sentimientos y estimulando con ardor varonil sus reflexiones de mujer, les decía:

Jb 10 8-12
Sal 139
13-15
Qo 11 5

²² «Yo no sé cómo aparecisteis en mis entrañas, ni fui yo quien os regaló el espíritu y la vida, ni tampoco organicé yo los elementos de cada uno. ²³ Pues así el Creador del mundo, el que modeló al hombre en su nacimiento y proyectó el origen de todas las cosas, os devolverá el espíritu y la vida con misericordia, porque ahora no miráis por vosotros mismos por amor a sus leyes.»

²⁴ Antíoco creía que se le despreciaba a él y sospechaba que eran palabras injuriosas. Mientras el menor seguía con vida, no sólo trataba de ganarle con palabras, sino hasta con juramentos le prometía hacerle rico y muy feliz, con tal de que abandonara las tradiciones de sus padres; le haría su amigo y le confiaría altos cargos. ²⁵ Pero como el muchacho no le hacía ningún caso, el rey llamó a la madre y la invitó a que aconsejara al adolescente para salvar su vida. ²⁶ Tras de instalarla el varias veces, ella aceptó persuadir a su hijo. ²⁷ Se inclinó sobre él y, burlándose del cruel tirano, le dijo en su lengua patria: «Hijo, ten compasión de mí que te llevé en el seno por nueve meses, te amamanté por tres años, te crié y te eduqué hasta la edad que tienes (y te alimenté). ²⁸ Te ruego, hijo, que mires al cielo y a la tierra y, al ver todo lo que hay en ellos, sepas que a partir de la nada lo hizo Dios* y que también el género humano ha llegado así a la existencia. ²⁹ No temas a este verdugo, antes bien, mostrándote digno de tus hermanos, acepta la muerte, para que vuelva yo a encontrarte con tus hermanos en la misericordia.»

³⁰ En cuanto* ella terminó de hablar, el muchacho dijo: «¿Qué esperáis? No obedezco el mandato del rey; obedezco el mandato de la Ley dada a nuestros padres por medio de Moisés. ³¹ Y tú, que eres el causante de todas las desgracias de los hebreos*, no escaparás de las manos de Dios. ³² (Cierto que nosotros padecemos por nuestros pecados.) ³³ Si es verdad que nuestro Señor, que vive, está momentáneamente irritado para castigarnos y corregirnos, también se reconciliará de nuevo con sus siervos. ³⁴ Pero tú, ¡oh impío y el más criminal de todos los hombres!, no te engrías neciamente, entregándote a vanas esperanzas y alzando la mano contra sus siervos*; ³⁵ porque todavía no has escapado del juicio del Dios que todo lo puede y todo lo ve. ³⁶ Pues ahora nuestros hermanos, después de haber soportado una corta pena por una vida perenne, cayeron por la alianza de Dios*; tú, en cambio, por el justo juicio de Dios cargarás con la pena

5 17-20;
6 12-16

---

7 11   Este v., omitido por varios mss latinos, está en contradicción con el precedente: la lengua presentada *debió ser inmediatamente cortada*, ver v. 4.
7 28 Lit. «no de cosas que existían», primera afirmación explícita de la creación *ex nihilo*, pero ver ya Is 44 24; ver también Jn 1 3; Col 1 15s. —Algunos mss y el sir. leen: «de cosas que no son», expresión que para el filósofo judío Filón designa la materia inorganizada; ver Sb 11 17+.

7 30   «en cuanto» *arti* conj.; «todavía» *eti* griego.
7 31 Término arcaizante, aquí y en 11 13; 15 37; ver Jdt 10 12; 12 11; 14 18. Los LXX lo emplean rara vez fuera del Pentateuco.
7 34 «sus siervos» algunos mss y versiones; «los siervos celestes» griego.
7 36 «por una vida perenne» mss latinos; «cayeron por» conj., ver 6 28; 1 M 5 20; el griego es ininteligible.

merecida por tu soberbia. [37] Yo, como mis hermanos, entrego mi cuerpo y mi vida por las leyes de mis padres, invocando a Dios para que pronto se muestre propicio con nuestra nación, y que tú con pruebas y azotes llegues a confesar que él es el único Dios*. [38] Que en mí y en mis hermanos se detenga la cólera del Todopoderoso justamente descargada sobre toda nuestra raza.»

[39] El rey, fuera de sí, se ensañó con éste con mayor crueldad que con los demás, por resultarle amargo el sarcasmo. [40] También éste tuvo un limpio tránsito, con entera confianza en el Señor. [41] Por último, después de los hijos murió la madre.

[42] Sea esto bastante para tener noticia de los banquetes sacrificiales y de las crueldades sin medida.

V. Victoria del Judaísmo.
Muerte del perseguidor y purificación del templo

Las guerrillas de Judas Macabeo*.

5 27

8 [1] Judas, llamado también Macabeo, y sus compañeros entraban sigilosamente en los pueblos, llamaban a sus hermanos de raza y, acogiendo a los que permanecían fieles al Judaísmo, llegaron a reunir seis mil hombres. [2] Rogaban al Señor que mirase por aquel pueblo que todos pisoteaban; que tuviese piedad del santuario profanado por los hombres impíos; [3] que se compadeciese de la ciudad destruida y a punto de ser arrasada, y que escuchase las voces de la sangre que clamaba a él; [4] que se acordase de la inicua matanza de niños inocentes y de las blasfemias proferidas contra su nombre, y que mostrase su odio al mal.

1 M 3 3-9

[5] Macabeo, con su tropa organizada, fue ya invencible para los paganos, al haberse cambiado en misericordia la cólera del Señor. [6] Llegando de improviso, incendiaba ciudades y pueblos; después de ocupar las posiciones estratégicas, causaba al enemigo grandes pérdidas*. [7] Prefería la noche como aliada para tales incursiones. La fama de su valor se extendía por todas partes.

‖1 M 3 38
4 25

Campaña de Nicanor y Gorgias.

45; 10 12

[8] Al ver Filipo* que este hombre progresaba paulatinamente y que sus éxitos eran cada día más frecuentes, escribió a Tolomeo, estratega de Celesiria y Feni-

cia, para que viniese en ayuda de los intereses del rey. [9] Éste designó enseguida a Nicanor, hijo de Patroclo, uno de sus primeros amigos, y lo envió al frente de no menos de veinte mil hombres de todas las naciones para exterminar la raza entera de Judea. Puso a su lado a Gorgias, general con experiencia en lides guerreras. [10] Nicanor intentaba, por su parte, saldar con la venta de prisioneros judíos el tributo de dos mil talentos que el rey debía a los romanos. [11] Pronto envió a las ciudades marítimas una invitación para que vinieran a comprar esclavos judíos, prometiendo entregar noventa esclavos por un talento sin esperarse el castigo del Todopoderoso que estaba a punto de caer sobre él.

1 M 3 38

1 M 2 18+

[12] Llegó a Judas la noticia de la expedición de Nicanor. Cuando comunicó a los que le acompañaban que el ejército se acercaba, [13] los cobardes y desconfiados de la justicia divina comenzaron a escaparse y alejarse del lugar; [14] los demás vendían todo lo que les quedaba y pedían al mismo tiempo al Señor que librara a los que el impío Nicanor tenía vendidos aun antes de haberse enfrentado. [15] Si no por ellos, sí por las alianzas con sus padres y porque invocaban en su favor el venerable y majestuoso Nombre*. [16] Después de reunir a los suyos, en número de seis mil, el Macabeo les exhor-

---

7 37   Antíoco IV pretendía ser como los dioses, ver 9 12+. —Sobre la noción de un Dios absolutamente universal y su rival posible, ver 1 Cro 17 20; Si 36 4, y ya Is 45 14.

8   Estos vv. enlazan con 5 27. El autor agrupa aquí hechos atribuidos a Matatías en 1 M 2 con la actividad propia de Judas antes de la intervención de Antíoco, ver 1 M 3 1-26.

8 6   «grandes pérdidas», lit. «multitud de cadáveres»,

según el lat.; «multitud de enemigos (puesto en fuga)» griego; ciertos mss leen a la vez «enemigos» y «cadáveres».

8 8   Filipo es el epístata (ver 5 22 y 23+) de Jerusalén, que depende de Tolomeo, estratega de Celesiria y Fenicia, ver 4 45+.

8 15   Lit. «por la invocación sobre ellos de su nombre», ver 1 M 7 37. Es un hebraísmo, ver Dn 28 10; 2 S 12 28; 1 R 8 43; Is 4 1, etc.

taba a no dejarse amedrentar por los
enemigos y a no temer a la muchedumbre de paganos que injustamente venían
contra ellos, sino a combatir con valor,
[17] teniendo a la vista el ultraje que ini-
cuamente habían inferido al Lugar Santo, los suplicios infligidos a la ciudad y
la abolición de las instituciones ances-
Sal 20 8 trales. [18] «Ellos, les dijo, confían en sus
armas y en su audacia; pero nosotros tenemos nuestra confianza puesta en Dios
Todopoderoso, que puede abatir con un
gesto a los que vienen contra nosotros y
al mundo entero.» [19] Les enumeró los auxilios dispensados a sus antecesores, es-
2 R 19 35 pecialmente frente a Senaquerib, cuando
Is 37 36 perecieron ciento ochenta y cinco mil;
[20] y el recibido en Babilonia, en la batalla
contra los gálatas, cuando entraron en
acción todos los ocho mil* judíos junto
a los cuatro mil macedonios, y cuando
los macedonios se hallaban en apuros,
los ocho mil derrotaron a ciento veinte
mil, gracias al auxilio que les llegó del
cielo, y se hicieron con un gran botín.
[21] Después de haberlos enardecido con
estas palabras y de haberlos dispuesto a
morir por las leyes y por la patria, dividió el ejército en cuatro cuerpos. [22] Puso
a sus hermanos, Simón, José y Jonatán,
al frente de cada cuerpo, dejando a las
órdenes de cada uno mil quinientos
1 M 3 48+ hombres. [23] Además mandó a Esdrías*
que leyera el libro sagrado; luego, dando
como consigna «Auxilio de Dios*», él
mismo al frente del primer cuerpo trabó
combate con Nicanor. [24] Al ponerse el
Todopoderoso de su parte en la lucha,
dieron muerte a más de nueve mil enemigos, hirieron y mutilaron a la mayor
parte del ejército de Nicanor, y a todos
los demás los pusieron en fuga. [25] Se
apoderaron del dinero de los que habían
venido a comprarlos. Después de haberlos perseguido bastante tiempo, se volvieron, obligados por la hora, [26] pues era
víspera del sábado, y por esta causa no
continuaron en su persecución. [27] Una
vez que hubieron amontonado las armas
y recogido los despojos de los enemigos,
comenzaron la celebración del sábado,
desbordándose en bendiciones y alabanzas al Señor, que en aquel día les había
salvado, estableciendo el comienzo de su
misericordia. [28] Al acabar el sábado, dieron una parte del botín a los que habían
sufrido la persecución, así como a las
viudas y huérfanos; ellos y sus hijos se
repartieron el resto. [29] Hecho esto, en rogativa pública rogaron al Señor misericordioso que se reconciliara del todo con
sus siervos.

Victoria sobre Timoteo y Báquides*.

[30] En su combate con las tropas de Timoteo y Báquides, mataron a éstos más
de veinte mil hombres, se adueñaron por
completo de altas fortalezas y dividieron
el inmenso botín en partes iguales, una
para ellos y otra para los que habían sufrido la persecución, los huérfanos y las
viudas, así como para los ancianos.
[31] Con todo cuidado reunieron las armas
capturadas en lugares convenientes y llevaron a Jerusalén el resto de los despojos. [32] Mataron al filarca* de la escolta de
Timoteo, hombre muy impío que había
causado mucho pesar a los judíos.
[33] Mientras celebraban la victoria en su
patria, quemaron a los que habían incendiado los portones sagrados*, así como a 1 8
Calístenes, que estaban refugiados en
una misma casita, y que recibieron así la
merecida paga de su impiedad.

Huida y confesión de Nicanor.

[34] Nicanor, tres veces criminal, que había traído a los mil comerciantes para la
venta de los judíos, [35] con el auxilio del 8 23-24
Señor, quedó humillado por los mismos
que él despreciaba como los más viles;
despojándose de sus galas, como un fugitivo a campo través, buscando la soledad, llegó hasta Antioquía con mucha
suerte, después del desastre de su ejército. [36] El que había pretendido saldar el
tributo debido a los romanos con la venta de los prisioneros de Jerusalén, proclamaba que los judíos tenían a Alguien
que los defendía, y que los judíos eran
invulnerables por el hecho de que seguían las leyes prescritas por Aquél.

8 20 Quizá judíos que habrían combatido contra mercenarios gálatas a sueldo de Molón, sátrapa amotinado de Media.

8 23 (a) «Esdrías» (o «Esdras») según lat. y arm., ver 12 36; «Eleazar» griego; es el Azarías de 1 M 5 18.56.

8 23 (b) Fórmulas semejantes estaban en uso en los ejércitos helenísticos y romanos, y están mencionados en la *Regla de la Guerra* de Qumrán.

8 30 El compendiador ha puesto aquí este fragmento para reunir lo que se refiere al castigo de los perseguidores. El relato interrumpido se reanuda en el v. 34.

8 32 Probablemente el jefe de los árabes derrotados al comienzo de la campaña contra Timoteo, 12 10s.

8 33 Este incendio fue probablemente provocado por el Misarca, 1 M 1 31. Los portones sagrados son los del templo más bien que los del atrio.

1 M 6 1-16
2 M 1 11-17

Fin de Antíoco Epífanes.

9 ¹ Por este tiempo, Antíoco hubo de retirarse desordenadamente de las regiones de Persia. ² En efecto, habiendo entrado en la ciudad llamada Persépolis, pretendió saquear el santuario* y oprimir la ciudad; ante ello, la muchedumbre, sublevándose, acudió a las armas y le puso en fuga; y Antíoco, ahuyentado por los naturales del país, hubo de emprender una vergonzosa retirada. ³ Cuando estaba en Ecbátana*, le llegó la noticia de lo ocurrido a Nicanor y a las tropas de Timoteo. ⁴ Arrebatado de furor, pensaba vengar en los judíos la afrenta de los que le habían puesto en fuga, y por eso ordenó al conductor que hiciera avanzar el carro sin parar hasta el término del viaje. Pero ya el juicio del Cielo se cernía sobre él, pues había hablado así con orgullo: «En cuanto llegue a Jerusalén, haré de la ciudad una fosa común de judíos.» ⁵ Pero el Señor Dios de Israel, que todo lo ve, lo hirió con una llaga incurable e invisible: apenas pronunciada esta frase, se apoderó de sus entrañas un dolor irremediable, con agudos retortijones internos, ⁶ cosa totalmente justa para quien había hecho sufrir a las entrañas de otros con numerosas y desconocidas torturas. ⁷ Pero él de ningún modo cesaba en su arrogancia; estaba lleno todavía de orgullo, respiraba el fuego de su furor contra los judíos y mandaba acelerar la marcha. Pero vino a caer de su carro, que corría velozmente, y, con la violenta caída, todos los miembros de su cuerpo se le descoyuntaron. ⁸ El que poco antes pensaba dominar con su altivez de superhombre las olas del mar, y se imaginaba pesar en una balanza las cimas de las montañas, caído por tierra, era luego transportado en una litera, mostrando a todos de forma manifiesta el poder de Dios; ⁹ hasta el punto de que de los ojos del impío pululaban gusanos, caían a pedazos sus carnes, aun estando con vida, entre dolores y sufrimientos*, y su infecto hedor apestaba todo el ejército. ¹⁰ Al que poco antes creía tocar los astros del cielo, nadie podía ahora llevarlo por la insoportable repugnancia del hedor.

¹¹ Así comenzó entonces, herido, a abatir su excesivo orgullo y a llegar al verdadero conocimiento bajo el azote divino, en tensión a cada instante por los dolores. ¹² Como ni él mismo podía soportar su propio hedor, decía: «Justo es estar sumiso a Dios y que un mortal no pretenda igualarse a la divinidad*.» ¹³ Pero aquel malvado rogaba al Soberano de quien ya no alcanzaría misericordia, prometiendo ¹⁴ que declararía libre la ciudad santa, a la que se había dirigido antes a toda prisa para arrasarla y transformarla en fosa común, ¹⁵ que equipararía con los atenienses a todos aquellos judíos que había considerado dignos, no de una sepultura, sino de ser arrojados con sus niños como pasto a las fieras; ¹⁶ que adornaría con los más bellos presentes el Templo Santo que antes había saqueado; que devolvería multiplicados todos los objetos sagrados; que suministraría a sus propias expensas los fondos que se gastaban en los sacrificios; ¹⁷ y, además, que se haría judío y recorrería todos los lugares habitados para proclamar el poder de Dios.

Carta de Antíoco a los judíos.

¹⁸ Como sus dolores de ninguna forma se calmaban, pues había caído sobre él el justo juicio de Dios, desesperado de su estado, escribió a los judíos la carta copiada a continuación, en forma de súplica, con el siguiente contenido:

¹⁹ «A los honrados ciudadanos judíos, con los mejores deseos de dicha, salud y prosperidad, saluda el rey y estratega* Antíoco. ²⁰ Si os encontráis bien vosotros, y vuestros hijos y vuestros asuntos van conforme a vuestros deseos, damos

Is 40 12;
51 15
Jb 38 8-11
Sal 65 7-8

Si 7 17
Hch 12 23

---

9 2 El templo de que se trata, en realidad se hallaba en Elimaida, al norte de Persépolis, 1 M 6 3, pero Jasón o el compendiador parece que prefería situar los hechos en una ciudad conocida de todos.
9 3 La actual Hamadán, a 700 km al nordeste de Persépolis. En realidad, Epífanes murió en Tabes, a medio camino entre estas dos ciudades.
9 9 «de los ojos» Vet. Lat, arm.; «del cuerpo» griego (excepto 1 ms: «de los ojos del cuerpo»). —Se desconoce la naturaleza del mal que causó la muerte de Antíoco. La descripción depende de un manual literario propio de la muerte de los tiranos, ver Jdt 16 17; Is 14 11; Hch 12 23. Idéntico tipo de descripción de la muerte de Herodes el Grande en las *Antigüedades Judías* de Josefo.

El paralelo de 1 M 6 9 es mucho más sobrio.
9 12 «no pretenda igualarse a la divinidad» mss y versiones; «no tenga pensamientos orgullosos» una parte del griego; griego luc. combina las dos. —La expresión griega da una calificación a los honores divinos que recibían los reyes y los hombres ilustres. Ver la expresión parecida de Flp 2 6 aplicada a Cristo.
9 19 El término designa la magistratura suprema de una ciudad, aquí Antioquía, la capital, de la que Antíoco se había hecho nombrar edil y tribuno. —La carta se dirigía a los «honrados ciudadanos» de Antioquía, y la mención de los judíos debe ser una glosa de Jasón de Cirene.

por ello rendidas gracias*. ²¹ En cuanto a mí, me encuentro postrado sin fuerza en mi lecho, con un amistoso recuerdo de vosotros*.

A mi vuelta de las regiones de Persia, contraje una molesta enfermedad y he considerado necesario preocuparme de vuestra seguridad común. ²² No desespero de mi situación, antes bien tengo grandes esperanzas de salir de esta enfermedad; ²³ pero, considerando que también mi padre, con ocasión de salir a campaña* hacia las regiones altas, designó su futuro sucesor, ²⁴ para que, si ocurría algo sorprendente o si llegaba alguna noticia desagradable, los habitantes de las provincias no se perturbaran, por saber ya a quién quedaba confiado el gobierno; ²⁵ dándome cuenta además de que los soberanos de alrededor, vecinos al reino, acechan las oportunidades y aguardan lo que pueda suceder, he nombrado rey a mi hijo Antíoco, a quien muchas veces, al recorrer las satrapías altas, os he confiado y recomendado a gran parte de vosotros. A él le he escrito lo que sigue*. ²⁶ Por tanto os exhorto y ruego que, acordándoos de los beneficios recibidos en común y en particular, guardéis cada uno también con mi hijo la benevolencia que tenéis hacia mí. ²⁷ Pues estoy seguro de que él, realizando con moderación y humanidad mis proyectos, se entenderá bien con vosotros.»

²⁸ Así pues, aquel asesino y blasfemo, sufriendo los peores padecimientos, como los había hecho padecer a otros, terminó la vida en tierra extranjera, entre montañas, en el más lamentable infortunio*. ²⁹ Filipo, su compañero, trasla-

daba su cuerpo; mas, por temor al hijo de Antíoco, se retiró a Egipto, junto a Tolomeo Filométor*.

Purificación del templo.

‖1 M 4 36-61

10 ¹ Macabeo y los suyos, guiados por el Señor, recuperaron el templo y la ciudad, ² destruyeron los altares levantados por los extranjeros en la plaza pública, así como los recintos sagrados. ³ Después de haber purificado el templo, hicieron otro altar; tomando fuego de pedernal del que habían sacado chispas, tras dos años de intervalo, ofrecieron sacrificios, quemaron incienso, encendieron las lámparas y colocaron los panes de la Presencia. ⁴ Hecho esto, rogaron al Señor, postrados sobre el vientre, que no les permitiera volver a caer en tales desgracias, sino que, si alguna vez pecaban, los corrigiera con benignidad y no los entregara a los paganos blasfemos y bárbaros. ⁵ El mismo día en que el templo había sido profanado por los extranjeros, es decir, el veinticinco del mismo mes que es Quisleu*, tuvo lugar la purificación del Templo. ⁶ Lo celebraron con alegría durante ocho días, como en la fiesta de las Tiendas, recordando cómo, poco tiempo antes, por la fiesta de las Tiendas, estaban cobijados como fieras en montañas y cavernas. ⁷ Por ello, llevando tirsos, ramas hermosas y palmas, entonaban himnos hacia Aquél que había llevado a buen término la purificación de su lugar. ⁸ Por público decreto y voto prescribieron que toda la nación de los judíos celebrara anualmente aquellos mismos días*.

9 20 Al final del v., el griego añade: «teniendo confianza en el cielo».
9 21 «de vosotros» 1 ms griego, lat.; arm.; «de vuestras muestras de respeto y de vuestros buenos sentimientos» griego.
9 23 «salir a campaña» *estrateusen* conj. según lat.; «acampar» *estratopedeusen* griego.
9 25 El autor no ha reproducido esta segunda carta, a la que probablemente no tenía acceso.
9 28 El tono violento del compendiador contrasta con el de la carta, conforme en todo con el estilo protocolario helenístico.

9 29 Detalle difícil de conciliar con 1 M 6 55 y 63. Probablemente Filipo se quedaría en Egipto hasta finales del 163, ver 13 23.
10 5 El 15 de diciembre del 164, ver 1 M 1 10+, pocas semanas después de la muerte de Antíoco Epífanes.
10 8 Sobre esta fiesta, la *Janukká*, ver 1 M 4 59+. Aquí concluye la primera parte del libro, uno de cuyos objetivos será imponer la fiesta a todos los judíos, ver las dos cartas iniciales 1-2. La segunda parte concluirá también con una invitación a celebrar el Día de Nicanor, 15 36.

VI. Lucha de Judas contra los pueblos vecinos y contra Lisias, ministro de Eupátor

Comienzos del reinado de Antíoco Eupátor.

[9] Tales fueron las circunstancias de la
muerte de Antíoco, apellidado Epífanes.
[10] Vamos a exponer ahora lo referente a
1 M 6 17 Antíoco Eupátor, hijo de aquel impío, resumiendo las desgracias debidas a las
guerras*. [11] En efecto, una vez heredado
el reino, puso al frente de sus asuntos a
8 8 un tal Lisias, estratega supremo de Celesiria y Fenicia. [12] Pues Tolomeo, el llamado Macrón, el primero en observar la
justicia con los judíos, debido a la injusticia con que se les había tratado, procuraba resolver pacíficamente lo que a
ellos concernía; [13] acusado ante Eupátor
a consecuencia de ello por los amigos del
rey, oía continuamente que le llamaban
traidor, por haber abandonado Chipre*,
que Filométor le había confiado, y por
haberse pasado a Antíoco Epífanes. Al
no poder honrar debidamente la dignidad de su cargo, dejó esta vida envene-
nándose.

Gorgias y las fortalezas idumeas.

[14] Gorgias, convertido en estratega de
la región, mantenía tropas mercenarias y
aprovechaba cualquier ocasión para hostigar a los judíos. [15] Al mismo tiempo, los
1 M 5 1-8 idumeos, dueños de fortalezas estratégicas, causaban molestias a los judíos y,
acogiendo a los fugitivos de Jerusalén,
procuraban fomentar la guerra. [16] Macabeo y sus compañeros, después de haber celebrado una rogativa y haber pe-
8 23-24 dido a Dios que luchara junto a ellos,
se lanzaron contra las fortalezas de los
idumeos; [17] después de atacarlos con ímpetu, se apoderaron de las posiciones e
hicieron retroceder a todos los que combatían sobre la muralla; daban muerte a
cuantos caían en sus manos. Mataron
por lo menos a veinte mil. [18] No menos
de nueve mil hombres se habían refugiado en dos torres muy bien fortificadas y
abastecidas de cuanto era necesario para
resistir un asedio. [19] Macabeo dejó entonces a Simón y José, y además a Zaqueo y a los suyos, en número suficiente
para asediarlos, y él mismo partió hacia
otros lugares de mayor urgencia. [20] Pero
los hombres de Simón, ávidos de dinero,
se dejaron sobornar por algunos de los
que estaban en las torres; por setenta mil
dracmas dejaron que algunos se esca-
pasen. [21] Cuando se dio a Macabeo la noticia de lo sucedido, reunió a los jefes del
pueblo y acusó a aquellos hombres de
haber vendido a sus hermanos por dinero al soltar enemigos contra ellos.
[22] Hizo, por tanto, que los ejecutaran
como traidores y se apoderó inmediatamente de las dos torres. [23] Con atinada
dirección y con las armas en las manos,
mató en las dos fortalezas a más de veinte mil hombres*.

Judas vence a Timoteo y se apodera de Gázara*.

[24] Timoteo, que antes había sido vencido por los judíos, después de reclutar
numerosas fuerzas extranjeras y de reunir no pocos caballos traídos de Asia, se
presentó con la intención de conquistar
Judea por las armas. [25] Ante su avance,
los hombres de Macabeo, en rogativas a
Dios, cubrieron de polvo su cabeza y ciñeron de sayal la cintura; [26] y, postrándose delante del Altar, a su pie, pedían a
Dios que se mostrara propicio con ellos
y se hiciera enemigo de sus enemigos y Ex 23 22
adversario de sus adversarios, como declara la Ley.
[27] Al acabar la plegaria, tomaron las
armas y avanzaron un buen trecho fuera
de la ciudad; cuando estaban cerca de
sus enemigos, se detuvieron. [28] A poco de
difundirse la claridad del sol naciente,
ambos bandos se lanzaron al combate;
los unos tenían como garantía del éxito
y de la victoria, además de su valor, el
recurso al Señor; los otros combatían
con la furia como guía de sus luchas.
[29] En lo recio de la batalla aparecieron 5 4+
desde el cielo ante los adversarios cinco

10 10 «guerras» *polemôn* mss lat., sir.; «ciudades» *poleôn* mss lat., griego (excepto 3 mss que leen «guerreros» *polemiôn*).
10 13 Donde su presencia como gobernador está comprobada por inscripciones y por el historiador Polibio.
10 23 Cifra abultada, ver v. 18.
10 24 Este episodio no parece estar en su lugar cronológico, porque Timoteo, que en él encuentra la muerte, aparece vivo aún por el verano del mismo año 163, durante la campaña de Galaad, 12 10-31. La toma de Gázara plantea también dificultades, ver v. 32.

hombres majestuosos montados en caballos con frenos de oro, que se pusieron al frente de los judíos; [30] colocaron a Macabeo en medio de ellos y, cubriéndolo con sus armaduras, lo hacían invulnerable; arrojaban sobre los adversarios saetas y rayos, por lo que, heridos de ceguera, se dispersaban* en completo desorden. [31] Murieron veinte mil quinientos infantes y seiscientos jinetes. [32] El mismo Timoteo se refugió en una fortaleza, muy bien guardada, llamada Gázara*, cuyo estratega era Quereas. [33] Las tropas de Macabeo, alborozadas, asediaron la ciudadela durante cuatro días*. [34] Los de dentro, confiados en lo seguro de la posición, blasfemaban sin cesar y proferían palabras impías. [35] Amanecido el quinto día, veinte jóvenes de las tropas de Macabeo, encendidos en furor a causa de las blasfemias, se lanzaron valientemente contra la muralla y, con fiera bravura, herían a cuantos se ponían delante. [36] Otros subieron igualmente por el lado opuesto contra los de dentro, prendieron fuego a las torres y, encendiendo hogueras, quemaron vivos a los blasfemos. Aquéllos, entretanto, rompían las puertas y, tras abrir paso al resto del ejército, se apoderaron de la ciudad. [37] Mataron a Timoteo, que estaba escondido en una cisterna, así como a su hermano Quereas y a Apolófanes. [38] Al término de estas proezas, con himnos y alabanzas bendecían al Señor, que hacía grandes beneficios a Israel y a ellos les daba la victoria.

Primera campaña de Lisias*.

11 [1] Muy poco tiempo después, Lisias, tutor y pariente del rey, que estaba al frente de los negocios, muy contrariado por lo sucedido, [2] reunió unos ochenta mil hombres con toda la caballería y se puso en marcha contra los judíos, con la intención de hacer de la ciudad una población de griegos, [3] convertir el templo en fuente de recursos, como los demás recintos sagrados de los paganos, y poner cada año en venta la

dignidad del sumo sacerdocio. [4] No tenía en cuenta en absoluto el poder de Dios, engreído como estaba con sus miríadas de infantes, sus millares de jinetes y sus ochenta elefantes.

[5] Entró en Judea, se acercó a Bet Sur, plaza fuerte que dista de Jerusalén unas cinco esjenas*, y le puso un estrecho cerco. [6] En cuanto los hombres de Macabeo supieron que Lisias estaba sitiando las fortalezas, comenzaron a implorar al Señor con gemidos y lágrimas, junto con la multitud, que enviase un ángel bueno para salvar a Israel. [7] Macabeo en persona fue el primero en tomar las armas y exhortó a los demás a que juntamente con él afrontaran el peligro y auxiliaran a sus hermanos. Ellos se lanzaron juntos con entusiasmo. [8] Cuando estaban cerca de Jerusalén, apareció, poniéndose al frente de ellos, un jinete vestido de blanco, blandiendo armas de oro. [9] Todos a una bendijeron entonces a Dios misericordioso y sintieron que sus ánimos se enardecían, dispuestos a atravesar no sólo a hombres, sino aun a las fieras más salvajes y murallas de hierro. [10] Avanzaban equipados, con el aliado enviado del Cielo, porque el Señor se había compadecido de ellos. [11] Se lanzaron como leones sobre los enemigos, abatieron once mil infantes y mil seiscientos jinetes, y obligaron a huir a todos los demás. [12] La mayoría de éstos escaparon heridos y desarmados; el mismo Lisias se salvó huyendo vergonzosamente.

Paz con los judíos. Cuatro cartas relativas al tratado.

[13] Pero Lisias no era hombre sin juicio. Reflexionando sobre la derrota que acababa de sufrir, y comprendiendo que los hebreos eran invencibles porque el Dios poderoso luchaba con ellos, [14] les propuso por una embajada la reconciliación bajo toda clase de condiciones justas; y que además obligaría al rey a hacerse amigo de ellos*. [15] Macabeo asintió a todo lo que Lisias proponía, preocupado por el interés público;

Marginal references:
‖1 M 13
43-48

Ex 23 20+

54+

‖1 M 4
26-35

‖1 M 6
57-61

10 30 «se dispersaban» varios mss griegos; «fueron destrozados» griego y lat.

10 32 2 M, que se limita a las hazañas de Judas, ha incluido en el ciclo de este héroe la famosa toma de Gázara, cuya fama persistía en la tradición popular. 1 M 13 43, ver 14 34, se la atribuirá con razón a su hermano Simón.

10 33 «cuatro» lat.; «cuarenta» o «veinticuatro» griego.

11 Los acontecimientos relatados en 11 1-21 y 11 27 - 12 9 se sitúan todavía en el 164, en vida de Antíoco

Epífanes. En Jasón de Cirene, la perícopa seguiría a **8 36** (y así se justifica el «Muy poco tiempo después» del v. 1), pero para el compendiador la acción se desarrolla bajo Antíoco V, ver v. 23.

11 5 «esjenas» mss griegos; «estadios» griego y versiones (con cifras variables). La esjena tenía 30 estadios, es decir, unos 5 km y medio.

11 14 «obligaría» Vet. Lat., Vulg.; «persuadiría» mss lat.; «persuadiría obligándole» griego. —La expresión parecería muy dura a algún copista, que la sustituiría pues el rey concedió* cuanto Macabeo había pedido por escrito a Lisias acerca de los judíos.

[16] La carta escrita por Lisias a los judíos decía lo siguiente: «Lisias saluda a la población de los judíos. [17] Juan y Absalón*, vuestros enviados, al entregarme el documento copiado a continuación, me han rogado una respuesta sobre lo que en el mismo se significaba. [18] He dado cuenta al rey* de todo lo que debía exponérsele; lo que era de mi competencia lo he concedido. [19] Por consiguiente, si mantenéis vuestra buena disposición hacia el Estado, también yo procuraré en adelante colaborar en vuestro favor. [20] En cuanto a los detalles, tengo dada orden a vuestros enviados y a los míos de que los discutan con vosotros. [21] Seguid bien. Año ciento cuarenta y ocho, el veinticuatro de Dióscoro*.»

[22] La carta del rey decía lo siguiente: «El rey Antíoco* saluda a su hermano Lisias. [23] Habiendo pasado nuestro padre donde los dioses*, deseamos que los súbditos del reino vivan sin inquietudes para entregarse a sus propias ocupaciones. [24] Teniendo oído que los judíos no están de acuerdo en adoptar las costumbres griegas, como era voluntad de mi padre, sino que prefieren seguir sus propias costumbres, y ruegan que se les permita acomodarse a sus leyes, [25] deseosos, por tanto, de que esta nación esté tranquila, decidimos que se les restituya el templo y que puedan vivir según las costumbres de sus antepasados. [26] Bien harás, por tanto, en enviarles emisarios que les den la mano, para que al saber nuestra determinación, se sientan confiados y se dediquen con agrado a sus propias ocupaciones.»

[27] La carta del rey a la nación era como sigue: «El rey Antíoco saluda al Senado de los judíos y a los demás judíos. [28] Sería nuestro deseo que os encontrarais bien; también nosotros gozamos de salud. [29] Menelao nos ha manifestado vuestro deseo de volver a vuestros hogares. [30] A los que vuelvan antes del treinta del mes de Xántico se les ofrece la mano y libertad [31] para que los judíos se sirvan de sus propios alimentos y leyes como antes, y ninguno de ellos sea molestado en modo alguno a causa de faltas cometidas por ignorancia. [32] He enviado a Menelao para que os anime*. [33] Seguid bien. Año ciento cuarenta y ocho, día quince de Xántico.»

[34] También los romanos les enviaron una carta con el siguiente contenido: «Quinto Memio, Tito Manilio, Manio Sergio*, legados de los romanos, saludan al pueblo de los judíos. [35] Nosotros damos nuestro consentimiento a lo que Lisias, pariente del rey, os ha concedido. [36] Pero en relación con lo que él decidió presentar al rey, mandadnos algún emisario en cuanto lo hayáis examinado, para que lo expongamos en la forma que os conviene, ya que nos dirigimos a Antioquía. [37] Daos prisa, por tanto; enviadnos a algunos, para que también nosotros conozcamos cuál es vuestra opinión. [38] Seguid en buena salud. Año ciento cuarenta y ocho, día quince de Dióscoro*.»

Acontecimientos de Jope y Yamnia.

12 [1] Una vez terminados estos tratados, Lisias se volvió junto al rey*, mientras los judíos se entregaban a las labores del campo. [2] Pero algunos de los estrategas en plaza, Timoteo y Apolonio,

---

en el margen con «persuadir», palabra que luego fue incorporada en varios mss. —Para el compendiador, el rey es Antíoco V; es niño todavía y semejante presión no tiene nada de extraño.

11 15 Este acuerdo explica que Judas no se haya visto inquietado en modo alguno durante ese año 164.

11 17 Este Juan puede ser el mayor de los hijos de Matatías, 1 M 2 2; Absalón parece ser un personaje importante, puesto que dos de sus hijos ocuparon mandos militares, ver 1 M 11 70; 13 11.

11 18 Antíoco IV. La gestión del todopoderoso Lisias no se explicaría tan bien si se tratara del joven Antíoco V, como lo cree el compendiador.

11 21 «Dióscoro» lat.; «de Zeus corintio» (Dioscorintios) griego. —Es el nombre de un mes cretense, equivalente a Xántico, ver v. 30. Es la primavera del 164.

11 22 Aquí se trata de Antíoco V, ver v. siguiente, y el rescripto otorgado a los judíos después de la segunda campaña de Lisias, ver 13 23; 1 M 6 59.

11 23 Alusión a la apoteosis del soberano, que se hallaba en vigor entre los Seléucidas al igual que entre los Lágidas.

11 32 El papel conferido al sumo sacerdote despreciado por los insurgentes muestra que el rey no pensaba reconocer a su jefe Judas. Pero se había conseguido el objetivo religioso de la rebelión, es decir, la retirada del edicto de abolición del culto judío

11 34 Restituimos «Manilio» y «Sergio» según 2 mss griegos; el resto del griego dice solamente «Tito Manio», pero esta designación formada por dos nombres propios es imposible. Tito Manilio y Manio Sergio son, por lo demás, personajes conocidos. En cuanto a Quinto Memio, no es conocido, pero un Tito Memio había sido legado el 170.

11 38 «Dióscoro» Vet. Lat.; «Xántico» griego.

12 1 El compendiador se imagina al rey en Antioquía (puesto que para él se trata de Antíoco V). En realidad, las dos incursiones contra las ciudades marítimas siguieron al parecer a la primera campaña de Lisias, mientras que Antíoco IV se encontraba en Persia, ver 6 1; 9 1, y fácilmente se pueden situar en el curso del año 164.

hijo de Geneo, y también Jerónimo y Demofón, además de Nicanor, el Chipriarca, no les dejaban vivir en paz ni disfrutar de sosiego.

³ Los habitantes de Jope, por su parte, perpetraron la enorme impiedad que sigue: invitaron a los judíos que vivían con ellos a subir con mujeres y niños a las embarcaciones que habían preparado, como si no guardaran contra ellos ninguna enemistad. ⁴ Conforme a la común decisión de la ciudad, aceptaron los judíos, por mostrar sus deseos de vivir en paz y que no tenían el menor recelo; pero, cuando se hallaban en alta mar, los echaron al fondo, en número no inferior a doscientos.

⁵ Cuando Judas se enteró de la crueldad cometida con sus compatriotas, se lo anunció a sus hombres; ⁶ y después de invocar a Dios, el justo juez, se puso en camino contra los asesinos de sus hermanos, incendió por la noche el puerto, quemó las embarcaciones y pasó a cuchillo a los que se habían refugiado allí. ⁷ Al encontrar cerrada la plaza, se retiró con la intención de volver de nuevo y exterminar por completo a la población de Jope. ⁸ Enterado de que también los de Yamnia querían actuar de la misma forma con los judíos que allí habitaban, ⁹ atacó también de noche a los yamnitas e incendió el puerto y la flota, de modo que el resplandor de las llamas se veía hasta en Jerusalén y eso que había doscientos cuarenta estadios de distancia.

‖1 M 5
24-54

Expedición a la región de Galaad.

¹⁰ Marchando contra Timoteo, se alejaron de allí nueve estadios*, cuando le atacaron no menos de cinco mil árabes y quinientos jinetes. ¹¹ En la recia batalla trabada, las tropas de Judas lograron la victoria, gracias al auxilio recibido de Dios; los nómadas, vencidos, pidieron a Judas que les diera la mano, prometiendo entregarle ganado y serle útiles en adelante. ¹² Judas, dándose cuenta de que verdaderamente en muchos casos podían ser de utilidad, consintió en ha-

cer las paces con ellos; estrechada la mano, se retiraron a las tiendas.

¹³ Judas atacó también a cierta ciudad fortificada con terraplenes, rodeada de murallas, y habitada por una población mixta de varias naciones, por nombre Caspín. ¹⁴ Los sitiados, confiados en la solidez de las murallas y en la provisión de víveres, trataban groseramente con insultos a los hombres de Judas, profiriendo además blasfemias y palabras sacrílegas. ¹⁵ Los hombres de Judas, después de invocar al gran Señor del mundo, que sin arietes ni máquinas de guerra había derruido a Jericó en tiempo de Josué, atacaron ferozmente la muralla. ¹⁶ Una vez dueños de la ciudad por la voluntad de Dios, hicieron una indescriptible carnicería, hasta el punto de que el lago vecino, con su anchura de dos estadios, parecía lleno con la sangre que le había llegado.

Jos 6

Batalla del Carnión.

‖1 M 5
37-44

¹⁷ Se alejaron de allí setecientos cincuenta estadios y llegaron a Járaca, donde los judíos llamados tubios*. ¹⁸ Pero no encontraron en aquellos lugares a Timoteo, que al no lograr nada se había ido de allí, dejando con todo en determinado lugar una fortísima guarnición. ¹⁹ Dositeo y Sosípatro, capitanes de Macabeo, mataron en una incursión a los hombres que Timoteo había dejado en la fortaleza, más de diez mil. ²⁰ Macabeo distribuyó su ejército en cohortes, puso a aquellos dos a su cabeza y se lanzó contra Timoteo, que tenía consigo veinte mil infantes y dos mil quinientos jinetes. ²¹ Al enterarse Timoteo de la llegada de Judas, mandó por delante a las mujeres, los niños y el resto de la impedimenta al sitio llamado Carnión*, pues era un lugar inexpugnable y de acceso difícil, por la angostura de todos sus pasos. ²² En cuanto apareció la primera, la cohorte de Judas, se apoderó de los enemigos el miedo y el temor al manifestarse ante ellos Aquél que todo lo ve, y se dieron a la fuga cada cual por su lado, de modo

1 M 5 13

1 M 5 43-

---

12 10 Estos nueve estadios (menos de 2 km) no pueden contarse a partir de Yamnia, sino desde un punto situado en Galaatida, ver v. 13. El compendiador pudo cortar mal su extracto de Jasón. Sobre las circunstancias de esta expedición del verano del 163, ver 1 M 5 9s. —Los «árabes» son nabateos, ver 1 M 5 25, cuyo jefe sería el filarca de 2 M 8 32.
12 17 El «país de Tubías» de 1 M 5 13, es decir, la Amanítida, gobernada por la familia de los Tubíadas. En él se criaban caballos, y un cuerpo de jinetes tubios

se hizo célebre en Idumea, v. 35. —El Járaca debe de ser la fortaleza o Birta de la Amanítida (la actual Araq el Emir), residencia del gobernador.
12 21 Emplazamiento del santuario de la Astarté de los cuernos, ver 1 M 5 43. —La «angostura» será simplemente el lecho del torrente mencionado en 1 M 5 37 (el Nahr el-Ehreir afluente del Yarmuc); sólo más al sur se hace accidentado el terreno, pero el autor quiere subrayar las cualidades militares de la cohorte de Judas y el terror que ésta provocaba.

que muchas veces eran heridos por sus propios compañeros y atravesados por las puntas de sus espadas. ²³ Judas seguía tenazmente en su persecución, acuchillando a aquellos criminales; llegó a matar hasta treinta mil hombres. ²⁴ El mismo Timoteo cayó en manos de los hombres de Dositeo y Sosípatro; les instaba con mucha palabrería que le dejaran ir salvo, pues alegaba tener en su poder a parientes entre los cuales había hermanos de muchos de ellos, de cuya vida nadie se cuidaría. ²⁵ Cuando él garantizó, después de muchas palabras, la determinación de restituirlos sanos y salvos, le dejaron libre con ánimo de liberar a sus hermanos.
²⁶ Habiéndose dirigido al Carnión y al Atargateion*, Judas dio muerte a veinticinco mil hombres.

Vuelta por Efrón y Escitópolis.

²⁷ Después de haber derrotado (y destruido) a estos enemigos, dirigió una expedición contra la ciudad fuerte de Efrón, donde habitaba Lisanias*, con una multitud de toda estirpe. Jóvenes vigorosos, apostados ante las murallas, combatían con valor; en el interior había muchas reservas de máquinas de guerra y proyectiles. ²⁸ Después de haber invocado al Señor que aplasta con energía las fuerzas de los enemigos, los judíos se apoderaron de la ciudad y abatieron por tierra a unos veinticinco mil de los que estaban dentro. ²⁹ Partiendo de allí se lanzaron contra Escitópolis*, ciudad que dista de Jerusalén seiscientos estadios. ³⁰ Pero como los judíos allí establecidos atestiguaron que los habitantes de la ciudad habían sido benévolos con ellos y les habían dado buena acogida en los tiempos de desgracia, ³¹ Judas y los suyos se lo agradecieron y les exhortaron a que

también en lo sucesivo se mostraran bien dispuestos con su raza.
Llegaron a Jerusalén en la proximidad de la fiesta de las Semanas.

Campaña contra Gorgias.

³² Después de la fiesta llamada de Pentecostés, se lanzaron contra Gorgias, el estratega de Idumea. ³³ Salió éste con tres mil infantes y cuatrocientos jinetes, ³⁴ y sucedió que cayeron algunos de los judíos que les habían presentado batalla. ³⁵ Un tal Dositeo, jinete valiente, del cuerpo de los tubios, se apoderó de Gorgias y, agarrándole por la clámide*, lo arrastraba por la fuerza con el deseo de capturar vivo a aquel maldito; pero un jinete tracio se echó sobre Dositeo, le cortó el hombro, y Gorgias huyó hacia Marisá. ³⁶ Ante la fatiga de los hombres de Esdrías, que llevaban mucho tiempo luchando, Judas suplicó al Señor que se mostrase su aliado y su guía en el combate. ³⁷ Entonó entonces en su lengua patria el grito de guerra y algunos himnos*, irrumpió de improviso sobre las tropas de Gorgias y las derrotó.

El sacrificio por los muertos*.

³⁸ Judas, después de reorganizar el ejército, se dirigió hacia la ciudad de Odolán*. Al llegar el día séptimo, se purificaron según la costumbre y celebraron allí el sábado. ³⁹ Al día siguiente, fueron en busca de Judas* (cuando se hacía ya necesario) para recoger los cadáveres de los que habían caído y depositarlos con sus parientes en los sepulcros de sus padres. ⁴⁰ Entonces encontraron bajo las túnicas de cada uno de los muertos objetos consagrados a los ídolos de Yamnia*, que la Ley prohíbe a los judíos. Fue entonces evidente para todos por qué motivo habían sucumbido aquellos hom-

Ex 23 14+

Dt 7 25

---

12 26 Santuario de Atargates, la gran diosa siria identificada con la Astarté local.
12 27 «donde habitaba Lisanías» mss lat. (otros mss traen «Lisias»); «donde habitaba una multitud de toda estirpe» griego, Vulg.; «donde habitaba Lisias, con una multitud de toda estirpe» griego luc., mss lat. y sir. —Aunque hubiéramos de preferir la lectura «Lisias», no puede tratarse del estratega de Celesiria, que debía de residir en Tiro, sino simplemente de un dinasta local. El nombre era corriente.
12 29 Nombre griego de la ciudad de Betsán, 1 M 5 52.
12 35 La esclavina corta de los jinetes. —«del cuerpo de los tubios» mss lat., sir.; «de los de Bakenor» griego, Vulg., pero no existe ningún nombre propio parecido.
12 37 Los himnos, aun los guerreros, tenían carácter litúrgico y debían de estar en hebreo.
12 38 (a) Aun aligerado de sus glosas, ver v. 45+, este

texto expresa la convicción de que la oración y el sacrificio expiatorio son eficaces para la remisión de los pecados de los difuntos. Es la primera aseveración de esta creencia. Con todo, un sacrificio como el que mandó ofrecer Judas pudo no tener más finalidad que la purificación de la comunidad, manchada bajo el crimen de algunos, ver Jos 7, y es posible que sea el autor el que, cuarenta años más tarde, haya atribuido a su héroe sus propias convicciones. En cualquier caso, éstas marcan una nueva e importante etapa en la teología judía.
12 38 (b) Es Adulán, ciudad célebre de la Tierra Baja, Jos 12 15, ver 1 S 22 1; 2 Cro 11 17, etc.
12 39 «fueron en busca de Judas» griego luc., Vet. Lat., sir.; «los hombres de Judas... fueron» griego, Vulg.
12 40 Es decir, amuletos u objetos ofrecidos a las divinidades paganas, que debieron haber quemado, ver Dt 7 25s.

bres. [41] Bendijeron, pues, todos las obras del Señor, juez justo, que manifiesta las cosas ocultas, [42] y pasaron a la súplica, rogando que quedara completamente borrado el pecado cometido. El valeroso Judas recomendó a la multitud que se mantuvieran limpios de pecado, a la vista de lo sucedido por el pecado de los que habían sucumbido. [43] Después de haber reunido entre sus hombres cerca de dos mil dracmas, las mandó a Jerusalén para ofrecer un sacrificio por el pecado, obrando muy hermosa y noblemente, pensando en la resurrección. [44] Pues de no esperar que los soldados caídos resucitarían, habría sido superfluo y necio rogar por los muertos; [45] mas, si consideraba que una magnífica recompensa está reservada a los que duermen piadosamente, era un pensamiento santo y piadoso*. [46] Por eso mandó hacer este sacrificio expiatorio en favor de los muertos, para que quedaran liberados del pecado.

Campaña de Antíoco V y Lisias. Suplicio de Menelao.

13 [1] El año ciento cuarenta y nueve*, los hombres de Judas se enteraron de que Antíoco Eupátor marchaba sobre Judea con numerosas tropas, [2] y que con él venía Lisias, su tutor y encargado de los negocios, cada uno con un ejército griego de ciento diez mil infantes, cinco mil trescientos jinetes, veintidós elefantes y trescientos carros armados de hoces. [3] También Menelao se unió a ellos e incitaba muy taimadamente a Antíoco, no por salvar a su patria, sino con la idea de establecerse en el poder. [4] Pero el Rey de reyes excitó la cólera de Antíoco contra aquel malvado; Lisias demostró al rey que aquel hombre era el causante de todos los males, y Antíoco ordenó conducirlo a Berea y darle allí muerte, según las costumbres del lugar*. [5] Hay en aquel lugar una torre de cincuenta codos, llena de ceniza, provista de un dispositivo giratorio, en pendiente por todos los lados hacia la ceniza. [6] Al reo de robo sacrílego o al que ha perpetrado algún otro crimen horrendo, lo suben* allí y lo precipitan para su perdición. [7] Y con tal suplicio murió aquel inicuo Menelao, que ni siquiera tuvo la suerte de encontrar la tierra que lo recibiera. [8] Y muy justamente fue así, pues, después de haber cometido muchos pecados contra el altar, cuyo fuego y ceniza eran sagrados, en la ceniza encontró la muerte.

Plegarias y éxito de los judíos junto a Modín.

[9] Marchaba, pues, el rey embargado de bárbaros sentimientos, dispuesto a mostrar a los judíos peores cosas que las sucedidas en tiempo de su padre. [10] Judas, al saberlo, mandó a la tropa que invocara al Señor día y noche, para que también en esta ocasión, como en otras, viniera en ayuda de los que estaban a punto de ser privados de la Ley, de la patria y del templo santo, [11] y no permitiera que aquel pueblo, que todavía hacía poco había recobrado el ánimo, cayera en manos de paganos de mala fama. [12] Una vez que todos juntos cumplieron la orden y suplicaron al Señor misericordioso con lamentaciones y ayunos y postraciones durante tres días seguidos, Judas les animó y les mandó que estuvieran preparados. [13] Después de reunirse en privado con los Ancianos, decidió que, antes que el ejército del rey entrara en Judea y se hiciera dueño de la ciudad, salieran los suyos para resolver la situación con el auxilio de Dios.

[14] Judas, dejando la decisión al Creador del mundo, animó a sus hombres a combatir heroicamente hasta la muerte por la causa de las leyes, el templo, la ciudad, la patria y las instituciones; y acampó en las cercanías de Modín.

Márgenes izquierda: 7 9+   1 M 6 30

Márgenes derecha: 1 M 4 36+

---

12 45 El texto actual, tal como nos ha sido transmitido por el griego y la mayor parte de las versiones, representa una armonización del texto primitivo con las dos glosas que lo han recargado (una, saducea, ver Mt 22 23; la otra, farisea). Este texto se nos ha conservado en *el ms principal de la Vet. Lat.:* «porque esperaba que los que habían caído resucitarían (es superfluo y vano orar por los muertos), considerando que para los que se han dormido con piedad está reservada una estupenda recompensa (santo y saludable pensamiento)».
13 1 Del calendario seléucida, pero contando a partir de la primavera (del 311). Es el otoño del 163.
13 4 El sumo sacerdote Menelao, que había vuelto a Jerusalén, ver 11 32, no pudo probablemente sostenerse aquí, pero su suplicio ha de situarse más bien después de la toma de Jerusalén por Antíoco, como lo dice Josefo (*Antigüedades Judías*). —Berea es el nombre de la ciudad macedónica, Hch 17 10, dado a Alepo por Seleuco I.
13 6 «lo suben» *arantes* conj.; *apantes* griego, versiones. —«lo precipita» *proôzousin* conj. según lat.; «empujan hacia» (?) *prosôzousin* griego. —El suplicio de la ceniza está comprobado entre los persas; aquí toma el aspecto de una aplicación del talión, v. 8; ver 4 26; 9 5-6.

8 23

1 M 6 43s

¹⁵ Dio a los suyos como consigna «Victoria de Dios» y atacó de noche con lo más escogido de los jóvenes la tienda del rey. Mató en el campamento a unos dos mil hombres y los suyos hirieron al mayor de los elefantes junto con su conductor; ¹⁶ llenaron finalmente el campamento de terror y confusión, y se retiraron victoriosos ¹⁷ cuando el día despuntaba. Todo ello sucedió gracias a la protección que el Señor había brindado a Judas.

‖1 M 6
48-63

Antíoco V pacta con los judíos.

¹⁸ El rey, que había probado ya la osadía de los judíos, intentó alcanzar las posiciones con estratagemas. ¹⁹ Se aproximó a Bet Sur, plaza fuerte de los judíos; pero fue rechazado, derrotado y vencido. ²⁰ Judas hizo llegar a los de dentro lo que necesitaban. ²¹ Pero Rodoco, uno del ejército judío, revelaba los secretos a los enemigos; fue buscado, capturado y ejecutado. ²² El rey parlamentó por segunda vez con los de Bet Sur, dio y tomó la mano y luego se retiró. Atacó a las tropas de Judas, y fue vencido. ²³ Supo entonces que Filipo, a quien había dejado en Antioquía al frente de los negocios, se había sublevado. Consternado, llamó a los judíos, se avino a sus deseos y prestó juramento sobre todas las condiciones justas. Se reconcilió y ofreció un sacrificio, honró al santuario y se mostró generoso con el Lugar Santo*.

²⁴ Prestó buena acogida a Macabeo y dejó a Hegemónides como estratega desde Tolemaida hasta la región de los guerraínos*. ²⁵ Salió hacia Tolemaida; pero los habitantes de la ciudad estaban muy disgustados por este tratado: estaban en verdad indignados por los acuerdos, que ellos querían abolir*. ²⁶ Lisias subió entonces a la tribuna e hizo la mejor defensa que pudo; los convenció y calmó, y los dispuso a la benevolencia. Luego partió hacia Antioquía.

Así sucedió con la expedición y la retirada del rey.

VII. Lucha contra Nicanor, general de Demetrio I. El día de Nicanor

‖ M 7 1-21

Intervención del sumo sacerdote Alcimo.

M 10 30+

14 ¹ Después de tres años* de intervalo, los hombres de Judas supieron que Demetrio, hijo de Seleuco, había atracado en el puerto de Trípoli con un fuerte ejército y una flota, ² y que se había apoderado de la región, después de haber dado muerte a Antíoco y a su tutor Lisias. ³ Un tal Alcimo, que antes había sido sumo sacerdote, pero que se había contaminado* voluntariamente en tiempo de la rebelión, pensando que de ninguna forma había para él salvación ni acceso posible al altar sagrado, ⁴ fue al encuentro del rey Demetrio, hacia el año ciento cincuenta y uno, y le ofreció una corona de oro, una palma, y además, los rituales ramos de olivo del templo. Y por aquel día no hizo más.

⁵ Pero encontró una ocasión propicia para su demencia, al ser llamado por Demetrio a consejo y al ser preguntado sobre las disposiciones y designios de los judíos. ⁶ Respondió: «Los judíos llamados asideos, encabezados por Judas Macabeo, fomentan guerras y rebeliones, para no dejar que el reino viva en paz. ⁷ Por eso, aunque despojado de mi dignidad ancestral, me refiero al sumo sacerdocio, he venido aquí ⁸ en primer lugar con verdadera preocupación por los intereses del rey, y en segundo lugar, con la mirada puesta en mis propios compatriotas, pues por la locura de los hombres que he mencionado, toda nuestra raza padece no pocos males. ⁹ Informado con detalle de todo esto, oh rey!, mira por nuestro país y por nuestra nación por todas partes asediada, con esa accesible benevolencia que tienes para todos; ¹⁰ pues mientras Judas subsista, le es imposible al Estado alcanzar la paz.»

---

13 23 El relato de 1 M es menos optimista, pero insiste en la libertad religiosa concedida a los judíos, 6 59, que aquí no se especifica: no parece que el autor de 2 M haya captado la relación entre el rescripto de Antíoco V, 11 22s, y esta segunda campaña de Lisias.
13 24 Se trata, pues, del comienzo (oficioso todavía) de los Asmoneos, puesto que se reconoce *de facto* a Judas y sólo la región costera recibe un gobernador.
13 25 «estaban en verdad indignados por los acuerdos, que ellos querían abolir» Vet. Lat.; griego corrompido.
14 1 A partir del 149 seléucida. Es la primavera del 161.
14 3 Es decir, que había aceptado el helenismo.

¹¹ En cuanto él dijo esto, los demás amigos que sentían aversión hacia lo de Judas, se apresuraron a encender más el ánimo de Demetrio. ¹² Designó inmediatamente a Nicanor, que había llegado a ser elefantarca, lo nombró estratega de Judea* y lo envió ¹³ con órdenes de hacer morir a Judas, dispersar a todos sus hombres y restablecer a Alcimo como sumo sacerdote del más grande de los templos. ¹⁴ Los paganos de Judea, fugitivos de Judas, se unieron en masa a Nicanor, imaginándose que las desgracias y reveses de los judíos serían sus propios éxitos.

Nicanor entabla amistad con Judas.

¹⁵ Al tener noticia de la expedición de Nicanor y del asalto de los paganos, esparcieron sobre sí polvo e imploraron a Aquél que por siempre había establecido a su pueblo y que siempre protegía a su propia heredad con sus manifestaciones. ¹⁶ Por orden de su jefe, salieron inmediatamente de allí y trabaron lucha con ellos junto al pueblo de Desau*. ¹⁷ Simón, hermano de Judas, había entablado combate con Nicanor, pero, a causa de la repentina llegada de los enemigos, sufrió un ligero revés*. ¹⁸ Con todo, Nicanor, al tener noticia de la bravura de los hombres de Judas y del valor con que combatían por su patria, temía resolver la situación por la sangre. ¹⁹ Por este motivo, envió a Posidonio, Teodoto y Matatías para concertar la paz. ²⁰ Después de maduro examen de las condiciones, el jefe se las comunicó a las tropas y, ante el parecer unánime, aceptaron el tratado. ²¹ Fijaron la fecha en que se reunirían los jefes en privado. Se adelantó un vehículo de cada lado y prepararon asientos. ²² Judas dispuso en lugares estratégicos hombres armados, preparados por si se producía alguna repentina traición por parte enemiga. Tuvieron la entrevista en buen acuerdo. ²³ Nicanor pasó algún tiempo en Jerusalén sin hacer nada inoportuno y despidió a las turbas que se le habían reunido en masa. ²⁴ Siempre tenía a Judas consigo; sentía una cordial inclinación hacia este

hombre. ²⁵ Le aconsejó que se casara y tuviera descendencia. Judas se casó, vivió con tranquilidad, y disfrutó de la vida*.

Alcimo reanuda las hostilidades y Nicanor amenaza al templo.

²⁶ Alcimo, al ver la recíproca comprensión, se hizo con una copia del acuerdo concluido y se fue donde Demetrio. Le decía que Nicanor tenía sentimientos contrarios a los intereses del Estado, pues había designado como sucesor suyo a Judas, el conspirador contra el reino. ²⁷ Fuera de sí el rey, excitado por las calumnias de aquel maligno, escribió a Nicanor comunicándole que estaba disgustado con el acuerdo y ordenándole que inmediatamente mandara encadenado a Macabeo a Antioquía. ²⁸ Cuando Nicanor recibió la comunicación, quedó consternado, pues le desagradaba mucho tener que anular lo convenido, sin que hubiera cometido aquel hombre injusticia alguna. ²⁹ Pero, como no era posible oponerse al rey, aguardaba la oportunidad de ejecutar la orden con alguna estratagema. ³⁰ Cuando Macabeo, por su parte, notó que Nicanor se portaba más secamente con él y que le trataba con más frialdad en sus habituales relaciones, pensó que tal sequedad no procedía de las mejores disposiciones. Reunió a muchos de los suyos y procuró ocultarse de Nicanor. ³¹ Este otro, al darse cuenta de que aquel hombre le había vencido con nobleza, se presentó en el más grande y santo templo en el momento en que los sacerdotes ofrecían los sacrificios rituales y les exigió que le entregaran a aquel hombre. ³² Aseguraron ellos con juramento que no sabían dónde estaba el hombre que buscaba. ³³ Entonces él, extendiendo la diestra hacia el santuario, hizo este juramento: «Si no me entregáis encadenado a Judas, arrasaré este recinto sagrado de Dios, destruiré el altar y levantaré aquí mismo un espléndido templo a Díoniso.» ³⁴ Y, dicho esto, se fue. Los sacerdotes, con las manos tendidas al cielo, invocaban a Aquél que sin cesar había comba-

1 M 2 18+

‖1 M 7 26

‖1 M 7 27-28

1 M 7 31

1 M 7 29-30

‖1 M 7 33-38

---

14 12 «estratega», es decir, aquí gobernador, para privar al sumo sacerdote Alcimo de todo poder político.
14 16 Este incidente de Desau (Adasá, ver 1 M 7 40) parece ser idéntico al de Cafarsalamá, que está cerca, 1 M 7 31.
14 17 V. mal transmitido. Puede entenderse también: «pero al atardecer, fue empujado por un movimiento

inopinado del adversario» o: «pero al momento, quedó aterrorizado por la aparición inopinada del adversario».
14 25 Esta imagen matizada del carácter de Judas y de Nicanor no se encuentra en el autor de 1 M, que prefiere contraponer vigorosamente al héroe judío y al pagano impío, 7 42.

tido en favor de nuestra nación, diciendo: [35] «Tú, Señor, que nada necesitas, te has complacido en que el santuario de tu morada se halle entre nosotros. [36] También ahora, Señor santo de toda santidad, preserva siempre limpia de profanación esta Casa recién purificada.»

Muerte de Razías*.

[37] Razías, uno de los ancianos de Jerusalén, fue denunciado a Nicanor. Era hombre amante de sus conciudadanos, muy bien considerado, llamado por su buen corazón «Padre de los judíos», [38] pues, en los tiempos que precedieron a la sublevación, había sido acusado de Judaísmo, y por el Judaísmo había expuesto cuerpo y vida con gran constancia. [39] Queriendo Nicanor hacer patente la hostilidad que le embargaba hacia los judíos, envió más de quinientos soldados para arrestarlo, [40] pues le parecía que arrestándolo causaba un gran perjuicio a los judíos. [41] Cuando las tropas estaban a punto de apoderarse de la torre, forzando la puerta del patio y con orden de prender fuego e incendiar las puertas, Razías, acosado por todas partes, se echó sobre la espada. [42] Prefirió noblemente la muerte antes que caer en manos criminales y soportar afrentas indignas de su nobleza. [43] Pero, como por la precipitación del combate no había acertado al herirse y las tropas irrumpían puertas adentro, subió valerosamente a lo alto del muro y se precipitó con bravura sobre las tropas; [44] pero, al retroceder éstas rápidamente, dejando un hueco, vino él a caer en medio del espacio libre. [45] Con aliento todavía y enardecido su ánimo, se levantó derramando sangre a torrentes; a pesar de las graves heridas, atravesó corriendo por entre las tropas y se puso sobre una roca escarpada. [46] Ya completamente exangüe, se arrancó las entrañas y tomándolas con ambas manos, las arrojó contra las tropas. Y, después de invocar al Dueño de la vida y del espíritu que otra vez se dig-

(margen izquierdo) 1 S 31 4+

(margen izquierdo) 7 9+

nara devolvérselas, llegó de este modo al tránsito*.

Blasfemias de Nicanor.

15 [1] Supo Nicanor que los hombres de Judas se hallaban en la región de Samaría y decidió atacarlos sin riesgo en el día del descanso. [2] Los judíos, que lo acompañaban a la fuerza, le dijeron: «No mates así de modo tan salvaje y bárbaro; respeta y honra más bien el día que con preferencia ha sido santificado por Aquél que todo lo ve.» [3] Aquel hombre tres veces malvado preguntó si en el cielo había un Soberano que hubiera prescrito celebrar el día del sábado. [4] Ellos le replicaron: «Es el mismo Señor que vive como Soberano en el cielo el que mandó observar el día séptimo.» [5] Entonces el otro dijo: «También yo soy soberano en la tierra: el que ordena tomar las armas y prestar servicio al rey.» Sin embargo no pudo realizar su malvado designio.

Exhortación y sueño de Judas.

[6] Nicanor, jactándose con altivez, deliberaba erigir un trofeo común* con los despojos de los hombres de Judas. [7] Macabeo, por su parte, mantenía incesantemente su confianza, con la entera esperanza de recibir ayuda de parte del Señor, [8] y exhortaba a los que lo acompañaban a no temer el ataque de los paganos, teniendo presentes en la mente los auxilios que antes les habían venido del Cielo, y a esperar también entonces la victoria que les habría de venir de parte del Todopoderoso. [9] Los animaba citando la Ley y los Profetas*, y les recordaba los combates que habían llevado a cabo; así les infundía mayor ardor. [10] Después de haber levantado sus ánimos, les puso además de manifiesto la perfidia de los paganos y la violación de sus juramentos. [11] Armó a cada uno de ellos, no tanto con la seguridad de los escudos y las lanzas, como con la confianza de sus buenas palabras. Les refirió además un sueño digno de crédito, una especie de visión*, que alegró a todos. [12] Su visión

---

14 37 El estilo de este episodio, que está ausente de 1 M, recuerda el de los siete hermanos y el de Eleazar, y como él se habrá sido tomado sin mucho cambio de Jasón de Cirene.

14 46 El suicidio es raro en la Biblia y sólo aparece en situaciones morales extremas, ver 2 S 17 23+. No es objeto de una condenación formal.

15 6 Por «trofeo común» se designa un montón de piedras en torno al cual se apilaban las armas de los enemigos caídos en el campo de batalla.

15 9 A estos dos importantes bloques literarios (ver Lc 24 27), el traductor del Eclesiástico, pocos años después, añadirá «los otros libros de los antepasados», algunos de los cuales estaban sin duda considerados como «libros santos» desde los tiempos de los Macabeos, ver 1 M 12 9.

15 11 «una especie de visión» *hypar ti* griego luc.; «referente a» *hyper ti* griego, versiones (pero el *ti* resulta inexplicable).

3 1+

fue tal como sigue: Onías, que había sido sumo sacerdote, hombre bueno y bondadoso, afable, de suaves maneras, distinguido en su conversación, preocupado desde la niñez por la práctica de la virtud, suplicaba con las manos tendidas por toda la comunidad de los judíos*. [13] Luego se apareció también un hombre que se distinguía por sus blancos cabellos y su dignidad, rodeado de admirable y majestuosa soberanía. [14] Onías había dicho: «Éste es el que ama a sus hermanos, el que ora mucho por su pueblo y por la ciudad santa, Jeremías*, el profeta de Dios.» [15] Jeremías, tendiendo su diestra, había entregado a Judas una espada de oro y, al dársela, había pronunciado estas palabras: [16] «Recibe, como regalo de parte de Dios, esta espada sagrada, con la que destrozarás a los enemigos.»

Disposiciones de los combatientes.

1 M 4 36+

[17] Animados por estas bellísimas palabras de Judas, capaces de estimular al valor y de robustecer las almas jóvenes, decidieron no resguardarse en la defensa, sino lanzarse valerosamente a la ofensiva y que, en un cuerpo a cuerpo, la fortuna decidiera*, porque peligraban la ciudad, la religión y el templo. [18] En verdad que el cuidado por sus mujeres e hijos, por sus hermanos y parientes quedaba en segundo término; el primero y principal era por el templo consagrado. [19] Igualmente para los que habían quedado en la ciudad no era menor la ansiedad, preocupados como estaban por el ataque en campo raso. [20] Todos aguardaban la decisión inminente. Los enemigos se habían concentrado y el ejército se había alineado en orden de batalla. Los elefantes se habían situado en lugar apropiado y la caballería estaba dispuesta en las alas*. [21] Entonces Macabeo, al observar la presencia de las tropas, la variedad de las armas preparadas y el fiero aspecto de los elefantes, exten-

dió las manos al cielo e invocó al Señor que hace prodigios, pues bien sabía que, no por medio de las armas, sino según su decisión, concede él la victoria a los que la merecen. [22] Decía su invocación de la siguiente forma: «Tú, Soberano, enviaste tu ángel a Ezequías, rey de Judá, que dio muerte a cerca de ciento ochenta y cinco mil hombres del ejército de Senaquerib; [23] ahora también, Señor de los cielos, envía un ángel bueno delante de nosotros para infundir el temor y el espanto. [24] ¡Que el poder de tu brazo hiera a los que han venido blasfemando a atacar a tu pueblo santo!» Así terminó sus palabras.

‖1 M 7 40-42
2 M 8 19
2 R 19 35
Is 37 36

Derrota y muerte de Nicanor.

‖1 M 7 43-50

[25] Mientras la gente de Nicanor avanzaba al son de trompetas y cantos de guerra, [26] los hombres de Judas entablaron combate con el enemigo entre invocaciones y plegarias. [27] Luchando con las manos, pero orando a Dios en su corazón, abatieron a no menos de treinta y cinco mil hombres, regocijándose mucho por la manifestación de Dios. [28] Al volver de su empresa, en gozoso retorno, reconocieron a Nicanor caído, con su armadura. [29] Entre clamores y tumulto, bendecían al Señor en su lengua patria. [30] Entonces, el que en primera fila* se había entregado, en cuerpo y alma, al bien de sus conciudadanos, el que había guardado hacia sus compatriotas los buenos sentimientos de su juventud, mandó cortar la cabeza de Nicanor y su brazo, hasta el hombro, y llevarlos a Jerusalén. [31] Llegado allí, convocó a sus compatriotas, puso a sus sacerdotes ante el altar y mandó buscar a los de la Ciudadela. [32] Les mostró la cabeza del abominable Nicanor y la mano que aquel infame había tendido insolentemente hacia la santa Casa del Todopoderoso; [33] y, después de haber cortado la lengua del impío Nicanor, ordenó que se diera en trozos a

---

15 12 Onías prosigue el papel de intercesor que ya había desempeñado en vida, **3** 10s; **4** 5.
15 14 Jeremías, que sufrió duramente por su pueblo, ver **11** 19.21; **14** 15; **18** 18s; **20** 1-2; **26**; es su intercesor más indicado. Este papel otorgado a Jeremías y Onías es la primera comprobación de una creencia en una oración de los justos difuntos en favor de los vivos. Creencia que está ligada a la de la resurrección, ver **6** 7; Sal **16** 10; **49** 16.
15 17 «no resguardarse en la defensa» griego luc.; «no combatir» griego. —«la fortuna» 1 ms griego, Vet. Lat.;

«con todo su valor» griego (excepto griego luc., que suma las dos lecturas).
15 20 Ver 1 M **6** 35, y en cuanto a la caballería en los flancos, **6** 38. El relato paralelo de 1 M no cita a los elefantes, pero concreta el campo de batalla: Adasá, **7** 40.45.
15 30 Ver 1 M **9** 11 (la palabra no se encuentra más que aquí en la Biblia). Dada la cultura helénica de nuestro autor, es probable que tenga en cuenta el único sentido comprobado en griego, es decir, «protagonista» (en el teatro) y que emplea la palabra como metáfora.

los pájaros y que se colgara frente al santuario la paga de su insensatez*. [34] Todos entonces levantaron hacia el cielo sus bendiciones en honor del Señor que se les había manifestado, diciendo: «Bendito el que ha conservado puro su Lugar Santo.»

[35] La cabeza de Nicanor fue colgada de la Ciudadela*, como señal manifiesta y visible para todos del auxilio del Señor. [36] Decretaron todos por público edicto no dejar pasar aquel día sin solemnizarlo, y celebrarlo el día trece del duodécimo mes, llamado Adar en arameo*, la víspera del Día de Mardoqueo*.

Epílogo del autor del resumen.

[37] Así pasaron los acontecimientos relacionados con Nicanor. Como desde aquella época la ciudad quedó en poder de los hebreos*, yo también terminaré aquí mismo mi relato. [38] Si ha quedado bello y logrado en su composición, eso es lo que yo pretendía; si imperfecto y mediocre, he hecho cuanto me era posible. [39] Como el beber vino solo o sola agua es dañoso, y en cambio, el vino mezclado con agua es agradable y de un gusto delicioso, igualmente la disposición grata del relato encanta los oídos de los que dan en leer la obra. Y aquí pongamos fin.

1 S 31 9-10

1 M 7 49+

15 33 «la paga», *ta epijeira*, significa también «el brazo» y hace un juego de palabras con «la mano», *jeir*, v. 32.
15 35 Es poco probable, puesto que el Acra sólo nueve años después fue desembarazado de sirios, 1 M 13 51. Se ha comparado este anacronismo con el de 1 S 17 54. También aquí podría tratarse de una adición, porque el autor ha mencionado ya la exposición de los restos de Nicanor, v. 33.
15 36 (a) Lit. «en lengua siríaca», frase que en los LXX equivale a «en arameo» de 2 R 18 26; Esd 4 7; Dn 2 4.

15 36 (b) Este «Día de Mardoqueo» será identificado con la fiesta de los Purim, ver Est 9. Pero hacia el 124 a.C., al parecer, todavía las distinguían. —El «Rollo del ayuno» (siglo I d.C.) cita el «Día de Nicanor» entre los días en que no hay que ayunar.
15 37 Se trata de la ciudad religiosa (el monte Sión de 1 M), porque la Ciudadela, que sigue en manos de los sirios, no interesa al autor. En efecto, la victoria de Judas sobre Nicanor ha salvado el santuario, que ya no se verá amenazado. El autor, que ha conseguido el fin que se había propuesto, puede poner punto final a su obra.

LÍRICA

LIRICA

LOS SALMOS

Introducción

Israel, como sus vecinos de Egipto, Mesopotomia y Canaán, cultivó desde sus orígenes la poesía lírica en todas sus formas. Algunas piezas se hallan engastadas en los libros históricos, desde el Cántico de Moisés, *Ex* **15**, el Cántico del Pozo, *Nm* **21** 17-18, el himno de victoria de Débora, *Jc* **5**, la elegía dedicada por David a Saúl y Jonatán, *2 S* **1**, etc., hasta los elogios de Judas y Simón Macabeo, *1 M* **3** 3-9 y **14** 4-15, y más tarde los cánticos del Nuevo Testamento, el Magníficat, el Benedictus y el Nunc dimittis. Numerosos pasajes de los libros proféticos pertenecen a estos mismos géneros literarios. Existían antiguas colecciones de las que no quedan más que el nombre y algunos vestigios, el libro de las Guerras de Yahvé, *Nm* **21** 14, y el libro del Justo, *Jos* **10** 13; *2 S* **1** 18. Pero el tesoro de la lírica religiosa de Israel ha sido conservado en el Salterio.

Los nombres

El Salterio (del griego Psalterion, propiamente nombre del instrumento de cuerda que acompañaba a los cantos, los salmos) es la colección de los ciento cincuenta salmos. Del *Sal* **10** al *Sal* **148**, la numeración de la Biblia hebrea (la que aquí seguimos) se adelanta en una unidad a la Biblia griega y a la Vulgata, que unen los salmos **9** y **10** y los salmos **114** y **115**, pero dividen en dos el *Sal* **116** y el *Sal* **147**.

El Salterio se llama Tehil.lim, «Himnos», en hebreo, pero el nombre no encaja con exactitud más que en cierto número de salmos. En realidad, en los títulos que encabezan la mayoría de los salmos, el nombre de himno sólo se da al *Sal* **145**. El título más frecuente es mizmor, que alude a un acompañamiento musical, y que se traduce muy bien con nuestra palabra «salmo». A algunos de estos salmos se les llama también «canciones», y el mismo término, cuando va solo, sirve de introducción a cada pieza de la colección «Canciones de las subidas», *Sal* **120-134**. Otras designaciones resultan más raras y, en ocasiones, de difícil interpretación.

Géneros literarios

Mejor clasificación se obtiene con el estudio de las formas literarias, y, desde este punto de vista estilístico, se distinguen tres grandes géneros: los himnos, las súplicas y las acciones de gracias. No se trata de una división exhaustiva, porque existen formas secundarias, irregulares o mixtas, y no siempre corresponde a un agrupamiento de los salmos que se pudieran hacer según sus temas o sus intenciones.

1. Los himnos. Son los *Sal* **8, 19, 29, 33, 46-48, 76, 84, 87, 93, 96-100, 103-106, 113, 114, 117, 122, 135, 136, 145-150**. Su composición es bastante uniforme. Todos comienzan con una exhortación a la alabanza divina. El cuerpo del himno detalla los motivos de esta alabanza, los prodigios realizados por Yahvé en la naturaleza, especialmente su obra creadora, y en la historia, particularmente la salvación concedida a su pueblo. La conclusión repite la fórmula de introducción o expresa una oración.

En este conjunto podemos distinguir, según su tema, dos grupos de salmos. Los Cánticos de Sión, *Sal* **46, 48, 76, 87**, ensalzan, con una nota teñida de escatología, a la ciudad santa, morada del Altísimo y meta de las peregrinaciones, ver *Sal* **84** y **122**. Los Salmos del Reinado de Dios, en especial *Sal* **47, 93, 96-98**, celebran, en un estilo que recuerda a los profetas, el reinado universal de Yahvé. Se ha tratado de relacionarlos con una fiesta de la entronización de Yahvé, que suponen se celebraba anualmente en Israel, como se hacía en Babilonia con Marduc, debido a que estos salmos emplean el vocabulario y las imágenes de la subida de los reyes humanos a su trono. Pero la existencia de tal fiesta en Israel es hipótesis poco segura.

2. Las súplicas, o salmos de sufrimiento, o lamentaciones. A diferencia de los himnos, las súplicas no cantan las glorias de Yahvé, sino que se dirigen a él. Generalmente comienzan con una invocación, a la que acompaña una petición de ayuda, una oración o una expresión de confianza. En el cuerpo del salmo se intenta conmover a Yahvé describiendo la triste situación de los suplicantes, con metáforas que son tópicos y que rara vez permiten determinar las circunstancias históricas o concretas de la oración: se habla de las *aguas del abismo, de las asechanzas de la muerte o del Seol, de enemigos o de bestias (perros, leones, toros) que amenazan o desgarran, de huesos que se secan o se quiebran, del corazón que palpita y se estremece. Hay protestas de inocencia, Sal 7, 17, 26, y confesiones de pecados como el Miserere, Sal 51, y otros salmos de penitencia. Se le recuerdan a Yahvé sus antiguos beneficios o se le reprocha porque parece olvidadizo o ausente, por ejemplo Sal 9-10, 22, 44. Pero también se afirma la confianza que se tiene en él, Sal 3, 5, 42-43, 55-57, 63, 130, etc., y, en ocasiones, el salmo de petición no es más que una larga invocación de confianza, Sal 4, 11, 16, 23, 62, 91, 121, 125, 131. La súplica concluye a menudo, y en forma a veces abrupta, con la certeza de que la oración es atendida y con una acción de gracias, por ejemplo los Sal 6, 22, 69, 140.*

Estas súplicas pueden ser colectivas o individuales.

a) Súplicas colectivas, *así Sal 12, 44, 60, 74, 79, 80, 83, 85, 106, 123, 129, 137. Su oración puede ser un desastre nacional, derrota o destrucción, o una necesidad común; en estos casos, se pide la salvación y la restauración del pueblo. Los Sal 74 y 137, por lo menos, como asimismo la colección de Lamentaciones atribuidas por la tradición a Jeremías, reflejan las consecuencias de la ruina de Jerusalén del año 587; el Sal 85 expresa los sentimientos de los repatriados. El Sal 106 es una confesión general de los pecados de la nación.*

b) Súplicas individuales, *así Sal 3, 5-7, 13, 17, 22, 25, 26, 28, 31, 35, 38, 42-43, 51, 54-57, 59, 63, 64, 69-71, 77, 86, 102, 120, 130, 140-143. Estas plegarias son particularmente numerosas, y el contenido de las mismas es muy variado: además de los peligros de muerte, las persecuciones, el destierro y la vejez, los males cuya liberación piden son, en especial, la enfermedad, la calumnia y el pecado. No quedan suficientemente definidos los enemigos, «los malhechores», aquellos de quienes se quejan o contra los cuales se enojan. No parece tratarse, como algunos han creído, de los echadores de suertes cuyos maleficios se pretendería combatir con estos salmos. No son tales poemas, como se afirmaba en otro tiempo, la expresión en singular del «yo» colectivo. Ni siquiera es posible, como recientemente se ha propuesto, poner todos ellos en boca de un rey que hablara en nombre de su pue-*

blo. *Esas oraciones son, por una parte, demasiado individuales por el tono y, por otra, demasiado desprovistas de alusiones a la persona y a la condición regias para que tales teorías sean probables. Es verdad, sin duda, que algunas de ellas han sido adaptadas y utilizadas como lamentaciones nacionales, así, Sal 22, 28, 59, 69, 71, 102; verdad, asimismo, que hay salmos reales, de los que volveremos a hablar; verdad, finalmente, que esas oraciones llegaron a entrar en su totalidad en el uso común (esto es lo que significa su inclusión en el Salterio), pero no es menos verdad que fueron compuestas por tal o cual individuo, en una necesidad particular. Son gritos del alma y expresiones de una fe personal. Porque no son nunca puras lamentaciones, sino confiadas súplicas a Dios en la tribulación.*

3. Las acciones de gracias. *Ya se ha visto que las súplicas podían concluir con un agradecimiento a Yahvé por haber escuchado la oración. Este agradecimiento puede convertirse en lo esencial del poema en los salmos de acción de gracias, que no son muy numerosos, así Sal 18, 21, 30, 33, 34, 40, 65-68, 92, 116, 118, 124, 129, 138, 144. Rara vez son colectivos. El pueblo da en ellos las gracias por la liberación de un peligro, por la abundancia de las cosechas, por los beneficios concedidos al rey. Más a menudo son individuales: los particulares, tras evocar los males padecidos y la oración atendida, expresan su agradecimiento y exhortan a los fieles a alabar con ellos a Yahvé. Esta última parte sirve frecuentemente de ocasión para introducir temas didácticos. La estructura literaria de los salmos de acción de gracias es afín a la de los himnos.*

4. Géneros irregulares y géneros mixtos. *La frontera entre los géneros anteriormente descritos es imprecisa y éstos frecuentemente aparecen mezclados. Hay, por ejemplo, lamentaciones que siguen a una oración confiada, Sal 27, 31, o que preceden a un canto de acción de gracias, Sal 28, 57. El Sal 89 comienza con un himno, prosigue con un oráculo y termina con una lamentación. El largo Sal 119 es un himno a la Ley, pero es también una lamentación individual y expone una doctrina de Sabiduría. Esto se debe a que son muchos los elementos, extraños en sí mismos a la lírica, que se han introducido en el Salterio. Acabamos de aludir a los temas de Sabiduría, y más arriba dijimos que se los encuentra en algunos salmos de* acción de gracias. Ocupan a veces tanta extensión, que se suele hablar, con cierta impropiedad, de Salmos didácticos. En realidad, los Sal 1, 112 y 127 son meras composiciones sapienciales. Pero algunos otros conservan ciertas características de los géneros líricos: el Sal 25 entronca con las lamentaciones, los Sal 32, 37, 73, con las acciones de gracias, etc.

Otros salmos han recogido oráculos o no son más que oráculos amplificados, así, Sal 2, 50, 75, 81, 82, 85, 95, 110. Han sido interpretados recientemente como verdaderos oráculos pronunciados por sacerdotes o profetas durante las ceremonias del Templo. Otra opinión insiste en no ver en ellos más que el empleo del estilo profético, sin conexión real con el culto. Cuestión debatida. Pero hay que reconocer, por una parte, que las relaciones entre el Salterio y la literatura profética no sólo se dan en los oráculos, sino que se extienden a otros muchos temas, como las teofanías, las imágenes de la copa, del fuego, del crisol, etc., y que, por otra parte, hay vínculos innegables que hacen que el Salterio dependa del culto del Templo; volveremos sobre esto.

Salmos reales

Hay cierto número de cantos «reales» entreverados en el Salterio y que pertenecen a diversos géneros literarios. Hay oráculos en favor del rey, Sal 2 y 110, oraciones por el rey, Sal 20, 61, 72, una acción de gracias por el rey, Sal 21, oraciones del rey, Sal 18, 28, 63, 101, un canto real de procesión, Sal 132, un himno real, Sal 144, incluso un epitalamio para una boda de príncipes, Sal 45. Se trata de poemas antiguos, que datan de la época monárquica y reflejan el lenguaje y el ceremonial de la corte. Aludían sin duda a un rey de su época y los Sal 2, 72, 110 pudieron ser salmos de entronización. Se dice del rey que es hijo adoptivo de Yahvé, que su reino no tendrá fin, que su poder se extenderá hasta los confines de la tierra; hará que triunfen la paz y la justicia, será el salvador de su pueblo. Estas expresiones pueden parecer extravagantes, pero no exceden a lo que los pueblos vecinos decían de su soberano y de lo que Israel esperaba del suyo.

Pero, en Israel, el rey recibe la unción, que le convierte en vasallo de Yahvé y lugarteniente suyo en la tierra. Es el Ungido de Yahvé, en hebreo el «Mesías», y esta relación religiosa establecida con Dios particulariza la concepción israelita y la diferencia de las de Egipto o Mesopotamia, a pesar del empleo de una fraseología común. El «mesianismo real», que aparece con la profecía de Natán, 2 S 7, se expresa en los comentarios que de él ofrecen los Sal 89 y 132 y especialmente los Sal 2, 72, 110. Mantenían en el pueblo la esperanza en las promesas hechas a la dinastía de David. Si por mesianismo se entiende la espera de un rey futuro, de un último rey que traerá la salvación definitiva y que establecerá el reinado de Yahvé en la tierra, ninguno de estos salmos es propiamente «mesiánico». Pero algunos de estos antiguos cantos reales, que siguieron utilizándose después de la caída de la monarquía y fueron incorporados al Salterio, posiblemente con retoques y adiciones, alimentaron la esperanza de un Mesías individual, descendiente de David. Esta esperanza seguía viva entre los judíos en vísperas del comienzo de nuestra era, y los cristianos vieron su realización en Cristo (Cristo en griego, con Mesías en hebreo, significa Ungido). El Sal 110 será el texto del Salterio que más a menudo se citará en el Nuevo Testamento. El mismo canto nupcial del Sal 45 terminó por expresar la unión del Mesías con el nuevo Israel, en la línea de las alegorías matrimoniales de los profetas, y Hb 1 8 lo aplica a Cristo. En la misma perspectiva, el Nuevo Testamento y la tradición cristiana aplican a Cristo otros salmos que no eran salmos reales, pero que expresaban por anticipado el estado y los sentimientos del Mesías, el Justo por excelencia, por ejemplo, los Sal 16 y 22, y algunos pasajes de numerosos salmos, en particular de los Sal 8, 35, 40, 41, 68, 69, 97, 102, 118, 119. Asimismo, los salmos del reinado de Yahvé han sido relacionados con el reinado de Cristo. Y aun cuando estas aplicaciones sobrepasan el sentido literal, son legítimas, porque todas las esperanzas que animan el Salterio sólo se realizan plenamente con la venida del Hijo de Dios al mundo.

Los Salmos y el culto

El Salterio es la colección de cantos religiosos de Israel. Sabemos, por otra parte, que entre el personal del Templo figuraban los cantores y, si bien éstos no son mencionados explícitamente hasta después del Destierro, es cierto que existieron desde el principio. Las fiestas de Yahvé se celebraban con danzas y coros, ver Jc 21 19-21; 2 S 6 5.16. Según Am 5 23, los sacrificios se acompañaban con cánticos y, puesto *que el palacio real tenía sus cantores en tiempo de David, 2 S 19 26, y de Ezequías, según los Anales de Senaquerib, el Templo de Salomón debió de tener los suyos, como todos los grandes santuarios orientales. De hecho, hay salmos que se atribuyen a Asaf, a los hijos de Coré, a Hemán y a Etán (o Yedutún), todos ellos cantores del Templo preexílico según los libros de las Crónicas. La tradición que atribuye a David muchos de los Salmos hace también remontarse a él la organización del culto, incluso los cantores, 1 Cro 25, y se une a los viejos textos que le presentan danzando y cantando ante Yahvé, 2 S 6 5.16.*

Muchos de los salmos llevan indicaciones musicales o litúrgicas. Algunos se remiten, en su texto, a un rito que se realiza simultáneamente, Sal 20, 26, 27, 66, 81, 107, 116, 134, 135. Es evidente que éstos y otros salmos, 48, 65, 95, 96, 118, se recitaban en el recinto del Templo. Las «Canciones de las Subidas», Sal 120-134, como el Sal 84, eran cantos de peregrinación al santuario. Estos ejemplos, elegidos entre los más claros, bastan para demostrar que muchos salmos, e incluso salmos individuales, fueron compuestos para el servicio del Templo. Otros, si bien no tuvieron al principio tal destino, fueron al menos adaptados al mismo mediante la adición de bendiciones, por ejemplo, Sal 125, 128, 129.

Son, pues, innegables tanto la relación de los salmos con el culto como el carácter litúrgico del Salterio tomado en conjunto. Pero, en general, carecemos de datos para concretar la ceremonia o la fiesta en el curso de las cuales se utilizaba un salmo determinado. El título hebreo del Sal 92 lo destina al día del sábado; los títulos griegos de los Sal 24, 48, 93, 94 los distribuyen en otros días de la semana. El Sal 30 se utilizaba en la fiesta de la Dedicación, según el hebreo, y el Sal 29 se cantaba en la fiesta de las Tiendas, según el griego. Quizá no sean primitivas estas indicaciones, pero al igual que las detalladas asignaciones que se hicieron en la época judía, testifican que el Salterio fue el Cantoral del Templo y de la Sinagoga, antes de convertirse en el de la Iglesia cristiana.

Autores y fechas

Los títulos atribuyen 73 salmos a David, 12 a Asaf, 11 a los hijos de Coré y salmos aislados a Hemán, Etán (o Yedutún), Moisés y Salomón; 35 salmos quedan sin atribución. Los títulos de la versión griega no coinciden siempre con el hebreo y atribuyen 82 salmos a David. La versión siríaca difiere aún más.

Estos títulos quizá no pretendían designar a los autores de los salmos. La fórmula hebrea solamente establece una cierta relación del salmo con el personaje nombrado, sea por razón de la conveniencia del tema, sea porque este salmo pertenecía a una colección puesta bajo su nombre. Los «salmos de los hijos de Coré» pertenecían al repertorio de esta familia de cantores, así como los numerosos «del maestro de coro», Sal 4, 5, 6, 8, etc., eran piezas que ejecutaba la capilla del Templo. Había asimismo una colección de Asaf y otra davídica. Pero bien pronto se llegó a ver, en esas etiquetas de procedencia, indicaciones de autor, y algunos salmos «de David» recibieron un subtítulo que precisaba la circunstancia de la vida del rey en la que se compuso el poema, Sal 3, 7, 18, 34, 51, 52, 54, etc. Finalmente, la tradición ha visto en David no sólo al autor de todos los salmos que llevan su nombre, sino de todo el Salterio.

Estas exageradas interpretaciones no deben llevarnos a desechar el testimonio, antiguo e importante, que ofrecen los títulos de los salmos. Es razonable admitir que las colecciones de Asaf y de los hijos de Coré fueran compuestas por cantores del Templo. De forma parecida, la colección davídica debe vincularse al algún modo al gran rey. Teniendo en cuenta lo que los libros históricos refieren de su genio musical, 1 S 16 16-18; ver Am 6 5, y poético, 2 S 1 19-27; 3 33-34, de su gusto por el culto, 2 S 6 5.15-16, se ha de reconocer que en el Salterio puede haber alguna pieza que tiene a David por autor. De hecho, el Sal 18 reproduce, en una recensión distinta, un poema atribuido a David por 2 S 22. Sin duda, no todos los Salmos de la colección davídica le pertenecen; pero esa colección no ha podido formarse más que a partir de un núcleo auténtico. Sólo que es difícil precisar más. Hemos visto que los títulos dados por el hebreo no eran argumento definitivo, y los escritores del Nuevo Testamento, al citar tal o cual salmo bajo el nombre de David, se atienen a la opinión de su tiempo. Con todo, no debemos rechazar esos testimonios sin razones serias, y siempre deberemos reservar a David, «el suave salmista de Israel», 2 S 23 1, un papel en los orígenes de la lírica religiosa del pueblo elegido.

El impulso dado en su tiempo continuó después, y el Salterio resume varios siglos de actividad poética. La crítica, que había retrasado hasta la vuelta del Destierro, y a veces hasta muy tarde, todos los Salmos, adopta ahora puntos de vista más prudentes. Un número bastante nutrido de salmos se remontaría a la época monárquica, especialmente los salmos «reales», pero su contenido es demasiado general para aventurar algo más que hipótesis acerca de su fecha. Por el contrario, los salmos del Reinado de Yahvé, cargados de reminiscencias de otros salmos y de la segunda parte de Isaías, fueron compuestos durante el Destierro; y también, evidentemente, los salmos que, como el 137, hablan de la ruina de Jerusalén y de la deportación. El Sal 126 canta la Vuelta. El periodo que siguió parece haber sido fecundo en composiciones sálmicas: es el momento de la expansión del culto en el Templo restaurado, donde los cantores ganan en dignidad y son equiparados a los levitas, donde igualmente los sabios adoptan el género sálmico para difundir sus enseñanzas, como lo hará Ben Sirá. ¿Habrá que descender hasta una época posterior a la persa y reconocer salmos macabeicos? El problema se plantea especialmente para los Sal 44, 74, 79, 83, pero los argumentos propuestos no bastan para dar como probable una fecha tan tardía.

Formación del Salterio

El Salterio que poseemos constituye el término de esta larga actividad. Existieron en un principio colecciones parciales. El Sal 72 (que el título atribuye, por lo demás, a Salomón) concluye con la nota: «Fin de las oraciones de David», aun cuando haya delante del mismo salmos no davídicos, y otros, davídicos, detrás de él. Existen en realidad dos grupos davídicos, los Sal 3-41 y 51-72, atribuidos individualmente a David, excepto el último (Salomón) y tres salmos anónimos. Otras colecciones análogas debieron existir al principio separadamente: el salterio de Asaf, Sal 50 y 73-83, el de los hijos de Coré, Sal 42-49 y 84, 85, 87, 88, el de las Subidas, Sal 120-134, el del Hal.lel, Sal 105-107, 111-118; 135, 136, 146-150. La coexistencia de varias colecciones se demuestra por los salmos que se repiten con algunas variantes, por ejemplo, Sal 14 y 53; 40 14-18 y 70; 57 8-12 más 60 7-14 y 108.

La labor de los coleccionistas se refleja también en el uso de los nombres divinos: «Yahvé» se emplea casi exclusivamente en los Sal 1-41 (primer grupo davídico), «Elohim» le sustituye en los Sal 42-89

(que abarcan el segundo grupo davídico, una parte de los salmos de los hijos de Coré y el salterio de Asaf), y todo el resto, 90-150 es «yahvista», con excepción del Sal 108, que combina los dos salmos «elohistas» 57 y 60. Este segundo conjunto «yahvista», en el que muchos de los salmos son anónimos, en el que abundan las repeticiones y los préstamos, parece ser el más reciente del Salterio, hipótesis que no prejuzga la fecha de cada salmo en particular.

Finalmente, el Salterio se dividió, sin duda a imitación del Pentateuco, en cinco libros que fueron separados por breves doxologías: 41 14; 72 18-20; 89 52; 106 48. El Sal 150 sirve de larga doxología final, mientras que el Sal 1 es una especie de prólogo antepuesto al conjunto.

Esta forma canónica del Salterio sólo muy tarde se impuso de forma definitiva y tuvo competidores. El Salterio griego cuenta con 151 salmos; la antigua versión siríaca, con 155. Los descubrimientos del mar Muerto han restituido el original hebreo del Sal 151 del griego, en realidad dos salmos combinados, y los dos últimos salmos siríacos, y han dado a conocer tres nuevas composiciones poéticas, incluidas en manuscritos del Salterio, en el que, por lo demás, los salmos no vienen siempre en el orden canónico. Así pues, el Salterio siguió siendo una colección abierta hasta los comienzos de nuestra era, al menos en algunos ambientes.

Valor espiritual

Es tan evidente la riqueza religiosa de los salmos que no son necesarias muchas palabras. Ellos fueron la oración del Antiguo Testamento, en la que el mismo Dios inspiró los sentimientos que sus hijos deben albergar con respecto a él y las palabras que deben servirse al dirigirse a él. Los recitaron Jesús y la Virgen, los Apóstoles y los primeros mártires. La Iglesia cristiana ha hecho de ellos, sin cambiarlos, su oración oficial. Sin cambios, esos gritos de alabanza, de súplica o de acción de gracias, arrancados a los salmitas en las circunstancias de su época y de su experiencia personal, tienen un eco universal, porque expresan la actitud que todo hombre debe adoptar ante Dios. Sin cambios en las palabras, pero con un enriquecimiento considerable del sentido: en la Nueva Alianza, el fiel alaba y agradece a Dios que se le ha revelado el secreto de su vida íntima, que le ha rescatado con la sangre de su Hijo, que le ha infundido su

Espíritu y, en la recitación litúrgica, cada salmo concluye con la doxología trinitaria del Gloria al Padre, y al Hijo, y al Espíritu Santo. Las viejas súplicas se hacen más ardientes una vez que la Cena, la Cruz y la Resurrección han enseñado al hombre

el amor infinito de Dios, la universalidad y la gravedad del pecado, la gloria prometida a los justos. Las esperanzas cantadas por los salmistas se realizan; el Mesías ha venido y reina, y todas las naciones son llamadas para que lo alaben.

LOS SALMOS

SALMO 1*

Los dos caminos.

Jr 21 8
Dt 30 15-20
Pr 4 18-19
↗ Mt 7 13-14

¹ Feliz quien no sigue consejos de malvados
   ni anda mezclado con pecadores
   ni en grupos de necios toma asiento,
² sino que se recrea en la ley de Yahvé,
   susurrando* su ley día y noche.

Jos 1 8
Sal 119
Jr 17 8
Ez 47 12

³ Será como árbol plantado entre acequias,
   da su fruto en sazón, su fronda no se agosta.
   Todo cuanto emprende prospera:

⁴ pero no será así con los malvados.
   Serán como tamo impulsado por el viento.

Jb 21 18
Sal 35 5

⁵ No se sostendrán los malvados en el juicio*,
   ni los pecadores en la reunión de los justos.
⁶ Pues Yahvé conoce el camino de los justos,
   pero el camino de los malvados se extravía.

Sal 112 10

SALMO 2

El drama mesiánico*

Sal 110

¹ ¿Por qué se amotinan las naciones
   y los pueblos conspiran en vano?

↗ Hch 4
25-28

² Los reyes de la tierra se sublevan,
   los príncipes a una se alían
   en contra de Yahvé y su Ungido:

↗ Ap 19 19
Sal 83 6

³ «Rompamos sus cadenas,
   sacudámonos sus riendas».

Sal 149 8

⁴ El que habita en el cielo se ríe,
   Yahvé se burla de ellos.

Is 10 15-17.
22-24
Sal 59 9

⁵ Después les habla irritado,
   los espanta lleno de cólera:
⁶ «Yo mismo he consagrado a mi rey,
   en Sión, mi monte santo*».
⁷ Haré público el decreto de Yahvé*:
   Él me ha dicho: «Tú eres mi hijo,
   hoy te he engendrado.

Sal 89 27+
Lc 3 22
↗ Hch 13
33+
↗ Hb 1 5;
5 5
Gn 12 7+
Is 49 6
Dn 7 14
Sal 110 5-6
↗ Ap 19 15;
2 26-27

⁸ Si me lo pides, te daré en herencia las naciones,
   en propiedad la inmensidad de la tierra;
⁹ los machacarás con cetro de hierro,
   los pulverizarás como vasija de barro*».

---

1   Los Sal 1 y 2 son como el prólogo del Salterio, *cuya doctrina moral e ideas mesiánicas* resumen. El Sal 1, contraponiendo los «dos caminos», ensalza la Ley, dada a los hombres para su felicidad. Ver Sal 19 8-15 y 119.
1 2   Esta recitación en voz baja es una meditación, ver Sal 63 7; 77 13; 143 5, que se contrapone al clamor de la oración en la prueba, ver Sal 3 5; 5 3; etc.
1 5   El juicio escatológico, según el texto masorético; un juicio cualquiera de Dios en esta vida, según el griego.
2   Las tradiciones judía y cristiana consideran mesiánico este salmo, por los mismos motivos que el Sal 110, del que podría depender. Sus perspectivas son mesiánicas y escatológicas.
2 6   El «monte de Dios» fue primero el Sinaí, Ex 3 1; 18 5, donde Moisés se había encontrado con Dios y había recibido la Ley, Ex 24 12-18; Dt 33 2; ver 1 R 19 8.

Una vez que Salomón construyó el Templo en la colina de Sión, 2 S 5 9+, ésta se convirtió en el único monte en el que Dios moraba, adonde el hombre «subía» para oírle y adorarlo, ver Dt 12 2-3+, y dio su nombre a toda la ciudad de Jerusalén, ciudad del rey mesiánico donde se reunirían los pueblos, Sal 48 1+; 2 1-3; 11 9; 24 23; 56 7; Jl 3 5; Za 14 16-19; ver Hb 12 22 Ap 14 1; 21 1+.
2 7   Después de los rebeldes, v. 3 y después de Yahvé, v. 6, toma la palabra el Mesías. Al consagrarlo rey de Israel, v. 6, Dios le ha declarado «su hijo», según la fórmula habitual en el Antiguo Oriente, pero que, recogida ya por la promesa mesiánica de 2 S 7, recibirá un sentido más profundo; el v. 7 será aplicado por Hb 1 5, y luego por la tradición y la liturgia, a la generación eterna del Verbo.
2 9   Se representa aquí al Rey-Mesías en su papel tradicional de guerrero.

/ Sb 6 1s

¹⁰ Por eso, reyes, pensadlo bien,
     aprended la lección, gobernantes de la tierra.
¹¹ Servid a Yahvé con temor,
¹² temblando besad sus pies*;
     no sea que se irrite y os perdáis,
     pues su cólera se inflama en un instante.

= Sal 34 9
Pr 16 20

     ¡Dichoso quien se acoge a él!

SALMO 3

Clamor matinal del justo perseguido

2 S 15 13s

¹ *Salmo. De David. Cuando huía de su hijo Absalón.*

² Yahvé, ¡cuántos son mis adversarios,
     cuántos los que se alzan contra mí!
³ ¡Cuántos los que dicen de mí:
     «que no espere salvación en Dios»!   *Pausa.*

Sal 18 3;
  62 8
Dt 33 29
Sal 27 6;
  110 7
Si 11 13
Pr 3 24
Sal 4 9

⁴ Pero tú, Yahvé, mi escudo protector,
     mi orgullo, el que levanta mi frente.
⁵ Invoco a gritos a Yahvé,
     y me responde desde su monte santo.   *Pausa.*

⁶ Me acuesto y me duermo,
     me despierto: Yahvé me sostiene*.
⁷ No temo a esas gentes que a millares
     se apostan en torno contra mí.

⁸ ¡Levántate, Yahvé! ¡Sálvame, Dios mío!
     Tú golpeas el rostro de mi enemigo,

Sal 58 7
‖ Jon 2 10

     tú rompes los dientes de los malvados.
⁹ En Yahvé está la salvación,
     baje sobre tu pueblo tu bendición.   *Pausa.*

SALMO 4

Oración vespertina*

¹ *Del maestro de coro. Para instrumentos de cuerda. Salmo. De David.*

² Respóndeme cuando te llamo,
     Dios testigo de mi inocencia;
     tú, que en el apuro me abres salidas,
     tenme piedad y escucha mi oración.

³ ¿Hasta dónde, hombres, insultaréis a mi gloria*,
     amaréis la vanidad y andaréis tras la mentira?   *Pausa.*

⁴ Sabed que Yahvé me distingue con su amor,
     Yahvé me escucha cuando le llamo.

/ Ef 4 26

⁵ Temblad y no pequéis,
     reflexionad en el lecho y callad*.   *Pausa.*

Sal 51 21

⁶ Ofreced sacrificios justos y confiad en Yahvé.

---

2 12 «besad sus pies» conj.: «y estremeceos... besad al hijo» o «... besad lo que es puro» (el Rollo de la Ley) hebr., y también griego y Targ., ver Sal 19 9. El hebr. ha querido eliminar sin duda el antropomorfismo.
3 6 Los Padres aplicaron este pasaje a Cristo muerto y resucitado.
4 Salmo de confianza y de gratitud para con Dios, de quien únicamente procede la felicidad. Los vv. 5 y 9

hacen de él una oración de la tarde.
4 3 Texto difícil, quizá corrompido. Griego: «¿Hasta cuándo se embotarán vuestros corazones? ¿Por qué amáis la vanidad?».
4 5 Texto oscuro, probablemente alterado. Ninguna reconstrucción resulta satisfactoria. El sentido general es que hay que temer la ofensa hecha a Dios, y orar en la calma y el silencio de la adoración.

[7] Muchos dicen: «¿Quién nos hará ver la dicha?».
¡Haz brillar sobre nosotros la luz de tu rostro*!

Yahvé, [8] me has dado más alegría interior
que cuando ellos abundan en trigo y en mosto.

[9] En paz me acuesto y en seguida me duermo,
pues tú solo, Yahvé, me haces vivir tranquilo.

Nm 6 25
Pr 16 15
Dn 9 17

Sal 3 6

SALMO 5
Oración de la mañana

[1] *Del maestro de coro. Para flautas. Salmo. De David.*

[2] Escucha mi palabra, Yahvé,
repara en mi plegaria,
[3] atento a mis gritos de auxilio,
rey mío y Dios mío.

¡A ti te suplico, [4] Yahvé!
Por la mañana* escuchas mi voz,
por la mañana me preparo para ti*
y quedo a la espera.

[5] No eres un Dios que ame el mal,
ni es tu huésped el malvado;
[6] no resiste el arrogante tu presencia,
detestas a todos los malhechores,
[7] acabas con los mentirosos;
al asesino y al hipócrita
los aborrece Yahvé.

[8] Pero yo, por lo mucho que nos quieres,
me atrevo a entrar en tu Casa,
a postrarme ante tu santo Templo,
lleno de respeto hacia ti.

[9] Guíame, Yahvé, con tu justicia,
responde así a mis adversarios,
allana tu camino a mi paso.

[10] Que no hay firmeza en sus palabras,
por dentro están llenos de malicia;
sepulcro abierto es su garganta,
su lengua habla con halagos.

[11] Trátalos, oh Dios, como culpables*,
haz que fracasen sus planes;
expúlsalos, que están llenos de crímenes,
que se han rebelado contra ti.

Sal 86 6

=Sal 84 4

Pr 6 17-19
Mt 7 23
Ap 21 8

=Sal 138 2
1 R 8 44.48
Dn 6 11
Sal 23 3

Is 26 7

↗ Rm 3 13

---

4 7 Expresión bíblica, frecuente en el Salterio, relativa a la benevolencia de Dios o de los reyes. El «rostro» es el aspecto exterior de algo, Sal 104 30; Gn 2 6, etc., o de un hombre, cuyos pensamientos y sentimientos hace visibles, Gn 4 5; 31 2, etc. Puede, pues, designar la personalidad («mi rostro» = yo, Sal 42 6.12; 43 5, etc.) y su presencia, muy en especial a propósito de Dios cuando se dirige al hombre. Como el hombre no puede ver a Dios, Ex 33 20+; 34 29-35, Dios no «hace brillar la luz de su rostro», ver Sal 31 17; 44 4; 80 4, etc., más que en un sentido atenuado. Así hay que entender igualmente los pasajes en que el hombre busca a Dios, Sal 24 6; 27 8+; Jb 33 25; Am 5 4+, o lo contempla, Sal 11 7+; 42 3. La traducción del griego y de la Vulg.: «La luz de tu rostro está sellada (o: impresa)

en nosotros» se ha de interpretar del alma creada a imagen de Dios y marcada con el sello bautismal, que hace del cristiano un «hijo de la luz», Lc 15 8; Jn 8 12+; 1 Ts 5 5; Ef 5 8.
5 4 (a) La mañana, momento de los favores divinos, Sal 17 15+.
5 4 (b) Las traducciones difieren: hago los preparativos, ofrezco mis votos, preparo mi ofrenda.
5 11 Llamadas de este género a a venganza divina contra los enemigos de Dios o del fiel se repiten con frecuencia en los salmos, ver p.e. 10 15; 31 18; 54 7; 58 7s; 59 12s; 69 23-29; 79 12; 83 10-19; 104 35; 109 6-20; 125 5; 137 7-9; 139 19-22; 140 10-12. En un régimen de retribución temporal, como era todavía el de la antigua Alianza, estas imprecaciones traducen una exigencia de

Ap 7 15-16

Sal 69 37;
  119 132

¹² Se alegrarán los que se acogen a ti,
   gritarán alborozados por siempre;
   tú los protegerás, en ti disfrutarán
   los que aman tu nombre.
¹³ Tú bendices al inocente, Yahvé,
   lo rodea como escudo tu favor.

SALMO 6
Plegaria en la tribulación*

¹ *Del maestro de coro. Para instrumentos de cuerda. En octava. Salmo. De David.*

‖Jr 10 24
=Sal 38 2

Jr 17 14-15

² Yahvé, no me corrijas con tu cólera,
   no me castigues con tu furor.
³ Piedad, Yahvé, que estoy baldado,
   cura, Yahvé, mis huesos sin fuerza.
⁴ Me encuentro del todo abatido.

Y tú, Yahvé, ¿hasta cuándo?
⁵ Vuélvete, Yahvé, restablece mi vida*,
   ponme a salvo por tu misericordia.

Is 38 18+
Sal 88 11-13

⁶ Que después de morir nadie te recuerda,
   y en el Seol ¿quién te alabará*?

⁷ Estoy extenuado de gemir,
   baño mi lecho cada noche,
   inundo de lágrimas mi cama;
⁸ mis ojos se consumen de rabia.
   La insolencia define a mis opresores*,

=Sal 119
   115
↗ Mt 7 23

⁹ ¡apartaos de mí, malhechores!

Que Yahvé ha escuchado mi llanto;
¹⁰ Yahvé ha escuchado mi súplica,
   Yahvé acepta mi oración.
¹¹ ¡Queden corridos, confusos mis enemigos,
   retrocedan de inmediato, cubiertos de vergüenza!

SALMO 7
Oración del justo perseguido*

¹ *Lamentación. De David. La que cantó a Yahvé a propósito del benjaminita Cus*.*

² Yahvé, Dios mío, a ti me acojo,
   sálvame de mis perseguidores, líbrame;

justicia que los mentís de la experiencia inmediata y los progresos de la Revelación irán afinando, confrontándolas con el misterio de la justicia trascendente de Dios (ver Job), hasta que el NT invite a superarlas con la caridad, Mt 5 43-48. Purificados, de este modo, del resentimiento personal, los salmos de venganza son, para la Iglesia, y también para el cristiano, la expresión de esa misma exigencia de justicia frente a las potencias del mal siempre activas en el mundo.
6 Primero de los siete «salmos penitenciales» (**32, 38, 51, 102, 130, 143**). Un enfermo implora a su Dios.
6 5 El término hebreo utilizado aquí es *nefeš*. Este término, ver Gn 2 7, designa el soplo vital (y por extensión, la garganta), que se halla en el principio de la vida y se retira en la muerte. Con frecuencia, esta palabra designa al hombre, o al animal, en cuanto individuo animado, Gn 12 1; 14 21; Ex 1 5; 12 4, etc., o en las diferentes funciones de su vida corporal o afectiva, siempre relacionadas entre sí, ver Gn 2 21+. La expresión «mi nefeš» equivale a menudo al pronombre reflexivo «yo mismo», ver Sal 3 3; 44 26; 124 7; Gn 12 13;

Ex 4 19; 1 S 1 26; 18 1-3, etc., expresado también por «mi vida» (como en este caso), «mi rostro», «mi gloria». Estos diversos sentidos del término seguirán vivos en el NT *(psyjê)*, ver Mt 2 20; 10 28; 16 25-26; 1 Co 4 16+; 15 44+.
6 6 En el Seol, ver Nm 16 33+, los muertos llevan una vida reducida a mínimos y silenciosa, sin mantener ya relaciones con Dios, Is 38 18; Sal 30 10; 88 6.11-13; 115 17-18.
6 8 «insolencia», conj.; «ha envejecido», hebr. Los «opresores», o adversarios, ven en las pruebas del enfermo el castigo de alguna falta oculta (p.e. los amigos de Job). Tema más desarrollado en otros pasajes (Sal 31; 35; 38; 69).
7 Se funden aquí dos reclamaciones de inocencia. La primera, vv. 1-6. 13b-17, de estilo sapiencial, exige la estricta aplicación del talión; la segunda, 7-13a, inspirada en Jeremías, conjura al Juez celeste para que intervenga. El v. 18 es una conclusión litúrgica.
7 1 Las versiones dicen «cusita», ver 2 S 18 21: se trata del mensajero que anunció a David la muerte de

³ que no me destrocen como un león
  y me desgarren sin nadie que me libre.

⁴ Yahvé, Dios mío, si algo de eso hice,
  si hay en mis manos injusticia,
⁵ si a mi bienhechor con mal he respondido,
  si he perdonado al opresor injusto*,
⁶ ¡que el enemigo me persiga y me alcance,   Sal 6 5+
  que me estrelle vivo contra el suelo
  y esparza mis entrañas* por el polvo!   *Pausa.*

                          *

⁷ Levántate, Señor, lleno de cólera,
  álzate contra la ira de mis opresores,
  despierta ya, Dios mío*,
  tú que el juicio convocas.
⁸ Que te rodee una asamblea de naciones,
  y tú desde lo alto la presides.   Sal 6 5
⁹ (Yahvé, juez de los pueblos).

  Júzgame, Señor, según mi justicia,
  conforme a mi integridad*.
¹⁰ Que cese la maldad de los malvados,
  afianza al inocente,
  tú que escrutas corazones y entrañas,   Jr 11 20
  tú, Dios justo.   Sb 1 6+

¹¹ Mi escudo está en Dios,
  salvador de los que viven rectamente.   Sal 3 4
¹² Dios es juez justo, tardo a la cólera*,
  pero un Dios que castiga cada día.   Ex 34 6-7+

¹³ Si no se convierte* el hombre,
  afila su espada,
  tensa y asesta su arco,
¹⁴ le prepara armas letales,
  tizones serán sus flechas.
¹⁵ Vedle en su preñez de iniquidad,   Is 50 11
  malicia concibió, fracaso pare.   Is 59 4
                                                             Jb 15 35
¹⁶ Cavó una fosa, cavó bien hondo,
  mas cayó en el hoyo que él abrió;   Sal 9 16;
¹⁷ se vuelva contra él su maldad,   35 8
  su violencia recaiga en su cabeza.   Pr 26 27
                                                             Jb 4 8
¹⁸ Doy gracias a Yahvé por su justicia,   Si 27 25-27
  tañeré para el nombre del Altísimo*.

Absalón. Pero el epíteto «benjaminita» sugiere más bien
un enemigo de David.
7 5 El principio del talión, ver Ex **21** 25+, exigía que
se devolviera bien por bien y mal por mal. No hay que
atenuar el texto como las versiones que traducen «devolver el mal al que me lo hacía», o entender (según el
arameo): «despojado (a mi opresor)». No hemos llegado
aún a la moral evangélica, Mt **5** 38s.
7 6 Lit. «mi gloria». Pero la palabra designa igualmente el hígado, sede de los pensamientos y sentimientos para los semitas. Este término puede designar tam-

bién al alma. El «polvo» es el del sepulcro.
7 7 «Dios mío», griego; «hacia mí», hebr.
7 9 El texto añade: «que hay en mí».
7 12 «tardo a la cólera», griego; omitido por hebr.
7 13 Referido al malvado.
7 18 «Altísimo» conj.; «Yahvé muy alto», hebr. — El
verbo hebreo *zamar*, griego *psallein*, traducido en otras
versiones por «salmodiar», significa en realidad: tocar
un instrumento (de cuerda) o cantar con acompañamiento musical.

SALMO 8

Poder del nombre divino

¹ *Del maestro de coro. Según la... de Gat*. Salmo. De David.*

Sal 19 2-7
Sal 104

² ¡Yahvé, Señor nuestro,
qué glorioso es tu nombre* en toda la tierra!

Tú que asientas* tu majestad sobre los cielos,
³ por boca de chiquillos, de niños de pecho*,
cimentas un baluarte* frente a tus adversarios,
para acabar con enemigos y rebeldes.

⟋ Mt 21 16
Sb 10 20-21
Mt 11 25p

⁴ Al ver tu cielo, hechura de tus dedos,
la luna y las estrellas que pusiste,
⁵ ¿qué es el hombre para que te acuerdes de él,
el hijo de Adán para que de él te cuides?

=Sal 144 3
Jb 7 17-18
⟋ Hb 2 6-9

⁶ Apenas inferior a un dios* lo hiciste,
coronándolo de gloria y esplendor;
⁷ señor lo hiciste de las obras de tus manos,
todo lo pusiste bajo sus pies:

Gn 1 26
Si 17 1-4
Sb 2 23
⟋ 1 Co 15 27
⟋ Ef 1 22

⁸ ovejas y bueyes, juntos,
y hasta las bestias del campo,
⁹ las aves del cielo, los peces del mar
que circulan por las sendas de los mares.

¹⁰ ¡Yahvé, Señor nuestro,
qué glorioso es tu nombre en toda la tierra!

SALMO 9-10

Dios humilla a los impíos y salva a los humildes*

¹ *Del maestro de coro. Para oboes y arpa*. Salmo. De David.*

=Sal 138 1

Álef.

² Te doy gracias, Yahvé, de todo corazón,
voy a proclamar todas tus maravillas;
³ quiero alegrarme y gozar en ti,
tañer para tu nombre, Altísimo.

Bet.

⁴ Mis enemigos retroceden,
flaquean, se desvanecen ante ti,

Sal 7 9.12;
89 15

⁵ pues defendiste mi causa y mi juicio,
sentado en tu sede como justo juez*.

Guímel.

⁶ Expulsaste a los paganos, destruiste al malvado,
borraste su nombre para siempre jamás;

---

8 1 Quizá el arpa, o alguna melodía de origen filis-teo.
8 2 (a) El nombre divino permite al creyente, desde que aprende a pronunciarlo, participar de la gloria de Yahvé, ver v. 6. El hombre, hecho a imagen de Dios, queda así asociado a su soberanía, ver Sal 20 2; 34 3.8; Is 63 17. Es, sin duda, este tema el que ha originado la vinculación con el salmo precedente.
8 2 (b) «asientas» conj.; «concede» hebr.
8 3 (a) Cristo cita este texto a propósito de los niños que aclamaban su triunfo de Ramos. En la liturgia se utiliza para celebrar el testimonio de los Santos Inocentes, Mt 2 16; 21 16.
8 3 (b) Como en Pr 18 10, etc.; el nombre divino confunde toda idolatría revelando al Dios único, Yahvé, ver Ex 3 14.

8 6 El autor piensa en los seres misteriosos que componen la corte de Yahvé, Sal 29 1+, los «ángeles» del griego y de la Vulgata, ver Sal 45 7+; Tb 5 4+.
9-10 Los salmos 9 y 10 formaban originalmente un solo poema (así en el griego y Vulg.): el portavoz de los «pobres», ver So 2 3+, describe en un himno e implora en una oración el advenimiento del juicio divino sobre los impíos. Este salmo es «alfabético» (ver Pr 31 10+), pero varias de las letras no tienen sus correspondientes estrofas en el texto recibido, que se halla en mal estado.
9 1 Sentido dudoso. El hebr. puede traducirse palabra por palabra: «sobre (la melodía de) morir por el hijo».
9 5 El juicio divino se considera como ya ganado; el «día de Yahvé» lo hará público. Es frecuente en los salmos este tema escatológico.

⁷ se acabó el enemigo, como ruina perpetua,
asolaste sus ciudades, se apagó su recuerdo.

Gn 19 23-25

He. Pero* ⁸ Yahvé se sienta para siempre,
establece para el juicio su trono;
⁹ él juzga al orbe con justicia,
sentencia a los pueblos con rectitud.

Sal 96 13;
98 9

Vau. ¹⁰ ¡Sea Yahvé baluarte del oprimido,
baluarte en tiempos de angustia!
¹¹ Confíen en ti los que conocen tu nombre,
pues no abandonas a los que te buscan, Yahvé.

Is 25 4
=Sal 37 39

Sal 36 11;
87 4

Zain. ¹² Cantad para Yahvé, que habita en Sión,
publicad entre los pueblos sus hazañas;
¹³ pide cuentas del crimen, y se acuerda de ellos,
no desoye el grito angustiado de los desdichados.

Sal 7 18+

Jb 16 18+

Jet. ¹⁴ Piedad de mí, Yahvé, mira mi aflicción*,
tú que me recobras de las puertas de la muerte,
¹⁵ para que proclame todas tus proezas
a las puertas de Sión, gozoso de tu triunfo.

Sb 16 13

Tet. ¹⁶ Se hundieron los paganos en la fosa que hicieron,
en la red que ocultaron quedó su pie prendido.
¹⁷ Yahvé se ha dado a conocer, ha hecho justicia,
ha enredado al malvado en las obras de sus manos.

Sal 7 16

Sordina.
Pausa.

Yod. ¹⁸ ¡Vuelvan los malvados al Seol,
todos los paganos que de Dios se olvidan!

Sal 50 22

Kaf. ¹⁹ No quedará olvidado el pobre para siempre,
la esperanza de los desdichados nunca se frustrará.

Pr 23 18

²⁰ ¡Levántate, Yahvé, no triunfe el hombre,
sean juzgados los paganos en tu presencia!
²¹ Llénalos, Yahvé, de terror,
sepan los paganos que sólo son hombres.

Sal 7 7

Pausa. Sal 10 18

Lámed. **10** ¹ ¿Por qué, Yahvé, te quedas lejos,
te escondes en las horas de la angustia?
² El orgullo del malvado acosa al desdichado,
queda preso en la trampa que le ha urdido.

Sal 22
74 1

(Mem). ³ Sí, de su ambición se jacta el malvado,
el codicioso que bendice desprecia a Yahvé*;
(Nun). ⁴ el malvado dice altanero:
«¡No hay Dios!», es todo lo que piensa*.

Sal 10 13
Jb 22 13
Sal 14 1;
36 2
So 1 12

⁵ En toda ocasión triunfan sus empresas,
tus decisiones le traen sin cuidado,
desprecia a todos sus rivales.

⁶ Dice para sí: «Jamás vacilaré»;
como en desgracia no se ve, ⁷ maldice.

(Sámek).
(Pe). Su boca rebosa fraude y doblez,
oculta su lengua maldad y perfidia;
⁸ se aposta al acecho entre las cañas,
y asesina al inocente a escondidas.

Rm 3 14

Sal 17 12
Os 6 9
Jr 5 26
Ha 3 14

---

9 7 «Pero», *hinneh* adversativo, conj.; «ellos y» hebr.
9 14 El hebr. añade: «a causa de los que me odian».
10 3 El texto de los vv. 3-4 es dudoso, y sin duda está retocado por «maldice» por razones teológicas («ben-

dice» es un eufemismo como en 1 R 21 10.13 y Jb 1 5.11; 2 5.9). Las versiones presentan variantes.
10 4 Al negar la acción de la Providencia, el impío niega en la práctica a Dios.

(Ain).

Todo ojos, espía al desvalido*,
[9] acecha escondido como león en su guarida,
acecha para atrapar al desdichado,
atrapa al desdichado atrayéndolo a su red.

(Sade).

[10] Espía, se agazapa, se encoge*,
el desvalido cae en su poder;
[11] dice para sí: «Dios se ha olvidado,
oculta su rostro, no ha de ver jamás».

Qof.

[12] ¡Álzate, Yahvé, extiende tu mano*!
¡Nunca te olvides de los desdichados!
[13] ¿Por qué desprecia el malvado a Dios,
diciendo para sí: «No vendrás a indagar»?

Reš.

[14] Has visto la pena y la tristeza,
las miras y las tomas en tu mano:
el desvalido en ti se abandona,
tú eres el auxilio del huérfano*.

Šin.

[15] ¡Quiebra el brazo del malvado,
persigue su impiedad sin dejar rastro!
[16] ¡Yahvé es rey por siempre, por los siglos;
han sido barridos los paganos de su tierra!

Tau.

[17] El deseo de los humildes tú escuchas, Yahvé,
confortas su corazón, les prestas atención,
[18] para hacer justicia al huérfano, al vejado.
¡Cese ya en su terror el hombre salido de la tierra!

Marginal references, left column:
Sal 17 12
Sal 73 11; 44 25; 74 19; 94 7
Ez 9 9
Jb 22 13
Sal 10 4
Sal 31 8; 56 9
Ex 22 21-22
Jr 10 10
Sal 145 13
Na 2 1
Dt 10 18

SALMO 11 (10)

Confianza del justo

[1] *Del maestro de coro. De David.*

En Yahvé me cobijo; ¿cómo, pues, me decís:
«Huye, pájaro, a tu monte*,
[2] que los malvados tensan su arco,
ajustan a la cuerda su saeta,
para disparar en la sombra contra los honrados?
[3] Si están en ruinas los cimientos,
¿qué puede hacer el justo?».

[4] Yahvé en su santo Templo,
Yahvé en su trono celeste;
sus ojos ven el mundo*,
sus pupilas examinan a los hombres.

[5] Yahvé examina al justo y al malvado,
odia al que ama la violencia.
[6] ¡Lluevan sobre el malvado brasas* y azufre,
y un viento abrasador como porción de su copa*!

Marginal references, left column:
Sal 91 3; 55 7
Sal 7 13; 10 8; 37 14; 57 5; 64 4
‖Ha 2 20
Sal 102 20
Dt 26 15
Is 66 1
Mt 5 34
Gn 19 24
Ez 38 22; 10 2
Ap 20 10; 8 5

---

10 8 «cañas» conj., ver Is 35 7; «cercado» o «aldeas» hebr. —«espía», lit. «(sus ojos) espían» versiones; «se esconden» hebr.
10 10 «Espía» conj. para restituir la letra caída; omitido por hebr. —«se agazapa», lit. «se aplasta» qeré, griego; «aplastado» ketib.
10 12 Para salvar, Sal 138 7, y para herir, Is 11 15; Ez 36 7; Mi 5 8.
10 14 El texto de este versículo es dudoso.

11 1 El fiel a quien se persigue es comparado con el pájaro, Sal 55 7; 91 3; 124 7. El monte es el lugar de refugio, Gn 19 17; Sal 121 1; Ez 7 16; Mt 24 16.
11 4 «el mundo» versiones; omitido por hebr.
11 6 (a) «brasas» Símmaco; «lazos» hebr.
11 6 (b) Lit. «parte de copa». Esta metáfora (la copa servía quizá para echar a suertes) designa el destino, favorable, Sal 16 5; 23 5, o más a menudo adverso, Sal 75 9; Mt 20 22; Ap 14 10; 16 19. La copa de la cólera

⁷ Pues Yahvé es justo y ama la justicia,
los rectos contemplarán su rostro*.

SALMO 12 (11)

Contra el mundo mentiroso*

¹ *Del maestro de coro. En octava. Salmo. De David.*

² ¡Sálvanos, Yahvé, que escasean los fieles,
que desaparece* la lealtad entre los hombres!
³ Falsedades se dicen entre sí,
con labios melosos y doblez de corazón.

⁴ Acabe Yahvé con los labios melosos,
con la lengua que profiere bravatas,
⁵ los que dicen: «La lengua es nuestra fuerza,
nuestros labios nos defienden, ¿quién será nuestro amo?».

⁶ Por la opresión del humilde, por el gemido del pobre,
me voy a levantar, dice Yahvé,
a poner a salvo a quien lo ansía.

⁷ Las palabras de Yahvé son palabras limpias,
plata pura a ras de tierra*, siete veces purgada.

⁸ Tú, Yahvé, nos guardarás,
nos librarás de esa gente para siempre;
⁹ los malvados que nos rodean se irán,
colmo de vileza* entre los hombres.

Mi 7 2
Is 59 15
Jr 9 7
Is 59 3-4
Sal 55 22

Sal 31 19

Is 33 10

Sal 18 31;
19 8
Pr 30 5

SALMO 13 (12)

Clamor confiado

¹ *Del maestro de coro. Salmo. De David.*

² ¿Hasta cuándo, Yahvé? ¿Me olvidarás para siempre?
¿Hasta cuándo me ocultarás tu rostro?
³ ¿Hasta cuándo andaré angustiado,
con el corazón en un puño día y noche*?
¿Hasta cuándo me someterá el enemigo?

⁴ ¡Mira, respóndeme, Yahvé Dios mío!
Da luz a mis ojos, no me duerma en la muerte,
⁵ no diga mi enemigo: «¡Le he podido!»,
no se alegre mi adversario al verme vacilar.
⁶ Pues yo confío en tu amor,
en tu salvación goza mi corazón.

¡A Yahvé cantaré por el bien que me ha hecho,
tañeré en honor de Yahvé, el Altísimo*!

Sal 6 4;
77 8s; 89 47;
94 3
Lm 5 20

Sal 38 17

---

divina es tema profético, Is **51** 17+; Jr **25** 15; Lm **4** 21; Ez **23** 31s; Ha **2** 16.
11 7 Conj.; la lectura del hebr. «su rostro contemplará el corazón recto» se debe quizá a un escrúpulo teológico: el hombre no puede ver a Dios, ver Ex **33** 20+. Con todo resulta frecuente en los salmos la expresión «contemplar el rostro de Dios» en el sentido de estar en su presencia como siervos ante un señor benévolo (Sal **15** 1), ver Sal **16** 11; **17** 15; **24** 6; **27** 8+; **105** 4; Gn **33** 10; Jb **33** 26; Is **38** 11.
12 Oración al estilo profético. A las mentiras de los hombres se opone la verdad de las palabras y de las pro-

mesas divinas.
12 2 «desaparece» conj.; hebr. inteligible.
12 7 Lit. «fundida a la entrada de la tierra», es decir, purgada ya cuando se la encuentra. La palabra de Dios está absolutamente limpia de mentira.
12 9 Traducción dudosa. Lit. «elevación de corrupción». El Targum parafrasea: «piojo que chupa la sangre de los hombres».
13 3 «noche» mss griegos; omitido por hebr.
13 6 Griego y Vulg., ver Sal **7** 18; verso omitido por hebr.

SALMO 14 (13)

El hombre sin Dios*

=Sal 53

¹ *Del maestro de coro. De David.*

Sal 10 4;
36 2
So 1 12

Dice el necio en su interior:
«¡No existe Dios!»
Corrompidos están, da asco su conducta,
no hay quien haga el bien.

Sal 11 4

² Se asoma Yahvé desde los cielos
hacia los hijos de Adán,
por ver si hay algún sensato,
alguien que busque a Dios.

Rm 3
11-12

³ Todos están descarriados,
todos a una pervertidos.

Sal 12 2

No hay quien haga el bien,
ni uno siquiera*.

Is 9 11

⁴ ¿No aprenderán los malhechores
que devoran a mi pueblo* como pan
y no invocan a Yahvé?

Dt 28 67

⁵ Allí* se han puesto a temblar*,
pues Dios está por el justo:
⁶ el designio del pobre os confunde
porque Yahvé es su refugio.

Sal 85 2;
126 1

⁷ ¡Ojalá venga de Sión la salvación de Israel!
Cuando cambie Yahvé la suerte de su pueblo,
Jacob exultará, Israel se alegrará*.

SALMO 15 (14)

El huésped de Yahvé*

Is 33 15-16
Mi 6 6-8
Sal 24 3-6

¹ *Salmo. De David.*

Yahvé, ¿quién vivirá en tu tienda*?,
¿quién habitará en tu monte santo?

Sal 119 1

² El de conducta íntegra
que actúa con rectitud,
que es sincero cuando piensa
³ y no calumnia con su lengua;

que no daña a conocidos
ni agravia a su vecino;
⁴ que mira con desprecio al réprobo
y honra a los que temen a Yahvé*;

---

14 El hombre «sin Dios», ver **10** 4+, es un insensato. Ya llegará su hora, ver Jr **5** 12s.
14 3 Algunos mss griegos y Vulg. insertan aquí tres versículos, citados en Rm **3** 10-18, y que comprenden Sal **5** 10; **140** 4; **10** 7; Pr **1** 16; Is **59** 7-8; Sal **36** 2.
14 4   *Imagen profética.*
14 5   (a) Es decir, en Sión, v. 7, ver **48** 3; **76** 4; **87** 4.6; Ez **48** 35.
14 5   (b) El griego añade: «donde no hay razón para temblar», ver Sal **53**.
14 7   La expresión, ver Sal **85** 2; **126** 1; Dt **30** 3; Jb **42** 10; Jr **29** 14; Ez **16** 53; Os **6** 11; Am **9** 14, etc., que ante todo se refiere a la vuelta del destierro, tiene a menudo

un sentido más general: establecer, restaurar, cambiar la suerte.
15   Síntesis de moral, ver los preceptos del Decálogo, Ex **20** 1+.
15 1   El santuario de Jerusalén recibe a veces el nombre de «tienda», a imagen del antiguo santuario del desierto, que la Fiesta de las Tiendas, Ex **23** 14+, recordaba cada año.
15 4   Los que son fieles y sumisos. La expresión, frecuente en los salmos, es sinónimo de fiel, piadoso, devoto, adepto, leal, y así la traduciremos en algunos casos. Más tarde designará a los simpatizantes del Judaísmo, ver Hch **2** 11+; **10** 2+.

que jura en su perjuicio y no retracta;
⁵ que no presta a usura su dinero
ni acepta soborno contra el inocente.
Quien obra así jamás vacilará.

Ex 22 24+;
23 8+

SALMO 16 (15)

Yahvé, la parte de mi herencia

¹ *A media voz*. De David.*

Guárdame, oh Dios, que en ti me refugio.

² Digo a Yahvé: «Tú eres mi Señor,
mi bien, nada hay fuera de ti».
³ Pero ellos dicen a los santos de la tierra:
«¡Magníficos, todo mi gozo en ellos*!».

⁴ Sus ídolos abundan, tras ellos van corriendo*.
Pero no les haré libaciones de sangre,
ni mis labios pronunciarán sus nombres.

⁵ Yahvé es la parte de mi herencia y de mi copa,
tú aseguras mi suerte:
⁶ me ha tocado un lote precioso,
me encanta mi heredad*.

Nm 18 20
Dt 10 9
Si 45 20-22
Lm 3 24

⁷ Bendigo a Yahvé, que me aconseja;
aun de noche me instruye la conciencia*;
⁸ tengo siempre presente a Yahvé,
con él a mi derecha no vacilo.

Sal 121 5

⁹ Por eso se me alegra el corazón,
sienten regocijo mis entrañas*,
todo mi cuerpo descansa tranquilo;
¹⁰ pues no me abandonarás al Seol,
no dejarás a tu amigo ver la fosa*.
¹¹ Me enseñarás el camino de la vida,
me hartarás de gozo en tu presencia,
de dicha perpetua a tu derecha.

⁄ Hch 2
25-28
⁄ Hch 13 35
Nm 16 33+
Sal 49 16;
73 24

SALMO 17 (16)

Clamor del inocente

¹ *Oración. De David.*

Escucha, Yahvé, mi causa,
hazme caso cuando grito,

---

16 1 *Sentido dudoso.* Esta rúbrica se encuentra encabezando los salmos cuya recitación pública podía provocar la ira de los paganos señores de Jerusalén.
16 3 Los versículos 2-3 son oscuros, y la traducción conjetural. El hebr. se traduciría lit.: «Mi Señor, tú (eres) mi dicha, nada por encima de ti. A los santos, estos de la tierra, aquellos y estos que imponen (?), todo mi placer está en ellos». —Estos versículos podrían dirigirse a quienes pretenden unir la adoración a Yahvé y el culto a los dioses locales, sincretismo que fue durante mucho tiempo la tentación de Israel, ver Is 57 6; 65 5; 66 3s.
16 4 «tras ellos van corriendo» versiones; hebr. corrompido (lit. «pagan el precio del extranjero»). —«ídolos», lit. «debilidades»: eufemismo.
16 6 Alusión a la condición de los levitas. Su parte,

designada mediante las imágenes tradicionales de la copa, ver Sal 11 6+, y de la cuerda de apeo, Mi 2 4-5, es Yahvé. Era frecuente el nombre Ylquiyyahu, «Yahvé es mi parte».
16 7 Lit. «mis riñones», sede de los pensamientos y de los afectos secretos, ver Sal 7 10; Pr 23 16; Jr 12 2.
16 9 Lit. «mi gloria», ver Sal 7 6+.
16 10 El salmista ha elegido a Yahvé. El realismo de su fe y las exigencias de su vida mística piden una intimidad indisoluble con él: necesita pues, escapar a la muerte que le separaría de él, Sal 6 6, ver Sal 49 16+. Esperanza imprecisa aún, que preludia la fe en la resurrección, Dn 12 2; 2 M 7 9+. Las versiones traducen «fosa» por «corrupción». La aplicación mesiánica, admitida por el Judaísmo, se ha verificado en la resurrección de Cristo.

presta oído a mi plegaria,
que no hay doblez en mis labios.
² De ti saldrá mi sentencia,
pues tus ojos ven lo recto.

³ Si sondeas mi corazón y de noche me examinas,
si me pruebas al crisol, no hallarás en mí malicia;
mi boca no claudica ⁴ al modo de los hombres.
Siguiendo tu palabra he respetado
las sendas trazadas, ⁵ ajustando mis pasos;
por tus veredas no vacilan mis pies.

⁶ Te invoco, oh Dios, pues tú me respondes,
inclina a mí tu oído, escucha mis palabras,
⁷ Haz gala de tu amor,
tú salvas de los prepotentes
al que se acoge a tu diestra.

⁸ Guárdame como a la niña de tus ojos,
protégeme a la sombra de tus alas
⁹ de esos malvados que me acosan,
enemigos que me cercan con saña.

¹⁰ Han cerrado sus entrañas,
hablan llenos de arrogancia,
¹¹ avanzan contra mí*, me cercan,
me miran fijo para derribarme.
¹² Son como león ávido de presa,
como cachorro agazapado en su guarida.

¹³ ¡Álzate, Yahvé, enfréntate, derríbalo;
líbrame con tu espada del malvado,
¹⁴ de los mortales, con tu mano, Yahvé,
de los mortales cuyo lote es este mundo*!

¡Llénales el vientre de tus reservas*,
que se sacien sus hijos
y dejen las sobras a sus pequeños!

¹⁵ Pero yo, rehabilitado, veré tu rostro,
al despertar te contemplaré hasta que quiera*.

SALMO 18 (17)

Te Deum real*

¹ *Del maestro de coro. Del siervo de Yahvé, David, que dirigió a Yahvé las palabras de este cántico el día en que Yahvé lo libró de todos sus enemigos y de las manos de Saúl.* ² *Dijo:*

Te quiero, Yahvé, mi fortaleza
(mi salvador, que me salva de la violencia*).

Margin references (left column):
Jb 7 18; 23 10
Sal 26 2; 139 23
Jb 23 11-12
Sal 18 37
Dt 32 10-11
Rt 2 12
Sal 36 8; 61 5; 63 8; 91 4
Mt 23 37
Sal 10 9; 22 14; 35 17; 57 5
Jr 15 15-16
Sal 73 12
Nm 12 8+
Ap 22 4
Sal 4 8; 73 25-26
||2 S 22

---

17 11 «avanzan contra mí» Vulg.; «nuestros pasos» hebr.
17 14 (a) Texto dudoso. También podría entenderse: «de los mortales que tienen como parte una vida no duradera». La ambigüedad es quizás intencionada.
17 14 (b) Lit. «lo que ocultas». Más que de castigos parece tratarse de los bienes perecederos, a los que el fiel prefiere la amistad divina.
17 15 La hora del despertar por la mañana es el momento privilegiado de las larguezas divinas, Sal 5 4; 30 6; 46 6; 49 15; 57 9; 73 20; 90 14; 130 6; 143 8. Es también el tiempo de la justicia, Sal 101 8+. La aurora y la luz simbolizan la salvación, Is 8 20; 9 1; 33 2; 58 10; Lm

3 23; So 3 5; ver Jn 1 4-5; 8 12+. La noche y la oscuridad simbolizan, por el contrario, la prueba y el infortunio, aquí v. 3; Sal 30 6; 59 7; 88 19; 107 10; Is 17 14; 50 10. La palabra «despertar» se ha considerado a veces como alusión velada a la resurrección, ver 2 R 4 31; Is 26 19; Dn 12 2; Sal 16 10+.
18 Esta oda triunfal se compone de una oración de acción de gracias, vv. 5-28, y un cántico real de victoria, vv. 32-51, con final mesiánico. La recensión paralela de 2 S 22 permite corregir el texto, a menudo defectuoso.
18 2 Verso omitido en el hebr. y colocado en 2 S 22 al final del v. 3. Lo unimos al v. 2, que es el único donde se habla a Dios en segunda persona.

³ Yahvé, mi roca* y mi baluarte,
mi libertador y mi Dios;
la roca en que me amparo,
mi escudo y mi fuerza* salvadora,
mi ciudadela y mi refugio.
⁴ Invoco a Yahvé, digno de alabanza,
y me veo libre de mis enemigos.

⁵ Las olas* de la muerte me envolvían,
me espantaban los torrentes destructores,
⁶ los lazos del Seol me rodeaban,
me aguardaban los cepos de la muerte.

⁷ En mi angustia grité a Yahvé,
pedí socorro a mi Dios;
desde su templo escuchó mi voz,
resonó mi socorro en sus oídos*.

⁸ La tierra* rugió, retembló,
temblaron las bases de los montes
(vacilaron bajo su furor).
⁹ De su nariz salía una humareda,
de su boca un fuego abrasador
(y lanzaba carbones encendidos).

¹⁰ Inclinó los cielos y bajó,
con espeso nublado a sus pies;
¹¹ volaba a lomos de un querubín*,
sostenido por las alas del viento.

¹² Se puso como tienda un cerco de tinieblas,
de aguas oscuras y espesos nubarrones;
¹³ el brillo de su presencia despedía*
granizo y ascuas de fuego.

¹⁴ Tronó Yahvé en el cielo,
lanzó el Altísimo su voz*;
¹⁵ disparó sus saetas y los dispersó,
la cantidad de rayos los desbarató.

¹⁶ El fondo del mar* quedó a la vista,
los cimientos del orbe aparecieron,
a causa de tu bramido, Yahvé,
al resollar el aliento de tu nariz.

¹⁷ Lanzó su mano de lo alto y me agarró
para sacarme de las aguas caudalosas;
¹⁸ me libró de un enemigo poderoso,
de adversarios más fuertes que yo.

¹⁹ Me aguardaban el día de mi ruina,
mas Yahvé fue un apoyo para mí;

Gn 49 24
Dt 32 4.15.
18.37
Dt 33 17
Sal 75 5
Lc 1 69

Dt 13 14+
Nm 16 33+

Ex 19 16.18
Jc 5 4-5
Ha 3 3-6.
8-13

Dt 33 26
Sal 68 5+

Ex 13 21+;
19 16
Dt 4 11

Sal 29
Sal 77 18-19
Ex 19 19
Jb 36 29-30

Sal 77 17

Ex 15 8

1 S 17 37

18 3 (a) Los salmos llaman frecuentemente a Yahvé la Roca de Israel: baluarte de sus fieles y, ante todo, del linaje davídico. Ver Mt 16 18+.
18 3 (b) Lit. «cuerno», símbolo de poderío y de vigor, Sal 75 5; 89 18; 92 11, etc., ver Dt 33 17; 1 R 22 11; Za 2 4, a veces con alcance mesiánico, Sal 132 17; Ez 29 11.
18 5 «olas» según 2 S 22, ver v. 6; «redes» hebr. —Las aguas simbolizan los peligros mortales, ver Sal 32 6; 40 3; 42 8; 66 12; 69 2s.15s; 88 18; 130 1; Is 30 28; Jb 22 11; 27 20; Jon 2 6.
18 7 Hebr. añade «ante su rostro»; omitido por 2 S 22.

18 8 Aquí comienza la descripción de la teofanía victoriosa de Yahvé, que viene en ayuda del que le es fiel, vv. 8-18. Ver Ex 13 22+; 19 16+.
18 11 Los querubines que estaban sobre el arca, Ex 25 18+, e inspiraron a Ezequiel su visión del carro divino, Ez 1 5s+, sirven de trono a Yahvé, 1 S 4 4; 2 S 6 2; 2 R 19 15. A partir de la destrucción del Templo, simbolizan seres celestes.
18 13 «el brillo de su presencia despedía» en 2 S 22; hebr. corrompido (lit. «sus nubes pasaron»).
18 14 Hebr. repite aquí 13b, omitido por griego y 2 S 22.
18 16 «del mar» según 2 S 22; «de las aguas» hebr.

²⁰ me sacó a campo abierto,
me quería y me salvó.

²¹ Mi rectitud recompensa Yahvé,
retribuye la pureza de mis manos,
²² pues guardé los caminos de Yahvé
y no me rebelé contra mi Dios.

²³ Pues tengo presentes sus normas,
sus preceptos no aparto de mi lado;
²⁴ he sido irreprochable con él,
y de incurrir en culpa me he guardado.

Dt 18 13

²⁵ Yahvé retribuye mi rectitud,
la pureza de mis manos que él conoce.
²⁶ Con el leal te muestras leal,
intachable con el hombre sin tacha;

²⁷ con el puro eres puro,
y sagaz con el ladino;
²⁸ tú que salvas a la gente humilde
y abates los ojos altaneros.

Pr 3 34
Jb 22 29

²⁹ Tú, Yahvé, eres mi lámpara*,
mi Dios que alumbra mis tinieblas;
³⁰ con tu ayuda yo fuerzo el cerco*,
con mi Dios asalto la muralla.

Jb 29 3

³¹ Dios es íntegro en su proceder,
la palabra de Yahvé acrisolada,
escudo de quienes se acogen a él.

Dt 32 4
Sal 12 7
‖Pr 30 5

³² Pues ¿quién es Dios fuera de Yahvé?
¿Quién Roca, sino sólo nuestro Dios?
³³ El Dios que me ciñe de fuerza
y hace mi conducta irreprochable,

Is 44 8;
45 21

³⁴ que hace mis pies como de cierva
y en las alturas me sostiene en pie,
³⁵ que adiestra mis manos para la lucha
y mis brazos para tensar el arco.

Ha 3 19
Dt 32 13
Is 58 14

³⁶ Tú me das tu escudo victorioso,
(tu diestra me sostiene),
multiplicas tus cuidados conmigo,
³⁷ al andar ensanchas mis pasos,
mis tobillos no se tuercen.

³⁸ Persigo a mis enemigos, les doy caza,
no vuelvo hasta que acabo con ellos;
³⁹ los machaco, no pueden levantarse,
sucumben debajo de mis pies.

⁴⁰ Me ciñes de valor para el combate,
sometes bajo mi pie a mis agresores,
⁴¹ pones en fuga a mis enemigos,
exterminas a los que me odian.

Sal 21 13

⁴² Piden auxilio y nadie los salva,
a Yahvé, y no les responde.
⁴³ Los reduzco como polvo al viento,
los piso como barro de las calles.

18 29 Delante de «mi lámpara» el hebr. añade «alumbras», glosa omitida en 2 S **22** y que atenúa el antropomorfismo.

18 30 «yo fuerzo el cerco» en 2 S **22** griego; «corro al ataque» hebr.

⁴⁴ Me libras de los pleitos de mi pueblo*,
me pones al frente de naciones;
pueblos desconocidos me sirven;

Sal 2 8-9
Ap 2 26-28

⁴⁵ los extranjeros me adulan,
todo oídos, me obedecen,
⁴⁶ los extranjeros se acobardan,
dejan temblando sus refugios.

Mi 7 17

⁴⁷ ¡Viva Yahvé, bendita sea mi Roca,
sea ensalzado mi Dios salvador,
⁴⁸ el Dios que me concede la venganza
y abate los pueblos a mis plantas!

Sal 18 47

=Sal 18 48

⁴⁹ Tú me libras de mis enemigos,
me exaltas sobre mis agresores,
me salvas del hombre violento.

⁵⁰ Por eso te alabaré entre las naciones,
en tu honor, Yahvé, cantaré.

⌐ Rm 15 9
Sal 7 18+

⁵¹ Él ennoblece las victorias de su rey
y muestra su amor a su ungido,
a David y su linaje para siempre*.

SALMO 19 (18)

Yahvé, sol de justicia*

¹ *Del maestro de coro. Salmo. De David.*

² Los cielos cuentan la gloria de Dios,
el firmamento anuncia la obra de sus manos;
³ el día al día comunica el mensaje,
la noche a la noche le pasa la noticia.

Gn 1 1-8.
14-19
Si 43 1s
Sal 93; 147
4-5.15-20
Pr 8 22-31
Jb 38 7.
31-33
Sal 104
Rm 1 20+
⌐ Rm 10 18

⁴ Sin hablar y sin palabras,
y sin voz que pueda oírse*,
⁵ por toda la tierra resuena su proclama,
por los confines del orbe sus palabras.

En lo alto, para el sol, plantó una tienda,
⁶ y él, como esposo que sale de su alcoba,
se recrea, como atleta, corriendo su carrera*.

⁷ Tiene su salida en un extremo del cielo,
y su órbita alcanza al otro extremo,
sin que haya nada que escape a su ardor.

Sal 65 9

⁸ La ley de Yahvé es perfecta,
hace revivir;
el dictamen de Yahvé es veraz,
instruye al ingenuo.

Sal 119

18 44 «mi pueblo» en 2 S 22; «un pueblo» hebr.; «de los pueblos» griego (para Sal y 2 S). La lectura de 2 S debe de ser primitiva; luego se habría generalizado a causa del resto del versículo y quizás también para eliminar la alusión desfavorable a Israel.
18 51 Final litúrgico que recuerda las promesas de victoria y de salvación hechas a la dinastía davídica, ver Sal 89 2s.29s; 1 S 2 10.
19 El himno celebra en Yahvé al creador del cielo, especialmente del sol, vv. 5b-7, y al autor de la Ley: la naturaleza y la Ley manifiestan las perfecciones divinas. En el Antiguo Oriente, el sol era el símbolo de la justicia, ver Sb 5 6; Ml 3 20: así se explica la unión de las dos partes del salmo. La liturgia de Navidad lo aplica al Verbo de Dios, Sol de Justicia, Ml 3 20; Jn 1 9; Lc 1 78. El v. 5 es aplicado a los apóstoles, ver Rm 10 18.
19 4 Las versiones entienden, por el contrario, «cuyo sonido no se oiga». Pero lo que sigue alude al tema asirio-babilónico de los astros, silenciosa «escritura de los cielos».
19 6 El salmista, hablando del sol, creatura de Yahvé, emplea expresiones que también se encuentran en la mitología babilónica.

⁹ Los preceptos de Yahvé son rectos,
    alegría interior;
    el mandato de Yahvé es límpido,
    ilumina los ojos.

¹⁰ El temor de Yahvé es puro,
    estable por siempre;
    los juicios del Señor veraces,
    justos todos ellos,

Sal 119 127

¹¹ apetecibles más que el oro,
    que el oro más fino;
Sal 119 103
    más dulces que la miel,
    más que el jugo de panales.

¹² Por eso tu siervo se empapa en ellos,
    guardarlos trae gran ganancia;
¹³ Pero ¿quién se da cuenta de sus yerros?
    De las faltas ocultas límpiame.

¹⁴ Guarda a tu siervo también del orgullo*,
    no sea que me domine;
    entonces seré irreprochable,
    libre de delito grave.

¹⁵ Acepta con agrado mis palabras,
    el susurro de mi corazón,
    sin tregua* ante ti, Yahvé,
    Roca mía, mi redentor*.

SALMO 20 (19)

Oración por el rey*

¹ Del maestro de coro. Salmo. De David.

Pr 18 10
Sal 18 50;
44 6
1 R 8 30

² ¡Yahvé te responda el día de la angustia,
    protéjate el nombre del Dios de Jacob!

³ Te envíe socorro desde su santuario,
    sea tu apoyo desde Sión.

⁴ Tenga en cuenta todas tus ofrendas,
    encuentre sabroso tu holocausto;
⁵ colme todos tus deseos,
    cumpla todos tus proyectos.

⁶ ¡Nosotros aclamaremos tu victoria,
    celebraremos alegres el nombre de nuestro Dios!

    ¡Yahvé responderá a todas tus súplicas!

Sal 18 51

⁷ Reconozco ahora que Yahvé
    dará la salvación a su ungido*;
    le responderá desde su santo cielo
    con proezas victoriosas de su diestra.

Os 1 7+
Sal 33
16-17;
147 10-11

⁸ Unos con los carros, otros con los caballos,
    pero nosotros invocamos a Yahvé, nuestro Dios;

---

19 14 Lit. «de los orgullosos» o «de las cosas orgullosas». Griego: «de los (dioses) extranjeros». —El Sal 119
contrapone constantemente el orgullo a la práctica de
la Ley.
19 15 (a) «sin tregua» griego; omitido por hebr.
19 15 (b) En hebr. go'el. El término, que designa al vengador de sangre, Nm 35 19+, y al redentor, Lv 25 25.47-
49, es aplicado por Jb 19 25; Sal 19 15; 78 35; Jr 50 43

y con frecuencia en la segunda parte de Isaías, Is 41 14;
43 14; 44 6.24; 49 7; 59 20, etc., a Yahvé que venga, salva
y arranca de la muerte a sus fieles y a su pueblo.
20   Oración por el rey al salir a la guerra, ver 1 R 8
44; 2 Cro 20 18s, en dos partes, seguidas cada una de
ellas de una antífona coral.
20 7   O «su mesías», «su cristo» (ver Ex 30 22+; 1 S
9 26+): el rey de Israel.

⁹ ellos se doblegan y caen,
nosotros seguimos en pie.

¹⁰ ¡Oh Yahvé, salva al rey,
respóndenos* cuando te llamemos!

2 Cro **14** 10
Is **40** 30-31

Sal **21**

SALMO 21 (20)
Liturgia de coronación*

Sal **20**
Sal **61** 6-8

¹ *Del maestro de coro. Salmo. De David.*

² Yahvé, el rey celebra tu fuerza,
le colma de alegría tu victoria.
³ Le has concedido el deseo de su corazón,
no has rechazado el anhelo de sus labios.

⁴ Te adelantaste con buenos augurios,
coronaste su cabeza de oro fino;
⁵ vida pidió y se la otorgaste,
largo curso de días para siempre.

2 R **20** 1-7
Is **38** 1-20
1 R **3** 14

⁶ Gran prestigio le da tu victoria,
lo rodeas de honor y majestad;
⁷ lo conviertes en eterna bendición,
lo llenas de alegría en tu presencia.
⁸ Porque el rey confía en Yahvé,
por gracia del Altísimo no vacilará.

Sal **45** 4
Gn **12** 2;
48 20
Sal **72** 17
1 Cro **17** 27
Sal **16** 11

⁹ Que tu mano alcance a tus enemigos,
que tu diestra alcance a los que te odian.
¹⁰ Conviértelos en horno encendido,
el día que aparezca tu rostro*.
Yahvé los tragará en su cólera,
el fuego los devorará.

Sal **18** 38

¹¹ Borrarás de la tierra su fruto,
su semilla de en medio de los hombres.

Sal **109** 13
Jb **18** 19

¹² Aunque intenten hacerte daño,
aunque tramen un plan, nada podrán.
¹³ Que tú les harás retroceder,
asestando tu arco contra ellos.

Sal **18** 41

¹⁴ ¡Levántate, Yahvé, lleno de fuerza,
cantaremos, celebraremos tu poder!

SALMO 22 (21)
Sufrimiento y esperanza del justo*

Is **52** 13-
53 12

¹ *Del maestro de coro. Sobre «la cierva de la aurora»*. Salmo. De David*

² ¡Dios mío, Dios mío! ¿Por qué me has abandonado?
Estás lejos de mi queja, de mis gritos y gemidos.

⟋ Mt **27** 46p
Is **49** 14;
54 7

---

20 10 «respóndenos» versiones; «nos responde» hebr.
21   Este salmo, en dos partes seguidas de antífonas corales (vv. 8 y 14), tiene un claro acento mesiánico y escatológico que ha motivado su aplicación a Cristo Rey.
21 10 Es decir: cuando aparezca para juzgar. Los vv. 9-13 se dirigen al rey. Pero la expresión «el día que aparezca tu rostro» y la mención del fuego reflejan un estilo escatológico. Este pasaje pudo haber sido dirigido a Yahvé en el texto primitivo (ver mss griegos).
22   La lamentación y la oración de un inocente perseguido concluyen en acción de gracias por la libera-

ción esperada, vv. 23-27, y se adaptan a la liturgia nacional mediante el v. 24 y el final universalista, vv. 28-32, en que el advenimiento del reino de Dios al mundo entero aparece como consecuencia de las pruebas del siervo fiel. Afín al poema del Siervo doliente, Is **52** 13 - **53** 12, este salmo, cuyo comienzo pronunció Cristo en la cruz, y en el que los evangelistas han visto descritos por anticipado varios episodios de la Pasión, es por lo mismo mesiánico, al menos en sentido típico.
22 1 Quizá el comienzo de una melodía conocida. Versiones: «Para el consuelo matiral».

³ Clamo de día, Dios mío, y no respondes,
también de noche, sin ahorrar palabras.

Lv 17 1+
Is 6 3+

⁴ ¡Pero tú eres el Santo, entronizado
en medio de la alabanza de Israel*!
⁵ En ti confiaron nuestros padres,
confiaron y tú los liberaste;

Jc 2 6+

⁶ a ti clamaron y se vieron libres,
en ti confiaron sin tener que arrepentirse.

⁷ Yo en cambio soy gusano, no hombre,
soy afrenta del vulgo, asco del pueblo;

Mt 27 39p

⁸ todos cuantos me ven de mí se mofan,
tuercen los labios y menean la cabeza:

⸗ Mt 27 43
Sb 2 18-20

⁹ «Se confió a Yahvé, ¡pues que lo libre,
que lo salve si tanto lo quiere!».

Is 44 2.24

¹⁰ Fuiste tú quien del vientre me sacó,
a salvo me tuviste en los pechos de mi madre;

Gn 50 23
Is 46 3

¹¹ a ti me confiaron al salir del seno,
desde el vientre materno tú eres mi Dios.

Sal 35 22;
38 22; 40 14;
71 12

¹² ¡No te alejes de mí, que la angustia está cerca,
que no hay quien me socorra!

¹³ Novillos sin cuento me rodean,
me acosan los toros de Basán;

Sal 17 12

¹⁴ me amenazan abriendo sus fauces,
como león que desgarra y ruge.

¹⁵ Como agua me derramo,
mis huesos se dislocan,
mi corazón, como cera,
se funde en mis entrañas.

Jn 19 28

¹⁶ Mi paladar* está seco como teja
y mi lengua pegada a mi garganta:
tú me sumes en el polvo de la muerte.

¹⁷ Perros sin cuento me rodean,
una banda de malvados me acorrala;
mis manos y mis pies vacilan,

¹⁸ puedo contar mis huesos.
Ellos me miran y remiran,

⸗ Mt 27 35p
⸗ Jn 19 24

¹⁹ reparten entre sí mi ropa
y se echan a suertes mi túnica.

²⁰ Pero tú, Yahvé, no te alejes,
corre en mi ayuda, fuerza mía,

Jn 12 27

²¹ libra mi vida de la espada,
mi persona* de las garras de los perros;

Sal 7 3;
17 12; 57 5
2 Tm 4 17

²² sálvame de las fauces del león,
mi pobre ser* de los cuernos del búfalo.

Hb 2 12
Sal 40 10

²³ Contaré tu fama a mis hermanos,
reunido en asamblea te alabaré:

²⁴ «Los que estáis por Yahvé, alabadlo,
estirpe de Jacob, respetadlo,
temedlo, estirpe de Israel.

²⁵ Que no desprecia ni le da asco
la desgracia del desgraciado;

---

22 4   O: «Tú que moras en el santuario, alabanzas de
Israel», ver griego.
22 16 «Mi paladar» conj.; «mi fuerza» hebr.

22 21 «mi persona», lit. «mi única», ver Sal 35 17.
22 22 «mi pobre (ser)» conj.; «tú me has respondido»
hebr.

no le oculta su rostro,
le escucha cuando lo invoca».

26 Tú inspiras mi alabanza en plena asamblea,
cumpliré mis votos ante sus fieles.
27 Los pobres comerán, hartos quedarán*,
los que buscan a Yahvé lo alabarán:
«¡Viva por siempre vuestro corazón!».

28 Se acordarán, volverán a Yahvé   Is 45 22;
todos los confines de la tierra;   52 10
se postrarán en su presencia*
todas las familias de los pueblos.
29 Porque de Yahvé es el reino,   Za 14 9
es quien gobierna a los pueblos.   Ab 21
30 Ante él* se postrarán los que duermen en la tierra,
ante él se humillarán los que bajan al polvo*.

Y para aquel que ya no viva
31 su descendencia le servirá*:   Is 53 10
hablará del Señor a la edad 32 venidera*,   Sal 48 14;
contará su justicia al pueblo por nacer: 71 18; 78 6;
«Así actuó el Señor».   102 19
                                                           Ef 2 7

SALMO 23 (22)
El Buen Pastor*

1 *Salmo. De David.*

Yahvé es mi pastor, nada me falta.   Ez 34 1+
2 En verdes pastos me hace reposar.   Jn 10 1-16

Me conduce a fuentes tranquilas,   Jn 4 1+
3 allí reparo mis fuerzas.   Is 40 31
Me guía por cañadas seguras   Jr 31 25
haciendo honor a su nombre.   Pr 4 11
                                                           Sal 115 1

4 Aunque fuese por valle tenebroso,   Is 50 10
ningún mal temería,   Jb 10 21-22
pues tú vienes conmigo*;
tu vara y tu cayado me sosiegan.

5 Preparas ante mí una mesa,   Ex 16 1+
a la vista de mis enemigos;   Sal 22 27+
perfumas mi cabeza*,
mi copa rebosa.   Sal 16 5+
                                                           63 6
6 Bondad y amor me acompañarán
todos los días de mi vida,
y habitaré* en la casa de Yahvé   Sal 27 4
un sinfín de días.

22 27 Alusión al banquete mesiánico, Is 55 1s, etc., más bien que a la comida ritual que sigue al sacrificio de comunión, Lv 3 1+.
22 28 Según versiones; «en tu presencia» hebr.
22 30 (a) «ante él» conj.; «comerán» hebr.
22 30 (b) «los que duermen en la tierra», «los que bajan al polvo» son las mortales.
22 31 Texto difícil. Puede también entenderse: «él (el impío) no vivirá, pero un linaje le servirá». Algunos mss y el griego dicen: «mi alma vivirá para él», retoque añadido en función de la creencia en la resurrección.
22 32 «venidera» griego; «vendrán» hebr.
23 La solicitud divina por los justos, descrita bajo

la doble imagen del pastor, vv. 1-4, y del huésped que ofrece el banquete mesiánico, vv. 5-6. Este salmo se aplica tradicionalmente a la vida sacramental, especialmente al Bautismo y a la Eucaristía.
23 4 «pues tú vienes»: adición probable para armonizar con 1 S 22 23 y subrayar así la alusión al gesto davídico. El texto primitivo sería: «Cerca de mí, tu vara, tu cayado están ahí...».
23 5 Conforme a la costumbre de la hospitalidad oriental, Sal 92 11; 139 2; Qo 9 8; Am 6 6; Lc 7 46.
23 6 «y habitaré» versiones; «volveré a» hebr. (simple corrección vocálica).

SALMO 24 (23)

Liturgia de entrada en el santuario*

¹ *Salmo. De David.*

Is 66 1-2	De Yahvé es la tierra y cuanto la llena,
Sal 89 12	el orbe y cuantos lo habitan,
Dt 10 14	² pues él lo fundó sobre los mares,
1 Co 10 26	lo asentó sobre los ríos*.
Sal 75 4	
Is 42 5	³ ¿Quién subirá al monte de Yahvé?,
Sal 15	¿quién podrá estar en su santo recinto?

⁴ El de manos limpias y puro corazón,
el que no suspira por los ídolos
ni jura con engaño.

⁵ Ése logrará la bendición de Yahvé,
el perdón de Dios, su Salvador.
⁶ Ésta es la generación que lo busca,

Sal 27 8-9	la que acude a tu presencia, Dios de Jacob*.	*Pausa.*

2 S 6 12-16	⁷ ¡Puertas, alzad los dinteles,
Sal 118	levantaos, antiguos portones,
19-20	y que entre el rey de la gloria!
Ez 44 2	
Ml 3 1	⁸ ¿Quién es el rey de la gloria?
1 Co 2 8	Yahvé, el fuerte, el valiente,
	Yahvé, valiente en la lucha.

⁹ ¡Puertas, alzad los dinteles,
levantaos, antiguos portones,
y que entre el rey de la gloria!

1 S 1 3+	¹⁰ ¿Quién es el rey de la gloria?	
Ex 24 16+	Yahvé Sebaot,	
	él es el rey de la gloria.	*Pausa.*

SALMO 25 (24)

Oración en el peligro

¹ *De David.*

=Sal 86 4	*Alef.*	A ti, Yahvé, dirijo mi anhelo.
		² A ti, Dios mío.
Sal 22 6;	*Bet.*	En ti confío, ¡no quede defraudado,
40 15s		ni triunfen de mí mis enemigos!
Is 49 23;	*Guímel.*	³ El que espera en ti no queda defraudado,
50 7		queda defraudado el que traiciona sin motivo.
Sal 27 11;	*Dálet.*	⁴ Muéstrame tus caminos, Yahvé,
86 11;		enséñame tus sendas.
119 35;	*He.*	⁵ Guíame fielmente, enséñame,
143 8		pues tú eres el Dios que me salva.
Jn 14 6;		
16 13	*(Vau.)*	En ti espero todo el día,
		⁷ᶜ por tu bondad, Yahvé.

---

24 Los vv. 7-10 pueden referirse al traslado del arca en tiempo de David, 2 S 6 12-16; ver Sal 68 25s; 132. El comienzo, vv. 1-6, parece posterior, ver Sal 15: el creador del universo es también el amigo que acoge al justo. **24** 2 La tierra es descrita descansando sobre las

aguas del océano inferior, ver Ex 20 4. **24** 6 «tu presencia, Dios de Jacob» 2 mss hebr.; «tu presencia, Jacob» TM; «la presencia del Dios de Jacob» griego.

Zain.	⁶ Acuérdate, Yahvé, de tu ternura y de tu amor, que son eternos.
Jet.	⁷ De mis faltas juveniles no te acuerdes*, acuérdate de mí según tu amor.
Tet.	⁸ Bueno y recto es Yahvé: muestra a los pecadores el camino,
Yod.	⁹ conduce rectamente a los humildes y a los pobres* enseña su sendero.
Kaf.	¹⁰ Amor y verdad son las sendas de Yahvé para quien guarda su alianza y sus preceptos.
Lámed.	¹¹ Haz gala de tu nombre, Yahvé, y perdona mi culpa, que es grande.
Mem.	¹² Cuando un hombre respeta a Yahvé, él le indica el camino a seguir;
Nun.	¹³ vivirá colmado de dicha, su estirpe poseerá la tierra*.
Sámek.	¹⁴ Yahvé se confía* a sus adeptos*, los va instruyendo con su alianza.
Ain.	¹⁵ Mis ojos están fijos en Yahvé, que sacará mis pies de la trampa.
Pe.	¹⁶ Vuélvete a mí, tenme piedad, me siento solo y desdichado.
Sade.	¹⁷ La angustia crece en mi corazón, hazme salir de mis tormentos.
(Qof.)	¹⁸ Mira mi aflicción y mi penar, perdona todos mis pecados.
Reš.	¹⁹ Mira cuántos son mis enemigos, la violencia del odio que me tienen.
Šin.	²⁰ Guarda mi vida, ponme a salvo, no me avergüence por confiar en ti.
Tau.	²¹ Integridad y rectitud me ampararán, porque espero en ti, Yahvé*.

²² Redime, Dios, a Israel
de todas sus angustias*.

SALMO 26 (25)

Plegaria del inocente*

¹ *De David.*

Hazme justicia, Yahvé,
que llevo una vida íntegra.
Si me apoyo en Yahvé no vacilo.

² Escrútame, Yahvé, ponme a prueba,
aquilata mi conciencia y mi corazón,

Jb 13 26
Is 64 8
Sal 106 4+

Tb 3 2
Sal 85 10-11

Pr 19 23

Sal 37 9.29
Is 57 13

Sal 123 1;

Sal 86 16;
119 132

Sal 16 1

Sal 130 8

Sal 7; 17;
18 21-28
59 4
Jb 31

Sal 7 10
17 3; 139 23

25 7 El hebr. añade aquí «y de mis faltas», duplicado omitido por sir.
25 9 «pobres» sir.; el hebr. repite «humildes».
25 13 A la convicción, heredada de los Sabios de Israel, de que al justo se le otorga una recompensa terrestre, se añade aquí la esperanza de los judíos, vueltos del destierro, del pleno disfrute del país de los antepasados.
25 14 (a) Más que el misterio divino, Sb 2 22, se ha de entender aquí la intimidad con Dios, Sal 73 28; Ex 33

20+; Jb 29 5; Pr 3 32, unida al conocimiento de las cosas divinas, Jr 16 21; 31 34; Os 6 6.
25 14 (b) Lit. «quienes le temen». Ver nota a 15 4.
25 21 «Yahvé» griego; omitido por hebr.
25 22 Este versículo, que sobra en la serie alfabética, puede ser una antífona litúrgica postexílica. Ver también Sal 34 23.
26 Como en los salmos 7 y 17, el creyente protesta de su inocencia.

³ que tengo presente tu amor
y te soy fiel en la vida.

⁴ No ando mezclado con falsos,
ni me dejo acompañar de hipócritas;
⁵ odio las reuniones de malhechores,
no me mezclo con malvados.

⁶ Lavo y purifico mis manos,
doy vueltas a tu altar, Yahvé,
⁷ pronunciando la acción de gracias,
pregonando todas tus maravillas.
⁸ Amo, Yahvé, la belleza* de tu Casa,
el lugar donde se asienta tu gloria.

⁹ No dejes que muera entre pecadores,
que acabe mi vida entre asesinos,
¹⁰ con sus manos llenas de infamia
y su diestra repleta de soborno.

¹¹ Yo, en cambio, llevo una vida íntegra,
rescátame, ten piedad de mí;
¹² mi pie sigue el camino recto,
en la asamblea te bendeciré, Yahvé.

SALMO 27 (26)

Junto a Dios no hay temor

¹ *De David.*

Yahvé es mi luz y mi salvación,
¿a quién temeré?
Yahvé, el refugio de mi vida,
¿ante quién temblaré?

² Cuando me asaltan los malhechores
ávidos de mi carne,
ellos, adversarios y enemigos,
tropiezan y sucumben.

³ Aunque acampe un ejército contra mí,
mi corazón no teme;
aunque estalle una guerra contra mí,
sigo confiando.

⁴ Una cosa pido a Yahvé,
es lo que ando buscando:
morar en la Casa de Yahvé
todos los días de mi vida,
admirar la belleza de Yahvé
contemplando su templo.

⁵ Me dará cobijo en su cabaña
el día de la desgracia;
me ocultará en lo oculto de su tienda*,
me encumbrará en una roca.

⁶ Entonces levantará mi cabeza
ante el enemigo que me hostiga;

Márgenes: Sal 119 30 · Sal 1 1 · =Sal 73 13, Dt 21 6-7, Mt 27 24 · Ex 25 8+, 24 16+, Sal 29 9; 63 3, Sal 28 3 · Ex 23 8+ · Sal 25 16 · Sal 22 23; 40 11; 52 11 · Sal 18 29; 36 10; 43 3, Mi 7 8, Is 10 17 · Jb 19 22, Sal 14 4 · =Sal 23 6, Sal 42 3 · Ap 7 15-16 · Sal 31 21, Sal 18 3

26 8 «belleza» griego; «morada» hebr. (simple permuta de dos consonantes).

27 5 «cabaña» y «tienda» designan el santuario de Jerusalén.

y yo ofreceré en su tienda
sacrificios de victoria.

Cantaré, tocaré para Yahvé.

⁷ Escucha, Yahvé, el clamor de mi voz,
¡ten piedad de mí, respóndeme!
⁸ Digo para mis adentros:
«Busca su rostro*».
Sí, Yahvé, tu rostro busco:
⁹ no me ocultes tu rostro.

Sal 24 6;
105 4
Os 5 15

No rechaces con ira a tu siervo,
que tú eres mi auxilio.
No me abandones, no me dejes,
Dios de mi salvación.
¹⁰ Si mi padre y mi madre me abandonan,
Yahvé me acogerá.

Jr 31 20
Os 11 8
Is 49 15

¹¹ Señálame, Yahvé, tu camino,
guíame por senda llana,
pues tengo enemigos.
¹² No me entregues al ardor de mis rivales,
pues se alzan contra mí testigos falsos,
testigos violentos además.

=Sal 86 11
Sal 25 4

¹³ Creo que gozaré*
de la bondad de Yahvé
en el país de la vida.
¹⁴ Espera en Yahvé, sé fuerte,
ten ánimo, espera en Yahvé.

Sal 116 9;
142 6

SALMO 28 (27)
Súplica y acción de gracias

¹ *De David.*

A ti alzo mi voz, Yahvé,
roca mía, no enmudezcas;
pues si te callas seré igual
que los que bajan a la fosa.

Sal 18 3+

² Oye la voz de mi súplica,
cuando te pido socorro,
cuando levanto mis manos,
hacia tu santo templo.

Sal 5 8;
134 2
1 R 8 48

³ No me arrastres con los malvados,
tampoco con los malhechores,
que hablan de paz a su vecino
y el mal se oculta en su corazón.

Sal 26 9

Sal 12 3;
55 22; 62 5
Pr 26 24-25

⁴ Págales, Yahvé, según sus obras,
según la malicia de sus actos,
trátalos conforme a sus acciones,
págales con su misma moneda.

Jr 50 29

---

27 8 «busca su rostro» conj.; «buscad mi rostro»
hebr. —La expresión, ver Am 5 4+, que en principio significaba «ir a consultar a Yahvé» en un santuario, 2 S
21 1, tomó un sentido más general: tratar de conocerlo,
vivir en su presencia. «Buscar a Yahvé», Dt 4 29; Sal 40

17; 69 7; 105 3, etc., es servirle fielmente.
27 13 Puede entenderse también: «¡Ah, si no pudiese
gozar!». Este pasaje se interpretó en la época macabea
en función de la fe en la vida futura.

Is 5 12

⁵ No entienden las obras de Yahvé,
lo que han hecho sus manos:

Sal 52 7

¡que los derribe y no los reconstruya!

⁶ ¡Bendito Yahvé, que ha escuchado
la voz de mi plegaria!

⁷ Yahvé es mi fuerza y mi escudo,
en él confía mi corazón:
su ayuda me llena de alegría,
le doy gracias con mi canto.

⁸ Yahvé es la fuerza de su pueblo,
un baluarte que salva a su ungido*.

Sal 3 9;
29 11
Ex 19 4

⁹ Salva a tu pueblo, bendice a tu heredad,
pastoréalos y llévalos por siempre.

Sal 18 14; 68
9; 77 17-19;
97 2-6;
144 5-6
Ex 19 16+
Ha 3

SALMO 29 (28)

Himno al Señor de la tormenta*

¹ *Salmo. De David.*

=Sal 96 7-9

¡Rendid a Yahvé, hijos de Dios*,
rendid a Yahvé gloria y poder!

² Rendid a Yahvé la gloria de su nombre,
postraos ante Yahvé en el atrio sagrado*.

Sal 77 19;
104 7
Is 30 30
Ez 10 5
Jb 37 4-5

³ La voz de Yahvé sobre las aguas,
el Dios de la gloria truena,
¡es Yahvé sobre las aguas caudalosas!

⁴ La voz de Yahvé con fuerza,
la voz de Yahvé con majestad.

⁵ La voz de Yahvé desgaja los cedros,
desgaja Yahvé los cedros del Líbano,

Sal 114 4

⁶ hace brincar como novillo al Líbano,
al Sarión* como cría de búfalo.

Ha 3 11

⁷ La voz de Yahvé afila llamaradas*.

⁸ La voz de Yahvé estremece la estepa,
estremece Yahvé el desierto de Cades.

⁹ La voz de Yahvé retuerce las encinas*,
deja desnudas las selvas.
Todo en su Templo* grita: ¡Gloria!

Gn 6-9
Is 54 9

¹⁰ Yahvé se sentó sobre el diluvio*,
Yahvé se sienta como rey eterno.

Dn 7 27

¹¹ Yahvé da poder a su pueblo,
Yahvé bendice a su pueblo con la paz.

---

28 8 Según el paralelismo, el «ungido» (o «mesías») parece ser aquí el pueblo de Dios, consagrado a su servicio, ver Ex 19 3+; Sal 105 15; Ha 3 13, más que el príncipe, Sal 20 7, o el sumo sacerdote, Sal 84 10.
29 La tormenta, ver Ex 13 22+ y Ex 19 16+, evoca el poder y la gloria divinos, que causan pavor a los enemigos de Israel y aseguran la paz al pueblo de Dios.
29 1 Lit. «hijos de los dioses», ver Sal 82 1; 89 7; Jb 1 6+, identificados con los ángeles que forman la corte divina. El pasaje se aplica en ocasiones a Israel, «hijo de Dios», Ex 4 22; Dt 14 1; Os 11 1. —Griego y Vulg. tienen a continuación la variante: «Traed a Yahvé crías de carnero».
29 2 Se trata del cielo, réplica invisible del Templo de Jerusalén, Sal 11 4; 78 69.

29 6 Nombre sidonio del Líbano, Dt 3 9.
29 7 Dios afila sus flechas incendiarias (= rayos) para herir a sus enemigos, ver Sal 18 15; Dt 32 23.42; Ha 3 11; Za 9 14.
29 9 (a) «las encinas» conj.; «(hace parir a) las ciervas» hebr. —Los grandes árboles pueden ser, aquí y en el v. 5, el símbolo de los enemigos orgullosos de Dios y de su pueblo, ver Is 2 13; 10 18.33; 32 19; Jr 21 14; 46 23; Ez 21 2; Za 11 2.
29 9 (b) En el cielo (v. 2) o en el Templo de Jerusalén, cuya liturgia repite las alabanzas celestes, o, en fin, en la Tierra Santa, consagrada a Yahvé, Sal 114 2, su casa, Jr 12 7; Za 9 8.
29 10 Entronizado sobre las aguas primordiales, símbolo del caos.

SALMO 30 (29)

Acción de gracias después de un peligro de muerte

Esd 6 16
1 M 4 36s

¹ *Salmo. Cántico para la dedicación de la Casa. De David.*

² Te ensalzo, Yahvé, porque me has levantado,
 no has dejado que mis enemigos se rían de mí.
³ Yahvé, Dios mío, te pedí auxilio y me curaste.
⁴ Tú, Yahvé, sacaste mi vida del Seol,
 me reanimaste cuando bajaba a la fosa.

Nm 16 33+
1 S 2 6

⁵ Cantad para Yahvé los que lo amáis,
 recordad su santidad con alabanzas.
⁶ Un instante dura su ira,
 su favor toda una vida;
 por la tarde visita de lágrimas*,
 por la mañana gritos de júbilo.

Sal 7 18+
=Sal 97 12
Is 54 7-8
Jb 14 13
Sal 17 15+

⁷ Al sentirme seguro me decía:
 «Jamás vacilaré».
⁸ Tu favor, Yahvé, me afianzaba
 más firme que sólidas montañas*;
 pero luego escondías tu rostro
 y quedaba todo conturbado.

Sal 104 29

⁹ A ti alzo mi voz, Yahvé,
 a mi Dios* piedad imploro:
¹⁰ ¿Qué ganas con mi sangre*, con que baje a la fosa?
 ¿Puede el polvo alabarte, anunciar tu verdad?

Is 38 18+
Sal 6 6;
88 11-13

¹¹ ¡Escucha, Yahvé, ten piedad de mí!
 ¡Sé tú, Yahvé, mi auxilio!
¹² Has cambiado en danza mi lamento:
 me has quitado el sayal, me has vestido de fiesta.
¹³ Por eso mi corazón* te cantará sin parar;
 Yahvé, Dios mío, te alabaré por siempre.

Jr 31 13
Is 61 3
Sal 126
Est 9 22

SALMO 31 (30)

Oración en la prueba*

¹ *Del maestro de coro. Salmo. De David.*

² En ti, Yahvé, me cobijo,
 ¡nunca quede defraudado!
 ¡Líbrame* conforme a tu justicia,
³ tiende a mí tu oído, date prisa!

=71 1-2

 Sé mi roca de refugio,
 alcázar donde me salve;
⁴ pues tú eres mi peña y mi alcázar,
 por tu nombre me guías y diriges.

Sal 18 3;
71 3

⁵ Sácame de la red que me han tendido,
 pues tú eres mi refugio;

---

30 6   Lit. «por la tarde pernoctan las lágrimas».
30 8   Traducción conjetural; hebr. «por tu favor, tú has afianzado en mi montaña (forma anómala) una fuerza».
30 9   «mi Dios» griego; «mi Señor» hebr.
30 10   Es decir, con mi muerte; la sangre contiene la vida, Gn 9 6+; Lv 1 5+; Sal 72 14 y 116 15.

30 13   «mi corazón»: leyendo con el griego *kebedi*, lit. «mi hígado» o «mi gloria», ver Sal 7 6; «la gloria» *kabôd* hebr.
31   Esta oración se inspira en las Confesiones de Jeremías. Jon 2 le es bastante afín.
31 2   «líbrame» mss griegos; trasladado en el hebr. después de «date prisa».

↗ Lc 23 46
↗ Hch 7 59

⁶ en tus manos abandono mi vida
y me libras, Yahvé, Dios fiel.

⁷ Detestas* a los que veneran ídolos,
pero yo confío en Yahvé.
⁸ Me alegraré y celebraré tu amor,
pues te has fijado en mi aflicción,
conoces las angustias que me ahogan;
⁹ no me entregas en manos del enemigo,
has puesto mis pies en campo abierto.

Sal 35; 38;
69; 71

¹⁰ Ten piedad de mí, Yahvé,
que estoy en apuros.
La pena debilita mis ojos,
mi garganta y mis entrañas;
¹¹ mi vida se consume en aflicción,
y en suspiros mis años;
sucumbe mi vigor a la miseria*,

Sal 6 3

mis huesos pierden fuerza.

¹² De todos mis opresores
me he convertido en la burla;

Jb 19 13-19
Sal 38 12

asco* doy a mis vecinos,
espanto a mis familiares.

Los que me ven por la calle
se apartan lejos de mí;
¹³ me olvidan igual que a un muerto,
como objeto de desecho.

‖Jr 20 20
Sal 41 6

¹⁴ Escucho las calumnias de la turba,
terror alrededor,
a una conjuran contra mí,
tratando de quitarme la vida.

¹⁵ Pero yo en ti confío, Yahvé,
me digo: «Tú eres mi Dios».
¹⁶ Mi destino está en tus manos, líbrame
de las manos de enemigos que me acosan.

Sal 4 7+

¹⁷ Que brille tu rostro sobre tu siervo,
¡sálvame por tu amor!

¹⁸ Yahvé, no quede yo defraudado
después de haberte invocado;
que queden defraudados los impíos,
que bajen en silencio al Seol.
¹⁹ Enmudezcan los labios mentirosos
que hablan insolentes contra el justo,
llenos de orgullo y desprecio.

²⁰ ¡Qué grande es tu bondad, Yahvé*!
La reservas para tus adeptos*,
se la das a los que a ti se acogen
a la vista de todos los hombres.

Sal 75 5
Ap 7 15-16
Jb 5 21
Sal 109 3

²¹ Los ocultas donde tú solo los ves,
lejos de las intrigas de los hombres;
bajo techo los pones a cubierto
de las querellas de las lenguas*.

---

31 7 «detestas» versiones; «detesto» hebr.
31 11 «a la miseria» versiones; «en mi iniquidad» hebr.
31 12 «asco» conj.; «muchos» hebr.
31 20 (a) «Yahvé» 3 mss hebr., versiones; falta en TM.

31 20 (b) «tus adeptos», lit. «los que te temen». Ver nota a 15 4.
31 21 Las burlas, calumnias, falsos testimonios, ver Sal 55 10; 109 3; 120 2s; 1 R 21 10.13; Jb 5 21; Is 54 17; Jr 18 18.

²² ¡Bendito Yahvé que me ha brindado
maravillas de amor (en plaza fuerte)!
²³ ¡Y yo que decía alarmado:
«Estoy dejado* de tus ojos»!
Pero oías la voz de mi plegaria
cuando te gritaba auxilio.

²⁴ Amad a Yahvé, todos sus amigos,
a los fieles protege Yahvé;
pero devuelve con creces
al que obra con orgullo.
²⁵ ¡Tened valor, y firme el corazón,
vosotros, los que esperáis en Yahvé!

Sal 60 11
Is 26 1

Sal 37 34s

SALMO 32 (31)

El reconocimiento del pecado obtiene el perdón*

Os 14 3
Is 1 18
Pr 28 13
St 5 16
1 Jn 1 9

¹ *De David. Poema.*

¡Dichoso al que perdonan su culpa
y queda cubierto su pecado*!
² Dichoso el hombre a quien Yahvé
no le imputa delito,
y no hay fraude en su interior.

/ Rm 4 7-8

³ Guardabasilencio y se consumía mi cuerpo*,
cansado de gemir todo el día,
⁴ pues descargabas día y noche
tu mano sobre mí;
mi corazón cambiaba como un campo*
que sufre los ardores del estío.   *Pausa.*

Sal 31 11

⁵ Reconocí mi pecado
y no te oculté mi culpa;
me dije: «Confesaré
a Yahvé mis rebeldías».
Y tú absolviste mi culpa,
perdonaste* mi pecado.   *Pausa.*

Jb 31 33
Sal 51 5

2 S 12 13

Sal 51 3-4

⁶ Por eso, quien te ama te suplica
llegada la hora de la angustia*.
Y aunque aguas caudalosas se desborden
jamás le alcanzarán.
⁷ Tú eres mi cobijo,
me guardas de la angustia,
me rodeas para salvarme*.   *Pausa.*

Sal 18 5+

⁸ «Voy a instruirte, a mostrarte el camino a seguir;
sin quitarte los ojos de encima, seré tu consejero».

Sal 33 18

⁹ No seas lo mismo que caballo o mulo sin sentido,
rienda y freno hacen falta para domar su brío*.

---

31 23 «dejado»: restableciendo la palabra primitiva; en la palabra hebrea se han permutado dos letras para suavizar la expresión demasiado pesimista.
32   Poema didáctico, cuyas dos partes, vv. 1-7 y 8-11, de ritmo distinto, se corresponden. —Es uno de los salmos penitenciales.
32 1   Es decir, le es perdonado. Ver Sal 65 4+; 85 3; Jb 31 33.
32 3   Lit. «mis huesos».

32 4   «mi corazón» 1 ms; falta en TM. —«un campo» conj.; «mi savia» hebr.
32 5   «perdonaste» conj.; omitido por hebr.
32 6   «de la angustia» conj.; «de encontrar solamente» hebr.
32 7   El hebr. añade al comienzo «cantos»; sin duda, ditografía del final del verbo precederte.
32 9   «brío» palabra dudosa; se traduce así según la raíz árabe.

Sal 33 1

¹⁰ Copiosas son las penas del malvado,
     mas a quien confía en Yahvé lo protege su amor.
¹¹ ¡Alegraos en Yahvé, justos, exultad,
     gritad de gozo los de recto corazón!

SALMO 33 (32)

Himno a la Providencia

Sal 32 11
Sal 92 2;
147 1

Sal 92 4;
144 9

¹ ¡Aclamad con júbilo, justos, a Yahvé,
     que la alabanza es propia de hombres rectos!
² ¡Dad gracias a Yahvé con la cítara,
     tocad con el arpa de diez cuerdas;
³ cantadle un cántico nuevo,
     acompañad la música con aclamaciones*!

Dt 32 4
Sal 89 15

=Sal 119 64

⁴ Pues recta es la palabra de Yahvé,
     su obra toda fundada en la verdad;
⁵ él ama la justicia y el derecho,
     del amor de Yahvé está llena la tierra.

Gn 2 1
Jn 1 1+

Gn 1 9-10
Jb 38 8-
11.22
Ex 15 8
Sal 78 13

⁶ Por la palabra de Yahvé fueron hechos los cielos,
     por el aliento de su boca todos sus ejércitos.
⁷ Él recoge, como un dique*, las aguas del mar,
     mete en depósitos los océanos.

Gn 1 3s
Is 48 13
Sal 148 5
Jn 1 3

⁸ ¡Tema a Yahvé la tierra entera,
     tiemblen ante él los habitantes del orbe!
⁹ Pues él habló y así fue,
     él lo mandó y se hizo.

Is 40 8;
46 10
Pr 19 21
Sal 144 15
Ex 19 6+
Dt 7 6
Jr 16 17
Jb 34 21

¹⁰ Yahvé frustra el plan de las naciones,
     hace vanos los proyectos de los pueblos;
¹¹ pero el plan de Yahvé subsiste para siempre,
     sus decisiones de generación en generación.
¹² ¡Feliz la nación cuyo Dios es Yahvé,
     el pueblo que escogió para sí como heredad!

¹³ Yahvé observa de lo alto del cielo,
     ve a todos los seres humanos;
¹⁴ desde el lugar de su trono mira
     a todos los habitantes de la tierra;

Za 12 1
Sal 94 9-11
Sal 139 1-16

¹⁵ él, que modela el corazón de cada uno,
     y repara en todas sus acciones.

1 S 14 6;
17 47
Jdt 9 7
Os 1 7+

¹⁶ No se salva el rey por su gran ejército,
     ni el guerrero escapa por su enorme fuerza.
¹⁷ Vana cosa el caballo para la victoria,
     ni con todo su vigor puede salvar.

Sal 32 8;
34 16

¹⁸ Los ojos de Yahvé sobre sus adeptos*,
     sobre los que esperan en su amor,
¹⁹ para librar su vida de la muerte
     y mantenerlos en tiempo de penuria.

---

33 3   Este término designaba originalmente el grito de guerra que precedía al asalto, Ex 32 17; Jos 6 5; Jc 7 20-21; 1 S 17 20.52; Jr 4 19; 49 2; Os 5 8; Am 1 14; con él se saludaba a Yahvé como rey y guía guerrero, Nm 23 21; So 1 14; ver 1 S 10 24, y al arca, su paladín, 1 S 4 5; 2 S 6 15. Después del destierro, este hurra ritual toma un sentido cultual; celebra a Yahvé, rey de Israel y de los paganos, Sal 47 2.6; 89 16; 95 1; 98 4.6, salvador, Is 44 23, y juez, Jl 2 1; así como a su Mesías, Za

9 9. Se lanzaba en los días de fiesta, Esd 3 11, ver Jb 38 7, en los sacrificios de acción de gracias, Sal 27 6; 65 14; 100 1; Jb 33 26, y en las liturgias procesionales, Sal 95 1.2; 100 1s. Ver Nm 10 5+.
33 7   Las versiones corrigen la vocalización para leer «como un odre», pero aquí se puede percibir una alusión al milagro del mar en Ex 15 8; ver también Sal 18 13.
33 18 Lit. «los que le temen».

²⁰ Esperamos anhelantes a Yahvé,
él es nuestra ayuda y nuestro escudo;   =Sal 115 9s
²¹ en él nos alegramos de corazón
y en su santo nombre confiamos.
²² Que tu amor, Yahvé, nos acompañe,   Sal 90 17
tal como lo esperamos de ti.

SALMO 34 (33)

Loa de la justicia divina*

¹ *De David. Cuando, fingiéndose demente ante Abimélec, fue despachado por él y se mar-*   1 S 21 11-16
chó.

Alef.	² Bendeciré en todo tiempo a Yahvé, sin cesar en mi boca su alabanza;
Bet.	³ en Yahvé se gloría mi ser, ¡que lo oigan los humildes y se alegren!
Guímel.	⁴ Ensalzad conmigo a Yahvé, exaltemos juntos su nombre.
Dálet.	⁵ Consulté a Yahvé y me respondió: me libró de todos mis temores.

Alef.   ² Bendeciré en todo tiempo a Yahvé,
sin cesar en mi boca su alabanza;
Bet.   ³ en Yahvé se gloría mi ser,
¡que lo oigan los humildes y se alegren!

Guímel.   ⁴ Ensalzad conmigo a Yahvé,
exaltemos juntos su nombre.
Dálet.   ⁵ Consulté a Yahvé y me respondió:
me libró de todos mis temores.

He.   ⁶ Los que lo miran quedarán radiantes,
no habrá sonrojo en sus semblantes.
Zain.   ⁷ Si grita el pobre, Yahvé lo escucha,
y lo salva de todas sus angustias.

Jet.   ⁸ El ángel de Yahvé pone su tienda   Ex 14 19+
en torno a sus adeptos* y los libra.
Tet.   ⁹ Gustad y ved lo bueno que es Yahvé,   ↗1 P 2 3
dichoso el hombre que se acoge a él.   =Sal 2 12

Yod.   ¹⁰ Respetad a Yahvé, santos suyos,
que a quienes le temen nada les falta.
Kaf.   ¹¹ Los ricos* empobrecen y pasan hambre,
los que buscan a Yahvé de ningún bien carecen.

Lámed.   ¹² Venid, hijos, escuchadme,   Pr 1 8; 4 1
os enseñaré el temor de Yahvé.
Mem.   ¹³ ¿A qué hombre no le gusta la vida,   1 P 3 10-12
no anhela días para gozar de bienes?

Nun.   ¹⁴ Guarda del mal tu lengua,
tus labios de la mentira;
Sámek.   ¹⁵ huye del mal y obra el bien,   =Sal 37 27
busca la paz y anda tras ella.   Mt 5 9

Ain.   ¹⁶ Los ojos de Yahvé sobre los justos,
sus oídos escuchan sus gritos;
Pe.   ¹⁷ el rostro de Yahvé hacia los bandidos,
para raer de la tierra su recuerdo.

Sade.   ¹⁸ Cuando gritan, Yahvé los oye
y los libra de sus angustias;
Qof.   ¹⁹ Yahvé está cerca de los desanimados,   Sal 51 19
él salva a los espíritus hundidos.   Mt 11 29-30

---

34   Salmo penitencial «alfabético», ver Pr **31** 10+ (pero el orden de las estrofas está alterado): acción de gracias, vv. 2-11, e instrucción, en el sentido de los Proverbios, sobre la suerte de los justos y de los malvados, vv. 12-23.

34 8   Lit. «los que le temen».
34 11 Lit. «leoncillos». Las fieras designaban frecuentemente a los impíos, Sal **3** 8; **22** 22; Jb **4** 9-10; Ez **38** 13; Za **11** 3.

Reš.   [20] Muchas son las desgracias del justo,
            pero de todas le libra Yahvé;

Šin.   [21] cuida de todos sus huesos,
            ni uno solo se romperá.

     ⁄ Jn 19 36

Tau.   [22] Da muerte al malvado la maldad,
            los que odian al justo lo pagarán.
           [23] Rescata Yahvé la vida de sus siervos,
            nada habrán de pagar los que a él se acogen.

SALMO 35 (34)

Súplica de un justo perseguido*

[1] *De David.*

     Ataca, Yahvé, a los que me atacan,
     combate a los que me combaten;
     [2] embraza el escudo y la adarga,
     y disponte a socorrerme:
     [3] blande la lanza y la pica*

Sal 27 1   contra mis perseguidores.
     Dime: «Soy tu salvación».

=Sal 71 13;   [4] Queden confundidos y avergonzados
40 15   todos los que atentan contra mi vida.
Jn 18 6   Retrocedan humillados
     los que maquinan mi mal.

Sal 1 4;   [5] Sean como paja ante el viento,
83 14   acosados por el ángel de Yahvé;
Sal 34 8   [6] su camino, tiniebla y resbaladero,
Jr 23 12   perseguidos por el ángel de Yahvé.

     [7] Me tendían redes sin motivo,
     cavaban una fosa para mí*.

Is 47 11   [8] ¡Que les sorprenda una ruina imprevista,
1 Ts 5 3   que se enreden en la red que tendieron
Sal 7 16+   y se hundan en la fosa* que excavaron!

     [9] Y yo me alegraré en Yahvé,
     gozaré con su victoria.

Sal 51 10   [10] Dirán todos mis huesos:
Sal 86 8+   Yahvé, ¿quién como tú,
     para librar al débil del fuerte,
     al pobre de su expoliador*?

Sal 27 12   [11] Se levantaban testigos violentos,
Mt 26 59s   me preguntaban cosas que ignoraba;
Sal 38 21;   [12] me devolvían mal por bien,
109 5   me dejaban desamparado.

     [13] Yo, en cambio, cuando estaban enfermos,
     vestido de sayal y afligido con ayunos,
     repetía mi oración en mi interior.
     [14] Como por un amigo o un hermano,
     de un lado a otro caminaba,
     como de luto por una madre,
     sombrío me encorvaba.

---

35   Gran lamentación imprecatoria, afín a los salmos **22, 55, 59, 69, 70, 109.**
35 3   «y la pica» conj. según un texto de Qumrán; «y
cierra» hebr.

35 7   Versículo corregido según el sir.; hebr. corrompido, lit. «tendido una fosa, su red, cavado son razón».
35 8   «en la fosa» sir.; «en su ruina» hebr., ditografía.
35 10   Delante de «al pobre» hebr. repite «al débil».

¹⁵ Mas cuando tropecé, allí estaban,
todos juntos contra mí;
extranjeros* que no conozco
sin parar me desgarraban;
¹⁶ si caía me rodeaban*
rechinando sus dientes contra mí.

¹⁷ ¿Hasta cuándo, Señor, estarás mirando?
Libra mi vida de sus garras*,
mi existencia de esos leones. Sal 17 12;
22 21s
Sal 22 23

¹⁸ Te daré gracias en la gran asamblea,
te alabaré ante un pueblo numeroso.

¹⁹ Que no celebren mi ruina Sal 38 17
mis pérfidos enemigos,
ni anden guiñando los ojos
los que me odian sin motivo, Sal 69 5
↗ Jn 15 25
Sal 120 6-7

²⁰ Pues no hablan en son de paz:
contra la gente pacífica
se inventan puras patrañas;
²¹ de mí se ríen a gusto,
diciendo: «Ja, ja, Lm 2 16
lo han visto nuestros ojos*».

²² Tú lo has visto, Yahvé, no te calles,
Señor, no estés lejos de mí; =Sal 38 22
²³ despiértate, levántate en mi juicio,
en defensa de mi causa, mi Dios y Señor.
²⁴ Júzgame con tu justicia, Yahvé,
¡Dios mío, no se rían de mí!

²⁵ Que no digan en su interior: Sal 40 16
Ez 25 3;
26 2
«¡Ajá, lo que queríamos!».
Que no digan: «Lo hemos tragado».
²⁶ ¡Vergüenza y confusión caigan a una
sobre los que se ríen de mi mal;
se cubran de vergüenza e ignominia
los que se envalentonan a mi costa!

²⁷ Que se alegren y griten de júbilo
los que en mi victoria se complacen,
y digan siempre sin cesar:
«Yahvé sea ensalzado,
que en la paz* de su siervo se complace». Sal 40 17

²⁸ Mi lengua musitará tu justicia,
todo el día tu alabanza.

SALMO 36 (35)
Maldad del pecador y bondad de Dios*

¹ *Del maestro de coro. Del siervo de Yahvé. De David.*

² El pecado es un oráculo para el impío
que le habla en el fondo de su corazón*;

---

35 15 «extranjeros» conj.; «heridos» hebr.
35 16 Estico corrompido; cortamos las palabras de
manera distinta al hebr. y corregimos la vocalización.
Griego: «me prueban, me insultan con insultos» ofrece
un sentido satisfactorio, pero representa una corrección
más importante.
35 17 Sentido dudoso.
35 21 Le acusan en falso de algún crimen.

35 27 «Paz» es aquí sinónimo de rehabilitación.
36 Las dos partes del salmo, vv. 2-5 y 6-13, han podido existir por separado.
36 2 La voz del pecado, personificaca aquí, sustituye
a la palabra de Dios; «su corazón» versiones; «mi corazón» hebr. (se trata de una relectura «davídica» en
función del título «De David»).

Rm 3 18
> no tiene temor de Dios
> ni aun estando en su presencia.
>   ³ Se halaga tanto a sí mismo

Mt 7 3-5
> que no descubre y detesta su culpa*;
>   ⁴ sólo dice maldades y engaños,
> renunció a ser sensato, a hacer el bien.

Mi 3 1
> ⁵ Maquina maldades en su lecho,
> se obstina en el camino equivocado,
> incapaz de rechazar el mal.

=Sal 57 11;
71 19
> ⁶ Tu amor, Yahvé, llega al cielo,
> tu fidelidad alcanza las nubes;
>   ⁷ tu justicia, como las altas montañas*,
> tus sentencias, profundas como el océano.

> Tú proteges a hombres y animales,
>   ⁸ ¡qué admirable es tu amor, oh Dios!
> Por eso los seres humanos

Sal 17 8+
> se cobijan a la sombra de tus alas;

Sal 63 6
> ⁹ se sacian con las provisiones de tu casa*,
> en el torrente de tus delicias los abrevas;

Sal 16 11;
46 5
Is 55 1
Jr 2 13+
Jn 4 14
>   ¹⁰ pues en ti está la fuente de la vida*,
> y en tu luz vemos la luz*.

>   ¹¹ No dejes de amar a los que te conocen,
> de ser fiel con los hombres sinceros.
>   ¹² ¡Que el pie del orgulloso no me pise,
> ni me avente la mano del impío!

>   ¹³ Ved cómo caen los malhechores,
> abatidos, no pueden levantarse.

Sal 73
Jb 21 7-26

SALMO 37 (36)

Destino del justo y del impío*

¹ De David.

Pr 23 17;
24 1.19
Ml 2 17;
3 14
Sal 90 6;
103 15
Is 40 7

Alef.
> No te acalores por los malvados,
> ni envidies a los que hacen el mal,
>   ² pues pronto se secan como el heno,
> como la hierba tierna se marchitan.

Bet.
> ³ Confía en Yahvé y obra el bien,
> vive en la tierra* y cuida tu fidelidad,
>   ⁴ disfruta pensando en Yahvé
> y te dará lo que pida tu corazón.

Pr 3 5
Guímel.
> ⁵ Encomienda tu vida a Yahvé,
> confía en él, que actuará;

Is 58 10
Sb 5 6
> ⁶ hará brillar como luz tu inocencia
> y tu honradez igual que el mediodía.

---

36 3   Texto dudoso; también puede entenderse: «Sí, él (el pecado) le halaga a sus ojos para que rehúya descubrir su culpa».
36 7   Lit. «montañas de Dios», ver Sal 68 16; 80 11.
36 9   El Templo, con sus comidas rituales, o el mundo en general.
36 10 (a) La «vida» implica prosperidad, paz y bienestar, ver Sal 133 3. La expresión «fuente de la vida» designa en Proverbios la sabiduría, Pr 13 14; 16 22; 18 4, y el temor de Dios, 14 27. El pasaje se aplica a Cristo, vida y luz de las personas, ver Jn, passim.
36 10 (b) En la «luz del rostro» de Dios, Sal 27 1; 89

16; Jb 29 3, expresión de su benevolencia, ver Sal 4 7+, encuentra al hombre la luz de la felicidad.
37   A los que indigna la felicidad de los malvados, este salmo alfabético, el «espejo de la Providencia» (Tertuliano), contrapone la enseñanza de los sabios sobre la retribución temporal de los justos y de los malvados. Este debate se repetirá en el Eclesiastés, ver Qo 8 11-14, y en Job.
37 3   La Tierra Santa, ver Sal 25 13; Dt 16 20. Estas promesas serán retomadas en sentido espiritual por las Bienaventuranzas, Mt 5 3-4, ver Rm 4 13.

Dálet.	⁷ Descansa en Yahvé, espera en él, no te acalores contra el que prospera, contra el hombre que urde intrigas.
He.	⁸ Desiste de la ira, abandona el enojo, no te acalores, que será peor; ⁹ pues los malvados serán extirpados, mas los que esperan en Yahvé heredarán la tierra.
Vau.	¹⁰ Un poco más, y no hay malvado, buscas su lugar, y ya no está; ¹¹ mas los humildes poseerán la tierra y gozarán de inmensa paz.
Zain.	¹² El malvado maquina contra el honrado, rechina los dientes contra él; ¹³ pero el Señor de él se ríe, pues ve que llega su día.
Jet.	¹⁴ Desenvainan la espada los malvados, tensan su arco contra el mísero y el pobre, para matar a los hombres honrados; ¹⁵ su espada penetrará en su corazón y sus arcos quedarán destrozados.
Tet.	¹⁶ Más vale lo poco del honrado que la enorme riqueza del malvado*; ¹⁷ se quebrarán los brazos del malvado, pero Yahvé sostiene a los honrados.
Yod.	¹⁸ Conoce Yahvé la vida de los íntegros su heredad durará para siempre; ¹⁹ en tiempo de escasez no se avergonzarán*, en días de penuria gozarán de hartura.
Kaf.	²⁰ Los malvados, en cambio, perecerán, todos los enemigos de Yahvé; se agostarán como el verdor de los prados, como humo se desvanecerán.
Lámed.	²¹ El malvado toma prestado y no devuelve, pero el honrado se compadece y da; ²² los que él bendice poseerán la tierra, los que maldice* serán exterminados.
Mem.	²³ Yahvé da firmeza a los pasos del hombre, se complace en su camino; ²⁴ aunque caiga, no queda tirado, pues Yahvé lo sostiene por la mano.
Nun.	²⁵ Fui joven, ya soy viejo, nunca vi a un justo abandonado, ni a sus hijos pidiendo pan. ²⁶ A diario es compasivo y presta, a sus hijos les aguarda la bendición.
Sámek.	²⁷ Apártate del mal y obra el bien, y siempre tendrás una morada; ²⁸ porque Yahvé ama la justicia y no abandona a sus amigos.

Marginal references:
Sal 25 13
Mt 5 4
Pr 15 16; 16 8
‖Pr 20 24
=Sal 34 15

---

37 16 Según las versiones; «la fortuna de numerosos malvados» hebr.
37 19 No quedarán defraudados por no tener comida.

37 22 Griego: «los que Le bendicen... los que Le maldicen».

Ain.   Los criminales* son exterminados,
la descendencia del malvado cercenada;
²⁹ los honrados poseerán la tierra,
habitarán en ella para siempre.

Pe.   ³⁰ La boca del honrado susurra sabiduría,
su lengua habla con rectitud;

Dt 6 3.6
Jr 31 33

³¹ la ley de su Dios está en su corazón,
sus pasos nunca vacilan.

Sade.   ³² Espía el malvado al honrado,
tratando de acabar con él;
³³ mas Yahvé no lo entrega en su mano,
ni deja que en el juicio lo condenen.

Qof.   ³⁴ Espera en Yahvé, sigue por su senda,
él te exaltará y heredarás la tierra,
contemplarás el exterminio del malvado.

Jb 20 6-7
Is 2 13;
14 13
Ez 31 10

Reš.   ³⁵ He visto al malvado arrogante
empinarse como cedro del Líbano*;
³⁶ pasé* luego y ya no estaba,
lo busqué y no lo encontré.

Pr 23 18;
24 14

Šin.   ³⁷ Observa al íntegro, mira al honrado,
tendrá futuro el hombre de paz;
³⁸ mas el rebelde será aniquilado
y el futuro del malvado frustrado.

=Sal 9 10

Tau.   ³⁹ La salvación del honrado viene de Yahvé,
él es su refugio en tiempo de angustia;
⁴⁰ Yahvé lo ayuda y lo libera,
él lo libra del malvado,
lo salva porque se acoge a él.

SALMO 38 (37)

Súplica en la desgracia*

¹ *Salmo. De David. En memoria.*

=Sal 6 2

² Yahvé, no me castigues enfadado,
no me corrijas enojado.

Lm 3 12
Jb 6 4

³ En mí llevo clavadas tus saetas,
tu mano has descargado sobre mí;

Is 1 5-6

⁴ nada intacto hay en mi carne por tu enfado,
nada sano en mi cuerpo por mi pecado.

Esd 9 6
Gn 4 13

⁵ Mis culpas sobrepasan mi cabeza,
como peso harto grave para mí;
⁶ mis llagas son hedor y putridez,
todo por mi insensatez;
⁷ encorvado, totalmente abatido,
todo el día camino sombrío.

⁸ Tengo la espalda túmida de fiebre,
no hay nada sano en mi carne;

Sal 102 4-6

⁹ entumecido, totalmente molido,
me hace gemir la convulsión del corazón.

---

37 28 «los criminales son exterminados», griego;
«ellos (sus amigos) serán guardados por siempre».
37 35 Según el griego; hebr.: «desnudándose cuando
yo resplandezca, reverdeciendo (?)», ver Sal 92 15.
37 36 «pasé» versiones; «pasó» hebr.

38   Lamentación de un fiel enfermo y presuntamen-
te culpable, ver vv. 4-5.6.b.19. Salmo penitencial, algunos de cuyos pasajes recuerdan a Job y el canto del
Siervo doliente, Is 53.

¹⁰ Señor, tú eres testigo de mis ansias,
  no se te ocultan mis gemidos.
¹¹ Mi corazón se agita, las fuerzas me flaquean,   Sal 6 8;
  y hasta me falta la luz de mis ojos.   31 11; 88 7

¹² Compañeros y amigos huyen de mi llaga,   Jb 12 4-5;
  mis allegados se quedan a distancia;   19 13-19
¹³ los que persiguen mi vida tienden lazos,   Sal 31 12;
  los que traman mi mal hablan de ruina,   41 6-10;
  urdiendo falsedades todo el día.   88 9
                                                   Sal 35 20

¹⁴ Pero yo me hago el sordo y nada oigo,
  como un mudo que no abre la boca;   Is 53 7
¹⁵ soy como un hombre que no oye,
  ni tiene réplica en sus labios.

¹⁶ Que en ti, Yahvé, yo espero,
  tú responderás, Señor, Dios mío.
¹⁷ Me dije: «No sea que se rían de mí,   Sal 13 5;
  que me dominen cuando mi pie resbale».   35 19

¹⁸ Y ahora estoy a punto de caer,
  tengo siempre presente mi pena.   Sal 51 5
¹⁹ Sí, confieso mi culpa,   Sal 32 5
  me apena mi pecado.

²⁰ Aumentan mis enemigos sin razón*,
  muchos son los que me odian sin motivo,
²¹ los que mal por bien me devuelven   Sal 109 3-5
  y me acusan cuando busco el bien*.   Sal 35 12

²² ¡No me abandones, Yahvé,   =Sal 35 22;
  no te me alejes, Dios mío!   22 12
²³ ¡Date prisa en socorrerme,   Sal 40 14.18
  oh Señor, mi salvación!

SALMO 39 (38)   Sal 88

Pequeñez del hombre ante Dios*

¹ *Del maestro de coro. De Yedutún. Salmo. De David.*

² Me decía: «Cuidaré mi conducta,
  sin faltar con mi lengua,
  pondré un freno a mi boca,
  mientras tenga al malvado ante mí».
³ Yo me callé, tranquilo y en silencio,
  mas mi dolor aumentó al ver su dicha*.   Sal 37 1+

⁴ Mi mente se fue acalorando,
  mis pensamientos ardían como fuego,
  y por fin solté la lengua:
⁵ «Hazme saber, Yahvé, mi fin,
  dónde llega la medida de mis días,
  para que sepa lo frágil que soy.   Sal 89 48

⁶ De unos palmos hiciste mis días,   Jb 7 6.16;
  mi existencia nada es para ti,   14 1.5
  sólo un soplo el hombre que se yergue,   Sal 73 20;
                                                   90 9-10;
                                                   62 10;
                                                   94 11
                                                   Is 40 7

---

38 20 «sin razón» conj.; «vivos» hebr.
38 21 Algunos mss griegos y versiones añaden: «Me
han rechazado a mí, el amado, como a un cadáver re-
pulsivo», ver Is 14 19 griego, alusión a Cristo crucificado que la versión copta precisa más: «Han clavado mi
carne».

39   Ver Sal 88. El salmista confiesa su tormento
ante la felicidad de los malvados y la brevedad de la
existencia, vv. 2-7; confía en Dios e implora su clemencia.
39 3   Lit. «a causa de su dicha» conj.; «sin bien y»
hebr. (verso mal cortado).

Qo **2** 21s;
    6 2

⁷ mera sombra el humano que pasa,
    sólo un soplo las riquezas* que amontona,
    sin saber quién las recogerá».

⁸ Ahora, Señor, ¿qué puedo aguardar?
    Mi esperanza está puesta en ti.
⁹ De todas mis rebeldías líbrame,
    no me hagas la irrisión del insensato.
¹⁰ Pero me callo, ya no abro la boca,
    pues tú eres quien lo ha hecho.

¹¹ Deja ya de darme golpes,
    tu mano hostil me destroza.
¹² Castigando los yerros corriges al hombre,
    igual que polilla desgastas sus anhelos.
    El ser humano no es más que un soplo.   *Pausa.*

Ex **12** 48+
Lv **25** 23
Sal **119** 19
1 Cro **29** 15
Jb **7** 19;
    14 6

¹³ Escucha mi súplica, Yahvé,
    presta atención a mis gritos,
    no te hagas sordo a mi llanto.
    Pues soy un forastero junto a ti,
    un huésped como todos mis padres.
¹⁴ ¡Retira tu mirada, dame respiro*
    antes de que me vaya y ya no exista!

SALMO 40 (39)
Acción de gracias. Petición de auxilio*

¹ *Del maestro de coro. De David. Salmo.*

² Yo esperaba impaciente a Yahvé:
    hacia mí se inclinó
    y escuchó mi clamor.

Sal **18** 5;
69 2-3.15-16
Jr **38** 6

³ Me sacó de la fosa fatal,
    del fango cenagoso;
    asentó mis pies sobre roca,
    afianzó mis pasos.

=Sal **52** 8
Is **41** 5

⁴ Puso en mi boca un cántico nuevo,
    una alabanza a nuestro Dios;
    muchos verán y temerán,
    y en Yahvé pondrán su confianza.

‖Jr **17** 7
Sal **1** 1

⁵ Dichoso será el hombre
    que pone en Yahvé su confianza,
    y no se va con los rebeldes
    que andan tras los ídolos*.

Sal **139**
  17-18
Dt **4** 34

Sal **35** 10

⁶ ¡Cuántas maravillas has hecho,
    Yahvé, Dios mío,
    cuántos designios por nosotros;
    nadie se te puede comparar!
    Quisiera publicarlos, pregonarlos,
    mas su número es incalculable.

⁄ Hb **10** 5-7

Is **50** 5

Am **5** 21+
Sal **50** 7-15
  51 18-19
  69 31-32

⁷ No has querido sacrificio ni oblación,
    pero me has abierto el oído*;
    no pedías holocaustos ni víctimas,

---

39 7   «las riquezas» conj.; «se agitan» hebr.
39 14   Lit. «tenga yo cara alegre», ver Jb **9** 27; **10** 20.
40   Al himno de acción de gracias, vv. 2-12, sigue un
grito de angustia, vv. 14-18, convertido en el Sal 70. En
el conjunto actual, la primera parte aparece como un

examen del pasado, opuesto a las miserias del presente
y que justifica el recurso a Yahvé.
40 5   Lit. «tras la mentira».
40 7   Lit. «cavado». Dios comunica su voluntad al fiel,
ver Is **50** 5. Una variante del griego: «Tú me has for-

⁸ dije entonces: «Aquí he venido».

Está escrito en el rollo del libro
⁹ que debo hacer tu voluntad*.
Y eso deseo, Dios mío,
tengo tu ley en mi interior.

¹⁰ He proclamado tu justicia
ante la gran asamblea;
no he contenido mis labios,
tú lo sabes, Yahvé.

¹¹ No he callado tu justicia en mi pecho,
he proclamado tu lealtad, tu salvación;
no he ocultado tu amor y tu verdad
a la gran asamblea.

¹² Y tú, Yahvé, no retengas
tus ternuras hacia mí.
Que tu amor y lealtad
me guarden incesantes.

¹³ Pues desdichas me envuelven
en número incontable.
Mis culpas me dan caza
y ya no puedo ver;
más numerosas que mis cabellos,
y me ha faltado coraje.

¹⁴ ¡Dígnate, Yahvé, librarme;
Yahvé, corre en mi ayuda!
¹⁵ ¡Queden confusos y humillados
los que intentan acabar conmigo!

¡Retrocedan confundidos
los que desean mi mal!
¹⁶ Queden corridos de vergüenza
los que me insultan: «Ja, ja».

¹⁷ ¡En ti gocen y se alegren
todos los que te buscan!
¡Digan sin cesar: «Grande es Yahvé»
los que ansían tu victoria!

¹⁸ Aunque soy pobre y desdichado,
el Señor se ocupará de mí.
Tú eres mi auxilio y libertador,
¡no te retrases, Dios mío!

SALMO 41 (40)
Oración de un enfermo abandonado

¹ *Del maestro de coro. Salmo. De David.*

² ¡Dichoso el que cuida del débil y el pobre*!
El día de la desgracia Yahvé lo liberará.

Sal 37 31
Jn 4 34; 8 29
Sal 22 23;
35 18; 149 1

Sal 89 34

Sal 38 5
Sal 6 8;
38 11;
69 5

=Sal 70 2s

=Sal 71 13

Sal 35 21.25

Sal 69 7.33

Sal 35 27;
104 1

Pr 14 21
Tb 4 7-11

mado un cuerpo» fue interpretada en sentido mesiánico
y aplicada a Cristo, Hb 10 5s.
40 9 La obediencia vale más que el sacrificio, 1 S 15
22. Los profetas alertaron con frecuencia a Israel contra
prácticas que no empeñaban el corazón, Am 5 21+, ver
Gn 8 21+, o contra una confianza presuntuosa en la
presencia de Dios en su Templo, ver Jr 7 3-4+. En el
Judaísmo posterior al destierro, sea cual fuere aún la
importancia del Templo como señal de salvación, Za 1

16, el culto interior se va afinando más y más, y las disposiciones del corazón, la oración, la obediencia, el
amor, cobran por sí mismas valor de culto, Sal 50; 51
19; 69 31-32; 141 2; Pr 21 3; ver también Tb 4 11; Si 34
18 - 35 10. Esta evolución prepara la supervivencia del
Judaísmo después de la destrucción del Templo y proseguirá en el NT, Rm 1 9+; 12 1+.
41 2 «del pobre» griego, Targ.; omitido por hebr.

³ Yahvé lo guardará y conservará con vida,
le concederá felicidad en la tierra,
no lo abandonará a la saña de sus enemigos;
⁴ Yahvé lo sostendrá en su lecho de dolor,
cambiará la postración en que está sumido*.

⁵ Yo dije: «Ten piedad de mí, Yahvé,
sáname, que he pecado contra ti».
⁶ Mis enemigos hablan mal de mí:
«¿Cuándo morirá y se perderá su apellido?».
⁷ Viene alguien a verme y habla de cosas fútiles,
va urdiendo falsedades y sale afuera a comentarlas.

⁸ Los que me odian se juntan a difamarme,
me achacan la desgracia que me aqueja*:
⁹ «Un mal diabólico* se abate sobre él,
ahora que se ha acostado, no se levantará».
¹⁰ Hasta mi amigo íntimo en quien yo confiaba,
mi compañero de mesa, me ha traicionado*.

¹¹ Pero tú, Yahvé, ten piedad de mí,
ponme de pie y les daré su merecido;
¹² en esto sabré que tú eres mi amigo:
si mi enemigo no canta victoria sobre mí.
¹³ En cuanto a mí, me mantendrás en mi inocencia,
me admitirás por siempre en tu presencia.

¹⁴ ¡Bendito sea Yahvé, Dios de Israel,
desde siempre y hasta siempre!
¡Amén! ¡Amén*!

Referencias marginales:
Jr 20 10
Sal 31
12-14;
38 12-13;
88 9
Jb 19 13-19

Sal 55 14
Jn 13 18

Ne 9 5
Dn 2 20

SALMO 42-43 (41-42)

Lamento del levita desterrado*

¹ *Del maestro de coro. Poema. De los hijos de Coré.*

² Como anhela la cierva* los arroyos,
así te anhela mi ser, Dios mío.

³ Mi ser tiene sed de Dios,
del Dios vivo;
¿cuándo podré ir a ver
el rostro de Dios*?

⁴ Son mis lágrimas mi pan
de día y de noche,
cuando me dicen todo el día:
«¿Dónde está tu Dios?».

⁵ El recuerdo me llena de nostalgia:
cuando entraba en la Tienda admirable*

Referencias marginales:
Jn 4 1+
Is 26 9
Sal 63 2;
84 3
Sal 36 10

Sal 27 4

Mi 7 10
Ml 2 17
Sal 79 10

Lm 3 20

---

41 4   Lit. «en su enfermedad». Texto dudoso.
41 8   La prueba de la enfermedad es considerada como castigo de un pecado, ver Job; Sal 38 4; 107 17.
41 9   Lit. «cosa de Belial», ver Dt 13 14+.
41 10 Lit. «ha levantado contra mí su calcañar». —El «amigo íntimo» (lit. «mi hombre de paz») ha sido a veces identificado con Ajitófel, consejero de David, 2 S 15 12; 17 23; ver 12 19. Jesús aplicó este texto a Judas, Jn 13 18.
41 14 Esta doxología cierra el primer libro del Salterio, ver Sal 72 18; 106 48.
42-43 El destierro, tipo de la desgracia del fiel que

«vive lejos del Señor», 2 Co 5 6-8, es aquí la lejanía del santuario, donde reside Dios, y de las fiestas que allí congregan al pueblo.
42 2   «cierva» griego; «ciervo» hebr., pero el verbo está en femenino.
42 3   «a ver» (lit. «y veré») mss, sir., Targ.; «seré visto» hebr. (corrección de un escriba extrañado por esta expresión, ver Ex 33 20+). «Ver el rostro de Dios» es aquí visitar el santuario, el Templo de Jerusalén, ver Dt 31 11; Sal 27 8+.
42 5   Lit. «admirables» (plural mayestático), griego, sir.; hebr. ininteligible. —Es el Templo en el que reside

y llegaba hasta la Casa de Dios,
entre gritos de acción de gracias
y el júbilo de los grupos de romeros.

Sal 27 4-5

⁶ ¿Por qué desfallezco ahora
y me siento tan azorado?
Espero en Dios, aún lo alabaré:
¡Salvación de mi rostro*, ⁷ Dios mío!

Sal 6 5+

Me siento desfallecer,
por eso te recuerdo,
desde el Jordán y el Hermón
a ti, montaña humilde*.

Sal 43 3;
68 17

⁸ Un abismo llama a otro abismo
en medio del fragor de tus cascadas,
todas tus olas y tus crestas
han pasado sobre mí.

‖Jon 2 4
Sal 32 6;
69 3; 88 8

⁹ De día enviará Yahvé su amor,
y el canto que me inspire por la noche
será oración al Dios de mi vida.

¹⁰ Diré a Dios: Roca mía,
¿por qué me olvidas?,
¿por qué he de andar sombrío
por la opresión del enemigo?

Sal 18 3+

¹¹ Me rompen todos los huesos
los insultos de mis adversarios,
todo el día repitiéndome:
¿Dónde está tu Dios?

¹² ¿Por qué desfallezco ahora
y me siento tan azorado?
Espero en Dios, aún lo alabaré:
¡Salvación de mi rostro, Dios mío!

43 ¹ Hazme justicia, oh Dios,
defiende mi causa
contra gente sin amor;
del hombre traidor
y falso líbrame.

² Tú eres el Dios a quien me acojo:
¿por qué me has rechazado?,
¿por qué he de andar sombrío
por la opresión del enemigo?

³ Envía tu luz y tu verdad,
ellas me escoltarán,
me llevarán a tu monte santo,
hasta entrar en tu Morada.

Sal 57 4

⁴ Y llegaré al altar de Dios,
al Dios de mi alegría*.
Te alabaré gozoso con la cítara,
oh Dios, Dios mío.

Sal 63 6;
81 3; 108 3

Dios y que todo israelita piadoso visitaba cada año, Ex **23** 14-17.
42 6 «mi rostro» mss hebr., mss sir., ver v. 12; «su rostro» hebr.
42 7 «a ti, montaña humilde» conj.; se trata del monte Sión. El hebr. dice: «de la humilde montaña» o «del monte Misar»; se trataría de Zaorah, no lejos de las

fuentes del Jordán, que pudo ser una etapa en el camino del destierro. En este caso, el primer «te» (recuerdo) se referiría a Dios.
43 4 «mi alegría» ms hebr.; «la alegría (de mi exultación)» TM. El griego ha entendido «Dios que alegra mi juventud».

⁵ ¿Por qué desfallezco ahora
y me siento tan azorado?
Espero en Dios, aún lo alabaré:
¡Salvación de mi rostro, Dios mío!

SALMO 44 (43)

Elegía nacional*

Is 63 7-
64 11
Sal 74; 79;
80

¹ *Del maestro de coro. De los hijos de Coré. Poema.*

2 S 7 22-23
Sal 78 3

² Oh Dios, nuestros oídos lo oyeron,
nos lo contaron nuestros padres,
la obra que hiciste en su tiempo,
antiguamente, ³ con tu propia mano.

Sal 78 55

Para plantarlos a ellos, desposeíste naciones,
para ensancharlos, maltrataste pueblos;

Dt 8 17-18
Jos 24 12
Os 1 7+

⁴ no conquistaron la tierra con su espada,
ni su brazo les dio la victoria;
fueron tu diestra y tu brazo,

Sal 4 7+

y la luz de tu rostro, pues los amabas.

⁵ Tú solo, Rey mío, Dios mío,
decidías* las victorias de Jacob,

Sal 60 14

⁶ por ti hundíamos a nuestros adversarios,
en tu nombre pisábamos a nuestros agresores.

⁷ No ponía mi confianza en mi arco,
ni mi espada me hizo vencedor;
⁸ tú nos salvabas de nuestros adversarios,
cubrías de vergüenza a nuestros enemigos;
⁹ en Dios nos gloriábamos a diario,
celebrando tu nombre sin cesar.   *Pausa.*

=Sal 60 12
Sal 68 8
Jc 5 4
Lv 26 17
Dt 28 25

¹⁰ Y con todo nos rechazas y avergüenzas,
no sales ya con nuestras tropas,
¹¹ nos haces dar la espalda al adversario,
nuestros enemigos saquean a placer.

Lv 26 33
Dt 28 64
Dt 32 30
Is 52 3

¹² Nos entregas como ovejas de matadero,
nos desperdigas en medio de los pueblos;
¹³ vendes a tu pueblo sin provecho,
no sacas mucho de su venta.

Sal 79 4

¹⁴ Nos haces la irrisión de los vecinos,
burla y escarnio de los circundantes;
¹⁵ las naciones nos sacan motes,
los pueblos menean la cabeza*.

¹⁶ Tengo siempre delante mi ignominia,
la vergüenza cubre mi semblante,
¹⁷ al oír insultos y blasfemias,
al presenciar odios y venganzas.

¹⁸ Todo esto nos vino sin haberte olvidado,
sin haber traicionado tu alianza.
¹⁹ No se habían retractado nuestros corazones,
ni habían dejado nuestros pasos tu sendero,

44   Este salmo, que contrapone las humillaciones presentes a los triunfos del pasado, puede referirse, como los salmos **74**, **79**, **80**, a la ruina de Jerusalén el año 587. Los vv. 18-23 quizá han sido añadidos más tarde para adaptar el salmo a las persecuciones de la época de los Macabeos.
44 5 «Tú..., Dios mío, decidías» versiones; «Oh Dios, decide» hebr.
44 15 Gesto humillante de burla y desprecio.

²⁰ pero nos aplastaste en morada de chacales*
 nos cubriste con la sombra de la muerte.
²¹ Si hubiésemos olvidado el nombre de nuestro Dios
 o alzado nuestras manos* a un dios extranjero,
²² ¿no se habría dado cuenta Dios,
 que conoce los secretos del corazón?
²³ Pero por ti nos matan cada día,
 nos tratan como a ovejas de matadero*.
²⁴ ¡Despierta ya! ¿Por qué duermes, Señor?
 ¡Levántate, no nos rechaces para siempre!
²⁵ ¿Por qué ocultas tu rostro
 y olvidas nuestra miseria y opresión?
²⁶ Nuestro cuello está hundido en el polvo,
 pegado a la tierra nuestro vientre.
²⁷ ¡Álzate, ven en nuestra ayuda,
 rescátanos por tu amor!

Is 34 13
Jr 9 10

⸗Rm 8 36

Sal 74 1;
79 5; 80 5;
89 47

=Sal 119 25
Sal 7 6

SALMO 45 (44)
Epitalamio real*

¹ *Del maestro de coro. Según la melodía: «Lirios*...». De los hijos de Coré. Poema. Canto de amor.*

Sal 60 1;
69 1; 80 1

² Un bello tema bulle en mi corazón;
 voy a recitar mi poema para un rey:
 mi lengua es pluma de ágil escriba.
³ Eres la más hermosa de las personas,
 la gracia se derrama por tus labios,
 por eso Dios te bendice para siempre.
⁴ Ciñe tu espada al costado, valiente,
 es tu gloria y tu esplendor; ⁵ marcha, cabalga,
 en pro de la verdad, la piedad y la justicia;
 que tu diestra te enseñe a hacer proezas.
⁶ Agudas son tus flechas, sometes a los pueblos,
 pierden el coraje los enemigos del rey.
⁷ Tu trono es eterno, como el de Dios*;
 un cetro de equidad es tu cetro real.
⁸ Amas la justicia y odias la iniquidad,
 por eso Dios, tu Dios, te ha ungido
 con óleo de fiesta más que a tus compañeros.
⁹ A mirra, áloe y acacia huelen tus vestidos,
 desde salones de marfil arpas te recrean.
¹⁰ Entre tus predilectas hay hijas de reyes*,
 la reina a tu derecha, con oro de Ofir.

Ct 5 10-16

Sal 21 6

44 20 Se trata del país devastado, Is 34 13; Jr 9 10, o bien del desierto, refugio de los judíos perseguidos, 1 M 2 29; 9 33.
44 21 Gesto de oración, Sal 28 2; 141 2; Is 1 15.
44 23 Probable alusión a las persecuciones de Antíoco Epífanes.
45 Según algunos, este salmo sería un canto profano para las bodas de un rey israelita, Salomón, Jeroboam II o Ajab (que se casó con una princesa tiria, 1 Re 16 31). Pero las tradiciones judía y cristiana lo refieren a los desposorios del Rey Mesías con Israel (figura de la Iglesia), ver Ct 3 11; Is 62 5; Ez 16 8-13, etc., y la liturgia, a su vez, amplía la alegoría refiriéndolo a la Virgen María. El poeta se dirige primero al Rey Mesías, vv. 3-10, aplicándole atributos de Yahvé (Sal 145

4-7.12-13, etc.) y del Emmanuel (Is 9 5-6), luego a la reina, vv. 11-17.
45 1 «Lirios» parece ser una lectura del período macabeo, dependiente del Cantar. La rúbrica original puede entenderse según el griego: «Los que alteran (la constitución = la Ley, el precepto)», ver Sal 60 1; 69 1; 80 1; alusión a los judíos apóstatas.
45 7 El griego traduce: «Tu trono, oh Dios...», considerando que la palabra *elohim* es un vocativo que califica al rey; efectivamente, este título protocolario se aplicó al Mesías, Is 9 5, así como a los jueces, Sal 82 6, a Moisés, Ex 4 16; 7 1, y a la casa de David, Za 12 8.
45 10 Las naciones paganas convertidas al verdadero Dios, Ct 1 3; 6 8; Is 60 3s; 61 5, y admitidas a su servicio después de Israel, vv. 15-16.

Gn 12 1
Jos 24 2
Ez 16 3

¹¹ Escucha, hija, mira, presta oído,
   olvida tu pueblo y la casa paterna*,
¹² que prendado está el rey de tu belleza.
   Él es tu señor, ¡póstrate ante él!

Is 60 5s
Sal 72 10-11

¹³ La ciudad de Tiro llega con presentes,
   la gente más rica busca tu favor.

Ez 16 10-13

¹⁴ Aparece, espléndida, la princesa,
   con ropajes recamados en oro;
¹⁵ vestida de brocados la llevan ante el rey.
   La siguen las doncellas, sus amigas,
¹⁶ que avanzan entre risas y alborozo
   al entrar en el palacio real.

Gn 17 6;
35 11
Is 60 15;
61 9; 62 2.7

¹⁷ En lugar de tus padres, tendrás hijos;
   príncipes los harás sobre todo el país.
¹⁸ ¡Haré que tu nombre se recuerde por generaciones,
   que los pueblos te alaben por los siglos de los siglos!

Is 33 20-21;
66 12

SALMO 46 (45)

Dios con nosotros*

¹ *Del maestro de coro. De los hijos de Coré. Para oboes. Cántico.*

² Dios es nuestro refugio y fortaleza,
   socorro en la angustia, siempre a punto.

Is 24 18-23;
54 10
Jb 9 5-6

³ Por eso no tememos si se altera la tierra,
   si los montes vacilan en el fondo del mar,
⁴ aunque sus aguas bramen y se agiten,
   y su ímpetu sacuda las montañas*.

   (¡Con nosotros Yahvé Sebaot,
   nuestro baluarte el Dios de Jacob*!)   *Pausa.*

⁵ ¡Un río!
   Sus brazos recrean la ciudad de Dios,

Sal 36 9
Gn 2 10

   santifican la morada del Altísimo*.
⁶ Dios está en medio de ella, no vacila,

2 R 19 35
Is 17 14

   Dios la socorre al despuntar el alba*.
⁷ Braman las naciones, tiemblan los reinos,

Sal 29

   lanza él su voz, la tierra se deshace.

⁸ ¡Con nosotros Yahvé Sebaot,

Is 7 14; 8 10

   nuestro baluarte el Dios de Jacob!   *Pausa.*

⁹ Venid a ver los prodigios de Yahvé,
   que llena la tierra de estupor.

Is 2 4
Ez 39 9-10
Sal 76 4

¹⁰ Detiene las guerras por todo el orbe;
   quiebra el arco, rompe la lanza,
   prende fuego a los escudos.
¹¹ «Basta ya, sabed que soy Dios,

Dt 32 39
Ez 12 16

   excelso sobre los pueblos, sobre la tierra excelso».

---

45 11 Israel, como Abrahán su antepasado, debe romper sus vínculos con el *mundo pagano* que le rodea, y a cambio de los «padres» que así abandone, recibirá «hijos», v. 17.
46 Cántico de Sión. La presencia divina en el Templo protege la ciudad santa, y aguas simbólicas la purifican y fecundan, convirtiéndola en un nuevo Edén.
46 4 (a) Imágenes de una vuelta al caos. La tierra descansa, por medio de columnas, ver Sal 75 4; 104 5; Jb 9

6; Pr 8 27, sobre el océano inferior, Sal 24 2. Caen estas columnas y las aguas desatadas llegan a los montes.
46 4 (b) Restituimos, según los vv. 8 y 12, el estribillo omitido por hebr.
46 5 «santifican» griego; «la (más) santa (de las moradas)» hebr.
46 6 La hora de los favores divinos, Sal 17 15+.
—Probable alusión a la retirada de las tropas de Senaquerib el año 701, 2 R 19 35; Is 17 14.

¹² ¡Con nosotros Yahvé Sebaot,
nuestro baluarte el Dios de Jacob! *Pausa.*

SALMO 47 (46)

Yahvé, rey de Israel y del mundo*

Sal 93; 96;
97, 98; 99

¹ *Del maestro de coro. De los hijos de Coré. Salmo.*

² ¡Pueblos todos, tocad palmas,
aclamad a Dios con gritos de alegría!
³ Porque Yahvé, el Altísimo, es terrible,
el Gran Rey de toda la tierra.

So 3 14-15

Ex 15 18
Is 52 7

⁴ Somete pueblos a nuestro yugo,
naciones pone a nuestros pies;
⁵ él nos elige nuestra heredad,
orgullo de Jacob, su amado. *Pausa.*

Is 58 14
Sal 2 8

⁶ Sube Dios entre aclamaciones,
Yahvé a toque de trompeta:
⁷ ¡tocad para nuestro* Dios, tocad,
tocad para nuestro Rey, tocad!

Nm 23 21
Sal 24 7-10;
68 19; 89 16;
98 6

⁸ Es rey de toda la tierra:
¡tocad para Dios con destreza!
⁹ Reina Dios sobre todas las naciones,
Dios, sentado en su trono sagrado.

Jr 10 7
Sal 72 11

¹⁰ Príncipes paganos se reúnen
con el pueblo del Dios de Abrahán*.
De Dios son los gobernantes de la tierra,
de él, inmensamente excelso.

Is 2 2-4+
Esd 6 21
Ex 3 6

SALMO 48 (47)

Sión, monte de Dios*

¹ *Cántico. Salmo. De los hijos de Coré.*

² ¡Grande es Yahvé y muy digno de alabanza!
En la ciudad de nuestro Dios
está su monte santo,
³ hermosa colina,
alegría de toda la tierra.
El monte Sión, confín del Norte*,
la ciudad del Gran Rey:
⁴ Dios, desde sus palacios,
se revela como baluarte.

=Sal 96 4

Sal 50 2
Lm 2 15

⁵ De pronto los reyes se alían,
irrumpen todos a una;

---

47 Himno escatológico, el primero de los «salmos del Reino», ver salmos 93s; desarrolla la aclamación «Yahvé es Rey». El Rey de Israel sube al Templo con un cortejo triunfal, en medio de aclamaciones rituales, Sal 33 3+. Su gobierno se extiende a todos los pueblos, que vendrán a sumarse al pueblo elegido.
47 7 «nuestro Dios» griego; «Dios» hebr.
47 10 La alianza con Abrahán se extiende a toda la humanidad. —«Gobernantes» lit. «escudos» (defensores de los pueblos).

48 Este himno ensalza al monte Sión, residencia del rey de Israel y lugar de emplazamiento del Templo, en el corazón de la antigua Jerusalén, ver 2 S 5 9+. Quizá evoque en los vv. 5-6 el fracaso de la coalición sirio-efrainita contra Ajaz el año 735 y la retirada precipitada de Senaquerib el año 701.
48 3 El salmista aplica al monte Sión el tema literario de la «montaña del Norte», que designa una morada divina en los poemas fenicios.

⁶ apenas lo ven, estupefactos,
aterrados, huyen en tropel.

Ex 15 14
Jr 4 31+

⁷ Allí un temblor los invadió,
espasmos como de parturienta,
⁸ como el viento del este que destroza
los navíos de Tarsis*.

⁹ Lo que habíamos oído lo hemos visto
en la ciudad de Yahvé Sebaot,
en la ciudad misma de nuestro Dios,
que Dios afirmó para siempre.   *Pausa.*

¹⁰ Tu amor, oh Dios, evocamos
en medio de tu templo;

Sal 113 3
Ml 1 11

¹¹ como tu fama, oh Dios, tu alabanza
alcanza los confines de la tierra.

Tu diestra rebosa justicia,
¹² el monte Sión se regocija,
exultan las ciudades de Judá
a causa de tus juicios.

=Sal 97 8

Is 26 1;
33 20s

¹³ Dad vueltas en torno a Sión,
contad sus torres;
¹⁴ prestad atención a sus murallas*,
visitad sus palacios;

Sal 71 18

para decir a la próxima generación:
¹⁵ Este es Dios,
nuestro Dios por los siglos,
nuestro guía para siempre*.

Sal 90 2;
102 28
Sal 23 3+

SALMO 49 (48)

Vanidad de las riquezas*

¹ *Del maestro de coro. De los hijos de Coré. Salmo.*

Pr 8 4s

² ¡Oíd esto, pueblos todos,
escuchad, habitantes del mundo,
³ lo mismo plebeyos que notables*,
ricos y pobres a la vez!

⁴ Mi boca va a hablar sabiduría,
mi corazón meditará cordura;

Sal 78 2

⁵ prestaré oído al proverbio,
expondré mi enigma con la cítara.

⁶ ¿Por qué he de temer los malos tiempos,
cuando me cercan maliciosos los que me hostigan*,

Pr 10 15
Jr 9 22

⁷ los que ponen su confianza en su fortuna
y se glorían de su enorme riqueza?

Jb 33 24
Pr 11 4

⁸ No puede un hombre redimirse
ni pagar a Dios por su rescate,

Mt 16 26
Rm 3 24+

⁹ (es muy caro el precio de su vida,
y nunca tendrá suficiente)

---

48 8 Navíos para largas travesías, que podían llegar hasta «Tarsis», ver Is 23 1+.
48 14 El salmo puede datar de la época de la restauración de las murallas con Nehemías, Ne 6 15; 12 27.
48 15 El hebr. añade «hasta (contra) la muerte», título corrompido del salmo siguiente.
49 Usando un adagio irónico (vv. 13 y 21), este salmo trata, como los salmos 37 y 73, del problema de la retribución y de la felicidad aparente de los malvados; y lo resuelve conforme a la doctrina tradicional de los Sabios.
49 3 Lit. «lo mismo hijos de Adán que hijos de hombre».
49 6 «me hostigan» conj. según las Hexaplas; «de mis talones» hebr.

¹⁰ para vivir eternamente
sin tener que ver la fosa.

¹¹ Puede ver, sin duda, morir a los sabios,
lo mismo que perecen necios y estúpidos,
y acabar dejando a otros sus riquezas.

Qo 2 16
Sal 39 7
Si 11 18-
19+

¹² Sus tumbas* son sus casas eternas,
sus moradas de edad en edad,
¡y habían dado su nombre a países!

Qo 12 5

¹³ El hombre opulento no entiende*,
a las bestias mudas se parece.

Qo 3 18-21

¹⁴ Así andan ellos, seguros de sí mismos,
y llegan al final, contentos de su suerte*.

Pausa.

¹⁵ Como ovejas son llevados al Seol,
los pastorea la Muerte*,
van derechos a la tumba.
Su imagen se desvanece,
el Seol es su mansión*.

Sal 73 20

¹⁶ Pero Dios rescatará mi vida,
me cobrará de las garras del Seol*.

Pausa. Sal 73 24

¹⁷ No temas si alguien se enriquece,
cuando crece el boato de su casa.

¹⁸ Que, al morir, nada ha de llevarse,
no bajará su boato con él*.

⁁Tm 6 7

¹⁹ Aunque en vida se daba parabienes
(¡te alaban cuando todo te va bien!),

²⁰ irá a unirse a sus antepasados,
que no volverán a ver la luz.

Gn 15 15
Jb 10 21-22

²¹ El hombre opulento no entiende,
a las bestias mudas se parece.

SALMO 50 (49)

El culto espiritual*

¹ *Salmo. De Asaf.*

Habla Yahvé, Dios de los dioses:
convoca a la tierra de oriente a occidente.

Dt 10 17
Jos 22 22

² Desde Sión, la Hermosa sin par, Dios resplandece;

³ viene nuestro Dios y no callará.

Is 63 19

Lo precede un fuego voraz,
lo rodea violenta tempestad;

⁴ convoca desde lo alto a los cielos,
y a la tierra para juzgar a su pueblo.

Dt 32 1

49 12 «tumbas» versiones; «interior» hebr. (inversión de dos letras).
49 13 «entiende» versiones, ver v. 21; «pasa la noche» hebr.
49 14 Texto difícil. Se proponen otras traducciones. El tema es el de la falsa confianza de los ricos apegados a sus bienes, v. 7.
49 15 (a) Personificada aquí, ver Jb 18 13; 28 22; Jr 9 20; Os 13 14.
49 15 (b) «su mansión», lit. «una mansión para ellos» conj.; «sin mansión para él» hebr.
49 16 El sabio cuenta con Dios para escapar a las garras del Seol. No se puede afirmar que vislumbre aquí la posibilidad de ser arrebatado a cielo como Henoc, Gn 5 24, y Elías, 2 R 2 3, ver Sal 16 10+, pero piensa que la suerte final de los justos debe ser distinta de la de los impíos, y que la amistad divina no debe cesar. Esta fe, todavía implícita, en una retribución futura prepara la revelación ulterior de la resurrección de los muertos y de la vida eterna, 2 M 7 9+.
49 18 Por el contrario, Dios glorificará a los justos, Sal 73 24; 91 15.
50 Dios viene a juzgar a Israel, vv. 1-7, y pronuncia la requisitoria contra el formalismo de los sacrificios, vv. 8-15, unido al desprecio de los mandamientos, vv. 16-23.

⁵ «Reunid ante mí a mis adeptos,
que sellaron mi alianza con sacrificios».
⁶ (Los cielos proclaman su justicia,
pues Dios mismo viene como juez).   *Pausa.*

Ex 24 4-8
Sal 19 2

⁷ «Escucha, pueblo mío, voy a hablar,
Israel, testifico contra ti,
yo, Dios, tu Dios.
⁸ No te acuso por tus sacrificios,
¡están siempre ante mí tus holocaustos!
⁹ No tomaré novillos de tu casa,
ni machos cabríos de tus apriscos,

Am 5 21+

¹⁰ pues son mías las fieras salvajes,
las bestias en los montes a millares;
¹¹ conozco las aves de los cielos*,
mías son las alimañas del campo.

¹² Si hambre tuviera, no te lo diría,
porque mío es el orbe y cuanto encierra.
¹³ ¿Acaso como carne de toros
o bebo sangre de machos cabríos?

Sal 24 1

¹⁴ Sacrifica a Dios dándole gracias,
cumple todos tus votos al Altísimo:
¹⁵ invócame en el día de la angustia,
te libraré y tú me darás gloria.

Os 14 3

¹⁶ Pero al malvado Dios le dice*:
«¿A qué viene recitar mis preceptos
y ponerte a hablar de mi alianza,
¹⁷ tú que detestas la doctrina
y a tus espaldas echas mis palabras?

Rm 2 17-24

¹⁸ Si ves a un ladrón vas con él,
compartes tu suerte con adúlteros;
¹⁹ abres tu boca con malicia,
tu lengua trama engaños.

²⁰ Te sientas a hablar contra tu hermano,
deshonras al hijo de tu madre.
²¹ Haces esto, ¿y he de callarme?
¿Piensas que soy como tú?
Yo te acuso y te lo echo en cara.

²² Entended esto bien los que olvidáis a Dios,
no sea que os destroce y no haya quien os salve.
²³ Me honra quien sacrifica dándome gracias,
al que es recto* le haré ver la salvación de Dios».

Is 42 8+
Dt 32 39
=Sal 91 16

SALMO 51 (50)

Miserere*

2 S 11-12

¹ *Del maestro de coro. Salmo. De David.* ² *Cuando el profeta Natán lo visitó después de haberse unido aquél a Betsabé.*

Ez 18 23+

³ Piedad de mí, oh Dios, por tu bondad,
por tu inmensa ternura borra mi delito,

---

50 11 «cielos» versiones; «montes» hebr.
50 16 Este estico ha podido añadirse para descartar a los fieles. Según esto, en lo que sigue, Dios ya no se dirigiría a todo Israel indistintamente.
50 23 «al que es recto», lit. «perfecto de camino» conj.;

«ha puesto el camino» hebr.
51   Este salmo penitencial, ver 6+, tiene un estrecho parentesco con la literatura profética, sobre todo con Isaías y Ezequiel.

⁴ lávame a fondo de mi culpa,
purifícame de mi pecado.

⁵ Pues yo reconozco mi delito,
mi pecado está siempre ante mí;   Is 59 12
    Ez 6 9
⁶ contra ti, contra ti solo pequé,   Is 59 12
lo malo a tus ojos cometí.

Por que seas justo cuando hablas   ↗ Rm 3 4
e irreprochable cuando juzgas*.
⁷ Mira que nací culpable,   Jb 14 4+
pecador me concibió mi madre*.

⁸ Y tú amas la verdad en lo íntimo del ser,
en mi interior me inculcas sabiduría*.
⁹ Rocíame con hisopo* hasta quedar limpio,   Is 1 18
lávame hasta blanquear más que la nieve.   Ez 36 25
    Jb 9 30
¹⁰ Devuélveme el son del gozo y la alegría,   Hb 9 13-14
se alegren los huesos que tú machacaste.   Sal 6 3;
    35 10
¹¹ Aparta tu vista de mis yerros
y borra todas mis culpas.

¹² Crea* en mí, oh Dios, un corazón puro,   Ez 11 19+
renueva en mi interior un espíritu firme;
¹³ no me rechaces lejos de tu rostro,
no retires de mí tu santo espíritu*.   Sb 1 5; 9 17
    Rm 8 9.
¹⁴ Devuélveme el gozo de tu salvación,   14-16
afiánzame con espíritu generoso;   Is 57 15s
¹⁵ enseñaré a los rebeldes tus caminos
y los pecadores volverán a ti.

¹⁶ Líbrame de la sangre*, oh Dios,   Sal 30 10
Dios salvador mío,
y aclamará mi lengua tu justicia;
¹⁷ abre, Señor, mis labios,
y publicará mi boca tu alabanza.

¹⁸ Pues no te complaces en sacrificios,   Sal 50 8+
si ofrezco un holocausto, no lo aceptas.   Am 5 21-25
¹⁹ Dios quiere el sacrificio de un espíritu contrito,   Is 57 15;
un corazón contrito y humillado, oh Dios, no lo desprecias.   66 2
    Sal 34 19
²⁰ ¡Sé benévolo y favorece a Sión,
reconstruye los muros de Jerusalén*!   Jr 30 18;
    31 4
    Ez 36 33
    Is 58 12

---

51 6 Totalmente puro e íntegro, Dios, al perdonar, manifiesta su poder sobre el mal y su victoria sobre el pecado.
51 7 Todo hombre nace impuro, Jb 14 4+, ver Pr 20 9, y por ellos inclinado al mal, Gn 8 21. Aquí se alega esta impureza fundamental como circunstancia atenuante, ver 1 R 8 46, que Dios debe tener en cuenta. La doctrina del pecado original quedará explícita en Rm 5 12-21, en correlación con la revelación de la redención por Jesucristo.
51 8 Hay que cotejar el vocabulario de este versículo («íntimo del ser», lit. «lo que está revestido, cubierto», de donde quizá «los lomos», y «mi interior», lit. «lo que está tapado, cerrado») con Sal 7 10; 16 7; 33 15, etc.: Dios penetra hasta el fondo del hombre y puede transformarlo. Podría también percibirse un sentido figurado, relacionando este versículo con Ez 13 10s, sobre los falsos profetas que «recubren» los muros agrietados en vez de reconstruirlos (ver también Lv 14 43 sobre la lepra de las paredes). Aquí, por el contrario, aun lo que está recubierto (revoque) y tapado será purificado y restaurado por la sabiduría divina.

51 9 Planta empleada para las purificaciones, Lv 14 4; Nm 19 18.
51 12 Este verbo es exclusivo de Dios y designa el acto por el cual da existencia a algo nuevo y maravilloso, Gn 1 1; Ex 34 10; Is 48 7; 65 17; Jr 31 21-22. La justificación del pecador es la obra divina por excelencia, análoga al acto creador, ver Ez 36 25s. —Ver también Jr 31 33; 32 39-40.
51 13 Se trata del principio, intrínseco al hombre, pero dado por Dios, de la vida moral y religiosa, ya sea individual, Sal 143 10; Sb 1 5; 9 17, ya de todo el pueblo, Ne 9 20; Is 63 11; Ag 2 5.
51 16 El profeta Ezequiel, ver Ez 7 23; 9 9; 22 2; 24 6, llama a Jerusalén «ciudad sanguinaria». Se ha querido ver a veces aquí una alusión al asesinato de Urías por orden de David, 2 S 12 9. También se ha leído en ello la expresión de la muerte prematura del malvado como castigo por los pecados, según la doctrina tradicional.
51 20 Al regreso del destierro se espera, como señal del perdón divino, la reconstrucción de las murallas de Jerusalén, Is 60-62; Jr 30 15-18; Ez 36 33.

²¹ Entonces te agradarán los sacrificios legítimos
—holocausto y oblación entera*—
entonces se ofrecerán novillos en tu altar.

Sal 4 6
Lv 1 3

SALMO 52 (51)

Juicio del pérfido

1 S 21 8;
22 9s

¹ *Del maestro de coro. Poema. De David.* ² *Cuando el edomita Doeg vino a avisar a Saúl diciéndole: «David ha entrado en casa de Ajimélec».*

³ ¿Por qué te glorías del mal, valiente?
¡Dios es fiel todo el día*!
⁴ Tu lengua, igual que navaja afilada,
urde crímenes, autor de fraudes.

Jr 4 22;
9 4
Jn 3 19-20

⁵ El mal al bien prefieres,
la mentira a la justicia;   *Pausa.*
⁶ te gusta destruir con la palabra,
lengua embustera.

Sal 28 5
Jb 18 14
Pr 2 22

⁷ Por eso Dios te aplastará,
te destruirá para siempre,
te arrancará de tu tienda,
te extirpará de la tierra de los vivos.   *Pausa.*

=Sal 40 4

⁸ Los justos lo verán y temerán,
se reirán de él así:
⁹ «Éste es el hombre que no hizo
de Dios su refugio;
confiaba en su inmensa riqueza,
se jactaba de su crimen».

Sal 1 3;
92 13-15
Jr 11 16
Za 4 14

¹⁰ Pero yo, como olivo frondoso
en la Casa de Dios,
en el amor de Dios confío
para siempre jamás.

¹¹ Te alabaré eternamente
por todo lo que has hecho;
esperaré en ti, porque eres bueno
con todos los que te aman.

=Sal 14

SALMO 53 (52)

El hombre sin Dios*

¹ *Del maestro de coro. Para la enfermedad. Poema. De David.*

² Dice el necio en su interior:
«No hay Dios».
Están corrompidos, pervertidos,
no hay quien haga el bien.

³ Se asoma Dios desde el cielo
y observa a los seres humanos,
por ver si hay uno sensato,
alguien que busque a Dios.

---

51 21 Precisión litúrgica añadida más tarde. —En la Jerusalén restaurada se dará todo su valor a los sacrificios legítimos, es decir, oficialmente prescritos.

52 3 Texto difícil. Algunos corrigen con el griego y leen: «¿Por qué te glorías del mal, héroe de infamia?».
53 Recensión elohista del Sal 14; ver las notas.

⁴ Todos están descarriados,
pervertidos en masa.
No hay quien haga el bien,
ni uno siquiera.

⁵ ¿Nunca aprenderán los malhechores
que comen a mi pueblo como pan
y no invocan a Dios?

⁶ Allí se pusieron a temblar
sin razón para temblar*.
Pues Dios dispersa los huesos del sitiador*,
son ultrajados porque Dios los rechaza.

⁷ ¡Quién trajera de Sión la salvación a Israel!
¡Cuando cambie Dios la suerte de su pueblo,
exultará Jacob, se alegrará Israel!

SALMO 54 (53)

Clamor al Dios justiciero

¹ *Del maestro de coro. Para instrumentos de cuerda. Poema. De David.* ² *Cuando los zifitas vinieron a decir a Saúl: «¿No está escondido David entre nosotros?».*   1 S 23 19

³ ¡Sálvame, oh Dios, por tu nombre*,
hazme justicia con tu poder;
⁴ escucha, oh Dios, mi oración,
atiende a las palabras de mi boca!

⁵ Contra mí han surgido arrogantes*,   =Sal 86 14
rabiosos buscan mi muerte,
sin tener presente a Dios.   *Pausa.*

⁶ Pero Dios viene en mi auxilio,
el Señor defiende mi vida.   Sal 118 7
⁷ ¡Recaiga el mal sobre los que me acechan,
destrúyelos, Yahvé, por tu fidelidad!

⁸ Te ofreceré de corazón sacrificios,
te daré gracias por tu bondad,   Sal 52 11
⁹ porque de toda angustia me has librado
y mi vista se recreó en mis enemigos.   Sal 58 11;
91 8

SALMO 55 (54)

Oración del calumniado*   Jr 9 1-8

¹ *Del maestro de coro. Para instrumentos de cuerda. Poema. De David*

² Escucha, oh Dios, mi oración,
no te retraigas a mi súplica,
³ hazme caso, respóndeme,
me trastorna la ansiedad.

53 6   (a) Terror misterioso sin causa aparente, ver Lv 26 36; Dt 28 67; 1 S 14 15; 2 Cro 14 13; Jb 3 25. Se suele relacionar este texto con el exterminio de los asirios del año 701, dispersados repentinamente, sin que tuviesen, al parecer, razones para temer, ver 2 R 19 35; Is 37 36. **53** 6   (b) Alusión a Senaquerib y, a través de él, a todos los enemigos de Jerusalén. —El texto de este versículo parece menos alterado que en el Sal **14**.

54 3   El nombre es el sustitutivo de la persona, ver Ex 3 14+.
54 5   «arrogantes» mss hebr., Targ.; «extranjeros» hebr., testigo de una relectura xenófoba de la época macabea.
55   Lamentación individual inspirada en Jeremías, ver Jr 4 19; 9 1s; 18 19; 23 9, etc —El texto se halla en mal estado.

Gimo [4] ante la voz del enemigo,
bajo el abucheo* del malvado;
vierten falsedades sobre mí,
me hostigan con saña.

[5] Dentro se agita mi corazón,
me asaltan pavores de muerte;
[6] miedo y temblor me invaden,
un escalofrío me atenaza.

Sal 11 1

[7] Y digo: ¡Ojalá tuviera alas
como paloma para volar y reposar!

Jr 9 1
Ap 12 6

[8] Huiría entonces lejos,
la estepa sería mi morada.   *Pausa.*

[9] Pronto encontraría refugio
contra el viento de la calumnia,
y el huracán [10] que devora, Señor,
y el flujo de sus lenguas*.

Jr 5 1; 6 6
Ez 22 2
So 3 1

Soy testigo de violencia
y altercado en la ciudad;
[11] rondan de día y de noche
en torno a sus murallas.

Falsedad y mentira hay dentro,
[12] insidias dentro de ella,
nunca se ausentan de sus calles
la tiranía y el engaño.

[13] Si* fuera un enemigo el que me ultraja,
podría soportarlo;
si el que me odia se alzara contra mí,
de él me escondería.

Sal 41 10
Jr 9 3.7
Mt 26
21-24p

[14] ¡Pero tú, un hombre de mi rango,
amigo y compañero,
[15] con quien me unía dulce intimidad
en la Casa de Dios!

Sal 49 15
Nm 16 33+
Is 5 14
Pr 1 12

¡Desaparezcan* en tumulto,
[16] caiga sobre ellos* la muerte,
bajen vivos al Seol,
que entre ellos habita el mal!

[17] Pero yo invoco a Dios
y Yahvé me salva.
[18] A la tarde, a la mañana, al mediodía*
me quejo y gimo, y oye mi clamor.

[19] Intacta rescata mi vida
de la guerra que me han declarado,
del pleito que tienen conmigo*.   *Pausa.*

Sal 29 10;
93 2

[20] Que Dios me escuche y los humille,
él, que reina desde siempre,
pues no tienen enmienda
ni temen a Dios.

55 4 «abucheo» conj.; hebr. ininteligible.
55 10 «que devora» conj.; «devora» hebr.; —«el flujo» (sentido derivado) sir.; «divide» hebr.
55 13 «si» (las dos veces) griego; el hebr. trae negación.

55 15 «desaparezcan» conj.; «íbamos» hebr.
55 16 La muerte súbita y prematura es el castigo del malvado, Sal 73 19; 102 25; Jb 15 32; Is 38 10; Jr 17 11.
55 18 Son las horas de la oración, ver Dn 6 11.
55 19 «del pleito» conj.; «en gran número» hebr.

²¹ Levantan la mano contra su aliado,
   violan su alianza;
²² más blanda que manteca es su boca,   Sal 28 3+
   pero traman la guerra;
   sus palabras, más suaves que el aceite,   Sal 57 5
   son espadas desnudas.   Pr 12 18

²³ Confía a Yahvé tu peso,   Sal 37 5
   él te sustentará;   ↗ 1 P 5 7
   no dejará que para siempre
   sucumba el justo*.

²⁴ Y tú, oh Dios, hundirás
   en lo más profundo de la fosa
   a esos sanguinarios y traidores
   sin llegar a la mitad de su vida.

   Mas yo confío en ti.   Sal 25 2;
                                                         56 5

SALMO 56 (55)

El fiel no sucumbirá

¹ *Del maestro de coro. Según: «La opresión de los príncipes lejanos*». De David. A media*   1 S 21 11s
voz. Cuando los filisteos se apoderaron de él en Gat.

² Misericordia, oh Dios, que me pisan,
   me atacan y me oprimen todo el día.
³ Todo el día me pisan mis enemigos,
   son muchos los que me atacan desde la altura*.

⁴ El día en que temo, en ti confío.
⁵ En Dios, cuya palabra* alabo,
   en Dios confío y ya no temo,
   ¿qué puede hacerme un mortal?

⁶ Todo el día retuercen mis palabras,
   sólo planean daño contra mí;
⁷ se conjuran*, se ocultan, siguen mis pasos,
   tratando de acabar con mi vida.

⁸ ¿Escaparán después de tanta iniquidad?
   ¡Abate, oh Dios, a los pueblos con tu cólera!
⁹ Tú llevas la cuenta de mi vida errante,
   ¡recoge mis lágrimas en tu odre*!   2 R 20 5
¹⁰ Entonces retrocederán mis enemigos   Is 25 8
    el día en que te invoque.   Ap 7 17

   Yo sé que Dios está por mí.   Sal 118 6s;
¹¹ En Dios, cuya palabra alabo,   124 1s
   en Yahvé, cuya palabra alabo,

---

55 23 Este versículo puede entenderse o de frases irónicas del falso hermano (v. 22) o bien de los ánimos que
se da a sí mismo el perseguido. —La palabra que traducimos por «peso» es un hápax (palabra que sólo aparece una vez); la interpretamos según el contexto y las
versiones («afanes»).
56 1 Los «príncipes» o los «dioses», ver Sal 45 7; 58
2 («seres divinos»). —La palabra «opresión» es en hebr.
la misma que «paloma» y así se traduce a veces, pero el
salmo habla de opresión.
56 3 En las alturas que rodean a Jerusalén, ver 2 R
19 22. Habría aquí una alusión al asedio del año 701,
como en Sal 76 (ver vv. 11-12), con el que tiene éste

contactos muy claros. Pero también puede entenderse
«con altura», en el sentido de «con orgullo».
56 5 La palabra de Dios es aquí, como en el v. 1, su
promesa, con la que cuenta el fiel, ver Sal 106 12; 119
42.65; 130 5.
56 7 «se conjuran» Targ. y Jerónimo; «atacan» hebr.
56 9 Podemos ver aquí una alusión a las lágrimas de
Ezequías, 2 R 20 5; Is 38 3-5. Cada lágrima del justo
tendrá su recompensa escatológica, es 25 8; ver Ap 7 17.
—El texto añade una glosa sobre este tema: «¿No está
en tu libro de cuentas?», ver Sal 139 16; Jb 19 23; Ml
3 16.

¹² en Dios confío y ya no temo,
¿qué puede hacerme un mortal?

¹³ Cumpliré, oh Dios, los votos que te hice,
sacrificios te ofreceré de acción de gracias,
¹⁴ pues rescataste mi vida de la muerte*,
para que marche en la presencia de Dios
iluminado por la luz de la vida.

SALMO 57 (56)

En medio de los «leones»

¹ *Del maestro de coro. «No destruyas». De David. A media voz. Cuando, huyendo de Saúl, se escondió en la cueva.*

² Misericordia, oh Dios, misericordia,
que busco refugio en ti,
me cobijo a la sombra de tus alas
esperando que pase el infortunio.

³ Invoco al Dios Altísimo,
al Dios que tanto hace por mí.
⁴ Mande desde el cielo a salvarme,
confunda al que me acosa,
envíe Dios su amor y su verdad.   *Pausa.*

⁵ Me encuentro tendido entre leones
que devoran seres humanos;
sus dientes son lanzas y saetas,
su lengua, espada acerada.

⁶ ¡Álzate, oh Dios, sobre el cielo,
sobre toda la tierra, tu gloria*!

⁷ Tendieron una red a mis pasos,
mi cuello se doblegaba;
una fosa cavaron ante mí,
¡cayeron ellos dentro!   *Pausa.*

⁸ A punto está mi corazón, oh Dios,
mi corazón está a punto;
voy a cantar, a tañer,
⁹ ¡gloria mía, despierta!,
¡despertad, arpa y cítara!,
¡a la aurora* despertaré!

¹⁰ Te alabaré entre los pueblos, Señor,
te cantaré entre las naciones;
¹¹ pues tu amor llega hasta el cielo,
tu fidelidad hasta las nubes.

¹² ¡Álzate, oh Dios, sobre el cielo,
sobre toda la tierra, tu gloria!

Marginal references:

- Hb 13 6
- =Sal 118 6
- Lv 7 11s
- Jb 33 30
- Sal 27 13; 116 9
- Qo 11 7
- 1 S 24 4s
- Sal 17 8+
- Sal 43 3
- Sal 17 12
- Sal 64 4
- Sal 72 19; 102 16
- Nm 14 21+
- Sal 7 16+
- =Sal 108 2-6
- Sal 6 5+
- Jb 38 12
- Sal 9 12; 18 50
- =Sal 36 6

---

56 14 El hebr. añade: «¿No será 'mis pies de la caída'?», y algunos mss griegos: «mis ojos de las lágrimas», préstamos de Sal 116 8 sugeridos por el v. 9.
57 6 El fiel desea la manifestación del reinado de Dios, que liberará a los oprimidos y desbaratará a los malvados.
57 9 Personificada como en Jb 3 9; 38 12; 41 10. Ver Sal 17 15+.

SALMO 58 (57)

El juez de los jueces de la tierra*

Sal 82

¹ *Del maestro de coro. «No destruyas». De David. A media voz.*

² ¿De verdad, dioses*, pronunciáis justicia,
   juzgáis a los hombres conforme a derecho?
³ No, que cometéis a conciencia injusticias,
   vuestras manos sopesan violencia en la tierra.

Dt 16 19
Mi 2 1
Sal 82 2

⁴ Pervertidos están desde el seno los malvados,
   extraviados desde el vientre los hipócritas;
⁵ tienen veneno como veneno de serpiente,
   como el de un áspid sordo que se tapa el oído,
⁶ que no oye la voz del encantador,
   del mago experto en encantamientos.

Dt 32 33
Sal 140 4

⁷ Rómpeles, oh Dios, los dientes en la boca,
   quiébrales, Yahvé, las muelas a los leones.
⁸ ¡Que se evaporen como agua que pasa,
   que se pudran como hierba que se pisa*,
⁹ como limaco que se deshace al andar,
   como aborto que no contempla el sol!

Sal 3 8;
35 17;
57 5
Jb 11 16
Sal 37 2+
Jb 3 16
Qo 6 3s

¹⁰ ¡Antes de que echen espinas*, como la zarza,
    verde o quemada, los arrebate el torbellino!
¹¹ El honrado se alegrará viendo la venganza,
    lavará sus pies en la sangre del malvado;
¹² dirá la gente: «El honrado cosecha su fruto;
    sí, hay un Dios que juzga en la tierra».

Os 13 3
Jb 21 18;
27 21
Na 1 10
Sal 52 8;
68 24
Jb 19 29
Ml 2 17;
3 18

SALMO 59 (58)

Contra los impíos*

¹ *Del maestro de coro. «No destruyas». De David. A media voz. Cuando Saúl mandó*
vigilar su casa con el fin de matarle.

1 S 19 11s

² ¡Líbrame de mis enemigos, Dios mío,
   protégeme de mis agresores,
³ líbrame de los malhechores,
   sálvame de los sanguinarios!

⁴ Mira que acechan mi vida,
   poderosos se conjuran contra mí;
   sin pecar ni rebelarme, Yahvé,
⁵ sin culpa en mí, corren y se aprestan.

Despiértate, ven a mi encuentro y mira,
⁶ tú, Yahvé, Dios Sebaot, Dios de Israel,
   álzate a castigar a los paganos*,
   no te apiades de esos pérfidos traidores.   *Pausa.*

Is 26 10

---

58 El salmista apostrofa a los jueces venales al estilo de los antiguos profetas, apelando a la hora de la justicia divina.
58 2 «dioses» conj.; «en silencio» hebr. —La expresión se aplica aquí a los jueces y a los príncipes, ver Sal 45 7; 82; Ex 21 6; 22 7; Dt 19 17; 2 S 14 17.
58 8 «como hierba que se pisa» conj.; «pisa sus dardos como» hebr.
58 10 «Antes de que echen espinas» corregido según

Símmaco y Jerónimo; el hebr. (lit. «vuestras marmitas distinguen la zarza») ha cortado mal las palabras e invertido los consonantes.
59 Este salmo, en el que se mezclan imprecaciones con alabanzas, incluye dos estribillos: vv. 7 y 15, y vv. 10 y 18. El autor puede ser un judío de la diáspora, blanco de la hostilidad de los paganos, o un fiel que vive en una Jerusalén medio paganizada
59 6 Estilo escatológico, ver Is 26 21.

⁷ Regresan a la tarde,
aúllan como perros,
rondan por la ciudad*.

⁸ Míralos desbarrar a boca llena,
son sus labios como espadas:
«¿Hay alguien que nos oiga*?»

⁹ Mas tú, Yahvé, te ríes de ellos,
tú te mofas de todos los paganos.
¹⁰ ¡Por ti velo, fuerza mía,
pues es Dios mi ciudadela!

¹¹ Mi Dios fiel* saldrá a mi encuentro,
me hará ver el fracaso de mis enemigos.
¹² ¡No los mates, que mi pueblo no lo olvide,
dispérsalos y humíllalos* con tu poder,
Señor, escudo nuestro!

¹³ Su boca y sus labios profieren engaño,
¡queden presos, pues, en su insolencia,
por la blasfemia, por la mentira que vocean!
¹⁴ ¡Suprímelos con tu furor,
suprímelos, que dejen de existir!
Y se sepa que Dios domina en Jacob,
hasta los confines de la tierra.   *Pausa.*

¹⁵ Regresan a la tarde,
aúllan como perros,
rondan por la ciudad.

¹⁶ Ahí andan, buscando comida,
gruñendo* hasta que no están hartos.

¹⁷ Yo, en cambio, cantaré tu fuerza,
aclamaré tu lealtad por la mañana;
pues has sido un baluarte para mí,
un refugio el día de la angustia.

¹⁸ Fuerza mía, para ti tañeré,
pues es Dios mi ciudadela,
mi Dios fiel*.

Sidenotes (left margin):
Sal 55 11
Sal 52 4; 55 22; 57 5; 64 4
Sal 2 4; 37 13
Sal 54 9
Pr 12 13; 18 7
Ez 5 13; 6 12; 13 13
Sal 46 10-11; 83 19
Sal 17 15+

SALMO 60 (59)

Súplica nacional después de la derrota*

¹ *Del maestro de coro. Según «El lirio del testimonio». A media voz. De David. Para enseñar.* ² *Cuando luchó contra Aram de Naharáin y Aram de Sobá, y Joab, de vuelta, derrotó a Edom en el valle de la Sal: doce mil hombres.*

Sidenote:
2 S 8 2.3.13
1 Cro 18 2.3.12

³ Oh Dios, nos has rechazado y desbaratado,
estabas irritado, ¡vuélvete a nosotros!
⁴ Has sacudido la tierra, la has hendido;
repara sus grietas, pues se desmorona*.

Sidenote:
Is 24 20

---

59 7   La imagen (ver vv. 15-16) evoca las bandas de perros vagabundos en las ciudades de Oriente.
59 8   Tipo de blasfemia, ver Sal 10 4; 14 1; 64 6; 94 7.
59 11   «fuerza mía», «mi... fiel» mss y versiones, ver v. 18; «su fuerza», «su fidelidad» hebr.
59 12   A los paganos se les deja con vida, como a Caín, Gn 4 14-15, para que sean testigos de la justicia divina.
59 16   «gruñendo» versiones; «pasan la noche» hebr. (simple cambio de vocalización).

59 18   La última antífona parece incompleta, ver v. 11.
60   Este salmo presupone la misma situación histórica que los Sal 44 y 80. El v. 7 introduce un oráculo de esperanza, repetido en Sal 108 7-14, que predice la restauración de un reino engrandecido y unificado, como en los comienzos de la monarquía, y el dominio sobre Edom, Efraín y Galaad, ver Is 11 13-14; Ab.
60 4   Expresión apocalíptica aplicada a la derrota.

⁵ Sometiste a tu pueblo a duras pruebas,
nos diste a beber vino de vértigo.
⁶ A tus adeptos* les diste una señal*
para que pudiesen escapar del arco.   *Pausa.*

⁷ Para que escapen libres tus favoritos,
¡con tu diestra salvadora respóndenos!

⁸ Dios ha hablado en su santuario*:
«Repartiré victorioso Siquén*,
parcelaré el valle de Sucot.

⁹ Míos son Galaad y Manasés,
Efraín, yelmo de mi cabeza,
Judá, mi bastón de mando,

¹⁰ Moab, la jofaina en que me lavo;
sobre Edom tiro mi sandalia*.
¡Celebra, Filistea, tu victoria sobre mí*!»

¹¹ ¿Quién me guiará a la plaza fuerte,
quién me conducirá hasta Edom?
¹² ¿No eres tú, oh Dios, quien nos rechaza,
y no sales al frente de nuestras tropas*?

¹³ Ofrécenos ayuda contra el adversario,
que es vano el socorro del hombre.
¹⁴ ¡Con Dios haremos proezas,
él machacará a nuestro adversario!

Jr **25** 15s
Is **51** 17.
21-22
Sal **75** 9

=Sal **108**
7-14

Is **42** 13
Si **50** 26

Ab 19-20
Is **11** 13
Gn **49** 10

Dt **2** 5
Sal **37** 7
Is **11** 14

Sal **44** 10;
68 8

Sal **33** 16-17
Os **1** 7+
2 Cro **14** 10
Sal **44** 6

SALMO 61 (60)

Oración de un desterrado*

¹ *Del maestro de coro. Para instrumentos de cuerda. De David.*

² ¡Escucha, oh Dios, mi clamor,
atiende a mi plegaria!
³ Te grito desde el confín de la tierra,
con el corazón desmayado.

Condúceme a la roca inaccesible*,
⁴ que tú eres mi refugio,
bastión frente al enemigo.

⁵ ¡Hospédame siempre en tu tienda,
acogido al amparo de tus alas!
⁶ Pues tú, oh Dios, escuchas mis votos:
me otorgas la heredad de tus adeptos*.

⁷ Añade días a los días del rey,
que sus años se prolonguen por generaciones.

Sal **27** 4-5

Sal **43** 3
Pr **18** 10
Sal **46** 2

Sal **17** 8+

Sal **21** 5+

---

60 6 (a) «tus adeptos», lit. «los que te temen».
60 6 (b) Es frecuente el tema del estandarte o señal de rebato, Ex 17 15; Ct 2 4; Is 5 26; 11 10; 49 22; 62 10. Pero aquí es la señal de retirada, ver v. 12.
60 8 (a) O «en nombre de su santidad», que garantiza sus promesas.
60 8 (b) Pulla antisamaritana, ver Ne 3 33s. El paralelo entre Siquén y Sucot alude probablemente a la conquista de la Tierra Prometida, que se recuerda con dolor, pero también con esperanza.
60 10 (a) Según una antigua costumbre (Dt 25 9; Rt 4 7+), este gesto era señal de toma de posesión.
60 10 (b) Apóstrofe irónico, suavizado por Sal 108 10:

«sobre Filistea cantaré victoria».
60 12 Expresión de la nostalgia del salmista, que, en un país dividido y saqueado por sus vecinos, evoca la edad de oro de la guerra santa, de a conquista y del reino davídico.
61 A la queja del levita, desterrado lejos del monte Sión, vv. 2-6, se añade una oración por el rey, vv. 7-8.
61 3 Se trata de la Roca del Templo, objeto de la nostalgia del salmista. Este salmo podrá datar de la primera deportación (598), ver 2 R 24 14s, antes de la destrucción del Templo.
61 6 «tus adeptos», lit. «los que te temen».

Sal 72 5; 89
5.30.34.37
Sal 40 12
85 11s;
89 15, 25
Pr 20 28

8 ¡Reine por siempre en presencia de Dios!
¡La lealtad y la fidelidad lo guarden*!

9 Tañeré a tu nombre para siempre,
cumpliré mis votos día a día.

SALMO 62 (61)

Dios, la única esperanza*

1 *Del maestro de coro... Yedutún. Salmo. De David.*

2 Sólo en Dios encuentro descanso,
de él viene mi salvación;
3 sólo él mi roca, mi salvación,
mi baluarte; no vacilaré.

4 ¿Hasta cuándo atacaréis a un solo hombre,
lo abatiréis, vosotros todos,
como a una muralla que cede,
como a una pared que se desploma?

Sal 4 3

Sal 28 3+
55 22

5 Sólo proyectan doblez*,
les seduce la mentira,
con la boca bendicen
y por dentro maldicen.   *Pausa.*

Sal 42 6.12;
43 5; 118 8
Mi 7 7

6 Sólo en Dios descansaré,
de él viene mi esperanza,
7 sólo él mi roca, mi salvación,
mi baluarte; no vacilaré.

Jr 3 23
Is 45 17;
60 19

8 En Dios está mi salvación y mi honor,
Dios es mi roca firme y mi refugio.

Is 26 4

9 Confiad siempre en él, pueblo suyo;
presentad ante él vuestros anhelos.
¡Dios es nuestro refugio!   *Pausa.*

Sal 39 6-7
Sal 116 11
Is 40 15

10 Un soplo son los plebeyos,
los notables, pura mentira*;
puestos juntos en una balanza
pesarían menos que un soplo.

Is 30 12
Ez 22 29
Jr 17 11
Jb 27 13s;
31 25
Mt 6 19s.24
Qo 5 9s
Jb 40 5

11 No confiéis en la opresión,
no os atraiga la rapiña;
a las riquezas, si aumentan,
no apeguéis el corazón.

12 Dios ha hablado una vez,
dos veces, lo he oído*:
que de Dios es el poder,

Sal 28 4;
31 24
Jb 34 11
⌐ Rm 2 6
⌐ Tm 4 14

13 tuyo, Señor, el amor;
que tú pagas al hombre
conforme a sus obras*.

---

61 8 Estos atributos divinos personificados acompañarán al Rey Mesías, Sal 85 11s; 89 15.25, como protegen al rey, Pr 20 28, o al levita fiel, Sal 40 12. Los vv. 7-8 podrían ser una antigua oración por el rey, pero su insistencia en un reinado indefinido enlaza con la profecía de Natán, 2 S 7 16; 1 Cro 17 14, y su estrecha semejanza con pasajes mesiánicos de los salmos 72 y 89 autorizan su aplicación al Rey Mesías.
62 Salmo didáctico: malicia de los hombres, nada de las criaturas, vanidad de las riquezas, imparcialidad del Juez celeste. El tema del estribillo, vv. 2-3.6-7, es el del salmo siguiente.
62 5 «doblez» conj.; «de su altura» hebr.
62 10 Lit. «hijos de Adán» e «hijos de hombre». Ver Sal 49 3.
62 12 Este procedimiento literario, el de los «proverbios numéricos», se encuentra también en Jb 40 5; Pr 6 16; 30 15; Am 1 3s.
62 13 Se trata de la doctrina de la retribución personal, enseñada por los Profetas, especialmente Ezequiel, Ez 14 12+, por los Sabios y los Salmistas, Sal 37 1+, y por el NT, Mt 16 27; Ap 2 23.

SALMO 63 (62)

Sed de Dios

¹ *Salmo. De David. Cuando estaba en el desierto de Judá*.*   1 S 22-24

² Dios, tú mi Dios, yo te busco*,   Sal 36 8-10
mi ser tiene sed de ti,   Sal 42 2
por ti languidece mi cuerpo,
como erial agotado, sin agua.   Sal 143 6

³ Así como te veía en el santuario,
contemplando tu fuerza y tu gloria,
⁴ —pues tu amor es mejor que la vida,
por eso mis labios te alaban—,

⁵ así quiero bendecirte en mi vida,
levantar mis manos en tu nombre;
⁶ me saciaré como de grasa y médula,   Sal 36 9
mis labios te alabarán jubilosos.

⁷ Si acostado me vienes a la mente,
quedo en vela meditando en ti,
⁸ porque tú me sirves de auxilio
y exulto a la sombra de tus alas;   Sal 17 8+
⁹ mi ser se aprieta contra ti,
tu diestra me sostiene.

¹⁰ Mas los que tratan de acabar conmigo,   Sal 5 11+
¡caigan en las honduras de la tierra!
¹¹ ¡Sean pasados a filo de espada,
sirvan de presa a los chacales!

¹² Pero el rey en Dios se alegrará,   Sal 21 2;
el que jura por él* se felicitará,   64 11
cuando cierren la boca a los mentirosos.

SALMO 64 (63)

Castigo de los calumniadores*

¹ *Del maestro de coro. Salmo. De David.*

² Escucha, oh Dios, la voz de mi gemido,
guarda mi vida del terror del enemigo;
³ ponme a salvo del plan de los malvados,
de los malhechores que se movilizan,

⁴ que afilan su lengua como espada,   Sal 55 22;
asestan su flecha, palabra envenenada,   57 5; 59 8;
⁵ y disparan ocultos contra el íntegro,   140 4; 11 2
disparan de improviso y nada temen.   Jr 9 2

⁶ Se animan entre sí para el delito,   Pr 1 11s;
calculando cómo tender trampas,   6 14
se dicen: «¿Quién lo observará   Sal 10 11;
                                                94 7

---

63 1   Este salmo ha sido aplicado a David errante por
el desierto. Quizá ha sufrido retoques en función de esta
relectura.
63 2   Versiones: «por ti madrugo».

63 12   Por Yahvé, ver Dt 6 13; Jr 12 16, o por el rey; el
texto es ambiguo.
64   Conforme a la ley del talión. la flecha divina, v.
8, responde a la flecha de la palabra envenenada.

⁷ y escrutará nuestros secretos?».
Los escruta el mismo que escruta
al hombre por dentro, la mente oculta*.

Jr 11 20+
Qo 7 24

⁸ Dios ha disparado una saeta,
repentinas han sido sus heridas;
⁹ los abate* por causa de su lengua,
quienes los ven menean la cabeza.

Sal 7 13s;
38 3
Dt 34 42

Sal 44 15;
22 8

¹⁰ Todos se llenan de temor,
anuncian la obra de Dios
y meditan sobre su acción.

Sal 40 4;
52 8

¹¹ El honrado se alegrará por Yahvé
y en él buscará cobijo;
se felicitarán los hombres rectos.

Sal 5 12
58 11; 63 12

SALMO 65 (64)

Himno de acción de gracias*

¹ *Del maestro de coro. Salmo. De David. Cántico.*

² Tú mereces* la alabanza,
oh Dios, en Sión.
A ti el voto se te cumple,
³ tú que escuchas la oración.

A ti acuden los mortales
⁴ con sus malas acciones;
nos abruman nuestras culpas,
pero tú las perdonas*.

Is 66 23

Sal 32 1

⁵ Dichoso el que eliges e invitas
a habitar dentro de tus atrios.
¡Que nos hartemos de los bienes de tu Casa,
de las ofrendas santas de tu Templo!

⁶ Nos respondes con prodigios favorables,
Dios Salvador nuestro,
esperanza de los confines de la tierra
y de las islas* lejanas:

Is 66 19

⁷ Tú afirmas los montes con tu fuerza,
ceñido de potencia;
⁸ tú acallas el estruendo de los mares,
el estruendo de sus olas
(y el tumulto de los pueblos).
⁹ Los que habitan los confines lejanos
se estremecen al ver tus signos;
a las puertas del alba y del ocaso*
las haces gritar de júbilo.

Jb 38 6s

Sal 89 10;
107 29
Jb 26 12
Mt 8 26
Is 17 12

---

64 7   Texto corregido permutando dos consonantes y cortando las palabras de modo distinto al TM; hebr. corrompido, lit.: «escudriñan (combinan) crímenes; estamos dispuestos (mss: «ocultan») un disimulo disimulado; y el fondo».
64 9   «los abate por causa de su lengua» conj.; «lo abate; contra ellos (está su lengua)» hebr. (letras invertidas).
65   Después de un año fértil y de abundantes aguas, el pueblo da gracias al Creador. La primera parte, vv. 2-9, recuerda a Isaías por sus perspectivas universalistas. La segunda, vv. 10-14, con cambio de ritmo en el v. 11,

es una entusiasta descripción de la primavera judaíta.
65 2   «mereces» versiones; «el silencio (es la alabanza)» hebr. (simple diferencia de vocalización).
65 4   «perdonas», lit. «cubres la falta». El perdón divino se conseguía especialmente el día de la Expiación, Lv 1 4+; 16 1+; ver Sal 78 38; 79 9.
65 6   «islas» Targ.; «mares» hebr., quizás después de un retoque anti-universalista; «las islas» representan a las naciones paganas.
65 9   Estas «puertas», por las que se suponía que el sol pasaba todos los días, designan a los países más lejanos.

¹⁰ Te ocupas de la tierra y la riegas,
la colmas de riquezas.
El arroyo de Dios va lleno de agua*,
tú preparas sus trigales.

Así la preparas:
¹¹ riegas sus surcos, allanas sus glebas,
las mulles con lluvia, bendices sus brotes.
¹² Coronas el año con tus bienes,
de tus rodadas* brota la abundancia;
¹³ destilan los pastos del páramo,
las colinas se adornan de alegría;
¹⁴ las praderas se visten de rebaños
y los valles se cubren de trigales
entre gritos de júbilo y canciones*.

Jl 2 22s
Is 30 23.25
Lv 26 3s

Am 9 13

Sal 96 12

Is 44 23
Sal 66 1

SALMO 66 (65)
Acción de gracias pública*

¹ *Del maestro de coro. Cántico. Salmo.*

Aclama a Dios, tierra entera,
² cantad a su nombre glorioso,
dadle honor con alabanzas,
³ decid a Dios: ¡Qué admirables tus obras!

Por tu inmenso poder te adulan tus enemigos;
⁴ la tierra entera se postra ante ti
y canta para ti, canta en tu honor.   *Pausa.*

Ef 1 12.14

Sal 18 45;
81 16

⁵ Venid y ved las obras de Dios,
sus hazañas en favor del hombre:
⁶ convirtió el mar en tierra firme
y cruzaron el río a pie*.

Sal 114 3
Is 44 27;
50 2

¡Alegrémonos en él por aquello!
⁷ Con su poder domina por siempre,
sus ojos vigilan a las naciones,
para que no se amotinen los rebeldes.   *Pausa.*

⁸ Bendecid, pueblos, a nuestro Dios,
haced que se oiga su alabanza;
⁹ él nos devuelve a la vida*,
no deja que vacilen nuestros pies.

¹⁰ Tú nos probaste, oh Dios,
nos purgaste igual que a la plata;
¹¹ tú nos condujiste a la trampa,
pusiste una correa a nuestros lomos,
¹² cabalgadura de hombres nos hiciste;
pasamos por el fuego y el agua,
pero luego nos sacaste a la abundancia*.

Is 48 10

Is 43 2
Sal 32 6;
81 8

¹³ Entraré con víctimas en tu Casa,
cumpliré mis promesas,

---

65 10 El poeta evoca las cámaras altas del cielo, donde están los depósitos de agua, Sal 104 3; Gn 1 7; 7 11; Jb 38 25, y no el río simbólico de Sión, Sal 46 5+.
65 12 El carro divino, Sal 68 5.18; Is 66 15, recorre la tierra dándole fertilidad.
65 14 Lit. «dan gritos de gozo, incluso cantan».
66   Esta liturgia de acción de gracias por la comunidad (cuyo jefe o portavoz habla a partir del v. 13) recuerda por el estilo y el horizonte universalista la se-

gunda parte de Isaías (caps. 40-55).
66 6 El paso del Mar de las Cañas, Ex 14-15, y el del Jordán, Jos 3: dos grandes sucesos «típicos» de la historia de Israel, igualmente unidos er Sal 74 13-15; 114.
66 9 De ahí el título «salmo de la resurrección» que dan a este salmo algunos mss griegos y la Vulg.
66 12 Lit. «saturación». Las versiones corrigen: «Tú nos has hecho recuperar aliento»

¹⁴ las que hicieron mis labios
y en la angustia pronunció mi boca.

¹⁵ Te ofreceré pingües holocaustos,
junto con el sahumerio de carneros,
sacrificaré bueyes y cabritos.   *Pausa.*

¹⁶ Venid, escuchad y os contaré,
vosotros, los que estáis por Dios,
todo lo que ha hecho por mí.

¹⁷ Mi boca lo invocó,
mi lengua lo ensalzó.
¹⁸ Si hubiese maquinado algo malo,
el Señor no me habría escuchado.
¹⁹ Pero Dios me ha escuchado,
atento a la voz de mi oración.

²⁰ ¡Bendito sea Dios,
que no ha rechazado mi oración
ni me ha retirado su amor!

SALMO 67 (66)

Oración pública después de la recolección anual*

¹ *Del maestro de coro. Para instrumentos de cuerda. Salmo. Cántico.*

Nm 6 24-25
Sal 31 17
Sal 4 7+
Jr 33 9

² ¡Que Dios tenga piedad y nos bendiga,
que nos muestre su rostro radiante!;   *Pausa.*
³ conozca así la tierra su proceder,
y todas las naciones su salvación.

⁴ ¡Que los pueblos te den gracias, oh Dios,
que todos los pueblos te den gracias*!

=Sal 98 9
Sal 82 8

⁵ Que se alegren y exulten las naciones,
pues juzgas al mundo con justicia,
con equidad juzgas* a los pueblos,
gobiernas las naciones de la tierra.   *Pausa.*

⁶ ¡Que los pueblos te den gracias, oh Dios,
que todos los pueblos te den gracias!

=Sal 85 13
Lv 26 4
Ez 34 27
Os 2 23-24

⁷ La tierra ha dado su cosecha,
Dios, nuestro Dios, nos bendice.
⁸ ¡Dios nos bendiga y lo teman
todos los confines de la tierra!

SALMO 68 (67)

La gloriosa epopeya de Israel*

¹ *Del maestro de coro. De David. Salmo. Cántico.*

‖Nm 10 35
Is 33 3

² Dios se levanta, se dispersan sus enemigos,
huyen de su presencia los que lo odian.

---

67 Recitado probablemente durante la fiesta con que se daba por terminada la cosecha, ver Ex 23 14+.
67 4 Este estribillo refleja el universalismo enseñado por la segunda parte de Isaías (caps. 40-55): las naciones paganas son llamadas a servir al mismo Dios único, a través del ejemplo del pueblo elegido y la enseñanza de su historia.
67 5 «el mundo con justicia tú juzgas» Sinaítico, ver Sal 9 9; 96 13; 98 9; omitido por hebr.

68 Este himno de acción de gracias evoca las grandes etapas de la historia del pueblo de Dios, como las de una procesión triunfal de Yahvé: la salida de Egipto, la marcha por el desierto, las victorias de la época de los Jueces (Débora, Gedeón) y el establecimiento en Sión (David, Salomón), la historia de Elías y de Eliseo, la trágica muerte de la familia de Ajab, la pascua solemne de Ezequías y, finalmente, las perspectivas universalistas del final del libro de Isaías. Preludio (vv. 2-7) y

³ Como se disipa el humo, los disipas;
como se derrite la cera ante el fuego,
los malvados perecen ante Dios.

⁴ Pero los justos se alegran alborozados
ante Dios, y saltan de alegría.

⁵ Cantad a Dios, tañed en su honor,
abrid paso al que cabalga en las nubes,
su nombre es Yahvé, exultad ante él.

⁶ Padre de huérfanos, tutor de viudas
es Dios en su santa morada;
⁷ Dios da un hogar a los desvalidos,
abre a los cautivos la puerta de la dicha,
mas los rebeldes moran en suelo estéril.

⁸ Oh Dios, cuando salías al frente de tu pueblo,
cuando cruzabas el desierto, ⁹ la tierra retembló, *Pausa.*
y hasta los cielos se licuaron ante Dios*,
ante el rostro de Dios, el Dios de Israel.

¹⁰ Derramaste, oh Dios, una lluvia generosa,
reanimaste a tu heredad extenuada;
¹¹ tu rebaño encontró una morada,
que bondadoso, oh Dios, al mísero preparabas*.

¹² El Señor ha dado una orden,
es su mensajero un ejército inmenso.
¹³ Reyes y ejércitos huyen a la desbandada,
y dentro de las casas se reparte el botín*

¹⁴ (mientras holgáis entre los apriscos*):
alas de paloma bañadas en plata,
con plumas que destellan oro verde.
¹⁵ Cuando Shaddai dispersaba a los reyes,
caía nieve por el Monte Umbrío*.

¹⁶ ¡Monte divino, el monte de Basán!
¡Monte escarpado, el monte de Basán!
¹⁷ ¿Por qué miráis celosos, montes escarpados,
al monte que Dios escogió por mansión?
¡En él morará Yahvé para siempre!

¹⁸ Los carros de Dios* son miles de millares;
el Señor ha venido del Sinaí al santuario*.
¹⁹ Subiste a la altura* conduciendo cautivos,
recibiste tributo en hombres y en rebeldes,
para quedarte en tu mansión, Yahvé Dios*.

²⁰ ¡Bendito sea el Señor, día tras día!
Él se encarga de nuestra salvación. *Pausa.*

Sal 18 10-11
Dt 33 26
Is 19 1;
66 15
Is 57 14
Ex 22 21-
22+
Sal 146 9
Ba 6 37

Jc 5 4-5
Ha 3 3s
Dt 33 2

Ex 16 1+;
16 13
Sal 78 24s

Jc 5 19.22

Jc 5 16

Gn 17 1+

Ez 43 7

2 R 6 17;
7 6

Sal 47 6
Ef 4 8-10

Dt 32 11
Is 46 3-4;
63 9

---

final (vv. 33-36) encuadran seis grupos de dos estrofas unidas por el sentido. Un accidente gráfico ha trastornado las estrofas sexta y séptima.
68 9 El hebr. añade la glosa: «es el Sinaí», según Jc 5 5. —La estrofa evoca la entrada en campaña de Yahvé: la salida de Egipto en la nube, Ex 13 21; Nm 14 14, y la teofanía del Sinaí, Ex 19 16+.
68 11 Evocación de los milagros del Éxodo: el maná y las codornices, y la entrada en la Tierra Prometida.
68 13 Alusión a las victorias de la conquista.
68 14 Probable glosa, ver Jc 5 16.
68 15 El Monte Umbrío es probablemente una colina boscosa próxima a Siquén, Jc 9 48-49; Abimélec había arrojado sal (blanca como la nieve, ver Si 43 18-19) sobre las ruinas de esta ciudad, Jc 9 45. —Es muy oscuro

este pasaje, pero puede entenderse que el poeta, imitando a Jc 5 16s, interpela a los clanes aislacionistas ausentes del combate y les echa en cara irónicamente el precioso botín que se reparten las mujeres de Israel.
68 18 (a) Más que los carros de Salomón, 1 R 10 26, los carros divinos que entrevió Eliseo, 2 R 6 17, ver 7 6; Is 66 15. Lo que sigue evoca las victorias del tiempo de los Reyes.
68 18 (b) El Sinaí era así identificado con Sión, de donde proviene la Ley, Is 2 3. Es el primer indicio de una relectura de este salmo en función de la fiesta litúrgica de Pentecostés, en la que se celebra el don de la Ley en el Sinaí (ver la glosa del v. 9).
68 19 (a) Sión.
68 19 (b) Texto dudoso.

²¹ Nuestro Dios es un Dios salvador,
el Señor Yahvé libera de la muerte;
²² pero Dios aplasta la cabeza de sus enemigos,
el cogote peludo de quien anda entre crímenes.

²³ Dijo el Señor: «De Basán los traeré,
los traeré de los abismos del mar,

1 R 21 19;
22 38
2 R 9 36

²⁴ para que laves tus pies en su sangre,
y participe en el enemigo la lengua de tus perros*».

²⁵ Ya aparece tu procesión, oh Dios,
la procesión de mi Dios y mi Rey al santuario:
²⁶ delante los cantores, los músicos detrás,
las doncellas en medio tocando el tamboril.

Dt 33 28
Jr 2 13;
17 13
Sal 80 2-3

²⁷ Van bendiciendo a Dios en grupos:
¡Es Yahvé desde el origen de Israel*!

²⁸ Abre la marcha Benjamín, el pequeño,
los príncipes de Judá con sus escuadras,
los príncipes de Zabulón, los príncipes de Neftalí*.

Is 8 23

²⁹ ¡Da órdenes, Dios, con tu poder*,
el poder que por nosotros desplegaste
³⁰ desde tu templo en lo alto de Jerusalén,
donde los reyes vienen con presentes!

Ez 29 2s

³¹ Llama al orden a la bestia del cañaveral*,
a la manada de toros y novillos de los pueblos.
¡Que se sometan con lingotes de plata!
¡Dispersa a los pueblos belicosos!

Is 18 7;
45 14

³² Acudan los magnates* desde Egipto,
tienda hacia Dios sus manos Etiopía.

³³ ¡Cantad a Dios, reinos de la tierra,
tañed todos para el Señor,   *Pausa.*

Sal 68 5+

³⁴ que cabalga por los cielos, los cielos antiguos,
que atruena con su voz, su voz potente!

³⁵ Reconoced el poder de Dios.
Su majestad sobre Israel,
su poder en las nubes.
³⁶ Dios sobrecoge desde su santuario*.
Él, el Dios de Israel,
da fuerza y poder a su pueblo.

Sal 28 8;
29 11

¡Bendito sea Dios!

SALMO 69 (68)
Lamentación*

Sal 45 1

¹ *Del maestro de coro. Según la melodía: «Lirios...» De David.*

Sal 18 5+
Sal 124 4-5
Jon 2 6

² ¡Sálvame, oh Dios,
que estoy con el agua al cuello!

---

68 24 Alusión a la muerte de Ajab, 1 R 21 19; 22 38, de Jorán, 2 R 8 29; 9 15, y de Jezabel, 2 R 9 36.
68 27 Antífona litúrgica.
68 28 Los vv. 25-28 evocan la Pascua de Ezequías (2 Cro **30**), en la que tomaron parte las tribus del Norte.
68 29 Estico corregido según las versiones; hebr.: «tu Dios ha mandado tu poder». —El texto y el ritmo de las dos estrofas siguientes son dudosos.
68 31 Alusión injuriosa a Egipto, a sus jefes y a su pueblo. Parece que nos encontramos en la época de la gran deportación judía a Egipto en el reinado de Tolomeo Sóter, hacia el 320.

68 32 «los magnates», lit. «los rollizos», conj. según griego; «objetos de bronce» (?) hebr. —«tienda» conj.: «hará correr» hebr.
68 36 «su santuario» Vulg.; «tus santuarios» hebr.
69 Este salmo reúne dos lamentaciones de ritmo distinto, compuesta cada una de ellas de una queja seguida de una oración. La primera, vv. 2-7 y 14-16, desarrolla el tema de las aguas infernales, Sal 18 5+, y el de los enemigos, Sal 35, etc. La segunda, vv. 8-13 y 17s es el grito de angustia del fiel, víctima de su celo, Sal 22; Is 53 10; Jr 15 15. El conjunto concluye con un himno, vv. 31s, de perspectivas nacionales, ver Sal 22 28s y

³ Me hundo en el cieno del abismo
y no puedo hacer pie;
me he metido en aguas profundas
y las olas me anegan.
⁴ Estoy exhausto de gritar, me arde la garganta,
mis ojos se consumen de esperar a mi Dios.
⁵ Son más que los pelos de mi cabeza
los que me odian sin motivo;
son poderosos los que me destruyen,
los que me hostigan sin razón.
(¿Tengo que devolver lo que no he robado?)
⁶ Tú conoces, oh Dios, mi torpeza,
no se te ocultan mis ofensas.
⁷ ¡Que por mí no queden defraudados
los que esperan en ti, Yahvé Sebaot*!
¡Que por mí no queden confundidos
los que te buscan, Dios de Israel!

⁸ Pues por ti soporto el insulto,
la vergüenza cubre mi semblante;
⁹ a mis hermanos resulto un extraño,
un desconocido a los hijos de mi madre;
¹⁰ pues el celo por tu Casa me devora,
y si te insultan sufro el insulto.
¹¹ Si me mortifico* con ayunos,
lo aprovechan para insultarme;
¹² si me pongo un sayal por vestido,
me convierto en objeto de burla:
¹³ los que están a la puerta murmuran,
los borrachos me sacan coplas.

¹⁴ Pero yo te dirijo mi oración, Yahvé,
en el tiempo propicio:
por tu inmenso amor respóndeme, oh Dios,
por la verdad de tu salvación.
¹⁵ ¡Sácame del cieno, no me hunda,
líbrame de los que me odian,
de las aguas profundas!
¹⁶ ¡Que no me anegue la corriente,
que no me trague el abismo,
ni se cierre el pozo sobre mí!

¹⁷ ¡Respóndeme, Yahvé, por tu amor y tu bondad,
por tu inmensa ternura vuelve a mí tus ojos;
¹⁸ no apartes tu rostro de tu siervo,
que estoy angustiado, respóndeme ya;
¹⁹ acércate a mí, rescátame,
líbrame de mis enemigos!

²⁰ Tú sabes de mi oprobio,
de mi afrenta y mi vergüenza,
conoces a mis opresores.
²¹ El oprobio me rompe el corazón,
me siento desfallecer*.

Sal 40 13

⌐ Jn 15 25
Sal 35 19

Jr 15 15

Jb 19 13-15

=Sal 119
139
⌐ Jn 2 17
⌐ Rm 15 3

Is 49 8
Sal 32 6;
102 14

=Sal 102 3

Sal 102 14s. El carácter mesiánico del salmo se deduce de las citas que de él hace el NT.
69 7 El hebr. añade «Señor» delante de «Yahvé».
69 11 «mortifico» griego, sir.; «lloro» hebr.

69 21 Traducción conjetural. Parece alterado el orden de las palabras y de los versos en los vv. 20-21, pero ninguna de las correcciones se impone.

Jb 6 14s
Lm 1 2
Mt 26 40p
Jn 16 32
∕ Mt 27 34.
48
∕ Rm 11
9-10

Espero en vano compasión,
consoladores y no encuentro.

²² Me han echado veneno en la comida,
han apagado mi sed con vinagre.
²³ Que su mesa se convierta en un lazo,
que su abundancia sea una trampa;
²⁴ que se nublen sus ojos y no vean,
que sus fuerzas flaqueen sin cesar.

²⁵ Derrama sobre ellos tu enojo,
los alcance el ardor de tu cólera;

∕ Hch 1 20

²⁶ que su morada se convierta en erial,
que nadie habite en sus tiendas.

Is 53 4
Sal 71 11

²⁷ Porque acosan al que tú has herido
y aumentan la herida de tu víctima*.

²⁸ Añade culpa a su culpa,
no tengan acceso a tu justicia;

Ex 32 32
Is 4 3
Dn 12 1
Ap 3 5

²⁹ sean borrados del libro de la vida,
no sean inscritos con los justos.

³⁰ Pero a mí, desdichado y malherido,
tu salvación, oh Dios, me restablecerá.

Sal 22 26s

³¹ Celebraré con cantos el nombre de Dios,
lo ensalzaré dándole gracias;

Sal 50 8+.
14; 51 18

³² le agradará a Yahvé más que un toro,
más que un novillo con cuernos y pezuñas.

Sal 22 27;
70 5;
119 144

³³ Lo han visto los humildes y se alegran,
animaros los que buscáis a Dios.
³⁴ Porque Yahvé escucha a los pobres,
no desprecia a sus cautivos.
³⁵ ¡Alábenlo los cielos y la tierra,
el mar y cuanto bulle en él!

Is 44 26
Ez 36 10
Sal 102 29.
22-23
Sal 5 12
Is 65 9

³⁶ Pues Dios salvará a Sión,
reconstruirá los poblados de Judá:
la habitarán y la poseerán;
³⁷ la heredará la estirpe de sus siervos,
en ella vivirán los que aman su nombre.

=40 14-18

SALMO 70 (69)

Súplica en la desgracia*

Sal 38 1

¹ *Del maestro de coro. De David. En memoria.*

² ¡Oh Dios, ven a librarme,
Yahvé, corre en mi ayuda!
³ ¡Queden confusos y humillados
los que intentan acabar conmigo!

¡Retrocedan confundidos
los que desean mi mal!
⁴ Retírense avergonzados
los que dicen: ¡Ja, ja!

⁵ ¡En ti gocen y se alegren
todos los que te buscan!

---

69 27 «aumentan» griego, sir.; «conversan sobre»
hebr. —En el v. 27 los complementos están en plural en
el hebr., adaptación a la liturgia nacional.
70   Duplicado de Sal **40** 14-18. Ver las notas.

¡Digan sin cesar: «Grande es Dios»
los que ansían tu victoria!

⁶ Pero yo soy pobre y desgraciado,
¡oh Dios, ven rápido a mí!
Tú eres mi auxilio y libertador,
¡no te retrases, Yahvé!

SALMO 71 (70)
Súplica de un anciano

¹ A ti me acojo, Yahvé,   =Sal 31 2-4
¡nunca quede confundido!   Sal 25 2
² ¡Por tu justicia sálvame, líbrame,
préstame atención y sálvame!

³ Sé mi roca de refugio*,
alcázar donde me salve,
pues tú eres mi peña y mi alcázar.
⁴ ¡Líbrame, Dios mío, de la mano del impío,   Sal 140 2
de las garras del perverso y el violento!

⁵ Pues tú eres mi esperanza, Señor,
mi confianza desde joven, Yahvé.
⁶ En ti busco apoyo desde el vientre,
eres mi fuerza* desde el seno materno.   Jr 17 14
¡A ti dirijo siempre mi alabanza!   Sal 22 4;
                                                         109 1
⁷ Soy el asombro de muchos*,
pero tú eres mi refugio seguro.   Is 52 14
⁸ Mi boca rebosa de tu alabanza,   Sal 31 12
de tu elogio todo el día.

⁹ No me rechaces ahora que soy viejo,   Sal 22 12.20
no me abandones cuando decae mi vigor,
¹⁰ pues mis enemigos hablan mal de mí,
los que me espían se ponen de acuerdo:

¹¹ «¡Dios lo ha desamparado, perseguidlo,   Sal 3 3; 22 9;
apresadlo, que no hay quien lo libre!».   69 27
¹² ¡Oh Dios, no te quedes tan lejos,   Sal 22 12+
Dios mío, ven pronto a socorrerme!

¹³ Queden confundidos y avergonzados   =Sal 40 15
los que atentan contra mi vida;   =Sal 35 4
acaben en la vergüenza y la ignominia
los que buscan mi mal.

¹⁴ Pero yo esperaré sin cesar,
reiteraré tus alabanzas;
¹⁵ mi boca publicará tu justicia,   Sal 35 28;
todo el día tu salvación*.   109 30

¹⁶ Publicaré* las proezas de Yahvé,
recordaré tu justicia, tuya sólo.
¹⁷ ¡Oh Dios, me has instruido desde joven,   Os 2 17
y he anunciado hasta hoy tus maravillas!   Jr 2 1
                                                         Sal 129 1-2
                                                         Is 46 3-4

---

71 3 «de refugio» mss, versiones; «morada» hebr.
—«alcázar donde me salve» griego y Sal 31 3; «para ir
siempre, has decidido salvarme» hebr.
71 6 Sentido dudoso. «mi fuerza» según versiones;
otros: «mi parte», «mi lote».
71 7 Por las pruebas sufridas: produce asombro ver

sufrir a un justo, ver Job.
71 15 El hebr. añade: «no he sabido leer las letras»,
glosa sin duda.
71 16 Sentido dudoso, lit. «vendré en las proezas del
Señor Yahvé». Hemos corregido la primera letra para
leer «publicaré».

¹⁸ Ahora, viejo y con canas,
¡no me abandones, Dios mío*!,

Sal 22 31+

hasta que pueda anunciar tu brazo*
a las futuras generaciones,

Sal 36 7

tu poderío ¹⁹ y tu justicia,
oh Dios, hasta los cielos.

Sal 72 18
Sal 86 8+

Tú que has hecho grandes cosas,
¡Oh Dios!, ¿quién como tú?
²⁰ Tú que me has hecho pasar
por tantos aprietos y desgracias,

Sal 9 14;
40 3

me devolverás de nuevo la vida,
y de las simas de la tierra
me sacarás otra vez;
²¹ sustentarás mi dignidad,
te volverás a consolarme.

²² Y te daré gracias con el arpa,
Dios mío, por tu fidelidad;
tañeré para ti la cítara,

Is 6 3+

¡oh Santo de Israel!

Sal 7 18+

²³ Te aclamarán mis labios,
mi vida que has rescatado;
y mi lengua todo el día
musitará tu justicia:
pues se avergüenzan afrentados
los que buscaban mi desgracia.

Is 11 1-5
Za 9 9s

SALMO 72 (71)

El rey prometido*

¹ *De Salomón.*

Jr 23 5

Confía, oh Dios, tu juicio al rey,
al hijo de rey tu justicia:
² que gobierne rectamente a tu pueblo,
a tus humildes con equidad.

Is 45 8;
52 7; 55 12

³ Produzcan los montes abundancia*,
justicia para el pueblo los collados.

So 2 3+

⁴ Defenderá a los humildes del pueblo,
salvará a la gente pobre
y aplastará al opresor.

Sal 61 8

⁵ Durará* tanto como el sol,
como la luna de edad en edad;

Os 6 3
Is 45 8
Dt 32 2

⁶ caerá como lluvia en los retoños*,
como rocío que humedece la tierra.

⁷ Florecerá en sus días la justicia*,
prosperidad hasta que no haya luna*;

2 S 7 13s
Jr 31 35;
33 20
Sal 89 38
Za 9 10
Si 44 21

71 18 (a) El pasaje podía aplicarse a Israel, cuya juventud y ancianidad evocaban los profetas.
71 18 (b) Imagen profética, Is 51 9; 53 1, que evocaba los milagros del Éxodo.
72 Este salmo, dedicado a Salomón, rey justo y pacífico, rico y glorioso, 1 R 3 9.12.28; 4 20; 10 1-29; 1 Cro 22 9, designa al rey ideal del futuro. Las tradiciones judía y cristiana han visto en él el retrato anticipado del rey mesiánico anunciado por Isaías, 9 5, 11 1-5, y Za-

carías, 9 9s.
72 3 Texto inseguro.
72 5 «durará» griego; «te temerán» hebr.
72 6 Las versiones han traducido «vellocino», ver Jc 6 37s.
72 7 (a) «justicia» mss, versiones; «el justo» hebr. (relectura mesiánica), ver Jr 23 5; Za 9 9.
72 7 (b) La era mesiánica durará hasta el fin de los tiempos.

⁸ dominará de mar a mar,
  desde el Río al confín de la tierra*.

⁹ Ante él se doblará la Bestia*,
  sus enemigos morderán el polvo;
¹⁰ los reyes de Tarsis y las islas
  traerán consigo tributo.

  Los reyes de Sabá y de Seba
  todos pagarán impuestos;
¹¹ ante él se postrarán los reyes,
  le servirán todas las naciones.

¹² Pues librará al pobre suplicante,
  al desdichado y al que nadie ampara;
¹³ se apiadará del débil y del pobre,
  salvará la vida de los pobres.

¹⁴ La rescatará de la opresión y la violencia,
  considerará su sangre valiosa;
¹⁵ (que viva y le den* el oro de Sabá).
  Sin cesar rogarán por él,
  todo el día lo bendecirán*.

¹⁶ La tierra dará trigo abundante,
  que ondeará en la cima de los montes;
  sus frutos florecerán como el Líbano,
  sus espigas como la hierba del campo.

¹⁷ ¡Que su fama sea perpetua,
  que dure tanto como el sol*!
  ¡Que sirva de bendición a las naciones,
  y todas lo proclamen dichoso!

¹⁸ ¡Bendito Yahvé, Dios de Israel,
  el único que hace maravillas!
¹⁹ ¡Bendito su nombre glorioso por siempre,
  la tierra toda se llene de su gloria!
  ¡Amén! ¡Amén!

²⁰ Fin de las oraciones de David, hijo de Jesé*.

Is 27 1
Mi 7 17
Is 49 23

1 R 10 1+

║Jb 29 12

Sal 116 15
Sal 61 7-8

Is 27 6
Os 14 6-9
Am 9 13

Gn 12 3+

Ha 3 3

SALMO 73 (72)

La justicia final*

¹ *Salmo. De Asaf.*

  ¡Qué bueno es Dios para Israel,
  el Señor para los limpios de corazón!

² Por poco se extravían mis pies,
  casi resbalan mis pasos,

---

72 8 Los límites de la Palestina ideal, ver Jc 20 1+.
72 9 Este término, que designa a los animales o a los demonios que frecuentan el desierto, Is 13 21; Mt 14; Jr 50 39; Ez 34 28, evoca aquí a los Estados paganos derrotados, ver Is 27 1; Dn 7 3; Ap 13 1.
72 15 (a) «le den» versiones; «el dé» hebr.
72 15 (b) Texto oscuro; no está explícito el sujeto del verbo. Entendemos que Israel ruega por el éxito de la misión salvadora del Mesías. Pero también podría entenderse: «Él (el Mesías) rogará (intercederá) por él (el pobre) y lo bendecirá».
72 17 En el estado actual del texto podría traducirse:

«esté su nombre por siempre ante el sol; germinará (proliferará) es su nombre», relectura que puede aludir al vástago de Jesé, Is 11 1, y al nombre mesiánico de Germen, Is 4 2; Jr 23 5; 33 15; Za 6 12.
72 20 Doxología y colofón del segundo libro del Salterio.
73 Un sabio, escandalizado primero por la prosperidad de los malvados y el sufrimiento de los justos, ver Jb 21 1s; Qo 7 15; Jr 12 1s; Ml 3 15, etc., contrapone la felicidad efímera de los malvados a la paz de la amistad divina que jamás decepciona.

Sal 37 1+
Jb 21 13-26

³ celoso como estaba de los perversos,
al ver prosperar a los malvados.

⁴ No hay congojas para ellos,
sano y rollizo* está su cuerpo;
⁵ no comparten las penas de los hombres,
no pasan tribulaciones como los otros.

⁶ Por eso el orgullo es su collar,
la violencia el vestido que los cubre;
⁷ su gordura rebosa malicia*,
de artimañas desborda su corazón.

Sal 17 10;
119 70
Jb 15 27
Jr 5 28

⁸ Se sonríen, hablan con maldad,
hablan altivamente de opresión;
⁹ ponen en el cielo su boca,
y su lengua se pasea por la tierra.

¹⁰ Por eso mi pueblo va tras ellos:
sorben con ansia sus palabras*.

Sal 10 11+

¹¹ Dicen: «¿Va a saberlo Dios?
¿Lo va a saber el Altísimo?».
¹² ¡Así son, éstos son los malvados!,
tranquilos y acumulando riqueza.

Ml 3 14
=Sal 26 6
Jb 7 18

¹³ ¿Así que en vano purifiqué mi corazón,
lavé mis manos en señal de inocencia,
¹⁴ aguanté golpes todo el día
y correcciones cada mañana?

¹⁵ Si hubiese dicho: «Hablaré como ellos»,
habría traicionado a la raza de tus hijos.
¹⁶ Me di entonces a pensar para entenderlo,
pero me resultaba harto difícil.

Sal 119 130

¹⁷ Hasta que entré en el santuario* de Dios
y acabé entendiendo su destino:
¹⁸ los pones en el resbaladero,
los empujas a la ruina.

¹⁹ De pronto quedan hechos un horror,
desaparecen consumidos de espanto:
²⁰ como un sueño al despertar, Señor,
al levantarte desprecias su imagen*.

Sal 49 15

²¹ Cuando mi corazón se avinagraba,
cuando se torturaba mi conciencia*,
²² estúpido de mí, no comprendía,
sólo era un animal* ante ti.

²³ Pero yo estoy siempre contigo,
me tomas de la mano derecha,
²⁴ me guías según tus planes,
me conduces tras la gloria*.

Sal 16 10+

---

73 4 Lit. «perfecto» conj.; «a su muerte» hebr. (texto mal cortado).
73 7 «malicia» versiones; «ojo» hebr.
73 10 Seguimos a las versiones; hebr. corrompido, lit. «Por eso su pueblo vuelve de este lado (o: hace volver a su pueblo de este lado), aguas de abundancia son vaciadas».
73 17 «santuario» según versiones; hebr. plural. En contacto con el misterio de Dios, presente en el templo, el orante comprende el destino de los malvados.

73 20 Sobre Dios que «despierta», ver Sal 35 23; 44 24; 59 6; 78 65; Is 51 9. Sobre la «imagen», ver Sal 49 15; 90 5; Jb 20 8; Is 29 7-8.
73 21 «conciencia», lit. «riñones».
73 22 Lit. «Behemot», el prototipo de la torpeza, ver Jb 40 15+.
73 24 La Gloria parece ser aquí el atributo divino personificado que recuerda la Nube del Éxodo. Las versiones han traducido «con gloria», dando a la palabra su sentido habitual cuando se aplica a los hombres: ha-

²⁵ ¿A quién tengo yo en el cielo?
Estando contigo no hallo gusto en la tierra.
²⁶ Aunque se consuman mi cuerpo y mi mente*,
tú eres mi roca, mi lote, Dios por siempre.

²⁷ Los que se alejan de ti se pierden,
aniquilas a los que te son adúlteros*.
²⁸ Pero mi bien es estar junto a Dios,
he puesto mi cobijo en el Señor
a fin de proclamar tus obras*.

Sal 16 5+

SALMO 74 (73)
Lamentación tras el saqueo del templo*

¹ *Poema. De Asaf.*

¿Por qué nos rechazas, oh Dios, para siempre,
y humea tu cólera contra el rebaño que apacientas?
² Piensa en la comunidad que antaño adquiriste,
la que tú rescataste, tribu de tu propiedad,
y del monte Sión, donde pusiste tu morada.

Dt 7 6+
Ex 15 17
Jr 10 16;
Is 63 17
51 19

³ Guía tus pasos a estas ruinas perpetuas:
al santuario devastado por el enemigo.
⁴ Rugían tus adversarios en tu asamblea,
colocaban como señal sus enseñas;
⁵ destrozaban como quien va penetrando
con hachas en la espesura del bosque.

⁶ Cercenaron todas juntas sus jambas*,
con hacha y martillo desgajaban.
⁷ Prendieron fuego a tu santuario,
profanaron por tierra tu gloriosa mansión.

Is 64 10

⁸ Decían para sí: «Destruyamos* a todos,
quememos las asambleas de Dios en el país».
⁹ No vemos nuestras enseñas,
ya no tenemos profetas,
nadie que sepa hasta cuándo*.

Sal 77 9
Lm 2 9
Ez 7 26

¹⁰ ¿Hasta cuándo, Dios, provocará el adversario,
ultrajará tu nombre por siempre el enemigo?
¹¹ ¿Por qué retienes tu mano
y en tu seno escondes* tu diestra?

Sal 6 4;
89 47

Is 52 10

¹² Tú eres, oh Dios, mi rey desde el principio,
autor de hazañas en medio de la tierra.
¹³ Tú hendiste el Mar con tu poder,
quebraste las cabezas de monstruos marinos,

Jb 7 12+
Is 51 9-10
Sal 89 10-11

bría que entender que Dios preserva al justo de una muerte prematura y humillante, y que rehabilitará al justo que muere mientras los impíos viven. Con todo, como en Sal 16 9s, el fervor del fiel contiene ya el deseo de una unión definitiva con Dios: es un paso más hacia la creencia explícita en la resurrección y la vida eterna, ver Sal 16 10+.
73 26 De deseo, ver Sal 84 3; Jb 19 27, no de debilidad, ver Sal 143 7.
73 27 La expresión designa en los profetas la infidelidad a Dios, ver Os 1 2+.
73 28 El griego añade: «a las puertas de la hija de Sión», ver Sal 9 15.
74 Según el Targum, el «necio» (v. 22) sería Antíoco Epífanes, el «rey loco» que quemó las puertas del Tem-

plo, 1 M 4 38; 2 M 1 8, y profanó el santuario, 1 M 1 21s.39; 2 M 6 5. Pero también puede aplicarse el salmo al saqueo del Templo por los ejércitos caldeos, 2 R 25 9; Is 64 10. Desde esta época había callado la voz de los profetas, v. 9, ver Sal 27 9; Lm 2 9; Ez 7 26 y 1 M 4 46; 9 27; 14 41.
74 6 «cercenar sus jambas» griego; «y ahora sus esculturas» hebr.
74 8 «destruyamos», según sir.; «su descendencia» hebr.
74 9 Jeremías había anunciado setenta años de destierro, Jr 25 11; 29 10, cifra simbólica de una larga duración.
74 11 «escondes», lit. «es retenida» conj.; «(y tu diestra en tu seno) destruye» hebr.

Jb 3 8+

¹⁴ machacaste las cabezas de Leviatán*
y las echaste como pasto a las fieras*.
¹⁵ Tú abriste manantiales y torrentes,
secaste ríos inagotables*.

Gn 1

¹⁶ Tuyo es el día, tuya la noche,
tú la luna y el sol estableciste;
¹⁷ tú trazaste las fronteras de la tierra,
el verano y el invierno tú formaste.

¹⁸ Recuerda, Yahvé, que el enemigo te ultraja,
que un pueblo necio desprecia tu nombre.
¹⁹ No des al depredador la vida de tu tórtola*,
la vida de tus pobres no olvides jamás.

²⁰ Piensa en la alianza, que están repletos
los rincones del país de focos de violencia.
²¹ ¡Que no acabe defraudado el oprimido,
que pobre y humilde puedan alabarte!

²² ¡Levántate, oh Dios, a defender tu causa,
acuérdate del necio que te ultraja a diario!
²³ ¡No olvides el griterío de tus adversarios,
el creciente clamor de tus agresores!

SALMO 75 (74)

Juicio total y universal*

¹ *Del maestro de coro. «No destruyas». Salmo. De Asaf. Cántico.*

² Te damos gracias, oh Dios, te damos gracias,
invocando tu nombre, pregonando tus maravillas.

Sal **46** 3;
60 4;

³ «En el momento en que decida,
yo mismo juzgaré con rectitud.

93 1s;
96 10
1 S 2 8

⁴ Aunque tiemblen la tierra y sus habitantes,
yo establecí firmemente sus columnas.   *Pausa.*

1 S 2 3
Za 2 1-4

⁵ Digo a los arrogantes: ¡Fuera arrogancias!,
y a los malvados: ¡No alcéis la frente*,
⁶ no alcéis tan alto vuestra frente,
no habléis estirando insolentes el cuello!».

Jb 15 25
Sal **94** 4
Mt 24 23-28

⁷ Pues ya no es por oriente ni occidente,
ya no es por el desierto de los montes,
⁸ por donde Dios, como juez,
a uno abate y a otro exalta*;

1 S 2 7
Dn 2 21
Sal **60** 5
Jb 21 20
Is **51** 17+

⁹ pues Yahvé empuña una copa,
un vaso con vino drogado:
lo escanciará, lo sorberán hasta las heces,
lo beberán los malvados de la tierra.

---

74 14 (a) Alusión al paso del Mar de las Cañas y a la derrota de los egipcios, Ex 14 15s; ver Ez 29 3; 32 4.
74 14 (b) «a las fieras», lit. «al pueblo, a las fieras».
74 15 Alusión a los milagros del Éxodo, Ex 17 1-7; Nm 20 2-13, y al paso del Jordán, Jos 3, obra del poder del Creador. Esta evocación de las obras pasadas de Dios, vv. 12-17, prepara la súplica final, vv. 18-23.
74 19 Oseas comparaba a Israel con una paloma, Os 7 11; 11 11, ver Ct 5 2. Griego y sir.: «el alma que te da gracias».
75 Una antífona, v. 2, introduce un oráculo divino dirigido a los malvados y anuncia su juicio, vv. 3-6. Los vv. 7-9 describen el juicio universal, del cual se regocija el justo, vv. 10-11.
75 5 Lit. «el cuerno», ver Sal **18** 3+.
75 8 El «desierto de los montes» parece ser la altiplanicie de Edom. —El juicio divino ya no se ejerce sólo contra Moab, Edom o Filistea, sino en todas partes y contra todos los malvados, ver Za 2 1. —La imagen de la copa, v. 9 (ver ya Sal 11 6), proviene de Jeremías, **25** 11; **48** 26; **49** 12; **51** 7; ver Is **51** 7+; Ez 23 31; Ap 14 10.

¹⁰ Y yo lo anunciaré por siempre,
cantaré para el Dios de Jacob:
¹¹ quebrará la frente del malvado,
mas la frente del honrado se alzará.   Sal 92 11

SALMO 76 (75)
Oda al Dios temible*

¹ *Del maestro de coro. Para instrumentos de cuerda. Salmo. De Asaf. Cántico.*

² Dios es conocido en Judá,
grande es su fama en Israel;
³ su tienda está en Salem*,   Sal 122 6s
su morada en Sión.
⁴ Allí quebró las ráfagas del arco*,   Sal 48 4-8
el escudo, la espada y la guerra*.   *Pausa.* Sal 46 10

⁵ Fulgurante eres tú, magnífico
en medio de montones de botín.
⁶ Los valientes han sido despojados,   2 R 19 35
durmiendo están su sueño;   Na 3 18
les fallaron los brazos a los guerreros.   Jr 51 39.57
⁷ A tu amenaza, oh Dios de Jacob,
se pasmaron carro y caballo.

⁸ Tú eres terrible, ¿quién puede resistir   Dt 7 21;
ante ti, bajo el golpe de tu ira?   10 17
⁹ Desde el cielo pronuncias la sentencia,   Na 1 6
la tierra se amedrenta y enmudece   Ml 3 2
¹⁰ cuando Dios se levanta a juzgar,
a salvar a los humildes de la tierra.   *Pausa.*
¹¹ La cólera humana te reconocerá,
te rodearán los que escapen a la Cólera*.

¹² Haced votos a Yahvé, vuestro Dios, y cumplidlos,
los que lo rodean* traigan presentes al Terrible:
¹³ el que corta el aliento a los príncipes,
a quien temen los reyes de la tierra.

SALMO 77 (76)
Meditación sobre el pasado de Israel*

¹ *Del maestro de coro... Yedutún. De Asaf. Salmo.*

² Mi voz clama a Dios,
mi voz al Dios que me escucha.

³ El día de la angustia busco al Señor,   Is 26 16
tiendo por la noche mi mano sin descanso,   Sal 50 15;
mi ser se resiste a dejarse consolar.   88 2

---

76   Himno escatológico. Como los salmos **46** y **48** 6, parece evocar la derrota de Senaquerib el año 701 a las puertas de Jerusalén, 2 R 19 35, convertida en símbolo de la salvación esperada por los «humildes», v. 10. El griego lleva como título: «A propósito del asirio».
76 3   Nombre abreviado de Jerusalén, ver Gn 14 18; Jdt 4 4, «ciudad de paz» *(shalôm)*.
76 4   (a) Las flechas.
76 4   (b) También se traduce: «las armas de guerra».
76 11   La imagen, tomada de Jeremías, ver Sal 109 19,

simboliza lo estrecho de la unión. La cólera divina, como el Terror (= «el Terrible», v 12), parece aquí personificada, ver Sal 58 10. Por su parte, la «cólera humana», impotente, da testimonio del poder y de la justicia de Dios.
76 12   Como un «cinto», v. 11; comparar con Is 49 18.
77   En la difícil época del regreso del destierro, el salmista evoca los beneficios pasados de Yahvé en favor de Israel, las maravillas de la salida de Egipto, prenda de intervenciones futuras de Yahvé en favor de su pueblo.

Jon 2 8
⁴ Me acuerdo de Dios entre gemidos,
medito, y mi espíritu desmaya.   *Pausa.*

⁵ Retienes los párpados de mis ojos,
turbado estoy, sin poder hablar.

=Sal 143 5
Dt 32 7
⁶ Pienso en los días de antaño,
los años remotos ⁷ recuerdo;
por la noche musito* en mi interior,
medito y se pregunta mi espíritu:

Sal 74 1;
89 47s
Lm 3 21-23
⁸ ¿Nos desechará para siempre el Señor,
dejará de sernos propicio?
⁹ ¿Se ha agotado para siempre su amor?
¿Se quedarán sin su Palabra en el futuro?

Is 63 15
Sal 74 9
Is 49 14s
¹⁰ ¿Habrá olvidado Dios su clemencia,
o habrá sellado con ira sus entrañas?   *Pausa.*

¹¹ Y me respondo: «Ésta es mi pena,
Ml 3 6
ha cambiado la diestra del Altísimo».
¹² Me acuerdo* de las gestas de Yahvé,
sí, recuerdo tus antiguas hazañas,
Sal 143 5
¹³ medito en toda tu obra,
pienso en tus maravillas.

Ex 15 1-18
Sal 18 31-
32; 89 7
Dt 32 4
¹⁴ ¡Oh Dios, qué santo tu proceder!
¿Qué dios es tan grande como Dios?
¹⁵ Tú eres el Dios que obras maravillas,
que mostraste tu poder entre los pueblos;
Ne 1 10
Gn 46 26-27
¹⁶ rescataste con tu brazo a tu pueblo,
a los hijos de Jacob y de José.   *Pausa.*

Ha 3 10-11
Jb 7 12+
Na 1 4
¹⁷ Te vieron, oh Dios, las aguas,
las aguas te vieron y temblaron,
también los abismos se agitaron.
¹⁸ Las nubes derramaban sus aguas,
descargaban su trueno los nublados,
Sal 18 15;
144 6
Sal 29
Ex 19 6+
tus rayos* iban y venían.
¹⁹ Rodaba el estruendo de tu trueno,
tus relámpagos alumbraban el orbe,
=Sal 97 4
se agitaba y temblaba la tierra.
Is 43 16;
51 10
Ne 9 11
Sb 14 3
²⁰ Tu camino discurría por el mar,
por aguas caudalosas tu sendero,
y nadie descubría tus huellas.
Is 63 11-14
Sal 78 52
Mi 6 4
²¹ Como un rebaño guiabas a tu pueblo
de mano de Moisés y de Aarón.

SALMO 78 (77)
Las lecciones de la historia de Israel*

Is 63 7s
Sal 105; 106;
114; 136
Sb 16-19
Ne 9 9-37
Dt 32 1
Sal 49 5
Mt 13 35
¹ *Poema. De Asaf.*

Escucha, pueblo mío, mi enseñanza,
presta oído a las palabras de mi boca;
² voy a abrir mi boca en parábolas*,
a evocar los misterios del pasado.

---

77 7 «musito» griego, sir.; «(me acuerdo) de mi lira» hebr. —Cortamos los vv. 6-7 como las versiones.
77 12 «me acuerdo» qeré, versiones; «daré a conocer» ketib.
77 18 Lit. «tus flechas». El milagro del Mar de las Cañas se presenta en una perspectiva cósmica, ver Jb 7 12+. La continuación, v. 19, evoca la teofanía del Sinaí, Ex 19 16+.

78 Meditación didáctica, inspirada en el Deuteronomio, sobre la historia de Israel, las culpas de la nación y su castigo. El salmo pone de relieve la responsabilidad de Efraín, antepasado de los samaritanos, y la elección de Judá y de David.
78 2 Parábola *(mašal)*: sentencia rítmica en versos paralelos, como los numerosos ejemplos que nos proporciona el libro de los Proverbios.

³ Lo que hemos oído y aprendido,
lo que nuestros padres nos contaron,
⁴ no lo callaremos a sus hijos,
a la otra generación lo contaremos:

Las glorias de Yahvé y su poder,
todas las maravillas que realizó;
⁵ el pacto que estableció en Jacob,
la ley que promulgó en Israel.

Había mandado a nuestros padres
que lo comunicaran a sus hijos,
⁶ que la generación siguiente lo supiera,
los hijos que habían de nacer;
que a su vez lo contaran a sus hijos,

⁷ para que pusieran en Dios su confianza,
no olvidaran las hazañas de Dios
y observaran sus mandamientos.

⁸ Para que no fueran como sus padres,
generación rebelde y revoltosa,
generación de corazón voluble,
de espíritu desleal a Dios.

⁹ Los diestros arqueros de Efraín
retrocedieron el día del combate*;
¹⁰ no guardaron la alianza con Dios,
rehusaron caminar según su ley.

¹¹ Habían olvidado sus portentos,
las maravillas que les hizo ver*:
¹² prodigios a la vista de sus padres,
en Egipto, en los campos de Tanis.

¹³ Hendió el mar y los pasó por él,
contuvo las aguas como un dique;
¹⁴ de día los guiaba con la nube,
cada noche al resplandor del fuego.

¹⁵ Hendió rocas en el desierto,
los abrevó a raudales sin medida;
¹⁶ hizo brotar arroyos de la peña
y descender las aguas como ríos.

¹⁷ Pero pecaban y pecaban contra él,
se rebelaban contra el Altísimo en la estepa;
¹⁸ tentaron voluntariamente a Dios,
reclamando comida para su apetito.

¹⁹ Hablaron contra Dios, dijeron:
«¿Podrá ponernos una mesa en el desierto?
²⁰ Ya sabemos que hirió la roca,
y que el agua brotó en torrentes:
¿podrá igualmente darnos pan
y procurar carne a su pueblo?».

²¹ Pero Yahvé lo oyó y se enfureció,
un fuego se encendió contra Jacob,
y la Cólera estalló contra Israel,
²² por no haber tenido fe en Dios
ni haber confiado en su salvación.

Sal 44 2
Dt 4 9+
Jb 8 8; 15 18
Ex 10 2;
13 14
Sal 145 4

Dt 33 4
Sal 147 19
Dt 4 9; 6 7

Sal 22 31+

Dt 31 27;
32 5.20

Os 7 13-16

Ex 14-15
Ex 14 22;
15 8
Ex 13 21
Sal 105 39

Ex 17 1-7
Nm 20 2-13
Sal 105 41;
114 8
Is 48 21

Ex 20 13

Ex 16 2-36

Sal 23 5

Ex 16 3

Nm 11
Dt 32 22

78 9 El salmista, inspirándose en Os 7 16, achaca así los pecados del pueblo a los efraínitas, anticipándose a la historia posterior del reino del Norte, ver v. 67, o alu- diendo al cisma de los samaritanos, ver Za 11 14.
78 11 Los milagros del Éxodo.

2 R 7 2
Ml 3 10
↗ Jn 6 31
Sb 16 20
1 Co 10 3
Sal 105 40
Dt 8 3

²³ Mandó desde lo alto las nubes,
　　abrió las compuertas del cielo;
²⁴ les hizo llover maná para comer,
　　les hizo llegar un trigo celeste;
²⁵ el hombre comió pan de los Fuertes*,
　　les mandó provisión para hartarse.

²⁶ Hizo que el solano soplara en el cielo,
　　con su fuerza atrajo el viento del sur,
²⁷ hizo que les lloviera carne como polvo,
　　y aves como la arena de los mares;
²⁸ las dejo caer en el campamento,
　　alrededor de sus moradas.

Os 13 6

²⁹ Comieron y quedaron hartos,
　　así satisfizo su avidez.

Nm 11 33

³⁰ Con la avidez apenas colmada,
　　con la comida aún en la boca,
³¹ prendió en ellos la cólera de Dios,

Nm 14 29

　　acabó con los más robustos
　　y abatió a la flor de Israel.

³² Mas con todo siguieron pecando,
　　de sus prodigios no se fiaron*,
³³ y él redujo sus días a un soplo,
　　todos sus años a un suspiro.

Os 5 15
Is 26 16
Nm 21 7
Dt 32 15.18

³⁴ Cuando los mataba, lo buscaban,
　　se convertían, se afanaban por él*,
³⁵ y recordaban que Dios era su Roca,
　　el Dios Altísimo su redentor.

Os 6 4

³⁶ Le halagaban con su boca,
　　con su lengua le mentían;

Is 29 13
Os 8 1

³⁷ su corazón no era fiel,
　　no tenían fe en su alianza.

Ex 32 14
Nm 14 20
Is 48 9
Ez 20 22
Os 11 8-9
Sal 65 4;
85 4

³⁸ Él, con todo, enternecido,
　　borraba su culpa, no los destruía;
　　bien de veces contuvo su cólera
　　y no despertó todo su furor:
³⁹ se acordaba de que sólo eran carne,
　　un soplo que se va y no vuelve más.

Dt 9 22

⁴⁰ ¡Mil veces se rebelaron en el desierto,
　　lo irritaron en aquellas soledades!
⁴¹ Otra vez a tentar a Dios volvían,
　　a exasperar al Santo de Israel,

Is 6 3+

⁴² incapaces de acordarse de su mano,
　　del día que los salvó del adversario;

7 14-
11 10;
12 29-36
Sb 16-18

⁴³ de cuando hizo en Egipto sus señales*,
　　en los campos de Tanis sus prodigios.
⁴⁴ Convirtió en sangre sus ríos,
　　sus arroyos, para que no bebiesen;

⁴⁵ tábanos les mandó que los picasen,
　　y ranas para que los infestasen;
⁴⁶ entregó a la langosta sus cosechas,
　　el fruto de su afán al saltamontes;

---

78 25 Los Fuertes son los ángeles, ver Sal 103 20.
78 32 Evocación general, vv. 32-39, de la inconstancia
de Israel y de la paciencia divina.

78 34 «él» sir.; «Dios» hebr.
78 43 Las «plagas» de Egipto, ver Ex 7 8+, que los vv.
43-51 van a resumir.

⁴⁷ asoló con granizo sus viñedos,
   todos sus sicómoros con aguaceros;
⁴⁸ entregó sus ganados al pedrisco
   y a los rayos sus rebaños.

⁴⁹ Les envió el fuego de su cólera,
   indignación, enojo y destrucción,
   tropel de mensajeros de desgracias,
⁵⁰ y dio curso libre a su ira.

No los preservó de la muerte,
   a la peste sus vidas entregó;
⁵¹ hirió en Egipto a todo primogénito,   =Sal 105 36
   las primicias varoniles en las tiendas de Cam.

⁵² Sacó como un ganado a su pueblo*,   Sal 77 21
   como rebaño los guió por el desierto;
⁵³ los condujo en seguro, sin alarmas,
   mientras el mar cubría a sus enemigos.   Ex 14 26-28

⁵⁴ Los metió en territorio sagrado,
   en el monte que su diestra conquistó;
⁵⁵ arrojó a las naciones ante ellos;
   a cordel les asignó una heredad,   Sal 44 3
   instaló en sus tiendas a las tribus de Israel. Jos 24 8-13

⁵⁶ Pero ellos tentaron a Dios,
   se rebelaron contra el Altísimo,
   no guardaron sus preceptos*.
⁵⁷ Se extraviaron, infieles como sus padres,
   se torcieron igual que un arco indócil:
⁵⁸ lo irritaron con sus lugares altos*,
   con sus ídolos excitaron sus celos.   Dt 32 16.21

⁵⁹ Dios lo oyó y se enfureció,
   desechó del todo a Israel;
⁶⁰ abandonó la morada de Siló,   1 S 1 3+
   la tienda en que moraba entre los hombres.   Jos 18 1;
                                                  Jr 7 12;
                                                  26 6
⁶¹ Mandó la flor y nata al cautiverio,
   a manos del adversario su esplendor*;
⁶² entregó su pueblo a la espada,   1 S 4 11.22
   contra su heredad se enfureció.   Jr 12 7

⁶³ El fuego devoró a sus jóvenes,
   no hubo canto nupcial para las chicas;   Dt 32 22-25
⁶⁴ sus sacerdotes cayeron a cuchillo,   Jr 7 34
   sus viudas no entonaron endechas.   Jb 27 15

⁶⁵ El Señor despertó como de un sueño,
   como guerrero vencido por el vino;
⁶⁶ hirió a sus adversarios en la espalda*,   1 S 5 6s
   los dejó humillados para siempre.

⁶⁷ Desechó la tienda de José*,
   no eligió a la tribu de Efraín;
⁶⁸ pero eligió a la tribu de Judá,
   y al monte Sión, al que amaba.

---

78 52 Cuando la salida de Egipto y la entrada en Canaán, vv. 52-55.
78 56 Alusión a las culpas de Israel en tiempo de Samuel y de Saúl, vv. 56-64.
78 58 Colinas donde se celebraban cultos idólatricos.
78 61 El arca de la alianza, Sal 132 8; 2 Cro 6 41.

78 66 Lit. «por detrás». Se trata del humillante castigo
con que fueron heridos los filisteos que retenían el arca.
78 67 Recusación de Efraín, v. 67, elección de Sión,
morada de Yahvé y réplica del santuario celeste, vv. 68-
69, y elección de David, ungido de Yahvé, pastor de su
pueblo y tipo de mesías esperado, vv. 70-72.

2 S 5 9+
Sal 87 2
Sal 48 3
1 S 13 14;
16 11-13
2 S 7 8
Sal 89 21
Ez 34 23;
37 24
Sal 77 21

⁶⁹ Se construyó un santuario como el cielo,
como la tierra que estableció para siempre.

⁷⁰ Y eligió a David su siervo,
lo sacó de los apriscos del rebaño,
⁷¹ lo llevó de detrás de las ovejas
a pastorear a su pueblo Jacob,
a su heredad Israel.
⁷² Los pastoreaba con todo su corazón,
con mano diestra los guiaba.

Sal 44; 74;
80

SALMO 79 (78)

Elegía nacional*

¹ *Salmo. De Asaf.*

2 R 25 9-10
Lm 1 10

Jr 7 33
Sal 80 13-14
∕ 1 M 7 17

So 1 17
Jr 14 16
=Sal 44 14;
80 7
So 2 8
=Sal 89
47;
44 24
Dt 4 24+
‖Jr 10 25
Si 36 1-5

Sal 14 4
Jr 50 7

Sal 142 7

Ex 32 12+
Ez 20 44;
36 22

=Sal 115 2
‖Jl 2 17
Sal 42 4;
126 2
Dt 32 43
Jl 4 21
Jb 16 18+
Sal 102 21

Sal 89 51

Oh Dios, los gentiles han invadido tu heredad,
han profanado tu santo Templo,
han dejado en ruinas Jerusalén;
² han dado los cadáveres de tus siervos
como pasto a los pájaros del cielo,
los cuerpos de tus amigos a las bestias de la tierra.

³ Han derramado su sangre como agua
en torno a Jerusalén, ¡y nadie sepultaba!
⁴ Hemos sido irrisión de los vecinos,
burla y escarnio de los de alrededor.

⁵ ¿Cuánto durará tu cólera, Yahvé?,
¿arderán siempre tus celos como fuego?,
⁶ Derrama tu furor sobre los pueblos
que no te reconocen,
sobre los reinos
que no invocan tu nombre.
⁷ Porque han devorado a Jacob
y han devastado sus dominios.

⁸ No nos imputes las culpas de los antepasados,
que tu ternura llegue pronto a nosotros,
pues estamos del todo abatidos.
⁹ Ayúdanos, Dios salvador nuestro,
por amor de la gloria de tu nombre;
líbranos, borra nuestros pecados,
por respeto a tu nombre.

¹⁰ ¿Por qué han de decir los paganos:
«Dónde está su Dios»?
¡Que los paganos padezcan
(y nosotros lo veamos)
la venganza de la sangre
derramada* por tus siervos!
¹¹ ¡Llegue a ti el suspiro del cautivo,
y en virtud de tu inmenso poder
salva a los condenados a muerte!

¹² ¡Devuelve siete veces a nuestros vecinos
la afrenta con que te afrentaron, Señor!

---

79   Este salmo puede referirse a la toma de Jerusalén
por los caldeos el año 587 y al saqueo de la ciudad por
los vecinos de Israel, Edom, Moab, etc., ver **2 R 24** 2.

79 10 Dios es el «vengador de sangre» de Israel, Nm **35**
19+.

¹³ Y nosotros, tu pueblo, ovejas de tu pasto,
te daremos eternamente gracias,
repitiendo tu alabanza de edad en edad.

Ez 34 1+

SALMO 80 (79)

Súplica por la restauración de Israel*

Is 63 15-
64 11

¹ *Del maestro de coro. Según la melodía: «Lirios es el dictamen». De Asaf. Salmo.*

Sal 45 1

² Escucha, Pastor de Israel,
que guías a José como a un rebaño,
brilla, desde tu trono de querubes,
³ sobre Efraín, Benjamín y Manasés*.
¡Despierta tu poder,
ven en nuestro auxilio!

Ez 34 1+

Ex 25 18+

⁴ ¡Oh Dios, haz que nos recuperemos,
ilumina tu rostro y nos salvaremos!

Jr 31 18
Sal 4 7+

⁵ ¿Hasta cuándo, Yahvé, Dios Sebaot,
estarás airado* mientras reza tu pueblo?
⁶ Les das a comer un pan de llanto,
les haces beber lágrimas a mares.
⁷ Somos la hablilla de los convecinos,
nuestros enemigos se burlan de nosotros.

Sal 44 24+

Sal 74 1
Sal 42 4

Sal 79 4+

⁸ ¡Haz que nos recuperemos, Dios Sebaot,
ilumina tu rostro y nos salvaremos!

⁹ De Egipto arrancaste una viña*,
expulsaste pueblos para plantarla,
¹⁰ luego cuidaste el terreno,
echó raíces y llenó la tierra.
¹¹ Su sombra cubría las montañas,
sus pámpanos, los enormes cedros*;
¹² extendía sus sarmientos hasta el mar,
hasta el Gran Río* sus renuevos.

Is 5 1+

Jc 20 1+

¹³ ¿Por qué has hecho brecha en sus tapias,
para que la vendimie cualquiera que pase,
¹⁴ la devasten los jabalíes del soto
y la tasquen las alimañas del campo?

Jr 12 7-13

¹⁵ ¡Oh Dios Sebaot, vuélvete,
desde los cielos mira y ve,
visita a esta viña, ¹⁶ cuídala,
la cepa que plantó tu diestra*!
¹⁷ Como a basura le prendieron fuego*:
perezcan amenazados por tu presencia.

¹⁸ Que tu mano defienda a tu elegido,
al hombre que para ti fortaleciste*.

---

80 Este salmo se aplica tanto al reino del Norte (ver vv. 2-3), devastado por los asirios (mencionados en el título griego), ver Jr **31** 15s, como a Judá después del saqueo de Jerusalén el año 586, ver Jr **12** 7-13. El salmista, quizá un levita refugiado en Mispá de Benjamín en tiempo de Godolías, ver 2 R **25** 22-23.27, espera la restauración del reino unificado, ver Is **49** 5; Ez **37** 16; Za **9** 13; **10** 6, en sus límites ideales, v. 12, ver Jc **20** 1+.
80 3   Efraín y Manasés, hijos de José, a los que a ve-

ces se une Benjamín, son las dos principales tribus del Norte.
80 5   Lit. «echarás humo».
80 9   Alegoría familiar a los profetas ver Is **5** 1+.
80 11   Lit. «cedros de Dios». Ver Sal **36** 7; **68** 16.
80 12   El Éufrates.
80 16   El hebr. añade: «y sobre el hijo que fortaleciste», anticipación de 18b.
80 17   «le prendieron fuego» conj.; «que nada» hebr.
80 18   Alusión probable a Zorobabel, Esd **3** 2; Ag **1** 1.

¹⁹ Ya no volveremos a apartarnos de ti,
nos darás vida e invocaremos tu nombre.

²⁰ ¡Haz que nos recuperemos, Yahvé Sebaot,
ilumina tu rostro y nos salvaremos!

SALMO 81 (80)

Para la fiesta de las Tiendas*

Sal 8 1

¹ *Del maestro de coro. Según la... de Gat. De Asaf.*

² ¡Aclamad a Dios, nuestra fuerza,
vitoread al Dios de Jacob!

³ ¡Tañed, tocad el tamboril,
la melodiosa cítara y el arpa;
⁴ tocad la trompeta por el nuevo mes,
por la luna llena, que es nuestra fiesta*!

Lv 23 34
Nm 29 12
Ex 23 14+

⁵ Porque es una ley para Israel,
una norma del Dios de Jacob;
⁶ un dictamen que impuso a José
al salir del país de Egipto.

Se oye* una lengua desconocida:

Ex 1 14; 6 6

⁷ «Yo liberé sus hombros de la carga,
sus manos la espuerta abandonaron*;
⁸ en la aflicción gritaste y te salvé.

Ex 19 19
Ex 17 1-7
Sal 95 8

Te respondí oculto en el trueno*
te probé en las aguas de Meribá.   *Pausa.*

Ex 15 26
Is 55 2-3
Ex 20 2-3p

⁹ Escucha, pueblo mío, te conjuro,
¡ojalá me escucharas, Israel!
¹⁰ No tendrás un dios extranjero,
no adorarás a un dios extraño.
¹¹ Yo soy Yahvé, tu Dios,
que te saqué del país de Egipto;
abre tu boca y yo la llenaré.

Dt 9 7

¹² Pero mi pueblo no me escuchó,
Israel no me obedeció;

Jr 3 17;
7 24

¹³ los abandoné a su corazón obstinado,
para que caminaran según sus caprichos.

Is 48 18

¹⁴ ¡Ojalá me escuchara mi pueblo
e Israel siguiera mis caminos,

Lv 26 7-8

¹⁵ abatiría al punto a sus enemigos,
contra sus adversarios volvería mi mano!

¹⁶ Los que odian a Yahvé lo adularían
y su suerte quedaría fijada;
¹⁷ lo sustentaría* con flor de trigo,
lo saciaría con miel de la peña».

---

81   Un preludio, vv. 2-6, introduce un oráculo divino, ver Sal 50; 95, en el estilo del Deuteronomio. La
fiesta de las Tiendas, Ex 23 14+, conmemoraba la estancia en el desierto y la Ley recibida en el Sinaí. Era
la fiesta por excelencia.
81 4   Se hacía fiesta el primer día del mes lunar, «neomenia» o «novilunio», 2 R 4 23; Is 1 13; Os 2 13; Am 8
5. El comienzo del mes séptimo fue considerado durante mucho tiempo como día primero del año, Lv 23 24;
Nm 29 1; en el plenilunio siguiente se celebraba la fiesta

de las Tiendas, Lv 23 34; Nm 29 12.
81 6   Lit. «oigo...», actualización litúrgica. Esta primera persona representa a la asamblea de Israel, que
debe estar atenta a la voz de Dios, ver vv. 9.12.14.
81 7   Alusión a los trabajos forzados impuestos a Israel en Egipto.
81 8   Con ocasión de la teofanía del Sinaí.
81 17   «lo sustentaría» (yo) conj.; «él lo sustentaría»
hebr.

SALMO 82 (81)

Contra los príncipes paganos*

¹ *Salmo. De Asaf.*

Dios se alza en la asamblea divina,
para juzgar en medio de los dioses:

² «¿Hasta cuándo juzgaréis injustamente*
y haréis acepción de los malvados?
³ Defended al débil y al huérfano,
haced justicia al humilde y al pobre;
⁴ liberad al débil y al indigente,
arrancadle de la mano del malvado».

⁵ No saben ni entienden, caminan a oscuras,
vacilan los cimientos de la tierra.
⁶ Yo había dicho: «Vosotros sois dioses,
todos vosotros, hijos del Altísimo*».
⁷ Pero ahora moriréis como el hombre,
caeréis como un príncipe cualquiera.

⁸ ¡Álzate, oh Dios, juzga a la tierra,
pues tú eres el señor de las naciones!

Is 3 13-14

Pausa.

Ex 23 6+

Sal 58 2+
Jn 10 34

SALMO 83 (82)

Contra los enemigos de Israel*

¹ *Cántico. Salmo. De Asaf.*

² ¡Oh Dios, no estés en silencio,
no estés mudo e inmóvil, oh Dios!
³ Mira a tus enemigos alborotados,
los que te odian levantan la cabeza.

⁴ Urden intrigas contra tu pueblo,
conspiran contra tus protegidos;
⁵ dicen: «Vamos a borrarlos como nación,
que nunca se recuerde el nombre de Israel».

⁶ Así, de acuerdo en la conjura*,
pactan una alianza contra ti:
⁷ tiendas de Edom e ismaelitas,
moabitas y agarenos*,
⁸ Guebal*, Amón y Amalec,
Filistea y la gente de Tiro;
⁹ hasta Asur* se ha juntado con ellos,
dando apoyo a los hijos de Lot.

¹⁰ Trátalos como a Madián, como a Sísara,
como a Yabín en el torrente Quisón,

Sal 44 24;
50 3; 109 1

Jr 11 19

Nm 20 2+
Dt 2 5+
1 Cro 5
10.19

Ex 17 8+
Jos 13 2+

Pausa.

Ex 2 15+
Jc 7
Is 9 3; 10 26
Jc 4-5

---

82 Apóstrofe a los príncipes y a los jueces inicuos, en una perspectiva escatológica, vv. 1.5.8.
82 2 Requisitoria frecuente en los profetas, Is 1 17s; Jr 5 28; 21 12; 22 3; Ez 22 27.29; Mi 3 1-11; Za 7 9-10; ver Jb 29 12; Pr 18 5; 24 11-12.
82 6 A los príncipes y a los jueces se les equipara con los «hijos del Altísimo», miembros de la corte divina, ver Jb 1 6+. Cristo aplica este pasaje, en un contexto distinto, a los judíos instruidos por la palabra de Dios.
83 Este salmo, sin designar ninguna coalición en concreto, enumera diez enemigos tradicionales de Is-

rael, cuya hostilidad se prolongó hasta una época tardía, ver 2 Cro 20 1s; Ne 2 19; 1 M 5 3s.
83 6 Lit. «de un solo (corazón)» conj.: «(de corazón) juntos» hebr.
83 7 Hijos de Agar, nómadas de Transjordania.
83 8 Guebal: aquí Gabalena, región de Idumea al norte de Petra, y no Biblos, como en Ez 27 9.
83 9 Bien Asiria, refiriéndose quizá a la Siria de los Seléucidas, ver Jdt 16 3, bien la tribu de os asuritas, Gn 25 3; Nm 24 22+.

Jr 8 2

[11] que fueron exterminados en Endor,
quedando como estiércol de la tierra.

Jc 7 25
Jc 8 10-21

[12] Trata a sus caudillos como a Oreb y Zeeb,
a sus príncipes como a Zébaj y Salmuná,
[13] que habían dicho: «Conquistemos
estos dominios de Dios».

Is 17 13;
29 5
Jb 27 21
Sal 58 10
Is 5 24;
10 17
Ez 21 3
Jr 25 32

[14] Conviértelos, Dios mío, en hojarasca,
en paja que arrebata el vendaval.
[15] Como fuego que abrasa la maleza,
como llama que devora montañas,
[16] persíguelos así con tu tormenta,
llénalos de terror con tu huracán.
[17] Cubre sus rostros de ignominia
para que busquen tu nombre, Yahvé.

[18] ¡Avergonzados y aterrados para siempre,
queden confundidos y perezcan,

=Sal 97 9
Sal 46 11
Is 42 8

[19] para que sepan que tu nombre es Yahvé,
Altísimo sobre toda la tierra!

SALMO 84 (83)

Canto de peregrinación*

Sal 8 1

[1] *Del maestro de coro. Según la... de Gat. De los hijos de Coré. Salmo.*

[2] ¡Qué amables son tus moradas,
Yahvé Sebaot!

Sal 42 2-3;
122 1

[3] Mi ser languidece anhelando
los atrios de Yahvé;
mi mente y mi cuerpo se alegran
por el Dios vivo.

[4] Hasta el gorrión ha encontrado una casa,
para sí la golondrina un nido
donde poner a sus crías:
¡Tus altares, Yahvé Sebaot,

=Sal 5 3

rey mío y Dios mío!

[5] Dichosos los que moran en tu casa
y pueden alabarte siempre;
Pausa.
[6] dichoso el que saca de ti fuerzas
cuando piensa en las subidas*.

[7] Al pasar por el valle del Bálsamo*,
lo van transformando en hontanar
y las lluvias lo cubren de bendiciones*.

Ez 34 26
Jl 2 23

[8] Caminan de altura en altura,
y Dios se les muestra en Sión*.

[9] ¡Yahvé, Dios Sebaot, escucha mi plegaria,
hazme caso, oh Dios de Jacob!
Pausa.

---

84   Canto de Sión, que celebra al huésped divino del Templo, fuente de felicidad y de gracia para los peregrinos, vv. 6-8, así como para los adictos al servicio del santuario, vv. 5.11.
84 6   «subidas» griego; «senderos» hebr. —Los peregrinos cantaban durante la marcha los salmos llamados «graduales» o «de las subidas» (a Jerusalén), Sal 120s.
84 7 (a) En 7 mss y las versiones, «valle de las lágrimas» (las dos palabras suenan idénticas), ver Jc 2 5. El «Bálsamo» (o el «Llorón») parece ser aquí el loto, ver 2 S 5 23-24. El «valle del Loto», al norte del valle de Hi-

nón (Gehenna), era la última etapa de la peregrinación, en el cruce de los caminos procedentes del norte, del oeste y del sur, ver 2 S 5 17-25.
84 7 (b) Texto dudoso; griego: «el legislador dará bendiciones». Se puede corregir y leer: «el guía proclamará bendiciones». Conservamos el texto hebreo. La alusión a las primeras lluvias de otoño permitiría referir el salmo a la fiesta de las Tiendas, Ex 23 14+.
84 8 «de altura en altura»; también se traduce: «de apoyo en apoyo», o (Targ.): «de muralla en muralla». —«les» conj.: «(Dios) de dioses» hebr.

¹⁰ Oh Dios, nuestro escudo, mira,
fíjate en el rostro de tu ungido*.

¹¹ Vale más un día en tus atrios
que mil en mis mansiones*,
pisar el umbral de la Casa de mi Dios
que habitar en la tienda del malvado.

¹² Porque Yahvé es almena y escudo,
él otorga gracia y gloria;
Yahvé no niega la felicidad
al que camina con rectitud.

¹³ ¡Oh Yahvé Sebaot,
dichoso quien confía en ti!

SALMO 85 (84)

Oración por la paz y la justicia*

¹ *Del maestro de coro. De los hijos de Coré. Salmo.*

² Propicio has sido, Yahvé, con tu tierra,
has cambiado la suerte de Jacob; | Sal 126
³ has quitado la culpa de tu pueblo,
has cubierto todos sus pecados, *Pausa.*
⁴ has reprimido todo tu furor,
has desistido del ardor de tu cólera. | Sal 78 38+

⁵ ¡Restáuranos, Dios salvador nuestro, | Sal 80 4
cesa en tu irritación contra nosotros!
⁶ ¿Estarás siempre airado con nosotros? | Sal 79 5+
¿Prolongarás tu cólera de edad en edad?

⁷ ¿No volverás a darnos vida
para que tu pueblo goce de ti? | Is 43 4;
⁸ ¡Muéstranos tu amor, Yahvé, | 49 14s;
danos tu salvación! | 54 7s

⁹ Escucharé lo que habla Dios.
Sí, Yahvé habla de futuro
para su pueblo y sus amigos,
que no recaerán en la torpeza.
¹⁰ Su salvación se acerca a sus adeptos*, | Ex 24 16+
y la Gloria morará en nuestra tierra*. | Ez 11 23;
| 43 2
¹¹ Amor y Verdad se han dado cita, | Jn 1 14
Justicia y Paz se besan*; | Sal 89 15;
¹² Verdad brota de la tierra, | 97 2
Justicia se asoma desde el cielo. | Is 45 8+

¹³ Yahvé mismo dará prosperidad,
nuestra tierra dará su cosecha. | =Sal 67 7+
¹⁴ Justicia marchará ante él, | Za 8 12
con sus pasos le abrirá camino*. | Is 58 8

---

84 10 Aquí, el «ungido» o «mesías» es probablemente el sumo sacerdote, jefe de la comunidad después del destierro.
84 11 «en mis mansiones» conj.; «he escogido» hebr.
85 Este salmo promete a los repatriados la paz mesiánica anunciada por Isaías y Zacarías.
85 10 (a) «sus adeptos», lit. «los que le temen».
85 10 (b) La Gloria de Yahvé, Ex 24 16+, que había abandonado el Templo y la ciudad santa, Ez 11 23, volverá al Templo restaurado, Ez 43 2; Ag 2 9.
85 11 Los atributos divinos personificados vienen a instaurar el reinado de Dios en la tierra y en los corazones de los hombres.
85 14 La justicia divina abre el camino: ella es la condición de la paz y de la felicidad.

SALMO 86 (85)
Oración en la contrariedad*

[1] *Oración. De David.*

Presta oído, Yahvé, respóndeme,
que soy desventurado y pobre;
[2] guarda mi vida, que yo te amo,
salva a tu siervo, confío en ti.

Tú eres mi Dios*, [3] tenme piedad,
pues clamo a ti todo el día;
[4] anima la vida de tu siervo,
pues por ti suspiro, Señor.

=Sal 25 1

[5] Tú, Señor, eres bueno e indulgente,
rico en amor con los que te invocan;
Sal 5 2-3   [6] Yahvé, presta oído a mi plegaria,
atiende a la voz de mi súplica.

[7] Te invoco el día de la angustia,
pues tú me sabes responder;
Ex 15 11   [8] Señor, ningún dios como tú,
Sal 35 10;   no hay obras como las tuyas.
89 9
Jr 10 6   [9] Todas las naciones que has hecho
Ap 15 4   se postrarán ante ti, Señor;
Sal 22 28   [10] pues eres grande y haces maravillas,
tú solo eres Dios.

=Sal 27 11 [11] Muéstrame, Yahvé, tu camino,
Sal 26 3   que recorreré con fidelidad,
concentra toda mi voluntad
en la adhesión a tu nombre.

[12] Gracias de corazón, Señor, Dios mío,
daré gloria a tu nombre por siempre,
[13] pues grande es tu amor conmigo,
Sal 88 7   me has librado de lo hondo del Seol.

=Sal 54 5   [14] Oh Dios, los arrogantes me atacan,
una turba de violentos acecha mi vida,
y no te tienen presente.
=Ex 34 6+ [15] Pero tú, Señor, Dios clemente y compasivo,
Sal 103 8;   tardo a la cólera, lleno de amor y fidelidad,
145 8
=Sal 25 16 [16] ¡vuélvete a mí, tenme compasión!

Da fuerza a tu siervo,
Sal 116 16   salva al hijo de tu sierva.
[17] Concédeme una señal propicia:
que mis adversarios vean, confundidos,
que tú, Yahvé, me ayudas y consuelas.

SALMO 87 (86)
Sión, madre de los pueblos*

2 S 5 9+
Sal 48;
46 5   [1] *De los hijos de Coré. Salmo. Cántico.*
Is 2 2-3

¡Está enclavada entre santos montes!
Sal 76 3   [2] Prefiere Yahvé las puertas de Sión
Sal 78 68   a todas las moradas de Jacob.
Za 2 14

---

86   Composición del período helenista, sin mucha
unidad literaria, que refleja el estado anímico de los judíos piadosos, precursores de los asideos de la época
macabea.

86 2   «confío en ti. Tú eres mi Dios» conj.; «Tú eres

mi Dios que confía en ti» hebr.
87   La santa Sión, ciudad de Dios, 2 S 5 9+, debe
convertirse en la capital espiritual y madre de todos los
pueblos. A todos los vecinos paganos de Israel: Egipto
(«Rahab»), Etiopía, Siro-Palestina, Mesopotamia, se les

³ Maravillas se dicen de ti,
  ciudad de Dios: *Pausa.*
⁴ «Yo cuento a Rahab y Babel
  entre los que me conocen.
  Filisteos, tirios y etíopes
  han nacido allí».

⁵ Pero de Sión se ha de decir:
  «Todos han nacido en ella*»,
  la ha fundado el propio Altísimo.
⁶ Yahvé escribirá en el registro* de los pueblos:
  «Fulano nació allí», *Pausa.*
⁷ y los príncipes, lo mismo que los hijos,
  todos ponen su morada en ti*.

Is 62 4-5
Ga 4 26
Ef 5 22-23
Sal 48 9
Is 4 3
Ez 13 9

SALMO 88 (87)
Lamento en la extrema aflicción*

¹ *Cántico. Salmo. De los hijos de Coré. Del maestro de coro. Para la enfermedad. Para la aflicción. Poema. De Hemán el indígena.*

² Yahvé, mi Dios salvador,
  a ti clamo noche y día;
³ llegue mi súplica a ti,
  presta oído a mi clamor.

⁴ Porque estoy harto de males,
  con la vida al borde del Seol;
⁵ contado entre los que bajan a la fosa,
  soy como un hombre acabado:

⁶ relegado* entre los muertos,
  como un cadáver en la tumba,
  del que nadie se acuerda ya,
  que está arrancado de tu mano.

⁷ Me has echado en la fosa profunda,
  en medio de tinieblas abismales;
⁸ arrastro el peso de tu furor,
  me hundes con todas tus olas. *Pausa.*

⁹ Has alejado de mí a mis conocidos,
  me has hecho para ellos un horror,
  cerrado estoy y sin salida,
¹⁰ mis ojos se consumen por la pena.
  Todo el día te llamo, Yahvé,
  tiendo mis manos hacia ti.

¹¹ ¿Haces acaso maravillas por los muertos,
  o se alzan las sombras para darte gracias? *Pausa.*

Jb 10 15; 17 1
Nm 16 33+
Sal 143 7
Sal 42 8
Sal 18 5+
Sal 38 12+
Sal 142 8
Lm 3 7
Sal 6 6+
Is 38 18+

llama para que conozcan al verdadero Dios y le traigan prosélitos. Ésta es la voluntad de Yahvé expresada en el oráculo de vv. 4-5. El salmo se inspira en Isaías y Zacarías. Isaías anunciaba ya esta función maternal de Sión, esposa fecunda de Yahvé, función por la que es figura de la Iglesia.
87 5 Los paganos son adoptados por Sión, que se convierte en su verdadera patria.
87 6 Se trata de la lista de los ciudadanos, Is 4 3; Ez 13 9, más que del libro apocalíptico de los destinos, Sal 62 29. Los paganos inscritos se hacen ciudadanos de Sión.

87 7 «príncipes» mss y versiones; «cantores» TM (confusión de dos letras casi idénticas). —«todos ponen su morada» griego; «todas mis fuentes (están en ti)» hebr. (mal vocalizado). —Dios registra a los príncipes extranjeros en calidad de hijos (lit. «engendrados») de Sión.
88 Comparar con esta plegaria angustiosa las lamentaciones de Job.
88 6 O «libre», según griego: el siervo queda libre de su amo en la tumba, ver Jb 3 19. Lo mismo le ocurre al pobre afligido: ya no mantiene relaciones con Dios.

¹² ¿Se habla en la tumba de tu amor,
   de tu lealtad en el lugar de perdición*?
¹³ ¿Se conocen en las tinieblas tus maravillas,
   o tu justicia en la tierra del olvido?

¹⁴ Pero yo, Yahvé, solicito tu socorro,
   con el alba va a tu encuentro mi oración;
¹⁵ ¿por qué, Yahvé, me rechazas,
   y ocultas tu rostro lejos de mí?

¹⁶ Desdichado y enfermo desde mi infancia,
   he soportado tus terrores, no puedo más*;
¹⁷ tu furor ha pasado sobre mí,
   tus espantos me han aniquilado*.

¹⁸ Me anegan como el agua todo el día,
   se aprietan contra mí todos a una.
¹⁹ Has alejado a compañeros y amigos,
   y son mi compañía las tinieblas.

Jb 17 13-14

SALMO 89 (88)

Himno y oración al Dios fiel*

Sal 88 1   ¹ Poema. De Etán el indígena.

² Cantaré por siempre el amor de Yahvé,
  anunciaré tu lealtad de edad en edad.
³ Dije: «Firme está por siempre el amor,
  en ellos cimentada tu lealtad.

2 S 7 8-16+

⁴ Una alianza pacté con mi elegido,
  hice un juramento a mi siervo David:
⁵ He fundado tu estirpe para siempre,
  he erigido tu trono de edad en edad».   Pausa.

Jb 5 1+

⁶ Los cielos celebran tus maravillas, Yahvé,
  tu lealtad en la asamblea de los santos.

Sal 29 1;
   82 1
Jb 1 6+

⁷ Pues, ¿quién en las nubes se compara a Yahvé,
  quién se le iguala entre los hijos de los dioses?
⁸ Dios es temible en el consejo de los santos*,
  grande* y terrible para toda su corte.

Sal 86 8+

⁹ Yahvé, Dios Sebaot, ¿quién como tú?,
  eres poderoso, tu lealtad te circunda.

Jb 7 12+
Sal 65 8+

¹⁰ Tú domeñas el orgullo del mar,
   reprimes sus olas encrespadas;
¹¹ machacaste a Rahab* como a un cadáver,
   dispersaste al enemigo con brazo potente.

Sal 24 1-2

¹² Tuyo es el cielo, tuya la tierra,
   fundaste el orbe y cuanto contiene;

---

88 12 En hebreo «Abbadón», Jb 26 6; 28 22; Pr 15 11;
Ap 9 11.
88 16 «no puedo más» conj.; hebr. ininteligible.
88 17 «me han aniquilado» conj.; hebr. ininteligible.
—Estos dos casos consecutivos de falta de claridad textual se deben a posibles retoques, con la intención de
suavizar un texto desagradable por su pesimismo.
89   El preludio, vv. 2-3, seguido de la evocación de
la alianza davídica, vv. 4-5, y de un himno al Creador,
vv. 6-19, introduce un oráculo mesiánico, vv. 20-38, y,
por contraste, la evocación de las humillaciones nacio-

nales, vv. 39-46. El salmo concluye con una oración, vv.
47-52. El binomio «amor-lealtad» es una constante del
salmo.
89 8   (a) «hijos de los dioses» y «santos» designan a
los ángeles, ver Gn 6 1+.
89 8   (b) «grande» griego; el hebr. añade «grande» a
«consejo».
89 11 Nombre de un monstruo mitológico, personificación del Caos marino, ver Jb 7 12+; a veces también
designa a Egipto, Sal 87 4, ver Is 30 7+.

¹³ creaste el norte y el mediodía,
el Tabor y el Hermón te aclaman.

¹⁴ Actúas con brazo poderoso,
fuerte es tu mano, sublime tu derecha;
¹⁵ Justicia y Derecho, la base de tu trono,
Amor y Verdad marchan ante ti.

Sal 85 11;
97 2
Ex 34 6-7

¹⁶ Dichoso el pueblo que sabe aclamarte,
que camina, Yahvé, a la luz de tu rostro,
¹⁷ que se alegra todo el día con tu nombre,
que vive entusiasmado con tu justicia.

Sal 47 1+

¹⁸ Pues tú eres su esplendor y su fuerza,
con tu ayuda nos haces poderosos;
¹⁹ sí, de Yahvé es nuestro escudo,
del Santo de Israel nuestro rey.

Is 6 3+
Sal 47 10
Sal 132
11-12
2 S 7 8-16+

²⁰ Antaño hablaste en visión
a tus amigos* diciendo:
«He prestado mi asistencia a un bravo,
he exaltado a un elegido de mi pueblo.

²¹ He encontrado en David un servidor,
con mi óleo santo lo he ungido;
²² mi mano le dará firmeza,
mi brazo lo hará fuerte.

Sal 78 70+

Is 42 1

²³ No lo sorprenderá el enemigo,
los criminales no lo oprimirán;
²⁴ yo aplastaré a sus adversarios,
heriré a los que lo odian.

²⁵ Lo acompañarán mi lealtad y mi amor,
en mi nombre se hará poderoso:
²⁶ pondré su mano sobre el Mar,
sobre Los Ríos su derecha.

²⁷ Él me invocará: ¡Padre mío,
mi Dios, mi Roca salvadora!
²⁸ Y yo lo nombraré mi primogénito,
altísimo entre los reyes de la tierra.

2 S 7 14+
Sal 2 7
Jr 3 19
Jn 20 17
Col 1 15.18
Ap 1 5

²⁹ Amor eterno le guardaré,
mi alianza con él será firme;
³⁰ le daré una estirpe perpetua,
un trono duradero como el cielo.

Is 55 3

³¹ Si sus hijos abandonan mi ley,
si no viven según mis normas,
³² si profanan mis preceptos
y no observan mis mandatos,

³³ castigaré su rebelión con vara,
sus culpas a latigazos,
³⁴ pero no retiraré* mi amor,
no fallaré en mi lealtad.

2 S 7 14

³⁵ Mi alianza no violaré,
no me retractaré de lo dicho;
³⁶ por mi santidad juré una vez
que no había de mentir a David.

Jr 33 20-21

Sal 110 4

89 20 Samuel y Natán.   89 34 «retirar» 13 mss, sir., Vulg.; «no romperé» TM.

³⁷ Su estirpe durará siempre,
su trono como el sol ante mí,
Sal 72 5.7   ³⁸ se mantendrá siempre como la luna,
testigo fidedigno en el cielo».   *Pausa.*

³⁹ Pero lo has rechazado y despreciado,
te has enfurecido contra tu ungido*;
⁴⁰ has desechado la alianza con tu siervo,
has profanado por tierra su diadema.

Sal 80 13-14   ⁴¹ Has hecho brecha en todos sus vallados,
sus fortalezas en ruina has convertido;
⁴² le han saqueado los transeúntes,
convertido en baldón de sus vecinos.

⁴³ Has exaltado la diestra del adversario
y llenado de gozo a todos sus enemigos;
⁴⁴ has embotado el filo de su espada,
no lo has sostenido en el combate.

⁴⁵ Le has quitado su espléndido cetro*,
su trono por tierra has derribado;
⁴⁶ has acortado su juventud,
lo has cubierto de ignominia.   *Pausa.*

=Sal 79 5   ⁴⁷ ¿Hasta cuándo te esconderás, Yahvé?
¿arderá siempre como fuego tu furor?
Sal 39 5   ⁴⁸ Recuerda, Señor, lo que dura la vida,
para qué poco creaste a los humanos.
Sal 90 3s   ⁴⁹ ¿Podrá alguien vivir sin ver la muerte?
¿quién escapará a las garras del Seol?   *Pausa.*

⁵⁰ ¿Dónde están, Señor, tus primeros amores,
aquello que juraste con fidelidad a David?
⁵¹ Acuérdate, Señor, del ultraje de tus siervos:
cómo aguanta mi pecho la infamia de los pueblos;
⁵² así ultrajan tus enemigos, Yahvé,
así ultrajan las huellas de tu Ungido.

=Sal 106 48   ⁵³ ¡Bendito sea por siempre Yahvé!
¡Amén! ¡Amén!*

SALMO 90 (89)

Fragilidad del hombre*

¹ *De Moisés*, hombre de Dios.*

Señor, tú has sido para nosotros
un refugio* de edad en edad.

Gn 1 1   ² Antes de ser engendrados los montes,
Pr 8 25
Ha 1 12   antes de que naciesen tierra y orbe,
Sal 93 2   desde siempre hasta siempre tú eres Dios.

Gn 3 19+   ³ Tú devuelves al polvo a los hombres,
diciendo: «Volved, hijos de Adán».

---

89 39 El término designa aquí a toda la dinastía davídica.
89 45 «su espléndido cetro» conj.; «de su brillo» (?)
hebr.
89 53 Doxología conclusiva del tercer libro del Salterio.
90 Oración de un sabio empapado en las Escrituras

(alusiones a Génesis, Job y Deuteronomio), que medita
sobre la debilidad humana y la brevedad de la vida
acortada por el pecado.
90 1 (a) Es el único salmo atribuido a Moisés, quizá
a causa de sus conexiones con Génesis y Dt **32**.
90 1 (b) «refugio» griego; «morada» hebr.

⁴ Pues mil años a tus ojos
son un ayer que pasó,
una vigilia en la noche.

2 P 3 8

⁵ Tú los sumerges en un sueño,
a la mañana son hierba que brota:
⁶ brota y florece por la mañana,
por la tarde está mustia y seca.

Is 40 6-7+
Jb 14 1-2;
20 8
Sal 37 2; 103
15-16

⁷ Pues tu cólera nos ha consumido,
nos ha anonadado tu furor.
⁸ Has puesto nuestras culpas ante ti,
nuestros secretos a la luz de tu rostro.

⁹ Bajo tu cólera declinan nuestros días,
como un suspiro* gastamos nuestros años.
¹⁰ Vivimos setenta años,
ochenta con buena salud,
mas son casi todos fatiga y vanidad,
pasan presto y nosotros volamos.

Gn 6 3
Pr 10 27
Si 18 8-9
Qo 12 1-7

¹¹ ¿Quién entiende el golpe de tu ira?,
¿quién percibe la fuerza de tu cólera?

¹² ¡Enséñanos a contar nuestros días,
para que entre la sensatez en nuestra cabeza*!
¹³ ¡Vuelve, Yahvé! ¿Hasta cuándo?
Ten compasión de tus siervos*.

¹⁴ Sácianos de tu amor por la mañana,
y gozaremos y cantaremos de por vida.

Sal 17 15+

¹⁵ Alégranos por los días que nos humillaste,
por los años en que conocimos la desdicha.

Nm 14 34

¹⁶ ¡Que tus siervos vean tu acción,
y tus hijos tu esplendor!
¹⁷ ¡La benevolencia del Señor sea con nosotros!
¡Consolida tú la acción de nuestras manos*!

SALMO 91 (90)

Bajo las alas divinas*

Jb 5 19-22

¹ El que habita al amparo de Elyón
y mora a la sombra de Shaddai*,
² diga* a Yahvé: «Refugio, baluarte mío,
mi Dios, en quien confío».

Sal 18 3

³ Pues él te libra de la red del cazador,
de la peste funesta;
⁴ con sus plumas te protege,
bajo sus alas hallas refugio:
escudo y armadura es su fidelidad.

Dt 32 11
Sal 17 8+
Rt 2 12
Mt 23 37

90 9   El sir. ha entendido «como una araña», que griego y Vulg. han añadido.
90 12 Del conocimiento de la fragilidad humana procede la sabiduría, que es temor o respeto a Dios, Pr 1
7+.
90 13 Los vv. 14-17 van a hacer extensivas a todo Israel la meditación y la oración que se referían a un individuo.
90 17 El hebr. añade «nuestro Dios» después de «Señor», y al final: «sobre nosotros, y confirma la acción
de nuestras manos», duplicado.

91   Este salmo desarrolla la enseñanza tradicional
de los sabios, ver Jb 5 19s, sobre la protección divina
concedida al justo. El oráculo divino final, vv. 14-16, supone que el fiel sufrirá la prueba, pero que Dios lo sacará de ella.
91 1   La estrofa yuxtapone cuatro nombres divinos:
Elyón («el Altísimo»), Shaddai, (ver Gn 17 1+), que
griego y Vulg. traducen aquí «Dios del cielo» y en otros
pasajes «Todopoderoso», Yahvé (ver Ex 3 14+) y Elohim (Dios).
91 2   «diga» versiones; «digo» hebr.

Ct 3 8
Pr 3 25

Dt 32 24
Os 13 14
Jr 15 8
Si 34 16

⁵ No temerás el terror de la noche,
    ni la saeta que vuela de día,
⁶ ni la peste que avanza en tinieblas,
    ni el azote que devasta a mediodía*.

⁷ Aunque caigan mil a tu lado
    y diez mil a tu derecha,
    a ti no te alcanzará.

⁸ Basta con que fijes tu mirada,
    verás la paga de los malvados,
⁹ tú que dices: «Yahvé es mi refugio»,
    y tomas a Elyón por defensa*.

Pr 12 21
Dt 7 15

⁄ Mt 4 6
Hb 1 14

Pr 3 23

Is 11 8
Jb 5 22
⁄ Lc 10 19

Sal 9 11

Jr 33 3

Is 43 2

Pr 3 2+;
10 27
Jb 5 26
=Sal 50 23

¹⁰ El mal no te alcanzará,
    ni la plaga se acercará a tu tienda;
¹¹ que él ordenará a sus ángeles
    que te guarden en todos tus caminos.

¹² Te llevarán ellos en sus manos,
    para que en piedra no tropiece tu pie;
¹³ pisarás sobre el león* y la víbora,
    hollarás al leoncillo y al dragón.

¹⁴ Puesto que me ama, lo salvaré,
    lo protegeré, pues me reconoce.
¹⁵ Me llamará y le responderé,
    estaré a su lado en la desgracia,
    lo salvaré y lo honraré.
¹⁶ Lo saciaré de larga vida,
    haré que vea mi salvación.

SALMO 92 (91)
Cántico del justo*

¹ *Salmo. Cántico. Para el día de sábado.*

Sal 33 1-3

² Es bueno dar gracias a Yahvé,
    cantar en tu honor, Altísimo,
³ publicar tu amor por la mañana
    y tu fidelidad por las noches,
⁴ con el arpa de diez cuerdas y la lira,
    acompañadas del rasgueo de la cítara.

⁵ Pues con tus hechos, Yahvé, me alegras,
    ante las obras de tus manos grito:

Sal 8
Sal 139 6.
17-18
Sb 13 1

⁶ «¡Qué grandes son tus obras, Yahvé,
    y qué hondos tus pensamientos!»
⁷ El hombre estúpido no entiende,
    el insensato no lo comprende.

Sal 37 35-36

⁸ Aunque broten como hierba los malvados
    o florezcan todos los malhechores,
    acabarán destruidos para siempre;
⁹ ¡pero tú eres eternamente excelso!

Sal 68 2-3

¹⁰ Mira cómo* perecen tus enemigos,
    se dispersan todos los malhechores.

---

91 6   Las versiones traducen: «del demonio del mediodía».
91 9   «tú que dices» conj.; «tú» hebr. —«defensa»
griego; «mansión» hebr.
91 13   Traducción dudosa. Griego y sir. dicen: «el áspid».

92   Himno didáctico que desarrolla la doctrina tradicional de los Sabios: suerte feliz de los justos y ruina
de los malvados, ver Sal 37; 49, etc.
92 10   Al comienzo del versículo añade el hebr.: «pues
mira cómo tus enemigos, Yahvé», duplicado.

¹¹ Pero me dotas de la fuerza del búfalo,
aceite nuevo derramas* sobre mí;
¹² veré la derrota del que me acecha*,
escucharé la caída de los malvados.

¹³ El justo florece como la palma,
crece como un cedro del Líbano.
¹⁴ Plantados en la Casa de Yahvé,
florecen en los atrios de nuestro Dios.

¹⁵ Todavía en la vejez producen fruto,
siguen llenos de frescura y lozanía,
¹⁶ para anunciar lo recto que es Yahvé:
«Roca mía, en quien no hay falsedad».

Sal 75 11
Dt 33 17
Sal 23 5
Sal 54 9;
91 8

Sal 1 3

Sal 52 10

Dt 32 4

SALMO 93 (92)

El Dios de majestad*

¹ Reina Yahvé, vestido de majestad,
Yahvé, vestido y ceñido de poder,
y así el orbe está seguro, no vacila.
² Tu trono está firme desde antaño*,
desde la eternidad existes tú.

³ Levantan los ríos, Yahvé,
levantan los ríos su voz,
los ríos levantan su bramido;

⁴ más que el ruido de aguas caudalosas,
más imponente que las olas* del mar,
es imponente Yahvé en las alturas.

⁵ Son firmes del todo tus dictámenes*,
la santidad es el ornato de tu casa*,
oh Yahvé, por días sin término.

Sal 97 1;
99 1; 47 8;
96 10
Is 52 7
=Sal 96 10;
104 5
Sal 90 2
Jb 7 12+
Sal 18 5+

1 R 9 3

SALMO 94 (93)

El Dios de justicia*

¹ ¡Dios de la venganza, Yahvé,
Dios de la venganza, aparece!
² ¡Levántate, juez de la tierra,
da su merecido a los soberbios!

³ ¿Hasta cuándo los malvados, Yahvé,
hasta cuándo triunfarán los malvados?
⁴ Cacarean diciendo insolencias,
se pavonean todos los malhechores.

Na 1 2
Dt 32 35

Jr 51 56
Lm 3 64
Jr 12 1
Ml 2 17; 3 14
Sal 73

---

92 11 «derramas», lit. «me mojas» sir., Targ.; «yo mojo» hebr.
92 12 «el que me acecha» versiones; hebr. es defectuoso, y ha sido glosado además con las palabras «mis adversarios».
93 La realeza de Yahvé se manifiesta en las leyes que impone al mundo físico y en la que da a los hombres. Según el título del griego y del Talmud, este salmo se recitaba en «la vigilia del sábado, cuando la tierra fue habitada» (ver Gn 1 24-31). Alegóricamente es aplicado a Cristo.
93 2 El cielo es el palacio de Dios, Sal 8 3, etc. Las aguas, vv. 3-4, podrían designar a las fuerzas hostiles a

Dios y a su pueblo, ver Sal 18 5+; Jb 7 12+; Is 8 7; 17 12; Dn 7 2; Ap 17 15.
93 4 «más imponente que las olas» conj.; «imponente, las olas» hebr.
93 5 (a) Estos dictámenes divinos constituyen la Ley revelada, tan inmutable como el universo físico, fundamento del reinado definitivo de Yahvé, tanto en Israel como en la creación.
93 5 (b) Se trata del Templo, consagrado para siempre, 1 R 8 13; 9 3, y que consagra a los que se acercan en él al Dios Santo, Ex 19 6+; Lv 10 3; 9 2; Ez 42 14.
94 Este salmo expresa la doctrina tradicional de los Sabios, al estilo del libro de los Proverbios.

⁵ Aplastan a tu pueblo, Yahvé,
  humillan a tu heredad.
⁶ Matan al forastero y a la viuda,
  asesinan al huérfano.

⁷ Dicen: «Yahvé no lo ve,
  no lo advierte el Dios de Jacob».
⁸ ¡Comprended, estúpidos del pueblo!,
  insensatos, ¿cuándo asesaréis?

⁹ El que implantó la oreja, ¿no va a oír?
  El que formó los ojos, ¿no ha de ver?
¹⁰ El que corrige a los pueblos, ¿no ha de castigar?
  El que enseña a los hombres, ¿no conocerá?
¹¹ Yahvé conoce los pensamientos del hombre,
  sabe que sólo son un soplo*.

¹² Feliz el hombre a quien educas, Yahvé,
  aquel a quien instruyes en tu ley*,
¹³ para aliviarlo tras los días amargos,
  mientras se cava la fosa para el malvado.

¹⁴ Pues Yahvé no dejará a su pueblo,
  no abandonará a su heredad;
¹⁵ al justo se le devolverá su derecho,
  tendrán buen fin los rectos de corazón.

¹⁶ ¿Quién se alzará a mi favor contra el malvado?,
  ¿quién estará a mi favor contra el malhechor?
¹⁷ Si Yahvé no viniese en mi ayuda,
  pronto habitaría en el silencio*.

¹⁸ Cuando digo: «Vacila mi pie»,
  tu amor, Yahvé, me sostiene;
¹⁹ en el colmo de mis cuitas interiores,
  tus consuelos me confortan por dentro.

²⁰ ¿Estás aliado a un tribunal de perdición,
  que eleva la tiranía a rango de ley?
²¹ Atropellan la vida del justo,
  condenan vidas inocentes.

²² Pero Yahvé es mi baluarte,
  mi Dios, mi roca de refugio;
²³ les pagará con su propia maldad,
  los aniquilará por su malicia,
  los aniquilará Yahvé, nuestro Dios.

SALMO 95 (94)

Invitatorio*

¹ Venid, cantemos gozosos a Yahvé,
  aclamemos a la Roca* que nos salva;
² entremos en su presencia dándole gracias,
  aclamándolo con salmos.

Ex 22 21-22
Dt 24 17-22

Sal 10 11+
Ez 9 9
Pr 1 22; 8 5

Ex 4 11
Pr 20 12

1 Co 3 20
Qo 1 2+

Jb 5 17
Sal 119 71

1 S 12 22
Si 47 22

Sal 115 17

Sal 7 17
Pr 5 22;
12 14
Sal 63 12;
107 42

Dt 32 15

---

94 11 O «viento», palabra favorita del Eclesiastés. —Quizá se añadió este versículo para comentar el anterior.
94 12 En el sentido amplio de revelación y de doctrina moral.
94 17 Es decir, el Seol.

95 Himno procesional, recitado quizá en la fiesta de las Tiendas, ver Dt **31** 11.
95 1 Alusión, repetida en el v. 8, a la roca de donde brotó el agua en el desierto, Ex **17** 1s, o a la roca sobre la que se hallaba edificado el Templo, 2 S **24** 18.

³ Porque un gran Dios es Yahvé,
Rey grande sobre todos los dioses;
⁴ él sostiene las honduras de la tierra,
suyas son las cumbres de los montes;
⁵ suyo el mar, que él mismo hizo,
la tierra firme que formaron sus manos.

⁶ Entrad, rindamos homenaje inclinados,
¡arrodillados ante Yahvé que nos creó!
⁷ Porque él es nuestro Dios,
nosotros somos su pueblo,
el rebaño de sus pastos.

¡Ojalá escuchéis hoy su voz!:
⁸ «No seais tercos como en Meribá,
como el día de Masá en el desierto*,
⁹ allí vuestros padres me probaron,
me tentaron aunque vieron mis obras.
¹⁰ Cuarenta años me asqueó esa* generación,
y dije: Son gente de mente desviada,
que no reconocen mis caminos.
¹¹ Por eso juré en mi cólera:
¡No entrarán en mi reposo*!»

Sal 47 3;
96 4
Jb 36 22
Dn 2 47

Sal 24 1-2

=Sal 100 3
Ez 34 1+
Sal 23 1-4;
80 2

Ex 19 5
/ Hb 3 7-11
Sal 81 9
Ex 17 1-7
Nm 20 2-13
Dt 6 16; 33 8
Nm 14 22
Sal 78 8.37
Dt 32 5-20
Jb 21 14
Sal 132 8.14
Nm 14 30.
34
Dt 12 9

SALMO 96 (95)

Yahvé, rey y juez*

‖1 Cro 16
23-33

¹ ¡Cantad a Yahvé un nuevo canto,
canta a Yahvé, tierra entera,
² cantad a Yahvé, bendecid su nombre!

=Sal 98 1

Anunciad su salvación día a día,
³ contad su gloria a las naciones,
sus maravillas a todos los pueblos.

Sal 98 2
Sal 105 1

⁴ Pues grande es Yahvé y digno de alabanza,
más temible que todos los dioses.
⁵ Pues nada son los dioses paganos*.

=Sal 48 2;
145 3

Is 40 17-20
Sal 97 7
1 Co 8 4-6

Pero Yahvé hizo los cielos;
⁶ gloria y majestad están ante él,
poder y esplendor en su santuario.

⁷ Tributad a Yahvé, familias de los pueblos,
tributad a Yahvé gloria y poder,
⁸ tributad a Yahvé la gloria de su nombre*.

=Sal 29 1-2

Traed ofrendas, entrad en sus atrios,
⁹ postraos ante Yahvé en el atrio sagrado,
¡tiemble ante su rostro toda la tierra!

=Sal 29 2

¹⁰ Decid a los gentiles: «¡Yahvé es rey!»
El orbe está seguro, no vacila;
él gobierna a los pueblos rectamente.

=Sal 93 1+

95 8   Meribá significa «disputa» y Masá «tentación».
95 10 «esa generación» versiones; «una generación» hebr. —El griego ha conservado las lecturas primitivas, corregidas en el hebr. para suavizar la acusación contra el Israel del tiempo del Éxodo, tiempo que la tradición posterior convirtió en una edad de oro.
95 11 La Tierra Prometida y el Templo en el que reside Dios. En Hb 3 7 el reposo se interpreta en sentido espiritual: será el sábado definitivo.
96   Este himno, que agrupa quizá dos poemas que celebran la realeza divina y el advenimiento del Juez del mundo, se compone de reminiscencias de Salmos y de Isaías. —El orden es distinto en la recensión de 1 Cro 16 23-33.
96 5   El griego traduce aquí «los demonios». —Tema frecuente en la segunda parte de Isaías (caps. 40-55), Is 40 18s, etc. Ver 1 Co 8 4+.
96 8   El poeta sigue el Sal 29 1-2, cuyo tono universalista acentúa, ver Sal 47 10; Za 14 17.

=Sal 98 7
Is 55 12

¹¹ ¡Alégrense los cielos, goce la tierra,
retumbe el mar y cuanto encierra;
¹² exulte el campo y cuanto hay en él,
griten de gozo los árboles del bosque,

=Sal 98 9

¹³ delante de Yahvé, que ya viene,
viene, sí, a juzgar la tierra!
Juzgará al mundo con justicia,
a los pueblos con su lealtad.

SALMO 97 (96)

Yahvé triunfante*

Sal 93 1+

¹ ¡Reina Yahvé! ¡Exulte la tierra,
se alegren las islas numerosas!
² Nubes y densa bruma lo rodean,

Sal 85 11+

justicia y derecho afianzan su trono.

=Sal 18 9;
50 3

³ Delante de él avanza fuego,
que abrasa en torno a sus adversarios;

=Sal 77 19

⁴ iluminan el orbe sus relámpagos,
lo ve la tierra y se estremece.

Sal 68 3

⁵ Los montes se derriten como cera*,
ante el Dueño de toda la tierra;

=Sal 50 6

⁶ los cielos proclaman su justicia,
los pueblos todos ven su gloria.

⁷ ¡Se avergüenzan los que adoran ídolos,

Sal 96 5

los que se glorían en puras vanidades;
todos los dioses le rinden homenaje!

=Sal 48 12

⁸ Sión lo oye y se alboroza,
exultan las hijas de Judá*
a causa de tus juicios, Yahvé.

=Sal 83 19

⁹ Porque tú eres Yahvé,
Altísimo sobre toda la tierra,
por encima de todos los dioses.

¹⁰ Yahvé ama al que odia el mal*,
preserva la vida de sus fieles,
los libra de la mano del malvado.

Sal 112 4
Sal 4 7;
36 10

¹¹ La luz despunta* para el justo,
el gozo para los rectos de corazón.
¹² Justos, alegraos en Yahvé,

=Sal 30 5

celebrad su memoria sagrada.

SALMO 98 (97)

El juez de la tierra*

¹ *Salmo.*

=Sal 96 1

Cantad a Yahvé un nuevo canto,
porque ha obrado maravillas;

Is 52 10;
59 16; 63 5

le sirvió de ayuda su diestra,
su santo brazo.

---

97 Himno escatológico. Hay en él numerosas reminiscencias de salmos anteriores.
97 5 El hebr. añade «ante Yahvé», duplicado.
97 8 Es decir, las ciudades del país.
97 10 «Yahvé ama al que odia» conj. ver sir.; «los que

amáis a Yahvé, detestad» hebr.
97 11 «despunta» versiones; «se ha sembrado» hebr.
98 Himno escatológico inspirado en la última parte
del libro de Isaías (caps. **56-66**), y muy fin al salmo **96**.

² Yahvé ha dado a conocer su salvación,
ha revelado su justicia a las naciones;
³ se ha acordado de su amor y su lealtad
para con la casa de Israel.

Los confines de la tierra han visto
la salvación de nuestro Dios.
⁴ ¡Aclama a Yahvé, tierra entera,
gritad alegres, gozosos, cantad!

⁵ Tañed a Yahvé con la cítara*,
con la cítara al son de instrumentos;
⁶ al son de trompetas y del cuerno*
aclamad ante el rey Yahvé.

⁷ Brame el mar y cuanto encierra,
el mundo y cuantos lo habitan,
⁸ aplaudan los ríos,
aclamen los montes,

⁹ ante Yahvé, que llega,
que llega a juzgar la tierra.
Juzgará el mundo con justicia,
a los pueblos con equidad.

Sal 96 2

Sal 96 1
Is 52 9

Sal 47 6
Ex 19 16

=Sal 96 11

Is 55 12

=Sal 96 13

=Sal 67 5

SALMO 99 (98)

Dios, rey justo y santo*

¹ Reina Yahvé, tiemblan los pueblos;
entronizado sobre querubines, vacila la tierra.
² Grande es Yahvé en Sión,
excelso sobre todos los pueblos.
³ Alaben tu nombre grande y terrible:
Él es santo.

⁴ Poderoso* rey que ama la justicia,
tú has establecido la base del derecho,
juicio y justicia ejerces en Jacob.

⁵ Exaltad a Yahvé, nuestro Dios,
postraos ante el estrado de sus pies:
Él es santo.

⁶ Moisés y Aarón entre sus sacerdotes*,
Samuel entre los que invocaban su nombre,
invocaban a Yahvé y él les respondía.

⁷ Les habló desde la columna de nube
y ellos guardaban sus dictámenes,
la ley que él les entregó.

⁸ Yahvé, Dios nuestro, tú les respondías,
eras para ellos un Dios de perdón,
aunque vengabas sus delitos*.

Sal 18 8.11;
80 2
Sal 48 2

Is 6 3+

Sal 72 1s

Ex 19 18-19;
33 9
Nm 12 5

Ex 32 11+
Nm 20 12+

---

98 5 El hebr. repite «con la cítara».
98 6 Estos toques, que en Israel señalaban la subida
de los reyes al trono, 2 S 15 10; 1 R 1 34, acompañaban
la entronización de Yahvé, Sal 47 6, para quien habían
resonado en el Sinaí, Ex 19 16.
99 Himno escatológico cuyas dos partes, vv. 1-4 y
6-8, concluyen con un estribillo, vv. 5 y 9, que ensalza
la santidad del Rey de Israel.

99 4 «poderoso» conj.; «el poderío (del rey)» hebr.
99 6 Los grandes intercesores, ver Sal 106 23; Ex 32
11+; Nm 17 11-13.
99 8 Algunos corrigen la vocalización y entienden:
«liberándolos de sus delitos», pero se puede pensar en
el castigo de Moisés y Aarón, que no pudieron entrar en
la Tierra Prometida, ver Nm 27 14; Dt 3 26, etc.

⁹ Exaltad a Yahvé, nuestro Dios,
postraos en su monte santo:
santo es Yahvé, nuestro Dios.

SALMO 100 (99)

Exhortación a la alabanza*

¹ *Salmo. Para la acción de gracias.*

¡Aclama a Yahvé, tierra entera,
² servid a Yahvé con alegría,
llegaos a él con júbilo!

=Sal 95 7
Dt 32 39
Is 43 10.13
Is 64 7

³ Sabed que Yahvé es Dios,
él nos ha hecho y suyos somos,
su pueblo y el rebaño de sus pastos.

⁴ Entrad por sus puertas dando gracias,
por sus atrios cantando alabanzas,
dadle gracias, bendecid su nombre.

‖Jr 33 11
=Sal 106 1;
107 1; 118 1s
136 1s

⁵ Pues bueno es Yahvé y eterno su amor*,
su lealtad perdura de edad en edad.

SALMO 101 (100)

Espejo de príncipes*

¹ *De David. Salmo.*

Cantaré al amor y a la justicia,
para ti tañeré, Yahvé;

Sal 26 11-12
Sal 50 3

² iré por el camino perfecto:
¿cuándo vendrás a mí*?

Is 33 15
1 R 9 4

Procederé con corazón perfecto,
dentro de mi casa;
³ no pondré ante mis ojos
cosa villana*.

Pr 11 20

Detesto la conducta criminal,
no se me pegará;
⁴ lejos de mí un corazón perverso,
no conozco la maldad.

Pr 17 20;
30 10

Pr 21 4

⁵ Al que difama a su prójimo en secreto,
a ése lo aniquilaré;
ojo altanero y corazón hinchado
no los soportaré.

⁶ Me fijo en los fieles de la tierra
para que vivan conmigo;

Sal 26 11;
14 35;
20 7

quien va por el recto camino
será mi servidor.

---

100   Este himno doxológico concluye la serie de los salmos del reinado de Yahvé (Sal 93s). Se recitaba tal vez al entrar en el santuario para ofrecer los sacrificios de comunión, Lv 7 11-12.
100 5   Estribillo antiguo, Jr 33 11, repetido con frecuencia en los salmos en forma de antífona y de preludio, y citado en 2 Cro 5 13; 7 3; 20 21; Esd 3 11;

Jdt 13 21 Vulg.; 1 M 4 24. Ver Mi 7 20.
101   Retrato del príncipe virtuoso, que recuerda varios pasajes de Proverbios.
101 2   Posible alusión al esperado advenimiento del Mesías, «el que viene», Mt 11 3; Jn 4 25.
101 3   Lit. «asuntos de Belial»; se refiere a prácticas idolátricas.

⁷ No morará en mi casa
quien cometa engaños;
el mentiroso no persiste
delante de mis ojos.

Pr 25 5

Sal 5 6

⁸ Cada mañana* voy a aniquilar
a todos los malvados del país,
a extirpar de la ciudad de Yahvé
a todos los malhechores.

SALMO 102 (101)
Oración en la desgracia*

¹ *Oración del afligido que, en su angustia, derrama su llanto ante Yahvé.*

² Escucha, Yahvé, mi oración,
llegue mi grito hasta ti;
³ no ocultes de mí tu rostro
el día de la angustia;
tiende hacia mí tu oído,
¡responde presto el día en que te invoco!

=Sal 69 18
Sal 143 7

⁴ Pues mis días como humo se disipan,
mis huesos calientan como brasas;
⁵ mi corazón se seca como heno segado,
pues me olvido de comer mi pan;
⁶ agotado de tanto sollozar,
mis huesos se pegan a mi piel.

⁷ Me parezco al búho del páramo,
estoy como lechuza entre ruinas;
⁸ de continuo me desvelo y gimo*
cual solitario pájaro en tejado;
⁹ todo el día me insultan mis enemigos,
los que me alaban maldicen por mi nombre*.

¹⁰ Ceniza como en vez de pan,
mezclo mi bebida con lágrimas,
¹¹ debido a tu cólera y tu enojo,
pues me alzaste y luego me tiraste.

Sal 42 4

¹² Mis días declinan como sombra,
me voy secando como el heno.

Sal 90 6

¹³ Pero tú, Yahvé, reinas por siempre,
tu memoria alcanza de edad en edad.

Lm 5 19

¹⁴ Te alzarás, compadecido de Sión,
que es tiempo de apiadarte de ella
(porque se ha cumplido el plazo).
¹⁵ Tus siervos aman sus piedras,
sienten compasión de sus ruinas.

Is 52 2

¹⁶ Temerán las naciones el nombre de Yahvé,
todos los reyes de la tierra tu gloria;
¹⁷ cuando Yahvé reconstruya Sión
y aparezca lleno de esplendor,

Is 59 19;
66 18

Is 60 1

101 8 La mañana es el momento de los favores divinos, Sal 17 15+, y también de la justicia humana y divina, Sal 46 6; 73 14; 2 S 15 2; Jb 7 18; Is 33 2; Jr 21 12; So 3 5.
102 Este salmo penitencial reúne dos poemas de ritmo distinto: una lamentación personal, vv. 1-12 y 24-28 (ver Sal 69), y una plegaria por la restauración de Sión, vv. 13-23 y 29.
102 8 «y gimo» conj.; «y soy» hebr.
102 9 Poniéndome como ejemplo de la suerte que desean para sus enemigos, ver Jr 29 22. —«los que me alaban» mss, griego, sir.; «los que me rabian contra mí» hebr. (vocalización diferente).

¹⁸ se volverá a la oración del despojado,
su oración no despreciará.

Sal 22
31-32+

¹⁹ Quedará esto escrito para la edad futura,
y un pueblo renovado alabará a Yahvé:
²⁰ se ha inclinado desde su santa altura,
desde el cielo ha mirado a la tierra,

Sal 79 11

²¹ para escuchar el suspiro del cautivo,
para librar a los que aguardan la muerte.
²² Para proclamar en Sión el nombre de Yahvé,
y su alabanza en Jerusalén;

Is 60 3s

²³ cuando a una se congreguen los pueblos
y los reinos para servir a Yahvé.

Sal 39 5;
90 10

²⁴ Él ha agotado mi fuerza por el camino,
ha reducido el número de mis días.
²⁵ Me dije: ¡Dios mío,
en la mitad de mis días no me lleves,
tú, que vives por generaciones!

‖Is 51 6-8
↗Hb 1
10-12
Is 65 17;
66 22
Ap 20 11;
21 1
Lm 5 19
Hb 13 8
Sal 69 36-37

²⁶ Desde antiguo fundaste la tierra,
los cielos son obra de tus manos;
²⁷ ellos pasan, mas tú permaneces,
todos como ropa se desgastan,
serán como vestido que se muda.
²⁸ Mas tú eres el mismo,
no tienen fin tus años.

²⁹ Los hijos de tus siervos tendrán una morada,
su descendencia subsistirá en tu presencia.

SALMO 103 (102)

Dios es amor

¹ *De David.*

Bendice, alma mía, a Yahvé,
el fondo de mi ser, a su santo nombre.
² Bendice, alma mía, a Yahvé,
nunca olvides sus beneficios.

Ex 15 26
Sal 41
Jb 42 10

³ Él, que tus culpas perdona,
que cura todas tus dolencias,
⁴ rescata tu vida de la fosa,
te corona de amor y ternura,
⁵ satura de bienes tu existencia*,

Is 40 31

y tu juventud se renueva como la del águila.

⁶ Yahvé realiza obras de justicia
y otorga el derecho al oprimido,
⁷ manifestó a Moisés sus caminos,
a los hijos de Israel sus hazañas.

‖Ex 34
6-7+
=Sal 86 15;
145 8
Jr 3 12
Is 57 16
Jon 4 2
Jl 2 13

⁸ Yahvé es clemente y compasivo,
lento a la cólera y lleno de amor*;
⁹ no se querella eternamente,
ni para siempre guarda rencor;
¹⁰ no nos trata según nuestros yerros,
ni nos paga según nuestras culpas.

---

103 5 «tu existencia» conj.; «tu atavío» hebr.
103 8 Son los atributos del nombre de Yahvé, revelados a Moisés, Ex 34 6+, que todo el salmo desarrolla acentuando la misericordia y la bondad, ver vv. 17-18 y Ex 20 6, preparando así 1 Jn 4 8.

¹¹ Como se alzan sobre la tierra los cielos,
  igual de grande es su amor con sus adeptos*;
¹² como dista el oriente del ocaso,
  así aleja de nosotros nuestros crímenes.

¹³ Como un padre se encariña con sus hijos,
  así de tierno es Yahvé con sus adeptos;   Sal 145 9
¹⁴ que él conoce de qué estamos hechos,
  sabe bien que sólo somos polvo.   Sal 90 3+

¹⁵ ¡El hombre! Como la hierba es su vida,   Is 40 7+
  como la flor del campo, así florece;   Sal 90 5-6+
¹⁶ lo azota el viento y ya no existe,
  ni el lugar en que estuvo lo reconoce.   Jb 7 10

¹⁷ Pero el amor de Yahvé es eterno   Ex 20 6
  con todos que le son adeptos;
  de hijos a hijos pasa su justicia,
¹⁸ para quienes saben guardar su alianza,
  y se acuerdan de cumplir sus mandatos.

¹⁹ Yahvé asentó su trono en el cielo,
  su soberanía gobierna todo el universo.   Sal 22 29
²⁰ Bendecid a Yahvé, ángeles suyos,
  héroes potentes que cumplís sus órdenes
  en cuanto oís la voz de su palabra.

²¹ Bendecid a Yahvé, todas sus huestes,
  servidores suyos que hacéis su voluntad.
²² Bendecid a Yahvé, todas sus obras,
  en todos los lugares de su imperio.

¡Bendice, alma mía, a Yahvé!

SALMO 104 (103)   Gn 1
                                                             Hch 17 28
Esplendores de la creación*

¹ ¡Bendice, alma mía, a Yahvé!
  ¡Yahvé, Dios mío, qué grande eres!
  Vestido de esplendor y majestad,
² te arropa la luz como un manto,   Gn 1 3
  como una tienda extiendes el cielo,   Sal 19 2s
                                                             Gn 1 6-7
³ levantas sobre las aguas tus moradas;   Am 9 6
  te sirven las nubes de carroza,   Sal 68 5+
  te deslizas sobre las alas del viento;
⁴ tomas por mensajeros a los vientos,   Hb 1 7
  al fuego llameante por ministro.

⁵ Sobre sus bases posaste la tierra,
  inconmovible para siempre jamás.
⁶ Como un ropaje la cubría el océano,
  sobre los montes persistían las aguas;

⁷ a tu bramido emprendieron la huida,   Jb 7 12+
  se precipitaron al escuchar tu trueno,
⁸ subiendo a los montes, bajando a los valles,
  hasta el lugar que tú les asignaste;   Gn 1 9
⁹ les pusiste un límite infranqueable,   Jb 38 8-11
  por que no vuelvan a anegar la tierra.   Gn 9 11-15

---

103 11 «adeptos», lit. «quienes le temen». También   104   Este himno sigue el mismo orden que la cos-
vv. 13 y 17.   mogonía de Gn 1.

¹⁰ A los valles envías manantiales,
que van discurriendo por vaguadas;
¹¹ abrevan a las bestias del campo,
apagan la sed de los onagros;
¹² junto a ellos habitan las aves,
que entonan su canto entre la fronda.

Ez 31 6.13

¹³ Riegas los montes desde tu alta morada,
con la humedad de tus cámaras* saturas la tierra;
¹⁴ haces brotar hierba para el ganado,
y las plantas para el uso del hombre,

Gn 1 11-12.
29-30; 2 16

a fin de que saque pan de la tierra,
¹⁵ y el vino que recrea el corazón del hombre,
para que lustre su rostro con aceite
y el pan conforte el corazón del hombre.

Gn 2 15;
3 17-19
Gn 9 20
Za 10 7
Si 31 27
Jc 9 13
Gn 5 29
Jc 19 5.8

¹⁶ Los árboles de Yahvé se empapan a placer,
y los cedros del Líbano plantados por él;
¹⁷ allí ponen los pájaros su nido,
su casa en su copa* la cigüeña.
¹⁸ Los riscos acogen a los rebecos,
las rocas cobijan a los damanes*.

¹⁹ Creó la luna para marcar los tiempos,
y el sol, que conoce su ocaso;
²⁰ mandas la tiniebla y cae la noche,
donde rondan las fieras del bosque;
²¹ los leoncillos rugen por la presa
y reclaman a Dios su alimento.

Jb 38 39

²² Cuando sale el sol, se recogen,
y van a echarse en sus guaridas;
²³ el hombre sale a su trabajo,
para hacer su faena hasta la tarde.

Jb 37 8

²⁴ ¡Cuán numerosas tus obras, Yahvé!
Todas las hiciste con sabiduría,
de tus creaturas se llena la tierra.

Sal 8 2
Pr 8 22-31+

²⁵ Está el mar: grande y dilatado,
con un incontable hervidero
de animales, grandes y pequeños;
²⁶ lo surcan los navíos y Leviatán,
a quien creaste para jugar con él.

Jb 3 8+;
40 25+

²⁷ Todos ellos esperan de ti
que les des su comida a su tiempo;
²⁸ se la das y ellos la toman,
abres tu mano y se sacian de bienes.

²⁹ Si escondes tu rostro, desaparecen,
les retiras tu soplo y expiran,
y retornan al polvo que son.
³⁰ Si envías tu aliento, son creados*,
y renuevas la faz de la tierra.

Jb 34 14-15
Gn 3 19
Qo 12 7
Sal 90 3
Gn 1 2; 2 7
Hch 2 2s

³¹ ¡Gloria a Yahvé por siempre,
en sus obras Yahvé se regocije!

Gn 1 31

---

104 13 «con la humedad de tus cámaras» conj. Se
trata de las cámaras del cielo, del habitáculo de la divinidad. El hebr. dice «del fruto de tus obras», expresión extraña en este contexto, y que no cuadra en el paralelismo poético.

104 17 «en su copa» griego; «en los enebros» hebr.
104 18 Pequeños mamíferos parecidos a las marmo-
tas y que viven en colonias, ver Pr 30 26.
104 30 El espíritu de Dios interviene en el origen del
ser y de la vida.

³² El que mira a la tierra y tiembla,   Ha 3 6
toca los montes y humean.   =Sal 144 5

³³ Cantaré a Yahvé mientras viva,   =Sal 146 2
tañeré para mi Dios mientras exista.   Sal 7 18+

³⁴ ¡Que le sea agradable mi poema!
Yo tengo mi gozo en Yahvé.

³⁵ ¡Desaparezcan los pecadores de la tierra,
nunca más existan los malvados!

¡Bendice, alma mía, a Yahvé*!

SALMO 105 (104)   Sal 78

La maravillosa historia de Israel*

¡Aleluya!

¹ ¡Dad gracias a Yahvé, invocad su nombre,   ‖1 Cro 16
divulgad entre los pueblos sus hazañas!   8-22
                                                         Is 12 4-5
² ¡Cantadle, tañed para él,   Sal 18 50;
recitad todas sus maravillas;   96 3; 145 5
³ gloriaos en su santo nombre,
se alegren los que buscan a Yahvé!

⁴ ¡Buscad a Yahvé y su poder,
id tras su rostro sin tregua,   Sal 27 8
⁵ recordad todas sus maravillas,
sus prodigios y los juicios de su boca!

⁶ Raza de Abrahán, su siervo,   Is 51 2; 45 4
hijos de Jacob, su elegido*:
⁷ él, Yahvé, es nuestro Dios,
sus juicios afectan a toda la tierra.

⁸ Él se acuerda siempre de su alianza,
palabra que impuso a mil generaciones,
⁹ aquello que pactó con Abrahán,   Gn 15 1+
el juramento que hizo a Isaac,   Gn 26 3

¹⁰ que puso a Jacob como precepto,
a Israel como alianza eterna:
¹¹ «Te daré la tierra de Canaán   Gn 15 18
como lote de vuestra herencia».

¹² Cuando eran poco numerosos,
gente de paso y forasteros,
¹³ vagando de nación en nación,
yendo de un reino a otro pueblo,

¹⁴ a nadie permitió oprimirlos,
por ellos castigó a los reyes: Gn 12 10-
¹⁵ «Guardaos de tocar a mis ungidos*,   20; 20;
no hagáis daño a mis profetas».   26 1-11

¹⁶ Trajo el hambre a aquel país,   Gn 41 54
todo bastón de pan rompió*;   Lv 26 26

---

104 35 El hebr. coloca aquí el «Aleluya» que en el
griego se lee al comienzo de Sal 105.
105 El salmo evoca sucesivamente la historia patriarcal, vv. 8-15, la historia de José, vv. 16-23, la misión
de Moisés, vv. 24-27, las plagas de Egipto, vv. 28-36, la
salida y la marcha por el desierto, vv. 37-43, y finalmente la entrada en Canaán, la tierra prometida a Abra-

hán, vv. 44-45.
105 6 «su elegido» dos mss; «sus elegidos» TM.
105 15 Israel es un reino de sacerdotes, Ex 19 6; Is
61 6; ver Sal 28 8; Ha 3 13.
105 16 La imagen del «bastón de pan» se encuentra
en Ez 4 16; 5 16; 14 13 y Lv 26 26.

Gn 37 28; 45 5	¹⁷ a un hombre envió por delante, José, vendido como esclavo.
Gn 39 20	¹⁸ Trabaron sus pies con grilletes, por su cuello pasaron cadenas,
Gn 40; 41 9-13	¹⁹ hasta que se cumplió su predicción y la palabra de Yahvé lo acreditó.
Gn 41 14	²⁰ El rey ordenó ponerlo en libertad, el soberano de pueblos mandó soltarlo;
Gn 41 39-44	²¹ lo nombró administrador de su casa, soberano de toda su hacienda,
	²² para instruir* a su gusto a sus magnates, y hacer sabios a sus ancianos.
Gn 46 1- 47 12	²³ Entonces Israel entró en Egipto, Jacob residió en el país de Cam.
Ex 1 7	²⁴ Multiplicó sobremanera a su pueblo, lo hizo más fuerte que sus opresores;
Ex 1 8s	²⁵ cambió su corazón para que odiaran a su pueblo y usaran malas artes con sus siervos.
Ex 3 10 Ex 4 27	²⁶ Envió a Moisés, su siervo, y a Aarón, que había elegido, ²⁷ que ejecutaron signos en Egipto, prodigios en el país de Cam.
Ex 10 21-29	²⁸ Mandó tinieblas, y hubo tinieblas, pero ellos desafiaron* sus palabras.
Ex 7 14-25	²⁹ Trocó sus aguas en sangre, haciendo que sus peces murieran.
Ex 7 26- 8 11	³⁰ Pululaban ranas en su país, que entraban en las estancias reales;
Ex 8 12-15	³¹ lo mandó y vinieron mosquitos, cínifes por toda su comarca.
Ex 9 13-35	³² Les dio por lluvia granizo, rayos por toda su tierra; ³³ dañó viñedos e higueras, quebró los árboles del país.
Ex 10 1-20	³⁴ Ordenó que llegara la langosta y el pulgón en número incontable; ³⁵ devoraron la hierba del país, devoraron el fruto del suelo.
=Sal 78 51 Ex 12 29-36	³⁶ Hirió a los primogénitos del país, las primicias de su virilidad. ³⁷ Los sacó cargados de oro y plata, ni uno solo flaqueó de entre las tribus.
Ex 12 33	³⁸ Egipto se alegró de su salida, llenos como estaban de terror.
=Sal 78 14 Ex 13 21-22	³⁹ Desplegó una nube para cubrirlos, un fuego que alumbrara en la noche.
=Sal 78 27 Ex 16 2-36+	⁴⁰ Pidieron* y mandó codornices, de pan del cielo los hartó;
=Sal 78 15 Ex 17 1-7+	⁴¹ hendió la roca y brotaron las aguas, como río corrieron por los sequedales.

---

105 22   «instruir» versiones; «ligar» hebr.
105 28   «desafiaron» versiones; «no desafiaron» hebr.

105 40   «pidieron» versiones; el hebr. está en singular
(omisión de una letra).

⁴² Recordando su palabra sagrada,
dada a Abrahán, su servidor,
⁴³ sacó a su pueblo con alborozo,
a sus elegidos en medio del júbilo.

Ex 15

⁴⁴ Les dio las tierras de los paganos,
el sudor de las naciones heredaron,
⁴⁵ para que así guarden sus preceptos
y observen todas sus leyes*.

Dt 4 37-40;
6 20-25;
7 8-11

SALMO 106 (105)

Confesión nacional*

Sal 78

¹ ¡Aleluya!

¡Dad gracias a Yahvé porque es bueno,
porque es eterna su misericordia!
² ¿Quién contará las proezas de Yahvé
o proclamará toda su alabanza?

=Sal 107 1
=Sal 100 5+
‖1 Cro 16 34

³ ¡Dichosos los que guardan el derecho,
los que practican siempre la justicia!
⁴ ¡Acuérdate de mí, Yahvé,
hazlo por amor a tu pueblo,
ven a ofrecerme tu ayuda.

Is 56 1-2

Ne 5 19;
13 14.22.31
Sal 25 7

⁵ Para que vea la dicha de tus elegidos,
me alegre con la alegría de tu pueblo
y me felicite con tu heredad!

⁶ Hemos fallado igual que nuestros padres,
hemos cometido injusticias e iniquidades;
⁷ nuestros padres, estando en Egipto,
no comprendieron tus prodigios.

1 R 8 47
Lv 26 40
Dn 9 5
Sal 78 11-12

No se acordaron de tu gran misericordia,
se rebelaron contra el Altísimo* junto al mar de Suf.
⁸ Pero él los salvó por amor de su nombre,
para dar a conocer así su poderío.

Sal 78 17
Ez 20 8-9.
14; 36 20-
22; 39 25
Na 1 4

⁹ Increpó al mar de Suf y se secó,
las olas eran un páramo a su paso;
¹⁰ los salvó de la mano del adversario,
de la mano del enemigo los libró.

Sal 89 10+
Is 63 11-14
Ex 14

¹¹ El agua anegó a sus adversarios,
ni uno solo de entre ellos quedó.
¹² Entonces creyeron en sus palabras
y entonaron todos su alabanza.

Ex 14 31
Ex 15 1-21

¹³ Mas pronto se olvidaron de sus obras,
no tuvieron en cuenta sus propósitos;
¹⁴ en el desierto ardían de avidez,
a Dios tentaban en la estepa.

Lm 3 26
Ex 15 24;
16 3
Nm 11 4-6
Sal 78 18

¹⁵ Él les concedió lo que pedían,
y envió fiebre* a sus gargantas.

Nm 11 33

---

105 45   El hebr. añade aquí «Aleluya»; omitido por las versiones.
106   Los vv. 1-5 y 48 ofrecen un marco litúrgico a un salmo histórico, inspirado en Deuteronomio y Números, que constituye una confesión nacional, en la que el pueblo arrepentido recuerda, para acusarse ante Dios, los pecados colectivos cometidos en el pasado. Ver 1 R 8 33-34; Ne 9 5-37; Is 63 7 - 64 11; Dn 9; Ba 1 15 - 3 8.
106 7   «el Altísimo» conj.; «en el mar» hebr.
106 15 Palabra de sentido dudoso. El griego traduce «saciedad».

¹⁶ En el campamento envidiaron a Moisés,
y a Aarón, el santo de Yahvé.

¹⁷ La tierra se abrió y tragó a Datán,
y cubrió a la cuadrilla de Abirón;
¹⁸ ardió fuego contra su cuadrilla,
una llama consumió a los malvados.

¹⁹ Se hicieron un becerro en Horeb,
ante una imagen fundida se postraron,
²⁰ y fueron a cambiar su gloria*
por la imagen de un buey que come hierba.

²¹ Olvidaron a Dios, su salvador,
al autor de hazañas en Egipto,
²² de prodigios en tierra de Cam,
de portentos en el mar de Suf.

²³ Dispuesto estaba a exterminarlos,
si no es porque Moisés, su elegido,
se mantuvo en la brecha frente a él,
para apartar su furor destructor.

²⁴ Desdeñaron una tierra deleitosa,
no tuvieron fe en su palabra;
²⁵ murmuraron dentro de sus tiendas,
no escucharon la voz de Yahvé.

²⁶ Y él, mano en alto, juró
hacerles caer en el desierto,
²⁷ desperdigar* su estirpe entre los pueblos,
dispersarlos por todas las naciones.

²⁸ Se aparejaron con Baal Peor
y comieron sacrificios de muertos.
²⁹ Así lo irritaron con sus obras,
y una plaga descargó sobre ellos.

³⁰ Pero Pinjás intervino en un juicio
y así la plaga se detuvo;
³¹ esto se le contó como justicia
de edad en edad, para siempre.

³² Lo enojaron en las aguas de Meribá,
y mal le fue a Moisés por su culpa,
³³ pues llegaron a amargarle* el espíritu
y habló a la ligera con sus labios.

³⁴ No exterminaron a los pueblos
que Yahvé les había indicado;
³⁵ se mezclaron con los paganos
y aprendieron sus prácticas.

³⁶ Adoraron a sus ídolos,
que les sirvieron de trampa;
³⁷ sacrificaron a sus hijos
y a sus hijas a demonios.

³⁸ Sangre inocente derramaban,
la sangre de sus hijos y sus hijas,

Marginal references:
Nm 16; Dt 11 6; Is 26 11; Ex 32; Dt 9 8-21. 25-29; ‖Jr 2 11; Rm 1 23; Dt 32 18; Jr 2 32; Sal 78 42; Dt 9 25; Ex 32 11+; Ex 22 30; Nm 13 25- 14 37; Dt 1 25-36; Ez 20 15.23; Lv 26 33; Nm 14 29s; Nm 25; Dt 26 14+; Tb 4 17; Nm 25 7s; Si 45 23-24; Nm 25 11-13; Sal 95 8-9; Ex 17 1-7; Nm 20 2-13; Nm 20 12+; Jc 1 21s; Jc 2 1-5; Lv 18 3; Jc 2 11-13; Lv 18 21+; Dt 32 17; Ba 4 7; 1 Co 10 20

---

106 20   La lectura primitiva, conservada por algunos mss, debió de ser «su gloria» (de Dios), pero el texto fue corregido para eliminar una expresión que parecía irrespetuosa y casi impía.

106 27   «desperdigar» sir.; «hacer caer» hebr.
106 33   «llegaron a amargarle» conj.; «desafiaron» hebr.

inmolados a los ídolos de Canaán,
y profanaron el país con crímenes.   Nm 35 33

[39] Se mancillaron con sus obras,
se prostituyeron* con sus prácticas.
[40] Entonces se inflamó la cólera de Yahvé
contra su pueblo y aborreció su heredad.

[41] Los entregó en manos de los paganos,   Jc 2 14-23
fueron dominados por los adversarios;
[42] sus enemigos los tiranizaron,
quedaron humillados bajo su mano.

[43] Numerosas veces los libró,   Is 63 7-9
pero ellos, rebeldes a sus planes,
seguían hundiéndose en la culpa;
[44] pero él se fijó en su angustia,
dando oído a sus clamores.

[45] Por ellos se acordó de su alianza,   Lv 26 42
se enterneció con su inmenso amor;   Jr 42 10
[46] hizo que de ellos se apiadaran   Esd 9 9
aquellos que cautivos los tenían.

[47] ¡Sálvanos, Yahvé, Dios nuestro,   1 Cro 16
reúnenos de entre las naciones,   35-36
para dar gracias a tu santo nombre
y honrarnos cantando tu alabanza!

[48] ¡Bendito Yahvé, Dios de Israel,   =Sal 89 52
desde siempre y para siempre!
Y todo el pueblo diga: ¡Amén*!

SALMO 107 (106)
Dios salva al hombre de todo peligro*

¡Aleluya!
[1] ¡Dad gracias a Yahvé porque es bueno,   =Sal 106 1
porque es eterna su misericordia!   =Sal 100
                                                         5+
[2] Que lo digan los rescatados por Yahvé,   Is 62 12
los rescatados del poder del adversario,
[3] los que ha reunido de todos los países,   Is 43 5-6;
de oriente y poniente, del norte y mediodía*.   49 12
                                                         Za 8 7-8
[4] Por el desierto erraban, por la estepa,   Dt 8 15;
no acertaban con lugares habitados;   32 10
[5] hambrientos y sedientos,   Is 49 10
se sentían desfallecer.

[6] Pero clamaron a Yahvé en su apuro,   Os 5 15
y él los libró de sus angustias,   Is 63 9
[7] los condujo por el recto camino,   Is 35 8;
hasta alcanzar un lugar habitado*.   40 3; 43 19
                                                         Dt 6 10

---

106 39   Adulterio, Sal 73 27, y prostitución designan
en los profetas la infidelidad y la idolatría, ver Os 1 2+.
106 48   Doxología que cierra el cuarto libro del Salterio, seguida de una rúbrica litúrgica. —El hebr. añade
«Aleluya», que el griego coloca al comienzo del salmo
siguiente.
107   Himno de acción de gracias, inspirado en la
segunda parte de Isaías (caps. 40-55), por los beneficios
de la Providencia: el Éxodo, vv. 4-9, la vuelta del destierro, vv. 10-16, la ayuda divina a los que sufren, vv.

17-22, a los que viajan por mar, vv. 23-32. El epílogo,
vv. 33-43, desarrolla el tema sapiencial del cambio de
condiciones. Doble estribillo en vv. 6.8, 13.15, 19.21 y
28.31.
107 3   «mediodía» conj.; «mar» hebr. —Este preludio invita a la alabanza a los que han vuelto del destierro.
107 7   Sión, que personifica a toda la Tierra Santa.
El éxodo y el establecimiento en la tierra prometida era
ya para Is 40s la figura del regreso del destierro.

⁸ ¡Den gracias a Yahvé por su amor,
por sus prodigios en favor de los hombres!
⁹ Pues calmó la garganta sedienta,
y a los hambrientos colmó de bienes.

¹⁰ Habitaban la tiniebla y la sombra,
cautivos de hierros y miserias,
¹¹ por desafiar las órdenes de Dios,
por despreciar el proyecto del Altísimo.
¹² Doblegó su terquedad con fatigas,
sucumbían, privados de socorro.

¹³ Pero clamaron a Yahvé en su apuro,
y él los libró de sus angustias.
¹⁴ Los sacó de la tiniebla y la sombra,
rompió todas sus cadenas.

¹⁵ ¡Den gracias a Yahvé por su amor,
por sus prodigios en favor de los hombres!
¹⁶ Pues las puertas de bronce rompió,
deshizo los barrotes de hierro.

¹⁷ Embotados por todos sus yerros,
miserables a causa de sus culpas,
¹⁸ les daban repugnancia los manjares,
ya estaban a las puertas de la muerte.

¹⁹ Pero clamaron a Yahvé en su apuro,
y él los libró de sus angustias.
²⁰ Su palabra envió para sanarlos
y arrancar sus vidas de la fosa*.

²¹ ¡Den gracias a Yahvé por su amor,
por sus prodigios en favor de los hombres!
²² Ofrezcan sacrificios de acción de gracias,
pregonen sus obras con gritos de alegría.

²³ Se hicieron a la mar con sus naves,
comerciando por todo el océano,
²⁴ y vieron las obras de Yahvé,
todas sus maravillas en el piélago.

²⁵ A su voz, un viento de borrasca
hizo encresparse a las olas;
²⁶ al cielo subían, bajaban al abismo,
su espíritu se hundía bajo el peso del mal;
²⁷ daban vuelcos, vacilaban como ebrios,
no les valía de nada su pericia.

²⁸ Pero clamaron a Yahvé en su apuro,
y él los libró de sus angustias.
²⁹ A silencio redujo la borrasca,
las olas callaron a una.
³⁰ Ellos se alegraron al verlas calmarse,
y él los llevó al puerto deseado.

³¹ ¡Den gracias a Yahvé por su amor,
por sus prodigios en favor de los hombres!
³² ¡Alábenlo en la asamblea del pueblo,
en el concejo de ancianos lo celebren!

³³ Él cambia los ríos en desierto,
en puro sequedal los manantiales,

Marginal references:
Is 49 10; 55 1 / Lc 1 53
Is 42 7.22 Jb 36 8s
Lv 26 40-41 Sal 106 43
Is 42 7.16; 49 9; 51 14; 52 2; 61 1
Is 45 2; 61 1
Jb 6 6-7
Is 55 11 Sal 147 15 Sb 16 12 Mt 8 8
Jon 1 4s
Is 29 9
Jon 1 14-15
Sal 89 10+ Mt 8 26p Sal 65 8+ Is 43 2; 54 11; 57 20
Is 42 15

---

107 20 «sus vidas de la fosa» conj.; «de sus fosas»   hebr.

³⁴ la tierra fértil en salinas,
cuando obran el mal sus habitantes.

³⁵ Pero cambia el desierto en estanque,
la árida tierra en manantial;
³⁶ asienta allí a los hambrientos,
para que funden ciudades habitadas.

³⁷ Siembran campos y plantan viñas,
producen frutos en tiempo de cosecha.
³⁸ Él los bendice y se multiplican,
no deja que mengüen sus ganados.

³⁹ Menguados estaban y abatidos,
presa del mal y la aflicción.
⁴⁰ El que vierte desprecio sobre príncipes,
los extraviaba por yermos sin camino.

⁴¹ Pero recobra al pobre de la miseria,
aumenta sus clanes como un rebaño;
⁴² los rectos lo ven y se alegran,
los malvados se tapan la boca.

⁴³ ¿Quién es sabio? ¡Que guarde estas cosas,
y medite en el amor de Yahvé!

Referencias marginales:
Gn 13 10; 19 23-28
Dt 29 22
Si 39 23
Is 41 18+
=Sal 114 8

vv. 4.7
Ez 36 35
Jr 31 5
Is 65 21

Dt 7 13s
Is 49 21

‖Jb 12 21.24

Is 65 13s
Sal 113 7-9
Jr 31 27
‖Jb 22 19; 5 16
Sal 58 11; 63 12
‖Os 14 10

SALMO 108 (107)

Himno matinal y súplica nacional*

¹ *Cántico. Salmo. De David.*

² A punto está mi corazón, oh Dios
—voy a cantar y a tañer—.
¡Despierta, gloria mía!
³ ¡Despertad, cítara y arpa!
¡A la aurora voy a despertar!

⁴ Te alabaré entre los pueblos, Yahvé,
voy a cantarte entre las gentes,
⁵ porque tu amor es grande hasta los cielos,
llega hasta las nubes tu lealtad.

⁶ ¡Álzate, oh Dios, sobre los cielos,
y llene la tierra tu gloria!

⁷ Para que escapen libres tus favoritos,
¡con tu diestra salvadora respóndenos!

⁸ Dios ha hablado en su santuario:
«Repartiré victorioso Siquén,
parcelaré el valle de Sucot.

⁹ Míos son Galaad y Manasés,
Efraín, yelmo de mi cabeza,
Judá, mi bastón de mando,

¹⁰ Moab, la jofaina en que me lavo;
sobre Edom tiro mi sandalia,
sobre Filistea cantaré victoria».

¹¹ ¿Quién me guiará a la plaza fuerte,
quién me conducirá hasta Edom?

Referencias marginales:
=Sal 57 8-12

=Sal 60 7-14

108   Recopilación tardía, posterior a la colección elohista (ver Introducción). En una recensión se yux-   tapuso aquí, con algunas variantes, Sal 57 8-12 y Sal 60 7-14. Ver notas a estos salmos.

¹² ¿No eres tú, oh Dios, quien nos rechaza,
y no sales al frente de nuestras tropas?

¹³ Ofrécenos ayuda contra el adversario,
que es vano el socorro del hombre.
¹⁴ ¡Con Dios haremos proezas,
él machacará a nuestros adversarios!

SALMO 109 (108)

Salmo imprecatorio*

¹ *Del maestro de coro. De David. Salmo.*

Sal 35 22

¡Oh Dios de mi alabanza, no calles!
² Bocas de impíos y traidores
están abiertas contra mí.
Me hablan con lengua mentirosa,
³ me envuelven con palabras odiosas,
me hacen la guerra sin razón.

Jr 18 20
Sal 35 13
Sal 35 12;
38 21

⁴ En pago de mi amor me acusan,
mientras yo rezaba por ellos*;
⁵ me devuelven mal por bien,
odio en cambio de amor:

⁶ «¡Suscita a un malvado contra él,
que un fiscal* se ponga a su diestra;
⁷ que en el juicio resulte culpable,
su oración considerada pecado!

Hch 1 20
Ex 22 23
Jr 18 21

⁸ ¡Que sus días sean pocos,
que otro ocupe su cargo;
⁹ queden huérfanos sus hijos,
quede viuda su mujer!

Jb 5 4-5
Jb 20 18

¹⁰ ¡Que sus hijos vaguen mendigando,
sean expulsados* de sus ruinas;
¹¹ que el acreedor se quede con sus bienes
y saqueen sus ganancias los extraños!

Is 14 21

¹² ¡Nunca nadie le muestre amor,
nadie se apiade de sus huérfanos,

Jb 18 19
Pr 10 7

¹³ sea exterminada su posteridad,
acabe su apellido en sus hijos!

Jr 18 23
Ex 20 5

¹⁴ ¡Sea recordada la culpa de sus padres,
nunca se borre el pecado de su madre;

Sal 90 8;
139 16
=Sal 34 17

¹⁵ estén constantemente ante Yahvé,
y él cercene de la tierra su memoria!».

Jb 20 19

¹⁶ Se olvidó de actuar con amor,
persiguió al pobre, al desdichado,
al de abatido corazón para matarlo;
¹⁷ amó la maldición, sobre él recaiga,
no quiso bendición: que de él se aleje*.

---

109 El fiel, falsamente acusado y calumniado, apela a la venganza divina, ver Sal 5 11+; Jr 11 20; 18 19s. La letanía de imprecaciones, vv. 6-19, acumula al estilo oriental maldiciones hiperbólicas. Es posible que los vv. 6-15, que hemos puesto entre comillas, representen las palabras de odio del acusador, ver vv. 2-3, y que lo que sigue sea la respuesta del fiel, que invoca contra su adversario la aplicación del talión, vv. 16-20, ver Ex

21 25+.
109 4 «rezaba por ellos» sir.; «y yo, oración» hebr.
109 6 Lit. un «satán», nombre que se dará después al Diablo, ver Jb 1 6+. Como el abogado, v. 31, se sitúa a la derecha del acusado, Jb 30 12; Za 3 1.
109 10 «sean expulsados» griego; «busquen» hebr.
109 17 Maldición y bendición están aquí personificadas.

¹⁸ Se vistió la maldición como un manto: Nm 5 24
¡que penetre como agua en su seno*,
que entre como aceite en sus huesos!
¹⁹ ¡Que sea el vestido que lo cubra,   Sal 73 6
el cinto que lo ciñe para siempre!   Sal 76 11+

²⁰ Ésta es la obra de los que me acusan,
de los que hablan maliciosos contra mí.
²¹ Pero tú, oh Yahvé, Señor mío,
actúa por tu nombre en mi favor,
¡líbrame por tu bondad y tu amor!   Sal 103 8+

²² Que soy pobre y desdichado,
y tengo herido el corazón;
²³ me desvanezco lo mismo que una sombra,   Sal 102 12
me sacuden igual que a la langosta.   Jb 30 22

²⁴ Con tanto ayuno se doblan mis rodillas,   Sal 69 11
falta de grasa enflaquece mi carne;
²⁵ me he convertido en burla de ellos,   Sal 22 7s
cuando me ven, menean la cabeza.

²⁶ ¡Ayúdame, Yahvé, Dios mío,
sálvame según tu bondad!
²⁷ ¡Sepan que esto es cosa tuya,   Sal 22 32;
que tú, Yahvé, lo has hecho!   64 10

²⁸ ¡Maldigan ellos, pero tú bendice!   Nm 22 2s
¡Se avergüencen mis rivales y tu siervo se alegre!   2 S 16 12
²⁹ ¡Se vistan de ignominia los que me acusan,   Jr 20 11
envueltos en su vergüenza, como en un manto!   Is 65 13-15

³⁰ Mi boca se llenará de gracias a Yahvé,   Sal 22 26s;
en medio de la multitud lo alabaré: 71 22s
³¹ porque se pone a la diestra del pobre
para arrancar su vida de los jueces.

SALMO 110 (109)   Sal 2

El sacerdocio del Mesías*

¹ *De David. Salmo.*

Oráculo de Yahvé a mi Señor: ⁄ Mt 22 44p
«Siéntate a mi diestra*,   ⁄ Hch 2
hasta que haga de tus enemigos   34-35+
estrado de tus pies*».   ⁄ Hb 1 13;
     10 12-13
² El cetro de tu poder   ⁄ 1 P 3 22
extenderá Yahvé desde Sión:
¡domina entre tus enemigos!

³ Ya te pertenecía el principado
el día de tu nacimiento;
un esplendor sagrado
llevas desde el seno materno,
desde la aurora de tu juventud*.

---

109 18   Probable alusión al antiguo ritual de las aguas amargas, descrito en Nm 5 11-31.
110   Las prerrogativas del Mesías: realeza universal y sacerdocio perpetuo (ver 2 S 7 1+; Za 6 12-13) no se desprenden de ninguna investidura terrena, como tampoco las del misterioso Melquisedec, Gn 14 18+. Cristo cumple literalmente este oráculo, ver Mt 22 44 y

par.; 27 11; 28 18; Hch 2 34-35; Hb 1 13; Ap 19 11.16.
110 1   (a) Cristo resucitado está sentado a la diestra del Padre, Rm 8 34; Hb 10 12; 1 P 3 22.
110 1   (b) Ver Jos 10 24; Dn 7 14.
110 3   Versículo corregido según griego. Hebr.: «Tu pueblo es generosidad en el día de tu fuerza (vocalización defectuosa), en esplendor sagrado, del (o: desde el)

Gn 14 18+
/ Hb 5 6

⁴ Lo ha jurado Yahvé
y no va a retractarse:
«Tú eres por siempre sacerdote,
según el orden de Melquisedec».

Sal 2 9

⁵ El Señor está a tu derecha,
quebranta* a los reyes el día de su cólera;
⁶ sentencia a las naciones,
amontona cadáveres,
quebranta cabezas
a lo ancho de la tierra.
⁷ Junto al camino bebe del torrente*,
por eso levanta la cabeza*.

SALMO 111 (110)

Elogio de las obras divinas*

¹ ¡Aleluya!

Alef.	Doy gracias a Yahvé de todo corazón,
Bet.	en la reunión de los justos y en la comunidad.
Guímel.	² Grandes son las obras de Yahvé,
Dálet.	meditadas por todos que las aman.

=Sal 112 3

He.	³ Actúa con esplendor y majestad,
Vau.	su justicia permanece para siempre.
Zain.	⁴ De sus proezas dejó un memorial*.
Jet.	¡Clemente y compasivo Yahvé!

Sal 103 8+
Sal 112 4

Tet.	⁵ Dio de comer a quienes lo honran*,
Yod.	se acuerda por siempre de su alianza.
Kaf.	⁶ Reveló a su pueblo la fuerza de su acción,
Lámed.	les dio como herencia las naciones.

Mem.	⁷ Su mano actúa con verdad y justicia,
Nun.	son leales todos sus mandatos,
Sámek.	⁸ válidos para siempre jamás,
Ain.	para cumplirlos con verdad y rectitud.

Pe.	⁹ Envió la redención a su pueblo,
Sade.	determinó para siempre su alianza;
Qof.	santo y temible es su nombre.

Pr 1 7+

Reš.	¹⁰ Principio del saber es temer al Señor;
Šin.	son cuerdos los que lo practican.
Tau.	Su alabanza permanece para siempre.

seno de la aurora (sentido dudoso), a ti el rocío de tu juventud». Griego: «Contigo el principado..., desde el seno antes de la aurora te he engendrado» (ver Sal 2 7). «Esplendor sagrado» según 83 mss, Jerónimo y Símmaco. Esta lectura se refería a Sión, designada en plural mayestático, ver Sal 87 1.
110 5   Él preside el juicio escatológico. —Jesús, Mesías e Hijo de Dios, ha reivindicado para sí este juicio, Mt 24 30; 26 64; Jn 5 22; ver Hch 7 56; 10 42; 17 31.
110 7   (a) El Mesías bebe en el torrente de los sufrimientos, Sal 18 5+; 32 6; 66 12, o en el torrente de las gracias divinas, Sal 36 9; 46 5; Ez 47, sentido que cua-

draría mejor en el contexto. O también, es como el guerrero que persigue a sus enemigos y que sólo se detiene un momento para beber del torrente, Jc 7 5; 15 18; 1 S 30 9.
110 7   (b) Este texto se aplica a Cristo doliente y glorificado, ver Flp 2 7-11.
111   Salmo «alfabético», como el siguiente, que le es afín por doctrina, estilo y estructura poética.
111 4   Por la celebración de las fiestas anuales, ver Ex 23 14+.
111 5   Alusión al milagro del maná y de las codornices, Ex 16 1+.

SALMO 112 (111)

Elogio del justo*

¹ ¡Aleluya!

Alef.	¡Dichoso el hombre que teme a Yahvé,
Bet.	que encuentra placer en todos sus mandatos!
Guímel.	² Su estirpe arraigará con fuerza en el país,
Dálet.	la raza de los rectos será bendita.
He.	³ Su casa abundará en riqueza y bienestar,
Vau.	se afianzará su justicia* para siempre.
Zain.	⁴ En las tinieblas ilumina a los rectos,
Jet.	tierno, clemente y justo*.
Tet.	⁵ Feliz el hombre que se apiada y presta,
Yod.	y arregla rectamente sus asuntos.
Kaf.	⁶ Nunca verá su existencia amenazada,
Lámed.	el justo dejará un recuerdo estable.
Mem.	⁷ No habrá de temer las malas noticias,
Nun.	con firme corazón confiará en Yahvé.
Sámek.	⁸ Seguro y animoso, nada temerá,
Ain.	hasta ver humillado al adversario.
Pe.	⁹ Da con largueza a los pobres,
Sade.	su justicia permanece para siempre,
Qof.	alzará su frente con honor*.
Reš.	¹⁰ Lo ve el malvado y se enfurece,
Šin.	rechinando sus dientes, se consume.
Tau.	Los afanes del malvado fracasan.

Sal 1 1-2

=Sal 111 3

Sal 37 6;
97 11
Is 58 10
Pr 13 9
Sal 111 6

Sal 89 18

SALMO 113 (112)

Al Dios de gloria y de piedad*

¹ ¡Aleluya!

¡Alabad, siervos de Yahvé,
alabad el nombre de Yahvé!
² ¡Bendito el nombre de Yahvé,
desde ahora y por siempre!
³ ¡De la salida del sol hasta su ocaso,
sea alabado el nombre de Yahvé!

⁴ ¡Excelso sobre los pueblos Yahvé,
más alta que los cielos su gloria!
⁵ ¿Quién como Yahvé, nuestro Dios,
con su trono arriba, en las alturas,
⁶ que se abaja para ver el cielo y la tierra?

Sal 89 7.9

⁷ Levanta del polvo al desvalido,
alza al pobre del estiércol,
⁸ para sentarlo en medio de los nobles,
en medio de los nobles de su pueblo.

‖1 S 2 8
Sal 107 41

---

112 Expresiones aplicadas a Dios en el salmo precedente son aplicadas aquí al justo.
112 3 A la vez su virtud y la felicidad con que es premiada.
112 4 Se aplica así al justo lo que en otros pasajes se dice de Dios, Sal 18 29; 27 1. También se traduce: «Una luz brilla en las tinieblas para el justo; tierno y clemente es el hombre recto».
112 9 Otros: «para su gloria (lit. «en gloria») se alza su frente».
113 Con este himno empieza el Hallel (Sal 113-118) que los judíos recitaban en las grandes fiestas, especialmente en la cena pascual, ver Mt 26 30 y par.

1 S 2 5

⁹ Asienta a la estéril en su casa,
como madre feliz con hijos*.

SALMO 114 (113 A)

Himno Pascual*

¡Aleluya*!

¹ Al salir Israel de Egipto,
Jacob de un pueblo extranjero,
² Judá fue su santuario,
Israel fue su dominio.

Ex 19 6+
Jr 2 3
Sal 78 54
Sal 66 6; 74
14-15; 77 17
Jc 5 4s
Sal 29 6;
68 9
Sb 19 9

³ El mar lo vio y huyó,
el Jordán retrocedió,
⁴ los montes brincaron como carneros,
las colinas igual que corderos.

⁵ Mar, ¿qué te pasa que huyes,
y tú, Jordán, que retrocedes,
⁶ montes, que brincáis como carneros,
colinas igual que corderos?

Jc 5 4
Sal 68 9

Ex 17 1-7+
1 Co 10 4
Sal 107 35

⁷ La tierra tiembla en presencia del Dueño,
en presencia del Dios de Jacob,
⁸ el que cambia la peña en estanque
y hace del pedernal una fuente.

SALMO 115 (113 B)

El único Dios verdadero*

Ez 36 22-23
Sal 23 3

¹ ¡No a nosotros, Yahvé, no a nosotros,
sino a tu nombre da gloria,
por tu amor y tu lealtad!
² Que no digan los paganos:
«¿Dónde está tu Dios»?

=Sal 79 10

=Sal 135 6

³ Nuestro Dios está en el cielo,
y hace todo cuanto quiere.
⁴ Plata y oro son sus ídolos,
obra de la mano del hombre.

Is 44 9s
Jr 10 1s
Ba 6 3.7s

⁵ Tienen boca y no hablan,
tienen ojos y no ven,
⁶ tienen orejas y no oyen,
tienen nariz y no huelen.

⁷ Tienen manos y no palpan,
tienen pies y no caminan,
tienen garganta sin voz.

⁸ ¡Sean como ellos los que los hacen,
los que en ellos ponen su confianza!

Sal 135
19-20
Sal 118 2-4

⁹ Casa de Israel, confía en Yahvé,
él es su auxilio y su escudo;

---

113 9   Como Sara, Gn 16 1; 17 15-21; 18 9-15; 21 1-
7, y Ana, 1 S 1-2. Se subraya aquí el honor que se le
hace: normalmente la mujer se mantenía de pie para
servir.
114   (a) Este himno, unido erróneamente al siguiente por las versiones, establece un paralelismo (ver
Sal 66 6+) entre el paso del Mar de las Cañas y el del

Jordán, Ex 14 y Jos 3.
114   (b) Griego. El hebr. une «Aleluya» al salmo
anterior.
115   Exhortación a la confianza mediante una evocación del poder de Yahvé y de la nada de los ídolos: el
pueblo, a su regreso del destierro, no tiene por qué de-
salentarse.

¹⁰ casa de Aarón, confía en Yahvé,
él es su auxilio y su escudo;
¹¹ leales a Yahvé, confiad en Yahvé,
él es su auxilio y su escudo*.

=Sal 33 20
Qo 8 12
Ml 3 16

¹² Yahvé se acuerda y nos bendice:
Bendice a la casa de Israel,
bendice a la casa de Aarón,
¹³ bendice a los leales a Yahvé,
a todos, pequeños y grandes.

¹⁴ ¡Que Yahvé os multiplique,
a vosotros y a vuestros hijos!
¹⁵ ¡Benditos seáis de Yahvé,
que hizo el cielo y la tierra!

Sal 127 3
Dt 1 10-11

¹⁶ El cielo es el cielo de Yahvé,
la tierra se la ha dado al hombre.

Gn 1 28

¹⁷ Los muertos no alaban a Yahvé,
ninguno de los que bajan al Silencio.
¹⁸ Nosotros, los vivos*, bendecimos a Yahvé,
desde ahora y por siempre.

Sal 6 6;
94 17
Is 38 18-
19+

SALMO 116 (114-115)

Acción de gracias

¡Aleluya*!

¹ Amo a Yahvé porque escucha
mi voz suplicante;
² porque inclina su oído hacia mí
el día que* lo llamo.

³ Me aferraban los lazos de la muerte,
me sorprendieron las redes* del Seol;
me encontraba triste y angustiado,
⁴ e invoqué el nombre de Yahvé:
¡Socorro, Yahvé, sálvame!

Sal 18 5-7
Jon 2 3

⁵ Tierno y justo es Yahvé,
nuestro Dios es compasivo;
⁶ Yahvé guarda a los pequeños,
estaba yo postrado y me salvó.

Ex 34 6+

⁷ ¡Vuelve a tu calma, alma mía,
que el Señor te ha favorecido!
⁸ Ha* guardado mi vida de la muerte,
mis ojos de las lágrimas,
mis pies de la caída.
⁹ Caminaré en presencia de Yahvé
en el mundo de los vivos.

Sal 13 6

=Sal 56 14
Is 25 8
Ap 21 4
Sal 27 13;
52 7;
142 6
Is 38 11
↗1 Co 4 13

¹⁰ *¡Tengo fe, aún cuando digo:
«Mira que soy desdichado»!,
¹¹ yo que dije consternado:
«los hombres son mentirosos».

Sal 12 3;
62 10

---

115 11 Estas tres categorías se encuentran también
en Sal 118 2-4. —«leales a Yahvé», lit. «los que teméis
a Yahvé». Aquí se trata de los prosélitos, ver Sal 15 4.
115 18 «los vivos» griego; omitido por hebr.
116 «Aleluya» según griego; unido por el hebr. al
salmo anterior, como en los dos salmos siguientes.

116 2 «el día que» sir.; «y en mis días» hebr.
116 3 «redes» Jerónimo; «angustia» hebr., que añade al final del versículo «yo encuentro».
116 8 «Ha» versiones; «Has» hebr. —«mi vida de la
muerte» parece adición.
116 10 Aquí empieza el Sal 115 en griego y Vulg.

¹² ¿Cómo pagar a Yahvé
todo el bien que me ha hecho?

1 Co 10 16　　　　¹³ Alzaré la copa de salvación*
e invocaré el nombre de Yahvé.

¹⁴ Cumpliré mis votos a Yahvé
en presencia de todo el pueblo.

Is 43 4
Sal 72 14　　　　¹⁵ Mucho le cuesta a Yahvé
la muerte de los que lo aman*.

Sal 86 16　　　　¹⁶ ¡Ah, Yahvé, yo soy tu siervo,
tu siervo, hijo de tu esclava,
tú has soltado mis cadenas!

Lv 7 11+　　　　¹⁷ Te ofreceré sacrificio de acción de gracias
e invocaré el nombre de Yahvé.

Lv 7 11+
Jon 2 10　　　　¹⁸ Cumpliré mis votos a Yahvé
en presencia de todo el pueblo,
¹⁹ en los atrios de la Casa de Yahvé,
en medio de ti, Jerusalén.

SALMO 117 (116)

Invitación a la alabanza

¡Aleluya!

↗ Rm 15 11　　　　¹ ¡Alabad a Yahvé, todas las naciones,
ensalzadlo, pueblos todos!
² Pues sólido es su amor hacia nosotros,
la lealtad de Yahvé dura para siempre.

SALMO 118 (117)

En la fiesta de las Tiendas*

¡Aleluya!

Sal 100 5+;
136 1s　　　　¹ ¡Dad gracias a Yahvé, porque es bueno,
porque es eterno su amor!

Sal 115
9-11+
Sal 135
19-20　　　　² ¡Diga la casa* de Israel:
es eterno su amor!
³ ¡Diga la casa de Aarón:
es eterno su amor!
⁴ ¡Digan los que están por Yahvé:
es eterno su amor!

Sal 4 2　　　　⁵ En mi angustia grité a Yahvé,
me respondió y me dio respiro;

Sal 27 1;
56 12
↗ Hb 13 6
Sal 54 6.9　　　　⁶ Yahvé está por mí, no temo,
¿qué puede hacerme el hombre?
⁷ Yahvé está por mí y me ayuda,
y yo desafío a los que me odian.

---

116 13　Rito de acción de gracias conservado en las
liturgias judía y cristiana, ver 1 Co 10 16.
116 15　La muerte rompería toda la relación entre
ellos y él, ver Sal 6 6+. Las versiones han interpretado
este texto conforme a la idea de la resurrección: «preciosa es a los ojos de Yahvé la muerte de sus amigos».
118　　Este canto cierra el Hallel, ver Sal 113+. Un
invitatorio, vv. 1-4, precede al himno de acción de gra-

cias puesto en labios de la comunidad personificada,
completado con la serie de responsorios, vv. 19s y 25s,
recitados por diversos grupos cuando la procesión entraba en el Templo. El conjunto se utilizó quizá para la
fiesta descrita en Ne 8 13-18, ver Esd 3 4; Za 14 16 y
Ex 23 14+. Ver también Esd 3 11.
118 2　«la casa» griego, ver v. 3; omitido por hebr.

⁸ Mejor refugiarse en Yahvé
  que poner la confianza en el hombre;
⁹ mejor refugiarse en Yahvé
  que poner la confianza en los nobles.

¹⁰ Me rodeaban todos los gentiles,
  en el nombre de Yahvé los rechacé*;
¹¹ me rodeaban una y otra vez,
  en el nombre de Yahvé los rechacé.
¹² Me rodeaban lo mismo que avispas,   Dt 1 44
  llameaban* cual fuego de zarzas,
  en el nombre de Yahvé los rechacé.

¹³ ¡Cómo me empujaban* para tirarme!,
  pero Yahvé vino en mi ayuda.
¹⁴ Mi fuerza y mi canto es Yahvé,   ‖Ex 15 2
  él fue mi salvación.   ‖Is 12 2

¹⁵ Clamor de júbilo y victoria
  se oye en las tiendas de los justos:
  «La diestra de Yahvé hace proezas,
¹⁶ magnífica es la diestra de Yahvé,
  la diestra de Yahvé hace proezas».

¹⁷ No he de morir, viviré   Sal 115
  y contaré las obras de Yahvé.   17-18
¹⁸ Me castigó, me castigó Yahvé,   Is 38 19
  mas a la muerte no me entregó.

¹⁹ ¡Abridme las puertas de justicia,   Sal 24 7-10
  y entraré dando gracias a Yahvé!
²⁰ Aquí está la puerta de Yahvé,   Is 26 2
  los justos entrarán por ella.   Is 1 26
²¹ Te doy gracias por escucharme,
  por haber sido mi salvación.

²² La piedra que desecharon los albañiles   Is 28 16
  se ha convertido en la piedra angular;   Za 3 9; 4 7
²³ esto ha sido obra de Yahvé,   ╱ Mt 21 42p
  nos ha parecido un milagro*.   ╱ Hch 4 11
²⁴ ¡Éste es el día que hizo Yahvé,   Ef 2 20
  exultemos y gocémonos en él*!   1 Co 3 11

²⁵ ¡Yahvé, danos la salvación!
  ¡Danos el éxito, Yahvé!   Ne 1 11
²⁶ ¡Bendito el que entra en nombre de Yahvé*! ╱ Mt 21 9p
  Os bendecimos desde la Casa de Yahvé.   ╱ Mt 23 39p
²⁷ Yahvé es Dios, él nos ilumina.

  ¡Cerrad la procesión, ramos en mano,   Lv 23 40
  hasta los ángulos del altar*!   Ne 8 15
                                             2 M 10 7
²⁸ Tú eres mi Dios, te doy gracias,
  Dios mío, quiero ensalzarte.

---

118 10 También suele traducirse: «los hice circuncidar» (Juan Hircano obligó a los idumeos y griegos a la
circuncisión).
118 12 «llameaban» griego; «se han apagado» hebr.
—El último estico parece ser un duplicado.
118 13 «me empujaban» versiones; «tú me empujas-
te» hebr.
118 23 El Templo ha sido reconstruido, ver Ag 1 9;
Za 1 16. La «piedra angular» (o «clave de bóveda»), ver
Jr 51 26, que puede convertirse en «piedra de escándalo», es un tema mesiánico, Is 8 14; 28 16; Za 3 9; 4
7; 8 6, y designará a Cristo, Mt 21 42 y par.; Hch 4 11;

Rm 9 33; 1 P 2 4s; ver Ef 2 20; 1 Co 3 11.
118 24 En la tradición cristiana, este versículo se
aplica al día de la resurrección de Cristo y se utiliza en
la liturgia pascual.
118 26 A la aclamación ritual del v. 25 («danos la salvación» = Hosanna) los sacerdotes respondían con esta
bendición, que la muchedumbre repitió el día de Ramos. Ha entrado en el Santo de la misa romana.
118 27 «cerrad...», lit. «iniciad la ceremonia con ramos». Rito de los lulabs, tirsos o palmas que se agitaban
en torno al altar.

²⁹ ¡Dad gracias a Yahvé, porque es bueno,
porque es eterno su amor!

Sal 1
Sal 19 8-15

SALMO 119 (118)

Elogio de la ley divina*

Sal 1 1;
112 1
Mt 5 3s
Dt 4 29
2 Cro 31 29
2 Cro 31 21

Alef.

¹ Dichosos los que caminan rectamente,
los que proceden en la ley de Yahvé.
² Dichosos los que guardan sus preceptos,
los que lo buscan de todo corazón;
³ los que, sin cometer iniquidad,
andan por sus caminos.
⁴ Tú promulgaste tus ordenanzas,
para que sean guardadas cabalmente.
⁵ ¡Ojalá mis caminos estén firmes
para poder guardar tus preceptos!
⁶ No me veré entonces defraudado
al mirar todos tus mandamientos.
⁷ Te daré gracias con toda sinceridad
cuando aprenda tus justas normas.
⁸ Quiero observar tus preceptos,
no me abandones del todo.

Bet.

⁹ ¿Cómo purificará el joven su conducta?
Observando tu palabra.
¹⁰ Te busco de todo corazón,
no me desvíes de tus mandatos.
¹¹ En el corazón guardo tu promesa,
para no pecar contra ti.
¹² ¡Bendito seas, Yahvé,
enséñame tus preceptos!

Sal 25 4;
143 10

¹³ Con mis labios he contado
lo que dispone tu boca.
¹⁴ Me recreo cumpliendo tus dictámenes
más que en toda riqueza.
¹⁵ Tus ordenanzas quiero meditar
y fijarme en tu forma de actuar.
¹⁶ Me deleito en tus preceptos,
no olvido tu palabra.

Guímel.

¹⁷ Favorece a tu siervo y viviré*,
y así guardaré tu palabra.
¹⁸ Abre mis ojos y contemplaré
las maravillas de tu ley.

Sal 39 13+

¹⁹ Soy un forastero en la tierra,
no me ocultes tus mandamientos.
²⁰ Me consumo todo deseando
tus normas en todo tiempo.
²¹ Tú has increpado a los soberbios*,
¡malditos los que se apartan de tus mandatos!
²² Aleja de mí* oprobio y menosprecio,
porque he guardado tus dictámenes.

---

119   Salmo «alfabético». Los ocho versos dobles de
cada estrofa comienzan por una de las 22 letras del alfabeto hebreo, y cada uno de ellos, con la única excepción del v. 122, contiene uno de los términos que designan la Ley: dictamen, ordenanza, precepto, mandamiento, promesa, palabra, juicio, camino. La palabra
«ley» y sus sinónimos han de ser tomados en el sentido
más amplio de enseñanza revelada, tal como la han
transmitido los profetas. Tenemos en este salmo uno de

los monumentos más característicos de la piedad israelita hacia la revelación divina.
119 17   En este salmo, la «vida» se entiende en sentido pleno: felicidad, seguridad, plenitud. Tema frecuente en Ezequiel: 3 21; 18; 33. Ver Dt 4 1 y Sal 133
3, etc.
119 21   Los grandes enemigos de Dios, vv. 51.69.
78.85.122; Sal 19 14; 86 14; Is 13 11; Ml 3 19.
119 22   «aleja» versiones; «abre» hebr.

²³ Aunque los nobles deliberen contra mí,
   tu siervo medita en tus preceptos.
²⁴ Tus dictámenes hacen mis delicias,
   tus preceptos* son mis consejeros.

Dálet.   ²⁵ Estoy abatido en el polvo,   =Sal 44 26
                hazme vivir por tu palabra.
             ²⁶ Te conté mi vida y me respondiste,
                enséñame tus preceptos.
             ²⁷ Indícame el camino hacia tus mandatos
                y meditaré en todas tus maravillas.
             ²⁸ Me deshago en lágrimas por la pena,
                sosténme conforme a tu palabra.
             ²⁹ Aléjame del camino de la mentira
                y dame la gracia de tu ley.
             ³⁰ He escogido el camino de la lealtad,
                me conformo a tus disposiciones.
             ³¹ Me mantengo adherido a tus preceptos,
                no me confundas, Yahvé.
             ³² Recorro el camino de tus mandatos,
                pues tú dilatas mi corazón.

He.   ³³ Enséñame, Yahvé, el camino de tus preceptos,
                lo quiero recorrer como recompensa*.
             ³⁴ Dame inteligencia* para guardar tu ley   Sal 19 12
                y observarla de todo corazón.
             ³⁵ Llévame por la senda de tus mandatos,
                que en ella me siento complacido.
             ³⁶ Inclina mi corazón a tus dictámenes,
                y no a ganancias injustas.
             ³⁷ Aparta mis ojos de la vanidad,
                hazme vivir por tu palabra*.
             ³⁸ Mantén a tu siervo tu promesa,
                que conduce a tu temor.
             ³⁹ Apártame el oprobio que me espanta,
                pues son buenas tus decisiones.
             ⁴⁰ Mira que anhelo tus ordenanzas,
                hazme vivir por tu justicia.

Vau.   ⁴¹ ¡Llegue a mí tu amor, Yahvé,
                tu salvación, conforme a tu promesa!
             ⁴² Y daré respuesta al que me insulta,
                porque confío en tu palabra.
             ⁴³ No apartes de mi boca la palabra veraz*,
                pues tengo esperanza en tus mandamientos.
             ⁴⁴ Observaré sin descanso tu ley,
                para siempre jamás.
             ⁴⁵ Y andaré por camino anchuroso,   Esd 7 10
                pues voy buscando tus ordenanzas*.
             ⁴⁶ De tus dictámenes hablaré ante los reyes,
                y no tendré que avergonzarme.
             ⁴⁷ Me deleitaré en tus mandatos,
                que amo muchísimo.

---

119 24 «preceptos» griego; omitido por hebr.
119 33 La fidelidad a los mandamientos es ya el gozo y la recompensa del justo.
119 34 Este deseo, repetido aquí con frecuencia, lo expresan también a menudo los Sabios.
119 37 «por tu palabra» mss. Targ.; «en tu camino» TM.

119 43 El hebr. añade «mucho», que debe ser trasladado al v. 47; ver griego y sir.
119 45 El fiel quiere a la vez entender la Ley y hacer de ella una norma de vida. Este estudio está en la base de la literatura midrásica (término que procede de daraš «buscar»).

⁴⁸ Tiendo mis manos hacia ti,
    medito en todos tus preceptos.

Zain.   ⁴⁹ Recuerda la palabra dada a tu siervo,
    de la que has hecho mi esperanza.
⁵⁰ Éste es mi consuelo en mi miseria:
    que me da vida tu promesa.
⁵¹ Los soberbios me insultan hasta el colmo,
    pero yo no me aparto de tu ley.
⁵² Me acuerdo de tus normas de antaño,
    oh Yahvé, y me consuelo.
⁵³ Me arrebata el furor por los malvados,
    que abandonan tu ley.
⁵⁴ Tus preceptos son cantares para mí
    en mi mansión de forastero.
⁵⁵ Por la noche me acuerdo de tu nombre,
    Yahvé, quiero guardar tu ley.
⁵⁶ Ésta es mi tarea:
    guardar tus ordenanzas.

Jet.   ⁵⁷ Mi porción es Yahvé. He decidido
    guardar tus palabras.
⁵⁸ Busco con anhelo tu favor,
    tenme piedad por tu promesa.
⁵⁹ He examinado mis caminos
    y vuelvo mis pasos a tus dictámenes.
⁶⁰ Me doy prisa, sin tardar,
    en observar tus mandamientos.
⁶¹ Me envuelven las redes de los malvados,
    pero yo no olvido tu ley.
⁶² Me levanto a medianoche a darte gracias,
    por la justicia de tus normas.
⁶³ Amigo soy de los que te temen
    y observan tus ordenanzas.

=Sal 33 5   ⁶⁴ De tu amor, Yahvé, está llena la tierra,
    enséñame tus preceptos.

Tet.   ⁶⁵ Has sido generoso con tu siervo,
    oh Yahvé, conforme a tu palabra.
⁶⁶ Enséñame cordura y sabiduría,
    pues tengo fe en tus mandamientos.
⁶⁷ Antes de humillarme, me descarriaba,
    pero ahora cumplo tu palabra.
⁶⁸ Tú, que eres bueno y bienhechor,
    enséñame tus preceptos.
⁶⁹ Los soberbios me enredan con mentiras,
    pero guardo tus ordenanzas de corazón.

Sal 17 10;   ⁷⁰ Como de grasa se embota su corazón,
   73 7   pero yo me deleito en tu ley.
⁷¹ Considero un bien ser humillado,
    para así aprender tus preceptos.
⁷² Considero un bien la ley de tu boca,
    más que miles de monedas de oro y de plata.

Dt 32 6   *Yod.*   ⁷³ Tus manos me han hecho y me han formado,
Jb 10 8   instrúyeme para aprender tus mandamientos.
Sal 130 5   ⁷⁴ Los que te temen me miran alegres,
    porque sé esperar en tu palabra.
⁷⁵ Sé, Yahvé, que son justas tus decisiones,
    que tú me humillas con lealtad.
⁷⁶ Que tu amor sea mi consuelo,
    según prometiste a tu siervo.

⁷⁷ Que me alcance tu ternura y viviré,
porque tu ley es mi delicia.
⁷⁸ Queden confundidos los soberbios que me calumnian,
pero yo medito en tus ordenanzas.
⁷⁹ Vuélvanse hacia mí los que te temen,
los que conocen tus dictámenes.
⁸⁰ Sea mi corazón firme en tus preceptos,
para que no quede avergonzado.

Kaf.

⁸¹ Se consume mi ser en pos de tu salvación,
espero en tu palabra.
⁸² Se consumen mis ojos en pos de tu promesa:
¿Cuándo me consolarás?
⁸³ Aunque quede como un odre ahumado,
no me olvido de tus preceptos.
⁸⁴ ¿Cuántos años vivirá aún tu siervo?
¿cuándo juzgarás a mis perseguidores?
⁸⁵ Los soberbios me han cavado fosas,
los que van en contra de tu ley.
⁸⁶ Todos tus mandatos son verdad,
me persiguen con mentira, ¡ayúdame!
⁸⁷ Poco falta porque me borren de la tierra,
pero yo tus ordenanzas no abandono.
⁸⁸ Hazme vivir en nombre de tu amor,
y guardaré el dictamen de tu boca.

Jb 30 30
Sal 35 14

Lámed.

⁸⁹ Tu palabra, Yahvé, para siempre,
firme está en los cielos.
⁹⁰ Tu verdad dura por todas las edades,
tú asentaste la tierra, que persiste.
⁹¹ Tu disposición conserva todo hasta hoy,
pues todas las cosas están a tu servicio.
⁹² De no haberme deleitado en tu ley,
ya habría perecido en mi aflicción.
⁹³ Jamás olvidaré tus ordenanzas,
con ellas me mantienes en vida.
⁹⁴ Tuyo soy, sálvame,
pues busco tus ordenanzas.
⁹⁵ Los malvados me acechan para perderme,
pero estoy atento a tus dictámenes.
⁹⁶ En todo lo perfecto he visto límites:
¡Pero qué inmenso tu mandamiento!

Sal 19 10
Pr 8 22s
Is 40 8

Mem.

⁹⁷ ¡Oh, cuánto amo tu ley!
Todo el día la medito.
⁹⁸ Tu mandato me hace más sabio que mis enemigos,
porque es mío para siempre.
⁹⁹ Gano en sagacidad a mis maestros,
porque medito tus dictámenes.
¹⁰⁰ Gano en cordura a los ancianos,
porque guardo tus ordenanzas.
¹⁰¹ Aparto mis pasos del mal camino,
para guardar así tu palabra.
¹⁰² Nunca me aparto de tus normas,
porque así me instruyes tú.
¹⁰³ ¡Qué dulce me sabe tu promesa,
más que la miel a mi boca!
¹⁰⁴ Con tus ordenanzas cobro inteligencia,
por eso odio la senda del engaño.

Jb 32 6s
Sb 4 8-9

Sal 19 11
Jr 15 16

Nun.

¹⁰⁵ Tu palabra es antorcha para mis pasos,
luz para mi sendero.

Sal 18 29
Pr 6 23

¹⁰⁶ Lo he jurado y he de cumplirlo:
guardar tus justas disposiciones.
¹⁰⁷ Estoy sobremanera humillado, Yahvé,
dame la vida conforme a tu palabra.

Sal 50 14.23
Hb 13 15

¹⁰⁸ Acepta, Yahvé, los votos de mi boca,
y hazme ver tu voluntad.
¹⁰⁹ Mi vida está en mis manos sin cesar*,
pero no olvido tu ley.
¹¹⁰ Me tienden lazos los malvados,
pero no me desvío de tus ordenanzas.
¹¹¹ Tus dictámenes son mi herencia perpetua,
ellos son la alegría de mi corazón.
¹¹² Inclino mi corazón a cumplir tus preceptos,
que son recompensa para siempre.

Sámek.

¹¹³ Aborrezco la doblez
y amo en cambio tu ley.
¹¹⁴ Tú eres mi escudo y mi refugio,
yo espero en tu palabra.

=Sal 6 9

¹¹⁵ ¡Apartaos de mí, malvados,
quiero guardar los mandamientos de mi Dios!
¹¹⁶ Sosténme con tu promesa y viviré,
no defraudes mi esperanza.
¹¹⁷ Sé tú mi apoyo y estaré a salvo,
y sin cesar me fijaré en tus preceptos.
¹¹⁸ Rechazas a los que se apartan de tu voluntad,
que utilizan la mentira en sus cálculos.

Ez 22 18-22

¹¹⁹ Consideras* escoria a los malvados de la tierra,
por eso amo tus dictámenes.

Jb 4 14-15
Sal 88 17

¹²⁰ Tu terror me hace temblar,
tengo miedo de tus juicios.

Ain.

¹²¹ Practico derecho y justicia,
no me entregues a mis opresores.
¹²² Sal fiador en favor de tu siervo,
que no me opriman los soberbios.
¹²³ Mis ojos languidecen por tu salvación,
por tu promesa de justicia.
¹²⁴ Trata a tu siervo según tu amor,
enséñame tus preceptos.
¹²⁵ Soy tu siervo, hazme entender
y aprenderé tus dictámenes.
¹²⁶ Ya es hora de actuar, Yahvé*,
se ha violado tu ley.
¹²⁷ También yo amo tus mandamientos,
más que el oro, que el oro fino.
¹²⁸ También yo me guío* por tus preceptos
y aborrezco el camino de la mentira.

Pe.

¹²⁹ Tus dictámenes son maravillas,
por eso los guarda mi alma.

Sal 73 17

¹³⁰ Al manifestarse, tus palabras iluminan,
dando inteligencia a los sencillos.
¹³¹ Abro bien mi boca y hondo aspiro,
que estoy ansioso de tus mandatos.

=Sal 25 16
Sal 5 12;
91 14

¹³² Vuélvete a mí y tenme piedad,
como es justo con los que aman tu nombre.

---

119 109 Es decir: estoy dispuesto a arriesgar mi vida
en todo momento.
119 119 «consideras» 3 mss, Vulg., Aquila y Símmaco;
«hacer cesar» TM.

119 126 «Yahvé», un mss y Jerónimo; «para Yahvé»
TM.
119 128 Con griego y Jerónimo; hebr. corrompido, lit.:
«declaro rectos todos los preceptos de todo».

¹³³ Afirma mis pasos en tu promesa,
que no me domine ningún mal.
¹³⁴ Rescátame de la opresión humana,
y yo tus ordenanzas guardaré.   Sal 4 7+
¹³⁵ Haz brillar tu rostro sobre tu siervo,
y enséñame tus preceptos.
¹³⁶ Ríos de lágrimas vierten mis ojos,   Ez 9 4
porque no se guarda tu ley.   Esd 9 3s

Sade.   ¹³⁷ ¡Justo eres, Yahvé,
y rectos tus juicios!
¹³⁸ Con justicia impones tus dictámenes,
con colmada fidelidad.
¹³⁹ Mi celo* me consume,   =Sal 69 10
pues mis adversarios olvidan tus palabras.
¹⁴⁰ Tu promesa es pura en extremo,
y tu siervo la ama.
¹⁴¹ Pequeño soy y despreciado,
mas no olvido tus ordenanzas.
¹⁴² Justicia eterna es tu justicia,
verdad es tu ley.
¹⁴³ Aunque me alcancen angustia y opresión,
tus mandamientos hacen mis delicias.
¹⁴⁴ Justicia eterna son tus dictámenes,
dame entendimiento y viviré.

Qof.   ¹⁴⁵ Invoco de corazón, respóndeme, Yahvé,
y guardaré tus preceptos.
¹⁴⁶ Yo te invoco, sálvame,
y guardaré tus dictámenes.
¹⁴⁷ Me adelanto a la aurora y pido auxilio,
espero en tu palabra.
¹⁴⁸ Mis ojos se adelantan a las vigilias nocturnas,   Sal 63 7;
a fin de meditar en tu promesa.   77 5
¹⁴⁹ Por tu amor, Yahvé, escucha mi voz,
dame vida conforme a tus juicios.
¹⁵⁰ Se acercan a la infamia mis perseguidores*,
se alejan de tu ley.
¹⁵¹ Tú estás cerca, Yahvé,
tus mandamientos son verdad.
¹⁵² Hace tiempo que sé de tus dictámenes,
que tú estableciste para siempre.

Reš.   ¹⁵³ Mira mi aflicción y líbrame,
que yo no olvido tu ley.
¹⁵⁴ Defiende mi causa, rescátame,   Sal 43 1
dame vida conforme a tu promesa.
¹⁵⁵ Lejos de los malvados tu salvación,
pues no buscan tus preceptos.
¹⁵⁶ Grande es tu ternura, Yahvé,
dame vida conforme a tus juicios.
¹⁵⁷ Muchos son mis enemigos y adversarios,
pero yo no me aparto de tus dictámenes.
¹⁵⁸ Veo a los traidores y me disgusta
que no guarden tu promesa.
¹⁵⁹ Pero yo amo tus ordenanzas, Yahvé,
dame la vida por tu amor.

---

119 139 El griego lee «tu celo» o «el celo de tu casa»,   119 150 Lit. «los que me persiguen», 12 mss y versio-
ver Sal 69 10.   nes; «los que persiguen (la infamia)» TM.

¹⁶⁰ El conjunto de tu palabra es la verdad,
   tus rectos juicios duran por siempre.

Šin.

¹⁶¹ Unos príncipes me persiguen sin razón,
   mas mi corazón teme tus palabras.
¹⁶² Yo me regocijo en tu promesa
   como quien halla un gran botín.
¹⁶³ Abomino y detesto la mentira,
   pero amo en cambio tu ley.
¹⁶⁴ Siete veces al día te alabo,
   por la rectitud de tus juicios.

Sal 37 11;
72 7

¹⁶⁵ Rebosan paz los que aman tu ley,
   ningún contratiempo los hace tropezar.
¹⁶⁶ Espero tu salvación, Yahvé,
   y cumplo tus mandamientos.
¹⁶⁷ Aspiro a guardar tus dictámenes,
   los amo sobremanera.

Pr 5 21

¹⁶⁸ Guardo tus ordenanzas y dictámenes,
   tienes presente todos mis caminos.

Tau.

¹⁶⁹ Llegue mi grito ante ti, Yahvé,
   por tu palabra hazme comprender.

Sal 79 11;
88 3

¹⁷⁰ Llegue mi súplica a tu presencia,
   líbrame por tu promesa.
¹⁷¹ Mis labios proclaman tu alabanza,
   pues tú me enseñas tus preceptos.
¹⁷² Mi lengua proclama tu promesa,
   pues justos son tus mandamientos.
¹⁷³ Acuda tu mano en mi socorro,
   pues he elegido tus ordenanzas.
¹⁷⁴ Anhelo tu salvación, Yahvé,
   tu ley hace mis delicias.

Sal 22 27;
69 33
Is 38 19;
55 3
Is 53 6
Jr 50 6
Ez 34+
Lc 15 4-7

¹⁷⁵ Que mi ser viva para alabarte,
   que tus disposiciones me ayuden.
¹⁷⁶ Me he descarriado como oveja*,
   ven en busca de tu siervo.

   No, no olvido tus mandamientos.

SALMO 120 (119)
Los enemigos de la paz

¹ *Canción de las subidas**

   A Yahvé, en mi angustia,
   grité y me respondió.

Sal 12 3-5;
52 4.6

² ¡Líbrame, Yahvé, del labio mentiroso,
   de la lengua tramposa!

Pr 16 27

³ ¿Qué te dará y te añadirá*,
   lengua tramposa?

Sal 11 6;
140 11

⁴ ¡Flechas afiladas de guerrero
   y ascuas de retama!

⁵ ¡Ay de mí, que vivo en Mésec*,
   que habito en la tiendas de Quedar!

---

119 176 El tema profético de las ovejas perdidas, Ez
34 1+, se aplica aquí al individuo.
120 1 Los «cantos de las subidas» (Sal 120-134)
eran interpretados probablemente por los peregrinos
camino de Jerusalén, ver Sal 84 7+; Is 30 39. Con excepción del Sal 132, están formados por versos «elegía-
cos» de esticos desiguales, y utilizan a menudo el «rit-

mo gradual»: las mismas palabras o expresiones se
repiten como un eco de un verso a otro, ver aquí vv. 2-
3.5.6.7.
120 3 Fórmula habitual de un juramento imprecatorio, Rt 1 17+; 1 S 3 17; 14 44; 20 13; 25 22.
120 5 País de los moscos, pueblo del Cáucaso, Gn
10 2; Ez 27 13, donde reinará Gog, Ez 38 2. Los árabes

⁶ Harto estoy de vivir
con los que odian la paz.
⁷ Si yo hablo de paz,
ellos prefieren guerra.

Sal 140 3

SALMO 121 (120)
El guardián de Israel*

¹ *Canción para las subidas.*

Alzo mis ojos a los montes,
¿de dónde vendrá mi auxilio?
² Mi auxilio viene de Yahvé,
que hizo el cielo y la tierra.

Jr 3 23

Os 13 9
=Sal 124 8

³ ¡No deja a tu pie resbalar!
¡No duerme tu guardián!
⁴ No duerme ni dormita
el guardián de Israel.

1 S 2 9
Pr 3 24.26
Sal 66 9;
91 12
Dt 32 10

⁵ Es tu guardián Yahvé,
Yahvé tu sombra a tu diestra.
⁶ De día el sol no te herirá,
tampoco la luna de noche.

Is 25 4
Sal 16 8;
73 23
Is 49 10

⁷ Yahvé te guarda del mal,
él guarda tu vida.
⁸ Yahvé guarda tus entradas y salidas,
desde ahora para siempre.

Sal 97 10
Gn 28 15
Dt 28 6
Tb 5 17

SALMO 122 (121)
Saludo a Jerusalén*

¹ *Canción de las subidas. De David.*

¡Qué alegría cuando me dijeron:
Vamos a la Casa de Yahvé!
² ¡Finalmente pisan nuestros pies
tus umbrales, Jerusalén!

Sal 42 5.7;
43 3; 84 2-5

³ Jerusalén, ciudad edificada
toda en perfecta armonía*,
⁴ adonde suben las tribus,
las tribus de Yahvé,
según costumbre en Israel*,
a dar gracias al nombre de Yahvé.
⁵ Allí están los tronos para el juicio,
los tronos de la casa de David.

Sal 48 13-14
/ Ef 2 19-22

Dt 16 16

1 R 7 7
Dt 17 8
2 Cro 19 8

⁶ Invocad la paz sobre Jerusalén,
vivan tranquilos los que te aman*,

de Quedar poblaban el desierto sirio. El poeta toma a Mésec y Quedar como sinónimos de «Bárbaros».
121 Este salmo, que recuerda a los fieles que Dios los protege, era propio de los peregrinos que subían a Jerusalén por caminos difíciles. Conviene igualmente a los cristianos en camino hacia la Jerusalén celestial.
122 Deteniéndose ante las puertas de la ciudad santa, los peregrinos le dirigen un saludo: *šalôm* («paz») jugando con la etimología popular de Jerusalén: «ciudad de paz», ver Sal 76 3. La paz deseada formaba parte de las esperanzas mesiánicas, ver Is 11 6+; Os 2 20+.

El amor a la santa Sión, 2 S 5 9+, es un rasgo de la piedad judía, ver Sal 48; 84; 87; 133; 137.
122 3 Jerusalén sólidamente restaurada, Ne 2 17s, es el símbolo de la unidad del pueblo elegido (versiones: «donde la comunidad es una») y figura de la unidad de la Iglesia.
122 4 Lit. «testimonio para Israel, para que dé gracias»: la ciudad santa es signo visible de los beneficios divinos, prenda de las promesas mesiánicas.
122 6 Para respetar el paralelismo algunos prefieren corregir «los que te aman» (hebr.) por «tus tiendas».

Sal 48 13
Ct 4 4

[7] haya calma dentro de tus muros,
que tus palacios estén en paz.

[8] Por amor de mis hermanos y amigos
quiero decir: ¡La paz contigo!

Sal 26 8
Tb 13 14

[9] Por la Casa de Yahvé, nuestro Dios,
pediré todo bien para ti.

SALMO 123 (122)

Oración de los afligidos*

[1] *Canción de las subidas.*

A ti levanto mis ojos,
tú que habitas en el cielo.
[2] Lo mismo que los ojos de los siervos
miran a la mano de sus amos,
lo mismo que los ojos de la sierva
miran a la mano de su señora,

Sal 25 15;
69 4; 119 82;
141 8

nuestros ojos miran a Yahvé, nuestro Dios,
esperando que se apiade de nosotros.

Ne 3 36
Sal 44 14s

[3] ¡Piedad, Yahvé, ten piedad,
que estamos hartos de desprecio!
[4] Estamos por demás saturados
del sarcasmo de los satisfechos.

Jb 12 5
Za 1 15

(¡Los soberbios merecen el desprecio*!)

SALMO 124 (123)

El salvador de Israel*

[1] *Canción de las subidas. De David.*

=Sal 129 1
Sal 118 2s

Si Yahvé no hubiera estado por nosotros,
—que lo diga Israel*—
[2] si Yahvé no hubiera estado por nosotros,
cuando unos hombres nos asaltaron,

Pr 1 12

[3] vivos nos habrían tragado
en el ardor de su cólera.

Sal 18 5+

[4] Las aguas nos habrían arrollado,
un torrente nos habría anegado,
[5] nos habría llegado al cuello
el agua en su vorágine.

[6] ¡Bendito Yahvé, que no nos hizo
presa de sus dientes!

Pr 6 5

[7] Nuestra vida escapó como un pájaro
del lazo del cazador.
El lazo se rompió,
nosotros escapamos.

123 Este salmo data sin duda de los tiempos siguientes a la vuelta del destierro o de la época de Nehemías, cuando la comunidad renaciente se hallaba expuesta al desprecio y a los ataques de los paganos, ver Ne 2 19; 3 36.
123 4 Adición del período macabeo, quizá bajo la persecución de Antíoco Epífanes. El texto es oscuro. Qeré: «el desprecio es para los soberbios griegos»; pero en el texto consonántico y en las versiones, la palabra «griego» ha quedado unida a la palabra precedente (dando una forma posible de la palabra «soberbios») para camuflar la alusión xenófoba.
124 Acción de gracias por las pruebas superadas, descritas con imágenes tradicionales: fieras, inundaciones, trampas.
124 1 Se invita al pueblo a repetir la primera frase en forma de antífona.

⁸ Nuestra ayuda es el nombre de Yahvé,
que hizo el cielo y la tierra.

=Sal 121 2

SALMO 125 (124)
Dios protege a los suyos

¹ *Canción de las subidas.*

Los que confían en Yahvé son como el monte Sión,
inconmovible, estable para siempre.
² ¡Jerusalén, de montes rodeada!
Así rodea a su pueblo Yahvé
desde ahora y para siempre.

Pr 10 25
Dt 32 10

Mt 28 20

³ Nunca caerá el cetro impío
sobre la heredad de los justos,
para que los justos no alarguen
su mano a la maldad.

Sal 119 134

⁴ Favorece a los buenos, Yahvé,
a los rectos de corazón.
⁵ ¡A los que se desvían por sendas tortuosas
los suprima Yahvé con los malhechores!

Sal 18 26s
Ex 21 25+
Pr 3 32
Sal 92 10

¡Paz a Israel!

=Sal 128 6
Ga 6 16

SALMO 126 (125)
Canto del regreso*

¹ *Canción de las subidas.*

Cuando Yahvé repatrió a los cautivos de Sión,
nos parecía estar soñando;
² entonces se llenó de risas nuestra boca,
nuestros labios de gritos de alegría.

‖Jb 8 21

Los paganos decían: ¡Grandes cosas
ha hecho Yahvé en su favor!
³ ¡Sí, grandes cosas ha hecho por nosotros
Yahvé, y estamos alegres!

Ez 36 36

Lc 1 49

⁴ ¡Recoge, Yahvé, a nuestros cautivos,
sean como torrentes del Negueb*!
⁵ Los que van sembrando con lágrimas
cosechan entre gritos de júbilo.

Is 25 8-9
Ba 4 23
Ap 21 4
Jr 31 9

⁶ Al ir, van llorando,
llevando la semilla;
y vuelven cantando,
trayendo sus gavillas.

Is 65 19
Jn 12 24;
16 20

SALMO 127 (126)
Abandono en la Providencia*

¹ *Canción de las subidas. De Salomón.*

Si Yahvé no construye la casa,
en vano se afanan los albañiles;

Dt 8 11-18
Pr 3 5-6;
10 22
Mt 6 25-34
Jn 15 5

---

126 Para los repatriados que luchaban con las dificultades de la restauración, ver Ne **5**, etc., el regreso del destierro de Babilonia prefigura el advenimiento de la era mesiánica.
126 4 Que, siempre secos, ver Jb **6** 15, se llenan bruscamente en invierno y fertilizan la tierra.
127 El trabajo del hombre está abocado al fracaso si Dios no lo fecunda; pan cotidiano y descendencia son dones de Dios.

si Yahvé no guarda la ciudad,
en vano vigila la guardia.

Mt 6 11p
Pr 3 24-26
Qo 2 24+
Dt 28 11
Pr 17 6
Sal 128

² En vano os levantáis temprano
y después retrasáis el descanso
los que coméis pan con fatiga,
¡si se lo da a su amado mientras duerme*!

³ La herencia de Yahvé son los hijos,
su recompensa el fruto del vientre;
⁴ como flechas en mano de un guerrero
son los hijos de la juventud.

Jb 29 5.7s
Pr 31 23

⁵ Feliz el varón que llena
con ellas su aljaba;
no se avergonzará cuando litigue
con sus enemigos en la puerta*.

SALMO 128 (127)

Bendición del justo*

¹ *Canción de las subidas.*

Sal 112 1
Sal 37 3-5

¡Dichosos los que temen a Yahvé
y recorren todos sus caminos!

Sal 112 3

² Del trabajo de tus manos comerás,
¡dichoso tú, que todo te irá bien!

Pr 31 10-31

³ Tu esposa, como parra fecunda,
dentro de tu casa;

Sal 144 12
Jb 29 5

tus hijos, como brotes de olivo,
en torno a tu mesa.

⁴ Con tales bienes será bendecido
el hombre que teme a Yahvé.

=Sal 134 3
Sal 20 3;
122 9

⁵ ¡Bendígate Yahvé desde Sión,
que veas la prosperidad de Jerusalén
todos los días de tu vida,

Gn 50 23
Jb 42 16
Pr 17 6
=Sal 125 5
Ga 6 16

⁶ y veas a los hijos de tus hijos!

¡Paz a Israel!

SALMO 129 (128)

Contra los enemigos de Sión

¹ *Canción de las subidas.*

=Sal 124 1

Mucho me han atacado desde mi juventud*,
—que lo diga Israel—,

Sal 118 13
Jn 16 33

² mucho me han atacado desde mi juventud,
pero no han podido conmigo.

Is 51 23

³ Mi espalda araron aradores,
y alargaron sus surcos.

---

127 2   «mientras duerme», lit. «en el sueño», palabra
aramea quizá añadida; las versiones han leído: «cuando
colma de sueño a sus amados». —El título hebreo ha
visto en el «amado» a Salomón, ver 2 S 12 25, y, quizá
en el «sueño», el sueño de Gabaón, 1 R 3 5.
127 5   En la puerta de la ciudad, donde se trataban

los asuntos, ver Dt 21 19; 22 15; Rt 4 1, etc.
128   Este salmo celebra la felicidad doméstica que
Dios concede al justo, según la doctrina de los Sabios
sobre la retribución temporal.
129 1   La época de la estancia en Egipto y de la entrada en Canaán.

⁴ Yahvé, que es justo, rompió
las coyundas de los malvados.

⁵ ¡Queden avergonzados, retrocedan
todos los que odian a Sión;
⁶ sean como hierba del tejado,   Is 37 27
que se seca antes de arrancarla*!

⁷ El segador no llena con ella su mano
ni su regazo el gavillador;
⁸ y no dicen tampoco los que pasan: Rt 2 4
«Que Yahvé os colme de bendición».

Nosotros os bendecimos en el nombre de Yahvé.   =Sal 118
                                                                      26

SALMO 130 (129)

De profundis*

¹ *Canción de las subidas.*

Desde lo hondo a ti grito, Yahvé: Sal 18 5;
² ¡Señor, escucha mi clamor!   69 3
¡Estén atentos tus oídos   Jon 2 3
a la voz de mis súplicas!   Lm 3 55
                                                                      Sal 5 2-3;
³ Si retienes las culpas, Yahvé,   55 2-3
¿quién, Señor, resistirá?   2 Cro 6 40;
⁴ Pero el perdón está contigo,   7 15
para ser así temido*.   Ne 1 6s
                                                                      Jb 9 2
⁵ Aguardo anhelante a Yahvé,   Na 1 6
espero en su palabra;   Mi 7 18
⁶ mi ser aguarda al Señor   Ex 34 7
más que el centinela a la aurora;   1 R 8 34-40
más que el centinela a la aurora,   Sal 56 5;
⁷ aguarde Israel a Yahvé*.   119 81
                                                                      Is 21 11;
                                                                      26 9
Yahvé está lleno de amor,   Is 30 18
su redención es abundante;   Sal 68 21;
⁸ él redimirá a Israel   86 15;
de todas sus culpas.   100 5+;
                                                                      103 8+
                                                                      Mt 1 21
                                                                      Sal 25 22
SALMO 131 (130)   ⁄ Tt 2 14

Con espíritu de infancia*

¹ *Canción de las subidas. De David.*

Mi corazón, Yahvé, no es engreído,   Mi 6 8
ni son mis ojos altaneros.
No doy vía libre a la grandeza,   Sal 139 6
ni a prodigios que me superan.

---

129 6   Traducción dudosa. «antes» es un hápax. Algunos proponen corregir según Targ., sir. e Is 37 27
(1QIsa) y entender: «que el viento del este chamusca».
130   Salmo penitencial, ver 6 1, pero más aún salmo de esperanza. La liturgia cristiana de difuntos lo
emplea ampliamente, no como lamentación, sino como
oración en que se expresa la confianza en el Dios redentor.
130 4   El griego ha traducido «a causa de tu ley», re-

lectura jurídica.
130 7   Traducido según el griego. El hebr., corrompido, se traduciría lit.: «Espero en Yahvé, espera mi
alma y su palabra ha aguardado. Mi alma por el Señor
más que los centinelas la aurora, los centinelas la aurora. Aguarde Israel a Yahvé».
131   El alma en paz se abandona a Dios, sin inquietud ni ambición. La misma confianza filial se pide
(v. 3) a todo el pueblo de Dios.

Is 30 15
⁄ Mt 18 3p
Os 11 4
Is 66 12-13

² No, me mantengo en paz y silencio,
como niño en el regazo materno.
¡Mi deseo no supera al de un niño!

³ ¡Espera, Israel, en Yahvé
desde ahora y por siempre!

SALMO 132 (131)

En el aniversario del traslado del arca*

¹ *Canción de las subidas.*

Acuérdate, Yahvé, de David,
de todos sus desvelos,
² del juramento que hizo a Yahvé,
de su voto al Fuerte de Jacob:

Gn 49 24

2 S 7 1-2
1 Cro 28 2

³ «No he de entrar en la tienda, mi casa,
no me meteré en la cama en que reposo,
⁴ no he de conceder sueño a mis ojos
ni quietud a mis párpados,
⁵ hasta encontrar un lugar para Yahvé,
una morada para el Fuerte de Jacob».

1 S 7 1
2 S 6 2
=Sal 99 5

⁶ Sí, oímos de Ella* que está en Efratá,
¡la hemos encontrado en los Campos del Bosque*!
⁷ ¡Entremos en el lugar donde Él* habita,
postrémonos ante el estrado de sus pies!

Nm 10 35
Sal 68 2
‖2 Cro 6
41-42

⁸ ¡Levántate, Yahvé, hacia tu reposo,
ven con el arca de tu poder!
⁹ Tus sacerdotes se vistan de fiesta,
griten de alegría tus amigos.
¹⁰ A causa de David, tu siervo,
no rechaces el rostro de tu ungido*.

Sal 2 2
Ex 30 22+
1 S 9 26+
Sal 110 4

2 S 7 1+
Sal 89 20s

¹¹ Yahvé ha jurado a David
verdad que no retractará:
«Un fruto de tu seno
sentaré en tu trono.

¹² Si tus hijos guardan mi alianza,
el dictamen que yo les enseño,
también sus hijos para siempre
se sentarán en tu trono».

Sal 68 17
2 S 5 9+

¹³ Pues Yahvé ha escogido a Sión,
la ha querido como sede para sí:
¹⁴ «Aquí está mi reposo para siempre,
en él me instalaré, que así lo quiero.

‖2 Cro 6 41
Is 61 10
Jr 31 14

¹⁵ Bendeciré sin medida su alimento,
hartaré de pan a sus pobres,
¹⁶ de fiesta vestiré a sus sacerdotes,
sus amigos gritarán de júbilo.

---

132   Salmo mesiánico, ver sobre todo vv. 17-18. Las promesas hechas por Dios, 2 S 7 1+, se presentan como la respuesta divina a un juramento hecho por David. Un elemento procesional, vv. 6s, evoca el hallazgo y el traslado del arca, 1 S 6 13s; 2 S 6.
132 6   (a) El arca.
132 6   (b) Topónimo afín a Quiriat Yearín, «la ciu-

dad de los bosques», situada, como Belén, en el distrito de Efratá.
132 7   Yahvé.
132 10   El ungido de Yahvé, descendiente de David esperado por Israel. Compartirá el poder con los sacerdotes, ver Sal 110 3; Za 4 14; 6 13.

[17] Allí suscitaré un vástago* a David,
aprestaré una lámpara* a mi ungido;
[18] cubriré de ignominia a sus enemigos,
mas sobre él brillará su diadema*».

Ez 29 21
Is 11 1
Jr 33 15
Za 3 8
⟋ Lc 1 69

SALMO 133 (132)

La unión fraterna*

[1] *Canción de las subidas. De David.*

¡Mira que es bueno y da gusto
que los hermanos convivan* juntos!

Sal 87

[2] Como ungüento fino en la cabeza,
que va bajando por la barba,
que baja por la barba de Aarón*,
hasta la orla de sus vestidos.

Ex 30 25.30

[3] Como el rocío que baja del Hermón
sobre las cumbres de Sión;
allí dispensa Yahvé bendición,
la vida para siempre.

Os 14 6

Dt 28 8;
30 20
Sal 36 10

SALMO 134 (133)

Para la fiesta nocturna*

[1] *Canción de las subidas.*

¡Vamos, bendecid a Yahvé
todos los siervos de Yahvé,
que servís en la Casa de Yahvé,
en los atrios de la Casa de nuestro Dios*!
¡Por las noches [2] alzad las manos al santuario,
y bendecid a Yahvé!

=Sal 135
1-2
1 Cro 9 33;
23 30
Sal 28 2;
63 30
141 2

[3] ¡Te bendiga desde Sión Yahvé,
que hizo el cielo y la tierra*!

=Sal 128 5
Sal 118 26
Nm 6 24

SALMO 135 (134)

Himno de laudes*

[1] ¡Aleluya!

Alabad el nombre de Yahvé,
alabad, siervos de Yahvé,
[2] que servís en la Casa de Yahvé,
en los atrios de la Casa de nuestro Dios.

=Sal 134 1
=Sal 113 1

---

132 17 (a) Lit. «un cuerno», ver Sal 18 3+.
132 17 (b) Ver 1 R 11 36; 15 4; 2 R 8 19; 2 Cro 21 7.
Sobre la lámpara que se apaga, ver Jb 18 5; Jr 25 10. El
Mesías será la luz de las naciones, Is 42 6; 49 6; Lc 2
32.
132 18 Insignia real, ver Sal 89 40; 2 S 1 10; 2 R 11
12, pero también sacerdotal, Ex 28 36; 39 30. El Mesías
davídico es a la vez sacerdote y rey, ver Sal 110 4.
133 Se trata de los lazos fraternales que unen, en
el Templo y en la Ciudad Santa, a sacerdotes y levitas.
133 1 O «se sienten», quizá para una comida de comunión que clausuraba la peregrinación de la fiesta de
las Tiendas.

133 2 «que baja por la barba» conj.; «la barba que
baja» hebr.
134 Llamada a la oración, o diálogo litúrgico entre los ministros del Templo y los peregrinos, quizá en
el curso de una ceremonia nocturna, con la que se inauguraba la fiesta de las Tiendas, ver Ex 23 14+.
134 1 Con griego y Sal 135 2; verso omitido por hebreo.
134 3 Esta bendición litúrgica, ver Nm 6 23s, cierra
el Salterio de las «Subidas», Sal 120 1+.
135 Este canto de alabanza está compuesto totalmente por reminiscencias o préstamos de los salmos o
de otros textos.

³ Alabad a Yahvé, porque es bueno,
tañed para su nombre, que es amable.
⁴ Pues Yahvé se ha elegido a Jacob,
a Israel, para ser su propiedad.

⁵ Bien sé yo que es grande Yahvé,
nuestro Señor más que todos los dioses.
⁶ Todo lo que quiere Yahvé,
lo hace en el cielo y la tierra,
en el mar y en los abismos.

⁷ Levanta las nubes por el horizonte,
con los relámpagos hace llover,
saca de sus depósitos el viento.

⁸ Hirió a los primogénitos de Egipto,
desde personas hasta el ganado;
⁹ mandó señales y prodigios
en medio de ti, Egipto,
contra el faraón y sus siervos.

¹⁰ Hirió a incontables naciones,
dio muerte a reyes poderosos,
¹¹ a Sijón, rey de los amorreos,
a Og, rey de Basán,
y a todos los reinos de Canaán;
¹² y dio sus tierras en herencia,
en herencia a su pueblo Israel.

¹³ ¡Yahvé, tu fama es eterna,
Yahvé, tu recuerdo por generaciones!
¹⁴ Pues Yahvé hace justicia a su pueblo,
se compadece de todos sus siervos.

¹⁵ Los ídolos paganos son plata y oro,
obra de la mano del hombre,
¹⁶ tienen boca y no hablan,
tienen ojos y no ven;
¹⁷ tienen orejas y no oyen,
tienen boca y no respiran.
¹⁸ ¡Sean como ellos los que los hacen,
los que en ellos ponen su confianza!

¹⁹ Casa de Israel, bendecid a Yahvé,
casa de Aarón, bendecid a Yahvé,
²⁰ casa de Leví, bendecid a Yahvé,
los adeptos* a Yahvé, bendecid a Yahvé.

²¹ ¡Bendito desde Sión Yahvé,
que habita en Jerusalén*!

SALMO 136 (135)

Letanía de acción de gracias*

¡Aleluya*!

¹ ¡Dad gracias a Yahvé, porque es bueno,
porque es eterno su amor!

Marginal references (left column):
- Sal 7 18+
- Sal 33 12 / Ex 19 5 / Dt 7 6+ / ‖Ex 18 11 / =Sal 95 3
- =Sal 115 3
- ‖Jr 10 13 / ‖Jr 51 16 / Jb 28 26; / 37 9 / Sal 148 8 / =Sal 136 10 / Ex 12 29 / Sal 78 43
- =Sal 136 17-22
- Is 63 12 / Sal 102 13 / Ex 3 15 / ‖Dt 32 36
- =Sal 115 4-6
- =Sal 115 8
- =Sal 115 9-11

---

135 20   Lit. «los que teméis a Yahvé».
135 21   Antífona litúrgica que sirve de final a todo el himno.
136   (a) Los judíos llaman a esta letanía «el gran Hallel». La recitaban por Pascua después del pequeño Hallel, Sal 113-118.
136   (b) «Aleluya» según griego; el hebr. lo une al salmo anterior.

² Dad gracias al Dios de los dioses,
porque es eterno su amor;
³ dad gracias al Señor de los señores,
porque es eterno su amor.

⁴ Al único que ha hecho maravillas*,
porque es eterno su amor.
⁵ Al que hizo el cielo con sabiduría,
porque es eterno su amor.
⁶ Al que asentó la tierra sobre las aguas,
porque es eterno su amor.

⁷ Al que hizo las grandes lumbreras,
porque es eterno su amor;
⁸ el sol para regir el día,
porque es eterno su amor;
⁹ luna y estrellas, que rigen la noche,
porque es eterno su amor.

¹⁰ Al que hirió en sus primogénitos a Egipto,
porque es eterno su amor;
¹¹ y sacó a Israel de entre ellos,
porque es eterno su amor;
¹² con mano fuerte y tenso brazo,
porque es eterno su amor.

¹³ Al que partió en dos el mar de los Juncos,
porque es eterno su amor;
¹⁴ e hizo pasar por medio a Israel,
porque es eterno su amor;
¹⁵ y hundió en él al faraón con sus huestes*,
porque es eterno su amor.

¹⁶ Al que guió a su pueblo en el desierto,
porque es eterno su amor.
¹⁷ Al que hirió a grandes reyes,
porque es eterno su amor;
¹⁸ y dio muerte a reyes poderosos,
porque es eterno su amor;
¹⁹ a Sijón, rey de los amorreos,
porque es eterno su amor;
²⁰ y a Og, rey de Basán,
porque es eterno su amor.

²¹ Y dio sus tierras en herencia,
porque es eterno su amor;
²² en herencia a su siervo Israel,
porque es eterno su amor.

²³ Al que se acordó de nosotros humillados,
porque es eterno su amor;
²⁴ y nos libró de nuestros adversarios,
porque es eterno su amor.

²⁵ Al que da pan a todo viviente,
porque es eterno su amor.
²⁶ ¡Dad gracias al Dios de los cielos,
porque es eterno su amor!

Referencias marginales:

- Dt 10 17
- =Sal 72 18 / Ex 15 11
- Pr 3 19; 8 27-29
- Sal 24 2
- Gn 1 16
- =Sal 78 51; 135 8
- Dt 4 34
- Ex 14 21s
- Dt 8 2.15
- Dt 2 30s
- Dt 3 1s
- Sal 44 3
- Is 41 8; 44 21
- ⟋ Lc 1 48
- Sal 106 43s / ⟋ Lc 1 71
- Sal 104 27 / 145 15-16
- Dn 2 18

---

136 4   El hebr. añade «grandes», redundancia.
136 15   El hebr. repite «en el mar de los Juncos», du-plicado tomado del v. 13.

SALMO 137 (136)

Balada del desterrado*

Ez 3 15
Lm 3 48

¹ A orillas de los ríos de Babilonia,
estábamos sentados llorando,
acordándonos de Sión.
² En los álamos de la orilla
colgábamos nuestras cítaras.

Is 24 8
Jr 25 10
Lm 5 14

³ Allí mismo nos pidieron
cánticos nuestros deportadores,
nuestros raptores* alegría:
«¡Cantad para nosotros
un canto de Sión!».

⁴ ¿Cómo podríamos cantar
un canto de Yahvé
en un país extranjero?

Jr 51 50

⁵ ¡Si me olvido de ti, Jerusalén,
que se me seque* la diestra!

⁶ ¡Se pegue mi lengua al paladar
si no me acuerdo de ti,
si no exalto a Jerusalén
como colmo de mi gozo!

Sal 122 1+

Ez 25 12-
14+; 35
Ab 10-14
Lm 4 21-22

⁷ Acuérdate, Yahvé,
contra la gente de Edom,
del día de Jerusalén*,
cuando decían: ¡Arrasad,
arrasadla hasta sus cimientos!

Is 47 1s
Jr 50-51
Ap 18 6
Is 14 22
Os 14 1

⁸ ¡Capital de Babel, devastadora,
feliz quien pueda devolverte
el mal que nos hiciste,
⁹ feliz quien agarre y estrelle
a tus pequeños contra la roca!

SALMO 138 (137)

Himno de acción de gracias

¹ *De David.*

=Sal 9 2

Te doy gracias, Yahvé, de todo corazón,
por haber escuchado las palabras de mi boca*.
En presencia de los ángeles* tañeré en tu honor,
² me postraré en dirección a tu santo Templo.

=Sal 5 8

Te doy gracias por tu amor y tu verdad,
pues tu promesa supera a tu renombre*.

---

137   Este salmo evoca el recuerdo de la caída de Jerusalén el año 587 y del destierro en Babilonia.
137 3   «nuestros raptores» Targ.; hebr. ininteligible.
137 5   «se me seque» conj.; «olvide» hebr. (que al parecer ha tratado adrede de suavizar esta maldición).
137 7   El día nueve del cuarto mes (junio-julio 587), cuando los caldeos abrieron brecha en las murallas de Jerusalén, Jr **39** 2; **52** 7, o el día diez del quinto mes, cuando el Templo fue incendiado, Jr **52** 13, ver Za 7 5; 8 19. Los edomitas, Nm **20** 23+, hicieron entonces cau-

sa común con los sitiadores. Numerosos oráculos proféticos reclaman la venganza de Yahvé contra ellos, Is 34 5s; Jr **49** 17; Jl 4 19; Ml 1 3s.
138 1   (a) Griego. Verso omitido por hebr.
138 1   (b) En lugar de «ángeles» (griego, Vulg., ver Sal 8 6), se traduce a veces «dioses» (los ídolos a los que desafía el salmista); sir. traduce «reyes», ver Sal **45** 7, y el Targ. «jueces», ver Sal **58** 2.
138 2   Lit. «has engrandecido tu promesa por encima de tu renombre». Texto dudoso.

³ El día en que grité, me escuchaste,
aumentaste* mi vigor interior.

Is 40 29

⁴ Te dan gracias, Yahvé, los reyes de la tierra,
cuando escuchan las palabras de tu boca;
⁵ y celebran las acciones de Yahvé:
«¡Qué grande es la gloria de Yahvé!
⁶ ¡Excelso es Yahvé, y mira al humilde,
al soberbio lo conoce desde lejos!»

Sal 68 33
Ml 1 11

Is 57 15
Lc 1 51-52

⁷ Si camino entre angustias, me das vida,
ante la cólera del enemigo, extiendes tu mano
y tu diestra me salva.
⁸ Yahvé lo hará todo por mí.
¡Tu amor es eterno, Yahvé,
no abandones la obra de tus manos!

Sal 23 5

Sal 57 3
Sal 100 5+

SALMO 139 (138)

Homenaje a Aquel que los sabe todo*

¹ *Del maestro de coro. De David. Salmo.*

Tú me escrutas, Yahvé, y me conoces;
² sabes cuándo me siento y me levanto,
mi pensamiento percibes desde lejos;
³ de camino o acostado, tú lo adviertes,
familiares te son todas mis sendas.

Jr 12 3
2 R 19 27
Jb 31 4
Sal 44 22
Hb 4 13

⁴ Aún no llega la palabra a mi lengua,
y tú, Yahvé, la conoces por entero;
⁵ me rodeas por detrás y por delante,
tienes puesta tu mano sobre mí.
⁶ Maravilla de ciencia que me supera,
tan alta que no puedo alcanzarla.

⁷ ¿Adónde iré lejos de tu espíritu,
adónde podré huir de tu presencia?
⁸ Si subo hasta el cielo, allí estás tú,
si me acuesto en el Seol, allí estás.

Am 9 2-3
Jb 11 8-9;
23 8-9
Jr 23 23-24
Pr 15 11

⁹ Si me remonto con las alas de la aurora,
si me instalo en los confines del mar,
¹⁰ también allí tu mano me conduce,
también allí me alcanza tu diestra.

¹¹ Si digo: «Que me cubra la tiniebla,
que la noche me rodee como un ceñidor*»,
¹² no es tenebrosa la tiniebla para ti,
y la noche es luminosa como el día*.

Jb 12 22;
34 22
Dn 2 22

¹³ Porque tú has formado mis riñones,
me has tejido en el vientre de mi madre;
¹⁴ te doy gracias por tantas maravillas:
prodigio soy, prodigios tus obras.

Jb 10 8-11

Mi aliento conocías* cabalmente,

---

138 3   «aumentaste» sir.; «me conturbaste» hebr.
139   Con esta meditación sobre la omnisciencia divina podemos comparar la meditación de Job en la que se expresa el temor del hombre bajo la mirada de Dios, Jb 7 17-20+.

139 11   «ceñidor» 11QPa; «luz» TM.
139 12   El texto añade una glosa aramea: «como la tiniebla, así la luz».
139 14   «conocías» conj.; «conociendo» hebr.

¹⁵ mis huesos no se te ocultaban,
cuando era formado en lo secreto,
tejido en las honduras de la tierra.

Ml 3 16
Dn 7 10
Sal 69 29

¹⁶ Mi embrión veían tus ojos;
en tu libro están inscritos
los días que me has fijado,
sin que aún exista el primero*.

Sal 31 16
Jb 14 5
Jb 11 7
Si 18 5-7
Rm 11 33
Sal 40 6

¹⁷ ¡Qué arduos me resultan tus pensamientos,
oh Dios, qué incontable es su suma!
¹⁸ Si los cuento, son más que la arena;
al terminar*, todavía estoy contigo.

Sal 119 115

¹⁹ ¡Oh Dios, si mataras al malvado,
si los sanguinarios se apartaran de mí!
²⁰ Ellos que hablan de ti dolosamente,
tus adversarios que se alzan en vano*.

Jb 21 14

²¹ ¿No odio, Yahvé, a los que te odian?
¿No me asquean los que se alzan contra ti?
²² Los odio en el colmo del odio,
los tengo por enemigos.

Sal 119 158

Sal 5 11+

Sal 17 3;
26 2

²³ Sondéame, oh Dios, conoce mi corazón,
examíname, conoce mis desvelos.
²⁴ Que mi camino no acabe mal,
guíame por el camino eterno.

Sal 5 9;
143 10

SALMO 140 (139)

Contra los malvados

¹ *Del maestro de coro. Salmo. De David.*

² Líbrame, Yahvé, del hombre malvado,
guárdame del hombre violento,
³ de los que traman maldades en su interior,
y a diario fomentan peleas,
⁴ aguzan su lengua igual que serpientes,
esconden en sus labios veneno de víboras.　　　　*Pausa.*

Rm 3 13

⁵ Presérvame, Yahvé, de las manos del malvado,
guárdame del hombre violento,
de los que proyectan trastornar mis pasos,
⁶ᵇ y tienden una red bajo mis pies*,
⁶ᵃ de los insolentes que me ocultan lazos,
⁶ᶜ que me ponen trampas al borde del sendero.　　*Pausa.*

Jr 18 22
Sal 56 7;
57 7
Si 12 16

⁷ Yo digo a Yahvé: Tú eres mi Dios,
escucha, Yahvé, la voz de mi súplica.
⁸ Yahvé, Señor mío, mi fuerza salvadora,
tú proteges mi cabeza el día del combate.
⁹ No concedas, Yahvé, su deseo al malvado,
no dejes que su plan se realice.

Sal 31 15

Los que me asedian alzan ¹⁰ su cabeza:　　　*Pausa.*
¡que los ahogue la malicia de sus labios,
¹¹ que les llueven carbones encendidos*,
que, hundidos en el abismo, no se alcen;

Gn 19 24
Nm 16 31s
Sal 11 6;
55 24

---

139 16　Texto difícil. El salmista medita sobre la omnisciencia divina: Dios conoce al hombre y su destino,
incluso antes de su nacimiento, ver Sal 22 11; 71 16.
Para el hombre, en cambio, el misterio es impenetrable.
139 18　«al terminar» 3 mss; «me despierto» TM.

139 20　Todo este estico es dudoso.
140 6ᵇ　«bajo mis pies» griego; omitido por hebr.
140 11　«lluevan» conj.: «sean quebrantados» Qeré,
versiones; «quebrántese» Ketib. —«encendidos» (lit.
«de fuego») griego; «en el fuego» hebr.

¹² que no arraigue en la tierra el deslenguado*,
que la desgracia sorprenda al violento!
¹³ Sé que Yahvé defenderá al humilde,
que llevará la causa de los pobres.
¹⁴ Los justos darán gracias a su nombre,
los rectos morarán en tu presencia.

Sal 11 7;
16 11; 17 15

SALMO 141 (140)

Contra la seducción del mal

¹ *Salmo. De David.*

Te invoco, Yahvé, ven presto,
escucha mi voz cuando te llamo.
² Que mi oración sea como incienso para ti,
mis manos alzadas, como ofrenda de la tarde*.

Lv 2 2
Ex 30 8
Nm 28 4

³ Pon, Yahvé, en mi boca un centinela,
un vigía a la puerta de mis labios.
⁴ No inclines mi corazón a cosas malas,
a perpetrar acciones criminales
en compañía de hombres malhechores:
¡no dejes que comparta sus gustos!

⁵ Que el justo me hiera y el leal me corrija,
pero nunca el malvado perfume mi cabeza,
pues así seguiría implicado en sus maldades*.

Pr 9 8;
25 12;
27 6.9

⁶ Quedaron a merced de la Roca, su juez*,
los que oyeron con regodeo mis palabras:
⁷ «Como piedra molar estrellada* por tierra,
sus huesos se esparcen a la boca del Seol».

⁸ A ti, Señor Yahvé, se vuelven mis ojos,
¡en ti me cobijo, no me desampares!
⁹ Guárdame del lazo que me tienden,
de la trampa de los malhechores.
¹⁰ Caigan los malvados en sus redes,
al tiempo que yo escapo indemne.

SALMO 142 (141)

Oración de un perseguido*

¹ *Poema. De David. Cuando estaba en la cueva. Oración.*

Sal 57 1

² A gritos imploro a Yahvé,
a Yahvé suplico a gritos.
³ Derramo ante él mi lamento,
ante él expongo mi angustia,
⁴ cuando mi aliento se apaga;
mas tú conoces mi sendero.

Sal 139 24

---

140 12 Lit. «el hombre de lengua».
141 2 Esta oblación cotidiana era de rigor. La piedad judía equipara así la oración con los sacrificios, ver Sal 51 18. Ver también Ap 5 8; 8 4.
141 5 «el malvado» griego, sir.; «cabeza» hebr. —«seguiría implicado» según 11QPsa; «mi oración» hebr. —El texto es muy oscuro. Entendemos que el salmista teme las insinuaciones de los malvados que podrían seducirle.
141 6 Yahvé, «Roca de Israel»: Sal 13 3; 19 15; 42 10, etc. —«su juez» está en plural en hebr.; se trata de un plural de majestad, como en Sal 58 12.
141 7 «piedra molar estrellada» griego, sir.; «rompiendo y hendiendo» hebr.
142 Lamentación individual que se aplicará a Cristo doliente.

En el camino por donde voy
me han escondido una trampa.

Sal 141 9
Sal 121 5

[5] Mira a la derecha*, y ve,
no hay nadie que me conozca.
No hay refugio para mí,
nadie que de mí se cuide.

[6] Por eso, a tí clamo, Yahvé;
te digo: ¡Tú eres mi refugio,

Sal 91 2.9
Sal 16 5

mi porción en la tierra de los vivos*!
[7] Presta atención a mi clamor,

Sal 79 8

pues estoy del todo abatido.

¡Líbrame de mis perseguidores,
pues son más fuertes que yo!
[8] ¡Saca mi vida de la cárcel

Sal 88 9
Lm 3 7

para dar gracias a tu nombre!
Y me harán corro los justos*
por tus favores conmigo.

SALMO 143 (142)

Súplica humilde

[1] Salmo. De David*.

Escucha, Yahvé, mi oración,
y presta oído a mi súplica;
respóndeme leal, por tu justicia.

Jb 9 2;
14 3-4
Qo 7 20
⟋ Rm 3 20
Sal 7 6

[2] No entres en pleito con tu siervo,
pues no hay ser vivo justo ante ti*.

‖Lm 3 6

[3] Me persigue a muerte el enemigo,
aplasta mi vida contra el suelo;
me obliga a vivir entre tinieblas,
como los que han muerto para siempre.

Sal 142 4
Jb 17 1

[4] Ya se apaga el aliento en mí,
mi corazón por dentro enmudece.

=Sal 77 6
Sal 77 12-13

[5] Recuerdo los días de antaño,
medito todas tus acciones,
pondero las obras de tus manos;

Sal 63 2

[6] hacia ti tiendo mis manos,
como tierra sedienta de ti.   Pausa.

Sal 10 1;
69 18;
102 3

[7] ¡Respóndeme pronto, Yahvé,
que ya me falta el aliento;
no escondas tu rostro lejos de mí,

Sal 28 1;
88 5
Sal 17 15+

pues sería como los que bajan a la fosa!

[8] Hazme sentir tu amor por la mañana,
pues yo cuento contigo;
muéstrame el camino que he de seguir,
pues estoy pendiente de ti.

Sal 25 1-2;
86 4

[9] Líbrame de mis enemigos, Yahvé,
pues busco refugio* en ti;

---

142 5   La derecha es el lugar del defensor, ver Sal
109 31; Is 63 12.
142 6   Aquí abajo, ver Sal 27 13; 52 7; comparar Sal
16 5; 46 2; 91 2.
142 8   Griego y sir. traducen: «los justos esperan».
—Todos los amigos de Dios son solidarios, se asocian a
la acción de gracias del fiel salvado por Dios, ver Sal 64

143 1   El griego precisa: «cuando su hijo (Absalón)
le perseguía», ver Sal 3 1; 2 S 15 13s.
143 2   Ver Sal 51 7; 130 3. San Pablo utiliza este pasaje bastante libremente, Rm 3 20; Ga 2 16.
143 9   «busco refugio» griego; «cubro» hebr.

¹⁰ enséñame a cumplir tu voluntad,
tú, que eres mi Dios;
tu espíritu, que es bueno, me guíe
por una tierra llana.

¹¹ Por tu nombre, Yahvé, dame la vida,
por tu justicia, líbrame de la angustia;
¹² por tu amor, aniquila a mis enemigos.
Pierde a todos mis opresores,
porque yo soy tu servidor.

Sal 25 4-5

Sal 54 7

Sal 116 16

SALMO 144 (143)

Himno para la guerra y la victoria*

¹ *De David.*

Bendito Yahvé, mi Roca,   =Sal 18 17
que adiestra mis manos para el combate,   =Sal 18 35
mis dedos para la batalla.
² Es mi aliado y mi baluarte,   =Sal 18 3
mi alcázar y libertador,
el escudo que me cobija,
el que me somete pueblos*.   =Sal 18 48
³ ¿Qué es el hombre, Yahvé, para ocuparte,   =Sal 8 5
el ser humano para que pienses en él?
⁴ El hombre es semejante a un soplo,   =Sal 39
sus días, como sombra que pasa.   6-7
                                           Jb 14 2
⁵ ¡Inclina, Yahvé, tus cielos y desciende,   =Sal 18 10
toca las montañas y que echen humo;   =Sal 104 32
⁶ fulmina el rayo y dispérsalos,   Is 63 19
lanza tus flechas y trastórnalos!   =Sal 18 15

⁷ Extiende tus manos desde lo alto,   =Sal 18 17
líbrame de las aguas caudalosas,
sálvame de la mano de extranjeros,
⁸ cuya boca profiere falsedades
y su diestra es diestra de mentira.

⁹ Te cantaré, oh Dios, un cántico nuevo,   =Sal 33 2-3
tañeré para ti el arpa de diez cuerdas,
¹⁰ tú que das a los reyes la victoria,   =Sal 18 51
que salvas a David tu servidor*.

De la espada funesta ¹¹ sálvame,
líbrame de la mano de extranjeros,
cuya boca profiere falsedades
y su diestra es diestra de mentira.

¹² Sean nuestros hijos como plantas   Sal 128 3
pomposas desde la juventud;
nuestras hijas, columnas talladas*,   Jb 42 14-15
esculpidas como para un palacio.   Si 26 18

¹³ Estén nuestros graneros rebosantes,   Lv 26 4-5
repletos de frutos variados;   Dt 7 13

---

144   La primera parte, vv. 1-11, resumen de liturgia real, se inspira en el Sal 18 y otros. La segunda parte, vv. 12-15, original, describe la prosperidad mesiánica.
144 2   «pueblos» mss. versiones; «mi pueblo» hebr.

y griego; corrección intencionada para aludir a David.
144 10   «tu» mss. sir.; «su» hebr. «M siervo (o servidor) David» se ha convertido en título mesiánico, Jr 33
21; Ez 34 23-24; 37 24.
144 12   Palabra rara, que evoca a las cariátides.

que nuestras ovejas, a millares,
se multipliquen en nuestros prados;
[14] vuelvan cargadas nuestras bestias.

Que no haya brechas ni aberturas,
ni gritos en nuestras plazas.

Lv 26 6
Is 65 19

[15] ¡Feliz el pueblo a quien así sucede,
feliz el pueblo cuyo Dios es Yahvé!

Sal 29 11
=Sal 33 12

SALMO 145 (144)

Alabanza al Rey Yahvé*

[1] *Himno. De David.*

Sal 44 5	*Álef.*	Te ensalzaré, Dios mío, mi Rey, bendeciré tu nombre por siempre;
Sal 34 2; 68 20	*Bet.*	[2] todos los días te bendeciré, alabaré tu nombre por siempre.
Sal 48 2; 95 3 Jb 36 26	*Guímel.*	[3] Grande es Yahvé, muy digno de alabanza, su grandeza carece de límites.
Sal 71 18; 78 4	*Dálet.*	[4] Una edad a otra encomiará tus obras, pregonará tus hechos portentosos.
	He.	[5] El esplendor, la gloria de tu majestad, el relato de tus maravillas recitaré.
	Vau.	[6] Del poder de tus portentos se hablará, y yo tus grandezas contaré;
	Zain.	[7] se recordará tu inmensa bondad, se aclamará tu justicia.
Sal 103 8+	*Jet.*	[8] Es Yahvé clemente y compasivo, tardo a la cólera y grande en amor;
Sal 103 13 Sb 1 13-14	*Tet.*	[9] bueno es Yahvé para con todos, tierno con todas sus creaturas.
	Yod.	[10] Alábente, Yahvé, tus creaturas, bendígante tus fieles;
Sal 93 1 1 Cro 29 11	*Kaf.*	[11] cuenten la gloria de tu reinado, narren tus proezas,
	Lámed.	[12] explicando tus proezas a los hombres, el esplendor y la gloria de tu reinado*.
‖Dn 3 33 (100) Sal 102 13	*Mem.*	[13] Tu reinado es un reinado por los siglos, tu gobierno, de edad en edad.
1 Tm 1 17 Ap 11 15	*(Nun).*	Fiel es Yahvé en todo lo que dice, amoroso en todo lo que hace*.
=Sal 94 18 =Sal 146 8	*Sámek.*	[14] Yahvé sostiene a los que caen, endereza a todos los encorvados.
=Sal 104 27-28 Mt 6 25s	*Ain.*	[15] Los ojos de todos te miran esperando; tú les das a su tiempo el alimento.
	Pe.	[16] Tú* abres la mano y sacias de bienes a todo viviente.
Dt 32 4	*Sade.*	[17] Yahvé es justo cuando actúa, amoroso en todas sus obras.

---

145   Salmo «alfabético», que toma prestados segmentos de otros salmos.
145 12   «tus proezas... tu reinado» versiones; «sus... su» hebr.

145 13   Las versiones conservan el verso nun, omitido en el hebr.
145 16   «tú» griego.

Qof. ¹⁸ Cerca está Yahvé de los que lo invocan,
de todos los que lo invocan con sinceridad.

Reš. ¹⁹ Cumple los deseos de sus leales*,
escucha su clamor y los libera.

Šin. ²⁰ Yahvé guarda a cuantos le aman,
y extermina a todos los malvados.

Tau. ²¹ ¡Que mi boca alabe a Yahvé,
que bendigan los vivientes su nombre
sacrosanto para siempre jamás!

Dt 4 7
Jr 29 13
Is 58 9
Sal 34 18
Jc 5 31

SALMO 146 (145)

Himno al Dios temible*

¹ ¡Aleluya!

¡Alaba, alma mía, a Yahvé!
² A Yahvé, mientras viva, alabaré,
mientras exista tañeré para mi Dios.

=Sal 104 33
Sal 7 18+

³ No pongáis la confianza en los nobles,
en un ser humano, incapaz de salvar;
⁴ exhala su aliento, retorna a su barro,
ese mismo día se acaban sus planes.

Is 2 22
Sal 90 3;
104 29
Qo 12 7
∕ 1 Mt 2 63

⁵ Feliz quien se apoya en el Dios de Jacob,
quien tiene su esperanza en Yahvé, su Dios,
⁶ que hizo el cielo y la tierra,
el mar y cuanto hay en ellos;
que guarda por siempre su lealtad,
⁷ que hace justicia a los oprimidos,
que da pan a los hambrientos.
Yahvé libera a los condenados.

Jr 17 7
Sal 2 12
Sal 121 2;
124 8
Sal 103 6
Sal 68 7
Is 49 9;
61 1

⁸ Yahvé abre los ojos a los ciegos,
Yahvé endereza a los encorvados,
⁹ Yahvé protege al forastero,
sostiene al huérfano y a la viuda.

Sal 145 14
Ex 22 20s
Sal 68 6

^{8c} Yahvé ama a los honrados,
^{9c} y tuerce el camino del malvado.
¹⁰ Yahvé reina para siempre,
tu Dios, Sión, de edad en edad.

Sal 11 7
Ex 15 18
Sal 145 13+

SALMO 147 (146-147)

Himno al Todopoderoso*

¡Aleluya*!

¹ Alabad a Yahvé, que es bueno cantar,
a nuestro Dios, que es dulce* la alabanza.

Sal 92 2

² Yahvé reconstruye Jerusalén,
congrega a los deportados de Israel;

---

145 19   Lit. «los que le temen».
146   Este salmo es el comienzo de un tercer Hallel,
Sal **146-150**, que los judíos recitaban por la mañana.
Ver Sal **113-118** y **136**.
147   (a) Aunque este salmo forma una unidad, algunas versiones (entre ellas la Vulg.) lo cortan en dos
por el v. 12. El poeta ensalza a Yahvé como libertador

de Israel, Creador, amigo de los «pobres».
147   (b) «Aleluya» griego; unido por el hebr. al salmo anterior.
147 1   «dulce» (fem.) griego; «dulce (masc.), bella»
hebr. Algunos proponen: «Cantad a nuestro Dios, pues
es dulce», ver Sal **135** 3.

³ sana los corazones quebrantados,
venda sus heridas.

⁴ Cuenta el número de las estrellas,
llama a cada una por su nombre;
⁵ grande y poderoso es nuestro Señor,
su sabiduría no tiene medida.
⁶ Yahvé sostiene a los humildes,
abate por tierra a los impíos.

⁷ Cantad a Yahvé dándole gracias,
tañed la cítara en honor de nuestro Dios:

⁸ El que cubre de nubes los cielos,
el que dispensa lluvia a la tierra,
y llena de hierba las montañas,
de plantas para el uso del hombre*;
⁹ el que dispensa alimento al ganado,
a las crías de cuervo cuando graznan.

¹⁰ No se deleita en el brío del caballo,
ni se complace en los músculos del hombre.
¹¹ Yahvé se complace en sus adeptos*,
en los que esperan en su amor.

¹² ¡Celebra a Yahvé, Jerusalén,
alaba a tu Dios, Sión*!,

¹³ que refuerza los cerrojos de tus puertas
y bendice en tu interior a tus hijos;
¹⁴ que concede prosperidad a tu territorio
y te sacia con flor de harina.

¹⁵ Que envía a la tierra su mensaje,
y su palabra* corre a toda prisa.
¹⁶ Que distribuye la nieve como lana
y esparce la escarcha cual ceniza.

¹⁷ Arroja su hielo como migajas,
ante su frío el agua se congela.
¹⁸ Envía su palabra y se derrite,
sopla el viento y fluye el agua.

¹⁹ Revela a Jacob sus palabras,
sus preceptos y normas a Israel:
²⁰ no hizo tal con ninguna nación,
ni una sola sus normas conoció*.

SALMO 148
Alabanza de la creación*

¹ ¡Aleluya!

¡Alabad a Yahvé desde el cielo,
alabadlo en las alturas,
² alabadlo, todos sus ángeles,
todas sus huestes, alabadlo!

Marginal references (left column):

Is 11 12; 56 8
Jr 31 10
Jr 33 6
Is 61 1
Jb 5 18
Is 40 26+
Is 40 28
1 S 2 7-8

Sal 104 10-14, 27-28
Jr 14 22
Jl 2 23
Jb 5 9-10

Jb 38 41
Mt 6 26
Sal 20 8-9; 33 16-18

Jr 33 10s
Is 65 18s
Sal 48 14
Lv 26 6
Sal 81 17

Sal 29 3s; 33 9; 107 20
Is 55 10-11

Jb 6 16; 37 10; 38 22

Dt 33 3-4

Dt 4 7-8
Hch 14 16

Gn 1
Sal 104
Dn 3 57-90

Sal 103 20-21
Jb 38 7

---

147 8 Griego, ver Sal **104** 14; estico omitido por hebr.
147 11 Lit. «los que le temen».
147 12 Los Padres han aplicado esta segunda parte del salmo a la nueva Jerusalén, militante o triunfante.
147 15 Aquí es presentada la palabra divina como mensajera, casi como hipóstasis. Ver Sal **107** 20; Is **55**

11; Jn 1 14+.
147 20 El hebr. añade aquí «Aleluya»; omitido por griego. Igualmente en los dos salmos siguientes.
148 El cielo, la tierra y toda la creación son convocados para celebrar a Yahvé, restaurador del pueblo elegido. Los judíos recitan este salmo todas las mañanas.

³ ¡Alabadlo, sol y luna,
  alabadlo, estrellas lucientes,
⁴ alabadlo, cielos de los cielos,
  aguas que estáis sobre los cielos!

1 R 8 27
Gn 1 7

⁵ Alaben ellos el nombre de Yahvé*,
  pues él lo ordenó y fueron creados;
⁶ el los fijó por siempre, por los siglos,
  les dio una ley que nunca pasará.

Jr 31 35-36

⁷ ¡Alabad a Yahvé desde la tierra,
  monstruos del mar y abismos todos,
⁸ fuego y granizo, nieve y bruma,
  viento tempestuoso, que hace su voluntad,

⁹ montañas y todas las colinas,
  árboles frutales y todos los cedros,
¹⁰ fieras y todos los ganados,
   reptiles y pájaros que vuelan,

Is 44 23

Is 43 20

¹¹ reyes de la tierra y pueblos todos,
   dignatarios y jueces de la tierra,
¹² jóvenes y doncellas también,
   los viejos junto con los niños!

Jr 31 13

¹³ Alaben el nombre de Yahvé:
   sólo su nombre es sublime,
   su majestad sobre el cielo y la tierra.
¹⁴ Él realza el vigor de su pueblo,
   orgullo de todos sus fieles,
   de los hijos de Israel*, pueblo de sus íntimos.

Sal 108 6;
113 4
Sal 89 18

Dt 7 6+
Ef 2 13

SALMO 149

Himno triunfal*

¹ ¡Aleluya!

¡Cantad a Yahvé un cántico nuevo:
su alabanza en la asamblea de sus fieles!
² ¡Regocíjese Israel en su Hacedor,
  alégrense en su rey los de Sión:
³ alaben su nombre entre danzas,
  haciendo sonar tambores y cítaras.

Sal 40 10

Sal 87 7;
150 4

Sal 68 26;
81 3
Is 61 9;
62 4-5
1 S 2 8

⁴ Porque Yahvé se complace en su pueblo,
  adorna de salvación a los desvalidos.
⁵ Exulten los fieles ante su gloria,
  desde su lugar* griten de alegría,
⁶ con elogios a Dios en su garganta,
  y en su mano espada de dos filos;

Ne 4 10-12
2 M 15 27

⁷ para tomar venganza de las naciones
  e infligir el castigo a los pueblos,
⁸ para atar con cadenas a sus reyes,
  con grillos de hierro a sus magnates,

Za 9 13-16

---

148 5   Griego y Vulg. añaden aquí: «él habla y así
es», Sal **33** 9a.
148 14   Único caso, junto con Sal **103** 7, en que los
salmos emplean la expresión «hijo de Israel», que se
hace muy frecuente después del destierro en los escritos
deuteronómicos y sacerdotales.
149   Este himno nacional de la época helenística
(se le relaciona con Ne **4** 11.18; 1 M **2** 42 y 2 M **15** 27)

contempla el futuro escatológico, ver Is **61** 2s, y hace
de Israel el instrumento de la justicia divina, ver Za **9**
13-16.
149 5   Es decir, desde el lugar en que se postran, ver
Sal **95** 6; Jdt **6** 18; Si **50** 17.21; a no ser que se haya de
entender: su alabanza no cesa, ni siquiera de noche, ver
Sal **4** 5; **63** 7; Os **7** 14.

[9] para aplicarles la sentencia escrita*:
¡será un honor para todos sus fieles!

SALMO 150
Doxología final*

[1] ¡Aleluya!

Alabad a Dios en su santuario,
alabadlo en su poderoso firmamento,
[2] alabadlo por sus grandes hazañas,
alabadlo por su inmensa grandeza.

[3] Alabadlo con el toque de cuerno,
alabadlo con arpa y con cítara,
[4] alabadlo con tambores y danzas,
alabadlo con cuerdas y flautas,
[5] alabadlo con címbalos sonoros,
alabadlo con címbalos y aclamaciones*.
Ap 5 13   [6] ¡Todo cuanto respira alabe a Yahvé!

¡Aleluya!

---

149 9   Alusión a los oráculos contra las naciones, contenidos en los libros proféticos.
150   Esta doxología, más desarrollada que las que cierran los cuatro primeros libros del Salterio (Sal 41

14; 72 18-20; 89 52; 106 48) invita a todos los músicos y a todos los seres vivientes a alabar a Yahvé.
150 5   Ver Nm 10 5; Sal 33 3+.

CANTAR DE LOS CANTARES

Introducción

El Cantar de los Cantares, es decir, el Cantar por excelencia, el Cantar más bello, canta en una serie de poemas el amor mutuo de una pareja de amantes, que se juntan y se pierden, se buscan y se encuentran. Al amado se le llama «Rey», 1 4 y 12, y «Salomón», 3 7 y 9; a la amada se la llama «Sulamita», 7 1, nombre en el que se ha querido ver reflejado fonéticamente el nombre de Salomón o el de la Sunamita que aparece en la historia de David y de Salomón, 1 R 1 3; 2 21-22. Como la tradición sabía que Salomón había compuesto canciones, 1 R 5 12, se le atribuyó este cántico por antonomasia (de ahí el título del libro 1 1). Y del mismo modo, dada su fama de sabio, se le atribuyeron Proverbios, Eclesiastés y Sabiduría. A causa del título, se clasificó al Cantar entre los libros sapienciales, en la Biblia griega después del Eclesiastés, en la Vulgata entre el Eclesiástico y la Sabiduría, precisamente dos libros «salomónicos». En la Biblia hebrea, el Cantar está colocado entre los «escritos» que forman la tercera y más reciente parte del canon judío. Posteriormente al siglo VIII de nuestra era, cuando el Cantar fue utilizado en la liturgia pascual, se convirtió en uno de los cinco «meguil·lot» o rollos que se leían en las grandes fiestas.

Este libro, que no habla de Dios y que usa un lenguaje de amor apasionado, ha resultado chocante. En el siglo I de nuestra era surgieron dudas sobre su canonicidad en los medios judíos y se resolvieron apelando a la tradición. Y fundándose en ésta lo ha aceptado siempre la Iglesia cristiana como Escritura Sagrada.

No hay libro del Antiguo Testamento que haya recibido interpretaciones más dispares.

La más reciente rastrea el origen del Cantar en el culto de Istar y de Tamuz, y en los ritos del matrimonio divino (hierogamia) que se supone realizaba el rey en representación del dios. Un ritual así, tomado de los cananeos, se habría practicado antiguamente en el culto de Yahvé, y el Cantar sería el librito, expurgado y revisado, de esa liturgia. No puede demostrarse esta teoría cultual y mitológica; resulta improbable. No es posible imaginarse a un creyente israelita plagiando estas representaciones de una religión de la fecundidad simplemente para obtener de ella cantares de amor. Si hay coincidencias de expresión entre los himnos a Istar o a Tamuz y los poemas del Cantar, será porque uno y otros hablan el lenguaje del amor.

La interpretación alegórica es mucho más antigua. Llegó a ser común entre los judíos a partir del siglo II de nuestra era: el amor de Dios por Israel y el del pueblo por su Dios son representados como las relaciones entre dos esposos; es el mismo tema del matrimonio que los profetas desarrollan desde Oseas. Los autores cristianos, sobre todo bajo la influencia de Orígenes y a pesar de la oposición individual de Teodoro de Mopsuestia, siguieron la misma línea que la exégesis judía, pero la alegoría se convierte en ellos en la de las bodas de Cristo con la Iglesia, o en la de la unión mística del alma con Dios. Son ya muy pocos los comentaristas católicos modernos que defienden alguna de las variantes de esta interpretación alegórica. Se atienen al tema general de Yahvé, esposo de Israel, o bien tratan de encontrar en el conjunto del Cantar la historia de las conversiones de Israel, de sus desilusiones y de sus esperanzas. El carácter inspirado y canónico del Cantar exige, a su parecer, que cante a algo distinto al amor profano. Pero las justificaciones exegéticas que dan del sentido alegórico, acumular do los paralelos verbales con el resto de la Biblia, aparecen artificiales y forzadas.

En consecuencia, la mayor parte de los exegetas católicos se adhiere a la interpretación literal, que hoy reúne la casi totalidad de los votos. Reanudan así la tradición más antigua. No existe ningún indicio de una interpretación alegórica del Cantar antes de nuestra era, y en los escritos de Qumrán no se descubre ningún vestigio; el Nuevo Testamento, por más que se haya dicho, no aporta ningún testimonio; los judíos del siglo I cantaban el Cantar en las fiestas profanas de matrimonio y siguieron haciéndolo a pesar de la prohibición lanzada por Rabí Aquiba. El Cantar mismo no manifiesta ninguna intención alegorizante, contrariamente a los profetas que, cuando recurren a la alegoría, lo dicen explícitamente y ofrecen la clave, Is 5

7; Ez **16** *2;* **17**, *12;* **23** *4;* **31** *2;* **32** *2, etc. Nada nos indica que haya de aplicarse sobre el Cantar un papel perforado para traducir su código y leer en él algo distinto al sentido que brota naturalmente del texto: una colección de cantares que celebran el amor mutuo y fiel que sella el matrimonio. Proclama la legitimidad y celebra el valor del amor humano, y el tema no es sólo profano, puesto que Dios ha bendecido el matrimonio, considerado no tanto como medio de procreación cuanto como la asociación afectiva y estable del hombre y de la mujer, Gn* **2**. *Bajo la influencia del Yahvismo, la vida sexual, que el medio ambiente cananeo concebía a imagen de las relaciones entre divinidades de la fecundidad, queda aquí desmitologizada y es considerada con un sano realismo. El mismo amor humano es incidentalmente el tema de otros libros del Antiguo Testamento, por ejemplo en algunos relatos antiguos del Génesis, en la historia de David, en los Proverbios y el Eclesiástico, donde se le trata de la misma manera y a veces con expresiones que recuerdan las del Cantar, y su honestidad justifica la trasposición que los profetas hacen de él a las relaciones de Yahvé con Israel. No hay, pues, dificultad en que se le haya dedicado un libro, y en que éste haya sido admitido en el Canon. No nos toca a nosotros fijar límites a la inspiración de Dios.*

Se puede buscar el origen del Cantar en las fiestas que acompañaban a la celebración del matrimonio, ver Jr **7** *24;* **16** *9; Sal* **45**, *y se han establecido comparaciones útiles con las ceremonias y los cantos de las bodas de los árabes de Siria y Palestina. Pero el Cantar no es una colección de cantos populares. Sean cuales fueren los modelos que haya podido conocer, el autor del Cantar es un poeta original y un hábil literato. Los mejores paralelos se encuentran en los cantos de amor del antiguo Egipto, que son obras literarias, pero no es posible afirmar que se haya inspirado en ellos. Israel hubo de tener como sus vecinos una poesía amorosa y, en un ambiente semejante, el lenguaje del amor*

ha empleado las mismas imágenes y las mismas hipérboles.

El Cantar no sigue ningún plan definido. Es una colección de cantos, a los que sólo les une su tema común, que es el amor. Los «cinco» poemas entre los cuales se distribuye la traducción solamente sugieren agrupamientos posibles de unidades más cortas, y no debemos buscar del uno al otro ningún progreso ni del pensamiento ni de la acción. Las colecciones de cantos egipcios que han llegado a nosotros tienen la misma disposición. Se trata de repertorios en los que se podía escoger un espécimen según la circunstancia o el auditorio, y ello explica que las piezas sean variaciones sobre los mismos temas y que existan numerosos duplicados. No estaban destinados a ser cantados o recitados todos ellos seguidos.

Si se renuncia a la ayuda de la alegoría para descubrir en el Cantar alusiones a acontecimientos históricos, su fecha es de difícil precisión. Algunos le hacen remontarse hasta el reinado de Salomón, pero los aramaísmos de su lenguaje y el préstamo de una palabra persa, **4** *13, y de otra griega,* **3** *9, imponen una fecha posterior al Destierro, en el siglo V o IV a.C. El lugar de composición es ciertamente Palestina.*

Independientemente de la atribución que se hizo a Salomón, el gran Sabio, la interpretación literaria del Cantar legitima su clasificación entre los libros sapienciales: como ellos, se preocupa de la condición humana y considera uno de sus aspectos vitales. Enseña a su manera la bondad y la dignidad del amor que acerca al hombre y a la mujer, destruye los mitos que se le adherían entonces y lo libera de las ataduras del puritanismo como también de las licencias del erotismo. No debe perderse esta lección para nuestra época. Por lo demás, es lícito, por encima del sentido literal, aplicar el Cantar a las relaciones de Cristo con su Iglesia, lo cual, sin embargo, no lo hizo San Pablo en Ef **5**, *o a la unión de las almas con el Dios de amor, y esto justifica el uso admirable que de él hicieron místicos como San Juan de la Cruz.*

CANTAR DE LOS CANTARES

Título y prólogo

1 ¹ Cantar de los cantares, de Salomón*.

LA NOVIA*. ² ¡Que me bese con besos de su boca!
Mejores son que el vino tus amores,
³ qué suave el olor de tus perfumes;
tu nombre* es aroma penetrante,
por eso te aman las doncellas.

6 8

⁴ Llévame en pos de ti: ¡Corramos!
Méteme, rey* mío, en tu alcoba,
disfrutemos juntos y gocemos,
alabemos tus amores más que el vino.
¡Con razón eres amado!

Primer poema

LA NOVIA. ⁵ Soy morena*, pero hermosa,
muchachas de Jerusalén*,
como las tiendas de Quedar,
como las lonas de Salmá*.
⁶ No miréis que estoy morena:
es que me ha quemado el sol.
Mis hermanos se enfadaron conmigo,
me pusieron a guardar las viñas,
¡y mi viña no supe guardar*!

Is 5 1+

⁷ Indícame, amor de mi alma,
dónde apacientas el rebaño,
dónde sestea a mediodía,
para que no ande así perdida*
tras los rebaños de tus compañeros.

Gn 37 16
Ez 34 1+
Sal 23 1-3
Jn 10 1-16

EL CORO. ⁸ Si tú no lo sabes,
¡hermosa entre las mujeres!,
sigue las huellas del rebaño,
lleva a pacer tus cabritas
junto al jacal de los pastores.

Jr 31 21

---

1 1 Sobre la atribución a Salomón, ver la Introducción.
1 2 Los vv. 2-4 son como un prólogo, que da el tema general de los poemas que vienen detrás y que tiene ya el tono de ternura apasionada que dominará toda la colección. Los bruscos pasajes de la tercera a la segunda persona son característicos también de los cantos de amor egipcios. El novio está ausente, pero sigue presente en el corazón de su amada, a la que se unen sus compañeras, v. 4ᵇ, que son las hijas de Jerusalén del v. 5. El conjunto tiene paralelos en el epitalamio real de Sal 45 8-9.15-16.
1 3 Simple juego poético de aliteración con šemen, «aceite», «ungüento» y šem, «nombre»; el aceite ha sido sugerido por los perfumes del v. precedente.
1 4 El rey no es Yahvé, como dice la interpretación alegórica, ni Salomón en el poema primitivo. En los cantos de matrimonio sirios se llama «rey» y «reina» al novio y a la novia. Tal vez aquí todo el v. sea simplemente una reminiscencia de Sal 45 15.
1 5 (a) Tiene la tez bronceada por los trabajos cam-

pestres a los que se la ha obligado, v. 6; se compara a las tiendas negras de los beduinos, tejidas con pelo de cabra. Los antiguos poetas árabes contraponen el cutis claro de las jóvenes de buena cuna (aquí las hijas de Jerusalén) al de los esclavos y esclavas ocupados en los trabajos exteriores.
1 5 (b) Las muchachas de Jerusalén, o las muchachas de Sión, 3 11, representan un cortejo al que los enamorados interpelan, aquí y en 2 7; 3 5.11; 5 8.16; 8 4, o que interviene para introducir o dar pie a un desarrollo poético, 1 8; 5 9; 6 1; 7 1.
1 5 (c) «Salmá» conj.; «Salomón» hebr. —Salmá y Quedar son dos tribus nómadas árabes.
1 6 Ella ha dado su corazón a su amado.
1 7 Posible reminiscencia de Gn 37 16. El tema de la separación y la búsqueda es, en toda la literatura amorosa, tanto o más frecuente que el de la presencia y posesión feliz. En el Cantar este tema reaparece en 3 1-4; 4 8; 5 2-8; 6 1. El marco es aquí el de un idilio pastoril, ver Jacob y Raquel, Gn 29 1-12. En 5 2-8, el marco será diferente: no se trata de situaciones reales.

EL NOVIO.

⁹ Amor mío, te comparo a la yegua
que tira del carro del faraón*.
¹⁰ ¡Qué hermosura tu cara entre zarcillos,
tu cuello entre collares!
¹¹ Zarcillos te haremos de oro,
con engastes y cuentas de plata.

DÚO*.

1 3+

¹² —Mientras el rey* descansa en su diván,
mi nardo exhala su fragancia.
¹³ Bolsita de mirra es mi amado para mí,
que reposa entre mis senos.
¹⁴ Racimo de alheña es mi amado para mí,
en las viñas de Engadí*.

¹⁵ —¡Qué bella eres, amor mío,
qué bella eres!
¡Palomas son tus ojos!

¹⁶ —¡Qué hermoso eres, amor mío,
eres pura delicia!
Nuestro lecho está hecho de fronda,
¹⁷ las vigas de nuestra casa, de cedro,
nuestros artesonados, de ciprés.

2

¹ —Soy un narciso de Sarón,
una azucena de los valles.
² —Como azucena entre cardos
es mi amada entre las mozas*.

8 5

³ —Como manzano entre árboles silvestres
es mi amado entre los mozos.
Me apetece sentarme a su sombra,
su fruto me endulza la boca.
⁴ Me ha metido en la bodega*,
despliega junto a mí su bandera de amor.
⁵ Reponedme con tortas de pasas,
dadme vigor con manzanas,
que estoy enferma de amor*.

=8 3

⁶ Su izquierda está bajo mi cabeza,
me abraza con la derecha.

=3 5
=8 4
5 2; 8 5

⁷ —Os conjuro, muchachas de Jerusalén,
por las gacelas y las ciervas del campo*,
que no despertéis ni desveléis,
a mi amor hasta que quiera.

---

1 9   Comparar la novia a una yegua, digna de un tiro real, nos puede parecer de poco gusto. Pero entre los antiguos poetas árabes y Teócrito, por ejemplo, era uno de los elogios preferidos de la belleza femenina.
1 12   (a) Los enamorados están juntos, y los perfumes raros y embriagantes, nardo, mirra, alheña, significan el placer que experimentan con este encuentro, vv. 12-14, y producen una avalancha de piropos, vv. 15-16; 2 1-3. El lugar del encuentro es vago, un lecho de verdor, v. 16, un palacio, v. 17, una bodega, 2 4, pero ver la nota. En cambio, el desenlace es claro; están abrazados, 2 6, y el novio pide que no se despierte a su amada, 2 7, frase que se repetirá como un estribillo en 3 5 y 8 3-4. Esto no debe sorprender, si se considera al Cantar como una colección de cantos de matrimonio y no se busca una situación que se desarrolle de un poema al otro, ver la Introducción.
1 12   (b) Ver v. 4.
1 14   La «Fuente del Cabrito», en la orilla oeste del mar Muerto, con un oasis fértil en el que también cre-

cían, según otros textos, el árbol de bálsamo y la palmera.
2 2   La novia se ha comparado al narciso y al lirio; el novio abunda en la comparación: ella es un lirio entre cardos, y él sólo la ama a ella. Aquí, lo mismo que más abajo, 4 13-14, conviene no matar esta poesía adosándole notas botánicas.
2 4   Lit. «la casa del vino»; se podría traducir también «sala de banquete», ver Est 7 8; Qo 7 2, y, según Jr 16 8-9, hallar una referencia a las fiestas de matrimonio.
2 5   También Amnón estaba enfermo de amor por Tamar, 2 S 13 2, único paralelo bíblico, pero en los cantos egipcios se encontrarían otros.
2 7   Nota pastoril, como en los vv. 9 y 17. Es poco verosímil que *seba'ôt*, «gacelas» y *'ayyalôt*, «ciervas» (por este orden), sea un criptograma por *'Elohê Seba'ôt*, el Dios de Israel, cuyo nombre no se habría querido pronunciar en estos cantos profanos.

Segundo poema

LA NOVIA*.

⁸ ¡La voz de mi amado!
Miradlo, aquí llega,
saltando por montes,
brincando por lomas.
⁹ Es mi amado una gacela,
parecido a un cervatillo.

Mirad cómo se para
oculto tras la cerca,
mira por las ventanas,
atisba por las rejas.

¹⁰ Habla mi amado y me dice:
«Levántate, amor mío,
hermosa mía, y vente.
¹¹ Mira, ha pasado el invierno,
las lluvias cesaron, se han ido.
¹² La tierra se cubre de flores,
llega la estación de las canciones,
ya se oye el arrullo de la tórtola
por toda nuestra tierra.
¹³ Despuntan yemas en la higuera,
las viñas en cierne perfumean.
¡Anímate, amor mío,
hermosa mía, y ven!
¹⁴ Paloma mía, escondida
en las grietas de la roca,
en los huecos escarpados,
déjame ver tu figura,
deja que escuche tu voz;
porque es muy dulce tu voz
y atractiva tu figura».

¹⁵ Cazadnos las raposas,
las pequeñas raposas
que devastan las viñas,
nuestras viñas en flor*.

¹⁶ Mi amado es mío y yo de mi amado*,
que pasta entre azucenas.

¹⁷ Antes que sople la brisa,
antes de que huyan las sombras*,
vuelve, amado mío,
imita a una gacela

6 11;
7 13-14
Qo 12 5

=6 3
2 1

2 8   La escena es diferente. La novia está entre sus parientes, en la ciudad. El novio viene del campo y se presenta ante una ventana, vv. 8-9, ver 5 2s. La poesía egipcia y griega brindan ejemplos de lamentos del amante ante una puerta cerrada; aquí el novio invita a su amada a reunirse con él cantándole los atractivos de la primavera, estación de las flores, de los pájaros y de los amores, vv. 10-14. Hay aquí un sentimiento de la naturaleza, una frescura, un tono moderno, que no tienen igual en todo el Antiguo Testamento.
2 15   Fragmento poético independiente, probablemente sugerido por la mención de las viñas en cierne en el v. 13 Las viñas son aquí la figura de los encantos de las jóvenes que suspiran por verse libres de sus pretendientes, las pequeñas raposas.
2 16   Esta segura confianza en una posesión mutua se repite, en términos casi idénticos, en 6 3 y 7 11 y, en los tres casos, se formula en ausencia del novio: seguridad del amor. Pero éste anhela la presencia y, en los tres casos, esta confianza en el novio va acompañada de una llamada o de una espera, aquí v. 17, = 6 1; 7 12.
2 17   (a) La brisa del día, ver Gn 3 8, es en Palestina el viento de la tarde, a la hora en que las sombras que se alargan parece que «huyen». Es el momento en que el novio volverá del campo, y así se empalma con el comienzo del poema, v. 8. El fin del v. 17 reanuda efectivamente las expresiones de los vv. 8-9°.

o a un joven cervatillo
por los montes de Béter*.

5 6
Jn 20 13

3

¹ En mi lecho, por la noche,
busqué al amor de mi alma*,
lo busqué y no lo encontré.
² Me levanté y recorrí
la ciudad, calles y plazas;
busqué al amor de mi alma,
lo busqué y no lo encontré.

5 7

³ Me encontraron los guardias
que hacen ronda en la ciudad*:
«¿Habéis visto al amor de mi alma?»

⁴ Apenas los había pasado,
cuando encontré al amor de mi alma.

Jn 20 17
8 2.5

Lo agarré y no lo soltaré
hasta meterlo en la casa de mi madre,
en la alcoba de la que me concibió.

=2 7
8 4

EL NOVIO.

⁵ Os conjuro, muchachas de Jerusalén,
por las gacelas y las ciervas del campo,
que no despertéis ni desveléis
a mi amor hasta que quiera.

Tercer poema

6 10; 8 5

EL POETA*.

⁶ ¿Qué es eso que sube del desierto,
parecido a columna de humo,
sahumado de mirra y de incienso,
de polvo de aromas exóticos?

⁷ Es la litera de Salomón,
escoltada por sesenta valientes,
la flor de los valientes de Israel:
⁸ todos son diestros con la espada,
todos adiestrados en la guerra.
Cada uno con su espada a la cintura,
por temor a las alarmas de la noche.

---

2 17 (b) Todas las explicaciones de esta palabra tomada como nombre común son forzadas, y debe de tratarse de un nombre geográfico, real: Béter al oeste de Jerusalén, Jos 15 59, o bien semilegendario: los paralelos de 4 6 y 8 14 hablan de los montes de la mirra o del bálsamo. Béter sería el equivalente palestino de Pount, el país de los aromas para los egipcios. Un canto de amor dice: «Cuando sus brazos me enlazan es como en el país de Pount».
3 1 Los vv. 1-4 forman un todo, al que se ha unido el v. 5, el mismo estribillo que en 2 7; 8 4. El título podría ser: el novio perdido y hallado. Es el tema de la búsqueda, como en 1 7-8; 5 2-8. Aquí, el marco es la ciudad y el tiempo la noche. Esta carrera nocturna de una joven y su decisión de llevar a su amado donde su madre es tan contraria a las costumbres judías que se ha pensado en el relato de un sueño. Pero los poetas y los enamorados se complacen en imaginar situaciones irreales. La audacia de la persecución y la voluntad de no dejar volver a irse al novio son las pruebas del amor apasionado.
3 3 Estos centinelas nocturnos, ver Sal 127 1; 130 6-7; Is 21 11-12, reaparecerán en 5 7. Eran probablemente personajes típicos de la poesía popular, como la ronda

o la guardia civil de nuestras canciones medievales y modernas.
3 6 El poema de los vv. 6-11 no habla ya de amor, no está puesto en boca de ninguno de los dos protagonistas y no puede ser pronunciado por las «hijas de Sión», que son interpeladas en el v. 11. Es el poeta quien habla aquí para describir un cortejo real, que el v. 11 relaciona con las fiestas de matrimonio. Un comentario a esto se puede encontrar en el relato de 1 M 9 37-39: «los hijos de Amray celebraban una espléndida boda y traían, en medio de gran pompa, a la novia... Vieron que avanzaba en medio de confusa algazara una numerosa caravana, y que a su encuentro venía el novio, acompañado de sus amigos y hermanos, con tambores, músicas y gran aparato.» Costumbres análogas se conservan entre los árabes de Siria y Palestina y se remontan a una época antigua, Sal 45 15-16. Los vv. 6-10 describen el séquito y la escolta que el novio ha enviado para buscar a la novia; el encuentro se evoca en el v. 11. En la colección, este pequeño poema se convierte en una buena introducción al elogio de la novia en el cap. 4. La descripción es hiperbólica, el novio es un «rey», ver 1 4.12, un «Salomón».

⁹ El rey Salomón
se ha hecho un palanquín*
con madera del Líbano: 1 17
¹⁰ de plata sus columnas,
de oro su respaldo,
de púrpura su asiento;
su interior, tapizado con amor
por las hijas de Jerusalén.

¹¹ Salid a contemplar,
muchachas de Sión,
al rey Salomón,
con la diadema con que su madre lo coronó
el día de su boda*, gozo de su corazón.

EL NOVIO*.   **4**   ¹ ¡Qué bella eres, amor mío,
qué bella eres!
Palomas son tus ojos
a través de tu velo*,   4 3; 6 7
tu melena, rebaño de cabras   =6 5-7
que desciende del monte Galaad.
² Tus dientes, rebaño esquilado
de ovejas que salen del baño*:
todas con crías mellizas,
entre ellas no hay una estéril.
³ Tus labios, cinta escarlata,
y tu hablar todo un encanto.
Tus mejillas, dos cortes de granada,
se adivinan tras el velo.

⁴ Tu cuello, la torre de David,
muestrario de trofeos:
mil escudos penden de ella,   Ez 27 10-11
todos paveses de valientes.
⁵ Tus pechos son dos crías   =7 4
mellizas de gacela,
paciendo entre azucenas.

⁶ Antes que sople la brisa,
antes de que huyan las sombras,
iré al monte de la mirra,
a la colina del incienso*.

⁷ ¡Toda hermosa eres, amor mío,
no hay defecto en ti*!

3 9 El vocablo *'appiryòn* es único en hebreo y probablemente un préstamo del griego *foreion*, «litera».
3 11 La diadema del novio no se menciona fuera de aquí más que en Is 61 10, con otro término que el aquí empleado.
4 1 (a) El pequeño poema de 4 1-7 es un elogio físico de la novia, que se repetirá parcialmente en 6 5-7; habrá otro en 7 2-10, y el elogio físico del novio se hará en 5 10-16. Se podría preguntar si el retrato de la mujer fuerte o esposa perfecta en Pr 31 10-31 no es la reacción de un «sabio» contra tales composiciones. Estaban bastante extendidas. El Génesis Apócrifo encontrado en Qumrán inserta en Gn 12 15 un elogio de la belleza de Sara, por lo demás bastante vulgar; los cantos de amor egipcios contienen piezas análogas, y éste es uno de los géneros clásicos de la poesía árabe, el *wasf*, «descripción». Tomándolas al pie de la letra, estas descripciones trazarían una imagen grotesca de la novia o del novio;

igualmente inverosímil es la interpretación alegórica que lee aquí descripciones de la Tierra Santa y del Templo. En realidad, estos textos no «describen»; ensamblan metáforas tomadas de todo el ámbito de la naturaleza, física, animal, vegetal, que expresan, a través de impresiones sensoriales, vista y olfato, los sentimientos de admiración, alegría y placer que despierta la presencia del objeto amado.
4 1 (b) La novia estaba velada cuando era presentada a su esposo, Gn 24 65; 28 23-25.
4 2 Blancos como ovejas a las que se ha lavado antes del esquileo.
4 6 El v. es una repetición de 2 17, tal vez secundaria, sugerida por las últimas palabras del v. 5, semejantes al final de 2 16.
4 7 Compárese con el elogio de Absalón, 2 S 14 25.
—La liturgia aplica este v. a la Inmaculada Concepción de María.

⁸ Ven* del Líbano, novia mía*,
ven, llégate del Líbano.
Vuelve desde la cumbre del Amaná,
de las cumbres del Sanir y del Hermón,
desde las guaridas de leones,
desde los montes de leopardos*.

⁹ Me has robado el corazón,
hermana* y novia mía,
me has robado el corazón
con una sola mirada,
con una vuelta de tu collar.

1 2.4   ¹⁰ ¡Qué hermosos son tus amores,
hermana y novia mía!
¡Qué sabrosos tus amores!
¡Son mejores que el vino!
¡La fragancia de tus perfumes
supera a todos los aromas!

Pr 5 3   ¹¹ Tus labios destilan miel virgen, novia mía.
Debajo de tu lengua
escondes miel y leche;

Os 14 7   la fragancia de tus vestidos
parece fragancia del Líbano*.

6 2   ¹² Eres huerto cerrado*
hermana y novia mía,
huerto* cerrado,

Pr 5 16   fuente sellada.
¹³ Tus brotes, paraíso* de granados,
lleno de frutos exquisitos*:
¹⁴ nardo y azafrán,
aromas de canela,
árboles de incienso,
mirra y áloe,
con los mejores bálsamos*.

Pr 5 15-16   ¹⁵ ¡Fuente de los jardines,
pozo de aguas vivas
que fluyen del Líbano!

LA NOVIA.   ¹⁶ ¡Despierta, cierzo,
llégate, ábrego!
¡Soplad en mi jardín,
que exhale sus aromas!

---

4 8 (a) «Ven» *etí* versiones; «Conmigo» *ittí* hebr. Igualmente en el verso siguiente.
4 8 (b) A la joven se la llama «novia» solamente en este poema de **4 8 - 5 1**, donde la palabra se repite seis veces.
4 8 (c) La estrofa es difícil de explicar. Se trata quizá de un fragmento de un poema más largo. Unida a las estrofas siguientes, con las que la vinculan las palabras clave «novia» (cinco veces) y «Líbano», vv. 11.15, podría ser una invitación a la novia a abandonar un país difícil y peligroso para reunirse con su amado y convertirse en su «huerto», ver **6 2**.
4 9 También en vv. 10.12; **5 1.2**. La expresión ha sido tomada quizá del vocabulario de las poesías de amor egipcias, donde es corriente. Pero estas poesías emplean el término «hermano» para designar al novio, cosa que el Ct no hace nunca; ver por contraste **8 1**.
4 11 El novio se siente extasiado por las miradas de su novia, v. 9, el placer de sus besos, v. 11, el perfume de sus vestidos, vv. 10.11. Se pueden citar paralelos tomados de las poesías egipcias o árabes; y en todas las literaturas se encontrarían.

4 12 (a) Al igual que la viña de **1 6**; **2 15**, el huerto o jardín con su fuente y su flora escogida, un «paraíso», v. 13, ver **Gn 2 9-10**, es una imagen de los encantos de la novia. El tema de la «Bella Jardinera» o del «Vergel de Amor» se encuentra también en la poesía egipcia. Pero el huerto está cerrado, v. 12, hasta el momento en que la novia lo abra a su amado, v. 16, para las bodas, **5 1**. Comparar **Pr 5 15-20** sobre el amor conyugal.
4 12 (b) «huerto» *gan* versiones; «ola» *gal* hebr., siempre en plural en otros textos; es un simple error de grafía.
4 13 (a) En hebr. *pardes*, como **Qo 2 5**; **Ne 2 8**, vocablo persa que significa «parque», del que nosotros hemos hecho «paraíso».
4 13 (b) El hebr. añade: «cipreses y nardos».
4 14 Las plantas de los vv. 13-14 no pueden vivir juntas y, con excepción del granado, no crecen en Palestina. Se trata de un jardín imaginario que reúne los aromas más raros, según un tema frecuente en estos poemas, **1 2-3.12-14**; **3 6**; **5 5.13**. Comparar con la Sabiduría en **Si 24 12-21**.

¡Entre mi amado en su huerto
y coma sus frutos exquisitos!

EL NOVIO. **5** ¹ He entrado en mi huerto,
hermana y novia mía,
a cosechar mi mirra y mi bálsamo,
a comer de mi miel y mi panal,
a beber de mi vino y de mi leche.

EL POETA. ¡Comed, amigos, bebed,
queridos, embriagaos*!

Is 55 1-2

Cuarto poema

LA NOVIA*. ² Yo dormía, velaba mi corazón.
¡La voz de mi amado que llama!:
«¡Ábreme, hermana, amiga mía,
paloma mía sin tacha!
Mi cabeza está cubierta de rocío,
mis bucles del relente de la noche.»

2 7+

Ap 3 20

³ —«Me he quitado la túnica,
¿cómo ponérmela de nuevo?
Ya me he lavado los pies,
¿cómo volver a mancharlos?»
⁴ ¡Mi amado metió la mano
por el hueco de la cerradura;
mis entrañas se estremecieron.

⁵ Me levanté para abrir a mi amado,
mis manos destilaban mirra,
mirra goteaban mis dedos,
en el pestillo de la cerradura*.

⁶ Abrí yo misma a mi amado,
pero mi amado se había marchado.
El alma se me fue con su huida*.
Lo busqué y no lo hallé,
lo llamé y no respondió.

3 1+

⁷ Me hallaron los centinelas,
los que rondan la ciudad.
Me golpearon, me hirieron,
me despojaron del chal
los guardias de las murallas*.

3 3+

⁸ Yo os conjuro,
muchachas de Jerusalén,
si encontráis a mi amado,
¿qué le habéis de decir?
Que estoy enferma de amor.

=2 7; 3 5

EL CORO*. ⁹ ¿Qué distingue a tu amado de los otros,
tú, la más bella de las mujeres?

5 1 Los dos últimos versos no los dice el novio; son la conclusión del poeta.
5 2 De nuevo el tema de la búsqueda, ver nota a **1** 7. Esta encantadora escena tiene el mismo marco que **3** 1-4: la noche, la carrera a través de la ciudad, los centinelas, pero el movimiento es diferente: el novio está a la puerta y quiere entrar, ver **2** 9, la novia se hace de rogar poniendo pretextos fútiles que su propia prisa en ir a abrir desmiente; ¡pero él ha desaparecido y ella no le encuentra!

5 5 La novia se ha perfumado, o el novio ha dejado esta huella de su tentativa, ¡y es todo lo que ella encuentra de él!
5 6 «su huida» *bedobrô* conj.; «su palabra» *bedabberô* hebr.
5 7 Los centinelas, como en **3** 3, pero de otra manera: ahora toman a la joven por una ramera, ver Pr **7** 11-12.
5 9 El coro interviene para introducir la descripción del novio y unirla a la escena precedente.

827

¿Qué distingue a tu amado de los otros,
para que así nos conjures?

LA NOVIA*.   10 Mi amado es moreno claro,
distinguido entre diez mil.
11 Su cabeza es oro, oro puro;
sus guedejas, racimos de palmera,
negras como el cuervo.
12 Sus ojos como palomas
a la vera del arroyo,
que se bañan en leche,
posadas junto al estanque.

Sal 133 2   13 Sus mejillas*, eras de balsameras,
macizos de perfumes.
Sus labios son lirios
con mirra que fluye.
14 Sus manos, torneadas en oro,
engastadas de piedras de Tarsis.
Su vientre, pulido marfil,
todo cubierto de zafiros.
15 Sus piernas, columnas de alabastro,
asentadas en basas de oro.
Su porte es como el Líbano,
esbelto como sus cedros.
16 Su paladar, dulcísimo,
todo él un encanto.
Así es mi amado, mi amigo,
muchachas de Jerusalén.

EL CORO*.   **6**   1 ¿Adónde se fue tu amado,
tú, la más bella de las mujeres?
¿Adónde se volvió tu amado,
para que lo busquemos contigo?

4 12-16   LA NOVIA.   2 Mi amado bajó a su huerto,
a las eras de balsameras,
a apacentar en los huertos
y recoger azucenas.

=2 16   3 Mi amado es mío y yo de mi amado,
que pasta entre azucenas.

Quinto poema

EL NOVIO*.   4 Eres bella, amiga mía, como Tirsá,
encantadora, como Jerusalén*,
imponente como ejército en formación*.

---

5 10   Sobre el género literario, ver nota a 4 1. Se ha querido ver aquí una descripción del Templo de Jerusalén, sobre todo a causa de los vv. 11.14-15. Un modelo más verosímil sería una de esas estatuas de oro y marfil que produjo la antigüedad oriental y clásica. Tal vez lo que tenemos aquí es simplemente la expresión figurada de la belleza masculina ideal: alta estatura, cabellera abundante, buen color y gallardo porte, ver Saúl, 1 S 9 2; 10 23-24, David, 1 S 16 12, Absalón, 2 S 14 25-26. La hipérbole es una regla de este género literario; compárese con la descripción del Sumo Sacerdote Simón en Si 50 5-12.
5 13   La parte inferior del rostro, donde brota la barba, que está perfumada, ver Sal 133 2.
6 1   Nueva intervención del coro, que prepara la con-

clusión de los vv. 2 y 3: no hay por qué buscar al novio; sigue presente en el corazón de la novia, que es su «huerto», ver 4 12+. La seguridad del amor mutuo se expresa en el v. 3 en términos similares a los de 2 16.
6 4   (a) Los vv. 4-10 forman un pequeño poema delimitado por la repetición de las mismas palabras al final del v. 4 y del v. 10. Los vv. 5b-7 repiten parcialmente 4 1-2.3b y pueden ser una adición. El novio proclama que la amada es su única, que vale más que todo un harén real, v. 8, ver 1 R 11 3; 2 Cro 11 21; 13 21.
6 4   (b) Jerusalén es «la Hermosa, la alegría de toda la tierra», Lm 2 15. Tirsá, primera capital del reino del Norte, 1 R 14 17, aparece aquí como paralelo porque su nombre significa que es «agradable, graciosa».
6 4   (c) Sentido dudoso.

⁵ Aparta de mí tus ojos,
que me subyugan*.
Tu melena es rebaño de cabras
que desciende del monte Galaad. =4 1-3
⁶ Tus dientes, un rebaño esquilado
de ovejas que salen del baño:
todas con crías mellizas,
entre ellas no hay una estéril.
⁷ Tus mejillas, dos cortes de granada,
se adivinan tras el velo.

⁸ Sesenta son las reinas,
ochenta las concubinas
(innumerables las doncellas*),
⁹ pero única es mi paloma,
toda ella sin defecto,
única para su madre, Pr 4 3
predilecta de la que la engendró.
Las doncellas la felicitan al verla, Pr 31 28
reinas y concubinas la elogian:
¹⁰ «¿Quién es ésta que asoma como el alba, 3 6
hermosa como la luna,
refulgente como el sol*,
imponente como ejército en formación?» 4 4

¹¹ Había yo bajado al nogueral 4 12+
a contemplar la floración del valle,
a ver si la vid estaba en cierne, 2 11+
a ver si florecían los granados. 7 13-14
¹² ¡Sin saberlo, mi deseo me puso
en los carros de Aminadib*!

EL CORO*.

7

¹ ¡Vuelve, vuelve, Sulamita*,
vuelve, vuelve, que te miremos!

¿Por qué miráis a la Sulamita,
que danza en medio de dos coros*?

EL NOVIO.

² ¡Qué lindos se ven tus pies
con sandalias, hija de príncipe!
Tus caderas torneadas son collares,
obra artesana de orfebre;

6 5 Otros poetas hablarán de «miradas asesinas».
6 8 Probablemente glosa.
6 10 Compárese con el elogio de la esposa en Si 26
16-18. Al mismo Sumo Sacerdote Simón se le compara
con la luna y el sol, Si 50 6-7. Un canto de amor egipcio
compara a la amada, única y sin igual, ver aquí v. 9, con
Sirio, la más brillante de las estrellas.
6 12 Los vv. 11 y 12 son independientes del poema
que precede y resultan enigmáticos. No se sabe quién
habla: es el novio si el nogueral (huerto o jardín de las
nueces) del v. 11 representa a su amada, como en 4
12.16; 5 1, o bien la novia si se considera que la segunda
parte del v. será repetida por ella en 7 13. —El v. 12 es
el más difícil del Cantar y desafía toda interpretación.
Tal vez este Aminadib sea el equivalente palestino del
«Príncipe Mehi», un personaje accesorio de los cantos
egipcios, que circula en carro y se entromete en los
amores ajenos.
7 1 (a) Una llamada del coro y una intervención del
poeta (más bien que la del novio) introducen una nueva
descripción de la novia, vv. 2-6. Es simétrica a la de 4
1-6, de la que recoge algunos elementos, las dos crías
mellizas de gacela, la torre, pero es más sensual y el orden es diferente: va de abajo arriba. Los términos de
comparación son dispares: collar, ánfora, trigo, crías de
gacela, torre, y luego particularidades geográficas. No
se puede leer aquí una descripción alegórica de la Tierra Santa: la novia tiene los ojos en Transjordania (Jesbón), la nariz en el Líbano y la cabeza en el Carmelo.
Son simplemente hipérboles, que expresan la admiración que suscita su vista.
7 1 (b) Este nombre no aparece más que aquí y sigue sin explicación. Se ha propuesto ver en él una alusión a la Sunamita que calentó a David y cuya belleza
exalta 1 R 1 2-4, o una forma femenina derivada del
nombre de Salomón, «la que pertenece a Salomón»,
que representa al novio, ver 3 7-11.
7 1 (c) Se pinta a la Sulamita cantando entre dos
coros que marcan el ritmo de sus evoluciones con
«Vuelve» repetidos, al comienzo del v. Es éste un tipo
conocido de danza oriental y no sólo en las fiestas de
matrimonio. Esto justifica que la descripción que sigue
comience por los pies de la danzarina; el texto podría
ser recitado por el coro y no por el novio: la intervención de éste solo es segura en el trozo siguiente, vv.
7-10.

³ tu ombligo, una copa redonda,
que rebosa vino aromado;
tu vientre, montoncito de trigo,
adornado de azucenas;

=4 5

⁴ tus pechos igual que dos crías
mellizas de gacela;
⁵ tu cuello, como torre de marfil
tus ojos, las piscinas de Jesbón,
junto a la puerta de Bat Rabín
tu nariz, como la torre del Líbano,
centinela que mira hacia Damasco;
⁶ tu cabeza destaca como el Carmelo,
con su melena, igual que la púrpura;
¡un rey en esas trenzas está preso*!

⁷ ¡Qué bella eres, qué hermosura,
amor mío, qué delicias*!
⁸ Tu talle es como palmera*,
tus pechos son los racimos;
⁹ pienso subir a la palmera,
voy a cosechar sus dátiles;
serán tus pechos racimos de uvas,
tu aliento, aroma de manzanas,
¹⁰ tu paladar, vino generoso...

LA NOVIA*.

...Que va derecho hacia mi amado,
y moja los labios de los que dormitan*.
¹¹ Yo soy para mi amado,
objeto de su deseo*.

Gn 3 16

¹² ¡Oh, ven, amado mío,
salgamos al campo*,
pasemos la noche en las aldeas!
¹³ De mañana iremos a las viñas,
a ver si la vid está en cierne,
si se abren las yemas,
si florecen los granados.
Allí te entregaré
el don de mis amores*.
¹⁴ La mandrágora exhala su fragancia,
nuestras puertas rebosan de frutos:
todos, nuevos y añejos,
los guardo, amado, para ti.

8   ¹ ¡Ah, si fueras mi hermano,
criado a los pechos de mi madre*!
Podría besarte en plena calle,
sin miedo a los desprecios.

---

7 6   Traducción dudosa; si es correcta, se puede comparar con un canto de amor egipcio: «De sus cabellos ha lanzado ella contra mí sus redes.» Sobre el «rey» de este v. y la «hija de príncipe» del v. 2, ver 1 4 y 12.
7 7   Lit. «hija de delicias» sir. y Aquila; «en las delicias» hebr. —Los vv. 7-10 expresan un movimiento apasionado hacia la posesión física de la amada.
7 8   Tres mujeres de la Biblia, Gn 38 6; 2 S 13 1; 14 27, se llaman Tamar, «palmera», símbolo de la belleza femenina, como precisan las dos últimas referencias.
7 10   (a) La novia encadena sus palabras con la última del novio (vino) y afirma la reciprocidad de su amor.
7 10   (b) Texto y sentido dudosos. El griego dice «en mis labios y dientes».
7 11   Alusión a Gn 3 16, donde la misma palabra, muy rara, significa la atracción de la mujer para su marido.

7 12   Evocación de la primavera como en 2 10-14, pero aquí la invitación viene de la novia. Los jardines son el marco favorito de las escenas de amor egipcias.
7 13   Hay que dar a la expresión su sentido más realista, que el verso siguiente desarrolla: se atribuía a la mandrágora poder de excitar el amor y dar la fecundidad, ver Gn 30 14-16; los frutos reservados al novio evocan no ya la primavera, sino el otoño, el tiempo del amor consumado.
8 1   Comienza aquí otro pequeño poema, cuyo marco es diferente. La joven no es lógica: lo que desea es algo bien distinto de un amor fraterno; el «vino» y el «licor» del v. 2 son equivalentes de los «frutos» del poema precedente. El trozo concluye con el estribillo alternado de 2 6-7; ver también 3 4-5, que corresponde a 8 2 y 4.

² Te llevaría, te metería
en casa de mi madre
y tú me enseñarías.
Te daría vino aromado,
beberías el licor de mis granadas.

³ Su izquierda está bajo mi cabeza,   =2 6
me abraza con la derecha.

EL NOVIO.   ⁴ Os conjuro, muchachas de Jerusalén,   =2 7
que no despertéis ni desveléis,   =3 5
a mi amor hasta que quiera.

Epílogo*

⁵ ¿Quién es ésta que sube del desierto,   3 6
apoyada en su amado?

Debajo del manzano te desperté,   2 7; 3 5;
allí donde tu madre te concibió,   5 2; 8 4
donde concibió la que te dio a luz.

LA NOVIA*.   ⁶ Ponme como sello* en tu corazón,   Dt 6 6.8;
como un sello en tu brazo.   11 18
Que es fuerte el amor como la Muerte,   Jr 31 33
implacable como el Seol* la pasión*.   Pr 3 3
Saetas de fuego, sus saetas,   Dt 4 24
una llamarada de Yahvé*.
⁷ No pueden los torrentes apagar el amor,   Is 43 2
ni los ríos anegarlo.
Si alguien ofreciera
su patrimonio a cambio de amor,
quedaría cubierto de baldón.

Apéndices

Dos epigramas*.

⁸ Tenemos una hermanita
sin pechos todavía.

---

8 5   Las dos pequeñas coplas del v. 5 no se relacionan con lo que sigue y son independientes entre sí. Parecen ser los comienzos de dos poemas que no han sido
transcritos, lo mismo que más abajo el v. 13. Esta in-
conexión del contexto hace inútil toda tentativa de interpretación; lo más que se puede hacer es apuntar al
margen contactos con los otros poemas. Los pronombres sufijos del v. 5ᵇ son masculinos en el hebr.; los corregimos en sufijos femeninos siguiendo al sir.
8 6   (a) En ninguna parte del Cantar se había dado
la definición del amor. La novia la da aquí en los más
fuertes y bellos términos, expresando su poder invencible, su carácter ineluctable, su valor sin igual. Es comprensible que este poema haya sido puesto, como un
coronamiento, al fin de la colección. Lo que sigue es
adicional.
8 6   (b) El sello, sustitutivo de la persona y signo de
su autoridad, se llevaba colgado del cuello, Gn 38 18.25,
y descansando sobre el pecho (aquí, el corazón), o en
un dedo de la mano, Gn 41 42; Jr 22 24; Ag 2 23 (el
hebreo «brazo» empleado aquí incluye la mano). Un
canto egipcio dice: «¡Ah, si yo fuera el sello que ella lleva en el dedo!»
8 6   (c) Morada subterránea de los difuntos; aquí el
equivalente de «muerte» del verso precedente.
8 6   (d) No «los celos»; el término es paralelo a
«amor» del verso precedente. Lo que se describe aquí
es el amor pasión.
8 6   (e) El amor consume como el fuego del cielo,
como el rayo, Jb 1 16.
8 8   (a) Sólo secundariamente han sido unidas estas
dos piezas al Cantar, con el que no guardan relaciones
directas, ni en los personajes ni en el tema. En la primera, vv. 8-10, unos hermanos se preocupan del momento en que casarán a su pequeña hermana; ésta replica que ella es lo suficientemente mayor para
guardarse a sí misma. La alusión al matrimonio ha favorecido la vinculación con el Cantar. —En la segunda,
vv. 11-12, un propietario prefiere su propia viña al viñedo de Salomón con su rica renta; se puede pensar en
la viña de Nabot, 1 R 21 1-3. La metáfora de la viña o
del jardín para significar a la novia en Ct 1 6; 2 15; 4

¿Qué haremos con nuestra hermana
el día que se hable de ella*?
⁹ —Si es una muralla,
la coronaremos de almenas de plata;
si es una puerta,
la reforzaremos con barras de cedro.

¹⁰ —Yo soy una muralla,
mis pechos, como torres.
Así seré para él
como quien ha hallado la paz.

¹¹ Salomón tenía una viña
plantada en Baal Hamón*.
Encomendó la viña a los guardas,
cada uno le traía por sus frutos
mil siclos de plata.

¹² Mi viña, la mía, está aquí;
los mil siclos, Salomón, para ti;
y da doscientos a los guardas.

Últimas adiciones*.

¹³ ¡Oh tú, reina de los jardines,
mis compañeros* escuchan tu voz!:
¡deja que también la oiga yo!

2 17

¹⁴ ¡Huye, amado mío,
imita a una gacela
o a un joven cervatillo,
por los montes perfumados!

12s, y el nombre de Salomón han llevado a interpretar
la pieza como un canto de amor; de ahí su inserción
aquí.
8 8   (b) Para un matrimonio.
8 11   Localidad desconocida.

8 13   (a) El v. 11 es probablemente el comienzo de un
poema no conservado, al que se ha añadido un versículo inspirado en 2 17.
8 13   (b) «mis compañeros» conj.; «los compañeros»
hebr.

LAMENTACIONES

Introducción

La Biblia hebrea clasifica este librito entre los Hagiógrafos y lo enumera entre los cinco «megil-lot», los «rollos» que se leían en las fiestas solemnes. La Biblia griega y la Vulgata lo colocan a continuación de Jeremías, con un título que atribuye su composición a este profeta. La tradición se fundaba en 2 Cro 35 25 y se veía apoyada por el contenido de los poemas, que en efecto cuadra bien con la época de Jeremías. Pero es difícil sostener esta afirmación. Jeremías, tal como lo conocemos por sus oráculos auténticos, no ha podido decir que la inspiración profética se había agotado, 2 9, ni alabar a Sedecías, 4 20, ni esperar nada de la ayuda egipcia, 4 17. Su genio espontáneo difícilmente habría podido sujetarse al género erudito de estos poemas, de los que son alfabéticos los cuatro primeros, comenzando cada estrofa por una de las letras del alfabeto tomadas por su orden, y el quinto tiene precisamente 22 versos, el número de letras del alfabeto.

Las Lamentaciones, 1, 2 y 4 pertenecen al género literario de las endechas fúnebres, 3 es una lamentación individual, 5 es una lamentación colectiva en el texto latino: «Oración de Jeremías». Probablemente fueron compuestas en Palestina después de la ruina de Jerusalén el 587. Parecen obra de un solo autor que describe en términos patéticos el duelo de la ciudad y de sus moradores, pero de estos dolorosos lamentos brota un sentimiento de invencible confianza en Yahvé y de hondo arrepentimiento, que constituye el valor permanente de la obrita. Los judíos la recitan en el gran ayuno conmemorativo de la destrucción del Templo, y la Iglesia la utiliza durante la Semana Santa para evocar el drama del Calvario.

LAMENTACIONES

*Primera lamentación**

Álef.

1 ¹ ¡Qué solitaria se encuentra
la otrora Ciudad populosa!
Como una viuda ha quedado
la grande entre las naciones.
La Princesa de las provincias
sometida está a tributo.

Ba 4 12

Bet.

² Llora que llora de noche,
surca el llanto sus mejillas.
No hay nadie que la consuele
entre todos sus amantes*.
Todos sus amigos la han traicionado,
¡se le han convertido en enemigos!

2 18
Jr 9 17
Sal 69 21
Jr 30 14
Jn 13 18

Guímel.

³ Judá está desterrada* y postrada,
sometida a extrema servidumbre.
Mezclada con las naciones,
en nada encuentra sosiego.
La alcanzaron sus perseguidores,
la pusieron en aprietos.

Dálet.

⁴ Las calzadas de Sión están de luto,
ya nadie viene a las solemnidades.
Todas sus puertas desoladas,
sus sacerdotes gimiendo,
afligidas sus doncellas,
¡y ella misma en amargura!

Jr 14 2
Is 3 26

He.

⁵ La domina el enemigo,
feliz está el adversario,
porque Yahvé la ha afligido,
pues son muchos sus delitos.
Sus niños partieron al cautiverio
delante del enemigo.

2 17
Dt 28 25
Sal 89 43

Vau.

⁶ La hija de Sión ha quedado
privada de todo su esplendor.
Sus príncipes son como ciervos
que ya no encuentran pasto,
caminando van sin fuerzas,
hostigados por la espalda.

Ez 10 18s;
11 22s

Zain.

⁷ Jerusalén recuerda sus días
de miseria y vida errante*,
cuando su pueblo sucumbía ante el enemigo,
sin que nadie viniera en su ayuda.
Los enemigos la miraban,
burlándose de su ruina.

Jet.

⁸ Mucho ha pecado Jerusalén,
por eso ha quedado impura.

---

1 El poeta describe el miserable estado de Jerusalén. Sión personificada toma la palabra en el v. 9, luego en el v. 11, para un lamento, vv. 12-16, y después para una oración, vv. 18s, que es a la vez confesión, esperanza e imprecación. —Griego y Vulg. insertan aquí esta introducción: «Y sucedió, después de deportado Israel y Jerusalén devastada, que el profeta Jeremías se sentó a llorar; entonó esta lamentación sobre Jerusalén, y dijo.»

1 2 Los antiguos aliados de Judá, ver Jr 4 30; 30 14; Ez 16 37-40; 23 22-29.

1 3 Al revés que de ordinario, Judá está aquí personificada en femenino.

1 7 El hebr. añade: «todos sus tesoros que existían desde tiempos antiguos», glosa que rompe el ritmo.

Todos los que la honraban la desprecian,
porque han visto su desnudez;
y ella misma gime
vuelta de espaldas.

Ez 16 37
Is 47 3

Tet.   [9] Su inmundicia se pega a su ropa,
no pensó ella en este fin.
¡Su caída ha sorprendido,
no hay quien la consuele!
«¡Mira, Yahvé, mi miseria,
que el enemigo se crece!»

1 2

Yod.   [10] Echó mano el enemigo
a todos sus tesoros*;
ha visto ella a los paganos
penetrar en su santuario,
aquellos de quienes ordenaste:
«¡No entrarán en tu asamblea!»

2 R 24 13

Dt 23 4
Ez 44 7-9
Hch 21 28

Kaf.   [11] Su pueblo entero gime
y anda en busca de pan;
cambian sus tesoros por comida,
por ver de recobrar la vida.
«Mira, Yahvé, y contempla
qué envilecida estoy.»

Dt 28 51s

Lámed.   [12] Vosotros* que pasáis por el camino,
mirad, fijaos bien
si hay dolor parecido
al dolor que me atormenta,
con el que Yahvé me castigó
el día de su ardiente cólera.

Dn 9 12;
12 1
Mt 24 21

Mem.   [13] Desde lo alto ha lanzado un fuego
que se ha metido en mis huesos.
Ante mis pies ha tendido una red,
y me ha hecho retroceder;
me ha dejado desolada,
todo el día dolorida.

Nun.   [14] Hizo un yugo con mis culpas,
por su mano entrelazadas.
Sobre mi cuello su yugo
doblega mi vigor.
El Señor me ha dejado a merced de ellos,
¡ya no me puedo tener*!

Dt 28 48

Sámek.   [15] Ha desechado a mis valientes
de en medio de mí el Señor.
Ha convocado un concejo contra mí
para acabar con mis jóvenes.
El Señor ha pisado en el lagar
a la doncella, capital de Judá.

Is 63 3
Jl 4 13

1 2 **Ain.**   [16] Por eso estoy llorando;
mi ojo, mi ojo se va en agua*,

---

1 10   Los del Templo, ver Jos 6 24; 1 R 14 26; 2 R 24 13, pero probablemente también los fondos privados que se depositaban allí, ver 2 M 4 3s.
1 12   «Vosotros» Vulg.; «no para vosotros» hebr.
1 14   «su yugo» conj. según griego y Vulg.; «vinieron sobre» hebr. —Aquí y varias veces en el texto que sigue, «el Señor» representa la lectura masorética del nombre sagrado «Yahvé» (pronunciado *Adonay*, lit. «mi señor»), que pasó al texto escrito en lugar del nombre mismo. La grafía primitiva, YHWH, ha sido conservada por algunos mss.
1 16   La repetición podría ser un efecto de estilo, ver 3 20, pero es posible también que exprese simplemente el plural.

pues no hay quien me consuele,
quien me devuelva el ánimo.
Mis hijos están desolados,
porque ha ganado el enemigo.

Pe. ¹⁷ Tiende Sión sus manos:
¡no hay quien la consuele!
Ha mandado Yahvé contra Jacob
sus adversarios por doquier;
se ha convertido Jerusalén
en algo impuro entre ellos.

1 8

Sade. ¹⁸ Justo, justo ha sido Yahvé,
pues he sido indócil a sus órdenes.
Escuchad, pueblos todos,
contemplad mi dolor.
Mis doncellas y mis jóvenes
han marchado al cautiverio.

Qof. ¹⁹ He llamado a mis amantes:
mas todos me han traicionado.
Mis sacerdotes y mis ancianos
han expirado en la ciudad,
mientras buscaban alimento
para recobrar las fuerzas.

1 2

1 11

Reš. ²⁰ ¡Contempla, Yahvé, mi angustia!
¡Me hierven las entrañas,
mi corazón se revuelve en mi interior,
pues he sido muy rebelde!
Fuera la espada me priva de hijos,
en casa aguarda la muerte.

Jr 4 19

Dt 32 25
Jr 9 20

Šin. ²¹ ¡Escucha mis gemidos:
no hay quien me consuele!
Mis enemigos, enterados de mi mal,
se alegran de lo que me has hecho.
¡Haz que llegue el Día anunciado,
para que acaben como yo*!

Am 5 18+

Tau. ²² ¡Llegue ante ti su maldad,
y trátalos a ellos
como a mí me trataste
por todos mis delitos!
Que estoy harta de gemir
y languidece mi corazón.

Jr 51 35

Segunda lamentación*

Álef. **2** ¹ ¡Cómo ha nublado en su cólera,
el Señor a la capital, Sión!
¡Desde el cielo ha tirado por tierra
el esplendor de Israel,
sin acordarse del estrado de sus pies*,
el día de su cólera!

Ez 43 7

---

1 21   «Oye» sir.; «han oído» hebr. —«Haz que llegue»
sir.; «has hecho llegar» hebr.— El Día de Yahvé, desastroso para Israel en la óptica preexílica, ver Am 5 18; So
1 14, va a serlo ahora para las naciones, ver Jl 3 14.
2   Después de haber descrito el desastre y la suerte

de los reyes, de los sacerdotes, de los profetas, de los
ancianos, de los niños, vv. 1-12, el poeta interpela a
Sión, vv. 13-17, recordándole la mentira de los falsos
profetas, y le invita a la lamentación, vv. 18-22.
2 1   El templo, ver Ez 43 7; Sal 99 5; 132 7.

Bet.

² El Señor ha destruido sin piedad
  todas las moradas de Jacob;
ha derruido, en su furor,
  las fortalezas de la capital de Judá;
por tierra ha echado, ha profanado
  al reino y a todos sus príncipes.

Dt 28 52

Guímel.

Sal 75 5+

³ Ardiendo en cólera ha quebrado
  todo el poder de Israel;
ha escondido su diestra en la espalda
  cuando ha llegado el enemigo;
y han prendido las llamas en Jacob
  devorando todo alrededor.

4 11

Dálet.

Jr 21 5.6

⁴ Como enemigo* ha tensado su arco,
  ha tomado con su diestra las flechas,
dando muerte como un adversario
  a la flor y nata de la juventud;
en la tienda de la capital de Sión
  ha vertido como fuego su furor.

He.

⁵ Se ha portado el Señor como enemigo:
  ha acabado con Israel,
ha destruido sus palacios,
  ha derribado sus fortalezas,
ha llenado la capital de Judá
  de llantos y lamentos.

Vau.

2 Cro 36 19
Jr 52 13

⁶ Ha forzado, como a un huerto, su cerca*,
  ha derruido su lugar de reunión.
Ha borrado Yahvé en Sión
  la memoria de fiestas y sábados;
ha desechado en el ardor de su cólera
  a reyes y a sacerdotes.

1 4
Os 2 13
Is 1 13
So 3 18

Zain.

Ez 24 21

⁷ El Señor ha rechazado su altar,
  su santuario ha desdeñado;
ha dejado a merced del enemigo
  los muros de sus palacios;
¡se oyeron gritos en el templo de Yahvé,
  lo mismo que en día solemne*!

Jet.

Jr 5 10

⁸ Yahvé decidió destruir
  la muralla de Sión, la capital.
Echó el cordel, no retiró
  su mano para arrasar;
ha enlutado antemural y muro,
  que juntos se desmoronan.

2 R 21 13
Is 34 11

Tet.

⁹ Ha hundido en tierra sus puertas,
  deshaciendo y rompiendo sus cerrojos;
su rey y sus príncipes están entre paganos;
  ¡ya no hay Ley!
Tampoco sus profetas reciben
  visiones de Yahvé.

Dt 28 36
2 R 25 7
Dt 4 6.8
Ez 7 26
Sal 74 9

Yod.

¹⁰ En tierra se sientan, en silencio,
  los ancianos de Sión, la capital;
se han echado polvo en la cabeza
  y se han ceñido de sayal.

Jr 6 26

---

2 4   Como en Jr 12 7; 30 14, Yahvé es presentado trágicamente como el enemigo de su pueblo.
2 6   En lugar de «como a un huerto» *(gan)*, la lectura
primitiva era tal vez «como un ladrón» *(gannab)*, corregida por respeto a Dios.
2 7   Pero era el grito de guerra del enemigo.

Humillan su cabeza por tierra
las doncellas de Jerusalén.

Kaf.   ¹¹ El llanto consume mis ojos,
me hierven las entrañas,
mi hiel por tierra se derrama,
por la ruina de la capital de mi pueblo,
mientras niños y lactantes desfallecen
en las plazas de la ciudad.

Lámed.   ¹² Preguntan a sus madres:
«¿Dónde hay pan*?»,   1 11
mientras caen desfallecidos, como heridos,
en las plazas de la ciudad,
mientras exhalan el espíritu
en el regazo de sus madres.

Mem.   ¹³ ¿A quién te compararé y asemejaré,   1 12
ciudad de Jerusalén?
¿Quién te podrá salvar y consolar*,
doncella, capital de Sión?
Grande como el mar es tu quebranto:
¿quién te podrá curar?   Jr 30 12

Nun.   ¹⁴ Tus profetas te ofrecieron visiones   Jr 5 31;
falsas, sin contenido.   29 8
No revelaron tu culpa,   Ez 13 10
porque cambiara tu suerte.
Oráculos te ofrecieron
de falacia e ilusión*.

Sámek.   ¹⁵ Contra ti baten palmas   Jr 19 8
todos los viandantes;   Mt 27 39p
silban y menean la cabeza
contra la capital, Jerusalén.
«¿Ésta es la ciudad que llamaban Hermosa,
la alegría de toda la tierra?»

Pe.   ¹⁶ Abren su boca contra ti
todos tus enemigos;
silban y rechinan los dientes,
diciendo: «¡La hemos tragado!
¡Éste es el Día que esperábamos!   Am 5 18
¡Con él hemos dado, ya lo vemos!»

Ain.   ¹⁷ Yahvé ha realizado su designio,
ha cumplido su palabra,
que había empeñado desde antiguo;   Dt 28 15
ha destruido sin piedad,
te ha hecho irrisión del enemigo,
ha exaltado el poder* de tu adversario.

Sade.   ¹⁸ ¡Clama, pues*, al Señor,
muralla de Sión capital;
que corran a torrentes tus lágrimas,   1 2
lo mismo de día que de noche;

---

2 12 El hebr. añade: «y vino».
2 13 «te compararé» Vulg.; «atestiguaré por ti» hebr.;
«¿quién te podrá... consolar» griego; «¿a quién te asemejaré para consolarte?» hebr.
2 14 «cambiar tu suerte», expresión frecuente en Jeremías, que significa igualmente «hacer volver a los
cautivos».

2 17 Lit. «cuerno».
2 18 «Clama, pues» *ṣa'aqî lāk* conj.; «su corazón clama» *ṣa'aq libbam* hebr. —La imagen de la muralla, en
el v. siguiente, no parece muy coherente y algunos proponen leer «gime, hija de Sión» (*hemî* en lugar de *jô-
mat*), pero esta conjetura carece de apoyo textual.

no te concedas tregua,
no des reposo a tus ojos!

Qof.   ¹⁹ ¡En pie, lanza un grito en la noche,
cuando comienza la ronda;
derrama como agua tu corazón
ante el rostro del Señor,
alza tus manos hacia él
por la vida de tus pequeños
(que de hambre desfallecen
por las esquinas de las calles*)!

Reš.   ²⁰ Mira, Yahvé, y recapacita:
¿a quién has tratado de esta suerte?
¿Tenían las mujeres que comer a sus hijos,
a sus niños de pecho?
¿Tenían que ser asesinados en el santuario del Señor
sacerdotes y profetas?

4 10
Dt 28 53
Jr 19 9

Šin.   ²¹ Yacen por tierra en la calle
juntos niños y ancianos;
mis doncellas y mis jóvenes
cayeron a cuchillo;
¡has matado en el día de tu cólera,
has inmolado sin piedad!

Tau.   ²² Como en día de fiesta congregaste
todo alrededor terrores*;
en el día de la ira de Yahvé
no hubo fugitivos ni evadidos.
Los que yo había criado y mantenido
fueron exterminados por mi enemigo.

Jr 20 10+

*Tercera lamentación**

Álef.   **3**   ¹ Soy el hombre que ha visto la aflicción
bajo el látigo de su furor.
² Me ha llevado y me ha hecho caminar
en tinieblas y sin luz.
³ Contra mí vuelve y revuelve
su mano todo el día.

Jn 8 12+

Bet.   ⁴ Mi carne y mi piel ha consumido,
ha quebrado mis huesos.
⁵ Ha levantado contra mí en asedio*
tortura y amargura.
⁶ Me ha hecho morar en tinieblas,
como a los muertos de antaño.

Jb 30 30

Guímel.   ⁷ Me ha tapiado, no puedo salir;
me ha echado pesadas cadenas.
⁸ Aunque grito y pido auxilio,
él sofoca mi plegaria.
⁹ Ha cercado mi camino con sillares,
ha torcido mis senderos.

Jb 3 23; 19 8

---

2 19 El último dístico, que rompe el ritmo, es una adición inspirada en el v. 11; se halla también en el griego.
2 22 «terrores» conj.; «mis terrores» hebr.
3 Este poema es análogo a varios salmos, en los que un lamento individual se amplía convirtiéndose (aquí vv. 40-47) en lamentación colectiva. Las conside-

raciones bastante generales de los vv. 22-39 repiten algunos temas de la literatura sapiencial.
3 5 «en asedio», lit. «y ha rodeado». —v. difícil. Después de la evocación de la enfermedad, esta imagen podría ser la de una ciudad contra la que se levantan máquinas de asedio, o la misma imagen aplicada a una persona.

Dálet. ¹⁰ Me ha acechado como un oso,
como un león escondido.
¹¹ Ha intrincado mi camino para desgarrarme,
me ha dejado destrozado.
¹² Ha tensado su arco y me ha hecho
blanco de sus flechas.

Jb 10 16

Jb 16 12-13

He. ¹³ Ha clavado en mis lomos
las flechas de su aljaba.
¹⁴ Soy la burla de todo mi pueblo*,
su copla todo el día.
¹⁵ Me ha colmado de amargura,
me ha abrevado con ajenjo.

Dt 28 37
Sal 69 12s
Jr 20 7
Jb 30 9

Jr 23 15
Sal 69 22

Vau. ¹⁶ Ha quebrado mis dientes con guijarros,
me ha revolcado en la ceniza.
¹⁷ Me encuentro lejos* de la paz,
he olvidado la dicha.
¹⁸ Me digo: ¡Ha fenecido mi vigor,
y la esperanza que me venía de Yahvé!

Jr 16 5

Jb 17 15

Zain. ¹⁹ Recuerda mi miseria y vida errante:
¡todo es ajenjo y amargura!
²⁰ Lo recuerda, lo recuerda, y se hunde
mi espíritu dentro de mí.
²¹ Pero algo traigo a la memoria,
algo que me hace esperar:

Jet. ²² *Que el amor de Yahvé no ha acabado,
que no se ha agotado su ternura;
²³ mañana a mañana se renuevan:
¡grande es tu fidelidad!
²⁴ «¡Mi porción es Yahvé, me digo,
por eso en él esperaré!»

Ex 34 6-7

Sal 16 6;
73 26

Tet. ²⁵ Bueno es Yahvé para quien lo espera,
para todo aquel que lo busca.
²⁶ Bueno es esperar en silencio
la salvación de Yahvé.
²⁷ Bueno es para el hombre soportar
el yugo desde su mocedad.

Is 30 18
Sal 40 2

Yod. ²⁸ Que se esté solo y silencioso,
cuando el Señor* se lo impone;
²⁹ que humille su boca en el polvo:
quizá así quede esperanza;
³⁰ que ponga la mejilla a quien lo hiere,
que se harte de oprobios.

Jr 15 17

Is 50 6
Mt 5 39

Kaf. ³¹ Porque no desecha para siempre
a los humanos* el Señor;
³² después de afligir se apiada
según su inmenso amor;
³³ pues no se complace en humillar,
en afligir a los seres humanos.

Is 54 8-9

Ez 33 11

Lámed. ³⁴ Cuando se aplasta bajo el pie
a todos los cautivos de un país,

---

3 14 Varios mss hebreos y el sir. han leído: «de todos los pueblos», lo cual es una relectura que identifica al hombre del v. 1 con Israel.
3 17 «lejos» sir., Vulg.; «has alejado» hebr.

3 22 Los vv. 22-24 faltan en griego.
3 28 «el Señor», añadido por sentido.
3 31 «a los humanos» falta en hebr.; añadido para completar el verso.

³⁵ cuando se tuerce el derecho de un hombre
en presencia del Altísimo,
³⁶ cuando se hace injusticia en su proceso,
¿no lo ve el Señor?

Gn 1
Sal 33 9

Is 45 7

Mem.

³⁷ ¿Quién dice algo y sucede?
¿No es el Señor el que decide?
³⁸ ¿No salen de la boca del Altísimo
los males y los bienes?
³⁹ ¿De qué, pues, se queja el hombre?
¡Que sea hombre contra sus pecados*!

Is 55 7

Nun.

⁴⁰ Examinemos atentos nuestra conducta,
y convirtámonos a Yahvé.
⁴¹ Alcemos nuestro corazón y* nuestras manos
al Dios que está en los cielos.
⁴² Hemos sido rebeldes y traidores,
¡y Tú no has perdonado!

Sámek.

⁴³ Envuelto en cólera, nos has perseguido,
nos has matado sin piedad;
⁴⁴ te has arropado en una nube
para que no pasara la oración;

3 8
Dt 28 37
1 Co 4 13

⁴⁵ basura y abyección nos has hecho
en medio de los pueblos.

Pe.

⁴⁶ Abren su boca contra nosotros
todos nuestros enemigos.
⁴⁷ Terror y espanto es nuestra suerte,
desolación y ruina.
⁴⁸ Arroyos de lágrimas derraman mis ojos
por la ruina de la capital de mi pueblo.

Ain.

⁴⁹ Mis ojos fluyen sin cesar;
ya no habrá alivio

Is 63 15

⁵⁰ hasta que mire y vea
Yahvé desde los cielos.
⁵¹ Me duelen los ojos de llorar
por todas las jóvenes de mi ciudad.

Sade.

⁵² Me cazaron como a un pájaro
los que me odian sin motivo.

Sal 35 19;
69 5

⁵³ Me arrojaron vivo en una fosa
y echaron piedras sobre mí.
⁵⁴ Sumergieron las aguas mi cabeza,
me dije: «¡Estoy perdido!»

Qof.

⁵⁵ Invoqué tu Nombre, Yahvé,
desde lo hondo de la fosa.

Sal 130 2

⁵⁶ Tú oíste mi grito: «¡No cierres
tu oído a mi oración que pide ayuda*!»
⁵⁷ Te acercaste el día que te llamé,
me dijiste: «¡Nada temas!»

Reš.

⁵⁸ Defendiste, Señor, mi causa,
mi vida has rescatado*.
⁵⁹ Has visto el entuerto que me hacen:
¡hazte cargo de mi juicio!

---

3 39   «Que sea» *yehî* conj.; «vivo» *jay* hebr., que lo une
al v. anterior.
3 41   «y» (o «con») Vulg.; «hacia» hebr.
3 56   «a mi oración» griego, que omite la palabra siguiente (lit. «mi petición de ayuda», glosa probable); «a
mi liberación» hebr.
3 58   Dios es el *go'el* de su pueblo, ver Rt 2 20+; Is 41
20+.

⁶⁰ Has visto toda su venganza,
todos sus planes contra mí.

Šin.

⁶¹ Has oído sus insultos, Yahvé,
todos sus planes contra mí,
⁶² lo que dicen de mí mis agresores,
lo que traman en mi contra todo el día.
⁶³ Mira, sentados o de pie,
soy el objeto de sus coplas.

3 14

Tau.

⁶⁴ Págales a todos, Yahvé,
según la obra de sus manos.
⁶⁵ Dales una mente obcecada,
¡caiga sobre ellos tu maldición!
⁶⁶ ¡Persíguelos con saña, extírpalos
de debajo de tus cielos*!

Jr 51 56

Cuarta lamentación

Álef.

4 ¹ ¡Qué deslucido quedó el oro,
qué pálido el oro más fino!
Las piedras sagradas están esparcidas
por las esquinas de todas las calles*.

Jr 6 27-30

Bet.

² Los nobles hijos de Sión,
valiosos lo mismo que el oro,
¡cuentan como vasos de arcilla,
obra de manos de alfarero!

Jr 19 11

Guímel.

³ Hasta los chacales desnudan las ubres
para dar de mamar a sus cachorros;
mas la capital de mi pueblo se ha vuelto cruel
como las avestruces del desierto.

Jb 39 13-17

Dálet.

⁴ La lengua del niño de pecho
se pega de sed al paladar;
los pequeñuelos piden pan:
no hay quien se lo reparta.

2 11-12

He.

⁵ Los que comían manjares deliciosos
desfallecen en medio de las calles;
los que se criaron entre púrpura
revuelven los estercoleros.

Vau.

⁶ La culpa de la capital supera
al pecado mismo de Sodoma,
que fue aniquilada en un instante
sin que mano humana interviniera.

Gn 19

Zain.

⁷ Sus nazireos*, limpios como la nieve,
eran más blancos que la leche;
su cuerpo más rojo que el coral,
era un zafiro su figura.

Jet.

⁸ Más negro es su semblante que el hollín,
nadie ya los reconoce por las calles;
su piel, pegada a sus huesos,
seca está como madera.

---

3 66 «tus cielos» algunos mss griegos, sir.; «los cielos
de Yahvé» hebr.
4 1 El oro y las piedras sagradas simbolizan la población de Jerusalén.
4 7 «nazireos», jóvenes selectos, ver Nm 6 +.

Tet.

⁹ Más dichosos son los muertos a espada
    que los muertos por el hambre,
que extenuados sucumben*,
    por falta de alimento.

2 20   *Yod.*

¹⁰ Manos de tiernas mujeres
    cocieron a sus hijos:
triste alimento para ellas
    mientras sucumbe la capital.

Kaf.

2 3

¹¹ Yahvé apuró su furor,
    derramando el ardor de su cólera;
encendió un fuego en Sión
    que ha devorado sus cimientos.

Lámed.

¹² Nunca creyeron los reyes de la tierra
    ni cuantos habitan en el mundo,
que el adversario y el enemigo entrarían
    por las puertas de Jerusalén.

Jr 6 13   *Mem.*

Ez 7 23

¹³ ¡Fue por los pecados de sus profetas,
    por las culpas de sus sacerdotes,
que en medio de ella derramaron
    sangre de gente inocente!

Nun.

Nm 35 32-33

¹⁴ Vagaban por las calles como ciegos,
    todos manchados de sangre,
sin que nadie pudiera
    tocar sus vestidoss.

Lv 13 45   *Sámek.*

¹⁵ «¡Apartaos! ¡Impuro!», les gritaban,
    «¡Apartaos, apartaos! ¡No tocar!»
Si erraban por naciones, se decía:
    «¡No seguirán de huéspedes aquí*!»

Pe.

¹⁶ El Rostro de Yahvé los dispersó,
    para no volver a mirarlos.
Los sacerdotes no fueron respetados,
    no hubo piedad para los ancianos.

Ain.

¹⁷ Nuestros ojos se iban consumiendo
    esperando un socorro: ¡ilusión!
Oteábamos desde nuestros oteros
    a un pueblo* incapaz de salvar.

Ez 29 6
Jr 37 7   *Sade.*

¹⁸ Nuestros pasos eran vigilados,
    nos prohibían andar por las plazas.
Cerca estaba nuestro fin, cumplidos nuestros días,
    sí, llegaba nuestro fin.

Qof.

¹⁹ Nos perseguían hombres veloces,
    más que las águilas del cielo;
nos iban acosando por los montes,
    en el desierto nos tendían celadas.

Reš.

2 R 25 5-6

²⁰ Nuestro aliento, el ungido de Yahvé*,
    ha quedado preso en sus trampas.
De él decíamos: «¡A su sombra
    viviremos entre las naciones!»

---

4 9 Lit. «que se disipan, traspasados», tal vez en el sentido de que han quedado como transparentes por el hambre.

4 15 Los culpables son tratados como leprosos.

4 17 Egipto, aliado de la última guerra.

4 20 Sedecías, ver 2 Re **25** 6. —«Nuestro aliento», lit. «el soplo de nuestras narices», es decir nuestra vida misma.

Šin.

²¹ ¡Disfruta, exulta, capital de Edom,
    que habitas en el país de Us*!
¡También a ti llegará la copa:
    te embriagarás y te desnudarás!

Jr **25** 16
Is **51** 17+
Gn **9** 21
Ha **2** 15s

Tau.

²² ¡Has expiado tu culpa, capital de Sión;
    ya no volverá a desterrarte!
¡Pero castigará tu culpa, capital de Edom,
    pondrá al desnudo tus pecados!

Is **40** 2

Sal **137** 7

Quinta lamentación*

Álef.

5 ¹ ¡Recuerda, Yahvé, lo que hemos pasado,
    mira y observa nuestro oprobio!

² Nuestra heredad ha pasado a extranjeros,
    nuestras casas a extraños.

³ Somos huérfanos, sin padre;
    nuestras madres, como viudas.

⁴ A precio de plata bebemos nuestra agua,
    adquirimos nuestra leña con dinero.

⁵ El yugo* a nuestro cuello, andamos acosados;
    estamos agotados, no nos dan respiro.

⁶ Hacia Egipto tendemos nuestra mano,
    hacia Asiria para saciar el hambre*.

Jr **2** 18

⁷ Nuestros padres pecaron: ya no existen;
    y nosotros cargamos con sus culpas*.

Ez **18** 2

⁸ Unos esclavos* nos dominan,
    nadie nos libra de su mano.

⁹ A riesgo de la vida logramos nuestro pan,
    afrontando la espada en descampado.

¹⁰ Nuestra piel abrasa* como un horno,
    a causa del ardor del hambre.

¹¹ Han violado a las mujeres en Sión,
    a las doncellas en las ciudades de Judá.

¹² Han colgado a los nobles con sus manos;
    los ancianos no han sido respetados.

¹³ Han arrastrado la muela los muchachos,
    bajo la leña se han doblado los niños.

¹⁴ Los ancianos ya no acuden a la puerta,
    los muchachos han parado sus cantares.

¹⁵ Ha cesado la alegría del corazón,
    se ha trocado en duelo nuestra danza.

---

4 21   Us. ver Gn **36** 28; Jb **1** 1; los pueblos vecinos, Moab, Amón y sobre todo Edom, lejos de ayudar a Israel vencido, se aprovecharon de su derrota, ver Is **34** 5+; de ahí los anatemas contra Edom frecuentes en la literatura profética post-exílica, ver Is **34**; Ez **25**.
5   Titulada por la Vulg.: «Oración de Jeremías».
5 5   Restituimos «el yugo» *'ol*, caído por haplografía delante de «a» (lit. «sobre») *'al.*
5 6   Para su subsistencia, Israel se halla en adelante

a merced de sus tradicionales enemigos.
5 7   La economía de la retribución colectiva sigue siendo válida para el presente, a los ojos del autor, y sólo para el futuro la pospone al principio de la retribución individual, ver Ez **14** 12+.
5 8   Los funcionarios caldeos, habitualmente designados con el nombre de «servidores», tomado aquí en sentido peyorativo.
5 10   «abrasa» griego, Vulg.; «abrasan» hebr.

¹⁶ Ha caído la corona de nuestra cabeza.
¡Ay de nosotros, que hemos pecado!

¹⁷ Por eso se duele nuestro corazón,
por eso se nublan nuestros ojos:

¹⁸ por el monte Sión, asolado;
¡las raposas transitan por él!

¹⁹ Mas tú, Yahvé, reinas por siempre;
¡tu trono permanece de edad en edad*!

²⁰ ¿Por qué has de olvidarnos para siempre,
por qué toda la vida abandonarnos?

²¹ Haznos volver a ti, Yahvé, y volveremos.
Renueva nuestros días como antaño,

²² ¿o nos has desechado del todo,
irritado contra nosotros sin medida?

Is 34 13-15

Sal 102 13;
  145 13;
  146 10

Jr 31 18

5 19   A pesar de la ruina de su templo terrestre, Yahvé, glorioso siempre y poderoso, está sentado en el trono del cielo.

LOS LIBROS SAPIENCIALES

LOS LIBROS SAPIENCIALES

Introducción

Se da el nombre de «libros sapienciales» a cinco libros del Antiguo Testamento: Job, Proverbios, Eclesiastés, Eclesiástico y Sabiduría. Se les suele añadir con bastante impropiedad los Salmos y el Cantar de los Cantares. Representan una corriente de pensamiento que se halla también en una parte de los libros de Tobías y Baruc.

Esta literatura sapiencial floreció en todo el Antiguo Oriente. Egipto produjo escritos de sabiduría a lo largo de su historia. En Mesopotamia, desde la época sumeria, se compusieron proverbios, fábulas y poemas sobre el sufrimiento, que se han comparado con Job. Esta sabiduría mesopotámica llegó a Canaán: se han encontrado en Ras Samra textos sapienciales escritos en acádico. La Sabiduría de Ajicar, que es de origen asirio y que fue traducida a varias lenguas antiguas, procede de ambientes de lengua aramea. Esta sabiduría es internacional. Manifiesta pocas preocupaciones religiosas y se desenvuelve en el orden profano. Ilustra el destino de los individuos, no por medio de una reflexión filosófica al estilo de los griegos, sino recogiendo los frutos de la experiencia. Es un arte de bien vivir y una señal de buena educación. Enseña al hombre a acomodarse al orden del universo y debería darle los medios para ser feliz y prosperar. Pero esto no siempre ocurre y esta experiencia justifica el pesimismo de algunas obras de sabiduría, tanto en Egipto como en Mesopotamia.

Los israelitas conocieron esta sabiduría. El mayor elogio que la Biblia cree hacer de la sabiduría de Salomón es que superaba a la de los hijos de Oriente y a la de Egipto, 1 R 5 10. Los sabios árabes y edomitas gozaban de renombre, Jr 49 7; Ba 3 22-23; Ab 8. Job y los tres sabios, amigos suyos, viven en Edom. El autor de Tobías conocía la Sabiduría de Ajicar, y Pr 22 17 - 23 11 sigue de cerca las máximas egipcias de Amenemope. A Hemán y Etán, sabios de Canaán, se les atribuye varios salmos, según 1 R 5 11. El libro de los Proverbios contiene las Palabras de Agur, Pr 30 1-14, y las Palabras de Lemuel, Pr 31 1-9, ambos originarios de Masá, tribu del norte de Arabia, Gn 25 14. No es de extrañar que las primeras obras sapienciales de Israel se asemejen en gran medida a las de sus vecinos: todos ellos proceden del mismo suelo. Las partes antiguas de los Proverbios apenas contienen otra cosa que preceptos de sabiduría humana. Con la excepción del Eclesiástico y de la Sabiduría, que son los más recientes, los libros sapienciales no abordan los grandes temas del Antiguo Testamento: la Ley, la Alianza, la Elección, la Salvación. Los sabios de Israel no muestran inquietud por la historia y el futuro de su pueblo, sino que escrutan el destino de los individuos, como sus colegas orientales. Pero lo consideran bajo un punto de vista más elevado, el de la religión yahvista. Por esto, y a pesar del origen común y de tantas semejanzas, existe en favor de la sabiduría israelita una diferencia esencial que se acentúa con el progreso de la revelación. En efecto, la oposición sabiduría-locura se trueca en oposición entre justicia e iniquidad, entre piedad e impiedad. La verdadera sabiduría es efectivamente el temor de Dios, y el temor de Dios es la piedad. Si la sabiduría oriental es un humanismo, podría decirse que la sabiduría israelita es un «humanismo devoto».

Pero este valor religioso de la sabiduría ha venido aflorando poco a poco. El término hebreo más usado referente a la sabiduría tiene un sentido complejo: puede designar la habilidad manual o profesional, el sentido político, el discernimiento y también la astucia, el acierto, el arte de la magia. Esta sabiduría humana puede ejercerse para el bien y para el mal, y esta ambigüedad justifica los juicios desfavorables que los profetas pronuncian sobre los sabios, por ejemplo, Is 5 21; 29 14; Jr 8 9. Esa ambigüedad puede explicar también que se haya tardado tanto en hablar de la sabiduría de Yahvé, aunque sea Yahvé quien se la da a los hombres (si bien ya en Ugarit la sabiduría era el atributo del gran dios El). Únicamente en escritos postexílicos se llegará a decir que sólo Dios es sabio, con una sabiduría trascendente que el hombre ve actuando en la creación, pero que él no es capaz de escrutar, Jb 28; 38-39; Si 1 1-10; 16 24s; 39 12s; 42 15 - 43 33, etc. En el gran prólogo que encabeza Proverbios, Pr 1-9, la Sabiduría divina habla como una persona, está a la vez presente en Dios desde la eternidad y actúa con él en la creación, sobre todo Pr 8 22-31. En Job 28, aparece como distinta de Dios, que es el único que sabe dónde se oculta aquella. En Si 24, la propia Sabiduría dice de sí que procede de la boca del Altísimo, que mora en los cielos y que Yahvé la envía a Israel. En Sb 7 22 - 8 1, es una emanación de la gloria del Omnipotente, una imagen de su bondad. Así, la Sabiduría, atributo de Dios, se separa de él y se convierte casi en una hipóstasis. En el ámbito de la fe del Antiguo Testamento, estas expresiones tan vigorosas rebasan los límites de una personificación literaria, pero mantienen su misterio y preparan la revelación de las Personas Divinas. El Logos de San Juan está a la vez, como esta Sabiduría, en Dios y fuera de Dios, y todos estos grandes textos justifican el título de «Sabiduría de Dios» que san Pablo da a Cristo, 1 Co 1 24.

Como el destino de los individuos era la preocupación dominante de los sabios, el problema de la retribución tenía para ellos una importancia capital. Y la doctrina evoluciona en su ambiente y por su reflexión. En las partes antiguas de Proverbios, la sabiduría, es decir, la justicia, lleva necesariamente a la felicidad, y la locura, es decir, la iniquidad lleva a la ruina. Dios es quien premia así a los buenos y castiga a los malos. Ésta es todavía la posición del prólogo de los Proverbios, 3 33-35; 9 6 y 18. Esta doctrina es, por consiguiente, el fundamento de la enseñanza de sabiduría y se deduce del hecho de que el mundo es gobernado por un Dios sabio y justo. Trata de recurrir a la experiencia, pero la experiencia la contradice a menudo. Esto es lo que expone de una manera dramática el libro de Job, en el que los tres amigos defienden la tesis tradicional. Mas para el problema del justo desgraciado no hay respuesta que satisfaga al espíritu, si nos atenemos a la retribución terrena; no hay más remedio que adherirse a Dios por la fe, a pesar de todo. El Eclesiastés, por muy diferente que sea su tono, no da una solución distinta; subraya igualmente la insuficiencia de las respuestas corrientes, y niega que sea posible pedir cuentas a Dios y exigir la felicidad como algo debido. El Eclesiástico sigue fiel a la misma doctrina, exalta la felicidad del sabio, 14 20 - 15 10, pero le obsesiona la idea de la muerte y sabe que todo depende de esta última hora: dice que «es fácil al Señor, el día de la muerte, pagar a cada uno según su proceder», 11 26, ver 1 13; 7 36; 28 6;

41 9. Presiente la doctrina de los «novísimos», pero no la expresa claramente. Poco despues de él, Dn 12 2 formulará explícitamente la fe en una retribución de ultratumba, y esta fe estará en él unida a la fe en la resurrección de los muertos, ya que la mentalidad hebrea no concibe una vida del espíritu separado de la carne. En el Judaísmo alejandrino, el progreso se realizará por camino paralelo y avanzará aún más. Como la filosofía platónica había liberado al pensamiento hebreo de sus ataduras con la teoría del alma inmortal, el libro de la Sabiduría afirma que «Dios creó al hombre incorruptible», 2 23, y que el alma fiel gozará, después de la muerte, de una felicidad sin fin junto a Dios, mientras que los impíos recibirán su castigo, 3 1-12. Al fin se ha dado la respuesta al gran problema de los sabios de Israel.

La forma más simple y más antigua de la literatura sapiencial es el mâšâl. Este es, en plural, el título del libro que nosotros llamamos «Proverbios». El mâšâl es, más exactamente, una fórmula sorprendente que cautiva la atención, un dicho popular o una máxima. Las colecciones antiguas de los Proverbios sólo contienen sentencias breves. Luego, el mâšâl se desarrolla, se hace parábola o alegoría, discurso o razonamiento. Esta evolución, sensible ya en las pequeñas secciones añadidas a los Proverbios y más aún en el prólogo, Pr 1-9, se precipita en los libros siguientes: Job o la Sabiduría son grandes obras literarias.

Por encima de todas estas formas literarias, aun las más simples, el origen de la sabiduría ha de buscarse en la vida de familia o de clan. Las observaciones sobre la naturaleza y sobre los hombres, acumuladas de generación en generación, se expresaron en sentencias, en dichos de campesinos, en breves apólogos, que contenían una aplicación moral y que servían de reglas de conducta. El mismo origen puede atribuirse a las primeras formulaciones del derecho consuetudinario, que en ocasiones coinciden, en su contenido y no solamente en su forma, con las sentencias de sabiduría. Esta corriente de la sabiduría popular prosiguió paralelamente a la formación de las colecciones sapienciales. De aquélla provienen, por ejemplo, los proverbios de 1 S 24 14; 1 R 20 11, la fábula de Jc 9 8-15 y la de 2 R 14 9, y los profetas mismos los han utilizado, por ejemplo, Is 28 24-28; Jr 17 5-11.

La brevedad de las sentencias, que así se imprimen en la memoria, las hacía aptas *para la enseñanza oral. El padre o la madre se las enseña a su hijo, Pr* 1 8; 4 1; 31 1; Si 3 1, *y el maestro seguirá llamando «hijo» al discípulo a quien forma, porque los sabios hacen escuela, Si* 51 23, 26; *ver* Pr 7 1s; 9 1s. *La sabiduría se convierte en privilegio de la clase instruida, y por lo mismo de la que también sabe escribir; sabios y escribas aparecen juntos en Jr* 8 8-9, *y Si* 38 24 - 39 11 *ensalza el oficio de escriba, que le permite adquirir la sabiduría, contraponiéndolo a los oficios manuales. De entre los escribas designaba el rey a sus funcionarios y en la corte se desarrollaron antes que en sitio alguno las doctrinas de sabiduría. Todos estos rasgos tienen sus paralelos exactos en los demás ambientes de la sabiduría oriental, en Egipto o en Mesopotamia. Una de las colecciones salomónicas de los Proverbios fue recopilada por «los hombres de Ezequías, rey de Judá», Pr* 25 1. *Pero tales sabios no eran sólo coleccionistas de máximas antiguas; también las escribían. Podemos considerar escritos de sabiduría (con ciertas reservas) dos obras literarias compuestas probablemente en la corte de Salomón, la historia de José y la de la sucesión al trono de David.*

El ambiente de los sabios es, pues, muy diferente de aquellos de los que han salido los escritos sacerdotales y los escritos proféticos, y Jr 18 18 *enumera como tres clases a sacerdotes, sabios y profetas. Diferentes son sus preocupaciones: los sabios no tienen interés especial en el culto y no parecen conmoverse ante las calamidades de su pueblo ni atormentarse con la gran esperanza que le sostiene. Pero, a partir del Destierro, estas tres corrientes confluyen. El prólogo de Proverbios adquiere un tono de predicación profética: el Eclesiástico,* 44-49, *y la Sabiduría,* 10-19, *meditan largamente sobre la Historia Sagrada; el Eclesiástico venera el sacerdocio, se muestra fervoroso del culto, finalmente identifica la Sabiduría con la Ley, Si* 24 23-24: *es la alianza entre el escriba (o el sabio) y el doctor de la Ley que encontraremos en los tiempos evangélicos.*

Aquí llegamos, en el Antiguo Testamento, al término de un largo camino, en cuyo arranque estaba Salomón. También en este aspecto hallamos paralelos orientales: dos escritos de la sabiduría egipcia eran considerados como las enseñanzas que un Faraón había dado a su hijo. Desde 1 R 5 9-14, *ver* 3 9-12 *y* 28; 10 1-9, *hasta Si* 47 12-17, *Salomón fue alabado como el sabio más grande de Israel, y se le atribuyen las dos colecciones más importantes y más antiguas de Proverbios,* 10-22 *y* 25-29; *esto explica el título que se da a todo el libro, Pr* 1. *Bajo su patrocinio se pusieron asimismo el Eclesiastés, la Sabiduría y el Cantar de los Cantares. Toda esta enseñanza gradualmente dispensada al pueblo elegido preparaba la revelación de la Sabiduría Encarnada. Pero «aquí hay algo más que Salomón», Mt* 12 42.

EL LIBRO DE JOB

Introducción

El libro de Job constituye la obra maestra literaria del movimiento sapiencial en Israel. Comienza con una narración en prosa. Érase una vez un siervo de Yahvé, llamado Job, que vivía rico y feliz. Dios permitió a Satán que lo probara para ver si seguía siendo fiel a pesar de su infortunio. Herido primero en sus bienes y sus hijos, Job acepta que Yahvé se tome lo que le había dado. Herido en su carne con una enfermedad repugnante y dolorosa, Job sigue sumiso y rechaza a su mujer que le aconseja maldecir a Dios. Luego, llegan tres amigos suyos a compadecerle: Elifaz, Bildad y Sofar, 1-2. Después de este prólogo se inicia un amplio diálogo poético que forma el cuerpo del libro. Primero es una conversación entre cuatro: en tres ciclos de discursos, 3-14, 15-21, 22-27, Job y sus amigos contraponen sus concepciones de la justicia divina; las ideas avanzan aparentemente sin excesiva sujeción a un plan, gracias a una luz que se concentra intensamente sobre los principios establecidos ya desde el comienzo. Elifaz habla con la moderación de la edad y también con la severidad que puede dar una larga experiencia de lo que son los hombres; Sofar se deja llevar por arrebatos de la juventud; Bildad es un hombre sentencioso que se mantiene en un término medio. Pero los tres defienden por igual la tesis tradicional de la retribución terrestre: si Job sufre, es que ha pecado; puede creerse justo en su fuero interno, pero no lo es a los ojos de Dios. Ante las protestas de inocencia de Job se limitan a endurecer su postura. A estas consideraciones teóricas, Job opone su dolorosa experiencia y las injusticias que llenan el mundo. Lo repite sin cesar, y sin cesar choca con el misterio de un Dios justo que aflige al justo. No avanza, forcejea en la noche. En su confusión moral tiene gritos de rebeldía y palabras de sumisión, al igual que tiene momentos de crisis y de alivio en su sufrimiento físico. Este movimiento alternativo alcanza dos cumbres: el acto de fe del cap. 19 y la protesta final de inocencia del cap. 31. Entonces interviene un nuevo personaje, Elihú, quien a la vez desautoriza a Job y a sus amigos y trata de justificar la conducta de Dios con una elocuencia difusa, 32-37. Le interrumpe el propio Yahvé, que responde a Job «desde el seno de la tempestad», es decir, en el marco de las antiguas teofanías, o que más bien se niega a responder, porque el hombre no tiene derecho a juzgar a Dios, que es infinitamente sabio y omnipotente, y Job reconoce que ha hablado neciamente, 38 1 - 42 6. El libro concluye con un epílogo en prosa: Yahvé censura a los tres interlocutores de Job y devuelve a éste hijos e hijas, junto con sus bienes duplicados, 42 7-17.

El personaje principal de este drama, Job, es un héroe de los viejos tiempos, Ez 14 14,20, que se supone vivió en la época patriarcal, en los confines de Arabia y del país de Edom, en una región cuyos sabios eran célebres, Jr 49 7; Ba 3 22-23; Ab 8, y de donde también proceden sus tres amigos. La tradición le consideraba como un gran justo, ver Ez 14, que se había mantenido fiel a Dios en una prueba excepcional. El autor se ha servido de esta vieja historia para encuadrar su libro y, a pesar de las diferencias de estilo y de tono, el diálogo poético no ha podido existir sin el prólogo y el epílogo en prosa.

Se ha impugnado la autenticidad de algunos pasajes dentro del diálogo. El poema sobre la Sabiduría, 28, difícilmente puede ponerse en labios de Job, puesto que contiene una noción de la sabiduría que no es la de Job ni sus amigos; por el contrario, tiene afinidades con el discurso de Yahvé, 38-39. Pero es una obra que procede del mismo medio ambiente y que ha sido compuesta al margen del libro; no es posible señalar por qué ha sido colocada precisamente en este lugar, donde no tiene conexión alguna con el contexto. También se ha dudado de que los discursos de Yahvé, 38-41, pertenezcan al poema primitivo; pero esta hipótesis no ha entendido el sentido del libro: estos discursos dan al problema la única solución que el autor entreveía, la del misterio de las acciones de Dios, precisamente porque no tienen en cuenta la discusión que ha precedido ni el caso particular de Job y porque trasfieren el debate del plano humano al plano puramente divino. Algunos querrían descartar al menos, dentro de esta sección, el pasaje sobre el avestruz, 39 13-18, y las largas descripciones de Behe-

mot y de *Leviatán*, **40** *15 -* **41** *26. Si se suprimen estas descripciones de los dos animales exóticos no queda apenas nada del segundo discurso de Yahvé: al principio sólo habría existido un único discurso que se habría ampliado y dividido en dos mediante una primera y breve respuesta de Job,* **41** *3-5. La hipótesis es atrayente, pero no hay razón alguna decisiva en su favor, y la cuestión tiene una importancia secundaria. Finalmente, hay un cierto desorden en el tercer ciclo de los discursos,* **24-27,** *que puede explicarse por accidentes de la tradición manuscrita o por retoques redaccionales.*

La autenticidad de los discursos de Elihú, **32-37,** *encierra mayor dificultad. El personaje interviene súbitamente, sin haber sido anunciado, y Yahvé, que le interrumpe, no le tiene en cuenta. Esto es tanto más extraño cuanto que Elihú ha anticipado parte del contenido de los discursos de Yahvé; incluso produce la impresión de querer completarlos. Por otra parte, repite inútilmente lo que han dicho los tres amigos. Y en fin, el vocabulario y el estilo son distintos y los aramaísmos son mucho más frecuentes que en otras partes. Parece, pues, que esos capítulos han sido añadidos al libro, y por distinto autor. Pero también aportan su contribución doctrinal.*

No conocemos al autor de Job más que por la obra maestra que ha compuesto. Se ve en ella que ciertamente era un israelita nutrido en las obras de los profetas y en las enseñanzas de los sabios. Vivía muy probablemente en Palestina, pero debió de viajar o residir en el extranjero, especialmente en Egipto. Sobre la fecha en que vivió sólo tenemos hipótesis. El tono patriarcal de la narración en prosa hizo creer a los antiguos que el libro era obra de Moisés, como el Génesis. Pero el argumento, de todos modos, sólo valdría para el marco del poema, y ese colorido se explica suficientemente como una herencia de la tradición o como un remedo literario. El libro es posterior a Jeremías y Ezequiel, con los que tiene contactos de expresión y de pensamiento, y su lenguaje está fuertemente impregnado de aramaísmos. Esto nos sitúa después del Destierro, en un momento en que la obsesión por la suerte de la nación es sustituida por la preocupación del destino individual. La fecha más indicada, pero sin razones decisivas, es el comienzo del siglo V antes de nuestra era.

El autor considera el caso de un justo que sufre. Para la doctrina corriente de la retribución terrena, semejante caso sería una paradoja irreal: el hombre recibe aquí abajo el premio o el castigo de sus obras. En el plano colectivo, la norma está claramente propuesta por los grandes textos de Dt 28 y Lv 26; los libros de los Jueces y los Reyes muestran cómo se aplica el principio a lo largo de la historia, y la predicación profética lo presupone constantemente. La noción de la responsabilidad individual, latente ya y en ocasiones expresada, Dt 24 16; Jr 31 29-30; 2 R 14 6, está claramente expuesta por Ez 18. Pero el mismo Ezequiel se atiene a la retribución terrena y, con ello, incurre en el mentís flagrante de los hechos. Puede aceptarse, en una perspectiva de solidaridad, que los pecados de la colectividad se impongan, que los justos sean castigados con los malvados. Mas si cada uno ha de ser tratado conforme a sus obras, ¿cómo es posible que sufra un justo? Ahora bien, hay justos que sufren, y cruelmente; testigo es Job. El lector sabe ya, por el prólogo, que los males de aquél vienen de Satán y no de Dios, y que tratan de probar su fidelidad. Pero Job no lo sabe, ni tampoco sus amigos. Éstos dan las respuestas tradicionales: la felicidad de los malos es de breve duración, ver Sal 37 y 73, el infortunio de los justos prueba su virtud, ver Gn 22 12, o bien la pena es castigo de faltas cometidas por ignorancia o por debilidad, ver Sal 19 13; 25 7. Esto, mientras creen en la inocencia relativa de Job; pero los gritos que el dolor le arranca y sus arrebatos contra Dios, les llevan a admitir en él un estado de injusticia mucho más profundo: los males que Job padece no pueden explicarse más que como castigo de pecados graves. Los discursos de Elihú ahondan en estas soluciones: si Dios aflige a los que parecen justos, es para hacerles expiar pecados de omisión o faltas inadvertidas o bien —y ésta es la aportación más original de estos capítulos— para prevenir faltas más graves y curar el orgullo. Pero Elihú mantiene como los tres amigos, si bien con menor dureza, la conexión entre el sufrimiento y el pecado personal.

Contra esta rigurosa correlación se alza Job con toda la fuerza de su inocencia. No niega la retribución terrena; la espera, y Dios se la concederá finalmente en el epílogo. Mas para él resulta un escándalo el que se le sea negada actualmente, y no vuelve busca el significado de su prueba. Lucha desesperadamente para encontrar a Dios que se le oculta y a quien sigue creyendo bueno. Y cuando Dios interviene, lo hace para revelar la trascendencia de su ser y de sus designios y para reducir a silencio a Job. Ésta es la lección religiosa del libro: el hombre debe persistir en la fe incluso cuando su espíritu no encuentra sosiego. En aquella etapa de la revelación, el autor del libro de Job no podía avanzar más. Para esclarecer el misterio del dolor inocente, era necesario esperar hasta que llegase la seguridad de las sanciones de ul-tratumba y se conociese el valor del sufrimiento de los hombres unido al sufrimiento de Cristo. Dos textos de San Pablo responderán al angustioso problema de Job: «Los sufrimientos del tiempo presente no son comparables con la gloria que se ha de manifestar en nosotros», Rm 8 18, y «completo en mi carne lo que falta a las tribulaciones de Cristo, en favor de su Cuerpo, que es la Iglesia», Col 1 24.

JOB

I. Prólogo*

Satán prueba a Job.

Ez 14 14+

1 [1] Érase una vez un hombre llamado Job, que vivía en el país de Us*. Era un hombre íntegro y recto, temeroso de Dios y apartado del mal. [2] Tenía siete hijos y tres hijas. [3] Poseía siete mil ovejas, tres mil camellos y quinientas yuntas de bueyes, quinientas burras y numerosos siervos. Era el más rico de toda la gente de Oriente*. [4] Sus hijos tenían por costumbre juntarse para comer en casa de uno de ellos, por turnos; y mandaban llamar a las tres hermanas para que comieran con ellos. [5] Una vez acabados estos días de fiesta, Job los llamaba para purificarlos*; al día siguiente, de madrugada, ofrecía un holocausto por cada uno de ellos, pues pensaba que a lo mejor habían pecado maldiciendo* a Dios en su interior. Siempre hacía lo mismo.

Gn 12 16;
13 2; 26 14

1 S 16 5

[6] Un día en que los hijos de Dios fueron a presentarse ante Yahvé*, apareció también entre ellos el Satán*. [7] Dijo entonces Yahvé al Satán: «¿De dónde vienes?». El Satán respondió: «De dar vueltas por la tierra y pasearme por ella». [8] Yahvé replicó al Satán: «¿Te has fijado en mi siervo Job? No hay nadie como él en la tierra: es un hombre íntegro y recto, temeroso de Dios y apartado del mal». [9] Respondió el Satán a Yahvé: «¿Te crees que Job teme a Dios por nada? [10] ¿No ves que lo has rodeado de protección, a él, a su casa y a todas sus posesiones? Has bendecido sus actividades y sus rebaños se extienden por el país. [11] Pero trata de poner la mano en sus posesiones; te apuesto a que te maldice a la cara». [12] Contestó Yahvé al Satán: «De acuerdo. Métete con sus posesiones, pero no le pongas la mano encima». Y el Satán salió de la presencia de Yahvé.

R 22 19-23
Gn 6 1+

Za 3 1-2
Gn 3 1+

Lc 22 31

[13] Un día en que sus hijos e hijas comían y bebían en casa de su hermano mayor, [14] llegó un mensajero donde Job diciendo: «Estaban los bueyes arando y las burras pastando al lado, [15] y de pronto han caído sobre ellos los sabeos* y se los han llevado, después de haber matado a los siervos a filo de espada. Sólo yo he podido escapar para contártelo». [16] Todavía estaba éste hablando, cuando llegó otro con el siguiente mensaje: «Ha caído del cielo fuego de Dios* y ha pegado fuego y consumido a las ovejas y a los pastores. Sólo yo he podido escapar para contártelo». [17] Todavía estaba éste hablando, cuando llegó otro con el siguiente mensaje: «Los caldeos, divididos en tres grupos, se han echado sobre los camellos y se los han llevado, después de haber matado a los siervos a filo de espada. Sólo yo he podido escapar para contártelo». [18] Todavía estaba éste hablando, cuando llegó otro con el siguiente mensaje: «Tus hijos e hijas estaban comiendo y bebiendo en casa del hermano mayor; [19] de repente, un viento huracanado del otro lado del desierto ha embestido contra los cuatro ángulos de la casa, que se ha derrumbado sobre los jó-

1 R 10 1+

1 El autor ha conservado en este relato en prosa su carácter propio de relato popular.
1 1 Probablemente al sur de Edom, ver Gn 36 28; Lm 4 21.
1 3 Este término designa a todos los que habitaban al este de Palestina, más concretamente en territorio edomita y árabe, ver Nm 24 21+.
1 5 (a) Lit. «santificarlos». Se trata de ritos encaminados a eliminar los defectos que inhabilitaban para la vida cultual, ver Lv 11 1+.
1 5 (b) El hebr. dice «bendiciendo». Igualmente en 1 11 y 2 5.9. El verbo original, «maldecir», «blasfemar», ha sido sustituido para evitar así la presencia de un término peyorativo junto al nombre de Dios.
1 6 (a) Dios recibe o concede audiencia en días determinados, como hacen los monarcas. — Sobre la expresión «hijos de Dios», ver 2 1; 38 7; Gn 6 1-4; Sal 29 1; 82 1; 89 7. Se trata de seres superiores al hombre, que forman la corte de Yahvé y su consejo. Se les identifica con los ángeles (los Setenta traducen: «los ángeles de Dios», ver Tb 5 4+).
1 6 (b) Precedido del artículo, como en Za 3 1-2, el término no es todavía un nombre propio; lo será sola-

mente en 1 Cro 21 1. Según la etimología hebrea, designa a «el adversario», ver 2 S 19 23; 1 R 5 18; 11 14.23.25, o «el acusador», Sal 109 6, pero aquí su papel es más bien el de espía. Se trata de un personaje equívoco, distinto de los «hijos de Dios», escéptico respecto al hombre, deseoso de atraparle en una falta, capaz de desencadenar sobre él toda suerte de males e incluso de empujarlo al mal, ver también 1 Cro 21 1. Aunque no es deliberadamente hostil a Dios, duda de que haya tenido éxito su obra en la creación del hombre. Más allá del Satán cínico, de ironía fría y malévola, se perfila la imagen de un ser resentido, que está resentido con el hombre porque tiene razones para envidiarlo. Pero el texto no insiste en los motivos de su actitud. Además de todos estos títulos, será comparado con otros esbozos o figuras del espíritu del mal, en particular con la serpiente de Gn 3, con las que acabará fundiéndose, ver Sb 2 24; Ap 12 9; 20 2, para encarnar el poder diabólico, ver Lc 10 18.
1 15 Sabeos y caldeos (v. 17) son aquí tribus de nómadas saqueadores.
1 16 El rayo. Ver 2 R 1 10.12.14.

venes y han muerto. Sólo yo he podido escapar para contártelo». ²⁰ Se levantó Job, rasgó su manto y se rapó la cabeza*; después cayó en tierra en actitud humillada ²¹ y dijo:

Qo 5 14
Si 40 1
Gn 2 7; 3 19
Sal 139 15
Si 11 14

«Desnudo salí del seno materno
y desnudo volveré a él*.
Yahvé me lo ha dado y Yahvé me lo ha
    quitado.
Bendito sea el nombre de Yahvé».

²² A pesar de todo, Job no pecó ni imputó nada indigno a Dios.

Qo 5 18

1 6+

2 ¹ Un día en que los hijos de Dios fueron a presentarse ante Yahvé, apareció también entre ellos el Satán*. ² Dijo Yahvé al Satán: «¿De dónde vienes?». Respondió: «De dar vueltas por la tierra y pasearme por ella». ³ Yahvé replicó al Satán: «¿Te has fijado en mi siervo Job? No hay nadie como él en la tierra: es un hombre íntegro y recto, temeroso de Dios y apartado del mal. A pesar de todo, persevera en su integridad; y eso que me has incitado para que lo destruya sin motivo». ⁴ Contestó el Satán a Yahvé: «Piel tras piel*. El hombre da por su vida todo lo que tiene. ⁵ Pero trata de ponerle la mano encima, dáñalo en los huesos y

en la carne; te apuesto a que te maldice a la cara». ⁶ Respondió Yahvé al Satán: «Lo dejo en tus manos, pero respeta su vida». ⁷ El Satán salió de la presencia de Yahvé.

E hirió a Job con úlceras malignas*, desde la planta del pie hasta la coronilla. ⁸ Job se sentó en el polvo y cogió un cascote para arrascarse con él. ⁹ Su mujer le dijo entonces: «¿Aún persistes en tu integridad? Maldice a Dios y muérete». ¹⁰ Job le respondió: «Hablas como una necia. ¡Resulta que estamos dispuestos a recibir de Dios lo bueno y no lo estamos para recibir lo malo!». A pesar de todo, Job no pecó con sus labios.

Tb 2 14+
2 R 6 33

¹¹ Tres amigos de Job se enteraron de la desgracia que le había sobrevenido y acudieron desde sus respectivos países. Eran Elifaz de Temán, Bildad de Súaj y Sofar de Naamat*. Los tres se pusieron de acuerdo para ir a compartir su pena y consolarlo. ¹² Al verlo de lejos no lo reconocieron. Empezaron entonces a llorar a gritos, rasgaron sus mantos y echaron polvo sobre sus cabezas*. ¹³ Se sentaron en el suelo a su lado durante siete días y siete noches, sin decirle una sola palabra, viendo su terrible dolor.

Is 52 14

II. Diálogo

1. PRIMER CICLO DE DISCURSOS

Jr 20 14-18

Job maldice el día de su nacimiento

3 ¹ Finalmente Job empezó a hablar y maldijo el día de su nacimiento ² con estas palabras:

Si 23 14
Mt 26 24

³ Muera el día en que nací,
    la noche que anunció: «¡Ha sido concebido un varón!»*.

---

1 20   Este doble gesto, expresión de dolor o de duelo, es mencionado con frecuencia en la Biblia. Ver en el primer caso, Gn 37 34; Jos 7 6; 2 S 1 11; 3 31, etc.; en el segundo, Jr 7 29; 48 37; Ez 7 16; Esd 9 3, etc.
1 21   Parece establecerse un paralelo entre la tierra madre y el seno materno.
2 1   El hebr. añade: «para presentarse ante Yahvé», que falta en 1 6 y es omitido por el griego.
2 4   Locución proverbial, probablemente vulgar, que debe interpretarse según la frase siguiente. Jugando con los posibles significados de la palabra «piel», susceptible de designar la ropa hecha de piel (Gn 3 21; 27 16) o el cuero, la locución significa que el hombre consiente en dejarse despojar progresivamente de lo que tiene sobre él o de lo que posee, para evitar que le toquen su propia piel. Alcanzado entonces en su ser físico e individual, revela lo que es en realidad. A partir de la traducción «piel por piel» se proponen otras interpretaciones.
2 7   La palabra, que designa propiamente una infla-

mación, es aplicada también a la sexta plaga de Egipto, Ex 9 9-11, a un mal endémico en Egipto, Dt 28 27, a la enfermedad de Ezequías, 2 R 20 7, o al posible comienzo de la lepra, Lv 13 18-20.23. Aquí se trata de un mal pernicioso generalizado en todo el cuerpo, lo mismo que en Dt 28 35, pero difícil de identificar de manera precisa.
2 11   Las tres ciudades se localizan en la región idumea y árabe. Edom y el «Oriente», ver 1 3+, eran considerados en Israel como patrias de la sabiduría: 1 R 5 10-11; 10 1-3; Pr 30 1; Jr 49 7; Ab 8; Ba 3 22-23.
2 12   Rito de penitencia y, sobre todo, de duelo, ver Jos 7 6; 2 S 13 19; Ez 27 30. Los tres amigos consideran que Job ya ha muerto. —El texto añade «hacia el cielo», glosa omitida por el griego, inspirada quizás en Ex 9 8.10, y que convertiría el gesto en un signo de indignación que toma al cielo por testigo, para atraer su venganza o protegerse contra ella, ver Hch 22 23.
3 3   Dos maldiciones paralelas, la del día del nacimiento y la de la noche de la concepción.

⁴ Que ese día se vuelva tinieblas,
que Dios, desde lo alto, no lo eche en falta,
que la luz no brille sobre él.
⁵ Que lo reclamen tinieblas y densas sombras,
que una nube se cierna sobre él,
que un eclipse lo aterrorice*.
⁶ Sí, que la oscuridad se apodere de él,
que no se sume a los días del año*,
ni entre en el cómputo de los meses.
⁷ Que esa noche sea estéril,
vacía de gritos de júbilo.
⁸ Que la maldigan los que maldicen los días*,
los expertos en despertar a Leviatán*.
⁹ Que se ofusquen las estrellas de su aurora,
que espere en vano la luz
y no contemple el parpadeo del alba,
¹⁰ por no haberme cerrado las puertas del vientre
y no haber evitado el sufrimiento a mis ojos.

¹¹ ¿Por qué no morí antes de nacer
o salí del vientre ya cadáver?   10 18-19
¹² ¿Por qué me recogieron dos rodillas,
dos pechos para amamantarme?
¹³ Ahora reposaría en paz,
ahora dormiría tranquilo
¹⁴ con los reyes y consejeros de la tierra   Is 14 9-11
que se hacen construir mausoleos*,   Ez 32 18-32
¹⁵ o con los príncipes que abundan en oro,
que llenan de plata sus tumbas*.
¹⁶ Como aborto ignorado, no existiría,   Qo 6 3
como niño que no llega a ver la luz.
¹⁷ Allí* acaba la agitación de los malvados,
allí reposa la gente ya sin fuerzas.
¹⁸ Hasta los prisioneros descansan en paz,
sin oír los gritos del capataz.
¹⁹ Allí van a parar pequeños y grandes,
allí el esclavo se libra de su dueño.
²⁰ ¿Por qué dio luz a un desdichado,
vida a los que viven amargados,
²¹ que suspiran en vano por la muerte   Ap 9 6
y la buscan con más ansia que a un tesoro,
²² que gozarían ante el túmulo funerario*
y se alegrarían al encontrar la tumba,

---

3 5 «Densas sombras» corr.; «sombra de la muerte» hebr. — «eclipse» corr.; «como amarguras del día» hebr.
3 6 «Sí» tomado del v. 7, y se suprime «esa noche» del hebr., debido a una contaminación del mismo versículo. — «se sume», sir., Vulg.; «se alegre» hebr.
3 8 (a) O los enemigos de la luz, que actúan en las tinieblas, ver 24 13s; 38 15; o bien los que, como Job, maldicen el día de su nacimiento; o mejor aún, los hechiceros o echadores de suertes, capaces, según se creía, de cambiar con sus imprecaciones y sortilegios los días fastos en nefastos, o bien de provocar los eclipses, cuando «Leviatán» engullía momentáneamente al sol.
3 8 (b) Leviatán (o también el Dragón, la Serpiente Huidiza), ver 26 13; 40 25+; Is 27 1; 51 9; Am 9 3; Sal 74 14; 104 26, era en la mitología fenicia un monstruo del caos primitivo, ver 7 12+; la imaginación popular solía temer que despertara, excitado por una maldición eficaz contra el orden existente. La Serpiente de Ap 12

3, que encarna la resistencia del poder del mal frente a Dios, presenta algunos rasgos de esta serpiente del caos.
3 14 Lit. «que construyen ruinas para ellos». La expresión podría significar, a la luz ce Is 58 12 y 61 4, «reconstruir ruinas»: los reyes de Babilonia y de Asiria se vanagloriaban con frecuencia de nacerlo hecho. Pero el pronombre «para ellos» (lit.) alude más bien a mansiones funerarias edificadas de antemano en lugares desiertos o solitarios. Era especialmente el caso de Egipto. Puede que el término «ruinas» haya servido para designar, entre los hebreos, a las pirámides.
3 15 Lit. «sus casas», es decir s.is «casas de eternidad», ver Qo 12 5, o moradas funerarias, ver también Sal 49 12. De hecho, las excavaciones arqueológicas (especialmente en Ur y en Egipto) han sacado a la luz las riquezas acumuladas en las tumbas reales o principescas.
3 17 En el Seol, ver Nm 16 33+.
3 22 «(ante el) túmulo funerario» corr.; «(hasta el) júbilo» hebr.

19 8
Pr 4 18-19
Is 26 7

Sal 42 4

Pr 10 24

²³ a los hombres carentes de futuro
   porque Dios les ha cerrado el paso?
²⁴ En vez de pan, me encuentro con sollozos,
   derramo suspiros como agua.
²⁵ Me sucede lo que más temía,
   me encuentro con lo que más me aterraba.
²⁶ Carezco de paz y tranquilidad,
   no descanso, todo es sobresalto.

Confianza en Dios*.

4 ¹ Elifaz de Temán respondió así:

² ¿Aguantarás si alguien te dirige la palabra?*
   ¡Pero es que no se puede guardar silencio!
³ Tú que a tantos dabas lecciones,
   que fortalecías las manos débiles;
⁴ tus consejos animaban al vacilante,
   robustecías las rodillas inseguras.

Pr 24 10

⁵ ¿Y ahora que te toca no aguantas,
   te llega el turno y te espantas?
⁶ ¿No era tu piedad tu confianza,
   no era tu integridad tu esperanza?
⁷ Recuerda: ¿qué inocente ha perecido?
   ¿Dónde has visto al justo exterminado?

Sal 37 25
Pr 12 21
Si 2 10
2 P 2 9
Pr 22 8
Si 7 3

⁸ Soy testigo: quienes cultivan maldad
   y siembran desgracia, las cosechan.
⁹ Ante el aliento de Dios perecen,
   ante el soplo de su cólera fenecen.

Pr 28 15
Sal 17 12;
22 14.22

¹⁰ Ruge el león, gruñe la fiera,
   pero a los cachorros les arrancan los dientes.
¹¹ Muere el león por falta de presa,
   las crías de la leona se dispersan.

¹² He tenido una revelación furtiva*,
   mis oídos han captado su susurro.
¹³ Cuando las visiones nocturnas provocan ansiedad,
   cuando los hombres se rinden al sopor,
¹⁴ fui presa de terror y agitación,
   que estremecieron todos mis huesos.
¹⁵ Se deslizó por mi rostro un viento
   que erizó el vello de mi cuerpo.
¹⁶ ...Se alzó. No reconocí su rostro,
   pero su imagen seguía ante mis ojos.
   Silencio... Después oí una voz:

1 R 19 12-13
Sal 143 2
Jb 14 4+;
15 14; 25 4-6

¹⁷ «¿Puede un mortal ser justo ante Dios,
    puro un hombre ante su Hacedor?

15 15-16

¹⁸ Si ni siquiera confía en sus siervos
    y hasta en sus ángeles percibe defectos*,

---

4 Esta respuesta de Elifaz expresa, endureciéndola, la doctrina tradicional de la retribución: doctrina que es, ante todo, una afirmación de fe en la justicia providencial del Dios de la Alianza. El poeta, aun dudando de su eficacia en todos los casos, la recuerda con entusiasmo.

4 2 «si... te dirige», Aq., Sim., Teod.; «se ha intentado» hebr.

4 12 Lit. «A mí una palabra vino furtivamente». Se trata de una palabra celeste, comunicada por un personaje misterioso, ver v. 16, en medio de un sueño profundo (idéntico término en Gn 2 21; 15 12), que trata de provocar el estremecimiento sagrado. Este modo de

conocimiento sobrenatural contrasta con el carácter racional de la doctrina de los sabios y revela una evolución de ésta, al menos en ciertos círculos. Pero la revelación en la que se apoya Elifaz no se corresponde exactamente ni con la experiencia habitual de los profetas, que recibían generalmente la Palabra en estado de vigilia, ni con la inspiración que reivindicará más tarde el Sirácida, 24 31-33; 39 6. Se parece más bien a los sueños o visiones nocturnos, ver Za 1 8, con un matiz aterrador subrayado connaturalmente por el género literario apocalíptico, ver Dn 4 2; 5 5-6.

4 18 «siervos (de Dios)» y ángeles son idénticos. Si estos seres, que están cerca de Dios, conservan a pesar de

¹⁹ ¿qué decir de los que viven entre adobes,
en casas construidas sobre el polvo?
Se les aplasta lo mismo que a polilla,
²⁰ de la mañana a la noche se derrumban,
desaparecen y nadie lo advierte.
²¹ Les arrancan las cuerdas de su tienda,
mueren desprovistos de sabiduría*».

2 Co 5 1

5 ¹ Grita ahora, a ver si te responden,
¿a qué santo* vas a recurrir?
² Cierto que el despecho mata al insensato,
que la envidia acaba con el necio.
³ He visto a un insensato echar raíces
y de pronto malograrse su morada,
⁴ a sus hijos metidos en apuros,
acosados en la puerta* sin defensor.
⁵ Su cosecha la come el hambriento,
pues Dios se la quita de entre los dientes*;
el sediento se bebe su patrimonio.
⁶ No sale del polvo la miseria,
ni el sufrimiento brota del suelo.
⁷ Es el hombre quien nace para sufrir,
como las chispas* para alzar el vuelo.

Sal 127 5

15 35
Gn 3 17-19

⁸ Yo que tú acudiría a Dios,
a Dios expondría mi causa*.
⁹ Él hace prodigios insondables,
maravillas innumerables.
¹⁰ Derrama la lluvia sobre la tierra,
envía el agua a los campos,
¹¹ pone a los humildes en la altura,
a los afligidos en lugar seguro.
¹² Arruina los planes de los astutos
para que no prosperen sus intrigas.
¹³ Enreda en su astucia a los sabios,
los planes de los taimados fracasan.
¹⁴ En pleno día tropiezan con tinieblas,
van a tientas de día como de noche.
¹⁵ Él arranca de su boca al hombre arruinado*,
al pobre de la mano opresora.
¹⁶ El débil renace a la esperanza
y la maldad cierra su boca.

=9 10
Si 43 32

1 S 2 7-8
Sal 75 7-8

12 23-25

1 Co 3 19

Jn 12 35

¹⁷ ¡Dichosa la persona a quien Dios corrige!
No desprecies la lección* de Shaddai*,

Pr 3 11-12+
Gn 17 1+

---

todo una debilidad radical, con mayor razón el hombre carnal y perecedero.
4 21 «desprovistos de sabiduría», lit. «y no con sabiduría»; se podría entender también «y esto no es culpa de la sabiduría». Pero el contexto inmediato, que insiste en la fragilidad del hombre en general y en la brevedad de su existencia, sugiere más bien la idea de que éste no ha sabido o no sabe encontrar el tiempo (ver Sal 90 12) para adquirir la sabiduría, o bien que su ciencia limitada nada puede contra la muerte.
5 1 Los ángeles, ver 15 15 (aclarado por 4 18); Za 14 5; Dn 4 10.14.20; 8 13. También se menciona su intercesión en 33 23-24; ver Za 1 12; Tb 12 12. La pregunta de Elifaz está formulada en tono irónico: si los propios ángeles son juzgados por Dios, de nada sirve contar con su apoyo contra Dios. Pero tal pregunta deja entrever precisamente la costumbre de recurrir a una intercesión de esa naturaleza, costumbre que podría tener lejanos ecos politeístas: el dios de un individuo intervenía en la asamblea de los dioses para defender a su cliente.

5 4 La puerta principal de la ciudad, lugar de las reuniones y de los juicios.
5 5 «Dios» corr.; el hebr. tiene la preposición «hacia»; «de entre los dientes»: posible sentido de la palabra que habitualmente significa «espinas».
5 7 Lit. «hijos de Reshep», dios del rayo y del relámpago.
5 8 Tras su pregunta irónica del v. 1 (ver nota explicativa), Elifaz parece contraponer los que recurren a los ángeles y los que, como él, no tienen miedo de dirigirse directamente a Dios. Por la misma razón, invita a Job a rectificar su actitud de cara a Dios y a comportarse con él con mayor lealtad.
5 15 «arruinado» corr.; «de la espada» hebr.
5 17 (a) Los males de Job son, pues, un correctivo, una lección dolorosa pero saludable. Así lo dirá también Elihú, 33 19s.
5 17 (b) Este nombre divino de la época patriarcal, ver Gn 17 1+, es empleado en Job como arcaísmo.

¹⁸ porque hiere y pone la venda,
    golpea y él mismo sana,

Dt 32 39
Os 6 1

¹⁹ te libra seis veces de la angustia,
    y una séptima te evita el dolor*.

Sal 33 19
Jr 39 18
Sal 12 3-5;
31 21; 91

²⁰ En plena carestía te salvará de la muerte,
    en plena batalla, de la espada.
²¹ Estarás al abrigo del látigo de la lengua,
    no temerás la desgracia que amenaza.
²² De desgracia y carestía te reirás,
    de las fieras salvajes nunca temerás.

Is 5 2
2 R 3 19.25
Is 11 6-8
Dt 28 4.11

²³ Pactarás con los espíritus campestres*,
    con las bestias salvajes vivirás en paz.
²⁴ Gustarás de la paz de tu tienda,
    visitarás tu propiedad y estará todo en orden.
²⁵ Conocerás numerosos descendientes,
    retoñarán como hierba del campo.
²⁶ Bajarás a la tumba bien maduro,
    como hacina de trigo en sazón.
²⁷ Esto lo tenemos comprobado; así es la cosa.
    Escúchalo y saca tu lección.

El hombre rendido sólo conoce su miseria.

6 ¹ Job respondió así:

² ¡Si se pudiese pesar mi aflicción,
    todos mis males en una balanza!
³ Pesarían más que la arena del mar,
    por eso mis palabras desatinan.

7 20; 16 13
Sal 38 3
Sal 88 17

⁴ Tengo clavadas las flechas de Shaddai,
    mi vida se ahoga en su veneno,
    me hacen frente los terrores de Dios.
⁵ ¿Rebuzna el onagro ante la hierba?,
    ¿muge el buey ante el forraje?
⁶ ¿Come alguien lo soso sin sal?,
    ¿tiene sabor la clara del huevo*?
⁷ Lo que me daba asco catar
    es ahora mi comida de enfermo*.

⁸ Ojalá se cumpla mi deseo
    y Dios responda a mi esperanza,

7 15
Nm 11 15
1 R 19 4

⁹ que tenga a bien aplastarme,
    dejarme de su mano y rematarme.
¹⁰ Tendría al menos un consuelo:
    torturado sin piedad, exultaría,
    pues nunca he rechazado los decretos del Santo*.

Lv 17 1+
Is 6 3

¹¹ ¿Me quedan fuerzas para aguantar?,
    ¿tengo una meta a la que aspirar?
¹² ¿Es mi fuerza la de las rocas?,
    ¿es mi cuerpo de bronce?
¹³ Ya no sé dónde apoyarme,
    estoy aislado sin ayuda*.

---

5 19   Elifaz se expresa a la manera de los «proverbios numéricos», ver Pr 6 16-19; 30 15s.
5 23   *En la religión cananea, estrechamente vinculada a la fertilidad de los campos, existía la creencia en «espíritus», «demonios» o «sátiros», responsables de las malas cosechas causadas por el tizón u otras plagas agrícolas. Ver también Mt 12 43.
6 6   «clara del huevo» según una interpretación del Targ.; otros piensan en una planta: el jugo de la verdolaga o el zumo de la malva.

6 7   El v. 7, muy difícil, es interpretado según la Vulg. (que junta los dos hemistiquios en una sola frase). — «de enfermo», lit. «en mi enfermedad» corr.; «como una enfermedad» hebr. — La repugnancia de Job ante su miserable alimento (a la vez real y simbólico) expresa su hastío de la vida. Sus amigos, bien alimentados, son incapaces de entender.
6 10   Revelándose contra la Providencia. El «Santo» designa aquí a Yahvé, ver Is 6 3+; Ha 3 3.
6 13   «ayuda» griego, sir.; «sagacidad» hebr.

¹⁴ Quien retira* la compasión al prójimo
    abandona el temor de Shaddai*.

29 12-13;
31 16-20
1 Jn 3 17

¹⁵ Mis hermanos engañan lo mismo que un torrente,
    como cursos de agua después de la crecida:
¹⁶ bajan turbios a causa del deshielo,
    cuando sobre ellos se funde la nieve*,
¹⁷ pero en tiempo de estiaje se secan,
    con el calor se evaporan sus cauces.
¹⁸ Desvían de su ruta a las caravanas,
    se adentran en el desierto y desaparecen.
¹⁹ Los otean las caravanas de Temá,
    van en su busca los convoyes de Saba,
²⁰ mas su esperanza se ve defraudada,
    llegan allí y quedan confundidos*.

Jr 15 18

Is 21 14+
1 R 10 1+

²¹ Así sois ahora para mí*:
    veis mi horror y lo teméis.
²² ¿He dicho acaso: «Dadme algo,
    poned a mi servicio vuestros bienes;
²³ libradme de manos del opresor,
    de manos del violento rescatadme?»
²⁴ Instruidme y guardaré silencio,
    hacedme ver dónde está mi error*.
²⁵ Las palabras razonables se escuchan a gusto,
    pero, ¿qué critican vuestras críticas?
²⁶ ¿Intentáis refutar mis palabras,
    voces desesperadas que arrebata el viento?
²⁷ ¡Seríais capaces de sortear un huérfano,
    de especular con vuestro propio amigo!
²⁸ Pero tened a bien mirarme,
    que no os mentiré a la cara.
²⁹ ¡Volveos, juguemos limpio,
    volveos, que va en ello mi inocencia!
³⁰ ¿Encontráis falsedad en mis labios?,
    ¿no distingue mi boca el infortunio?

Jr 15 10

7

¹ El hombre en la tierra cumple un servicio*,
    vida de mercenario* es su vida;
² como esclavo, suspira por la sombra,
    como jornalero, aguarda su soldada.
³ También yo comparto meses baldíos,
    noches de agobio me tocan en suerte.
⁴ Al acostarme pienso: «¿Cuándo llegará el día?»,
    y al levantarme: «¿Cuándo se hará de noche*?
    Me harto de pesadillas hasta el alba.
⁵ Me cubren la carne gusanos y costras,
    la piel se me agrieta y supura.
⁶ Mis días corren más que la lanzadera,
    se consumen sin nada de esperanza.

14 14
40 1s

Qo 2 25
Si 30 17

Dt 28 67

Is 38 12

6 14   (a) «retirar» mss hebr.; «fundir» TM.
6 14   (b) La bondad con los demás es signo de una religión auténtica.
6 16   Texto difícil: lit. «ennegrecidos (o: turbulentos) a causa del hielo, sobre ellos desaparece la nieve».
6 20   «su esperanza», lit. «han esperado», sir., Targ.; «ha esperado» hebr. — «allí», lit. «cerca de ellos» corr.; «cerca de él» hebr.
6 21   «Así» corr.; «pues» hebr. — «para mí» corr.; «no» hebr.
6 24   Por inadvertencia o por ignorancia, ver Lv 4;

Nm 15 22-29; Sal 19 13.
7 1   (a) En el sentido de servicio militar, ver 14 14, a la vez lucha y servidumbre. El griego traduce «prueba»; Vulg. militia.
7 1   (b) El mercenario, pagado diariamente, Dt 24 15; Mt 20 8, se fatiga cada día por los demás, de la mañana hasta la noche. Igualmente el esclavo, Lv 25 39-40.
7 4   «el día» griego; omitido por hebr. — «¿cuándo se hará de noche?» corr.; hebr. ininteligible.

Sal 78 39;
89 48

⁷ Recuerda*: mi vida es sólo un soplo,
mis ojos ya no verán la dicha.
⁸ Seré invisible a cualquier mirada,
te fijarás en mí, pero no estaré.

Sb 2 1.4

⁹ Como nube que se esfuma y pasa,
el que baja al Seol ya no sube*.
¹⁰ No vuelve ya a su casa,
ya no lo reconoce su morada.
¹¹ Por eso no contendré mi lengua,
hablaré llevado por la angustia,
me quejaré repleto de amargura.

3 8+; 9 13;
26 12

¹² ¿Soy yo el Mar o el Dragón*
para que me pongas un guardián?
¹³ Si pienso: «Mi lecho me consolará,
compartirá mi cama mi llanto»,
¹⁴ me aterras entonces con sueños,
me espantas después con visiones.

6 9

¹⁵ Quisiera morir asfixiado*:
¡antes la muerte que mis dolores*!
¹⁶ Me da igual, no he de vivir para siempre;
déjame en paz, mis días son un soplo.

Sal 144 4
Sal 8 5; 144
3

Sal 139

¹⁷ ¿Qué es el hombre para darle importancia,
para que pongas en él tu interés*,
¹⁸ para que lo inspecciones cada mañana
y a cada instante lo pongas a prueba?
¹⁹ ¿Dejarás alguna vez de mirarme?,
¿me darás tiempo a tragar saliva?
²⁰ Si he pecado, ¿en qué te afecta*,
Centinela de los hombres?
¿Por qué convertirme en blanco?
¿Por qué te sirvo de carga*?
²¹ ¿Por qué no olvidas mi ofensa,
pasas por alto mi culpa,
si pronto yaceré en tierra
y no estaré aunque me busques*?

La trayectoria necesaria de la justicia divina.

8 ¹ Bildad de Súaj respondió así:

² ¿Hasta cuándo hablarás de ese modo,
con palabras como viento impetuoso?
³ ¿Puede Dios torcer el derecho,
pervertir Shaddai la justicia*?

34 10-12
Dt 32 4

---

7 7   Solidario con la humanidad que sufre y resignado a morir, Job esboza una oración para pedir a Dios algunos instantes de paz antes de su muerte.
7 9   Según la opinión corriente, que el autor parece compartir aquí y en **10** 21; **14** 7-22; **16** 22, ver 2 S 12 23; Sal **88** 11, etc., es imposible retornar del Seol. Ver Nm **16** 33+.
7 12   Según las cosmogonías babilónicas, Tiamat (la Mar), después de haber contribuido al nacimiento de los dioses, había sido vencida y subyugada por uno de ellos. La imaginación popular o poética, siguiendo estas mismas imágenes, atribuía a Yahvé esta victoria, anterior a la organización del Caos, y se lo figuraba como teniendo siempre sometidos al Mar y a los Monstruos, sus huéspedes. Ver **3** 8+; **9** 13; **26** 12; **40** 25s; Sal **65** 8; **74** 13-14; **77** 17; **89** 10-11; **93** 3-4; **104** 7.26; **107** 29; **148** 7; Is **27** 1; **51** 9.
7 15   (a) A diferencia del «hastiado de la vida» egip-

cio, Job no piensa en el suicidio. Es además un acto sólo mencionado excepcionalmente en el AT, ver 2 S 17 23+.
7 15   (b) «mis dolores» corr.; «mis huesos» hebr.
7 17   El autor parece repetir con amarga ironía expresiones del Sal 8. La solicitud de Dios por el hombre se convierte aquí en una exigente vigilancia. El autor del Sal 139 veía en ello un motivo de confianza. Job, por su parte, se siente tratado como enemigo por Dios, que le observa. Debatiéndose con una noción jurídica de la religión y del pecado, busca a tientas al Dios de la misericordia, v. 21.
7 20   (a) El pecado no puede alcanzar a Dios.
7 20   (b) «te sirvo» griego; «me sirvo» hebr.
7 21   Estas últimas palabras, inesperadas, vuelven a presentar la imagen de un Dios misteriosamente inclinado hacia el hombre.
8 3   «pervertir» griego, Vulg.; hebr. repite «torcer».

⁴ Si tus hijos pecaron contra él,
ya los puso en poder de su delito.

1 19

⁵ Pero si buscas pronto a Dios
y diriges tu súplica a Shaddai,
⁶ si eres intachable y recto,
de inmediato velará por ti,
te devolverá tus legítimos bienes.
⁷ Tu pasado será una miseria
comparado a tu espléndido futuro.

⁸ Pregunta, si no, a pasadas generaciones,
medita* en la experiencia de sus mayores.

Si 8 9
Dt 4 32; 32 7

⁹ De ayer somos nosotros, nada sabemos;
nuestra vida en la tierra pasa como sombra.

14 2

¹⁰ Pero ellos te instruirán, te hablarán
con máximas sacadas de la reflexión*:
¹¹ «¿Brota el papiro fuera de la marisma?,
¿crece el junco fuera del agua?
¹² Todavía verde, sin ser cortado,
antes que cualquier hierba se agosta».
¹³ Así es el fin de quien de Dios se olvida,
la esperanza del impío fracasa*.

Sal 37 1-2
Pr 10 28

¹⁴ Su confianza sólo es un hilo,
una telaraña su seguridad.

27 18

¹⁵ Se apoya en ella y no aguanta,
se agarra a ella y no resiste.

Mt 7 26-27

¹⁶ Lleno de savia, a pleno sol,
sus renuevos brotaban por su jardín;
¹⁷ se enredaban sus raíces en la roca,
vivía agarrado al tapial*.
¹⁸ Pero lo arrancan de su sitio
y éste le niega: «Jamás te he visto».
¹⁹ Así acaba su alegre vida*,
mientras otros de la tierra brotarán.
²⁰ Pero Dios no rechaza al honrado,
ni echa una mano al malvado.
²¹ Aún* puede llenar tu boca de risas,
tus labios de júbilo.
²² Tus enemigos se cubrirán de vergüenza,
la tienda de los malvados desaparecerá.

Sal 6 11
Pr 14 11

La justicia divina está sobre el derecho.

9 ¹ Job respondió así:

38-42

² Es verdad, las cosas son así:
¿cómo puede el hombre ser justo ante Dios?
³ Si quiere entablar pleito con él,
no le rebatirá ni una vez entre mil.
⁴ ¿Quién, sabio y fuerte,
le hizo frente y salió indemne?
⁵ Él desplaza los montes sin que lo adviertan,
cuando los vuelca con su cólera.
⁶ Él sacude la tierra de su sitio
y hace vacilar sus columnas*.

Is 13 10.13
Jl 2 10;
4 15-16

---

8 8   «medita» corr.; «consolidados» hebr.
8 10   La tradición de los antepasados es la base de la
enseñanza sapiencial. La ley del castigo de los impíos
se muestra en ella tan rigurosa y clara como una ley de
la naturaleza, vv. 11s.
8 13   «el fin» griego; «los senderos» hebr.
8 17   «vivía» griego; «veía» hebr.

8 19   Traducción conjetural.
8 21   «Aún» corr.; «hasta» hebr.
9 6   La tierra descansa sobre «columnas», que Dios
«sacude» con los terremotos, 38 6; Sal 75 4; 104 5; 1 S
2 8. Los vv. 5-7 recuerdan imágenes escatológicas corrientes, ver Am 8 9+.

Sal 19 5-7
Ba 3 34-35

Sal 104 2
Is 40 22; 42
5
38 31-32
Am 5 8
=5 9

23 8-9

Sal 89 11

9 32;
13 13s.18s;
23 1-7

Rm 9 20-21

7 19

Qo 9 2-3

12 9

⁷ Él lo ordena y el sol no resplandece,
    y cierra con un sello las estrellas*.
⁸ Él despliega los cielos sin ayuda,
    él aplasta la espalda del Mar*.
⁹ Él ha hecho la Osa y Orión,
    las Pléyades y las Cámaras del Sur*.
¹⁰ Él ha hecho prodigios insondables,
    maravillas innumerables.
¹¹ Si pasa junto a mí, no lo veo,
    me roza y no me doy cuenta.
¹² Si sujeta una presa, ¿quién se la arrancará?
    ¿Quién puede decirle: «Qué haces?».
¹³ Dios no renuncia a su cólera,
    a sus pies se postran los aliados de Rahab*.
¹⁴ ¡Cuánto menos podré yo defenderme*,
    rebuscar argumentos contra él*!
¹⁵ Aun teniendo yo razón, no discutiría,
    tendría que suplicar a mi acusador.
¹⁶ Si se dignase responder a mi llamada,
    no creo que escuchase mi voz.
¹⁷ ¡Él, capaz de aplastarme por un pelo*,
    que multiplica sin motivo mis heridas,
¹⁸ que no me deja ni tomar resuello,
    que me tiene saciado de amargura!
¹⁹ Si se trata de fuerza, gana en vigor,
    si de justicia, ¿quién le emplazará*?
²⁰ Aun teniendo yo razón, su boca* me condenaría,
    aun siendo inocente, me declararía culpable.
²¹ ¿Soy inocente? Ni yo mismo lo sé.
    ¡Desprecio mi vida!
²² Pero es lo mismo, de verdad:
    destruye igual al inocente y al culpable.
²³ Si un azote mata de improviso,
    se ríe de la angustia del inocente.
²⁴ Deja la tierra en poder del malvado
    y tapa los ojos de los magistrados;
    ¿quién sino él lo hace*?
²⁵ Mis días son más raudos que un correo,
    se me escapan sin que pueda ver la dicha;
²⁶ se deslizan como lanchas de junco,
    como águila que cae sobre la presa.
²⁷ Si pretendo olvidar mi aflicción,
    cambiar el semblante y poner buena cara,

---

9 7   Para impedir que aparezcan y brillen. Ba 3 34 menciona la orden contraria.
9 8   Partiendo de los fenómenos físicos actuales, el autor se remonta a los orígenes de la creación. Entonces Dios «pisó la espalda del mar», es decir, le impuso su dominio, lo sometió en sus orígenes; idéntica expresión en Dt 33 29. Sobre la personificación del mar, ver 7 12+.
9 9   Griego: «el que ha hecho las Pléyades y Venus y Arturo y las Cámaras del Sur»; Vulg.: «Arturo y Orión y las Híadas y las Cámaras del Sur». — La identificación de estas constelaciones sólo es probable.
9 13   Rahab, monstruo del caos, que alterna con Leviatán o Tannín, es la personificación mítica de las aguas primordiales, el Mar (Tiamat). Para afirmar el dominio creador de Yahvé, la imaginación popular y poética lo celebraba como el vencedor de Rahab, o el que le había traspasado, ver 7 12+ y 26 12+; Sal 89 11; Is 51 9. En contexto histórico, Rahab personifica al mar Rojo y a Egipto, ver Is 30 7; Sal 87 4.

9 14   (a) Lit. «responderle», pero este verbo tiene con frecuencia sentido jurídico: tomar la palabra como testigo o para defender la propia causa.
9 14   (b) Frente a este Dios todopoderoso, juez y parte a la vez, Job no puede recurrir a las formas habituales del procedimiento humano. (En otros pasajes del Diálogo se encuentra este deseo de una justificación conforme a las formas legales). Job llega a dudar de su inocencia, vv. 20-21. Más que la sabiduría infinita de los juicios de Dios (que defenderá Sofar, 11), toma en cuenta su aparente arbitrariedad, ver v. 24.
9 17   «por un pelo», sir., Targ.; «en un torbellino», hebr.
9 19   «gana en vigor», lit. «el vigoroso es él», Targ.; «el vigoroso, helo aquí» hebr. — «le emplazará» griego; sir.; «me emplazará», hebr.
9 20   «su boca» corr.; «mi boca» hebr.
9 24   Job no teme achacar directamente a Dios la responsabilidad de estos hechos «escandalosos», pues cree sin restricciones en la Providencia universal.

²⁸ me asalta el temor de mis males,
    pues sé que no me absolverás*.
²⁹ Y si resulta que soy culpable,
    ¿a qué fatigarme en vano?
³⁰ Aunque me lavase con agua de nieve   Is 1 18
    y limpiase con sosa mis manos*,   Sal 51 9
³¹ me restregarías en el lodo*   Jr 2 22
    hasta que mi ropa me asqueara.
³² No es un hombre como yo para decirle: Qo 6 10
    «Comparezcamos juntos en un juicio».
³³ No hay un árbitro entre nosotros
    que ponga su mano entre los dos,
³⁴ que aparte su látigo de mi vista   13 21
    y no me espante su terror.
³⁵ Entonces hablaría sin temerle,
    pues no soy culpable a mis ojos*.

10 ¹ Siento asco de mi vida,   7 11.15
    voy a dar curso libre a mis quejas,
    voy a hablar henchido de amargura.
² Diré a Dios: No me condenes,
    explícame por qué me atacas.
³ ¿Te parece bien oprimirme,
    despreciar la obra de tus manos,
    y favorecer los planes del malvado?
⁴ ¿Tienes acaso ojos de carne   1 S 16 7
    o ves las cosas como un mortal?   Jr 11 20+
⁵ ¿Es tu existencia la de un mortal,
    son tus años los de un hombre*,
⁶ para que hurgues en mi culpa
    e investigues mi pecado,
⁷ aunque sabes que no soy culpable   Sb 16 15
    y que nadie va a arrancarme de tus manos?   Dt 32 39
                                                   Gn 2 7
⁸ Tus manos me formaron y me hicieron,
    ¿y ahora, en arrebato*, me destruyes?   33 6
⁹ Recuerda que me has hecho de barro
    y que al polvo me has de devolver.   Sb 7 2
¹⁰ ¿No me vertiste como leche   Sal 139
    y me cuajaste como queso*?   13.15
¹¹ Me revestiste de carne y piel,
    me tejiste de huesos y tendones.
¹² Me concediste el don de la vida,   Gn 2 7
    cuidaste solícito mi aliento.
¹³ Pero algo ocultaba tu mente*,
    seguro que estabas pendiente
¹⁴ de vigilar mis pecados,
    de no disculpar mis faltas:

9 28   Elifaz y Bildad recomendaban docilidad a Job,
5 17; 8 5-6. Pero Job sabe que esta actitud forzada no
puede modificar ni su situación real ni las disposiciones
de Dios respecto a él.
9 30   Sólo Dios puede borrar el pecado; el pecador no
puede hacer nada al respecto, pero encuentra una salida apelando a la misericordia divina, como en Sal 51.
Job, que no tiene conciencia de ningún pecado, comparte este sentimiento de impotencia sin poder compartir este impulso.
9 31   «en el lodo» griego, Vulg.; «en la fosa» hebr.
9 35   Job no quiere reconocer una culpabilidad de la
que no está convencido.
10 5   Dios conoce el fondo de los corazones y no tiene
necesidad de torturar a Job para probar su inocencia,
v. 4, ver vv. 6-7a. Dios, que es señor del tiempo, no ne-

cesita saciar de una vez su venganza y puede mostrarse
tolerante, v. 5, ver v. 7b.
10 8   «ahora, en arrebato» griego; «juntas alrededor»
hebr.
10 10   La ciencia médica antigua se imaginaba la formación del embrión como una coagulación de la sangre
materna bajo el influjo del semen.
10 13   Por tanto, esta solicitud de Dios encubría temibles exigencias. El hombre es responsable de todos sus
actos ante Dios. La queja de Job traduce una verdad trágica. Usando espontáneamente de su libertad, el hombre debería poder vivir en paz con Dios, en armonía con
los seres y las cosas. Ahora bien, se siente dependiente
de una voluntad misteriosa y exigente que le deja en la
incertidumbre respecto a sí mismo y a Dios, pone a
prueba su conciencia y no le concede las garantías so-

¹⁵ si era culpable, ¡ay de mí!,
　　si inocente, no levantaría cabeza,
　　harto de ignominia, borracho de aflicción*.
¹⁶ Con la furia* de un león me das caza,
　　repitiendo tus proezas a mi costa,
¹⁷ renuevas tus ataques contra mí,
　　contra mí redoblas tu furor,
　　tus tropas de refresco sobre mí*.

3 11-16

¹⁸ ¿Por qué me sacaste del vientre?
　　Habría muerto sin que nadie lo advirtiese,
¹⁹ sería como si no hubiese existido,
　　conducido del vientre a la tumba.

14 1; 7 7

²⁰ ¡Qué breves los días de mi vida!
　　Aléjate de mí, déjame gozar un poco*

Sal 39 14

²¹ antes de que marche, y ya no vuelva,
　　al país de tinieblas y de sombras,

Nm 16 33+

²² al país oscuro y en desorden,
　　donde la claridad parece sombra*.

La sabiduría de Dios exige la confesión de Job.

11 ¹ Sofar de Naamat respondió así:

² ¿Nadie va a responder al charlatán?,
　　¿va a tener razón por hablar sin control?
³ ¿Hará callar a los demás tu verborrea?,
　　¿te vas a burlar sin que nadie te confunda?
⁴ Has dicho: «Mi conducta es pura*,
　　soy irreprochable a tus ojos».
⁵ ¡Pero ojalá Dios te hablase,
　　abriese sus labios y respondiese:

Rm 11 33

⁶ te enseñaría secretos de sabiduría,
　　que desconciertan toda sagacidad!
　　Bien sabrías entonces
　　que Dios te pide cuentas de tus faltas*.
⁷ ¿Pretendes descubrir la hondura de Dios,
　　descubrir la perfección de Shaddai?

Ef 3 18

⁸ Es más alta que el cielo*, ¿qué harás?;
　　es más honda que el Seol, ¿qué sabrás?
⁹ Su longitud supera a la tierra,
　　su anchura sobrepasa al mar.
¹⁰ Si comparece y encierra en prisión,
　　si cita a juicio, ¿quién lo impedirá?
¹¹ Pues bien conoce a la gente falsa,
　　cuando ve la maldad presta atención*.
¹² Pero el necio aprenderá a razonar
　　cuando el asno salvaje nazca hombre.

39 5-8
Gn 16 12

¹³ Si mantienes firme tu corazón
　　y extiendes tus manos hacia él*,

---

bre las que querría apoyarse. Utilizando una forma negativa, Job evoca el drama mismo de la fe.
10 15 «borracho de aflicción» corr.; «y viendo (?) mi pena» hebr.
10 16 «Con la furia» corr.; «es fiero» hebr.
10 17 «tus ataques», lit. «tu hostilidad» corr.; «tus testigos» hebr. — Seguimos el griego en el último hemistiquio; hebr.: «relevo y ejército contra mí».
10 20 «los días de mi vida» corr.; «mis días, que él cese» hebr. — «Aléjate de mí», lit. «mira lejos de mí» corr.; «y coloca lejos de mí» hebr.

10 22 El Seol, ver Nm 16 33+. — El hebreo añade: «como la noche lóbrega, sombra densa».
11 4 «Mi conducta» griego; «mi doctrina» hebr.
11 6 «te pide cuentas» corr.; «te hace olvidar» hebr.
11 8 «más alta que el cielo» Vulg.; las alturas del cielo» hebr.
11 11 «presta atención» corr.; «no presta atención» hebr.
11 13 Era el gesto de la oración de súplica, ver Ex 9 29.33; 1 R 8 38; Is 1 15.

¹⁴ si rechazas la maldad que hay en tus manos
sin dar cabida en tu tienda a la injusticia;
¹⁵ entonces alzarás la frente limpia,
te podrán acosar, pero no temerás;
¹⁶ llegarás a olvidar el infortunio,
como agua pasada lo recordarás;
¹⁷ brillará tu vida más que el mediodía,
tu oscuridad será como la aurora;
¹⁸ vivirás confiado en la esperanza,
aun confundido*, dormirás tranquilo;
¹⁹ te acostarás y nadie te asustará,
muchos buscarán tus favores.
²⁰ Pero los ojos del malvado se consumen,
están privados de refugio,
su esperanza es el último suspiro*.

Jn 8 12+

La sabiduría de Dios se manifiesta sobre todo en los estragos de su poder.

12 ¹ Job respondió así:

² Desde luego, sois la voz del pueblo*,
con vosotros morirá la sabiduría.
³ Pero sé pensar como vosotros,
en nada me superáis,
¿quién no sabe todo eso?
⁴ Uno se convierte en burla del vecino*
cuando clama a Dios en busca de respuestas.
Se ríen de quien es justo e íntegro.
⁵ ¡Ante el infortunio, desprecio -dice el satisfecho-,
un golpe más al que se tambalea!
⁶ Pero viven bien tranquilos en sus tiendas los bandidos,
del todo seguros los que provocan a Dios,
los que meten a Dios en su puño.
⁷ Pero pregunta a las bestias, que te instruirán,
a las aves del cielo, que te lo dirán,
⁸ si no a los reptiles*, que te informarán,
te lo contarán los peces del mar;
⁹ ¿quién no sabe entre todos ellos
que todo esto lo hizo la mano de Dios*,
¹⁰ que su mano retiene el hálito de los vivientes,
el espíritu de todo ser humano*?

¹¹ ¿No distingue el oído las palabras,
el paladar el sabor de la comida?
¹² ¿No es cosa de ancianos la sabiduría,
la perspicacia asunto de viejos?
¹³ Pero Él tiene sabiduría y poder,
prudencia y perspicacia son suyas*.
¹⁴ Si destruye, nadie reconstruye,
si acorrala, no hay quien escape.

13 2

9 24

Nm 16 22
Dn 5 23

=34 3

32 7-9

Is 11 2
Pr 8 14
Sal 127 1
Is 22 22

---

11 18 «aun confundido», lit. «(incluso si) te has confundido» corr.; «espiarás» hebr.
11 20 Así ocurre con Job, que ya sólo espera la muerte,
3 21; 6 9; 10 21.
12 2 Texto oscuro; lit. «en verdad, sois el pueblo».
12 4 «se convierte», lit. «es» griego, sir.; «soy» hebr.
12 8 «los reptiles» corr.; «háblale (al suelo)» hebr.
12 9 «Dios» 7 mss hebr.; «Yahvé» TM, pero el poeta
evita continuamente este nombre divino, porque hace
hablar a extranjeros.

12 10 Si Dios, según el testimonio de todos los seres,
es la causa universal, vv. 7-10, a él habrá que atribuir
en consecuencia la responsabilidad del reinado de la injusticia, vv. 4-6.
12 13 La sabiduría humana competente (de los doctores), con sus máximas tranquilizadoras, nada es ante
la sabiduría de Dios, que se manifiesta en sus poderosas
obras, vv. 14-16, y que confunde a las autoridades humanas, vv. 16-25.

¹⁵ Si retiene las aguas, todo se seca,
     si las suelta, destruyen la tierra.
¹⁶ Dispone de fuerza y habilidad,
     suyos son seducido y seductor.
¹⁷ Hace estúpidos a los consejeros del país*,
     a los jueces vuelve locos.
¹⁸ Desciñe la banda de los reyes
     y les pasa una soga por los lomos*.
¹⁹ Conduce descalzos a los sacerdotes,
     acaba con los poderes establecidos.
²⁰ Quita la palabra a los confidentes,
     a los ancianos arrebata el juicio.

Sal 107 40   ²¹ A los nobles llena de desprecio,
     afloja el cinturón de los fuertes.
²² Desvela la hondura de la tiniebla,
     saca a la luz las sombras.

Hch 17 26   ²³ Suscita naciones y acaba con ellas,
     promueve pueblos y los suprime*.
²⁴ Deja sin talento a los jefes del país*,

Sal 107 40   los guía por un desierto intransitado;
²⁵ van a tientas, sin luz, entre tinieblas,
     tambaleándose lo mismo que borrachos.

13   ¹ Todo esto lo han visto mis ojos,
     mi oído lo oyó y lo entendió.

12 3   ² Lo que sabéis, lo sé yo también,
     en nada me superáis.
³ Pero yo quiero hablar con Shaddai,

9 14+   deseo encararme a Dios,
⁴ pues todo lo blanqueáis con mentiras,
     sólo sois médicos de apariencia.

Pr 17 28   ⁵ ¡Ojalá enmudecierais del todo,
     así demostraríais ser sabios!
⁶ Escuchad ahora mis descargos,
     atended a la defensa de mis labios*.
⁷ ¿Vais a usar la mentira en defensa de Dios?,
     ¿usaréis el fraude en su favor?
⁸ ¿Seréis parciales con Dios?,
     ¿defenderéis así su causa?
⁹ ¿No sería mejor que os sondeara?,

Ga 6 7   ¿lo engañaríais como a un hombre cualquiera?
¹⁰ ¡Qué duda cabe que os castigaría
     por vuestra taimada parcialidad!

Is 6 1-5   ¹¹ ¿No os asusta su majestad
     ni os sobrecoge su terror?
¹² Máximas de ceniza son vuestras denuncias,
     réplicas de arcilla vuestras réplicas.

10 1   ¹³ Guardad silencio, voy a hablar yo.
     Me ocurra lo que me ocurra,
¹⁴ agarraré mi carne con los dientes,
     pondré mi vida en mis manos*;

---

12 17 Se suprime, al comienzo del v., «conduce», ver
v. 19. — «Hace estúpidos» corr.; «descalzos» hebr. —
«del país» griego; omitido por hebr.
12 18 Texto difícil; leemos «soga» en lugar de «disciplina» (con Targ. y Vulg.). La expresión parece evocar
el tratamiento infligido a los cautivos, a quienes se les
quitaba la ropa.
12 23 «suprime» corr.; «conduce» hebr.
12 24 «del país» griego; «los extravía» hebr.

13 6 Job vuelve al procedimiento jurídico, ver v. 18 y
19 14+. Quiere interrogar al mismo Dios, descartando
a los falsos sabios que osadamente se hacen sus abogados.
13 14 Suprimimos las dos primeras palabras, ditografía del final del v. 13. — Estas locuciones de tono proverbial significan que se arriesga la vida, que se juega
el todo por el todo, ver Jc 12 3; 1 S 19 5; 28 21.

¹⁵ aunque quiera matarme, lo esperaré,
     pues pienso defenderme a su cara*;
¹⁶ con eso me daría por salvado,
     pues el impío no comparece ante él.

¹⁷ Escuchad atentos mis palabras,
     prestad oído a mi declaración;
¹⁸ ya he dispuesto mi defensa*,
     yo sé que soy inocente.
¹⁹ ¿Quién quiere pleitear conmigo*?
     Si ahora callo, moriré.
²⁰ Hazme dos concesiones*
     y no abandonaré tu presencia:
²¹ que alejarás tu mano de mí
     y tu terror no me alcanzará;
²² que pueda responderte si me acusas,
     o mejor, yo hablaré y tú replicarás.
²³ ¿Cuántos son mis errores y culpas?
     Hazme ver mis delitos y errores.
²⁴ ¿Por qué me ocultas tu rostro*
     y me tienes por enemigo?
²⁵ ¿Por qué asustas a una hoja que vuela?,
     ¿por qué persigues la paja ya seca?
²⁶ Anotas a mi cargo rebeldías,
     me haces pagar faltas juveniles,
²⁷ metes en cepos mis pies,
     vigilas todos mis pasos,
     rastreas todas mis huellas.
²⁸ Se consume* cual leño carcomido,
     lo mismo que un vestido apolillado,

9 14+

9 34; 23 6

Sal 4 7+
Sal 44 25;
88 15
Sal 83 14

Sal 25 7

14 *¹ el hombre nacido de mujer,
     corto de días y harto de pesares.
² Como flor, brota y se marchita,
     se esfuma como sombra pasajera.
³ ¿Y fijas en éste tus ojos,
     lo citas* a juicio ante ti?
⁴ ¿Quién puede hacer puro lo impuro?
     ¡Nadie*!
⁵ Si sus días están previstos,
     contados por ti sus meses,
     un límite que no franqueará,
⁶ aparta tu vista y déjalo en paz,
     que disfrute su jornada laboral.

Is 50 9
Sal 39 12;
102 27
Si 40 1-10;
41 1-4
Sb 2 1
Is 40 6-8+
Sal 37 2+
Qo 6 12
Sal 8 5;
144 3;
4 17; 9 30;
15 14; 25 4
Sal 51 7

13 15 En lugar de ver restaurada su felicidad, Job prefiere vengar su honor ante los hombres y, sobre todo, ante Dios.
13 18 Job imagina un proceso entre Dios y él. Esta vez olvida que no existe un árbitro entre las dos partes, **9** 32-33. Ahora reduce a su juez al papel de adversario.
13 19 Job vuelve contra Dios el desafío jurídico que Yahvé, Is 1 18; Os 2 4; Mi 6 1-2, o su Siervo, Is 50 8, lanzaba a su pueblo. El segundo hemistiquio, lit. «pues a partir de ahora me callaré y pereceré», puede ser también una fórmula jurídica. El que desafía a los contradictores acepta de antemano la posibilidad de verse confundido y sufrir la pena. Job, convencido de su derecho, consiente en ello.
13 20 Primero, encontrarse con Dios en plano de igualdad y recobrar su libertad. Luego, un orden en el debate: Job hablará el primero.
13 24 Dios «oculta su rostro» cuando rehúsa las señales de su presencia graciosa y favorable.

13 28 Se refiere al hombre del que habla el versículo siguiente. Por eso, algunos críticos proponen leer este v. después de **14** 2 o **14** 6.
14 Elegía sobre la miseria del hombre. Job, ver **7** 1s, percibe en su infortunio personal la condición humana como tal, y su alegato argumenta a partir de esa condición: no se comprenden los rigores divinos contra esta criatura miserable.
14 3 «lo citas» versiones; «me citas» hebr.
14 4 Job reconoce la impureza radical del hombre, pero aquí la alega como excusa. — El acento recae sobre la impureza física (y, por tanto, ritual) que el hombre contrae desde su concepción, ver Lv **15** 19s, y su nacimiento, ver Sal **51** 7; pero esta impureza entraña una debilidad moral, una propensión al pecado, y la exégesis cristiana ha visto en este pasaje por lo menos una alusión al pecado original, transmitido por generación. Ver Rm **5** 12+.

⁷ Un árbol tiene esperanza:
    aun talado, vuelve a retoñar,
    sus renuevos brotan sin parar;

Is 6 13

⁸ aunque viejas sus raíces enterradas,
    con un tronco que agoniza en el polvo,
⁹ al contacto con el agua reverdece
    y echa ramas como una planta joven.
¹⁰ Pero el hombre muere y queda inerte,
    cuando expira el mortal, ¿dónde está?

Qo 3 21
Is 19 5; 51 6

¹¹ El agua del mar se evapora,
    los ríos se secan y aridecen,
¹² y el hombre se acuesta y no se alza,
    se gastarán* los cielos y no despertará,
    de su sueño* no espabilará.

Sal 102 27

Is 26 20
Am 9 2

¹³ ¡Ojalá en el Seol me escondieras,
    me ocultaras mientras pasa tu cólera*,
    fijaras una fecha para acordarte de mí!

7 1

¹⁴ ¿Pero puede el hombre muerto revivir?
    Todo el tiempo de mi milicia esperaría
    ansioso a que llegase mi relevo.
¹⁵ Te llamaría y tú responderías
    anhelando la obra de tus manos;
¹⁶ no controlarías mis errores,
    como ahora cuentas mis pasos;

10 6

¹⁷ cerrarías en un saco mi delito,
    blanquearías con cal mi pecado.

¹⁸ Como monte que acaba derrumbándose*,
    como rocas desplazadas de su sitio,
¹⁹ como agua que erosiona las piedras,
    como aluvión* que arrastra el barro,
    así acabas tú con la esperanza del hombre.
²⁰ Lo aplastas para siempre y se va,
    lo desfiguras y luego lo olvidas.
²¹ Medran sus hijos y no se entera,
    son despreciados y no lo advierte.
²² Sólo siente el dolor de su carne,
    tan sólo se lamenta por su vida*.

2. SEGUNDO CICLO DE DISCURSOS

Job se condena por su lenguaje

15 ¹ Elifaz de Temán respondió así:

² ¿Responde un sabio con razones vanas
    y llena su vientre de viento del este?

---

14 12 (a) «se gastarán», sir., Vulg.; hebreo corrompido.

14 12 (b) Estas imágenes escatológicas, alejando hasta el infinito toda posibilidad de despertar, sirven aquí para subrayar que el hombre desaparece sin esperanza de retorno. La espera de una resurrección al final de los tiempos parece hallarse todavía fuera de las perspectivas del autor, ver 19 25+.

14 13 No se dice expresamente que esta permanencia en el *Seol* seguiría a la muerte y que Job volvería después a la vida. Sólo la situación imaginada evoca por sí misma esta posibilidad. Job, acorralado, se aferra a la esperanza de un refugio en la única mansión en que le es posible pensar fuera de la tierra. Porque el cielo está reservado a Dios, ver Sal 115 16. Si Job pudiera ocultarse en algún sitio durante el tiempo en que se descar-

ga el furor divino, volvería a encontrar después el rostro de un Dios favorable. Esta situación se expone en los vv. 14-17: por un lado, Job esperando su «relevo»; por otró, Dios, que, pasada ya su cólera, suspira por ver de nuevo a Job. Y ya no se tratará más de pecado, después del perdón total de las posibles faltas.

14 18 «acaba derrumbándose» griego, sir.; «cayendo se marchita» hebr.

14 19 «aluvión» corr.; el hebreo parece estar corrompido.

14 22 Lit. «su vida se lamenta sobre él», ver Sal 6 5+.
— El hombre conserva en el Seol cierta conciencia de sí mismo. Ver Nm 16 33+. El autor quiere decir que esta sombra sólo pensará y sufrirá por sí, o bien que recuerda con nostalgia su existencia corporal.

³ ¿Argumenta sin ningún fundamento,
  con palabras que no sirven de nada?
⁴ Tú haces más: suprimes la piedad,
  anulas los piadosos coloquios* con Dios.
⁵ Tu culpa dicta tus palabras,
  prefieres la lengua de la astucia.
⁶ Tu boca te condena, que no yo,
  tus labios testifican contra ti*.

⁷ ¿Eres el primogénito de los hombres,
  engendrado antes que los collados*?
⁸ ¿Has asistido al consejo divino
  y has asimilado la sabiduría?
⁹ ¿Qué sabes tú que no sepamos?,
  ¿qué entiendes que no tengamos claro?
¹⁰ Hay entre nosotros canosos y ancianos,
  más repletos de días que tu padre.
¹¹ ¿Te parece poco el consuelo de Dios,
  las suaves palabras que escuchas?
¹² ¡Cómo te domina la pasión
  y miras con ojos desorbitados
¹³ cuando arremetes airado contra Dios
  soltando palabra tras palabra!
¹⁴ ¿Qué es el hombre para creerse puro*,
  para creerse inocente el nacido de mujer?
¹⁵ Si ni siquiera confía en sus Santos,
  ni los cielos le parecen puros,
¹⁶ ¡qué decir de lo asqueroso y corrompido:
  del hombre que se ahoga en maldad!

¹⁷ Voy a hablarte, escúchame,
  te contaré lo que he visto,
¹⁸ lo que cuentan los sabios sin tapujos,
  la tradición recibida de sus padres
¹⁹ —sólo a ellos les fue dado el país
  y ningún extranjero se mezcló con ellos—:
²⁰ «La vida del malvado discurre entre tormentos,
  son contados los años guardados al opresor;
²¹ escuchan sus oídos voces de terror,
  lo asaltan bandidos en plena prosperidad;
²² que no confíe en volver de las tinieblas,
  pues está destinado a la espada;
²³ asignado como pasto a los buitres,
  él conoce su ruina inminente*.
La hora de las tinieblas ²⁴ lo espanta,
  angustia y ansiedad lo invaden
  como rey que se lanza al ataque.
²⁵ Por alzar su mano contra Dios,
  y atreverse a retar a Shaddai,

Si **49** 16
Pr **8** 25

Jr **23** 18
Rm **11** 34

4 17-18;
14 4+

34 7

8 8-10
Dt **32** 7-8

Sb **17** 3s

18 11

---

15 4 Traducimos así una término que designa la aplicación del espíritu a las realidades religiosas, al tiempo que conserva la noción de palabra: la meditación y el estudio de la Ley adoptaban con frecuencia una forma oral.
15 6 Job se traiciona con sus palabras: sus protestas de inocencia revelan la preocupación por disimular una falta.
15 7 La primera parte de la pregunta contrapone a Job y al primer hombre, que habría podido erigirse en maestro de sabiduría. La segunda parte, argumentando a fortiori, parece contraponer a Job y a la propia Sabiduría, engendrada antes que las colinas, Pr **8** 25, y desde entonces presente en el consejo de Dios, Pr **8** 22-31; ver Jb **28** 23-27; Sb **8** 3-4.
15 14 Elifaz reanuda el hilo de su razonamiento anterior, **4** 17, y del de Job, **14** 4, pero en otro sentido. La impureza radical del hombre *ya* no es considerada como razón de su inestabilidad **4** 17-19, ni como excusa de faltas inevitables, **14** 1-4 sino como raíz de pecados graves, que acaban en la «iniquidad».
15 23 «asignado» corr.; «anda errante» hebr. — «buitres» griego; la vocalización del hebreo está equivocada. — «su ruina» griego; «su mano» hebr.

²⁶ arremetiendo de frente contra él
    tras la maciza panza de su escudo,
²⁷ con carrillos rebosantes de grasa
    y sus lomos cubiertos de sebo,
²⁸ acabó viviendo en ciudades en ruinas,
    en casas no habitadas a punto de caer.
²⁹ No se enriquecerá ni durará su fortuna,
    ni se alargará por el país su sombra*.
³⁰ No escapará a las tinieblas,
    la llama agostará sus renuevos,
    su flor será barrida por el viento*.

20 6-7
³¹ Que no se fíe de su buena talla*,
    pues acabará en vanidad.
³² Su follaje* se amustiará antes de tiempo,
    sus ramas no reverdecerán.
³³ Será viña que pierde sus agraces,
    olivo que deja caer su flor.
³⁴ Es estéril la ralea del impío,
    devora el fuego la casa del interesado.

5 6-7
Pr 22 8
Sal 7 15
Ga 6 8
³⁵ Quien concibe maldad pare desgracia,
    su vientre gesta la mentira*».

De la injusticia de los hombres a la justicia de Dios.

16
¹ Job respondió así:

² Muchas cosas como éstas he oído,
    sólo sois consoladores agobiantes.
³ «¿Tendrá fin tanta palabrería?
    ¿Qué te impulsa a defenderte?».

Mt 27 39
⁴ También yo hablaría como vosotros,
    si es que estuvierais en mi lugar;
    sin duda os agobiaría* con discursos,
    movería contra vosotros mi cabeza*.
⁵ Con palabras os confortaría,
    moviendo mis labios os calmaría.
⁶ Pero hablo y no se calma mi dolor,
    me callo y no se aleja de mí*,
⁷ y ahora me tiene extenuado.

30 12+
    Espantas a mis conocidos ⁸ y me acosas,
    mi calumniador* se ha hecho mi testigo,
    se alza contra mí, me acusa a la cara.
⁹ La cólera de Dios me acosa y me desgarra,
    enseña sus dientes rechinando contra mí,
    mi adversario me mira con ojos aviesos.
¹⁰ Me amenazan abriendo la boca,
    me afrentan con bofetadas,
    todos se alían contra mí.

---

15 29 «sombra» griego; el hebr. trae un término desconocido.
15 30 El primer hemistiquio, repetición parcial del v. 22a, debe de ser una glosa o la corrupción de otro texto. — «su flor» griego; «su boca» hebr. — «será barrida» corr.; «se apartará» hebr.
15 31 «su talla» corr.; ver 20 6; «vanidad» hebr., y se suprime «extraviado».
15 32 «se amustiará» versiones; «será llenado» hebr.
15 35 «gesta» griego, sir.; «prepara» hebr. — El mismo principio es formulado con una forma idéntica en Is 59 4, casi idéntica en Sal 7 15; es enunciado con una imagen diferente en 4 8; 5 6; Pr 22 8. Ver también, pero con una dimensión escatológica, Ga 6 8.
16 4 (a) «agobiar» corr.; «disponer» hebr.
16 4 (b) Gesto de condolencia, o bien de desprecio o de burla.
16 6 A diferencia de sus consoladores, que sólo de palabra se interesan por su caso, Job sufre sin descanso, tanto si habla como si se calla. Así justifica el tono de sus palabras, ver 6 26, contra Elifaz, ver 15 5-6.
16 8 «mi calumniador», lit. «mi mentiroso» corr.; «mi flaqueza» hebr. — Los vv. 7-8 son muy difíciles; la traducción sigue de cerca al TM (salvo la corr. señalada), que quizás está corrompido.

¹¹ Dios me entrega a injustos*,
    me arroja en manos de malvados.

¹² Vivía yo tranquilo y me zarandeó,
    me agarró por la nuca y me despedazó,
    en su blanco me convirtió.

¹³ Me cercaron sus arqueros,
    traspasó mis entrañas sin piedad,
    derramando por tierra mi hiel.

¹⁴ Rasgó mi cuerpo brecha tras brecha,
    lanzándose cual guerrero contra mí.

¹⁵ He cosido un sayal sobre mi piel,
    en el polvo ha acabado mi vigor.

¹⁶ El llanto enrojece mi rostro,
    una sombra mortal recubre mis ojos,

¹⁷ aunque en mis manos no había violencia
    y era sincera mi oración.

¹⁸ ¡No cubras, tierra, mi sangre*!
    ¡Que nada pare mis gritos!

¹⁹ Pues tengo en el cielo mi testigo,   Ap 8 3-4
    mi defensor habita en lo alto,   19 25+

²⁰ que interpreta ante Dios mis pensamientos,
    ante quien vierto mis lágrimas*.

²¹ Que él juzgue entre el hombre y Dios,
    como suele ocurrir entre mortales,

²² pues me esperan años contados   10 21
    y emprenderé un camino sin retorno*.

17 ¹ Me falta el aliento,   Qo 12 1-7
       mis días se extinguen,
       me espera la tumba.

² Es que vivo entre escarnios,
    las penas desvelan mis ojos.

³ Erígete en garante a mi favor,
    ¿quién si no, chocaría mi mano*?

⁴ Has cerrado su mente al buen juicio
    y no se saldrán con la suya*:

⁵ como el que invita generoso a sus amigos,
    mientras los ojos de sus hijos se apagan.

⁶ Me ha convertido en refrán* de la gente,   30 9
    como cuando escupen a alguien en la cara.

⁷ La aflicción consume mis ojos,
    mis miembros son como sombra.

⁸ Al verlo, los justos se quedan sin habla*,   Is 52 15
    el inocente se alza contra el impío;

16 11 «injustos», lit. «un injusto» (colectivo), versiones; «un niño» hebr.
16 18 La sangre clama venganza a Dios mientras no
quede cubierta con el polvo de la tierra, Gn 4 10; 37 26;
Is 26 21; Ez 24 8. Job, herido de muerte, quiere que subsista una llamada permanente para vengar su causa, ver
Sal 5 11: su sangre sobre la tierra y, junto a Dios, el clamor de su oración. Ésta, personificada, será ante Dios
el «testigo» y el «defensor» de Job, v. 19. Pero estos términos pueden aplicarse también a Dios, al Dios de la
fidelidad y de la bondad, a quien Job apelaría en un
arrebato de esperanza. También podemos pensar que se
trata de un mediador de Job. El contexto parece favorecer la primera interpretación.
16 20 «que interpreta» corr.; «mis intérpretes» o «mis
burladores» hebr. — «ante quien» según el griego; omitido por el hebr.

16 22 ¿Espera Job verse justificado antes de su muerte
y desea que Dios escuche su clamor, porque ya es hora?
¿O bien rechaza esta salida como ilusión y ya sólo espera su próximo fin?
17 3 Uso jurídico. Con este gesto, ver Pr 6 1; 17 18;
22 26; Si 29 14-20, el fiador sustituía al hombre endeu-
dado para suspender el embargo y depositaba la fianza.
Parece que Job, ante la indiferencia de sus amigos, pide
a Dios que salga él mismo como su fiador.
17 4 «no se saldrán con la suya» corr.; «no elevarás»
hebr.
17 6 «en refrán» versiones; «para dominar» hebr. (incorrecta vocalización).
17 8 Expresión bíblica del asombro que provoca el
castigo divino de los culpables entre los que son testigos
del mismo. Así también los amigos de Job: a la vista de
sus males, se reafirman en la justicia de Dios, conforme

⁹ se afianza el justo en su camino,
    las manos limpias redoblan su energía.
¹⁰ Venga, vosotros, volved a la carga,
    que no encontraré entre vosotros un sabio.
¹¹ Han pasado mis días con mis planes*,
    han fallado los afanes de mi corazón.
¹² Quieren hacerme ver que la noche es día,
    que está cerca la luz cuando sólo hay tinieblas.

5 17-26;
6 7; 11 17
Jn 8 12+

¹³ Sólo espero habitar en el Seol,
    hacerme la cama en las tinieblas;
¹⁴ llamo al sepulcro «padre mío»,
    a los gusanos «madre y hermanos».
¹⁵ ¿Dónde está ahora mi esperanza?,
    ¿quién ha visto mi dicha*?
¹⁶ Bajarán conmigo al Seol,
    nos hundiremos juntos en el polvo*.

Nada puede la ira contra el orden de la justicia.

18 ¹ Bildad de Súaj respondió así:

² ¿Cuándo acabaréis con tanta palabra?
    Pensad bien las cosas y luego hablaremos*.

12 7-8;
16 9-10

³ ¿Por qué considerarnos animales
    y gente de corto entendimiento*?
⁴ Tú, que te destruyes con tu cólera,
    ¿quedará desierta la tierra por tu causa?,
    ¿se desplazarán las rocas de su sitio?

Jn 8 12+
Jr 25 10

⁵ La luz del malvado se apaga,
    el fuego en su hogar ya no brilla.
⁶ En su tienda se extingue la luz,
    el candil que lo alumbra se apaga.

Sal 18 37
Pr 4 12

⁷ Su paso firme se acorta,
    lo pierden sus propios proyectos.

Sal 35 7-8;
140 6

⁸ Sus pies se meten en la red,
    camina entre mallas.
⁹ Un lazo le apresa el talón,
    el cepo se cierra sobre él.
¹⁰ Oculto en la tierra hay un nudo,
    la trampa le espera en la senda.

15 21
Sb 17 10-14

¹¹ Espanto y terror lo cercan,
    entorpecen su caminar.
¹² Desfallece en pleno vigor*,
    la desgracia se afianza a su lado.
¹³ El mal devora su piel*,
    el Primogénito de la Muerte* roe sus miembros.
¹⁴ Lo arrancan del amparo de su tienda,
    lo arrastran ante el Rey de los terrores*.

---

a las ideas clásicas. Job se burla de esta sabiduría y de
esta piedad convencionales.
17 11 «con mis planes» corr.; el hebr. hace de «planes»
el sujeto del verbo siguiente.
17 15 «mi dicha» griego; hebr. repite «mi esperanza».
17 16 «conmigo» griego; «a los cerrojos (del Seol)»
hebr. — «hundirse» griego; «el reposo» hebr. (simple
corr. vocálica).
18 2 Este v. parece estar dirigido a Sofar y a Elifaz.
18 3 «de corto entendimiento?» corr.; «¿somos impuros?» hebr.

18 12 «Desfallece», lit. «hambriento». — «en pleno vigor» corr.; «su vigor» hebr.
18 13 (a) «El mal devora» corr.; «devora pedazos (de
la piel)» hebr.
18 13 (b) Seguramente la más grave de las enfermedades: la peste.
18 14 Personaje de la mitología oriental y griega (Nergal, Plutón, etc.), que parece estar aquí al frente de los
espíritus infernales, una especie de Furias que se en-
sañan con los criminales ya en vida de éstos.

¹⁵ Ocupan su tienda desahuciada,
　　esparcen azufre en su morada*.
¹⁶ Por debajo se secan sus raíces,
　　por arriba se agosta su ramaje.
¹⁷ Su recuerdo se borra en el país,
　　se queda sin nombre en la comarca.
¹⁸ Lo empujan de la luz a las tinieblas,
　　se ve expulsado del mundo,
¹⁹ sin familia ni prole entre su gente,
　　sin un superviviente en su terruño.
²⁰ Su destino espanta al occidente,
　　el oriente queda estremecido.
²¹ Así acaba la morada del impío,
　　la casa del que a Dios desconoce.

Dt 29 22
Is 34 9
Sal 11 6

Sal 9 6;
34 17
Pr 10 7

Sal 37 28

El triunfo de la fe en el abandono de Dios y de los hombres.

19¹ Job respondió así:

² ¿Hasta cuándo me vais a atormentar,
　　aplastándome con tanta palabra?
³ Ya me habéis insultado diez veces,
　　sin pudor me habéis ultrajado.
⁴ Aun en caso de haber errado,
　　en mí queda mi yerro*.
⁵ Si creéis triunfar sobre mí
　　echando en cara mi oprobio,
⁶ sabed que Dios me ha hecho daño
　　copándome entre sus redes*.
⁷ Grito «Violencia» y nadie responde,
　　imploro «Auxilio» y no hay justicia.
⁸ Ha puesto en mi ruta un muro infranqueable,
　　ha llenado mis sendas de densa oscuridad.
⁹ Me ha despojado de mi honra,
　　ha dejado mi frente sin corona.
¹⁰ Ha arrasado mi cerca y debo irme,
　　ha arrancado cual árbol mi esperanza.
¹¹ Su cólera ha atizado contra mí,
　　me ha considerado su enemigo.
¹² Llegan sus tropas en masa,
　　van haciendo camino en mi busca,
　　acampan en torno a mi tienda.
¹³ Mis hermanos se alejan de mí,
　　mis amigos me tienen por extraño.
¹⁴ Me abandonan vecinos y parientes,
　　se olvidan de mí mis invitados*.
¹⁵ Mis siervas me tienen por intruso,
　　me he vuelto un extraño a sus ojos.
¹⁶ Llamo a mi esclavo y no responde,
　　aunque yo en persona le suplique.
¹⁷ Mi aliento repugna a mi esposa,
　　doy asco a mis propios hermanos*.

Lm 3 7-9

29 14

14 7s; 17 15

33 10

Sal 38 12;
69 9; 88 9-19

---

18 15 Traducción literal, pero el texto está quizá corrompido. Algunos críticos proponen la lectura: «se pegará fuego a su tienda», a causa del paralelismo con el azufre, símbolo de esterilidad, ver Dt 29 22; Is 34 9; Sal 11 6, y quizás aquí desinfectante.
19 4 Un desvío que explicaría el sufrimiento, ver 6 24+. El griego añade: «pronunciando vocablos que no convienen, con palabras que yerran y son intempestivas».
19 6 Y no Job el que se enreda a sí mismo en la red de sus faltas, ver 18 8.
19 14 «mis invitados», tomado del comienzo del v. 15.
19 17 Lit. «los hijos de mi vientre». La fórmula es insólita para designar a los hijos de un mismo padre: sola,

Sal 41 10
Si 6 8
Jn 13 18

¹⁸ También los críos me muestran desprecio,
apenas me levanto, se burlan de mí.
¹⁹ Todos mis íntimos me aborrecen,
mis amigos se vuelven contra mí.
²⁰ Mis huesos se pegan a la carne y a la piel,
he escapado con la piel entre los dientes*.
²¹ ¡Piedad, piedad, amigos!,
que la mano de Dios me ha herido.

Sal 27 2

²² ¿Por qué me perseguís como Dios
y no os hartáis de mi carne?

16 18-21+

²³ ¡Ojalá se escribiesen mis palabras!
¡Ojalá se grabasen en bronce!,
²⁴ con cincel de hierro y plomo,
impresas para siempre en la roca.
²⁵ Yo sé que vive mi Defensor*,
que se alzará el último sobre el polvo*,
²⁶ que después que me dejen sin piel,
ya sin carne, veré a Dios*.
²⁷ Sí, seré yo quien lo veré,
mis ojos lo verán, que no un extraño.
Se consume mi vigor en mi interior.
²⁸ Cuando decís: «¿Cómo acosarlo?
¿Qué pretexto encontrar contra él?».
²⁹ Temed por vosotros a la espada,
la espada que castiga el delito*,
y sabréis que existe un juez.

27 13-23

No hay excepción para el orden de la justicia.

20

¹ Sofar de Naamat respondió así:

² Mis pensamientos me obligan a responder,
debido a la impaciencia que me come.
³ He escuchado una lección bochornosa,
pero mi espíritu me inspira la respuesta.

Sal 37; 73

⁴ ¿No sabes tú que desde siempre,
desde que el hombre está sobre la tierra,
⁵ el júbilo del malvado es breve,
momentáneo el gozo del impío?

---

la expresión «fruto del vientre» puede aplicarse ocasionalmente a ellos (ver Dt 28 53: Mi 6 7; Sal 132 11). Además, como el poeta da por supuesta la muerte de los hijos de Job (ver **8** 4; **29** 5), hay que pensar efectivamente en hermanos uterinos; la fórmula se aclara en parte por **3** 10 (ver también Sal 69 9: «los hijos de mi madre»).
19 20 V. corregido según el griego; hebr.: «a mi piel y a mi carne se pegan mis huesos, y escapo con la piel de mis dientes».
19 25 (a) La palabra *go'el*, imperfectamente traducida por «defensor», es un término técnico del derecho israelita, ver Nm **35** 19+. Se aplica a menudo a Dios, salvador de su pueblo y vengador de los oprimidos. El Judaísmo rabínico lo aplicó al Mesías; de ahí sin duda la traducción de San Jerónimo «mi Redentor». — Job, calumniado y condenado por sus amigos, espera un Defensor, *que no es otro que Dios mismo*, al menos que tengamos que ver en él a un mediador celeste que se haría cargo de la defensa de Job y lo reconciliaría con Dios, ver **16** 19. Pero Job sigue creyendo que su dicha está perdida y que su muerte está próxima: Dios no intervendrá para vindicar su causa más que tras su muerte. Con todo, Job espera ser testigo de ello, «ver» a su vengador. Después de haberse imaginado, **14** 10-14, la

posibilidad de una espera en el Seol durante el tiempo de la cólera, Job, impulsado por su fe en Dios, que puede hacer volver del Seol (ver 1 S 2 6; 1 R 17 17-24; Ez 37), parece confiar aquí en un retorno pasajero a la vida corporal, para el tiempo de la venganza. Esta momentánea salida de la fe de Job fuera de los límites infranqueables de la condición mortal, para satisfacer su necesidad de justicia en una situación desesperada, preludia la revelación explícita de la resurrección de la carne, ver 2 M **7** 9+.
19 25 (b) «se alzará»: término jurídico, aplicado a menudo al testigo o al juez, **31** 14; Dt **19** 16; Is 2 19.21; Sal 12 6. — «el último» recuerda a Is **44** 6; **48** 12.
19 26 V. famoso en exégesis por sus dificultades de todo tipo. La traducción propuesta sigue al hebr. Según las versiones, algunos corrigen: «Después de mi sueño (en lugar de «mi piel»), me alzará junto a él». La Vulg. ha influido durante siglos en la exégesis católica con una traducción que resulta improbable, habida cuenta del conocimiento de la evolución de las ideas teológicas de Israel: «Porque sé que mi Redentor vive y que en el último día yo resucitaré de la tierra, que de nuevo me revestiré de mi piel y en mi carne veré a Dios».
19 29 «que castiga» corresponde al sustantivo «cólera», aquí con valor forense.

⁶ Aunque su talla llegue al cielo
  y su cabeza alcance las nubes*,   Sal 37 35
⁷ desaparece para siempre, como estiércol,
  sus conocidos dicen: «¿Dónde está?».
⁸ Como sueño invisible se esfuma,   Sal 73 20
  como visión nocturna se disipa.   Is 29 8
⁹ El ojo que lo veía ya no lo verá,   Sb 5 14
  su morada no lo contemplará.
¹⁰ Indemnizarán sus hijos a los pobres,   27 16-17
  sus manos* restituirán su riqueza.
¹¹ Sus huesos repletos de energía
  yacerán con él en el polvo.
¹² Le sabía dulce la maldad,   Pr 20 17
  la ocultaba debajo de la lengua,
¹³ la guardaba con mimo, sin soltarla,
  reteniéndola dentro de la boca;
¹⁴ pero ese manjar se corrompe en sus entrañas,
  se transforma en su interior en veneno de víboras,
¹⁵ vomitará las riquezas devoradas,
  pues Dios se las saca del vientre.
¹⁶ Chupaba veneno de víboras: Dt 32 32-33
  lo matará la lengua del áspid.
¹⁷ Ya no gozará de arroyos de aceite*,   29 6
  de ríos de miel y requesón.
¹⁸ Devolverá sus ganancias* sin probarlas,
  sin saborear el fruto de sus negocios.
¹⁹ Por destruir las chozas* de los pobres,
  robar casas en vez de construirlas;
²⁰ por no saber calmar su apetito,
  sus tesoros no lo salvarán*;
²¹ como nadie escapaba a su voracidad,
  su prosperidad no aguantará.
²² Su propia abundancia lo acosará,
  la mano de la miseria lo alcanzará.
²³ Dios le enviará el ardor de su cólera,
  como lluvia de flechas* en su carne.
²⁴ Si se salva del arma de hierro,   Dt 32 41-42
  lo atraviesan con arco de bronce;   Sb 5 17-23
²⁵ una flecha* asoma por su espalda,
  una punta bruñida por el hígado,
  los terrores se abaten sobre él;
²⁶ le reservan* tinieblas ocultas,   15 21; 18 14
  lo devora un fuego no atizado*,   Sal 88 16-17
  que consume los restos de su tienda.   1 16; 15 34
²⁷ El cielo desvela su culpa,
  la tierra se alza contra él.
²⁸ Un diluvio arruina su casa,   Is 24 18
  los torrentes del día de la ira.

20 6 La Biblia alude más de una vez al orgullo titá-
nico manifestado por el hombre en sus orígenes, ver Gn
11 4; Is 14 13-14; Ez 28 2.17. Esta tradición de carácter
más bien mitológico concuerda con la tradición de Gn
3 para explicar por el orgullo la caída del hombre.
20 10 «sus manos» hebr.; otros corr. «sus hijos».
20 17 «de aceite» corr.
20 18 «probarlas» hebr. — «sus ganancias» corr.;
«(fruto de su) trabajo» hebr.
20 19 «chozas» Targ.; «ha abandonado» hebr.
20 20 «sus tesoros no lo salvarán» corr.; «por su tesoro
(?) no salvará» hebr.
20 23 El hebr. añade al principio: «mientras que llena

su vientre», omitido por el griego — «flechas» corr.;
«sobre él» hebr. — Las mismas imágenes describen el
castigo colectivo de Israel o de los pueblos. El Dios guerrero maneja las armas, ver Dt 32 41; Sb 5 18-20, envía
enfermedades y azotes diversos, y la tierra, sacudida por la cólera divina, se asocia a esta obra de destrucción, como con ocasión del juicio escatológico, ver
Is 24 18.
20 25 «una flecha» según el griego; «tiró» hebr.
20 26 (a) «reservar» corr.; «para sus cosas ocultas»
hebr. — Sobre las tinieblas del Seol, vislumbradas
en las de Egipto, Ex 10 21.
20 26 (b) El rayo.

=27 13
Ap 21 8

²⁹ Ésta es la suerte que Dios depara al malvado,
    ésta es la herencia que destina a su persona*.

El mentís de los hechos.

21
¹ Job respondió así:

² Escuchad atentos mis palabras,
    dadme siquiera este consuelo.
³ Tened paciencia mientras hablo,
    cuando termine podréis burlaros.

6 3.26;
29 9; 40 4

⁴ ¿Acaso me quejo de un hombre?,
    ¿pierdo la paciencia sin razón?
⁵ Si me escucháis, quedaréis pasmados,
    os llevaréis la mano a la boca*.
⁶ Sólo con pensarlo, me horrorizo,
    me siento presa de escalofríos.

Jr 12 1-2
Sal 73 3-12
Ml 3 15.
18-19

⁷ ¿Por qué siguen vivos los malvados,
    que envejecen y aumenta su poder?
⁸ Viven seguros con sus hijos,
    ven cómo crecen* sus retoños:
⁹ un hogar en paz, sin miedo,
    sin probar el castigo de Dios.
¹⁰ Su toro fecunda sin fallar,
    su vaca pare sin abortar.
¹¹ Dejan sueltos a sus críos como ovejas,
    dejan brincar a sus hijos*.

Is 5 12
Am 6 5

¹² Cantan con cítaras y panderos,
    se divierten al son de la flauta.
¹³ Pasan su vida dichosos,
    bajan en paz* al Seol.

22 17
Ml 3 14-15
Jr 2 31

¹⁴ Y pensar que decían a Dios*: «Fuera de aquí,
    no nos interesa conocer tus caminos.
¹⁵ ¿Quién es Shaddai para servirle?,
    ¿qué podemos ganar con invocarle?».
¹⁶ ¿No depende de ellos su dicha,
    aunque el plan del malvado esté lejos de Dios?

18 5;
20 22.26-28

¹⁷ ¿Cuántas veces se apaga la lámpara del malvado?,
    ¿cuántas veces se abate sobre él la desgracia
    o la cólera divina le reparte sufrimientos?

Sal 1 4

¹⁸ ¿Son como paja a merced del viento,
    como tamo que arrastra el huracán?
¹⁹ ¿Se reservaría Dios el castigo de sus hijos*?
    ¡Que lo pague él y aprenda!
²⁰ ¡Que sea testigo de su ruina*,
    que beba la cólera de Shaddai!

14 21-22
2 R 20 19
Qo 9 5-6

²¹ ¿Qué le importa su casa una vez muerto,
    interrumpida ya la cuenta de sus meses?
²² ¿Quién puede aleccionar a Dios,
    que juzga a los seres celestes?

---

20 29 «destina», lit. «su palabra».
21 5 Gesto expresivo de silencio, cuando toda palabra parece vana o imprudente.
21 8 «crecen», lit. «con ellos» (unido al primer hemistiquio).
21 11 Parece faltar aquí un término de comparación; algunos añaden «como ciervos», ver Sal 114 4-6.
21 13 «bajan» sir., Vulg.; «son asustados» hebr.

21 14 «Dios», lit. Él» corr.; el hebr. lleva la primera persona.
21 19 Opinión antigua y autorizada, Ex 34 7; Dt 5 9, corregida más tarde, Dt 24 16; Jr 31 29; Ez 18; ver Jn 9 1-3. Job demuestra la inconsistencia de dicha opinión: el impío no padecerá ni sabrá nada de ello, ver 14 21-22.
21 20 «su ruina» versiones; hebr. corrompido.

²³ Hay quien muere en pleno vigor,
   colmado de dicha y de paz*,
²⁴ con los lomos forrados de grasa*
   y tierna la médula de sus huesos.
²⁵ Y hay quien muere harto de amargura,
   sin haber probado la dicha.
²⁶ Pero juntos yacerán en el polvo   Qo 9 2-3
   bajo una colcha de gusanos.

²⁷ Conozco muy bien lo que pensáis,
   la violencia que tramáis contra mí.
²⁸ Decís: «¿Dónde está la casa del prepotente?,
   ¿dónde la tienda que habitaban los malvados?
²⁹ ¿No habéis preguntado a los viajeros?,
   ¿no conocéis sus testimonios?:
³⁰ el día del desastre se libra el malvado,   Pr 11 4
   a salvo se encuentra el día de la cólera;   Am 5 18+
³¹ ¿quién le echa en cara su conducta?,   Rm 2 3-6
   ¿quién le hace pagar lo que ha hecho?;
³² es conducido al cementerio,
   velan junto a su mausoleo;
³³ no le pesan los terrones del valle,
   tras él desfila todo el mundo*.
³⁴ ¿Por qué me consoláis con tonterías,
   con argumentos llenos de engaño?

3. TERCER CICLO DE DISCURSOS

Dios sólo castiga en nombre de la justicia

22 ¹ Elifaz de Temán respondió así:

² ¿Acaso puede un hombre ser útil a Dios
   si apenas el sensato lo es para sí?
³ ¿Le importa a Shaddai que tengas razón?,   35 7
   ¿en qué le aprovecha tu honrada conducta?   Lc 17 7-10
⁴ ¿Te castiga acaso por tu piedad
   o te cita a juicio por ello?
⁵ ¿No será por tu inmensa maldad?,   29 11-17; 31
   ¿no será por tus culpas sin límite?
⁶ Exigías sin razón prendas a tus hermanos,   Ex 22 25-26
   despojabas de su ropa al desnudo;   Is 58 7
⁷ no dabas de beber al sediento,   Ez 18 7
   privabas de pan al hambriento;   Mt 25 42s
⁸ como poderoso dueño de la tierra,
   como privilegiado habitante de ella,
⁹ despedías a las viudas de vacío,   31 16-20
   destrozabas los brazos de los huérfanos*.   Ex 22 21
¹⁰ Por eso te cercan redes,   18 8-11; 19 5
   te asalta de súbito el terror;
¹¹ la luz se oscurece* y no ves,   Is 58 10-11
   te engullen aguas caudalosas.   Sal 69 2-3

---

21 23 Otro hecho desconcertante: el capricho con que golpea la muerte.
21 24 «los lomos» sir.; hebr. oscuro. — «grasa» versiones; «leche» hebr.
21 33 El texto añade: «y ante él una turba innumerable», una probable glosa.
22 9 El catálogo de faltas que Elifaz imputa gratuitamente a Job es notable por su nsistencia en las infracciones de la justicia y de la caridad para con el prójimo, aunque no sea más que por omisión. Recuerda con ello la enseñanza de los Profetas ver la apología de Job, 29 11-17; 31.
22 11 «la luz se oscurece» griego; «o bien la oscuridad» hebr.

Is 40 26-27
¹² ¿No está Dios en lo alto del cielo?
¡Mira qué altas están las estrellas!

Sal 73 11
Is 29 15
¹³ Y dices: «¿Qué sabe Dios?*
¿Podrá ver tras nubarrones?

Jr 23 23-24
¹⁴ Las nubes lo tapan, no ve
cuando anda por la órbita del cielo».

¹⁵ ¿Quieres seguir tú la antigua ruta
que pisaron hombres perversos,

¹⁶ aventados antes de tiempo,
cuando un río arrasó sus cimientos?

21 14
¹⁷ Decían a Dios: «Fuera de aquí,
¿qué puede hacernos Shaddai*?».

¹⁸ Aunque colmaba sus casas de bienes,
lo excluían con sus planes perversos.

Sal 58 11
¹⁹ Los justos se alegran al verlo,
los íntegros se burlan de ellos:

²⁰ Ved, nuestro adversario exterminado,
el fuego ha devorado su abundancia.

5 17s
²¹ Reconcíliate con él y haz las paces,
y te será devuelta tu dicha.

²² Acepta la enseñanza de su boca,
piensa siempre en sus palabras.

²³ Si vuelves a Shaddai con humildad*,
se alejará de tu tienda la maldad;

²⁴ si arrojas al polvo el oro,
el Ofir a las piedras del arroyo,

Sal 4 8;
16 5-6;
63 4-6; 84 11
Is 58 14
²⁵ Shaddai será tu tesoro,
será tu plata a montones.

²⁶ Será Shaddai tu delicia,
a Dios alzarás tu rostro;

²⁷ le rezarás, te escuchará,
podrás cumplir tus promesas;

²⁸ tendrás éxito en tu empresa,
brillará en tus sendas la luz.

Is 2 11-17
Lc 1 52-53
²⁹ Él humilla la empresa arrogante*,
pero salva al que baja los ojos.

³⁰ Pone a salvo al hombre inocente,
lo salva por la pureza de sus manos.

Dios está lejos y el mal triunfa.

23

¹ Job respondió así:

² Hoy también me quejo y me rebelo,
mi mano reprime mis gemidos.

³ ¡Si supiera cómo encontrarlo,
cómo llegar a su morada!

⁴ Expondría ante él mi causa,
llenaría mi boca de argumentos.

9 14+
⁵ Conocería por fin su respuesta,
sabría lo que me quiere decir.

⁶ ¿Pleitearía conmigo con toda su fuerza?
No lo creo; tendría que escucharme.

⁷ Vería en su adversario a un hombre recto,
y yo me libraría para siempre de mi juez.

---

22 13 Job no ha dicho tal cosa. Pero Elifaz hace una
interpretación tendenciosa y deduce esta blasfemia de
las declaraciones de Job.
22 17 «hacernos» versiones; «hacerles» hebr.

22 23 «con humildad», lit. «y te humillas» griego; «serás construido» hebr.
22 29 Hemistiquio corregido; el hebreo es ininteligible
(lit. «pues ellos abaten y tú has dicho: orgullo»).

8 Mas voy a oriente y no está,
    a occidente y no lo encuentro;   Sal 139 7-10
9 lo busco al norte y no aparece,
    en el sur se esconde y no lo veo*.
10 Pero él conoce mi conducta,   Sal 139 1-6
    si me prueba saldré como el oro.   Jr 11 20+
11 Mis pies se aferraban a sus huellas,   Sal 17 5
    recorría su camino sin torcerme,
12 sin apartarme del mandato de sus labios,
    guardando en mi seno sus palabras*.
13 Si algo decide*, ¿quién le hará cambiar?   Is 55 10-11
    Si algo se propone, lo lleva adelante.
14 Seguro que ejecuta mi sentencia,
    como hace con todos sus planes.
15 Por eso me horroriza su presencia,   Sal 119 120
    lo pienso y me causa espanto.
16 Dios me descorazona,
    Shaddai me aterra,
17 pues no desaparecí entre tinieblas
    y ha cubierto mi rostro de oscuridad*.

24 ¹ ¿Por qué Shaddai no reserva tiempos
    y sus fieles no conocen sus días*?
² Los malvados desplazan linderos,   Dt 27 17
    roban rebaños y pastores*.
³ Se llevan el burro del huérfano,   Dt 24 17
    toman en prenda el buey de la viuda.   30 2-8
     Dt 15 11
⁴ Apartan del camino a los pobres,
    los indigentes del país se esconden.
⁵ Como onagros de la estepa, salen a su faena,
    buscan presas desde el alba,
    por la tarde, pan para sus crías*.
⁶ Siegan en el campo del inicuo*,
    rebuscan en la viña del malvado.
10 Andan desnudos, sin ropa,
    hambrientos, cargan gavillas;
11 exprimen aceite en la prensa*,
    sedientos, pisan en el lagar.
⁷ Duermen desnudos, sin ropa,   Dt 24 12-13
    sin cobertor, pasan frío.
⁸ El chubasco del monte los empapa,
    sin abrigo, se arriman a las rocas.
⁹ Arrancan del pecho al huérfano,
    toman en prenda la comida del pobre*.
12 Gimen los moribundos* en la ciudad,
    los heridos piden socorro,
    pero Dios no escucha su oración*.   Ap 6 10-11

---

23 9 «lo busco» corr.; «cuando actúa» hebr.
23 12 «en mi seno» griego, Vulg.; hebr. ininteligible.
— Se trata de la Ley.
23 13 «decide» corr.; «en uno» hebr.
23 17 «mi rostro» corr.; «ante mí» hebr. — V. muy oscuro; parece que Job lamenta no haber sido liberado por la muerte antes de la hora terrible de las tinieblas. Se puede también aplicar la negación a los dos hemistiquios y traducir: «(todavía) no ha cubierto mi rostro de oscuridad».
24 1 «Tiempos» suplementarios de tiempo que mide una vida humana, para ejecutar finalmente el castigo; «días» para la retribución de los individuos, análogos al «Día de Yahvé» escatológico, ver Am 5 18+.
24 2 «Los malvados» griego; omitido por hebr. — «y

pastores» griego; «y le hacen apacentar» hebr. — Job contrapone los fuertes que oprimen a los demás, vv. 2-4, a la clase baja de los proletarios indigentes, vv. 5-12, cuya miseria clama a Dios.
24 5 «buscan presas desde el alba», lit. «desde el alba, para una presa», corr.; «buscando una presa» hebr. — «por la tarde, pan» corr.; «en la estepa, para él, pan» hebr.
24 6 «del inicuo» corr.; «su forraje» hebr.
24 11 «en la prensa», lit. «entre las dos muelas», conj.
24 9 «pecho» griego; «devastación» hebr. (simple diferencia vocálica). — «comida» corr.; «sobre» hebr.
24 12 (a) «moribundos» sir.; «hombres» hebr.
24 12 (b) Según el sir.; «Dios no presta (atención) a la necedad» hebr.

Jn 3 20
Ef 5 8-14
1 Ts 5 4-8

Sal 10 8-9;
37 32

Pr 7 9-10

¹³ Los hay rebeldes a la luz*,
    desconocen sus caminos,
    no frecuentan sus senderos.
¹⁴ Con el alba se alza el asesino,
    mata pobres e indigentes.
    De noche ronda el ladrón*,
¹⁶ᵃ asalta casas a oscuras.
¹⁵ El adúltero espera el crepúsculo,
    pensando: «Nadie me ve»,
    y después se cubre el rostro.
¹⁶ᵇ Durante el día se ocultan,
    pues desconocen la luz.
¹⁷ Tienen a las sombras por mañana,
    habituados al terror de la noche*.
¹⁸* No es más que paja en el agua,
    maldicen su hacienda en el país,
    nadie toma el sendero de su viña.
¹⁹ El bochorno roba el agua a la nieve,
    así el Seol a todo pecador*;
²⁰ el seno que lo ha formado lo olvida,
    su nombre no es recordado*.
    La injusticia es tronchada como un árbol.
²¹ Maltrataba* a la estéril sin hijos,
    no quería ayudar a la viuda.
²² Pero Dios controla con fuerza al tirano,
    se alza y le quita su vida segura;
²³ le da confianza y tranquilidad,
    pero sus ojos vigilan sus pasos.
²⁴ Se encumbra un instante y ya no existe,
    se abate como armuelle arrancado*,
    como cabeza de espiga se amustia.
²⁵ Si no es así, ¿quién me convencerá
    reduciendo a nada mis palabras?

Grandeza de Dios*.

25 ¹ Bildad de Súaj respondió así:

² Es Dios un temible soberano
    que impone la paz en sus alturas*.
³ ¿Quién puede contar sus tropas?
    ¿Sobre quién no se alza su luz?

4 17+;
15 14+

⁴ ¿Cómo ser justo el hombre ante Dios?
    ¿Cómo ser puro el nacido de mujer?
⁵ Si ni siquiera la luna tiene brillo*,
    ni las estrellas son puras a sus ojos,

---

24 13 Esta diatriba contra los enemigos de la luz, quizás un poema independiente insertado aquí por el autor, llama la atención sobre los opresores, a quienes Dios deja obrar en la sombra. La luz es la luz física, pero el sentido moral está latente, ver Jn 8 12+.
24 14 «ronda» *yehallek* conj.; «es como» *yehî ka* hebr.
24 17 Hemistiquio corregido. Hebr.: «pues él conoce los terrores de la densa sombra». Los vv. 18-24, cuyo texto necesita correcciones, no están quizá en su lugar. Pero *ninguna* versión antigua está a favor de desplazarlos.
24 18 Es probable que los vv. 18-24 deban ser asignados a Job. En tal caso, habrá que entenderlos como una insistencia en la doctrina tradicional de la retribución. Job quiere demostrar a sus amigos que él también la conoce.
24 19 «la nieve», lit. «el agua de la nieve». — «a todo pecador» corr.; «han pecado» hebr.

24 20 «que lo ha formado» corr.; «sus delicias» hebr. — «su nombre» corr.; «gusanos» hebr.
24 21 «Maltrataba» Targ.; «apacentando» hebr.
24 24 Hemistiquio corregido según el griego; hebr.: «ellos se marchitan, desaparecen como todo». — El armuelle, lit. «planta salada», es una planta verde y comestible que se encuentra en las orillas del mar Muerto.
25 Este discurso, quizá mutilado, parece ser un anticipo de los Discursos de Yahvé. Con todo, podemos enlazarlo con el Diálogo, considerándolo como respuesta de Bildad a la acusación tácita de impotencia lanzada por Job contra Dios.
25 2 Entre los ángeles, ver Is 24 21; Ap 12 7-12, y los astros, ver Is 40 26; Si 43 10.
25 5 «ni siquiera... tiene brillo» versiones; hebr. corrompido.

⁶ ¡cuánto menos el hombre, esa carroña!
  ¡cuánto menos el gusano humano!

Respuesta a Bildad. Grandeza de Dios*.

26 ¹ Job respondió así:

² ¡Qué bien sabes sostener al débil!
  ¡Qué bien socorres al brazo impotente!
³ ¡Qué buenos consejos das al ignorante!
  ¡Qué enorme talento has demostrado!
⁴ ¿A quién diriges tus palabras?   1 R 22 24
  ¿Quién te inspira lo que dices*?
⁵ Se estremecen las Sombras* bajo tierra,
  tiemblan las aguas y sus moradores*.
⁶ El Seol está desnudo ante él,   Pr 15 11
  la Perdición* se halla al descubierto.   Sal 139 8.
⁷ Él tendió el Septentrión sobre el vacío*,   11-12
  suspendió la tierra sobre la nada*.   Am 9 2
                                                     Jb 38 6
⁸ Encierra las aguas en sus nubes,
  sin que el nublado ceda por el peso.
⁹ Cubre la cara de la luna llena,
  desplegando sobre ella su nube*.
¹⁰ Trazó un cerco sobre la faz de las aguas*,   22 14
   en los confines de la luz y las tinieblas.   Gn 1 7.14
¹¹ Vacilan las columnas del cielo*,
   presas de terror cuando amenaza.
¹² Con su fuerza hendió el Mar,
   con su astucia aplastó a Rahab.   7 12+;
¹³ Su soplo dejó limpios los cielos,   9 13+
   su mano traspasó a la Serpiente Huidiza*.   Sal 65 8+
                                                     Is 51 9-10
¹⁴ Y esto es sólo una muestra de sus obras,   Jb 3 8+
   sólo un eco apagado que nos llega.   Is 27 1
   El estruendo de su poder, ¿quién lo captará?

Job, inocente, conoce el poder de Dios.

27 ¹ Continuó Job con su discurso y dijo:

² ¡Lo juro por Dios, que niega mis derechos,   34 5
  por Shaddai que me harta de amargura,
³ que mientras siga respirando
  y me anime el aliento de Dios,   33 4
⁴ mis labios no dirán falsedad,   Gn 2 7
  ni mi lengua proferirá mentiras!
⁵ Pero no pienso daros la razón,
  me mantendré cabal hasta la muerte.
⁶ Me aferraré a mi justicia sin ceder,
  no me reprocho ninguno de mis días*.

---

26   Los vv. 5-14, más que la continuación del discurso de Job, parecen completar el discurso mutilado
de Bildad.
26 4 Réplica irónica de Job a Bildad, quien parece haber perdido de vista el objeto preciso de la discusión.
26 5 (a) Lit. «los Refaín», ver Dt 1 28+: los difuntos,
ver Sal 25 1-6; 88 11, o bien los débiles, los impotentes.
26 5 (b) Las aguas del abismo, pobladas, según la
imaginación popular, de monstruos vencidos en los orígenes, ver 7 12+. — «tiemblan» corr.
26 6 Esta palabra (en hebreo Abaddón, ver Ap 9 11),
sinónimo de «Seol», designaba quizás antiguamente a
una divinidad infernal.
26 7 (a) La parte septentrional del firmamento, sobre

el cual se creía que giraba éste.
26 7 (b) La tierra se sostiene sobre columnas, 9 6,
pero el hombre ignora su punto de apoyo, 38 6. Éste es
el único v. de la Biblia que evoca un espacio infinito.
26 9 Durante los eclipses. — «la luna llena» corr.;
«trono» hebr. — «desplegando» corr.
26 10 «Trazó un cerco» corr.; «circunscribe un término» hebr.
26 11 Las altas montañas, que sostienen la bóveda celeste, vacilan cuando se oye el trueno, voz de Yahvé, Sal
29, o con los terremotos, Sal 18 8.
26 13 Se trata de «Leviatán», ver 3 8+ y 7 12+.
27 6 «no me reprocho» corr.; «no insulto» hebr.

[7] ¡Que mi enemigo acabe como el malvado,
　　mi adversario como el injusto!
[8] [Decís:] «¿Qué puede esperar el impío
　　cuando Dios le retira la vida*?
[9] ¿Escuchará Dios sus protestas
　　cuando se abata sobre él la angustia?

22 26　　[10] ¿Hacía de Shaddai sus delicias
　　e invocaba a Dios en todo tiempo*?».
[11] Os instruiré sobre el poder de Dios,
　　sin ocultaros lo que piensa Shaddai*.
[12] Si todos lo habéis comprobado,
　　¿a qué vuestros vanos discursos?

Discurso de Sofar: el maldito*.

=20 29　　[13] Esta es la suerte que Dios da al malvado*,
　　la herencia que recibe de Shaddai el violento.
[14] Si tiene muchos hijos, caerán bajo la espada,
　　nunca su prole se hartará de pan;
[15] la Peste* enterrará a los supervivientes,
　　sus viudas no los llorarán.
[16] Si amontona plata como polvo,
　　si acumula ropa como barro,

20 10.14　　[17] ¡que acumule!: el justo la vestirá,
　　el inocente heredará su plata.

8 14　　[18] Se edificó una casa de araña,
　　se hizo una cabaña de guarda*:
[19] se acuesta rico, mas por última vez*,
20 25　　al abrir sus ojos se encuentra sin nada.
[20] De día* lo sorprenden terrores,
　　de noche se lo lleva el huracán.
[21] Desaparece arrebatado por el viento del este,
　　la tormenta lo arranca de su sitio,
[22] lo zarandea después sin compasión,
　　aunque trata de evitar su ímpetu.
[23] La gente aplaude su ruina,
　　le silban por donde pasa.

4. ELOGIO DE LA SABIDURÍA

La sabiduría inaccesible al hombre*.

28

[1] Existen minas de plata,
　　lugares donde el oro se refina,

---

27 8　Otra traducción posible: «¿Qué puede esperar el impío cuando suplica y eleva a Dios su alma?».
27 10　Job repite algunas palabras de Elifaz sobre el castigo del impío, pero rehúsa aplicárselas.
27 11　Job parece decir que ha expuesto con toda verdad y conforme a los hechos la extraña y misteriosa conducta de Dios. Sus amigos han cerrado los ojos a la evidencia.
27 13 (a) Difícilmente se puede atribuir a Job el fragmento de discurso 27 13-23. Parece que hay que adjudicárselo a alguno de sus amigos, pues repite una de sus tesis. La atribución a Sofar es la más indicada.
27 13 (b) «que Dios da», lit. «de parte de Dios» corr.; «con Dios» hebr.
27 15　Lit. «la Muerte», aunque esta palabra designa a veces el mal por excelencia, aquí personificado. Ver **18** 13; Jr **15** 2; **43** 11; Ap **6** 8.

27 18　«de araña» griego, sir.; «de polilla» hebr. Son dos imágenes de inestabilidad.
27 19　Lit. «y no volverá a hacerlo» griego, sir.; «no es recogido» hebr.
27 20　«de día» corr.; «como aguas» hebr.
28　Siguen siendo oscuros el lugar y el significado primitivo de este interludio en el Diálogo. Presenta analogías con Pr **8** 22s, donde, sin embargo, la Sabiduría, concebida como inspiradora de las obras de Dios en los orígenes, se convierte en inspiradora del hombre. En nuestro texto se habla de una Sabiduría inaccesible al hombre. Ba **3** 9 - **4** 4 retomará el mismo tema, pero hablará de una Sabiduría revelada a Israel en la Ley. Se trata, pues, de una Sabiduría rigurosamente transcendente. En definitiva, encarna el misterio de los caminos de Dios, y se confunde con el atributo divino de la Sabiduría; pero éste es personificado de una forma extra-

² de la tierra se saca el hierro,
  de la piedra fundida sale el bronce.
³ Allí, en el límite de las tinieblas,
  el hombre explora en lo más hondo,
  entre rocas oscuras y lóbregas.
⁴ Extranjeros abren galerías*,
  en lugares nunca hollados,
  colgados lejos de los hombres.
⁵ La tierra que produce alimentos
  se trastorna por debajo con fuego*;
⁶ son sus rocas yacimiento de zafiro,
  repletas de pepitas de oro.
⁷ La rapaz no conoce la entrada,
  el buitre no la divisa;
⁸ no la pisan las fieras arrogantes*,
  el león jamás la atravesó.
⁹ El hombre manipula el pedernal,
  revuelve el interior de las montañas;
¹⁰ abre canales* en las rocas
  y descubre objetos preciosos;
¹¹ explora las fuentes de los ríos*
  y saca lo oculto a la luz.
¹² Pero, ¿de dónde sale* la Sabiduría?
  ¿dónde se encuentra la Inteligencia?
¹³ El ser humano desconoce el camino*,
  no se encuentra en la tierra de los vivos.
¹⁴ Dice el Abismo: «No está en mí»,
  dice el Mar: «No está conmigo».
¹⁵ No se puede adquirir con oro puro,
  no se paga a precio de plata;
¹⁶ vale más que el oro de Ofir,
  que el ágata preciosa y el zafiro;
¹⁷ no la igualan el oro y el vidrio,
  no se cambia por copas de oro fino;
¹⁸ no cuentan los corales y el cristal;
  la Sabiduría es más cara que las perlas;
¹⁹ no la iguala el topacio de Cus,
  vale más que el oro más puro.
²⁰ ¿De dónde viene la Sabiduría?
  ¿Dónde se encuentra la Inteligencia?

²¹ Se hurta a los ojos de todo viviente,
  se esconde a los pájaros del cielo.
²² La Perdición y la Muerte declaran:
  «De oídas sabemos su fama».
²³ Sólo Dios ha encontrado su camino,
  sólo él conoce su morada.
²⁴ (Su vista alcanza los confines de la tierra,
  puede ver lo que hay bajo los cielos).

Qo 7 24
Ba 3 15
Si 1 6
Ba 3 29-31

Sb 7 9

26 6+
Ba 3 32
Pr 2 6;
8 27-30

ña. La representación de una Sabiduría misteriosa, con domicilio propio y finalmente descubierta por Dios, puede ser eco de antiguas creencias. De ellas sólo queda una simple imagen: la Sabiduría, que inspira el plan de Dios, explica todas sus obras y encarna su Providencia, escapa a las pretensiones del hombre; éste, a pesar de sus esfuerzos y descubrimientos, choca continuamente con el misterio de una Sabiduría que le supera.
28 4 «Extranjeros (abren) galerías» corr.; el hebr. no tiene sentido. — Los trabajos de las minas eran dejados a los esclavos extranjeros y a los prisioneros de guerra.

Generalmente eran llevados a cabo en lugares desiertos, especialmente en el desierto del Sinaí.
28 5 «con fuego» Vulg.; «como por el fuego», hebr.
28 8 Lit. «los hijos del orgullo», ver **41 26**.
28 10 Lit. «Nilos».
28 11 Que salen del abismo subterráneo. — «explora» corr.; «ata» hebr. — «fuentes» corr.; «del llanto» (?) hebr.
28 12 «¿de dónde sale?» con un ms. hebr., ver v. 20; «¿de dónde se la encuentra?» TM.
28 13 «camino» griego; «precio» hebr.

Is 40 12-14
36 27-33

²⁵ Cuando calculó el peso del viento
    y señaló una medida a las aguas,
²⁶ cuando impuso una norma a la lluvia,
    un camino a las nubes tormentosas,

Si 1 8-9.19

²⁷ entonces la vio y la valoró,
    la penetró* y la escrutó.
²⁸ Y dijo luego al hombre:

Pr 1 7+;
8 13

    «El temor del Señor es sabiduría,
    apartarse del mal, inteligencia».

5. CONCLUSIÓN DEL DIÁLOGO

Quejas y apología de Job*:
A. Los días de antaño.

29 ¹ Continuó Job con su discurso y dijo:

² ¡Si pudiera recuperar el tiempo pasado,
    los días en que Dios me protegía,
³ cuando su lámpara brillaba sobre mi cabeza
    y a su luz caminaba en tinieblas,
⁴ tal como era en los días de mi otoño,
    cuando Dios protegía* mi tienda,

1 10

⁵ cuando aún Shaddai me acompañaba
    y todos mis hijos me rodeaban,

Sal 127 3-5;
128 3

⁶ cuando bañaba mis pies en leche
    y la roca destilaba arroyos de aceite.

20 17

5 4+

⁷ Si salía a la puerta de la villa
    o instalaba mi asiento en la plaza,

Lv 19 32

⁸ los jóvenes al verme se apartaban,
    los ancianos se ponían de pie.

Sb 8 10-12

⁹ Los notables dejaban de hablar
    y ponían la mano en su boca,
¹⁰ cesaba la voz de los jefes,
    se pegaba su lengua al paladar.
²¹ * Me escuchaban todos expectantes,
    en silencio para oír mi consejo.
²² Me callaba y nadie replicaba,
    gota a gota sorbían mis palabras;

Dt 32 2

²³ me esperaban como a lluvia temprana,
    recibían la lluvia boquiabiertos.
²⁴ Si yo les sonreía, apenas lo creían,
    de mi rostro no perdían un gesto de favor.

Pr 16 15

²⁵ Me ponía al frente marcando el camino,
    como rey instalado entre sus tropas,
    a mi gusto los guiaba por doquier*.

22 6-9

¹¹ Quien me oía, me daba la enhorabuena,
    quien me veía, se ponía de mi parte,

---

28 27 «la penetró» con 5 mss.; el TM dice «la estableció», «la fundó». Si adoptamos esta traducción, es necesario dar al segundo verbo el sentido de «la puso a
prueba».
29 Es posible que alguna sección de este discurso
(30-31) haya formado parte primitivamente de la respuesta a Bildad en el tercer ciclo de discursos. El dato:
«Continuó Job con su discurso y dijo» puede ser un indicio de su pertenencia a otro contexto. Pero los intentos de desmenuzar este discurso no han tenido un resultado satisfactorio, pues posee una unidad real que es

mejor no romper. El primer cuadro es un precioso testimonio de la antigua concepción israelita de una vida
feliz.
29 4 «protegía» griego, sir.; «en la intimidad» hebr.
29 21 Trasponemos los vv. 21-25 delante del v. 11: son
continuación del v. 10, y el v. 11 parece ser su conclusión. Debe de tratarse de un desplazamiento accidental
en la transmisión manuscrita.
29 25 «a mi gusto los guiaba por doquier» corr.;
«como quien consuela a los afligidos» hebr.

¹² pues yo libraba al pobre en apuros,
   al huérfano privado de ayuda.
¹³ El descarriado me bendecía,
   a las viudas devolvía la alegría.
¹⁴ La justicia era la ropa que vestía,
   el derecho, mi manto y mi turbante.
¹⁵ Yo era ojos para el ciego,
   yo era pies para el cojo,
¹⁶ yo era padre de los pobres,
   abogado del desconocido.
¹⁷ Rompía los colmillos del inicuo,
   le arrancaba la presa de los dientes.

¹⁸ Me decía: «Cuando muera en mi nido,
   alargaré mis días como el Fénix*,
¹⁹ con mis raíces a merced del agua,
   con el rocío durmiendo en mis ramas.
²⁰ Recobrará vigor mi dignidad,
   mi arco* se afianzará en mi mano».

B. La angustia presente.

30 ¹ Ahora, en cambio, se ríen de mí
   personas más jóvenes que yo,
   a cuyos padres no habría dejado
   al frente de los perros de mi rebaño*.
² La fuerza de sus brazos no servía,
   carentes como estaban de vigor*,
³ agotados del hambre y la penuria.
   Andaban royendo por la estepa,
   sombría y desolada soledad;
⁴ buscaban armuelle en matorrales,
   comiendo raíces de retama.
⁵ Expulsados de en medio de los hombres,
   ahuyentados lo mismo que ladrones,
⁶ moraban en escarpas de barrancos,
   en grutas y grietas de la roca,
⁷ lanzando aullidos en la maleza,
   buscando refugio en los espinos.
⁸ ¡Gente villana y sin apellido,
   gente expulsada del país*!
⁹ Ahora, en cambio, me hacen coplas
   y hasta me sacan refranes.
¹⁰ Se alejan de mí horrorizados,
   escupen a mi paso sin reparo.
¹¹ Dios ha soltado mi rienda y me humilla,
   y ellos se desenfrenan al verme;
¹² a mi diestra se alza una chusma
   que hace vacilar mis pasos,
   se encamina hacia mí para perderme*:
¹³ me cierran la salida,
   trabajan en mi ruina,
   nadie los detiene*;
¹⁴ como por brecha abierta penetran,
   en remolino, como tormenta*.

Marginal references: Sal 72 12s; Is 11 4-5; 19 9; Sal 132 9; Is 59 17; Pr 29 7; Pr 30 14; Sal 1 1-3; 24 4s; 24 24+; 16 7-11; Lm 3 14; Sal 69 13; 29 20+; Sal 109 6; Za 3 1

---

29 18 «en mi nido» hebr.; otros corrigen: «en mi dignidad».
29 20 El arco simboliza la fuerza, ver Gn 49 24.
30 1 La clase de los pobres, el desecho de la sociedad, ver 24 4s. Job se encuentra ahora postrado por debajo de ellos.

30 2 «vigor» corr.; «madurez» (?) hebr.
30 8 «expulsada» corr.; «son golpeados» hebr.
30 12 Este v., muy difícil, es traducido de diversas maneras según las correcciones adoptadas.
30 13 «nadie los detiene» corr.; «no les ayuda» hebr.
30 14 «en remolino» corr.; «se revuelcan» hebr.

¹⁵ Los terrores se vuelven contra mí,
　　mi dignidad es arrastrada* como por el viento,
　　mi seguridad se disipa como nube.

16 12-17

¹⁶ Y ahora mi vida se diluye,
　　me tocan días de aflicción.
¹⁷ De noche el mal* perfora mis huesos,
　　no descansan las llagas que me corroen.
¹⁸ Me agarra* con fuerza por la ropa,
　　me aprieta como el cuello de mi túnica;
¹⁹ Me arroja en el barro,
　　parezco polvo y ceniza.

²⁰ Te pido auxilio y no respondes,
　　me presento y no haces caso*.
²¹ Te has vuelto cruel conmigo,
　　tu fuerte mano se ceba en mí.
²² Me haces cabalgar sobre el viento,
　　sacudido a merced del huracán.
²³ Sé que me devuelves a la muerte,
　　al lugar donde se citan los vivientes.

²⁴ ¿No tendí acaso la mano al indigente
　　cuando angustiado pedía justicia*?
²⁵ ¿No lloré con quien vive en apuros?
　　¿no he mostrado piedad por el pobre?
²⁶ Esperaba la dicha, me vino el fracaso,
　　aguardaba la luz, llegó la oscuridad.
²⁷ Me hierven las entrañas sin parar,
　　me esperan días de penar.
²⁸ Voy andando ensombrecido, sin sol,
　　de pie, en la asamblea, pido auxilio.
²⁹ Me he vuelto hermano de chacales,
　　vivo en compañía de avestruces.
³⁰ Tengo la piel ennegrecida,
　　los huesos consumidos por la fiebre.
³¹ Mi arpa es instrumento para duelo,
　　mi flauta acompaña a plañideros.

Apología de Job*.

Ex 20 14-17
Dt 5 18.21
Si 9 5
Mt 5 27-29

31

¹ Con mis ojos hice el pacto
　　de no fijarme en doncella*.
² Mas, ¿qué suerte depara Dios desde arriba?
　　¿qué herencia reserva Shaddai desde lo alto?
³ ¿No reserva desastre al injusto,
　　adversidad al hombre malhechor?
⁴ ¿No vigila mis caminos
　　y cuenta todos mis pasos?

Pr 11 1;
20 10

⁵ ¿Me he hecho acompañar del embuste
　　o me he encaminado hacia el fraude*?
⁶ Que me pese en balanza sin trucar
　　y Dios conocerá mi integridad.

---

30 15 «es arrastrada» griego; «persigue» hebr.
30 17 «el mal» corr.; «de sobre mí» hebr.
30 18 «Me agarra» griego; «se ha disfrazado» hebr.
30 20 Se añade la negación («y no...») con Vulg. y 1 ms. hebr.
30 24 «¿No tendí...?» corr. según griego; «no tendía» hebr. — «al indigente» corr.; «sobre las ruinas» hebr. — «pedía justicia» corr.; hebr. ininteligible.
31 La moral el AT alcanza en esta protesta de inocencia su mayor pureza, hasta el punto de preludiar ya

la moral evangélica. La forma es la del juramento imprecatorio contra sí mismo, que se pedía en el juicio al acusado, Ex 22 9-10; Nm 5 20-22; 1 R 8 31-32.
31 1 Job comienza por las faltas más secretas, los malos deseos, cuyo órgano son los ojos, ver v. 7.
31 5 En esta declaración general parece que se incluyen los fraudes en los intercambios y los negocios. En todo caso Job, reclamando la ley del talión, pide ser pesado en una balanza sin truco, v. 6.

⁷ Si aparté mis pies del camino
   dejándome llevar por mi capricho,
   o algo ensució mis manos*,
⁸ ¡que otro coma mi siembra,
   que me arranquen mis retoños!
⁹ Si cedí a la atracción de otra mujer
   y en la puerta de mi amigo aceché*,
¹⁰ ¡que muela para otro mi esposa,
   que un extraño se acueste con ella!
¹¹ Habría cometido una infamia,
   un crimen que pide justicia*;
¹² sería fuego que devora hasta la Perdición,
   que acabaría* con toda mi hacienda.
¹³ Si denegué el derecho a mi siervo
   y a mi sierva en sus litigios conmigo*,
¹⁴ cuando Dios se levante, ¿qué haré?
   cuando pase cuentas, ¿qué responderé?
¹⁵ ¿No los creó en el vientre como a mí?,
   ¿no nos formó iguales en el seno?
³⁸ Si mi tierra protesta contra mí
   y sus surcos lloran juntos,
³⁹ si he comido sus productos sin pagar,
   explotando a los aparceros*,
^{40a} ¡que en vez de espigas dé espinas,
   en vez de cebada, ortigas*!

¹⁶ Si me cerré a la necesidad del débil*
   y dejé morir de llanto a la viuda,
¹⁷ si comí solo mi ración
   sin compartirla con el huérfano
¹⁸ (desde niño lo cuidé como un padre,
   lo guié desde el seno materno);
¹⁹ si vi sin ropa a un transeúnte,
   sin nada que ponerse a un indigente,
²⁰ si no me bendijeron sus cuerpos,
   calientes con la lana de mis corderos;
²¹ si alcé mi mano* contra el huérfano
   por contar con apoyo en el tribunal,
²² ¡que se me salga de la espalda el hombro,
   que mi brazo se rompa por el codo!
²³ Pues temo el castigo de Dios*,
   no resistiría su majestad.

²⁴ No puse mi confianza en el oro,
   ni llamé «seguridad» al oro fino*,
²⁵ no puse mi gozo en mi inmensa riqueza,
   en bienes adquiridos por mis manos.
²⁶ Viendo lucir el sol,
   el curso radiante de la luna,

Referencias marginales

Pr 7

Dt 22 22-24
Pr 6 32-35
Jn 8 4-5
26 6+

Ex 21 2s
Lv 25 39s
Dt 5 14-15
Jr 34 8s

Pr 17 5;
22 2
Ef 6 9
Col 4 1

Is 58 7
Tb 4 7-11.16
Mt 25 35-36

Pr 11 28
Sal 49 7;
52 9
Si 31 5-10
Mt 6 24
Dt 4 19
Jr 8 2
Ez 8 16

---

31 7 Otras faltas de injusticia: Job no ha codiciado o tomado el bien ajeno.
31 9 Pecado de adulterio.
31 11 Este v. es probablemente una glosa.
31 12 «acabaría con» corr.; «arrancaría de raíz» hebr.
31 13 La Ley siempre había suavizado las relaciones entre amos y siervos, impregnándolas de humanidad. El v. 15 basa los derechos de los siervos en la común condición de criaturas de un mismo Dios. San Pablo recordará que amos y siervos tienen un mismo Señor.
31 39 Otra forma de injusticia: la explotación de los trabajadores. — Insertamos aquí los vv. 38-40, pues el lugar que ocupan al final de la apología de Job es cier-

tamente accidental.
31 40 (a) Traducción incierta de una palabra de la raíz que significa «oler mal».
31 16 Después de la justicia, la beneficencia, inspirada por el agradecimiento a Dios.
31 21 En señal de hostilidad y de amenaza, ver Is 11 15; 19 16; Za 2 13, para abrumarle en un juicio.
31 23 «Pues temo el castigo de Dios» lit. «para mí el castigo de Dios» hebr. Otros corr. «el terror de Dios caería sobre mí».
31 24 La avaricia, y también la soberbia del rico, que cree poder prescindir de Dios.

²⁷ no me dejé seducir secretamente
    mandándoles un beso con la mano*.

Pr 24 17-18
Mt 5 43-48p

²⁸ ¡También esto es crimen que pide justicia,
    pues habría negado al Dios del cielo!
²⁹ No me alegré del mal del enemigo
    ni me regocijé con su desgracia*,
³⁰ ni permití que mi boca pecara
    deseándole la muerte con maldiciones.
³¹ Juro que cuando la gente de mi círculo
    decía: «¡Quién pudiera saciarse de su carne!»,
³² nunca dormía en la calle el forastero,
    pues abría mis puertas al viajero*.
³³ No oculté a los hombres* mi delito
    ni escondí en mi seno mi pecado,
³⁴ por temor a los rumores de la gente,
    por miedo al desprecio de los míos,
    en silencio, sin salir a la calle*.

³⁵ ¡Ojalá que alguien me escuchara!
    ¡He dicho mi última palabra*!
    A Shaddai le toca responder.
    El libelo que haya escrito mi adversario
³⁶ ¡juro que sobre el hombro lo llevaré,
    ceñido como una diadema*!
³⁷ Le daría cuenta de mis pasos,
    me acercaría a él como un príncipe.

⁴⁰ ^bFin de las palabras de Job*.

III. Discursos de Elihú*

Intervención de Elihú.

32 ¹ Aquellos tres hombres ya no contestaron a Job, dado que estaba convencido de su inocencia*. ² Pero Elihú, hijo de Baraquel el buzita, del clan de Ram, descargó su cólera contra Job porque pretendía tener razón frente a Dios. ³ También se enfadó con sus tres compañeros, por no haber encontrado respuesta y haber dejado así culpable a Dios*. ⁴ Mientras hablaban con Job*, Elihú había esperado, pues los otros eran mayores que él. ⁵ Pero Elihú se molestó al ver que los tres hombres no habían sabido responder. ⁶ Entonces Elihú, hijo de Baraquel el buzita, intervino diciendo:

Gn 22 21
Jr 25 23

---

31 27 Después del culto a Mammón, el culto a los astros. El beso era un gesto antiguo de adoración.
31 29 Job no habla de la venganza efectiva, corriente y considerada como normal (ver sin embargo Ex 23 4-5; Lv 19 18; Pr 20 22; 25 21-22). Va más lejos y se prohíbe a sí mismo alegrarse del mal de un enemigo o maldecirle.
31 32 «al viajero» corr.; «al camino» hebr. — La hospitalidad era una de las principales virtudes en el Próximo Oriente.
31 33 «a los hombres» corr.; hebr.: «como un hombre», que entonces se interpretaría: «como el común de los hombres» o «como Adán».
31 34 Los vv. 33-34 no contemplan un pecado particular, sino una actitud que hace sospechar de una falta. Job nunca ha tenido que esconderse de los hombres. Incluso está dispuesto a comparecer ante Dios, vv. 35-37.
31 35 Lit. «Aquí está mi tau» (última letra del alfabeto hebreo).
31 36 Se trata del rollo que contiene el acta de acusación. Job, seguro de que lo puede refutar, quiere llevarlo como un emblema de honor.
31 40 (b) Nota de un redactor. — Los vv. 38-40a han sido colocados delante del v. 16.
32   La intervención de Elihú no está preparada en el Diálogo, ni se hablará de ella en la conclusión. La argumentación, el vocabulario y el estilo contrastan con los de los interlocutores precedentes; algunos pasajes se anticipan a los discursos de Yahvé. Parece, pues, que los discursos de Elihú han sido añadidos al libro de Job por otro autor inspirado.
32 1 No habiendo manera de quebrantar en Job la convicción de inocencia, cualquier otra palabra les parece ya superflua.
32 3 El texto dice «a Job», corrección de un escriba.
32 4 «Mientras hablaban» conj.; «en palabras» hebr.

Exordio.

Soy un hombre joven,
vosotros, ancianos;
por eso evité, intimidado,
deciros todo lo que sé.
[7] Pensaba: «Que hable la edad,
que enseñen sabiduría los ancianos».
[8] Pero hay un espíritu en el hombre,
el soplo de Shaddai, que lo hace inteligente*.
[9] Los años no dan sabiduría,
ni la edad capacidad de discernir.
[10] Por eso, os pido que escuchéis*,
también yo os diré lo que sé.

[11] He esperado mientras hablabais,
oyendo vuestros argumentos,
cómo sopesabais las palabras.
[12] Me iba fijando con atención,
pero ninguno refutabais a Job
ni desmentíais sus palabras.
[13] No digáis: «Hemos dado con la sabiduría:
sólo Dios puede vencerlo, no un hombre».
[14] Como Job no ha hablado contra mí,
le rebatiré sin usar vuestras palabras.

[15] Ahí están perplejos, sin respuesta,
les han abandonado las palabras.
[16] ¿Me cruzaré de brazos porque no hablen,
por quedarse plantados, sin respuesta?
[17] Voy a hacer también yo mi aportación,
hablaré también yo lo que sé,
[18] pues me siento lleno de palabras,
preñado de un aliento incontenible;
[19] mi seno encierra un vino sin salida,
es como un odre a punto de estallar.
[20] Hablaré y me desahogaré,
abriré mi boca y responderé.
[21] Con nadie seré parcial,
a nadie pienso adular;
[22] no adularé porque no sé,
y además me destruiría mi Hacedor.

La presunción de Job.

33

[1] Escucha, Job, mis palabras,
oye bien lo que te digo.
[2] Voy a abrir ahora la boca,
a formar palabras con mi lengua.
[3] Te hablo con toda sinceridad,
mis labios dirán la verdad.
[5] Si puedes, respóndeme,
ante mí, con firmeza.

Marginal references (right):

12 12; 15 10
Si 25 4-6

Sb 4 8

4 12s; 11 6

Jr 20 9
Mt 9 17p

---

32 8 A la sabiduría adquirida, Elihú contrapone la sabiduría «carismática», recibida por revelación del Espíritu. La sabiduría tradicional de Oriente, introducida en Israel por los Sabios, proclama claramente la primacía de la Sabiduría divina, ver Pr 21 30, la correlación entre sabiduría y justicia, ver Pr 1 7; 10 31; 15 33; Sal 119 98-100, la convicción de que Dios es quien otorga la sabiduría, Pr 2 6; 16 33. Pero, fuera del círculo de los Sabios, se conocía una sabiduría inspirada, ver Is 11 2; Gn 41 38-39. La infusión de la Sabiduría por medio del Espíritu se afirma en Dn 5 11.12.14, se desarrolla en el libro de la Sabiduría, Sb 1 5-7; 7 22-23; 9 17, en espera de la nueva revelación del Espíritu en el NT, ver 1 Co 2 6-16.
32 10 Lit. «escuchadme» versiones. «escúchame» hebr.

⁶ Para Dios, soy como tú,
    formado también de arcilla,
⁴ pues me hizo el soplo de Dios
    y Shaddai me alentó vida.
⁷ No pienso llenarte de terror,
    tampoco te voy a agobiar.

⁸ Te lo he oído decir,
    he escuchado tus palabras:
⁹ «Yo soy puro, sin delito,
    inocente, sin pecado*;
¹⁰ mas busca excusas contra mí*,
    me tiene por enemigo.
¹¹ Pone trampas a mis pies,
    vigila todos mis pasos».
¹² Pues te digo que no tienes razón,
    porque Dios es más grande que el hombre.
¹³ ¿Por qué te querellas con él
    si no responde a tus razones?
¹⁴ Dios habla de muchas formas,
    pero no nos damos cuenta.
¹⁵ En visiones nocturnas y sueños,
    cuando cae el sopor sobre el hombre,
    cuando el sueño lo coge en su lecho,
¹⁶ entonces le abre el oído,
    lo asusta con advertencias;
¹⁷ lo aparta así de sus obras,
    y lo salva del orgullo*.
¹⁸ No le deja caer en la fosa,
    salva su vida de la muerte.
¹⁹ Lo prueba en el lecho del dolor*,
    con los huesos en continuo temblor;
²⁰ acaba detestando el alimento,
    aunque tiene deseos de comer;
²¹ su carne a ojos vistas desaparece,
    sus huesos, antes ocultos, aparecen;
²² su ser se aproxima a la fosa,
    su vida al lugar de los muertos*.
²³ Mas si tiene un Ángel de su parte,
    un Mediador* entre mil,
    que recuerde al hombre su deber,
²⁴ que se apiade de él diciendo:
    «Líbrale de bajar a la fosa,
    que he encontrado rescate por él*»,
²⁵ su carne se renovará de vigor juvenil*,
    volverá a los días de su mocedad.

Marginal references:
10 8
Gn 2 7

13 21

10 7; 16 17;
23 10; 27 5

13 24; 19 11
13 27

4 12-16
Gn 20 3;
41 1s
Dn 4 2s

Dt 8 5+
Pr 3 12

Sal 107 18

19 20

Sal 103 5

---

33 9 Resumen de varias declaraciones de Job.
33 10 Cita interpretativa de todos los textos donde se dice que Dios persigue a Job sin motivo. — «excusas» sir.; «enemistades» hebr.
33 17 «de sus obras» Vulg., Targ.; «de la obra» hebr. — lo salva» corr.; «tapar, cubrir» hebr.
33 19 Además de las revelaciones, vv. 15-18, Dios tiene una segunda manera (ver v. 14) de hablar al hombre: con pruebas como la de Job.
33 22 «lugar de los muertos» griego; «los que hacen morir» hebr.
33 23 Lit. «un intérprete». El Ángel «interpreta» al enfermo el sentido de su mal, le abre sus ojos a sus faltas, v. 27, e intercede por él ante Dios, v. 24, ver 5 1+. Esta

concepción tiene conexiones en el AT: la intercesión de hombres justos, ver **42** 8+, y la expiación por el prójimo, Is 53 10; la mediación de los ángeles en las revelaciones proféticas (Ezequiel, Daniel y Zacarías), su intervención para alejar los peligros que amenazan al hombre, Sal 91 11-13, o para transmitir sus oraciones, Tb 12 12, ver Ap 8 3s. La literatura judía apócrifa ilustrará esta doctrina. A la luz de la revelación cristiana, este ángel mediador se identificaría fácilmente con el «ángel de la guarda», ver Tb 5 4; Mt 18 10; Hch 12 15.
33 24 «Líbrale» sir., Vulg.; hebr. ininteligible.
33 25 «se renovará de vigor» corr.; el verbo hebreo es desconocido, aunque quizá venga de una raíz emparentada.

²⁶ Rogará a Dios, y le otorgará su favor,
   contemplará con alegría el Rostro
   del que devuelve al hombre su integridad*.
²⁷ Cantará ante los hombres así:
   «He pecado y torcido el derecho,
   pero no me ha pagado con la misma moneda*;
²⁸ me ha librado de pasar por la fosa,
   ha llenado mi vida de luz».
²⁹ Esto es lo que Dios suele hacer,
   dos veces, tres veces al hombre,
³⁰ para salvar su vida de la fosa
   y alumbrarlo con la luz de los vivos.
³¹ Atiende, Job, escúchame,
   calla, que yo hablaré.
³² Si tienes algo que decir, respóndeme;
   habla, pues deseo darte la razón.
³³ De lo contrario, escúchame,
   calla y te enseñaré sabiduría.

El fracaso de los tres Sabios al querer disculpar a Dios.

34 ¹ Elihú retomó su discurso:

² Escuchad, sabios, mis palabras,
   prestadme atención los doctos,   =12 11
³ que el oído distingue las palabras
   lo mismo que la boca los sabores.
⁴ Distingamos, pues, lo que es justo,
   sepamos entre todos lo que es bueno.
⁵ Job ha dicho: «Soy inocente,   27 2
   pero Dios me niega el derecho;
⁶ me asiste el derecho y creen que miento,   9 15; 30 21
   me hieren de muerte sin haber pecado*».
⁷ ¿Hay algún hombre como Job,   15 16
   que bebe el sarcasmo como agua*,
⁸ que se hace acompañar de malhechores
   y anda con gente malvada?
⁹ ¿No dice: «Al hombre no aprovecha
   estar a buenas con Dios»?

¹⁰ Escuchadme, pues, sensatos: 8 3-7
   ¡Lejos de Dios la maldad,
   la injusticia de Shaddai!
¹¹ Dios paga al hombre según sus obras,   Sal 62 13
   trata a cada cual según su conducta*.   Pr 24 12
                                                       Si 16 14
                                                       / Mt 16 27
¹² Está claro que Dios no obra mal,
   que Shaddai no tuerce el derecho.
¹³ ¿Quién le confió el cuidado de la tierra?,
   ¿quién le encargó de todo el universo*?
¹⁴ Si sólo prestase atención a sí mismo*,   Sal 104
   si centrase en sí su espíritu y su aliento,   29-30
¹⁵ toda carne a la vez moriría,   Gn 6 3; 3 19
   el hombre al polvo volvería.

---

33 26 «devuelve» hebr.; otros corr. «anuncia».
33 27 «no me ha pagado con la misma moneda» hebr.,
lit. «no ha tenido igualdad para mí».
34 6 «me hieren de muerte», lit. «(la herida de) mi
flecha es incurable».
34 7 Elihú, equivocándose en cuanto a la actitud religiosa de Job, le compara con los «insolentes» a quienes ataca la literatura sapiencial, ver Pr 21 24.
34 11 Enunciado clásico de la doctrina de la retribu-

ción. El NT aplaza su realización para el último Día.
34 13 El sentido de la argumentación parece ser el siguiente: Dios no gobierna el universo como delegado.
No aplica el derecho establecido por otro, sino que su
propia omnipotencia ha fundado el derecho. No puede,
por tanto, violar la justicia ni por interés ni por imposición. Ver Sb 11 20-26; 12 11-18.
34 14 «a sí mismo», lit. «a su corazón».

¹⁶ Pero si sabes comprender, escucha,
      presta oído a mi voz y a mis palabras:
¹⁷ ¿Podrá gobernar quien odia el derecho?

Is 40 23-24

      ¿Vas a condenar al Justo supremo,
¹⁸ capaz de llamar al rey «canalla»,
      de tratar a los nobles de bandidos?
¹⁹ No tiene preferencia por los príncipes,
      ni favorece al grande contra el débil,
      pues todos son obra de sus manos.

Ex 12 29
Sb 18 14-16

²⁰ Mueren de repente, en plena noche,
      la gente se agita y desaparece,
      el tirano es depuesto sin esfuerzo.

Sal 33 14-15
Jr 32 19

²¹ Él vigila el camino del hombre,
      se da cuenta de todos sus pasos;
²² no hay sombras ni espesa tiniebla
      que puedan ocultar al malhechor.
²³ Dios no asigna un plazo* al hombre
      para comparecer a juicio ante él.

Dn 2 21

²⁴ Destruye al poderoso sin tener que indagar
      y a otros establece en su lugar;
²⁵ como conoce bien sus acciones,
      de noche los trastorna y pulveriza;
²⁶ los azota igual que a criminales,
      en la plaza pública los encadena*,
²⁷ por no haber querido seguirle,
      por no entender sus designios,
²⁸ provocando ante Dios el grito del débil,
      haciéndole oír el grito del pobre.

²⁹ Si se queda inmóvil, ¿quién condenará?;
      si esconde su rostro, ¿quién lo verá?
      Pero él vela sobre hombres y países*,

Sb 11 23;
12 2

³⁰ para evitar que reine el impío,
      que el pueblo sea engañado*.
³¹ Si alguien dice a Dios:
      «Me arrepiento*, ya no lo haré,
³² lo que no veo*, házmelo ver,
      si he obrado mal, no recaeré»,
³³ ¿debería, según tú, castigar?
      ¡Pero tú rechazas su criterio!
      Dado que tú decides, y no yo,
      haznos partícipes de tu ciencia*.
³⁴ Pero la gente sensata me dirá,
      lo mismo que los sabios que me escuchen:
³⁵ «No habla Job con sensatez,
      no son juiciosas sus palabras.
³⁶ Tenga a bien probarlo a fondo,
      pues responde igual que un malvado*.

---

34 23 «plazo» corr.; hebr. ininteligible.
34 26 El texto de los vv. 26-33 está muy corrompido y su traducción es incierta. El griego omite los vv. 28-33. — «los encadena», restituido según 36 13 y la primera palabra del v. 27.
34 29 A la objeción clásica de que a veces parece que los impíos escapan del castigo, Elihú responde que la justicia es mitigada por la misericordia. Ver Sb 11 23; 12 2.
34 30 Según corr. del hebr.
34 31 «Me arrepiento» conj.; «yo he llevado» hebr.
34 32 «lo que no veo, házmelo ver» hebr., lit. «además de lo que yo veo, enséñame tú».

34 33 «su criterio» añadido por el sentido; el verbo usado nunca es empleado sin complemento. — Job, al juzgar la conducta de Dios, se deja guiar por un concepto rígido de la justicia distributiva divina. Pero si la ley de la retribución no tuviera excepción, Dios no debería perdonar. Podría concluirse que Job no debe juzgar su propio caso conforme a esta ley, sino pensar que Dios le prueba por otras razones. Elihú, por su parte, concluye que Job «a su pecado añade la rebeldía», v. 37.
34 36 «Tenga a bien», trad. conjetural; el término hebreo parece expresar el deseo o la súplica. — «igual que» corr.; «entre» hebr.

³⁷ A su pecado añade la rebeldía,
  entre nosotros siembra la duda*,
  multiplica sus palabras contra Dios».

Dios no es indiferente a los asuntos humanos.

35 ¹ Elihú retomó su discurso:

² ¿Piensas que es justo decir:
  «Soy inocente ante Dios?»,
³ o afirmar: «¿Qué más te da?,
  ¿qué gané con no pecar*?».
⁴ Pues bien, te responderé,
  y de paso a tus amigos*.

⁵ Contempla los cielos, mira,
  fíjate en las nubes y en su altura*.
⁶ Si pecas, ¿en qué le afecta a Dios?,
  ¿qué le hacen tus muchos delitos?
⁷ Si eres justo, ¿qué le das?,
  ¿qué recibe de tu mano?
⁸ Tu maldad afecta a uno como tú,
  tu justicia a los seres humanos.
⁹ Protestan bajo el peso de la opresión,
  claman ante el abuso de los poderosos,
¹⁰ mas no dicen: «¿Dónde está mi Hacedor,
  que llena la noche de cantos de júbilo*,
¹¹ que nos hace más listos que las bestias,
  más sabios que las aves del cielo?».
¹² Algunos gritan, pero no responde,
  porque son malvados arrogantes;
¹³ Dios no escucha falsedades,
  Shaddai no presta atención.
¹⁴ Mucho menos cuando dices: «No lo veo,
  le he expuesto mi causa y lo espero*».
¹⁵ Pero ahora que su ira no castiga
  ni parece darse cuenta del delito*,
¹⁶ Job abre su boca y echa viento,
  multiplica palabras a lo tonto.

(marginal references) 7 20 · 22 3 · 21

El verdadero sentido de los sufrimientos de Job*

36 ¹ Elihú retomó su discurso:

² Ten un poco de paciencia y te instruiré,
  todavía hay razones en favor de Dios.
³ Buscaré en el pasado mi saber,
  para dar la razón a mi Hacedor;
⁴ mis palabras no son falsas, lo aseguro,
  ante ti tienes ciencia consumada.

(marginal references) 5 17; 22 23-30

---

34 37 «siembra la duda» corr.; «palmotea» hebr.
35 3 Se podía entender también: «de qué me sirve (estar) sin pecado». Griego: «¿qué te hago si yo peco?».
35 4 Elihú retoma otras palabras de Job (3 13-15) para poner los puntos sobre las íes, especialmente aquellas donde reprocha a Dios no sancionar equitativamente los actos del hombre y obrar como si se desinteresase del bien o del mal realizado por el hombre. Ver en particular 7 20; 9 22.
35 5 Se sobreentiende: a fortiori Dios queda fuera del alcance del hombre.
35 10 Elihú parece considerar el caso de los que son perjudicados por la maldad del prójimo, v. 8. Si Dios no los auxilia, se debe a que les falta la fe en él y el orgullo los endurece, en lugar de solicitar su liberación.
35 14 Elihú remite sobre todo a 23 3-9; ver también 13 18-22.
35 15 «del delito» versiones; el hebr. omite la consonante final.
36 Elifaz ya había anunciado, 5 17, y desarrollado, 22 23-30, la idea de este discurso. El texto es oscuro y resulta difícil determinar la aportación original de Elihú.

⁵ Dios es poderoso, mas no indiferente,
    poderoso por sus firmes decisiones*.
⁶ No permite que viva el malvado,
    hace justicia a los pobres,
⁷ no aparta del justo sus ojos*.

2 Cro 33
11-13

    Los sienta en medio de reyes,
    los entroniza y exalta para siempre.
⁸ En cambio, si los carga de cadenas,
    si los ata con cuerdas de aflicción,
⁹ es por denunciarles sus acciones,
    sus delitos nacidos del orgullo;

33 23

¹⁰ es para que atiendan la advertencia,
    lo dice para que dejen la maldad.
¹¹ Si escuchan y se muestran dóciles,
    se consumarán sus días en la dicha,
    vivirán sus años satisfechos.
¹² Si no escuchan, pasarán el Canal,
    morirán sin caer en la cuenta.
¹³ Los de mente perversa acumulan cólera,
    no piden socorro cuando él los encadena;
¹⁴ acaba su existencia en plena juventud
    y mueren a la edad de los hieródulos*.
¹⁵ Mas salva al pobre por su pobreza,
    le instruye* mediante la aflicción.
¹⁶ También a ti te sacará de la angustia,
    a un lugar sin aprietos, espacioso,
    te ofrecerá alimentos sustanciosos.
¹⁷ Mas si defiendes la causa del malvado,
    justicia y derecho sucumbirán*;
¹⁸ no te dejes seducir por la opulencia,
    ni los ricos presentes te corrompan.
¹⁹ ¿Acaso te auxiliarán en el peligro
    tus riquezas y todos tus esfuerzos?
²⁰ No suspires por que llegue esa noche
    en que la gente es echada de su sitio*;
²¹ guárdate de volverte a la maldad,
    que por eso probaste la aflicción.

Si 42 15-
43 33

Himno a la Sabiduría todopoderosa*.

²² ¡Qué sublime es Dios en poder!
    ¿Hay algún maestro como él?

Rm 11 33-34
Is 40 13

²³ ¿Quién puede vigilar su conducta?,
    ¿quién le puede acusar de obrar mal?
²⁴ Recuerda ensalzar sus obras,
    que todos los hombres cantaron;
²⁵ todos los humanos las contemplan,
    los hombres de lejos las perciben.
²⁶ Dios es sublime, no lo conocemos,
    es incalculable la suma de sus años.

---

36 5 «decisiones», lit. «corazón», ver Gn 8 21+.
36 7 Lit. «no disminuye los ojos de sobre el justo»;
texto oscuro. Corrigiendo con los LXX, podría entenderse «no limita el derecho del justo». Todo el v. 7 es
inseguro: seguimos el TM sin corregirlo, pero quizás
esté corrompido.
36 14 Ver Dt 23 18.
36 15 Lit. «le abre el oído»: le hace entender. Ver Sal
40 7; Is 50 5.
36 17 Este v., probablemente corrompido, es traducido de diversas maneras. La traducción conjetural ofrecida aquí corta y vocaliza el texto de otra forma distinta

a como aparece en hebreo. Otros: «juzgarás el juicio del
malvado y (tus manos) sujetarán la justicia» o, sin corregir, «si incurres en veredicto de culpabilidad, veredicto y sentencia se cumplirán».
36 20 El texto de los vv. 19-20 parece irremediable-
mente corrompido, y la traducción es incierta. Las correcciones practicadas ofrecen un sentido probable en
este contexto, pero no es seguro que estos vv. no hayan
sido desplazados.
36 22 De la interpretación de los caminos del Señor,
Elihú pasa al elogio de su poder y de su sabiduría. Proceso análogo en Rm 11 33.

²⁷ Atrae hacia sí las gotas de agua,
las filtra de su fuente como lluvia,
²⁸ la lluvia destilada por las nubes,
que cae copiosa sobre el hombre.
³¹ Con ella* sustenta a los pueblos,
les da alimento en abundancia.   Sal 104 13s
²⁹ ¿Quién conoce la extensión de su nube,
el fragor amenazante de su tienda*?   Sal 18 10-15
³⁰ Se hace rodear de sus relámpagos*,
mantiene ocultas las raíces del mar.
³² Oculta el relámpago en sus manos,
le ordena dar en el blanco.
³³ Su trueno anuncia su presencia,
su ira se enciende contra la iniquidad*.

37 ¹ Ante esto tiembla mi corazón,
y salta fuera de su sitio.
² Escuchad atentos el trueno de su voz,
el estruendo que sale de su boca;   Sal 18 14; 29
³ lanza su rayo bajo el cielo
y alcanza los confines del orbe;
⁴ retruena tras él su voz,
retumba de forma soberbia;
y ya no retiene sus rayos*
en tanto resuena su voz.
⁵ Atruena Dios con voz prodigiosa,   5 9
él hace maravillas que ignoramos:
⁶ cuando dice a la nieve: «Cae a tierra»,
y ordena al aguacero: «Llueve fuerte*»,
⁷ interrumpe el trabajo de los hombres   Sal 104 19-23
para que todos conozcan sus obras;
⁸ los animales van a sus cubiles,
se ocultan en sus madrigueras.
⁹ Surge el huracán de la Cámara Austral,   9 9
traen el frío los vientos del norte*;   Sal 147 17
¹⁰ al soplo de Dios se forma el hielo,
las extensiones de agua se congelan.
¹¹ Carga las nubes de humedad,
los nubarrones reflejan su rayo,
¹² que alterna de uno a otro lado*,
iluminando todo alrededor,
para ejecutar así sus órdenes
sobre la superficie del orbe.
¹³ Como castigo de los pueblos de la tierra,
o bien como favor, lo envía*.
¹⁴ Escucha esto tranquilo, Job,
piensa en los prodigios de Dios.

36 31 Las primeras palabras indican que el v. no está en su contexto; debe de tratarse de la lluvia mencionada en el v. 28. - «sustenta» corr.; «juzga» hebr.
36 29 «Quién» sir.; «si (comprende)» hebr. — La nube, «tienda» de Yahvé, es la tormenta que se despliega en medio del bramido del trueno, que es su «voz». Desciende la nube, y Dios lanza el rayo como una flecha. Ver Sal 18 10-15; 29; Ex 13 22+; 19 16+.
36 30 «relámpagos», lit. «su luz». — «las raíces del mar»; otros corr. «las cumbres de las montañas».
36 33 «se enciende» corr.; «rebaño» hebr. — «contra la iniquidad» corr.; «contra el que sube» hebr.
37 4 «no retiene sus rayos» corr.; «no los retiene» hebr.

37 6 Después de «al aguacero» cm timos el segmento «y al aguacero de lluvia», ditografía. — «Llueve fuerte», lit. «sed fuertes» corr.; «su fuerza» hebr.
37 9 La «Cámara Austral», ver 9 9: lit. la «cámara» donde se mantiene en reserva (ver 38 22; Sal 135 7) el huracán, que es un viento del sur. Los «vientos del norte», lit. «los dispersantes».
37 12 Texto corregido. La imagen, sin embargo, es clara: en una noche de tormenta cerrada, los relámpagos se perciben alternativamente por distintas direcciones.
37 13 «los pueblos de la tierra» corr.; «si (es) para su tierra» hebr. — «lo envía» corr.; «e hace encontrar» hebr.

¹⁵ ¿Sabes cómo Dios se lo ordena
y su nube hace brillar el rayo?

Pr 8 28
¹⁶ ¿Sabes cómo equilibra las nubes,
prodigio de una ciencia consumada?
¹⁷ Tú, que aguantas el calor de la ropa
cuando el solano aletarga la tierra,

Gn 1 6
¹⁸ ¿podrías tender con él el firmamento,
duro como espejo de metal fundido*?
¹⁹ Enséñanos qué hemos de decirle,
no discutiremos a oscuras.
²⁰ ¿Hay que informarle cuando hablo?,
¿hay que comunicarle lo que se dice?
²¹ Por un tiempo la luz no se ve,
oculta como está entre nubes,
pero pasa el viento y las disipa.

Ex 24 16+
²² Del norte llegan resplandores*,
envuelve a Dios terrible majestad;
²³ no podemos llegar hasta Shaddai,
sublime por su fuerza y equidad,
maestro de justicia que no oprime.
²⁴ Por eso, lo temen los hombres:
¡que lo veneren todos los sabios*!

IV.   *Los discursos de Yahvé*

PRIMER DISCURSO

La Sabiduría del Creador confunde a Job.

38 ¹ Yahvé se dirigió a Job desde la tormenta*:

42 3
² ¿Quién es éste que denigra mi designio
diciendo tales desatinos?
³ Si eres valiente, cíñete los lomos:
te voy a preguntar y tú me instruirás*.
⁴ ¿Dónde estabas cuando cimenté la tierra?
Dilo, si tanto sabes y entiendes.

Za 1 16
26 7+
Sal 118 22
⁵ ¿Sabes quién fijó sus medidas,
o quién la midió a cordel?
⁶ ¿Dónde se asientan sus bases?
¿Quién puso su piedra angular

Ba 3 34
Za 4 7
Sal 148 2-3
⁷ entre el vocerío de los luceros del alba
y las aclamaciones de los Hijos de Dios?
⁸ ¿Quién cerró* el mar con compuertas,
cuando escapaba impetuoso de su seno,
⁹ cuando le ponía nubes por mantillas,
nubes tormentosas por pañales,
¹⁰ cuando le marcaba las lindes
poniendo puertas y cerrojos?

Sal 104 6-9
Jb 7 12+
Pr 8 29
¹¹ Le dije: «Hasta aquí llegarás, no pasarás,
aquí se estrellará* el orgullo de tus olas».

---

37 18 El firmamento, el cielo de bronce del verano.
37 22 «resplandores» corr.; «el oro» hebr.
37 24 «que lo veneren» corr., ver griego; «él no ve» hebr.
38 1   Al modo antiguo de las teofanías de Yahvé, que manifestaba su temible omnipotencia, ver Sal 18 8-16; 50 3; Na 1 3; Ez 1 4, ver Ex 13 22+; 19 16+.

38 3   «Si eres valiente» 1 ms hebr., sir., Targ.; «como un hombre» TM (simple diferencia de vocalización). Lo mismo en 40 7. — Inversión de roles: Yahvé ataca e invita a Job a defenderse.
38 8   «¿Quién cerró...?» Vulg.; «él ha cerrado» hebr.
38 11 «se estrellará», según griego; «él pondrá en (el orgullo)» hebr.

¹² ¿Alguna vez has mandado a la mañana
      o asignado su puesto a la aurora,
¹³ para que agarre a la tierra por los bordes
      y sacuda de ella a los malvados,
¹⁴ para que tome forma como arcilla de sello*,
      y quede coloreada como un vestido,
¹⁵ para que niegue a los malvados su luz*   24 13-17
      y quede roto el brazo sublevado?
¹⁶ ¿Has entrado hasta las fuentes del mar*?,
      ¿has paseado por el fondo del Abismo?
¹⁷ ¿Te han enseñado las puertas de la Muerte?,   10 21-22
      ¿has visto las puertas del país de las Sombras*?
¹⁸ ¿Tienes idea de las dimensiones de la tierra?
      Dilo, si todo lo sabes.
¹⁹ ¿Por dónde habita la luz*?,
      ¿dónde viven las tinieblas?
²⁰ ¿Podrías llevarlas a su tierra,
      indicarles el camino de su casa*?
²¹ Lo sabrás, ¡pues ya habías nacido
      y tienes tantísimos años!

²² ¿Has llegado a los silos de la nieve?,   Ex 9 18-26
      ¿has visto los graneros del granizo,   Jos 10 11
²³ que administro para tiempos de angustia,   Is 28 17;
      para días de guerra y combate?   30 30
²⁴ ¿Por dónde se reparte la luz
      y se esparce por la tierra el solano?
²⁵ ¿Quién abre un canal al aguacero,
      un camino a las nubes tormentosas,
²⁶ para que rieguen tierras despobladas,
      zonas desérticas deshabitadas,
²⁷ para que sacien soledades desoladas
      y brote verdor en el páramo*?
²⁸ ¿Tiene padre la lluvia?,
      ¿quién engendra las gotas de rocío?
²⁹ ¿De qué vientre sale el hielo?,
      ¿quién pare la escarcha del cielo,
³⁰ cuando el agua se endurece* como piedra
      y aprisiona la faz del Abismo?

³¹ ¿Puedes atar los lazos de las Pléyades   9 9+
      o desatar las cuerdas de Orión,
³² hacer salir a su hora la Corona,
      guiar a la Osa y a sus crías*?
³³ ¿Conoces las leyes de los Cielos?,
      ¿aplicas su fuero en la tierra?
³⁴ ¿Levantas tu voz a las nubes
      y la masa de aguas te obedece*?

---

38 14 De color rojo. — «quede coloreada», lit. «esté teñida» corr.; «se tienen de pie» hebr.
38 15 Que no es la luz del día, ver 24 13s.
38 16 Las que se suponía alimentaban el mar.
38 17 El «país de las Sombras» es el Seol, Nm 16 33+.
Sobre «las puertas de la Muerte», ver Is 38 10; Sal 9 14;
107 18; Sb 16 13.
38 19 La luz es personificada como entidad distinta
del sol. Diariamente regresa a su domicilio mientras
surgen las tinieblas.
38 20 «indicarles el camino», lit. «reconducirlos (por
los senderos)», corr.; «para que comprendas (los senderos)» hebr.

38 27 «en el páramo» corr.; «lugar de origen» hebr.
— Los vv. 26-27 subrayan la gratuidad de las obras divinas, o bien la solicitud de Dios por seres distintos al
hombre.
38 30 «se endurece» corr.; «se oculta» hebr.
38 32 «la Corona», es decir, la Corona boreal, según
una de las etimologías posibles del término. Según
otros: «la estrella del pastor» (ver Vulg. «Lucifer»), o
«las Híadas», porque Aldebarán marcaba el tiempo de
la lluvia y de las labores del campo. — Las «crías» de
la Osa designan quizás la constelación de la Osa Menor.
38 34 «te obedece» griego; «te cubre» hebr.

³⁵ ¿Tienes de mensajeros a los rayos?,
    ¿acuden y te dicen: «Aquí estamos»?
³⁶ ¿Quién puso en el ibis sabiduría?,
    ¿quién dio al gallo inteligencia*?
³⁷ ¿Quién cuenta las nubes con acierto?,
    ¿quién inclina los cántaros del cielo,
³⁸ cuando el polvo se funde en una masa
    y las glebas se pegan entre sí?

³⁹ ¿Cazas tú la presa a la leona*
    o sacias el hambre de sus crías,
⁴⁰ cuando se ocultan en sus guaridas
    o acechan quietos en la maleza?

⁴¹ ¿Quién prepara al cuervo su comida
    cuando gritan a Dios sus crías
    y vagan en busca de alimento?

39

¹ ¿Sabes tú cuándo paren las rebecas*?,
    ¿has asistido al parto de las ciervas?
² ¿Has contado los meses de su gestación?,
    ¿sabes el tiempo en que paren?
³ Se acurrucan y expulsan a sus crías*,
    se desembarazan de sus hijos;
⁴ después sus cachorros crecen y medran,
    salen al campo y ya no regresan.
⁵ ¿Quién deja en libertad al onagro
    y suelta el ramal del asno salvaje?
⁶ Yo le di la estepa por morada,
    su territorio en tierra salada;
⁷ se ríe del tráfago de la ciudad,
    no escucha al arriero vociferar;
⁸ busca en los montes su pasto,
    rebusca cualquier hierba tierna.

⁹ ¿Está el búfalo dispuesto a servirte,
    a pasar la noche en tu establo?
¹⁰ ¿Puedes atarlo con la soga al arado?,
    ¿rastrillará las navas tras de ti*?
¹¹ ¿Te fiarás de él porque es fuerte?,
    ¿le confiarás el peso de tu trabajo?
¹² ¿Piensas que le harías volver
    acarreando el grano a la era?

¹³ *El avestruz mueve alocado las alas,
    como si fuesen sus plumas de cigüeña o halcón*;
¹⁴ abandona en el suelo sus huevos,
    los deja incubar en la tierra,
¹⁵ sin pensar que un pie puede pisarlos
    o una fiera salvaje aplastarlos.

---

38 36 «ibis» y «gallo»: traducción incierta. La palabra *šekwî* («gallo») sólo aparece aquí, pero la traducción se apoya en un targum y en la Vulg. Tuhôt («ibis») parece ser una transcripción de Thot, el dios-ibis egipcio. Esta palabra aparece en otra ocasión (Sal 51 8), pero con un sentido totalmente distinto. — Se atribuía a estos animales facultades de previsión: el ibis anunciaba las crecidas del Nilo; el gallo anunciaba el día y, según ciertas creencias populares, la lluvia.
38 39 De la naturaleza inanimada se pasa al reino animal. Se escogen los tipos más bravíos e independientes, o los más extraños. También vela Dios por su existencia.

39 1 Se citan rebecas y ciervas porque su reproducción escapa a toda observación, del mismo modo que la de las avestruces carece de prudencia, v. 14: sin embargo, Dios vela por la conservación de la especie.
39 3 «expulsan» corr.; «hender» (?) hebr.
39 10 Texto corregido conjeturalmente; el hebr., corrompido, se traduciría lit.: «¿atarás un buey salvaje a un surco su cuerda, rastrillará los valles detrás de ti?».
39 13 (a) Toda la sección sobre el avestruz, vv. 13-18, falta en el griego; a veces es considerada una adición.
39 13 (b) «mueve alocado las alas», trad. aproximada. La continuación del v. es traducida según Vulg. y Targ.; el hebr. está corrompido.

¹⁶ Cruel con sus pollos, como si fuesen extraños,
    no le inquieta fatigarse en vano.
¹⁷ Es que Dios le negó sabiduría,
    no le dotó de perspicacia.
¹⁸ Pero cuando se yergue en pie
    se ríe del caballo y su jinete.

¹⁹ ¿Le das al caballo su bravura*?,
    ¿revistes su cuello de crines?
²⁰ ¿Le haces saltar como langosta,
    lanzando resoplidos que asustan?
²¹ Piafa nervioso en el valle,
    se lanza brioso al ataque;
²² del miedo se ríe, no teme,
    no retrocede ante el arma;
²³ en torno silban las flechas,
    lanzas llameantes y venablos;
²⁴ inquieto y nervioso devora el espacio,
    nadie lo sujeta al toque de trompeta;
²⁵ suena la trompeta y responde con relinchos,
    lejos todavía barrunta la batalla,
    la voz de los jefes y el grito de guerra.

²⁶ ¿Vuela el halcón porque tú le enseñas,
    cuando despliega sus alas hacia el sur*?
²⁷ ¿Se cierne a tus órdenes el águila
    y hace su nido en la altura?
²⁸ Vive y pernocta entre rocas,
    en picachos rocosos se esconde;
²⁹ desde allí vigila a su presa,
    de lejos la otean sus ojos;
³⁰ sus pollos se nutren de sangre,
    donde hay muertos, allí está ella.

Lm 4 3

Jr 8 7

Mt 24 28p

40 ¹ Yahvé siguió diciendo a Job*:

² ¿Tiene más que decir el censor de Shaddai*?
    ¡Que responda el acusador de Dios!

³ Job respondió a Yahvé:

⁴ Hablé a la ligera, ¿qué replicaré?
    Mejor si me tapo la boca con la mano.
⁵ Hablé una vez, no responderé*;
    dos veces y nada añadiré.

SEGUNDO DISCURSO

Señorío de Dios sobre las fuerzas del mal.

⁶ Yahvé respondió a Job desde la tormenta:

⁷ Si eres valiente, cíñete los lomos:
    te voy a preguntar y tú me instruirás.
⁸ ¿Quieres acaso violar mi derecho,
    condenarme para quedar absuelto?

---

39 19 El caballo es aquí la cabalgadura del guerrero.
39 26 Las migraciones estacionales de las aves, manifestación de la sabiduría instintiva que el Creador les
comunica.
40 1 Este v. introductorio falta en griego. — Job ha

querido disputar con Dios. Dios le opone el misterio de
su sabiduría, manifestada en sus obras.
40 2 «el censor», lit. «el que disputa», corr.; «la multitud» hebr.
40 5 «responderé», según hebr.; otros corr. «repetiré».

⁹ ¿Tienes un brazo como el de Dios,
   una voz potente como la suya?
¹⁰ Cíñete, pues, de grandeza y majestad,
   vístete de gloria y esplendor;
¹¹ da rienda suelta a tu cólera,
   hunde de una mirada al arrogante,
¹² humilla de una mirada al soberbio*,
   aplasta a los malvados donde estén,
¹³ entiérralos juntos en el polvo,
   enciérralos a una en el calabozo*.
¹⁴ Entonces cantaré tu alabanza:
   «Tu diestra te ha dado la victoria».

Nm 16 31-34

Behemot*

¹⁵ Ahí tienes a Behemot, a quien hice como a ti,
   que se alimenta de hierba como las vacas.
¹⁶ Mira la fuerza de sus lomos,
   el vigor de los músculos del vientre;
¹⁷ se empina su cola como un cedro,
   los nervios de sus muslos se entrelazan.
¹⁸ Sus huesos son tubos de bronce,
   su esqueleto, hierro forjado.
¹⁹ Es primicia de las obras de Dios.
   Su Autor le amenazó con la espada,
²⁰ le vedó la región de las montañas
   y las bestias que en ella retozan.
²¹ Se tumba debajo de los lotos,
   oculto en los carrizos del pantano,
²² los lotos lo cubren con su sombra,
   los sauces del río lo protegen.
²³ En caso de crecida* no se asusta,
   aunque un Jordán le llegue hasta la boca.
²⁴ ¿Quién lo agarrará por los ojos,
   le taladrará el hocico con punzones*?

Gn 3 24

Leviatán*

²⁵ ¿Pescarás con anzuelo a Leviatán,
   sujetarás su lengua con cordeles?
²⁶ ¿Le pasarás un junco por la nariz,
   traspasarás su mandíbula con ganchos?
²⁷ ¿Te vendrá con largas súplicas
   y te hablará con voz humilde?
²⁸ ¿Hará contigo el trato
   de ser tu siervo de por vida?
²⁹ ¿Jugarás con él como con un pájaro,
   lo atarás para diversión de tus hijas?
³⁰ ¿Lo pondrán en venta los asociados,
   se lo disputarán los mercaderes*?

Ez 19 4.9;
   29 4

---

40 12 «al soberbio» griego; el hebr. repite «al arrogante».
40 13 El «calabozo» es el Seol, Nm 6 33+, donde las Sombras son mudas.
40 15 Se trata de la forma plural de una palabra que significa «bestia», «ganado». Esta forma puede designar la bestia o el bruto por excelencia, sin importar de qué monstruo se trate. De hecho, Behemot ha sido identificado con frecuencia con el elefante, o con un búfalo mítico mencionado en los textos de Ugarit. Aquí representa al hipopótamo, símbolo de la fuerza bruta que Dios controla, pero que el hombre es incapaz de domesticar.
40 23 «crecida» griego; «oprime» hebr.

40 24 Añadimos «¿Quién...?», caído por haplografía tras la última palabra del v. 23. — «punzones», sentido incierto, lit. «trampas», «cepos».
40 25 Este nombre designa propiamente a un monstruo del Caos primitivo, **3** 8+, que se pensaba que vivía siempre en el mar. Aquí se aplica al cocodrilo. Pero el animal descrito (que en Ez **29** 3s; **32** 2s simboliza a Egipto) sigue evocando aquí el recuerdo del monstruo vencido por Yahvé en los orígenes, ver **7** 12+, tipo, a su vez, de las potencias hostiles a Dios.
40 30 Asociados para la pesca en común. Tal acción sería como «comprar del lobo la carne». — «mercaderes», lit. «cananeos»: los mercaderes por excelencia.

³¹ ¿Le acribillarás la piel con dardos,
  su cabeza con artes de pesca?
³² Ponle la mano encima:
  ¡te acordarás de la lucha y no insistirás!

41

¹ Tu esperanza sería ilusoria,
  pues sólo su vista aterra*.
² No hay audaz capaz de provocarlo,
  ¿quién puede resistirle frente a frente*?
³ ¿Quién le plantó cara y salió ileso?
  ¡Nadie bajo los cielos*!

⁴ No pasaré por alto sus miembros,
  hablaré de su fuerza incomparable*.
⁵ ¿Quién le ha abierto el manto de su piel
  y ha penetrado por su doble coraza*?
⁶ ¿Quién ha abierto las puertas de sus fauces?
  ¡El terror reina en torno a sus dientes!
⁷ Su dorso son hileras de escudos,
  que cierra un sello de piedra*;
⁸ están entre sí tan trabados
  que ni un soplo se filtra entre ellos;
⁹ se sueldan unos con otros,
  forman un sólido bloque.
¹⁰ Su estornudo proyecta destellos*,
  sus ojos parpadean como el alba.
¹¹ Antorchas brotan de sus fauces,
  se escapan chispas de fuego;
¹² de sus narices sale una humareda,
  como caldero que hierve* atizado;
¹³ su aliento enciende carbones,
  expulsa llamas por su boca.
¹⁴ En su cuello reside la fuerza,
  ante él danza el espanto.
¹⁷ Si se yergue se asustan las olas,
  las ondas del mar se retiran*.
¹⁵ Las carnes de su cuerpo son compactas,
  tan pegadas que quedan inmóviles;
¹⁶ Su corazón es sólido como roca,
  resistente como piedra molar.
¹⁸ La espada lo golpea y no se clava,
  ni dardo, jabalina o lanza.
¹⁹ El hierro es para él como paja,
  madera podrida el bronce.
²⁰ Disparos de flecha no le hacen huir:
  las piedras de la honda se vuelven tamo;
²¹ tamo le parece el mazo,
  se burla del venablo que vibra.
²² Su vientre, de lastras afiladas,
  pasa como un trillo por el lodo;

Ap 9 17

41 1 «Tu esperanza» sir.; «su esperanza» hebr. — En el segundo hemistiquio suprimimos el pronombre interrogativo.
41 2 «frente a frente», lit. «delante de su cara» corr.; «delante de mi cara» hebr. representa una corrección teológica: Dios es el único ante quien no se puede resistir.
41 3 «le plantó cara» corr.; «me ha plantado cara» hebr. — «Nadie» corr.; «a mí él» hebr.
41 4 «hablaré de su fuerza» corr.; «la palabra de las fuerzas» hebr. — «incomparable» corr.; hebr. corrompido.
41 5 «coraza» griego; «freno» hebr.
41 7 «dorso» griego, Vulg.; «arrogancia» hebr. — «que cierra un sello de piedra» griego; «cerrado, un sello estrecho» hebr.
41 10 Hace saltar gotas de agua que brillan al sol.
41 12 «que hierve» sir., Vulg.; «una caña» (?) hebr.
41 17 V. desplazado, como parece exigir el contexto. — «las olas» corr.; «los dioses» hebr. — «las ondas del mar» corr.; «a causa de las rupturas» hebr.

²³ calienta el fondo como un caldero,
    convierte el mar en un pebetero.
²⁴ Deja detrás estela luminosa,
    melena blanca diríase el abismo*.
²⁵ Nada se le iguala en la tierra,
    pues es creatura sin miedo.
²⁶ Mira a la cara a los más altivos,
    es el rey de los hijos del orgullo*.

Última respuesta de Job.

42 ¹ Job respondió a Yahvé:

² Me doy cuenta que todo lo puedes,
    que eres capaz de cualquier proyecto.
38 2 ³ [Dijiste:] «¿Quién es éste que vela mi designio
    con razones carentes de sentido*?».
    Sí, hablé sin pensar de maravillas
    que me superan y que ignoro.
⁴ (Escucha y déjame hablar,
    te voy a preguntar y tú me instruirás*).
⁵ Sólo de oídas te conocía,
    pero ahora te han visto mis ojos*.
⁶ Por eso me retracto y me arrepiento
    echado en el polvo y la ceniza*.

V.   Epílogo

Yahvé censura a los tres sabios.

⁷ Después de pronunciar estos discursos a Job, dijo Yahvé a Elifaz de Temán: «Estoy enfadado contigo y con tus dos amigos, pues no habéis hablado bien de mí, como mi siervo Job. ⁸ Coged ahora siete terneras y siete carneros, acudid a mi siervo Job y ofrecedlos por vosotros en holocausto. Mi siervo Job intercederá por vosotros. Sólo en consideración a él* no os infligiré castigo alguno por no haber hablado bien de mí, como ha hecho mi siervo Job». ⁹ Elifaz de Temán, Bildad de Súaj y Sofar de Naamat fueron a ejecutar la orden de Yahvé. Y Yahvé tuvo en consideración a Job.

Yahvé rehace la hacienda de Job.

¹⁰ Yahvé cambió la suerte de Job después de haber intercedido por sus amigos, y duplicó todas sus posesiones. ¹¹ Fueron a verle todos sus hermanos y hermanas, junto con sus conocidos, y comieron en su casa. Se lamentaron y le consolaron por la desgracia que le había infligido Yahvé. Cada uno le regaló una moneda de plata* y un anillo de oro. ¹² Yahvé bendijo ahora a Job más que al principio, pues se hizo con catorce mil ovejas, seis mil camellos, mil yuntas de bueyes y mil burras. ¹³ Tuvo también siete hijos* y tres hijas. ¹⁴ A la primera le puso el nombre de «Paloma», a la segun-

41 24 Cuando se sumerge brotan burbujas de aire; cuando nada, deja una estela refulgente.
41 26 Los «hijos del orgullo» son las fieras, ver 28 8, tipo de todos los poderosos de este mundo, que sólo Dios domina, 40 7-14.
42 3 «¿Quién es éste...?», como en 38 2. — «con razones», añadido con griego y sir., y conforme a 38 2.
42 4 Probable glosa (ver 33 31; 38 3).
42 5 No se trata de una visión propiamente dicha, ver Ex 33 20+, sino de una nueva percepción de la realidad de Dios. Job, que no tenía de Dios más que una idea comúnmente aceptada, ha captado su misterio y se inclina ante la Omnipotencia. Sus preguntas sobre la justicia quedan sin respuesta. Pero ha comprendido que Dios no tiene por qué rendir cuentas y que su Sabiduría

puede dar un sentido insospechado a realidades como el sufrimiento y la muerte.
42 6 Gesto clásico de dolor y de penitencia, ver 2 8.
42 8 Texto corregido. — Job hace de intercesor, como Abrahán, Gn 18 22-32; 20 7; Moisés, Ex 32 11+; Samuel, 1 S 7 5; 12 19; Amós, Am 7 2-6; Jeremías, Jr 11 14; 37 3; 2 M 15 14; ver Ez 14 14.20. La prueba que sufre parece ser una de las razones de la eficacia de su oración. En un segundo plano se perfila la figura del Siervo, ver Is 53 12, cuyo sufrimiento es ya expresamente una expiación por el prójimo.
42 11 En hebr. qeśîṭah, moneda antigua de plata, de valor desconocido. Las versiones traducen «cordero».
42 13 El Targ. dice «catorce hijos».

da «Acacia» y a la tercera «Frasco de perfumes». ¹⁵ No había en todo el país muchachas más hermosas que las hijas de
Job. Su padre las hizo herederas junto
con sus hermanos*.

¹⁶ Job vivió después ciento cuarenta
años, y conoció a sus hijos, nietos y bis-
nietos. ¹⁷ Job murió anciano tras una larga vida*.

Gn 25 8;
35 29

42 15 Normalmente las hijas no heredaban, salvo en
ausencia de hijos, ver Nm 27 1-11. El hecho atestigua
la riqueza excepcional de Job.
42 17 El griego contiene dos adiciones. La primera
demuestra que antiguamente se percibía en el libro la
idea de la resurrección: «Está escrito que resucitará de
nuevo con los que el Señor resucitará». La segunda nos
dice que Job habitaba «en el país de Ausítida, en los
confines de Idumea y Arabia»; lo identifica con Jobab,
Gn 36 33.

PROVERBIOS

Introducción

El libro de los Proverbios es el más típico de la literatura sapiencial de Israel. Se formó en torno a dos colecciones: la de **10-22** 16, titulada «Proverbios de Salomón» (375 sentencias), y la de **25-29** que comienza: «Otros proverbios de Salomón, recopilados por los hombres de Ezequías» (128 sentencias). A estas dos partes se añadieron algunos apéndices: a la primera, la «Colección de los Sabios», **22** 17 - **24** 22, y «También esto pertenece a los Sabios», **24** 23-34; a la segunda, las «Palabras de Agur», **30** 1-14, seguidas de proverbios numéricos, **30** 15-33, y las «Palabras de Lemuel», **31** 1-9. Este conjunto está precedido por una larga introducción, **1-9**, en la que un padre hace a su hijo recomendaciones de sabiduría y la misma Sabiduría toma la palabra. El libro concluye con un poema alfabético, que ensalza a la mujer ideal, **31** 10-31.

El orden de las secciones es indiferente, no es el mismo en la Biblia griega y, dentro de cada sección, las máximas se enlazan sin plan alguno y con repeticiones. El libro es, pues, una colección de colecciones, encuadradas por un prólogo y un epílogo. Refleja una evolución literaria que ya hemos esbozado en la introducción general a los libros sapienciales. Las dos grandes colecciones representan el *mašal* en su forma primitiva, y sólo contienen breves sentencias, generalmente de un solo dístico. La fórmula de expresión se hace ya más amplia en los apéndices; los pequeños poemas numéricos de **30** 15-33, ver **6** 16-19, añaden a la enseñanza el atractivo de una presentación enigmática, conocida ya antiguamente, ver Am **1**. El prólogo, **1-9**, es una serie de instrucciones interrumpida por dos arengas de la Sabiduría personificada, y el epílogo, **31** 10-31, es una composición erudita.

Esta evolución de la forma corresponde a una diferencia de época. Las partes más antiguas son las dos grandes colecciones de **10-22** y **25-29**. Son atribuidas a Salomón, quien, según 1 R **5** 12, «pronunció tres mil sentencias», y fue siempre tenido por el sabio más grande de Israel. Fuera de este testimonio de la tradición, el tono de los Proverbios es demasiado anónimo para que sea posible atribuir con seguridad al rey tal o cual máxima particular,

mas no hay razón para dudar de que el conjunto se remonta a su época; las máximas de la segunda colección eran ya antiguas cuando los hombres de Ezequías las recogieron hacia el año 700. Como estas dos colecciones formaban el núcleo del libro, le dieron su nombre: todo él recibe el nombre de «Proverbios de Salomón», **1** 1. Pero los subtítulos de las pequeñas secciones indican que este título general no se ha de tomar a la letra, ya que también abarca la obra de sabios anónimos, **22** 17-24 34, y las palabras de Agur y de Lemuel, **30** 1 - **31** 8. Y aun en el caso de que estos nombres de dos sabios árabes sean imaginarios y no pertenezcan a personajes reales, prueba con todo la estima en que era tenida la sabiduría extranjera. Prueba clara de tal estima la dan algunas «palabras de los sabios», **22** 17 - **23** 11, que se inspiran en las máximas egipcias de Amenemope, escritas al comienzo del primer milenio antes de nuestra era.

Los discursos de Pr **1-9** se amoldan a las «Instrucciones», que son un género clásico de la sabiduría egipcia, pero también a los «Consejos de un padre a su hijo», recientemente descubiertos en un texto acádico de Ugarit. La personificación misma de la Sabiduría tiene antecedentes literarios en Egipto, donde fue personificada Maat, la Justicia-Verdad. Pero la imitación no es servil y mantiene la originalidad del pensador israelita, que transforma esa imitación con su fe yahvista. Podemos datar confiadamente antes del Destierro toda la parte central del libro, los caps. **10-29**; la fecha de los caps. **30-31** es dudosa. En cuanto al prólogo, **1-9**, seguramente es posterior: su contenido y sus conexiones literarias con los escritos posteriores al Destierro permiten fijar su composición en el siglo V a.C. Éste parece haber sido también el momento en que la obra adquirió su forma definitiva.

Como el libro representa varios siglos de reflexión de los sabios, vemos en él un progreso doctrinal. En las dos antiguas colecciones predomina un tono de sabiduría humana y profana que desconcierta al lector cristiano. Aun así, ya en ellas, uno de cada siete proverbios tiene carácter religioso. Se trata de la exposición de una teología práctica: Dios premia la verdad, la caridad, la pureza de corazón y la humildad, y castiga los vicios opuestos. La fuente y el resumen de todas estas virtudes es la sabiduría, que es temor de Yahvé, **15** *16, 33;* **16** *6;* **22** *4, y* sólo en Yahvé se ha de confiar, **20** *22;* **29** *25.* La primera parte ofrece idénticos consejos de sabiduría humana y religiosa; insiste en faltas que los antiguos sabios silenciaban: el adulterio y las relaciones con la mujer ajena, **2** *16s;* **5** *2s, 15s.* El epílogo manifiesta igualmente un mayor respeto por la mujer. Y, sobre todo, el prólogo da, por primera vez, una enseñanza ordenada sobre la sabiduría, su valor, su papel de guía y de moderador de las acciones. La Sabiduría misma toma la palabra, hace su propio elogio y define su relación con Dios, en quien está desde la eternidad y a quien asistió cuando creó el mundo, **8** *22-31.* Es el primero de los textos sobre la Sabiduría personificada que en conjunto han sido presentados en la Introducción a los Sapienciales.

La enseñanza de los Proverbios está ya sin duda superada por la de Cristo, Sabiduría de Dios, pero algunas de las máximas anuncian ya la moral del Evangelio. Se ha de recordar también que la verdadera religión únicamente se edifica sobre una base de honradez humana, y el uso frecuente que el Nuevo Testamento hace de este libro (catorce citas y una veintena de alusiones) impone a los cristianos el respeto al pensamiento de estos antiguos sabios de Israel.

PROVERBIOS

Título general y propósito.

1 ¹ Proverbios de Salomón, hijo de David, rey de Israel:

² para aprender sabiduría e instrucción,
   para comprender dichos profundos;
³ para adquirir la instrucción adecuada,
   —justicia, equidad y rectitud—;
⁴ para enseñar astucia a los simples,
   conocimiento y reflexión a los jóvenes,
⁶ para descifrar proverbios y refranes,
   los dichos y enigmas de los sabios.
⁵ El sabio escucha y aumenta su saber
   y el inteligente adquiere destreza.

⁷ El temor de Yahvé es el principio del conocimiento*;
   los necios desprecian la sabiduría y la instrucción.

> 22 17
> Qo 9 17

> ‖Sal 111 10
> Pr 9 10;
> 15 33
> Jb 28 28
> Si 1 14

I. Prólogo

RECOMENDACIONES DE LA SABIDURÍA

Las malas compañías.

⁸ Escucha, hijo mío, la instrucción de tu padre,
   no olvides la enseñanza de tu madre;
⁹ pues serán hermosa corona en tu cabeza
   y gargantilla en tu cuello.
¹⁰ Hijo mío, si los pecadores intentan camelarte,
   no aceptes.
¹¹ Si te dicen: «¡Vente con nosotros,
   tendamos trampas mortales
   y acechemos por capricho al inocente;
¹² los devoraremos vivos como el abismo,
   enteros como a los que bajan a la tumba!;
¹³ ¡hallaremos toda clase de riquezas,
   llenaremos nuestras casas de botín;
¹⁴ comparte tu suerte con nosotros
   y haremos bolsa común!»;
¹⁵ no sigas, hijo mío, su camino,
   aleja tus pasos de su senda;
¹⁶ *porque sus pies corren hacia el mal*
   y se apresuran a derramar sangre;
¹⁷ pues es inútil tender redes
   a la vista de los pájaros*.
¹⁸ Se emboscan contra sí mismos
   y atentan contra sus propias vidas.

> =6 20

> 4 9
> 3 22
> Si 6 24.29

> Sal 1 1

> Sal 10 8
> Si 11 32

> Nm 16 33+

> =Is 59 7
> Pr 6 18

---

1 7   El «temor de Yahvé», en la Biblia, ver Ex **20** 20 + Dt **6** 2 +, es poco más o menos lo que nosotros llamamos religión o piedad para con Dios. Es a la vez el principio, **9** 10; **15** 33; Jb **28** 28; Sal **111** 10; Si 1 14.20, y la coronación, Si **1** 18; **19** 20; **25** 10-11; **40** 25-27, de una sabiduría fundamentalmente religiosa, por la que se desarrolla una relación personal con el Dios de la alianza, hasta el punto de que temor y amor, sumisión y confianza son todo uno, ver Sal **25** 12-14; **112** 1; **128** 1; Qo **12** 13; Si **1** 27-28; **2** 7-9.15-18, etc.
1 16   Este v., ausente de los mejores mss griegos, está generalmente considerado como glosa tomada de Is 59 7.
1 17   La idea parece ser que las aves evitan la red si han visto al cazador poniéndola; así también el joven, avisado de los peligros que corre, sabrá evitarlos.

15 27

¹⁹ Tal es el destino de la avaricia:
que quita la vida a su propio dueño.

Pregón de la sabiduría.

8 1-3; 9 3
Jn 7 37

²⁰ La sabiduría pregona por las calles*,
en las plazas alza su voz*;
²¹ grita por encima del tumulto*,
ante las puertas de la ciudad lanza sus pregones:

Sal 94 8

²² «¿Hasta cuándo, inexpertos, amaréis la inexperiencia
y vosotros, arrogantes, disfrutaréis con la arrogancia
y vosotros, necios, odiaréis el saber?
²³ Atended a mis advertencias:
derramaré mi espíritu para vosotros,
y os comunicaré mis palabras.

Is 65 2.12;
66 4
Jr 7 13
Sal 107 11

²⁴ Os llamé y no hicisteis caso,
os tendí mi mano y nadie atendió,
²⁵ despreciasteis mis consejos,
no aceptasteis mis advertencias.

Dt 28 63

²⁶ También yo me reiré de vuestra desgracia,
me burlaré cuando os invada el terror,

Jr 23 19

²⁷ cuando os llegue, como huracán, el terror,
cuando os sobrevenga la desgracia como torbellino,
cuando os alcancen la angustia y la aflicción.

Jr 11 11+
Os 5 6+
Jn 7 34

²⁸ Entonces me llamarán y no responderé,
me buscarán y no me encontrarán.
²⁹ Porque despreciaron el saber
y no escogieron el temor de Yahvé,
³⁰ no aceptaron mis consejos,

Jr 6 19

y despreciaron mis advertencias;
³¹ comerán el fruto de sus acciones
y se saciarán de sus planes.

8 36
Am 6 1
Jr 5 12-13

³² Su propia rebeldía matará a los simples,
la despreocupación perderá a los insensatos.
³³ Pero el que me escucha vivirá seguro,
tranquilo y sin miedo a la desgracia.»

Beneficios de la sabiduría.

2 ¹ Hijo mío, si aceptas mis palabras*,
y retienes mis mandatos,
² prestando atención a la sabiduría
y abriendo tu mente a la prudencia;
³ si invocas a la inteligencia
y llamas a la prudencia;

3 14; 8 19;
16 16
Mt 13 44-46

⁴ si la buscas como al dinero
y la rastreas como a un tesoro,
⁵ entonces comprenderás el temor de Yahvé
y encontrarás el conocimiento de Dios.

Jb 32 8
Sb 9 10
Si 1 1

⁶ Porque es Yahvé quien da la sabiduría
y de su boca brotan el saber y la prudencia.
⁷ Él concede el éxito a los hombres rectos,
es escudo para quienes proceden sin tacha,

---

1 20   (a) «por las calles» griego; «por fuera» hebr.
1 20   (b) Al estilo de los profetas, ver Jr 5 1; 7 2, la sabiduría personificada, ver 8 22 +, recorre las calles y busca a los habitantes para proponerles su enseñanza, denunciando la despreocupación y la falsa seguridad, ver Am 6 1; 9 10; Jr 5 12-13; Si 1 12.

1 21   Así lit., pero el texto no es seguro. Griego: «en lo alto de las murallas».
2 1   Toda sabiduría procede de Dios, v. 6, pero uno se dispone a ella mediante una curiosidad siempre despierta, vv. 3-4, y la docilidad a la enseñanza de los mayores, vv. 1-2, etc.

[8] vigila las sendas del derecho
    y guarda el camino de sus fieles.
[9] Entonces comprenderás la justicia, el derecho y la rectitud,
    y todos los caminos del bien.

[10] Pues la sabiduría penetrará en tu mente
    y el saber se te hará atractivo;
[11] la reflexión cuidará de ti
    y la prudencia te protegerá,
[12] para apartarte del mal camino,
    del hombre que habla con engaños,
[13] de los que abandonan el sendero recto
    para ir por caminos tortuosos,
[14] de los que disfrutan haciendo el mal   10 23
    y gozan con la perversión,
[15] de los que van por senderos torcidos
    y caminos extraviados.
[16] Te librará de la mujer ajena*,   5 2-20
    de la extraña de lengua seductora,   6 24 - 7 27
[17] que abandonó al compañero de su juventud   Si 9 9
    y olvidó la alianza de su Dios;
[18] su casa se precipita hacia la muerte   Ex 20 14
    y sus sendas hacia el reino de las sombras.
[19] Los que allí entran no regresan,
    ni alcanzan las sendas de la vida.

[20] Por eso seguirás el camino de los buenos
    y te mantendrás en la senda de los justos.
[21] Porque los rectos habitarán la tierra   Sal 37 9.29
    y los íntegros permanecerán en ella;   Mt 5 4
[22] pero los malvados serán desgajados de la tierra   10 30
    y los traidores serán arrancados de ella.

La adquisición de la sabiduría.

3 [1] Hijo mío, no olvides mi instrucción,   Dt 8 1;
        guarda en tu memoria mis mandatos,   30 16
[2] pues te proporcionarán muchos días   4 10; 9 11
    y años de vida, y bienestar.   Dt 4 40; 8 3
                                                             Ne 9 29
                                                             Si 1 20
[3] Que no te abandonen el amor y la lealtad;
    átalas a tu cuello,
    grábalas en la tablilla de tu corazón;   =6 21
[4] así obtendrás estima y aceptación   =7 3
    ante Dios y ante los hombres.   Dt 6 6-9
[5] Confía en Yahvé de todo corazón   ↗ Rm 12 17
    y no te fíes de tu inteligencia;   Lc 2 52
[6] reconócelo en todos tus caminos   Sal 37 5;
    y él enderezará tus sendas.   28 26
[7] No presumas de sabio,   16 3
    teme a Yahvé y evita el mal;   Si 2 6
[8] será salud para tu carne*   ↗ Rm 12 16
    y alivio para tus huesos.   Sal 34 10.15

---

2 16 Es decir, la mujer del prójimo. Esta primera parte de los Proverbios, la más reciente en su redacción, precave a menudo contra el adulterio, 2 16-19; 5 2-23; 6 24 - 7 27. El adulterio se equipara aquí, 2 17, a una ruptura de la alianza con Dios, ver también 5 15 +; y lleva al Seol, 2 18; 5 5, 6; 7 26-27. En estos textos no se hace más que una referencia a la prostitución, 6 26, que los antiguos proverbios equiparan al adulterio, ver 23 27; 31 3, ver 29 3, bajo el común reproche de que corrompe a los reyes y debilita a los guerreros. **3 8** «para tu carne» versiones, ver 4 22; «para tu ombligo» hebr.

Ml 3 10-12
Dt 26 1s

Sal 4 8
Dt 28 8

Hb 12 5-6
Jb 5 17

Ap 3 19
Dt 8 5+

⁹ Honra a Yahvé con tus riquezas,
  con las primicias de todas tus ganancias:
¹⁰ tus graneros se colmarán de grano*
  y tus lagares rebosarán de mosto.

¹¹ No desprecies, hijo mío, la instrucción de Yahvé,
  que no te enfade su reprensión,
¹² porque Yahvé reprende a quien ama,
  como un padre a su hijo amado.

La felicidad del sabio.

2 4+

8 11

Si 4 12
Sal 8 18

11 30
Gn 2 9; 3 22
Ap 2 7

8 22-31

¹³ Feliz el hombre que encuentra sabiduría,
  el hombre que adquiere prudencia;
¹⁴ es mayor ganancia que la plata,
  es más rentable que el oro.
¹⁵ Es más preciosa que las perlas,
  ninguna joya se le puede comparar.
¹⁶ En su mano derecha hay larga vida,
  en su izquierda, riqueza y gloria.
¹⁷ Sus caminos son una delicia,
  todas sus sendas son pacíficas.
¹⁸ Es árbol de vida para los que se aferran a ella,
  felices son los que la retienen.

¹⁹ Yahvé fundó la tierra con sabiduría,
  estableció los cielos con inteligencia;
²⁰ por su saber se dividen las aguas abismales
  y las nubes destilan rocío.

4 21

1 9
4 12; 6 22
Sal 91 12

Sal 3 6
Sal 91 5

Jb 5 19-27

²¹ Hijo mío, mantén el acierto y la reflexión
  y no las pierdas de vista:
²² serán vida para tu alma
  y adorno para tu cuello.
²³ Así caminarás seguro
  y tus pies no tropezarán.
²⁴ Al acostarte no tendrás miedo
  y, acostado, tendrás dulces sueños.
²⁵ No temerás el terror imprevisto,
  ni la desgracia que sobreviene a los malvados,
²⁶ porque Yahvé estará a tu lado
  y librará tus pies de la trampa.

Si 4 3
Mt 7 12

Lc 10 25-37
Mt 5 43-48

Si 11 21
Pr 23 17
Sal 37 1

²⁷ No niegues un favor a quien lo necesita,
  si en tu mano está el hacérselo.
²⁸ Si tienes algo, no digas a tu prójimo*:
  «Vete y vuelve, mañana te daré».
²⁹ No trames males contra tu prójimo
  mientras vive confiado junto a ti.
³⁰ No pleitees contra nadie sin motivo,
  si no te ha hecho ningún daño.
³¹ No envidies al hombre violento*,
  ni trates de imitar su conducta;

---

3 10 «de grano» griego; «abundantemente» hebr.
—La ofrenda de las primicias, Dt 26+, es el único acto de culto expresamente referido en Proverbios; en cambio, se trata a menudo de la oración.
3 28 El «prójimo» primitivamente significaba el compañero, el amigo, el comensal, en una palabra el hombre con el que se tenían relaciones concretas. Pero en Pr esta palabra adquiere un sentido más amplio: «los

demás», ver 6 1.3.29; 25 9; 27 17. Es el primer paso hacia la ampliación del precepto del amor, Lv 19 18, que llegará al precepto evangélico del amor a los enemigos, Mt 5 43s.
3 31 El éxito aparente de los impíos («violentos», «perversos», «malvados», «arrogantes», «necios», términos todos ellos que designan un mismo género de enemigos de Yahvé), siempre fue para los israelitas una

³² porque Yahvé aborrece a los perversos,
   pero brinda su confianza a los rectos.
³³ Yahvé maldice la casa del malvado,
   y bendice el hogar de los justos;
³⁴ aunque se burla de los arrogantes,
   concede su favor a los humildes.

St 4 6
1 P 5 5
Si 3 18.20

³⁵ Los sabios heredarán la gloria,
   mientras los necios cargan con la deshonra.

Elección de la Sabiduría.

4 ¹ Escuchad, hijos, las enseñanzas paternas,
   atended para adquirir inteligencia;
² ya que os enseño una buena doctrina,
   no abandonéis mis instrucciones.
³ También yo fui hijo de mi padre,
   amado con ternura por mi madre.
⁴ Él me enseñaba diciéndome:
   «Graba mis palabras en tu mente,
   cumple mis órdenes y vivirás.

=7 2; 8 35

⁵ Adquiere sabiduría, adquiere inteligencia,
   no la olvides, ni descuides mis palabras.
⁶ No la abandones y ella cuidará de ti,
   ámala y ella te protegerá.
⁷ El comienzo de la sabiduría está en adquirirla*
   y obtener inteligencia con toda tu fortuna.

Mt 13 44-46

⁸ Hónrala* y ella te engrandecerá;
   si la abrazas, te dará prestigio;
⁹ pondrá en tu cabeza una diadema preciosa,
   te obsequiará con una corona espléndida.»

1 9
Sb 5 16

¹⁰ Escucha, hijo mío, acoge mis palabras
   y se te alargarán los años de vida.

3 1-2

¹¹ Te he indicado el camino de la sabiduría,
   te he encaminado por sendas rectas.
¹² Cuando camines, no vacilarán tus pasos,
   y si corres, no tropezarás.

Sal 23 3
3 23+

¹³ Aférrate a la instrucción, no la sueltes;
   consérvala, porque te va la vida en ello.
¹⁴ No te adentres en la senda de los malvados,
   ni pises el camino de los perversos.
¹⁵ Evítalo, pasa de largo,
   apártate de él y sigue adelante.
¹⁶ Porque ésos no duermen si no hacen daño,
   pierden el sueño si no hacen caer a alguien.
¹⁷ Pues comen el pan del delito
   y beben el vino de la violencia.

¹⁸ La senda de los justos es como la luz del alba,
   que se va esclareciendo hasta pleno día.
¹⁹ Pero el camino de los malos es tenebroso,
   no saben dónde tropiezan.

Jn 8 12+
Sal 1 1s

²⁰ Hijo mío, atiende a mis palabras,
   presta oído a mis razones.

3 21

---

tentación, ver **24** 1.19; Sal **73**, y llegó a ser un escándalo, Jr **12** 1; Jb **21** 7, etc.
4 7 Es decir: el primer paso en la práctica de la sabiduría es estar persuadido de que su adquisición se impone y exige sacrificios.
4 8 Sentido dudoso: también puede entenderse «haz provisión de ella». Griego: «rodéala con una empalizada» (para protegerla).

²¹ No las pierdas de vista,
    consérvalas en tu corazón.
²² Pues son vida para quienes las encuentran,
    y salud para todo su cuerpo.
²³ Por encima de todo, vigila tu corazón,
    porque de él brota la vida.
²⁴ Aparta de tu boca el engaño
    y aleja la falsedad de tus labios.
²⁵ Que tus ojos miren de frente,
    y que tu mirada sea franca.
²⁶ Allana el sendero de tus pies
    y todos tus caminos serán firmes.
²⁷ No te desvíes a derecha o a izquierda
    y aleja tus pasos del mal.

Dt 5 32; 28 14 (margin)

La mujer extraña.

5 ¹ Hijo mío, atiende a mi sabiduría,
    presta oído a mi prudencia,
² para que mantengas la discreción
    y tus labios guarden el saber.
³ *Los labios de la extraña destilan miel
    y su paladar es más suave que el aceite;
⁴ pero termina siendo amarga como el ajenjo,
    cortante como arma de doble filo.
⁵ Sus pies se precipitan a la muerte,
    sus pasos van derechos al abismo.
⁶ Por no cuidar la senda de la vida,
    sin saberlo extravía sus senderos.

⁷ Por tanto, hijos, escuchadme
    y seguid mis advertencias:
⁸ aleja de ella tu camino
    y no te acerques a la puerta de su casa;
⁹ no vayas a entregar tu honor a otros
    y tus años a alguien sin escrúpulos;
¹⁰ no se aprovechen de tu esfuerzo los extraños,
    ni acaben tus fatigas en casa ajena.
¹¹ A la postre lo lamentarás,
    cuando tu cuerpo y tu carne se consuman.
¹² Entonces dirás: «¿Por qué rechacé la corrección,
    y mi corazón despreció las advertencias?
¹³ ¿Por qué no hice caso a mis maestros
    ni presté oídos a mis educadores?
¹⁴ Por poco llego a la ruina total
    en medio de la asamblea reunida.»

2 16+ / *Qo 7 26* / *7 27* / *Nm 16 33+* / *29 3* / *Si 1 30* (margins)

La mujer propia.

31 10s (margin)

¹⁵ Bebe el agua de tu aljibe,
    los raudales de tu pozo*.
¹⁶ ¿Vas a derramar tus arroyos por las calles
    y tus manantiales por las plazas?

---

5 3 Griego y Vulgata introducen previamente: «No hagas caso de la mujer perversa».
5 15 Estas imágenes designan a la esposa legítima. A la condenación del adulterio, 2 16 +, se contrapone aquí el elogio de la fidelidad conyugal y de la mujer legítima, vv. 15-18ª y vv. 18ᵇ-19. Puede completarse este elogio con diversos proverbios en alabanza de la mujer perfecta, don de Dios, consuelo de su marido, 18 22; 19 14 (ver por contraste 11 22; 19 13; 21 9; 25 24; 27 15; 31 3), y sobre todo, con el elogio de la «mujer perfecta» con que concluye el libro, 31 10-31.

¹⁷ Que sean para ti solo,
    no los compartas con extraños.
¹⁸ Sea tu fuente bendita,
    disfruta con la esposa de tu juventud,
¹⁹ cierva querida, gacela encantadora;
    que sus pechos te embriaguen siempre
    y continuamente te apasiones con su amor.
²⁰ ¿Por qué apasionarte, hijo mío, de una extraña
    y caer en brazos de una desconocida?
²¹ Pues Yahvé observa los caminos del hombre
    él vigila todos sus senderos.
²² Sus propios delitos atrapan al malvado,
    preso en las redes de su pecado.
²³ Morirá por falta de corrección,
    por su gran insensatez se perderá*.

Qo 9 9

La fianza imprudente*.

6 ¹ Hijo mío, si has salido fiador de tu prójimo,
    si has chocado tu mano con un extraño,
² si has dado tu palabra
    y te has dejado atrapar por tu boca,
³ haz esto, hijo mío, para librarte,
    pues has caído en manos de tu prójimo:
    Ve, insiste y acosa a tu prójimo;
⁴ no te entregues al sueño
    ni te des un momento de reposo;
⁵ escapa como gacela de la trampa,
    como pájaro de la red del cazador.

11 15; 17
18; 20 16
=27 13;
22 26-27
Si 29 14-20

El perezoso y la hormiga.

⁶ Acércate a la hormiga, perezoso,
    observa su conducta y aprende*.
⁷ Aunque no tiene jefe,
    ni capataz, ni dueño,
⁸ asegura su alimento en el verano
    y recoge su comida en tiempo de siega*.
⁹ ¿Hasta cuándo dormirás, perezoso?,
    ¿cuándo te levantarás de tu sueño?
¹⁰ Un rato de sueño, un rato de siesta,
    un rato de descanso con los brazos cruzados
¹¹ y te llega la pobreza del vagabundo
    y la penuria del mendigo*.

20 4.13
22 13;
24 30-34
30 24-25

=24 33-34

El insensato.

¹² El malhechor y delicuente
    anda con la boca torcida,

Sal 36 1-5

10 10
Si 27 22

---

5 23 Las cuatro recomendaciones que siguen, 6 1-5, 6-11, 12-15, 16-19, son una adición: el discurso del sabio prosigue en 6 20.

6   La fianza era una vieja costumbre en Israel. Los proverbios más antiguos previenen contra sus abusos. Más tarde, Ben Sirá recomendará por el contrario la fianza como obra de caridad.

6 6   En los distintos escritos sapienciales la naturaleza aparece frecuentemente como maestra de sabiduría o como una de sus fuentes más apreciadas. Por eso,

la observación y el conocimiento de los fenómenos y procesos naturales constituyen un componente esencial del bagaje del sabio, ver 1 R 5 13; Pr 30 24-31, etc.

6 8   El griego añade: «O bien, acércate a la abeja y observa cuán laboriosa es y qué imponente la obra que realiza. Rey y pueblo usan lo que ella produce para su salud; todos la buscan y la estiman; aunque débil de fuerza, se distingue por haber honrado a la sabiduría».

6 11   «mendigo», lit. «hombre de propinas» '*ïš maggan* conj.; «hombre armado» '*ïš magen* hebr.

¹³ guiñando un ojo, arrastrando los pies,
        señalando con los dedos,
¹⁴ urdiendo maldades en su mente retorcida
        y provocando riñas continuamente.
¹⁵ Por eso llegará su ruina repentina,
        se destruirá de improviso y sin remedio.

Lo que Yahvé detesta*.

¹⁶ Seis cosas detesta Yahvé
        y siete aborrece con toda el alma:
¹⁷ ojos altaneros, lengua mentirosa,
        manos manchadas de sangre inocente,
¹⁸ corazón que trama planes perversos,
        pies ligeros para correr hacia el mal,
¹⁹ testigo falso que levanta calumnias,
        y el que siembra discordias entre hermanos.

1 16

Advertencias sobre el adulterio.

²⁰ *Hijo mío, observa las órdenes de tu padre
        y no desprecies las enseñanzas de tu madre.
²¹ Llévalos siempre grabados en tu mente
        y cuélgatelos al cuello.
²² Cuando camines, te guiarán;
        cuando te acuestes, velarán junto a ti;
        y cuando despiertes conversarán contigo.
²³ Porque la orden es lámpara y la enseñanza luz,
        y son camino de vida las reprimendas que corrigen.
²⁴ Te protegerán de la mujer perversa,
        de la lengua melosa de la extraña.
²⁵ No te dejes seducir por su hermosura,
        no te dejes cautivar por sus miradas.
²⁶ Pues la prostituta se contenta con una hogaza de pan,
        pero la casada va a la caza de una persona de valía*.
²⁷ ¿Puede alguien llevar fuego en su pecho
        sin quemarse la ropa?
²⁸ ¿Puede alguien caminar sobre ascuas
        sin abrasarse los pies?
²⁹ Igual le sucede al que se acerca a la mujer del prójimo:
        nadie que la toque quedará impune.
³⁰ No se desprecia al ladrón cuando roba,
        estando hambriento, para llenar el estómago.
³¹ Si lo sorprenden, pagará siete veces más,
        y tendrá que dar todos los bienes de su casa*.
³² Pero el adúltero es un insensato;
        quien así actúa arruina su vida;
³³ tendrá que soportar palos e insultos
        y no podrá enmendar su infamia.
³⁴ Porque los celos enfurecerán al marido,
        y será implacable a la hora de vengarse.
³⁵ No admitirá ninguna indemnización,
        ni la aceptará, aunque aumentes la oferta.

=1 8

=3 3

3 23-24

Sal 119 105
    10 17
2 16-19
5 2-20

Ex 22 1-8

27 4

---

6 16   Proverbio numérico, ver 30 15 +.
6 20   Se retoma el recurso del «discurso paterno» interrumpido en 5 23.
6 26   La mujer adúltera es más peligrosa que la prostituta: ésta se contenta con una remuneración, a aquélla hay que sacrificarle la vida entera.
6 31   Aun con la disculpa del hambre, el ladrón tendrá que restituir con creces. Ex 22 1-8 prescribe una restitución del doble. Aquí, el séptuplo es una cifra arbitraria que expresa la importancia de la restitución.

La seducción.

7 ¹ Hijo mío, conserva mis palabras
   y guarda en tu interior mis mandatos.
² Guarda mis mandatos y vivirás,   4 4; 8 35
   mi enseñanza como la niña de tus ojos.   Dt 6 8
³ Átatelos en los dedos,   =3 3
   grábatelos en el corazón.   6 20
⁴ Hermánate con la sabiduría
   y emparenta con la inteligencia,
⁵ para que te proteja de la mujer ajena,   =2 16+
   de la extraña de palabras zalameras.
⁶ Estaba yo en la ventana de mi casa
   observando entre las rejas,
⁷ miré al grupo de los ingenuos
   y distinguí entre los muchachos a un joven insensato:
⁸ pasaba por la calle, junto a su esquina,
   y se dirigía a casa de ella.
⁹ Era al anochecer, al caer el día,
   cuando llega la noche y oscurece.
¹⁰ Entonces le sale al paso una mujer,   Gn 38 19
   con trazas y ademanes de prostituta.
¹¹ Es bullanguera y descarada
   y sus pies nunca paran en casa.
¹² Ya sea en las calles o en las plazas,   5 6
   en cualquier esquina se pone al acecho.
¹³ Ella lo agarra, lo besa   23 27-28
   y descaradamente le dice:
¹⁴ «Tenía que ofrecer un sacrificio   5 3
   y hoy he cumplido mi promesa;
¹⁵ por eso he salido en tu busca
   ansiosa de verte, y te he encontrado.   Ct 3 2s
¹⁶ He puesto colchas en mi cama
   y sábanas de lino egipcio;
¹⁷ he perfumado mi lecho con mirra,
   áloe y cinamomo.
¹⁸ Ven y saciémonos de caricias hasta la mañana,
   embriaguémonos de amores;
¹⁹ pues mi marido no está en casa,
   ha emprendido un largo viaje;
²⁰ se llevó la bolsa del dinero
   y no regresará hasta la luna llena.»
²¹ Con sus muchas artes lo conquista,
   lo seduce con sus labios lisonjeros.
²² Y el ingenuo se va tras ella,
   como buey llevado al matadero,
   como ciervo atrapado en la red*;
²³ hasta que una flecha le atraviesa el hígado,
   como pájaro que cae en la trampa,   Qo 7 26
   sin saber que le va la vida en ello.   9 12
²⁴ Ahora pues, hijo mío, escúchame,
   presta atención a mis palabras:
²⁵ no extravíes tu corazón tras sus caminos,
   no te pierdas por sus sendas,
²⁶ porque a muchos ha hecho caer malheridos
   y sus víctimas son incontables.

---

7 22 Estico dudoso. El griego lit.: (22ᶜ) «como perro   atado (23ᵃ) como ciervo herido de flecha en el hígado».

²⁷ Su casa es camino hacia el abismo
y baja a la morada de la muerte.

1 20-33

Discurso de la sabiduría*.

8 ¹ La sabiduría está gritando,
la prudencia levanta su voz.
² Sobre los promontorios junto al camino,
de pie en las encrucijadas;

Jn 7 37

³ junto a las puertas de la ciudad,
a la entrada de los patios está pregonando*:
⁴ «A vosotros, hombres, os llamo,
dirijo mi voz a los humanos.
⁵ Inexpertos, adquirid prudencia,
y vosotros, necios, sed sensatos*.
⁶ Escuchad, pues voy a decir cosas importantes,
voy a abrir mis labios con sinceridad.
⁷ Mi paladar saborea la verdad
y mis labios aborrecen el mal.
⁸ Todos mis discursos son ecuánimes,
ninguno es hipócrita ni retorcido;
⁹ todos son claros para el inteligente
y rectos para los que tienen conocimiento.

3 14; 16 16

¹⁰ Aceptad mi instrucción antes que plata,
y el conocimiento antes que oro puro;

Jb 28 15-19
Pr 3 15

¹¹ pues la sabiduría vale más que las joyas
y nada valioso se le puede comparar.

Si 24

La sabiduría se elogia a sí misma.

¹² «Yo, la sabiduría, habito con la prudencia,
y tengo el arte de la discreción.

Jb 28 28
Si 15 8

¹³ (El temor de Yahvé odia el mal.)
Aborrezco soberbia y arrogancia,
mal camino y lengua falsa.
¹⁴ Dispongo de juicio y eficacia,
de inteligencia y valor.

Is 11 2-5
Jr 23 5
1 R 3 4-15
Si 10 4

¹⁵ Por mí los reyes reinan
y los magistrados administran la justicia.
¹⁶ Por mí los gobernantes gobiernan
y los príncipes son todos jueces justos*.

Sb 6 12
Mt 7 7-11
Jn 14 21
3 16

¹⁷ Yo amo a los que me aman
y los que me buscan con afán me encuentran.
¹⁸ Poseo riqueza y gloria,
fortuna sólida y justicia.

Si 1 16s

¹⁹ Mi fruto es mejor que oro puro,
mi cosecha vale más que plata selecta.
²⁰ Yo camino por sendas de justicia,
a través de senderos rectos,
²¹ para repartir riqueza a los que me aman
y completar sus tesoros.»

---

8 En los caps. 8-9 está la culminación de la doctrina de los Proverbios sobre la sabiduría, ver 8 22 +. El mismo tema se desarrolla en libros posteriores: Si 1 1-20; 24; Sb 6-9; ver también Jb 28.
8 3 Quizá sencillamente como el vendedor ambulante que atrae a sus parroquianos ponderando su mercancía. Se resalta el contraste entre la invitación clandestina de la seductora, 7 6.9.12, y el pregón público de la sabiduría.
8 5 Lit. «entended el corazón», es decir, «la inteligencia»; ver también 6 32; «insensato», lit. «privado de corazón».
8 16 Algunos ponen el v. 17 delante del v. 15 para que la exposición sea más lógica.

La Sabiduría creadora*.

Jn 1 1-3+

²² «Yahvé me creó, primicia de su actividad*,
    antes de sus obras antiguas.
²³ Desde la eternidad fui formada*,
    desde el principio, antes del origen de la tierra.
²⁴ Fui engendrada cuando no existían los océanos,
    cuando no había manantiales cargados de agua;
²⁵ antes que los montes fuesen asentados,
    antes que las colinas, fui engendrada.
²⁶ No había hecho aún la tierra ni los campos,
    ni el polvo primordial del orbe.
²⁷ Cuando colocaba los cielos, allí estaba yo;
    cuando trazaba la bóveda sobre la superficie del océano;
²⁸ cuando sujetaba las nubes en lo alto,
    cuando afianzaba las fuentes del abismo,
²⁹ cuando marcaba su límite al mar
    para que las aguas no desbordaran sus orillas;
    cuando asentaba los cimientos de la tierra;
³⁰ yo estaba junto a Él, como aprendiz*,
    yo era su alegría cotidiana,
    jugando todo el tiempo en su presencia,
³¹ jugando con la esfera de la tierra;
    y compartiendo mi alegría con los humanos.»

Si 1 4.9;
24 8.9

Jn 1 1

Gn 1 6
Jb 28 23-27
Si 24 5
Sb 9 9

Jb 38 8-11
Sal 104 7-9

Sb 1 6

Invitación apremiante.

³² «Así, pues, hijos, escuchadme,
    dichosos los que siguen mis caminos.
³³ Escuchad la enseñanza y haceos sabios,
    no la rechacéis.
³⁴ Dichoso el hombre que me escucha
    velando a mis puertas día tras día,
    guardando los dinteles de mi entrada.

Si 14 20-27

Ap 3 20
Sb 6 14

---

8 22 (a) La idea de una sabiduría personificada, simple artificio literario en Pr 14 1, se desarrolló en Israel a partir del Destierro, cuando el politeísmo dejó de ser una amenaza para la verdadera religión. Aunque en Jb 28 y Ba 3 9 - 4 4, la sabiduría aparece como una cosa, un bien deseable, exterior a Dios y al hombre, en Pr 1 20-33; 3 16-19 y 8-9, se nos presenta como una persona. Aquí, ella misma revela su origen (creada antes de toda criatura, vv. 22-26), así como la parte activa que toma en la creación, vv. 27-30, y el papel que desempeña ante los hombres, para llevarlos a Dios, vv. 31.35-36. Ben Sirá desarrollará esta doctrina: Si 1 1-10 recuerda a Jb 28, pero Si 4 11-19; 14 20 - 15 10 y, sobre todo, 24 1-29 (ver Si 24 1 +) son prolongación de Pr 8. No obstante, en todos estos textos en que la sabiduría aparece personificada, como en otros pasajes la Palabra o Espíritu, es difícil distinguir lo que hay de artificio poético, de expresión de viejas concepciones religiosas o de intuición de nuevas revelaciones. Finalmente, Sb 7 22 - 8 1 da la impresión de que la sabiduría, «emanación pura de la gloria del Omnipotente», participa de la naturaleza divina, pero los términos abstractos que la describen convienen a un atributo divino tanto como a una hipóstasis distinta. —La doctrina de la Sabiduría, así esbozada en el AT, será recogida por el NT, donde realizará un nuevo y decisivo progreso al aplicarse a la persona de Cristo. Jesús es designado como Sabiduría y sabiduría de Dios, Mt 11 19p; Lc 11 49, ver Mt 23 34-36; 1 Co 1 24-30; Cristo, al igual que la Sabiduría, participa en la creación y conservación del mundo, Col 1 16-17, en la protección de Israel, 1 Co 10 4, ver Sb 10 17s. Finalmente, el prólogo de Jn atribuye al Verbo rasgos de la Sabiduría creadora, y todo el evangelio joánico presenta a Cristo como la Sabiduría de Dios, ver Jn 6 35 +. Así se explica que la tradición cristiana, desde San Justino, haya reconocido a Cristo en la Sabiduría del AT. Por acomodación, la liturgia ha aplicado Pr 8 22s a la Virgen, colaboradora del Redentor, como la sabiduría lo es del Creador.

8 22 (b) Griego, sir., Targ. traducen el verbo (qananî) por «me creó», ver Si 1 4.9; 24 8.9. La traducción «me adquirió» o «me poseyó» (Áquila, Símaco, Teodoción) fue recogida por San Jerónimo (Vulg.), sin duda para combatir el error de Arrio, que consideraba como criatura al Verbo (identificado con la Sabiduría). La fórmula «primicia de su actividad» (o «de sus caminos», si seguimos a las versiones; es decir, «primicia de sus obras») debe relacionarse con el título de «Primogénito de toda la creación» que San Pablo da a Cristo, Col 1 15, o el de «Principio de las criaturas de Dios», Ap 3 14.

8 23 Según el sentido del verbo *asak* atestiguado por Sal 2 6. Algunos prefieren el sentido habitual de «vaciar», «moldear» (un objeto de metal). Otros corrigen, para derivar esta palabra de la raíz *sakak*, y traducen «estuve oculta» o «apartada».

8 30 Término raro en hebreo (*'a nôn*) que, con ligeras correcciones, puede referirse tanto al «artesano», Jr 52 15 (y, por extensión, «oficial» o «aprendiz»), como al «artista» u «orfebre», Ct 7 2, como al «ayo» o a la «nodriza». Algunos leen *'amûn*, «niño de pecho» o «hijo querido». No falta quien refiere el término al Creador: «yo estaba junto a él, el Artesano...» (lectura que, en correspondencia dinámica, también justifica nuestra opción por «aprendiz»).

3 1-2
1 Jn 5 12

³⁵ Pues quien me encuentra, encuentra la vida,
    y obtiene el favor de Yahvé.

Sb 1 12-16

³⁶ Mas quien me ofende, se daña a sí mismo;
    los que me odian, aman la muerte.»

Mt 22 1-14p

Invitación de la sabiduría.

9 ¹ La Sabiduría ha edificado su casa,
    ha tallado sus siete columnas*,
² ha hecho su matanza, ha mezclado su vino,
    hasta ha preparado su mesa
³ y ha mandado a sus criadas a proclamar
    en los promontorios de la ciudad:
⁴ «Quien sea inexperto, que venga aquí.»
    Y a los insensatos les dice:

Is 55 1-3
Si 24 19-21
Jn 6 35+

⁵ «Venid a compartir mi comida
    y a beber el vino que he mezclado.
⁶ Dejaos de simplezas y viviréis,
    y seguid el camino de la inteligencia.»

Contra los cínicos*.

⁷ Quien corrige al cínico recibe insultos,
    quien reprende al malvado, desprecio.

15 12
19 25

⁸ No reprendas al cínico, que te odiará;
    reprende al sabio, y te amará.
⁹ Dale al sabio, y se hará más sabio;
    enseña al justo, y aumentará su saber.

1 7+

¹⁰ El comienzo de la sabiduría es el temor de Yahvé,
    conocer al Santo es inteligencia.

3 1-2

¹¹ Por mí vivirás muchos días
    y se te añadirán años de vida.
¹² Si eres sabio, lo serás para tu provecho,
    si eres cínico, tú solo lo pagarás.

9 1-6

Invitación de la necedad*.

¹³ Doña Necedad es chismosa,
    estúpida e ignorante.
¹⁴ Se sienta a la puerta de su casa,
    sobre un asiento que domina la ciudad,
¹⁵ para llamar la atención de los transeúntes,
    de los que van derechos por su camino:
¹⁶ «Quien sea inexperto, que venga aquí.»
    Y al insensato le dice:
¹⁷ «El agua robada es dulce,
    el pan a escondidas es sabroso.»
¹⁸ Pero ignora que allí habitan los fantasmas

Nm 16 33+

    y que sus huéspedes están en el fondo del abismo.

---

9 1   Características de un edificio noble, con patio interior. Más allá del ámbito estrictamente doméstico, *la simbología de las «siete columnas»* podría aludir también a un edificio sagrado (en cuyo caso el banquete de la sabiduría tendría connotaciones cultuales) o simplemente a la escuela sapiencial (ver Si 51 23).
9 7   Breve serie de dichos, interpolados posteriormente, que interrumpe el pretendido contraste entre los banquetes de doña Sabiduría y doña Necedad. Sólo los vv. 10-11 se pueden considerar como comentario o am-

pliación de 9 6.
9 13   Se personifica también la necedad y se contrapone su actividad a la de la sabiduría, 9 1-6. El sentido de la parábola está claro: así como hay dos caminos, el del bien y el del mal (4 18-19; Dt 30 15-20; Sal 1; este tema se encuentra en la *Didajé* y en el Seudobernabé, así como en los mss de Qumrán), así también hay dos llamamientos para el hombre, dos banquetes a que se le invita. El hombre debe elegir, ver Rm 12 21; 2 Co 6 14s; Tt 1 15.

II.   La gran colección salomónica*

10 ¹ Proverbios de Salomón.

Hijo sabio, alegría del padre;
hijo necio, disgusto de su madre.

=15 20
17 25; 19 13

² Riquezas injustas son inútiles,
pero la justicia libra de la muerte.

Si 5 8
=11 4
12 28

³ Yahvé no permite que el justo pase hambre,
pero rechaza la codicia del malvado.

Sal 34 10

⁴ Mano perezosa empobrece,
mano laboriosa enriquece.

15 19; 19 15

⁵ Cosechar en verano es de prudentes,
dormirse en la cosecha es vergonzoso.

20 4; 6 9-11

⁶ La cabeza del justo se llena de bendiciones,
la boca del malvado esconde violencia*.

10 16-24;
11 18

⁷ El recuerdo del justo es bendito;
el nombre del malvado se consume.

10 27;
12 7; 14 11
Sal 112 6

⁸ Hombre sensato acepta órdenes,
hombre charlatán corre a su ruina.

Mt 7 24

⁹ El hombre sincero camina seguro,
quien va con rodeos es descubierto.

28 18

¹⁰ Quien guiña los ojos causa disgustos,
quien reprende a la cara construye la paz*.

6 13
Si 27 22

¹¹ Es fuente de vida la boca del justo;
la boca del malvado esconde violencia.

¹² El odio provoca pendencias,
el amor disculpa toda ofensa.

17 9
⁄ 1 Co 13 7
⁄ 1 P 4 8

¹³ En labios juiciosos se encuentra sabiduría,
y una vara, en la espalda del necio.

19 29; 26 3

¹⁴ Los sabios reservan su ciencia,
la boca del necio es ruina inminente.

Mt 12 34-35
Pr 18 7

¹⁵ La fortuna del rico es su defensa,
la ruina del pobre es su pobreza.

=18 11
Si 8 2
Sal 49 7

¹⁶ La ganancia del justo es la vida,
la renta del malvado es el delito.

Rm 6 21-22
Pr 12 28

¹⁷ Quien acepta la corrección va por sendas de vida;
quien desprecia la represión se extravía.

6 23
15 32

¹⁸ Los labios embusteros disimulan el odio;
quien difunde calumnias es un insensato.

¹⁹ El que mucho habla, mucho yerra;
quien modera sus labios es sabio.

Qo 5 2
Pr 13 3;
17 27
St 3 8

²⁰ Es plata de ley la lengua del justo,
el corazón del malvado es ganga.

---

10 1   Ésta es probablemente la parte más antigua del libro. No aparece orden alguno en esta colección a no ser algunas afinidades a veces sólo superficiales, o sustentadas en la proximidad de determinadas palabras-gancho con probable función mnemotécnica.

10 6   Estico idéntico a 11ᵇ. El griego lee: «duelo prematuro cierra la boca de los impíos».
10 10   Con griego. Hebr.: «hombre charlatán corre a su ruina», ver v. 8ᵇ.

²¹ Los labios del justo sustentan a muchos,
los necios perecen por falta de seso.

Sal 127 1
²² La bendición de Yahvé enriquece,
y nada le añade la fatiga.

2 14
²³ El necio se divierte con la intriga;
el hombre prudente, con la sabiduría.

Jb 3 25
Sal 37 4
²⁴ Al malvado le sucede lo que teme,
al justo se le cumplen sus deseos.

Mt 7 24-27
Pr 12 3
1 Jn 2 16-17
13 17; 25 13
26 6
²⁵ Tras la tormenta, desaparece el malvado;
el justo se mantiene siempre.

²⁶ Vinagre a los dientes y humo a los ojos
es el perezoso para quien lo envía*.

4 10
²⁷ El temor de Yahvé alarga la vida,
los años del malvado se acortan.

Jb 8 13
Sal 112 10
²⁸ El porvenir de los justos es risueño,
la esperanza del malvado fracasa.

²⁹ La senda de Yahvé es baluarte del íntegro
y ruina de los malhechores.

2 21-22
³⁰ El justo jamás flaqueará,
los malvados no habitarán la tierra.

‖Sal 37 30
³¹ La boca del justo destila sabiduría,
la lengua embustera será arrancada.

Qo 10 12
³² Los labios del justo procuran deleite;
la boca del malvado, mentiras.

20 10.23;
16 11
Dt 25 13-16
Am 8 5-6
Os 12 8
Mi 6 10-11
=13 10
11 ¹ Yahvé detesta las balanzas trucadas
y aprueba el peso exacto.

² La arrogancia acarrea deshonra;
la sabiduría está con los humildes.

³ La integridad guía a los honrados;
la falsedad arruina a los desleales.

Sal 49 7-9
Jb 21 30
=Pr 10 2
⁴ Nada sirven riquezas el día de la ira,
pero la justicia salva de la muerte.

⁵ La justicia allana el camino a los íntegros,
el malvado cae por su propia maldad.

11 3
⁶ La justicia salva a los honrados,
los desleales quedan presos de su ambición.

10 28
Sal 112 10
⁷ Cuando muere el malvado se acaba su esperanza,
y la confianza en las riquezas desaparece.

⁸ El justo se libra del peligro
y el malvado ocupa su lugar.

29 5
⁹ El impío arruina a su prójimo con la boca,
los justos se libran por su saber.

28 12
¹⁰ Con la felicidad de los justos se alegra la ciudad,
con la ruina de los malvados salta de alegría.

14 1
¹¹ La bendición de los íntegros engrandece a la ciudad,
la boca de los malvados la arruina.

10 26 Es decir, el mensajero perezoso.

¹² Quien desprecia a su prójimo es un insensato,
el hombre prudente guarda silencio.

14 21

¹³ Quien va chismorreando desvela secretos,
quien es de fiar se guarda las cosas.

10 19;
17 27s

¹⁴ Donde hay desgobierno, el pueblo se hunde,
abundancia de consejeros trae la salvación.

=24 6
15 22
Sb 6 24

¹⁵ Quien avala a un extraño se perjudica,
quien detesta hacer tratos vive tranquilo.

¹⁶ Mujer agraciada adquiere respeto*
y los diligentes adquieren riqueza.

31 10s
5 15+

¹⁷ Quien es compasivo se hace bien a sí mismo,
el despiadado destruye su propia carne.

Si 14 6

¹⁸ El malvado recibe una paga engañosa;
el que siembra justicia, recompensa segura.

2 Co 9 6
Ga 6 8

¹⁹ Quien actúa con justicia vivirá,
quien persigue el mal morirá.

²⁰ Yahvé detesta las mentes retorcidas
y da su favor a la conducta intachable.

12 22; 15 9

²¹ Seguro* que el malvado no quedará impune,
mas la estirpe de los justos se salvará.

16 5
12 21

²² Anillo de oro en hocico de cerdo,
la mujer hermosa pero indiscreta.

²³ Los justos desean sólo el bien;
los malvados esperan la ira.

²⁴ Hay derrochadores que se enriquecen
y ahorradores tacaños que se empobrecen.

²⁵ El espíritu generoso prosperará,
el que da de beber, también será saciado.

Is 58 7-11
Mt 7 2; 10 42

²⁶ La gente maldice al que acapara trigo
y cubre de bendiciones al que lo vende.

²⁷ Quien procura el bien, alcanzará favor*;
a quien busca el mal, le saldrá al encuentro.

12 2
5 22

²⁸ Quien confía en su riqueza se hundirá,
los justos crecerán como vegetación.

Sal 52 9-10
Mc 10 23
Sal 1 3

²⁹ Quien descuida su casa heredará viento,
el necio será esclavo del sabio.

³⁰ El fruto del justo es árbol de vida,
el sabio cautiva a la gente*.

Sal 1

³¹ Si el justo recibe su recompensa en la tierra,
¡cuánto más el malvado y el pecador!

12 ¹ El que ama la educación ama el saber;
el que odia la educación es tonto.

13 18; 15 5
Si 21 6

---

11 16 El griego dice: «La mujer agraciada honra a su marido, la que desprecia la justicia es un trono de deshonra. Los perezosos carecen de recursos, los violentos adquieren la riqueza».
11 21 «Seguro», lit. «mano contra mano»: posible alusión a la costumbre de chocar las manos.

11 27 El favor de Yahvé que premia a los justos, ver 12 2.
11 30 El griego, quizá embarazado por este texto que se podría entender: «el sabio quita la vida», lee: «antes de tiempo los malos son llevados».

11 27
² Yahvé favorece al hombre bueno
　y condena al intrigante.

10 25
³ Nadie está firme en la maldad,
　la raíz de los justos no vacilará.

31 10s
⁴ Mujer virtuosa, corona del marido;
　mujer desvergonzada, caries en sus huesos.

⁵ Las intenciones de los justos son rectas,
　las intrigas de los malvados son engañosas.

14 3
⁶ Las palabras de los malvados son trampas mortales,
　la boca salva a los honrados.

Mt 7 24-27
⁷ Cuando el malvado se derrumba, desaparece;
　la casa de los justos permanece.

⁸ El hombre es alabado según su prudencia,
　el corazón retorcido será despreciado.

Si 10 27
⁹ Mejor ser despreciado, pero servido,
　que ser engreído y mal comido.

27 23
¹⁰ El justo conoce las necesidades de su ganado,
　pero las entrañas del malvado son crueles.

=28 19
¹¹ Quien cultiva su tierra se hartará de pan,
　quien persigue quimeras es un insensato.

¹² Malos deseos, trampa de impíos;
　la raíz de los justos permanece.

10 19;
18 7;
24 16
¹³ El malvado se enreda en sus labios mendaces,
　pero el justo sale del apuro.

13 2; 18 20
Lc 6 37-38
¹⁴ Cada uno se harta del fruto de su boca,
　cada cual recoge el producto de sus manos.

¹⁵ El necio considera recto su camino,
　el sabio escucha los consejos.

2 S 13 20s.
32
14 25
¹⁶ El necio descubre al instante su pena,
　el prudente disimula la afrenta.

¹⁷ El testigo veraz proclama la justicia,
　el testigo falso, la mentira.

15 4
¹⁸ Hay charlatanes que hieren como espadas,
　la lengua de los sabios es medicina.

¹⁹ Los labios veraces permanecen por siempre,
　sólo un instante, la lengua embustera.

Mt 5 9
²⁰ Mentira en la mente que trama el mal,
　alegría para los que aconsejan la paz.

11 21
Sal 91 10
²¹ Ninguna desgracia alcanza al justo,
　los malvados están llenos de miserias.

11 20
²² Yahvé aborrece los labios mentirosos
　y mira con agrado a los que actúan con verdad.

10 19;
13 16
²³ El hombre prudente disimula su saber,
　la mente insensata pregona su necedad.

²⁴ La mano laboriosa dominará,
　la perezosa trabajará a la fuerza.

15 13
²⁵ La angustia deprime al hombre,
　una palabra amable lo pone alegre.

²⁶ El justo sirve de guía a su prójimo*,
   al malvado lo extravía su camino.

²⁷ El perezoso no pone a asar su caza*,
   la diligencia es la mejor riqueza del hombre.

²⁸ En la senda de la justicia está la vida,
   el camino de la impiedad lleva a la muerte*.

10 16
Rm 6 21-23

13 ¹ El hijo sabio acepta* la corrección paterna,
       el arrogante no hace caso a reprimendas.

² Cada uno bien se nutre del fruto de su boca,
   los traidores se alimentan de violencia.

12 14; 18 20

³ Quien controla su boca, protege su vida*;
   quien abre sus labios, se busca la ruina.

21 23
Si 28 25-26
St 3 2-12

⁴ El perezoso apetece y su deseo no se cumple,
   el deseo del diligente queda satisfecho.

Pr 6 6-11

⁵ El justo aborrece la palabra engañosa,
   el malvado se enemista y deshonra.

⁶ La justicia protege al hombre íntegro,
   la maldad arruina al pecador*.

⁷ Hay quien presume de rico y no tiene nada;
   hay quien pasa por pobre y tiene gran fortuna.

Ap 3 17
Lc 12 21.33

⁸ La riqueza resguarda la vida del hombre,
   el pobre no hace caso a la amenaza*.

15 16

⁹ La luz de los justos luce alegre,
   la lámpara del malvado se apaga.

Sal 97 11

¹⁰ La insolencia sólo provoca peleas,
   la sabiduría acompaña a los que aceptan consejo.

=11 2

¹¹ Riqueza apresurada* disminuye,
   quien reúne poco a poco, prospera.

20 21

¹² Esperanza frustrada enferma el corazón,
   el deseo cumplido es árbol de vida.

3 28
13 19

¹³ Quien desprecia la palabra se perderá;
   quien respeta el mandato será recompensado.

¹⁴ La enseñanza del sabio es fuente de vida
   para escapar de los lazos de la muerte.

=14 27

¹⁵ El buen sentido obtiene aprecio,
   el camino de los pérfidos es interminable.

¹⁶ El hombre prudente actúa con conocimiento,
   el necio esparce necedad.

12 23
Qo 10 3

¹⁷ Mensajero inepto hunde en la desgracia,
   enviado fiel da tranquilidad.

25 13

¹⁸ Miseria y deshonra a quien rechaza la instrucción,
   el que acepta la corrección recibirá honor.

12 1

---

12 26 «sirve de guía»: sentido dudoso. La forma verbal es única, pero en general se la deriva del verbo que significa «explorar».
12 27 Porque no ha cazado nada.
12 28 «El camino de la impiedad» griego; «y un camino, un sendero (?)» hebr.
13 1 «acepta» suplido conforme al segundo estico.

13 3 Quizá haya un juego de palabras: la palabra que aquí se traduce por «vida» puede también significar «garganta» y «alma».
13 6 «pecador» conj.: «pecado» hebr.
13 8 Es la idea de la fábula del zapatero y el rico.
13 11 «apresurada» griego; «(nacida) de vanidad» hebr.

13 12
29 27

Si 6 33-34
Pr 14 7

28 8
Jb 27 16-17

22 15;
23 13.14;
29 15.17
3 12+

8 22+
9 1; 24 3

13 20

Jb 8 22

=16 25

Qo 2 1-2;
7 2-6
Lc 6 25

¹⁹ Deseo cumplido es deleite del alma,
los necios detestan apartarse del mal*.

²⁰ Anda con sabios y te harás sabio;
quien se junta con necios se perjudica.

²¹ La desgracia persigue a los pecadores,
el bien recompensa a los justos.

²² El hombre de bien deja herencia a sus nietos,
la fortuna del pecador se reserva al justo.

²³ Las tierras del justo* dan comida abundante,
pero se echan a perder por falta de justicia.

²⁴ Quien no usa la vara no quiere a su hijo;
quien lo ama se apresura a corregirlo.

²⁵ El justo come hasta quedar satisfecho,
el vientre de los malvados pasa necesidad.

14 ¹ La sabiduría de la mujer edifica su casa,
la necedad la destruye con sus manos.

² Quien procede con rectitud respeta a Yahvé;
quien extravía su conducta lo desprecia.

³ De la boca del necio brota el orgullo,
a los sabios los protegen sus labios*.

⁴ Donde no hay bueyes, falta el trigo,
con toros robustos hay cosecha abundante.

⁵ Testigo fiel no miente,
testigo falso propala mentiras*.

⁶ El arrogante busca sabiduría sin éxito,
para el inteligente el saber es fácil.

⁷ Aléjate del hombre necio,
no obtendrás saber de sus labios.

⁸ Sabiduría del prudente es comprender su conducta,
la necedad de los tontos es un fraude.

⁹ Los necios se burlan de sus culpas,
el favor divino se encuentra entre los rectos.

¹⁰ El corazón conoce su propia amargura
y no comparte su alegría con extraños.

¹¹ La casa del malvado se arruinará,
la tienda del honrado prosperará.

¹² Hay caminos que parecen rectos,
y al final son caminos de muerte.

¹³ Aun entre risas duele el corazón,
y al final la alegría acaba en llanto.

¹⁴ El extraviado se saciará de su conducta,
y el hombre de bien, de sus obras*.

¹⁵ El simple se lo cree todo,
el prudente mira por dónde pisa.

---

13 19 No se ve bien la conexión entre los dos versos;
quizá el texto está corrompido o incompleto.
13 23 «tierras del justo», conj. a partir de griego; hebr.:
«de los pobres».
14 3 Texto dudoso.

14 5 Sobre el falso testimonio, ver 6 19; 12 17; 14 25;
19 5.9; 21 28; 24 28; 25 18, y quizá también 10 11; 11
9; 12 6. Ver Ex 20 16; 23 1; Dt 19 15-21.
14 14 «de sus obras» mimma'alalayw conj.; «de encima de él» (?) me'alayw hebr.

¹⁶ El sabio teme el mal y de él se aparta,
el necio es arrogante y se confía.

¹⁷ El irascible comete locuras,
el reflexivo mantiene la calma*. 14 29; 29 22

¹⁸ Los simples heredan necedad,
los prudentes se rodean de saber. 14 24

¹⁹ Los malos se inclinan ante los buenos,
y los malvados, a la puerta de los justos.

²⁰ Aun al compañero le es odioso el pobre,
el rico tiene muchos amigos. Si 6 8-12
Pr 19 4.6.7

²¹ Quien desprecia a su prójimo peca,
dichoso el que se apiada de los pobres. 11 12
Sal 41 2

²² Los que traman el mal se extravían,
amor y lealtad a los que traman el bien.

²³ Todo trabajo rinde beneficios,
la charlatanería sólo indigencia.

²⁴ Corona de sabios es su riqueza,
diadema de necios, su insensatez. 14 18

²⁵ El testigo veraz salva vidas,
quien propaga mentiras es un homicida*. 12 17

²⁶ El temor de Yahvé es firme confianza
que dará seguridad a los hijos. 19 23

²⁷ El temor de Yahvé es fuente de vida
que libra de los lazos de la muerte. =13 14

²⁸ Pueblo numeroso, gloria de reyes,
escasez de gente, ruina de príncipes.

²⁹ El sosegado abunda en prudencia,
el impulsivo muestra gran necedad. 14 17
15 18; 19 11

³⁰ Corazón apacible es salud para el cuerpo,
la envidia corroe los huesos. 17 22

³¹ Quien oprime al pobre ultraja a su Creador;
quien se apiada del indigente le da gloria. 17 5

³² El malvado tropieza en su maldad,
el justo se refugia en su honradez*.

³³ La sabiduría habita en mentes sensatas,
entre los necios es desconocida*.

³⁴ La justicia engrandece a las naciones,
el pecado empobrece a los pueblos.

³⁵ El rey favorece al siervo eficiente
y descarga su cólera sobre el inepto. Gn 41 37-44
Si 8 8
Mt 24 45

15 ¹ Respuesta amable aplaca la ira,
palabra hiriente enciende la cólera. 1 S 25 32-33
1 R 13 12-19

² La lengua del sabio favorece el saber,
la boca del necio difunde necedad. Qo 10 12

³ En todo lugar los ojos de Yahvé
observan a malos y buenos. 5 21; 15 11;
16 2
Sal 7 10;
139 1s
Za 4 10

---

14 17 «mantiene la calma» *yiš'anan* conj., «es odiado» *yiśśane'* hebr.
14 25 «homicida» *dam beyadô* conj., «mentira» *mirmah* hebr.

14 32 «en su honradez» griego, sir: «en su muerte» hebr.
14 33 «es desconocida» griego; hebr.: «es conocida».

12 18
⁴ Lengua sana es árbol de vida,
    lengua perversa rompe el corazón*.

12 1; 13 18
⁵ El tonto desprecia la corrección paterna,
    el sensato acepta las advertencias.

⁶ En la casa del justo abunda la riqueza,
    las rentas del malvado son inestables.

⁷ Los labios del sabio aventan saber,
    no es así el corazón de los necios.

=21 27
1 S 15 22+
⁸ Yahvé aborrece el sacrificio del malvado,
    la oración del honrado alcanza su favor.

11 20; 12 22
⁹ Yahvé aborrece la conducta del malvado
    y ama a quien busca la justicia.

12 1; 15 32
¹⁰ El que abandona su senda sufrirá escarmiento,
    el que odia la corrección morirá.

Jr 11 20+
Jn 2 25
¹¹ Yahvé vigila Abismo y Perdición:
    ¡cuánto más el corazón humano!

9 8
¹² El insolente no ama a quien le reprende,
    ni se junta con los sabios.

12 25
Si 13 25
¹³ Corazón contento mejora el semblante,
    corazón triste deprime el ánimo.

18 15
¹⁴ La mente inteligente procura el saber,
    la boca del necio alimenta necedades.

Si 30 25
¹⁵ Para el desdichado todos los días son malos,
    el corazón feliz siempre está de fiesta.

13 8; 16 8;
17 1
Sal 37 16
¹⁶ Más vale un poco con temor de Yahvé,
    que un gran tesoro con sobresaltos.

17 1
¹⁷ Más vale ración de verduras con amor
    que carne de vacuno con odio.

14 29; 28 25
Mt 5 9
¹⁸ El hombre violento provoca peleas,
    el hombre paciente aplaca contiendas.

¹⁹ El camino del perezoso está plagado de espinos,
    la senda de los honrados está allanada.

=10 1
17 25; 23 22
²⁰ El hijo sabio alegra al padre,
    el hombre necio deshonra a su madre.

²¹ La necedad divierte al insensato,
    el hombre prudente camina recto.

11 14
²² Los planes fracasan por falta de acuerdo,
    cuando hay consejeros, se cumplen.

²³ La respuesta apropiada alegra al hombre,
    ¡y qué buena es la palabra oportuna!

Qo 3 21
Nm 16 33+
²⁴ El sensato asciende por senderos de vida,
    que lo libran de bajar al abismo*.

22 28;
23 10-11
Dt 19 14
Os 5 10
²⁵ Yahvé derriba la casa del soberbio
    y reafirma los linderos de la viuda.

---

15 4 Lit. «la perversidad en ella es rotura en el espíritu».

15 24 Los «senderos de la vida» parecen designar la prolongación de la vida terrestre, opuesta a la muerte, descenso al Seol. Más tarde se entendió: «el camino que lleva a la bienaventuranza celestial», pero esta noción no formaba parte de la teología de aquella época.

²⁶ Yahvé aborrece los planes perversos
y le agradan las palabras sinceras.

²⁷ Quien codicia en exceso arruina su casa;   1 19;
quien rechaza el soborno vivirá.   17 23+

²⁸ El corazón del justo medita sus respuestas,
la boca del malvado esparce maldades.   =19 28

²⁹ Yahvé se aleja del malvado   Is 59 2
y escucha la plegaria del justo.   Jn 9 31

³⁰ Mirada radiante alegra el corazón,
buena noticia fortalece los huesos.

³¹ Oído que escucha la reprensión saludable   25 12
tendrá un lugar entre los sabios.

³² Quien rechaza la educación se desprecia a sí mismo;   15 10;
quien escucha la reprensión adquiere cordura.   10 17; 19 20

³³ El temor de Yahvé es escuela de sabiduría,   1 7
la humildad precede a la fama.   =18 12

16

¹ El hombre tiene proyectos,   19 21; 16 9
Yahvé, la última palabra*.

² El hombre piensa que su conducta es limpia,   =21 2
pero Yahvé juzga las intenciones.

³ Encomienda tus obras a Yahvé   3 6
y tus planes se realizarán.   Sal 37 5

⁴ Yahvé ha creado todo con un propósito,   Rm 9 22
incluso al malvado para el día fatal*.

⁵ Yahvé aborrece a los orgullosos,
seguro que no quedarán impunes.   11 21

⁶ Amor y lealtad compensan las faltas,   Tb 12 9
el temor de Yahvé aparta del mal.

⁷ Cuando Yahvé aprueba la conducta de un hombre   Gn 26 26s;
hasta lo reconcilia con su enemigo.   31 1s

⁸ Más vale un poco con justicia   15 16+
que muchas ganancias injustas.   Tb 12 8

⁹ El hombre proyecta su camino,   19 21
pero Yahvé asegura sus pasos.

¹⁰ Los labios del rey son como un oráculo*:
cuando juzga, su boca no yerra.

¹¹ Balanza y platillos justos son de Yahvé*,   11 1+
todas las pesas son obra suya.

¹² Los reyes detestan hacer el mal,   25 5; 29 14
pues su trono se afianza en la justicia.

¹³ El rey aprueba los labios sinceros   14 35; 22 11
y ama al que habla rectamente.

¹⁴ La cólera del rey es presagio de muerte,   19 12; 20 2
pero el hombre sabio la apacigua.

---

16 1 Lit. «la respuesta de la lengua». Sentido muy próximo al refrán: el hombre propone y Dios dispone. 16 4 El malvado ha sido creado para manifestar, en el día de su desgracia, la justicia divina. 16 10 Porque el rey administra su justicia en nombre de Dios, ver 2 S 14 18-20; 1 R 3 4-28. —Los proverbios que siguen (excepto 11) son proverbios reales. 16 11 «platillos justos» conj.; «platillos de justicia» hebr.

¹⁵ El rostro radiante del rey da la vida,
su favor es como nube de lluvia primaveral.

¹⁶ Mejor es adquirir sabiduría que oro,
más vale inteligencia que plata.

¹⁷ La senda de los honrados se aparta del mal,
el que cuida su camino guarda su vida.

¹⁸ La soberbia precede a la ruina
y el orgullo a la caída.

¹⁹ Mejor es ser humilde con los pobres
que compartir botín con los soberbios.

²⁰ Al que cuida cualquier cosa le irá bien,
dichoso el que confía en Yahvé.

²¹ La mente sabia se llama inteligencia,
las palabras suaves añaden convicción.

²² La sensatez es fuente de vida para el que la posee,
la necedad es el castigo del necio.

²³ Mente sabia perfecciona la boca
y añade convicción a sus palabras.

²⁴ Las palabras amables son un panal de miel:
endulzan el alma y tonifican el cuerpo.

²⁵ Hay caminos que parecen rectos
y al final son caminos de muerte.

²⁶ La necesidad del trabajador trabaja por él,
porque el hambre lo apremia.

²⁷ El desalmado* trafica con el mal
y echa por sus labios fuego abrasador.

²⁸ El hombre perverso provoca peleas,
el deslenguado divide a los amigos.

²⁹ El hombre violento seduce a su prójimo
y lo lleva por mal camino.

³⁰ Quien guiña los ojos medita engaños;
quien se muerde el labio ya ha hecho el mal.

³¹ Las canas son corona de gloria
que se obtiene en el camino de la justicia.

³² Más vale hombre paciente que valiente,
mejor dominarse que conquistar ciudades.

³³ Los dados se tiran sobre el tablero*,
pero su sentencia depende de Yahvé.

17 ¹ Más vale mendrugo seco en paz
que casa llena de banquetes y peleas*.

² El siervo eficiente desplazará al hijo indigno
y partirá la herencia con los hermanos.

³ La plata en el crisol, el oro en el horno;
los corazones, los prueba Yahvé.

Marginal references (left column):

Sal 4 7+
Pr 19 12

3 14; 8 19

11 2; 15 33

Is 57 15

13 13
Sal 2 12;
40 5
16 23

16 21
Qo 10 12

=14 12

St 3 6

Si 28 13s
17 9

Sb 4 9
Si 25 4-6

25 28

15 17

=27 21
Jr 11 20+

---

16 27 Lit. «hombre de Belial», es decir, de Nada (el «malvado», ver **6 12**). Pero algunos consideran a Belial como designación del demonio, ver **2 Co 6 15**.
16 33 Lit. «en el seno». Posible alusión al *efod*, colocado sobre el pecho del sumo sacerdote, **Ex 28 6** +;
equiparado aquí al *efod*-recipiente de las suertes sagradas, **1 S 2 28** +.
17 1 Se trata probablemente de las carnes sacrificadas y luego consumidas en banquetes sagrados.

⁴ El malhechor hace caso a labios difamadores,
el mentiroso da oídos a lenguas malignas.

⁵ Quien se burla del pobre ultraja a su Creador;
quien se alegra de la desgracia no quedará impune*

14 31
Lv 19 14

⁶ La corona de los ancianos son los nietos,
el honor de los hijos son sus padres.

Sal 128 3.6
Si 3 10-11

⁷ Ni al tonto le pega el lenguaje exquisito,
ni al noble el discurso engañoso.

⁸ El regalo le parece un talismán al que lo hace:
todo lo que emprenda tendrá éxito.

18 16; 21 14
17 23+

⁹ El que busca amistades disimula la ofensa;
el que la divulga divide a los amigos.

10 12;
16 28

¹⁰ Más aprovecha un reproche al sensato
que cien palos al necio*.

¹¹ El rebelde sólo busca pelea;
le enviarán un cruel mensajero.

¹² Antes topar con una osa privada de sus crías
que con un tonto de remate.

¹³ A quien devuelve mal por bien
no se le apartará el mal de la casa.

Sal 109 4s

¹⁴ Comenzar una disputa es como abrir un dique:
antes de que la riña se enzarce, retírate.

Mt 5 25.40

¹⁵ Absolver al malvado y condenar al justo
son dos cosas que detesta Yahvé.

Ex 23 7
Dt 16 18-20

¹⁶ ¿De qué sirve el dinero en manos del necio?
¿Para comprar sabiduría, sin tener seso?

¹⁷ El amigo ama en toda ocasión,
pero el hermano nace para las adversidades.

Si 6 7-10
1 S 20

¹⁸ Es un insensato el que choca la mano
y sale fiador de su prójimo.

6 1+

¹⁹ El que ama las riñas, ama el delito,
el que agranda sus puertas, se busca la ruina.

²⁰ Mente retorcida no hallará la dicha,
el deslenguado caerá en la desgracia.

²¹ El que engendra un necio carga con su pena,
el padre del tonto no se alegrará.

10 1
Si 22 3

²² Corazón contento mejora la salud,
espíritu abatido seca los huesos.

14 30

²³ El malvado acepta regalos en secreto,
para torcer las vías del derecho*.

Ex 23 8
Dt 16 19;
27 25
Is 1 23
Am 5 12
1 S 8 3

²⁴ El inteligente se fija en la sabiduría,
el necio tiene la mirada perdida*.

²⁵ Hijo necio, tristeza de su padre
y amargura de su madre.

10 1; 29 15

---

17 5   Comparar Amenemope: «No te rías de un ciego,
ni ridicules al enano, no hagas daño al achacoso..., el
hombre es arcilla y paja, dios es su arquitecto».
17 10 Algunos se preguntan si esta mención de *cien*
golpes no será de origen egipcio: las leyes israelitas pro-
híbian pasar de cuarenta golpes, ver Dt 25 3.

17 23 Evidentemente se trata aquí de los regalos recibidos por el juez o el testigo falso, ver 17 8; 18 16 y 21
14, donde el sentido es más amplio.
17 24 Lit. «los ojos del necio (están) en el confín de la
tierra».

²⁶ No está bien multar al inocente,
no es correcto azotar a los nobles.

10 19
²⁷ Quien controla sus palabras domina el saber;
quien mantiene la calma es inteligente.

Jb 13 5
Si 20 5
²⁸ Necio que calla es tenido por sabio,
el que cierra sus labios es inteligente.

18

¹ El que vive apartado sigue su capricho
y se enfada por cualquier consejo*.

12 23
² Al necio no le gusta la prudencia,
sino manifestar su opinión.

³ Con la maldad viene la vergüenza,
y con el insulto, la deshonra.

20 5
Si 21 13
Jn 7 38
⁴ Las palabras del hombre son aguas profundas,
torrente desbordado, fuente de sabiduría.

17 15+
24 23+
⁵ No está bien rehabilitar al malvado
y condenar al justo en el juicio.

⁶ Los labios del necio se meten en líos
y su boca llama a los golpes.

10 14; 13 3
12 13
⁷ La boca del necio es su ruina,
los labios, una trampa para su vida.

=26 22
⁸ Las palabras del deslenguado son golosinas,
que bajan hasta el fondo del vientre.

⁹ El perezoso en el trabajo
es hermano del que destruye.

Sal 61 4;
124 8
¹⁰ El nombre de Yahvé es fortaleza
a la que acude el justo para salvarse.

=10 15
¹¹ La fortuna del rico es su plaza fuerte
y la tiene por muralla inexpugnable.

16 18
=15 33
¹² El orgullo del hombre precede a la ruina,
y la humildad a la fama.

Si 11 8
¹³ Responder antes de escuchar
es necedad y bochorno.

¹⁴ El ánimo del hombre soporta la enfermedad,
ánimo abatido, ¿quién lo levantará?

15 14
¹⁵ Mente experta adquiere saber,
oído sabio busca conocimiento.

17 8; 21 14
17 23+
¹⁶ El regalo abre paso al hombre
y lo lleva hasta la gente importante.

¹⁷ Parece justo el primero que declara,
hasta que llega su adversario y lo desmiente.

16 33
¹⁸ La suerte pone fin a los pleitos
y decide entre los poderosos*.

¹⁹ Hermano ofendido es como plaza fuerte,
las disputas, como cerrojos de fortaleza*.

---

18 1 Texto incierto: ¿elogio o condenación de la soledad?
18 18 Probablemente, más que una visión pesimista de la justicia, debe verse aquí una alusión al «juicio de Dios», ver 16 33.
18 19 Texto dudoso. El griego es muy diferente: «Un hermano ayudado por su hermano es una plaza fuerte y alta, es fuerte como un muro real».

²⁰ Con el fruto de la boca se harta el vientre,
se sacia del producto de los labios.

12 14; 13 2

²¹ Muerte y vida dependen de la lengua:
el que la aprecia comerá su fruto.

21 23
Si 37 18
St 3 2-12

²² Quien encuentre mujer encuentra la dicha
y alcanza el favor de Yahvé.

5 15+
31 10s
Si 26 1-4

²³ El pobre habla suplicando,
el rico responde con dureza.

Si 13 3

²⁴ Hay* compañeros que se pelean,
y amigos más unidos que hermanos.

17 17; 27 10

19 ¹ Más vale ser pobre y honrado
que necio de labios retorcidos.

=28 6

² Cuando falta el saber, no vale afán;
los pies precipitados tropiezan.

21 5
Rm 10 2

³ La necedad del hombre extravía su camino
y su corazón se irrita contra Yahvé.

Si 15 11-20
St 1 13-14

⁴ La riqueza multiplica los amigos,
pero el pobre pierde sus amistades.

14 20
Si 6 8-12

⁵ El testigo falso no quedará impune,
el que echa mentiras no escapará.

=19 9
21 28

⁶ Muchos se procuran el favor del generoso,
todos son amigos del espléndido.

Si 13 5-6
Qo 5 10

⁷ Si todos sus hermanos odian al pobre,
¡con más razón lo abandonarán sus amigos!

Si 13 21

Persigue palabras, pero no hay*.

⁸ El que adquiere cordura se ama a sí mismo,
el que tiene prudencia encuentra la dicha.

⁹ El testigo falso no quedará impune,
el que echa mentiras perecerá.

=19 5

¹⁰ No le pega al necio vivir entre lujos,
y menos al siervo gobernar a príncipes.

30 22
Qo 10 6-7

¹¹ El hombre sensato domina su ira
y tiene a gala pasar por alto la ofensa.

14 29

¹² La cólera del rey es rugido de león,
rocío sobre la hierba, su favor.

=20 2
16 14.15

¹³ Hijo necio, desgracia del padre,
mujer pendenciera, gotera incesante.

17 25
=27 15

¹⁴ Casa y fortuna se heredan de los padres,
mujer prudente es un don de Yahvé.

18 22;
31 10s

¹⁵ La pereza hunde en la modorra,
el holgazán pasará hambre.

10 4

¹⁶ Quien guarda el precepto cuida su vida,
quien deshonra su conducta morirá*.

Lc 10 28;
11 28

¹⁷ Quien se apiada del pobre presta a Yahvé
y recibirá su recompensa.

28 27
╱ Mt 25 40

---

18 24 «Hay» *yeš* conj.: «un hombre» *'iš* hebr.
19 7 Sin duda, fragmento de un proverbio cuyo primer estico ha desaparecido.

19 16 El que no se cuida de su propia conducta, o el que no anda por el camino indicado por «el precepto» (16ᵃ).

Dt 21 18-21

¹⁸ Corrige a tu hijo mientras hay esperanza,
pero no te excedas hasta matarlo*.

¹⁹ El iracundo pagará una multa,
pues si lo perdonas, lo empeorarás*.

15 32

²⁰ Escucha el consejo, acepta la corrección
y al final llegarás a sabio.

16 1.9
Sal 33 11

²¹ El hombre hace muchos proyectos,
pero sólo se cumple el plan de Yahvé.

²² La bondad es aspiración del hombre,
más vale pobre que mentiroso.

14 27

²³ El temor de Yahvé conduce a la vida:
se duerme satisfecho y sin sobresaltos.

=26 15

²⁴ El perezoso mete su mano en el plato
y ni es capaz de llevarla a la boca.

9 8

²⁵ Castiga al arrogante y el simple se volverá cauto,
reprende al inteligente y aumentará su saber.

Ex 21 17+
Pr 20 20;
23 22; 30 17

²⁶ Quien maltrata a un padre y expulsa a una madre,
es un hijo infame y sinvergüenza.

²⁷ Deja, hijo mío, de escuchar la enseñanza
y te alejarás de los sabios consejos*.

=15 28

²⁸ El testigo desalmado se burla del derecho,
la boca del malvado se traga el delito.

10 13

²⁹ Castigo para los arrogantes
y azotes para la espalda del necio.

23 29-35

20 ¹ El vino es arrogante y el licor, pendenciero;
quien se pierde en ellos no llegará a sabio.

=19 12

² La ira del rey es rugido de león:
quien la provoca se daña a sí mismo.

14 17.29

³ Es honra del hombre evitar discusiones,
pero todos los necios se enzarzan en ellas.

⁴ El perezoso no ara cuando llega el otoño,
y en la siega busca, pero no hay nada.

18 4

⁵ El consejo en la memoria es agua profunda:
el inteligente sabe sacarla.

Mt 6 2.5.16
Pr 27 2

⁶ Muchos se tienen por hombres de bien,
pero ¿quién hallará un hombre fiel?

⁷ El justo procede honradamente;
¡dichosos los hijos que le siguen!

16 10

⁸ Rey sentado en el tribunal
con su mirada disipa* todo mal.

Sal 51
Jb 4 17+
1 Jn 1 8-10

⁹ ¿Quién puede decir: «Soy puro,
estoy limpio de pecado»?

11 1+

¹⁰ Pesos y medidas dobles
son dos cosas que aborrece Yahvé.

---

19 18 O este proverbio es menos severo que el texto legislativo, Dt 21 18-21, o se limita a poner en guardia contra una justicia expeditiva.
19 19 Texto muy dudoso. La idea parece ser que, si se descuida el castigo del iracundo, no se hace más que redoblar su mal.

19 27 Sentido dudoso. El griego lee: «el hijo que deja de observar la instrucción de su padre meditará palabras malas».
20 8 O «dispersa» (distinguiendo las buenas y las malas causas), ver 20 26.

¹¹ Ya con sus obras deja ver el muchacho
si su conducta será pura y recta.

¹² Oído que escucha y ojo que ve:
ambas cosas las hizo Yahvé.

Ex **4** 11
Sal **94** 9

¹³ No te entregues al sueño, que te empobrecerás;
abre tus ojos y te hartarás de pan.

¹⁴ «¡Malo, malo!» dice el comprador,
y cuando se va, se felicita.

¹⁵ Abundan el oro y las piedras preciosas,
pero lo más valioso son los labios expertos.

3 13-15

¹⁶ Cógele el vestido, pues salió fiador de un extraño;
exígele prenda por los desconocidos.

=**27** 13
6 1+

¹⁷ Al hombre le gusta el pan robado,
pero luego la boca se llena de grava.

Jb **20** 12-14

¹⁸ Afianza tus proyectos con consejos,
haz la guerra con estrategia.

¹⁹ El que anda murmurando divulga secretos,
no te juntes con gente chismosa.

11 13+

²⁰ A quien maldice a su padre y a su madre
se le apagará la lámpara en la oscuridad.

Ex **20** 12;
21 17+
Pr **19** 26+

²¹ Fortuna adquirida con presteza
a la postre no será bendecida.

13 11

²² No digas: «Vengaré mi daño»;
confía en Yahvé y te salvará.

25 22+
Rm **12** 17
1 Ts **5** 15

²³ Yahvé aborrece el doble peso,
no es justa la balanza trucada.

11 1+

²⁴ De Yahvé dependen los pasos del hombre:
¿cómo puede el hombre discernir su camino?

‖Sal **37** 23
Pr **16** 9;
19 21

²⁵ Es un riesgo para el hombre precipitarse en sus votos
y reconsiderar más tarde su promesa.

Dt **23** 22s
Qo **5** 3-5
Mt **15** 5p

²⁶ El rey sabio avienta a los malos
y hace pasar la rueda sobre ellos*.

²⁷ El aliento* del hombre es lámpara de Yahvé
que sondea lo más profundo de su ser.

Mt **6** 22
⁄ 1 Co **2** 11

²⁸ Bondad y lealtad custodian al rey,
su trono se afianza en la bondad.

Sal **61** 8
Is **16** 5

²⁹ La fuerza es el adorno de los jóvenes,
las canas, el honor de los ancianos.

16 31

³⁰ Las cicatrices de la herida remedian el mal,
los golpes, las entrañas más profundas*.

21 ¹ El corazón del rey es un río en manos deYahvé,
que él dirige a donde quiere.

² El hombre piensa que su conducta es recta,
pero el que sondea los corazones es Yahvé.

=**16** 2
Lc **16** 15;
18 9-14

---

20 26 Alusión a la trilla, para la que se utilizaba una especie de trillo provisto a veces de ruedas, ver Is **28** 28.
20 27 El «aliento», principio de vida que Dios insufla al hombre después de formar su cuerpo, ver Gn **2** 7.
20 30 Al parecer, es una apología de los castigos corporales, pero el texto de este proverbio no es seguro.

^{Am 5 22-}
²⁴⁺
^{1 S 15 22+}

³ Practicar la justicia y el derecho
  Yahvé lo prefiere a los sacrificios*.

⁴ Ojos altivos, corazón arrogante
  y antorcha de malvados son pecado*.

^{19 2}

⁵ Los proyectos del diligente traen ganancia,
  los del alocado, sólo indigencia.

⁶ Amasar fortuna con lengua engañosa
  es ilusión fugaz de los que buscan la muerte.

⁷ La violencia de los malvados los arrastra,
  por negarse a practicar el derecho.

⁸ El camino del canalla es sinuoso,
  las acciones del honrado son netas.

^{=25 24}
^{19 13; 21 19}
^{Si 25 16}

⁹ Mejor es vivir en rincón de azotea
  que compartir mansión con mujer pendenciera.

¹⁰ El malvado en su afán desea el mal,
   sin tener compasión de su prójimo.

^{=19 25}

¹¹ Cuando se castiga al cínico, el simple se hace sabio;
   cuando se instruye al sabio, adquiere saber.

¹² El justo instruye a la estirpe de los malvados,
   precipitándolos en la desgracia.

^{Mt 6 15}
^{St 2 13}

¹³ Quien cierra su oído a los gritos del pobre
   no obtendrá respuesta cuando grite.

^{17 8.23+}

¹⁴ Regalo a escondidas aplaca la cólera,
   obsequio discreto, la ira violenta.

¹⁵ El cumplimiento del derecho es alegría para el justo
   y amenaza para los malhechores.

¹⁶ El que se aparta del camino de la prudencia
   descansará en la asamblea de los muertos.

^{23 20.21}

¹⁷ El que ama el placer pasará necesidad,
   el que ama vino y perfumes no se hará rico.

¹⁸ El malvado paga por el justo
   y el traidor por el honrado*.

^{21 9+}

¹⁹ Mejor es vivir en el desierto
   que con mujer irritable y pendenciera.

²⁰ Tesoro precioso y perfumes en la casa del sabio,
   pero el necio los devora.

^{Mt 5 6}

²¹ El que busca justicia y bondad
   encontrará vida y gloria.

^{Qo 9 13-15}

²² El sabio asaltará la ciudad de los fuertes
   y derribará la fortaleza que la protegía.

^{13 3}

²³ El que cuida su boca y su lengua
   evita el peligro.

---

21 3 A través de todo el AT vuelve a encontrarse esta insistencia en la rectitud del corazón, condición de toda observancia ritual. Ver Am 5 22s; Os 6 6; Is 1 11; Jr 7 21-23.
21 4 «Antorcha *(ner)* de malvados», conj.; «labor *(nir)* de malvados», hebr.; pero el texto no es seguro.
21 18 Ver 11 8. Este proverbio parece suponer que necesariamente hay una cierta dosis de infortunio en el universo. Pero Yahvé, en su justicia, protege a los justos de este infortunio y entrega a él a los malvados.

²⁴ Se llama arrogante, fanfarrón e insolente
al que actúa con excesiva arrogancia.

²⁵ Los deseos matan al perezoso,
porque sus manos no quieren trabajar.

13 4; 20 4

²⁶ Todo el día está el malvado codiciando*;
el justo da y no escatima.

Lc 6 30.
34-35

²⁷ El sacrificio de los malvados es abominable*,
y más si se hace con mala intención.

=15 8
Si 7 9

²⁸ El testigo falso perecerá;
el que escucha podrá hablar siempre.

19 5.9

²⁹ El malvado aparenta seguridad,
el honrado afianza su camino.

³⁰ No hay sabiduría, ni prudencia,
ni consejo frente a Yahvé*.

Is 8 10

³¹ El caballo está entrenado para la batalla,
pero Yahvé da la victoria.

Sal 20 8
Os 1 7+

22 ¹ Más vale fama que grandes riquezas,
más vale estima que plata y oro.

Qo 7 1

² El rico y el pobre se encuentran:
a los dos los hizo Yahvé.

=29 13
Jb 31 15
Sb 6 7
Mt 5 45
=27 12

³ El prudente ve el peligro y se esconde,
los simples siguen adelante y lo pagan.

⁴ Consecuencia de la humildad y del temor de Yahvé
son la riqueza, el honor y la vida.

⁵ Hay espinos y trampas en el camino del perverso,
el que cuida de su vida se aleja de ellos.

⁶ Educa al muchacho al comienzo de su camino*,
que luego, de viejo, no se apartará de él.

Si 6 18

⁷ El rico domina a los pobres,
el deudor es esclavo de su acreedor.

⁸ Quien siembra maldad cosechará desgracias,
la vara de su furia será destruida*.

Jb 4 8
Pr 12 14

⁹ El generoso será bendecido,
por compartir su pan con el pobre.

19 17; 28 27
Sal 112 9
Lc 14 13-14

¹⁰ Despide al insolente y acabarán las riñas,
pleitos y ofensas cesarán.

26 20

¹¹ Quien ama un corazón limpio
y unos labios afables es amigo del rey.

⁄ Mt 5 8
Pr 16 13

¹² La mirada de Yahvé custodia el saber
y confunde las palabras del traidor.

¹³ El perezoso dice: «Hay un león fuera
y en medio de la calle me matará.»

=26 13

---

21 26 «está el malvado codiciando» griego; «codicia la codicia» hebr.
21 27 El griego añade «para Yahvé» como en 15 8.
21 30 Es decir, «no subsisten ante él» o «no prevalecen contra él».

22 6 Lit. «en la boca (la entrada) de su camino». Algunos entienden: «según su conducta». El griego omite todo el v.
22 8 Sentido dudoso. Griego: «pagará el castigo de sus obras».

5 2+

¹⁴ Fosa profunda es la boca de extraña:
  el enemistado con Yahvé caerá en ella.

13 24;
29 15.17

¹⁵ La necedad está atada al corazón del joven,
  la vara de la corrección lo separará de ella.

¹⁶ El que oprime a un pobre para enriquecerse,
  da a un rico para empobrecerse*.

III.   *Colección de los sabios*

¹⁷ Presta atención y escucha las palabras de los sabios*,
  dispón tu corazón a mi experiencia;
¹⁸ te gustará guardarlas en tus entrañas,
  y ponerlas juntas en tus labios.
¹⁹ Para que pongas tu confianza en Yahvé
  te voy a instruir hoy.

²⁰ Te he escrito treinta sentencias*
  de consejos y experiencias,
²¹ para que conozcas con certeza la verdad,
  y puedas responder con la verdad a quien te envíe.

Ex 23 6
23 11
Is 33 1

²² No despojes al pobre, por ser pobre;
  no atropelles al humilde en el tribunal*,
²³ porque Yahvé defenderá su causa
  y quitará la vida a sus opresores.

²⁴ No te juntes con el iracundo,
  ni vayas con el violento;

Si 8 15

²⁵ no sea que te acostumbres a sus sendas
  y pongas tu propia trampa.

6 1+

²⁶ No seas de los que chocan la mano
  y salen fiadores de deudas;
²⁷ pues si no tienes con qué pagar,
  te quitarán la cama acostado.

=23 10
15 25+
Dt 19 14

²⁸ No desplaces los antiguos linderos
  que fijaron tus antepasados.

²⁹ ¿Conoces a alguien diestro en su oficio?
  Se pondrá al servicio de reyes
  y no de gente insignificante.

23

¹ Si te sientas a comer con poderoso,
  mira bien al que está frente a ti;
² refrena tu voracidad*,
  si tienes mucha hambre;

---

22 16 También puede leerse: «el que oprime a un pobre lo engrandece; el que da a un rico lo empobrece».
Este proverbio expresa o una ley según la cual sólo la
dificultad estimula el esfuerzo y procura el éxito, o una
fe religiosa en la justicia de Yahvé que dará la vuelta a
las situaciones.
22 17 Comienza una nueva colección, 22 17 - 24 22,
caracterizada, como la primera, por la agrupación de
proverbios en unidades temáticas y el predominio de la
instrucción. El conjunto presenta notables semejanzas
con la obra egipcia *Instrucción de Amenemope*. Hay
quien detecta también dependencias de la obra aramea
Sabiduría de Ajicar.

22 20 «treinta sentencias»: «sentencias» suplido y
«treinta» (*šelošîm*) corregido; el hebr. dice «anteayer»
šilešôm, vocalizado *šališîm*, que no equivale a nada.
Esta mención de treinta sentencias, mal entendida, parece venir de la *Instrucción de Amenemope*: «Medita estas treinta sentencias: alegran, instruyen».
22 22 Lit. «en la puerta». Se trata de la puerta de la
ciudad, donde se administraba justicia y se trataban los
asuntos públicos, ver **24** 7.
23 2 Lit. «pon un cuchillo en tu garganta». Según
otros: «Es poner un cuchillo en tu garganta (poner tu
vida en peligro) el mostrarte glotón».

³ no seas ansioso de sus exquisiteces,
porque es comida engañosa*.

⁴ No te afanes por enriquecerte,
deja de preocuparte.

⁵ Apartas tu mirada y no queda nada,
pues echa alas como águila y vuela hasta el cielo.

⁶ No te sientes a comer con el tacaño,
ni codicies sus exquisiteces;

⁷ porque son como un pelo en la garganta.
Te dice: «¡Come y bebe!», pero piensa otra cosa*.

⁸ Vomitarías lo que has comido
y malgastarías tus palabras amables.

⁹ No hables a oídos del necio,
porque despreciará tus sensatas palabras.

¹⁰ No desplaces los linderos antiguos,
ni invadas el campo del huérfano,

¹¹ porque su defensor es poderoso,
y defenderá su causa contra ti*.

¹² Aplica tu mente a la instrucción,
y tu oído a las palabras de la experiencia.

¹³ No ahorres castigo al muchacho,
pues no morirá porque lo azotes con la vara.

¹⁴ Si lo azotas con la vara,
salvarás su vida del abismo.

¹⁵ Hijo mío, si tu corazón se hace sabio,
se alegrará también mi corazón,

¹⁶ y disfrutarán mis entrañas
cuando tus labios hablen correctamente.

¹⁷ No tengas envidia de los pecadores,
sino del temor de Yahvé en todo momento;

¹⁸ porque así tendrás futuro
y tu esperanza no será defraudada.

¹⁹ Escucha, hijo mío, hazte sabio
y sigue el camino recto.

²⁰ No te juntes con los que beben vino,
ni con los que se atiborran de carne;

²¹ porque borrachos y glotones se arruinan
y la modorra se viste de harapos.

²² Escucha a tu padre, que él te engendró,
y no desprecies a tu madre por ser vieja.

²³ Adquiere verdad y no la vendas;
también sabiduría, educación e inteligencia.

²⁴ El padre del justo rebosa de gozo,
quien tiene un hijo sabio se alegra.

²⁵ Que tu padre se alegre por ti
y rebose de gozo la que te ha engendrado.

²⁶ Hijo mío, confía en mí
y mira con buenos ojos mi conducta.

	=23 6
	23 3
	Mt 7 6
	=22 28+
	Ex 22 21-23
	Pr 22 23
	19 18
	Sal 37 1-4; 73 3
	Pr 3 31
	=24 14
	21 17
	Dt 21 18-21
	Pr 19 26
	10 1
	17 25

23 3   Dos textos en todo semejantes, uno de Ptah-ho-tep, el otro de Amenemope, demuestran que se trata de un tema bien conocido por la sabiduría egipcia, ver también Gn 43 34.
23 7   El primer estico es bastante oscuro, lit.: «como lo piensa en su alma, así lo es». Se ve aquí una oposi-ción entre los sentimientos reales y los que se manifiestan.
23 11   El defensor (go'el), ver Nm 35 19 +, es aquí Yahvé, ver 22 23; Jr 50 34. —Quizá se deba corregir «los linderos antiguos» ('olam) «los linderos de la viuda» ('almanah), ver 15 25.

²⁷ Fosa profunda es la prostituta
  y pozo estrecho la mujer extraña.
²⁸ Como un ladrón se pone al acecho
  y acrecienta la traición entre los hombres.

²⁹ ¿De quién los ayes?, ¿de quién los gemidos?
  ¿de quién las riñas?, ¿de quién los lloros?
  ¿de quién los golpes gratuitos?, ¿de quién los ojos turbios?

³⁰ De los que se pasan con el vino
  y andan probando bebidas.
³¹ No mires el vino: ¡Qué rojo está!
  ¡cómo brilla en la copa! ¡qué suave entra!
³² Al final muerde como serpiente
  y pica como víbora.

³³ Tus ojos verán alucinaciones
  y tu mente imaginará incoherencias.
³⁴ Estarás como tumbado en alta mar
  o recostado en la punta de un mástil.
³⁵ «Me han pegado y no me duele;
  me han golpeado y no lo siento.
  Cuando me despierte seguiré pidiendo más.»

24

¹ No envidies a los malvados,
  ni desees estar con ellos,
² pues su mente trama violencias
  y sus labios hablan de desgracias.

³ Con sabiduría se construye una casa,
  y con inteligencia se consolida;
⁴ con conocimiento se llenan las estancias
  de objetos valiosos y confortables.

⁵ Más vale sabio que fuerte
  y hombre de ciencia que poderoso;
⁶ pues la guerra se gana con estrategia
  y la victoria con muchos consejeros.

⁷ La sabiduría es inalcanzable* para el necio,
  incapaz de abrir su boca en público.

⁸ Al que trama maldades
  lo llamarán intrigante.

⁹ La intención del necio es el pecado;
  la gente detesta al insolente.

¹⁰ Si te rindes en los momentos difíciles,
  escasa es tu fuerza*.

¹¹ Salva a los condenados a muerte,
  libra a los conducidos al suplicio.
¹² Pues, aunque digas que no lo sabías,
  el que juzga los corazones lo comprende,
  el que vigila tu alma lo sabe;
  y Él paga a cada uno según sus obras.

¹³ Come miel, hijo mío, porque es buena;
  el panal de miel es dulce al paladar.

Marginal references:
22 14
7 12
Ef 5 18-19
Sal 107 26-27
23 17
14 1
1 S 16 7
Lc 14 31
=11 14
Jb 4 5
16 2

24 7 Término difícil. Según otros: «de coral», ver Ez 27 16; Jb 28 18, cosa rara y delicada que el necio no sabría apreciar.

24 10 Juego de palabras entre ṣarah, «dificultad», y ṣar, «escasa», estrecha.

^{14} Así será la sabiduría para tu alma;
    si la encuentras, tendrás futuro
    y tu esperanza no será defraudada.   =23 18

^{15} Malvado, no aceches la casa del justo,
    no destruyas su morada;
^{16} pues el justo cae siete veces y se levanta,   Jb 5 19
    pero los malvados se hunden en la desgracia.

^{17} No te alegres de la caída de tu enemigo,   Jb 31 29
    ni disfrutes con su tropiezo;
^{18} no sea que Yahvé lo vea y le desagrade,
    y aparte de él su ira.

^{19} No te exasperes por los perversos,   Sal 37 1
    ni tengas envidia de los malvados.
^{20} Porque no hay futuro para los perversos
    y la lámpara de los malvados se apagará.

^{21} Teme, hijo mío, a Yahvé y al rey,   ⁄ 1 P 2 17
    no te extralimites con ninguno de los dos,
^{22} porque su castigo será fulminante,
    y nadie conoce el furor de uno y otro*.

IV. Otros proverbios de los sabios

^{23} También esto pertenece a los sabios*:

    No está bien ser parcial en el juicio*.   18 5; 28 21
^{24} Al que declara inocente al culpable,   31 5
    lo maldicen los pueblos y lo desprecian las naciones;
^{25} pero quienes lo castigan son bien vistos
    y reciben bendiciones.

^{26} Una respuesta sincera
    es como un beso en los labios.

^{27} Ordena tus trabajos en la calle   Si 7 15
    y prepáralos en el campo;
    y después construirás tu casa.

^{28} No declares sin motivo contra tu prójimo*,
    ni engañes con tus labios.

^{29} No digas: «Le haré lo mismo que él me ha hecho,   Mt 6 12.
    me las tendrá que pagar.»   14-15

^{30} Pasé junto al campo de un perezoso,   26 13-16
    junto a la viña de un insensato:

---

24 22 Después de esta máxima, el griego añade cinco
vv. que, al parecer, son la ampliación de 21-22:
22^a Un hijo que guarda la palabra escapará a la perdición,
        porque la recibe con aceptación (?).
22^b Ninguna mentira de la lengua sea dicha al rey,
        y ninguna mentira saldrá de su lengua.
22^c Espada es la lengua del rey y no carne:
        el que a ella es entregado quedará triturado.
22^d Porque si su furor se enciende
        destruye a los hombres y sus nervios:
22^e y devora los huesos de los hombres
        y los quema como llama,
        que no son comestibles ni para las crías de águila.
Luego, el griego intercala **30** 1-14.

24 23 (a) La frase introduce claramente una breve colección que se extiende hasta **24** 34 (en **25** 1 encontramos un nuevo título). La expresión «también» y la
referencia a los «sabios» parecen sugerir que se trata de
un complemento a las «palabras de los sabios», **22** 17,
de la anterior colección.
24 23 (b) La Ley manda al juez que no haga acepción
de personas, Lv 19 15; Dt 1 17 16 19. Los profetas
repiten a menudo, en términos diferentes, este deber,
Am 2 6; 5 7.10; Is 10 2; Mi 3 9. 1; Jr 5 28; Ez 22 12.
El Mesías administrará esta justicia imparcial, Is 11 3-
5; Jr 23 5-6; Sal 72 4.12.14, como el mismo Dios, ver
Ga 2 6.
24 28 El griego interpreta: «No seas testigo falso contra tu compatriota».

³¹ todo estaba lleno de espinos,
   los cardos cubrían el suelo
   y la cerca de piedras estaba derruída.
³² Al verlo, lo grabé en mi mente;
   al contemplarlo, aprendí la lección:

=6 10-11

³³ «Un rato de sueño, un rato de siesta,
   un rato de descanso con los brazos cruzados
³⁴ y te llega la pobreza del vagabundo,
   la penuria del mendigo*.»

V. Segunda colección salomónica

25

¹ Otros proverbios de Salomón*, recopilados por los hombres de Ezequías, rey de Judá.

Tb 12 7
Dt 29 28
Rm 11 33

² Es gloria de Dios ocultar una cosa,
   es gloria de reyes investigarla.
³ La altura de los cielos, la profundidad de la tierra
   y el corazón de los reyes son indescifrables.
⁴ Aparta la escoria de la plata
   y el platero sacará una copa;
⁵ aparta al malvado del rey
   y su trono se afianzará en la justicia.

16 12; 29 14

Si 7 4;
13 9-10
⸗ Lc 14 7-11

⁶ No presumas ante el rey,
   ni te coloques entre los grandes;
⁷ porque es mejor que te inviten a subir,
   que ser humillado ante los nobles.

Lo que veas con tus ojos*
⁸ no te apresures a llevarlo a juicio;
   pues ¿qué harás al final
   cuando tu prójimo te abochorne?

⁹ Resuelve tu pleito con tu prójimo
   y no reveles secretos de nadie,
¹⁰ no sea que te avergüence el que los oiga
   y tu desprestigio no tenga solución*.

¹¹ Manzanas de oro con adornos de plata,
   las palabras dichas a su tiempo.
¹² Anillo de oro y collar de oro puro,
   la sabia represión en oído atento.

15 31

25 25
13 17

¹³ Frescura de nieve en tiempo de siega,
   el mensajero fiel para el que lo envía,
   pues reanima a su señor.

¹⁴ Nubes y viento que no dejan lluvia,
   quien presume de hacer regalos falsos.

Lc 18 1-8

¹⁵ La paciencia persuade al gobernante,
   una lengua suave quebranta los huesos.

---

24 34 *mendigo* conj., ver **6** 11.
25 1 El nuevo título introduce la quinta colección del libro y establece relación con el título del libro **1** 1, y con la «primera colección salomónica», **10** 1 - **22** 16, con la que comparte características. Sin embargo, la nueva colección incorpora diferencias sensibles, como las agrupaciones temáticas y la profusión de símiles y metáforas.

25 7 «Lo que...» versiones; «que...» (dependientes de lo que precede) hebr., que prosigue con «no salgas...» en vez de «no te apresures», lit. «no le hagas salir» (simple diferencia vocálica).
25 10 V. difícil: «tu desprestigio»: o el que tú has causado al prójimo, o el que te ha acarreado su propia indiscreción.

¹⁶ Si encuentras miel, come lo necesario;
no sea que te empalagues y la vomites.

¹⁷ No entres a menudo en casa del vecino,
no sea que se harte y te aborrezca.

¹⁸ Maza*, espada y flecha aguda,
quien declara en falso contra su prójimo.

¹⁹ Diente picado y pie vacilante,
confiar en traidores en momentos de apuro.

²⁰ Vinagre en la herida y desnudez en día frío
es cantarle coplas a un corazón triste.

²¹ Si tu enemigo tiene hambre, dale de comer;
si tiene sed, dale de beber;
²² así lo pondrás colorado*
y Yahvé te recompensará.

²³ El viento del norte trae la lluvia;
lengua embustera, rostros airados.

²⁴ Mejor es vivir en rincón de azotea
que en amplia mansión con mujer pendenciera.

²⁵ Agua fresca en garganta sedienta
es la buena noticia de tierras lejanas.

²⁶ Fuente turbia y manantial revuelto,
el justo que flaquea ante el malvado.

²⁷ No es bueno comer mucha miel,
ni empacharse de gloria*.

²⁸ Ciudad abierta y sin muralla,
el hombre que no sabe dominarse.

26

¹ Ni la nieve en verano, ni la lluvia en la siega,
ni la gloria al necio sientan bien.

² Como gorrión que revolotea y golondrina que vuela,
la maldición gratuita no alcanza su fin.

³ Látigo para el caballo, freno para el asno
y vara para la espalda de los necios.

⁴ No respondas al necio con su necedad,
no sea que te vuelvas como él.
⁵ Responde al necio por su necedad,
no vaya a creerse sabio*.

⁶ Se corta los pies y bebe violencia
quien envía mensajes por medio de un necio.

⁷ Como las piernas renqueantes* del cojo,
el proverbio en la boca del necio.

⁸ Como atar la piedra a la honda*
es conceder honores a un necio.

⁹ Cardo en manos de borracho,
el proverbio en boca de necios.

Referencias marginales:
25 27; 27 7
Ex 23 4-5+
Mt 5 44s
20 22
↗ Rm 12 20
=21 9
25 13
25 16
16 32
Nm 23 8
Dt 23 5s
10 13; 19 29
=26 9
=26 7

---

25 18 «Maza» griego; hebr. corrompido.
25 22 Lit. «así amontonarás ascuas sobre su cabeza».
25 27 O «buscar gloria y más gloria», traducción conjetural. También puede leer «empacharse de palabras elogiosas» o con distinta vocalización, «indagar cosas graves es un honor».
26 5 La contraposición de los dos proverbios es in-
tencionada y juega con los dos sentidos de «según su necedad».
26 7 «renqueantes» dallû conj.; «sacad (agua)» (?) dalyû hebr.
26 8 Ya no se la puede lanzar y corre el peligro de herir al hondero.

¹⁰ Como arquero que dispara a todo el mundo,
el que contrata a un necio y a un vagabundo*.

2 P 2 22

¹¹ Como el perro que lame su vómito,
el necio que repite sus sandeces.

3 7
=29 20

¹² Más se puede esperar de un necio
que de alguien que presume de sabio.

=22 13

¹³ Dice el perezoso: «¡Hay un león en el camino!
¡Un león en medio de la calle!»

¹⁴ La puerta gira en sus bisagras
y el perezoso en su cama.

=19 24

¹⁵ El perezoso mete la mano en el plato
y le cansa llevarla a la boca.

¹⁶ El perezoso se cree más sabio
que siete que responden con acierto.

¹⁷ Agarra a un perro por las orejas
quien se mezcla en riña ajena.

¹⁸ Como un loco que dispara
flechas y saetas mortales,
¹⁹ así es el que engaña a su prójimo
y se lo toma a broma.

22 10

²⁰ Cuando falta la leña, se apaga el fuego;
donde no hay chismosos, se acaban las riñas.

²¹ Carbón para las brasas y leña para el fuego
es el camorrista para atizar peleas.

=18 8

²² Las palabras del chismoso son golosinas
que bajan hasta el fondo de las entrañas.

Mt 23 25-28
1 Jn 3 18

²³ Baño de plata en vasija de barro,
los labios melosos con malas intenciones.

Si 12 10-11

²⁴ El que odia habla con disimulo,
pero en su interior alberga falsedad;

Si 27 23
Jr 9 4-8

²⁵ aunque ablande su voz, no te fíes,
porque esconde en su mente siete maldiciones;

Sal 28 3

²⁶ aunque oculte su odio con disimulo,
su maldad se descubrirá en la asamblea.

Sal 7 16
Qo 10 8
Si 27 25-27

²⁷ El que cava una fosa caerá en ella,
al que rueda una piedra se le vendrá encima.

²⁸ La lengua mentirosa odia a sus víctimas,
la boca melosa provoca la ruina.

Lc 12 19-20
St 4 13-14

27 ¹ No presumas del mañana,
pues no sabes lo que deparará el día.

2 Co 10
12-13

² Que otro te alabe y no tu propia boca,
que sea un extraño y no tus labios.

³ Pesada es la piedra y pesada la arena;
es más pesada la rabia del necio.

6 34-35

⁴ El furor es cruel, impetuosa la cólera,
pero la envidia es irresistible.

26 10 El texto de este v. está corrompido. El hebr. se traduciría lit.: «Un arquero (?) que todo lo hiere, y el que toma a sueldo al necio, y el que toma a sueldo a los que pasan».

⁵ Más vale reprensión manifiesta
  que amistad encubierta.

⁶ Más valen golpes leales de amigo,
  que besos falaces de enemigo*.

26 24-26
Mt 26 49

⁷ Estómago harto desprecia la miel,
  estómago hambriento vuelve lo amargo dulce.

Pr 25 16
Lc 15 16

⁸ Como pájaro errante lejos de su nido
  es el hombre errante lejos de su lugar.

Si 29 21-28

⁹ Perfume e incienso alegran el corazón,
  la dulzura del amigo consuela el alma.

¹⁰ No abandones a tu amigo ni al amigo de tu padre;
   no vayas a la casa de tu hermano cuando estés en apuros.
   Más vale vecino cerca que hermano lejos.

Si 37 6

18 24

¹¹ Hazte sabio, hijo mío, y alegra mi corazón,
   y podré responder a quien me ofende.

¹² El prudente ve el peligro y se esconde,
   los simples siguen adelante y lo pagan.

=22 3

¹³ Cógele el vestido, pues salió fiador de un extraño,
   exígele prenda por los desconocidos*.

=20 16
6 1+

¹⁴ Saludar al vecino a gritos de madrugada*
   es igual que maldecirlo.

¹⁵ Gotera incesante en día de lluvia
   y mujer pendenciera son iguales;
¹⁶ contenerla es como retener el viento
   y coger aceite con la mano.

19 13

¹⁷ El hierro se aguza con hierro,
   el hombre, en contacto con su prójimo.

¹⁸ Quien cuida una higuera come de su fruto,
   quien vela por su amo recibe honores.

¹⁹ Como el agua es espejo del rostro,
   el corazón es espejo del hombre*.

²⁰ Abismo y perdición son insaciables,
   como insaciables son los ojos del hombre.

30 15-16
Qo 1 8; 6 7

²¹ La plata en el crisol, el oro en el horno
   y el hombre en su reputación.

=17 3

²² Aunque machaques al necio en el mortero*,
   no le quitarás la necedad.

²³ Conoce bien el estado de tu ganado
   y presta atención a tus rebaños;
²⁴ porque la riqueza no es eterna,
   ni la fortuna* dura siempre.
²⁵ El heno asoma, el pasto aparece
   y se recoge la hierba de los montes;

12 10
Si 7 22

---

27 6 Traducción dudosa. La palabra traducida por «falaces» suelen traducirla menudo por «abundantes». Algunos corrigen para leer «desagradables», «malvados». El paralelismo antitético favorece a la idea de falsedad.
27 13 «los desconocidos» *nokrîm* conj., ver **20** 16; «una extranjera» *nokriyyah* hebr.
27 14 El Talmud prohíbe los saludos antes de la oración de la mañana.

27 19 La interpretación de este v. es dudosa. Parece decir que el hombre se revela en sus intenciones («corazón»), como el rostro en el agua; pero el griego ha entendido lo contrario: «Como los rostros no se parecen a los rostros, así difieren los corazones de los hombres».
27 22 Algunos ms. insertan aquí «entre el grano, con la maza».
27 24 «fortuna»: *'ošer* conj.; hebr. *nezer*, «corona».

²⁶ los corderos te darán vestido,
    los cabritos dinero para un campo,
²⁷ y las cabras leche abundante para tu alimento,
    para alimentar a tu familia y mantener a tus criadas.

28

Lv 26 17.36
Sal 118 6

¹ El malvado huye sin que lo persigan,
    el justo vive confiado como un león.

² En país revuelto abundan sus jefes,
    hombre inteligente y experto mantiene el orden*.

³ Hombre empobrecido* que oprime a los pobres
    es lluvia devastadora que deja sin pan.

⁴ Los que abandonan la ley felicitan al malvado,
    los que observan la ley rompen con él.

Jn 10 26+
1 Co 2 14
Sb 3 9
=19 1

⁵ Los malvados no entienden el derecho,
    los que buscan a Yahvé lo entienden todo.

⁶ Más vale ser pobre y honrado
    que rico y retorcido.

23 19-22

⁷ El que guarda la ley es un hijo inteligente,
    el que anda con juerguistas deshonra a su padre.

Ex 22 24+
Pr 13 22

⁸ El que aumenta sus riquezas con usuras e intereses,
    acumula para el que se compadece de los pobres*.

15 8

⁹ Si uno cierra su oído para no oír la ley,
    también su oración será aborrecida.

26 27+

¹⁰ El que extravía a los rectos por el mal camino,
    caerá en su propia fosa*.

¹¹ El rico presume de sabio,
    pero el pobre inteligente lo desenmascara.

11 10; 29 2
=28 28

¹² Cuando triunfan los justos, hay gran esplendor;
    cuando se alzan los malvados, no se encuentra un alma.

Lc 18 9-14
1 Jn 1 9
Si 4 26

¹³ El que oculta sus delitos no prosperará,
    el que los confiesa* y cambia, obtendrá compasión.

¹⁴ Dichoso el hombre que teme siempre,
    el que se obstina caerá en desgracia.

Si 3 26

¹⁵ León rugiente y oso hambriento,
    el malvado que domina a un pueblo pobre.

¹⁶ Príncipe insensato multiplica la opresión,
    el que odia el lucro prolongará sus días.

¹⁷ El hombre culpable de asesinato
    huye hasta la tumba: ¡que no lo detengan!

10 9

¹⁸ El que procede sin tacha se salvará,
    el que se extravía entre dos caminos caerá en uno de ellos.

=12 11

¹⁹ Quien cultiva su tierra se hartará de pan;
    quien persigue quimeras se hartará de miseria*.

---

28 2   El griego ha entendido: «Por el pecado de los injustos surgen las disputas; el hombre inteligente las ex-
tinguirá».
28 3   Algunos leen «gobernante», con ligeras modificaciones. Griego «malvado».
28 8   Los bienes injustamente reunidos nada aprovechan y finalmente vuelven a los pobres.

28 10   Algunos ms. añaden: «Los hombres íntegros heredarán la felicidad».
28 13   Lit. «abandona».
28 19   Las «quimeras» o «cosas vanas», son quizá, para
el autor de estos proverbios, las actividades comerciales. Muchos proverbios siguen apegados al antiguo
ideal agrícola.

²⁰ El hombre sincero abundará en bendiciones;
   quien se enriquece rápido no quedará impune.

²¹ No es bueno discriminar a nadie,
   por un trozo de pan se comete un delito.

24 23
Dt 16 19+

²² El ambicioso corre a enriquecerse,
   sin saber que le llega la miseria.

²³ El que reprende a alguien será más apreciado
   que el de lengua aduladora.

27 5.6

²⁴ El que roba a sus padres, diciendo: «No es pecado»
   es cómplice de delincuentes.

²⁵ El ambicioso provoca peleas,
   el que confía en Yahvé prosperará.

15 18

²⁶ El que se fía de sí mismo es un necio,
   el que procede con sabiduría se salvará.

3 5-6
1 Co 3 18

²⁷ El que da al pobre no pasará necesidad,
   el que lo ignora abundará en maldiciones.

11 25; 19 17
22 9

²⁸ Cuando se alzan los malos, la gente se esconde;
   cuando desaparecen, aumentan los justos.

=28 12

29 ¹ El hombre que se obstina ante la corrección,
   será destruido pronto y sin remedio.

² Cuando predominan los justos, el pueblo se alegra;
   cuando dominan los malvados, el pueblo se lamenta.

11 10;
28 12.28

³ El que ama la sabiduría alegra a su padre,
   el que se junta con prostitutas disipa su fortuna.

10 1; 5 10;
6 26
Si 9 6

⁴ Un rey justo levanta a un país,
   el partidario de impuestos lo arruina.

Lc 15 13
Pr 14 34
Is 11 4.5

⁵ El hombre que adula a su prójimo
   tiende una trampa ante sus pies.

11 9

⁶ El pecado del malvado es su trampa,
   el justo da gritos de alegría.

Jb 18 7-10

⁷ El justo reconoce los derechos del pobre,
   el malvado es incapaz de conocerlos*.

Jb 29 16

⁸ Los provocadores agitan la ciudad,
   los sabios apaciguan los ánimos.

⁹ Cuando el sabio pleitea con el necio,
   se enfada y se ríe sin descanso.

¹⁰ Los sanguinarios odian al intachable,
   pero los honrados cuidan de su vida*.

¹¹ El necio da rienda suelta a sus pasiones,
   el sabio acaba dominándolas.

12 16

¹² Gobernante que hace caso de calumnias,
   creerá malvados a todos sus servidores.

¹³ El pobre y el estafador coinciden:
   Yahvé ilumina los ojos de ambos.

=22 2
Mt 5 45

¹⁴ Rey que juzga con justicia a los débiles
   afirma su trono para siempre.

16 12; 20 28

---

29 7 Lit. «no comprende el conocimiento».
29 10 También podría leerse, con ligeras modificaciones: «pero los malvados lo persiguen a muerte».

¹⁵ Vara y corrección dan sabiduría,
    muchacho consentido avergüenza a su madre.

¹⁶ Cuando abundan los malvados, se multiplican los delitos,
    pero los justos serán testigos de su caída.

¹⁷ Corrige a tu hijo: te hará vivir tranquilo
    y te dará satisfacciones.

¹⁸ Cuando no hay profetas, el pueblo se relaja;
    dichoso el que cumple la ley*.

¹⁹ No se corrige a un siervo con palabras;
    aunque entienda, no hace caso.

²⁰ Más se puede esperar de un necio
    que del ligero al hablar.

²¹ Esclavo consentido en la niñez
    al final será un ingrato*.

²² Hombre furioso provoca peleas,
    el iracundo multiplica delitos.

²³ El propio orgullo humilla al hombre,
    el espíritu humilde obtiene honores.

²⁴ El cómplice del ladrón se odia a sí mismo:
    escucha la maldición*, pero no lo denuncia.

²⁵ El miedo tiende una trampa al hombre,
    el que confía en Yahvé estará protegido.

²⁶ Muchos buscan el favor del gobernante,
    pero sólo Yahvé hace justicia.

²⁷ Los justos detestan al criminal
    y el malvado detesta al honrado.

VI.   Palabras de Agur

30 ¹ Palabras de Agur, hijo de Jaqué, de Masá*. Oráculo de este hombre para Itiel, para Itiel y para Ucal*.

² ¡Soy el más estúpido de los hombres!
    No tengo inteligencia humana,
³ no he aprendido la sabiduría,
    ni conozco la ciencia santa*.
⁴ ¿Quién subió hasta el cielo y bajó luego?,
    ¿quién recogió el viento en un puñado?,
    ¿quién envolvió el agua en su vestido?,
    ¿quién puso los confines de la tierra?

Marginal references:
10 1; 22 15
13 24; 19 18
Si 33 25-30
=26 12
14 17
Si 1 22
⟋ Mt 23 12p
16 20
31 1
Jn 3 13
Jb 38-39
Si 1 2-3

---

29 18 «Profetas». Lit. «visiones (proféticas)», término técnico que habitualmente designa la actividad de los profetas. El término traducido por «ley» (*tôrah*), puede designar también la «enseñanza», aquí: de los profetas. **29** 21 Traducción dudosa: el término aparece sólo *aquí* y en *Si 47 23*. **29** 24 Parece referirse a la maldición que se pronuncia contra el criminal desconocido o contra los testigos que siguen ocultos. Ver Lv 5 1; Jc 17 2. **30** 1 (a) «de Masá» *hammaśśa'î* conj.; «el oráculo» *hammassa'* hebr. Sobre Masá, ver **31** +. —La Vulgata no ha visto aquí nombres propios, e interpreta así este título: «Palabras del que reúne, hijo del que vomita».

—En el texto griego, **30** 1-14 se inserta entre **24** 22 y **24** 23; y **30** 15 - **31** 9 sigue a **24** 34. **30** 1 (b) Interpretación dudosa de un texto sin duda mal transmitido. Otros corrigen la vocalización y entienden: «Me he cansado, oh Dios, me he cansado y estoy agotado». Las versiones antiguas dan muestras de la misma dificultad: Vulg. «Visión que dijo el hombre con quien está Dios y que, permaneciendo Dios con él, reconfortado dijo». Griego: «Mira lo que dice el hombre a los que creen en Dios, y yo me detengo». **30** 3 Es decir, de los santos, o «del Santo» (con plural de majestad), es decir, de Dios.

Dime cuál es su nombre
y el nombre de su hijo, si lo sabes.

⁵ Toda palabra de Dios está garantizada;
él es un escudo para cuantos confían en él.
⁶ No añadas nada a sus palabras,
no sea que te reprenda y quedes por mentiroso.

=Sal 18 31
‖2 S 22 31

⁷ Dos cosas te he pedido,
no me las niegues antes de mi muerte:
⁸ Aleja de mí falsedad y mentira;
no me des pobreza ni riqueza,
asígname mi ración de pan;
⁹ pues, si estoy saciado, podría renegar de ti
y decir: «¿Quién es Yahvé?»,
y si estoy necesitado, podría robar
y ofender el nombre de mi Dios.
¹⁰ No calumnies a un criado delante de su amo,
pues te maldecirá y sufrirás las consecuencias.

Sal 119 29

Mt 6 11
Dt 6 12;
32 15

Lv 5 21

Flm 8-20

¹¹ Hay gente que maldice a su padre,
y no bendice a su madre;
¹² hay gente que se cree pura
y no ha lavado sus manchas;
¹³ hay gente de ojos altivos
y párpados altaneros;
¹⁴ hay gente con dientes como espadas,
y mandíbulas como cuchillos,
para devorar a los humildes del país
y a los pobres de la tierra.

Ex 21 17

Jb 19 22
Is 9 11

VII. Proverbios numéricos*

¹⁵ La sanguijuela tiene dos hijas: «¡Dame, dame!»

Hay tres cosas insaciables
y cuatro que no dicen: «¡Basta!»
¹⁶ El abismo, el vientre estéril,
la tierra que no se harta de agua,
y el fuego que no dice: «¡Basta!»
¹⁷ Al que se ríe de su padre
y desprecia a su anciana madre,
los cuervos le sacarán los ojos,
y lo devorarán los aguiluchos.

Nm 16 33+
Pr 27 20
Gn 30 1

19 26+

¹⁸ Hay tres cosas que me desbordan
y cuatro que no comprendo:
¹⁹ el camino del águila por el cielo,
el camino de la serpiente sobre la roca,
el camino del barco en alta mar
y el camino del hombre hacia la doncella.

Sb 5 10-12

30 15 El «proverbio numérico» participa a la vez de la máxima, del enigma y de la comparación. Este procedimiento literario se halla atestiguado en la literatura hebrea, en forma todavía imperfecta, desde la época profética, Am 1 3.6.9.11.13; Is 17 6; Mi 5 4, ver Sal 62 12s, y reaparece a través de toda la literatura sapiencial, Pr 9 16s, y aquí 30 15-33; Jb 5 19; 40 5; Qo 11 2; 4 12 (?); Si 23 16s; 25 7; 26 5-7.28; 50 25; ver 25 1-2. —La breve colección 30 15-33 muestra un interés particular por las maravillas de la naturaleza y las costumbres de los animales.

²⁰ Así procede la mujer adúltera:
come, se limpia la boca y dice:
«¡No he hecho nada de malo*!»

Qo 10 5-7

²¹ Tres cosas hacen temblar la tierra
y cuatro no puede soportar:

19 10

²² esclavo que llega a rey,
tonto harto de comer,

Gn 16 3-6

²³ mujer odiada que se casa
y esclava que hereda a su señora.

²⁴ Hay cuatro seres pequeños en la tierra,
que son más sabios que los sabios*:

6 6-8

²⁵ las hormigas, pueblo débil
que en verano asegura su alimento;
²⁶ los damanes, pueblo sin fuerza
que hace madrigueras en la roca;
²⁷ las langostas, que no tienen rey
y todas marchan en formación;
²⁸ la lagartija, que se coge con la mano
y habita en palacios reales.

²⁹ Hay tres cosas de paso gallardo
y cuatro de elegante marcha:
³⁰ el león, el animal más fuerte
que ante nada retrocede,
³¹ el gallo orgulloso, el macho cabrío
y el rey al frente de su ejército*.

³² Si hiciste el tonto presumiendo
y has reflexionado, cierra la boca;
³³ aprietas la leche y sale requesón,
aprietas la nariz y sale sangre,
aprietas la ira y sale discordia.

VIII.   *Palabras de Lemuel*

31

¹ Palabras de Lemuel, rey de Masá*, que le enseñó su madre:

5 1-14

² ¿Qué te diré*, hijo mío, hijo de mis entrañas,
hijo de mis promesas?

Si 9 2
1 R 11 1-4

³ No pierdas tus energías con mujeres,
ni tus caminos en derrocar reyes*.

Qo 10 16-17

⁴ No es propio de reyes, Lemuel,
no es propio de reyes beber vino*,
ni de los gobernantes beber licores;
⁵ pues, si beben, se olvidan de la ley
y traicionan la causa de los desfavorecidos.

---

30 20 Este v. parece ser una glosa desafortunada de los dos vv. precedentes.
30 24 «que los sabios» versiones: «formados en la sabiduría» hebr.
30 31 El griego lee: «y el rey que arenga a su pueblo».
—Igualmente es dudoso el comienzo del v.; en vez de «gallo» (según el árabe) se ha propuesto «cigarra» (según el acadio), o también «caballo», «cebra», «lebrel», etc.
31 1   «rey de Masá» uniendo las dos palabras; «rey; oráculo» *(maśśa')* hebr., ver 30 1. —Masá es el nombre

de una tribu ismaelita del norte de Arabia, Gn 25 14. La sabiduría de los «hijos de Oriente», Num 24 21 +, gozaba de fama, ver 1 R 5 10; Jr 49 7; Jb 2 11+.
31 2   «¿Qué te diré...» conj.; hebr.: «qué, hijo mío; qué, hijo de mis entrañas; y qué, hijo de mis promesas».
31 3   En vez de «tus caminos», una ligera corrección haría posible leer «tus muslos». Griego: «y no expongas su espíritu y tu vida a lamentaciones tardías».
31 4   La insistencia en los peligros del vino es uno de los rasgos de la moral del desierto (ver los recabitas, Jr 35, y los árabes modernos).

⁶ Dad el licor al perdido
　y el vino al amargado;
⁷ que beba y olvide su miseria,
　y no vuelva a acordarse de sus penas.

Mt 27 34

⁸ Habla por el que no puede hablar
　y defiende la causa de los desvalidos;
⁹ habla para juzgar con justicia
　y defiende la causa del humilde y del pobre.

Sal 72 2.4.
12-14

IX.   La mujer ideal*

Álef.   ¹⁰ ¿Quién encontrará a una mujer ideal*?
　　　　Vale mucho más que las piedras preciosas.

Bet.   ¹¹ Su marido confía plenamente en ella,
　　　　pues no carecerá de nada.

Guímel.   ¹² Le da beneficios sin pérdidas
　　　　todos los días de su vida.

Dálet.   ¹³ Adquiere lana y lino
　　　　y los trabaja con finas manos.

He.   ¹⁴ Es como un barco mercante
　　　　que trae de lejos sus provisiones.

Vau.   ¹⁵ Se levanta cuando aún es de noche
　　　　para dar el sustento a su familia
　　　　y las órdenes a sus criadas*.

Zain.   ¹⁶ Examina y compra tierras,
　　　　y con sus propias ganancias planta viñas.

Jet.   ¹⁷ Se arremanga con decisión
　　　　y trabaja con energía.

Tet.   ¹⁸ Comprueba si sus asuntos van bien
　　　　y ni de noche apaga su lámpara.

Yod.   ¹⁹ Echa mano a la rueca
　　　　y sus dedos manejan el huso.

Kaf.   ²⁰ Tiende sus manos al necesitado
　　　　y ofrece su ayuda al pobre.

Lámed.   ²¹ Su casa no le teme a la nieve,
　　　　pues todos los suyos llevan vestidos forrados.

Mem.   ²² Se confecciona sus mantas
　　　　y viste de lino y púrpura.

Nun.   ²³ Su marido es reconocido en la plaza,
　　　　cuando se sienta con los ancianos del lugar.

24 7+

Sámek.   ²⁴ Teje y vende prendas de lino
　　　　y proporciona cinturones a los comerciantes.

Ain.   ²⁵ Se reviste de fuerza y dignidad
　　　　y no le preocupa el mañana*.

Pe.   ²⁶ Abre su boca con sabiduría
　　　　y su lengua instruye con cariño.

---

31 10 (a) Poema alfabético (ver Sal 9-10; 25; 34; 37;
111; 112; 119; 145; Lm 1-4; Na 1 2-8; Si 51 13-29 hebr.).
Tomando la primera letra de cada versículo (en otros casos,
de cada estrofa), se tiene el alfabeto hebreo. —Sobre la
interpretación de este poema, ver v. 30 + y 5 15 +.
Comparar 11 16; 12 4; 18 22; 19 14 y Si 7 19.
31 10 (b) La expresión hebrea, que el griego y la Vulgata traducen literalmente por «mujer fuerte», evoca a
la vez la eficacia y la virtud. El modelo que propone es

el de la eficaz administradora de una hacienda rural,
que desarrolla con eficiencia ejemplar funciones y com-
petencias tradicionalmente desempeñadas por el marido en la sociedad israelita de la época.
31 15 Probablemente es glosa, pues rompe el ritmo.
31 25 Lit. «y se ríe del día de mañana». Es decir, mira
el futuro con confianza, ya se trate del destino de su familia, ya de la recompensa que Dios concederá un día
a su celo.

Sade.   [27] Vigila la marcha de su casa
         y no come el pan de balde.

Qof.   [28] Sus hijos se apresuran a felicitarla
         y su marido hace su alabanza:

Reš.   [29] «¡Hay muchas mujeres valiosas,
         pero tú las superas a todas!»

Šin.   [30] Engañosa es la gracia y fugaz la belleza;
         sólo la mujer que respeta a Yahvé* es digna de alabanza.

Tau.   [31] Agradecedle el fruto de su trabajo
         y que sus obras la alaben en la plaza.

---

31 30 Este elogio de la mujer ideal fue quizá comprendido alegóricamente, como una descripción de la sabiduría personificada, ver **8** 22 +. Es lo que parece sugerir una amplificación del griego («una mujer inteligente será alabada —el temor de Yahvé, eso es lo que hay que ensalzar»), y esto explicaría que este trozo, tan bello por lo demás, haya sido puesto como conclusión del libro.

ECLESIASTÉS

Introducción

Este pequeño libro se titula «Palabras de Cohélet, hijo de David, rey en Jerusalén». La palabra «Cohélet» (o «Qohélet»), ver 1 2 y 12; 7 27; 12 8-10, no es nombre propio, sino un nombre común empleado a veces con artículo, y aunque su forma es femenina, se construye como masculino. Según la explicación más probable, es un nombre de función y designa al que habla en la asamblea (qahal, en griego ekklesía; de ahí los títulos latino y español, tomados de la Biblia griega), en una palabra, el «Predicador». Se le llama «hijo de David y rey en Jerusalén» ver 1 12, y aunque no aparezca escrito el nombre, ciertamente se le identifica con Salomón, a quien claramente alude el texto, 1 16 (ver 1 R 3 12; 5 10-11; 10 7) ó 2 7-9 (ver 1 R 3 13; 10 23). Pero esta atribución es mera ficción literaria del autor, que pone sus reflexiones bajo el patrocinio del más ilustre de los Sabios de Israel. El lenguaje del libro y su doctrina, de la que seguidamente hablaremos, impiden situarlo antes del Destierro. Se ha impugnado a menudo la unidad de autor, y se han distinguido dos, tres, cuatro y hasta ocho manos diferentes. Pero se va renunciando cada vez más a una partición que parece desconocer el género y el pensamiento del libro, y a la que se oponen la unidad de estilo y de vocabulario, aunque sí ha sido publicado por un discípulo que añadió los últimos versículos, 12 9-14.

Como en otros libros sapienciales, por ejemplo Job y Eclesiástico, por no decir nada de Proverbios (una obra miscelánea), el pensamiento fluctúa, se rectifica y se corrige. No hay un plan definido, sino que se trata de variaciones sobre un tema único, la vanidad de las cosas humanas, que se afirma al comienzo y al final del libro 1 2 y 12 8. Todo es falaz: la ciencia, la riqueza, el amor y hasta la misma vida. Ésta no constituye más que una serie de actos incoherentes y sin importancia, 3 1-11, que concluyen con la vejez, 12 1-7, y con la muerte. Ésta afecta igualmente a sabios y a necios, ricos y pobres, animales y hombres, 3 14-20. El problema de Cohélet coincide parcialmente con el de Job: ¿tienen aquí abajo su sanción el bien y el mal? Y la respuesta de Cohélet, como la de Job, es negativa, porque la experiencia contradice a las soluciones admitidas, 7 25 - 8 14. Sólo que Cohélet es hombre de buena salud y no busca como Job la razón del sufrimiento; comprueba la vacuidad del bienestar y se consuela recogiendo los modestos goces que puede ofrecer la existencia, 3 12-13; 8 15; 9 7-9. Digamos más bien que trata de consolarse, porque se encuentra totalmente insatisfecho. El misterio del más allá le atormenta, sin que vislumbre una solución, 3 21; 9 10; 12 7. Pero Cohélet es un creyente, y si bien queda desconcertado ante el giro que Dios da a los asuntos humanos, afirma que Dios no tiene por qué rendir cuentas, 3 11.14; 7 13, que se han de aceptar tanto las pruebas como las alegrías, 7 14, que se han de guardar los mandamientos y temer a Dios, 5 6; 8 12-13.

Es evidente que esta doctrina está lejos de ser coherente. Pero ¿no será mejor atribuir las incoherencias a un pensamiento inseguro de sí mismo, porque aborda un misterio estremecedor sin contar con los elementos de solución, antes que dividir el texto entre varios autores que se corrigen y contradicen mutuamente? A Cohélet, como a Job, solamente puede dársele la respuesta con la afirmación de una sanción de ultratumba.

El libro tiene las características de una obra de transición. Las seguridades tradicionales se debilitan, pero nada firme las sustituye aún. En esta encrucijada del pensamiento hebreo se ha tratado de encontrar influencias extranjeras, que habrían actuado sobre Cohélet. Hay que descartar las comparaciones a menudo propuestas con las corrientes filosóficas del estoicismo, del epicureísmo y del cinismo, que Cohélet pudo conocer por medio del Egipto helenizado; ninguna de estas comparaciones es decisiva y la mentalidad del autor se halla muy alejada de la de los filósofos griegos. Se han fijado paralelos, más aceptables en apariencia, con composiciones egipcias como el Diálogo del Desesperado con su alma o los Cantos del Arpista, y más recientemente con la literatura mesopotámica de sabiduría y con la Epopeya de Guilgamés. Pero no se puede demostrar la influencia directa de ninguna de estas obras. Las coincidencias se dan sobre temas que a veces son muy antiguos y que integraban ya el fondo común de la sabiduría oriental. Y precisamente la reflexión personal de Cohélet ha trabajado sobre esta herencia del pasado, como lo dice su editor, 12 9.

Cohélet es un judío de Palestina, probablemente de Jerusalén mismo. Emplea un hebreo tardío, de transición, sembrado de aramaísmos, y utiliza dos palabras persas. Esto supone una fecha bastante posterior al Destierro, pero anterior a los comienzos del siglo II a.C., en el que Ben Sirá utilizó ya el librito; de hecho la paleografía sitúa en las proximidades del 150 a.C. fragmentos de Qo encontrados en las cuevas de Qumrán. El siglo III es por lo mismo la fecha de composición más probable. Estamos en el momento en que Palestina, sometida a los Tolomeos, comienza a recibir la corriente humanista y no ha sentido aún la sacudida de fe y esperanza de la época de los Macabeos.

El libro sólo marca un momento en el desarrollo religioso y no se le ha de juzgar separándolo de lo que le ha precedido y de lo que le seguirá. Al subrayar la insuficiencia de las viejas concepciones y forzar a los espíritus a enfrentarse con los enigmas humanos, apela a una revelación más elevada. Da una lección de desprendimiento de los bienes terrenos y, al negar la felicidad de los ricos, prepara al mundo para oír que son «bienaventurados los pobres», Lc 6 20.

ECLESIASTÉS

1 [1] Palabras de Cohélet*, hijo de David, rey de Jerusalén*.

Primera parte

Prólogo*.

Sal 62 10
Rm 8 20

[2] ¡Vanidad de vanidades*! —dice Cohélet—, ¡vanidad de vanidades, todo es vanidad! [3] ¿Qué saca el hombre de toda la fatiga* con que se afana bajo el sol?

Si 14 18

[4] Una generación va, otra generación viene; pero la tierra permanece donde está. [5] Sale el sol, se pone el sol; corre hacia su lugar y de allí vuelve a salir. [6] Sopla

Si 40 11

hacia el sur el viento y gira al norte; gira que te gira el viento, y vuelve el viento a girar. [7] Todos los ríos van al mar y el mar nunca se llena; al lugar donde los ríos van, allá vuelven a fluir. [8] Todas las cosas cansan. Nadie puede decir* que no se

Pr 27 20

cansa el ojo de ver ni el oído de oír.

2 12; 3 15

[9] Lo que fue, eso será;
lo que se hizo, eso se hará.
Nada nuevo hay bajo el sol.

[10] Si de algo se dice: «Mira, eso sí que es nuevo», aun eso ya sucedía en los siglos que nos precedieron. [11] No hay recuerdo de los antiguos, como tampoco

2 16

de los venideros quedará memoria entre los que después vendrán.

La vida de Salomón*.

[12] Yo, Cohélet, he sido rey de Israel en Jerusalén. [13] Me he aplicado con interés a investigar y explorar con sabiduría cuanto acaece bajo el cielo. ¡Mal oficio* éste que Dios encomendó a los humanos para que en él se ocuparan! [14] He observado cuanto sucede bajo el sol y he visto que todo es vanidad y atrapar vientos*.

Gn 3 17-19
Qo 3 10

Os 12 2

[15] Lo torcido no puede enderezarse,
lo que falta no se puede contar.

[16] Me dije para mis adentros: Tengo una sabiduría grande y extensa, mayor que la de todos mis predecesores en Jerusalén; con mi reflexión he adquirido enorme sabiduría y ciencia. [17] He reflexionado para conocer la sabiduría y el saber, la locura* y la necedad, y he comprendido que aun esto mismo es atrapar vientos, [18] pues:

1 R 3 12;
5 9-10;
10 1-13
Si 47 14-18

Donde abunda sabiduría abundan penas,
quien acumula ciencia, acumula dolor.

2 [1] Me dije para mis adentros: ¡Voy a probar con el placer y a disfrutar del bienestar! Pero vi que también esto es vanidad. [2] A la risa llamé locura, y del placer dije: ¿Para qué vale? [3] Traté de regalar* mi cuerpo con vino, mientras guiaba mi reflexión con sabiduría, y de entregarme a la necedad hasta ver en

Pr 14 13

---

1 1 (a) «Cohélet», o «El Eclesiastés»: el hombre de la asamblea (hebreo *qahal*, griego *ekklèsia*). Es decir, el Maestro o el Predicador; o bien, por el contrario, el representante de la asamblea, el Público personificado, y que, cansado de la enseñanza clásica, va a tomar a su vez la palabra.
1 1 (b) Ficción literaria que identifica al autor con Salomón, el sabio por excelencia, 1 R 5 9-14.
1 2 (a) El determinismo del cosmos, marco monótono de la vida humana, provoca hastío en el Eclesiastés, al contrario de la admiración y adoración que expresan Jb 38-40 o el Sal 104.
1 2 (b) El término, cuya traducción tradicional «vanidad» en general conservamos, significa en primer lugar «vaho», «aliento», y forma parte del repertorio de imágenes (el agua, la sombra, el humo, etc.) que en la poesía hebrea describen la fragilidad humana. Pero la palabra ha perdido su sentido concreto y para Qo únicamente evoca lo ilusorio de las cosas y, en consecuencia, la decepción que éstas le reservan al hombre.
1 3 En hebreo *'amal*, que las más de las veces evoca un trabajo fatigoso como el del esclavo (ver Dt 26 7); de

ahí la fatiga, el sufrimiento. Esta palabra es muy frecuente en Qo: en forma de sustantivo aparece veinte veces, en su forma verbal, trece veces.
1 8 También puede entenderse: «todas las cosas dan fastidio (mayor de lo que) pueda decirse». Con lo que varía el sentido de lo que sigue: «No se cansa el ojo de ver, ni el oído de oír».
1 12 El mismo Salomón, en su fastuosa vida, 1 R 10 4s, a pesar de su sabiduría, 1 R 5 9s, no conoció la felicidad.
1 13 «oficio» o «tarea», en hebreo *'inyán*; esta palabra sólo aparece en este libro, donde generalmente hace relación a su sentido peyorativo: se trata del trabajo, del oficio considerado como fuente de fatigas o de preocupaciones.
1 14 Es decir, esfuerzo inútil, ilusión, tiempo perdido.
1 17 «la locura» mss, ver 10 13; «locuras» hebr.
2 3 En vez de leer *limešôk*, lit. «atraer», «arrebatar», nuestra traducción corrige en *lišmôk*, «sostener», de ahí «regalar».

1 R 7 1-12
2 Cro 27 27s

qué consistía la felicidad de los humanos, lo que hacen bajo el cielo durante los contados días de su vida. ⁴ Emprendí mis grandes obras; construí palacios, planté viñas; ⁵ me hice huertos y jardines, y los planté de toda clase de árboles frutales. ⁶ Me construí albercas para que el agua regase la fértil fronda. ⁷ Tuve siervos y esclavas: poseí servidumbre, así como ganados, vacas y ovejas, en mayor cantidad que ninguno de mis predecesores en Jerusalén. ⁸ Atesoré también plata y oro, tributos de reyes y de provincias. Me procuré cantores y cantoras, toda clase de lujos humanos, coperos y reposteros*. ⁹ Me hice grande y superé a todos mis predecesores en Jerusalén, asistido por mi sabiduría. ¹⁰ Nada negué a mis ojos de cuanto me pedían, ni rehusé a mi corazón ninguna alegría, pues me solazaba en medio de todas mis fatigas, y esto me compensaba de todas mis fatigas.

1 R 9 28; 10
1 R 11 1-3

1 R 10 23

¹¹ Consideré entonces todas las obras de mis manos y lo mucho que me fatigué haciéndolas, y vi que todo es vanidad y atrapar vientos, y que ningún provecho se saca bajo el sol. ¹² Me puse a considerar la sabiduría, la locura y la necedad. ¿Qué hará el hombre que suceda al rey, sino lo que ya otros hicieron*? ¹³ Vi que la sabiduría aventaja a la necedad, como la luz a las tinieblas.

1 9

10 2
1 Jn 2 10-11
Jn 8 12+

¹⁴ El sabio tiene sus ojos abiertos*,
    pero el necio camina en tinieblas.

Pero también sé que la misma suerte alcanza a ambos. ¹⁵ Entonces me dije: Como la suerte del necio será la mía, ¿para qué sirve mi sabiduría*? Y pensé que hasta eso mismo es vanidad. ¹⁶ No hay recuerdo duradero ni del sabio ni del necio; al correr de los días, todos son olvidados. Pues el sabio muere igual que el necio.

6 8

Sb 2 4
Si 44 8-15
Qo 1 11
Sal 49 11

¹⁷ He detestado la vida, porque me repugna cuanto se hace bajo el sol, pues todo es vanidad y atrapar vientos.
¹⁸ Detesté todas mis fatigas y afanes bajo el sol, pues todo he de dejar a mi sucesor. ¹⁹ ¿Quién sabe si será sabio o necio? Él se hará dueño de todo mi trabajo, lo que realicé con fatiga y sabiduría bajo el sol. También esto es vanidad. ²⁰ Y he acabado desanimado con todas mis fatigas y afanes bajo el sol, ²¹ pues puede que un hombre se fatigue con sabiduría, ciencia y destreza, y tenga que dejar su paga a otro que en nada se fatigó. También esto es vanidad y mal grave.
²² Entonces, ¿qué le queda al hombre de toda su fatiga y esfuerzo con que se fatigó bajo el sol? ²³ Pues todos sus días son dolorosos y su oficio penoso; y ni aun de noche descansa su mente. También esto es vanidad.
²⁴ No hay mayor felicidad para el hombre que comer y beber, y disfrutar en medio de sus fatigas*. Yo veo que también esto es don de Dios, ²⁵ pues ¿quién come y quién bebe, si él no lo permite?*. ²⁶ Porque Él da sabiduría, ciencia y alegría a quien le agrada; mas al pecador le da como tarea amontonar y atesorar para dejárselo a quien agrada a Dios*. También esto es vanidad y atrapar vientos.

3 12-13.2
5 17; 8 1
9 7-8

Si 1 10

Jb 27 16
Pr 13 22

La muerte*.

3 ¹ Todo tiene su momento, y cada cosa su tiempo bajo el cielo:
² Su tiempo el nacer,
    y su tiempo el morir;
    su tiempo el plantar,
    y su tiempo el arrancar lo plantado.
³ Su tiempo el matar,
    y su tiempo el sanar;
    su tiempo el destruir,
    y su tiempo el edificar.
⁴ Su tiempo el llorar,
    y su tiempo el reír;

---

2 8   Según griego, «Arcas y arcas» conforme al sentido de la palabra en hebreo posbíblico. Otros entienden: «princesas y princesas» o «concubinas y concubinas», y piensan en el harén de Salomón.
2 12   «qué hará» conj.; «qué» hebr. —«lo que ya otros hicieron» hebr. —La sabiduría no proporciona ninguna ventaja, ni siquiera un recuerdo duradero; con todo, vale más que la necedad, como el día vale más que la noche.
2 14   Lit. «tiene sus ojos en la frente».
2 15   El hebr. añade: «entonces más».
2 24   Esta máxima de aire epicúreo es un argumento en una polémica. Y si bien el autor convierte en estribillo esta paradoja, 3 12-13; 5 17; 8 15; 9 7, no cierra en ella toda su concepción de la vida, como si aconsejara

el placer en cuanto razón última de la acción y excluyera el sentido del deber.
2 25   «bebe» versiones; «se apresurará» hebr. —«si él no lo permite», lit. «fuera de él», mss, versiones; «fuera de mí» hebr.
2 26   Así hablaban los Sabios para justificar el escándalo de las riquezas otorgadas al malvado, ver Pr 11 8; 13 22; Jb 27 16s. Cohélet se burla de paso de la insuficiencia de esta doctrina.
3   La mitad de las ocupaciones del hombre son funestas, la mitad de sus gestos, gestos de duelo. La muerte ha puesto su impronta sobre la vida. Ésta está formada por una serie de actos incoherentes, vv. 1-8, sin finalidad, vv. 9-13, si no es la muerte, que, a su vez, carece de sentido, vv. 14-22.

su tiempo el lamentarse,
y su tiempo el danzar.
⁵ Su tiempo el lanzar piedras,
y su tiempo el recogerlas;
su tiempo el abrazarse,
y su tiempo el separarse.
⁶ Su tiempo el buscar,
y su tiempo el perder;
su tiempo el guardar,
y su tiempo el tirar.
⁷ Su tiempo el rasgar,
y su tiempo el coser;
su tiempo el callar,
y su tiempo el hablar.
⁸ Su tiempo el amar,
y su tiempo el odiar;
su tiempo la guerra,
y su tiempo la paz.
⁹ ¿Qué gana el que trabaja con fatiga?
¹⁰ He considerado la tarea que Dios ha impuesto a los humanos para que en ella se ocupen. ¹¹ Él ha hecho todas las cosas apropiadas a su tiempo; y también ha puesto el conjunto del tiempo en sus corazones*, pero el hombre no es capaz de descubrir la obra que Dios ha hecho de principio a fin. ¹² Comprendo que no hay para el hombre* más felicidad que alegrarse y buscar el bienestar en su vida. ¹³ Y que todo hombre coma y beba y disfrute bien en medio de sus fatigas, eso es don de Dios. ¹⁴ Comprendo que cuanto Dios hace es duradero*.
Nada hay que añadir ni nada que quitar.
Y así hace Dios que se le tema.
¹⁵ Lo que es, ya antes fue;
lo que será, ya es.
Y Dios restaura lo pasado*.
¹⁶ Más cosas todavía he visto bajo el sol:
en la sede del derecho, la iniquidad;
y en el sitial del justo*, el impío.

¹⁷ Y dije para mí: Dios juzgará al justo y al impío, pues hay un tiempo para cada cosa y para cada acción aquí. ¹⁸ Sobre la conducta de los humanos reflexioné así: Dios los prueba y les demuestra que son como bestias*. ¹⁹ Porque el hombre y la bestia tienen la misma suerte: muere el uno como la otra; y ambos tienen el mismo aliento de vida. En nada aventaja el hombre a la bestia, pues todo es vanidad.
²⁰ Todos caminan hacia una misma meta;
todos han salido del polvo
y todos vuelven al polvo.
²¹ ¿Quién sabe si el aliento de vida de los humanos asciende hacia arriba y si el aliento de vida de la bestia desciende hacia abajo, a la tierra*? ²² Veo que no hay nada mejor para el hombre que gozar de sus obras, pues ésa es su paga. Pero ¿quién le guiará a contemplar lo que ha de suceder después de él?

La vida social*.

4 ¹ Me puse a considerar todas las violencias perpetradas bajo el sol:
vi llorar a los oprimidos, sin nadie que los consolase;
la violencia de sus verdugos, sin nadie que los vengase.
² Felicité a los muertos que ya perecieron, más que a los vivos que aún viven. ³ Y más feliz que ambos el que aún no ha existido, pues no ha visto las barbaridades que se cometen bajo el sol.
⁴ He visto que todo afán y todo éxito en una obra excita la envidia de unos hacia otros. También esto es vanidad y atrapar vientos.
⁵ El necio se cruza de brazos,
y se consume a sí mismo.

Márgenes (referencias):
8 17; 11 5
Sal 139 17
11 4; 18 6
Is 55 8-9
Rm 11 33
2 24+
Sal 33 11
1 9
4 1; 5 7
Sal 49 13.21
Mt 12 12
Gn 2 7; 3 19
Sal 104 29
Jb 34 15
Si 16 29-30
Qo 12 7
Pr 15 24
2 24+
6 12
3 16
Jb 3 11-23;
10 18-22
Qo 6 3
Jr 20 17.18
Qo 3 16
Pr 6 9-11

---

3 11 O: «Dios ha puesto la eternidad en sus corazones», sin que esta frase tenga el sentido que tomará en el vocabulario cristiano. Únicamente quiere decir: Dios ha dado al corazón (al pensamiento) del hombre el conjunto de la duración, le ha permitido reflexionar sobre la sucesión de los hechos y dominar el momento presente. Pero el autor añade que este resumen es engañoso; no revela el sentido de la vida.
3 12 «para el hombre» *ba'adam*, ver 2 24; «para ellos» *bam* hebr.
3 14 En la teoría de la retribución, la muerte es el castigo del pecado. Para Cohélet, la muerte es simplemente consecuencia de la condición humana; nada tiene que ver con ello la virtud y la justicia. La suerte del hombre es la de la bestia. E incluso en el terreno de la justicia reina la ley del más fuerte, vv. 16.18. Sin embargo, Dios, por su parte, prefiere al débil, v. 15ᵇ.
3 15 lit. «arrebatado», «perseguido»: es el sentido que

el midrás Qohélet Rabbá da a esta palabra.
3 16 «justo» griego, Targ.; «justicia» hebr.
3 18 «y les demuestra» griego, sir.; «y vean» hebr. —Al final del v., hebr. añade dos palabras, lit. «ellos, para ellos», que quizá pudieran entenderse «los unos para los otros». Pero el contexto escasamente abona esta traducción: como lo indica la continuación, la comparación con las bestias no trata de sugerir la maldad, sino la imposibilidad de escapar a la muerte.
3 21 Esta duda, lanzada de paso basta para hacer espantosa la muerte. La última sentencia del libro es de un pesimismo menos radical: la vida del hombre vuelve a Dios, que se la dio, 12 7.
4 Las miserias de la vida en sociedad: la opresión de la fuerza y la derrota del hombre aislado, 4 1-12; la pasión política, 4 13-16; la religión gregaria y el abuso de los votos, 4 1 - 5 6; la tiranía del poder, 5 7-8.

⁶ Pero más vale un puñado con reposo
que dos puñados con fatiga
en atrapar vientos*.

⁷ Observé otra vanidad bajo el sol:
⁸ hay quien vive solo, sin sucesor, sin hijos ni hermano; su fatiga no tiene límites, y sus ojos no se hartan de riquezas: «¿Para quién me fatigo entonces y me privo de felicidad?»
También esto es vanidad y mal negocio.

Lc 10 1
⁹ Más valen dos que uno solo, pues obtienen mayor ganancia de su esfuerzo. ¹⁰ Si uno cae, lo levantará su compañero; pero ¡ay del solo que cae!, que no tiene quien lo levante. ¹¹ Si dos se acuestan, se calientan entre sí; pero el que está solo, ¿cómo se calentará? ¹² Si atacan a uno, los dos harán frente. La cuerda de tres hilos no es fácil de romper*.

¹³ Más vale mozo pobre y sabio
que rey viejo y necio,
que ya no sabe aconsejarse.

Si 11 5
¹⁴ Aunque haya salido de prisión para reinar,
aunque pobre naciera en el reino*,

¹⁵ veo a todos los vivientes que caminan bajo el sol ponerse junto al mozo, el sucesor, el que ocupará su puesto; ¹⁶ e iba a la cabeza de una multitud innumerable. Pero su posteridad no estará contenta con él. También esto es vanidad y atrapar vientos.
¹⁷ Guarda tus pasos cuando vas a la Casa de Dios. Acercarse obediente vale más que el sacrificio de los necios, porque ellos no saben que hacen el mal*.

Pr 20 25
5 ¹ Que no se precipiten tus labios ni se apresure tu corazón al pronunciar una palabra ante Dios. Dios está en el cielo, pero tú en la tierra: sean por tanto pocas tus palabras.

Mt 6 7
Si 7 14
Pr 10 19

² Las muchas preocupaciones
afloran en los sueños,
y en las muchas palabras
la voz del necio.

³ Si haces un voto a Dios, no tardes en cumplirlo, pues no le agradan los necios. El voto que has hecho, cúmplelo. ⁴ Es mejor no hacer votos que hacerlos y no cumplirlos. ⁵ No permitas que tu boca haga de ti un pecador, y luego digas ante el Mensajero que fue inadvertencia*. ¿Por qué dar a Dios la ocasión de irritarse contra ti y de arruinar lo que haces?

Lv 27 1+
Nm 30 3
Dt 23 22-2

⁶ Cuantos más sueños,
más vanidades y palabrería*.

Si 34 1-5

Pero tú teme a Dios.

12 13
⁷ Si en la región ves al pobre oprimido y violados el derecho y la justicia, no te asombres por eso. Se te dirá que una dignidad vigila sobre otra dignidad, y otras más dignas sobre ambas. ⁸ Se invocará el interés común y el servicio del rey*.

3 16; 4 1

El dinero*.

⁹ Quien ama el dinero, no se harta de él;
para quien ama la abundancia, no bastan ganancias.

También esto es vanidad.
¹⁰ A muchos bienes,
muchos los que los devoren;
¿de qué otra cosa sirven a su dueño
más que de espectáculo para sus ojos?
¹¹ Dulce es el sueño del obrero, coma poco o coma mucho; pero al rico la hartura no le deja dormir.

Pr 19 6
Si 13 6

Pr 13 8

---

4 6   «en atrapar vientos» conj.; «y apresamiento de vientos» hebr.
4 12   La imagen de la cuerda de tres hilos se encuentra en la misma forma en un texto sumerio del ciclo de Guilgamés y también como ilustración de la ventaja de ser dos a ser uno.
4 14   Traducción dudosa de un texto oscuro.
4 17   O: «porque ellos no saben nada, excepto hacer el mal». Todo este v. es difícil.
5 5   Se puede ver en el «Mensajero» al ángel ante el cual no es posible disculparse, ya que una de sus funciones es llevar la cuenta de las buenas obras, ver Tb **12** 12+; Hch **10** 4, o también al sacerdote que espera el cumplimiento de un voto, ver Ml **2** 7. Los Setenta lo han corregido por «Dios». —Sobre los pecados por inadvertencia, ver Lv **4**; Nm **15** 22s.
5 6   Este breve proverbio (lit. «en el número de los sueños, y vanidades y muchas palabras») probablemente está mutilado. Algunos corrigen según el v. 2 y leen: «los sueños vienen de las muchas tareas, la voz necia de las muchas palabras»; o también: «de los muchos sueños vienen las vanidades, abundancia de palabras, atra-

par vientos». Pero estas conjeturas no tienen ningún apoyo en las versiones antiguas.
5 8   Lit.: «El interés del país a todos corresponde; a un rey le sirve un territorio». Traducción literal de un v. muy oscuro y cuya interpretación sigue discutiéndose. Podemos ver en él una alusión a las injusticias cometidas a pretexto de obediencia a una autoridad superior, injusticias cuyas consecuencias son privar a los pobres de las rentas de sus tierras, y finalmente acaban perjudicando aun a los poderosos.
5 9   Sátira, no del rico malvado (como en los Profetas), sino del dinero, bien o mal adquirido, bien o mal empleado. No es garantía en la vida, ni fuente de felicidad. Esta crítica prepara la enseñanza evangélica del desprendimiento, ver Mt **6** 19-21.24.25-34. —He aquí el encadenamiento de las ideas: el dinero está mal repartido, **5** 9, se dilapida, **5** 10, es difícil ganarlo, **5** 11, doloroso perderlo, **5** 12-16. Por lo mismo, da igual gastarlo tal como llega, **5** 17-19. Tres ejemplos: la riqueza que pasa a otro, **6** 1-2, el rico sin sepulcro, **6** 3-6, el pobre que quiere parecer rico, **6** 7-11. Conclusión, **6** 12.

Jb 1 21

2 24+

2 18-19
Lc 12 20

¹² Hay un grave mal que yo he visto bajo el sol: riqueza guardada para su dueño, que sólo sirve para su mal. ¹³ Pierde las riquezas en un mal negocio, y el hijo que engendra se queda con las manos vacías. ¹⁴ Como salió del vientre de su madre, desnudo volverá, como ha venido; y nada podrá sacar de las fatigas de sus manos. ¹⁵ También esto es grave mal: que tal como* vino, se vaya; y ¿de qué le vale fatigarse para el viento? ¹⁶ Todos los días pasa en oscuridad, pena*, fastidio, enfermedad y rabia.

¹⁷ Esto he experimentado: lo mejor para el hombre* es comer, beber y disfrutar en medio de sus fatigas y afanes bajo el sol, en los contados días de la vida que Dios le concede; porque ésta es su paga.

¹⁸ Además, cuando Dios concede a un hombre riquezas y tesoros, le deja disfrutar de ellos, tomar su porción y holgarse en medio de sus fatigas, esto sí que es don de Dios. No recordará mucho los días de su vida, mientras Dios le llena de alegría el corazón.

6 ¹ Hay otro mal que observo bajo el sol, y que pesa sobre el hombre: ² supongamos que Dios concede a un hombre riquezas, tesoros y honores; nada le falta de lo que desea, pero Dios no le deja disfrutar de ello, porque un extraño lo disfruta. Esto es vanidad y gran desgracia. ³ Supongamos que alguien tiene cien hijos y vive muchos años, y aunque sus años son numerosos, no puede saciarse de felicidad y ni siquiera halla sepultura; entonces yo digo: Más feliz es un aborto,

⁴ pues entre vanidades vino
y en la oscuridad se va;

mientras su nombre queda oculto en las tinieblas.

⁵ No ha visto el sol,
no lo ha conocido,

y descansa mejor que el otro. ⁶ Y aunque hubiera vivido por dos veces mil años, pero sin saborear la felicidad, ¿no caminan acaso todos al mismo lugar?

⁷ Todo el mundo se fatiga para comer,
y a pesar de todo su apetito no se sacia.

⁸ ¿En qué supera el sabio al necio? ¿En qué, al pobre que sabe vivir su vida*? ⁹ Mejor es lo que los ojos ven que lo que el alma desea*.

También esto es vanidad y atrapar vientos.

¹⁰ De lo que existe, ya se anunció su nombre, y se sabe lo que es un hombre:
no puede pleitear con quien es más fuerte que él.

¹¹ A más palabras, más vanidad.
¿Qué provecho saca el hombre?

¹² Porque, ¿quién sabe lo que conviene al hombre en su vida, durante los días contados de su vano vivir, que él los vive como una sombra? Pues ¿quién dirá al hombre lo que sucederá después de él bajo el sol?

Jb 3 11

Pr 13 7

1 9-11

Sal 39 7;
90 10; 102
12; 109 23
Jb 8 9; 14 2

Segunda parte

Prólogo*

Pr 22 1

7 ¹ Más vale buena fama que suaves perfumes;
y el día de la muerte más que el día del nacimiento.

² Más vale ir a la casa en duelo
que a la casa en fiesta,
pues ése es el fin de todo hombre;
y así el que vive pensará en ello.

³ Más vale llorar que reír,
pues una cara triste puede ocultar un corazón feliz.

⁴ El sabio piensa en la casa en duelo,
pero el necio piensa en la casa en fiesta.

⁵ Más vale oír reproche de sabio
que oír alabanza de necios.

⁶ Porque como crepitar de zarzas bajo la olla,

---

5 15   «como» griego, sir.; hebr. corrompido.
5 16   «en oscuridad, pena» griego; «come en la oscuridad» hebr.
5 17   «para el hombre» conj., ver 2 24; omitido por hebr.
6 8   Sentido dudoso, pero quizá pudiera verse aquí una comparación exagerada entre el sabio y el que sabe

hacerse ilusiones.
6 9   lit.: «que el caminar del alma», en hebreo *nefeš*, que las más de las veces significa «alma», pero cuyo primer sentido es «garganta», de donde «apetito», «deseo», ver ya v. 7.
7   El primer prólogo versaba sobre el hastío, el segundo habla de la risa, pero es también muy riguroso.

así es el reír del necio:
y también esto es vanidad.
[7] El halago atonta al sabio,
y el soborno pervierte su corazón*.

La sanción*.

[8] Más vale el final de una cosa que su comienzo,
y más vale paciente que arrogante.
[9] No te dejes llevar del enojo, pues el enojo anida en el pecho de los necios.
[10] No digas: ¿Cómo es posible que el pasado sea mejor que el presente? Pues no es de sabios preguntar sobre ello.
[11] Buena es la sabiduría con hacienda,
y aprovecha a los que ven el sol.
[12] Al amparo de la sabiduría como al amparo del dinero,
pero el saber le aventaja porque da vida a su dueño.
[13] Mira la obra de Dios:
¿quién podrá enderezar lo que él torció?
[14] Alégrate en el día feliz
y, en el día desgraciado, considera que Dios ha hecho muy bien a uno y otro
para que el hombre no descubra su porvenir*.
[15] En mi vano vivir, de todo he visto:
honrados perecer en su honradez,
y malvados envejecer en su maldad.
[16] No quieras ser honrado en demasía,
ni te vuelvas demasiado sabio.
¿A qué destruirte?
[17] No quieras ser malvado en demasía,
ni te hagas el insensato.
¿A qué morir antes de tiempo?
[18] Bueno es agarrar esto sin dejar aquello de la mano,
porque el temeroso de Dios de todo sale bien parado.
[19] La sabiduría hace más fuerte al sabio que diez poderosos que haya en la ciudad.

[20] No hay nadie tan honrado en la tierra
que haga el bien sin nunca pecar.
[21] Tampoco hagas caso de todo lo que se dice, para que no oigas que tu siervo te maldice,
[22] pues sabes muy bien cuántas veces tú también has maldecido a otros.
[23] Todo esto lo intenté recurriendo a la sabiduría. Me dije: Seré sabio. ¡Pero qué lejos estaba de mi alcance! [24] Lo que existe está lejos y es muy profundo: ¿quién dará con ello?
[25] Me he dedicado a explorar y a buscar sabiduría y buen tino, y a reconocer que la maldad es necedad, y la necedad locura*.
[26] Y he descubierto que la mujer es más amarga que la muerte, porque es como una red,
su corazón como un lazo,
sus brazos como cadenas:
El que agrada a Dios se libra de ella,
pero el pecador cae en su trampa.

[27] Mira, esto he descubierto —dice Cohélet— tratando de razonar caso por caso: [28] aunque he seguido buscando, nada he encontrado.

Un hombre encontré entre mil,
pero entre todas ellas no encontré una mujer.

[29] Mira, sólo esto descubrí: Dios hizo sencillo al hombre, pero él se complicó con tantos razonamientos.

8 [1] ¿Quién como el sabio?
¿Quién otro sabe explicar una cosa?
La sabiduría ilumina el rostro del hombre,
y transfigura sus facciones severas.
[2] Aténte al dictamen del rey,
a causa del juramento divino*;
[3] no tengas prisa en evitar su presencia;
no te mezcles en conspiraciones,
pues puede hacer cuanto le place.

Márgenes:
1 Jn 1 8-9
Jb 14 4+
Pr 5 3-4
Jc 16
Pr 22 24
Jc 1 19
Si 39 16.33s
1 15
8 14
Pr 10 27
9 16s
Pr 21 22
Rm 13 1s

7 7 V. oscuro, pero las diversas correcciones propuestas no son satisfactorias. Acaso Cohélet no quiera expresar más que la debilidad del sabio mismo, que no puede soportar serenamente ni la desgracia ni el excesivo favor.
7 8 La Ley había formulado el principio de una retribución colectiva: Israel, fiel, sería feliz; infiel, desgraciado, ver Dt 7 12s; 11 26-28; 28 1-68; Lv 26. Los Sabios lo habían aplicado al destino personal: Dios da a cada uno según sus obras, Pr 24 12; Sal 62 13; Jb 34 11. De ahí deducían que la suerte presente del hombre guarda proporción con su mérito. A los mentís de la experiencia, replicaban: la felicidad del malo es efímera, la desgracia del justo, temporal. Así el Sal 37 y los amigos de Job. Cohélet refuta esta tesis. A la respuesta clásica, 7 8, contrapone el escepticismo, 7 9-12. Hay que aceptar

el destino tal como llega, sin querer explicarlo, 7 13-15. E incluso si la vida y la muerte se hallan mal repartidas, 7 15, es inútil hacer esfuerzos sobrehumanos, 7 16-18. En cuanto a la reputación, nada significa, 7 19-22. Los hechos son inexplicables, la realidad es un misterio insondable, 7 23s (con un paréntesis misógino, 7 25-28). El destino ciego, implacable (ni el rey escapa a él, 8 1-9), es hasta indignante, 8 10-14. Conclusión, 8 15.
7 14 Es decir: «para que no sea posible contar con nada»; o también «para que nadie pueda adivinar lo que le está reservado».
7 25 «locura» conj., ver 10 13; «locuras» hebr.
8 2 Delante de «Aténte», hebr. añade «yo». —El «juramento divino» puede ser el compromiso contraído por Dios con el rey, 2 S 7; Sal 89, o bien el juramento hecho a Dios, por el rey o por los súbditos.

⁴ Pues la palabra regia es soberana,
y ¿quién va a decirle: Qué haces?
⁵ Quien se atiene a lo mandado, nada
sabe de conspiraciones.
Y la mente del sabio sabe el cuándo y
el cómo,
⁶ pues todo asunto tiene su cuándo y su
cómo.
Grande es el peligro que acecha al
hombre,

10 14   ⁷ pues ignora lo que está por venir*
y nadie le anuncia lo que está por llegar.

Sb 2 1   ⁸ No es el hombre señor del viento, capaz de dominarlo;
ni es dueño del día de la muerte,
ni puede escapar a la guerra;
ni la maldad libra a sus autores*.
⁹ Todo esto he descubierto aplicando
mi reflexión a cuanto pasa bajo el sol,
cuando un hombre domina a otro hombre para hacerle daño.
¹⁰ Por ejemplo, he visto a malvados
conducidos a la tumba; vuelve la gente
del Lugar Sagrado, y se olvidan en la ciudad del modo en que obraron*. ¡Otro absurdo!: ¹¹ que no se ejecute en seguida la
sentencia de la conducta del malvado,
con lo que el corazón de los humanos se
llena de ganas de hacer el mal; ¹² que el
pecador haga el mal cientos de veces, y
se le den largas. Pues yo tenía entendido
que les va bien a los temerosos de Dios,
porque le temen, ¹³ y que no le va bien al

6 12+   malvado, ni alargará sus días como sombra el que no teme a Dios.

Sal 73
Jr 12 1s   ¹⁴ Pues bien, un absurdo se da en la tierra:
Hay honrados tratados según la conducta de los malvados,
y malvados tratados según la conducta
de los honrados.
Digo que éste es otro absurdo.

2 24+   ¹⁵ Por eso alabaré la alegría, pues no
hay otra cosa buena para el hombre bajo
el sol sino comer, beber y divertirse; eso
le acompañará en sus fatigas los días de
vida que Dios le conceda bajo el sol.

¹⁶ Cuanto más apliqué mi corazón a
estudiar la sabiduría y a contemplar el
ajetreo que se da sobre la tierra —pues
ni de día ni de noche concilian los ojos
el sueño— ¹⁷ fui viendo que el ser humano no puede descubrir todas las obras
de Dios, las obras que se realizan bajo el   3 11+
sol. Por más que se afane el hombre en
buscar, nada descubrirá, y el mismo sabio, aunque diga saberlo, no es capaz de
descubrirlo.

La muerte.

9 ¹ Pues bien, a todo esto me he aplicado con interés y todo lo he explorado, y he visto que los justos y los sabios, así como sus obras, están en manos
de Dios*.   Pr 16 1 / Dt 33 3 / Sb 7 16
Y nada saben los hombres de amor ni
de odio*:
todo les resulta ² absurdo.
Como el que haya un destino común   7 15; 8 14
para todos,
para el justo y para el malvado,
el puro y el manchado*,
el que hace sacrificios
y el que no los hace,
lo mismo el bueno que el pecador,
el que jura como el que tiene reparo en
jurar.
³ Eso es lo peor de todo cuanto pasa
bajo el sol: que haya un destino común
para todos. Y así el corazón de los humanos está lleno de maldad y hay locura
en sus corazones mientras viven, y su final ¡con los muertos*!
⁴ Mientras uno sigue unido* a todos los
vivientes hay algo seguro,
pues vale más perro vivo que león
muerto.
⁵ Los vivos saben que han de morir,
pero los muertos no saben nada, y no
hay ya paga para ellos, pues se perdió su
memoria. ⁶ Se acabaron hace tiempo su
amor, su odio y sus celos, y no tomarán
parte nunca jamás en todo lo que pasa
bajo el sol*.

---

8 7   Entendemos que lo que sucede al hombre le parece más grave porque no puede prever su desenlace.
Otros: «un peligro grande hay para el hombre: ignora...».
8 8   Algunos corrigen «maldad» (reša') en «riqueza»
('ošer) y traducen: «la riqueza no salva a su posesor».
8 10   «conducidos» griego, sir.; «y va» hebr. —El griego entiende: «se alabará en la ciudad que hubiesen
obrado de aquel modo», lo cual puede compararse con
Jb 32-33; pero esta corrección es inútil: el tema de
la igualdad de todos, buenos y malvados, ante la muerte
y el olvido pertenece ciertamente a la idea de Cohélet.
9 1   (a) «me he aplicado con interés» lit. «he aplicado
mi corazón» conj. ver 1 13.17. —«sus obras» 'abadêhem
es una palabra aramea sospechosa; en cualquier otro
pasaje tenemos ma'aśeh; quizá haya de corregirse de

'ahabêhem, «sus amores».
9 1   (b) Los sentimientos que experimenta son para
el hombre un enigma. El amor es ciego y fatal, como la
muerte, como el destino.
9 2   «absurdo», lit. «vanidad» versiones; «todo» hebr.,
ditografía. —«el manchado» versiones; om. por hebr.
9 3   «su final» 'ajarîtam Símmac., «después de ellos»
'ajarayw hebr.
9 4   «sigue unido» qeré y versiones; «es elegido»
ketib.
9 6   La certeza de la muerte hará más discreta la invitación a la alegría, vv. 7-8, ver 2 24+, que concluye
con el consejo de fidelidad al amor de una vida entera,
hasta la separación definitiva, respecto a la cual no se
atisba ningún consuelo.

2 24+

⁷ Anda, come con alegría tu pan
y bebe de buen grado tu vino,
que Dios está ya contento con tus
obras.
⁸ Viste ropas blancas en toda sazón,
y no falte perfume en tu cabeza.

Pr 5 15+

⁹ Vive la vida con la mujer que amas,
todo el tiempo de tu vana existencia
que se te ha dado bajo el sol,
ya que tal es tu parte en la vida
y en las fatigas con que te afanas bajo
el sol.
¹⁰ Cualquier cosa que esté a tu alcance,
hazla según tus fuerzas,
pues no hay actividad ni planes,
ni ciencia ni sabiduría,
en el Seol adonde te encaminas.
¹¹ He visto además bajo el sol
que no siempre corren más los ligeros
ni ganan la pelea los esforzados;
que también hay sabios sin pan,
discretos sin hacienda
y doctos que no gustan,
pues a todos les llega algún mal momento.
¹² Porque, además, el hombre ignora su
momento:
como peces apresados en la red,
como pájaros caídos en la trampa,
así son tratados los humanos por el infortunio

Lc 12 20

cuando les cae encima de improviso.

Sabiduría y necedad.

¹³ También he visto otro acierto* bajo
el sol, y grande a juicio mío: ¹⁴ Una ciudad chiquita, con pocos habitantes. Llega un gran rey y le pone cerco, levantando frente a ella potentes empalizadas*.
¹⁵ Se encontraba en ella un hombre pobre y sabio, que pudo haber salvado a la
ciudad gracias a su sabiduría, ¡pero nadie paró mientes en aquel pobre! ¹⁶ Y yo
me digo:
Más vale sabiduría que fuerza;

7 19
Pr 21 22;
24 5

pero la sabiduría del pobre se desprecia y sus palabras no se escuchan.
¹⁷ Mejor se oyen las palabras sosega-
das de los sabios que los gritos del soberano de los necios.
¹⁸ Más vale sabiduría que armas de
combate,
pero un solo yerro* echa a perder mucho bueno.

10 ¹ Una mosca muerta pudre* una
copa de ungüento de perfumista;
cuenta más un poco de necedad que
sabiduría y honor.

Ga 5 9

² El sabio tiene el corazón a la derecha,
el necio tiene el corazón a la izquierda.

2 14

³ Además, en cualquier camino que
tome el necio, su entendimiento no le da
de sí y dice de todo el mundo: «Ése es un
necio.»
⁴ Si el enojo del que manda se abate
sobre ti, no abandones tu puesto, que la
flema libra de graves yerros.
⁵ Otra calamidad he visto bajo el sol,
un error que emana de la autoridad: ⁶ La
necedad ocupando altas dignidades,
mientras los ricos se sentaban abajo.

Pr 19 10;
30 22

⁷ He visto siervos a caballo y príncipes
que iban a pie, como los siervos.
⁸ El que cava una fosa cae en ella,
y al que rompe el muro le muerde la
culebra.

Pr 26 27
Sal 7 16
Si 27 26-2

⁹ El que saca piedras se lastima con
ellas,
el que raja maderos puede hacerse
daño.

¹⁰ Si se embota el hacha y no se afilan sus
caras, hay que aumentar el esfuerzo: también supone ventaja hacer uso de la ma-
ña. ¹¹ Si pica la culebra por falta de encantamiento, nada gana el encantador.
¹² Las palabras del sabio agradan,
los labios del necio lo arruinan.

Pr 10 32;
15 2

¹³ Empieza diciendo necedades, para acabar en funesta locura. ¹⁴ El necio habla y
habla sin control, pero el hombre no sabe
lo que va venir, y el remate de todo,
¿quién puede pronosticárselo?

8 7

¹⁵ La fatiga acaba con el necio,
pues ni siquiera sabe ir a la ciudad*.
¹⁶ ¡Ay del país donde reina un chiquillo,
cuyos príncipes madrugan para sus banquetes! ¹⁷ ¡Dichoso el país donde reina
un hidalgo, cuyos príncipes comen a su
hora, por recobrar el vigor y no por ban-
quetear!

Pr 31 4-7

¹⁸ Por estar mano sobre mano se desploma el techo,
y por brazos caídos la casa se viene
abajo.

---

9 13 «acierto», lit. «sabiduría»: irónico.
9 14 «empalizadas» (u «obras») versiones; «red» (o «lazo») hebr.
9 18 «yerro» («pecado») sir.; «pecador» hebr.

10 1 «Una mosca muerta» *zebûb met* conj.; «las moscas de la muerte» *zebûbê mawet* hebr. —Después de
«pudre» hebr. añade «deteriora», ditografía probable.
10 15 «el necio» griego, Targ., mss; «los necios» hebr.

Sal 104 15
Jc 9 13

Ex 22 27

Lc 12 2-3

¹⁹ Para holgar preparan su banquete, y el vino alegra la vida, y el dinero todo lo allana.
²⁰ Ni aun en tu interior faltes al rey, ni en tu propia alcoba faltes al rico, que un pajarito corre la voz, y un ser alado cuenta la cosa.

11 ¹ Manda tu grano por el mar, que al cabo de mucho tiempo lo encontrarás*.
² Divídelo en siete partes, o incluso en ocho, que no sabes qué mal puede venir sobre la tierra.
³ Si las nubes van llenas, vierten lluvia sobre la tierra, y caiga el árbol al sur o al norte, donde cae el árbol allí se queda.
⁴ El que vigila el viento no siembra, el que mira a las nubes no siega.

Jn 3 8
Sal 139
14-16
Qo 3 11+

⁵ Si no sabes cómo entra el espíritu en los miembros* en el vientre de la mujer encinta, tampoco sabrás la obra de Dios que todo lo hace.
⁶ Siembra tu semilla de madrugada y a la tarde no des descanso a tus manos, pues no sabes si es mejor esto o lo otro, o si ambas cosas son igual de buenas.

La edad*.

⁷ Dulce es la luz y bueno para los ojos ver el sol.
⁸ Si uno vive muchos años, que sepa disfrutarlos todos, y tenga en cuenta que abundarán los días de oscuridad, que es vanidad todo el porvenir.

⁹ Disfruta, muchacho, en tu juventud, pásalo bien en tu mocedad. Vete por donde te lleve el corazón y a gusto de tus ojos*; pero a sabiendas de que por todo ello te juzgará Dios.
¹⁰ Aparta el mal humor de tu pecho y aleja el sufrimiento de tu cuerpo, que juventud y mocedad son efímeras.

12 *¹ Acuérdate de tu Creador en tus días mozos, antes de que lleguen los días malos y se echen encima años en que dirás: «No me agradan»;
² antes de que se nublen el sol y la luz, la luna y las estrellas, y retornen las nubes tras la lluvia.
³ Cuando tiemblen los guardianes de la casa y se encorven los robustos, se paren las que muelen, por ser ya pocas, se queden a oscuras las que miran por las ventanas,
⁴ se cierren las puertas de la calle, y se ahogue el son acompasado del molino, cuando se debilite el canto del pájaro y enmudezcan todas las canciones*;
⁵ dará recelo la altura, y habrá sustos en el camino. Cuando florezca el almendro, camine pesada la langosta, y pierde su sabor la alcaparra*; y es que el hombre va a su eterna morada,

Ct 2 11+

Sal 49 12

---

11 1 Algunos intérpretes piensan en el cebo arrojado por el pescador al agua, y recuperado en forma de captura; otros piensan en los negocios marítimos. Esta secuencia sobre el riesgo permite apreciar la actitud que Cohélet desea en su discípulo. No ha querido desanimarle por capricho, sino quitarle las ilusiones para ahorrarle desengaños. En definitiva, hay que correr algún riesgo.
11 5 «en los miembros» mss y Targum; «como los miembros» hebr.
11 7 La longevidad era la recompensa prometida a los israelitas en los discursos del Deuteronomio, Dt 5 16.33; 11 9.21; 22 7, etc., la suprema felicidad garantizada al justo por los Sabios. Para Cohélet, la ancianidad no es la felicidad, sino miedo a la muerte, 11 7, la añoranza de la juventud, 11 8 - 12 2, la vida atenuada, 12 3-5, la espera de lo irreparable, 12 5-7.
11 9 Lit. «lo que tus ojos ven». —Quizá tenemos aquí un refrán sobre la juventud al que Cohélet recurre añadiendo un prudente recuerdo de su brevedad.
12 Este bellísimo poema, lleno de emoción y nostalgia, evoca la vejez de una manera más o menos metafórica; pero a veces resulta difícil captar el alcance exacto de estas metáforas. Con una de las corrientes de interpretación rabínica, se ha querido a veces leer en él la evocación de las diversas partes del cuerpo (ver sobre todo v. 3, los brazos, los dientes, los ojos); pero esta interpretación fisiológica no es obligada. También puede verse en él la descripción de la vejez como el invierno de la vida, pero un invierno que, a diferencia del de la naturaleza, ya no cede su puesto a ninguna primavera.
12 4 «y enmudezcan» weyeṣṣū́ conj.; «son humillados» weviśśáḥū hebr. —La alusión al sueño ligero del anciano (estico precedente) parece fuera de contexto; se ha propuesto a veces corregir «se levante» weyaqûm por «se detenga» weyiddôm, pero las versiones (excepto Símmaco) están en favor del TM.
12 5 «pierde su sabor», traducción dudosa, leyendo un pasivo (wetuppar) en vez de la forma wetaper, no atestiguada. Puede entenderse también «está sin efecto». A veces se corrige en wetiperaḥ: «da su fruto», con lo que se prosigue la imagen de la vuelta de la bella estación: la vida va a abandonar al hombre en el momento mismo en que la naturaleza resucita. Está grávida la «langosta», o porque está harta (otra vez una imagen de la primavera) o, por el contrario, porque el peso más pequeño es una carga para el anciano.

y ya circulan por la calle los del duelo.

⁶ Antes de que se rompa la hebra de plata,

y se quiebre la copa de oro,

y se haga añicos el cántaro en la fuente,

y se deslice la polea en el pozo,

3 20-21+   ⁷ y vuelva el polvo a la tierra, a lo que fue,

y el espíritu vuelva a Dios, que lo dio*.

1 2   ⁸ ¡Vanidad de vanidades! —dice Cohélet—: ¡todo vanidad*!

Epílogo*.

⁹ Cohélet, a más de ser un sabio, enseñó doctrina al pueblo. Ponderó e investigó, compuso muchos proverbios.

¹⁰ Cohélet trabajó sin descanso inventando frases felices, y escribiendo con acierto sentencias verídicas.

¹¹ Las palabras de los sabios son como aguijadas, o como estacas hincadas, puestas por un pastor para controlar el rebaño*.

¹² Para acabar, hijo mío, ten cuidado: escribir muchos libros es cosa de nunca acabar, y estudiar demasiado daña la salud.

¹³ Basta de palabras. Todo está dicho. Teme a Dios y guarda sus mandamientos, que eso es ser hombre cabal. ¹⁴ Porque toda obra será juzgada por Dios, también todo lo oculto, a ver si es bueno o malo.

5 6
Si 1 13

---

12 7   Lo que de tierra hay en el hombre, a ella vuelve. Mas como no hay nada que pueda satisfacer aquí abajo totalmente, no todo le viene de la tierra, y lo que de Dios es a Dios vuelve.

12 8   El libro concluye como había comenzado, pero se mide el camino recorrido. Ha enseñado al hombre su miseria, pero también su grandeza, mostrándole que este mundo no es digno de él. Le incita a una religión desinteresada, a una oración que sea la adoración de la criatura consciente de su nada en presencia del misterio de Dios. Ver el Sal 39.

12 9   Este apéndice no es de la misma mano que el resto del libro. Puede ser obra de un discípulo de Cohélet, que hace su elogio, siguiendo en el mismo tono (ver vv. 12-14).

12 11   La aguijada para incitar a las bestias a que caminen y las estacas para tenerlas amarradas suele emplearlas el pastor oportunamente y no por capricho, sino en bien del rebaño. La imagen del pastor podría ser una metáfora que, según algunos, alude a Moisés, y según otros a Salomón o a Dios. Pero el texto quizá esté corrompido (restituimos «por», caído quizá por haplografía).

LIBRO DE LA SABIDURÍA

Introducción

El libro griego de la Sabiduría forma parte de los libros deuterocanónicos. Lo utilizaron los Padres del siglo II d.C. y, a pesar de las vacilaciones y de algunas oposiciones, en especial la de San Jerónimo, ha sido reconocido como inspirado a título igual que los libros del canon hebreo.

En la primera parte, el libro que la Vulgata llama simplemente Liber Sapientiae, muestra el papel de la Sabiduría en el destino del hombre y compara la suerte de los justos y de los impíos en el curso de la vida y después de la muerte, 1-5. La segunda parte, 6-9, expone el origen y la naturaleza de la Sabiduría y los medios de adquirirla. La última parte, 10-19, ensalza la acción de la Sabiduría y de Dios en la historia del pueblo elegido, insistiendo únicamente, salvo una breve introducción que se remonta a los orígenes, en el momento capital de esta historia, la liberación de Egipto; una larga digresión, 13-15, contiene una severa crítica de la idolatría.

Se supone que el autor es Salomón, a quien claramente se designa, salvo el nombre, en 9 7-8.12, y el libro se llama en griego «Sabiduría de Salomón». Éste habla como un rey, 7 5; 8 9-15, y se dirige a sus colegas en la realeza, 1 1; 6 1-11.21. Pero se trata de un evidente artificio literario, que pone este escrito de sabiduría, como el Eclesiastés y el Cantar, bajo el nombre del sabio más grande de Israel. En efecto, el libro ha sido escrito todo él en griego, aun la primera parte, 1-5, para la que algunos han supuesto erróneamente un original hebreo. La unidad de la composición corre pareja con la del lenguaje, que es flexible y rico, y fluye sin esfuerzo entre figuras retóricas.

El autor es ciertamente un judío, lleno de fe en el «Dios de los Padres», 9 1, orgullosos de pertenecer al «pueblo santo», a la «raza irreprochable», 10 15, pero judío helenizado. Su insistencia sobre los acontecimientos del Éxodo, la antítesis que establece entre egipcios e israelitas y su crítica de la zoolotría demuestran que vivía en Alejandría, que era a la vez capital del helenismo bajo los Tolomeos e importante ciudad judía de la Dispersión. Cita la Escritura según la traducción de los Setenta, realizada en este ambiente: es, pues, posterior a ésta, pero desconoce la obra de Filón de Alejandría (20 a.C. - 54 d.C.). Por su parte, este filósofo griego parece que jamás se inspira en la Sabiduría, pero hay muchos contactos entre las dos obras, brotan en el mismo ambiente y no pueden estar muy alejadas en el tiempo. No es posible demostrar de una manera absolutamente cierta la utilización de la Sabiduría por el Nuevo Testamento, pero sí es probable que San Pablo haya sentido su influencia literaria y que San Juan haya tomado de ella algunas ideas para expresar su teología del Verbo. El libro ha podido ser escrito en la segunda mitad del siglo I antes de nuestra era; es el más reciente de los libros del Antiguo Testamento.

El autor se dirige en primer lugar a los judíos, sus compatriotas, cuya fidelidad está en peligro por el prestigio de la civilización alejandrina: el renombre de las escuelas filosóficas, el desarrollo de las ciencias, la atracción de las religiones mistéricas, de la astrología, del hermetismo, o el atractivo sensible de los cultos populares. Ciertas precauciones que toma indican que también busca la atención de los paganos, a quienes quiere llevar al Dios que ama a todos los hombres. Pero esta intención es secundaria, el libro es una obra de defensa mucho más que de conquista.

Dado el ambiente, la cultura y las intenciones del autor, no es extraño que se observen en su libro numerosos contactos con el pensamiento griego. Pero no se debe exagerar su importancia. Ciertamente debe a su formación helénica un vocabulario para la abstracción y una facilidad de razonamiento que no permitían ni el léxico y la sintaxis del hebreo; le debe también cierto número de términos filosóficos, de cuadros de clasificación y de temas de escuela, pero estos préstamos limitados no significan la adhesión a una doctrina intelectual, sino que sirven para expresar un pensamiento que se nutre del Antiguo Testamento. De los sistemas filosóficos, o de las especulaciones de la astrología, no sabe sin duda más que un hombre culto de su época en Alejandría.

No es ni filósofo ni teólogo, es un sabio de Israel. Como sus predecesores, exhorta a la búsqueda de la sabiduría, que procede de Dios, que se consigue con la oración, que es raíz de las virtudes y que procura todos los bienes. Con una visión más amplia que ellos, agrega a esta sabiduría las recientes adquisiciones de la ciencia, 7 17-21; 8 8. La cuestión de la retribución, que tanto preocupaba a los sabios, recibe en él la solución. Beneficiándose de las doctrinas platónicas acerca de la distinción entre cuerpo y alma, ver 9 15, y sobre la inmortalidad del alma, afirma que Dios ha creado al hombre para la incorruptibilidad, 2 23, que la recompensa de esta sabiduría es esta incorruptibilidad que garantiza un lugar junto a Dios, 6 18-19. Lo que aquí abajo sucede no es más que una preparación para la otra vida, donde los justos vivirán con Dios, mientras que los impíos recibirán su castigo, 3 9-10. El autor no alude a una resurrección corporal. Con todo, parece que da lugar a la posibilidad de una resurrección de los cuerpos de una forma espiritualizada, tratando, de este modo, de conciliar la noción griega de inmortalidad y las doctrinas bíblicas que se orientaban hacia una resurrección corporal (Daniel).

Como para sus predecesores, la Sabiduría es un atributo de Dios. Esta Sabiduría es la que reguló todo ya en la creación y la que guía los acontecimientos de la historia. A partir del cap. 11, lo que a ella se le atribuía es referido directamente a Dios, pero lo es porque la Sabiduría se identifca con Dios en su gobierno del mundo. Por otra parte, la Sabiduría es «una emanación de la gloria del Omnipotente... un reflejo de la luz eterna... una imagen de su bondad», 7 25-26; y de este modo aparece como distinta de Dios, pero es al mismo tiempo una irradiación de la esencia divina. Sin embargo, no parece que el autor vaya aquí más lejos que los demás libros sapienciales, y haga de la Sabiduría una hipóstasis, pero todo este pasaje sobre la naturaleza de la Sabiduría, 7 22 - 8 8, marca un progreso en la formulación y un ahondamiento en las ideas antiguas.

El autor, en su meditación sobre el pasado de Israel, 10-19, había sido ya precedido por Ben Sirá, Si 44-50, ver también los Sal 78, 105, 106, 135, 136; pero su originalidad se muestra en dos puntos. En primer lugar, busca las razones de los hechos, y esboza una filosofía religiosa de la historia, que supone una interpretación nueva de los textos: por ejemplo, las explicaciones sobre la moderación de Dios con Egipto y Canaán, 11 15 - 12 27. Sobre todo, fuerza el relato bíblico para demostrar una tesis. Los caps. 16-19 no son más que un largo paralelo antitético entre el destino de los egipcios y el de los israelitas, en el que el autor, para mejor destacar su tema, enriquece el relato con rasgos inventados, pone en conexión episodios distintos, y abulta los hechos. Es un excelente ejemplo de la exégesis midrásica que cultivarán los rabinos.

Los gustos han cambiado y estas páginas han envejecido, pero la primera parte del libro, 1-9, siempre ofrece al cristiano un alimento espiritual de alta calidad; la liturgia de la Iglesia se ha aprovechado ampliamente de ella.

El texto del libro de la Sabiduría está contenido en cuatro grandes mss: B (Vaticano, s. IV), S (Sinaítico, s. IV), A (Alejandrino, s. V) y C (Codex Ephraemi rescriptus, s. V), y en numerosos mss secundarios. El mejor ms es el B, que ha servido de base para la presente traducción.

LIBRO DE LA SABIDURÍA

I. La sabiduría y el destino del hombre

Buscar a Dios y huir del pecado.

Mt 6 33

1 ¹ Amad la justicia*, los que gobernáis el mundo*,
tened buenos sentimientos para con el Señor

2 Cro 15 2
Pr 8 17

y buscadlo con corazón sincero*,
² pues se deja encontrar por los que no le exigen pruebas
y se manifesta* a los que no desconfían de él.
³ Los pensamientos retorcidos apartan de Dios,
y su poder*, puesto a prueba, confunde a los insensatos.
⁴ En efecto, la sabiduría no entra en alma artera,

Rm 7 24;
8 2

ni habita en cuerpo esclavo del pecado*;

Rm 8 14

⁵ pues el santo espíritu educador* rehuye el engaño,
se aleja de los pensamientos vacíos
y se siente confundido ante el ataque de la injusticia.

7 23
Pr 8 31
Tt 3 4
Jr 11 20+

⁶ La sabiduría es un espíritu filántropo que no deja impunes los labios blasfemos;
pues Dios es testigo de sus interioridades,

observador veraz de su corazón*
y escucha cuanto dice su lengua.
⁷ Porque el espíritu del Señor llena la tierra*,

Sal 139 7-12

lo contiene todo* y conoce cada voz*.

Hch 2 4

⁸ Por eso, quien pregone calumnias no podrá esconderse,

Pr 22 12
Si 39 19

ni evitar la acusación de la justicia.

11 20

⁹ Los planes del impío serán investigados
y el rumor de sus palabras llegará hasta el Señor
como prueba de sus delitos.
¹⁰ El oído atento lo escucha todo

Dt 29 19

y no se le escapa el rumor de murmuraciones.
¹¹ Guardaos, pues, de murmuraciones inútiles

Ex 15 24+
Sal 78 19

y preservad vuestra lengua de la calumnia;
porque no hay confidencia emitida en vano,
y la boca calumniadora da muerte al alma.
¹² No persigáis la muerte con vuestra vida perdida

Pr 8 36

ni os busquéis la ruina con las obras de vuestras manos;

---

1 1 (a) Idéntica fórmula griega en Sal **44 (45)** 8 y 1 Cro 29 17. Por «justicia» se ha de entender la conformidad completa del pensamiento y la acción con la voluntad divina, tal como ésta se halla expresada en los preceptos de la Ley y en la voz de la conciencia.
1 1 (b) Lit.: «los que juzgáis la tierra», ver Sal 2 10. «Juzgar» es el acto esencial de gobierno. El autor, que, por ficción literaria, se hará pasar por Salomón, 7 7-11; 9 7-8.12, aparentemente se dirige a sus colegas en la realeza (ver 6 1-11). En realidad quiere interesar a los judíos amenazados por el paganismo ambiente.
1 1 (c) «Buscar a Dios» para «hallarle», invitación constante de la literatura profética y sapiencial, ver Am 5 4+. Con todo, la influencia de 1 Cro 28 9 parece más directa. Sobre el «corazón sincero», ver 1 Cro 29 17; Ef 6 5; Col 3 22.
1 2 Idéntica expresión griega en Jr 29 (LXX: 36) 13-14 e Is 65 1.
1 3 El Poder divino que actúa en el mundo y al que alternativamente se identificará con el Espíritu o su Sabiduría.
1 4 El cuerpo no es malo en sí mismo. Pero puede convertirse en instrumento del pecado y acabar así en tirano del alma. San Pablo, Rm 7 14-24, y San Juan, 8 34, darán a este pensamiento su expresión definitiva.
1 5 «educador», lit. «de la educación»; var. «de la sabiduría». Se pone bajo la influencia de un «santo espíritu», ver Sal 51 13; Is 63 10-11, que la educación israelita que tradicionalmente dispensaban los sabios; algunos textos habían representado ya al Espíritu divino como

guía de Israel en el pasado, Ne 9 20.30; Is 63 10-11, o como una fuerza interior, Sal 51 13; Ez 11 19; 36 26-27; por otra parte, la Sabiduría asumía a veces la función de los maestros de sabiduría, Pr 1-9, o mostraba tendencia a identificarse con el Espíritu, ver vv. 6-7; 7 22; 9 17.
1 6 «interioridades», lit. «riñones». Éstos eran considerados la sede de las pasiones y de los impulsos inconscientes, Jb 19 27; Sal 16 7; 73 21; Pr 23 16; el «corazón», la de la actividad consciente, intelectual, así como de la afectiva, Gn 8 21+. «Corazón» y «riñones» aparecen asociados con frecuencia, Sal 7 10; 26 2; Jr 11 20; 17 10; 20 12; Ap 2 23, para designar el conjunto de las potencias interiores del hombre.
1 7 (a) La omnipresencia de Dios, afirmada en Jr 23 24 (ver también Am 9 2-3; 1 R 8 27) se considera como ejercicio de su Espíritu según Sal 139 7 y de los textos que atribuyen a éste una actividad vivificante universal, Jdt 16 14; Jb 34 14-15; Sal 104 30.
1 7 (b) El término traducido por esta expresión está tomado del vocabulario de los estoicos. Subraya enérgicamente el papel del espíritu del Señor. El único paralelo bíblico (remoto) podría ser Gn 1 2. Pero el término, en un plano distinto, designa el poder eficaz de un Dios trascendente.
1 7 (c) El Espíritu entrelaza tan íntimamente a los seres que percibe inmediatamente cada palabra hablada. Mediante una acomodación, la liturgia de Pentecostés aplica este texto al «don de lenguas», Hch 2 2-4.

2 23-24
11 23 - 12 1
Ez 18 32;
33 11

3 4+

Pr 8 36
Is 28 15
Si 14 12

Jb 14 1-2+
Sal 39 5-7
Qo 8 8

Jb 7 9

Sal 102 4

¹³ porque Dios no hizo la muerte*
ni se alegra con la destrucción de los
vivientes.
¹⁴ Él lo creó todo para que subsistiera*:
las criaturas del mundo son saluda-
bles,
no hay en ellas veneno de muerte
ni el abismo* reina sobre la tierra,
¹⁵ porque la justicia es inmortal*.

La vida según los impíos.

¹⁶ Pero los impíos* invocan a la muerte
con gestos y palabras;
haciéndola su amiga, se perdieron;
se aliaron con ella
y merecen ser sus secuaces*.

2 ¹ Razonando erróneamente, se decían :

«Corta y triste es nuestra vida*;
la muerte del hombre no tiene remedio
y de nadie consta que haya vuelto de la
tumba*.
² Nacimos por azar*
y pasaremos como si no hubiéramos
existido.
El soplo de nuestro aliento es humo,
y el pensamiento, una chispa del latido
de nuestro corazón.
³ Cuando ella se apague, el cuerpo se
convertirá en ceniza

y el espíritu se desvanecerá como aire
ligero.
⁴ Con el tiempo nuestro nombre caerá
en el olvido*
y nadie se acordará de nuestras obras;
nuestra vida pasará como rastro de
nube,
se disipará como niebla
acosada por los rayos del sol
y agobiada por su calor.
⁵ Nuestro tiempo es una sombra fugaz
y nuestra muerte, irrevocable,
porque se ha puesto el sello y nadie regresa.
⁶ Venid, pues, y disfrutemos de los bie-
nes presentes,
gocemos de la realidad con impaciencia juvenil;
⁷ embriaguémonos de vinos exquisitos
y perfumes,
que no se nos escape la flor primave-
ral*;
⁸ coronémonos de rosas antes que se
marchiten;
⁹ que ninguno de nosotros se pierda
nuestra orgía,
dejemos por todas partes huellas de la
alegría;
que ésta es nuestra suerte y nuestra
herencia.
¹⁰ Oprimamos al pobre que es justo*,
no tengamos compasión de la viuda

Qo 1 11;
2 16; 9 5s
Jb 18 17-19

Jb 7 9

Sal 39 7;
144 4
Jb 8 9; 14 2
Qo 6 12; 8 1
1 Cro 29 15

Is 22 13
1 Co 15 32

1 16
Is 57 6

Lv 25 35-3
Ex 22 21+

1 13   El autor considera a la vez la muerte física y la
muerte espiritual, ligadas mutuamente: la causa de la
muerte es el pecado, y para el hombre pecador, la muerte física es también la muerte espiritual y eterna. El autor remite aquí al relato de Gn 2-3 para deducir de él
las intenciones del Creador: el hombre ha sido creado
para la inmortalidad y nada puede frustrar en la creación la voluntad divina; por el contrario, «las criaturas»
ayudan a la salvación del hombre. —San Pablo, Rm 5
12-21+, volverá sobre esta doctrina de la muerte introducida por el pecado, contraponiendo al primer Adán
pecador el nuevo Adán salvador.
1 14   (a) Lit. «para ser». Dios, «El que es», Ex 3 14+,
ha creado todas las cosas para que «sean», para que
tengan una vida real, consistente, duradera.
1 14   (b) El «abismo», lit. «Hades» —el Seol de los hebreos, Nm 16 33+— no representa aquí la mansión de
los muertos, sino el poder de la Muerte, personificada,
ver Mt 16 18; Ap 6 8; 20 14.
1 15   El que practica la «justicia» (ver 1 1) tiene asegurada la inmortalidad. Algunos mss lat. añaden: «pero
la injusticia es la adquisición de la muerte». Esta adición, mal atestiguada, no parece representar al texto
griego original.
1 16   (a) Los «impíos», aquí, son ante todos los judíos
renegados, cínicos y sibaritas que incluso llegan a perseguir a sus hermanos y desafían a Dios. Pero no están
excluidos los paganos materialistas, con los que se confunden o cuyas máximas de vida adoptan.
1 16   (b) Lit. «ser/estar de su parte», o «pertenecer a
su partido». También puede entenderse como «de su
porción». Los impíos son la porción de la muerte, como

Israel es la porción de Dios, Dt 32 9; 2 M 1 26; Za 2 16,
como Dios es la porción del fiel, Sal 16 5; 73 26; 142 6.
2 1   (a) Esta apreciación pesimista de la vida aparece
en otros pasajes de la Biblia, ver Gn 47 9; Jb 14 1-2; Sal
39 5-7; 90 9-10; Qo 2 23; Si 40 1-2; también aparece en
la literatura griega, pero con una confusión más honda
o una nota melancólica más subrayada.
2 1   (b) O quizá: «que haya libertado». Lit. «del Hades», que aquí designa, como en Ap 1 18, la mansión
de los muertos, Nm 16 33+, de donde no es posible subir, Jb 7 9+, y no el poder de la muerte personificada,
como más arriba, 1 14. Los impíos ni siquiera creen en
su existencia y niegan ésta partiendo de la experiencia.
2 2   El concurso fortuito de elementos o de átomos
explica el origen de cada individuo y esta agrupación se
deshace por entero con la muerte. A continuación (2^{c-d}),
se reduce el soplo vital a un fenómeno de calentamiento
y combustión del aire; el pensamiento, a una chispa que
el «latido del corazón» hace brotar. Esta explicación
mecanicista endurece algunas teorías griegas para mejor pulverizar la realidad del alma; a la vez hace la contra a doctrinas bíblicas, con una alusión irónica al «soplo del aliento», Gn 2 7; Jb 27 3.
2 4   A este olvido se le presenta a menudo en la Biblia
como castigo de los impíos, ver Dt 9 14; Jb 18 17; Sal 9
6-7; Si 44 9, etc., pero algunos textos lo aplican a todos
los muertos sin distinción, Sal 31 13; Qo 2 16; 9 5.
2 7   «Primaveral» mss griegos, sir., hex., arm.; «del
aire» texto recibido y sir.
2 10   (a) Sarcasmo: El «justo» es «pobre», a pesar de
las promesas formales de la Escritura, Sal 37 25; 112 3;
Pr 3 9-10; 12 21, etc.

ni respetemos las canas llenas de años del anciano*.

¹¹ Que nuestra fuerza sea norma de la justicia*,
porque la debilidad se demuestra inútil.

¹² Pongamos trampas al justo, que nos fastidia
y se opone a nuestras acciones;
nos echa en cara nuestros delitos
y reprende nuestros pecados de juventud.

¹³ Presume de conocer a Dios*
y se presenta como hijo del Señor.

¹⁴ Es un reproche contra nuestras convicciones
y su sola aparición nos resulta insoportable,

¹⁵ pues lleva una vida distinta a los demás
y va por caminos diferentes*.

¹⁶ Nos considera moneda falsa
y nos evita como a apestados;
celebra el destino de los justos*
y presume de que Dios es su padre.

¹⁷ Ya veremos si lleva razón,
comprobando cuál es su desenlace:

¹⁸ pues si el justo es hijo de Dios*, él lo rescatará
y lo librará del poder de sus adversarios.

¹⁹ Lo someteremos a humillaciones y torturas
para conocer su temple

y comprobar su entereza.

²⁰ Lo condenaremos a una muerte humillante,
pues, según dice, Dios lo protegerá*.»

Error de los impíos.

²¹ Así piensan, pero se equivocan,
pues los ofusca su maldad.

²² No conocen los secretos de Dios*,
ni esperan recompensa para la virtud,
ni valoran el premio de una vida intachable.

²³ Porque Dios creó al hombre para la inmortalidad
y lo hizo a imagen de su mismo ser*;

²⁴ pero la muerte entró en el mundo por envidia del diablo*,
y la experimentan sus secuaces.

Comparación de la suerte de los justos y de los impíos.

3 ¹ En cambio, la vida de los justos está en manos de Dios*
y ningún tormento les afectará.

² Los insensatos pensaban que habían muerto;
su tránsito les parecía una desgracia

³ y su partida de entre nosotros, un desastre;
pero ellos están en la paz*.

⁴ Aunque la gente pensaba que eran castigados,

Marginal references

Lv 19 32

Jr 11 19;
20 10-13
Jn 5 16.18
Mt 26 3-4
Mt 23

Mt 11 27
5 5
Lc 22 70

st 3 8.13^{de}

Mt 5 11
Jn 5 18

Sal 22 9
Mt 27 43

Is 53 7
26 67-68;
27 12s

1 13+; 3 4+

Gn 1 26+
2 P 1 4
Gn 3
↗ Rm 5 12

Dt 33 3
Is 51 16
Sal 89 22
Jn 10 29
4 17

Is 57 2

---

2 10 (b) Precisamente a los que la Escritura manda respetar y proteger.
2 11 Esta norma que supone el desprecio de los débiles sustituye a la Ley que traza el camino de la justicia. La Biblia conoce esta primacía de la fuerza, Jb 12 6; Ha 1 7.11, y la muestra a menudo en actividad; algunas teorías griegas justifican el derecho del más fuerte como algo conforme con la naturaleza.
2 13 No sólo el conocimiento del Dios único, sino también el de su voluntad, Rm 2 17-20, puesta en obra; acaso también el de sus misteriosos designios sobre el hombre (ver 2 22).
2 15 Los impíos repiten los reproches formulados a menudo contra el pueblo judío, separado del resto de los hombres por sus creencias y sus prácticas.
2 16 Posible alusión a la historia de Job, 42 12-15, si la perspectiva se limita a las retribuciones temporales. Pero la expresión sugiere quizá, por parte del justo, la seguridad de una recompensa en el más allá; los impíos desfigurarían su alcance.
2 18 En la Biblia, la expresión «hijo de Dios» designa a menudo a Israel o a los israelitas, Ex 4 22-23; Dt 14 1; Is 1 2; Os 11 1. Pero pronto se nota la tendencia a reservarla para solo los justos o para el pueblo del futuro, ver Os 2 1. En ocasiones recibe una aplicación individual, 2 S 7 14; Sal 2 7; Si 4 10. Pero aunque un israelita invoque a Dios como padre, Si 23 1.4; 51 10; ver también Sal 89 27, nadie se designa a sí mismo como «hijo suyo». En el resto del libro, se atribuye el título a los israelitas del pasado, miembros de un pueblo santo, 9 7; 10 15.17; 12 19.21; 16 26; 18 4.

2 20 Lit.: «habrá una visita (de Dios) para él». Sobre esta «visita», ver 3 7 +. —Las correspondencias con la Pasión de Cristo condenado a una «muerte afrentosa» porque afirmaba ser «hijo de Dios» llamaron la atención de las primeras generaciones cristianas, ver Mt 27 43, y muchos Padres consideraron este pasaje como profético. Se autor se refiere directamente a los judíos fieles de Alejandría, blanco de los sarcasmos y persecuciones de los renegados o de sus aliados paganos. Pero se ve inducido a describir una persecución ideal o típica. Por eso su texto cuadra a la perfección al Justo por excelencia, Hb 12 3.
2 22 Los secretos designios de Dios relativos al destino inmortal del hombre.
2 23 Lit. «de su misma propiedad»; var.: «de su misma eternidad» o: «de su misma semejanza». —El autor vuelve aquí de una manera original sobre el tema del hombre creado a imagen de Dios, Gn 1 26, con una imagen rebuscada que parece insistir en la eternidad divina.
2 24 «Diablo» traduce en los LXX al hebreo satán, ver Jb 1 6+. El autor interpreta aquí Gn 3, ver Jn 8 44; 1 Jn 3 8; Ap 12 9; 20 2. La muerte que el diablo ha introducido en el mundo es la muerte espiritual y su consecuencia, la muerte física, ver 1 13+; Rm 5 12s.
3 1 Es decir, bajo su protección, ver Dt 33 3; Is 51 16; Jn 10 29; y dependencia, ver Jb 12 10.
3 3 La «paz» no significa únicamente la ausencia de todo mal, Is 57 2; Jb 3 17-18, sino también un estado de seguridad o de felicidad bajo la protección (v. 1) o en la intimidad (v. 9) de Dios.

ellos tenían total esperanza en la inmortalidad*.

⁵ Tras pequeñas correcciones, recibi-
rán grandes beneficios,
pues Dios los puso a prueba*
y los halló dignos de sí;
⁶ los probó como oro en crisol
y los aceptó como sacrificio de holocausto.

⁷ En el día del juicio* resplandecerán
y se propagarán como el fuego en un
rastrojo*.
⁸ Gobernarán naciones, dominarán pue-
blos
y el Señor reinará eternamente sobre
ellos.
⁹ Los que confían en él comprenderán
la verdad*
y los fieles a su amor permanecerán a
su lado,
pues la gracia y la misericordia están
destinadas a sus elegidos*.

¹⁰ Los impíos, en cambio, serán casti-
gados por sus razonamientos,
por despreciar al justo y apartarse del
Señor.
¹¹ Desdichado el que desprecia la sabi-
duría y la educación*;
vana es su esperanza,

baldíos sus esfuerzos,
e inútiles sus obras.
¹² Sus mujeres son necias,
sus hijos perversos,
y su posteridad maldita.

Más vale la esterilidad
que una posteridad impía.

¹³ Dichosa la estéril* intachable,
la que no conoce lecho nupcial de pecado*;
pues obtendrá fruto en el juicio de los
justos*.
¹⁴ Y también el eunuco* que no actúa
perversamente,
ni alberga malos pensamientos contra
el Señor;
por su fidelidad recibirá especial recompensa
y una herencia envidiable en el templo
del Señor*.
¹⁵ Pues el fruto del buen trabajo pro-
porciona fama,
y la raíz de la sensatez* es inquebrantable.
¹⁶ Los hijos de adúlteros*, en cambio,
no alcanzarán la madurez,
la descendencia de unión ilegítima desaparecerá.

Referencias laterales (columna izquierda):
1 15; 2 23+
Rm 8 18
2 Co 4 17
Sal 17 3; 26
2
Pr 17 3
Jb 23 10
Dn 12 3
Mt 13 43
Dn 7 27
Sal 49 15;
149 7s
1 Co 6 2
Ap 5 10;
20 4-6
Pr 28 5
1 Co 13 12
1 Jn 3 2
4 15

Referencias laterales (columna derecha):
Si 41 5-6
Sal 109 9-1
4 1
Is 54 1
Hb 13 4
Is 56 3-4
Sal 16 5-6
1 15; 2 23

---

3 4   Se asigna a la esperanza, Rm 5 2+, un papel esencial en la vida de los justos y su objeto es la inmortalidad, *atanasia*. Este término, desacostumbrado hasta aquí en el AT, pero familiar entre los griegos, designaba la inmortalidad del recuerdo, ver 8 13, o la del alma. El autor lo emplea aquí en el segundo sentido, pero dándole el sentido de inmortalidad bienaventurada en el consorcio con Dios como recompensa de la justicia, **1 15; 2 23**. De ese modo precisa las esperanzas del salmista, que no se resignaba a perder con la muerte la intimidad de Dios, Sal 16 10+.
3 5   Sobre la prueba, piedra de toque y medio de purificación del justo, ver Gn 22 1; Tb 12 13; Jb 1 2; Sal 66 10; 1 P 1 6-7.
3 7   (a) Lit. «de la visita». La palabra, ver Ex 3 16+, designa aquí una intervención favorable de Dios, que puede coincidir con un juicio general o parcial. La expresión misma, que reproduce la Jr 6 15; 10 15 (LXX), ver también Is 24 22, indica una fase ulterior en la condición de las almas justas. El verbo que sigue debe significar su glorificación definitiva; aunque se la noción de «resplandor» o «brillo» se aplica en otros pasajes a los elegidos resucitados, Dn 12 3; Mt 13 43, esta doctrina de una resurrección corporal no aparece explícita en ninguna parte en este libro.
3 7   (b) En varios textos bíblicos, ver Is 1 31; 5 24; Na 1 10; Ab 18; Za 12 6; Ml 3 19, la imagen simboliza los efectos de la cólera vengadora de Dios o el desquite de Israel frente a sus enemigos. La imagen se sitúa aquí en otro plano y *puede* significar la participación de los justos glorificados en el exterminio del mal, como preludio del establecimiento del reino de Dios, al que son asociados (v. 8).
3 9   (a) Una «verdad» que justificará su confianza y les revelará el designio completo de Dios.
3 9   (b) Algunos mss añaden «y la visita para sus santos», seguramente por influjo de 4 15.

3 11   Fórmula tomada de Pr 1 7. La palabra «sabiduría» designa la sabiduría práctica que hace vivir según la virtud; la palabra «educación» resume los medios necesarios para adquirirla.
3 13   (a) La esterilidad se consideraba como deshonra o castigo; la fecundidad era señal de bendición divina. A la mujer estéril, pero fiel, se le atribuye aquí una fecundidad espiritual.
3 13   (b) Lit.: «que no conoce el lecho de la infidelidad». El autor considera ante todo el caso de una judía fiel, casada con un judío fiel, conforme a las prescripciones de la Ley. No sólo rechaza el adulterio y la fornicación, ver Hb 13 4, sino también las relaciones conyugales en matrimonios mixtos, Dt 7 3; Esd 9 1-2.
3 13   (c) Var. de numerosos mss lat.: «de sus almas» o «de las almas santas». —Este «juicio» parece remitirnos al de 3 7.
3 14   (a) El eunuco estaba excluido de la asamblea cultual de Israel, Dt 23 2, pero Is 56 3-5 había anunciado su rehabilitación en los tiempos mesiánicos si cumplía fielmente la Ley de Dios. El autor amplía aquí este último texto y lo sitúa en otro plano.
3 14   (b) Es decir, en el cielo, Sal 11 4; 18 7; Mi 1 2-3, etc.; Ap 3 12; 7 15, donde se participa del consorcio con Dios.
3 15   La «sensatez» designa aquí el prudente discernimiento de los verdaderos bienes, que impulsa a vivir según la virtud y asegura la conformidad a las exigencias divinas, ver 4 9; 6 15; 7 7; 8 6.18.21. Es una raíz estable, Pr 12 3, y fecunda, que da frutos para la eternidad, 1 15; 2 23.
3 16   En el uso bíblico, la palabra «adúltero» se aplica a Israel o a los israelitas infieles a Dios, ver Is 57 3; Jr 9 1; Ez 23 37; Os 3 1. Podemos, pues, entenderla de los judíos apóstatas o de los judíos que hubieran contraído matrimonio con paganos, ver 13 (b) + y no sólo de los adúlteros en el sentido exacto de la palabra. Ver también 4 3.6.

¹⁷ Aunque vivan muchos años, no serán apreciados
y al final su vejez será deshonrosa.
¹⁸ Y si mueren prematuramente, no tendrán esperanza,
ni consuelo en el día del juicio,

Si 16 4

¹⁹ pues es penoso el final de la gente perversa*.

Si 16 3

Pr 10 7

4 ¹ Más vale no tener hijos y tener virtud*,
pues su recuerdo* es inmortal
y es reconocida por Dios y por los hombres:
² presente, la imitan;
ausente, la añoran;

5 16

y en la eternidad desfila en triunfo coronada,
pues venció en la lucha de premios intachables*.

Si 23 25;
40 15

³ En cambio, la familia numerosa de los impíos será inútil;
sus retoños bastardos no echarán raíces profundas
ni tendrá base sólida.
⁴ Aunque sus ramas verdeen temporalmente,

Sal 58 10

será sacudida por el viento a causa de su caducidad
y arrancada de raíz por el huracán enfurecido.
⁵ Sus ramas aún tiernas se troncharán,
su fruto será inútil, inmaduro para comerlo,
y nada se aprovechará.
⁶ Pues los hijos nacidos de uniones ilícitas
son testigos de la maldad de los padres a la hora de su examen*.

La muerte prematura del justo*.

⁷ El justo, aunque muera prematuramente, tendrá descanso,

3 3+
Is 57 1-2

⁸ pues la ancianidad venerable no consiste en larga vida
ni se mide por los años.

Si 25 4-6

⁹ Que las canas del hombre son la prudencia
y la edad avanzada, una vida intachable.

Pr 16 31

¹⁰ Fue amado, porque agradaba a Dios;
fue trasladado*, porque vivía entre pecadores.

Gn 5 24
Si 44 16
Hb 11 5

¹¹ Fue arrebatado para que la maldad no pervirtiera su inteligencia
o el engaño sedujera su alma;
¹² pues la fascinación del mal ensombrece el bien
y el frenesí del deseo pervierte al espíritu ingenuo.
¹³ Madurando en poco tiempo, completó una larga vida,
¹⁴ y como su alma era agradable al Señor,
se apresuró a escapar de la maldad.
La gente* lo ve y no lo entiende;
no les cabe esto en la cabeza:

Is 57 1

¹⁵ que la gracia y la misericordia están destinadas a sus elegidos,
y su salvación*, a sus santos.

3 9

¹⁶ El justo que muere condena a los impíos que viven,
y la juventud prematuramente realizada, a la longevidad del malvado.
¹⁷ Ven la muerte del sabio,
pero no comprenden su propósito,
ni por qué el Señor lo ha puesto a salvo.

3 2

¹⁸ Lo ven y lo desprecian,

Sal 37 13;
59 9
Pr 1 26

---

3 19 En esta exposición (ver ya v. 12) sobre la suerte miserable de una descendencia impía, el autor incorpora motivos bíblicos antiguos: los padres son castigados en sus hijos y éstos, hechos solidarios en el mal y el castigo (ver, sin embargo, Ez 18 14-20), morirán súbitamente o no conocerán una ancianidad respetable (ver con todo Jb 21 7-33). La perspectiva de un juicio severo, v. 18, cuando Dios decida sin apelación, hace aún más sombrío el cuadro. Ver 4 3-5.
4 1 (a) La mayor parte de los mss latinos traen para este estico: «Oh, cuán hermosa es la generación casta con resplandor». Esta lectura no parece ser la traducción primitiva, pero es testigo de la tendencia a ver en el texto griego el elogio de la castidad, y una tradición patrística antigua lo entiende de la virginidad. Esta interpretación no es obligada, porque el autor en apariencia sigue oponiendo la esterilidad virtuosa (ver 3 13) a la fecundidad impía.
4 1 (b) La inmortalidad en el recuerdo se prolonga en una inmortalidad personal otorgada por Dios, ver 3 4+.
4 2 La imagen está tomada de los juegos atléticos griegos, en los que el vencedor recibía una corona y se le rodeaba de un cortejo de honor. Ver 1 Co 9 24+.

4 6 Es decir, en el juicio, ver 1 9; 3 18, al que serán sometidos los hijos; pero «su» puede referirse igualmente a los padres.
4 7 Una vida larga debía ser la herencia del justo aquí abajo, ver Dt 4 40; 5 16; Jb 5 26; Sal 91 16; Pr 3 2.16; 4 10; Si 1 12.20, etc., mientras que el destino del impío era la muerte súbita o violenta, Jb 15 20-23; 18 5-20; Sal 37; 73 18-20, etc., pero frecuentemente los hechos contradecían estas afirmaciones, ver 2 R 23 29; Jb 21 7; Qo 8 12-14. El autor considera aquí un caso extremo la muerte de un justo en su juventud (ver v. 16^b), e identifica la longevidad con una maduración interior que consigue el verdadero fin de la vida humana y predispone a la inmortalidad feliz.
4 10 La expresión se inspira en el relato del rapto de Henoc, Gn 5 24; Si 44 16; Hb 11 5.
4 14 «La gente», lit. «los pueblos» (var: «los otros»): esta palabra, cambiada más adelante en «impíos» (v. 16), extraña un tanto. Por otra parte, un anacoluto complica la construcción de la frase. Es posible que en esta sección haya sido alterado el orden primitivo de los vv.
4 15 «su salvación», lit. «su visita». Se trata de la intervención de Dios en el juicio, salvífica para los justos y punitiva para los malvados. Ver 3 7+.

pero el Señor se reirá de ellos.

Hch 1 18

[19] Más tarde serán cadáveres sin honra,
objeto de ultraje entre los muertos
para siempre*.
Pues los estrellará de cabeza y sin re-
chistar,
los removerá de sus cimientos;
quedarán totalmente asolados
y sumidos en el dolor;
y su recuerdo se perderá.

Los impíos en el Juicio*.

[20] Acudirán asustados a dar cuenta de
sus pecados
y sus propios delitos los acusarán a la
cara.

Mt 13 43

2 10-20

2 15

2 20

2 13

Col 1 12
Pr 21 16

5 [1] Entonces el justo* aguantará firme y lleno de confianza
frente a los que lo oprimieron
y despreciaron sus sufrimientos.
[2] Al verlo, quedarán sobrecogidos de
espanto,
desconcertados por la increíble salvación.
[3] Y, cambiando de opinión,
con el espíritu angustiado, se dirán:
[4] «Éste es aquel de quien hace tiempo
nos reíamos,
a quien convertimos, insensatos, en
blanco de nuestros insultos.
Su vida nos parecía una locura,
y su muerte, una deshonra.
[5] ¿Cómo es que ha sido incluido entre
los hijos de Dios
y comparte su herencia con los santos*?
[6] Ciertamente extraviamos el camino
de la verdad,

Sal 119 105
Ml 3 20

2 5
Jb 9 25-26
Pr 30 19

Sal 1 4
Is 29 5

Sal 37 20;
68 3

no nos iluminó la luz de la justicia,
ni salió el sol para nosotros.
[7] Nos cansamos de andar por sendas
de maldad y perdición,
atravesamos desiertos intransitables,
pero no reconocimos el camino del Señor.
[8] ¿De qué nos ha servido nuestro orgullo?
¿Qué nos han reportado las riquezas
de que presumíamos?
[9] Todo aquello pasó como una sombra,
como noticia que vuela;
[10] como nave que surca las aguas agitadas
sin dejar ver el rastro de su travesía
ni la estela de su quilla sobre las olas;
[11] o como pájaro que vuela por el aire
sin dejar ninguna huella de su vuelo:
con su aleteo bate el aire ligero,
lo corta con agudo chillido,
se abre camino agitando las alas
y después no descubre la señal de su
paso;
[12] o como flecha disparada al blanco;
el aire rasgado vuelve a soldarse al instante
sin dejar conocer su trayectoria.
[13] Lo mismo nosotros: apenas nacidos,
desaparecemos*;
sin poder mostrar ningún signo de virtud,
nos consumimos en nuestra maldad*.»
[14] En efecto*, la esperanza del impío es
como brizna arrebatada por el viento,
como frágil escarcha arrastrada por el
huracán;
se disipa como el humo con el viento,
pasa como el recuerdo del huésped de
un solo día.

4 19 Porque no habrá recibido los honores de una sepultura, lo cual es un castigo terrible. Ver Is **14** 19; Jr
22 19; **36** 30; Ez **29** 5.
4 20 Ciertamente se trata de una escena del juicio,
cuando Dios «establezca el balance» de los pecados o
cuando se haya de «dar cuenta» de éstos. Pero este juicio únicamente afecta a los impíos, porque los justos
han sido ya admitidos junto a Dios, ver **5** 4-5. El autor
se interesa más por el estado del alma de los pecadores,
torturados por una conciencia culpable, ver **17** 10, que
por la publicación de la sentencia. Su confesión, **5** 4-13,
contrasta con sus *palabras de otro tiempo*, **2** 1-20.
5 1 Es probable que el término tenga el mismo alcance que en **2** 12s, ver **2** 20+. Incluso parece que
generaliza más. Sin embargo, algunos críticos destacan
seguidamente correspondencias con el Siervo, Is **53**, y
aun con el Maestro de justicia de los textos de Qumrán.
Lo que sigue evoca a una figura ejemplar, representación de todos los que padecen pruebas semejantes y co-

nocerán el mismo desquite en el más allá.
5 5 «hijos de Dios» y «santos» pueden designar a los
ángeles: ver por una parte Jb **1** 6; Sal **29** 1; **82** 1; **89** 7;
por otra, Jb **5** 1; **15** 15; Sal **89** 6.8; Si **42** 17; Dn **4** 14;
Za **14** 5. Pero teniendo en cuenta **2** 18, es preferible
identificar a los «hijos de Dios» con los elegidos que en
el cielo participan de la intimidad de Dios y que pueden
ser también llamados «santos», ver Sal **16** 3; **34** 10; Is
4 3; Dn **7** 18.21.22; **8** 24.
5 13 (a) Ningún valor duradero ha llenado su existencia entre estos dos extremos.
5 13 (b) La mayor parte de los mss lat. añaden: «He
aquí lo que los pecadores dicen en el infierno». En la
Vulgata se cuenta como v. 14 esta glosa antigua que ha
pasado al texto.
5 14 El autor concluye ahora esta confesión de los
condenados con otras imágenes: el impío y su esperanza de felicidad (ver **3** 11.18) frustrada para siempre,
porque se había apegado a bienes inconsistentes.

Fin dichoso de los justos y castigo de los impíos*.

¹⁶

Is 62 11

4 2
Pr 4 9
Is 28 5
Co 9 25+

19 8
Sal 7 11
Is 59
16-17+
16 24; 19 6

19

Lv 17 1+

¹⁵ Los justos, en cambio, viven para siempre*;
encuentran su recompensa en el Señor y el Altísimo cuida de ellos.
¹⁶ Por eso recibirán un reino distinguido
y una hermosa diadema de manos del Señor;
pues con su diestra los protegerá
y los escudará con su brazo.
¹⁷ Tomará la armadura de su celo
y armará a la creación para vengarse de sus enemigos;
¹⁸ vestirá la coraza de la justicia,
se pondrá por casco un juicio imparcial,
¹⁹ empuñará como escudo su santidad invencible,

²⁰ afilará la espada de su cólera implacable*,
y el universo luchará a su lado contra los insensatos*.
²¹ Partirán certeros los disparos de los rayos*,
como de arco bien tendido, volarán de las nubes al blanco,
²² una catapulta disparará furiosa granizada*;
las aguas del mar se embravecerán contra ellos
y los ríos los anegarán sin piedad*;
²³ un viento poderoso se levantará contra ellos
y los barrerá como un huracán.
Así la iniquidad asolará toda la tierra
y la maldad derrocará los tronos de los poderosos.

21

16 17

Sal 7 13-14
18 15

23

Is 30 27-28

II. Salomón y la búsqueda de la sabiduría

Los reyes deben buscar la Sabiduría.

1 1
Sal 2 10
Si 33 19

8 15-16

Jn 2 21.37
Cro 29 12
Rm 13 1
Jn 19 11

5

6 ¹ *Escuchad, reyes, y entended*.
Aprended, gobernantes
de los confines de la tierra.
² Estad atentos los que domináis multitudes
y presumís de tener muchos pueblos.
³ Pues recibisteis el poder del Señor
y la soberanía* del Altísimo;
él investigará vuestras acciones
y examinará vuestros proyectos.
⁴ Porque, siendo ministros de su reino,
no juzgasteis rectamente,

ni guardasteis la ley*,
ni actuasteis de acuerdo con la voluntad de Dios,
⁵ terrible y repentino caerá sobre vosotros,
pues un juicio implacable aguarda a los grandes.
⁶ Porque al más humilde se le perdona por piedad,
pero los poderosos serán poderosamente examinados.
⁷ El Señor de todos no retrocede ante nadie,
ni la grandeza le intimida;

6

7

Jb 34 17-19
Si 35 12s

5 15 (a) El autor evoca, por contraste, la vida de los justos, seguros de una recompensa eterna, vv. 15-16^{a-b}, protegidos por Dios, v. 16^{c-d}, contra los azotes desencadenados para el castigo final de los impíos, vv. 17-23. Este castigo está descrito en términos apocalípticos, repitiéndose las imágenes de un gran combate, Ez 38-39; Is 24-26, y de estragos cósmicos, Am 8 8-9+. Esta sección posiblemente alude a un acontecimiento escatológico distinto.
5 15 (b) La vida verdadera en la intimidad con Dios. Esta vida, iniciada en la tierra, jamás terminará.
5 20 (a) Sobre esta «espada» divina, ver Dt 32 41; Is 66 16; Ez 21.
5 20 (b) En la Biblia, Dios se vale a menudo de la naturaleza para realizar sus juicios. El autor recalca aquí esta idea y la recalcará más todavía volviendo sobre los acontecimientos del Éxodo (ver en especial 16 y 19). En la descripción siguiente se reiteran diversos motivos antiguos, trasladados ya al plano escatológico.
5 21 La tempestad es la representación tradicional de la intervención divina, ver Ex 19 16+. Sobre los «disparos», ver Sal 18 15; Ha 3 11; Za 9 14.
5 22 (a) Como en tiempos del Éxodo, Ex 9 23-25, y de Josué, Jos 10 11, y en los juicios de Dios anunciados por los profetas, Is 28 17; Ez 13 13; 38 22; ver Ap 8 7;

11 19; 16 21.
5 22 (b) Como el mar de las Cañas engulló a los egipcios, Ex 14 26s, y como el Quisón arrastró los cadáveres de los soldados de Sísara, Jc 5 21. El desencadenamiento de las aguas es símbolo de las grandes calamidades, Sal 18 5+.
6 1 (a) Lat. comienza el cap. con una adición que sin duda es un título: «La Sabiduría es mejor que la fuerza, y el hombre prudente mejor que el poderoso». Esta adición es el v. 1 de la Vulgata.
6 1 (b) A diferencia de 1 1, la atención se fija en la condición de los soberanos y en sus responsabilidades. La perspectiva es claramente universalista.
6 3 Esta doctrina del origen divino del poder se hallaba ya afirmada de diferentes formas en la Escritura, especialmente en Pr 8 15-16; Dn 2 37; 5 18; 1 Cro 29 12; Si 10 4. El autor la precisa mucho más (ver también Rm 13 1; Jn 19 11) y la amplía haciendo a todos los príncipes sin excepción «ministros» de la realeza de Dios (v. 4).
6 4 Ante todo la ley natural, cuyo intérprete es la conciencia, ver Rm 2 14, pero también probablemente las diferentes legislaciones positivas que la concretan, y que los reyes paganos deben observar para distinguirse de los tiranos.

Pr 22 2
Jb 31 15

que él mismo hizo a pequeños y grandes
y de todos cuida por igual;

9

⁸ pero a los poderosos les aguarda una
investigación rigurosa.

10

⁹ A vosotros, pues, soberanos, se diri-
gen mis palabras
para que aprendáis sabiduría y no pequéis.

5 5

¹⁰ Porque los que guarden santamente
las cosas santas, serán santificados*,
y los que las aprendan encontrarán defensa.

12

¹¹ Así, pues, ansiad mis palabras;
anheladlas y recibiréis instrucción.

13

La sabiduría se deja hallar*.

¹² La sabiduría es radiante e inmarce-
sible.

Pr 8 17
Si 6 27
Mt 7 7-11p
Jn 14 21

Se deja ver fácilmente por los que la
aman
y encontrar por los que la buscan.

14

¹³ Se adelanta a manifestarse a los que
la desean.

Si 6 36
39 5

¹⁴ Quien madruga para buscarla, no se
cansa,
pues la encuentra sentada a su puerta.

16

¹⁵ Meditar sobre ella es sensatez con-
sumada,
quien se desvela por ella pronto se ve
libre de preocupaciones.

Pr 1 20-21
8 2-3
Is 65 1-2.24
Si 15 2
1 Jn 4 10

¹⁶ Pues ella misma va buscando a los
que son dignos de ella,
se les muestra benévola por los caminos
y sale al encuentro de todos sus pensamientos.

Pr 4 7

¹⁷ *Su verdadero comienzo es el afán de
instrucción,
el interés por la instrucción es amor,

19

¹⁸ el amor es la observancia de sus le-
yes*,

3 4+

la atención a las leyes es garantía* de
inmortalidad

---

¹⁹ y la inmortalidad acerca a Dios;

20

²⁰ por tanto, el afán de la sabiduría con-
duce al reino.

3 7-8; 5 16

²¹ Así que, si queréis tronos y cetros, so-
beranos de los pueblos,
apreciad la sabiduría y reinaréis eternamente*.

22

Salomón va a describir la Sabiduría.

²² Os voy a explicar la esencia y el ori-
gen de la sabiduría;
no os ocultaré secretos,
sino que rastrearé sus huellas desde su
origen
y pondré de manifiesto su conocimiento*
sin eludir la verdad.

24

Jb 28

²³ No compartiré el camino con la en-
vidia corrosiva,
pues nada tiene que ver con la Sabiduría.

Si 51 23s

²⁴ En la abundancia de sabios está la
salvación del mundo
y en un rey sensato, el bienestar del
pueblo.

26

Pr 29 4
Si 10 1-3

²⁵ Así, pues, dejaos instruir por mis pa-
labras y sacaréis provecho.

Salomón era sólo un hombre.

7 ¹ También yo soy un hombre mortal
como todos,
descendiente del primero formado de
la tierra.
En el vientre materno se modeló mi
carne;

Gn 2 7
Si 17 1

² durante diez meses* fui cuajado en su
sangre,
a partir de la simiente viril y del placer
unido al sueño.

Sal 139
13-16
Jb 10 10+

³ Al nacer, también yo respiré el aire
común,
caí en la tierra que a todos nos recibe
y mi primera voz, como la de todos,
fue el llanto.

---

6 10   Es decir: los que cumplen religiosamente la voluntad divina y que serán reconocidos como «santos» (5
5) en el juicio.
6 12   La palabra «sabiduría» designa ahora no tanto
una disciplina o unos contenidos meramente humanos,
cuanto una cualidad o atributo divino.
6 17   Los vv. 17-20 imitan libremente el razonamiento
griego llamado «sorites», en el que el atributo de cada
proposición es el sujeto de la siguiente y la conclusión
(v. 20) enlaza al sujeto inicial (aquí: «el afán de instrucción») con el penúltimo atributo (aquí: «acerca a Dios»,
traducido por «reino»).
6 18   (a) El amor incluye la obediencia, Ex 20 6; Dt 5
10; 11 1; Si 2 15; Jn 14 15, etc. Las «leyes» de la Sabiduría se identifican con las grandes obligaciones religiosas y morales contenidas en la Revelación; y acaso
también con leyes no escritas, dictadas por la concien-

cia y manifestadas por la Sabiduría divina.
6 18   (b) Aquí, el término se emplea en sentido jurídico. El esmero en el cumplimiento de las leyes de la
Sabiduría no basta para dar la incorruptibilidad, pero
crea un título real e innegable para conseguir de Dios
la incorruptibilidad bienaventurada o la inmortalidad,
ver 2 23; 3 4.
6 21   Buen número de mss latinos añaden aquí:
«amad la luz de la Sabiduría, todos los que gobernáis a
los pueblos». Este v., suplemento en la Vulg. (23), es
una glosa marginal o un duplicado.
6 22   Alusión al secreto celosamente guardado en las
religiones místéricas o en las doctrinas esotéricas: la revelación sólo se comunicaba a los iniciados.
7 2   Diez meses lunares. Sobre el modo como se representaban la formación del embrión, ver Jb 10 10+.

⁴ Me crié entre pañales y cuidados.
⁵ Pues ningún rey comenzó de otro modo su existencia;
⁶ que son iguales para todos la entrada en la vida y la salida.

Aprecio de Salomón por la Sabiduría.

⁷ Por eso supliqué y se me concedió la prudencia;
invoqué y vino a mí el espíritu de sabiduría.
⁸ La preferí a cetros y tronos*
y en su comparación tuve en nada la riqueza.
⁹ No la equiparé a la piedra más preciosa,
porque todo el oro a su lado es un puñado de arena
y ante ella la plata es como el barro.
¹⁰ La quise más que a la salud y a la belleza
y preferí tenerla como luz,
porque su claridad no anochece.
¹¹ Con ella me vinieron a la vez todos los bienes
e incalculables riquezas en sus manos.
¹² Yo disfruté de todos, porque la Sabiduría los trae,
aunque ignoraba que ella fuera su origen.
¹³ Sin engaño la aprendí y sin envidia la comparto;
no escondo sus riquezas,
¹⁴ porque es un tesoro inagotable para los hombres,
y los que la adquieren se granjean la amistad de Dios,
recomendados por los dones que ofrece la instrucción*.

Llamamiento a la inspiración divina.

¹⁵ Que Dios me conceda hablar con conocimiento

y tener pensamientos dignos de sus dones,
porque él es quien guía a la sabiduría
y quien dirige a los sabios.
¹⁶ En sus manos estamos nosotros y nuestras palabras,
toda prudencia y toda habilidad práctica.
¹⁷ Él me concedió el verdadero conocimiento de los seres,
para conocer la estructura del mundo
y la actividad de los elementos,
¹⁸ el principio, el fin y el medio de los tiempos,
la alternancia de los solsticios y la sucesión de las estaciones,
¹⁹ los ciclos anuales y la posición de las estrellas,
²⁰ la naturaleza de los animales y los instintos de las fieras,
el poder de los espíritus y los pensamientos de los hombres,
las variedades de las plantas y las virtudes de las raíces.
²¹ Llegué a conocer cuanto está oculto y manifiesto*,
porque la sabiduría, artífice de todo, me lo enseñó.

Elogio de la Sabiduría*.

²² Pues hay en ella un espíritu inteligente, santo,
único, múltiple, sutil,
ágil, perspicaz, inmaculado,
claro, impasible, amante del bien, agudo,
²³ libre, bienhechor, filántropo,
firme, bienhechor, sereno,
que todo lo puede, todo lo controla
y penetra en todos los espíritus,
los inteligentes, los puros, los más sutiles.

Margin references (left column):
1 R 2 2
R 3 6-9.12; 5 9-14 Sb 9 Si 47 12-17
s 60 19-20 1 R 3 13; 10 21s Si 47 18 Mt 6 33
21; 8 5-6
6 22 Lc 12 33

Margin references (right column):
Sal 31 16 Jb 12 10 Si 10 5
1 R 5 13
8 4.6; 9 9; 14 2 Pr 8 22-31+
St 3 17
1 6-10

---

7 8 Esta exposición se apoya en el dato de 1 R 3 10 y en los textos sapienciales que ensalzan la Sabiduría por encima de los bienes más preciosos, Jb 28 15-19; Pr 3 14-15; 8 10-11.19. El autor añade aquí algunos valores estimados sobre todo por los griegos (v. 10): la salud, ver con todo Si 1 18; 30 14-16; la belleza, ver Sal 45 3; Si 26 16-17; 36 22; y la luz del día, ver Qo 11 7.
7 14 La imagen que aflora es la de los regalos ofrecidos a una alta personalidad para solicitar su amistad. Estos regalos «proceden de la instrucción», ver 3 11+; 6 17, es decir, de una enseñanza que regula la vida entera conforme a una auténtica educación moral y religiosa.
7 21 Actualizando el dato de 1 R 5 9-14, el autor atribuye a Salomón el saber que la cultura helénica de su tiempo buscaba sobre todo. En este contexto, Dios se presenta como la fuente de toda verdad y se pone a las ciencias humanas bajo la presencia de su sabiduría.
7 22 El autor amplía aquí en forma original las personificaciones anteriores de la Sabiduría, ver Pr 8 22+.

Como lo ha anunciado, **6 22**, fija a la vez la naturaleza y el origen, primero enumerando las características del Espíritu divino que la Sabiduría posee en propiedad y que informan ya acerca de su naturaleza, vv. 22-24 (se enumeran 21 atributos y esta cifra, 3 × 7, parece intencionada para significar una perfección eminente); luego, determinando la relación de la Sabiduría con Dios, vv. 25-26, valiéndose de imágenes que a la vez indican procedencia y participación íntimas. Tomando de la filosofía griega un amplio vocabulario, el autor subraya a continuación las diferentes características de la Sabiduría y llega a identificarla con la providencia divina, **8 1**. Este elogio de la Sabiduría que participa de la intimidad de Dios, **8 3**, que posee su omnipotencia, **7 23.25.27**, y colabora en su obra creadora, **7 12.22**; **8 4.6**, anuncia ya toda una teología del Espíritu a la que se la equipara, **9 17**, y de la que recibe las funciones tradicionales, ver Is 11 2+, pero sobre todo una cristología, en especial la de San Juan, y también la de San Pablo (ver Ef y Col) y de la Epístola a los Hebreos.

²⁴ Pues la sabiduría es más móvil que cualquier movimiento

y, en virtud de su pureza, atraviesa y penetra todo.

Si 24 3
Ex 24 16+

²⁵ Es un soplo del poder de Dios,

una emanación pura de la gloria del Omnipotente;

por eso, nada contaminado le afecta.

Hb 1 3
Jn 1 9
Col 1 15

²⁶ Es reflejo de la luz eterna*,

espejo inmaculado de la actividad de Dios

e imagen de su bondad.

Sal 102 27.
28; 104 30

²⁷ Aun siendo una sola, todo lo puede;

sin cambiar en nada, renueva el universo;

y entrando en las almas santas en cada generación

hace amigos de Dios* y profetas*,

²⁸ pues Dios sólo ama a quien convive con la sabiduría.

²⁹ Ella es más bella que el sol

y supera a todas las constelaciones;

comparada con la luz, sale ganando,

Jn 1 5;
16 33

³⁰ porque la luz deja paso a la noche,

pero a la sabiduría no la domina el mal.

8

¹ Se propaga decidida de uno al otro confín

y gobierna todo con acierto.

La Sabiduría esposa ideal para Salomón.

6 12-16

² Yo la amé y la pretendí desde mi juventud;

Si 15 2

me empeñé en hacerla mi esposa, enamorado de su belleza.

³ Su intimidad con Dios ennoblece su linaje,

pues el dueño de todo la ama*.

⁴ Está iniciada en el conocimiento de Dios

y es la que elige sus obras.

Pr 8 27.30

⁵ Si la riqueza es un bien apetecible en la vida,

¿qué cosa es más rica que la sabiduría, que todo lo hace?

7 21+

⁶ Si la inteligencia trabaja,

¿quién sino la sabiduría es el artífice de cuanto existe?

⁷ Si alguien ama la justicia,

las virtudes son su especialidad*,

pues ella enseña templanza y prudencia,

justicia y fortaleza;

para el ser humano no hay en la vida nada más provechoso.

⁸ Si alguien anhela una gran experiencia,

ella conoce el pasado y adivina el futuro,

comprende dichos agudos y resuelve enigmas*,

conoce de antemano signos y prodigios

y la oportunidad* de momentos y tiempos.

La Sabiduría, indispensable a los soberanos.

⁹ Así, pues, decidí tomarla por compañera,

consciente de que sería mi consejera en la dicha

y mi alivio en las preocupaciones y penas.

¹⁰ Gracias a ella obtendré gloria entre la gente

y, aunque joven, el aprecio de los ancianos.

1 R 3 7s

¹¹ Apareceré agudo en el juicio

y seré la admiración de los poderosos.

1 R 3 16-2
1 R 5 14.2
10 4-9

¹² Cuando calle, esperarán;

cuando hable, prestarán atención;

---

7 26 La «luz eterna» se identifica con Dios, designado bajo este aspecto. Algunos textos anteriores sugerían ya la idea de una luz trascendente que emana de Dios, Ha 3 4, ilumina a sus fieles o a su pueblo, Sal 18 29; Is 2 5, constituye la irradiación de su gloria, Is 60 1.19-20; Ba 5 9, o mora junto a él, Dn 2 22+. Pero únicamente 1 Jn 1 5 dirá explícitamente que «Dios es Luz».
7 27 (a) Como Abrahán, Is 41 8; 2 Cro 20 7; St 2 23, y Moisés, Ex 33 11.
7 27 (b) No sólo los grandes profetas o los escribas inspirados (Si 24 33), sino incluso todos los que, por su vida santa y su intimidad con Dios, penetran más en el conocimiento de sus exigencias o de sus misterios y se hacen sus «intérpretes» autorizados, capaces de iluminar a los demás hombres.
8 3 La Sabiduría sigue manifestándose al joven Salomón como esposa ideal que no sólo posee la belleza (v. 2), sino también una nobleza divina, luego (vv. 4-8) la fuente misma del saber, de la riqueza, de la eficacia, de la virtud y de la experiencia.

8 7 «Especialidad», lit.: «sus tareas» o «su ocupación». Quizá, el autor vuelve sobre una interpretación alegórica de Pr 31 10-31, aplicada a la Sabiduría (ver Pr 31 30+). Luego, enumera las cuatro grandes virtudes de los filósofos griegos, que más adelante vendrán a ser las «virtudes cardinales» de la teología cristiana.
8 8 (a) «dichos agudos» y «enigmas» se refieren a sentencias expresadas en términos voluntariamente oscuros. Ver Jc 14 12; Pr 1 6; Si 39 2-3; Ez 17 2. Salomón se distinguió en esto, 1 R 5 12; 10 1-3; Qo 12 9; Si 47 15-17. Los términos asociados «signos» y «prodigios» remiten sobre todo a los milagros del Éxodo, ver 10 16. Según el uso griego, más bien designarían fenómenos naturales extraordinarios o excepcionales, considerados como difícilmente previsibles.
8 8 (b) O: «los resultados, las soluciones». El texto considera los momentos favorables para las iniciativas o empresas humanas, ver Qo 3 1-8. —Esta descripción de la «gran experiencia» de la Sabiduría completa el cuadro de 7 17-21.

y si me alargo hablando, se llevarán la mano a la boca*.

¹³ Gracias a ella alcanzaré la inmortalidad

Sal 112 6
Si 39 9
y legaré perpetuo recuerdo a la posteridad.

1 R 5 1
¹⁴ Gobernaré a los pueblos y someteré naciones.

¹⁵ Soberanos terribles se asustarán al oír hablar de mí.

Me mostraré generoso con las multitudes y valiente en la guerra.

¹⁶ Al volver a casa, descansaré a su lado, pues su compañía no produce amargura
ni su intimidad entristece,

Qo 1 18
Pr 3 17-18
sino que contenta y alegra.

Salomón va a pedir la Sabiduría.

¹⁷ Reflexionando sobre estas cosas, consideré en mi interior
que la inmortalidad reside en emparentar* con la Sabiduría,
¹⁸ que su amistad es un gran placer,
que hay riqueza inagotable en el trabajo de sus manos,
prudencia en su trato asiduo
y prestigio en la conversación con ella;
y me puse a dar vueltas, tratando de apropiármela.
¹⁹ Yo era un muchacho de buen natural, dotado de un alma buena,
²⁰ o más bien, siendo bueno, vine a un cuerpo sin tara*;

Si 1 1
²¹ pero, comprendiendo que no la conseguiría, si Dios no me la daba,
—y ya era un signo de sensatez saber de quién procedía tal don—
acudí al Señor y le supliqué, diciéndole de todo corazón:

1 R 3 6-9
Oración para alcanzar la Sabiduría*.

9 ¹ «Dios de mis antepasados, Señor de misericordia,

que hiciste todas las cosas con tu palabra,
² y con tu sabiduría formaste al hombre
para que dominase sobre tus criaturas,
³ gobernase el mundo con santidad y justicia
y juzgase con rectitud de espíritu;
⁴ dame la Sabiduría entronizada junto a tí,
y no me excluyas de entre tus hijos.
⁵ Porque soy siervo tuyo, hijo de tu esclava,
un hombre débil y de vida efímera,
incapaz de comprender el derecho y las leyes.
⁶ Pues, aunque uno sea perfecto entre los hombres,
si le falta la sabiduría que viene de ti, será tenido en nada.
⁷ Tú me elegiste* como rey de tu pueblo
para gobernar a tus hijos y a tus hijas,
⁸ tú me encargaste construir un templo en tu monte santo
y un altar en la ciudad donde habitas,
a imitación de la tienda santa que preparaste desde el principio*.
⁹ Contigo está la Sabiduría que conoce tus obras,
que estaba a tu lado cuando hacías el mundo,
que conoce lo que te agrada
y lo que es conforme a tus mandamientos.
¹⁰ Envíala desde el santo cielo,
mándala desde tu trono glorioso,
para que me acompañe en mis tareas
y pueda yo conocer lo que te agrada.
¹¹ Ella, que todo lo sabe y comprende,
me guiará prudentemente en mis empresas

Si 42 15+

Gn 1 28+

Pr 8 27.30
Si 1 1

Sal 86 16;
116 16

2 S 7 13
1 R 5 19
Si 47 13

8 4
9 4
Pr 8 22-31+

7 23

---

8 12   Actitud de silencio, Pr 30 32; Si 5 12, por efecto del estupor o de la confusión, Mi 7 16; Jb 21 5; 40 4, o bien de la admiración, Jb 29 9.
8 17   Un «emparentar» conferido graciosamente (ver v. 21). La inmortalidad que produce es ante todo la del recuerdo (ver v. 13), pero probablemente también la inmortalidad personal (ver 4 1), porque la sabiduría debe comunicar al alma que posee por naturaleza.
8 20   Este texto no enseña la preexistencia del alma, como pudiera creerse aislándolo del contexto. Corrige la expresión del v. 19, que parecía otorgar prioridad al cuerpo, como sujeto personal, y subraya la preeminencia del alma.
9   Esta oración se inspira libremente en la que se expone en 1 R 3 6-9 y 2 Cro 1 8-10. Salomón recuerda mediante rasgos diversos su condición histórica, vv. 5ᵇ.7-8.12, pero se amplía la perspectiva hasta la condi-

ción humana a que pertenece Salomón, vv. 1-3.5ᵇ.6.13-17. Esta oración comprende tres secciones (vv. 1-6; 7-12; 13-18), con mutuas correspondencias y la triple mención (4.10.17) del envío de la Sabiduría.
9 7   Con preferencia a Adonías y a sus otros hermanos, 1 R 1; 1 Cro 28 5-6.
9 8   La palabra «imitación» se refiere a la vez al templo y al altar (se trata del altar de los holocaustos, visible para todos, 1 R 8 22.54.62-64). A la «tienda santa», preparada por Dios mismo se la identifica con el templo celeste de Dios, Sal 18 7; 96 6; Hb 8 2; 9 11; Ap 3 12, etc. (en cuanto a un altar celeste, ver Ap 6 9; 8 3-4; 14 18), o con un modelo divino del templo de Jerusalén, Ex 15 17; 1 Cro 28 19, o con el santuario del Éxodo, Si 24 10, realizado conforme a un modelo dado por Dios, Ex 25 9.40; Hch 7 44; Hb 8 5.

Ex 24 16+

y me protegerá con su gloria*.

¹² Así mis obras serán aceptadas,
juzgaré a tu pueblo con justicia
y seré digno del trono de mi padre.

Rm 11 34
1 Co 2 16

¹³ Pues, ¿qué hombre puede conocer la
voluntad de Dios?

¿Quién puede considerar lo que el Señor quiere?

¹⁴ Los pensamientos humanos son mez-
quinos

y nuestros proyectos, caducos;

Jb 4 19
Is 38 12
Rm 7 14-
25+

¹⁵ pues el cuerpo mortal oprime el alma
y la tienda terrenal abruma la mente
reflexiva*.

¹⁶ Si a duras penas vislumbramos lo que
hay en la tierra

y con dificultad encontramos lo que
tenemos a mano,

¿quién puede rastrear lo que está en
los cielos?

Jn 3 6

Dt 30 11+

Is 55 9
Jn 3 12

¹⁷ ¿Quién puede conocer tu voluntad, si
tú no le das la sabiduría

y le envías tu espíritu santo desde el
cielo?

Mt 11 27

¹⁸ Así se enderezaron los caminos de los
habitantes de la tierra,

los hombres aprendieron lo que te
agrada

y se salvaron gracias a la sabiduría*.»

Ba 4 4

III. La sabiduría en la historia

Desde Adán hasta Moisés.

10 ¹ Ella fue la que protegió al primer hombre, padre del mundo;
creado solo*,
lo rescató de su caída*

Gn 1 26.28
Sb 9 2

² y le dio poder para dominar todas las
cosas.

Gn 4 8-13

³ De ella se apartó el criminal iracun-
do*

y pereció con su furor fratricida.

Gn 7 8
1 P 3 20-21

⁴ Cuando la tierra fue inundada por su
culpa, la sabiduría la salvó

Gn 6 9
Sb 14 6-7

conduciendo al justo* en una humilde
tabla.

Gn 11 1-9

⁵ En la perversión común de los pue-
blos confundidos,

Gn 12 1-3

ella conoció al justo*, lo conservó intachable ante Dios

Gn 22 1-19

y lo sostuvo firme a pesar del amor entrañable a su hijo.

⁶ Durante el exterminio de los impíos,
ella salvó al justo*

cuando huía del fuego que caía sobre
la Pentápolis.

Gn 19
2 P 2 6-8

⁷ De su maldad todavía quedan como
testigos

una tierra desolada y humeante

y unas plantas con frutos malogrados;

y, como monumento al alma incrédula, se levanta una estatua de sal.

Dt 32 32

Gn 19 26

⁸ Pues, al apartarse de la sabiduría,

no sólo sufrieron la desgracia de ignorar el bien,

sino que además legaron a la historia
un recuerdo de su insensatez,

para que sus faltas no quedaran ocultas.

Gn 19 1+

⁹ La sabiduría, sin embargo, sacó de
apuros a sus servidores.

¹⁰ Al justo* que huía de la ira de su her-
mano

Gn 27 43
Gn 28 10-

---

9 11 «Con su gloria», es decir, guiándome con su luz, ver Is 60 1-3; Ba 7.9, o envolviéndome como una nube protectora, ver Si 14 27. Otros traducen: «con su glo-ria», ver Rm 6 4.
9 15 Los términos empleados en este v. recuerdan la contraposición establecida por la filosofía griega entre el cuerpo y el alma o el espíritu, ver Rm 7 25+; sin em-bargo, el autor estima normal la unión del alma y del cuerpo. En el AT la imagen de la «tienda» evoca lo pre-cario de la existencia humana, Jb 4 21; Is 33 20; 38 12; el epíteto «terrenal» puede hacer referencia a Jb 4 19 o Gn 2 7. En el NT, cotéjese 2 Co 4 7; 5 1-4; 2 P 1 13-14, y también la contraposición indicada por Ga 5 17; Rm 7 14-15.
9 18 De los peligros temporales y espirituales. Esta acción saludable de la Sabiduría queda ilustrada por la exposición siguiente que sirve de transición a la tercera parte. —Numerosos mss latinos añaden aquí: «todos los que, Señor, fueron de tu agrado desde un principio».
10 1 (a) Adán, solo en el mundo, como Dios está solo en el cielo. Esta referencia a la soledad de Adán parece

tener en cuenta el llamado relato yahvista de la creación del hombre y de la mujer, ver Gn 2 4b-25.
10 1 (b) Algunos mss latinos traen aquí: «ella sacó del polvo de la tierra, le arrancó de su pecado». La pri-mera lectura procede, sin duda, de una glosa explicativa a «primer hombre». —El tema del arrepentimiento y la rehabilitación de Adán (opinión judía reiterada a me-nudo por los Padres de la Iglesia) se pone en relación con la influencia misericordiosa de la Sabiduría, que permite a Adán conservar, después de su pecado, su do-minio sobre el mundo y le da fuerza para ejercerlo.
10 3 Caín, ver Gn 4 8-13. —A causa de su homicidio, o bien se condenó a sí mismo a una existencia mise-rable (concluida trágicamente según algunas leyendas judías), o bien fue causa del exterminio de su linaje, por el diluvio, v. 4, o bien se entregó voluntariamente a la muerte verdadera, ver 1 11^d-12.16.
10 4 Noé, ver Gn 6 9.
10 5 Abrahán, ver Gn 22.
10 6 Lot, ver Gn 19.
10 10 (a) Jacob, ver Gn 27 41-45; 28 5-6.

ella lo guió por caminos rectos,
le mostró el reino de Dios
y le dio a conocer las cosas santas*;
le dio prosperidad en sus trabajos
y multiplicó el fruto de sus esfuerzos;
¹¹ lo asistió contra la avaricia de sus
opresores
y lo enriqueció;
¹² lo defendió de sus enemigos,
lo protegió de los que le tendían trampas
y, tras duro combate, le dio la victoria,
para enseñarle que la piedad triunfa
sobre todo*.
¹³ Ella no abandonó al justo vendido*,
sino que lo libró del pecado;
¹⁴ bajó con él a la cisterna
y no lo dejó solo en la prisión,
hasta entregarle el cetro real
y el poder sobre sus tiranos;
demostró la falsedad de sus ofensores
y le concedió gloria eterna.

El Éxodo.

¹⁵ Ella libró de la nación opresora
a un pueblo santo y a un linaje intachable*.
¹⁶ Entró en el alma del servidor del Se-
ñor
y combatió a reyes temibles* con prodigios y señales.
¹⁷ Recompensó a los santos por sus fa-
tigas
y los condujo por un camino maravilloso,
fue para ellos sombra durante el día

y resplandor de estrellas durante la noche*.
¹⁸ Les abrió paso a través del mar Rojo
y los condujo entre aguas caudalosas,
¹⁹ mientras sumergió a sus enemigos
y luego los sacó a flote desde el fondo
del abismo.
²⁰ De este modo los justos despojaron a
los impíos*,
cantaron himnos, Señor, a tu santo
Nombre
y alabaron a coro tu mano vencedora,
²¹ porque la sabiduría abrió la boca de
los mudos
y soltó las lenguas infantiles*.

11 ¹ Ella llevó felizmente a término
sus acciones por medio de un
santo profeta*.
² Atravesaron un desierto inhóspito
y acamparon en parajes intransitables.
³ Hicieron frente a sus enemigos y re-
chazaron a sus adversarios.

El milagro del agua. Primera antítesis*.

⁴ Tuvieron sed y te invocaron:
bebieron agua de una roca escarpada,
en la dura piedra remediaron su sed.
⁵ Pues lo que sirvió de castigo para sus
enemigos,
se convirtió en auxilio de su propia necesidad.
⁶ En lugar de la fuente de un río peren-
ne,
enturbiado con sangre sucia,
⁷ en castigo por un decreto infantici-
da*,

Marginal references (left column):
Gn 29 1
31 16
n 31 23-29
32-33
n 32 25-31
Os 12 4-5
1 Tm 4 8
Gn 37-39
Sal 105
17-22
n 41 40-44
18 1
Ex 19 6+
Ex 7-12
135 9-10
Ex 13 21-
22+

Marginal references (right column):
Ex 14 21-29
Ex 15
Sal 8 3
Mt 21 16
Dt 18 15.18;
34 10
Os 12 14
Ex 17 1-7
Nm 20 2-13
6
Ex 7 17-21
Ex 1 15-16
Ex 17 3-6

---

10 10 (b) Las «cosas santas» pueden designar las revelaciones concernientes a la corte celestial o entenderse de las promesas hechas a Jacob, Gn 28 13-15.
10 12 Así pues, Jacob habría vencido en «lucha con
Dios» no por la fuerza física, sino por el vigor de su piedad. Sólo ésta puede constreñir a Dios y conseguir la
seguridad de su bendición. El episodio se interpreta,
por tanto, en el sentido de una experiencia espiritual.
10 13 José, ver Gn 39-41.
10 15 El pueblo del Éxodo es «santo» e «intachable»
por razón de su vocación, Ex 19 6; Lv 19 2, y de los
valores religiosos que encarna. A la vez, el autor idealiza
el pasado y seguirá haciéndolo en la tercera parte; su
finalidad es triple: ilustrar por la historia el trato diferente de los justos y los impíos, ensalzar la superioridad
religiosa y moral del Judaísmo, y, en fin, mostrar que el
pasado prefigura el futuro apocalíptico.
10 16 Generalización oratoria: se trata del faraón.
10 17 El autor atribuye a la Sabiduría lo que Ex dice
de Dios presente en la nube.
10 20 Según la tradición judía, los israelitas despojaron de sus armas a los egipcios muertos.
10 21 En otro tiempo, Dios había soltado la lengua de
Moisés para que hablara al faraón, Ex 4 10; 6 12.30.
Esta vez interviene para que todos los israelitas sin excepción puedan asociarse a su alabanza. El autor sigue
aquí una tradición judía que va amplificándose en los

textos rabínicos.
11 1 Moisés, ver Nm 12 7+; Dt 18 15.
11 3 La larga marcha por el desierto queda resumida
en unas frases para preparar una exposición distinta.
Ya no se menciona a la sabiduría, excepto 14 2.5, y el
autor se dirige a Dios en una especie de meditación sobre los acontecimientos del Éxodo. Irá contraponiendo
constantemente, pero con largas digresiones (12 2-22;
13 1 - 15 13), el trato de los israelitas considerados
como un pueblo de justos, ver 10 15, y el de los egipcios,
convertidos en el símbolo del endurecimiento de los impíos. Por sus libertades con respecto a las fuentes bíblicas anteriores, toda esta exposición se acerca al midrás o comentario rabínico de la Escritura.
11 4 A propósito del milagro del agua en el desierto,
el autor va a emplear una comparación compleja cuyo
principio se establece en el v. 5. A la vez se dedica a
justificar los castigos correspondientes conforme a una
especie de «talión divino» expresado en el v. 16. Otras
antítesis se agrupan más adelante: ver 16 1.5.15; 17 1;
18 5; 19 1, pero no hay unanimidad en cuanto al número exacto y a menudo resulta difícil delimitarlas
exactamente.
11 7 Según Ex 7 14-25, Yahvé cambió en sangre las
aguas del Nilo para forzar al faraón a que dejara salir
a los israelitas. El autor considera aquí este milagro
como el castigo del decreto de Ex 1 15s.

les diste sin esperarlo agua abundante,

⁸ mostrándoles con la sed de entonces
cómo habías castigado a sus adversarios.

Dt 8 2-5

⁹ Pues cuando sufrían una prueba
—aunque corregidos con cariño—,
conocían cómo eran castigados* los
impíos, juzgados con cólera;

Dt 8 5+
Sb 12 22

¹⁰ pues a ellos los probaste como padre
que corrige,
pero a los otros los castigaste como rey
justiciero que condena.

¹¹ Los ausentes y los presentes se consumían por igual,

¹² pues los embargaba una doble tristeza
y un lamento al recordar el pasado:

¹³ cuando se enteraban de que sus propios castigos
redundaban en beneficio de los otros*,
reconocían al Señor*.

Ex 1 22; 2 3

¹⁴ Al que antes habían abandonado expósito y rechazado con burlas*,
al final de los acontecimientos lo admiraron,
tras pasar una sed distinta de la de los
justos.

Moderación divina hacia Egipto.

12 24-25
Rm 1 21

¹⁵ Por sus pensamientos insensatos y
malvados,
que los desorientaron, haciéndoles
adorar a reptiles irracionales y a viles
animales*,
tú les enviaste como castigo una multitud de animales irracionales*,

¹⁶ para que comprendieran que en el pecado va la penitencia*.

¹⁷ Pues bien podía tu mano omnipotente
—que había creado el mundo de materia informe*—
enviar contra ellos manadas de osos o
leones intrépidos,

¹⁸ o fieras enfurecidas, desconocidas y
recién creadas,
que lanzasen resoplidos de fuego,
despidiesen humaredas apestosas
o echasen chispas terribles por los
ojos;

Ap 9 17

¹⁹ capaces, no ya de aniquilarlos con
sus ataques,
sino de exterminarlos con su aspecto
terrorífico.

Jb 41 10-13

²⁰ Y aun sin esto, podían haber sucumbido de un soplo,
perseguidos por la Justicia
o barridos por tu aliento poderoso.
Pero tú regulaste todo con medida, número y peso.

Jb 4 9
Is 11 4

Is 40 12
Jb 28 25
Si 1 9

Motivos de esta moderación.

²¹ Tú siempre puedes utilizar tu poder.
¿Quién va a resistir la fuerza de tu brazo?

²² El mundo entero es ante ti como un
gramo en la balanza*,
como gota de rocío matutino sobre la
tierra.

Is 40 15

²³ Pero te compadeces de todos* porque
todo lo puedes
y pasas por alto los pecados de los
hombres para que se arrepientan.

Os 6 4; 13

Si 18 12

²⁴ Amas a todos los seres
y no aborreces nada de lo que hiciste;
pues, si algo odiases, no lo habrías
creado.

12 2.10
Rm 2 4; 3

Gn 1 31+
Sal 145 9
Sb 1 13-14
2 23-24

²⁵ ¿Cómo subsistiría algo, si tú no lo
quisieras?
¿Cómo se conservaría, si no lo hubieras llamado?

²⁶ Pero tú eres indulgente con todas las
cosas, porque son tuyas, Señor, amigo de
la vida,

Ez 33 11;
18 23+

12 ¹ pues tu aliento incorruptible
está en todas ellas*.

² Por eso corriges poco a poco

Gn 2 7+

---

11 9   La sed, y quizá también los demás sufrimientos
que los israelitas soportaron en el desierto, debían hacerles comprender el castigo de los egipcios.
11 13 (a) El agua, negada a los egipcios, milagrosamente concedida a los israelitas, 11 4.
11 13 (b) Numerosos mss latinos añaden aquí: «llenos
de admiración por el final de los acontecimientos», adición que procede del v. 14^b.
11 14 Moisés, expuesto en las aguas, Ex 1 22; 2 3, rechazado por el faraón, Ex 5 2-5; 7 13.22, etc.
11 15 (a) El culto de los *animales*, «reptiles» (el cocodrilo, la serpiente, el lagarto, la rana) y «viles animales»
(el escarabajo), gozaba de gran estima en el Egipto de
los Tolomeos.
11 15 (b) Ranas, Ex 8 1-2, mosquitos, 8 13-14, tábanos,
8 20, langostas, 10 12-15.
11 16 Lit.: «con lo que uno peca, con eso es castigado»,
ver 12 23; 16 1; 18 4 y Gn 9 6; Jc 1 6-7; 1 S 15 23; 2 M

4 26; 13 8; Pr 5 22, etc.
11 17 Expresión filosófica parcialmente inspirada en
Platón (*Timeo* 51 A) y corriente en la época para designar el estado indiferenciado de la materia, que se suponía eterna. El autor no tiene ninguna razón para sustraer la materia a la actividad creadora y piensa, sin
duda, en la organización del mundo partiendo de la
masa caótica, Gn 1 1.
11 22 También puede entenderse: «lo que ni siquiera
hace inclinarse a la balanza».
11 23 El pensamiento de los vv. 23s no es nuevo en Israel, pero jamás había sido expresada con tanta energía
y en forma de razonamiento la universalidad de la misericordia de Dios por los pecadores (ver Jon 3-4), la
función determinante del amor en la creación y conservación de los seres.
12 1   Es el soplo vital difundido por Dios en las criaturas, Gn 2 7; 6 3; Sal 104 29-30; Jb 27 3; 34 14-15. No

Am 4 6+

Lc 15 7

a los que caen
y los reprendes recordándoles sus pecados,
para que se aparten del mal y crean en
ti, Señor.

Moderación de Dios hacia Canaán.

Dt 12 31;
18 10s

Lv 18 21+

n 33 51-56
t 20 16-18
Dt 11 12

Sal 78 39;
103 14
Sb 6 7;
11 23+
x 23 28+

11 17-19

12 2

Gn 9 25
b 3 12.19

³ A los antiguos habitantes* de tu tierra
santa
⁴ los aborreciste por sus abominables
acciones,
prácticas mágicas y ritos sacrílegos.
⁵ A esos crueles asesinos de niños,
devoradores de entrañas en banquetes
de carne y de sangre humanas,
a estos iniciados en bacanales*,
⁶ padres asesinos de seres indefensos,
decidiste exterminarlos por medio de
nuestros antepasados,
⁷ para que la tierra que más apreciabas
recibiera una digna colonia de hijos de
Dios.
⁸ Pero también de éstos, por ser hombres, tuviste compasión*
y les enviaste avispas, como avanzadilla de tu ejército,
para exterminarlos poco a poco*.
⁹ Aunque podías haber sometido los
impíos a los justos en batalla campal
o haberlos aniquilado de una vez con
feroces fieras o con una orden fulminante,
¹⁰ castigándolos poco a poco les diste
ocasión de arrepentirse,
a sabiendas de que eran de mala ralea,
de malicia innata,
y de que su mentalidad no cambiaría
nunca*,
¹¹ pues era una raza maldita desde su
origen.

Motivos de esta moderación.

Tampoco por temor a nadie indulta-
bas sus pecados.
¹² Pues ¿quién podría decirte: «¿Qué
has hecho?»
¿Quién se opondría a tu sentencia?
¿Quién te citaría a juicio por destruir
naciones creadas por ti?
¿Quién se enfrentaría a ti como defensor de hombres injustos?
¹³ Pues fuera de ti no hay Dios que cuide de todo,
a quien tengas que dar cuenta de la
justicia de tus juicios;
¹⁴ ni rey ni soberano que pueda desa-
fiarte defendiendo a los que has castigado.
¹⁵ Puesto que eres justo, todo lo gobiernas con justicia
y consideras incompatible con tu poder
el condenar a quien no merece castigo*.
¹⁶ Tu poder es el principio de la justicia*
y tu señorío sobre todo te hace ser
compasivo con todos.
¹⁷ Demuestras tu poder ante los que
desconfían de la plenitud de tu fuerza
y confundes la osadía de los que la conocen.
¹⁸ Dueño de tu poder, juzgas con moderación
y nos* gobiernas con gran indulgencia,
porque haces valer tu poder cuando
quieres.

Jb 9 12
Rm 9 19-23

Jb 9 19

Dt 32 39
Jb 34 13+

Gn 18 25

Sal 115 3;
135 6

---

parece aludir el autor al espíritu de la filosofía estoica
o al alma del mundo. —La Vulg. y numerosos mss latinos traducen (erróneamente): «cuán bueno y suave es,
Señor, tu espíritu en todos los seres».
12 3 Dt 7 1 da una lista, pero el autor considera principalmente a los cananeos.
12 5 «devoradores de entrañas» lat.; «(banquete) en
que se devoran las entrañas» tres mss; «(banquete) de
devoradores de entrañas» texto recibido. —«en bacanales», lit. «del medio de la danza» varios mss; en el texto recibido, la expresión se halla corrompida y no tiene
sentido. Este canibalismo no está demostrado en Canaán, pero sí aparece en otros pueblos de la antigüedad.
El autor toma algunos rasgos de los «misterios» helé-
nicos y alude a los ritos mal reputados de algunos de
ellos.
12 8 (a) Este rasgo no insiste tanto en la fragilidad
fundamental del hombre, Gn 8 31; Sal 78 39; 103 14-
15, etc., como en su dignidad esencial, Gn 1 26-27; Sal
8 5-7, que autoriza relaciones privilegiadas con la Sabiduría divina, Pr 8 31. También el estoicismo reconocía esta dignidad, pero insistiendo especialmente en la
noción común de humanidad.
12 8 (b) El autor transforma el sentido dado al epi-

sodio de las «avispas», Ex 23 28; Dt 7 20, por los textos
antiguos, preocupados por explicar el retraso sufrido en
el exterminio de Canaán. De ese modo, Dios, en vez de
preocuparse únicamente de Israel, ejercía su misericordia con los cananeos pecadores.
12 10 No en virtud de una predeterminación positiva
para el mal, sino a consecuencia de su negativa a arrepentirse. Dios sabía que, como el faraón, «se endure-
cerían», y esto ilustra la evocación de la maldición de
Canaán, Gn 9 25, trasladada a un plano moral, ver 3
12.19; 4 3-6.
12 15 A consecuencia de una antigua alteración del
verbo «condenar» y de un corte desafortunado, casi todos los mss latinos dicen: «a quien no merece ser castigado, le condenas».
12 16 Porque posee la plenitud de la fuerza y no tiene
ninguna razón para abusar de ella (ver por el contrario
2 11), Dios ejerce su justicia con entera imparcialidad
y libertad; del mismo modo su dominio soberano sobre
todos los seres le autoriza a usar de clemencia con todos.
12 18 O el autor se identifica con todos los hombres,
o bien esboza ya (ver vv. 21-22) la idea de un trato de
favor reservado a los israelitas.

Lecciones de Dios a Israel.

¹⁹ Actuando así, enseñaste a tu pueblo
que el justo debe ser filántropo*
y diste a tus hijos esperanza plena,

11 23   pues tras el pecado das lugar al arrepentimiento.
²⁰ Pues si a los enemigos de tus hijos, reos de muerte,
los castigaste con tanto miramiento y clemencia,
dándoles tiempo y lugar para apartarse de su maldad*,
²¹ ¿con cuánta consideración no habrás juzgado a tus hijos,

Gn 12 7+   con cuyos padres hiciste juramentos y alianzas de grandes promesas?

11 10   ²² Así, nos educas castigando a nuestros enemigos con moderación*,

Mt 5 7; 7 2   para que, al juzgar, recordemos tu bondad
y, al ser juzgados, esperemos misericordia.

Vuelta a los egipcios. Su castigo progresivo.

²³ Por eso, a los que vivían de manera insensata e inicua

11 16   los atormentaste con sus propias abominaciones*,
²⁴ pues se habían extraviado muy lejos por los caminos del error,

11 15   tomando por dioses a los animales más viles y despreciables,
dejándose engañar como niños inconscientes.
²⁵ Por eso, como a niños sin razón, les enviaste un castigo de risa.
²⁶ Pero los que no escarmentaron con correcciones ridículas
iban a experimentar un castigo digno de Dios.
²⁷ Pues ellos mismos, atormentados e irritados por aquellos

que tenían por dioses y ahora eran su castigo,   **11 15**
abrieron los ojos y reconocieron como Dios verdadero
a aquel que antes se negaban a conocer.
Por eso, les sobrevino el peor de los castigos*.

Crítica de la idolatría*. Divinización de la naturaleza.

13 ¹ Son necios por naturaleza todos los hombres que han desconocido a Dios
y no fueron capaces de conocer al que es a partir de los bienes visibles,   **Ex 3 14+**
ni de reconocer al Artífice, atendiendo a sus obras*;   **Hch 14 17 / Rm 1 19-2 / Si 17 8**
² sino que tuvieron por dioses, señores del mundo,
al fuego, al viento, al aire ligero,
a la bóveda estrellada, al agua impetuosa o a los astros del cielo.   **Dt 4 19; 1 / Jb 31 26-2**
³ Si, cautivados por su belleza, los tomaron por dioses,
sepan cuánto les aventaja su Señor, pues los creó el autor de la belleza*.
⁴ Y si admiraron su poder y energía, deduzcan de ahí cuánto más poderoso es quien los hizo;
⁵ pues por la grandeza y hermosura de las criaturas
se descubre, por analogía, a su Creador.   **13 1+**
⁶ Sin embargo, éstos merecen menor reproche,
pues tal vez andan extraviados buscando a Dios y queriendo encontrarlo.   **Hch 17 2'**
⁷ Dan vueltas a sus obras, las investigan
y se dejan seducir por su apariencia, pues es hermoso lo que ven.

---

12 19 O «amigo del ser humano», a ejemplo de la sabiduría, 1 6; 7 23. Esta actitud corresponde al universalismo radical de los escritos de sabiduría y encontrará una expresión nueva en el NT, ver Mt 5 43-48.
12 20 Ver 12 2. La idea de que Dios, por medio de pruebas y castigos, trata de arrancar a su pueblo del pecado, es frecuente en el AT, ver Am 4 6+. El autor la extiende deliberadamente a los hombres pecadores, ver ya Jb 33 14-22; 34 29-32; Jon 3-4.
12 22 «con moderación» *en metriotêti* conj.; «con una miríada (de golpes)» *en myriotêti* texto recibido.
12 23 Designación bíblica de los falsos dioses y de los ídolos, ver Dt 7 26; 27 15, etc. Aquí se señala el culto de los animales y el autor vuelve al hilo de 11 15-16.
12 27 El faraón reconoció finalmente la acción de Dios, Ex 12 31-32, tras haberse negado a ello por largo tiempo, Ex 7-11, pero no por eso dejó de desafiarle.
13 1 (a) A propósito del culto a los animales, el autor se entrega a una crítica general de la idolatría en sus

tres grandes formas: divinización de las fuerzas naturales y los astros, 13 1-9; culto a los ídolos fabricados por el hombre, 13 10 - 15 17; culto a los animales, 15 18-19. Sin duda, se inspira en un esquema corriente, porque clasificaciones análogas se encuentran en los escritos del Judaísmo helenizado, especialmente en Filón. Pero el pensamiento no deja de ser original y la exposición agrupa consideraciones diversas sobre la navegación, 14 1-7, sobre los orígenes de la idolatría, 14 12-21, sobre los males que acarrea, 14 22-31, y sobre la condición privilegiada del pueblo judío, 15 1-5.
13 1 (b) El espectáculo y el estudio de la naturaleza deberían elevar el espíritu humano hasta un Dios trascendente y creador de todo.
13 3 Rasgo griego, ver también vv. 5.7; Si 43 9-12. El AT había ensalzado a menudo el poder y la grandeza de Dios en la creación, Jb 36 22-26; Sal 19 2; Is 40 12-14, etc., pero no la hermosura del universo concebido como obra de arte que refleja a su autor.

⁸ Pero, con todo, ni siquiera éstos son excusables;
⁹ porque, si fueron capaces de saber tanto,
que pudieron escudriñar el universo,
¿cómo no encontraron antes a su Señor?

El culto a los ídolos*.

¹⁰ Son, pues, unos desgraciados, con la esperanza puesta en cosas muertas,
quienes llamaron dioses a las obras de manos humanas:
oro y plata labrados con arte,
a copias de animales
o a una piedra inútil, esculpida por manos antiguas.
¹¹ Un carpintero tala un árbol apropiado,
monda con destreza toda su corteza,
lo trabaja con finura
y fabrica un objeto útil para usos comunes.
¹² Con los desechos de su obra
se prepara una comida con la que se sacia.
¹³ Y el desecho de todo, que no sirve para nada,
un palo torcido y lleno de nudos,
lo coge y lo talla en sus ratos de ocio,
lo modela con la destreza adquirida
y saca la imagen de una figura humana
¹⁴ o la copia de cualquier vil animal.
Lo embadurna de minio, pinta su cuerpo de rojo
y recubre todos sus defectos.
¹⁵ Luego le prepara un nicho digno
y lo colaca en la pared asegurándolo con hierros.
¹⁶ Para que no se le caiga, toma sus precauciones,
sabiendo que no puede valerse por sí mismo,
pues es una imagen y necesita ayuda*.

¹⁷ Cuando le reza por la hacienda, las bodas y los hijos,
no se avergüenza de hablar con algo inanimado.
Y pide salud a un enfermo,
¹⁸ vida a un muerto,
ayuda al más inepto,
un viaje feliz al que no puede andar;
¹⁹ y para las ganancias, empresas y éxitos de sus tareas
pide vigor al más torpe de manos.

14 ¹ Otro, dispuesto a embarcar para cruzar el mar bravío,
invoca a un madero más frágil que la nave que lo lleva*.
² A ésta la inventó el afán de lucro
y la construyó la sabiduría como artífice*;
³ pero es tu providencia*, Padre, quien la guía,
pues también en el mar abriste un camino
y una senda segura entre las olas*,
⁴ demostrando así que puedes salvar de todo peligro
para que hasta el inexperto pueda embarcarse.
⁵ No quieres que las obras de tu Sabiduría queden estériles;
por eso, los hombres confían sus vidas a un insignificante madero,
cruzan el oleaje en una balsa y arriban sanos y salvos.
⁶ Ya en los comienzos, cuando los soberbios gigantes perecían*,
la esperanza del mundo se refugió en una balsa*
que, pilotada por tu mano, legó al mundo una semilla de vida.
⁷ Bendito, pues, el madero con el que se hace justicia*:
⁸ pero malditos el ídolo manufacturado* y el que lo hizo;
el uno por hacerlo, y el otro porque, siendo corruptible, es considerado dios.

Referencias marginales

Dt 4 28
2 R 19 18
Is 40 18-20

Is 40 20+
Jr 10 3-5

15 7-13

Is 46 7

a 6 25-27

Is 44 17
Jr 2 27

Sal 115 4-7

Sal 77 20
Is 43 16

Sal 107 29-30

Gn 6 1-5+
Si 16 7
Ba 3 26-28

Ga 3 13-14

Dt 27 15

---

13 10 La polémica contra los ídolos, que aparece entre los filósofos griegos, es un lugar común en los escritos bíblicos, ver sobre todo Is 44 9-20; Jr 10 1-16; Ba 6, etc.
13 16 Descripción calculada para provocar el ridículo contra el ídolo: el material es madera de desecho, el artista es un vulgar artesano, la labor está hecha sin esmero y el objeto ni siquiera se tendrá en pie.
14 1 Mascarón de proa o de popa, con la efigie de una divinidad protectora de la navegación, ver Hch 28 11.
14 2 La habilidad técnica del artífice, fruto de la Sabiduría, 8 6; ver Ex 31 3; 35 31.
14 3 (a) El término, que aquí aparece por vez primera en los LXX, está tomado de la filosofía y de la literatura griegas. Sin embargo, la idea es bíblica, Jb 10 12; Sal 145 8s.15s; 147 9, etc.

14 3 (b) Volviendo sobre dos textos que aluden al paso del mar Rojo, Sal 77 20; Is 43 16, el autor quiere ilustrar el dominio de Dios sobre el mar y su poder para proteger eficazmente a los navegantes.
14 6 (a) Estos gigantes juegan un papel importante en las tradiciones o leyendas judías, ver Gn 6 4; Si 16 7; Ba 3 26, y el apócrifo que se titula Tercer libro de los Macabeos (3 M 2 4), al igual que en algunas leyendas griegas.
14 6 (b) El arca de Noé, ver va 10 4.
14 7 Sirviendo a la realización de los designios de Dios. Varios Padres han aplicado este texto al leño de la Cruz.
14 8 Lit. «lo manufacturado», es decir, el objeto fabricado por la mano del hombre, pero esta palabra compuesta designa a menudo a los ídolos en los LXX.

⁹ Dios aborrece igualmente al impío y su impiedad,

¹⁰ y la obra será castigada junto con su autor.

Ex 12 12
Is 2 18.20
Jr 10 11.15
Za 13 2

¹¹ Por eso los ídolos de las naciones también serán juzgados,

porque se convirtieron en abominación entre las criaturas de Dios,

ocasión de tropiezo para las almas de los hombres

Ex 23 33

y una trampa para los pies de los insensatos.

Origen del culto a los ídolos.

Ex 34 16
Dt 31 16

¹² La invención de los ídolos fue el comienzo de la infidelidad,

y su descubrimiento, la corrupción de la vida*.

¹³ Pero no existían desde el principio, ni existirán para siempre.

¹⁴ Entraron* en el mundo por la vanidad de los hombres

14 11

y, por eso, su fin inmediato está decidido.

¹⁵ Un padre*, afligido por un luto prematuro,

hace una imagen del hijo malogrado,

y al que ayer era hombre muerto, hoy lo honra como un dios

y encarga a sus subordinados misterios y ritos.

¹⁶ Luego la impía costumbre se consolida con el tiempo y se observa como ley.

¹⁷ Las estatuas también recibían culto por decreto de los soberanos.

Y, como la gente que vivía lejos no los podía venerar en persona,

representaban su figura lejana

haciendo una imagen visible del rey venerado,

para adular con fervor al ausente como si estuviera presente.

¹⁸ La ambición del artista contribuyó a extender este culto

incluso entre quienes no lo conocían;

¹⁹ pues éste, queriendo complacer seguramente al soberano,

alteró con su arte el parecido para embellecerlo,

²⁰ y la multitud, seducida por el encanto de la obra,

tomó entonces por objeto de culto al que poco antes honraba como hombre.

Dn 3 1-7

²¹ Y esto se convirtió en trampa para los vivientes,

pues los hombres, esclavos de la desgracia o de la tiranía,

dieron el nombre incomunicable* a piedras y maderos.

Ex 3 14+

Consecuencias del culto a los ídolos.

Rm 1 24-3.

²² Luego, no les bastó con errar en el conocimiento de Dios,

sino que, debatiéndose en duro conflicto* por la ignorancia,

llamaron paz a tan graves males.

²³ Así, celebrando iniciaciones infanticidas, misterios secretos,

o delirantes orgías de ritos extravagantes*,

12 5
Lv 18 21+

²⁴ ya no mantienen puros ni vidas ni matrimonios,

sino que se matan a traición unos a otros o se humillan con adulterios.

²⁵ Todo es un caos de sangre y muerte, robo y fraude,

corrupción, deslealtad, desorden, perjurio,

²⁶ confusión de los buenos, olvido de la gratitud,

contaminación de las almas, inversión de sexos*,

desorden matrimonial, adulterio y libertinaje*.

²⁷ Porque el culto a los ídolos sin nombre*

es principio, causa y fin de todos los males.

---

14 12 La «infidelidad» (lit. «fornicación») ha de entenderse en el sentido de infidelidad religiosa, ver Os 1 2+, pero el error del espíritu provoca la licencia de las costumbres, ver Rm 1 24-32; Ef 4 17-19.
14 14 Varios buenos mss dicen aquí: «entró la muerte», influidos por **2 24**. —Para nuestro autor, el monoteísmo precedió al politeísmo. Idéntica concepción en Gn.
14 15 Dos ejemplos mostrarán cómo la «vanidad» humana ha inventado los ídolos, insistiendo en el culto idolátrico dado a hombres divinizados más que en la divinización misma. El primer ejemplo se ilumina con la costumbre griega de alzar a los hijos difuntos al rango de «héroes protectores».
14 21 El nombre revelado a Moisés, Ex 3 14, o el nombre mismo de «Dios».
14 22 Guerra interior por el desencadenamiento de las

pasiones, y exterior, a consecuencia de los desórdenes que esas pasiones provocan en la sociedad.
14 23 Alusión a las Bacanales de los misterios dionisíacos, o a las violencias e inmoralidades de los misterios frigios.
14 26 (a) Lit.: «inversión de la generación».
14 26 (b) Reflexión sobre la sociedad, sacudida en sus fundamentos por el desprecio a la vida y a los derechos del prójimo, por la profanación del matrimonio, por la deslealtad y, sobre todo, por la violación constante del juramento (ver vv. 29-31). A este desequilibrio radical se le relaciona no con el simple desconocimiento del verdadero Dios, sino con los cultos idolátricos. —Se compara con Rm 1 26-31, quizá inspirado en este pasaje.
14 27 Es decir, inexistentes. Quizá se deba entender: «que no se deben nombrar», ver Ex 23 13.

14 23

²⁸ Pues o se divierten frenéticamente,
o profetizan mentiras,
o viven en la injusticia,
o perjuran con ligereza.
²⁹ Como confían en ídolos sin vida,
no temen que el jurar en falso les pueda perjudicar.
³⁰ Pero un doble castigo les aguarda:
por hacerse una idea falsa de Dios, al entregarse a los ídolos,
y por jurar injustamente y con engaño, despreciando la santidad.
³¹ Porque no es el poder de aquellos por los que juran,
sino el castigo de los que pecan
quien persigue siempre las transgresiones de los malvados.

Israel no es idólatra.

x 34 6-7+

15 ¹ Pero tú, Dios nuestro, eres bueno y fiel,
eres paciente y todo lo gobiernas con misericordia.
² Aunque pequemos, somos tuyos, pues reconocemos tu poder*,
pero no pecaremos, porque sabemos que te pertenecemos.

Jn 17 3
15; 2 23

³ Conocerte a ti es justicia consumada
y reconocer tu poder es la raíz de la inmortalidad*.
⁴ No nos confundieron las malas artes de invención humana,
ni el trabajo estéril de los pintores,

13 14

figuras plasmadas en colores variados,
⁵ cuya contemplación despierta la pasión de los insensatos,
que codician la figura inanimada de una imagen muerta.

13 10

⁶ Son amigos del mal y dignos de tales esperanzas
quienes las crean, quienes las codician
y quienes las adoran.

Locura de los fabricantes de ídolos*.

13 10-19

⁷ Un alfarero amasa laboriosamente la tierra blanda

y modela diversos cacharros para nuestro uso.
De la misma arcilla vuelve a modelar indistintamente

Rm 9 21

vasijas destinadas a usos nobles e innobles:
el alfarero es quien decide

Is 29 16+

la distinta utilidad de cada una.
⁸ Luego, malgastando energías, modela un dios falso de la misma arcilla
el que poco antes nació de la tierra

Gn 2 7+

y habrá de volver pronto allí de donde fue sacado,

Gn 3 19

cuando le reclamen la deuda de la vida.
⁹ Pero no le preocupa que ha de morir,
ni que tiene una vida efímera;
sino que compite* con orfebres y plateros,
imita a los que forjan el bronce
y presume de modelar falsificaciones.
¹⁰ Su corazón es ceniza,

Is 44 20

su esperanza, más vulgar que la tierra,
su vida, más despreciable que el barro,
¹¹ porque desconoce al que le modeló,

Dt 32 15

al que le infundió un alma activa*

Gn 2 7

y le insufló un aliento vital.
¹² Piensa que nuestra existencia es un juego,
y la vida, un mercado concurrido,

Hch 19 24

diciendo: «Hay que sacar partido de donde sea, incluso del mal.»
¹³ Pero éste más que nadie sabe que peca,
al fabricar con material terreno frágiles vasijas y estatuas de ídolos.

Locura de los egipcios: su idolatría universal.

¹⁴ Pero los más insensatos de todos y más ingenuos que el alma de un niño*,
son los enemigos que oprimieron a tu pueblo*;
¹⁵ pues tuvieron por dioses a todos los ídolos de los gentiles,

15 2 Los israelitas, aun siendo pecadores, no dejan de pertenecer a Dios, porque saben que ejerce su poder sobre todos con bondad y misericordia, ofreciendo la posibilidad del arrepentimiento, 11 23; 12 2; 12 16-18; o siguen aún reconociendo en él al único Señor, que solemnemente se comprometió ante sus Padres y que sigue fiel, 12 19.21-22; 15 1.
15 3 Se trata de un conocimiento vital, ver Jr 9 23-24, que está en el principio de la verdadera justicia. La noción de inmortalidad, con la imagen de la raíz, ver 3 15, amplía la de justicia, ver 1 1.15; 3 1-9. Para la idea de conjunto, ver Jn 17 3.
15 7 El autor arremete contra los fabricantes de ídolos y saca a escena a un modelador de estatuillas, de los que tantos había en el mundo helenístico. La descrip-

ción es paralela a la del leñador, 13 11-19.
15 9 En vez de reflexionar en sus postrimerías, que le recuerda la arcilla que trabaja, Gn 3 19, este «alfarero» cae en el ridículo de rivalizar con los artistas cuyo talento se ejercita sobre una materia noble.
15 11 «alma activa» y «aliento vital» son sinónimos.
15 14 (a) El niño fácilmente puede ser engañado.
15 14 (b) Los egipcios, «opresores» de Israel antes del Éxodo y también bajo el reinado de los Tolomeos. El autor vuelve sobre ellos (ver 12 23-27) quizá mediante una transición implícita: el alfarero que se acaba de hablar puede fabricar estatuillas que representen a las divinidades en boga en el sincretismo religioso del Egipto contemporáneo (v. 15).

Sal 115 4-7
Sb 13 18

que no pueden valerse de los ojos para
ver,
> ni de la nariz para respirar,
> ni de los oídos para oír,
> ni de los dedos de sus manos para to-
> car,
> ni de sus pies torpes para andar.

Gn 2 7
Sal 104
29-30

¹⁶ Porque los hizo un hombre,
> los modeló quien tiene el espíritu pres-
> tado;
> y ningún hombre puede modelar un
> dios semejante a él.
¹⁷ Siendo mortal, produce con sus manos impías un ser muerto,
> pero él vale más que los objetos que
> adora,
> ya que él tiene vida, pero éstos jamás.

11 15

¹⁸ Adoran además a los bichos más repugnantes,
> que superan en estupidez a todos los
> demás
¹⁹ y ni siquiera poseen la belleza de los
animales cuyo aspecto atrae,
> pues quedaron excluidos de la apro-
> bación y bendición de Dios*.

Segunda antítesis*: las ranas.

11 16;
12 23.27

16 ¹ Por eso, fueron justamente castigados por semejantes seres y
atormentados por plagas de bichos.
² En lugar de este castigo, favoreciste a
tu pueblo
> y, para calmar su hambre,

Ex 16 9-13
Nm 11 10-32

> les preparaste como alimento
> un manjar exquisito: codornices;
³ para que aquéllos, con ganas de comer,
> perdiesen el natural apetito,
> asqueados de los bichos que les envia-
> bas;
> mientras éstos, tras una privación pa-
> sajera,
> saboreaban un manjar exquisito.
⁴ Pues era preciso que aquéllos opresores sufrieran un hambre irremediable,

mientras a éstos bastaba con mostrar-
les cómo eran atormentados sus enemigos.

11 8-9

Tercera antítesis: langostas y serpiente de bronce.

⁵ Incluso cuando les sobrevino la furia
terrible de las fieras
> y perecían mordidos por serpientes si-
> nuosas,
> tu cólera no duró hasta el final.

Nm 21 4-9

⁶ Como escarmiento, se vieron molestados por poco tiempo,
> pues tenían un signo de salvación*
para recordar los mandamientos de tu
Ley;

Nm 21 9+

⁷ y el que lo miraba se curaba, no por
lo que contemplaba,
> sino por ti, salvador de todos*.

Jn 3 14-17

⁸ Con esto convenciste a nuestros enemigos
> de que tú eres quien libra de todo
mal*:

Is 45 14+

⁹ ellos morían por las picaduras de langostas y moscas,
> sin encontrar remedio para su vida,
> pues merecían ser castigados por tales
bichos*.

Ex 10 4-1
8 16-20

¹⁰ Pero contra tus hijos nada pudieron
los dientes de serpientes venenosas,
> pues tu misericordia acudió a sanar-
los.

11 15-16

¹¹ Las mordeduras, pronto curadas, les
recordaban tus palabras,
> para que no cayeran en profundo ol-
vido
> y se vieran excluidos de tus beneficios.
¹² No los curó hierba ni cataplasma,
> sino tu palabra, Señor, que todo lo
sana.

Sal 107 2
Is 55 10-

¹³ Pues tú tienes poder sobre la vida y la
muerte,

Dt 32 39

---

15 19 En el comienzo de la creación, Dios había bendecido su obra de vida, Gn 1 22.28; **2** 3. Y después de
la caída, la serpiente recibió la maldición, Gn **3** 14-15.
Los animales-dioses de los egipcios merecen la misma
reprobación.
16 Tras una larga digresión, el final del libro, **16-19**,
continúa el paralelo entre egipcios e israelitas, ver **11**
4+. La segunda antítesis viene preparada de lejos por
la mención general de las plagas, ver **11** 15-15; **12** 23-
27. El autor sigue añadiendo varios detalles a los relatos
bíblicos antiguos (como v. 3), interpretándolos libremente al estilo del midrás.
16 6 En vez de «signo» varios mss importantes dicen
«consejero».
16 7 El autor interpreta Nm **21** 4-9 en el sentido de
la misericordia. Afirma también que la serpiente de
bronce no gozaba de poder alguno por sí misma. Ve en

ella el recuerdo de la Ley y la señal de una salvación
ofrecida a todos por Dios, lo cual no se deduce del texto
antiguo. —Serpiente de bronce y designio salvífico universal de Dios figuran en un mismo contexto en Jn **3**
14-17.
16 8 Se supone a los enemigos informados acerca de
estos acontecimientos, ver **11** 13, a menos que el autor
piense en una enseñanza siempre válida en el presente.
16 9 Parece que el autor quiere asociar a las langostas, Ex **10** 4-15, mediante un término bastante vago, los
tábanos, Ex **8** 16-20, y los mosquitos, Ex **8** 12-15. La
idea de adjudicarles una acción mortífera puede resultar de una amplificación de Ex **10** («mortandad») y de
Sal **78** 45 («tábanos que los comieron»); se compara
también, para una trasposición apocalíptica de estas
plagas, con Ap **9** 3-12.

1 S 2 6
haces bajar a las puertas del abismo y haces subir*.

¹⁴ El hombre, en cambio, puede matar con su maldad,
pero no puede devolver el espíritu que se fue,
ni liberar al alma del abismo*.

Cuarta antítesis: el granizo y el maná.

¹⁵ Es imposible escapar de tu mano.
¹⁶ Los impíos que no querían conocerte fueron castigados con la fuerza de tu brazo;

Ex 9 24.25
al 78 47-49
los persiguieron lluvias insólitas, granizadas y aguaceros implacables,
y el fuego los devoró*.

5 17.20
¹⁷ Y lo más sorprendente era que el fuego
ardía más en el agua, que todo lo apaga,
pues el cosmos es defensor de los justos.
¹⁸ Unas veces las llamas amainaban
para no abrasar a los animales enviados contra los impíos*
y para que, al verlos, comprendieran que los impulsaba el juicio de Dios.
¹⁹ Otras veces, aun en medio del agua, ardían más intensamente que el fuego
para destruir los frutos de una tierra injusta.

Ex 16
Sal 78 25
al 105 40
²⁰ A tu pueblo, por el contrario, lo alimentaste con manjar de ángeles
y les mandaste desde el cielo un pan preparado que producía gran placer y satisfacía todos los gustos*.
²¹ Este sustento mostraba tu dulzura para con tus hijos,
pues se adaptaba al gusto del que lo tomaba
y se transformaba en lo que cada uno quería.

²² Nieve y hielo resistían al fuego sin fundirse,
para que supieran que el fuego destruía las cosechas de sus enemigos,
ardiendo entre el granizo y resplandeciendo entre la lluvia.
16 19
²³ En cambio, se olvidaba de su propio poder,
para que los justos pudieran alimentarse.
²⁴ Porque la creación, sirviéndote a ti, su Creador,
5 17; 19 6
se endurece para castigar a los injustos
y se modera para favorecer a los que confían en ti.
²⁵ Por eso, también entonces, adoptando todas las formas*,
19 18
Sal 104 27. 28; 136 25; 145 16
servía a tu generosidad que a todos sustenta,
conforme al deseo de los necesitados,
²⁶ para que aprendieran tus hijos queridos, Señor,
que no es la variedad de frutos lo que alimenta al hombre,
sino que es tu palabra la que mantiene a los que creen en ti.
Dt 8 3+
²⁷ Porque lo que el fuego no llegaba a consumir
se derretía simplemente al calor de un tenue rayo de sol,
Ex 16 21
²⁸ para que supieran que hay que adelantarse al sol para darte gracias
e ir a tu encuentro al rayar el alba*,
Sal 5 4
Si 39 5
²⁹ pues la esperanza del ingrato se derrite como escarcha invernal
y se escurre como agua inútil.
Sal 58 8

Quinta antítesis: tinieblas y columna de fuego*.
Sal 92 6.7
Rm 11 33-35

17 ¹ Grandes e inexplicables son tus juicios;

---

16 13 El autor enseña aquí el poder absoluto de Dios sobre la vida y la muerte, no sólo en el sentido de que puede sacar a quien le place del peligro de muerte, ver Sal 9 14; 107 17-19; Is 38 10-17, sino también, al parecer, en el sentido más profundo de que puede devolver a la vida corporal el alma que ha bajado al Seol, ver 1 R 17 17-23; 2 R 4 33-35; 13 21.
16 14 «Abismo» no aparece aquí explícitamente (lit.: «al alma que ha sido acogida»), pero la referencia implícita es evidente.
16 16 Todos los rasgos de esta enumeración recuerdan la plaga del granizo, Ex 9 13-35, pero el autor utiliza al estilo del midrás todas las indicaciones bíblicas: para las «lluvias» ver Ex 9 29 (LXX).33.34; para «el fuego» ver Ex 9 23-24; Sal 78 47-49; 105 32 (donde también encontramos la «lluvia»).
16 18 Parece como si el autor pensara que las primeras plagas duran todavía cuando la séptima, la del granizo (Ex 9 13-35), cae sobre Egipto.
16 20 El maná, «pan de ángeles», Sal 78 25, o «pan de

los cielos», Sal 105 40, que «sabía a torta de miel», Ex 16 31, viene a resultar un alimento capaz de adaptarse a todos los gustos y de tomar todos los sabores deseables, y el símbolo mismo de la dulzura de Dios (v. 21). Este rasgo tiene sus paralelos muy concretos en los textos rabínicos y es ya testigo de una leyenda judía sobre el maná. La liturgia cristiana ha aplicado este pasaje a la Eucaristía.
16 25 El autor trata de explicar esta particularidad del maná, ver vv. 20°, 21°, valiéndose de la física de la época, mediante una mutación de los elementos o un cambio de sus propiedades. Pero más que en el hecho extraordinario insiste en la enseñanza que de él se desprende.
16 28 Esta lectura, apoyada en una interpretación muy libre de Ex 16 21, registra la costumbre de hacer coincidir la oración de la mañana con la aurora o los primeros rayos del sol.
17 A la plaga de las tinieblas, Ex 10 21-23, el autor contrapone la luz que seguía iluminando al mundo en-

por eso las almas ignorantes
se extraviaron.

² Cuando los impíos creían que podían
oprimir a la nación santa,

Ex 10 21-23
quedaron prisioneros de las tinieblas y
encerrados en una larga noche,

14 3
recluidos en sus casas, fugitivos de la
eterna providencia.

³ Cuando creían que permanecerían
ocultos con sus secretos pecados
bajo el oscuro velo del olvido,
se vieron dispersos, presa de terrible
espanto
y sobresaltados por apariciones*.

⁴ El rincón que los escondía no los li-
braba del miedo,
pues también allí retumbaban ruidos
escalofriantes
y se aparecían sombríos fantasmas de
rostros lúgubres.

⁵ El fuego era incapaz de alumbrar
y el brillo resplandeciente de las estrellas
no alcanzaba a iluminar aquella horrible noche.

⁶ Sólo les lucía una llamarada aterra-
dora
que ardía por sí misma;
y, cuando desaparecía la visión, quedaban aterrados,
considerando aún más horrible lo que
habían visto.

⁷ Las artes mágicas resultaron inefica-
ces*
y su pretendido saber quedó en ridículo,

⁸ pues los que prometían expulsar mie-
dos y sobresaltos del alma enferma,
enfermaban ellos mismos con temores
absurdos.

⁹ Y aunque nada inquietante los ate-
morizase,
sobresaltados por el paso de los bichos
y el silbido de los reptiles,

¹⁰ se morían de miedo
y se negaban a mirar hasta el aire inevitable.

¹¹ Pues la maldad es cobarde y se con-
dena a sí misma:

acosada por la conciencia, imagina
siempre lo peor*.

¹² Y el miedo no es otra cosa
que el abandono de los recursos de la
razón:

¹³ cuanto menor es la propia confianza,
mayor parece la causa desconocida del
tormento.

¹⁴ Durante aquella noche verdaderamen-
te imposible,
surgida de las profundidades del impotente abismo,
adormecidos en el mismo sueño,

¹⁵ o bien eran perseguidos por aparicio-
nes fantasmales
o desfallecían por el abandono del
alma,
pues les sobrevino un miedo repentino
e inesperado.

¹⁶ Así, cualquiera que caía en tal situa-
ción,
quedaba atrapado, encadenado en aquella prisión sin hierros;

¹⁷ ya fuera labrador o pastor,
o un obrero que trabajara en solitario,
sufría sorprendido por la ineludible fa-
talidad,

¹⁸ pues todos estaban atados a una mis-
ma cadena de tinieblas.
El silbido del viento,
el canto melodioso de las aves en las
frondosas ramas,
la cadencia del agua que corría impetuosa,

¹⁹ el estruendo de las rocas desprendi-
das,
la carrera invisible de animales que retozan,
el rugido de las fieras más salvajes,
el eco que retumba en las oquedades
de los montes

Lv 26 36
los dejaba paralizados de terror.

²⁰ El mundo entero resplandecía con
luz radiante,
entretenido sin trabas en sus quehaceres;

²¹ pero sólo sobre ellos se extendía una
noche insoportable,

---

tero y a los israelitas, v. 20 y **18** 1, luego, la luz de la
Ley, **18** 4, pero la antítesis propiamente dicha hace intervenir a la «columna de fuego», **18** 3.
17 3   El autor va a dramatizar de manera extraña la
plaga de las tinieblas. La descripción que sigue amplifica en diversos sentidos el relato bíblico y entronca con
el *midrāš* helenístico, empleando quizá leyendas judías
y especulaciones rabínicas que hay en Filón de Alejandría. Nótese a la vez la orientación apocalíptica del conjunto: las tinieblas de Egipto vienen a ser la anticipación o la imagen de las tinieblas infernales, ver sobre
todo vv. 14.20.

17 7   Tras un éxito momentáneo, Ex **7** 11.22; **8** 3, habían fracasado, Ex **8** 14, y hasta habían acarreado desgracias a sus autores, Ex **9** 11. Ciertamente parece que,
por encima de los magos del faraón, el autor arremete
contra los magos de su tiempo.
17 11   Primera mención de la «conciencia» en la Biblia
griega, ver Hch **23** 1+; la palabra designa aquí la conciencia moral que reprocha los pecados cometidos.
—La reflexión elimina las causas imaginarias del miedo. Pero la conciencia turbia la perturba y le impide
realizar su labor.

imagen de las tinieblas que les esperaban.

Aunque ellos eran para sí mismos más insoportables que las tinieblas.

Ex 10 23 **18** ¹ Sin embargo, una magnífica luz brillaba para tus santos.

Los egipcios, que oían su voz sin distinguir su figura*,

los felicitaban por no haber padecido como ellos;

² les daban las gracias porque no se vengaban de los agravios recibidos

y les pedían perdón por su conducta hostil*.

Ex 13 21-22+ 10 17 Sal 121 6 ³ Tú, en cambio, preparaste una columna de fuego,

como guía para el viaje desconocido

y como sol inofensivo para la gloriosa travesía.

11 16 ⁴ Bien merecían verse privados de luz y prisioneros de las tinieblas

quienes tuvieron encarcelados a tus hijos,

Is 2 3.5 que habían de dar al mundo la luz incorruptible de la Ley.

Sexta antítesis: noche trágica y noche liberadora*.

x 1 22-2 10 ⁵ A los que habían decretado matar a los niños de los santos,

salvándose uno solo, abandonado,

x 12 29.30 les arrebataste en castigo una multitud de hijos*

x 14 26-28 y los hiciste perecer juntos en las aguas impetuosas*.

⁶ Aquella noche fue previamente anunciada a nuestros padres*,

para que se animasen, sabiendo bien en qué juramentos habían creído.

⁷ Tu pueblo esperaba la salvación de los justos

y la destrucción de los enemigos,

⁸ pues con lo que castigaste a los adversarios

nos glorificaste, llamándonos a ti*.

⁹ Los santos hijos de los buenos* ofrecían sacrificios en secreto

y establecían unánimes esta ley divina:

que los santos compartirían los mismos bienes y peligros,

cantando previamente las alabanzas de los antepasados*.

Ex 11 6; 12 30 ¹⁰ Les respondía el grito disonante de los enemigos

y cundían los lamentos de los que lloraban a sus hijos.

Ex 11 5; 12 29 ¹¹ El esclavo y el amo sufrían idéntico castigo,

y el plebeyo padecía la misma pena que el rey.

¹² Todos por igual tenían cadáveres incontables

con un mismo tipo de muerte.

Nm 33 4 No había vivos suficientes para enterrarlos,

porque en un instante pereció lo mejor de su raza.

¹³ Los que no creían en nada a causa de las artes mágicas,

ante la muerte de los primogénitos acabaron por reconocer

Ex 4 22 Dt 1 31+ Os 11 1 que aquel pueblo era hijo de Dios*.

¹⁴ Cuando un silencio apacible lo envolvía todo

Ex 11 4; 12 29 y la noche llegaba a la mitad de su carrera,

Ap 19 11-13 ¹⁵ tu palabra omnipotente se lanzó desde los cielos,

desde el trono real, cual guerrero implacable,

sobre la tierra condenada*,

---

18 1   A los hebreos se les supone aquí mezclados con los egipcios, ver Ex 11 4-7; 12 12-13.29-36.
18 2   También podría traducirse: «les pedían por favor que salieran», ver Ex 10 24; 11 8; 12 33.
18 5   (a) Alegando otro ejemplo de la correspondencia entre el pecado y el castigo, ver 11 16, el autor anuncia a la vez el exterminio de los primogénitos y el desastre del mar Rojo (v. 5). Pero su atención se fija a continuación en el primer episodio.
18 5   (b) Esta conexión se apoya quizá en Ex 4 22-23. Anteriormente, 11 6-7, el decreto infanticida se invocaba para justificar la plaga del Nilo trocado en sangre.
18 5   (c) También se relaciona este episodio con el decreto infanticida en el libro de los Jubileos (48 14) y en un comentario rabínico.
18 6   Los israelitas del tiempo del Éxodo, Ex 11 4-7, o mejor los Patriarcas, a quienes Dios había prometido que libraría a sus descendientes de la servidumbre de Egipto, Gn 15 13-14; 46 3-4.
18 8   El exterminio de los primogénitos de Egipto, la celebración de la Pascua y el Éxodo designaban defi-

nitivamente a Israel como pueblo de Dios, ver Dt 7 6+.
18 9   (a) Es decir, los descendientes de buena casta, de un linaje santo; también puede traducirse: «los santos hijos de los bienes», es decir los herederos de los bienes prometidos a los Padres. —A la Pascua se le llama sacrificio, Ez 12 27; Dt 16 2.5 A este sacrificio se le llama «secreto» porque fue celebrado dentro de las casas, Ex 12 46.
18 9   (b) El autor se imagina ya la primera Pascua a semejanza de las Pascuas posteriores, en que se cantaba el Hal.lel, Sal 113-118.
18 13   Con su fe en los artificios de la magia, los egipcios habían esperado hasta entonces que sus magos acabarían venciendo a Moisés ver Ex 7 11-13; 8 3.14; 9 11, que al parecer se valía de una magia contraria. Esta vez, Dios hiere directamente.
18 15   La muerte de los primogénitos, atribuida directamente a Dios por Ex 11 4; 12 12.23.27.29, acompañado del Exterminador, Ex 12 23, se convierte en obra de la Palabra divina. Ésta era representada ejecutando los juicios ya en Is 11 4; 55 11; Jr 23 29; Os 6 5. En esta

Ap 19 15

empuñando la espada afilada de tu decreto irrevocable;
16 y cuando se detuvo, todo lo llenó de muerte;
tocaba el cielo mientras pisaba la tierra.

Jb 4 13-15

17 Entonces* les sobresaltaron de repente sueños y visiones terribles,
les sobrevinieron terrores imprevistos;
18 tendidos por todas partes y medio muertos,
daban a conocer la causa de su muerte,
19 pues sus sueños perturbadores se lo habían predicho,
para que no pereciesen sin conocer la razón de su desgracia.

Amenaza de exterminio en el desierto.

Nm 17 6-15
1 Co 10 8

20 También alcanzó a los justos la prueba de la muerte*
y una multitud pereció en el desierto,
pero no duró mucho la cólera;
21 pues un hombre irreprochable* se apresuró a salir en su defensa
con las armas de su ministerio:

Nm 17 11.12

la oración y el incienso expiatorio*.
Se enfrentó a la ira y puso fin a la desgracia,
demostrando que era tu servidor.
22 Y venció la indignación* no con su fuerza corporal,
ni con el poder de las armas,
sino que sometió al ejecutor del castigo con la palabra*,

Ex 32 11-13

recordando los juramentos y las alianzas hechos a los antepasados.
23 Cuando los muertos yacían amontonados, unos sobre otros,

se puso en medio, detuvo a la cólera
y le cerró el paso hacia los que aún vivían.
24 Llevaba el mundo entero sobre su vestido talar,
los nombres gloriosos de los padres en cuatro hileras de piedras talladas

Ex 28 17-
21.29

y tu majestad en la diadema de su cabeza*.

Ex 28 36

25 Ante esto, el exterminador* retrocedió atemorizado,
pues era suficiente una sola prueba de tu cólera.

Séptima antítesis: el mar Rojo*.

19 1 Pero sobre los impíos se abatió hasta el fin una ira despiadada,
pues Dios sabía de antemano lo que les iba a suceder:
2 que, tras dejarlos marchar y despedirlos con prisas,

Ex 11 1+;
14 5-9

cambiarían de parecer y saldrían a perseguirlos.
3 Cuando todavía estaban ocupados en los funerales

18 12

y llorando sobre las tumbas de los muertos,
concibieron otro proyecto insensato
y persiguieron como fugitivos a los que habían despedido con súplicas.
4 A tales extremos los empujaba su merecido destino*,
haciéndoles olvidar el pasado,
para que consumaran el castigo que aún faltaba a sus tormentos*
5 y, mientras tu pueblo emprendía un viaje maravilloso,

18 3

encontraran ellos una muerte insólita.

---

evocación dramática, el autor se inspira, para el v. 16[b], en 1 Cro **21** 15-27, y acaso también en Homero (Ilíada IV, 443). El conjunto adquiere significación apocalíptica y la Palabra de juicio prefigura no la Encarnación del Verbo (contrariamente al uso que ha hecho la liturgia de este texto), sino el aspecto temible de su segunda venida. Se relaciona con esto 1 Ts **5** 2-4; Ap **19** 11-21.
18 17 Lo que sigue no guarda relación alguna con el relato del Éxodo.
18 20 En castigo del motín que siguió a la sanción de Coré, Datán y Abirón, Nm **17** 6-15. Es una especie de paréntesis en la serie de antítesis.
18 21 (a) Aarón «irreprochable» porque, elegido por Yahvé, permaneció fiel a él.
18 21 (b) Lit.: «el sacrificio expiatorio del incienso». Añadiendo la «oración», no mencionada *por el relato bíblico, el texto trasforma al sumo sacerdote en intercesor, ver* 2 M **3** 31; **15** 12; Sal 99 6; Hb 7 25.
18 22 (a) «la indignación» *ton jolon* conj.; «la muchedumbre» *ton ojlon* texto recibido.
18 22 (b) O la oración mencionada, v. 21, o una palabra imperativa que reduce a la impotencia al agente del castigo, llamado más adelante, v. 25, el exterminador.
18 24 El autor se representa a Aarón revestido de un

traje que le baja hasta los talones, con el efod y el pectoral de las doce piedras grabadas con los nombres de los «Padres» (los doce hijos de Jacob), ver Ex **28** 6s; **39** 2s, y en la cabeza la flor de oro de la «diadema» que lleva la inscripción «consagrado a Yahvé», Ex **28** 36s; **39** 30s. Estas insignias de la dignidad de sumo sacerdote reciben aquí un simbolismo cósmico que al parecer era habitual en los medios judíos helenizados.
18 25 Quizás un ángel, como el de 1 Cro **21** 15-16. Ver Ex **12** 23 y 1 Cro **10** 10.
19 Preparada mediante consideraciones acerca del endurecimiento final de los impíos entregados a una cólera sin piedad, la antítesis se hace explícita en el v. 5. Luego, el autor insiste en la travesía maravillosa de los israelitas, vv. 6-9, extendiéndose con bastante libertad acerca de la tradición antigua, ver Ex **14** 15+.
19 4 (a) El autor transcribe con un término griego el motivo del endurecimiento del faraón, Ex **14** 4.8, para designar en realidad, no el Destino ciego e inmisericorde, sino un castigo merecido.
19 4 (b) El tema de una medida determinada con anticipación por Dios —y que no es más que el tiempo de su paciencia o de su misericordia— se repite a menudo en los escritos apocalípticos.

6 Porque toda la creación, obediente a tus órdenes*,

se transformó de nuevo en su misma naturaleza

para resguardar sanos y salvos a tus hijos.

7 Vieron la nube que daba sombra al campamento,

la tierra firme que emergía de lo que antes era agua,

un camino abierto en el mar Rojo

y una llanura verde en las olas impetuosas*,

8 por donde tus protegidos pasaron en masa,

contemplando prodigios admirables.

9 Pastaban como caballos

y retozaban como corderos,

alabándote a ti, Señor, su libertador.

10 Todavía recordaban lo sucedido en su destierro:

cómo la tierra, en vez de la generación animal, produjo mosquitos

y cómo el río, en vez de peces, vomitó una multitud de ranas.

11 Más tarde vieron también un modo nuevo de nacer las aves:

cuando, urgidos por el apetito, pidieron manjares delicados

12 y, para satisfacerlos, salieron codornices del mar*.

Egipto más culpable que Sodoma.

13 Los castigos recayeron sobre los pecadores,

precedidos, como aviso, de la furia de los rayos*,

pues padecían justamente por sus propias maldades

y por haber albergado el odio más feroz contra los extranjeros.

14 Hubo quienes* no recibieron a unos visitantes desconocidos,

pero éstos esclavizaron a extranjeros bienhechores.

15 Pero aún hay más, pues a aquellos se les pedirá cuentas*

por haber recibido hostilmente a los extranjeros;

16 pero éstos, después de recibir con fiestas

a los que ya participaban de sus mismos derechos*,

los maltrataron con terribles trabajos.

17 Y también fueron atacados por la ceguera*,

como aquéllos que, a las puertas del justo*,

envueltos en profunda oscuridad,

buscaban el vano de sus puertas.

Una nueva armonía*.

18 Los elementos intercambiaban sus propiedades

como los sonidos del arpa cambian la cadencia del ritmo

manteniendo el mismo tono,

como puede deducirse claramente a la vista de lo sucedido;

19 pues los seres terrestres se tornaban acuáticos*

y los que nadan* se pasaban a la tierra.

20 El fuego aumentaba en el agua su propia virtud

y el agua olvidaba su poder extintor.

---

19 6   Texto oscuro. Parece que el autor remite a la creación inicial, Gn 1, y da a entender que, para el paso del mar Rojo, la naturaleza creada recibió una nueva impronta o fue modificada. Primitivamente las «tinieblas cubrían la superficie del abismo» y la tierra surgió del agua, Gn 1 1.6: de nuevo se asiste a un fenómeno semejante, pero esta vez la actividad extraordinaria del aire, de la tierra y del agua se apartan del orden establecido por el Creador. No sabemos si el autor considera una transmutación de los elementos o un cambio de sus propiedades, ver 16 25 y 19 18.
19 7   Is 63 14 habla igualmente de una «llanura», pero sólo a título de comparación. El midrás palestinense habla, no sólo de hierba abundante, sino también de árboles frutales que adornaban el camino así abierto. Los «prodigios» mencionados en el v. siguiente dependen del mismo proceso de idealización. La tradición rabínica enumerará diez milagros en el paso del mar Rojo.
19 12   El autor toma a la letra Nm 11 31: las codornices salieron del mar (como los mosquitos de la tierra y las ranas del río).
19 13   Esta adición al relato del Éxodo la sugiere o Sal 77 18-19 o una interpretación antigua de Ex 14 24 ilustrada por los Targumes.
19 14   Los habitantes de Sodoma, habitualmente con-

siderados como los mayores criminales. El autor va a probar que los egipcios habían violado más gravemente las leyes de la hospitalidad.
19 15   Texto difícil que se puede cortar y puntuar diferentemente. O el autor sigue exculpando a los habitantes de Sodoma, o bien recuerda que, a pesar de todo, les está reservada una «visita» punitiva. Es posible que el castigo concierna igualmente a os egipcios.
19 16   Alusión probable a una reivindicación contemporánea de los judíos de Alejandría.
19 17   (a) Presentación oratoria de la plaga de las tinieblas.
19 17   (b) Lot, 10 6; ver Gn 19 11.
19 18   Los escritos griegos ilustran a menudo mediante una comparación musical el juego de los elementos constitutivos del universo. El autor vuelve aquí sobre idéntica comparación y la aplica a los principales milagros del Éxodo para sugerir una explicación de éstos, o bien por una combinación diferente de los elementos (ver 16 24), o bien por una combinación diferente de los elementos. La naturaleza creada está aquí por entero al servicio del pueblo de Dios, ver v. 6
19 19   (a) Los israelitas y su ganado en el paso del mar Rojo.
19 19   (b) Las ranas, Ex 8 2.

16 18   ²¹ Las llamas, por el contrario, no consumían
     las carnes de los débiles animales que
se movían entre ellas,
16 22   ni derretían aquella especie de manjar
divino,
     parecido a la escarcha y fácil de derretir.

Conclusión.

²² En todo, Señor, engrandeciste y glo-
rificaste a tu pueblo,   Is 45 17.25
   y no dejaste de asistirlo nunca y en
ningún lugar.

ECLESIÁSTICO

Introducción

Este libro forma parte de la Biblia griega, pero no figura en el canon judío. Es, pues, uno de los libros deuterocanónicos admitidos por la Iglesia cristiana. Sin embargo, fue compuesto en hebreo. San Jerónimo lo conoció en su lengua original y los rabinos lo citaron. Cerca de dos tercios de este texto hebreo fueron encontrados en 1896 en los restos de varios manuscritos de la Edad Media procedentes de una antigua sinagoga de El Cairo. Pequeños fragmentos han aparecido más recientemente en una cueva de Qumrán y en 1964 se ha descubierto en Masada un largo texto que contiene 39 27 - 44 17 en escritura de comienzos del siglo I a.C. Por último, en 1982, se ha encontrado un nuevo folio que contiene 31 24 - 32 7 y 32 12 - 33 8. Las variantes de estos testigos entre sí y en relación con las traducciones griega y siríaca indican que el libro circuló muy pronto en diversas recensiones.

Dado el estado fragmentario del texto hebreo, nuestra traducción se ha hecho sobre el texto griego (más exactamente, sobre los tres principales manuscritos, Sinaítico, Alejandrino y Vaticano, que forman lo que se llama «texto recibido»), indicando en nota determinadas variantes del hebreo.

Su título latino, Ecclesiasticus (liber), es una denominación reciente (San Cipriano), que sin duda subraya el uso oficial que de él hacía la Iglesia, en contraposición con la Sinagoga. En griego, ver la firma, 51 30, el libro se llamaba «Sabiduría de Jesús Ben Sirá» y el autor era también nombrado en 50 27. Actualmente los estudiosos le llaman Ben Sirá o el Sirácida (según la forma griega Sirac). El nieto del autor explica en un prólogo, vv. 1-34, que tradujo el libro cuando vino a residir en Egipto el año 38 del rey Evergetes, v. 27. No puede tratarse más que de Tolomeo VII Evergetes, y la fecha corresponde al año 132 a.C. Su abuelo, Ben Sirá, vivió, pues, y escribió hacia el 190-180. Un argumento interno confirma esta fecha: Ben Sirá hace del sumo sacerdote Simón un elogio basado en recuerdos personales, 50 1-21. Se trata de Simón II, que no murió antes del 200.

Palestina acababa de entrar bajo la dominación de los Seléucidas, el 198. La adopción de costumbres extranjeras, la helenización, era favorecida por una parte de la clase dirigente, y pronto pretendería imponerla por la fuerza Antíoco Epífanes (175-163). Ben Sirá opone a estas amenazadoras novedades toda la fuerza de la tradición. Él es un escriba que une el amor de la Sabiduría al de la Ley. Está lleno de fervor por el Templo y sus ceremonias, lleno de respeto por el sacerdocio, pero también conoce a fondo los libros sagrados, los Profetas y, sobre todo, los escritos sapienciales. Y él mismo ha querido ofrecer la instrucción de la sabiduría para todos los que la buscan, 33 18; 50 27, ver el prólogo del traductor, vv. 7-14.

Por su forma, el libro está claramente en la línea de sus predecesores y de sus modelos. Si exceptuamos la parte que celebra la gloria de Dios en la naturaleza, 42 15 - 43 33, y en la historia, 44 1 - 50 29, el libro no es menos heterogéneo que las colecciones de los Proverbios o que el Eclesiastés. Los temas más diversos son abordados sin orden y con reiteraciones; son tratados como pequeños cuadros que, sin mucha trabazón, agrupan breves máximas. Se añaden al libro dos apéndices: un himno de acción de gracias, 51 1-12, y un poema sobre la búsqueda de la sabiduría, 51 13-30. El texto hebreo de este último trozo se ha encontrado en una cueva de Qumrán, incluido en un manuscrito del Salterio; este descubrimiento confirma que el principio existió por separado antes de su agregación al Eclesiástico.

La doctrina es tan tradicional como la forma. La sabiduría que predica Ben Sirá viene del Señor, su principio es el temor de Dios, forma a la juventud y procura la felicidad. Tiene las mismas incertidumbres que Job y el Eclesiastés sobre el destino humano y el problema de las sanciones. Tiene fe en la retribución, siente la importancia trágica de la hora de la muerte, pero no sabe aún cómo pagará Dios a cada uno según sus obras. Sobre la naturaleza misma de la Sabiduría divina, 24 1-22, prolonga las intuiciones de los Proverbios y de Job.

Pero Ben Sirá es un innovador cuando identifica a la Sabiduría con la Ley proclamada por Moisés, 24 23-24, como también lo hará el poema sapiencial de Baruc,

Ba 3 9 - 4 4; *a diferencia, pues, de sus predecesores, integra la sabiduría en la corriente legalista. Más aún, ve la observancia de la Ley en una práctica del culto, 35 1-10; es un fervoroso ritualista.*

Y también, a diferencia de los antiguos sabios, Ben Sirá medita sobre la Historia de Salvación, 44 1 - 49 16. Hace desfilar a las grandes figuras del Antiguo Testamento, desde Henoc hasta Nehemías. De tres de ellos, Salomón (a pesar de ser el primer sabio), Roboán y Jeroboán, emite el mismo severo juicio que la historia deuteronómica y, como ésta, condena en bloque a todos los reyes, excepto a David, Ezequías y Josías. Pero se siente orgulloso del pasado de su pueblo, se detiene sobre todo en los santos y recuerda los prodigios que Dios realizó por medio de ellos. Dios hizo con Noé, Abrahán, Jacob, Moisés, Aarón, Pinjás y David una alianza, que sin duda abarca a todo el pueblo, pero que asegura privilegios duraderos a ciertas familias, sobre todo sacerdotales. Porque siente hondamente el honor del sacerdocio, en su galería de antepasados concede un rasgo excepcional a Aarón y Pinjás, y concluye con el entusiasta elogio de un contemporáneo, el sumo sacerdote Simón. Evoca las glorias pasadas con cierta melancolía pensando en el presente, y a propósito de los Jueces y de los Profetas Menores, desea que «reflorezcan sus huesos en su tumba», 46 12; 49 10, que tengan sucesores. Escribe en vísperas de la sublevación de los Macabeos, y si la ha vivido, ha podido pensar que sus deseos han sido escuchados.

En esta Historia de Salvación, Ben Sirá, que pone de relieve la noción de Alianza, no deja, por decirlo así, ningún resquicio para la esperanza en una salvación futura. Es verdad que en su oración de 36 1-17 recuerda a Dios sus promesas y le pide que tenga misericordia de Sión y reúna las tribus de Jacob. Pero esta expresión de un nacionalismo profético es excepcional en el Sirácida. Como auténtico sabio, parece haberse resignado a la situación, humillante, pero apacible, a la que su pueblo se veía reducido. Confía en que llegará la liberación, pero ésta será el premio de la fidelidad a la Ley, no la obra de un Mesías salvador.

Ben Sirá es el último testigo canónico de la sabiduría judía en Palestina. Es el representante por excelencia de aquellos jasidim, *los «piadosos» del Judaísmo, ver 1 M 2 42*, que pronto defenderán su fe contra la persecución de Antíoco Epífanes y que mantendrán en Israel islotes fieles en los que germinará la predicación de Cristo. Aunque no fue aceptado en el canon hebreo, el Eclesiástico aparece frecuentemente citado en los escritos rabínicos; en el Nuevo Testamento, la epístola de Santiago toma de él muchas expresiones, el evangelio de San Mateo se refiere a él varias veces, y, hoy todavía, la liturgia se hace eco de esta antigua tradición de sabiduría.*

ECLESIÁSTICO

Prólogo del traductor*

¹ La ley, los profetas y los escritos* que les siguieron ² nos han transmitido muchas e importantes lecciones, ³ que hacen a Israel digno de elogio por su instrucción y sabiduría.

⁴ Ahora bien, no basta con que los lectores se hagan sabios; ⁵ es necesario también que, como expertos, puedan ayudar a los de fuera, ⁶ tanto de palabra como por escrito. ⁷ Por eso, mi abuelo Jesús, después de haberse dedicado intensamente a la lectura ⁸ de la Ley, ⁹ los Profetas ¹⁰ y los otros escritos de los antepasados, ¹¹ y de haber adquirido un gran dominio sobre ellos, ¹² se propuso escribir sobre cuestiones de instrucción y sabiduría. ¹³ Su objetivo era que los deseosos de aprender aceptaran sus enseñanzas ¹⁴ y pudieran progresar, llevando una vida más acorde con la Ley.

¹⁵ Quedáis, pues, invitados ¹⁶ a leer este libro ¹⁷ con benevolencia y atención, ¹⁸ así como a ser indulgentes ¹⁹ allí donde os parezca que, a pesar de nuestros denodados esfuerzos de interpretación, ²⁰ no hemos acertado en la traducción de algunas expresiones. ²¹ Es evidente que las cosas dichas en hebreo no tienen la misma fuerza ²² que cuando se traducen a otra lengua. ²³ Esto no sucede sólo en este libro, ²⁴ sino que también la misma Ley, los Profetas ²⁵ y los otros escritos ²⁶ presentan notables diferencias respecto a sus originales.

²⁷ El año treinta y ocho del rey Evergetes* ²⁸ llegué a Egipto donde fijé mi residencia por un tiempo. ²⁹ Durante mi estancia allí encontré una obra* de no poca enseñanza, ³⁰ y me sentí obligado a emprender la traducción de este libro con empeño y diligencia.

³¹ He dedicado muchas horas de vigilia y trabajo ³² durante este período, ³³ hasta poder terminar y publicar el libro, ³⁴ para uso de aquellos que, viviendo en el extranjero, desean aprender y reformar sus costumbres ³⁵ para vivir conforme a la Ley.

I. El camino hacia la sabiduría

Origen divino de la sabiduría*.

1 ¹ Toda sabiduría viene del Señor*,
  y está con él por siempre.
² ¿Quién puede contar la arena de los mares,
  las gotas de la lluvia y los días de la eternidad?
³ ¿Quién puede medir la altura de los cielos,
  la anchura de la tierra y la profundidad del abismo?*
⁴ Antes de todo fue creada la sabiduría,
  la inteligencia prudente desde la eternidad.
⁶ *¿A quién fue revelada la raíz de la sabiduría?
  ¿Quién conoce sus recursos?*

Pr 2 6
Sb 9 4

24 8.9
Pr 8 22+
Ba 3 20-22
Jb 28 12-23

Pról. Este prólogo del traductor griego no forma parte del libro del Eclesiástico propiamente dicho y presenta un gran parecido con los prefacios de las obras de autores clásicos y helenísticos.

Pról. 1 Es la división tripartita de la Biblia hebrea, ver 1 M 12 9+ y el Índice. Así también en 8-10.24-25. Pero no es seguro que en aquella época (fines del siglo II a.C.) tuvieran estas tres partes exactamente el mismo contenido que hoy, sobre todo por lo que a la tercera se refiere.

Pról. 27 Probablemente Tolomeo VII Evergetes Fiscón (170-117). La fecha correspondería, pues, al 132 a.C.

Pról. 29 «una obra de», lit. «una copia de»: traducción dudosa. También puede entenderse: «... hallaba que la instrucción (religiosa) estaba lejos de igualar (a la nuestra)». Según la interpretación adoptada, Ben Sirá, con la presentación del libro de su abuelo al público griego, quiere dar satisfacción a una comunidad ya culta y digna de ser enriquecimiento.

1 Este primer capítulo es un poema programático sobre la sabiduría y el temor de Dios. Se perciben ecos del libro de los Proverbios (1 7; 9 10).

1 1 El término «Señor» *(Kyrios)* traduce, por lo común, en los Setenta el nombre de «Yahvé». El traductor de Ben Sirá lo emplea con mucha frecuencia, incluso para traducir los otros nombres divinos.

1 3 «la profundidad del abismo» lat., ver sir.; «el abismo» griego.

1 6 (a) La numeración de los versículos ha sido hecha sobre un texto latino más largo que el texto griego; de ahí la ausencia en nuestra traducción de algunos vv. que son adiciones; éstas figuran también en un grupo de mss griegos (a los que se designa con la sigla: griego 248). Adic. v. 5: «La fuente de sabiduría es la palabra de Dios que está en el cielo; sus canales son los mandamientos eternos.»

1 6 (b) Griego 248, sir. hex. y lat. añaden: «⁷ ¿A quién fue revelada la ciencia de la sabiduría? ¿Quién comprendió su mucha experiencia?»

⁸ Uno sólo es sabio, temible en extremo:
  el que está sentado en su trono*.
⁹ Es el Señor quien creó la sabiduría*,
  la vio, la midió
  y la derramó sobre todas sus obras.
¹⁰ Se la concedió a todos los vivientes
  y a los que le aman se la regaló.

Jb 28 27
Jl 3 1-2
Hch 2 17s.33
Qo 2 26

El temor de Dios y la sabiduría*.

9 16
¹¹ El temor del Señor es gloria y honor,
  alegría y corona de júbilo.
Pr 4 10
Si 1 20
¹² El temor del Señor deleita el corazón,
  da alegría, gozo y larga vida.
11 27
¹³ El que teme al Señor, tendrá un buen final,
  el día de su muerte será bendecido*.
Pr 1 7+   16
¹⁴ Principio de la sabiduría es temer al Señor,
  ella está con los fieles desde el seno materno.
19
¹⁵ Entre los hombres asentó su cimiento eterno,
  y con su descendencia se mantendrá fiel.
Pr 8 18-19   20
¹⁶ Plenitud de la sabiduría es temer al Señor,
  ella embriaga a sus fieles de sus frutos.
Sb 7 11   21
¹⁷ Les llena la casa de tesoros,
  y los graneros de sus productos.
22
¹⁸ Corona de la sabiduría es el temor del Señor,
  ella hace florecer la paz y la buena salud.
23
24
¹⁹ Hace llover ciencia e inteligencia,
  y exalta la gloria de los que la poseen.
25
²⁰ Raíz de la sabiduría es temer al Señor,
  sus ramas son larga vida*.
1 12

Paciencia y dominio de sí.

28
²² La pasión del injusto no puede justificarse*,
  porque el ímpetu de su pasión le hará caer.
Pr 29 22
29
²³ El hombre paciente aguanta hasta el momento oportuno,
  y al final su paga es la alegría.
30
²⁴ Hasta el momento oportuno retiene sus palabras,
  por eso muchos alaban su prudencia.

Sabiduría y rectitud en el obrar.

31
²⁵ Entre los tesoros de la sabiduría hay proverbios muy sabios,
32
  pero adorar al Señor repugna al pecador.
33
²⁶ Si deseas la sabiduría, guarda los mandamientos*,
  y el Señor te la concederá.
Pr 15 33   34
²⁷ Porque el temor del Señor es sabiduría e instrucción,
35
  le agradan la fidelidad y la mansedumbre.
36
²⁸ No faltes al temor del Señor,
  ni te acerques a él con doblez de corazón.
2 12; 5 9
St 1 6-8

---

1 8 El autor insiste en la unicidad y la trascendencia de Dios. La sabiduría, atributo de Dios, cualidad del mundo por él creado, don de Dios a los hombres, y con frecuencia personificada por los libros sapienciales, Pr 8 22+, es, sin embargo, aquí una criatura que no es posible *identificar con Dios*.
1 9 Lat. añade: «en el Espíritu Santo», interpolación cristiana.
1 11 El temor del Señor, para un judío, no es más que la religión o la piedad. Se ve desde un comienzo, en esta exposición, que prácticamente ha desaparecido de la teología judía la idea de temor físico, de terror ante el temible poder de Yahvé.

1 13 Lat. añade aquí: «¹⁴ El amor de Dios es una sabiduría digna de honor, ¹⁵ pero aquellos a quienes se ha aparecido la aman, contemplando y proclamando sus grandezas».
1 20 Griego 248 y sir. hex. añaden: «²¹ El temor del Señor aparta los pecados, el que persevera aleja la cólera», y lat.: «²⁷ El temor del Señor expulsa el pecado».
1 22 «la pasión del injusto» conj.; «la pasión injusta» griego.
1 26 Para Ben Sirá la sabiduría se confunde con el cumplimiento de la Ley, 19 20, ver Qo 12 13. Aquí la sabiduría es la recompensa de esta fidelidad.

37	²⁹ No seas hipócrita delante de los hombres*,

²⁹ No seas hipócrita delante de los hombres*,
y vigila siempre tus labios.
³⁰ No te exalces a ti mismo, si no quieres caer
y cubrirte de vergüenza,
pues el Señor revelará tus secretos
y te humillará en medio de la asamblea,
porque no te has acercado al temor del Señor,
y tienes el corazón lleno de engaño.

37

38

39

40   Pr 5 14

El temor de Dios en la prueba.*

2 ¹ Hijo, si te acercas a servir al Señor,
prepara tu alma para la prueba.
² Endereza tu corazón, manténte firme,
y no te angusties en tiempo de adversidad.
³ Pégate a él y no te separes,
para que seas exaltado en tu final.
⁴ Todo lo que te sobrevenga, acéptalo,
y en las humillaciones, sé paciente.
⁵ Porque en el fuego se purifica el oro,
y los que agradan a Dios, en el horno de la humillación.
⁶ Confía en él, y él te ayudará,
endereza tus caminos y espera en él.
⁷ Los que teméis al Señor, aguardad su misericordia,
y no os desviéis, no sea que caigáis.
⁸ Los que teméis al Señor, confiad en él,
y no os faltará la recompensa.
⁹ Los que teméis al Señor, esperad bienes,
gozo eterno y misericordia.

Ap 2 10
St 1 2-4

1 P 4 12

Ap 3 21

Rm 5 3
St 1 2-4

Pr 3 5-6

¹⁰ Fijaos en las generaciones antiguas y ved:
¿Quién confió en el Señor y quedó defraudado?
¿Quién perseveró en su temor y fue abandonado?
¿Quién le invocó y fue desatendido?
¹¹ Porque el Señor es compasivo y misericordioso,
perdona los pecados y salva en tiempo de desgracia.
¹² ¡Ay de los corazones cobardes y las manos inertes*,
y del pecador que va por dos caminos!
¹³ ¡Ay del corazón decaído, que no tiene fe!,
porque no será protegido.
¹⁴ ¡Ay de vosotros, los que habéis perdido la esperanza!
¿Qué haréis cuando el Señor venga a visitaros?
¹⁵ Los que temen al Señor no desobedecen sus palabras,
los que le aman guardan sus caminos.
¹⁶ Los que temen al Señor buscan su agrado,
los que le aman cumplen su ley*.
¹⁷ Los que temen al Señor tienen el corazón dispuesto,
y se humillan delante de él.
¹⁸ Caigamos en manos del Señor y no en manos de los hombres,
pues como es su grandeza, así es su misericordia.

11

12

13

14

15

16

17

18

19

20

21

22b

Jb 4 7

Sal 22 5-6
Sal 37 25

Sal 145 8s
Ex 34 6-7

Jn 14 15.
21.23

2 S 24 14

Deberes para con los padres.

2

3 ¹ Hijos míos, escuchad los consejos de vuestro padre,
ponedlos en práctica y os salvaréis.

Ex 20 12+
Ef 6 1-3

---

1 29 «delante (de los hombres)» mss, versiones; «en la boca (de los hombres)» griego.
2   Tema frecuente en el AT, especialmente en los Sal.
2 12   El autor parece hacer un llamamiento a la resistencia en tiempo de persecución. Condena la apostasía, aun la meramente externa, vv. 12ª.15, ver 2 M 6 21-28.
2 16   Así, Ben Sirá, lejos de contraponer amor y obe-

diencia, los identifica. El amor es desinteresado; sólo de manera secundaria se trata de la recompensa esperada. Esta actitud característica de Ben Sirá, no es extraña al pensamiento judío. Ver, por ejemplo, *Pirkê Abôt*, 1 3: «No seáis como esclavos que sirven a su señor para recibir de él la recompensa. Sed como esclavos que sirven a su señor sin pensar en la recompensa».

3

² Porque el Señor honra más al padre que a los hijos,
   y afirma el derecho de la madre sobre ellos.

4

³ Quien honra a su padre expía sus pecados,

5

   ⁴ quien respeta a su madre acumula tesoros.

6

⁵ Quien honra a su padre recibirá alegría de sus hijos,
   y cuando rece, su oración será escuchada.

7

⁶ Quien respeta a su padre tendrá larga vida,
   quien obedece al Señor conforta a su madre*,

8b

   ⁷ᵇ y sirve a sus padres como si fueran sus amos.

Mt 21 28-31   9

⁸ Honra a tu padre de palabra y obra,

10

   para que su bendición llegue hasta ti.

Gr 27 27s;   11
48 15-20;
49 3-29

⁹ Porque la bendición del padre asegura la casa de sus hijos,
   y la maldición de la madre arranca los cimientos.

Dt 33 1-25   12

¹⁰ No te gloríes en la deshonra de tu padre,
   porque su deshonra no es motivo de gloria.

Pr 17 6   13

¹¹ La gloria de un hombre depende de la honra de su padre,
   y una madre deshonrada es la vergüenza de los hijos.

Mt 15 4-6   14
Pr 19 26

¹² Hijo, cuida de tu padre en su vejez,
   y durante su vida no le causes tristeza.

15

¹³ Aunque haya perdido la cabeza, sé indulgente con él,
   no le desprecies, tú que estás en la plenitud de tus fuerzas.

17

¹⁴ La compasión hacia el padre no será olvidada,
   te servirá para reparar tus pecados.

¹⁵ En la tribulación el Señor se acordará de ti,
   y tus pecados se diluirán como el hielo ante el calor.

Pr 19 26;
30 17

¹⁶ Quien abandona a su padre es un blasfemo,
   maldito del Señor quien irrita a su madre.

Ex 21 17+

La humildad y el orgullo.

19

¹⁷ Hijo, actúa con dulzura en todo lo que hagas,
   y te querrán más que al hombre generoso.

Flp 2 5-8   20
Mt 20 26-28

¹⁸ Cuanto más grande seas, más debes humillarte,
   y alcanzarás el favor del Señor*.

21

²⁰ Porque grande es el poder del Señor,
   pero son los humildes quienes le glorifican*.

Pr 3 34   22
So 2 3+

²¹ No pretendas lo que te sobrepasa,
   ni investigues lo que supera tus fuerzas*.

Sal 131 1

²² Atiende a lo que se te encomienda,
   que las cosas misteriosas no te hacen ninguna falta.

24

²³ No te preocupes por lo que supera a tus obras*,

25

   porque ya te han enseñado más de lo que alcanza la inteligencia
   humana.

26

²⁴ Pues las especulaciones desviaron a muchos*,
   y las falsas ilusiones extraviaron sus pensamientos*.

Pr 28 14   27
Rm 2 5

²⁶ Corazón obstinado mal acaba,
   y el que ama el peligro en él sucumbe*.

28

²⁷ Corazón obstinado se acarrea fatigas,
   y el pecador acumula pecado tras pecado.

---

3 6   Griego 248 y lat. añaden: «⁷ᵃ Quien teme al Señor honra a su padre».
3 18   Griego 248 y sir. añaden: «¹⁹ Muchos son los altivos y jactanciosos, pero él a los humildes revela sus
secretos».
3 20   Es decir, se subraya la condescendencia de Dios,
que se hace accesible a los más humildes. Pero el hebr.,
«porque es grande la misericordia de Dios; él manifiesta
a los humildes sus secretos», expresa una idea más frecuente en el AT: Dios colma de gracia al que se humilla,
Pr 3 34; Sal 25 14; ver Mt 11 25; Lc 1 52.

3 21   Contra la curiosidad (vv. 21-24): la Ley debe bastar al estudio del sabio.
3 23   Hebr.: «En lo que te sobrepasa».
3 24   (a) Hebr.: «Porque muchos son los pensamientos de los hombres».
3 24   (b) Griego 248 añade: «²⁵ Si no tienes pupilas, te
faltará la luz; si estás desprovisto de ciencia, no hagas
profesión (de ella)».
3 26   Hebr.: «y quien ama la felicidad por ella será
conducido».

²⁸ La desgracia del orgulloso no tiene remedio,
pues la planta del mal ha echado en él sus raíces.
²⁹ El hombre prudente medita los proverbios,
un oído atento es el anhelo del sabio.

Caridad para con los pobres.

³⁰ El agua apaga el fuego ardiente,
la limosma perdona los pecados.
³¹ Quien responde* con favores prepara el porvenir,
y cuando llegue la caída encontrará un apoyo.

4 ¹ Hijo, no prives al pobre del sustento,
ni des largas a los que te piden con ojos suplicantes.
² No hagas sufrir al hambriento,
ni exasperes al que vive en la miseria.
³ No te ensañes con el corazón desesperado,
ni retrases la ayuda al mendigo.
⁴ No rechaces la súplica del atribulado,
ni vuelvas la espalda al pobre.
⁵ No apartes la mirada del necesitado,
ni le des ocasión de maldecirte.
⁶ Porque si te maldice lleno de amargura,
su Creador escuchará su imprecación.
⁷ Hazte amar por la asamblea,
y sé respetuoso con la autoridad*.
⁸ Escucha al pobre con atención,
responde a su saludo amablemente.
⁹ Libra al oprimido del opresor,
y no tengas miedo de hacer justicia.
¹⁰ Sé como un padre para los huérfanos,
y como un marido para su madre*.
Así serás como un hijo del Altísimo,
y él te amará más que tu madre.

La escuela de la sabiduría*.

¹¹ La sabiduría educa a sus hijos,
y se cuida de los que la buscan.
¹² El que la ama, ama la vida,
los que madrugan en su busca se llenarán de gozo.
¹³ El que la posee heredará la gloria,
dondequiera que vaya, el Señor le bendecirá.
¹⁴ Los que la sirven, rinden culto al Santo,
a los que la aman, los ama el Señor.
¹⁵ El que la escucha, juzgará a las naciones,
el que a ella se dedica, plantará su tienda en firme.
¹⁶ Si confía en ella, la recibirá en herencia,
y sus descendientes la tendrán en posesión.
¹⁷ Al principio lo lleva por caminos tortuosos,
le infunde miedo y temblor,
lo atormenta con su disciplina,
hasta que pueda confiar en él
y lo pone a prueba con sus exigencias.

Márgenes de referencia:
Dt 15 7-11
Si 29 8-13;
7 32-36
Tb 12 9
1 P 4 8

Pr 3 27-28+

Tb 4 7

Dt 15 9
Ex 22 22

Jb 29 12.17

Ex 22 21

Lc 6 35
Sal 41 2-4
Is 49 15
Jn 14 21.23

6 27-28
Pr 3 16-18
Sb 6 14;
8 17-18
Pr 3 35

Jn 14 21

Mt 7 14

---

3 31 El texto no precisa si se trata de responder a los beneficios con beneficios, o al mal con el bien.
4 7 Lit. «ante un grande, baja tu cabeza».
4 10 Quizá haya de leerse con el hebr. «la viuda» en vez de «su madre», puesto que la viuda y el huérfano eran tipo de aquellos en favor de los cuales se reco-mendaba la caridad, ver Dt 10 18; 14 29; 24 19, etc.; Sal 68 6; 146 9; Ez 22 7, etc.
4 11 La sabiduría está aquí personificada, como en Pr 1 23-25; 8 12-21; 9 1-6. Sus «hijos» son los que estudian y la practican, ver Lc 7 35.

Jb 11 6
Dn 2 21-22
Jn 15 15

¹⁸ Pero luego lo conducirá por el camino recto,
lo alegrará y le revelará sus secretos.
¹⁹ En cambio, si él se desvía, lo abandonará,
y lo dejará a merced de su propia ruina*.

La vergüenza*.

20 22

²⁰ Ten en cuenta la situación y guárdate del mal,
no te avergüences de ti mismo.
²¹ Porque hay una vergüenza que conduce al pecado,
y otra vergüenza que es honor y gracia.
²² No tengas miramientos en perjuicio propio,
y no te avergüences por tu caída.
²³ No dejes de hablar cuando sea provechoso,
y no escondas tu sabiduría*,
²⁴ porque la sabiduría se revela en la palabra,
y la educación en la forma de hablar.
²⁵ No contradigas a la verdad,
avergüénzate de tu ignorancia.

Lv 5 5
Nm 5 7
1 R 21 27s

²⁶ No te avergüences de confesar tus pecados,
no te opongas a la corriente del río*.
²⁷ No te sometas ante el insensato,
ni tengas miramientos con el poderoso.

Jn 18 37

²⁸ Lucha por la verdad hasta la muerte,
y el Señor combatirá por ti.

1 Jn 3 18

²⁹ No seas atrevido con tu lengua,
ni perezoso y negligente en tus obras.
³⁰ No seas como león* con tu familia,
miedoso y apocado con tus servidores.

Hch 20 35

³¹ No tengas la mano abierta para recibir
y cerrada para dar.

Las falsas seguridades.

11 24
Lc 12 15-21

5 ¹ No te apoyes en tus riquezas,
ni digas: «Ellas me bastan»,
² No te dejes arrastrar por el impulso
que te lleva a seguir las pasiones de tu corazón.

Sal 12 5
Sb 2 11

³ No digas: «¿Quién puede dominarme*?»,
porque el Señor ciertamente te castigará.

Qo 8 11-14
Rm 2 4;
3 25

⁴ No digas: «He pecado, y ¿qué me ha pasado*?»,
porque el Señor es paciente.
⁵ No te sientas tan seguro del perdón,
mientras acumulas pecado tras pecado.
⁶ No digas: «Es grande su compasión,
me perdonará mis muchos pecados»,
porque él tiene compasión y cólera,
y su ira recae sobre los malvados.

16 11
Ex 20 5-6

Is 55 6-7
Lc 12 35-40

⁷ No tardes en convertirte al Señor,
no lo dejes de un día para otro,

---

4 19 El hebr. convierte este pasaje, vv. 15-19, en un «discurso de la Sabiduría» en primera persona, a imitación de Pr 1 22s y 8 1s.
4 20 Este pasaje aludía, tal vez, a la tentación a que se veían expuestos los judíos de disimular su fe y sus observancias frente al helenismo, ver 1 M 1 12-15; 2 M 4 11-16.
4 23 «cuando sea provechoso», lit. «en el tiempo de la salvación». Entiéndase «cuando tus palabras puedan ayudar al otro» (hebr. «a su tiempo»). —«y no escondas tu sabiduría» heb., griego 248, lat. (que añaden: «para

la belleza»); omitido por griego.
4 26 Más fácil sería detenerla que ocultar a Dios los pecados cometidos. La confesión de los pecados no era desconocida en el Judaísmo, Lv 5 5; Nm 5 7; 2 S 12 13; 1 R 21 27; Sal 38 2.5-6; 51 6, etc.
4 30 Var. (hebr. y sir.): «un perro»: los dos versos serían paralelos en vez de oponerse.
5 3 Como el «insensato» que niega, si no la existencia de Dios, al menos su providencia, Sal 53 2.
5 4 Reto del escéptico a la justicia divina aparentemente inactiva.

⁹   porque la ira del Señor se enciende de repente
         y el día del castigo perecerás.

¹⁰   ⁸ No confíes en riquezas injustas,   Pr 10 2
         de nada te servirán el día de la desgracia.

El dominio de la lengua.

¹¹   ⁹ No avientes el grano con cualquier viento,
         ni camines por cualquier sendero,
         así lo hace el pecador que habla con doblez.

¹²   ¹⁰ Manténte firme en tus convicciones,
         y sea una tu palabra.   Mt 5 37

¹³   ¹¹ Sé pronto para escuchar,   St 5 12
         y tardo en responder.   ⁄ St 1 19

¹⁴   ¹² Si sabes algo, responde a tu prójimo,
         si no, mano a la boca.   Pr 30 32

¹⁵   ¹³ Hablar puede traer gloria y deshonra,
         porque la lengua es la ruina del hombre.   Pr 18 21

¹⁴   ¹⁴ Que no te llamen murmurador,   St 3 6
         no enredes a los demás con tu lengua,
         porque sobre el ladrón cae la vergüenza,

¹⁵   y una severa condena sobre el que habla con doblez.

¹⁶   ¹⁵ No faltes ni en lo grande ni en lo pequeño,

6.¹   ni de amigo te vuelvas enemigo.

6   ¹ Porque la mala reputación trae vergüenza y desprecio,
         así le sucede al pecador que habla con doblez.
    ² No te dejes llevar por el impulso de tu pasión,
         no sea que te desgarre como un toro,
    ³ devore tus hojas, destruya tus frutos,
         y tú te quedes como un tronco seco.   Jn 15 5-6
    ⁴ Los malos deseos arruinan a quien los posee
         y lo convierten en el hazmerreír del enemigo.

La amistad.   37 1-6

    ⁵ Las palabras amables multiplican los amigos,   Pr 15 1
         la lengua afable multiplica los saludos.
    ⁶ Sean muchos los que te saluden*,
         pero confidente, sólo uno entre mil.   37 7-15
    ⁷ Si te echas un amigo, hazlo con tiento   Pr 17 17
         y no tengas prisa en confiarte a él.   Si 12 8-9
    ⁸ Porque hay amigos de ocasión,
         que te abandonan el día de la desgracia.
    ⁹ Hay amigos que se convierten en enemigos,
         y te avergüenzan descubriendo tus riñas.   Pr 25 9-10
   ¹⁰ Hay amigos que comparten tu mesa,
         y te abandonan el día de la desgracia.   Pr 19 4.7
   ¹¹ Cuando las cosas van bien, son como otro tú,
         e incluso son amables con tus servidores*;
   ¹² pero si eres humillado, se ponen contra ti
         y se esconden de tu presencia.
   ¹³ Apártate de tus enemigos,
         y no te fíes demasiado de tus amigos.   Jr 9 3
   ¹⁴ El amigo fiel es un apoyo seguro,   Pr 18 19
         quien lo encuentra, ha encontrado un tesoro.   Qo 4 9-12
   ¹⁵ El amigo fiel no tiene precio,
         su valor es incalculable.

---

6 6   Lit. «los que estén en paz contigo». Ver hebr.:   6 11   Hebr.: «en tu desgracia se aleja de ti».
«los hombres de tu saludo».

Pr 17 17;
18 24
¹⁶ El amigo fiel es un elixir de vida,
    los que temen al Señor lo encontrarán.
¹⁷ El que teme al Señor orienta bien su amistad,
    porque, según sea él, así será su amigo*.

La búsqueda de la sabiduría.

Pr 22 6
¹⁸ Hijo, desde la juventud acumula instrucción,
    y hasta la vejez encontrarás sabiduría.
Pr 8 18-19
Sb 7 14
¹⁹ Acércate a ella como quien ara y siembra,
    y espera sus mejores frutos.
Cultivándola te fatigarás un poco,
    pero bien pronto comerás de sus productos.
Pr 24 7
²⁰ Es muy dura para los ignorantes,
    el necio no la soporta;
²¹ como piedra de toque lo oprime,
    y él no tarda en sacudírsela.
²² Pues la sabiduría hace honor a su nombre,
    no se manifiesta a muchos.
²³ Escucha, hijo, acepta mi opinión
    y no rechaces mi consejo.
²⁴ Mete los pies en su cepo,
    y el cuello en su coyunda.
Mt 11 29
²⁵ Doblega la espalda y carga con ella,
    no te rebeles contra sus cadenas.
Dt 6 5
²⁶ Acércate a ella con toda tu alma,
    y con toda tu fuerza guarda sus caminos.
²⁷ Síguela, búscala, y se te dará a conocer,
    cuando la tengas, no la sueltes.
4 11-12
Mt 11 29
Jr 6 16
Pr 1 9
²⁸ Porque al final hallarás en ella descanso,
    y ella se convertirá en tu alegría.
²⁹ Sus cadenas serán para ti un refugio seguro,
    y sus argollas un traje de gloria.
³⁰ Adorno de oro será su yugo*,
    y sus correas cintas de púrpura.
Pr 4 9
³¹ Como túnica de gloria te la vestirás,
    te la ceñirás como corona de júbilo.
³² Si quieres, hijo, serás instruido,
    si te aplicas bien, adquirirás destreza.
³³ Si te gusta escuchar, aprenderás,
    si inclinas tu oído, serás sabio.
8 8
Pr 13 20
³⁴ Acude a la reunión de los ancianos,
    y si encuentras a un sabio, júntate a él.
³⁵ Escucha con interés toda palabra que venga de Dios,
    que no se te escapen los proverbios agudos.
³⁶ Si ves a un hombre prudente, madruga en su busca,
    que tus pies desgasten el umbral de su puerta.
Sal 1 2
³⁷ Medita los preceptos del Señor,
    practica sin cesar sus mandamientos.
    Él mismo fortalecerá tu corazón,
    y te concederá la sabiduría que deseas.

Consejos diversos.

Gn 4 7
7 ¹ No hagas el mal, y el mal no te dominará,
    ² sepárate del injusto, y él se alejará de ti.

---

6 17 Generalmente se entiende: «porque su amigo le es tan caro como él mismo». Pero el sentido puede ser también: «porque su amigo será necesariamente como él, temeroso de Dios». La verdadera piedad garantiza la amistad.

6 30 «su yugo» según hebr.; «sobre ella» griego; el traductor griego parece haber leído *'aleha* («sobre ella») en vez de *'ul·lah* («su yugo»).

³ No siembres, hijo, en surcos de injusticia,
no sea que coseches siete veces más.

⁴ No pidas al Señor el poder,
ni al rey un puesto de honor.
⁵ No te hagas el justo delante del Señor,
ni te las des de sabio ante el rey.

⁶ No te empeñes en llegar a ser juez,
no sea que no puedas erradicar la injusticia,
te acobardes ante el poderoso
y pongas en peligro tu rectitud.
⁷ No peques contra la asamblea de la ciudad,
ni te rebajes ante el pueblo.

⁸ No cometas dos veces el mismo pecado,
porque ni una sola quedarás impune.

⁹ No digas: «Dios tendrá en cuenta mis muchas ofrendas,
cuando se las presente al Dios Altísimo, él las aceptará.»

¹⁰ No seas pusilánime en tu oración,
ni te olvides de hacer limosnas.

¹¹ No te burles del hombre afligido,
recuerda que hay quien humilla y exalta.

¹² No trames engaños contra tu hermano,
ni hagas lo mismo con tu amigo.
¹³ Propónte no decir mentira alguna,
pues es un hábito que no conduce a nada bueno*.

¹⁴ No hables demasiado en la asamblea de ancianos,
ni repitas las palabras en tu oración.

¹⁵ No rehúyas los trabajos duros,
ni la labor del campo que el Altísimo creó.

¹⁶ No te cuentes entre los pecadores,
recuerda que la ira no tardará.
¹⁷ Humíllate profundamente,
que el castigo del impío es fuego y gusanos*.
¹⁸ No cambies un amigo por dinero,
ni un hermano de veras por el oro de Ofir.

¹⁹ No faltes a una mujer sabia y buena*,
pues su gracia vale más que el oro.
²⁰ No maltrates al criado que cumple con su trabajo,
ni al jornalero que se entrega a su faena.
²¹ Ama al siervo inteligente como a ti mismo*,
y no le prives de la libertad.
²² ¿Tienes rebaños? Cuídalos;
y si te dan ganancias, consérvalos.
²³ ¿Tienes hijos? Edúcalos,
acostúmbralos a obedecer desde pequeños*.
²⁴ ¿Tienes hijas? Vigila su cuerpo,
y no seas indulgente con ellas.
²⁵ Casa a tu hija y habrás concluido una gran tarea,
pero dásela a un hombre prudente.

Referencias marginales:

Jb 4 8
Pr 22 8
Ga 6 7-8
Gn 4 15.24
13 9-10
Pr 25 6-7
Gn 3 12s;
4 9

Lv 19 15

Pr 21 27
Am 5 21+

St 1 6
Si 3 30+

1 S 2 7
Lc 1 52

Mt 6 7

Gn 3 17-19
Pr 24 27

5 7

Is 66 24
Jdt 16 17
Mc 9 48

33 25-33
Dt 24 14-15
Ex 21 2
Dt 15 12-15
Pr 27 23

30 1-13
Pr 13 24+

42 9-11

1 Co 7 36-38

Números de versículo (columna izquierda): 11, 9, 10, 12, 13, 14, 15, 16, 17, 18, 19, 20, 21, 22, 23, 24, 25, 26, 27

---

7 13 «es un hábito (lit. el que persiste en ello) que no conduce a nada bueno». Sentido dudoso, pero confirmado por el hebr. «el resultado no es agradable».
7 17 En el hebr., quizá inspirado en Jb 25 6, sólo se menciona a los gusanos. —Los gusanos y el fuego se encuentran reunidos en Is 66 24 (que Mc 9 48 repetirá) y en Jdt 16 17.

7 19 O quizás: «No dudes en casarte con una mujer sabia y buena», ver v. 26.
7 21 Lit. «ame tu alma»: el traductor ha entendido mal, sin duda, el hebr. «ama como a alma», es decir, «como a ti mismo».
7 23 Hebr.: «y cásalos desde su juventud».

28
> ²⁶ ¿Tienes una esposa que te gusta? No la despidas,
> pero si no la amas, no confíes en ella.

Los sacerdotes.

Ex 20 12
Tb 4 4

29
> ²⁷ Honra a tu padre con todo tu corazón,
> y no olvides los dolores de tu madre.

30
> ²⁸ Recuerda que gracias a ellos has nacido,
> ¿cómo les pagarás lo que han hecho por ti*?

31
> ²⁹ Teme al Señor con toda tu alma,
> y respeta a sus sacerdotes*.

32
> ³⁰ Ama a tu Creador con todas tus fuerzas,
> y no abandones a sus ministros.

33
34
35
> ³¹ Teme al Señor y honra al sacerdote,
> dale su porción tal como te fue prescrito:
> las primicias, los sacrificios de reparación,
> la pierna de los animales sacrificados,
> el sacrificio de santificación
> y las primicias de las cosas santas.

3 30 - 4 10;
29 8-13

Los pobres y afligidos.

36
> ³² Tiende también tu mano al pobre,
> para que tu bendición* sea completa.

Dt 14 29
Sal 41 2

37
> ³³ Sé generoso con todos los vivos,
> y a los muertos no les niegues tu piedad*.

37 12
Rm 12 15
Mt 25 35

38
> ³⁴ No te retraigas ante los que lloran,
> y aflígete con los afligidos.

39
> ³⁵ No tardes en visitar al enfermo,
> que haciendo estas obras te harás querer.

40
> ³⁶ En todas tus acciones ten presente tu fin,
> y así jamás cometerás pecado*.

Prudencia y reflexión.

8 ¹ No pelees con el poderoso,
> no sea que caigas en sus manos.
> ² No disputes con el rico,

Pr 10 15

> no sea que te venza con su influencia,
3
> porque el oro ha corrompido a muchos,
> y hasta el corazón de reyes ha pervertido.

4
> ³ No discutas con el charlatán,
> no eches más leña a su fuego.

5
> ⁴ No bromees con el insensato,
> no sea que insulte a tus padres*.

Mt 7 1-5p
Rm 3 9-20
1 Jn 1 8-10
Lv 19 32

6
> ⁵ No reproches al que se arrepiente del pecado,
> recuerda que todos somos culpables*.

---

7 28   El hebr. omite estos dos vv.
7 29   Ben Sirá venera el culto y a sus ministros, ver **50**. Aquí, se establece un paralelo directo entre el respeto al sacerdote y la adoración al Señor según el espíritu de los textos a que alude el v. 31: Nm **18** 11-18 (primicias); Lv 5 6 (sacrificios de reparación, o «por el pecado»); Ex **29** 27; Lv 7 32; Dt **18** 3 (pierna de los animales sacrificados). El «sacrificio de santificación» (hebr. «de justicia») probablemente es la oblación de Lv 2 1-16.
7 32   La que otorgará el Señor.
7 33   Sobre el deber de dar a los muertos una sepultura digna, ver 2 S **21** 10-14; Jr **22** 19; Is **34** 3; Tb 1 17-18; **12** 12. Más tarde, también se sintió la preocupación de ofrecer por ellos oraciones y sacrificios, 2 M **12** 38-46. Pero ciertas prácticas paganas del culto de los muer-

tos parecen haber sido prohibidas por la Ley, Dt **26** 14, ver Ba 6 26; Si **30** 18. Ben Sirá no precisa.
7 36   «tus acciones» hebr.; «tus palabras» griego. —Aun no teniendo todavía Ben Sirá una idea clara y cierta de la retribución después de la muerte, subraya en diversas ocasiones la importancia de la última hora, ver 11 26-28. Puede, por lo demás, existir algún progreso entre el hebreo y la traducción griega: el hebreo simplemente dice «en todas tus oraciones ten presente el fin», es decir, ten en cuenta las consecuencias de tus actos. El griego, precisando «tu fin», evoca claramente las postrimerías.
8 4   Con las maldiciones tan frecuentes en el estilo oriental.
8 5   «culpables» hebr.; «en los castigos» griego.

7　　　⁶ No te burles del anciano,
　　　　pues nosotros también envejecemos.
8　　　⁷ No te alegres de la muerte de nadie,
　　　　recuerda que todos moriremos.

La tradición.

9　　　⁸ No desdeñes los discursos de los sabios,　　　　　　Pr 13 20
　　　　ocúpate en meditar sus proverbios,
10　　　porque de ellos aprenderás la instrucción
　　　　y el arte de servir a los grandes*.　　　　　　　　Pr 14 35;
11　　　⁹ No desprecies las historias de los ancianos,　　　16 13s
　　　　que ellos también aprendieron de sus padres*;
12　　　de ellos aprenderás a ser prudente
　　　　y a responder en el momento justo.　　　　　　　　Col 4 6

La prudencia.

13　　　¹⁰ No inflames las brasas del pecador,
　　　　no sea que te quemes con sus llamas.
14　　　¹¹ No te encares con el insolente,
　　　　no sea que te haga caer en la trampa de tus propias palabras.
15　　　¹² No prestes a uno más fuerte que tú,
　　　　y si le prestas, dalo por perdido.　　　　　　　　29 4
16　　　¹³ No salgas fiador por encima de tus posibilidades,　29 14-20
　　　　y si lo haces, piensa en cómo pagarás.　　　　　　Pr 6 1+
17　　　¹⁴ No pongas pleito a un juez,
　　　　porque sentenciarán a su favor.
18　　　¹⁵ No vayas de viaje con un temerario,
　　　　no sea que te complique la vida,
　　　　porque él actuará según su capricho,
　　　　y a causa de su locura tú te perderás con él.　　　Pr 22 24-25
19　　　¹⁶ No entables pelea con un violento,　　　　　　　Pr 15 18
　　　　ni atravieses con él el desierto,
　　　　porque para él la vida no tiene valor,
　　　　y cuando estés indefenso, te matará.
20　　　¹⁷ No pidas consejo a un insensato,
　　　　porque es incapaz de guardar el secreto.
21　　　¹⁸ Delante de un extraño no hagas nada secreto,
　　　　porque no sabes lo que inventará después.
22　　　¹⁹ No abras tu corazón a cualquiera,
　　　　no sea que se aproveche*.

El trato con las mujeres.

9　¹ No tengas celos de la mujer que amas,　　　　　　Nm 5 14-15
　　no sea que tú le enseñes a actuar contra ti.
　　² No te entregues del todo a una mujer,　　　　　　Pr 31 3
　　no sea que te llegue a dominar.　　　　　　　　　　Jc 16 4-21
　　³ No te acerques a una prostituta,　　　　　　　　1 R 11 1-4
　　no sea que caigas en sus redes.　　　　　　　　　　Pr 23 27;
　　　　　　　　　　　　　　　　　　　　　　　　　　　29 3

---

8 8　Ben Sirá no ignora que la sabiduría es algo tradicional, y que en otro tiempo, tanto en Israel como en Egipto, era la riqueza del funcionario, y que para él constituía un «modo de servir a los grandes».
8 9　Los rabinos tienen una idea elevada de la tradición que ellos llaman «la ley oral». Ver ya Dt 4 9; 11

19; Sal 44 2; 78 3s; Jb 8 8; 12 12. La mayor parte de los libros bíblicos han existido en estado de tradición oral antes de que fueran escritos. Y esto es verdad especialmente en los proverbios y en las máximas de los sabios.
8 19　Hebr.: «para no apartar de ti la felicidad».

⁴ No tengas trato con una cantante,
    no sea que te enredes en sus artimañas.
⁵ No te fijes demasiado en la doncella,
    no sea que te castiguen por su causa.
⁶ No te entregues a prostitutas,
    no sea que pierdas tu herencia.
⁷ No andes fisgoneando por las calles de la ciudad,
    ni deambules por sus parajes solitarios.
⁸ Aparta los ojos de una mujer hermosa,
    no te fijes en belleza ajena.
    Muchos se perdieron por la belleza de la mujer,
    a su lado el amor se inflama como el fuego.
⁹ Jamás te sientes junto a una mujer casada,
    ni bebas vino con ella en la mesa,
    no sea que tu corazón se enamore de ella,
    y tu pasión te lleve a la ruina.

Relaciones con los demás.

¹⁰ No abandones a un viejo amigo,
    porque el nuevo nunca será igual.
    Vino nuevo es el amigo nuevo,
    cuando sea añejo, lo beberás con fruición.
¹¹ No envidies el auge del pecador,
    pues no sabes cuál será su desenlace.
¹² No te dejes fascinar por el éxito de los impíos,
    recuerda que no morirán impunes*.
¹³ Mantente lejos del hombre que tiene poder para matar,
    y no tendrás que temer a la muerte.
    Si te acercas a él, no te descuides,
    no sea que te quite la vida.
    Date cuenta de que caminas entre trampas
    y que paseas sobre la muralla de la ciudad*.
¹⁴ Cuando puedas, asiste a tu prójimo,
    y por los sabios déjate aconsejar.
¹⁵ Dialoga con los inteligentes,
    y tus palabras se inspiren en la ley del Altísimo.
¹⁶ Gente honrada comparta tu mesa,
    y sea tu orgullo el temor del Señor.

Los gobernantes.

¹⁷ Por sus obras se elogia la mano del artista,
    la sabiduría del gobernante por sus discursos*.
¹⁸ El charlatán es temido en su ciudad,
    el deslenguado se hace odioso.

10 ¹ El gobernante sabio instruye a su pueblo,
    la autoridad inteligente está bien consolidada.
² Según el jefe de estado, así serán sus ministros,
    según el gobernador de la ciudad, así serán todos sus habitantes.
³ Un rey sin instrucción arruina a su pueblo,
    los gobernantes prudentes hacen prosperar la ciudad.
⁴ En manos del Señor está el gobierno de la tierra,
    y a su debido tiempo suscitará a la persona conveniente.

Marginal references (left column):
Pr 7 6-27
Jb 31 1
Mt 5 28
Pr 29 3
Lc 15 13
41 22-23
Pr 2 16
9
Pr 5 2+   12
           13
14
15
Sal 37; 73   16
17
18
19
20
21
37 7-15   22
23
1 11; 10 22
24
25
37 20
Jr 27 5
Pr 8 15-16
Is 11 2-5

---

9 12 Acerca del problema de la retribución temporal, ver la Introducción.
9 13 Expuesto, por tanto, a las flechas de los enemigos. Pero el texto es dudoso. Hebr.: «sobre redes».
9 17 Esta máxima establece un paralelo entre el obre-

ro, cuyo valor depende de la habilidad manual, y el jefe de Estado que se impone por su elocuencia. Pero el texto no es seguro. Hebr.: «Por las gentes hábiles la rectitud se oscurece y el jefe del pueblo es hábil en discursos».

⁵ En manos del Señor está el éxito del hombre,
   él otorga su gloria al legislador.

Rm 13 1

La soberbia.

⁶ Sea cual sea su agravio, no guardes rencor al prójimo,
   y no actúes guiado por un arrebato de violencia.

Lv 19 18
Mt 5 21-24;
18 21-22

⁷ La soberbia es odiosa al Señor y a los hombres,
   para ambos es un delito la injusticia.

⁸ La soberanía pasa de una nación a otra,
   a causa de las injusticias, las violencias y el dinero.

10b   ⁹ ¿De qué se enorgullece el que es tierra y ceniza?,
       ¡si ya en vida su vientre es podredumbre*!
12   ¹⁰ La larga enfermedad desconcierta al médico*,
       y quien hoy es rey mañana morirá.
13   ¹¹ Y cuando un hombre muere,
       recibe como herencia lombrices, bichos y gusanos.

Gn 2 7;
18 27
Si 17 32

Is 14 11
Jb 17 14

14   ¹² Principio de la soberbia es alejarse del Señor,
15   apartar el corazón del Creador.
     ¹³ Porque principio de la soberbia es el pecado,
       el que se aferra a ella difunde iniquidad.

Dt 8 14

16   Por eso el Señor les infligió asombrosos castigos,
       y abatió a los soberbios hasta aniquilarlos.
17   ¹⁴ El Señor derribó del trono a los poderosos,
       y en su lugar hizo sentar a los sencillos.
18   ¹⁵ El Señor arrancó la raíz de los soberbios*,
       y en su lugar plantó a los humildes.
19   ¹⁶ El Señor arrasó los territorios de las naciones,
       y los destruyó hasta los cimientos de la tierra.
20   ¹⁷ A algunos les arrebató y destruyó,
21   y borró de la tierra su recuerdo.

22   ¹⁸ No está hecha la soberbia para el hombre,
       ni la violencia para el nacido de mujer.

Lc 1 52
1 S 2 4-8

33 12
Dn 2 35

Is 40 15-17
Sb 11 21-22

Los dignos de honor.

23   ¹⁹ ¿Qué raza es digna de honor? La del hombre.
       ¿Qué raza es digna de honor? Los que temen al Señor
       ¿Qué raza es despreciable? La del hombre.
       ¿Qué raza es despreciable? Los que violan la ley.
24   ²⁰ Entre hermanos se honra al mayor,
       pero el Señor honra a los que le temen*.
25   ²² Ricos, distinguidos o pobres,
       sea su orgullo el temor del Señor.
26   ²³ No es justo despreciar al pobre inteligente,
       ni es conveniente honrar al pecador.
27   ²⁴ El noble, el juez y el poderoso reciben honores,
       pero ninguno de ellos es mayor que quien teme al Señor.
28   ²⁵ El criado sabio tendrá hombres libres a su servicio,
       y el hombre inteligente no lo criticará*.

Jr 9 22-23
1 Co 1 26-31
2 Co 10 17
St 1 9

9 16

Pr 17 2;
11 29

---

10 9   Texto corregido según sir. hex. y algunos comentarios; el griego resulta oscuro («un ser que, vivo,
arroja (?) sus intestinos»); el hebr., corrompido, es ininteligible.
10 10 El texto parece afirmar la inutilidad de los esfuerzos humanos para salvar al hombre destinado a la
muerte, pero ver cap. 38.

10 15 «los soberbios» conj.; «las naciones» griego (las
dos palabras gráficamente se parecen mucho en hebr.,
pero el v. 15 falta); «las naciones orgullosas» lat.
10 20 Griego 248 añade: «²¹ Si temes al Señor, te aceptará, pero si eres obstinado y orgulloso, te rechazará».
10 25 Compárense con esta máxima las declaraciones de
San Pablo sobre la esclavitud, Ga 3 28; Col 3 11; Flm 16.

Humildad y verdad.

<table>
<tr><td>Lc 17 10</td><td>29</td><td>²⁶ No presumas de sabio cuando cumplas tus obligaciones,
    ni te gloríes, cuando estés en aprieto.</td></tr>
<tr><td></td><td>30</td><td>²⁷ Más vale el que trabaja y anda sobrado
    que el que alardea y carece de pan.</td></tr>
<tr><td>Pr 12 9
Jr 9 22
1 Co 1 31</td><td>31</td><td>²⁸ Hijo, ten una moderada estima de ti mismo,
    y valórate en la justa medida.</td></tr>
<tr><td></td><td>32</td><td>²⁹ ¿Quién protegerá al que peca contra sí mismo?,
    ¿quién respetará al que se desprecia a sí mismo?</td></tr>
<tr><td>11 1; 10 22</td><td>33</td><td>³⁰ El pobre es honrado por su saber,
    y el rico por su riqueza.</td></tr>
<tr><td></td><td>34</td><td>³¹ Quien es apreciado en la pobreza, ¡cuánto más lo será en la riqueza!
    quien es despreciado en la riqueza, ¡cuánto más lo será en la pobreza!</td></tr>
</table>

Las apariencias engañan.

11 ¹ Por su sabiduría el pobre llevará alta la cabeza,
    y se sentará entre los grandes.

<table>
<tr><td>1 S 16 7
2 Co 10
10-11
Mt 13 31-32</td><td>² No alabes al hombre por su belleza,
    ni desprecies a nadie por su aspecto.
³ Pequeña es la abeja entre los animales que vuelan,
    pero su producto es el más dulce.
⁴ No presumas de los vestidos que llevas,
    ni te engrías cuando te alaben*;
pues admirables son las obras del Señor,
    y, sin embargo, permanecen ocultas a los hombres*.</td></tr>
<tr><td>10 14
Qo 4 14;
10 6-7</td><td>⁵ Muchos tiranos acabaron por los suelos*,
    mientras un desconocido se ceñía la corona.
⁶ Muchos poderosos fueron humillados,
    y hombres ilustres cayeron en otras manos.</td></tr>
</table>

Reflexión y prudencia.

⁷ Antes de recriminar, infórmate;
    reflexiona primero y censura después.

<table>
<tr><td>Pr 18 13</td><td>⁸ Antes de responder, escucha,
    y no interrumpas al que tiene la palabra.</td></tr>
<tr><td></td><td>⁹ No discutas por lo que no te incumbe,
    ni interfieras en peleas de pecadores.</td></tr>
<tr><td>38 24</td><td>¹⁰ Hijo, no te ocupes en demasiados asuntos,
    porque si así actúas, no saldrás bien parado;
por más que corras, no alcanzarás,
    por más que quieras huir, no escaparás*.</td></tr>
<tr><td>Pr 11 24;
21 5
Sal 127 1-2</td><td>¹¹ Hay quien trabaja, se fatiga y apresura,
    y con todo llega tarde.</td></tr>
</table>

Confianza sólo en Dios.

<table>
<tr><td>So 2 3+</td><td>¹² Hay quien es débil y necesita ayuda,
    carece de bienes y le sobra pobreza,
pero el Señor lo ama con benevolencia,
    y lo libra de su humillación.</td></tr>
</table>

---

11 4   (a) Hebr.: «No te mofes de quien viste harapos, ni te burles del que se halla atribulado.»
11 4   (b) Es decir, invisibles e imprevisibles. Un golpe de suerte puede trocar todas las situaciones. Ver Sal 113 7s; 1 S 2 8; Jb 12 17-19. Las máximas siguientes ilustran ésta.
11 5   Puede también entenderse: «fueron puestos en

el suelo» (después de haber reinado); en tal caso, el paralelo sería antitético, pero el hebr.: «Muchos que estaban humillados se sentaron en el trono», apoya la interpretación propuesta.
11 10   Hebr.: «si no corres no alcanzarás, si no buscas no encontrarás».

¹³ Le hace levantar la cabeza,
y muchos se quedan admirados.
¹⁴ Bien y mal, vida y muerte,
pobreza y riqueza vienen del Señor*.
¹⁷ El don del Señor permanece con los piadosos*,
y su benevolencia les guiará siempre por buen camino.
¹⁸ Hay quien se hace rico a fuerza de trabajar y ahorrar,
y ésta es la parte de su recompensa:
¹⁹ cuando dice: «Ahora ya puedo descansar,
y disfrutar de todos mis bienes»,
no sabe cuánto tiempo pasará,
hasta que muera y tenga que dejarlo todo a otros*. .
²⁰ Sigue con tu quehacer y dedícate a él*,
y en tu tarea envejece.
²¹ No admires las obras del pecador,
confía en el Señor y sé constante en tu esfuerzo,
porque es cosa fácil para el Señor,
enriquecer al pobre en un instante.
²² La bendición del Señor es la recompensa del piadoso,
y en un momento hace florecer su bendición.
²³ No digas: «¿Qué necesito?
o ¿qué bienes podría conseguir todavía?»
²⁴ No digas: «Ya tengo bastante,
¿qué mal puede sucederme ahora?»
²⁵ Día de bienes, olvido de males,
día de males, olvido de bienes*.
²⁶ Es fácil para el Señor, el día de la muerte,
pagar a cada uno según su conducta.
²⁷ El mal de un momento hace olvidar el gozo,
pero cuando el hombre se acerca al fin se descubren sus obras.
²⁸ Antes de la muerte no felicites a nadie,
porque sólo en su final se conoce al hombre*.

Desconfiar del desconocido.

²⁹ No metas a cualquiera en tu casa,
que son muchas las mañas del astuto.
³⁰ Como perdiz cautiva en su jaula, así es el corazón del orgulloso,
como un espía aguarda tu caída*.
³¹ Él tiende su trampa cambiando el bien por mal,
y corrompiendo las cosas más dignas.
³² Una chispa enciende un brasero,
así el pecador acecha en busca de sangre.
³³ Guárdate del malvado, porque maquina el mal,
y podría deshonrarte para siempre.
³⁴ Mete en casa a un desconocido y te causará problemas,
te hará sentir extraño con tu propia familia.

Referencias marginales:
Is 45 7
Jb 1 21; 2 10
Jb 27 16-23
Sal 49 17-18
Qo 2 21-23
Lc 12 16-21
Pr 3 31; 23 17
Si 9 11
Mt 6 25-26
5 1
Lc 12 16-21
18 25
Jn 16 21
1 13
Pr 1 11

Números de versículo laterales:
20, 21, 22, 23, 24, 25, 26, 27, 28, 29, 30, 31, 32, 33, 34, 35, 36

---

11 14 Hebr., griego 248, lat. y sir. añaden: «¹⁵ La sabiduría, la ciencia y el conocimiento de la Ley proceden del Señor; el amor y la práctica de las buenas obras vienen de él. ¹⁶ La perdición y las tinieblas están creadas para los pecadores; los que se complacen en el mal, en el mal envejecen.»
11 17 El griego traduce así el hebr. «justos», como el v. 22; 12 2; 13 17.
11 19 Se han preguntado algunos si Jesús no se habrá inspirado en este v. para la parábola de Lc 12 16-21 (nótese, sobre todo, el v. 19). Ciertamente se trata de la misma idea de la inutilidad de los bienes amasados con mucho esfuerzo, y de los que el poseedor se verá privado en el día de su muerte.
11 20 «tu quehacer» hebr.; «tu alianza» griego. —«dedícate a él» var.; hebr. «pon en ello tu gozo», ver Qo 2

24; 3 13.
11 25 O quizás: «Se olvidan los males (que pueden sobrevenir)... No se acuerda de la felicidad (que se puede recibir)». Así aplicado al futuro, este v. estaría más conforme con el contexto. Con todo, la interpretación parece menos probable.
11 28 «en su final» hebr.; «en sus hijos» griego. —Estos tres vv. (ver 7 36) expresan la confianza con que el autor espera, en el día de su muerte, un juicio en el que se manifestarán los méritos y las faltas. Pero no se detiene a describir la retribución, ni a precisar si ésta será eterna.
11 30 Hebr.: «como un lobo se mantiene al acecho para desgarrar». —A la manera del ave colocada como «reclamo» en el lazo, el corazón del orgulloso atrae al prójimo a las redes del pecado.

Mt 5 43-48
Lc 14 12-14

Los favores.

12

¹ Si haces el bien, mira a quién,
    y tus favores serán recompensados.

Dt 14 29

² Haz bien al piadoso y obtendrás recompensa,
    si no de él, al menos del Altísimo.
³ Ningún beneficio para el que persiste en el mal,
    ni para quien se niega a hacer limosna*.
⁴ Da al hombre piadoso,
    pero no ayudes al pecador*.
⁵ Haz el bien al humilde,
    pero no des nada al malvado;
niégale el pan, no se lo des,
    porque podría utilizarlo para dominarte,
y tú recibirías el doble de mal
    por el bien que le habrías hecho.

Mt 5 45
Lc 6 35

⁶ Que también el Altísimo odia a los pecadores,
    y dará a los malvados el castigo que merecen.
⁷ Da al hombre bueno,
    pero no ayudes al pecador.

6 5-17

Verdaderos y falsos amigos.

Pr 19 4;
17 17

⁸ No se conoce al amigo en la prosperidad,
    ni se oculta al enemigo en la adversidad.
⁹ Cuando uno prospera, sus enemigos se entristecen*,
    pero en la adversidad, hasta su amigo lo abandona.

Pr 26 24-26

¹⁰ No te fíes nunca de tu enemigo,
    pues su maldad es como bronce que se oxida.
¹¹ Aunque se haga el humilde y camine cabizbajo,
    ten cuidado y desconfía de él.
Trátalo como quien pule un espejo,
    y sabe que su herrumbre acabará desapareciendo*.
¹² No lo pongas junto a ti,
    no sea que se vuelva contra ti y te quite el puesto.
No lo sientes a tu derecha,
    no sea que pretenda ocupar tu asiento,
y al fin comprendas mis palabras
    y te pese recordar mis consejos.
¹³ ¿Quién se compadece del encantador mordido por la serpiente
    y de todos los que se acercan a las fieras?

13b

¹⁴ Lo mismo le ocurre al que anda con el pecador
    y se enreda con sus pecados.

14

¹⁵ Por un tiempo permanecerá contigo el pecador,
    pero si te rebelas, no te aguantará.

Pr 26 24-26
Jr 9 7
15

¹⁶ El enemigo habla con labios melosos,
    pero en su corazón trama cómo arrojarte a la fosa.

16

El enemigo derrama lágrimas de sus ojos,
    pero llegada la ocasión, no se saciará de verter sangre.

17

¹⁷ Si te ocurre una desgracia, allí lo encontrarás,
    y fingiendo ayudarte, te pondrá la zancadilla.

19

¹⁸ Meneará la cabeza, batirá palmas*,
    hablará entre dientes y cambiará de cara.

---

12 3 Hebr.: «*Ningún provecho saca quien hace el bien al malvado, ni siquiera realiza una buena acción*».
12 4 Lat. añade: «porque a los impíos y a los pecadores (Dios) infligirá un castigo, guardándolos para el día del castigo. ⁵ Da al que es bueno y no recibas al pecador». Contraponer Mt 5 43-48; Lc 6 27-36; Rm 12 20. —San Agustín, sorprendido por esta orden, trató de suavizarla comentando: «No des al pecador como a pecador, dale como a hombre.»
12 9 El hebr.: «incluso el enemigo resulta amigo» respeta mejor el paralelismo.
12 11 Hebr.: «Pórtate con él como (con) el que revela un secreto: no será capaz de perjudicarte y conoce las consecuencias de la envidia».
12 18 Menear la cabeza, gesto de burla, Sal 22 8; 109 25; Jb 16 4; ver Mt 27 39. Batir palmas, Ez 25 6; Na 3

El trato con los ricos y nobles.

13 ¹ El que toca la pez, se queda pringado,
el que anda con un soberbio, acabará siendo como él.
² No cargues un peso demasiado grande para ti,
no andes con gente más fuerte y más rica que tú.
³ ¿Cómo se puede juntar el cántaro con la olla?
Chocará con ella y se romperá*.
³ El rico ofende y encima se irrita,
el pobre es ofendido y encima se excusa.

Pr 18 23

⁴ Si le eres útil, te utilizará,
si eres torpe, te abandonará.
⁵ Si tienes bienes, se juntará contigo,
y te exprimirá sin mucho esfuerzo.
⁶ Si tiene necesidad de ti, tratará de engañarte,
te sonreirá y te dará esperanzas;
te dirá buenas palabras
y dirá: ¿Qué necesitas?

Pr 23 1-3

⁷ Te avergonzará en sus banquetes,
te arruinará dos, tres veces,
y acabará burlándose de ti.
Y después, si te ve, te dejará a un lado,
y meneará la cabeza, mofándose de ti.

⁸ Procura no dejarte embaucar,
que no te humillen por tu insensatez*.
⁹ Si te invita un poderoso, mantente a distancia,
así te llamará con más insistencia.
¹⁰ No te acerques mucho, no sea que te rechace,
ni te quedes muy lejos, no sea que le pases inadvertido*.
¹¹ No pretendas hablar con él de igual a igual,
ni te fíes de sus muchas palabras,
pues con su palabrería te pondrá a prueba,
y con una sonrisa, te examinará.

¹² Es un despiadado que no guarda sus palabras,
no te ahorrará ni golpes ni cadenas.
¹³ Vigila y ponte en guardia,
porque caminas junto a tu propia ruina*.

¹⁵ Todos los animales aman a los de su especie,
y todo hombre ama a su prójimo.
¹⁶ Todo los animales se unen con los de su especie,
y todo hombre se une a su semejante.
¹⁷ ¿Cómo puede convivir el lobo con el cordero?
Lo mismo ocurre con el pecador y el piadoso.
¹⁸ ¿Qué paz puede haber entre la hiena y el perro,
entre el rico y el pobre*?
¹⁹ Los asnos salvajes son presa de los leones en el desierto,
así los pobres son presa de los ricos.
²⁰ El soberbio aborrece la humildad,
así el rico aborrece al pobre.

19; ver Lm **2** 15.
13 2 Comparación clásica que ya se encuentra en Esopo.
13 8 «en tu alegría» griego. —Hebr.: «Cuida mucho de no ser demasiado insolente (?) ni te parezcas a los insensatos.»
13 10 Expresión chocante de la moderación reflexiva y no desprovista de malicia que caracteriza a Ben Sirá. —El consejo evangélico de Lc **14** 8-10, con el que uno se sentiría inclinado a comparar esta máxima, no tiene exactamente ni el mismo contenido ni el mismo motivo.
13 13 Griego 248 y lat. añaden: «¹⁴ Oyendo tales cosas despierta de tu sueño; ama a Dios toda tu vida e invócale para tu salvación.»
13 18 Para Ben Sirá, el precepto de no tratar más que con sus iguales es prolongación de la armonía de la naturaleza y por lo mismo está conforme con el orden divino. No es absoluta la condena de la riqueza, ver v. 24, pero el autor quiere impedir que el pobre se deje seducir por el rico que puede aplastarle.

^{Pr 19 4.7} ²⁵
²¹ Cuando el rico se tambalea, sus amigos lo sostienen,
    pero cuando el humilde cae, sus amigos lo rechazan*.

^{Pr 14 20} ²⁶
²² Cuando el rico resbala, muchos lo cogen en sus brazos,
    y si dice estupideces, le dan la razón.

²⁷
    Cuando el pobre resbala, le hacen reproches,
    y si habla con sensatez, no le hacen caso.

²⁸
²³ Habla el rico y todos callan,
    y ponen sus palabras por las nubes.

²⁹
    Habla el pobre y dicen: ¿Quién es éste?
    y si se equivoca, lo echan por tierra.

³⁰
²⁴ Buena es la riqueza adquirida sin pecado,
    mala es la pobreza en boca del impío*.

^{Pr 15 13} ²⁵
²⁵ El corazón del hombre hace cambiar su rostro,
    sea para el bien, sea para el mal.

³²
²⁶ Un rostro alegre revela un buen corazón,
    inventar proverbios es un ejercicio difícil*.

^{19 16; 25 8}

14

¹ Dichoso el hombre que no resbala con su boca*,
    ni sufre remordimientos por sus pecados.
² Dichoso aquel cuya conciencia nada le reprocha,
    ni ha perdido la esperanza.

^{Qo 5 9; 6 2}

El uso de las riquezas.

³ No es buena la riqueza para el tacaño,
    y al envidioso, ¿de qué le sirve el dinero?

^{Lc 12 16-21}
^{Jb 27 16-17}
^{Pr 13 22}
⁴ El que amontona a costa de sí mismo, para otros amontona,
    de sus bienes otros disfrutarán.

⁵ El que es tacaño consigo mismo, ¿con quién es generoso?,
    ni siquiera consigue disfrutar de sus propios bienes.

^{Pr 11 17}
⁶ Nadie es peor del que se tortura a sí mismo,
    ésa es la paga de su maldad.

⁷ Y si alguna vez hace el bien, lo hace por descuido,
    y al final descubrirá su maldad.

⁸ El hombre envidioso es perverso,
    desvía la mirada* y desprecia a los demás.

^{Sb 6 23}
⁹ El avaro nunca está satisfecho con su suerte,
    pues la avaricia seca el alma*.

¹⁰ El avaro hasta el pan escatima,
    y en su propia mesa pasa hambre.

¹¹ Hijo, en cuanto te sea posible, trátate bien,
    y presenta dignamente tus ofrendas al Señor.
¹² Recuerda que la muerte no puede tardar,
    y que el pacto del abismo* no te ha sido revelado.

^{Nm 16 33+}
¹³ Antes de morir, haz el bien a tu amigo,
    según tus posibilidades, sé generoso con él.

^{Qo 2 24}
¹⁴ No te prives de pasar un día feliz,
    no dejes escapar un deseo legítimo.

---

13 21 Este v. hay que entenderlo en sentido metafórico, probablemente referido al tema de la lengua (ver **14** 1 y continuación).
13 24 O quizá: «en comparación con la impiedad» (hebr.: «en comparación con la insolencia»). —La riqueza no es un defecto, sino solamente un peligro.
13 26 No se entiende bien cómo enlaza este estico con el precedente, pero el texto no es seguro. Hebr.: «meditación y preocupación: pensamientos tristes».
14 1 Así cantan muchos salmos la felicidad de los corazones puros, ver Sal 1; 32; 41; 119; 128, en contraposición a los «dichosos» de este mundo. Es ya el anuncio de las bienaventuranzas evangélicas, Mt 5 1-12.
14 8 De los que tienen necesidad de su ayuda.
14 9 «la avaricia», lit. «el mal ojo», conj.; «la mala iniquidad» griego (confusión entre 'ayin (ojo) y 'awon (iniquidad), pero el texto hebreo que conocemos es diferente).
14 12 Probablemente el decreto que fija la fecha de la muerte, ver Is 28 15.18.

¹⁵ ¿No dejarás a otros el fruto de tu trabajo
   y de tus fatigas, para que se lo repartan a suertes?
¹⁶ Da y recibe, disfruta de ello,
   porque en el abismo no hay que esperar satisfacciones.   Qo 9 10
¹⁷ Todo ser viviente envejece como un vestido,
   porque la ley eterna es: hay que morir.
¹⁸ Como las hojas de un árbol frondoso,
   que unas caen y otras brotan,
   así las generaciones de carne y sangre: Qo 1 4
   unas mueren y otras nacen.
¹⁹ Toda obra corruptible desaparece,   Qo 9 6
   y su autor se va con ella*.   ∕ Ap 14 13

Los beneficios de la sabiduría.

²⁰ Dichoso el hombre que se dedica a la sabiduría,   Pr 8 32-35
   y razona con su inteligencia.
²¹ Dichoso el hombre que medita sobre sus caminos,
   y reflexiona sobre sus secretos*.
²² Como un cazador sale en su busca,
   y se pone al acecho en sus caminos.
²³ Se asoma a sus ventanas,
   y a sus puertas escucha.
²⁴ Acampa muy cerca de su casa,
   y clava la estaca en sus muros*.
²⁵ Monta su tienda junto a ella,
   y se instala en su albergue apacible.
²⁶ Pone sus hijos a su abrigo,
   y bajo sus ramas se cobija.
²⁷ A su sombra se protege del calor,
   y habita al reparo de su gloria*.

15 ¹ Así hace el que teme al Señor,
   el que abraza la ley* alcanza la sabiduría.
² Como una madre le sale al encuentro,   Sb 8 2
   lo acoge como una joven esposa.
³ Lo alimenta con pan de inteligencia,   Pr 9 5
   y agua de sabiduría le da a beber.   Si 24 19-22
                                                                             Jn 4 1+
⁴ Si se apoya en ella, no vacilará,
   si se aferra a ella, no quedará defraudado.   Sb 8 10-15
⁵ Ella lo ensalzará sobre sus compañeros,
   y en medio de la asamblea le concederá la palabra.
⁶ En ella encontrará gozo y corona de gloria,
   un nombre eterno recibirá en herencia.
⁷ Los insensatos jamás la alcanzarán,
   los pecadores nunca la verán.
⁸ Está lejos de los orgullosos,   Pr 8 13
   y los mentirosos no se acuerdan de ella.

---

14 19 Hebr.: «Todas sus obras están condenadas a la corrupción, y la acción de sus manos le seguirá», es decir, le seguirá en la corrupción. Ap 14 13 traspone este pensamiento: las obras siguen al hombre en el esplendor de la nueva vida. Estas reflexiones son para Cohélet motivo de asombro e incluso de escándalo. Ben Sirá no ve en ello más que una lección de desprendimiento.
14 21 Ver Sal 119, especialmente los vv. 15.23.148, sobre la felicidad que procura la meditación de la Ley. Aquí el objeto del estudio es la sabiduría que, sobre todo, se descubre en los proverbios y las máximas de los sabios.
14 24 Para fijar su propia tienda. —Se emplean varias imágenes para caracterizar la búsqueda de la sabiduría: la del cazador que la persigue, la del espía que intenta sorprender sus palabras, la del nómada que acampa a su sombra.
14 27 Esta «gloria» (hebr. «refugio») designa aquí quizás la nube que manifestaba la presencia de Yahvé, ver Ex 16 10; 24 16+. Es la *šekinah* («Presencia») de la literatura rabínica.
15 1 Jr 2 8 conoce cuatro funciones oficiales: el sacerdote, el legista, el jefe (pastor), el profeta. «El que abraza la ley» se incluye en el segundo de esos estados, el de «escriba» o «doctor de la ley», que cada vez va adquiriendo mayor importancia en el Judaísmo, ver Esd 7 6+.

⁹ En la boca del pecador no cabe la alabanza,
porque el Señor no se la ha concedido.
¹⁰ En la boca del sabio se proclama la alabanza,
porque es el Señor quien la inspira.

La libertad humana.

<small>Gn 3 12
St 1 13-15</small>

¹¹ No digas: «Me he desviado por culpa del Señor»,
porque él no hace lo que detesta*.

<small>Gn 3 13</small>

¹² No digas: «Él me ha extraviado»,
porque él no tiene necesidad del pecador.
¹³ El Señor detesta toda maldad,
y los que le temen también la aborrecen.
¹⁴ Al principio el Señor creó al hombre,
y lo dejó a su propio albedrío*.

<small>16</small>

¹⁵ Si quieres, guardarás los mandamientos,
y permanecerás fiel a su voluntad.

<small>Dt 11 26-28   17</small>

¹⁶ Él te ha puesto delante fuego y agua,
extiende tu mano a lo que quieras.

<small>Dt 30 15-20   18
Jr 21 8</small>

¹⁷ Ante los hombres está la vida y la muerte,
a cada uno se le dará lo que prefiera.

<small>19</small>

¹⁸ Qué grande es la sabiduría del Señor,
fuerte es su poder y todo lo ve.

<small>Sal 33 13-18
Sal 34 16   20</small>

¹⁹ Sus ojos miran a los que le temen,
él conoce todas las obras del hombre.

<small>21</small>

²⁰ A nadie obligó a ser impío,
a nadie dio permiso para pecar.

El castigo de los impíos.

<small>Pr 17 21;
19 13</small>

16

¹ No desees una multitud de hijos malvados,
no te goces de tener hijos impíos.
² Aunque sean muchos, no te alegres,
si no tienen temor del Señor.
³ No confíes en que vivan muchos años,
ni te creas seguro porque son muchos;

<small>4</small>

que más vale uno que mil,
y morir sin hijos que tenerlos impíos*.

<small>Sb 4 1   5</small>

⁴ Un solo hombre inteligente poblará una ciudad,
pero la raza de los sin ley quedará desolada.

<small>Sb 3 19   6</small>

⁵ Muchas cosas como éstas vieron mis ojos,
y cosas aún más graves oyeron mis oídos.

<small>7</small>

⁶ En la reunión de los pecadores se encendió el fuego,
contra la nación rebelde se inflamó la ira.

<small>Nm 11 1;
16 1-30   8</small>

⁷ No perdonó a los antiguos gigantes,
que se rebelaron seguros de su fuerza.

<small>Gn 6 1-7   9</small>

⁸ No perdonó a los vecinos de Lot,
a los que aborrecía por su orgullo.

<small>Gn 19 1-29   10</small>

⁹ No se apiadó de la nación corrompida*,
de los que alardeaban de sus pecados.

<small>Ex 12 37   11
Si 46 8</small>

¹⁰ El mismo trato recibieron los seiscientos mil de a pie
que se habían reunido con el corazón endurecido*.

---

15 11 «no hace» hebr. y 1 ms griego; «no haces» griego.
15 14 «albedrío», lit. «consejo». —Se recurre a menudo a este v. para sostener la doctrina de la libertad. El hebr.: «...y le entregó en poder de su enemigo» y le dejó a su inclinación» más bien lo convierte en una explicación del origen del mal, pero el v. siguiente afirma la libertad de elección.

16 3 «porque son muchos»; var. «de su lugar» (o «destino»). Después de «muchos», el hebr. añade: «porque no tendrán un porvenir feliz», y después de «uno»: «que haga la voluntad de Dios».
16 9 Los antiguos habitantes de Canaán.
16 10 Se tiene presente Ex 12 37 o Nm 11 21. Estos hombres murieron en el desierto y no entraron en Canaán, Nm 14 20-23.

12

¹¹ Aunque sólo hubiera un rebelde,
   sería asombroso que quedara impune;
   pues el Señor sabe compadecerse y también castigar,
   es poderoso cuando perdona y cuando se indigna.

13

¹² Tan grande como su misericordia es su severidad,
   y juzga al hombre según sus obras.

14

¹³ No dejará escapar al pecador con su rapiña,
   ni que le falle la paciencia al piadoso.

15

¹⁴ Reservará un sitio para el que hace limosna*,
   cada uno recibirá según sus obras*.

Retribución segura.

16

¹⁷ No digas: «Me esconderé del Señor,
   ¿quién se acordará de mí allá arriba?

17

   Entre la gran muchedumbre pasaré desapercibido,
   pues ¿quién soy yo en la inmensa creación*?»
¹⁸ Mira el cielo y más allá del cielo,
   el abismo y la tierra se estremecen cuando él los visita.
¹⁹ Los montes y los cimientos de la tierra
   tiemblan de espanto bajo su mirada.
²⁰ Pero el hombre no piensa en estas cosas,
   ¿quién reflexiona sobre sus caminos?
²¹ Como la tempestad que el hombre no ve venir,
   la mayoría de sus obras se hacen en secreto*.
²² «¿Quién anuncia las obras de justicia?,
   ¿quién las espera? ¡La alianza está lejos*!»
²³ Así discurre el insensato;
   el estúpido y el descarriado sólo piensan necedades.

El hombre en la creación.

²⁴ Hijo, escúchame y aprende sabiduría,
   aplica tu corazón a mis palabras*.
²⁵ Te enseñaré la doctrina con mesura,
   con precisión te transmitiré el saber.
²⁶ Cuando al principio el Señor creó* sus obras,
   les asignó a cada una su puesto.
²⁷ Las puso en orden para siempre,
   desde sus orígenes y por todas las edades.
   No sienten hambre ni cansancio,
   y eso que nunca abandonan su tarea.

29

²⁸ Ninguna se topa con la otra,
   jamás desobedecen su palabra*.

30

²⁹ Después el Señor miró a la tierra
   y la colmó de sus bienes.

31

³⁰ Cubrió su faz con toda clase de vivientes,
   y todos, cuando mueren, vuelven a ella.

17 ¹ El Señor creó al hombre de la tierra*,
   y a ella le hará volver de nuevo.

Columna lateral de referencias:

5 6
Ex 34 6-7

Sal 139 7-12
Jr 23 24
Am 9 2-3

Sal 18 8
Jb 37 1-7

Rm 11 33

Pr 1 23

Gn 1

43 20-25

Gn 1 24-25
Gn 3 19
Sal 104 29
Gn 2 7
Qo 3 20; 12 7

---

16 14 (a) Hebr.: «Hay un salario para todo el que practica la justicia».
16 14 (b) Griego 248, hebr. y sir. añaden: «¹⁵ Dios endureció al faraón para que no le reconociese, a fin de que sus acciones fuesen conocidas bajo el cielo. ¹⁶ Toda la creación conoce su piedad» (ver 12 6 y Mt 5 45).
16 17 Así trataban Adán y Caín de ocultarse de la faz del Señor, Gn 3 10; 4 9.
16 21 Hebr.: «²⁰ Tampoco de mí se preocupa, y mis caminos ¿quién los considera? ²¹ Si yo peco, nadie me ve, y si miento en secreto, ¿quién puede saberlo?» El discurso del pecador prosigue así hasta el v. 22, ya que los vv. 18 y 19 son meramente incidentales.

16 22 El que hace objeción parece querer decir que la retribución se hace esperar y no es segura. Acerca del sentido de la palabra alianza (o pacto), ver 14 12+.
—Hebr. para este estico: «¿Quién las espera?, porque lejos está el decreto.»
16 24 Aquí, es el escriba quien habla y no la Sabiduría personificada.
16 26 «(el Señor) creó» en k isei conj. según el hebr.; «en el juicio» en krisei griego.
16 28 Se trata de los astros; a regularidad de sus movimientos ha llamado la atención de Ben Sirá.
17 1 Ben Sirá sigue el orden del relato de Gn 1: creación de los astros, de las plantas y animales, del hombre.

Gn 6 3
Gn 1 28+
Sb 9 2-3

Gn 1 27
Gn 9 2

5

6

Gn 2 17
Sb 13 1   7
Rm 1 19-20

8

9

Dt 30 15-20   10

Ex 34 10s   11

Dt 4 11-12   12

² Asignó a los hombres días contados y un plazo fijo,
    y les concedió también el dominio de la tierra.
³ Los revistió de una fuerza como la suya,
    a su propia imagen los creó.
⁴ Hizo que todo ser viviente le temiese,
    para que dominara sobre fieras y aves*.
⁶ Les formó lengua, ojos y oídos,
    y les dio un corazón para pensar*.
⁷ Los llenó de saber e inteligencia,
    les enseñó el bien y el mal.
⁸ Fijó su mirada en sus corazones,
    para mostrarles la grandeza de sus obras*.
¹⁰ Por eso alabarán su santo nombre,
    y proclamarán la grandeza de sus obras.
¹¹ Les concedió además el conocimiento,
    y una ley de vida les dejó en herencia.
¹² Estableció con ellos una alianza eterna,
    y les enseñó sus mandamientos*.
¹³ Vieron con sus ojos la grandeza de su gloria,
    oyeron sus oídos su voz majestuosa.
¹⁴ Les dijo: «Guardaos de toda iniquidad»,
    y a cada uno le dio preceptos acerca de su prójimo.

El juez divino.

13

14

Dt 7 6+   15

16

17

18

19

20

¹⁵ La conducta de los hombres está siempre ante el Señor,
    no puede ocultarse a sus ojos*.
¹⁷ A cada nación asignó un jefe,
    pero Israel es la porción del Señor*.
¹⁹ Todas sus obras son para el Señor como el sol,
    sus ojos observan siempre su conducta.
²⁰ No se le pueden ocultar sus maldades,
    todos sus pecados están delante del Señor*.
²² El Señor guarda la limosna del hombre como un sello,
    y su generosidad como la niña de sus ojos*.
²³ Al final se levantará y les retribuirá,
    dará a cada uno su recompensa*.
²⁴ Pero a los que se arrepienten les permite volver,
    y consuela a los que perdieron la esperanza.

Llamada a la conversión.

21

22

Sal 34 15   23

²⁵ Conviértete al Señor y abandona tus pecados,
    suplica ante su rostro y quita los obstáculos.
²⁶ Vuélvete al Altísimo y apártate de la injusticia*,
    detesta de corazón la iniquidad.

---

17 4   Griego 248 añade: «⁵ Recibieron el uso de los cinco poderes del Señor, como sexto les fue dada la inteligencia y como séptimo la razón, intérprete de sus poderes». Al parecer glosa de origen estoico.
17 6   «Les formó» *wayyiser* conj.; «Un consejo» *diabulion = weyeser* griego. —En la antropología israelita, el corazón es la sede de la inteligencia, ver Gn 8 21+.
17 8   Griego 248 añade: «⁹ y les concedió que se gloriaran eternamente en sus maravillas».
17 12 Es la ley de Moisés: los vv. siguientes describen la revelación del Sinaí.
17 15 Griego 248 añade: «¹⁶ Desde la juventud sus caminos tienden al mal y no pueden cambiar su corazón de piedra en un corazón de carne, ¹⁷ porque en el reparto de las naciones de toda la tierra...» Quizás glosa inspirada en Ez 11 19; 36 26, y que afirma la imposibilidad para el hombre de obrar el bien. El texto mismo parece menos pesimista.

17 17 Griego 248 añade: «¹⁸ su primogénito a quien nutre de disciplina y, haciéndole partícipe de la luz de su amor, no le abandona». —En la época de Ben Sirá ninguna dinastía reina sobre Israel. Por lo demás, la oposición a la realeza, muy antigua, 1 S 8, debió de existir con mucha más razón a raíz de la restauración macabea.
17 20 Griego 248 añade: «²¹ Pero bueno es el Señor y conoce a sus criaturas, no los deja ni los abandona, sino que les perdona».
17 22 Griego 248 añade: «impartiendo a sus hijos e hijas el arrepentimiento».
17 23 No se ve aquí con exactitud cuándo y en qué forma tendrá lugar la retribución.
17 26 Griego 248 añade aquí: «porque él es quien te sacará de las tinieblas para guiarte a la luz de la salvación».

⁽²⁶⁾ ²⁷ ¿Quién alabará al Altísimo en el abismo,
si los vivientes no le dan gloria?

⁽²⁷⁾ ²⁸ La alabanza no puede venir de un muerto que ya no existe,
sólo el que vive y goza de salud puede alabar al Señor.

²⁸ ²⁹ ¡Qué grande es la misericordia del Señor,
y su perdón para los que se convierten a él!

²⁹ ³⁰ El hombre no puede tenerlo todo,
porque los humanos no son inmortales.

³⁰ ³¹ ¿Qué hay más luminoso que el sol? Y, sin embargo, a veces se eclipsa;
pero la carne y la sangre sólo maquinan el mal.

³¹ ³² Dios pasa revista al ejército celeste*,
pero los hombres sólo son polvo y ceniza.

Sal 6 6;
115 17

Sal 111 4

Gn 6 5; 8 21
Jb 15 14-16

Gn 18 27
Si 10 9

Grandeza de Dios y pequeñez del hombre.

18 ¹ El que vive eternamente todo lo creó por igual,
   ²sólo el Señor puede ser proclamado justo*.
⁴ A nadie concedió el poder de anunciar sus obras,
   ¿quién podrá descubrir sus maravillas?,
   ⁵ ¿quién podrá medir su inmensa grandeza?,
   ¿quién podrá narrar sus misericordias?
⁶ No hay nada que quitar, ni nada que añadir,
   y no se pueden descubrir las maravillas del Señor.
⁷ Cuando el hombre termina, entonces empieza,
   cuando se detiene, queda asombrado*.
⁸ ¿Qué es el hombre?, ¿para qué sirve?,
   ¿cuál es su bondad y cuál su maldad?
⁹ Los días del hombre están contados,
   mucho será si llega a los cien años.
¹⁰ Como gota de agua en el mar, como grano de arena,
   son sus pocos años frente a la eternidad.
¹¹ Por eso el Señor es paciente con los hombres,
   y derrama sobre ellos su misericordia.
¹² Él ve y sabe que su fin es miserable,
   por eso multiplica su perdón.
¹³ La misericordia del hombre sólo alcanza a su prójimo,
   la misericorida del Señor se extiende a todo el mundo.
   Él reprende, adoctrina y enseña,
   y guía, como un pastor, a su rebaño*.
¹⁴ Se compadece de los que acogen su enseñanza,
   y de los que se esfuerzan por cumplir sus preceptos.

⁷

⁸

⁹

¹⁰

¹¹

¹²

¹³

42 21

Sal 139 17s

Sal 8 5

Sal 90 10
Si 17 2

Dar con amor*.

¹⁵ Hijo, a tus favores no añadas reproches,
   ni a tus dones palabras ofensivas.
¹⁶ ¿No mitiga el rocío el viento sofocante?
   Así una buena palabra vale más que un regalo.
¹⁷ ¿No vale más la palabra que un buen regalo?
   Pero el hombre caritativo sabe unir las dos cosas.
¹⁸ El necio reprocha sin caridad,
   el don del envidioso hace llorar.

---

17 32 Sin duda los astros, ver **16** 28; Is **24** 21-23.
18 2 Griego 248 añade: «no hay otro fuera de él. ³ Él gobierna el mundo con un gesto de la mano, todo obedece
a su voluntad; porque él es el rey de todas las cosas y con
su poder separa las cosas sagradas de las profanas».
18 7 Cuando el hombre ha agotado sus posibilidades
de conocer a Dios y sus maravillas, entonces está empezando. Estas afirmaciones recuerdan las del Eclesiastés,
pero la conclusión es muy distinta: para Ben Sirá, esta
debilidad del hombre no hace sino afirmar la grandeza

de Dios.
18 13 Ver 2 M **6** 13-16; Sb **12** 19-22. El Judaísmo tardío
sentía la preocupación de justificar las intervenciones divinas para castigar a los hombres. La misericordia universal de Dios y su carácter pedagógico, subrayados
aquí, son una novedad en el AT.
18 15 Aquí se reanudan los consejos referidos al buen
comportamiento. La exposición sobre la magnanimidad de Dios introduce una primera colección de máximas sobre el modo de hacer caridad.

Reflexión y precaución.

¹⁹ Antes de hablar, infórmate;
    antes de caer enfermo, cuídate.
²⁰ Antes de juzgar, examínate a ti mismo,
    y el día del juicio encontrarás perdón.
²¹ Antes de caer enfermo, humíllate*,
    y, si pecas, arrepiéntete.
²² Nada te impida cumplir un voto a su tiempo,
    no esperes el día de la muerte para justificarte.
²³ Antes de hacer un voto, prepárate;
    no seas como el hombre que tienta al Señor.
²⁴ Acuérdate de la ira de los últimos días,
    y del momento del castigo, cuando Dios oculte su rostro*.
²⁵ En tiempo de abundancia recuerda la carestía,
    y en tiempo de riqueza, piensa en la pobreza y la indigencia.
²⁶ El tiempo corre de la mañana a la tarde,
    y todo pasa veloz delante del Señor.
²⁷ El sabio es precavido en todo,
    y en la ocasión de pecado, se anda con cuidado*.
²⁸ Todo hombre prudente conoce la sabiduría,
    y rinde honor al que la encuentra.
²⁹ Los que hablan con prudencia se hacen sabios,
    y de su boca llueven proverbios acertados*.

Dominio de sí mismo.

³⁰ No te dejes arrastrar por tus pasiones,
    refrena tus deseos.
³¹ Si quieres satisfacer todos tus caprichos,
    serás el hazmerreír de tus enemigos.
³² No te afición a la buena vida,
    ni te dejes atrapar en sus redes*.
³³ No te arruines festejando con dinero prestado,
    cuando tienes la bolsa vacía.

19 ¹ Un obrero bebedor nunca se hará rico,
    el que desprecia las cosas pequeñas, poco a poco se arruinará.
² Vino y mujeres pervierten a los inteligentes,
    el que anda con prostitutas se vuelve temerario.
³ Larvas y gusanos serán su herencia,
    el temerario perderá la vida*.

Dominio de la lengua.

⁴ El que pronto se confía, no tiene juicio,
    el que peca, a sí mismo se perjudica.
⁵ El que se complace en el mal* será condenado,
    ⁶ el que detesta la palabrería evitará el mal.
⁷ No repitas nunca un chisme,
    y no sufrirás ningún daño.
⁸ Ni a amigo ni a enemigo se lo cuentes,
    a menos que sea pecado para ti, no lo descubras,

Marginal references:
Dt 23 22-24
Qo 5 3
Pr 20 25
Qo 5 1-6
Pr 23 20-21
Pr 31 3-5
Os 4 11
Pr 5 5;
7 26s; 9 18
Pr 25 9-10

---

18 21 La enfermedad es presentada con frecuencia como castigo del pecado. Por lo mismo, la conversión y el arrepentimiento son un medio para evitar la enfermedad.
18 24 El día de la muerte, ver 1 13, mejor que el día del juicio. En general, a Ben Sirá no le importa mucho la escatología.
18 27 Es decir, cuando el pecado atrae al sabio.
18 29 Alusión a las colecciones de sabiduría como los Pr. —Al final del v., griego 248 añade: «de vida. Vale

más la confianza en el único Señor que juntar a un muerto con un corazón muerto».
18 32 Hebr.: «No te alegres por un placer pasajero (?), no sea que vengas a ser dos veces más pobre.»
19 3 Es decir, que la muerte prematura será su castigo.
19 5 «en el mal» mss griegos (entre ellos Sinaítico); «en su corazón» texto recibido. Griego 248 añade: «y el que resiste a los placeres corona su propia vida; ⁶ el que frena su lengua vivirá en paz».

⁹ porque el que te escucha no se fiará más de ti,
   y en la ocasión más propicia te despreciará.
¹⁰ ¿Has oído algo? ¡Sepúltalo dentro de ti!
   ¡Tranquilo, que no reventarás!
¹¹ El necio oye una noticia y ya empieza a sufrir,
   como la mujer que va a dar a luz un hijo.
¹² Flecha clavada en el muslo
   es una noticia en las entrañas del necio.
¹³ Pregunta a tu amigo: quizá no haya hecho nada,
   y si acaso lo ha hecho, para que no reincida.
¹⁴ Pregunta a tu prójimo: quizá no haya dicho nada,
   y si acaso lo ha dicho, para que no lo repita.
¹⁵ Pregunta a tu amigo: muchas veces son calumnias,
   no creas todo lo que se dice.
¹⁶ A veces uno resbala sin querer,
   y ¿quién no ha pecado nunca con la lengua?
¹⁷ Pregunta a tu prójimo, antes de censurarle,
   y obedece a la ley del Altísimo*.

Verdadera y falsa sabiduría.

²⁰ Toda sabiduría consiste en temer al Señor,
   y sólo hay sabiduría cuando se practica la ley*.
²² Conocer el mal no es sabiduría,
   y seguir el consejo de los pecadores no es inteligencia.
²³ Hay una habilidad que es detestable,
   el que carece de sabiduría es un insensato.
²⁴ Más vale ser corto de inteligencia y temer al Señor
   que muy inteligente y transgredir la ley*.
²⁵ Hay un ingenio que sirve a la injusticia,
   que para mantener su derecho utiliza trampas.
²⁶ Hay quien hace el mal y anda* encorvado por la pena,
   pero su interior está lleno de engaño.
²⁷ Se cubre la cara y se hace el sordo,
   pero, cuando nadie lo vea, te tomará la delantera.
²⁸ Si no se atreve a pecar, es porque le faltan las fuerzas,
   pero en cuanto encuentre la ocasión, hará el mal.
²⁹ Al hombre se le conoce por su mirada,
   por su rostro se conoce al inteligente.
³⁰ El modo de vestir, de reír
   y de caminar revelan lo que el hombre es.

Silencio y palabras.

20
¹ Hay represión inoportuna,
   y hay quien calla por prudencia.
² ¡Cuánto mejor reprender que estar airado!
³ El que confiesa su culpa, evita la pena.

⁴ Eunuco apasionado por desflorar a una doncella,
   el que hace justicia con la fuerza.

⁵ Hay quien calla y pasa por sabio,
   y quien se hace odioso por su verborrea.

Marginal references:
Qo 7 21
Lv 19 17
30 20
Pr 17 28

---

19 17 Griego 248 añade: «¹⁸ El temor del Señor es el principio de su indulgencia y la sabiduría gana su amor. ¹⁹ El conocimiento de los mandamientos del Señor es la disciplina de la vida, los que hacen lo que a él le agrada cosechan del árbol de la inmortalidad». 19 20 Ver 1 16.18 etc.; Jb 28 28; Sal 111 10; Pr 1 7; 9 10; 15 33. —Al final, griego 248 añade: «y el conoci- miento de su omnipotencia. ²¹ El siervo que dice a su Señor: 'No haré lo que te agrada', aun cuando después lo haga, irrita al que le da de comer»; ver Mt 21 28-32. 19 24 No toda inteligencia es sabiduría. Hay una in- teligencia depravada y una prudencia de mala ley. 19 26 «anda» algunos mss; «hace el mal» texto reci- bido.

⁶ Hay quien calla por no tener respuesta,
   y quien calla porque conoce su hora.

⁷ El sabio guarda silencio hasta el momento oportuno,
   pero el fanfarrón y el insensato siempre se adelantan.

⁸ El charlatán se hace insoportable,
   y el que pretende imponerse se hace odioso.

Paradojas.

⁹ Hay quien saca provecho de la desgracia,
   y hay ganancias que arruinan.

¹⁰ Hay regalos que no se aprovechan,
   y regalos que rinden el doble.

Lc 1 52
¹¹ Hay quien en la gloria recibe humillaciones,
   y hay quien en la humillación levanta la cabeza*.

¹² Hay quien compra mucho con poco dinero,
   pero luego lo paga siete veces más caro.

¹³ El sabio se hace querer por sus palabras,
   mientras los favores del necio son inútiles.
¹⁴ El regalo del necio no te sirve de nada,
   porque sus ojos desean recibir más de lo que han dado*;
¹⁵ da poco y todo te lo echa en cara,
   mientras abre la boca como un pregonero;
   presta hoy y reclama mañana:
16   un hombre así es detestable.
¹⁶ Dice el necio: «No tengo ni un amigo,
17   nadie agradece mis favores;
18 ¹⁷ los que comen mi pan son unos insolentes.»
   ¡Cuántos y cuántas veces se reirán de él*!

El hablar inoportuno.

20
¹⁸ Mejor es resbalar en el suelo que con la lengua,
   así la caída de los malos llegará de repente.

21
¹⁹ Hombre maleducado es como el chiste inoportuno,
   que se repite en boca de imbéciles*.

Pr 26 7.9
²⁰ De la boca del necio no se aceptan proverbios,
   pues jamás los dice en el momento adecuado.

23
²¹ Hay quien a causa de su pobreza no puede pecar,
   y por eso puede descansar sin remordimientos.

4 21 25
²² Hay quien se pierde por vergüenza,
   y quien se pierde por respetar a un necio.

26
²³ Hay quien por vergüenza hace promesas al amigo,
   y así, por nada, se gana un enemigo.

La mentira.

Pr 13 5
²⁴ Grave defecto para un hombre la mentira,
   anda siempre en boca de imbéciles.

---

20 11 El sentido no es seguro. La interpretación dada aquí parece conforme con el contexto: afirma el paralelismo de los contrarios: la gloria produce la humillación, la humillación produce la exaltación. Viene a la mente el Magníficat: «Derribó a los potentados de sus tronos y exaltó a los humildes.»
20 14 Sir. y lat.: «porque sus ojos están ávidos de re-

cibir el séptuplo».
20 17 Griego 248 y lat. añaden: «No recibe la riqueza con espíritu de rectitud, ni la ausencia de riqueza con indiferencia.»
20 19 Interpretación dudosa de un texto poco seguro. Puede preferirse el sir.: «como un rabo grasiento de oveja comido sin sal, tal una palabra inoportuna».

27 | ²⁵ Más vale un ladrón que un pecador obstinado,
aunque ambos heredarán la perdición.

28 | ²⁶ El hábito de mentir es una deshonra,
la vergüenza le acompaña siempre.

Pr 12 22

El sabio y la sabiduría.

29 | ²⁷ El sabio se abre camino con sus palabras,
y el hombre sensato agrada a los poderosos*.

30 | ²⁸ El que cultiva la tierra recogerá una buena cosecha,
el que agrada a los poderosos expía la injusticia.

Pr 14 35

31 | ²⁹ Presentes y regalos ciegan los ojos de los sabios,
como un bozal en boca ahogan los reproches.

Pr 17 8;
18 16; 21 14

32 | ³⁰ Sabiduría escondida y tesoro oculto,
¿para qué sirven?

=41 14-15
Mt 5 14-16

33 | ³¹ Más vale el que oculta su necedad
que el que oculta su sabiduría*.

Sobre el pecado.

21 ¹ Hijo, ¿has pecado? No vuelvas a hacerlo,
y pide perdón por tus faltas pasadas.
² Huye del pecado como de la serpiente,
porque, si te acercas, te morderá.

3 | Dientes de león son sus dientes,
que quitan la vida a los hombres.

4 | ³ Toda injusticia es como espada de dos filos,
no hay remedio para su herida.

Pr 5 4

5 | ⁴ Crueldad y arrogancia arrasan la riqueza,
así será arrasada la casa del orgulloso.

6 | ⁵ La oración del pobre llega a oídos de Dios,
y el juicio divino no se hace esperar.

7 | ⁶ El que odia la represión sigue las huellas del pecador,
el que teme al Señor se convierte en su corazón.

Pr 12 1

8 | ⁷ De lejos se conoce al charlatán,
y el sensato advierte sus deslices.

9 | ⁸ El que edifica su casa con dinero ajeno
es como el que amontona piedras para su tumba*.

10 | ⁹ Un haz de estopa es la reunión de los pecadores,
acabará en una llamarada de fuego.

16 6

11 | ¹⁰ El camino de los pecadores está bien enlosado,
pero desemboca en lo hondo del abismo*.

Mt 7 13

El sabio y el necio.

12
13 | ¹¹ El que guarda la Ley controla sus pensamientos*,
el temor del Señor culmina en la sabiduría.

Gn 4 7

14
15 | ¹² Quien no posee habilidad no aprende,
pero hay habilidades que llenan de amargura.

20 27 La sabiduría del escriba es ante todo un arte que permite triunfar en la vida, especialmente por el favor de los grandes.
20 31 El fin de la sabiduría es brillar e iluminar a los hombres: esconderla es faltar a su vocación. —Griego 248 añade: «Vale más la perseverancia inflexible en la búsqueda del Señor que la agitación desenfrenada de su propia vida.»

21 8 «para su tumba» griego 248, sir.; «para el invierno» (¿en vez de leña para calentarse?) griego.
21 10 Estos dos vv. expresan la certeza de la retribución y hacen pensar en las penas del infierno (ver también Is 50 11; 66 24). Ciertamente lo interpreta así el lat.: «pero al final, están los infiernos, las tinieblas y los tormentos».
21 11 «sus ideas (de la Ley)» griego; «sus instintos» sir.

Pr 13 14;
18 4

¹³ La ciencia del sabio crece como un torrente,
    y su consejo es fuente de vida.
¹⁴ La mente del necio es como una vasija rota:
    no retiene ningún conocimiento.
¹⁵ Si un hombre instruido oye una palabra sabia,
    la elogia y añade otra.
    Si la oye el imbécil, se burla de ella,
    y se la echa a la espalda.

¹⁶ Las explicaciones del necio son como fardo en el camino,
    pero los labios del inteligente saben cómo agradar.
¹⁷ La asamblea solicita la opinión del sensato,
    sus palabras se meditan en el corazón.
¹⁸ Como casa en ruinas es la sabiduría del necio,
    la ciencia del idiota, palabras incoherentes.
¹⁹ Cepo en los pies es la educación para el tonto,
    esposas en su mano derecha.
²⁰ El necio ríe estrepitosamente,
    pero el hombre sensato apenas sonríe en silencio.
²¹ Joya de oro es la educación para el inteligente,
    como brazalete en su brazo derecho*.
²² El necio se precipita en casa ajena,
    el hombre de experiencia se presenta con timidez*.
²³ El insensato fisgonea desde la puerta,
    el hombre bien educado espera fuera.
²⁴ Es falta de educación escuchar detrás de la puerta,
    al sensato se le cae la cara de vergüenza.
²⁵ Los charlatanes repiten lo que oyen*,
    los prudentes hablan con ponderación.
²⁶ El necio habla sin pensar,
    el sabio piensa lo que dice.
²⁷ Cuando el impío maldice a Satanás*,
    a sí mismo se maldice.
²⁸ El que murmura se perjudica a sí mismo,
    y el vecindario le detesta.

El perezoso.

22 ¹ El perezoso se parece a una piedra enfangada,
    todos silban al ver su indignidad.
² El perezoso se parece a una boñiga:
    todo el que la toca se sacude la mano.

Los hijos maleducados.

³ ¡Qué vergüenza ser padre de un hijo maleducado,
    pero qué ruina si es una hija!
⁴ La hija prudente es un tesoro para el marido,
    la hija desvergonzada entristece a su padre.
⁵ La hija descarada avergüenza al padre y al marido,
    y ambos la desprecian.

---

21 21 Este v. responde al v. 19. El v. 20 que los separa no está en su sitio.
21 22 «se presenta con timidez», lit. «se avergüenza ante una cara»; el hebr. apoya la interpretación adoptada.
21 25 Según griego 248: «Los labios de los extranjeros están disgustados» texto recibido.
21 27 El autor identifica a Satanás (el tentador, ver Jb 1-2) con el mal instinto, que es interior. Creyendo maldecir a un ser exterior, el hombre maldice su propia inclinación al mal.

⁶ Música en duelo es una palabra inoportuna,
azotes y corrección siempre indican sabiduría*.

Sabiduría y necedad.

7

8

9

⁹ Enseñar al necio es como pegar los añicos de una vasija rota,
o como despertar a uno que duerme profundamente.
¹⁰ Conversar con el necio es conversar con un adormilado,
cuando termines de hablar, te dirá: «¿Qué has dicho?»

10

11

12

13

¹¹ Llora por el difunto, porque le falta la luz,
llora también por el necio, porque le falta la inteligencia*.
Llora tranquilamente por el difunto, porque ya descansa,
pues la vida del necio es peor que la muerte.
¹² El duelo por un difunto dura siete días,
pero por un necio o impío, toda la vida.

14

15

16

¹³ No hables demasiado con el insensato,
ni andes en compañía del necio.
Guárdate de él, no sea que tengas un disgusto
y te contamine con su roce.
Apártate de él y estarás tranquilo,
no te preocupes por sus arrebatos.

17

18

¹⁴ ¿Qué hay más pesado que el plomo?,
¿qué nombre se le puede dar sino «necio»?
¹⁵ Arena, sal, o barra de hierro
son más fáciles de llevar que el insensato.   Pr 27 3

19

20

¹⁶ Casa bien trabada con vigas de madera
no se desmorona ni con un terremoto;
así el corazón firme que reflexiona con prudencia,
llegado el momento no se acobarda.

¹⁷ Corazón apoyado en reflexión prudente
es como estuco de arena en pared bien lijada.

21

¹⁸ Empalizada* en lo alto del muro
no resiste al viento;
así el corazón del necio, falto de reflexión,
no resiste ninguna amenaza.

La amistad.

¹⁹ Quien hiere el ojo, hace saltar lágrimas,
quien hiere el corazón, descubre sentimientos.

25

²⁰ Quien tira una piedra a un pájaro, lo ahuyenta,
quien afrenta a un amigo, rompe la amistad.

26

²¹ Si has empuñado la espada contra tu amigo,
no desesperes, que aún puede volver a ti;   19 13-17

27

²² si has abierto la boca contra tu amigo,
no temas, que aún puedes reconciliarte,
a menos que haya ultraje, altanería, secreto revelado o golpe a traición,   Pr 11 13;
porque en estos casos tu amigo se escapará.   20 19; 25 9

28

²³ Gánate la confianza del prójimo mientras es pobre,
para que, cuando sea rico, puedas disfrutar con él.

29

Permanece a su lado en tiempo de tribulación,
para que, cuando herede, puedas compartir la herencia con él.

---

22 6 Los escribas son partidarios de los castigos corporales en la educación, Pr 13 24; 19 18; 22 15; 23 13-14; 29 15.17. Siempre son eficaces, mientras que las amonestaciones requieren circunstancias favorables. —Griego 248 añade: «⁷ Hijos que llevan una vida honrada, sin carecer de nada, hacen olvidar el oscuro origen de sus padres. ⁸ Los hijos desdeñosos, mal educados, llenos de orgullo, deshonran la nobleza de su linaje».
22 11 El necio no es un loco, sino un hombre rebelde, escéptico o libertino.
22 18 Var.: «piedrecitas».

30   ²⁴ Vapor y humo salen del horno antes del fuego,
         así las injurias preceden a la sangre.

31   ²⁵ Nunca me avergonzaré de proteger a un amigo,
         ni de su presencia me esconderé;

32   ²⁶ pero si por su culpa me ocurre algún mal,
         todo el que se entere se guardará de él.

El dominio propio*.

Sal 141 3   ²⁷ ¿Quién pondrá guardián a mi boca,
         y un sello de prudencia en mis labios,
         para que no me hagan caer,
         y mi lengua no me pierda?

23

¹ ¡Oh Señor, padre y dueño de mi vida,
         no me abandones al capricho de mis labios,
         no permitas que me hagan caer!

² ¿Quién aplicará el látigo a mis pensamientos,
         y a mi corazón la disciplina de la sabiduría,

Sal 141 5   para que no queden impunes mis faltas,
         ni se pasen por alto mis pecados?

³ No sea que mis errores aumenten,
         y abunden mis pecados;
         no sea que yo caiga ante mis adversarios,
         y el enemigo se burle de mí.

⁴ Señor, padre y Dios de mi vida,

Sal 131 1   no permitas que mis ojos sean altaneros,
⁵ y aparta de mí los malos deseos.

⁶ Que la sensualidad y la lujuria no se apoderen de mí,
         no me dejes caer en pasiones vergonzosas.

Los juramentos.

⁷ Escuchad, hijos, mi enseñanza,
         el que la guarda no caerá en la trampa.

⁸ El pecador se enreda en sus propios labios*
         el calumniador y el soberbio también tropiezan en ellos.

Mt 5 34s   (10)   ⁹ No acostumbres a jurar,
23 20s   11
St 5 12   ni te habitúes a nombrar al Santo.

¹⁰ Porque, igual que un criado continuamente vigilado
         no quedará libre de golpes*,
         así el que jura y nombra a Dios a todas horas
         no se verá libre de pecado.

12   ¹¹ El hombre que mucho jura, se llena de maldad,
         y no se apartará de su casa el látigo.

Qo 5 1-4   13   Si se descuida*, su pecado le cae encima;
         si jura a la ligera, peca dos veces;

14   si jura en falso, no será perdonado,
         y su casa se llenará de desgracias.

Medir las palabras*.

15   ¹² Hay palabras equiparables a la muerte,
         ¡que no se oigan nunca en la heredad de Jacob!

---

22 27 Nótese la hondura *religiosa* de esta exposición. Cada uno de los deseos que formula el hombre que quiere progresar acaba en oración.
23 8 «es atrapado por» algunos mss; «es abandonado a» texto recibido.
23 10 Traducción dudosa. Puede también entenderse: «un criado continuamente sometido a tortura necesariamente lleva sus señales».

23 11 No cumpliendo su juramento. El autor considera tres casos de gravedad creciente: juramento hecho sinceramente pero no cumplido, juramento hecho a la ligera, juramento falso.
23 12 Según el contexto, se trata de impureza en palabras. Pero el texto es vago y no permite precisar con exactitud la falta de que se trata.

16   Pues los piadosos rechazan estas cosas,
            y no se revuelcan en los pecados.
17   13 No acostumbres tu boca a groserías indecentes,
            pues hay palabras que son pecado.
18   14 Acuérdate de tu padre y de tu madre,
            cuando te sientes entre los poderosos,
19   no sea que te olvides en su presencia*,
            y, comportándote como un necio,
            llegues a desear no haber nacido
            y a maldecir el día de tu nacimiento.
20   15 El hombre habituado a insultar
            no se corregirá en toda su vida.

La lujuria.

21   16 Dos clases de gente multiplican sus pecados*,
            y una tercera provoca la ira divina:
22   17 El sensual que arde como el fuego:
            no se apagará hasta consumirse;
23   el lujurioso con su propio cuerpo:
            no cejará hasta que el fuego le abrase;
24   para el lujurioso cualquier pan es dulce:
            no descansará hasta que haya muerto.
25   18 El que es infiel a su esposa
            y dice para sí: «¿Quién me ve?;
26   la oscuridad me envuelve, las paredes me encubren,
            nadie me ve, ¿qué he de temer?
            El Altísimo no se acordará de mis pecados».
            19 Sólo teme los ojos de los hombres;
            no sabe que los ojos del Señor   Pr 15 3.11;
            son diez mil veces más brillantes que el sol,   17 3; 24 12
            que observan todos los caminos de los hombres
            y penetran los rincones más ocultos.
29   20 Antes de ser creadas, el Señor conocía todas las cosas*,   Pr 8 22s
            y, después de acabadas, todavía las conoce*.
30   21 En las plazas de la ciudad ese hombre será castigado,
            será detenido donde menos lo esperaba.

La adúltera.

                                                                    Pr 2 16;
                                                                    5 2-20;
32   22 Así también la mujer que ha sido infiel a su marido   6 24-35;
            y le ha dado como heredero el hijo de otro hombre.   7 5
33   23 Primero, ha desobedecido a la ley del Altísimo,
            segundo, ha faltado a su marido,
            tercero, se ha prostituido en adulterio
34   al tener hijos de otro hombre.
            24 A ésta la llevarán ante la asamblea,
            e investigarán sobre sus hijos.
35   25 Sus hijos no echarán raíces,
            sus ramas no darán frutos.
36   26 Dejará un recuerdo maldito,
            y su infamia no se borrará.
37   27 Los que vengan después de ella reconocerán
            que nada es mejor que el temor del Señor,
            nada más dulce que guardar sus mandamientos*.

---

23 14 «cuando» conj.; «porque» griego. —«te olvides»
sir.; «(le) olvides» griego; «(Dios) te olvide» lat.
23 16 Proverbio numérico, ver Pr 30 15+, pero cuya
estructura no está muy clara.
23 20 (a) Este conocimiento anterior a la creación, es

precisamente la sabiduría divina, Pr 8 22+.
23 20 (b) Dios sigue velando sobre el mundo después
de la creación.
23 27 Griego 248 y lat. añaden: «28 Honra grande es
servir a Dios, y serle agradable es prolongar los días».

Pr 1 20-33;
8 1-36; 9 1-6
Jb 28
Ba 3 9-4 4

Elogio de la Sabiduría*.

24 ¹ La sabiduría hace su propio elogio,
    se gloría en medio de su pueblo.
² En la asamblea del Altísimo abre su boca,
    se gloría delante de su poder:

5
³ «Yo salí de la boca del Altísimo,

Gn 1 2 6
    y como niebla cubrí la tierra.

7
⁴ Yo puse mi tienda en las alturas,

Ex 13 21-22
Pr 8 27
Jb 22 14 8
    y mi trono era una columna de nubes*.
⁵ Yo sola recorrí la bóveda del cielo,
    y me paseé por la profundidad del abismo.

9
⁶ Sobre las olas del mar, sobre toda la tierra,

10
    sobre todos los pueblos y naciones se extendía mi dominio*.

11
⁷ En todos ellos busqué donde descansar,
    una heredad donde establecerme.

Sal 132 8.
13-24 12
⁸ Entonces el creador del universo me dio una orden,
    el que me había creado me hizo plantar la tienda,

13
    y me dijo: «Pon tu tienda en Jacob,
    sea Israel tu heredad.»

Pr 8 23 14
⁹ Desde el principio, antes de los siglos, me creó,
    y por los siglos de los siglos existiré.
¹⁰ Oficié en la tienda santa delante de él*,
    y así me establecí en Sión;

15
¹¹ en la ciudad amada me hizo descansar,
    y en Jerusalén está mi poder.

16
¹² He arraigado en un pueblo glorioso,
    en la porción del Señor, en su heredad.

17
¹³ He crecido como cedro del Líbano,
    como ciprés de las montañas del Hermón.

18
¹⁴ He crecido como palmera de Engadí*,
    como plantel de rosas en Jericó,

19
    como gallardo olivo en la llanura,
    como plátano he crecido.

20
¹⁵ Como cinamomo y aspálato aromático he exhalado perfume,
    como mirra exquisita he derramado aroma,

21
    como gálbano y ónice y estacte,

Ex 30 7s.34s 22
    como nube de incienso en la Tienda*.
¹⁶ Como terebinto he extendido mis ramas,
    un ramaje hermoso y espléndido.

23
¹⁷ Como vid lozana he retoñado,
    y mis flores son frutos hermosos y abundantes*.

---

24 Compárese este trozo con los demás discursos de la Sabiduría personificada (Pr 1 20-33; 8 1-36; 9 1-6) y con los elogios de la sabiduría (Jb 28; Ba 3 9 - 4 4). —Es el capítulo central del libro, donde la sabiduría es presentada en su conjunto, con abundantes reminiscencias de los libros bíblicos anteriores. El autor propone una interpretación del pasado. Más aún que en los Proverbios, le sorprenden a uno las expresiones que anuncian una teología trinitaria: la Sabiduría está a la vez íntimamente unida a Dios y es distinta de él, característica que más tarde se aplicará a la persona del Verbo o a la del Espíritu. Parece que este pasaje en especial inspiró el prólogo de San Juan, que aplica al Logos varias de las actividades y características de la Sabiduría.
24 4 La columna de nube del desierto es, en los textos antiguos, la manifestación de la presencia de Yahvé.
24 6 «se extendía mi dominio» 1 ms griego, sir., lat.; «he adquirido» griego.
24 10 Para Ben Sirá, el culto del templo de Jerusalén es también una obra de la Sabiduría, simplemente por-

que, al igual que el orden del mundo, es una expresión de la perfección divina, o más exactamente porque se halla codificada en la Ley que, en **24 23s**, se confunde con la Sabiduría.
24 14 «Engadí» 2 mss griegos; «en las riberas» texto recibido.
24 15 La Sabiduría participa en el culto, **24 10+**. Después de hacerlo con todos los perfumes naturales, Ben Sirá la compara con el incienso litúrgico. —Gálbano y estacte son gomorresinas aromáticas como la mirra; el ónice es una secreción de ciertos moluscos, usada en la fabricación del incienso.
24 17 Griego 248 y lat. añaden: «¹⁸ Yo soy la madre del amor hermoso, del temor, del conocimiento y de la santa esperanza», y griego 248: «Yo me doy a todos mis hijos, desde toda la eternidad, a los que por él han sido designados». En vez de la última frase, el lat. dice: «En mí está toda gracia de camino y de verdad, en mí toda esperanza de vida y de fuerza», glosa de inspiración cristiana, que alude a Jn 14 6 y supone la identificación de la Sabiduría con Cristo.

26   ¹⁹ Venid a mí los que me deseáis,
         y saciaros de mis frutos.
27   ²⁰ Que mi recuerdo es más dulce que la miel,   Sal 19 11
28   mi heredad más dulce que los panales.
29   ²¹ Los que me comen aún tendrán más hambre,
         los que me beben aún sentirán más sed.   Jn 4 13-14
30   ²² Quien me obedece, no pasará vergüenza,
         los que cumplen mis obras, no llegarán a pecar.»

La Sabiduría y la Ley*.

32   ²³ Todo esto es el libro de la alianza del Dios Altísimo,   Ex 19 1+
33   la Ley que nos prescribió Moisés   Dt 33 4
         como herencia para las asambleas de Jacob*;
35   ²⁵ ella rebosa sabiduría como el Pisón*,   Gn 2 11
         como el Tigris en la estación de los primeros frutos;
36   ²⁶ desborda inteligencia como el Éufrates,
         como el Jordán en tiempo de cosecha;   Jos 3 15
37   ²⁷ derrama enseñanza como el Nilo*,   Gn 2 13
         como el Guijón durante la vendimia.   Jr 2 8
38   ²⁸ El primero no ha acabado aún de comprenderla,
         y el último todavía no la ha descubierto.
39   ²⁹ Porque sus pensamientos son más grandes que el mar,
         y sus consejos más profundos que el abismo.
40   ³⁰ Y yo*, como canal que deriva de un río,   Is 58 11
41   como acequia que atraviesa un jardín,   Jn 4 14
42   ³¹ dije: «Regaré mi jardín,   Ez 47 1-12
         y empaparé mis parterres.»   Is 11 9
43   Pero el canal se me convirtió en río,   Jn 7 38
         y mi río se ha convertido en un mar*.
44   ³² Haré que mi enseñanza brille como la aurora,
         y que resplandezca en la lejanía.
46   ³³ Derramaré mi enseñanza como profecía,
         la transmitiré a las generaciones futuras.
47   ³⁴ Fijaos que no he trabajado sólo para mí,
         sino para todos aquellos que buscan la sabiduría.

Proverbios.

25

¹ Tres cosas desea mi alma
   que agradan al Señor y a los hombres*:
   concordia entre hermanos, amistad entre vecinos,
2   y marido y mujer bien avenidos.

² Tres tipos de personas detesta mi alma,
3   y su conducta me llena de indignación:
   pobre orgulloso, rico embustero
4   y viejo verde e insensato.

---

24 23 (a) El discurso de la Sabiduría ha terminado. El autor expone ahora el tema de la identidad de la Sabiduría y de la Ley.
24 23 (b) Griego 248 añade: «²⁴ No dejéis de ser fuertes en el Señor; para que él os afirme, uníos a él. El Señor todopoderoso es el único Dios y no hay más salvador que él».
24 25 En todo este pasaje, el autor piensa en el Paraíso terrenal y sus cuatro ríos, Gn 2 10s, símbolos de la fertilidad.
24 27 «derrama... como el Nilo» (ye'ôr) según sir.; «muestra... como la luz» ('ôr) griego.
24 30 Es el autor que entra en escena sin dejar de utilizar la imagen de los vv. precedentes. Si la Sabiduría es un vasto curso de agua que riega a todo Israel, él es

un canal que de ese curso procede y riega su modesto huerto.
24 31 Por la gracia del Señor, las aguas se hacen cada vez más abundantes. El escriba se convierte en profeta que se dirige a todas las generaciones, v. 33. El autor probablemente se inspira en imágenes análogas a Ez 47 1-12; Is 11 9, etc. —El lat. aplica todo este texto a la Sabiduría personificada, la que sigue identificando con Cristo, añadiendo: «Penetraré todas las profundidades de la tierra, visitaré a todos los que duermen, iluminaré a todos los que esperan en el Señor».
25 1 Habla la Sabiduría. Seguimos sir. y lat. Griego: «Con tres cosas me adorno y me presento hermosa ante el Señor y ante los hombres».

Los ancianos.

⁵
³ Si en la juventud no has recogido nada,
¿cómo quieres encontrar algo en la vejez?

⁶
⁴ ¡Qué bien sienta a las canas el juicio,
y a los ancianos saber aconsejar!

Sb 4 8-9   ⁷
⁵ ¡Qué bien sienta a los ancianos la sabiduría,
la reflexión y el consejo a los hombres ilustres!

⁸
⁶ La mucha experiencia es la corona de los ancianos,
y su orgullo es el temor del Señor.

Proverbio numérico.

⁹
⁷ Hay nueve situaciones que considero dichosas,
y una décima que la diré con palabras:

¹⁰
     el hombre que encuentra la felicidad en sus hijos,
el que en vida puede ver la caída de sus enemigos.

¹¹
⁸ Dichoso el hombre que vive con una mujer sensata,
el que no tiene que arar con buey y asno*,

14 1   el que no resbala con su lengua,
el que no sirve a un amo indigno de él.

¹²
⁹ Dichoso el que ha encontrado la prudencia,
y el que la transmite a personas capaces de escuchar.

¹³
¹⁰ ¡Qué grande es el que ha encontrado la sabiduría!
Pero nadie aventaja al que teme al Señor.

¹⁴
¹⁵
¹¹ El temor del Señor está por encima de todo,
el que lo posee, ¿a quién se le puede comparar*?

Las mujeres.

¹⁷
¹³ ¡Cualquier herida, menos la del corazón!
¡Cualquier maldad, menos la de mujer!

¹⁸
¹⁹
¹⁴ ¡Cualquier desgracia, menos la que proviene de los adversarios!
¡Cualquier venganza, menos la de los enemigos!

²²
²³
¹⁵ No hay veneno* como el de la serpiente,
ni furia como la del enemigo.

¹⁶ Prefiero vivir con un león o dragón
que convivir con una mujer malvada.

Pr 21 9.19;
25 24; 27 15

²⁴
¹⁷ La maldad de la mujer desfigura su semblante,
y oscurece su rostro como el de un oso*.

²⁵
¹⁸ Su marido se sienta entre los vecinos,
y sin poder contenerse* suspira amargamente.

²⁶
¹⁹ Toda malicia es poca junto a la de la mujer,
¡que la suerte del pecador caiga sobre ella!

²⁷
²⁰ Cuesta arenosa para pies de anciano,
así es la mujer charlatana para un marido pacífico.

²⁸
²¹ No te dejes seducir por la belleza de una mujer,
no te apasiones por una mujer.

²⁹
³¹
²² Motivo de indignación, deshonra y gran vergüenza
es la mujer que mantiene a su marido.

³²
²³ Corazón abatido, rostro sombrío,
herida del corazón, es la mujer malvada.

---

25 8   O en sentido propio, ver Lv **19** 19; Dt **22** 10, o mejor en sentido metafórico (ver **2** 10; **6** 14): imagen de una pareja mal acoplada. —Este estico, omitido por el griego, es restituido según el sir., con el apoyo del hebr. (mutilado).
25 11 Griego 248 y lat. añaden: «¹² El temor del Señor es el principio de su amor, y la fidelidad es el principio de la unión con él».

25 15 «veneno» sir.; «cabeza» griego y lat. (la palabra hebr. *ro'š* significa «cabeza» y «veneno»).
25 17 Hebr.: «demuda la faz de su marido y le hace sombrío como un oso».
25 18 «sin poder contenerse» 1 ms griego, hebr., sir.; «oyendo» griego.

Manos caídas y rodillas vacilantes
es la mujer que no hace feliz a su marido.

³³ ²⁴ Por la mujer empezó el pecado,
y por su culpa todos morimos*.
³⁴ ²⁵ No des salida al agua,
ni libertad de palabra a la mujer malvada.
³⁵ ²⁶ Si no se comporta según tu voluntad,
³⁶ apártala de tu lado*.

Gn 3 1-6
1 Co 15 22
1 Tm 2 14
Rm 5 12

26

¹ Dichoso el marido de una mujer buena,
el número de sus días se duplicará.
² Mujer valerosa es la alegría de su marido,
él vivirá en paz todos los años de su vida.
³ Una mujer buena es una herencia valiosa
que toca en suerte a los que temen al Señor:
⁴ sean ricos o pobres, su corazón estará contento
y llevarán siempre la alegría en el rostro.

Pr 31 10s

Pr 12 4

⁵ Tres cosas teme mi corazón,
y una cuarta me da miedo*:
⁶ calumnia en la ciudad, motín popular
⁷ y falsa acusación: todo ello es peor que la muerte;
⁸ ⁶ pero pena y dolor de corazón es una mujer celosa de otra,
⁹ el látigo de su lengua a todos instiga*.

¹⁰ ⁷ Yugo de bueyes mal ajustado* es la mujer malvada;
querer dominarla es como agarrar un escorpión.
¹¹ ⁸ Gran motivo de indignación es la mujer borracha,
no podrá ocultar su vergüenza.

¹² ⁹ La mujer adúltera provoca con la mirada,
sus párpados la delatan.
¹³ ¹⁰ Ante una joven atrevida, refuerza la guardia,
no sea que, al menor descuido, se aproveche de ti.
¹⁴ ¹¹ Guárdate de sus ojos descarados,
y no te extrañes si te conducen al mal.
¹⁵ ¹² Como caminante sediento abre la boca,
y bebe de cualquier agua que encuentra;
se sienta frente a cualquier tienda,
y abre su aljaba a cualquier flecha.

Pr 6 25

¹⁶ ¹³ El encanto de la mujer complace a su marido,
¹⁷ y su ciencia le reconforta.
¹⁸ ¹⁴ La mujer silenciosa es un don del Señor,
la mujer bien educada no tiene precio.
¹⁹ ¹⁵ La mujer honrada duplica su encanto,
²⁰ es incalculable el valor de la que sabe controlarse.

²¹ ¹⁶ Sol que sale por las alturas del Señor
es la belleza de la mujer buena en su casa bien ordenada.
²² ¹⁷ Lámpara que brilla en el candelabro santo*
es un rostro hermoso sobre una figura esbelta.
²³ ¹⁸ Columnas de oro sobre pedestales de plata,
son las piernas bonitas sobre talones firmes*.

---

25 24 Alusión al primer pecado. San Pablo subraya también la culpabilidad de Eva, 2 Co 11 3; 1 Tm 2 14, pero ver Rm 5 12.
25 26 Es decir, sepárate de ella, ver Gn 2 24; Ef 5 31. Es sabido que la ley mosaica permitía el divorcio, Dt 24 1-4; ver Mt 19 3-9.
26 5 «y una cuarta me da miedo» mss griegos, lat., ver sir.; «y ante una cuarta yo te suplico» o «y a una cuarta he sido entregado» texto recibido.

26 6 Sir. «y todo esto es el látigo de la lengua».
26 7 Que roza y resbala en el cuello de los animales, causando dolores y heridas.
26 17 Alusión probable al candelabro de siete brazos, 1 M 4 49.50.
26 18 «sobre talones firmes» Sinaítico (=S), ver lat.; «sobre el pecho de una (mujer) firme» griego. —Griego 248 y sir. añaden:

Cosas que entristecen.

24
28 Dos cosas entristecen mi corazón
y la tercera me produce indignación:

25
el guerrero que desfallece en la miseria,
hombres inteligentes tratados con desprecio

27
28
y quien se pasa de la justicia al pecado:
a éste el Señor lo destina a la espada.

El negocio.

29 Difícilmente está libre de culpa el negociante,
el comerciante no se verá libre de pecado.

27 1 Por amor al dinero muchos han pecado*,
el que pretende enriquecerse desvía la mirada*.

2 Entre dos piedras unidas se clava la estaca,
así entre compra y venta se introduce el pecado*.

4
3 Quien no se aferra enseguida al temor del Señor,
pronto verá su casa arruinada.

La palabra.

5
4 Cuando se agita la criba, quedan los desechos;
cuando el hombre habla, se descubren sus defectos.

6
5 El horno prueba las vasijas del alfarero,
el hombre es probado en su conversación.

Mt 7 16   7
6 El fruto demuestra el cultivo del árbol,
así la palabra del hombre revela su mentalidad.

8
7 No elogies a nadie, antes de oírle hablar,
porque ésa es la prueba del hombre.

La justicia.

9
8 Si buscas la justicia, la encontrarás,
y te la vestirás como túnica de gloria.

10
9 Los pájaros anidan con los de su especie,
así la verdad con los que la practican.

11
10 El león acecha a su presa,
así el pecado a los que cometen injusticias.

12
11 En la conversación del piadoso siempre hay sabiduría,
en cambio, el insensato cambia como la luna.

13
12 No pierdas el tiempo con los necios*,
pero entre los sensatos demórate sin reparos.

14
13 La conversación de los necios es exasperante,
se ríen de los placeres del pecado.

Qo 7 3-6   15
14 El lenguaje del hombre que jura sin cesar eriza los cabellos,
y ante sus disputas hay que taparse los oídos.

---

19 «Hijo mío, conserva sana la flor de tu juventud y no entregues tu vigor a mujeres extrañas (ver Pr 5 9-10).
20 Tras haber buscado la parcela más fértil de toda la llanura, siembra en ella tu propio grano, confiando en la nobleza de tu linaje.
21 Así los retoños que vengan tras de ti, se enorgullecerán, ufanos de su nobleza.
22 A la mujer de alquiler se la mira como a un escupitajo, la mujer casada es considerada como torre de muerte para los que la frecuentan.
23 La mujer impía le tocará en suerte al impío, la piadosa al que teme al Señor.
24 La mujer desvergonzada vive una vida infame, la hija virtuosa es modesta hasta con su marido.
25 A la mujer atrevida se la mira como a una perra, pero la mujer modesta teme al Señor.
26 La mujer que honra a su marido, ante todos aparece como sabia; pero la que le deshonra es juzgada impía a causa de su orgullo. Feliz el marido de mujer buena, porque el número de sus días se duplicará (=26 1).
27 La mujer gritona y charlatana es mirada como trompeta que toca a la carga; todo hombre, en tales condiciones, vive como en tiempos de guerra».

27 1 (a) «Por amor al dinero» S; «Por una cosa indiferente» texto recibido.
27 1 (b) «desvía la mirada», es decir: se niega a compadecerse; ver Pr 28 27.
27 2 «se introduce» *synzlibêsetai* conj.; «es triturado» *syntribêsetai* griego.
27 12 Traducción dudosa.

¹⁶   ¹⁵ Riña de orgullosos hace derramar sangre,
          da pena escuchar sus insultos.

Los secretos.

¹⁷   ¹⁶ El que revela secretos, se desacredita ante todos,   22 22
          y nunca encontrará un amigo de verdad.
¹⁸   ¹⁷ Ama a tu amigo y pon tu confianza en él,
¹⁹   pero si revelas sus secretos, no vayas tras él;
²⁰   ¹⁸ porque como el asesino elimina a su víctima,
          así tú has destruido la amistad de tu prójimo.
²¹   ¹⁹ Como pájaro que has dejado escapar de tu mano,
          así has perdido a tu amigo y no lo recobrarás.
²²   ²⁰ No vayas en su busca, porque se fue lejos,
          huyó como gacela de la trampa.
²³   ²¹ Se puede vendar una herida,
          se puede perdonar una ofensa,
²⁴   pero no hay esperanza para el que ha revelado un secreto.

Hipocresía.

²⁵   ²² El que guiña el ojo, algo malo está tramando,   Pro 6 13;
          nadie podrá disuadirle de ello.   10 10
²⁶   ²³ En tu presencia habla con dulzura,   Sal 35 19
          y muestra admiración por tus palabras;
          pero luego cambia de lenguaje,
          y usa tus palabras para dar escándalo.
²⁷   ²⁴ Muchas cosas detesto, pero nada como a este hombre.
          El Señor también lo detesta.

²⁶   ²⁵ Quien tira una piedra al aire, sobre su cabeza la tira,
          el golpe a traición hiere al que lo da*.
²⁹   ²⁶ Quien cava una fosa, caerá en ella,   Pr 26 27
          quien tiende una trampa, en ella quedará atrapado.   Qo 10 8
³⁰   ²⁷ Quien hace el mal, lo verá caer sobre sí,   Sal 7 16;
          aunque no sepa de dónde le viene.   9 16
³¹   ²⁸ Escarnios e insultos son propios del orgulloso,
          pero la venganza le acecha como un león.
³²   ²⁹ Los que se alegran de la caída del piadoso
          caerán en la trampa y el dolor los consumirá antes de morir*.

El rencor.

³³   ³⁰ Rencor e ira también son detestables,
          ambas posee el pecador.

28   ¹ El vengativo sufrirá la venganza del Señor,
          que llevará cuenta exacta de sus pecados.
          ² Perdona la ofensa a tu prójimo,   Mt 6 12p
          y, cuando reces, tus pecados te serán perdonados.   Mt 5 23-24;
          ³ Si un hombre alimenta la ira contra otro,   6 14-15
          ¿cómo puede esperar la curación del Señor?
          ⁴ Si no se compadece de su semejante,
          ¿cómo pide perdón por sus propios pecados?   Mt 18 23-35
          ⁵ Si a él, un simple mortal, guarda rencor,
          ¿quién perdonará sus pecados?
⁷   ⁶ Piensa en tu final y deja ya de odiar,
⁸   Recuerda la corrupción y la muerte y sé fiel a los mandamientos.   7 36; 38 20

---

27 25 «hiere» lit. «reparte heridas».   las ideas tradicionales; ver Jb 21 20-21.
27 29 Perspectiva de retribución terrenal conforme a

Lv 19 17-18   9
Ex 23 4-5

⁷ Recuerda los mandamientos y no guardes rencor a tu prójimo,
recuerda la alianza del Altísimo y pasa por alto la ofensa.

Las riñas.

Pr 15 18   10
           11

⁸ Apártate de disputas y evitarás el pecado,
porque el violento atiza las disputas.
⁹ El pecador enzarza a los amigos,
siembra discordia entre los que están en paz.

Pr 26 20-21   12

¹⁰ Según sea la leña, así arde el fuego,
según sea su violencia, se extiende la disputa;
según sea la fuerza del hombre, así es su furor,
según sea su riqueza, crece la ira.

           13

¹¹ Riña repentina enciende el fuego,
disputa precipitada hace verter sangre.

           14

¹² Si soplas sobre una chispa, prenderá,
si le escupes encima, se apagará,
y ambas cosas salen de tu boca.

St 3 1-12   **Las malas lenguas.**

           15

¹³ Maldice al mentiroso que pasa el soplo,
que ha perdido a muchos que vivían en paz.

Pr 16 28   16

¹⁴ A muchos ha sacudido la lengua calumniadora*,
los ha dispersado de nación en nación;

           17

ha arrasado ciudades fuertes
y ha arruinado familias de príncipes.

           19

¹⁵ La lengua calumniadora ha repudiado a mujeres excelentes,
privándoles del fruto de sus trabajos.

           20

¹⁶ El que le hace caso no encontrará descanso,
ni plantará su tienda en paz.

           21

¹⁷ Un golpe del látigo produce moratones,
un golpe de lengua quebranta los huesos.

Pr 25 15   22

¹⁸ Muchos han caído a filo de espada,
pero no tantos como las víctimas de la lengua.

Sal 31 21   23

¹⁹ Dichoso el que de ella se protege,
el que no ha probado su furor,
el que no ha cargado su yugo,
ni ha sido atado con sus cadenas.

           24

²⁰ Porque su yugo es de hierro,
y sus cadenas de bronce.

           25

²¹ Trágica es la muerte que ocasiona,
¡es mucho mejor el abismo!

           26

²² Pero no tiene poder sobre los piadosos,
en sus llamas no se quemarán*.

           27

²³ Los que abandonan al Señor caerán en ella,
en ellos prenderá y no se apagará.
Como un león se lanzará contra ellos,
como una pantera los desgarrará.

           28

²⁴ Mira, valla tu hacienda con espinos,
guarda bien tu oro y tu plata.

           29

²⁵ Balanza y pesos para tus palabras,
puerta y cerrojo para tu boca.

22 27
Pr 13 3   30

²⁶ Guárdate bien de resbalar con la lengua,
no sea que caigas ante el que te acecha.

---

28 14 Lit.: «lengua triple». Se puede entender así: o la
que se inmiscuye como tercera en las disputas, o bien
la que produce tres víctimas: el calumniador, el oyente,
el calumniado (así el Talmud).
28 22 La comparación de la lengua con el fuego se repetirá en St 3 5-6. Pero cabe preguntarse si Ben Sirá,
lanzado a una descripción de la calumnia personificada, no se olvida casi del tema preciso de su discurso
para describir al enemigo en general.

El préstamo*.

29 ¹ El hombre misericordioso presta a su prójimo,
    quien le brinda ayuda guarda los mandamientos.
² Presta a tu prójimo cuando pase necesidad,
    y por tu parte restituye lo prestado a su debido tiempo.
³ Mantén tu palabra y sé leal con él,
    y en toda ocasión encontrarás lo que necesitas.
⁴ Muchos pretenden adueñarse de lo prestado*,
    y ponen en dificultad a quienes les ayudaron.
⁵ Antes de recibir el préstamo, besan las manos del prójimo,
    y humillan la voz para conseguir su dinero;
⁶ pero, a la hora de restituir, dan largas,
    responden con evasivas
    y echan la culpa a las circunstancias.
⁶ Si consigue pagar, el otro recibirá apenas la mitad,
    y aun lo considerará como una ganga.
En caso contrario, perderá su dinero,
    y se habrá ganado sin necesidad* un enemigo,
que le devolverá maldiciones e insultos,
    y en lugar de honor le devolverá desprecio.
⁷ Así que muchos se niegan a prestar dinero, no por malicia*,
    sino por miedo a que les despojen sin razón.

8 12

La limosna.

⁸ En cambio, sé generoso con el humilde,
    y no le hagas esperar por tu limosna.
⁹ Si quieres cumplir el mandamiento, acoge al indigente,
    y según su necesidad no le despidas con las manos vacías.
¹⁰ Por el hermano y el amigo pierde tu dinero,
    que no se te enroñe inútilmente bajo una piedra.
¹¹ Utiliza tus bienes según los preceptos del Altísimo,
    y te dará más provecho que el oro.
¹² Guarda las limosnas en tus graneros,
    y ellas te preservarán de todo mal.
¹³ Mejor que escudo recio o pesada lanza,
    ellas combatirán por ti frente al enemigo.

3 30-4 10
7 32-36
Tb 12 8-9
Mt 6 19-21;
19 21
Dt 15 11

Mt 6 19-21
St 5 3

Tb 4 9-11
Mt 6 19-20
Lc 16 9

Las fianzas.

¹⁴ El hombre bueno sale fiador por su prójimo,
    el que ha perdido la vergüenza, lo deja abandonado.
¹⁵ No olvides los favores de tu fiador,
    pues él se ha expuesto por ti.
¹⁶ El pecador dilapida los bienes de su fiador,
    el ingrato no se acuerda de su liberador.
¹⁷ La fianza ha arruinado a mucha gente de bien,
    los ha sacudido como ola del mar.
¹⁸ Ha desterrado a hombres poderosos,
    que anduvieron errantes por naciones extranjeras.
¹⁹ El pecador que se presta a la fianza
    con afán de especular, se enredará en pleitos.
²⁰ Ayuda al prójimo según tus recursos,
    pero ten cuidado de no arruinarte.

8 13
Pr 6 1+

---

29 El préstamo (sin interés) estaba prescrito en la Ley con respecto a los israelitas, Ex **22** 24; Lv **25** 35-36; Dt **15** 7-11. Ver Mt **5** 42; Sal **37** 21.26. **29** 4 Lit. «como un objeto encontrado».

29 6 «sin necesidad» mss griegos, sir., lat.; «no sin necesidad» texto recibido. **29** 7 «por malicia» (de los prestamistas) texto recibido; «sin malicia» mss griegos, sir., lat.

La hospitalidad.

29
21 Lo indispensable para vivir es agua, pan, vestido,
    y una casa para cobijarse.

30
22 Más vale vida de pobre bajo techo de madera
    que grandes banquetes en casa ajena.

31
23 En lo poco y en lo mucho pon buena cara,
    y no escucharás reproches de tu huésped*.

Pr 27 8 **32**
24 Triste vida andar de casa en casa:
    allí donde te hospedes no podrás abrir la boca.

33
25 Recibirás humillado hospedaje y bebida,
    y encima tendrás que oír palabras hirientes:

34
26 «Pasa, forastero, pon la mesa,
    si tienes algo a mano, dame de comer.»

35
27 «Vete, forastero, cede tu puesto a otro más importante,
    mi hermano viene a hospedarse y necesito la casa.»

28 Duro es esto para el hombre con sentimientos,
    reproches del casero
    e insultos del prestamista.

La educación.

Pr 13 24;
23 13.14;
29 15

30

1 El que ama a su hijo, le castiga sin cesar,
    para poder alegrarse en el futuro.
2 El que educa a su hijo, tendrá muchas satisfacciones,
    y entre sus conocidos se sentirá orgulloso de él.
3 El que instruye a su hijo, dará envidia a su enemigo,
    y ante sus amigos se sentirá satisfecho.

Tb 9 6

4 Cuando el padre muere, es como si no muriese,
    pues deja tras de sí un hijo semejante a él.
5 Durante su vida se alegra de verlo,
    y a la hora de su muerte no siente tristeza.
6 Contra sus enemigos deja un vengador*,
    y para sus amigos un benefactor.

7 El que mima a su hijo, vendará sus heridas*,
    a cada grito se le conmoverán sus entrañas.
8 Caballo no domado sale bravo,
    hijo consentido sale arisco.
9 Mima a tu hijo y te dará sorpresas,
    juega con él y te traerá disgustos.
10 No rías con él, si no quieres acabar llorando
    y rechinando de dientes.
11 En su juventud no le des libertad,
    y no pases por alto sus errores.
12 Doblega su cuello mientras es joven,
    túndele las costillas cuando es pequeño,
    no sea que, volviéndose rebelde, te desobedezca,
    y sufras por él una honda amargura*.
13 Educa a tu hijo y trabájalo bien,
    para que no tengas que soportar su insolencia.

La salud.

14 Vale más pobre sano y fuerte
    que rico lleno de achaques.

---

29 23 Var. de lat.: «como extraño».
30 6 En el sentido hebreo (go'el): el que «tiene derecho de rescate» (ver Rt 2 20+; 4 4), pero también el que
es defensor de los oprimidos.
30 7 Interpretación dudosa; las heridas de su hijo,

que éste recibirá en el transcurso de una vida agitada,
o sus propias heridas, que un hijo ingrato le infligirá.
30 12 Restituimos según griego 248, hebr. y lat. (+ sir.
para 12ª) los vv. 11b-12ª.12d, omitidos por el griego.

¹⁵ Salud y vigor valen más que todo el oro,
    un cuerpo robusto más que una inmensa fortuna.
¹⁶ No hay mejor riqueza que la salud del cuerpo,
    ni mayor felicidad que la alegría del corazón.
¹⁷ Mejor es la muerte que una vida amargada,
    el descanso eterno que una enfermedad incurable.
¹⁸ Manjares derramados sobre boca cerrada,
    eso son las ofrendas depositadas sobre una tumba*.
¹⁹ ¿De qué le sirve al ídolo una ofrenda?
    ¡No la puede comer ni beber!

Así sucede a quien persigue el Señor*:
    ²⁰ mira con sus ojos y suspira,
    es como el eunuco que abraza a una joven doncella y suspira.

Dt 4 28
Sal 115 4-7
Is 40 20+

20 4

La alegría.

²¹ No te abandones a la tristeza,
    ni te atormentes con tus pensamientos.
²² La alegría de corazón es vida para el hombre,
    y la felicidad le alarga los días.
²³ Distrae tu alma* y consuela tu corazón,
    aparta de ti la tristeza;
    pues la tristeza ha perdido a muchos,
    de ella no se saca ningún provecho.
²⁴ Envidia y malhumor acortan los días,
    las preocupaciones producen vejez prematura*.
²⁵ Un corazón radiante tiene buen apetito*,
    y le aprovecha todo lo que come.

Pr 15 15

Las riquezas.

31 ¹ El insomnio del rico acaba con su salud,
    sus preocupaciones ahuyentan el sueño.
² Las preocupaciones le impiden dormir*,
    como una enfermedad grave le quita el sueño.
³ El rico se afana para acumular riquezas,
    y cuando descansa, se harta de placeres.
⁴ El pobre se afana para encontrar sustento,
    y cuando descansa, cae en la miseria.
⁵ Quien ama el oro, no quedará exento de culpa,
    quien anda tras el lucro, en él se extraviará*.
⁶ Muchos se arruinaron a causa del oro,
    y se encontraron cara a cara con la ruina*.
⁷ Es una trampa* para los que le ofrecen sacrificios,
    todos los insensatos quedan atrapados en ella.
⁸ Dichoso el rico de conducta intachable
    que no corre tras el oro*.
⁹ ¿Quién es? Vamos a felicitarle,
    pues ha hecho maravillas en su pueblo.

Pr 28 20

---

30 18 «sobre una tumba»; var. hebr.: «ante un ídolo».
30 19 Es decir, el enfermo, incapaz de alimentarse, ver el hebr.: «Así quien tiene fortuna y no puede gozar de ella», pero el texto probablemente está alterado.
30 23 «Distrae tu alma» texto recibido; var. «ama tu alma»; «engaña tus preocupaciones» S, hebr., sir.
30 24 Todos los mss griegos ponen 33 16 - 36 10 delante de 30 25 - 33 16. Las versiones siríaca y latina han conservado el orden primitivo, que también se comprueba por los fragmentos hebreos.
30 25 Hebr.: «El soñar del corazón alegre vale por manjares».
31 2 «impiden (dormir)» hebr.; «llaman (al sueño)» griego.

31 5 «(quien anda tras) el lucro en él se extraviará» hebr.; «(el que anda tras) la corrupción, de ella se llenará» griego.
31 6 Hebr.: «ponían su confianza en las perlas, no han conseguido escapar a la desgracia ni salvarse del día de la ira».
31 7 Gramaticalmente, se trata del oro, pero el autor piensa quizás en el ídolo; esto justificaría la lectura «sacrifican de 2 mss y lat. (texto recibido: «los que están locos»); hebr. «es una trampa para el necio».
31 8 En hebreo «la riqueza», *mammôn*, palabra de origen arameo, frecuente en los escritos rabínicos, y ver Mt 6 24; Lc 16 9.11.13.

¹⁰ ¿Quién sufrió esta prueba y fue hallado perfecto?
    Será para él motivo de gloria.
¿Quién pudo transgredir la ley y no la transgredió,
    hacer mal y no lo hizo?
¹¹ Sus bienes se consolidarán,
    y la asamblea proclamará su bondad*.

Pr 23 1-3.
6-8

Los banquetes.

¹² ¿Te has sentado en una mesa opulenta?

13   No abras la boca de par en par,

14   y digas: «¡Cuántas cosas hay aquí!»

15 ¹³ Recuerda que es mala cosa la avidez,
    no hay nada peor que ella,
    pues por cualquier cosa llora*.

16 ¹⁴ No alargues la mano para coger lo que otro mira,

17   ni te lances sobre el mismo plato que él.

18 ¹⁵ Juzga al prójimo como a ti mismo,
    y reflexiona siempre antes de actuar*.

19 ¹⁶ Come con educación lo que te pongan delante*,
    no seas glotón y no quedarás mal.

20 ¹⁷ Termina el primero por educación,
    no seas comilón y no te despreciarán.

21 ¹⁸ Si estás sentado entre muchos invitados,
    no alargues tu mano antes que ellos.

Pr 13 25 22 ¹⁹ ¡Poca cosa le basta a un hombre bien educado!,
    y así cuando está en la cama no resopla.

24 ²⁰ A estómago moderado, sueño saludable,
    se levanta temprano y tiene dominio de sí.

23   Insomnio, vómitos y cólicos
    esperan al hombre insaciable.

25 ²¹ Si te viste obligado a comer demasiado,
    levántate, ve a vomitar* y quedarás tranquilo.

26 ²² Escúchame, hijo, y no me desprecies,
    al final comprenderás mis palabras.

27   En todo lo que hagas sé moderado*,
    y no cogerás ninguna enfermedad.

28 ²³ Al que es espléndido en los banquetes, todos le alaban,
    y la fama de su generosidad es duradera.

29 ²⁴ Al que es tacaño en los banquetes, la ciudad le critica,
    y la fama de su tacañería es duradera.

Pr 20 1;
23 20-21.
29-35;
31 4-7
Is 5 22;
28 1-4

El vino.

30 ²⁵ Con el vino no te hagas el valiente,
    porque a muchos ha perdido el vino.

31 ²⁶ El horno prueba el temple del acero,
    así el vino los corazones en una riña de orgullosos.

32 ²⁷ El vino es vida para el hombre,
    siempre y cuando se beba con medida.

33   ¿Qué es la vida para quien le falta el vino?

35   Fue creado para alegrar al hombre.

Sal 104 15 36 ²⁸ Alegría del corazón y regocijo del alma

Jc 9 13 37   es el vino bebido a tiempo y con medida.

1 Tm 5 23 39 ²⁹ Amargura del alma, el vino bebido con exceso
    por incitación o desafío*.

---

31 11 Alusión probable a la costumbre de proclamar en las sinagogas los nombres de los bienhechores de la comunidad. —Lat.: «toda la asamblea *(ekklesia)* de los santos publicará sus beneficios».
31 13 «por cualquier cosa» hebr.; «de toda cara» griego.
31 15 Hebr.: «y piensa en lo que tú mismo detestas».

31 16 «con educación» hebr.; omitido por griego.
31 21 «ve a vomitar» lit. «vomítalo lejos» mss griegos, hebr.; «en medio de la comida» (?) texto recibido.
31 22 «moderado» hebr.; «rápido» griego.
31 29 «desafío» según el hebr. (trad. dudosa); «por un paso en falso» (?) griego.

40 ³⁰ La embriaguez enfurece al insensato hasta hacerle caer,
   debilita sus fuerzas y le ocasiona heridas.

41 ³¹ En un banquete no reprendas a tu vecino,
   no te burles de él, si se pone alegre.

42 No le digas nada que pueda ofenderle,
   ni le molestes reclamándole dinero.

Los banquetes.

32 ¹ ¿Te hacen presidir la mesa? No te engrías,*
   sé uno más entre todos;
   atiéndeles primero y luego siéntate.

² Cuando hayas cumplido tu deber, toma asiento,
   para alegrarte con ellos
3   y recibir la corona de la cortesía*.

4 ³ Habla, anciano, que eso te corresponde,
5   pero hazlo con discreción y sin estorbar la música*.

6 ⁴ Durante la audición, no hables en exceso,
   no te hagas el sabio a destiempo.

7 ⁵ Sello de rubí en montura de oro,
   es la música en un banquete.

8 ⁶ Sello de esmeralda en montura de oro,
   es la melodía con vino delicioso.

9 ⁷ Habla, joven, si es necesario,
   dos veces a lo sumo, si se te pregunta.

⁸ Resume tu discurso, di mucho en pocas palabras,
   sé como quien sabe y al mismo tiempo calla.

13 ⁹ Entre los grandes no pretendas igualarte a ellos,
   si otro está hablando, no hables tú también.

14 ¹⁰ El relámpago precede al trueno,
   así la gentileza al hombre modesto.

15 ¹¹ Llegada la hora levántate, no te entretengas,
   ve corriendo a casa, no te hagas el remolón.

16 ¹² Allí, diviértete y haz lo que te guste,
   pero no peques con palabras insolentes*.

17 ¹³ Y por todo esto bendice a tu Creador,
   al que te colma de sus bienes.

Pr 15 33;
18 12

El temor de Dios.

18 ¹⁴ El que teme al Señor acepta la instrucción,
   los que madrugan por él encuentran su favor.

19 ¹⁵ El que busca la ley se llena de ella,
   pero al hipócrita le sirve de tropiezo.

20 ¹⁶ Los que temen al Señor son justificados,
   sus buenas acciones brillan como la luz*.

21 ¹⁷ El pecador rechaza la corrección,
   siempre encuentra excusas para hacer su voluntad*.

22 ¹⁸ El hombre sensato no olvida la reflexión,
   el malvado y el orgulloso no tienen miedo a nada*.

32 1 La institución de los banquetes suntuosos con un «anfitrión» escogido a suerte o por elección (ver 2 M 2 27; Jn 2 8) parece haberse difundido en Palestina por influencia de los griegos o romanos. Los rabinos pondrán en guardia a los judíos piadosos contra estas costumbres; Ben Sirá se limita a recomendar los buenos modales.
32 2 Respecto de las coronas en los banquetes, ver Is 28 1-4; Sb 2 8.
32 3 El término puede designar la música o el canto, o bien cualquier manifestación de arte: poesía, representación dramática, etc.
32 12 Hebr.: «en el temor de Dios y no en el desprendimiento».
32 16 «son justificados... luz»; hebr. «comprenden la justicia y hacen salir de la oscuridad sus pensamientos».
32 17 Hebr.: «violenta la ley».
32 18 Hebr.: «El sabio no oculta la sabiduría; el orgulloso y el impío no guardan la Ley».

²⁴   ¹⁹ No hagas nada sin aconsejarte,
y no te arrepentirás de tus acciones*.

²⁵   ²⁰ No vayas por caminos escabrosos,
y no tropezarás con las piedras.

²⁶   ²¹ No te fíes de un camino inexplorado,

²⁷   ²²y de tus hijos guárdate.

Pr 13 3;   ²³ En todos tus actos confía en ti*,
16 17; 22 5   que también esto es guardar los mandamientos.
Dt 4 9

Pr 19 16   ²⁸   ²⁴ El que confía en la ley observa los mandamientos,
Sal 23 3s   y el que confía en el Señor no sufrirá ningún daño.

Jb 5 19   **33** ¹ Al que teme al Señor no le sucede ningún mal,
Pr 12 21; 24   e incluso en la prueba será liberado.
16   ² El hombre sabio no aborrece la ley,
Sal 1; 91   pero el que finge observarla es como nave en la tempestad.
³ El hombre inteligente confía en la ley*,
para él la ley es digna de fe como un oráculo.

⁴ Prepara tu discurso y así serás escuchado*,
ordena tus ideas y luego responde.
⁵ Rueda de carro es el sentimiento del necio,
su razonamiento como eje que da vueltas.
⁶ El amigo burlón es como un caballo en celo,
relincha bajo cualquier jinete.

Contrastes en la creación.

⁷ ¿Por qué un día es más importante que otro*,
si todos los días del año reciben la misma luz del sol?
⁸ La mente del Señor los ha diferenciado,
estableciendo distintas estaciones y fiestas.
⁹ A unos los ensalzó y santificó,
a otros los hizo días ordinarios.
¹⁰ Así todos los hombres provienen del polvo,
de la tierra fue creado Adán.
¹¹ El Señor los ha diferenciado con su gran sabiduría*,
y ha diversificado sus caminos.

1 S 2 6-8   ¹² A unos los bendijo y ensalzó,
Lc 1 51-53   los santificó y los puso junto a sí;
Si 10 14-15   a otros los maldijo y humilló
y los derribó de su puesto.

Is 29 16+   ¹³ Como la arcilla en manos del alfarero,
Rm 9 21   que la modela según su voluntad*,
así los hombres en manos de su Hacedor,
que da a cada uno según su criterio.
¹⁴ Frente al mal está el bien,
frente a la muerte, la vida;
así frente al piadoso, el pecador*.

42 24-25   ¹⁵ Observa, pues, todas las obras del Altísimo,
Qo 3 1-8   de dos en dos, una frente a otra.

Nota autobiográfica.

Is 24 13   ¹⁶ También yo, el último, he estado vigilando,
Jr 49 9   como quien racima tras los vendimiadores.

---

32 19 O: «y no te arrepentirás cuando hagas algo».
32 23 «vela sobre ti» según el hebr.
33 3 Hebr.: «entiende la palabra de Yahvé».
33 4 Hebr.: «y luego obrarás».
33 7 El problema planteado no parece derivar de la cosmología, diferencia de duración de los días, sino de la religión, diferencia de dignidad entre días de fiesta y días profanos. Esto, al menos, sugiere el v. 9.
33 11 «sabiduría» hebr.; «ciencia» griego.
33 13 «que la modela según» 1 ms griego, lat.
33 14 Hebr. y sir. añaden: «y frente a la luz las tinieblas».

¹⁷ Gracias a la bendición del Señor me he adelantado,
   y como vendimiador he llenado el lagar.
¹⁸ Mirad que no he trabajado sólo para mí,
   sino para todos los que buscan la instrucción.
¹⁹ Escuchadme, grandes del pueblo,
   jefes de la asamblea*, prestad oído.

Testamentos e independencia.

²⁰ A hijo y mujer, a hermano y amigo
   no des poder sobre ti mientras vivas.
   No des a otros tus riquezas,
   no sea que, arrepentido, tengas que suplicar por ellas.
²¹ Mientras vivas y no te falte el aliento,
   no te entregues en manos de otro.
²² Mejor es que tus hijos te pidan,
   que no tener que depender de ellos.
²³ En todas tus obras sé dueño de ti mismo,
   no dejes que se manche tu reputación.
²⁴ Cuando se acaben los días de tu vida,
   a la hora de la muerte, reparte tu herencia.

Los esclavos*.

²⁵ Al asno, forraje, palo y carga,
   al criado, pan, disciplina y trabajo.   Pr 26 3
²⁶ Haz trabajar al siervo y encontrarás descanso,
   deja libres sus manos* y buscará la libertad.
²⁷ Yugo y riendas doblegan el cuello,
   al mal criado azotes y castigos.
²⁸ Hazle trabajar para que no esté ocioso*,
   que la ociosidad enseña muchos vicios.
²⁹ Oblígale a trabajar como le corresponde,   Pr 29 19
   y, si no obedece, pon cepos en sus pies.
³⁰ Pero no te excedas con nadie,
   ni hagas nada injustamente.

³¹ Si tienes un criado, trátalo como a ti mismo,
   porque con sangre lo adquiriste*.
³² Si tienes un criado, trátalo como a un hermano,   7 20
   porque lo necesitas como a ti mismo.
32   ³³ Si lo maltratas, y levantándose, se escapa,
   ¿por qué camino irás a buscarle?

Los sueños*.

34 ¹ Las esperanzas vanas y engañosas son propias del necio,
        los sueños dan alas a los insensatos.
² Atrapar sombras y perseguir viento
   es fiarse de los sueños.

---

33 19 La sinagoga, donde los judíos piadosos se reunían para su instrucción.
33 25 Sobre la dureza con los esclavos: Ex 21 20-21; ver Mt 18 34; Lc 12 46. Sin embargo, no se abandonaba a los esclavos a la arbitrariedad de los amos. Sus derechos estaban precisados en la Ley: Ex 21 1-6.26-27; Lv 25 46; Dt 15 12-18, ver aquí vv. 30.31-33. Comparar la actitud de San Pablo, Ef 6 9; Col 4 1; Flm 16.
33 26 «encontrarás descanso»; var. hebr.: «para que no pida descanso». —«deja libres sus manos»; hebr.: «y si levanta la cabeza».
33 28 Hebr. «para que no se rebele».

33 31 Es decir: lo has adquirido con tu hacienda, con el dinero penosamente ganado. Pero el texto no es seguro.
34   En el AT Dios se sirve a veces de los sueños para instruir a los hombres: Gn 28 10-17; 31 10-13.24; 37 5-11; 41 1-36, etc. Ver Nm 12 6. Ver asimismo Mt 1 20-23; 2 13.22. Pero el recurso a los sueños como medio ordinario de adivinación es censurado por los profetas y legisladores: Jr 29 8; Qo 5 5; Lv 19 26; Dt 13 2-6; 18 9-14. Ben Sirá adopta esta última actitud sin dejar de reconocer la posibilidad de sueños auténticos divinos (v. 6).

³ Espejo y sueño son cosas semejantes,
    frente a un rostro, la imagen de un rostro*.

Jb 14 4
⁴ De lo impuro, ¿puede salir algo puro?;
    de la mentira, ¿puede salir algo verdadero?

Qo 5 6
⁵ Adivinaciones, augurios y sueños son vanas ilusiones,
    como fantasías de una mujer en parto.

⁶ A menos que vengan de parte del Altísimo,
    no abras tu corazón a estas cosas.

⁷ Porque muchos se extraviaron por los sueños,
    y fracasaron por fiarse de ellos.

⁸ La ley se ha de cumplir sin engaño,
    y la sabiduría en una boca sincera es perfección*.

Los viajes.

⁹ El que ha viajado mucho sabe muchas cosas,
    el que tiene experiencia se expresa con inteligencia.

¹⁰ Quien no ha sido probado poco sabe,
    quien ha viajado posee muchos recursos.

12   ¹¹ Muchas cosas he visto en mis viajes,
    mis conocimientos superan mis palabras.

13   ¹² Varias veces he estado en peligro de muerte,
    pero me salvé gracias a lo que sigue:

14   ¹³ Los que temen al Señor vivirán,
15   porque su esperanza está en aquel que los salva.

16   ¹⁴ Quien teme al Señor de nada tiene miedo,
    de nada se acobarda, porque él es su esperanza.

17   ¹⁵ Dichoso el que teme al Señor:
18   ¿en quién confía?, ¿quién es su apoyo?

15 19
Sal 33 18;
34 16
19   ¹⁶ Los ojos del Señor están fijos en los que le aman,
    él es para ellos protección poderosa, apoyo firme,
    refugio contra el viento abrasador y el calor del mediodía,
20   defensa para no tropezar, auxilio para no caer;

¹⁷ él levanta el ánimo, ilumina los ojos,
    da salud, vida y bendición.

35 1+
Sacrificios.

21   ¹⁸ Sacrificar el fruto de la injusticia es una ofrenda impura,
    los dones de los malvados no son aceptables.

23   ¹⁹ El Altísimo no acepta las ofrendas de los impíos,
Am 5 21+
    ni perdona los pecados por la cantidad de sacrificios.

24   ²⁰ Como inmolar a un hijo en presencia de su padre,
    es ofrecer sacrificios con los bienes de los pobres.

25   ²¹ El pan de la limosna es la vida de los pobres,
    quien se lo quita es un criminal.

26   ²² Mata a su prójimo quien le roba el sustento,
27   quien no paga el sueldo al jornalero derrama sangre.

Lv 19 13
Dt 24 14-15
Jr 22 13
²³ Uno edifica y otro destruye,
    ¿qué ganan con ello sino fatiga?

²⁴ Uno bendice y otro maldice,
    ¿a quién de los dos escuchará el amo?

30   ²⁵ Si uno se purifica del contacto de un cadáver y lo vuelve a tocar,
Nm 19 11
    ¿de qué le sirve su baño de purificación?

---

34 3 «Espejo y sueño» conj. (ver la continuación); «visión de sueños» griego. —El sueño, como el espejo, sólo presenta una imagen irreal; o también: el sueño sólo refleja lo que el soñador lleva en sí, sin enseñarle cosa alguna y sin más garantías (ver v. 4).
34 8 Ben Sirá contrapone a los sueños engañosos la Ley y la sabiduría que no engañan.

²⁶ Así el hombre que ayuna por sus pecados
y después los vuelve a cometer;
¿quién escuchará su oración?,
¿de qué le sirve haberse humillado?

Ley y sacrificios*.

35 ¹ Observar la ley es hacer muchas ofrendas,
guardar los mandamientos es hacer sacrificios de comunión.

² Devolver un favor es hacer oblación de flor de harina,
hacer limosna es ofrecer sacrificios de alabanza.

³ Apartarse del mal es complacer al Señor,
un sacrificio de expiación es apartarse de la injusticia.

⁴ No te presentes ante el Señor con las manos vacías,
pues esto es lo que prescriben los mandamientos.

⁵ La ofrenda del justo honra el altar,
su perfume sube hasta el Altísimo.

⁶ El sacrificio del justo es aceptable,
su memorial no se olvidará.

⁷ Glorifica al Señor con generosidad,
y no escatimes las primicias de tus manos.

⁸ Cuando hagas tus ofrendas, pon cara alegre,
y paga los diezmos de buena gana.

⁹ Da al Altísimo como él te ha dado a ti,
con generosidad, según tus posibilidades*.

¹⁰ Porque el Señor sabe recompensar,
y te devolverá siete veces más.

Referencias marginales: Lv 3 1+; Lv 2 1+; Lv 7 11+; Lv 16 1+; Ex 29 18+; Lv 2 1-3; Dt 26 1+; 2 Co 9 7; Dt 14 22+; Dt 12 6; 14 23; 26 12-15

La justicia divina.

¹¹ No trates de sobornar al Señor, porque no lo aceptará;
no te apoyes en sacrificio injusto.

¹² Porque el Señor es juez,
y para él el prestigio de las personas no cuenta.

¹³ No hace acepción de personas en perjuicio del pobre,
y escucha la oración del oprimido.

¹⁴ No desdeña la súplica del huérfano,
ni el lamento de la viuda.

¹⁵ ¿No corren por su mejilla las lágrimas de la viuda
y su clamor contra el que la provocó?

¹⁶ Quien sirve de buena gana*, es bien aceptado,
y su plegaria sube hasta las nubes.

¹⁷ La oración del humilde atraviesa las nubes*,
hasta que no llega a su término, él no se consuela*.

¹⁸ No desiste hasta que el Altísimo le atiende,
juzga a los justos y les hace justicia.

¹⁹ El Señor no tardará,
ni tendrá paciencia con los impíos*,

²⁰ hasta quebrantar los lomos de los despiadados,
y tomar venganza de las naciones.

²¹ hasta exterminar a los soberbios,
y quebrar el cetro de los injustos,

²² hasta pagar a cada cual según sus acciones,
las obras de los hombres según sus intenciones,

Referencias marginales: Dt 10 17; Jb 34 19; Pr 24 23+; Ex 22 21-23; Pr 23 10-11; Jb 16 18+

---

35 Ben Sirá es a la vez un fervoroso ritualista muy adicto al culto y un moralista cuidadoso de observar la Ley en todos sus preceptos de justicia y caridad. Ambas tendencias se unen aquí: según Ben Sirá, la práctica de la Ley es por sí misma un culto.
35 9 El hebr. añade en el margen: «Presta a Dios el que da a un pobre: ¿quién le devolverá sino él?», ver Pr

19 17.
35 16 A Dios o al prójimo.
35 17 (a) Donde habita Dios, ver Sal 68 35; 104 3, etc.
35 17 (b) «él no se consuela»; var. hebr.: «no se detiene ella».
35 19 «con los impíos» lit. «con ellos».

²³ hasta hacer justicia a su pueblo,
y alegrarles con su misericordia.
²⁴ Buena es la misericordia en tiempo de desgracia,
como nubes de lluvia en tiempo de sequía.

Oración por Israel*.

36

¹ Ten piedad de nosotros, Señor, Dios del universo, mira
y siembra tu temor sobre todas las naciones.
² Alza tu mano contra las naciones extranjeras,
para que reconozcan tu señorío.
³ Como ante ellas te has mostrado santo con nosotros,
así ante nosotros muéstrate grande con ellas.
⁴ Que te reconozcan, como nosotros hemos reconocido
que no hay Dios fuera de ti, Señor.
⁵ Renueva tus prodigios, repite tus maravillas,
glorifica tu mano y tu brazo derecho.
⁶ Despierta tu furor y derrama tu ira,
extermina al adversario y aniquila al enemigo.
⁷ Acelera la hora, recuerda el juramento,
y que se divulguen tus grandezas*.
⁸ Que el fuego de tu ira devore a los supervivientes,
y perezcan los que hacen daño a tu pueblo.
⁹ Aplasta la cabeza de los jefes enemigos,
que dicen: «Fuera de nosotros no hay nadie.»
¹⁰ Reúne todas las tribus de Jacob,
dales su heredad como al principio*.
¹¹ Ten piedad, Señor, del pueblo llamado con tu nombre,
de Israel, a quien trataste como a tu primogénito.
¹² Ten compasión de tu ciudad santa,
de Jerusalén, lugar de tu descanso.
¹³ Llena a Sión de tu alabanza,
y el templo de tu gloria*.
¹⁴ Da testimonio en favor de tus primeras criaturas*,
cumple las profecías hechas en tu nombre.
¹⁵ Da su recompensa a los que esperan en ti,
y que tus profetas sean acreditados.
¹⁶ Escucha, Señor, la súplica de tus siervos*,
según la bendición de Aarón sobre tu pueblo.
¹⁷ Y todos los habitantes de la tierra reconozcan
que tú eres el Señor, el Dios eterno.

El discernimiento.

¹⁸ El estómago consume todo tipo de alimentos,
pero unos son mejores que otros.
¹⁹ El paladar distingue la carne de caza,
y el corazón inteligente las palabras mentirosas.
²⁰ El hombre perverso provoca desgracias,
pero el experimentado le da su merecido.

Sidenotes (left margin):
Sal 79
Jr 10 25
Sal 79 6
Ez 28 22; 38 23
Dt 32 39
Is 45 14
1 R 8 43
1 Cro 17 20
Sal 79 6
Ex 4 22
Dt 7 6+
2 S 5 9+
Nm 6 22-27

Verse markers: 2, 3, 4, 5, 6, 7, 8, 9, 10, 11, 12, 13, 14, 15, 16, 17, 18, 19, 20, 21, 22

---

36 Esta oración revela los sentimientos de los judíos piadosos hacia el 190, en vísperas de la sublevación nacional de los Macabeos. Cosa rara en Ben Sirá, esta oración deja entrever algunos rasgos mesiánicos, al igual que el salmo final hebreo, Si 51 12+.
36 7 Hebr.: «apresura el fin, recuerda el plazo. Pues ¿quién te dirá: Qué haces?»
36 10 Esta esperanza de una reunión de las tribus, especialmente viva en tiempos del Destierro, se perpetuó en el Judaísmo mucho después del regreso de los desterrados; los judíos consideraron siempre la dispersión en el extranjero como situación provisional y lamentable a la que pondría fin la venida del Mesías.
36 13 «de tu alabanza»; var. hebr.: «de tu majestad». —«templo» *(naon)* con hebr.; «pueblo» *(laon)* griego.
36 14 ¿Se trata del pueblo de Israel en su conjunto, o de los patriarcas, a quienes un antiguo midrás coloca entre las siete cosas creadas antes que el mundo? ¿O de la sabiduría creada, primicias de la creación (Pr 8 22)? ¿O considera el autor que el mesías o el reino mesiánico, creados antes que todas las cosas, van a manifestarse pronto en la tierra? Es difícil precisar el pensamiento.
36 16 «tus siervos» mss griego, hebr.; «los que te imploran» texto recibido.

Elección de esposa.

Pr 5 15+

23

²¹ La mujer acepta cualquier marido,
    pero unas jóvenes son mejores que otras*.

24

²² La belleza de la mujer recrea la mirada,
    y el hombre la desea más que ninguna otra cosa.

25

²³ Si en su lengua hay bondad y dulzura,
    su marido ya no es como los demás hombres.

Pr 15 4

26

²⁴ El que consigue una mujer, empieza a hacer fortuna,
    una ayuda semejante a él* y columna de apoyo.

Gn 2 18

27

²⁵ Donde no hay valla, la propiedad es saqueada,
    donde no hay mujer, el hombre gime a la deriva.

Gn 4 12

28

²⁶ ¿Quién se fiará del ladrón ágil,
    que va saltando de ciudad en ciudad?

²⁷ Lo mismo ocurre con el hombre sin hogar,
    que se cobija donde la noche le sorprende.

Falsos amigos.

6 5-17

37 ¹ Todo amigo dice: «También yo soy tu amigo»,
    pero hay amigo que lo es sólo de nombre.

Pr 20 6

² ¿No es un disgusto mortal
    que un compañero o amigo se convierta en enemigo?

³ ¡Oh intención perversa! ¿De dónde saliste*
    para cubrir la tierra de engaño?

17 31; 21 11
Gn 3 22;
4 7

⁴ El compañero disfruta en la alegría del amigo,
    pero en la desgracia se vuelve contra él*.

⁵ El compañero compadece al amigo por interés*,
    y cuando llega el combate, coge el escudo sólo para defenderse.

⁶ No te olvides de tu amigo,
    ni dejes de recordarlo cuando seas rico.

Pr 27 10

Los consejeros.

9

⁷ Todo consejero da consejos,
    pero hay quien aconseja en su interés.

6 6

⁸ Ten cuidado con el consejero,
    entérate primero de sus necesidades,
    porque en su propio provecho te aconsejará;

10

    no sea que eche sobre ti la suerte*,

11

⁹ y te diga: «Vas por buen camino»,
    y luego se quede esperando para ver qué te sucede.

12

¹⁰ No te aconsejes con uno que te mira con desprecio,
    y esconde tus proyectos a los que te envidian.

¹¹ No te aconsejes con una mujer sobre su rival*,
    con un cobarde sobre la guerra,
    con un negociante sobre el comercio,
    con un comprador sobre la venta,

Pr 20 14

---

36 21 Basándose en el paralelismo, se ha preguntado si no será necesario leer más bien: «A cualquier mujer acepta el marido, pero...». Sin embargo, el hebr. ofrece la misma construcción que el griego. Tal como aparece, el texto parece subrayar la ventaja del hombre que puede elegir a su mujer, mientras que para ésta no hay posibilidad de elección.
36 24 Hebr: «una ciudad fortificada».
37 3 «saliste», lit. «fuiste enrollado, implicado (en algo)»; la palabra, quizá mal transcrita o alterada por una corrección teológica, está interpretada según el hebr.: «Ay del malvado que dice: ¿Por qué he sido creado?» —La «intención perversa» que lleva al hombre al mal es un elemento importante de la teología rabínica.

37 4 Hebr.: «El mal amigo se aprovecha de la mesa y en el momento de la adversidad se mantiene alejado».
37 5 Lit. «en interés de su vientre». —Los vv. 4-5 ofrecen el contraste entre dos compañeros: uno huye en el momento del peligro, el otro sigue fiel. El v. 5 hebr. hace más claro el contraste: «El buen amigo combate contra el enemigo y contra los adversarios toma el escudo.»
37 8 Texto dudoso. Hebr.: «¿por qué habría de aprovecharle esto?»
37 11 La exposición que sigue ilustra los vv. 7-8 aduciendo el ejemplo de los consejeros que tienen interés personal en los consejos que pueden dar.

13 con un envidioso sobre la gratitud,
    con un despiadado sobre la generosidad,
14 con un perezoso sobre cualquier trabajo,
    con un empleado eventual sobre el fin de una obra,
    con un siervo holgazán sobre una gran tarea:
    no cuentes con ninguno de ellos para un consejo.

9 15 15 ¹² Recurre siempre a un hombre piadoso*,
      de quien sabes seguro que guarda los mandamientos,
16 que comparte tus anhelos,
    y que, si caes, sufrirá contigo.
17 ¹³ Mantente firme en el consejo de tu corazón,
    que nadie te será más fiel que él.
18 ¹⁴ Pues el corazón del hombre puede a veces advertir
    más que siete centinelas sentados en su torre de vigilancia.
Pr 16 9 19 ¹⁵ Pero por encima de todo suplica al Altísimo,
      para que dirija tus pasos en la verdad.

Verdadera y falsa sabiduría.

¹⁶ Principio de toda obra es la palabra*,
y antes de toda acción está la reflexión.
21 ¹⁷ Raíz de los pensamientos es el corazón,
    de él salen cuatro ramas*:
Pr 18 21 ¹⁸ bien y mal, vida y muerte,
      pero la que siempre las domina es la lengua.
22 ¹⁹ Hay hombre hábil capaz de enseñar a muchos,
    pero para sí mismo es un inútil.
9 18 23 ²⁰ Hay quien sabe hablar y es aborrecido,
      y acabará sin tener nada qué comer*,
24 ²¹ porque no ha recibido el favor del Señor,
    y carece de toda sabiduría.
25 ²² Hay quien es sabio para sí mismo,
    y los frutos de su inteligencia sólo le aprovechan a él*.
26 ²³ El sabio enseña a su pueblo,
    y los frutos de su inteligencia son dignos de fe*.
27 ²⁴ El sabio es colmado de bendiciones,
    y le llaman dichoso todos los que le ven.
28 ²⁵ La vida del hombre tiene los días contados,
    pero los días de Israel son innumerables.
29 ²⁶ El sabio se gana la confianza en su pueblo,
    y su nombre vivirá por siempre.

La templanza.

30 ²⁷ Hijo, a lo largo de tu vida ponte a prueba,
    mira lo que te hace daño y no te lo permitas.
1 Co 3 2;
6 12; 10 23 31 ²⁸ Pues no a todos les conviene todo,
Hb 5 12   y no a todo el mundo le gusta lo mismo.
32 ²⁹ No seas insaciable con los placeres,
    ni te abalances sobre la comida,
33 ³⁰ porque el exceso de comida produce enfermedad,
    y la glotonería acaba en cólicos.
34 ³¹ Muchos han muerto por intemperancia,
    pero el que se cuida prolonga su vida.

---

37 12 Hebr.: «el que está en el temor (de Dios)», ver Pr 1 7+. Para Ben Sirá, el temor de Dios está por encima de todas las sabidurías profanas.
37 16 O «la razón» *(logos)*. En este contexto, la palabra es la expresión de la sabiduría creadora.
37 17 Según el hebr.; griego: «Como señal de cambio de corazón cuatro partes aparecen.»

37 20 Hebr.: «¹⁹ Hay quien es sabio y obra sabiamente para los demás, y para sí mismo es un necio. ²⁰ Hay sabio que es aborrecido por sus palabras; será privado de todo banquete exquisito.»
37 22 Hebr.: «son para su cuerpo».
37 23 Hebr.: «Hay quien es sabio para la gente de su pueblo y los frutos de su inteligencia son para ellos».

El médico y la enfermedad*.

38 [1] Honra al médico por los servicios que presta*,
que también a él lo creó el Señor.
[2] Del Altísimo viene la curación,
del rey se reciben las dádivas*.
[3] La ciencia del médico le hace caminar con la cabeza alta,
y es admirado por los poderosos.
[4] El Señor ha creado medicinas en la tierra,
y el hombre prudente no las desprecia.
[5] ¿Acaso no endulzó el agua con un leño,   Ex 15 23-25
para que se conociera su poder*?
[6] Él es quien da a los hombres la ciencia,
para que lo glorifiquen por sus maravillas.
[7] Con las medicinas* el médico cura y elimina el sufrimiento,
con ellas el farmacéutico prepara sus mezclas.
[8] Y así nunca se acaban sus obras*,
y de él procede la paz sobre toda la tierra.

[9] Hijo, en tu enfermedad, no te desanimes,
sino ruega al Señor, que él te curará.
[10] Aparta tus faltas, corrige tus acciones,
y purifica tu corazón de todo pecado.
[11] Ofrece incienso, un memorial de flor de harina
y ofrendas generosas según tus medios*.   35 2-5
[12] Luego recurre al médico, pues el Señor también lo ha creado;
que no se aparte de tu lado, pues lo necesitas,
[13] hay momentos en que la solución está en sus manos.
[14] También ellos rezan al Señor,
para que les conceda poder aliviar el dolor,
curar la enfermedad y salvar tu vida*.
[15] El que peca contra su Hacedor
¡que caiga en manos del médico*!

El duelo*.

[16] Hijo, por un muerto derrama lágrimas,
y como quien sufre cruelmente, entona un lamento;
entierra su cadáver según el ritual,
y no seas descuidado con su sepultura*.
[17] Llora amargamente, date fuertes golpes de pecho*,
hazle el duelo según su dignidad,
[18] un día o dos*, para evitar murmuraciones,
pero luego consuélate de tu tristeza.

---

38 Quizá algunos judíos piadosos consideraban el recurso al médico como una falta de fe en Yahvé, ver 2 Cro **16** 12. Ben Sirá va a corregir esta opinión.
38 1 Acaso simplemente los «honorarios». Hebr.: «Sé el amigo del médico.»
38 2 Lit. «(él) recibe»; se trata del enfermo o del médico (v. 1), que no es más que un intermediario. Hebr.: «Del Altísimo recibe el médico su arte, y del rey recibe los obsequios.»
38 5 Posible referencia al milagro de Mará (Ex **15** 23-25).
38 7 «Con las medicinas» lit. «con ellas» (vv. 5 y 6 son un paréntesis).
38 8 Las obras de Dios, continuadas por él después de la creación, dando a los hombres y a las cosas una participación en su poder, y difundiendo así el bien sobre la tierra.
38 11 «según tus medios» hebr.; «como no siendo (?)» griego.

38 14 Esta exposición ha inspirado quizá a St **5** 14s, pero el consejo dado por Santiago tiene un alcance distinto.
38 15 Es decir: caiga enfermo. No parece que la expresión trate de ser una descortesía para con los médicos. Pero quizá haya que corregir según el hebr.: «Peca contra su Hacedor el que se las echa de valiente ante el médico.»
38 16 (a) Las ceremonias fúnebres eran espectaculares entre los judíos, como entre los orientales en general, y se hallaban sometidas a reglas precisas. Ver diversos rasgos en Jr **9** 17.18; Am **5** 16; Ez **24** 15-24; Mt **9** 23; Mc **5** 38.
38 16 (b) Hebr.: «y no te ocultes cuando expira».
38 17 (a) Lit. «haz ardiente el golpe»: se golpeaban el pecho en señal de duelo. —Hebr.: «haz el duelo».
38 17 (b) Siete días según **22** 12. Pero pudieron existir diversos ritos según los duelos.

¹⁹   ¹⁸ Porque la tristeza lleva a la muerte,
      y la pena del corazón consume las fuerzas.

²⁰   ¹⁹ En la adversidad se prolonga la tristeza,
      una vida de miseria aflige el corazón*.

30 21   ²¹   ²⁰ No te abandones a la tristeza,
      evítala, acordándote del final*.

7 36; 28 6   ²²   ²¹ No olvides que no hay retorno,
      al difunto no le aprovecha tu tristeza, y te harás daño a ti mismo.

²³   ²² «Recuerda mi sentencia*, que será también la tuya:
      a mí me tocó ayer, a ti te toca hoy*.»

²⁴   ²³ Cuando un muerto descansa, deja que descanse su memoria,
      consuélate de él, porque ha dejado de existir.

Oficios manuales*.

²⁵   ²⁴ La sabiduría del escriba se adquiere en los ratos de ocio,
      el que se libera de los negocios se hará sabio.

²⁶   ²⁵ ¿Cómo podrá llegar a sabio el que empuña el arado,
      y alardea de tener por lanza el aguijón,
      el que conduce bueyes, los arrea mientras trabajan,
      y no sabe hablar más que de novillos?

²⁷   ²⁶ Se dedica con empeño a abrir surcos,
      y se desvela cebando terneras.

²⁸   ²⁷ De igual modo el obrero o artesano,
      que trabaja noche y día;
      los que graban las efigies de los sellos,
      y se afanan por variar los detalles,
      ponen todo su empeño en igualar el modelo,
      y pasan las noches rematando la obra.

²⁹   ²⁸ También el herrero sentado junto al yunque,
      atento a los trabajos del hierro;
      el vapor del fuego le requema la carne,
      y en el calor de la fragua se fatiga,

³⁰   el ruido del martillo le ensordece*,
      y sus ojos están fijos en el modelo del objeto;

³¹   se esfuerza por concluir su obra,
      y pasa sus noches puliendo todos los detalles.

³²   ²⁹ Igualmente el alfarero sentado a su tarea,
      haciendo girar el torno con sus pies,
      continuamente preocupado por su trabajo,
      y ocupado en producir un buen número de piezas*;

³³   ³⁰ con su brazo moldea la arcilla,
      con sus pies ablanda su dureza;

³⁴   se esfuerza por acabar el barnizado,
      y pasa sus noches limpiando el horno.

³⁵   ³¹ Todos éstos confían en sus manos,
      y cada uno es sabio* en su oficio.

³⁶   ³² Sin ellos no se podría construir una ciudad,
³⁷   ni se podría habitar ni circular por ella.

---

38 19 «una vida de miseria»; lit. «una vida de pobre».
38 20 O simplemente: «acordándote del futuro»: Es difícil la traducción de la expresión *ta eschata*, 7 36; 26 6; 48 24.
38 22 (a) «mi sentencia» (habla el muerto), o «la sentencia», S, o «su sentencia», Vaticano, hebr. Pero cualquiera que sea la lectura adoptada, se trata de la sentencia que condena a todos los hombres a morir, Gn 2 17; 3 3.4.
38 22 (b) Es decir: yo estaba vivo ayer como tú lo estás hoy. —Hebr. «a él ayer».
38 24 Se ha relacionado este pasaje con un antiguo texto egipcio conocido con el nombre de «Sátira de los oficios». Obsérvese que Ben Sirá limita su descripción a los oficios típicamente palestinenses.
38 28 «los trabajos del hierro» texto recibido; «el hierro bruto» Vaticano. —«ensordece» conj. que supone el hebr. *yejeraš* leído por el traductor griego *yejaddeš* (confusión frecuente del *reš* y del *dalet*), «renueva».
38 29 Traducción dudosa, lit. «toda su actividad está controlada» o «numerada», quizá porque debe suministrar un número determinado de piezas al fin de la jornada.
38 31 La habilidad manual es una forma elemental de sabiduría, ver Ex 35 30 - 36 1; 1 R 5 20; 7 13-14. Pero no se puede comparar con la del escriba, ver Si 39 1-11.

³³ Pero no se les busca para el consejo del pueblo,
  ni ocupan puestos de honor en la asamblea.

38

No se sientan en el sitial del juez,
  ni comprenden las disposiciones del derecho*.
³⁴ No son capaces de enseñar ni de juzgar,
  ni se cuentan entre los que dicen máximas*.

39

Pero ellos aseguran la creación eterna,
  y su oración tiene por objeto las tareas de su oficio.

El escriba.

39 ¹ No así el que se aplica de lleno
  a meditar la ley del Altísimo.

Sal 1 2

39.¹
Indaga la sabiduría de todos los antiguos,
  y dedica su ocio a estudiar las profecías*,
² conserva los relatos de los hombres célebres,
  y penetra en las sutilezas de las parábolas*,
³ busca el sentido oculto de los proverbios,
  y se interesa por los enigmas de las parábolas.
⁴ En medio de los poderosos presta su servicio,
  se presenta ante los jefes;

5

viaja por tierras extranjeras*,
  experimenta lo bueno y lo malo de los hombres.

6

⁵ Por la mañana dirige su corazón
  hacia el Señor, su Hacedor;
suplica ante el Altísimo,

7

abre su boca en oración,
  y ruega por sus pecados.

8

⁶ Si el Señor, el Grande, lo quiere,
  lo llenará de espíritu de inteligencia;

9

le hará derramar como lluvia las palabras de su sabiduría,
  y en la oración dará gracias al Señor.

Is 11 2

10

⁷ Enderezará su consejo y su ciencia,
  y meditará los misterios ocultos.

11

⁸ Mostrará la instrucción recibida,
  y se gloriará en la ley de la alianza del Señor.

12

⁹ Muchos elogiarán su inteligencia,
  y jamás será olvidada.

13

No desaparecerá su recuerdo,
  su nombre vivirá de generación en generación.

14

¹⁰ Las naciones hablarán de su sabiduría,
  y la asamblea proclamará su alabanza.

=44 15

¹¹ Mientras viva, su nombre será famoso entre mil,
  y cuando muera, esto le bastará*.

Invitación a alabar a Dios.

16

¹² Todavía voy a exponer mis reflexiones,
  que estoy lleno como luna llena.

17

¹³ Escuchadme, hijos piadosos, y creced
  como rosal plantado junto a corrientes de agua.

Sal 1 3

18

¹⁴ Como incienso derramad buen olor,

19

floreced como el lirio,

---

38 33 Es decir: la Ley, ver **45** 17.
38 34 «los que dicen máximas» conj.; «las máximas»
griego.
39 1 Ley, sabiduría, profecías parece que son las tres
partes de la Escritura, ver Prólogo, 1.8-10.24-25.
39 2 El escriba es ante todo el *conservador* de las Escrituras, pero también está encargado de explicarlas al
pueblo, ver Esd **7** 6+. Respecto de la parábola o *mašal*,

ver la Introducción.
39 4 El escriba es a menudo funcionario, ministro,
embajador.
39 11 Lit. «él (ello) le basta» *ekpoiei* conj.; «trabaja
para él (?)» *empoiei* griego. —Texto difícil. El sentido
parece ser que si muere sin haber tenido tiempo de alcanzar la gloria humana, no debe el escriba dolerse de
sus esfuerzos.

exhalad perfume, entonad un cantar,
   bendecid al Señor por todas sus obras.
20   ¹⁵ Reconoced la grandeza de su nombre,
   dadle gracias, proclamad su alabanza,
con vuestros cánticos y con las cítaras,
   alabadlo con estas palabras:

Sal 104 24;   21   ¹⁶ ¡Qué hermosas son todas las obras del Señor!,
33 9
   todas sus órdenes se cumplen a su tiempo.
Qo 3 11   No hay por qué decir: ¿Qué es esto? Y esto ¿para qué sirve?
   Todo se indagará a su tiempo*.
22   ¹⁷ A su palabra el agua se detuvo como una masa,
   a su voz se formaron los depósitos de las aguas*.
23   ¹⁸ A una orden suya se cumple todo cuanto desea,
1 S 14 6   y nadie puede impedir su salvación.
24   ¹⁹ Todas las acciones de los hombres están ante él,
Sb 1 7-8   y nada puede ocultarse a sus ojos.
25   ²⁰ Su mirada abarca toda la eternidad,
   y nada le causa admiración.
26   ²¹ No hay por qué decir: ¿Qué es esto? Y esto ¿para qué sirve?,
   pues todo ha sido creado con un fin.

27   ²² Su bendición se ha desbordado como un río*,
28   como un diluvio ha inundado la tierra;
(29)   ²³ pero las naciones heredarán su ira,
Gn 19 24-26   como cuando él convirtió las aguas en salinas.
    ²⁴ Para los fieles son llanos sus caminos,
   para los malvados son piedras de tropiezo.
33 14-15   30   ²⁵ Desde el principio los bienes han sido creados para los buenos,
   así como los males* para los pecadores.
31   ²⁶ Esenciales para la vida del hombre
   son: agua, fuego, hierro y sal,
flor de harina de trigo, leche y miel,
   mosto, aceite y vestido.
32   ²⁷ Todas estas cosas son bienes para los piadosos,
   pero para los pecadores se transforman en males.

33   ²⁸ Hay vientos creados para castigar,
   y en su furia refuerzan los azotes*;
34   en el momento final desencadenan su fuerza,
   y desahogan la ira de su creador.
35   ²⁹ Fuego y granizo, hambre y muerte,
   todos han sido creados para castigar*.
36   ³⁰ Dientes de fieras, escorpiones, víboras
   y espada vengadora para matar a los malvados.
37   ³¹ Todos se alegran de recibir sus órdenes,
   están preparados para intervenir en la tierra,
   y llegada la ocasión no transgredirán su mandato.
38   ³² Por eso desde el principio yo estaba convencido,
   he reflexionado y lo he puesto por escrito*:

---

39 16 Estos dos esticos, que sólo se encuentran en el griego, son parcialmente un duplicado del v. 21. Parece que significan: inútil plantear prematuramente cuestiones sobre el orden del mundo. Un día u otro, por la recompensa o el castigo, Dios hará ver la utilidad de tal o cual elemento que planteaba dificultades (vv. 21.34). Entonces, el sabio que estudie las cosas «a su tiempo», las comprenderá. Puede haber en este pasaje un intento de puntualización de algunas páginas pesimistas del Eclesiastés.
39 17 Alusiones a los muchos milagros referentes al agua: creación, Gn 1 9, diluvio, Gn 7 11, paso del mar, Ex 14 21-22, y del Jordán, Jos 3 16, y quizá también al misterio de las nubes, depósitos inagotables. Ver Sal 104 6-13.

39 22 El autor piensa en las crecidas bienhechoras del Nilo. —El hebr. dice: «como un Nilo».
39 25 «los males»; var. hebr.: «el bien o el mal».
39 28 Según griego 248 y sir.: «en su furor él ha endurecido sus látigos».
39 29 *Testamento de los XII Patriarcas:* «(El cielo inferior) contiene el fuego, la nieve, el hielo, dispuestos para el día del juicio, en el justo juicio de Dios. Porque allí están los espíritus de venganza para el castigo de los hombres» (Leví 3 2). Ben Sirá considera también las plagas como guardadas en reserva, pero su perspectiva no parece ser propiamente escatológica.
39 32 Es el anuncio solemne de la conclusión optimista: todo lo ha querido Dios para un fin. Todo está den-

39
³³ «Las obras del Señor son todas buenas,
   y él provee oportunamente a cualquier necesidad.
40
³⁴ No hay por qué decir: Esto es peor que aquello,
   porque todo será reconocido en su momento.
41
³⁵ Y ahora con todo el corazón y a plena voz cantad himnos
   y bendecid el nombre del Señor.»

Sal 145 21

Miseria del hombre*.

Gn 3 16-19
Jb 7 1s;
14 1-2+

40 ¹ Penoso destino se ha asignado a todo hombre,
      pesado yugo grava sobre los hijos de Adán,
   desde el día en que salen del seno materno,
      hasta el día de su regreso* a la madre de todos.

Jb 1 21+

² El objeto de sus reflexiones, la ansiedad de su corazón
   es la espera angustiosa del día de la muerte.
³ Desde el que está sentado en un trono glorioso
   hasta el que yace humillado en la ceniza y el polvo;
⁴ desde el que lleva púrpura y corona
   hasta el que se cubre con harapos;
   todos conocen la ira y la envidia, la turbación y la inquietud,
   el miedo a la muerte, el resentimiento y la discordia.
⁵ Y mientras descansa en el lecho,
   los sueños nocturnos alteran sus pensamientos*.

Dt 28 65-67
Jb 7 4
Qo 2 23;
8 16

⁶ Descansa un poco, apenas un instante,
   y ya en sueños o en vigilia,
   se ve turbado por sus propias visiones,
   como si fuese un fugitivo que huye del combate,
⁷ que al sentirse libre, se despierta,
   sorprendido de su infundido temor.
⁸ Éste es el destino de toda criatura, del hombre hasta la bestia,
   pero para los pecadores es siete veces peor:
⁹ muerte, sangre, discordia, espada,
   adversidades, hambre, tribulación, azote.
¹⁰ Todo esto fue creado para los malvados,
   y por su culpa se produjo el diluvio.

39 25.29

¹¹ Todo cuanto viene de la tierra a la tierra vuelve,
   todo cuanto viene del agua en el mar desemboca*.

=41 10
Gn 3 19
Sal 146 4
Qo 1 7

El fin del malvado.

¹² Sobornos e injusticias desaparecerán,
   pero la fidelidad subsistirá por siempre.
¹³ Las riquezas de los injustos se secarán como un torrente,
   son como un gran trueno que estalla en la tormenta.
¹⁴ Cuando él abre las manos, se alegra*,
   así los transgresores desaparecerán por completo.
¹⁵ La estirpe de los impíos tiene pocas ramas,
   las raíces impuras sólo encuentran piedra áspera.

23 25
Sb 4 3

¹⁶ Caña que crece en el agua o al borde del río
   será arrancada antes que las otras hierbas*.

Jb 8 11-12

¹⁷ La caridad es como un paraíso de bendición,
   y la limosna permanece para siempre*.

40 27

---

tro del orden y el hombre no tiene por qué lamentarse
de nada; solamente sufre si lo ha merecido.
40 Esta exposición sobre la miseria universal contrasta con el cap. precedente. No hay incoherencia en
el pensamiento de Ben Sirá. Esta miseria tiene explicación, puesto que es consecuencia del pecado, v. 10.
40 1 «regreso» griego 248, hebr.; «inhumación» texto
recibido.
40 5 Según el hebr. (dudoso) y el contexto, puede en-

tenderse: el sueño le trae otras ideas no menos penosas.
Ver Qo 2 22.23.
40 11 Hebr.: «y cuanto de arriba viene, arriba vuelve»,
ver Qo 12 7.
40 14 Texto difícil. Quizá se trata del justo cuya generosidad es fuente de alegría.
40 16 Hebr.: «antes de toda lluvia».
40 17 Hebr.: «La piedad jamás vacilará y la limosna
permanece por siempre.»

Lo bueno y lo mejor.

¹⁸ Dulce es la vida del que se basta a sí mismo y del trabajador,
  pero todavía más la de quien encuentra un tesoro.
¹⁹ Tener hijos y fundar una ciudad perpetúan el nombre,
  pero todavía más la mujer de conducta intachable*.
²⁰ El vino y la música alegran el corazón,
  pero todavía más el amor a la sabiduría*.
²¹ La flauta y la cítara hacen el canto suave,
  pero todavía más la lengua dulce.
²² Gracia y belleza el ojo desea,
  pero todavía más el verdor de los campos.
²³ Amigo y compañero se encuentran a su hora,
  pero todavía más la mujer y su marido.

Pr 17 17
Si 29 8+

²⁴ Hermano y protector ayudan en la desgracia,
  pero todavía más salva la limosna.
²⁵ Oro y plata aseguran el paso,
  pero todavía más se estima el consejo.
²⁶ La riqueza y la fuerza dan confianza,
  pero todavía más el temor del Señor.
²⁷ Al que teme al Señor nada le falta,
  no necesita buscar otra ayuda.

40 17 ²⁸

²⁷ El temor del Señor es un paraíso de bendición,
  protege más que cualquier otro escudo.

Mendicidad.

²⁹

²⁸ Hijo, no lleves vida de mendigo,
  más vale morir que mendigar.

³⁰

²⁹ Hombre que suspira por mesa ajena
  vive una vida que no es vida.
  Deshonra su boca con comida ajena,

³¹

  pero el instruido y educado se guarda de ello*.

Jb 20 12-14 ³²

³⁰ La mendicidad es dulce en la boca del descarado,
  pero en sus entrañas es un fuego abrasador.

La muerte.

Jb 14 1-2+

41

¹ ¡Oh muerte, qué amargo es tu recuerdo
  para el que vive tranquilo entre sus bienes,
  para el varón despreocupado que prospera en todo,
  y todavía es capaz de gozar de los placeres*!

Jb 3 20s ³

² ¡Oh muerte, qué dulce es tu sentencia
  para el hombre necesitado y carente de fuerzas,

⁴

  para el viejo acabado, preocupado por todo,
  que se rebela y ha perdido la paciencia!

⁵

³ No temas la sentencia de la muerte,
  recuerda tu origen y tu destino.

Gn 3 19; 6 3

⁴ Ésta es la sentencia del Señor para todos,
  ¿por qué rechazar la voluntad del Altísimo?

⁶

Qo 6 6; 9 10

  Aunque vivas diez, cien o mil años,

⁷

  en el abismo nadie te lo discutirá*.

---

40 19 Hebr. añade entre los dos esticos: «pero más que ambas cosas el hallazgo de la sabiduría. Ganado y plantaciones hacen ser floreciente».
40 20 «la música»; hebr.: «los licores». —«a la sabiduría» omitido por hebr.

40 29 Hebr.: «es una tortura interior para el hombre instruido».
41 1 Griego «de servirse el alimento».
41 4 Puesto que el final es el mismo para todos, no se censura a los que hayan vivido más tiempo.

Destino de los impíos.

8 ⁵ Detestables son los hijos de los pecadores,
los que frecuentan las casas de los impíos.
9 ⁶ La herencia de los hijos de los pecadores es la ruina,
con su linaje se perpetúa la infamia.
10 ⁷ Al padre impío le maldicen sus hijos,
porque por culpa suya son deshonrados.
11 ⁸ ¡Ay de vosotros, impíos,
que habéis abandonado la ley del Altísimo!
12 ⁹ Si nacéis, nacéis para la maldición*,
si morís, heredáis la maldición.
13 ¹⁰ Todo cuanto viene de la tierra, a la tierra vuelve,
así los impíos pasan de la maldición a la ruina. =40 11
14 ¹¹ Los hombres hacen duelo por sus cadáveres,
pero el nombre infame de los pecadores será borrado.*
15 ¹² Preocúpate por tu nombre, porque te sobrevivirá,
dura más que mil tesoros de oro. Pr **22** 1
16 ¹³ La buena vida tiene los días contados, Qo **7** 1
pero el buen nombre permanece para siempre.

La vergüenza.

17 ¹⁴ Hijos, conservad en paz la instrucción.

Sabiduría escondida y tesoro oculto, =20 30-31
¿para qué sirven? Mt **5** 14-16
18 ¹⁵ Más vale hombre que oculta su necedad,
que el que oculta su sabiduría.

19 ¹⁶ Así pues, os voy a decir de qué tenéis que avergonzaros,
20 porque no está bien avergonzarse de cualquier cosa,
aunque no todos aprecian igualmente las mismas cosas.
21 ¹⁷ Avergüénzate ante tus padres de una conducta inmoral;
ante el jefe y el poderoso de la mentira;
22 ¹⁸ ante el juez y el magistrado, del delito;
ante la asamblea y el pueblo, de la iniquidad;
23 ¹⁹ ante el compañero y el amigo, de la deslealtad;
ante los vecinos, del robo;
24 ²⁰ y ante la verdad de Dios y la alianza,
de poner los codos sobre los panes*,
²¹ de despreciar lo que recibes y lo que das,
25 de no contestar a los que te saludan,
²² de mirar a una prostituta,
26 de dar la espalda a tu pariente,
²³ de apropiarte de la parte de otro o de su regalo,
27 de poner los ojos en una mujer casada, 9 8-9
²⁴ de tener intimidades con la criada
—¡no te acerques a su cama!—,
28 ²⁵ de insultar a los amigos
—¡no les eches en cara lo que les has dado!—,
42.¹ ²⁶ de repetir lo que oyes a los demás,
de revelar secretos.
²⁷ Así demostrarás que eres un hombre respetable,
y serás apreciado por todos.

41 9 Hebr. añade entre los dos esticos: «si engendráis, es para lamento; si tropezáis, es para la alegría
eterna» (que sin duda se ha de leer con sir.: «para la
alegría del pueblo»).
41 11 Hebr.: «El cuerpo del hombre es vanidad, pero
el nombre de la bondad no será borrado.»
41 20 ¿Se tratará de una regla de sociedad? Parece
poco conforme con el contexto. También el hebreo es
poco inteligible: «de violar juramento y alianza, de extender los codos en (hacia) el pan (?)».

42 ¹ Pero de lo que sigue no has de avergonzarte*,
   ni hagas acepción de personas que te induzca a pecar:
² de la ley del Altísimo y de su alianza,
   del juicio que justifica a los impíos*,
³ de arreglar cuentas con el compañero de viaje*,
   de compartir tu herencia con otros,
⁴ de usar balanzas y pesas exactas,
   de obtener grandes y pequeñas ganancias,
⁵ de sacar provecho del comercio y las ventas*,
   de corregir con vigor a los hijos,
   de tundir los lomos a un mal siervo.
⁶ Ante una mujer malvada es bueno usar la cerradura,
   y, donde hay muchas manos, usa la llave.
⁷ Lo que dejes en depósito, cuéntalo y pésalo;
   el haber y el debe, vaya todo por escrito.
⁸ No te avergüences de corregir al necio y al insensato,
   ni al viejo decrépito que litiga como un joven*.
   Así demostrarás que eres un hombre educado
   y serás apreciado por todos.

30 1
33 25.27

Pr 10 13; 19
25.29; 26 3

Preocupaciones de un padre con su hija.

⁹ Una hija es para su padre una secreta inquietud*,
   la preocupación por ella le quita el sueño.
   Cuando es joven, por si se le pasa la edad de casarse;
   si está casada, por si el marido la aborrece.
¹⁰ Mientras es virgen, por si se deja seducir
   y queda embarazada en la casa paterna.
   Si está casada, por si es infiel al marido;
   en la relación conyugal, por si resulta estéril.
¹¹ Si tienes una hija atrevida, refuerza la vigilancia,
   no sea que te convierta en el hazmerreír de tus enemigos,
   comidilla en la ciudad, corrillos en el pueblo,
   y te avergüence ante la gente.

Dt 24 1

Las mujeres.

¹² No te dejes fascinar por la belleza de nadie,
   y no te sientes entre mujeres*.
¹³ Porque de los vestidos sale la polilla,
   y de la mujer la malicia femenina.
¹⁴ Vale más maldad de hombre que bondad de mujer,
   la mujer acarrea vergüenza y deshonra*.

Qo 7 26-28

II. La sabiduría en la naturaleza y en la historia

1. EN LA NATURALEZA

¹⁵ Voy a recordar las obras del Señor,
   contaré todo lo que he visto.

---

42 1 Ben Sirá proclama la licitud y aun la conveniencia de algunos actos a los que se oponían el respeto humano o los prejuicios.
42 2 Los impíos son quizá los extranjeros: el autor recomendaría reconocerles sus derechos como a los israelitas.
42 3 «arreglar cuentas»: leyendo *logismou* según el hebr. en vez de *logou*. —«compañero de viaje» conj.; «un compañero y viajeros» griego.
42 5 Ver en sentido contrario **26** 29 y **27** 2. El comercio es legítimo, pero está lleno de tentaciones.
42 8 Hebr. «que peca fornicando».
42 9 Hebr.: «Una hija es para su padre un tesoro engañoso.»
42 12 Hebr: «No muestre a ningún hombre su belleza, no esté de parloteo con las mujeres.»
42 14 Ben Sirá es más severo que los Proverbios, muy poco indulgentes por cierto con las mujeres. Demos su parte a la paradoja, pero señalemos que también el rabinismo posterior manifiesta la misma tendencia.

Por la palabra del Señor* fueron hechas sus obras,
y la creación está sometida a su voluntad*.

Gn 1 3s

16 El sol mira todas las cosas iluminándolas,
de la gloria del Señor está llena su obra.

17 Ni siquiera los santos* del Señor son capaces
de contar todas sus maravillas,
que el Señor omnipotente ha establecido firmemente,
para que el universo subsista en su gloria*.

18 Él sondea el abismo y el corazón del hombre,
y penetra todos sus secretos.

Pr 15 11

Pues el Altísimo conoce toda la ciencia
y escruta las señales de los tiempos*.

19 Anuncia lo pasado y lo futuro,
y descubre las huellas de las cosas ocultas.

20 No se le escapa ningún pensamiento,
ni una palabra se le oculta.

Sal 139 1-4

21 Puso en orden las grandezas de su sabiduría,
porque él existe de siempre y por siempre;

22 nada se le puede añadir ni quitar,
y no necesita de ningún consejero.

18 6
Qo 3 14

23 22 ¡Qué admirables son todas sus obras!
Y lo que contemplamos es apenas un destello.

16 24-29

24 23 Todas viven y permanecen eternamente,
y todas le obedecen en cualquier circunstancia.

25 24 Todas las cosas de dos en dos, una frente a otra,
no ha creado nada imperfecto*.

33 14-15
Qo 3 1-8

26 25 Una cosa confirma la excelencia de otra,
¿quién puede cansarse de contemplar su gloria?

El sol*.

Sal 19 2-7
Gn 1 14-18
Sal 8 4

43 1 Orgullo de las alturas es el firmamento límpido,
espectáculo celeste en una visión espléndida.

2 El sol cuando despunta proclama:
«¡Qué admirable es la obra del Altísimo!»

3 Al mediodía reseca la tierra,
¿quién puede resistir ante su calor?

4 Para los trabajos de forja se atiza el horno,
pero tres veces más el sol abrasa las montañas;
despide vapores ardientes,
ciega los ojos con el resplandor de sus rayos.

5 Grande es el Señor que lo ha creado,
y cuya palabra dirige su rápida carrera.

La luna.

6 También la luna: siempre puntual en sus fases,
para marcar los tiempos, señal eterna.

Sal 89 38;
104 19

7 La luna es quien señala las fiestas,
astro que mengua después del plenilunio*.

---

42 15 (a) Hebr.: «Por su palabra». —Es una de las primeras manifestaciones de la doctrina de la Palabra creadora. Ver **43** 26; Gn 1; Sal 33 6; Sb 9 1.2; Jn 1 1+. En el conjunto de la literatura sapiencial, es más bien la Sabiduría la que es llamada creadora, ver Pr **8** 22+. **42 15** (b) Estico traducido según S, hebr. y sir.; omitido por el conjunto del griego. **42 17** (a) Es decir, los ángeles, Jb 5 1+. **42 17** (b) Hebr. (para 17c-d): «el Señor ha concedido a sus ejércitos el subsistir ante su gloria». **42 18** Los astros son «señales de los tiempos», no sólo porque dividen con regularidad los tiempos, **43** 6; Gn 1 14-18, sino también porque, según una idea muy difun-

dida, el futuro estaba ya inscrito en el cielo, Jr 10 2. Quizá se haya de pensar aquí especialmente en las señales extraordinarias que anunciarán la venida del Mesías, Mt 24 29-31. **42 24** Hebr.: «Todas las cosas son distintas una de la otra y nada hay que sea superfluo.» **43** Comparar estas exposiciones líricas con las de Dn 3 52-90 y las de Sal 19 5s; 136; 145; 148. —El texto es difícil, y el hebr., muy diferente, no ofrece mucha ayuda. **43 7** Las dos grandes fiestas judías, la Pascua y la de las Tiendas, ver Ex 23 14+, comenzaban el día del plenilunio (el 14 del mes) y duraban ocho días.

⁸ De ella reciben los meses su nombre*;
   ella crece maravillosamente cuando cambia,
como estandarte del ejército celeste
   que brilla en el firmamento del cielo.

Ba 3 33-35 ### Las estrellas.

⁹ Belleza del cielo es el resplandor de las estrellas,
   radiante ornamento en las alturas del Señor.
¹⁰ Se mantienen fijas según la palabra del Señor,
   y no abandonan su puesto de guardia.

Gn 9 13
Ez 1 28
Si 50 7 ### El arco iris.

¹¹ Mira el arco iris y bendice a su Hacedor,
   ¡qué esplendor tan bonito!
¹² Rodea el cielo con un arco de gloria,
   lo han tendido las manos del Altísimo.

Sal 147
16-18
Jb 38 22s ### Maravillas de la naturaleza.

¹³ Con una orden suya hace caer la nieve,
   según su decreto fulmina los rayos.
¹⁴ Por eso se abren sus depósitos,
   y las nubes vuelan como pájaros.
¹⁵ Con su grandeza condensa las nubes,
   y se desmenuzan las piedras de granizo.

Sal 29 8 ^{17a} El estallido de su trueno estremece la tierra,
   ¹⁶ a su vista se tambalean las montañas.
Cuando quiere, sopla el viento del sur,
   ^{17b} el huracán del norte y los ciclones*.
¹⁸ Como bandada de pájaros esparce la nieve,
   que se posa en el suelo como plaga de langostas.
La belleza de su blancura deslumbra los ojos,
   y al verla caer el corazón se extasía.
¹⁹ Como sal derrama la escarcha sobre la tierra,
   y al helarse queda en forma de pinchos espinosos.
²⁰ El viento frío sopla del norte,
   y el agua se convierte en hielo;
se posa sobre todas las superficies acuosas,
   y las reviste como de una coraza.
²¹ Devora los montes, quema el desierto,
   y como el fuego consume todo lo que es verde.
²² Como remedio rápido para todo llega la niebla,
   y después del calor el rocío trae de nuevo la alegría.

Jb 7 12+
Sal 104 5s ²³ Con su designio ha dominado el océano,
   y ha plantado islas en él.
²⁴ Los que surcan el mar hablan de sus peligros,
   y nosotros nos maravillamos de lo que cuentan.

Sal 104 25s;
107 23s ²⁵ Allí hay criaturas raras y maravillosas,
   toda clase de animales y monstruos marinos.
²⁶ Gracias a Dios su mensajero tiene éxito,
   y gracias a su palabra todo está en su sitio.

²⁷ Podríamos decir mucho más y nunca acabaríamos.
   Mi conclusión es ésta: «Él lo es todo*.»

---

43 8   Ya sea porque la misma palabra hebrea *(yareaj)* sirve para designar la luna y el mes, ya porque la otra palabra que designa el mes *(jodeš)* significa «novedad» (luna nueva).

43 17^b Seguimos el orden del hebr.

43 27 Ciertamente no en sentido panteísta. Para Ben Sirá todo viene de Dios, cuya trascendencia ha afirmado siempre, ver aquí v. 28, y a quien todo pertenece.

30   ²⁸ ¿Dónde hallar fuerza para glorificarle?
               ¡Él es más grande que todas sus obras!   Sal 96 4;
31   ²⁹ Temible es el Señor, inmensamente grande,   145 3
               admirable en su poder.
32   ³⁰ Ensalzad al Señor con vuestra alabanza,
33   todo cuanto podáis, que él siempre os superará;
34   y al ensalzarle redoblad vuestra fuerza,
                 no os canséis, que nunca acabaréis.
35   ³¹ ¿Quién le ha visto para poder describirle?,   Jn 1 18
                 ¿quién puede glorificarle como se merece?
36   ³² Cosas más grandes que éstas aún permanecen ocultas,
                 pues nosotros hemos visto sólo una parte de sus obras. Jb 26 14
37   ³³ Porque el Señor lo ha hecho todo,   Si 1 9-10;
                 y a los piadosos les ha dado la sabiduría.   42 17

2. EN LA HISTORIA

Elogio de los padres*.   1 M 2 51-64
                                                                        Hb 11

44

¹ Hagamos el elogio de los hombres ilustres*,
  de nuestros padres según sus generaciones.
² Grandes glorias ha creado el Señor*,
  desde siempre ha mostrado su grandeza.
³ Hubo hombres que gobernaron en sus reinos,
  y hombres famosos por su poder;
consejeros notables por su inteligencia,
  y expertos en anunciar profecías.
⁴ Hubo otros que guiaron al pueblo con sus consejos,
  con su dominio de la literatura popular,
  y con las sabias palabras de su doctrina*.
⁵ Hubo inventores de melodías musicales,
  compositores de poesías,
⁶ hombres ricos, dotados de poder,
  que vivían en paz en sus casas.
⁷ Todos ellos fueron honrados por sus contemporáneos,
  motivo de orgullo fueron en su tiempo.
⁸ Algunos de ellos dejaron un nombre,
  que aún se recuerda con elogio.
⁹ Otros no dejaron memoria,
  desaparecieron como si no hubieran existido,
  pasaron como si nunca hubieran sido,
  igual que sus hijos después de ellos.

¹⁰ Pero hubo también hombres de bien,
   cuyos méritos no han quedado en el olvido*.
¹¹ En sus descendientes se conserva
   una rica herencia, su posteridad.
¹² Sus descendientes han sido fieles a la alianza,   39 9
   y gracias a ellos también sus hijos.

---

44 Este elogio nos indica cómo entendía la historia de Israel un judío piadoso del siglo II a.C. Ver 1 M 2 51-64.
44 1 Ver **44** 10, donde tenemos, en hebr., la misma expresión: hombre de piedad *(jésed)*, que dio origen al término «asideos» *(Jasidim)*, ver 1 M 2 42; 7 13, aquellos judíos que en la época del levantamiento macabeo se distinguían por su fidelidad a Dios y a la Ley. Si el traductor no utilizó la expresión exacta, quizá fue porque, en su época, la expresión tenía un sentido demasiado conocido.

44 2 Los vv. 2-9 pueden ser una descripción de las glorias profanas conocidas fuera de Israel, a las que el autor contrapondría (vv. 1 y 10s) los antepasados de los judíos, o una ojeada de conjunto de las glorias de Israel que el autor va a detallar a continuación.
44 4 Hebr.: «jefes de las naciones en sus proyectos, funcionarios en sus pensamientos profundos, sabios reflexivos en sus libros, gobernantes en sus tradiciones».
44 10 Hebr.: «su esperanza no se verá frustrada», lectura que parece traducir una esperanza de inmortalidad que no aparece en el griego.

¹³ Su descendencia permanece para siempre,
    y su gloria no se borrará.
¹⁴ Sus cuerpos fueron sepultados en paz,
    y su nombre vive por generaciones.

=39 10   ¹⁵ Los pueblos hablarán de su sabiduría,
    y la asamblea proclamará su alabanza.

Henoc.

Gn 5 24 LXX   ¹⁶ Henoc agradó al Señor y fue arrebatado,
Hb 11 5   ejemplo de conversión* para todas las generaciones.

Noé.

Gn 6 9   ¹⁷ Noé fue hallado íntegro y justo,
Is 6 13   y en el tiempo de la ira hizo posible la reconciliación.
⁄1 P 3 20   18   Gracias a él un resto* sobrevivió en la tierra,
⁄2 P 2 5   cuando llegó el diluvio*.
       19   ¹⁸ Con él se pactaron alianzas eternas*,
Gn 9 9+   para que el diluvio no exterminara a todos los vivientes.
Gn 8 21-22

Abrahán.

Gn 12 2;   20   ¹⁹ Abrahán fue padre insigne de una multitud de naciones,
17 4s   no se halló quien le igualara en su gloria*.
Rm 4 1.   ²⁰ Él guardó la ley del Altísimo,
13-18   y con él estableció una alianza.
       21   En su carne selló esta alianza,
Gn 17 10+   y en la prueba fue hallado fiel*.
Gn 22 1-19   22   ²¹ Por eso Dios le prometió con juramento
1 M 2 52   bendecir a las naciones por su descendencia,
Hb 11 17   23   multiplicarle como el polvo de la tierra,
Gn 22 18;   exaltar su estirpe como las estrellas,
12 3; 15 5   y darle una herencia de mar a mar,
Hch 3 25   desde el Río hasta los confines de la tierra.
Ga 3 8-9
Gn 15 18
Jc 20 1+

Isaac y Jacob.

Gn 17 19;   24   ²² A Isaac le aseguró lo mismo,
26 3-5   25   por amor de su padre Abrahán.
         ²³ La bendición de todos los hombres y la alianza
         las hizo reposar en la cabeza de Jacob*.
       26   Le confirmó en sus bendiciones,
         y le otorgó la tierra en herencia.
         La dividió en varias partes,
         y las repartió entre las doce tribus.

Moisés.

27   **45.** **45**   ¹ Hizo salir de él un hombre de bien,
                  que gozó del favor de todos*,

---

44 16 Es decir, motivo para convertirse. La lectura del hebr. «ejemplo de ciencia» alude quizá a los misterios de que Henoc fue testigo y que reveló a los hombres («Libro de los secretos de Henoc»). Lat.: «para llevar la conversión a las naciones».
44 17 (a) «vástago» según hebr. (término dudoso); «cambio» griego; «reconciliación» lat. —Se trata de la doctrina profética del «resto» del que saldrá la salvación, ver Is 4 3+, aplicada a la historia de Noé.
44 17 (b) Hebr.: «por la alianza con él cesó el diluvio».
44 18 Las alianzas «noáquicas» del código sacerdotal. Pero el hebr. sólo habla de la «señal eterna» (el arco iris, Gn 9 12-13).

44 19 Hebr.: «no puso tacha en su gloria».
44 20 Respecto a la fe de Abrahán, ver Gn 12 1+; 15 6+; 22 1+; Ga 3 6-14; Rm 4 1-25.
44 23 Hebr.: «en la cabeza de Israel», ver Gn 32 28. Una glosa marginal sustituye la palabra «bendición» (*berakah*) por «derecho de primogenitura» (*bekorah*), ver Gn 25 29s; 1 Cro 5 1 (donde la palabra «derecho de primogenitura» del hebr. fue leída «bendición» por el griego).
45 1 Estos dos versos, tal como se han conservado, se refieren a Moisés, pero hay quienes se preguntan si primitivamente no se referirían a José, al que no se menciona. En tal caso se trataría de vestigios de un desarrollo desaparecido.

amado de Dios y de los hombres:
Moisés, de bendita memoria.

42 17+

² Le dio gloria como a los santos,
lo hizo poderoso para temor de sus enemigos.

³ Con su palabra puso fin a los prodigios,
y le glorificó delante de los reyes;
le dio mandamientos para su pueblo,
y le mostró algo de su gloria.

Ex 8 8s.26s;
9 33; 10 18s

⁴ Por su fidelidad y humildad lo santificó,
lo eligió de entre todos los vivientes.

⁵ Le hizo oír su voz,
y lo introdujo en la negra nube;
cara a cara le dio los mandamientos,
la ley de vida y de conocimiento,
para enseñar su alianza a Jacob
y sus decretos a Israel.

Ex 19 19s;
20 21; 24 18

Ex 20 1s.22s
Dt 4 6-8;
32 47

Aarón.

7

⁶ Exaltó a Aarón, un santo como él,
su hermano, de la tribu de Leví.

8

⁷ Estableció con él una alianza eterna,
y le concedió el sacerdocio del pueblo.
Le honró con espléndidos ornamentos,
le ciñó con una túnica de gloria*.

9

⁸ Le revistió con perfecto esplendor,
y le confirmó con las insignias de poder:
los calzones, la túnica y el efod.

10

Ex 28 42.
31-35.6-12

⁹ Le colocó granadas en los bordes de sus vestidos
y muchas campanillas de oro todo alrededor,
para que tintinearan al caminar,
y resonaran por todo el templo,
como memorial para los hijos de su pueblo.

11

Ex 28 33-34

¹⁰ Le dio los ornamentos sagrados, de oro, jacinto
y púrpura, obra de bordador,
y el pectoral del juicio con el Urim y el Tumim*,
con cintas de escarlata, obra de artista;

12

Ex 28 2-5

13

Ex 28 6+
1 S 14 41+

¹¹ con piedras preciosas, grabadas como sellos,
en engaste de oro, obra de joyero,
y con una inscripción grabada,
según el número de las tribus de Israel.

14

¹² Encima del turbante le colocó corona de oro,
grabada con el sello de consagración,
insignia de honor, obra magnífica,
adorno que era un regalo para los ojos.

Ex 28 36-39

15
16

¹³ Antes de él nunca se vieron cosas semejentes,
y jamás un extraño se vistió de ese modo,
sino sólo sus hijos,
y sus descendientes para siempre.

17

¹⁴ Sus sacrificios se consumían totalmente,
dos veces al día sin interrupción.

18

¹⁵ Moisés lo consagró sacerdote,
lo ungió con óleo santo.

Lv 8 1-13

19

Así se estableció una alianza eterna para él,
y para su descendencia mientras dure el cielo*:

---

45 7 Hemos observado ya la afición de Ben Sirá a las ceremonias del culto y las vestiduras litúrgicas. Ver **35** 1-10; **50** 1-21.
45 10 Lit. «las suertes de verdad»; poco más o menos así traducen Urim y Tumim los Setenta en Ex 28 30.

Pero el hebr.: «el efod y el ceñidor», parece mejor; ver estico siguiente.
45 15 «mientras dure el cielo» hebr.; «en los días del cielo» griego.

presidirá el culto, ejercerá el sacerdocio,
  y bendecirá a su pueblo en nombre del Señor.

²⁰
Lv 2 2.9.16

¹⁶ Lo eligió de entre todos los vivientes
  para presentar la ofrenda al Señor,
el incienso y el aroma en memorial,
  y para hacer expiación por el pueblo.

Lv 16 1+
²¹

¹⁷ Le confió sus mandamientos,
  y potestad sobre las prescripciones legales*,
para enseñar a Jacob sus dictámenes
  e instruir a Israel en la ley.

Nm 16 1-
17 15
²²

¹⁸ Unos extraños confabularon contra él,
  y en el desierto le cogieron envidia,
los hombres de Datán y Abirón,
  la banda enfurecida de Coré.

²³

¹⁹ El Señor lo vio y se irritó,
  y los destruyó con el ardor de su ira.
Hizo prodigios contra ellos,
  y los consumió con su fuego ardiente.

²⁴

²⁵

²⁰ Aumentó la gloria de Aarón
  y le concedió una heredad,
le otorgó las primicias de los frutos
  y sobre todo pan en abundancia.

Nm 18 12-13
²⁶

²¹ Por eso se alimentan con los sacrificios del Señor,
  que él le concedió a Aarón y a su linaje.

Ex 29 28.31s
Lv 6 9-11;
7 9-10.32-36
Nm 18 20
²⁷

²² En cambio, no tiene heredad en la tierra,
  ni parte en el pueblo,
porque: «Yo soy tu parte y tu heredad».

Sal 16 5+

Pinjás.

²⁸

²³ Pinjás, hijo de Eleazar, es el tercero en gloria,
  porque se mostró fiel en el temor del Señor.
Cuando el pueblo se rebeló, él se mantuvo firme,
  con espíritu noble y valiente,
  y así obtuvo el perdón para Israel.

Nm 25 7s
²⁹

Nm 25 11-13
³⁰

²⁴ Por eso el Señor hizo con él una alianza de paz,
  y le designó jefe del santuario* y de su pueblo.
De este modo él y su descendencia recibieron
  la dignidad del sumo sacerdocio para siempre.

³¹

²⁵ El Señor hizo también alianza con David,
  hijo de Jesé, de la tribu de Judá.
Pero esta herencia real sólo pasa de hijo a hijo,
  mientras que la herencia de Aarón pasa a todo su linaje.

²⁶ Que Dios os conceda la sabiduría del corazón*,
  para juzgar a su pueblo con justicia,
y para que no se desvirtúen los valores de los padres,
  ni su gloria por todas las generaciones.

Josué.

Jos 1 1+

46

¹ Valiente guerrero fue Josué, hijo de Nun,
  sucesor de Moisés* en la dignidad de profeta.

---

45 17 *Lit.* «las alianzas de juicio». Para el traductor, las alianzas designan siempre las «ordenanzas». El sumo sacerdote ejercía, pues, funciones de jurisconsulto. Ver Lv 10 11; Dt 33 10.
45 24 «el santuario» hebr.; «a los santos» griego.
45 26 Voto dirigido a los actuales descendientes de Aarón. El hebr. para este v. es muy diferente: «Y ahora ro-

gad al Dios bueno, que os corone de gloria: que os dé la sabiduría del corazón, para que no se olviden vuestras bondades y vuestros grandes hechos para las generaciones futuras.»
46 1 (a) «Josué, hijo de Nun»; el griego dice: «Jesús, hijo de Navé», conforme a la tradición de los Setenta, ver Jos 1 1. —«sucesor»; hebr.: «siervo», ver Ex 33 11.

2   De acuerdo con lo que su nombre indica*,
        se mostró grande para salvar a los elegidos del Señor,
        para tomar venganza de los enemigos sublevados,
        e introducir a Israel en su heredad.
3   ² ¡Qué glorioso cuando alzaba la mano
        y blandía la espada contra las ciudades!
4   ³ ¿Quién había sido tan valiente antes de él?
        ¡Las batallas del Señor él mismo las combatía*!
5   ⁴ ¿Acaso no se detuvo el sol ante su mano   Jos 10 13
        y un día se convirtió en dos?
6   ⁵ Él invocó al Altísimo* soberano,
        cuando los enemigos le rodeaban por todas partes,
        y el Señor, que es grande, le respondió,
        enviando una terrible lluvia de granizo.
7   ⁶ Cayó de golpe sobre la nación hostil*,
        y al bajar aniquiló a los adversarios,   Jos 10 10-15
8   para que las naciones conocieran la fuerza de sus armas,
        y entendieran que luchaban contra el Señor*.

Caleb.

    ⁷ Josué se mantuvo fiel al Todopoderoso,
        e hizo el bien en tiempos de Moisés.
9   Él y también Caleb, hijo de Jefoné,
        resistieron frente a la asamblea,
        apartaron al pueblo del pecado*,   Nm 14 6-10
        y acallaron las murmuraciones malignas.
10 ⁸ Sólo ellos dos se salvaron   16 10+
        entre seiscientos mil hombres de a pie,
        para ser introducidos en la heredad,
        en la tierra que mana leche y miel.
11 ⁹ El Señor dio a Caleb un gran vigor,   Jos 14 10-11
        que le duró hasta su vejez,
        para que subiera a las alturas del país,   Nm 14 24
        que sus descendientes conservaron como heredad,   Jos 14 12-15
12 ¹⁰ para que todos los hijos de Israel supieran
        que es bueno seguir los caminos del Señor.

Los jueces.

13 ¹¹ También los jueces, cada uno por su nombre;
        su corazón no se prostituyó,
14 y del Señor no se apartaron:
        ¡Bendita sea su memoria!
15 ¹² ¡Que sus huesos revivan* en sus tumbas,
        y sus nombres se renueven
        en los hijos de estos hombres ilustres!

---

46 1 (b) *Josué* significa «Yahvé salva». —El hebr. dice: «que fue formado para ser en su tiempo una gran salvación para sus elegidos».
46 3 Hebr. «él las combatía»; griego 248 «él las hacía». Texto recibido: «porque el Señor mismo le entregó los enemigos».
46 5 Es la traducción del hebr. *Elyôn* o *El Elyôn*, que aparece catorce veces en Si desde el cap. 41. En toda la primera parte aparece «Dios» o «Yahvé», en griego *Kyrios*.
46 6 (a) Texto corr. según lat.; griego: «desencadenó la guerra contra la nación». —Alusión posible a la vic-

toria sobre los amorreos en Gabaón, Jos 10 10-15, ver la «subida» o la «bajada» de Bet-Jorón, vv. 10-11.
46 6 (b) Var. «era ante el Señor la guerra de él». Lat. «que no es fácil luchar contra el Señor».
46 7 Hebr.: «apartando de la asamblea la venganza».
46 12 Lit. «rebrotan», como el tronco de un árbol que da un vástago, ver 49 10; Is 66 14. Mejor que un testimonio explícito en favor de la creencia en la resurrección, parece que haya de verse aquí un deseo: que los Jueces tengan en la época contemporánea dignos descendientes. Ben Sirá escribe en vísperas de la rebelión macabea.

Samuel.

16

¹³ Samuel fue amado de su Señor,
como profeta del Señor estableció la monarquía,
y ungió a los príncipes de su pueblo*.

1 S 10 1;
16 13   17

¹⁴ Juzgó a la asamblea según la ley del Señor,
y el Señor se fijó en Jacob.

18

¹⁵ Por su fidelidad demostró ser profeta,
por sus oráculos fue reconocido digno vidente.

46 5; 47 5
1 S 7 9-10   19

¹⁶ Invocó al Señor Todopoderoso,
cuando los enemigos le rodeaban por todas partes,
y le ofreció un cordero lechal.

20

¹⁷ El Señor tronó desde los cielos,
con gran ruido hizo resonar su voz;

1 S 7 13
  21

¹⁸ aplastó a los jefes enemigos*
y a todos los príncipes de los filisteos.

1 S 12
  22

¹⁹ Antes de entrar en el reposo eterno,
dio testimonio ante el Señor y su ungido:
«De nadie he aceptado regalos,
ni siquiera unas sandalias»,
y nadie pudo reclamarle.

1 S 28 6-25   23

²⁰ Y después de dormido para siempre todavía profetizó,
anunciando al rey su destino;
del seno de la tierra alzó su voz de profeta,
para borrar la iniquidad del pueblo.

2 S 7; 12   ### Natán.

47

¹ Después de él surgió Natán,
que profetizó en tiempos de David.

David.

Lv 4 8

² Como grasa separada en el sacrificio de comunión,
así fue David entre los hijos de Israel.

1 S 17 34-37

³ Jugó con los leones como si fueran cabritos,
y con los osos como si fueran corderos.

1 S 17

⁴ ¿Acaso no mató de joven al gigante,
y quitó el oprobio del pueblo,

5

lanzando la piedra con la honda
y abatiendo la arrogancia de Goliat?

6

⁵ Porque invocó al Señor Altísimo,
que dio vigor a su diestra,
para aniquilar a un potente guerrero,
y reafirmar el poder* de su pueblo.

1 S 18 7   7
2 S 5 1-3

⁶ Por eso le atribuyeron la gloria de diez mil,
y le alabaron con las bendiciones del Señor,
ofreciéndole la diadema de gloria.

8

⁷ Pues él aplastó a los enemigos del contorno,
aniquiló a los filisteos, sus adversarios,
para siempre quebrantó su poder*.

2 S 23 1   9

⁸ En todas sus acciones daba gracias
al Altísimo, el Santo, proclamando su gloria*.

---

46 13 Hebr.: «*Amado del pueblo y grato a su creador, ofrecido desde el seno de su madre, nazireo de Yahvé en el cargo de profeta, Samuel, juez y sacerdote; por la palabra de Dios fundó la realeza y ungió...*»
46 18 «enemigos» hebr.; «de Tiro» griego (confusión entre *sar* y *sor*).
47 5 Hebr., lit. «el cuerno». Metáfora bíblica corriente (sobre todo en los Sal) para expresar la fuerza física

o moral. Ver **47** 7.11 y **49** 5.
47 7 Hebr.: «¡Por eso las jóvenes le cantaban a coro y le glorificaban en nombre de los diez mil. Cuando se ciñó la diadema, combatió ⁷ y sometió a los enemigos por todas partes. Construyó fortalezas entre los filisteos y quebró su cuerno hasta este día.»
47 8 Los Salmos, ver 2 S 23 1.

10   Con todo su corazón entonó himnos,
         demostrando el amor por su Creador.

11   ⁹ Organizó coros de salmistas ante el altar,   1 Cro 16 4s
         y con sus voces armonizó los cantos.

12   ¹⁰ Dio esplendor a las fiestas,
         embelleció las solemnidades a la perfección,
         haciendo que alabaran el santo nombre del Señor,
         y que el santuario resonase de cánticos desde la aurora.

13   ¹¹ El Señor le perdonó sus pecados   2 S 12 13.
         y exaltó su poder para siempre: 24-25
         le otorgó una alianza real*,   2 S 7 1+
         y un trono de gloria en Israel.

Salomón.

14   ¹² Después de él subió al trono un hijo sabio,
         que gracias a él* vivió en la prosperidad.

15   ¹³ Salomón reinó en tiempo de paz,
         Dios le concedió una tranquilidad total,   1 R 5 17-19
         para que levantara un templo en su nombre,   1 R 6
         y edificara un santuario eterno.

16   ¹⁴ ¡Qué sabio eras en tu juventud,   1 R 3 4-28;
         lleno de inteligencia como un río!   5 9-14

         ¹⁵ Tu espíritu cubrió la tierra,
         la llenaste con enigmáticos proverbios.

         ¹⁶ Tu nombre llegó hasta las islas lejanas,
         y fuiste amado por la paz que infundías*.

18   ¹⁷ De tus cantos, tus sentencias, tus proverbios
         y tus interpretaciones* se admiraron las naciones.   1 R 10 1-10

19   ¹⁸ En nombre del Señor Dios,
         que es llamado Dios de Israel*,

20   amontonaste el oro como estaño,   1 R 10
         como plomo multiplicaste la plata.   11s.27

21   ¹⁹ Pero entregaste tu cuerpo a las mujeres,   1 R 11 1-13
         y te dejaste dominar por ellas.

22   ²⁰ Profanaste así tu gloria,
         y deshonraste tu linaje,
         acarreando la ira sobre tus hijos
         y afligiéndolos con tu locura*.

23   ²¹ Por eso tu dinastía se dividió en dos,   1 R 12
         y de Efraín surgió un reino rebelde.

24   ²² Pero el Señor no renuncia jamás a su misericordia,   2 S 7 1+
         no deja que sus palabras se pierdan,   Sal 89 31-38
         ni que se borre la descendencia de su elegido,
         ni que desaparezca el linaje de quien le ha amado.

25   Por eso dio a Jacob un resto,   Is 4 3+
         y a David un retoño nacido de él.

Roboán.

26   ²³ Descansó Salomón con sus padres,   1 R 12

27   y dejó en el trono a uno de su linaje,

---

47 11 «real» griego 248, hebr., lat.; «de los reyes» texto recibido.
47 12 La idea no es únicamente profana: Salomón se benefició de las realizaciones de su predecesor; sino que también es religiosa: Dios concedió su favor a Salomón a causa de su padre David. Ver vv. 20.22; 1 R 11 12.
47 16 Alusión al nombre de Salomón (el «pacífico»); ver v. 13.
47 17 «tus cantos»: el Cantar de los Cantares. Sobre la

sabiduría y la obra literaria de Salomón, ver 1 R 5 9-14. Sobre las «interpretaciones», ver 1 R 10 1-10 (la reina de Sabá).
47 18 El hebr.: «Tú eras llamado con el nombre glorioso invocado sobre Israel» alude quizá al primer nombre de Salomón, Yedidías, «amado de Yahvé», 2 S 12 25.
47 20 Hebr.: «aflicción en tu tálamo» (es decir, a tu posteridad).

lo más loco del pueblo, falto de inteligencia*:
Roboán, que alienó al pueblo con sus decisiones.

Jeroboán.

1 R 12 26-33   29

²⁴ También Jeroboán, hijo de Nabat, hizo pecar a Israel,
e indicó a Efraín el camino del pecado.

1 R 13 33-34
2 R 17 21-23   30

Desde entonces el pueblo cometió tantos pecados
que fueron expulsados de su tierra.
²⁵ Hicieron toda clase de maldades,
hasta que el castigo cayó sobre ellos.

Elías.

48

¹ Entonces surgió el profeta Elías como un fuego,
su palabra quemaba como antorcha.

1 R 17 1;
18 2
1 R 19 10.
14
1 R 18 36s
2 R 1 10.12

² Él hizo venir sobre ellos el hambre,
y con su celo los diezmó.
³ Por la palabra del Señor cerró los cielos,
e hizo también caer fuego tres veces.
⁴ ¡Qué glorioso fuiste, Elías, con tus portentos!,
¿quién puede gloriarse de ser como tú?

1 R 17 17-24

⁵ Tú que despertaste a un cadáver de la muerte
y del abismo, por la palabra del Altísimo;

1 R 21 17-24
2 R 1 16

⁶ que precipitaste reyes a la ruina,
y arrebataste del lecho a hombres insignes;

1 R 19 9-18

⁷ que escuchaste en el Sinaí la represión*,
y en el Horeb las sentencias de castigo;
⁸ que ungiste reyes para tomar venganza,
y profetas para que te sucedieran;

2 R 2 1-11

⁹ que fuiste arrebatado en un torbellino de fuego,
en un carro de caballos de fuego;
¹⁰ que fuiste designado para censurar los tiempos futuros,
para aplacar la ira antes de que estallara,

Ml 3 24

para reconciliar a los padres con los hijos,
y restablecer las tribus de Jacob.

2 R 2 10-12
1 Ts 4 5   12

¹¹ Dichosos los que te vieron
y se durmieron en el amor,
porque también nosotros viviremos*.

Eliseo.

13

2 R 2 9s

¹² Cuando Elías fue arrebatado en el torbellino,
Eliseo se llenó de su espíritu.
Durante su vida ningún príncipe lo hizo temblar,
nadie pudo dominarle.

14

¹³ Nada era imposible para él,
hasta en el sueño de la muerte su cuerpo profetizó*.

15

¹⁴ Durante su vida realizó prodigios,
y después de muerto fueron admirables sus obras.

---

47 23 Hebr.: «largo de locura, corto de inteligencia».
Parece haber un juego de palabras en las dos lecturas *sobre el nombre de Roboán,* interpretado partiendo de *rahab,* «amplio», y de *'am,* «pueblo». Cada una de las lecturas del griego y del hebr. conservó al parecer un elemento de esta etimología.
48 7 Esta «represión» estaba quizá contenida simbólicamente en la visión de 1 R 19 9-14.
48 11 V. difícil de texto dudoso. El autor, después de hacer el elogio del profeta, afirma que los demás, los

que le vean a su retorno y los que hayan muerto en el amor (¿de Dios?), vivirán eternamente. Clara afirmación de la esperanza. Pero el hebr., desgraciadamente mutilado («bienaventurado el que te ve»), quizá aluda simplemente a Eliseo, que vio desaparecer a Elías, 2 R 2 10.12. En este caso, tendríamos aquí una simple transición con el desarrollo siguiente.
48 13 Después de su muerte, el profeta aún resucitó a un muerto, 2 R 13 20-21. Pero el texto está embrollado. Hebr.: «debajo de él su cuerpo fue creado».

Infidelidad y castigo del reino del Norte.

16   [15] A pesar de todo esto, el pueblo no se arrepintió,
            ni se apartaron de sus pecados,
        hasta que fueron deportados lejos de su tierra
            y dispersados por el mundo entero.
17   [16] Sólo quedó un pueblo muy reducido,
            con un príncipe de la casa de David.
18   Algunos de ellos hicieron lo que agrada a Dios,
            pero otros multiplicaron sus pecados.

Ezequías.

19   [17] Ezequías fortificó su ciudad   2 R 20 20+
            y llevó el agua dentro de ella;   2 Cro 32
        con hierro horadó la roca   5.30
            y construyó cisternas para el agua.   Is 22 11
20   [18] En su tiempo Senaquerib hizo una expedición   2 R 18 13
            y envió por delante a Rabsaqués*; éste partió,   19 37
        alzó la mano contra Sión   Is 36-37
            y se engrió con altanería.
21   [19] Temblaron entonces corazones y manos,
            y sufrieron dolores de mujeres en parto.
22   [20] Invocaron al Señor misericordioso,
            tendiendo sus manos hacia él.
23   Y el Santo, desde el cielo, les escuchó al instante,
24   y los liberó por medio de Isaías.
        [21] Hirió el campamento de los asirios,
            y su Ángel los exterminó.

Isaías.

25   [22] Porque Ezequías hizo lo que agrada al Señor,
            y se mantuvo firme en los caminos de David su padre*,
        como se lo ordenaba el profeta Isaías,
            el grande y digno de fe en sus visiones.
26   [23] En tiempo de Isaías el sol retrocedió,   2 R 20 4-11
            y se prolongó la vida del rey.   Is 38 4-8
27   [24] Con la fuerza del espíritu vio el fin de los tiempos,
            y consoló a los afligidos de Sión.
28   [25] Reveló el futuro hasta la eternidad
            y las cosas ocultas antes que sucedieran*.

Josías.

49 [1] El recuerdo de Josías es una mezcla de incienso
            preparada por el arte del perfumista.
2   Es dulce como miel en la boca,
            como música en medio de un banquete.
3   [2] Trabajó por la reforma del pueblo*   2 R 22-23
            y extirpó la idolatría abominable.
4   [3] Enderezó su corazón hacia el Señor
            y en una época impía fortaleció la piedad.

Últimos reyes y profetas.

5   [4] Fuera de David, Ezequías y Josías,
            todos cometieron muchos pecados.

---

48 18 El traductor de Ben Sirá ha convertido *rabšaqué*, «gran copero», en nombre propio.
48 22 Juego de palabras sobre el nombre de Ezequías: «Yahvé fortifica.»

48 25 Se puede pensar en los oráculos sobre el fin del Destierro, Is 40-55, o en los caps. 24-27 o en el 61.
49 2 Hebr,: «se apesadumbró por nuestra apostasía».

⁶   Y por abandonar la ley del Altísimo,
         los reyes de Judá desaparecieron.

⁷   ⁵ Pues entregaron a otros su poder,
         y su gloria a una nación extranjera*.

Lm 1 4; 2 3   ⁸   ⁶ Incendiaron la ciudad elegida del santuario,
         y dejaron desiertas sus calles,

Jr 1 5   ⁹   ⁷ según la palabra de Jeremías*, a quien maltrataron,
         consagrado profeta desde el seno de su madre,

Jr 1 10   *para arrancar*, destruir *y derribar*,
         y también *para construir y plantar*.

Ez 1-3; 9-10   ¹⁰   ⁸ Ezequiel tuvo la visión de la gloria
         que Dios le reveló en el carro de querubines,

¹¹   ⁹ porque se acordó de sus enemigos en la tempestad*,
         y favoreció a los que seguían el camino recto.

46 12+   ¹²   ¹⁰ En cuanto a los doce profetas*,
         que sus huesos revivan en sus tumbas,
         porque ellos consolaron a Jacob
         y lo salvaron con esperanza confiada.

Zorobabel y Josué.

¹³   ¹¹ ¿Cómo elogiaremos a Zorobabel?
         ¡Es como un anillo en la mano derecha,

Ag 2 23   ¹⁴   ¹² y lo mismo Josué, hijo de Josedec!
         En sus días construyeron el templo,
         levantaron un santuario consagrado al Señor,
         destinado a una gloria eterna.

Nehemías.

¹⁶   ¹³ También es grande la memoria de Nehemías,
         él levantó nuestras murallas en ruinas,
         puso puertas y cerrojos
         y reconstruyó nuestras moradas.

Recapitulación.

44 16   ¹⁶   ¹⁴ Nadie hubo en el mundo igual a Henoc,
         pues fue arrebatado de la tierra.

¹⁷   ¹⁵ Ni nació nunca hombre alguno como José,
         guía de sus hermanos, apoyo de su pueblo;

Gn 50 25-26   ¹⁸   cuyos huesos fueron venerados.

¹⁹   ¹⁶ Sem y Set fueron famosos entre los hombres,
         pero por encima de todos los vivientes sobresale Adán*.

El sacerdote Simón.

50   ¹ Simón, el sumo sacerdote, hijo de Onías*,
         en su vida reparó el templo,
         y en sus días fortificó el santuario.
         ² Puso los cimientos de doble altura,
         un alto contrafuerte de la cerca del templo*.

---

49 5   O apoyándose en alianzas extranjeras, o bien provocando el destierro como castigo de sus pecados, ver el hebr.: «(Dios) entregó», en lugar de «entregaron».
49 7   *Lit.* «por la mano de Jeremías».
49 9   Quizá alusión a la profecía contra Gog, Ez 38-39 (ver en especial 38 22), pero el texto no es seguro y la mención de los «enemigos» podría deberse a una confusión entre el hebr. *'iyob* («Job») y *'oyeb* («enemigo»). Hebr.: «⁸ Ezequiel vio una visión, reveló los aspectos del carro, ⁹ y también mencionó a Job, que consumó todos los caminos rectos», ver Ez 14 14.20.

49 10   Los doce profetas menores que, según el orden del canon hebreo, siguen a los tres mayores. Está claro que en cuanto a los libros proféticos, la Biblia de Ben Sirá estaba completa.
49 16   Después de «vivientes» se omite «en la creación».
50 1   Se trata de Simón II, hijo de Onías II, hacia 220-195.
50 2   No es posible decir con certeza qué son la «doble altura» (?) y el «alto contrafuerte». —Hebr.: «En su tiempo se construyó la muralla, y las torres de habitación (?)

³ En sus días se excavó* el depósito de agua,
　　un estanque tan ancho como el mar.
⁴ Él cuidó de su pueblo para evitar su ruina
　　y fortificó la ciudad contra un posible asedio.
⁵ ¡Qué glorioso era cuando, rodeado de su pueblo,
　　salía de la casa del velo*!

⁶ Como el lucero del alba en medio de las nubes,
　　como la luna en su plenilunio*,
⁷ como el sol que brilla sobre el templo del Altísimo*,
　　como el arco iris que ilumina las nubes de gloria,
⁸ como rosal florecido en primavera*,
　　como lirio junto a un manantial,
　　como cedro del Líbano en verano,
⁹como fuego e incienso en el incensario*,
　　como vaso de oro macizo
　　adornado con toda clase de piedras preciosas,
¹⁰ como olivo cargado de frutos,
　　como ciprés que se eleva hasta las nubes.
¹¹ Cuando se ponía la vestidura de gala
　　y se colocaba sus elegantes ornamentos;
　　cuando subía hacia el altar sagrado,
　　llenaba de gloria el recinto del santuario.
¹² Cuando recibía las porciones de las víctimas de manos de los sacerdotes,
　　él mismo de pie junto al fuego del altar,
　　rodeado de una corona de hermanos,
　　como retoños de cedro en el Líbano;
　　como tallos de palmera engarzados.
¹³ Todos los hijos de Aarón en su esplendor,
　　con la ofrenda del Señor en sus manos,
　　estaban en presencia de toda la asamblea de Israel.
¹⁴ Mientras cumplía su servicio en el altar,
　　preparando la ofrenda del Altísimo todopoderoso,
¹⁵ tomaba en su mano la copa*,
　　hacía la libación del vino,
　　y lo derramaba al pie del altar,
　　como aroma suave para el Altísimo, rey del universo.
¹⁶ Entonces los hijos de Aarón prorrumpían en gritos,
　　tocaban las trompetas de metal batido,
　　hacían oír su sonido imponente,
　　como memorial delante del Altísimo.
¹⁷ Entonces, de repente, todo el pueblo en masa
　　caía rostro a tierra,
　　para adorar a su Señor,
　　el Todopoderoso, el Dios Altísimo.
¹⁸ Los salmistas también le alababan con sus voces,
　　y su canto formaba una dulce melodía.
¹⁹ El pueblo suplicaba al Señor Altísimo,
　　permanecía en oración ante el Misericordioso,
　　hasta que terminaba la ceremonia* del Señor
　　y concluía el servicio litúrgico.

Lv 16
Lv 16 13

Nm 10 2-10
45 9

---

del palacio del rey». —Ningún otro pasaje bíblico habla de estos trabajos, pero se sabe por Josefo que Antíoco III (223-187) dio dinero para gastos del templo, lo cual confirmaría las manifestaciones de Ben Sirá.
50 3 «se excavó» hebr.; «fue aminorado» griego.
50 5 Es decir, el Debir o Santo de los Santos, separado del Hekal por un velo, Ex 36 35-38. El autor describe aquí los ritos de la fiesta de la Expiación, Lv 16.
50 6 El hebr. añade: «en los días de fiesta».

50 7 «sobre el templo del Altísimo»; hebr.: «sobre el palacio real».
50 8 Hebr.: «como la flor sobre las ramas en tiempo de fiesta».
50 9 «en el incensario»; var. hebr.: «para la oblación».
50 15 Se trata de una libación cuyo rito no está descrito en el Levítico. Ver Ex 29 12· Lv 8 15, donde se trata de la sangre.
50 19 «ceremonia» hebr.; «adorno» griego.

Lv 9 22

Nm 6 23-27

²²

²³

²⁰ Entonces él bajaba y elevaba las manos
sobre toda la asamblea de los hijos de Israel,
para pronunciar con sus labios la bendición del Señor
y tener el honor de invocar su nombre*.
²¹ Y por segunda vez todos se postraban,
para recibir la bendición del Altísimo.

Exhortación.

²⁴

²⁵

²⁶

²² Y ahora bendecid al Dios del universo*,
el que hace grandes cosas por doquier,
el que enaltece nuestra vida desde el seno materno,
y nos trata según su misericordia.
²³ Que nos dé la alegría de corazón,
y que haya paz en nuestros días
en Israel por los siglos de los siglos.
²⁴ Que su misericordia permanezca con nosotros
y en nuestros días nos libere*.

Pr 30 15+

Proverbio numérico.

²⁷

²⁸

²⁵ Hay dos naciones que mi alma detesta,
y la tercera ni siquiera es nación:
²⁶ los habitantes de la montaña de Seír*, los filisteos
y el pueblo necio que mora en Siquén*.

Conclusión.

²⁹

³⁰

³¹

²⁷ Doctrina de ciencia e inteligencia
ha condensado en este libro
Jesús, hijo de Sirá, Eleazar, de Jerusalén*,
que de su corazón derramó sabiduría a raudales.

²⁸ Dichoso el que repase estas enseñanzas a menudo;
el que las guarde en su corazón se hará sabio.
²⁹ Y si las pone en práctica, en todo será fuerte,
porque la luz del Señor iluminará su camino*.

Himno de acción de gracias.

51

²

¹ Te doy gracias, Rey y Señor,
te alabo, oh Dios mi salvador,
a tu nombre doy gracias.
² Porque fuiste mi protector y mi auxilio,
y libraste mi cuerpo de la perdición*,
del lazo de una lengua traicionera,
de los labios que urden mentiras;
frente a mis adversarios
fuiste mi auxilio y me liberaste,
³ por tu inmensa misericordia y tu nombre glorioso,
de las dentelladas de los que iban a devorarme,

Ex 15 2
Sal 120 2

Sal 103 8
Ex 34 6

³

⁴

50 20 La fiesta de la Expiación era la única ocasión en que el nombre inefable se pronunciaba sobre el pueblo, a modo de bendición.
50 22 Hebr.: «a Yahvé, Dios de Israel».
50 24 Hebr.: «Su gracia permanezca fiel con Simón, que realice en él la alianza de Pinjás, no se la quite ni a él ni a su posteridad, cuanto duren los cielos.»
50 26 (a) «de Seír» hebr., lat.; «de Samaría» griego.
50 26 (b) Los samaritanos. Así pues, «Seír», es decir los edomitas, debe leerse en el v. anterior y no «Samaría» que sería superfluo.

50 27 Hebr.: «Sabia doctrina y sentencias ajustadas de Simeón, hijo de Jesús, hijo de Eleazar, hijo de Sirá.»
50 29 Hebr.: «porque el temor de Yahvé, eso es la vida». —Griego 248 añade: «y a los hombres piadosos da la sabiduría. Bendito sea el Señor por siempre. Amén. Amén».
51 2 Hebr.: «Fortaleza de mi vida, ² porque tú has librado mi alma de la muerte, has preservado mi carne de la fosa, y has salvado mi pie del abismo, me has protegido de la calumnia del pueblo y del lazo, etc.»

5	de la mano de los que buscaban mi vida,	Sal 35 4
	de las muchas tribulaciones que he sufrido,	
6	⁴ de las llamas sofocantes que me envolvían,	
	de un fuego que yo no había encendido,	
7	⁵ de las entrañas del abismo,	Nm 16 33+
	de la lengua impura, de la palabra mentirosa,	
	—⁶ calumnia de una lengua injusta ante el rey—.	

5 de la mano de los que buscaban mi vida, Sal 35 4
de las muchas tribulaciones que he sufrido,
6 ⁴ de las llamas sofocantes que me envolvían,
de un fuego que yo no había encendido,
7 ⁵ de las entrañas del abismo, Nm 16 33+
de la lengua impura, de la palabra mentirosa,
—⁶ calumnia de una lengua injusta ante el rey—.
8 Yo estaba a punto de morir,
9 mi vida tocaba el abismo profundo.
10 ⁷ Por todas partes me asediaban y nadie me auxiliaba,
buscaba a alguien que me ayudara y no había nadie.
11 ⁸ Entonces me acordé, Señor, de tu misericordia, Sal 25 6
y de tus obras que son desde siempre,
12 de que tú sostienes a los que esperan en ti,
y los salvas de la mano de enemigos.
13 ⁹ Y desde la tierra elevé mi plegaria,
supliqué ser librado de la muerte*.
14 ¹⁰ Clamé al Señor, padre de mi Señor*:
«No me abandones en en el día del peligro,
15 cuando mandan los orgullosos, y estoy indefenso.
Alabaré tu nombre sin cesar,
cantaré himnos de acción de gracias.»
16 ¹¹ Y mi oración fue escuchada,
pues tú me salvaste de la perdición,
17 y me libraste de aquel mal momento.
¹² Por eso te daré gracias y te alabaré,
bendeciré el nombre del Señor*.

En busca de la sabiduría*.

18	¹³ Cuando aún era joven, antes de viajar por el mundo,	6 18; 15 2s;
	busqué sinceramente la sabiduría en la oración.	34 9-12
19	¹⁴ A la puerta del templo la pedí,	Sb 8 2
	y la busqué hasta el último día.	
	¹⁵ Cuando floreció como racimo maduro,	
20	mi corazón se alegró.	
	Entonces mi pie avanzó por el camino recto,	Sal 25 5;
	desde mi juventud seguí sus huellas.	26 3
21	¹⁶ Incliné un poco mi oído y la recibí,	
22	y me encontré con una gran enseñanza.	
	¹⁷ Gracias a ella he progresado mucho,	
23	daré gloria a quien me ha dado la sabiduría*.	

---

51 9 Hebr.: «y desde las puertas del abismo supliqué».
51 10 Esta expresión hace pensar en una interpretación cristiana introducida en el texto griego. Pero quizá se trata sólo de una traducción fantaseada de un texto mal conservado. Ver, sin embargo, Sal 2 7; 110 1 (LXX). —Hebr.: «Yo proclamé: Señor, tú eres un padre y el héroe de mi salvación.»
51 12 El hebr. inserta aquí un salmo de alabanza análogo al Sal 136 y al *semoneh 'esreh* (dieciocho bendiciones en uso en el Judaísmo), ver también Si 36 1-17:
«Alabad a Yahvé porque es bueno, porque es eterno su amor.
Alabad al Dios de las alabanzas, porque es eterno su amor.
Alabad al guardián de Israel, porque es eterno su amor.
Alabad al creador del universo, porque es eterno su amor.
Alabad al redentor de Israel, porque es eterno su amor.
Alabad al que reúne a los dispersos de Israel, porque

es eterno su amor.
Alabad al que edifica su ciudad y su Templo, porque es eterno su amor.
Alabad al que hace florecer el poder de la casa de David, porque es eterno su amor.
Alabad al que ha elegido para sacerdotes a los hijos de Sadoc, porque es eterno su amor.
Alabad al escudo de Abrahán, porque es eterno su amor.
Alabad a la roca de Israel, porque es eterno su amor.
Alabad al fuerte de Jacob, porque es eterno su amor.
Alabad al que eligió a Sión, porque es eterno su amor.
Alabad al Rey de reyes, porque es eterno su amor.
Él exalta el poder de su pueblo y la alabanza de todos sus fieles,
los hijos de Israel, el pueblo que está junto a él.
Aleluya».
51 13 Es un poema alfabético, ver Pr 31 10+, en el hebreo, cuyo texto por desgracia está mal conservado.
51 17 Hebr.: «Su yugo era un honor para mí, al que me enseñé daré gracias.»

²⁴ ¹⁸ Pues he decidido ponerla en práctica,
me he dedicado al bien y no quedaré defraudado*.

²⁵ ¹⁹ He luchado para obtenerla,
he observado la práctica de la ley,

²⁶ he tendido mis manos hacia el cielo
y he lamentado haberla ignorado*.

²⁷ ²⁰ Hacia ella he orientado mi vida,
y en la pureza la he encontrado.

²⁸ Desde el principio me dediqué a ella,
por eso no quedaré defraudado*.

²⁹ ²¹ Mis entrañas se conmovieron al buscarla,
por eso he hecho una buena adquisición.

³⁰ ²² En recompensa el Señor me dio una lengua,
y con ella le alabaré.

³¹ ²³ Acercaos a mí, los ignorantes,
e instalaos en mi escuela de sabiduría.

³² ²⁴ ¿Por qué os tenéis que privar por más tiempo,
si estáis tan sedientos de ella?

Am 8 11

Is 55 1
Pr 4 5,7

³³ ²⁵ He abierto la boca para decir:
Adquiridla sin dinero;

²⁶ someted vuestro cuello a su yugo
y recibid instrucción:

Dt 30 11-14

está ahí, a vuestro alcance*.

³⁵ ²⁷ Ved con vuestros ojos lo poco que he trabajado
y qué descanso tan grande he encontrado.

Pr 16 16 ³⁶ ²⁸ No escatiméis dinero para recibir instrucción*,
Mt 13 44-46 pues con ella adquiriréis gran cantidad de oro.

³⁷ ²⁹ Alegraos en la misericordia del Señor,
no os avergoncéis de su alabanza.

³⁸ ³⁰ Realizad vuestras obras antes del momento final
y él os dará a su tiempo vuestra recompensa*.

[*Firma*:] Sabiduría de Jesús, hijo de Sirá.

---

51 18 Hebr.: «y no me apartaré cuando la haya encontrado».
51 19 Hebr.: «Mi alma la ha abrazado y no he vuelto mi rostro. *Mi mano abrió sus puertas, he...* y la he contemplado.»
51 20 Hebr.: «por eso no la abandonaré».
51 26 Hebr. lit. «la carga» en vez de «la instrucción», y añade al final: «y el que a ella se consagra la encontrará».
51 28 Este v. parece en contradicción con el v. 25. Además, los sabios antiguos tenían a mucha honra enseñar

gratuitamente. Es decir que el texto probablemente está mal conservado. Desgraciadamente, el hebr., en muy mal estado, no ofrece ninguna ayuda.
51 30 (a) Hebr. añade: «Bendito sea Yahvé por siempre, y sea su nombre alabado de generación en generación.»
51 30 (b) Hebr.: «Hasta aquí las palabras de Simeón, hijo de Jesús, llamado Ben Sirá. Sabiduría de Simeón, hijo de Jesús, hijo de Eleazar, hijo de Sirá. Bendito sea el nombre de Yahvé ahora y por siempre.»

PROFETAS

PROFETAS

PROFETAS

Introducción

La Biblia hebrea agrupa los libros de Isaías, Jeremías, Ezequiel y el de los Doce Profetas bajo el título de «Profetas posteriores» y los coloca tras el conjunto Josué-Reyes, al que denomina «Profetas anteriores». La Biblia griega coloca los libros proféticos después de los Hagiógrafos, en un orden distinto del hebreo y además variable, añade Lamentaciones y Daniel, que la Biblia hebrea colocaba en la última parte de su canon, e incluye textos que no se escribieron o no se conservan en hebreo: el libro de Baruc después de Jeremías, la Carta de Jeremías después de Lamentaciones, y las adiciones al libro de Daniel. En la Iglesia latina, la Vulgata ha conservado lo esencial de esta distribución, pero ha vuelto al orden hebreo colocando a los doce «Profetas Menores» después de los cuatro «Mayores» y ha incorporado la carta de Jeremías al libro de Baruc, poniendo éste a continuación de Lamentaciones.

El profetismo.

En grados diversos y formas variables, las grandes religiones de la antigüedad tuvieron hombres inspirados que afirmaban hablar en nombre de su dios. En especial, entre los pueblos vecinos de Israel, se refiere un caso de éxtasis profético en Biblos en el siglo XI a.C., hay pruebas de la existencia de videntes y profetas en Jamá del Orontes en el siglo VIII, y aparecen en varias ocasiones en Mari del Éufrates en el siglo XVIII a.C. En su forma y contenido, sus mensajes, dirigidos al rey, se parecen a los mensajes de los profetas más antiguos de Israel mencionados en la Biblia. Esta misma ofrece su testimonio sobre el vidente Balaán, llamado desde Aram por el rey de Moab, Nm 22-24, y los 450 profetas de Baal convocados por Jezabel de Tiro y humillados por Elías en el Carmelo, 1 R 18 19-40. Esto hace pensar inmediatamente en los 400 profetas consultados por Ajab, 1 R 22 5-12. Son, como los primeros, un grupo numeroso arrebatado por el éxtasis frenético, pero hablan en nombre de Yahvé. Y si bien en este caso era falsa su pretensión, es cierto que el Yahvismo antiguo reconoció la legitimidad de tal institución. Junto a Samuel aparecen hermandades de inspirados, 1 S 10 5; 19 20, y, en la época de Elías, 1 R 18 4, grupos de «hermanos profetas» mantienen relaciones con

Eliseo, 2 R 2 3-18; 4 38s; 6 1s; 9 1, que luego desaparecen, salvo una alusión en Am 7 14. Excitados por la música, 1 S 10 5, estos profetas entraban en trance colectivo, que se contagiaba después a los asistentes, 1 S 10 10; 10 20-24, o bien remedaban acciones simbólicas, 1 R 22 11.

Se da un caso análogo cuando Eliseo recurre a la música antes de profetizar, 2 R 3 15. Más frecuentes son las acciones simbólicas en los profetas: por ejemplo, Ajías de Siló, 1 R 11 29s, también Isaías, Is 20 2-4, con frecuencia Jeremías, Jr 13 1s; 19 1s; 27 2s, y sobre todo Ezequiel, 4 1-5 4; 12 1-7.18; 21 23s; 37 15s. En el curso de estas acciones o fuera de las mismas, se conducen a veces de un modo extraño y pueden pasar por estados psicológicos anormales; pero estas manifestaciones extraordinarias nunca constituyen lo esencial en los profetas cuya actuación y palabras ha conservado la Biblia. Éstos se distinguen claramente de aquellos otros exaltados de las antiguas hermandades.

Llevan, sin embargo, el mismo nombre, nabî'. Aunque el verbo que de él se deriva, a causa del modo de ser de algunos «profetas», viene a significar «delirar» (1 S 18 10 y en otros pasajes), sin embargo, esta acepción derivada no prejuzga el sentido original del sustantivo. Éste, con toda probabilidad, deriva de una raíz que significaba «llamar, anunciar». El nabî' sería «el llamado», o bien «el que anuncia», y ambos sentidos expresan lo esencial del profetismo israelita. El profeta es un mensajero y un intérprete de la palabra divina. Así lo expresan claramente los dos pasajes paralelos de Ex 4 15-16: Aarón será el intérprete de Moisés como si fuera su «boca» y como si Moisés fuera «el dios que le inspira», y 7 1: Moisés será «un dios para Faraón» y Aarón será su «profeta», nabî'; con lo cual rima el dicho de Yahvé a Jeremías: «Mira que he puesto mis palabras en tu boca», Jr 1 9. Los profetas tienen conciencia del origen divino de su mensaje; lo presentan diciendo: «Así habla Yahvé», o «Palabra de Yahvé», o bien «Oráculo de Yahvé».

Esta palabra que les llega es más fuerte que ellos y no pueden acallar: «Habla el Señor Yahvé, ¿quién no va a profetizar?», exclama Amós, 3 8, y Jeremías lucha en *vano contra esta fuerza, Jr 20 7-9. En un momento de su vida, fueron llamados de modo irresistible por Dios, Am 7 15; Is 6, sobre todo Jr 1 4-10, y elegidos como mensajeros suyos, Is 6 8, y el comienzo de la historia de Jonás demuestra lo que costaba sustraerse a esta misión. Fueron enviados para manifestar la voluntad de Yavhé y ser ellos mismos «señales». No sólo sus palabras, sino también sus acciones, su vida, todo es profecía. El matrimonio real y desgraciado de Oseas es un símbolo, Os 1-3; Isaías ha de pasearse desnudo para servir de presagio, Is 20 3; él mismo y sus hijos son «señales prodigiosas», Is 8 18; la existencia de Jeremías es una enseñanza, Jr 16, y cuando Ezequiel ejecuta las extrañas órdenes de Dios, él mismo es una «señal para la casa de Israel», Ez 4 3; 12 6.11; 24 24.*

El mensaje divino puede llegar al profeta de muchas maneras: en visión, como la de Is 6 o las de Ez 1, 2, 8, etc., Dn 8-12, Za 1-6, rara vez en visión nocturna, ver Nm 12 6, como en Dn 7; Za 1 8s; por audición, pero las más de las veces por una inspiración interior (así pueden entenderse generalmente las fórmulas: «Yahvé me dirigió la palabra», «Palabra de Yahvé a...»), ya sea de improviso, ya con ocasión de una circunstancia trivial, la vista de una rama de almendro, Jr 1 11, o de dos cestos de higos, Jr 24, una visita al alfarero, Jr 18 1-4. El profeta transmite el mensaje recibido en formas igualmente variadas: en fragmentos líricos o relatos en prosa, en parábola o abiertamente, en el estilo sobrio de los oráculos, o también utilizando las formas literarias de la reprensión, de la diatriba, del sermón, de los pleitos, de los escritos de sabiduría o de los salmos cultuales, de las canciones amorosas, de la sátira, de la lamentación fúnebre...

Esta variedad en la recepción y expresión del mensaje depende en gran parte del temperamento personal y de las dotes naturales de cada profeta, pero encubre una identidad fundamental: todo verdadero profeta tiene viva conciencia de no ser más que un instrumento, de que las palabras que profiere son y no son suyas a la vez. Tiene la convicción inquebrantable de que ha recibido una palabra de Yahvé y que debe comunicarla. Esta convicción se funda en la experiencia misteriosa, digamos mística, de un contacto inmediato con Yahvé. Puede suceder, como se ha dicho, que este influjo divino provoque exteriormente manifestaciones «anorma-

les», pero sólo se trata de algo accidental, como entre los grandes místicos. En cambio, como también sucede a los místicos, debemos afirmar que esta intervención de Dios en el alma del profeta coloca a éste en un estado psicológico «supranormal». Negarlo, sería rebajar el espíritu profético al rango de la inspiración del poeta, o de las ilusiones de los seudo-inspirados.

El mensaje profético rara vez se dirige a un individuo, Is 22 15s; o lo hace en un contexto más amplio, Jr 20 6; Am 7 17. Hay que exceptuar al rey, que es jefe del pueblo: Natán con David, Elías con Ajab, Isaías ante Ajaz y Ezequías, y Jeremías ante Sedecías; y también al sumo sacerdote, jefe de la comunidad al regreso del Destierro, Za 3. Pero, fuera de estas excepciones, lo que distingue a los grandes profetas, cuya obra conservamos, de sus predecesores en Israel y de sus similares en el medio oriental, es que su mensaje se dirige a todo el pueblo. En todos los relatos de vocación, el profeta es enviado al pueblo, Am 7 15; Is 6 9; Ez 2 3; incluso a todos los pueblos, como en el caso de Jeremías, Jr 1 10.

Su mensaje atañe al presente y al futuro. El profeta es enviado a sus contemporáneos, les transmite los deseos divinos. Pero, en cuanto intérprete de Dios, se halla por encima del tiempo, y sus «predicciones» vienen a confirmar y prolongar sus «predicaciones». Puede anunciar un acontecimiento próximo como señal cuya realización justificará sus palabras y su misión, 1 S 10 1s; Is 7 14; Jr 28 15s; 44 29-30; prevé el castigo como sanción de las faltas que fustiga, la salvación como recompensa de la conversión que pide. Los profetas más recientes podrán descorrer el velo hasta los últimos tiempos, hasta el triunfo final de Yahvé, pero siempre resulta una enseñanza para el presente. Sin embargo, como el profeta no es más que un instrumento, el mensaje que transmite puede rebasar las circunstancias en que se haya pronunciado y aun la conciencia misma del profeta, quedando envuelto en el misterio hasta que el porvenir lo haga explícito realizándolo.

Jeremías es enviado «para extirpar y destruir, para reconstruir y plantar». El mensaje profético presenta dos caras, es severo y consolador. Y no hay duda de que a menudo es duro, lleno de amenazas y de reproches, hasta tal punto que esta severidad puede aparecer como señal de la verdadera profecía, Jr 28 8-9, ver Jr 26 16-19; 1 R 22 8. Es que el pecado, obstáculo para los designios de Dios, obsesiona al profe-

ta. Pero las perspectivas de salvación no se cierran nunca. El libro de la Consolación, Is **40-55**, es una de las cumbres de la profecía y no hay razón para cercenar de los profetas más antiguos los anuncios de alegría, que se encuentran ya en Am **9** 8-15; Os **2** 16-25; **11** 8-11; **14** 2-9. En el proceder de Dios para con su pueblo, gracia y castigo se complementan.

El profeta es enviado al pueblo de Israel, pero su horizonte es más vasto, como el poder de Yahvé, cuyas obras anuncia. Los grandes profetas tienen grupos de oráculos contra las naciones, Is **13-23**; Jr **46-51**; Ez **25-32**. Amós comienza con el juicio contra los vecinos de Israel; Abdías profiere un oráculo sobre Edom; de Nahúm sólo tenemos un oráculo contra Nínive, a donde precisamente es enviado Jonás a predicar.

El profeta está seguro de hablar en nombre de Yahvé, pero ¿cómo reconocerán sus oyentes que es profeta auténtico? Porque existen falsos profetas, que aparecen con frecuencia en la Biblia. Pueden ser hombres sinceros que sufren ilusión o pueden ser simuladores, pero su comportamiento exterior no los distingue de los verdaderos profetas. Engañan al pueblo, y los verdaderos profetas tienen que polemizar contra ellos: Miqueas ben Yimlá contra los profetas de Ajab, 1 R **22** 8s; Jeremías contra Ananías, Jr **28**, o contra los falsos profetas en geneal, Jr **23**; Ezequiel contra profetas y profetisas, Ez **13**. ¿Cómo saber que el mensaje procede verdaderamente de Yahvé? ¿Cómo distinguir la verdadera profecía? Hay dos criterios, según la Biblia: el cumplimiento de la profecía, Jr **28** 9; Dt **18** 22 (y ver los textos arriba citados sobre el anuncio de próximos acontecimientos como «señales» de la verdadera profecía), pero sobre todo la conformidad de la enseñanza con la doctrina yahvista, Jr **23** 22; Dt **13** 2-6.

Los textos citados del Deuteronomio indican que la profecía era una institución reconocida por la religión oficial. A veces los profetas aparecen junto a los sacerdotes, Jr **8** 1; **23** 11; **26** 7s, etc.; Za **7** 3, etc., y Jeremías nos informa de que en el Templo de Jerusalén había una «cámara de Ben Yojanán, hombre de Dios», probablemente un profeta. De estos hechos y de la semejanza de algunas de sus profecías con piezas litúrgicas, se ha sacado recientemente la conclusión de que los profetas, aun los mayores, habían formado parte del personal del santuario y desempeñado un papel en el culto. La teoría va mucho

más allá que los textos en que se apoya, y basta con reconocer cierto vínculo entre los profetas y los centros de vida religiosa, así como una influencia de la liturgia sobre la composición de algunos de sus oráculos, sobre todo en Habacuc, Zacarías y Joel.

La idea fundamental que se desprende de la complejidad de los hechos y de los textos tocantes al profetismo parece ser ésta: el profeta es un hombre que tiene una experiencia inmediata de Dios, que ha recibido la revelación de su santidad y de sus deseos, que juzga el presente y ve el futuro a la luz de Dios y que es enviado por Dios para recordar a los hombres sus exigencias y llevarlos por la senda de la obediencia y de su amor. El profetismo así entendido, a pesar de las semejanzas que es posible destacar con fenómenos religiosos en otras religiones y entre los pueblos vecinos, es un fenómeno propio de Israel, uno de los procedimientos de la Providencia divina en la dirección del pueblo elegido.

El movimiento profético.

Siendo éstos el carácter y la función del profeta, no es de extrañar que la Biblia ponga a Moisés a la cabeza del linaje de los profetas, Dt **18** 15.18, y le considere como el mayor de todos, Nm **12** 6-8; Dt **34** 10-12, pues ha conocido a Yahvé cara a cara, le ha hablado boca a boca y ha transmitido su Ley al pueblo. Jamás han faltado en Israel herederos de sus dones, empezando por su sucesor Josué, «en quien está el espíritu», Nm **27** 18, ver Dt **34** 9. En la época de los Jueces aparecen la profetisa Débora, Jc **4-5**, y un profeta anónimo, Jc **6** 8, luego surge la gran figura de Samuel, profeta y vidente, 1 S **3** 20; **9** 9; ver 2 Cro **35** 18. Entonces se difunde el espíritu profético en grupos de inspirados, de cuyo extraño comportamiento se ha hablado más arriba, 1 S **10** 5; **19** 20; luego encontramos las comunidades más sensatas de «los hermanos profetas», 2 R **2**, etc.; estas hermandades no tardan en desaparecer, pero hasta después del regreso del Destierro la Biblia habla de profetas en plural, Za **7** 3. Fuera de estas comunidades, cuyo influjo sobre la vida religiosa del pueblo no es posible precisar, aparecen personalidades destacadas: Gad, profeta de David, 1 S **22** 5; 2 S **24** 11; Natán, con el mismo rey, 2 S **7** 2s; **12** 1s; 1 R **1** 11s; Ahías en tiempo de Jeroboán, 1 R **11** 29s; **14** 2s; Jehú, hijo de Jananí, en tiempo de Basá, 1 R **16** 7; Elías y Eliseo *en tiempo de Ajab y sus sucesores, 1 R 17 a 2 R 13 passim; Jonás en tiempo de Jeroboán II, 2 R 14 25; la profetisa Juldá en tiempo de Josías, 2 R 22 14s; Urías en tiempo de Joaquín, Jr 26 20. Los libros de las Crónicas añaden a esta lista: Semaías en tiempo de Roboán, 2 Cro 12 5s; Idó en tiempo de Roboán y Abías, 2 Cro 12 15; 13 22; Azarías en tiempo de Asá, 2 Cro 15 1s; Oded en tiempo de Ajaz, 2 Cro 28 9s, y algunos anónimos.*

Sólo por alusiones conocemos a la mayoría de estos profetas. Sin embargo, hay algunas figuras de más relieve. Natán anuncia a David la permanencia de su dinastía, en la que Yahvé se complace; es el primer eslabón de las profecías, que luego irán precisándose, sobre el Mesías hijo de David, 2 S 7 1-17. Pero el mismo Natán reprende con vehemencia a David por su pecado con Betsabé y, en vista de su arrepentimiento, le asegura el perdón de Dios, 2 S 12 1-25. Estamos especialmente informados sobre Elías y Eliseo por los relatos de los libros de los Reyes. En un momento en que la invasión de los cultos extranjeros hacía peligrar la religión de Yahvé, Elías se alza como el campeón del verdadero Dios y logra en la cumbre del Carmelo una brillante victoria sobre los profetas de Baal, 1 R 18. Su encuentro con Dios en el Horeb, donde se había pactado la alianza, le relaciona directamente con Moisés, 1 R 19. Elías, defensor de la fe, lo es también de la moral, y fulmina la condenación divina contra Ajab, que ha asesinado a Nabot para quitarle su viña, 1 R 21. Su fin misterioso, 2 R 2 1-18, envuelve en un halo su figura, que no ha dejado de agrandarse en la tradición judía. Al contrario de Elías, profeta solitario, Eliseo se inmiscuye mucho en la vida de su tiempo. Interviene en el curso de la guerra moabita, 2 R 3, y de las guerras arameas, 2 R 6-7, juega un papel en la usurpación de Jazael en Damasco, 2 R 8 7-15, y en la de Jehú en Israel, 2 R 9 1-3, le consultan los grandes, como Joás de Israel, 2 R 13 14-19, Ben Hadad de Damasco, 2 R 8 7-8, Naamán el sirio, 2 R 5. Mantiene también relaciones con los grupos de «hermanos profetas», que referían de él historias maravillosas, 2 R 4 1-7.38-44; 6 1-7.

Más completa información tenemos naturalmente de los profetas canónicos, y presentaremos a cada uno de ellos a propósito del libro que lleva su nombre. Baste con indicar aquí su lugar en el movimiento profético y exponer las novedades que suponen en relación con la época precedente.

Intervienen en los períodos de crisis que preceden o acompañan a los momentos capitales de la historia nacional: la amenaza asiria y la ruina del reino del Norte, la ruina del reino de Judá y la salida para el Destierro, el fin del Destierro y el regreso. No se dirigen al rey, sino al pueblo, y, porque su mensaje tiene este alcance general, se conserva por escrito y sigue operando. El primero entre estos profetas, Amós, ejerce su ministerio a mediados del siglo VIII a.C., unos cincuenta años después de la muerte de Eliseo, y el gran movimiento profético durará hasta el Destierro, menos de dos siglos, que están dominados por las extraordinarias figuras de Isaías y Jeremías, pero en los cuales también se sitúan Oseas, Miqueas, Nahúm, Sofonías y Habacuc. El final del ministerio de Jeremías coincide con los comienzos de Ezequiel. No obstante, con este profeta del Destierro hay un cambio de tono: menos fuego y espontaneidad, visiones grandiosas, pero complicadas, descripciones minuciosas, preocupación cada vez mayor por los últimos tiempos, en una palabra, rasgos que anuncian la literatura apocalíptica. Con todo, la gran corriente isaiana se perpetúa entonces, enriquecida, en el libro de la Consolación, Is 40-55. Los profetas de la vuelta del Destierro, Ageo y Zacarías, tienen un horizonte más limitado: su interés se concentra en la restauración del Templo. Tras ellos, Malaquías subraya los defectos de la nueva comunidad. Luego, el librito de Jonás, que preludia el género midrásico, utiliza las Escrituras antiguas para una enseñanza nueva. La vena apocalíptica, abierta por Ezequiel, brota de nuevo en Joel y en la segunda parte de Zacarías. E invade el libro de Daniel, donde las visiones del pasado y del futuro se conjugan en un cuadro intemporal de la destrucción del Mal y del advenimiento del Reino de Dios. En este momento, la gran inspiración profética parece agotada, se apela a los «profetas de antaño», Dn 9 6.10, ver ya Za 7 7.12; y Za 13 2-6 prevé la desaparición de la institución profética comprometida por los falsos profetas. Pero Jl 3 1-5 anuncia una efusión del Espíritu en los tiempos mesiánicos. Ésta se realizará en Pentecostés, según Hch 2 16s. Trátase, en efecto, del comienzo de la nueva era inaugurada por la predicación de Juan el Bautista, el último de los profetas de la antigua Ley, «profeta y más que profeta», Mt 11 9; Lc 7 26.

La doctrina de los profetas.

Los profetas han desempeñado un papel considerable en el desarrollo religioso de

Israel. No sólo han mantenido y guiado al pueblo por la senda del Yahvismo auténtico, sino que han sido los órganos principales del progreso de la Revelación. En esta actividad polifacética cada uno ha desempeñado su propia función y ha aportado su piedra al edificio doctrinal. Sin embargo, sus contribuciones se conjugan y se combinan siguiendo tres líneas maestras, precisamente las mismas que caracterizan la religión del AT: el monoteísmo, el moralismo y la espera de la salvación.

El monoteísmo. *Sólo paulatinamente había llegado Israel a una definición filosófica del monoteísmo: afirmación de la existencia de un Dios único, negación de la existencia de cualquier otro dios. Por mucho tiempo se había aceptado la idea de que los demás pueblos podían tener otros dioses, pero esto no causaba preocupación: Israel sólo reconocía a Yahvé, que era el más poderoso de los dioses y exigía un culto exclusivo. El paso de esta conciencia y de esta práctica monoteísta a una definición abstracta fue fruto de la predicación de los profetas. Cuando el más antiguo de ellos, Amós, presenta a Yahvé como al Dios que impera sobre las fuerzas de la naturaleza y es el dueño de los hombres y de los acontecimientos, se limita a evocar verdades antiguas, que dan todo su valor a las amenazas que profiere. Pero el contenido y las consecuencias de esta fe antigua van afirmándose cada vez con mayor claridad. La Revelación del Dios del Sinaí había sido vinculada a la elección del pueblo y a la conclusión de la Alianza, y en consecuencia Yahvé aparece como el Dios propio de Israel, vinculado a la tierra y a los santuarios de Israel. Sin dejar de subrayar enérgicamente los vínculos que unen a Yahvé con su pueblo, los profetas muestran que también dirige los destinos de los demás pueblos, Am 9 7. Él juzga a los pequeños Estados y a los grandes Imperios, Am 1-2 (y todas las profecías contra las naciones), les otorga y les retira el poder, Jr 27 5-8, los toma como instrumentos de su venganza, Am 6 11; Is 7 18-19; 10 6; Jr 5 15-17, pero los frena cuando quiere, Is 10 12. Sin dejar de proclamar que la tierra de Israel es la de Yahvé, Jr 7 7, y que el Templo es su morada, Is 6; Jr 7 10-11, predicen la destrucción del santuario, Mi 3 12; Jr 7 12-14; 26; y Ezequiel ve cómo la gloria de Yahvé abandona Jerusalén, Ez 10 18-22; 11 22-23.*

Yahvé, dueño de toda la tierra, no deja espacio para otros dioses. Los profetas, lu-chando contra el influjo de los cultos paganos y las tentaciones de sincretismo que ponían en peligro la fe de Israel, afirman la impotencia de los falsos dioses y la vanidad de los ídolos, Os 2 7-15; Jr 2 5-13. 27-28; 5 7; 16 20. Durante el Destierro, cuando el derrumbamiento de las esperanzas nacionales podía suscitar dudas sobre el poder de Yahvé, la polémica contra los ídolos se hace más incisiva y racional en el Deutero-Isaías. Is 40 19-20; 41 6-7.21-24; 44 9-20; 46 1-7 ver Jr 10 1-16, y más tarde la carta de Jeremías (= Ba 6) y Dn 14. A esta crítica se contrapone la expresión triunfante del monoteísmo absoluto, Is 44 6-8; 46 1-7.9.

Este Dios es trascendente, y los profetas expresan precisamente esta trascendencia sobre todo al decir que Dios es «santo», uno de los temas favoritos de la predicación de Isaías, Is 6 y otros muchos pasajes: 1 4; 5 19.24; 10 17.20, etc., pero también Os 11 9; Is 40 25; 41 14.16.20, etc.; Jr 50 29; 51 5; Ha 1 12 3 3. Está rodeado de misterio, Is 6; Ez 1. infinitamente por encima de los «hijos de hombre», expresión que Ezequiel repite hasta la saciedad para subrayar la distancia que separa al profeta de su interlocutor divino. Y sin embargo, está muy cerca por la bondad, por la ternura misma que demuestra a su pueblo, especialmente en Oseas y Jeremías, con la alegoría del matrimonio entre Yahvé e Israel, Os 2; Jr 2 2-7; 3 6-8, ampliamente desarrollada por Ezequiel, Ez 16 y 23.

El moralismo. *A la Santidad de Dios se opone la impureza del hombre, Is 6 5, y por este contraste los profetas adquieren una aguda conciencia del pecado. Si el monoteísmo no era ninguna innovación, tampoco lo fue este moralismo, inscrito ya en el Decálogo, motivo de la intervención de Natán ante David, 2 S 12, de Elías ante Ajab, 1 R 21. Pero los profetas canónicos vuelven constantemente a lo mismo: el pecado es lo que separa al hombre de Dios, Is 59 2. El pecado, en efecto, es un atentado contra el Dios de Justicia (Amós), contra el Dios de Amor (Oseas), contra el Dios de Santidad (Isaías). En cuanto a Jeremías, se puede decir que el pecado ocupa el centro de su visión: se extiende a toda la nación, que parece corrompida definitivamente, incapaz de conversión, Jr 13 23. Este desbordamiento del mal reclama el castigo de Dios, el gran juicio del «Día de Yahvé», Is 2 6-22; 5 18-20; Os 5 9-14; Jl 2 1-2; So 1 14-18, y el anuncio de la desgracia es para Jeremías un distintivo de la verdadera pro-*

fecía, Jr 28 8-9. El pecado, que es pecado de la masa, reclama esta sanción colectiva; con todo, la idea de la retribución individual comienza a aparecer en Jr 31 29-30 (ver Dt 24 16) y se afirma en Ez 18, ver 33 10-20.

Pero lo que se llama «monoteísmo ético» de los profetas no es un antilegalismo. Su moralismo está basado en el derecho promulgado por Dios que se infringe o es pasado por alto; ver, por ejemplo, el discurso de Jr 7 5-10 y sus relaciones con el Decálogo.

Paralelamente la concepción de la vida religiosa gana en profundidad. Para escapar al castigo hay que «buscar a Dios», Am 5 4; Jr 50 4; So 2 3, es decir, precisa Sofonías, hay que cumplir sus mandamientos, caminar en rectitud, vivir en humildad, ver Is 1 17; Am 5 24; Os 10 12; Mi 6 8. Lo que Dios pide es una religión interior, que para Jeremías es una condición de la Alianza nueva, Jr 31 31-34. Este espíritu debe animar toda la vida religiosa y las manifestaciones exteriores del culto, y los profetas protestan contra un ritualismo ajeno a toda preocupación moral, Is 1 11-17; Jr 6 20; Os 6 6; Mi 6 6-8. Pero presentarlos como adversarios del culto en sí mismo es falsear la verdad; el culto y el templo serán las preocupaciones más importantes para Ezequiel, Ageo y Zacarías.

La espera de la Salvación. Sin embargo, el castigo no es la última palabra de Dios, que no quiere la ruina total de su pueblo, sino que, a pesar de todas las apostasías, prosigue la realización de sus promesas. Dios reservará un «Resto», Is 4 3+. La noción que aparece en Amós, 5 15, evoluciona y se precisa en sus sucesores. En la visión de los profetas, los dos planos del castigo inminente y del juicio postrero de Dios se superponen, y el «Resto» es a la vez el que se librará del peligro presente y se beneficiará de la salvación final. Ambos planos se distinguen por el desarrollo de la historia: después de cada prueba, el Resto es el grupo que ha sobrevivido; los habitantes que quedaron en Israel o Judá después de la caída de Samaría o la invasión de Senaquerib, Am 5 15; Is 37 31-32, los desterrados en Babilonia tras la ruina de Jerusalén, Jr 24 8, la comunidad que vuelve a Palestina después del Destierro, Za 8 6.11.12; Esd 9 8.13-15. Pero ese grupo es al mismo tiempo, en cada época, el germen, el vástago de un pueblo santo al que está prometido el futuro, Is 11 10; 37 31; Mi 4 7; 5 6-7; Ez 37 12-14; Za 8 11-13.

Será una era de felicidad inaudita; los dispersos de Israel y de Judá, Is 11 12-13; Jr 30-31, volverán a Tierra Santa, que será prodigiosamente próspera, Is 30 23-26; 32 15-17, y el pueblo de Dios se vengará de sus enemigos, Mi 4 11-13; 5 6-8. Pero estas perspectivas de prosperidad y poder materiales no constituyen lo esencial; simplemente acompañan al advenimiento del Reino de Dios. Y éste supone un clima espiritual: justicia y santidad, Is 29 19-24, conversión interior y perdón divino, Jr 31 31-34, conocimiento de Dios, Is 2 3; 11 9; Jr 31 34, paz y gozo, Is 2 4; 9 6; 11 6-8; 29 19.

Para establecer y regir su reino sobre la tierra, el rey Yahvé tendrá un representante al que la unción le hará su vasallo: será el «ungido» de Yahvé, en hebreo su «mesías». Será un profeta, Natán, quien al prometer a David la permanencia de su dinastía, 2 S 7, formule la primera expresión de este mesianismo real cuyo eco se encuentra en ciertos Salmos, ver Introducción. Sin embargo, los fracasos y la mala conducta de la mayoría de los sucesores de David pareció que daba un mentís a ese mesianismo «dinástico» y la esperanza se concentró en un rey particular cuya venida se esperaba en un futuro próximo o lejano. Éste es el salvador que vislumbran los profetas, especialmente Isaías, pero también Miqueas y Jeremías. El Mesías (ahora sí se puede emplear la mayúscula) será del linaje de David, Is 11 1; Jr 23 5 = 33 15, y como él, saldrá de Belén-Efratá, Mi 5 1. Recibirá los títulos más grandiosos, Is 9 5, y el Espíritu de Yahvé reposará en él con todo el cortejo de sus dones, Is 11 1-5. Para Isaías, él es el Emmanuel, «Dios con nosotros», Is 7 14; para Jeremías, Yahvé ṣidqenû, «Yahvé, justicia nuestra», Jr 23 6, dos nombres que resumen el genuino ideal mesiánico.

Esta esperanza sobrevivió al derrumbamiento de los sueños del dominio terrestre y a la dura lección del Destierro, pero las perspectivas sufrieron un cambio. A pesar de las esperanzas puestas por unos momentos en el davídida Zorobabel por Ageo y Zacarías, el mesianismo real sufrió un eclipse: ningún descendiente de David se sentaba ya en el trono e Israel se encontraba sometido a dominación extranjera. Bien es verdad que Ezequiel espera la venida de un nuevo David, pero le llama «príncipe» y no «rey», y lo describe como mediador y pastor más que como soberano poderoso, Ez 34 23-24; 37 24-

25; Zacarías anunciará la venida de un rey, pero éste será humilde y pacífico, Za 9 9-10. Para el Segundo Isaías, el Ungido de Yahvé no es un rey davídico, sino el rey de Persia, Ciro, Is **45** *1*, instrumento de Dios para la liberación de su pueblo; y el mismo profeta introduce otra figura de salvador, el Siervo de Yahvé, que es maestro de su pueblo y luz de las naciones, y que predica con toda dulzura el derecho de Dios; no tendrá figura humana, será rechazado por los suyos, pero les conseguirá la salvación al precio de su propia vida, Is **42** *1-7;* **49** *1-9;* **50** *4-9,* y principalmente **52** *13-53 12.* Finalmente, Daniel ve venir sobre las nubes del cielo como un Hijo de hombre, que recibe de Dios el imperio sobre todos los pueblos, un reino que no pasará, Dn **7**. Hubo, sin embargo, un rebrote de la antigua corriente: en vísperas de nuestra era, la espera de un Mesías gozaba de amplia difusión, pero ciertos ambientes esperaban también a un Mesías sacerdotal, y otros a un Mesías trascendente.

La primera comunidad cristiana refirió todos estos pasajes proféticos a Jesús, quien concilió en sí mismo sus divergencias. Él es el Salvador, el Cristo, es decir, el Mesías, descendiente de David, nacido en Belén, el Rey pacífico de Zacarías y el Siervo doliente del Segundo Isaías, el niño Emmanuel anunciado por Isaías y también el Hijo del hombre de origen celeste, contemplado por Daniel. Pero estas referencias a los antiguos anuncios no deben ocultar la originalidad de este mesianismo cristiano, que se desprende de la persona y de la vida de Jesús. Él ha realizado las profecías, pero rebasándolas, y él mismo ha repudiado la noción política tradicional del mesianismo real.

Los libros de los profetas.

Se llama comúnmente «profetas escritores» a aquellos a quienes se les atribuye un libro en el canon de la Biblia. Lo que queda dicho respecto del ministerio profético muestra que tal denominación es inexacta: el profeta no es un escritor, es ante todo un orador, un predicador. El mensaje profético en su origen es hablado, pero debemos explicar cómo se ha pasado de la palabra hablada al libro escrito.

En estos libros encontramos tres clases de elementos: 1.º «dichos proféticos», oráculos en los que unas veces es el propio Yahvé quien habla, otras el profeta en nombre de Yahvé, o bien trozos poéticos que contienen una enseñanza, un anuncio, una amenaza, una promesa...; 2.º relatos en primera persona en los que el profeta refiere su experiencia, en especial su vocación; 3.º relatos en tercera persona, que narran acontecimientos de la vida del profeta o las circunstancias de su ministerio. Pueden entreverarse estos tres géneros y frecuentemente ocurre que los relatos intercalan oráculos o discursos.

Los pasajes en tercera persona indican un redactor distinto del profeta. Tenemos un claro testimonio de esto en el libro de Jeremías. El profeta dictó a Baruc, Jr 36 4, todas las palabras que había pronunciado en nombre de Yahvé desde hacía veintitrés años, ver Jr 25 3. Habiendo quemado el rollo el rey Joaquín, Jr 36 23, un nuevo rollo fue escrito por el mismo Baruc, Jr 36 32. La relación de estos hechos sólo puede provenir del mismo Baruc, a quien, en consecuencia, se atribuirán también los relatos biográficos subsiguientes, Jr **37-44**, que de hecho concluyen con una palabra de consuelo dirigida a Baruc por Jeremías, Jr **45** 1-5. Incidentalmente, se nos dice que en el segundo rollo de Baruc «se añadió a aquéllas (palabras) otras muchas por el estilo» (añadidas por Baruc o por otros), Jr 36 32. Circunstancias análogas pueden explicar la composición de otros libros. Es probable que los mismos profetas hayan escrito o dictado una parte de sus profecías o el relato de sus experiencias, ver Is 8 1; 30 8; Jr 30 2; 51 60; Ez 43 11; Ha 2 2. Una parte de esta herencia ha podido también conservarse fielmente por mera tradición oral entre los que rodeaban a los profetas o entre sus discípulos (parece haber una alusión a los de Isaías, Is 8 16). Estos mismos medios conservaban recuerdos de la vida de cada profeta, y tales recuerdos incluían también oráculos, por ejemplo, las tradiciones sobre Isaías reunidas en los libros de los Reyes, 2 R 18-20, y de allí trasladadas al libro de Isaías, Is 36-39, o bien el relato del conflicto entre Amós y Amasías, Am 7 10-17.

Partiendo de estos elementos, se han formado colecciones que reúnen los oráculos del mismo estilo o los trozos que tratan de un mismo tema (por ejemplo los oráculos contra las naciones de Isaías, Jeremías y Ezequiel), o que contrarrestan los anuncios de infortunio con promesas de salvación (por ejemplo Miqueas). Estos escritos han sido leídos y meditados, y han contribuido a perpetuar las corrientes espirituales emanadas de los profetas; los contemporáneos de Jeremías citan una profecía de Miqueas, Jr 26 17-18; es frecuente la alusión a los antiguos profetas,

Jr **28** *8, y como un estribillo en Jr* **7** *25;* **25** *4;* **26** *5, etc.; luego en Za* **1** *4-6;* **7** *7.12; Dn* **9** *6.10; Esd* **9** *11. En los medios fervorosos que alimentaban su fe y su piedad con las profecías, los libros de los profetas seguían siendo algo vivo y lo mismo que en el rollo de Baruc, Jr* **36** *32, «se añadió a aquéllas (palabras) otras muchas por el estilo» por inspiración de Dios, para adaptarlas a las necesidades presentes del pueblo o para enriquecerlas; en algunos casos, como veremos en los libros de Isaías y Zacarías, tales adiciones pudieron ser extensas. Al hacer esto, los herederos de los profetas tenían la convicción de que preservaban y hacían fructificar el tesoro que de ellos habían recibido.*

Los libros de los cuatro profetas «Mayores» se colocan en el canon conforme a su orden cronológico, que es el que seguiremos. La distribución de los doce Profetas «Menores» es más arbitraria. Intentaremos presentarlos también por orden cronológico en cuanto sea posible.

Isaías.

El profeta Isaías nació hacia el 765 a.C. El año de la muerte del rey Ozías, el 740, recibió en el templo de Jerusalén su vocación profética, la misión de anunciar la ruina de Israel y de Judá en castigo de las infidelidades del pueblo, **6** *1-13. Ejerció su ministerio durante cuarenta años, que fueron dominados por la amenaza creciente que Asiria hizo pesar sobre Israel y Judá. Se distinguen cuatro períodos entre los cuales se pueden distribuir los oráculos del profeta con mayor o menor seguridad. 1.º Los primeros datan de los años (unos pocos) que separan su vocación de la subida al trono de Ajaz el 736. Por entonces, a Isaías le preocupaba sobre todo la corrupción moral que la prosperidad había traído a Judá,* **1-5** *en gran parte. 2.º El rey de Damasco, Rasón, y el rey de Israel, Pécaj, quisieron entonces arrastrar al joven Ajaz a una coalición contra Teglatfalasar III, rey de Asiria. Ante su negativa, le atacaron, y Ajaz recurrió a Asiria. Isaías trató en vano de contrarrestar esta política demasiado humana. De esta época datan el «libro de Emmanuel»,* **7** *1 -* **11** *9, en gran parte, pero también* **5** *26-29 (?);* **17** *1-6;* **28** *1-4. Fracasada su misión ante Ajaz, Isaías se retiró de la escena pública, ver* **8** *16-18. 3.º El recurso de Ajaz a Teglatfalasar puso a Judá bajo la tutela de Asiria y precipitó la ruina del reino del Norte. Tras la anexión de una parte de su territorio el 734, la presión extranjera se*

agravó y, el 721, Samaría cayó en poder de los asirios. En Judá, Ezequías sucedió a Ajaz. Era un rey piadoso, animado de espíritu de reforma. Pero las intrigas políticas resurgieron, y entonces se buscó el apoyo de Egipto contra Asiria. Isaías, fiel a sus principios, quería que se rechazara toda alianza militar y se confiara en Dios. Se atribuyen a este comienzo del reinado de Ezequías **14** *28-32;* **18**; **20**; **28** *7-22;* **29** *1-14;* **30** *8-17. Después de la represión de la revuelta y conquistada Asdod por Sargón,* **20**, *Isaías volvió a su silencio. 4.º Salió de él (705 a.C.) cuando Ezequías se dejó arrastrar a una rebelión contra Asiria. Senaquerib asoló Palestina el 701. Pero el rey de Judá quiso defender a Jerusalén. Isaías le apoyó en su resistencia y le prometió la ayuda de Dios; en efecto, la ciudad fue salvada. De esta última época datan por lo menos los oráculos de* **1** *4-9 (?);* **10** *5-15.27ᵇ-32;* **14** *24-27 y los pasajes de* **28-32** *que no se han atribuido al período precedente. Nada más sabemos de la vida de Isaías después del 700. Según una tradición judía, habría sido martirizado bajo Manasés.*

Esta activa participación en los asuntos del país hace de Isaías un héroe nacional. Es también un poeta genial. El brillo de su estilo, la novedad de sus imágenes le convierten en el gran «clásico» de la Biblia. Sus composiciones tienen una gran fuerza concisa, una majestad, una armonía que jamás volverán a lograrse. Pero su grandeza es ante todo religiosa. Isaías quedó impresionado para siempre por la escena de su vocación en el Templo, donde tuvo la revelación de la trascendencia de Dios y de la indignidad del hombre. Su monoteísmo tiene algo de triunfal, y también de pavoroso: Dios es el Santo, el Fuerte, el Poderoso, el Rey. El hombre es un ser manchado por el pecado, del que Dios pide reparación. Porque Dios exige la justicia en las relaciones sociales y también la sinceridad en el culto que se le tributa. Quiere fidelidad. Isaías es el profeta de la fe y, en las grandes crisis que atraviesa su nación, pide que sólo se confíe en Dios: es la única posibilidad de salvación. Sabe que la prueba será dura, pero es el más grande de los profetas mesiánicos. El Mesías que anuncia es un descendiente de David que hará reinar la paz y la justicia sobre la tierra y difundirá el conocimiento de Dios, **2** *1-5;* **7** *10-17;* **9** *1-6;* **11** *1-9;* **28** *16-17.*

Un genio religioso de esta magnitud dejó una huella profunda en su época y creó es-

cuela. Se conservaron sus palabras y se les añadieron otras. El libro que lleva su nombre es el resultado de un largo trabajo de composición cuyas etapas es difícil establecer en su totalidad. El plan definitivo recuerda al de Jeremías (según el griego) y Ezequiel: 1-12, oráculos contra Jerusalén y Judá; 13-23, oráculos contra las naciones; 24-35, promesas. Pero no se trata de un plan rígido; por otra parte, el análisis ha demostrado que el libro seguía de una manera imperfecta el orden cronológico de la biografía de Isaías. Se formó a partir de varias colecciones de oráculos. Varios grupos se remontan al profeta mismo, ver 8 16; 30 8. Sus discípulos, inmediatos o remotos, reunieron otros conjuntos, glosando a veces las palabras del profeta o añadiendo otras. Los oráculos contra las naciones, agrupados en 13-23, recibieron piezas posteriores, en especial 13-14 contra Babilonia (exílico). Adiciones más extensas son: «el Apocalipsis de Isaías», 24-27, cuyo género literario y doctrina no permiten situarlo antes del siglo V a.C.; una liturgia profética según el Éxodo, 33; un «pequeño Apocalipsis», 34-35, que depende del Segundo Isaías. Finalmente, se pusieron en apéndice el relato de la acción de Isaías durante la campaña de Senaquerib, 36-39, tomado de 2 R 18-19 con la inserción de un salmo postexílico puesto en labios de Ezequías, 38 9-20.

El libro recibió todavía adiciones más considerables. Los caps. 40-55 no pudieron ser elaborados por el profeta del siglo VIII. No sólo no se nombra jamás en ellos a Isaías, sino que hasta el marco histórico es posterior a él en un par de siglos: Jerusalén ha sido tomada, el pueblo se halla cautivo en Babilonia, Ciro aparece ya en escena y será el instrumento de la liberación. Sin duda, la omnipotencia divina podría trasladar al profeta a un futuro remoto, arrancándole del presente y cambiar sus imágenes y sus pensamientos. Pero esto supondría un desdoblamiento de su personalidad y un olvido de sus contemporáneos —a quienes era enviado— que no tiene paralelo en la Biblia y son contrarios a la noción misma de la profecía, que solamente incluye la intervención del futuro en cuanto es enseñanza para el presente. Estos capítulos contienen la predicación de un anónimo, un continuador de Isaías, y gran profeta como él, al que, a falta de algo más concreto, llamamos el Deutero-Isaías o el Segundo Isaías. Predicó en Babilonia entre las primeras victorias de Ciro, el 550 a.C., que permitían

presagiar la ruina del imperio babilónico, y el edicto liberador del 538, que autorizó los primeros regresos. La colección, que realmente no sufrió una elaboración, presenta mayor unidad que los caps. 1-39. Comienza con lo que equivale a un relato de vocación profética, 40 1-11, y finaliza con una conclusión, 55 6-13. A tenor de sus primeras palabras: «Consolad, consolad a mi pueblo», 40 1, se le llama «Libro de la Consolación de Israel».

Ése es, en efecto, su tema principal. Los oráculos de los caps. 1-39 generalmente contenían amenazas y estaban llenos de alusiones a los acontecimientos de los reinados de Ajaz y Ezequías; los de los caps. 40-55 se apartan de este contexto histórico y tratan de consolar. El juicio ha concluido con la ruina de Jerusalén, el tiempo de la restauración está cerca. Será una renovación completa, y se subraya este aspecto con la importancia que se da al tema de Dios creador unido al de Dios salvador. Un nuevo Éxodo, más maravilloso que el primero, devolverá al pueblo a una nueva Jerusalén, más hermosa que la primera. Esta distinción entre dos tiempos, el de las «cosas pasadas» y el de las «cosas futuras» señala el comienzo de la escatología. En relación con el primer Isaías, el pensamiento está construido de manera más teológica. El monoteísmo está afirmado doctrinalmente y demostrada la vanidad de los falsos dioses por su impotencia. Se subraya la sabiduría y la providencia insondables de Dios. Por primera vez se expresa claramente el universalismo religioso. Y estas verdades se dicen con un tono encendido y ritmo corto, que manifiestan la urgencia de la salvación.

En el libro están incluidas cuatro piezas líricas, los «cantos del Siervo», 42 1-4 (5-9); 49 1-6; 50 4-9 (10-11); 52 13 - 53 12. Presentan a un perfecto discípulo de Yahvé (del Yahvé que reúne a su pueblo y es luz de las naciones), que predica la verdadera fe, que expía con su muerte los pecados del pueblo y es glorificado por Dios. Estos pasajes son de los más estudiados del Antiguo Testamento y no hay acuerdo ni en cuanto a su origen ni en cuanto a su significación. Parece muy probable la atribución de los tres primeros cantos al Segundo Isaías; es probable que el cuarto se deba a uno de sus discípulos. Se discute mucho la identificación del Siervo. A menudo se ha visto en él una imagen de la comunidad de Israel, a la que efectivamente otros pasajes del Segundo Isaías dan el título de «siervo». Pero los rasgos *individuales están demasiado marcados, por lo que otros exegetas, que en la actualidad forman mayoría, reconocen en el Siervo a un personaje histórico del pasado o del presente; en esta perspectiva, la opinión más atrayente es la que identifica al Siervo con el mismo Segundo Isaías; el cuarto canto habría sido añadido después de su muerte. Se han combinado también las dos interpretaciones, considerando al Siervo como un individuo que reúne en sí los destinos de su pueblo.*

De todos modos, una interpretación que se limite al pasado o al presente no explica suficientemente los textos. El Siervo es el mediador de la salvación futura y esto justifica la interpretación mesiánica que incluso una parte de la tradición judía ha dado de estos pasajes, excepto en el aspecto del dolor. Por el contrario, son precisamente los textos acerca del Siervo doliente y su expiación vicaria los que Jesús ha recogido aplicándoselos a sí mismo y a su misión, Lc 22 19-20.37; Mc 10 45, y la primera predicación cristiana reconoció en él al Siervo perfecto anunciado por el Segundo Isaías, Mt 12 17-21; Jn 1 29.

La última parte del libro, caps. 56-66, ha sido considerada como obra de algún otro profeta, al que se le ha llamado el Trito-Isaías o Tercer Isaías. Hoy en día se reconoce generalmente que es una colección heterogénea. El Salmo de 63 7 - 64 11 parece anterior al fin del Destierro; el oráculo de 66 1-4 es coetáneo de la reconstrucción del Templo hacia el 520 a.C. El pensamiento y el estilo de los caps. 60-62 los emparentan muy estrechamente con el Segundo Isaías. Los caps. 56-59, en conjunto, pueden datar del siglo V a.C. Los capítulos 65-66 (excepto 66 1-4), de sabor fuertemente apocalíptico, han sido datados por algunos exegetas en la época griega, pero otros los sitúan a la vuelta del Destierrro. Considerada globalmente, esta tercera parte del libro se presenta como obra de los continuadores del Segundo Isaías; es el último producto de la tradición isaiana, que ha prolongado la acción del gran profeta del siglo VIII.

En una cueva a orillas del mar Muerto se ha encontrado un manuscrito completo de Isaías, que probablemente data del siglo II antes de nuestra era. Se aparta del texto masorético por una ortografía especial y por variantes que en parte son útiles para la fijación del texto.

Jeremías.

Poco más de un siglo después de Isaías, hacia el 650 a.C., nacía Jeremías de una familia sacerdotal residente en los alrededores de Jerusalén. Conocemos su vida y carácter mejor que los de ningún otro profeta por los relatos biográficos en tercera persona de que está sembrado su libro, y cuyo orden cronológico es el siguiente: 19 1 - 20 6; 26; 36; 45; 28-29; 51 59-64; 34 8-22; 37-44. Las «Confesiones de Jeremías»: 11 18 - 12 6; 15 10-21; 17 4-18; 18 18-23; 20 7-18, proceden del profeta mismo. No constituyen una autobiografía, pero sí son un testimonio emocionante de las crisis interiores que atravesó y que se describen en el estilo de los Salmos de súplica. Llamado por Dios muy joven aún, el 626, el año trece de Josías, 1 2, le tocó vivir el trágico período en que se preparó y consumó la ruina del reino de Judá. La reforma religiosa y la restauración nacional de Josías despertaron esperanzas que fueron destruidas por la muerte del rey en Meguidó el 609 y por el cambio del mundo oriental, la caída de Nínive el 612 y la expansión del imperio caldeo. Desde el 605, Nabucodonosor impuso su dominio en Palestina, Judá se rebeló por instigación de Egipto, que intrigaría hasta el fin y, el 597, Nabucodonosor conquistó Jerusalén y deportó a una parte de sus habitantes. Una nueva rebelión hizo volver a los ejércitos caldeos, el 587 fue tomada Jerusalén, incendiado el templo, y tuvo lugar la segunda deportación. Jeremías vivió esta dramática historia predicando y amenazando en vano a los reyes incapaces que se sucedían en el trono de David; fue acusado de derrotismo por los militares, perseguido y encarcelado. Después de la toma de Jerusalén, y aun cuando veía en los desterrados la esperanza del porvenir, Jeremías prefirió permanecer en Palestina junto a Godolías, el gobernador nombrado por los caldeos. Pero éste fue asesinado, y un grupo de judíos, temeroso de las represalias, huyó a Egipto llevándose consigo al profeta. Probablemente murió allí.

El drama de esta vida no estriba sólo en los acontecimientos en que Jeremías se vio envuelto, sino también en el mismo profeta. Era de alma tierna, hecha para amar, y fue enviado para «extirpar y destruir, reconstruir y plantar» 1 10; le tocó sobre todo predecir desgracias, 20 8. Tenía ansias de paz y hubo de estar siempre en lucha: contra los suyos, contra los reyes, los sacerdotes, los falsos profetas, contra todo el pueblo, «varón discutido y debatido por todo el país», 15 10. Se vio desgarrado por una misión a la que no podía sustraerse, 20 9. Sus diálogos interiores con Yahvé están sembrados de gritos de dolor: «¿Por qué ha resultado mi penar perpetuo?», 15 18, y aquel pasaje patético que se anticipa a Job: «Maldito el día en que nací...», 20 14, etc.

Pero este sufrimiento acrisoló su alma y la abrió al trato con Dios. Lo que nos hace a Jeremías tan querido y tan nuestro es la religión interior y cordial que él mismo practicó antes de formularla en el anuncio de la Nueva Alianza, 31 31-34. Esta religión personal le llevó a profundizar en la enseñanza tradicional: Dios sondea los entresijos y los corazones, 11 20, retribuye a cada uno según sus obras, 31 29-30; la amistad con Dios, 2 2, se rompe con el pecado, que sale del corazón malvado, 4 4; 17 9; 18 12. Este aspecto afectivo le emparenta con Oseas, cuyo influjo experimentó; esta interiorización de la Ley, esta función del corazón en las relaciones con Dios, esta preocupación por la persona individual le aproximan al Deuteronomio. Jeremías vio ciertamente de manera favorable la reforma de Josías, inspirada en este libro, pero recibió una cruel desilusión por su ineficacia para cambiar la vida moral y religiosa del pueblo.

La misión de Jeremías fracasó en vida suya, pero su figura no dejó de agrandarse después de su muerte. Por su doctrina de una Alianza nueva, fundada en la religión del corazón, fue el padre del Judaísmo en su línea más pura, y su influjo se nota en Ezequiel, en la segunda parte de Isaías y en varios salmos. La época macabeica le cuenta entre los protectores del pueblo, 2 M 2 1-8; 15 12-16. Al sacar a primer plano los valores espirituales, al poner de manifiesto las íntimas relaciones que el alma ha de mantener con Dios, preparó la Nueva Alianza cristiana, y su vida de abnegación y sufrimientos en servicio de Dios, que bien pudo prestar algunos rasgos para la imagen del Siervo en Is 53, convierte a Jeremías en figura de Cristo.

Esta influencia duradera supone que las enseñanzas de Jeremías se leyeron, meditaron y comentaron con frecuencia. Esta labor de toda una descendencia espiritual se refleja en la composición de su libro, que no se presenta, ni mucho menos, como obra escrita de una vez. Además de los oráculos poéticos y de los relatos biográficos, contiene discursos en prosa en un estilo afín al del Deuteronomio. Su autenticidad ha sido impugnada y han sido atribuidos a redactores «deuteronomistas» posteriores al Destierro. En realidad, su estilo es el de la prosa judía

del siglo VII y comienzos del VI a.C., su teología es la de la corriente religiosa a la que pertenecen tanto Jeremías como el Deuteronomio. Son el eco auténtico de la predicación de Jeremías, recogida por sus oyentes. Toda esta tradición jeremiana no se ha transmitido en una forma única. La versión griega ofrece una recensión notablemente más corta (un octavo) que el texto masorético y a menudo diferente en detalles; los descubrimientos de Qumrán prueban que las dos recensiones existían en hebreo. Además, el griego coloca los oráculos contra las naciones después de 25 13, y en orden distinto al hebreo, que los relega al final del libro, 46-51. Estas profecías quizá formaran primeramente una colección particular y no todas procedan de Jeremías: al menos, los oráculos contra Moab y Edom han sido fuertemente rehechos y el largo oráculo contra Babilonia, 50-51, data del final del Destierro. El cap. 52 se nos presenta como un apéndice histórico, paralelo de 2 R 24 18 - 25 30. Otros complementos de menor extensión fueron insertados a lo largo del libro y atestiguan el uso que de él hacían y la estima en que lo tenían los cautivos de Babilonia y la comunidad renaciente después del Destierro. Hay también abundancia de duplicados que suponen una labor redaccional. Finalmente las indicaciones cronológicas, que son numerosas, no se suceden con orden. El desorden actual del libro es resultado de un largo trabajo de composición, cuyas etapas es harto difícil reconstruir una por una.

No obstante, el cap. 36 nos da valiosas indicaciones: el 605, Jeremías dicta a Baruc los oráculos que había pronunciado desde el comienzo de su ministerio, 36 2, es decir, desde el 626. Este rollo, quemado por Joaquín, volvió a ser escrito y fue además completado, 36 32. Acerca del contenido de esta colección tan sólo caben hipótesis. Parece que le servía de introducción 25 1-12 y agrupaba las piezas anteriores al 605, que se hallaban en los caps. 1-18, pero también contenía, según 36 2, oráculos antiguos contra las naciones a las que se refiere 25 13-38. Se incluyó allí el apartado de las «Confesiones», cuyo detalle se ha expuesto anteriormente. También se añadieron dos opúsculos sobre los reyes, 21 11 - 23 8, y sobre los profetas, 23 9-40, que pudieron existir anteriormente por separado.

Así se distinguen ya dos partes en el libro: una contiene amenazas contra Judá y Jerusalén, 1 1 - 25 13; la otra, profecías contra las naciones, **25** 13-38 y **46-51**. *Una tercera parte está constituida por* **26-35**, *donde se han reunido en un orden arbitrario trozos que ofrecen un tono más optimista. Casi todas estas piezas están en prosa y en gran parte proceden de una biografía de Jeremías, que se atribuye a Baruc. Grupo aparte forman los caps.* **30-31**, *que son un opúsculo poético de consolación. La cuarta parte,* **36-44**, *en prosa, prosigue la biografía de Jeremías y relata sus sufrimientos durante y después del sitio de Jerusalén, y concluye con* **45** 1-5, *que viene a ser como la firma de Baruc.*

Ezequiel.

A diferencia del libro de Jeremías, el de Ezequiel se presenta como un todo bien ordenado. Después de una introducción, **1-3**, *donde el profeta recibe de Yahvé su misión, el cuerpo del libro se divide claramente en cuatro partes: 1.º Los caps.* **4-24** *contienen casi exclusivamente reproches y amenazas contra los israelitas antes del asedio de Jerusalén; 2.º, los caps.* **25-32** *son oráculos contra las naciones, donde el profeta hace extensiva la maldición divina a los cómplices y a los provocadores de la nación infiel; 3.º, en los caps.* **33-39**, *durante y después del asedio, el profeta consuela a su pueblo prometiéndole un porvenir mejor; 4.º, prevé, en fin, caps.* **40-48**, *el estatuto político y religioso de la comunidad futura, restablecida en Palestina.*

Sin embargo, esta composición tan lógica encubre grandes fallas. Hay muchos duplicados, por ejemplo, **3** 17-21 = **33** 7-9; **18** 25-29 = **33** 17-20, etc. *Las indicaciones acerca de la mudez con que Dios hiere a Ezequiel,* **3** 26; **24** 27; **33** 22, *están separadas por largos discursos. La visión del carro divino,* **1** 4 - **3** 15, *queda interrumpida por la visión del libro,* **2** 1 - **3** 9. *Igualmente la descripción de los pecados de Jerusalén,* **11** 1-21, *es continuación del cap.* **8** *y corta abiertamente el relato de la partida del carro divino que, de* **10** 22 *pasa a* **11** 22. *Los datos que se dan en los caps.* **26-33** *no se suceden en orden. Tales fallas son difícilmente imputables a un autor que escribe su obra de una vez. Es mucho más probable que se deban a discípulos que trabajaron valiéndose de escritos o recuerdos, combinándolos y completándolos. Así pues, el libro de Ezequiel ha corrido, en cierto modo, la suerte de los demás libros proféticos. Pero la igualdad de forma y de doctrina nos garantiza que esos discípulos nos han conservado fiel-*

mente el pensamiento y, en general, hasta las palabras de su maestro. Su trabajo redaccional resulta perceptible en la última parte del libro, **40-48**, *cuyo núcleo, sin embargo, se remonta al propio Ezequiel.*

Según el libro en su estado actual, el profeta ejerció toda su actividad con los desterrados de Babilonia entre los años 593 y 571, fechas extremas que da el texto, **1** 2 *y* **29** 17. *Ha llamado la atención el que, en estas condiciones, los oráculos de la primera parte parezcan dirigidos a los habitantes de Jerusalén, y que, en ocasiones, Ezequiel parezca hallarse corporalmente presente en la ciudad, ver en especial* **11** 13. *En vista de ello se ha emitido la hipótesis de un doble ministerio de Ezequiel: se habría quedado en Palestina, donde habría predicado hasta la ruina de Jerusalén el 587. Sólo entonces se habría unido a los cautivos de Babilonia. La visión del rollo en* **2** 1 - **3** 9 *señalaría la vocación del profeta en Palestina; la del carro divino,* **1** 4-28 *y* **3** 10-15, *indicaría su llegada junto a los desterrados. El traslado de esta visión al comienzo del libro habría cambiado toda su perspectiva. Esta hipótesis sirve para responder a algunas dificultades, pero plantea otras. Supone serias modificaciones del texto, tiene que admitir que, aun durante su ministerio «palestinense», Ezequiel vivía de ordinario fuera de la ciudad, puesto que se le «traslada» a ella,* **8** 3, *y resulta curioso que, si Ezequiel y Jeremías predicaron a la vez en Jerusalén, ninguno de ellos aluda al ministerio de su colega. Por otra parte, las dificultades de la tesis tradicional no son insuperables: las censuras dirigidas a la gente de Jerusalén servían de lección a los desterrados y, cuando Ezequiel parece hallarse en la Ciudad Santa, el texto dice expresamente que ha sido trasladado a ella «en visión»,* **8** 3, *como también ha sido devuelto «en visión»,* **11** 24. *La hipótesis de un doble ministerio conserva pocos partidarios.*

Sea cual fuere la solución adoptada, es una misma la gran personalidad que se nos muestra en el libro. Ezequiel es un sacerdote, **1** 3. *Su mayor preocupación la constituye el Templo, trátese del Templo presente que está manchado de ritos impuros,* **8**, *y al que abandona la gloria de Yahvé,* **10**, *o del Templo futuro, cuyo diseño describe minuciosamente,* **40-42**, *y adonde ve regresar a Yahvé,* **43**. *Guarda el culto de la Ley, y al hacer historia de las infidelidades de Israel,* **20**, *repite como un estribillo el reproche de haber «profanado los sábados». Tiene horror a las impure-*

zas legales, 4 14, y una gran preocupación por separar lo sagrado de lo profano, 45 1-6. Como sacerdote que era, resolvía casos de derecho o de moral, y por esta razón su enseñanza adquiere un tono casuístico, 18. Su pensamiento y su vocabulario son afines a la Ley de Santidad, Lv 17-26. Sin embargo, no se puede demostrar que se haya inspirado en ella ni que la Ley de Santidad dependa de él, y las conexiones más llamativas se encuentran en pasajes redaccionales. Queda el hecho de que los dos conjuntos han sido transmitidos en ambientes de pensamiento muy afines. La obra de Ezequiel se integra en la corriente «sacerdotal», como la de Jeremías pertenecía a la corriente «deuteronomista».

Pero este sacerdote es también un activo profeta. Más que ningún otro, ha multiplicado las acciones simbólicas. Remeda con gestos el asedio de Jerusalén, 4 1 - 5 4, la salida de los emigrantes, 12 1-7, al rey de Babilonia en la encrucijada, 21 23s, la unión de Judá e Israel, 37 15s. Hasta en las pruebas personales que Dios le envía, él mismo es una «señal» para Israel, 24 24, como lo habían sido Oseas, Isaías y Jeremías. Pero la complejidad de sus acciones simbólicas contrasta con la simplicidad de gestos de sus predecesores.

Ezequiel es sobre todo un visionario. Su libro no contiene más que cuatro visiones propiamente dichas, pero ocupan un espacio considerable: 1-3; 8-11; 37; 40-48. Descubren un mundo fantástico: los cuatro animales del carro de Yahvé, la zarabanda cultual del Templo con el rebullicio de ganado y de ídolos, la llanura de los huesos que se reaniman, un Templo futuro dibujado como en el plano de un arquitecto, y de donde brota un río de ensueño en una geografía utópica. Este poder de imaginación se extiende a los cuadros alegóricos que le pinta el profeta: las dos hermanas Oholá y Oholibá, 23, el Naufragio de Tiro, 27, el Faraón-Cocodrilo, 29 y 32, el Árbol Gigante, 31, la Bajada a los Infiernos, 32.

En contraste con esta potencia visual, y quizá como precio de la misma, como si la intensidad de las imágenes ahogara la expresión, el estilo de Ezequiel es monótono y gris, frío y diluido, de una pobreza extraña si se le compara con el de los grandes clásicos, con la vigorosa pureza de Isaías, o con el calor emocionado de Jeremías. El arte de Ezequiel se hace valer por sus dimensiones y su relieve, que crean como una atmósfera de horror sagrado ante el misterio de lo divino.

Se puede así deducir que, a pesar de estar unido a sus predecesores por muchos rasgos, Ezequiel abre un camino nuevo. Y esto es también verdad respecto de su doctrina. Ezequiel rompe con el pasado de su nación. El recuerdo de las promesas hechas a los Padres y de la Alianza concluida en el Sinaí aparece esporádicamente, pero si Dios ha salvado hasta el presente a su pueblo manchado desde su nacimiento, 16 3s, no lo ha hecho por cumplir las promesas, sino para defender la honra de su nombre, 20; si ha de sustituir la Alianza antigua con una Alianza eterna, 16 60; 37 26s, no lo hará en premio de una «vuelta» del pueblo hacia él, sino por pura benevolencia, diríamos que por una gracia previniente, y el arrepentimiento vendrá después, 16 62-63. El mesianismo de Ezequiel, poco explícito por lo demás, ya no es regio y glorioso: cierto que anuncia a un futuro David, pero éste no será más que el «pastor» de su pueblo, 34 23; 37 24, un «príncipe», 24 24, y no un rey, pues para reyes no hay lugar en la visión teocrática del futuro, 45 7s. Rompe con la tradición de la solidaridad en el castigo y afirma el principio de la retribución individual, 18; ver 33. Solución teológica provisional que, desmentida muy a menudo por los hechos, llevará poco a poco a la idea de una retribución de ultratumba. Aunque Ezequiel era un sacerdote muy vinculado al Templo, rompe, como ya lo había hecho Jeremías, con la idea de que Dios esté ligado a su santuario. En Ezequiel se concilian el espíritu profético y el espíritu sacerdotal que tantas veces habían sido opuestos: los ritos —que subsisten— cobran su valor de los sentimientos que los inspiran. Toda la doctrina de Ezequiel se centra en la renovación interior: hay que hacerse un corazón nuevo y un espíritu nuevo, 18 31, o mejor, Dios mismo dará «otro» corazón, un corazón «nuevo» y pondrá en el hombre un espíritu «nuevo», 11 19; 36 26. Como en el caso de la benevolencia divina que previene el arrepentimiento, nos hallamos también aquí en el umbral de la teología de la gracia, que desarrollarán San Juan y San Pablo.

Esta espiritualización de todos los datos religiosos es la gran aportación de Ezequiel. Cuando se le llama padre del Judaísmo, suele alegarse a menudo su afán de separación de lo profano, de pureza legal, sus minucias rituales, y se piensa en los fariseos. Esto es totalmente injusto: Ezequiel, tanto como Jeremías, aunque de otra manera, da origen a esa corriente *espiritual muy pura que, pasando por el Judaísmo, desemboca en el Nuevo Testamento. Jesús es el Buen Pastor que Ezequiel había anunciado, y Jesús es quien ha inaugurado el culto en espíritu que el profeta había exigido.*

Bajo otro aspecto, Ezequiel da comienzo a la corriente apocalíptica. Sus grandiosas visiones anuncian ya las de Daniel, y no es nada extraño que en el Apocalipsis de San Juan encontremos tan a menudo su influencia.

Daniel.

Por su contenido, el libro de Daniel se divide en dos partes. Los caps. 1-6 son narrativos: Daniel y sus tres compañeros al servicio de Nabucodonosor, 1; el sueño de Nabucodonosor: la estatua compuesta de materiales diversos, 2; la adoración de la estatua de oro y los tres compañeros de Daniel en el horno, 3; la locura de Nabucodonosor, 4; el festín de Baltasar, 5; Daniel en la fosa de los leones, 6. En todos estos casos, Daniel o sus compañeros salen triunfantes de una prueba de la que depende su vida, o al menos su reputación, y los paganos glorifican a Dios que los ha salvado. Las escenas suceden en Babilonia, en los reinados de Nabucodonosor, de su «hijo» Baltasar y del sucesor de éste, «Darío el Medo». Las visiones de los caps. 7-12 tienen como beneficiario a Daniel: las Cuatro Bestias, 7; el Macho Cabrío y el Carnero, 8; las setenta Semanas, 9; la gran visión del Tiempo de la Cólera y del Tiempo del Fin, 10-12. Llevan la fecha de los reinados de Baltasar, de Darío el Medo y de Ciro, rey de Persia, y están localizadas en Babilonia.

De esta división se ha deducido alguna vez la existencia de dos escritos de épocas diferentes combinados por un editor. Pero otros indicios contradicen esta distinción. Los relatos están en tercera persona y Daniel mismo refiere las visiones, pero la primera visión, 7, está encuadrada entre una introducción y una conclusión en tercera persona. El comienzo del libro está en hebreo, pero en 2 4 se pasa bruscamente al arameo, que prosigue hasta el fin de 7, invadiendo así la parte de las visiones; los últimos capítulos están otra vez en hebreo. Se han propuesto diversas explicaciones para esta dualidad de lengua, aunque ninguna resulta convincente. Por ejemplo, la división según el estilo (1.ª o 3.ª persona) y la división según la lengua (hebreo o arameo) no corresponden a la que se deduce del contenido (relatos o vi-

siones). Por otra parte, el cap. 7 es comentado por el 8, pero es paralelo del cap. 2; su arameo es el mismo que el de los caps. 2-4, pero rasgos de su estilo reaparecen en los caps. 8-12, aunque están escritos en hebreo. Este cap. 7 forma, pues, un nexo entre las dos partes del libro y asegura su unidad. Además Baltasar y Darío el Medo aparecen en las dos partes del libro, originando las mismas dificultades para los historiadores. En fin, los procedimientos literarios y la línea del pensamiento son idénticos de un cabo al otro del libro, y esta igualdad es el argumento más fuerte en favor de la unidad de su composición.

La fecha de ésta queda fijada por el claro testimonio que da el cap. 11. Las guerras entre Seléucidas y Lágidas y una parte del reinado de Antíoco Epífanes se narran en él con gran lujo de detalles insignificantes para el propósito del autor. Este relato no se parece a ninguna profecía del Antiguo Testamento y, a pesar de su estilo profético, refiere sucesos ya ocurridos. Pero a partir de 11 40 cambia el tono; se anuncia el «Tiempo del Fin» de una manera que recuerda a los otros profetas. El libro, pues, habría sido compuesto durante la persecución de Antíoco Epífanes y antes de la muerte de éste, incluso antes de la victoria de la insurrección macabea, es decir, entre el 167 y el 164.

Nada hay en el resto del libro que se oponga a esta fecha. Los relatos de la primera parte se sitúan en la época caldea, pero algunos indicios muestran que el autor está bastante lejos de los acontecimientos. Baltasar es hijo de Nabonid, y no de Nabucodonosor como dice el texto, y jamás ha tenido el título de rey. Darío el Medo es desconocido para los historiadores y no hay lugar para él entre el último rey caldeo y Ciro el persa, que había ya vencido a los Medos. El ambiente neobabilonio se describe con palabras de origen persa; incluso instrumentos de la orquesta de Nabucodonosor llevan nombres transcritos del griego. Las fechas que se dan en el libro no concuerdan entre sí ni con la historia, tal como la conocemos, y parecen puestas al frente de los capítulos sin mucha preocupación por la cronología. El autor se ha valido de tradiciones, orales o escritas, que circulaban en su época. Los manuscritos del mar Muerto contienen fragmentos de un ciclo de Daniel que está emparentado con el libro canónico, en especial una oración de Nabonid que recuerda Dn 3 31 - 4 34, donde el nombre de Nabucodonosor sustituye al de Nabonid. El autor, o sus fuentes, nombra como héroe de sus historias piadosas a un Daniel o Dan'el al que Ez 14 14-20; 28 3 cita como a un justo o sabio de los tiempos antiguos y al que también conocían los poemas de Râs Samrâ en el siglo XIV antes de nuestra era.

Siendo el libro tan reciente, se explica su lugar en la Biblia hebrea. Ha sido admitido en ella después de la fijación del canon de los Profetas, y se le ha colocado entre Ester y Esdras, en el grupo heterogéneo de los «otros escritos» que forman la última parte del canon hebreo. Las Biblias griega y latina vuelven a colocarlo entre los profetas y le añaden algunas partes deuterocanónicas: el Salmo de Azarías y el Cántico de los tres jóvenes, 3 24-90, la historia de Susana, donde brilla el candor clarividente del joven Daniel, 13, las historias de Bel y de la serpiente sagrada que son sátiras de la idolatría, 14. La traducción griega de los Setenta (LXX) difiere grandemente de la de Teodoción (Teod.), que es muy afín al texto masorético.

La finalidad del libro es sostener la fe y la esperanza de los judíos perseguidos por Antíoco Epífanes. Daniel y sus compañeros se han visto sometidos a las mismas pruebas: abandono de las prescripciones de la Ley, 1, tentaciones de idolatría, 3 y 6; pero han salido victoriosos, y los antiguos perseguidores han tenido que reconocer el poder del verdadero Dios. Al perseguidor moderno se le pinta con rasgos más negros, pero cuando la Cólera de Dios quede satisfecha, 8 19; 11 36, vendrá el Tiempo del Fin, 8 17; 11 40, en que el perseguidor será abatido, 8 25; 11 45. Entonces se acabarán las desdichas y el pecado, y tendrá lugar el advenimiento del Reino de los Santos, gobernado por un «Hijo de hombre», cuyo imperio jamás pasará, 7.

Esta espera del Fin, esta esperanza del Reino está presente a lo largo de todo el libro, 2 44; 3 33 (100); 4 31; 7 14. Dios se ocupará de que llegue en el plazo que él ha fijado, pero que a la vez abarca toda la duración de la humanidad. Los momentos de la historia del mundo se convierten en momentos del plan divino en un plano eterno. El pasado, el presente, el futuro, todo se hace profecía, porque todo ello se ve a la luz de Dios «que hace alternar estaciones y tiempos», 2 21. Con esta visión, a la vez temporal e intemporal, el autor revela el sentido profético de la historia. Este secreto de Dios, 2 18, etc.; 4 6, es descubierto por mediación de seres misteriosos,

que son los mensajeros y agentes del Altísimo; la doctrina de los ángeles cobra fuerza en el libro de Daniel, como también en el de Ezequiel y sobre todo en el de Tobías. La revelación versa sobre el designio escondido de Dios para con su pueblo y todos los pueblos. Afecta tanto a las naciones como a los individuos. Un texto importante sobre la resurrección anuncia el despertar de los muertos a una vida o a un oprobio eternos, 12 2. El Reino que se espera se extenderá a todos los pueblos, 7 14, no tendrá fin, será el Reino de los Santos, 7 18, el Reino de Dios, 3 33 (100); 4 31, el Reino del Hijo de hombre, a quien se dio todo poder, 7 13-14.

Este misterioso Hijo de hombre, al que 7 18 y 21-27 identifica con la comunidad de los Santos, es también su cabeza, el jefe del reino escatológico, pero no es el Mesías davídico. Esta interpretación individual se hizo corriente en el Judaísmo y la reiteró Jesús, que se aplicó el título de Hijo del hombre para recalcar el carácter trascendente y espiritual de su mesianismo, Mt 8 20.

El libro de Daniel ya no representa a la verdadera corriente profética. No contiene la predicación de un profeta enviado por Dios con misión ante sus contemporáneos, fue compuesto e inmediatamente escrito por un autor que se oculta detrás de un seudónimo, como ocurre ya con el librito de Jonás. Las historias edificantes de la primera parte tienen parecido con una clase de escritos de sabiduría de las que tenemos un ejemplo antiguo en la historia de José del Génesis, y otro ejemplo reciente en el libro de Tobías, escrito poco antes que Daniel. Las visiones de la segunda parte ofrecen la revelación de un secreto divino, explicado por los ángeles, para los tiempos futuros, en un estilo intencionadamente enigmático; este «libro sellado», 12 4, inaugura plenamente el género apocalíptico, que había sido preparado por Ezequiel y que florecerá en la literatura judía. El Apocalipsis de San Juan es su equivalente en el Nuevo Testamento, pero aquí se rompen los sellos del libro cerrado, Ap 5-6, las palabras ya no se conservan en secreto, porque «el Tiempo está cerca», Ap 22 10, y se espera la venida del Señor, Ap 22 20; 1 Co 16 22.

Los Doce Profetas.

El último libro del canon hebreo de los Profetas se denomina simplemente «los Doce». Agrupa, en efecto, doce opúsculos atribuidos a diferentes profetas. La Biblia griega lo titula el «Dodecaprofetón». La Iglesia cristiana lo considera como la colección de los doce Profetas Menores, título que indica la brevedad de los libros y no un valor inferior a la de los profetas «mayores». La colección se hallaba ya formada en la época del Eclesiástico, Si 49 10. La Biblia hebrea, seguida por la Vulgata, coloca estos opúsculos según el orden histórico que la tradición les atribuía. La colocación es algo distinta en la Biblia griega, que además los pone delante de los Profetas Mayores.

La traducción sigue la disposición tradicional de la Vulgata (y del hebreo), pero aquí presentamos los libros según el orden histórico más probable.

Amós.

Amós era pastor en Técoa, en el límite del desierto de Judá, 1 1. Extraño a las hermandades de profetas, fue tomado por Yahvé de detrás de su rebaño y enviado a profetizar a Israel, 7 14. Tras un corto ministerio que tuvo como marco principal el santuario cismático de Betel, 7 10s, y que probablemente también se ejerció en Samaría, ver 3 9; 4 1; 6 1, fue expulsado de Israel y volvió a sus antiguas ocupaciones.

Predica en el reinado de Jeroboán II, 783-743, época gloriosa humanamente hablando, en la que el reino del Norte se extiende y enriquece, pero en la que el lujo de los grandes es un insulto para la miseria de los oprimidos, mientras que el esplendor del culto encubre la ausencia de una religión verdadera. Con la rudeza sencilla y noble, y con la riqueza de las imágenes de un hombre del campo, Amós condena en nombre de Dios la vida corrompida de las ciudades, las injusticias sociales, la falsa seguridad que se pone en ritos en que el alma no se compromete, 5 21-22. Yahvé, soberano Señor del mundo, que castiga a todas las naciones, 1-2, castigará duramente a Israel, obligado por su elección a una mayor justicia moral, 3 2. El «Día de Yahvé» (expresión que aparece aquí por vez primera) será tinieblas y no luz, 5 18s, la venganza será terrible, 6 8s, ejecutada por un pueblo llamado por Yahvé, 6 14: Asiria, que, sin ser nombrada, ocupa, sin embargo, el horizonte del profeta. Con todo, Amós abre una pequeña esperanza, la perspectiva de una salvación para la casa de Jacob, 9 8, para el «resto» de José, 5 15 (primer empleo profético de este término). Esta profunda doctrina acerca de Yahvé, dueño universal y omnipotente, defensor de la justicia, se expresa con una seguridad absoluta, siempre como si el profeta no dijera nada nuevo: su novedad reside en la fuerza con que recuerda las exigencias del Yahvismo puro.

El libro nos ha llegado con cierto desorden; en particular el relato en prosa, 7 10-17, que separa dos visiones, estaría mejor colocado al final de los oráculos. Se puede dudar sobre la atribución al mismo Amós de algunos cortos pasajes. Las doxologías, 4 13; 5 8-9; 9 5-6, quizá hayan sido añadidas para la lectura litúrgica. Los breves oráculos contra Tiro y Edom, 1 9-12, y Judá, 2 4-5, parecen datar del Destierro. Se discute más acerca de 9 8ᵇ-10, y sobre todo de 9 11-15. No hay razón seria para sospechar del primero de estos pasajes, pero es probable que el segundo haya sido añadido; y esto no por razón de las promesas de salvación que contiene y que, desde un principio, fueron el tema de la predicación de los profetas, lo mismo aquí, 5 15, que en su contemporáneo Oseas; pero lo que se dice de la cabaña vacilante de David, de la venganza contra Edom, de la vuelta y restablecimiento de Israel, supone la época del Destierro y puede atribuirse, con algunos otros retoques, a una edición deuteronomista del libro.

Oseas.

Oriundo del reino del Norte, Oseas es contemporáneo de Amós, ya que comenzó a predicar bajo Jeroboán II; su ministerio se prolongó bajo los sucesores de aquel rey; pero no parece que haya visto la ruina de Samaría el 721. Fue un período sombrío para Israel: conquistas asirias de 734-732, revueltas interiores, cuatro reyes asesinados en quince años, corrupción religiosa y moral.

De la vida de Oseas durante este turbulento período sólo conocemos su drama personal, 1-3, que fue decisivo para su acción profética. Se discute el sentido de estos primeros capítulos. He aquí la interpretación más probable: Oseas se había casado con una mujer a la que amaba y que le abandonó, pero siguió amándola y la volvió a tomar después de ponerla a prueba. La dolorosa experiencia del profeta se convierte en símbolo de la conducta de Yahvé con su pueblo, y la conciencia de este simbolismo bien pudo modificar la presentación de los hechos. El cap. 2 hace la aplicación y da al mismo tiempo la clave de todo el libro: Israel, con quien Yahvé se ha desposado, se ha conducido como una mujer infiel, como una prostituta, y ha provocado el furor y los celos de su esposo divino. Éste sigue queriéndola y si la castiga es para traerla a sí y devolverle el gozo de su primer amor.

Con una audacia que sorprende y una pasión que impresiona, el alma tierna y violenta de Oseas expresa por vez primera las relaciones de Yahvé y de Israel con terminología de matrimonio. Todo su mensaje tiene como tema fundamental el amor de Dios despreciado por su pueblo. Salvo un corto idilio en el desierto, Israel no ha respondido a las insinuaciones de Yahvé más que con la traición. Oseas arremete sobre todo contra las clases dirigentes de la sociedad. Los reyes, elegidos contra la voluntad de Yahvé, han degradado con su política mundana al pueblo elegido hasta el rango de los demás pueblos. Los sacerdotes, ignorantes y rapaces, llevan al pueblo a su ruina. Igual que Amós, Oseas condena las injusticias y las violencias, pero insiste más que aquél en la infidelidad religiosa: en Betel, Yahvé es objeto de culto idolátrico, se le asocia a Baal y Astarté en el culto licencioso de los altos (colinas). Oseas protesta contra el título de baal, en el sentido de «Señor», que se daba a Yahvé, 2 18, y reclama para el Dios de Israel la acción bienhechora que se trataba de atribuir a Baal, dios de la fertilidad, 2 7.10; Yahvé es un Dios celoso, que no quiere compartir con nadie el corazón de sus fieles: «Porque yo quiero amor, no sacrificio, conocimiento de Dios, más que holocaustos», 6 6. El castigo es, pues, inevitable; sin embargo, Dios no castiga más que para salvar. Israel, despojado y humillado, se acordará del tiempo en que era fiel, y Yahvé acogerá a su pueblo arrepentido, que gozará de dicha y de paz.

Tras haber querido cercenar del libro todo anuncio de felicidad y todo lo concerniente a Judá, la crítica vuelve a juicios más moderados. No hacer de Oseas más que un profeta de la desdicha sería falsear todo su mensaje, y es natural que su mirada se haya extendido al vecino reino de Judá. Se debe admitir, sin embargo, que el repertorio de los oráculos de Oseas, recogido en Israel, fue coleccionado en Judá, donde se hicieron dos o tres revisiones. Las huellas de este trabajo de edición se hallan en el título, 1 1, y en algunos pasajes, por ejemplo, 1 7; 5 5; 6 11; 12 3. El versículo final, 14 10, es la reflexión de un sabio de la época exílica o postexílica sobre la enseñanza principal del libro y sobre su profundidad. Crece para nosotros la dificultad de su interpretación a causa del estado deplorable del texto hebreo, que es uno de los más corrompidos del Antiguo Testamento.

El libro de Oseas tuvo profundas resonancias en el Antiguo Testamento, y encontramos su eco en los profetas siguientes, cuando exhortan a una religión del corazón, inspirada por el amor de Dios. Jeremías recibió de él una profunda influencia. No tiene por qué extrañarnos que el Nuevo Testamento cite a Oseas o se inspire en él con cierta frecuencia. La imagen matrimonial de las relaciones entre Yahvé y su pueblo la han repetido Jeremías, Ezequiel y la segunda parte de Isaías. El Nuevo Testamento y la comunidad nacida de él la han aplicado a las relaciones entre Jesús y su Iglesia. Los místicos cristianos la han extendido a todas las almas fieles.

Miqueas.

El profeta Miqueas (a quien no debe confundirse con Miqueas Ben Yimlá, que vivió en el reinado de Ajab, 1 R 22) era de Judá, originario de Moréset, al oeste de Hebrón. Actuó en los reinados de Ajaz y Ezequías, es decir, antes y después de la toma de Samaría el 721, y quizá hasta la invasión de Senaquerib el 701. Fue, pues, en parte contemporáneo de Oseas y, por más tiempo, de Isaías. Por su origen campesino, se asemeja a Amós, con quien comparte la aversión por las grandes ciudades, el lenguaje concreto y a veces brutal, el gusto por las imágenes rápidas y los juegos de palabras.

El libro se divide en cuatro partes, donde alternan amenazas y promesas: 1 2 - 3 12, proceso de Israel; 4 1 - 5 14, promesas a Sión; 6 1 - 7 7, nuevo proceso de Israel; 7 8-20, esperanzas. Las promesas a Sión contrastan demasiado violentamente con las amenazas en que se hallan encuadradas, y esta composición equilibrada es un arreglo de los editores del libro. Es difícil determinar la extensión de las modificaciones que ha sufrido en el medio espiritual donde se conservaba el recuerdo del profeta. Se está de acuerdo en reconocer que 7 8-20 se sitúa claramente en la época de la vuelta del Destierro. Éste es también el tiempo donde mejor se situaría el oráculo de 2 12-13, perdido entre amenazas, y los anuncios de 4 6-7; 5 6-7. Por otra parte, 4 1-5 vuelve a encontrarse casi textualmente en Is 2 2-5, y no parece ser original en ninguno de los dos contextos. Pero no hay que tomar pie de estas posibles adiciones para recortar del mensaje auténtico de Miqueas todas las promesas *para el futuro. La colección de oráculos de los caps. 4-5 quedó formada durante o después del Destierro, pero contiene piezas auténticas y particularmente no hay razones decisivas para negar a Miqueas el anuncio mesiánico de 5 1-5, que concuerda con la esperanza que Isaías proponía por la misma época, Is 9 1s; 11 1s.*

Nada sabemos de la vida de Miqueas, ni cómo fue llamado por Yahvé. Pero tenía una conciencia viva de su vocación profética, y por eso, a diferencia de los seudoinspirados, anuncia con seguridad la desdicha, 2 6-11; 3 5-8. Es portador de la palabra de Yahvé, y ésta es ante todo una condena. Yahvé pone pleito a su pueblo, 1 2; 6 1s, y lo encuentra culpable: pecados religiosos sin duda, pero sobre todo pecados morales, y Miqueas fustiga a los ricos acaparadores, a los acreedores despiadados, a los comerciantes fraudulentos, a las familias divididas, a los sacerdotes y a los profetas codiciosos, a los jefes tiranos, a los jueces venales. Es lo contrario de lo que Yahvé exigía: «practicar la equidad, amar la piedad y caminar humildemente con tu Dios», 6 8, fórmula admirable que resume las exigencias espirituales de los profetas y recuerda sobre todo a Oseas. El castigo está decidido: en medio de una catástrofe mundial, 1 3-4, vendrá Yahvé a juzgar y castigar a su pueblo, se anuncia la ruina de Samaría, 1 6-7, la de las ciudades de la Tierra Baja donde vive Miqueas, 1 8-15, y la misma Jerusalén, que se convertirá en un montón de escombros, 3 12.

Sin embargo, el profeta conserva una esperanza, 7 7. Vuelve a la doctrina del Resto, esbozada por Amós, y anuncia el nacimiento en Efratá del Rey pacífico que apacentará el rebaño de Yahvé, 5 1-5.

La influencia de Miqueas fue duradera: los contemporáneos de Jeremías conocían y citaban un oráculo contra Jerusalén, Jr 26 18. El Nuevo Testamento ha conservado todo el texto sobre el origen del Mesías en Efratá-Belén, Mt 2 6; Jn 7 42.

Sofonías.

Según el título de su librito, Sofonías profetizó en tiempo de Josías, 640-609. Sus ataques contra las costumbres extranjeras, 1 8, y los cultos de los falsos dioses, 1 4-5, sus censuras a los ministros, 1 8, y su silencio respecto del rey indican que predicó antes de la reforma religiosa y durante la minoría de Josías, entre el 640 y el 630, o sea, inmediatamente antes de que comenzara el ministerio de Jeremías.

Judá, privada por Senaquerib de una parte de su territorio, vivió bajo la dominación asiria, y los reinados impíos de Manasés y de Amón favorecieron el desorden religioso. Pero el debilitamiento de Asiria suscitó en este tiempo la esperanza de una restauración nacional que iría acompañada de una reforma religiosa.

El libro se divide en cuatro breves secciones: el Día de Yahvé, 1 2 - 2 3; contra las naciones, 2 4-15; contra Jerusalén, 3 1-8; promesas, 3 9-20. Se ha querido eliminar sin razón suficiente algunos oráculos contra las naciones y todas las promesas de la última sección; como todas las colecciones proféticas, la de Sofonías ha recibido retoques y adiciones, pero son poco numerosos; especialmente los anuncios de la conversión de los paganos, 2 11 y 3 9-10, extraños al contexto, se inspiran en el Segundo Isaías; se discute mucho la autenticidad de los pequeños salmos 3 14-15 y 16-18ᵃ y se acepta la fecha del tiempo del Destierro para los últimos versículos, 3 18ᵇ-20.

El mensaje de Sofonías se resume en un anuncio del Día de Yahvé (ver Amós), una catástrofe que alcanzará a las naciones tanto como a Judá. A ésta se le condena por sus culpas religiosas y morales, inspiradas por el orgullo y la rebeldía, 3 1.11. Sofonías posee del pecado una noción profunda que anuncia la de Jeremías: es un atentado personal contra el Dios vivo. El castigo de las naciones es una advertencia, 3 7, que debería llevar al pueblo a la obediencia y a la humildad, 2 3, y la salvación sólo se promete a un «resto» humilde y modesto, 3 12-13. El mesianismo de Sofonías se reduce a este horizonte, ciertamente limitado, pero que descubre el contenido espiritual de las promesas.

El opúsculo de Sofonías tuvo una influencia limitada y sólo una vez es utilizado en el Nuevo Testamento, Mt 13 41. Pero la descripción del Día de Yahvé, 1 14-18, inspiró la de Joel y deparó a la Edad Media el comienzo del Dies irae.

Nahúm.

El libro de Nahúm comienza con un salmo sobre la Cólera de Yahvé contra los malvados y con sentencias proféticas que contraponen el castigo de Asur y la salvación de Judá, 1 2 - 2 3, pero el tema principal indicado por el título es la ruina de Nínive, anunciada y descrita con un poder de evocación que hace de Nahúm uno de los grandes poetas de Israel, 2 4 - 3 19. No hay razón para negarle el salmo y los oráculos del comienzo, que forman una buena introducción a este terrible cuadro.

Se ha sostenido, aunque sin pruebas suficientes, que esta introducción (o todo el libro) tenía origen cultual o, al menos, había sido empleado en la liturgia del Templo.

La profecía es algo anterior a la conquista de Nínive el 612. Se siente vibrar aquí toda la pasión de Israel contra el enemigo hereditario, el pueblo de Asur, se oye cantar a las esperanzas que despierta su caída. Mas, a través de este nacionalismo violento, que no vislumbra aún el Evangelio, ni siquiera el universalismo de la segunda parte de Isaías, se expresa un ideal de justicia y de fe: la ruina de Nínive es un juicio de Dios que castiga al enemigo del plan divino, 1 11; 2 1, al opresor de Israel, 1 12-13, y a todos los pueblos, 3 1-7.

El opúsculo de Nahúm parece que alimentó las esperanzas humanas de Israel hacia el 612, pero la alegría fue breve y la ruina de Jerusalén siguió de cerca a la de Nínive. Entonces se amplió y ahondó el sentido del mensaje, e Is 52 7 repite la imagen de Na 2 1 para describir la llegada de la salvación. En Qumrán se han encontrado los fragmentos de un comentario de Nahúm que aplicaba arbitrariamente las expresiones del profeta a los enemigos de la comunidad.

Habacuc.

El corto libro de Habacuc está compuesto con mucho cuidado. Se inicia con un diálogo entre el profeta y su Dios: a dos quejas del profeta responden dos oráculos divinos, 1 2 - 2 4. El segundo oráculo fulmina cinco imprecaciones contra el opresor inicuo, 2 5 - 20. Luego, el poeta canta en un salmo el triunfo final de Dios, 3. Se ha impugnado la autenticidad de este último capítulo, pero sin él la composición quedaría incompleta. Las indicaciones musicales que le enmarcan y puntúan quieren decir únicamente que el salmo sirvió para la liturgia. Es dudoso que haya de extenderse este uso cultual a todo el libro; su estilo se explica suficientemente como imitación de piezas litúrgicas. Lo que no basta para hacer de Habacuc un profeta cultual, un miembro del personal de Templo. El comentario de Habacuc que procede de Qumrán sólo se extiende al cap. 2, pero esto no quiere decir contra la autenticidad del cap. 3.

Se discuten las circunstancias de la profecía y la identificación del opresor. Se ha pensado en los asirios o en los caldeos, y hasta en el rey de Judá, Joaquín. Esta última hipótesis no se puede sostener; las otras dos se apoyan en buenos argumentos. Si se acepta que los opresores representan a los asirios, contra ellos sin duda suscita Yahvé a los caldeos, 1 5-11, y la profecía se situaría antes de la caída de Nínive el 612. Se puede también admitir que los opresores son del principio al fin los caldeos, mencionados en 1 6. Ellos han sido los instrumentos de Dios para castigar a su pueblo, pero a su vez serán castigados por su inicua violencia, porque Yahvé ha salido a hacer la guerra para salvar a su pueblo, y el profeta espera esta intervención divina con una angustia que finalmente se trueca en alegría. Si esta interpretación es válida, habría que fechar el libro entre la batalla de Carquemis (605 a.C.), que dio a Nabucodonosor el Próximo Oriente, y el primer asedio de Jerusalén el 597. Así, Habacuc sería muy poco posterior a Nahúm y, como él, contemporáneo de Jeremías.

Dentro de la doctrina de los profetas, Habacuc aporta una nota nueva: se atreve a pedir a Dios cuenta de su gobierno del mundo. Ciertamente Judá ha pecado, pero ¿por qué Dios, que es santo, 1 12, que tiene ojos demasiado puros para ver el mal, 1 13, escoge a los caldeos bárbaros para ejercer su venganza?, ¿por qué ha de castigar al malvado otro peor que él?, ¿por qué parece que Dios ayuda al triunfo de la fuerza injusta? Es el problema del Mal, planteado en el plano de las naciones, y el escándalo de Habacuc es también el de muchas almas modernas. A él y a ellas se dirige la respuesta divina: por caminos paradójicos, el Dios omnipotente prepara la victoria final del derecho, y «el justo por su fidelidad vivirá», 2 4, perla de este librito que San Pablo engarzará en su doctrina de la fe, Rm 1 17; Ga 3 11; Hb 10 38.

Ageo.

Con Ageo comienza el último período profético, el posterior al Destierro. Aparece aquí un cambio llamativo: antes del Destierro el santo y seña de los profetas había sido el Castigo; durante el Destierro se había convertido en Consolación, y ahora es Restauración. Ageo llega en un momento decisivo para la formación del Judaísmo: el nacimiento de la nueva comunidad de Palestina. Sus breves exhortaciones están fechadas con exactitud a finales de agosto o mediados de diciembre del 520. Los primeros judíos vueltos de Babilonia para reconstruir el Templo se desanimaron en seguida. Pero los profetas Ageo y Zacarías reavivaron las energías e indujeron al gobernador Zorobabel y al sumo sacerdote Josué a proseguir los trabajos del Templo, lo que se hizo en septiembre del 520, 1 15, ver Esd 5 1.

Éste es el objetivo de los cuatro breves sermones que componen el libro: Dios ha echado a perder los frutos de la tierra porque el Templo sigue en ruinas, pero su reconstrucción traerá una era de prosperidad; a pesar de su modesta apariencia, este nuevo Templo eclipsará la gloria del antiguo, y se promete el poderío a Zorobabel, el elegido de Yahvé.

Se presenta la construcción del Templo como condición de la venida de Yahvé y del establecimiento de su reino; va a inaugurarse la era de la salvación escatológica. Así se cristaliza en torno al santuario y al descendiente de David la esperanza mesiánica que Zacarías va a expresar con más claridad.

Zacarías.

El libro de Zacarías se compone de dos partes muy distintas: 1-8 y 9-14. Tras una introducción, fechada en octubre-noviembre del 520, dos meses después de la primera profecía de Ageo, el libro refiere ocho visiones del profeta que comienzan en febrero del 519, 1 7 - 6 8, seguidas de la coronación simbólica de Zorobabel (los escribas introdujeron el nombre del sumo sacerdote Josué cuando se desvanecieron las esperanzas puestas en Zorobabel y el sacerdocio retuvo todo el poder), 6 9-14. El cap. 7 es una ojeada retrospectiva al pasado nacional, y el cap. 8 abre perspectivas de salvación mesiánica, ambos a propósito de un problema sobre el ayuno, planteado en noviembre del 518.

Este conjunto bien fechado y de pensamiento homogéneo es ciertamente auténtico; lleva, sin embargo, las huellas de una revisión, hecha por el profeta mismo o por sus discípulos. Por ejemplo, los anuncios universalistas de 8 20-23 han sido añadidos después de 8 18-19, que constituye una conclusión.

Zacarías se preocupa, como Ageo, de la reconstrucción del Templo, se extiende más que él al hablar de la restauración nacional y de sus exigencias de pureza y moralidad, y la espera escatológica resulta en él más apremiante. Esta restauración ha de dar paso a una era mesiánica en que el sacerdocio representado por Josué será exaltado, 3 1-7, pero en el que la realeza

será ejercida por el «Germen», 3 8, término mesiánico que 6 12 aplica a Zorobabel. Los dos Ungidos, 4 14, gobernarán en perfecta armonía, 6 13. Así, Zacarías resucita la vieja idea del mesianismo real, pero la asocia a las preocupaciones sacerdotales de Ezequiel, cuya influencia se advierte en muchos puntos: papel preponderante de las visiones, tendencia apocalíptica y afán de pureza. Los mismos rasgos y la importancia que se concede a los ángeles son un anticipo de Daniel.

La segunda parte, 9-14, que por lo demás comienza con un título nuevo, 9 1, es del todo diferente. Las piezas no tienen fecha y son anónimas. Ya no se habla de Zacarías ni de Josué ni de Zorobabel ni de la construcción del Templo. El estilo es diferente y utiliza con frecuencia sobre los libros anteriores, sobre todo Jeremías y Ezequiel. El horizonte histórico ya no es el mismo: Asur y Egipto vienen a ser nombres simbólicos de todos los opresores.

Estos capítulos han sido compuestos con gran probabilidad en los últimos decenios del siglo IV a.C., después de la conquista de Alejandro. A pesar de los esfuerzos últimamente renovados para probar su unidad, debemos admitir que son heterogéneos. Se distinguen dos secciones, introducidas cada una de ellas por un título, 9-11 y 12-14; la primera está casi en su totalidad en verso, la segunda casi enteramente en prosa. Se habla de un Deutero-Zacarías y de un Trito-Zacarías. En realidad se trata de dos composiciones que también por su parte son heterogéneas. La primera se vale al parecer de antiguos trozos poéticos, preexílicos, y se refiere a sucesos históricos difíciles de precisar (la aplicación de 9 1-8 a la conquista de Alejandro parece la más probable). La segunda parte, 12-14, describe con terminología apocalíptica las pruebas y las glorias de la Jerusalén de los últimos tiempos. Pero la escatología tampoco está ausente de la primera parte y algunos temas se encuentran en las dos secciones, por ejemplo, el de los «pastores» del pueblo, 10 2-3; 11 4-14; 13 7-9.

Esta parte del libro es importante sobre todo por su doctrina mesiánica, poco unificada por lo demás: resurgimiento de la Casa de David, 12 passim, espera de un Mesías humilde y manso, 9 9-10, pero anuncio misterioso del Traspasado, 12 10, teocracia guerrera, 10 3 - 11 3, pero también cultual al estilo de Ezequiel, 14. Estos rasgos se armonizarán en la persona de Cristo, y el Nuevo Testamento cita *con frecuencia estos capítulos de Zacarías o al menos alude a ellos, por ejemplo Mt 21 4-5; 27 9 (combinado con Jeremías); 26 31 = Mc 14 27; Jn 19 37.*

Malaquías.

El libro llamado de «Malaquías» era probablemente anónimo, porque este nombre significa «mi mensajero» y parece deducido de 3 1. Se compone de seis trozos construidos conforme a un mismo tipo: Yahvé, o su profeta, emite una afirmación que es discutida por el pueblo o por los sacerdotes, y que es desarrollada en un discurso, en el que van a la par amenazas y promesas de salvación. Hay dos grandes temas: las faltas cultuales de los sacerdotes y también de los fieles, 1 6 - 2 9 y 3 6-12, el escándalo de los matrimonios mixtos y de los divorcios, 2 10-16. El profeta anuncia el Día de Yahvé, que purificará a los miembros del sacerdocio, devorará a los malvados y asegurará el triunfo de los justos, 3 1-5.13-21. El pasaje 3 22-24 es un añadido, quizá también 2 11ᵇ-13ª.

El contenido del libro permite determinar su fecha: es posterior al restablecimiento del culto en el Templo reconstruido (515 a.C.) y anterior a la prohibición de los matrimonios mixtos bajo Nehemías (año 445), bastante próximo a esta última fecha. El impulso que Ageo y Zacarías habían dado se ha roto y la comunidad flojea. Inspirándose en el Deuteronomio, y también en Ezequiel, el profeta afirma que no es posible burlarse de Dios, que exige de su pueblo religión interior y pureza. Espera la venida del Ángel de la Alianza, preparada por un enviado misterioso, 3 1, en el que Mt 11 10, ver Lc 7 27 y Mc 1 2, ha reconocido a Juan el Bautista, el Precursor. Esta era mesiánica contemplará el restablecimiento del orden moral, 3 5, y del orden cultual, 3 4, que culminará en el sacrificio perfecto ofrecido a Dios por todas las naciones, 1 11.

Abdías.

Es el más corto de los «libros» proféticos (21 versículos), y con todo plantea numerosos problemas a los exegetas, que discuten acerca de su unidad y de su género literario, y que oscilan situándolo entre el siglo IX a.C. y la época griega. La situación se complica por el hecho de que casi la mitad, vv. 2-9, se encuentra equivalentemente en Jr 49 7-22, pero en un orden distinto y como adiciones a un oráculo cuyo mismo origen jeremiano es discuti-

do. La profecía de Abdías se desenvuelve en dos planos: el castigo de Edom, anunciado en varios pequeños oráculos, 1ᵇ-14, con 15ᵇ como conclusión; el Día de Yahvé, cuando Israel tomará su desquite de Edom, 15ª+16-18, con la conclusión: «ha hablado Yahvé». Las promesas escatológicas de los vv. 19-21 son adicionales. El fragmento se asemeja a las maldiciones contra Edom que hallamos a partir del 587 en Sal 137 7; Lm 4 21-22; Ez 25 12s; 35 1s; Ml 1 2s y Jr 49 7s ya citado: los edomitas se habían aprovechado de la ruina de Jerusalén para invadir la Judea meridional. El recuerdo de estos acontecimientos seguía aún muy vivo y parece que la composición de la profecía se hizo en Judá antes de la vuelta del Destierro. No hay por qué relegarla a fecha posterior y atribuir a otro autor el pasaje sobre el Día de Yahvé; únicamente la adición de los últimos versículos podría ser postexílica.

Es un grito apasionado de venganza, cuyo espíritu nacionalista contrasta con el universalismo de la segunda parte de Isaías, por ejemplo. Pero el trozo exalta también la justicia terrible y el poder de Yahvé que obra como defensor del derecho, y no hay que aislarlo de todo el movimiento profético, del que no representa más que un momento pasajero.

Joel.

El libro de Joel se divide por sí solo en dos partes. En la primera, una invasión de langosta que causa estragos en Judá provoca una liturgia de duelo y de súplica; Yahvé responde prometiendo el fin de la plaga y la vuelta de la abundancia, 1 2 - 2 27. La segunda parte describe en estilo apocalíptico el juicio de las naciones y la victoria definitiva de Yahvé y de Israel, 3-4. La unidad entre las dos partes queda asegurada por la referencia al Día de Yahvé, que es propiamente el tema de los caps. 3-4, pero que ya aparece en 1 15; 2 1-2.10-11. Las langostas son el ejército de Yahvé, lanzado para ejecutar su juicio, un Día de Yahvé del que puede uno librarse por la penitencia y la oración; el azote viene a ser el tipo del solemne juicio final, el Día de Yahvé, que abrirá los tiempos escatológicos. No hay razones para distinguir dos autores ni dos épocas de composición. Todavía recientemente se ha defendido una fecha hacia finales de la época monárquica. La mayoría de los exegetas se inclina por el período postexílico, con los siguientes argumentos: la ausencia de referencia a un rey, las alusiones al Destierro, pero también al Templo reconstruido, las relaciones con el Deuteronomio y los profetas posteriores, Ezequiel, Sofonías, Malaquías, Abdías, citado en **3** 5. El libro pudo haber sido compuesto hacia el año 400 a.C.

Sus vínculos con el culto son evidentes. Los caps. **1-2** presentan los caracteres de una liturgia penitencial, que concluye con la promesa profética del perdón divino. En consecuencia, se ha considerado a Joel como profeta cultual, adscrito al servicio del Templo. Sin embargo, estos rasgos pueden explicarse por la imitación literaria de formas litúrgicas. El librito no es la reseña de una predicación en el Templo, sino una composición escrita, hecha para ser leída. Nos hallamos al final de la corriente profética.

La efusión del espíritu profético sobre todo el pueblo de Dios en la era escatológica, **3** 1-5, responde a los deseos de Moisés en Nm **11** 29. El Nuevo Testamento considera que el anuncio ha cumplido con la venida del Espíritu sobre los Apóstoles de Cristo, y San Pedro citará todo este pasaje, Hch **2** 16-21: Joel es el profeta de Pentecostés. Es también el profeta de la penitencia, y sus invitaciones al ayuno y a la oración, tomadas de las ceremonias del Templo o redactadas según el modelo de éstas, entrarán con naturalidad en la liturgia cristiana de Cuaresma.

Jonás.

Este opúsculo difiere del resto de los libros proféticos. Se trata de una simple narración: cuenta la historia de un profeta desobediente que primero quiere sustraerse a su misión y que luego se queja a Dios del éxito inesperado de su predicación. El héroe a quien se atribuye esta aventura un tanto extraña es un profeta contemporáneo de Jeroboán II, mencionado en 2 R **14** 25. Pero el opúsculo no se presenta como obra suya, y en efecto no puede serlo. La «gran ciudad» de Nínive, destruida el 612, ya no es más que un lejano recuerdo, el pensamiento y la expresión deben mucho a los libros de Jeremías y Ezequiel y el lenguaje es posterior. Todo invita a situar la composición después del Destierro, en el curso del siglo V. El salmo, **2** 3-10, que pertenece a un género literario diferente y que no guarda relación alguna con la situación concreta de Jonás ni con la enseñanza del libro, es muy probablemente una interpolación.

Esta fecha tan posterior debe ponernos ya en guardia contra una interpretación histórica. Ésta queda descartada también por otros argumentos: Dios puede trocar los corazones, pero la súbita conversión del rey de Nínive y de todo su pueblo al Dios de Israel habría dejado huellas en los documentos asirios y en la Biblia. Dios es también señor de las leyes de la naturaleza, pero los prodigios se acumulan aquí a modo de «jugarretas» que Dios hace al profeta: la súbita tempestad, Jonás designado por la suerte, el pez monstruoso, el ricino que crece en una noche y se seca en una hora; y todo ello referido con una ironía sin rebozo, muy ajena al estilo histórico.

El libro se propone agradar y también instruir: es un escrito didáctico, y su enseñanza señala una de las cumbres del Antiguo Testamento. Rompiendo con una interpretación estrecha de las profecías, afirma que las amenazas, aun las más categóricas, son expresión de una voluntad misericordiosa de Dios, que sólo espera alguna muestra de arrepentimiento para conceder su perdón. El oráculo de Jonás no se cumple, pero es porque en efecto los decretos de destrucción son siempre condicionales. Lo que Dios quiere es la conversión, y, por lo mismo, la misión del profeta ha sido un éxito completo, ver Jr **18** 7-8.

Rompiendo con el particularismo en el que se veía tentada a encerrarse la comunidad postexílica, predica un universalismo extraordinariamente abierto. En esta historia todo el mundo es simpático: los marinos paganos del naufragio, el rey, los habitantes y hasta los animales de Nínive; todo el mundo, excepto el único israelita que entra en escena, ¡y éste es un profeta, Jonás! Dios será indulgente con su profeta rebelde, pero, sobre todo, su misericordia se extiende aun al enemigo más vilipendiado de Israel.

Estamos a un paso del Nuevo Testamento: Dios no es solamente el Dios de los judíos, es también el Dios de los paganos, porque no hay más que un solo Dios, Rm **3** 29. En Mt **12** 41 y Lc **11** 29-32, nuestro Señor pondrá como ejemplo la conversión de los ninivitas, y Mt **12** 40 verá en Jonás, encerrado en el vientre del monstruo, la figura de la permanencia de Cristo en el sepulcro. Este empleo de la historia de Jonás no debe invocarse como prueba de su historicidad: Jesús utiliza este apólogo del Antiguo Testamento como los predicadores cristianos utilizan las parábolas del Nuevo; se trata del mismo afán de enseñar por medio de imágenes familiares a los oyentes, sin emitir ningún juicio sobre la realidad de los hechos.

ISAÍAS

I. Primera parte del libro de Isaías

1. ORÁCULOS ANTERIORES A LA GUERRA SIRO-EFRAINITA

Título*.

Mi 1 1

1 ¹ Visión que tuvo Isaías, hijo de Amós, tocante a Judá y Jerusalén en tiempo de Ozías, Jotán, Ajaz y Ezequías, reyes de Judá.

Contra el pueblo ingrato.

Dt 4 26;
32 1+
Mi 1 2
t 32 5-6.10
Ba 4 8
Jr 8 7

² Oíd, cielos; escucha, tierra,
que habla Yahvé*:
«Hijos crié y saqué adelante,
y ellos se rebelaron contra mí.
³ Conoce el buey a su dueño,
y el asno el pesebre de su amo.
Pero Israel no conoce,
mi pueblo no discierne.»

Castigo de Judá.

30 9
Jr 2 13
Lv 17 1+

⁴ ¡Ay, gente pecadora,
pueblo tarado de culpa,
semilla de malvados, hijos de perdición!
Han dejado a Yahvé,
han despreciado al Santo de Israel*,
se han vuelto de espaldas.

26 14-33
Am 4 6-12
Jr 5 3

⁵ ¿Dónde golpearos ya,
si seguís contumaces?
La cabeza toda está enferma,
toda entraña doliente.
⁶ De la planta del pie a la cabeza
no hay en él cosa sana*:
golpes, magulladuras, heridas frescas,
ni cerradas, ni vendadas,
ni ablandadas con aceite.

30 12-15
Lc 10 34

⁷ Vuestra tierra es desolación,
vuestras ciudades, hogueras de fuego;
vuestro suelo delante de vosotros

extranjeros se lo comen,
y es una desolación como devastación
de extranjeros*.
⁸ Ha quedado la hija de Sión*
como cobertizo en viña,
como albergue en pepinar,
como ciudad sitiada.
⁹ De no habernos dejado Yahvé Sebaot
un residuo minúsculo,
como Sodoma seríamos,
a Gomorra nos pareceríamos.

Gn 19 1+

Rm 9 29
Is 4 3+

Gn 18 16-
33; 19 1-29

Contra la hipocresía*.

29 13-14

¹⁰ Oíd una palabra de Yahvé,
regidores de Sodoma.
Escuchad una instrucción de nuestro
Dios,
pueblo de Gomorra.
¹¹ «¿A mí qué, tanto sacrificio vuestro?
—dice Yahvé—.
Harto estoy de holocaustos de carneros,
de sebo de cebones;
y sangre de novillos y machos cabríos
no me agrada,
¹² cuando venís a presentaros ante mí.
¿Quién ha solicitado de vosotros
esa pateadura de mis atrios?
¹³ No sigáis trayendo oblación vana:
el humo del incienso me resulta detestable.
Novilunio, sábado, convocatoria:
no tolero falsedad y solemnidad*.
¹⁴ Vuestros novilunios y solemnidades
aborrece mi alma:
me han resultado un gravamen

Dt 32 32

Am 5 21+

---

1 Este título presenta el marco cronológico de toda la actuación del profeta, pero resulta difícil determinar si sirve de introducción a todo el libro en su forma final, caps. 1-66, o sólo a los caps. 1-39, o incluso sólo a los caps. 1-12. En todo caso, «Judá y Jerusalén» no ha de entenderse en sentido geográfico: es una designación del pueblo elegido para cuya instrucción se pronuncian todos los oráculos, aun los que se refieren al reino del Norte y a los pueblos extranjeros.
1 2 Se pone por testigos al cielo y a la tierra en el pleito que Dios tiene con su pueblo, ver Dt 4 26; 30 19; 32 1; Sal 50 4. El poema que sigue se refiere a la devastación del territorio y al asedio de Jerusalén bajo Senaquerib el 701, ver 36 1s; 3 R 18 13s, o bien durante la guerra siro-efrainita el 735, ver 7 1-2; 2 R 16 5-9.
1 4 Expresión predilecta de Isaías para designar a Yahvé, ver 6 3 y la nota.
1 6 Estos versos, que en su sentido literal se refieren

al pueblo de Judá, pecador y castigado, han sido aplicados a la pasión de Cristo, como los textos análogos sobre el Siervo doliente, Is 53 3s.
1 7 El término hebreo traducido por «devastación» se aplica al castigo de Sodoma y Gomorra, que se recordará en los vv. 9 y 10 en 3 9. Por esta razón se corrige generalmente «extranjeros», zarim, por «Sodoma», sedom, aunque ningún testimonio apoya tal enmienda.
1 8 Personificación de la ciudad de Jerusalén, 10 32; 16 1, etc.; o de su población, 37 22; So 3 14; Lm 4 22. «Sión» era el nombre de la ciudadela de los jebuseos, convertida en «Ciudad de David» ver 2 S 5 9+.
1 10 El oráculo data probablemente del primer período del ministerio de Isaías, antes del 735. Como Am 5 21-27, el profeta se enfrenta con un ritualismo vacío de sentimiento interior. Vuelve sobre en 29 13-14, con expresiones que Jesús aplicará a los fariseos, Mt 15 8-9.
1 13 «No tolero ayuno ni festividad», griego.

que me cuesta llevar.

¹⁵ Y al extender vosotros vuestras palmas,
me tapo los ojos por no veros.
Aunque menudeéis la plegaria,
yo no oigo.
Vuestras manos están de sangre llenas*:

¹⁶ lavaos, limpiaos,
quitad vuestras fechorías de delante de mi vista,
desistid de hacer el mal,

¹⁷ aprended a hacer el bien,
buscad lo justo,
dad sus derechos al oprimido,
haced justicia al huérfano,
abogad por la viuda*.

¹⁸ Venid, pues, y disputemos
—dice Yahvé—:
Así fueren vuestros pecados como la grana,
cual la nieve blanquearán.
Y así fueren rojos como el carmesí,
cual la lana quedarán*.

¹⁹ Si aceptáis obedecer,
lo bueno de la tierra comeréis.

²⁰ Pero si rehusando os oponéis,
por la espada seréis devorados,
que ha hablado la boca de Yahvé*.

Lamentación por Jerusalén*.

²¹ ¡Cómo se ha hecho adúltera
la villa leal!
Sión llena estaba de equidad,
justicia se albergaba en ella*,
pero ahora, asesinos.

²² Tu plata se ha hecho escoria.
Tu bebida se ha aguado.
²³ Tus jefes, revoltosos
y aliados con bandidos.
Cada cual ama el soborno
y va tras los regalos.
Al huérfano no hacen justicia,
y el pleito de la viuda no llega hasta ellos.

²⁴ Por eso —oráculo del Señor Yahvé Sebaot,
el Fuerte de Israel—:
¡Ay! Voy a desquitarme de mis contrarios,
voy a vengarme de mis enemigos.
²⁵ Voy a volver mi mano contra ti
y purificaré al crisol tu escoria,
hasta quitar toda tu ganga.
²⁶ Voy a volver a tus jueces como eran al principio,
y a tus consejeros como antaño.
Tras de lo cual se te llamará
Ciudad de Justicia, Villa-leal*.

²⁷ Sión por la equidad será rescatada,
y sus cautivos por la justicia.
²⁸ Padecerán quebranto rebeldes y pecadores a una,
y los desertores de Yahvé se acabarán*.

Contra los árboles sagrados*.

²⁹ Sí, os avergonzaréis de las encinas que anhelabais,
y os afrentaréis de los jardines que preferíais.

Referencias marginales (columna izquierda):
Jr 14 12 / Mi 3 4
59 2-3 / Jr 2 34
Am 5 14-15
Ex 22 21-22+
43 26
Sal 32 1+
Sal 51 9
Lv 26 3-12 / Dt 28 1-14
Lv 26 14-39 / Dt 28 15s
=40 5; 58 14 ‖Mi 4 4
Jr 2 20 / Ez 16; 23

Referencias marginales (columna derecha):
Ez 22 18 / Jr 6 29
1 21 / Za 8 3

---

1 15   La sangre de los inocentes mezclada con la de las víctimas sacrificadas.

1 17   El huérfano y la viuda se hallan entre las personas económicamente débiles a los que protege la ley, Ex 22 21-22; Dt 10 8; 14 29; 27 19, etc., y por quienes los profetas interceden, Jr 7 6; 22 3. Ver por contraste Is 1 23; 9 16; Jr 49 10-11; Ez 22 7.

1 18   El perdón de los pecados es obra divina, Ex 34 6+; Os 11 8-9, como lo es el juicio, Sal 9 9. Dios, en su misericordia, acaba con el pecado del hombre, quien torna así a sus relaciones normales con Él. No hay pecado que agote el perdón divino, Sal 130. La condición que Dios exige es la confesión con arrepentimiento, 57 15; Sal 19 13; 25 11.18; 32 5; 51 19-20, etc., y con la conversión interior que ello supone, Jr 3 14; Ez 18 30-32; 33 11; ver Is 31 18; Lm 5 21. El perdón de los pecados es también uno de los rasgos del reino mesiánico, Jr 31 31+, ver Ez 36 25-26 Jesús lo practicará, Mc 2 5-11p.

1 20   La «espada», es decir, la invasión con todos sus males, todavía es sólo una amenaza que puede apartarse mediante la sumisión a Dios, v. 19.

1 21   (a) Este poema adopta al comienzo el ritmo asimétrico de la *qînah* o endecha (3+ 2 ó 4+ 3 apoyos rítmicos), llamada también «lamentación».

1 21   (b) «Sión» griego, Vet. Lat.; omitido por hebr. Puede ser glosa. —El tema de Jerusalén prostituida recuerda la predicación de Oseas y anuncia las alegorías de Jr 3 6-13 y Ez 16 y 23. Esta decadencia contrasta con la fidelidad primera de Jerusalén, a la que volverá, purificada por el castigo, v. 26.

1 26   El nombre propio define al ser que lo lleva y fija su destino, ver los nombres de Jacob, Gn 25 26; 27 36, y de sus hijos, Gn 29 31 - 30 24, etc. El cambio de nombre significa cambio de vocación, ver Abrahán, Gn 17 5; Israel, Gn 32 29, etc. Los nombres que los profetas dan a algunas personas son símbolos eficaces, en Isaías: 7 3 (ver 10 21); 7 14; 8 1-3 (ver 8 18), y en Oseas: 1 4.6.9; 2 1-3.25. La Jerusalén futura recibirá otros nombres proféticos, Is 60 14; 62 4.12; Ez 48 35. Aquí, los nuevos nombres de Jerusalén, enlazando con el v. 21, son «lealtad» y «justicia». Para Isaías como para Amós, la justicia es ante todo la equidad en la aplicación del derecho, pero en un sentido más profundo es una participación de la justicia de Dios, en la que se manifiesta su santidad, ver 5 16+.

1 28   Estos dos vv., comentario bastante prosaico de lo que precede, podrían ser adiciones de algún discípulo de Isaías.

1 29   Rara vez embiste Isaías contra prácticas propiamente paganas, ver 2 6-8. Esos árboles no eran directamente objeto de culto, pero servían de cobijo a las prácticas religiosas tomadas de los cananeos, ver Dt 12 2+, donde las referencias citadas indican que tal abuso se extendía al reino de Judá, tanto como al de Israel.

³⁰ Porque seréis como encina
que se le cae la hoja,
y como jardín
que a falta de agua está.
³¹ El hombre fuerte se volverá estopa,
y su trabajo, chispa:
arderán ambos a una,
y no habrá quien apague.

La paz perpetua.

2 ¹ Lo que vio Isaías*, hijo de Amós, tocante a Judá y Jerusalén*.

²Sucederá en días futuros
que el monte de la Casa de Yahvé
será asentado en la cima de los montes
y se alzará por encima de las colinas.
Confluirán a él todas las naciones,
³ y acudirán pueblos numerosos.
Dirán:

«Venid, subamos al monte de Yahvé,
a la Casa del Dios de Jacob,
para que él nos enseñe sus caminos
y nosotros sigamos sus senderos.»
Pues de Sión saldrá la Ley,
y de Jerusalén la palabra de Yahvé.
⁴ Juzgará* entre las gentes,
será árbitro de pueblos numerosos.
Forjarán de sus espadas azadones,
y de sus lanzas podaderas.
No levantará espada nación contra nación,
ni se ejercitarán más en la guerra.
⁵ Casa de Jacob, andando, y vayamos,
caminemos a la luz de Yahvé.

El esplendor de la majestad de Yahvé*.

⁶ Has desechado a tu pueblo,
la Casa de Jacob,
porque estaban llenos de adivinos
y evocadores, como los filisteos*,

y con extraños chocan la mano*;
⁷ se llenó su tierra de plata y oro,
y no tienen límite sus tesoros;
se llenó su tierra de caballos,
y no tienen límite sus carros;
⁸ se llenó su tierra de ídolos,
ante la obra de sus manos se inclinan,
ante lo que hicieron sus dedos.
⁹ Se humilla el hombre, y se abaja el varón:
pero no les perdones.
¹⁰ Entra en la peña,
húndete en el polvo,
lejos de la presencia pavorosa de Yahvé
y del esplendor de su majestad,
cuando él se alce
para hacer temblar la tierra*.
¹¹ Los ojos altivos del hombre serán abajados,
se humillará la altanería humana,
y será exaltado Yahvé solo
en aquel día.
¹² Pues será aquel día de Yahvé Sebaot*
para toda depresión, que será enaltecida,
y para todo lo levantado, que será rebajado*;
¹³ contra todos los cedros del Líbano altos y elevados,
contra todas las encinas de Basán,
¹⁴ contra todos los montes altos,
contra todos los cerros elevados,
¹⁵ contra toda torre prominente,
contra todo muro inaccesible,
¹⁶ contra todas las naves de Tarsis,
contra todos los barcos cargados de tesoros*.
¹⁷ Se humillará la altivez del hombre,
y se abajará la altanería humana;
será exaltado Yahvé solo, en aquel día,
¹⁸ y los ídolos completamente abatidos.

Marginal references (left column):
‖Mi 4 1-3
Za 8 20s;
14 16
Is 56 6-8;
60 11-14
Jn 4 22
Lc 24 47
9 6;
11 6-9+
Jl 4 9-11
Za 9 9-10
Os 2 20
60 1-3
Dt 18 14

Marginal references (right column):
Dt 17 16-17
Sal 20 8
=5 15
Os 10 8
Ap 6 16
/2 Ts 1 9
=40 4
Sal 48 8+
Jr 10 11.15

---

2 1   (a) Lo esencial de este oráculo se encuentra en Mi 4 1-3. Su origen es discutido. La opinión más probable es que aquí Mi depende de Is: los argumentos contra la autenticidad isaiánica del texto (en particular su universalismo) no son decisivos.
2 1   (b) Este nuevo título introduce la breve colección de oráculos de los caps. 2-5.
2 4   Yahvé.
2 6   (a) Este poema, cuya unidad está señalada por la reiteración de las mismas fórmulas (vv. 9.11.17 y 10.19.21) data del primer período de la actuación de Isaías, cuando Judá completa un largo período de prosperidad, bajo Ozías y Jotán; pero también podía referirse a Samaría, que no había caído aún en la anarquía y la decadencia que pronto conocería. El profeta anuncia una intervención fulgurante de Yahvé.
2 6   (b) Corregimos el «desde antes» hebreo, *miqqedem*, por «de adivinos», *qosemîn*, o «de adivinación» *miqsam*. Esta corrección no tiene el apoyo de las versiones; con todo justifica el «y» puesto delante de «evocadores (de espectros)». —La práctica de la adivinación

fue muy amplia en el Oriente antiguo y también lo fue en Israel, 1 S 28 3s; Is 8 19, a pesar de las condenaciones de Ex 22 17; Lv 19 31; 20 27; Dt 18 10-11.14. Nada se sabe acerca de la adivinación entre los filisteos, pero en 1 S 6 2 se menciona a sus adivinos.
2 6   (c) Dudoso: otros corrigen «y las manos de extranjeros estrechan».
2 10   «cuando él... la tierra» griego; omitido por hebr. Todo el v. las últimas palabras, acaso corrompidas, del v. 9, faltan en 1QIsᵃ. El v. se repite en los vv. 19 y 21.
2 12   (a) Sobre el «día de Yahvé», ver Am 5 18+. Aquí se describe la intervención divina como un temblor de tierra, vv. 10.19.21.
2 12   (b) Literalmente: «Sobre todo lo soberbio y altanero, cualquiera que sea, será humillado»; pero se ha preferido una interpretación algo distinta, con paralelismo en 40 4.
2 16   Texto dudoso. La traducción que damos presenta un buen paralelismo y ofrece algún apoyo en lengua egipcia.

¹⁹ Entrarán en las grietas de las peñas
y en las hendiduras de la tierra,
lejos de la presencia pavorosa de Yahvé
y del esplendor de su majestad,
cuando él se alce
para hacer temblar la tierra.

²⁰ Aquel día arrojará el hombre a los
musgaños y a los topos los ídolos de plata y los ídolos de oro que él se hizo para
postrarse ante ellos*,
²¹ y se meterá en los agujeros de las pe-
ñas
y en las hendiduras de las piedras,
lejos de la presencia pavorosa de Yahvé
y del esplendor de su majestad,
cuando él se alce
para hacer temblar la tierra.

²² Desentendeos del hombre,
en cuya nariz sólo hay aliento,
porque ¿qué vale él*?

La anarquía en Jerusalén*.

3 ¹ Pues he aquí que el Señor Yahvé Sebaot está quitando de Jerusalén y de
Judá
todo sustento y apoyo:
(todo sustento de pan y todo sustento
de agua);
² el valiente y el guerrero, el juez y el
profeta,
el augur y el anciano,
³ el jefe de escuadra y el favorito,
el consejero, el sabio hechicero y el hábil encantador.
⁴ Les daré mozos por jefes,
y mozalbetes* los dominarán.
⁵ Querrá mandar la gente, cada cual en
cada cual, los unos a los otros,
y cada cual en su compañero.
Se revolverá el mozo contra el anciano,
y el vil contra el hombre de peso.
⁶ Pues agarrará uno a su hermano,
al de su mismo apellido, diciéndole:
«Túnica gastas: príncipe nuestro seas,
toma a tu cargo esta ruina.»
⁷ Pero el otro exclamará aquel día:

«No seré vuestro médico;
en mi casa no hay pan ni túnica,
no me pongáis por príncipe del pueblo.»
⁸ Así que tropezó Jerusalén,
y Judá ha caído;
pues sus lenguas y sus fechorías a Yahvé han llegado,
irritando los ojos de su majestad.

⁹ La expresión de su rostro les denun-
cia,
y sus pecados como Sodoma manifiestan,
no se ocultan.
¡Ay de ellos,
porque han merecido su propio mal!
¹⁰ Decid al justo que bien,
que el fruto de sus acciones comerá.
¹¹ ¡Ay del malvado! que le irá mal,
que el mérito de sus manos se le dará*.

¹² A mi pueblo le oprime un mozalbete,
y mujeres lo dominan*.
Pueblo mío, tus regidores vacilan
y tus derroteros confunden.

¹³ Se levanta a pleitear Yahvé
y está en pie para juzgar a los pueblos.
¹⁴ Yahvé demanda en juicio
a los ancianos de su pueblo y a sus jefes:

«Vosotros habéis incendiado la viña,
el despojo del mísero tenéis en vuestras casas.
¹⁵ Pero ¿qué os importa? Machacáis a
mi pueblo
y moléis el rostro de los pobres»
—oráculo del Señor Yahvé Sebaot—.

Las mujeres de Jerusalén.

¹⁶ Dice Yahvé:
«Por cuanto son altivas
las hijas de Sión,
y andan con el cuello estirado
y guiñando los ojos,
y andan a pasitos menudos,
y con sus pies hacen tintinear las ajorcas,

Marginal references (left):
2 10+
31 7
Jr 17 5
Gn 2 7; 6 3
Jb 34 14
Qo 10 16

Marginal references (right):
Gn 18 20-
21; 19 4-1
Mi 6 1-5
Os 4 1-5
5 1-7
Am 2 7
32 9-14
Am 4 1-3

<hr>

2 20 Parece aludir a un enterramiento de los ídolos
familiares antes de la huida, para que no se beneficie
de ellos el invasor y se recuperen al retorno. «Musgaños
y topos» traduce voces de origen no semítico; la segunda (*atalep*) se corresponde fonéticamente con el latín
talpa (topo).
2 22 El v. 22 ausente del griego y extraño al contexto
probablemente es una glosa. La palabra «nariz» significa también «ira»; podía haber una alusión irónica a la
vaciedad de las amenazas humanas, por contraposición
a la cólera de Dios.
3 La fecha de este poema se sitúa en los comienzos
del reinado de Ajaz, hacia el 735. Con un rey joven to-

davía y bajo la amenaza de una intervención extranjera,
ver 2 R 15 37, el país está en peligro de hundirse en la
anarquía. Este texto parece compuesto de dos piezas
originariamente independientes, vv. 1-9ª y 12-15; los vv.
9ᵇ-11 son una adición.
3 4 Podría tratarse también de un plural abstracto;
en tal caso habría que entender «el capricho».
3 11 Los vv. 10-11, de contenido sapiencial, interrumpen la descripción de la anarquía; el v. 10 es muy diferente en el griego.
3 12 «un mozalbete» corr. —Alusión quizás al joven
rey y a las mujeres de la corte.

Am 8 10

[17] rapará el Señor el cráneo de las hijas de Sión,
y Yahvé destapará su desnudez.»

[18] Aquel día quitará el Señor el adorno de las ajorcas, los solecillos y las lunetas; [19] los aljófares, las lentejuelas y los cascabeles; [20] los peinados, las cadenillas de los pies, los ceñidores, los pomos de olor y los amuletos, [21] los anillos y aretes de nariz; [22] los vestidos preciosos, los mantos, los chales, los bolsos, [23] los espejos, las ropas finas, los turbantes y las mantillas*.
[24] Por debajo* del bálsamo habrá hedor,
por debajo de la faja, soga,

Am 8 10

por debajo de la peluca, rapadura,
y por debajo del traje, refajo de arpillera*,
y por debajo de la hermosura, vergüenza*.

La miseria en Jerusalén.

[25] Tus gentes a espada caerán,
y tus campeones en guerra.
[26] Y darán ayes y se dolerán a las puertas,
y tú, asolada, te sentarás por tierra.

4 [1] Asirán siete mujeres a un hombre en aquel día diciendo:
«Nuestro pan comeremos,
y con nuestras túnicas nos vestiremos.
Tan sólo déjanos llevar tu nombre;
quita nuestro oprobio*.»

El germen de Yahvé*.

Jr 23 5-6
Za 3 8; 6 12

[2] Aquel día el germen de Yahvé
será magnífico y glorioso,
y el fruto de la tierra

52 1;
60 21

será la prez y ornato
de los bien librados de Israel.
[3] A los restantes de Sión
y a los que quedaren de Jerusalén,
se les llamará santos;

So 3 13
Dn 12 1+

serán todos los apuntados
como vivos en Jerusalén*.
[4] Cuando haya lavado el Señor
la inmundicia de las hijas de Sión,
y las manchas de sangre de Jerusalén
haya limpiado,
del interior de ella con viento justiciero y viento abrasador,
[5] creará Yahvé
sobre todo lugar del monte de Sión
y sobre toda su reunión,
nube y humo de día,

Ex 13
21-22+

y resplandor de fuego llameante de noche.
Y por encima la gloria de Yahvé*

Ap 7 15-16

será toldo [6] y tienda
para sombra contra el calor diurno,

25 4-5

y para abrigo y reparo contra el aguacero y la lluvia.

Canción de la viña*.

Os 10 1
Jr 2 21;
5 10;
6 9; 12 10
Ez 15 1-8;
17 3-10;
19 10-14
Sal 80 9-19

5 [1] Voy a cantar a mi amigo
la canción de su amor* por su viña.

---

3 23 Esta lista de baratijas, vv. 18-23, es quizá una adición. Es dudoso el sentido exacto de muchos de estos términos.
3 24 (a) «Por debajo»: La expresión hebrea es bivalente, y significa lo mismo «en vez de», que es como se interpreta tradicionalmente.
3 24 (b) En hebr. *śaq*, arpillera, de que se hacían los «sacos», Gn 42 25, etc., pero también un vestido de penitencia o de duelo que se llevaba sobre el cuerpo desnudo, 20 2; Gn 37 34; 1 R 20 31; 21 27; Am 8 10, etc.
3 24 (c) El texto masorético, que está recargado, se suele traducir: «Quemadura en lugar de hermosura».
4 1 En la ciudad diezmada por la guerra 3 25-26, varias mujeres pedirán a un mismo hombre «llevar tu nombre», es decir, que sea su dueño según el sentido de la expresión en hebreo. Las orgullosas hijas de Jerusalén serán concubinas.
4 2 El «germen» y el «fruto de la tierra» designan al Mesías, Jr 23 5= 33 15; Za 3 8; 6 12 o bien al «resto» de Israel (ver nota siguiente) comparado a un árbol que retoña sobre el suelo de Palestina. A los vv. 2-6, o sólo a 4-6, se considera generalmente como una composición postexílica.
4 3 Israel infiel será castigado. Pero como Dios ama a su pueblo, un pequeño «Resto» escapará a la espada de los invasores. El tema, conocido ya por Amós, 3 12; 5 15; 9 8-10, lo repite Isaías: 13; 7 3 y 10 19-21; 28 5-6; 37 4 (= 2 R 19 4); 37 31-32, ver Mi 4 7; 5 2; So 2 7.9; 3 12; Jr 3 14; 5 18; Ez 5 3; 9. Este Resto, que permanece en Jerusalén, purificado ya y fiel, se convertirá en una nación poderosa. Tras la catástrofe del 587, aparece

una nueva idea: el Resto se encontrará entre los deportados, Ez 12 16; Ba 2 13, se convertirá en el exilio, Ez 6 8-10; ver Dt 30 1-2, y luego Dios lo congregará para la restauración mesiánica, Is 11 11.16; Jr 23 3; 31 7; 50 20; Ez 20 37; Mi 2 12-13. Después de la vuelta del destierro, el Resto, infiel otra vez, se verá de nuevo diezmado y purificado, Za 1 3; 8 11; Ag 1 12; Ab 17 = Jl 3 5; Za 13 8-9; 14 2. En realidad, Cristo será el verdadero «Germen» del nuevo Israel santificado, Is 11 1.10, ver 4 2; Jr 23 3-6. —Al contrario de Israel, las naciones paganas no tendrán un «Resto», Is 14 22.30; 15 9; 16 14; Ez 21 37; Am 1 8; Ab 18.
4 5 Evocación de la columna de nube o de fuego que guió a los israelitas al salir de Egipto. Esta alusión al Éxodo confirma la fecha tardía del poema: ver 10 26, que es una adición, 11 15-16, que es exílico, y la presentación de la vuelta del Destierro como un nuevo Éxodo en el Segundo Isaías, 40 3+. —de Yahvé» añadido con un ms griego.
5 Poema compuesto por Isaías al comienzo de su ministerio, probablemente basándose en alguna canción de vendimia. El tema de la viña de Israel, elegida y luego repudiada, esbozado ya por Oseas, 10 1, lo repiten Jeremías, 2 21; 5 10; 12 10 y Ezequiel, 15 1-8; 17 3-10; 19 10-14. Ver Sal 80 9-19; Is 27 2-5. Jesús lo trasladará a la parábola de los viñadores homicidas, Mt 21 33-44p (ver también la higuera estéril, Mt 21 18-19p). En Jn 15 1-2, revelará el misterio de la «verdadera» viña. —Otros aspectos del tema de la viña en Dt 32 32-33 y Si 24 17.
5 1 «de su amor» corr.; «de mi amigo» hebr.

Is 27 2-5
⁄ Mt 21
33-44+
⁄ Mt 21
18-19+
Jn 15 1-2+

Una viña tenía mi amigo
en un fértil otero.
² La cavó y despedregó,
y la plantó de cepa exquisita*.
Edificó una torre en medio de ella,
y además excavó en ella un lagar.
Y esperó que diese uvas,
pero dio agraces.

Mi 6 1-5
Jr 2 4-7

³ Ahora, pues, habitantes de Jerusalén
y hombres de Judá,
venid a juzgar entre mi viña y yo:
⁴ ¿Qué más se puede hacer ya a mi
viña,
que no se lo haya hecho yo?
Yo esperaba que diese uvas.
¿Por qué ha dado agraces?

⁵ Ahora, pues, os hago saber,
lo que pienso hacer con mi viña:
quitar su seto, y será quemada;
desportillar su cerca, y será pisoteada.
⁶ Haré de ella un erial que ni se pode ni
se escarde,

32 12

crecerá la zarza y el espino,
y a las nubes prohibiré

2 S 1 21

llover sobre ella.
⁷ Pues bien, viña de Yahvé Sebaot
es la Casa de Israel,
y los hombres de Judá
son su plantío exquisito.
Esperaba de ellos justicia, y hay iniquidad;
honradez, y hay alaridos.

Las maldiciones*.

Am 6 1-7
Mi 2 1-5
Jr 22 13-19
Ez 7 5-26
Ha 2 6-20
Lc 6 24-26
Mt 23

⁸ ¡Ay, los que juntáis casa con casa,
y campo a campo anexionáis,
hasta ocupar todo el sitio
y quedaros solos en medio del país!
⁹ Así ha jurado a mis oídos Yahvé Sebaot:
«¡Han de quedar desiertas muchas casas;

grandes y hermosas,
pero sin moradores!
¹⁰ Porque diez yugadas de viña darán
sólo una medida*,
y una carga de simiente producirá una
medida.»

7 23

¹¹ ¡Ay, los que despertando por la mañana
andan tras el licor;
los que trasnochan,
encandilados por el vino!
¹² Sólo hay arpas y cítaras,
pandero y flauta en sus libaciones,
y no contemplan la obra de Yahvé,
no ven la acción de sus manos.

28 1.7-8
56 12; 22
Am 4 1
Mi 2 11
Jl 1 5
Sb 2 7-9

Sal 28 5

¹³ Por eso fue deportado mi pueblo
sin sentirlo,
sus notables estaban muertos de hambre,
y su plebe se resecaba de sed.
¹⁴ *Por eso ensanchó el Seol su seno,
dilató su boca sin medida,
y a él baja su nobleza y su plebe
y su turba gozosa.

¹⁵ Se humilla el hombre, se abaja el varón,
los ojos de los altivos son abajados;
¹⁶ es ensalzado Yahvé Sebaot en jucio,
el Dios Santo muestra su santidad por
su justicia*.
¹⁷ Pacerán los corderos como en su pastizal,
y entre las ruinas gordos cabritos ra-
monearán*.
¹⁸ ¡Ay, los que arrastran la culpa
con coyundas de engaños,
y el pecado
como con bridas de novilla!
¹⁹ Los que dicen: «¡Listo, apresure su
acción*,
de modo que la veamos.
Acérquese y venga el plan
del Santo de Israel,
y que lo sepamos!»

=2 9.11

1 26+;
6 3+

7 25

2 P 3 4

---

5 2 En hebreo *soreq*, nombre de una planta selecta, **16 8**; Jr **2** 21, ver Gn **49** 11, designada por el color de sus racimos.
5 8 La fecha de estas maldiciones es también la de los comienzos del ministerio de Isaías, pero quizá no fueron pronunciadas todas ellas en la misma ocasión y circunstancia. Algunos proponen añadir a estas seis maldiciones de **5** 2-24, otra séptima, **10** 1-4, que habría sido desplazada accidentalmente. La maldición es uno de los géneros de la predicación profética, ver las ref. marginales. Aquí, Isaías es bastante afín a Amós.
5 10 Diez yugadas, *semed*, corresponden poco más o menos a dos hectáreas y media; una medida, *bat*, a unos cuarenta litros; la medida, *efá*, tiene la misma capacidad para áridos; y la carga, *jómer*, vale diez veces más.
5 14 Los vv. 14-16 parecen fuera de contexto y pueden relacionarse con el poema de **2** 6-22, cuyo «estribillo», vv. 9 y 11, se encuentra aquí, v. 15.

5 16 La «santidad» de Dios, ver **6** 3+, le «separa» de todas las criaturas: hallándose por encima de ellas, éstas no le manchan. Pero esta santidad trascendente de Dios se expresa en sus relaciones con los hombres por medio de la «justicia», que subraya el carácter moral de aquélla: Dios premia el bien y castiga el mal en el momento de su «juicio». La bondad misericordiosa no se opone a esta justicia, porque sigue siendo su «justicia», la que Dios, fiel a sus promesas, ejecuta al perdonar a Israel o al pecador arrepentido, Mi **7** 9; Sal **51** 16. La justicia será la virtud por excelencia del reino mesiánico, cuando Dios haya trasmitido a su pueblo algo de su santidad, Is **1** 26; **4** 3; ver Mt **5** 48.
5 17 «cabritos» griego; «extranjeros» hebr.
5 19 Es el «día de Yahvé» que el profeta ha anunciado, **2** 12, y al que los escépticos, en plan de desafío, llaman sobre sí.

Pr 17 15
Mt 23 13

²⁰ ¡Ay, los que llaman al mal bien,
y al bien mal;
que dan oscuridad por luz,
y luz por oscuridad;
que dan amargo por dulce,
y dulce por amargo!

Jn 9 40-41
Rm 1 21-22

²¹ ¡Ay, los sabios a sus propios ojos,
y para sí mismos discretos!
²² ¡Ay, los campeones en beber vino,
los valientes para escanciar licor,
²³ los que absuelven al malo por soborno
y quitan al justo su derecho*!

²⁴ Tal devora las espigas una lengua de
fuego
y el heno en llamas se derrumba:
la raíz de ellos será como podre,
y su flor subirá como tamo.
Pues recusaron la enseñanza de Yahvé
Sebaot
y despreciaron el dicho del Santo de
Israel.

La ira de Yahvé*.

²⁵ Por eso se ha encendido la ira de
Yahvé contra su pueblo,
extendió su mano sobre él y le golpeó.
Y mató a los príncipes*: sus cadáveres
yacían

como basura en medio de las calles.
Con todo eso, no se ha calmado su ira,
y aún sigue extendida su mano.

9 11.16.20
10 4

Llamada a los invasores*.

²⁶ Iza bandera a un pueblo desde lejos*
y le silba desde los confines de la tierra:
vedlo aquí, rápido, viene ligero.
²⁷ No hay en él quien se canse y tropiece,
quien se duerma y se amodorre;
nadie se suelta el cinturón de los lomos,
ni se rompe la correa de su calzado.
²⁸ Sus saetas son agudas
y todos sus arcos están tensos.
Los cascos de sus caballos semejan pedernal,
y sus ruedas, torbellino.
²⁹ Tiene un rugido como de leona,
ruge como los cachorros,
brama y agarra la presa,
la arrebata, y no hay quien la libre.
³⁰ Bramará contra él* aquel día
como el bramido del mar,
y oteará la tierra, y habrá densa oscuridad,
pues la luz se habrá oscurecido en la
espesa tiniebla*.

Jr 5 15-17;
6 22-30

Os 5 14
Am 3 12

8 20-22

2. LIBRO DEL EMMANUEL

Vocación de Isaías*.

Ap 4 2

6 ¹ El año de la muerte del rey Ozías*
vi al Señor sentado en un trono excelso y elevado, y sus haldas llenaban el
templo*. ² Unos serafines* se mantenían

erguidos por encima de él; cada uno tenía seis alas: con un par se cubrían la
faz*, con otro par se cubrían los pies*, y
con el otro par aleteaban.
³ Y se gritaban el uno al otro:
«Santo, santo, santo*, Yahvé Sebaot:

Ez 1 11;
10 21

⁄ Ap 4 8
Nm 14 21

---

5 23   «al justo» griego; plural en hebr.
5 25   (a) Se relaciona 5 25-30 con el poema de 9 7-20,
cuyo estribillo reaparece aquí. Este versículo ofrece en
hebreo una curiosidad de contener todas las letras del
alefato, como anota la Masora.
5 25   (b) «mató a los príncipes» corr.; «temblaron las
montañas» hebr.
5 26   (a) Se puede relacionar este poema con una de
las grandes invasiones asirias en tiempo de Isaías: la de
Teglatfalasar III el 735 o el 732, la de Salmanasar el
722, la de Sargón el 711, o la de Senaquerib el 701. Pero
no se nombra al invasor, y pudiera ser la expresión de
un tema general: Dios llama a una nación poderosa
como instrumento de su venganza, ver Dt 28 49-52, y
más abajo, 10 6+.
5 26   (b) «un pueblo» conj. según el contexto; hebr.
trae el plural.
5 30   (a) No el invasor, sino el país de Judá, ver la continuación del v.
5 30   (b) Las tinieblas del «día de Yahvé», Am 5 18.20.
6   Esta visión debería hallarse normalmente al comienzo del libro; pero éste ha sido compuesto partiendo de colecciones independientes, ver Introducción, y a

esta visión le cuadra bien este lugar a la cabeza del Libro de Emmanuel, que agrupa los oráculos relativos a la
guerra siro-efrainita, en la que se cumplen las amenazas
de los vv. 11-13.
6 1   (a) Probablemente el 740.
6 1   (b) El Hekal, sala que precedía al Debir o «Santo
de los Santos», ver 1 R 6 1-38.
6 2   (a) Etimológicamente, los «Ardientes». Estos seres alados sólo el nombre tienen de común con las serpientes abrasadoras de Nm 21 6; ver 8; Dt 8 15, o con
el dragón volador de Is 14 29; 30 6. Son figuras humanas, pero provistas de seis alas, que recuerdan a los
seres misteriosos que tiran del carro de Yahvé en Ez 1,
y a las que Ez 10 llama «querubines», como las figuras
análogas ligadas al arca, Ex 25 18+. La tradición posterior dio el nombre de Serafines y Querubines a dos
clases de Ángeles.
6 2   (b) Por temor de ver a Yahvé, ver Ex 33 20+.
6 2   (c) Eufemismo para designar el sexo.
6 3   La santidad de Dios es un tema central de la predicación de Isaías, que con frecuencia llama a Yahvé «el
Santo de Israel», 1 4; 5 19.24; 10 17 20; 40 14.16.20, etc.
Esta santidad de Dios exige que también el hombre esté

llena está toda la tierra de su gloria.»
⁴ Se conmovieron los quicios y los dinteles a la voz de los que clamaban, y el templo se llenó de humo*. ⁵ Y dije:

Ex 19 16+
Ex 40 34-35
1 R 8 10-12
╱ Jn 12 41

«¡Ay de mí, que estoy perdido,
pues soy un hombre de labios impuros,
y entre un pueblo de labios impuros habito:

Ex 33 20+

que al rey Yahvé Sebaot han visto mis ojos!»

Jr 1 9
Dn 10 16

⁶ Entonces voló hacia mí uno de los serafines con una brasa en la mano, que con las tenazas había tomado de sobre el altar, ⁷ y tocó mi boca y dijo:

«He aquí que esto ha tocado tus labios*:
se ha retirado tu culpa,
tu pecado está expiado.»

⁸ Y percibí la voz del Señor que decía:

«¿A quién enviaré?, ¿y quién irá de parte nuestra?»

Ex 4 10.13
Jr 1 6

╱ Mt 13
14-15p
╱ Hch 28
26-27
╱ Jn 12 40

Jr 5 21
Ez 12 2

Dije: «Heme aquí: envíame*.» ⁹ Dijo:
«Ve y di a ese pueblo:
'Escuchad bien, pero no entendáis,
ved bien, pero no comprendáis.'
¹⁰ Engorda el corazón de ese pueblo,
hazle duro de oídos,
y pégale los ojos,
no sea que vea con sus ojos,
y oiga con sus oídos,
y entienda con su corazón,
y se convierta y se le cure*.»

¹¹ Yo pregunté: «¿Hasta dónde, Señor*?» Dijo:
«Hasta que se vacíen las ciudades y queden sin habitantes,
las casas sin hombres,

la campiña desolada,
¹² y haya alejado Yahvé a las gentes,
y cunda el abandono dentro del país.
¹³ Aun el décimo que quede en él
volverá a ser devastado como la encina o el roble,
en cuya tala queda un tocón:
semilla santa será su tocón*.»

Primera intervención de Isaías.

7 ¹ En tiempo de Ajaz, hijo de Jotán, hijo de Ozías, rey de Judá, subió Rasón*, rey de Aram, con Pécaj, hijo de Romelías, rey de Israel, a Jerusalén para atacarla, mas no pudieron hacerlo*. ² La casa de David había recibido este aviso: «Aram se ha unido con Efraín», y se estremeció el corazón del rey y el corazón de su pueblo, como se estremecen los árboles del bosque por el viento. ³ Entonces Yahvé dijo a Isaías: «Ea, sal con tu hijo Sear Yasub* al final del caño de la alberca superior, por la calzada del campo del Batanero, al encuentro de Ajaz, ⁴ y dile:

«¡Alerta, pero ten calma! No temas,
ni desmaye tu corazón
por ese par de cabos de tizones humeantes,
⁵ ya que Aram, Efraín y el hijo de Romelías
han maquinado tu ruina diciendo:
⁶ 'Subamos contra Judá y desmembrémoslo*,
abramos brecha en él
y pongamos allí por rey
al hijo de Tabel*.'
⁷ Así ha dicho el Señor Yahvé:
No se mantendrá, ni será así;

2 R 16 5-9

2 R 20 20

---

santificado, es decir, separado de lo profano, Lv 17 1+, purificado del pecado, aquí vv. 5-7, y que participe de la «justicia» de Dios, ver 1 26+ y 5 16+.
6 4 Señal de la presencia de Dios en el Sinaí, Ex 19 16+, en la Tienda del desierto, Ex 40 34-35, y en el templo de Jerusalén, 1 R 8 10-12; Ez 10 4.
6 7 El profeta es el mensajero de la palabra de Dios, es su «boca», ver Ex 4 16. Igualmente, Yahvé toca la boca de Jeremías, Jr 1 9, y Ezequiel come el rollo que contiene la palabra de Dios, Ez 3 1-3. El fuego es purificador, Jr 6 29, ver Mt 3 11+; con mucha más razón el fuego del altar.
6 8 La prontitud de Isaías recuerda la fe de Abrahán, Gn 12 1-4, y contrasta con los temores de Moisés, Ex 4 10-12, y sobre todo de Jeremías, Jr 1 6.
6 10 La predicación del profeta tropezará con la incomprensión de sus oyentes. Los imperativos aquí empleados no deben engañar: son el equivalente de indicativos, ver 29 9; Dios no quiere esta incomprensión, la prevé y sirve a sus designios. Manifiesta el pecado del corazón y precipita el juicio; comp. el endurecimiento del faraón, Ex 4 21; 7 3, etc. Este texto de Isaías será citado varias veces en el NT, Mt 13 14-15p; Jn 12 40; Hch 28 26-27, con una aplicación especial a las pará-

bolas, Mt 13 13.
6 11 El profeta no quiere aceptar que la condenación sea definitiva. Sin contradecir a la esperanza, la respuesta de Dios insiste en la magnitud de las pruebas que precederán a la salvación.
6 13 Versículo difícil. La última frase falta en el griego, pero debemos mantenerla: de este tocón devastado debe retoñar un árbol nuevo, ver 4 2-3 y la nota.
7 1 (a) «Rasón» según el griego y los documentos asirios; «Resín» hebr.
7 1 (b) Es la guerra siro-efraínita: los reyes de Aram e Israel querían arrastrar a Judá a una coalición contra Asiria. A pesar de las advertencias de Isaías, Ajaz pidió la ayuda de Teglatfalasar, quien atacó Damasco y Samaría, pero redujo a vasallaje a Judá. Ajaz había abierto las puertas de su país a Asiria, ver 2 R 16 5-16.
7 3 Este nombre profético, ver 1 26+, significa: «Un resto volverá», es decir, se convertirá a Yahvé y escapará en consecuencia al castigo, ver 4 3+; 10 20-23.
7 6 (a) Incierto: tal vez «acabemos con él», o «asediémoslo».
7 6 (b) Probablemente un arameo de la corte de Damasco. El nombre significa «bueno es Dios», pero el hebreo masorético lo vocalizó Tabal, «bueno para nada».

28 16; 30 15

Dt 6 16

/ Mt 1 23
Mi 5 2

9 5+
7 22

Dt 1 39
1 R 3 9

⁸ porque la capital de Aram es Damasco,
y el cabeza de Damasco, Rasón;
pues bien: dentro de sesenta y cinco años,
Efraín dejará de ser pueblo.
⁹ La capital de Efraín es Samaría,
y el cabeza de Samaría, el hijo de Romelías.
Si no os afirmáis en mí
no seréis firmes*.»

Segundo aviso a Ajaz.
La señal del Emmanuel.

¹⁰ Volvió Yahvé a hablar a Ajaz diciendo:
¹¹ «Pide para ti una señal de Yahvé tu Dios,
en lo profundo del Seol o en lo más alto.»
¹² Dijo Ajaz: «No la pediré, no tentaré a Yahvé.»
¹³ Dijo Isaías:
«Oíd, pues, casa de David:
¿Os parece poco cansar a los hombres,
que cansáis también a mi Dios?
¹⁴ Pues bien, el Señor mismo
va a daros una señal*:
He aquí que una doncella* está encinta

y va a dar a luz un hijo,
y le pondrá por nombre Emmanuel.
¹⁵ Cuajada y miel comerá
hasta que sepa rehusar lo malo
y elegir lo bueno.
¹⁶ Porque antes que sepa el niño rehusar lo malo
y elegir lo bueno,
será abandonado el territorio
cuyos dos reyes te dan miedo*.
¹⁷ Yahvé atraerá sobre ti y sobre tu pueblo
y sobre la casa de tu padre,
días cuales no los hubo
desde aquel en que se apartó Efraín de Judá* (el rey de Asiria).

Anuncio de una invasión.

¹⁸ Aquel día silbará Yahvé al enjambre
que hay en los confines de los ríos de Egipto,
y a las abejas que hay en tierra de Asiria;
¹⁹ vendrán y se posarán todas ellas
en las quebradas, en los resquicios de las peñas,
en todas las corrientes y en todos los arroyos.
²⁰ Aquel día rapará el Señor
con navaja alquilada allende el Río,

---

7 9 Texto difícil. Algunos proponen trasladar 8ᵇ después de 9ª y corregir en 8ᵇ «65 años» en «5 ó 6 años» (de hecho, Samaría caería el 722). Tal como aparece, el texto supone una comparación tácita entre Judá, cuya capital es Jerusalén y cuyo verdadero «jefe» es Yahvé, y sus enemigos, que no poseen los mismos privilegios. Además, el profeta anuncia la desaparición del reino del Norte, pero pone como condición un acto de fe en Dios. La fe, en los profetas, más que la creencia abstracta de que Dios existe y que es único, es la confianza en él, fundada en la elección: Dios ha elegido a Israel, él es *su* Dios, Dt 7 6+, y sólo él puede salvarle. Esta confianza absoluta, prenda de la salvación, Is **28** 16, excluye el recurso a cualquier otro apoyo de los hombres o, con mayor razón, de los falsos dioses, Is **30** 15; Jr **17** 5; Sal **52** 9.
7 14 (a) A pesar de todo, Dios da a Ajaz la señal que se ha negado a pedirle. Es el nacimiento de un hijo cuyo nombre, Emmanuel, es decir, «Dios con nosotros», ver 8 8.10, es profético, ver 1 26+, y anuncia que Dios protegerá y bendecirá a Judá. En otros textos, 9 1-6; 11 1-9, Isaías descubrirá con más precisión algunos aspectos de la salvación traída por este niño. Estas profecías son expresión del mesianismo real, esbozado ya por el profeta Natán, 2 S 7, y que más tarde reiterarán Mi **4** 14; Ez **34** 23; Ag **2** 23, ver Sal 2; 45; 72; 110. Dios concederá la salvación por medio de un rey, sucesor de David: la esperanza de los fieles de Yahvé descansa en la permanencia del linaje davídico. Incluso si Isaías se refiere inmediatamente al nacimiento de un rey, por ejemplo Ezequías (y esto parece probable a pesar de las incertidumbres de la cronología a], al parecer, así lo entendió el griego al leer, v. 14. «*tú* la pondrás por nombre...»), se presiente, por la solemnidad dada al oráculo, y por el sentido estricto del nombre simbólico dado al niño, que Isaías atisba en este nacimiento real, por encima de las circunstancias presentes, una intervención

de Dios encaminada al reino mesiánico definitivo. De este modo, la profecía del Emmanuel rebasa su realización inmediata, y los evangelistas (Mt 1 23 citando a Is 7 14; Mt 4 15-16 citando a Is 8 23 - 9 1), y posteriormente toda la tradición cristiana ha reconocido legítimamente en aquélla el anuncio del nacimiento de Cristo.
7 14 (b) La traducción griega dice «la virgen», precisando con ello el término hebreo *almah*, que designa a una muchacha o a una joven recién casada sin concretar más. Pero el texto de los LXX es un testigo de alto valor de la antigua interpretación judía, que quedará consagrada en el Evangelio: Mt 1 23 ve aquí el anuncio de la concepción virginal de Cristo.
7 16 Es, como en el oráculo precedente (7 7-9), el anuncio de los reveses que van a caer sobre los reinos de Samaría y Damasco, desquite prometido por Dios al reino de Judá actualmente amenazado.
7 17 Es decir, una época de prosperidad y de gloria como Israel había conocido en los reinados de David y Salomón. Con esta visión de esperanza concluye el segundo episodio del oráculo del Emmanuel. —«el rey de Asur» es una glosa basada en una interpretación errónea.
7 18 En la exposición que sigue ya no se trata de la guerra siro-efraimita, sino de Egipto y de Asur. Ya no es un oráculo de bendición, sino un anuncio de una devastación del país por Asiria. Tenemos aquí probablemente un oráculo posterior, fechado en los últimos años de la actuación de Isaías, antes de la intervención de Senaquerib. Pudo haber sido incluido aquí a causa de la mención de la leche y la miel, v. 22, comparada con el v. 15. Pero mientras que en el v. 15 se trataba de un alimento de gracia, ver Ex 3 8.17, etc.; Dt 6 3; 11 9, etc., en el v. 22 es el único alimento de un país devastado que ha vuelto a una vida pastoril elemental.

con el rey de Asiria,
la cabeza y el vello de las piernas
y también la barba afeitará.
²¹ Aquel día criará cada uno
una novilla y un par de ovejas.
²² Y así de tanto dar leche,
comerá cuajada,
porque «cuajada y miel comerá
todo el que quedare dentro del país».
²³ Aquel día, cualquier lugar donde antes hubo mil cepas
por valor de mil piezas de plata,
será de la zarza y el abrojo.
²⁴ Con flechas y arco se entrará allí,
pues zarza y abrojo será toda la tierra,
²⁵ y en ninguno de los montes que se
desbrozan con la azada
se podrá entrar
por temor de las zarzas y abrojos;
será dehesa de bueyes y pastizal de
ovejas.

5 10 (margin)
5 17 (margin)

Nacimiento de un hijo de Isaías*.

8 ¹ Yahvé me dijo: «Toma una placa
grande, escribe en ella con buril: de
Maher Salal Jas Baz, ² y toma* por fieles
testigos míos al sacerdote Urías y a Zacarías, hijo de Baraquías.»
³ Me acerqué a la profetisa, que concibió y dio a luz un hijo. Yahvé me dijo:
«Llámale Maher Salal Jas Baz, ⁴ pues antes que sepa el niño decir 'papá' y 'mamá',
la riqueza de Damasco y el botín de Samaría serán llevados ante el rey de Asiria.»

*2 R 16 10-16;
18 2* (margin)
7 16 (margin)

Siloé y el Éufrates*.

⁵ Volvió Yahvé a hablarme de nuevo:
⁶ «Porque ha rehusado ese pueblo las
aguas de Siloé
que fluyen mansamente
y se ha desmoralizado ante Rasón y el
hijo de Romelías*,
⁷ por lo mismo, he aquí que el Señor
hace subir contra ellos

Jn 9 7 (margin)
7 1-2 (margin)

las aguas del Río embravecidas y co-
piosas.
Desbordará por todos sus cauces,
(el rey de Asiria y todo su esplendor)
invadirá todas sus riberas.
⁸ Seguirá por Judá anegando a su paso,
hasta llegar al cuello.
Y la envergadura de sus alas
abarcará la anchura de tu tierra,
Emmanuel*.
⁹ Haced leva, pueblos: seréis derrotados.
Escuchad, confines todos de la tierra:
«¡Alarma!»: seréis destrozados;
«¡alarma!»: seréis derrotados.
¹⁰ Trazad un plan: fracasará.
Decid una palabra: no se cumplirá.
Porque con nosotros está Dios.

Ap 12 15+ (margin)
7 14 (margin)
7 14 (margin)

La misión de Isaías*.

¹¹ Pues así me ha dicho Yahvé
cuando me tomó de la mano
y me apartó de seguir por el camino de
ese pueblo:
¹² No llaméis conspiración
a lo que ese pueblo llama conspiración,
ni temáis ni tembléis
de lo que él teme.
¹³ A Yahvé Sebaot,
a ése tened por santo,
sea él vuestro temor
y él vuestro temblor.
¹⁴ Será un santuario*
y piedra de tropiezo
y peña de escándalo
para entrambas Casas de Israel;
lazo y trampa
para los moradores de Jerusalén.
¹⁵ Allí tropezarán muchos,
caerán, se estrellarán
y serán atrapados y presos.
¹⁶ Envuelve el testimonio,
sella la enseñanza
entre mis discípulos.

⁄ 1 P 3 14 (margin)
*⁄ Rm 9 33
1 P 2 8* (margin)

---

8 A pesar del paralelismo con **7** 16, este breve oráculo tiene un alcance muy diferente al del Emmanuel:
ya no se trata del mesianismo real. El nombre profético
del segundo hijo de Isaías es una señal y un presagio,
ver 1 26+; 7 3; 8 18; significa «pronto saqueo, rápido
botín» y anuncia el saqueo inminente de Damasco y Samaría por los asirios. Ver los nombres simbólicos de los
hijos de Oseas, Os 1 4.6.9.
8 2 «toma» griego; «yo tomé» hebr.
8 5 Las aguas de Siloé, v. 6, ver **7** 3, simbolizan la
protección divina, a la que el pueblo ha preferido la
ayuda de Asiria («el Río», v. 7, es decir, el Éufrates) que
se volverá contra él, ver **7** 1+.
8 6 «se ha desmoralizado (lit. «derretido») ante»
conj.; el hebr. «ha alegrado» (?) es ininteligible, a no ser
que se deba intentar relacionar esta palabra con el verbo de la misma raíz «alegrarse» y ver en ello una alu-

sión a un partido pro-sirio que pudo haberse constituido en Judá. Las versiones han entendido «elegido (por
rey)», que históricamente es imposible.
8 8 La evocación de este nombre profético, ver **7** 14,
aquí y, patente, en el v. 10, subraya la unidad de este
grupo de oráculos: los castigos anunciados preparan el
cumplimiento de las promesas.
8 11 Al parecer Isaías expresa aquí, dirigiéndose quizá a sus discípulos, v. 16, algunas confidencias sobre los
motivos de su actitud. Yahvé mismo es quien le ha enseñado a oponerse al pueblo de Judá y a no tener confianza más que en Dios; actitud difícil, en circunstancias a veces ambiguas, vv. 14.15 y destinada a conseguir
la aparición de la verdadera fidelidad.
8 14 En vez de «santuario» *miqdaš*, el Targ. ha leído
«trampa» *moqeš*, como al final del v. El texto actual parece ser un error o una corrección de escriba.

¹⁷ Aguardaré a Yahvé,
el que oculta su faz a la casa de Jacob,
y esperaré por él.

7 3;
8 3-4;
1 26+
✓ Hb 2 13

^{18 a} Aquí estamos yo y los hijos que me
ha dado Yahvé,
por señales y pruebas en Israel,
^{20 a} en pro de la enseñanza y el testi-
monio,
^{18 b} de parte de Yahvé Sebaot,
el que reside en el monte Sión.

1 S 28 3+

¹⁹ Y cuando os dijeren: «Consultad a los
nigromantes
y a los adivinos que bisbisean y mur-
mujean;
¿es que no consulta un pueblo a sus
dioses,
por los vivos a los muertos?»
^{20 b} ¡Vaya si dirán cosa tal!
Lo que no tiene provecho*.

La marcha en la noche*.

²¹ Pasará por allí
lacerado y hambriento,
y así que le dé el hambre, se enojará
y faltará a su rey y a su Dios.
Volverá el rostro a lo alto,
²² la tierra oteará,
y sólo habrá cerrazón y negrura,
lobreguez prieta y tiniebla espesa.
²³ Pues, ¿no hay lobreguez para quien
tiene apretura?

La liberación.

9.¹
✓ Mt 4
13-16

Como el tiempo primero ultrajó a la
tierra de Zabulón y a la tierra de Neftalí,
así el postrero honró el camino del mar,
allende el Jordán, el distrito de los Gentiles*.

²
Jn 8 12+

9¹ El pueblo que andaba a oscuras
² vio una luz grande.

Los que vivían en tierra de sombras,
una luz brilló sobre ellos.
Acrecentaste el regocijo*,
hicistе grande la alegría.
Alegría por tu presencia,
cual la alegría en la siega,
como se regocijan
repartiendo botín.

Sal 126

³ Porque el yugo que les pesaba
y la pinga de su hombro
—la vara de su tirano—
has roto, como el día de Madián.
⁴ Porque toda bota que taconea con
ruido,
y el manto rebozado en sangre
serán para la quema,
pasto del fuego.

10 25-26;
14 25

Jc 7 15-25
5

⁵ Porque una criatura nos ha nacido,
un hijo se nos ha dado.
Estará el señorío sobre su hombro,
y se llamará su nombre
«Maravilla de Consejero*»,
«Dios Fuerte»,
«Siempre Padre»,
«Príncipe de Paz».

7 14+
Gn 3 15;
49 10
Nm 24 17
Mi 5 1-3
Za 9 9
2 S 7 12-16

⁶ Grande es* su señorío, y la paz no
tendrá fin
sobre el trono de David y sobre su reino,
para restaurarlo y consolidarlo
por la equidad y la justicia.
Desde ahora y hasta siempre,
el celo de Yahvé Sebaot hará eso*.

7

Lc 2 14

Lc 1 32-33

Las pruebas del reino del Norte*.

⁷ Una palabra ha proferido el Señor en
Jacob,
y ha caído en Israel.
⁸ Sabedlo, el pueblo todo,

55 10-11

9

---

8 20 Los vv. 19-20, que al parecer están fuera de contexto, son muy oscuros. El primer inciso del v. 20 hemos preferido intercalarlo en el v. 18, en relación con
el 16. Isaías prevé que, a sus pruebas, los adversarios
opondrán el recurso reprobable a la adivinación, ver **2**
6+. La respuesta, v. 19^b, quizá sea irónica, y el profeta
parece concluir, v. 20, haciendo constar que tales palabras llevan a un callejón sin salida (leyendo *šajar*
«provecho», por *šajar*, «aurora»). Pero todo esto se apoya en un texto poco seguro.
8 21 También aquí parece tratarse de un fragmento de
oráculo desplazado. En conjunto se adivina la descripción de un hombre que atraviesa el país asolado y que
expresa su angustia. Pero no se ve cómo enlazar este
poema con el contexto inmediato. Quizá se le debe relacionar con 5 24-30, al que continuaría bastante bien.
8 23 Este v. que, para las regiones del norte de Palestina, contrapone un porvenir glorioso a un pasado de
humillación, parece aludir a las campañas de Teglatfalasar en Galilea y a la deportación del 732, ver 2 R 15
29. En el oráculo que sigue, Isaías anuncia un «día de
Yahvé» que traerá la liberación a los deportados: anuncia al mismo tiempo el reinado pacífico de un hijo de

linaje real, el Emmanuel de 7 14 La aparición del Mesías en Galilea dará a esta profecía su plena realización,
ver Mt 4 13-16. El «distrito de las naciones» (hebr. *gelíl
ha-goyim*) designa a Galilea.
9 2 «el regocijo» corr.; «la gente» hebr.
9 5 Estos títulos son compatibles a los protocolarios
que se preparaban para el faraón en su coronación. El
hijo de linaje real tendrá la sabiduría de Salomón, la bravura y la piedad de David, las grandes virtudes de Moisés
y los Patriarcas, ver 11 2. La tradición cristiana, que se
expresa en la liturgia navideña, al dar estos títulos a Cristo, enseña que éste es el verdadero Emmanuel.
9 6 (a) «Grande es» gr. y Targ.; «la grandeza de»
hebr.
9 6 (b) El amor celoso de Yahvé por su pueblo le lleva a la vez a castigar sus infidelidades, ver Ex 20 5; Dt
4 24, y a procurarle la salvación.
9 7 Este poema, jalonado por un estribillo, vv. 11^b,
20^b; 10 4^b, fue pronunciado contra el reino del Norte en
un momento de hostilidad entre Israel y Judá, el 739,
época en que se tramaba la guerra contra Ajaz, 2 R 15
37, o bien el 734, después de esa guerra, cuando el reino
del Norte se convertía en presa de Asiria 2 R 15 29.

Efraín y habitantes de Samaría,
los que con arrogancia y valentía dicen:
⁹ «Los ladrillos han caído,
pero de sillar edificaremos;
los sicómoros fueron talados,
pero por cedros los cambiaremos.»
¹⁰ Pues bien, Yahvé ha dado ventaja
a su adversario, Rasón*,
y azuzó a sus enemigos:
¹¹ Aram por delante
y los filisteos por detrás,
devoraron a Israel a boca llena*.
Con todo eso no se ha calmado su ira,
y aún sigue su mano extendida.
¹² Pero el pueblo no se volvió hacia el
que le castigaba,
no buscaron a Yahvé Sebaot.
¹³ Por eso ha cercenado Yahvé a Israel
cabeza y cola,
palmera y junco, en un mismo día*.
¹⁴ El anciano y honorable es la cabeza,
y el profeta impostor es la cola.
¹⁵ Los directores de este pueblo han resultado desviadores*,
y sus dirigidos, extraviados.
¹⁶ Por eso, de sus jóvenes no se apiadará* el Señor,
con sus huérfanos y viudas no tendrá
misericordia,
pues todos son impíos y malvados,
y toda boca profiere majadería.
Con todo eso no se ha calmado su ira,
y aún sigue su mano extendida.
¹⁷ Porque ha ardido como fuego la maldad,
zarza y espino devora,
y va a prender en las espesuras del
bosque:
ya se estiran en columna de humo.
¹⁸ Por el arrebato de Yahvé la tierra ha
sido quemada*,
y es el pueblo como pasto de fuego;
nadie tiene piedad de su hermano,
¹⁹ corta a diestra y queda con hambre,
come a siniestra y no se sacia;

cada uno se come la carne de su brazo.
²⁰ Manasés devora a Efraín,
Efraín a Manasés,
y ambos a una van contra Judá.
Con todo eso no se ha calmado su ira,
y aún sigue su mano extendida.

10 ¹ ¡Ay! los que decretan decretos
inicuos, y los escribientes que escriben vejaciones,
² excluyendo del juicio a los débiles,
atropellando el derecho de los míseros
de mi pueblo,
haciendo de las viudas su botín,
y despojando a los huérfanos.
³ Pues ¿qué haréis para el día de la
cuenta
y la devastación que de lontananza viene?,
¿a quién acudiréis para pedir socorro?,
¿dónde dejaréis vuestra gravedad?
⁴ Con tal de no arrodillarse entre los
prisioneros,
entre los muertos caerían.
Con todo eso no se ha calmado su ira,
y aún sigue su mano extendida.

Contra un rey de Asiria*.

⁵ ¡Ay, Asiria,
bastón de mi ira,
vara que mi furor maneja*!
⁶ Contra gente impía voy a guiarlo,
contra el pueblo de mi cólera voy a
mandarlo,
a saquear saqueo y pillar pillaje,
y hacer que lo pateen como el lodo de
las calles.
⁷ Pero él no se lo figura así,
ni su corazón así lo estima,
sino que su intención es arrasar
y exterminar gentes no pocas.
⁸ Pues dice:
«¿No son mis jefes todos ellos reyes?
⁹ ¿No es Calnó como Carquemis?
¿No es Jamat como Arpad?
¿No es Samaría como Damasco*?

---

9 10 «su adversario, Rasón» conj.; «los adversarios de
Rasón» hebr., que no presenta ningún sentido.
9 11 Esta hostilidad combinada de los filisteos y los
arameos contra Israel es posible, pero ningún texto histórico da fe de ello.
9 13 «cabeza y cola, palmera y junco» parece que designan a los jefes y a los súbditos, ver **19** 15; Dt 28 13.44.
El v. siguiente sería una glosa explicativa.
9 15 Aquí posiblemente habría que intercalar **5** 25,
que se supone separado accidentalmente.
9 16 «no se apiadará» 1QIsᵃ «no se ha complacido»
hebr.
9 18 «quemada» griego; hebr. ininteligible.
10 5 (a) Probablemente se trata de Senaquerib y de
la invasión del 701. Comp. los vv. 8-11 con **36** 18-20. Sin
saberlo el rey de Asiria es un instrumento que ejecuta

los juicios de Dios contra el pueblo rebelde, ver **13** 5; **5**
26; 7 18; 8 7. Así también, Nabucodonosor será para Jeremías un azote en las manos de Yahvé, Jr 51 20; 50 23;
incluso será su servidor, Jr 25 9; 27 6; 43 10. Pero esta
misión, de la que no es consciente el invasor, no suprime su responsabilidad. Su orgullo y su crueldad serán
castigados en el día elegido por Dios, v. 12.
10 5 (b) «maneja» corr.; «en su mano» hebr.
10 9 Isaías cita las ciudades poderosas que han sido
asoladas por los asirios en las campañas precedentes:
Calnó, en el norte de Siria, tomada el 739 por Teglat-falasar; Carquemis, en el Éufrates, tomada por Sargón
el 717; Jamat, en el Orontes, tomada por Sargón el 720;
Arpad, cerca de Alepo, sitiada ya y tomada por Teglat-falasar antes de la guerra siro-efrainita; Samaría, que
sucumbió el 721 y Damasco, el 732.

Mi 3 3
Jr 10 25
Ha 1 13
Pr 30 14

5 25+
Am 4 6-11+
Os 7 10-15
Jr 5 3-6

1 17.23;
3 14; 5 23
Ex 22 21+

Jr 5 31

14 24-27

47 6
Za 1 15

36 18-20

¹⁰ Como alcanzó mi mano
a los reinos de los ídolos*
—cuyas estatuas eran más que las de
Jerusalén y Samaría—,
¹¹ como hice con Samaría y sus ídolos,
¿no haré asimismo con Jerusalén y sus
simulacros?»

¹² Pues bien, cuando hubiere dado remate el Señor a todas sus empresas en el
monte Sión y en Jerusalén, pasará revista* al fruto del engreimiento del rey de
Asiria y al orgullo altivo de sus ojos.
¹³ Porque dijo:

Dt 8 17+

«Con el poder de mi mano lo hice,
y con mi sabiduría, porque soy inteligente,
he borrado las fronteras de los pueblos,
sus almacenes he saqueado,
y he abatido como un fuerte a sus habitantes.
¹⁴ Como un nido ha alcanzado mi mano
la riqueza de los pueblos,
y como se recogen huevos abandonados,
he recogido yo toda la tierra,
y no hubo quien aleteara
ni abriera el pico ni piara.»

45 9
m 9 20-21

¹⁵ ¿Acaso se jacta el hacha
frente al que corta con ella?,
¿o se tiene por más grande
la sierra que el que la blande?;
¡como si la vara moviera al que la levanta!,
¡como si a quien no es madera el bastón alzara!
¹⁶ Por eso enviará Yahvé Sebaot,
entre sus bien comidos, enflaqueci-
miento,
y, debajo de su opulencia,
encenderá un incendio
como de fuego.

37 36

¹⁷ La luz de Israel vendrá a ser fuego,
y su Santo, llama;
arderá y devorará su espino
y su zarza en un solo día,
¹⁸ y el esplendor de su bosque y de su
vergel

en alma y en cuerpo será consumido:
será como el languidecer de un enfermo.
¹⁹ Lo que quede de los árboles de su
bosque será tan poco,
que un niño los podrá contar*.

El pequeño resto*.

²⁰ Aquel día
no volverán ya el resto de Israel
y los bien librados de la casa de Jacob
a apoyarse en el que los hiere,
sino que se apoyarán con firmeza en
Yahvé.
²¹ Un resto volverá, el resto de Jacob,
al Dios poderoso.

4 3+

²² Que aunque sea tu pueblo, Israel,
como la arena del mar,
sólo un resto de él volverá.
Exterminio decidido, rebosante de justicia.

/ Rm 9 27

²³ Porque es un exterminio decidido
lo que Yahvé Sebaot realizará en medio de toda la tierra.

Rm 5 20-21

Confianza en Dios*.

14 24-27;
30 27-33;
31 4-9;
37 22-29

²⁴ Por tanto, así dice el Señor Yahvé Sebaot:
«No temas, pueblo mío que moras en
Sión,
a Asiria que con la vara te golpea
y su bastón levanta contra ti (en el camino de Egipto*).
²⁵ Porque un poquito más y se habrá
consumido el furor,
y mi ira los consumirá.»
²⁶ Despertará contra él Yahvé Sebaot un
azote,
como cuando la derrota de Madián en
la Peña de Oreb,
o cuando levantó su bastón contra el
mar
en el camino de Egipto*.

9 3
Jc 7 25

Ex 14 16

²⁷ Aquel día
te quitará su carga de encima del hombro

---

10 10 Isaías presenta a este rey asirio hablando como un buen yahvista para el que los dioses extranjeros eran unas «nadas», *'elilim*, designación frecuente de los ído-los en Isaías.
10 12 «pasará revista» griego; «pasaré revista» hebr. —Todo este v. en prosa está añadido.
10 19 Algunos estiman que los vv. 16-19 no se refieren al rey de Asur, sino a Judá.
10 20 Este breve oráculo parece ser un comentario del nombre puesto por Isaías a su hijo mayor Sear Yasub, «un resto volverá», ver 7 3. La teología del «resto», pre-dilecta de Isaías, ver 4 3 y la nota, se resume aquí con

sus dos aspectos: anuncio de un castigo ejemplar que sólo dejaba subsistir a un pequeño resto, vv. 22-23, y promesa, para ese resto, de una conversión (*yašûb*, «vol-verá») acompañada de un perdón y de nuevas bendi-ciones, vv. 20-21.
10 24 (a) Este oráculo fue pronunciado, al parecer, en los momentos que precedieron al ataque de Senaquerib el 701.
10 24 (b) Glosa tomada del v. 26.
10 26 Todo el v. es una adición que interrumpe la ex-posición, y ver 4 5+.

y su yugo de sobre tu cerviz será arrancado.
Y el yugo será destruido* (...)

El invasor*.

Mi 1 10-15

²⁸ Vino sobre Ayat,
pasó por Migrón,
1 S 14 5   en Micmás pasó revista.
²⁹ Han pasado el Vado:
1 S 14 2.16   «Haremos noche en Gueba.»
1 S 1 19   Temblaba Ramá,
1 S 15 34   Guibeá de Saúl huía.
³⁰ ¡Da gritos de júbilo, Bat Galín,
escucha Lais!
Jr 1 1   ¡Respóndele, Anatot*!
³¹ Se desbandó Madmená.
Los habitantes de Guebín se han puesto a salvo.
1 S 21 2   ³² Hoy mismo en Nob haciendo alto
menea su mano contra el Monte de la hija de Sión,
la colina de Jerusalén.
³³ He aquí que el Señor Yahvé Sebaot
sacude el ramaje con estrépito;
las guías más altas están partidas
y las elevadas van a caer.
³⁴ Golpeará las espesuras del bosque con el hierro,
y el Líbano caerá por los golpes de un Poderoso.

El descendiente de David*.

11 ¹ Saldrá un vástago del tronco de Jesé*, y un retoño de sus raíces brotará.
² Reposará sobre él el espíritu de Yahvé*:
espíritu de sabiduría e inteligencia,
espíritu de consejo y fortaleza,
espíritu de ciencia y temor de Yahvé.
³ Y se inspirará en el temor de Yahvé*.
No juzgará por las apariencias,
ni sentenciará de oídas.
⁴ Juzgará con justicia a los débiles
y sentenciará con rectitud a los pobres de la tierra.
Herirá al hombre cruel con la vara de su boca,
con el soplo de sus labios matará al malvado.
⁵ Justicia será el ceñidor de su cintura,
verdad el cinturón de sus flancos.
⁶ Serán vecinos el lobo y el cordero*,
y el leopardo se echará con el cabrito,
el novillo y el cachorro pacerán juntos,
y un niño pequeño los conducirá.
⁷ La vaca y la osa pacerán,
juntas acostarán sus crías,
el león, como los bueyes, comerá paja.
⁸ Hurgará el niño de pecho en el agujero del áspid,
y en la hura de la víbora

42 1-12
Sal 72
Jr 23 5+
⟋ Rm 15 12
Ap 22 16
Mt 3 16+
⟋ 1 P 4 14
9 5+

⟋ Ap 19 11

⟋ Ap 19 15

⟋ 2 Ts 2 8

65 25

Sal 91 13

---

10 27 Las últimas palabras del v. son ininteligibles (lit. «ante la grasa»). Algunos proponen enlazar «será arrancado» con la frase precedente y leer a continuación corrigiendo: «subió delante de Samaría», que sería el comienzo de la exposición siguiente.
10 28 Los vv. 28-32 describen el avance del invasor si se trata del ataque de Senaquerib, ver 10 6, este itinerario no es el que siguió su ejército, ver 2 R 18 17, sino la descripción ideal de una invasión procedente del Norte, ver Is 14 31. No todas las ciudades están localizadas; la última, Nob, se halla en el monte Scopus, desde el cual se domina Jerusalén.
10 30 «Respóndele» sir.; «infeliz» hebr.
11 Poema mesiánico, que concreta algunos rasgos esenciales del Mesías futuro: es de linaje davídico, v. 1, será lleno del espíritu profético, v. 2, hará que reine entre los hombres la justicia, reflejo terrestre de la santidad de Yahvé, vv. 3s, ver 1 26+ y 5 16+, restablecerá la paz paradisíaca, vv. 6-8, fruto del conocimiento de Yahvé, v. 9.
11 1 Padre de David, 1 S 16 1s, ver Rt 4 22, y antepasado de todos los reyes de Judá y del Mesías, ver Mt 1 6-16.
11 2 El «espíritu de Yahvé», o el «santo espíritu de Yahvé», **42** 1; **61** 1s; **63** 10-13; Sal **51** 13; Sb 1 5; 9 17, su «soplo» («soplo» y «espíritu» son traducción de la misma palabra *rúaj*), actúa a través de toda la historia bíblica. Desde antes de la creación descansa *sobre el caos*, Gn 1 2, da la vida a todos los seres, Sal 104 29-30; 33 6; Gn 2 7; ver Ez 37 5-6.9-10. Él suscita a los Jueces, Jc 3 10; 6 34; 11 29, y a Saúl, 1 S 11 6. Él da la habilidad a los artesanos, Ex 31 3; 35 31, el discernimiento a los Jueces, Nm 11 17, la sabiduría a José, Gn 41 38. Finalmente, y sobre todo, él inspira a los profetas, Nm 11 17 (Moisés). 25-26; 24 2; 1 S 10 6.10; 19 20; 2 S 23 2 (Da-

vid); 2 R 2 9 (Elías); Mi 3 8; Is 48 16; 61 1; Za 7 12; 2 Cro 15 1; 20 14; 24 20, mientras que los falsos profetas siguen su propio espíritu, Ez 13 3, ver también Dn 4 5.15; 5 11-12.14. El presente texto enseña que este espíritu de los profetas será dado al Mesías; Jl 3 1-2 anunciará para los tiempos mesiánicos su efusión universal, ver Hch 2 16-18. Al igual que la doctrina de la Sabiduría, ver Pr 8 22+; Sb 7 22+, la doctrina del Espíritu hallará su expresión definitiva en el NT, ver Jn 1 33+; 14 16+ y 26+; Hch 1 8+; 2+; Rm 5 5+.
11 3 El espíritu profético confiere al Mesías las virtudes eminentes de sus grandes antepasados: sabiduría e inteligencia de Salomón, prudencia y bravura de David, conocimiento y temor de Yahvé de los Patriarcas y Profetas, Moisés, Jacob y Abrahán. Ver 9 5. La enumeración de estos dones por los LXX y la Vulg. (que añaden la «piedad» por desdoblamiento del «temor de Yahvé») se ha convertido en nuestra lista de los «siete dones del Espíritu Santo».
11 6 La rebelión del hombre contra Dios, Gn 3, había roto la armonía entre el hombre y la naturaleza, Gn 3 17-19, entre el hombre y el hombre, Gn 4. Los profetas anuncian guerras e invasiones como castigo de las infidelidades de Israel. A la inversa, la era mesiánica, trayendo el perdón de los pecados y la reconciliación con Dios y el reino de la justicia, establece la paz que es su consecuencia: fertilidad del suelo, Am 9 13-14; Os 2 20.23-24; desarme general, Is 2 4; 9 4; Mi 4 3; 5 9-10; Za 9 10; paz perpetua, Is 9 6; 32 17; 60 17-18; So 3 13; Za 3 10; Jl 4 17. La Nueva Alianza es una alianza de paz, Ez 34 25; 37 26. El reino mesiánico es un reino de paz, Za 9 8-10; Sal 72 3-7. Esta paz se extiende al reino animal, hasta la serpiente, responsable del primer pecado: la era mesiánica se describe aquí simbólicamente como una vuelta a la paz paradisíaca.

el recién destetado meterá la mano.

Ha 2 14
Jr 31 33-34
Is 40 5

[9] Nadie hará daño, nadie hará mal
en todo mi santo Monte,
porque la tierra estará llena de conocimiento de Yahvé,
como cubren las aguas el mar.

La vuelta de los desterrados*.

Rm 15 12
Ap 22 16

[10] Aquel día la raíz de Jesé,
que estará enhiesta para estandarte de
pueblos,
las gentes la buscarán,
y su morada será gloriosa.
[11] Aquel día volverá el Señor a mostrar
su mano
para recobrar el resto de su pueblo
que haya quedado de Asiria y de Egipto,
de Patrós, de Cus, de Elam,
de Senaar, de Jamat y de las islas del
mar*.

49 22

[12] Izará bandera a los gentiles,
reunirá a los dispersos de Israel,
y a los desperdigados de Judá agru-
pará
de los cuatro puntos cardinales.

Jr 3 18+

[13] Cesará la envidia de Efraín,
y los opresores de Judá serán exterminados.
Efraín no envidiará a Judá
y Judá no oprimirá a Efraín*.
[14] Ellos se lanzarán sobre la espalda de
Filistea Marítima,
a una saquearán a los hijos de Oriente.
Edom y Moab bajo el dominio de su
mano,

Jr 49 2

y los amonitas bajo su obediencia.
[15] Secará Yahvé el golfo del mar de

Egipto
y agitará su mano contra el Río*.
Con la violencia de su soplo
lo partirá en siete arroyos,
y hará posible pasarlo en sandalias;
[16] habrá un camino real para el resto de
su pueblo
que haya sobrevivido de Asiria,
como lo hubo para Israel,
cuando subió del país de Egipto*.

35 8; 40 3;
43 19; 49 11;
57 14; 62 10
Ba 5 7
Ex 14 22

Salmo*.

12 [1] Y dirás aquel día:
«Yo te alabo, Yahvé,
pues aunque te airaste contra mí,
se ha calmado tu ira
y me has compadecido.
[2] He aquí a Dios mi Salvador:
estoy seguro y sin miedo,
pues Yahvé es mi fuerza y mi canción*,
él es mi salvación.»
[3] Sacaréis agua con gozo
de los hontanares de salvación,
[4] y diréis aquel día:
«Dad gracias a Yahvé,
aclamad su nombre,
divulgad entre los pueblos sus hazañas,
pregonad que es sublime su nombre.
[5] Cantad a Yahvé, porque ha hecho
algo sublime,
que es digno de saberse en toda la tierra.
[6] Dad gritos de gozo y de júbilo,
moradores de Sión,
que grande es en medio de ti el Santo
de Israel.»

Ex 15 2

55 1
Jn 4 1+

Sal 105 1

3.   ORÁCULOS SOBRE LOS PUEBLOS EXTRANJEROS*

21 1-10;
47 1-15
Jr 50-51
Ap 17-18

Contra Babilonia*.

13 [1] Oráculo contra Babilonia, que
contempló Isaías, hijo de Amós.

[2] Sobre el monte pelado izad la bandera,
levantad la voz a ellos,
agitad la mano y que entren
por las puertas de los nobles.

---

11 10 Este poema, que data del fin del destierro babilónico, ha sido puesto en este lugar del libro de Isaías
a causa de la mención de la raíz de Jesé, v. 10, ver v. 1.
11 11 Enumeración de los países por los que fueron
dispersados los judíos en la época del Destierro: Patrós
en el Alto Egipto; Cus, es decir, Etiopía; Elam, Persia;
Senaar, el país de Babilonia; Jamat en Siria; las islas
designan a Grecia y, en general, las costas lejanas.
11 13 En la perspectiva mesiánica, los profetas anuncian frecuentemente el fin del cisma y la reconciliación
de Israel y Judá: Os 2 2; Mi 2 12; Jr 3 18; 23 5-6; 31 1;
Ez 37 15-27; Za 9 10.
11 15 «secará» versiones; «entregará al anatema»
hebr. —«el Río» es el Éufrates, ver v. 16.
11 16 Los milagros son la repetición de los de Moisés
y Josué: paso del mar y del Jordán. La vuelta de los desterrados se describe como un nuevo Éxodo, ver 40 3 y

la nota.
12 Este salmo, de fecha y origen dudosos, ha sido
incluido aquí para concluir el libro del Emmanuel. Es
un himno de agradecimiento de un atribulado a quien
Dios ha socorrido y librado. La segunda parte, de un
tono más lírico, canta la gloria de Yahvé.
12 2 «Yahvé es mi fuerza y mi canción» griego, 1QIs[a],
ver Ex 15 2; «y la canción y Yah (es) Yahvé» TM.
13 (a) Los caps. 13 a 23 son oráculos contra las naciones extranjeras, agrupados como en los libros de Jeremías, 46-51, y Ezequiel, 25-32. La colección ha recogido trozos posteriores a Isaías, en particular los
oráculos contra Babilonia, en 13-14.
13 (b) Este poema data del fin del Destierro: Babilonia, en su esplendor todavía, v. 19, sucumbirá bajo los
golpes de los Medos, v. 17, ver v. 5. Es una qinah o «lamentación», ver 1 21+.

³ Yo he mandado a mis consagrados*
y también he llamado a mis valientes,
a mis gallardos
para ejecutar mi ira
⁴ ¡Ruido estruendoso en los montes,
como de mucha gente!
¡Ruido estrepitoso de reinos,
naciones reunidas!
Yahvé Sebaot pasa revista
a su tropa de combate.
⁵ Vienen de tierra lejana,
del cabo de los cielos,
Yahvé y los instrumentos de su enojo
para arrasar toda la tierra.
⁶ Ululad, que está cerca el Día de Yahvé,
viene como la destrucción de Sadday.
⁷ Por eso todos los brazos decaen
y todo corazón humano se derrite.
⁸ Se empavorecen,
angustias y apuros les sobrecogen,
se duelen igual que parturienta.
Cada cual se asusta de su prójimo,
son los suyos rostros llameantes.
⁹ Ya llega implacable el Día de Yahvé,
el arrebato, el ardor de su ira,
para convertir la tierra en yermo
y exterminar de ella a los pecadores.
¹⁰ Cuando las estrellas del cielo y la
constelación de Orión
no alumbren ya,
esté oscurecido el sol en su salida
y no brille la luz de la luna,
¹¹ pasaré revista al orbe por su malicia
y a los malvados por su culpa.
Haré cesar la arrogancia de los insolentes,
humillaré la soberbia de los desman-
dados.
¹² Haré que el hombre escasee más que
el oro fino,
y la humanidad más que metal de Ofir.
¹³ Por eso haré temblar los cielos,
y se removerá la tierra de su sitio,
en el arrebato de Yahvé Sebaot,
en el día de su ira hirviente.
¹⁴ Será como gacela acosada,
como ovejas cuando no hay quien las
guíe:
cada uno enfilará hacia su pueblo,
cada uno huirá hacia su tierra.

Márgenes izquierda:
Jl 1 15
Ez 30 2-3
Am 5 18+

Jr 4 31+
Is 21 3;
26 17

Am 8 9+

¹⁵ Todo el que fuere descubierto será
traspasado,
y todo el que fuere apresado caerá por
la espada.
¹⁶ Sus párvulos serán estrellados ante
sus ojos,
serán saqueadas sus casas,
y sus mujeres violadas.
¹⁷ Voy a despertar contra ellos a los medos*,
que no estiman la plata,
ni desean el oro.
¹⁸ Machacarán a todos sus muchachos,
estrellarán a todas sus muchachas,
del fruto del vientre no se apiadarán
ni de las criaturas tendrán lástima sus
ojos.
¹⁹ Babilonia, la flor de los reinos,
prez y orgullo de Caldea,
será semejante a Sodoma y Gomorra,
destruidas por Dios.
²⁰ No será habitada jamás ni poblada
en generaciones y generaciones,
ni pondrá tienda allí el árabe,
ni pastores apacentarán allí.
²¹ Allí tendrán aprisco bestias del desierto
y se llenarán sus casas de mochuelos.
Allí morarán las avestruces
y los sátiros brincarán allí.
²² Se responderán las hienas en sus alcázares*
y los chacales en sus palacios de recreo.
Su hora está para llegar
y sus días no tendrán prórroga.

Márgenes derecha:
Jr 51 20-23

Os 10 14+

34 10-17

Lv 17 7+

La vuelta del Destierro*.

14 ¹ Cuando se apiade Yahvé de Jacob
y prefiera todavía a Israel, y los
haya afincado en el solar de ellos, se les
juntarán forasteros, que serán agregados
a la casa de Jacob. ² Tomarán a otros pueblos y, llevándolos a su lugar, se los apro-
piará la casa de Israel en el solar de Yahvé
como siervos y esclavas. Harán cautivos a
sus opresores y domeñarán a sus tiranos.

61 5

So 2 9
Za 2 13

Sátira sobre la muerte de un tirano*.

³ Entonces, cuando te haya calmado
Yahvé de tu disgusto y tu desazón y de

---

13 3   «mis consagrados», comparar Jr 51 27.28 (contra Babilonia); Jr 6 4; 22 7; Jl 4 9 (contra Jerusalén).
Esta consagración de los guerreros es un aspecto de la
guerra santa, Jos 3 5. Pero estas nuevas guerras de Yahvé ya no se hacen en favor de Israel, incluso pueden estar dirigidas contra él.
13 17 Tribus guerreras indoeuropeas, que primero estuvieron aliadas con Babilonia contra Asiria. Pero después, unidas con los persas bajo Ciro, provocaron la

ruina de Babilonia el 539.
13 22 «alcázares» Vulg.; «viudas» hebr.
14   Este anuncio de la vuelta de los desterrados y de
la conversión de las naciones no está en su lugar en esta
colección de oráculos contra los pueblos extranjeros.
Compárese con Is 49 22; 66 20; ver 46 14+.
14 3 Este maŝal, parábola satírica contra un tirano de-
rrocado, se dirige a un rey de Babilonia, probablemente
Nabucodonosor o Nabonid, y por lo mismo se sitúa en

la dura servidumbre a que fuiste sometido, ⁴ lanzarás esta sátira contra el rey de Babilonia. Dirás:

Jr 50 23-24
Ap 18 9-19

¡Cómo cesó el tirano,
cómo cesó el sobresalto*!
⁵ Quebró Yahvé la vara de los malhechores,
el bastón de los déspotas,
⁶ que golpeaba a los pueblos con saña,
golpes sin parar,
que dominaba con ira a los paganos,
acosándolos sin tregua.
⁷ Está tranquila y quieta la tierra toda,
prorrumpe en aclamaciones.

Jr 51 48
Ap 19 1-2;
18 20

⁸ Hasta los cipreses se alegran por ti,
los cedros del Líbano:
«Desde que tú has caído en paz,
no sube el talador a nosotros*.»

:z 32 18-32
\m 16 33+

⁹ El Seol, allá abajo, se alborotó por ti,
saliéndote al encuentro.
Por ti despierta a los manes,
a todos los caudillos de la tierra
los levanta de sus tronos
(a todos los reyes de los paganos)*.
¹⁰ Todos ellos responden
y te dicen:
«¡También tú te has vuelto débil como nosotros,
y a nosotros eres semejante!
¹¹ Ha sido precipitada al Seol tu arrogancia
al son de tus cítaras.
Tienes bajo ti una cama de gusanos,
tus mantas son gusanera.

Lc 10 18
8 10; 9 1;
12 9
Jn 12 31

¹² ¡Cómo has caído de los cielos,
Lucero, hijo de la Aurora*!
¡Has sido abatido a tierra,
dominador de naciones!

Lc 10 15
2 M 9 10

¹³ Tú que habías dicho en tu corazón:
Al cielo voy a subir,
por encima de las estrellas de Dios
alzaré mi trono,

Sal 48 3+

y me sentaré en el Monte de la Reunión,
en el extremo norte.

Ez 28 2
Dn 11 36
2 Ts 2 4
n 10 13+
Gn 3 5
31 16-18;
32 18-32

¹⁴ Subiré a las alturas del nublado,
me asemejaré al Altísimo.

¹⁵ ¡Ya!: al Seol has sido precipitado,
a lo más hondo del pozo.»
¹⁶ Los que te ven, en ti se fijan;
te miran con atención:
«¿Es ése aquél
que hacía estremecer la tierra,
que hacía temblar los reinos;
¹⁷ que hizo del orbe un desierto
y asoló sus ciudades;
que a sus presos
no devolvía a casa?»
¹⁸ Todos los reyes de las naciones,
todos ellos yacen con honor,
cada uno en su morada
¹⁹ Pero tú has sido arrojado fuera de tu sepulcro,
como un brote* abominable,
recubierto de muertos acuchillados,
arrojados sobre las piedras de la fosa,
como cadáver pisoteado.

Jr 22 19

²⁰ No tendrás con ellos sepultura,
porque tu tierra has destruido,
a tu pueblo has asesinado.
No se nombrará jamás
la descendencia de los malhechores.
²¹ Preparad a sus hijos degollina
por la culpa de sus padres:
no sea que se levanten y se apoderen
de la tierra,
y llenen de ciudades la faz del orbe.

²² Yo me alzaré contra ellos —oráculo de Yahvé Sebaot— y suprimiré en Babilonia el nombre y resto, hijos y nietos —oráculo de Yahvé—. ²³ La convertiré en patrimonio de erizos y tierra pantanosa, la barreré con escoba exterminadora —oráculo de Yahvé Sebaot*—.

4 3+

Asiria será destruida*.

10 24+

²⁴ Ha jurado Yahvé Sebaot diciendo:
«Tal como lo había ideado, así fue.
Y como lo planeé, así se cumplirá:
²⁵ Quebrantaré a Asiria en mi tierra,
sobre mis montes la pisotearé.
Se apartará su yugo de sobre ellos,
su fardo de sobre sus hombros se apartará.»

9 3

---

el contexto de los oráculos. Pero se han preguntado si no se tratará de hecho de un trozo más antiguo, dirigido contra un rey de Asiria, Sargón o Senaquerib, y retocado posteriormente para adaptarlo a la época del Destierro. **14 4** «sobresalto», conj. leyendo *marhebah* en lugar del incomprensible *madhebah*; griego: «el apremiante». **14 8** Los reyes de Asiria y Babilonia explotaban los bosques del Líbano para sus construcciones. **14 9** Probable glosa. **14 12** Los vv. 12-15 parecen inspirarse en un modelo fenicio. En todo caso presentan varios puntos de contacto con los poemas de Rás Samrá: el Lucero matutino y la Aurora son dos figuras divinas; el Monte de la Reu-

nión, el monte en que se reúnen los dioses, como en el Olimpo de los griegos. Los Padres han interpretado la caída del Lucero matutino (Vulg. «Lucifer») como la caída del príncipe de los demonios. **14 19** «un brote», en hebr. *neser*, alusión al nombre de Nabucodonosor, en hebr. *Nebuk-Inessar*. —La privación de sepultura era la suprema maldición, ver 1 R 13 21-22; Jr 22 19. **14 23** Estos dos vv. en prosa parecen haber sido añadidos al poema para subrayar su conclusión. **14 24** Oráculo de Isaías pronunciado probablemente el 701, en la invasión de Senaquerib, ver 10 24-27; 30 27-33; 31 4-9; 37 22-29.

²⁶ Éste es el plan
tocante a toda la tierra,
y ésta la mano extendida
sobre las naciones.
²⁷ Si Yahvé Sebaot toma una decisión,
¿quién la frustrará?
Si él extiende su mano,
¿quién se la hará retirar?

Advertencia a los filisteos.

²⁸ El año en que murió el rey Ajaz*
hubo este oráculo:
²⁹ No te alegres, Filistea toda,
porque se haya quebrado la vara del
que te hería;
pues de raíz de culebra saldrá víbora,
y su fruto será dragón volador.
³⁰ Los débiles pacerán en mis pastos
y los pobres en seguro se acostarán,
mientras que haré morir de hambre tu
posteridad,
y mataré* lo que de ti reste.
³¹ ¡Ulula, puerta! ¡grita, ciudad!
¡derrítete, Filistea toda,
que del norte* una humareda viene,
y nadie deserta en sus columnas!
³² ¿Y qué se responderá
a los mensajeros de esa gente*?:
«Que Yahvé fundó a Sión,
y en ella se refugiarán los pobres de su
pueblo.»

20 1
Jr 1 13s

‖Jr 48
Ez 25 8-11
Am 2 1-3

Lamentación por Moab*.

15 ¹ Oráculo sobre Moab.
Porque de noche ha sido saqueada*,
Ar Moab ha perecido.
Porque de noche ha sido saqueada,
Quir Moab ha perecido.
² Subía la hija de Dibón*
a los oteros llorando:
sobre el Nebo y sobre Mádaba

Moab ulula.
En todas sus cabezas, calvicie;
toda barba, raída.
³ En sus calles se ciñeron saco,
en sus plazas y azoteas todos ululan,
deshechos en llanto.
⁴ Gritaban Jesbón y Elalé,
hasta Yahas se oía su voz.
También los valientes de Moab clamaban
con el alma estremecida.
⁵ Su corazón por Moab grita,
sus fugitivos no paran hasta Soar
(Eglat Selisiyá*).

¡La cuesta de Lujit
la suben llorando,
y por el camino de Joronáin
dan gritos desgarrados!

⁶ ¡Las aguas de Nimrín
son un sequedal,
y se ha secado la hierba, se agostó el
césped,
no hay verdor!
⁷ Por eso hicieron ahorros,
y sus reservas
allende el arroyo de los Sauces
se las llevan.

⁸ Los gritos han rodeado
las fronteras de Moab;
hasta Egláin llega su ulul
en Beer Elín su ulular.

⁹ ¡Las aguas de Dimón están ensangrentadas*!
Pero más añadiré contra Dimón:
¡Para los escapados de Moab un león,
y para los que queden en su suelo!

La súplica de los moabitas.

16 ¹ Enviad corderos
al señor del país,

‖Jr 48 37-
38

Jr 48 34
Nm 21 23

Jr 48 36
‖Jr 48 34
Gn 19 22

---

14 28 Este oráculo puede datar de los años que precedieron a la invasión de Senaquerib. Esa «vara del que
hería» a Filistea sería Sargón II, que varias veces intervino allí y por última vez el 711, ver 20 1s. Sargón murió el 705, pero su sucesor Senaquerib, «víbora» o «dragón volador», será un adversario más temible todavía.
Si esta interpretación es exacta, la referencia a la muerte de Ajaz, dada por el título, sería una adición: en la
«víbora» y el «dragón volador» habrían reconocido a
Ezequías, hijo de Ajaz, que según 2 R 18 18 devastó Filistea.
14 30 «mataré» Vulg., 1QIsᵃ; «matará» TM.
14 31 Las invasiones asirias y babilonias venían del
Norte, ver Jr 1 3; 4 6; 6 1.22; Ez 26 7.
14 32 Quizá mensajeros enviados por los filisteos para
atraer a Judá a una coalición contra Asiria; pero el texto
no es seguro. Sea lo que fuere, la respuesta afirma la
inviolabilidad de Sión, protegida por Yahvé.
15   Se discute el origen isaiánico del largo poema
sobre Moab de los caps. 15-16. Algunos piensan en orá-

culos anteriores a Isaías, que los habría utilizado apli-
cándolos a su época, ver la conclusión en prosa de los
vv. 13-14. Otros datan estos poemas, o una parte de
ellos, en una época posterior a Isaías. Hay en ellos numerosos paralelos con el oráculo sobre Moab de Jr 48.
15 1   La devastación ha alcanzado a todo el país de
Moab, cuyas principales ciudades se mencionan en los
vv. 1-4, yendo en conjunto de Sur a Norte, desde Quir
(Kerak) hasta Jesbón y Elalé, al norte de Nebo y de
Medba (Mádaba). Los vv. 5-9 describen la huida de los
habitantes hacia el sur: Soar (ver Gn 19 22) y el Arroyo
de los Sauces, fronteras meridionales de Moab.
15 2   «Subía la hija de Dibón», conj. según Targ y sir.;
«(él) sube al templo y a Dibón» hebr.
15 5   «su corazón» griego, Targ.; «mi corazón» hebr.
—«sus fugitivos» 1QIsᵃ; «sus cerrojos» hebr.
15 9   «Dimón» puede ser una variante dialectal de
«Dibón», ver v. 2, elegida porque evoca la idea de sangre, hebr. dam.

desde la Roca del Desierto
al monte de la hija de Sión*.
² Como aves espantadas,
nidada dispersa,
serán las hijas de Moab
cabe los vados del Arnón.

³ Presenta algún plan,
toma una decisión*.
Haz tu sombra como la noche
en pleno mediodía;
esconde a los acosados,
al fugitivo no delates.
⁴ Acójanse en ti
los acosados de Moab;
sé para ellos cobijo
ante el devastador.

Cuando no queden tiranos*,
acabe la devastación,
y desaparezcan del país los opresores,
⁵ será establecido sobre la piedad el
trono,
y se sentará en él con lealtad
—en la tienda de David—
un juez que busque el derecho,
y sea presto a la justicia.
⁶ Hemos oído la arrogancia de Moab:
¡una gran arrogancia!
Su altanería, su arrogancia y su furor
y sus bravatas sin fuerza*.

Jr 48 29-33 **Lamentación por Moab.**

⁷ Por eso, que ulule Moab por Moab;
ulule todo él.
Por los panes de uvas de Quir Jaréset*
gimen: «¡Ay, abatidos!»

⁸ Pues la campiña de Jesbón se ha mar-
chitado,
el viñedo de Sibmá,
cuyas cepas majaron los señores de las
gentes.

Hasta Yazer alcanzaban,
se perdían por el desierto,
sus frondas se extendían, pasaban la
mar.
⁹ Por eso voy a llorar como llora Yazer,
viña de Sibmá.

Te regaré con mis lágrimas,
Jesbón y Elalé,
porque sobre tu cosecha y sobre tu segada
se ha extinguido el clamor*,
¹⁰ y se retira del vergel
alegría y alborozo,
y en las viñas no se lanzan cantos de
júbilo,
ni gritos.
Vino en los lagares no pisa el pisador:
el clamor ha cesado.

¹¹ Por eso mis entrañas por Moab
como el arpa resuenan,
y mi interior por Quir Jeres.

¹² Luego, cuando vea Moab
que se cansa sobre el alto,
entrará a su santuario a orar,
pero nada podrá.

¹³ Ésta es la palabra que en un tiempo
pronunció Yahvé acerca de Moab. ¹⁴ Y
ahora ha hablado Yahvé diciendo: «Dentro de tres años, como años de jornalero,
será despreciada la gloria de Moab con
toda su numerosa muchedumbre, y el
resto será pequeñísimo, insignificante*.» 4 3+

Contra Damasco e Israel. Jr 49 23-27
Am 1 3-6

17 ¹ Oráculo contra Damasco*.
He aquí que Damasco deja de ser
ciudad,
y va a ser montón de derribo.

---

16 1 Texto difícil y diversamente interpretado. Parece como sin los moabitas amenazados por la invasión trataran de ponerse bajo la protección del rey de Judá o de encontrar refugio en su reino. El cordero enviado sería una señal de sumisión, ver 2 R 3 4. San Jerónimo, al traducir: «Envía, Señor, al cordero soberano de la tierra», propone para este pasaje una interpretación mesiánica. La Roca (Sela) ha sido identificada a veces con la actual Petra, situada en el país de Edom, pero sin duda había otras «Rocas» en Moab o en el desierto circundante.
16 3 Los vv. 3-4ᵃ refieren la súplica de los refugiados de Moab que piden a los judíos que los acojan. Para apoyar su petición, en los vv. que siguen, 4ᵇ-5, expresan su confianza en el porvenir de Israel, especialmente en la estabilidad del trono de David, basada en las promesas de las que a menudo se ha hecho Isaías el heraldo.
16 4 Sentimos la tentación de entender «hasta que acabe la devastación» y de unir esta proposición a la precedente, pero ninguno de los testigos del texto favorece esta interpretación.

16 6 Parece que este v. expone la respuesta de los judíos a los moabitas.
16 7 Quir Jaréset, como Quir Jeres, v. 11, debe identificarse con Quir Moab (Kerak), 15 1, ver 2 R 3 25. —Los nombres geográficos que siguen, de Jesbón a Elalé, están agrupados en la región norte de Moab, favorable a la viña.
16 9 Lit. «ha caído el clamor». Se trata del grito de júbilo de los vendimiadores. Otros entienden: «el clamor (de guerra) ha desfallecido», pero el paralelismo con los vv. siguientes favorece la primera interpretación.
16 14 Esta adición en prosa puede ser la confirmación de un oráculo antiguo cuyo cumplimiento muy próximo se anuncia, ver 15 1+. Los «años de jornalero» se computan estrictamente.
17 1 A pesar del título, sólo la primera parte se refiere a Damasco y con ello paralelamente con Israel, que será el tema de las estrofas siguientes. El oráculo puede datarse en torno al año 735, en que Damasco e Israel eran aliados contra Judá, ver 7 1+. Damasco será tomada por Teglatfalasar el 732, y Samaría por Sargón el 721.

² Abandonadas sus ciudades* para siempre,
serán para los ganados;
se acostarán allí
y no habrá quien los espante.
³ Dejará de existir el baluarte de Efraín
y el reinado de Damasco,

4 3+   y el resto de Aram vendrá a ser
como la gloria de los israelitas
—oráculo de Yahvé Sebaot—.

⁴ Aquel día será debilitada la gloria de Jacob,
y su gordura enflaquecerá.
⁵ Será como cuando apuña un segador* la mies,
y su brazo las espigas siega;

Jos 15 8;   será como espigador en el Valle de Refaín
18 16   faín
⁶ —que quedan en él rebuscos—;
como en el vareo del olivo:
dos, tres bayas en la punta de la guía;
cuatro, cinco en sus ramas fructíferas
—oráculo de Yahvé, el Dios de Israel—.

⁷ Aquel día se dirigirá el hombre a su Hacedor,
y sus ojos hacia el Santo de Israel mirarán. ⁸ No se fijará en los altares,
obras de sus manos, ni lo que hicieron sus dedos mirará: los cipos y las estelas

Ex 34 13+   solares*.

⁹ Aquel día estarán tus ciudades abandonadas,
como cuando el abandono de los bosques y matorrales,
ante los hijos de Israel*:
habrá desolación.

44 8   ¹⁰ Porque olvidaste a tu Dios salvador,
Dt 32 4   y de tu Roca defensiva no te acordaste;
por eso plantabas plantíos deleitosos*,
y de mugrón extranjero los sembraste.
¹¹ Hoy tu plantío veías crecer,
y a la mañana tu sembrado florecer.
Pero, ¡adiós cosecha en un mal día,
pérdida irreparable!

¹² ¡Qué bramar de gentío!,

como el bramido del mar braman*.
¡Qué retumbar de masas!,
como retumbo de riada retumban.
¹³ (Masas que retumban,
como retumbo de crecida retumban*).

Pero él las increpa,
y de lejos huyen,
y son perseguidas como el tamo de los montes por el viento,
y como torbellino por el huracán.

¹⁴ A la hora del atardecer se presenta el miedo,
antes de la mañana ya no existen.
Ésa sea la parte de nuestros despojadores,
la suerte de nuestros saqueadores.

Oráculo contra Cus*.

18 ¹ ¡Ay, tierra de susurro de alas,
la de allende los ríos de Cus,
² la que envía por mar embajadores,
y en barcos de juncos sobre la haz de las aguas!

Id, mensajeros ligeros*,
a la nación esbelta y de brillante piel,
al pueblo temible desde siempre,
nación vigorosa y dominadora,
cuya tierra surcan ríos.

³ Todos los moradores del orbe
y habitantes de la tierra,
al izarse pendón en los montes, mirad,
al tañerse el cuerno, escuchad;   Jl 2 1+

⁴ que así me ha dicho Yahvé*:
Estaré quedo y observaré desde mi puesto,
como calor ardiente al brillar la luz,
como nube de rocío en el calor de la siega.
⁵ Pues antes de la siega, al acabar la floración,
cuando su fruto en cierne comience a madurar,
cortará los sarmientos con la podadera   Jn 15 2

---

17 2 Seguimos el griego. En vez de «Abandonadas sus ciudades para siempre», hebr. dice «Abandonadas (serán) las ciudades de Aroer»; pero sólo dos Aroer se conocen: uno en Moab, en el Arnón; el otro en territorio de Gad, y por tanto, muy lejos de Damasco.
17 5 «un segador» conj.; «la cosecha» hebr.
17 8 Los vv. 7-8, que anuncian una conversión, parecen ser una adición a este oráculo de desgracia.
17 9 *En vez de bosques y matorrales*, el griego habla de amorreos y jivitas, vencidos por los israelitas en la conquista de Canaán. Es posible que sea éste el texto primitivo. En todo caso, se establece un paralelo entre la invasión actual y la gloriosa conquista del país bajo Josué.
17 10 Alusión a los «jardines de Adonis», plantaciones de breve duración, a las que hacían desarrollarse en ho-

nor del dios de la vegetación, Adonis-Tamuz, ver Ez 8 14.
17 12 Los vv. 12-14 parecen referirse a la invasión de Senaquerib y a la liberación de Jerusalén en 701, comparar 29 5-7 y 37 36.
17 13 El comienzo de este v. es probable ditografía del final del v. anterior.
18 Cus, antiguo nombre de Etiopía, designa aquí a Egipto, que en tiempo de Isaías se hallaba bajo el gobierno de una dinastía etiópica.
18 2 Los mensajeros del faraón, a quienes el profeta invita a que vuelvan a su país y dejen de intrigar en favor de una coalición contra Asiria.
18 4 El profeta anuncia que una invasión va a asolar a Egipto. De hecho, éste será invadido, saqueado y sometido bajo Asaradón y Asurbanipal, en la primera mitad del siglo VII.

y los pámpanos viciosos arrancará y podará.

⁶ Serán dejados juntamente
a merced de las aves rapaces de los montes
y de las bestias de la tierra;
pasarán allí el verano las rapaces
y toda bestia terrestre allí invernará.

56 6-7
So 3 10
Hch 8 27s

⁷ En aquel tiempo se presentará un obsequio a Yahvé Sebaot, al lugar del nombre de Yahvé Sebaot, el monte Sión, de parte de un pueblo esbelto y de brillante piel, y de parte de un pueblo temible desde siempre, nación vigorosa y dominadora, cuya tierra surcan ríos*.

Jr 46
Ez 29-32

Sal 68 5+

Contra Egipto.

19 ¹ Oráculo contra Egipto*.
Allá va Yahvé cabalgando sobre nube ligera
y entra en Egipto;
se tambalean los ídolos de Egipto ante él,
y el corazón de Egipto se derrite en su interior.

² Revolveré a egipcios contra egipcios,
peleará cada cual con su hermano,
y cada uno con su compañero,
ciudad contra ciudad,
reino contra reino.

³ Se trastornará el espíritu de Egipto en su interior,
y sus planes anularé.
Consultarán a los ídolos, a los brujos,
a los nigromantes y los adivinos.

⁴ Entregaré a Egipto
en manos de un señor duro,
y un rey cruel los dominará
—oráculo del Señor Yahvé Sebaot—.

⁵ *Se desecarán las aguas del mar,
y el Río se secará y quedará seco;
hederán los ríos,
⁶ menguarán y se secarán
los canales de Egipto.

La caña y el junco se marchitarán.
⁷ Los prados junto al canal,
junto al borde del canal,

y todo sembrado del canal
se secarán,
serán aventados y desaparecerán.
⁸ Gemirán los pescadores, y se lamentarán
todos los que echan en el canal anzuelo;
y los que extienden red
sobre las aguas, languidecerán.
⁹ Estarán confusos los que trabajan el lino,
cardadoras y tejedores palidecerán.
¹⁰ Estarán sus tejedores abatidos,
todos los jornaleros desanimados.
¹¹ En verdad, están locos los príncipes de Soán*,
los sabios consejeros del faraón
forman un estúpido consejo.
¿Cómo decís al faraón:
«Hijo de sabios soy,
hijo de reyes antiguos»?
¹² Pues entonces, ¿dónde están tus sabios?
Que te manifiesten, pues, y te hagan conocer
lo que ha planeado Yahvé Sebaot
tocante a Egipto.
¹³ Han enloquecido los príncipes de Soán,
han sido engañados los príncipes de Nof*;
los jefes de sus tribus
extravían a Egipto.
¹⁴ Yahvé ha infundido en ellos
espíritu de vértigo,
que hace dar tumbos a Egipto en todas sus empresas,
como se tambalea el ebrio en su vomitona.
¹⁵ Y no le sale bien a Egipto
empresa alguna que haga
la cabeza o la cola, la palmera o el junco.

29 10
1 R 22 19-23
1 S 16 14+

9 13

Conversión de Egipto*.

¹⁶ Aquel día será Egipto como las mujeres. Temblará y se espantará cada vez que Yahvé Sebaot menee su mano contra él. ¹⁷ El territorio de Judá será la

Na 3 13
Jr 51 30

---

18 7 Conclusión en prosa que anuncia la conversión de Etiopía, la cual, sorprendida por estos acontecimientos, envía sus presentes al templo de Jerusalén.
19 1 Isaías es opuesto a toda alianza con Egipto, ver 30 1s; 31 1s; lo describe aquí como desgarrado por la anarquía que puede llevar a una dictadura o a una dominación extranjera (v. 4). Por tanto, nada se puede esperar de él.
19 5 En los vv. 5-10, el profeta anuncia una nueva «plaga de Egipto»: la desecación del Nilo que produce la riqueza del país.

19 11 Es decir, Tanis, ciudad del Delta.
19 13 Menfis, próximo a El Cairo, capital del Bajo Egipto.
19 16 Este trozo en prosa es tardío; supone un establecimiento de los judíos en Egipto, vv. 18-19, ver Jr 44 1. Anuncia una conversión de Egipto y su reconciliación con Asiria e Israel; los tres pueblos serán bendecidos por Yahvé, y Egipto y Asiria tendrán los mismos privilegios que Israel. Tan amplio universalismo no aparece antes del segundo Isaías.

afrenta de Egipto: cada vez que se lo mienten, se espantará ante los planes que Yahvé Sebaot está trazando contra él. ¹⁸ Aquel día habrá cinco ciudades en tierra de Egipto que hablarán la lengua de Canaán y que jurarán por Yahvé Sebaot: Ir Haheres se llamará una de ellas. ¹⁹ Aquel día habrá un altar de Yahvé en medio del país de Egipto y una estela de Yahvé junto a su frontera. ²⁰ Estará como señal y testimonio de Yahvé Sebaot en el país de Egipto. Cuando clamen a Yahvé a causa de los opresores, les enviará un libertador que los defenderá y librará. ²¹ Será conocido Yahvé de Egipto, y conocerá Egipto a Yahvé aquel día, le servirán con sacrificio y ofrenda, harán votos a Yahvé y los cumplirán. ²² Yahvé herirá a Egipto, pero al punto le curará. Se convertirán a Yahvé, y él será propicio y los curará. ²³ Aquel día habrá una calzada desde Egipto a Asiria. Vendrá Asiria a Egipto y Egipto a Asiria, y Egipto servirá a Asiria.

²⁴ Aquel día será Israel tercero con Egipto y Asiria, objeto de bendición en medio de la tierra, ²⁵ pues le bendecirá Yahvé Sebaot diciendo: «Bendito sea mi pueblo Egipto, la obra de mis manos Asiria, y mi heredad Israel.»

Anuncio de la conquista de Asdod*.

2 R 18 17

20 ¹ El año en que vino el copero mayor a Asdod —cuando le envió Sargón, rey de Asiria, y atacó a Asdod y la tomó—, ² en aquella sazón habló Yahvé por medio de Isaías, hijo de Amós, en estos términos: «Ve y desata el sayal de tu cintura, y quítate las sandalias de los pies.» Él lo hizo así, y anduvo desnudo y descalzo*. ³ Dijo Yahvé: «Así como ha andado mi siervo desnudo y descalzo tres años como señal y presagio respecto a Egipto y Cus, ⁴ así conducirá el rey de Asiria a los cautivos de Egipto y a los deportados de Cus, mozos y viejos, desnu-

2 S 10 4

dos, descalzos y nalgas al aire —desnudez de Egipto—. ⁵ Se quedarán asustados y confusos por Cus, su esperanza, y por Egipto, su prez. ⁶ Y dirán los habitantes de esta costa* aquel día: 'Ahí tenéis en qué ha parado la esperanza nuestra, adonde acudíamos en busca de auxilio para librarnos del rey de Asiria. Pues ¿cómo nos escaparemos nosotros?'»

30 3-7

Caída de Babilonia*.

13-14
47 1-15
Jr 50-51
Ap 17-18

21 ¹ Oráculo sobre el Desierto Marítimo*.
Como torbellinos
pasando por el Negueb,
vienen del desierto,
del país temible.
² Una visión dura me ha sido mostrada:
El saqueador saquea
y el devastador devasta.
Sube, Elam;
asedia, Media*.
He hecho cesar
todo suspiro.

Ap 17 3

³ Por eso mis riñones
se han llenado de espanto.
En mí hacen presa dolores,
como dolores de parturienta.
Estoy pasmado sin poder oír,
me estremezco sin ver.

⁴ He perdido el sentido,
escalofríos me sobrecogen.
El crepúsculo de mis anhelos
se me convierte en sobresalto.

⁵ Se prepara la mesa,
se despliega el mantel,
se come y se bebe*.
—¡Levantaos, jefes,
engrasad el escudo!

Dn 5

⁶ Pues así me ha dicho el Señor:
«Anda, pon un vigía
que vea y avise.
⁷ Cuando vea carros,

---

20 Asdod, ciudad filistea, fue tomada por Sargón II el 711. La ciudad se había rebelado a instigación de Egipto y este acontecimiento pudo dar ocasión a Isaías para anunciar una victoria asiria sobre Egipto. Este pasaje es una tradición sobre Isaías, como los caps. 36-39, pero no se encuentra en el libro de los Reyes.
20 2 Es la única profecía con acción simbólica atribuida a Isaías: por el contrario, Jeremías y Ezequiel emplean con frecuencia esta forma de predicación. Sobre el sayal, vestido de penitencia, ver 3 24+.
20 6 Los filisteos son los israelitas, siempre inclinados a apoyarse en Egipto y a organizar con ella coaliciones contra Asiria.
21 Como los oráculos de los caps. 13-14, éste anuncia la ruina de Babilonia, v. 9, por los persas y los me-

dos de Ciro el 539, ver v. 2. Es también posible que utilice, modificándolo, un poema más antiguo dirigido contra Asiria. Y en este caso, podría tratarse de la caída de Nínive el 612, ante el ataque combinado de medos y babilonios; el poema no sería, por tanto, de Isaías, ni siquiera en su forma primitiva.
21 1 La expresión quizá sea traducción del asirio māt tāmti, «país Marítimo», que designa el sur de Babilonia.
21 2 Elam es el país situado al este de Mesopotamia, de donde irrumpieron los medos y los persas, que derribaron en el siglo VI el Imperio babilónico.
21 5 Según una tradición referida por Daniel (cap. 5) y por Herodoto, Babilonia cayó en manos de los persas en una noche de orgía.

troncos de caballos,
jinetes en burro,
jinetes en camello*,
preste atención,
mucha atención.»

⁸ Y exclamó el vigía*:
«Sobre la atalaya, mi señor,
estoy firme a lo largo del día,
y en mi puesto de guardia
estoy firme noches enteras.

⁹ Pues bien: por ahí vienen jinetes,
troncos de caballos.»
Replicó y dijo:
«¡Cayó, cayó Babilonia,
y todas las estatuas de sus dioses
se han estrellado contra el suelo!»

¹⁰ Trilla mía
y parva de mi era*:
lo que he oído
de parte de Yahvé Sebaot,
Dios de Israel,
os lo he anunciado.

Sobre Edom*.

¹¹ Oráculo sobre Dumá.

Alguien me grita desde Seír:
«Centinela, ¿qué hay de la noche?;
centinela, ¿qué hay de la noche?»

¹² Dice el centinela:
«Se hizo de mañana y también de noche.
Si queréis preguntar,
volveos, venid.»

Contra los árabes.

¹³ Oráculo en la estepa*.

En el bosque, en la estepa, haced noche,
caravanas de dedanitas.
¹⁴ Al encuentro del sediento
llevad agua,
habitantes del país de Temá;
salid con pan
al encuentro del fugitivo.

¹⁵ Pues de las espadas huyen,
de la espada desnuda,
del arco tendido,
de la pesadumbre de la guerra.

¹⁶ Pues así me ha dicho el Señor: «Al
cabo de un año como año de jornalero se
habrá consumido toda la gloria de Quedar. ¹⁷ Del resto de los arqueros, de los
paladines, de los bravos de los hijos de
Quedar, quedarán pocos, porque Yahvé,
Dios de Israel, lo ha dicho.»

Contra el entusiasmo de Jerusalén*.

22 ¹ Oráculo contra el valle de la Visión*.

¿Qué tienes ahora, que has subido
en pleno a las azoteas,
² de rumores henchida,
ciudad alborotada, villa bullanguera?
Tus caídos no son caídos a espada
ni muertos en guerra.

³ Todos tus jefes huyeron a una:
del arco escapaban.
Todos tus valientes fueron apresados a una:
lejos huían.

⁴ Por eso he dicho: «¡Apartaos de mí!
Voy a llorar amargamente.
No os empeñéis en consolarme
por la devastación de la hija de mi pueblo.»

⁵ Porque es día de perturbación, de extravío y de aplastamiento
para el Señor Yahvé Sebaot.
En el valle de la Visión se zapa un muro
y el grito de socorro llega a la montaña.

Referencias marginales

Ap 14 8;
18 2

Jr 49 8
Gn 10 7;
25 3

16 14

Jr 49 28s

Jr 31 15

---

21 7 No el ejército de los invasores, sino los veloces mensajeros y luego las caravanas que vienen a anunciar la noticia, ver v. 9.
21 8 «el vigía», lit. «el que mira», *haro'eh* 1QIsᵃ; «el león» *'aryeh* TM.
21 10 Lit. «Aplastado mío, hijo de mi era». Son palabras que designan a los israelitas desterrados en Babilonia y cuya liberación está próxima.
21 11 No es seguro que este breve oráculo sobre Seír = Edom sea de Isaías. —No se ha dado ninguna respuesta clara a la cuestión planteada; el fin puede ser una llamada a la conversión. La mención de Dumá presenta una dificultad: es un oasis del norte de Arabia, fuera de Edom; el nombre reaparece entre los nombres de los hijos de Ismael, Gn 25 14. Pero también significa «silencio» y puede ser una alusión a la oscuridad de este oráculo, ver los títulos de los oráculos del mismo cap. vv. 1 y 13.
21 13 El título «en la estepa» dado a este oráculo, simplemente está tomado de su primer versículo. Se trata

de tribus árabes víctimas de una invasión que sólo puede venir del Norte. Se invita a los habitantes de Temá (la actual Teimá), Gn 25 15; Jr 25 23 a que acojan a los fugitivos de Dedán (el actual oasis de El Ela), Gn 10 17; Jr 49 8; Ez 25 13; 27 20. Quedar es un nombre más vago de las mismas regiones, Gn 25 15; Jr 49 28; Ez 27 21. El 715, Sargón avanzará hasta el noroeste de Arabia después de su campaña en Transjordania; entonces sí podía sentirse Judá amenazado.
22 Este oráculo se sitúa después de la liberación de Jerusalén el 701, que puso fin a la campaña hasta entonces victoriosa de Senaquerib, ver 2 R 18 13+; 19 9+; Is 36 1s; 37 8s. Isaías, que había anunciado esta liberación, protesta contra el regocijo exagerado que ha suscitado y recuerda que el castigo sigue amenazando.
22 1 El título está tomado del v. 5 comparar 21 1. No se conoce ningún valle de este nombre en torno a Jerusalén. La corr. «valle de Hinón» (la Gehenna), aunque ha sido propuesta, no tiene ningún apoyo en las versiones.

⁶ Elam lleva el carcaj,
Aram monta a caballo,
Quir desnuda el escudo*.
⁷ Tus mejores valles se vieron llenos de
carros,
y los de a caballo formaron frente a la
puerta.
⁸ Entonces cayó la defensa de Judá.

Contemplasteis aquel día
el arsenal de la Casa del Bosque.
⁹ Y las brechas de la ciudad de David
visteis que eran muchas,
y reunisteis
las aguas de la alberca inferior.
¹⁰ Las casas de Jerusalén contasteis,
y demolisteis casas
para fortificar la muralla.
¹¹ Un estanque hicisteis entre ambos
muros
para las aguas de la alberca vieja*;
pero no os fijasteis en su Hacedor,
al que desde antiguo lo ideó de lejos
no le visteis.

¹² Llamaba el Señor Yahvé Sebaot
aquel día
a lloro y a lamento
y a raparse y ceñirse de sayal,
¹³ mas lo que hubo fue jolgorio y alegría,
matanza de bueyes y degüello de ovejas,
comer carne y beber vino:
«¡Comamos y bebamos,
que mañana moriremos!»
¹⁴ Entonces me reveló al oído
Yahvé Sebaot:
«No será expiada esa culpa
hasta que muráis»
—ha dicho el Señor Yahvé Sebaot—.

Contra Sebná*.

¹⁵ Así dice el Señor Yahvé Sebaot:
Preséntate al mayordomo,
a Sebná, encargado del palacio,
¹⁶ el que labra en alto su tumba,

el que se talla en la peña una morada:
«¿Qué es tuyo aquí y a quién tienes
aquí,
que te has labrado aquí una tumba?»
¹⁷ He aquí que Yahvé te hace rebotar,
hombre,
y te vuelve a agarrar.
¹⁸ Te enrolla en ovillo,
como una pelota en tierra de amplios
espacios.
Allí morirás,
y allí irán tus carrozas gloriosas,
vergüenza del palacio de tu señor.
¹⁹ Te empujaré de tu peana
y de tu pedestal te apearé*.
²⁰ Aquel día llamaré a mi siervo Eliaquín,
hijo de Jilquías.
²¹ Le revestiré de tu túnica,
con tu fajín le sujetaré,
tu autoridad pondré en su mano,
y será él un padre
para los habitantes de Jerusalén
y para la casa de Judá.
²² Pondré la llave de la casa de David
sobre su hombro;
abrirá, y nadie cerrará,
cerrará, y nadie abrirá*.
²³ Le hincaré como clavija
en lugar seguro,
y será trono de gloria
para la casa de su padre.

²⁴ Colgarán allí todo lo de valor de la
casa de su padre —sus descendientes y
su posteridad—, todo el ajuar menudo,
todas las tazas y cántaros. ²⁵ Aquel día
—oráculo de Yahvé Sebaot— se removerá la clavija hincada en sitio seguro,
cederá y caerá, y se hará añicos el peso
que sostenía, porque Yahvé ha hablado*.

Contra Tiro.

23 ¹ Oráculo sobre Tiro*.
Ululad, naves de Tarsis,

Marginal references:
1 R 7 2-5
2 S 5 9+
2 R 20 20+
1 Co 15 32
Sb 2 7-9
Is 5 11
36 3.11.22
2 R 18 18.26.37
36 3.11.22
2 R 18 18.2
37
Ap 3 7
Mt 16 19
Ez 26-28
Am 1 9-1
Za 9 2-4
2 16+
Sal 48 8+

22 6 Quizá se mencione aquí a los elamitas y arameos (? Quir, ver Am 1 5; 9 7) como aliados o mercenarios de Senaquerib.
22 11 Obras de Ezequías en previsión del ataque de
Senaquerib, o entre sus dos campañas si se acepta esta
hipótesis. Sobre la «Casa del Bosque», ver 1 R 7 2+; sobre la reparación de las murallas, ver 2 R 20 20; sobre
la alberca, ver 2 R 20 20; Si 48 17.
22 15 Único oráculo de Isaías referente a una persona
particular. Este Sebná era un advenedizo, quizá un extranjero que había llegado al puesto más elevado, el de
encargado del palacio de Ezequías. Sólo Isaías menciona su destitución y sustitución por Eliaquín, pero el libro de los Reyes da el resultado de esta medida: Eliaquín es el encargado del palacio y Sebná no es más que
secretario, 2 R 18 26.37; 19 2 = Is 36 3.11.22; 37 2. Es

posible que haya sido encontrado su sepulcro en una de
las necrópolis de Jerusalén, en Siloé.
22 19 «te apearé» versiones; «te apeará» hebr.
22 22 Abrir y cerrar las puertas de la «casa del rey» era
una función del visir egipcio, cuyo equivalente en Israel
es el mayordomo del palacio. Esa será la función de Pedro en la Iglesia, reino de Dios, Mt 16 19. Ap 3 7 citará
este texto y lo aplicará al Mesías, como lo hace la liturgia
en la antífona del Magníficat en las vísperas del 20 de
diciembre: «O clavis David et sceptrum domus Israel».
22 25 Esta adición en prosa anuncia la desgracia de
Eliaquín mismo, que arrastró en su caída a toda su familia, beneficiaria de su ascenso.
23 1 (a) Oráculo difícil, que anuncia la ruina inesperada y espectacular de la inexpugnable ciudad de Tiro,
y describe el efecto producido por este acontecimiento.

porque ha sido destruida vuestra fortaleza*.
De vuelta del país de Quitín*
les ha sido descubierto.
² Quedad mudos, habitantes de la costa,
mercaderes de Sidón,
cuyos viajantes* atravesaban el mar
³ por las aguas inmensas.
La siembra del canal, la siega del Nilo,
era su riqueza,
y ella era el mercado de las naciones.
⁴ Avergüénzate, Sidón,
porque ha dicho la mar*:
«No tuve dolores ni di a luz,
ni crié mancebos,
ni eduqué doncellas.»

⁵ En cuanto se oiga la nueva en Egipto,
se dolerán de las nuevas de Tiro.
⁶ Pasad a Tarsis, ululad,
habitantes de la costa:
⁷ ¿Es ése vuestro emporio arrogante,
de remota antigüedad,
cuyos pies le llevaron lejos
en sus andanzas?

⁸ ¿Quién ha planeado esto
contra Tiro, la coronada*,
cuyos comerciantes eran príncipes,
cuyos traficantes eran nobles de la tierra?

⁹ Es Yahvé Sebaot quien ha planeado
profanar el orgullo de toda su magnificencia
y envilecer a todos los nobles de la tierra.
¹⁰ Cultiva tu tierra*, hija de Tarsis:
no hay puerto* ya.

/ Ap 18 23

¹¹ Su mano extendió él sobre la mar,
hizo estremecer los reinos
Yahvé mandó respecto a Canaán,
demoler sus castillos,
¹² y dijo: No vuelvas más a rebullir,
doncella oprimida,
hija de Sidón.
Levántate y vete a Quitín,
que tampoco allí tendrás reposo.
¹³ Ahí tienes la tierra de los caldeos; no
eran un pueblo;
Asiria la fundó para las bestias del desierto.
Levantaron torres de asalto,
demolieron sus alcázares,
la convirtieron en ruinas*.
¹⁴ Ululad, naves de Tarsis,
porque ha sido destruida vuestra fortaleza.
¹⁵ Aquel día quedará en olvido Tiro durante setenta años. En los días de otro
rey, al cabo de setenta años, le sucederá
a Tiro como en la canción de la ramera:

Jr 25 11-12

¹⁶ «Toma el arpa, rodea la ciudad,
ramera olvidada;
tócala bien, canta a más y mejor,
para que seas recordada.»

¹⁷ Bien, al cabo de los setenta años visitará Yahvé a Tiro, y ella volverá a su
ganancia y se prostituirá a todos los reinos de la tierra sobre la faz de la tierra.
¹⁸ Será su mercadería y su ganancia consagrada a Yahvé. No será atesorada ni al-
macenada, sino que para los que moren
delante de Yahvé será su mercadería,
para comer a saciedad y para cubrirse
espléndidamente*.

4. APOCALIPSIS*

El juicio de Yahvé.

24 ¹ He aquí que Yahvé estraga la tierra,

la despuebla, trastorna su superficie
y dispersa a los habitantes de ella:
² al pueblo como al sacerdote; al siervo
como al señor;

Tiro, construida sobre una isla a poca distancia de la
orilla, fue atacada y sitiada por numerosos conquista-
dores, Salmanasar, Senaquerib, Nabucodonosor (asedio de 13 años), ver Ez 26-28. Será destruida por Alejandro el 322. Es difícil señalar a qué suceso concreto
se refiere el profeta. —La mención de Sidón, vv. 2.4.12,
no significa necesariamente que los dos oráculos hayan
sido combinados; el nombre de Sidón puede designar a
Fenicia en general, ver 1 R 16 31 y la nota.
23 1 (b) «vuestra fortaleza» corr.; «vuestras casas»
hebr.
23 1 (c) La isla de Chipre, donde los fenicios tenían
colonias. —Sobre Tarsis, ver 1 R 10 22+.
23 2 «cuyos viajantes (o mensajeros)» mal'akayk
1QIsᵃ; «te llenaban» mil'ûk TM.
23 4 Después de «la mar» el hebr. añade una glosa

relativa a Sidón: «fortaleza de la mar».
23 8 «coronada» versiones; «la que distribuye coronas» hebr.
23 10 (a) «Cultiva» griego 1QIsᵃ; «atraviesa» TM. —«hija de Tarsis» tiene difícil explicación: cabía esperar «hija
de Tiro», como paralelo de «hija de Sidón» del v. 12.
23 10 (b) «puerto» corr.; «ceñido» hebr.
23 13 Todo el v. parece corrompido y su traducción es
muy dudosa.
23 18 Estos vv. en prosa (excepto la copla citada en el
v. 16) son una adición tardía, comparable a las de 18 7
y 19 16-25. Tiro recuperará su prosperidad; y el fruto
de su comercio, de las «prostituciones», antes ofrecido
a los falsos dioses, se consagrará en adelante a Yahvé.
24 Los caps. 24-27 apuntan por encima de los
acontecimientos inmediatos a un juicio final de Dios,

a la criada como a su señora; al que
compra como al que vende;
al que presta como al prestatario; al
acreedor como a su deudor.
³ Devastada será la tierra
y del todo saqueada,
porque así ha hablado Yahvé.

Os 4 3+

⁴ En duelo se marchitó la tierra,
se amustia, se marchita el orbe,
el cielo con la tierra* se marchita.
⁵ La tierra ha sido profanada
bajo sus habitantes,
pues traspasaron las leyes, violaron el
precepto,

Gn 9 16

rompieron la alianza eterna*.
⁶ Por eso una maldición ha devorado la
tierra,
y tienen la culpa los que habitan en
ella.
Por eso han sido consumidos los habitantes de la tierra,
y quedan pocos del linaje humano.

La ciudad destruida*.

Jr 7 34;
16 9; 25 10
Ez 26 13
Ap 18 22

⁷ El mosto estaba triste, la viña mustia:
se trocaron en suspiros todas las alegrías del corazón.
⁸ Cesó el alborozo de los tímpanos,
suspendióse el estrépito de los alegres,
cesó el alborozo del arpa.
⁹ No beben vino cantando:
amarga el licor a sus bebedores.
¹⁰ Ha quedado la villa vacía,
ha sido cerrada toda casa,
y no se puede entrar.
¹¹ Se lamentan en las calles por el vino.
Desapareció toda alegría,
emigró el alborozo de la tierra.
¹² Ha quedado en la ciudad soledad,
y de desolación está herida la puerta.
¹³ Porque en medio de la tierra,
en mitad de los pueblos,

17 6

pasa como en el vareo del olivo,
como en los rebuscos
cuando acaba la vendimia.

¹⁴ Ellos levantan su voz y lanzan hurras;
la majestad de Yahvé aclaman desde el
mar.
¹⁵ Por eso, en Oriente glorificad a Yahvé,
en las islas del mar el nombre de Yahvé, Dios de Israel.
¹⁶ Desde el confín de la tierra
cánticos hemos oído:
«¡Gloria al justo!»

Los últimos combates*.

Y digo: «¡Menguado de mí, menguado
de mí! ¡Ay de mí,
y de estos malvados que hacen maldad,
los malvados que han consumido la
maldad!»
¹⁷ ¡Pánico, hoya y trampa contra ti,
morador de la tierra!

Jr 48 43-44

¹⁸ Sucederá que el que escape del pánico,
caerá en la hoya,
y el que suba de la hoya,
será preso en la trampa.
Porque las esclusas de lo alto han sido
abiertas,
y se estremecen los cimientos de la tierra.

2 10+
Gn 7 11
Am 8 9+

¹⁹ Estalla, estalla la tierra,
se hace pedazos la tierra,
sacudida se bambolea la tierra,
²⁰ vacila, vacila la tierra como un beo-
do,
se balancea como una cabaña;
pesa sobre ella su rebeldía,
cae, y no volverá a levantarse.
²¹ Aquel día castigará Yahvé
al ejército de lo alto en lo alto
y a los reyes de la tierra en la tierra;
²² serán amontonados en montón
los prisioneros en el pozo,
serán encerrados en la cárcel
y al cabo de muchos días serán visi-
tados.

del que ofrecen una descripción poética, entrecortada de salmos de petición y de acción de gracias. Anuncian, aun cuando no presentan todavía todos sus caracteres, la literatura apocalíptica que se desarrollará en Dn, Za 9-14 y en el libro apócrifo de Henoc. Es sin duda una de las partes más tardías del libro de Isaías.
24 4 Lit. «la elevación del pueblo de la tierra»; griego: «los grandes de la tierra».
24 5 Parece que aquí no se trata de la alianza con Abrahán o de la alianza mosaica, sino de una alianza universal de Dios con los hombres, tal como fue, según la tradición «sacerdotal» del Génesis, la alianza con Noé, Gn 9 9-17. Rota esta alianza, sobreviene el juicio contra toda la tierra, v. 6.
24 7 La destrucción de la «villa vacía», v. 10, consti-

tuye la ocasión de este apocalipsis. ver **25** 2; **26** 5; **27** 10-11. Se trata ciertamente de una villa pagana opuesta a Jerusalén, **26** 1-6, y cuya destrucción se convierte en símbolo del juicio divino. Se la identifica con Babilonia, destruida por Jerjes I el 485, o con Tiro, destruida por Alejandro el 332, o bien con Samaría, destruida por Hircano el 110 a.C. Sin embargo, la mención explícita en **24** 17-18 de Jr 48 43-44 sobre Moab, así como la alusión a los viñedos, **24** 7-9, que recuerda las viñas de Moab de **16** 7-10, todo ello sugiere que se trata de la ruina de una ciudad moabita, probablemente la capital, en una época que no es posible determinar.
24 16 Se reanuda la descripción del Juicio, interrumpida por el canto sobre la ciudad destruida.

Sal 47 1+
Ex 24 9-11
Ex 24 16+
⁄ Ap 4 4.
10-11

Sal 31 15

4 5-6
Ap 7 15-16

Mt 8 11

Jn 6 51.54

²³ Se afrentará la luna llena, se avergonzará el pleno sol,
cuando reine Yahvé Sebaot
en el monte Sión y en Jerusalén,
y esté la Gloria en presencia de sus ancianos.

Oración de acción de gracias*.

25 ¹ Yahvé, tú eres mi Dios,
yo te ensalzo, alabo tu nombre,
porque has hecho maravillas
y planes muy de antemano,
que no fallan.
² Porque has puesto la ciudad como un
majano,
y la villa fortificada, hecha como una
ruina;
el alcázar de orgullosos no es ya ciudad,
y nunca será reedificado.
³ Por eso te glorificará un pueblo poderoso,
villa de gentes despóticas te temerá.
⁴ Porque fuiste fortaleza para el débil,
fortaleza para el pobre en su aprieto,
parapeto contra el temporal,
sombra contra el calor.
Porque el aliento de los déspotas
es como lluvia de invierno*.
⁵ Como calor en sequedal,
humillarás el estrépito de los poderosos;
como el calor a la sombra de una
nube,
el himno de los déspotas se debilitará.

El festín divino*.

⁶ Hará Yahvé Sebaot
a todos los pueblos en este monte
un convite de manjares frescos, convite de buenos vinos:
manjares de tuétanos, vinos depura-
dos;
⁷ consumirá en este monte
el velo que cubre a todos los pueblos
y la cobertura que cubre a todas las
gentes;

⁸ consumirá a la Muerte definitivamente.
Enjugará el Señor Yahvé
las lágrimas de todos los rostros,
y quitará el oprobio de su pueblo
de sobre toda la tierra,
porque Yahvé ha hablado

Os 13 14
⁄ Ap 21 4
1 Co 15 26
⁄ Ap 7 17

35 10

⁹ Se dirá aquel día: «Ahí tenéis a nuestro Dios:
esperamos que nos salve;
éste es Yahvé en quien esperábamos;
nos regocijamos y nos alegramos
por su victoria.»
¹⁰ Porque la mano de Yahvé
reposará en este monte,
Moab* será aplastado en su sitio
como se aplasta la paja en el muladar.
¹¹ Extenderá en medio de él sus manos
como las extiende el nadador al nadar,
pero Yahvé abajará su altivez
y el esfuerzo de sus manos.
¹² La fortificación inaccesible de tus
murallas
derrocará, abajará,
la hará tocar la tierra, hasta el polvo.

Canto de victoria.

26 ¹ Aquel día se cantará este cantar
en tierra de Judá:
«Ciudad fuerte tenemos*;
para protección se le han puesto
murallas y antemuro.
² Abrid las puertas, y entrará una gente
justa
que guarda fidelidad;
³ de ánimo firme y que conserva la paz,
porque en ti confió.
⁴ Confiad en Yahvé por siempre jamás,
porque en Yahvé tenéis una Roca eterna.
⁵ Porque él derroca a los habitantes de
los altos,
a la villa inaccesible;
la hace caer, la abaja hasta la tierra,
la hace tocar el polvo;
⁶ la pisan pies, pies de pobres,
pisadas de débiles.»

60 18

Sal 118
19-20

Dt 32 4

---

25 Este canto se refiere a los sucesos que se acaban
de referir: destrucción de la villa, v. 2, ver 24 10, conversión de los pueblos lejanos, v. 3. ver 24 15, victoria
sobre los orgullosos, vv. 2.4, ver 24 21.22.
25 4 «de invierno» *qor* conj.; «de una pared» *qîr* hebr.
25 6 Volviendo sobre los conceptos universalistas ya
difundidos entre los profetas anteriores, Is 2 2-3; 56 6-
8; 60 11-14; Za 8 20; 14 16, etc., y ampliándolos, el autor
describe la afluencia de los pueblos a Jerusalén como a
un inmenso banquete. A partir de este texto, la idea de
un banquete mesiánico se hizo corriente en el Judaísmo
y vuelve a encontrarse en el NT: Mt 22 2-10; Lc 14

14.16-24.
25 10 Ver la nota a 24 7. Con todo, ha solido extrañar
la mención de Moab, porque es el único nombre del
poema que incluso ha evitado «Moab» en la cita de Jr
48 43-44 en 24 17-18. Por eso han propuesto corregir
por *'oyeb*, «enemigo», pero esta corrección no tiene ningún apoyo textual.
26 1 Jerusalén, a la que Yahvé ha fortificado y que
sirve de refugio a los justos, es contrapuesta a la «villa
inaccesible», v. 5, la villa destruida de los caps. 24-25,
ver 24 7+.

Salmo*.

⁷ La senda del justo es recta;
tú allanas la senda recta del justo.
⁸ Pues bien, en la senda de tus juicios
te esperamos, Yahvé;
tu nombre y tu recuerdo son el anhelo
del alma.

Sal 42 2

⁹ Con toda mi alma te anhelo en la noche,
y con todo mi espíritu por la mañana
te busco.
Porque cuando tú juzgas a la tierra,
aprenden justicia los habitantes del
orbe.
¹⁰ Aunque se haga gracia al malvado,
no aprende justicia;
en tierra recta se tuerce,
y no teme la majestad de Yahvé.
¹¹ Yahvé, alzada está tu mano,
pero no la ven;
verán tu celo por el pueblo y se avergonzarán,
tu ira ardiente devorará a tus adversarios.

¹² Yahvé, tú nos pondrás a salvo,
que también llevas a cabo todas nuestras obras.
¹³ Yahvé, Dios nuestro,
nos han dominado otros señores fuera
de ti,
pero no recordaremos otro Nombre
sino el tuyo.
¹⁴ Los muertos no vivirán,
las sombras no se levantarán,
pues los has castigado, los has exterminado
y has borrado todo recuerdo de ellos.
¹⁵ Has aumentado la nación, Yahvé, has
aumentado la nación
y te has glorificado,
has ampliado todos los límites del
país.

¹⁶ Yahvé, en el aprieto de tu castigo te
buscamos;
la angustia de la opresión era tu castigo para nosotros*.

13 8+
Os 13 13
Is 37 3

¹⁷ Como cuando la mujer encinta está
próxima al parto sufre,

y se queja en su trance,
así éramos nosotros delante de ti, Yahvé.
¹⁸ Hemos concebido, tenemos dolores
como si diésemos a luz viento;
pero no hemos traído a la tierra salvación,
y no le nacerán habitantes al orbe.

¹⁹ Revivirán tus muertos,
tus cadáveres resurgirán,
despertarán y darán gritos de júbilo
los moradores del polvo;
porque rocío luminoso es tu rocío,
y la tierra echará de su seno las sombras.

Ex 37 1+
Os 13 14

Ef 5 14

El paso del Señor*.

²⁰ Vete, pueblo mío, entra en tus cámaras
y cierra tu puerta tras de ti,
escóndete un instante
hasta que pase la ira.
²¹ Porque he ahí a Yahvé que sale de su
lugar
a castigar la culpa de todos los habitantes de la tierra contra él;
descubre la tierra sus manchas de sangre
y no tapa ya a sus asesinados.

⁄ Mt 6 6

Jb 14 13-1⁵

Mi 1 3

⁄ Ap 3 10;
6 10

27

¹ Aquel día castigará Yahvé
con su espada dura, grande, fuerte,
a Leviatán, serpiente huidiza,
a Leviatán, serpiente tortuosa,
y matará al dragón que hay en el mar*.

Jb 3 8+;
40 25s

La viña de Yahvé*.

5 1-7+

² Aquel día se dirá:
Viña deliciosa*, cantadla.
³ Yo, Yahvé, soy su guardián.
A su tiempo la regaré.
Para que no se la castigue,
de noche y de día la guardaré.

⁴ —Ya no tengo muralla.
¿Quién me ha convertido
en espinos y abrojos*?

---

26 7 El juicio de Yahvé se realiza según la justicia, vv.
7-10, y asegura la liberación y la gloria de su pueblo vv.
11-15; las pruebas actuales preparan el renacimiento,
vv. 16-19. Los dolores de parto se han convertido en la
imagen de las tribulaciones que debían preceder a la venida del Mesías, ver Mt 24 8; Mc 13 8; Jn 16 20-22.
26 16 V. traducido conforme al griego.
26 20 Se invita al pueblo a que se ponga a cubierto
mientras Yahvé lleve a cabo su juicio contra los malvados.
27 1 Sobre Leviatán, ver Jb 3 8+. —Aquí, el texto está

influido por un poema de Rás-Šamrá (s XIV a.C.) en el
que se lee: «Tú aplastarás a Leviatán, serpiente huidiza,
tú destruirás a la serpiente tortuosa, el poderoso de las
siete cabezas».
27 2 (a) Como en 5 1-7, se representa a Israel como
una viña sobre la cual Dios vela con amor si se acude
a él.
27 2 (b) «deliciosa» jemed conj.; «mosto» jemer hebr.
27 4 «muralla» jomah conj.; «cólera» jemah hebr.;
—«quién... abrojos» conj. El TM corta de otra manera
y lit. se podría traducir: «¿quién me dará espinas y abro-

—Yo les haré guerra y los pisotearé,
los quemaré todos a una,
⁵ o que se acojan a mi amparo,
que hagan la paz conmigo,
que conmigo hagan la paz.

Perdón para Jacob y castigo para el opresor*.

⁶ En los días que vienen arraigará Jacob,
echará Israel flores y frutos,
y se llenará la faz de la tierra de sus productos.
⁷ ¿Acaso le ha herido como hirió a quien le hería?,
¿ha sido muerto él como fueron muertos sus matadores?
⁸ Te querellaste con ella y la echaste, la despediste;
la echó con su aliento áspero como viento de Oriente.
⁹ En verdad, con esto sería expiada la culpa de Jacob,
y éste sería todo el fruto capaz de apartar su pecado;
dejar todas las piedras que le sirven de ara de altar
como piedras de cal desmenuzadas.

Cipos y estelas del sol no se erigirán,   17 8
¹⁰ pues la ciudad fortificada ha quedado   Ex 34 13+
solitaria,
mansión dejada y abandonada
como un desierto
donde el novillo pace,
se tumba y ramonea.
¹¹ Cuando se seca su ramaje es quebrado en astillas,
vienen mujeres y le prenden fuego.
Por no ser éste un pueblo inteligente,
por eso no le tiene piedad su Hacedor,
su Plasmador no le otorga gracia.

Retorno de los israelitas=.

¹² Aquel día vareará Yahvé
desde la corriente del Río hasta el torrente de Egipto,
y vosotros seréis reunidos de uno en uno,
hijos de Israel.
¹³ Aquel día se tocará un cuerno* grande,   Jl 2 1+
y vendrán los perdidos por tierra de Asiria
y los dispersos por tierra de Egipto,
y adorarán a Yahvé
en el monte santo de Jerusalén.

5. POEMAS SOBRE ISRAEL Y JUDÁ

Contra Samaría*.

5 11-13+

28 ¹ ¡Ay, corona de arrogancia —borrachos de Efraín—
y capullo marchito —gala de su adorno—
que está en el cabezo del valle fértil,
aficionados al vino!
² He aquí que uno, fuerte y robusto, enviado por el Señor,
como una granizada, como huracán devastador,
como aguacero torrencial de desbordadas aguas,

los echará a tierra con la mano.
³ Con los pies será hollada
la corona de arrogancia, los borrachos de Efraín,
⁴ y el capullo marchito gala de su adorno,
que está en el cabezo del valle fértil;
y serán como la breva que precede al verano,
que, en cuanto la ve uno,
la toma con la mano y se la come.
⁵ Aquel día* será Yahvé Sebaot
corona de gala, diadema de adorno
para el resto de su pueblo,   4 3+

jos en (¿por?) la guerra?»; el texto es muy dudoso. Entendemos este v. como una respuesta de la viña personificada.
27 6   El desorden aparente y el estado corrompido del texto entorpecen la interpretación de este pasaje. Al parecer, los vv. 7-8.10-11 se refieren al castigo de los opresores de Israel, identificados con la «ciudad fortificada» de este apocalipsis, v. 10. Los vv. 6 y 9, que son una promesa a Israel cuya falta está expiada, podrían preparar el oráculo de 12-13.
27 12 Este «oráculo», puesto aquí como conclusión, anuncia la vuelta a Jerusalén de todos los israelitas dispersos.
27 13 El cuerno (*šofar*), que tiene varios usos, ver Jl 2 1+, toca aquí a reunión para el último juicio. Era con-

veniente que este apocalipsis concluyera con un toque de la trompeta del juicio, ver Mt 24 31; 1 Co 15 52; 1 Ts 4 16.
28   Oráculo pronunciado algo antes de la caída de Samaría (721). A la ciudad de Samaría, edificada sobre una colina, se la compara con una corona de flores con que se adornaba la cabeza de los invitados en los banquetes antiguos. Otros profetas, Os 7 5-7; Am 3 9.15, etc. han aludido a la riqueza y corrupción de Samaría.
28 5   Los vv. 5-6 contraponen a la corona ajada de Samaría, la corona de gloria que el mismo Yahvé será para el resto de su pueblo. Esta mención del «resto» sugiere que este pasaje es posterior, ver 4 3+; la semejanza de las imágenes pudo relacionarlo con el oráculo precedente.

11 2-4+
⁶ espíritu de juicio
para el que se siente en el tribunal,
y energía
para los que rechazan hacia la puerta
a los atacantes.

Contra los falsos profetas*.

5 11-13+
⁷ También ésos por el vino desatinan
y por el licor divagan;
sacerdotes y profetas
desatinan por el licor,
se ahogan en vino,
divagan por causa del licor,
desatinan en sus visiones,
titubean en sus decisiones.
⁸ Porque todas las mesas están cubiertas de vómito asqueroso,
sin respetar sitio.

⁹ «¿A quién se instruirá en el conocimiento?,
¿a quién se le hará entender lo que
oye?
A los recién destetados,
a los retirados de los pechos.
¹⁰ Porque dice:
*Sau la sau, sau la sau,
cau la cau, cau la cau,
zeer šam, zeer šam*.»

Jr 5 15
↗ 1 Co 14 21
¹¹ Sí, con palabras extrañas
y con lengua extranjera
hablará a este pueblo
¹² él, que les había dicho: «¡Ahora, descanso!
Dejad reposar al fatigado.
¡Ahora, calma!»
Pero ellos no han querido escuchar.
¹³ Ahora Yahvé les dice:
«*Sau la sau, sau la sau,
cau la cau, cau la cau,
zeer šam, zeer šam*»,
de suerte que vayan y caigan hacia
atrás y se fracturen,
caigan en la trampa y sean presos.

Contra los malos consejeros.

¹⁴ Por tanto oíd la palabra de Yahvé,
hombres burlones,

señores de este pueblo
de Jerusalén.
¹⁵ Porque habéis dicho: «Hemos celebrado alianza con la muerte,
y con el Seol hemos hecho pacto,
cuando pasare el azote desbordado,
no nos alcanzará,
porque hemos puesto la mentira por
refugio nuestro
y en el engaño nos hemos escondido*.»
¹⁶ Por eso, así dice el Señor Yahvé*:
«He aquí que yo pongo por fundamento en Sión
una piedra elegida,
angular, preciosa y fundamental:
quien tuviere fe en ella no vacilará.
¹⁷ Pondré la equidad como medida
y la justicia como nivel.»

Barrerá el granizo el refugio de mentira,
y las aguas inundarán el escondite.
¹⁸ Será rota* vuestra alianza con la
muerte
y vuestro pacto con el Seol no se mantendrá.
Cuando pasare el azote desbordado,
os aplastará.
¹⁹ Siempre que pase, os alcanzará.
Porque mañana tras mañana pasará,
de día y de noche,
y habrá estremecimiento
sólo con oírlo.
²⁰ La cama será corta para poder esti-
rarse,
y el cobertor será estrecho para poder
taparse*.

²¹ Porque como en el monte Perasín
surgirá Yahvé,
como en el valle de Gabaón se enfu-
recerá,
para hacer su acción, su extraña acción,
y para trabajar su trabajo, su exótico
trabajo.
²² Ahora no os burléis,

↗ Sb 1 16
Si 14 12
Jr 5 12
Am 9 10

Sal 118
22-23
↗ Mt 21 42;
16 18
Ef 2 20
1 P 2 6

7 9+

1 26+

28 15

---

28 7 Los oráculos de los vv. 7-22 son poco anteriores
a la campaña de Senaquerib el 701, en un momento en
que Ezequías pensaba en formar parte de una coalición
antiasiria. El primero se refiere a comensales de banquetes religiosos en el templo, que, sin entenderlas, consideran las palabras de Isaías como el mascullar de un
niño. *Pero no entenderán* mejor el lenguaje de los soldados asirios que Yahvé va a lanzar contra ellos.
28 10 Lit.: «orden sobre orden... regla sobre regla... ora
por aquí ora por allá». Pero no hay por qué tratar de
traducir estas palabras, que sólo quieren remedar la fonética de un lenguaje bárbaro.
28 15 La alianza contra Asiria, que los dirigentes del
pueblo aconsejaban, es una alianza con la muerte y el

infierno.
28 16 Los vv. 16-17ª forman un breve oráculo que
rompe el desarrollo. El arquitecto divino de la nueva Jerusalén asienta sobre el derecho y la justicia la piedra
fundamental que lleva quizá como nombre «Quien tuviere fe en ella no vacilará», equivalente de los nombres
simbólicos «Ciudad de Justicia, Villa-leal» de **1** 26. En
el NT, la imagen de la piedra fundamental o de la piedra
angular se aplicará a Cristo, Mt **21** 42; Ef 2 20; 1 P 2 4-
8, o a Pedro, Mt **16** 18.
28 18 «rota» *tupar* Targ.; «cubierta» *kuppar* hebr.
28 20 El profeta cita, al parecer, algún proverbio popular.

no sea que se aprieten vuestras ligaduras.
Porque cosa concluida y decidida he
oído
de parte de Yahvé Sebaot,
tocante a toda la tierra.

El ejemplo de la labranza*.

²³ Escuchad y oíd mi voz,
atended y oíd mi dictado:
²⁴ ¿Es que día a día labra el labriego?
Sólo para sembrar abre y rompe el
suelo.
²⁵ Una vez que iguala su superficie,
¿no esparce la neguilla, y el comino a
voleo,
y pone el trigo, la cebada* y la espelta,
cada cosa en su terreno?
²⁶ Quien le dirige al acierto,
quien le amaestra es su Dios.

²⁷ Como tampoco con trillo* se trabaja
la neguilla,
ni se hace rodar carreta sobre el comino,
pues con mayal se varea la neguilla,
y el comino se vapulea.
²⁸ Tríllase el cereal,
pero no hasta triturarlo:
rodando la carreta,
se monda sin triturarlo*.
²⁹ También esto de Yahvé Sebaot procede:
plan admirable que lleva al acierto.

Sobre Jerusalén*.

_{36 1-2;}
_{37 33-37;}
_{33 7}

29
¹ ¡Ay, Ariel, Ariel,
villa donde acampó David!
Añadid año sobre año,
las fiestas completen su ciclo,
² y pondré en angustias a Ariel,
y habrá llanto y gemido.
Ella será para mí un Ariel;
³ acamparé en círculo contra ti,
estrecharé contra ti la estacada,

✓ Lc 19 43

y levantaré contra ti trinchera;
⁴ serás abatida, desde la tierra hablarás,
por el polvo será ahogada tu palabra,
tu voz será como un espectro de la tierra,
y desde el polvo tu palabra será como
un susurro.
⁵ Y será como polvareda fina la turba
de tus soberbios,
y como tamo que pasa la turba de tus
potentados.

Sucederá que, de un momento a otro,
⁶ de parte de Yahvé Sebaot serás visi-
tada
con trueno, estrépito y estruendo,
turbión, ventolera y llama de fuego de-
voradora.
⁷ Será como un sueño, visión nocturna,
la turba de todas las gentes que guerrean contra Ariel,
todas sus milicias y las máquinas de
guerra
que la oprimen.
⁸ Será como cuando el hambriento sueña que está comiendo,
pero despierta y tiene el estómago vacío;
como cuando el sediento sueña que
está bebiendo,
pero se despierta cansado y sediento.
Así será la turba de todas las gentes,
que guerrean contra el monte Sión.

⁹ Idiotizaos y quedad idiotas*,
cegaos y quedad ciegos;
emborrachaos, pero no de vino,
tambaleaos, y no por el licor.
¹⁰ Porque ha vertido sobre vosotros
Yahvé
espíritu de sopor,
ha pegado vuestros ojos (profetas)
y ha cubierto vuestras cabezas (videntes)*.
¹¹ Y será para vosotros toda revelación
como palabras de un libro sellado,

Ex 13 22+;
19 16+

19 14
1 S 16 14+
✓ Rm 11 8

---

28 23 Inciso de carácter sapiencial a modo de parábola (aquí fuera de contexto). Si la agricultura fue enseñada por Dios, no va el propio Dios a ignorar sus
principios al tratar a su pueblo. No se ara por arar, sino
para sembrar; y esto se hace con orden. Distintos artículos (neguilla y comino, condimentos; cereales pani-
ficables, sustancia) reciben distinto tratamiento. Pero lo
más importante: Dios como labrador de su pueblo no
es su molinero. Limpia de paja el grano, no lo tritura.
28 25 Después de «cebada» el hebr. añade una palabra
desconocida, quizá el nombre de otro cereal.
28 27 El trillo provisto de ruedas afiladas o de lascas
de sílex que sirve para trillar el trigo.
28 28 «se monda» corr. según griego (katháiretai), que,
por lo demás, parafrasea en sentido moral: «Pues no estaré enojado con vosotros para siempre, ni mi amargo

reproche os pisoteará... Decidid, elevad súplica vana».
29 Este oráculo puede datar del período inmediatamente anterior al asedio de Jerusalén el 701. El nombre simbólico Ariel, que designa a Jerusalén aquí y en
33 7 (corregido), lo explican de diversas maneras. Las
más de las veces se le relaciona con el nombre de har'el
o 'ari'el, dado por Ezequiel a la parte superior del altar,
el fóculo, donde se quemaban las víctimas: esto explicaría el carácter sagrado de la ciudad. Parece que el final del v. 1, Jerusalén, confirma esta interpretación.
29 9 La traducción trata de reproducir la aliteración
del hebr., que por lo demás sacrifica en favor de este
efecto literario el sentido preciso del primer verbo que
es «retrasarse».
29 10 Las palabras entre paréntesis son glosas que
aclaran las expresiones figuradas.

que se lo dan a uno que sabe de letras
diciéndole: «Ea, lee eso»;
y dice el otro: «No puedo, está sellado».
¹² Luego se pasa el libro a un analfabeto
diciéndole: «Por favor, léelo»;
y éste dice: «¡Si no sé leer!*»

Oráculo*.

¹³ Dice el Señor:
Por cuanto ese pueblo se me ha alle-
gado con su boca,
y me ha honrado con sus labios,
mientras que su corazón está lejos de
mí,
y el temor que me tiene
son preceptos enseñados por hombres,
¹⁴ por eso he aquí que yo sigo
haciendo maravillas con ese pueblo,
haciendo portentosas maravillas;
perderé la sabiduría de sus sabios,
y eclipsaré el entendimiento de sus entendidos.

El triunfo de la justicia*.

¹⁵ ¡Ay de los que se esconden de Yahvé
para ocultar sus planes,
y ejecutan sus obras en las tinieblas,
y dicen: «¿Quién nos ve, quién nos conoce?»!
¹⁶ ¡Qué error el vuestro!
¿Es el alfarero como la arcilla,
para que diga la obra a su hacedor:
«No me ha hecho»,
y la vasija diga de su alfarero:
«No entiende el oficio*?»
¹⁷ ¿Acaso no falta sólo un poco
para que el Líbano se convierta en vergel,
y el vergel se considere una selva?
¹⁸ Oirán aquel día los sordos
palabras de un libro,
y desde la tiniebla y desde la oscuridad
los ojos de los ciegos las verán,
¹⁹ los pobres volverán a alegrarse en
Yahvé,

y los hombres más pobres en el Santo
de Israel se regocijarán.
²⁰ Porque se habrán terminado los tiranos,
se habrá acabado el hombre burlador,
y serán exterminados todos los que desean el mal;
²¹ los que declaran culpable a otro con
su palabra
y tienden lazos al que juzga en la puerta,
y desatienden al justo por una nonada.

²² Por tanto, así dice Yahvé,
Dios de la casa de Jacob,
el que rescató a Abrahán:
«No se avergonzará en adelante Jacob,
ni en adelante su rostro palidecerá;
²³ porque en viendo a sus hijos*, las
obras de mis manos,
en medio de él,
santificarán mi Nombre.»
Santificarán al Santo de Jacob,
y al Dios de Israel tendrán miedo.
²⁴ Los descarriados alcanzarán inteligencia,
y los murmuradores aprenderán doctrina.

Contra la embajada a Egipto*.

30¹ ¡Ay de los hijos rebeldes
—oráculo de Yahvé—
para ejecutar planes, que no son míos,
y para hacer libaciones de alianza,
mas no a mi aire,
amontonando pecado sobre pecado!
² Los que bajan a Egipto
sin consultar a mi boca,
para buscar apoyo en la fuerza del faraón
y ampararse a la sombra de Egipto.
³ La fuerza del faraón se os convertirá
en vergüenza,
y el amparo de la sombra de Egipto, en
confusión.
⁴ Cuando estuvieron en Soán sus jefes,
y cuando sus emisarios llegaron a Janés*,
⁵ todos llevaron presentes*

Referencias marginales

1 10-20+
Am 5 21+

Mt 15 8-9

Col 2 22

1 Co 1 19

Jb 22 13
Sal 10 4

45 9;
64 7
Jr 18 1-6
19 1-13
Sb 12 12
Si 33 13
Rm 9
20-21

1 S 2 5s+

6 3+

41 8; 51 2

Jr 2 18

36 5-9

Notas

29 12 Los vv. 11-12 son quizá una adición que quiere
explicitar los vv. 9-10.
29 13 Oráculo de difícil datación. El profeta ataca el
culto hipócrita, como en 1 10-20.
29 15 La clarividencia de Yahvé penetra los malos designios, vv. 15-16. Va a *liberar* a los humildes de sus
enemigos y hacer reinar la justicia, vv. 17-21. Los vv. 22-
24 parecen ser una adición. No entra en el estilo de
Isaías hablar de la «casa de Jacob» o referirse a la historia del pasado, aquí Abrahán.
29 16 El antiguo relato de la creación, Gn 2 7, representaba ya a Yahvé modelando al hombre con tierra a
modo de alfarero. La imagen será frecuentemente uti-

lizada por los profetas después de Isaías, y finalmente
por San Pablo, para subrayar la total dependencia del
hombre y su fragilidad en las manos de Dios.
29 23 «sus hijos» probablemente glosa de las palabras
siguientes.
30   Oráculo pronunciado cuando una embajada enviada por Ezequías partió donde el faraón, hacia el 703-
702, para solicitar la ayuda de Egipto contra los asirios.
30 4 Soán es Tanis, y Janés es Anusis de Herodoto
(Heracleópolis magna de los romanos), dos ciudades
del Delta.
30 5 «llevaron presentes» corr. de un texto dudoso.

a un pueblo que les será inútil,
a un pueblo que no sirve de ayuda —ni
de utilidad—,
sino de vergüenza y de oprobio.

Otro oráculo contra una embajada*.

[6] Oráculo sobre los animales del Negueb.

Dt 8 14-15
Nm 21 4-9
14 29

Por tierra de angustia y aridez,
de leona y de león rugiente*,
de áspid y dragón volador,
llevan a lomos de pollinos su riqueza,
y sobre jiba de camellos sus tesoros
hacia un pueblo que no les será útil,
[7] a Egipto, cuyo apoyo es huero y vano.
Por eso he llamado a ese pueblo
«Ráhab la cesante*.»

Testamento*.

[8] Ahora ven, escríbelo en una tablilla,
grábalo en un libro,
y que dure hasta el último día,
para testimonio* hasta siempre:

1 2-4

[9] Que es un pueblo terco,
criaturas hipócritas,
hijos que no aceptan escuchar
la instrucción de Yahvé,
[10] que han dicho a los videntes:
«No veáis»;
y a los visionarios:

Am 2 12;
7 13
Jr 11 21
R 22 8-27

«No veáis para nosotros visiones verdaderas,
habladnos cosas halagüeñas,
contemplad ilusiones.
[11] Apartaos del camino, desviaos de la
ruta,
dejadnos en paz del Santo de Israel.»

[12] Por tanto, así dice el Santo de Israel:
Por cuanto habéis rechazado vosotros
esta palabra,

y por cuanto habéis fiado en lo torcido
y perverso,
y os habéis apoyado en ello,
[13] por eso será para vosotros
esta culpa como brecha ruinosa
en una alta muralla,
cuya quiebra sobrevendrá de un momento a otro,
[14] y va a ser su quiebra
como la de una vasija de alfarero,
rota sin compasión,
en la que al romperse no se encuentra
una sola tejoleta bastante grande para
tomar fuego del hogar o para extraer
agua del aljibe.

[15] Porque así dice el Señor Yahvé, el
Santo de Israel:
«Por la conversión y calma seréis liberados,
en el sosiego y seguridad estará vuestra fuerza.»
Pero no aceptasteis*,
[16] sino que dijisteis:
«No, huiremos a caballo.»
¡Pues bien, huid!
Y «sobre rápidos carros montaremos.»
¡Pues bien, rápidamente seréis perseguidos!
[17] Mil temblarán* ante la amenaza de
uno solo;
ante la amenaza de cinco huiréis,
hasta que seáis dejados
como mástil en la cúspide del monte
y como gallardete sobre una colina.

6 3+

7 9+

Os 1 7+

Dt 32 30

Dios perdonará*.

[18] Sin embargo aguardará Yahvé para
haceros gracia,
y así se levantará para compadeceros,
porque Dios de equidad es Yahvé:
¡dichosos todos los que en él esperan!
[19] Sí, pueblo de Sión que habitas en Jerusalén,

54 8

Sal 2 12

---

30 6 (a) Probablemente la misma embajada que la tenida en cuenta por el oráculo precedente. El título se
inspira en las primeras palabras del oráculo, como en
21 13, ver la nota. El profeta contrapone las fatigas y
peligros del viaje a lo vano del resultado.
30 6 (b) «rugiente» *nohem* conj.; «de ellos» *mehem*
hebr.
30 7 «cesante» *hammošbat* conj.; *hemšebet* hebr.,
ininteligible. —Ráhab es, como Leviatán, ver 27 1, un
monstruo del caos primitivo, ver 51 9; Jb 2 6; 12 13, ver 9
13; Sal 89 11. Aquí y en Sal 87 4, es una designación de
Egipto. Manteniendo la misma corrección podría también traducirse «Ráhab la domada»: el monstruo ha
quedado inofensivo, comparar Jb 40 25-26 a propósito
de Leviatán, el cocodrilo de Egipto.
30 8 (a) El poema de los vv. 9-17 data de los comienzos del reinado de Ezequías. Está compuesto de tres
oráculos muy distintos, vv. 9-11; 12-14; 15-17, que recapitulan los agravios de Isaías contra sus contempo-

ráneos. Éstos no le han escuchado y el profeta pone por
escrito sus amenazas: el futuro le dará la razón, v. 8.
Esto parece marcar el comienzo de un período de silencio, del que el profeta saldrá antes de la invasión de
Senaquerib. Quizá Is 8 16-18 había marcado otro período de silencio, después de la guerra siro-efrainita.
30 8 (b) «testimonio» versiones.
30 15 Lo que Dios exigía, como ya en tiempos de la
guerra siro-efrainita, ver 7 9, era la confianza en él, ver
28 16, en vez de la búsqueda de una alianza extranjera,
aquí la de Egipto.
30 17 «temblarán» *yejerad* conj.; «uno» *'ejad* hebr.
30 18 Trozo de ritmo dudoso. A la pobreza de forma
corresponde la de contenido: es una compilación de temas que se encuentran en la segunda y tercera parte de
Isaías, ver por ejemplo 44 9; 60 20; 65 10. Esta composición es posterior al Destierro, y el v. 18 sirve de enlace con los oráculos auténticos que preceden.

no llorarás ya más;
de cierto tendrá piedad de ti,
cuando oiga tu clamor;
en cuanto lo oyere, te responderá.
²⁰ Os dará el Señor pan de asedio y agua
racionada,
y después ya no se ocultará el que te
enseña;
con tus ojos verás al que te enseña,
²¹ y con tus oídos oirás detrás de ti estas
palabras:
«Ése es el camino, id por él,
ya sea a la derecha, ya a la izquierda.»
²² Declararás impuro el revestimiento
de tus ídolos de plata
y el ornato de tus imágenes fundidas
en oro.
Los rechazarás como paño inmundo:
«¡Fuera de aquí!», les dirás.
²³ Él dará lluvia a tu sementera con que
hayas sembrado el suelo,
y la tierra te producirá pan que será
pingüe y sustancioso.
Pacerán tus ganados aquel día en pastizal dilatado;
²⁴ los bueyes y asnos que trabajan el
suelo
comerán forraje salado,
cribado con bieldo y con criba.
²⁵ Habrá sobre todo monte alto y sobre
todo cerro elevado

Jl 4 18

manantiales que den aguas perennes,
el día de la gran matanza,
cuando caigan las fortalezas.
²⁶ Será la luz de la luna como la luz del
sol meridiano,
y la luz del sol meridiano será siete veces mayor
—con luz de siete días—,
el día que vende Yahvé la herida de su
pueblo
y cure la contusión de su golpe.

Contra Asiria*.

²⁷ He aquí que el nombre de Yahvé viene de lejos,
ardiente su ira y pesada su opresión.
Sus labios llenos están de furor,
su lengua es como fuego que devora,

²⁸ y su aliento como torrente desbordado,
que cubre hasta el cuello.
Cribará a las naciones con criba nefasta,
pondrá el bocado de sus bridas en la
mandíbula de sus pueblos*.
²⁹ Vosotros cantaréis
como en la noche de santificar fiesta;
se os alegrará el corazón
como el de quien va al son de flauta
a entrar en el monte de Yahvé,
a la Peña de Israel*.
³⁰ Hará oír Yahvé la majestad de su voz,
y mostrará la descarga de su brazo
con ira inflamada y llama de fuego de-
voradora,
turbión, aguacero y granizo.

Sb 5 23
Ex 12 16+
Sal 29 1+

³¹ Pues por la voz de Yahvé será hecha
añicos Asiria:
con un bastón le golpeará.
³² A cada pasada de la vara de castigo
que Yahvé descargue sobre ella,
con adufes y con arpas,
y con guerras de sacudir las manos
guerreará contra ella*.
³³ Porque de antemano está preparado
un Tófet*
—también para el rey—
un foso profundo y ancho;
hay paja y madera en abundancia.
El aliento de Yahvé,
cual torrente de azufre, lo enciende.

Contra la alianza egipcia*.

31 ¹ ¡Ay, los que bajan a Egipto por
ayuda!
En la caballería se apoyan,
y fían en los carros porque abundan
y en los jinetes porque son muchos;
mas no han puesto su mirada en el
Santo de Israel,
ni a Yahvé han buscado.
² Pero también él es sabio,
hará venir el mal,
y no retirará sus palabras;
se levantará contra la casa de los malhechores

30 1-7
Os 1 7
6 3+

---

30 27 Este oráculo fue pronunciado probablemente cuando Senaquerib amenazaba a Jerusalén. El carácter aterrador de la intervención de Yahvé se expresa aquí con vigor inigualado.
30 28 «de sus bridas» corr.
30 29 Tal vez desplazado, este v. puede intercalarse en el 32.
30 32 «castigo» algunos mss; «fundamento» hebr. —El final del v. es difícil. Puede traducirse lit. «y en combates de mano alzada, combatirá contra él». La palabra

traducida por «sacudir las manos» significa en otra par-te el gesto mediante el cual el sacerdote consagra las ofrendas, pero en Is 19 16, es un gesto de amenaza.
30 33 «Tófet», que puede significar «quemadero», es el lugar del valle de Ben Hinón en que se sacrificaba a los niños por el fuego a «Mólec», ver Lv 18 21+, a lo que puede aludir el «rey» (melek) de la línea siguiente, si es que no se trata del rey de Asiria.
31 Oráculo pronunciado probablemente en las mis-mas circunstancias que 30 1-5 y 6-7.

y contra la ayuda de los que obran la iniquidad.

Ez 28 9
³ En cuanto a Egipto, es humano, no divino,
y sus caballos, carne, y no espíritu;
Ex 14 26
Yahvé extenderá su mano,
tropezará el ayudador
y caerá el ayudado,
y todos a una perecerán.

Contra Asiria*.

⁴ Porque así me ha dicho Yahvé:
Como ruge el león y el cachorro
sobre su presa,
y cuando se convoca contra él
a todos los pastores,
de sus voces no se intimida,
ni de su tumulto se apoca:
tal será el descenso de Yahvé Sebaot
para guerrear
sobre el monte Sión y sobre su colina*.
Dt 32 11
Sal 36 8
⁵ Como pájaros que vuelan,
así protegerá Yahvé Sebaot a Jerusalén,
protegerá y librará,
perdonará y salvará.
⁶ Volveos a aquel de quien profundamente os apartasteis,
hijos de Israel.
2 20
⁷ Porque aquel día repudiará cada uno
las divinidades de plata y las divinidades de oro que hicieron vuestras manos pecadoras.
⁸ Caerá Asiria por espada no de hombres,
y por espada no humana serán devorados;
se dará a la fuga ante la espada,
y sus mejores guerreros serán destinados a trabajos.
⁹ Aterrada, abandonará su tropa,
y sus jefes espantados abandonarán su estandarte.
Oráculo de Yahvé, que tiene fuego en Sión,
y horno en Jerusalén.

La justicia del rey futuro*.

11 3-4
Jr 23 5-6
32 ¹ He aquí que para hacer justicia reinará un rey,

y los jefes* juzgarán según derecho.
² Será cada uno como un sitio abrigado contra el viento
y a cubierto del temporal;
como fluir de aguas en sequedal,
como sombra de peñón en tierra agostada.
³ No se cerrarán los ojos de los videntes,
y los oídos de los que escuchan percibirán;
30 10+;
6 10
⁴ el corazón de los alocados se esforzará en aprender,
y la lengua de los tartamudos hablará claro y ligero.
⁵ No se llamará ya noble al necio,
ni al desaprensivo se le llamará magnífico.
5 20

El necio y el noble*.

⁶ Porque el necio dice necedades
y su corazón medita el mal,
haciendo impiedad
y profiriendo contra Yahvé desatinos,
dejando vacío el estómago hambriento
y privando de bebida al sediento.
Sal 14 1
Qo 10 13
⁷ Cuanto al desaprensivo sus tramas son malas,
se dedica a inventar maquinaciones
para sorprender a los pobres con palabras engañosas,
cuando el pobre expone su causa.
Sal 10 2.7-11
⁸ Mientras que el noble medita nobles cosas,
y en las cosas nobles está firme.

Contra las mujeres de Jerusalén*.

⁹ Mujeres indolentes, ¡arriba!,
oíd mi voz;
hijas confiadas,
escuchad mi palabra.
3 16-24
Am 4 1-3
¹⁰ Dentro de un año y algunos días
temblaréis las que confiáis,
pues se habrá acabado la vendimia
para no volver más.

¹¹ Espantaos, indolentes,
temblad, confiadas,
desvestíos, desnudaos,
ceñid vuestra cintura,

---

31 4 (a) Probablemente en el tiempo del ataque de Senaquerib.
31 4 (b) Puede también traducirse «contra el monte Sión y contra su colina», en ese caso se trataría de un oráculo independiente contra Jerusalén. Pero la continuación, ver v. 5, está en favor de la traducción adoptada.
32 Es una descripción del gobierno ideal, expresada en términos mesiánicos, ver 29 18; 35 5, pero menos acusados que en 9 1-6 y 11 1-9.

32 1 «los jefes» conj.; «por jefes» hebr.
32 6 Esta descripción sigue el orden de ciertos pasajes del libro de los Proverbios. Podría proceder de la pluma de un Sabio, y haber sido introducida como comentario del v. 5, donde se mencionan el necio y el noble.
32 9 Advertencia a las mujeres siguiendo el estilo de 3 16-24, pero quizá más tardía. La indicación cronológica del v. 10 recuerda 29 1; quizá haya de entenderse también aquí de forma más amplia.

[12] golpeaos el pecho,
por los campos atrayentes,
por las viñas fructíferas.
[13] Sobre el solar de mi pueblo
zarza y espino crecerá,
y también sobre todas las casas de placer
de la villa alegre,
[14] porque el alcázar habrá sido abandonado,
el genio de la ciudad habrá desaparecido;
Ofel y el Torreón* quedarán en adelante
vacíos por siempre,
para delicia de asnos
y pastizal de rebaños.

11 2-9 **La efusión del Espíritu*.**

Jl 3 1 [15] Al fin será derramado desde arriba
sobre nosotros espíritu.
Se hará la estepa un vergel,
y el vergel será considerado como selva.
[16] Reposará en la estepa la equidad,
y la justicia morará en el vergel;
11 6+ [17] el producto de la justicia será la paz,
el fruto de la equidad, una seguridad perpetua.
[18] Y habitará mi pueblo en albergue de paz,
en moradas seguras
y en posadas tranqüilas.
[19] —La selva será abatida* y la ciudad hundida.
[20] Dichosos vosotros, que sembraréis
cabe todas las corrientes,
y dejaréis sueltos el buey y el asno.

La salvación esperada*.

33 [1] ¡Ay, tú que saqueas, y no has sido saqueado,
que despojas, y no has sido despojado!
En terminando* tú de saquear, serás saqueado;
así que acabes de despojar, serás despojado.
[2] Yahvé, ten piedad de nosotros,
en ti esperamos. Sal 32 10; 33 22
Sé nuestro brazo* por las mañanas
y nuestra salvación en tiempo de apretura. Sal 46 2
[3] Al fragor del estrépito se dispersan los pueblos,
al alzarte tú se desperdigan las gentes, Nm 10 35
[4] se amontona el botín como quien Sal 68 2
amontona saltamontes, Sal 46 7; 48 5-8
se abalanzan sobre él, como se abalanzan las langostas.

[5] Exaltado sea Yahvé, pues reposa en lo alto; Sal 57 6; 97 9
llene a Sión de equidad y de justicia. Sal 83 19
[6] Sean tus días estables;
la riqueza que salva son la sabiduría y la ciencia,
el temor de Yahvé sea tu tesoro.
[7] ¡Mirad! Ariel se lamenta* por las calles, 29 1
los embajadores de paz amargamente lloran.
[8] Han quedado desiertas las calzadas,
ya no hay transeúntes por los caminos.
Han violado la alianza, han recusado
los testimonios*,
no se tiene en cuenta a nadie.
[9] La tierra está en duelo, languidece; Am 1 2
el Líbano está ajado y mustio.
Ha quedado el Sarón como la estepa, 35 2
se van pelando el Basán y el Carmelo.

[10] Ahora me levanto —dice Yahvé— Sal 12 6
ahora me exalto, ahora me elevo.
[11] Concebiréis forraje, pariréis paja,
y mi soplo* como fuego os devorará;
[12] los pueblos serán calcinados,
espinos cercenados que en fuego arderán.
[13] Oíd, los alejados, lo que he hecho;
enteraos, los cercanos, de mi fuerza.
[14] Se espantaron en Sión los pecadores,
sobrecogió el temblor a los impíos:
¿Quién de nosotros podrá habitar con el fuego consumidor?,
¿quién de nosotros podrá habitar con las llamas eternas?

32 14 El Ofel es el emplazamiento de la Jerusalén antigua, al sur del templo, ver 2 Cro **27** 3; Ne **3** 27. El «Torreón»: traducción dudosa de una palabra única; probablemente es el equivalente de la «torre grande» de Ne *3 26-27*.
32 15 Este poema exílico añade a las amenazas del oráculo precedente el anuncio de una venida del Espíritu, ver Jl 3 1-2. Quizá una coincidencia de vocabulario entre los vv. 9-11 y 18 facilitó su inclusión aquí.
32 19 «abatida» *weyarad* conj.; «granizará» *ûbarad* hebr.
33 A pesar de las muchas referencias a temas isaiánicos, el estilo y el vocabulario de todo este cap. no permiten atribuirlo al gran profeta. Los paralelos frecuentes con algunos Salmos permiten ver en él una liturgia profética posterior al Destierro. La ausencia de nombres propios y de alusiones claras impide precisar su fecha.
33 1 «En terminando» 1QIs[a]; TM ininteligible.
33 2 «nuestro brazo» versiones; «su brazo» hebr.
33 7 «Ariel» conj., ver **29** 1: *'er'el.lam* hebr., ininteligible. —La evocación de las desgracias de Jerusalén es un tema habitual de los salmos de súplica.
33 8 «testimonios» 1QIs[a]; «ciudades» TM.
33 11 «mi soplo» Targ.; «vuestro soplo» hebr.

Sal 15

¹⁵ El que anda en justicia
y habla con rectitud;
el que rehúsa ganancias fraudulentas,
el que se sacude la palma de la mano
para no aceptar soborno,
el que se tapa las orejas para no oír hablar de sangre,
y cierra sus ojos para no ver el mal.
¹⁶ Ése morará en las alturas,
subirá a refugiarse en la fortaleza de las peñas,
se le dará su pan y tendrá el agua segura*.

El retorno a Jerusalén.

¹⁷ Tus ojos contemplarán un rey en su belleza,
verán una tierra dilatada.
¹⁸ Tu corazón musitará con sobresalto:
«¿Dónde está el que contaba,
dónde el que pesaba,
dónde el que contaba torres?»
¹⁹ Ya no verás al pueblo audaz,
pueblo de lenguaje oscuro, incomprensible,
al bárbaro cuya lengua no se entiende.
²⁰ Contempla a Sión, villa de nuestras solemnidades:
tus ojos verán a Jerusalén,
albergue fijo,
tienda sin trashumancia,
cuyas clavijas no serán removidas nunca
y cuyas cuerdas no serán rotas.
²¹ Sino que allí Yahvé será magnífico para con nosotros;
como un lugar de ríos y amplios canales,
por donde no ande ninguna embarcación de remos,
ni navío de alto bordo lo atraviese*.
²² (Porque Yahvé es nuestro juez, Yahvé nuestro legislador,
Yahvé nuestro rey: él nos salvará.)
²³ Se han distendido las cuerdas,

/ 1 Co 1 20

28 11

54 2

no sujetan derecho el mástil,
no despliegan estandarte.
Entonces será repartido un botín numeroso:
hasta los cojos tendrán botín,
²⁴ y no dirá ningún habitante: «Estoy enfermo»;
al pueblo que allí mora le será perdonada su culpa.

El juicio contra Edom*.

34 ¹ Acercaos, naciones, a oír,
atended, pueblos;
oiga la tierra y cuanto hay en ella,
el orbe y cuanto en él brota,
² que ira tiene Yahvé contra todas las naciones,
y cólera contra todas sus mesnadas.
Las ha anatematizado,
las ha entregado a la matanza.
³ Sus heridos yacen tirados,
de sus cadáveres sube el hedor,
y sus montes chorrean sangre;
⁴ se esfuma todo el ejército de los cielos.
Se enrollan como un libro los cielos,
y todo su ejército palidece
como palidece el sarmiento de la cepa,
como una hoja mustia de higuera.

⁵ Porque se ha emborrachado en los cielos mi espada;
ya desciende sobre Edom*
y sobre el pueblo de mi anatema para hacer justicia.
⁶ La espada de Yahvé está llena de sangre,
engrasada de sebo,
de sangre de carneros y machos cabríos,
de sebo de riñones de carneros,
porque tiene Yahvé un sacrificio en Bosrá,
y gran matanza en Edom.
⁷ En vez de búfalos caerán pueblos,
y en vez de toros un pueblo de valientes*.

63 1-6
Jr 49 7-22

Dt 32 1

/ Ap 6 14

63 1

33 16 Los vv. 14-16, con su pregunta, a la que responde la enumeración de las virtudes exigidas para acercarse a Dios, tienen forma de liturgia dialogada, comparable a Sal 15 y 24 3-5.
33 21 Algunos entienden que, para Israel, Yahvé será como ríos que, en Egipto y Asiria, garantizan la riqueza y la defensa del país. También puede entenderse que Yahvé dará al país de Israel toda una red fluvial, fuente de bendiciones; pero estas corrientes de agua no llevarán navíos enemigos. —Las imágenes del v. 21 prosiguen en el v. 23; el v. 22 parece una añadidura.
34 Se da a veces a los caps. 34-35 el nombre de Pequeño Apocalipsis; efectivamente contiene una descripción de los últimos y terribles combates que Yahvé sostendrá contra las naciones en general y contra Edom en particular, ver **34**, seguida del anuncio del último juicio

que restablecerá a Jerusalén en toda su gloria. La intención y el estilo de este conjunto, que depende del Segundo Isaías, son comparables a los de los caps. **24-27** (el «Apocalipsis de Isaías») y, como éstos, pertenecen a la última etapa de composición del libro.
34 5 A la caída de Jerusalén el 587, los edomitas se mostraron especialmente hostiles al reino de Judá y se aprovecharon de sus males. Por eso, los profetas y escritores posteriores son generalmente severos contra Edom, ver Sal 137 7; Lm 4 21-22; Ez 25 12; 35 15; Ab 10-16; Is 63 1. Aquí la ruina de Edom sirve de ejemplo en el juicio general de Yahvé contra las naciones. Comparar la «villa vacía» (villa de Moab) en el apocalipsis de los caps. 24-27, ver 24 10+.
34 7 «un pueblo» corr.

Se emborrachará su tierra con sangre,
y su polvo será engrasado de sebo.
⁸ Porque es día de venganza para Yahvé,
año de desquite del defensor* de Sión.

Gn 19 24-28
⸝ Ap 14
10-11

⁹ Se convertirán sus torrentes en pez,
su polvo en azufre,
y se hará su tierra pez ardiente.
¹⁰ Ni de noche ni de día se apagará,
por siempre subirá el humo de ella.
De generación en generación quedará arruinada,
y nunca jamás habrá quien pase por ella.

13 20-22

¹¹ La heredarán el pelícano y el erizo,
el ibis y el cuervo residirán en ella.

2 R 21 13
Lm 2 8

Tenderá Yahvé sobre ella la plomada del caos
y el nivel del vacío.

Ap 18 2

¹² Los sátiros habitarán en ella,
ya no habrá en ella nobles*
que proclamen la realeza,
y todos sus príncipes serán aniquilados.
¹³ En sus alcázares crecerán espinos,
ortigas y cardos en sus fortalezas;
será morada de chacales
y dominio de avestruces.
¹⁴ Los gatos salvajes se juntarán con hienas

13 21
Lv 17 7+

y un sátiro llamará al otro;
también allí reposará Lilit*
y en él encontrará descanso.
¹⁵ Allí anidará la víbora, pondrá,
incubará y hará salir del huevo.

Mt 24 28

También allí se juntarán los buitres.
¹⁶ Buscad el libro de Yahvé* y leed;
no faltará ninguno de ellos,
ninguno de ellos echará en falta a otro.
Pues su misma boca* lo ha ordenado
y su mismo espíritu los junta.
¹⁷ Es él mismo el que los echa a suertes,
con su mano les reparte el país a cordel;
lo poseerán por siempre
y morarán en él de generación en generación*.

El triunfo de Jerusalén*.

35 ¹ Que el desierto y el sequedal se alegren,
regocíjese la estepa y florezca como flor;

41 19

² estalle en flor y se regocije
hasta lanzar gritos de júbilo.
La gloria del Líbano le ha sido dada,
el esplendor del Carmelo y del Sarón.

60 13
33 9
40 5

Se verá la gloria de Yahvé,
el esplendor de nuestro Dios.

³ Fortaleced las manos débiles,
afianzad las rodillas vacilantes.

40 29-31

⁴ Decid a los de corazón intranquilo:
¡Ánimo, no temáis!
Mirad que vuestro Dios
viene vengador;

40 10

es la recompensa de Dios,
él vendrá y os salvará.

⁵ Entonces se despegarán los ojos de los ciegos,
y las orejas de los sordos se abrirán.

⸝ Mt 11 5

⁶ Entonces saltará el cojo como ciervo,
y la lengua del mudo lanzará gritos de júbilo.

Hch 3 8

Pues serán alumbradas en el desierto aguas,

41 18; 43 2
48 21
Jn 4 1+

y torrentes en la estepa,
⁷ se trocará la tierra abrasada en estanque,
y el país árido en manantial de aguas.
En la guarida donde moran los chacales
verdeará la caña y el papiro.
⁸ Habrá allí una senda y un camino,
vía sacra se la llamará;

11 16+

no pasará el impuro por ella,
ni los necios por ella vagarán.
⁹ No habrá león en ella,
ni por ella subirá bestia salvaje,
no se encontrará en ella;
los rescatados la recorrerán.
¹⁰ Los redimidos de Yahvé volverán,

=51 11
Sal 126

entrarán en Sión entre aclamaciones,
y habrá alegría eterna sobre sus cabezas*.
¡Regocijo y alegría les acompañarán!
¡Adiós, penar y suspiros!

---

34 8 «defensor» corr.
34 12 Según el griego.
34 14 «sátiros» o «bucardos», ver 13 21, pero el paralelo hace preferibles aquí a seres mitológicos, ver Lv 17 7+. Lilit es un demonio hembra que merodea por las ruinas.
34 16 (a) Se le ha identificado con el libro auténtico de Isaías, o con una colección de profecías que se le atribuía; se trata, en efecto, de los mismos animales salvajes en 13 20-22. Pero también se le puede identificar con el libro de los decretos de Yahvé referentes a su creación, vv. 16ᵇ-17, ver Sal 139 16.
34 16 (b) «su misma boca» 1QIsª; «mi boca» TM
34 17 De nuevo se trata de las bestias salvajes de los vv. 11s. Se les da en herencia el territorio devastado de Edom, ver v. 11, como se dio a los israelitas la Tierra Prometida.
35 A la sentencia pronunciada contra Edom se contraponen las bendiciones reservadas a Jerusalén. Las relaciones con el Segundo Isaías son aquí especialmente abundantes.
35 10 Se ha de entender que llevan su alegría como equipaje de viajero.

APÉNDICE*

‖2 R 18
13-37
‖Is 37 10s

Invasión de Senaquerib.

36 [1] En el año catorce del rey Ezequías subió Senaquerib, rey de Asiria, contra todas las ciudades fortificadas de Judá y se apoderó de ellas. [2] El rey de Asiria envió desde Laquis a Jerusalén, donde el rey Ezequías, al copero mayor con un fuerte destacamento. Se colocó éste en el canal de la alberca superior, que está junto al camino del campo del Batanero. [3] El mayordomo de palacio, Eliaquín, hijo de Jilquías, el secretario Sebná y el heraldo Joaj, hijo de Asaf, salieron donde él. [4] El copero mayor les dijo: «Decid a Ezequías: Así habla el gran rey, el rey de Asiria: ¿Qué confianza es ésa en la que fías? [5] Te has pensado* que meras palabras de los labios son consejo y bravura para la guerra. Pero ahora, ¿en quién confías, que te has rebelado contra mí? [6] Mira: te has confiado al apoyo de esa caña rota, de Egipto, que penetra y traspasa la mano del que se apoya sobre ella. Pues así es el faraón, rey de Egipto, para todos los que confían en él. [7] Pero vais a decirme: 'Nosotros confiamos en Yahvé nuestro Dios.' ¿No ha sido él, Ezequías, quien ha suprimido los altos y los altares y ha dicho a Judá y a Jerusalén: 'Os postraréis delante de este altar?' [8] Pues apuesta ahora con mi señor, el rey de Asiria: te daré dos mil caballos si eres capaz de encontrarte jinetes para ellos. [9] ¿Cómo harías retroceder a uno solo* de los más pequeños servidores de mi señor? ¡Te fías de Egipto para tener carros y gentes de carro! [10] Y ahora, ¿acaso he subido yo contra esta tierra para destruirla, sin contar con Yahvé? Yahvé me ha dicho: 'Sube contra esta tierra y destrúyela.'»

[11] Dijeron Eliaquín, Sebná y Joaj al copero mayor: «Por favor, háblanos a nosotros tus siervos en arameo, que lo entendemos; no nos hables en lengua de Judá a oídos del pueblo que está sobre la muralla.» [12] El copero mayor dijo: «¿Acaso mi señor me ha enviado a decir estas cosas a tu señor, o a ti, y no a los hombres que se encuentran sobre la muralla, que tienen que comer sus excrementos y beber sus orinas con vosotros?»

[13] Se puso en pie el copero mayor y gritó con gran voz en lengua judía, diciendo: «Escuchad las palabras del gran rey, el rey de Asiria. [14] Así dice el rey: No os engañe Ezequías, porque no podrá libraros. [15] Que Ezequías no os haga confiar en Yahvé diciendo: 'De cierto nos librará Yahvé, y esta ciudad no será entregada en manos del rey de Asiria.' [16] No escuchéis a Ezequías, porque así dice el rey de Asiria: Haced paces conmigo, rendíos a mí, y comerá cada uno de su viña y de su higuera, cada uno beberá uno de su cisterna, [17] hasta que yo llegue y os lleve a una tierra como vuestra tierra, tierra de trigo y de mosto, tierra de pan y de viñas. [18] Que no os engañe Ezequías, diciendo: 'Yahvé nos librará.' ¿Acaso los dioses de las naciones han librado cada uno a su tierra de la mano del rey de Asiria? [19] ¿Dónde están los dioses de Jamat y de Arpad, dónde los dioses de Sefarváin, dónde están los dioses de Samaría*? ¿Acaso han librado a Samaría de mi mano? [20] ¿Quiénes, de entre todos los dioses de los países, los han librado de mi poder, para que libre Yahvé a Jerusalén de mi mano?»

[21] Calló el pueblo y no le respondió una palabra, porque el rey había dado esta orden diciendo: «No le respondáis.» [22] Eliaquín, hijo de Jilquías, mayordomo de palacio, el secretario Sebná y el heraldo Joaj, hijo de Asaf, fueron donde Ezequías, desgarrados los vestidos, y le relataron las palabras del copero mayor.

Recurso al profeta Isaías.

‖2 R 19 1-7

37 [1] Cuando lo oyó el rey Ezequías, desgarró sus vestidos, se cubrió de sayal y se fue al templo de Yahvé. [2] Envió a Eliaquín, mayordomo, a Sebná, secretario, y a los sacerdotes ancianos cubiertos de sayal donde el profeta Isaías, hijo de Amós. [3] Ellos le dijeron: «Así habla Ezequías: Este día es día de angustia, de

7 3
22 20s

30 3

10 9

---

36 Los caps. **36-39** reproducen, con excepción de algunas variantes, 2 R 18 (13) 17 - 20 19 (ver las notas a 2 R). Estos caps. han sido tomados del libro de los Reyes y puestos al final de la primera parte de Isaías para completar la colección de las tradiciones relativas al profeta. En los caps. **36-37**, el redactor ha combinado dos fuentes: 36 1 - 37 9ª.37-38, proceden, como los caps. 38-39, de los círculos proféticos, quizá de una biografía de Isaías; un relato paralelo, 37 9ᵇ-36, insiste en la piedad de Ezequías y en la intervención de Isaías, al que

se atribuyen varios oráculos que, de ser auténticos, al menos han sido retocados por sus discípulos, a quienes parece deberse este relato. Concluye con un rasgo de lo maravilloso, 37 36.
36 5 «Te he pensado» lit. «tú dices», 2 R 18 20; «yo digo» hebr.
36 9 «uno solo» conj.; «un solo gobernador» hebr., glosa o ditografía.
36 19 «dónde están los dioses de Samaría» conj. según 2 R 18 34 griego y Vet. Lat, y ver la continuación.

castigo y de vergüenza. Los hijos están
para salir del seno, pero no hay fuerza
para dar a luz. ⁴ ¿No habrá oído Yahvé
tu Dios las palabras del copero mayor al
que ha enviado el rey de Asiria, su señor,
para insultar al Dios vivo? ¿No castigará
Yahvé tu Dios las palabras que ha oído?
¡Dirige una plegaria en favor del Resto
que aún queda!»

⁵ Cuando llegaron los siervos del rey Ezequías
llegaron donde Isaías, ⁶ éste les dijo: «Así
diréis a vuestro señor: Esto dice Yahvé:
No tengas miedo por las palabras que
has oído, con las que me insultaron los
criados del rey de Asiria. ⁷ Voy a poner
en él un espíritu, oirá una noticia y se
volverá a su tierra, y en su tierra yo lo
haré caer a espada.»

‖2 R 19 8-9 **Partida del copero mayor.**

⁸ El copero mayor se volvió y encontró
al rey de Asiria atacando a Libná, pues
había oído que había partido de Laquis,
⁹ porque había recibido esta noticia acerca
de Tirhacá, rey de Cus: «Ha salido a
guerrear contra ti.»

‖2 R 19 9-19 **Segundo relato de la intervención
de Senaquerib.**

Senaquerib volvió a enviar* mensajeros
para decir a Ezequías: ¹⁰ «Así hablaréis
a Ezequías, rey de Judá: No te engañe
tu Dios en el que confías pensando:
'No será entregada Jerusalén en manos
del rey de Asiria'. ¹¹ Bien has oído lo que
los reyes de Asiria han hecho a todos los
países, entregándolos al anatema, ¡y tú te
vas a librar! ¹² ¿Acaso los dioses de las
naciones salvaron a aquellos que mis padres
aniquilaron, a Gozán, a Jarán, a Résef,
a los edenitas que estaban en Tel Basar*?
¹³ ¿Dónde está el rey de Jamat, el
rey de Arpad, el rey de Laír*, de Sefarváin,
de Hená y de Avá?»

¹⁴ Ezequías tomó la carta de manos de
los mensajeros y la leyó. Luego subió al
templo de Yahvé y Ezequías la desenrolló
ante Yahvé. ¹⁵ Hizo Ezequías esta plegaria
ante Yahvé: ¹⁶ «Yahvé Sebaot, Dios
de Israel, que estás sobre los Querubines,
tú sólo eres Dios en todos los reinos
de la tierra, tú el que has hecho los cielos
y la tierra.

¹⁷ «Tiende, Yahvé, tu oído y escucha;
abre, Yahvé, tus ojos y mira.
Oye las palabras con que Senaquerib
ha enviado a insultar al Dios vivo.
¹⁸ Es verdad, Yahvé, que los reyes de
Asiria han exterminado a todas las naciones
y su territorio, ¹⁹ y han entregado
sus dioses al fuego, porque ellos no son
dioses, sino hechuras de mano de hombre,
de madera y de piedra, y por eso han
sido aniquilados. ²⁰ Ahora, pues, Yahvé,
Dios nuestro, sálvanos de su mano, y sabrán
todos los reinos de la tierra que
sólo tú eres Dios, Yahvé.»

Intervención de Isaías. ‖2 R 19
20-28

²¹ Isaías, hijo de Amós, envió a decir a
Ezequías: «Así dice Yahvé, Dios de Israel,
a quien has suplicado acerca de Senaquerib,
rey de Asiria. ²² Ésta es la palabra
que Yahvé pronuncia contra él:

Ella te desprecia, ella te hace burla,
la virgen hija de Sión.
Mueve la cabeza a tus espaldas
la hija de Jerusalén.
²³ ¿A quién has insultado y blasfemado?
¿Contra quién has alzado tu voz
y levantas tus ojos altaneros?
¡Contra el Santo de Israel!
²⁴ Por tus siervos insultas a Adonay
y dices: 'Con mis muchos carros
subo a las cumbres de los montes,
a las laderas del Líbano,
derribo la altura de sus cedros,
la flor de sus cipreses,
alcanzo el postrer de sus refugios, su
jardín del bosque.
²⁵ Yo he cavado y bebido
en extranjeras aguas*.
Secaré bajo la planta de mis pies
todos los Nilos del Egipto.'
²⁶ ¿Lo oyes bien? Desde antiguo
lo tengo preparado;
desde viejos días lo había planeado,
ahora lo ejecuto.
Tú has convertido en cúmulos de ruinas
las fuertes ciudades.
²⁷ Sus habitantes, de débiles manos,
confusos y aterrados, son planta del
campo,
verdor de hierba,
hierba de tejados, pasto quemado
por el viento de Oriente*.

37 9 «volvió a enviar» 2 R 19 19 y 1QIsᵃ; omitido por TM.
37 12 «Tel Basar» conj.; «Telassar» hebr., también en 2 R.
37 13 O «un rey por ciudad», que sería glosa.

37 25 «extranjeras» 2 R 19 24; omitido por hebr.
37 27 «por el viento de Oriente» 1QIsᵃ; TM lit. «antes del crecimiento» (?) y omite «Si te alzas», al comienzo del v. siguiente.

Sal 139 2

²⁸ Si te alzas o te sientas, si sales o entras,
yo lo sé;
(y que te alzas airado contra mí*).
²⁹ Pues que te alzas airado contra mí
y tu arrogancia ha subido a mis oídos,
voy a poner mi anillo en tus narices,
mi brida en tu boca,
y voy a devolverte por la ruta
por la que has venido.

‖2 R 19
29-31

La señal para Ezequías.

³⁰ La señal será ésta:
Este año se comerá lo que rebrote,
lo que nazca de sí al año siguiente.
Al año tercero sembrad y segad,
plantad las viñas y comed su fruto.

4 3+

³¹ El resto que se salve de la casa de Judá
echará raíces por debajo
y fruto en lo alto.
³² Pues saldrá un Resto de Jerusalén,
y supervivientes del monte Sión;
el celo de Yahvé Sebaot lo hará.

‖2 R 19
32-34

Oráculo sobre Asiria.

³³ Por eso, así dice Yahvé del rey de Asiria:
No entrará en esta ciudad,
no lanzará flechas en ella,
no le opondrá escudo,
ni alzará en contra de ella empalizada.
³⁴ Volverá por la ruta que ha traído.
No entrará en esta ciudad,
oráculo de Yahvé.
³⁵ Yo protegeré a esta ciudad para salvarla,
por quien soy y por mi siervo David.»

‖2 R 19
35-37

Castigo de Senaquerib.

³⁶ Aquella misma noche* salió el Ángel de Yahvé e hirió en el campamento asirio a ciento ochenta y cinco mil hombres; a la hora de despertarse, por la mañana, no había más que cadáveres.
³⁷ Senaquerib, rey de Asiria, partió y, volviéndose, se quedó en Nínive. ³⁸ Y su-

cedió que estando él postrado en el templo de su dios Nisroc, sus hijos Adramélec y Saréser lo mataron a espada y se pusieron a salvo en el país de Ararat. Su hijo Asaradón reinó en su lugar.

Enfermedad y curación de Ezequías.

‖2 R 20
1-11

38 ¹ En aquellos días Ezequías cayó enfermo de muerte. El profeta Isaías, hijo de Amós, vino a decirle: «Así habla Yahvé: Haz testamento*, porque muerto eres y no vivirás.» ² Ezequías volvió su rostro a la pared y oró a Yahvé. ³ Dijo: «¡Ah, Yahvé! Dígnate recordar que yo he andado en tu presencia con fidelidad y corazón perfecto haciendo lo recto a tus ojos.» Y Ezequías lloró con abundantes lágrimas.
⁴ Entonces le fue dirigida a Isaías la palabra de Yahvé, diciendo: ⁵ «Vete y di a Ezequías: Así habla Yahvé, Dios de tu padre David: He oído tu plegaria, he visto tus lágrimas y voy a curarte. Dentro de tres días subirás al templo de Yahvé*. Añadiré quince años a tus días. ⁶ Te libraré a ti y a esta ciudad de la mano del rey de Asiria, y ampararé a esta ciudad.»
²¹ *Isaías dijo: «Traed una masa de higos, aplicadla sobre la úlcera y sanará.» ²² Ezequías dijo: «¿Cuál será la señal de que subiré al templo de Yahvé?» ⁷ Isaías respondió*: «Ésta será para ti, de parte de Yahvé, la señal de que Yahvé hará lo que ha dicho. ⁸ Mira, voy a hacer retroceder la sombra diez gradas de las que ha descendido el sol por las gradas de Ajaz.» Y desanduvo el sol diez gradas por las que había descendido*.

Cántico de Ezequías*.

Sal 116

⁹ Cántico* de Ezequías, rey de Judá, cuando estuvo enfermo y sanó de su mal:

¹⁰ Yo dije: A la mitad de mis días
me voy;
en las puertas del Seol se me asigna un lugar
para el resto de mis años.

---

37 28 El último verso, omitido por griego, es probablemente un duplicado de 29ª.
37 36 «Aquella misma noche» 2 R 19 35; omitido por hebr.
38 1 «Haz testamento», lit. «dispón de tu casa».
38 5 «voy a... Yahvé» 2 R 20 5; omitido por hebr.
38 21 Los vv 21-22 fueron desplazados cuando se incluyó el cántico de Ezequías. El paralelo de los Reyes da un relato más completo y es quizá testimonio de la existencia de dos recensiones.
38 7 «Isaías respondió» 2 R 20 9; omitido por hebr.
38 8 «el sol» versiones, Targ; hebr. lit. «con el sol»,

desplazado detrás de «gradas». —«De Ajaz» TM; «de la cámara alta de Ajaz» 1QIsª. Si la interpretación es correcta, el milagro astronómico habo de ocurrir antes de mediodía, que es cuando el sol (y la sombra) bajan gradas.
38 9 (a) Nada hay en el texto que relacione con Ezequías a este cántico, ausente del relato paralelo de los Reyes. Se trata de un salmo postexílico que expresa la lamentación de un fiel afectado por una grave y repentina enfermedad. El texto se halla en mal estado.
38 9 (b) «cántico» conj.; «carta» hebr.

Sal 27 13

[11] Dije: No veré a Yahvé
en la tierra de los vivos;
no veré ya a ningún hombre
de los que habitan el mundo*.

2 Co 5 1-4
2 P 1 13-14

[12] Mi morada es arrancada, se me arrebata
como tienda de pastor*.

Jb 7 6

Enrollo como tejedor mi vida,
del hilo del tejido me cortaste.

Jb 4 20
Sal 90 5-6

De la noche a la mañana acabas conmigo;
[13] grité* hasta la madrugada;

Jb 10 16

como león tritura todos mis huesos.
De la noche a la mañana acabas conmigo.
[14] Como grulla, como golondrina chirrío,

Sal 69 4
Sal 121 1

zureo como paloma.
Se consumen mis ojos de mirar hacia arriba.
Yahvé, estoy oprimido, sal por mí.
[15] ¿Qué diré? ¿De qué le hablaré*,
cuando él mismo lo ha hecho?
Caminaré todos mis años
en la amargura de mi alma.
[16] El Señor está con ellos, viven,
y todo lo que hay en ellos es vida de su espíritu*.

Sal 103 3-4

Tú me curarás, me darás la vida.
[17] Entonces mi amargura se trocará en bienestar,
pues tú preservaste mi alma
de la fosa de la nada,
porque te echaste a la espalda
todos mis pecados.

Sal 6 6+
Ba 2 17
Si 17 27

[18] Que el Seol no te alaba
ni la Muerte te glorifica,
ni los que bajan al pozo esperan
en tu fidelidad.
[19] El que vive, el que vive, ése te alaba,
como yo ahora.

Dt 4 9

El padre enseña a los hijos
tu fidelidad.
[20] Yahvé, sálvame,
y mis canciones cantaremos
todos los días de nuestra vida
junto a la Casa de Yahvé.

Embajada babilónica.

|| 2 R 20
12-19

39 [1] En aquel tiempo, Merodac Baladán, hijo de Baladán, rey de Babilonia, envió cartas y un presente a Ezequías porque había oído que había estado enfermo y se había curado. [2] Se alegró Ezequías por ello y enseñó a los enviados su cámara del tesoro, la plata, el oro, los aromas, el aceite precioso, su arsenal y todo cuanto había en los tesoros; no hubo nada que Ezequías no les mostrara en su casa y en todo su dominio.

[3] Entonces el profeta fue donde el rey Ezequías y le dijo: «¿Qué han dicho esos hombres y de dónde han venido a ti?» Respondió Ezequías: «Han venido de un país lejano, de Babilonia.» [4] Dijo: «¿Qué han visto en tu casa?» Respondió Ezequías: «Han visto cuanto hay en mi casa; nada hay en los tesoros que no les haya enseñado.»

[5] Dijo a Ezequías: «Escucha la palabra de Yahvé Sebaot: [6] Vendrán días en que todo cuanto hay en tu casa y cuanto reunieron tus padres hasta el día de hoy, será llevado a Babilonia; nada quedará, dice Yahvé. [7] Y se tomará de entre tus hijos, los que han salido de ti, los que has engendrado, para que sean eunucos en el palacio del rey de Babilonia.» [8] Respondió Ezequías a Isaías: «Es buena la palabra de Yahvé que me dices.» Pues pensaba: «¡Con tal que haya paz y seguridad en mis días!»

II.   Libro de la consolación de Israel*

Anuncio de la liberación*.

52 7-12

40 [1] Consolad, consolad a mi pueblo
—dice vuestro Dios—.

[2] Hablad al corazón de Jerusalén
y decidle bien alto
que ya ha cumplido su milicia,
ya ha satisfecho por su culpa,

38 11 «el mundo» *jaled* conj.; *jadel* hebr. ininteligible.
38 12 «de pastor» versiones; «de mi pastor» hebr.
38 13 «grité» *šiwwa'tî* conj.; «apacigüé» *šiwwíti* hebr.
38 15 «De qué le hablaré» Targ.; «De qué me hablará» hebr.
38 16 «en ellos» 1QIs*; «en ellas» TM. —«su espíritu» 1QIs*; «mi espíritu» TM.
40 (a) Este es el título que se da a la segunda parte del libro de Isaías, ver caps. 40-55, inspirándose en los primeros vv. La «consolación» es en efecto el tema principal de estos caps. Se atribuye este libro al «Segundo Isaías», un profeta anónimo del fin del Destierro. Ver la Introducción.
40 (b) Esta cantata a varias voces sirve de obertura al libro: la esclavitud del pueblo ha concluido; se prepara un nuevo Éxodo bajo la guía de Dios. Este tema, que impregna todo el libro, volverá en la conclusión de 55 12-13.

/ Mt 3 3p
Al 3 1.23-24
Si 48 10
/ Lc 1 76
Is 45 2
/ Lc 3 4-6
Ba 5 7

Ex 24 16+
35 2; 58 8;
60 1
1 20; 58 14

St 1 10-11
/ 1 P 1
24-25
Is 51 12
Jb 14 2
Sal 37 2;
90 5+
al 103 15s
Sal 119 89
Mt 24 35
Jn 1 1+

=62 11

Ez 34 1+
t 32 11+
Lc 15 5

pues ha recibido de mano de Yahvé
castigo doble por todos sus pecados*.
³ Una voz* clama: «En el desierto
abrid camino a Yahvé,
trazad en la estepa una calzada recta
a nuestro Dios*.
⁴ Que todo valle sea elevado,
y todo monte y cerro rebajado;
vuélvase lo escabroso llano,
y las breñas planicie.
⁵ Se revelará la gloria de Yahvé,
y toda criatura a una la verá.
Pues la boca de Yahvé ha hablado.»

⁶ Una voz dice: «¡Grita!»
Y digo: «¿Qué he de gritar*?»
—«Toda carne es hierba
y todo su esplendor como flor del campo.
⁷ La flor se marchita, se seca la hierba,
en cuanto le dé el viento de Yahvé
(pues, cierto, hierba es el pueblo).
⁸ La hierba se seca, la flor se marchita,
mas la palabra de nuestro Dios
permanece por siempre.»

⁹ Súbete a un alto monte,
alegre mensajero para Sión;
clama con voz poderosa,
alegre mensajero para Jerusalén,
clama sin miedo.
Di a las ciudades de Judá:
«Ahí está vuestro Dios.»
¹⁰ Ahí viene el Señor Yahvé con poder,
y su brazo lo sojuzga todo.
Ved que su salario le acompaña,
y su paga le precede.
¹¹ Como pastor pastorea su rebaño*:

recoge en brazos los corderitos,
en el seno los lleva,
y trata con cuidado a las paridas.

La grandeza divina*.

¹² ¿Quién midió los mares* con el cuenco de la mano,
y abarcó con su palmo la dimensión de los cielos,
metió en un tercio de medida el polvo de la tierra,
pesó con la romana los montes,
y los cerros con la balanza?
¹³ ¿Quién abarcó el espíritu de Yahvé,
y como consejero suyo le enseñó?
¹⁴ ¿Con quién se aconsejó,
quién le explicó y le enseñó la senda de la justicia,
y le enseñó la ciencia,
y el camino de la inteligencia le mostró?
¹⁵ Las naciones son como gota de un cazo,
como escrúpulo de balanza son estimadas.
Las islas* como una chinita pesan.
¹⁶ El Líbano no basta para la quema,
ni sus animales para holocausto.
¹⁷ Todas las naciones son como nada ante él,
como nada* y vacío son estimadas por él.
¹⁸ Pues ¿con quién asemejaréis a Dios,
qué semejanza le aplicaréis*?

¹⁹ El fundidor funde la estatua,
el orfebre con oro la recubre

Jb 28 23-27;
38 4-5
Pr 30 4
Sb 11 20

/ Rm 11 34
/ 1 Co 2 16
Jb 15 8;
21 22;
36 22-26
38 2-21
Jr 23 18
Pr 8 22-31

Si 10 16-17
Sb 11 22

Dn 4 32
Sal 62 10

46 5
Hch 17 29

41 6-7;
44 9-20
Jr 10 1-16;
51 15-19
Sal 115 3-8
Ba 6
Sb 13 11-19

40 2 Jerusalén ha estado sujeta a la «milicia» de un mercenario o esclavo; ha pagado el doble de su falta, como ladrón, ver Ex 22.
40 3 (a) El profeta deja deliberadamente en el anonimato y el misterio esta voz que obedece la orden del v. 2. Los evangelistas, ver Mt 3 3; Jn 1 23, citando este texto según los LXX («Voz que clama en el desierto»), lo han aplicado a Juan el Bautista, que anunciaba la próxima venida del Mesías.
40 3 (b) Hay textos bibilónicos que hablan en términos análogos de caminos procesionales o triunfales preparados por el dios o por el rey victorioso. Aquí es el camino por el que Yahvé conducirá a su pueblo a través del desierto en un nuevo Éxodo. Ya Is 10 25-27 había evocado los prodigios del Éxodo como prenda de la protección divina. Los profetas del Destierro amplían este tema. Como antaño, Dios va a venir a salvar a su pueblo, Jr 16 14-15; 31 2; Is 46 3-4 y 63 9 (que vuelven sobre Ex 19 4). El primer Éxodo, con sus prodigios, Mi 7 14-15, el paso del mar Rojo, Is 11 15-16+; 43 16-21; 51 10; 63 11-13, el agua milagrosa, 48 21, la nube luminosa, 52 12, ver 4 5-6, la marcha por el desierto, aquí vv. 3s, ver Ba 5 7-9, se convierten a la vez en tipo y prenda del nuevo Éxodo, de Babilonia a Jerusalén. Sobre este tema del Éxodo, ver asimismo Os 2 16+.
40 6 La voz celeste sustituye a las teofanías de las vocaciones proféticas, Is 6 8-13; Jr 1 4-10; Ez 2 1, indicio quizá de un sentimiento más vivo de la trascendencia

divina. Aquí, como en esos otros casos, el profeta pide y consigue precisiones sobre la misión que le es confiada.
40 11 Es el tema del buen pastor, formulado por Jr 23 1-6, desarrollado por Ez 34, y continuado por Jesús, Mt 18 12-14p; Jn 10 11-18.
40 12 (a) La exaltación de la grandeza divina comparada con la debilidad del hombre es un tema frecuente de los escritos de sabiduría: Jb 28; 38-39; Pr 8 22s; Sb 11 4. Pero los libros sapienciales atribuyen más explícitamente a la sabiduría divina toda esta actividad creadora y ordenadora: Jb 28 23-27; Pr 8 22-31; Si 1 2-3.
40 12 (b) «los mares» TM; «el agua del mar» 1QIs³.
40 15 Las «islas», de las que se habla a menudo en el libro de la Consolación, son los archipiélagos y las costas lejanas del Mediterráneo, y en este sentido se establece aquí un parangón entre esta palabra y «las naciones».
40 17 «como nada» 1QIs³; «mer os que nada» (?) TM.
40 18 Este v. expresa que el Dios verdadero es incomparable, ver 25 1; en ello se basa la prohibición de las imágenes desde el Decálogo. Más tarde se incluyeron los vv. 19-20, que prosiguen en 41 6-7 y se refieren a la fabricación de los ídolos (ver la larga adición de 44 9-20). Además, la polémica contra los dioses paganos es un tema frecuente de la segunda parte de Isaías, ver 41 21+; 42 8.17; 45 16.20; 46 5-7; ver también Jr 10 1-16; 51 15-19; Ba 6; Sal 115 3-8; Sb 13 11-19.

y funde cadenas de plata.
²⁰ El que presenta una ofrenda de pobre*
escoge madera incorruptible,
se busca un hábil artista
para erigir una estatua que no vacile.
²¹ ¿No lo sabíais? ¿No lo habíais oído?
¿No os lo mostraron desde antiguo?
¿No se os dio a entender desde fundada la tierra?
²² Él está sentado sobre el orbe terrestre,
cuyos habitantes son como saltamontes;

él expande los cielos como un tul,
y los ha desplegado como una tienda que se habita.
²³ Él aniquila a los tiranos,
y a los árbitros de la tierra los reduce a la nada.

²⁴ Apenas han sido plantados, apenas sembrados,
apenas arraiga en tierra su esqueje,
cuando sopla sobre ellos y se secan,
y una ráfaga como tamo se los lleva.

²⁵ ¿Con quién me asemejaréis
y seré igualado?, dice el Santo*.
²⁶ Alzad a lo alto los ojos y ved:
¿quién ha hecho esto*?
El que hace salir por orden al ejército celeste,
y a cada estrella por su nombre llama.
Gracias a su esfuerzo y al vigor de su energía,
no falta ni una.

²⁷ ¿Por qué dices, Jacob,
y hablas, Israel:
«Oculto está mi camino para Yahvé,
y a Dios se le pasa mi derecho*»?
²⁸ ¿Es que no lo sabías?
¿O es que no lo has oído?
Dios eterno, Yahvé,
creador de la tierra hasta sus bordes,
no se cansa ni se fatiga;
imposible escrutar su inteligencia.

²⁹ Que al cansado da vigor,
y al que no tiene fuerzas la energía le acrecienta.
³⁰ Los jóvenes se cansan, se fatigan,
los valientes tropiezan y vacilan,
³¹ mientras que a los que esperan en Yahvé
él les renovará el vigor,
subirán con alas como de águilas,
correrán sin fatigarse
y andarán sin cansarse.

Ciro instrumento de Yahvé*.

41 ¹ Hacedme silencio, islas,
y renueven su fuerza las naciones.
Alléguense y entonces hablarán,
reunámonos todos a juicio.

² ¿Quién ha suscitado de Oriente
a aquel a quien la justicia sale al paso*?
¿Quién le entrega las naciones,
y a los reyes abaja?
Conviértelos en polvo su espada,
en paja dispersa su arco;
³ les persigue, pasa incólume,
el sendero con sus pies no toca*.
⁴ ¿Quién lo realizó y lo hizo?
El que llama a las generaciones desde el principio:
yo, Yahvé, el primero,
y con los últimos yo mismo*.
⁵ Ved, islas, y temed;
confines de la tierra, y temblad.
Acercaos y venid.

⁶ El uno ayuda al otro
y dice a su colega: «¡Ánimo!»
⁷ Anima el fundidor al orfebre,
el que pule a martillo al que bate en el yunque,
diciendo de la soldadura: «Está bien.»
Y fija el ídolo con clavos
para que no se mueva*.

Marginal references (left column):
Dn 4 32
44 24
Sal 104 2
Sal 2 2-5
Jb 34 18-19
17 13-14
46 5
6 3+
1 S 1 3+
Ba 3 34-35
Sal 147 4
49 14-16
Gn 21 33
Rm 11 34

Marginal references (right column):
Sal 103 5
45 1-8
40 23
44 6+
40 19-20

---

40 20 Trad. dudosa. Entendemos este estico como una contraposición al v. precedente.

40 25 El Segundo Isaías repite este título, ver **41** 14, etc., que Isaías daba preferentemente al Dios de Israel, ver **6** 3+.

40 26 «esto», el sentido se explicita por lo que precede y sigue inmediatamente. Los astros forman «el ejército de los cielos», ver **34** 4; Dt **17** 3; 2 R **17** 16; Jr **8** 2, etc. En Babilonia, donde se escribió este oráculo, se hallaban divinizados.

40 27 Jacob-Israel representa al pueblo elegido, aquí a los desterrados de *Babilonia*, que se preguntan si Yahvé no habrá olvidado a su pueblo, ver ya Ez **37** 11.

41 En respuesta a las dudas del pueblo, ver **40** 27, este gran poema anuncia la venida de un libertador. Se trata de Ciro, al que no se le nombrará antes de **44** 28, pero que para los contemporáneos del Segundo Isaías resultaba claramente designado aquí, ver vv. 2-3 y 25. El poema fue compuesto en el momento en que el avan-

ce fulminante de Ciro hacía previsible la caída de Babilonia. Yahvé es el que le suscita, no para herir, como Senaquerib o Nabucodonosor, sino para libertar. —San Jerónimo, que traduce en el v. 2: «que ha suscitado del Oriente al Justo», aplica este texto al Mesías, de quien Ciro, que será llamado «el ungido de Yahvé», **45** 1, es de algún modo una figura.

41 2 El término hebreo traducido por «justicia» supone un restablecimiento del orden intentado por Yahvé y puede así tomar el sentido de «victoria», ver también v. 10; **54** 17.

41 3 «no toca», lit. «no pisa (*yabûs*) con sus pies», conj.; «no viene (*yabo'*)...» hebr. —La imagen evoca la rapidez del avance de Ciro.

41 4 Esta expresión de la eternidad de Yahvé reaparecerá en Ap **1** 8.17; **21** 6; **22** 13.

41 7 Los vv. 6-7 son una interpolación que depende de **40** 19-20, ver la nota.

43 1-7 **Dios está con Israel.**

Dt 7 6+
2 Cro 20 7
/ St 2 23

⁸ Y tú, Israel, siervo mío*,
Jacob, a quien elegí,
linaje de Abrahán mi amigo;
⁹ que te así desde los cabos de la tierra,
y desde lo más remoto te llamé
y te dije: «Siervo mío eres tú,
te elegí y no te rechacé.»

8 10+ ¹⁰ No temas, que contigo estoy yo;
no receles, que yo soy tu Dios.
Yo te he robustecido y te he ayudado,
y te tengo asido con mi diestra justi-
ciera.

45 24 ¹¹ ¡Oh! Se avergonzarán y confundirán
todos los abrasados en ira contra ti.
Serán como nada y perecerán
los que buscan querella.
¹² Los buscarás y no los hallarás
a los que disputaban contigo.
Serán como nada y nulidad
los que te hacen la guerra.
¹³ Porque yo, Yahvé tu Dios,
te tengo asido por la diestra.
Soy yo quien te digo: «No temas,
yo te ayudo.»
¹⁴ No temas, gusano de Jacob,
gente de Israel:
yo te ayudo —oráculo de Yahvé—,

40 25;
6 3+
28 27

y tu redentor* es el Santo de Israel.
¹⁵ He aquí que te he convertido en trillo
nuevo,
de dientes dobles.
Triturarás los montes y los desmenu-
zarás,
y los cerros convertirás en tamo.

Mt 3 12 ¹⁶ Los beldarás, y el viento se los llevará,
y una ráfaga los dispersará.
Y tú te regocijarás en Yahvé,
en el Santo de Israel te gloriarás.
¹⁷ Los humildes y los pobres buscan
agua,

pero no hay nada.
La lengua se les secó de sed.
Yo, Yahvé, les responderé.
Yo, Dios de Israel, no los desampararé.

35 6-7;
43 20
48 21
Sal 114 8

¹⁸ Abriré sobre los calveros arroyos*
y en medio de las barrancas manantiales.
Convertiré el desierto en lagunas
y la tierra árida en hontanar de aguas.
¹⁹ Pondré en el desierto cedros,
acacias, arrayanes y olivares.
Pondré en la estepa el enebro,
el olmo y el ciprés a una,
²⁰ de modo que todos vean y sepan,
adviertan y consideren
que la mano de Yahvé ha hecho eso,
el Santo de Israel lo ha creado.

Sólo Yahvé es Dios*.

43 8-13;
44 7-11

²¹ «Aducid vuestra defensa —dice Yahvé—,
allegad vuestras pruebas —dice el rey
de Jacob—.
²² Alléguense e indíquennos
lo que va a suceder.
Indicadnos cómo fue lo pasado,
y reflexionaremos;
o bien hacednos oír lo venidero
para que lo conozcamos.
²³ Indicadnos las señales del porvenir,
y sabremos que sois dioses.
En suma, haced algún bien o algún
mal,
para que nos pongamos en guardia y
os temamos.

41 29

²⁴ Mirad, vosotros sois nada,
y vuestra obra, nulidad*;
basura, lo selecto de vosotros.»
²⁵ Le he suscitado del norte, y viene,
del sol naciente le he llamado por su
nombre*.

---

41 8 Aquí aparece por vez primera el tema del «siervo» que tanto se destaca en la predicación del Segundo
Isaías; este tema está ligado al de la elección, ver 43
10.20; 44 1.2; 45 4, y ésta se remonta al llamamiento de
Abrahán. Israel-Jacob, «simiente de Abrahán», ha sido
elegido para ser el testigo de Yahvé, 43 10; aunque ha
sido infiel, 42 19, Dios le perdonará y le salvará, 44 1-
5; 48 20. Esta noción de «siervo» incluye más bien una
relación de confianza y amor, que no de amo a esclavo.
—Sobre los «Cantos del Siervo», ver Introducción.
41 14 En hebr. go'el: es ante todo el pariente próximo,
vengador de sangre, Nm 35 19+, el que rescata al encarcelado por deudas, el que debe defender a la viuda,
Rt 2 20+. La palabra designa por tanto a Dios como
protector del oprimido y libertador del pueblo. En este
sentido, es muy frecuente en los Salmos, ver 19 15+, y
en la segunda parte de Isaías, 14; 44 6.24; 47 4; 48
17; 59 20; ver Jr 50 34. El NT y la teología volverán sobre la idea para aplicarla a Jesús que, también él, es el
«redentor».
41 18 Así como en otro tiempo Moisés hizo brotar

agua de la roca para apagar la sed de su pueblo, Ex 17
1-7, cuando próximamente regresen manarán ríos de
los montes y convertirán el desierto en vega fértil. A través
de las maravillas de la vuelta del Destierro, el profeta percibe algunos rasgos de la era mesiánica, ver 11
6; Ez 47 1-12.
41 21 Así como había entablado juicio con las naciones,
v. 1, Yahvé llama aquí a los falsos dioses para que com-
parezcan ante él. Su incapacidad para predecir el porvenir y actuar sobre el mundo es la prueba de su «nada».
El monoteísmo absoluto, ver 43 8-3; 44 6 8; 45 5, preparado por el monoteísmo práctico que la adoración exclusiva de Yahvé, Dios de Israel, representaba, ver 42 8+,
se expresa explícitamente por vez primera en el Segundo
Isaías. Sobre la polémica contra los ídolos, ver 40 18+.
41 24 «sois nada» conj.; hebr. y griego «¿de dónde?»
—«nulidad» «epes conj.; 'apa' hebr. ininteligible.
41 25 (a) «le he llamado por su nombre», ver 45
3; «él me llama (o proclama) por mi nombre» hebr.
—Esta fórmula significa la designación de alguien para
una misión particular, Ex 31 2. Nm 1 17, a la vez que

Ha hollado* a los sátrapas como lodo,
como el alfarero patea el barro.
²⁶ ¿Quién lo indicó desde el principio,
para que se supiese,
o desde antiguo, para que se dijese:
«Es justo»?
Ni hubo quien lo indicase,
ni hubo quien lo hiciese oír,
ni hubo quien oyese vuestras palabras.
²⁷ Primicias de Sión: «¡Aquí están, aquí
están!»,
envío a Jerusalén la buena nueva*.
²⁸ Miré, y no había nadie;
entre éstos no había consejeros
a quienes yo preguntara y ellos respondieran.

41 24

²⁹ ¡Oh! Todos ellos son nada*;
nulidad sus obras,
viento y vacuidad sus estatuas.

Mt 12
18-21
11 1-10
Jn 1 32-34
Mt 3 16+

Canto primero del Siervo de Yahvé*.

42 ¹ He aquí mi siervo a quien yo sostengo,
mi elegido en quien se complace mi
alma.
He puesto mi espíritu* sobre él:
dictará ley a las naciones.
² No vociferará ni alzará el tono,
y no hará oír en la calle su voz.
³ Caña quebrada no partirá,
y mecha mortecina no apagará.

Jn 8 45;
14 6

Lealmente hará justicia,
⁴ no desmayará ni se quebrará*
hasta implantar en la tierra el derecho,
y su instrucción atenderán las islas.
⁵ Así dice el Dios Yahvé,
el que crea los cielos y los extiende,

el que hace firme la tierra y lo que en
ella brota,
el que da aliento al pueblo que hay en
ella,
y espíritu a los que por ella andan.
⁶ Yo, Yahvé, te he llamado en justicia,
te así de la mano, te formé*,
y te he destinado a ser alianza del pueblo y luz de las gentes,
⁷ para abrir los ojos ciegos,
para sacar del calabozo al preso,
de la cárcel a los que viven en tinieblas.
⁸ Yo, Yahvé*, ése es mi nombre,
mi gloria a otro no cedo,
ni mi prez a los ídolos.
⁹ Las cosas de antes ved que vinieron.
Otras nuevas yo os anuncio;
antes de que broten os las hago oír.

Jn 8 12+
Lc 7 22
Jn 9
Jn 8 32
Sal 107 1
Lc 1 79

48 11

Himno de victoria.

¹⁰ Cantad a Yahvé un cántico nuevo*,
su loor desde los confines de la tierra.
Que le cante el mar y cuanto contiene,
las islas y sus habitantes.
¹¹ Alcen la voz el desierto y sus ciudades,
las explanadas en que habita Quedar.
Aclamen los habitantes de Petra*,
desde la cima de los montes vociferen.
¹² Den gloria a Yahvé,
su loor en las islas publiquen.
¹³ Yahvé como un bravo sale,
su furor despierta como el de un guerrero;
grita y vocifera,
contra sus enemigos se muestra valeroso.

Sal 96 1
Ap 5 9

Jc 5 4
Nm 10
So 1 14

---

expresa una relación privilegiada de Yahvé con aquel a quien él «llama por su nombre», ver 43 1; 45 3-4.
41 25 (b) «ha hollado» *yabûs* conj.; «ha marchado» *yabo'* hebr.
41 27 Texto posiblemente corrompido, traducido lit. Se ve aquí, como en el v. 25, una alusión al anuncio que hace Yahvé de la liberación por Ciro, mientras que los falsos dioses siguen mudos, v. 28.
41 29 «nada» 1QIsᵃ, Targ.; «desgracia» TM.
42 Este es el primero de los cuatro «cantos del Siervo» (42 1-4 (5-9); 49 1-6; 50 4-9 (10-11); 52 13 - 53 12). Algunos ponen fin a este primer canto en el v. 7, otros en el v. 4. En este poema, se presenta al siervo como un profeta, objeto de una misión y de una predestinación divina, v. 6, ver v. 4; Jr 1 5, animado por el Espíritu, v. 1, para enseñar a toda la tierra, vv. 1 y 3, con discreción y firmeza, vv. 2-4, a pesar de las oposiciones. Pero su misión rebasa la de los demás profetas, puesto que él *mismo es alianza y luz*, v. 6, y lleva a cabo una obra de *liberación y de salvación*, v. 7.
42 1 A la elección del Siervo acompaña una efusión del Espíritu, como en el caso de los jefes carismáticos de los tiempos antiguos, los Jueces, ver Jc 3 10+, y los primeros reyes, Saúl, 1 S 9 17, ver 10 9-10, y David, 1 S 16 12-13; comparar Is 11 1-2. —El relato del bautismo de Jesús, ver Mt 3 16-17p, asocia a la venida del Espíritu

una cita que combina este v. y Sal 2 7, y los vv. 1-4 son aplicados a Jesús por Mateo (12 17-21). —Al precisar *Jacob*, mi siervo,... *Israel*, mi elegido», la versión griega da fe, como la glosa de 49 3, de una tradición judía que reconocía en el Siervo a la comunidad de Israel, así designada en otros textos del Segundo Isaías, ver 41 8+.
42 4 «ni se quebrará» griego, Targ.; «no correrá» hebr.
42 6 Término idéntico al utilizado en Gn 2 7 para describir a Yahvé «modelando» al primer hombre.
42 8 Es el nombre revelado a Moisés, Ex 3 14+, el del único Existente. No hay más Dios que él, ver Is 40 25; 43 10-12; 44 6-8; 45 3.5-6.14-15.18.20-22; 46 5-7.9; 48 11; ver 41 21-29. Es el creador universal, 40 12s.21s.28; 42 5; 43 1; 44 24; 45 9-12.18; 51 13; 54 5, eterno, 41 4; 44 6; 48 12. «No cede su gloria a otro», aquí y 48 11. Este momento triunfante del «libro de la Consolación» vuelve así, desarrollándolo con la afirmación explícita de la trascendencia divina, sobre el tema anterior de «celos» de Yahvé, Dt 4 24+; ver Ex 20 3.
42 10 Este «cántico nuevo», v. 10, ver Sal 96 1; 98 1; 149 1, es una celebración lírica de la victoria de Yahvé, en la que toda la tierra está invitada a tomar parte.
42 11 Quedar, tribu nómada, ver 21 16-17; Petra, griego, hebr. Sela: ciudad del desierto en el país de Edom, ver 16 1; 2 R 14 7.

¹⁴ «Estaba mudo desde mucho ha,
había ensordecido, me había reprimido.
Como parturienta grito,
resoplo y jadeo entrecortadamente.

44 27; 5 2
Sal 107 33
¹⁵ Derribaré montes y cedros,
y todo su césped secaré;
convertiré los ríos en tierra firme*
y las lagunas secaré.

42 19+
¹⁶ Haré andar a los ciegos por un ca-
mino que no conocían,
por senderos que no conocían les en-
caminaré.
Trocaré delante de ellos la tiniebla en
luz,
y lo tortuoso en llano.
Estas cosas haré,
y no las omitiré.»
¹⁷ Haceos atrás, confusos de vergüenza,
los que confiáis en ídolos,
los que decís a la estatua fundida:
«Vosotros sois nuestros dioses.»

6 9-10 La ceguera de Israel*.

¹⁸ ¡Sordos, oíd!
¡Ciegos, mirad y ved!
41 8+
Mt 13 9-15
¹⁹ ¿Quién está ciego, sino mi siervo?,
¿y quién tan sordo como el mensajero
a quien envío?
(¿Quién es tan ciego como el enviado
y tan sordo como el siervo de Yahvé*?)
²⁰ Por más que has visto, no has hecho
caso;
mucho abrir las orejas, pero no has
oído*.
²¹ Yahvé se interesa, por causa de su
justicia,
en engrandecer y dar lustre a la Ley.
²² Pero es un pueblo saqueado y des-
pojado,
han sido atrapados en agujeros todos
ellos,
y en cárceles han sido encerrados.
Se les despojaba y no había quien sal-
vase;
se les depredaba y nadie decía: «¡Devuelve!»

²³ ¿Quién de vosotros escuchará esto,
atenderá y hará caso para el futuro?
²⁴ ¿Quién entregó al pillaje a Jacob,
y a Israel a los saqueadores?
¿No ha sido Yahvé, contra quien pe-
camos,
rehusamos andar por sus caminos,
y no escuchamos sus instrucciones?
9 17-18
Am 4 6+
²⁵ Vertió sobre él el ardor de su ira,
y la violencia de la guerra lo abrasó,
por todos lados sin que se apercibiese,
lo consumió,
sin que él reflexionase.

Liberación de Israel*.

43 ¹ Ahora, así dice Yahvé
tu creador, Jacob,
tu plasmador, Israel.
44 2
«No temas, que yo te he rescatado,
te he llamado por tu nombre. Tú eres
mío.
41 14+
41 8
² Si pasas por las aguas, yo estoy con-
tigo,
si por los ríos, no te anegarán.
Si andas por el fuego, no te quemarás,
ni la llama prenderá en ti.
Sal 91
1 Co 3 15
³ Porque yo soy Yahvé tu Dios,
el Santo de Israel, tu salvador.
He puesto por expiación tuya a Egipto,
a Cus y Sebá en tu lugar*,
⁴ dado que eres precioso a mis ojos,
eres estimado, y yo te amo.
Pondré la humanidad en tu lugar,
y los pueblos en pago de tu vida.
1 R 10 1+
⁵ No temas, que yo estoy contigo;
desde Oriente haré volver tu raza,
y desde Poniente te reuniré.
8 10+
⁶ Diré al Norte: 'Dámelos';
y al Sur: 'No los retengas'.
Traeré a mis hijos de lejos,
y a mis hijas de los confines de la tierra;
⁷ a todos los que se llamen por mi nom-
bre,
a los que para mi gloria creé,
plasmé e hice.»

---

42 15 Lit. «en islas». —El v. 15 se halla en paralelismo
antitético con **41 18**, pero no es una amenaza; es la expresión de la soberanía absoluta de Yahvé sobre la naturaleza.
42 18 No es Dios quien, sordo y ciego ante la suerte de
Israel, atrae sobre éste la desgracia, sino que el sordo y
ciego no Dios no entiende lo que le ocurre ni por qué
le ocurre. Este oráculo es paralelo a las directrices dadas a Isaías en su vocación, ver **6 10+**. —Los vv. 21 y
24^b parecen adiciones.
42 19 «enviado»: sentido dudoso; la palabra hebr. en
otro lugar significa «retribuido», pero se la puede entender en el sentido de «recibido en amistad». —«sor-

do» Sím. y 2 mss; hebr. repite «ciego». —Toda esta repetición de 19^a parece una glosa.
42 20 «no has oído» conj.; «no ha oído» hebr.
43 Oráculo de salvación, paralelo al de **41 8-20**.
Nada tiene que temer Israel, vv. 1 y 5, porque su elección primitiva por Yahvé es una prenda de la liberación
próxima.
43 3 Cus y Sebá (distinto de Sebá en la Arabia del
norte) son dos regiones de Africa, al sur de Egipto, ver
45 14. No es una alusión histórica precisa, sino sólo la
evocación de pueblos lejanos, ver v. 4. Yahvé es el dueño supremo de todas las naciones, y la liberación próxima de Israel entra en su designio universal.

Sólo Yahvé es Dios*.

41 21-29;
44 7-11
42 18+

⁸ Haced salir al pueblo ciego, aunque tiene ojos,
y sordo, aunque tiene orejas.
⁹ Congréguense todas las gentes
y reúnanse los pueblos.
¿Quién de entre ellos anuncia eso,
y desde antiguo nos lo hace oír?
Aduzcan sus testigos, y que se justifiquen;
que se oiga para que se pueda decir:
«Es verdad.»

Hch 1 8+

¹⁰ Vosotros sois mis testigos —oráculo de Yahvé—
y mi siervo a quien elegí,

41 8+
Jn 15 16

para que me conozcáis y me creáis a mí mismo,

Jn 8 24.28+
Is 44 6+

y entendáis que yo soy:
Antes de mí no fue formado otro dios,
ni después de mí lo habrá.

Os 13 4
Dt 32 39
Hch 4 12

¹¹ Yo, yo soy Yahvé,
y fuera de mí no hay salvador.
¹² Yo lo anuncié y os he salvado;
lo avisé yo, no un extraño entre vosotros.

42 8+
Dt 32 39

Vosotros sois testigos, oráculo de Yahvé
(como soy Dios); ¹³ yo lo soy desde siempre*,
y no hay quien libre de mi mano.
Yo lo tracé, y ¿quién lo revocará?

Babilonia será destruida.

¹⁴ Así dice Yahvé

41 14+

que os ha rescatado, el Santo de Israel.
Por vuestra causa he enviado
a hacer caer todos sus cerrojos de las prisiones de Babilonia,
y se volverán en ayes los hurras de los caldeos*.

Lv 17 1+
Is 6 3+

¹⁵ Yo, Yahvé vuestro Santo,
el creador de Israel, vuestro Rey.

Prodigios del nuevo Éxodo.

40 3+
Ex 14 21-29

¹⁶ Así dice Yahvé,
que trazó camino en el mar,

y vereda en aguas impetuosas.
¹⁷ El que hizo salir carros y caballos a una
con poderoso ejército;
a una se echaron para no levantarse,
se apagaron, como mecha se extinguieron.
¹⁸ ¿No os acordáis de lo pasado,
ni caéis en la cuenta de lo antiguo*?

65 17
/ 2 Co 5 1
/ Ap 21 5
11 16+

¹⁹ Pues bien, he aquí que yo lo renuevo:
ya está en marcha, ¿no lo reconocéis?
Sí, pongo en el desierto un camino,
ríos en el páramo.
²⁰ Me honrará el animal campestre,
los chacales y las hembras de avestruz;
pues daré agua en el desierto,

35 6-7
Ex 17 1-7

ríos en el yermo,
para abrevar a mi pueblo elegido.
²¹ Ese pueblo que yo me he formado

/ 1 P 2 9

contará mis alabanzas.

La ingratitud de Israel*.

²² Pero tú no me llamaste, Jacob,
¡con que te aburriste de mí, Israel!
²³ No me trajiste oveja de tu holocausto
ni me honraste con tus sacrificios.
No te esclavicé con oblación
ni te cansé por el incienso.
²⁴ No me adquiriste caña con dinero*,
ni de grasa de tus víctimas me hartaste.
Tú sí que me esclavizaste con tus pecados,
y me aburriste con tus yerros.
²⁵ ¡Yo, yo mismo limpiaba tus delitos por mi respeto,
y de tus pecados no me acordaba!
²⁶ Recuérdamelos y vamos a juicio juntos;
lleva tú la cuenta para que lo ganes.
²⁷ Tu padre primero pecó*,
y tus abogados me ofendieron*.

Gn 27 3◄
Jn 9 3
Os 12 4

²⁸ Pues bien, execré a los príncipes,
y entregué a Jacob al anatema,
y a Israel a los ultrajes*.

---

43 8 Aunque sea sordo y ciego para los acontecimientos de su historia, ver **42** 18+, Israel, gracias a esta misma historia, sirve de testigo a Yahvé contra las naciones y sus dioses. Es otra nueva demostración del monoteísmo por la impotencia de los falsos dioses, ver **41** 21+.
43 13 «desde siempre» versiones; «desde hoy» hebr. Este breve oráculo puede ser la continuación de **43** 1-7.
43 14 «cerrojos» *berijim*, ver Vulg.; «fugitivos» *barijim* hebr. —«en ayes» *ba'aniyyot* conj.; «sobre los navíos» *ba'oniyyot* hebr. El texto del final del v. es dudoso.
43 18 Los prodigios del pasado, travesía del mar y destrucción del ejército egipcio, quedarán eclipsados por las maravillas, mayores aún, que Dios va a realizar en el nuevo Éxodo.
43 22 Este oráculo de censura, excepcional en el Segundo Isaías, juega con los términos «fatigar» y «obli-

gar». Aunque Dios pudo haber fatigado y obligado a Israel con obligaciones cultuales, el que ha obligado y fatigado a Dios con sus pecados es Israel. Pero Dios perdonará si Israel reconoce sus faltas, vv. 25-26.
43 24 Juego de palabras entre *qana'* «adquirir» y *qaneh*, la caña aromática: *Acorus calamus*, el cálamo de los boticarios, o bien *Iris pseudacorus*. Ver Ez **27** 19; Ct **4** 14.
43 27 (a) Ciertamente se trata de Jacob, ver v. 22, al que aquí se le juzga desfavorablemente, según una tradición que no es la del Gn, pero que se halla representada en Os **12** 3-4.
43 27 (b) Se trata de los profetas. Ver por ejemplo 1 R **13** 11-32; **19** 2-4, y los falsos profetas a los que el pueblo ha escuchado.
43 28 Vv. fuera de contexto. —«execré»: les quité la consagración.

Bendición de Israel.

41 8+

44

[1] Ahora, pues, escucha, Jacob, siervo mío,
Israel, a quien yo elegí.

43 1; 44 24
Sal 22 10

[2] Así dice Yahvé que te creó,
te plasmó ya en el seno y te da ayuda:
«No temas, siervo mío, Jacob,
Yesurún* a quien yo elegí.

Dt 32 15;
33 5.26

[3] Derramaré agua sobre el sediento suelo,
raudales sobre la tierra seca.
Derramaré mi espíritu sobre tu linaje,
mi bendición sobre cuanto de ti nazca.

Jn 7 38-39
42 1+
11 2+

[4] Crecerán como en medio de hierbas,
como álamos junto a corrientes de aguas.
[5] El uno dirá: 'Yo soy de Yahvé',
el otro llevará el nombre de Jacob.
Un tercero escribirá en su mano: 'De Yahvé*'
y se le llamará Israel.»

No hay más que un Dios.

42 8+
41 21-29;
43 8-13
41 14+
4 12; 41 4
Ap 1 8.17;
6; 22 13
Is 43 10
Dt 32 39
t 10 13+

[6] Así dice Yahvé el rey de Israel,
y su redentor, Yahvé Sebaot:
«Yo soy el primero y el último,
fuera de mí, no hay ningún dios.
[7] ¿Quién como yo? Que se levante y hable.
Que lo anuncie y argumente contra mí;
desde que fundé un pueblo eterno,
cuanto sucede, que lo diga*,
y las cosas del futuro, que las revele.
[8] No tembléis ni temáis;
¿no lo he dicho y anunciado desde hace tiempo?
Vosotros sois testigos; ¿hay otro dios fuera de mí?

43 10.12
45 21

¡No hay otra Roca, yo no la conozco!»

Dt 32 4
Is 17 10

Sátira contra la idolatría*.

10 1-16;
2 26-28

[9] ¡Escultores de ídolos! Todos ellos son vacuidad; de nada sirven sus obras más estimadas; sus testigos nada ven y nada saben, y por eso quedarán abochornados. [10] ¿Quién modela un dios o funde un ídolo, sin esperar una ganancia? [11] Mas ved que todos sus devotos quedarán abochornados, y sus artífices, que no son más que hombres; se reunirán todos y comparecerán; y todos temblarán avergonzados.

[12] El forjador* trabaja en las brasas, configura a golpe de martillo, ejecuta su obra a fuerza de brazo; pasa hambre y se extenúa; no bebe agua y queda agotado. [13] El escultor tallista toma la medida, hace un diseño con el lápiz, trabaja con la gubia, diseña a compás de puntos y le da figura varonil y belleza humana, para que habite en un templo. [14] Taló un cedro para sí, o tomó un roble, o una encina y los dejó hacerse grandes entre los árboles del bosque; o plantó un cedro que la lluvia hizo crecer. [15] Sirven ellos para que la gente haga fuego. Echan mano de ellos para calentarse. O encienden lumbre para cocer pan. O hacen un dios, al que se adora, un ídolo para inclinarse ante él. [16] Quema uno la mitad y sobre las brasas asa carne y come el asado* hasta hartarse. También se calienta y dice: «¡Ah! ¡me caliento mientras contemplo el resplandor!» [17] Y con el resto hace un dios, su ídolo, ante el que se inclina, le adora y le suplica, diciendo: «¡Sálvame, pues tú eres mi dios*!» [18] No saben ni entienden; sus ojos están pegados y no ven; su corazón no comprende. [19] No reflexionan, no tienen ciencia ni entendimiento para decirse: «He quemado una mitad, he cocido pan sobre las brasas; he asado carne y he comido; y ¡voy a hacer con lo restante algo abominable!, ¡voy a inclinarme ante un trozo de madera! [20] A quien se apega a la ceniza, su corazón engañado le extravía. No salvará su vida. Nunca dirá: «¿Acaso lo que tengo en la mano es engañoso?»

Sb 13 11-19

Fidelidad a Yahvé*.

[21] Recuerda esto, Jacob,
y tú, Israel, que eres mi siervo.

46 8
41 8+

44 2 Este hombre poético de Israel, que sólo se encuentra en Dt 32 15; 35 5 y 26, y en Si 37 25 hebr., tiene sentido dudoso: quizá «leal», de *yešar* «derecho», «justicia», en contraposición a Jacob «el que suplanta».
44 5 Esto significa la pertenencia a Yahvé como el nombre de la Bestia marcado sobre sus adeptos en Ap 13 16-17+, o como los tatuajes de los cultos helenísticos. Se trata de convertidos al yahvismo que quedan integrados en Jacob-Israel. —En 49 16, Yahvé graba a Sión en las palmas de sus manos para no olvidarla.
44 7 «que lo diga» añadido con 1QIs*. Los dos últimos esticos son dudosos.

44 9 Esta sátira contra los fabricantes de ídolos, en la que no se nombra a Yahvé ni Israel, es una adición de la misma mano que 42 6-7. Comparar Jr 10 1-16, que tampoco es auténtico.
44 12 El hebr. añade: «un hacha»
44 16 «asa carne y come el asado» griego, ver v. 19; el hebr. invierte los dos verbos.
44 17 Además de Sb 13 11s, se cita el paralelo de Horacio, Sat. I, 8, 1s.
44 21 Los vv. 21-23 enlazan con 41 1-8 por encima de la inclusión de 44 9-20. El v. 23 puede ser la conclusión de la sección que comienza en 42 10.

49 14-16

¡Yo te he formado, tú eres mi siervo,
Israel, yo no te olvido!
²² He disipado como una nube tus rebeldías,
como un nublado tus pecados.
¡Vuélvete a mí, pues te he rescatado!
²³ ¡Gritad, cielos, de júbilo, porque Yahvé lo ha hecho!
¡Clamad, profundidades de la tierra!
¡Lanzad gritos de júbilo, montañas,
y bosque con todo su arbolado,
pues Yahvé ha rescatado a Jacob
y manifiesta su gloria en Israel!

Dios creador del mundo
y dueño de la historia*.

44 2

²⁴ Así dice Yahvé, tu redentor,
el que te formó desde el seno.
Yo, Yahvé, lo he hecho todo,
yo, solo, extendí los cielos,
yo asenté la tierra, sin ayuda alguna.
²⁵ Yo hago que fallen las señales de los
magos
y que deliren los adivinos;
hago retroceder a los sabios

1 Co 1 20

y convierto su ciencia en necedad.
²⁶ Yo confirmo la palabra de mi siervo
y hago que triunfe el proyecto de mis
mensajeros.
Yo digo a Jerusalén: «Serás habitada»,
y a las ciudades de Judá: «Seréis reconstruidas.»
¡Yo levantaré sus ruinas!
²⁷ Yo digo al abismo: «¡Sécate!

42 15

Yo desecaré tus ríos.»
²⁸ Yo soy el que dice a Ciro: «Tú eres mi
pastor
y darás cumplimiento a todos mis deseos,
cuando digas de Jerusalén: 'Que sea
reconstruida'
y del santuario: '¡Echa los cimientos*!'»

Ciro instrumento de Dios*.

41 1-5

45 ¹ Así dice Yahvé a su Ungido Ciro,
a quien he tomado de la diestra
para someter ante él a las naciones
y desceñir las cinturas de los reyes*,
para abrir ante él los batientes
de modo que no queden cerradas las
puertas.
² Yo marcharé delante de ti

40 4

y allanaré las pendientes.
Quebraré los batientes de bronce

Sal 107 16

y romperé los cerrojos de hierro.
³ Te daré los tesoros ocultos
y las riquezas escondidas,
para que sepas que yo soy Yahvé,
el Dios de Israel, que te llamo por tu
nombre.
⁴ A causa de mi siervo Jacob

41 8+

y de Israel, mi elegido,
te he llamado por tu nombre
y te he ennoblecido, sin que tú me conozcas.
⁵ Yo soy Yahvé, no hay ningún otro;

2 S 7 22
Is 40 25;
44 6+

fuera de mí ningún dios existe.
Yo te he ceñido, sin que tú me conozcas,
⁶ para que se sepa desde el sol levante
hasta el poniente,
que todo es nada fuera de mí.
Yo soy Yahvé, no ningún otro;
⁷ yo modelo la luz y creo la tiniebla,

Am 4 13;
3 6
Jb 2 10
Si 11 14

yo hago la dicha y creo la desgracia,
yo soy Yahvé, el que hago todo esto.

Plegaria*.

Sal 85 1
Dt 32 2

⁸ Destilad, cielos, como rocío de lo alto,
derramad, nubes, la victoria.
Ábrase la tierra
y produzca salvación,

51 5; 56
61 11

y germine juntamente la justicia*.
Yo, Yahvé, lo he creado.

---

44 24 Vuelta al tema de la omnipotencia divina, que se manifestará muy en especial con la reconstrucción de Jerusalén y el papel de Ciro, explícitamente nombrado por primera vez en el v. 28, ver 41 1-5, y al que va a dirigirse el oráculo de 45 1-7.
44 28 La segunda parte del v. es quizá una adición: vuelve sobre 26ᵇ y menciona la reconstrucción del templo, de la que no se trata en ningún otro lugar del Segundo Isaías. Pero esta tradición es antigua y las versiones se han encandilado con la atribución de estas palabras a Ciro; han traducido: «yo digo» v. 26.
45 Es un oráculo real de entronización, como los de los Sal 2 y 110; Ciro es llamado «por su nombre», vv. 3.4, ver en 41 25+, y recibe el título de «Ungido de Yahvé», que estaba reservado a los reyes de Israel, y se convirtió en título del rey-salvador esperado. La paradoja está en que este título se da aquí a un soberano extranjero que no conocía a Yahvé, vv. 4-5. Este oráculo es extrañamente paralelo a un texto babilónico, el «cilin-

dro de Ciro», en el que Marduc, que no es un dios persa, ha «nombrado el nombre de Ciro y le ha llamado al dominio sobre toda la tierra». Este texto, redactado por los sacerdotes de Babilonia, fue escrito, como el oráculo del Segundo Isaías, en el momento de la marcha victoriosa de Ciro, el 538.
45 1 Lit. «desceñiré los riñones de los reyes»; comparar 1 R 20 11, y la fórmula inversa «ceñir sus riñones»: «ceñir su espada».
45 8 (a) Esta plegaria (latín: *Rorate caeli desuper...*) se refiere en primer lugar a la liberación y la «justicia» que Ciro traerá pronto, pero que son una creación de Yahvé, ver 41 2+. Al sustituir los términos abstractos del hebr. con «justo» y «salvador», San Jerónimo hace que aparezca el alcance mesiánico de este oráculo.
45 8 (b) El Primer Isaías comparaba ya al príncipe mesiánico con un «vástago» brotado del tronco davídico, 4 2; 6 13; 11 1; ver Jr 23 5 = 33 15. En Za 3 8, la palabra «germen» se convierte en título mesiánico.

Poder soberano de Yahvé.

29 16+
Rm 9 20

[9] ¡Ay de quien litiga con el que la ha
modelado,
la vasija entre las vasijas de barro!
¿Dice la arcilla al que la modela:
«¿Qué haces tú?», y «¿Tu obra no está
hecha con destreza*?»
[10] ¡Ay del que dice a su padre!: «¿Qué
has engendrado?»,
y a su madre: «¿Qué has dado a luz?»
[11] Así dice Yahvé, el Santo de Israel y su
modelador:
«¿Vais a pedirme señales acerca de
mis hijos*
y a darme órdenes acerca de la obra de
mis manos?
[12] Yo hice la tierra
y creé al hombre en ella.
Yo extendí los cielos con mis manos
y doy órdenes a todo su ejército.
[13] Yo le he suscitado* para la victoria
y he allanado todos sus caminos.
Él reconstruirá mi ciudad
y enviará a mis deportados
sin rescate y sin recompensa»,
dice Yahvé Sebaot.

Conversión de las naciones paganas*.

[14] Así dice Yahvé:
Los productos de Egipto, el comercio
de Cus
R 10 1+
y los sebaítas, de elevada estatura,
vendrán a ti y tuyos serán.
Irán detrás de ti, encadenados,
ante ti se postrarán,
y te suplicarán:
«Sólo en ti hay Dios, no hay ningún
otro,
no hay más dioses.»
[15] De cierto que tú eres un dios oculto,
el Dios de Israel, salvador*.
[16] Quedarán abochornados, afrentados,
marcharán con ignominia los fabrica-
dores de ídolos.
[17] Israel será salvado por Yahvé,
con salvación perpetua.

No quedaréis abochornados ni afrentados
nunca jamás.
[18] Pues así dice Yahvé,
creador de los cielos,
él, que es Dios,
plasmador de la tierra y su hacedor,
él, que la ha fundamentado,
y no la creó caótica,
sino que para ser habitada la plasmó:
«Yo soy Yahvé, no existe ningún otro.
[19] No he hablado en oculto
ni en lugar tenebroso.
No he dicho al linaje de Jacob:
Buscadme en el caos.
Yo soy Yahvé, que digo lo que es justo
y anuncio lo que es recto.»

Jn 18 20
Hch 26 26
Dt 30 11-14

Yahvé es el Dios universal*.

[20] Apiñaos y venid, acercaos juntos,
escapados de las naciones.
Necios los que pasean la madera de
sus ídolos,
y suplican a un dios que no salva.
[21] Exponed, aducid vuestras pruebas,
deliberad todos juntos:
«¿Quién hizo oír esto desde antiguo
y lo anunció hace tiempo?
¿No he sido yo Yahvé?
No hay otro dios, fuera de mí.
Dios justo y salvador,
no hay otro fuera de mí.
[22] Volveos a mí y seréis salvados,
confines todos de la tierra,
porque yo soy Dios, no existe ningún
otro.
[23] Yo juro por mi nombre;
de mi boca sale palabra verdadera
y no será vana:
Que ante mí se doblará toda rodilla
y toda lengua jurará
[24] diciendo: ¡Sólo en Yahvé*
hay victoria y fuerza!
A él se volverán abochornados
todos los que se inflamaban contra él.
[25] Por Yahvé triunfará y será gloriosa
toda la raza de Israel.

43 9-12;
41 22;
48 5
Sal 18 32
Is 44 8

∕ Rm 14 11
Flp 2 10-11

41 11

45 9 Es decir, quizá «no está completa» o «no tiene
utilidad». La comparación del alfarero, inspirada en Is
29 16, ver Jr 18 1-12; 19 1-11, vuelve en San Pablo, Rm
9 20.
45 11 «señales» *otôt* conj.; «las cosas que vienen» *otiy-
yôt* hebr.
45 13 Vuelve a tratarse de Ciro, ver **41** 2.
45 14 El universalismo, que se reunirse en el futuro a
todas las naciones alrededor de Jerusalén para servir al
Dios de Israel, aparece ya en Is 2 2-4 (= Mi 4 1-3); Jr
12 15-16; 16 19-21; So 3 9-10. Es uno de los temas principales del libro de la Consolación: Is 42 1-4.6; 45 14-
16.20-25; 49 6; 55 3-5; ver 60. Se expresará también después del Destierro, Za 2 15; 8 20-23; 14 9.16; ver

asimismo Sal 87 y el libro de Jonás
45 15 Este v. aislado deduce una lección teológica:
Yahvé ya no actúa directamente en la historia como en
otro tiempo, se oculta detrás de sus instrumentos
(Ciro); pero sigue siendo para su pueblo el salvador
cuya omnipotencia se hace patente con su obra creadora vv. 18-19.
45 20 La polémica contra los dioses paganos, que en
repetidas ocasiones hemos encontrado en el Segundo
Isaías (ver 40 12-31), llega aquí a un universalismo que
no se había afirmado tan claramente, ver ya v. 14.
45 24 «diciendo: Sólo en Yahvé» griego, Vulg.; «sólo
en Yahvé me ha dicho» hebr.

Caída de Babilonia*.

Jr 50 2

46 ¹ Bel se desploma, Nebo se derrumba,
sus ídolos van sobre animales y bestias de carga;
llevados como fardos sobre un animal desfallecido.
² Se derrumbaron, se desplomaron todos,
no pudieron salvar la carga;
ellos mismos van cautivos.
³ Escuchadme, casa de Jacob,
y todos los supervivientes de la casa de Israel,

63 9
Ex 19 4
Sal 22 11

los que habéis sido transportados desde el seno,
llevados desde el vientre materno*.
⁴ Hasta vuestra vejez, yo seré el mismo,
hasta que se os vuelva el pelo blanco,
yo os llevaré.
Ya lo tengo hecho, yo me encargaré,
yo me encargo de ello, yo os salvaré.

44 7

⁵ ¿A quién me podréis asemejar o comparar*?
¿A quién me asemejaréis para que seamos parecidos?
⁶ Sacan el oro de sus bolsas,
pesan la plata en la balanza*,

40 20+

y pagan a un orfebre para que les haga un dios,
al que adoran y ante el cual se postran.
⁷ Se lo cargan al hombro y lo transportan,
lo colocan en su sitio y allí se queda.
No se mueve de su lugar.
Hasta llegan a invocarle, mas no responde,
no salva de la angustia.

44 21

⁸ Recordad esto y sed hombres*,
tened seso, rebeldes.
⁹ recordad lo pasado desde antiguo,
pues yo soy Dios y no hay ningún otro,
yo soy Dios, no hay otro como yo.

45 21+
41 26-27

¹⁰ Yo anuncio desde el principio lo que viene después,

y desde el comienzo lo que aún no ha sucedido.
Yo digo: Mis planes se realizarán
y todos mis deseos llevaré a cabo.
¹¹ Yo llamo del Oriente un ave rapaz*,
de un país lejano al hombre en quien pensé.
Tal como lo he dicho, así se cumplirá;
como lo he planeado, así lo haré.
¹² Escuchadme vosotros, los que habéis perdido el corazón,
los que estáis alejados de lo justo.
¹³ Yo hago acercarse mi victoria, no está lejos,
mi salvación no tardará.
Pondré salvación en Sión,
mi prez será para Israel.

Sal 33 11
Ef 1 11
Is 41 2.5;
45 13

Lamentación sobre Babilonia*.

13+

47 ¹ ¡Baja, siéntate en el polvo, virgen, hija de Babel*!
¡Siéntate en tierra, destronada,
hija de los caldeos!
Ya no se te volverá a llamar
la dulce, la exquisita.
² Toma el molino y muele la harina.
Despójate de tu velo,
descubre la cola de tu vestido, desnuda tus piernas
y vadea los ríos.
³ Descubre tu desnudez y se vean tus vergüenzas.
Voy a vengarme y nadie intervendrá*.

Jr 13 22
Os 2 5+

⁴ Nuestro redentor, cuyo nombre es Yahvé Sebaot,
el Santo de Israel, dice*:

41 14+

⁵ Siéntate en silencio y entra en la tiniebla,
hija de los caldeos,
que ya no se te volverá a llamar señora de reinos.
⁶ Irritado estaba yo contra mi pueblo,
había profanado mi heredad
y en tus manos los había entregado;

10 6
Za 1 15

---

46 El profeta vislumbra la toma de Babilonia por Ciro. Los dioses del panteón asirio-babilónico, Bel, dios del cielo, y Nebo, dios de la sabiduría, quedan aplastados. Los babilonios huyen llevándose a sus dioses, es decir, a los ídolos que los representan.
46 3 Al contrario de los idólatras, que «se llevan» a sus dioses en su huida, el que «se ha llevado» a Israel desde los orígenes es Yahvé.
46 5 La contraposición entre los dioses babilónicos *vencidos* y *Yahvé, Dios de Israel* triunfante, lleva al profeta a volver sobre el argumento del poder incomparable del verdadero Dios, ver 44 7; 41 21-29; 42 8-9; 43 8-13.
46 6 «balanza» lit. «caña», es decir, el fiel de la balanza.
46 8 Sentido dudoso. A veces se corrige por «avergonzaos», pero el griego «manteneos firmes» parece

apoyar la traducción propuesta.
46 11 Ciro, que se abate sobre sus enemigos como ave de presa. El término no es peyorativo.
47 Este poema es una *qînah*, es decir, una lamentación de ritmo asimétrico. Es el único ejemplo en el Segundo Isaías del tipo de oráculos contra las naciones que hay en los demás profetas; su estilo recuerda los oráculos de castigo contra Jerusalén.
47 1 Lit. «Virgen de la hija de Babilonia», expresión frecuente para designar a una ciudad o un país personificados, ver 37 22; 2 R 19 21; Lm 2 13 (Sión); Is 23 12 (Sidón); Jr 46 11 (Egipto); Lm 1 15 (Judá); Jr 14 17 («mi pueblo»).
47 3 «intervendrá» conj.; el hebr. trae la primera persona.
47 4 Este v., sin verbo en el hebr., puede ser una glosa; pero el griego, al que aquí seguimos, añade «dice».

pero tú no tuviste piedad de ellos;
hiciste caer pesadamente
tu yugo sobre el anciano.
⁷ Tú decías:
«Seré por siempre la señora eterna.»
No has meditado esto en tu corazón,
no te has acordado de su fin.
⁸ Pero ahora, voluptuosa, escucha esto,
tú que te sientas en seguro
y te dices en tu corazón:
«¡Yo, y nadie más*!
No seré viuda,
ni sabré lo que es carecer de hijos.»
⁹ Estas dos desgracias vendrán sobre ti
en un instante, en el mismo día.
Carencia de hijos y viudez
caerán súbitamente sobre ti,
a pesar de tus numerosas hechicerías
y del poder de tus muchos sortilegios.
¹⁰ Te sentías segura en tu maldad,
te decías: «Nadie me ve.»
Tu sabiduría y tu misma ciencia
te han desviado.
Dijiste en tu corazón:
«¡Yo, y nadie más!»
¹¹ Vendrá sobre ti una desgracia
que no sabrás conjurar;
caerá sobre ti un desastre
que no podrás evitar.
Vendrá sobre ti súbitamente
una devastación que no sospechas.
¹² ¡Quédate, pues, con tus sortilegios
y tus muchas hechicerías
con que te fatigas desde tu juventud!
¿Te podrán servir de algo?
¿Acaso harás temblar?
¹³ Te agotaste de tanto cavilar.
¡Que se pongan en pie y te salven! Sí:
Los astrólogos y observadores de estrellas,
los que te pronostican cada luna
lo que te va a sobrevenir*.

¹⁴ Mira, ellos serán como tamo
que el fuego quemará.
No librarán sus vidas

del poder de las llamas.
No serán brasas para el pan
ni llama ante la cual sentarse.
¹⁵ Eso serán para ti tus hechiceros*,
por los que te has fatigado desde tu juventud.
Cada uno errará por su camino,
y no habrá quien te salve.

Yahvé lo había predicho todo*.

48 ¹ Escucha esto, casa de Jacob,
los que lleváis el nombre de Israel,
los que habéis salido de las aguas de Judá*.
Los que juráis por el nombre de Yahvé,
los que invocáis al Dios de Israel,
mas no según verdad y justicia.
² Porque lleváis el nombre de la ciudad santa
y os apoyáis en el Dios de Israel,
cuyo nombre es Yahvé Sebaot.

³ Yo anuncié desde hace tiempo las cosas pasadas,
salieron de mi boca y las di a conocer;
de pronto, las hice y se cumplieron.
⁴ Porque sabía lo terco que eres*:
un barrote de hierro tienes por cerviz,
y tu cara es de bronce.
⁵ Por eso te anuncié las cosas hace tiempo,
y antes que ocurrieran te las di a conocer,
no sea que dijeras: «Las hizo mi ídolo,
mi estatua, mi imagen fundida lo ordenó.»
⁶ Has oído toda esta visión:
¿no te das por enterado?

Pues ahora mismo te cuento novedades,
secretos que no conocías
⁷ cosas creadas ahora, no antes,
cosas al día, que no las oíste
porque no digas: «Ya las sabía.»
⁸ Ni las oíste ni las hiciste,

(marginal refs: 32 28-29; Ap 18 7-8; So 2 15; p 18 23; Jr 5 2; Am 5 21+; Ex 32 9+; 42 9)

ni de antemano te fue abierto el oído,
pues sé muy bien que tú eres pérfido
y se te llama rebelde desde el seno materno.

1 2+

⁹ Por amor de mi nombre retardé mi cólera,
a causa de mi alabanza me contuve
para no arrancarte.
¹⁰ Mira que te purifiqué como la plata,
te afiné en el crisol de la aflicción*.

Ex 36 22

¹¹ Por mí, por mí, lo hago,
pues ¿cómo mi nombre* sería profanado?

42 8

No cederé a otro mi gloria.

Ciro es el amado de Yahvé.

¹² Escúchame, Jacob,
Israel, a quien llamé:

44 6+

Yo soy, yo soy el primero
y también soy el último.
¹³ Sí, es mi mano la que fundamentó la tierra
y mi diestra la que extendió los cielos.

Rm 4 17

Yo los llamo y todos se presentan.
¹⁴ Reuníos todos y escuchad:
¿Quién de entre ellos anunció estas cosas?
«Mi amigo cumplirá mi deseo
contra Babilonia y la raza de los caldeos*.»
¹⁵ Yo mismo le he hablado, le he llamado,
le he hecho que venga y triunfe en sus empresas.

El destino de Israel.

45 19

¹⁶ Acercaos a mí y escuchad esto*:
Desde el principio no he hablado en oculto,
desde que sucedió estoy yo allí.
Y ahora el Señor Yahvé me envía con su espíritu.

¹⁷ Así dice Yahvé, tu redentor,
el Santo de Israel.
Yo, Yahvé, tu Dios,
te instruyo en lo que es provechoso
y te marco el camino por donde debes ir.

41 14+

¹⁸ ¡Si hubieras atendido a mis mandatos,
tu dicha habría sido como un río
y tu victoria como las olas del mar!
¹⁹ ¡Tu raza sería como la arena,
los salidos de ti como sus granos!
¡Nunca habría sido arrancado ni borrado
de mi presencia su nombre!

Gn 15 5;
22 17

El fin del Destierro*.

²⁰ Salid de Babel, huid de Caldea,
con voz jubilosa publicadlo;
proclamad hasta el cabo de la tierra,
decid: «¡Rescató Yahvé a su siervo Jacob!»

Jr 50 8;
51 6.45
Ap 18 4

41 8+

²¹ No padecieron sed en los sequedales
a donde los llevó;
hizo brotar para ellos
agua de la roca.
Rompió la roca y corrieron las aguas.

40 3+
Sal 78 1[

Ex 17 1-

²² No hay paz para los malvados, dice Yahvé.

57 21

Segundo canto del Siervo*.

42 1+

49

¹ ¡Oídme, islas,
atended, pueblos lejanos!
Yahvé desde el seno materno me llamó;
desde las entrañas de mi madre recordó mi nombre*,

41 1

Sal 2 7
Jr 1 5
Ga 1 15

² Hizo mi boca como espada afilada,
en la sombra de su mano me escondió;
hízome como saeta aguda,
en su carcaj me guardó.

Hb 4 1[
Ap 1 16
19 15

³ Me dijo: «Tú eres mi siervo (Israel*),
en quien me gloriaré.»

⌐ Mt 3

---

48 10 «te afine», conj. siguiendo 1QIsᵃ; hebr. «te elegí»; griego parafrasea: «te extraje del horno de la miseria».
48 11 «mi nombre» añadido con griego y latín; hebr. sólo dice: «¿cómo sería profanado?», quizá glosa de algún lector. La desaparición del pueblo judío supondría de rechazo el cese del culto a Yahvé, cosa que Dios no puede permitir.
48 14 «la raza de los caldeos» griego; «su brazo (son) los caldeos» hebr. —El amado de Yahvé es Israel o bien Ciro, de quien ciertamente se trata en el v. siguiente. *Pero quizá el texto está corrompido.*
48 16 Aparentemente es el profeta quien vuelve a tomar la palabra para anunciar un nuevo oráculo, vv. 17-19, meditación sobre lo que habría sido el destino de Israel si hubiera sido fiel. Las promesas son las que hizo Yahvé a Abrahán, Gn 13 16; 15 5+; 17 6s; 22 17, reiteradas a lo largo de toda la Biblia, en especial en el Dt y en los oráculos de los profetas, ver 1 R 4 20; Os 2 1.

48 20 Ha llegado el día de la liberación. Este cántico de triunfo es la conclusión de todo el conjunto 47-48.
49 No todos los autores están de acuerdo sobre la extensión de este canto, que algunos cortan en el v. 6, mientras que otros también incluyen en él los vv. 7-9. Este segundo canto vuelve sobre el tema del primero (42 1-8), pero insistiendo en algunos aspectos de la misión del Siervo, predestinación, vv. 1.5, misión extendida no sólo a Israel a la que debe reunir, v. 5, sino en relación con las naciones para alumbrarles, v. 6, predicación nueva y contundente, v. 2, que trae luz y salvación, v. 6. Añade también la mención de un fracaso, vv. 4.7ᵃ, de su confianza en sólo Dios, vv. 4.5, y de un triunfo final, v. 7. Los cantos tercero y cuarto añadirán nuevas precisiones sobre la persona y la misión del Siervo.
49 1 El profeta ha sido predestinado como Jeremías, ver Jr 1 5.
49 3 Esta palabra se considera generalmente como glosa inspirada en 44 21 e incompatible con los vv. 5-6,

53 10-12

⁴ Pues yo decía: «Por poco me he fatigado,
en vano e inútilmente mi vigor he gastado.
¿De veras que Yahvé se ocupa de mi causa,
y mi Dios de mi trabajo?»
⁵ Ahora, pues, dice Yahvé,
el que me plasmó desde el seno materno para siervo suyo,
para hacer que Jacob vuelva a él,
y que Israel se le una*.

Flp 2 8-11
Jn 17 5

Mas yo era glorificado a los ojos de Yahvé,
mi Dios era mi fuerza.
⁶ «Poco es que seas mi siervo,
en orden a levantar las tribus de Jacob,
y de hacer volver los preservados de Israel.

Hch 13 47
/ Lc 2 32

Te voy a poner por luz de las gentes,
para que mi salvación alcance hasta los confines de la tierra.»
⁷ Así dice Yahvé,

41 14+

el que rescata a Israel, el Santo suyo*,
a aquel cuya vida es despreciada, y es abominado de las gentes*,
al esclavo de los dominadores:

60 10

Veránlo reyes y se pondrán en pie,
príncipes y se postrarán
por respeto a Yahvé, que es leal,
al Santo de Israel, que te ha elegido.

La alegría del retorno.

⁸ Así dice Yahvé:

2 Co 6 2

En tiempo favorable te escucharé,
y en día nefasto te asistiré.

=42 6

Yo te formé y te he destinado
a ser alianza del pueblo,
para levantar la tierra,
para repartir las heredades desoladas,

42 7

⁹ para decir a los presos: «Salid»,
y a los que están en tinieblas: «Mostraos».
Por los caminos pacerán
y en todos los calveros tendrán pasto*.

Ap 7 16
Is 4 5-6;
25 4-5

¹⁰ No tendrán hambre ni sed,
ni les dará el bochorno ni el sol,

pues el que tiene piedad de ellos los conducirá,
y a manantiales de agua los guiará.
¹¹ Convertiré todos mis montes en caminos,
y mis calzadas serán levantadas.
¹² Mira: Éstos vienen de lejos,
esos otros del norte y del oeste,
y aquéllos de la tierra de Sinín*.

Jn 4 1+
11 16+

40 3-4

¹³ ¡Aclamad, cielos, y exulta tierra!
Prorrumpan los montes en gritos de alegría,
pues Yahvé ha consolado a su pueblo,
y de sus pobres se ha compadecido.
¹⁴ Pero dice Sión: «Yahvé me ha abandonado,
el Señor me ha olvidado.»
¹⁵ —¿Acaso olvida una mujer a su niño de pecho,
sin compadecerse del hijo de sus entrañas?
Pues aunque ésas llegasen a olvidar,
yo no te olvido*.
¹⁶ Míralo, en las palmas de mis manos te tengo tatuada,
tus muros están ante mí perpetuamente.
¹⁷ Apresúrense los que te reedifican*,
y salgan de ti los que te arruinaron y demolieron.
¹⁸ Alza en torno los ojos y mira:
todos ellos se han reunido y han venido a ti.
¡Por mi vida! —oráculo de Yahvé—
que con todos ellos como con velo nupcial te vestirás,
y te ceñirás con ellos como una novia.
¹⁹ Porque tus ruinas y desolaciones
y tu tierra arrasada
van a ser ahora demasiado estrechas para tanto morador*,
y se habrán alejado tus devoradores.
²⁰ Todavía te dirán al oído
los hijos de que fuiste privada:
«El lugar es estrecho para mí.
Cédeme sitio para alojarme.»

40 1

40 27; 54 8+
Sal 22 2-3
Os 11 8-9

44 21

60 10

=60 4

54 1-3

---

que distinguen entre el Siervo y Jacob-Israel. Sin embargo, la palabra se encuentra en todos los testigos del texto. Quizá se justifica por la ambivalencia de la figura del Siervo, que es o Israel, o su jefe y salvador.
49 5 «se le una» versiones, 1QIs*; «no se una» TM.
49 7 (a) Si este v. forma también parte del segundo canto del Siervo, anuncia ya sus humillaciones y su glorificación, que se describirán largamente en el canto cuarto. Si por el contrario, hay que unir este v. al trozo siguiente, se trata del Israel humillado por cuarenta años de destierro y que va a ser maravillosamente establecido por Dios.
49 7 (b) «despreciada», «abominado», leyendo participios pasivos con las versiones y 1QIs*; TM trae participios activos.

49 9 Los vv. 9-11 reanudan el tema del camino maravilloso de la Vuelta, ver 35 5-10; 41 17-20; 43 19-20.
49 12 Probablemente Sevené, Elefantina de los griegos y Asuán de los árabes, al sur de Egipto, donde había israelitas establecidos.
49 15 Estos versos recuerdan el mensaje de Oseas, de Jeremías y del Deuteronomio, ver 54 8+.
49 17 «los que te reedifican» 1QIs*, versiones; «tus hijos» TM.
49 19 «van a ser demasiado estrechas» versiones; «vas a ser demasiado estrecho» hebr —El pueblo de la Vuelta es mucho más numeroso que antes, también engrosado por todos los que se unen, vv. 22-23.

²¹ Y dirás para ti misma:
«¿Quién me ha dado a luz a éstos?
Pues yo había quedado sin hijos y estéril,
desterrada y aparte;
y a éstos ¿quién los crió?
He aquí que yo había quedado sola;
pues éstos ¿dónde estaban?»

²² Así dice el Señor Yahvé:
He aquí que yo voy a alzar hacia las
gentes mi mano,
y hacia los pueblos voy a levantar mi
bandera;
traerán a tus hijos en brazos*,
y tus hijas serán llevadas a hombros.
²³ Reyes serán tus tutores,
y sus princesas, nodrizas tuyas.
Rostro en tierra se postrarán ante ti,
y el polvo de tus pies lamerán.
Y sabrás que yo soy Yahvé;
no se avergonzarán los que en mí esperan.

²⁴ ¿Se arrebata al valiente la presa,
o se escapa el prisionero del guerre-
ro*?
²⁵ Pues así dice Yahvé:
Sí, al valiente se le quitará el prisionero,
y la presa del guerrero se le escapará;
con tus litigantes yo litigaré,
y a tus hijos yo salvaré.
²⁶ Haré comer a tus opresores su propia
carne,
como con vino nuevo, con su sangre se
embriagarán.
Y sabrá todo el mundo
que yo, Yahvé, soy el que te salva,
y el que te rescata, el Fuerte de Jacob.

El castigo de Israel*.

50
¹ Así dice Yahvé:
¿Dónde está esa carta de divorcio
de vuestra madre,
a quien repudié?,

margin references (left):
65 23
Jr 31 27
Za 2 8

11 12

60 4.9
Ba 5 6

60 16

60 14

30 18
Ex 25 3

Lc 11 21-22p
Jr 31 11

9 19
Ap 16 6

60 16

41 14+

Dt 24 1-4
Os 2 4-9
Jr 3 6-8

o ¿a cuál de mis acreedores os vendí*?
Mirad que por vuestras culpas fuisteis
vendidos,
y por vuestras rebeldías fue repudiada
vuestra madre.
² ¿Por qué cuando he venido no había
nadie,
cuando he llamado no hubo quien respondiera?
¿Acaso se ha vuelto mi mano demasiado corta para rescatar,
o quizá no habrá en mí vigor para salvar?
He aquí que con un gesto seco el mar,
convierto los ríos en desierto;
quedan en seco sus peces por falta de
agua
y mueren de sed.
³ Yo visto los cielos de crespón
y los cubro de sayal*.

Tercer canto del Siervo*.

⁴ El Señor Yahvé me ha dado lengua
dócil,
que sabe decir al cansado palabras de
aliento.
Temprano, temprano despierta mi
oído
para escuchar, igual que los discípulos.
⁵ El Señor Yahvé me ha abierto el oído.
Y yo no me resistí,
ni me hice atrás.
⁶ Ofrecí mis espaldas a los que me gol-
peaban,
mis mejillas a los que mesaban mi barba.
Mi rostro no hurté
a los insultos y salivazos*.

⁷ Pues que Yahvé habría de ayudarme
para que no fuese insultado,
por eso puse mi cara como el pedernal,
a sabiendas de que no quedaría avergonzado.

margin references (right):
Is 52 3
Ba 4 6

Ap 3 20

65 12; 66 4

Nm 11 23

Sal 106 9;
107 33
Na 1 4

42 1+

Jn 3 11+

52 13-53

Mt 26 27
27 30p

Ez 3 8-9
Sal 25 3

---

49 22   Lit. «en su regazo», actitud especialmente tierna
para llevar a los niños.
49 24   «del guerrero», sir., Vulg.; «de un justo» hebr.
—La liberación parece imposible, pero Dios la llevará a
cabo, v. siguiente.
50   Poema difícil y quizá incompleto. No es seguro
que sea continuación del poema precedente, pero parece que reanuda el tema de 49 24-26: es una respuesta
a los israelitas que no quieren creer en la liberación cercana.
50 1   Las dos preguntas piden una respuesta negativa:
no se puede establecer la prueba jurídica de que Dios
haya repudiado a Israel, ver Dt 24 1-4 y las imágenes
de Os 2 4-9, y de que haya vendido a sus hijos, Ex 21
7. Dios se mantiene fiel. Los responsables son los israelitas mismos, ver el fin del v. Es una utilización especial

del tema de la esposa infiel, Os 2 4-9; Jr 3 1; Ez 16.
50 3   La naturaleza desolada, ver 42 15; 44 27, y el cielo de tormenta, ver Ex 13 22; 19 16, anuncian la venida
de Dios para el juicio.
50 4   En este tercer canto, el Siervo se muestra menos
como profeta que como sabio, discípulo fiel de Yahvé,
vv. 4-5, encargado de enseñar a su vez a los «que temen
a Dios», es decir, a los judíos piadosos, v. 10, y
también a los extraviados o infieles «que andan a oscuras». Gracias a su coraje y a la ayuda divina, vv. 7-9,
soportará las persecuciones, vv. 5-6, hasta que Dios le
haya concedido un triunfo definitivo, vv. 9-11. —El que
habla hasta el v. 9 incluido es el Siervo.
50 6   Esta descripción de los sufrimientos del Siervo
se repetirá con más amplitud en el canto cuarto, 52 13
- 53 12. Evoca ya a Mt 26 67; 27 30p.

Rm 8 31-
33

⁸ Cerca está el que me justifica:
¿quién disputará conmigo?
Presentémonos juntos:
¿quién es mi demandante?,
¡que se llegue a mí!

⁹ He aquí que el Señor Yahvé me ayuda:
¿quién me condenará?

Jb 13 28
Is 51 8
Os 5 12

Pues todos ellos como un vestido se
gastarán,
la polilla se los comerá.

Ex 23 20-21
Jn 3 11+
42 16

¹⁰ El que de entre vosotros tema a Yahvé
oiga la voz de su Siervo.
El que anda a oscuras
y carece de claridad
confíe en el nombre de Yahvé
y apóyese en su Dios*.

Sal 7 14

¹¹ ¡Oh vosotros, todos los que encendéis
fuego,
los que sopláis* las brasas!
Id a la lumbre de vuestro propio fuego
y a las brasas que habéis encendido.
Esto os vendrá de mi mano:
en tormento yaceréis.

Elección y bendición de Israel*.

Mt 5 6;
6 33

51 ¹ Prestadme oído, seguidores de lo
justo,
los que buscáis a Yahvé.
Reparad en la peña de donde fuisteis
tallados,
y en la cavidad de pozo de donde fuisteis excavados.

² Reparad en Abrahán vuestro padre,
y en Sara, que os dio a luz;

Gn 12 1-3
Ez 33 24

pues uno solo era cuando le llamé,
pero le bendije y le multipliqué.
³ Cuando haya consolado Yahvé a
Sión,
haya consolado todas sus ruinas

Gn 2 8-17
Ap 2 7;
22 1-2
Ez 36 35

y haya trocado el desierto en Edén
y la estepa en Paraíso de Yahvé,

recocijo y alegría se encontrarán en
ella,
alabanza y son de canciones.

El reino de la justicia de Dios*.

⁴ Préstame atención, pueblo mío,
mi nación, escúchame;
que una instrucción saldrá de mí,
y juicio mío para luz de las naciones.
Inminente, ⁵ cercana está mi justicia,
saldrá mi liberación,
y mis brazos juzgarán a los pueblos.
Las islas esperan en mí
y cuentan con mi brazo.
⁶ Alzad al cielo vuestros ojos
y otead la tierra por abajo:

Sal 102
26-27
Mt 24 35p
Ap 20 11
2 P 3 7-12

¡Cómo el cielo cual humo se disipa,
y la tierra cual ropa se desgasta;
sus moradores como mosquitos mueren!

56 1

Pero mi salvación para siempre será,
mi obra de justicia no se frustrará.
⁷ Oídme, sabedores de lo justo,
pueblo consciente de mi ley:
No temáis afrenta humana,
ni de sus ultrajes os acobardéis.

50 9
Jb 13 28

⁸ Pues como un vestido se los comerá
la polilla,
y como lana los comerá la tiña.
Pero mi justicia por siempre será,
y mi salvación por generaciones de generaciones.

El despertar de Yahvé*.

⁹ ¡Despierta, despierta, revístete de poderío,
oh brazo de Yahvé!
¡Despierta como en los días de antaño,
en las generaciones pasadas!

30 7+
Jb 3 8+;
7 12+
Ex 14 5-31
Is 63 13;
40 3

¿No eres tú el que partió a Ráhab,
el que atravesó al Dragón?
¹⁰ ¿No eres tú el que secó la Mar,
las aguas del gran Océano*,

---

50 10 Aquí el profeta toma de nuevo la palabra invi-
tando a los israelitas y acaso también a las naciones paganas (los que «andan a oscuras»), ver 49 6, a poner su
esperanza en Dios; luego condena a los que «enciken den
el fuego», v. 11, quizá los sembradores de discordia.
50 11 «sopláis» versiones; «ceñís» hebr.; se adherían
briznas de estopa en la cabeza de las flechas incendiarias. La interpretación es dudosa.
51   Aquí comienza un gran poema de la restauración de Sión, que sigue hasta 52 12. Pudo haberse compuesto de una vez, puede ser el acoplamiento de breves
cantos a los que unen el mismo tema de salvación y las
mismas exhortaciones a «prestar oído», 51 1.4.7 y a
«despertar», 51 9.17; 52 1. —El primer trozo es un recuerdo de las bendiciones de antaño, especialmente la
bendición concedida a Abrahán, Gn 12 1-3; ver Ez 33
24, que está en la base del don de la Tierra prometida,
en la que próximamente va a quedar restablecido el
pueblo desterrado, v. 5.

51 4   No hay más remedio que confrontar este programa y la obra atribuida al Siervo, en especial en los
dos primeros cantos. El Siervo será también luz de las
naciones, v. 4, ver 49 6, implantará el derecho y la salvación, vv. 4.5.6, ver 42 1.4; 49 6, en una palabra, es el
Siervo que establecerá el Reino de Dios sobre el mundo.
51 9   Llamada a Yahvé para que renueve las maravillas del pasado, su victoria contra el poder del caos primitivo y el paso del Mar, para traer a los desterrados a
Sión.
51 10 Las cosmologías orientales representaban la
creación como la victoria del dios creador sobre los
monstruos del caos, a los que se llama Ráhab, ver Sal
89 11; Jb 9 15; 26 12, o el Dragón (Tanín o Leviatán),
ver Sal 74 13; Jb 7 12; Is 27 1; Ez 29 3, o el Abismo
(Tehôm, ver Tiamat de la cosmología babilónica), ver
Gn 1 2; Ha 3 10; Sal 104 6-8, etc. En la época del Segundo Isaías, estos nombres mitológicos no son más
que evocaciones poéticas.

el que trocó las honduras del mar en camino
para que pasasen los rescatados?

35 10   ¹¹ Los redimidos de Yahvé volverán,
entrarán en Sión entre aclamaciones,
y habrá alegría eterna sobre sus cabezas.
¡Regocijo y alegría los acompañarán!
¡Adiós, el penar y los suspiros*!

Yahvé, consolador*.

¹² Yo, yo soy tu consolador.
¿Quién eres tú, que tienes miedo del mortal
40 7+   y del hijo del hombre,
al heno equiparado?
Dt 32 5.15   ¹³ Olvidas a Yahvé, tu hacedor,
el que extendió los cielos
y cimentó la tierra;
y te sientes despavorido
todo a lo largo del día
ante la furia del opresor,
en cuanto se aplica a destruir.
Pues ¿dónde está esa furia del opresor?
¹⁴ Pronto saldrá libre el que está en la cárcel,
no morirá en la hoya,
no le faltará el pan.
Jr 31 35   ¹⁵ Yo soy Yahvé tu Dios, que agito el mar y hago bramar sus olas;
Yahvé Sebaot es mi nombre.
59 21+   ¹⁶ Yo he puesto mis palabras en tu boca
y te he escondido a la sombra de mi mano,
cuando extendía* los cielos y cimentaba la tierra,
diciendo a Sión: «Mi pueblo eres tú.»

El despertar de Jerusalén*.

52 1   ¹⁷ ¡Despierta, despierta!
¡Levántate, Jerusalén!
Tú, que has bebido de mano de Yahvé
la copa de su ira.
El cáliz del vértigo
has bebido hasta vaciarlo.

¹⁸ No hay quien la guíe
de entre todos los hijos que ha dado a luz,
no hay quien la tome de la mano
de entre todos los hijos que ha criado.
¹⁹ Estas dos cosas te han acaecido*
—¿quién te conduele?—:   Jr 15 5
saqueo y quebranto, hambre y espada
—¿quién te consuela*?—   Na 3 7
²⁰ Tus hijos desfallecen, yacen
en la esquina de todas las calles
como antílope en la red,
llenos de la ira de Yahvé,
de la amenaza de tu Dios.

²¹ Por eso, escucha esto, pobrecilla,
ebria, pero no de vino.
²² Así dice tu Señor Yahvé,
tu Dios, defensor de tu pueblo.
Mira que yo te quito de la mano
la copa del vértigo,
el cáliz de mi ira;
ya no tendrás que seguir bebiéndolo.
²³ Yo lo pondré en la mano de los que te afligían,
de los que a ti misma te decían:
«Póstrate para que pasemos»,
y tú hiciste de tu espalda camino*
y calle de los que pasaban.

Liberación de Jerusalén*.

52
¹ ¡Despierta, despierta!   51 9
¡Revístete de tu fortaleza, Sión!
¡Vístete tus ropas de gala,
Jerusalén, Ciudad Santa!
Porque no volverán a entrar en ti
incircuncisos ni impuros.   Ap 21 2

² Sacúdete el polvo, levántate,
cautiva Jerusalén*.
Líbrate de las ligaduras de tu cerviz,
cautiva hija de Sión.
³ Porque así dice Yahvé:
De balde fuisteis vendidos,   45 13
y sin plata seréis rescatados.
⁴ Sí, así dice el Señor Yahvé:
A Egipto bajó mi pueblo en un principio, a ser forastero allí,

---

51 11 Este v. es reproducción literal de 35 10, pero es necesario aquí, donde está preparado por los vv. 9-10.
51 12 Yahvé toma la palabra para reanimar a Israel, ver 40 1. Éste no debe temer a ningún mortal, porque Yahvé, dueño de la creación, protege a su pueblo.
51 16 «extendía» sir., ver v. 13; «plantaba» hebr.
51 17 A Jerusalén postrada en la tristeza, se le invita a levantarse, como se había dado a Babilonia la orden de sentarse en el polvo, 47 1. Pero ante todo el profeta recuerda a Jerusalén la profundidad de su aflicción. La imagen de la «copa de la ira» que será trasmitida a los perseguidores, v. 22, se encuentra en Jr 13 13; 25 15-18; 48 26; 49 12; 51 7; Ez 23 32-34; Ha 2 15-16; Ab 16; Za 12 2; Sal 75 9; Lm 4 21.

51 19 (a) En el sentido de mucho castigo, o bien los azotes del verso siguiente, contados de dos en dos.
51 19 (b) «quién te consuela» versiones, 1QIsᵃ; «quién yo te consolaré» (?) TM.
51 23 Lit. «como suelo», sobre el que se camina. Humillación a menudo impuesta a los vencidos.
52 Las primeras palabras son repetición de la de 51 9, pero aquí el profeta se dirige a Jerusalén, cuyo cautiverio va a concluir. A los vv. 3-6 se les considera con frecuencia como una adición en prosa, pero las ideas son ciertamente las del Segundo Isaías.
52 2 «cautiva (Jerusalén)» leyendo šebiyah en vez de šebî «cautiverio». —«han caído las cadenas» hebr. ketib, 1QIsᵃ; «líbrate de las ligaduras» qeré, versiones.

y luego Asiria le oprimió sin motivo.
⁵ Y ahora, ¿qué voy a hacer aquí*
—oráculo de Yahvé—,
pues mi pueblo ha sido arrebatado sin
motivo?
Sus dominadores profieren gritos
—oráculo de Yahvé—,
y todo a lo largo del día mi nombre es
blasfemado.
⁶ Por eso mi pueblo conocerá mi nombre
en aquel día, y comprenderá
que yo soy el que decía: «Aquí estoy.»

Anuncio de salvación*.

⁷ ¡Qué hermosos son sobre los montes
los pies del mensajero
que anuncia la paz,
que trae buenas nuevas,
que anuncia salvación,
que dice a Sión:
«Ya reina tu Dios»!
⁸ ¡Una voz! Tus vigías alzan la voz,
a una dan gritos de júbilo,
porque con sus propios ojos ven
el retorno de Yahvé a Sión.
⁹ Prorrumpid a una en gritos de júbilo,
soledades de Jerusalén,
porque ha consolado Yahvé a su pueblo,
ha rescatado a Jerusalén.
¹⁰ Ha desnudado Yahvé
su santo brazo
a los ojos de todas las naciones,
y han visto todos los cabos de la tierra
la salvación de nuestro Dios.
¹¹ ¡Apartaos, apartaos,
salid de allí!

¡Cosa impura no toquéis!
¡Salid de en medio de ella, manteneos
limpios,
portadores del ajuar de Yahvé!
¹² Pues sin prisa habréis de salir,
no iréis a la desbandada,
que va al frente de vosotros Yahvé,
y os cierra la retaguardia el Dios de Israel*.

Cuarto canto del Siervo*.

¹³ He aquí que prosperará mi Siervo,
será enaltecido, levantado y ensalzado
sobremanera.
¹⁴ Así como se asombraron de él muchos
—pues tan desfigurado tenía el aspecto
que no parecía hombre*,
ni su apariencia era humana—,
¹⁵ otro tanto se admirarán* muchas naciones;
ante él cerrarán los reyes la boca,
pues lo que nunca se les contó verán,
y lo que nunca oyeron reconocerán.

53 ¹ ¿Quién dio crédito a nuestra noticia?
Y el brazo de Yahvé ¿a quién se le reveló*?
² Creció como un retoño delante de él,
como raíz* de tierra árida.
No tenía apariencia ni presencia;
(le vimos) y no tenía aspecto que pudiésemos estimar.
³ Despreciado, marginado,
hombre doliente y enfermizo,
como de taparse el rostro por no verle.
Despreciable, un Don Nadie.

(marginal references left)
z 36 20-22
Rm 2 24

Na 2 1
Rm 10 15
: 16 15-16

x 33 20+
Ez 43 1-5

Co 6 17
Jr 51 45
Ap 18 4

(marginal references right)
Ex 12 31-34.
39

Ex 13 21;
14 19

42 1+
Sal 22
Sb 2 12-24
Flp 2 9
Ef 1 20-21
Jn 12 32+

Mt 27 29-31
Jn 19 5

Rm 15 21

Jn 12 38
Rm 10 16

Sal 22 7-8

---

52 5 O, siguiendo al ketib, «¿qué pasa conmigo aquí?». En ambos casos la interpretación es difícil. Parece que Dios insiste en la gratuidad de la salvación que trae a su pueblo. Éste no ha sacado provecho de su prueba y no se ha convertido, por lo que sus opresores triunfan y el nombre de Yahvé es deshonrado, v. 5, ver 48 11; Ez 20 9.14; 36 25. Pero, al conceder gratuitamente la salvación, Yahvé hará que Israel se convierta y salve el honor de su nombre, v. 6.
52 7 El libro de la Consolación es un «Evangelio», anuncia la Buena Nueva, ver 40 9. Los mensajeros que acuden al país y los vigías que los divisan anuncian la alegría, es decir, la inauguración de un reino personal de Yahvé en Sión. Este reino que va a reemplazar al de los reinos terrestres, ha sido anunciado hace ya mucho tiempo por los profetas, ver 43 15; Jr 3 17; 8 19; Ez 20 33; 34 11-16; Mi 2 13; 4 7; So 3 15. Lo exaltan los «salmos del reino», Sal 47; 93; 96; 97; 98; 99; 145; 146.
52 12 El nuevo Éxodo se llevará a cabo bajo la protección divina, como el primero, Ex 14 19. Pero ya no será una salida precipitada, Ex 14 19. Será una huida, 14 5. Será una procesión en la que ya no se llevarán las joyas tomadas a los egipcios, sino los vasos sagrados del Templo restituidos por Ciro.
52 13 Este canto cuarto prosigue con el tema del su-

frimiento, ver Sal 22. Las persecuciones que el Siervo padecerá con gran paciencia, 53 7, son un escándalo para los espectadores, 52 14-15; 53 2-3.7.9, pero en realidad son una intercesión y una expiación por los pecados, 53 4.6.8.10-12. —El canto parece un diálogo: Yahvé pronuncia un oráculo, vv. 13-15, los reyes o los pueblos toman luego la palabra, 53 1-10, para describir los sufrimientos del Siervo y acaso excusarse de no haber entendido el sentido; finalmente, Dios proclama una conclusión en favor de su Siervo, 53 11-12.
52 14 Lit. «su apariencia (era) desfiguramiento (hasta) no ser ya un hombre». La expresión resulta difícil, pero está garantizada por el paralelismo.—«de él» Targ., sir.; «de ti» hebr.
52 15 «se admirarán» griego; «rociará» (?) hebr.
53 1 Habla la comunidad y anuncia el destino del Siervo, revelación nueva y casi increíble. Pero a la sorpresa y la incomprensión primeras, vv. 3b.4b.6.8, les sustituirá una mejor comprensión: esos sufrimientos no tienen otro fin que la salvación de la multitud, vv. 11-12.
53 2 En Is 11 1.10, las imágenes del vástago y de la raíz acompañaban el anuncio alegre del Mesías davídico. Aquí sólo evocan el aspecto humilde y miserable del Siervo.

Mt 8 17
⁴ ¡Y con todo eran nuestras dolencias
las que él llevaba
y nuestros dolores los que soportaba!
Nosotros le tuvimos por azotado,
herido de Dios y humillado.

Hb 2 10
2 Co 5 21
Ga 3 13
Rm 4 25
⁵ Él ha sido herido por nuestras rebeldías,
molido por nuestras culpas.
Él soportó el castigo que nos trae la
paz,
y con sus cardenales hemos sido curados.

1 P 2 24

Ez 34
1 P 2 25
⁶ Todos nosotros como ovejas erramos,
cada uno marchó por su camino,
y Yahvé descargó sobre él
la culpa de todos nosotros.

2 Co 5 21

Mt 26 63
1 P 2 23
Hch 8 32-
33
Jn 1 29+
Jr 11 19
⁷ Fue oprimido, y él se humilló
y no abrió la boca.
Como un cordero al degüello era llevado*,
y como oveja que ante los que la tras-
quilan
está muda, tampoco él abrió la boca.

⁸ Tras arresto y juicio fue arrebatado,
y de sus contemporáneos*, ¿quién se
preocupa?
Fue arrancado de la tierra de los vivos;
por las rebeldías de su pueblo ha sido
herido*;

Mt 27 38p
⁹ y se puso su sepultura entre los malvados

Mt 27 60
y con los ricos su tumba*,
por más que no hizo atropello

1 P 2 22
ni hubo engaño en su boca.
¹⁰ Mas plugo a Yahvé
quebrantarle con dolencias.
Si se da* a sí mismo en expiación,
verá descendencia, alargará sus días,
y lo que plazca a Yahvé se cumplirá
por su mano.
¹¹ Por las fatigas de su alma,
verá luz, se saciará*.

Por su conocimiento justificará mi
Siervo a muchos,
y las culpas de ellos él soportará.

Rm 3 26

¹² Por eso le daré su parte entre los
grandes
y con poderosos repartirá despojos,
ya que indefenso se entregó a la muerte
y con los rebeldes fue contado,
cuando él llevó el pecado de muchos,
e intercedió por los rebeldes.

Sal 2 8
Col 2 15

Mc 15 2
Lc 22 37
1 P 2 24
Jn 1 29+
Rm 4 25

La revancha de Jerusalén*.

54

Ga 4 27
¹ Grita de júbilo, estéril que no das
a luz,
rompe en gritos de júbilo y alegría, la
que no ha tenido los dolores;
que más son los hijos de la abandona-
nada
que los hijos de la casada, dice Yahvé.

1 S 2 5
Sal 113 9
Jr 10 20

² Ensancha el espacio de tu tienda,
las cortinas extiende*, no te detengas;
alarga tus sogas, tus clavijas asegura;
³ porque a derecha e izquierda te ex-
pandirás,
tu prole heredará naciones
y ciudades desoladas poblará.
⁴ No temas, que no te avergonzarás,
ni te sonrojes, que no quedarás con-
fundida,
pues la vergüenza de tu mocedad olvidarás,
y la afrenta de tu viudez no recordarás
jamás.

33 20
49 20
26 15

⁵ Porque tu esposo es tu Hacedor,
Yahvé Sebaot es su nombre;
y el que te rescata, el Santo de Israel,
Dios de toda la tierra se llama.

Os 1 2+

⁶ Porque como a mujer abandonada
y de contristado espíritu, te llamó Yahvé;

49 14-15

---

53 7   Probablemente, Juan el Bautista alude a este v., combinado con el v. 4, cuando presenta a Jesús como «cordero de Dios que quita el pecado del mundo», Jn 1 29. Se ha observado que en arameo el mismo término *talya'* designa al cordero y al siervo. Es posible que el Precursor empleara este término, pero el Evangelista, al escribir en griego, tuvo que elegir. **53** 8 (a) La palabra hebrea significa «generación» en cuanto período de una vida y, por extensión, los que viven durante ese período. Nunca significa el nacimiento o el origen, y el sentido sugerido por el griego y el latín («¿quién contará su generación?») y aplicado por los Padres a la generación eterna del Verbo o a la concepción milagrosa de Jesús no es una traducción exacta del hebreo. Se ha propuesto la corrección del texto, pero éste tiene el apoyo de todos los testigos. **53** 8 (b) «su pueblo» 1QIs⁴; «mi pueblo» TM. —«ha sido herido» *nugga'* conj.; «un golpe» *nega'* hebr. **53** 9 «su tumba» *bômatô* 1QIs⁴; «en su muerte» *be-mótaw* TM. —La predicación cristiana vio aquí un

anuncio del sepulcro de José de Arimatea, «hombre rico», Mt 27 57-60. El texto no deja de ser difícil y muchos corrigen *'aṣîr*, «rico», por *'ôśê ra'*, «malhechores». **53** 10 «Si se da» Vulg.; «Si te das» o «Si (su alma) se da (en sacrificio)» hebr. **53** 11 «luz» griego, 1QIs⁴; omitido por hebr. —Es Yahvé el que toma la palabra para explicar el misterio del sufrimiento del «Siervo justo»: no sufre por sus propias faltas, sino que queda abrumado por los crímenes de la multitud e intercede por ella. **54** Para describir los contrastes entre las pruebas pasadas de Jerusalén y su próximo restablecimiento, el profeta se vale de imágenes tradicionales, la de la esposa estéril que se hace fecunda, ver 1 S 2 5; Sal 113 9, y la de la esposa repudiada y de nuevo llamada, ver Os 1 16-17, pero insiste en la vuelta a la gracia, mientras que los antiguos profetas se fijaban sobre todo en el castigo, ver Os 1-3; Jr 3 1.6-12; Ez 16; 23. San Pablo, Ga 4 27, aplica este primer v. a la Iglesia, nueva Jerusalén. **54** 2 «extiende» versiones; «que se extiende» hebr.

y la mujer de la juventud ¿es repudiada?

—dice tu Dios—.

Sal 30 6

⁷ Por un breve instante te abandoné,
pero con gran compasión te recogeré.
⁸ En un arranque de furor te oculté
mi rostro por un instante,

60 10

pero con amor eterno te he compadecido*

41 14+

—dice Yahvé tu Redentor—.
⁹ Será para mí como en tiempos de Noé:
como juré que no pasarían

Gn 9 11

las aguas de Noé más sobre la tierra,
así he jurado que no me irritaré más
contra ti,
ni te amenazaré.

Jdt 16 15

¹⁰ Porque los montes se correrán
y las colinas se moverán,
mas mi amor de tu lado no se apartará

Rm 11 29

y mi alianza de paz no se moverá
—dice Yahvé, que tiene compasión de ti—.

La nueva Jerusalén*.

p 21 2.10-
27
s 60 17-18
Tb 13 17

¹¹ Pobrecilla, azotada por los vientos,
no consolada,
mira que yo asiento en carbunclos tus piedras
y voy a cimentarte con zafiros.
¹² Haré de rubí tus baluartes,
tus puertas de piedras de cuarzo
y todo tu término de piedras preciosas.

✓ Jn 6 45

¹³ Todos tus hijos serán discípulos de Yahvé,
y será grande la dicha de tus hijos.

r 31 33-34
1 26+

¹⁴ En justicia serás consolada.
Manténte lejos de la opresión, pues ya no temerás,
y del terror, pues no se acercará a ti.
¹⁵ Si alguien te ataca, no será de parte mía;
quienquiera que te ataque, contra ti se estrellará.
¹⁶ He aquí que yo he creado al herrero,
que sopla en el fuego las brasas
y saca los instrumentos para su trabajo.

¹⁷ Yo he creado al destructor para aniquilar.
Ningún arma forjada contra ti tendrá éxito,
e impugnarás a toda lengua
que se levante a juicio contigo.
Tal será la heredad de los siervos de Yahvé
y las victorias que alcanzarán por mí
—oráculo de Yahvé—.

Invitación final*.

55 ¹ ¡Oh, todos los sedientos, id por agua,

Jn 4 1+

y los que no tenéis plata, venid,
comprad y comed, sin plata,

Ap 21 6;
22 17

y sin pagar, vino y leche!
² ¿Por qué gastar plata en lo que no es pan,
y vuestro jornal en lo que no sacia?
Hacedme caso y comed cosa buena,

Pr 9 3-6
Si 24 19-22
Jn 6 35

y disfrutaréis con algo sustancioso.
³ Aplicad el oído y acudid a mí,
oíd y vivirá vuestra alma.
Pues voy a firmar con vosotros una alianza eterna:
las amorosas y fieles promesas hechas a David*.

2 S 7
✓ Hch 13 34

⁴ Mira que por testigo de las naciones le he puesto,
caudillo y legislador de las naciones.

Ap 1 5+

⁵ Mira que a un pueblo que no conocías has de convocar,
y un pueblo que no te conocía, a ti correrá
por amor de Yahvé tu Dios
y por el Santo de Israel, porque te ha honrado.

⁶ Buscad a Yahvé mientras se deja encontrar,

Os 5 6+

llamadle mientras está cercano.

Sal 145 18
Dt 4 7

⁷ Deje el malo su camino,
el hombre inicuo sus pensamientos,
y vuélvase a Yahvé, que tendrá compasión de él,

Lc 15 20
Za 1 3

a nuestro Dios, que será grande en perdonar.

---

54 8 El «amor eterno» de Dios por su pueblo, ver **43** 4; Dt 4 37; 10 15; Jr 31 3; So 3 17; Ml 1 2, semejante al amor de un padre por sus hijos, Is 1 2; 49 14-16; Jr 31 20; Os 2 25; 11 1s, a la pasión de un hombre por una mujer, Is 62 4-5; Jr 2 2; 31 21-22; Ez 16 8.60; Os 2 16-17.21-23; 3 1, se expresa aquí en toda su gratuidad, ver 1 Jn 4 10.19, su fidelidad indefectible, ver Rm 11 29, y su poder creador, ver 1 Jn 3 1-2.

54 11 Ya no se trata de una descripción realista como Ez 40-48, sino de una visión simbólica de esplendores futuros, tema que proseguirá con matices en la última parte del libro, Is 60; 62; 65 16-25, y, con alcance completamente distinto, en el Apocalipsis de San Juan, **21** 2.10-27.

55 Última exhortación a participar en los bienes de la nueva alianza, vv. 1-5, y a convertirse mientras aún es tiempo, vv. 6-11. Los vv. 1-2 evocan la invitación al banquete de la Sabiduría, Pr 9 1-6.

55 3 Sobre esta alianza eterna, **59** 21; **61** 8, que es también la nueva alianza, ver Jr 31 31+. La evocación de las promesas hechas a David es única en el Deutero-Isaías, que jamás piensa en una restauración de la monarquía.

⁸ Porque no son mis pensamientos
vuestros pensamientos,
ni vuestros caminos son mis caminos
—oráculo de Yahvé—.

Sal 103 11
⁹ Porque cuanto aventajan los cielos a
la tierra,
así aventajan mis caminos a los vuestros
y mis pensamientos a los vuestros.

¹⁰ Como descienden la lluvia y la nieve
de los cielos
y no vuelven allá, sino que empapan la
tierra,
la fecundan y la hacen germinar,

2 Co 9 10
para que dé simiente al sembrador y
pan para comer,

Jn 1 1+
Sb 18 14-15
Za 1 5-6
Am 8 11
¹¹ así será mi palabra, la que salga de mi
boca,

que no tornará a mí de vacío,
sin que haya realizado lo que me plugo
y haya cumplido aquello a que la envié*.

Conclusión del libro*.

¹² Sí, con alegría saldréis,
y en paz seréis traídos.
Los montes y las colinas
romperán ante vosotros en gritos de
júbilo,
y todos los árboles del campo batirán
palmas.

¹³ En lugar del espino crecerá el ciprés,
en lugar de la ortiga crecerá el mirto.
Será para renombre de Yahvé,
para señal eterna que no será borrada.

41 19;
44 3-4

III.   *Tercera parte del libro de Isaías**

Promesa a los extranjeros*.

56 ¹ Así dice Yahvé: Velad por la equidad y practicad la justicia, que mi

46 13;
51 6.8
salvación está para llegar y mi justicia
para manifestarse.
² Dichoso el mortal que tal haga, el
hombre que persevere en ello, guardán-

58 13s
Ex 20 8+
dose de profanar el sábado, guardando
su mano de hacer nada malo.

Ex 12 48+
³ Que el extranjero que se adhiera a
Yahvé, no diga: «¡De cierto que Yahvé
me separará de su pueblo!» No diga el
eunuco: «Soy un árbol seco.»

Sb 3 14-15
⁴ Pues así dice Yahvé: Respecto a los
eunucos que guardan mis sábados y eligen aquello que me agrada y mantienen
mi alianza, ⁵ yo he de darles en mi templo y en mis muros monumento y nom-

1 S 1 8
Ap 2 17;
3 5
bre mejor que hijos e hijas; nombre eterno les daré* que no será borrado.

⁶ En cuanto a los extranjeros adheridos
a Yahvé para su ministerio, para amar el
nombre de Yahvé, y para ser sus siervos,
a todo aquel que guarda el sábado sin
profanarlo y a los que se mantienen firmes en mi alianza, ⁷ yo les traeré a mi
monte santo y les alegraré en mi Casa de
oración. Sus holocaustos y sacrificios serán gratos sobre mi altar. Porque mi
Casa será llamada Casa de oración para
todos los pueblos*.

18 7+

Sal 15 1
1 R 8 41-4
Mt 21 1

⁸ Oráculo del Señor Yahvé, que reúne a
los dispersos de Israel. A los ya reunidos todavía añadiré otros*.
⁹ Bestias todas del campo, venid a co-
mer,
bestias todas del bosque.

Indignidad de los jefes*.

¹⁰ Sus vigías están ciegos, ninguno se
entera;

3 12; 9 1

---

55 11 La palabra de Yahvé es semejante a un mensajero que no vuelve hasta cumplir con su misión. Está
personificada como en otro lugar la Sabiduría, Pr 8
22+, o el Espíritu, Is 11 2+.
55 12 Conclusión de todo el libro de la Consolación.
Es la repetición del tema del nuevo Éxodo: alegría de la
vuelta y transformación del desierto en tierra fértil, ver
43 19; 44 3-4, etc.
56   (a) Ver la Introducción.
56   (b) Oráculo en prosa rítmica compuesta probablemente *después del regreso del Destierro*. Fiel a las
tradiciones de varios grandes profetas, ver 45 14+, el
autor anuncia que pronto se admitirá en el Judaísmo a
prosélitos extranjeros, a condición de que estén «fielmente adheridos a Yahvé», vv. 4.6, lo cual debe incluir
la circuncisión, señal de la alianza. Quedan abolidas las
restricciones previstas por Dt 23 2-9, en especial la que
se refería a los eunucos.

56 5   «les daré» 1QIs*, versiones; «le daré» TM.
56 7   Estas palabras que Jesús cita en circunstancias
graves de su vida, Mt 21 13p., anuncian dos novedades:
la oración se impone a los sacrificios, aun en el templo,
a donde se invita a todos los pueblos.
56 8   El breve oráculo de este v., con su introducción
particular, es una confirmación de lo que precede: los
«otros» son los prosélitos y los eunucos, mejor que los
miembros de la Diáspora fuera de Babilonia.
56 10 (a) El profeta parece contraponer aquí a los jefes
del pueblo (los «pastores», que son como perros perezosos) con los subalternos (los «perros», que son como
verdaderos pastores, pero voraces y egoístas). —Este
oráculo, quizá anterior al Destierro, desarrolla un tema
que también se encuentra en Jeremías, 2 8.26-27; 5 4-
5.31; 10 21; 23 1-2.11-12; ver también Ez 8 11-13; 34, el
de la indignidad de los jefes de Judá en los años que
precedieron al Destierro.

todos ellos perros mudos, no pueden ladrar.
Los videntes se acuestan (porque) quieren dormir*.

Ez 34 2
Jr 10 21;
12 10;
23 1-2

[11] Esos perros fieros no saben de hartura,
¡y ellos, irracionales, son los pastores!
Cada uno tiró por su lado,
cada cual a su medro por su esquina.

5 11+
28 7s

[12] «Venid, que saco vino,
emborrachémonos de licor,
y que sea como hoy el mañana,
o muchísimo mejor.»

57

[1] Un justo perece,
pero eso a nadie le importa.
Hombres de bien desaparecen,
sin que nadie comprenda

Sb 4 11

que por obra del malvado desaparece el justo.
[2] «¡Váyase en paz!
¡Que descanse en su tumba!
¡Siga su camino!*»

Elegía profética contra la idolatría*.

[3] ¡Vosotros! Venid acá, hijos de bruja,
semilla de ramera, fornicarios.
[4] ¿De quién os burláis? ¿Por quién abrís la boca*
y sacáis la lengua?
¿No sois vosotros hijos de pecado,
raza de bastardos,

Dt 12 2+
Jr 2 20

Lv 18 21+

[5] los que entráis en celo en el encinar,
bajo todo árbol lozano,
los que degolláis niños en las torrenteras,
bajo las hendiduras de las peñas*?
[6] ¡En los cantos de la torrentera hayas tu parte!
¡Ellos, ellos te toquen en suerte!
También sobre ellos vertiste libación
al presentar ofrenda.
¿Acaso con eso me voy a aplacar?
[7] Sobre monte elevado y excelso
pusiste tu lecho.
También allá subiste a inmolar sacrificio*.

Dt 23 19+

[8] A la puerta, en la jamba,
pusiste tu anuncio.
Sin mí te desnudaste, y abierto el lecho, subiste;

Ez 16 15s

tuviste trato con quienes te gustó acostarte,
previo examen de la mano*.
[9] Te has acercado con aceite para Mélec*,
multiplicaste tus aromas.
Enviaste a tus emisarios muy lejos,
y los hiciste bajar hasta el Seol.
[10] De tanto caminar te cansaste,
pero sin decir: «Me rindo.»
Hallaste el vigor de tu mano,
y así no quedaste debilitada.
[11] Pues bien, ¿de quién te asustaste y tuviste miedo,
que fuiste embustera,
y de mí no te acordaste,
no hiciste caso de ello?
¿No es que porque me callé desde siempre,
a mí no me temiste?
[12] Yo voy a denunciar tu virtud y tus hechos,
y no te aprovecharán.
[13] Cuando grites, que te salven los reunidos en torno a ti,
que a todos ellos los llevará el viento,
los arrebatará el aire.
Pero aquel que se ampare en mí poseerá la tierra
y heredará mi monte santo.

Sal 37 9
Is 56 7;
60 21; 65 9

---

56 10 (b) El tercer inciso parece más bien comentario explicativo de la metáfora del profeta-vigía-perro. El falso profeta no avisa, y cuando se acuesta no es para soñar profecía, sino para dormir.
57 2 «que descanse en su tumba» conj.; el hebr. trae plural. —«Siga su camino» hebr.; lit. «el que sigue su rectitud»; el griego cierra con un enérgico «¡Quítese de en medio!».
57 3 Este oráculo, como el precedente, puede datar de los últimos tiempos de la monarquía, cuando las prácticas idolátricas se hallaban difundidas en Jerusalén. Pero éstas continuaron en Palestina durante y después del Destierro, 66 3-4.17. El poema sigue el estilo vigoroso de los profetas de los siglos VII-VI (Jr 1 16; 7 8, etc.; ver Ez 8; Is 2 6-8). Quedan oscuras para nosotros algunas alusiones a ritos idolátricos.
57 4 El paralelismo hace pensar en un gesto de burla más que de voracidad.
57 5 No es seguro que estos sacrificios de niños sean idénticos a los sacrificios a Mólec, sobre los cuales ver Lv 18 21+.
57 7 Alusión a la prostitución sagrada de los cultos naturistas de Canaán, Nm 25, cuya práctica se introdujo a veces en Israel, 1 R 14 24; 22 47; 2 R 23 7; Os 4 14, a pesar de las prohibiciones, Dt 23 18-19. Pero en sus invectivas contra la idolatría los profetas emplean el vocabulario de la prostitución tanto para evocar simbólicamente la infidelidad de Israel a su Dios como para describir con realismo actos de los cultos paganos.
57 8 Desde unos vv. atrás el interlocutor del profeta es femenino: una mujer, una ramera. La idolatría se describe con la metáfora de la prostitución. «A la puerta... pusiste tu anuncio», lit. «detrás de la puerta» (vista desde dentro del prostíbulo). El «anuncio» o cartel del prostíbulo, con el nombre de la o de las meretrices, se fijaba o dibujaba en la jamba de la puerta. El inciso final es crudo: «examinabas la mano», usando este eufemismo por el pene. El griego entiende perfectamente el versículo, matizando: «creíste que divorciándote de mí ganabas más»; es la diferencia entre la enamorada y la mujer de trato.
57 9 «El Rey» título dado a gran número de divinidades semíticas. Aquí, quizá Melcart de Tiro, divinidad del mundo subterráneo, ver el final del v.

La salvación para los débiles*.

^{11 16+}
Sal 68 5+

14 Entonces se dirá:
Reparad, reparad, abrid camino,
quitad los obstáculos del camino de mi
pueblo.
15 Que así dice el Excelso y Sublime,
el que mora por siempre
y cuyo nombre es Santo.

Lv 17 1+

«En lo excelso y sagrado yo moro,
y estoy también con el humillado y
abatido de espíritu,
para avivar el espíritu de los abatidos,
para avivar el ánimo de los humillados.

Sal 51 19

Sal 130 3

16 Pues no disputaré por siempre
ni estaré eternamente enojado,
pues entonces el espíritu ante mí des-
mayaría
y las almas que yo he creado.
17 Por culpa de su codicia me enojé

54 8+

y le herí, ocultándome en mi enojo*.
Pero el rebelde seguía su capricho.
18 Sus caminos vi.

Ex 15 26

Yo le curaré y le guiaré,
y le daré ánimos
a él y a los que con él lloraban,
19 poniendo alabanza en los labios:

⁄ Ef 2 17

¡Paz, paz al de lejos y al de cerca*!
—dice Yahvé—. Yo le curaré.»

Judas 13

20 Los malos son como mar agitada
cuando no puede calmarse,
cuyas aguas lanzan cieno y lodo.
21 «No hay paz para los malvados»
—dice mi Dios—.

48 22

El ayuno agradable a Dios*.

58¹ Clama a voz en grito, no te mo-
deres;
levanta tu voz como cuerno
y denuncia a mi pueblo su rebeldía,
y a la casa de Jacob sus pecados.
2 A mí me buscan día a día
y les agrada conocer mis caminos,
como si fueran gente que la virtud
practica
y el rito de su Dios no hubiesen abandonado.

Me preguntan por las leyes justas,
la vecindad de su Dios les agrada.

3 —¿Para qué ayunamos, si no lo ves*?
¿Para qué nos afligimos, si no te enteras?
—Mirad, cuando ayunabais lo hacíais
por interés,
y a todos vuestros obreros explotabais.
4 Es que ayunáis para litigio y pleito
y para dar de puñetazos a malvados.
No ayunéis como hoy,
para hacer oír en las alturas vuestra
voz.
5 ¿Así ha de ser el ayuno que yo elija?
Día de humillarse el hombre, sí,
¿pero agachando como un junco la cabeza?
Y el saco; y esparcir la ceniza.
¿A eso llamáis ayuno y día grato a
Yahvé?

Mt 6 18
Ml 3 14

6 ¿No será éste el ayuno que yo elija?:
deshacer los nudos de la maldad,
soltar las coyundas del yugo,
dejar libres a los maltratados,
y arrancar todo yugo.
7 ¿No será partir al hambriento tu pan,
y a los pobres sin hogar recibir en
casa?
¿Que cuando veas a un desnudo le cubras,
y de tu semejante no te apartes?

Am 5 21+
Mt 25 34-4
Jr 34 8-9

8 Entonces brotará tu luz como la aurora,
y tu herida se curará rápidamente.
Te precederá tu justicia,
la gloria de Yahvé te seguirá.
9 Entonces clamarás, y Yahvé te responderá,
pedirás socorro, y dirá: «Aquí estoy.»
Si apartas de ti todo yugo,
no apuntas con el dedo y no hablas
maldad,
10 repartes al hambriento tu pan,
y al alma afligida dejas saciada*,
resplandecerá en las tinieblas tu luz,
y lo oscuro de ti será como mediodía.
11 Te guiará Yahvé de continuo,
hartará en los sequedales tu alma,

52 12

Jn 8 12+

---

57 14 Poema posterior al Destierro, que muestra a Yahvé preocupándose de los pobres y oprimidos. Sobre esta
espiritualidad de los «pobres de Yahvé», ver So 2 3+.
57 17 Es decir, «ocultando mi rostro», expresión de la
desgracia divina, o bien «sin descubrir mi intervención».
57 19 Ver Ef 2 17, donde San Pablo aplica estas palabras a Jesús y a la predicación del Evangelio.
58 Oráculo postexílico, que exige una interiorización de las prácticas religiosas según el espíritu de los
grandes profetas, ver Is 1 10+; Am 5 21+. Aquí se trata
del ayuno: los vv. 5-7 son el meollo del oráculo.

58 3 La Ley sólo prescribía el ayuno para el día de la
Expiación, Lv 23 26-32, pero en algunas épocas se multiplicaron los días de ayuno, o para conmemorar ani-
versarios de duelo, Za 7 1-5; 8 18-19, o para implorar la
misericordia divina, Jr 36 6.9; Jon 3 5; ver 1 R 21 9.12.
58 10 Lit. «si das al hambriento tu alma (griego: el
pan de tu alma) y el alma afligida dejas saciada». Pero
la palabra *nefeš*, generalmente traducida por «alma»,
también designa «el deseo», «el apetito», de modo que
son posibles matices diversos entre los cuales es difícil
elegir.

dará vigor a tus huesos*,
y serás como huerto regado,
o como manantial
cuyas aguas nunca faltan.
 ^12^ Reedificarán, de ti, tus ruinas antiguas,
levantarás los cimientos de pasadas generaciones,
se te llamará Reparador de brechas,
y Restaurador de senderos frecuentados*.

Sobre el sábado*.

^13^ Si apartas del sábado tu pie,
de hacer tu negocio en el día santo,
y llamas al sábado «Delicia»,
al día santo de Yahvé «Honorable»,
y lo honras evitando tus viajes,
no buscando tu interés ni tratando asuntos,
^14^ entonces te deleitarás en Yahvé,
y yo te haré cabalgar sobre los altozanos de la tierra.
Te alimentaré con la heredad de Jacob tu padre;
porque la boca de Yahvé ha hablado.

Salmo de penitencia*.

59 ^1^ Mirad, no es demasiado corta la mano de Yahvé para salvar,
ni es duro su oído para oír,
^2^ sino que vuestras faltas os separaron a vosotros de vuestro Dios,
y vuestros pecados le hicieron esconder su rostro de vosotros,
para no oír.
^3^ Porque vuestras manos están manchadas de sangre
y vuestros dedos de culpa,
vuestros labios hablan falsedad
y vuestra lengua habla perfidia.
^4^ No hay quien clame con justicia
ni quien juzgue con lealtad.
Se confían en la nada y hablan falsedad,
conciben malicia y dan a luz iniquidad.

^5^ Hacen que rompan su cascarón las víboras
y tejen telas de araña;
el que come de sus huevos muere,
y si son aplastados sale una víbora.
^6^ Sus hilos no sirven para vestido
ni con sus tejidos se pueden cubrir.
Sus obras son obras inicuas
y acciones violentas hay en sus manos.
^7^ Sus pies corren al mal
y se apresuran a verter sangre inocente.
Sus proyectos son proyectos inicuos,
destrucción y quebranto en sus caminos.
^8^ Camino de paz no conocen,
y derecho no hay en sus pasos.
Tuercen sus caminos para provecho propio,
ninguno de los que por ellos pasan conoce la paz.
^9^ Por eso se alejó de nosotros el derecho
y no nos alcanzó la justicia.
Esperábamos la luz, y hubo tinieblas,
la claridad, y anduvimos en oscuridad*.
^10^ Palpamos la pared como los ciegos
y como los que no tienen ojos vacilamos.
Tropezamos al mediodía como si fuera al anochecer,
y habitamos entre los sanos como los muertos*.
^11^ Todos nosotros gruñimos como osos
y zureamos sin cesar como palomas.
Esperamos el derecho y no hubo,
la salvación, y se alejó de nosotros.
^12^ Porque fueron muchas nuestras rebeldías delante de ti,
y nuestros pecados testifican contra nosotros,
pues nuestras rebeldías nos acompañan
y conocemos nuestras culpas:
^13^ rebelarse y renegar de Yahvé,
apartarse de seguir a nuestro Dios,
hablar de opresión y revueltas,

Referencias marginales:
Jn 4 14
61 4
Ne 3s
56 2+
Dt 32 13
1 20; 40 5
50 2+
Dt 31 17
1 15
Sal 7 15
Jb 15 35
Mt 3 7+
Pr 1 16
Rm 3 15-17
Jn 8 12+
Jr 8 15
Am 5 18-20
Dt 28 29
Jr 14 7
Sal 51 5

---

58 11 Sentido dudoso: el verbo *jalas*, aquí empleado, parece estar emparentado con el sustantivo *jalûs*, «guerrero», pero existen otras posibilidades, sin hablar de las correcciones propuestas.
58 12 Aún se está en los comienzos de la restauración, seguramente antes de la reconstrucción de las murallas bajo Nehemías, quizá incluso antes de la reconstrucción del Templo al que no se menciona.
58 13 Esta legitimación del sábado parece haber sido añadida al oráculo precedente. Sobre el sábado, ver Ex 20 8+.
59 Esta liturgia penitencial sigue la línea del cap.

precedente y parece datar de la misma época; la salvación prometida tarda en realizarse, la culpa no es de Dios, sino de los pecados de los hombres. Es lo que dicen los vv. 1-2 y lo que el resto del poema desarrolla. Comienza con un acto de acusación, vv. 3-8.
59 9 A la palabra profética sucede la confesión de la comunidad, que se hace más explícita a partir del v. 12 y hasta el v. 15ª.
59 10 Sentido discutido. El término traducido por «sano» parece derivado de la palabra *šemen*, «grasa», pero muchos traductores proponen correcciones. El griego ha omitido esta palabra.

concebir y musitar en el corazón palabras engañosas.

¹⁴ Porque ha sido rechazado el juicio
y la justicia queda lejos.
Porque la verdad en la plaza ha tropezado
y la rectitud no puede entrar.

¹⁵ La verdad se echa en falta
y el que se aparta del mal es despojado.

Lo vio Yahvé y pareció mal a sus ojos
que no hubiera derecho*.

¹⁶ Vio que no había nadie
y se maravilló de que no hubiera intercesor.

63 5

Entonces le salvó su brazo
y su justicia le sostuvo.

⁄ Sb 5 17-23
⁄ Ef 6 14-17
⁄ 1 Ts 5 8

¹⁷ Se puso la justicia como coraza
y el casco de salvación en su cabeza.
Se puso como túnica vestidos de venganza
y se vistió el celo como un manto.

¹⁸ Según los merecimientos así pagará:
ira para sus opresores y represalia
para sus enemigos.
Dará a las islas su merecido.

¹⁹ Temerán desde Occidente el nombre de Yahvé,
y desde el Oriente verán su gloria,
pues vendrá como un torrente encajonado
contra el que irrumpe con fuerza el soplo de Yahvé.

⁄ Rm 11
26
Is 41 14+

²⁰ Vendrá a Sión para rescatar
a aquellos de Jacob que se conviertan
de su rebeldía.
—Oráculo de Yahvé—.

55 3+

Oráculo*.

Rm 11 27

²¹ Cuanto a mí, esta es la alianza con ellos, dice Yahvé. Mi espíritu que ha venido sobre ti y mis palabras que he puesto en tus labios no caerán de tu boca ni de la boca de tu descendencia ni de la boca de la descendencia de tu descendencia, dice Yahvé, desde ahora y para siempre.

51 16
2 S 23 2
Jr 1 9

Esplendor de Jerusalén*.

Ap 21 9-27
Is 45 14+

60

¹ ¡Arriba, resplandece, que ha llegado tu luz,
y la gloria de Yahvé sobre ti ha amanecido!

² Pues mira cómo la oscuridad cubre la tierra,
y espesa nube a los pueblos,
mas sobre ti amanece Yahvé
y su gloria sobre ti aparece.

9 1+

³ Caminarán las naciones a tu luz,
y los reyes al resplandor de tu alborada.

Ex 24 16+
⁄ Ap 21 24

⁴ Alza los ojos en torno y mira:
todos se reúnen y vienen a ti.
Tus hijos vienen de lejos,
y tus hijas son llevadas en brazos.

49 18-22
Ba 5 5-6

⁵ Tú entonces al verlo te pondrás radiante,
se estremecerá y se ensanchará tu corazón,
porque vendrán a ti los tesoros del mar,
las riquezas de las naciones vendrán a ti.

Sal 72 10

⁶ Un sin fin de camellos te cubrirá,
jóvenes dromedarios de Madián y Efá.
Todos ellos de Sabá vienen
llevando oro e incienso
y pregonando alabanzas a Yahvé*.

Ex 2 15
1 R 10 1+

⁷ Todas las ovejas de Quedar se apiñarán junto a ti,
los machos cabríos de Nebayot estarán a tu servicio*.
Subirán en holocausto agradable a mi altar,
y mi hermosa Casa hermosearé aún más.

Gn 25 13

⁸ ¿Quiénes son éstos que como nube vuelan,
como palomas a sus palomares?

⁹ Los barcos se juntan para mí*,
los navíos de Tarsis en cabeza,
para traer a tus hijos de lejos,
junto con su plata y su oro,
por el nombre de Yahvé tu Dios

Sal 48 8+

‖55 5

---

59 15 Ahora se trata de la venida de Yahvé como juez y redentor, vv. 15ᵇ-20. Se ha relacionado este pasaje con el apocalipsis de Is 24-27.
59 21 Este oráculo en prosa anuncia la perennidad de de la alianza de Yahvé con Israel, señalada con la efusión del Espíritu y la actividad profética. Ver 40 7-8; 51 16; 61 1; Jr 1 9. Es una adición, puesto que se halla después de la fórmula de conclusión
60 Los caps. 60-62 están unidos por el estilo y las ideas, y tienen afinidad con los caps. 40-55. Si no son del Segundo Isaías, por lo menos son la obra de un discípulo que repite el mensaje consolador del Maestro a la comunidad de la Vuelta, cuyas esperanzas y cuya fe necesitan ser apoyadas.

60 6 Los tesoros del mar vienen del Oeste, en barcos fenicios o griegos; las riquezas del Oriente y de Egipto llegan del desierto de Siria y del Sinaí en caravanas. Madián, Efá y Sabá son pueblos de Arabia, ver 45 14; Gn 25 1-4. —Las alusiones a los tesoros del Oriente y la perspectiva universalista de 60 6 han llevado a la liturgia a aplicar este texto al misterio de la Epifanía.
60 7 Quedar, ver 21 16-17+. Nebayot, pueblo árabe, ver Gn 25 13; 28 9; 36 3.
60 9 Así, con una corrección (*siyyîm yiqqawû* en lugar de *'iyyîm yeqawû*: «las islas esperan»), lo que ofrece un mejor paralelismo con el verso siguiente. Pero también el griego lee «las islas».

y por el Santo de Israel, que te hermosea.

49 17 ¹⁰ Hijos de extranjeros construirán tus muros,
y sus reyes se pondrán a tu servicio,
porque en mi cólera te herí,
54 8 pero en mi benevolencia he tenido compasión de ti.

Ap 21
25-26 ¹¹ Abiertas estarán tus puertas de continuo;
ni de día ni de noche se cerrarán,
para dejar entrar a ti las riquezas de las naciones,
traídas por sus reyes.

¹² Pues la nación y el reino que no se sometan a ti perecerán,
esas naciones serán arruinadas por completo*.

35 2 ¹³ La gloria del Líbano* vendrá a ti,
el ciprés, el olmo y el boj a una,
R 5 19-20 a embellecer mi Lugar Santo
y honrar el lugar donde mis pies reposan.

49 23 ¹⁴ Acudirán a ti encorvados los hijos de los que te humillaban,
Ap 3 9 se postrarán a tus pies todos los que te menospreciaban,
1 26+ y te llamarán la Ciudad de Yahvé,
la Sión del Santo de Israel*.

62 4.12 ¹⁵ En vez de estar tú abandonada,
aborrecida y sin viandantes,
yo te convertiré en lozanía eterna,
gozo de siglos y siglos.

49 23 ¹⁶ Te nutrirás con la leche de las naciones,
con las riquezas* de los reyes serás amamantada,
49 26 y sabrás que yo soy Yahvé tu Salvador,
y el que rescata, el Fuerte de Jacob.

¹⁷ En vez de bronce traeré oro,
en vez de hierro traeré plata,

en vez de madera, bronce,
y en vez de piedras, hierro.
Te pondré como gobernantes la Paz,
y por gobierno la Justicia. **1 26**

¹⁸ No se oirá más hablar de violencia en tu tierra,
ni de despojo o quebranto en tus fronteras,
antes llamarás a tus murallas «Salvación»
y a tus puertas «Alabanza*».

¹⁹ No será para ti ya nunca más el sol **/ Ap 21 23;**
luz del día, **22 5**
ni el resplandor de la luna te alumbrará de noche,
sino que tendrás a Yahvé por luz eterna,
y a tu Dios por tu hermosura.
²⁰ No se pondrá jamás tu sol,
ni tu luna menguará,
pues Yahvé será para ti luz eterna,
y se habrán acabado los días de tu luto.
²¹ Todos los de tu pueblo serán justos, **57 13**
para siempre heredarán la tierra;
retoño serán de mis plantaciones*,
obra de mis manos para manifestar mi gloria.
²² El más pequeño vendrá a ser un millar,
el más chiquito, una nación poderosa.
Yo, Yahvé,
a su tiempo me apresuraré a cumplirlo.

Misión del profeta*.

61

¹ El espíritu del Señor Yahvé está **Lc 4 18-19**
sobre mí, **Is 42 1; 11 2**
por cuanto que me ha ungido Yahvé. **Mt 3 16+**
A anunciar la buena nueva* a los po- **Lc 7 22**
bres me ha enviado,
a vendar los corazones rotos;
a pregonar a los cautivos la liberación, **Lv 25 10+**

---

60 12 Este v., que rompe el contexto, es muy probablemente una adición.
60 13 Se trata de los cedros. Serán empleados para construir la nueva Jerusalén, como antes el templo de Salomón, 1 R 5 15s.
60 14 Es un nombre nuevo, simbólico como el que Isaías daba a Jerusalén, 1 26+. De igual modo, más abajo, los nombres de las murallas y de las puertas, 60 18, los de Sión y de su tierra, 62 4, los del pueblo y de la ciudad, 62 12.
60 16 Lit. «los pechos». Ya el griego interpretaba esta imagen audaz por «las riquezas»; no es seguro que haya leído un texto diferente.
60 18 Las murallas y las puertas de Jerusalén tenían sus nombres, ver Ne 3 13-15. Estos son nuevos, simbólicos, ver v. 14 y 1 26+. El Apocalipsis dará nombres análogos a las puertas y a los fundamentos de la nueva Jerusalén, Ap 21 12.14.

60 21 «mis plantaciones» qeré, versiones; «su plantación» ketib; «las plantaciones de Yahvé» 1QIsᵃ.
61 El profeta, con gran probabilidad el autor de los caps. 60 y 62, anuncia que ha recibido de Dios un mensaje de consolación, vv. 1-3; habrá reconstrucción, v. 4; los extranjeros garantizarán las necesidades materiales de Israel convertido en un pueblo de sacerdotes y lleno de gloria, vv. 5-7; Dios toma la palabra para establecer una alianza eterna, vv. 8-9. Los vv. 10-11 son una acción de gracias del profeta que habla en nombre de Sión. Este poema es el eco de los cantos del Siervo, ver 42 1; 42 7; 49 9, y también 50 4-11, donde también habla del Siervo, como aquí.
61 1 Aunque el término empleado no lo indica expresamente, evidentemente se trata de la buena nueva, es decir, del «Evangelio». Ver 11 2-42 1, y Lc 4 18-19, donde Jesús, en Nazaret, parte de este texto para explicar su propia misión.

y a los reclusos la libertad;
² a pregonar año de gracia de Yahvé,
día de venganza de nuestro Dios;
para consolar a todos los que lloran,

Mt 5 5
³ para darles diadema en vez de ceniza,
aceite de gozo en vez de vestido de luto,
alabanza en vez de espíritu abatido.
Se les llamará robles de justicia,
plantación de Yahvé para manifestar su gloria*.

58 12
⁴ Edificarán las ruinas seculares,
los lugares de antiguo desolados levantarán,
y restaurarán las ciudades en ruinas,
los lugares por siempre desolados.

14 2
⁵ Vendrán extranjeros y apacentarán vuestros rebaños,
e hijos de extraños serán vuestros labradores y viñadores.

Ex 19 6+
∕ Ap 1 6
⁶ Y vosotros seréis llamados «sacerdotes de Yahvé»,
«ministros de nuestro Dios» se os llamará.
La riqueza de las naciones comeréis
y en su gloria les sucederéis.
⁷ Por cuanto su vergüenza había sido doble*,
y en lugar de afrenta, gritos de regocijo fueron su herencia,
por eso en su propia tierra heredarán el doble,
y tendrán ellos alegría eterna.
⁸ Pues yo, Yahvé, amo el derecho
y aborrezco la rapiña y el crimen*.
Les daré el salario de su trabajo lealmente,

55 3+
y alianza eterna pactaré con ellos.
⁹ Será conocida en las naciones su raza
y sus vástagos entre los pueblos;
todos los que los vean reconocerán

Gn 12 3+
que son raza bendita de Yahvé.

Acción de gracias.

1 S 2 1
Lc 1 46s
¹⁰ «Con gozo me gozaré en Yahvé,
exulta mi alma en mi Dios,
porque me ha revestido de ropas de salvación,

en manto de justicia me ha envuelto,
como el esposo se pone una diadema,
como la novia se adorna con aderezos.

Ap 21 2;
19 8
¹¹ Porque, como una tierra hace germinar plantas
y como un huerto produce su simiente,

45 8
así el Señor Yahvé hace germinar la justicia
y la alabanza en presencia de todas las naciones.»

Segundo poema sobre la maravillosa resurrección de Jerusalén*.

62 ¹ Por amor de Sión no he de callar,
por amor de Jerusalén no he de estar quedo,
hasta que salga como resplandor su justicia,
y su salvación brille como antorcha.
² Verán las naciones tu justicia,
todos los reyes tu gloria,
y te llamarán con un nombre nuevo

56 5+
65 15
que la boca de Yahvé declarará.
³ Serás corona de adorno en la mano de Yahvé,
y tiara real en la palma de tu Dios.
⁴ No se dirá de ti jamás «Abandonada»,

Os 2 25
Is 60 15+
ni de tu tierra se dirá jamás «Desolada»,
sino que a ti se te llamará «Mi Complacencia»,

Is 1 26+
y a tu tierra, «Desposada*».
Porque Yahvé se complacerá en ti,
y tu tierra será desposada.
⁵ Porque como se casa joven con doncella,
se casará contigo tu edificador*,
y con gozo de esposo por su novia
se gozará por ti tu Dios.

65 19
⁶ Sobre los muros de Jerusalén
he apostado guardianes;
ni en todo el día ni en toda la noche estarán callados.

52 8
Los que hacéis que Yahvé recuerde,
no guardéis silencio.
⁷ No le dejéis descansar,
hasta que restablezca,

---

61 3 Este verso, que parece un duplicado, ha debido incluirse como glosa explicativa.
61 7 O según otros, una «doble vergüenza», a la que corresponde una «doble herencia» y que recuerda el «castigo doble» de 40 2. Pero el texto no es seguro.
61 8 «crimen» versiones; «holocausto» hebr. (simple cambio de vocalización).
62 Nuevo poema a la gloria de Jerusalén, como el cap. 60. Pero aquí, el tema de los desposorios adquiere gran relieve: el triunfo de Jerusalén y del país que la rodea consiste en convertirse en esposa de Yahvé. Ver 50

1; 54 6-7+.
62 4 «Abandonada (Azubah), «Mi Complacencia» (Jefsi-Bah): estos nombres dados aquí a Jerusalén y al país de Judá a causa de su significación son nombres propios comprobados en otros lugares de la Biblia, ver 1 R 22 42; 2 R 21 1. En esta atribución de nombres propios se reconoce el uso profético iniciado por Os 2 25; Is 1 26; ver 60 14; 62 12.
62 5 «se casará contigo tu edificador» yib'alek bonek conj. según el contexto y ver 54 5; «se casarán contigo tus hijos» yib'alûk banayk hebr.

hasta que trueque a Jerusalén
en alabanza en la tierra.
⁸ Ha jurado Yahvé por su diestra
y por su fuerte brazo:

Dt 28 30-33

«No daré tu grano jamás
por manjar a tus enemigos.
No beberán hijos de extraños tu mosto
por el que te fatigaste,
⁹ sino que los que lo cosechen lo comerán
y alabarán a Yahvé,
y los que lo recolecten lo beberán
en mis atrios sagrados.»

Conclusión*.

11 16+

¹⁰ ¡Pasad, pasad por las puertas!
¡Abrid camino al pueblo!
¡Reparad, reparad el camino,
y limpiadlo de piedras!

49 22

¡Izad pendón hacia los pueblos!
¹¹ Mirad que Yahvé hace oír
hasta los confines de la tierra:

Mt 21 5

«Decid a la hija de Sión:
Mira que viene tu salvación;

=40 10

mira, su salario le acompaña,
y su paga le precede.

60 14+
1 26+

¹² Se les llamará 'Pueblo Santo',
'Rescatados de Yahvé';
y a ti se te llamará 'Buscada',
'Ciudad no Abandonada'.»

El juicio de los pueblos*.

34 1-17
Dt 2 5+
Ap 19 13

63 ¹ —¿Quién es ése que viene de Edom,
de Bosrá, con ropaje teñido de rojo?
¿Ése del vestido esplendoroso,
y de andar* tan esforzado?
—Soy yo que hablo con justicia,
un gran libertador.
² —Y ¿por qué está de rojo tu vestido,
y tu ropaje como el de un lagarero?

Jl 4 13

³ —El lagar he pisado yo solo;
de mi pueblo* no hubo nadie conmigo.
Los pisé con ira,

Ap 19 15;
14 19-20

los pateé con furia,
y salpicó su sangre* mis vestidos,
y toda mi vestimenta he manchado.
⁴ ¡Era el día de la venganza que tenía pensada,
el año de mi desquite era llegado!
⁵ Miré bien y no había auxiliador;
me asombré de que no hubiera quien apoyase.
Así que me salvó mi propio brazo,
y fue mi furia la que me sostuvo.

59 16

⁶ Pisoteé a pueblos en mi ira,
los pisé* con furia
e hice correr por tierra su sangre.

**Meditaciones sobre la historia
de Israel*.**

⁷ Las misericordias de Yahvé quiero recordar,

Sal 89 2

las alabanzas de Yahvé,
por todo lo que nos ha premiado Yahvé,
por la gran bondad para la casa de Israel,
que tuvo con nosotros en su misericordia,
y por la abundancia de sus bondades.
⁸ Dijo él: «De cierto que ellos son mi pueblo,
hijos que no engañarán.»

Dt 32 5

Y fue él su Salvador
⁹ en todas sus angustias.
No fue un mensajero* ni un ángel:
él mismo en persona los liberó.
Por su amor y su compasión
él los rescató:

Ex 19 4+
Is 46 31

los levantó y los llevó
todos los días desde siempre.
¹⁰ Mas ellos se rebelaron y contristaron
a su espíritu santo,

Dt 32 15
Ef 4 30

y él se convirtió en su enemigo,
guerreó contra ellos.
¹¹ Entonces se acordó de los días antiguos,
de Moisés su siervo*.

---

62 10 Este breve poema parece servir de conclusión al conjunto 60-62. Vuelve sobre varios temas del libro de la Consolación, ver 40 3-5.10; 49 22; 57 14.
63 Este bello fragmento de poema apocalíptico está pensado como un diálogo entre Yahvé y el inspirado. Yahvé se presenta como un vendimiador cuyos vestidos están manchados por el zumo de los racimos. Pero los que él ha pisado en el lagar son los pueblos enemigos de Israel, de los que Edom, el enemigo tradicional, es como el tipo. Se ha tratado de traducir corrigiendo los términos «Edom» y «Bosrá»: «¿Quién es el que llega totalmente rojo, con vestidos salpicados de púrpura como un vendimiador?», interpretación que favorecería la aplicación del texto al Mesías doliente.
63 1 «de andar» so'ed conj.; «encorvándose» so'eh hebr.
63 3 (a) «de mi pueblo» 1QIs^a; «de los pueblos» TM.

63 3 (b) Lit. «su zumo», metáfora de la viña que prosigue. Nótese que con una imagen contraria, al zumo se le llama a veces la «sangre» del racimo.
63 6 «los pisé» we'ašabberem mss hebr.; «los he embriagado» we'ašakkerem TM.
63 7 El largo poema 63 7 - 64 1 tiene la forma de un salmo de súplica colectiva, ver especialmente Sal 44 y 89 y las Lamentaciones. Las referencias de 63 18 y 64 9-10 a la ruina de Jerusalén y del Templo el 587 indican que el recuerdo de la catástrofe está aún próximo. El poema data de los comienzos del Destierro. La evocación de la historia pasada 63 7-14, está conforme con la teología deuteronomista: Dios castiga a su pueblo rebelado, y luego lo salva.
63 9 «mensajero» sir griego. «angustia» sar hebr.
63 11 «su siervo» mss, sir; «su pueblo» hebr.

Ex 2 1-10

¿Dónde está el que los sacó de la mar,
el pastor de su rebaño?

Nm 11 17
Ne 9 20

¿Dónde el que puso en él
su espíritu santo,
[12] el que hizo que su brazo fuerte
marchase al lado de Moisés,

Ex 14 5-31
Sal 135 13
51 10

el que hendió las aguas ante ellos
para hacerse un nombre eterno,
[13] el que les hizo andar por los abismos
como un caballo por el desierto,
sin que tropezaran,
[14] cual ganado que desciende al valle?

Sal 77 21

El espíritu de Yahvé los llevó a descansar.
Así guiaste a tu pueblo,
para hacerte un nombre glorioso*.

64 7-11

[15] Observa desde los cielos y ve*
desde tu aposento santo y glorioso.
¿Dónde está tu celo y tu fuerza,

Os 11 8

la conmoción de tus entrañas?
¿Es que tus entrañas se han cerrado
para mí?

Dt 1 31+

[16] Porque tú eres nuestro Padre,
que Abrahán no nos conoce,
ni Israel nos recuerda.

41 14+

Tú, Yahvé, eres nuestro Padre,
tu nombre es «El que nos rescata» desde siempre.
[17] ¿Por qué nos dejaste errar, Yahvé,
fuera de tus caminos,
endurecerse nuestros corazones lejos
de tu temor?
Vuélvete, por amor de tus siervos,

Dt 32 9

por las tribus de tu heredad.
[18] ¿Por qué el enemigo ha invadido tu
santuario,
tu santuario han pisoteado nuestros
opresores?
[19] Somos desde antiguo gente a la que
no gobiernas,
no se nos llama por tu nombre.

64.[1]

¡Ah! si rompieses los cielos y descendieses*

Ap 19 11
Sal 144 5

—ante tu faz los montes se derretirían,

[2]

64 [1] como prende el fuego en la hojarasca,

como el fuego hace hervir al agua—
para dar a conocer tu nombre a tus adversarios,
y hacer temblar a las naciones ante ti,
[2] haciendo tú cosas terribles, inesperadas.
(Tú descendiste: ante tu faz, los montes se derritieron*.)

Sal 18 8s;
50 3

[3] Nunca se oyó.
No se oyó decir, ni se escuchó, ni ojo
vio*
a un Dios, sino a ti, que tal hiciese
para el que espera en él.
[4] Te haces encontradizo de quienes se
alegran y practican justicia
y recuerdan tus caminos.
He aquí que estuviste enojado,
pero es que fuimos pecadores;
estamos para siempre en tu camino y
nos salvaremos*.
[5] Somos como impuros todos nosotros,
como paño inmundo todas nuestras
obras justas.
Caímos* como la hoja todos nosotros,
y nuestras culpas como el viento nos
llevaron.
[6] No hay quien invoque tu nombre,
quien se despierte para asirse a ti.
Pues encubriste tu rostro de nosotros,
y nos dejaste* a merced de nuestras
culpas.
[7] Pues bien, Yahvé, tú eres nuestro Padre.
Nosotros la arcilla, y tú nuestro alfarero,
la hechura de tus manos todos nosotros.
[8] No te irrites, Yahvé, demasiado,
ni para siempre recuerdes la culpa.
Ea, mira, todos nosotros somos tu
pueblo.
[9] Tus ciudades santas han quedado desiertas,
Sión desierta ha quedado, Jerusalén
desolada.
[10] Nuestro templo santo y glorioso,
en donde te alabaron nuestros padres,

1 Co 2 9

Lv 15 19-2

29 16+

---

63 14 Los vv. 11-14 recuerdan el primer gran acto salvador de Dios, la liberación de Egipto, como la prenda de la salvación futura.
63 15 Aquí comienza propiamente la súplica, encuadrada por las dos evocaciones de **63** 15 y **64** 11, que se asemejan. Entre ambas se suceden sin plan definido los temas ordinarios en las súplicas. Nótese la insistencia en la paternidad divina, **63** 16; **64** 7.
63 19 La frase prosigue en **64** 1[b]. La evocación de los rasgos ordinarios de las teofanías, ver Sal 18 6-7; 144 5, etc., interrumpe este llamamiento a la venida de Yahvé.
64 2 Glosa que repite a **63** 19.
64 3 San Pablo, 1 Co 2 9, parece citar este texto en

una fórmula más rítmica: «lo que ni el ojo vio ni el oído oyó...». Es difícil asegurar si cita libremente o si poseía algún texto de Isaías diferente del nuestro.
64 4 Lit. «en ellos estamos desde antiguo...»; la expresión puede referirse a los «caminos» del comienzo del v., pero otros interpretan de manera muy diferente: «en nuestros pecados estamos desde antiguo y seríamos salvados». En este caso se trataría de un clamor de desánimo. La duda persiste, y es posible que el texto se halle corrompido.
64 5 «caímos» griego; hebr. dudoso.
64 6 «nos dejaste» versiones; «nos haces temblar» (?) hebr.

ha parado en hoguera de fuego,
y todas nuestras cosas más queridas
han parado en ruinas.

[12] ¹¹ ¿Es que ante esto te endurecerás,
Yahvé,
callarás y nos humillarás sin medida?

El juicio futuro*.

65 ¹ Me he hecho encontradizo de
quienes no preguntaban por mí;
me he dejado hallar de quienes no me
buscaban. Dije: «Aquí estoy, aquí estoy»
a gente que no invocaba mi nombre*.
² Alargué mis manos todo el día hacia un
pueblo rebelde que sigue un camino
equivocado en pos de sus pensamientos;
³ pueblo que me irrita en mi propia cara
de continuo, que sacrifican en los jardines y queman incienso sobre ladrillos;
⁴ que habitan en tumbas y en antros ha-
cen noche; que comen carne de cerdo y
bazofia descompuesta en sus cacharros*;
⁵ los que dicen: «Quédate ahí, no te lle-
gues a mí, que te santificaría*.» Estos
son humo en mi nariz, fuego que abrasa
siempre. ⁶ Mirad que está escrito delante
de mí: no callaré hasta no haber puesto
su paga en su seno*, ⁷ la de vuestras culpas y las de vuestros padres juntamente
—dice Yahvé—, que quemaron incienso
en los montes y en las colinas me afrentaron; pero yo voy a medirles la paga de
su obra y se la pondré en su seno.

⁸ Así dice Yahvé: Como cuando se en-
cuentra mosto en el racimo y se dice:
«No lo eches a perder, porque es una
bendición», así haré yo por amor de mis
siervos, evitando destruirlos a todos.
⁹ Sacaré de Jacob simiente y de Judá he-
redero de mis montes; los heredarán mis
elegidos y mis siervos morarán allí. ¹⁰ Sarón será majada de ovejas y el valle de
Acor corral de vacas para mi pueblo, los
que me buscaron.

margin refs: Rm 10 20 · Rm 10 21 · Dt 32 21 · 4 3+ · 57 13

¹¹ Mas vosotros, los que abandonáis a
Yahvé,
los que olvidáis mi monte santo,
los que ponéis una mesa a Gad
y llenáis una copa a Mení*,
¹² yo os destino a la espada
y todos vosotros caeréis degollados,
porque os llamé y no respondisteis,
hablé y no oísteis,
sino que hicisteis lo que me desagrada,
y lo que no me gusta elegisteis.
¹³ Por tanto, así dice el Señor Yahvé:
Mirad que mis siervos comerán,
mas vosotros tendréis hambre;
mirad que mis siervos beberán,
mas vosotros tendréis sed;
mirad que mis siervos se alegrarán,
mas vosotros padeceréis vergüenza;
¹⁴ mirad que mis siervos cantarán con
corazón dichoso,
mas vosotros gritaréis con corazón
triste,
y con espíritu quebrantado gemiréis.
¹⁵ Dejaréis vuestro nombre a mis elegi-
dos para que sirva de imprecación: «¡Así
te haga morir el Señor Yahvé*...!», pero a
sus siervos les dará un nombre nuevo
¹⁶ tal que, quien desee ser bendecido en la
tierra, deseará serlo en el Dios del Amén,
y quien jurare en la tierra jurará en el
Dios del Amén; cuando se hayan olvidado
las angustias primeras, y cuando estén
ocultas a mis ojos. ¹⁷ Pues he aquí que yo
creo cielos nuevos y tierra nueva*, y no
serán mentados los primeros ni vendrán
a la memoria; ¹⁸ antes habrá gozo y regocijo por siempre jamás por lo que voy
a crear. Pues he aquí que yo voy a crear
a Jerusalén «Regocijo», y a su pueblo
«Alegría»; ¹⁹ me regocijaré por Jerusalén y
me alegraré por mi pueblo, sin que se
oiga allí jamás lloro ni quejido. ²⁰ No habrá allí jamás niño que viva pocos días, o
viejo que no llene sus días, pues morir joven será morir a los cien años, y el que no
alcance los cien años será porque está

margin refs: 50 2; 66 4 · Jr 7 13 · Lc 6 20-26 · 1 26+ 56 5; 66 2 Ap 2 17; 3 12+ · 51 6; 66 22 Ap 21 1 43 18 · 1 26+ 60 14+ 62 5 · Ap 21 4 · Za 8 4

---

65 Los caps. **65-66** forman una colección apocalíptica que, en conjunto, puede datar de la época postexílica. El ritmo es a veces impreciso y se ha podido estimar que algunos pasajes estaban escritos en prosa.
65 1 «que no invocaba mi nombre» versiones; «que
no era llamado mi nombre» hebr.
65 4 Lit. «migajas (colectivo) de manjares impuros»,
o leyendo con el qeré y 1QIs^a, «jugo de manjares impuros». —Como en 66 17 y ver Ez 8 7-13, se trata de
ritos que se practicaron en secreto en Jerusalén durante
el Destierro y que la comunidad tuvo que combatir a su
regreso. No se trata todavía de las religiones mistéricas
de la época helenística.
65 5 Palabras puestas en labios de los iniciados, a los
que se considera portadores de una «santidad», expuesta a trasmitirse por simple contacto.

65 6 «en su seno», ver Jr 32 18. Los pliegues del manto
servían de bolsa de provisiones, comp. 2 R 4 39; Rt 3 15;
Lc 6 38. La expresión se repite al fin del v. 7.
65 11 Gad, dios arameo de la fortuna. Mení, dios desconocido, quizá una divinidad del destino. El hebr. al
parecer hace un juego de palabras entre este versículo y
la primera palabra del v. siguiente *naníti* «destinaré».
65 15 Sobreentendido: «como esos malvados».
65 17 Entre los profetas antiguos la felicidad mesiánica anunciada para el futuro se describía más o menos
como una vuelta al paraíso, ver Is 11 6+. Pero en las
obras apocalípticas, sin rechazar totalmente las antiguas representaciones, ver 65 25 que cita a Is 11 7.9, el
profeta considera una renovación total. Un mundo nuevo se anuncia y se describe a través de toda la literatura
apocalíptica, ver Ap 21 1; 2 P 3 13.

62 8
Dt 28 30-33
Jr 31 5
Am 9 14

maldito. ²¹ Edificarán casas y las habitarán, plantarán viñas y comerán su fruto. ²² No edificarán para que otro habite, no plantarán para que otro coma, pues cuanto vive un árbol vivirá mi pueblo, y mis elegidos disfrutarán del trabajo de sus manos. ²³ No se fatigarán en vano ni tendrán hijos para sobresalto, pues serán raza bendita de Yahvé ellos y sus retoños con ellos. ²⁴ Antes que me llamen, yo responderé; aún estarán hablando, y yo les escucharé. ²⁵ Lobo y cordero pacerán a una, *el león comerá paja como el buey*, y la serpiente se alimentará de polvo, *no harán más daño ni perjuicio en todo mi santo monte* —dice Yahvé—.

11 7

Gn 3 14
11 9

Oráculo sobre el Templo*.

Mt 5 34s
Hch 7 49-
55
1 R 8 27

Sal 24 1-2

66 ¹ Así dice Yahvé:
Los cielos son mi trono
y la tierra la alfombra de mis pies.
Pues ¿qué casa me vais a edificar,
o qué lugar de reposo,
² si el universo lo hizo mi mano
y todo vino al ser?
—Oráculo de Yahvé—.
Pues en esto he de fijarme:
en el mísero, pobre de espíritu,
y en el que tiembla a mi palabra.
³ ¿Se inmola un toro?: como quien abate un hombre*.
¿Se degüella una oveja?: como quien desnuca un perro.
¿Se ofrece un sacrificio?: sangre de puerco.
¿Memorial de incienso?: como no bendecir nada.
¿Que ellos se eligieron sus caminos
y en sus inmundicias se recrearon?
⁴ Pues yo también elegiré sus cuitas*,
y lo que más temen traeré sobre ellos.

50 2
65 12

Porque llamé y nadie respondía,
hablé, pero no oían;
sino que hicieron lo que miro mal,
y lo que no me gusta eligieron.

Juicio sobre Jerusalén*.

⁵ Escuchad la palabra de Yahvé,
los que tembláis a su palabra.
Dijeron vuestros hermanos, que os aborrecen,
que os rechazan por causa de mi Nombre:
«Que Yahvé muestre su gloria*
y veamos vuestra alegría.»
Pero quedarán corridos.
⁶ ¡Voz estruendosa de la ciudad!
¡Voz del Templo!: la voz de Yahvé,
que paga a sus enemigos lo que merecen.

Ap 16 17

⁷ «Antes de tener dolores dio a luz,
antes de llegarle el parto dio a luz varón*:

Ap 12 5

⁸ ¿Quién oyó tal?
¿Quién vio cosa semejante?
¿Es dado a luz un país en sólo un día?
¿O nace un pueblo todo de una vez?
Pues bien, tuvo dolores y parió
Sión a sus hijos.
⁹ ¿Abriré yo la matriz sin hacer parir
—dice Yahvé—
o lo cerraré, yo que hago dar a luz?
—Dice tu Dios—.

¹⁰ Congratulaos con Jerusalén, regocijaos por ella
todos sus amigos, llenaos de alegría por ella
todos los que por ella hacíais duelo;
¹¹ de modo que maméis y os saciéis
de su pecho consolador,
de modo que chupéis y os deleitéis
de su ubre cargada.

Jn 16 20

¹² Porque así dice Yahvé:
Ved cómo alargo hacia ella,
como río el bienestar,
como caudal desbordante
lo bueno de las naciones;
y seréis alimentados, en brazos seréis llevados,
sobre las rodillas seréis acariciados.

---

66   Este oráculo no tiene nexo con el contexto. Condena el templo, cuya construcción se ha emprendido al regreso del Destierro, como Natán había hecho bajo David, 2 S 7 5-7, como lo hará Esteban, Hch 7 48s, citando el pasaje de Is. Es la recusación de una religión demasiado material en beneficio de la religión de los «pobres», v. 2ᵇ, ver So 2 3+.

66 3   Este texto establece un paralelo entre cuatro acciones de culto *legítimo* y *cuatro* acciones de cultos paganos; sacrificios humanos, matar al perro, comer cerdo, saludo a los ídolos. Esto no quiere decir que quien inmola un buey no es preferible al que sacrifica a un nombre, etc.; condena tan radical del culto exterior no se encuentra en parte alguna en el AT. Esto quiere decir que los que realizan esos actos de culto legítimo practican también ritos paganos. Se trata, pues, de una condenación del sincretismo, que practican los círculos mismos a los que se dirige **65** 3-5 y **66** 17.

66 4   Texto dudoso. Es la misma palabra que en **3 4** («mozalbetes», ver la nota). El griego traduce por «burla», que cuadra bien con el contexto, pero algunos traductores modernos prefieren «vejación», «infortunio», etc.

66 5   (a) Aparentemente es continuación del apocalipsis del cap. **65**, pero con un tema nuevo que expresa las esperanzas del pueblo de Dios.

66 5   (b) «muestre su gloria» griego; «glorifique» hebr.

66 7   Imagen que expresa el carácter súbito y prodigioso de la venida del mundo nuevo. Ver **26** 17-18, donde reaparece la imagen del parto, con matiz un tanto diferente.

¹³ Como aquel a quien su madre consuela,
así yo os consolaré
(y por Jerusalén seréis consolados).

Jn 16 22 ¹⁴ Al verlo se os alegrará el corazón,
vuestros huesos como césped florecerán,
la mano de Yahvé se dará a conocer a
sus siervos,
y su enojo a sus enemigos.

¹⁵ Pues mirad que Yahvé en fuego viene,
y como torbellino sus carros,
para desfogar su cólera con ira
y su amenaza con llamas de fuego.

¹⁶ Pues con fuego Yahvé va a juzgar,
con su espada a toda carne,
y serán muchas las víctimas de Yahvé.
¹⁷ Los que se santifican y purifican en
los huertos*,
tras uno que está en medio,
que comen carne de cerdo,
de inmundicia y de rata,
a una serán acabados
junto con sus acciones y pensamientos*
—oráculo de Yahvé—.

Discurso escatológico*.

Ez 34 13
Mt 24 31;
25 32
¹⁸ Yo vengo a reunir a todas las naciones
y lenguas; vendrán y verán mi gloria.

¹⁹ Pondré en ellos señal y enviaré de ellos
algunos escapados* a las naciones: a Tarsis, Put y Lud, Mésec, Ros, Túbal, Yaván;
a las islas remotas* que no oyeron mi
fama ni vieron mi gloria. Ellos anunciarán mi gloria a las naciones. ²⁰ Y traerán
a todos vuestros hermanos de todas las
naciones como oblación a Yahvé —en caballos, carros, literas, mulos y dromedarios— a mi monte santo de Jerusalén
—dice Yahvé—, como traen los hijos de
Israel la oblación en recipiente limpio al
templo de Yahvé. ²¹ Y también de entre
ellos tomaré para sacerdotes y levitas   Sal 87 7+
—dice Yahvé*—.

²² Porque así como los cielos nuevos   65 17
y la tierra nueva que yo hago
permanecen en mi presencia —oráculo de Yahvé—,
así permanecerá vuestra raza y vuestro
nombre.
²³ Así pues, de luna en luna nueva
y de sábado en sábado,
vendrá todo el mundo a prosternarse
ante mí —dice Yahvé—.
²⁴ Y en saliendo, verán
los cadáveres de aquellos
que se rebelaron contra mí;
su gusano no morirá,   Mc 9 48
su fuego no se apagará,   Jdt 16 17
y serán el asco de todo el mundo*.   Si 7 17

66 17 (a) Este v. está aislado en este contexto y podría relacionarse con 63 3-5. Alude a actos de un culto secreto, presidido por un sacerdote (o una sacerdotisa, si se lee en femenino con qeré y 1QIs²), ver Ez 8 11. Este paralelo indica que el texto puede explicarse sin recurrir a los misterios helenísticos, más tardíos.
66 17 (b) «inmundicia», ver Lv 7 21; 11 10-42. Es inútil corregir esta palabra para entender «reptiles» (*šeres* en lugar de «*šeqes*, ver Gn 1 10, etc.). —«sus acciones y sus pensamientos» está tomado del comienzo del v. 18, donde estas palabras no se relacionan con nada.
66 18 Los vv. 18-24 probablemente han sido añadidos como conclusión a los caps. 40-66 o incluso al libro completo. Todo el pasaje debió estar en verso y fue desfigurado por la inserción de la lista de las naciones en el v. 19 y la de los medios de transporte en el v. 2. Se convertirá a todas las naciones y llevarán a los dispersos de Israel a Jerusalén como ofrenda a Dios, pero el que recibe las promesas eternas es Israel. En ningún lugar del AT se yuxtaponen a tal extremo el universalismo y

el particularismo.
66 19 (a) Los «escapados» de las naciones, ver 45 20-25, son los convertidos, y son enviados a predicar la fe hasta los confines del mundo. Es digno de notarse que estos «misioneros», los primeros de que se habla, sean paganos convertidos.
66 19 (b) Esta lista es una adición que toma sus elementos a Ez 27 10-13. Las identificaciones probables son: Tarsis, España; Put (así el griego Pul hebr.), Libia; Lud, Lidia; Mésec (así el griego; «los tiradores de arco», *mošḡē qešet* hebr.) Frigia; Túbal, Cilicia; Yaván, los jonios, y más en general los griegos.
66 21 Algunos paganos convertidos tendrán acceso a las funciones del culto. Idéntica apertura extraordinaria que en el v. 19.
66 24 Al culto perpetuo que rendirán los adoradores de Yahvé, vv. 22-23, se contrapone el castigo sin fin que herirá a sus enemigos, v. 24. Para no concluir la lectura del libro con este terrible aviso, el uso de la Sinagoga era el de repetir a continuación la promesa del v. 23.

JEREMÍAS

Título.

1 R 2 26-27

1 ¹ Palabras de Jeremías, hijo de Jilquías, de los sacerdotes de Anatot*, en la tierra de Benjamín, ² a quien fue dirigida la palabra de Yahvé en tiempo de Josías, hijo de Amón, rey de Judá, el año trece de su reinado; ³ y también en tiempo de Joaquín, hijo de Josías, rey de Judá, hasta cumplirse el año undécimo de Sedecías, hijo de Josías, rey de Judá, hasta el destierro de Jerusalén, en el mes quinto*.

So 1 1

I. Oráculos sobre Judá y Jerusalén

1. EN TIEMPO DE JOSÍAS

Vocación del profeta.

⁴ Entonces me dirigió Yahvé la palabra en estos términos:

Is 49 1.5
Lc 1 15
Ga 1 15
Rm 8 29

⁵ Antes de haberte formado yo en el vientre, te conocía*,
y antes que nacieses, te tenía consagrado:
yo profeta de las naciones te constituí.

Ex 4 10
Is 6 8+

⁶ Yo dije: «¡Ah, Señor Yahvé! Mira que no sé expresarme, que soy un muchacho.»

⁷ Y me dijo Yahvé:

No digas: «Soy un muchacho»,
pues adondequiera que yo te envíe irás,
y todo lo que te mande dirás.

Ez 2 6

⁸ No les tengas miedo,
que contigo estoy para salvarte
—oráculo de Yahvé—.

Is 6 6-7
Ez 3 1-3

⁹ Entonces alargó Yahvé su mano y tocó mi boca. Y me dijo Yahvé:

2 S 23 2
Is 59 21

Mira que he puesto mis palabras en tu boca.

Os 6 5
Jr 18 7;
28; 45 4

¹⁰ Desde hoy mismo te doy autoridad
sobre las gentes y sobre los reinos
para extirpar y destruir,
para perder y derrocar,
para reconstruir y plantar.

¹¹ Entonces me dirigió Yahvé la palabra en estos términos: «¿Qué estás viendo, Jeremías?» Respondí: «Veo una rama de almendro.» ¹² Y me dijo Yahvé: «Bien has visto. Pues así soy yo, velador de mi palabra para cumplirla*.»

Ez 12 28
Is 55 10-11
Dn 9 14

¹³ Nuevamente me dirigió Yahvé la palabra en estos términos: «¿Qué estás viendo?» Respondí: «Veo un puchero hirviendo que se vuelca de norte a sur*.»

4 5-31

¹⁴ Y me dijo Yahvé:

«Es que desde el norte se iniciará el desastre
sobre todos los moradores de esta tierra.

4 6; 6 1.22

¹⁵ Porque en seguida voy a llamar
a todas las familias de los reinos del norte
—oráculo de Yahvé—,
y vendrán a instalarse
a las puertas mismas de Jerusalén,
y frente a todas sus murallas en torno,
y contra todas las ciudades de Judá,
¹⁶ a las que yo sentenciaré
por toda su malicia:
por haberme dejado a mí
para ofrecer incienso a otros dioses
y adorar la obra de sus propias manos.

¹⁷ Por tu parte, te apretarás el cinto,
te pondrás firme y les dirás cuanto yo te mande.

1 7-8

No desmayes ante ellos,
que yo no te haré desmayar;
¹⁸ pues, por mi parte, mira que hoy te he convertido
en plaza fuerte, en pilar de hierro,

15 20

---

1 1   Hoy Anata, ciudad a seis kilómetros al nordeste de Jerusalén, donde Salomón desterró al sacerdote Abiatar, ver 1 R 2 26.
1 3   Los vv. 2-3 nos llevan del 626 poco más o menos a julio del 587. No abarcan, pues, los caps. 40 a 44. (Ver al final del volumen la cronología de la época).
1 5   «Conocer», por parte del Señor, equivale a elegir y predestinar: Am 3 2; Rm 8 29. «Consagrar», más que una santificación interior indica una segregación para el ministerio profético.
1 12   El almendro en hebreo se llama šeqed (vigilante, atento) porque acecha la primavera para ser el primero en echar flores; aquí evoca al Vigilante (šôqed), el Dios siempre en vela.
1 13   Lit. «su cara (boca) la parte del norte». También puede entenderse: «su contenido (lit. «su superficie») se inclina desde el norte».

en muralla de bronce frente a toda
esta tierra,
  así se trate de los reyes de Judá como
de sus jefes,
  de sus sacerdotes o del pueblo de la
tierra*.
¹⁹ Te harán la guerra,
  mas no podrán contigo,
  pues contigo estoy yo —oráculo de
Yahvé— para salvarte.»

Primeros sermones. Infidelidad de Israel*.

2 ¹ Entonces me dirigió Yahvé la palabra en estos términos: ² Ve y grita a
los oídos de Jerusalén:
  Así dice Yahvé:

Os 2 16-17+
Jr 11 15
Ap 14 4+
Ex 13 17+

  De ti recuerdo tu cariño* juvenil,
  el amor de tu noviazgo;
  aquel seguirme tú por el desierto,
  por la tierra no sembrada.

Ex 19 6+

³ Consagrado a Yahvé estaba Israel,
  primicias de su cosecha.
  «Quienquiera que lo coma, será reo;
  mal le sucederá»
  —oráculo de Yahvé—.

Os 4 1-3

⁴ Oíd la palabra de Yahvé, casa de Jacob,
  y todas las familias de la casa de Israel.
⁵ Así dice Yahvé:
  ¿Qué encontraban vuestros padres en
mí de torcido,

2 R 17 15
Os 9 10
Sal 115 8

  que se alejaron de mi vera,
  y yendo en pos de la Vanidad*
  se hicieron vanos?
⁶ En cambio no dijeron: «¿Dónde está
Yahvé,

Dt 8 14-16;
32 10-12

  que nos subió desde Egipto,
  nos llevó por el desierto,
  la estepa y la paramera,
  por tierra seca y sombría,
  una tierra intransitada
  en donde nadie se asienta?»

Dt 8 7-10
Ex 3 8+

⁷ Luego os traje a la tierra del vergel*,

para comer sus deliciosos frutos.
  Llegasteis y ensuciasteis mi tierra,
  y pusisteis mi heredad asquerosa.
⁸ Los sacerdotes no se decían: «¿Dónde
está Yahvé?»;
  ni los peritos de la Ley me conocían;
  y los pastores se rebelaron contra mí,
  y los profetas profetizaban por Baal,
  y en pos de los Inútiles andaban*.

8 8
Ez 34 1+

⁹ Por eso sigo litigando con vosotros
  —oráculo de Yahvé—
  y hasta con los hijos de vuestros hijos
litigaré.
¹⁰ Porque, en efecto, pasad a las islas de
los Queteos y ved,
  enviad a Quedar quien investigue a
fondo*,

18 13-16

  pensadlo bien y ved
  si aconteció cosa tal:
¹¹ si las gentes cambiaron de dioses
  —¡aunque aquéllos no son dioses!—.
  Pues mi pueblo ha trocado su Gloria*
por el Inútil.

Ex 24 16+
Rm 1 23
Sal 106 20

¹² Pasmaos, cielos, de ello,
  erizaos y cobrad gran espanto
  —oráculo de Yahvé—.
¹³ Doble mal ha hecho mi pueblo:
  a mí me dejaron,
  manantial de aguas vivas,
  para hacerse cisternas,
  cisternas agrietadas,
  que el agua no retienen.

Jn 4 1+

¹⁴ ¿Es un esclavo Israel,
  o nació siervo?
  Pues ¿cómo es que ha servido de botín?
¹⁵ Contra él rugieron leoncillos,
  dieron voces
  y dejaron su país hecho una desolación,
  sus ciudades incendiadas, sin habitantes.
¹⁶ Hasta los hijos de Menfis y de Tafnis
  te han rapado el cráneo*.

Is 3 17; 7

---

1 18   O «pueblo del país». Se trata de la aristocracia
rural, de ciudadanos con plenos derechos, defensores
de la dinastía davídica y de las tradiciones yahvistas. En
el período postexílico esta expresión acabó designando
al conjunto de los ciudadanos.
2   Salvo raras excepciones, el conjunto 2-6 representa la primera actividad de Jeremías, antes de la reforma de Josías (621). Este conjunto volverá a gozar de
la actualidad en tiempo de Joaquín, con la recaída en
la idolatría y la amenaza de Nabucodonosor.
2 2   La palabra jésed, ver Os 2 21+, designa aquí
como matiz afectivo la fidelidad de las relaciones dentro
de la alianza entre la nación israelita y Dios su Esposo.
2 5   Aquí, un ídolo, como en 10 15; 16 19; 51 18. El
que lo adora se le asemeja, ver Os 9 10.
2 7   En hebreo karmel: el nombre del Monte Carmelo.

2 8   De nuevo los ídolos, a los que siguen incluso los
responsables de la nación, sin exceptuar a los «pastores», guías políticos y religiosos del pueblo.
2 10   «Queteos», los habitantes de Citium, en Chipre,
Gn 10 4; Nm 24 24; aquí, en conjunto, los isleños del
Mediterráneo occidental. La palabra llegará a designar
a los romanos, ver Am 11 30. «Quedar», tribu nómada de Transjordania, Gn 25 13; Is 21 16.
2 11   Es decir, su Dios, Yahvé. «Su Gloria» es una corrección de los escribas (tiqqun soferim) por «mi Gloria» que al parecer resultaba demasiado extraño.
2 16   «te han rapado» ye'arûk conj.: «te han apacentado» yir'ûk hebr. —Menfis es la capital del Bajo Egipto.
Tafnis, o Dafne, hoy Tel Defenneh, es una ciudad al este
del Delta. —Alusiones a la intervención egipcia de 608-
605.

Jr 4 18; 6 19

¹⁷ ¿No te ha sucedido esto
por haber dejado a Yahvé tu Dios
cuando te guiaba en tu camino?

Is 30 1-3

¹⁸ Y entonces, ¿qué cuenta te tiene encaminarte a Egipto
para beber las aguas del Nilo?,
o ¿qué cuenta te tiene encaminarte a Asiria
para beber las aguas del Río*?

¹⁹ Que te enseñe tu propio daño,
que tus apostasías te escarmienten;
reconoce y ve
lo malo y amargo que te resulta
el dejar a Yahvé tu Dios
y no temblar ante mí
—oráculo del Señor Yahvé Sebaot—.

Mt 11 28-30

²⁰ Oh tú, que rompiste desde siempre el yugo
y, sacudiendo las coyundas,
decías: «¡No serviré!»,
tú, que sobre todo otero prominente
y bajo todo árbol frondoso
estabas yaciendo, prostituta*.

Dt 12 2+
Ez 16 16
1 R 14 23+
Dt 23 19+
Is 5 1+
r 5 10; 6 9;
8 13

²¹ Yo te había plantado de cepa selecta,
toda entera de simiente legítima.
Pues ¿cómo te has mudado en sarmiento
de vid bastarda?

²² Porque, así te blanquees con salitre
y te des bien de lejía,
se te nota la culpa en mi presencia
—oráculo del Señor Yahvé—.

²³ ¿Cómo dices: «No estoy manchada;
en pos de los Baales no anduve?»
¡Mira tu rastro en el Valle*!
Reconoce lo que has hecho,
camellita liviana que trenza sus derroteros,

²⁴ irrumpe en el desierto
y en puro celo se bebe los vientos:
su pasión, ¿quién la calmará?
Cualquiera que la busca la topa,
¡bien acompañada la encuentra!

²⁵ Guarda tu pie de la descalcez
y tu garganta de la sed.
Pero tú dices: «No hay remedio:
a mí me gustan los extranjeros,

Am 2 4
Os 2 7

y tras ellos he de ir.»

²⁶ Como se azara el ladrón sorprendido en flagrante,
así se ha azorado la casa de Israel:
ellos, sus reyes, sus jefes
sus sacerdotes y sus profetas,

²⁷ los que dicen al leño: «Tú, padre mío»;
y a la piedra: «Tú me pariste.»
Tras volverme la espalda que no la cara,
cuando vienen mal dadas dice:
«¡Levántate y sálvanos!»

²⁸ Pues ¿dónde están tus dioses, los que tú mismo te hiciste?   Dt 32 37-38
¡Que se levanten ellos, a ver si se salvan en la hora aciaga!
Pues cuantas son tus ciudades,   =11 13
otros tantos son tus dioses, Judá;
(y cuantas calles cuenta Jerusalén,
otros tantos altares hay de Baal*).

²⁹ ¿Por qué os querelláis conmigo,
si todos vosotros me habéis traicionado?
—oráculo de Yahvé—.

³⁰ En vano vapuleé a vuestros hijos: Am 4 6+
no aprendieron.
Ha devorado vuestra espada a vuestros profetas,   Mt 23 37
como el león cuando estraga.

³¹ Vosotros, ¡valiente ralea!; atended a la palabra de Yahvé:
¿Fui yo un desierto para Israel
o una tierra malhadada?
¿Por qué, entonces, dice mi pueblo:
«¡Nos vamos!   2 23
No vendremos más a ti»?

³² ¿Se olvida una chica de su aderezo,
o una novia de su cinta?
Pues mi pueblo sí que me ha olvidado
días sin cuento.

³³ ¡Qué hermoso ves tu camino
en busca del amor!
Y eso que hasta con maldades
aprendiste tus caminos.

³⁴ En tus mismas haldas se notaban manchas de sangre   Is 1 15
de pobres inocentes muertos,
a los que no sorprendiste en escalo*.
Y con eso,

³⁵ dices: «Soy inocente;
basta ya de ira contra mí.»
Pues bien, aquí me tienes para discutir contigo
eso que has dicho: «No he pecado.»

---

2 18   El «Nilo»: lit. el Sijor, uno de los brazos del Nilo. El «Río» es el Éufrates. Estas metáforas designan el recurso a las grandes potencias; los profetas se han opuesto a ello constantemente.
2 20   Rechazando el servicio de Dios, Israel se hunde en la esclavitud de los ídolos. La «prostitución» designa a la idolatría, ver Os 1 2+, aquí efectivamente acompañada de prostitución sagrada, ver Dt 23 19+.

2 23   Probablemente el valle de Een Hinón, o Gehenna, donde se hallaba Tófet, ver 7 31; Lv 18 21+.
2 28   «Y cuantas calles cuenta Jerusalén, otros tantos altares hay de Baal», añadido con griego y Vet. Lat., ver 11 13.
2 34   La excusa de homicidio era el flagrante delito de escalo para robar, Ex 22 1.

³⁶ ¡Cuánta ligereza la tuya*
para cambiar de dirección!
También de Egipto te avergonzarás
como te avergonzaste de Asiria.
³⁷ También de ésta saldrás
con las manos en la cabeza.
Porque Yahvé ha rechazado
aquello en que confías,
y no saldrás bien de ello.

La conversión*.

3 ¹ «Supongamos que despide
un marido a su mujer;
ella se va de su lado
y es de otro hombre:

Dt 24 1-4

¿podrá volver a él*?;
¿no sería como una tierra manchada?»
Pues bien, tú has fornicado
con muchos compañeros,
¡y vas a volver a mí! —oráculo de Yahvé—.

2 20
Dt 12 2+

² Alza los ojos a los calveros y mira:
¿en dónde no fuiste gozada?
A la vera de los caminos
te sentabas para ellos,
como el árabe en el desierto,
y manchaste la tierra
con tus fornicaciones y malicia.

5 24; 14 4
Lv 26 19

³ No hubo lloviznas de otoño
y faltó lluvia tardía.

¿Y qué? Tu rostro era el de una descarada,
no quisiste avergonzarte.
⁴ Y aun entonces, ¿no me llamabas:
«Padre mío,
tú, el amigo de mi juventud?;
⁵ ¿tendrá rencor para siempre?,
¿lo guardará hasta el fin?»
Ahí tienes cómo has hablado;
las maldades que hiciste las has colmado.

Israel del Norte, invitado a convertirse*. Parábola de las dos hermanas.

Ez 23

⁶ Yahvé me dijo en tiempos del rey Josías: ¿Has visto lo que hizo Israel, la apóstata? Andaba ella sobre cualquier

Dt 12 2+

monte elevado y bajo cualquier árbol frondoso, fornicando allí. ⁷ En vista de lo que había hecho, dije: «No vuelvas a mí.» Y no volvió. Vio esto su hermana Judá, la pérfida; ⁸ vio* que a causa de todas las fornicaciones de Israel, la apóstata, yo la había despedido dándole su carta de divorcio; pero no hizo caso su hermana Judá, la pérfida, sino que fue y fornicó también ella, ⁹ tanto que por su liviandad en fornicar manchó la tierra, y fornicó con la piedra y con el leño. ¹⁰ A pesar de todo, su hermana Judá, la pérfida, no se volvió a mí de todo corazón, sino engañosamente —oráculo de Yahvé—.

Dt 24 1

¹¹ Y me dijo Yahvé: Más justa se ha manifestado Israel, la apóstata, que Judá, la pérfida. ¹² Anda y pregona estas palabras al Norte y di:

Vuelve, Israel apóstata, —oráculo de Yahvé—;
no estará airado mi semblante contra vosotros,
porque piadoso soy —oráculo de Yahvé—;
no guardo rencor para siempre.
¹³ Tan sólo reconoce tu culpa,
pues contra Yahvé tu Dios te rebelaste,
frecuentaste a extranjeros*
bajo todo árbol frondoso,
y mi voz no oísteis —oráculo de Yahvé—.

Digresión: El pueblo mesiánico en Sión*.

¹⁴ Volved, hijos apóstatas —oráculo de Yahvé— porque yo soy vuestro Señor. Os iré recogiendo uno a uno de cada ciudad, y por parejas de cada familia, y os traeré a Sión. ¹⁵ Os pondré pastores según mi corazón, que os den pasto de conocimiento y prudencia. ¹⁶ Y luego, cuando seáis muchos y fructifiquéis en la tierra, en aquellos días —oráculo de Yahvé— no se hablará más del arca de la alianza de Yahvé, no vendrá en mientes, no se acordarán ni se ocuparán de ella, ni será reconstruida jamás*. ¹⁷ En aquel tiempo llamarán a Jerusalén «Trono de

Is 4 3+

Ez 34 1+
Jr 23 4

Ex 25 8+

---

2 36 Cambiando ligeramente la vocalización, con las versiones.
3 Este poema, interrumpido por los dos fragmentos 3 6-13 y 3 14-18, prosigue en 3 19 - 4 4.
3 1 Dt 24 1-4 prohíbe semejante segundo matrimonio. Para que Israel, esposa infiel de Yahvé, vuelva a él y sea aceptada, es preciso un milagro de gracia, ver vv. 19s; 31 23; Os 1-3.
3 6 Este párrafo data de Josías y debe situarse después de la reforma del 621. Atestigua la esperanza que

siempre conservó Jeremías con respecto al reino del Norte, ver 30 1 - 31 22. Parece haber inspirado a Ez 23.
3 8 Con 1 ms hebr., varios mss griegos y el sir.; «vi» hebr.
3 13 Sobre los falsos dioses: alusión al sincretismo religioso bajo Manasés y Amón.
3 14 Este pasaje supone los acontecimientos del 587.
3 16 Los caldeos debieron de quemar el arca del 587. Pero la Jerusalén futura será toda ella el «Trono de Yahvé», como lo era el arca, Ex 25 10+; 2 S 6 7.

Is 1 26+
Ez 48 35
Is 45 14+

Yahvé» y se incorporarán a ella todas las naciones en el nombre de Yahvé, en Jerusalén, sin seguir más la dureza de sus perversos corazones.

In 13 14-15

¹⁸ En aquellos días, andará la casa de Judá al par de Israel, y vendrán juntos desde tierras del norte a la tierra que di en herencia a vuestros padres*.

Prosigue el poema de la conversión*.

Dt 1 31+

¹⁹ Yo había dicho: «Sí,
te adoptaré por hijo
y te daré una tierra espléndida,
flor de las heredades de las naciones.»

Sal 89 27

Y añadí: «Padre me llamaréis
y de mi seguimiento no os volveréis.»
²⁰ Pues bien, como engaña una mujer a su compañero,
así me ha engañado la casa de Israel
—oráculo de Yahvé—.

²¹ Voces sobre los calveros* se oían:
rogativas llorosas de los hijos de Israel,
porque torcieron su camino,
olvidaron a su Dios Yahvé.
²² —Volved, hijos apóstatas;
yo remediaré vuestras apostasías.

—Aquí nos tienes de vuelta a ti,
porque tú, Yahvé, eres nuestro Dios.

Is 2 12-18
Sal 75 7;
121 1-2

²³ ¡Luego eran mentira los altos,
la barahúnda de los montes*!
¡Luego por Yahvé, nuestro Dios,
se salva Israel!
²⁴ La Vergüenza* se comió el trabajo de nuestros padres
desde nuestra mocedad:
sus ovejas y vacas, sus hijos e hijas.
²⁵ Echémonos en nuestra vergüenza,
y que nuestra confusión nos cubra,
ya que contra Yahvé nuestro Dios hemos pecado,
nosotros como nuestros padres,
desde nuestra mocedad hasta hoy,
y no escuchamos la voz de Yahvé nuestro Dios.

4 ¹ —¡Si volvieras, Israel!, oráculo de Yahvé,
¡si a mí volvieras!,
¡si quitaras tus Monstruos abominables,
y de mí no huyeras!
² Si juras por vida de Yahvé
con verdad, derecho y justicia,
en él serán benditas las naciones,
en él se glorificarán.

Gn 12 3+

³ Porque así dice Yahvé
a la gente de Judá y a Jerusalén:
—Cultivad el barbecho
y no sembréis sobre cardos.
⁴ Circuncidaos para Yahvé,
extirpad los prepucios de vuestros corazones,
hombres de Judá y habitantes de Jerusalén;
no sea que brote como fuego mi saña,
y arda, y no haya quien la apague
en vista de vuestras obras perversas.

Os 10 12
Mt 13 22p
Dt 10 16

=21 12

La invasión nórdica*.

1 13-15

⁵ Avisad en Judá
y óigase en Jerusalén.
Haced sonar el cuerno por el país,
pregonad a voz en grito:
¡Juntaos,
vamos a las plazas fuertes!
⁶ Izad bandera: ¡A Sión!
¡A escape, no os detengáis!
Porque traigo calamidad del norte,
y derrota grande.
⁷ Se ha levantado el león de su cubil,
y el devorador de naciones
se ha puesto en marcha:
salió de su lugar
para dejar la tierra desolada.
Tus ciudades quedarán arrasadas,
sin habitantes.
⁸ Por ende, ceñíos de sayal,
endechad y plañid:
—«¡No; no se va de nosotros
la ardiente ira de Yahvé!»

Jl 2 1+

=8 14

3 18   Con la restauración mesiánica los profetas anuncian la unidad futura del Reino, reanudando la tradición de David y de Salomón, Jr 23 5-6; 31 1; Is 11 13-14; Ez 37 15-27; Os 2 2; Mi 2 12; Za 9 10.
3 19   Continuación de los vv. 1-5. Lo que jurídicamente era imposible, v. 1, se hace posible por la gracia.
3 21   En contraste con 3 2.
3 23   Seguimos griego, sir. y Vulg.; hebr. corrompido, lit.: «por la mentira de más allá de las colinas, tumulto de los montes».
3 24   Designación de Baal, ver 11 13; lo que sigue alude a los sacrificios que se le ofrecían.
4 4   La circuncisión, Gn 17 10+, era en Israel la señal de la alianza. Para Jeremías, esta señal nada significa si no le corresponde la fidelidad interior, la «circuncisión del corazón», ver Dt 10 16. Israel se niega a escuchar a Yahvé, tiene «los oídos incircuncisos», Jr 6 10; se niega a convertirse, tiene «el corazón incircunciso», 9 24-25; ver Lv 26 41. Será Yahvé quien, convirtiendo a Israel, circuncidará su corazón, Dt 30 6. Los extranjeros sí que son incircuncisos de corazón y de carne, Ez 44 7. El NT repetirá esta imagen, Hch 7 51 y San Pablo enseñará que la verdadera circuncisión, la que hace al verdadero israelita, es la del corazón, Rm 2 25-29; ver 1 Co 7 19; Ga 5 6; 6 15; Flp 3 3; Col 2 11; 3 1.
4 5   Como en 1 15, el enemigo del norte no es un pueblo determinado. Quizá evoca a la vez a los escitas (aparecidos en las costas siropalestinenses entre el 630 y el 625) y al ejército asirio. El oráculo cobraría el 605 una actualidad aterradora al aplicarse a los caldeos.

⁹ Aquel día —oráculo de Yahvé—
se desanimará el rey y la aristocracia,
se pasmarán los sacerdotes,
y los profetas se espantarán.
¹⁰ Y yo digo: «¡Ay, Señor Yahvé!
¡Cómo embaucaste a este pueblo y a
Jerusalén

14 13 diciendo*: 'Paz tendréis',
y ha penetrado la espada
hasta el alma!»
¹¹ En aquella sazón se dirá a este pueblo
y a Jerusalén:
Un viento ardiente
viene por el desierto,
camino de la hija de mi pueblo,

51 2 no para beldar, ni para limpiar.
¹² Viento preñado de amenaza
viene de mi parte:
ahora es mi turno de réplica.

¹³ Ved cómo se levanta cual las nubes,
como un huracán sus carros,
y ligeros más que águilas sus corceles.
¡Ay de nosotros, estamos perdidos!
¹⁴ Limpia de malicia tu corazón, Jerusalén,
para que seas salva.
¿Hasta cuándo durarán en ti
tus pensamientos torcidos?
¹⁵ Una voz avisa desde Dan
y da la mala nueva desde la sierra de
Efraín*.
¹⁶ Pregonad: «¡Los gentiles! ¡Ya están
aquí!»;
hacedlo oír en Jerusalén.
Los enemigos vienen de tierra lejana*,
dando voces contra las ciudades de
Judá.
¹⁷ Como guardas de campo la tienen rodeada,
porque contra mí se rebelaron —oráculo de Yahvé—.
¹⁸ Tu proceder y fechorías
te acarrearon esto;
esta tu desgracia te ha llegado al corazón,
porque te rebelaste contra mí.

10 19 ¹⁹ ¡Mis entrañas, mis entrañas!,
¡me duelen las paredes del corazón*,
se me salta el corazón del pecho!
No callaré,
porque escucho sones de cuerno,

el clamoreo del combate.
²⁰ Se anuncia quebranto sobre quebranto,
porque es saqueada toda la tierra.
En un punto son saqueadas mis tien-   **10 20**
das,
y en un cerrar de ojos mis toldos.
²¹ ¿Hasta cuándo veré enseñas
y oiré sones de cuerno?
²² *—Es porque mi pueblo es necio: **Dt 32 6.28**
A mí no me reconocen.
Criaturas necias son,
faltas están de talento.
Sabios son para lo malo,   **Mi 7 3**
y tontos para lo bueno.
²³ Miré a la tierra, y era un caos;
a los cielos, y faltaba su luz.
²⁴ Miré a los montes, y estaban temblando,
y todos los cerros trepidaban.
²⁵ Miré, y no había un alma,
todas las aves del cielo habían volado.
²⁶ Miré, y el vergel era yermo,
todas las ciudades estaban arrasadas
delante de Yahvé
y del ardor de su ira.
²⁷ Porque así dice Yahvé:
Desolación se volverá toda la tierra,
aunque no acabaré con ella.
²⁸ Por eso ha de enlutarse la tierra,   **Os 4 3+**
y se oscurecerán los cielos arriba;
pues tengo resuelta mi decisión
y no me pesará ni me volveré atrás de
ella.
²⁹ Al ruido de jinetes y flecheros
huía toda la ciudad.
Se metían por los bosques
y trepaban por las peñas.
Toda ciudad fue abandonada*,
sin quedar en ellas habitantes.
³⁰ Y tú, asolada, ¿qué vas a hacer?
Aunque te vistas de grana,   **Is 3 16-24**
aunque te enjoyes con joyel de oro,   **Ez 23 40**
aunque te pintes con polvos los ojos,
en vano te hermoseas:
te han rechazado tus amantes,   **Ez 16 37-**
¡tu muerte es lo que buscan!   **23 22-29**
³¹ Y entonces oí una voz como de par-
turienta,
gritos como de primeriza: **6 24; 13 ?**
era la voz de la hija de Sión,   **22 23; 50**
                                            Is 13 8+
                                            Sal 48 7

---

4 10   Alusión a las promesas de los falsos profetas, 14
13 y 23 17; ver 28 8-9.
4 15   Dan, en los límites septentrionales de Palestina:
Gn 14 14: Jos 19 47: Jc 18 29; 20 1+, etc. Efraín designa
aquí a la parte montañosa, desde Siquén a Betel, donde
se habían establecido los descendientes de la tribu de
Efraín, hijo de José: Jos 16 1s; 17 15; 1 S 1 1.

4 16   «Los enemigos» *sarim* conj.: «los guardas» *mos-
rîm* hebr.
4 19   Quejas de Jeremías, que se identifica con todo el
país.
4 22   Habla de nuevo Yahvé.
4 29   «toda ciudad» griego; hebr. repite «toda la ciudad».

que gimiendo extendía sus palmas:
«¡Ay, pobre de mí, desfallezco
a manos de asesinos!»

Motivos de la invasión*.

5 ¹ Recorred las calles de Jerusalén,
mirad bien y enteraos;
buscad por sus plazas,
a ver si topáis con alguno
que practique la justicia,
que busque la verdad,
y yo la perdonaría*.
² Pues, si bien dicen: «¡Por vida de Yahvé!»,
también juran en falso.
³ ¡Oh Yahvé! tus ojos, ¿no son para la verdad?
Les heriste, mas no acusaron el golpe;
acabaste con ellos, pero no escarmentaron.
Endurecieron sus caras más que peñascos,
rehusaron convertirse.
⁴ Yo decía: «Naturalmente, el vulgo es necio,
pues ignora el camino de Yahvé,
el derecho de su Dios.
⁵ Voy a acudir a los grandes
y a hablar con ellos,
porque ésos conocen el camino de Yahvé,
el derecho de su Dios.»
Pues bien, todos a una habían quebrado el yugo
y arrancado las coyundas.
⁶ Por eso los herirá el león de la selva,
el lobo de los desiertos los destrozará,
el leopardo acechará sus ciudades:
todo el que saliere de ellas será despedazado.
Porque son muchas sus rebeldías,
y sus apostasías son grandes.
⁷ ¿Cómo te voy a perdonar por ello?
Tus hijos me dejaron
y juraron por el no-dios.
Yo los harté, y ellos se hicieron adúlteros,

y el lupanar frecuentaron.
⁸ Son caballos lustrosos y vagabundos:
cada cual relincha por la mujer de su prójimo.
⁹ ¿Y de esto no pediré cuentas?
—oráculo de Yahvé—,
¿de una nación así
no me voy a vengar?
¹⁰ Escalad sus murallas, destruid,
mas no acabéis con ella.
Podad sus sarmientos,
porque no son de Yahvé
¹¹ Porque bien me engañaron,
la casa de Judá y la casa de Israel*
—oráculo de Yahvé—.
¹² Renegaron de Yahvé
diciendo: «¡Él no cuenta*!,
¡no nos sobrevendrá daño alguno,
ni espada ni hambre veremos!
¹³ ª Cuanto a los profetas,
el viento se los lleve,
pues carecen de Palabra.»
¹⁴ª Por tanto, así dice Yahvé,
el Dios Sebaot:
¹³ᵇ —Así les será hecho.
¹⁴ᵇ Por haber hablado ellos tal palabra,
voy ahora a poner las mías
en tu boca como fuego,
y a este pueblo como leños,
y los consumirá.
¹⁵ Voy a traer contra vosotros
una nación de muy lejos,
¡oh casa de Israel! —oráculo de Yahvé—;
una nación que no mengua,
nación antiquísima aquélla,
nación cuya lengua ignoras
y no entiendes lo que habla;
¹⁶ cuyo carcaj es como tumba abierta:
todos son valientes.
¹⁷ Comerá tu mies y tu pan,
comerá a tus hijos e hijas,
comerá tus ovejas y vacas,
comerá tus viñas e higueras;
con la espada destruirá
tus plazas fuertes en que confías*.

Marginal references

Mi 7 2
Sal 14 1-3

Gn 18 16-33
Ez 14 12+

Am 4 6+

Ap 16 9.11

2 20
Si 11 28-30

Dt 32 15

=5 29; 9 8

2 21+

Sal 14 1
So 1 12

Is 28 15
Am 9 10

23 29
Os 6 5

Dt 28 49-52

Is 28 11

---

5 Al agravio esencial que es la contaminación idolátrica del culto de Yahvé, Jeremías añade el ateísmo práctico y la indocilidad (vv. 3.12-13), la lujuria (vv. 7-8), la opresión social (vv. 26-29). Denuncia la responsabilidad de las clases dirigentes (vv. 4-5), de los sacerdotes y de los profetas (v. 31).
5 1 Griego añade: «dice Yahvé»; omitido por hebr.
5 11 El nombre de «casa de Israel» quizá designa aquí al reino del Sur, ver el cap. 2, y «casa de Judá» podría ser glosa. Este término ha tenido varios sentidos: primero designó a las doce tribus del pueblo de la Alianza, Jos 24; luego, tomando sentido de profano, sirvió para designar al reino del Norte, 2 S 5 5. Sin embargo, no se olvidó su valor religioso, e Isaías habla de las «dos casas de Israel», 8 14, y después de la caída del reino de Samaría (721) se aplicó este nombre al reino del Sur, ver Is 5 7; Mi 2 1; Ez 4 3; 5 4.
5 12 Lit. «no él». Se atribuye al impío una expresión atea, en este juego de palabras que contrapone *Lo'-hu* (no Él) a *YHWH*, pronunciado *Yawu*, el nombre de Yahvé, «El que es».
5 17 El oráculo proseguirá en el v. 26.

La pedagogía del castigo.

Is 4 3+

¹⁸ Por lo demás, en los días aquellos —oráculo de Yahvé— todavía no acabaré con vosotros.

Dt 29 23-24
Jr 16 10s;
22 8s

¹⁹ Y cuando dijereis: «¿Por qué nos hace Yahvé nuestro Dios todo esto?», les dirás: «Lo mismo que me dejasteis a mí y servisteis a dioses extraños en vuestra tierra, así serviréis a extraños en una tierra no vuestra.»

Dt 28 47-48

Con ocasión de una hambre(?).

8 18-23; 14

²⁰ Anunciad esto a la casa de Jacob
y hacedlo oír en Judá:
²¹ —Ea, oíd esto,
pueblo necio y sin seso*
—tienen ojos y no ven,
orejas y no oyen—:
²² ¿A mí no me temeréis? —oráculo de
Yahvé—,
¿delante de mí no temblaréis,
que puse la playa por término al mar,
frontera que jamás traspasará?
Se agitará, mas no lo logrará;
mugirán sus olas, pero no pasarán.
²³ Pero este pueblo tiene
un corazón traidor y rebelde:
traicionaron llegando hasta el fin.
²⁴ Y no se les ocurrió decir:
«Ea, temamos a Yahvé nuestro Dios,
que da la lluvia temprana
y la tardía a su tiempo;
el que nos asegura las semanas
que gobiernan la mies.»
²⁵ Todo esto lo trastornaron vuestras
culpas
y vuestros pecados os privaron del
bien.

Dt 29 3
Is 6 10
Ez 12 2
Mt 13 13+

Jb 38 8-11
Sal 104 9

3 3
Dt 11 14

1 S 12 17+

Se reanuda el tema.

²⁶ Porque hay en mi pueblo malhechores:
preparan la red,
como paranceros* montan celada:
¿y qué atrapan? ¡hombres!
²⁷ Como jaula llena de aves,

así están sus casas llenas de fraudes.
Así se engrandecieron y enriquecieron,
²⁸ engordaron, se alustraron,
a favor de delinquir.
La causa del huérfano no juzgaban
y el derecho de los pobres no sentenciaban.
²⁹ ¿Y de esto no pediré cuentas?
—oráculo de Yahvé—,
¿de una nación así
no voy a vengarme?
³⁰ Algo pasmoso y horrendo
se ha dado en la tierra:
³¹ los profetas profetizando infundios,
mientras los sacerdotes aplaudían*.
Pero mi pueblo lo prefiere así.
¿A dónde vais a parar?

=5 9

14 14

Is 10 3

Más sobre la invasión.

6 ¹ Escapad, hijos de Benjamín,
de dentro de Jerusalén,
en Técoa tocad el cuerno,
y sobre Bet Queren izad bandera*,
porque una desgracia amenaza del
norte
y un quebranto grande.
² ¿Qué tal, si a delicioso prado
te comparas, hija de Sión?
³ Allá vienen pastores
con sus rebaños,
han montado las tiendas,
junto a ella en derredor,
y apacienta cada cual su manada.
⁴ «¡Declaradle la guerra santa*!
¡En pie y subamos contra ella a mediodía!
¡Ay de nosotros, que el día va cayendo,
y se alargan las sombras de la tarde!
⁵ ¡Pues arriba y subamos de noche
y destruiremos sus alcázares!»
⁶ Porque así dice Yahvé Sebaot:
«Talad sus árboles
y alzad contra Jerusalén un terraplén.»
Es la ciudad de visita*.
Todo el mundo se atropella en su interior.
⁷ Como mana el agua de un pozo,

Jl 2 1+

1 13-15

12 10

---

5 21 Lit. «sin corazón», ver Os 7 11; Gn 8 21+.
5 26 En plural conforme al contexto; el hebr. en singular. —«como paranceros montan celada» trad. dudosa; el verbo normalmente significa «humillarse», de donde quizá también «bajarse, agacharse» (para la espera).
5 31 Dudoso. Lit. «recogen (?) en sus manos», con el verbo *radah* II empleado en Jc 14 9; mejor que «gobiernan» (*radah* I) para sus manos, es decir, en provecho propio.
6 1 Al parecer, se supone a los benjaminitas instalados al norte de Judá como refugiados en Jerusalén. —Técoa, patria de Amós, a ocho kilómetros al sur de Belén; Bet Queren, ver Ne 3 14, es de localización du-

dosa; acaso Ramat Rahel, a cinco kilómetros al sur de Jerusalén.
6 4 Lit. «santificad contra ella guerra», puesto que hasta entonces se había considerado a ésta como deber sagrado, ver también 22 7. Pero, a pesar del vocabulario, es una situación contraria al ideal de la guerra santa en la que Yahvé lucha con su pueblo, ver Dt 1 30; 20 4; Is 31 4, o al menos contra sus enemigos, Is 13 3. Para Jeremías, la guerra ya no es un acto religioso, porque Yahvé ha abandonado el campamento de Israel, a quien ha decidido castigar, ver 21 5; 34 22.
6 6 Griego: «¡Ay de la ciudad de mentira!» La «visita» de Dios, o para liberar, 15 15; Ex 3 16; Lc 1 68, o para entregar al castigo, 6 15; 8 12; 9 24, ver Is 10 3, etc.

así mana de ella su malicia.
«¡Atropello!», «¡que me roban!»
—es lo que se oye allí—;
ante mí de continuo heridas y golpes.
[8] Aprende, Jerusalén,
no sea que se despegue mi alma de ti,
no sea que te convierta en desolación,
en tierra despoblada.

2 21
[9] Así dice Yahvé Sebaot:
Busca, rebusca como en una cepa
en el resto de Israel*;
vuelve a pasar tu mano
como el vendimiador por los pámpanos.
[10] ¿A quiénes que me oigan voy a hablar
y avisar*?
4 4+
Ved: su oído es incircunciso
y no pueden entender.
Ved: la palabra de Yahvé se les ha
vuelto oprobio:
no les agrada.
[11] También yo estoy lleno de la saña de
Yahvé
y cansado de retenerla.
La verteré sobre el niño de la calle
y sobre el grupo de mancebos juntos.
También hombre y mujer adultos
serán alcanzados,
el viejo con la anciana.
=8 10-12
[12] Sus casas pasarán a otros,
campos y mujeres a una,
cuando extienda yo mi mano
sobre los habitantes de esta tierra
—oráculo de Yahvé—.
[13] Porque desde el más chiquito de ellos
hasta el más grande,
todos andan buscando su provecho,
23 11
y desde el profeta hasta el sacerdote,
todos practican el fraude.
[14] Han curado el quebranto de mi pueblo
a la ligera, diciendo: «¡Paz, paz!»,
cuando no había paz*.
[15] ¿Se avergonzaron de las abominaciones que hicieron?
Avergonzarse, no se avergonzaron;
sonrojarse, tampoco supieron;
por tanto caerán con los que cayeren;
tropezarán cuando yo los visite
—dice Yahvé—.

[16] Así dice Yahvé:
Paraos en los caminos y mirad,
preguntad por los senderos antiguos*,
cuál es el buen camino, y andad por él,
y encontraréis sosiego para vuestras
almas.
Pero dijeron: «No vamos.»
[17] Entonces les puse centinelas:
«¡Atención al toque de cuerno!»
Pero dijeron: «No atendemos.»
[18] Por tanto, oíd, naciones,
y conoce, asamblea,
lo que vendrá sobre ellos;
[19] oye, tierra:
Voy a traer la desgracia a este pueblo,
como fruto de sus pensamientos,
porque a mis razones no atendieron,
y por lo que respecta a mi Ley, la desecharon.
[20] ¿A qué traerme incienso de Seba*
y canela fina de país remoto?
Ni vuestros holocaustos me agradan,
ni vuestros sacrificios me complacen.
[21] Por tanto, así dice Yahvé:
Voy a poner a este pueblo tropiezos
y tropezarán en ellos
padres e hijos a una,
el vecino y su prójimo perecerán.

[22] Así dice Yahvé:
Un pueblo viene de tierras del norte
y una gran nación se despierta
de los confines de la tierra.
[23] Arco y lanza blanden,
crueles son y sin entrañas.
Su voz como la mar muge,
y a caballo van montados,
ordenados como un solo hombre para
la guerra
contra ti, hija de Sión.
[24] Oímos su fama,
flaquean nuestras manos,
angustia nos asalta,
dolor como de parturienta.
[25] No salgáis al campo,
no andéis por el camino,
que el enemigo lleva espada:
terror por doquier.
[26] Hija de mi pueblo, cíñete de sayal
y revuélcate en ceniza,

18 15
↗ Mt 11 29
Os 9 8+
Ez 3 17
Pr 1 29-31
1 R 10 1+
Am 5 21+
=50 41-43
4 31+
20 10+

6 9   La expresión, aquí como en 8 3, no es aún técnica. Lo será en 23 3 y 31 7, para designar al pueblo fiel, beneficiario de la salvación. Ver Is 4 3+.
6 10 Jeremías, invitado a reunir los restos, declara en los vv. 10-11ᵃ que ya no encuentra oyentes atentos. Le responde Dios.
6 14 Falaces promesas de los falsos profetas, ver 4 10, con los que chocará Jeremías a causa de sus anuncios de desdichas. Ellos anuncian la «paz», šalom, que para el hebreo no sólo expresa la ausencia de peligro exterior

(sentido que aparece en primer plano en la época de Jeremías), sino un ideal de felicidad en la prosperidad individual y colectiva, en las buenas relaciones con Dios y en la armonía social. Es el ideal que debe realizar la paz mesiánica, ver Is 11 6+.
6 16 Los de los antepasados pecadores, Jb 22 15, y, como aquí, los de los antepasados fieles, ver 18 15; Sal 139 14.
6 20 O Sabá, 1 R 10+.

Am 8 10
Za 12 10

haz por ti misma un duelo de hijo único,
una endecha amarguísima,
porque en seguida viene
el saqueador contra nosotros.

²⁷ Te puse en mi pueblo* por inquisidor
sagaz,
para que examinaras y probaras su
conducta.

²⁸ Todos ellos son rebeldes que andan
difamando
(bronce y hierro*);
todos son degenerados.
²⁹ Jadeó el fuelle,
el plomo se consumió por el fuego*.
En vano refinó el fundidor,
porque la ganga no se desprendió.
³⁰ Serán llamados «plata de desecho»,
porque Yahvé los desechó.

Is 1 22
Jr 9 6
Ez 22 17-2
Ml 3 2-3

2. ORÁCULOS PERTENECIENTES EN GENERAL
A LA ÉPOCA DE JOAQUÍN

26 1-19+

El culto auténtico*.
a) Invectiva contra el Templo*.

7¹ Palabra que llegó de parte de Yahvé
a Jeremías: ² Ponte en la puerta del
templo de Yahvé y predica allí esta razón. Dirás: Oíd la palabra de Yahvé, todo
Judá, los que entráis por estas puertas a
postraros ante Yahvé. ³ Así dice Yahvé
Is 1 16-17   Sebaot, el Dios de Israel: Mejorad de
conducta y de obras, y yo haré que os
quedéis en este lugar. ⁴ No confiéis en
palabras engañosas diciendo: «¡Templo
de Yahvé, Templo de Yahvé, Templo de
Yahvé es éste!» ⁵ Porque si mejoráis realmente vuestra conducta y obras, si real-
22 3   mente hacéis justicia mutua ⁶ y no oprimís al forastero, al huérfano y a la viuda
(y no vertéis sangre inocente en este lu-
Ex 20 2-3   gar), ni andáis en pos de otros dioses
para vuestro daño, ⁷ entonces yo me quedaré con vosotros en este lugar, en la tierra que di a vuestros padres desde siempre hasta siempre. ⁸ Pero resulta que
vosotros confiáis en palabras engañosas
que de nada sirven, ⁹ para robar, matar,
adulterar, jurar, incensar a Baal
y seguir a otros dioses que no conocíais.
¹⁰ Luego venís y os paráis ante mí en este
templo donde se invoca mi Nombre y
decís: «¡Estamos seguros!», para seguir
haciendo todas esas abominaciones.
¹¹ ¿Una cueva de bandidos se os antoja
que lleva mi Nombre? ¡Para mí está claro! —oráculo de Yahvé—.

¹² Pues andad ahora a mi lugar de
Siló*, donde aposenté mi Nombre antiguamente, y ved lo que hice con él por la
maldad de mi pueblo Israel. ¹³ Y ahora,
por haber hecho vosotros todo esto
—oráculo de Yahvé— por más que os hablé asiduamente, aunque no me oísteis,
y os llamé, mas no respondisteis, ¹⁴ yo
haré con el templo que lleva mi Nombre,
en el que confiáis, y con el lugar que os
di a vosotros y a vuestros padres, lo mismo que hice con Siló, ¹⁵ y os echaré de
mi presencia como eché a todos vuestros
hermanos, a toda la descendencia de
Efraín.

b) Dioses extraños.

¹⁶ En cuanto a ti, no pidas por este
pueblo ni eleves por ellos plegaria ni oración, ni me insistas, porque no te oiré.
¹⁷ ¿Es que no ves lo que ellos hacen en
las ciudades de Judá y por las calles de
Jerusalén? ¹⁸ Los hijos recogen leña, los
padres prenden fuego, las mujeres ama-
san para hacer tortas a la Reina de los

Mt 21
13+

1 S 1-3;
4 12-22
Sal 78 59-

Is 50 2;
65 12; 66

11 14; 14

44 17-19

---

6 27 El hebr. añade «(como una) plaza fuerte»: la palabra de **1** 18.
6 28 «(Son) bronce y hierro»; posible interferencia de
una expresión como la de Ez **22** 18.20.
6 29 Comparación tomada de la purificación de los
metales y aquí especialmente del tratamiento de la ga-
lena, de la que hay que sacar por separado plomo y plata. Pero Israel, aún puesto en el crisol de la prueba, no
se purifica.
7 (a) Los discursos que siguen, agrupados por su
relación con el culto, deben referirse al reinado de Joaquín.
7 (b) El templo, santificado por la presencia de
Yahvé, 1 R **8** 10s, ver Dt **4** 7+, podía parecer como inviolable, y el fracaso de Senaquerib el 701 bajo las mu-

rallas de Jerusalén había puesto en claro la protección
de Yahvé sobre la Ciudad santa, 2 R **19** 32-34; Is **37** 33-
35. De ahí la presunción de que indudablemente volvería
a actuar la misma protección. Jeremías va a escandalizar
al pueblo, afirmando, después de Miqueas (3 12), que
una confianza así es ilusoria: Dios puede abandonar su
templo. Ezequiel verá asimismo que la Gloria de Yahvé
abandona su santuario, Ez **11** 23. El cap. **26** refiere los
incidentes que provocará esta invectiva que data de los
comienzos del reinado de Joaquín, hacia el 608.
7 12 El santuario de Siló, a pesar de ser residencia
del Arca, había sido destruido por los filisteos, 1 S **4**; se
evitaba hablar de este duelo nacional; únicamente lo
hace el Sal **78** 60, después de Jeremías. —Siló se encuentra a unos 40 km al norte de Jerusalén.

Cielos*, y se liba en honor de otros dioses para exasperarme. ¹⁹ ¿A mí me exasperan ésos? —oráculo de Yahvé—, ¿no es a sí mismos, para su sonrojo? ²⁰ Por tanto, así dice el Señor Yahvé: Mi ira y mi saña se van a volcar sobre este lugar, sobre hombres y bestias, sobre los árboles del campo y el fruto del suelo; arderá y no se apagará.

11 1-14

c) Culto formalista.

6 20

²¹ Así dice Yahvé Sebaot, el Dios de Israel. Añadid vuestros holocaustos a vuestros sacrificios y comeos la carne. ²² Que cuando yo saqué a vuestros padres de Egipto, nada les dije ni mandé sobre holocausto y sacrificio*. ²³ Lo que les mandé fue esto otro: «Escuchad mi voz, y yo seré vuestro Dios y vosotros seréis mi pueblo, e iréis por donde yo os mande, para que os vaya bien.» ²⁴ Mas ellos no escucharon ni aplicaron oído, sino que se guiaron por la pertinacia de su mal corazón, volviéndose de espaldas, que no de cara. ²⁵ Desde la fecha en que salieron vuestros padres del país de Egipto hasta el día de hoy, os envié a todos mis siervos, los profetas, cada día* puntualmente. ²⁶ Pero no me escucharon ni aplicaron el oído, sino que atiesando la cerviz hicieron peor que sus padres. ²⁷ Les dirás, pues, todas estas palabras, mas no te escucharán. Los llamarás y no te responderán. ²⁸ Entonces les dirás: Ésta es la nación que no ha escuchado la voz de Yahvé su Dios, ni ha querido aprender. Ha perecido la lealtad, ha desaparecido de su boca.

Am 5 21+
9 13
25 4; 26 5;
29 19; 44 4
Cro 36 15
Ez 3 4-7
Is 7 9+

d) Fragmento de una elegía.

19 1-13

²⁹ Córtate tus guedejas y tíralas,
y entona por los calveros una elegía;
que Yahvé ha desechado y repudiado
a la generación objeto de su cólera.

e) Prosigue el discurso.

³⁰ Los hijos de Judá han hecho lo que me parece mal —oráculo de Yahvé—: han puesto sus monstruos abominables* en el templo que lleva mi Nombre profanándolo, ³¹ y han construido los altos* de Tófet —que está en el valle de Ben Hinón— para quemar a sus hijos e hijas en el fuego, cosa que no les mandé ni me pasó por las mientes. ³² Por tanto, he aquí que vienen días —oráculo de Yahvé— en que no se hablará más de Tófet, ni del valle de Ben Hinón, sino del 'valle de la Matanza'. Se harán fosas comunes en Tófet, por falta de espacio, ³³ y los cadáveres de este pueblo servirán de comida a las aves del cielo y a las bestias de la tierra, sin que haya quien las espante. ³⁴ Suspenderé en las ciudades de Judá y en las calles de Jerusalén toda voz de gozo y alegría, la voz del novio y la voz de la novia; porque toda la tierra quedará desolada.

=32 34
Lv 18 21+
=19 6
16 4; 34 20
16 9; 25 10
Ba 2 23

8 ¹ En aquel tiempo —oráculo de Yahvé— sacarán de sus tumbas los huesos de los reyes de Judá, los huesos de sus príncipes, los huesos de los sacerdotes, los huesos de los profetas y los huesos de los moradores de Jerusalén, ² y los dispersarán ante el sol, la luna y todo el ejército celeste a quienes amaron y sirvieron, a quienes siguieron, consultaron y adoraron*, para no ser recogidos ni sepultados más; se volverán estiércol sobre la faz de la tierra. ³ Y será preferible la muerte a la vida para todo el resto que subsistiere de este linaje malo adondequiera* que yo les relegue —oráculo de Yahvé Sebaot—.

Ez 6 4-5
=25 33;
16 4
2 R 9 37

Amenazas, lamentaciones, avisos*. Extravío de Israel.

⁴ Les dirás: Así dice Yahvé:
Los que caen ¿no se levantan?;
y si uno se extravía ¿no sabe volver?

---

7 18 Istar (Astarté), diosa de la fecundidad en el panteón mesopotámico; se la identificaba con el planeta Venus. —La forma de la palabra «reina» es anormal y sólo se encuentra en Jr, ver 44 17-25.

7 22 Resulta exacto que del Decálogo, código de la Alianza, no contiene ninguna prescripción ritual. A la verdad, no se trata de condenar pura y simplemente los sacrificios de animales, ver 33 11, pero Jeremías se une aquí a toda una corriente profética para la que no es el culto el elemento esencial de la religión, ver Os 6 6; Mi 6 6-8; Am 5 21+.

7 25 «cada día» sir.; «día» hebr.

7 30 De nuevo los falsos dioses.

7 31 Sobre «Tófet», el «quemadero» donde se sacrificaban niños en honor de Mólec (32 35), ver Lv 18 21+; Is 30 33+.

8 2 Los cultos astrales estuvieron muy en boga bajo Manasés y Amón.

8 3 El hebr. repite aquí «que subsistiere»; omitido por griego y sir.

8 4 Este conjunto, 8 4 - 10 25, reúne oráculos pronunciados al comienzo del reinado de Joaquín, alrededor del 605. Los tres poemas 8 4-7.13-17; 9 1-8 continúan y amplían los reproches a Israel. La lamentación 9 9-21 prosigue en 10 17-22 y termina con una oración de Jeremías, 10 23-24. Finalmente se han añadido otros poemas de Jeremías, 8 8-9.10-12.13-23; 9 22-23.24-25. El fragmento 10 1-16 parece escrito por otra mano.

⁵ Pues ¿por qué este pueblo sigue apostatando,
Jerusalén con apostasía perpetua?
Se aferran a la mentira,
rehúsan convertirse.
⁶ He escuchado atentamente:
no hablan a derechas.
Nadie deplora su maldad diciendo:
«¿Qué hice?»
Todos se extravían, cada cual en su carrera,
como caballo desbocado en la batalla.

Is 1 3
⁷ Hasta la cigüeña en el cielo conoce su estación,
y la tórtola, la golondrina o la grulla
guardan el tiempo de sus migraciones.
Pero mi pueblo ignora el derecho de Yahvé.

La Ley en manos de los sacerdotes.

2 8
· Mt 23
⁸ ¿Cómo decís: «Somos sabios,
y poseemos la Ley de Yahvé?»,
cuando es más cierto que la falsea
el cálamo mendaz de los escribas*.
⁹ Los sabios pasarán vergüenza,
serán abatidos y presos.
Han desechado la palabra de Yahvé,
y su sabiduría ¿de qué les sirve?

Repetición de un fragmento conminatorio*.

=6 12-15
¹⁰ Así que yo daré sus mujeres a otros,
sus campos a nuevos amos,
porque del más chico al más grande
todos van a su provecho,
y desde el profeta hasta el sacerdote,
todos practican el fraude.
¹¹ Han curado el quebranto de la hija de mi pueblo
a la ligera, diciendo: «¡Paz, paz!»,
cuando no había paz.
¹² ¿Se avergonzaron de las abominaciones que hicieron?
¡Avergonzarse, no se avergonzaron;
sonrojarse, tampoco supieron!
¡Así caigan con los que caigan!
Tropezarán cuando yo los visite
—dice Yahvé—.

Conminación a Judá, la Viña de Yahvé.

¹³ Quisiera recoger de ellos algo*
—oráculo de Yahvé—,
pero no quedan uvas en la vid
ni higos en la higuera,
y están mustias sus hojas.
Es que yo les he dado
quien les despoje.

Is 5 1+
Lc 13 6-9
Mt 21 18-22+

¹⁴ —«¿Por qué nos quedamos tranquilos?
¡Juntaos,*
vamos a las plazas fuertes
para enmudecer allí,*
pues Yahvé nuestro Dios nos hace morir
y nos propina agua envenenada,
porque hemos pecado contra Yahvé!

=4 5

9 14
Is 59 9
=Jr 14 19

¹⁵ Esperábamos paz, y no hubo bien;
tiempo de curación, y hubo cuidado.
¹⁶ Desde Dan se deja oír
el resuello de sus caballos.
Al relincho sonoro de sus corceles
tembló la tierra toda.
Vendrán y comerán el país y sus bienes,
la ciudad y sus habitantes.»

4 15

¹⁷ —Sí, voy a enviar contra vosotros
sierpes venenosas,
contra las que no existe encantamiento,
y os morderán —oráculo de Yahvé—.

Dt 32 24
Nm 21 6

Jn 3 14-15

Lamentación del profeta con motivo de una carestía.

5 20-25; 1

¹⁸ Sin remedio el dolor me acomete*,
el corazón me falla;
¹⁹ se oye el grito lastimero de la hija de mi pueblo
desde todos los rincones del país:
«¿No está Yahvé en Sión?,
¿su Rey no mora ya en ella?
(¿Por qué me han irritado con sus ídolos,
con esas Vanidades traídas del extranjero?)*
²⁰ La siega pasó, el verano acabó,
mas nosotros no estamos a salvo.»
²¹ Me duele el quebranto de la capital de mi pueblo;*

---

8 8   Aquí, los sacerdotes, guardianes de la tradición recogida en los textos sagrados. La «palabra», v. 9, designa probablemente el mensaje de los profetas y la Ley, en forma oral y quizá ya parcialmente escrita.
8 10   Este fragmento, duplicado de 6 12-15, no lo reproduce el griego.
8 13   Según griego; hebr. «los recogeré del todo».
8 14   (a) El mismo verbo hebreo significa «juntar» y «suprimir», v. 13.

8 14   (b) Aquí se trata del silencio de la muerte.
8 18   «sin remedio» griego; «mi alegría (?)» hebr. —«(el dolor) me acomete», lit. «sube (en mí) 'alah conj.; «en (el dolor, en mí» 'aley hebr. En rigor podría entenderse con sola la segunda corrección: «una fuente de alegría para mi dolor».
8 19   El texto entre paréntesis parece ser una glosa.
8 21   «capital de mi pueblo», lit. «hija de mi pueblo».

estoy abrumado, el pánico se apodera de mí.
²² ¿No hay sandáraca en Galaad*?,
¿no quedan médicos allí?
Pues ¿por qué no llega el remedio
para la capital de mi pueblo?

9.¹ ²³ ¡Quién convirtiera mi cabeza en llanto,
mis ojos en manantial de lágrimas
para llorar día y noche
a los muertos de la capital de mi pueblo!

Corrupción moral de Judá.

9² ¹ ¡Quién me diese en el desierto
una posada de caminantes,
para poder dejar a mi pueblo
y alejarme de su compañía!
Porque todos ellos son adúlteros,
un hatajo de traidores,
Sal 12 1-5 ² que tensan su lengua como un arco.
Sal 116 11 Es la mentira, que no la verdad,
lo que prevalece en esta tierra.
Van de mal en peor,
y a Yahvé* desconocen.

Mi 7 5 ³ ¡Que cada cual se guarde de su prójimo!,
Jr 12 6 ⁴ ¡desconfiad de cualquier hermano!,
Gn 27 36 porque todo hermano pone la zancadilla*,
Os 12 4 y todo prójimo propala la calumnia.
⁵ ⁴ Se engañan unos a otros,
no dicen la verdad;
han avezado sus lenguas a mentir,
se han pervertido, (incapaces ⁵ de convertirse)*.
Fraude por fraude, engaño por engaño,
se niegan a reconocer a Yahvé.
⁶ ⁶ Por eso, así dice Yahvé Sebaot:
6 29+ He decidido afinarlos y probarlos;
mas ¿cómo tratar a la capital de mi pueblo?
⁸ ⁷ Su lengua es saeta mortífera,
las palabras de su boca, embusteras.
Se saluda al prójimo,
pero por dentro se le pone trampa.
⁹ ⁸ Y por estas acciones, ¿no les he de
5 9 castigar?
—oráculo de Yahvé—;
de una nación así,
¿no voy a vengarme?

Lamentación por Sión.

⁹ Entono sobre los montes endechas y ¹⁰
lamentos,
una elegía por las dehesas del desierto,
porque han sido incendiadas*;
nadie pasa por allí,
no se oye mugir al ganado.
Desde las aves del cielo hasta las bestias, Os 4 3+
todas huyeron, se han ido.
¹⁰ Voy a hacer de Jerusalén montón de ¹¹
piedras,
guarida de chacales,
convertiré en desolación a las ciudades de Judá,
las dejaré sin habitantes 34 22

¹¹ ¿Quién es el sabio?, pues que entienda ¹²
esto;
¿a quién ha hablado la boca de Yahvé?, pues que lo diga;
¿por qué el país se ha perdido,
incendiado como el desierto donde no pasa nadie?

¹² Yahvé lo ha dicho: Es que han aban- Ex 19 5
donado mi Ley que yo les propuse, y no
han escuchado mi voz ni la han seguido;
¹³ sino que han ido en pos de la inclina- ¹⁴
ción de sus corazones tercos, en pos de 7 24
los Baales que sus padres les enseñaron. ¹⁵
¹⁴ Por eso, así dice Yahvé Sebaot, Dios de
Israel: He decidido dar de comer a este =23 15
pueblo ajenjo y hacerles beber agua emponzoñada. ¹⁵ Los voy a dispersar entre 8 14
las naciones desconocidas de ellos y de Ap 8 11
sus padres, y enviaré detrás de ellos la es- Dt 4 27;
pada hasta exterminarlos. 28 36.64

¹⁶ Así habla Yahvé Sebaot: ¹⁷
¡Hala! Llamad a las plañideras, que
vengan:
mandad por las más hábiles, que vengan. ¹⁸
¹⁷ ¡Pronto!, que entonen por nosotros
una lamentación.
Dejen caer lágrimas nuestros ojos,
y nuestros párpados den curso al llan- ¹⁹
to.

¹⁸ Sí, una lamentación se deja oír desde
Sión:
«¡Ay, que somos saqueados!»,

---

8 22 Galaad, al este del Jordán, al norte de Yaboc, tierra de plantas balsámicas y aromáticas, Gn 37 25; 43 11; ver también Jr 46 11.
9 2 «y a Yahvé» corr.; «y a mí» hebr. —El hebr. añade al fin: «oráculo de Yahvé»; seguimos al griego.
9 3 'aqob ya'eqob, que forma un juego de palabras con Ya'aqob, y alude a su papel de zancadillero suplantador astuto, Gn 25 26+. Podría traducirse: «todo hermano hace el papel de Jacob».
9 5 Traducido según griego.
9 9 Quizá nos hallamos en el 605, en la primera campaña de Nabucodonosor, 2 R 24 1. Jerusalén está amenazada.

¡qué vergüenza tan grande,
que se nos hace dejar nuestra tierra,
han derruido nuestros hogares!»

20   ¹⁹ Oíd, pues, mujeres, la palabra de Yahvé;
reciba vuestro oído la palabra de su boca:
Enseñad a vuestras hijas esta lamentación,
y las unas a las otras esta elegía:

21   ²⁰ «La muerte ha trepado por nuestras ventanas,
ha entrado en nuestros palacios,
barriendo de la calle al chiquillo,
a los mozos de las plazas.
²¹ ¡Habla! Tal es el oráculo de Yahvé:

22   Los cadáveres humanos yacen
8 2   como boñigas por el campo,
como gavillas detrás del segador,
y no hay quien los reúna.»

La verdadera sabiduría.

23   ²² Así dice Yahvé:
⁄ 1 Co 1 31   No se alabe el sabio por su sabiduría,
2 Co 10 17   ni se alabe el valiente por su valentía,
⁄ St 1 9   ni se alabe el rico por su riqueza;
24   ²³ mas en esto se alabe quien se alabare:
en tener seso y conocerme*,
porque yo soy Yahvé, que hago merced*,
derecho y justicia sobre la tierra,
porque en eso me complazco
—oráculo de Yahvé—.

4 4+   ## La circuncisión, falsa garantía.

25   ²⁴ Mirad que vienen días —oráculo de Yahvé— en que he de visitar a todo circuncidado que sólo lo sea en su carne:
Rm 2 25   ²⁵ a Egipto, Judá, Edom y a los hijos de Amón, a Moab, y a todos los de sien rapada*, los que moran en el desierto. Porque todas estas gentes lo son*. Pero también los de la casa de Israel son incircuncisos de corazón.

Los ídolos y el Dios verdadero*.

Is 40 18+
Sal 115 4-8

10 ¹ Oíd la palabra que os dedica Yahvé, oh casa de Israel. ² Así dice Yahvé:

Al proceder de los gentiles no os habituéis,
ni de los signos celestes os espantéis.
¡Que se espanten de ellos los gentiles!
³ Porque las costumbres* de los gentiles son vanidad:
un madero del bosque,
obra de manos del maestro
que con el hacha lo cortó,
⁴ con plata y oro lo embellece,
con clavos y a martillazos lo sujeta
para que no se menee.
⁵ Son como espantajos de pepinar, que ni hablan.
Tienen que ser transportados, porque no andan.
No les tengáis miedo, que no hacen ni bien ni mal.

Is 42 8+;
40 18
Sal 86 8+

⁄ Ap 15 4

⁶ No hay como tú, Yahvé;
grande eres tú,
y grande tu Nombre en poderío.
⁷ ¿Quién no te temerá, Rey de las naciones?
Porque a ti se te debe eso.
Porque entre todos los sabios de las naciones
y entre todos sus reinos
no hay nadie como tú.

⁸ Todos a la par son estúpidos y necios:
lección de madera la que dan los ídolos.
⁹ Plata laminada, de Tarsis importada,
y oro de Ofir*;
hechura de maestro
y de manos de platero
(de púrpura violeta y escarlata es su vestido):
todos son obra de artistas.
¹⁰ Pero Yahvé es el Dios verdadero;
es el Dios vivo y el Rey eterno.
Cuando se irrita, tiembla la tierra,

---

9 23   (a) El «conocimiento de Yahvé», en el cual se resume la religión verdadera, ver Os 2 22+, es uno de los grandes temas de la predicación de Jeremías, ver 2 8; 22 15-16; 24 7; 31 34.
9 23   (b) La palabra es *jésed*, ver 2 2, y Os 2 21+.
9 25   (a) Los árabes.
9 25   (b) «todas estas gentes lo son» *haggôyim ha'el·leh* conj.; «todas estas gentes (son) incircuncisos» *haggôyim 'arelîm* hebr., pero ver v. 24.
10   Este pasaje, que no parece ser de la mano del profeta, desarrolla temas afines a la segunda parte de Isaías; la nada de los falsos dioses, ver Is 40 20+, exaltación de Yahvé Creador, ver Is 42 8+. —El texto está

recargado. Los vv. 6-8.10 faltan en el griego, cuyo orden es diferente. El v. 11 es una glosa aramea del v. 12. Los vv. 12-16 se repiten en 51 15-19.
10 3   Lit. «los decretos», o «las leyes», pero aquí se echa la palabra a mala parte; son las reglas que obedecen los pueblos paganos, ver 2 R 17 8.
10 9   Hebr. «Ufaz»; esta palabra vuelve a aparecer en Dn 10 5, pero sin duda no deja de ser una mala grafía de Ofir, leído por sir. y Targ. Ofir, emplazamiento dudoso de la costa occidental de Arabia, es el país del oro, Gn 10 29; 1 R 9 28, etc. Sobre Tarsis, al que a veces se ha querido identificar con Tartesos, en el sur de España, ver 1 R 10 22+.

y no aguantan las naciones su indignación.
11 (Así les diréis: «Los dioses que no hicieron el cielo ni la tierra serán exterminados de la tierra y de debajo del cielo.»)
=51 15-19 Sal 104 Jb 38 Pr 8 27-31 12 Él es quien hizo la tierra con su poder,
el que fundó el orbe con su saber,
y con su inteligencia expandió los cielos.
13 Cuando da voces,
hay estruendo de aguas en los cielos,
||Sal 135 7 y hace subir las nubes desde el extremo de la tierra.
Él hace los relámpagos para la lluvia
y saca el viento de sus depósitos.
14 Todo hombre es torpe para comprender,
se avergüenza del ídolo todo platero,
porque sus estatuas son una mentira
y no hay espíritu en ellas.
15 Vanidad son, cosa ridícula;
al tiempo de su visita perecerán.
16 No es así la «Parte de Jacob»,
pues él es el plasmador del universo,
y aquel cuyo heredero es Israel;
Yahvé Sebaot es su nombre.

Pánico en el país.

Ez 12 3 17 Recoge del suelo tu mercancía,
oh tú, que estás sitiada*,
18 porque así dice Yahvé:
He decidido lanzar con honda
a los moradores del país
—¡esta vez va de veras!—
y hundirlos en la angustia,
de modo que den conmigo*.
4 31 19 —«¡Ay de mí*, qué quebranto!,
¡cómo me duele la herida!
Y yo que decía:
'Sólo es un sufrimiento,
y me lo aguantaré'.
4 20 20 Mi tienda ha sido saqueada,
y todos mis tensores arrancados.
Is 54 1-2 Mis hijos me han dejado,
ya no queda ninguno.
No hay quien despliegue ya mi tienda
ni quien ice mis toldos.»
Ez 34 1+ 21 —Es que han sido torpes los pastores
y no han buscado a Yahvé
así no obraron cuerdamente,
y toda su grey fue dispersada.
22 ¡Se oye un rumor!, ¡ya llega!:
un gran estrépito del país del norte,
para trocar las ciudades de Judá
en desolación, guarida de chacales.
23 Yo sé, Yahvé,
que no depende del hombre su camino, Pr 20 24
que el que anda no decide
la rectitud de sus pasos.
24 Corrígeme, Yahvé, pero con tino, ||Sal 6 2; 38 2
no con tu ira, no sea que me quede en poco.
25 Vierte tu cólera sobre las naciones ||Sal 79 6-7
que te desconocen,
y sobre los linajes
que no invocan tu Nombre.
Porque han devorado a Jacob hasta consumirlo, Is 9 11 Jr 30 16
lo han devorado y su mansión han desolado.

Jeremías y las cláusulas de la Alianza*. 7 21-28

11 1 Palabra que llegó de parte de
Yahvé a Jeremías: 2 Oíd los términos de esta alianza y hablad a los hombres de Judá y a los habitantes de Jerusalén,
3 y diles: Así dice Yahvé, el Dios de
Israel: Maldito el varón que no escuche Dt 27 26
los términos de esta alianza 4 que mandé
a vuestros padres el día que los saqué de Egipto, del crisol de hierro, diciéndoles: «Oíd mi voz y obrad conforme a lo que
os he mandado; y así seréis mi pueblo, y Dt 4 20
yo seré vuestro Dios, 5 en orden a cumplir el juramento que hice a vuestros padres, de darles una tierra que mana leche y miel —como se cumple hoy—.» Res- Dt 7 12-13; 6 3; 11 9; 10 15
pondí y dije: ¡Amén, Yahvé! 6 Y me dijo
Yahvé: Pregona todas estas palabras por las ciudades de Judá y por las calles de Jerusalén: «Oíd los términos de esta
alianza y cumplidlos: 7 que bien advertí a vuestros padres el día que los hice subir de Egipto, y hasta la fecha he insistido en advertírselo: ¡Oíd mi voz! 8 Mas
no oyeron ni aplicaron el oído, sino que

10 17 Se interpela de nuevo a la nación israelita personificada. La amenaza parece más próxima que en 9 9-21.
10 18 «den conmigo» conj.; «den» hebr. Una corrección en la vocalización permitiría leer «para que se dé con ellos», es decir, sean alcanzados por sus enemigos, pero el tema de la vuelta a Dios provocada por el sufrimiento es corriente entre los profetas, ver 29 12-13; 31 16-19; Is 17 4-7; 30 20; Ba 2 30-32; Os 5 14-15; Mi 4 10-11; Za 10 9, ver también Dt 4 29.
10 19 Lamentación de la nación personificada.
11 El año 622 el rey Josías emprendió una reforma religiosa, 2 R 22 3 - 23 27, apoyada por el partido sacerdotal y profético. Jeremías parece que tomó parte activa, y el recuerdo de ello se conserva en este pasaje. Contiene numerosas expresiones propias del Deuteronomio, cuyo hallazgo, 2 R 22 8, fue la base de la reforma. El núcleo formado por los vv. 6.8ᶜ.9-12 debe atribuirse a Jeremías; el resto representa adiciones secundarias. Los vv. 7-8 faltan en el griego.

cada cual procedió según la terquedad de su corazón malo. Y así he aplicado contra ellos todos los términos de dicha alianza que les mandé cumplir y no lo hicieron.»

⁹ Y me dijo Yahvé: Se ha descubierto una conjura entre los hombres de Judá y entre los habitantes de Jerusalén. ¹⁰ Han reincidido en las culpas de sus mayores, que rehusaron escuchar mis palabras: se han ido en pos de otros dioses para servirles; han violado la casa de Israel y la casa de Judá mi alianza, que pacté con sus padres. ¹¹ Por eso, así dice Yahvé: Voy a traerles una desgracia a la que no podrán hurtarse; y aunque se me quejaren, no les oiré. ¹² ¡Que vayan las ciudades de Judá y los moradores de Jerusalén, y que se quejen a los dioses a quienes inciensan!, que lo que es salvarlos, no los salvarán al tiempo de su desgracia.

¹³ Pues cuantas son tus ciudades,
otros tantos son tus dioses, Judá;
y cuantas calles cuenta Jerusalén,
otros tantos altares a la Vergüenza,
otros tantos altares hay de Baal.

¹⁴ En cuanto a ti, no pidas por este pueblo, ni eleves por ellos plegaria ni oración, porque no he de oír cuando clamen a mí por su desgracia.

Reproche a los hipócritas frecuentadores del templo*.

¹⁵ ¿Qué hace mi amada en mi templo?;
su obrar, ¿no es pura doblez?
¿Es que los votos y la carne consagrada
harán pasar de ti tu desgracia*?
Entonces sí que te regocijarías.
¹⁶ «Olivo frondoso, lozano, de fruto hermoso»
te había puesto Yahvé por nombre.
Pero con gran estrépito
le ha prendido fuego,
y se han quemado sus guías.

¹⁷ Yahvé Sebaot, que te plantó, te ha sentenciado, dada la maldad que ha cometido la casa de Israel y la casa de

Judá, exasperándome por incensar a Baal.

Jeremías perseguido en Anatot*.

¹⁸ Yahvé me lo hizo saber, y así lo supe. Entonces me descubriste, Yahvé, sus intrigas. ¹⁹ ¡Y yo que estaba como cordero manso llevado al matadero, sin saber que intrigaban contra mí!: «Destruyamos el árbol en su vigor*; borrémoslo de la tierra de los vivos, y su nombre no vuelva a mentarse.»

²⁰ ¡Oh Yahvé Sebaot, juez de lo justo,
que escrutas los riñones y el corazón!,
vea yo tu venganza contra ellos,
porque a ti he manifestado mi causa.

²¹ Y en efecto, así dice Yahvé tocante a los de Anatot, que buscan mi muerte* diciendo: «No profetices en nombre de Yahvé, y no morirás a nuestras manos». ²² Por eso así dice Yahvé Sebaot: He decidido tomarles cuentas. Sus mancebos morirán por la espada, sus hijos e hijas morirán de hambre, ²³ y no quedará de ellos ni reliquia cuando yo traiga la desgracia a los de Anatot, el año en que venga a castigarlos.

El problema de la dicha de los malos*.

12 ¹ Tú llevas la razón, Yahvé,
cuando discuto contigo,
no obstante, voy a tratar contigo
un punto de justicia.
¿Por qué tienen suerte los malos
y son felices todos los felones?
² Los plantas, y enseguida arraigan,
van a más y dan fruto.
Cerca estás tú de sus labios,
pero lejos de su corazón.
³ En cambio a mí ya me conoces, Yahvé; me has visto
y has comprobado que mi corazón
está contigo.
Llévatelos como ovejas al matadero,
conságralos para el día de la matanza.

⁴ (¿Hasta cuándo estará de luto la tierra y la hierba de todo el campo estará seca? Por la maldad de los que moran en ella han desaparecido bestias y aves.)

Nm 25 1-3
Os 9 10

Mi 3 4
Is 59 2
Ez 8 18
Pr 1 28

Jc 10 14

=2 28

7 16

7 1-15.21-28

2 2

Is 5 1+

15 10+

Is 53 7

Sal 83 4

=20 12
17 10
1 R 8 39
Sal 7 10;
44 22;
139 13
Pr 15 11
Sb 1 6+
/ Hch 1 24
∕ Ap 2 23
Is 30 10
Am 2 12

Jb 21
Sal 49; 73

11 19
Sal 5 11+

5 20-25;
8 18-23;
14

Os 4 3+

---

11 15 (a) Oráculo pronunciado probablemente en el templo, en la misma época que el cap. 7. El v. 17 lo relaciona con 11 1-14.
11 15 (b) Lit. «¿qué tiene mi amado con mi casa?»; «mi amada» griego; «mi amado» hebr. —«los votos» griego; «los numerosos (o los orantes)» hebr. —Lit. «harán pasar tu mal de sobre ti» griego; «pasarán de sobre ti, porque tu mal» hebr.
11 18 Erigiéndose en promotor de la reforma que su-

ponía la supresión del santuario local, Dt 12 5; ver 2 R 23, Jeremías se había malquistado con sus paisanos.
11 19 «en su vigor» *belejō* conj.; «en su pan» *belajmō* hebr. Griego: «queremos poner madera (es decir, veneno, según Targ.) en su pan». —Este v. ha sido aplicado por la liturgia cristiana a la Pasión de Cristo.
11 21 Traducción según griego.
12 Este problema se plantea aquí por vez primera en el AT. Ver la Introducción a los Libros Sapienciales.

Porque han dicho:
«No ve Dios nuestros senderos*.»

⁵ —Si con los de a pie corriste y te can-
saron,
¿cómo competirás con los de a caballo?
Y si en tierra abierta te sientes seguro,
¿qué harás entre el boscaje* del Jordán?
⁶ Porque incluso tus hermanos y la
casa de tu padre, ésos también te traicionarán y a tus espaldas gritarán. No te
fies de ellos cuando te digan hermosas
palabras.

Yahvé lamenta la invasión de su heredad.

⁷ Dejé mi casa,
    abandoné mi heredad,
    entregué el cariño de mi alma
    en manos de sus enemigos.
⁸ Se ha portado conmigo mi heredad
    como un león en la selva:
    me acosaba con sus voces;
    por eso la aborrecí.
⁹ Mi heredad es un pájaro pinto,
    las rapaces se ciernen sobre ella*.
    ¡Andad, juntaos, fieras todas del cam-
po:
    acercaos al festín!
¹⁰ Entre muchos pastores destruyeron
mi viña,
    hollaron mi heredad,
    trocaron mi mejor campo
    en un yermo desolado.
¹¹ La convirtieron* en desolación la-
mentable,
    me la dejaron yerma.
    Totalmente desolado está el país,
    porque no hay allí nadie que lo sienta.
¹² Sobre todos los calveros del desierto
    han venido saqueadores
    (pues Yahvé tiene una espada que de-
vora),
    de un cabo al otro de la tierra,
    no hubo cuartel para alma viviente.
¹³ Sembraron trigo y espinos segaron,
    se afanaron sin provecho.

Vergüenza les dan sus cosechas*,
    por causa de la ira ardiente de Yahvé.

Juicio y salvación de los pueblos vecinos.

¹⁴ Así dice Yahvé: En cuanto a todos
los malos vecinos que han tocado la heredad que di en precio a mi pueblo Israel, he decidido arrancarlos de su solar.
(Y a la casa de Judá voy a arrancarla de
en medio de ellos.) ¹⁵ Pero luego de haberlos arrancado, me volveré y les tendré
lástima, y los haré retornar cada cual a
su heredad y a su tierra. ¹⁶ Y entonces, si
de veras aprendieron el camino de mi
pueblo jurando en mi Nombre: «¡Por
vida de Yahvé!» —lo mismo que ellos enseñaron a mi pueblo a jurar por Baal—,
serán restablecidos a la par de mi pueblo. ¹⁷ Mas si no obedecen arrancaré a
aquella gente y arrancada quedará y la
haré perecer —oráculo de Yahvé—.

La faja en el río Éufrates*.

13 ¹ Yahvé me dijo así: «Anda y cómprate una faja de lino y te la pones
a la cintura, pero no la metas en agua.»
² Compré la faja, según la orden de Yah-
vé, y me la puse a la cintura. ³ Entonces
me dirigió Yahvé la palabra por segunda
vez: ⁴ «Toma la faja que has comprado y
que llevas a la cintura, levántate y vete al
Éufrates y la escondes allí en un resquicio de la peña.» ⁵ Yo fui y la escondí en
el Éufrates como me había mandado
Yahvé. ⁶ Al cabo de mucho tiempo me
dijo Yahvé: «Levántate, vete al Éufrates
y recoges de allí la faja que te mandé que
escondieras allí.» ⁷ Yo fui al Éufrates,
cavé, recogí la faja del sitio donde la había escondido y resulta que se había
echado a perder la faja: no valía para
nada. ⁸ Entonces me dirigió Yahvé la palabra en estos términos: ⁹ «Así dice Yahvé: Del mismo modo echaré a perder la
mucha soberbia de Judá y de Jerusalén.
¹⁰ Ese pueblo malo que rehúsa oír mis
palabras, que caminan según la terque-

15 10+

7 14

6 3

4 2
Is 45 14+

---

12 4   «Dios» griego: «él» hebr.
12 5   Lit. «la altura», es decir los ribazos, cubiertos de
boscaje y peligrosos porque sirven de guarida a toda
clase de animales. Puede también entenderse «la crecida» (lit. «la subida»), pero ver 49 19; 50 44. —Lejos
de conceder la venganza pedida, esta respuesta de Yahvé anuncia al profeta más persecuciones; en vez de responder a su pregunta, deja en su misterio la retribución
de los buenos y los malos. ver Jb 38 1s; 40 1-5; 42 1-6,
12 9   Alusión a las incursiones de los moabitas, amonitas y edomitas en Palestina después del 602, 2 R 24
1-2.

12 11   «La convirtieron» vers ones; «La convirtió»
hebr.
12 13   «sus cosechas» conj.; «vuestras cosechas» hebr.
13   Acción simbólica, ver 18+; Is 20; Ez 4; 12; 24
15s, etc. Si no la ha de interpretarse como una visión,
debe suceder en el *guadi* Fará, seis kilómetros al norte
de Anatot (ver la ciudad de Para, Jos 18 23) cuyo nombre evoca el del Éufrates (en hebreo *Perat*). En todo
caso, el sentido está claro: Israel, al que Yahvé se ha ceñido como un ceñidor en los riñones (Sal 76 11+), se
ha desprendido de él y ha ido a pudrirse al contacto con
la idolatría babilónica.

dad de sus corazones y han ido en pos de otros dioses a servirles y adorarles, serán como esta faja que no vale para nada. ¹¹ Porque así como se pega la faja a la cintura de uno, de igual modo hice apegarse a mí a toda la casa de Israel y a toda la casa de Judá —oráculo de Yahvé— con idea de que fuesen mi pueblo, mi nombradía, mi loor y mi prez, pero ellos no me oyeron.

Sal 76 11+
Sal 109 19

Los cántaros estrellados.

¹² Diles este refrán: Así dice Yahvé, el Dios de Israel: «Todo cántaro se puede llenar de vino.» Ellos te dirán*: «¿No sabemos de sobra que todo cántaro se puede llenar de vino?» ¹³ Entonces les dices: «Pues así dice Yahvé: He decidido emborrachar completamente a todos los habitantes de esta tierra, a los reyes sucesores de David en el trono, a los sacerdotes y profetas y a todos los habitantes de Jerusalén, ¹⁴ y los estrellaré, a cada cual contra su hermano, padres e hijos a una —oráculo de Yahvé— sin que piedad, compasión y lástima me quiten de destruirlos.»

Is 51 17+

Perspectivas de destierro.

¹⁵ Oíd y escuchad, no seáis altaneros, porque habla Yahvé.
¹⁶ Dad gloria a vuestro Dios Yahvé antes que haga oscurecer, y antes que se os vayan los pies sobre la sierra oscura, y esperéis la luz, y él la haya convertido en negrura, la haya trocado en tiniebla densa.
¹⁷ Pero si no le oyereis, en silencio llorará mi alma por ese orgullo, y dejarán caer mis ojos lágrimas, y verterán copiosas lágrimas, porque va cautiva la grey de Yahvé.

Jn 12 35-36

Am 5 18

Conminación al rey Jeconías*.

¹⁸ Di al rey y a la Gran Dama:
Humillaos, sentaos,
porque ha caído de vuestras cabezas

vuestra diadema preciosa.
¹⁹ Las ciudades del Negueb están cercadas*,
y no hay quien abra.
Todo Judá es deportado,
deportado en masa.

Aviso a Jerusalén impenitente.

²⁰ Alza tus ojos, Jerusalén*,
mira a los que vienen del norte.
¿Dónde está la grey que se te dio,
tus preciosas ovejas?
²¹ ¿Qué dirás cuando vengan
a castigar a tus cabecillas,
a los que habías preparado
para que fueran tus jefes?*
¿No te acometerán dolores
como de parturienta?
²² Pero acaso digas en tus adentros:
«¿Por qué me ocurren estas cosas?»
Por tu gran culpa han sido alzadas tus faldas
y han sido forzados tus calcañales*.
²³ ¿Muda el cusita su piel,
o el leopardo sus pintas?
¿Podréis entonces hacer el bien
los avezados al mal?
²⁴ Por eso os* esparcí como tamo
al viento de la estepa.
²⁵ Ésa es tu suerte, el lote
que te toca de mi parte —oráculo de Yahvé—:
por cuanto que me olvidaste
y te fiaste de la Mentira.
²⁶ Pues también yo te he levantado
las faldas sobre tu rostro,
y se ha visto tu indecencia.
²⁷ ¡Ah, tus adulterios y relinchos,
la bajeza de tu prostitución!
Sobre los altos, por la campiña
he visto tus Monstruos abominables*.
¡Ay de ti, Jerusalén, que no estás pura!
¿Hasta cuándo todavía...?

4 30+

4 31+

5 19
Is 47 2-3
Os 2 5+

Mt 7 16-19p

2 20+

La gran sequía*.

14 ¹ Palabra de Yahvé a Jeremías, a propósito de la sequía.

² Judá está de luto,

5 20-25;
8 18-23
Os 4 3+

---

13 12 «Ellos te dirán» hebr.; «Si ellos te dicen» griego.
13 18 Jeconías sólo reinó tres meses y fue deportado con su madre a Babilonia en el 598.
13 19 Probablemente por los edomitas, cuyas incursiones fueron prácticamente incesantes desde el 602.
13 20 Con el griego, que añade «Jerusalén». Hebr. ketib: «Alza vuestros ojos, y mira».
13 21 Versículo difícil. Traducción conjetural.
13 22 Eufemismo.
13 24 «os» conj.; «les» hebr.
13 27 «Mentira», v. 25, y «Monstruos» siguen desig-

nando a los falsos dioses.
14 Probablemente bajo Joaquín. El diálogo del profeta con Yahvé imita una liturgia de lamentación (ver Jl 1-2; Sal 74 y 79): descripción del azote, 14 2-6; lamentación del pueblo, 7-9; respuesta de Yahvé, 10-12; defensa de Jeremías, 13-16; nueva descripción del azote, 17-18; nueva lamentación del pueblo, 19-22; nueva respuesta de Yahvé, 15 1-4. Pero a la confesión colectiva, así como a la intercesión de Jeremías, Yahvé opone una respuesta negativa, y a la amenaza del hambre añade la de la invasión.

sus ciudades* desfallecen
sombrías y abatidas,
y sube el alarido de Jerusalén.
³ Sus nobles mandaban a los pequeños
por agua:
llegaban a los aljibes
y no la encontraban;
volvían con sus cántaros vacíos.
Quedaban confundidos y avergonzados
y se cubrían la cabeza.
⁴ El suelo está consternado
por no haber lluvia en la tierra.
Confusos andan los labriegos,
se han cubierto la cabeza.
⁵ Hasta la cierva en el campo
parió y abandonó a su cría,
porque no había césped.
⁶ Los onagros se paraban sobre los calveros,
aspiraban el aire como chacales,
tenían los ojos consumidos
por falta de hierba.
⁷ Aunque nuestras culpas hablen contra nosotros,
Yahvé, obra por amor de tu Nombre.
Cierto, son muchas nuestras apostasías,
contra ti hemos pecado.
⁸ ¡Oh esperanza de Israel, Yahvé*,
Salvador suyo en tiempo de angustia!
¿Por qué has de ser cual forastero en la tierra,
o cual viajero que se tumba para hacer noche?
⁹ ¿Por qué has de ser como un pasmado,
como un valiente incapaz de ayudar?
Pues tú estás entre nosotros, Yahvé,
y por tu Nombre se nos llama,
¡no te deshagas de nosotros!

¹⁰ Así dice Yahvé de este pueblo: ¡Cómo les gusta vagabundear!, no contienen sus pies. Pero Yahvé no se complace en ellos: ahora se va a acordar de su culpa y a castigar su pecado.
¹¹ Y me dijo Yahvé: «No intercedas en pro de este pueblo. ¹² Así ayunen, no escucharé su clamoreo; y así levanten holocausto y ofrenda, no me complacerán; sino que con espada, con hambre y con peste voy a acabarlos.»
¹³ Dije yo: «¡Ah, Señor Yahvé! Resulta que los profetas están diciéndoles: No

veréis espada, ni tendréis hambre, sino que voy a daros paz segura en este lugar.»
¹⁴ Y me dijo Yahvé: «Mentira profetizan esos profetas en mi nombre. Yo no los he enviado ni dado instrucciones, ni les he hablado. Visión mentirosa, augurio fútil y delirio de sus corazones os dan por profecía. ¹⁵ Por tanto, así dice Yahvé: Tocante a los profetas que profetizan en mi nombre sin haberlos enviado yo, y que dicen: 'No habrá espada ni hambre en este país', con espada y con hambre serán rematados los tales profetas, ¹⁶ y el pueblo al que profetizan yacerá derribado por las calles de Jerusalén, por causa del hambre y de la espada, y no habrá sepulturero para ellos ni para sus mujeres, sus hijos y sus hijas; pues volcaré sobre ellos mismos su maldad.»

¹⁷ Les dirás esta palabra*:
Dejen caer mis ojos lágrimas
de noche y de día sin parar,
porque de quebranto grande es quebrantada la doncella,
la capital de mi pueblo,
de golpe gravísimo.
¹⁸ Si salgo al campo,
encuentro heridos de espada,
y si entro en la ciudad,
encuentro muertos de hambre.
Hasta el profeta, hasta el sacerdote
vagan por el país desorientados.

¹⁹ —¿Es que has desechado a Judá?,
¿o acaso te has hastiado de Sión?
¿Por qué nos has herido, sin esperanza de cura?
Esperábamos paz, y no hubo bien alguno;
el tiempo de la cura, y se presenta el miedo.
²⁰ Reconocemos, Yahvé, nuestras maldades,
la culpa de nuestros padres;
que hemos pecado contra ti.
²¹ No desprecies, por amor de tu Nombre,
no deshonres la sede de tu Gloria*.
Recuerda, no anules tu alianza con nosotros.
²² ¿Hay entre las Vanidades de los paganos quienes hagan llover?,
¿o acaso los cielos dan de suyo la llovizna?

Margin refs: Lm 1 4; Lv 26 18-20; Jr 3 3; Is 59 12; 17 13; 30; 15 16; Dt 28 10; Os 8 13; 7 16; 23+; 5 31; 27 10; 29 8-9; =8 15; 13 16; Am 5 18

14 2 Lit. «sus puertas», ver Dt 12 17; 16 5, etc.
14 8 «Yahvé» 13 mss, griego, Vet. Lat.; omitido por TM.
14 17 Enlace redaccional que introduce con poca destreza lo que sigue.
14 21 Sión.

¿No eres tú mismo, oh Yahvé?
¡Dios nuestro, esperamos en ti,
porque tú hiciste todas estas cosas!

Sal 99 6
Ex 32 11+

15 ¹ Y me dijo Yahvé: Aunque se me
pongan Moisés y Samuel* por delante, no estará mi corazón por este pueblo. Échalos de mi presencia y que salgan. ² Y como te digan: «¿A dónde salimos?», les dices: Así dice Yahvé:

=43 11
Ap 13 10

Quien sea para la muerte, a la muerte;
quien para la espada, a la espada;
quien para el hambre, al hambre,
y quien para el cautiverio, al cautiverio.

³ Haré que se encarguen de ellos cuatro géneros (de males) —oráculo de Yahvé—: la espada para degollar, los perros
para despedazar, las aves del cielo y las
bestias terrestres para devorar y estra-
gar. ⁴ Los convertiré en espantajo para
todos los reinos de la tierra, por culpa de
Manasés*, hijo de Ezequías, rey de Judá,
por lo que hizo en Jerusalén.

Desastres de la guerra*.

Is 51 19

⁵ ¿Quién, pues, te tendrá lástima, Jerusalén?,
¿quién meneará la cabeza por ti?,
¿quién se alargará a saludarte?
⁶ Tú me has abandonado —oráculo de
Yahvé—
de espaldas te has ido.
Pues yo extiendo mi mano sobre ti y te
destruyo.
Estoy cansado de apiadarme,
⁷ y voy a beldarlos con el bieldo
en las puertas del país.
He dejado sin hijos, he malhadado a
mi pueblo,
porque de sus caminos no se convertían.

⁸ Yo les he hecho más viudas
que la arena de los mares.
He traído sobre las madres de los jóvenes guerreros
al saqueador en pleno mediodía.
He hecho caer sobre ellos de pronto
sobresalto y alarma.
⁹ Mal lo pasó la madre de siete hijos:
exhalaba el alma,
se puso su sol siendo aún de día,
se avergonzó y se abochornó.
Y lo que queda de ellos, a la espada
voy a entregarlo
delante de sus enemigos —oráculo de
Yahvé—.

La vocación del profeta renovada*.

1 4-10.17-1

¹⁰ ¡Ay de mí, madre mía,
que me diste a luz para ser
varón discutido y debatido por todo el
país!

Lc 2 34

Ni les debo, ni me deben,
¡pero todos me maldicen!
¹¹ Di, Yahvé, si no te he servido bien:
intercedí ante ti por mis enemigos
en el tiempo de su mal y de su apuro*.
¹² ¿Se mella el hierro*,
el hierro del norte, y el bronce?
¹³ Tu haber y tus tesoros al pillaje voy a
dar gratis,

=17 3-4

por todos tus pecados en todas tus
fronteras,
¹⁴ y te haré esclavo* de tus enemigos
en un país que no conoces,
pues ha estallado el fuego de mi ira,
que sobre vosotros estará encendido.

¹⁵ Tú lo sabes, Yahvé:
acuérdate de mí, visítame
y véngame de mis perseguidores.
No por alargar tu ira sea yo arrebatado.
Sábelo: por ti he soportado el oprobio.

Sal 69 8

---

15 1   Los grandes intercesores, ver Ex 32 11+; 1 S 7
8-12; Sal 99 6. La tradición posterior incluirá entre ellos
a Jeremías, 2 M 15 14+.
15 4   El principal responsable de la contaminación
idolátrica que afectó al culto de Yahvé durante cerca de
tres cuartos de siglo, 2 R 21.
15 5   Este poema puede datarse inmediatamente antes del asedio del 598.
15 10 Nuevo diálogo con Dios (ver 11 18 - 12 5), que
atestigua una crisis interna en medio del ministerio del
profeta. Aquí, como en 12 5, Yahvé, lejos de calmar la
angustia de Jeremías, la condena como «vil» y exige del
profeta una nueva «conversión», que él sanciona renovando casi en los mismos términos las órdenes y las
promesas de la vocación, vv. 19-20; ver 1 9.17-19. Sobre
estas «confesiones de Jeremías», 11 18 - 12 5; 15 10-21;
17 14-18; 18 18-23; 20 7-18, ver la Introducción.
15 11 «Di» 'amar hebr.; «En verdad» 'amen griego.
—«servido» serattika conj.; «fortificado» šaratika hebr.

ketib.; «desprendido» šerîtika qeré. —El hebr. añade al
fin del v. «el enemigo», que puede ser glosa que explica
el «tiempo de su mal». —Es un versículo muy oscuro.
Siguiendo al griego, lo ponemos en labios de Jeremías,
lo que está más conforme con el contexto. El hebr. podría traducirse en rigor: «Dice Yahvé: ¿No te he libertado para tu bien? ¿No he hecho que el enemigo viniera
a implorarte, en el tiempo de la desgracia y de la angustia?». En este caso, sin duda habría que entender el
v. 12 no como amenaza contra Israel, enlazándolo con
lo que sigue, sino como una promesa de dar a Jeremías
la solidez del bronce (ver 1 18; 15 20), uniéndolo con el
v. 11.
15 12 Los vv. 12-14 (ó 13-14, ver nota precedente), en
gran parte duplicado de 17 3-4, se hallan aquí fuera de
contexto.
15 14 Con varios mss hebr., griego, sir. y Vet. Lat., y
en consonancia con 17 4; hebr.; «haré pasar a tus enemigos».

¹⁶ Se presentaban tus palabras, y yo las devoraba;
era tu palabra para mí un gozo
y alegría de corazón,
porque se me llamaba por tu Nombre*
Yahvé, Dios Sebaot.

¹⁷ No me senté en peña de gente alegre*
y me holgué:
por obra tuya, solitario me senté,
porque de rabia me llenaste.

¹⁸ ¿Por qué ha resultado mi penar perpetuo,
y mi herida irremediable, rebelde a la medicina?
¡Ay! ¿serás tú para mí como un espejismo,
aguas no verdaderas?

¹⁹ Entonces Yahvé dijo así:
Si te vuelves porque yo te haga volver*,
estarás en mi presencia;
y si sacas lo precioso de lo vil,
serás como mi boca.
Que ellos se vuelvan a ti,
y no tú a ellos.

²⁰ Yo te haré para este pueblo
muralla de bronce inexpugnable.
Y pelearán contigo,
pero no te podrán,
pues contigo estoy yo
para librarte y salvarte
—oráculo de Yahvé—.

²¹ Te salvaré de mano de los malvados
y te rescataré del puño de esos rabiosos.

Simbolismo de la vida del profeta*.

16 ¹ Me dirigió Yahvé la palabra en estos términos: ² No tomes mujer ni tengas hijos ni hijas en este lugar. ³ Que así dice Yahvé de los hijos e hijas nacidos en este lugar, de sus madres que los dieron a luz y de sus padres que los engendraron en esta tierra: ⁴ De muertes miserables morirán, sin que sean plañidos ni sepultados*. Se volverán estiércol sobre la faz del suelo. Con espada y hambre serán acabados, y serán sus cadáveres pasto para las aves del cielo y las bestias de la tierra.

⁵ Sí, así dice Yahvé: No entres en casa de duelo, ni vayas a plañir, ni les consueles; pues he retirado mi paz de este pueblo —oráculo de Yahvé—, la merced y la compasión. ⁶ Morirán grandes y chicos en esta tierra. No se les sepultará, ni nadie les plañirá, ni se arañarán ni se raparán por ellos*, ⁷ ni se partirá el pan al que está de luto* para consolarle por el muerto, ni le darán a beber la taza consolatoria por su padre o por su madre.

⁸ Y en casa de convite tampoco entres a sentarte con ellos a comer y beber. ⁹ Que así dice Yahvé Sebaot, el Dios de Israel: He decidido hacer desaparecer de este lugar, a vuestros propios ojos y en vuestros días, toda voz de gozo y alegría, la voz del novio y la voz de la novia.

¹⁰ Luego, cuando hayas comunicado a este pueblo todas estas palabras, y te digan: «¿Por qué ha pronunciado Yahvé contra nosotros toda esta gran desgracia?, ¿cuál es nuestra culpa y cuál nuestro pecado que hemos cometido contra Yahvé nuestro Dios?», ¹¹ tú les dirás: «Es porque me dejaron vuestros padres —oráculo de Yahvé— y se fueron tras otros dioses y les sirvieron y adoraron, y a mí me dejaron, y mi Ley no guardaron. ¹² Y vosotros mismos habéis hecho peor que vuestros padres, pues he aquí que cada uno en pos de la dureza de su mal corazón, sin escucharme. ¹³ Pero yo os echaré lejos de esta tierra, a otra que no habéis conocido vosotros ni vuestros padres, y serviréis allí a otros dioses* día y noche, pues no os otorgaré perdón.»

---

15 16 Expresión empleada a propósito del templo, 7 10s; ver 1 R 8 43.

15 17 Los guasones, los ricos y los orgullosos se codean; es la categoría maldecida por los salmos sapienciales y el Evangelio, Lc 6 25; Mt 5 3s.

15 19 Expresión típica del estilo jeremiano, ver 17 14; 20 7. El profeta subraya de este modo el lazo estrechísimo entre acción humana y acción divina. También se puede traducir: «si vuelves, yo te haré volver»; ver también 1 17; es la misma idea, pero insistiendo más claramente en la buena voluntad del hombre que hace posible la acción de Dios en él. A la inversa, el hombre debe reconocer que si Dios no actúa en él, nada puede, ver 31 18.

16 La predicación de los profetas no sólo se subraya por medio de acciones simbólicas, ver 18+, sino que a veces su misma vida se convierte en símbolo y señal, ver Os 1 y 3; Is 8 18; Ez 24 15-24.

16 4 La ausencia de ritos funerarios y de sepultura representa una terrible maldición, 22 18-19; 1 R 14 11; Ez 29 5.

16 6 Ritos fúnebres prohibidos por la Ley, ver Lv 19 27-28; Dt 14 1, pero, a pesar de ello, practicados en Israel, Jr 7 29; 41 5.

16 7 «el pan» griego; «para ellos» hebr. —«al que está de luto» Vulg.; «para el luto» hebr. —«le (darán)» griego; «les» hebr. —Se trata del banquete funerario.

16 13 «Servir a otros dioses» viejo modismo que a veces significa «estar desterrado» (1 S 26 19; ver 2 R 5 17) fuera de Palestina, considerada como el territorio peculiar de Yahvé.

=23 7-8
Retorno de los desterrados.

Ex 20 2
[14] En efecto, mirad que vienen días —oráculo de Yahvé— en que no se dirá más: «¡Por vida de Yahvé, que subió a los israelitas de Egipto!», [15] sino: «¡Por vida de Yahvé, que subió a los hijos de Israel del país del norte, y de todos los países a donde los arrojara!» Pues yo los devolveré a su solar, que di a sus padres.

Anuncio de invasión*.

Ha 1 14-17
[16] Voy a enviar a muchos pescadores —oráculo de Yahvé—, que los pescarán. Y luego de esto enviaré a muchos cazadores, y los cazarán de encima de cada monte y de cada cerro y de los resquicios de las peñas. [17] Porque mis ojos están puestos en todos sus caminos: no se me ocultan, ni se zafa su culpa de delante de mis ojos.

⟋ Ap 18 6
[18] Pagaré doblado por su culpa y su pecado, porque ellos execraron mi tierra con la carroña de sus Monstruos abominables, y de sus Abominaciones* llenaron mi heredad.

Conversión de los gentiles*.

[19] ¡Oh Yahvé, mi fuerza y mi refuerzo, mi refugio en día de apuro!

Is 45 14+
A ti las gentes vendrán
de los confines de la tierra y dirán:
¡Luego Mentira recibieron de herencia nuestros padres,
Vanidad y cosas sin provecho!

Is 40 20+;
42 8+
[20] ¿Es que va a hacerse el hombre dioses para sí?,
¡aunque aquellos no son dioses!
[21] Por tanto, voy a darles a conocer
—esta vez sí—
mi mano y mi poderío,
y sabrán que mi nombre es Yahvé.

Faltas cultuales de Judá*.

Dn 7 10+
17 [1] El pecado de Judá está escrito con buril de hierro;
con punta de diamante está grabado

Jr 31 33
Pr 3 3; 7 3
sobre la tabla de su corazón
y en los cuernos de sus aras*,

[2] así, recordarán sus hijos
sus aras y sus cipos*
cabe los árboles frondosos,
sobre los oteros altos,
[3] mi monte, en la campiña.

Dt 12 2+

Tu haber y todos tus tesoros
al pillaje voy a dar,
en pago por todos tus pecados de los altos*,
en todas tus fronteras.

=15 13-14

[4] Tendrás que deshacerte*
de la heredad que te di,
y te haré esclavo de tus enemigos
en un país que no conoces,
pues ha estallado el fuego de mi ira,
que para siempre estará encendido*.

Máximas de sabiduría.

[5] Así dice Yahvé:
Maldito quien se fía del hombre,
y hace de la carne su apoyo,
y de Yahvé se aparta en su corazón.

Sal 146 3-4

[6] Es como el tamarisco en la Arabá,
y no verá* el bien cuando viniere.
Vive en los sequedales del desierto,
en saladar inhabitable.

[7] Bendito quien se fía de Yahvé,
pues no defraudará Yahvé su confianza.

‖Sal 40 5

[8] Es como árbol plantado a la vera del agua,
que junto a la corriente echa sus raíces.
No temerá cuando viene el calor,
y estará su follaje frondoso;
en año de sequía no se inquieta
ni se retrae de dar fruto.

Sal 1 3
Ez 47 12

[9] El corazón es lo más retorcido;
no tiene arreglo: ¿quién lo conoce?
[10] Yo, Yahvé, exploro el corazón,
pruebo los riñones,
para dar a cada cual según su camino,
según el fruto de sus obras.

Mc 7 21
Pr 17 3
Jr 11 20+
32 19
Sal 62 13
⟋ Mt 16 2

[11] La perdiz incuba lo que no ha puesto;
así es el que hace dinero, mas no con justicia:
en mitad de sus días lo ha de dejar
y a la postre resultará un necio.

---

16 16 Profecía pronunciada antes del 598.
16 18 «Monstruos» y «Abominaciones»: los falsos dioses que manchan la tierra santa como otros tantos cadáveres, ver Lv 18 25s; 26 30.
16 19 Este trozo, afín a la segunda parte de Isaías, no es probablemente del profeta Jeremías.
17 Los vv. 1-4 faltan en el griego.
17 1 «sus aras» Vulg.; «las aras» hebr.
17 2 Lit. «sus aseras», ver Ex 34 13+; Jc 2 13+.
17 3 Ver 15 13. Trasladamos «en pago por tus peca-

dos» delante de «tus altos», invertidos en el hebr.
17 4 (a) «deshacerte», lit. «soltarás tu mano», *yadeka* conj.; «soltarás y por ti» *ûbeka* hebr.; «soltarás por ti mismo (tú solo)» *lebadka* griego y Vet. Lat.
17 4 (b) Variante con respecto a 15 14.
17 6 «No verá», verbo muy semejante por su grafía al que se emplea en el paralelo del v. 8, «no temerá», lo que ha supuesto para este último un error de vocalización.

Confianza en el Templo y confianza en Yahvé*.

[12] Solio de Gloria, excelso desde el principio,
es el lugar de nuestro santuario.

14 8 [13] Esperanza de Israel, Yahvé:
todos los que te abandonan serán avergonzados,
y los que se apartan de ti, en la tierra serán escritos*,

2 13+ por haber abandonado el manantial de aguas vivas, Yahvé.

Oración para pedir venganza.

15 10+
Sal 6 3-4

[14] Cúrame, Yahvé, y sea yo curado;
sálvame, y sea yo salvo,
pues tú eres mi alabanza.
[15] Mira que ellos me dicen:
«¿Dónde está la palabra de Yahvé? ¡vamos, que venga*!»
[16] Yo nunca te apremié a hacer daño;
el día de aflicción no he deseado;
tú lo sabes: lo salido de mis labios
te lo he dicho a la cara*.
[17] No seas para mí espanto,
¡oh tú, mi amparo en el día aciago!
Sal 5 11+ [18] Avergüéncense mis perseguidores, y no me avergüence yo;
espántense ellos, y no me espante yo.
Trae sobre ellos el día aciago,
y con doble quebrantamiento quebrántalos.

Observancia del sábado*.

Ex 20 8+ [19] Yahvé me dijo así: Ve y te paras a la puerta de los Hijos del pueblo, por la que entran los reyes de Judá y por la que salen, y asimismo en todas las puertas de Jerusalén, [20] y les dices: Oíd la palabra de Yahvé, reyes de Judá, y todo Judá y los habitantes de Jerusalén que entráis por estas puertas. [21] Así dice Yahvé: «Guardaos, por vida vuestra, de llevar carga en día de sábado y meterla por las puertas de Jerusalén. [22] No saquéis tampoco carga de vuestras casas en sábado, ni hagáis trabajo alguno, antes bien santificad el sábado como mandé a vuestros padres.»
[23] Mas no oyeron ni aplicaron el oído, sino que atiesaron su cerviz sin oír ni aprender. [24] Que si me hacéis caso —oráculo de Yahvé— no metiendo carga por las puertas de esta ciudad en sábado y santificando el día de sábado sin realizar en él trabajo alguno, [25] entonces entrarán por las puertas de esta ciudad reyes que se sientan sobre el trono de David, montados en carros y caballos, ellos y sus oficiales, la gente de Judá y los habitantes de Jerusalén. Y durará esta ciudad para siempre. [26] Y vendrán de las ciudades de Judá, de los aledaños de Jerusalén, del país de Benjamín, de la Tierra Baja, de la Sierra y del Negueb a traer holocaustos, sacrificios, oblaciones e incienso y a traer ofrendas de acción de gracias al templo de Yahvé. [27] Pero si no me oyereis en cuanto a santificar el sábado y no llevar carga ni meterla por las puertas de Jerusalén en sábado, entonces prenderé fuego a sus puertas, que consumirá los palacios de Jerusalén, y no se apagará.

Dt 9 13+
Jr 7 26;
19 15

22 4

Za 9 9+

Ez 37 25
Jl 4 20

Jeremías en casa del alfarero*.

18 [1] Palabra que Yahvé dirigió a Jeremías: [2] Levántate y baja a la al-

---

17 12 No parece que estos dos vv. sean de Jeremías: ver 7 1-15.
17 13 «(Los que se apartan) de ti» conj.; «de mí» hebr. —«escritos en la tierra», es decir, en las inscripciones sepulcrales.
17 15 Las amenazas de Jeremías no se llevan a cabo. Nos encontramos, pues, antes del 598.
17 16 «(Yo nunca te apremié) a hacer daño», lit. «Yo nunca me apresuré tras de ti para la desgracia» *(lera'ah)* conj.; «Yo no me he apresurado más que un pastor *(mero'eh)* tras de ti» hebr.
17 19 La importancia que aquí se da al sábado, no habitual en Jeremías, hace que generalmente se niegue la autenticidad de este pasaje.
18 Según el v. 12, esta parábola en acción se sitúa antes de la llegada del infortunio, antes, pues, del 598.
—Ya los antiguos profetas, por ejemplo Samuel, 1 S 15 27-28, Ajías de Silo, 1 R 11 29-33 (o el falso profeta Sedecías, 1 R 22 11-12), acompañaban su profecía con gestos simbólicos, no tanto por necesidades de mayor expresión como por la exigencia de un realismo religioso; hay establecido un vínculo entre el gesto significativo y la realidad de que es señal, de suerte que la realidad anunciada es ya tan irrevocable como el gesto ejecutado. Este procedimiento se halla entre los gran- des profetas: en Oseas, cuya misión total se confunde con una acción simbólica, que es su drama personal, Os 1-3; más raramente en Isaías, ver sin embargo Is 20 y los nombres simbólicos que da a sus hijos, Is 7 3 (ver 10 21); 8 1-4; 8 18, ver 1 16+. Jeremías ejecuta o interpreta muchos gestos simbólicos: la vara de almendro y la olla, 1 11-14; la faja escondida en el Éufrates, 13 1-11 (si bien esta acción sólo parece haberse realizado en visión); el alfarero, 18 1-12; el jarro, 19; los higos, 24; el yugo, 27-28; el campo comprado, 32. Puede añadirse que su misma vida es un símbolo, 16 1-8, y su «pasión» (aun cuando no lo subraya) le identifica por anticipado con la nación castigada, haciendo de él como una figura del Siervo doliente, ver Is 42+. Más tarde, también Ezequiel ejecutará gestos simbólicos: el ladrillo sitiado, Ez 4 1-3; la comida racionada, 4 9-17; los cabellos, 5; la mímica del deportado 12 1-20; la olla, 24 3-14; las dos varas, 37 15-28; y, al estilo de Oseas, interpretará como sucesos simbólicos sus propios sufrimientos: la enfermedad, 4 4-8; la muerte de su mujer, 24 15-24; la mudez, 3 27; 33 22. Hallamos también acciones simbólicas en el NT: la higuera maldecida por el Señor, Mt 21 18-19p, la profecía de Ágabo, Hch 21 10-14.

farería, que allí mismo te haré oír mis palabras. ³ Bajé a la alfarería, y resulta que el alfarero estaba haciendo un trabajo al torno*. ⁴ El cacharro que estaba haciendo se estropeó como barro en manos del alfarero*, y éste volvió a empezar, trasformándolo en otro cacharro diferente, como mejor le pareció al alfarero. ⁵ Entonces me dirigió Yahvé la palabra en estos términos: ⁶ ¿No puedo hacer yo con vosotros, casa de Israel, lo mismo que este alfarero? —oráculo de Yahvé—. Lo mismo que el barro en la mano del alfarero, así sois vosotros en mi mano, casa de Israel. ⁷ De pronto hablo contra una nación o reino, de arrancar, derrocar y perder; ⁸ pero se vuelve atrás de su mal aquella gente contra la que hablé, y yo también desisto del mal que pensaba hacerle. ⁹ Y de pronto hablo, tocante a una nación o un reino, de edificar y plantar; ¹⁰ pero hace lo que parece malo desoyendo mi voz, y entonces yo también desisto del bien que había decidido hacerle. ¹¹ Ahora, pues, di a la gente de Judá y a los habitantes de Jerusalén: Así dice Yahvé: «Mirad que estoy ideando contra vosotros cosa mala y pensando algo contra vosotros. Ea, pues; volveos cada cual de su mal camino y mejorad vuestra conducta y acciones.» ¹² Pero van a decir: «Es inútil; porque iremos en pos de nuestros pensamientos y cada uno de nosotros hará conforme a la terquedad de su mal corazón.»

Israel olvida a Yahvé*.

¹³ Por tanto, así dice Yahvé:
Vamos, preguntad entre las naciones:
¿Quién oyó tal?
¡Bien fea cosa ha hecho
la virgen de Israel!
¹⁴ ¿Faltará acaso de la peña excelsa
la nieve del Líbano?,
¿o se agotarán las aguas crecidas,
frescas, corrientes*?
¹⁵ Pues bien, mi pueblo me ha olvidado.
A la Nada inciensan.
Han tropezado* en sus caminos,
aquellos senderos de siempre,

para irse por trochas,
por camino no trillado.
¹⁶ Es para trocar su tierra en desolación,
en eterna rechifla:
todo el que pasare se asombrará de ella
y meneará la cabeza.
¹⁷ Como el viento solano los esparciré delante del enemigo.
La espalda, que no la cara, les mostraré*
el día de su infortunio.

Con ocasión de un atentado contra Jeremías.

¹⁸ Entonces dijeron: «Venid y tramemos algo contra Jeremías, porque no va a faltarle la ley al sacerdote, el consejo al sabio, ni al profeta la palabra*. Venid e hirámosle por su propia lengua: no estemos atentos a todas sus palabras.»

¹⁹ Estáte atento a mí, Yahvé,
y oye lo que dicen mis contrincantes.
²⁰ ¿Es que se paga mal por bien?
(Porque han cavado una hoya para mi persona.)
Recuerda cuando yo me ponía en tu presencia
para hablar en bien de ellos,
para apartar tu cólera de ellos.
²¹ Por tanto, entrega a sus hijos al hambre
y desángralos a filo de espada;
queden sus mujeres sin hijos y viudas,
sean sus varones asesinados,
sus mancebos acuchillados en la guerra.
²² Óigase griterío en sus casas,
cuando traigas sobre ellos pillaje repentino.
Porque han cavado una hoya para prenderme,
y trampas han escondido para mis pies.
²³ Pero tú, Yahvé, conoces
todo su plan de muerte contra mí.
¡No disimules su culpa,
no borres de tu presencia su pecado!

Márgenes izquierda:
Is 29 16+
1 10
Ez 18 21-24
Jon 3 10
1 10
2 25
2 10-12
2 32

Márgenes derecha:
19 8
Lm 2 15-16
1 R 9 8
15 10+
Sal 35 7.12
Sal 5 11+
12 9+
2 R 24 2-
Ne 3 37

---

18 3　Lit. «en las dos ruedas»: el torno estaba formado por dos discos circulares montados en un eje vertical; el artesano lo hacía girar con los pies.
18 4　«como (suele ocurrir al) barro» *kajomer*, según algunos mss; «con barro» *bajomer* TM.
18 13　El redactor ha incluido aquí, como comentario a 18 12, esta exposición, característica de los comienzos de Jeremías, ver 2 10-32, pero que cuadra bien en tiempo de Joaquín, cuando la idolatría había vuelto a florecer.

18 14　«se agotarán» *'im yinnašetû* conj.; «serán arrancadas» *'im yinnateśû* hebr. —El texto de todo este v. es dudoso y se han propuesto diversas correcciones.
18 15　Los jefes del pueblo lo han extraviado —a no ser que deba leerse con el griego: «(la gente del pueblo) ha tropezado»—.
18 17　«les mostraré» versiones; «les veré» hebr.
18 18　La actividad normal de las tres categorías de jefes espirituales, sacerdotes, sabios y profetas, no se detendrá con la desaparición de un perturbador.

¡Que caigan ante ti,
al tiempo de tu ira, descarga en ellos!

El jarro roto. Altercado con Pasjur*.

19 ¹ Entonces Yahvé dijo a Jeremías:
Ve y compras un jarro de cerámica;
tomas contigo* a algunos ancianos del
pueblo y algunos sacerdotes, ² sales al valle de Ben Hinón, a la entrada de la puerta
de las Tejoletas*, y pregonas allí las palabras que voy a decirte. ³ Dirás: Oíd la
palabra de Yahvé, reyes de Judá y habitantes de Jerusalén. Así dice Yahvé Sebaot, el Dios de Israel: «Pienso traer sobre
este lugar una desgracia, que a todo el
que la oyere le zumbarán los oídos. ⁴ Porque me han dejado, han hecho extraño
este lugar y han incensado en él a otros
dioses que ni ellos ni sus padres conocían.
Los reyes de Judá han llenado este lugar
de sangre de inocentes, ⁵ y han construido
los altos de Baal para quemar a sus hijos
en el fuego, en holocausto a Baal, —lo
que no les mandé ni les dije ni me pasó
por las mientes—. ⁶ Por tanto, van a venir
días —oráculo de Yahvé— en que no se
hablará más de Tófet ni del valle de Ben
Hinón, sino del 'Valle de la Matanza'.
⁷ Vaciaré* la prudencia de Judá y Jerusalén a causa de este lugar: los haré caer a
espada ante sus enemigos por mano de
los que busquen su muerte; daré sus cadáveres por comida a las aves del cielo y
a las bestias de la tierra, ⁸ y convertiré esta
ciudad en desolación y rechifla: todo el
que pase a su vera se quedará atónito y
silbará a la vista de sus heridas. ⁹ Les haré
comer la carne de sus hijos y la carne de
sus hijas, y comerán cada uno la carne de
su prójimo, en el aprieto y la estrechez
con que les estrecharán sus enemigos y
los que busquen su muerte.»
¹⁰ Luego rompes el jarro a la vista de
los hombres que vayan contigo ¹¹ y les
dices: Así dice Yahvé Sebaot: «Asimismo
quebrantaré yo a este pueblo y a esta ciudad, como quien rompe un cacharro de
alfarería, que ya no tiene arreglo.

«Y se harán enterramientos en Tófet,
hasta que falte sitio para enterrar. ¹² Así
haré con este lugar —oráculo de Yahvé— y con sus habitantes, hasta dejar a
esta ciudad lo mismo que Tófet, ¹³ y que
sean las casas de Jerusalén y las de los
reyes de Judá como el lugar de Tófet:
una inmundicia*; todas las casas en cuyas azoteas incensaron a toda la tropa
celeste y libaron libación a otros dioses.»
¹⁴ Partió Jeremías de Tófet, a donde le
había enviado Yahvé a profetizar y, pa-
rándose en el atrio del templo de Yahvé,
dijo a todo el pueblo: ¹⁵ «Así dice Yahvé
Sebaot, el Dios de Israel: Pienso traer a
esta ciudad y a todos sus aledaños toda
la calamidad que he pronunciado contra
ella, porque ha atiesado su cerviz, desoyendo mis palabras.»

20 ¹ El sacerdote Pasjur, hijo de Imer,
que era inspector jefe de la Casa de
Yahvé, oyó a Jeremías profetizar dichas
palabras. ² Pasjur hizo dar una paliza al
profeta Jeremías y lo hizo meter en el calabozo de la Puerta Alta de Benjamín
—la que está en el templo de Yahvé—.
³ Al día siguiente sacó Pasjur a Jeremías
del calabozo. Díjole Jeremías: No es Pasjur el nombre que te ha puesto Yahvé,
sino «Terror en torno». ⁴ Porque así dice
Yahvé: «Voy a convertirte en terror para
ti mismo y para todos tus allegados, los
cuales caerán por la espada de sus enemigos, y tus ojos lo estarán viendo. Y asimismo a todo Judá entregaré en manos
del rey de Babilonia, que los deportará a
Babilonia y los acuchillará. ⁵ Y entregaré
todas las reservas de esta ciudad y todo
lo atesorado, todas sus preciosidades y
todos los tesoros de los reyes de Judá, en
manos de sus enemigos, que los pillarán,
los tomarán y se los llevarán a Babilonia.
⁶ En cuanto a ti, Pasjur, y todos los moradores de tu casa, iréis al cautiverio. En
Babilonia entrarás, allí morirás y allí
mismo serás sepultado tú y todos tus
allegados a quienes has profetizado en
falso.»

1 S 3 11
2 R 21 12

7 31-33
Lv 18 21+

18 16

·t 28 53-57
Ez 5 10+

Dt 9 13
Jr 7 26

---

19 Este trozo no parece compuesto de una vez.
Comprende: 1.º la acción simbólica del jarro, ante algunos testigos, cerca de la Puerta de las Tejoletas, comentada luego en el Templo; de ahí los altercados con
Pasjur: 19 1.2 ᵇ·ᶜ.10-11ᵃ.14-15; 20 1-6; el suceso debe situarse hacia el 605, antes de los hechos referidos en el
cap. 36; 2.º un discurso pronunciado en Tófet y dirigido
a los reyes de Judá y a los habitantes de Jerusalén: 19
2ᵃ.3-9.11ᵇ-13; utiliza viejos temas jeremíacos, que se hicieron actuales bajo Joaquín; alude, v. 7, a la acción del
jarro.
19 1 «Entonces» griego; «Así» hebr. —«a Jeremías»

conj.; «a mí» griego; omitido por hebr. —«tomas contigo» sir., Targ.; omitido por hebr.
19 2 No es posible situar con certeza la Puerta de las
Tejoletas o Puerta de la Alfarería. La dirección señalada
(Gehenna) sugiere que podía encontrarse al este de la
puerta del Muladar, quizá no lejos del «parque del rey»,
ver 39 4, pero también a veces se ha tratado de identificar estas dos puertas.
19 7 «Vaciar», baqaq, juego de palabras con «jarro»,
baqbuq.
19 13 Impureza debida a los cadáveres, ver Lv 18 25s;
26 30.

Extractos de las «Confesiones».

⁷ Me has seducido, Yahvé, y me dejé seducir;
me has agarrado y me has podido*.
He sido la irrisión cotidiana:
todos me remedaban.
⁸ Cada vez que abro la boca
es para clamar «¡Atropello!»,
y para gritar: «¡Me roban!»
La palabra de Yahvé ha sido para mí
oprobio y befa cotidiana.
⁹ Yo decía: «No volveré a recordarlo,
ni hablaré más en su Nombre.»
Pero había en mi corazón algo así
como fuego ardiente,
prendido en mis huesos,
y aunque yo trabajaba por ahogarlo,
no podía.
¹⁰ Escuchaba las calumnias de la turba:
«¡Terror por doquier*!,
¡denunciadle!, ¡denunciémosle!»
Todos aquellos con quienes me saludaba
estaban acechando un traspiés mío:
«¡A ver si se distrae, y le podremos,
y tomaremos venganza de él!»
¹¹ Pero Yahvé está conmigo, cual campeón
poderoso.
Y así mis perseguidores tropezarán
impotentes;

se avergonzarán mucho de su imprudencia:
confusión eterna, inolvidable.
¹² ¡Oh Yahvé Sebaot, juez de lo justo*,
que escrutas las entrañas y el corazón!,
vea yo tu venganza contra ellos,
porque a ti he encomendado mi causa.
¹³ Cantad a Yahvé, alabad a Yahvé,
porque ha salvado la vida de un pobrecillo*
de manos de malhechores.

¹⁴ ¡Maldito el día en que nací*!,
¡el día que me dio a luz mi madre no
sea bendito!
¹⁵ ¡Maldito aquel que felicitó a mi padre
diciendo:
«Te ha nacido un hijo varón»,
y le llenó de alegría!
¹⁶ Sea el hombre aquel semejante a las
ciudades
que destruyó Yahvé sin que le pesara,
y escuche alaridos de mañana
y gritos de ataque al mediodía.
¹⁷ ¡Oh, que no me haya hecho morir
desde el vientre,
y hubiese sido mi madre mi sepultura,
con seno preñado eternamente!
¹⁸ ¿Para qué haber salido del seno,
a ver pena y aflicción,
y a consumirse en la vergüenza mis
días?

Margin references:
15 10+
23 29
Jb 32 19-20
Sal 39 4
‖Sal 31 14
=11 20+
⁄ Jb 3
Jr 1 5; 15 1
Gn 19 24-2

3. ORÁCULOS PRONUNCIADOS PRINCIPALMENTE DESPUÉS DE JOAQUÍN

Respuesta a los enviados de Sedecías*.

21 ¹ Palabra dirigida a Jeremías de parte de Yahvé, cuando el rey Sedecías mandó donde él a Pasjur, hijo de Malquías, y al sacerdote Sofonías, hijo de Maasías, a decirle: ² «Ea, consulta de nuestra parte a Yahvé, porque el rey de Babilonia, Nabucodonosor, nos ataca. A ver si nos hace Yahvé un milagro de los suyos, y aquél se retira de encima de nosotros.» ³ Díjoles Jeremías: «Así diréis a Sedecías: ⁴ Esto dice Yahvé, el Dios de Israel: Voy a hacer que reboten las armas que tenéis en las manos y con las que os batís contra el rey de Babilonia y contra los caldeos que os cercan extramuros, y las amontonaré en medio de esta ciudad. ⁵ Yo voy a batirme contra vosotros con mano fuerte y tenso brazo, con ira, con cólera y con encono grande. ⁶ Heriré a los habitantes de esta ciudad, hombres y bestias, con una gran peste; ¡morirán! ⁷ Y tras de esto —oráculo de Yahvé— entre-

---

20 7 Estas imágenes de seducción y de lucha señalan la influencia de Yahvé sobre el profeta. Éste parece que aquí se rebela contra un Dios al que considera responsable de su desdicha. Resulta rara en la Biblia la expresión de tamaña desesperación (ver sin embargo, Jb 3 1s; Sal 88). Pero Jeremías mantiene la certeza de que Yahvé es el Dios de la Gracia y en lo más hondo de su angustia lanza un grito de esperanza, vv. 11-13.
20 10 Expresión predilecta de Jeremías, que sus adversarios parodiarían, ver 6 25; 20 3; 46 5; 49 29.
20 12 O bien: «con justicia», si seguimos a 2 mss hebr., sir., árabe. Ver 11 20.

20 13 El pobrecillo (*'ebiôn*), o el cuitado (*'anaw*), ver 22 16, aquí con un sentido religioso: probado en medio de los hombres, confiado en Dios. Los «pobres de Yahvé», ver So 2 3+, serán la posteridad espiritual de Jeremías.
20 14 Jeremías, llamado desde el seno de su madre, 1 5, maldice el día de su nacimiento. Esta maldición, que será repetida por Jb 3, señala el punto extremo de la aflicción interior del profeta.
21 Es un episodio del sitio de Jerusalén el 588. Ha podido ser incluido aquí a causa del contraste entre el Pasjur del v. 1 y el de 20 1. — El griego presenta varias omisiones.

garé al rey de Judá, Sedecías, a sus siervos y al pueblo que en esta ciudad quedare de la peste, de la espada y del hambre, en manos de Nabucodonosor, rey de Babilonia, y en manos de sus enemigos y de los que buscan su muerte. Él los herirá a filo de espada. No les dará cuartel, ni les tendrá clemencia ni lástima.»

⁸ Y a ese pueblo le dirás: «Así dice Yahvé: Mirad que yo os propongo el camino de la vida y el camino de la muerte. ⁹ Quien se quede en esta ciudad, morirá de espada, de hambre y de peste. El que salga y caiga en manos de los caldeos que os cercan, vivirá, y eso saldrá ganando. ¹⁰ Porque me he fijado en esta ciudad para su daño, no para su bien —oráculo de Yahvé—: será puesta en manos del rey de Babilonia, que la incendiará.»

Mensaje a la casa real.

¹¹ A la casa real de Judá*. ¡Oíd la palabra de Yahvé, ¹² casa de David! Así dice Yahvé:

Haced justicia cada mañana,
y salvad al oprimido de mano del opresor,
so pena de que brote como fuego mi cólera,
y arda y no haya quien la apague,
a causa de vuestras malas acciones.
¹³ Mira que por ti va, población del valle,
la Roca del Llano*
—oráculo de Yahvé—:
vosotros, los que decís: «¿Quién se nos echará encima?,
¿quién entrará en nuestras guaridas?»
¹⁴ (Yo os visitaré según el fruto de vuestras acciones —oráculo de Yahvé—.)
Encenderé fuego en su bosque,
y devorará todos sus contornos.

22 ¹ Yahvé dijo así: Baja* a la casa real de Judá y pronuncias allí estas palabras. ² Dirás: Oye la palabra de Yahvé, tú, rey de Judá, que ocupas el trono de David, y tus servidores y pueblo —los que entran por estas puertas—. ³ Así dice Yahvé: Practicad el derecho y la justicia,

librad al oprimido de manos del opresor, y al forastero, al huérfano y a la viuda no atropelléis; no hagáis violencia ni derraméis sangre inocente en este lugar. ⁴ Porque si ponéis en práctica esta palabra, entonces seguirán entrando por las puertas de esta casa reyes sucesores de David en el trono, montados en carros y caballos, junto con sus servidores y su pueblo. ⁵ Mas si no oís estas palabras, por mí mismo os juro —oráculo de Yahvé— que en ruinas parará esta casa.

⁶ Pues así dice Yahvé respecto a la casa real de Judá:

Galaad eras tú para mí,
cumbre del Líbano:
pero ¡vaya si te trocaré en desierto,
en ciudades deshabitadas!
⁷ Voy a consagrar* contra ti a quienes te destruyan:
¡cada uno a sus hachas!
Talarán lo selecto de tus cedros,
y lo arrojarán al fuego.

⁸ Muchas gentes pasarán a la vera de esta ciudad y dirán cada cual a su prójimo: «¿Por qué ha hecho Yahvé semejante cosa a esta gran ciudad?» ⁹ Y les dirán: «Es porque dejaron la alianza de su Dios Yahvé, y adoraron a otros dioses y les sirvieron.»

Oráculos contra varios reyes:
Contra Joacaz.

¹⁰ No lloréis al muerto ni plañáis por él:
llorad, llorad por el que se va,
porque jamás volverá
ni verá su patria*.

¹¹ Pues así dice Yahvé respecto a Salún, hijo de Josías, rey de Judá y sucesor de su padre Josías en el reino, el cual salió de este lugar: «No volverá más aquí, ¹² sino que en el lugar a donde le deportaron, allí mismo morirá, y no verá jamás este país.»

Contra Joaquín.

¹³ ¡Ay del que edifica su casa sin justicia
y sus pisos sin derecho!
De su prójimo se sirve de balde
y su trabajo no le paga.

Marginal references

Dt 30 15
=38 2

39 18; 45 5

=4 4

=50 32

17 24-25

22 23
Ez 17 3

21 13+

5 19+
1 R 9 7-9

2 R 23 29-30

2 R 23 34

Am 6 8

Dt 24 15

Footnotes

21 11 Este título (ver **23** 9) abarca la sección **21** 11 - **23** 8 e indica una compilación que ha podido existir separadamente.
21 13 Aquí se interpela a Jerusalén, con su valle (Cedrón, Tiropeón) y la roca que la domina, el Ofel, pedestal del palacio real. La imagen del bosque (v. 14) se repite en **22** 6s, donde se aplica a las maderas preciosas del palacio, ver 1 R 7 2.
22 1 Del templo, que dominaba el palacio, ver **26** 10; **36** 12.
22 7 Lit. «Voy a santificar», ver **6** 4+.
22 10 «al muerto»: Josías, muerto el 609, ver 2 R **23** 29; «el que se va»: Joacaz (llamado también Salún, v. 11), deportado a Egipto el mismo año, ver 2 R **24** 33-34.

¹⁴ El que dice: «Voy a edificarme una casa espaciosa
y pisos ventilados»,
y le abre sus correspondientes ventanas;
pone paneles de cedro y los pinta de rojo.
¹⁵ ¿Serás* acaso rey
porque seas un apasionado del cedro?
Tu padre, ¿no comía y bebía?
¡Pero practicaba justicia y equidad!
Por eso todo le iba bien.
¹⁶ Juzgaba la causa del cuitado y del pobre.
Por eso todo iba bien.
¿No es esto conocerme? —oráculo de Yahvé—.
¹⁷ Pero tus ojos y tu corazón
sólo buscan tu propio interés:
derramar sangre inocente,
cometer atropello y violencia.

¹⁸ Por tanto, así dice Yahvé respecto a Joaquín, hijo de Josías, rey de Judá:
No plañirán por él:
«¡Ay hermano mío!, ¡ay hermana mía!»;
no plañirán por él:
«¡Ay Señor!, ¡ay su Majestad!»
¹⁹ El entierro de un borrico será el suyo:
arrastrarlo y tirarlo
fuera de las puertas de Jerusalén.

Contra Jeconías*.

²⁰ Sube al Líbano y clama,
por Basán da voces
y clama desde Abarín*,
porque han sido quebrantados todos tus amantes*.
²¹ Te había hablado en tu prosperidad.
Dijiste: «No oigo.»
Tal ha sido tu costumbre desde tu mocedad,
nunca oíste mi voz.
²² A todos tus pastores los pastoreará el viento,
y tus amantes cautivos irán.
Entonces sí que estarás avergonzada y confusa
de toda tu malicia.
²³ Tú, que te asentabas en el Líbano,

que anidabas en los cedros,
¡cómo suspirarás*, cuando te vengan los dolores,
el trance como de parturienta!

²⁴ Por mi vida —oráculo de Yahvé—, aunque fuese Jeconías, el hijo de Joaquín, rey de Judá, un sello en mi mano diestra, de allí lo arrancaría. ²⁵ Yo te pondré en manos de los que buscan tu muerte, y en manos de los que te atemorizan: en manos de Nabucodonosor, rey de Babilonia, y en manos de los caldeos; ²⁶ y te arrojaré a ti y a la madre que te engendró a otra tierra donde no habéis nacido, y allí moriréis. ²⁷ Pero a la tierra a donde anhelan volver, no volverán.

²⁸ ¿Es algún trasto despreciable, roto, este individuo, Jeconías?;
¿quizá un objeto sin interés?
Pues entonces, ¿por qué han sido arrojados él y su prole,
y echados a una tierra,
que no conocían?
²⁹ ¡Tierra, tierra, tierra!,
oye la palabra de Yahvé.
³⁰ Así dice Yahvé:
Inscribid a este hombre*: «Un sin hijos,
un fracasado en la vida»;
porque ninguno de su descendencia tendrá la suerte
de sentarse en el trono de David*
y de ser jamás señor en Judá.

Oráculos mesiánicos. El rey futuro.

23 ¹ ¡Ay de los pastores que dejan perderse y desparramarse las ovejas de mis pastos! —oráculo de Yahvé—. ² Pues así dice Yahvé, el Dios de Israel, tocante a los pastores que apacientan a mi pueblo: Vosotros habéis dispersado las ovejas mías, las empujasteis y no las atendisteis. Pues voy a pasaros revista por vuestras malas obras —oráculo de Yahvé—. ³ Yo recogeré el Resto de mis ovejas de todas las tierras a donde las empujé, las haré tornar a sus pastos, criarán y se multiplicarán. ⁴ Y pondré al frente de ellas pastores que las apacien-

Referencias marginales
9 23+
34 5
1 R 13 30
Is 14 18-19
Jr 36 30
2 Cro 36 5-6
2 25.31
3 25; 7 23s;
11 7s
21 13; 22 6
4 31+
Ag 2 23
31 10
Is 4 3+
3 15
Ez 34 1+

22 15 Pueden entenderse los vv. 15-17 como un diálogo entre Dios y Joaquín, en que Dios rebate irónicamente las excusas del hijo de Josías.
22 20 (a) Jeremías se dirige ante todo a Jerusalén personificada, e interpreta duramente los sucesos del 598 de que aquélla se lamenta.
22 20 (b) El Líbano al norte; el Basán, al nordeste, al otro lado del Jordán (ver Dt 3 10); Abarín al este, con el monte Nebo como cima (Nm 33 47).
22 20 (c) No se trata aquí de los falsos dioses, ver 3 13,

ni de lo aliados, ver 4 30, sino de los reyes y los jefes de Judá, ver v. 22.
22 23 Con griego, sir., Vulg. El hebr. trae el pasivo, inusitado, del verbo «perdonar» que en rigor podría traducirse «cuánta lástima excitarás».
22 30 (a) En los registros genealógicos de los reyes, ver Is 4 3.
22 30 (b) De hecho, Zorobabel, nieto de Jeconías, al regreso del Destierro, sólo fue alto comisario de Judá.

ten, y nunca más estarán medrosas ni asustadas, ni faltará ninguna —oráculo de Yahvé—.

⁵ Mirad que vienen días —oráculo de Yahvé—
en que suscitaré a David un Germen justo*:
reinará un rey prudente,
practicará el derecho y la justicia en la tierra.
⁶ En sus días estará a salvo Judá,
e Israel vivirá en seguro.
Y éste es el nombre con que te llamarán:
«Yahvé, justicia nuestra*.»

⁷ Por tanto, mirad que vienen días —oráculo de Yahvé— en que no se dirá más: «¡Por vida de Yahvé, que subió a los israelitas de Egipto!», ⁸ sino: «¡Por vida de Yahvé, que subió y trajo la simiente de la casa de Israel de tierras del norte y de todas las tierras a donde los arrojara*!», y habitarán en su propio suelo.

Contra los falsos profetas.

⁹ A los profetas*.

Se me partió el corazón* por dentro,
estremeciéronse todos mis huesos,
me quedé como un borracho,
como aquél a quien le domina el vino,
por causa de Yahvé,
por causa de sus santas palabras.

¹⁰ «El país está lleno de adúlteros.
(A causa de una maldición se ha enlutado la tierra, se han secado los pastos de la estepa.)
Los hombres corren al mal,
su poder es la injusticia.
¹¹ Tanto el profeta como el sacerdote se han vuelto impíos;
en mi mismo templo topé con su maldad —oráculo de Yahvé—.
¹² Por eso su camino vendrá a ser su despeñadero:
a la sima serán empujados
y caerán en ella.
Porque voy a traer sobre ellos una calamidad,

cuando les llegue el castigo» —oráculo de Yahvé—.

¹³ En los profetas de Samaría
he observado una locura:
profetizaban por Baal
y hacían errar a mi pueblo Israel.
¹⁴ Mas en los profetas de Jerusalén
he observado una monstruosidad:
fornicar y proceder con falsía,
dándose la mano con los malhechores,
sin volverse cada cual de su malicia.
Se me han vuelto todos ellos cual Sodoma,
y los habitantes de la ciudad, cual Gomorra.
¹⁵ Por tanto, así dice Yahvé Sebaot tocante a los profetas:
Voy a darles de comer ajenjo,
y de beber, agua emponzoñada.
Porque a partir de los profetas de Jerusalén
se ha propagado la impiedad por toda la tierra.

¹⁶ Así dice Yahvé Sebaot:
No escuchéis las palabras de los profetas que os profetizan.
Os están embaucando.
Os cuentan sus propias fantasías,
no cosa de boca de Yahvé.
¹⁷ Dicen a los que me desprecian: «Yahvé dice: ¡Paz tendréis!»
y a todo el que camina en terquedad de corazón:
«No os sucederá nada malo.»
¹⁸ (Porque ¿quién asistió al consejo de Yahvé y vio y oyó su palabra?, ¿quién escuchó su palabra y la ha oído*?)
¹⁹ Mirad que una tormenta de Yahvé, su ira, ha estallado,
un torbellino remolinea,
sobre la cabeza de los malos descarga.
²⁰ No ha de apaciguarse la ira de Yahvé
hasta que la ejecute, y realice
los designios de su corazón.
En días futuros os percataréis de ello.
²¹ Yo no envié a esos profetas,
y ellos corrieron.
No les hablé,
y ellos profetizaron.
²² Pues si asistieron a mi consejo,

Marginal references:
=33 15-16
Is 4 2
a 3 8; 6 12

3 18+

=16 14-15

14 13-16
Dt 13 2-6

6 13

2 8; 5 31

Gn 19

=9 14

1 Co 2 16

=30 23-24

---

23 5 «Germen» llegará a ser nombre propio, designación del Mesías, ver Za 3 8; 6 12.
23 6 Este nombre simbólico dado al Mesías, ver Is 1 26+, contrasta con el de Sedecías, que significa «Yahvé es mi justicia».
23 8 «(él) los arrojara» griego; «(yo) los arrojara» hebr.
23 9 (a) Título (como **21** 11) de un opúsculo complejo y recargado, vv. 9-40. El primer trozo, vv. 9-12, donde

Jeremías parece descubrir la maldad de los falsos profetas, podría datarse bajo Josías. Los trozos siguientes cuadran tan bien al tiempo de Joaquín como al de Sedecías. Sobre esta polémica contra los falsos profetas, ver la Introducción.
23 9 (b) Quien aquí habla es Jeremías, pero en los vv. 10-12 la palabra pertenece a Yahvé mismo.
23 18 Posiblemente, este v. es una glosa, mal incluida, al v. 22.

28 9+

hagan oír mi palabra a mi pueblo,
y háganle tornar de su mal camino
y de sus acciones malas*.

²³ ¿Soy yo un Dios sólo de cerca —oráculo de Yahvé—
y no soy Dios de lejos?

Sal 139 7-12
Am 9 2-3
Si 16 17

²⁴ ¿O se esconderá alguno en escondite donde yo no le vea? —oráculo de Yahvé—.

¿Los cielos y la tierra
no los lleno yo? —oráculo de Yahvé—.

Sb 1 7

²⁵ Ya he oído lo que dicen esos profetas que profetizan falsamente en mi nombre diciendo: «¡He tenido un sueño, he tenido un sueño*!» ²⁶ ¿Hasta cuándo va a durar esto en el corazón de los profetas que profetizan en falso y son profetas de la impostura de su corazón?, ²⁷ ¿los que piensan hacer olvidarse a mi pueblo de mi Nombre por los sueños que se cuentan cada cual a su vecino, como olvidaron sus padres mi Nombre por Baal? ²⁸ Profeta que tenga un sueño, cuente un sueño, y el que tenga consigo mi palabra, que hable mi palabra fielmente.

¿Qué tiene que ver la paja con el grano? —oráculo de Yahvé—.

5 14; 20 9

²⁹ ¿No es así mi palabra, como el fuego, y como un martillo golpea la peña?

³⁰ Pues bien, aquí estoy yo contra los profetas —oráculo de Yahvé— que se roban mis palabras el uno al otro. ³¹ Aquí estoy yo contra los profetas —oráculo de Yahvé— que usan de su lengua y emiten oráculo. ³² Aquí estoy yo contra los profetas que profetizan falsos sueños —oráculo de Yahvé— y los cuentan, y hacen errar a mi pueblo con sus falsedades y su presunción, cuando yo ni los he enviado ni dado órdenes, y ellos de ningún provecho han sido para este pueblo —oráculo de Yahvé—.

³³ Y cuando te pregunte este pueblo —o un profeta o un sacerdote—: «¿Cuál es la carga de Yahvé?», les dirás: «Vosotros sois la carga, y voy a dejaros en el suelo —oráculo de Yahvé*—.»

³⁴ Y el profeta, el sacerdote o cualquiera que dijere: «Una carga de Yahvé», yo me las entenderé con él y con su casa. ³⁵ Así os diréis cada uno a su prójimo, y cada uno a su hermano: «¿Qué ha respondido Yahvé?, ¿qué ha dicho Yahvé?» ³⁶ Pero de eso de la «carga de Yahvé» no os acordaréis más, porque tal carga sería para cada uno su propia palabra. Porque trastornáis las palabras del Dios vivo, Yahvé Sebaot nuestro Dios. ³⁷ Así diréis al profeta: «¿Qué te ha respondido Yahvé?, ¿qué ha dicho Yahvé?» ³⁸ Pero como habléis de «carga de Yahvé», entonces así dice Yahvé: «Por haber dicho eso de carga de Yahvé por más que os avisé que no dijerais carga de Yahvé, ³⁹ por lo mismo, he aquí que yo os levanto* en alto y os dejo caer a vosotros y a la ciudad que os di a vosotros y a vuestros padres. ⁴⁰ Y os pondré encima oprobio eterno y baldón eterno que no será olvidado.»

Los dos cestos de higos*.

20 1-20
Mt 12 18-19p

24 ¹ Yahvé me hizo ver un par de cestos de higos presentados delante del templo de Yahvé* —esto era después que Nabucodonosor, rey de Babilonia, hubiera deportado de Jerusalén al rey de Judá, Jeconías, hijo de Joaquín, a los principales de Judá y a los herreros y cerrajeros de Jerusalén, y los llevó a Babilonia—. ² Un cesto era de higos muy buenos, como los primerizos, y el otro de higos malos, tan malos que no se podían comer. ³ Y me dijo Yahvé: «¿Qué estás viendo Jeremías?» Dije: «Higos. Los higos buenos son muy buenos; y los higos malos, muy malos, que no se dejan comer de puro malos.» ⁴ Entonces me dirigió Yahvé la palabra en estos términos: ⁵ Así habla Yahvé, Dios de Israel: Como por estos higos buenos, así me interesaré en favor de los desterrados de Judá que yo eché de este lugar al país de los caldeos. ⁶ Pondré la vista en ellos para su

2 R 24 12

Ez 11 14

---

23 22 Sobre los criterios del verdadero profetismo, ver la Introducción.

23 25 Ciertamente los sueños pueden ser un medio de comunicación divina, Nm 12 6; pero se ha de discernir *su contenido* y *su origen*.

23 33 «Vosotros sois la carga» griego; «Qué carga» hebr. (vocalización y corte de las palabras defectuosos). —Jeremías rechaza el término recibido *maśśa'*, «carga», «peso» y, en sentido figurado, «oráculo» (que pesa sobre alguien), ver Is 13 1; 14 28; 19 1; Za 9 1; 12 1; Ml 1 1.

23 39 Con las versiones y 5 mss hebr.; este verbo (en

hebr. *naśah*, del cual procede *maśśa'*) prosigue el juego de palabras con carga. El TM tiene el verbo *naśah* y se traduciría «yo os olvido».

24 La visión, ver 13+, recuerda la de Amós, 8 1-2. Puede datarse hacia el 593, bajo Sedecías. Al juicio de Jeremías, ver también 29 1-23, corresponde el de Ezequiel, 11 14-21: entre los desterrados, Dios se va a hacer un nuevo pueblo que le busque, ver Is 4 3+.

24 1 «presentados» hebr.; «colocados» griego. —Los campesinos traían al templo las primicias de sus cosechas. El sentido votivo del participio *mu'adîm*, del TM, se justifica por el árabe *wa'ada*, «prometer».

bien, los devolveré a este país, los reconstruiré para no derrocarlos y los plantaré para no arrancarlos. ⁷ Les daré corazón para conocerme, pues yo soy Yahvé, y ellos serán mi pueblo y yo seré su Dios, pues volverán a mí con todo su corazón. ⁸ Pero igual que a los higos malos, que no se pueden comer de malos —sí, así dice Yahvé—, así haré al rey Sedecías, a sus principales y al resto de Jerusalén: a los que quedaren en este país y a los que están en el país de Egipto*. ⁹ Haré de ellos el espantajo, una calamidad, de todos los reinos de la tierra; el oprobio y el ejemplo, la burla y la maldición por dondequiera que los empuje, ¹⁰ daré suelta entre ellos a la espada, al hambre y a la peste, hasta que sean acabados de sobre el solar que di a ellos y a sus padres.

1 10

4 4+
31 31+.
33-34;
32 29
/ 1 Jn 5 20

15 4; 26 6;
29 18; 42 18;
44 12

4. BABILONIA, AZOTE DE YAHVÉ*

25 ¹ Palabra dirigida a Jeremías tocante a todo el pueblo de Judá el año cuarto de Joaquín, hijo de Josías, rey de Judá, —o sea el año primero de Nabucodonosor, rey de Babilonia—, ² la cual pronunció el profeta Jeremías a todo el pueblo de Judá y a toda la población de Jerusalén, en estos términos:

³ Desde el año trece de Josías, hijo de Amón, rey de Judá, hasta este día, veintitrés años hace que me es dirigida la palabra de Yahvé, y os la he comunicado puntualmente (pero no habéis oído). ⁴ También os envió Yahvé puntualmente a todos sus siervos los profetas, y tampoco oísteis ni aplicasteis el oído), ⁵ diciendo: Ea, volveos cada cual de su mal camino y de sus malas acciones, y volveréis al solar que os dio Yahvé a vosotros y a vuestros padres, desde siempre hasta siempre. ⁶ (No vayáis en pos de otros dioses para servirles y adorarles, no me provoquéis con las hechuras de vuestras manos, y no os haré mal.) ⁷ Pero no me habéis oído (—oráculo de Yahvé— de suerte que con las hechuras de vuestras manos me provocasteis, para vuestro mal).

⁸ Por eso, así dice Yahvé Sebaot: Puesto que no habéis oído mis palabras, ⁹ he decidido mandar a buscar a todos los linajes del norte (—oráculo de Yahvé— y a mi siervo* Nabucodonosor, rey de Babilonia), y los traeré contra esta tierra y contra sus moradores (y contra todas estas gentes de alrededor); los anatematizaré y los convertiré en pasmo, rechifla y ruinas eternas, ¹⁰ y haré desaparecer de ellos voz de gozo y voz de alegría, la voz del novio y la voz de la novia, el ruido de la muela y la luz de la candela. ¹¹ Será reducida toda esta tierra a pura desolación, y servirán estas gentes al rey de Babilonia setenta años*. ¹² (Luego, en cumpliéndose los setenta años, pediré cuentas al rey de Babilonia y a dicha gente por su delito —oráculo de Yahvé— y a la tierra de los caldeos, trocándola en ruinas eternas. ¹³ Y atraeré sobre aquella tierra todas las palabras que he hablado respecto a ella, todo lo que está escrito en este libro.

7 25+

Jos 6 17+

7 34; 16 9
/ Ap 18 22
Ez 26 13

29 10; 27 7
/ Dn 9 2s
2 Cro 36
21-22
Is 23 15

24 8 Quizá los compañeros de cautiverio de Joacaz, 2 R 23 34, quizá los israelitas refugiados en Egipto.
25 Este trozo recapitula el ministerio profético de Jeremías desde su llamamiento, y anuncia el peligro caldeo inminente, que da nueva actualidad a todas las amenazas anteriores. Puede considerársele como resumen y recapitulación, ver v. 13, del rollo dictado a Baruc por Jeremías el 605, ver 36 2, y luego escrito por segunda vez y completado, 36 32; ver la Introducción. —El hebr. y el griego presentan aquí grandes diferencias. Seguimos el hebr., salvo excepción. Los paréntesis indican un texto que no parece primitivo (varias veces omitido por el griego).
25 9 Según la concepción religiosa de la historia común a los profetas, los mismos paganos están al servicio de Dios, ver 42 9; Is 10 5+.
25 11 Cifra redonda de la duración del Destierro, repetida en 29 10 y de otra forma en 27 7 El tema reaparece en 2 Cro 36 21 y es el fundamento de Dn 9.

II. Introducción a los oráculos contra las naciones

Visión de la copa de vino*.

LXX: 32
13-38

Lo que profetizó Jeremías tocante a la generalidad de las naciones. [14] (Pues también a ellos los reducirán a servidumbre* muchas naciones y reyes grandes, y les pagaré según sus obras y según la hechura de sus manos.)

Is 51 17+
Ap 16

[15] Así me ha dicho Yahvé Dios de Israel: Toma esta copa de vino de furia, y hazla beber a todas las naciones a las que yo te envíe; [16] beberán y trompicarán, y se enloquecerán ante la espada que voy a soltar entre ellas. [17] Tomé la copa de mano de Yahvé, e hice beber a todas las naciones a las que me había enviado Yahvé*: [18] (a Jerusalén y a las ciudades de Judá, a sus reyes y a sus principales, para trocarlo todo en desolación, pasmo, rechifla y maldición, como hoy está sucediendo); [19] al faraón, rey de Egipto, a sus siervos, a sus principales y a todo su pueblo, [20] a todos los mestizos (a todos los reyes de Us*); a todos los reyes de Filistea: a Ascalón, Gaza, Ecrón y al residuo de Asdod; [21] a Edom, Moab y los amonitas, [22] a (todos) los reyes de Tiro, a (todos) los reyes de Sidón y a los reyes de las islas de allende el mar*; [23] a Dedán, Temá, Buz; a todos los que se afeitan las sienes*, [24] a todos los reyes de Arabia y a todos los reyes de los mestizos habitantes del desierto; [25] (a todos los reyes de Zimrí*) a todos los reyes de Elam y a todos los reyes de Media, [26] a todos los reyes del norte, los próximos y los remotos, cada uno con su hermano, y a todos los reinos que hay sobre la faz de la tierra. (Y el rey de Sesac* beberá después de ellos.)

[27] Y les dirás: Así dice Yahvé Sebaot, el Dios de Israel: Bebed, emborrachaos, vomitad, caed y no os levantéis delante de la espada que yo voy a soltar entre vosotros. [28] Y si rehúsan tomar la copa de tu mano para beber, les dices: Así dice Yahvé Sebaot: Tenéis que beber sin falta, [29] porque precisamente por la ciudad que lleva mi Nombre empiezo a castigar; ¿y vosotros, quedaréis impunes?: ¡no, no quedaréis!, porque a la espada llamo yo contra todos los habitantes de la tierra —oráculo de Yahvé Sebaot—.

∕ 1 P 4 17

[30] Tú, pues, les profetizas todas estas palabras y les dices:

Yahvé desde lo alto ruge,
y desde su santa Morada alza su voz.
Ruge contra su aprisco:
grita como los lagareros.
A todos los habitantes de la tierra
[31] llega el eco, hasta el fin de la tierra.
Porque pleitea Yahvé con las naciones
y vence en juicio a toda criatura.
A los malos los entrega a la espada
—oráculo de Yahvé*—.
[32] Así dice Yahvé Sebaot:
Mirad que una desgracia se propaga
de nación a nación,
y una gran tormenta surge
del confín del mundo.

Am 1 2+

Is 63 3-6

[33] Habrá víctimas de Yahvé en aquel día de cabo a cabo de la tierra; no serán plañidos ni recogidos ni sepultados más: volverán estiércol sobre la faz de la tierra.

=8 2

[34] Ululad, pastores, y clamad;
revolcaos, mayorales,
porque se han cumplido vuestros días
para la matanza,
y caeréis como objetos escogidos.
[35] No habrá evasión para los pastores
ni escapatoria para los mayorales.
[36] Se oye el grito de los pastores,

---

25 13 Es una especie de proemio a los oráculos contra las naciones, **46-51**. Los más antiguos debieron formar parte del rollo dictado en 605. El griego trae estos oráculos a continuación del cap. **25**; el hebreo los relega al final del libro. —También aquí presentan diferencias el hebreo y el griego.
25 14 «los reducirán a servidumbre» conj.; «fueron esclavizados» hebr.
25 17 La lista de los pueblos amenazados comprende cuatro grupos, nombrados en el orden en que aparecen en **46-51**: 1.º Egipto; 2.º al oeste, los filisteos; 3.º al este, Edom, Moab, Amón; 4.º al sudeste, Dedán, Temá y Buz. Se han recargado los vv. 18-29 a medida que la compilación de los oráculos contra las naciones iba adquiriendo su aspecto actual, añadiendo: los fenicios, ver **47** 4; Elam, ver **49** 34; Babilonia, ver **50-51**. —Ponemos entre paréntesis lo que no parece primitivo y se encuentra omitido por el griego.

25 20 Us, entre la Arabia del noroeste y el país de Edom, ver Gn **36** 28; Jb 1 1.
25 22 Chipre, pero quizá se sobrentienda las demás colonias fenicias.
25 23 Dedán, tribu árabe del norte, en los confines de Edom, ver **49** 8; Is **21** 13; Temá, clan emparentado, Is **21** 14; Buz, también al noroeste de la península arábiga, emparentada con Us, Gn **22** 21; «los que se afeitan las sienes» son otros árabes, ver **9** 25.
25 25 Quizá Zimkí, que en escritura criptográfica designaría a Elam (como esta escritura es posterior a Jeremías, se trataría de una glosa). A no ser que haya de leerse Gimrí, que deberá relacionarse con Gomer, hijo de Jafet, Gn **10** 2-3; en este caso se trataría de los cimerios.
25 26 Quizá escritura criptográfica por Babel.
25 31 Los vv. 30-31, que describen el juicio universal de Dios, como Is **66**, son quizá postexílicos.

el ulular de los mayorales,
porque devasta Yahvé su pastizal,
³⁷ y son aniquiladas las dehesas más seguras
por la ardiente cólera de Yahvé.

³⁸ Ha dejado el león* su cubil,
y se ha convertido su tierra en desolación
ante la cólera irresistible,
ante la ardiente cólera.

III. Profecías de felicidad

1. INTRODUCCIÓN: JEREMÍAS, PROFETA AUTÉNTICO

Mt 24;
26 59-66
c 19 41-44
LXX: 33

7 1-15

Jon 3 10

Dt 28 15
44 10.23

7 25-26;
11 7-8
7 12+

Arresto y juicio de Jeremías a raíz de su sermón contra el Templo*.

26 ¹ Al principio del reinado de Joaquín, hijo de Josías, rey de Judá, recibió Jeremías* esta palabra de Yahvé: ² Así dice Yahvé: Párate en el patio del templo de Yahvé y habla a todas las ciudades de Judá, que vienen a adorar en el templo de Yahvé, todas las palabras que yo te he mandado hablarles, sin omitir ninguna. ³ Puede que oigan y se torne cada cual de su mal camino, y yo me arrepentiría del mal que estoy pensando hacerles por la maldad de sus obras. ⁴ Les dirás, pues: «Así dice Yahvé: Si no me oís para andar según mi Ley que os propuse, ⁵ oyendo las palabras de mis siervos los profetas que yo os envío asiduamente (pero no habéis hecho caso), ⁶ entonces haré con este templo como con Siló, y esta ciudad entregaré a la maldición de todas las gentes de la tierra.»

⁷ Oyeron los sacerdotes y profetas y todo el pueblo a Jeremías decir estas palabras en el templo de Yahvé, ⁸ y luego que hubo acabado Jeremías de hablar todo lo que le había ordenado Yahvé que hablase a todo el pueblo, le prendieron los sacerdotes, los profetas y todo el pueblo diciendo: «¡Vas a morir! ⁹ ¿Por qué has profetizado en nombre de Yahvé, diciendo: 'Como Siló quedará este templo, y esta ciudad será arrasada, sin quedar habitante'?» Y se juntó todo el pueblo en torno a Jeremías en el templo de Yahvé. ¹⁰ Oyeron esto los jefes de Judá y subieron del palacio real al templo de Yahvé, y se sentaron a la entrada de la Puerta Nueva del templo de Yahvé*.

¹¹ Y los sacerdotes y profetas, dirigiéndose a los jefes y a todo el pueblo, dijeron: «¡Sentencia de muerte para este hombre, por haber profetizado contra esta ciudad, como habéis oído con vuestros propios oídos!» ¹² Dijo Jeremías a todos los jefes y al pueblo todo: «Yahvé me ha enviado a profetizar sobre este templo y esta ciudad todo lo que habéis oído. ¹³ Ahora bien, mejorad vuestros caminos y vuestras obras y oíd la voz de Yahvé vuestro Dios, y se arrepentirá Yahvé del mal que ha pronunciado contra vosotros. ¹⁴ En cuanto a mí, aquí me tenéis en vuestras manos: haced conmigo como mejor y más acertado os parezca. ¹⁵ Empero, sabed de fijo que si me matáis vosotros a mí, sangre inocente cargaréis sobre vosotros y sobre esta ciudad y sus moradores, porque en verdad Yahvé me ha enviado a vosotros para pronunciar en vuestros oídos todas estas palabras.»

¹⁶ Dijeron los jefes y todo el pueblo a los sacerdotes y profetas: «No merece este hombre sentencia de muerte, porque en nombre de Yahvé nuestro Dios nos ha hablado.» ¹⁷ Y se levantaron algunos de los más viejos del país y dijeron a toda la asamblea del pueblo: ¹⁸ «Miqueas de Moréset profetizaba en tiempos de Ezequías, rey de Judá, y dijo a todo el pueblo de Judá: Así dice Yahvé Sebaot:

Sión será un campo que se ara,
Jerusalén se hará un montón de ruinas,
y el monte de la casa un otero salvaje.*

¹⁹ ¿Por ventura le mataron Ezequías, rey de Judá, y todo Judá?, ¿no temió a

Mt 26
65-66p

Mt 27 24-25

Mi 3 12

---

25 38 «el león» conj.; «como el león» hebr. —Este término puede designar a Yahvé, ver Is 31 4, o al enemigo (Nabucodonosor) dispuesto a devastar el país, ver 2 15.
26 Baruc, a quien pueden atribuirse estos pasajes biográficos, ha resumido aquí el discurso contra el templo, 7 1-15, cuyas consecuencias refiere.
26 1 «Jeremías» sir., Vet. Lat.; omitido por hebr. y griego.
26 10 «la Puerta Nueva del templo de Yahvé» mss, versiones; «la Puerta de Yahvé» hebr. —Se trata de un juicio en regla presidido por los funcionarios reales.
26 18 La profecía de Miqueas era una amenaza condicional. Quizá tuvo alguna influencia en la reforma intentada por Ezequías, 2 R 18 4s.

Yahvé y suplicó a la faz de Yahvé, y se arrepintió Yahvé del daño con que les había amenazado? Mientras que nosotros estamos haciéndonos mucho daño a nosotros mismos.»

[20] Pero también hubo otro que decía profetizar en nombre de Yahvé —Urías hijo de Semaías de Quiriat Yearín—, el cual profetizó contra esta ciudad y contra esta tierra enteramente lo mismo que Jeremías, [21] y oyó el rey Joaquín y todos sus grandes señores y jefes sus palabras, y el rey buscaba matarle. Enteróse Urías, tuvo miedo, huyó y entró en Egipto. [22] Pero envió* el rey Joaquín a Elnatán, hijo de Acbor, y otros con él a Egipto, [23] y sacaron a Urías de Egipto y lo trajeron al rey Joaquín, quien lo acuchilló y echó su cadáver a la fosa común.

[24] Gracias a que Ajicán, hijo de Safán*, defendió a Jeremías, impidiendo entregarlo en manos del pueblo para matarle.

2. A LOS DESTERRADOS*

18 1+

Acción simbólica del yugo y mensaje a los reyes de occidente.

LXX: 34

27 [1] (Al principio del reinado de Sedecías*, hijo de Josías, rey de Judá, recibió Jeremías esta palabra de parte de Yahvé:) [2] Así me ha dicho Yahvé: Hazte unas coyundas y un yugo, póntelo sobre la cerviz, [3] y envíaselos al rey de Edom, al rey de Moab y al rey de los amonitas, al rey de Tiro y al rey de Sidón por medio de los embajadores que vienen a Jerusalén a ver a Sedecías, rey de Judá*, [4] y dales estas instrucciones para sus señores: «Así dice Yahvé Sebaot, el Dios de Israel: Así diréis a vuestros señores: [5] Yo hice la tierra, el hombre y las bestias que hay sobre la faz de la tierra, con mi gran poder y mi tenso brazo, y lo di a quien me plugo. [6] Ahora yo he puesto todos estos países en manos de mi siervo Nabucodonosor, rey de Babilonia, y también los animales del campo le he dado para servirle [7] (y todas las naciones le servirán a él, a su hijo y al hijo de su hijo, hasta que llegue también el turno a su propio país —y le reducirán a servidumbre muchas naciones y reyes grandes—). [8] Así que las naciones y reinos que no sirvan a Nabucodonosor, rey de Babilonia, y que no sometan su cerviz al yugo del rey de Babilonia, con la espada, con el hambre y con la peste los visitaré —oráculo de Yahvé— hasta acabar con ellos por medio de él*. [9] Vosotros, pues, no oigáis a vuestros profetas, adivinos, soñadores*, augures ni hechiceros que os hablan diciendo: 'No serviréis al rey de Babilonia', [10] porque cosa falsa os profetizan para alejaros de sobre vuestro suelo, de suerte que yo os arroje y perezcáis. [11] Pero la nación que someta su cerviz al yugo de Babilonia y le sirva, yo la dejaré tranquila en su suelo —oráculo de Yahvé— y lo labrará y morará en él.»

[12] A Sedecías, rey de Judá, le hablé en estos mismos términos, diciendo: «Someted vuestras cervices al yugo del rey de Babilonia, servidle a él y a su pueblo, y quedaréis con vida. [13] (¿A qué morir tú y tu pueblo por la espada, el hambre y la peste, como ha amenazado Yahvé a aquella nación que no sirva al rey de Babilonia?) [14] ¡No oigáis, pues, las palabras de los profetas que os dicen: 'No serviréis al rey de Babilonia', porque cosa falsa os profetizan, [15] pues yo no los he enviado —oráculo de Yahvé— y ellos andan profetizando en mi Nombre falsamente; no sea que yo os arroje, y perezcáis vosotros y los profetas que os profetizan.»

[16] Y a los sacerdotes y a todo este pueblo les hablé diciendo: «Así dice Yahvé: No oigáis las palabras de vuestros profetas que os profetizan diciendo: 'He aquí que el ajuar del templo de Yahvé va a ser devuelto de Babilonia en seguida', porque cosa falsa os profetizan. [17] (No les hagáis caso. Servid al rey de Babilo-

14 14;
28 8-9

Lc 4 5-6
Ap 13 2.4
Rm 13 1

Jdt 11 7
Ba 3 16-17

---

26 22 Después de «envió», el hebr. añade «gente a Egipto».

26 24 La familia de Safán, escriba real que había apoyado la reforma de Josías, 2 R 22 8s, siempre fue amiga de Jeremías. El nieto de Safán, Godolías, también lo protegerá, ver 40 5-6.

27 Algunas particularidades lingüísticas hacen de los caps. 27-29 un conjunto bien caracterizado. Estos capítulos han podido ofrecer una compilación destinada a los desterrados. —El cap. 27, notablemente más corto en la versión griega, ha sufrido numerosas glosas.

27 1 «Sedecías» conj. según los vv. 3, 12 y 28 1; «Joaquín» hebr.

27 3 El advenimiento de Psamético II en Egipto trajo una coalición contra Babilonia (593-592) de todos estos pequeños Estados, a los que se adhirió Judá.

27 8 Fórmula desacostumbrada; quizá haya de corregirse, con sir. y Targ. y leer: «hasta que la haya entregado en su mano».

27 9 «soñadores» griego, Vulg.; «sueños» hebr.

nia y quedaréis con vida. ¿Para qué ha de quedar esta ciudad arrasada?) [18] Y si ellos son profetas y la palabra de Yahvé les acompaña, que conjuren, ea, a Yahvé Sebaot para que los objetos que quedaron en el templo de Yahvé, en la casa del rey de Judá y en Jerusalén no vayan a Babilonia. [19] Porque así dice Yahvé Sebaot de las columnas, del Mar, de las basas y de los demás objetos que quedaron en esta ciudad, [20] de los cuales no se apoderó Nabucodonosor, rey de Babilonia, al deportar a Jeconías, hijo de Joaquín, rey de Judá, de Jerusalén a Babilonia (así como a todos los nobles de Judá y Jerusalén). [21] Sí, porque así dice Yahvé Sebaot, el Dios de Israel, respecto a los objetos que quedaron en el templo de Yahvé, en la casa del rey de Judá y en Jerusalén: [22] A Babilonia serán llevados (y allí estarán hasta el día que yo los visite) —oráculo de Yahvé— (y entonces los subiré y devolveré a este lugar).»

Disputa con el profeta Jananías*.

28 [1] Aquel mismo año —al principio del reinado de Sedecías, rey de Judá, en el año cuarto, en el mes quinto— se dirigió a mí* el profeta Jananías, hijo de Azur, que era de Gabaón, en el templo de Yahvé, a vista de los sacerdotes y de todo el pueblo diciendo: [2] «Así dice Yahvé Sebaot, el Dios de Israel: He quebrado el yugo del rey de Babilonia. [3] Dentro de dos años completos yo hago devolver a este lugar todos los objetos del templo de Yahvé que el rey de Babilonia, Nabucodonosor, tomó de este lugar y llevó a Babilonia; [4] y a Jeconías, hijo de Joaquín, rey de Judá, y a todos los deportados de Judá que han ido a Babilonia, yo los hago volver a este lugar —oráculo de Yahvé— en cuanto rompa el yugo del rey de Babilonia.»

[5] Dijo el profeta Jeremías al profeta Jananías, a vista de los sacerdotes y de todo el pueblo, que estaban parados en el templo de Yahvé; [6] dijo, pues, el profeta Jeremías: «¡Amén! Así haga Yahvé. Confirme Yahvé las palabras que has profetizado, devolviendo de Babilonia a este lugar los objetos del templo de Yahvé, y a todos los deportados. [7] Pero, oye

ahora esta palabra que pronuncio a oídos tuyos y de todo el pueblo: [8] Profetas hubo antes de mí y de ti desde siempre, que profetizaron a muchos países y a grandes reinos la guerra, el mal y la peste. [9] Si un profeta profetiza la paz, cuando se cumpla la palabra de profeta, se reconocerá que le había enviado Yahvé de verdad*.»

[10] Entonces tomó el profeta Jananías el yugo de sobre la cerviz del profeta Jeremías y lo rompió; [11] y habló Jananías delante de todo el pueblo: «Así dice Yahvé: Así romperé el yugo de Nabucodonosor, rey de Babilonia, dentro de dos años completos, de sobre la cerviz de todas las naciones.»

Y se fue el profeta Jeremías por su camino.

[12] Entonces dirigió Yahvé la palabra a Jeremías en estos términos, después que el profeta Jananías hubo roto el yugo de sobre la cerviz del profeta Jeremías: [13] «Ve y dices a Jananías: Así dice Yahvé: Yugo de palo has roto, pero tú lo reemplazarás por yugo de hierro. [14] Porque así dice Yahvé Sebaot, el Dios de Israel: Yugo de hierro he puesto sobre la cerviz de todas estas naciones, para que sirvan a Nabucodonosor, rey de Babilonia, y le servirán (y también los animales del campo le he dado...).»

[15] Dijo también el profeta Jeremías al profeta Jananías: «Oye, Jananías: No te envió Yahvé, y tú has hecho confiar a este pueblo en cosa falsa. [16] Por eso, así dice Yahvé: He decidido arrojarte de sobre la faz del suelo. Este año morirás (porque rebelión has predicado contra Yahvé).»

[17] Y murió el profeta Jananías aquel mismo año, en el mes séptimo.

Carta a los deportados.

29 [1] Éste es el tenor de la carta que envió el profeta Jeremías desde Jerusalén al resto de los ancianos de la deportación, a los sacerdotes, profetas y pueblo en general, que había deportado Nabucodonosor desde Jerusalén a Babilonia [2] —después de salir de Jerusalén el rey Jeconías y la Gran Dama, los eunucos, los jefes de Judá y Jerusalén, los he-

Marginal references:
1 R 7 15s. 23s.27s
R 24 8-17
4 13-16; 23 9-40
LXX: 35
Dt 18 21-22
Ez 2 5; 33 33
=27 6
Dt 13 6
LXX: 36
2 R 24 12-16

---

28 Este nuevo cap. biográfico refiere hechos coetáneos a los del cap. precedente. Estamos en el 593.
28 1 «a mí» hebr.; «a Jeremías» conj. conforme al contexto.
28 9 Afirmando que el verdadero profeta anuncia el infortunio, Jeremías evoca implícitamente el hecho del

pecado que es la causa de ese infortunio y que todos los profetas denunciaron. Sobre los criterios del profetismo, ver la Introducción.
28 17 El cumplimiento de una profecía a breve plazo es una señal que garantiza el mensaje de un profeta, ver 20 6; 29 32; 44 29-30; 45 5; Dt 18 21+.

rreros y cerrajeros—, ³ por mediación de Elasá, hijo de Safán, y de Guemarías, hijo de Jilquías, a quienes Sedecías, rey de Judá, envió a Babilonia*, donde Nabucodonosor, rey de Babilonia.

⁴ «Así dice Yahvé Sebaot, el Dios de Israel, a todos los deportados de Jerusalén a Babilonia: ⁵ Edificad casas y habitadlas; plantad huertos y comed su fruto; ⁶ tomad mujeres y engendrad hijos e hijas; casad a vuestros hijos y dad vuestras hijas a maridos para que den a luz hijos e hijas, y medrad allí y no mengüéis; ⁷ procurad el bien de la ciudad a donde os he deportado y orad por ella a Yahvé, porque su bien será el vuestro. ⁸ Así dice Yahvé Sebaot, el dios de Israel: No os embauquen los profetas que hay entre vosotros ni vuestros adivinos, y no hagáis caso de vuestros soñadores que sueñan por cuenta propia, ⁹ porque falsamente os profetizan en mi Nombre. Yo no los he enviado —oráculo de Yahvé—.
25 11+ ¹⁰ Pues así dice Yahvé: Al filo de cumplírsele a Babilonia setenta años, yo os visitaré y confirmaré sobre vosotros mi favorable promesa de volveros a este lugar; ¹¹ que bien me sé los pensamientos que pienso sobre vosotros —oráculo de Yahvé—, pensamientos de paz, y no de desgracia, de daros un porvenir de esperanza. ¹² Me invocaréis y vendréis a rogarme, y yo os escucharé. ¹³ Me buscaréis y me encontraréis cuando me solicitéis de todo corazón; ¹⁴ me dejaré encontrar de vosotros (—oráculo de Yahvé—; devolveré vuestros cautivos, os recogeré de todas las naciones y lugares a donde os arrojé —oráculo de Yahvé— y os haré tornar al sitio de donde os hice ir desterrados).

Is 55 6-9
2 Cro 15 2-4
Sb 6 12-13
Dt 4 29-31+
Am 5 4+

14 14+ ¹⁵ «En cuanto a eso que decís: 'Nos ha suscitado Yahvé profetas en Babilonia', ¹⁶ así dice Yahvé* del rey que se sienta sobre el solio de David y de todo el pueblo que se asienta en esta ciudad, los hermanos vuestros que no salieron con vosotros al destierro; ¹⁷ así dice Yahvé Sebaot: Voy a soltar contra ellos la espada, el hambre y la peste, y los pondré como **24** aquellos higos reventados, tan malos que no se podían comer. ¹⁸ Los perseguiré con la espada, el hambre y la peste, y los convertiré en espantajo para todos los reinos **=15 4** de la tierra: maldición, pasmo, rechifla y

oprobio entre todas las naciones a donde los arroje, ¹⁹ por cuanto que no oyeron las palabras —oráculo de Yahvé— que les envié por mis siervos los profetas asiduamente; pero no oísteis —oráculo de Yahvé—. ²⁰ Vosotros, pues, oíd la palabra de Yahvé, todos los deportados que envié de Jerusalén a Babilonia.   **7 25+**

²¹ «Así dice Yahvé Sebaot, el Dios de Israel, sobre Ajab, hijo de Colayas, y sobre Sedecías, hijo de Maasías, que os profetizan falsamente en mi Nombre: Voy a entregarlos en manos de Nabucodonosor, rey de Babilonia; él los herirá ante vuestros ojos, ²² y de ellos tomarán esta maldición todos los deportados de Judá que se encuentran en Babilonia: 'Vuélvate Yahvé como a Sedecías y como a Ajab, a quienes asó al fuego el rey de Babilonia', ²³ porque obraron con fatuidad en Israel, cometieron adulterio con las mujeres de sus prójimos y fingieron pronunciar en mi Nombre palabras que yo no les mandé. Yo soy sabedor y testigo —oráculo de Yahvé—.»

Profecía contra Semaías.

²⁴⁻²⁵ *Semaías el najlamita despachó en su propio nombre cartas (a todo el pueblo que hay en Jerusalén) a Sofonías, hijo del sacerdote Maasías (y a todos los sacerdotes), diciendo: ²⁶ «Yahvé te ha puesto por sacerdote en vez del sacerdote Joadá como inspector en el templo de Yahvé de todos los locos y seudoprofetas: tú debes meterlos en los cepos y en el calabozo. ²⁷ Pues entonces, ¿por qué no has sancionado a Jeremías de Anatot que se os hace pasar por profeta? ²⁸ Porque, en efecto, nos ha enviado a Babilonia un mensaje diciendo: 'Es para largo. Edificad casas y habitadlas; plantad huertos y comed su fruto'.»

²⁹ El sacerdote Sofonías leyó esta carta a oídos del profeta Jeremías. ³⁰ Entonces dirigió Yahvé la palabra a Jeremías en estos términos: ³¹ «Envía este mensaje a todos los deportados: Así dice Yahvé respecto a Semaías el najlamita, por haberos profetizado sin haberle yo enviado, inspirándoos una falsa seguridad. ³² Sí, por cierto, así dice Yahvé: He decidido castigar a Semaías el najlamita y a su descendencia. No habrá en ella ninguno

---

29 3 Es quizá la misma misión que en **51 59**.
29 16 Los vv. 16-20, que faltan en griego, son una adición tan evidente como que la continuación del v. 15 se encuentra en el v. 21.

29 25 Los vv. 24-25 parecen alterados. El griego, bastante diferente, parece haberse embrollado con este texto y no es más satisfactorio.

que se siente en medio de este pueblo ni que vea el bien que yo haga a mi pueblo

—oráculo de Yahvé—, porque predicó la desobediencia a Yahvé.»

=28 16
Dt 13 6

3. LIBRO DE LA CONSOLACIÓN

Promesa de restauración a Israel del Norte*.

LXX: 37

30 ¹ Palabra que recibió Jeremías de parte de Yahvé: ² Así dice Yahvé el Dios de Israel: Escríbete en un libro todas las palabras que te he dirigido. ³ Pues vienen días —oráculo de Yahvé— en que haré tornar a los cautivos de mi pueblo Israel (y de Judá) —dice Yahvé— y los haré volver a la tierra que di a sus padres en posesión.
⁴ Éstas son las palabras que dirigió Yahvé a Israel (y a Judá).

⁵ Así dice Yahvé:
Voces estremecedoras oímos:
¡Pánico, y no paz!
⁶ Id a preguntar, y ved
si pare el macho.
Entonces ¿por qué he visto a todo varón

4 31+

con las manos en las caderas,
como la que da a luz,
y todas las caras se han vuelto amarillas?
⁷ ¡Ay! porque grande es aquel día,
ninguno se le parece;
será tiempo de angustia para Jacob,
pero saldrá ileso de ella.

Is 9 3+

5 19
Os 3 5

⁸ (Acontecerá aquel día —oráculo de Yahvé Sebaot— que romperé el yugo de sobre tu cerviz y tus coyundas arrancaré, y no se servirán más los extranjeros, ⁹ sino que Israel y Judá servirán a Yahvé su Dios y a David su rey, que yo les suscitaré*.)

¹⁰ Pero tú no temas, siervo mío Jacob
—oráculo de Yahvé—,
ni desmayes, Israel,
pues mira que acudo a salvarte desde lejos,
y a tu linaje del país de su cautiverio;
volverá Jacob,
se sosegará y estará tranquilo,
y no habrá quien le inquiete,
¹¹ pues contigo estoy yo —oráculo de Yahvé— para salvarte:
acabaré con todas las naciones
entre las cuales te dispersé;
pero contigo no acabaré;
aunque sí te corregiré como conviene,
ya que impune no te dejaré.
¹² Porque así dice Yahvé:
Irremediable es tu quebranto,
incurable tu herida.
¹³ Estás desahuciado;
para una herida hay cura,
para ti no hay remedio*.
¹⁴ Todos tus amantes* te olvidaron,
por tu salud no preguntaron.
Porque con herida de enemigo te herí,
castigo de hombre cruel,
(por tu gran culpa, porque son enormes tus pecados).
¹⁵ ¿Por qué te quejas de tu quebranto?
Irremediable es tu sufrimiento;
por tu gran culpa, por ser enormes tus pecados
te he hecho esto.
¹⁶ No obstante* todos los que te devoran serán devorados,
y todos tus opresores, todos ellos, irán al cautiverio;

=46 27-28
Is 41 8+

Mi 4 4

Is 1 5-6

4 30
Lm 1 2

---

30 La mayor parte del «libro de la consolación», 30 1 - 31 22, ha sido escrita entre la reforma del 622 y la muerte de Josías (609). La reforma deuteronómica, ver 2 R 22 3 - 23 24, había reanimado a un tiempo la fe yahvista, rompiendo con el sincretismo religioso inaugurado por Manasés, y la esperanza nacional; el ocaso de Asiria había permitido a Josías emprender la reconquista de Samaría y Galilea, 2 R 23 15.19; 2 Cro 35 18. Nació la esperanza en el regreso de los desterrados del 721 al reino de David restaurado. Los poemas siguientes expresan esa esperanza: Yahvé ama aún al Israel del Norte, 31 3.15-20, ver Os 11 8-9; traerá a los desterrados a sus tierras, 30 3; 31 2-14, ver Os 10 11, con la unidad religiosa recuperada en torno a Sión, 31 6, ver Is 11 10-16. Este anuncio del regreso se extendió luego a Judá, al ser conquistado y deportado. Algunos oráculos posteriores, 30 8-9; 31 1.23-26.27-28, y algunas glosas en 30 3.4; 31 31, asocian a Judá con Israel, dando así al «libro de la consolación» de Jeremías su alcance definitivo y

mesiánico: Israel y Judá serán reunidos, ver 3 18, para servir en su tierra «a Yahvé su Dios y a David su rey», 30 9. Esta reunión del Israel disperso será uno de los temas principales de los profetas del Destierro, Is 43 5s; 49 5-6.12.18-23, etc.; Ez 11 17; 20 34; 28 25; 34 12-13, etc., y de después del Destierro, Za 10 6-12 ver también Jn 11 52.
30 9 «el yugo» griego, Vet. Lat.; «su yugo» hebr. —«te servirán» conj.; «le servirán» hebr.; «le servirán» griego (que lee: «su cerviz... sus coyundas»). —Añadimos «Israel» y «Judá»; en hebr. se sobrentiende el sujeto. —Estos dos vv. como una adición que, como las palabras «y Judá» de los vv. 2 y 4 tienden a ampliar a todo el pueblo las promesas mesiánicas (ver mención de un nuevo David).
30 13 Vocalizamos según griego y sir.
30 14 Aquí, las naciones en que se apoyaba Israel, ver Ez 16 y 23.
30 16 «No obstante» conj.; «Por eso» hebr.

Is 33 1
serán tus despojadores despojados,
y a todos tus saqueadores los entregaré al saqueo.
Is 62 4
[17] Sí; haré que tengas alivio,
de tus llagas te curaré —oráculo de
Yahvé—.
Porque «La Repudiada» te llamaron,
«Sión de la que nadie se preocupa*».
[18] Así dice Yahvé:
Is 54 1-3
Voy a hacer volver a los cautivos de las
tiendas de Jacob,
y de sus mansiones me apiadaré;
será reedificada la ciudad sobre su
montículo de ruinas
y el alcázar tal como era será restablecido.
[19] Y saldrá de entre ellos loor
y voz de gente alegre;
los multiplicaré y no serán pocos,
los honraré y no serán menguados,
[20] sino que serán sus hijos como antes,
su comunidad ante mí estará en pie,
y yo castigaré a todos sus opresores.
[21] Será su soberano uno de ellos,
su jefe de entre ellos saldrá*,
y le haré acercarse y él llegará hasta
mí,
Ex 19 12+
Ex 33 20+
porque ¿quién es el que se jugaría la
vida
por llegarse hasta mí? —oráculo de
Yahvé—.
31 31+
Ez 11 20
[22] Y vosotros seréis mi pueblo,
y yo seré vuestro Dios*.
=Jr 23
19-20
[23] Mirad que una tormenta de Yahvé ha
estallado,
un torbellino remolinea:
sobre la cabeza de los malos descarga.
[24] No ha de apaciguarse el ardor de la
ira de Yahvé
hasta que la ejecute, y realice
los designios de su corazón.
En días futuros os percataréis de ello.

LXX: 38
31
[1] En aquel tiempo —oráculo de
Yahvé— seré el Dios de todas las
familias de Israel, y ellos serán mi pueblo.
3 18+

[2] Así dice Yahvé:

Halló gracia en el desierto*
el pueblo que se libró de la espada:
va a su descanso Israel.
Os 2 16-17

[3] De lejos Yahvé se me apareció.
Con amor eterno te he amado:
por eso he reservado gracia para ti.
Os 11 1-9
Is 54 8+
[4] Volveré a edificarte y serás reedificada,
virgen de Israel;
aún volverás a tener el adorno de tus
adufes,
y saldrás a bailar entre gentes festivas.
[5] Aún volverás a plantar viñas
en los montes de Samaría:
(plantarán los plantadores, y disfrutarán).
Is 65 21-2
Am 9 14
[6] Pues habrá un día en que griten los
centinelas
en la montaña de Efraín:
«¡Levantaos y subamos a Sión,
adonde Yahvé, el Dios nuestro*!»

[7] Pues así dice Yahvé:
Dad hurras por Jacob con alegría,
y gritos por la capital de las naciones;
hacedlo oír, alabad y decid:
«¡Ha salvado Yahvé a su pueblo*,
al Resto de Israel!»
Is 4 3+

[8] Mirad que yo los traigo
del país del norte,
los recojo de los confines de la tierra.
Entre ellos, el ciego y el cojo,
la preñada y la parida a una.
Gran asamblea vuelve acá.
[9] Con lloro vienen
Sal 126
y con súplicas los devuelvo*,
Is 40 3+
los llevo a arroyos de agua
Jn 4 1+
por camino llano, en que no tropiecen.
Porque yo soy para Israel un padre,
Dt 1 31
y Efraín es mi primogénito.
2 Co 6

[10] Oíd la palabra de Yahvé, naciones,
y anunciad por las islas a lo lejos,
y decid:
«El que dispersó a Israel lo reunirá
23 3
y lo guardará cual un pastor su hato.»
Ez 34
Jn 10 1
[11] Porque ha rescatado Yahvé a Jacob,

---

30 17 Lit. hebr. «es Sión, aquella a la que no hay quien busque»; se trata sin duda de una variación que considera al «Israel» de este cap. como el conjunto del pue-
blo de Dios, y no simplemente como el reino del norte.
El griego: «vuestra presa», indudablemente por «nuestra presa», podría reflejar el texto primitivo (*sàdenû*, corregido: *siyòn*).
30 21 Por oposición al período de vasallaje asirio,
cuando el gobernador representaba al poder extranjero.
30 22 Este v., que es una adición, contiene la fórmula
de la Alianza, ver Dt 26 17-18; 27 9; 28 9, etc., recordada
a menudo por Jeremías, ver 31 31+.
31 2 Sobre la conversión en el desierto, ver Os 2 16+.

El tema del nuevo Éxodo, que traerá del Destierro a Israel, esbozado aquí y vv. 8-9.21, se reanudará y desarrollará en la segunda parte de Isaías, ver Is 40 3+.
31 6 Unidad religiosa recuperada en torno al único
santuario de Sión.
31 7 «Ha salvado a su» griego, Targ.; «Salva a tu»
hebr.
31 9 Texto sorprendente. Cabe la tentación de corregir como lo ha hecho el griego y leer: «Con lloro partieron y con consuelos los devuelvo», ver Sal 126 5-6,
pero sin duda se trata de una corrección que facilita el
texto. Se puede entender que se trata de lágrimas de
arrepentimiento.

Is 49 25
Lc 11 21-22

y lo ha redimido de la mano de otro
más fuerte.
[12] Vendrán y darán hurras en la cima de
Sión,
y acudirán al regalo de Yahvé:
al grano, al mosto, y al aceite virgen,
a las crías de ovejas y de vacas,
y serán como huerto empapado,
no volverán a estar ya macilentos.
[13] Entonces se alegrará la doncella en el
baile,
los mozos y los viejos juntos,

Sal 30 12;
90 15
Jn 16 22

y cambiaré su duelo en recocijo,
los consolaré y aliviaré su tristeza;
[14] saciaré de enjundia a los sacerdotes,
mi pueblo se hartará de mis bienes
—oráculo de Yahvé—.

Mt 2 18

[15] Así dice Yahvé:
En Ramá se escuchan ayes,
lloro amarguísimo.

1 S 10 2+

Raquel que llora por sus hijos*,
que rehúsa consolarse —por sus hijos—
porque no existen*.
[16] Así dice Yahvé:
Reprime tu voz del lloro
y tus ojos del llanto,
pues tus penas tendrán recompensa
—oráculo de Yahvé—:
volverán de tierra hostil,
[17] y hay esperanza para tu futuro
—oráculo de Yahvé—:
volverán los hijos a su territorio.
[18] Bien he oído a Efraín lamentarse:
«Me corregiste y corregido fui,
cual becerro no domado.

Os 4 16

Sal 80 4

Hazme volver y volveré,
pues tú, Yahvé, eres mi Dios.
[19] Porque luego de desviarme, me arrepiento,
y luego de darme cuenta, me golpeo el
pecho*,

Ez 21 17;
36 31

me avergüenzo y me confundo luego,
porque aguanto el oprobio de mi mocedad.»
[20] ¿Es un hijo tan caro para mí Efraín,
o niño tan mimado,

Pr 3 12
Ap 3 19

que tras haberme dado tanto que hablar,
tenga que recordarlo todavía?
Pues, en efecto, se han conmovido mis
entrañas por él;
ternura hacia él no ha de faltarme
—oráculo de Yahvé—.

Is 49 14-16
Os 11 8-9

[21] Plántate hitos,
ponte jalones de ruta,
presta atención a la calzada,
al camino que anduviste.
Vuelve, virgen de Israel,
vuelve a estas ciudades.
[22] ¿Hasta cuándo darás rodeos,
oh díscola muchacha?
Pues ha creado Yahvé una novedad en
la tierra:
la Mujer ronda al Varón*.

Is 40 3+

3 12

Os 2 18-19

Se promete a Judá la restauración*.

[23] Así dice Yahvé Sebaot, el Dios de Israel: Todavía dirán este refrán en tierra
de Judá y en sus ciudades, cuando yo
haga volver a sus cautivos:

«¡Bendígate Yahvé,
oh estancia justa,
oh monte santo!»
[24] Y morarán allí Judá y todas sus ciudades juntamente, los labradores y los
que trashuman con el rebaño, [25] porque
yo refrescaré la garganta reseca y saciaré
todo cuerpo macilento.

Is 11 9

Sal 23 2-3

[26] En esto, me desperté y vi
que mi sueño era sabroso para mí*.

Israel y Judá.

[27] Van a llegar días —oráculo de Yahvé— en que sembraré la casa de Israel
y la casa de Judá de simiente de hombres
y ganados. [28] Entonces, del mismo modo
que anduve presto contra ellos para extirpar, destruir, arruinar, perder y dañar,
así andaré respecto a ellos para reconstruir y replantar —oráculo de Yahvé—.

Za 2 8
Is 49 19-20

1 10

---

31 15 (a) Raquel, esposa de Jacob, madre de José, que
a su vez engendró a Efraín y Manasés, y de Benjamín.
Su tumba se encontraba en Ramá, 1 S 10 2, hoy er-
Ram, a 9 km al norte de Jerusalén, no lejos de Efratá,
ver Gn 35 19, en los confines de Benjamín, Jos 18 25.
Belén, que poseía un clan de efrateos, fue también denominada Efratá, Mi 5 1, y de ahí la tradición que ha
querido situar cerca de Belén el sepulcro de Raquel (ver
la glosa a Gn 35 19), y que llevó a San Mateo a aplicar
a la matanza de los Inocentes el texto de Jr 31 15, ver
Mt 2 17-18.

31 15 (b) «no existen» versiones; «no existimos», o «no
existe» hebr.
31 19 Lit. «el muslo»; gesto de despecho, tristeza, dolor o remordimiento, ver Ez 21 17.
31 22 Reanudación de las relaciones de amor entre Israel y su Esposo Yahvé, ver Os 1 2+. Este texto tiene el
mismo alcance mesiánico que Is 54 5s.
31 23 Este oráculo y el siguiente fueron pronunciados
hacia el 587, ver 30 1+.
31 26 Palabras del profeta que posiblemente se expresa valiéndose de un estribillo conocido.

Dt 24 16+

Retribución personal*.

²⁹ En aquellos días no dirán más:

‖Ez 18 2

«Los padres comieron el agraz,
y los dientes de los hijos sufren de dentera»;
³⁰ sino que cada uno por su culpa morirá: quienquiera que coma el agraz tendrá la dentera.

La Nueva Alianza*.

↗ Hb 8 8-12

³¹ Van a llegar días —oráculo de Yahvé— en que yo pactaré con la casa de Israel (y con la casa de Judá) una nueva

Lc 22 20p

alianza; ³² no como la alianza que pacté
con sus padres, cuando los tomé de la
mano para sacarlos de Egipto; que ellos

Ex 19 1+
↗ Hb 10 16

rompieron mi alianza, y yo hice estrago*
en ellos —oráculo de Yahvé—. ³³ Sino que
ésta será la alianza que yo pacte con la
casa de Israel, después de aquellos días
—oráculo de Yahvé—: pondré mi Ley en

24 7;
32 39-40
↗ 2 Co 3 3

su interior y sobre sus corazones la escribiré, y yo seré su Dios y ellos serán mi
pueblo. ³⁴ Ya no tendrán que adoctrinar
más el uno a su prójimo y el otro a su hermano, diciendo: «Conoced a Yahvé», pues

Os 2 22+
1 Jn 2 27

todos ellos me conocerán, del más chico
al más grande —oráculo de Yahvé—,
cuando perdone su culpa y de su pecado

↗ Hb 10 17

no vuelva a acordarme.

Permanencia de Israel.

³⁵ Así dice Yahvé, el que da el sol para
alumbrar el día,

Gn 1 14
Sal 136 7s

y gobierna* la luna y las estrellas para
alumbrar la noche,
el que agita el mar y hace bramar sus
olas,

‖Is 51 15

cuyo nombre es Yahvé Sebaot.
³⁶ Si fallaren estas normas
en mi presencia —oráculo de Yahvé—,
también la prole de Israel dejaría
de ser una nación en mi presencia a
perpetuidad.

Sal 89 34-3
Jr 33 20-21

³⁷ Así dice Yahvé:
Si fueren medidos los cielos por arriba,
y sondeadas las bases de la tierra por
abajo,
entonces también yo renegaría de todo
el linaje de Israel
por todo cuanto hicieron —oráculo de
Yahvé—.

Reconstrucción y esplendor
de Jerusalén*.

³⁸ Van a llegar días —oráculo de Yahvé— en que será reconstruida la ciudad
de Yahvé desde la torre de Jananel hasta
la Puerta del Ángulo; ³⁹ y volverá a salir
la cuerda de medir toda derecha hasta la
cuesta de Gareb, y torcerá hasta Goá, ⁴⁰ y
toda la hondonada de los Cuerpos Muertos y de la Ceniza, y toda la Campa del
Muerto hasta el torrente* Cedrón, hasta
la esquina de la Puerta de los Caballos
hacia oriente será sagrado de Yahvé: no
volverá a ser destruido ni dado al anatema nunca jamás.

Ez 41 13
Za 2 5

Jos 6 17
Za 14 1
↗ Ap 22

---

31 29 Jeremías lleva aquí la contraria a un refrán (con el que también se enfrenta Ezequiel, ver 18 2), que expresaba el viejo principio de la responsabilidad colectiva: en este caso, la solidaridad en el dolor de los miembros de una misma familia. Anuncia para el futuro la aplicación de un principio nuevo, que Ezequiel afirmará a continuación: el del castigo personal del pecador, ver Ez 14 12+; 18.
31 31 Los vv. 31-34 son la cumbre espiritual del libro de Jeremías. Tras el fracaso de la antigua alianza, v. 32; Ez 16 59, y el fallido intento de Josías de restaurarla, el plan de Dios aparece bajo un aspecto nuevo. Después de una catástrofe que sólo dejará subsistir un «Resto», Is 4 3+, nuevamente se concluirá una alianza eterna, v. 31, como en los días de Noé, Is 54 9-10. Subsisten las antiguas perspectivas: fidelidad de los hombres a la Ley, presencia divina que garantiza a los hombres la paz y la prosperidad material, Ez 36 29-30, expresándose este ideal con la fórmula: «Yo seré vuestro Dios y vosotros seréis mi pueblo», v. 33; 7 23; 11 4; 30 22; 31 1; 32 38; Ez 11 20; 36 28; 37 27; Dt 7 6+. La novedad de la alianza se refiere a tres puntos: 1.º, la iniciativa divina del perdón de los pecados, v. 34; Ez 36 25.29; Sal 51 3-4.9; 2.º, la responsabilidad y la retribución personal, v. 29, ver Ez 14 12+; 3.º, la interiorización de la religión: la Ley deja de ser un mero código exterior para convertirse en una aspiración que alcanza al «corazón»

del hombre, v. 33; 24 7;32 39, bajo la influencia del Espíritu de Dios que da al hombre un corazón nuevo, Ez 36 26-27; Sal 51 12, ver Jr 4 4+, capaz de «conocer» a Dios, Os 2 22+. Esta nueva y eterna alianza, proclamada nuevamente por Ezequiel, Ez 36 25-28, por los últimos capítulos de Isaías, Is 55 3; 59 21; 61 8, ver Ba 2 35, vivida en el Sal 51, será inaugurada por el sacrificio de Cristo, Mt 26 28p, y los Apóstoles anunciarán su cumplimiento, 2 Co 3 6; Rm 11 27; Hb 8 6-13; 9 15s; 1 Jn 5 20+.
31 32 Leyendo bala'tî por ba'altî: «tuve señorío».
31 35 «gobierna» joqeq conj.; «las normas de» juqqot hebr.
31 38 Se reconstruirán las ruinas dejadas por los babilonios: la torre de Jananel, al nordeste de las murallas, Ne 3 1; la puerta del Ángulo, al noroeste, 2 R 14 13; la puerta de los Caballos al sudeste, Ne 3 28. Gareb es totalmente desconocido; Goa, que igualmente sólo aquí aparece, podría hallarse en la conjunción de los tres valles: Gehenna, Tiropeón y Cedrón; la hondonada de los muertos y de la ceniza (lit. de «grasa incinerada» de las víctimas, ver Lv 1 16; 4 12; 6 3-4) es la Gehenna, Jr 7 31; 19 6, que se encuentra en el sudoeste de Jerusalén, mientras que el Cedrón está al este. Esta presentación de Jerusalén reconstruida anuncia a Ezequiel.
31 40 «hasta el torrente» 'ad hebr.; «contiguos al torrente» 'al conj.

4. AÑADIDURAS AL LIBRO DE LA CONSOLACIÓN

La compra de un campo, prenda de porvenir venturoso*.

18 1+
LXX: 39

32 ¹ Palabra que recibió Jeremías de parte de Yahvé el año diez de Sedecías, rey de Judá, o sea, el año dieciocho de Nabucodonosor: ² A la sazón las fuerzas del rey de Babilonia sitiaban a Jerusalén, mientras el profeta Jeremías estaba detenido en el patio de la guardia de la casa del rey de Judá, ³ donde lo tenía detenido Sedecías, rey de Judá, bajo esta acusación: «¿Por qué has profetizado: Así dice Yahvé: Voy a entregar esta ciudad en manos del rey de Babilonia, que la tomará, ⁴ y el rey de Judá, Sedecías, no escapará de manos de los caldeos, sino que será entregado sin remisión en manos del rey de Babilonia, con quien hablará boca a boca, y sus ojos se encontrarán con sus ojos, ⁵ y a Babilonia llevará a Sedecías, y allí estará (hasta que yo me ocupe de él —oráculo de Yahvé—. ¡Aunque luchéis con los caldeos, no triunfaréis!)»

⁶ Dijo Jeremías: He recibido una palabra de Yahvé que dice así:

⁷ «He aquí que Janamel, hijo de tu tío Salún, va a dirigirse a ti diciendo: 'Ea, cómprame el campo de Anatot, porque a ti te toca el derecho de rescate para comprarlo.'»

⁸ Vino, pues, a mí Janamel, hijo de mi tío, conforme al dicho de Yahvé, al patio de la guardia, y me dijo: «Ea, cómprame el campo de Anatot —que cae en territorio de Benjamín—, porque tuyo es el derecho de adquisición y a ti te toca el rescate. Cómpratelo.» Yo reconocí en aquello la palabra de Yahvé, ⁹ y compré a Janamel, hijo de mi tío, el campo que está en Anatot. Le pesé la plata: diecisiete siclos de plata. ¹⁰ Lo apunté en mi escritura, sellé, aduje testigos y pesé la plata en la balanza. ¹¹ Luego tomé la escritura de la compra, el documento sellado según ley y la copia abierta, ¹² y pasé la escritura de la compra a Baruc, hijo de Nerías, hijo de Majsías, a vista de mi primo* Janamel y de los testigos firmantes en la escritura de la compra, y a vista de todos los judíos presentes en el patio de la guardia, ¹³ y a vista de todos ellos di a Baruc este encargo: ¹⁴ Así dice Yahvé Sebaot el Dios de Israel: Toma estas escrituras: la escritura de compra, el documento sellado y la copia abierta, y las pones en un cántaro de arcila para que duren mucho tiempo. ¹⁵ Porque así dice Yahvé Sebaot el Dios de Israel: «Todavía se comprarán casas y campos y viñas en esta tierra.»

¹⁶ Después de haber entregado la escritura de propiedad a Baruc, hijo de Nerías, oré a Yahvé diciendo: ¹⁷ «¡Ay, Señor Yahvé! Tú eres quien hiciste los cielos y la tierra con tu gran poder y tenso brazo: nada es extraordinario para ti, ¹⁸ el que hace merced a millares, que se cobra la culpa de los padres a costa* de los hijos que les suceden, el Dios grande, el Fuerte, cuyo nombre es Yahvé Sebaot, ¹⁹ grande en designios y rico en recursos, que tiene los ojos fijos en la conducta de los humanos, para dar a cada uno según su conducta y el fruto de sus obras; ²⁰ tú que has obrado señales y portentos en Egipto, hasta hoy, y en Israel y en la humanidad entera, y te has hecho un nombre, como hoy se ve; ²¹ y sacaste a tu pueblo Israel de Egipto con señales y prodigios y con mano fuerte y tenso brazo y con gran aparato, ²² y les diste esta tierra que habías jurado darla a sus padres: tierra que mana leche y miel. ²³ Entraron en ella y la poseyeron, pero no hicieron caso de tu voz, ni conforme a tus leyes anduvieron: nada de lo que les mandaste hacer hicieron, y les conminaste con esta calamidad. ²⁴ He aquí que los terraplenes llegan a la ciudad para tomarla y la ciudad está ya a merced de los caldeos que la atacan, por causa de la espada y del hambre y de la peste; lo que habías dicho, ha sido, y tú mismo lo estás viendo. ²⁵ ¡Precisamente tú me has dicho, oh Señor Yahvé: 'Cómprate el campo y aduce testigos' cuando la ciudad está entregada a manos de los caldeos!»

Ex 34 6-7+

Sal 33 13-15

Dt 4 34

Ex 3 8+

26 4

---

32 Este episodio, que cobra un sentido simbólico, ver 18 1+, se sitúa en el 587, tras la reanudación del asedio, vv. 2.24, anunciado en 34 21-22. La compra del campo se refiere probablemente a la partición para la cual había aquirido Jeremías trasladarse a Anatot, 37 12. El texto primitivo, autobiográfico, vv. 6 ᵇ-17 ᵃ.24-29 ᵃ.42-44, parece haber sido ampliado con una introducción, vv. 1-6 ᵃ, una oración, vv. 17 ᵇ-23, que recuerda a Ne 9, y con una exposición mesiánica, vv. 29ᵇ-41, que reitera temas frecuentes en Jeremías.

32 12 «mi primo» (lit. «el hijo de mi tío») mss., griego, sir., vers. 7-9; «mi tío» hebr. —Baruc es el secretario de Jeremías, ver 36 45.

32 18 «en el seno»; parece como si esta expresión hubiera de entenderse teniendo en cuenta la costumbre de llevar las provisiones en el seno, o en las haldas, 2 R 4 39; Rt 3 15; ver Is 65 6+.

32 17
Za 8 6
Lc 1 37

²⁶ Entonces me dirigió* Yahvé la palabra en estos términos: ²⁷ Mira que yo soy Yahvé, el Dios de toda carne. ¿Habrá cosa extraordinaria para mí?

²⁸ Pues así dice Yahvé: Voy a entregar esta ciudad en manos de los caldeos y en manos de Nabucodonosor, rey de Babilonia, que la tomará, ²⁹ y entrarán los caldeos que atacan a esta ciudad y la prenderán fuego incendiándola junto con las casas en cuyos terrados se incensaba a Baal y se libaban libaciones a otros dioses para provocarme. ³⁰ Porque los hijos de Israel y los hijos de Judá no han hecho otra cosa desde sus mocedades sino lo que me disgusta (porque los hijos de Israel no han hecho más que provocarme con las obras de sus manos —oráculo de Yahvé—). ³¹ Porque motivo de mi furor y de mi ira ha sido para mí esta ciudad, desde el día en que la edificaron hasta hoy, que es como para quitármela de delante, ³² por toda la maldad de los hijos de Israel y de los hijos de Judá, que, para provocarme, obraron ellos, sus reyes, sus jefes, sus sacerdotes y profetas, el hombre de Judá y el habitante de Jerusalén, ³³ y me volvieron la espalda, que no la cara. Yo los adoctriné* asiduamente, mas ellos no quisieron aprender la lección, ³⁴ sino que pusieron sus Monstruos abominables en el templo donde invocan mi Nombre, profanándolo, ³⁵ y fraguaron los altos del Baal que hay en el Valle de Ben Hinón para hacer pasar por el fuego a sus hijos e hijas en honor de Mólec —lo que no les mandé ni me pasó por las mientes—, obrando semejante abominación con el fin de hacer pecar a Judá.

=7 30-31

Lv 18 21+

³⁶ Ahora, pues, en verdad así dice Yahvé, el Dios de Israel, acerca de esta ciudad que —al decir de vosotros*— está ya a merced del rey de Babilonia por la espada, por el hambre y por la peste. ³⁷ Voy a reunirlos de todos los países a donde los empujé en mi ira y mi furor y enojo grande, y los haré volver a este lugar, y los haré vivir en seguridad, ³⁸ serán mi pueblo, y yo seré su Dios, ³⁹ y les daré un solo corazón y una conducta cabal, de suerte que me teman todos los días para

24 7

bien de ellos y de sus hijos después de ellos. ⁴⁰ Pactaré con ellos una alianza eterna —que no revocaré después de ellos—: les haré el bien y pondré mi temor en sus corazones, de modo que no se aparten de junto a mí; ⁴¹ me dedicaré a hacerles bien, y los plantaré en esta tierra firmemente, con todo mi corazón y con toda mi alma. ⁴² Porque así dice Yahvé: Como he traído sobre este pueblo todo este gran perjuicio, así yo mismo voy a traer sobre ellos todo el beneficio que pronuncio sobre ellos, ⁴³ y se comprarán campos en esta tierra de la que decís vosotros que es una desolación, sin personas ni ganados, y que está a merced de los caldeos; ⁴⁴ se comprarán campos con dinero, anotándose en escritura, sellándose y llamando testigos, en la tierra de Benjamín y en los contornos de Jerusalén, en las ciudades de Judá, en las de la Montaña, en las de la Tierra Baja y en las del Negueb, pues haré tornar a sus cautivos —oráculo de Yahvé—.

31 31+

Dt 30 9

Nuevas promesas de restauración para Jerusalén y Judá*.

33 ¹ De nuevo dirigió Yahvé la palabra a Jeremías, que estaba aún detenido en el patio de la guardia, en estos términos:

² Así dice Yahvé, hacedor de la tierra*, que la formó para hacerla subsistir, Yahvé es su nombre: ³ Llámame y te responderé y mostraré cosas grandes, inaccesibles, que desconocías.

⁴ Porque así dice Yahvé, el Dios de Israel, tocante a las casas de esta ciudad y a las de los reyes de Judá que han sido derruidas. Junto a los terraplenes y a la espada, ⁵ se traba combate con los caldeos para llenar la ciudad* de cadáveres humanos, a los que herí en mi ira y mi furor, y por cuya malicia oculté mi rostro de esta ciudad. ⁶ He aquí que yo les aporto* su alivio y su medicina. Los curaré y les descubriré una corona de paz y seguridad. ⁷ Haré tornar a los cautivos de Judá y a los cautivos de Israel y los reedificaré como en el pasado, ⁸ y los purificaré de toda culpa que cometieron contra mí, y perdonaré todas las culpas

LXX: 40

29 12

31 31+
Ez 36 2

---

32 26 «me dirigió» griego, Vet. Lat., ver v. 16; «fue dirigida a Jeremías» hebr.
32 33 «Yo los adoctriné» versiones; «de adoctrinar» hebr.
32 36 «al decir de vosotros» hebr.; «al decir tuyo» griego. Igualmente en el v. 43.
33 Esta profecía data de la misma época que la del

cap. 32.
33 2 «hacedor de la tierra» griego; «que la hizo; Yahvé» hebr.
33 5 «llenar la ciudad» según el griego («para llenarla»); «llenarlos» hebr.
33 6 «les aporto» versiones; «le aporta (a la ciudad)» hebr.

que cometieron contra mí, y con que me fueron rebeldes. ⁹ Jerusalén* será para mí un nombre evocador de alegría, será prez y ornato para todas las naciones de la tierra que oyeren todo el bien que voy a hacerle, y se asustarán y estremecerán de tanta bondad y de tanta paz como voy a concederle.

¹⁰ Así dice Yahvé: Aún se oirá en este lugar, del que vosotros decís que está abandonado, sin personas ni ganados, en todas las ciudades de Judá y en las calles de Jerusalén desoladas, sin personas ni habitantes ni ganados, ¹¹ voz de gozo y de alegría, la voz del novio y la voz de la novia, la voz de cuantos traigan sacrificios de alabanza al templo de Yahvé diciendo: «Alabad a Yahvé Sebaot, porque es bueno Yahvé, porque es eterna su misericordia», pues haré tornar a los cautivos del país, y volverán a ser como antes —dice Yahvé—.

¹² *Así dice Yahvé Sebaot: Aún habrá en este lugar abandonado de hombres y ganados y en todas sus ciudades, dehesas de pastores que hagan reposar a las ovejas; ¹³ en las ciudades de la Montaña, y en las de la Tierra Baja, en las del Negueb y en la tierra de Benjamín y en los contornos de Jerusalén y en las ciudades de Judá, volverán a pasar ovejas ante la mano del que las cuente —dice Yahvé—.

Instituciones del futuro*.

¹⁴ Mirad que vienen días —oráculo de Yahvé— en que confirmaré la buena palabra que dije a la casa de Israel y a la casa de Judá.

¹⁵ En aquellos días y en aquella sazón haré brotar para David un Germen justo,

que practicará el derecho y la justicia en la tierra.

¹⁶ En aquellos días estará a salvo Judá, y Jerusalén vivirá en seguro.

Y así se la llamará:

«Yahvé, justicia nuestra*.»

¹⁷ Pues así dice Yahvé: No le faltará a David quien se siente en el trono de la casa de Israel; ¹⁸ y a los sacerdotes levíticos no les faltará quien en presencia mía ofrezca holocaustos y que me incienso de oblación y haga sacrificio cada día. ¹⁹ Dirigió Yahvé la palabra a Jeremías en estos términos: ²⁰ Así dice Yahvé: Si llegareis a romper mi alianza con el día y con la noche, de suerte que no sea de día o de noche a su debido tiempo, ²¹ entonces romperíais también mi alianza con mi siervo David, de suerte que le falte un hijo que reine sobre su trono, y con los levitas sacerdotes, mis servidores. ²² Así como es incontable el ejército de los cielos, e incalculable la arena de la mar, así multiplicaré el linaje de mi siervo David y de los levitas que me sirven.

²³ Dirigió Yahvé la palabra a Jeremías en estos términos: ²⁴ ¿No has visto qué ha dicho este pueblo?: «Los dos linajes que había elegido Yahvé, los ha rechazado»; y así menosprecian a mi pueblo, pues ni siquiera lo tienen por nación. ²⁵ Pues bien, dice Yahvé: Si no he creado el día* y la noche, ni las leyes de los cielos y la tierra he puesto, ²⁶ en ese caso también rechazaré el linaje de Jacob y de mi siervo David, para no escoger más de su linaje a quienes gobiernen la descendencia de Abrahán, Isaac y Jacob, cuando yo haga tornar a sus cautivos y les tenga misericordia.

5. MISCELÁNEA

Destino de Sedecías*.

34¹ Palabra dirigida a Jeremías de parte de Yahvé, mientras Nabucodonosor, rey de Babilonia, y todas sus fuerzas y todos los reinos de la tierra sometidos a su poder y todos los pueblos atacaban a Jerusalén y a todas sus ciudades:

² Así dice Yahvé el Dios de Israel: Ve y dices a Sedecías, rey de Judá; le dices:

Margin references (left column):
25 10
Cro 16 34
Esd 3 11
Sal 106 1;
107 1

=23 5-6
Is 4 2+

21 1-7;
32 1-5
XX: 41

Margin references (right column):
2 S 7 1+
Lc 1 32-33

Hb 7 17
1 P 2 5-6
Ap 1 6
Za 4 14+

31 35-36
Sal 89 34-38

2 S 7 1+

Gn 15 5

33 9 Lit. «ella».
33 12 Los vv. 12-16 faltan en griego.
33 14 Este pasaje, que no es de Jeremías, describe las instituciones del pueblo mesiánico en la misma forma que Za 4 1-14; 6 13. En el tiempo de la salvación, los poderes reales y sacerdotales estarán unidos.
33 16 Los vv. 15-16 son continuación de 23 4-6, pero al final exalta a Jerusalén. Sobre el nombre mesiánico

de Jerusalén, ver Ez 48 35 y Is 1 26+
33 25 «he creado el día» *bara'ti yôm* conj.; «mi alianza de día» *berîtî yômam* hebr.
34 Este episodio pudo tener lugar al comienzo del asedio del 588-587, ya que la guerra no se dirigía aún contra Jerusalén, sino que proseguía al sur y al suroeste, v. 7. Podía, pues, Sedecías conjurar aún la catástrofe sometiéndose como Joaquín el 605.

Así dice Yahvé: «Voy a entregar esta ciudad en manos del rey de Babilonia, que la incendiará. [3] En cuanto a ti, no te escaparás de su mano, sino que sin falta serás capturado. Te pondré en sus manos y tus ojos verán los ojos del rey de Babilonia, y su boca hablará a tu boca, y a Babilonia irás. [4] Empero, oye una palabra de Yahvé, oh Sedecías, rey de Judá: Así dice Yahvé respecto a ti: No morirás por la espada. [5] En paz morirás. Y como se quemaron perfumes por tus padres, los reyes antepasados que te precedieron, así los quemarán por ti, y con el «¡ay, señor!» te plañirán, porque lo digo yo —oráculo de Yahvé—.

22 18

[6] Y habló el profeta Jeremías a Sedecías, rey de Judá, todas estas palabras en Jerusalén, [7] mientras las fuerzas del rey de Babilonia atacaban a Jerusalén y a todas las ciudades de Judá que quedaban: a Laquis y Azecá, pues estas dos plazas fuertes habían quedado de todas las ciudades de Judá*.

Liberación de los esclavos*.

[8] Palabra dirigida a Jeremías de parte de Yahvé, después de llegar el rey Sedecías a un acuerdo* con todo el pueblo de Jerusalén, proclamándoles una manumisión, [9] en orden a dejar cada uno a su siervo o esclava hebreos libres dándoles la libertad, de suerte que ningún judío fuera siervo de su hermano.

[10] Todos los jefes y todo el pueblo que entraba en el acuerdo obedecieron, dejando libres quién a su siervo, quién a su esclava, dándoles la libertad, de modo que no hubiese entre ellos más esclavos: obedecieron y los dejaron libres. [11] Pero luego volvieron a apoderarse de los siervos y esclavas que habían manumitido y los redujeron a servidumbre y esclavitud.

[12] Entonces dirigió Yahvé la palabra a Jeremías* en estos términos: [13] Así dice Yahvé, el Dios de Israel: yo hice alianza con vuestros padres el día que los saqué de Egipto, de la casa de servidumbre, diciendo: [14] «Al cabo de siete años cada uno de vosotros dejará libre al hermano hebreo que se le hubiera vendido. Te servirá por seis años y después lo dejarás libre.» Pero no me hicieron caso vuestros padres ni aplicaron el oído. [15] Vosotros os habéis convertido hoy y habéis hecho lo que es recto a mis ojos proclamando manumisión general, y llegando a un acuerdo en mi presencia, en el templo donde se invoca mi Nombre; [16] pero os habéis echado atrás y profanado mi Nombre, os habéis apoderado de vuestros respectivos siervos y esclavas a quienes habíais manumitido, reduciéndolos de nuevo a esclavitud.

Dt 15 12-1

[17] Por tanto, así dice Yahvé: Vosotros no me habéis hecho caso al proclamar manumisión general. Pues yo voy a proclamar contra vosotros manumisión de la espada, de la peste y del hambre —oráculo de Yahvé—, y os voy a convertir en espantajo de todos los reinos de la tierra. [18] Y a los individuos que traspasaron mi acuerdo, aquellos que no han hecho válidos los términos del acuerdo que firmaron en mi presencia, haré que acaben como el becerro que cortaron en dos y por entre cuyos pedazos pasaron: [19] a los jefes de Judá, los jefes de Jerusalén, los eunucos, los sacerdotes y todo el pueblo de la tierra que han pasado por entre los pedazos del becerro*, [20] los entregaré en manos de sus enemigos y de quienes buscan su muerte, y sus cadáveres serán pasto de las aves del cielo y de las bestias de la tierra. [21] Y a Sedecías, rey de Judá, y a sus jefes los entregaré en manos de sus enemigos y de quienes buscan su muerte y del ejército del rey de Babilonia que se ha retirado de vosotros. [22] Pues voy a dar la orden —oráculo de Yahvé— de hacerlos volver contra esta ciudad. La atacarán, la tomarán y la prenderán fuego; y dejaré desoladas y sin habitantes a las ciudades de Judá.

29 18

7 33

9 10

---

34 7   Azecá, localizada en Tell Zakaría, a una treintena de km al suroeste de Jerusalén, y Laquis, Tell ed-Duweir a 20 km al suroeste de Azecá, fueron en efecto las dos ciudades fortificadas que resistieron largo tiempo a Nabucodonosor. Un óstracon de esa época encontrado en Tell ed-Duweir atestigua dicha resistencia.
34 8 (a) El episodio tuvo lugar en la interrupción del asedio, vv. 21-22.
34 8 (b) O mejor un «pacto» o un «tratado», pero el mismo término hebreo, *berît*, se emplea para un simple

acuerdo entre dos partes sobre una cuestión cualquiera, ver por ejemplo 2 R 11 4; Jb 31 1, y para la Alianza entre Dios y su pueblo, tomada aquí como término de comparación, v. 13.
34 12 El hebr. añade: «de parte de Yahvé», omitido por griego y sir.
34 19 Sobre este antiguo rito de alianza, en el que los contratantes pasan entre los trozos de una víctima sacrificada, ver Gn 15 17+.

Ejemplo de los recabitas*.

LXX: 42

35 [1] Palabra dirigida a Jeremías de parte de Yahvé, en tiempo de Joaquín, hijo de Josías, rey de Judá.

[2] «Ve a la casa de los recabitas y les hablas. Los llevas al templo de Yahvé, a una de las cámaras, y les escancias vino.» [3] Tomé, pues, a Jazanías, hijo de Jeremías, hijo de Jabasinías, y a sus hermanos, a todos sus hijos y a toda la casa de los recabitas, [4] y los llevé al templo de Yahvé, a la cámara de Ben Yojanán*, hijo de Yigdalías, hombre de Dios, la cual cámara está al lado de la de los jefes, y encima de la de Maasías, hijo de Salún, guarda del umbral, [5] y presentando a los hijos de la casa de los recabitas unos jarros llenos de vino y tazas, les dije: «¡Bebed vino!» [6] Dijeron ellos: «No bebemos vino, porque nuestro padre Jonadab, hijo de Recab, nos dio este mandato: 'No beberéis vino ni vosotros ni vuestros hijos nunca jamás, [7] ni edificaréis casa, ni sembraréis semilla, ni plantaréis viñedo, ni poseeréis nada, sino que en tiendas pasaréis toda vuestra existencia, para que viváis muchos días sobre la faz del suelo, donde sois forasteros.' [8] Nosotros hemos obedecido a la voz de nuestro padre Jonadab, hijo de Recab, en todo cuanto nos mandó, absteniéndonos de beber vino de por vida, nosotros, nuestras mujeres, nuestros hijos y nuestras hijas, [9] y no edificando casas donde vivir, ni poseyendo viña ni campo de sementera, [10] sino que hemos vivido en tiendas*, obedeciendo y obrando en todo conforme a lo que nos mandó nuestro padre Jonadab. [11] Pero al subir Nabucodonosor, rey de Babilonia, contra el país, dijimos: 'Venid y entremos en Jerusalén, para huir de las fuerzas caldeas

R 10 15

y de las de Arán', y nos instalamos en Jerusalén.»

[12] Entonces dirigió Yahvé la palabra a Jeremías en estos términos: [13] Así dice Yahvé Sebaot, el Dios de Israel: Ve y dices a los hombres de Judá y a los habitantes de Jerusalén: ¿No aprenderéis la lección que os invita a escuchar mis palabras? —oráculo de Yahvé—. [14] Se ha cumplido la palabra de Jonadab, hijo de Recab, que prohibió a sus hijos beber vino, y no han bebido hasta la fecha, porque obedecieron la orden de su padre. Yo me afané en hablaros a vosotros y no me oísteis. [15] Me afané en enviaros a todos mis siervos los profetas a deciros: Ea, tornad cada uno de vuestro mal camino, mejorad vuestras acciones y no andéis en pos de otros dioses para servirles, y os quedaréis en la tierra que os di a vosotros y a vuestros padres; mas no aplicasteis el oído ni me hicisteis caso. [16] Así, los hijos de Jonadab, hijo de Recab, han cumplido el precepto que su padre les impuso, mientras que este pueblo no me ha hecho caso.

[17] Por tanto, así ha dicho Yahvé, el Dios Sebaot, el Dios de Israel: Voy a traer contra Judá y contra los habitantes de Jerusalén todo el mal que pronuncié respecto a ellos, por cuanto les hablé y no me oyeron, los llamé y no me respondieron.

[18] A la casa de los recabitas dijo Jeremías: «Así dice Yahvé Sebaot, el Dios de Israel: Por cuanto que habéis hecho caso del precepto de vuestro padre Jonadab y habéis guardado todos esos preceptos y obrado conforme a cuanto os mandó, [19] por lo mismo, así dice Yahvé Sebaot, el Dios de Israel: No faltará a Jonadab, hijo de Recab, quien esté en mi presencia todos los días*.»

7 13

25 4-7

---

35 El episodio se sitúa al final del reinado de Joaquín y en el momento en que Jerusalén va a ser asediada por primera vez por los babilonios (598); desde el 602 poco más o menos, las incursiones de las bandas armadas han sido prácticamente incesantes en Palestina, ver 2 R 24 2, hasta el punto de que mucha gente abandona la campiña y se refugia en Jerusalén, Jr 35 11.
35 4 «de Ben Yojanán» según 1 ms hebr., 1 ms griego, árabe y Targ.; «de los hijos de Janán» hebr.
35 10 El grupo de los recabitas representaba la reacción contra la civilización urbana y el recuerdo de la vieja religión del desierto, ver Os 2 15+.
35 19 La expresión designa ordinariamente el servicio cultual del sacerdote. Pero puede aplicarse al simple fiel. Se está en presencia de Yahvé cuando se vive en su tierra.

IV. Pasión de Jeremías

El rollo de 605-604*.

LXX: 43

36 [1] El año cuarto de Joaquín*, hijo de Josías, rey de Judá, dirigió Yahvé esta palabra a Jeremías:

[2] Tómate un rollo de escribir y apunta en él todas las palabras que te he hablado tocante a Israel, a Judá y a todas las naciones, desde la fecha en que te vengo hablando —desde los tiempos de Josías hasta hoy—. [3] A ver si la casa de Judá se entera de todo el mal que he pensado hacerle, de modo que se convierta cada uno de su mal camino, y entonces yo perdonaría su culpa y su pecado.

[4] Llamó, pues, Jeremías a Baruc, hijo de Nerías, y apuntó Baruc al dictado de Jeremías todas las palabras que Yahvé le había hablado, en un rollo de escribir*.

20 1-2

[5] Dio Jeremías a Baruc estas instrucciones: «Yo estoy detenido; no puedo ir al templo de Yahvé. [6] Así que vete tú, y lees en voz alta el rollo en que has apuntado al dictado mío las palabras de Yahvé, a oídos del público del templo de Yahvé, aprovechando un día de ayuno, y las lees también a oídos de todos los de Judá que vienen de sus ciudades; [7] a ver si presentan sus súplicas a Yahvé, y se convierte cada uno de su mal camino; porque grande es la ira y el furor que ha expresado Yahvé contra este pueblo.»

[8] Hizo Baruc, hijo de Nerías, conforme a todo cuanto le había mandado el profeta Jeremías, y leyó en el libro las palabras de Yahvé en el templo de Yahvé.

[9] Precisamente en el año quinto de Joaquín, hijo de Josías, rey de Judá, el mes noveno*, se proclamaba ayuno general delante de Yahvé, tanto para el pueblo de Jerusalén como para toda la gente venida de las ciudades de Judá a Jerusalén. [10] Baruc, pues, leyó en el libro las palabras de Jeremías en el templo de Yahvé, en la cámara de Guemarías, hijo

26 24+

de Safán el escriba, en el patio alto, a la entrada de la Puerta Nueva del templo de Yahvé, a oídos de todo el pueblo.

[11] Oye Miqueas, hijo de Guemarías, hijo de Safán, todas las palabras de Yahvé según el libro, [12] baja a la casa del rey, al cuarto del escriba, y se encuentra con que allí estaban todos los jefes sentados: el escribano Elisamá, Delaías, hijo de Semaías, Elnatán, hijo de Acbor, Guemarías, hijo de Safán, Sedecías, hijo de Jananías, y todos los demás jefes. [13] Y Miqueas declaró todas las palabras que había oído leer a Baruc en el libro a oídos del pueblo.

[14] Entonces todos los jefes enviaron a Yehudí, hijo de Natanías, hijo de Selemías*, hijo de Cusí a decir a Baruc: «Toma en tus propias manos el rollo en el que has leído en voz alta al pueblo y vente.» Baruc, hijo de Nerías, tomó el rollo en sus manos y se dirigió adonde ellos. [15] Le dijeron: «Ven, siéntate y ten a bien leérnoslo a nosotros.» Y Baruc se lo leyó.

[16] En cuanto oyeron todas aquellas palabras, se asustaron y se dijeron unos a otros: «Anunciemos sin falta al rey todas estas palabras.» [17] Y a Baruc le pidieron: «Explícanos cómo has escrito todas estas palabras*.» [18] Les dijo Baruc: «Al dictado. Él me recitaba todas estas palabras* y yo las iba escribiendo en el libro con tinta.» [19] Dicen los jefes a Baruc: «Vete, escondeos tú y Jeremías, y que nadie sepa dónde estáis.» [20] Y entraron adonde el rey, a la corte (el rollo lo consignaron en la cámara de Elisamá el escriba) y transmitieron personalmente al rey todas aquellas palabras.

[21] Entonces envió el rey a Yehudí a apoderarse del rollo, y éste lo tomó del cuarto de Elisamá el escriba. Y Yehudí lo leyó en voz alta al rey y a todos los jefes que estaban en pie en torno al rey. [22] El rey estaba instalado en la casa de invierno, —era en el mes noveno—, con un brasero* delante encendido. [23] Y así que había leído Yehudí tres hojas o cuatro, él las rasgaba con el cortaplumas del escri-

---

36 Sobre este rollo que contenía los oráculos que Jeremías había dictado a su secretario, Baruc, ver la Introducción.

36 1 Año 605. Joaquín acababa de someterse a Nabucodonosor y se sentía seguro.

36 4 Algunos críticos proponen que se traslade aquí el v. 9.

36 9 Diciembre del 604.

36 14 «hijo de Selemías», hebr.; «y Selemías» conj.

36 17 El hebr. añade «al dictado de él», omitido por

griego; probablemente se trata de una ditografía, ver nota al v. siguiente.

36 18 Lit. «De su boca, él me iba recitando todas estas razones...» —Son a la vez las «palabras de Jeremías», v. 10, y las palabras de Yahvé, vv. 6.8.11, ver v. 4. El profeta es con toda verdad la «boca de Dios», 1 9; 15 19. Ver Ex 4 15-16.

36 22 «con un brasero» hebr.; «el fuego de un brasero» versiones.

ba y las echaba al fuego del brasero, hasta terminar con todo el rollo en el fuego del brasero. ²⁴ Ni se asustaron ni se rasgaron los vestidos el rey ni ninguno de sus siervos que oían todas estas cosas, ²⁵ y por más que Elnatán, Delaías y Guemarías suplicaron al rey que no quemara el rollo, no les hizo caso. ²⁶ Luego el rey ordenó a Yerajmeel, hijo del rey*, a Serayas, hijo de Azriel, y a Selemías, hijo de Abdel, apoderarse del escriba Baruc y del profeta Jeremías. Pero Yahvé los había ocultado.

²⁷ Entonces dirigió Yahvé la palabra a Jeremías —tras haber quemado el rey el rollo y las cosas que había escrito Baruc al dictado de Jeremías— en estos términos: ²⁸ «Vuelve a tomar otro rollo y escribe en él todas las cosas que antes había en el primer rollo que quemó Joaquín, rey de Judá. ²⁹ Y a Joaquín, rey de Judá, le dices: Así dice Yahvé: Tú has quemado aquel rollo, diciendo: '¿Por qué has escrito en él: Vendrá sin falta el rey de Babilonia y destruirá esta tierra y se llevará cautivos de ella a hombres y bestias?' ³⁰ Por tanto, así dice Yahvé a propósito de Joaquín, rey de Judá: No tendrá quien le suceda en el trono de David, y su propio cadáver yacerá tirado, expuesto al calor del día y al frío de la noche. ³¹ Yo castigaré sus culpas y las de su linaje y sus siervos, y traeré sobre ellos y sobre todos los habitantes de Jerusalén y los hombres de Judá todo el mal que les dije, sin que hicieran caso.»

³² Entonces Jeremías tomó otro rollo, que dio al escriba Baruc, hijo de Nerías, y éste escribió al dictado de Jeremías todas las palabras del libro que había quemado Joaquín, rey de Judá, e incluso se añadió a aquéllas otras muchas por el estilo.

24 17-20
LXX: 44
22 20-30;
13 18-19

Juicio global sobre Sedecías.

37 ¹ Vino a reinar, en vez de Jeconías, hijo de Joaquín, el rey Sedecías, hijo de Josías, al que Nabucodonosor, rey de Babilonia, puso por rey en tierra de Judá, ² pero tampoco él ni sus siervos, ni el pueblo de la tierra, hicieron caso de las palabras que Yahvé había hablado por medio del profeta Jeremías.

Sedecías consulta a Jeremías durante la interrupción del asedio del 588.

³ El rey Sedecías envió a Yucal, hijo de Selemías, y al sacerdote Sofonías, hijo de Maasías, a decir al profeta Jeremías: «¡Ea! Ruega por nosotros a nuestro Dios Yahvé.» ⁴ Y Jeremías iba y venía en público, pues no le habían encarcelado. ⁵ Las fuerzas del faraón salieron de Egipto, y al oír hablar de ellos los caldeos que sitiaban Jerusalén, levantaron el sitio de Jerusalén. ⁶ Entonces dirigió Yahvé la palabra al profeta Jeremías: ⁷ Así dice Yahvé, el Dios de Israel: Así diréis al rey de Judá que os envía a mí, a consultarme: He aquí que las fuerzas del faraón* que salían en vuestro socorro se han vuelto a su tierra de Egipto, ⁸ y volverán los caldeos que atacan a esta ciudad, la tomarán y la incendiarán. ⁹ Así dice Yahvé: No cobréis ánimos diciendo: «Seguro que los caldeos terminarán por dejarnos y marcharse»; porque no se marcharán, ¹⁰ pues aunque hubieseis derrotado a todas las fuerzas de los caldeos que os atacan y les quedaren sólo hombres acribillados, se levantarían cada cual en su tienda e incendiarían esta ciudad.

Arresto de Jeremías. El rey mejora su situación.

¹¹ Cuando las tropas caldeas estaban levantando el sitio de Jerusalén, replegándose ante las tropas del faraón, aconteció que ¹² Jeremías salía de Jerusalén para ir a tierra de Benjamín a asistir a un reparto en el pueblo*. ¹³ Y encontrándose él en la puerta de Benjamín, donde había un vigilante llamado Yirías, hijo de Selemías, hijo de Jananías, éste prendió al profeta Jeremías diciendo: «¡Tú te pasas a los caldeos!» ¹⁴ Dice Jeremías: «¡Falso! Yo no me paso a los caldeos.» Pero Yirías no le hizo caso; detuvo a Jeremías y lo llevó a los jefes, ¹⁵ los cuales se irritaron contra Jeremías, le dieron de golpes y lo encarcelaron en casa del escriba Jonatán, convertida en prisión. ¹⁶ Así que Jeremías ingresó en el calabozo del sótano y permaneció allí mucho tiempo.

¹⁷ El rey Sedecías mandó traerlo, y le interrogó en su casa, en secreto: «¿Hay algo de parte de Yahvé?» Dijo Jeremías:

32 1+

---

36 26 El título de «hijo del rey», ver 38 6; 1 R 22 26-27, denota una función en la corte, quizá, según el contexto, el de oficial de policía.
37 7 Jofrá, ver 44 30, que reinó del 589 al 569.

37 12 Se trata probablemente del mismo asunto que más adelante ocupará a Jeremías, y que se ha referido en el cap. 32.

«Lo hay.» Y añadió: «En mano del rey de Babilonia serás entregado.» [18] Y dijo Jeremías al rey Sedecías: «¿En qué te he faltado a ti, a tus siervos y a este pueblo, para que me hayáis puesto en prisión? [19] ¿Pues dónde están vuestros profetas que os profetizaban: 'No vendrá el rey de Babilonia contra vosotros ni contra esta tierra'? [20] Ahora, pues, oiga el rey mi señor, caiga bien en tu presencia mi petición de gracia y no me vuelvas a casa del escriba Jonatán, no muera yo allí.» [21] Entonces el rey Sedecías mandó que custodiasen a Jeremías en el patio de la guardia y se le diese un rosco de pan por día de la calle de los panaderos, hasta que se acabase todo el pan de la ciudad.

Y Jeremías permaneció en el patio de la guardia.

Jeremías en la cisterna. Intervención de Ebedmélec.

LXX: 45

38 [1] Oyeron Sefatías, hijo de Matán, Godolías, hijo de Pasjur, hijo de Malquías, las palabras que Jeremías hablaba a todo el pueblo: [2] «Así dice Yahvé: Quien se quede en esta ciudad, morirá de espada, de hambre y de peste, mas el que se entregue a los caldeos vivirá, y eso saldrá ganando. [3] Así dice Yahvé: Sin remisión será entregada esta ciudad en mano de las tropas del rey de Babilonia, que la tomará.» [4] Y dijeron aquellos jefes al rey: «Hay que condenar a muerte a ese hombre, porque con eso desmoraliza a los guerreros que quedan en esta ciudad y a toda la plebe, diciéndoles tales cosas. Porque este hombre no procura en absoluto el bien del pueblo, sino su daño.» [5] Dijo el rey Sedecías: «Ahí lo tenéis en vuestras manos, pues nada podría el rey contra vosotros*.» [6] Ellos se apoderaron de Jeremías y lo echaron a la cisterna de Malquías, hijo del rey, que había en el patio de la guardia, descolgando a Jeremías con sogas. En el pozo no había agua, sino fango, y Jeremías se hundió en el fango.

[7] Pero Ebedmélec el cusita* —un eunuco de la casa del rey— oyó que habían metido a Jeremías en la cisterna. El rey estaba sentado en la puerta de Benjamín. [8] Salió Ebedmélec de la casa del rey y habló al rey en estos términos: [9] «Oh mi señor el rey, está mal hecho todo cuanto

=21 9

39 18;
45 5

esos hombres han hecho con el profeta Jeremías, arrojándolo a la cisterna. Total lo mismo se iba a morir de hambre, pues no quedan ya víveres en la ciudad.» [10] Entonces ordenó el rey a Ebedmélec el cusita: «Toma tú mismo de aquí treinta hombres, y subes al profeta Jeremías del pozo antes de que muera.» [11] Ebedmélec tomó consigo a los hombres y, entrando en la casa del rey, al vestuario del tesoro*, tomó allí deshechos de paños y telas, y con sogas los descolgó por la cisterna hasta Jeremías. [12] Dijo Ebedmélec el cusita a Jeremías: «Hala, ponte los deshechos de paños y telas entre los sobacos y las sogas.» Así lo hizo Jeremías, [13] y halando a Jeremías con las sogas lo subieron de la cisterna.

Y Jeremías se quedó en el patio de la guardia.

Última entrevista de Jeremías con Sedecías.

[14] Entonces el rey Sedecías mandó traer al profeta Jeremías a la entrada tercera que había en el templo de Yahvé, y dijo el rey a Jeremías: «Te voy a preguntar una cosa: no me ocultes nada.» [15] Dijo Jeremías a Sedecías: «Si te soy sincero, seguro que me matarás; y aunque te aconseje, no me escucharás.» [16] El rey Sedecías juró a Jeremías en secreto: «Por vida de Yahvé, y por la vida que nos ha dado, que no te haré morir ni te entregaré en manos de estos hombres que andan buscando tu muerte.» [17] Dijo Jeremías a Sedecías: «Así dice Yahvé, el Dios Sebaot, el Dios de Israel: Si sales a entregarte a los jefes del rey de Babilonia, vivirás tú mismo y esta ciudad no será incendiada: tanto tú como los tuyos viviréis. [18] Pero si no te entregas a los jefes del rey de Babilonia, esta ciudad será puesta en manos de los caldeos e incendiada, y tú no escaparás de sus manos.» [19] Dijo el rey Sedecías a Jeremías: «Me preocupan los judíos que se han pasado a los caldeos, no vaya a ser que me entreguen en sus manos, y éstos hagan mofa de mí.» [20] Pero replicó Jeremías: «No te entregarán. ¡Ea!, oye la voz de Yahvé en esto que te digo, que te resultará bien y quedarás con vida. [21] Mas si rehúsas salir, esto es lo que me ha mostrado Yahvé.

---

38 5   «contra vosotros» 'ittekem conj.; «(a saber) vosotros» 'etkem hebr.
38 7   Es decir, etíope.

38 11 «al vestuario» meltajat conj., ver 2 R 10 22; «debajo» tajat hebr.

[22] Mira que todas las mujeres que han permanecido en la casa del rey de Judá serán sacadas adonde los jefes del rey de Babilonia, e irán diciendo:

> Te empujaron y pudieron contigo
> aquellos con quienes te saludabas*.
> Se hundieron en el lodo tus pies,
> hiciéronse atrás.

[23] Serán entregados a los caldeos tus mujeres y tus hijos, y tú no escaparás de ellos, sino que serás puesto en manos del rey de Babilonia, y esta ciudad será incendiada*.»

[24] Entonces dijo Sedecías a Jeremías: «Que nadie sepa nada de esto, y no morirás. [25] Aunque se enteren los jefes de que he estado hablando contigo, y viniendo a ti te digan: 'Decláranos qué has dicho al rey, sin ocultárnoslo, y así no te mataremos, y también lo que el rey te ha hablado', [26] tú les dirás: 'He pedido al rey la gracia de que no se me devuelva a casa de Jonatán a morirme allí.'»

[27] En efecto, vinieron todos los jefes a Jeremías, le interrogaron, y él les respondió conforme a lo que queda dicho que le había mandado el rey: y ellos quedaron satisfechos, porque nada se sabía de lo hablado.

[28] Así quedó Jeremías en el patio de la guardia, hasta el día en que fue tomada Jerusalén.

Ahora bien, cuando fue tomada Jerusalén...

Caída de Jerusalén y suerte de Jeremías*.

LXX: 46 **39** [1] En el año nueve de Sedecías, rey de Judá, el décimo mes*, vino Nabucodonosor, rey de Babilonia, con todo su ejército contra Jerusalén, y la sitiaron. ||2 R 25 1-21

[2] En el año once de Sedecías, el cuarto mes, el nueve del mes*, se abrió una brecha en la ciudad, [3] y entraron todos los jefes del rey de Babilonia y se instalaron en la Puerta Central: Nergal Sareser, Sangar Nebo, Sar Sequín, jefe superior, Nergal Sareser, alto funcionario y todos los demás jefes del rey de Babilonia*.

[4] Al verlos Sedecías, rey de Judá, y todos los guerreros, huyeron de la ciudad. Salieron de noche camino del parque del rey por la puerta que está entre los dos muros, y se fueron por el camino de la Arabá*.

[5] Las tropas caldeas los persiguieron y dieron alcance a Sedecías en los llanos de Jericó; lo prendieron y lo subieron a Riblá, en tierra de Jamat*, adonde Nabucodonosor, rey de Babilonia, que lo sometió a juicio. [6] Y el rey de Babilonia degolló a los hijos de Sedecías en Riblá a la vista de éste; luego el rey de Babilonia degolló a toda la aristocracia de Judá, [7] y habiendo cegado los ojos a Sedecías lo ató con doble cadena de bronce para llevárselo a Babilonia. [8] Los caldeos incendiaron el palacio real y las casas del pueblo* y demolieron los muros de Jerusalén; [9] en cuanto al resto del pueblo que quedaba en la ciudad, a los desertores que se habían pasado a él y a los artesanos* restantes los deportó Nabuzardán, jefe de la guardia, a Babilonia. [10] En cuanto a la plebe baja los que no tenían nada, hízoles quedar Nabuzardán, jefe de la guardia, en tierra de Judá, y en aquella ocasión les dio viñas y parcelas.

38 22 Lit. «los hombres de la paz». —Parece que estas líneas están tomadas de alguna canción.

38 23 «será incendiada» algunos mss hebreos y griego; «tú incendiarás» (masc.), o «ella (la mano de Nabucodonosor) incendiará» hebr.

39 El texto de este pasaje consta de elementos heterogéneos mal concordados entre sí; **38** 28[b] y **39** 4-13 falta en griego. Parece que a la biografía primitiva de Jeremías, **38** 28[b]; **39** 3.14, se ha añadido primero **39** 1-2, relato de asedio desde el comienzo hasta que se abrió la brecha, que repite 2 R **25** 1-4[a] (Jr **52** 4-7[a]) y también se encuentra en el griego; luego **39** 4-10, que refiere el final del reino y sus consecuencias resumiendo 2 R **25** 4[b].7.9-12 (Jr **52** 7[b]-16); y **39** 11-13, que da detalles sobre la liberación del profeta.

39 1 Diciembre 589 - enero 588, fin del año nueve de Sedecías.

39 2 Junio-julio del 587.

39 3 V. difícil; el texto parece alterado; la repetición del nombre de Nergal Sareser infunde dudas: el «jefe superior» (lit. «jefe de los eunucos», pero el término tiene a menudo el sentido amplio de dignatario de la Corte) se llama Nabusazbán en el v. 13. Además, los nombres de Sangar Nebo y Sar Sequín, que sólo aquí aparecen, son dudosos. Se ha propuesto corregir hebr. *Samgar* en «príncipe de Sin Maguir» (según una lista babilónica) y *Nebo* en «Nebusazbán», así como suprimir *Sar Sekim* (que podía ser un título, duplicado de «Jefe superior») y una de las menciones de Nergal Sareser. Pero estas correcciones, que darían mayor coherencia a todo este pasaje, no tienen ningún apoyo textual.

39 4 «se fueron» sir., Vulg., ver **52** 7; el hebr. trae el singular. —El parque del rey está cerca de la piscina de Siloé, ver Ne **3** 15; 2 R **24** 4 +, al sureste de Jerusalén. La Arabá (lit. «estepa») es la depresión del Jordán al sur del mar Muerto, hasta el golfo de Ácaba; aquí, más generalmente, es la región, «estepa» o «llanura», próxima al mar Muerto, ver v. 5.

39 5 Hoy Riblá, a 75 km al sur de Jamat, actual Jama, ciudad siria en el Orontes.

39 8 «las casas del pueblo» sir.; «la casa del pueblo» hebr.; quizá habría de leerse la Casa (de Yahvé y las casas) del pueblo» de conformidad con **52** 13 y 2 R **25** 9.

39 9 «a los artesanos» conj. según **52** 15; «al pueblo» hebr., que añade «que había quedado».

[11] Nabucodonosor, rey de Babilonia, había dado instrucciones a Nabuzardán, jefe de la guardia, respecto a Jeremías en este sentido: [12] «Préndele y tenle a la vista; y no le hagas daño alguno, antes harás con él lo que él mismo te diga.»

[13] Entonces* (Nabuzardán, jefe de la guardia) Nabusazbán, jefe superior, Nergal Sareser, oficial superior, y todos los grandes del rey de Babilonia [14] enviaron en busca de Jeremías, y lo confiaron a Godolías, hijo de Ajicán, hijo de Safán, para que le hiciese salir a casa, y permaneció entre la gente.

45 1-5   **Oráculo favorable a Ebedmélec*.**

[15] Estando Jeremías detenido en el patio de la guardia, le había sido dirigida la palabra de Yahvé en estos términos: [16] Vete y dices al cusita: Así dice Yahvé Sebaot, el Dios de Israel: Mira que yo hago llegar mis palabras a esta ciudad para su daño, que no para su bien, y tú serás testigo en aquel día, [17] pero yo te salvaré a ti aquel día —oráculo de Yahvé— y no serás entregado en manos de aquellos cuya presencia evitas temeroso, [18] antes bien te libraré, y no caerás a espada. Saldrás ganando la propia vida, porque confiaste en mí —oráculo de Yahvé—.

21 9; 38 2

Más sobre la suerte de Jeremías.

LXX: 47

40 [1] Palabra dirigida a Jeremías de parte de Yahvé, luego que Nabuzardán, jefe de la guardia, lo dejó libre en Ramá, cuando lo tomó aparte, estando él esposado con todos los deportados de Jerusalén y Judá que iban camino de Babilonia*.

[2] En efecto, el jefe de la guardia tomó aparte a Jeremías y le dijo: «Tu Dios Yahvé había predicho esta desgracia a este lugar, [3] y lo ha cumplido. Yahvé ha hecho conforme había predicho. Y esto os ha sucedido porque pecasteis contra Yahvé y no oísteis su voz. [4] Ahora bien, desde hoy te suelto las esposas de tus muñecas. Si te parece bien venirte conmigo a Babilonia, vente, y yo miraré por ti. Pero si te parece mal venirte conmigo

a Babilonia, déjalo. Mira, tienes toda la tierra por delante; adonde mejor y más cómodo te parezca ir, vete.» [5] Aún no había dado media vuelta cuando le dijo: «Vuelve adonde Godolías, hijo de Ajicán, hijo de Safán, a quien el rey de Babilonia ha encargado de las ciudades de Judá, y quédate a vivir con él entre esta gente. En suma, vete adonde mejor te acomode.» Luego el jefe de la guardia le proporcionó algunos víveres y ayuda de costa y lo despidió. [6] Jeremías, por su parte, vino al lado de Godolías*, hijo de Ajicán, a Mispá, y se quedó a vivir con él entre la población que había quedado en el país.

Godolías gobernador. Su asesinato.   ‖2 R 25
22-26

[7] Todos los jefes de guerrilleros, así como sus hombres, oyeron cómo el rey de Babilonia había encargado del país a Godolías, hijo de Ajicán, y cómo le había encargado de los hombres, mujeres, niños y de aquella gente baja de la tierra, que no habían sido deportados a Babilonia, [8] y fueron donde Godolías, a Mispá, Ismael, hijo de Natanías, Juan y Jonatán, hijo de Caréaj, Serayas, hijo de Tanjumet, los hijos de Efay el netofita y Jazanías de Maacá en compañía de sus hombres. [9] Godolías, hijo de Ajicán, hijo de Safán, les hizo un juramento a ellos y a sus hombres: «No temáis ser siervos de los caldeos. Quedaos en el país y servid al rey de Babilonia, y os irá bien. [10] Por mi parte, aquí me tenéis establecido en Mispá, para responder a los caldeos que vengan a nosotros; y vosotros cosechad vino, mieses y aceite, metedlo en vuestras vasijas, y vivid en las ciudades que hayáis recuperado.»

[11] También todos los judíos que había en Moab, entre los amonitas, y en Edom, y los que había en todos los demás países oyeron que había dejado el rey de Babilonia un resto a Judá y que había encargado de él a Godolías, hijo de Ajicán, hijo de Safán. [12] Todos estos judíos regresaron de los distintos lugares donde se habían refugiado y, venidos al país de Judá, junto a Godolías, a Mispá, cose-

Is 4 3+

39 13 *Trad. dudosa; lit.* «envió». Sería una torpe sutura con el v. 14 que primitivamente debía seguir al v. 3. —Nabuzardán no entró en realidad en Jerusalén hasta un mes después de la caída de la ciudad, ver 2 R 28 8. **39 15** Este pasaje se relaciona con 38 13. **40 1** En el conjunto de los relatos sobre la suerte de Jeremías, deben existir lagunas. Liberado en Jerusalén; **39 14**, aquí nos enteramos de que se encontraba entre

los cautivos en Ramá (ver 31 15+). Hay que comparar este segundo relato con 39 11-12. **40 6** Mispá (probablemente la actual Tell en-Nasbeh), a 13 km al norte de Jerusalén, antiguo santuario de Israel, ver 1 S 7 5; 10 17. —Godolías era de una familia de altos funcionarios judíos, amiga de Jeremías, 26 24+.

charon vino y mieses en gran abundancia.

13 Entonces Juan, hijo de Caréaj, y todos sus jefes de guerilleros vinieron adonde Godolías a Mispá 14 y le dijeron: «¿Sabes que Baalís, rey de los amonitas, ha enviado a Ismael, hijo de Natanías, para asesinarte*?» Godolías, hijo de Ajicán, no les dio crédito. 15 Entonces Juan, hijo de Caréaj, dijo a Godolías secretamente en Mispá: «Ea, iré yo y asestaré el golpe a Ismael, hijo de Natanías, sin que nadie lo sepa. ¿Por qué tiene que asesinarte él a ti, lo que supondría la desbandada de todo Judá, apiñado en torno tuyo, y la pérdida del resto de Judá?» 16 Godolías, hijo de Ajicán, replicó a Juan, hijo de Caréaj: «No hagas eso, porque es falso lo que dices de Ismael.»

LXX: 48

41 1 Pues bien, el mes séptimo, Ismael, hijo de Natanías, hijo de Elisamá, de linaje real, se dirigió en compañía de algunos grandes del rey y diez hombres a Godolías, hijo de Ajicán, a Mispá, y allí en Mispá comieron juntos. 2 Se levantó Ismael, hijo de Natanías, y los diez que estaban con él, y acuchillaron a Godolías, hijo de Ajicán, hijo de Safán, y dieron muerte a aquel a quien el rey de Babilonia había encargado del país. 3 También mató Ismael a todos los judíos que estaban con él, con Godolías, en Mispá, y a los guerreros caldeos que se hallaban allí*.

4 Al día siguiente del asesinato de Godolías, cuando nadie se había enterado todavía, 5 llegaron unos hombres de Siquén, de Siló y de Samaría, ochenta entre todos, la barba raída, harapientos y arañados, portadores de oblaciones e incienso que traían al templo de Yahvé*. 6 Salió Ismael, hijo de Natanías, a su encuentro desde Mispá. Iba llorando mientras caminaba, y llegando junto a ellos, les dijo: «Venid adonde Godolías, hijo de Ajicán.» 7 Y así que hubieron entrado en la ciudad, Ismael, hijo de Natanías, los degolló con la ayuda de sus hombres y los echó dentro de una cisterna*.

8 Entre aquellos hombres hubo diez que dijeron a Ismael: «No nos mates, que en el campo tenemos escondites de trigo, cebada, aceite y miel.» Y no los mató como a sus hermanos.

9 La cisterna adonde echó Ismael todos los cadáveres de los hombres que mató, era la cisterna grande*. Es la que hizo el rey Asá para prevenirse contra Basá, rey de Israel; Ismael, hijo de Natanías, la llenó de asesinados.

10 Luego Ismael hizo prisioneros a todo el resto del pueblo que quedaba en Mispá, a las hijas del rey y a todo el pueblo que quedaba en Mispá, que Nabuzardán, jefe de la guardia, había encomendado a Godolías, hijo de Ajicán; y de madrugada se fue Ismael, hijo de Natanías, a pasarse a los amonitas.

11 Oyó Juan, hijo de Caréa, y todos los jefes de las fuerzas que le acompañaban, todos los crímenes que había hecho Ismael, hijo de Natanías. 12 Tomando a todos sus hombres fueron a luchar con Ismael, hijo de Natanías, al que encontraron junto a la gran alberca que está en Gabaón*.

13 Apenas toda la gente que estaba con Ismael vio a Juan, hijo de Caréaj, y a todos los jefes de las fuerzas que le acompañaban, se llenaron de gozo, 14 y dando media vuelta toda aquella gente que Ismael llevaba prisionera de Mispá, regresaron al lado de Juan, hijo de Caréaj, 15 en tanto que Ismael, hijo de Natanías, se escapaba de Juan con ocho hombres, rumbo a los amonitas. 16 Juan, hijo de Caréaj, y todos los jefes de las fuerzas que le acompañaban recogieron de Mispá a todo el resto de la gente que Ismael, hijo de Natanías, había hecho prisionera* después que hubo matado a Godolías, hijo de Ajicán —hombres, gente de guerra, mujeres, niños y eunucos—, a los cuales hizo volver de Gabaón. 17 Ellos se fueron y se instalaron en el Refugio de Quinhán, que está al lado de Belén, para seguir luego hasta Egipto 8 huyendo de los caldeos, pues les temían por haber matado Ismael, hijo de Natanías, a Go-

1 R 15 16-22

2 R 25 26

---

40 14 Baalís aún resistía a Nabucodonosor y la sumisión de Godolías le molestaba sin duda. —Ismael, oficial de ascendencia davídica, ver v. 8, no podía por menos de considerar a Godolías como un advenedizo a la política.
41 3 El aniversario de este día (septiembre del 587) se celebraba en los años siguientes, ver Za 7 5; 8 19.
41 5 Jerusalén era, pues, o había vuelto a ser, con la reforma de Josías, 2 R 23 19-20, el gran santuario para muchos israelitas del Norte. A pesar del desastre, el culto prosiguió de algún modo.

41 7 «y los echó» sir.; omitido por hebr., pero ver v. 9.
—El motivo del asesinato no aparece claramente: quizá el robo, ver v. 8, o el deseo de ocultar los últimos sucesos.
41 9 «La cisterna grande» griego; «por mano de Godolías» hebr.
41 12 En la actualidad El-Djib, a unos diez km al noroeste de Jerusalén.
41 16 «que (Ismael)... había hecho prisionera» 'ašer šabah 'otam conj., ver v. 10s; «que é (Juan) recogió (de Ismael)» 'ašer hešib me'et hebr.

dolías, hijo de Ajicán, a quien el rey de Babilonia había encargado del país.

Huida a Egipto.

LXX: 49

42 ¹ Entonces se llegaron todos los jefes de las fuerzas, así como Juan, hijo de Caréaj, Azarías*, hijo de Hosaías y el pueblo en masa, del chico al grande, ² y dijeron al profeta Jeremías: «Caiga bien nuestra demanda de favor ante ti, y ruega* a tu Dios Yahvé por nosotros, por todo este resto, pues hemos quedado pocos de muchos que éramos, como tus ojos están viendo, ³ y que nos indique tu Dios Yahvé el camino por donde hemos de ir y lo que hemos de hacer.»

⁴ Les dijo el profeta Jeremías: «De acuerdo: ahora mismo me pongo a rogar a vuestro Dios Yahvé como decís, y sea cual fuere la respuesta de Yahvé para vosotros, yo os la declararé sin ocultaros palabra.»

⁵ Y ellos dijeron a Jeremías: «Que Yahvé sea testigo veraz y leal contra nosotros si no obramos conforme a cualquier mensaje que tu Dios Yahvé te envía para nosotros. ⁶ Sea grata o sea ingrata, nosotros oiremos la voz de nuestro Dios Yahvé a quien te enviamos, por cuanto que bien nos va cuando oímos la voz de nuestro Dios Yahvé.»

⁷ Pues bien, al cabo de diez días dirigió Yahvé la palabra a Jeremías. ⁸ Éste llamó a Juan, hijo de Caréaj, a todos los jefes de las fuerzas que había con él y al pueblo todo, del chico al grande, ⁹ y les dijo: «Así dice Yahvé, el Dios de Israel, a quien me habéis enviado en demanda de su favor:

1 10 ¹⁰ Si os quedáis a vivir* en esta tierra, yo os edificaré y no os destruiré, os plantaré y no os arrancaré, porque me pesa del mal que os he hecho. ¹¹ No temáis al rey de Babilonia, que tanto os asusta: no temáis nada de él —oráculo de Yahvé— que con vosotros estoy yo para salvaros y libraros de su mano. ¹² Haré que se os tenga compasión y él os la tendrá y os devolverá a vuestro suelo. ¹³ Pero si decís vosotros: 'No nos quedamos en este país', desoyendo así la voz de vuestro Dios Yahvé, ¹⁴ diciendo: 'No, sino que al país de Egipto iremos, donde no veamos guerra, ni oigamos toque de cuerno, ni tengamos

hambre de pan, y allí nos quedaremos'; ¹⁵ ¡pues bien! en ese caso, oíd la palabra de Yahvé, oh resto de Judá. Así dice Yahvé Sebaot, el Dios de Israel: Si vosotros enderezáis rumbo a Egipto y entráis como refugiados allí, ¹⁶ entonces la espada que teméis os alcanzará allí en Egipto, y el hambre que receláis, allá os irá pisando los talones; y allí, en Egipto mismo, moriréis. ¹⁷ Así sucederá que todos los que enderecen rumbo a Egipto como refugiados morirán por la espada, por el hambre y por la peste, y no les quedará superviviente ni evadido del daño que yo traiga sobre ellos. ¹⁸ Porque así dice Yahvé Sebaot, el Dios de Israel: Como se vertió mi ira y mi cólera sobre los habitantes de Jerusalén, así se verterá mi cólera contra vosotros como entréis en Egipto, y seréis tema de imprecación y asombro, de maldición y oprobio, y no veréis más este lugar. ¹⁹ *Ha dicho Yahvé respecto a vosotros, resto de Judá: 'No entréis en Egipto.' Podéis estar seguros de que os lo he avisado hoy, ²⁰ que os estáis engañando a vosotros mismos, pues que vosotros me habéis enviado a vuestro Dios Yahvé diciendo: 'Ruega por nosotros a nuestro Dios Yahvé, y cuanto diga nuestro Dios Yahvé nos lo declaras, que lo haremos.' ²¹ Yo os lo he declarado hoy, pero no hacéis caso de vuestro Dios Yahvé en nada de cuanto me ha enviado a deciros. ²² Ahora, pues, podéis estar seguros de que por la espada, el hambre y la peste moriréis en aquel lugar adonde deseáis refugiaros.»

24 9

43 ¹ Ahora bien, así que hubo acabado Jeremías de transmitir a todo el pueblo el recado de Yahvé su Dios, que Yahvé le había dado para ellos, ² Azarías, hijo de Hosaías, y también Juan, hijo de Caréaj, y todos los hombres insolentes se pusieron a decir a Jeremías: «Estás mintiendo. No te ha encargado nuestro Dios Yahvé decir: 'No vayáis a Egipto como refugiados allí'. ³ Sino que Baruc, hijo de Nerías, te azuza contra nosotros con objeto de ponernos en manos de los caldeos para que nos hagan morir y nos deporten a Babilonia.»

⁴ Además, ni Juan, hijo de Caréaj, ni ninguno de los jefes de las tropas, ni nadie

LXX: 50

---

42 1   «Azarías» griego y **43** 2; «Jazanías» hebr.; pero quizá haya que identificarlo con Jazanías de **40** 8.
42 2   Jeremías reasume aquí, ver **15** 11, la función de los grandes intercesores, como Moisés, Ex **32** 11+; ver 2 M **15** 14.
42 10   Lit. «si (para) quedaros os quedáis» griego, Vulg.;

«si de nuevo os quedáis» hebr.
42 19   Los vv. 19-22 estarían al parecer más en su puesto después de **43** 3 (suponiendo una conexión «Respondió Jeremías», y traduciendo, como es más normal, la primera palabra del v. 4 por «pero»); sin embargo, no hay un solo texto que favorezca su trasposición.

del pueblo escuchó la voz de Yahvé que
mandaba quedarse en tierra de Judá; 5 antes bien, Juan, hijo de Caréaj, y todos los
jefes de las tropas tomaron consigo a todo
el resto de Judá, los que habían regresado, para habitar en tierra de Judá, de todas las naciones adonde habían sido rechazados: 6 a hombres, mujeres, niños, a
las hijas del rey y a toda persona que Nabuzardán, jefe de la guardia, había dejado
en paz con Godolías, hijo de Ajicán, hijo
de Safán, y también al profeta Jeremías y
a Baruc, hijo de Nerías, 7 y entrando en la
tierra de Egipto, —pues desoyeron la voz
de Yahvé—, se adentraron hasta Tafnis*.

Jeremías vaticina la invasión de Egipto por Nabucodonosor.

8 Entonces dirigió Yahvé la palabra a
Jeremías en Tafnis en estos términos:
9 «Toma en tus manos piedras grandes, y
las hundes en el cemento de la terraza
que hay a la entrada del palacio del faraón en Tafnis, a vista de los judíos*, 10 y
25 9; 27 6 les dices: Así dice Yahvé Sebaot, el Dios
de Israel: He aquí que yo mando en busca
de mi siervo Nabucodonosor, rey de Babilonia, y pondrá* su sede por encima de
estas piedras que he enterrado, y desple-
garé su pabellón sobre ellas. 11 Vendrá y
herirá a Egipto,

=15 2 quien sea para la muerte, a la muerte;
quien para el cautiverio, al cautiverio;
quien para la espada, a la espada;

12 y prenderá fuego* a los templos de
los dioses de Egipto, los incendiará, y a
los dioses los hará cautivos. Despiojará a
Egipto como despioja un pastor su zalea,
y saldrá de allí victorioso. 13 Romperá los
cipos de Bet Semes que hay en Egipto*, y
los templos de los dioses egipcios abrasará.»

Último ministerio de Jeremías. Los judíos y la Reina de los Cielos.

X: 51 1-30 **44** 1 Palabra dirigida a Jeremías con
destino a todos los judíos estable-
cidos en territorio egipcio en Migdol, Tafnis, Menfis, y en territorio de Patrós*.
2 Así dice Yahvé Sebaot, el Dios de Israel: Vosotros habéis visto la calamidad
que he acarreado a Jerusalén y a todas las
ciudades de Judá, y ahí las tenéis arruinadas hoy en día, sin que haya en ellas
habitante, 3 en vista de la maldad que hicieron para irritarme, yendo a incensar y
servir a otros dioses desconocidos de
ellos, de vosotros y de vuestros padres.
4 Yo me afané por enviaros a todos mis
siervos, los profetas, a deciros: «Ea, no 7 25+
hagáis esta abominación que detesto.»
5 Mas no oyeron ni aplicaron el oído para
convertirse de su malicia y dejar de incensar a otros dioses. 6 Derramóse mi cólera y mi ira y ardió en las ciudades de
Judá y en las calles de Jerusalén, que fueron reducidas a ruinas desoladas, como lo
están hoy día.
7 Ahora, pues, así dice Yahvé, el Dios
Sebaot, el Dios de Israel: ¿Por qué os hacéis tanto daño a vosotros mismos, hasta
borraros a hombre y mujer, niño y lactan-
te de en medio de Judá sin que os quede Is 4 3+
resto, 8 irritándome con las hechuras de
vuestras manos, quemando incienso a
otros dioses en Egipto, adonde habéis venido como refugiados, como queriendo
acabar de borraros a vosotros mismos y
acabar en tema de maldición y oprobio en
todas las naciones de la tierra? 9 ¿Si será 42 18
que habéis olvidado las maldades de vuestros padres y las de los reyes de Judá y de
sus caudillos*, y las propias vuestras y las
de vuestras mujeres; maldades que hacían
en tierra de Judá y en las calles de Jerusalén? 10 No se han compungido hasta la
fecha, ni han temido ni andado en la Ley
y los preceptos que propuse a vosotros y
a vuestros padres. 11 Por tanto, así dice
Yahvé Sebaot, el Dios de Israel: Mirad
que yo me fijo en vosotros para mal, para
raer a todo Judá. 12 Echaré mano al resto
de Judá —los que enderezaron rumbo a
Egipto, para entrar allí como refugiados— y se consumirán todos ellos en
Egipto, y caerán por la espada, por el
hambre acabarán consumidos. Del chico
al grande por la espada y por el hambre
morirán, y serán tema de imprecación y
asombro, de maldición y oprobio. 13 Visi-

43 7 Ciudad fronteriza al este del Delta egipcio, ver **2** 16+.
43 9 Jeremías pone simbólicamente (ver **18** 1+) los cimientos del trono de Nabucodonosor.
43 10 «pondrá» griego, sir.; «pondré» hebr.
43 12 «prenderá fuego» versiones; «prenderé fuego» hebr.
43 13 El griego aquí dice: «que hay en On» (Gn **41** 45.50; **46** 10). On, nombre egipcio, en griego es «Heliópolis», la «Ciudad del Sol», no lejos de El Cairo. Efectivamente, esta ciudad tenía un templo del dios Sol, Ra.
44 1 Migdol, al este de Tafnis, **43** 7+; sobre Menfis, ver 2 16 +; Patrós traduce el egipcio «tierra del sur» y designa el Alto Egipto. Esta introducción hace, pues, del discurso de Jeremías un mensaje para toda la Diáspora israelita en Egipto (Elefantina, una de las islas frente a Asuán, tenía ya su colonia judía, ver 2 M 1 1+).
44 9 «sus caudillos» griego; «su mujer» hebr.

taré a los que viven en Egipto, lo mismo que visité a Jerusalén: con la espada, el hambre y la peste, [14] y del resto de Judá, que, como refugiados vinieron acá a Egipto, no quedará evadido ni superviviente para volver a tierra de Judá, adonde se prometen volver para quedarse allí, porque ya no volverán más que algunos huidos.

[15] Respondieron a Jeremías todos los hombres que sabían que sus mujeres quemaban incienso a otros dioses, y todas las mujeres presentes —una gran concurrencia— y todo el pueblo establecido en territorio egipcio, en Patrós: [16] «En eso que nos has dicho en nombre de Yahvé, no te hacemos caso, [17] sino que cumpliremos precisamente cuanto tenemos prometido, que es quemar incienso a la Reina de los Cielos* y hacerle libaciones, como venimos haciendo nosotros y nuestros padres, nuestros reyes y nuestros jefes en las ciudades de Judá y en las calles de Jerusalén, que nos hartábamos de pan, éramos felices y ningún mal nos sucedía. [18] En cambio, desde que dejamos de quemar incienso a la Reina de los Cielos y de hacerle libaciones, carecemos de todo, y por la espada y el hambre somos acabados.» [19] «Pues* y cuando nosotras quemábamos incienso a la Reina de los Cielos y nos dedicábamos a hacerle libaciones, ¿acaso sin contar con nuestros maridos le hacíamos pasteles con su efigie derramando libaciones?»

[20] Jeremías dijo a todo el pueblo, a hombres, a mujeres y a todos sus interlocutores: [21] «¿No es aquel incienso que ofrecíais en las ciudades de Judá y en las calles de Jerusalén vosotros y vuestros padres, vuestros reyes y jefes y el pueblo de la tierra lo que ha recordado Yahvé y le ha venido a las mientes? [22] ¿Y no pudiendo Yahvé aguantar más el espectáculo de vuestras malas acciones, de las abominaciones que habíais hecho, ha venido a ser la tierra vuestra una ruina, tema de pasmo y maldición y sin habitantes —como lo es hoy día—; [23] y porque ofrecisteis incienso y pecasteis contra Yahvé y desoísteis la voz de Yahvé, y

no os condujisteis según su Ley, sus preceptos y sus estatutos, pronunció contra vosotros esta calamidad, como sucede hoy día?»

[24] Y dijo Jeremías a todo el pueblo y a todas las mujeres: «Oíd la palabra de Yahvé —todo Judá, los que vivís en Egipto—. [25] Así dice Yahvé Sebaot, el Dios de Israel: Vosotros y vuestras mujeres hablasteis con vuestras bocas, y con vuestras manos cumplisteis lo dicho: 'Sin falta realizaremos los votos que hicimos de quemar incienso a la Reina de los Cielos y de hacerle libaciones.' Mantened, pues, vosotras vuestros votos y realizad vuestros votos sin falta. [26] Empero, oíd la palabra de Yahvé, todo Judá, los que vivís en Egipto. Mirad que yo he jurado por mi gran Nombre —dice Yahvé— que no será más mi Nombre pronunciado por boca de ninguno de Judá que diga: '¡Por vida del Señor Yahvé*!' en toda la tierra de Egipto. [27] Mirad que yo estoy alerta sobre ellos para mal, no para bien, y serán consumidos todos los de Judá que están en Egipto, por la espada y el hambre hasta su acabamiento; [28] sólo unos pocos, escapados de la espada, volverán de Egipto a Judá y sabrá todo el resto de Judá, los que han venido a Egipto como refugiados aquí, qué palabra se mantendrá: si la mía o la suya.

[29] «Y esto será para vosotros señal —oráculo de Yahvé— de que yo os castigaré en este lugar, de suerte que sepáis que han de mantenerse sin más palabras para desgracia vuestra. [30] Así dice Yahvé: Mirad que yo entrego al faraón Jofrá*, rey de Egipto, en manos de sus enemigos y de los que buscan su muerte, como entregué a Sedecías, rey de Judá, en manos de Nabucodonosor, rey de Babilonia, su enemigo, que buscaba su muerte.»

Palabra de consuelo para Baruc*.

45 [1] Palabra que dijo el profeta Jeremías a Baruc, hijo de Nerías, cuando éste copiaba estas palabras en un libro al dictado de Jeremías, en el año cuarto de Joaquín*, hijo de Josías, rey de Judá.

Margin references:

7 18+
Os 2 7
26 4

39 15-18
LXX:
51 31-35

---

44 17 *Istar* (7 18+); los pasteles amasados en su honor, v. 19, representaban a la diosa desnuda.
44 19 Las mujeres toman aquí la palabra.
44 26 La gente que veneraba a Istar pretendía también invocar a Yahvé.
44 30 En griego Apries (589-569), ver 37 7; sucesor de Necó, será muerto por Amasis, príncipe de Libia. Jeremías da como señal este homicidio inminente, ver 28

17 +, para confirmar el anuncio de la invasión ulterior de Nabucodonor de 568-567, ver 43 12 +.
45 Este pasaje, al conservar el recuerdo de un oráculo personalmente dirigido a Baruc, es como la firma del secretario del profeta, a quien se han de atribuir, al parecer, los fragmentos biográficos de los caps. 26-44.
45 1 El 605; ver 36 1.

² Así dice Yahvé, el Dios de Israel, respecto a ti, oh Baruc: ³ Tú dijiste: «¡Ay de mí, que añade Yahvé congoja a mi sufrimiento! Me he agotado en mi jadeo, pero sosiego no hallé.» ⁴ Así le dirás: Esto dice Yahvé: Mira que lo que edifiqué, yo lo derribo, y aquello que planté, yo lo arranco, esto por toda la tierra. ⁵ ¡Y tú

1 10

andas buscándote grandezas! No las busques, porque voy a traer desgracia sobre toda carne —oráculo de Yahvé—, pero a ti te daré la vida salva por botín a donde quiera que vayas.

21 9; 38 2; 39 18

46 ¹ Lo que fue dicho por Yahvé al profeta Jeremías sobre las naciones.

V. Oráculos contra las naciones*

Is 19

LXX: 26

Contra Egipto. Derrota de Carquemis.

² Para Egipto.

Sobre el ejército del faraón Necó, rey de Egipto, que estuvo junto al río Éufrates, en Carquemis*, al cual batió Nabucodonosor, rey de Babilonia, el año cuarto de Joaquín, hijo de Josías, rey de Judá.

³ Ordenad escudo y pavés,
y avanzad a la batalla.
⁴ Uncid los caballos
y montad, caballeros.
Poneos firmes con los cascos,
pulid las lanzas,
vestíos las cotas.
⁵ ¡Pero qué veo!
Ellos se desmoralizan,
retroceden,
y sus valientes son batidos

n 2 14-16

y huyen a la desbandada
sin dar la cara.
Terror por doquier
—oráculo de Yahvé—.
⁶ No huirá el ligero,
ni escapará el valiente:
al norte, a la orilla del Éufrates,
tropezaron y cayeron.

Is 8 7-8

⁷ ¿Quién es ése que como el Nilo sube,
y como los ríos de entrechocantes aguas?
⁸ Egipto como el Nilo sube,
y como ríos de entrechocantes aguas.
Y dice: «Voy a subir, voy a cubrir la tierra.

Haré perecer a la ciudad y a los que viven en ella.
⁹ Subid, caballos,
y enfureceos, carros,
y salgan los valientes de Cus y de Put
que manejan escudo,
y los lidios que asestan el arco*.»

¹⁰ Aquel día será para el Señor Yahvé,
día de venganza para vengarse de sus adversarios.
Devorará la espada y se hartará
y se abrevará de su sangre;
pues será la matanza de Yahvé Sebaot
en la tierra del norte, cabe el río Éufrates.
¹¹ Sube a Galaad y recoge bálsamo,
virgen, hija de Egipto;
en vano menudeas las curas:
alivio no hay para ti.
¹² Han oído las naciones tu deshonra,
y tu alarido llenó la tierra,
porque valiente contra valiente tropezaron,
a una cayeron entrambos.

8 22

La invasión de Egipto*.

¹³ La palabra que habló Yahvé al profeta Jeremías acerca de la venida de Nabucodonosor, rey de Babilonia, para atacar a Egipto.

42 15-22; 43 8-13

¹⁴ Anunciad en Egipto y hacedlo oír en Migdol,
y hacedlo en Menfis y en Tafnis.

44 1

---

46 1 Los oráculos contra las naciones, agrupados por el hebreo al final del libro, **46-51**, han conservado en la versión griega su lugar primitivo después de la introducción que constituye el cap. **25**. La colección primitiva de estos oráculos parece haber sido sobrecargada, ver **25** 17 +.
46 2 Actualmente la aldea siria de Djerablus, al nordeste de Alepo, en el Éufrates. Situada en un vado que llevaba de Siria a Mesopotamia, esta ciudad fue el 605 el teatro de la batalla entre Necó (609-594), que llegaba en ayuda del imperio asirio agonizante (y que, de paso, había matado a Josías en Meguidó, 2 Cro **35** 19-25; ver

Jr **22** 10), y Nabucodonosor (605-552). La victoria de este último le hizo dueño de Siria y Palestina, ver 2 R **24** 7 +.
46 9 Delante de «que asestan» el hebr. añade «que manejan», ditografía probable. —Cus es Etiopía; Put, Somalia; los ludios son los habitantes de Lud, una población africana, generalmente citada con Put, ver Is **66** 19; Ez **27** 10; **30** 5.
46 13 Oráculo posterior al precedente. La invasión anunciada tuvo lugar bajo el faraón Amasis, en 568-567, ver **43** 12+.

Decid: Tente tieso y erguido,
que ha devorado la espada tus contornos.

Is 46 1-2 [15] ¡Cómo es que ha huido Apis
y tu forzudo no se ha sostenido*!
Es que Yahvé le empujó.
[16] Hizo menudear los tropezones,
hasta hacer caer al uno sobre el otro;
y decía: «Arriba, y volvamos a nuestro pueblo
y a nuestra patria,
ante la espada irresistible.»
[17] Llamad al faraón*, rey de Egipto:
«Ruido. —Dejó pasar la ocasión.»
[18] ¡Por vida mía! —oráculo del Rey
cuyo nombre es Yahvé Sebaot—
que cual el Tabor entre los montes,
y como el Carmelo sobre el mar ha de venir.

[19] Avíos de destierro haz para ti,
población, hija de Egipto,
porque Menfis parará en desolación,
y quedará arrasada sin habitantes.
[20] Novilla hermosísima era Egipto:
un tábano del norte vino sobre ella.
[21] Asimismo sus mercenarios que había en ella
eran como novillos de engorde.
Pues también ellos volvieron la cara,
huyeron a una, sin pararse,
cuando el día de su infortunio les sobrevino,
el tiempo de su castigo.

[22] Una voz emite como de serpiente que silba*,
mientras en torno suyo andan
y con hachas le acometen,
como leñadores.
[23] Talaron su selva —oráculo de Yahvé—
porque era impenetrable,
pues eran más numerosos que la langosta,
y no se les podía contar.

[24] Han puesto en vergüenza a la hija de Egipto:
ha sido entregada al pueblo del norte.

[25] Dice Yahvé Sebaot, el Dios de Israel:
Voy a pedir cuentas a Amón de No*, al faraón y a Egipto y a sus dioses y reyes, al faraón y a los que confían en él, [26] y los pondré en manos de los que buscan su muerte, en manos de Nabucodonosor, rey de Babilonia, y en manos de sus siervos; tras de lo cual será repoblado como antaño —oráculo de Yahvé*—.

[27] Pero tú no temas, siervo mío Jacob, =30 10-11
ni desmayes, Israel*,
pues mira que yo acudo a salvarte desde lejos
y a tu linaje del país de su cautiverio;
volverá Jacob,
se sosegará y estará tranquilo,
y no habrá quien le inquiete.
[28] Tú no temas, siervo mío Jacob,
—oráculo de Yahvé— que contigo estoy yo,
pues acabaré con todas las naciones
adonde te empujé,
pero contigo no acabaré;
aunque sí te corregiré como conviene,
ya que impune no te dejaré.

Oráculo contra los filisteos. LXX: 29

47 [1] Lo que fue dicho por Yahvé al profeta Jeremías sobre los filisteos, en vísperas de batir el faraón a Gaza*. [2] Así dice Yahvé: Jos 13 2+
Am 1 6-8
So 2 4-7
Ez 25 15-

Mira las aguas que suben del norte
y se hacen torrente inundante,
y van a inundar la tierra y lo que la llena,
la ciudad y los que moran en ella;
y clamará la gente, y ululará
todo morador de la tierra
[3] al son del galopar de los caballos de sus adalides,

---

46 15 «ha huido Apis» griego; «ha sido derribado» hebr. —«tu forzudo», en sing. con 65 mss hebr., griego y Vulg.; el TM lo trae en plural. —El toro Apis, encarnación del dios Ptah, era el protector de Menfis; vivo, se le alimentaba en un templo; muerto, se convertía en un Osiris-Apis, u Osar-api, de donde el nombre de Serapeo, necrópolis donde se hallaba embalsamado y sepultado. Frente a este ídolo, el único Dios verdadero es precisamente el *«Fuerte de Jacob»*, ver Gn 49 24; Sal 132 2.5; Is 1 24; 49 26 y 60 16.
46 17 «Llamad» griego y Vulg. (lit.: «se ha llamado con este nombre»); «se ha llamado allí» hebr. El faraón es Jofrá que, el 588, había hecho concebir falsas esperanzas a Sedecías, ver cap. 37.
46 22 «que silba» griego; «anda» (ver estico siguiente) hebr.
46 25 Amón, el dios-morueco de Tebas; es la ciudad

cuyo nombre egipcio se transcribe por No, ver Na 3 8; Ez 30 14-16.
46 26 El mismo anuncio de una restauración futura de los pueblos castigados por Yahvé en 48 47; 49 6.39: ver Is 19 21s.
46 27 Los vv. 27-28, que forman como la contrapartida en favor de Israel del anuncio de la restauración de Egipto en el v. 26, vuelven a utilizar 30 10-11. Pero «Jacob» e «Israel» ya no designan al reino del Norte, sino a todo el pueblo de Yahvé, en la perspectiva de la segunda parte de Isaías.
47 1 El faraón Necó, según Herodoto (Historia II, 159, donde Magdolos sería Meguidó y Kadytis, Gaza); o bien el faraón Jofrá que, siempre según Herodoto (II, 161), combatió contra Tiro y Sidón y en esta ocasión quizá atacó a sus aliados filisteos.

al ruido de sus carros y al estrépito de
sus ruedas.
No se volverán padres a hijos,
por el cansancio de sus brazos,
⁴ hasta que llegue el día de asolar
a toda Filistea,
y de raer a Tiro y a Sidón,
hasta sus últimos aliados,
porque va a asolar Yahvé

Jos 13 2+

a Filistea,
residuo de la isla de Creta*.
⁵ Llegó la rapadura a Gaza,
muda ha quedado Ascalón;
tú, el resto de su valle,
¿hasta cuándo te harás incisiones*?
⁶ ¡Ay, espada de Yahvé!
¿Cómo va a estarse quieta?
Recógete a tu vaina,
date reposo y calla.
⁷ ¿Cómo va a estarse quieta*,
si Yahvé la mandó?
En Ascalón y el litoral marítimo,
allá la citó.

Oráculos contra Moab*.

m 20 23+
LXX: 31
m 22 36+
‖Is 15-16
Am 2 1-3
z 25 8-11

48 ¹ Sobre Moab*.
Así dice Yahvé Sebaot, el Dios de
Israel:

¡Ay de Nebo, que ha sido saqueada!
Está confusa, ha sido tomada Quiria-
táin.
Está confusa la acrópolis
y anonadada.
² Ya no existe la prez de Moab.
En Jesbón han planeado su ruina:
«Vamos y borrémosla de entre las na-
ciones.»
También a ti, Madmén, se te hará ca-
llar.
La espada te va a la zaga.

³ Gritos desde Joronáin,

devastación y quebranto grande.
⁴ Quebrantada fue Moab.
Hácense oír los gritos de sus pequeños.

⁵ La cuesta de Lujit,   ‖Is 15 5
llorando se la suben*,
y a la bajada de Joronáin
gritos desgarrados se oyen
⁶ «Huid, poneos en salvo,
haced como el onagro en el desierto*.»
⁷ En réplica a tu confianza en tus obras
y tus tesoros,
también tú eres tomada,
y sale Camós* desterrado,
sus sacerdotes y jefes a una.
⁸ Viene el devastador a todas las ciudades,
y ni una ciudad se salva.
Y se pierde el valle, y es asolada la meseta:
tal ha dicho Yahvé.
⁹ Dad alas* a Moab,
porque ha de salir volando,
y sus ciudades se volverán desolación
sin nadie que las habite.
¹⁰ (Maldito quien haga el trabajo de
Yahvé con dejadez, y maldito el que pri-
ve a su espada de sangre).

¹¹ Tranquilo estaba Moab desde su mocedad,
y quieto se estaba en sus atalayas.
Nunca fue trasegado,
ni al destierro marchó.
Por eso le duraba su gusto,
y su sabor no se picó*.

¹² Empero, he aquí que vienen días
—oráculo de Yahvé— en que yo le he de
enviar decantadores que lo decanten.
Sus vasijas vaciarán, y sus odres reven-
tarán. ¹³ Se avergonzará Moab de Ca-

47 4   Se suponía que los filisteos eran originarios de
ella, Dt 2 23; Am 9 7. Sobre las ciudades filisteas, ver
25 20.
47 5   En lugar de «de su valle», una ligera corrección
permitiría leer, como el griego: «anaquíes», ver Jos 11
22. —Tonsura e incisiones son ritos de duelo, ver Lv 21
5; Mi 1 16, etc.
47 7   «cómo va a estarse quieta» versiones, ver la continuación del v.; «cómo va a estarte quieta» hebr.
48   Es difícil determinar con exactitud el núcleo primitivo de este oráculo, cuyo texto vuelve a utilizar diversos pasajes bíblicos: Is **15-16**; Nm **21 27-30**; **24** 17,
o del 593, ver **27** 3, o del 587, ver Ez 25 8-11.
Pudo haber sido pronunciado después del 605, ver **25**
21, o del 593, ver **27** 3, o del 587, ver Ez 25 8-11.
48 1   Moab está al sur de Amón, en Transjordania; se
reconocen aquí: el monte Nebo (Dt **34** 1): Quiryatáin,
quizá hacia el Khirbet el-Quraiyat, al suroeste de Mádaba; Jesbón, hoy Jesbán, 12 km al norte de Mádaba, a
cuyo nombre hace aquí un juego de palabras con *jašab*,
«tramar»; Madmén, hoy Khir bet Dimna, a 12 km al
norte de Kerak, que hace juego de palabras con *damam*,

«ser reducido al silencio»; Joronáin probablemente al
este del país, en los confines del desierto; Lujit, mal localizado, debe ser situada más bien al oeste; finalmente,
si con el griego se lee el v. 4b: «arruciadlo hasta Soar»
(al sur del mar Muerto, ver Gn 14 2.8), se cae en la
cuenta de que el espanto provocado por la invasión invadió el país en toda su extensión.
48 5   «(se) la (suben)» *bô* conj. ver Is 15 5; el hebr. repite la palabra «lágrimas» *beké*.
48 6   «el onagro» (hebr. *'arod*) griego; «Aroer» hebr.
48 7   Dios nacional de los moabitas, vv. 13 y 46; ver
Nm **21** 29; 1 R 11 7 y 33.
48 9   La palabra hebr. (*şiş*) normalmente significa
«flor»; tenemos quizá aquí un sentido desacostumbrado
de esta palabra, a menos que se haya de corregir en
nosah «plumaje», «alas», ver Ez 17 3; Jb 39 13. El griego lee *şiyûn* «sepulcro» y traduce: «dad un sepulcro a
Moab, porque está devastada».
48 11   Moab, país de viñedos, ver vv. 32-33, era renom-
brado por sus caldos.

1 R 12 29
Os 10 5
Am 5 5

mós, como se avergonzó la casa de Israel de Betel*, en el que confiaba.

¹⁴ ¿Cómo decís: «Valientes somos,
y hombres fuertes para la guerra»?
¹⁵ Moab está devastado; han escalado sus ciudades,
y la flor de sus mancebos bajaron a la matanza
—oráculo del Rey cuyo nombre es Yahvé Sebaot—.
¹⁶ El infortunio de Moab es inminente,
y su calamidad se precipita.
¹⁷ Lloradle, todos sus vecinos
y todos los que conocen su nombradía.
Decid: «¿Cómo ha sido quebrantada la vara poderosa,
el báculo precioso?»

22 18+

¹⁸ Desciende del honor y siéntate en la tierra seca,
población hija de Dibón*,
porque el devastador de Moab ha subido contra ti,
ha destruido tus fortalezas.
¹⁹ En el camino párate y otea,
población de Aroer;
pregunta al fugitivo y al escapado;
di: «¿Qué ha sucedido*?»
²⁰ Confuso está Moab porque fue destruido.
Gemid y gritad.
Anunciad en el Arnón
que ha sido saqueada Moab.

Jos 13 17-19
Nm 33 46

²¹ Y la sentencia ha llegado a la meseta, a Jolón, a Yahas y a Mefaat, ²² a Dibón, a Nebo y a Bet Diblatáin, ²³ a Quiriatáin, a Bet Gamul y a Bet Meón, ²⁴ a Queriyot, a Bosrá y a todas las ciudades de la tierra de Moab, las lejanas y las cercanas*.

²⁵ «Se partió el cuerno de Moab
y su brazo se rompió»
—oráculo de Yahvé—.

Is 51 17+

²⁶ Emborrachadle, porque contra Yahvé se engrandeció. Moab se revolcará en su vómito, y quedará en ridículo ella también. ²⁷ Pues qué, ¿no te pareció a ti ridículo Israel?, ¿o quizá entre ladrones fue sorprendido, que siempre que hablas de él meneas la cabeza?

Ez 25 8-11

²⁸ «Dejad las ciudades y acomodaos en la peña,
habitantes de Moab,
sed como la paloma cuando anida
en las paredes de las simas.»

‖Is 16 6

²⁹ Hemos oído la arrogancia de Moab:
¡es muy arrogante!,
su orgullo, su arrogancia, su altanería
y la soberbia de su corazón.
³⁰ Conozco —oráculo de Yahvé— su presunción,
sé que sus bravatas no son como sus hechos.

‖Is 16 7

³¹ Así que me lamentaré por Moab
y por Moab entera gritaré;
por los hombres de Quir Jeres suspiraré:
³² Más que se lloró a Yazer
lloraré por ti,
¡oh viña de Sibmá*!
Tus sarmientos pasaban la mar,
hasta Yazer alcanzaban.
Sobre tu cosecha y sobre tu vendimia
el saqueador se abatió;

Is 16 10

³³ desaparecieron alegría y alborozo
de los vergeles del país de Moab,
y el vino a los trujales he quitado,
no se oye el grito alegre del pisador,
ya no se oyen gritos*.

Is 15 4-5

³⁴ De tanto gritar en Jesbón, hasta Elalé, hasta Yahas llegaron las voces desde Soar hasta Joronáin, —Eglat Selisiyá—, porque también las aguas de Nimrín se han trocado en aridez*. ³⁵ Quitaré a

Is 15 5

Moab —oráculo de Yahvé— de subirse al alto e incensar a sus dioses. ³⁶ Por eso mi corazón gime con voz de flauta por Moab, porque cuanto habían guardado se perdió, ³⁷ pues toda cabeza ha sido ra-

Is 15 2-3
Lv 21 5
Jr 47 5

48 13 Es el nombre del gran santuario del Norte, que después del cisma se hizo el rival del de Jerusalén, ver 1 R 18 29; Am 7 13; pero también es un nombre divino en el culto heterodoxo de la colonia judía de Elefantina.
48 18 Lit. «siéntate en la sed».—Dibón, hoy Dibán, a unos 15 km al noroeste de Aroer (v. 19), actual Araír, en el Arnón. En Dibán fue descubierta la estela de Mesá, rey de Moab; 2 R 3 4+.
48 19 «escapado» versiones; «escapada» hebr. —La respuesta se da en los vv. 20.25 (donde «oráculo de Yahvé», omitido por el griego, es quizá una adición) y 28; los trozos en prosa son comentarios.
48 24 La mayor parte de las ciudades aquí citadas son de identificación dudosa. Por lo demás, mediante esta larga enumeración solamente se trata de expresar la amplitud del desastre.

48 32 Quir Jeres, «la pared de las tejoletas» es aquí un sobrenombre por Quir Moab, antigua capital de los moabitas, hoy Kerak. Yazer, probablemente Khirbet Jazzir, al norte del país de Moab. Sibmá, entre Jesbón (v. 2) y el Nebo; el mar, hasta el que se considera que llegan las viñas, es el mar Muerto, al oeste.
48 33 «el pisador» versiones, ver 1 S 16 10; «el grito alegre» hebr., ditografía; —«se oyen» *herim* o *yehuddad*, suponiendo una forma no atestiguada de la palabra «grito alegre» *hêdad*, que el hebr. repite.
48 34 Solamente identificamos con certeza Soar, al sur, y Jesbón y Elalé a algunos km más al norte, ver v. 1+. Las «aguas de Nimrín» deberán ser buscadas sin duda al norte del mar Muerto (pero también se ha propuesto el guadi Numeira, al sudeste).

pada y toda barba raída: en todas las manos arañazos y en todos los lomos saco, [38] en todos los terrados de Moab y por sus calles todo el mundo se lamentaba, porque he quebrantado a Moab como vaso de desecho —oráculo de Yahvé—. [39] ¡Cómo has sido destruida!, gemid. ¡Cómo ha vuelto la espalda Moab con vergüenza, y ha venido a ser Moab la burla y el espanto de todos sus vecinos!

=49 22

[40] Porque así ha dicho Yahvé:
(Vedlo remontarse como un águila
y extender sus alas sobre Moab.)
[41] Tomadas fueron las plazas,
y las fortalezas ocupadas.
(Vendrá a ser el corazón de los valientes de Moab en aquel día como corazón de mujer en parto.)
[42] Devastada está Moab, que ya no es pueblo,
porque contra Yahvé se engrandeció.

Is 24 17-18

[43] Pánico, hoya y trampa
contra ti, morador de Moab
—oráculo de Yahvé—.
[44] El que huya del pánico,
caerá en la hoya
y el que suba de la hoya
será preso en la trampa,
porque voy a hacer que llegue a ella*,
a Moab, el año de su castigo
—oráculo de Yahvé—.

Nm 21 28-29

[45] A la sombra de Jesbón se pararon
sin fuerza los fugitivos,
cuando fuego salió de Jesbón
y llama de la casa de Sijón*,
y devoró las sienes de Moab
y el cogote de la gente de Saón.

Nm 24 17

[46] ¡Ay de ti Moab!
Pereció el pueblo de Camós,
pues han sido tomados sus hijos en cautiverio
y sus hijas en cautividad.

46 26+

[47] Pero yo haré volverse
a los cautivos de Moab
en días futuros
—oráculo de Yahvé—.
Hasta aquí la sentencia de Moab*.

Oráculo contra Amón*.

49

[1] A los amonitas.

Así dice Yahvé:
¿Hijos no tiene Israel?,
¿o heredero no tiene?
Entonces ¿por qué ha heredado Milcón a Gad,
y su pueblo en las ciudades de éste habita*?
[2] Por eso, he aquí que vienen días
—oráculo de Yahvé—
en que haré oír en Rabá de los amonitas
el clamoreo del combate,
y se convertirá en montículo de ruinas;
y sus hijas* serán abrasadas
y heredará Israel a los que la heredaron
—oráculo de Yahvé—.
[3] Gime, Jesbón, porque Ar ha sido devastada*.
Gritad, hijas de Rabá,
ceñíos de sayal, lamentaos
y discurrid por las cercas.
Porque Milcón al destierro va,
sus sacerdotes y sus jefes a una.
[4] ¿Por qué te jactas de tu Valle*,
criatura independiente
confiada en sus tesoros:
«¿Quién llegará hasta mí?»
[5] Mira que yo traigo sobre ti espanto
—oráculo del Señor Yahvé Sebaot—
por todos tus alrededores,
y seréis ahuyentados cada uno por su lado
y no habrá quien reúna a los errantes.
[6] (Tras de lo cual haré volverse a los cautivos
de los amonitas —oráculo de Yahvé—.)

Oráculo contra Edom*.

[7] A Edom.

Así dice Yahvé Sebaot:
¿No queda ya sabiduría en Temán?

LXX: 30

Dt 2 19+
Am 1 13-15
Ez 25 1-7
So 2 8-11

Nm 20 21+

46 26+

Dt 2 1+
Sal 137 7
Am 1 11-12
Ez 25 12-14
||Ab 1-9
Ba 3 22

---

48 44 «a ella» hebr.; «todo esto» griego, sir.
48 45 «de la casa de» *mibbêt* con 3 mss hebr., «de entre» *mibbên* TM. Sijón es el rey de los amorreos, con su capital en Jesbón, Nm 21 27-28; Dt 2 26-37.
48 47 Nota de un escriba, ver 51 64.
49 Oráculo auténtico, excepto el v. 2, más tardío sin duda.
49 1 La capital del territorio de los amonitas, en Transjordania, al norte de Moab, era Rabá (v. 2) o Rabat Amón, hoy Amán. En la época de la conquista, este territorio fue adjudicado a la tribu de Gad, ver Nm 32; Jos 13 24-28; al tomarla a los israelitas, después del 734 y de nuevo el 721, los amonitas y con ellos Milcón, su dios nacional, habían usurpado en consecuencia un de-

recho. —Aquí y en el v. 3 leemos «Milcón», con las versiones y 1 R 11 5.7.33; 2 R 23 13, mejor que *malkam*, «su rey», del hebr.
49 2 Las ciudades que dependían de Rabá, su metrópoli.
49 3 Jesbón, ciudad moabita, ver 48 1, probablemente conquistada por los amonitas. —«Ar» (en Transjordania, ver Nm 21 28) conj.; el hebr. trae «Ay», ciudad de Cisjordania.
49 4 «de tu Valle» conj.; «de los valles, tu valle mana» hebr. —El valle principal del país amonita es el del Yaboc.
49 7 (a) Este oráculo debe ser fechado hacia el 605. Nótese el paralelo con Ab 1-9.

¿Pereció la prudencia de los entendidos*,
se evaporó su sabiduría?
⁸ Huid, dad media vuelta,
buscad profunda morada,
moradores de Dedán,
porque el infortunio de Esaú he traído sobre él*,
la hora de rendir cuentas.
⁹ Si vinieran a ti vendimiadores,
¿no dejarían rebuscos?
Si ladrones por la noche,
dañarían hasta donde les bastase.

¹⁰ Pues bien, yo he desnudado a Esaú,
he descubierto sus secretos,
estar oculto no puede.
Ha sido aniquilado su linaje,
sus hermanos y vecinos,
y él mismo no aparece.
¹¹ Deja a tus huérfanos, yo haré que vivan,
y tus viudas en mí confiarán.

¹² Pues así dice Yahvé: Conque los que no tienen por qué beber la copa la beben, ¿y tú precisamente vas a quedar impune? No quedarás impune, antes sin falta la beberás. ¹³ Porque por mí lo he jurado —oráculo de Yahvé— que en desolación se convertirá Bosrá*, y todas sus ciudades se convertirán en ruinas eternas. ¹⁴ Una nueva he oído de parte de Yahvé, un mensajero entre las naciones enviado:
«Juntaos y venid contra él
y poneos en pie de guerra.»
¹⁵ Porque es cierto que pequeño te hice
yo entre las naciones,
despreciable entre los hombres.
¹⁶ El espanto que infundías te engañó,
la soberbia de tu corazón,
tú, el que habitas en las hendiduras de la roca*,
que ocupas lo alto de la cuesta.
Aunque pongas en alto, como el águila, tu nido,
de allí te haré bajar —oráculo de Yahvé—.

¹⁷ Edom parará en desolación: todo el que pase a su vera se asombrará y silbará al ver todas sus heridas. ¹⁸ Será como la catástrofe de Sodoma y Gomorra y sus vecinas —dice Yahvé—, donde no vive nadie, ni reside en ellas ser humano.

¹⁹ Vedlo como león que sube del boscaje del Jordán
hacia el pastizal perenne,
cuando en un instante le haré salir huyendo de allí,
para colocar allí a quien me plazca.
Porque ¿quién como yo, y quién me emplazará,
y quién es el pastor
que aguante en mi presencia?
²⁰ Así pues, oíd la decisión
que Yahvé ha tomado sobre Edom
y sus planes sobre los moradores de Temán.
Juro que les han de llevar a rastras las crías de los rebaños,
que asolarán sobre ellos sus pastizales.
²¹ Al son de su caída retumbó la tierra
y el griterío hasta el mar de las Cañas se dejó oír*.
²² Ved cómo sube igual que un águila,
se remonta y extiende sus alas sobre Bosrá;
y vendrá a ser el corazón de los valientes de Edom aquel día
como corazón de mujer en parto.

Oráculo contra las ciudades sirias*.

²³ A Damasco.

Avergonzadas están Jamat y Arpad.
Porque una noticia mala oyeron,
su corazón tembló de espanto;
como el mar* que no se puede calmar.
²⁴ Flaqueó Damasco, dio vuelta para huir
y escalofríos la sobrecogieron:
apuro y dolores la acometieron como a parturienta.
²⁵ ¡Cómo! ¿No fue abandonada la ciudad celebrada,
la villa de mi contento*?

Referencias marginales:
Ml 1 2-5
‖Ab 5-6
25 28-29
Is 51 17+
‖Ab 1-4
51 53
Ha 2 9
=50 40
=50 44-46
Jb 9 19
Sb 12 12
Is 17 1-3
Am 1 3-5
4 31+

---

49 7 (b) «entendidos» griego; «hijos» hebr. (simple corr. vocálica). Era célebre la sabiduría edomita, ver 1 R 5 10-11; Jb 2 11; Ba 3 22-23, etc.
49 8 Dedán: el oasis de El-Elá en Arabia; en Ez 25 13 Temán (quizá la actual Tawilán, próxima a Petra) y Dedán al parecer representan los límites (norte y sur) de Edom.—Sobre Esaú o Edom, ver Gn 36 8.
49 13 Distinta de la Bosrá de Moab (48 24). Bosrá, capital de Edom, ha de identificarse con la Buseíra actual, a unos cuarenta km al sur del mar Muerto.
49 16 «la roca» de Edom, ver 2 R 14 7; Is 16 1, por largo tiempo identificada con la ciudad de Petra, habría

que localizarla más bien al norte, en la región de Bosrá.
49 21 El hebr. repite aquí «al son de su», omitido por griego.—Aquí se trata del mar Rojo.
49 23 (a) Este oráculo, que no se anuncia en 25 13-26, puede referirse al pánico que habría seguido en Siria, posesión entonces egipcia, a la derrota de Egipto en Carquemis el 605; ver **46** 2+.
49 23 (b) «como el mar» *kayyam* conj.; «en el mar» *bayyam* hebr.—Jamat, ver **39** 5. Arpad, actualmente Tell Erfad, al norte de Alepo.
49 25 «villa de mi contento» hebr.; «villa contenta» sir., Targ., Vulg.

[26] En verdad, caerán sus jóvenes escogidos en sus plazas,
y todos los guerreros perecerán aquel día
—oráculo de Yahvé Sebaot—.
[27] Prenderé fuego a la muralla de Damasco,
y consumirá los alcázares de Ben Hadad*.

25 23-24
Is 21 13-17

Oráculo contra las ciudades árabes.

[28] A Quedar y a los reinos de Jasor*, que batió Nabucodonosor, rey de Babilonia. Así dice Yahvé:

Alzaos, subid a Quedar
y saquead a los hijos de oriente.
[29] Sus tiendas y rebaños serán tomados;
sus toldos y todo su ajuar
y sus camellos les serán arrebatados,
y a ellos se les llamará «Terror por doquier».
[30] Huid, emigrad muy lejos, buscad profunda morada,
moradores de Jasor —oráculo de Yahvé—,
porque ha tomado contra vosotros Nabucodonosor,
rey de Babilonia, una decisión,
y ha trazado un plan contra vosotros.
[31] Alzaos, subid contra la nación pacífica
que vive confiada —oráculo de Yahvé—.
Ni puertas ni cerrojos tiene.
En aislamiento viven.
[32] Y serán sus camellos objeto del pillaje
y el tropel de sus ganados para botín,
y esparciré a todo viento a los que se afeitan las sienes,
y de todos sus aledaños traeré su infortunio —oráculo de Yahvé—.
[33] Y vendrá a ser Jasor guarida de chacales,
desolación sempiterna,
donde no se asienta nadie
y en la que no reside ser humano.

LXX:
25 14-20

Oráculo contra Elam*.

[34] Lo que fue dicho por Yahvé al profeta Jeremías tocante a Elam en el principio del reinado de Sedecías, rey de Judá. [35] Así dice Yahvé Sebaot:

He decidido romper el arco de Elam,
primicia de su fuerza,
[36] y voy a traer sobre Elam los cuatro vientos
desde los cuatro cabos de los cielos,
y a ellos los esparciré a todos estos vientos,
y no habrá nación a donde no lleguen los arrojados de Elam.
[37] Haré desmayar a Elam ante sus enemigos
y ante los que buscan su muerte,
y traeré sobre ellos cosa mala,
el ardor de mi ira —oráculo de Yahvé—,
y soltaré tras ellos la espada
hasta acabarlos.
[38] Pondré mi trono en Elam
y haré desaparecer de allí a rey y jefes
—oráculo de Yahvé—.
[39] Luego, en días futuros, haré volver a los cautivos de Elam
—oráculo de Yahvé—.

46 26+

Oráculo contra Babilonia*.

Is 13; 14; 47
Ap 18
LXX: 27

50 [1] La palabra que habló Yahvé contra Babilonia, contra el país de los caldeos, por medio del profeta Jeremías.

Caída de Babilonia, liberación de Israel.

[2] Anunciadlo y hacedlo oír entre las gentes;
levantad bandera;
hacedlo oír;
no lo calléis; decid:
Ha sido tomada Babilonia, está confuso Bel,
desmayó Marduc*,
están confusos sus ídolos
(desmayaron sus inmundicias).
[3] Porque subió contra ella una gente del norte,
que va a convertir su territorio en desolación,
y no habrá en él habitante.
Tanto personas como bestias emigraron, se fueron.

Is 46 1

---

49 27 Ben Hadad III, hijo de Jazael y rey de Damasco hacia el 840, ver 2 R 13 24; Am 1 4.
49 28 Jasor, nombre colectivo que designa a los árabes semisedentarios, en contraposición a los beduinos del desierto. —«Reino» ha de tomarse aquí en sentido amplio de agrupación bajo la autoridad de un jefe de tribu.
49 34 Elam es el nombre de las altas mesetas situadas al este de Mesopotamia, de donde arrancarán las invasiones medas y persas. Jeremías ha podido presentir desde el 597 la conquista de Elam por los persas.

50 En los oráculos que siguen, vuelven a aparecer sobre todo dos temas: la caída de Babilonia y el regreso del Destierro. Jeremías esperaba estos acontecimientos, pero no inmediatamente, ver 27 7; 29 10.28. Aquí la perspectiva de la caída de Babilonia (538) parece próxima, como en el Segundo Isaías.
50 2 Bel, «el Dueño» (como Baal, nombre usual de Marduc (o Merodac), dios principal de Babilonia, ver 51 44; Is 46 1; Ba 6 40; Dn 14.

⁴ En aquellos días y en aquella sazón
—oráculo de Yahvé—
    vendrán los hijos de Israel
    (y los hijos de Judá junto con ellos*),
    andando y llorando,
    en busca de Yahvé su Dios.
⁵ De Sión preguntaron por el camino,
    allá se dirigen:
    «Venid y aliémonos* a Yahvé
    con pacto eterno, inolvidable.»

Mt 9 36+
Ez 34 1+

⁶ Ovejas perdidas era mi pueblo.
    Sus pastores las descarriaron, extra-
viándolas por los montes.
    De monte en collado andaban,
    olvidaron su aprisco.
⁷ Cualquiera que los encontraba los devoraba,
    y sus contrarios decían: «No cometa-
mos ningún delito,
    puesto que ellos pecaron contra Yah-
vé,
    ¡el pastizal de justicia y la esperanza
de sus padres —Yahvé!»

51 6.45
Is 48 20;
52 11
Ap 18 4

⁸ Emigrad de Babilonia,
    y del país de los caldeos salid*.
    Sed como los machos cabríos
    al frente del rebaño.
⁹ Porque mirad que yo hago que despierte y suba contra Babilonia
    una confederación de grandes nacio-
nes del norte,
    que se organizarán contra ella.
    Y por allí será tomada.
    Sus saetas, cual de valiente experto,
    no volverán de vacío.
¹⁰ Entonces será entregada Caldea al saqueo:
    todos los que la saqueen se hartarán
—oráculo de Yahvé—.

¹¹ Porque os alegrasteis, porque gozas-
teis,
    depredadores de mi heredad,
    porque dabais brincos como novilla en
dehesa*,
    y relinchos como corceles.
¹² Avergonzada está vuestra madre sobremanera,
    abochornada la que os dio a luz.
    Es ahora la última de las naciones:
    desierto, sequedad y paramera.

¹³ Por la cólera de Yahvé no será poblada,
    pues quedará desolada toda ella.
    Todo el que pase a la vera de Babilonia
quedará atónito,
    y silbará al ver todas sus heridas.

¹⁴ Ordenaos contra Babilonia en derredor,
    todos los que asestáis arco;
    tirad contra ella, no escatiméis las fle-
chas,
    pues ha pecado contra Yahvé.
¹⁵ Dad gritos contra ella en derredor.
    Ella tiende su mano. Fallaron sus ci-
mientos,
    se derrumbaron sus muros.
    Era la venganza de Yahvé.
    Tomad venganza de ella:
    tal cual hizo, haced con ella.

51 6
Is 59 18

¹⁶ Suprimid de Babilonia al sembrador
    y al que maneja la hoz al tiempo de la
siega.
    Ante la espada irresistible,
    cada uno enfilará hacia su pueblo,
    cada uno huirá a su tierra.

¹⁷ Rebaño disperso es Israel:
    leones lo ahuyentaron.

    El rey de Asiria lo devoró el primero,
y Nabucodonosor, rey de Babilonia, lo
quebrantó después. ¹⁸ Por tanto, así dice
Yahvé Sebaot, el Dios de Israel: Voy a pedir cuentas al rey de Babilonia y a su territorio, lo mismo que pedí cuentas al
rey de Asiria.

51 34

¹⁹ Y devolveré a Israel a su pastizal,
    y pacerá en el Carmelo y en Basán,
    y en la montaña de Efraín y Galaad*
    se saciará.
²⁰ En aquellos días y en aquella sazón
—oráculo de Yahvé—,
    se buscará la culpa de Israel y no la ha-
brá,
    y el pecado de Judá y no se hallará,
    porque seré piadoso con el resto que
yo deje.

Is 4 3+

Caída de Babilonia anunciada en Jerusalén.

²¹ «Sube a la tierra de Meratáin,
    sube contra ella;

---

50 4   Aquí *como en el* v. 33 y en 51 5, se trata de glo-
sadores que han añadido la mención de Judá al lado de
Israel, ver igualmente 31 3.4.31. En realidad son glosas
inútiles, porque «Israel» representa aquí al conjunto del
pueblo de Dios.
50 5   «aliémonos» sir.; «y se aliarán» hebr.
50 8   «salid» qeré, versiones; «saldrán» ketib.
50 11   «en dehesa» *baddeše'* ver griego («novillas en de-

hesa»); «que pisa» *dašah* hebr.
50 19   Galaad y Basán, en Transjordania, gozaban de
reputación por sus pastos, ver Nm **32**; Am 4 1+; Mi 7
14; el Carmelo (cuyo nombre significa huerto) y las colinas boscosas de Efraín (ver Jos **17** 18) también evocan
sin duda para estos desterrados la imagen de un país
fértil y acogedor.

y a los habitantes de Pecod*
pásalos a espada
y extermina hasta el último*
—oráculo de Yahvé—:
haz en todo según te lo he mandado.»
²² Ruido de guerra en el país
y quebranto grande.

Is 14 4-6
Jr 51 8.20

=51 41

²³ ¡Cómo se partió y fue quebrado
el martillo de toda la tierra!
¡Cómo vino a ser pasmo
Babilonia entre las naciones!
²⁴ Te puse lazo y quedaste atrapada,
Babilonia, sin darte cuenta;
se dio contigo y fuiste capturada,
porque contra Yahvé te sublevaste.

²⁵ Abrió Yahvé su arsenal
y sacó las armas de su ira.
Era la tarea del Señor Yahvé Sebaot
en tierra de caldeos.
²⁶ «Venid a ella desde el confín*,
abrid sus almacenes.

Jos 6 17+

Haced con ellos montones y destruid-
los:
no quede de ella reliquia.

²⁷ Acuchillad todos sus bueyes,
bajen a la degollina.
¡Ay de ellos, que llegó su día,
la hora de su castigo!»
²⁸ ¡Voces de huidos y escapados
del país de Babilonia
anunciando en Sión
la venganza de Yahvé nuestro Dios,
la venganza de su santuario!

El pecado de insolencia*.

²⁹ Haced leva de flecheros contra Babilonia,
todos los que asestáis arco
acampad en torno suyo.
Que no se escape nadie.
Pagadle lo que vale su trabajo.
Tal cual hizo, haced con ella,
porque contra Yahvé se insolentó,
contra el Santo de Israel.
³⁰ En verdad, caerán sus mancebos escogidos en sus plazas, y todos sus guerreros perecerán aquel día —oráculo de
Yahvé—.

Ex 21 25+
Ap 18 6
Sal 28 4
14 13-14

³¹ Heme aquí contra ti, «Insolencia»,

—oráculo del Señor Yahvé Sebaot—
que ha llegado tu día,
la hora en que yo te castigue.
³² Tropezará «Insolencia» y caerá,
sin tener quien la levante.
Prenderé fuego a sus ciudades
y devorará todos sus contornos.

Yahvé, Redentor de Israel.

³³ Así dice Yahvé Sebaot:

Oprimidos estaban los hijos de Israel
y los hijos de Judá a una.
Todos sus cautivadores los retenían,
se negaban a soltarlos.
³⁴ Su Redentor esforzado,
Yahvé Sebaot se llama.
Él tomará la defensa de su causa
hasta hacer temblar la tierra
y estremecerse a los habitantes de Babilonia.

Is 41 14+

51 10.36

³⁵ ¡Espada a los caldeos —oráculo de
Yahvé—
y a los habitantes de Babilonia,
a sus jefes y a sus sabios!
³⁶ Espada a sus adivinos, que quedarán
por necios.
Espada a sus valientes, que desmayarán.
³⁷ Espada a sus caballos y a sus carros,
a toda la mezcolanza de gentes que
hay dentro de ella,
que serán como mujeres.
Espada a sus tesoros y serán saqueados.

51 30
51 13

³⁸ ¡Sequía a sus aguas y se secarán;
porque tierra de ídolos es aquélla,
y por sus Espantos pierden la cabeza!

51 36

³⁹ Por eso vivirán las hienas con los chacales
y vivirán en ella los avestruces,
y no será habitada nunca jamás
ni será poblada por siglos y siglos.
⁴⁰ Como en la catástrofe causada por
Dios a Sodoma,
Gomorra y sus vecinas
—oráculo de Yahvé—,
donde no vive nadie,
ni reside en ellas ser humano.

↗ Ap 18 2

=49 18

51 26.37

---

50 21 (a) La orden se da al pueblo que ataca a Babilonia. Meratáin, equivalente de la palabra babilónica
marâtu, «lagunas», designa la región de la desembocadura del Tigris y del Eufrates. Pecod, ver Ez 23 23, es
el nombre de una población al este de Babilonia.
50 21 (b) «hasta el último» (lit. «su último») *'ajarîtam*
Targ.; «detrás de ellos» *'ajarêhem* hebr.

50 26 Sentido dudoso. La palabra normalmente significa «fin», «extremidad», pero puede en ocasiones designar un conjunto, una totalidad («sin excepción»,
«por todos los lados»).
50 29 Es el pecado de orgullo y descomedimiento (la
hybris, en griego), ver Gn 3; 11 1-9; Is 14 12-13; Ez 28;
Am 4.

El pueblo del norte y el león del Jordán*.

=6 22-23

⁴¹ Mirad que un pueblo viene del norte,
una gran nación,
y muchos reyes se despiertan
de los confines de la tierra.
⁴² Arco y lanza blanden,
crueles son y sin entrañas.
Su voz como la mar muge,
y a caballo van montados,
ordenados como un solo hombre para la guerra
contra ti, hija de Babel.
⁴³ Oyó el rey de Babilonia nuevas de ellos
y flaquean sus manos.
Angustia le asaltó,
dolor como de parturienta.

=49 19-21

⁴⁴ Vedlo como león que sube del boscaje del Jordán
hacia el pastizal perenne,
cuando en un instante le haré salir huyendo de allí,
para colocar allí a quien me plazca.
Porque ¿quién como yo, y quién me emplazará,
y quién es el pastor
que aguante en mi presencia?
⁴⁵ Así pues, oíd la decisión
que Yahvé ha tomado sobre Babilonia
y sus planes sobre el país de los caldeos.
Juro que les han de llevar a rastras las crías de los rebaños,
que asolarán sobre ellos sus pastizales.
⁴⁶ Al son de la conquista de Babilonia retumbó la tierra,
y el griterío de las naciones se dejó oír.

LXX: 28

Yahvé contra Babilonia.

51 ¹ Así dice Yahvé:
Mirad que yo despierto contra Babilonia y los habitantes de Leb Camay*
un viento destructor.

4 11

² Enviaré a Babilonia beldadores* que la bielden y dejen vacío su territorio,
porque se la acosará por todas partes el día aciago.
³ El arquero que no aseste su arco,

ni se jacte de su cota*.
No tengáis piedad para sus jóvenes escogidos:
dad al anatema todo su ejército.

Jos 6 17+

⁴ Caerán heridos en tierra de Caldea,
y traspasados en sus calles.
⁵ Pero no ha enviudado Israel ni Judá
de su Dios, de Yahvé Sebaot,
aunque sus tierras estaban llenas de delitos
contra el Santo de Israel.
⁶ Huid del interior de Babilonia,
(y salvad cada cual vuestra vida),
no perezcáis por su culpa,
pues es hora de venganza para Yahvé:
le está pagando su merecido.

50 8
↗ Ap 18 4

50 15

⁷ Copa de oro era Babilonia en la mano de Yahvé,
que embriagaba toda la tierra.
De su vino bebieron las naciones,
lo que las hizo enloquecer*.

25 15-29
Is 51 17+
↗ Ap 18 3

⁸ De pronto cayó Babilonia y se rompió.
Gemid por ella,
tomad bálsamo para su sufrimiento,
a ver si sana.
⁹ Hemos curado a Babilonia,
pero no ha sanado,
dejadla y vayamos, cada cual a su tierra,
porque ha llegado a los cielos el juicio contra ella,
se ha elevado hasta las nubes.

↗ Ap 18 2
Jr 50 23

50 16

¹⁰ Yahvé hizo patente nuestra justicia;
venid y cantemos en Sión
las obras de Yahvé nuestro Dios.

50 34

¹¹ Aguzad las saetas,
llenad las aljabas.
Ha despertado Yahvé el espíritu de los reyes* de Media, porque sobre Babilonia está su designio de destruirla, porque ésta será la venganza de Yahvé, la venganza de su santuario.

Is 13 17

¹² Sobre las murallas de Babilonia izad bandera,
reforzad la guardia,
apostad centinelas,
preparad celadas;

---

50 41 Este oráculo repite contra Babilonia la amenaza de un enemigo procedente del norte, proferida contra Judá, 6 22-24, y el oráculo contra Edom, 49 19-21.
51 1 Anagrama de *Kašdîm* (caldeos), en la misma escritura criptográfica que en 25 25-26.
51 2 «beldadores» Aq., Sim., Vulg.; «extranjeros» hebr.
51 3 Esta doble prohibición (*'al...'al*), leída con 15 mss hebr. y las versiones, mientras que el TM dice *'el...*

el: «hacia... hacia», se dirige a los sitiados. Lo que sigue, por el contrario, interpela a los sitiadores. —El hebr. (ketib) repite la palabra «asesta», ditografía omitida por qeré y versiones.
51 7 El hebr. repite «las naciones», omitido por las versiones.
51 11 El poema hablaba de un enemigo del norte, 50 3.9.41; 51 48. El glosador precisa: los medos, identificados con los persas como en Is 13 17.

que también Yahvé ha tomado un
acuerdo,
también él va a cumplir lo que dijo sobre los habitantes de Babilonia.

Ap 17 1.15
¹³ Tú, la que estás instalada sobre in-
gentes aguas,
la de ingentes tesoros,
llegó tu fin, el término* de tus ganancias.
Jr 50 37-38
¹⁴ Lo ha jurado Yahvé Sebaot
por sí mismo: Yo he de colmarte de
hombres como de langostas,
y lanzarán sobre ti gritos de triunfo.
=10 12-16
¹⁵ Él es quien hizo la tierra con su po-
der,
el que fundó el orbe con su saber,
y con su inteligencia expandió los cielos.
‖Sal 135 7
¹⁶ Cuando da voces,
hay estruendo de aguas en los cielos,
y hace subir las nubes desde el extremo de la tierra.
Él hace los relámpagos para la lluvia
y saca el viento de sus depósitos.
¹⁷ Todo hombre es torpe para compren-
der,
se avergüenza del ídolo todo platero,
porque sus estatuas son una mentira
y no hay espíritu en ellas.
¹⁸ Vanidad son, cosa ridícula;
al tiempo de su castigo perecerán.
¹⁹ No es así la «Parte de Jacob»,
pues él es el plasmador del universo,
y aquel cuyo heredero es Israel*;
Yahvé Sebaot es su nombre.

El martillo de Yahvé y el monte colosal.

50 23
²⁰ Un martillo eras tú para mí,
un arma de guerra:
contigo machaqué naciones,
contigo destruí reinos,
²¹ contigo machaqué caballo y caballe-
ro,
contigo machaqué el carro y a quien lo
monta,
²² contigo machaqué a hombre y mujer,
contigo machaqué al viejo y al muchacho,
contigo machaqué al joven y a la doncella,
²³ contigo machaqué al pastor y su
hato,
contigo machaqué al labrador y su
yunta,

contigo machaqué a gobernadores y
magistrados.
²⁴ Y haré que Babilonia y todos los ha-
bitantes de Caldea paguen por todo el
daño que hicieron en Sión, delante de
vuestros ojos —oráculo de Yahvé—.
²⁵ Heme aquí en contra tuya,
montaña destructora
—oráculo de Yahvé—,
destructora de toda la tierra.
Voy a echarte mano
y a hacerte rodar desde las peñas,
y a convertirte en montaña quemada.
²⁶ No tomarán de ti piedra angular
ni piedra de cimientos,
porque desolación por siempre serás
—oráculo de Yahvé—.
50 40

Hacia el fin.

²⁷ Alzad bandera en la tierra,
tocad cuerno en las naciones.
Haced leva santa contra ella en las naciones,
citad contra ella a los reinos
de Ararat, Miní y Asquenaz*,
estableced contra ella reclutador,
haced que ataque la caballería cual
langosta.
²⁸ Haced leva santa contra ella en las
naciones, los reyes de Media, sus gobernadores y todos sus magistrados y todo
el país de su dominio.
²⁹ Y retiembla la tierra, y da vueltas,
por haberse cumplido contra Babilo-
nia los planes de Yahvé,
de convertir la tierra de Babel
en desolación sin habitantes.
³⁰ Cesaron de guerrear los valientes de
Babilonia,
se han quedado en las fortalezas.
Agotóse su bravura,
se volvieron mujeres;
quemaron sus aposentos,
se rompieron sus barras.
50 37
Is 19 16
Na 3 13
³¹ Correo al alcance de correo corre,
e informador al alcance de informa-
dor,
para informar al rey de Babilonia
que ha sido tomada su ciudad de cabo
a cabo,
³² y sus vados fueron ocupados
y los cañaverales incendiados,
y los guerreros se atemorizaron.

51 13 «el término» (lit. «están terminadas») *wetam*
conj.; «la medida» *'ammat* hebr.
51 19 «Israel» Vulg., Targ., ver **10** 16; omitido por
hebr.

51 27 Pueblos del Norte, habitantes de la región armenia y sus confines: Ararat o Urartu; Miní, en torno al
lago Van; Askenaz o los escitas.

³³ Porque así dice Yahvé Sebaot, el Dios de Israel:
La hija de Babel es como era
al tiempo de apisonarla;
un poco más,
y le habrá llegado el tiempo de la siega.

La venganza de Yahvé.

50 17   ³⁴ Me comió, me arrebañó el rey de Babilonia,
me dejó como cacharro vacío,
me tragó como un dragón,
llenó su vientre con mis buenos trozos,
me expulsó*.
³⁵ «Mi atropello y mis sufrimientos* sobre Babilonia»,
dirá la población de Sión;
y «mi sangre sobre los habitantes de Caldea»,
dirá Jerusalén.

50 34   ³⁶ Por tanto, así dice Yahvé:
Heme aquí, que defiendo tu causa
y vengo tu venganza,
y deseco el mar de ella
y dejo enjuto su hontanar,
50 39   ³⁷ y vendrá a ser Babilonia montón de piedras,
guarida de chacales,
tema de pasmo y rechifla,
50 40   sin ningún habitante.
³⁸ A una cual leones rugen,
gruñen como cachorros de leonas.
³⁹ En teniendo ellos calor les serviré su bebida
=51 57   y los embriagaré de modo que se alegren,
Sal 76 6   y dormirán un sueño eterno
y no se despertarán
—oráculo de Yahvé—.
⁴⁰ Los haré bajar como corderos al matadero,
como carneros y machos cabríos.

Elegía sobre Babilonia.

25 26   ⁴¹ ¡Cómo fue tomada Sesac,
y ocupada la prez de toda la tierra!
=50 23   ¡Cómo vino a ser pasmo
Babilonia entre las naciones!
⁴² Subió contra Babilonia el mar,
por el tropel de sus olas quedó cubierta.
⁴³ Vinieron a quedar sus ciudades devastadas,

tierra reseca y yerma,
no vive en ellas nadie,
ni discurre por ellas ser humano,

La visita de Yahvé a los ídolos.

⁴⁴ Visitaré a Bel en Babilonia,   50 2+
y le sacaré su bocado de la boca,
y no afluirán a él ya más las naciones.
Hasta la muralla de Babilonia ha caído.
⁴⁵ Salid de en medio de ella, pueblo   50 8; 51 16
mío,
que cada cual salve su vida
del ardor de la ira de Yahvé.
⁴⁶ Y que no se marchite vuestro corazón y tengáis miedo por el rumor que se oirá en la tierra. Cierto correrá un año   Mt 24 6s
tal rumor, y luego al año siguiente, otro distinto: violencia en la tierra, y domeñador sobre domeñador.

⁴⁷ Pues bien, mirad que vienen días
en que castigaré a los ídolos de Babilonia,
y todo su territorio se abochornará,
y todos sus heridos caerán en medio de ella.
⁴⁸ Y harán coro contra Babilonia   ∕ Ap 18 20;
cielos y tierra y todo cuanto hay en   19 1-2
ellos,
cuando del norte lleguen los devastadores
—oráculo de Yahvé—.

⁴⁹ También Babilonia caerá,
oh heridos de Israel.
También por Babilonia cayeron
los heridos de toda la tierra.
⁵⁰ Escapados de la espada,
andad, no os paréis,
recordad desde lejos a Yahvé,
y que Jerusalén os venga en mientes.   Sal 137 5
⁵¹ —«Quedamos abochornados al oír tal afrenta;
cubrió la vergüenza nuestros rostros.
¡Habían penetrado extranjeros
hasta los santuarios del templo de Yahvé!»
⁵² —Pues bien, mirad que vienen días
—oráculo de Yahvé—
en que castigaré a sus ídolos,
y en todo su territorio se quejarán los heridos.
⁵³ Aunque suba Babilonia a los cielos   Is 14 13
y encastille en lo alto su poder,   Jr 49 16

---

51 34 «con mis buenos trozos» *ma'adannay* conj.; «fuera de mis delicias» *me'adanay* hebr. —Podría también entenderse «de mi Edén me ha arrojado» cambiando ligeramente la vocalización y la unión de las palabras. —Habla Jerusalén.
51 35 Lit. «mi violencia, mi carne sangrante».

de mi parte llegarán saqueadores hasta ella
—oráculo de Yahvé—.
⁵⁴ Suenan gritos de socorro desde Babilonia,
y un fragor desde Caldea.
⁵⁵ Es que devasta Yahvé a Babilonia,
apaga de ella el gran ruido,
y mugen sus olas como las de alta mar,
cuyo son es estruendoso.
⁵⁶ Es que viene sobre ella,
sobre Babilonia, el devastador,
van a ser apresados sus valientes, se
han aflojado sus arcos.
Porque Dios retribuidor es Yahvé:
cierto pagará.

=51 39 ⁵⁷ Yo embriagaré a sus jefes y a sus sabios,
a sus gobernadores y a sus magistrados y a sus valientes,
y dormirán un sueño eterno
y no se despertarán
—oráculo del Rey
cuyo nombre es Yahvé Sebaot—.

Babilonia arrasada.

⁵⁸ Así dice Yahvé Sebaot:

Aquella ancha muralla de Babilonia
ha de ser socavada,

y aquellas sus altas puertas
con fuego han de ser quemadas,
y se habrán fatigado pueblos para nada,
y naciones para el fuego se habrán afanado.   ‖Ha 2 13

El oráculo arrojado en el Éufrates*.

⁵⁹ Orden que dio el profeta Jeremías a Serayas, hijo de Nerías, hijo de Majsías, al partir éste de junto a Sedecías, rey de Judá, para Babilonia el año cuarto de su reinado, siendo Serayas gran chambelán. ⁶⁰ Escribió, pues, Jeremías todo el mal que había de sobrevenir a Babilonia en un libro —todas estas palabras arriba escritas acerca de Babilonia— ⁶¹ y dijo Jeremías a Serayas: «En llegando tú a Babilonia, mira de leer en voz alta todas estas palabras, ⁶² y dirás: 'Yahvé, tú has hablado respecto a este lugar, de destruirlo sin que haya en él habitante, ya sea persona o animal, sino que soledad por siempre será.' ⁶³ Luego, en acabando tú de leer en voz alta ese libro, atas a él una piedra y lo arrojas al Éufrates, ⁶⁴ y dices: 'Así se hundirá Babilonia y no se recobrará del mal que yo mismo voy a traer sobre ella.'»   51 26

⁷ Ap 18 21

Hasta aquí las palabras de Jeremías*.

VI. *Apéndice**

|2 R 24 18- **La catástrofe de Jerusalén y la gracia**
25 30 **concedida a Joaquín.**

52¹ Veintiún años tenía Sedecías cuando comenzó a reinar, y reinó once años en Jerusalén; el nombre de su madre era Jamital, hija de Jeremías, de Libná*. ² Hizo el mal a los ojos de Yahvé, enteramente como había hecho Joaquín. ³ Esto sucedió a causa de la cólera de Yahvé contra Jerusalén y Judá, hasta que los arrojó de su presencia.

Sedecías se rebeló contra el rey de Babilonia. ⁴ En el año noveno de su reinado, en el mes décimo*, el diez del mes, vino Nabucodonosor, rey de Babilonia, con todo su ejército, contra Jerusalén, acampó contra ella, y la cercaron con una empalizada. ⁵ La ciudad estuvo sitiada hasta el once del rey Sedecías. ⁶ El mes cuarto*, el nueve del mes, cuando arreció el hambre en la ciudad y no había pan para la gente del pueblo, ⁷ se abrió una brecha en la ciudad y al verlo el rey* y todos los guerreros, huyeron de   =Jr 39 1-10

---

51 59 Esta acción simbólica, ver 18 1+, que debía permanecer secreta, fue realizada hacia el 593. Atestigua la fe del profeta en la irrevocabilidad de la palabra divina, y también su perfecta lucidez: en el mismo momento en que Jeremías precisa la sumisión a Babilonia, no por ello oculta los crímenes de los babilonios.
51 64 Esta frase, omitida por el griego, debía encontrarse primitivamente al fin del v. 58. Está precedida por las últimas palabras de ese v. 58, «se habrán afanado», aquí accidentalmente repetidas.
52 Este cap. repite, con algunos complementos, 2 R 24 18 - 25 30 (ver las notas) y corresponde también a

Jr 39 1-10; los tres pasajes tienen una misma fuente. Ha sido añadido al libro de Jeremías, como Is 36-39 al libro de Isaías. Muestra la realización de las amenazas del profeta y concluye, como 2 R, con perspectivas de esperanza, igualmente entrevistas por Jeremías.
52 1 Libná, ciudad de la tribu de Judá, Jos 15 42, deberá ser localizada probablemente en Tell es-Sáfi, al norte de la ciudad filistea de Gat.
52 4 Finales de diciembre del 589.
52 6 Junio-julio del 587.
52 7 «el rey» conj. según 39 4 y v. 8; omitido por hebr.

la ciudad saliendo de noche, por el camino de la puerta que está entre los dos muros que dan al jardín del rey, mientras los caldeos estaban alrededor de la ciudad, y se fueron por el camino de la Arabá. ⁸ Las tropas caldeas persiguieron al rey Sedecías y le dieron alcance en los llanos de Jericó; entonces todo el ejército se dispersó de su lado. ⁹ Capturaron al rey y lo subieron a Riblá, en la tierra de Jamat, donde el rey de Babilonia, que le sometió a juicio. ¹⁰ Los hijos de Sedecías fueron degollados a su vista, y lo mismo a todos los jefes de Judá degolló en Riblá. ¹¹ A Sedecías le sacó los ojos, lo encadenó con cadenas de bronce, y el rey de Babilonia lo llevó a Babilonia, donde lo tuvo en prisión hasta el día de su muerte.

¹² En el mes quinto*, el diez del mes, en el año diecinueve de Nabucodonosor, rey de Babilonia, Nabuzardán, jefe de la guardia, uno de los que servían ante el rey de Babilonia, vino a Jerusalén. ¹³ Incendió el templo de Yahvé y el palacio del rey y todas las casas de Jerusalén*. ¹⁴ Todas las tropas caldeas que había con el jefe de la guardia demolieron las murallas que rodeaban a Jerusalén.

¹⁵ Cuanto (a una parte de los pobres del país*) al resto del pueblo que quedaba en la ciudad, los desertores que se habían pasado al rey de Babilonia y el resto de los artesanos, Nabuzardán, jefe de la guardia, lo deportó. ¹⁶ Nabuzardán, el jefe de la guardia, dejó algunos de entre la gente pobre como viñadores y labradores.

¹⁷ Los caldeos rompieron las columnas de bronce que había en el templo de Yahvé, las basas, el Mar de bronce del templo de Yahvé, y se llevaron todo el bronce a Babilonia. ¹⁸ Tomaron también los ceniceros, las paletas, los cuchillos, los acetres, las cucharas y todos los utensilios de bronce de que se servían. ¹⁹ El jefe de la guardia tomó las vasijas, los incensarios y los aspersorios, los ceniceros, los candeleros, las cucharas y las tazas, cuanto había de oro y plata. ²⁰ Cuanto a las dos columnas, el Mar, los doce bueyes de bronce que estaban bajo el Mar* y las basas que Salomón había hecho para el templo de Yahvé, no se pudo calcular el peso de bronce de todos aquellos objetos. ²¹ La altura de una columna era de dieciocho codos, un hilo de doce codos medía su perímetro; su grosor era de cuatro dedos y era hueca por dentro, ²² y encima tenía un capitel de bronce; la altura del capitel era de cinco codos; había un trenzado y granadas en torno al capitel, todo de bronce. Lo mismo para la segunda columna*. ²³ Había noventa y seis granadas que pendían a los lados*. En total había cien granadas rodeando el trenzado.

²⁴ El jefe de la guardia tomó preso a Serayas, primer sacerdote, y a Sefanías, segundo sacerdote, y a los tres encargados del umbral. ²⁵ Tomó a un eunuco de la ciudad, que era inspector de los hombres de guerra, siete hombres de los cortesanos del rey, que se encontraban en la ciudad, al secretario del jefe del ejército, encargado del alistamiento del pueblo de la tierra y sesenta hombres de la tierra que se hallaban en la ciudad. ²⁶ Nabuzardán, jefe de la guardia, los tomó y los llevó a Riblá, donde el rey de Babilonia, ²⁷ y el rey de Babilonia los hirió haciéndoles morir en Riblá, en el país de Jamat.

Así fue deportado Judá, lejos de su tierra. ²⁸ Éste es el número de los deportados por Nabucodonosor*. El año séptimo: 3.023 de Judá; ²⁹ el año dieciocho de Nabucodonosor fueron llevadas de Jerusalén 832 personas; ³⁰ el año veintitrés de Nabucodonosor, Nabuzardán, jefe de la guardia, deportó a 745 de Judá. En total: 4.600 personas*.

³¹ En el año treinta y seis de la deportación de Jeconías, rey de Judá, en el mes doce, el veinticinco del mes, Evil Merodac, rey de Babilonia, hizo gracia en el año en que comenzó a reinar*, a Joaquín,

39 4+

---

52 12 Julio-agosto del 587.
52 13 Una glosa añade aquí y en 2 R 25 9: «incendió también toda casa de gran personaje».
52 15 Las palabras puestas entre paréntesis, ausentes de 2 R 25 11 y 39 5, parecen provenir del v. 16.
52 20 Esta última *mención falta* en 2 R; estos bueyes de bronce habían sido ya arrebatados en tiempo de Ajaz, 2 R 16 17.
52 22 El hebr. añade: «y granadas...»
52 23 Sentido dudoso. La palabra hay que relacionarla con la raíz que significa «viento», «soplo». Puede también entenderse «que pendían libremente» o «en relieve» (lit. «al aire»), pero los «vientos» también designan

los «lados», Ez **42** 20 (ver Ez **39** 7, donde se trata de puntos cardinales, los cuatro «lados» del mundo).
52 28 Esta breve reseña, vv. 28-30, propia de Jeremías, quizá reproduzca algún documento babilónico. No parece tomar en cuenta más que a los adultos. Los años de reinado se cuentan conforme al cómputo babilónico, que no incluye el año completo del advenimiento.
52 30 Las fechas de estas tres deportaciones son pues: 598; 587 y finalmente 582. La última quizá tuvo lugar con ocasión de la rebelión amonita-moabita que habría tenido connivencias en Judá.
52 31 En 562.

rey de Judá, y lo sacó de la cárcel. [32] Le habló con benevolencia y le dio un asiento superior al asiento de los reyes que estaban con él en Babilonia. [33] Jeconías se quitó sus vestidos de prisión y comió siempre en la mesa del rey, todos los días de su vida. [34] Le fue dado constantemente su sustento de parte del rey de Babilonia, día tras día, hasta el día de su muerte, todos los días de su vida*.

---

52 34 El libro de Jeremías se cierra con la gracia concedida a Jeconías, símbolo del fin del cautiverio.

LIBRO DE BARUC

Introducción

Este pequeño libro es atribuido, ya en su mismo título, a Baruc, hijo de Nerías (Bar **1** 1), el secretario y ocasional portavoz del profeta Jeremías (Jr **32** 12-13.16; **36** 4ss; **45** 1ss). Esta relación es la que seguramente ha motivado la inclusión de Baruc dentro del cuerpo de "escritos jeremianos", entre Jr y Lam, en la versión griega de los LXX; y tras Jr y Lam, en la Vulgata, que a su vez incorpora la Carta de Jeremías como capítulo conclusivo de Baruc. Se trata de un escrito deuterocanónico, desconocido en la Biblia hebrea, pero que deja entrever inequívocos rasgos semíticos.

En cuanto a su composición, el libro introduce una solemne liturgia penitencial desarrollada en tres actos o momentos: confesión, meditación y exhortación. Tras la aparente unidad se revela una estructura artificiosa y heterogénea, tanto en lo referente a su temática, como a los géneros o formas literarias que la conforman. Efectivamente, en Baruc se advierten cuatro partes claramente diferenciadas:

1. La **introducción** (Bar **1**, 1-14) que presenta la ambientación histórica y el propósito del libro.

2. La **oración penitencial** (**1** 15 - **3** 8), que reviste la forma de confesión nacional, con características similares a Esd **9**; Neh **9**; Sal **106** y, especialmente, Dn **9** 4-19. A su vez, la oración incluye una confesión y una súplica.

3. El **himno de la sabiduría** (**3** 9 - **4** 4) que presenta la forma de una meditación sapiencial y recoge temas y motivos presentes en Pro **8**, Job **28** y Sir **24**.

4. El **oráculo de consolación y restauración** (**4** 5 - **5** 9), de inspiración profética, con rasgos de exhortación, lamentación y oráculo de esperanza, e innegables dependencias del Segundo y Tercer Isaías.

No es posible sacar conclusiones firmes de los datos relativos al **autor y a la fecha de composición** que el libro aporta, ya que unos y otros parecen responder al artificio de la pseudoepigrafía, tan profusamente utilizado en la literatura del AT y consistente en enmascarar tras autores y situaciones paradigmáticos otras circunstancias análogas, aunque distantes. La heterogeneidad de los materiales del libro dificulta su atribución a un único autor o a una misma fecha de composición. En cuanto a la ambientación en los primeros años del exilio babilónico, las referencias históricas relativas a los deportados y a los judíos residentes en Jerusalén difieren sensiblemente de los datos aportados por otras fuentes de carácter histórico o profético. En cambio, podrían muy bien reflejar las circunstancias de las comunidades judías en la última fase de la época helenística (ss. II-I a. C.) y, más concretamente, el desarrollo de una liturgia penitencial conmemorativa de la destrucción del templo.

La llamada Carta de Jeremías es en realidad un alegato apologético contra la idolatría, sin más características epistolares que la denominación del título y la breve introducción que lo preceden. Aunque el escrito reviste la forma de una carta dirigida por Jeremías a los judíos que van deportados a Babilonia, tanto el nombre del autor como las circunstancias son artificios pseudoepigráficos, que parecen inspirarse en Jr **29** 1-3.

Su composición revela una sencilla estructura formada por la introducción (1-7) y diez párrafos, a modo de estrofas, cerrados por un repetitivo estribillo que, con ligeras variantes, reproduce el propósito del escrito: demostrar que los ídolos babilónicos no son dioses ni pueden infundir, por tanto, temor reverencial. Su contenido desarrolla temas tratados o aludidos en Jr **10** 1-16 e Is **44** 9-20 y anticipa la amplia reflexión de Sab **13-15**; sin embargo difiere notoriamente de ellos por su estilo satírico y los motivos burlescos. Las descripciones de los cultos idolátricos pueden remitir tanto a la situación de Babilonia en la época tardía, como a determinadas prácticas idolátricas de Siria y Fenicia en la época helenística.

El escrito parece aludido por 2 Mac **2** 1-2 y era conocido en Qumrán (se ha encontrado un pequeño fragmento griego de los vv. 43-44, datado en torno al año 100 a. C.). Aunque aparece en la Biblia griega como escrito independiente, la Vulgata incluye la Carta como apéndice de Baruc. Todo ello permite suponer una fecha de composición comprendida entre los siglos IV y II a.C.

BARUC

Introducción

Baruc y la asamblea de los judíos en Babilonia*.

Jr 32 12;
36 4

1 ¹ Éste es el texto del libro que Baruc, hijo de Nerías, hijo de Maasías, hijo de Sedecías, hijo de Asadías, hijo de Jelcías, escribió en Babilonia, ² el año quinto*, el día siete del mes en que los caldeos conquistaron e incendiaron Jerusalén.

2 R 24 8-17
Jr 22 24-30

³ Baruc leyó el texto de este libro ante Jeconías, hijo de Joaquín, rey de Judá, y ante todo el pueblo congregado para escuchar el libro; ⁴ ante los dignatarios y los hijos del rey*, ante los ancianos y ante todo el pueblo, desde el menor al mayor, todos los que vivían en Babilonia, a orillas del río Sud. ⁵ Todos lloraron, ayunaron y suplicaron al Señor. ⁶ Luego hicieron una colecta, según las posibilidades de cada uno, ⁷ y la enviaron a Jerusalén, al sacerdote Joaquín*, hijo de Jelcías, hijo de Salún, a los demás sacerdotes y a toda la gente que vivía con él en Jerusalén. ⁸ Ya Baruc, el día diez del mes de Siván, había recuperado los utensilios robados del templo del Señor, con el fin de restituirlos* a Judá. Se trataba de los objetos de plata que había mandado hacer Sedecías, hijo de Josías, rey de Judá, ⁹ después que Nabucodonosor, rey de Babilonia, deportara de Jerusalén a Babilonia a Jeconías, a los gobernantes, a los cerrajeros*, a los dignatarios y a la gente del pueblo.

2 R 24 14

¹⁰ Se les decía: Ahí os enviamos dinero; comprad con él holocaustos, víctimas expiatorias e incienso y haced ofrendas y sacrificios sobre el altar de. Señor, nuestro Dios. ¹¹ Rezad por la vida de Nabucodonosor, rey de Babilonia, y por la de su hijo Baltasar, para que duren tanto como el cielo sobre la tierra. ¹² El Señor nos dé fuerzas y nos ilumine para que vivamos protegidos por Nabucodonosor, rey de Babilonia, y por su hijo Baltasar; para que les sirvamos por mucho tiempo y gocemos de su favor. ¹³ Y rezad también por nosotros al Señor, nuestro Dios, porque hemos pecado contra Él, y todavía hoy no se han apartado de nosotros el furor y la cólera del Señor. ¹⁴ Leed este libro que os enviamos para su proclamación en el templo del Señor, en el día de la fiesta* y en los días oportunos. ¹⁵ Diréis:

Jr 29 7
1 Tm 2 1-2

Dn 5 2.13

I. *Oración de los desterrados*

Confesión de los pecados.

=2 6
Dn 9 7-8
Jr 7 19

El Señor, nuestro Dios, es justo; nosotros, en cambio, nos sentimos hoy abochornados, igual que los habitantes de Judá y de Jerusalén ¹⁶ y nuestros reyes, príncipes, sacerdotes, profetas y antepasados. ¹⁷ Porque hemos pecado contra el Señor, ¹⁸ le hemos desobedecido, no hemos escuchado la voz del Señor, nuestro Dios, ni hemos cumplido los mandamientos que el Señor nos había dado. ¹⁹ Desde el día en que el Señor sacó a nuestros padres de Egipto hasta hoy hemos sido rebeldes al Señor, nuestro Dios, y ligeros para no escuchar su voz. ²⁰ Por esto se nos acumulan males las desgracias y maldiciones que el Señor anunció a su siervo Moisés cuando sacó a nuestros padres de Egipto para darnos una tierra que mana leche y miel.

Tb 3 3.4
Dn 9 5-6
2 10

Jr 7 25-26

Lv 26 14-39
Dt 28 15-68
Dn 9 11
Ex 3 8

---

1   Acerca de los fragmentos que componen el libro de Baruc, véase la Introducción.
1 2   El 582, sin duda el quinto mes, aniversario de la caída de Jerusalén, que probablemente se conmemoraba en el destierro lo mismo que en Palestina, ver Za 7 3: de ahí la asamblea indicada en los vv. 3-4.
1 4   Es decir funcionarios, familiares de la corte, ver Jr 36 26; 38 6.
1 7   Sin duda un sacerdote de segunda clase, ver 2 Re 25 18, que permanecía en el santuario medio destruido de Jerusalén, donde consta que hubo siempre culto, ver Jr 41 5. En efecto, el sumo sacerdote Josadac se hallaba desterrado en Babilonia, 1 Cro 5 41. La genealogía dada a Joaquín es sin embargo la de la estirpe de los sumos sacerdotes, 1 Cro 5 39, pero hasta un siglo más tarde no se menciona a un sumo sacerdote que se llame Joaquín (o Yoyaquim), ver Ne 12 10.12.26.
1 8   Los libros históricos sólo hablan de la devolución de los vasos sagrados en tiempo de Ciro, Esd 7-11.
1 9   «cerrajeros» según Jr 24 1; «cautivos» griego.
1 14   La fiesta de las Tiendas, ver Ex 23 14+, en la que se celebraban dos asambleas, el día primero y el octavo, ver Lv 23 35-36.

²¹ Nosotros no hemos escuchado la voz del Señor, nuestro Dios, que nos habló por medio de sus enviados, los profetas. ²² Cada uno de nosotros ha seguido los planes de su corazón obstinado, sirviendo a dioses ajenos y haciendo el mal ante el Señor, nuestro Dios.

2 ¹ Por eso el Señor, nuestro Dios, cumplió las amenazas que había pronunciado contra nosotros, contra nuestros jueces que gobernaron a Israel, contra nuestros reyes y gobernantes y contra los habitantes de Israel y de Judá. ² Jamás sucedió bajo el cielo nada semejante a lo que él hizo en Jerusalén, como está escrito en la Ley de Moisés; ³ que llegaríamos a comernos cada uno la carne de sus propios hijos e hijas. ⁴ El Señor los sometió a todos los reinos de nuestro alrededor, haciéndolos motivo de burla y deshonra entre todos los pueblos circundantes donde el Señor los dispersó. ⁵ Y pasaron de dominadores a dominados, por haber pecado contra el Señor, nuestro Dios, desoyendo su voz.

⁶ El Señor, nuestro Dios, es justo; en cambio, nosotros y nuestros padres nos sentimos hoy abochornados. ⁷ Nos han sobrevenido todas las desgracias con las que el Señor nos había amenazado. ⁸ Sin embargo, nosotros no hemos pedido al Señor que nos cambiase los perversos planes de nuestra mente. ⁹ Por eso el Señor ha estado pendiente de esas desgracias y nos las ha enviado. Porque el Señor tenía razón en todo lo que nos ordenó; ¹⁰ pero nosotros no hemos escuchado su voz ni hemos cumplido los mandamientos que nos dio.

Súplica.

¹¹ Y ahora, Señor, Dios de Israel, que sacaste a tu pueblo de Egipto con mano fuerte, entre signos y prodigios, con gran poder y brazo alzado, ganándote una fama que dura hasta hoy, ¹² nosotros hemos pecado y hemos cometido crímenes e injusticias, Señor Dios nuestro, contra todos tus mandamientos. ¹³ Aparta de nosotros tu cólera, porque hemos quedado muy pocos en las naciones a donde tú nos dispersaste. ¹⁴ Escucha, Señor, nuestra oración y nuestra súplica; líbranos por tu honor y haz que ganemos el favor de los que nos deportaron, ¹⁵ para que conozca todo el mundo que tú eres el Señor, nuestro Dios, y que has dado tu nombre a Israel y a su descendencia. ¹⁶ Mira, Señor, desde tu santa morada, y atiéndenos; inclina, Señor, tu oído y escucha; ¹⁷ abre, Señor, tus ojos y mira que no son los muertos en la tumba, cuyos cuerpos quedaron sin vida, los que dan gloria y hacen justicia al Señor, ¹⁸ sino los de ánimo colmado de aflicción, los que caminan encorvados y extenuados, los de ojos apagados y los de estómago hambriento*, ésos son los que te dan gloria y hacen justicia, Señor.

¹⁹ No nos apoyamos en los méritos de nuestros antepasados y de nuestros reyes para presentarte nuestra súplica, Señor Dios nuestro. ²⁰ Porque has descargado tu furor y tu cólera sobre nosotros, como habías anunciado por medio de tus siervos, los profetas, diciendo: ²¹ «Así dice el Señor: *Doblegaos y servid al rey de Babilonia*, para seguir habitando la tierra que di a vuestros antepasados. ²² Pero si no escucháis la invitación del Señor a servir al rey de Babilonia, ²³*yo haré callar en las ciudades de Judá y en Jerusalén las canciones alegres y bulliciosas, las canciones de novios y de novias, y todo el país quedará convertido en un desierto deshabitado.*» ²⁴ Pero nosotros no escuchamos tu invitación de servir al rey de Babilonia, y por eso has cumplido tus amenazas anunciadas por medio de tus siervos, los profetas: que los huesos de nuestros reyes y los huesos de nuestros antepasados serían sacados de sus sepulcros. ²⁵ Y, en efecto, ahí están *expuestos al calor del día y al frío de la noche*, pues murieron entre espantosos sufrimientos por hambre, espada y epidemia. ²⁶ Y el templo consagrado a tu nombre ha quedado reducido al estado en que hoy se encuentra, por culpa de la maldad de Israel y de Judá.

²⁷ Sin embargo tú, Señor Dios nuestro, nos has tratado con toda tu equidad y misericordia, ²⁸ tal como dijiste por medio de tu siervo Moisés, cuando le ordenaste escribir tu Ley en presencia de los israelitas, diciendo: ²⁹ «Si no escucháis mi voz, esta inmensa multitud quedará reducida al mínimo en medio de las naciones a donde yo los dispersaré. ³⁰ Sé que no me escucharán, porque son un pueblo testarudo; pero en su destierro se convertirán de corazón ³¹ y reconocerán

2 18 Este pasaje es una muestra de la religión de los «pobres», a quienes está prometida la salvación, ver So 2 3+.

Marginal references (left column):
Jr 7 24
Dn 9 12-13
Dt 28 53-57+
Jr 29 18
Dt 28 37
Dt 28 13.43
=1 15
Dn 9 7-8
Jr 1 12; 31 28; 44 27
Dn 9 14
1 18
Dn 9 15-16
Jr 32 20-21
Dt 6 21-22
Sal 106 6
Am 3 12+
Sal 25 11

Marginal references (right column):
Jr 14 9
Dn 9 19
Dt 26 15
Is 38 18
Dt 28 65-67
Ez 36 22
Dn 9 18
Jr 27 12
Jr 7 34
Jr 8 1-2
Jr 36 30
Jr 14 12
Lv 26 39
Dt 9 13+
Lv 26 44
Za 10 9

Ez 36 26+
Jr 4 4+

Dt 30 1.9s

que yo soy el Señor, su Dios. Entonces yo les daré un corazón y unos oídos atentos, ³² y ellos me alabarán en su destierro, invocarán mi nombre y ³³ abandonarán su testarudez y su conducta perversa, recordando lo que les sucedió a sus padres cuando pecaron contra el Señor. ³⁴ Los haré volver a la tierra que juré dar a sus antepasados, a Abrahán, Isaac y Jacob, y tomarán posesión de ella. Los multiplicaré y ya no menguarán. ³⁵ Y sellaré con ellos una alianza eterna: yo seré su Dios y ellos serán mi pueblo. Y no volveré a expulsar a mi pueblo Israel de la tierra que le di.»

Jr 31 31

2 18

Sal 29 10
Lm 5 19

3 ¹ Señor topoderoso, Dios de Israel, un alma angustiada y un espíritu abatido claman a ti. ² Escucha, Señor, y ten piedad, porque hemos pecado contra ti. ³ Pues tú reinas eternamente, mas nosotros perecemos para siempre. ⁴ Señor to-

poderoso, Dios de Israel, escucha la oración de los muertos de Israel* y de los hijos de aquellos que pecaron contra ti. Ellos desobedecieron al Señor, su Dios, y por eso se nos acumular las desgracias. ⁵ No te acuerdes de los delitos de nuestros antepasados; acuérdate hoy de tu poder y de tu fama. ⁶ Puesto que eres el Señor, nuestro Dios, nosotros te alabaremos, Señor. ⁷ Tú nos infundiste tu temor para que invocáramos tu nombre. Queremos alabarte en nuestro destierro, porque hemos apartado de nuestro corazón toda la maldad con que nuestros antepasados pecaron contra ti. ⁸ Y aquí estamos hoy en nuestro destierro, donde tú nos dispersaste, convirtiéndonos en objeto de burla, maldición y condenación por todos los delitos de nuestros antepasados, que se apartaron del Señor, nuestro Dios .

Sal 44 23

Jr 31 33

2 4

II. La sabiduría, privilegio de Israel

Pr 4 20-22

Jr 2 13
Si 1 5

Is 48 18

b 28 12.20

⁹ Escucha, Israel, los mandamientos de vida,
    presta atención para aprender sensatez.
¹⁰ ¿Por qué, Israel, vives en país enemigo,
    has envejecido en país extraño,
¹¹ te has contaminado* con los muertos
    y te cuentan entre los habitantes del abismo?
¹² ¡Porque abandonaste la fuente de la sabiduría!
¹³ Si hubieras seguido por el camino de Dios,
    vivirías en paz para siempre.
¹⁴ Aprende dónde está la sensatez,
    dónde la fuerza,
    dónde la inteligencia para aprender aún más,
    dónde la larga vida,
    dónde la luz de los ojos y la paz.
¹⁵ ¿Quién ha encontrado su lugar,
    quién ha tenido acceso a sus tesoros*?
¹⁶ ¿Dónde están los jefes de las naciones,

y los que dominan sobre las bestias de la tierra,
¹⁷ los que juegan con las aves del cielo,
    los que atesoran la plata y el oro
    en que confían los hombres
    que acumulan fortunas sin cesar;
¹⁸ los que labran la plata con esmero
    y no dejan rastro de sus obras?
¹⁹ Desaparecieron, bajaron al abismo
    y otros los sustituyeron.
²⁰ Otros más jóvenes vieron la luz
    y vivieron en la tierra;
    pero no conocieron el camino del conocimiento,
²¹ ni descubrieron sus senderos,
    ni lo alcanzaron;
    y sus hijos extraviaron su camino*.
²² No se la oyó en Canaán,
    ni se la vio en Temán.
²³ Los hijos de Agar, que buscan el saber en la tierra,
    los mercaderes de Madián* y de Temán,
    los narradores de historias y los buscadores del saber,

Jr 27 6

Ez 28 4-5
Za 9 2
Jb 2 11+

Ex 2 15+
Gn 25 12

---

3 4   Los israelitas, próximos a la muerte, ver Is 59 10; Lm 3 6; Ez 37 11s.
3 11   El traductor griego ha leído tal vez por error *nitmeta*, «te has contaminado», en lugar de *nidmeta*, «eres semejante».
3 15   A esta cuestión, como en Jb 28 13-28, se da primero una respuesta negativa: ningún esfuerzo humano conquista la Sabiduría, 2 16-31; luego la respuesta positiva: Dios la posee y se la ha dado a Israel con la Ley, 3 24 - 4 4.
3 21   «su camino» sir.; «camino de e los», griego.
3 23   «Madián» conj.; «Merrán» griego.

no conocieron el camino de la sabiduría
   ni recordaron sus senderos.

²⁴ ¡Oh Israel, qué grande es la morada
de Dios*,
   qué vastos sus dominios!
²⁵ Es grande e ilimitada,
   es sublime e inmensa.

<small>Gn 6 4
Dt 1 28+</small>

²⁶ Allí nacieron los famosos gigantes de
antaño,
   de gran estatura y diestros en la guerra.

<small>1 S 16 7</small>

²⁷ Pero no los eligió Dios
   ni les enseñó el camino de la ciencia;
²⁸ y perecieron por no tener prudencia,
   por su locura perecieron.

<small>Dt 30 11+
Si 24 4
Sb 9 4</small>

²⁹ ¿Quién subió al cielo para cogerla
   y hacerla bajar desde las nubes?
³⁰ ¿Quién atravesó el mar para encontrarla
   y comprarla a precio de oro puro?

<small>Jb 28 13.14</small>

³¹ Nadie conoce su camino,
   ni puede rastrear su sendero.

<small>Jb 28 23</small>

³² El que todo lo sabe la conoce
   y la descubre con su inteligencia,
   el que fundó la tierra para siempre
   y la pobló de animales cuadrúpedos,

³³ el que envía la luz y va,
   la llama y temblorosa le obedece.
³⁴ Los astros brillan encantados en sus
puestos de guardia,
³⁵ él los llama y le responden: ¡Aquí estamos!,
   y brillan alegres para su creador.

<small>Is 40 26
Jb 38 35
Sal 147 4</small>

³⁶ Éste es nuestro Dios
   y ningún otro es comparable a él.
³⁷ Él descubrió el camino del conocimiento
   y se lo enseñó a su siervo Jacob
   y a su amado Israel.

<small>Sal 147 19
Si 24 8.10s</small>

³⁸ Después apareció en la tierra
   y convivió entre los hombres*.

<small>Pr 8 31
Sb 9 10
Jn 1 14</small>

4 ¹ Ella es el libro de los mandatos de
Dios,
la Ley que perdura por los siglos:
   todos los que la guarden vivirán,
   pero los que la abandonen morirán.

<small>Si 24 23</small>

² Vuélvete, Jacob, y tómala,
   camina al esplendor de su luz.

<small>Pr 1 32-33;
8 35-36</small>

³ No entregues tu gloria a otro,
   ni tus privilegios a pueblo extranjero.

<small>Pr 6 23</small>

⁴ Felices nosotros, Israel,
   pues se nos ha revelado lo que agrada
al Señor.

<small>Dt 4 8.32-3
Sb 9 18</small>

III.   *Quejas y esperanzas de Jerusalén**

⁵ ¡Ánimo, pueblo mío,
   memoria de Israel*!

<small>Is 50 1;
52 3</small>

⁶ Habéis sido vendidos a las naciones,
   mas no para la destrucción.
   Por haber desatado la cólera de Dios,
   habéis sido entregados a los enemigos.
⁷ Pues habéis irritado a vuestro Creador,
   ofreciendo sacrificios a los demonios y
no a Dios.

<small>Dt 32 17</small>

⁸ Olvidasteis al Dios eterno que os alimentó

<small>Dt 32 5.
10.15
Is 1 2</small>

   y afligisteis a Jerusalén que os crió.
⁹ Cuando ella vio caer sobre vosotros
   el castigo de Dios, dijo:

Escuchad, vecinas de Sión,
   Dios me ha enviado una gran pena.
¹⁰ He visto el destierro que el Eterno
atrajo
   sobre mis hijos y mis hijas.

¹¹ Yo los había criado con gozo
   y los he despedido con lágrimas de
duelo.
¹² Que nadie se regodee conmigo,
   una viuda abandonada de tantos.
   He quedado desierta por los pecados
de mis hijos,
   porque se apartaron de la Ley de Dios,

<small>Lm 1 1-2</small>

¹³ desconocieron sus decretos,
   no siguieron el camino de sus mandamientos,
   ni tomaron la senda de su enseñanza
recta.
¹⁴ ¡Que vengan las vecinas de Sión!
   Acordaos del destierro que el Eterno
atrajo
   sobre mis hijos y mis hijas.
¹⁵ Él hizo venir sobre ellos a un pueblo
remoto,
   un pueblo despiadado y de lengua extraña,

<small>Jr 5 15;
6 22.23
Dt 28 49-5</small>

<small>3 24   El universo.
3 38   Encarnándose en la Ley judía, como se explicita
a continuación. No se trata, por tanto, de un pensamiento universalista.
4 5   (a) Después de un preámbulo, vv. 5-9ᵃ, Jerusalén</small>

<small>personificada se dirige a las ciudades vecinas y a sus
hijos dispersos, vv. 9ᵇ-29, y el poeta le responde anun-
ciandole la restauración mesiánica, 4 30 - 5 9.
4 5   (b) Los que mantienen el nombre de Israel.</small>

que no respetaba a los ancianos,
ni se apiadaba de los niños,
¹⁶ que arrebató a la viuda sus hijos queridos
y la dejó sola y privada de sus hijas.
¹⁷ Y yo ¿cómo podría ayudaros?
¹⁸ El que atrajo sobre vosotros las desgracias
os librará del poder de vuestros enemigos.
¹⁹ Marchad, hijos, marchad,
que a mí me han dejado sola.
²⁰ Me he quitado el vestido de paz,
y me he puesto el sayal de plañidera
para gritar al Eterno mientras viva.
²¹ Ánimo, hijos, clamad a Dios,
que él os librará de la tiranía y del poder de vuestros enemigos.
²² Yo esperé del Eterno vuestra salvación
y el Santo me ha llenado la alegría,
pues muy pronto el Eterno, vuestro Salvador,
tendrá misericordia de vosotros.
²³ Os despedí con lágrimas de duelo,
pero Dios os devolverá a mí para siempre
con felicidad y alegría.
²⁴ Como las vecinas de Sión han contemplado hasta hoy vuestro destierro,
así contemplarán muy pronto la salvación
que Dios os concederá con gran gloria
y el esplendor del Eterno.
²⁵ Hijos, soportad con paciencia
el castigo que Dios os ha enviado.
Tu enemigo te ha perseguido,
pero pronto verás su ruina
y podrás poner el pie sobre su cuello.
²⁶ Mis hijos tiernos han recorrido duros caminos,
arrebatados como rebaño robado por el enemigo.
²⁷ ¡Ánimo, hijos, clamad a Dios!,
pues el que os mandó esto se acordará de vosotros.
²⁸ Ya que entonces decidisteis alejaros de Dios,
convertíos y buscadlo con mucho mayor empeño.
²⁹ Pues el que os envió estas desgracias
os enviará la alegría eterna de vuestra salvación.
³⁰ ¡Ánimo, Jerusalén!
Aquel que te dio nombre* te consolará.

³¹ ¡Malditos los que te hicieron daño
y se alegraron de tu caída!
³² ¡Malditas las ciudades que esclavizaron a tus hijos!
¡Maldita la ciudad que los recibió!
³³ Pues como se alegró de tu caída
y se regodeó en tu ruina,
así lamentará su propia destrucción.
³⁴ Yo le arrancaré el júbilo de su población numerosa
y su arrogancia se cambiará en duelo.
³⁵ El Eterno le enviará un incendio inextinguible
y quedará habitada por demonios durante mucho tiempo.
³⁶ Mira hacia oriente, Jerusalén,
y contempla la alegría que te envía Dios.
³⁷ Mira, ya llegan tus hijos, a los que despediste:
vuelven convocados desde oriente a occidente por la palabra del Santo
y disfrutando de la gloria de Dios.

5 ¹ Jerusalén, quítate el vestido de luto y aflicción
y vístete ya siempre con las galas de la gloria de Dios.
² Envuélvete en el manto de la justicia divina
y adorna tu cabeza con la gloria del Eterno.
³ Porque Dios mostrará tu esplendor a toda la tierra
⁴ y te dará para siempre este nombre:
«Paz en la justicia y gloria en la piedad»*.
⁵ Levántate, Jerusalén, súbete en alto,
mira hacia oriente
y contempla a tus hijos convocados desde oriente a occidente
por la palabra del Santo y disfrutando del recuerdo de Dios.
⁶ Se te marcharon a pie,
conducidos por el enemigo,
pero Dios te los devuelve
encumbrados en gloria y en litera real*.
⁷ Porque Dios ha ordenado rebajarse
a todo monte elevado y a las dunas permanentes,
y rellenarse a los barrancos, hasta nivelar la tierra,
para que Israel camine seguro bajo la gloria de Dios.

Marginal references (left column):
Jr 31 12.13
Is 60 1-3
Is 51 23
Lm 2 22; 4 5
Is 40 1

Marginal references (right column):
Is 34 9. 10.14
Lv 16 8+; 17 7+
Is 60 4-5
Is 52 1
Is 61 10
Is 49 22; 60 4
Is 40 3.4
Is 40 5
Is 42 16

4 30   Alusión al sobrenombre de Jerusalén: «ciudad de Dios» o «ciudad del Señor», Sal 46 5; Is 60 14.
5 4   Ver los demás nombres mesiánicos de Jerusalén, Is 1 26+; 60 14+; Jr 33 16; Ez 48 35.
5 6   Sobre el tema del nuevo Éxodo, ver Is 40 3+.

Is 41 19 ⁸ Y hasta los bosques y los árboles aromáticos

darán sombra a Israel por orden de Dios.

⁹ Porque Dios conducirá a Israel con alegría a la luz de su gloria,

con su misericordia y su justicia.

IV. Carta de Jeremías

Jr 29 1 Copia de la carta que envió Jeremías a los prisioneros que iban a ser deportados a Babilonia por el rey de los babilonios, para comunicarles lo que Dios le había encargado.

6 ¹ Por los pecados que habéis cometido contra Dios vais a ser deportados a Babilonia por su rey, Nabucodonosor. ² Llegados a Babilonia, permaneceréis allí muchos años, un largo periodo de siete generaciones; pero después yo os sacaré de allí en paz. ³ En ese tiempo veréis en Babilonia dioses de plata, oro y madera, que son transportados a hombros* y que infunden temor a los paganos. ⁴ Tened cuidado, no vayáis a imitar también vosotros a esos extranjeros y os domine el temor hacia ellos. ⁵ Cuando veáis a la multitud delante y detrás de ellos adorándolos, decid entonces en vuestro interior: «A ti solo hay que adorar, Señor,» ⁶ pues mi ángel os acompaña y protege vuestras vidas.

Ex 23 20+

Sal 115 4-5

⁷ La lengua de esos dioses ha sido modelada por un artesano y, aunque están recubiertos de oro y plata, son falsos y no pueden hablar. ⁸ Como se hace con una joven presumida, ellos toman oro y tejen coronas para las cabezas de sus dioses. ⁹ A veces los sacerdotes roban a sus dioses oro y plata y lo gastan en su propio beneficio e incluso se lo dan a las prostitutas sagradas*. ¹⁰ A esos dioses de plata, oro y madera también los adornan con vestidos, como si fuesen hombres; pero no se libran ni de la roña ni de la polilla. ¹¹ Y aunque los visten con mantos de púrpura, tienen que limpiarles la cara del polvo de los templos que se les acumula encima. ¹² Algunos empuñan cetros como jueces de distrito, pero no pueden castigar a quien los ofende. ¹³ Otros llevan en sus manos espadas y hachas, pero no pueden defenderse de la guerra ni de los ladrones. ¹⁴ Con ello se demuestra que no son dioses. Por tanto, no los temáis.

¹⁵ Como cacharros domésticos que, cuando se rompen, ya no sirven, así son los dioses que entronizan en sus templos. ¹⁶ Tienen los ojos llenos del polvo que levantan los pies de los que entran. ¹⁷ Igual que se encierra a cal y canto a los condenados a muerte por delitos contra el rey, los sacerdotes refuerzan sus templos con portones, cerrojos y barrotes, para que no sean saqueados por los ladrones. ¹⁸ Les encienden más luces que las que ellos mismos usan, aunque los dioses no pueden ver ni una sola. ¹⁹ Son como las vigas de las casas cuyo interior, según se dice, está carcomido. Tampoco se dan cuenta de los bichos de la tierra que los devoran a ellos y a sus vestidos. ²⁰ Tienen la cara ennegrecida por los humos del templo. ²¹ Sobre su cuerpo y sus cabezas revolotean murciélagos, golondrinas y otros pájaros, igual que los gatos. ²² De donde se deduce que no son dioses. Por tanto, no los temáis.

²³ El oro que los recubre y adorna no podría brillar si no le limpiasen el óxido; y ni siquiera sentían cuando eran fundidos. ²⁴ Fueron comprados a precios carísimos, aunque no tienen vida. ²⁵ Como no tienen pies, son llevados a hombros, mostrando a los hombres su propia deshonra. También quedan abochornados sus servidores, porque si se caen al suelo, hay que levantarlos; ²⁶ si los ponen de pie, no pueden moverse por sí mismos; si los reclinan, no pueden enderezarse; y cuando les hacen ofrendas son como muertos. ²⁷ Los sacerdotes venden sus víctimas para provecho propio; lo mismo que sus mujeres las ponen en conserva, sin repartir nada a pobres y enfermos. Incluso tocan víctimas las que están con la regla y las recién paridas. ²⁸ Deduciendo de todo esto que no son dioses, no los temáis.

Is 46 7

Sb 13 16

Lv 12 4;
15 19s; 20

---

6 3   Aquí y en el v. 5, alusión a las procesiones babilónicas, en las que se sacaban de sus templos las estatuas de los dioses.

6 9   Las consagradas a la prostitución en los templos babilónicos.

²⁹ ¿Cómo se les puede llamar dioses, cuando son las mujeres las que presentan ofrendas* ante estos dioses de plata, oro y madera? ³⁰ En sus templos los sacerdotes los transportan con las túnicas rotas, con el pelo y la barba rapados y con la cabeza descubierta. ³¹ Y gritan chillando ante sus dioses, como se hace en los banquetes fúnebres*. ³² Los sacerdotes los despojan de sus vestidos para vestir a sus mujeres y a sus hijos. ³³ Si alguien les hace mal o bien, no pueden devolverle su merecido. Ni pueden poner ni quitar rey, ³⁴ como tampoco dar riquezas ni dinero. Y si alguien les hace un voto y no lo cumple, no le piden cuentas. ³⁵ Jamás libran a nadie de la muerte, ni arrancan al débil de las manos del poderoso. ³⁶ No pueden devolver la vista al ciego, ni librar a nadie de su apuro. ³⁷ No se compadecen de la viuda ni favorecen al huérfano. ³⁸ Estos objetos de madera recubiertos de oro y plata se parecen a las piedras del monte, y sus servidores quedarán abochornados. ³⁹ ¿Cómo, pues, se puede creer o decir que son dioses?

⁴⁰ Más aún, los mismos caldeos los deshonran cuando, al ver a un mudo que no puede hablar, lo presentan a Bel, pidiéndole que le conceda el habla, como si él pudiera enterarse. ⁴¹ Y ni siquiera ellos, que lo saben, son capaces de abandonar a sus dioses que no pueden sentir. ⁴² Las mujeres, ceñidas con cuerdas, se sientan junto a los caminos quemando salvado como incienso ⁴³ y cuando alguna de ellas, solicitada por algún transeúnte, se acuesta con él, se burla de la vecina que no ha sido escogida como ella, porque no han roto su cuerda*. ⁴⁴ Todo lo que hacen es mentira. ¿Cómo, pues, se puede creer o decir que son dioses?

⁴⁵ Han sido fabricados por artesanos y orfebres y sólo son lo que quieren sus creadores. ⁴⁶ Sus mismos fabricantes no viven mucho tiempo. ¿Cómo van a ser dioses los objetos que han fabricado? ⁴⁷ Sólo han legado a la posteridad mentira y deshonra. ⁴⁸ Cuando sobreviene alguna guerra o catástrofe, los sacerdotes deliberan entre sí dónde esconderse con ellos. ⁴⁹ ¿Cómo no darse cuenta de que no son dioses los que no pueden salvarse a sí mismos de guerras y catástrofes?

⁵⁰ Si sólo son objetos de madera recubiertos de oro y plata, habrá que reconocer que no son más que fraude. A todos los pueblos y reyes quedará patente que no son dioses, sino manufactura humana, incapaces de realizar acción divina alguna. ⁵¹ ¿A quién, pues, no resulta evidente que no son dioses?

⁵² No pueden poner reyes en los países, ni enviar la lluvia a los hombres; ⁵³ no pueden emitir sentencias, ni discernir, ni defender al agraviado, porque son impotentes. Son como grajos entre el cielo y la tierra. ⁵⁴ Si se declara un incendio en el templo de estos dioses de madera recubiertos de oro y plata, sus sacerdotes huirán para ponerse a salvo, pero ellos se abrasarán como las vigas maestras. ⁵⁵ No pueden hacer frente a rey ni a enemigos. ⁵⁶ ¿Cómo, pues, admitir o creer que son dioses?

⁵⁷ Estos dioses de madera recubiertos de oro y plata no se libran de ladrones y bandidos. Como son más fuertes que ellos, les quitan el oro, la plata y los vestidos que los cubren, y desaparecen con el botín, sin que los dioses puedan socorrerse a sí mismos. ⁵⁸ De modo que vale más un rey que demuestra su propio valor, o un cacharro útil en casa, que sirve a su dueño, que estos dioses falsos. Vale más una puerta que protege cuanto hay en una casa, que estos dioses falsos. Vale más una columna de madera en un palacio, que estos dioses falsos. ⁵⁹ Porque el sol, la luna y las estrellas brillan y cumplen la tarea encomendada. ⁶⁰ Igualmente, cuando el relámpago aparece, es bien visible. Asimismo el viento sopla en todos sitios. ⁶¹ Cuando las nubes reciben de Dios la orden de recorrer toda la tierra, cumplen lo ordenado; y el fuego, enviado desde arriba a consumir montes y bosques, hace lo que se le manda. ⁶² Pero esos dioses no son comparables a estas cosas ni en apariencia ni en poder. ⁶³ Por tanto, no se puede creer ni afirmar que sean dioses, puesto que son incapaces de hacer justicia y de favorecer a los hombres. ⁶⁴ Sabiendo, pues, que no son dioses, no los temáis.

⁶⁵ No pueden maldecir ni bendecir a los reyes. ⁶⁶ No pueden mostrar a las naciones señales celestes, ni brillar como el sol, ni alumbrar como la luna. ⁶⁷ Las bestias

Sal 68 6; 146 7-8

---

6 29   Cosa que no les permitía la Ley judía.
6 31   Alusión a los cultos que celebraban la muerte y la resurrección anuales de algunas divinidades.

6 43   Costumbre relacionada con la prostitución sagrada. —Las fumigaciones de salvado parecen ser un procedimiento mágico con fin afrodisíaco.

valen más que ellos, porque pueden protegerse a sí mismas, poniéndose a cubierto. [68] De ningún modo se nos demuestra que sean dioses; así que no los temáis.

[69] Como espantajo en melonar, que no guarda nada, así son sus dioses de madera recubiertos de oro y plata. [70] Estos dioses se parecen al espino de un huerto, en el que se posa cualquier pájaro, o a un cadáver tirado en la oscuridad. [71] Por la púrpura y el lino* que se les pudre encima, deduciréis que no son dioses. Ellos mismos terminarán carcomidos y serán la deshonra del país. [72] En conclusión, vale más un hombre justo, que no tiene ídolos; pues nunca sufrirá tal deshonra.

---

6 71   Griego: «mármol», pero esta palabra puede traducir el heb. *šeš*, que significa normalmente «lino», y también «alabastro». Vulg.: «escarlata».

EZEQUIEL

Introducción

1 ¹ El año treinta, el día cinco del cuarto mes, encontrándome yo entre los deportados, a orillas del río Quebar, se abrió el cielo y contemplé visiones divinas. ² El día cinco del mes —era el año quinto de la deportación del rey Jeconías—, ³ la palabra de Yahvé se dirigió al sacerdote Ezequiel, hijo de Buzí, en el país de los caldeos, a orillas del río Quebar*, y allí vino sobre él la mano de Yahvé*.

10
Ap 4

Visión del «Carro de Yahvé*».

⁴ Yo miré: un viento huracanado venía del norte, una gran nube y fuego fulgurante con resplandores a su alrededor, y en su interior como el destello de un relámpago en medio del fuego. ⁵ Había en el centro la figura de cuatro seres cuyo aspecto era el siguiente: tenían figura humana. ⁶ Tenían cada uno cuatro caras y cuatro alas cada uno. ⁷ Sus piernas eran rectas y la planta de sus pies era como la pezuña del buey, y relucían como el fulgor del bronce bruñido. ⁸ Bajo sus alas había unas manos humanas por los cuatro costados; los cuatro tenían sus caras y sus alas. ⁹ Sus alas se tocaban unas a otras; al andar no se volvían; cada uno marchaba de frente. ¹⁰ La forma de sus caras era un rostro humano, y los cuatro tenían cara de león a la derecha, los cuatro tenían cara de toro a la izquierda, y los cuatro tenían cara de águila*. ¹¹ Sus alas* estaban desplegadas hacia lo alto; cada dos alas se tocaban entre sí y otras dos les cubrían el cuerpo; ¹² y cada uno marchaba de frente; donde el espíritu les hacía ir, allí iban, y no se volvían en su marcha.

¹³ Entre los seres había como* brasas incandescentes, con aspecto de antorchas, que se movía entre los seres; el fuego despedía un resplandor, y del fuego salían rayos. ¹⁴ Y los seres iban y venían como el aspecto del rayo*.

¹⁵ Miré entonces a los seres: había una rueda en el suelo al lado de los seres por los cuatro costados. ¹⁶ El aspecto de las ruedas y su estructura era como el destello del crisólito. Tenían las cuatro la misma forma y parecían dispuestas como si una rueda estuviese dentro de la otra. ¹⁷ En su marcha avanzaban en las cuatro direcciones*; no se volvían en su marcha. ¹⁸ Su circunferencia era enorme, imponente, y la circunferencia de las cuatro estaba llena de destellos* todo alrededor. ¹⁹ Cuando los seres avanzaban, avanzaban las ruedas junto a ellos, y cuando los seres se elevaban del suelo, se elevaban las ruedas. ²⁰ Donde el espíritu les hacía ir, allí iban*, y las ruedas se elevaban juntamente con ellos, porque el espíritu del ser estaba en las ruedas. ²¹ Cuando avanzaban ellos, avanzaban ellas, cuando ellos se paraban, se paraban ellas, y cuando ellos se elevaban del suelo, las ruedas se elevaban juntamente con ellos, porque el espíritu del ser estaba en las ruedas. ²² Sobre las cabezas

Ex 19 18

Sal 104 4

10 9-13

10 8-22
Ex 25 18+
✓ Ap 4 6-8

Is 6 2

Za 4 10
✓ Ap 4 8

10 16

---

1 3 (a) Parece que los vv. 1-3 yuxtaponen dos introducciones distintas. Una, vv. 2-3ᵃ, impersonal, anuncia el conjunto del libro de Ezequiel y fecha la primera visión del profeta el año cinco del destierro de Jeconías, es decir, el 593-592. La otra, v. 1, estaba quizás unida a la visión del carro de Yahvé, cuando éste no había encontrado aún su lugar actual, ver Introducción. Pero en este caso, la fecha (año treinta) es de difícil interpretación. No ser que se la corrija por «año trece» (del destierro de Jeconías), es decir el verano del 585.
1 3 (b) Expresión frecuente en Ezequiel para designar el éxtasis, ver 3 22; 8 1; 33 22; 37 1; 40 1. —Las versiones leen «sobre mí» en lugar de «sobre él»; en este caso hay que unir 3ᵇ a 4.
1 4 Esta visión está ciertamente destinada a los desterrados. Algunos detalles son oscuros, pero el sentido general es claro: es la «movilidad» espiritual de Yahvé, que no está vinculado exclusivamente al templo de Jerusalén, sino que puede seguir a sus fieles hasta en su destierro.
1 10 Estos extraños seres recuedan a los *Kâribu* asirios (cuyo nombre corresponde al de los Querubines del arca, ver Ex 25 18+), seres de cabeza humana, cuerpo de león, patas de toro y alas de águila, cuyas estatuas custodiaban los palacios de Babilonia. Estos siervos de los dioses paganos son enganchados aquí al carro del Dios de Israel: expresión extraña de la trascendencia de Yahvé. Los «cuatro Seres» del Apocalipsis, Ap 4 7-8, etc., vuelven a tomar los rasgos de los cuatro seres de Ezequiel. La tradición cristiana ha hecho de ellos los símbolos de los cuatro evangelistas.
1 11 «Sus alas» griego; «sus caras y sus alas» hebr.
1 13 «Entre» versiones; «la semejanza» hebr. —«como», lit. «una apariencia (o aspecto) de» griego; «su apariencia» hebr.
1 14 «iban» Vulg.; «correr» (?) hebr. —Este v., que falta en el griego, es tal vez una glosa.
1 17 «en las cuatro direcciones» versiones; «hacia los cuatro lados de éstos» hebr.
1 18 «de destellos», lit. «de ojos»; pero hay que interpretar esta palabra según su uso figurado, en el que tiene el sentido de «reflejo», «destello», ver vv. 4.7.16.22.27; 8 2; 10 9. —Aquí esta mención de los «destellos» es tal vez una glosa inspirada en 10 12.
1 20 Después de «iban», hebr. añade: «en el espíritu para ir», omitido por mss. griego y s r.

del ser había una forma de bóveda como de cristal resplandeciente*, extendida por encima de sus cabezas*, [23] y bajo la bóveda sus alas estaban emparejadas una con otra; cada uno tenía dos que le cubrían el cuerpo*.

10 1
↗ Ap 4 6
Ex 24 10

[24] Y oí el ruido de sus alas, como el de muchas aguas, como la voz de Sadday; cuando marchaban había un ruido atronador, como el estruendo de una batalla; cuando se paraban, replegaban sus alas. [25] Y se produjo un ruido*.

10 5

Gn 17 1+

[26] Por encima de la bóveda que estaba sobre sus cabezas, había como una piedra de zafiro en forma de trono, y sobre esta forma de trono, por encima, en lo más alto, una figura de apariencia humana.

Ap 4 2-3

[27] Vi luego como el destello de un relámpago, como un fuego que la envolvía alrededor, desde lo que parecía ser sus caderas para arriba; y desde lo que parecía ser sus caderas para abajo, vi como un fuego resplandeciente alrededor. [28] Era como el arco iris que aparece en las nubes los días de lluvia: tal era el aspecto de este resplandor a su alrededor. Parecía la gloria de Yahvé*. A su vista caí rostro en tierra y oí una voz que hablaba.

8 2

Gn 9 13-15

8 4
Ex 24 16+
↗ Ap 1 17
↗ Dn 8 17

Visión del libro*.

Dn 10 11

3 24

Dt 9 7.24

2 [1] Me dijo: «Hijo de hombre*, ponte en pie, que voy a hablarte.» [2] Me invadió el espíritu mientras me hablaba y me puso en pie; y oí al que me hablaba. [3] Me dijo: «Hijo de hombre, yo te envío a los israelitas, nación rebelde*, que se han rebelado contra mí. Ellos y sus padres se rebelaron contra mí hasta el día de hoy. [4] Los hijos son de dura cerviz y corazón obstinado*; a ellos te envío para decirles: Así dice el señor Yahvé. [5] Y ellos, escu-

chen o no escuchen, ya que son casa rebelde, sabrán que había un profeta en medio de ellos. [6] Y tú, hijo de hombre, no les tengas miedo a ellos ni a lo que digan, no temas aunque te rodeen amenazantes y te veas sentado sobre escorpiones. No tengas miedo de lo que digan, ni te asustes de ellos, porque son una casa rebelde. [7] Les comunicarás mis palabras, escuchen o no escuchen, porque son una casa rebelde*.

12 2; 33 33

Jr 1 8.17

[8] «Y tú, hijo de hombre, escucha lo que voy a decirte, no seas rebelde como esa casa rebelde. Abre la boca y come lo que te voy a dar.» [9] Yo miré: vi una mano tendida hacia mí, que sostenía un libro enrollado. [10] Lo desenrolló ante mí: estaba escrito por el anverso y por el reverso; había escrito*: «Lamentaciones, gemidos y ayes.»

↗ Ap 5 1;
10 2

3 [1] Y me dijo: «Hijo de hombre, come lo que se te ofrece, come este rollo y ve luego a hablar a la casa de Israel.» [2] Yo abrí mi boca y él me hizo comer el rollo, [3] y me dijo: «Hijo de hombre, aliméntate y sáciate de este rollo que yo te doy.» Lo comí y fue en mi boca dulce como la miel*.

↗ Ap 10
8-11

[4] Entonces me dijo: «Hijo de hombre, ve a la casa de Israel y háblales con mis palabras. [5] Pues no eres enviado a un pueblo de habla oscura y de lengua difícil, sino a la casa de Israel; [6] no a pueblos numerosos, de habla oscura y lengua difícil, cuyas palabras no entenderías. Por cierto, si te enviara a ellos, te escucharían. [7] Pero la casa de Israel no querrá escucharte a ti, porque no está dispuesta a escucharme a mí, ya que toda la casa de Israel es de dura cerviz y corazón obstinado. [8] Mira, yo endurezco tu rostro como el de ellos,

Jr 7 27

Is 28 9-13;
33 19

Jon 3
Mt 12 38-42
11 21-24

Is 50 7

---

1 22   (a) Después de «cristal», hebr. añade: «espantoso», omitido por griego.
1 22   (b) Así, los seres, más que arrastrar, llevan sobre sí el trono de Yahvé. Comparar con el arca de la alianza, Ex 25 10+, donde «Yahvé se sienta sobre los querubines», 1 S 4 4, etc.
1 23   El hebr. repite: «y cada uno tenía dos que le cubrían», ditografía omitida por mss y griego.
1 25   El hebr. añade: «por encima del firmamento que había sobre sus cabezas; al pararse, replegaron sus alas», ditografía.
1 28   Los israelitas temían ver el rostro de Yahvé; por eso casi siempre Dios le mostraba su «gloria», es decir, las señales exteriores que rodean y revelan su persona, ver Ex 33 18.22, etc. La gloria de Yahvé es, pues, la señal de su presencia. Habitualmente tiene la apariencia de una nube luminosa, Ex 16 10; Ez 43 1-5; aquí la nube va acompañada de una especie de silueta humana brillante y radiante.
2   La visión del carro de Yahvé continúa después, 3 12. Aquí queda interrumpida por la visión del libro, que es probablemente la primera visión de Ezequiel, el

593, la de su vocación; ver Introducción.
2 1   La expresión «hijo de hombre», aplicada por Dios a su profeta, es peculiar de Ezequiel (excepto Dn 8 17), y subraya la distancia entre Dios y el hombre. La misma expresión, en Dn 7 13, llegará a ser un título mesiánico, que recogerá Jesús, ver Mt 8 20+.
2 3   «nación» sir.; «naciones» hebr.
2 4   Toda una serie de fórmulas sirve, en hebreo, para expresar la obstinación, lit. «cerviz», «rostro», «frente», o «corazón duro». La expresión «corazón duro» evoca quizás en español el egoísmo más que la rebelión o la obstinación; se traducirá, pues, por «corazón empedernido», aunque el mismo término se traduzca en otras partes por «duro» o «endurecido».
2 7   «son una casa rebelde» griego, sir. y mss; «son rebeldes» hebr.
2 10   «había escrito», lit. «sobre él» *alêha* conj.; «hacia él» *'elôha* hebr.
3 3   Un serafín había tocado la boca de Isaías, Is 6 5-7, el mismo Yahvé la de Jeremías, y había «puesto sus palabras en la boca» del profeta, Jr 1 9. Ezequiel expresa esta última idea con mayor realismo todavía.

y tu frente tan dura como la suya; ⁹ yo he hecho tu frente como el diamante, que es más duro que la roca. No les temas, no tengas miedo de ellos, porque son una casa rebelde.»

¹⁰ Luego me dijo: «Hijo de hombre, todas las palabras que yo te dirija, guárdalas en tu corazón y escúchalas atentamente; ¹¹ anda, ve donde los deportados, a los hijos de tu pueblo; les hablarás y les dirás: 'Así dice el Señor Yahvé', escuchen o no escuchen.»

1 R 18 12+

Lc 2 13-14

¹² Entonces, el espíritu me levantó y oí a mis espaldas el estruendo de un gran terremoto: «Bendita sea la gloria de Yahvé, en su lugar», ¹³ (el ruido que hacían las alas de los seres al batir una contra otra, y el ruido de las ruedas junto a ellos, estruendo de un gran terremoto). ¹⁴ Entonces el espíritu me levantó y me arrebató; yo iba amargado, con el ánimo enardecido, mientras la mano de Yahvé pesaba fuertemente sobre mí. ¹⁵ Llegué donde los deportados de Tel Abib que residían junto al río Quebar —aquí residían ellos—, y permanecí allí siete días, aturdido, en medio de ellos.

El profeta como centinela*

¹⁶ Al cabo de los siete días, la palabra de Yahvé se dirigió a mí en estos términos: ¹⁷ «Hijo de hombre, te he constituido centinela de la casa de Israel. Cuando oigas una palabra de mi boca, les darás la alarma de mi parte. ¹⁸ Cuando yo diga al malvado: 'Vas a morir', si tú no le das la alarma, si no le hablas para advertir al malvado que abandone su mala conducta y viva, él, el malvado, morirá por su culpa, pero de su sangre te pediré cuentas a ti. ¹⁹ Pero si tú adviertes al malvado y él no se aparta de su maldad y de su mala conducta, él morirá por su culpa, pero tú habrás salvado tu vida.

33 1-9
Is 21 6.8.11

²⁰ Y si el justo se aparta de su justicia y comete injusticia, yo pondré un obstáculo ante él y morirá; por no haberle advertido tú, morirá por su pecado y no se recordará la justicia que había practicado, pero de su sangre te pediré cuentas a ti. ²¹ Pero si tú adviertes al justo que no peque, y él no peca, ciertamente vivirá él por haber sido advertido, y tú habrás salvado tu vida.»

18 24;
33 12-13
2 P 2 21

I.   Antes del asedio de Jerusalén

Ezequiel privado de la palabra.

²² Allí vino sobre mí la mano de Yahvé; me dijo: «Levántate, sal a la vega, y allí te hablaré.» ²³ Me levanté y salí a la vega, y allí estaba parada la gloria de Yahvé, semejante a la gloria que yo había visto junto al río Quebar, y caí rostro en tierra. ²⁴ Entonces, me invadió el espíritu y me puso en pie, y me habló. Me dijo: «Ve a encerrarte en tu casa. ²⁵ Hijo de hombre, he aquí que te van a echar cuerdas y te atarán con ellas*, de modo que no puedas salir en medio* de ellos. ²⁶ Voy a pegar tu lengua al paladar, te quedarás mudo y dejarás de ser su acusador, porque son una casa rebelde. ²⁷ Pero cuando vuelva a hablarte, abriré tu boca y les dirás: 'Así dice el Señor Yahvé'; el que quie-

1 28

2 2

27; 29 21;
33 22

ra escuche y el que no, que lo deje; porque son una casa rebelde.

Anuncio del asedio de Jerusalén.

4 ¹ «Tú, hijo de hombre, toma un ladrillo y ponlo delante de ti: graba en él una ciudad (Jerusalén), ² y diseña contra ella un asedio*: construye contra ella torres de asalto, levántale terraplenes, emplázale campamentos, instálale arietes contra ella a su alrededor. ³ Toma luego una sartén de hierro y colócala como un muro de hierro entre ti y la ciudad. Fija tu rostro contra ella; quedará en estado de sitio: tú la sitiarás. Es una señal para la casa de Israel.

⁴ «Y tú acuéstate del lado izquierdo y pon en él la culpa de la casa de Israel.

Jr 18 1+

---

3 16   El mismo tema se desarrolla en forma más coherente en 33 1-9; ha podido ser reproducido aquí, sin apenas modificaciones, porque expresa el programa mismo de la actividad profética. Subraya la responsabilidad personal de cada oyente, ver 14 12+.

3 25   (a) Estas «cuerdas» se han interpretado a veces como una especie de parálisis, ver 4 4s; sufrimiento físico que, por revelación, recibe un sentido simbólico que le incorpora al mensaje profético, ver Jr 18 1+.

3 25   (b) Así las versiones clásicas. También puede entenderse «no podrás librarte de ellas».

4 2   El profeta recibe la orden de anunciar mediante una mímica expresiva (el ladrillo asediado, la inmovilidad del profeta, el alimento miserable y racionado, los cabellos quemados y dispersos) el próximo asedio de Jerusalén. Respecto de estos gestos simbólicos, especialmente desarrollados por Ezequiel, ver Jr 18 1+.

Los días que estés acostado sobre él, cargarás con su culpa. [5] Yo te impongo en días los años de su culpa, trescientos noventa días; cargarás con la culpa de la casa de Israel. [6] Cuando los concluyas, te acostarás otra vez del lado derecho, y cargarás con la culpa de la casa de Judá durante cuarenta días. Yo te impongo un día por año*. [7] Después fijarás tu rostro y tu brazo desnudo sobre el asedio de Jerusalén, y profetizarás contra ella.» [8] He aquí que yo te he atado con cuerdas, y no te darás vuelta de un lado a otro hasta que no hayas cumplido los días de tu reclusión.

[9] «Y tú, toma trigo, cebada, habas, lentejas, mijo y espelta: ponlo en una misma vasija y haz con ello tu pan. Durante todo el tiempo que estés acostado de un lado —trescientos noventa días— comerás de ello. [10] El alimento que comas estará tasado: veinte siclos por día, que comerás a hora fija. [11] También tendrás racionada el agua: beberás la sexta parte de un sextario a hora fija*. [12] Comerás una galleta de cebada que cocerás delante de ellos sobre excrementos humanos.» [13] Y dijo Yahvé: «Así comerán los israelitas su alimento impuro* en medio de las naciones donde yo los arrojaré.» [14] Yo dije entonces: «¡Ah, Señor Yahvé!, mi alma no está impura. Desde mi infancia hasta el presente jamás he comido bestia muerta o despedazada, ni entró en mi boca carne contaminada.»

[15] Él me dijo: «Bien, en lugar de excrementos humanos te permito usar boñigas de buey* para que hagas sobre ellas tu pan.» [16] Luego me dijo: «Hijo de hombre, he aquí que yo voy a destruir la provisión de pan* en Jerusalén: comerán el pan tasado y con angustia, y el agua la beberán racionada y con ansiedad, [17] para que al faltar pan y agua desfallezcan unos y otros y se consuman por sus culpas.

3 25

Hch 10 14
Ex 22 30
Lv 17 15
Dt 14 3-21

Lv 26 26
Sal 105 16

12 18-19

Lv 26 39

5 [1] «Tú, hijo de hombre, toma una espada afilada, tómala como navaja de barbero y pásatela por tu cabeza y tu barba. Toma luego una balanza y divide en partes lo que hayas cortado. [2] A un tercio préndele fuego en medio de la ciudad, al cumplirse los días del asedio. El otro tercio tómalo y córtalo con la espada alrededor de la ciudad. El último tercio espárcelo al viento; yo voy a desenvainar la espada contra ellos*. [3] Pero toma de ahí una pequeña cantidad* y recógelo en el vuelo de tu manto, [4] y de éstos vuelve a tomar un poco y échalo en medio del fuego y quémalo. De él saldrá fuego* a toda la casa de Israel.

[5] «Así dice el Señor Yahvé: Ésta es Jerusalén; yo la había colocado en medio de las naciones, y rodeado de países. [6] Pero ella se ha rebelado contra mis normas con más perversidad que las naciones, y contra mis decretos más que los países de su alrededor. Sí, han rechazado mis normas y no se han conducido según mis decretos.

[7] «Por eso, así dice el Señor Yahvé: Porque vuestro tumulto es mayor que el de las naciones que os rodean, porque no os habéis conducido según mis decretos, ni habéis observado mis normas, y ni siquiera os habéis ajustado a las normas de las naciones que os rodean, [8] por eso, así dice el Señor Yahvé: También yo me declaro contra ti, ejecutaré mi sentencia* en medio de ti a la vista de las naciones, [9] y haré contigo a causa de tus abominaciones lo que nunca he hecho ni volveré a hacer jamás. [10] Por eso, los padres devorarán a sus hijos en medio de ti y los hijos devorarán a sus padres. Ejecutaré mi sentencia contra ti y esparciré a todos los vientos lo que quede de ti. [11] Por eso, juro por mi vida, oráculo del Señor Yahvé, que así como tú has contaminado mi santuario con todos tus horrores y todas tus abominaciones, yo también te rechazaré*, no

21

38 12

Jr 1 16

Dt 28 53+

Lv 26 33

7 4; 8 18;
9 10; 24 14

---

4 6 Se ha intentado en vano interpretar estrictamente estas cifras como el anuncio de la duración respectiva del destierro de Israel y de Judá. Probablemente, no hay que ver en todo ello más que el anuncio de un asedio, cuya duración no se manifiesta, en castigo de la apostasía prolongada de los dos reinos.

4 11 Es decir aproximadamente 200 gr. de pan y un litro de agua.

4 13 La raíz *tame'*, muy frecuente en Ezequiel, tiene siempre un sentido de impureza legal o también moral. La traducimos siempre por «impuro» y el verbo por «contaminarse», que parece indicar mejor en castellano ese matiz que el simple «mancharse», «manchado».

4 15 La boñiga seca se utiliza como combustible en oriente.

4 16 Lit. «el bastón de pan»: los panes que se guardaban se ensartaban en un bastón, ver **5** 16; **14** 13; Lv

26 26; Sal **105** 16.

5 2 El profeta, en una alegoría transparente, remeda las matanzas que señalarán el fin del asedio.

5 3 El «resto» respetado y, después de una nueva prueba, salvado, ver Is **4** 3+.

5 4 Esta última frase es misteriosa. Tal vez glosa inspirada en **19** 14.

5 8 Se corrige a menudo «ejecutaré mi sentencia» (*'aśîtî mišpaṭîm*) en «haré justicia» (*'aśîtî šepaṭîm*), fórmula muy frecuente en Ezequiel. Pero el término hebreo significa también «normas» y en este sentido aparece en el v. precedente. Se puede, pues, ver aquí un juego de palabras: vosotros no habéis observado mis *normas* (lit. ejecutado mis *mišpaṭîm*); pues bien, yo voy a ejecutar mis *sentencias* contra vosotros.

5 11 «rechazaré» griego; «raeré» hebr.

me apiadaré, ni perdonaré. ¹² Un tercio de los tuyos morirá de peste o perecerá de hambre en medio de ti, otro tercio caerá a espada a tu alrededor, y al otro tercio lo esparciré yo a todos los vientos; yo voy a desenvainar la espada contra ellos*. ¹³ Voy a desahogar mi cólera y saciar en ellos mi furor; me vengaré y sabrán entonces que yo, Yahvé, he hablado en mi celo, cuando desahogue mi furor en ellos. ¹⁴ Y haré de ti una ruina, oprobio y burla entre las naciones que te rodean, a los ojos de todos los transeúntes. ¹⁵ Serás oprobio y blanco de insultos, ejemplo y asombro para las naciones que te rodean, cuando en ti ejecute mis juicios con cólera y furor, con furiosos castigos. Yo, Yahvé, he hablado. ¹⁶ Lanzaré contra ellos las terribles flechas exterminadoras del hambre, que yo enviaré para exterminaros*; acrecentaré entre vosotros el hambre y destruiré vuestras provisiones de pan. ¹⁷ Enviaré contra vosotros hambre y bestias feroces, que te dejarán sin hijos; la peste y la sangre pasarán por ti, y haré venir contra ti la espada. Yo, Yahvé, he hablado.»

Contra los montes de Israel.

6 ¹ La palabra de Yahvé se dirigió a mí en estos términos: ² «Hijo de hombre, vuelve tu rostro hacia los montes de Israel y profetiza contra ellos*. ³ Dirás: Montes de Israel, escuchad la palabra del Señor Yahvé. Así dice el Señor Yahvé a los montes, a las colinas, a los barrancos y a los valles: He aquí que yo voy a hacer venir contra vosotros la espada y destruiré vuestros altozanos. ⁴ Vuestros altares serán devastados, rotas vuestras estelas; arrojaré vuestros caídos ante vuestras basuras*, ⁵ pondré los cadáveres de los israelitas delante de sus basuras, y esparciré sus huesos en torno a vuestros altares. ⁶ En todas vuestras comarcas, las ciudades serán destruidas y

los altozanos devastados, de forma que vuestros altares queden en ruinas y paguen la culpa, vuestras basuras sean destrozadas y aventadas, vuestras estelas hechas pedazos y aniquiladas vuestras obras. ⁷ Habrá caídos en medio de vosotros, y sabréis que yo soy Yahvé*.

⁸ «Pero os dejaré entre las naciones algunos supervivientes de la espada, cuando seáis dispersados por los países. ⁹ Y vuestros supervivientes se acordarán de mí en las naciones en las que estén deportados, aquellos a quienes yo haya quebrantado* el corazón adúltero que se apartó de mí y los ojos que se prostituyeron tras sus basuras. Se horrorizarán de sí mismos por las maldades que cometieron, por todas sus abominaciones. ¹⁰ Y sabrán que yo, Yahvé, no les había amenazado en vano con todos estos males.

Los pecados de Israel.

¹¹ «Así dice el Señor Yahvé. Bate las manos, patalea y di: «¡Ay!», por todas las execrables abominaciones de la casa de Israel, que va a caer por la espada, el hambre y la peste. ¹² El que esté lejos morirá de peste, el que esté cerca caerá a espada, el que quede y el sitiado morirá de hambre, porque voy a desahogar mi furor en ellos. ¹³ Y sabréis que yo soy Yahvé, cuando sus caídos queden allí ante sus basuras alrededor de sus altares, en toda colina elevada, en la cima de todos los montes, bajo cualquier árbol verde o encina frondosa, dondequiera que ofrecen aroma suave a todas sus basuras. ¹⁴ Extenderé mi mano contra ellos y asolaré esta tierra desolada, desde el desierto hasta Riblá*, en todas sus comarcas; y sabrán que yo soy Yahvé.»

El fin cercano.

7 ¹ La palabra de Yahvé se dirigió a mí en estos términos: ² «Hijo de hombre,

Márgenes izquierda:
Lv 26 32
4 16
v 26 30-31
Jr 8 1-2

Márgenes derecha:
Mi 1 7
Is 2 18
Jr 10 14-15

Is 4 3+

Lv 26 40-41
Dt 30 1-2

16; 23

25 6

Dt 12 2+

Ex 29 18+

2 R 23 33;
25 6

Am 5 18+

---

5 12 Esta enumeración de azotes, espada, hambre y peste, muy frecuente en Jeremías (14 12; 21 7.9; 24 10; 27 8.13; 29 17.18; 32 24.36; 34 17; 38 2; 42 17.22; 44 13), se encuentra varias veces, con algunas variantes, en Ezequiel, 6 11-12; 7 15; 12 16; 14 21, ver 33 27.
5 16 Texto corrompido por repeticiones y cambio de pronombres. El contexto invita a corregir «contra ellos» en «contra vosotros».
6 2 «contra» 'al conj.; «hacia», 'el hebr., pero el empleo de estas preposiciones es bastante amplio en Ez. Es quizás la huella de un dialecto popular.
6 4 En hebreo gillûlîm. El vocablo parece haber sido acuñado por Ezequiel (que lo utiliza 38 veces), tal vez por analogía con šiqqusîm «horrores», «monstruos», ya empleado por Jeremías, e influenciado por 'elîlîm «fal-

sos dioses», «naderías», utilizado por Isaías. Está emparentado con la raíz galal «rodar» y con el substantivo gelal «porquería», «excremento» (dicho vulgarmente), y debía de expresar el carácter repelente de los ídolos.
6 7 «sabréis que yo soy Yahvé»: expresión frecuente en Ezequiel. Las obras de Yahvé obligarán a los hombres, bien dispuestos o no, a reconocer su omnipotencia, ver Is 42 8+.
6 9 «yo haya quebrantado» versiones; «yo haya sido quebrantado» hebr.
6 14 «desde el desierto hasta Riblá» algunos mss; «desde el desierto de Diblatá» hebr.—Riblá, ver 2 R 23 33; 25 6s, designa aquí el punto más septentrional de Palestina, y «el desierto», su frontera meridional, ver Jc 20 1+.

di*: Así dice el Señor Yahvé a la tierra de Israel: ¡El fin! Llega el fin sobre los cuatro extremos de esta tierra. ³ Ahora es el fin para ti; voy a desencadenar mi cólera contra ti; te juzgaré según tu conducta y te pediré cuentas de todas tus abominaciones. ⁴ No me apiadaré de ti, ni te perdonaré, sino que te daré según tu conducta; aparecerán tus abominaciones en medio de ti, y sabréis que yo soy Yahvé.

⁵ «Así dice el Señor Yahvé: ¡Desgracia única! ¡Ya viene la desgracia! ⁶ Se acerca el fin, el fin se acerca sobre ti, es ya inminente. ⁷ Te llega el turno*, habitante del país. Llega el tiempo, está cercano el día*; consternación y no saltos de alegría en los montes. ⁸ Ahora voy a derramar sin tregua mi furor sobre ti y a desahogar mi cólera en ti; voy a juzgarte según tu conducta y a pedirte cuentas de todas tus abominaciones. ⁹ No me apiadaré de ti, ni perdonaré; te daré según tu conducta; tus abominaciones aparecerán en medio de ti, y sabréis que yo soy Yahvé, el que hiere.

¹⁰ «¡Está llegando el día! Te toca el turno, florece la injusticia*, despunta la arrogancia. ¹¹ Se alza la violencia para hacerse vara de maldad...* ¹² Llega el tiempo, se acerca el día. No se alegre el comprador, ni se entristezca el vendedor, porque la ira es contra toda su multitud*. ¹³ El vendedor no recobrará lo vendido, eso si se encuentra entre los vivos, pues la ira* contra toda su multitud no será revocada; y nadie tendrá segura la vida a causa de su iniquidad. ¹⁴ Tocad la trompeta, tened todo dispuesto, pero que nadie entre en combate, porque mi ira es contra toda su multitud.

Los pecados de Israel.

¹⁵ «Fuera está la espada, en casa la peste y el hambre. El que se encuentre en el campo morirá a espada, y al que esté en la ciudad le devorarán el hambre y la peste. ¹⁶ Escaparán sus supervivientes y andarán por los montes como las palo-

mas de los valles, todos ellos gimiendo cada uno por sus culpas. ¹⁷ Todas las manos desfallecerán, las rodillas se irán en agua; ¹⁸ se ceñirán de sayal, un escalofrío los invadirá; todos los rostros sonrojados, las cabezas rapadas*. ¹⁹ Arrojarán su plata por las calles y su oro se convertirá en inmundicia; su plata, ni su oro podrán salvarlos el día del ira de Yahvé; no se saciarán, ni llenarán su vientre, porque ello constituía la ocasión de su pecado. ²⁰ De la hermosura de sus joyas hicieron el objeto de su orgullo: con ellas fabricaron las imágenes de sus ídolos abominables; por eso yo se lo convertiré en basura. ²¹ Lo entregaré como botín a los extranjeros, como presa a los malvados de la tierra, para que lo profanen. ²² Apartaré de ellos mi vista y mi tesoro* será profanado: los invasores penetrarán en él y lo profanarán. ²³ «Haz unas cadenas*, porque el país está lleno de sangre, la ciudad repleta de violencia. ²⁴ Yo haré venir las maldades de los pueblos, que se apoderarán de sus casas. Pondré fin al orgullo de los poderosos, y sus santuarios serán profanados. ²⁵ Llega el terror; ellos buscarán la paz, pero no la habrá. ²⁶ Vendrá un desastre tras otro, una mala noticia tras otra: pedirán una visión al profeta, al sacerdote le faltará la ley, el consejo a los ancianos. ²⁷ El rey estará en duelo*, el príncipe hundido en la desolación, al pueblo de la tierra le temblarán las manos. Yo los trataré según su conducta, los juzgaré según sus juicios, y sabrán que yo soy Yahvé.»

Visión de los pecados de Jerusalén.

8 ¹ El año sexto, el día cinco del sexto mes*, estaba yo sentado en mi casa y los ancianos de Judá conmigo, cuando se posó allí sobre mí la mano del Señor Yahvé. ² Miré: había allí una figura con aspecto de hombre*. Desde lo que parecían ser sus caderas para abajo era de fuego, y

---

Marginal references (left column)

=7 8-9
5 11+
✗ Ap 8 13;
9 12; 11 14
=7 3-4
✗ Mt 24
16-18

Marginal references (right column)

21 12
Am 8 10
Mi 3 6
Lm 2 9
Is 29 14
14 1; 20 21
1 3+
1 26-28

---

7 2   «di» griego, sir.; omitido por hebr.
7 7   (a) «el turno», traducción dudosa; lit. «la corona». Igualmente en el v. 10.
7 7   (b) El «día de Yahvé», ver Am 5 18+.
7 10   «Injusticia» *muṭṭeh* conj.; hebr. *maṭṭeh* «bastón de mando».
7 11   El final del v. es ininteligible. Lit. «(no viniendo) de ellos, ni de su tumulto ni de su multitud, y no tienen valor». El griego interpreta todo el v.: «Romperá el apoyo del impío, sin tumulto ni prisa».
7 12   La multitud de Jerusalén (?). Lo mismo en el v. 14.

7 13   «ira» *jarôn* conj.; «visión» *jazôn* hebr.
7 18   Señal de deshonra.
7 22   Tal vez la ciudad de Jerusalén.
7 23   Posiblemente alusión a la futura deportación. Pero el texto es dudoso.
7 27   Estas palabras, ausentes del griego, podrían ser una adición posterior: en Ezequiel no se habla nunca del rey; sólo Dios reina sobre Israel, ver 20 23, y al soberano, que no es más que delegado suyo, se le llama «príncipe».
8 1   Septiembre-octubre del 592.
8 2   (a) «de hombre» griego; «de fuego» hebr.

desde sus caderas para arriba era resplandeciente, semejante al destello del relámpago*. ³ Alargó una especie de mano y me agarró por los cabellos; el espíritu me elevó entre el cielo y la tierra y me llevó a Jerusalén, en visiones divinas*, a la puerta septentrional del atrio interior, allí donde se alza el ídolo de los celos, que provoca los celos*. ⁴ Y allí estaba la gloria del Dios de Israel; con el mismo aspecto que yo la había visto en la vega. ⁵ Él me dijo: «Hijo de hombre, mira hacia el norte.» Miré hacia el norte y vi que al norte del pórtico del altar estaba este ídolo de los celos, a la entrada. ⁶ Me dijo: «Hijo de hombre, ¿ves lo que hacen éstos? La casa de Israel comete aquí grandes abominaciones para alejarme de mi santuario. Pues todavía has de ver mayores abominaciones.»

⁷ Me llevó a la entrada del atrio. Miré y había un agujero en la pared. ⁸ Y me dijo: «Hijo de hombre, perfora la pared.» Perforé la pared y se hizo una abertura. ⁹ Y me dijo: «Entra y contempla las execrables abominaciones que éstos cometen ahí.» ¹⁰ Entré y observé: toda clase de representaciones de reptiles y animales repugnantes, y todas las basuras* de la casa de Israel estaban grabadas en la pared, todo alrededor. ¹¹ Y setenta de los ancianos de la casa de Israel —uno de ellos era Jazanías, hijo de Safán—, estaban de pie delante de ellas cada uno con su incensario en la mano. Y el perfume de la nube de incienso subía. ¹² Me dijo entonces: «¿Has visto, hijo de hombre, lo que hacen en la oscuridad los ancianos de la casa de Israel, cada uno en su estancia adornada de pinturas? Están diciendo: 'Yahvé no nos ve, Yahvé ha abandonado el país.'» ¹³ Y me dijo: «Todavía les verás cometer mayores abominaciones.»

¹⁴ Me llevó a la puerta septentrional del templo de Yahvé; allí estaban sentadas las mujeres, plañiendo a Tamuz*. ¹⁵ Me dijo: «¿Has visto, hijo de hombre?

Todavía verás mayores abominaciones que éstas.»

¹⁶ Me condujo luego al atrio interior del templo de Yahvé; a la entrada del santuario de Yahvé, entre el vestíbulo y el altar, había unos veinticinco hombres de espaldas al santuario de Yahvé y de cara a oriente; se postraban en dirección a oriente hacia el sol. ¹⁷ Y me dijo: «¿Has visto, hijo de hombre? ¿No le basta a la casa de Judá con cometer las abominaciones que cometen aquí, para que llenen también el país de violencia, irritándome cada vez más? Mira cómo se llevan el ramo a la nariz*. ¹⁸ Pues yo también voy a actuar con furor; no me apiadaré, ni perdonaré. Me gritarán con fuerza, pero yo no les escucharé.»

El castigo*.

9 ¹ Entonces gritó a mis oídos con voz fuerte: «¡Que se acerquen los que van a castigar a la ciudad con su instrumento de castigo en la mano!» ² Y en esto, por el camino de la puerta superior que mira al norte, vinieron seis hombres con su instrumento de castigo en la mano. Entre ellos había un hombre vestido de lino con una cartera de escribano a la cintura. Entraron y se detuvieron ante el altar de bronce. ³ La gloria del Dios de Israel fue levantada de los querubines sobre los que descansaba y llevada hacia el umbral del templo. Le llamó entonces al hombre vestido de lino que tenía la cartera de escribano a la cintura, ⁴ y Yahvé le dijo: «Recorre la ciudad, Jerusalén, y marca una cruz* en la frente de los hombres que gimen y lloran por todas las abominaciones que se cometen en ella.» ⁵ Y a los otros oí que les dijo: «Recorred la ciudad detrás de él y herid. No tengáis piedad, ni perdonéis; ⁶ matad a viejos, jóvenes, doncellas, niños y mujeres hasta que no quede uno. Pero no toquéis a quien lleve la cruz en la frente. Empezad por mi santuario.» Empezaron, pues,

Dn 14 36

3 12

Dt 32 21

1 29; 3 22s
Ex 24 16+

5 11+
11 11+

Tb 5 4+

1 28+
Ex 25 18+

⁄ Ap 7 2-3
Ex 12 7.13

Ex 32 27
Nm 25 5.8

⁄ Ap 9 4

Lv 26 1

9 9
Is 29 15

8 2   (b) Es el mismo Yahvé, como en 1 26-28, quien se aparece al profeta. En el v. 4 no se trata más que de la «gloria de Yahvé», ver también 1 28.
8 3   (a) Ellas van a mostrar al profeta la culpabilidad de Jerusalén, pero no por pecados pasados o en virtud de una solidaridad jurídica con los pecadores: lo que provoca el inminente castigo son sus propios pecados y sus pecados presentes, ver 14 12+.
8 3   (b) Los celos de Yahvé, irritado por toda práctica idolátrica. Este «ídolo de los celos» es quizá la estatua de Astarté que Manasés había introducido en el templo, 2 R 21 7.
8 10   Ver nota a 6 4.

8 14   Divinidad asirio-babilónica de origen popular, célebre, con el nombre semítico de Adonis («Mi Señor»), en la mitología mediterránea. Su duelo se celebraba cada año, en el mes de Tamuz (junio-julio), con ocasión de la estancia del dios en los infiernos.
8 17   No es posible precisar con certeza el rito a que aquí se alude.
9   La visión va a mostrar que el castigo no herirá a todo el mundo indistintamente. Perdonará a los inocentes, ver 14 12+.
9 4   Lit. «una tau», como traduce la Vulg. Esta letra tenía en el alfabeto antiguo exactamente la forma de una cruz.

por los ancianos que estaban delante del templo. ⁷ Luego les dijo: «Profanad el templo, llenad de víctimas los atrios; en marcha.» Salieron a herir por la ciudad.

⁸ Mientras ellos herían, yo quedé solo allí, caí rostro a tierra y grité: «¡Ah, Señor Yahvé!, ¿vas a exterminar a todo el resto de Israel, derramando tu furor contra Jerusalén?» ⁹ Me dijo: «La culpa de la casa de Israel y de Judá es muy grande, mucho; la tierra está llena de sangre, la ciudad llena de perversidad. Pues dicen: 'Yahvé ha abandonado el país, Yahvé no ve nada.' ¹⁰ Pues bien, tampoco yo me apiadaré, ni perdonaré. Haré caer su conducta sobre su cabeza.» ¹¹ En aquel momento el hombre vestido de lino que llevaba la cartera a la cintura, vino a hacer su relación: «He ejecutado lo que me ordenaste.»

10

¹ *Miré y vi sobre el firmamento que estaba por encima de los querubines una especie de piedra de zafiro, semejante a un trono, por encima de ellos. ² Y dijo al hombre vestido de lino: «Métete bajo la carroza, debajo de los querubines, y llena tus manos con brasas ardientes de entre los querubines y espárcelas por la ciudad.» Y él entró, estando yo allí.

³ Los querubines estaban parados a la derecha del templo cuando entró el hombre, y la nube llenaba el atrio interior. ⁴ La gloria de Yahvé se elevó de encima de los querubines hacia el umbral del templo, que se llenó de la nube, mientras el atrio estaba lleno del resplandor de la gloria de Yahvé. ⁵ Y el ruido de las alas de los querubines se oía hasta en el atrio exterior, semejante a la voz del Dios Sadday cuando habla.

⁶ Cuando ordenó al hombre vestido de lino: «Toma fuego de la carroza en medio de los querubines», éste fue y se detuvo junto a la rueda; ⁷ el querubín alargó su mano de entre los querubines hacia el fuego que había en medio de los querubines, lo tomó y lo puso en las manos del hombre vestido de lino. Éste lo tomó y salió. ⁸ Entonces apareció en los querubines una especie de mano huma-na debajo de sus alas. ⁹ Miré: había cuatro ruedas al lado de los querubines, una rueda junto a cada querubín, y el aspecto de las ruedas era como el destello del crisólito. ¹⁰ Las cuatro tenían la misma forma, como si una rueda estuviese dentro de la otra. ¹¹ Cuando se movían, avanzaban en las cuatro direcciones; no se desviaban mientras andaban; seguían, en efecto, la dirección a la que estaban orientadas, y no se desviaban mientras andaban. ¹² Y todo su cuerpo, su espalda, sus manos y sus alas, así como las ruedas, estaban llenos de destellos* todo alrededor, por los cuatro costados. ¹³ Oí que a las ruedas se les daba el nombre de «galgal*». ¹⁴ Y cada uno tenía cuatro caras: la primera era la cara del querubín, la segunda una cara de hombre, la tercera una cara de león y la cuarta una cara de águila*. ¹⁵ Los querubines se levantaron: era el ser que yo había visto junto al río Quebar. ¹⁶ Al avanzar los querubines, avanzaban las ruedas a su lado; cuando los querubines desplegaban sus alas para elevarse del suelo, tampoco las ruedas se desviaban de su lado. ¹⁷ Cuando ellos se paraban, se paraban ellas, y cuando ellos se elevaban, se elevaban con ellos las ruedas, porque el espíritu del ser estaba en ellas.

La gloria de Yahvé abandona el templo.

¹⁸ La gloria de Yahvé traspasó el umbral del templo y se posó sobre los querubines. ¹⁹ Los querubines desplegaron sus alas y se elevaron del suelo en mi presencia; cuando salían los querubines, las ruedas iban con ellos. Y se detuvieron junto a la puerta oriental* del templo de Yahvé; la gloria del Dios de Israel estaba encima de ellos. ²⁰ Era el ser que yo había visto debajo del Dios de Israel en el río Quebar; y supe que eran querubines. ²¹ Cada uno tenía cuatro caras y cuatro alas, y como manos humanas bajo sus alas. ²² En cuanto a sus rostros, tenían la apariencia de los que yo había visto junto al río Quebar*. Cada uno marchaba de frente.

11 13
Am 7 2.5
Is 6 11
Is 4 3+

24 9

8 12
Sal 10 11+

1 22

1 26
↗ Ap 4 3

Gn 19 24
↗ Ap 8 5

1 28+

Ex 40 34-35
1 R 8 10-11

1 24
Sal 29 30
Ex 19 19

1 5-21

1 28+
Ex 24 16

---

10 1 Después del exterminio de los habitantes, la destrucción de la ciudad.
10 12 Ver nota a 1 18.
10 13 Sentido dudoso; probablemente «carroza» (ver 10 2.6) que es como traduciremos a lo largo del libro.
10 14 «la primera», «la segunda» sir.; «la cara del primero», «la cara del segundo» hebr.
10 19 «se detuvieron» versiones; «se detuvo» hebr. —La puerta oriental es el que da al valle del Cedrón y al monte de los Olivos, ver 11 23.
10 22 Hebr. añade aquí «su apariencia y ellos» (?), omitido por griego.

Continuación de los pecados de Jerusalén*.

11 ¹ El espíritu me elevó y me condujo al pórtico oriental del templo de Yahvé, el que mira a oriente. Y he aquí que a la entrada del pórtico había veinticinco hombres, entre los cuales vi a Jazanías, hijo de Azur, y a Pelatías, hijo de Benaías, jefes del pueblo. ² Él* me dijo: «Hijo de hombre, éstos son los hombres que maquinan el mal, que dan malos consejos en esta ciudad. ³ Dicen: ¡No es para pronto el construir casas! Ella es la olla y nosotros somos la carne*.' ⁴ Por eso, profetiza contra ellos, profetiza, hijo de hombre.» ⁵ El espíritu de Yahvé irrumpió en mí y me dijo: «Di: Así dice Yahvé: Eso es lo que habéis dicho, casa de Israel, conozco bien vuestra insolencia. ⁶ Habéis multiplicado vuestras víctimas en esta ciudad; habéis llenado de víctimas sus calles. ⁷ Por eso, así dice el Señor Yahvé: Las víctimas que habéis tirado en medio de ella son la carne, y ella es la olla; pero yo os haré* salir de ella. ⁸ Teméis la espada, pues yo traeré espada contra vosotros, oráculo del Señor Yahvé. ⁹ Os sacaré de la ciudad, os entregaré en mano de extranjeros, y haré justicia de vosotros. ¹⁰ A espada caeréis; en el término de Israel os juzgaré yo, y sabréis que yo soy Yahvé. ¹¹ Esta ciudad no será olla para vosotros, ni vosotros seréis carne en medio de ella; dentro del término de Israel os juzgaré yo. ¹² Y sabréis que yo soy Yahvé, cuyos preceptos no habéis seguido y cuyas normas no habéis guardado —por el contrario habéis obrado según las normas de las naciones que os circundan—.»

¹³ En esto, mientras yo estaba profetizando, Pelatías, hijo de Benaías, murió.

Yo caí rostro en tierra y grité con voz fuerte: «¡Ah, Señor Yahvé! ¿vas a aniquilar al resto de Israel?»

La nueva alianza prometida a los desterrados.

¹⁴ Entonces se dirigió a mí la palabra de Yahvé en estos términos: ¹⁵ «Hijo de hombre; de cada uno de tus hermanos, de tus parientes y de toda la casa de Israel, dicen los habitantes de Jerusalén: Seguid lejos de Yahvé; a nosotros se nos ha dado esta tierra en posesión*. ¹⁶ Por eso, di: Así dice el Señor Yahvé: Sí, yo los he alejado entre las naciones, y los he dispersado por los países, pero yo he sido un santuario para ellos, por poco tiempo, en los países adonde ido. ¹⁷ Por eso, di: Así dice el Señor Yahvé: Yo os recogeré de en medio de los pueblos, os congregaré de los países en los que habéis sido dispersados, y os daré la tierra de Israel. ¹⁸ Vendrán y quitarán de ella todos sus ídolos y abominaciones; ¹⁹ yo les daré un solo corazón y pondré en ellos* un espíritu nuevo: quitaré de su carne el corazón de piedra y les daré un corazón de carne, ²⁰ para que caminen según mis preceptos, observen mis normas y las pongan en práctica, y así sean mi pueblo y yo sea su Dios. ²¹ En cuanto a aquellos cuyo corazón* va en pos de sus ídolos y abominaciones yo haré recaer su conducta sobre su cabeza, oráculo del Señor Yahvé.»

La gloria de Yahvé abandona Jerusalén.

²² Los querubines desplegaron sus alas y las ruedas les siguieron, mientras la gloria del Dios de Israel estaba encima de ellos. ²³ La gloria de Yahvé se elevó de

Referencias marginales:
3 12
8 16
24 1-14
Dt 12 29-30
9 8+
Jr 24
33 24
36 19
Dt 30 3-5
Ez 36 24-25
18 31; 36 26
Sal 51 12-14
Jr 4 4+
Dt 30 6-8
Ez 44 7
36 27
Jr 31 31+
1 28+
Ex 24 16+

---

11 Este pasaje, 11 1-21, debe ser relacionado con el cap. 8 (antes de la destrucción de la ciudad), a menos que sea un duplicado de 8 7s. La visión de la salida de Yahvé, 10 18-22, prosigue normalmente en 11 22-23.
11 2 Yahvé, como precisan griego y sir.
11 3 V. de interpretación difícil. Si se sigue al griego leyendo la primera frase como una interrogación, se puede entender que Ezequiel denuncia la falsa seguridad de los que creen haber escapado al desastre y hallarse bien instalados en la ciudad. La imagen de la carne en la olla, repetida y desarrollada en 24 1-14, representaría también la engañosa seguridad de los que se creen ahora a cubierto, como la carne protegida de las llamas. Conservando el TM, se ve por el contrario la denuncia por Ezequiel de un derrotismo a ultranza. El profeta, al desarrollar la imagen de la olla en los vv. siguientes, abundaría entonces en este pesimismo anunciando todas las desgracias que traerá consigo una tal falta de confianza, ver v. 8. Puede en fin tratarse de la reacción egoísta de los que piensan aprovecharse de la situación creada por la primera deportación: no hace falta edificar casas, basta con ocupar las que han sido abandonadas; tampoco hay por que inquietarse ya: la desgracia no alcanzará a los que han podido quedarse en Jerusalén. Sea lo que fuere, Ezequiel recuerda el peligro no ha pasado.
11 7 «yo os haré» versiones; «él os hará» hebr.
11 15 Los habitantes de Jerusalén, librados de la deportación, se creían lo mejor del pueblo. Ya Jeremías combatía esta presunción, anunciando, Jr 24, que los deportados serían los preferidos por Yahvé. Ezequiel añade que la posesión del templo importa poco, porque puede ser para los desterrados «un santuario» en tierra extranjera, ver 1 3+.
11 19 «en ellos» versiones; «en vosotros» hebr. —«un solo corazón», o tal vez «otro corazón» (griego) o «un corazón nuevo» (sir.); ver 18 31; Jr 4 4 +.
11 21 «aquellos cuyo corazón» Vulg., Targ.; «y hacia el corazón que» hebr.

en medio de la ciudad y se detuvo sobre el monte que está al oriente de la ciudad.

3 12   **24** El espíritu me elevó y me llevó a Caldea, donde los desterrados, en visión, en el espíritu de Dios; y la visión que había contemplado se retiró de mí. **25** Yo conté a los desterrados* todo lo que Yahvé me había dado a ver.

Jr 18 1+   **El gesto del deportado*.**

12 ¹ La palabra de Yahvé se dirigió a mí en estos términos: **2** «Hijo de
2 5-7   hombre, tú vives en medio de la casa re-
Is 6 10   belde: tienen ojos para ver y no ven, oí-
Jr 5 21   dos para oír y no oyen, porque son una casa rebelde. **3** Ahora, pues, hijo de hombre, prepárate un equipo de deportado y sal deportado en pleno día, a sus propios ojos. Saldrás del lugar en que te encuentras hacia otro lugar, ante sus ojos. Acaso vean que son una casa rebelde. **4** Arreglarás tu equipo como un equipo de deportado, de día, ante sus ojos. Y saldrás por la tarde, ante sus ojos, como salen los deportados. **5** Haz a vista de ellos un agujero en la pared, por donde saldrás*. **6** A sus ojos, cargarás con tu equipaje a la espalda y saldrás en la oscuri-
Is 8 18   dad; te cubrirás el rostro para no ver la
Jr 18 1+ tierra, porque yo he hecho de ti un símbolo para la casa de Israel.»

7 Yo hice como se me había ordenado; preparé de día mi equipo, como un equipo de deportado, y por la tarde hice un agujero en la pared con la mano. Y salí* en la oscuridad, cargando con el equipaje a mis espaldas, ante sus ojos.

8 Por la mañana la palabra de Yahvé se dirigió a mí en estos términos: **9** «Hijo de hombre, ¿no te ha preguntado la casa de Israel, esta casa rebelde: 'Qué es lo que haces'? **10** Diles: Así dice el Señor Yahvé. Este oráculo* se refiere a Jerusalén y a toda la casa de Israel que está en medio de ella. **11** Di: Yo soy un símbolo para vosotros; como he hecho yo, así se hará con ellos; serán deportados, irán al des-

tierro. **12** El príncipe que está en medio de ellos cargará con su equipo a la espalda, en la oscuridad, y saldrá; horadarán la muralla para hacerle salir por ella; y se tapará la cara para no ver la tierra con sus propios ojos*. **13** Mas yo tenderé mi lazo sobre él y quedará preso en   =17 20
mi red; le conduciré a Babilonia, al país de los caldeos; pero no lo verá, y morirá allí. **14** Y a todo su séquito, su guardia y   Lv 26 33
todas sus tropas, yo los esparciré a todos los vientos y desenvainaré la espada detrás de ellos. **15** Y sabrán que yo soy Yahvé cuando los disperse entre las naciones y los esparza por los países. **16** Sin em-   Is 4 3+
bargo, dejaré que un pequeño número de ellos escapen a la espada, al hambre y a la peste, para que cuenten todas sus abominaciones entre las naciones adonde vayan, a fin de que sepan que yo soy Yahvé.»

17 La palabra de Yahvé se dirigió a mí en estos términos: **18** «Hijo de hombre, comerás tu pan con temblor y beberás tu   4 16
agua con inquietud y angustia*; **19** y dirás al pueblo de la tierra: Así dice el Señor Yahvé a los habitantes de Jerusalén que andan por el suelo de Israel: comerán su pan con angustia, beberán su agua con estremecimiento, para que esta tierra y los que en ella se encuentran queden libres* de la violencia de todos sus habitantes. **20** Las ciudades populosas serán destruidas y esta tierra se convertirá en desolación; y sabréis que yo soy Yahvé.»

Proverbios populares.

21 La palabra de Yahvé se dirigió a mí en estos términos: **22** «Hijo de hombre, ¿qué queréis decir con ese proverbio que circula acerca del suelo de Israel:

Los días se prolongan y toda visión se   2 P 3 3-4
desvanece*?

23 Pues bien diles: Así dice el Señor Yahvé: Yo haré que calle ese proverbio; no se volverá a repetir en Israel. Diles en cambio:

---

11 25 Los vv. 24-25 corresponden a 8 3: el profeta, que había sido transportado a Jerusalén para tener allí las visiones de los caps. **8-11**, es devuelto por el espíritu a su lugar de destierro.
12 Esta nueva acción simbólica, representada en silencio, anuncia una próxima deportación del pueblo de Jerusalén.
12 5 «Saldrás» versiones; «saca» hebr.: igualmente en el v. 6.
12 7 «salí» versiones; «saqué» hebr.
12 10 Antes de «Este oráculo» (hammaṣṣa'), omitimos «el príncipe» (hannaśi'), ditografía.
12 12 Quizá tengamos aquí a la vez el anuncio de la

salida que intentarán Sedecías y su ejército a través de una brecha en la muralla, 2 R 25 4s, y el del cautiverio del rey, a quien se le sacarán los ojos antes de llevarlo a Babilonia, 2 R 25 7.
12 18 Tal vez una nueva acción simbólica: remedar, comiendo, el temblor y el espanto.
12 19 «esta tierra y los que en ella se encuentran (lit. lo que la llena) queden libres» griego; «esta tierra quede libre de lo que la llena» hebr.
12 22 Se escuchaban, pues, con escepticismo los amenazadores oráculos de Ezequiel. El profeta va a invertir el proverbio: el castigo es inminente.

Llegan los días en que toda visión se cumplirá, ²⁴ pues ya no habrá ni visión vana ni presagio mentiroso en medio de la casa de Israel. ²⁵ Yo, Yahvé, hablaré, y lo que yo hablo es una palabra que se cumple sin dilación. Sí, en vuestros días, casa rebelde, yo pronunciaré una palabra y la ejecutaré, oráculo del Señor Yahvé.»

²⁶ La palabra de Yahvé se dirigió a mí en estos términos: ²⁷ «Hijo de hombre, mira, la casa de Israel está diciendo: 'La visión que éste contempla es para días lejanos, éste profetiza para una época remota.' ²⁸ Pues bien, diles: Así dice el Señor Yahvé: Ya no habrá más dilación para ninguna de mis palabras. Lo que yo hablo es una palabra que se cumple, oráculo del Señor Yahvé.»

∕ Ap 10 6
Jr 1 11-12

Contra los falsos profetas.

Jr 14 13-16;
23 9-40;
27 9-10.
16-18; 28

13 ¹ La palabra de Yahvé se dirigió a mí en estos términos: ² «Hijo de hombre, profetiza contra los profetas de Israel; profetiza* y di a los que profetizan por su propia cuenta: Escuchad la palabra de Yahvé. ³ Así dice el Señor Yahvé: ¡Ay de los profetas insensatos que siguen su propia inspiración, sin haber visto nada! ⁴ Como chacales entre las ruinas, tales han sido tus profetas, Israel. ⁵ «No habéis escalado las brechas, no habéis construido una muralla en torno a la casa de Israel, para que pueda resistir en el combate, en el día de Yahvé. ⁶ Tie-

Am 5 18+

nen visiones vanas, presagio mentiroso los que dicen: 'Oráculo de Yahvé', sin que Yahvé les haya enviado; ¡y esperan que se confirme su palabra! ⁷ ¿No es cierto que no tenéis más que visiones vanas, y no anunciáis más que presagios mentirosos, cuando decís: 'Oráculo de Yahvé', siendo así que yo no he hablado?

⁸ «Pues bien, así dice el Señor Yahvé: Por causa de vuestras palabras vanas y vuestras visiones mentirosas, sí, aquí estoy contra vosotros, oráculo del Señor Yahvé. ⁹ Extenderé* mi mano contra los profetas de visiones vanas y presagios mentirosos; no serán admitidos en la

asamblea de mi pueblo, no serán inscritos en el libro de la casa de Israel, no entrarán en el suelo de Israel, y sabréis que yo soy el Señor Yahvé. ¹⁰ Porque, en efecto, extravían a mi pueblo diciendo: «¡Paz*!», cuando no hay paz Y mientras él construye un muro, ellos lo recubren de argamasa*. ¹¹ Di a los que lo recubren de argamasa*: ¡Que haya una lluvia torrencial, que caiga granizo* y un viento de tormenta se desencadene, ¹² y ved ahí el muro derrumbado! ¿No se os dirá entonces: 'Dónde está la argamasa con que lo recubristeis'? ¹³ Pues bien, así dice el Señor Yahvé: Voy a desencadenar en mi furor un viento de tormenta, una lluvia torrencial habrá en mi cólera, granizos caerán en mi furia destructora. ¹⁴ Derribaré el muro que habéis recubierto de argamasa, lo echaré por tierra, y sus cimientos quedarán al desnudo. Caerá y vosotros pereceréis debajo de él, y sabréis que yo soy Yahvé.

Jr 6 14+

22 28

¹⁵ «Cuando haya desahogado mi furor contra el muro y contra los que lo recubren de argamasa, os diré: Ya no existe el muro ni los que lo revocaban, ¹⁶ los profetas de Israel que profetizaban sobre Jerusalén y veían para ella visiones de paz, cuando no había paz, oráculo del Señor Yahvé.

Las falsas profetisas.

¹⁷ «Y tú, hijo de hombre, vuélvete hacia las hijas de tu pueblo que profetizan por su propia cuenta, y profetiza contra ellas*. ¹⁸ Dirás: Así dice el Señor Yahvé: ¡Ay de aquellas que cosen bandas para todos los puños*, que hacen velos para cabezas de todas las tallas, con ánimo de atrapar a las almas! Vosotras atrapáis a las almas de mi pueblo, ¿y vais a asegurar la vida de vuestras propias almas? ¹⁹ Me deshonráis delante de mi pueblo por unos puñados de cebada y unos pedazos de pan, haciendo morir a las almas que no deben morir y dejando vivir a las almas que no deben vivir, diciendo mentiras al pueblo que escucha la mentira.

1 S 9 7+

---

13 2   «profetiza» griego; «que profetizan» hebr.
13 9   «extenderé» griego; «ella será» hebr.
13 10 (a) La «paz» no es sólo la ausencia de amenazas exteriores, sino la prosperidad y la concordia en la sociedad, ver Jr 6 14+.
13 10 (b) Ezequiel reprocha a los falsos profetas su engañoso optimismo. Jerusalén es como una casa amenazada por los elementos descencadenados; cuando lo que haría falta sería reparar seriamente el edificio, algunos se contentan con tapar las grietas con un simple revoque.

13 11 (a) El hebr. añade: «y caerás», dittografía.
13 11 (b) Después de «torrencial», hebr. añade: «envié» (?).
13 17 A los reproches ya lanzados contra los falsos profetas, se añaden aquí algunas alusiones, oscuras para nosotros, a prácticas sin duda mágicas o idolátricas.
13 18 «todos los puños» versiones; «todos mis puños» hebr.

²⁰ «Pues bien, así dice el Señor Yahvé: Heme aquí contra vuestras bandas con las cuales atrapáis a las almas como pájaros. Yo las desgarraré en vuestros brazos, y soltaré libres las almas que atrapáis como pájaros*. ²¹ Rasgaré vuestros velos y libraré a mi pueblo de vuestras manos; ya no serán más presa de vuestras manos, y sabréis que yo soy Yahvé. ²² «Porque afligís* el corazón del justo con mentiras, cuando yo no lo aflijo, y aseguráis las manos del malvado para que no se convierta de su mala conducta a fin de salvar su vida; ²³ por eso, no veréis más visiones vanas ni pronunciaréis más presagios. Yo libraré a mi pueblo de vuestras manos, y sabréis que yo soy Yahvé.»

20 1-4 ## Contra la idolatría.

14 ¹ Algunos ancianos de Israel vinieron a mi casa y se sentaron ante mí. ² Entonces la palabra de Yahvé se dirigió a mí en estos términos: ³ «Hijo de hombre, estos hombres han erigido sus basuras* en su corazón, han puesto delante de su rostro la ocasión de sus culpas, ¿y voy a dejarme consultar por ellos? ⁴ Habla, pues, y diles: Así dice el Señor Yahvé: A todo aquél de la casa de Israel que erija sus basuras en su corazón o que ponga delante de su rostro la ocasión de sus culpas, y luego se presente al profeta, yo mismo, Yahvé, le responderé, a causa de la multitud de sus basuras, ⁵ a fin de prender a la casa de Israel en su corazón, a aquellos que se han alejado de mí a causa de todas sus basuras.

⁶ «Por eso, di a la casa de Israel: Así dice el Señor Yahvé: Convertíos, apartaos de vuestras basuras, de todas vuestras abominaciones apartad vuestro rostro, ⁷ porque a todo hombre de la casa de Israel, o de los forasteros residentes en Israel*, que se aleje de mí para erigir sus basuras en su corazón, que ponga delante de su rostro la ocasión de sus culpas, y se presente al profeta para consultarme, yo mismo*, Yahvé, le responderé. ⁸ Volveré mi rostro contra ese hombre, haré de él ejemplo y proverbio, lo extirparé de en medio de mi pueblo, y sabréis que yo soy Yahvé. ⁹ Y si el profeta se deja seducir y pronuncia una palabra, es que yo, Yahvé, he seducido a ese profeta*; extenderé mi mano contra él y lo exterminaré de en medio de mi pueblo Israel. ¹⁰ Cargarán con el peso de sus culpas ambos: la culpa del profeta será como la del que le consulte. ¹¹ Así, la casa de Israel no se desviará más lejos de mí ni seguirá manchándose con todas sus culpas. Ellos serán mi pueblo y yo seré su Dios, oráculo del Señor Yahvé.»

Responsabilidad personal*.   18; 33 10-

¹² La palabra de Yahvé se dirigió a mí en estos términos: ¹³ «Hijo de hombre, si

---

13 20 El término hebreo *leporejôt*, repetido dos veces en este v., es muy difícil. La idea de «brote», «brotar», evocada por la raíz *paraj*, no da sentido alguno. La idea de «volar», «volátil», sugerida por el arameo y pedida por el verbo, es más satisfactoria. Según eso, debe de tratarse aquí de prácticas más o menos mágicas que nosotros ignoramos. En el griego, esta palabra, que falta la primera vez, se traduce, al final del v., «para la dispersión». —Antes del segundo «como pájaros» omitimos «las almas» (en forma anormal), probable ditografía.
13 22 «afligís» Vulg.; «intimidáis» hebr.
14 3 Ver nota a 6 4.
14 7 (a) El forastero establecido en Israel, Ex 12 48+, está jurídicamente equiparado al israelita, según la legislación de Ezequiel, **47 22**.
14 7 (b) Yahvé se niega a responder por medio de su profeta a las consultas de los israelitas infieles. «Él mismo» les responderá: castigándoles.
14 9 Es decir: si ese profeta se deja seducir, es que yo le he dejado sucumbir a la seducción, porque yo había decidido su perdición.
14 12 Este texto, con **18** y **33** 10-20, marca un avance decisivo en el desarrollo de la doctrina moral del AT. Los antiguos textos consideraban sobre todo al individuo como integrado en la familia, en la tribu y, más tarde, en la nación. Noé, Gn 6 18, se lleva consigo su clan a Canaán. Esta concepción se aplicaba también a la responsabilidad y a la retribución. Si Abrahán, Gn 18 22-23, intercede por Sodoma, no es para que los jus-

tos sean separados y perdonados, es para que, actuando la solidaridad en sentido contrario, aquéllos eviten incluso a los malos el castigo merecido. Parecía normal que una ciudad o una nación fuera castigada en bloque, justos con pecadores, y que la suerte de los niños respondiera a la conducta de los padres, Ex 20 5; Dt 5 9, ver Jr 31 29 = Ez 18 2. Pero la predicación de los profetas debía poner de relieve lo individual y modificar así los viejos principios. Si Jeremías sólo entrevé en el futuro la superación de la solidaridad de las generaciones en la culpa y en la sanción, Jr 31 29-30, ya el Deuteronomio protesta contra el castigo de los hijos por causa de sus padres, Dt 24 16, ver 2 R 14 6. Finalmente, Ezequiel (habiendo recibido en la visión de los caps. **8-10** la certeza de que el castigo inminente de Jerusalén responde a sus pecados presentes) se erige en campeón y, por así decirlo, en el teorizante de la responsabilidad personal. La salvación de un hombre o su perdición no dependen ni de sus antepasados ni de sus allegados, ni siquiera de su propio pasado. Las disposiciones actuales del corazón son las que únicamente cuentan ante Dios. Estas afirmaciones radicalmente individualistas se verán a su vez corregidas por el principio de la solidaridad que expresa el canto cuarto del Siervo, Is 52 13 - 53 12, ver Is 42 1+. Por otra parte, aplicadas con rigor en una perspectiva puramente temporal, tenían que ser contradichas por la experiencia cotidiana (ver Job), y esta contradicción pide un nuevo progreso, que traerá la revelación de una retribución de ultratumba (ver la Introducción a los libros sapienciales). Final-

Gn 18 22-23

un país peca contra mí cometiendo infidelidad, y yo extiendo mi mano contra él, destruyo su provisión de pan y envío contra él el hambre para extirpar de allí hombres y bestias, ¹⁴ y en ese país se hallan estos tres hombres, Noé, Danel y Job*, ellos salvarán su vida por su justicia, oráculo del Señor Yahvé.

¹⁵ «Si yo suelto las bestias feroces contra ese país para privarle de sus hijos y convertirlo en una desolación por donde nadie pase a causa de las bestias, ¹⁶ y en ese país se hallan esos tres hombres: por mi vida, oráculo del Señor Yahvé, que ni hijos ni hijas podrán salvar; sólo se salvarán a sí mismos, pero el país quedará convertido en desolación. ¹⁷ O bien, si yo hago venir contra ese país la espada, si digo: 'Pase la espada por este país', y extirpo de él hombres y bestias, ¹⁸ y esos tres hombres se hallan en ese país: por mi vida, oráculo del Señor Yahvé, que no podrán salvar ni hijos ni hijas; ellos solos se salvarán. ¹⁹ O si envío la peste sobre ese país y derramo en sangre mi furor contra ellos, extirpando de él hombres y bestias, ²⁰ y en ese país se hallan Noé, Danel y Job: por mi vida, oráculo del Señor Yahvé, que ni hijos ni hijas podrán salvar; sólo se salvarán a sí mismos por su justicia.

²¹ «Pues así dice el Señor Yahvé: Aun cuando yo mande contra Jerusalén mis cuatro terribles azotes: espada, hambre, bestias feroces y peste, para extirpar de ella hombres y bestias, ²² si quedan en ella algunos supervivientes que han podido salir, hijos e hijas; y si salen hacia vosotros, para que veáis su conducta y sus obras, os consolaréis de la desgracia que yo he acarreado sobre Jerusalén, de todo lo que he acarreado sobre ella. ²³ Ellos os consolarán cuando veáis su conducta y sus obras, y sabréis que no sin motivo hice yo todo lo que hice en ella, oráculo del Señor Yahvé.»

Parábola de la vid.

Is 5 1+

15 ¹ La palabra de Yahvé se dirigió a mí en estos términos:

² «Hijo de hombre,
¿en qué vale más el leño de la vid
que el leño de cualquier rama
que haya entre los árboles del bosque?
³ ¿Se toma de él madera
para hacer alguna cosa?
¿Se hace con él un gancho
para colgar algún objeto?
⁴ No, se tira al fuego para que lo devore:
el fuego devora los dos cabos;
el centro está quemado,
¿sirve aún para hacer algo*?
⁵ Si ya, cuando estaba intacto,
no se podía hacer nada con él,
¡cuánto menos, cuando lo ha devorado
el fuego y lo ha quemado,
se podrá hacer con él alguna cosa!
⁶ Por eso, así dice el Señor Yahvé:
Lo mismo que el leño de la vid,
entre los árboles del bosque,
al cual he arrojado al fuego
para que lo devore,
así he entregado
a los habitantes de Jerusalén.
⁷ He vuelto mi rostro contra ellos.
Han escapado al fuego,
pero el fuego los devorará.
Y sabréis que yo soy Yahvé,
cuando vuelva mi rostro contra ellos.
⁸ Convertiré esta tierra en desolación,
porque han cometido infidelidad,
oráculo del Señor Yahvé »

Historia simbólica de Jerusalén*.

23
Os 1 3
Is 1 21
Jr 2 2; 3 6s
Mt 22 2-14;
25 1-13
Jn 3 29
Ef 5 25-33
Ap 17

16 ¹ La palabra de Yahvé se dirigió a mí en estos términos: ² «Hijo de hombre, haz saber a Jerusalén sus abominaciones. ³ Dirás: Así dice el Señor Yahvé a Jerusalén: Por tu origen y tu nacimiento eres del país de Canaán. Tu padre era amorreo y tu madre hitita. ⁴ Cuando naciste, el día en que viniste al

---

mente, el NT (en especial San Pablo), al fundar la esperanza del cristiano en la solidaridad por la fe en Cristo resucitado, dará satisfacción a la vez a la reivindicación individualista de Ezequiel y a la ley de la solidaridad, en el pecado y en la redención, de la humanidad creada y salvada por Dios.
14 14 Tres héroes populares que conocían tradición israelita: Noé, cuyo recuerdo ha sido conservado por los relatos de Gn 6-9; Job, cuya leyenda iba a inspirar uno de los más bellos poemas bíblicos; Danel en fin, desconocido de la Biblia (salvo Ez 28 3), pero cuya sabiduría y justicia eran celebradas por los poemas de Ras-Samrá.
15 4 Si se quiere apurar la comparación: a Israel le

ha sido amputado el territorio de Samaría el 720 y el de Judá el 597. La misma Jerusalén (el «centro») no está intacta, puesto que ha soportado un asedio y una deportación.
16 Israel, esposa infiel de Yahvé, «prostituida» a los dioses extranjeros: imagen corriente desde Oseas en la literatura profética, ver Os 1 2+. Ezequiel la desarrolla en una larga alegoría (reanudada en el cap. 23 bajo otra forma), que reproduce toda la historia de Israel (el cap. 20, ver 22, refiere un período propio los mismos acontecimientos). Concluye, vv. 60-63, como en Oseas, con el perdón gratuito del esposo que crea una nueva alianza. Así se anuncian las bodas mesiánicas, cuya imagen recogerá el NT.

mundo, no se te cortó el cordón, no se te lavó con agua para limpiarte, no se te frotó con sal, ni se te envolvió en pañales. [5] Ningún ojo se apiadó de ti para brindarte alguno de estos menesteres, por compasión a ti. Quedaste expuesta en pleno campo, porque dabas repugnancia, el día en que viniste al mundo.

[6] «Yo pasé junto a ti y te vi agitándote en tu sangre. Y te dije, cuando estabas en tu sangre*: 'Vive', [7] y te hice crecer como la hierba de los campos. Tú creciste, te desarrollaste, y llegaste a la edad núbil*. Se formaron tus senos, tu cabellera creció; pero estabas completamente desnuda. [8] Entonces pasé yo junto a ti y te vi. Era tu tiempo, el tiempo de los amores. Extendí sobre ti el borde de mi manto y cubrí tu desnudez; me comprometí con juramento, hice alianza contigo —oráculo del señor Yahvé— y tú fuiste mía. [9] Te bañé con agua, lavé la sangre que te cubría, te ungí con óleo. [10] Te puse vestidos recamados, zapatos de cuero fino, una banda de lino fino y un manto de seda. [11] Te adorné con joyas, puse brazaletes en tus muñecas y un collar a tu cuello. [12] Puse un anillo en tu nariz, pendientes en tus orejas, y una espléndida diadema en tu cabeza. [13] Brillabas así de oro y plata, vestida de lino fino, de seda y recamados. Flor de harina, miel y aceite era tu alimento. Te hiciste cada día más hermosa, y llegaste al esplendor de una reina. [14] Tu nombre se difundió entre las naciones, debido a tu belleza, que era perfecta, gracias al esplendor de que yo te había revestido —oráculo del Señor Yahvé.

[15] «Pero tú te pagaste de tu belleza, te aprovechaste de tu fama para prostituirte, prodigaste tu lascivia a todo transeúnte entregándote a él*. [16] Tomaste tus vestidos para hacerte altos de ricos colores* y te prostituiste en ellos*. [17] Tomaste tus joyas de oro y plata que yo te había dado y te hiciste imágenes de hombres para pros-

tituirte ante ellas. [18] Tomaste tus vestidos recamados y las recubriste con ellos; y pusiste ante ellas mi aceite y mi incienso. [19] El pan que yo te había dado, la flor de harina, el aceite y la miel con que yo te alimentaba, lo presentaste ante ellas como calmante aroma.

«Y sucedió incluso —oráculo del Señor Yahvé— [20] que tomaste a tus hijos y a tus hijas que me habías dado a luz y se los sacrificaste como alimento. ¿Acaso no era suficiente tu prostitución, [21] que inmolaste también a mis hijos y los entregaste haciéndolos pasar por el fuego en su honor? [22] Y en medio de todas tus abominaciones y tus prostituciones no te acordaste de los días de tu juventud, cuando estabas completamente desnuda, agitándote en tu sangre.

[23] «Y para colmo de maldad —¡ay, ay de ti!, oráculo del Señor Yahvé— [24] te construiste un prostíbulo, te hiciste una altura en todas las plazas. [25] En la cabecera de todo camino te construiste tu altura y allí contaminaste tu hermosura, entregaste tu cuerpo a todo transeúnte y multiplicaste tus prostituciones. [26] Te prostituiste a los egipcios, tus vecinos, de enormes miembros, y multiplicaste tus prostituciones para irritarme. [27] Entonces yo levanté mi mano contra ti. Disminuí tu ración y te entregué a la animosidad de tus enemigas, las hijas de los filisteos*, que se avergonzaban de la infamia de tu conducta. [28] Y no harta todavía, te prostituiste a los asirios; te prostituiste sin hartarte tampoco*. [29] Luego, multiplicaste tus prostituciones en el país de los mercaderes, en Caldea, y tampoco esta vez quedaste harta.

[30] «¡Oh, qué débil era tu corazón* —oráculo del Señor Yahvé— para cometer todas estas acciones, dignas de una prostituta descarada! [31] Cuando te construías* un prostíbulo a la cabecera de todo camino, cuando te hacías una altura en todas las plazas, despreciando el

Referencias marginales

- Os 2 5
- Dt 23 1+
- Ex 19 1+
- Dt 32 12
- Dt 31 16; 32 15 / Is 57 8
- Os 2 10 / Ex 32 2s
- Lv 18 21+
- Dt 12 2+
- Is 30; 31
- 2 R 21 1-1 / 2 Cro 33 1-10

---

16 6 El hebr. repite por ditografía «y te dije...: Vive». —La criatura sigue manchada de sangre y crece como planta silvestre, hasta la alianza del Sinaí, descrita bajo la figura de un matrimonio, vv. 8s.

16 7 «te hice crecer», lit.: «hice de ti una multitud». —«a la edad núbil» *be'et 'iddim* conj.; «con las joyas más bellas» *ba'adî 'adayim* hebr.

16 15 «entregándote» (lit. «fuiste») versiones; «será» hebr.

16 16 (a) Quizá se haya de entender: «tiendas sobre los altos».

16 16 (b) Omitimos aquí cuatro palabras ininteligibles, lit.: «ellas no vienen y eso no será».

16 27 Las ciudades de la costa filistea se aprovecharon

de los reveses de Judá para engrandecerse a expensas suyas, bajo Ajaz según 2 Cro 28 18, bajo Ezequías según los Anales de Senaquerib, y tal vez después de la primera deportación, ver Jr 13 19 y aquí, 25 15-17.

16 28 Especialmente bajo el reinado de Manasés, cuando las alianzas extranjeras trajeron consigo un desarrollo de la idolatría.

16 30 Texto dudoso. El término hebreo *libbah*, en el que se ve una forma de *leb* o *lebab*, «corazón», podría entenderse según el asirio-babilonio en sentido de «cólera». En tal caso habría que traducir (corrigiendo la vocalización): «Estoy lleno de cólera contra ti».

16 31 «Cuando te construías» *bibenôtek* versiones; «en tus hijas» *bibenôtayik* hebr.

salario, no eras como la prostituta. [32] La mujer adúltera, en lugar de su marido, toma ajenos. [33] A toda prostituta se le da un regalo. Tú, en cambio, dabas regalos a todos tus amantes, y los atraías con mercedes para que vinieran a ti de los alrededores y se prestasen a tus prostituciones. [34] Contigo ha pasado en tus prostituciones al revés que con las otras mujeres; nadie andaba solicitando detrás de ti; eras tú la que pagabas, y no se te pagaba: ¡ha sido al revés!

[35] «Pues bien, prostituta, escucha la palabra de Yahvé. [36] Así dice el Señor Yahvé: Por haber prodigado tu bronce* y descubierto tu desnudez en tus prostituciones con tus amantes y con todas tus abominables basuras, por la sangre* de tus hijos que les has dado, [37] por esto he aquí que yo voy a reunir a todos los amantes a quienes complaciste, a todos los que amaste y también a los que aborreciste; los voy a congregar de todas partes contra ti, y descubriré tu desnudez delante de ellos, para que vean toda tu desnudez. [38] Voy a aplicarte el castigo de las mujeres adúlteras y de las que derraman sangre: te entregaré al furor* y a los celos, [39] te entregaré en sus manos, ellos arrasarán tu prostíbulo y demolerán tus alturas, te despojarán de tus vestidos, te arrancarán tus joyas y te dejarán completamente desnuda. [40] Luego, incitarán a la multitud contra ti, te lapidarán, te acribillarán con sus espadas, [41] prenderán fuego a tus casas y harán justicia de ti, a la vista de una multitud de mujeres; yo pondré fin a tus prostituciones, y no volverás a dar salario de prostituta. [42] Desahogaré mi furor en ti; luego mis celos se retirarán de ti, me apaciguaré y no me airaré más. [43] Porque no te has acordado de los días de tu juventud, y con todas estas cosas me has provocado, he aquí que también yo por mi parte haré recaer tu conducta sobre tu* cabeza, oráculo del Señor Yahvé. Pues ¿no has cometido infamia con todas tus abominaciones?

[44] «Mira, todos los autores de proverbios harán uno a propósito de ti, diciendo: «Cual la madre, tal la hija.» [45] Hija eres, sí, de tu madre, que dejó de amar a sus maridos y a sus hijos, y hermana de tus hermanas*, que dejaron de amar a sus maridos y a sus hijos. Vuestra madre era una hitita y vuestro padre un amorreo.

[46] «Tu hermana mayor es Samaría, que habita a tu izquierda con sus hijas. Tu hermana menor es Sodoma, que habita a tu derecha* con sus hijas. [47] No has sido parca en imitar su conducta y en cometer sus abominaciones*; te has mostrado más corrompida que ellas en toda tu conducta. [48] Por mi vida, oráculo del Señor Yahvé, que tu hermana Sodoma y sus hijas no obraron como habéis obrado vosotras, tú y tus hijas. [49] Éste fue el crimen de tu hermana Sodoma: orgullo, voracidad, indolencia de la dulce vida tuvieron ella y sus hijas; no socorrieron al pobre y al indigente, [50] se enorgullecieron y cometieron abominaciones ante mí: por eso las hice desaparecer, como tú has visto*. [51] En cuanto a Samaría, ni la mitad de tus pecados ha cometido.

«Tú has cometido muchas más abominaciones que ellas y, al cometer tantas abominaciones, has hecho parecer justas a tus hermanas. [52] Así, pues, carga con tu ignominia por haber decidido el fallo en favor de tus hermanas: a causa de los pecados que has cometido, mucho más abominables que los suyos, ellas resultan ser más justas que tú. Avergüénzate, pues, y carga con tu ignominia por hacer parecer justas a tus hermanas*.

[53] «Yo las restableceré. Restableceré a Sodoma y a sus hijas, restableceré a Samaría y sus hijas, y después te restableceré a ti en medio de ellas, [54] a fin de que soportes tu ignominia y te avergüences de todo lo que has hecho, para consuelo de ellas. [55] Tu hermana Sodoma y sus hijas serán restablecidas en su antiguo estado. Samaría y sus hijas serán restablecidas en su antiguo estado. Tú y tus hijas seréis restablecidas también en vuestro antiguo estado. [56] ¿No hiciste burla de tu hermana Sodoma, el día de tu orgullo, [57] antes que fuese puesta al

Marginal references: Os 8 9+ · Ap 17 5-6 · Ap 17 16 · Os 2 12 · Os 2 5+ · 16 3 · Gn 19

---

16 36 (a) Alusión a los presentes que se acaban de mencionar. Pero, según muchos comentaristas, este texto está corrompido.
16 36 (b) «por la sangre» versiones; «como la sangre» hebr.
16 38 «te entregaré al furor» conj., ver 23 25; «te entregaré la sangre del furor» hebr.
16 43 «tu» versiones; omitido por hebr.
16 45 «de tus hermanas» versiones; «de tu hermana»

hebr.
16 46 La izquierda y la derecha son las del espectador vuelto hacia el este. —«Hijas» se refiere a las ciudades y poblados.
16 47 Traducción conjetural de un texto que parece corrompido.
16 50 «tú has visto» versiones; «yo he visto» hebr.
16 52 «tus hermanas» (bis) versiones; «tu hermana» hebr.

descubierto tu desnudez? Como ella, eres tú ahora el blanco de las burlas de las hijas de Edom* y de todas las de los alrededores, de las hijas de los filisteos, que por todas partes te agobian a desprecios. ⁵⁸ Tú misma soportas las consecuencias de tu infamia y tus abominaciones, oráculo de Yahvé.

⁵⁹ «Pues así dice el Señor Yahvé: Yo haré contigo como has hecho tú, que menospreciaste el juramento, rompiendo la alianza. ⁶⁰ Pero yo me acordaré de mi alianza contigo en los días de tu juventud, y estableceré en tu favor una alianza eterna. ⁶¹ Y tú te acordarás de tu conducta y te avergonzarás de ella, cuando acojas a tus hermanas, las mayores y las menores, y yo te las dé como hijas, si bien no en virtud de tu alianza. ⁶² Yo mismo restableceré mi alianza contigo*, y sabrás que yo soy Yahvé, ⁶³ para que te acuerdes y te avergüences, y no oses más abrir la boca de vergüenza, cuando yo te haya perdonado todo lo que has hecho, oráculo del Señor Yahvé.»

Alegoría del águila.

17 ¹ La palabra de Yahvé se dirigió a mí en estos términos: ² «Hijo de hombre, propón un enigma, presenta una parábola a la casa de Israel. ³ Dirás: Así dice el Señor Yahvé:

El águila* grande, de grandes alas,
de enorme envergadura,
de espeso plumaje abigarrado,
vino al Líbano
y cortó la cima del cedro;
⁴ arrancó la punta más alta de sus ramas,
la llevó a un país de mercaderes
y la colocó
en una ciudad de comerciantes.
⁵ Luego, tomó de la semilla de la tierra
y la puso en un campo de siembra;
junto a una corriente
de agua abundante*
la colocó como un sauce.
⁶ Y brotó y se hizo una vid desbordante,
de pequeña talla,
que volvió sus ramas hacia el águila,

mientras sus raíces estaban bajo ella.
Se hizo una vid,
echó cepas y alargó sarmientos.
⁷ Había otra águila grande*,
de grandes alas, de abundante plumaje,
y he aquí que esta vid tendió sus raíces hacia ella,
hacia ella alargó sus ramas,
para que la regase
desde el terreno donde estaba plantada.
⁸ En campo fértil, junto a una corriente de agua abundante,
estaba plantada,
para echar ramaje y dar fruto,
para hacerse una vid magnífica.
⁹ Di: Así dice el Señor Yahvé:
¿Prosperará*?
¿No arrancará sus raíces el águila,
no cortará sus frutos,
de suerte que se sequen
todos los brotes tiernos que eche,
sin que sea menester
brazo grande ni pueblo numeroso
para arrancarla de raíz?
¹⁰ Vedla ahí plantada,
¿prosperará tal vez?
Al soplar el viento del este,
¿no se secará totalmente?
En el terreno en que brotó, se secará.»

¹¹ La palabra de Yahvé se dirigió a mí en estos términos:

¹² «Di a esa casa rebelde: ¿No sabéis lo que significa esto? Di: Mirad, el rey de Babilonia vino a Jerusalén; tomó al rey y a los príncipes y se los llevó con él a Babilonia. ¹³ Escogió luego a uno de estirpe real, concluyó un pacto con él y le hizo prestar juramento, después de haberse llevado a los grandes del país, ¹⁴ a fin de que el reino quedase modesto y sin ambición, para guardar su alianza y mantenerla. ¹⁵ Pero este príncipe se ha rebelado contra él enviando mensajeros a Egipto en busca de caballos y tropas en gran número. ¿Prosperará? ¿Se salvará el que ha hecho esto? Ha roto el pacto ¡y va a salvarse! ¹⁶ Por mi vida, oráculo del Señor Yahvé, que en el lugar del rey que le puso en el trono, cuyo juramento despreció y cuyo pacto rompió, allí en me-

Márgenes (referencias):

Os 2 16-25
Jr 31 3.
31-34

36 31

16 29

2 R 24

2 R 24

---

16 57 «tu desnudez» 3 mss, ver v. 37; «tu maldad» hebr. —«Como ella» griego; «como el tiempo» hebr. —«Edom» mss, sir.; «Aram» hebr.
16 62 La insistencia de Ezequiel en la gratuidad de los beneficios de Dios, concedidos a Israel no en virtud de su arrepentimiento (que vendrá después de la nueva alianza), sino por pura benevolencia, prepara la revelación del NT, ver 1 Jn 4 10, etc.
17 3 Nabucodonosor, que el 597 puso en el trono de

Jerusalén a Sedecías, después de haber deportado a Jeconías, ver vv. 12s.
17 5 Delante de «junto a» el hebreo añade «toma», omitido por las versiones.
17 7 «otra» versiones; «una sola» hebr. —Es Egipto, donde Sedecías tuvo siempre la tentación de apoyarse contra Babilonia, ver v. 15.
17 9 «¿Prosperará?» mss, versiones; «prosperará» hebr.

dio de Babilonia morirá. [17] Ni con su gran ejército y sus numerosas tropas le salvará* el faraón en la guerra, cuando se levanten terraplenes y se hagan trincheras para exterminar muchas vidas humanas. [18] Ha despreciado el juramento, rompiendo el pacto; aun después de haber dado su mano, ha hecho todo esto: ¡no tendrá remedio!

[19] «Por eso, así dice el Señor Yahvé: Por mi vida que el juramento mío que ha despreciado, mi alianza que ha roto, lo haré recaer sobre su cabeza. [20] Extenderé mi lazo sobre él y quedará preso en mi red; lo llevaré a Babilonia y allí le pediré cuentas de la infidelidad que ha cometido contra mí. [21] Lo más selecto*, entre todas sus tropas, caerá a espada, y los que queden serán dispersados a todos los vientos. Y sabréis que yo, Yahvé, he hablado.

[22] «Así dice el Señor Yahvé*:

También yo tomaré
de la copa del alto cedro*,
de la punta de sus ramas
escogeré un ramo
y lo plantaré yo mismo
en una montaña elevada y excelsa:
[23] en la alta montaña de Israel lo plantaré.
Echará ramaje y producirá fruto,
y se hará un cedro magnífico.
Debajo de él habitarán
toda clase de pájaros,
toda clase de aves
morarán a la sombra de sus ramas.
[24] Y todos los árboles del campo
sabrán que yo, Yahvé,
humillo al árbol elevado
y elevo al árbol humilde,
hago secarse al árbol verde
y reverdecer al árbol seco.
Yo, Yahvé, he hablado y lo haré.»

La responsabilidad personal.

18 [1] La palabra de Yahvé se dirigió a mí en estos términos: [2] «¿Por qué andáis repitiendo este proverbio en la tierra de Israel:

Los padres comieron el agraz,

y los dientes de los hijos sufren la dentera?

[3] «Por mi vida, oráculo del Señor Yahvé, que no repetiréis más este proverbio en Israel. [4] Mirad: todas las vidas son mías, la vida del padre lo mismo que la del hijo, mías son. El que peque es quien morirá.

[5] «El que es justo* y practica el derecho y la justicia, [6] no come en los montes* ni alza sus ojos a las basuras de la casa de Israel, no contamina a la mujer de su prójimo, ni se acerca a una mujer durante su impureza, [7] no oprime a nadie, devuelve la prenda de una deuda, no comete rapiñas, da su pan al hambriento y viste al desnudo, [8] no presta con usura ni cobra intereses, aparta su mano de la injusticia, dicta un juicio honrado entre hombre y hombre, [9] se conduce según mis preceptos y observa mis normas, obrando conforme a la verdad, un hombre así es justo: vivirá sin duda, oráculo del Señor Yahvé.

[10] «Si éste engendra un hijo violento y sanguinario, que hace alguna de estas cosas* [11] que él mismo no había hecho, un hijo que come en los montes, contamina a la mujer de su prójimo, [12] oprime al pobre y al indigente, comete rapiñas, no devuelve la prenda, alza sus ojos a las basuras*, comete abominación, [13] presta con usura y cobra intereses, éste no vivirá en modo alguno después de haber cometido todas estas abominaciones; morirá sin remedio, y su sangre recaerá sobre él.

[14] «Y si éste, a su vez, engendra un hijo que ve todos los pecados que ha cometido su padre, que los ve sin imitarlos, [15] que no come en los montes ni alza sus ojos a las basuras de la casa de Israel, no contamina a la mujer de su prójimo, [16] no oprime a nadie, no guarda la prenda, no comete rapiñas, da su pan al hambriento, viste al desnudo, [17] aparta su mano de la injusticia*, no presta con usura, ni cobra intereses, practica mis normas y se conduce según mis preceptos, éste no morirá por la culpa de su pa-

Marginal references

=12 13

20 40

31 6
Mt 13 32

1 113 7-9
c 1 51-53

21 3
Lc 23 31

14 12+
33 10-20

31 29+

=18 20
Dt 24 16

Sal 15 2-5;
24 3-6

Mt 25 35s

Lv 25 35-37

---

17 17 «salvará» *yošía'* conj.; «hará» *ya'aseh* hebr.
17 21 «lo más selecto» *mibejaraw* según mss, Targ. y sir.; «sus fugitivos» *miberajaw* hebr.
17 22 (a) Después de la explicación en prosa, prosigue el poema para anunciar la restauración futura, presentada como una era mesiánica.
17 22 (b) El hebr. añade «y yo daré», omitido por versiones y varios mss.
18 5 La enumeración que sigue recuerda las confe-

siones o «profesiones» que parece estaban asociadas a ciertas solemnidades litúrgicas.
18 6 Comer (la comida sagrada) sobre los altos era práctica de los cultos idolátricos.
18 10 «alguna de estas (cosas)» sir., Vulg.; «un hermano de alguna de estas (cosas)» hebr.
18 12 Ver nota a 6 4.
18 17 «de la injusticia» griego, ver v. 8; «del desgraciado» hebr.

dre, vivirá sin duda. [18] Su padre, porque fue violento, cometió rapiñas* y no obró bien en medio de su pueblo, por eso morirá a causa de su culpa. [19] Y vosotros decís: '¿Por qué no carga el hijo con la culpa de su padre?' Pero el hijo ha practicado el derecho y la justicia, ha observado todos mis preceptos y los ha puesto en práctica: vivirá sin duda. [20] El que peque es quien morirá; el hijo no cargará con la culpa de su padre, ni el padre con la culpa de su hijo: al justo se le imputará su justicia y al malvado su maldad.

[21] «En cuanto al malvado, si se aparta de todos los pecados que ha cometido, observa todos mis preceptos y practica el derecho y la justicia, vivirá sin duda, no morirá*. [22] Ninguno de los crímenes que cometió se le recordará más; vivirá a causa de la justicia que ha practicado. [23] ¿Acaso me complazco yo en la muerte del malvado —oráculo del Señor Yahvé— y no más bien en que se convierta de su conducta y viva?

[24] «Pero si el justo se aparta de su justicia y comete el mal, imitando todas las abominaciones que comete el malvado, ¿vivirá acaso? No, no quedará ya memoria de ninguna de las obras justas que había practicado, sino que, a causa de la infidelidad en que ha incurrido y del pecado que ha cometido, morirá. [25] Y vosotros decís: 'No es justo el proceder del Señor.' Escuchad, casa de Israel: ¿Que no es justo mi proceder? ¿No es más bien vuestro proceder el que no es justo? [26] Si el justo se aparta de su justicia, comete el mal y muere*, a causa del mal que ha cometido muere. [27] Y si el malvado se aparta del mal que ha cometido para practicar el derecho y la justicia, conservará su vida. [28] Ha abierto los ojos y se ha apartado de todos los crímenes que había cometido; vivirá sin duda, no morirá. [29] Y sin embargo la casa de Israel dice: 'No es justo el proceder del Señor.' ¿Que mi proceder no es justo, casa de Israel? ¿No es más bien vuestro proceder el que no es justo? [30] Yo os juzgaré, pues,

a cada uno según su proceder, casa de Israel, oráculo del Señor Yahvé. Convertíos y apartaos de todos vuestros crímenes; no haya para vosotros más ocasión de culpa. [31] Descargaos de todos los crímenes que habéis cometido contra mí, y haceos un corazón nuevo y un espíritu nuevo. ¿Por qué habéis de morir, casa de Israel? [32] Yo no me complazco en la muerte de nadie, sea quien fuere, oráculo del Señor Yahvé. Convertíos y vivid.

Elegía sobre los príncipes de Israel*.

19 [1] «Y tú entona una elegía sobre los príncipes de Israel. [2] Dirás:
¿Qué era tu madre?
Una leona entre leones.
Echada entre los leoncillos,
criaba a sus cachorros*.
[3] Exaltó a uno de sus cachorros,
que se hizo un león joven;
y aprendió a desgarrar su presa,
devoró hombres.
[4] Oyeron hablar de él las naciones,
en su fosa quedó preso;
con garfios lo llevaron
al país de Egipto*.
[5] Vio ella que su espera era fallida,
fallida su esperanza;
y tomó otro de sus cachorros,
lo hizo un león joven.
[6] Andaba éste entre los leones,
se hizo un león joven,
aprendió a desgarrar su presa,
devoró hombres;
[7] derribó sus palacios*,
devastó sus ciudades;
la tierra y sus habitantes
estaban aterrados
por la voz de su rugido.
[8] Se alzaron contra él las naciones,
las provincias circundantes;
tendieron sobre él su red
y en su fosa quedó preso.
[9] Con garfios lo cerraron en jaula,
lo llevaron al rey de Babilonia,
en calabozos lo metieron,
para que no se oyese más su voz

=18 4
Dt 24 16

Rm 2 6+

=33 16

33 11
Sb 11 26
Lc 15 7.
10.32
Jn 8 11
Rm 11 32
2 P 3 9

3 20;
33 12-13

=33 20

Mt 16 27

11 19+
Jr 4 4+

33 11; 18
Sb 1 13

Mt 3 2+

2 R 23 3

2 R 24

---

18 18 «rapiñas» conj., ver vv. 7.12.16; «las rapiñas de su hermano» (?) hebr.
18 21 El *hombre no sólo no está abrumado por las culpas de sus antepasados, sino que puede sustraerse al peso de su propio pasado.* Se subraya la noción de conversión (y también de perversión), no colectiva, sino estrictamente personal. Únicamente la actitud actual del alma determina el juicio de Dios, ver **14** 12+ y **Mt** 3 2+.
18 26 El hebreo añade «a causa de ellos», omitido por griego y sir.
19 Este poema es una *qînah*, es decir, una lamen-

tación, de ritmo característico, compuesto cada verso de dos partes desiguales. Ver **Ez 26** 17-18; **27** 3-9.25-36. Su forma es alegórica, pero no resulta fácil interpretar todos sus elementos.
19 2 La leona es la nación israelita, cuyos hijos son los reyes.
19 4 Alusión a Joacaz, depuesto y llevado a Egipto por Neco el 609.
19 7 «derribó sus palacios» *wayyaroa' 'armenôtayw* según las versiones; «conoció sus viudas» *wayyeda' 'almenôtayw* hebr.

¹⁰ Tu madre se parecía a una vid*
plantada a orillas de las aguas.
Era fecunda, exuberante,
por la abundancia de agua.
¹¹ Tenía ramas fuertes
para ser cetros reales;
su talla se elevó
hasta dentro de las nubes.
Era imponente por su altura,
por su abundancia de ramaje.
¹² Pero ha sido arrancada con furor,
tirada por tierra;
el viento del este ha agostado su fruto;
ha sido rota*,
su rama fuerte se ha secado,
la ha devorado el fuego.
¹³ Y ahora está plantada en el desierto,
en tierra de sequía y de sed.
¹⁴ Ha salido fuego de su rama,
ha devorado sus sarmientos y su fruto.
No volverá a tener su rama fuerte,
su cetro real.»

Esto es una elegía; y de elegía sirvió.

Historia de las infidelidades de Israel.

20 ¹ El año séptimo, el día diez del quinto mes*, algunos de los ancianos de Israel vinieron a consultar a Yahvé y se sentaron ante mí. ² Entonces se dirigió a mí la palabra de Yahvé en estos términos: ³ «Hijo de hombre, habla a los ancianos de Israel. Les dirás: Así dice el Señor Yahvé: ¿A consultarme venís? Por mi vida, que no me dejaré consultar por vosotros, oráculo del Señor Yahvé. ⁴ ¿Vas a juzgarlos? ¿Vas a juzgar, hijo de hombre? Hazles saber las abominaciones de sus padres. ⁵ Les dirás: Así dice el Señor Yahvé: El día que yo elegí a Israel, alcé mi mano hacia la raza de la casa de Jacob, me manifesté a ellos en el país de Egipto, y levanté mi mano hacia ellos* diciendo: Yo soy Yahvé, vuestro Dios. ⁶ Aquel día alcé mi mano hacia ellos jurando sacarlos del país de Egipto hacia una tierra que había explorado para ellos, que mana leche y miel, la más hermosa de todas las tierras. ⁷ Y les dije: Arrojad cada uno los ídolos que seducen vuestros ojos, no os contaminéis con las basuras* de Egipto; yo soy Yahvé, vuestro Dios. ⁸ Pero ellos se rebelaron contra mí y no quisieron escucharme. Ninguno arrojó los ídolos que seducían sus ojos; ninguno abandonó las basuras de Egipto. Pensé entonces derramar mi furor sobre ellos y desahogar en ellos mi cólera, en medio del país de Egipto. ⁹ Pero tuve consideración a mi nombre y procedí de modo que no fuese yo profanado a los ojos de las naciones entre las que ellos se encontraban*, y a la vista de las cuales me había manifestado a ellos, sacándolos del país de Egipto. ¹⁰ Por eso, los saqué del país de Egipto y los conduje al desierto. ¹¹ Les di mis preceptos y les di a conocer mis normas, por las que el hombre vive, si las pone en práctica. ¹² Y les di además mis sábados como señal entre ellos y yo, para que supieran que yo soy Yahvé, que los santifico. ¹³ Pero la casa de Israel se rebeló contra mí en el desierto; no se condujeron según mis preceptos, rechazaron mis normas por las que vive el hombre, si las pone en práctica, y no hicieron más que profanar mis sábados. Entonces pensé en derramar mi furor sobre ellos en el desierto, para exterminarlos. ¹⁴ Pero tuve consideración a mi nombre, y procedí de modo que no fuese profanado a los ojos de las naciones, a la vista de las cuales los había sacado. ¹⁵ Y, una vez más alcé mi mano hacia ellos en el desierto, jurando que no les dejaría entrar en la tierra que les había dado, que mana leche y miel, la más hermosa de todas las tierras. ¹⁶ Pues habían despreciado mis normas, no se habían conducido según mis preceptos y habían profanado mis sábados; porque su corazón se iba tras sus basuras. ¹⁷ Pero tuve una mirada de piedad para no exterminarlos, y no acabé con ellos en el desierto.

¹⁸ «Y dije a sus hijos en el desierto: No sigáis las reglas de vuestros padres, no imitéis sus normas, no os contaminéis con sus basuras. ¹⁹ Yo soy Yahvé, vuestro Dios. Seguid mis preceptos, guardad mis normas y ponedlas en práctica. ²⁰ Santificad mis sábados; que sean una señal entre yo y vosotros, para que se sepa que

19 9 «en calabozos» griego, Vulg.; «en cepos» (?) hebr. —Se trata, según parece, de Jeconías, llevado a Babilonia el 597. El profeta no menciona el reinado de Joaquín, quien, muerto de muerte natural, no ofrece una lección para Sedecías y sus contemporáneos.
19 10 «se parecía a» Targ.; hebr. ininteligible (lit. «en tu sangre»). —Nueva alegoría: la vid es la nación que un tiempo fue próspera y que va a ser destruida.
19 12 «ha sido rota», «se ha secado» griego; «han sido rotos», «se han secado» hebr.
20 1 Julio-agosto del 591.
20 5 Con gesto de juramento.
20 7 Ver nota a 6 4.
20 9 La paciencia de Yahvé con su pueblo, a pesar de sus pecados, se explica aquí por el único motivo del honor del nombre divino.

Margin references: Is 5 1+; Ez 17 6-10; Sal 1 3; Ez 47 12+; Ap 22 1-2; Jn 15 6; 5 4; 16 1+; 14 1-5; 2; 23 36; Dt 7 6+; Ex 3 14+; Ex 3 8+; Ez 20 15; Lv 18 3; =20 14; 36 22; Lv 18 5+; Ex 20 8+; Ex 31 13; Ex 14 11+; =20 9; Ex 32 12+; Nm 14 28-30; Dt 1 34-35; Sal 95 11; =20 6+

Lv 18 5

yo soy Yahvé, vuestro Dios. [21] Pero los hijos se rebelaron contra mí, no se condujeron según mis preceptos, no guardaron ni pusieron en práctica mis normas, aquéllas por las que vive el hombre, si las pone en práctica, y profanaron mis sábados. Entonces pensé en derramar mi furor sobre ellos y desahogar en ellos mi cólera, en el desierto. [22] Pero retiré mi mano y tuve consideración a mi nombre, procediendo de modo que no fuese yo profanado a los ojos de las naciones, a la vista de las cuales los había sacado. [23] Pero, una vez más, alcé mi mano hacia ellos, en el desierto, jurando dispersarlos entre las naciones y esparcirlos por los países. [24] Porque no habían puesto en práctica mis normas, habían despreciado mis preceptos y profanado mis sábados, y sus ojos se habían ido tras las basuras de sus padres. [25] E incluso llegué a darles preceptos que no eran buenos y normas con las que no podrían vivir*, [26] y los contaminé con sus propias ofrendas, haciendo que pasaran por el fuego a todo primogénito, a fin de infundirles horror, para que supiesen que yo soy Yahvé.

20 14

Lv 18 21+

[27] «Por eso, hijo de hombre, habla a la casa de Israel. Les dirás: Así dice el Señor Yahvé: En esto todavía me ultrajaron vuestros padres siéndome infieles. [28] Yo los conduje a la tierra que, mano en alto, había jurado darles. Allí vieron toda clase de colinas elevadas, toda suerte de árboles frondosos, y en ellos ofrecieron sus sacrificios y presentaron sus ofrendas provocadoras; allí depositaron el calmante aroma y derramaron sus libaciones. [29] Y yo les dije: ¿Qué es el altozano adonde vosotros vais?; y se le puso el nombre de *Bamá*, hasta el día de hoy*. [30] Pues bien, di a la casa de Israel: Así dice el Señor Yahvé: Conque vosotros os contamináis conduciéndoos como vuestros padres, prostituyéndoos detrás de sus ídolos, [31] presentando vuestras ofrendas, haciendo pasar a vuestros hijos por el fuego; os contamináis con todas vuestras basuras, hasta el día de hoy, ¿y yo voy a dejarme consultar por vosotros, casa de Israel? Por mi vida, oráculo del Señor Yahvé, que no me dejaré consultar

Dt 12 2+

por vosotros. [32] Y no se realizará jamás lo que se os pasa por la imaginación, cuando decís: 'Seremos como las naciones, como las tribus de los otros países, adoradores del leño y de la piedra.' [33] Por mi vida, oráculo del Señor Yahvé, que yo reinaré sobre vosotros, con mano fuerte y tenso brazo, con furor derramado. [34] Os haré salir de entre los pueblos y os reuniré de los países donde fuisteis dispersados, con mano fuerte y tenso brazo, con furor derramado; [35] os conduciré al desierto de los pueblos* y allí os juzgaré cara a cara. [36] Como juzgué a vuestros padres en el desierto de Egipto, así os juzgaré a vosotros, oráculo del Señor Yahvé. [37] Os haré pasar bajo el cayado* y os haré entrar por el aro de la alianza; [38] separaré de vosotros a los rebeldes, a los que se han rebelado contra mí: los haré salir del país en que residen, pero no entrarán en la tierra de Israel, y sabréis que yo soy Yahvé. [39] En cuanto a vosotros, casa de Israel, así dice el Señor Yahvé: Que vaya cada uno a servir a sus basuras; después, yo juro que me escucharéis y no profanaréis más mi santo nombre con vuestras ofrendas y vuestras basuras. [40] Porque será en mi santa montaña, en la alta montaña de Israel —oráculo del Señor Yahvé—, donde me servirá toda la casa de Israel, toda ella en esta tierra. Allí los acogeré amorosamente y allí solicitaré vuestras ofrendas y las primicias de vuestros dones, con todas vuestras cosas santas. [41] Como calmante aroma yo os acogeré amorosamente, cuando os haya hecho salir de entre los pueblos, y os reúna de en medio de los países en los que habéis sido dispersados; y por vosotros me mostraré santo a los ojos de las naciones. [42] Sabréis que yo soy Yahvé, cuando os conduzca al suelo de Israel, a la tierra que, mano en alto, juré dar a vuestros padres. [43] Allí os acordaréis de vuestra conducta y de todas las acciones con las que os habéis contaminado, y cobraréis asco de vosotros mismos por todas las maldades que habéis cometido. [44] Sabréis que yo soy Yahvé, cuando actúe con vosotros por consideración a mi nombre, y no con arreglo a vuestra mala conducta y a vuestras co-

16 59-63

36 20; 43

17 23

20 14

---

20 25 La teología primitiva atribuye a Yahvé instituciones y deformaciones de las que en realidad son responsables los hombres. Ezequiel parece referirse aquí al mandato de ofrecer los recién nacidos (Ex 22 28-29), al que los israelitas dieron a menudo una interpretación escandalosamente materialista, ver Lv 18 21+.

20 29 Juego de palabras. Yahvé pregunta: «¿Qué es el alto *(habbamah)* adonde vosotros vais *(habba'im)*?» De ahí el nombre de *Bamá*.

20 35 La expresión designa el desierto de Siria.

20 37 Como el pastor hace pasar las ovejas por delante de él para contarlas, ver Lv 27 32; Ez 34 1+.

rrompidas acciones, casa de Israel, oráculo del Señor Yahvé.»

La espada de Yahvé.

45
46
16 46+

21 [1] La palabra de Yahvé se dirigió a mí en estos términos: [2] «Hijo de hombre, vuelve tu rostro hacia el mediodía, destila tus palabras hacia el sur, profetiza contra el bosque de la región del

Is 9 17;
10 17-19
Jr 21 14
Sal 83 15
Ez 17 24
Lc 23 31

Negueb. [3] Dirás al bosque del Negueb: Escucha la palabra de Yahvé. Así dice el Señor Yahvé: He aquí que yo te prendo fuego, que devorará todo árbol verde y todo árbol seco; será una llama que no se apagará, y arderá todo, desde el Negueb hasta el Norte. [4] Todo el mundo

48
49

verá que yo, Yahvé, lo he encendido; y no se apagará.» [5] —Yo dije: «¡Ah, Señor Yahvé!, ésos andan diciendo de mí: ¿No es éste un charlatán de parábolas?»—

21.[1]
2

[6] Entonces, la palabra de Yahvé se dirigió a mí en estos términos: [7] «Hijo de hombre, vuelve tu rostro hacia Jerusalén, destila tus palabras hacia su santuario* y profetiza contra la tierra de Israel.

3

[8] Dirás a la tierra de Israel: Así dice el Señor Yahvé: Aquí estoy contra ti; voy a sacar mi espada de la vaina y extirparé de ti al justo y al malvado*. [9] Para extirpar

4

de ti al justo y al malvado va a salir mi espada de la vaina, contra toda carne, desde el Negueb hasta el Norte. [10] Y todo el mundo sabrá que yo, Yahvé, he sacado mi espada de la vaina; no será envainada.

5

6

[11] «Y tú, hijo de hombre, lanza gemidos, con corazón quebrantado. Lleno de amargura, lanzarás gemidos ante sus ojos. [12] Y si acaso te dicen: '¿Por qué esos gemidos?', dirás: 'Por causa de una noticia a cuya llegada todos los corazones desfallecerán, desmayarán todos los brazos, todos los espíritus se amilanarán, y todas

7

7 17

las rodillas se irán en agua'. Ved que ya llega; es cosa hecha, oráculo del Señor Yahvé.»

8
9

[13] La palabra de Yahvé se dirigió a mí en estos términos: [14] «Hijo de hombre, profetiza.

Dirás: Así dice el Señor. Di*:

¡Espada, espada!
Afilada está, bruñida.

10

[15] Para la matanza está afilada,
para centellear está bruñida...*

11

[16] Se la ha hecho bruñir para empuñarla;
ha sido afilada la espada,
ha sido bruñida
para ponerla en mano de matador.

12

[17] Grita, da alaridos, hijo de hombre,
porque está destinada a mi pueblo,
a todos los príncipes de Israel
destinados a la espada con mi pueblo.

Jr 31 19

Por eso golpéate el pecho*
[18] pues la prueba está hecha...*,
oráculo del Señor Yahvé.

14

[19] Y tú, hijo de hombre,
profetiza y bate palmas.
¡Golpee la espada dos, tres veces,
la espada de las víctimas.
la espada de la gran víctima*,
que les amenaza en torno!

15

[20] A fin de que desmaye el corazón
y abunden las ocasiones de caída,
en todas las puertas he puesto yo
matanza por la espada,
hecha para centellear,
bruñida para la matanza*.

16

[21] ¡Gírate*: a la derecha,
vuélvete a la izquierda,
donde tus filos sean requeridos!

17

[22] Yo también batiré palmas,
saciaré mi furor.
Yo, Yahvé, he hablado.»

El rey de Babilonia en el cruce de los caminos.

18
19

[23] La palabra de Yahvé se dirigió a mí en estos términos: [24] «Y tú, hijo de hombre, marca dos caminos por donde venga la espada del rey de Babilonia, que salgan los dos del mismo país, y marca una

---

21 7 «su santuario» griego, sir.; «los santuarios» hebr.
21 8 Ezequiel expresa aquí todavía el antiguo principio de la solidaridad en el castigo, al que en otra parte, 14 12+, opone la responsabilidad personal.
21 14 Este poema canta, con ritmo anhelante, a la espada de Yahvé, que Yahvé pone en manos del «matador», es decir, de los babilonios, para ejecutar sus juicios. Pero el poema está mal conservado. Los detalles son con frecuencia de difícil interpretación.
21 15 El final del v. es ininteligible y las versiones tampoco esclarecen nada. Hebr.: «o bien nos regocijaremos. El cetro de mi hijo rechaza toda madera». Griego: «presto para liberar (?) degüella, desprecia, rechaza toda madera». Vulg.: «tú que manejas el cetro de mi hijo has cortado toda madera».

21 17 En hebreo, lit. «golpéate el muslo», pero traducimos por su equivalente castellano esta expresión de duelo y dolor.
21 18 Lo que sigue es ininteligible. Lit.: «¿y qué pasaría si no hubiera cetro desdeñoso?» La mención de un «cetro desdeñoso» indica muy probablemente una alusión al final del v. 15, igualmente ininteligible.
21 19 Traducción conjetural de un texto tal vez corrompido. La «gran víctima» debe de ser una alusión a Sedecías.
21 20 «matanza por la espada» griego; hebr. corrompido. —«bruñida» me'uṭṭah Targ.; hebr. me'nitah no tiene sentido.
21 21 «gírate», lit. «sé (o hazte) una» (dudoso), que interpretamos según el contexto.

señalización, márcala en la cabecera del camino de la ciudad; ²⁵ trazarás el camino para que venga la espada hacia Rabá de los amonitas y hacia Judá, a la fortaleza de Jerusalén. ²⁶ Porque el rey de Babilonia se ha detenido en el cruce, en la cabecera de los dos caminos, para consultar a la suerte. Ha sacudido las flechas, ha interrogado a los *terafim*, ha observado el hígado. ²⁷ En su mano derecha está la suerte de Jerusalén: para situar arietes, dar la orden de matanza, lanzar el grito de guerra, situar arietes contra las puertas, levantar un terraplén, hacer trincheras*. ²⁸ Para ellos y a sus ojos, no es más que un vano presagio: se les había dado un juramento. Pero él recuerda las culpas por las que caerán presos. ²⁹ Por eso, así dice el Señor Yahvé: Por haber hecho recordar vuestras culpas, descubriendo vuestros crímenes, haciendo aparecer vuestros pecados en todas vuestras acciones, y porque así se os ha recordado, caeréis presos en su mano. ³⁰ En cuanto a ti, vil criminal, príncipe de Israel, cuya hora ha llegado con la última culpa, ³¹ así dice el Señor Yahvé: La tiara se quitará, se depondrá la corona, todo será transformado; lo humilde será elevado, lo elevado será humillado. ³² Ruina, ruina, ruina, eso es lo que haré con él, como jamás la hubo, hasta que llegue aquél a quien corresponde el juicio y a quien yo se lo entregaré*.

Castigo de Amón*.

³³ «Y tú, hijo de hombre, profetiza y di: Así dice el Señor Yahvé a los amonitas y sus burlas. Dirás: ¡La espada, la espada está desenvainada para la matanza, bruñida para devorar, para centellear ³⁴ —mientras se tienen para ti visiones vanas, y para ti se presagia la mentira—, para degollar* a los viles criminales cuya hora ha llegado con la última culpa! ³⁵ Vuélvela a la vaina. En el lugar donde

fuiste creada, en tu tierra de origen, te juzgaré yo; ³⁶ derramaré sobre ti mi ira, soplaré contra ti el fuego de mi furia, y te entregaré en manos de hombres bárbaros, agentes de destrucción. ³⁷ Serás pasto del fuego, tu sangre correrá en medio del país, no quedará de ti recuerdo alguno, porque yo, Yahvé, he hablado.»

Los crímenes de Jerusalén*.

22 ¹ La palabra de Yahvé se dirigió a mí en estos términos: ² «Y tú, hijo de hombre, ¿no vas a juzgar? ¿No vas a juzgar a la ciudad sanguinaria? Hazle saber todas sus abominaciones. ³ Dirás: Así dice el Señor Yahvé: Ciudad que derramas sangre en medio de ti para que llegue tu hora, que haces basuras* en tu suelo para contaminarte, ⁴ por la sangre que derramaste te has hecho culpable, con las basuras que hiciste te has contaminado; has adelantado tu hora, ha llegado el término de tus años. Por eso, yo he hecho de ti la burla de las naciones y la irrisión de todos los países. ⁵ Próximos y lejanos se reirán de ti, ciudad de nombre impuro, llena de desórdenes. ⁶ Ahí están dentro de ti los príncipes de Israel, cada uno según su poder*, sólo ocupados en derramar sangre. ⁷ En ti se desprecia al padre y a la madre, en ti se maltrata al forastero residente, en ti se oprime al huérfano y a la viuda. ⁸ No tienes respeto a mis cosas sagradas, profanas mis sábados. ⁹ Hay en ti gente que calumnia para verter sangre. En ti se come en los montes, y se comete infamia. ¹⁰ En ti se descubre la desnudez del propio padre, en ti se hace violencia a la mujer en estado de impureza. ¹¹ Uno comete abominación con la mujer de su prójimo, el otro se contamina de manera infame con su nuera, otro hace violencia a su hermana, la hija de su propio padre; ¹² en ti se acepta soborno para derramar sangre; tomas a usura e interés, explotas

4 2-3

Is 40 4
Mt 23 12
Gn 49 10

20 4; 23 ?

5 14

18 5-9

Dt 27 16
Lv 19 3

Ex 22 2?
Lv 19 30
Lv 19 16

Dt 12 2-

Lv 18 7
Lv 18 1
Lv 18 2
Lv 18 1

Lv 18 9
Dt 27 2
Lv 25 3

---

21 27 La primera mención de los arietes es probablemente defectuosa, pero se encuentra también en las versiones. —Al marchar contra Jerusalén más bien que contra Rabá (capital de los amonitas, hoy Amán), Nabucodonosor no ha obedecido a un «vano presagio», sino que ha sido provocado por el delito de Israel, que se ha rebelado contra él y ha pedido ayuda a Egipto, ver v. 28.
21 32 «como jamás la hubo», lit.: «ni ésta existió». —Las últimas palabras del v. recuerdan las de la profecía de Jacob sobre Judá, Gn 49 10, que algunos corrigen de forma que se lea: «(no se irá de Judá el báculo, ni el bastón de mando de entre sus piernas) hasta que venga aquél a quien le corresponde»: pero este texto

está corrompido y sigue siendo muy oscuro.
21 33 Decidida ya la suerte de Jerusalén, v. 27, los amonitas pueden creer que se han salvado del peligro. Pero también ellos recibirán su castigo.
21 34 «para degollar», lit. «para poner sobre la garganta», conj.: «para ponerte sobre la garganta» hebr. Las dos palabras siguientes son gramaticalmente incorrectas.
22 El tema recuerda los caps. **16, 20** y **23**. Pero aquí el profeta habla en sentido propio. Además, se refiere a las culpas presentes detalladas en los vv. 1-16, más que a las de las generaciones pasadas.
22 3 Ver nota a **6 4**.
22 6 Lit.: «cada uno según su brazo».

a tu prójimo con violencia, y te has olvidado de mí, oráculo del Señor Yahvé. ¹³ «Mira, yo voy a batir palmas a causa de los actos de pillaje que has cometido y de la sangre que corre en medio de ti. ¹⁴ ¿Podrá tu corazón resistir y tus manos seguir firmes el día en que yo actúe contra ti? Yo, Yahvé, he hablado y lo haré. ¹⁵ Te dispersaré entre las naciones, te esparciré por los países, borraré la impureza que hay en medio de ti, ¹⁶ por ti misma te verás profanada* a los ojos de las naciones, y sabrás que yo soy Yahvé.»

¹⁷ La palabra de Yahvé se dirigió a mí en estos términos: ¹⁸ «Hijo de hombre, la casa de Israel se me ha convertido en escoria; todos son cobre, estaño, hierro, plomo, en medio de un horno; ¡escoria* son! ¹⁹ Por eso, así dice el Señor Yahvé: Por haberos convertido todos vosotros en escoria, por eso voy a juntaros en medio de Jerusalén*. ²⁰ Como se ponen juntos plata, cobre, hierro, plomo y estaño en el horno, y se atiza el fuego por debajo para fundirlo todo, así os juntaré yo en mi cólera y en mi furor; os pondré y os fundiré. ²¹ Os reuniré, atizaré contra vosotros el fuego de mi furia, y os fundiré en medio de la ciudad. ²² Como se funde la plata en medio del horno, así seréis fundidos vosotros en medio de ella, y sabréis que yo, Yahvé, he derramado mi furor sobre vosotros.»

²³ La palabra de Yahvé se dirigió a mí en estos términos*: ²⁴ «Hijo de hombre, dile: Eres una tierra que no ha tenido lluvia* ni inundación en el día de la Ira; ²⁵ los príncipes* que en ella residen son como un león rugiente que desgarra su presa. Han devorado a la gente, se han apoderado de haciendas y joyas, han multiplicado las viudas en medio de ella. ²⁶ Sus sacerdotes han violado mi ley y profanado mis cosas sagradas; no han hecho diferencia entre lo sagrado y lo profano, ni han enseñado a distinguir entre lo puro y lo impuro; se han tapado los ojos para no ver mis sábados, y yo he sido deshonrado en medio de ellos. ²⁷ Sus jefes, en medio de ella, son como lobos que desgarran su presa, que derraman sangre, matando a las personas para robar sus bienes. ²⁸ Sus profetas los han recubierto de argamasa* con sus vanas visiones y sus presagios mentirosos, diciendo: 'Así dice el Señor Yahvé', cuando Yahvé no había hablado. ²⁹ El pueblo de la tierra ha hecho violencia y cometido pillaje, ha oprimido al pobre y al indigente, ha maltratado al forastero sin ningún derecho. ³⁰ He buscado entre ellos alguno que construyera un muro y se mantuviera en la brecha ante mí, para proteger la tierra e impedir que yo la destruyera, y no he encontrado a nadie. ³¹ Entonces he derramado mi ira sobre ellos; en el fuego de mi furia los he exterminado: he hecho caer su conducta sobre su cabeza, oráculo del Señor Yahvé.»

Historia simbólica de Jerusalén y Samaría*.

23 ¹ La palabra de Yahvé se dirigió a mí en estos términos: ² «Hijo de hombre: Había dos mujeres, hijas de la misma madre. ³ Se prostituyeron en Egipto; se prostituyeron en su juventud. Allí fueron palpados sus pechos y acariciado su seno virginal. ⁴ Éstos eran sus nombres: Oholá, la mayor, y Oholibá, su hermana*. Fueron mías y dieron a luz hijos e hijas. Sus nombres: Oholá es Samaría; Oholibá, Jerusalén. ⁵ Oholá se prostituyó cuando me pertenecía a mí; se enamoró perdidamente de sus amantes, los asirios sus vecinos, ⁶ vestidos de púrpura, gobernadores y prefectos, todos ellos jóvenes apuestos y hábiles caballeros. ⁷ Les otorgó sus favores —eran todos ellos la flor de los asirios— y, con todos aquellos de los que se había enamorado, se contaminó al contacto de to-

6 11

Lv 26 33

Is 1 22.25
Jr 6 28-30

Ml 3 2-3

So 3 3-4
20 13.15

Lv 19 30

Lv 17-22
Lv 11-16

Lv 23 3
Ex 20 8-11

13 10-16

Sal 106 23

Is 59 15-16

16 1+
Jr 3 6-13

20 7-8

---

22 16 «por ti misma», o «en ti misma». Se ha propuesto corregir en «yo seré profanado (o deshonrado) por ti», según el griego, pero éste no ha entendido bien y ha hecho venir el verbo *jalal* («profanar») de la raíz *najal* («heredar», «poseer»).

22 18 El hebr. añade «plata», palabra quizá desplazada accidentalmente, ver v. 20. —Esta imagen, ya utilizada por Isaías (1 21.25) y por Jeremías (6 28s), está aquí más desarrollada. Representa la invasión y el asedio de Jerusalén.

22 19 El oráculo pudo ser pronunciado cuando el pueblo de Judá afluía a Jerusalén en busca de refugio, es decir, poco antes del asedio de 589-587.

22 23 Esta tercera parte del oráculo fue escrita tal vez después de la toma de la ciudad.

22 24 «que no ha tenido lluvia» griego; «que no ha sido purificada» hebr.

22 25 «los príncipes» griego; «la conspiración de sus profetas» hebr.

22 28 Es decir, han ocultado sus crímenes, ver 13 10-16.

23 La historia simbólica de Israel, ver 16 1+, es reanudada aquí y desarrollada haciendo un paralelo entre Samaría y Jerusalén.

23 4 *Oholá*: «su tienda (de ella)», *Oholibá*: «mi tienda (está) en ella». Esta etimología parece contraponer el culto cismático de Samaría al culto auténtico de Jerusalén. Pero quizá debamos ver aquí alusiones o hechos o costumbres que nosotros ignoramos. Se puede pensar en las tiendas que se levantaban en los altos.

das sus basuras. ⁸ No cejó en sus prostituciones comenzadas en Egipto, donde se habían acostado con ella en su juventud, acariciando su seno virginal*, y desahogando con ella su lascivia. ⁹ Por eso yo la entregué en manos de sus amantes, en manos de los asirios de los que se había enamorado. ¹⁰ Éstos descubrieron su desnudez, se llevaron a sus hijos y sus hijas, y a ella misma la mataron a espada. Vino así a ser ejemplo para las mujeres, porque se había hecho justicia de ella.

¹¹ «Su hermana Oholibá vio esto, pero su pasión y sus prostituciones fueron todavía más escandalosas que las de su hermana. ¹² Se enamoró de los asirios, gobernadores y prefectos, vecinos suyos, magníficamente vestidos, hábiles caballeros, y todos ellos jóvenes apuestos. ¹³ Yo vi que estaba impura; la conducta era la misma para las dos, ¹⁴ pero ésta superó sus prostituciones: vio hombres pintados en la pared, figuras de caldeos pintadas con bermellón, ¹⁵ con cinto en las caderas y amplios turbantes en sus cabezas, con aspecto de escuderos todos ellos, que representaban a los babilonios, caldeos de origen, ¹⁶ y en cuanto los vio se enamoró de ellos y les envió mensajeros a Caldea*.

2 R 20 12-19 ¹⁷ Los babilonios vinieron donde ella, a compartir el lecho de los amores y a contaminarla con su lascivia; y cuando se contaminó con ellos, su deseo se apartó de ellos. ¹⁸ Dejó así al descubierto sus prostituciones y su desnudez; y yo me aparté de ella como me había apartado de su hermana. ¹⁹ Pero ésta multiplicó sus prostituciones, acordándose de los días de su juventud, cuando se prostituía en el país de Egipto, ²⁰ y se enamoraba de aquellos disolutos de sexo de asnos y esperma de caballos.

²¹ «Has renovado así la inmoralidad de tu juventud, cuando en Egipto acariciaban tu busto palpando tus pechos juveniles*. ²² Pues bien, Oholibá, así dice el Señor Yahvé: Voy a suscitar contra ti a todos tus amantes, de los que te has apartado; los voy a traer contra ti de todas partes, ²³ a los babilonios y a todos los caldeos, los de Pecod, de Soa y de Coa*, y con ellos a todos los asirios, jóvenes apuestos, gobernadores y prefectos, todos ellos escuderos de título y hábiles caballeros; ²⁴ y vendrán contra ti desde el norte* carros y carretas, con una asamblea de pueblos. Por todas partes te opondrán el pavés, el escudo y el yelmo. Yo les daré el encargo de juzgarte y te juzgarán conforme a su derecho. ²⁵ Desencadenaré mis celos contra ti, y te tratarán con furor, te arrancarán la nariz y las orejas, y lo que quede de los tuyos caerá a espada; se llevarán a tus hijos y a tus hijas, y lo que quede de los tuyos será devorado por el fuego. ²⁶ Te despojarán de tus vestidos y se apoderarán de tus joyas. ²⁷ Yo pondré fin a tu inmoralidad y a tus prostituciones comenzadas en Egipto; no levantarás más tus ojos hacia ellos, ni volverás a acordarte de Egipto. ²⁸ Porque así dice el Señor Yahvé: Voy a entregarte en manos de los que detestas, en manos de aquellos de los que te has apartado. ²⁹ Ellos te tratarán con odio, se apoderarán de todo el fruto de tu trabajo y te dejarán completamente desnuda. Así quedará al descubierto la vergüenza de tus prostituciones. Tu inmoralidad y tus prostituciones ³⁰ te han acarreado todo esto, por haberte prostituido a las naciones, por haberte contaminado con sus basuras. ³¹ Has imitado la conducta de tu hermana, y yo pondré su cáliz en tu mano. ³² Así dice el Señor Yahvé:

Ex 16 3; 17 3

Beberás el cáliz de tu hermana*,
cáliz ancho y profundo,
que servirá de burla e irrisión,
tan grande es su cabida.
³³ Te empaparás de embriaguez
y de aflicción.
Cáliz de desolación y de angustia,
el cáliz de tu hermana Samaría.
³⁴ Lo beberás, lo apurarás;
roerás hasta los cascotes,
y te desgarrarás el seno.

Jr 25 15
Is 51 17
Sal 75 9

Porque he hablado yo, oráculo del Señor Yahvé.

³⁵ «Por eso, así dice el Señor Yahvé: Puesto que me has olvidado y me has arrojado a tus espaldas, carga tú también

23 16 Tal vez alusión a las relaciones entre Ezequías y Merodac Baladán, ver Is 39.
23 21 «cuando acariciaban» be'aśśót conj., ver v. 3; «cuando hacían» ba'aśót hebr. —«en Egipto» versiones; «de Egipto» hebr. —«palpando» lime'ok conj., ver v. 3; «a fin de» lema'an hebr.
23 23 Pecod, ya mencionado por Jr 50 21, es una tribu aramea al este de Babilonia, conocida por las inscripciones. Se ha identificado a Soa y Coa con los Sutu y los Cutu, otras tribus de la misma región, pero esta identificación no es segura.
23 24 «desde el norte» griego; en hebr. una palabra desconocida.
23 32 Este pequeño poema es tal vez una canción o un epigrama que Ezequiel aplicaría a Jerusalén. La imagen del cáliz o la copa es corriente desde Jeremías.

con tu inmoralidad y tus prostituciones.»
[36] Después, Yahvé me dijo: «Hijo de hombre, ¿vas a juzgar a Oholá y Oholibá? Repróchales sus abominaciones. [37] Han cometido adulterio, están ensangrentadas sus manos, han cometido adulterio con sus basuras, y hasta a sus hijos, que me habían dado a luz, los han hecho pasar por el fuego como alimento para ellas*. [38] Han llegado a hacerme hasta esto: han contaminado mi santuario en este día y han profanado mis sábados; [39] después de haber inmolado sus hijos a sus basuras, el mismo día, han entrado en mi santuario para profanarlo. Esto es lo que han hecho en mi propia casa.

[40] «Más aún*, mandaron en busca de hombres que vinieran de lejos, enviándoles un mensajero, y cuando vinieron te bañaste, te pintaste los ojos y te pusiste las joyas; [41] luego te reclinaste en un espléndido diván, ante el cual estaba aderezada una mesa en la que habías puesto mi incienso y mi aceite. [42] Se oía allí el ruido de una turba indolente, por la multitud de hombres, de bebedores traídos del desierto*; ponían ellos brazaletes en las manos de ellas y una corona preciosa en su cabeza. [43] Y yo decía de aquella que estaba gastada de adulterios: Todavía sigue entregándose a sus prostituciones*, [44] y vienen donde ella, como se viene donde una prostituta. Así han venido donde Oholá y Oholibá, estas mujeres depravadas. [45] Pero hay hombres justos que les aplicarán el juicio reservado a las adúlteras y a las que derraman sangre, porque ellas son adúlteras y hay sangre en sus manos.

[46] «Porque así dice el Señor Yahvé: Convóquese contra ellas una asamblea para entregarlas al terror y al pillaje, [47] y la asamblea las matará a pedradas y las acribillará a golpes de espada; matarán a sus hijos y a sus hijas, y prenderán fuego a sus casas. [48] Yo pondré fin a la inmoralidad en esta tierra; todas las mujeres quedarán así avisadas y no imitarán vuestra inmoralidad. [49] Se hará recaer sobre vosotras vuestra inmoralidad, cargaréis con los pecados cometidos con vuestras basuras, y sabréis que yo soy el Señor Yahvé.»

Anuncio del asedio de Jerusalén.

24 [1] El año noveno, el día diez del décimo mes*, la palabra de Yahvé se dirigió a mí en estos términos: [2] «Hijo de hombre, escribe la fecha de hoy, de este mismo día, porque el rey de Babilonia se ha lanzado sobre Jerusalén precisamente en este día*. [3] Compón una parábola sobre esta rebelde. Les dirás: Así dice el Señor Yahvé:

Arrima la olla al fuego, arrímala,
y echa agua en ella*.
[4] Amontana dentro trozos de carne,
todos los trozos buenos,
pierna y espalda.
Llénala de los huesos mejores.
[5] Toma lo mejor del ganado menor.
Apila en torno la leña* debajo,
hazla hervir a borbotones,
de modo que hasta los huesos se cuezan.
[6] Porque así dice el Señor Yahvé:
¡Ay de la ciudad sanguinaria,
olla toda roñosa,
cuya herrumbre no se le va!
¡Vacíala trozo a trozo,
sin echar suertes sobre ella!
[7] Porque su sangre está en medio de ella,
la ha esparcido sobre la roca desnuda,
no la ha derramado en la tierra
recubriéndola de polvo.
[8] Para que el furor desborde,
para tomar venganza,
he puesto yo su sangre
sobre roca desnuda,
para que no fuera recubierta.
[9] Pues bien, así dice el Señor Yahvé:
¡Ay de la ciudad sanguinaria!

20 4; 22 2

Lv 18 21+

Lv 19 30

Lv 20 10
22 21-22

11 3-12

Jb 16 18+

---

23 37 Sobre estos sacrificios de niños, ver ya 20 25-26; Jr 7 31; 19 5; 32 35. Ver Lv 18 21+.
23 40 El profeta se dirige ahora directamente a sus contemporáneos y les censura sus culpas recientes; de ahí el uso de la segunda persona. El pasaje contiene sin duda muchas alusiones a sucesos políticos precisos y recientes; pero el texto está corrompido y es difícilmente inteligible.
23 42 Traducción dudosa de un texto corrompido. —Después de «indolente» omitimos «y hacia hombres».
23 43 Texto poco seguro.
24 1 Diciembre del 589-enero del 588.
24 2 Según los datos de 2 R 25 1; Jr 52 4 (ver 39 1), se trata del comienzo del asedio de Jerusalén. Si el profeta está entonces en Babilonia, esta fecha que pone por escrito debe servir más tarde para verificar la exactitud de sus revelaciones.
24 3 Acción simbólica. El profeta lleva a efecto irónicamente el adagio que proclamaba la seguridad de Jerusalén, 11 3. Es difícil interpretar según todos los detalles, pero el sentido general está claro: de tal modo se halla corrompida la ciudad que nada la podrá salvar, ni siquiera una prueba pasajera. Será destruida. Sus habitantes no están protegidos por las murallas. Se les expulsará para dispersarlos por el exterior.
24 5 «la leña» ha'eṣim conj., ver v. 0; «los huesos» ha'aṣamim hebr.

También yo voy a hacer
un gran montón de leña.
¹⁰ Apila bien la leña, enciende el fuego,
cuece la carne a punto,
prepara las especias,
que los huesos se abrasen.
¹¹ Y mantén la olla vacía sobre las brasas,
para que se caliente,
se ponga al rojo el bronce,
se funda dentro de ella su suciedad,
y su herrumbre se consuma.

¹² «*Pero ni por el fuego se va la herrumbre de la que está roñosa. ¹³ De la impureza de tu inmoralidad he querido purificarte, pero tú no te has dejado purificar de tu impureza. No serás, pues, purificada hasta que yo no desahogue mi furor en ti. ¹⁴ Yo, Yahvé, he hablado, y cumplo la palabra*: no me retraeré, no tendré piedad ni me compadeceré. Según tu conducta y según tus obras te juzgarán, oráculo del Señor Yahvé.»

5 11+

Jr 18 1+   **Sufrimientos del profeta.**

¹⁵ La palabra de Yahvé se dirigió a mí en estos términos: ¹⁶ «Hijo de hombre, mira, voy a quitarte de golpe el encanto de tus ojos*. Pero tú no te lamentarás, no llorarás, no te saldrá una lágrima. ¹⁷ Suspira en silencio, no hagas duelo de muertos; ciñe el turbante a tu cabeza, ponte tus sandalias en los pies, no te cubras la

Si 36 22

barba, no comas pan ordinario*.» ¹⁸ Yo hablé al pueblo por la mañana, y por la tarde murió mi mujer; y al día siguiente por la mañana hice como se me había ordenado. ¹⁹ El pueblo me dijo: «¿No nos explicarás qué significado tiene para nosotros lo que estás haciendo?» ²⁰ Yo les dije: «La palabra de Yahvé me ha sido dirigida en estos términos: ²¹ Di a la casa de Israel: Así dice el Señor Yahvé: He decidido profanar mi santuario, orgullo de vuestra fuerza, encanto de vuestros ojos, pasión de vuestras almas. Vuestros hijos y vuestras hijas que habéis abandonado, caerán a espada. ²² Y vosotros haréis como yo he hecho*: no os cubriréis la barba, no comeréis pan ordinario, ²³ seguiréis llevando vuestros adornos en la cabeza y vuestras sandalias en los pies, no os lamentaréis ni lloraréis. Os consumiréis a causa de vuestras culpas y gemiréis los unos con los otros. ²⁴ Ezequiel será para vosotros un símbolo; haréis todo lo que él ha hecho. Y cuando esto suceda, sabréis que yo soy el Señor Yahvé.

²⁵ «Y tú, hijo de hombre, el día en que yo les quite su apoyo, su alegre ornato, el encanto de sus ojos, el anhelo de su alma, sus hijos y sus hijas, ²⁶ ese día llegará donde ti el fugitivo que traerá la noticia. ²⁷ Aquel día se abrirá tu boca para hablar al fugitivo; hablarás y ya no seguirás mudo; serás un símbolo para ellos, y sabrán que yo soy Yahvé.»

Jr 7 1-15
Lm 2 7

12 6+

3 26; 33

II.   Oráculos contra las naciones*

Dt 2 19+
Ez 21 33-37
Am 1 13-15
Jr 49 1-6

Contra los amonitas*.

25¹ La palabra de Yahvé se dirigió a mí en estos términos: ² «Hijo de hombre, vuelve tu rostro hacia los amo-

nitas y profetiza contra ellos. ³ Dirás a los amonitas: Escuchad la palabra del Señor Yahvé. Así dice el Señor Yahvé: Por haber dicho*: ¡Ja, ja! sobre mi santuario cuando era profanado, sobre

---

24 12 El hebr. añade al comienzo: «me ha fatigado (con) sus molestias» (?), omitido por griego.
24 14 «la palabra» *dabar* conj., ver 12 25.28; «viene» *ba'ah* hebr.
24 16 Expresión de ternura que aquí designa a la esposa del profeta, v. 18.
24 17 Se trata de ceremonias de duelo. El «pan ordinario» (lit. «pan de hombre») alude a una costumbre que ignoramos.
24 22 Ezequiel habla a los desterrados que tienen familia en Jerusalén. No les prohíbe lamentarse y llorar por las noticias de su muerte. Los acontecimientos serán tan súbitos y violentos que no les quedará ni la posibilidad de ello.
25 (a) Como en Am 1-2; Is 13-23; Jr 47-51, los oráculos de Ezequiel contra las naciones están agrupados

en los caps. 25-32. Los caps. 25-28 se dirigen a los vecinos inmediatos de Israel Amón, Moab, Edom y los filisteos, 25, Tiro y Sidón, 26-28, y después a Egipto, al que se refieren los oráculos de los caps. 29-32. Las fechas precisadas en 26 1; 29 1; 30 20; 31 1; 32 1.17, se escalonan del 587 al 585 a.C., durante y después del asedio de Jerusalén; es el mismo fondo histórico que en los caps. 24 y 33 que enmarcan estos oráculos. El pequeño oráculo contra Tiro de 29 17-21, fechado en 571, ha sido añadido a la colección.
25 (b) Los amonitas, Dt 2 19+, habían participado en diversos levantamientos contra Nabucodonosor. Después abandonaron a sus aliados y se aprovecharon de los reveses de Jerusalén.
25 3 Este oráculo se dirige a Amón personificado.

la tierra de Israel cuando era devastada y sobre la casa de Judá cuando marchaba al destierro, [4] por eso, voy a entregarte en posesión a los hijos de Oriente*; emplazarán en ti sus campamentos, y pondrán en ti sus tiendas; ellos comerán tus frutos y ellos beberán tu leche. [5] Yo haré de Rabá un establo de camellos, y de las ciudades* de Amón un redil de ovejas. Y sabréis que yo soy Yahvé.»

[6] Así dice el Señor Yahvé:

«Por haber batido palmas y haber pataleado, por haberte alegrado, con todo tu desprecio y animosidad, a costa de la tierra de Israel, [7] por eso, voy a extender mi mano contra ti y te entregaré al saqueo de las naciones, te extirparé de entre los pueblos y te exterminaré de entre los países. Te destruiré, y sabrás que yo soy Yahvé.»

Contra Moab.

[8] Así dice el Señor Yahvé:

«Porque Moab y Seír* han dicho: 'Mirad, la casa de Judá es igual que todas las naciones', [9] por eso, voy a abrir las espaldas de Moab y a destruir de un extremo al otro sus ciudades*, las joyas de ese país, Bet Yesimot, Baal Meón, Quiriatáin. [10] A los hijos de Oriente, además de los amonitas, la entrego en posesión, para que no se recuerde más entre las naciones. [11] Haré justicia de Moab, y se sabrá que yo soy Yahvé.»

Contra Edom.

[12] Así dice el Señor Yahvé:

«Porque Edom ha ejecutado su venganza sobre la casa de Judá y se ha hecho gravemente culpable al vengarse de ella, [13] por eso, así dice el Señor Yahvé: Yo extenderé mi mano contra Edom y extirparé de ella hombres y bestias. La convertiré en desierto; desde Temán a Dedán* caerán a espada. [14] Pondré mi venganza contra Edom en manos de mi pueblo Israel, que tratará a Edom según mi cólera y mi furor, y se sabrá lo que es mi venganza, oráculo del Señor Yahvé.»

Contra los filisteos.

[15] Así dice el Señor Yahvé:

«Porque los filisteos han actuado vengativamente y han ejecutado su venganza con desprecio y animosidad, tratando de destruir a impulsos de un odio eterno, [16] por eso, así dice el Señor Yahvé: Voy a extender mi mano contra los filisteos; extirparé a los quereteos* y destruiré lo que queda en el litoral del mar. [17] Ejecutaré contra ellos terribles venganzas, furiosos escarmientos, y sabrán que yo soy Yahvé, cuando les aplique mi venganza.»

Contra Tiro*.

26 [1] El año undécimo, el día primero del mes*, la palabra de Yahvé se dirigió a mí en estos términos:

[2] «Hijo de hombre,
porque Tiro ha dicho contra Jerusalén:
¡Ja, ja! ahí está rota,
la puerta de los pueblos;
se vuelve hacia mí,
su riqueza está en ruinas*,
[3] por eso, así dice el Señor Yahvé:
Aquí estoy contra ti, Tiro.
Voy a hacer subir contra ti
a naciones numerosas,
como el mar hace subir sus olas.
[4] Derruirán las murallas de Tiro
y abatirán sus torres.
Yo barreré de ella hasta el polvo
y la dejaré como roca pelada*.

[5] Quedará, en medio del mar,
como un secadero de redes.
Porque he hablado yo,

Marginal references (left column):

Nm 24 21+

6 11

m 22 36+
Am 2 1-3
Jr 48
So 2 8-11

Dt 2 1+
Ez 35
1 11-12
r 49 7-22
Is 34
Sal 137 7

21 13-14

Marginal references (right column):

Jos 13 2+
So 2 4-7

Is 23

25 3

---

25 4   Los árabes nómadas, ver Is 11 14; Jr 49 28; Nm 24 21+.
25 5   «ciudades» conj.; «hijos» hebr.
25 8   Seír designa la altiplanicie montañosa situada al sudeste del mar Muerto, en territorio edomita (pero ver Dt 2 1+); el término se emplea a menudo como sinónimo de Edom, ver Gn 32 4; Jc 5 4; Nm 24 18; Ez 35 2, etc. Resulta extraño verlo mencionado aquí, ya que hay más adelante un oráculo consagrado a Edom. La palabra, ausente del griego, es tal vez una glosa tardía.
25 9   «sus ciudades» conj.; «más sus ciudades» (o «desde sus ciudades») hebr. —Todo este v. es oscuro y la traducción es dudosa.
25 13 Temán es una región meridional de Edom, pero ambos términos se emplean a menudo como sinónimos, ver Jr 49 20; Dedán, el actual oasis de El Ela, un país árabe situado al sudeste de Edom, ver Is 21 13; Jr 49 8.
25 16 Pueblo vecino de los filisteos, ver Jos 13 2+, y emparentado con ellos, ver 2 S 8 18+. Aquí, los dos nombres son prácticamente sinónimos.
26   Al comienzo del siglo VI, Tiro era una poderosa ciudad comercial. Tomó parte muy importante en todas las tentativas antibabilónicas que precedieron a los sucesos del 587, pero abandonó a su aliada Jerusalén y se alegró de su ruina.
26 1   El año 587-586. El griego lee «año duodécimo» y «primer mes», es decir, abril del 585.
26 2   «su riqueza», lit.: «lo que la llena» versiones; «yo me llenaré» hebr.
26 4   Tiro, Şor, estaba construida sobre una roca, şûr, a cierta distancia de la costa.

oráculo del Señor Yahvé.
Tiro será presa propicia
para las naciones.
[6] Y sus hijas que están tierra adentro
serán muertas a espada.
Y se sabrá que yo soy Yahvé.
[7] Pues así dice el Señor Yahvé:

29 17-21

He aquí que yo traigo contra Tiro, por
el norte,
a Nabucodonosor, rey de Babilonia,
rey de reyes,
con caballos, carros y jinetes
y gran número de tropas.
[8] A tus hijas que están tierra adentro
las matará a espada.

4 1-3

Hará contra ti trincheras,
levantará contra ti un terraplén,
alzará contra ti un testudo,
[9] lanzará los golpes de su ariete
contra tus murallas,
demolerá tus torres con sus máquinas*.
[10] Sus caballos son tan numerosos
que su polvo te cubrirá.
Al estrépito de su caballería,
de sus carros y carretas,
trepidarán tus murallas
cuando entre él por tus puertas,
como se entra en una ciudad,
brecha abierta.
[11] Con los cascos de sus caballos
hollará todas tus calles,
a tu pueblo pasará a cuchillo,
y tus grandiosas estelas
se desplomarán en tierra.
[12] Se llevarán como botín tus riquezas,
saquearán tus mercancías,
destruirán tus murallas,
demolerán tus casas suntuosas.
Tus piedras, tus vigas y tus escombros
los echarán al fondo de las aguas.

Is 24 8-9
Jr 25 10
Ap 18 22

[13] Yo haré cesar
la armonía de tus canciones,
y no se volverá a oír el son de tus cítaras.
[14] Te convertiré en roca pelada,
quedarás como secadero de redes;
no volverás a ser reconstruida,
porque yo, Yahvé, he hablado,
oráculo del Señor Yahvé.»

Lamentación por Tiro.

[15] Así dice el Señor Yahvé a Tiro: «Al
estruendo de tu caída, cuando giman las
víctimas, cuando hierva la carnicería en
medio de ti, ¿no temblarán las islas*?
[16] Bajarán de sus tronos todos los príncipes del mar, se quitarán sus mantos,
dejarán sus vestidos recamados. Se vestirán de pavores, se sentarán en tierra,
sin tregua temblarán y quedarán pasmados por ti.
[17] «Entonarán por ti una elegía* y te dirán:

Jon 3 6

¡Ah! ahí estás destruida,
desaparecida de los mares,
la ciudad famosa,
que fue poderosa en el mar,
con tus habitantes,
los que infundían el terror
en todo el continente*.
[18] Ahora tiemblan las islas
en el día de tu caída,
las islas del mar están aterradas de tu
fin.

Ap 18 9-19

[19] «Porque así dice el Señor Yahvé:
Cuando yo te convierta en una ciudad
en ruinas como las ciudades despobladas, cuando yo empuje sobre ti el océano, y te cubran las muchas aguas, [20] entonces te precipitaré con los que bajan a
la fosa, con el pueblo de antaño; te haré
habitar en los infiernos, como las ruinas
de antaño, con los que bajan a la fosa,
para que no vuelvas a ser restablecida en
la tierra de los vivos*. [21] Haré de ti un objeto de espanto, y no existirás más. Se te
buscará y no se te encontrará jamás, oráculo del Señor Yahvé.»

32 18-32

Ap 18 21

Segunda lamentación por la caída de Tiro*.

27 [1] La palabra de Yahvé se dirigió a
mí en estos términos: [2] «Y tú, hijo
de hombre, entona una elegía sobre Tiro.
[3] Dirás a Tiro, la ciudad sentada a la entrada del mar, centro del tráfico de los
pueblos hacia islas sin cuento: Así dice el
Señor Yahvé:

---

26 9   El sitio de Tiro, iniciado por Nabucodonosor el
585, duró trece años y terminó sin provecho para el vencedor, **29** 17-21. La destrucción radical que se anuncia
aquí no se cumplirá hasta más tarde, a manos de Alejandro Magno.
26 15   Las «islas» designan a todas las costas lejanas.
26 17 (a) Una *qînah*, ver **19** 1+.
26 17 (b) «desaparecida» versiones; «habitada» hebr.
(simple diferencia de vocalización). —«el continente»
hayyabašah, según sir.; «sus babitantes» *yošebêha* hebr.
26 20   La «fosa», sinónimo de «Seol», no representa la

tumba, sino el lugar subterráneo donde están reunidas
las almas de los muertos, ver Nm **16** 33+. El mismo
sentido (es decir, etimológico, no teológico) tiene aquí,
y en **31** 14.16.18; **32** 18.24, la palabra «infiernos», hebr.
lit. «país inferior, o de las inferioridades». —«no vuelvas» *tašubî* conj.; «no habites» *tešebî* hebr. —«a ser restablecida» versiones; «a que yo dé un adorno» hebr.
27   Esta descripción simbólica de un naufragio utiliza un vocabulario técnico cuya traducción es a veces
dudosa.

Tiro, tú decías: Yo soy un navío*
de perfecta hermosura.
⁴ En el corazón de los mares
estaban tus fronteras.
Tus fundadores hicieron
perfecta tu hermosura.
⁵ Con cipreses de Senir* te construye-
ron
todas tus planchas.
Del Líbano tomaron un cedro
para erigirte un mástil.
⁶ De las encinas de Basán
hicieron tus remos.
El puente te lo hicieron
de marfil incrustado en cedro
de las islas de Quitín*.
⁷ De lino recamado de Egipto era tu
vela
que te servía de enseña.
Púrpura y escarlata de las islas de Elisá
formaban tu toldo.
⁸ Los habitantes de Sidón y de Arvad*
eran tus remeros.
Y tus sabios, Tiro, iban a bordo
como timoneles.
⁹ En ti estaban los ancianos de Guebal*
y sus artesanos
para reparar tus averías.

Todas las naves* del mar y sus marineros estaban contigo para asegurar tu
comercio. ¹⁰ Los de Persia, de Lud y de
Put servían en tu ejército como hombres
de guerra; suspendían en ti el escudo y el
yelmo, te daban esplendor. ¹¹ Los hijos de
Arvad, con tu ejército, guarnecían por todas partes tus murallas, y los gamadeos
tus torres. Suspendían sus escudos en tus
murallas, todo alrededor, y hacían perfec-
ta tu hermosura. ¹² Tarsis era cliente tuya,

por la abundancia de toda riqueza: plata,
hierro, estaño y plomo daba por tus mercancías. ¹³ Yaván, Túbal y Mésec* traficaban contigo: te daban a cambio hom-
bres y utensilios de bronce. ¹⁴ Los de Bet
Togarmá* daban por tus mercancías ca-
ballos de tiro y de silla, y mulos. ¹⁵ Los hijos de Rodán* traficaban contigo; nume-
rosas islas eran clientes tuyas; te pagaban
con colmillos de marfil y madera de éba-
no. ¹⁶ Edom* era cliente tuyo por la abundancia de tus productos: daba por tus
mercancías malaquita, púrpura, recama-
dos, batista, coral y rubíes. ¹⁷ Judá y la tierra de Israel traficaban también contigo:
te daban a cambio trigo de Minit, pan-
nag*, miel, aceite y resina. ¹⁸ Damasco era
cliente tuya por la abundancia de tus productos; gracias a la abundancia de toda
riqueza, te proveía de vino de Jelbón y
lana de Sajar*. ¹⁹ Dan y Yaván, desde
Uzal*, daban por tus mercancías hierro
forjado, canela y caña. ²⁰ Dedán traficaba
contigo en sillas de montar. ²¹ Arabia y todos los príncipes de Quedar eran también
tus clientes: pagaban con corderos, carneros y machos cabríos. ²² Los mercaderes de Sabá y de Ramá traficaban contigo:
aromas de primera calidad y toda clase de
piedras preciosas y oro daban por tus
mercancías. ²³ Jarán, Cané y Edén, los
mercaderes de Sabá, de Asiria y de Quilmad* traficaban contigo. ²⁴ Traían a tu
mercado vestidos de lujo, mantos de púrpura y brocado, tapices multicolores y
maromas trenzadas. ²⁵ Las naves de Tarsis formaban tu flota comercial.

Estabas repleta y pesada*
en el corazón de los mares.

Jr 46 9+

Is 23 1+

38 2
38 6

25 13

Jc 11 33

Os 14 8
Gn 10 27
25 13

1 R 10 1+
Gn 10 7

Gn 11 31;
12 5

27 3 «Yo soy un navío» *'oniyyah 'aní* conj.; «yo soy»
'aní hebr.
27 5 Nombre amorreo del Hermón.
27 6 «en cedro» *bite'aššurîm* Targ.; «hija de los asirios» *bat 'ašurîm* hebr. —Quitín designa aquí no sólo a
los habitantes de Chipre, sino también a los de las demás islas y costas del Mediterráneo.
27 8 Estas dos ciudades de la costa fenicia reconocían en mayor o menor grado la supremacía económica
de Tiro.
27 9 (a) Se trata de Biblos, otra ciudad fenicia.
27 9 (b) El poema se interrumpe aquí con una detallada enumeración de las relaciones comerciales de
Tiro, que no forma parte del oráculo primitivo.
27 13 Yaván, es decir Jonia, designa a los griegos o incluso a los occidentales en general. Sobre Túbal y Mésec, ver **38** 2+.
27 14 Probablemente Armenia, ver **38** 6.
27 15 «Rodán» griego; «Dedán» hebr., ver v. 20. Serían
los habitantes de Rodas, los «rodanim» de 1 Cro 1 7. La
misma corrección es quizás aplicable a los «dodanim»
de Gn 10 4.
27 16 «Edom» versiones; «Aram» hebr.
27 17 «pannag»: palabra desconocida, tal vez una especie de galleta. Para otros, mijo (según sir.) o bálsamo

(Vulg.). —Minit es una localidad del país de Amón.
27 18 El vino de Jelbón, al norte de Damasco, era famoso, los documentos asirios lo mencionan. —Sajar es
desconocido, y tal vez no es un nombre de lugar; se ha
propuesto entender «lana cruda».
27 19 Tribu árabe, junto a Sabá y Ramá vv. 22-23, ver
Gn 10 27; 1 R 10 1+, pero cuyo nombre parece representar aquí a una región. —Dan y Yaván resultan extraños aquí: Yaván ha sido ya mencionado, v. 13, y a
Dan, tribu de Israel, no hay razón para citarla aparte,
ver v. 17. Se trata tal vez de tribus árabes (por lo demás
desconocidas) próximas a Uzal. Sin embargo el texto
está aquí corrompido y algunos proponen leer, suprimiendo «Dan» (que falta en el griego) y corrigiendo *Yaván* en *yayin:* «(te proveían...) de vino a Uzal».
27 23 Jarán se halla en el alto Éufrates. Cané y Edén
parecen corresponder a Kannu y Bit Adini de los textos
asirios, ciudades del medio Éufrates. Sabá, ver 1 R 10
1+. Quilmad es una ciudad desconocida probablemente próxima a Asiria.
27 25 Se puede entender también «rica y gloriosa»,
pero parece que el profeta trata de sugerir al mismo
tiempo la abundancia del cargamento de este espléndido navío y su próximo naufragio.

²⁶ A alta mar te condujeron
los que a remo te llevaban.
El viento de oriente te ha quebrado
en el corazón de los mares.

²⁷ Tus riquezas, tus mercancías y tus fletes,
tus marineros y tus timoneles,
tus calafates, tus agentes comerciales,
todos los guerreros que llevas,
toda la tripulación que transportas,
se hundirán en el corazón de los mares
el día de tu naufragio.

²⁸ Al oír los gritos de tus marinos,
se asustarán las costas.

²⁹ Entonces desembarcarán de sus naves
todos los remeros.
Los marineros,
todos los hombres de mar,
se quedarán en tierra.

Ap 18 19 ³⁰ Lanzarán su clamor por ti,
gritarán amargamente.
Se echarán polvo en la cabeza,
se revolcarán en la ceniza;

³¹ se raparán el pelo por tu causa,
se ceñirán de sayal.
Llorarán por ti,
en la amargura de su alma,
con amargo lamento.

³² Entonarán por ti,
en su duelo, una elegía,
harán por ti esta lamentación:

Ap 18 18 «¿Quién era semejante a Tiro*
en medio del mar?

³³ Cuando tus mercancías
se desembarcaban,
saciabas a muchos pueblos;

Ap 18 19 con la abundancia
de tus riquezas y productos
enriquecías a los reyes de la tierra.

³⁴ Mas ahora estás ahí
quebrada por los mares,
en las honduras de las aguas.
Tu carga y toda tu tripulación
se han hundido contigo.

³⁵ Todos los habitantes de las islas
están pasmados por tu causa.
Sus reyes están estremecidos de terror,
descompuesto su rostro.

³⁶ Los mercaderes de los pueblos
silban sobre ti,
porque te has convertido

en objeto de espanto,
y has desaparecido para siempre.»

Contra el rey de Tiro.

28 ¹ La palabra de Yahvé se dirigió a mí en estos términos: ² «Hijo de hombre, di al príncipe de Tiro:
Así dice el Señor Yahvé:

¡Oh!, tu corazón se ha engreído
y has dicho: 'Soy un dios,   Gn 3 5
estoy sentado en un trono divino,   Is 14 13
en el corazón de los mares.'
Tú que eres un hombre y no un dios,
equiparas tu corazón al corazón de Dios.

³ ¡Oh sí, eres más sabio que Danel!   14 14
Ningún sabio* es semejante a ti.

⁴ Con tu sabiduría y tu inteligencia
te has hecho una fortuna,
has amontonado oro y plata
en tus tesoros.

⁵ Por tu gran sabiduría y tu comercio
has multiplicado tu fortuna,
y por tu fortuna
se ha engreído tu corazón.

⁶ Por eso, así dice el Señor Yahvé:
Porque has equiparado
tu corazón al corazón de Dios,

⁷ por eso, he aquí que yo traigo
contra ti extranjeros,
los más bárbaros entre las naciones.
Desenvainarán la espada
contra tu linda sabiduría,
y profanarán tu esplendor;

⁸ te precipitarán en la fosa,
y morirás de muerte violenta
en el corazón de los mares.

⁹ ¿Podrás decir aún: 'Soy un dios',
ante tus verdugos?
Pero serás un hombre, que no un dios,   Is 31 3
entre las manos de los que te traspasen.

¹⁰ Tendrás la muerte de los incircuncisos,
a manos de extranjeros.
Porque he hablado yo, oráculo del Señor Yahvé.»

La caída del rey de Tiro*.

¹¹ La palabra de Yahvé se dirigió a mí en estos términos: ¹² «Hijo de hombre, entona una elegía* sobre el rey de Tiro. Le dirás: Así dice el Señor Yahvé:

---

27 32 «semejante (a Tiro)» versiones; «(como Tiro) la silenciosa» (?) hebr.
28 3 «Ningún sabio» griego; «ningún secreto» hebr.
28 11 Era entonces Itobaal II. Pero el poema, más que a un personaje histórico, se dirige a una personificación del poderío de la ciudad. Por una acomodación espon-

tánea, la tradición cristiana ha aplicado a menudo este poema a la caída de Lucifer, ver **28** 2; Is 14 13.
28 12 (a) De nuevo una *qinah*, ver 19 1+, pero esta pieza no presenta el ritmo propio de la *qinah*. El término se debe de emplear en un sentido lato.

Eras el sello de una obra maestra*,
lleno de sabiduría,
acabado en belleza.
[13] En Edén estabas, en el jardín de Dios.
Toda suerte de piedras preciosas
formaban tu manto:
rubí, topacio, diamante,
crisólito, piedra de ónice, jaspe,
zafiro, malaquita, esmeralda;
en oro estaban labrados los aretes
y pinjantes que llevabas*,
aderezados desde el día de tu creación.

Gn 3 24

[14] Querubín protector de alas desplegadas te había hecho yo,

Is 14 13
Ez 10 2

estabas en el monte santo de Dios,
caminabas entre piedras de fuego*.

[15] Fuiste perfecto en tu conducta
desde el día de tu creación,
hasta el día en que se halló
en ti iniquidad.
[16] Por la amplitud de tu comercio
se ha llenado tu interior de violencia,
y has pecado.
Y yo te he degradado del monte de
Dios,

10 2.7

y te he eliminado, querubín protector,
de en medio de las piedras de fuego.
[17] Tu corazón se ha pagado de tu belleza,
has corrompido tu sabiduría
por causa de tu esplendor.
Yo te he precipitado en tierra,
te he expuesto
como espectáculo a los reyes.
[18] Por la multitud de tus culpas
por la inmoralidad de tu comercio,
has profanado tus santuarios.
Y yo he sacado de ti mismo
el fuego que te ha devorado;
te he reducido a ceniza sobre la tierra,
a los ojos de todos los que te miraban.
[19] Todos los pueblos que te conocían
están pasmados por ti.
Eres un objeto de espanto,
y has desaparecido para siempre.»

Contra Sidón*.

[20] La palabra de Yahvé se dirigió a mí
en estos términos: [21] «Hijo de hombre,
vuelve tu rostro hacia Sidón y profetiza
contra ella. [22] Dirás: Así dice el Señor
Yahvé:

Aquí estoy contra ti, Sidón
en medio de ti seré glorificado.
Se sabrá que yo soy Yahvé,
cuando yo haga justicia de ella
y manifieste en ella mi santidad.
[23] Mandaré contra ella la peste,
habrá sangre en sus calles;
las víctimas caerán en medio de ella,
bajo la espada que la cercará por todas
partes,
y se sabrá que yo soy Yahvé.

Israel, librada de las naciones.

[24] «No habrá más, para la casa de Israel,
espina que punce ni zarza que lacere,
entre todos sus vecinos que la desprecian,
y se sabrá que yo soy el Señor Yahvé.

[25] «Así dice el Señor Yahvé: Cuando yo
reúna a la casa de Israel de en medio de
los pueblos donde está dispersa, manifestaré en ellos mi santidad a los ojos de
las naciones. Habitarán en la tierra que
yo di a mi siervo Jacob; [26] habitarán allí
con seguridad, construirán casas y plantarán viñas; vivirán seguros. Cuando yo
haga justicia de todos sus vecinos que los
desprecian, se sabrá que yo soy Yahvé su
Dios.»

=37 25
Gn 28 13

Contra Egipto.

Is 19
Jr 46

29 [1] El año décimo, el día doce del décimo mes*, la palabra de Yahvé se
dirigió a mí en estos términos [2] «Hijo de
hombre, vuelve tu rostro hacia el faraón,
rey de Egipto*, y profetiza contra él y
contra todo Egipto. [3] Habla y di: Así dice
el Señor Yahvé:

Aquí estoy contra ti, faraón,
rey de Egipto,
gran cocodrilo, recostado
en medio de sus Nilos,
tú que has dicho: 'Mi Nilo es mío,
yo mismo lo he hecho*.'

32
Jb 40 25-
41 26

---

28 12 (b) «el sello de una obra maestra», lit. «un sello
de perfección» griego; «sellando el modelo» hebr.
28 13 Traducción conjetural. —«aretes», lit. «adufes»,
pero parece que se trata de joyas de adorno, lo mismo
que «pinjantes», lit. «obra de adorno taladrada».
28 14 La expresión «de alas desplegadas» es la traducción que da S. Jerónimo de una palabra desconocida en
otros textos. —Estos vv. parece que se inspiran no sólo
en recuerdos bíblicos del paraíso terrenal, sino también
en diversos elementos de la mitología oriental: monte
de los dioses, localizado en el extremo norte, ver Sal 48
2-3; Is 14 13, alusión al querubín protector, ver Gn 3 24,

y a las brasas ardientes, Ez 10 2, caída y exterminio, v.
16; pero algunos detalles siguen siendo oscuros para
nosotros.
28 20 Sidón, ciudad fenicia importante, pero inferior
a Tiro antes de la época persa. Según Jr 27 3, Sidón
tomó parte en la política que llevó a Judá a la ruina, lo
cual explica el ataque de Ezequiel.
29 1 Diciembre 588-enero 587.
29 2 Jofrá (Apries), 588-570, ante quien intrigó Judá
para conseguir ayuda.
29 3 «lo he hecho» sir.; «me he hecho» hebr.

⁴ Voy a ponerte garfios en las quijadas,
pegaré a tus escamas
los peces de tus Nilos,
te sacaré fuera de tus Nilos,
con todos los peces de tus Nilos,
pegados a tus escamas.
⁵ Te arrojaré al desierto,
a ti y a todos los peces de tus Nilos.
En la haz del campo caerás,
no serás recogido ni enterrado*.
A las bestias de la tierra
y a las aves del cielo
te entregaré como pasto,
⁶ y sabrán todos los habitantes de Egipto que yo soy Yahvé.

Porque has* sido un apoyo de caña
para la casa de Israel;
⁷ cuando ellos te agarraban,
te rompías en sus manos
y desgarrabas toda su palma;
cuando se apoyaban en ti,
te hacías pedazos
y hacías vacilar todos los riñones*.

⁸ «Por eso, así dice el Señor Yahvé: He
aquí que yo traigo contra ti la espada,
para extirpar de ti hombres y bestias. ⁹ El
país de Egipto se convertirá en desolación y ruina, y se sabrá que yo soy Yahvé. Por haber dicho: 'El Nilo es mío, yo
mismo lo he hecho', ¹⁰ por eso, aquí estoy yo contra ti y contra tus Nilos. Convertiré el país de Egipto en ruinas, devastación y desolación, desde Migdol
hasta Sevené y hasta la frontera de Etiopía*. ¹¹ No pasará por él pie de hombre,
pie de animal no pasará por él. Quedará
deshabitado durante cuarenta años.
¹² Yo haré del país de Egipto una desolación en medio de países desolados; sus
ciudades serán una desolación entre ciudades en ruinas, durante cuarenta años.
Dispersaré a los egipcios entre las naciones y los esparciré por los países. ¹³ Porque así dice el Señor Yahvé: Al cabo de
cuarenta años, reuniré a los habitantes

de Egipto de entre los pueblos en los que
habían sido dispersados*. ¹⁴ Recogeré a
los cautivos egipcios y los haré volver al
país de Patrós*, su país de origen. Allí
formarán un reino modesto. ¹⁵ Egipto
será el más modesto de los reinos y no se
alzará más sobre las naciones; le haré
pequeño para que no vuelva a imponerse
a las naciones. ¹⁶ No volverá a ser para la
casa de Israel apoyo de su confianza, que
provoque el delito de irse en pos de él. Y
se sabrá que yo soy el Señor Yahvé.»
¹⁷ El año veintisiete, el día uno del primer mes*, la palabra de Yahvé se dirigió
a mí en estos términos:
¹⁸ «Hijo de hombre, Nabucodonosor,
rey de Babilonia, ha emprendido con su
ejército grandes movimientos contra
Tiro. Todas las cabezas han quedado pe-
ladas y todas las espaldas llagadas, pero
no ha obtenido de Tiro, ni para sí ni para
su ejército, ningún provecho de la empresa acometida contra ella. ¹⁹ Por eso,
así dice el Señor Yahvé: He decidido entregar a Nabucodonosor, rey de Babilonia, el país de Egipto. Él saqueará sus riquezas, se apoderará de sus despojos y se
llevará su botín, que será la paga de su
ejército. ²⁰ En compensación de su esfuerzo contra Tiro, yo le entrego el país
de Egipto, porque han trabajado para
mí, oráculo del Señor Yahvé.
²¹ «Aquel día yo haré brotar un cuerno* a la casa de Israel, y a ti te permitiré
abrir la boca en medio de ellos*. Y sabrán que yo soy Yahvé.»

El día de Yahvé contra Egipto.

30 ¹ La palabra de Yahvé se dirigió a
mí en estos términos*: ² «Hijo de
hombre, profetiza y di: Así dice el Señor
Yahvé:

Gemid: «¡Ah, el día aquel!»
³ Porque está cercano el día,
está cercano el día de Yahvé,

Marginal references:
Jr 25 33
Is 36 6
2 R 18 21
30 10.24;
32 11s
Jr 43 10;
44 30; 46
Am 5 18

29 5 «enterrado» *tiqqaber* Targ.; «reunido» *tiqqabeṣ* hebr.
29 6 «has» versiones; «han» hebr.
29 7 «su palma» griego, sir.; «su espalda» hebr. —«hacías vacilar» sir.; «afirmabas» hebr. (inversión de dos letras).
29 10 Migdol, fortaleza del norte de Egipto. Sevené (hoy Asuán), ciudad del extremo sur, cerca de la fron- tera etíope.
29 13 Los desterrados egipcios reciben así la misma promesa de retorno que se ha hecho a Israel, ver 11 16- 17, etc. Pero no se les asocia aquí al pueblo elegido en el culto renovado de Yahvé, como en la segunda parte de Isaías, ver Is 45 14+.
29 14 Patrós, el «país del sur», es decir, el Alto Egipto.
29 17 Marzo-abril del 571. Cronológicamente es el úl-

timo de los oráculos de Ezequiel, que completa o retoca los oráculos anteriores: en compensación de su semi- fracaso contra Tiro, v. 18, ver 26 9+, Nabucodonosor recibe licencia para despojar a Egipto (no lo invadirá hasta el 568, ver Jr 43 12). Como ejecutor de los castigos divinos, merece su salario.
29 21 (a) Símbolo de la fuerza: la imagen tiene a veces alcance un mesiánico, ver Sal 132 17.
29 21 (b) En el libro de Ezequiel se habla varias veces de períodos de mutismo y de autorizaciones a abrir la boca para hablar en nombre de Yahvé, ver 3 26; 24 26- 27; 33 21-22. Aquí, da la impresión de que el profeta, reducido al silencio por su confusión, ver 16 63, podrá por fin expresar su acción de gracias.
30 1 Este oráculo es un complemento, acaso tardío, al oráculo del cap. 29.

día cargado de nubarrones,
la hora de las naciones será.
⁴ Vendrá la espada sobre Egipto,
cundirá el pánico en Cus,
cuando las víctimas caigan en Egipto,
cuando sean saqueadas sus riquezas
y sus cimientos derruidos.

Jr 46 9+
⁵ Cus, Put y Lud, toda Arabia y Cub*,
y los hijos del país de la alianza,
caerán con ellos a espada.
⁶ Así dice Yahvé:
Caerán los apoyos de Egipto,
se desplomará el orgullo de su fuerza;
desde Migdol a Sevené,

29 10
caerán todos a espada,
oráculo del Señor Yahvé.
⁷ Quedarán desolados
entre los países desolados,
y sus ciudades estarán
entre las ciudades en ruinas.
⁸ Sabrán que yo soy Yahvé,
cuando prenda fuego a Egipto,
y se rompan
todos sus apoyos.

⁹ «Aquel día saldrán de mi presencia
mensajeros en navíos a sembrar el terror
en Cus que se cree segura. Cundirá el pánico entre sus habitantes, en el día de
Egipto, vedle aquí que llega.

¹⁰ Así dice el Señor Yahvé:
Yo pondré fin a la multitud de Egipto,
por mano de Nabucodonosor,
rey de Babilonia.
¹¹ Él, y su pueblo con él,
la más bárbara de las naciones,
serán enviados a asolar el país.

29 11-12
Desenvainarán la espada contra Egipto,
y llenarán el país de víctimas.
¹² Yo dejaré secos los Nilos,
y venderé el país
en manos de malvados.
Devastaré el país y todo lo que encierra,
por mano de extranjeros.
Yo, Yahvé, he hablado.
¹³ Así dice el Señor Yahvé:
Haré desaparecer las basuras,
y pondré fin a los falsos dioses de Nof*.
No habrá más príncipes en Egipto,
y yo sembraré el terror
en el país de Egipto.

¹⁴ Devastaré Patrós,
prenderé fuego a Soán,
haré justicia de No.
¹⁵ Derramaré mi furor en Sin,
la fortaleza de Egipto,
exterminaré la multitud de No.

29 14+

¹⁶ «Prenderé fuego a Egipto. Sin se re-
torcerá de dolor, en No se abrirá brecha
y cundirán las aguas*. ¹⁷ Los jóvenes de
On y de Pi Béset caerán a espada, y las
ciudades mismas partirán al cautiverio.
¹⁸ En Tafnis el día se convertirá en ti-
nieblas cuando yo quiebre allí el yugo
de Egipto y se acabe el orgullo de su
fuerza. A ella le cubrirá un nubarrón, y
sus hijas partirán al cautiverio. ¹⁹ Así
haré justicia de Egipto, y se sabrá que
yo soy Yahvé.»

²⁰ El año undécimo, el día siete del pri-
mer mes*, la palabra de Yahvé se dirigió
a mí en estos términos: ²¹ «Hijo de hombre, yo he roto el brazo del faraón, rey
de Egipto, y he aquí que nadie ha curado
su herida aplicándole medicamentos y
vendas para curarle, de modo que reco-
bre el vigor para empuñar la espada*.
²² Por eso, así dice el Señor Yahvé: Aquí
estoy yo contra el faraón, rey de Egipto;
quebraré sus brazos, el que está sano y
el que está roto, y haré que la espada caiga de su mano*. ²³ Dispersaré a Egipto
entre las naciones, lo esparciré por los
países. ²⁴ Robusteceré los brazos del rey
de Babilonia, pondré mi espada en su
mano y romperé los brazos del faraón,
que lanzará ante él gemidos de víctima.
²⁵ Robusteceré los brazos del rey de Ba-
bilonia, y los brazos del faraón desmayarán. Y se sabrá que yo soy Yahvé,
cuando ponga mi espada en la mano del
rey de Babilonia y él la esgrima contra el
país de Egipto. ²⁶ Dispersaré a Egipto entre las naciones, lo esparciré por los países; y se sabrá que yo soy Yahvé.»

El cedro.

31

¹ El año undécimo, el día uno del
tercer mes*, la palabra de Yahvé se
dirigió a mí en estos términos: ² «Hijo de

---

30 5 «Arabia», leyendo *ha'arab* (con Sim. y Teod.) en lugar de *ha'ereb*, «la unión». —Cub es desconocido, y tal vez se haya de leer (con griego) Lub, es decir Libia.
30 13 Nof es Menfis, en el Bajo Egipto. Patrós: ver 29 14+. Soán es Tanis, ciudad del Delta; No es Tebas, capital del Alto Egipto, ver Jr 46 25+. Sin es una fortaleza del Delta. On es Heliópolis, Pi-Béset es Bubasti, dos ciudades del Bajo Egipto. Tafnis es una ciudad fronteriza al este del Delta.
30 16 «y cundirán las aguas» griego; «y Nof, los enemigos del día» (?) hebr.
30 20 Marzo-abril del 587.
30 21 Egipto trató de intervenir para forzar a levantar el sitio de Jerusalén, pero fracasó, ver Jr 37 5-8.
30 22 Anuncio de una nueva derrota, que destruirá el resto de las fuerzas de Egipto.
31 1 Mayo-junio del 587.

hombre, di al faraón, rey de Egipto, y a la multitud de sus súbditos*:

¿A quién compararte en tu grandeza?
[3] Mira: a un cedro del Líbano*
de espléndido ramaje,
de fronda de amplia sombra
y de elevada talla.
Entre las nubes despuntaba su copa.
[4] Las aguas lo hicieron crecer,
el abismo lo hizo subir,
derramando sus aguas
en torno a su plantación,
enviando sus acequias
a todos los árboles del campo.
[5] Por eso su tronco superaba en altura
a todos los árboles del campo,
sus ramas se multiplicaban,
se alargaba su ramaje,
por la abundancia de agua
que le hacía crecer*.

17 23

[6] En sus ramas anidaban
todos los pájaros del cielo,
bajo su fronda parían
todas las bestias del campo,
a su sombra se sentaban
naciones numerosas.
[7] Era hermoso en su grandeza,
en su despliegue de ramaje,
porque sus raíces se alargaban
hacia aguas abundantes.
[8] No le igualaban los demás cedros
en el jardín de Dios,
los cipreses no podían competir
con su ramaje,
los plátanos no tenían
ramas como las suyas.
Ningún árbol, en el jardín de Dios,
le igualaba en belleza.
[9] Yo le había embellecido
con follaje abundante,

Gn 2 8

y le envidiaban
todos los árboles de Edén,
los del jardín de Dios.

[10] «Pues bien, así dice el Señor Yahvé:
Por haber exagerado su talla, levantando
su copa por entre las nubes, y haberse

engreído su corazón de su altura, [11] yo lo
he entregado en manos del conductor de
las naciones*, para que le trate conforme
a su maldad; ¡le he desechado! [12] Extranjeros, los más bárbaros entre las naciones, lo han talado y lo han abandonado.
En los montes y por todos los valles yace
su ramaje; sus ramas están destrozadas
por todos los barrancos del país; toda la
población del país se ha retirado* de su
sombra y lo ha abandonado.

[13] Sobre sus despojos se han posado
todos los pájaros del cielo,
a sus ramas han venido
todas las bestias del campo.

[14] «Ha sido para que ningún árbol
plantado junto a las aguas se engría de
su talla, ni levante su copa por entre las
nubes, y para que ningún árbol bien regado se estire hacia ellas con su altura.

¡Porque todos ellos
están destinados a la muerte,
a los infiernos,
como el común de los hombres,
como los que bajan a la fosa!

[15] «Así dice el Señor Yahvé: El día que
bajó al Seol, en señal de duelo yo cerré
sobre él el abismo, detuve sus ríos, y las
aguas abundantes cesaron; por causa de
él llené de sombra el Líbano, y todos los
árboles del campo se amustiaron por él.
[16] Hice temblar a las naciones por el estrépito de su caída, cuando lo precipité
en el Seol, con los que bajan a la fosa. En
los infiernos se consolaron todos los árboles de Edén, lo más selecto y más bello
del Líbano, regados todos por las aguas.
[17] Y al mismo tiempo que él, bajaron al
Seol, donde las víctimas de la espada, los
que eran su brazo y moraban a su sombra en medio de las naciones*.
[18] «¿A quién eras comparable en gloria
y en grandeza, entre los árboles de Edén?
Sin embargo has sido precipitado, con los
árboles de Edén, en los infiernos; en me-

Nm 16 33

32 18-31
Is 14 15

---

31 2   La alegoría del cap. 17 utiliza las mismas imágenes, con sentido diferente. Aquí se trata de una descripción del esplendor de Egipto, que será súbitamente
destruida por el castigo divino.
31 3   «a un cedro» *te'aššûr* conj.; «Asur es un cedro»
'aššûr 'erez hebr. La palabra rara *te'aššûr*, ver 27 6; Is 41
19; 60 13, parece haber sido glosada por el término habitual *'erez*, y luego transformada en una palabra más
corriente (pero carente de sentido en este contexto) por
un copista que da sin duda no la entendía.
31 5   «que le hacía crecer»: traducción conjetural. El
verbo significa normalmente «tender», «extender», de
donde «brotar», «crecer», pero la forma gramatical es
anormal aquí (lit.: «en trance de crecer para él»), y po-

dría también entenderse: «a causa de las aguas que se
extendían hacia él».
31 11 «Conductor», lit. «carnero», o sea, el que va al
frente del rebaño, el conductor o guía. —Se trata de Nabucodonosor, ver 29 19; Jr 43 12+, que invadirá Egipto
el 568. No es necesario pensar en la conquista de Egipto
por Cambises el 525.
31 12 «se ha retirado» *yiddedû* conj.; «ha bajado» *yi-
redû* hebr.
31 17 Siendo el faraón el cedro, los otros reyes son
como los otros árboles del paraíso terrenal, ver vv. 7-9.
Todos esos «árboles», que han bajado ya al Seol, van a
consolarse con la llegada del faraón, 32 17s.

dio de incircuncisos yaces, con las víctimas de la espada: ése es el faraón y toda su multitud, oráculo del Señor Yahvé.»

El cocodrilo.

32 [1] El año duodécimo, el día uno del duodécimo mes*, la palabra de Yahvé se dirigió a mí en estos términos: [2] «Hijo de hombre, entona una elegía sobre el faraón, rey de Egipto. Le dirás:

Leoncillo de las naciones, estás perdido.

29 3-5
Jb 40 25-
41 26

Eras como un cocodrilo en los mares,
chapoteabas en tus ríos,
enturbiabas el agua con tus patas,
agitabas su corriente.

31 12-16

[3] Así dice el Señor Yahvé:
Yo echaré sobre ti mi red
entre una asamblea
de pueblos numerosos,
en mi red te sacarán.
[4] Te dejaré abandonado por tierra,
te tiraré sobre la haz del campo,
haré que se posen sobre ti
todos los pájaros del cielo,
hartaré de ti
a todas las bestias de la tierra.
[5] Echaré tu carne por los montes,
de tu carroña llenaré los valles.
[6] Regaré el país con tus despojos,
con tu sangre, sobre los montes,
y los barrancos se llenarán de ti.

Am 8 9+
Mt 24 29

[7] Cuando te extingas, velaré los cielos
y oscureceré las estrellas.
Cubriré el sol de nubes
y la luna no dará más su claridad.
[8] Oscureceré por tu causa
todos los astros que brillan en el cielo,
y traeré tinieblas sobre tu país,
oráculo del Señor Yahvé.

[9] «Entristeceré el corazón de muchos pueblos cuando haga llegar la noticia de tu ruina* entre las naciones, hasta países que no conoces. [10] Dejaré pasmados por ti a muchos pueblos, y sus reyes se estremecerán de horror por tu causa, cuando yo blanda mi espada ante ellos. Temblarán sin tregua, cada uno por su vida, el día de tu caída*.

[11] Porque así dice el Señor Yahvé:
La espada del rey de Babilonia
caerá sobre ti.
[12] Abatiré la multitud de tus súbditos,
por la espada de guerreros,
todos ellos los más bárbaros
de las naciones;
arrasarán el orgullo de Egipto
y toda su multitud será exterminada.
[13] Y haré perecer a todo tu ganado,
junto a las aguas abundantes.
No las enturbiará más pie de hombre,
no volverá a enturbiarlas
pezuña de animal.
[14] Entonces yo amansaré sus aguas,
haré correr sus ríos como aceite,
oráculo del Señor Yahvé.
[15] Cuando yo convierta
a Egipto en desolación,
y el país sea despojado
de cuanto contiene,
cuando hiera a todos los que lo habitan,
sabrán que yo soy Yahvé.»

[16] Una elegía es ésta, que cantarán las hijas de las naciones. La cantarán sobre Egipto y sobre toda su multitud. Cantarán esta elegía, oráculo del Señor Yahvé.

Bajada del faraón al Seol.

31 16-18
Is 14 9-11.15

[17] El año duodécimo, el quince del primer mes*, la palabra de Yahvé se dirigió a mí en estos términos: [18] «Hijo de hombre, haz una lamentación sobre la multitud de Egipto, hazle bajar, a él y a las hijas de las naciones, majestuosas, a los infiernos, con los que bajan a la fosa*. [19] «*¿A quién superas en belleza? Baja, acuéstate con los incircuncisos. [20] En medio de las víctimas de la espada caen (la espada ha sido entregada, la han sacado) él y todas sus multitudes*. [21] Le hablan de en medio del Seol los más esclarecidos héroes, con sus auxiliares: 'Han bajado, yacen ya los incircuncisos, víctimas de la espada*'.

---

32 1 Febrero-marzo del 585.
32 9 Lit. «haga llegar tu ruina».
32 10 Los vv. 10-15 parecen ser una adición tardía: ya no se trata tanto del faraón como de sus súbditos y aliados. La conclusión, v. 16, debió de seguir primitivamente al v. 9.
32 17 «del primer mes» griego; omitido por hebr. —La fecha indicada es marzo-abril del 586, por tanto anterior a la del oráculo precedente, si estas fechas se han conservado bien.
32 18 «hazle bajar... majestuosas» conj.; el hebr., corrompido, es gramaticalmente incorrecto.

32 19 El texto de los tres vv. que siguen se halla en muy mal estado. —Tal vez este v. 19 se deba trasponer, siguiendo al griego, después de 21ᵃ, el v. 21ᵇ, salvo las dos últimas palabras, sea una repetición accidental de 19ᵃ.
32 20 Traducción dudosa de un texto muy oscuro: en lugar de «él y (todas) sus (tropas)», el hebr. tiene dos femeninos que no corresponden a nada. Algunos suprimen «la espada», y entienden: «Ella (la nación de Egipto) ha sido entregada, se la arrastrará con toda su tropa».
32 21 El faraón es recibido en el Seol por todos los caudillos bárbaros caídos antes que él en las batallas.

²² «Allí está Asiria y toda su asamblea con sus sepulcros en torno a él, todos caídos, víctimas de la espada; ²³ sus sepulcros han sido puestos en las profundidades de la fosa, y su asamblea está en torno a su sepulcro, todos caídos víctimas de la espada, los que sembraban el pánico en la tierra de los vivos.

²⁴ «Allí está Elam con toda su multitud en torno a su sepulcro; todos caídos víctimas de la espada, han bajado, incircuncisos, a los infiernos, ellos que sembraban el pánico en la tierra de los vivos. Soportan su ignominia con los que bajan a la fosa. ²⁵ En medio de estas víctimas se le ha preparado un lecho, entre toda su multitud con sus sepulcros en torno a él; todos ellos incircuncisos, víctimas de la espada, por haber sembrado el pánico en la tierra de los vivos; soportan su ignominia con los que bajan a la fosa. Se les ha puesto en medio de estas víctimas.

27 13;
38 2.3; 39 1
Is 66 19 LXX

²⁶ «Allí están Mésec, Túbal y toda su multitud con sus sepulcros en torno a él, todos incircuncisos, atravesados por la espada, por haber sembrado el pánico en la tierra de los vivos. ²⁷ No yacen con los héroes caídos de antaño, aquellos que bajaron al Seol con sus armas de guerra, a los que se les ha puesto la espada bajo su cabeza y los escudos* sobre sus huesos, porque el pánico de los héroes cundía en la tierra de los vivos. ²⁸ Pero tú serás quebrantado en medio de incircuncisos y yacerás con las víctimas de la espada.

²⁹ «Allí está Edom, sus reyes y todos sus príncipes, que fueron puestos, a pesar de su prepotencia, entre las víctimas de la espada. Yacen entre incircuncisos, con los que bajan a la fosa.

³⁰ «Allí están todos los príncipes del norte, todos los sidonios, que bajaron con las víctimas, a pesar del pánico que sembraba su prepotencia. Confundidos yacen, incircuncisos, entre las víctimas de la espada, y soportan su ignominia con los que bajan a la fosa.

³¹ «El faraón los verá y se consolará a la vista de toda esa multitud, víctima de la espada, el faraón y todo su ejército, oráculo del Señor Yahvé. ³² Porque había sembrado* el pánico en la tierra de los vivos, será tendido en medio de incircuncisos, con las víctimas de la espada, el faraón y toda su multitud, oráculo del Señor Yahvé.»

III.   Durante y después del asedio de Jerusalén*

3 17-21

El profeta como centinela.

33 ¹ La palabra de Yahvé se dirigió a mí en estos términos*: ² «Hijo de hombre, habla a los hijos de tu pueblo. Les dirás: Si yo hago venir la espada sobre un país, y la gente de ese país escoge a uno de los suyos y le ponen como centinela; ³ y éste, al ver venir la espada sobre el país, toca el cuerno para advertir al pueblo: ⁴ si resulta que alguien oye bien el sonido del cuerno, pero no hace caso, de suerte que la espada sobreviene y lo mata, la sangre de este hombre recaerá sobre su propia cabeza. ⁵ Ha oído el sonido del cuerno y no ha hecho caso: su sangre recaerá sobre él. En cambio, el que haya hecho caso, salvará su vida.

Jl 21+

⁶ «Si, por el contrario, el centinela ve venir la espada y no toca el cuerno, de suerte que el pueblo no es advertido, y la espada sobreviene y mata a alguno de ellos, perecerá éste por su culpa, pero de su sangre yo pediré cuentas al centinela.

⁷ «A ti, también, hijo de hombre, te he hecho yo centinela de la casa de Israel. Cuando oigas una palabra de mi boca, les advertirás de mi parte. ⁸ Si yo digo al malvado: 'Malvado, vas a morir sin remedio', y tú no le hablas para advertir al malvado que deje su conducta, él, el malvado, morirá por su culpa, pero de su sangre yo te pediré cuentas a ti. ⁹ Si por el contrario adviertes al malvado que se convierta de su conducta, y él no se convierte, morirá él debido a su culpa, mientras que tú habrás salvado tu vida.

=3 17-19

---

32 27 «antaño» versiones; «entre los incircuncisos» hebr. —«(sus) escudos» *šinnōtam* conj.; «sus culpas» *'awōnotam* hebr.
32 32 «había sembrado» Targ.; «yo había sembrado» hebr.
33   La tercera parte del libro contiene los oráculos pronunciados después de la invasión de Palestina por

Nabucodonosor, con excepción de los poemas contra las naciones, reunidos en la segunda parte.
33 1   Al comienzo de un nuevo período de su ministerio, el profeta recibe, en términos casi idénticos, la misma misión que había recibido después de su visión inaugural, 3 17-21.

14 12-20+
18 21-30+

18 23
Lc 15 7.
10.32

Conversión y perversión.

¹⁰ «Y tú, hijo de hombre, di a la casa de Israel: Vosotros andáis diciendo: 'Nuestros crímenes y nuestros pecados pesan sobre nosotros y por causa de ellos nos consumimos. ¿Cómo podremos vivir*?' ¹¹ Diles: 'Por mi vida, oráculo del Señor Yahvé, que yo no me complazco en la muerte del malvado, sino en que el malvado se convierta de su conducta y viva. Convertíos, convertíos de vuestra mala conducta. ¿Por qué habéis de morir, casa de Israel?'

¹² «Y tú, hijo de hombre, di a los hijos de tu pueblo: La justicia del justo no le salvará el día de su perversión, ni la maldad del malvado le hará sucumbir el día en que se aparte de su maldad. Pero tampoco el justo vivirá en virtud de su justicia el día en que peque. ¹³ Si yo digo al justo: 'Vivirás*', pero él, fiándose de su justicia, comete la injusticia, no quedará memoria de toda su justicia, sino que morirá por la injusticia que cometió. ¹⁴ Y si digo al malvado: 'Vas a morir', y él se aparta de su pecado y practica el derecho y la justicia,

Ne 9 29

¹⁵ si devuelve la prenda*, restituye lo que robó, observa los preceptos que dan la vida y deja de cometer injusticia, vivirá

=18 22

ciertamente, no morirá. ¹⁶ Ninguno de los pecados que cometió se le recordará más: ha observado el derecho y la justicia; ciertamente vivirá.

=18 29

¹⁷ «Y los hijos de tu pueblo dicen: 'No es justo el proceder del Señor.' El proceder de ellos es el que no es justo. ¹⁸ Cuando el justo se aparta de su justicia para cometer injusticia, muere por ello. ¹⁹ Y cuando el malvado se aparta de su maldad y observa el derecho y la justicia, vive por ello. ²⁰ Y vosotros decís: 'No es

=18 30

justo el proceder del Señor.' Yo os juzgaré, a cada uno según su conducta, casa de Israel.»

La toma de la ciudad.

²¹ El año duodécimo, el día cinco del décimo mes de nuestra cautividad*, lle-

gó donde mí el fugitivo de Jerusalén y me anunció: «La ciudad ha sido tomada.» ²² La mano de Yahvé había venido sobre mí, la tarde antes de llegar el fugitivo, y me había abierto la boca para cuando éste llegó donde mí por la mañana; mi boca se abrió y no estuve más mudo*.

24 26-27

3 26-27

La devastación del país.

²³ Entonces, la palabra de Yahvé se dirigió a mí en estos términos: ²⁴ «Hijo de hombre, los que habitan esas ruinas, en el suelo de Israel, dicen: 'Uno solo era Abrahán y obtuvo en posesión esta tierra. Nosotros somos muchos; a nosotros se nos ha dado esta tierra en posesión*.'

11 15

²⁵ «Pues bien, diles: Así dice el Señor Yahvé: Vosotros coméis con sangre*, alzáis los ojos hacia vuestras basuras*, derramáis sangre, ¡y vais a poseer esta tierra! ²⁶ Confiáis en vuestras espadas, cometéis abominación, cada cual contamina a la mujer de su prójimo, ¡y vais a poseer esta tierra! ²⁷ Les dirás: Así dice el Señor Yahvé: Por mi vida, que los que están entre las ruinas caerán a espada, a los que andan por el campo los entregaré a las bestias como pasto, y los que están en las escarpaduras y en las cuevas morirán de peste. ²⁸ Convertiré esta tierra en soledad desolada, y se acabará el orgullo de su fuerza. Los montes de Israel serán devastados y nadie pasará más por ellos. ²⁹ Y se sabrá que yo soy Yahvé, cuando convierta esta tierra en soledad desolada, por todas las abominaciones que han cometido.

Lv 17 10-14

Lv 1 5+

Lv 18 20

Resultados de la predicación.

³⁰ «En cuanto a ti, hijo de hombre, los hijos de tu pueblo hablan de ti a la vera de los muros y a las puertas de las casas. Se dicen unos a otros: 'Vamos a escuchar qué palabra viene de parte de Yahvé.' ³¹ Y vienen a ti en masa, y mi pueblo se sienta delante de ti; escuchan tus pala-

---

33 10 El pueblo, desalentado, se declara abrumado por el peso de sus pecados e incapaz de librarse de él. Ezequiel afirma como respuesta la posibilidad de una conversión. Este trozo, vv. 10-20, es la reanudación del tema ya tratado en **18** 21-31.
33 13 «Vivirás» versiones; «vivirá» hebr.
33 15 El hebr. añade «el malvado», omitido por las versiones.
33 21 Diciembre 586-enero 585, pero esta fecha es sospechosa: la toma de la ciudad tuvo lugar en el cuarto mes del año undécimo de Sedecías, 2 R 25 3; Jr 39 2. Por tanto, la noticia habría tardado diecisiete meses en llegar a Ezequiel; ahora bien, una caravana solía em-

plear unos cuatro meses para hacer este trayecto, ver Esd 7 9; 9 31. Tal vez la lectura correcta sea la conservada por algunos mss hebr. y griego y por s.r., que leen: «el undécimo mes».
33 22 Ezequiel, pues, había sido privado por «la mano de Yahvé» del uso de la palabra, ver 3 24-27; 24 27.
33 24 Reflexión que muestra el apego del pueblo a su tierra, pero también una confianza presurtuosa en el porvenir, aun después de la catástrofe del 587.
33 25 (a) Traducción dudosa, Lit.: «coméis sobre la sangre». Tal vez, corrigiendo: «coméis en los montes», ver 18 6.
33 25 (b) Ver nota a 6 4.

Mt 7 26
Lc 8 21

Lc 7 32

Dt 18 21+
Ez 2 5

Jr 23 1-6
Za 11 4-17
Mt 18
12-14
Lc 15 4-7
Jn 10
1-18+

1 P 2-4

Mt 18 12-14
Lc 15 4-7

Mt 9 36
Za 10 2
Is 56 9-12

bras, pero no las ponen en práctica. Porque hacen amores con su boca, pero su corazón sólo anda buscando su interés. ³² Tú eres para ellos como una canción de amor, graciosamente cantada, con acompañamiento de buena música. Escuchan tus palabras, pero no hay quien las cumpla. ³³ Mas cuando todo esto llegue —y he aquí que ya llega—, sabrán que había un profeta en medio de ellos.»

Los pastores de Israel*.

34 ¹ La palabra de Yahvé se dirigió a mí en estos términos: ² «Hijo de hombre, profetiza contra los pastores de Israel, profetiza. Dirás a los pastores: Así dice el Señor Yahvé: ¡Ay de los pastores de Israel que se apacientan a sí mismos! ¿No deben los pastores apacentar el rebaño? ³ Vosotros os habéis tomado la leche*, os habéis vestido con la lana, habéis sacrificado las ovejas más pingües; no habéis apacentado el rebaño. ⁴ No habéis fortalecido a las ovejas débiles, no habéis cuidado a la enferma ni curado a la que estaba herida, no habéis tornado a la descarriada ni buscado a la perdida; sino que las habéis dominado con violencia y dureza. ⁵ Y ellas se han dispersado, por falta de pastor, y se han convertido en presa de todas las fieras del campo; andan dispersas. ⁶ Mi rebaño anda errante por todos los montes y altos collados*; mi rebaño anda disperso por toda la superficie de la tierra, sin que nadie se ocupe de él ni salga en su busca.

⁷ Por eso, pastores, escuchad la palabra de Yahvé: ⁸ Por mi vida, oráculo del Señor Yahvé, lo juro: Porque mi rebaño ha sido expuesto al pillaje y se ha hecho pasto de todas las fieras del campo por falta de pastor, porque mis pastores no se ocupan de mi rebaño, porque ellos, los pastores, se apacientan a sí mismos y

no apacentan mi rebaño; ⁹ por eso, pastores, escuchad la palabra de Yahvé. ¹⁰ Así dice el Señor Yahvé: Aquí estoy yo contra los pastores: reclamaré mi rebaño de sus manos y les quitaré de apacentar mi rebaño. Así los pastores no volverán a apacentarse a sí mismos. Yo arrancaré mis ovejas de su boca, y no serán más su presa.

¹¹ «Porque así dice el Señor Yahvé: Aquí estoy yo; yo mismo cuidaré de mi rebaño y velaré por él. ¹² Como un pastor vela por su rebaño cuando se encuentra en medio de sus ovejas dispersas, así velaré yo por mis ovejas. Las recobraré de todos los lugares donde se habían dispersado en día de nubes y brumas. ¹³ Las sacaré de en medio de los pueblos, las reuniré de los países, y las llevaré de nuevo a su suelo. Las pastorearé por los montes de Israel, por los barrancos y por todos los poblados de esta tierra. ¹⁴ Las apacentaré en buenos pastos, y su majada estará en los montes de la excelsa Israel. Allí reposarán en buena majada; y pacerán pingües pastos por los montes de Israel. ¹⁵ Yo mismo apacentaré mis ovejas y yo las llevaré a reposar, oráculo del Señor Yahvé. ¹⁶ Buscaré la oveja perdida, tornaré a la descarriada, curaré a la herida, confortaré a la enferma; pero a la que está gorda y robusta la exterminaré*; las pastorearé con justicia.

¹⁷ «En cuanto a vosotras, ovejas mías, así dice el Señor Yahvé: He aquí que yo voy a juzgar entre oveja y oveja, entre carnero y macho cabrío. ¹⁸ ¿Os parece poco pacer en buenos pastos, para que pisoteáis con los pies el resto de vuestros pastos? ¿Os parece poco beber en agua limpia, para que enturbiéis el resto con los pies? ¹⁹ ¡Mis ovejas tienen que pastar lo que vuestros pies han pisoteado y beber lo que vuestros pies han enturbiado! ²⁰ Por eso, así les dice el Señor Yahvé: Yo

Is 66 18-19
Mt 24 31;
25 32

Is 40 11
Lc 15 4-7

Mt 25
32-34

---

34 La imagen del rey-pastor es antigua en el patrimonio literario de Oriente. Jeremías la aplicó a los reyes de Israel, para censurarles por haber cumplido mal sus funciones, Jr 2 8; 10 21; 23 1-3, y para anunciar que Dios daría a su pueblo nuevos pastores que le apacentaran en la justicia, Jr 3 15; 23 4, y entre esos pastores un «germen», Jr 23 5-6, el Mesías. Ezequiel recoge el tema de Jr 23 1-6, que más tarde volverá a utilizar Za 11 4-17; 13 7. Echa en cara a los pastores, aquí los reyes y jefes civiles del pueblo, sus crímenes, vv. 1-10. Yahvé les quitará el rebaño al que maltratan, y él mismo se hará pastor de su pueblo (ver 48 15; 49 24; Is 40 11; Sal 80 2; 95 7 y Sal 23); se trata del anuncio de una teocracia, vv. 11-16; de hecho, a la vuelta del Destierro no será restablecida la realeza. Sólo más tarde dará Yahvé a su pueblo (ver 17 22; 21 32) un pastor de su elección, vv. 23-24, un «príncipe» (ver 45 7-8.17; 46 8-

10.16-18), nuevo David. La descripción del reinado de este príncipe, vv. 25-31, y el nombre de David que se le da (véase 2 S 7 1+; también Is 11 12+; Jr 23 5) sugieren una era mesiánica en la que el mismo Dios reinará, por su Mesías, sobre su pueblo, en justicia y paz. Se encuentra en este texto de Ezequiel el esbozo de la parábola de la oveja perdida, Mt 18 12-14; Lc 15 4-7, y, sobre todo, de la alegoría del buen Pastor, Jn 10 1-18, que, cotejándola con Ezequiel, aparece como una reivindicación mesiánica de Jesús. El buen Pastor será finalmente uno de los temas iconográficos más antiguos del Cristianismo.

34 3 «la leche» griego, Vulg.; «la grasa» hebr. (simple diferencia de vocalización).

34 6 Alusión probable al culto de los altos.

34 16 «la exterminaré» hebr.; «la cuidaré» griego y Vulg.

mismo voy a juzgar entre la oveja gorda y la flaca. ²¹ Puesto que vosotras habéis empujado con el flanco y con el lomo y habéis topado con los cuernos a todas las ovejas más débiles hasta dispersarlas fuera, ²² yo vendré a salvar a mis ovejas para que no estén más expuestas al pillaje; voy a juzgar entre oveja y oveja.

²³ «Yo suscitaré para ponérselo al frente un solo pastor que las apacentará, mi siervo David: él las apacentará y será su pastor. ²⁴ Yo, Yahvé, seré su Dios, y mi siervo David será príncipe en medio de ellos. Yo, Yahvé, he hablado. ²⁵ Concluiré con ellos una alianza de paz, haré desaparecer de esta tierra las bestias feroces. Habitarán en seguridad en el desierto y dormirán en los bosques. ²⁶ Yo los asentaré en los alrededores de mi colina*, y mandaré a su tiempo la lluvia, que será una lluvia de bendición. ²⁷ El árbol del campo dará su fruto, la tierra dará sus productos, y ellos vivirán en seguridad en su suelo. Y sabrán que yo soy Yahvé, cuando despedace las barras de su yugo y los libre de la mano de los que los tienen esclavizados. ²⁸ No volverán a ser presa de las naciones, las bestias salvajes no volverán a devorarlos. Habitarán en seguridad y no se las turbará más. ²⁹ Haré brotar para ellos un plantío famoso; no habrá más víctimas del hambre en el país, ni sufrirán más el ultraje de las naciones. ³⁰ Y sabrán que yo, Yahvé su Dios, estoy con ellos, y que ellos, la casa de Israel, son mi pueblo, oráculo del Señor Yahvé. ³¹ Vosotras, ovejas mías, sois el rebaño humano que yo apaciento, y yo soy vuestro Dios, oráculo del Señor Yahvé.»

Contra los montes de Edom*.

35 ¹ La palabra de Yahvé se dirigió a mí en estos términos: ² «Hijo de hombre, vuelve tu rostro hacia la montaña de Seír, y profetiza contra ella. ³ Le dirás: Así dice el Señor Yahvé: Aquí estoy contra ti, montaña de Seír. Voy a extender mi mano contra ti: te convertiré en soledad desolada, ⁴ y dejaré en ruinas tus ciudades; serás una desolación, y sabrás

que yo soy Yahvé. ⁵ Por haber alimentado un odio eterno y haber entregado a la espada a los hijos de Israel el día de su desastre, el día de su última culpa, ⁶ por eso, por mi vida, oráculo del Señor Yahvé, que yo te dejaré en sangre y la sangre te perseguirá. Sí, eres rea de sangre*, ¡y la sangre te perseguirá! ⁷ Haré de la montaña de Seír una soledad desolada, y extirparé de allí al que va y al que viene. ⁸ Llenaré de víctimas sus montes; en tus colinas, en tus valles y en todos tus barrancos, caerán las víctimas de la espada. ⁹ Te convertiré en soledades eternas, tus ciudades no volverán a ser habitadas, y sabréis que yo soy Yahvé.

¹⁰ «Por haber dicho tú: 'Las dos naciones, los dos países son míos, vamos a tomarlos en posesión', siendo así que Yahvé estaba allí*, ¹¹ por eso, por mi vida, oráculo del Señor Yahvé, que procederé con la misma cólera y los mismos celos con que tú has procedido en tu odio contra ellos, y me daré a conocer, por ellos, cuando te castigue. ¹² Sabrás que yo, Yahvé, he oído todos los insultos que lanzabas contra los montes de Israel diciendo: 'Están devastados, nos han sido entregados como pasto.' ¹³ Me habéis desafiado con vuestra boca, habéis multiplicado contra mí vuestras palabras, lo he oído todo. ¹⁴ Así dice el Señor Yahvé: Para alegría de toda esta tierra yo haré de ti una desolación. ¹⁵ Como tú te alegraste cuando la heredad de la casa de Israel era una desolación, yo te trataré a ti de la misma manera. Serás una desolación, montaña de Seír, así como Edom entero, y se sabrá que yo soy Yahvé.»

Oráculo sobre los montes de Israel*.

36 ¹ «Y tú, hijo de hombre, profetiza sobre los montes de Israel. Dirás: Montes de Israel, escuchad la palabra de Yahvé. ² Así dice el Señor Yahvé: Porque el enemigo ha dicho contra vosotros: '¡Ja, ja, estas alturas eternas han pasado a ser posesión nuestra!', ³ por eso, profetiza. Dirás: Así dice el Señor Yahvé:

Is 11 6-9+
Jr 23 5-6
Os 2 20

↗ Ap 16 6

5 12-14+
Dt 2 1+

---

34 26 Según griego; hebr.: «yo haré de ella y de los alrededores de mi colina una bendición». —La colina es la de Sión.

35 Este oráculo contra la «montaña de Seír», es decir Edom, habría ocupado su lugar natural entre los oráculos contra las naciones. Pero aquí sirve de contraste con el oráculo siguiente, dirigido a los montes de Israel.
35 6 «eres rea de sangre» griego, ver 22 4; «has odiado la sangre» hebr.
35 10 Después del 587, Edom no ocupó más que el sur

de Palestina (Idumea) y, salvo quizás algunas incursiones episódicas, nunca intentó invadir todo Judá e Israel, los «dos países», ver 37 22. Pero los desterrados interpretaron la noticia de la invasión edomita como una amenaza contra toda la tierra de Yahvé.
36 Este oráculo anuncia el desquite de los montes de Israel sobre la montaña de Edom, objeto del oráculo precedente. Debió de ser pronunciado poco después del 587, a raíz de las incursiones de los pueblos vecinos en Palestina, ver v. 6.

Porque habéis sido asolados y se os ha codiciado por todas partes hasta pasar a ser posesión de las otras naciones, porque habéis sido el blanco de la habladuría y de la difamación de la gente, [4] por eso escuchad, montes de Israel, la palabra del Señor Yahvé. Así dice el Señor Yahvé a los montes, a las colinas, a los barrancos y a los valles, a las ruinas desoladas y a las ciudades abandonadas que han sido entregadas al pillaje y a la irrisión del resto de las naciones circunvecinas. [5] Por eso, así dice el Señor Yahvé: Sí, en el ardor de mis celos voy a hablar contra las otras naciones y contra Edom entero, que, con alegría en el corazón y desprecio en el alma, se han atribuido mi tierra en posesión para entregar su pasto al pillaje.

[6] «Por ello, profetiza sobre la tierra de Israel. Dirás a los montes y a las colinas, a los barrancos y a los valles: Así dice el Señor Yahvé: Ved que hablo en mis celos y mi furor: Porque habéis sufrido el ultraje de las naciones, [7] por eso, así dice el Señor Yahvé: Juro mano en alto que las naciones que os rodean cargarán con sus propios ultrajes.

[8] «Y vosotros, montes de Israel, vais a echar vuestras ramas y a producir vuestros frutos para mi pueblo Israel, porque está a punto de volver*. [9] Sí, heme aquí por vosotros, a vosotros me vuelvo, vais a ser cultivados y sembrados. [10] Yo multiplicaré sobre vosotros los hombres, la casa de Israel entera. Las ciudades serán habitadas y las ruinas reconstruidas. [11] Multiplicaré en vosotros hombres y bestias, y serán numerosos y fecundos. Os repoblaré como antaño, mejoraré vuestra condición precedente, y sabréis que yo soy Yahvé. [12] Haré que circulen por vosotros los hombres, mi pueblo Israel. Tomarán posesión de ti, y tú serás su heredad, y no volverás a privarles de sus hijos.

[13] «Así dice el Señor Yahvé: Porque se ha dicho de ti* que devoras a los hombres y que has privado a tu nación de hijos*, [14] por eso, ya no devorarás más hombres,

ni volverás a privar de hijos a tu nación*, oráculo del Señor Yahvé. [15] No consentiré que vuelvas a oír el ultraje de las naciones, no sufrirás más los insultos de los pueblos, y no volverás a privar de hijos a tu nación, oráculo del Señor Yahvé.»

[16] La palabra de Yahvé se dirigió a mí en estos términos: [17] «Hijo de hombre, los de la casa de Israel que habitaban en su tierra, la contaminaron con su conducta y sus obras; como la impureza de una menstruante era su conducta ante mí. [18] Entonces yo derramé mi furor sobre ellos, por la sangre que habían vertido en su tierra y por las basuras con las que la habían contaminado. [19] Los dispersé entre las naciones y fueron esparcidos por los países. Los juzgué según su conducta y sus obras. [20] *Y en las naciones donde llegaron, profanaron mi santo nombre, haciendo que se dijera a propósito de ellos: 'Son el pueblo de Yahvé, y han tenido que salir de su tierra.' [21] Pero yo he tenido consideración a mi santo nombre que la casa de Israel profanó entre las naciones adonde había ido. [22] Por eso, di a la casa de Israel: Así dice el Señor Yahvé: No hago esto por consideración a vosotros, casa de Israel, sino por mi santo nombre, que vosotros habéis profanado entre las naciones adonde fuisteis. [23] Yo santificaré mi gran nombre profanado entre las naciones, profanado allí por vosotros. Y las naciones sabrán que yo soy Yahvé —oráculo del Señor Yahvé— cuando yo, por medio de vosotros, manifieste mi santidad a la vista de ellos. [24] Os tomaré de entre las naciones, os recogeré de todos los países y os llevaré a vuestro suelo. [25] Os rociaré con agua pura y quedaréis purificados; de todas vuestras impurezas y de todas vuestras basuras os purificaré. [26] Y os daré un corazón nuevo, infundiré en vosotros un espíritu nuevo, quitaré de vuestra carne el corazón de piedra y os daré un corazón de carne. [27] Infundiré mi espíritu en vosotros y haré que os conduzcáis según mis preceptos y observéis y practiquéis mis normas*.

Lv 15 19-27

⟋**Rm 2** 24
Ez 20 39+

16 60-63
Is 48 11
Sal 115 1

Jn 3 5;
4 1+

11 19+
Jr 4 4+

Jr 31 31+
1 Jn 3 23
Ga 5 22-2

---

36 8 Es admirable, en esta época de estupor y desaliento, una fe tan grande en un próximo regreso. Ver **37**; **Is 40-55**.
36 13 (a) «se ha dicho de ti» versiones; «dicen de vosotros» hebr.
36 13 (b) La expresión puede explicarse, ya por la pobreza del suelo de Palestina, que será cambiada, v. 30, en una maravillosa fecundidad, ya por la práctica de los sacrificios de niños, Lv 18 21+. Es posible que el profeta contemple simultáneamente ambas aplicaciones.
36 14 «ni volverás a privar de hijos (a tu nación)» lo'

tešakkelî mss, versiones; «(y tu nación) no harás tropezar» lo' *tekašeli* hebr. La misma corrección se hace, por conjetura, en el v. siguiente.
36 20 Al comienzo del v. omitimos «el vino».
36 27 El espíritu (soplo) de Dios que crea y anima a los seres, Gn 1 2; 2 7+; 6 17+, se apodera de los hombres para dotarles de un poder sobrehumano, Gn 41 38; Ex 31 3; 1 S 16 13, especialmente de los profetas, Jc 3 10+. Los tiempos mesiánicos se caracterizarán por una efusión extraordinaria del espíritu, Za 4 6; 6 8, que alcanzará a todos los hombres para comunicarles caris-

²⁸ Habitaréis la tierra que yo di a vuestros padres. Vosotros seréis mi pueblo y yo seré vuestro Dios. ²⁹ Os salvaré de todas vuestras impurezas, llamaré al trigo y lo multiplicaré y no os someteré más al hambre. ³⁰ Multiplicaré los frutos de los árboles y los productos de los campos, para que no sufráis más el oprobio del hambre entre las naciones. ³¹ Entonces os acordaréis de vuestra mala conducta y de vuestras acciones que no eran buenas, y sentiréis asco de vosotros mismos por vuestras culpas y vuestras abominaciones. ³² No hago esto por vosotros —oráculo del Señor Yahvé—, sabedlo bien. Avergonzaos y confundíos de vuestra conducta, casa de Israel.

³³ «Así dice el Señor Yahvé: El día que yo os purifique de todas vuestras culpas, repoblaré las ciudades y las ruinas serán reconstruidas; ³⁴ la tierra devastada será cultivada, después de haber sido una desolación a los ojos de todos los transeúntes. ³⁵ Y se dirá: 'Esta tierra, hasta ahora devastada, se ha hecho como jardín de Edén, y las ciudades en ruinas, devastadas y demolidas, están de nuevo fortificadas y habitadas.' ³⁶ Y las naciones que quedan a vuestro alrededor sabrán que yo, Yahvé, he reconstruido lo que estaba demolido y he replantado lo que estaba devastado. Yo, Yahvé, lo digo y lo hago.

³⁷ «Así dice el Señor Yahvé: Me dejaré todavía buscar por la casa de Israel, para hacer por ellos esto: multiplicarlos como un rebaño humano, ³⁸ como un rebaño de reses consagradas, como el rebaño reunido en Jerusalén, en las fiestas solemnes. Así se llenarán de un rebaño humano vuestras ciudades en ruinas, y se sabrá que yo soy Yahvé.»

Los huesos secos.

37 ¹ La mano de Yahvé fue sobre mí y, por su espíritu, Yahvé me sacó y me puso en medio de la vega*, que estaba

llena de huesos. ² Me hizo pasar por entre ellos en todas las direcciones. Los huesos eran muy numerosos por el suelo de la vega, y estaban completamente secos. ³ Me dijo: «Hijo de hombre, ¿podrán vivir estos huesos?» Yo dije: «Señor Yahvé, tú lo sabes.» ⁴ Entonces me dijo: «Profetiza sobre estos huesos. Les dirás: Huesos secos, escuchad la palabra de Yahvé. ⁵ Así dice el Señor Yahvé a estos huesos: He aquí que yo voy a hacer entrar el espíritu* en vosotros, y viviréis. ⁶ Os cubriré de nervios, haré crecer sobre vosotros la carne, os cubriré de piel, os infundiré espíritu y viviréis; y sabréis que yo soy Yahvé.» ⁷ Yo profeticé como se me había ordenado, y mientras yo profetizaba se produjo un ruido. Hubo un estremecimiento, y los huesos se juntaron* unos con otros. ⁸ Miré y vi que estaban recubiertos de nervios, la carne salía y la piel se extendía por encima, pero no había espíritu en ellos. ⁹ Él me dijo: «Profetiza al espíritu, profetiza, hijo de hombre. Dirás al espíritu: Así dice el Señor Yahvé: Ven, espíritu, de los cuatro vientos, y sopla sobre estos muertos para que vivan.» ¹⁰ Yo profeticé como se me había ordenado, y el espíritu entró en ellos; revivieron y se incorporaron sobre sus pies: era un enorme, inmenso ejército*.

¹¹ Entonces me dijo: «Hijo de hombre, estos huesos son toda la casa de Israel. Ellos andan diciendo: Se han secado nuestros huesos, se ha desvanecido nuestra esperanza, todo ha acabado para nosotros*. ¹² Por eso, profetiza. Les dirás: Así dice el Señor Yahvé: Voy a abrir vuestras tumbas; os haré salir de vuestras tumbas, pueblo mío, y os llevaré de nuevo al suelo de Israel. ¹³ Sabréis que yo soy Yahvé cuando abra vuestras tumbas y os haga salir de vuestras tumbas, pueblo mío. ¹⁴ Infundiré mi espíritu en vosotros y viviréis; os estableceré en vuestro suelo, y sabréis que yo, Yahvé, lo digo y lo hago, oráculo de Yahvé.»

16 61-63

Is 51 3

3 12

Gn 2 7
Sal 104 30
/ Ap 11 11;
20 4+
Rm 8 11

mas especiales, Nm **11** 29; Jl **3** 1-2; Hch **2** 16-21+. Pero el espíritu será para cada uno, de forma más misteriosa, el principio de una renovación interior que le hará apto para observar fielmente la ley divina, Ez **11** 19; **36** 26-27; **37** 14; Sal **51** 12s; Is **32** 15-19; Za **12** 10; será así el principio de la Nueva Alianza, Jr **31** 31+; ver 2 Co **3** 6+; como agua fecundante, hará germinar frutos de justicia y santidad, Is **44** 3; Jn **4** 1+, entre los hombres el favor y la protección de Dios, Ez **39** 24.29. Esta efusión del espíritu se efectuará por medio del Mesías, que será su primer beneficiario para realizar su obra de salvación, Is **11** 1-3; **42** 1; **61** 1; ver Mt **3** 16+.
37 1   La vega ya citada en **3** 22-23 y **8** 4.
37 5   En hebreo, la misma palabra *ruaj* significa «es-

píritu», «soplo» y «viento».
37 7   «los huesos se juntaron» griego; «os juntasteis los huesos» hebr.
37 10   Como en Os **6** 2; **13** 14 e Is **26** 19, Dios anuncia aquí, ver **11**-14, la restauración mesiánica de Israel, después de los sufrimientos del Destierro (ver Ap **20** 4+). Pero, con los símbolos utilizados, orientaba ya los espíritus hacia la idea de una resurrección individual de la carne, entrevista en Jb **19** 25+, explícitamente afirmada en Dn **12** 2; **2 M** 7 9-14.23-26; **12** 43-46; ver 2 M **7** 9+. En cuanto al NT, véase Mt **22** 23-32 y sobre todo 1 Co **15**.
37 11   Esta reflexión nos permite situar la visión en Babilonia, en medio de los deportados desalentados.

Judá e Israel en un solo reino.

¹⁵ La palabra de Yahvé se dirigió a mí en estos términos: ¹⁶ «Y tú, hijo de hombre, toma un leño y escribe en él: 'Judá y los israelitas* que están con él.' Toma luego otro leño y escribe en él: 'José, leño de Efraín, y toda la casa de Israel que está con él*.' ¹⁷ Júntalos el uno con el otro de suerte que formen un solo leño, que sean una sola cosa en tu mano. ¹⁸ Y cuando los hijos de tu pueblo te digan: '¿No nos explicarás qué es eso que tienes ahí?', ¹⁹ les dirás: Así dice el Señor Yahvé: He aquí que voy a tomar el leño de José (que está en la mano de Efraín) y las tribus de Israel que están con él, los pondré junto al leño de Judá, haré de todo un solo leño, y serán una sola cosa en mi mano.

²⁰ «Los leños en los cuales hayas escrito tenlos en tu mano, ante sus ojos, ²¹ y diles: Así dice el Señor Yahvé: Voy a recoger a los hijos de Israel de entre las naciones a las que marcharon. Los congregaré de todas partes para conducirlos a su suelo. ²² Haré de ellos una sola nación en esta tierra, en los montes de Israel, y un solo rey será el rey de todos ellos; no volverán a formar dos naciones, ni volverán a estar divididos en dos reinos. ²³ No se contaminarán más con sus basuras, con sus ídolos y con todos sus crímenes. Los salvaré de las infidelidades* por las que pecaron, los purificaré, y serán mi pueblo y yo seré su Dios. ²⁴ Mi siervo David reinará sobre ellos, y será para todos ellos el único pastor; obedecerán mis normas, observarán mis preceptos y los pondrán en práctica. ²⁵ Habitarán en la tierra que yo di a mi siervo Jacob, donde habitaron vuestros padres. Allí habitarán ellos, sus hijos y los hijos

de sus hijos, para siempre, y mi siervo David será su príncipe eternamente. ²⁶ Concluiré con ellos una alianza de paz, que será para ellos una alianza eterna. Los estableceré, los multiplicaré y pondré mi santuario en medio de ellos para siempre. ²⁷ Mi morada estará junto a ellos, seré su Dios y ellos serán mi pueblo. ²⁸ Y sabrán las naciones que yo soy Yahvé, que santifico a Israel, cuando mi santuario esté en medio de ellos para siempre.»

Contra Gog, rey de Magog*.

38 ¹ La palabra de Yahvé se dirigió a mí en estos términos: ² «Hijo de hombre, vuelve tu rostro hacia Gog, en el país de Magog, príncipe supremo de Mésec y Túbal*, y profetiza contra él. ³ Dirás: Así dice el Señor Yahvé: Aquí estoy contra ti, Gog, príncipe supremo de Mésec y Túbal. ⁴ Yo te haré dar media vuelta, te pondré garfios en las quijadas*, y te haré salir con todo tu ejército, caballos y caballeros, todos bien equipados, inmensa asamblea, todos con escudos y paveses, y diestros en el manejo de la espada. ⁵ Persia, Cus y Put están con ellos, todos con escudo y yelmo. ⁶ Gómer, con todas sus huestes, Bet Togarmá, en el extremo norte, con todas sus huestes*, pueblos numerosos, están contigo. ⁷ Dispónte y prepárate, tú y toda tu asamblea concentrada en torno a ti, y ponte a mi servicio*.

⁸ «Al cabo de muchos días, recibirás órdenes. Después de muchos años, vendrás hacia la tierra cuyos habitantes escaparon a la espada y fueron congregados de entre una multitud de pueblos en los montes de Israel, que habían sido un desierto permanente. Desde que fueron

Za 11 7.14

Jr 3 18+

34 23
⟋ Jn 10 16

=28 26

Jr 17 25
Jl 4 20

Jr 31 31+

⟋ Ap 20
7-10

Gn 10 2

Ez 27 13

29 4

27 10+

---

37 16 (a) El término no se contrapone aquí a «los de Judá»; designa a toda la población del reino del Sur.
37 16 (b) Es decir, todo el reino del Norte desapareció desde la caída de Samaría y la deportación del 721.
37 23 «infidelidades» *mešûbôt* mss, Sim.; «habitaciones» *môšebôt* hebr.
38   Este poema, sin ser puro apocalipsis, presenta ya una serie de rasgos apocalípticos. Mientras que las antiguas profecías eran sobre todo predicaciones morales referentes al presente, a las que aquí y allá se mezclaba la perspectiva de un futuro mejor, el apocalipsis es con frecuencia un escrito o un discurso de *consolación*, en el que un profeta narra las visiones de que ha sido testigo. Estas visiones revelan un futuro que hará olvidar los sufrimientos presentes. También revelan a menudo los triunfos del juicio y abren perspectivas escatológicas, a la vez que descubren los misterios del más allá. Si bien este género literario adquiere su desarrollo sobre todo en el Judaísmo posterior, ya estaba preparado y representado en la Biblia desde hacía tiem-

po, ver la Introducción a los Profetas. Ez **38-39** señala el primer intento. Se le vuelve a encontrar en Is **24-27**; Dn **7-12**; Za **9-14**. Se desarrolla sobre todo en el siglo II a.C. (libro de Henoc, etc.). En el NT está representado por el Apocalipsis de San Juan.
38 2   Mésec y Túbal son países del Asia Menor, ver **27** 13; Is **66** 21+. El «país de Magog», solamente aquí y en **39** 6, es una creación artificial: el nombre mismo significa «país de Gog». En cuanto a Gog, parece inútil tratar de identificarlo. Tomando acaso en préstamo rasgos de diversos personajes contemporáneos, se le presenta aquí como el tipo de conquistador bárbaro que, en un futuro lejano e impreciso, va a traer las últimas tribulaciones a Israel.
38 4   Yahvé toma posesión de Gog y le va a forzar a la obediencia.
38 6   Probablemente los cimerios, también hordas procedentes del norte.
38 7   «a mi servicio» griego; «a su servicio» hebr.

separados de los otros pueblos, habitan todos en seguridad*. ⁹ Tú subirás, avanzarás como un huracán, como un nubarrón que cubrirá la tierra, tú y todas tus huestes, y los numerosos pueblos que están contigo.

¹⁰ «Así dice el Señor Yahvé: Aquel día te vendrán al corazón proyectos y concebirás perversos planes*. ¹¹ Dirás: 'Voy a subir contra una tierra abierta, marcharé contra gente tranquila que habita en seguridad. Habitan todos en ciudades sin murallas, sin cerrojos ni puertas.' ¹² Irás a saquear, a hacer botín, a poner tu mano sobre ruinas repobladas, en un pueblo congregado de entre las naciones, entregado a reponer el ganado y la hacienda, que habita en el centro de la tierra*. ¹³ Sabá, Dedán, los mercaderes de Tarsis y todos sus leoncillos te dirán: '¿A saquear has venido? ¿Para hacer botín has concentrado tu asamblea? ¿Para llevarte el oro y la plata, para apoderarte de ganados y haciendas, para hacer un gran botín?'

¹⁴ «Por eso, profetiza, hijo de hombre. Dirás a Gog: Así dice el Señor Yahvé: ¿No es verdad que aquel día, cuando mi pueblo Israel viva en seguridad, te pondrás en movimiento*? ¹⁵ Vendrás de tu lugar, del extremo norte, tú y pueblos numerosos contigo, todos montados a caballo, enorme asamblea, ejército innumerable. ¹⁶ Subirás contra mi pueblo Israel como un nublado que recubre la tierra. Será al fin de los días; yo te haré venir entonces contra mi tierra para que las naciones me conozcan, cuando yo manifieste mi santidad a sus ojos, a costa tuya, Gog.

¹⁷ «Así dice el Señor Yahvé: Tú eres* aquél de quien yo hablé antaño, por medio de mis siervos los profetas de Israel, que profetizaron en aquel tiempo, durante años, que yo te haría venir contra ellos*. ¹⁸ Aquel día, cuando Gog avance contra el suelo de Israel —oráculo del Señor Yahvé— estallará mi furor*. En mi cólera, ¹⁹ en mis celos, en el ardor de mi furia lo digo: Sí, aquel día habrá un gran terremoto en el suelo de Israel. ²⁰ Temblarán entonces ante mí los peces del mar y los pájaros del cielo, las bestias del campo y todos los reptiles que serpean por el suelo, y todos los hombres de sobre la faz de la tierra. Se desplomarán los montes, caerán las rocas, todas las murallas caerán por tierra. ²¹ Convocaré contra él toda clase de terrores*, oráculo del Señor Yahvé. Volverán la espada unos contra otros. ²² Le castigaré con la peste y la sangre, haré caer una lluvia torrencial, granizos, fuego y azufre, sobre él, sobre sus huestes y sobre los numerosos pueblos que van con él. ²³ Manifestaré mi grandeza y mi santidad, me daré a conocer a los ojos de numerosas naciones y sabrán que yo soy Yahvé.

39 *¹ «Y tú, hijo de hombre, profetiza contra Gog. Dirás: Así dice el Señor Yahvé: Aquí estoy contra ti, Gog, príncipe supremo de Mésec y Túbal. ² Yo te haré dar media vuelta, te conduciré, te haré subir desde el extremo norte y te guiaré a los montes de Israel. ³ Romperé tu arco en tu mano izquierda y haré caer tus flechas de tu mano derecha. ⁴ En los montes de Israel caerás tú, tus huestes y los pueblos que van contigo. Te he entregado como pasto a toda clase de aves de rapiña y a las fieras del campo. ⁵ En la haz del campo caerás, porque he hablado yo, oráculo del Señor Yahvé. ⁶ Mandaré fuego sobre Magog y sobre los que viven seguros en las islas, y sabrán que yo soy Yahvé. ⁷ Manifestaré mi santo nombre en medio de mi pueblo Israel, no dejaré que vuelva a ser profanado mi santo nombre, y las naciones sabrán que yo soy Yahvé, santo en Israel*.

⁸ «He aquí que todo esto llega y se va a realizar —oráculo del Señor Yahvé—: éste es el día que yo he anunciado.

⁹ «Entonces los habitantes de las ciudades de Israel saldrán a quemar y a entregar a las llamas las armas, paveses y escudos, arcos y flechas, mazas y lanzas.

Marginal references:
1 R 10 1+
Ez 25 13+
Ex 14 4
Am 8 9+
Ex 14 4
38 3-4
38 23

---

38 8 Mucho después, por tanto, del regreso a Palestina.
38 10 Gog ignora que es el instrumento de Yahvé: cree obrar por su cuenta; ver Is 10 4.
38 12 «centro», lit. «ombligo». Se trata de Jerusalén, centro del mundo, ver 5 5.
38 14 «te pondrás en movimiento» griego; «lo sabrás» hebr.
38 17 (a) «Tú eres» versiones; «¿Eres tú?» griego.
38 17 (b) Se encuentran en los antiguos profetas alusiones a una invasión futura; véase por ejemplo Jr 3-6. Pero Ezequiel parece pensar aquí en profetas más antiguos que Jeremías.
38 18 Hasta aquí, Gog ha sido instrumento de Yahvé. Pero Yahvé se vuelve contra él, para infligirle una terrible derrota.
38 21 «toda clase de terrores» griego; «todos mis montes, espada» hebr.
39 El cap. 39, más que un duplicado del cap. 38, es el desarrollo de sus últimos vv.: el relato detallado de la derrota de Gog y de sus consecuencias.
39 7 O quizá, con las versiones y algunos mss hebr.: «el Santo de Israel», fórmula muy frecuente en Isaías, pero por eso mismo sospechosa aquí.

Harán fuego con ello durante siete años.
[10] No irán ya a buscar leña en el campo,
ni la recogerán en el bosque, porque harán el fuego con las armas. Saquearán a
sus saqueadores y harán botín de sus depredadores, oráculo del Señor Yahvé.
[11] «Aquel día, yo daré a Gog como sepulcro en Israel un lugar famoso, el valle
de los Oberín*, al este del mar, el que
corta el paso a los viajeros: allí será enterrado Gog con toda su multitud, y se le
llamará valle de Hamón Gog*. [12] La casa
de Israel los enterrará para purificar la
tierra, durante siete meses. [13] Todo el
pueblo de la tierra será movilizado para
enterrarlos, y ello les dará renombre el
día que yo manifieste mi gloria, oráculo
del Señor Yahvé. [14] Luego se escogerán
hombres que recorran constantemente
el país y entierren a los que hayan quedado por el suelo, para purificarlo. Al
cabo de siete meses empezarán su búsqueda*. [15] Cuando, al recorrer el país, alguno de ellos vea huesos humanos, pondrá al lado una señal hasta que los
sepultureros los entierren en el valle de

Dt 21 23
Nm 19 16

Hamón Gog, [16] (Hamoná es también el
nombre de una ciudad*) y purifiquen así
la tierra.

Ap 19 17-18

[17] «En cuanto a ti, hijo de hombre, así
dice el Señor Yahvé: Di a los pájaros de
todas clases y a todas las fieras del campo: Congregaos, venid, reuníos de todas
partes para el sacrificio que yo os ofrezco, un gran sacrificio sobre los montes
de Israel; comeréis carne y beberéis sangre. [18] Carne de héroes comeréis, sangre
de príncipes de la tierra beberéis. Todos
son carneros, corderos, machos cabríos,
pingües toros de Basán. [19] Comeréis grasa hasta la saciedad y beberéis sangre
hasta la embriaguez, en este sacrificio
que yo os brindo. [20] Os hartaréis a mi
mesa de caballos y caballeros, de héroes
y de toda clase de guerreros, oráculo del
Señor Yahvé.

Conclusión*.

Ex 14 4

[21] «Así manifestaré yo mi gloria entre
las naciones, y todas las naciones verán
el juicio que voy a ejecutar y la mano que
pondré sobre ellos. [22] Y la casa de Israel
sabrá desde ese día en adelante que yo
soy Yahvé su Dios. [23] Y sabrán las naciones que la casa de Israel fue deportada
por sus culpas, que, por haberme sido infieles, yo les oculté mi rostro y los entregué en manos de sus enemigos, y cayeron todos a espada. [24] Los traté como lo
merecían sus impurezas y sus crímenes,
y les oculté mi rostro.

[25] «Por eso, así dice el Señor Yahvé:
Ahora voy a hacer volver a los cautivos
de Jacob, me compadeceré de toda la
casa de Israel, y me mostraré celoso de
mi santo nombre. [26] Ellos olvidarán su
ignominia y todas las infidelidades que
cometieron contra mí, cuando vivan seguros en su país, sin que nadie los inquiete. [27] Cuando yo los haga volver de
entre los pueblos y los recoja de los países de sus enemigos, manifestaré en ellos
mi santidad a los ojos de numerosas naciones, [28] y sabrán que yo soy Yahvé su
Dios, cuando, después de haberlos llevado al cautiverio entre las naciones, los
reúna en su suelo sin dejar allí a ninguno
de ellos. [29] No les ocultaré más mi rostro,
porque derramaré mi espíritu sobre la
casa de Israel, oráculo del Señor Yahvé.»

37 14
11 19+

39 11 (a) «famoso» versiones; «allí» hebr. —En lugar
de «valle de los Oberín» o «valle de los Viajeros», se ha
de leer tal vez con Vulg.: «valle de los Abarín». La coincidencia con la palabra «viajeros» (*oberim*) en el mismo
v. ha podido producir este error de vocalización. Conocemos los montes Abarín, en el país de Moab, ver Nm
27 12; el valle «que corta el paso a los viajeros» podría
ser el del Arnón profundo y escarpado.
39 11 (b) Es decir, «el valle de la Horda de Gog».
39 14 Después de «entierren», hebr. añade «los que recorran», omitido por griego. —Son tantos los muertos

que se necesitarán siete meses para enterrarlos, v. 12, y
sólo al cabo de estos siete meses se designarán emisarios que vayan a asegurarse de que ya no quedan cadáveres por enterrar, porque uno sólo bastaría para
contaminar el país.
39 16 Glosa sobre Hamón, pero no se conoce una ciudad con este nombre, y el texto no es seguro.
39 21 Esta conclusión no es del oráculo contra Gog,
sino de toda la sección: es un resumen de la enseñanza
de Ezequiel, expresada ya en 5 8.10; 28 26; 34 30, etc.

IV.   La «torá» de Ezequiel*

El Templo futuro.

40¹ El año veinticinco de nuestra cautividad, al comienzo del año, el día diez del mes, catorce años después de la caída de la ciudad*, el mismo día, la mano de Yahvé fue sobre mí, y me llevó allá. ² En visiones divinas, me llevó a la tierra de Israel, y me posó sobre un monte muy alto, en cuya cima parecía que estaba edificada una ciudad*, al mediodía. ³ Me llevó allá, y he aquí que había allí un hombre* de aspecto semejante al del bronce. Tenía en la mano una cuerda de lino y una vara de medir, y estaba de pie en el pórtico. ⁴ El hombre me dijo: «Hijo de hombre, mira bien, escucha atentamente y presta atención a todo lo que te voy a mostrar, porque has sido traído aquí para que yo te lo muestre. Comunica a la casa de Israel todo lo que vas a ver.»

El muro exterior.

⁵ Y he aquí que por el exterior del templo había un muro, todo alrededor. La vara de medir que el hombre tenía en la mano era de seis codos de codo y palmo*. Midió el espesor de la construcción: una vara, y su altura: una vara.

El pórtico oriental*.

⁶ Vino luego al pórtico que miraba a oriente, subió sus gradas y midió el umbral del pórtico: una vara de profundidad*. ⁷ La lonja: una vara de largo por una vara de ancho; la pilastra* entre las lonjas: cinco codos; el umbral del pórtico por el lado del vestíbulo del pórtico, hacia el interior: una vara*. ⁸ Midió el vestíbulo del pórtico: ocho codos; ⁹ su pilastra: dos codos; el vestíbulo del pórtico estaba situado hacia el interior. ¹⁰ Las lonjas del pórtico oriental eran tres por cada lado, todas ellas de la misma dimensión; las pilastras tenían también las mismas dimensiones por cada lado. ¹¹ Midió la anchura del vano del pórtico: diez codos, y la longitud del pórtico: trece codos. ¹² Había un parapeto delante de las lonjas; cada parapeto tenía un codo por ambos lados. Y la lonja tenía seis codos por cada lado. ¹³ Midió el pórtico desde el fondo de una lonja hasta el fondo de la otra*; anchura: veinticinco codos de una entrada a la otra. ¹⁴ Midió el vestíbulo: veinte codos; el atrio giraba todo alrededor del pórtico*. ¹⁵ Desde la fachada del pórtico donde estaba la entrada, hasta el fondo del vestíbulo interior del pórtico, había cincuenta codos. ¹⁶ Había ventanas enrejadas* sobre las lonjas y sobre sus pilastras hacia el interior del pórtico, todo alrededor, e igualmente el vestíbulo tenía por el interior, ventanas todo alrededor; y sobre las pilastras había palmeras*.

8 3;
37 1;
1 1-3

Ap 21 10

Ap 11 1;
21 15

x 25 9.40

x 27 9-19
x 38 9-20
3 3; 4 5

10 1-11; etc.

40 La última parte del libro de Ezequiel, **40-48**, presenta un plan detallado de reconstrucción religiosa y política de la nación israelita en Palestina. El profeta se inspira en el pasado que tan bien conoce, pero se esfuerza en adaptar la vieja legislación a las nuevas condiciones, y en aprovechar las recientes experiencias para evitar a Israel las tentaciones y los abusos que le han llevado a la ruina. Ezequiel aparece en adelante como el organizador que quiere plasmar las reformas, hace ya tiempo entrevistas y deseadas. Sus anteriores promesas de restauración y de alianza espiritual postulaban una organización nueva de la comunidad. Habiendo vivido en una época en que todo tenía que reconstruirse en Israel, podía dotar al Judaísmo naciente de una constitución fundamental que serviría de base a todos los esfuerzos y a todas las esperanzas futuras, desde Esdras hasta la Jerusalén celeste del Apocalipsis. El lector cristiano gustará de entender todo esto aplicado al ideal de santidad, **44** 23; **43** 7, y a la presencia de Dios, **48** 35, que se realizan en la Iglesia.
40 1 Por tanto en septiembre-octubre del 573: el año religioso empezaba en la primavera, pero el comienzo del año civil coincidía con el primer mes de otoño.
40 2 Evidentemente Jerusalén, pero una Jerusalén engrandecida e idealizada.
40 3 Este «hombre» es manifiestamente un ángel que explica al profeta su visión. Esta función de intérprete, atribuida a los ángeles, es un rasgo del profetismo posterior, ver Dn 8 16; 9 21s; 10 5s; Za 1 8s; 2 2; Ap 1 1;

40 5 Al parecer existían dos valores para el codo: el codo ordinario de 6 palmos y el «codo mayor», más antiguo, de 7. Ezequiel precisa que se sirve de éste, que equivale a «codo (ordinario) y palmo». Véase la tabla de medidas al final del volumen.
40 6 (a) Las tres puertas del atrio exterior son semejantes; solamente la puerta oriental será descrita minuciosamente. Pero algunos detalles se nos escapan, ya que el texto está a menudo corrompido y la descripción resulta poco clara. Sin embargo, el plano de estas puertas es el de las puertas fortificadas de Meguidó, Jasor, Guezer, construidas durante la época de Salomón. Hay aquí un recuerdo visual de la Jerusalén preexílica.
40 6 (b) El hebr. repite: «y el umbral, una vara de profundidad», ditografía omitida por el griego.
40 7 (a) «la pilastra» griego; omitido por hebr.
40 7 (b) Omitimos el v. 8: «midió el vestíbulo de la puerta, por dentro: una vara», que es una ditografía ausente de las versiones.
40 13 «desde el fondo de una lonja hasta el fondo de la otra» miggaw... legaw conj.: «desde el techo de una celda hasta su techo» miggag... legaggô hebr.
40 14 Este v. es ininteligible en el hebr. Al comienzo ponemos por conjetura «midió» wayya'rod en lugar de «hizo» (wayya'aś); el resto lo traducimos según griego.
40 16 (a) Traducción dudosa; lit: «ventanas tapadas».
40 16 (b) Estas complicadas puertas, únicas aberturas en el recinto, estarían destinadas a mantener una estre-

El atrio exterior.

[17] Me llevó al atrio exterior, y he aquí que allí había salas y un enlosado tirado alrededor del atrio: treinta salas daban a este enlosado. [18] El enlosado que flanqueaba los pórticos correspondía a la profundidad de los mismos: esto es el enlosado inferior. [19] Midió la anchura del atrio*, desde la fachada del pórtico inferior hasta la fachada del atrio interior, por fuera: cien codos (a oriente y al norte).

El pórtico septentrional.

[20] Midió después la longitud y la anchura del pórtico que daba al norte del atrio exterior. [21] Sus lonjas eran tres por cada lado; sus pilastras y vestíbulos tenían las mismas dimensiones que los del primer pórtico: cincuenta codos de largo y veinticinco de ancho. [22] Sus ventanas, su vestíbulo y sus palmeras tenían las mismas dimensiones que las del pórtico que daba a oriente. Se subía a él por siete gradas, y su vestíbulo estaba situado hacia el interior*. [23] Había un pórtico en el atrio interior, frente al pórtico septentrional, lo mismo que en el pórtico oriental*. Midió la distancia de un pórtico a otro: cien codos.

El pórtico meridional.

[24] Me condujo luego hacia el lado del mediodía: había allí un pórtico en dirección del mediodía; midió sus lonjas*, sus pilastras y su vestíbulo: tenían las mismas dimensiones. [25] Tenía, lo mismo que su vestíbulo, ventanas todo alrededor, iguales que las otras ventanas; dimensiones: cincuenta codos de largo y veinticinco de ancho; [26] su escalera tenía siete gradas; su vestíbulo estaba situado hacia el interior, y tenía palmeras, una a cada lado, sobre sus pilastras. [27] El atrio interior tenía también un pórtico hacia el mediodía; midió la distancia de un pórtico a otro, en dirección del mediodía: cien codos.

El atrio interior. Pórtico meridional.

[28] Luego me llevó al atrio, por el pórtico meridional; midió el pórtico meridional: tenía las mismas dimensiones. [29] Sus lonjas, pilastras y vestíbulo tenían estas mismas dimensiones. Lo mismo que su vestíbulo, tenía ventanas todo alrededor; dimensiones: cincuenta codos de largo y veinticinco de ancho. [30] Y el perímetro del vestíbulo: veinticinco codos de largo y cinco de ancho. [31] Su vestíbulo daba al atrio exterior. Había palmeras sobre sus pilastras y su escalera tenía ocho gradas.

El pórtico oriental.

[32] Me llevó al pórtico interior, hacia oriente*, y midió el pórtico: [33] tenía las mismas dimensiones. Sus lonjas, pilastras y vestíbulo tenían estas mismas dimensiones. Tenía, así como su vestíbulo, ventanas alrededor. Dimensiones: cincuenta codos de largo y veinticinco de ancho. [34] Su vestíbulo daba al atrio exterior. Había palmeras sobre sus pilastras, a cada lado, y su escalera tenía ocho gradas.

El pórtico septentrional.

[35] Me llevó luego al pórtico septentrional y lo midió: tenía las mismas dimensiones. [36] tenía alrededor sus lonjas, sus pilastras*, su vestíbulo y sus ventanas. Dimensiones: cincuenta codos de largo y veinticinco de ancho. [37] Su vestíbulo* daba al atrio exterior. Había palmeras sobre sus pilastras, a cada lado, y su escalera tenía ocho gradas.

Anejos de los pórticos.

[38] Había una sala cuya entrada estaba en el vestíbulo del pórtico*. Allí se lavaba el holocausto. [39] Y en el vestíbulo del pórtico había, a cada lado, dos mesas para inmolar sobre ellas el holocausto, el sacrificio por el pecado y el sacrificio de expiación. [40] Por el lado exterior de quien sube hacia la entrada del pórtico,

Lv 1 9
2 Cro 4 6

---

cha vigilancia de las entradas. Para Ezequiel, el templo debe estar limpio de extranjeros y de ímpios.
40 19 «del atrio» griego; omitido por hebr.
40 22 «hacia el interior» griego; «ante ellos» hebr.; igualmente en el v. 26.
40 23 «lo mismo que en el pórtico oriental» griego; «y en la oriental» hebr.
40 24 «lonjas» griego; omitido por hebr.
40 32 Tal vez se deba leer con el griego: «me llevó a la puerta que miraba a oriente»; de todos modos, el sentido general es claro.
40 36 Plural con qeré y griego; singular hebr. ketib.
40 37 «Su vestíbulo» griego; «su pilastra» hebr. —El v. 37 continúa en el v. 47. Entre los dos, el texto ha recibido adiciones: vv. 38-43, las instalaciones para la preparación de las víctimas, junto a la puerta septentrional que acaba de ser descrita, vv. 35-37; después vv. 44-46, las dos sacristías de las puertas norte y sur.
40 38 «en el vestíbulo del pórtico» griego; «en las pilastras, las puertas» hebr.

al norte, había dos mesas, y al otro lado, hacia el vestíbulo del pórtico, dos mesas. [41] Cuatro mesas a un lado y cuatro mesas al otro lado del pórtico, o sea ocho mesas sobre las que se hacía la inmolación. [42] Además cuatro mesas para el holocausto, de piedra de sillería, de codo y medio de largo, codo y medio de ancho y un codo de alto, sobre las cuales se colocaban los instrumentos con los que se inmolaba el holocausto y el sacrificio. [43] Las ranuras, de un palmo de anchura, estaban dispuestas en el interior, todo en torno. Sobre estas mesas se ponía la carne de las ofrendas.

[44] Me llevó al atrio interior; había allí, en el atrio interior, dos salas, una al lado del pórtico septentrional, con su fachada al mediodía, y la otra al lado del pórtico meridional, con su fachada al norte*. [45] Me dijo: «Esta sala que mira al mediodía está destinada a los sacerdotes que cumplen el ministerio del templo. [46] Y la sala que mira al norte está destinada a los sacerdotes que cumplen el ministerio del altar. Son los hijos de Sadoc, los que, entre los hijos de Leví, se acercan a Yahvé para servirle.»

El atrio interior.

[47] Midió el atrio. Tenía cien codos de largo y cien codos de ancho, o sea un cuadrado, y el altar estaba delante del templo.

El templo*. El Ulam o Vestíbulo.

[48] Me llevó al vestíbulo del templo y midió las pilastras del vestíbulo*: cinco codos por cada lado; luego la anchura del pórtico: catorce codos; y las paredes laterales del pórtico*: tres codos por cada lado. [49] La longitud del vestíbulo

era de veinte codos y su anchura de doce codos. Se subía a él por diez gradas*, y tenía columnas junto a las pilastras, una a cada lado.

El Hekal o Santo.

41 [1] Me llevó dentro del Santo y midió sus pilastras: seis codos de ancho por un lado y seis codos de ancho por el otro*. [2] Anchura de la entrada: diez codos. Las paredes laterales de la entrada: cinco codos de ancho por un lado y cinco por el otro. Midió su longitud: cuarenta codos; y su anchura: veinte codos.

El Debir o Santo de los Santos.

[3] Penetró en el interior y midió la pilastra de la entrada: dos codos; después la entrada: seis codos; y las paredes laterales* de la entrada: siete codos. [4] Midió su longitud: veinte codos; y su anchura: veinte codos delante del Santo; y me dijo: «Esto es el Santo de los Santos.»

Las celdas laterales*.

[5] Midió el muro del templo: seis codos; y la anchura de la parte lateral: cuatro codos, todo alrededor del templo. [6] Las celdas laterales estaban superpuestas en tres pisos de treinta celdas cada uno*. Se habían dispuesto en el muro del templo salientes para estribar las celdas por todo el ámbito: así las celdas no estribaban en el muro del templo. [7] La anchura de las celdas aumentaba a medida que se subía, ensanchamiento que se lograba, a costa del muro, según se subía, y todo alrededor del templo; por eso el interior se ensanchaba por arriba. Del piso inferior se subía al del medio, y de éste al superior*. [8] Y vi que el templo te-

Nm 3 27-32

44 15+

1 R 6 3
2 Cro 3 4

1 R 7 21
2 Cro 3
15-17

1 R 6 3
2 Cro 3 5-7

1 R 6 20
2 Cro 3 8-9

1 R 6 5-6

---

40 44 «Me llevó... salas» griego; «al exterior del atrio interior había dos salas de cantores» hebr. —«una» griego; «que (está)» hebr. —«meridional» griego; «oriental» hebr.
40 48 (a) El templo propiamente dicho, con sus tres partes, *Ulam* o Vestíbulo, *Hekal* o Sala (el «Santo»), *Debir* o Santuario (el «Santo de los Santos») es la reproducción casi exacta del templo de Salomón, 1 R 6. Por eso Ezequiel se detiene aquí menos que en otras partes, donde la disposición supone una verdadera reforma.
40 48 (b) «las pilastras del vestíbulo» *'elê ha'ulam* conj., ver griego; «hacia el vestíbulo» *'el 'ulam* hebr.
40 48 (c) «catorce codos; y las paredes laterales del pórtico» restituido según griego; falta en hebr.
40 49 «diez gradas» griego; «las gradas» hebr.
41 1 El hebr. añade: «anchura de la tienda», glosa omitida por algunos mss y el griego.
41 3 «las paredes laterales» griego; «la anchura» hebr.

41 5 Estas celdas existían también en el templo de Salomón, 1 R 6 5-6. Su disposición nos resulta aquí oscura y no se indica su destino. Algunos las consideran como el «tesoro» del templo. —La diferencia de estilo ha hecho considerar los vv. 5-15ᵃ como una adición; parece, sin embargo, que tienen su lugar necesario en la descripción del templo.
41 6 El hebr. es muy oscuro; lit.: «las celdas, celdas sobre celdas, tres y treinta veces». Traducimos con ayuda de las versiones.
41 7 «aumentaba» *nosefah* conj. «volvía» *nasebah* hebr. —«ensanchamiento... muro» (lit. «según el aumento tomado del muro») según griego; «porque rodeaban el templo» hebr.; la traducción del resto del v. es conjetural. Aunque es un texto muy oscuro, la idea general se puede captar: el muro exterior de este edificio de las celdas debía de disminuir de espesor de un piso al otro, hacia el interior, a la vez que aumentaba proporcionalmente la anchura de las celdas.

nía un talud todo alrededor. Era la base de las celdas laterales, de una vara entera de seis codos*. ⁹ El espesor del muro de las celdas laterales, por el exterior, era de cinco codos; quedaba un pasadizo entre las celdas laterales del templo. ¹⁰ Entre las salas había una anchura de veinte codos, por todo el ámbito del templo. ¹¹ Y las celdas laterales tenían dos entradas sobre el pasadizo, una hacia el norte y otra hacia el mediodía. La anchura del pasadizo era de cinco codos todo alrededor.

El edificio occidental*.

¹² El edificio que bordeaba el patio por el lado occidental tenía setenta codos de anchura; y la pared de este edificio tenía un espesor de cinco codos, todo alrededor, con una longitud de noventa codos. ¹³ Midió el templo: su longitud era de cien codos. El patio más el edificio y sus muros tenían una longitud de cien codos. ¹⁴ Anchura de la fachada del templo más el patio hasta oriente: cien codos. ¹⁵ Midió la longitud del edificio a lo largo del patio que tenía detrás, y sus galerías a cada lado: cien codos.

Ornamentación interior.

1 R 6 15-18

El interior del Santo y los vestíbulos del atrio, ¹⁶ los umbrales, las ventanas enrejadas, las galerías de los tres lados, alrededor, frente al umbral, estaban recubiertos de madera por todo el ámbito, desde el suelo hasta las ventanas*, y las ventanas estaban guarnecidas de un enrejado. ¹⁷ Desde la entrada hasta el interior del templo, y por fuera, así como en todo el ámbito del muro, por fuera y por dentro*, ¹⁸ había representados querubines y palmeras, una palmera entre querubín y querubín; cada querubín tenía dos caras: ¹⁹ una cara de hombre vuelta hacia la palmera de un lado y una cara

1 R 6 29-30

de león hacia la palmera del otro lado; así por todo el ámbito del templo. ²⁰ Desde el suelo hasta encima de la entrada estaban representados los querubines y las palmeras en el muro*. ²¹ El jambaje del Santo era cuadrado.

El altar de madera.

1 R 6 20-21
Ex 30 1-3

Delante del Santuario se veía algo como ²² un altar de madera de tres codos de alto, dos codos de largo y dos de ancho*. Sus ángulos, su base y sus lados eran de madera. El hombre me dijo: «Ésta es la mesa que está delante de Yahvé.»

Las puertas.

1 R 6 31-35

²³ El Santo tenía una puerta doble, y el Santuario una puerta doble. ²⁴ Eran puertas de dos hojas movibles, dos hojas en una puerta y dos en la otra. ²⁵ Y por encima (sobre las puertas del Santo), había representados querubines y palmeras como los representados en los muros. Sobre la fachada del vestíbulo, por el exterior, había un arquitrabe de madera. ²⁶ Ventanas enrejadas y palmeras había a ambos lados, en las paredes laterales del vestíbulo, las celdas laterales del templo y los arquitrabes*.

Dependencias del templo*.

42¹ Luego me hizo salir al atrio exterior, hacia el norte, y me llevó a las salas situadas cara al patio, es decir, frente al edificio, al norte. ² La longitud era de cien codos, hacia el norte*, y la anchura de cincuenta codos. ³ Frente a los pórticos* del atrio interior, y frente al enlosado del atrio exterior, había una galería a lo largo de la galería triple, ⁴ y, por delante de las salas, un corredor de diez codos de ancho hacia el interior, y cien codos de largo*; sus puertas daban al norte. ⁵ Las salas superiores eran estrechas, porque las galerías les comían par-

---

41 8   El hebr. añade una palabra ininteligible.
41 12 Este «edificio», sin duda un amplio vestíbulo descubierto, cuyo destino ignoramos, parece que no existía en el templo de Salomón. Ver, sin embargo, 2 R 23 11 y 1 Cro 26 18.
41 16 «de los tres lados», traducción dudosa; lit. «a ellos tres». —«desde el suelo» conj.; «y el suelo» hebr.
41 17 El hebr. añade una palabra ininteligible.
41 20 «en el muro» conj., ver v. 25; «y el muro del Santo» hebr. ketib; «Hekal» (Santo) está puntuado (marcado con puntos para que no se le tenga en cuenta en la lectura).
41 22 «dos (codos) de ancho» griego; omitido por hebr.
41 26 Traducimos con ayuda del griego todo este pa-

saje, que es muy difícil; el estilo es elíptico y el texto está probablemente corrompido.
42   Los vv. 1-14 reúnen elementos heterogéneos procedentes de los medios sacerdotales del Destierro, que han completado la descripción de Ezequiel. El texto se halla en mal estado y algunos versículos son difícilmente inteligibles. —Los vv. 15-20 son la conclusión de la medición del templo, comenzada en el cap. **40**.
42 2   El hebr. al comienzo «hacia la cara de», omitido por el griego. —«hacia el norte» griego; «la puerta septentrional» hebr.
42 3   «pórticos» griego; «veinte» hebr.
42 4   «cien codos de largo» versiones; «un camino de un codo» hebr.

te de su espacio, más estrechas que las de abajo y las del medio del edificio, [6] porque estaban divididas en tres pisos y no tenían columnas como el atrio. Por eso, se iban estrechando con relación a las de abajo y las del medio (a partir del suelo). [7] Y el muro exterior, paralelo a las salas, en dirección al atrio exterior, frente a las salas, tenía cincuenta codos de longitud. [8] Pues la longitud de las salas que daban al atrio exterior era de cincuenta codos, mientras que las que miraban al Santo tenían cien codos. [9] Por debajo de las salas había una entrada al lado de oriente, que daba acceso desde el atrio exterior.

[10] A todo lo largo del muro del atrio, en dirección del mediodía*, cara al patio y al edificio, había salas. [11] Un corredor pasaba por delante de ellas, como en las salas situadas en dirección norte; tenían igual longitud e igual anchura; iguales salidas, igual disposición y entradas iguales. [12] Por debajo de* las salas orientadas al mediodía había una entrada al comienzo de cada corredor, frente al muro situado hacia oriente, según se entra. [13] Él me dijo: «Las salas del norte y las salas del mediodía que miran al patio son las salas del Santuario, donde los sacerdotes que se acercan a Yahvé comerán las cosas sacratísimas. Allí depositarán las cosas sacratísimas, la oblación, el sacrificio por el pecado y el sacrificio de expiación, porque es un lugar santo. [14] Y cuando los sacerdotes entren allí, no saldrán del santuario al atrio exterior sin haber dejado allí sus vestiduras litúrgicas, porque estas vestiduras son santas; para acercarse a los lugares destinados al pueblo se pondrán otras ropas.»

Dimensiones del atrio.

[15] Cuando acabó de medir el interior del templo, me hizo salir en dirección al pórtico que mira a oriente y midió todo el ámbito. [16] Midió el lado oriental con su vara de medir: quinientos codos* de perímetro, con la vara de medir. [17] Luego midió el lado norte con la vara de medir:

quinientos codos de perímetro. [18] Después midió el lado sur con la vara de medir: quinientos codos [19] de perímetro. Por el lado occidental midió con la vara de medir: quinientos codos. [20] Midió por fin por los cuatro lados el muro que lo cercaba, todo alrededor: longitud, quinientos; anchura, quinientos; para separar lo sagrado de lo profano.

Retorno de Yahvé*.

43 [1] Me condujo luego hacia el pórtico, el pórtico que miraba a oriente, [2] y entonces la gloria del Dios de Israel llegaba de la parte de oriente, con un ruido como el ruido de muchas aguas, y la tierra resplandecía de su gloria. [3] Esta visión era como la que yo había visto cuando vine para la destrucción de la ciudad, y también como lo que había visto junto al río Quebar. Entonces caí rostro en tierra.

[4] La gloria de Yahvé entró en el templo por el pórtico que mira a oriente. [5] El espíritu me levantó y me introdujo en el atrio interior, y he aquí que la gloria de Yahvé llenaba el templo. [6] Y oí que alguien me hablaba desde el templo*, mientras el hombre permanecía en pie junto a mí. [7] Me dijo: «Hijo de hombre, éste es el lugar de mi trono el lugar donde se posa la planta de mis pies. Aquí habitaré en medio de los hijos de Israel para siempre; y la casa de Israel, así como sus reyes, no contaminarán más mi santo nombre con sus prostituciones y con los cadáveres de sus reyes*, [8] poniendo su umbral junto a mi umbral y sus jambas junto a mis jambas, con un muro común entre ellos y yo*. Ellos contaminaron mi santo nombre con las abominaciones que cometieron; por eso los he devorado en mi cólera. [9] De ahora en adelante alejarán de mí sus prostituciones y los cadáveres de sus reyes, y yo habitaré en medio de ellos para siempre.

[10] «Y tú, hijo de hombre, describe este templo a la casa de Israel, para que queden avergonzados de sus culpas y tomen nota de su plano. [11] Si se avergüenzan de

Lv 2 3+

Lv 17 1+

45 2

10 18-19
11 22-23
1

1 R 8 10-11

Ex 25 8+
Ez 37 26-27+
Ap 21 3

Ex 19 12+

---

42 10 «mediodía» griego; «oriente» hebr., pero ver vv. 12-13.
42 12 «Por debajo de» conj. (ver v. 9); «entradas iguales» hebr., ditografía. —El resto del v. es muy oscuro y las versiones no sirven de gran ayuda.
42 16 «quinientos codos» versiones; «cinco codos de varas» hebr.
43 La visión del retorno de Yahvé corresponde estrechamente a la de su partida, 10 18-19; 11 22-23.

43 6 El mismo Yahvé, no el ángel que acompaña al profeta.
43 7 El hebr. añade: «sus altos» Griego: «en medio de ellos».
43 8 El antiguo templo se hallaba contiguo al palacio de David, 1 R 7 8. Ezequiel relega el palacio a otra parte de la ciudad y reserva exclusivamente para el templo la colina oriental de Jerusalén.

toda su conducta, enséñales la forma del templo y su plano, sus salidas y entradas, su forma y todas sus disposiciones, toda su forma y todas sus leyes. Pon todo esto por escrito ante sus ojos, para que guarden con exactitud todas sus leyes* y disposiciones, y las pongan en práctica. [12] Éste es el fuero del templo: En la cumbre del monte, todo el territorio en su ámbito es santísimo. (Tal es el fuero del templo.)»

Ex 27 1-8
1 R 8 64
2 Cro 4 1;
7 7

El altar*.

[13] Y estas son las dimensiones del altar en codos de codo y palmo: su cavidad, un codo por un codo de ancha. El reborde junto a la ranura, todo alrededor, un palmo. Y ésta la altura* del altar: [14] desde la cavidad del suelo hasta el zócalo inferior, dos codos por un codo de ancho; desde el zócalo pequeño hasta el grande, cuatro codos por un codo de ancho. [15] El fóculo tenía cuatro codos, y por encima del fóculo había cuatro cuernos. [16] El fóculo medía doce codos de largo por doce codos de ancho: era cuadrado por sus cuatro lados. [17] Y el zócalo: catorce codos de largo por catorce de ancho: un cuadrado. El reborde todo alrededor: medio codo; y la cavidad, todo alrededor: un codo. Las gradas estaban vueltas hacia oriente.

Ex 29 36-37
Lv 8 10-15
1 M 4 52-56

Consagración del altar.

[18] Y me dijo: «Hijo de hombre, así dice el Señor Yahvé: Éstas son las disposiciones del altar el día en que sea erigido para ofrecer en él el holocausto y derramar la sangre. [19] A los sacerdotes levitas

44 15+

—los de la descendencia de Sadoc que se acercan a mí para servirme, oráculo del Señor Yahvé— les darás un novillo en sacrificio por el pecado. [20] Tomarás su sangre y rociarás los cuatro cuernos, los cuatro ángulos del zócalo y el reborde todo alrededor. Así quitarás el pecado y harás expiación por él. [21] Luego tomarás el novillo del sacrificio por el pecado: se

le quemará en una dependencia del templo, fuera del santuario. [22] El segundo día, ofrecerás un macho cabrío sin defecto en sacrificio por el pecado y se quitará el pecado del altar como se hizo con el novillo. [23] Cuando hayas acabado de quitar el pecado, ofrecerás un novillo sin defecto y un carnero del rebaño sin defecto. [24] Los ofrecerás delante de Yahvé, y los sacerdotes les echarán sal y los ofrecerán en holocausto a Yahvé. [25] Durante siete días ofrecerás el macho cabrío del sacrificio por el pecado, cada día; se hará también el sacrificio del novillo y del carnero sin defecto tomado del rebaño. [26] Así, durante siete días se hará la expiación del altar, se le purificará y se le consagrará. [27] Pasados estos días, desde el octavo en adelante, los sacerdotes ofrecerán sobre el altar vuestros holocaustos y vuestros sacrificios de comunión. Y yo os seré propicio, oráculo del Señor Yahvé.»

Lv 8 33-35

Servicio del pórtico oriental.

44 [1] Me volvió después hacia el pórtico exterior del santuario, que miraba a oriente. Estaba cerrado. [2] Y Yahvé me dijo: Este pórtico permanecerá cerrado. No se le abrirá, y nadie pasará por él, porque por él ha pasado Yahvé, el Dios de Israel. Quedará, pues, cerrado. [3] Pero el príncipe sí podrá sentarse en él para tomar su comida en presencia de Yahvé*. Entrará por el vestíbulo del pórtico y por el mismo saldrá.

Reglas de admisión en el templo.

43 6-12

[4] Luego me llevó por el pórtico septentrional hacia la fachada del templo; miré; y he aquí que la gloria de Yahvé llenaba el templo de Yahvé, y caí rostro en tierra. [5] Yahvé me dijo: «Hijo de hombre, presta atención, mira bien y escucha con cuidado lo que te voy a decir acerca de todas las disposiciones del templo de Yahvé y de todas sus leyes. Te fijarás bien en lo que respecta a la admisión en el templo y a la exclusión del santuario*. [6] Y dirás a esta casa de* rebeldía, la casa

---

43 11 «leyes» griego; «forma» hebr.
43 13 (a) Los vv. 13-27 son dos adiciones, hechas sucesivamente, sobre el altar y su dedicación. No exigen que haya sido ya restablecido el altar de Zorobabel.
43 13 (b) «la altura» griego; «el borde» hebr.
44 3 Ver 46 1-2. Se trata evidentemente de una comida cultual, sin duda la que acompaña al sacrificio de comunión, Lv 7 15; Dt 12 7.8.
44 5 Traducción dudosa; lit.: «a la entrada del templo y en todas las salidas del santuario».
44 6 «esta casa» añadido con versiones. —Los vv. 6-

31 sobre el clero del templo son una adición, pero ésta puede ser todavía anterior al fin del Destierro: viene a convertir en institucional la distinción de hecho que se había establecido a partir de la reforma deuteronomista entre los antiguos levitas de los santuarios de provincia, reducidos a un estatuto inferior, y los sacerdotes hijos de Sadoc, que formaban el clero de Jerusalén. Esto explica que los levitas, así distinguidos de los sacerdotes, se hayan mostrado poco dispuestos a volver del Destierro, Esd 2 40; 8 18-19.

de Israel: Así dice el Señor Yahvé: Ya pasan de la raya todas vuestras abominaciones, casa de Israel, [7] que habéis cometido introduciendo extranjeros incircuncisos de corazón y de cuerpo para que estuvieran en mi santuario y profanaran mi templo, cuando me ofrecíais mi alimento, grasa y sangre; así habéis roto* mi alianza con todas vuestras abominaciones. [8] En lugar de atender al ministerio de mis cosas santas, habéis encargado a otros el ejercicio de mi ministerio en mi santuario, en lugar vuestro*. [9] Así dice el Señor Yahvé: Ningún extranjero, incircunciso de corazón y de cuerpo, entrará en mi santuario, ninguno de los extranjeros que viven en medio de los israelitas*.

Los levitas.

[10] «En cuanto a los levitas, que me abandonaron cuando Israel se descarriaba lejos de mí para ir en pos de sus basuras*, soportarán el peso de sus culpas. [11] Serán en mi santuario los encargados de la guardia de las puertas del templo y ministros del servicio del templo. Ellos inmolarán el holocausto y el sacrificio por el pueblo, y estarán a su disposición para servirle. [12] Por haberse puesto a su servicio delante de sus basuras* y haber sido para la casa de Israel ocasión de culpa, por eso, yo levanto la mano contra ellos —oráculo del Señor Yahvé— y soportarán el peso de su culpa. [13] No se acercarán más a mí para ejercer ante mí el sacerdocio ni para tocar mis cosas santas y las cosas sacratísimas: soportarán el peso de su ignominia y de las abominaciones que cometieron. [14] Les encargaré de ejercer el ministerio en el templo, en lo que atañe a su servicio y a todo lo que allí se hace.

Los sacerdotes.

[15] «Pero los sacerdotes levitas, hijos de Sadoc*, que cumplieron mi ministerio en el santuario cuando los israelitas se descarriaban lejos de mí, ellos sí se acercarán a mí para servirme, estarán en mi presencia para ofrecerme la grasa y la sangre, oráculo del Señor Yahvé. [16] Ellos entrarán en mi santuario y se acercarán a mi mesa para servirme; ellos cumplirán mi ministerio. [17] Cuando entren por los pórticos del atrio interior, llevarán hábitos de lino; no irán vestidos de lana cuando oficien en los pórticos del atrio interior, y en el templo. [18] Llevarán en la cabeza turbantes de lino, y fajas de lino a los riñones; no se ceñirán nada que transpire el sudor*. [19] Cuando salgan al atrio exterior, donde el pueblo, se quitarán las vestiduras con que hayan oficiado, las dejarán en las salas del Santo, y se pondrán otras ropas, con el fin de no santificar al pueblo con sus vestiduras*. [20] No se raparán la cabeza, ni dejarán crecer libremente su cabellera*, sino que se cortarán cuidadosamente el pelo. [21] Ningún sacerdote beberá vino el día que tenga que entrar en el atrio interior. [22] No tomarán por esposa ni una viuda ni una mujer repudiada, sino una virgen de la raza de Israel; una viuda sólo en el caso de que sea viuda de un sacerdote. [23] Enseñarán a mi pueblo a distinguir lo sagrado de lo profano y le harán saber la diferencia entre lo puro y lo impuro. [24] En los pleitos serán ellos los jueces; juzgarán conforme a mi derecho; observarán en todas mis fiestas mis leyes y preceptos, y santificarán mis sábados. [25] No se acercarán* a un muerto, para no contaminarse, pero por un padre, una madre, un hijo, una hija, un hermano, o una hermana no casada podrán conta-

Marginal references (left):
Jr 4 4+
Gn 17 10+
22 26
Hch 21 29-29
Lv 2 3+

Marginal references (right):
Nm 18 1-19
Lv 6 3-4
Lv 21 5
Lv 10 9
Lv 21 7.14
20 11-12.
16.19-20
Lv 21 1-5

---

44 7 «habéis roto» versiones; «han roto» hebr.
44 8 Probable alusión al hecho de que se haya empleado, hasta para el servicio del templo, a extranjeros más o menos asimilados, Jos 9 27; Dt 29 10.
44 9 Todavía en tiempos de Jesucristo se leía en el templo de Herodes esta inscripción grabada en griego de la que se han encontrado dos ejemplares: «Ningún extranjero penetre en el interior de la balaustrada y del recinto que rodean el santuario. El que sea sorprendido, a nadie deberá acusar más que a sí mismo de la muerte que será su castigo».
44 10 Los levitas estaban frecuentemente adscritos a los santuarios de los altos. Cuando estos santuarios fueron abolidos por el Deuteronomio y la reforma de Josías, aquéllos perdieron su posición social y hubieron de vivir de la caridad, Dt 12 12.18, etc., o adscribirse al santuario de Jerusalén, Dt 18 6-8. Ezequiel ratifica esta última solución, pero asignándoles una posición inferior: sustituirán en el servicio del templo a los extran-

jeros que acaban de ser excluidos.
44 12 Ver nota a 6 4.
44 15 Los sacerdotes levitas, ver Dt 18 1-5, son los que quedaron adscritos al santuario de Jerusalén. Están vinculados al linaje de Sadoc, el sacerdote designado por Salomón después de la destitución de Abiatar, 1 R 2 27.35.
44 18 Lit. «no se ceñirán con sudor». La transpiración debía ser considerada como una impureza, a menos que la palabra tenga otra significación que se nos escapa.
44 19 (a) El hebr. repite: «al atrio exterior», omitido por las versiones.
44 19 (b) El contacto de las cosas sagradas está prohibido a los seglares, ya que podría «santificarlos», ver Lv 17 1+.
44 20 La cabellera abundante y descuidada era señal de un voto, Nm 6 5, o de un duelo, ver Ez 24 17.23.
44 25 «No se acercarán» versiones; hebr. en singular.

minarse. ²⁶ Después de haberse purificado, se contará una semana, ²⁷ y luego, el día en que entre en el Santo, en el atrio interior para oficiar en el Santo, ofrecerá su sacrificio por el pecado, oráculo del Señor Yahvé. ²⁸ No tendrán heredad alguna*: yo seré su heredad. No les daréis propiedad en Israel: yo seré su propiedad particular. ²⁹ Ellos comerán la oblación, el sacrificio por el pecado y el sacrificio de expiación. Todo lo que sea consagrado al anatema en Israel será para ellos. ³⁰ Lo mejor de todas vuestras primicias y de toda clase de ofrendas reservadas que ofrezcáis, será para los sacerdotes; y lo mejor de vuestras moliendas, se lo daréis a los sacerdotes, para que la bendición repose sobre vuestra casa. ³¹ Los sacerdotes no comerán carne de ningún ave ni bestia muerta o desgarrada*.

Partición de la tierra*. Parte de Yahvé.

45 ¹ «Cuando os repartáis por sorteo esta tierra en heredad, reservaréis como ofrenda para Yahvé un recinto sagrado de la tierra, de una longitud de veinticinco mil codos por una anchura de veinte mil. Será sagrado en toda su extensión. ² De aquí se tomará para el santuario un cuadrado de quinientos codos por quinientos*, alrededor del cual habrá un margen de cincuenta codos. ³ También de su área medirás una longitud de veinticinco mil codos por una anchura de diez mil: aquí estará el santuario, el Santo de los Santos. ⁴ Será el recinto sagrado de la tierra, destinado a los sacerdotes, que ejercen el ministerio del santuario y que se acercan a Yahvé para servirle. Para ellos será este lugar, para que construyan sus casas y como lugar sagrado para el santuario. ⁵ Un terreno de veinticinco mil codos de largo por diez mil de ancho será reservado a los levitas, servidores del templo, en propiedad, con ciudades para vivir*. ⁶ Y como propiedad de la ciudad fijaréis un terreno de cinco mil codos de ancho por veinticinco mil de largo, junto a la parte

reservada del santuario: esto será para toda la casa de Israel.

Parte del príncipe.

⁷ «Al príncipe le tocará, a ambos lados del recinto de la parte reservada para el santuario y de la propiedad de la ciudad, a lo largo de la parte reservada para el santuario y de la propiedad de la ciudad, por el lado occidental hacia occidente, y por el oriental hacia oriente, una longitud igual a cada una de las partes, desde la frontera occidental hasta la frontera oriental ⁸ de la tierra. Esto será su propiedad en Israel. Así mis príncipes no oprimirán más a mi pueblo: dejarán la tierra a la casa de Israel, a sus tribus.

⁹ «Así dice el Señor Yahvé: Ya es demasiado, príncipes de Israel. Desistid de la opresión y de la violencia, practicad el derecho y la justicia, liberad a mi pueblo de vuestros impuestos, oráculo del Señor Yahvé. ¹⁰ Usad balanzas justas, una arroba justa, una cántara justa. ¹¹ La arroba y la cántara sean iguales, de suerte que la cántara contenga un décimo de carga y la arroba un décimo de carga. A partir de la carga serán fijadas las cántaras*. ¹² El siclo será de veinte óbolos. Veinte siclos, veinticinco siclos y quince siclos harán una mina.

Ofrendas para el culto.

¹³ «Ésta es la ofrenda que reservaréis: un sexto de arroba por cada carga de trigo y un sexto de arroba por cada carga de cebada. ¹⁴ Regla para el aceite, para la cántara de aceite: una cántara de aceite por cada diez cántaras, o de una carga, pues diez cántaras hacen una carga. ¹⁵ Se reservará una oveja por cada rebaño de doscientas de las praderas de Israel, para la oblación, el holocausto y el sacrificio de comunión, como expiación por ellos, oráculo del Señor Yahvé. ¹⁶ Todo el pueblo de la tierra contribuirá a esta ofrenda reservada para el príncipe de Israel. ¹⁷ El príncipe se encargará de los holocaustos,

Marginal references (left column):
Nm 18 20-24
Dt 18 1-2
Jos 13 14+

Lv 27 28+

48 8-20

42 15-20

Marginal references (right column):
Jr 22 3-5

Lv 19 35-36

Ex 30 13-16
Mt 23 23

Lv 1 1+;
2 1+; 3 1+

---

44 28 «No tendrán heredad» Vulg.; «no será para ellos una heredad» hebr.
44 33 Según Lv 7 24, *esta prohibición concierne a todos los israelitas.*
45 Los caps. 45-46 pertenecen a la última redacción del libro. Están compuestos de una serie de adiciones que se han atraído la una a la otra; la primera, vv. 1-8, sobre las partes del territorio que están reservadas a Yahvé y al príncipe, anticipa 48 8-22; ha sido sugerida por la mención, con el mismo término hebreo,

de la parte de contribuciones reservada a los sacerdotes en **44** 30.
45 2 Son las dimensiones del templo, ver 42 16-20.
45 5 «con ciudades para vivir» griego; «veinte salas» hebr.
45 11 Véase la tabla de medidas al final del volumen. Aquí, hemos traducido por «arroba» y «cántara» las dos medidas iguales, *efá* y *bat*, una para los sólidos y otra para los líquidos. El *jómer* y el *kor*, de valor idéntico, los traducimos por «carga» y «tonel» (v. 14).

Ex 23 14+
Lv 23 24+

de la oblación y de la libación en las fiestas, novilunios* y sábados, en todas las solemnidades de la casa de Israel. Él proveerá lo necesario para el sacrificio por el pecado, para la oblación, el holocausto y los sacrificios de comunión, para la expiación de la casa de Israel.

Ex 12 1+

Fiesta de la Pascua.

¹⁸ «Así dice el Señor Yahvé: El primer mes, el día uno del mes, tomarás un novillo sin defecto, para quitar el pecado del santuario. ¹⁹ El sacerdote tomará la sangre de la víctima por el pecado y la pondrá en las jambas del pórtico del templo, en los cuatro ángulos del zócalo del altar, y en las jambas de los pórticos* del atrio interior. ²⁰ Lo mismo harás el día siete del mes, en favor de todo aquel que haya pecado por inadvertencia o irreflexión. Así haréis la expiación del templo. ²¹ El día catorce del primer mes será para vosotros la fiesta de la Pascua. Durante siete días se comerá el pan sin levadura. ²² Aquel día, el príncipe ofrecerá por sí mismo y por todo el pueblo de la tierra un novillo en sacrificio por el pecado. ²³ Durante los siete días de la fiesta, ofrecerá en holocausto a Yahvé siete novillos y siete carneros sin defecto, cada uno de los siete días, y en sacrificio por el pecado, un macho cabrío cada día. ²⁴ Como oblación, ofrecerá una medida por novillo y una medida por carnero, y de aceite un sextario por medida.

Ex 23 14+

Fiesta de las Tiendas.

²⁵ «El día quince del séptimo mes, en la fiesta, hará lo mismo durante siete días, ofreciendo el sacrificio por el pecado, el holocausto, la oblación y el aceite.

Disposiciones varias*.

Ex 20 8+
Im 28 9-14
Ez 45 17

46 ¹ «Así dice el Señor Yahvé: El pórtico del atrio interior que mira a oriente estará cerrado los seis días laborables. El sábado se le abrirá, así como el día del novilunio; ² y el príncipe entrará desde el exterior por el vestíbulo del pórtico y se quedará de pie junto a las jambas del pórtico. Entonces los sacerdotes ofre-

cerán su holocausto y su sacrificio de comunión. Él se postrará en el umbral del pórtico, luego saldrá, y no se cerrará el pórtico hasta la tarde. ³ El pueblo de la tierra* se postrará ante Yahvé a la entrada de este pórtico, los sábados y los días de novilunio. ⁴ El holocausto que el príncipe ofrecerá a Yahvé el sábado, será de seis corderos sin defecto y de un carnero sin defecto; ⁵ y como oblación una medida por carnero; por los corderos, una oblación que queda a discreción, y de aceite un sextario por medida. ⁶ En el día del novilunio: un novillo sin defecto, seis corderos y un carnero sin defecto. ⁷ Y hará oblación de una medida por novillo y de una medida por carnero; por los corderos, lo que pueda, y de aceite, un sextario por medida.

⁸ «Cuando el príncipe entre, entrará por el vestíbulo del pórtico y por el mismo saldrá. ⁹ Y cuando el pueblo de la tierra venga ante Yahvé en las solemnidades, los que entren por el pórtico septentrional para postrarse, saldrán por el pórtico meridional, y los que entren por el pórtico meridional saldrán por el pórtico septentrional. Nadie volverá a salir por el pórtico por donde entró, sino que saldrá por el de enfrente. ¹⁰ Y el príncipe irá en medio de ellos; entrará como ellos y saldrá como ellos.

Ex 23 14-17

¹¹ «En las fiestas y solemnidades, la oblación será de una cántara por novillo, de una cántara por carnero, por los corderos a discreción, y de aceite, un sextario por cántara. ¹² Cuando el príncipe ofrezca un holocausto voluntario o un sacrificio de comunión voluntario a Yahvé, se le abrirá el pórtico que mira a oriente, ofrecerá su holocausto y su sacrificio de comunión, de la misma manera que el día de sábado, saldrá luego, y el pórtico se cerrará en cuanto haya salido.

¹³ «Ofrecerás cada día en holocausto a Yahvé un cordero de un año sin defecto: lo ofrecerás cada mañana. ¹⁴ Ofrecerás además cada mañana, como oblación, un sexto de cántara, y de aceite, un tercio de sextario, para amasar la flor de harina. Esto es la oblación a Yahvé, decreto eterno, fijo para siempre. ¹⁵ Se ofrecerá el cor-

Ex 29 39s

---

45 17 Fiesta de la luna nueva, ver Nm 28 8-14.
45 19 «jambas» (bis) versiones; hebr. en singular.
—«puertas» conj.; hebr. en singular.
46 Este capítulo es heterogéneo. Comprende: 1-12, reglas sobre la utilización de los pórticos por el príncipe y el pueblo y sobre los sacrificios del príncipe, con un apéndice, 13-15, sobre el sacrificio perpetuo; una adición sobre el carácter inalienable de los bienes del prín-

cipe, 16-18; un suplemento sobre las cocinas del templo, 19-24.
46 3 En el período monárquico, la expresión «pueblo de la tierra» o «gente del país» hacía referencia a una aristocracia rural defensiva de la tradición yahvista y de la dinastía davídica. En el período postexílico, fue paulatinamente aplicándose al conjunto de la población, a veces con tintes despectivos.

dero, la oblación y el aceite, cada mañana, como holocausto perpetuo*.

¹⁶ «Así dice el Señor Yahvé: Si el príncipe hace un regalo a alguno de sus hijos, tomándolo de su heredad, el regalo pertenecerá a sus hijos, será su propiedad por derecho de herencia. ¹⁷ Pero si hace de su heredad un regalo a uno de sus siervos, pertenecerá a éste sólo hasta el año de la liberación, luego retornará* al príncipe. Solamente a sus hijos podrá pasar su heredad. ¹⁸ El príncipe no tomará nada de la heredad del pueblo despojándole de su propiedad; sólo de su propiedad particular legará partes a sus hijos, para que nadie ni mi pueblo sea privado de su propiedad.»

42 1-9
¹⁹ Luego me llevó*, por la entrada que estaba al lado del pórtico, a las salas del Santo reservadas a los sacerdotes, las que miraban al norte. Allí, en la extremidad occidental, había un espacio. ²⁰ Me dijo:
Lv 4-5
Lv 2
«Éste es el lugar donde los sacerdotes cocerán las víctimas de los sacrificios de expiación y de los sacrificios por el pecado, y donde cocerán la oblación, a fin de que no se saque nada al atrio exterior y se santifique así al pueblo.» ²¹ Me sacó luego al atrio exterior y me hizo pasar junto a los cuatro ángulos del atrio; en cada uno de los ángulos del atrio había un patio: ²² esto es, en los cuatro ángulos del atrio, cuatro pequeños patios de cuarenta codos de longitud y treinta de anchura, los cuatro de las mismas dimensiones*. ²³ Una tapia cercaba los cuatro, y en la parte baja de la tapia había levantado unos fogones, todo alrededor. ²⁴ Y me dijo: «Éstos son los fogones donde los servidores del templo cocerán los sacrificios del pueblo.»

↗ Ap 22 1s
Jn 4 1+
Jl 4 18
Za 13 1; 14 8
Sal 46 5

La fuente del templo*.

47 ¹ Me llevó a la entrada del templo, y he aquí que debajo del umbral del templo salía agua, en dirección a oriente, porque la fachada del templo miraba hacia oriente. El agua bajaba de Jn 19 34 debajo del lado derecho del templo, al

sur del altar. ² Luego me hizo salir por el pórtico septentrional y dar la vuelta por el exterior, hasta el pórtico exterior que miraba hacia oriente, y he aquí que el agua fluía del lado derecho. ³ El hombre salió hacia oriente con la cuerda que tenía en la mano, midió mil codos y me hizo atravesar el agua: me llegaba hasta los tobillos. ⁴ Midió otros mil codos y me hizo atravesar el agua: me llegaba hasta las rodillas. Midió mil más y me hizo atravesar el agua: me llegaba hasta la cintura. ⁵ Midió otros mil: era ya un torrente que no pude atravesar, porque el agua había crecido hasta hacerse un agua de pasar a nado, un torrente que no se podía atravesar. ⁶ Entonces me dijo: «¿Has visto, hijo de hombre?» Me condujo, y luego me hizo volver a la orilla del torrente. ⁷ Y al volver vi que a la orilla del torrente había gran cantidad de árboles, a ambos lados. ⁸ Me dijo: «Esta agua sale hacia la región oriental, baja a la Arabá, desemboca en el mar, en el agua hedionda*, y el agua queda saneada. ⁹ Por dondequiera que pase el torrente*, todo ser viviente que en él se mueva vivirá. Los peces serán muy abundantes, porque allí donde penetra esta agua lo sanea todo, y la vida prospera en todas partes adonde llega el torrente. ¹⁰ A sus orillas vendrán los pescadores; desde Engadí hasta Engláin se tenderán redes. Los peces serán de la misma especie que los peces del mar Grande*, y muy numerosos. ¹¹ Pero sus marismas y sus lagunas no serán saneadas, serán abandonadas a la sal. ¹² A orillas del torrente, a una y otra margen, crecerán toda clase de árboles frutales, cuyo follaje no se marchitará y cuyos frutos no se agotarán: producirán todos los meses frutos nuevos, porque esta agua viene del santuario. Sus frutos servirán de alimento, y sus hojas de medicina.»

↗ Ap 22 2

Za 14 8

Ex 15 25

Sal 1 3
Jr 17 8
Is 44 4
Ez 19 10-11

↗ Ap 22 2

Límites de la tierra*.

¹³ «Así dice el Señor Yahvé: Ésta es la frontera de la tierra que os repartiréis

Jc 20 1+
Nm 34 1-12
Jos 1 4;
13 1-6

46 15 En efecto, el sacrificio cotidiano fue reanudado con fervor por el Judaísmo postexílico. Y no cesó hasta el 70 d.C., en los últimos días del asedio de Jerusalén.
46 17 «retornará» griego; «cesará» hebr. —«El año de la liberación» es probablemente el año jubilar, que cae cada cincuenta años, ver Lv 25 1+.
46 19 Este pasaje se relaciona lógicamente con 42 12.
46 22 «pequeños patios» griego; «patios de incienso» (?) hebr. —Al final hebr. ketib añade «de los ángulos» (?), omitido por las versiones y marcado con puntos.
47 Los vv. 1-12 deben ser relacionados con 43 1s: este río maravilloso manifiesta la bendición que trae al

país la morada renovada de Dios en medio de su pueblo. La imagen será recogida por Ap 22 1-2.
47 8 La Arabá designa aquí el valle inferior del Jordán. El mar es el mar Muerto, cuyas aguas van a ser purificadas. —«en el agua hedionda» versiones; «hacia el mar rechazadas» hebr.
47 9 «el torrente» versiones; «los dos torrentes» hebr.
47 10 El Mediterráneo.
47 13 (a) Esta descripción de la Tierra Prometida procede de la misma tradición que la de Nm 34 1-12; ver 34 1+. Algunos nombres geográficos son difíciles de localizar, pero la frontera septentrional parece que pasa al

entre las doce tribus de Israel, dando a José dos partes*. ¹⁴ Recibiréis cada uno por igual vuestra parte, porque yo juré, mano en alto, dársela a vuestros padres, y esta tierra os pertenecerá en heredad. ¹⁵ Ésta es la frontera de la tierra: lado septentrional: desde el mar Grande, el camino de Jetlón hasta la Entrada de Jamat*, Sedad, ¹⁶ Berotay, Sibráin, que está entre el territorio de Damasco y el de Jamar, Jaser Hatticón hacia el territorio del Jaurán; ¹⁷ la frontera correrá desde el mar hasta Jasar Enán, quedando al norte el territorio de Damasco, así como el territorio de Jamat. Éste*, el lado septentrional. ¹⁸ Lado oriental: entre el Jaurán y Damasco, entre Galaad y la tierra de Israel, el Jordán servirá de frontera hacia el mar oriental, hasta Tamar*: Éste, el lado oriental. ¹⁹ Lado meridional, al sur: desde Tamar hasta las aguas de Meribá de Cades, hacia el torrente, hasta el mar Grande. Éste, el lado meridional, al sur. ²⁰ Lado occidental: el mar Grande será la frontera hasta enfrente de la Entrada de Jamat. Éste, el lado occidental. ²¹ Os repartiréis esta tierra, según las tribus de Israel. ²² Os la repartiréis como heredad para vosotros y para los forasteros que residan con vosotros y que hayan engendrado hijos entre vosotros, porque los consideraréis como al israelita nativo. Con vosotros participarán en la suerte de la heredad, en medio de las tribus de Israel. ²³ En la tribu donde resida el forastero, allí le daréis su heredad, oráculo del Señor Yahvé.

Partición de la tierra*.

48 ¹ «Y éstos son los nombres de las tribus. Desde el extremo norte, a lo largo del camino de Jetlón, hacia la Entrada de Jamat, Jasar Enán, quedando al norte el territorio de Damasco, a lo largo de Jamat: será para él desde el lado oriental hasta el lado occidental*: Dan, una parte. ² Limitando con Dan, desde el lado oriental hasta el lado occidental: Aser, una parte. ³ Limitando con Aser, desde el lado oriental hasta el lado occidental: Neftalí, una parte ⁴ Limitando con Neftalí, desde el lado oriental hasta el lado occidental: Manasés, una parte. ⁵ Limitando con Manasés, desde el lado oriental hasta el lado occidental: Efraín, una parte. ⁶ Limitando con Efraín, desde el lado oriental hasta el lado occidental: Rubén, una parte. ⁷ Limitando con Rubén, desde el lado oriental hasta el lado occidental: Judá, una parte. ⁸ Limitando con Judá, desde el lado oriental hasta el lado occidental, estará la ofrenda sagrada que reservaréis, de veinticinco mil codos de ancha, y de larga como cada una de las otras partes desde el lado oriental hasta el lado occidental. Y en medio estará el santuario. ⁹ «La ofrenda sagrada que reservaréis para Yahvé tendrá veinticinco mil codos de longitud y diez mil de anchura. ¹⁰ A ellos, a los sacerdotes, pertenecerá la ofrenda santa reservada: veinticinco mil codos al norte, diez mil codos de anchura al oeste, diez mil codos de anchura al este, y veinticinco mil codos de longitud al sur; y el santuario de Yahvé estará en el medio; ¹¹ a los sacerdotes consagrados, aquellos de entre los hijos de Sadoc que cumplieron mi ministerio, y que no se descarriaron al descarriarse los israelitas, como se descarriaron los levitas, ¹² a ellos les corresponderá una parte de la tierra reservada como ofrenda sacratísima, junto al territorio de los levitas. ¹³ Los levitas, a semejanza del territorio de los sacerdotes, tendrán un territorio de veinticinco mil codos de largo y diez mil de ancho —longitud total, veinticinco mil, y anchura, diez mil—. ¹⁴ No podrán vender ni cambiar ni ceder nada de esta parte de la tierra, porque está consagrada a Yahvé. ¹⁵ Los cinco mil codos de anchura que quedan a lo largo de los veinticinco mil, serán un terreno profa-

Nm 34 3-5
Jos 15 1-4

Ex 12 48+

Lv 19 34

45 1-6

44 15-16

Nm 35

---

norte de Trípoli y que incluye el territorio de Damasco, vv. 15-16; 48 1, lo que representa una frontera puramente ideal. El Jordán marca la frontera oriental, v. 18.
47 13 (b) «Ésta» *zeh* versiones; hebr. *geh* corrompido.
—«dando a José dos partes» Targ.; Vulg.; «José, dos partes» hebr. —Las dos partes son para Efraín y Manasés, los hijos de José, contados entre las doce tribus de Israel, en tanto que la tribu de Leví queda aparte.
47 15 «de Jamat» trasladado del v. 16 con griego.
47 17 «Éste (es)» sir.; «a» hebr.; igualmente en el v. 18 y 19.
47 18 «hasta Tamar» sir., ver v. 19; hebr. corrompido. —El «mar oriental» es el mar Muerto.
48　Ésta es la parte más utópica del plano de Eze-

quiel. El profeta reparte el país en bandas paralelas que van de la frontera oriental al Mediterráneo, sin tener en cuenta las realidades geográficas ni demográficas. De conformidad con los límites dados a la Tierra Prometida en el cap. 47, las tribus de Transjordania son trasladadas al oeste del Jordán. Hay siete tribus al norte y cinco tribus al sur del territorio sagrado, que es la parte de Yahvé y donde se encuentra Jerusalén. Esta parte reservada se reparte entre los sacerdotes (con el templo) y los levitas, y lo restante se deja para la ciudad y sus pastos; el territorio del príncipe se extiende al este y al oeste de esta parte sagrada, vv. 9-22, repetidos en 45 1-8.
48 1　«desde el lado oriental hasta el lado occidental» griego, ver v. 3s; «del lado oriental, el mar» (?) hebr.

Ap 21
15-17

no para la ciudad, para viviendas y pastizales. La ciudad quedará en medio. ¹⁶ Y éstas serán sus dimensiones: por el lado norte, cuatro mil quinientos codos; por el lado sur, cuatro mil quinientos codos; por el lado este, cuatro mil quinientos codos; por el lado oeste, cuatro mil quinientos codos. ¹⁷ Y los pastizales de la ciudad se extenderán hacia el norte doscientos cincuenta codos, hacia el sur doscientos cincuenta, hacia el este doscientos cincuenta y hacia el oeste doscientos cincuenta. ¹⁸ Quedará una extensión, a lo largo de la ofrenda santa reservada, de diez mil codos hacia oriente y diez mil hacia occidente, a lo largo de la ofrenda santa reservada: sus productos servirán para la alimentación de los trabajadores de la ciudad. ¹⁹ Los trabajadores que trabajen en la ciudad serán tomados de todas las tribus de Israel. ²⁰ El total de la ofrenda reservada será de veinticinco mil codos por veinticinco mil. Reservaréis un cuarto de la ofrenda santa reservada para la propiedad de la ciudad. ²¹ Lo que quede será para el príncipe, a uno y otro lado de la ofrenda santa reservada y de la propiedad de la ciudad, a lo largo de los veinticinco mil codos al este*, hasta la frontera oriental, y al oeste a lo largo de los veinticinco mil codos hasta la frontera occidental, para el príncipe, en correspondencia a las demás partes; y en el medio estará la ofrenda santa reservada y el santuario del templo. ²² Así, desde la propiedad de los levitas y la propiedad de la ciudad que están en medio de la parte del príncipe, entre la frontera de Judá y la de Benjamín, pertenecerá al príncipe.

²³ «Y las demás tribus: desde el lado oriental hasta el lado occidental: Benjamín, una parte. ²⁴ Limitando con Benjamín, desde el lado oriental hasta el lado occidental: Simeón, una parte. ²⁵ Limitando con Simeón, desde el lado oriental hasta el lado occidental: Isacar, una parte. ²⁶ Limitando con Isacar, desde el lado oriental hasta el lado occidental: Zabulón, una parte. ²⁷ Limitando con Zabulón, desde el lado oriental hasta el lado occidental: Gad, una parte. ²⁸ Y limitando con Gad, por el lado meridional, al sur, la frontera correrá desde Tamar hacia las aguas de Meribá de Cades, el torrente, hasta el mar Grande. ²⁹ Tal es la tierra que repartiréis en heredad entre las tribus de Israel y tales serán sus partes, oráculo del Señor Yahvé.

Las puertas de Jerusalén*.

³⁰ «Y éstas son las salidas de la ciudad: por el lado norte, se medirán cuatro mil quinientos codos. ³¹ Las puertas de la ciudad llevarán los nombres de las tribus de Israel. Al norte tres puertas: la puerta de Rubén, la puerta de Judá y la puerta de Leví. ³² Por el lado oriental, cuatro mil quinientos codos y tres puertas: la puerta de José, la puerta de Benjamín y la puerta de Dan. ³³ Por el lado meridional, cuatro mil quinientos codos y tres puertas: la puerta de Simeón, la puerta de Isacar y la puerta de Zabulón. ³⁴ Por el lado occidental, cuatro mil quinientos codos y tres puertas: la puerta de Gad, la puerta de Aser y la puerta de Neftalí. ³⁵ El perímetro total será de dieciocho mil codos.

«Y en adelante el nombre de la ciudad será: 'Yahvé está allí*'.»

⁄ Ap 21
12-13

Is 1 26+

---

48 21 «al este» *qadimah* conj.; «ofrenda» *terúmah* hebr.; omitido por griego.
48 30 Los vv. 30-35, que se refieren a la ciudad y no ya al templo, son una adición al libro.

48 35 En hebreo *Yahveh-šam*, nombre cuya asonancia recuerda tal vez la de Jerusalén, pero cuya significación es como el resumen de toda la obra religiosa y cultual de Ezequiel.

DANIEL

Los jóvenes hebreos en la corte de Nabucodonosor

2 R 24 1s
2 Cro 36 5-7

Gn 10 10

R 25 29-30

Jdt 12 2

Gn 39 4.21
Est 2 9

1 ¹ El año tercero del reinado de Joaquín, rey de Judá, llegó a Jerusalén Nabucodonosor, rey de Babilonia, y la sitió. ² El Señor entregó en su poder a Joaquín, rey de Judá, y parte de los objetos del templo de Dios. Se los llevó al país de Senaar* y depositó los objetos en el tesoro del templo de sus dioses.

³ El rey ordenó a Aspenaz, jefe de sus eunucos, escoger entre los israelitas de estirpe real o de la nobleza ⁴ algunos jóvenes sin defecto físico, bien parecidos, expertos en sabiduría, cultos e inteligentes*, aptos para servir en la corte del rey, con el fin de enseñarles la lengua y la literatura de los caldeos. ⁵ El rey les asignó una ración diaria de la comida del rey y del vino de su mesa. Deberían ser educados durante tres años, al cabo de los cuales entrarían al servicio del rey. ⁶ Entre ellos se encontraban los judíos Daniel, Ananías, Misael y Azarías. ⁷ El jefe de los eunucos les puso nombres nuevos, llamando a Daniel Baltasar, a Ananías Sidrac, a Misael Misac y Azarías Abdénago*. ⁸ Daniel decidió no contaminarse con la comida del rey y el vino de su mesa y pidió al jefe de los eunucos autorización para no contaminarse*. ⁹ Dios concedió a Daniel el favor y la compasión del jefe de los eunucos. ¹⁰ Y éste dijo a Daniel: «Temo al rey, mi señor, quien os ha asignado vuestra comida y vuestra bebida, y si encuentra vuestros semblantes más desmejorados que los de vuestros compañeros, expondréis mi cabeza ante él.» ¹¹ Entonces Daniel dijo al guardián que el jefe de los eunucos había asignado a Daniel, Ananías, Misael y Azarías: ¹² «Por favor, pon a prueba a tus siervos durante diez días: que nos den legumbres para comer y agua para beber; ¹³ luego compara nuestro aspecto con el de los jóvenes que comen los alimentos del rey y actúa con nosotros según los resultados.» ¹⁴ Él aceptó la propuesta y los puso a prueba durante diez días. ¹⁵ Al cabo de los diez días tenían mejor aspecto y estaban más fuertes que todos los jóvenes que comían los alimentos del rey. ¹⁶ Desde entonces el guardián retiró sus raciones de comida y de vino y les dio legumbres. ¹⁷ Dios concedió a estos cuatro jóvenes un conocimiento profundo en toda clase de literatura y sabiduría. Daniel además sabía interpretar visiones y sueños. ¹⁸ Al cabo del tiempo fijado por el rey para su presentación, el jefe de los eunucos los llevó ante Nabucodonosor. ¹⁹ El rey conversó con ellos, y entre todos no encontró ninguno como Daniel, Ananías, Misael y Azarías, por lo que pasaron al servicio del rey. ²⁰ Y en todas las cuestiones de sabiduría e inteligencia que les consultaba el rey, los encontró diez veces más competentes que todos los magos y adivinos de todo su reino. ²¹ Daniel permaneció allí hasta el año primero del rey Ciro.

Ap 2 10

Gn 41 12

1 R 10 3-4

El sueño de Nabucodonosor: Visión de la estatua

7 **El rey interroga a sus adivinos.**

2 ¹ El año segundo de su reinado, Nabucodonosor tuvo unos sueños*, que lo sobresaltaron y no le dejaron dormir. ² El rey mandó llamar a los magos, adivinos, hechiceros y astrólogos* para que le interpretaran sus sueños. Cuando lle-

---

1 2 Después de «al país de Senaar» (griego: «a Babilonia», ver Jos 7 21), hebr. añade: «al templo de sus dioses».
1 4 En las cortes orientales, se formaban desde la infancia a los que se destinaba a la carrera de «letras»: escribas, traductores, cronistas, sabios y adivinos de toda clase. No se trataba, pues, de formar pajes.
1 7 Es probable que el copista haya deformado deliberadamente el nombre pagano de Abed Nebó «siervo de Nabú» (el nombre de este dios se encuentra en el de Nabucodonosor). —Ver el mismo tratamiento del nombre de Baal en apellidos como Isbaal, Meribaal, convertidos en Isboset, Mefiboset, 2 S 2 8; 4 4.

1 8 En la época de la helenización forzosa, bajo Antíoco Epífanes, quebrantar las prohibiciones de la Ley relativas a los alimentos equivalía a la apostasía, ver 2 M 6 18 - 7 42.
2 1 Los sueños sobrenaturales sirven para las comunicaciones de Dios al hombre, ver los caps. 4 y 7. Compárense los sueños de Abrahán, Gn 15 12, Abimelec, Gn 20 3, Jacob, Gn 28 10-22, José, Gn 37 5-10, de los oficiales egipcios, Gn 40 5-23, de Faraón, Gn 41 1-32, Samuel, 1 S 3 3-5, Salomón 1 R 3 5. Pero ver Gn 37 5+; Mt 1 20 +.
2 2 El término «astrólogo» (arm. *kasdym*) designa aquí a todo adivino que practica el arte que se creía ori-

garon a su presencia,[3] el rey les dijo: «He
tenido un sueño que me ha sobresaltado
al tratar de comprenderlo.» [4] Los astrólogos respondieron al rey en arameo:
(arameo) «¡Viva el rey eternamente*! Cuéntanos
el sueño y nosotros descifraremos su
interpretación.» [5] El rey les respondió:
«Tened bien presente mi decisión: si no
me dais a conocer el sueño y su interpretación, os cortarán en pedazos y vues-
5 17 tras casas serán demolidas. [6] Pero si me
dais a conocer el sueño y su interpretación, os colmaré de regalos, obsequios y
honores. Por tanto, dadme a conocer el
sueño y su interpretación.» [7] Ellos respondieron por segunda vez: «Que el rey
nos cuente su sueño y nosotros descifraremos su interpretación.» [8] Pero el rey
replicó: «Ya veo que lo que vosotros queréis es ganar tiempo, sabiendo que mi
decisión está tomada. [9] Si no me dais a
conocer el sueño, una misma será vuestra sentencia. Os habéis puesto de acuerdo en decirme mentiras y patrañas,
mientras cambia la situación. Por tanto,
contadme el sueño y me convenceré de
que podéis darme también su interpretación.» [10] Los astrólogos contestaron al
rey: «No hay nadie en el mundo capaz de
descifrar lo que el rey pide. Ningún rey,
por grande y poderoso que fuera, ha preguntado jamás cosa semejante a ningún
mago, adivino o astrólogo. [11] Lo que el
rey pide es difícil, y nadie se lo puede
Gn 41 16 descifrar, excepto los dioses, que no habitan entre los mortales.» [12] Entonces el
rey se enfureció terriblemente y mandó
exterminar a todos los sabios de Babilonia. [13] Una vez promulgado el decreto
de exterminar a los sabios, buscaron
también a Daniel y a sus compañeros
para matarlos.

Intervención de Daniel.

[14] Pero Daniel se dirigió de manera
prudente y sensata a Arioc, jefe de la
guardia real, que se disponía a ejecutar
a los sabios de Babilonia. [15] Tomando la
palabra, preguntó a Arioc, oficial del rey:
«¿Por qué ha promulgado el rey un decreto tan severo?» Arioc le explicó el
asunto [16] y Daniel se fue a pedir al rey
que le concediese un plazo para desci-
frarle la interpretación. [17] Daniel regresó
a su casa e informó del caso a sus compañeros Ananías, Misael y Azarías, [18] invitándoles a implorar la misericordia del
Dios del Cielo* sobre aquel misterio*, Gn 24 7
para que no pereciesen Daniel y sus
compañeros con el resto de los sabios de
Babilonia. [19] El misterio le fue revelado
a Daniel en una visión nocturna y él bendijo* al Dios del Cielo, [20] diciendo:

«Bendito sea el Nombre de Dios Sal 41 14
por los siglos de los siglos, Ne 9 5
pues suyos son la sabiduría y el poder. Jb 12 13
[21] Él hace alternar años y estaciones, Ap 5 12
destrona y entroniza a los reyes, ↗Hch 1 7+
da sabiduría a los sabios Rm 13 1
y ciencia a los expertos. Pr 2 6+
[22] Él revela honduras y secretos, Jb 12 22
conoce lo que ocultan las tinieblas, Sal 139 11s
y la luz le acompaña*.
[23] Te doy gracias y te alabo,
Dios de mis antepasados,
porque me has dado sabiduría y poder*
has revelado lo que te habíamos pedido
y nos has dado a conocer el asunto del
rey.»

[24] Luego Daniel acudió a Arioc, a
quien el rey había encomendado la ejecución de los sabios de Babilonia, y le
dijo: «No mates a los sabios de Babilonia. Llévame ante el rey y yo le daré la
interpretación.» [25] Arioc se apresuró a
llevar a Daniel ante el rey y le dijo: «He
encontrado a un hombre entre los deportados de Judá que puede revelar al
rey la interpretación.» [26] El rey dijo a Da-

ginario de Caldea. Los diversos términos empleados en las enumeraciones de Dn 1 20; 2 2.10.27; 4 4; 5 7.11.15, no tienen por lo demás sentido técnico preciso.

2 4 Fórmula de saludo frecuente en los textos acádicos y que hallamos en la corte persa hasta la época islámica.

2 18 (a) Expresión que designa generalmente al Dios de los *judíos en boca de (o dirigiéndose a) un no judío.* Ver 2 37.44; Jdt 5 8; Esd 5 11; 6 9.10; etc.; Ne 1 4; 2 4.20; Tb 7 12; igualmente las expresiones «Señor del cielo», 5 23; Tb 7 11; «el Rey del Cielo», 4 34; «el gran Dios», 2 45; Esd 5 8.

2 18 (b) *Raz*: esta palabra de origen persa, propia de Dn en la Biblia, aparece en los textos de Qumrán; ante todo, designa todo lo «secreto», pero parece que esboza ya el sentido tan rico del griego *mysterion* en San Pablo, ver Rm 16 25+.

2 19 La «bendición» judía se compone de una invocación a Dios o a su nombre, seguida de una conmemoración de sus beneficios; en la liturgia, se concluye repitiendo la eulogía en la que, en forma abreviada, se incluye la mención del beneficio particular.

2 22 El AT habla de Dios rodeado de luz, Ex 24 17; Ez 1 27; Ha 3 4, y luz él mismo, Is 60 19-20; Sb 7 26, como lo hará, y más explícitamente aún, el NT. Ver, por ejemplo, 1 Jn 1 5-7; 1 Tm 6 16; St 1 17, ver Jn 8 12+. Antiguos comentaristas judíos invocan este versículo para afirmar que uno de los nombres del Mesías es «Luz».

2 23 «inteligencia» LXX; «poder» aram.

niel, apodado Baltasar: «¿Eres capaz de contarme el sueño que he tenido y su interpretación?» [27] Daniel le respondió así: «No hay sabios, adivinos, magos o astrólogos capaces de descifrar el misterio que el rey quiere saber; [28] pero hay un Dios en el cielo, que revela los misterios y que ha dado a conocer al rey Nabucodonosor lo que sucederá al fin de los tiempos. Éstos eran el sueño y las visiones que tuviste mientras dormías*:

[29] «Tú, oh rey, reflexionabas en tu lecho sobre lo que ocurrirá en el futuro, y el que revela los misterios te ha dado a conocer lo que sucederá. [30] A mí se me ha revelado este misterio, no porque yo sea más sabio que el resto de los vivientes, sino para descifrar al rey su interpretación y para que tú comprendas las preocupaciones de tu mente.

[31] «Tú, oh rey, tuviste esta visión: una estatua, una enorme estatua de extraordinario brillo y aspecto terrible se levantaba ante ti. [32] La estatua tenía la cabeza de oro puro, el pecho y los brazos de plata, el vientre y los lomos de bronce, [33] las piernas de hierro, y los pies mitad de hierro y mitad de barro. [34] Mientras estabas mirando, una piedra se desprendió sin intervención de mano alguna*, golpeó los pies de hierro y barro de la estatua y los hizo pedazos. [35] Entonces todo a la vez se hizo polvo: el hierro y el barro, el bronce, la plata y el oro; quedaron como la paja de la era en verano, que el viento se lleva sin dejar rastro. Pero la piedra que había golpeado la estatua se convirtió en una gran montaña que llenó toda la tierra. [36] Éste era el sueño; y ahora expondremos al rey su interpretación. [37] Tú, majestad, rey de reyes, a quien el Dios del cielo ha dado soberanía, fuerza, poder y gloria*, [38] te ha sometido los hijos de los hombres, las bestias del campo y las aves del cielo, dondequiera que habiten, y te ha hecho soberano de ellos, tú eres la cabeza de oro. [39] Después de ti surgirá otro reino, inferior a ti, y luego

un tercer reino de bronce que dominará toda la tierra. [40] Luego vendrá* un cuarto reino, duro como el hierro, como el hierro que todo lo tritura y machaca; como el hierro que aplasta, así é triturará y aplastará a todos los demás. [41] Y los pies y los dedos que viste, mitad de barro de alfarero y mitad de hierro, corresponden a un reino que estará dividido; tendrá la solidez del hierro, pues viste el hierro mezclado con el barro. [42] Los dedos de los pies, mitad de hierro y mitad de barro, significan que el reino será a la vez fuerte y frágil. [43] Y como viste el hierro mezclado con el barro, así se mezclarán los linajes entre sí*; pero no se fundirán uno con otro, como el hierro no se funde con el barro. [44] En tiempo de estos reyes, el Dios del cielo hará surgir un reino que jamás será destruido, ni cederá su soberanía a otro pueblo. Pulverizará y aniquilará a todos estos reinos, y él subsistirá por siempre; [45] tal como viste desprenderse del monte, sin intervención de mano alguna, la piedra que redujo a polvo el hierro, el bronce, el barro, la plata y el oro. El gran Dios ha revelado al rey lo que sucederá en el futuro. El sueño es verídico y su interpretación, fiel.»

Profesión de fe del rey.

[46] Entonces el rey Nabucodonosor cayó rostro en tierra, se postró ante Daniel, y ordenó ofrecerle oblaciones y perfumes. [47] Luego el rey dijo a Daniel: «Verdaderamente vuestro Dios es el Dios de los dioses, el señor de los reyes y el revelador de los misterios, ya que tú has logrado revelar este misterio.» [48] Y el rey ascendió a Daniel y le hizo muchos y valiosos regalos. Lo nombró gobernador de toda la provincia de Babilonia y jefe supremo de todos los sabios de Babilonia. [49] A petición de Daniel, el rey encomendó la administración de la provincia de Babilonia a Sidrac, Misac y Abdénago; y Daniel se quedó en la corte.

Marginal references (left column):
Co 2 10-11
Ap 1 1.19; 4 1
Sal 1 4
Jr 27 6
Jdt 11 7

Marginal references (right column):
7 7; 8 5.21; 11 3
3 33 (100); 4 31; 7 14
2 S 7 16
Lc 1 33
Mt 21 42-44p
Lv 2 1+
Lv 6 8
Dn 3 90; 11 36
Dt 10 17

---

2 28   Es el anuncio de la primera de las alegorías de Dn, que describen misteriosamente la sucesión de los grandes imperios históricos (neobabilonios, medos y persas, griegos herederos del reino asiático de Alejandro), representados aquí, conforme a las antiguas especulaciones sobre las edades del mundo, por metales de valor decreciente, y finalmente, el advenimiento del reino mesiánico. Todos los imperios terrestres se derrumbarán, para ceder su puesto a un reino nuevo, eterno, porque está fundado en Dios: el Reino de los Cielos, ver Mt 4 17+. Jesús, que se designará a sí mismo como el Hijo del hombre, ver Dn 7 13+ y Mt 8 20+, se aplicará también, ver Mt 21 42-44; Lc 20 17-18, la imagen

de la piedra angular, primero rechazada, del Sal 118 22, y de la piedra fundamental de Is 28 16, con una clara alusión a la piedra desgajada de la roca que aplasta a aquel sobre quien cae, aquí vv. 33.44-45.
2 34   Lit. «sin manos»; ver Is 31 3.
2 37   A Nabucodonosor el poder le viene de Dios, y no del carácter divino que pretende arrogarse, ver 3; Jdt 3 8; 6 2; 11 7.
2 40   Vv. 40-43: texto confuso y restitución conjetural.
2 43   Probable alusión a los matrimonios entre Seléucidas y Tolomeos, que no consiguieron consolidar la unidad entre los sucesores de Alejandro.

La adoración de la estatua de oro

Nabucodonosor erige una estatua de oro.

3 ¹ El rey Nabucodonosor hizo una estatua de oro*, de treinta metros de alta por tres de ancha, y la colocó en la llanura de Dura, en la provincia de Babilonia. ² El rey Nabucodonosor mandó convocar a los sátrapas, prefectos, gobernadores, consejeros, tesoreros, abogados y jueces y a todas las autoridades provinciales, para que asistieran a la inauguración de la estatua que había erigido. ³ Se reunieron, pues, los sátrapas, prefectos, gobernadores, consejeros, tesoreros, abogados y jueces y todas las autoridades provinciales para la inauguración de la estatua erigida por el rey Nabucodonosor; y todos estaban en pie ante la estatua erigida por el rey Nabucodonosor. ⁴ El heraldo pregonó con voz potente: «A todos los pueblos, naciones y lenguas se os hace saber: ⁵ En el momento en que oigáis el sonido del cuerno, la flauta, la cítara, el arpa, el salterio, la zampoña y los demás instrumentos musicales*, os postraréis para adorar la estatua de oro que ha erigido el rey Nabucodonosor. ⁶ Y aquél que no se postre y la adore será inmediatamente arrojado a un horno de fuego abrasador.» ⁷ Y efectivamente, en cuanto se escuchó el sonido del cuerno, la flauta, la cítara, el arpa, el salterio, la zampoña y los demás instrumentos musicales, todos los pueblos, naciones y lenguas se postraron a adorar la estatua de oro que había erigido el rey Nabucodonosor.

Denuncia y condena de los judíos.

⁸ Sin embargo, algunos caldeos se presentaron a denunciar a los judíos. ⁹ Tomaron la palabra y dijeron al rey Nabucodonosor: «¡Viva el rey eternamente! ¹⁰ Tú, majestad, has ordenado que todo hombre, al oír el sonido del cuerno, la flauta, la cítara, el arpa, el salterio, la zampoña y los demás instrumentos musicales, se postre y adore la estatua de oro, ¹¹ y que aquél que no se postre para adorarla sea arrojado a un horno de fuego abrasador. ¹² Pues bien, hay unos judíos, Sidrac, Misac y Abdénago, a quienes has encomendado la administración de la provincia de Babilonia, que no te hacen caso, majestad; no sirven a tu dios ni adoran la estatua de oro que has erigido.» ¹³ Totalmente enfurecido, Nabucodonosor mandó llamar a Sidrac, Misac y Abdénago, y cuando fueron introducidos ante el rey, ¹⁴ Nabucodonosor les dijo: «¿Es cierto, Sidrac, Misac y Abdénago, que no servís a mis dioses ni adoráis la estatua de oro que yo he erigido? ¹⁵ ¿Estáis dispuestos ahora, cuando oigáis el sonido del cuerno, la flauta, la cítara, el arpa, el salterio, la zampoña y los demás instrumentos musicales, a postraros para adorar la estatua que yo he hecho? Porque si no la adoráis, seréis inmediatamente arrojados a un horno de fuego abrasador; y entonces ¿cuál será el dios que os libre de mis manos?» ¹⁶ Sidrac, Misac y Abdénago contestaron al rey Nabucodonosor: «No tenemos que responder sobre este asunto. ¹⁷ Si el Dios a quien servimos puede librarnos del horno de fuego abrasador y de tu poder, majestad, nos librará. ¹⁸ Pero, si no lo hace, has de saber, majestad, que nosotros no serviremos a tus dioses ni adoraremos la estatua de oro que has erigido.» ¹⁹ Entonces Nabucodonosor, lleno de cólera y con el semblante alterado a causa de Sidrac, Misac y Abdénago, mandó encender el horno siete veces más fuerte que de costumbre, ²⁰ y ordenó que algunos de los hombres más fornidos de su ejército ataran a Sidrac, Misac y Abdénago y los arrojaran al horno de fuego abrasador. ²¹ Al instante estos hombres fueron atados con sus calzones, túnicas, gorros y mantos, y fueron arrojados al horno de fuego abrasador. ²² Como la orden real era apremiante y el horno estaba al rojo vivo, las llamaradas mataron a los hombres que habían llevado a Sidrac, Misac y Abdénago, ²³ mientras los tres hombres, Sidrac, Misac y Abdénago, caían atados dentro del horno de fuego abrasador.

⟋ Ap 5 9;
7 9; 13 7;
14 6; 17 15

⟋ Ap 13
14-15

Jr 29 21-22

Sal 37 39-4

---

3 1   LXX y Teodoción añaden: «en su decimoctavo año», y LXX: «después de haber sometido ciudades, provincias y todos los habitantes de la tierra, del Indo a Etiopía», ver Est 1 1; 8 9.
3 5   Es difícil distinguir con precisión las caracterís-

ticas de esta lista de instrumentos musicales. La «cítara» era probablemente un triángulo con cuatro cuerdas; el «salterio», una especie de guitarra; y la «zampoña», un instrumento rústico de viento.

Cántico de Azarías en el horno.

9 3-19+
Esd 9 6-15

²⁴ *Caminaban entre las llamas alabando a Dios y bendiciendo al Señor. ²⁵ Entonces Azarías, de pie en medio del fuego, se puso a orar así:

1 Cro 29 10.
20
Dn 4 34

²⁶ «Bendito seas, Señor, Dios de nuestros padres, digno de alabanza;
que tu nombre sea glorificado por los siglos.

Tb 3 2-6
Ne 9 33
Ap 16 7;
19 2

²⁷ Porque nos has tratado con justicia,
todas tus acciones son veraces,
rectos todos tus caminos,
todas tus sentencias justas.
²⁸ Has aplicado condenas justas
en todo cuanto has ejecutado contra nosotros,
y contra Jerusalén, la ciudad santa de nuestros padres.
Todo lo has ejecutado verdadera y justamente,
a causa de nuestros pecados.

9 5-8

²⁹ Porque hemos pecado, hemos obrado mal, alejándonos de ti,
hemos fallado en todo y no hemos escuchado tus mandamientos,

Ba 1 17s
Is 59 12-13
Ne 1 7

³⁰ ni hemos obedecido,
ni hemos cumplido lo que se nos mandaba
para nuestro bien.

Dt 28 15.63s
Lv 26 14.38

³¹ Y en todo cuanto nos has enviado,
en todo cuanto nos has hecho,
has actuado con justicia fiel.
³² Nos entregaste en poder de enemigos sin ley, malvados y apóstatas,
y en poder de un rey injusto, el más perverso de toda la tierra.
³³ Y ahora no podemos ni abrir la boca,
la vergüenza y la deshonra abruman a tus siervos y a tus fieles.

Ex 32 11s+

³⁴ ¡No nos abandones para siempre,
por el honor de tu nombre,
no rompas tu alianza,
³⁵ no nos niegues tu misericordia,
por Abrahán tu amigo*,
por Isaac tu siervo,
por Israel tu consagrado,

Is 41 8
2 Cro 20 7
St 2 23

³⁶ a quienes tú prometiste
multiplicar su descendencia como las estrellas del cielo,
como la arena de la orilla del mar!

Gn 15 5;
22 17

³⁷ Señor, somos el más insignificante de todos los pueblos
y hoy nos sentimos humillados en toda la tierra,

Dt 28 62
Jr 42 2

a causa de nuestros pecados.
³⁸ En este momento no tenemos príncipes, ni profetas, ni jefes;
ni holocaustos, ni sacrificios, ni ofrendas, ni incienso,
ni un lugar donde ofrecerte las primicias y alcanzar tu misericordia.

Os 3 4
Lm 2 9

³⁹ Pero acepta nuestra alma arrepentida y nuestro espíritu humillado,
como un holocausto de carneros y toros,
y millares de corderos cebados.

Mi 6 7-8
Os 6 6
Sal 51 19

⁴⁰ Que éste sea hoy nuestro sacrificio ante ti
y volvamos a serte fieles,
porque los que en ti confían no quedarán avergonzados.

Sal 25 3

⁴¹ Ahora que te seguimos de todo corazón, que te respetamos y buscamos tu rostro,
no nos avergüences.
⁴² Trátanos conforme a tu bondad
y a tu gran misericordia.
⁴³ Sálvanos como en tus maravillosas gestas
y engrandece tu fama, Señor.
⁴⁴ Que sean humillados todos los que maltratan a tus siervos,
que se vean confundidos, privados de toda su fuerza y su dominio,

Sal 35 26;
40 15

y que sea destruido su poder.
⁴⁵ Y que sepan que tú eres el Señor y el Dios único,
glorioso en toda la tierra.»

Sal 83 19

⁴⁶ Los siervos del rey que los habían arrojado al horno no cesaban de atizar el fuego con nafta, pez, estopa y sarmientos. ⁴⁷ Las llamas se elevaban cuarenta y nueve codos por encima del horno ⁴⁸ y, al extenderse, abrasaron a los caldeos que se encontraban junto al horno. ⁴⁹ Pero el ángel del Señor bajó al horno junto a Azarías y sus compañeros, expulsó las llamas de fuego fuera del horno ⁵⁰ e hizo que una brisa refrescante recorriera el interior del horno, de manera que el fuego no los tocó lo más mínimo, ni les causó ningún daño o molestia.

Tb 5 4+

Cántico de los tres jóvenes.

⁵¹ Entonces los tres se pusieron a cantar a coro, glorificando y bendiciendo a Dios dentro del horno de esta manera:

---

3 24 La larga adición que sigue, vv. 24-90 (en cursiva), únicamente conservada en traducciones griega y siríaca, ha tenido seguramente un original hebreo o arameo. Seguimos a Teodoción; los LXX ofrecen algunas variantes e inversiones. El v. 24 del arameo coincide con el v. 91 del griego.
3 35 O: «amado». Es el título más hermoso de Abrahán, el que ha conservado en las tradiciones árabe y musulmana.

3 26   ⁵² «Bendito seas, Señor, Dios de nuestros
padres,
   alabado y ensalzado por los siglos.
   Bendito sea tu nombre, santo y famoso,
   aclamado y ensalzado por los siglos.
Is 6 1   ⁵³ Bendito seas en el templo de tu santa
Sal 150 1 gloria,
   aclamado y glorioso por los siglos.
   ⁵⁴ Bendito seas en tu trono real,
   aclamado y ensalzado por los siglos.
   ⁵⁵ Bendito tú, que sondeas los abismos
Ex 25 18+ sentado sobre querubines*,
2 S 6 2   alabado y ensalzado por los siglos.
   ⁵⁶ Bendito seas en el firmamento celeste,
   alabado y glorificado por los siglos.

Sal 103 22; ⁵⁷ Todas las obras del Señor, bendecid al
145 10   Señor,
   alabadlo y ensalzadlo por los siglos.
Sal 148 2; ⁵⁸ Ángeles del Señor, bendecid al Señor,
103 20   alabadlo y ensalzadlo por los siglos.
Sal 148 4 ⁵⁹ Cielos, bendecid al Señor,
   alabadlo y ensalzadlo por los siglos.
   ⁶⁰ Todas las aguas celestes, bendecid al
Señor,
   alabadlo y ensalzadlo por los siglos.
Sal 103 21 ⁶¹ Todas los ejércitos del Señor, bendecid
al Señor,
   alabadlo y ensalzadlo por los siglos.
Sal 148 3 ⁶² Sol y luna, bendecid al Señor,
   alabadlo y ensalzadlo por los siglos.
   ⁶³ Estrellas celestes, bendecid al Señor,
   alabadlo y ensalzadlo por los siglos.
   ⁶⁴ Lluvia y rocío, bendecid al Señor,
   alabadlo y ensalzadlo por los siglos.
Sal 148 8 ⁶⁵ Todos los vientos, bendecid al Señor,
   alabadlo y ensalzadlo por los siglos.
   ⁶⁶ Fuego y calor, bendecid al Señor,
   alabadlo y ensalzadlo por los siglos.
   ⁶⁷ *Frío y borchorno, bendecid al Señor,
   alabadlo y ensalzadlo por los siglos.
   ⁶⁸ Rocíos y nevadas, bendecid al Señor,
   alabadlo y ensalzadlo por los siglos.
   ⁶⁹ Hielo y frío, bendecid al Señor,
   alabadlo y ensalzadlo por los siglos.
   ⁷⁰ Escarchas y nieves, bendecid al Señor,
   alabadlo y ensalzadlo por los siglos.
   ⁷¹ Noches y días, bendecid al Señor,
   alabadlo y ensalzadlo por los siglos.
   ⁷² Luz y oscuridad, bendecid al Señor,
   alabadlo y ensalzadlo por los siglos.
   ⁷³ Relámpagos y nubes, bendecid al Señor,
   alabadlo y ensalzadlo por los siglos.
   ⁷⁴ Bendiga la tierra al Señor,
   que lo alabe y lo ensalce por los siglos.

⁷⁵ Montes y colinas, bendecid al Señor, Sal 148 9
   alabadlo y ensalzadlo por los siglos.
   ⁷⁶ Plantas de la tierra, bendecid al Señor,
   alabadlo y ensalzadlo por los siglos.
   ⁷⁷ Manantiales, bendecid al Señor,
   alabadlo y ensalzadlo por los siglos.
   ⁷⁸ Mares y ríos, bendecid al Señor,
   alabadlo y ensalzadlo por los siglos.
   ⁷⁹ Cetáceos y seres acuáticos, bendecid al
Señor,
   alabadlo y ensalzadlo por los siglos.
   ⁸⁰ Todas las aves del cielo, bendecid al
Señor,
   alabadlo y ensalzadlo por los siglos.
   ⁸¹ Todas las bestias y ganados, bendecid Sal 148 10
al Señor,
   alabadlo y ensalzadlo por los siglos.
   ⁸² Seres humanos, bendecid al Señor,
   alabadlo y ensalzadlo por los siglos.
   ⁸³ Israelitas, bendecid al Señor, Sal 135 19
   alabadlo y ensalzadlo por los siglos.
   ⁸⁴ Sacerdotes del Señor, bendecid al Señor,
   alabadlo y ensalzadlo por los siglos.
   ⁸⁵ Siervos del Señor, bendecid al Señor, Sal 134 1
   alabadlo y ensalzadlo por los siglos.
   ⁸⁶ Espíritus y almas de los justos, bendecid al Señor,
   alabadlo y ensalzadlo por los siglos.
   ⁸⁷ Santos y humildes de corazón, bende- So 2 3+
cid al Señor,
   alabadlo y ensalzadlo por los siglos.
   ⁸⁸ Ananías, Azarías y Misael, bendecid al
Señor,
   alabadlo y ensalzadlo por los siglos.
   Porque él nos ha rescatado del abismo,
   nos ha salvado del poder de la muerte,
   nos ha sacado del horno de llama ardiente,
   nos ha sacado de en medio del fuego.
   ⁸⁹ Dad gracias al Señor, porque es bueno, Sal 106 1;
   porque su misericordia perdura por los 136 1-2
siglos.
   ⁹⁰ Todos los que adoráis al Señor, bendecid al Dios de los dioses,
   alabadlo y dadle gracias,
   porque su misericordia perdura por los
siglos.»

Reconocimiento del milagro.

²⁴ El rey Nabucodonosor se quedó ató- 91
nito, se levantó rápidamente y preguntó
a sus consejeros: «¿No hemos arrojado al
fuego a tres hombres atados?» Ellos le
respondieron: «Así es, majestad.» ²⁵ El 92

---

3 55   Es una de las fórmulas de invocar a Yahvé en el
arca de la Alianza, ver 1 S 4 4. Sobre los querubines del
templo de Jerusalén, ver Ex 25 18+; 1 R 6 22-28; 2 Cro

3 10-13.
3 67   Los vv. 67-68 sólo se encuentran en los LXX y
en un solo manuscrito de Teod.

rey repuso: «Pues yo estoy viendo cuatro hombres desatados que caminan entre el fuego sin sufrir daño, y el cuarto parece un ser divino*.» [93] [26] Entonces Nabucodonosor se acercó a la boca del horno de fuego abrasador y dijo: «Sidrac, Misac y Abdénago, servidores del Dios Altísimo*, salid y venid aquí.» Y Sidrac, Misac y Abdénago salieron de entre el fuego. [94] [27] Los sátrapas, prefectos, gobernadores y consejeros del rey se apiñaron para examinar a estos hombres: el fuego no había afectado a sus cuerpos, sus cabellos no estaban chamuscados, sus calzones estaban intactos y ni siquiera despedían olor a quemado. [28] Nabucodonosor exclamó: «Bendito sea el Dios de Sidrac, Misac y Abdénago, que ha enviado a su ángel para salvar a sus siervos. Pues ellos, confiando en él, desobedecieron la orden del rey y han arriesgado sus vidas* antes que servir y adorar a otro dios que no fuera el suyo. [29] Por ello, yo ordeno que todo hombre de cualquier pueblo, nación o lengua que hable mal del Dios de Sidrac, Misac y Abdénago sea cortado en pedazos y su casa derribada, porque no hay otro dios que pueda salvar como éste.» [30] Y el rey hizo prosperar a Sidrac, Misac y Abdénago en la provincia de Babilonia. [95] [96] [6 27] [97]

El sueño y la locura de Nabucodonosor

[98] [31] El rey Nabucodonosor a todos los pueblos, naciones y lenguas que habitan en toda la tierra: ¡Que vuestra paz se acreciente! [99] [32] Me complace daros a conocer los signos y prodigios que el Dios Altísimo ha hecho conmigo.

[100] [33] ¡Qué grandes son sus signos,
qué poderosos sus prodigios!
[2 44; 4 31] ¡Su reino es un reino eterno,
su poder dura por siempre!

Nabucodonosor cuenta su sueño.

4 [1] Yo, Nabucodonosor*, estaba tranquilo y satisfecho en mi palacio, [2] cuando tuve un sueño que me asustó. Las pesadillas que tuve en mi lecho y las fantasías de mi mente me aterraron. [3] Entonces ordené que se presentaran ante mí todos los sabios de Babilonia, para que me dieran a conocer la interpretación del sueño. [4] Vinieron los magos, adivinos, astrólogos y hechiceros y yo les conté el sueño, pero no supieron darme su interpretación. [5] Por último se presentó ante mí Daniel, apodado Baltasar en honor de mi dios*, que era hombre dotado de inspiración divina*, y le conté el sueño:

[6] «Baltasar, jefe de los magos, como sé que estás dotado de inspiración divina y que ningún misterio se te resiste, escucha* el sueño que he tenido y dame su interpretación.

[7] «Mientras estaba acostado, asaltaron mi mente estas visiones:

«Había un árbol* de gran altura
en el centro de la tierra.
[8] El árbol creció y se hizo corpulento,
su altura llegaba al cielo
y era visible desde los confines de la tierra.
[9] Su ramaje era hermoso, y su fruto, abundante
y tenía comida para todos;
a su sombra se cobijaban las bestias del campo,
en sus ramas anidaban las aves del cielo
y alimentaba a todos los vivientes.
[10] Mientras contemplaba en el lecho las visiones de mi cabeza,

[5 11.14; 13 45]
[Ez 31 3-14]
[Ez 17 23]
[↗ Mt 13 31-32]

---

3 25   Se trata de un ángel protector, ver v. 28 (95).
3 26   La expresión se encuentra en los Sal.; en otros pasajes, siempre es puesta en boca de un no-judío, ver Gn 14 18; Nm 24 16; Is 14 14.
3 28   Lit. «entregaron su cuerpo». Teod. añade: «al fuego», lectura que ha inspirado a San Pablo, 1 Co 13 3.
4 1   El griego precisa: «El año dieciocho de su reinado, Nabucodonosor dijo». —A pesar de algunas omisiones, este cap. es en los LXX un cuarto más largo que el texto masorético.
4 5   (a) El nombre del dios Bel, como para Baltasar, ver **5** 1+.

4 5   (b) Es decir, la inspiración divina que, por ejemplo, el faraón advierte en José por la sabiduría de sus consejos, Gn 41 38; ver Is 11 2+; 53 10-11+. —No hay por qué corregir el plural del arameo en singular (así Teod.): Nabucodonosor habla como el pagano que es todavía; ver en cambio 4 34. Igualmente Baltasar en 5 11.14.
4 6   O: «mira» *jazi* conj.; «las visiones de (mi sueño)» *jezwē* conj.
4 7   Para el simbolismo del árbol que representa el poderío creciente de una nación, compárese Ez 17 1-10 y 22-24, y sobre todo 31 3-14; Is 10 33 - 11 1.

un vigilante* santo bajó del cielo
[11] y gritó con voz potente:

'Abatid el árbol, cortad sus ramas,
arrancad sus hojas, tirad sus frutos;
que huyan las bestias de su sombra,
y los pájaros de sus ramas.

[12] Dejad solo en tierra el tocón con sus raíces,
con cadenas de hierro y bronce
entre los matojos del campo.
Que lo empape el rocío del cielo
y comparta con las bestias la hierba de la tierra.

[13] Que se le quite su alma humana*
y se le dé un alma animal y viva así siete años*.

[14] Ésta es la sentencia dictada por los Vigilantes,
la orden decretada por los Santos*,
para que reconozcan todos los vivientes

2 28+
Jr 27 5
Jb 36 7

que el Altísimo es el dueño de los reinos humanos:
se los da a quien quiere
y entroniza al más humilde de los hombres.'

[15] «Éste es el sueño que yo, el rey Nabucodonosor, he tenido. Tú, Baltasar, aclárame su interpretación, pues ninguno de los sabios de mi reino ha podido darme a conocer su interpretación; tú puedes hacerlo, ya que estás dotado de inspiración divina.»

Daniel interpreta el sueño.

[16] Entonces Daniel, apodado Baltasar, quedó un instante perplejo y aturdido por sus pensamientos. El rey le dijo: «Baltasar, no te asuste el sueño ni su interpretación.» Respondió Baltasar: «¡Señor, que este sueño se refiera a tus enemigos y su interpretación a tus adversarios! [17] Ese árbol que viste crecer y hacerse corpulento, cuya altura llegaba al cielo y que era visible desde toda la tierra, [18] que tenía hermoso ramaje y fruto abundante, que tenía comida para todos, bajo cuya sombra se cobijaban las bestias del campo y en cuyas ramas anidaban las aves del cielo, [19] eres tú, oh rey, que te has hecho grande y poderoso, tu grandeza ha aumentado y ha llegado hasta el cielo, y tu soberanía se extiende hasta los confines de la tierra.

[20] «En cuanto al vigilante santo que el rey vió bajar del cielo y decir: 'Abatid el árbol, destruidlo, pero dejad en tierra el tocón con sus raíces, con cadenas de hierro y bronce, entre los matojos del campo; que lo empape el rocío del cielo y comparta la suerte con las bestias del campo y que viva así siete años', [21] ésta es su interpretación, majestad, y la decisión que el Altísimo ha tomado respecto a mi señor, el rey:

[22] «Serás apartado de los hombres
y vivirás con las bestias del campo;
te darán de comer hierba,
como a los toros,
y quedarás empapado por el rocío del cielo;
así vivirás durante siete años,
hasta que reconozcas
que el Altísimo es el dueño de los reinos humanos
y que se los da a quien quiere.

[23] «La orden de conservar el tocón y las raíces del árbol significa que tu reino se te devolverá cuando hayas reconocido que todo poder viene deDios. [24] Por tanto, majestad, acepta mi consejo: expía tus pecados con obras de justicia y tus delitos socorriendo a los pobres, para que tu felicidad sea duradera*.»

Tb 12 9
Si 3 30

Cumplimiento del sueño.

[25] Todo esto le sucedió al rey Nabucodonosor. [26] Al cabo de doce meses, estaba el rey paseándose por la terraza del palacio real de Babilonia, [27] e iba diciendo: «Ésta es la gran Babilonia* que yo he

---

4 10   Es decir, un ángel, siempre en vela al servicio de Dios. Compárese las ruedas «llenas de destellos todo alrededor», Ez 1 18; los ángeles «ojos del Señor», Za 4 10ᵇ. El término «Vigilante», peculiar de Dn en la Biblia, es muy frecuente en los apócrifos, especialmente en el *Libro de Henoc, Jubileos* y *Testamentos de los Patriarcas*, y en el «Documento de Damasco»: designa a los arcángeles, a menudo a los arcángeles caídos. En la tradición posterior, los Vigilantes son los ángeles de la Guarda.
4 13   (a) O quizá: «Sepárese su corazón de los hombres».
4 13   (b) Lit. «tiempos». Se trata de períodos de tiempo mal determinados en otros pasajes, y que aquí indican probablemente años.

4 14   Los Vigilantes, los Santos, no hacen más que transmitir la sentencia divina.
4 24   El verbo que traducimos por «expiar» ha dado un sustantivo arameo que significa «salvación, redención»; podría traducirse «redime tus pecados». Las «obras de justicia» responden a todo el conjunto de las «justas» relaciones entre Dios y los hombres, que comprende y sobrepasa infinitamente la justicia legal o la justicia puramente humana. En sentido restringido, el término designa las obras piadosas, especialmente la limosna, como en Tb 12 9; 14 11.
4 27   Babilonia fue una de las maravillas del mundo antiguo. El nombre de la ciudad va a convertirse en símbolo de las cosas humanas magníficas pero frágiles

convertido en residencia real con la fuerza de mi poder y en honor de mi majestad» ²⁸ Aún estaba hablando el rey, cuando una voz bajó del cielo:

«¡Contigo hablo, rey Nabucodonosor!
Se te ha quitado el reino.
²⁹ Serás apartado de los hombres,
vivirás con las bestias del campo;
te darán de comer hierba,
como a los toros,
y así vivirás durante siete años,
hasta que reconozcas
que el Altísimo es el dueño de los reinos humanos,
y que se los da a quien quiere.»

³⁰ Inmediatamente estas palabras se cumplieron en Nabucodonosor: fue apartado de los hombres, se alimentó de hierba como los toros, su cuerpo quedó empapado por el rocío del cielo y le salieron pelos como plumas de águila y uñas como las de las aves.

³¹ «Al cabo del tiempo fijado*, yo, Nabucodonosor, levanté mis ojos al cielo y recobré la razón; entonces bendije al Altísimo,

alabé y glorifiqué al que vive por siempre,
su poder es eterno,
y su reino perdura de edad en edad.
³² Nada cuentan ante él todos los habitantes de la tierra
y hace lo que quiere con el ejército del cielo
y con los habitantes de la tierra.
No hay nadie que resista a su poder
o le pida cuentas de lo que hace.

³³ «En aquel momento recobré la razón y recuperé también majestad y esplendor, para gloria de mi reino; mis consejeros y mis magnates me reclamaron, se me restableció en el trono y se me dio un mayor poder. ³⁴ Y ahora yo, Nabucodonosor,
alabo, ensalzo y glorifico al Rey del cielo,
porque todas sus obras son verdad,
todos sus caminos, justos
y puede humillar a los que actúan con soberbia.»

(márgenes derechos)
12 7
Si 18 1

2 44+
2 28+
Is 40 22-24
Mt 6 10

Jb 9 12
Is 45 9
Qo 8 4

Dt 32 4
Dn 3 27

El festín de Baltasar

5 ¹ El rey Baltasar* ofreció un gran banquete a mil de sus dignatarios y en presencia de ellos se puso a beber vino. ² Bajo los efectos del vino, Baltasar mandó traer los vasos de oro y plata que su padre Nabucodonosor se había llevado del Templo de Jerusalén, para que bebieran en ellos el rey, sus dignatarios, sus mujeres y sus concubinas. ³ Trajeron, pues, los vasos de oro y plata tomados del templo, de la Casa de Dios, en Jerusalén y bebieron en ellos el rey, sus dignatarios, sus mujeres y sus concubinas. ⁴ Y mientras bebían vino, alababan a sus dioses de oro y plata*, de bronce y hierro, de madera y piedra. ⁵ De repente aparecieron unos dedos de mano humana que se pusieron a escribir frente al candelabro, en la cal del muro del palacio real, y el rey vio el trozo de mano que escribía. ⁶ Entonces el rey palideció, se le turbó la mente, se le aflojaron las articulaciones de las caderas y le entrechocaron las rodillas. ⁷ El rey a gritos mandó a buscar a los adivinos, magos y astrólogos, y dijo a los sabios de Babilonia: «El que lea y me interprete este escrito, será vestido de púrpura, llevará un collar de oro al cuello y ocupará el tercer lugar del reino*.» ⁸ Acudieron todos los sabios del rey, pero fueron incapaces de leer e interpretar al rey el escrito. ⁹ Entonces el rey Baltasar se turbó mucho y cambió de color, y sus dignatarios quedaron desconcertados. ¹⁰ La reina, al oír las palabras del rey y de sus dignatarios, entró en la sala del banquete y dijo: «¡Viva el rey por siempre! Que no se turbe tu men-

1 2

Ap 9 20

Est 8 15
Dn 5 16.29

y, por encima de ello, en símbolo del orgullo humano y demoníaco, la antítesis de la Jerusalén celeste que es la ciudad de Dios. Ver **14** 8; **16** 19; **17** 5; **18** 2.10.21, que recoge el tema de los Profetas, Is **21** 9, etc. Todo este cap. quiere mostrar la humillación de este orgullo: Nabucodonosor sólo recupera su estado normal convirtiéndose al verdadero Dios.
4 31 En los LXX, la curación del rey se debe a su contrición y a su oración: se le aparece un ángel en sueños para anunciarle que su reino le será devuelto.
5 1 El nombre babilonio es *Bel-šar-usur* «Bel prote-

ge al rey». El personaje histórico que llevó este nombre no fue el hijo de Nabucodonosor, sino el de Nabonido; pero no llevó el título de rey. Ver la Introducción a los profetas.
5 4 «y plata» Teod. y Vulg; omit. de por aram.
5 7 El título de «segundo» del rey existía en Babilonia, pero jamás se habla de un tercero. La expresión, oscura en arameo, debe de significar, aquí lo mismo que en **5** 29 y **6** 3, que Daniel forma parte de un triunvirato ministerial, y no que ocupe el rango de tercero con respecto al rey.

te ni palidezca tu semblante. [11] En tu reino hay un hombre dotado de inspiración divina que ya en el reinado de tu padre demostró luz, inteligencia y sabiduría semejante a la de los dioses. Tu padre, el rey Nabucodonosor, lo nombró jefe de los magos, adivinos, hechiceros y astrólogos*, [12] ya que este Daniel, a quien el rey puso el nombre de Baltasar, tenía un don extraordinario, un saber y una inteligencia capaces de interpretar sueños, de descifrar enigmas y de resolver problemas. Así pues, que llamen a Daniel y él dará la interpretación.»

[13] Inmediatamente Daniel fue introducido ante el rey, y éste le preguntó: «¿Eres tú Daniel, uno de los judíos deportados que mi padre el rey trajo de Judá? [14] He oído decir que estás dotado de inspiración divina y que posees luz, inteligencia y una sabiduría extraordinaria. [15] Han traído a mi presencia a los sabios y adivinos para que leyeran y me interpretaran este escrito, pero han sido incapaces de descubrir su sentido. [16] He oído decir que tú puedes dar interpretaciones y resolver problemas. Pues bien, si logras leer e interpretarme este escrito, serás vestido de púrpura, llevarás un collar de oro al cuello y ocuparás el tercer lugar del reino.»

[17] Daniel tomó la palabra y respondió al rey: «Quédate con tus regalos y da tus obsequios a otro, pues yo de igual manera leeré e interpretaré al rey este escrito. [18] Majestad, el Dios Altísimo dio a tu padre Nabucodonosor soberanía, poder, fama y honor. [19] *Y en virtud de este poder, todos los pueblos, naciones y lenguas lo temían y temblaban ante él. Ma-

taba o dejaba vivir a voluntad, ensalzaba y humillaba a su antojo. [20] Pero, como se volvió soberbio y arrogante, fue destronado y despojado de su gloria. [21] Fue apartado de los hombres y adquirió naturaleza animal; convivió con los asnos salvajes y comió hierba como los toros, con el cuerpo empapado por el rocío del cielo, hasta que reconoció que el Dios Altísimo es el dueño de los reinos humanos y entroniza a quien quiere. [22] Pero tú, Baltasar, su hijo, aun sabiendo todo esto, no te has humillado, [23] sino que te has rebelado contra el Señor del Cielo y has mandado traer aquí los vasos de su templo, para beber en ellos junto con tus dignatarios, tus mujeres y tus concubinas. Habéis alabado a dioses de plata y oro, de bronce y hierro, de madera y piedra, que ni ven ni oyen ni entienden, pero no has honrado al Dios que tiene en sus manos tu vida y todos tus caminos. [24] Por eso Dios ha enviado esa mano que trazó este escrito. [25] Lo que está escrito es: *Mené, Téquel* y *Perés**. [26] Y ésta es su interpretación: *Mené*: Dios ha *contado* los días de tu reinado y les ha puesto fin; [27] *Téquel*: has sido *pesado* en la balanza y te falta peso; [28] *Perés*: tu reino se ha *dividido* y ha sido entregado a medos y persas.»

[29] Entonces Baltasar mandó vestir de púrpura a Daniel, ponerle un collar de oro al cuello y proclamarlo como tercer mandatario del reino.

[30] Aquella misma noche fue asesinado Baltasar, el rey de los caldeos.

6 [1] Y Darío el Medo, que tenía sesenta y dos años, se apoderó del reino*.

Sal 135 15-17
Is 40 20+
Jb 12 10

5 4

31

Daniel en el foso de los leones

Envidia de los sátrapas.

[2] Darío decidió nombrar en su reino ciento veinte sátrapas para que gobernasen el reino, [3] bajo el mando de tres

ministros —entre los que estaba Daniel—, a quienes los sátrapas debían rendir cuentas, con el fin de impedir el menoscabo de los intereses del rey. [4] Daniel sobresalía entre los ministros y los sátra-

5 7.16.29
3

---

5 11　　Aram. añade: «tu padre, oh rey», omitido por las versiones.
5 19　　Daniel va a resumir el episodio narrado en el cap. **4**.
5 25　　*El texto aram. repite* Mené (contra LXX, Teod., Vulg. y Josefo y los vv. 26-28, que parecen suponer tres términos y no cuatro) *y trae* parsin *en lugar de* Fares (contra los mismos): Bajo estas misteriosas palabras están los nombres de tres pesos o monedas orientales: una mina, un séquel y una media mina *(perés)*, y los términos se prestarían a la serie de juegos de palabras de los vv. 26-28, ya que *mené* sugiere el verbo *maná* (me-

dir), *téquel*, el verbo *šaqal* (pesar), y *paras*, a la vez el verbo *perés* (dividir) y el nombre de los persas. Sobre el sentido del párrafo no hay unanimidad: alusión al valor decreciente de los tres imperios que se suceden (babilonios, «medos» y persas), o de los tres reyes: Nabucodonosor, Evil Merodac y Baltasar (o también Nabucodonosor, Baltasar y los reyes de los «medos y persas»), o es un adagio antiguo cuyo sentido se nos escapa.
6 1　　«Darío el Medo» es desconocido de los historiadores, y Ciro el Persa había ya sometido a los medos cuando tomó Babilonia. Véase la Introducción.

pas por sus extraordinarias dotes, por lo
que el rey proyectaba ponerlo al frente
4 de todo el reino. [5] Entonces los ministros
y los sátrapas se pusieron a buscar algún
motivo de acusación contra Daniel en lo
referente a la administración del reino;
pero no pudieron encontrar ningún indicio de acusación o falta, pues era leal
y no se le podían reprochar negligencias
5 o irregularidades. [6] Y aquellos hombres
se dijeron: «No encontraremos ningún
motivo de acusación contra este Daniel
si no es en materia de observancia reli-
6 giosa.» [7] Los ministros y sátrapas se presentaron, pues, inmediatamente ante el
rey y le dijeron: «¡Viva el rey Darío por
7 siempre! [8] Todos los ministros del reino,
prefectos, sátrapas, consejeros y gobernadores aconsejan unánimemente que
se promulgue un edicto real con esta
prohibición: Todo aquel que en el plazo
de treinta días dirija una oración a cualquier dios u hombre, fuera de ti, majestad, será arrojado al foso de los leones.
8 [9] Así pues, majestad, sanciona esta prohibición y firma el edicto, para que no se
Est 1 19+ modifique, conforme a la ley irrevocable
9 de los medos y persas.» [10] Ante esto, el
rey Darío firmó el edicto con la prohibición.

Oración de Daniel.

10 [11] Cuando Daniel se enteró de que había sido firmado el edicto, entró en su
casa. Su habitación superior tenía las
1 R 8 44.48 ventanas orientadas hacia Jerusalén* y
Sal 5 8; 28 2; 138 2 tres veces al día se arrodillaba, para orar
Sal 55 18 y dar gracias a su Dios, como había he-
11 cho siempre. [12] Entonces aquellos hombres llegaron de repente y sorprendieron
12 a Daniel orando y suplicando a su Dios.
[13] Inmediatamente acudieron al rey y le
recordaron la prohibición real: «¿No has
firmado tú una prohibición según la cual
todo aquel que en el plazo de treinta días
dirigiera una oración a cualquier dios u
hombre, fuera de ti, majestad, sería arrojado al foso de los leones?» El rey respondió: «Así está establecido, según la
ley irrevocable de los medos y los per-
13 sas.» [14] Y ellos replicaron: «Pues Daniel,
el deportado judío, no te obedece a ti,
majestad, ni la prohibición que tú has
firmado, y reza sus oraciones tres veces
14 al día.» [15] Al oír esto, el rey se disgustó
mucho y se propuso salvar a Daniel; hasta la puesta del sol estuvo intentando librarlo. [16] Pero aquellos hombres volvie- 15
ron en tropel ante el rey y le dijeron:
«Recuerda, majestad, que según la ley de
los medos y los persas toda prohibición
o edicto real es irrevocable.»

Daniel en el foso de los leones.

[17] Entonces el rey dio orden de traer a 16
Daniel y de arrojarlo al foso de los leones.
El rey dijo a Daniel: «Tu Dios, a quien sirves tan fielmente, te librará.» [18] Trajeron 17
una piedra para colocarla en la boca y el
rey la selló con su anillo y con el de sus
dignatarios, para que no se modificase la
sentencia contra Daniel. [19] Luego el rey 18
regresó a su palacio y pasó la noche en
ayunas, sin recibir concubinas* y sin poder dormir. [20] Al amanecer, el rey se le- 19
vantó al rayar el alba y fue corriendo al
foso de los leones. [21] Conforme se acer- 20
caba, gritó a Daniel con voz angustiada:
«Daniel, siervo del Dios vivo, ¿ha podido
tu Dios, a quien sirves tan fielmente, librarte de los leones?» [22] Y Daniel le res- 21
pondió: «¡Viva el rey por siempre! [23] Mi 22
Dios ha enviado a su ángel que ha cerrado la boca de los leones y no me han he- 3 49
cho daño, porque soy inocente ante él, Tb 5 4+
como tampoco he hecho nada contra ti.»
[24] Entonces el rey se alegró mucho y man- 23
dó sacar a Daniel del foso. Cuando lo sacaron del foso, no le encontraron ni un
rasguño, porque había confiado en su
Dios. [25] Y el rey mandó traer a aquellos 24
hombres que habían acusado a Daniel y
echarlos al foso de los leones junto con
sus mujeres y sus hijos. Y aún no habían
llegado al fondo del foso, cuando ya los
leones se habían lanzado sobre ellos y los
habían devorado.

Profesión de fe del rey.

[26] Entonces, el rey Darío escribió a to- 25
dos los pueblos, naciones y lenguas de
toda la tierra: «¡Que vuestra paz se acreciente! [27] Ordeno que en todos los do- 26
minios de mi reino sea respetado y temido el Dios de Daniel, porque él es el 3 29 (96)
Dios vivo, que subsiste por siempre;

su reino no será destruido 4 31
y su imperio durará hasta el fin.
[28] Él salva y libera, hace signos y pro- 27
digios 3 32s (99s)
en el cielo y en la tierra

6 11 La costumbre de orar en dirección a Jerusalén es conocida al menos desde el Destierro.

6 19 Traducción conjetural; según otros, «instrumento de música».

y ha salvado a Daniel de las garras de los leones.»

Ap 13

²⁹ Y el tal Daniel prosperó* durante los reinados de Darío y de Ciro el Persa. ²⁸

Sueño de Daniel: las cuatro bestias

Visión de las bestias*.

7 ¹ El año primero de Baltasar, rey de Babilonia, Daniel tuvo un sueño y unas visiones mientras dormía. Inmediatamente puso el sueño por escrito. ² En mi visión nocturna vi cómo los cuatro vientos del cielo agitaban el océano, ³ y cómo cuatro bestias gigantescas, todas diferentes entre sí, salían del mar. ⁴ La primera* parecía un león con alas de águila. Mientras yo la miraba, le arrancaron las alas, la levantaron del suelo, se incorporó sobre sus patas como un hombre y le dieron una mente humana. ⁵ A continuación apareció una segunda bestia*, semejante a un oso, erguida sobre un costado, con tres costillas en las fauces, entre los dientes. Y le decían: «Levántate y devora carne en abundancia.» ⁶ Luego, mientras seguía mirando, vi otra bestia* parecida a un leopardo con cuatro alas de ave en su dorso y cuatro cabezas, a la que dieron el poder. ⁷ Después, en mis visiones nocturnas vi una cuarta bestia*, terrible, espantosa y muy fuerte. Tenía enormes dientes de hierro; comía, trituraba, y pisoteaba las sobras con sus patas. Era diferente de las bestias anteriores y tenía diez cuernos.

⁸ Estaba yo observando los cuernos, cuando entre ellos despuntó otro cuerno pequeño* y tuvieron que arrancarle tres de los cuernos anteriores para hacerle sitio. Este cuerno tenía ojos humanos y una boca que decía barbaridades*.

Visión del anciano y del ser humano.

⁹ Mientras yo seguía mirando,
prepararon unos tronos*
y un anciano se sentó.
Sus vestidos eran blancos como la nieve;
sus cabellos, como lana pura;
su trono, llamas de fuego;
las ruedas, fuego ardiente.
¹⁰ Fluía un río de fuego
que manaba delante de él.
Miles y miles le servían,
millones lo acompañaban.
El tribunal se sentó,
y se abrieron los libros*.

¹¹ Seguía mirando, fascinado por las barbaridades que decía aquel cuerno, y vi que mataron a la bestia, destrozaron su cuerpo y lo arrojaron al fuego abrasador. ¹² A las otras bestias les quitaron el poder, pero las dejaron vivas* hasta un momento determinado.

¹³ Yo seguía mirando, y en la visión nocturna
vi venir sobre las nubes del cielo
alguien parecido a un ser humano*,
que se dirigió hacia el anciano

Ap 13 5

Ap 20 4

Ap 1 14

Sal 50 3

Ap 5 11

Jn 5 22
Ap 20 12

Ap 19 20

Mt 24 30
26 64p
Ap 1 7;
14 14
Mt 8 20+

---

6 29 Lit. «floreció» arameo; «fue puesto sobre el reino» LXX. —En los LXX, el capítulo concluye con la muerte de Darío y la llegada de Ciro el Persa.
7 La visión es paralela al sueño de Nabucodonosor, **2**. Los cuatro reinos que desaparecerán ante el ser humano corresponden a los cuatro metales de la estatua derribada por la piedra misteriosa, ver **2** 28+. El sentido escatológico profundo de esta visión histórica está señalado más abiertamente todavía por el uso que de ella hace Ap 13.
7 4 El imperio de Babilonia.
7 5 El reino de los medos: según los puntos de vista históricos del libro, los medos suceden inmediatamente a los babilonios. Ver **6** 1+.
7 6 El reino de los persas.
7 7 El reino de Alejandro (muerto el 323) y de sus sucesores. Ver **2** 40; **8** 5; **11** 3. Los diez cuernos son reyes de la dinastía seléucida. El «cuerno» es empleado frecuentemente como símbolo de fuerza y de poder, ver Sal **75** 5; **89** 18; **92** 11; Dt **33** 17; 1 R **22** 11, etc.
7 8 (a) Antíoco IV Epífanes (175-163), que no adquirió importancia hasta que se desembarazó de algunos de sus rivales.
7 8 (b) Lit. «grandes cosas». Podría indicar a la vez hábil elocuencia y la arrogancia blasfema de Antíoco,

ver v. 25; **11** 36; 1 M **1** 21.24.45 y Ap 13 5.
7 9 Los tronos de los jueces: los santos de Dios son llamados a juzgar con él, ya según la tradición judía (Henoc) y más claramente según las promesas de Jesús, Mt **19** 28; Lc **22** 30; Ap **3** 21 y **20** 4. El trono de Dios con sus ruedas, ardiente y deslumbrador, recuerda al carro divino de Ez 1.
7 10 El libro en que se inscriben todos los actos humanos, buenos y malos. Ver Jr **17** 1; Sal **40** 8; **56** 9; Lc **10** 20; Ap **20** 12+. Sobre el Libro de la Vida, ver **12** 1+.
7 12 La supervivencia de los demás imperios, de duración indeterminada, no ofrece ya peligro directo para la fe, desde el momento en que el Pueblo de Dios ya no les está sometido.
7 13 El arameo *bar naša*, como el hebreo *ben 'adam*, a la letra significa «hijo de hombre» y equivale a «hombre» o «ser humano», ver Sal **8** 5. En Ezequiel, Dios llama así al profeta. Pero la expresión tiene aquí un sentido especial, eminente, por el que se designa a un hombre que supera misteriosamente la condición humana. Sentido personal, como atestiguan los antiguos textos judíos apócrifos inspirados en nuestro pasaje: *Henoc* y *IV Esdras*, así como también la interpretación rabínica más constante, y sobre todo el uso que de él

y fue presentado ante él. ¹⁴ Le dieron poder,
honor y reino
y todos los pueblos, naciones y lenguas
le servían.
Su poder es eterno
y nunca pasará,
y su reino no será destruido.

2 44+
2 28+
Mt 4 17+

Interpretación de la visión.

¹⁵ Yo, Daniel, quedé profundamente preocupado por estas cosas* y desconcertado por las visiones de mi fantasía. ¹⁶ Me acerqué a uno de los presentes y le pedí que me explicara el sentido de todo aquello. Él me respondió, explicándome la interpretación de las visiones: ¹⁷ «Las cuatro bestias gigantescas corresponden a cuatro reyes que aparecerán en el mundo. ¹⁸ Pero los santos* del Altísimo recibirán el reino y lo poseerán por los siglos de los siglos.» ¹⁹ Después quise saber el sentido de la cuarta bestia, diferente de las otras, extraordinariamente terrible, con dientes de hierro y uñas de bronce, que comía, trituraba, y pisoteaba las sobras con sus patas; ²⁰ y el sentido de los diez cuernos de su cabeza, y del otro cuerno que despuntó eliminando otros tres, y que tenía ojos y una boca que decía grandes barbaridades, y que parecía más grande que los otros. ²¹ Yo veía cómo este cuerno declaraba la guerra a los santos y los vencía, ²² hasta que vino el anciano para hacer justicia a los santos del Altísimo y llegó el momento en el

Hch 9 13+

↗ Ap 11 7;
13 7
↗ Ap 20 4
Mc 1 15

que los santos recibieron el reino. ²³ Entonces me dijo:

«La cuarta bestia
corresponde a un cuarto reino
que aparecerá en la tierra,
diferente de todos los otros.
Devorará toda la tierra
la pisoteará y la pulverizará.
²⁴ Los diez cuernos corresponden
a diez reyes que surgirán en ese reino.
Después de ellos vendrá otro,
distinto de los precedentes,
que derrocará a tres reyes,
²⁵ blasfemará contra el Altísimo
y perseguirá a los santos del Altísimo.
Tratará de cambiar las fiestas y la ley*
y los santos le quedarán sometidos
durante tres años y medio*.
²⁶ Pero cuando el tribunal haga justicia,
le quitarán el poder
y será destruido y aniquilado totalmente.
²⁷ Y la soberanía, el poder
y la grandeza de todos los reinos del mundo
serán entregados al pueblo de los santos del Altísimo.
Su reino es un reino eterno
y todos los poderes le servirán y obedecerán.»

²⁸ Y aquí concluye el relato.
Yo, Daniel, quedé muy preocupado, se me cambió el semblante y guardé todo en mi interior.

↗ Ap 17 12

11 36

8 14; 12 7
↗ Ap 12 14

Visión de Daniel: el carnero y el macho cabrío

La visión.

(hebreo)

8 ¹ El año tercero del reinado del rey Baltasar*, yo, Daniel, tuve otra visión después de la anterior*. ² Contemplaba en la visión que me encontraba en Susa, plaza fuerte de la provincia de Elam, en la orilla del río Ulay*. ³ Levanté la vista

hace Jesús aplicándoselo a sí mismo, ver Mt 8 20+. Pero también sentido colectivo, basado en el v. 18 (y el v. 22) en el que el ser humano se identifica de algún modo con los santos del Altísimo: pero el sentido colectivo (igualmente mesiánico) prolonga el sentido personal, ya que el ser humano es a la vez la cabeza, el representante y el modelo del pueblo de los santos. Por eso pensaba San Efrén que la profecía se refiere en primer lugar a los judíos (los Macabeos), luego por encima de ellos, y de una manera perfecta, a Jesús.
7 15   «por estas cosas» vers.; arameo ininteligible.
7 18   «los santos» por «el pueblo santo», como en 8 24; Sal 34 10; Is 4 3; Nm 16 3; ver Ex 19 6+.
7 25   (a) Alusión a la política de helenización de Antíoco Epífanes, y especialmente a su prohibición del sábado y de las fiestas, ver 1 M 1 41-52.
7 25   (b) Lit. «un tiempo, tiempos y medio tiempo»

aram. Según 4 13, aquí se ha de entender por «tiempo» un año. Tres años y medio, la media semana de años de 9 27, corresponden poco más o menos a la duración de la persecución de Antíoco. Esta cifra expresada equivalentemente por cuarenta y dos meses (de treinta días) o 1.260 días, se repite, en sentido típico, en Ap 11 2-3; 12 14; 13 5 (y ver Lc 4 25 y St 5 17); expresa, pues, en una perspectiva siempre presente en Dios, y cuya duración será limitada para consuelo de los afligidos.
8 1   (a) Sobre este personaje, véase 5 1+.
8 1   (b) La visión del cap. 7 que se reasume en ésta de una manera más explícita.
8 2   Susa era una de las residencias reales bajo los Aqueménides. No se sabe si hay que entender que Daniel estaba realmente en Susa, o si este dato forma parte de la visión. El Ulay es el río que atraviesa Susa.

y vi un carnero* que estaba en pie junto al río. Tenía dos cuernos; los dos cuernos eran altos, pero uno más que otro y el más alto había despuntado el último*. ⁴ Vi que el carnero embestía contra el oeste, el norte y el sur. Ninguna bestia podía hacerle frente, nadie escapaba a su poder. Hacía lo que quería y dominaba.

⁵ Estaba todavía reflexionando, cuando vi un macho cabrío* que venía de occidente, recorriendo toda la tierra sin tocar el suelo; el macho cabrío tenía un cuerno magnífico* entre los ojos. ⁶ Llegó hasta el carnero de dos cuernos que yo había visto en pie junto al río y se lanzó contra él con todo el ímpetu de su fuerza. ⁷ Vi cómo se acercaba al carnero y le embestía, enfurecido contra él, rompiéndole los dos cuernos, sin que el carnero tuviera fuerzas para hacerle frente; lo derribó en tierra y lo pisoteó, sin que nadie librara al carnero de su poder. ⁸ El macho cabrío se hizo muy grande y cuando era más fuerte, el cuerno grande se rompió y en su lugar despuntaron otros cuatro orientados a los cuatro puntos cardinales*.

⁹ De uno de ellos salió otro cuerno pequeño*, que creció mucho hacia el sur, hacia el este y hacia la Tierra del Esplendor*. ¹⁰ Creció hasta alcanzar el ejército del cielo, derribó por tierra una parte del ejército y pisoteó sus estrellas*. ¹¹ Llegó incluso hasta el Jefe* del ejército, suprimió el sacrificio perpetuo y socavó los cimientos de su santuario. ¹² Le entregaron el ejército, en lugar del sacrificio instauró la iniquidad* y tiró por tierra la verdad; y en todo cuanto emprendió tuvo éxito.

¹³ Oí entonces a un santo* que hablaba, y a otro santo que le preguntaba*:

«¿Cuánto tiempo durará la visión: el sacrificio perpetuo*, la iniquidad desoladora, el santuario y el ejército pisoteados?» ¹⁴ El otro respondió: «Dos mil trescientas tardes y mañanas*; después el santuario será rehabilitado*.»

El ángel Gabriel explica la visión.

¹⁵ Mientras yo, Daniel, contemplaba la visión e intentaba comprenderla, vi de pronto delante de mí a alguien con aspecto humano, ¹⁶ y oí una voz humana junto al río Ulay, que gritaba: «Gabriel, explícale a éste la visión.» ¹⁷ Él se acercó a donde yo estaba y, cuando llegó, caí de bruces asustado. Me dijo: «Hombre, debes comprender que la visión se refiere al tiempo final.» ¹⁸ Mientras me hablaba, yo estaba aletargado, rostro en tierra. Él me tocó y me hizo incorporarme. ¹⁹ Después me dijo: «Mira, voy a manifestarte lo que ocurrirá al final de la cólera*, porque el fin está fijado. ²⁰ El carnero con dos cuernos que has visto representa a los reyes de Media y Persia. ²¹ El macho cabrío representa al rey de Grecia, y el cuerno grande entre sus ojos es el primer rey. ²² Los cuatro cuernos que despuntaron en lugar del que se rompió representan a cuatro reinos salidos de su nación, aunque menos poderosos.

²³ «Y al final de sus reinados repletos de crímenes,

surgirá un rey insolente y embaucador.

²⁴ Aumentará su poder*,

será un destructor portentoso

y triunfará en sus empresas;

destruirá a poderosos

y al pueblo de los santos.

12 6
↗ Ap 6 10

9 21-23
Lc 1 19.26

10 15-19
Ez 2 1
Ap 1 17

Am 5 18+
11 2+

7 18

11 16.41
Ez 20 6.15
Za 7 14
Dn 12 3
↗ Ap 12 4

Dn 11 31

---

8 3 (a) Acerca del simbolismo de los carneros y de los machos cabríos, ver Ez **34** 17s y Za 10 3.
8 3 (b) El cuerno más alto es el poder persa que vence al poder medo (v. 20), al que sucede anexionándoselo.
8 5 (a) Alejandro. Ver v. 21 y 2 40; 7 7; 11 3.
8 5 (b) Traducción conjetural; tal vez simplemente «protuberancia».
8 8 Muerte de Alejandro y partición de su imperio; en 7 7, el autor pasa bruscamente a la dinastía de los Seléucidas, pero pormenorizando los predecesores de Antíoco Epífanes, del que se va a hablar inmediatamente, en el v. 9.
8 9 (a) «pequeño» vers.: «del pequeño» hebr.
8 9 (b) Palestina.
8 10 Las estrellas son el pueblo de Dios, según **12** 3 (y Mt **13** 43).
8 11 El mismo Dios.
8 12 Traducción aproximada: se puede entender que la iniquidad (es decir, «la abominación de la desolación») ha sustituido en el santuario al sacrificio; o también, que el perseguidor ha querido que el sacrificio sea considerado como una iniquidad.
8 13 (a) Probablemente un ángel, ver **4** 10.
8 13 (b) Lit. «a uno que hablaba». Esta presentación de una revelación en un diálogo misterioso cuyos problemas son los mismos que se plantea el vidente, se encuentra también en Za 1 8-17.
8 13 (c) LXX añade: «abolido».
8 14 (a) Es decir, ó 2.300 días, ó 1.150, si la expresión se refiere a los dos sacrificios cotidianos suspendidos durante el tiempo de la persecución. Ambas cifras se alejan notablemente de los tres años y medio (1.260 días) de 7 25, y el sentido es oscuro.
8 14 (b) «rehabilitado», es decir, reintegrado en su derecho: el término implica un sentido mesiánico por encima del sentido histórico.
8 19 El tiempo de la desgracia, visto desde el ángulo de la presciencia y de la voluntad divinas, es el de la cólera de Dios, ver 11 36; Is 10 25; 26 20; 1 M 1 64.
8 24 El Perseguidor es el instrumento de la Ira de Dios.

²⁵ Con su astucia
 hará triunfar la traición en sus obras,
 se envalentonará
 y con frialdad aniquilará a multitudes.
 Se sublevará contra el Príncipe de los
príncipes,
 pero será destrozado sin intervención
humana*.
²⁶ La visión referida de las tardes y
mañanas es verídica;
 mantenla en secreto, porque va para
largo*.»

²⁷ Yo, Daniel, desfallecí y estuve enfermo por unos días. Luego me levanté para ocuparme de los asuntos del rey. Pero seguía desconcertado con la visión, sin poder comprenderla.

2 34
⟋ Ap 19 9;
21 5; 22 6

12 4.9-13
⟋ Ap 10 4

La profecía de las setenta semanas

Oración de Daniel.

9 ¹ El año primero de Darío, hijo de Asuero, de estirpe meda y rey del imperio de los caldeos*, ² el año primero de su reinado, yo, Daniel, me puse a investigar en las Escrituras sobre los sententa años que, según la palabra de Yahvé dirigida al profeta Jeremías, debía durar la ruina de Jerusalén. ³ Me dirigí hacia el Señor Dios, implorándole con oraciones y súplicas, con ayuno, saco y ceniza. ⁴ Supliqué a Yahvé mi Dios y le hice esta confesión*:

«¡Señor, Dios grande y terrible, que mantienes la alianza y la fidelidad con los que te aman y cumplen tus mandamientos. ⁵ Hemos pecado, hemos cometido iniquidades y delitos y nos hemos rebelado, apartándonos de tus mandamientos y preceptos. ⁶ No hemos escuchado a tus siervos los profetas que hablaban en tu nombre a nuestros reyes, a nuestros príncipes, a nuestros antepasados y a toda la gente del país. ⁷ Tú, Señor, eres justo; a nosotros hoy nos humilla la vergüenza, igual que a los hombres de Judá, a los habitantes de Jerusalén y a todos los israelitas, próximos y lejanos, en todos los países donde tú los dispersaste a causa de las infidelidades que cometieron contra ti. ⁸ Yahvé, a nosotros nos humilla la vergüenza, como a nuestros reyes y antepasados, porque hemos pecado contra ti. ⁹ El Señor nuestro Dios es compasivo y clemente, aunque nos hayamos rebelado contra él ¹⁰ y no hayamos escuchado la voz de Yahvé nuestro Dios ni seguido las leyes que nos dio por medio de sus siervos los profetas. ¹¹ Todo Israel ha transgredido tu ley y ha desobedecido tu palabra. Por eso han caído sobre nosotros las maldiciones y amenazas escritas en la ley de Moisés, siervo de Dios, porque hemos pecado contra él. ¹² Él ha cumplido las palabras que había pronunciado contra nosotros y contra nuestros gobernantes*, enviando sobre nosotros y sobre Jerusalén una desgracia tan grande como nunca había caído bajo el cielo. ¹³ Como está escrito en la ley de Moisés, nos ha alcanzado toda esta desgracia, pero no hemos aplacado a Yahvé nuestro Dios, convirtiéndonos de nuestras iniquidades y reconociendo tu verdad. ¹⁴ Yahvé, consciente de esta desgracia, la ha descargado sobre nosotros, pues Yahvé nuestro Dios siempre actúa justamente, pero nosotros no hemos escuchado su voz. ¹⁵ Ahora, Señor Dios nuestro, que sacaste a tu pueblo de Egipto con gran poder, conquistando una fama que dura hasta hoy, nosotros hemos pecado y actuado injustamente. ¹⁶ Señor, por tu infinita justicia*, retira tu cólera enfurecida de Jerusalén, tu ciudad y monte santo; pues por nuestros pecados y por los crímenes de nuestros antepasados, Jerusalén y tu pueblo son la burla de cuantos nos rodean. ¹⁷ Y ahora, Dios nuestro, escucha la oración y las sú-

3 25-45
Ba 1-2
Ne 1 5-11; 9

Jr 25 11-12;
29 10

Lv 26 40
Dt 7 21
Dt 7 9
Ne 1 5
Ex 34 6+
1 R 8 47
Ba 1 17

Jr 7 25-26+
Ne 9 34
Jr 44 21

Ba 1 15-16

Is 57 19

Dt 28 64

Ne 9 17

Dt 28 15
Jr 26 4+

Lv 26 14-39
Dt 28 15-68
Ba 1 19-
2 3

Jn 8 32
1 Jn 3 19+

Ne 9 33

Ba 2 11-13
Dt 6 21
Jr 32 20-21

Sal 44 14

---

8 25 Quizás haya aquí, a la vez, una alusión al fin no violento de Antíoco, que murió de tristeza, 1 M 6 8-16; 2 M 9, y la idea de que la muerte de los Perseguidores, así como sus éxitos, v. 24, está exclusivamente en las manos de Dios; ver 2 34.
8 26 A diferencia de las dos profecías de Ez 12 21-28, realizadas casi inmediatamente, las visiones de Daniel se cumplirán después de un plazo que se revela oscuramente, ver 12 4.9-13.

9 1 Véase 7 5+ y 6 1+.
9 4 La oración que sigue incorpora muchas reminiscencias bíblicas. Se puede relacionar con la oración de Azarías, en 3 25-45, y ha servido de modelo a Ba 1 y 2.
9 12 Lit. «contra los jueces que nos juzgaban».
9 16 Es decir: en nombre de la justicia manifestada en los actos por los que tú has «rehabilitado» a tu pueblo.

Ba 2 14

Sal 4 7+

2 R 19 16
Is 37 17

Lm 5 18

Ba 2 19

Ne 9 19.
21.27

Sal 40 18

plicas* de tu siervo y mira con buenos ojos tu santuario arruinado, ¡por tu honor*, Señor! [18] Inclina, Dios mío, tu oído y escucha; abre tus ojos y mira nuestra desolación y la ciudad en la que se invoca tu nombre, pues nuestras súplicas no se fundan en nuestra justicia, sino en tu gran misericordia. [19] ¡Señor, escucha! ¡Señor, perdona! ¡Señor, atiende y actúa sin tardanza! ¡Por tu honor, Dios mío, pues tu nombre se invoca en tu ciudad y en tu pueblo!»

El ángel Gabriel explica la profecía.

[20] Aún estaba yo hablando, rezando y confesando mis pecados y los de mi pueblo Israel, y presentando mi súplica a Yahvé mi Dios por su monte santo;

8 15-18
10 9-11

Ex 29 39

[21] aún estaba rezando mi oración, cuando Gabriel, el personaje que yo había visto antes en la visión, se me acercó volando* a la hora de la ofrenda de la tarde. [22] Y al llegar, me dijo: «Daniel, he venido ahora para infundirte comprensión. [23] Desde el comienzo de tu oración se ha pronunciado una palabra y yo he venido a comunicártela, porque eres un hombre

10 11.19

apreciado*. Entiende la palabra y comprende la visión*:

[24] «Setenta semanas han sido fijadas* a tu pueblo y a tu ciudad santa

para poner fin al delito,
sellar los pecados
y expiar la culpa;
para establecer la justicia eterna,
sellar* visión y profecía
y consagrar el santo de los santos*.

Is 53 11
Rm 3 24-26

[25] Entérate y comprende:
Desde que se dio la orden
de reconstruir Jerusalén,
hasta la llegada de un príncipe ungido*,
pasarán siete semanas
y sesenta y dos semanas;
y serán reconstruidos* calles y fosos,
aunque en tiempos difíciles.

1 Cro 23 13
Hch 10 38
Mt 3 16+

Esd 3 1-3

[26] Pasadas las sesenta y dos semanas
matarán al ungido* sin culpa*
y un príncipe que vendrá con su ejército
destruirá la ciudad y el santuario.
Su fin será un cataclismo
y hasta el final de la guerra durarán
los desastres anunciados*.
[27] Sellará una firme alianza* con muchos
durante una semana;
y en media semana
suprimirá el sacrificio y la ofrenda*
y pondrá sobre el ala del templo* el
ídolo abominable*,
hasta que la ruina decretada recaiga
sobre el destructor.»

1 M 1 45
11 31; 12
1 M 1 54
Mt 24 1

Dn 11 36

---

9 17　(a) Ver 1 R 8 28; Ne 1 6.11; Sal 130 2.
9 17　(b) Lit. «ti mismo» según Teod. y v. 19; «por (el Señor)» hebr.
9 21　Lit. «volando con vuelo, me tocó».
9 23　(a) «hombre» se sobreentiende aquí. Ver 10 11.19. La vulg. traduce «el varón de deseos», pero se trata de la amistad o aprecio de Dios por Daniel, no de los deseos de su alma.
9 23　(b) La profecía que sigue, paralela a la de los cap. inmediatos, se refiere a los acontecimientos de la persecución de Antíoco, pero en un estilo literario alusivo y misterioso (ausencia de nombres propios, cifras convencionales redondeadas), que indica que el texto tiene un alcance más elevado. Al igual que el anuncio del reino mesiánico, 2 28+; 7 13+, alcanzará su realización definitiva en tiempo de Cristo y de la Iglesia. La era de plenitud descrita en el v. 24 supera infinitamente una vuelta cualquiera a la paz. Pero el detalle de los vv. 25-27, que describen los períodos precedentes, sigue siendo oscuro.
9 24　(a) Se trata de un número perfecto de semanas de años. El punto de partida del cómputo es la fecha de la revelación hecha a Jeremías, ver v. 25, y el término que se considera es la restauración de Jerusalén y la vuelta de los cautivos, que 2 Cro 36 22-23 (= Esd 1 1-3) ve realizados por el decreto liberador de Ciro del 538.
9 24　(b) «Sellar» significa o «poner fin a» como más arriba, o «garantizar», y aquí tiene el sentido pleno de «realizar».
9 24　(c) El altar o el Templo, o bien el sumo sacerdote, ver 1 Cro 23 13: la restauración del sacerdocio santo coincide con la del altar y el Templo, y se la considera en una misma perspectiva profética.
9 25　(a) «ungido», ver Ex 30 22+; 1 S 9 26+; Is 45 1.

Los Padres más antiguos de la Iglesia no concuerdan sobre la identidad de este príncipe ungido, como tampoco en la afirmación de que el v. 26 se refiera a la muerte de Jesús. Algunos remitían la última semana al fin de los tiempos.
9 25　(b) Es el período de la reconstrucción bajo el régimen persa.
9 26　(a) Se puede identificar, con Teodoción, a este ungido con el sumo sacerdote Onías III, ver 2 M 4 30-38, depuesto hacia el 175 y asesinado por gente de Antíoco Epífanes: él sería también el príncipe de la alianza de 11 22.
9 26　(b) Ha debido de caer una palabra del texto. Teod. suple «sin culpa». Se ha propuesto «sucesor».
9 26　(c) Anunciados por Dios, ver 8 25+.
9 27　(a) Este pasaje se aclara quizá a la luz de 11 30-32: la «alianza» designaría aquí la reunión de los impíos en torno al tirano que los ha arrastrado a traicionar la Santa Alianza. Ver 1 M 1 21.43.52; 2 M 4 10s.
9 27　(b) La abolición del antiguo sacrificio no significa aquí su sustitución por el sacrificio de la nueva alianza; los pasajes paralelos muestran que es obra de los impíos.
9 27　(c) «del Templo» añadido por sentido.
9 27　(d) Lit. «la abominación horrible» o «desoladora». Esta expresión (šiqqûšîm mešomem), debe evocar por una parte los antiguos baales, objeto de la idolatría en otro tiempo reprochada a Israel por sus profetas (šiqqûš es un equivalente despectivo de Baal y šomem es un juego de palabras con el título de esos baales fenicios «reyes de los cielos», baal šamem); y, por otra, al Zeus Olímpico, a quien se consagró el Templo de Jerusalén, ver 2 M 6 2.

La gran visión

EL TIEMPO DE LA IRA

Visión del hombre vestido de lino.

10 [9 23] [9 3] [8 2] [⌐Ap 1 13-15] [Ez 1] [Ez 1 24] [Hch 9 7] ¹ El año tercero de Ciro, rey de Persia, Daniel, llamado Baltasar, tuvo una revelación, un mensaje veraz sobre la gran guerra*. Él entendió el mensaje y su comprensión le fue dada a través de una visión. ² En aquellos días yo, Daniel, estaba haciendo una penitencia de tres semanas: ³ no comía alimentos sabrosos, no probaba carne ni vino, ni me ungía con perfumes hasta que pasaron las tres semanas. ⁴ El día veinticuatro del primer mes, estando yo a orillas del gran río Tigris, ⁵ levanté la mirada y vi a un hombre vestido de lino con un cinturón de oro puro; ⁶ su cuerpo parecía de topacio; su rostro brillaba como un relámpago; sus ojos eran antorchas de fuego; sus brazos y piernas, bronce bruñido; y el sonido de su voz, como clamor de multitud. ⁷ Sólo yo, Daniel, contemplé la visión; mis acompañantes no la veían, pero sintieron pánico y corrieron a esconderse. ⁸ Quedé yo solo contemplando esta gran visión, me sentí desfallecer, se me cambió y desfiguró el semblante y me fallaron las fuerzas.

Aparición del ángel.

[8 16-18] [9 21-23] [⌐Ap 1 17] [9 23; 10 19] ⁹ Oí el sonido de su voz y, al oírlo, caí de bruces al suelo sin sentido. ¹⁰ Pero una mano me tocó y me levantó tembloroso sobre mis rodillas y las palmas de mis manos. ¹¹ Luego me dijo: «Daniel, hombre apreciado, presta atención a las palabras que voy a decirte e incorpórate, porque ahora me han enviado a ti.» Cuando dijo estas palabras me incorporé temblando. ¹² Y él añadió: «No temas, Daniel, porque desde el primer día en que te esforzaste por comprender y te humillaste ante tu Dios, tus palabras fueron escuchadas y precisamente por ellas he venido yo. ¹³ El príncipe del reino de Persia me ha opuesto resistencia durante veintiún días, pero Miguel*, uno de los Primeros Príncipes, ha venido en mi ayuda. Me he quedado allí junto a los reyes de Persia ¹⁴ Pero ahora vengo para darte a conocer lo que le sucederá a tu pueblo en los últimos días, pues todavía queda una visión para esos días.» ¹⁵ Cuando dijo estas palabras, caí de bruces al suelo y enmudecí. ¹⁶ Pero alguien de aspecto humano me tocó los labios; yo abrí la boca y hablé al que estaba delante de mí: «Señor mío, con esta visión me ha invadido la angustia y me han fallado las fuerzas. ¹⁷ ¿Cómo podrá tu servidor hablar con mi señor, si ahora mismo me fallan las fuerzas y me falta el aliento?» ¹⁸ El que tenía aspecto humano me tocó de nuevo y me fortaleció. ¹⁹ Luego me dijo: «No temas, hombre apreciado; la paz contigo; sé fuerte y ten ánimo.» Y, mientras me hablaba, recobré las fuerzas y dije: «Puedes hablarme, Señor, pues me has devuelto las fuerzas.»

[Judas 9] [Ap 12 7]

[Gn 49 1]

[7 13] [Jr 1 9] [Is 6 7]

El Anuncio profético.

²⁰ Entonces me dijo: «¿Sabes por qué he venido a ti? Ahora he de volver a luchar con el príncipe de Persia; cuando termine, vendrá el príncipe de Grecia. ²¹ Pero te revelaré lo que está escrito en el Libro de la Verdad. Nadie me presta ayuda para esto, excepto vuestro príncipe Miguel.

11 ¹ «En cuanto a mí, en el año primero de Darío el medo estuve a su lado para sostenerlo y ayudarlo. ² Y ahora voy a revelarte la verdad.

Primeras guerras entre Seléucidas y Lágidas.

«Mira, en Persia habrá todavía tres reyes*; el cuarto será mucho más rico que todos ellos, y cuando aumente su poder

---

10 1 Lit. «legión (o guerra)». Se trata sin duda de la guerra hecha por los ángeles, descrita en los vv. 12-21. 10 13 El ángel de Yahvé que, en Za 3 1-2, se contrapone a Satán, recibe el nombre de Miguel («¿Quién es como Dios?») en Judas 9, y deja a Dios el cuidado de reprimir al demonio. El mismo combate se describe en Ap 12 7-12. Miguel es el ángel protector del pueblo de Dios (v. 21 y 12 1), ver Ex 23 20+. El Príncipe de Persia aparece como uno de los Ángeles protectores de las na-

ciones enemigas de Israel. Este misterioso conflicto entre los ángeles subraya que el destino de las naciones es un secreto que, aun para los ángeles, depende de una Revelación de Dios. 11 2 Sin duda tres reyes persas. «Darío el Medo» queda excluido. El «cuarto» no es el último Aqueménida, Darío III Codomano (336-331), vencido por Alejandro, sino más bien Jerjes el Grande (486-465), que emprendió la expedición de Grecia el 480.

gracias a sus riquezas, incitará a todos contra los reinos de Grecia. [3] Entonces surgirá un rey belicoso que extenderá sus dominios y actuará a su antojo. [4] Pero apenas consolidado, su reino será dividido y repartido entre los cuatros puntos cardinales; aunque no entre sus descendientes*, ni con el poderío que él había ejercido, pues su reino se desmoronará y pasará a manos ajenas.

[5] «El rey del sur se hará fuerte; pero uno de sus generales lo derrotará y ensanchará sus dominios*. [6] Al cabo de unos años concertarán una alianza*, y la hija del rey del sur acudirá al rey del norte para hacer las paces. Pero no conservará su poder, ni subsistirá su dinastía, pues ella será entregada junto con su cortejo, su hijo* y su protector*. [7] Entonces se alzará en su lugar un retoño de sus raíces, que atacará al ejército y entrará en la fortaleza del rey del norte, comportándose como vencedor*. [8] Y se llevará como botín a Egipto* incluso sus dioses, sus estatuas y sus vasos preciosos de plata y oro; y durante algunos años dejará en paz al rey del norte. [9] Éste invadirá el reino del rey del sur, pero regresará a su territorio. [10] Sus hijos* romperán las hostilidades y reunirán ejércitos numerosos; y uno de ellos* vendrá y pasará como una inundación, luego regresará y reanudará los combates hasta

la fortaleza. [11] Entonces el rey del sur, enfurecido, saldrá a combatir contra el rey del norte, que movilizará un gran ejército; pero éste caerá en sus manos. [12] Tras la derrota del ejército se llenará de soberbia y aniquilará a miles de hombres, pero no llegará a imponerse. [13] El rey del norte volverá a movilizar una multitud mayor que la primera y, al cabo de unos años, atacará con un ejército numeroso y bien pertrechado. [14] Entonces muchos se levantarán contra el rey del sur y los hombres violentos de tu pueblo se rebelarán para que se cumpla la visión, pero fracasarán. [15] Después vendrá el rey del norte, levantará un terraplén y tomará una ciudad fortificada. Las tropas del rey del sur no podrán resistir; ni siquiera lo mejor del pueblo tendrá fuerzas para resistir. [16] El invasor lo tratará a su antojo, sin que nadie pueda resistirle; se establecerá en la Tierra del Esplendor, sembrando a su paso la destrucción. [17] Proyectará someter todo su reino; luego hará las paces con él y le dará una de sus hijas* como esposa para perderlo, pero fracasará y no resultará*. [18] Luego se dirigirá hacia las islas* y conquistará muchas; pero un general pondrá fin a su afrenta, sin que él pueda devolverla.

[19] «Entonces regresará hacia las fortalezas de su país, pero tropezará y caerá sin dejar rastro*. [20] En su lugar surgirá

8 9+

---

11 4   El imperio de Alejandro, a su muerte, fue dividido no entre sus hijos, sino entre sus generales, los diadocos («sucesores»), ver 2 40s; 7 7; 8 8.
11 5   El «rey del sur» es Tolomeo I Sóter (306-285), el primer soberano de la dinastía helenística de Egipto. El «general» es Seleuco I Nicátor (301-281), que primero se unió a Tolomeo I para vencer a Antígono (batalla de Gaza el 312, que señala el comienzo de la era de los Seléucidas), y forjarse luego en Asia un inmenso imperio.
11 6   (a) Hacia el 252, Antíoco II Teo (261-246), después de haber concluido una alianza con Tolomeo II Filadelfo (285-247), se casó con su hija Berenice; su primera mujer (y hermanastra), Laodicea, comenzó por retirarse; luego, habiéndola vuelto a tomar su marido, le hizo envenenar, así como a Berenice, al hijo que ésta había tenido de Tolomeo y a las personas de su corte. El hijo de Laodicea, Seleuco II Calínico (246-226), fue muy pronto atacado por Tolomeo III Evergetes (247-221), que se llevó a Egipto un botín considerable, pero no explotó hasta el fin su brillante victoria. El v. 9 alude a una contraofensiva de Seleuco, no bien atestiguada por los historiadores.
11 6   (b) «su dinastía» Teod., Símaco, Vulg.; «su brazo» hebr. —«su hijo» hayyaledah conj.; «su progenitor» hayyoledah hebr.; «sus hijos» sir. y Vulg.
11 6   (c) Su marido.
11 7   Lit. «y obrará con ellos y prevalecerán».
11 8   Primera mención explícita en el hebr. de lo que se ha designado hasta aquí por «el sur». Los LXX sustituyen siempre «el sur» por «Egipto».
11 10   (a) Seleuco III Cerauno (227-223) y Antíoco III el Grande (223-187).
11 10   (b) Los vv. que siguen refieren los éxitos de Antí-

oco el Grande, el «rey del Norte». Desde el 220 emprendió la conquista de Palestina; Tolomeo IV Filopátor (221-203) alistó inmediatamente tropas de mercenarios y de egipcios y, avanzando hacia la frontera, infligió a Antíoco pérdidas enormes (batalla de Rafia, v. 11); victoria sin conseocuencias, v. 12: Antíoco combatió durante ocho años sin cesar para reconquistar su imperio asiático. Cuando Tolomeo V Epífanes (205-181) subió al trono, volvió con más fuerzas, v. 13, apoyado por la alianza de Filipo V de Macedonia y ayudado por las revueltas intestinas que habían estallado en Egipto. El v. 15 alude al largo asedio de Gaza. Una contraofensiva egipcia en Judea apenas si retrasó la entrada de Antíoco en Jérusalén, vv. 15-16.
11 17   (a) «hará las paces con él» conj.; hebr. corrompido. —Presintiendo una intervención romana, Antíoco resolvió entenderse con el Tolomeo dándole en matrimonio su hija Cleopatra; el matrimonio tuvo lugar en Rafia el 194.
11 17   (b) La parte final de este v. oscuro parece aludir a la reanudación de las hostilidades debida a la justa desconfianza de los egipcios.
11 18   Las ciudades marítimas: Antíoco, aprovechándose de la tregua con Egipto, se volvió contra Asia Menor y se apoderó de ciudades griegas y egipcias con desprecio de las advertencias de los romanos, hasta el día en que, el 190, fue derrotado en Magnesia de Sípilo, sin posibilidades de desquite, por el cónsul Lucio Cornelio Escipión (aquí: el «general»).
11 19   Antíoco, gravado con una enorme deuda de guerra, emprendió el saqueo del tesoro de un templo de Bel en Elimaida: en esta expedición encontró la muerte (187).

otro rey *, que enviará un emisario a por el tesoro del reino*, pero en poco tiempo perecerá sin arrebatos ni luchas*.

Antíoco Epífanes.

[21] «Le sucederá un miserable*, sin prerrogativas reales: llegará por sorpresa y se apoderará del reino a base de intrigas. [22] Los ejércitos invasores se desmoronarán ante él y serán aniquilados, así como el príncipe de la alianza*. [23] Actuará a traición por medio de sus cómplices y acrecentará su poder con pocos efectivos. [24] Invadirá a placer los territorios fértiles de la provincia y hará lo que no habían hecho ni sus padres ni sus abuelos: distribuirá entre ellos* el botín, los despojos y las riquezas, y hará proyectos contra las fortalezas, aunque por poco tiempo. [25] «Concentrará todas sus energías en atacar al rey del sur* con un gran ejército. El rey del sur saldrá a la guerra con un ejército muy grande y poderoso, pero no podrá resistir, pues sufrirá conspiraciones: [26] sus mismos comensales lo arruinarán; su ejército se verá desbordado y sufrirá numerosas bajas. [27] «Ambos reyes, ocultando sus malas intenciones, se sentarán a la misma mesa para decirse mentiras; pero no tendrán éxito, porque todavía no será el momento. [28] El rey del norte regresará a su país con muchas riquezas y urdiendo planes contra la alianza santa, que llevará a cabo al volver a su país. [29] Llegado el momento, volverá a invadir el sur*,

pero esta vez no será como la anterior. [30] Lo atacarán las naves de los queteos* y se retirará acobardado, descargando su rabia contra la alianza santa, aunque volverá a tener consideración con los desertores de la alianza*.

[31] «Enviará fuerzas que profanarán el santuario y la ciudadela*, suprimirán el sacrificio permanente e instalarán el ídolo maldito. [32] Corromperá* con halagos a los renegados de la alianza, pero la gente del pueblo que reconoce a su Dios se mantendrá firme y pasará a la acción. [33] Los maestros del pueblo instruirán a muchos; pero durante un tiempo habrán de sufrir asesinatos, torturas, prisiones y saqueos. [34] Mientras van cayendo, recibirán poca ayuda; y muchos se les unirán con alevosía*. [35] Algunos de los maestros sucumbirán, pero servirán para probar, purificar y lavar a otros hasta el momento del fin, que aún estará por llegar.

[36] «El rey actuará a su antojo; se envalentonará elevándose sobre todos los dioses* y dirá cosas increíbles contra el Dios de los dioses. Cosechará éxitos hasta que se haya colmado la cólera, —porque lo que está decidido se cumplirá. [37] No tendrá en cuenta a los dioses de sus padres, ni al favorito de las mujeres, ni a ningún otro dios, pues se creerá superior a todos*. [38] En su lugar glorificará al dios de las fortalezas; con oro, plata, piedras preciosas y joyas glorificará a un dios a quien sus padres no conocieron. [39] Actuará contra las ciudadelas fortificadas con la ayuda de un dios extranjero* y

2 M 5 11

8 11

9 27+

12 3

12 10

/ 2 Ts 2 4
Dn 2 47

Ap 13 5
Dn 8 19

---

11 20 (a) Se trata de Seleuco IV Filopátor (187-175), hijo de Antíoco el Grande, que ordenó a su ministro Heliodoro apoderarse del tesoro del Templo de Jerusalén, cosa que le impidió una aparición sobrenatural, ver 2 M 3.
11 20 (b) Frase difícil y traducción conjetural.
11 20 (c) Murió asesinado por instigación de Heliodoro.
11 21 Antíoco IV Epífanes (175-165), que se apoderó del trono, suplantando al joven Demetrio, hijo de su hermano Seleuco IV.
11 22 Quizá el sumo sacerdote Onías III, ver 9 26+.
11 24 Sin duda los amigos de Antíoco, beneficiarios de su codicia.
11 25 Se trata de la primera campaña de Antíoco contra Filométor de Egipto (hijo de su hermana Cleopatra), quien, mal aconsejado, cayó en manos de su agresor: éste le trató con fingida amistad y entregó Egipto al pillaje. Fue a su regreso cuando se ensañó con los judíos, v. 28.
11 29 La segunda campaña de Egipto iba a concluir con un fracaso humillante. Viniendo al encuentro de Antíoco en los alrededores de Alejandría, el cónsul Gayo Popilio Lenas le notificó de parte del Senado romano que tenía que retirarse.
11 30 (a) La Vulg. traduce la palabra por «romanos». Originariamente designaba a Chipre, pero, en la Biblia,

también las regiones marítimas, especialmente de Occidente. Ver Gn 10 4; Nm 24 24; Is 23 1.10; Ez 27 6 (Vulg.: «Italia»). Aquí ciertamente se trata de los romanos.
11 30 (b) Los judíos infieles a sus prácticas religiosas y conquistados por los atractivos de la vida helenística; ver 1 M 1 11-15.43.52.
11 31 Ver las «ciudadelas del Templo» en Ne 2 8, y véase el plano al fin del volumen. Ver 1 M 1 31.33.
11 32 Lit. «hará hipócritas».
11 34 Posible alusión a los primeros éxitos de Judas Macabeo, que reunía en torno a sí elementos de la resistencia.
11 36 Como Alejandro en 8 4 y 11 3, y Antíoco el Grande en 11 16, pero al revés que los Aqueménidas, que en sus inscripciones atribuyen constantemente su fortuna a la voluntad de Ahura Mazdah. En su vejez, Antíoco hizo representar en sus monedas con los rasgos de Zeus Olímpico.
11 37 Los sucesores de Seleuco I honraban sobre todo a Apolo; Antíoco Epífanes fue más bien devoto de Zeus Olímpico, ver v. 36, identificado con Júpiter Capitolino, v. 38. El «favorito de las mujeres» es Adonis-Tamuz, ver Ez 8 14.
11 39 (a) Alusión a la guarnición de sirios y judíos renegados que el rey había establecido en la nueva ciudadela o Acra, ver 1 M 1 33-34.

colmará de honores a quienes lo reconozcan, otorgándoles poder sobre multitudes y repartiéndoles tierras en recompensa*.

EL TIEMPO DEL FIN

Fin del perseguidor.

[8 9+]

⁴⁰ «En el momento final lo atacará el rey del sur. El rey del norte se lanzará contra él con carros, jinetes y numerosas naves; invadirá sus tierras y pasará como una inundación. ⁴¹ Después vendrá a la Tierra del Esplendor, donde perecerán muchos, pero de su poder se librarán Edom, Moab y la mayor parte de los amonitas. ⁴² «Extenderá su poder sobre otros países y ni siquiera Egipto podrá librarse. ⁴³ Se apoderará de los tesoros de oro y plata y de todos los objetos preciosos de Egipto, y libios y nubios* seguirán sus pasos. ⁴⁴ Pero del este y del norte le llegarán noticias alarmantes y partirá enfurecido, con ánimo de destruir y exterminar multitudes. ⁴⁵ Levantará el campamento real entre el mar y el santo monte del Esplendor. Pero entonces le sobrevendrá el fin* y nadie lo ayudará.

[10 13+]
[/ Mt 24 21p]
[Jr 30 7]
[Jl 2 2]

12 ¹ «En aquel tiempo surgirá Miguel, el gran Príncipe que se ocupa de tu pueblo. Serán tiempos difíciles como no los habrá habido desde que existen las naciones hasta ese momento. Entonces se salvará tu pueblo, todos los inscritos en el libro*.

La Resurrección y la Retribución.

[/ Jn 5 28-29]
[2 M 7 9+]
[Ez 37 10+]
[Is 66 24]
[Mt 13 43]
[1 Co 15]
[41-42]

² «Muchos de los que descansan en el polvo de la tierra se despertarán, unos para la vida eterna, otros para vergüenza y horror eternos*. ³ Los maestros* brillarán como el resplandor del firmamento y los que enseñaron a muchos a ser justos*, como las estrellas para siempre.

[8 26]
[/ Ap 10 4]

⁴ «Y tú, Daniel, guarda estas palabras y sella el libro hasta el momento final. Muchos lo consultarán* y aumentarán su saber*.»

La profecía sellada.

[10 5]

⁵ Yo, Daniel, miré y vi a otros dos hombres que estaban de pie, uno a cada orilla del río. ⁶ Y pregunté al hombre vestido de lino que estaba sobre las aguas del río: «¿Para cuándo está fijado el fin de estos prodigios?» ⁷ Y oí al hombre vestido de lino que estaba sobre las aguas del río jurar, levantando sus dos manos al cielo, por el que vive eternamente: «Al cabo de tres años y medio, cuando se consuma la derrota del pueblo santo, se cumplirán todas estas cosas.» ⁸ Yo oí sin comprender y pregunté: «Señor mío, ¿cuál será el desenlace de todo esto?» ⁹ Él me respondió: «Vete, Daniel, porque estas palabras están guardadas y selladas hasta el momento final. ¹⁰ Muchos serán purificados, lavados y acrisolados; los malvados seguirán haciendo el mal, sin que ninguno comprenda; pero los sabios comprenderán. ¹¹ Desde el momento en que se suprima el sacrificio permanente y se instale el ídolo maldito pasarán mil doscientos noventa días. ¹² Dichoso el que sepa esperar y alcance los mil trescientos treinta y cinco días*. ¹³ Tú, vete* a descansar; te levantarás para recibir tu suerte* al final de los días.»

[/ Ap 10 5-]
[Dn 4 31]
[Si 18 1]
[Dn 7 25;]
[8 14]

[11 35]
[/ Ap 22 1]

[7 25+]

Susana y el juicio de Daniel*

13 ¹ Vivía en Babilonia un hombre llamado Joaquín. ² Se había casado con una mujer llamada Susana, hija de Jelcías, que era muy bella y fiel a

---

11 39 (b) Lit. «por un precio»; se puede pensar en una institución del régimen agrario y fiscal impuesto por los Seléucidas en los territorios conquistados.
11 43 Los pueblos situados al oeste y al sur de Egipto.
11 45 La muerte de Antíoco. Ver 8 25.
12 1 El libro de los Predestinados o Libro de la Vida, ver Ex 32 32-33; Sal 69 29; 139 16; Is 4 3; Lc 10 20; Ap 20 12+. Véase también Dn 7·10+.
12 2 Éste es uno de los textos importantes del AT sobre la resurrección de la carne, ver 2 M 7 9+.
12 3 (a) Ver 11 35.
12 3 (b) Lit. «los que hicieron justos» y por tanto «los maestros de justicia». El v. precedente sugiere que aquí

no sólo se trata del renombre póstumo de los santos, como en Sb 3 7 (ver Is 1 31), sino de una transfiguración escatológica que afecta a sus cuerpos, ya «gloriosos».
12 4 (a) Sin duda en busca de la verdad, ver Am 8 12.
12 4 (b) «saber» hebr.; «la iniquidad» LXX.
12 12 La diferencia entre las cifras de 8 14 (1.150), 12 11 (1.290) y 12 12 (1.335) queda sin explicación.
12 13 (a) Hebr. añade: «hacia el fin», omitido por griego.
12 13 (b) La recompensa final, Mi 2 5. Ver Sal 1 5.
13 Aquí comienzan las adiciones griegas, véase la Introducción.

Dios. ³ Sus padres eran justos y habían educado a su hija según la ley de Moisés. ⁴ Joaquín era muy rico y tenía un jardín contiguo a su casa; como era el más ilustre de los judíos, todos solían reunirse allí. ⁵ Aquel año habían sido designados jueces dos ancianos del pueblo, de esos de quienes dice el Señor*: «Los ancianos y jueces que presumen de guías del pueblo han traído la injusticia de Babilonia.» ⁶ Ellos frecuentaban la casa de Joaquín y todos los que tenían algún pleito pendiente acudían a ellos. ⁷ A mediodía, cuando la gente se marchaba, Susana entraba a pasear en el jardín de su marido. ⁸ Los dos ancianos la veían a diario cuando entraba a pasear y llegaron a desearla apasionadamente. ⁹ Perdieron la cabeza y desviaron su atención, olvidándose de Dios y de sus sentencias justas. ¹⁰ Los dos estaban locos de pasión por ella, pero no se atrevían a confesarse mutuamente su tormento, ¹¹ pues les daba vergüenza reconocer el deseo de tener relaciones con ella, ¹² y todos los días acechaban afanosamente para verla. ¹³ Un día se dijeron el uno al otro: «Vámonos a casa, que es la hora de comer». Al salir, se separaron, ¹⁴ pero dieron la vuelta y regresaron al mismo sitio. Tras preguntarse mutuamente el motivo, terminaron reconociendo su pasión y acordaron aprovechar la ocasión en que pudieran sorprenderla sola.

¹⁵ Un día, mientras acechaban el momento apropiado, entró Susana como en días anteriores acompañada solamente por dos criadas y, como hacía calor, quiso bañarse en el jardín. ¹⁶ No había nadie allí, excepto los dos ancianos que escondidos la espiaban. ¹⁷ Susana dijo a las criadas: «Traedme aceite y perfumes, y cerrad las puertas del jardín para que pueda bañarme.» ¹⁸ Ellas obedecieron, cerraron las puertas del jardín y salieron por la puerta lateral para traer lo que Susana había pedido, sin ver a los ancianos que estaban escondidos.

¹⁹ En cuanto salieron las criadas, los dos ancianos se levantaron, se acercaron corriendo a ella ²⁰ y le dijeron: «Las puertas del jardín están cerradas y nadie nos ve. Nosotros te deseamos; así que déjanos acostarnos contigo. ²¹ Si te niegas, te acusaremos diciendo que estabas con un

joven y que por eso habías despedido a tus criadas.» ²² Susana empezó a gemir y dijo: «¡No tengo escapatoria! Si consiento, me espera la muerte*; pero si me niego, no me libraré de vosotros. ²³ Prefiero caer en vuestras manos por no consentir a pecar contra el Señor.» ²⁴ Y Susana se puso a gritar a grandes voces. Pero los dos ancianos también gritaron contra ella, ²⁵ y uno de ellos corrió a abrir las puertas del jardín. ²⁶ Al oír el griterío en el jardín, los de la casa se precipitaron por la puerta lateral para ver qué ocurría, ²⁷ y cuando los ancianos contaron su historia, los criados quedaron abochornados, porque jamás se había dicho de Susana nada parecido.

²⁸ A la mañana siguiente, cuando la gente se reunió en casa de Joaquín, su marido, llegaron también los dos ancianos con la perversa intención de condenar a muerte a Susana. ²⁹ Y en presencia del pueblo dijeron: «Id a buscar a Susana, la hija de Jelcías y mujer de Joaquín.» Fueron a buscarla ³⁰ y ella compareció acompañada de sus padres, sus hijos y todos sus parientes. ³¹ Susana era sumamente delicada y muy hermosa. ³² Aquellos canallas le ordenaron que se quitase el velo con el que estaba cubierta, para poder regodearse en su belleza. ³³ Sus familiares y todos los que la veían rompieron a llorar. ³⁴ Entonces los dos ancianos se levantaron en medio de la asamblea y pusieron sus manos sobre la cabeza de Susana*. ³⁵ Ella, llorando, levantó la mirada al cielo, pues su corazón confiaba plenamente en el Señor. ³⁶ Los ancianos dijeron: «Mientras paseábamos nosotros solos por el jardín, entró ésta con dos criadas, cerró las puertas y despidió a las doncellas. ³⁷ Entonces se le acercó un joven que estaba escondido y se acostó con ella. ³⁸ Nosotros estábamos en un rincón del jardín y, al ver la infamia, corrimos hacia ellos ³⁹ y los sorprendimos abrazados, pero a él no pudimos atraparlo porque era más fuerte que nosotros, y abriendo la puerta se escapó. ⁴⁰ A ésta, en cambio, la agarramos y le preguntamos quién era aquel joven, ⁴¹ pero no quiso decírnoslo. De todo esto nosotros somos testigos.»

La asamblea los creyó como ancianos y jueces del pueblo que eran, y conde-

Lv 20 10
Dt 22 22
Jn 8 4-5

Nm 5 18-22

Lv 24 14

---

13 5 Se ignora a qué texto escriturístico se refiere.
13 22 Estaba prescrita la pena de muerte por el adulterio, Lv 20 10; Dt 22 22; ver Jn 8 4-5.

13 34 En la lapidación precedida de la imposición de manos, intervenía toda la comunidad.

naron a muerte a Susana. ⁴² Entonces Susana se puso a gritar a grandes voces: «Dios eterno, que ves lo escondido y conoces todo antes de que suceda, ⁴³ tú sabes que éstos han dado falso testimonio contra mí. Y ahora tengo que morir, sin haber hecho nada de lo que éstos han tramado injustamente contra mí.»

⁴⁴ El Señor la escuchó ⁴⁵ y, cuando era conducida a la muerte, despertó el santo espíritu de un muchacho llamado Daniel, ⁴⁶ que se puso a gritar: «¡Yo soy inocente de la sangre de esta mujer!» ⁴⁷ Toda la gente se volvió hacia él y le preguntaron: «¿Qué significa eso que acabas de decir?» ⁴⁸ Él, de pie en medio de ellos, respondió: «¿Tan necios sois, israelitas, como para condenar a una hija de Israel sin hacer interrogatorios y sin investigar la verdad? ⁴⁹ ¡Volved al tribunal, porque éstos han dado falso testimonio contra ella!»

⁵⁰ La gente volvió rápidamente y los ancianos dijeron a Daniel: «Siéntate aquí en medio de nosotros e infórmanos, ya que Dios te ha concedido tal privilegio.» ⁵¹ Daniel les dijo: «Separadlos lejos el uno del otro, que voy a interrogarlos.» ⁵² Una vez separados, Daniel llamó a uno de ellos y le dijo: «Envejecido en la maldad, ahora reaparecen tus delitos del pasado, ⁵³ cuando dictabas sentencias injustas, condenando a los inocentes y absolviendo a los culpables, aunque el Señor ordenaba: "No condenarás a muerte al inocente ni al justo." ⁵⁴ Si realmente la viste, dinos bajo qué árbol los

viste abrazados.» Él respondió: «Bajo una acacia*.» ⁵⁵ Y Daniel replicó: «Tu mentira se vuelve contra ti, pues un ángel de Dios ya ha recibido la sentencia divina y te partirá por medio.» ⁵⁶ Una vez retirado éste, mandó traer al otro y le dijo: «¡Raza de Canaán, que no de Judá; la belleza te ha seducido y la pasión ha pervertido tu corazón! ⁵⁷ Así tratabais a las mujeres israelitas, y ellas por miedo se acostaban con vosotros. Pero una mujer judía no se ha sometido a vuestra maldad. ⁵⁸ Ahora dime: ¿Bajo qué árbol los sorprendiste abrazados?» Él respondió: «Bajo una encina.» ⁵⁹ Y Daniel replicó: «También tu mentira se vuelve contra ti, porque el ángel del Señor ya está esperando con la espada, para dividirte por medio. Y así acabará con vosotros.»

⁶⁰ Entonces toda la asamblea se puso a gritar a grandes voces, bendiciendo a Dios que salva a los que esperan en él. ⁶¹ Luego se levantaron contra los dos ancianos, a quienes Daniel había declarado convictos por propia confesión de falso testimonio ⁶² y les aplicaron el mismo castigo que ellos habían tramado contra su prójimo: de acuerdo con la ley de Moisés, fueron ejecutados. Y aquel día se salvó una vida inocente. ⁶³ Jelcías y su mujer dieron gracias a Dios por su hija Susana, lo mismo que su marido Joaquín y todos sus parientes, porque no había hecho nada vergonzoso.

⁶⁴ Y a partir de aquel día, Daniel gozó de gran estima entre el pueblo.

Marginal references (left column): Hb 4 13 · Sal 33 13-15 · Pr 15 11 · 4 5; 5 11.14 · Sb 4 8-9 · Ex 23 7

Marginal references (right column): Dt 19 16-21

Bel y el dragón *

Daniel y los sacerdotes de Bel.

14 ¹ *El rey Astiages fue a reunirse con sus padres y le sucedió en el trono Ciro el Persa. ² Daniel era comensal del rey y el más apreciado entre todos* sus amigos. ³ Los babilonios tenían un ídolo llamado Bel*, al que ofrecían diariamente doce fanegas de flor de harina, cuarenta ovejas y seis toneles de

vino. ⁴ También el rey lo veneraba y todos los días iba a adorarlo. Daniel, en cambio, adoraba a su Dios. ⁵ El rey le preguntó: «¿Por qué no adoras a Bel?» Él respondió: «Porque yo no venero a ídolos de fabricación humana, sino al Dios vivo, creador de cielo y tierra y señor de todos los vivientes.» ⁶ El rey replicó: «¿Piensas entonces que Bel no es un dios vivo? ¿Es que no ves todo lo que come y

---

13 54 Aquí y en los vv. 58-59 el texto griego presenta un juego de palabras para designar el árbol y el castigo: *sjinos* y *sjisei; primos* y *kataprisê*.
14 Los relatos que siguen son apólogos dirigidos contra el culto de los ídolos, en la línea de Sb 13-15. Indicamos las variantes más notables del texto, totalmente independiente, de los LXX.

14 1 LXX tiene por título: «De la profecía de Habacuc, hijo de Josué, de la tribu de Leví». Ver v. 33.
14 2 LXX: «Había un hombre que era sacerdote, llamado Daniel, hijo de Abal, amigo del rey de Babilonia».
14 3 Bel es uno de los nombres de Marduc, patrono divino de Babilonia. Ver Is 46 1; Jr 50 2; 51 44.

bebe a diario?» [7] Daniel se echó a reír y dijo: «No te engañes, majestad; eso es de barro por dentro y de bronce por fuera, y jamás ha comido ni bebido nada.» [8] Enfurecido el rey mandó llamar a sus sacerdotes y les dijo: «Si no me decís quién es el que se come este derroche, moriréis; pero si demostráis que se lo come Bel, morirá Daniel por haber blasfemado contra Bel.» [9] Daniel dijo al rey: «¡Que se haga como dices*!» Los sacerdotes de Bel eran setenta, sin contar las mujeres y los hijos. [10] El rey se dirigió con Daniel al templo de Bel*. [11] Los sacerdotes de Bel le dijeron: «Mira, nosotros vamos a salir fuera. Tú, majestad, manda poner la comida y el vino mezclado; luego cierra la puerta y séllala con tu anillo; si mañana por la mañana, cuando vuelvas, compruebas que Bel no se ha comido todo, moriremos nosotros; en caso contrario, morirá Daniel por habernos calumniado.» [12] Ellos estaban confiados, porque habían hecho debajo de la mesa un pasadizo secreto por donde entraban siempre a consumir las ofrendas. [13] Cuando salieron ellos, el rey hizo poner la comida ante Bel. [14] Daniel mandó a sus criados que trajeran ceniza y la esparcieran por todo el templo, sin más testigos que el rey. Luego salieron, cerraron la puerta, la sellaron con el anillo real y se marcharon. [15] Los sacerdotes llegaron por la noche, como de costumbre, con sus mujeres y sus hijos, y se lo comieron y bebieron todo. [16] El rey salió muy temprano con Daniel. [17] El rey le preguntó: «Daniel, ¿están intactos los sellos?» Él respondió: «Sí, majestad.» [18] Nada más abrir la puerta, el rey miró a la mesa y exclamó a voz en grito: «¡Qué grande eres, Bel. No hay en ti ningún engaño!» [19] Daniel se echó a reír, detuvo al rey para que no entrara dentro y le dijo: «Mira al suelo y comprueba de quién son esas huellas.» [20] El rey contestó: «Veo huellas de hombres, de mujeres y de niños.» [21] Enfurecido el rey hizo arrestar a los sacerdotes con sus mujeres y sus hijos, y ellos le mostraron las puertas secretas por donde entraban a comer lo que había sobre la mesa. [22] El rey mandó matarlos y entregó a Bel en poder de Daniel, el cual lo destruyó junto con su templo.

Daniel mata al dragón.

[23] Había también un gran dragón al que los babilonios veneraban*. [24] El rey dijo a Daniel: «No dirás que éste es también de bronce. Mira, está vivo, come y bebe*. No puedes negar que es un dios vivo; así que adóralo.» [25] Daniel respondió: «Yo adoro al Señor mi Dios, que es el Dios vivo. Y si tú me das permiso, majestad, yo mataré a ese dragón sin espada ni palo.» [26] Y el rey le contestó: «Te lo doy.» [27] Entonces Daniel tomó pez, grasa y pelos; lo coció todo junto hizo unas bolas y las echó en las fauces del dragón, que al comerlas reventó. Y Daniel dijo: «¡Mirad lo que adoráis!» [28] Cuando los babilonios se enteraron, se enfurecieron mucho y se amotinaron contra el rey, diciendo: «El rey se ha hecho judío: ha destruido a Bel, ha matado al dragón y ha degollado a los sacerdotes.» [29] Fueron, pues, a decir al rey: «Entréganos a Daniel; si no, te mataremos a ti y tu familia.» [30] Ante tan grandes amenazas, el rey se vio obligado a entregarles a Daniel.

Daniel en el foso de los leones*.

[31] Ellos lo arrojaron al foso de los leones, donde permaneció seis días. [32] Había en el foso siete leones a los que se les daba diariamente dos cadáveres y dos carneros. Pero en esta ocasión no se les dio nada, para que devoraran a Daniel. [33] Estaba entonces en Judea el profeta Habacuc. Había preparado un guiso y desmigado panes en un plato, y se dirigía al campo a llevárselo a los segadores. [34] El ángel del Señor dijo a Habacuc: «Lleva esa comida que tienes a Babilonia para Daniel, que está en el foso de los leones.» [35] Habacuc respondió: «Señor, no he visto jamás Babilonia ni conozco ese foso.» [36] Entonces el ángel del Señor lo agarró por la cabeza y, llevándolo por los cabellos, lo dejó en Babilonia, encima del foso, con la rapidez de su soplo. [37] Habacuc gritó: «Daniel, Daniel, toma la comida que el Señor te envía.» [38] Y Daniel exclamó: «Dios mío, te has acordado

---

14 9 LXX: Daniel mismo propone su castigo.
14 10 LXX abrevia lo que sigue.
14 23 No se conoce en Babilonia el culto de una serpiente o dragón divinizado. El relato de la serpiente reventada por la comida que le prepara Daniel es conocido por antiguos autores judíos que lo refieren comentando Jr 51 44.
14 24 «No dirás... y bebe» tomado de los LXX; Teodoción lo suprime.
14 31 Tenemos aquí una especie de duplicado del episodio del cap. 6. La intervención de Habacuc «llevado por los cabellos» puede haberse inspirado en Ez 8 3.

de mí y no has abandonado a los que te aman.» [39] Daniel se levantó y se puso a comer, mientras el ángel de Dios en un suspiro volvía a depositar a Habacuc en su lugar.

[40] Al día séptimo el rey vino a llorar a Daniel; se acercó al foso, miró y encontró a Daniel sentado. [41] Entonces exclamó a voz en grito: «¡Qué grande eres, Señor, Dios de Daniel. No hay más dios que tú.» [42] Luego mandó sacar a Daniel del foso e hizo arrojar en él a los que habían buscado su perdición, y al instante fueron devorados en su presencia.

OSEAS

Título.

1 ¹ Palabra de Yahvé que fue dirigida a Oseas, hijo de Beerí, en tiempo de Ozías, Jotán, Ajaz y Ezequías, reyes de Judá, y en tiempo de Jeroboán, hijo de Joás, rey de Israel*.

I. Matrimonio de Oseas y su valor simbólico ⁼

Matrimonio e hijos de Oseas.

² Comienzo de lo que habla Yahvé por medio de Oseas.

Dijo Yahvé a Oseas: «Ve, tómate una mujer dada a la prostitución* e hijos de prostitución*, porque el país se está prostituyendo completamente, apartándose de Yahvé.»

³ Fue él y tomó a Gómer, hija de Dibláin, que concibió y le dio a luz un hijo. ⁴ Yahvé le dijo: «Ponle el nombre* de Yizreel, porque dentro de poco voy a visitar a la casa de Jehú por la sangre derramada en Yizreel*, y pondré fin al reinado de la casa de Israel*. ⁵ Aquel día romperé el arco de Israel en el valle de Yizreel*.»

⁶ Concibió ella de nuevo y dio a luz una hija. Y Yahvé dijo a Oseas*: «Ponle el nombre de 'No-compadecida*', porque yo no me compadeceré más de la casa de Israel, soportándoles todavía*. (⁷ Pero me compadeceré de la casa de Judá y los salvaré por Yahvé su Dios. No los salvaré con arco ni espada ni guerra, ni con caballos ni jinetes*.)»

⁸ Después de destetar a «No-compadecida», concibió y dio a luz un hijo. ⁹ Y dijo Yahvé*: «Ponle el nombre de 'No-mi-pueblo*', porque vosotros no sois mi pueblo ni yo soy para vosotros El-Que-Soy*.»

R 18 45+
R 9 1-10;
10 1-17;
17 2-6

14 4
Sal 20 8
Pr 21 31
Mi 5 9

Is 30 16;
31 1
Za 4 6

---

1 1 Y también en tiempo de sus sucesores hasta el fin del reino del Norte.

1 2 (a) En la línea de las acciones simbólicas de los profetas, Jr 18 1+, es aquí la vida misma de Oseas la que revela el misterio de los designios de Dios. Oseas ha amado y ama todavía a una mujer que no ha respondido a este amor más que con la traición. Así ama siempre Yahvé a Israel, esposa infiel, y, tras haberla probado, le devolverá las alegrías del primer amor y hará que el amor de su esposa sea inquebrantable e indefectible, **1-3.** Probablemente ya antes de Oseas se calificaba de prostitución el culto que los cananeos daban a sus ídolos, debido a las prácticas de prostitución sagrada que iban unidas a él, Ex **34** 15. Al imitar su idolatría, Israel se prostituye igualmente, Ex **34** 16. Oseas, sin embargo, es el primero en representar bajo la imagen de la unión conyugal las relaciones de Yahvé con su pueblo desde la alianza del Sinaí, y en calificar la traición idolátrica de Israel no sólo de prostitución, sino de adulterio. Después de él el tema será recogido por los profetas: Is 1 21; Jr 2 2; 3 1.6-12. Ezequiel desarrolla el tema en dos grandes alegorías, 16 y 23. La segunda parte de Isaías presentará la restauración de Israel como la reconciliación de una esposa infiel, Is **50** 1; **54** 6-7, ver Is **62** 4-5. Quizá hayan de verse también las relaciones de Yahvé y de Israel bajo las imágenes nupciales del Cantar de los Cantares y del Sal **45**. Finalmente, en el NT, al representar Jesús la era mesiánica como era de nupcias, Mt **22** 1-14; **25** 1-13, y sobre todo al manifestarse a sí mismo como el esposo, Mt **9** 15, ver Jn **3** 29, muestra que la alianza nupcial entre Yahvé y su pueblo se realiza plenamente en su persona. S. Pablo utilizará también este tema: 2 Co 11 2; Ef 5 25-33; ver 1 Co 6 15-17, que recogerá finalmente el Apocalipsis, 21 2. —Los caps. 1-3 forman en el libro de Oseas una unidad netamente definida. Pueden ser divididos en tres secciones, cada una de las cuales comprende una parte relativa al tiempo presente, en el que Dios reprocha a Israel su pecado, y una parte que anuncia la salvación futura: a) 1 2-9; 2 1-3. b) 2 4-15; 2 16-25. c) 3 1-4; 3 5.

1 2 (b) Lit. «una mujer de prostitución», ver **4** 12; **5** 4, ya porque Gómer fuera conocida desde un princi-

pio como tal, ya porque se hubiera manifestado así más tarde.

1 2 (c) No porque hayan de nacer de adulterio, sino porque su madre les transmite su naturaleza: a tal madre, tales hijos, Ez **16** 44; Si **41** 5.

1 4 (a) Los nombres que Oseas debe dar a sus hijos son nombres proféticos, ver Is 1 26+.

1 4 (b) Yizreel («Dios siembra», ver 2 24-26) es también el nombre de una residencia de los reyes de Israel: allí fue donde Jehú mató a la mujer y a los descendientes de Ajab, 2 R 9 15 - 10 14. A diferencia de 2 R 10 30, Oseas condena esta acción.

1 4 (c) La dinastía de Jehú acabó el 743 con el asesinato de Zacarías.

1 5 El valle de Yizreel, y particularmente Meguidó, en la salida del paso que viene del litoral, atravesado por la vía normal de comunicación entre Egipto y Asiria, constituye el campo de batalla clásico de la Tierra Santa: ver Jc 4 12-16; 6 33; 1 S 28 4; 2 R 23 29, y se ha convertido en figura del lugar del combate escatológico, Za 12 11; Ap 16 16. Pero al mismo tiempo su fertilidad, indicada por su mismo nombre («Dios siembra»), evoca las promesas del nacimiento de un pueblo nuevo, 2 24-25. Será ése el «día de Yizreel».

1 6 (a) «a Oseas» añadido por sentido.

1 6 (b) Es el significado del nombre simbólico *Lo'-Rujamah*; o también «No-Amada».

1 6 (c) O: «sino que les retiraré totalmente (la compasión)».

1 7 Este v. es probablemente una adición de los discípulos de Oseas refugiados en Judá después de la caída de Samaría, con el propósito de actualizar para el reino del Sur el mensaje dirigido al reino del Norte.

1 9 (a) «Yahvé» añadido por sentido.

1 9 (b) Es la traducción del nombre simbólico *Lo'-'Ammi*. Los nombres de los tres hijos denotan una creciente severidad de Yahvé. Esta vez la ruptura es completa.

1 9 (c) Alusión a la revelación del significado del nombre de Yahvé, Ex 3 14: «Yo soy el que es». Como se ve, para Oseas esta fórmula tiene el sentido de una presencia protectora y salutífera del Dios de la Alianza

Perspectivas del futuro.

Gn 22 17;
32 13
1.¹⁰
↗ Rm 9 27
↗ Rm 9 26
Jn 1 12
¹¹
Jr 3 18+

1 5+
2.¹

2 24-25

2

3

Jr 6 8; 9 11

4
1 2+
5

Jr 2 25;
3 13
Am 2 4
Jr 44 17

2 ¹ El número de los hijos de Israel será
como la arena del mar*,
que ni se mide ni se cuenta.
Y en el lugar mismo* donde se les decía «No-mi-pueblo»,
se les dirá: «Hijos-de-Dios-vivo.»
² Se juntarán los hijos de Judá y los
hijos de Israel en uno,
se nombrarán un solo jefe
y desbordarán de la tierra*,
porque será grande el día de Yizreel.
³ Decid a vuestros hermanos: «Mi-pueblo»,
y a vuestras hermanas: «Compadeci-
da*».

Yahvé y su esposa infiel*.

⁴ ¡Pleitead con vuestra madre, pleitead*,
porque ella ya no es mi mujer,
y yo no soy su marido*!
¡Que quite de su rostro sus prostituciones
y de entre sus pechos sus adulterios*,
⁵ no sea que yo la desnude toda entera*
y la deje como el día en que nació,
la convierta en desierto*,
la reduzca a tierra árida
y la haga morir de sed!
⁶ No me compadeceré de sus hijos,
porque son hijos de prostitución.
⁷ Pues su madre se ha prostituido,
se ha deshonrado la que los concibió,
cuando decía: «Me iré detrás de mis
amantes*,
los que me dan mi pan y mi agua,
mi lana y mi lino, mi aceite y mis bebidas.»
⁸ Por eso, yo cerraré su camino* con
espinos,
la cercaré con seto y no encontrará
más sus senderos;
⁹ perseguirá a sus amantes y no los alcanzará,
los buscará y no los hallará.
Para que diga: «Voy a volver a mi primer marido,
que entonces me iba mejor que ahora.»
¹⁰ No sabía ella que era yo
quien le daba el trigo, el mosto y el
aceite virgen,
¡yo le multiplicaba la plata,
y el oro lo empleaban en Baal*!
¹¹ Por eso volveré a tomar mi trigo a su
tiempo
y mi mosto en su estación,
retiraré mi lana y mi lino
con que cubría su desnudez.
¹² Y ahora descubriré su vergüenza
a los ojos de sus amantes,
y nadie la librará de mi mano.
¹³ Acallaré todo su alborozo,
sus fiestas, sus novilunios, sus sábados,
y todas sus solemnidades.
¹⁴ Arrasaré su viñedo y su higuera*,
de los que decía:
«Ellos son mi salario,
lo que me han dado mis amantes»;
los convertiré en matorral,
y los devorará la bestia del campo.
¹⁵ La visitaré por los días* de los Baales,
cuando les quemaba incienso,

6

Jr 2 23

7

Jr 3 22
Os 6 1-3
Lc 15 17-1

8

Dt 7 13;
8 11-18
Sal 144 1?

9

Ez 16 37

Jn 10 29
¹¹
Am 5 21-
Is 1 13-14
Jr 7 34

12

Sal 80 1?
Is 5 5-6

13

(*Yo soy* corresponde a *mi pueblo*). Algunos mss griegos
dicen: «Yo no soy vuestro Dios», lectura facilitadora.
2 1 (a) Repetición de la antigua promesa atestiguada
por la tradición yahvista, Gn 32 13, y elohísta, Gn 22 17.
2 1 (b) Yizreel, lugar simbólico del Día de Yahvé, ver
Am 5 18+, llamado aquí intencionalmente día de Yizreel (v. 2). Ver 1 5.
2 2 Traducción dudosa. Otros entienden: «se apoderarán de la tierra»; «sumergerán la tierra»; «volverán
de su tierra» (del destierro).
2 3 Nuevos nombres simbólicos opuestos a los de 1
6 y 1 9. No hay nombre que se contraponga a Yizreel,
el primer hijo de Oseas, cuya significación es doble: señal a la vez de dicha y de desgracia, ver 1 5+.
2 4 (a) Yahvé habla aquí a Israel en el lenguaje del
amor despreciado que no se resigna a odiar, sino que,
mediante una serie de castigos, trata de atraer a la infiel, lo consigue, la prueba, vuelve a recibirla con el ardor de los desposorios y la colma de bienes.
2 4 (b) El proceso es una forma literaria frecuente
en los profetas, ver 4 1; Is 3 13; Mi 6 1; Jr 2 9, etc. Pero
en estos textos, es Dios quien hace un proceso a su pueblo infiel. La invitación dirigida a los hijos, tan culpables como su madre, 1 2, a pleitear contra ella es una
invitación a romper su solidaridad con ella.
2 4 (c) Estas expresiones están atestiguadas en Mesopotamia como fórmula jurídica de divorcio. Lo mismo ocurría probablemente en Israel.
2 4 (d) Por «prostituciones» y «adulterios» se ha de
entender probablemente aquí amuletos, tatuajes y otras
señales distintivas de la prostituta, ver Pr 7 10; Gn 38 15.
2 5 (a) El uso jurídico de despojar de sus vestidos a
la esposa culpable está también atestiguado en el Próximo Oriente. Ver Ez 16 37-39; Is 47 2-3; Jr 13 22; Na
3 5; Ap 17 16.
2 5 (b) De la esposa se pasa a la tierra, de la que
aquélla es el símbolo. Las riquezas de Canaán, que han
sido la causa del pecado de Israel, 10 1; 13 6, deben desaparecer, 4 3; 5 7; 9 6; 13 15.
2 7 «Ir detrás», «seguir», en el sentido de «apegarse
a», expresión tal vez del vocabulario del amor. —Los
«amantes» son las divinidades cananeas.
2 8 «su camino» griego y sir.; «tu camino» hebr.
2 10 Para hacer objetos destinados al culto de Baal.
2 14 «Viñedo e higuera»: expresión tradicional de la
paz, de la tranquilidad y de la comodidad que hubo en
tiempo de Salomón, 1 R 5 5, y que volverá a haber en
los tiempos mesiánicos, Mi 4 4; Za 3 10. Aquí, se trata
de la prosperidad que desvía al pueblo de Yahvé, ver Dt
8 11-20, y arrastra al culto de los ídolos a los que se
atribuye esta prosperidad, vv. 7-14.
2 15 Días de fiesta cultual, ver 9 5; Sal 118 24; Ne 8 9.

cuando se adornaba con su anillo y su collar

y se iba detrás de sus amantes,

Jr 2 32 olvidándose de mí,

—oráculo de Yahvé—.

14 ⁱ⁶ Por eso voy a seducirla*;

voy a llevarla al desierto*

y le hablaré al corazón.

15 ¹⁷ Allí le daré sus viñas,

Is 65 10
Jos 7 24-26 convertiré el valle de Acor* en puerta de esperanza;

y ella responderá allí como en los días

Jr 2 2
Ex 13 17+ de su juventud,

como el día en que subía del país de Egipto.

16 ¹⁸ Y sucederá aquel día —oráculo de Yahvé—

que ella me llamará*: «Marido mío»,

y no me llamará más: «Baal mío*.»

17 ¹⁹ Retiraré de su boca los nombres de los Baales,

y nunca más serán invocados por su nombre.

²⁰ Sellaré un pacto en su favor aquel día

con la bestia del campo, con el ave del cielo, con el reptil del suelo;

arco, espada y guerra los quebraré lejos de esta tierra,

y los haré reposar en seguro*.

²¹ Yo te desposaré* conmigo para siempre;

te desposaré conmigo en justicia y en derecho,

en amor* y en compasión,

²² te desposaré conmigo en fidelidad,

y tú conocerás a Yahvé*.

²³ Y sucederá aquel día que yo responderé

—oráculo de Yahvé—,

responderé a los cielos,

y ellos responderán a la tierra;

²⁴ la tierra responderá al trigo, al mosto y al aceite virgen,

Gn 9 8s
Ez 34 25
Jb 5 23

1 7
Is 2 4

19

20

21

22
1 4-9

---

2 16 (a) Hay que entender esta palabra en un sentido fuerte: es la actitud de alguien que aparta a otro del camino que debería haber seguido, ver Jc 14 15. La misma expresión se emplea a propósito del hombre que seduce a una virgen, Ex 22 15. Ver también Jr 20 1.
2 16 (b) La vida en el desierto, durante el Éxodo, aparece como un ideal perdido (ya Am 5 25; Os 12 10); Israel, todavía joven, Os 11 1-4, no conocía a los dioses extranjeros y seguía fielmente a Yahvé, presente en la nube, Os 2 16-17; Jr 2 2-3; en el desierto fue donde Yahvé «conoció» a Israel, 13 5, ver 2 22+. Sobre el empleo profético del tema del Éxodo, ver Is 40 3+.
2 17 El valle de Acor (uno de los valles de los alrededores de Jericó que dan acceso al interior del país) fue el lugar de un acto de infidelidad duramente castigado por Yahvé, Jos 7 24-26. Su nombre significa «valle de desgracia», según Jc 7 26+. Se convertirá en puerta de esperanza, dando acceso a una Tierra Santa renovada.
2 18 (a) «ella me llamará» griego; «tú me llamarás» hebr.; igualmente en el verso siguiente.
2 18 (b) El nombre de baal («dueño») se daba al marido. Este nombre entraba antiguamente en la composición de muchos nombres de persona, ver 1 S 14 49+; 2 S 2 8, etc.; 1 Cro 8 33; 9 39.40, etc., sin que ello implicara idolatría: era Yahvé el dueño a quien el nombre consagraba a su portador. Pero en época más reciente se consideró impía la palabra baal, por su referencia a los Baales cananeos (ver Jc 2 13+). Por eso Oseas censura su empleo, v. 19. El paso de «dueño mío» a «marido mío» insinúa que el acento se pone en adelante en la intimidad del vínculo conyugal más que en la subordinación de la esposa al esposo, ver Jn 15 15.
2 20 La restauración mesiánica se realizará en justicia y santidad, vv. 21-22. Dios volverá desde entonces a habitar en medio de su pueblo para colmarle de sus beneficios, ver Lv 26 3-13; Dt 28 1-14. El cielo dará oportunamente la lluvia y la tierra sus productos en abundancia, Os 2 23-24; 14 8-9; Am 9 13; Jr 31 12.14; Ez 34 26-27.29; 36 29-30; Is 30 23-26; 49 10; Jl 2 19.22-24; 4 18; Za 8 12. Ya no habrá miedo de que vengan otros a apoderarse de él, Am 9 15; Is 65 21-23, ver Dt 28 30-33, porque Israel ya no sufrirá invasión extranjera, Mi 5 4; Is 32 17-18; Jl 2 20; Jr 46 27; Is 4 5-6 (explicado por 25 4-5); Dios establecerá en favor de él un pacto con las bestias feroces, Os 2 20; Ez 34 25.28. La paz se extenderá a todos los pueblos, Is 2 4 = Mi 4 3; ver Is 11 6-

8+; 65 25, bajo la égida del Rey Mesías Is 9 5-6; Za 9 10. La misma muerte desaparecerá, Is 25 7-8, y la alegría sustituirá al sufrimiento y a las lágrimas, Is 65 18-19; Jr 31 13; Ba 4 23.29, ver Ap 21 4.
2 21 (a) Este verbo se utiliza en la Biblia únicamente a propósito de una joven virgen. Dios suprime así totalmente el pasado adúltero de Israel, que se convierte en una criatura nueva. En la expresión «yo te desposaré en (justicia...)», lo que sigue a la preposición «en» designa la dote que el novio ofrece a su novia (igual construcción en 2 S 3 14). Lo que Dios da a Israel en estas nupcias nuevas no son ya los bienes materiales de la alianza antigua, 2 10, sino las disposiciones interiores requeridas para que el pueblo sea en adelante fiel a la alianza. Tenemos ya aquí en germen todo lo que será desarrollado por Jeremías y Ezequiel: la alianza nueva y eterna («para siempre», v. 21), la ley escrita en el corazón, el corazón nuevo, el espíritu nuevo, Jr 31 31-34; Ez 36 26-27. Ver Ez 36 27+.
2 21 (b) La palabra (jésed) expresa en primer lugar la idea de un vínculo, de un compromiso. En el terreno profano viene a expresar la amistad, la solidaridad, la lealtad, sobre todo cuando estas virtudes proceden de un pacto. En Dios, este término expresa la fidelidad a su alianza, y la bondad que de ahí se sigue con respecto al pueblo elegido (la «gracia» en Ex 34 6), dicho de otro modo (y la palabra que más convierte a partir de Oseas, por referencia a la comparación de la unión conyugal) el amor de Dios a su pueblo, Sal 136 1-26; Jr 31 3, etc., a los beneficios que de él derivan, Ex 20 6; Dt 5 10; 2 S 22 51; Jr 32 18; Sal 18 51. Pero este jésed de Dios pide también en el hombre el jésed, es decir, el don del alma, la amistad confiada, el abandono, la ternura, la «piedad», en una palabra, el amor que se traduce en una alegre sumisión a la voluntad de Dios y en la caridad con el prójimo, Os 4 2; 6 6. Este ideal, que se expresa en muchos Salmos, será también el de los Jasidim o «Asideos», 1 M 2 42+.
2 22 En Oseas el «conocimiento» de Yahvé acompaña al jésed, aquí vv. 21-22 y 4 2; 6 6. No se trata, pues, de un simple conocimiento intelectual. Así como Dios «se da a conocer» al hombre ligándose a él por una alianza, manifestándole su amor (jésed) con sus beneficios, así también en el hombre «conoce a Dios» una actitud que implica la fidelidad a su alianza, el reconocimiento de sus beneficios, el amor. En esta misma línea, y dado el amplio y característico empleo de esta

23

²⁵ Me la sembraré* en la tierra,
me compadeceré de «No-compadecida»,
y diré a «No-mi-pueblo»: Tú eres «Mi
pueblo»,
y él dirá: «¡Dios mío*!»

y ellos responderán* a Yizreel.

Rm 9 25
1 P 2 10

**Oseas vuelve a tomar a la esposa infiel
y la pone a prueba.
Explicación del símbolo.**

3 ¹ Yahvé me dijo: «Ve otra vez, ama a
una mujer que ama* a otro y comete
adulterio, como ama Yahvé a los hijos de
Israel, mientras ellos se vuelven a otros
dioses y gustan de las tortas de uva*.» ² Yo me la compré por quince siclos de
plata y carga y media de cebada*. ³ Y le
dije: «Durante muchos días vivirás conmigo* sin prostituirte ni ser de ningún
hombre, y yo tampoco iré a ti.»

⁴ Porque durante muchos días se quedarán los hijos de Israel sin rey ni príncipe, sin sacrificios ni estela, sin efod ni
terafim. ⁵ Después volverán los hijos de
Israel; buscarán a Yahvé su Dios y a David, su rey*, y acudirán con temor a Yahvé y a sus bienes en los días venideros.

Jr 7 18

Ex 23 24;
28 6+
1 S 15 22+
Os 2 9; 6 1
14 2
Jr 30 9

II. Crímenes y castigo de Israel

Corrupción general.

4 ¹ Escuchad la palabra de Yahvé, hijos
de Israel,
que Yahvé pone pleito a los habitantes
de esta tierra,
pues no hay fidelidad ni amor,
ni conocimiento de Dios en esta tierra;
² sino perjurio y mentira, asesinato y
robo,
adulterio y violencia, sangre y más
sangre.
³ Por eso, la tierra está en duelo,

Os 2 4+
Is 3 13-15
Mi 6 1-5
2 21-22+

Jr 7 9

Jr 4 28

y se marchita cuanto en ella habita:
las bestias del campo y las aves del cielo;
y hasta los peces del mar desaparecen*.

So 1 3

Contra los sacerdotes.

⁴ ¡Que nadie pleitee, nadie reprenda;
sacerdote, sólo contigo va mi pleito*!
⁵ En pleno día tropezarás tú,
también el profeta tropezará contigo
en la noche,

---

noción por Oseas (no menos de 20 veces), quizá no
deba descartarse el sentido técnico de «conocimiento
sexual», ver Gn 4 1, etc., tomado aquí metafóricamente
—lo mismo que el matrimonio— para expresar la posesión vital. Así como la noción negativa —«no conocer a Yahvé»— va casi siempre en Oseas unida a la de
prostitución o adulterio, es decir, rotura del matrimonio, ver **2** 9-10; **4** 1-2; **5** 4, así en **2** 22 el conocimiento es precisamente la rúbrica del desposorio tres
veces repetido y debe ser, sin duda, respuesta al conocimiento previo por parte de Dios, **13** 5; ver **2** 16,
que tendría, por tanto, sentido mucho más hondo que
el de «elegir» (como en Am **3** 2+, etc.). Así, pues, en
Oseas el «conocimiento» precisaría la noción más genérica de su paralelo el *jésed*, **2** 21+, acotándola dentro
de este ámbito conyugal —en torno al cual gira todo el
libro— como el amor y fidelidad absoluta de un ma-
trimonio-alianza que será ya único y definitivo porque
habrá logrado ese conocimiento íntimo de total entrega y posesión recíprocas. —Sobre otras acepciones, ver
Jb **21** 14; Pr **2** 5; Is **11** 2; **58** 2. En la literatura sapiencial, el «conocimiento» es poco más o menos sinónimo
de «sabiduría».
2 24 Nótese la repetición del verbo «responder»,
como eco evidente del repetido «desposar» en el v. 21.
Dios responderá a la espera de su creación, y la creación responderá a lo que los hombres esperan de ella
en conformidad con el designio divino. Es lo contrario
del estado actual de desorden debido al pecado, ver **4**
3; Gn **3** 17s; Is **11** 6+; Rm **8** 19+.
2 24 (a) Es la significación del nombre de Yizreel, ver
1 4+; **1** 5+.
2 25 (b) El amor de Dios a su pueblo va a contradecir
a los nombres de desgracia («No-Compadecida», «No-
Mi-Pueblo»), que desaparecen con la maldición de que
eran presagio. En **2** 1.3 se les sustituye por sus contrarios.
3 1 (a) «que ama» griego, sir.; «amada» hebr. Sigue
tratándose sin duda de Gómer, a quien Oseas ha amado
y ama todavía, pero que le ha traicionado y sigue trai-
cionándole. La magnanimidad del profeta con la infiel
es el símbolo del amor perseverante de Yahvé a su pueblo.
3 1 (b) O: «a otros dioses que gustan de las tortas de
uva», ver Dn **14** 5-8.
3 2 Oseas rescata a Gómer de su actual dueño, o del
santuario del que se ha hecho hieródula. El precio total
es poco más o menos el del rescate de una esclava, Ex
21 32; Lv **27** 4.
3 3 Un tiempo de prueba, como va a explicar el v. 4,
ver **2** 8.9.16, precederá a la reanudación de la alianza
entre Yahvé e Israel.
3 5 Ver Jr **30** 9; Ez **34** 23 —«y a David, su rey» es
sin duda una relectura propia de Judá, ver **1** 7+.
4 3 Oseas describe la situación actual como el reverso de la situación ideal que será la del pueblo renovado, **2** 21-25; ni fidelidad, ni amor, ni conocimiento de
Dios, v. 1, ver **2** 21s; en lugar de la armonía entre el
hombre y la creación, **2** 20.23s, el declive y la muerte
de los animales, **4** 3. Ver **2** 24+.
4 4 Verso corregido; hebr.: «Tu pueblo es como los
que ponen pleito al sacerdote». —Se trata aquí de toda
la corporación sacerdotal, culpable de ignorancia y de
negligencia, de codicia y hasta de bandidaje, **6** 9. Otros
ataques contra el sacerdocio: Jr **2** 8; **6** 13; Mi **3** 11; So
3 4; sobre todo Ml **1** 6 - **2** 9.

y haré perecer a tu madre*.

^{Jr 5 4} ⁶ Perece mi pueblo por falta de cono-
cimiento.

Porque has rechazado el conocimiento*,

^{Ml 2 1-9} yo te rechazaré de mi sacerdocio;
porque has olvidado la Ley de tu Dios,
también yo me olvidaré de tus hijos.

⁷ Cuantos más son, más pecan contra
mí,

^{Jr 2 11+} han cambiado su Gloria por la Igno-
minia*.

⁸ Se alimentan del pecado de mi pueblo
y ansían su culpa*.

⁹ Pero al pueblo le sucederá como al
sacerdote:
le tomaré cuenta de sus andanzas
y le pagaré por sus acciones.

^{Mi 6 14} ¹⁰ Comerán, pero no se saciarán,
se prostituirán*, pero no proliferarán,
porque han abandonado a Yahvé
para dedicarse ¹¹ a la prostitución.

**El culto de Israel no es
más que idolatría y desenfreno.**

El vino y el mosto hacen perder el sentido*.

^{Jr 2 27} ¹² Mi pueblo consulta a su madero,
y su palo le instruye*,

^{1 2; 2 6} porque un espíritu de prostitución le
extravía,
y se prostituyen sacudiéndose de su
Dios.

^{Dt 12 2+} ¹³ Sacrifican en las cimas de los montes,
queman incienso en las colinas,
bajo la encina, el chopo o el terebinto,
¡porque es buena su sombra!
Por eso, si se prostituyen vuestras hijas
y vuestras nueras cometen adulterio,

¹⁴ no castigaré yo a vuestras hijas porque se prostituyen
ni a vuestras nueras porque cometen
adulterio*,

^{Dt 23 19+} porque ellos se van con esas prostitu-
tas
y sacrifican con las consagradas a la
prostitución;
¡y el pueblo, ignorante, se pierde!

Advertencia a Judá y a Israel.

¹⁵ Si tú, Israel, te prostituyes,
que no sea culpable Judá.

^{Jos 4 19+} ¡No vayáis a Guilgal,
^{Am 4 4+} no subáis a Bet Avén*,
^{5 8} no juréis «por vida de Yahvé»!*
^{Jos 7 2+} ¹⁶ Si Israel se ha embravecido
^{Am 8 14} como una vaca brava,
^{Jr 31 18} ¿los va a apacentar ahora Yahvé
como a un cordero en el prado?
^{14 9} ¹⁷ Efraín se ha unido a sus ídolos, ¡dé-
jalo!
^{Am 2 8;} ¹⁸ Se retira a sus borracheras,
^{6 4-6} se prostituyen más y más,
^{4 7} prefieren la Ignominia a su Prez*.
^{Jr 4 11-13} ¹⁹ El viento los cerrará entre sus alas,
^{Am 1 14} y se avergonzarán de sus sacrificios.

**Sacerdotes, grandes y rey conducen
al pueblo a la ruina.**

5 ¹ Escuchad esto, sacerdotes,
estad atentos, casa de Israel,
casa real, prestad oído,
ya que contra vosotros va el juicio;
porque habéis sido un lazo en Mispá*
y una red tendida en el Tabor;
² han ahondado la fosa de Sitín*;
pero yo seré escarmiento de todos
ellos.
³ Yo conozco a Efraín,
e Israel no se me oculta.

---

4 5   El principio de la responsabilidad individual no
será expresado hasta un siglo más tarde, ver Gn 18 24+;
Ez 14 12+. —Sobre los profetas indignos, ver Jr 23 13-
32; Mi 3 5.11, etc.
4 6   La ley en la que los sacerdotes debían instruir al
pueblo, Dt 33 10; Ml 2 5-8. Ver también 2 22+.
4 7   «Han cambiado su Gloria por la Ignominia» (es
decir, a Yahvé por los Baales) Targ. y sir.; «yo trocaré
su gloria en ignominia» hebr.
4 8   El sacerdote, dado que recibe una parte importante de los sacrificios por el pecado, Lv 6 19-22, y de
los sacrificios de reparación, Lv 7 1, saca provecho de
los pecados del pueblo. Ver 1 S 2 12-17.
4 10   La prostitución designa la infidelidad a Yahvé
como en 2 14; 4 18; 9 1. Aquí se trata seguramente de
la prostitución sagrada de los cultos cananeos de fertilidad.
4 11   No es una comprobación trivial de los efectos
del vino, sino un reproche por tener una actitud
religiosa insensata provocada por el deseo de lograr una
buena cosecha de vino, ver 7 14.
4 12   Se trata de prácticas adivinatorias con ayuda de

objetos sagrados en madera. Quizá designación despectiva de las aseras o cipos, especie de leños sagrados, Ex
34 13+.
4 14   Su culpa es menos grave, porque son arrastra-
das por el ejemplo de sus maridos y sus padres.
4 15   (a) Bet Aven («casa de nada, o: de iniquidad»),
mote despectivo de Betel (=Bet 'El: «casa de Dios»).
4 15   (b) Acaso se deba leer: «no juréis en Berseba»,
ver Am 5 4; 8 14.
4 18   «su Prez» migge'onam conj.; ver v 7; «sus escudos» maginnêha hebr.
5 1   Hay varias localidades de este nombre mencionadas en la Biblia. Es difícil precisar a cuál de ellas se
refiere este texto. Como en el caso del Tabor, se trata sin duda de un lugar de culto cuyos ministros han
desviado al pueblo incitándolo a la idolatría. —Podría
entenderse también: «Contra vosotros es el juicio, porque vosotros habéis sido...», pero ver el paralelo de Mi
3 1.
5 2   Texto poco seguro. Sobre Sitín, ver Jos 2 1+.
Hay tal vez aquí una alusión al episodio de Baal Peor,
9 10; ver Nm 25.

Sí, tú* te has prostituido, Efraín,
te has contaminado, Israel.
⁴ Sus obras no les permiten volver a su Dios,
    pues están imbuidos de un espíritu de prostitución,
    y no conocen a Yahvé.
⁵ El orgullo de Israel testifica contra él;
    Israel y Efraín tropiezan por sus culpas,
    y con ellos tropieza Judá.
⁶ Con sus ovejas y vacunos irán en busca de Yahvé,
    pero no lo encontrarán;
    ¡se ha retirado de ellos!
⁷ Han sido infieles a Yahvé,
    han engendrado hijos bastardos;
    pues ahora el novilunio*
    les va a devorar sus campos.

La guerra fratricida*.

⁸ Tocad el cuerno en Guibeá,
    la trompeta en Ramá,
    dad la alarma en Bet Avén,
    ¡detrás de ti*, Benjamín!
⁹ Efraín será una desolación el día del castigo;
    en las tribus de Israel anuncio una cosa cierta*.
¹⁰ Los príncipes de Judá son como los que corren los linderos*,
    sobre ellos voy a derramar como agua mi furor.
¹¹ Está oprimido Efraín, quebrantado el derecho*,
    porque se complace en ir tras la Vanidad*.

¹² Pues voy a ser como polilla para Efraín,
    como carcoma para la casa de Judá.

Inutilidad de las alianzas con extranjeros.

¹³ Efraín ha visto su dolencia
    y Judá su llaga.
    Efraín entonces ha ido a Asiria,
    y Judá ha mandado mensajeros al gran rey*;
    pero éste no podrá sanaros
    ni curar vuestra llaga.
¹⁴ Porque yo soy como un león para Efraín,
    como un leoncillo para la casa de Judá.
    Yo mismo desgarraré y me iré,
    haré presa y no habrá quien salve.
¹⁵ Voy a volverme a mi refugio*,
    hasta que expíen su falta* y me busquen.
    En su angustia me buscarán.

Vuelta superficial a Yahvé*.

6 ¹ «Venid, volvamos a Yahvé,
    pues él ha desgarrado, pero nos curará,
    él ha herido, pero nos vendará.
² Dentro de dos días nos dará la vida,
    al tercer día* nos hará resurgir
    y viviremos en su presencia.
³ Conozcamos, corramos tras el conocimiento de Yahvé:
    su salida es cierta como la aurora;
    vendrá a nosotros como la lluvia temprana,

Marginal references (left column): Jr 13 23+ ; 1 2 ; Am 6 8 ; 14 2 ; Am 5 4+; 8 11-12 ; Pr 1 28 ; Jn 7 34; 8 21 ; Is 55 6 ; Os 2 6 ; Jl 2 1+ ; 4 15+ ; Dt 19 14; 27 17

Marginal references (right column): Is 50 9+ ; 7 11; 8 9; 12 2 ; 2 R 15 19; 16 7-9 ; Os 13 7 ; Am 3 12 ; Is 5 29 ; 2 12 ; Dt 4 29-31 ; Jr 29 13 ; Am 5 4+ ; 6.¹ ; ² ; ³ ; Ez 37 ; Sal 72 6; 63 2; 143 ; Dt 11 14

---

5 3   «tú» 'attah conj.; «ahora» 'attah hebr.
5 7   O porque el día de fiesta se convertirá en un día de castigo, o porque se quiere subrayar su inminencia (en el próximo novilunio).
5 8   (a) Todo este fragmento —y probablemente los siguientes hasta 6 6— parece referirse a la guerra siro-efraínita (735-734), ver 2 R 16 5+.
5 8   (b) «detrás de ti» dudoso. Tal vez se deba corregir esta palabra según el contexto y leer «poned en guardia».
5 9   Es decir, las desgracias que van a sobrevenir: deportación, desmembración, 2 R 15 29, caída de Samaria y ruina del reino de Israel, 2 R 17 5-6.
5 10   Alusión al avance del ejército de Judá en territorio de Israel, y quizá también a las antiguas usurpaciones del reino del Sur, 1 R 15 16-22. —El Código deuteronómico, Dt 19 14; ver 27 17, condena a los que desplazan los mojones «puestos por los antepasados», porque el reparto de los territorios de la Tierra Prometida se hizo siguiendo las órdenes de Dios, ver Jos 13 6.
5 11   (a) Seguimos el hebr., pero tal vez se deba leer con el griego: «Efraín es un opresor, quebranta el juicio», pensando en su alianza con Damasco y en su invasión del reino hermano (guerra siro-efraínita).
5 11   (b) «la vanidad» šaweh conj.; hebr. ṣaw dudoso.
5 13   «al gran rey» 'el melek rab conj.; «al rey Yareb»

o «al rey vengador» 'el melek yareb hebr. —Alusión al tributo pagado por Menajén a Teglatfalasar III el 738, ver 2 R 15 19, y al llamamiento hecho por Ajaz al mismo Teglatfalasar el 735, ver 2 R 16 7-9.
5 15   (a) El cielo, Is 18 4; 63 15; Jr 25 30; Mi 1 3; Sal 18 7.
5 15   (b) O: «se reconozcan culpables».
6   El profeta está pensando en una liturgia de penitencia, cuyos términos toma tal vez de alguna ceremonia expiatoria, 1 R 8 31-53; Jr 3 21-25; Jl 1-2; Sal 85: el pueblo, aterrorizado por el anuncio del castigo y del abandono de Yahvé, 5 14-15, se exhorta a sí mismo a volver a él, vv. 1-13. Pero esta vuelta es efímera, sin conversión interior, vv. 4-6.
6 2   La expresión «dentro de dos días... al tercer día» (ver Am 1 3: «por tres crímenes de Damasco y por cuatro») designa un breve lapso de tiempo. Desde Tertuliano la tradición cristiana ha aplicado este texto a la resurrección de Cristo al tercer día. Pero nunca se cita en el NT, donde, a este respecto, se evoca la estancia de Jonás en el vientre del pez (Jon 2 1 = Mt 12 40). Sin embargo, es posible que la mención de la resurrección al tercer día «según las Escrituras» (1 Co 15 4, ver Lc 24 46) del kerygma primitivo y de los símbolos de fe se refiera a nuestro texto interpretado según las reglas exegéticas de la época.

como la lluvia tardía que riega la tierra.»

⁴ ¿Qué voy a hacer contigo, Efraín?
¿Qué voy a hacer contigo, Judá?

||13 3 ¡Vuestro amor es como nube maña-
nera,
como rocío matinal, que pasa!

r 1 10; 5 14 ⁵ Por eso los he hecho trizas por medio
Os 12 11 de los profetas*,
los he castigado con las palabras de mi
boca,
y mi juicio surgirá como la luz*.

> Mt 9 13; ⁶ Porque yo quiero amor, no sacrificio,
12 7 conocimiento de Dios, más que holo-
Am 5 21+ caustos*.
s 2 21-22+

Los crímenes pasados y presentes de Israel.

8 1 ⁷ Pero ellos en Adam han violado la
alianza*,
allí me han sido infieles.
⁸ Galaad* es ciudad de malhechores,
llena de huellas de sangre.
⁹ Como bandidos emboscados
son la pandilla de sacerdotes:
asesinan por el camino de Siquén,
y cometen infamia.
¹⁰ Algo horrible he visto en Betel*:
allí se prostituye Efraín,
se contamina Israel.
¹¹ También para ti, Judá*, hay prepa-
rada una cosecha,
cuando yo cambie la suerte de mi pueblo.

7 ¹ Cuando pretendo sanar a Israel,
se descubre la culpa de Efraín
y las maldades de Samaría;
porque practican la mentira;
mientras el ladrón entra dentro,
se despliega la pandilla afuera.
² Y no reflexionan
que yo recuerdo toda su maldad.

Ahora les envuelven sus acciones,
están siempre ante mí. Sal 90 8
³ Con su maldad recrean al rey, Ml 3 16
con sus mentiras a los príncipes*.
⁴ Todos ellos, adúlteros,
son como un horno ardiente,
que el panadero deja de atizar
desde que amasa la pasta hasta que
fermenta.
⁵ En el día de nuestro rey*
los príncipes enferman por el vapor
del vino,
¡y aquél tiende la mano a agitadores!
⁶ Cuando acechan, en sus intrigas su
corazón es como un horno
toda la noche duerme su cólera*,
por la mañana arde con fuego llameante.
⁷ Todos abrasan como un horno,
y devoran a sus propios jueces.
Han caído todos sus reyes,
pero ninguno de ellos me invoca.

Ruina de Israel por acudir a los extranjeros.

⁸ Efraín se mezcla con los pueblos,
Efraín es una torta a la que no se ha
dado vuelta*.
⁹ Extranjeros devoran su fuerza,
¡y él ni se entera!
Ya las canas blanquean en él, 5 12
¡y él ni se entera! Ap 3 17
¹⁰ El orgullo de Israel testifica contra él,
pero no se vuelven a Yahvé su Dios, Am 4 6-11+
ni aun así le buscan.
¹¹ Efraín es como una paloma inge-
nua*, sin cordura;
llaman a Egipto, acuden a Asiria. 5 13+
¹² Dondequiera que vayan*, yo echaré
mi red sobre ellos,
como ave del cielo los haré caer
y los castigaré por su maldad*.

---

6 5   (a) La palabra de Dios transmitida por los profetas es eficaz: cumple lo que anuncia (aquí el castigo).
6 5   (b) Texto ligeramente corregido cambiando sólo
la vocalización. Hebr.: «tus juicios, una luz sale».
6 6   Ver 2 21+; 2 22+; Am 5 21+; 1 S 15 22. En 14
3, Oseas llegará a decir que el único sacrificio válido es
la conversión sincera.
6 7   «en Adam» conj.; «como un hombre» o «como
Adán» hebr. —Alusión enigmática. Quizá en Adam (cerca de la desembocadura del Yaboc) había un santuario
idolátrico. O tal vez el texto quiera decir simplemente
que la infidelidad de Israel se remonta a los mismos comienzos del establecimiento en Palestina, ver Jos 3 16.
Para esta idea, ver 9 10. —La alianza es la del Sinaí.
6 8   Galaad, en la altiplanicie del mismo nombre, en
Transjordania, ver Gn 31 46-48.
6 10   «en Betel» conj.; «en la casa de Israel», bebêt yis-
ra'el hebr.
6 11   Este v. es una adición posterior, ver 1 7+.
7 3   Desde los orígenes del reino del Norte hasta el

737 (asesinato de Pecajías) fueron asesinados siete reyes. Aquí el profeta evoca una conspiración: los conjurados disimulan sus planes; después, tras una noche de
orgía, matan al rey y a los jefes saturados de vino. Así
murió Elá, 1 R 16 9-10.
7 5   Probablemente un día de fiesta en honor del rey.
7 6   «su cólera» 'appehem conj.; «su panadero» 'ope-
hem hebr.
7 8   Quemada por un lado, apenas cocida por el otro,
la torta no sirve para nada.
7 11   Que se deja extraviar (la misma palabra que en
2 16), es decir, aquí, que cede a las seducciones de las
alianzas extranjeras, creyendo así escapar al castigo que
el profeta representa como la red del cazador manejada
por Dios.
7 12   (a) O: «cuantas veces vayan», o también: «así
como van».
7 12   (b) «por su maldad» lera'tam según griego; «según su asamblea» la'adatam hebr. Antes de esta palabra
suprimimos «como se ha oído», kešer a. Tal vez se

Ingratitud y castigo de Israel.

¹³ ¡Ay de ellos, que se han alejado de mí!
¡Que sean desgraciados por haberse
rebelado contra mí!
Yo los rescataría,
pero ellos mienten sobre mí.

7 1

¹⁴ Y no claman a mí de corazón
cuando gimen en sus lechos*;
por el trigo y el mosto se hacen incisiones
y se rebelan contra mí*.

¹⁵ Yo* robustecí su brazo,
¡pero ellos maquinaron contra mí!

¹⁶ Apuntan al vacío*,

Sal 78 57

son como un arco destensado.
Sus príncipes caerán a espada,
por la virulencia de su lengua:
¡serán motivo de burla en el país de
Egipto!

Alarma.

5 8
Jl 2 1+

8 ¹ ¡Emboca la trompeta!
Soy como un águila contra la casa de
Yahvé*;

6 7

porque han quebrantado mi alianza
y han sido rebeldes a mi Ley*.

6 1-3
Jr 14 8-9

² Ellos me gritan: «¡Dios mío, los de Is-
rael te reconocemos!»

³ Pero Israel ha rechazado el bien:
¡el enemigo* lo perseguirá!

Anarquía política e idolátrica.

1 S 8 1+;
11 12+

⁴ Han entronizado reyes sin contar
conmigo,
han nombrado príncipes sin mi conocimiento*.
Con su plata y su oro se han fabricado
ídolos,
para su perdición.

⁵ ¡Tu becerro repele, Samaría!

1 R 12 28.32

Mi cólera se ha inflamado contra ellos:
¿hasta cuándo no podrán purificarse?

⁶ Porque procede de Israel,
un artesano lo ha fabricado,

Ex 20 4
34 17

y eso no es Dios*.
Quedará hecho trizas el becerro de Samaría.

⁷ Si siembran viento, cosecharán tem-
pestad:

10 13
Jb 4 8
Pr 22 8
Ga 6 7

tallo que no tenga brote,
no dará harina;
y si la da, extranjeros la devorarán.

Ruina de Israel por acudir
a los extranjeros*.

⁸ ¡Israel ha sido devorado!
Está ahora entre las naciones
como objeto indeseado.

⁹ Porque ha subido a Asiria,

5 13+
Ez 16 32-3

Efraín, ese onagro solitario,
a comprarse amores*;

¹⁰ aunque los compre entre las nacio-
nes,
yo los voy a reunir* ahora
y pronto sufrirán bajo la carga del rey
de príncipes*.

Contra el culto meramente exterior.

¹¹ Efraín ha multiplicado los altares
para pecar,
sólo para pecar le han servido los altares.

¹² Aunque le deje escritas las excelen-
cias de mi ley,
las considera algo extraño.

¹³ ¡Ya pueden ofrecer sacrificios en mi
honor,
y comerse la carne*!

6 6
Am 5 22

---

podría entender: «cuando yo oigo su asamblea», y en
este caso la comparación con los pájaros continuaría
hasta el fin del v. Se trataría entonces probablemente
de una glosa, ya que la palabra *'edah* es tardía.
7 14 (a) O su lecho propiamente dicho, o bien las al-
fombras o capas sobre las que se postraban para orar,
ver Sal 4 5; 149 5.
7 14 (b) «se hacen incisiones» *yitgodadû* algunos mss;
«residen como huéspedes» *yitgararû* hebr. —Sobre estas
incisiones rituales, ver 1 R 18 28; Jr 16 6; 41 5. —«se
rebelan» *yasôrû* conj.; «se apartan» *yasûrû* hebr.
7 15 El hebr. añade: «dirigido», omitido por el griego.
7 16 «al vacío» griego; «no hacia arriba» hebr.
8 1 (a) Sobre el águila, imagen de la desgracia, ver
Jr 48 40; 49 22. —La casa de Yahvé designa no un templo, sino la Tierra Santa, propiedad de Yahvé, ver 9 15;
Jr 12 7; Za 9 8; 1 Cro 17 14.
8 1 (b) Este paralelismo estrecho, sinonímico, entre
alianza y Ley, se encuentra en la tradición elohísta (Ex
24 8), deuteronomista (Dt 4 13) y sacerdotal (Lv 26 15).
El medio al que pertenece Oseas es el de la tradición
deuteronomista.
8 3 Asiria.

8 4 Oseas no condena, a lo que parece, ni la institución real ni la realeza de Samaría opuesta a la dinastía davídica legítima de Jerusalén. Lo que condena son
los sucesivos golpes de Estado motivados por preocupaciones que dejaban de lado la fidelidad a Yahvé.
8 6 A este ataque contra los ídolos seguirán otros
muchos en la literatura profética, ver Is 40 20+; 41 21+.
8 8 Este pasaje parece posterior a la deportación
que siguió a la guerra siro-efrainita (734), 2 R 15 29.
8 9 Alusión al tributo pagado al rey de Asiria, 5 13;
7 11, y acaso también a los presentes enviados a Egipto,
12 2. Aquí, los «amores» o amantes no son ya las divinidades cananeas como en 1-3, sino las potencias extranjeras. Pero se mantiene la referencia a la alianza
con Yahvé para considerar estas relaciones con las potencias paganas como un adulterio, tanto porque favo-
recían el culto de los dioses de esos pueblos como porque significaban una falta de confianza en Yahvé, el
único salvador de Israel, ver Is 30 1-5; 31 1-3.
8 10 (a) Para la deportación.
8 10 (b) El rey de Asiria.
8 13 Traducción dudosa de un texto difícil, tal vez corrompido.

||9 9
9 3; 11 5
Dt 28 68+

Yahvé no los acepta;
recordará sus culpas
y castigará sus pecados:
ellos volverán a Egipto.

Contra el lujo de las construcciones.

Dt 32 15.
18+

Am 2 5

¹⁴ Olvida Israel a su Hacedor,
y edifica templos;
Judá multiplica ciudades fortificadas.
Pero yo prenderé fuego a sus ciudades,
que devorará sus palacios.

Triste destierro*.

9 ¹ No te regocijes, Israel,
no te alegres* como los pueblos,
pues te has prostituido, lejos de tu
Dios,
y amas ese salario
más que las eras de trigo*.
² Ni la era ni el lagar los alimentarán,
2 11
y el mosto los dejará corridos*.
³ Ya no habitarán en la tierra de Yahvé:
8 13+
Efraín volverá a Egipto,
y en Asiria comerán alimentos impuros*.
⁴ No harán a Yahvé libaciones de vino,
ni sus sacrificios le agradarán:
Dt 26 14
serán para ellos como pan de duelo,
que deja impuro a cuantos lo comen*;
porque su pan es sólo para ellos,
no entrará en el templo de Yahvé*.
⁵ ¿Qué ofreceréis el día de solemnidad,
el día de la fiesta de Yahvé*?
⁶ Vedlos, han huido de la devastación:
Egipto los reunirá, Menfis los sepul-
tará;
sus tesoros de plata los heredarán las
ortigas,
zarzas invadirán sus tiendas.

El profeta perseguido por anunciar el castigo.

⁷ Han llegado los días del castigo,
han llegado los días de la retribución.
¡Que lo sepa Israel!
—«¡El profeta es un necio,
un loco el hombre del espíritu!»
—Por la magnitud de tu culpa,
por tu enorme hostilidad.
⁸ El vigía de Efraín es un profeta junto
a mi Dios:
una trampa de cazador en todos sus
caminos,
hostilidad en la Casa de su Dios*.
⁹ Han llegado al fondo de la corrup-
ción,
como en los días de Guibeá;
él recordará sus culpas
y visitará sus pecados.

Am 3 2+

Jn 10 20

Am 7 10-17
Jr 20 1-6

Jc 19
||8 13

Castigo del crimen de Baal Peor.

¹⁰ Como uvas en el desierto encontré a
Israel,
como breva que despunta en la higuera, vi a vuestros padres.
Pero al llegar a Baal Peor*
se consagraron a la Infamia*,
y se hicieron tan abominables
como el objeto de su amor.
¹¹ Efraín es como un pájaro, se le vuela
su gloria
desde el nacimiento, desde el seno,
desde la concepción.
¹² Y aunque críen a sus hijos,
yo les privaré de ellos antes que se hagan hombres:
y ¡ay de ellos cuando yo los abandone!
¹³ Efraín, cuando veo a Tiro
estaba plantada en la pradera*,
pero Efraín tendrá que sacar sus hijos
al verdugo.

2 16+
Dt 32 10

Nm 25 1-5

Jr 2 5+

Dt 28 18

Dt 32 25

9   Oráculo pronunciado tal vez con ocasión de alguna fiesta agrícola.
9 1   (a) «no te alegres» griego; «hacia la alegría»
hebr.
9 1   (b) Se considera a los bienes de la tierra como
el salario de las prostituciones de Israel, porque el pueblo ve en ellos el resultado del culto que da a los Baales
con sus prácticas inmorales, ver 2 7.
9 2   Los vv. siguientes explican por qué: ya no estarán en su tierra para disfrutar de ellos, porque serán deportados, y los comerán otros, 8 7. —«los dejará corridos» griego, sir., Vulg., Targ.; «le dejará corrido» hebr.
9 3   Todo país extranjero es impuro, dado que está
manchado por la presencia de los ídolos, ver Am 7 17;
1 S 26 19. Y en el destierro no será posible abstenerse
de alimentos impuros.
9 4   (a) La presencia de un cadáver hacía impuros
los alimentos preparados en la casa mortuoria.
9 4   (b) El destierro hará imposible la ofrenda de las
primicias en el templo, Dt 26 2.

9 5   Se trata probablemente de la fiesta de las Tiendas, que no se puede celebrar en el destierro, ya que es
necesario presentarse ante Yahvé, Ex 23 1ss.
9 8   Texto muy oscuro, probablemente corrompido,
pero las diversas correcciones propuestas no son satisfactorias.
9 10   (a) El episodio, narrado en Nm 25, se sitúa en la
llanura al este del Jordán, ver Nm 25 1 Jos 2 1+. La
infidelidad de Israel se manifestó ya, por tanto, a las
puertas de la Tierra Prometida y pesó sobre toda su historia.
9 10   (b) Hebr. bóšet, designación despectiva de los
Baales, ver 2 S 4 4+.
9 13   V. muy difícil, probablemente corrompido; lit.:
«Efraín, como yo veo para Tiro, plantada en una pradera». El profeta quiere tal vez comparar el esplendor
de Efraín con el de Tiro, ver Is 23 7; Ez 27, pero la
palabra es dudosa. El griego ha leído ṣayid, «caza», en
lugar de ṣôr, «Tiro».

¹⁴ Dales, Yahvé..., ¿qué les darás?

Lc 23 29
¡Dales un seno que aborte y pechos resecos!

Castigo del crimen de Guilgal.

4 15
¹⁵ Toda su maldad apareció en Guilgal*,
sí, allí comencé a odiarlos.
Por la maldad de sus acciones,

8 1+
1 6
los expulsaré de mi Casa;
ya no volveré a amarlos:
todos sus príncipes son rebeldes.
¹⁶ Efraín está herido,

Am 2 9
Mt 21 19p
su raíz seca,
ya no darán más fruto.

9 12
Aunque den a luz,
haré morir el tesoro de su seno.

Dt 28 64-65
¹⁷ Mi Dios los rechazará porque no le han escuchado,

Gn 4 14
y andarán errantes entre las naciones.

Destrucción de los emblemas idolátricos de Israel.

Is 5 1+

10
¹ Israel era Vid frondosa,
acumulaba frutos*:

Dt 32 15
2 7.14; 4 10
cuanto más fruto producía,
más multiplicaba los altares;
cuanto mejor era su tierra,

Ex 23 24+
mejores estelas construía.
² Su corazón está dividido*,
pero ahora lo van a pagar;
él romperá sus altares,
demolerá sus estelas.
³ Entonces dirán: «No tenemos rey*,
porque no hemos temido a Yahvé,
y el rey, ¿qué nos podría hacer?»
⁴ Pronuncian palabras, juramentos falsos, pactan alianzas,

Am 6 12
y el juicio florece como hierba venenosa*
en los surcos del campo.

8 5; 4 15+
⁵ Tiemblan por el becerro* de Bet Avén
los habitantes de Samaría;
sí, su pueblo hace duelo por él,

sus sacerdotes se agitan por él,
¡por su gloria,
ya que ha sido deportado!

Ap 18 14
⁶ Él también será llevado a Asiria,
como ofrenda para el gran rey*.
Efraín soportará el sonrojo
e Israel se avergonzará de su plan.
⁷ ¡Se acabó Samaría!
Su rey es como espuma flotando sobre el agua.

4 13
2 R 23 15s
⁸ Serán destruidos los altozanos de Avén,
el pecado de Israel.
Espinas y zarzas treparán por sus altares.

Is 2 10
Lc 23 30
Ap 6 16
Entonces dirán a los montes: «¡Cubridnos!»
y a las colinas: «¡Caed sobre nosotros*!»

9 9+
⁹ Desde los días de Guibeá has pecado, Israel,
¡allí siguen!
No les bastó la batalla de Guibeá*
contra los hijos de la injusticia.
¹⁰ Voy a castigarlos*,
y se aliarán pueblos contra ellos,
para castigarlos por su doble culpa*.

Israel ha defraudado la esperanza de Yahvé*.

4 16
¹¹ Efraín era una novilla domesticada,
le gustaba la trilla;

Mt 11 29-
Jr 2 20;
5 5
yo uncí su hermoso cuello;
montaré a Efraín,
Judá abrirá surco,
Jacob destripará terrones.
¹² Sembrad justicia*,

2 21+
Mi 6 8
Jr 4 3
cosechad amor,
cultivad lo que es barbecho;
ya es tiempo de buscar a Yahvé,
hasta que venga a enseñaros justicia.
¹³ Cultivasteis maldad,
cosecháis iniquidad,
coméis fruto de mentira.

---

9 15 Se trata probablemente de las desobediencias de Saúl en Guilgal, 1 S 13 7-14; 15 12-13, continuadas actualmente por la rebelión de los dirigentes (final del v.).
10 1 «acumulaba» yaśgeh conj.; TM dice yešawweh «se adaptaba».
10 2 Finge estar adherido a Yahvé cuando de hecho está con los Baales.
10 3 La inestabilidad del poder y la tutela asiria quitan toda eficacia a la institución real.
10 4 Irónico: lo que florece es la perversión del juicio o derecho convertido en planta venenosa, ver Am 6 12.
10 5 «el becerro» griego y sir.; «los becerros» hebr.
10 6 «gran rey» conj.; «rey Yareb» o «rey vengador» hebr., ver 5 13+.
10 8 Ante la magnitud de la catástrofe, que les quita toda razón de vivir, desearán el fin del mundo. En el mismo sentido cita Jesús este texto, Lc 23 30, ver Ap 6 16.
10 9 Para el profeta, hay continuidad entre el crimen

de Guibeá (Jc 19) y los crímenes actuales. E igualmente la hay en el castigo.
10 10 (a) «Voy a» según griego; «en mi deseo, y castigaré» hebr.
10 10 (b) Oscuro. Quizá se trate de la realeza (proclamada en Mispá, cerca de Guibeá, 1 S 10 23-24) y del crimen de Jc 19; quizá sólo del crimen de Guibeá, ya que «doble» puede ser sinónimo de enorme, inaudito.
10 11 Los vv. 11-12 expresan el designio que Yahvé se había formado sobre Efraín: se le ha confiado una misión, descrita bajo la metáfora de la trilla y la sementera, v. 11, pero que en realidad es de otro orden: hacer que reine la justicia y el amor, buscar a Yahvé, v. 12. Pero él ha hecho lo contrario, v. 13.
10 12 «Justicia» en el sentido de conformidad con la voluntad divina expresada por su Ley, 8 12. El final del verso admite otra traducción: «hasta que venga y os dé la lluvia conveniente».

<table>
<tr><td>

Is 31 1

Por haber confiado en tus carros*,
en la multitud de tus soldados,
[14] se alzará un tumulto de guerra contra
tu pueblo,
y todas tus fortalezas serán devastadas,
como Salmán* devastó Bet Arbel
el día de la batalla,

14 1

cuando la madre era estrellada contra
sus hijos*.
[15] Eso os ha conseguido Betel
por vuestra redoblada maldad.

11.¹

¡A la aurora desaparecerá el rey de Is-
rael*!

</td></tr>
</table>

Yahvé va a vengar su amor despreciado*.

Jr 2 1-9
Mt 2 15

11 [1] Cuando Israel era niño, lo amé,
y de Egipto llamé a mi hijo*.
[2] Cuanto más los llamaba, más se alejaban de mí*:
ofrecían sacrificios a los Baales,
e incienso a los ídolos.

Dt 1 31+

[3] Yo enseñé a caminar a Efraín,
tomándole por los brazos,
pero ellos no sabían que yo los cuidaba.
[4] Con cuerdas humanas los atraía,
con lazos de amor;
yo era para ellos como los que alzan a
un niño contra su mejilla,

Dt 8 16

me inclinaba hacia él y le daba de comer*.

[5] Pues volverá al país de Egipto*,
y Asur será su rey,
porque se han negado a convertirse.
[6] La espada hará estragos en sus ciudades,
aniquilará sus cerrojos
y devorará por sus maquinaciones.

8 13+

Pero el amor triunfará.

[7] Mi pueblo está acostumbrado a apos-
tatar de mí;
cuando invocan a lo alto,
nadie los levanta*.
[8] ¿Cómo voy a entregarte, Efraín,
cómo voy a soltarte, Israel?
¿Voy a entregarte como a Admá,
y tratarte como a Seboín*?
Mi corazón se convulsiona dentro de
mí,
y al mismo tiempo se estremecen mis
entrañas.

Dt 32 36
Jr 31 20
Is 54 8

[9] No daré curso al furor de mi cólera,
no volveré a destruir a Efraín,
porque soy Dios, no hombre;
el Santo* en medio de ti,
y no vendré con ira*.

Nm 23 19+

Vuelta del destierro*.

[10] Marcharán tras Yahvé,
él rugirá como león;
y cuando ruja,

Am 1 2+
Jr 25 30

---

10 13 «tus carros» griego; «tu camino» hebr.
10 14 (a) Probablemente el rey moabita Salmán, contemporáneo de Teglatfalasar III (745-727), con motivo
de una incursión en Galaad, donde estaba Bet Arbel o
Irbid.
10 14 (b) O: «con sus hijos». Horrores de esta clase
eran entonces secuela de la toma de las ciudades, ver
14 1; 2 R 8 12; Is 13 16; Na 3 10; Sal 137 9.
10 15 La aurora es frecuentemente el momento en que
empieza el combate: Jc 9 34-37; Sal 46 6; Is 17 14, y en
el que, por tanto, Dios concede la salvación o castiga
con la derrota.
11 Este capítulo guarda un estrecho paralelismo
con 1-3. Después de la analogía del amor conyugal despreciado, viene ahora la del amor paterno no reconocido. Se puede advertir, sin embargo, que ya en los tres
primeros capítulos del libro los hijos estaban estrechamente vinculados a la madre, 2 1.4, y que desde el mismo comienzo, 1 2, aparecen unidas las dos perspectivas; ver también Jr 3 19-20.
11 1 Tenemos aquí el primer testimonio del tema del
amor de Dios como causa de la elección de Israel, doctrina que será abundantemente desarrollada por el Deuteronomio: Dt 4 37; 7 7-9; 10 15, etc. Para Oseas, la verdadera historia de Israel comienza con la salida de
Egipto. Todo este pasaje describe la edad de oro del desierto, ver 2 16+. De la gesta de los Patriarcas, parece
que Oseas no ha conocido —o retenido— más que los
rasgos desfavorables, 12 4-5.13.
11 2 «cuanto más los llamaba, más se alejaban de
mí» griego; «se les llamaba, y así se apartaron de ellos»
hebr.
11 4 «niño» 'ûl conj.; «yugo» 'ol hebr. —«le daba de

comer» conj. trayendo al v. 4 la primera palabra del v.
5 y leyendo lô («le») en lugar de lo' («no»). —Todo este
pasaje (vv. 3-4) muestra a Yahvé como educador de Israel niño: tema de la pedagogía divina recogido por el
Deuteronomio: Dt 8 5-6.
11 5 Hebr. dice «no volverá», pero el «no» se ha llevado al v. precedente. La cautividad en Asiria va a producir una situación idéntica a la antigua servidumbre
en Egipto; ver también 8 13.
11 7 Traducción dudosa de un texto corrompido.
11 8 (a) Admá y Seboín, dos de las cinco ciudades de
la Pentápolis, Gn 10 19; 14 2.8; Dt 29 22, que probablemente ocupaban Sodoma y Gomorra en la tradición
«yahvista», Is 1 9-10.
11 8 (b) La palabra es muy fuerte; precisamente la
que se emplea a propósito de la destrucción de las ciudades culpables, Gn 19 25; Dt 29 22. Oseas deja entender que el castigo anunciado es como vivido de antemano en el corazón de Dios. Ver el grito de David a la
muerte de Absalón, 2 S 19 1.
11 9 (a) Se subraya con fuerza la trascendencia de
Dios. Pero, al revés que en otros textos más antiguos
(Ex 19 2+; 2 S 6 6-8, etc.) o más recientes que éste (Is
6 3+), aquí se la despoja de todo carácter terrorífico y
se expresa en términos de amor. La santidad divina se
manifiesta por la misericordia que perdona, en tanto
que el hombre, habitualmente, da libre curso a la ira.
11 9 (b) Texto corregido. El hebr. «y no entraré en la
ciudad» carece de sentido.
11 10 Los vv. 10-11 son probablemente una relectura
posterior, de la época del destierro en Babilonia; desarrollan en esta perspectiva las ideas de los vv. 8-9.

los hijos vendrán temblando de occidente,

[11] temblarán como un pajarillo al venir de Egipto,

como una paloma desde el país de Asiria;

y yo los haré habitar en sus casas —oráculo de Yahvé—.

Perversión religiosa y política de Israel.

12 [*1] Efraín me ha rodeado de mentira,

la casa de Israel de engaño.

(Pero Judá todavía anda con Dios, y sigue fiel al Santo*.)

[2] Efraín se apacienta de viento, va en busca del Levante* todo el día; multiplica mentira y pillaje; sellan alianza con Asiria y llevan aceite* a Egipto.

Contra Jacob y Efraín.

[3] Yahvé pone pleito a Judá*, va a visitar a Jacob por su conducta, le pagará según sus obras.

[4] En el seno materno suplantó a su hermano,

y de mayor luchó con Dios*.

[5] Luchó con el ángel y le pudo, lloró y le suplicó*.

En Betel lo encontró y allí habló con él.

[6] Sí, Yahvé Dios Sebaot, Yahvé es su título.

[7] Y tú conviértete a tu Dios: observa el amor y el derecho, y confía siempre en tu Dios*.

[8] Canaán tiene en su mano una balanza trucada,

le gusta defraudar*.

[9] Y Efraín dice: «Sí, me he enriquecido, he amasado una fortuna.»

¡Ninguna de sus ganancias se encontrará,

por la injusticia con la que se ha hecho culpable*!

Perspectivas de reconciliación.

[10] Yo soy Yahvé, tu Dios, desde el país de Egipto:

aún te haré morar en tiendas como en los días del Encuentro*;

[11] hablaré a los profetas, yo mismo multiplicaré las visiones*, y hablaré en parábolas por medio de los profetas*.

Nuevas amenazas.

[12] Si Galaad es iniquidad, ellos no son más que mentira.

En Guilgal sacrificaron toros; por eso sus altares serán como escombros

sobre los surcos de los campos.

Contra Jacob y Efraín.

[13] Huyó Jacob a la campiña de Aram, sirvió Israel por una mujer, por una mujer guardó rebaños.

[14] También por un profeta subió Yahvé a Israel de Egipto,

y por un profeta fue guardado.

[15] Efraín le ha irritado amargamente: sobre él hará recaer su sangre, su Señor le pagará su agravio.

Margin references:
12
12.[1]
5 13+
Is 30 1s; 31 1s
2
4 1
3
Is 43 27+
Gn 25 26+
Gn 32 24-28
Gn 28 10-22
Am 4 13+
Dt 25 13+
7

8
Lc 12 16-21
Ap 3 17-18
=13 4
Ex 20 2
2 16+
10
6 5
11
6 8
4 15; 9 15
12
Gn 29
Ex 3 7-10
Dt 18 15.1
Os 11 1+
14

---

12   Cap. difícil en el que se entremezclan la exposición de hechos contemporáneos y el recuerdo de algunos episodios de la vida de los Patriarcas. Para el profeta y para sus contemporáneos el conjunto de las generaciones sucesivas salidas de los patriarcas era como una sola persona. El patriarca seguía en cierto modo viviendo en sus descendientes, y éstos estaban ya presentes en él, ver Hb 7 9s.
12 1   Relectura posterior, ver 1 7+. Después de «todavía» suprimimos una palabra ininteligible. Tal vez se deba seguir al griego, que lee: «Pero Judá es todavía conocido de Dios».
12 2   (a) Alusión aquí de la invasión asiria, ver 13 15; Jr 18 17; Ez 17 10.
12 2   (b) El aceite es aquí probablemente un bien material de intercambio en las celebraciones de alianzas.
12 3   En lugar de «Judá», originariamente decía sin duda «Israel». Este cambio se explica por el deseo de actualizar la profecía de Oseas en el reino del Sur, ver 1 7+.
12 4   Presunción y orgullo. Jacob, pecador desde el seno de su madre, sigue pecando en su edad adulta. Los episodios de la vida de Jacob, aquí y en los vv. 13-14, son tomados por Oseas en sentido peyorativo.

12 5   Gn 24-28 no dice nada de este llanto y de estas súplicas de Jacob, en las que Oseas no ve probablemente más que un ardid.
12 7   Sigue la misma perspectiva; estas palabras de Yahvé a Jacob se dirigen al mismo tiempo al pueblo salido de él.
12 8   Israel es asimilado a Canaán, maldecido por Yahvé (Gn 9 25), y cuyo nombre («cananeo») es sinónimo de traficante, Ez 17 4; Is 23 8; Za 14 21, etc.
12 9   Traducido según griego; hebr. ininteligible; lit.: «todas mis ganancias, no se encontrará en mí una falta que (sea) pecado».
12 10   Alusión probable a la «Tienda del Encuentro» (Ex 33 7, etc.) y a la estancia en el Sinaí, donde Dios había emplazado a su pueblo para encontrarse con él, Ex 3 12, etc.
12 11   (a) «a los profetas» griego; «de (o: contra) los profetas» hebr. —Profetas y visiones son una señal del favor de Yahvé, Dt 18 9-22; Sal 74 9; Lm 2 9; Nm 12 2-8; Za 33 11.
12 11   (b) Otra traducción: «por medio de los profetas aniquilaré»: como en el caso de Elías, 1 R 18 40; véase también Os 6 5; Is 6 9-13; Jr 1 10; Ez 3 17-20, etc.

Castigo de la idolatría.

13 ¹ Cuando hablaba Efraín, cundía el terror,
se había impuesto en Israel*,
pero se hizo culpable con Baal y murió.

² Y todavía continúan pecando:
se han hecho imágenes fundidas
con su plata, ídolos de su invención:
¡todo obra de artesanos!

R 12 27.32
1 R 19 18

¡Los llaman dioses, sacrifican hombres,
besan becerros*!

³ Por eso serán como nube mañanera,
como rocío matinal que pasa,
como paja aventada de la era,
como humo por la ventana.

=6 4
So 2 2
Is 17 13;
41 16

Castigo de la ingratitud.

⁴ Pero yo soy Yahvé, tu Dios, desde el país de Egipto*.

=12 10
Ex 20 2s
Dt 5 6s
Is 43 11+

No conoces otro Dios fuera de mí,
ni hay más salvador que yo.

⁵ Yo te conocí en el desierto,
en la tierra ardiente.

⁶ Cuando estaban en su pasto se saciaron,
se saciaron y se engrió su corazón,
por eso se olvidaron de mí.

Dt 32 15+
5 14

⁷ Pues yo seré* para ellos como león,
acecharé en el camino como leopardo*.

2 S 17 8

⁸ Caeré sobre ellos como osa privada de sus crías,
desgarraré las entretelas de su corazón,
los devoraré allí mismo como leona,
la bestia del campo los despedazará.

Fin de la dinastía real.

⁹ En tu destrucción, Israel,
¿quién te ayudará*?

¹⁰ ¿Dónde está tu rey para que te salve*
en todas tus ciudades,
y tus jueces, de quienes decías:
«Dame rey y príncipes»?

1 S 8 5
1 S 8 7.22

¹¹ Rey te doy en mi cólera
y te lo quito en mi furor.

Os 10 15

La ruina inevitable.

¹² Amarrada está la culpa de Efraín,
bien guardado su pecado.

Dt 32 34-35

¹³ Le sobrevienen dolores de parturienta,
pero él es un hijo necio
que no se presenta a tiempo por donde rompen los hijos*.

Is 26 17-18

Is 37 3

¹⁴ ¿Voy a librarlos de la garra del Seol,
voy a rescatarlos de la muerte?
¿Dónde están, muerte, tus pestes,
dónde tu contagio, Seol*?
La compasión se esconde a mis ojos.

6 2
Ez 37 1-14+
/ 1 Co 15 55
Is 25 8+

¹⁵ Aunque Efraín* dé fruto entre sus hermanos,
soplará el Levante,
del desierto se levantará el viento de Yahvé,
que secará su manantial,
y agotará su fuente;
él* arrebatará el tesoro,
todos los objetos preciosos.

12 2+

14 ¹ Samaría es culpable,
porque se rebeló contra su Dios.
Caerán a espada, sus niños serán estrellados,
y sus embarazadas abiertas en canal.

7 1

10 14+
Am 1 13+

---

13 1 Sobre la antigua importancia política de Efraín, ver Jos 24 30; Jc 8 1-3; 12 1-6.

13 2 En señal de adoración, ver 1 R 19 18.

13 4 El griego dice en este verso: «Yo soy el Señor tu Dios, que consolida el cielo y asienta la tierra; mis manos crearon todo el ejército del cielo, y no te lo he mostrado para que marches en pos de él. Yo te hice subir del país de Egipto». —Cuando se instalaron los becerros de Dan y Betel, Jeroboán había dicho al pueblo: «Éste es tu Dios, el que te hizo subir del país de Egipto», 1 R 12 28.

13 7 (a) «seré» griego; «he sido» hebr.

13 7 (b) El hebr. dice: «como leopardo en el camino de Asur».

13 9 Según griego; hebr.: «Porque en mí, en tu ayuda».

13 10 Quizás alusión irónica al rey Oseas (732-724), cuyo nombre significa «Yahvé salva».

13 13 Primer testimonio de la metáfora que utiliza los dolores del parto para describir la calamidad que amenaza al pueblo, ver Jr 6 24; 22 23; Is 26 17; 66 6-7, etc.

Aquí la comparación sugiere que la calamidad está destinada, en el designio de Dios, a provocar la conversión que sería la fuente de una nueva vida (= el nacimiento del hijo). Pero Efraín, al negarse a nacer, se condena a sí mismo.

13 14 El contexto exige que este v. 14 se interprete como una amenaza. Las dos primeras preguntas piden una respuesta negativa, las dos siguientes son una llamada que invita a la muerte y al Seol a enviar sus azotes sobre el pueblo rebelde. S. Pablo cita este texto para anunciar que la muerte ha sido vencida. 1 Co 15 55; pero él lo interpreta según los usos de su tiempo, que no tenían inconveniente en aislar una frase de su contexto.

13 15 (a) «Efraín» no está en el texto, que dice simplemente «él». Pero está evocado por «dar fruto» (yaferî') que corresponde a la explicación del nombre de Efraín dada en Gn 41 52.

13 15 (b) «él»: el viento solano que representa a Asiria.

III. *Conversión de Israel y vuelta a la gracia**

Vuelta sincera de Israel a Yahvé.

2 Vuelve, Israel, a Yahvé tu Dios,
5 5 pues tus culpas te han hecho caer.
3 Preparaos unas palabras*,
y volved a Yahvé.
Sal 32 1+ Decidle: «Quita toda culpa;
acepta lo bueno;
y en vez de novillos ofrecemos nuestros labios.
7 11; 12 2 4 Asiria no nos salvará,
Is 31 1 no montaremos a caballo,
2 18-19 y no diremos más 'Dios nuestro' a la obra de nuestras manos*,
oh tú, en quien halla compasión el huérfano.»
5 —Yo sanaré su infidelidad,
1 6; 9 15 los amaré graciosamente;
2 16-25 pues mi cólera se ha apartado de él,
Is 26 19 6 seré como rocío para Israel:
florecerá como el lirio,
y hundirá sus raíces como el Líbano.
Is 27 6 7 Sus ramas se desplegarán,
su esplendor será como el del olivo,
y su fragancia como la del Líbano.
8 Volverán los que habitaban a su sombra*;
harán crecer el trigo,
florecerán como la vid,
su fama será como la del vino del Líbano.
9 Efraín... ¿qué tengo yo que ver con los ídolos? 4 17 2 Co 6 16
Yo respondo y lo protejo.
Yo soy como un ciprés siempre verde,
y de mí procede tu fruto*.

Amonestación final*.

10 ¿Quién es sabio para entender estas cosas, Sal 107 43 Pr 4 7
inteligente para conocerlas?:
porque rectos son los caminos de Yahvé, Dt 32 4
por ellos caminan los justos,
mas los rebeldes en ellos tropiezan.

14 2 Las amenazas no son la última palabra del profeta, ver ya 2 16-25; 3 5; 11 8-11; 12 10. En una liturgia *de verdadera penitencia* que responde a 6 1-6, anuncia definitivamente la salvación.

14 3 Palabras de sincero arrepentimiento (a diferencia de 6 1-3), y no sacrificios, 6 6.

14 4 Rechazando los ídolos se rechaza con ellos al mismo tiempo esas formas de idolatría consistentes en la confianza en las alianzas extranjeras (Asiria) y en el poder militar (la caballería) que substituían a la confianza en Yahvé, único salvador, ver 8 9+; Is 30 1-5; 31 1-3.

14 8 Según hebr.; «Volverán a habitar a su sombra» griego.

14 9 El «fruto» alude de nuevo a la etimología de Efraín, ver 13 15+. —El ciprés siempre verde simboliza la vida, cuya fuente es Yahvé solo. Después de haber condenado los cultos idolátricos bajo los árboles sagrados, 4 13, Yahvé deja entender que él es la única realidad, de la que los cultos de la fertilidad no son más que una caricatura.

14 10 Adición posterior en estilo sapiencial.

JOEL

1 [1] Palabra de Yahvé que fue dirigida a Joel, hijo de Petuel.

I. *La plaga de langosta*

1. LITURGIA DE DUELO Y DE SÚPLICA

Lamentación por la ruina del país.

[2] ¡Escuchad esto, ancianos,
prestad oído, todos los habitantes del país!
¿Sucedió algo semejante en vuestros días,
o en los días de vuestros antepasados?
[3] Contádselo a vuestros hijos,
vuestros hijos a sus hijos,
y sus hijos a la siguiente generación.

Dt 28 38
Am 4 9;
7 1s
Ml 3 11
Sal 105
34-35

[4] Lo que dejó la oruga
lo devoró la langosta,
lo que dejó la langosta
lo devoró el pulgón,
lo que dejó el pulgón
lo devoró el saltamontes*.

Is 5 11+

[5] ¡Despertad, borrachos, y llorad,
gemid todos los bebedores de vino
por el mosto que os quitan de la boca!

Dt 28 39

[6] Porque un pueblo invade mi tierra,
poderoso e incalculable:

Jr 46 23
Ap 9 8

sus dientes son dientes de león,
y tiene mandíbulas de leona.

Is 5 1+
Na 2 3

[7] Va dejando mi viña desolada
y mi higuera destrozada:
la ha pelado del todo, la ha arrancado
y sus ramas quedan desnudas.

Jr 3 4

[8] ¡Suspira* tú, como doncella vestida de luto
por el esposo de su juventud!
[9] Ofrenda y libación* han cesado
en el templo de Yahvé.
Están de duelo los sacerdotes,
los ministros de Yahvé.

Os 4 3+

[10] El campo está arrasado,
la tierra está de luto,
porque se ha perdido el grano,
se ha secado el mosto,
y se ha agotado el aceite.

[11] ¡Consternaos, labradores,
lamentaos, viñadores,
por el trigo y la cebada;
porque se ha perdido
la cosecha del campo!
[12] la viña está seca,
la higuera marchita,
y granado, palmera y manzano:
todos los árboles del campo están secos.

Am 4 7-9

¡Se ha secado la alegría entre los hombres!

Is 16 10
Jr 25 10

Invitación a la penitencia y a la oración.

[13] ¡Vestíos de luto, sacerdotes*,
lamentaos, ministros del altar;
venid*, pasad la noche en cuelo,
ministros de mi Dios,
porque al templo de vuestro Dios
se le han negado
ofrenda y libación!

1 8+

[14] Promulgad* un ayuno,
convocad la asamblea,
reuníos, ancianos
y todos los habitantes del país,
en el templo de Yahvé, vuestro Dios,
y clamad a Yahvé:

2 15

[15] «¡Ay, el Día,
que está cerca el Día de Yahvé,
ya llega como devastación del Todopoderoso*!»

Ez 30 2-3
Is 13 6

---

1 4   Se trata de una invasión de langostas. Cuatro términos las designan aquí; el más usado para «langosta» en general es *'arbeh*. Se discute el sentido de los otros tres. Designan o especies distintas de langostas, o más bien las fases sucesivamente: larva *(yeleq)*, ninfa *(jasîl)* y el insecto joven *(gazam)*.
1 8   El profeta se dirige a la comunidad.
1 9   La ofrenda, ver Lv 2, y la libación cotidiana consistían en productos de la tierra: harina, vino, aceite, ver Ex 29 38-42; Nm 28 3-8.
1 13   (a) Los textos que siguen se utilizan en la liturgia cristiana de Cuaresma.
1 13   (b) Al Templo. Ver 2 17.

1 14   Lit. «santificad». Idénticos llamamientos a la penitencia y a la oración en 2 12-13.15-17; ver Jon 3 5-9. El interés que Joel concede a estas manifestaciones religiosas así como a los elementos del culto, 1 9.13.16; 2 14, ofrece vivo contraste con la actitud de Amós, Oseas, Miqueas y Jeremías, ver Am 5 21+. Joel, por lo demás, también piensa en la conversión del corazón, 2 13.
1 15   Juego de palabras entre «devastación» *(šôd)* y el nombre divino *Sadday*, ver Gn 17 1+. La plaga de langosta anuncia el «Día de Yahvé», día terrible, ver 2 1-2.11; Am 5 18+, aunque en el contexto de Jl 3-4, ver Ab 15, incluye el triunfo final de Israel.

¹⁶ ¿No han sido arrancados ante nues-
tros ojos
la comida, la alegría y el júbilo
del templo de nuestro Dios?
¹⁷ Se han secado las semillas
bajo los terrones*;
los graneros han sido devastados
y los silos arruinados,
porque falta el grano.
¹⁸ ¡Cómo muge el ganado,
cómo vagan sin rumbo las vacadas,
porque no tienen pastos!
¡Hasta los rebaños de ovejas lo pagan!

¹⁹ A ti clamo, Yahvé,
porque el fuego ha devorado
los pastos de la estepa,
las llamas han abrasado
todos los árboles del campo*.
²⁰ Hasta las bestias del campo
jadean tras de ti,
porque están secos las cauces de agua,
y el fuego ha devorado
los pastos de la estepa.

Am 5 18+ **Alarma en el Día de Yahvé*.**

2 ¹ ¡Tocad la trompeta* en Sión,
clamad en mi monte santo!
¡Tiemblen todos los habitantes del país,
porque llega el Día de Yahvé,
1 15   porque está cerca!

‖So 1 15 ² ¡Día de tinieblas y de oscuridad*,
Jn 8 12+   día de nubarrones y densa niebla!
Como la aurora sobre los montes,
se despliega un pueblo
1 6   innumerable y poderoso,
como jamás hubo otro,
ni lo habrá después de él
en muchas generaciones.

La invasión de langosta.

1 19   ³ Delante de él devora el fuego,
detrás de él abrasa la llama.
Gn 2 8   Ante él la tierra es un paraíso,

tras él, un desierto desolado.
¡No deja escapatoria!

⁴ Su aspecto es de corceles,   ↗Ap 9 7.9
de jinetes que galopan*.
⁵ Su estrépito es de carros
que saltan por las cimas de los montes,
como el crepitar de la llama de fuego
que consume la hojarasca,
¡como un ejército poderoso
en orden de batalla!
⁶ A su vista tiemblan los pueblos,   Is 13 8
todos los rostros mudan de color.   Na 2 11
⁷ Corren como valientes,
como guerreros escalan las murallas;
cada uno avanza en su puesto
sin descomponer las filas.
⁸ Nadie tropieza con su vecino,
cada cual sigue su ruta;
entre las saetas arremeten
sin romper la formación.
⁹ Asaltan la ciudad,
escalan la muralla,
suben hasta las casas,
a través de las ventanas
entran como ladrones.

Visión del Día de Yahvé.

¹⁰ ¡Ante ellos* tiembla la tierra,   4 15-16
se estremecen los cielos,   =4 15
el sol y la luna se oscurecen
y las estrellas pierden su brillo*!
¹¹ Yahvé alza la voz* al frente de su
ejército,
porque son innumerables sus batallo-
nes,
porque es poderoso el ejecutor de sus
órdenes,
porque es grande el Día de Yahvé   3 4
y muy terrible: ¿quién podrá soportar-   Ml 3 2.23
lo?   Na 1 6
                                      ↗Ap 6 17

Invitación a la penitencia.

¹² «Mas ahora —oráculo de Yahvé—
volved a mí de todo corazón,   Dt 4 29-3●

Os 4 3+

---

1 17   Sentido dudoso: tres de las cuatro palabras hebreas de esta frase no aparecen más que aquí.
1 19   El fuego, ver **2** 3, y las llamas: imágenes de la
sequía, ver Am **7** 4.
2   Los vv. 1-11 prosiguen, en la perspectiva del Día
de Yahvé, **1** 15, la descripción de la invasión de la langosta, bajo imagen de un ejército cuyo ataque es irresistible.
2 1   El toque de la trompeta o del cuerno, aviso de la
inminencia de un peligro, Am 3 6; Os 5 8; Ez 33 3.6,
anuncia el castigo de Israel, Is 18 3; Os 8 1; Jr 4 5; 6 1,
y la venida del Día de la Ira, Jl 2 1; So 1 16, ver Ap 8 6
- 9 21. Sirve también para convocar las asambleas religiosas, Nm 10 2-10; Jl 2 15; dará pues la señal de la
gran reunión de los elegidos el último día, Is 27 13; 1
Ts 4 16-17; 1 Co 15 52.

2 2   Estas imágenes son apropiadas para indicar la
aproximación de las nubes de langosta que oscurecen
el cielo, ver Ap 9 2. La aurora, v. 2, evoca la rapidez de
la invasión, o los reflejos amarillentos de las nubes de
langostas bajo el sol.
2 4   La comparación de las langostas con los caballos es corriente. Y aquí se desarrolla, vv. 4-9, en una
descripción del avance de la langosta bajo los rasgos de
una invasión armada, ver Na 2 4-7.11; 3 2-3.15-17, en
un contexto apocalíptico.
2 10   (a) Ante el ejército invasor.
2 10   (b) Esta clase de fenómenos cósmicos señalan el
Día de Yahvé, ver Am 8 9+.
2 11   El trueno, ver 4 16; Ex 19 16+; Am 1 2; Sal 18
14; 29 3-9; Jb 37 4. El ejército son las langostas.

con ayuno, con llantos y con duelo.»

Am 5 21+
Is 58 5-7

¹³ Desgarrad vuestro corazón
y no vuestros vestidos,
volved a Yahvé, vuestro Dios,

Ex 34 6-7+

porque él es clemente y compasivo,
lento a la cólera, rico en amor,
y se retracta de las amenazas.

Am 5 14s
Jon 3 9

¹⁴ ¡Quién sabe si volverá y se compadecerá,
y dejará a su paso bendición*,
ofrenda y libación
para Yahvé, vuestro Dios!

2 1+
1 14

¹⁵ ¡Tocad la trompeta en Sión,
promulgad un ayuno,
convocad la asamblea,
¹⁶ congregad al pueblo,

purificad la comunidad*,
reunid a los ancianos,
congregad a los pequeños
y a los niños de pecho!
Que salga el esposo de su alcoba
y la esposa de su lecho.

Dt 24 5

¹⁷ Entre el atrio y el altar*
lloren los sacerdotes, ministros de Yahvé,
y digan: «¡Perdona, Yahvé, a tu pueblo,
y no entregues tu heredad a la deshonra
y a la burla de las naciones!
Que no se diga entre los pueblos:
¿Dónde está su Dios?»

1 M 7 36-38

Ex 32 11-12+

Sal 42 4.11;
79 10
Mi 7 10
Ml 2 17

2. RESPUESTA DE YAHVÉ

Fin del azote y liberación.

Dt 4 24+

¹⁸ Yahvé sintió añoranza de su tierra
y se compadeció de su pueblo.
¹⁹ Respondió Yahvé y dijo a su pueblo:
«Yo os voy a enviar

Dt 11 14

el trigo, el mosto y el aceite
hasta saciaros,
y no os entregaré más
a la deshonra de las naciones.
²⁰ Alejaré de vosotros al que viene del norte*,
lo arrojaré hacia una tierra desolada y desértica:
su vanguardia hacia el mar oriental,
hacia el mar occidental su retaguardia.
Y subirá su mal olor,

Am 4 10
Is 34 3

se extenderá su fetidez.»
(¡Porque él hace proezas!)

Anuncio de prosperidad.

²¹ No temas, suelo,
regocíjate y salta de júbilo,
porque Yahvé hace proezas.

²² No temáis, bestias del campo,
porque los pastos de la estepa reverdecen,

los árboles producen su fruto,
la higuera y la vid dan su riqueza.
²³ ¡Habitantes de Sión, regocijaos,
alegraos en Yahvé, vuestro Dios!
Porque él os envía
la lluvia de otoño en su medida*,
y hace caer para vosotros los aguaceros
de otoño y primavera, como antaño*.

Dt 11 14

²⁴ Las eras se llenarán de trigo,
los lagares rebosarán de mosto y aceite.
²⁵ «Yo os compensaré de los años
en que os devoraron la langosta y el pulgón,
el saltamontes y la oruga,
el gran ejército,
que envié contra vosotros

1 4+

²⁶ Comeréis en abundancia hasta hartaros,
y alabaréis el nombre de Yahvé vuestro Dios,
que hizo maravillas con vosotros.
(¡Mi pueblo no volverá a ser avergonzado!)
²⁷ Y sabréis que yo estoy en medio de Israel;

---

2 14 Restablecimiento de la prosperidad agrícola, ver Dt 7 13-14; 16 10.15.17, etc.; ver Ag 2 15-19, que permitirá la reanudación del culto, ver 1 9.

2 16 «promulgad» y «purificad»: lit. «santificad», ver 1 14.

2 17 Es decir, en el patio al este del santuario, ver 1 R 6 3; Ez 40 48-49, entre el atrio (*Ulam*) y el altar mayor de los holocaustos, 1 R 8 64; 2 Cro 8 12. Los sacerdotes oran vueltos hacia el santuario.

2 20 El ejército de langostas, vv. 1-11, equiparado aquí al enemigo que «viene del norte» para ejecutar los juicios de Yahvé, imagen clásica en la literatura profética, ver Jr 1 13-15+; Ez 26 7, etc.

2 23 (a) Verso dudoso. —«en su medida», lit. «para la justicia», tal vez glosa: al pueblo arrepentido, Yahvé concede la lluvia «en su medida», es decir, según su lealtad con el pueblo, en virtud de la Alianza; o bien «con miras a la justicia», como señal de la vuelta del pueblo a la gracia. La Vulg. ha dado a este texto sentido mesiánico traduciendo: «el maestro de Justicia», el doctor que enseña la justicia, ver Os 10 12 hebr. y Jr 23 6; 33 15. Esta denominación se encuentra en los textos de Qumrán para designar al personaje principal de la secta de la Alianza.

2 23 (b) «como antaño» griego y Vulg.; «en el primer (¿mes?)» hebr.

Is 42 8+
44 6+

¡que yo soy Yahvé, vuestro Dios, y no hay otro!

¡Y mi pueblo no volverá a ser avergonzado!»

II.   *La nueva era y el día de Yahvé*

1. LA EFUSIÓN DEL ESPÍRITU*

28

↗ Hch 2
17-21
Nm 11 25-30
Is 32 15

29

30

3 ¹ «Después de esto
yo derramaré mi espíritu sobre todo mortal
y profetizarán vuestros hijos y vuestras hijas,
vuestros ancianos tendrán sueños,
vuestros jóvenes verán visiones.
² Y hasta sobre siervos y siervas
derramaré mi espíritu* en aquellos días.
³ Y realizaré prodigios*
en el cielo y en la tierra,

sangre, fuego y columnas de humo.»
⁴ El sol se convertirá en tinieblas
y la luna en sangre,
ante la llegada del Día de Yahvé,
grande y terrible.
⁵ Y todos los que invoquen
el nombre de Yahvé se salvarán,
porque *en el monte Sión* y en Jerusalén
habrá una escapatoria,
como ha dicho Yahvé,
y entre los supervivientes
estarán los que llame Yahvé.

31

↗ Ap 6 12

Jl 2 11

↗ Rm 10 1

Ab 17
Ap 14 1

2. JUICIO DE LOS PUEBLOS*

Temas generales.

Vulg. 3

Za 12

↗ Ap 16
13-16

4 ¹ «Pues mirad: en esos días, en aquel tiempo,
cuando cambie la suerte de Judá y Jerusalén*,
² reuniré a todos los pueblos
los haré bajar al Valle de Josafat*
y allí los juzgaré
porque dispersaron entre las naciones
a Israel*, mi pueblo y mi heredad,
y se repartieron mi tierra.
³ Sortearon a mi pueblo,
cambiaron al niño por una prostituta,
y vendieron a la niña por un trago de vino.»

Contra los fenicios y los filisteos*.

⁴ «Y vosotros, Tiro y Sidón y provincias filisteas,
¿qué queréis de mí?
¿Me exigís una recompensa?
Pues si queréis cobrarme,
¡muy pronto os pagaré vuestro merecido*!
⁵ Vosotros robasteis mi plata y mi oro,
os llevasteis mis mejores tesoros a vuestros templos,
⁶ y a los hijos de Judá y Jerusalén
los vendisteis a los griegos,
para alejarlos de su territorio.
⁷ Pues yo los reincorporaré
del lugar donde los vendisteis,

Am 1 6-10

Ez 27 13

---

3 El oráculo de los vv. 1-3, cuya realización sitúan los vv. 4-5 en el Día de Yahvé, anuncia para este día la efusión universal del Espíritu, ver Ez 36 27+. El discurso de Pedro, Hch 2 16-21+, hace ver en el milagro de Pentecostés las primicias de este don del Espíritu.
3 2 El espíritu de Dios es derramado sobre todos, sin distinción de clases, según el deseo de Moisés, Nm 11 29. Es a la vez el espíritu de profecía, caracterizado aquí por los sueños y las visiones, ver Nm 12 6, y la causa de una renovación interior, ver Ez 11 19-20; 36 26-27.
3 3 Anunciadores del juicio final, en el Día de Yahvé, ver 1 15; 2 1-2.10; Am 8 9+.
4 La restauración de Israel implica el castigo de los pueblos que le han causado daño, ver Ab 15-21. El Día de Yahvé concierne ahora a las naciones enemigas. Como los caps. precedentes, éste intercala las palabras de Yahvé, 1-8.2-13.17 (¿21ᵇ) en las del profeta, 9-11.14-16.18-20.21ᵇ.
4 1 «cambie la suerte», *qeré*. También puede entenderse: «cuando haga volver a los cautivos de Judá y

Jerusalén».
4 2 (a) *Josafat* «Yahvé juzga», ver v. 12, es el nombre simbólico del lugar en que Yahvé entra en juicio con las naciones, ver Jr 25 31; Is 66 16, llamado en el v. 14 el «Valle de la Decisión». El v. 16 (ver v. 11) invita a situarlo cerca de Jerusalén, sin que por eso se haya de identificar con el actual «valle de Josafat» (el valle del Cedrón, al sudeste del Templo), denominación que no aparece hasta el siglo IV d. C.
4 2 (b) No sólo el reino del Norte, sino todo el pueblo de Yahvé, según 2 23.27; 4 1. —«dispersaron entre las naciones»: alusiones a las deportaciones del 597 y del 586 y al trato que dieron a Jerusalén y al país los caldeos y algunos pueblos vecinos de Judá, ver Ez 21 23-37; 25; Ab 11-14; ver Na 3 10.
4 4 (a) A estos dos pueblos se les acusa, nominalmente esta vez, de saqueo, 5, y de tráfico de esclavos judíos (quizá con ocasión de los sucesos del 597 y 586).
4 4 (b) Según la ley del talión, Ex 21 25+, que va a ser aplicada, vv. 5-8, ver Ab 15; Sal 7 15-17.

y os pagaré vuestro merecido:
[8] venderé vuestros hijos y vuestras hijas
en manos de los habitantes de Judá,
y ellos los venderán a los sabeos*,
a un pueblo lejano,
¡lo ha dicho Yahvé!»

Is 22 25
Ab 18
Za 14 2
Ez 38-39

Convocatoria de los pueblos*.

[9] Pregonadlo entre las naciones:
¡Declarad* la guerra santa,
movilizad a los valientes!
¡Que avancen y suban
todos los guerreros!

Is 2 4
Mi 4 3

[10] Forjad espadas de vuestras azadas
y lanzas de vuestras podaderas*,
y diga el cobarde: «¡Soy un valiente!»
[11] ¡Daos prisa, venid,
todos los pueblos vecinos,
y congregaos allí!
(¡Yahvé, haz bajar a tus valientes*!)

[12] «¡Que se movilicen y suban las naciones
al Valle de Josafat!
Pues allí me sentaré yo para juzgar
a todos los pueblos vecinos.

[13] Meted la hoz,
porque la mies está madura;
venid a pisar,
que el lagar está lleno
y las tinajas rebosan:
tantos son sus delitos.»
[14] ¡Multitudes y multitudes
en el Valle de la Decisión*!
Porque está cerca el Día de Yahvé
en el Valle de la Decisión.

⁄ Mc 4 29
⁄ Ap 14
14-20
Is 17 5;
63 1-6

Is 17 12
Jl 4 2+

El Día de Yahvé.

[15] El sol y la luna se oscurecen
y las estrellas pierden su brillo.
[16] Yahvé ruge desde Sión,
desde Jerusalén alza su voz:
¡el cielo y la tierra se estremecen!

Pero Yahvé será un refugio para su pueblo,
una fortaleza para los hijos de Israel.

[17] «Sabréis entonces
que yo soy Yahvé vuestro Dios,
que habito en Sión, mi monte santo.
Jerusalén será lugar santo*
y los extranjeros no volverán a pasar
por ella.»

=2 10

‖Am 1 2+
Jr 25 30

Sal 46 2-3

2 27
Ez 38 23

Ap 21 27

3. ERA PARADISÍACA DE LA RESTAURACIÓN DE ISRAEL

Am 9 13

[18] Aquel día
los montes destilarán vino
y las colinas manarán leche,
por todas las torrenteras de Judá
correrán las aguas
y brotará una fuente del Templo de Yahvé
que regará el valle de las Acacias*.
[19] Egipto quedará hecho una desolación
y Edom, un desierto desolado,

Is 30 25
Ez 47 1+
Za 14 8
Jn 4 1+

por su violencia contra los habitantes de Judá,
cuya sangre inocente derramaron en su tierra.
[20] Pero Judá estará habitada siempre
y Jerusalén, de edad en edad.
[21] «Yo vengaré su sangre, no la dejaré impune*»,
y Yahvé morará en Sión.

Jr 17 25
Ez 37 25

4 8   Pueblo comerciante del sur de Arabia, ver Jr 6 20; Jb 6 19, ver 1 R 10+.
4 9   (a) Reanudación del tema del juicio, vv. 1-3. Aunque los pueblos declaran la guerra a Yahvé y marchen contra Sión, ver Za 14 2; 12 3-4, allí, en el Valle de la Decisión, vv. 11-14, sufrirán su juicio y su derrota final, vv. 15-17.
4 9   (b) Lit. «Santificad»: la guerra es una empresa santa, ver 2 16; Is 13 3; Jr 6 4; 22 7.
4 10   Inversión de las perspectivas paradisíacas, Is 2 4; 11 6+, que reaparecerán después del juicio, vv. 18.21.
4 11   «Daos prisa» jûšû conj.; hebr. 'ûšû, desconocido.
—«congregaos» griego, Vulg.; «ellas se congregarán» hebr. —El último verso es probablemente una glosa.
—Los «valientes» o «héroes» del ejército celeste son los

ángeles (los «santos» en Za 14 5).
4 14   El término puede significar el trillo guarnecido de púas que sirve para desgranar el trigo, ver Is 28 27; 41 15; Am 1 3; la imagen viene evocada por la mies del v. 13; en tal caso se traduciría «valle del Trillo»; la misma palabra significa también el veredicto, la Decisión, que zanja una cuestión.
4 17   Inviolable, ver Is 51 23; 52 1; Jr 31 49; Na 2 1; Ab 17; Za 9 8; 14 21.
4 18   Localización dudosa en este contexto apocalíptico en que la Tierra Santa se renueva.
4 21   Seguimos al griego y sir.; hebr.: «Dejaré su sangre impune, no he dejado impune». —Este verso debe de ser una glosa sobre el fin del v. 19.

AMÓS

Título.

1 ¹ Palabras de Amós, uno de los pastores de Técoa*. Visiones que tuvo acerca de Israel, en tiempo de Ozías, rey de Judá, y en tiempo de Jeroboán*, hijo de Joás, rey de Israel, dos años antes del terremoto*.

8 8; 9 5
Za 14 5

Exordio.

² Dijo:
Ruge Yahvé desde Sión*,
desde Jerusalén alza su voz;
los pastizales de los pastores están desolados,
y la cumbre del Carmelo se seca.

Jl 4 16
Jr 25 30
Am 11 10

Is 33 9
Na 1 4

I. Juicio de las naciones limítrofes de Israel y del mismo Israel*

Is 17 1-3
Jr 49 23-27

Damasco.

³ Así dice Yahvé:
¡Por tres crímenes de Damasco y por cuatro*,
seré inflexible*!
Por haber triturado con trillos de hierro* a Galaad,
⁴ enviaré fuego a la casa de Jazael,
que devorará los palacios de Ben Hadad*;
⁵ romperé el cerrojo de Damasco,
extirparé al habitante de Bicat Aven
y al que empuña el cetro* en Bet Eden;
el pueblo de Aram irá cautivo a Quir*,
dice Yahvé.

2 R 8 12;
10 32-33;
13 3.7

2 R 16 9

Gaza y Filistea.

Jos 13 2+
Jr 47
So 2 4-7

⁶ Así dice Yahvé:
¡Por tres crímenes de Gaza y por cuatro,
seré inflexible!
Por haber deportado poblaciones enteras,
para entregarlas a Edom,
⁷ enviaré fuego a la muralla de Gaza,
que devorará sus palacios;
⁸ extirparé al habitante de Asdod
y al que empuña el cetro en Ascalón;
volveré mi mano contra Ecrón*,
y perecerá lo que queda* de los filisteos,
dice el Señor Yahvé.

2 Cro 21
16-17

2 Cro 26 6

Tiro y Fenicia.

Is 23
Ez 26-28

⁹ Así dice Yahvé:
¡Por tres crímenes de Tiro y por cuatro,
seré inflexible!
Por haber entregado poblaciones enteras de cautivos a Edom,

---

1 1   (a) Se trata con más precisión de un ganadero, ver 7 14; 2 R 3 4, y no de un simple guardián de rebaños. —Técoa es una aldea de Judá, a 9 km al sudeste de Belén.
1 1   (b) Jeroboán II, rey de Israel del 783 al 743.
1 1   (c) Este terremoto está quizás atestiguado por las excavaciones arqueológicas de Jasor en la Alta Galilea; habría tenido lugar a mediados del siglo VIII a.C. Según Za 14 5 (LXX), a consecuencia de este seísmo quedaron obstruidos algunos valles. No se trata de una simple indicación cronológica: los editores del libro, responsables de esta noticia, vieron en él sin duda una manifestación divina que venía a confirmar el mensaje de Amós, ver 9 5; Sal 75 4; Mi 1 4, etc.
1 2   Tanto si procede del mismo Amós como si se trata de una relectura propia de Judá, ver Os 1 7+, este texto demuestra que, a pesar del cisma, es Jerusalén, donde Yahvé reside, el centro unificador del pueblo de Dios.
1 3   (a) Esta sección resume los oráculos pronunciados en diversas ocasiones contra siete naciones (además, el oráculo contra Judá, posterior sin duda). Los oráculos son de estructura idéntica y repiten las mismas fórmulas. Subrayan la justicia de Yahvé, que en cada uno de los pueblos castiga toda injusticia. En último lugar viene Israel, para indicar que el castigo, al que tan ajeno se cree, le herirá como a los demás, y será la manifestación suprema de la justicia divina.

1 3   (b) Las dos cifras consecutivas designan una cantidad indeterminada, pequeña o grande según el contexto, ver 4 8; Is 17 6; Jr 36 23 y los «proverbios numéricos», Pr 30 15+.
1 3   (c) Lit. «no lo revocaré» (el decreto de castigo). Otros traducen: «no le rechazaré» (al invasor asirio).
1 3   (d) Instrumento utilizado para limpiar el trigo en la era. La imagen se emplea a menudo para describir la aniquilación del vencido; Is 21 10; 41 15; Mi 4 12s; ver el anuncio profético de Eliseo, 2 R 8 12. Ver Jl 4 14+.
1 4   Jazael y Ben Hadad III, su hijo, reyes arameos que fueron enemigos encarnizados de Israel.
1 5   (a) Bicat Aven y Bet Eden, de difícil identificación, quizá no sean más que nombres simbólicos dados a Damasco («valle de iniquidad» y «casa de placer»).
1 5   (b) De donde es originario según 9 7. Según 2 R 16 9, la profecía se cumplió cuando la campaña de Teglatfalasar en 733-732. Quir se halla quizás al lado de Elam, ver Is 22 6.
1 8   No se menciona a Gat, la quinta ciudad filistea. Arruinada por Jazael, 2 R 12 18, no figuraba ya, ver Am 6 2.
1 8   (b) Este término (o su equivalente, el «resto»), que tendrá en otros textos un sentido teológico muy fuerte, ver Is 4 3+, se utiliza aquí en su acepción primera: lo que subsiste de un grupo diezmado por una catástrofe.

1 R 5 26;
9 11-14
sin acordarse de la alianza entre hermanos*,
¹⁰ enviaré fuego a la muralla de Tiro,
que devorará sus palacios.

Dt 2 1+
Is 34
Jr 49 7-22
Ez 25 12-14;
35
Edom.

¹¹ Así dice Yahvé:
¡Por tres crímenes de Edom y por cuatro,
seré inflexible!

Gn 27 41
Nm 20 14-21
Por haber perseguido con espada a su hermano*,
ahogando toda piedad,
por mantener para siempre su cólera*,
y guardar incesante su rencor,
¹² enviaré fuego a Temán*,
que devorará los palacios de Bosrá.

Dt 2 19+
Jr 49 1-6
Ez 25 1-7
So 2 8-11
Amón.

¹³ Así dice Yahvé:
¡Por tres crímenes de los hijos de Amón y por cuatro,
seré inflexible!

2 R 8 12;
15 16
Os 14 1
Por haber reventado a las embarazadas de Galaad,
para ensanchar su territorio,
¹⁴ prenderé fuego a la muralla de Rabá*,
que devorará sus palacios,
con el tumulto de un día de combate,
Is 28 2
con el fragor de un día de huracán;
¹⁵ y su rey irá al cautiverio,
juntamente con sus príncipes,
dice Yahvé.

Nm 22 36+
Is 15-16
Jr 48
Ez 25 8-11
So 2 8-11
Moab.

2 ¹ Así dice Yahvé:
¡Por tres crímenes de Moab y por cuatro,

seré inflexible!
Por haber quemado hasta calcinar los huesos del rey de Edom*,
² enviaré fuego a Moab
que devorará los palacios de Queriyot,
perecerá con estruendo Moab,
con tumulto, al son del cuerno;
³ extirparé de ella al juez,
y con él mataré a todos sus príncipes,
dice Yahvé*.

Judá*.

⁴ Así dice Yahvé:
¡Por tres crímenes de Judá y por cuatro,
seré inflexible!
Por haber despreciado la Ley de Yahvé, Is 5 24
Jr 7 28
Lv 26 14-15
y no haber observado sus preceptos,
porque los han extraviado sus Mentiras*,
tras las que habían caminado sus padres,
⁵ enviaré fuego a Judá Os 8 14
que devorará los palacios de Jerusalén.

Israel*.

⁶ Así dice Yahvé:
¡Por tres crímenes de Israel y por cuatro,
seré inflexible!
Porque venden al justo por dinero
y al pobre por un par de sandalias*; =8 6
Is 3 15
⁷ pisan contra el polvo de la tierra la cabeza de los débiles*,
y desvían el camino de los humildes;
hijo y padre acuden a la misma doncella, Dt 27 20;
23 19
profanando mi santo Nombre*;

---

1 9 Se trata sin duda de las buenas relaciones que existían desde Salomón entre Tiro e Israel (1 R 5 26 y 9 13, donde Jirán de Tiro llama a Salomón su «hermano») y que habían sido reforzadas por el matrimonio de Ajab con Jezabel (1 R 16 31), hija de Itobaal que reinó sobre Tiro y Sidón.
1 11 (a) Israel, «hermano» de Edom, Gn 25 21-24.29-30.
1 11 (b) «mantener su cólera» sir. y Vulg.; «su cólera desgarra» hebr.
1 12 Designación poética de Edom, ver Jr 49 7.20; Ab 9.
1 14 Ciudad principal del país, hoy Amán. Ver 2 S 11-12.
2 1 La incineración, que debía hacer desgraciada al alma en el más allá, era para el semita un crimen abominable.
2 3 Yahvé reprocha a Moab su conducta para con un pagano. A Israel no le afectó este crimen. De aquí se puede deducir que, en los otros oráculos, el comportamiento criminal es condenado en sí mismo y no porque Israel sea víctima de él. Para Amós, la misma ley moral rige para todos los hombres.
2 4 (a) Este oráculo de estilo deuteronómico es probablemente una relectura de Judá, ver Os 1 7+. Muchos piensan que lo mismo ocurre con los oráculos contra

Tiro y Edom.
2 4 (b) Es decir, sus ídolos.
2 6 (a) Los oráculos contra las naciones son un elemento habitual de la predicación profética, Is **13-23**; Jr **46-51**; Ez **25-32**. Al incluir entre ellos a Israel, Amós debía de provocar sin duda el asombro y la ira de sus oyentes, indignados de ser contados entre los paganos.
2 6 (b) Los profetas protestan a menudo contra la venalidad de la justicia, Am 5 7; 6 12; Is 1 23; Mi 3 1-3.9-11; 7 1-3, etc.
2 7 (a) Texto difícil: «pisan», tomando la raíz ša'af como una forma (por lo demás bien atestiguada) de la raíz šûf, y no como la raíz más corriente ša'af «aspirar a», «estar ávido de». —Antes de «la cabeza» omitimos «por» o «con». —«contra el polvo de la tierra», omitido por el griego, se considera a veces como una adición. —La codicia de los grandes: otro tema profético, Am 8 5-6; Is 1 17.23; 3 14; Mi 2 1-2.8-11; 3 9-11; 6 9-12; So 1 9; Jr 2 34; Ez 22 29.
2 7 (b) Sin duda no se trata de una prostituta sagrada, sino más bien de una esclava doméstica tomada como objeto de placer por el padre y el hijo. Lo que se condena no es tanto la apariencia de incesto como la degradación infligida a un ser humano. Lo que atenta contra la dignidad del hombre atenta contra Dios.

Dt 24 12-13

⁸ se acuestan sobre ropas empeñadas
junto a cualquier altar,
y beben el vino de los multados
en la casa de su dios...*

Dt 7 1+;
9 1-2

⁹ Yo destruí ante ellos al amorreo,
alto como los cedros
y fuerte como las encinas;

Os 9 16
Jb 18 16

destruí su fruto por arriba
y sus raíces por abajo*.
¹⁰ Yo os hice subir a vosotros del país de
Egipto

Dt 2 7

y os conduje por el desierto cuarenta
años,
para heredar la tierra del amorreo.
¹¹ Suscité profetas entre vuestros hijos,

Dt 18 18+
Nm 6 1+

y nazireos entre vuestros jóvenes.

¿No es así, hijos de Israel?,

oráculo de Yahvé.
¹² Pero vosotros hicisteis beber vino a
los nazireos,
y conminasteis a los profetas,
diciendo: «¡No profeticéis*!»
¹³ ¡Pues bien, yo os aplastaré debajo,
como aplasta el carro que está lleno de
haces!
¹⁴ Entonces le fallará la huida al ágil,
el fuerte no podrá desplegar su vigor,
ni el soldado salvará su vida.
¹⁵ El arquero no resistirá,
ni se salvará el de pies ágiles,
el jinete no salvará su vida
¹⁶ y el más valiente de los soldados
huirá desnudo aquel día,
oráculo de Yahvé.

7 12-13
Is 30 10
Jr 11 21
1 R 22 8.27

Am 1 3+

9 1

Jr 46 5

Mc 14 52
5 18+

II. Amonestaciones y amenazas a Israel

Elección y castigo.

3 ¹ Escuchad esta palabra que pronuncia Yahvé contra vosotros, hijos de Israel, contra la entera familia que hice subir del país de Egipto*:

Dt 7 6+

² Solamente a vosotros conocí*
entre todas las familias de la tierra;

Mt 11 20-
24p

por eso, os visitaré*
por todas vuestras culpas.

La vocación profética es irresistible*.

³ ¿Caminan acaso dos juntos,
sin haberse encontrado*?
⁴ ¿Ruge el león en la selva
sin que tenga presa?
¿Alza su voz el leoncillo desde su cubil,
si no ha cazado algo?
⁵ ¿Cae un pájaro a tierra en el lazo,

sin que haya una trampa*?
¿Salta del suelo el lazo
sin haber hecho presa?
⁶ ¿Suena el cuerno en una ciudad
sin que el pueblo se estremezca?
¿Sobreviene una desgracia a una ciudad
sin que la haya provocado Yahvé?
⁷ No, nada hace el Señor Yahvé
sin revelar su secreto
a sus siervos los profetas*.
⁸ Ruge el león;
¿quién no temerá?
Habla el Señor Yahvé,
¿quién no profetizará?

Jl 2 1+

Is 45 7

Gn 18 17
Jr 7 25

Ap 10 3

7 14-15
Jr 20 7-9

Samaría, corrompida, sucumbirá.

⁹ Pregonad en los palacios de Asiria,
y en los palacios del país de Egipto*;

---

2 8   En las comidas sagradas que seguían a los sacrificios. —«su dios»: se trata de Yahvé, a quien se le rebaja al rango de un ídolo —de ahí la minúscula en la traducción— cuando de la «honra» banqueteando con los bienes quitados a los desvalidos bajo apariencia de legalidad: multa o confiscación de los bienes de un deudor insolvente, ver Si 34 20.
2 9   Expresión, proverbial sin duda, de una destrucción total.
2 12   En todo este oráculo sobre Israel, la culpa del pueblo se presenta no sólo como una infracción de las leyes, sino también y sobre todo como una negativa a la llamada y solicitud divinas.
3 1   En la última parte del v. parece que el profeta se dirige a las doce tribus. Tal vez se trate de una relectura de Judá destinada, después de la desaparición del reino del Norte, a aplicar allí, en el del Sur, la palabra de Amós, ver 2 4s+; Os 1 7+.
3 2   (a) En el sentido bíblico de elegir, discernir, amar: Gn 18 19; Dt 9 24; Jr 1 5; Os 13 4 (ver Os 1 22+);

Sb 10 5. A los ojos de Amós, la elección de Israel no es un privilegio, 9 7, sino que supone para el pueblo una exigencia de fidelidad y justicia, una responsabilidad.
3 2   (b) La «visita» divina, ver Ex 3 16+, es aquí de castigo.
3 3   (a) Todo el pasaje justifica la intervención del profeta. No hay efecto sin causa, vv. 3-5ᵇ ni causa sin efecto, vv. 5ᶜ-6.8ᵃ. Si el profeta profetiza, es que ha hablado Yahvé, y si Dios habla, el profeta no tiene más remedio que profetizar, vv. 7-8ᵇ. Las comparaciones que elige hacen presentir un mensaje de dolor.
3 3   (b) O: «sin haberse concertado». Griego: «sin conocerse».
3 5   O: «reclamo», o «arma arrojadiza».
3 7   El v. 7 podría ser una glosa.
3 9   «Asiria» griego; «Asdod» hebr. —A los dos grandes vecinos y enemigos de Israel se les toma como testigos de los desórdenes de éste, como a los cielos y a la tierra en Is 1 2, ver Dt 30 19.

So 3 8

decid: ¡Congregaos contra los montes de Samaría,
   y ved cuántos desórdenes en ella,

2 6-8

   cuánta violencia en su seno!
   [10] No saben obrar con rectitud
   —oráculo de Yahvé—
   los que amontonan violencia y rapiña en sus palacios.

2 R 17 3-6

   [11] Por eso, así dice el Señor Yahvé:
   El adversario invadirá la tierra*,
   abatirá tu fortaleza
   y serán saqueados tus palacios.

   [12] Así dice Yahvé:

Ex 22 12
Gn 31 39

Como salva el pastor de la boca del león
   dos patas o la punta de una oreja,
   así se salvarán los hijos de Israel*,
   los que se sientan en Samaría,
   en el borde de un lecho y en un diván de Damasco*.

Contra Betel y las casas lujosas.

   [13] Oíd y atestiguad contra la casa de Jacob
   —oráculo del Señor Yahvé, Dios Sebaot—

1 S 1 3+

   [14] que el día que yo visite a Israel por sus rebeldías,

1 R 12 29-
30+
13 1-5
Ex 27 2+

   visitaré los altares de Betel*;
   serán derribados los cuernos del altar
   y caerán por tierra.
   [15] Sacudiré la casa de invierno
   con la casa de verano,

1 R 22 39

   se acabarán las casas de marfil*,
   y muchas casas desaparecerán,
   oráculo de Yahvé.

Contra las mujeres de Samaría.

Is 3 16-24;
32 9-14

4 [1] Escuchad esta palabra, vacas de Basán*,
que moráis en la montaña de Samaría,
   las que oprimís a los débiles,
   las que maltratáis a los pobres,
   las que decís a vuestros maridos:

Is 5 11-12+

«¡Trae de beber!»
   [2] El Señor Yahvé ha jurado por su santidad:

Lv 17 1+
Sal 89 36

He aquí que vienen días sobre vosotras
   en que se os izará con ganchos,
   y, hasta las últimas, con anzuelos de pescar*.
   [3] Por brechas saldréis cada una adelante,
   y seréis arrojadas al Hermón*,
   oráculo de Yahvé.

Ilusiones, impenitencia, castigo de Israel.

   [4] ¡Id a Betel a rebelaros,
   multiplicad en Guilgal vuestras rebeldías*,

2 R 2 1+

   llevad de mañana vuestros sacrificios,
   cada tres días vuestros diezmos*;

Lv 7 11+

   [5] quemad levadura en acción de gracias,
   y pregonad las ofrendas voluntarias, voceadlas,

Mt 6 2;
23 5p

   ya que eso os gusta, hijos de Israel*!,
   oráculo del Señor Yahvé.
   [6] Yo* incluso os he dado dientes limpios*

Lv 26 14-3
Sb 12 2.10

   en todas vuestras ciudades,
   y falta de pan en todos vuestros lugares;

---

3 11 El asirio, a quien nunca se le nombra, pero cuya amenaza se cierne sobre toda la profecía de Amós. —«invadirá» *yesôbeb* conj.; «y alrededor» *ûsebîb* hebr.
3 12 (a) No se trata aquí de un pequeño resto de salvados, sino al contrario, Amós anuncia irónicamente que tocante a salvación, todo lo que quedará del rebaño serán unos «trozos» que demostrarán la inocencia del pastor, es decir Yahvé y su profeta, ver Ex 22 12.
3 12 (b) Lit. «sobre el Damasco de un diván». El término «Damasco» evocaba ya quizás una tela lujosa, como actualmente en castellano.
3 14 Sobre Betel, ver **4 4+**.
3 15 Se trata de casas que tenían el mobiliario o las paredes con incrustaciones de marfil. Adornos de este tipo han sido encontrados en las excavaciones de Samaría.
4 1 Basán, en Transjordania, era célebre por sus pastos y sus rebaños. En Sal 22 13, los toros de Basán son el símbolo de la fuerza bruta; las vacas lo son aquí del espíritu sensual de las mujeres de Samaría.
4 2 Como a un rebaño de animales de los que se tira con un «garfio» o «arpón» puesto en el hocico y a los que se arrea a golpes de aguijón.
4 3 «seréis arrojadas» griego; «arrojaréis» hebr. —Al Hermón: en dirección a Asiria. La traducción es conjetural.

4 4 (a) El pecado no consiste en frecuentar santuarios, donde el culto está corrompido por prácticas idolátricas, sino en negarse a obedecer a la voluntad de Dios a la vez que se pretende honrarle con un culto que es, por eso, mentiroso, **5 21+**. Sobre Betel, ver Gn 12 8; 1 R 12 28 - 13 10; sobre Guilgal, ver Jos 4 19+.
4 4 (b) El profeta parece ironizar sobre la superabundancia de los actos de culto. Otra traducción: «el tercer día» (probablemente después de la llegada). La ofrenda del diezmo, Dt 14 22+, es una costumbre religiosa muy antigua, cuyo origen se hacía, en Betel, remontar hasta Jacob, Gn 28 22.
4 5 La insistencia del profeta: «vuestros» sacrificios, «vuestros» diezmos, «eso os gusta», se propone subrayar que los peregrinos realizan en el santuario sus propios deseos y no la voluntad de Yahvé.
4 6 (a) El trozo que sigue, vv. 6-12, es un pequeño poema con estribillo que pone de relieve la pedagogía divina. Como un padre castiga a su hijo, Dt 8 5+, Dios, por una serie de siete plagas presentadas en un orden de dureza creciente, Am 4 6-11; Lv 26 14-39; Dt 28 15-68, ha tratado de atraerse a su pueblo, pero en vano, Is 9 12; 42 25; Jr 2 30; 5 3; Os 7 10; So 3 2.7; Ag 2 17, ver Ap 9 20.21; 16 9.11; Ex 7-11. Israel se ha endurecido en su pecado, y Dios le va a herir.
4 6 (b) Por el hambre.

¡y no habéis vuelto a mí!,
oráculo de Yahvé.

Jr 14 1-6 ⁷ Yo incluso os hice cesar la lluvia, a
tres meses todavía de la siega;
he hecho llover sobre una ciudad,
y sobre otra ciudad no he hecho llover;
una parcela recibía lluvia,
y otra parcela, falta de lluvia, se secaba;
⁸ dos, tres ciudades acudían
a otra ciudad a beber agua,
pero no se saciaban;
¡y no habéis vuelto a mí!,
oráculo de Yahvé.

1 R 8 37
Dt 28 22 ⁹ Os he herido con tizón y añublo,
he secado* vuestras huertas y viñedos;
vuestras higueras y olivares
los ha devorado la langosta;
¡y no habéis vuelto a mí!,
oráculo de Yahvé.

Ex 9 1-7
Dt 7 15 ¹⁰ He enviado contra vosotros peste,
como la peste de Egipto,
he matado a espada a vuestros jóvenes,
mientras vuestros caballos eran cap-
turados;
Is 34 2-3 he hecho subir a vuestras narices el
hedor de vuestros campamentos;
¡y no habéis vuelto a mí!,
oráculo de Yahvé.

¹¹ Os he destruido
Gn 19 1+ como la destrucción divina de Sodoma
y Gomorra*,
Za 3 2 habéis quedado como un tizón sacado
de un incendio;
¡y no habéis vuelto a mí!,
oráculo de Yahvé.

¹² Por eso, esto voy a hacer contigo, Israel,
y porque esto voy a hacerte,
prepárate, Israel, a afrontar a tu Dios*.   Ml 3 1-2

Doxología*.

¹³ Porque él es quien forma los montes
y crea el viento,
quien descubre al hombre cuál es su   3 7
pensamiento*,
quien hace aurora las tinieblas*
y avanza por las alturas de la tierra*:
su nombre es Yahvé, Dios Sebaot.   5 8.27; 9 6
Os 12 6
Jr 32 18

Elegía por Israel.

5 ¹ Escuchad esta palabra,
que yo entono contra vosotros
una elegía, casa de Israel:
² ¡Ha caído, no volverá a levantarse,
la virgen de Israel*;
postrada está en su suelo,
no hay quien la levante!
³ Porque así dice el Señor Yahvé
a la casa de Israel*:
La ciudad que sacaba mil a campaña
quedará sólo con cien,
y la que sacaba cien
quedará sólo con diez*.

Sin convertirse no hay salvación.

⁴ Porque así dice Yahvé
a la casa de Israel:
¡Buscadme a mí y viviréis*!   Os 5 6+; 10
12
⁵ Pero no busquéis a Betel,
no vayáis a Guilgal   4 4; 8 14
ni crucéis a Berseba*,   Os 4 15
porque Guilgal será deportada sin remedio,

---

4 9   «he secado» *hejerabetî* conj.; «multiplicar» *ha-
rebbôt* hebr.
4 11   Alusión probable a un terremoto, ver 1 1.
4 12   Anuncio misterioso del castigo definitivo. —«y
porque esto voy a hacerte» quizá sea una glosa.
4 13   (a) Esta doxología, ver 5 8-9; 9 5-6, ha sido tal
vez añadida para el uso litúrgico. En el contexto presente, da mayor fuerza a la amenaza.
4 13   (b) O: «quien descubre el pensamiento del hombre», ver 2 R 5 25-26; Jr 11 20; Sal 94 11, etc.
4 13   (c) Alusión a los eclipses o a las tormentas ma-
tinales, a menos que se deba leer con el griego: «que
hace la aurora y las tinieblas».
4 13   (d) Alusión a la tempestad, Sal 18 8-16, o mejor,
expresión simbólica de la omnipotencia de Yahvé, Dt 32
13; Jb 9 8; Sal 18 34; Is 58 14; Mi 1 3-6.
5 2   La nación es comparada a una virgen arrebatada
por la muerte en plena juventud sin haber podido tener
acceso al matrimonio y la maternidad, ver Jc 11 39.
5 3   (a) Trasponemos aquí «la casa de Israel», que
está en el hebr. al final del v., ver 5 4.
5 3   (b) El desastre será grande. El «resto» que subsiste indica aquí la magnitud de la catástrofe, ver 1 8+;
3 12+, más que la esperanza de salvación, ver Is 4 3+,

que no se contempla aquí, ver 5 2.
5 4   Frecuentar los santuarios puede, sí, llamarse
«buscar a Dios», ver 5 5; Dt 12 5; 2 Cro 5. Pero Amós
proclama que la única búsqueda auténtica de Dios es la
que busca el bien y se aparta del mal, 5 14; ella es la
que conduce a la vida, 5 3.6. —En otros textos del AT
se «busca» a Dios, se le «consulta» (verbo *daraš*) «interrogándole» (ver 1 S 14 41+) por medio de un hombre de Dios, Gn 25 22; Ex 18 15; 1 S 9 9; 1 R 22 8, o
también «buscando la palabra», 1 R 22 5; ver 14 5, ya
sea en un libro, Is 34 16, ya por medio de un profeta, 1
R 22 7. Otra expresión (habitualmente e verbo *biqqeš*)
indica más bien que se busca «el rostro», es decir la presencia de Yahvé, Os 5 15; 2 S 21 1; 1 Cro 16 11 (=Sal
105 4); Sal 24 6; 27 8, probablemente en el mismo
sentido, So 1 6; Os 3 5; 5 6; Ex 33 7+, etc. Pero las dos
expresiones son afines: si se busca «el rostro» de Yahvé,
es para conocer su voluntad, y su presencia se manifiesta a menudo por sus oráculos. Esta «búsqueda de
Yahvé» es una actividad religiosa esencial en el AT. En
el NT, equivalentemente, hay que «buscar el Reino», Mt
6 33.
5 5   (a) Célebre como lugar de culto de los Patriarcas, Gn 21 31-33; 26 23-25.

y Betel reducida a la nada*.
⁶ ¡Buscad a Yahvé y viviréis,
no sea caiga él como fuego sobre
la casa de José
y devore inextinguible a Betel*!

Doxología.

⁸ Él forma las Pléyades y Orión,
convierte en aurora las tinieblas,
y oscurece el día en noche.
El que reúne las aguas del mar
y las derrama sobre la faz de la tierra*,
Yahvé es su nombre;
⁹ el que desencadena ruina sobre la
fortaleza
y acarrea la destrucción sobre la ciudadela*.

Amenazas.

⁷ ¡Ay de* los que convierten en ajenjo
el derecho
y tiran por tierra la justicia,
¹⁰ detestan al censor* en la Puerta
y aborrecen al que habla con sinceridad!
¹¹ Pues bien, ya que vosotros pisoteáis
al débil
y le cobráis tributo de grano,
habéis construido casas de sillares,
pero no las habitaréis;
habéis plantado viñas selectas,
pero no cataréis su vino.
¹² ¡Pues conozco vuestras muchas rebeldías
y vuestros graves pecados,

opresores del justo, que aceptáis soborno
y atropelláis a los pobres en la Puerta!
¹³ Por eso el hombre sensato calla en
esta hora*,
que es hora de infortunio.

Exhortaciones.

¹⁴ Buscad el bien, no el mal,
para que viváis,
y que esté así con vosotros Yahvé Sebaot,
tal como decís*.
¹⁵ Aborreced el mal, amad el bien,
implantad el derecho en la Puerta;
quizá Yahvé Sebaot tenga piedad
del Resto de José*.

Castigo inminente.

¹⁶ Por eso, así dice Yahvé,
el Dios Sebaot, el Señor:
En todas las plazas habrá lamentación
y en todas las calles se dirá: «¡Ay, ay!»
Convocarán a duelo al labrador,
y a lamentación* a los que saben pla-
ñir;
¹⁷ en todas las viñas habrá lamentación,
porque voy a pasar yo por medio de ti,
dice Yahvé.

El Día de Yahvé.

¹⁸ ¡Ay de los que ansían el Día de Yahvé!
¿Qué creéis que es el Día de Yahvé*?
¡Es tinieblas, que no luz*!
¹⁹ Como cuando uno huye del león y se
topa con un oso,

Marginal references (left column):
4 13+
Jb 9 9;
38 31
=9 6
6 12
Dt 28 30-
33+
Za 5 3-4
Mi 6 15
So 1 13

Marginal references (right column):
‖Mi 2 3
5 4+
Sal 34 13-15
37 27
Jl 2 14
Jn 3 4
Is 4 3+
4 12
Ex 12 12
Ml 3 1-2
Jl 2 1-2
So 1 14-18
Jr 13 16;
14 19
Jn 8 12+

---

5 5 (b) Juego de palabras sobre los nombres de Guilgal, «deportada sin remedio» *(Gilgal galôh yigleh)*, y de
Betel, «casa de Dios» convertida en «casa de la nada»
(awen, ver Os **4** 15).
5 6 Trasladamos el v. 7 después del v. 9: la doxología
de los vv. 8-9 (que ha sido añadida más tarde, tal vez
con un fin litúrgico, y que es un fragmento de himno
como **4** 13 y **9** 5-6) separa con poca fortuna los vv. 7 y
10, que primitivamente iban juntos.
5 8 O para inundar la tierra, Jb **12** 15, y reintegrarla
a su estado primitivo, Sal **104** 5-9, o para distribuirle la
lluvia fecundante, Jb **36** 27-28.
5 9 El texto de este v. es dudoso, pero se percibe en
él el tema de la humillación de los poderosos, ver **1** S **2**
4.7; Lc **1** 51-52.
5 7 «Ay de» añadido por conjetura, ver **5** 18 y **6** 1.
5 10 El testigo veraz o el juez equitativo.
5 13 Para no ser perseguido por los dirigentes sin escrúpulos. Este v. es tal vez una glosa.
5 14 Cree Israel que su elección le garantiza la pro-
tección incondicional de Yahvé, ver **9** 10; Mi **3** 11.
5 15 Es decir, del reino del Norte disminuido por todos los castigos con que Yahvé le ha herido, **4** 6-11, y
le va a herir todavía, **5** 3. Primer empleo profético de la
doctrina del «resto» salvado, ver Is **4** 3+. Pero en tanto
que para Isaías esta salvación es segura, aquí no pasa
de ser muy hipotética, y Amós habla de ella con escepticismo. Más positivo será en **9** 8-9.

5 16 Invertimos el orden de las palabras alterado en
hebr. (lit. «las lamentaciones para los que saben pla-
ñir»).
5 18 (a) Israel, confiado en su prerrogativa de pueblo
elegido, Dt **7** 6+, espera una intervención de Dios que
no puede menos de ser favorable. El profeta contrapone
a este día de Yahvé esperado la concepción profética del
Día de Yahvé, día de cólera, So **1** 15; Ez **22** 24; Lm **2**
22, contra Israel endurecido en su pecado: tinieblas,
lágrimas, matanzas, espanto, Am **5** 18-20; **2** 16; **8** 9-
10.13; Is **2** 6-21; Jr **30** 5-7; So **1** 14-18, ver Jl **1** 15-20; **2**
1-11. Todos estos textos hacen ver la amenaza de una
invasión devastadora (asirios, caldeos). Durante el Destierro, el Día de Yahvé se hace objeto de esperanza; la
cólera de Dios se vuelve contra los opresores de Israel,
Ab **15**; Babilonia, Is **13** 6.9; Jr **50** 27; **51** 2; Lm **1** 21;
Egipto, Is **19** 16; Jr **46** 10.21; Ez **30** 2; Filistea, Jr **47** 4
y Edom, Is **34** 8; **63** 4. Ese día señala, pues, la restauración de Israel, ya Am **9** 11, también Is **11** 11; **12** 1; **30**
26; ver Jl **3** 4; **4** 1. Después del Destierro, el «Día de Yahvé» tiende a convertirse en «juicio» que asegura el triunfo de los justos y la ruina de los pecadores, Ml **3** 19-23;
Jb **21** 30; Pro **11** 4, en una perspectiva netamente
universalista, Is **26** 20 - **27** 1; **33** 10-16. Véase finalmente
Mt **24** 1+. —Sobre las señales cósmicas que acompa-
ñan al Día de Yahvé, ver Am **8** 9+.
5 18 (b) Ver Jl **2** 1-2; So **1** 14-18.

o, al entrar en casa, apoya una mano en la pared
y le muerde una culebra...
²⁰ ¿No es tinieblas el Día de Yahvé, y no luz,
lóbrego y sin claridad?

Contra el culto exterior*.

²¹ Yo detesto, aborrezco vuestras fiestas,
no me aplacan vuestras solemnidades.
²² Si me ofrecéis holocaustos...*
no me complazco en vuestras oblaciones,
ni miro vuestros sacrificios de comunión de novillos cebados*.
²³ ¡Aparta de mí el ronroneo de tus canciones,
no quiero oír la salmodia de tus arpas*!
²⁴ ¡Que fluya, sí, el derecho como agua
y la justicia como arroyo perenne!
²⁵ ¿Acaso me presentasteis
sacrificios y oblaciones en el desierto*,
durante cuarenta años, casa de Israel?
²⁶ Tendréis que cargar con Sacut, vuestro rey,
y Queván, imágenes vuestras de astros divinizados,
que os habéis fabricado*;
²⁷ cuando os deporte más allá de Damasco*,
dice Yahvé, cuyo nombre es Dios Sebaot.

Contra la falsa seguridad de los sibaritas.

6 ¹ ¡Ay de los que se sienten seguros en Sión*
y de los que confían en la montaña de Samaría,
los notables de la capital de las naciones,
a quienes acude la casa de Israel*!
² Pasad a Calnó y mirad,
pasad de allí a Jamat la grande,
bajad luego a Gat de los filisteos.
¿Son acaso mejores que estos reinos?
¿Es su territorio más extenso que el vuestro*?
³ ¡(Vosotros sois) los que tratan de alejar el día funesto
y acercan un estado de violencia*!,
⁴ los que se acuestan en camas de marfil,
arrellanados en sus lechos,
los que comen corderos del rebaño
y becerros del establo,
⁵ los que canturrean* al son del arpa
y se inventan, como David, instrumentos de música,
⁶ los que beben vino en anchas copas
y se ungen con los mejores aceites,
pero no se afligen por el desastre de José*.
⁷ Por eso, ahora irán al destierro a la cabeza de los cautivos
y cesará la orgía de los sibaritas.

Marginal references (left column):
4 4-5
Sal 50 9-13;
51 18
Os 8 13
Is 1 11+
Lv 3 1
Hch 7 42-43
4 13+

Marginal references (right column):
Lc 6 24
Jr 5 12-13
3 15
1 Cro 23 5
Ne 12 36
Ap 18 14

---

5 21 Los profetas se han alzado a menudo contra la hipocresía religiosa de quienes se creen en regla con Dios porque cumplen ciertos ritos cultuales (sacrificios, ayunos), despreciando los preceptos más elementales de justicia social y de amor al prójimo, 1 S **15** 22; Is 1 10-16; 29 13-14; 58 1-8; Os 6 6; Mi 6 5-8; Jr 6 20; Jl 2 13; Za 7 4-6; ver Sal 40 7-9; 50 5-15; 51 18-19. Los salmistas, destacando los sentimientos interiores que deben inspirar el sacrificio: obediencia, acción de gracias, contrición, y el Cronista, subrayando el papel del canto litúrgico, expresión de las disposiciones del alma, en el culto sacrificial, reaccionarán también contra el formalismo del culto. El NT dará las fórmulas definitivas: Lc **11** 41-42; Mt 7 21; Jn 4 21-24.
5 22 (a) Falta un hemistiquio, o el comienzo del v. 22 es una glosa inacabada.
5 22 (b) Se trata de los sacrificios de Lv **3**+.
5 23 Las ceremonias religiosas implican canto y música, 1 S **10** 5; 2 S 6 5.15.
5 25 Así pues, Amós, como Oseas, **2** 16-17; 9 10, y Jeremías, 2 2-3, ve en los tiempos del desierto la época ideal de las relaciones de Yahvé y de su pueblo, ver Os 2 16+. Las condiciones de la vida nómada y la legislación rudimentaria sólo daban ocasión a un culto de poca importancia, ver Jr 7 22. Se podía, pues, agradar a Yahvé con un culto pobre, pero sincero.
5 26 «Sacut» y «Queván» conj. Podría tratarse de una glosa mal insertada. —Los habitantes del reino de Israel se llevarán al destierro las imágenes de los falsos dioses

que han venerado, como los paganos, ver Is **46** 1; Jr **48** 7; 49 3. Sacut y Queván parecen ser divinidades babilonias. Como su culto no aparece atestiguado en Israel en el s. VIII y como, por otra parte, Amós no acusa nunca a sus oyentes de idolatría, este texto es tal vez una adición que trata de identificar sarcásticamente el culto de los israelitas contemporáneos de Amós con el de las poblaciones paganas instaladas en lugar de ellos en Samaría después del 721, ver 2 R **17** 29-31.
5 27 Es decir, a Asiria.
6 1 (a) «los que se sienten seguros en Sión» es quizás una relectura propia de Judá, ver **3** 1+; Os 1 7+.
6 1 (b) Para tributarles homenaje, buscar consejo y pedir justicia.
6 2 Se interpreta este texto como un apóstrofe de los notables de Samaría a los que vienen a consultarlos: vosotros sois más poderosos que estos reinos, no tenéis nada que temer. Pero el texto es dudoso y, corrigiendo el último verso, se podría entender: «¿sois vosotros mejores que estos reinos?, ¿es vuestro territorio mayor que el de ellos?»; en este caso el declive de estas ciudades serviría de señal para Israel. Pero Calnó, ver Is **10** 9, al norte de Alepo, no será tomada por los asirios hasta el 738, Jamat junto al Orontes hasta el 720, y Gat en Filistea hasta el 711.
6 3 La de la ocupación enemiga.
6 5 Sentido dudoso.
6 6 El fin inminente del reino de Israel.

El castigo será terrible.

4 2 ⁸ El Señor Yahvé ha jurado por sí mismo,
oráculo de Yahvé Dios Sebaot:
Is 28 1 Yo aborrezco la soberbia de Jacob,
detesto sus palacios,
y voy a entregar la ciudad* con cuanto contiene.
2 14-16 ⁹ Y sucederá que, si quedan diez hombres en una misma casa, morirán.
¹⁰ Sólo quedarán unos pocos evadidos*
para sacar de la casa los huesos;
y si se dice al que está en el fondo de la casa:
«¿Hay todavía alguien contigo?»,
dirá: «Ninguno»,
So 1 7
Za 2 17
Ha 2 20 y añadirá: «¡Silencio!, que no hay que mentar
el nombre de Yahvé*».

¹¹ Pues he aquí que Yahvé da la orden
y reduce la casa grande a escombros,
la casa pequeña a ruinas.
¹² ¿Corren los caballos por la roca?,
¿se ara con bueyes el mar*?,
¡pues vosotros convertís en veneno el derecho
y en ajenjo el fruto de la justicia! 5 7
¹³ ¡(Vosotros sois) los que os alegráis por Lo-Debar*,
los que decís: «¿No tomamos Carnáin Dt 8 17+
con nuestra propia fuerza?»
¹⁴ ¡Pues voy a suscitar contra vosotros,
casa de Israel,
—oráculo del Señor Yahvé, Dios Sebaot—
una nación* que os oprimirá
desde la Entrada de Jamat
hasta el torrente de la Arabá*!

III. Las visiones

Primera visión: las langostas.

Jl 1 4-7;
2 3-9
Dt 28 38 **7** ¹ Esto me hizo ver el Señor Yahvé:
He aquí que él formaba langostas,
cuando empieza a crecer el forraje,
el forraje que sale después de la siega del rey*.
² Y cuando acababan de devorar la hierba de la tierra,
dije: «¡Perdona, por favor*, Señor Yahvé!,
¿cómo va a resistir Jacob, que es tan pequeño?»
³ Se arrepintió* Yahvé de ello:
«No sucederá», dijo Yahvé.

Segunda visión: la sequía.

⁴ Esto me hizo ver el Señor Yahvé:
He aquí que el Señor Yahvé convocaba al juicio por el fuego*:
éste devoró el gran abismo*,
y devoró la campiña.
⁵ Y dije: «¡Señor Yahvé, cesa, por favor!,
¿cómo va a resistir Jacob, que es tan pequeño?»
⁶ Se arrepintió Yahvé de ello:
«Tampoco esto sucederá», dijo el Señor Yahvé.

---

6 8   Samaría, o cualquier otra ciudad del reino del Norte.
6 10   (a) Seguimos al griego; hebr. ininteligible.
6 10   (b) Por respeto religioso, o quizá por temor ante la desgracia cuyo autor es Yahvé. El pasaje es oscuro, pero el sentido general es claro: describe la catástrofe que cae sobre la ciudad y los muertos que llenan las casas, así como el terror que se apodera del pequeño grupo de los que se han librado y que deben ocuparse de los cadáveres.
6 12   Texto ligeramente corregido (separando de otra manera las palabras y cambiando las vocales). TM: «¿se ara acaso con bueyes?» (plural en lugar de singular colectivo).
6 13   Juego de Palabras sobre Lo-Debar, que significa «nada». Lo-Debar, 2 S 9 4, y Carnáin, 1 M 5 26, en Transjordania, se contaban sin duda entre las ciudades reconquistadas por Jeroboán II y su padre Joás, ver 2 R 13 25 y 14 25.
6 14   (a) Asiria.
6 14   (b) El torrente de la Arabá no es el torrente de Egipto que designa con la Entrada de Jamat los límites sur y norte de la Tierra Prometida, 1 R 8 65. Se trata

de uno de los guadis que bajan al valle inferior del Jordán (la «Arabá») cerca del mar Muerto. El territorio así delimitado es el del reino del Norte después de las conquistas de Jeroboán II; ver 2 R 14 25.
7 1   El rey se reservaba probablemente para su caballería una parte del primer corte.
7 2   La intercesión es una de las funciones propias del ministerio profético, Gn 20 7; ver también 2 M 15 14; Jr 15 1.11; 18 20; Ez 9 8; Dn 9 15-19; sobre la intercesión de Moisés, ver Ex 32 11+. Pero cuando el pueblo se obstina en el pecado, Dios no acepta ya la intercesión del profeta, ver Jr 14 7-11. Aquí Amós no interviene más que en las dos primeras visiones; en las tres últimas se calla.
7 3   Es decir, renunció a ejecutar su designio.
7 4   (a) «convocaba al juicio por el fuego» conj.; «llamaba (o: venía) para castigar por fuego» hebr. —El «fuego» es la sequía, Am 1 2; 4 6-8, que todo lo devora, ver Jl 1 19-20; 2 3. Otros traducen: «proclamaba al juicio por el fuego», es decir, el fuego celeste, el que destruyó a Sodoma y Gomorra, Gn 19 24-25.28.
7 4   (b) El Océano subterráneo, de donde proceden las aguas.

Tercera visión: la plomada.

[7] Esto me hizo ver el Señor Yahvé:
Estaba aplicando a una pared
una plomada que tenía en la mano*.
[8] Y me dijo Yahvé:
«¿Qué ves, Amós?»
Yo respondí: «Una plomada.»
El Señor dijo:
«¡He aquí que yo voy a aplicar plomada
en medio de mi pueblo Israel,
ni una más le volveré a pasar*!
[9] Serán devastados los altos de Isaac,
asolados los santuarios de Israel,
y me alzaré con espada contra la casa
de Jeroboán.»

Conflicto con Amasías. Amós expulsado de Betel*.

[10] El sacerdote de Betel, Amasías,
mandó a decir a Jeroboán, rey de Israel:
«Amós conspira contra ti en medio de la
casa de Israel; el país no puede soportar
todas sus palabras. [11] Porque Amós anda
diciendo: 'A espada morirá Jeroboán, e
Israel será deportado de su tierra.'»
[12] Amasías dijo a Amós: «Vete, vidente*;
huye al país de Judá; come allí tu pan* y
profetiza allí. [13] Pero en Betel no sigas
profetizando, porque es el santuario real
y la Casa del reino.»
[14] Respondió Amós y dijo a Amasías:
«Yo no soy profeta, ni soy hijo de profeta*,
yo soy vaquero y picador de sicómoros.

[15] Pero Yahvé me tomó de detrás del rebaño,
y Yahvé me dijo:
'Ve y profetiza a mi pueblo Israel.'
[16] Y ahora escucha la palabra de Yahvé.
Tú dices:
'No profetices contra Israel,
no vaticines contra la casa de Isaac.'
[17] Por eso, así dice Yahvé:
'Tu mujer se prostituirá en la ciudad,
tus hijos y tus hijas caerán a espada,
tu tierra será repartida a cordel,
tú mismo morirás en tierra impura*,
e Israel será deportado de su tierra'.»

Cuarta visión*: la canasta de fruta madura

8 [1] Esto me hizo ver el Señor Yahvé:
una canasta de fruta madura.
[2] Y me dijo: «¿Qué ves, Amós?»
Yo respondí: «Una canasta de fruta
madura.»
Y Yahvé me dijo: «¡Ha llegado la madurez*
para mi pueblo Israel,
ni una más le volveré a pasar!
[3] Los cantos de palacio serán lamentos
aquel día
—oráculo del Señor Yahvé—,
muchos serán los cadáveres,
se arrojarán por todas partes, ¡silencio*!

Contra los defraudadores y explotadores*.

[4] Escuchad esto los que pisoteáis al pobre

Marginal references (left column):
Dt 12 2+
2 R 15 8-10
7 9
5 27; 6 7; 9 4
2 12+
1 R 12 29
3 3-8+
2 S 7 8
al 78 70-71

Marginal references (right column):
2 12+
2 R 17 24
Dt 28 30-33
Os 9 3
7 7-9
Ap 14 15-18
6 10+
2 6-8; 4 1

---

7 7 «el Señor Yahvé» añadido según 7 1.4 y 8 1; falta en hebr. —«una pared» conj.; una pared de plomada» hebr. —El término 'anak traducido por plomada no aparece más que aquí en la Biblia y su sentido no es seguro; la palabra de la misma raíz en acádico, siríaco y árabe significa estaño o plomo. La plomada permite poner en su sitio un objeto vertical o (con una escuadra) horizontal. A esta segunda operación parece que se alude aquí. Yahvé va a destruir todo hasta ras del suelo, ver 2 R 21 13; Is 34 11; Lm 2 8. Pero el significado de la visión sigue siendo dudoso.
7 8 Es el nuevo estribillo, ver 8 2, que substituye al de las dos primeras visiones, 7 3.6. Supone un endurecimiento en el pecado que no se indica explícitamente.
7 10 Entre la tercera y la cuarta visión se intercala este relato en prosa, que procede de los discípulos de Amós. Sigue inmediatamente a la profecía contra la casa real, 7 9, y describe las reacciones que ha suscitado este anuncio.
7 12 (a) El término lleva aquí tal vez un matiz despectivo («visionario»).
7 12 (b) Amasías equipara a Amós con los profetas de carrera que viven de su profesión, ver 1 S 9 7+, pero no le acusa de ser un falso profeta; al contrario, con esta intervención y su acusación de conspiración (v. 10), muestra que teme las consecuencias de la predicación

del profeta: la palabra de Amós, eficaz, es considerada como la causa directa de las desgracias que anuncia.
7 14 «hijo de profeta», semitismo que indica la pertenencia a un grupo, ver 2 R 2 3+. —«vaquero», lit. «que se ocupa del ganado», con un término que designa normalmente el ganado mayor; ver 1 (donde hay un término diferente). —Picando el tallo de los frutos del sicómoro, que sirven de forraje, se acelera su maduración.
7 17 Toda tierra extranjera, manchada por la presencia de los ídolos, es impura, Os 9 3-4; la tierra de Israel, donde habita Yahvé, Os 8 1; Za 9 8; Jr 12 7, es pura, 2 R 5 17, y «santa», Ex 19 12+; Za 2 16 2 M 1 7.
8 Salvando el paréntesis del episodio de Betel, 7 10-17, esta cuarta visión enlaza con la tercera, 7 7-9, con la que la emparejan semejanzas de estructura y de pensamiento.
8 2 La traducción intenta conservar el juego de palabras que hay en hebr. entre qes («fin» = «madurez») y qayis «fruta madura», lit. «fruta de verano».
8 3 El texto del final del v. es dudoso.
8 4 Los oráculos que siguen, vv. 4-14, se intercalan con no mucho acierto entre la cuarta y la quinta visión. Su inserción en este lugar se explica porque precisan, justifican y desarrollan el anuncio del fin contenido en la cuarta visión.

y queréis suprimir a los humildes de la tierra,

⁵ diciendo: «¿Cuándo pasará el novilunio*

para poder vender el grano,
y el sábado para dar salida al trigo,
para achicar la medida y aumentar el peso,
falsificando balanzas de fraude,
⁶ para comprar por dinero a los débiles
y al pobre por un par de sandalias,
para vender hasta el salvado del grano?»

⁷ Ha jurado Yahvé por el orgullo de Jacob*:

¡Jamás he de olvidar todas sus obras!
⁸ ¿No se estremecerá por ello la tierra,
y hará duelo todo el que en ella habita,
subirá toda entera como el Nilo,
se encrespará y bajará como el Nilo de Egipto*?

Anuncio del castigo: oscuridad y duelo.

⁹ Sucederá aquel día
—oráculo del Señor Yahvé—
que yo haré ponerse el sol a mediodía,
y en plena luz del día cubriré la tierra de tinieblas*.
¹⁰ Convertiré vuestra fiesta en lamento,
y en elegía todas vuestras canciones;
pondré en todos los lomos sayal
y tonsura en todas las cabezas*;
la transformaré en lamento por el hijo único
y su final como día de amargura.

Hambre y sed de la Palabra de Dios.

¹¹ He aquí que vienen días
—oráculo del Señor Yahvé—
en que yo mandaré hambre a la tierra,
no hambre de pan, ni sed de agua,

sino de oír la palabra* de Yahvé.
¹² Entonces vagarán de mar a mar,
andarán errantes de norte a levante
en busca de la Palabra de Yahvé,
pero no la encontrarán.

Nuevo anuncio de castigo.

¹³ Aquel día desfallecerán de sed
las muchachas hermosas y los jóvenes.
¹⁴ Los que juran por el pecado* de Samaría,
los que dicen: «¡Vive tu Dios, Dan*!»
y «¡Viva el camino* de Berseba!»,
ésos caerán para no alzarse más.

Quinta visión: caída del santuario*.

9 ¹ Vi al Señor en pie junto al altar*
y dijo: ¡Sacude el capitel*
y que se desplomen los umbrales!
¡Hazlos trizas en la cabeza de todos ellos,
y mataré a espada a los que queden:
no huirá de entre ellos un solo fugitivo
ni un evadido escapará!
² Si fuerzan la entrada del Seol,
de allí los agarrará mi mano;
si suben hasta el cielo,
de allí los haré bajar;
³ si se esconden en la cumbre del Carmelo,
allí los buscaré y los agarraré;
si se ocultan a mis ojos
en el fondo del mar,
allí mismo* ordenaré a la Serpiente
que los muerda;
⁴ si van al cautiverio delante de sus enemigos,
allí ordenaré a la espada que los mate;
pondré en ellos mis ojos
para mal y no para bien.

Margin references (left column):
Dt 25 13+
Mi 6 10-11
Os 12 8

=2 6

1 1
=9 5

/ Tb 2 6
Os 2 13
Is 3 24
1 M 9 41

Jr 6 26
Za 12 10

4 2

Mt 5 6
Dt 8 3+

Margin references (right column):
Os 5 6+

Za 9 17

2 13-16;
6 9-10

Sal 139 7-1[...]
Jr 23 23-24

Sal 135 6

Jb 3 8+;
7 12+

---

8 5   El novilunio, Lv 23 24+, lo mismo que el sábado, Ex 20 8+, interrumpía las transacciones comerciales.
8 7   El «orgullo de Jacob» puede designar un atributo de Yahvé, 1 S 15 29, o bien, como en 6 8, la arrogancia de Israel, tan firme que puede servir de base a un juramento, o también la tierra de Yahvé, Palestina, Sal 47 5.
8 8   El profeta compara el terremoto, ver 1 1+, con las crecidas y decrecidas del Nilo. En esta comparación hay más imaginación poética que observación. —«como el Nilo» versiones; «como una luz» hebr. —«bajará» qeré; «será bebida» ketib, ver 9 5.
8 9   El día de Yahvé, 5 18+, lleva consigo señales cósmicas: terremotos, Am 8 8; Is 2 10; Jr 4 24, eclipses de sol, Am 8 9; Jr 4 23; los profetas posteriores lo amplifican sirviéndose de imágenes estereotipadas que no hay que tomar al pie de la letra: So 1 15; Is 13 10.13; 34 4; Ez 32 7.8; Ha 3 6; Jl 2 10.11; 3 3.4; 4 15.16; ver Mt 24 29; Ap 6 12-14 y véase Mt 24 1+.
8 10   Señal de aflicción y de duelo entre los pue-

blos vecinos, Is 15 2, lo mismo que en Israel, Jr 7 29; Mi 1 16.
8 11   «la palabra» griego; «las palabras» hebr. —El profeta no anuncia una conversión, caracterizada por un hambre de oír la palabra de Dios a fin de obedecerla, sino un castigo. Cansado de hablar sin ser escuchado, Dios se calla. Ya no suscita profetas.
8 14   (a) Se trata o de una diosa, 'Ašimah, ver 2 R 17 30, cuyo nombre cambia adrede el profeta en 'asĕmah, «pecado», o más bien una designación despectiva de un santuario de Samaría. Ver Dt 9 21, donde Aarón llama al becerro de oro «vuestro pecado».
8 14   (b) Donde se encontraba uno de los becerros de oro de Jeroboán, 1 R 12 30.
8 14   (c) Es decir, la peregrinación.
9   Se trata sin duda del santuario de Betel, pero la ausencia de una localización precisa muestra que Amós se refiere a través de él a todos los santuarios del reino.
9 1   (a) O: «sobre el altar».
9 1   (b) La orden se dirige tal vez a un ángel.
9 3   «allí» conj.; «de allí» hebr.

4 13; 5 8

Doxología*.

=8 8

Sal 104 3

=5 8

4 13+

⁵ ¡El Señor Yahvé Sebaot...!,
el que toca la tierra y ella se derrite,
y hacen duelo todos sus habitantes;
se eleva toda entera como el Nilo,
y baja como el Nilo de Egipto.
⁶ El que edifica en los cielos sus altas moradas*
y asienta su bóveda en la tierra;
el que reúne a las aguas de la mar
y las derrama sobre la faz de la tierra.
¡Yahvé es su nombre!

Todos los pecadores perecerán.

⁷ ¿No sois vosotros para mí como hijos de cusitas*,
oh hijos de Israel?
—oráculo de Yahvé—

¿No hice subir a Israel del país de Egipto,
como a los filisteos de Caftor y a los arameos de Quir*?
⁸ He aquí que los ojos del Señor Yahvé están sobre el reino pecador;
voy a exterminarlo de la faz de la tierra,
aunque no exterminaré del todo
a la casa de Jacob —oráculo de Yahvé*—.
⁹ Pues he aquí que yo doy orden
de zarandear a la casa de Israel
entre todas las naciones*,
como se zarandea con la criba
sin que ni un grano caiga en tierra*.
¹⁰ A espada morirán todos los pecadores de mi pueblo*,
ésos que dicen:
«¡No se acercará, no nos alcanzará la desgracia*!»

Jos 13 2+

3 12+
Is 4 3+

Lc 22 31

6 1-6
Is 28 15
Jr 5 12

IV. Perspectivas de restauración y de fecundidad paradisíaca*

↗ Hch 15
16-17

Nm 24 18
Gn 22 17
Ab 19

5 11
Lv 26 5

¹¹ Aquel día levantaré la cabaña ruinosa de David,
repararé sus brechas y restauraré sus ruinas*;
la reconstruiré como en los días de antaño,
¹² para que posean lo que queda de Edom
y todas las naciones sobre las que se ha invocado mi nombre*,
oráculo de Yahvé, el que hace esto.
¹³ He aquí que vienen días —oráculo de Yahvé—
en que el arador empalmará con el

segador
y el que pisa la uva con el sembrador;
destilarán vino los montes
y todas las colinas se derretirán.
¹⁴ Entonces haré volver a los deportados de mi pueblo Israel*;
reconstruirán las ciudades devastadas
y habitarán en ellas,
plantarán viñas y beberán su vino,
cultivarán huertas y comerán sus frutos.
¹⁵ Yo los plantaré en su tierra
y no serán arrancados nunca más
de la tierra que les di,
dice Yahvé, tu Dios.

↗ Jl 4 18

Os 14 8
Jr 31 5
Is 65 21-22
Am 5 11

9 5   Fragmento de himno insertado posteriormente, sin duda con un fin litúrgico, ver 4 13+. El comienzo del v. («El Señor Yahvé Sebaot») es sin duda una glosa que precisa el sujeto de la frase.
9 6   «sus altas moradas» *'aliyyotaw* conj.; «su escalera» *ma'alôtô* hebr. ketib; «sus escalera» *ma'alôtaw* qeré.
9 7   (a) Es decir, un pueblo perdido en los confines del mundo (el Sudán actual). Israel se engaña, pues, al creerse el «primero de los pueblos» o «la capital de las naciones», 6 1.
9 7   (b) Los israelitas no tienen por qué jactarse de su elección, ver Dt 7 6+. No es un privilegio sino una exigencia, 3 2+, y Dios ejerce igualmente su solicitud sobre los demás pueblos, ver Is 19 22-25.
9 8   Aquí se afirma claramente, después de haber sido entrevista en 5 15, la salvación de un «resto», ver Is 4 3+.
9 9   (a) Este oráculo data quizá de la primera deportación de Israel (734). Ver 2 R 15 29.
9 9   (b) La criba retiene los granos (los justos) mientras que el polvo y la paja son eliminados. A menos que se trate de la criba que retiene las piedrecitas (los pecadores) y deja pasar el grano (los justos).

9 10   (a) Amós afirma sin vacilación que los pecadores serán castigados y los justos salvados, y se representa esta retribución bajo la forma de una catástrofe que alcanzaría sólo a los pecadores, cosa que la historia futura desmentirá. Esta certeza del profeta y este mentís de la historia serán utilizados por el Espíritu para hacer nacer, seis siglos más tarde, la fe en una retribución después de la muerte, ver Dn 12 2-3.
9 10   (b) Seguimos al griego. Hebr.: «Tú no harás que se acerque la desgracia ni dejarás que nos alcance».
9 11   (a) Las promesas del futuro comprenden: la restauración del reino davídico, vv. 11-12; la prosperidad material, vv. 13-14; la ocupación para siempre de la patria recuperada, v. 15. Sobre esta felicidad mesiánica, ver Os 2 20+. —Este pasaje parece ser posterior, véase la Introducción a los profetas.
9 11   (b) «sus brechas», «sus ruinas» griego; «sus (fem.) brechas», «sus (masc.) ruinas» hebr.
9 12   Ver 2 S 12 28. Se trata probablemente de los reinos vasallos de David, 2 S 8. La versión de los LXX ha interpretado este texto en una perspectiva mucho más universalista, relectura que ha sido adoptada por Hch 15 16-17.
9 14   O: «restableceré a mi pueblo Israel».

ABDÍAS

Título y prólogo.

Visión de Abdías.

Esto dice el Señor Yahvé a Edom:

‖Jr 49 14
Hemos oído* un mensaje de parte de Yahvé,
un embajador ha sido enviado a las naciones*:
«¡Arriba, desencadenemos la guerra contra él!»

Sentencia contra Edom*.

‖Jr 49 15-16
Mira, te he hecho el más insignificante de los pueblos,
el más despreciable.

Is 14 13s
La soberbia de tu corazón te ha engañado,
a ti que habitas en las grietas de la roca*,
que pones tu morada en las alturas,
y dices para ti:
«¿Quién me hará caer por tierra?»

Aunque te remontes como el águila,
y anides entre las estrellas,
de allí te abatiré yo —oráculo de Yahvé—.

La ruina de Edom.

Si llegaran a tu casa salteadores o ladrones nocturnos,
¿no te robarían con mesura?

‖Jr 49 9
Si vinieran a ti vendimiadores,
¿no te dejarían la rebusca*?

¡Cómo has sido arrasado*!

¡Cómo ha sido registrado Esaú,
y saqueados sus tesoros!

‖Jr 49 10

Te han reducido a tus confines todos tus aliados,
te han traicionado tus amigos.

Jr 38 22

Los que compartían tu pan te han tendido una trampa:
«¡Ha perdido el juicio*!»

Sal 41 10

Pero aquel día* —oráculo de Yahvé— exterminaré los sabios de Edom*,
y la sensatez de la montaña de Esaú*.

Jr 49 7
Is 19 11-15;
29 14
Jr 8 8-9

Y se acobardarán tus guerreros, Temán*,
y no quedará un solo hombre en la montaña de Esaú.

‖Jr 49 22

Las culpas de Edom*.

Por la violencia criminal contra tu hermano Jacob*
te cubrirá la vergüenza,
y serás aniquilado para siempre.

Am 1 11-12
Jl 4 19

El día* en que le diste de lado,
cuando los extranjeros apresaban su ejército,
cuando los extraños allanaban sus puertas,
y se repartían a suertes Jerusalén,
también tú eras uno de ellos.

Sal 137 7

¡No te recrees en el día de tu hermano,
en el día de su debacle;
no te alegres por los hijos de Judá
en el día de su ruina;

(a) Lit. «He oído (corr. con griego y Jr **49** 14; «Hemos oído» hebr.) lo que se ha oído». —Los vv. 1-9 son paralelos de Jr **49** 7-22.

(b) Descripción simbólica de una coalición que se forma contra Edom. Ver Jr **4** 5; **50** 2.

Edom será despreciado a su vez, 2.10', por haberse mofado de Israel, 12: su rutina castiga su arrogancia. Sobre esta doctrina, véase Pr **16** 18; **29** 23, y para los pueblos: Is **14**; Jr **50**-**51**; Ez **26**-**28**; **29**-**32**; Za **10** 11.

(a) La «roca» (sela'), donde Edom se parapeta, quiere evocar tal vez el nombre de la capital edomita Hassela, «La Roca», ver 2 R **14** 7, cuya denominación griega Petra ha conservado el sentido.

(a) Los vv. 6-7 son explicación de éste: Edom ha sido devastado como no lo habría sido por ladrones ordinarios, que algo habrían dejado tras ellos, o por «vendimiadores», que habrían dejado racimos para la rebusca, ver Dt **24** 21.

(b) Este verso se halla en el hebr. después de: «ladrones nocturnos», glosa que quiere armonizar el v. 5 con Jr **49** 9.

Reflexión irónica de los falsos amigos de Edom. —«Los que compartían», omitido por hebr., se restituye según Sal **41** 10. —«trampa» traducción dudosa de la palabra mazor que no aparece más que aquí. Algunos

corrigen en masód, «red (de cazador)».

(a) El día del juicio de Edom, en correlación con el Día de Yahvé, 15, ver Am **5** 18 +, en que Dios castiga a Edom y a las demás naciones, 16-17 pero restaura y salva a Israel, 17-21.

(b) Edom gozaba de reputación por su sabiduría, ver Jb **2** 11+.

(c) Aquí y en 9.19.21, designación del país montañoso de Edom (llamado también «monte Seír»), ver Gn **32** 4; **33** 14.16; **36** 8-9; Dt **2** 4.5.12. Es Transjordania meridional.

(a) Distrito norte de Edom, pero aquí y en otros pasajes este nombre designa a todo el país.

(b) En la tradición bíblica se reprocha a Edom su conducta con ocasión de la caída de Jerusalén: Ez **25** 12-14; **35**; Lm **4** 21-22; Sal **137** 7. Según Ez **35** 5-12 y **36** 2.5, parece que Edom llegó entonces a ocupar Judá, al menos en parte. Análogos reproches a los amonitas, Ez **25** 1-7, ver **21** 33-37, y a los filisteos, Ez **25** 15-17.

Sobre el parentesco y las discordias de Edom y de Israel, ver Gn **25** 22-28; **27** 27-29; **32** 4 - **33** 16; Dt **23** 8; Nm **20** 23 +. «Jacob» designa aquí al país de Judá, ver 18; Jl **4** 19.

El «Día de Jerusalén», Sal **137** 7: aquel en que los caldeos penetraron en la ciudad, 2 R **25** 3-4; o el del incendio del Templo, 2 R **25** 8-9, el 587.

no te burles de él
en el día del aprieto!

¹³ ¡No entres por la puerta de mi pueblo
en el día de su desastre,
no te recrees también tú en su desgracia
en el día de su desastre,
no saquees sus riquezas
en el día de su desastre!

¹⁴ ¡No te apostes en las encrucijadas
para exterminar a sus fugitivos,
no entregues a los supervivientes
en el día del aprieto!

¹⁵ Porque se acerca el Día de Yahvé
para todas las naciones.
Lo mismo que tú has hecho, se te hará:
sobre tí recaerá tu merecido*.

El Día de Yahvé*.

¹⁶ ¡Sí, como bebisteis vosotros sobre mi
santo monte,
Lm 4 21   beberán sin cesar todas las naciones,
beberán* relamiéndose
y desaparecerán sin dejar huella.
Jl 3 5   ¹⁷ Pero en el monte Sión sobrevivirá un
resto*

que será santo
y la casa de Jacob recobrará sus posesiones.

¹⁸ La casa de Jacob será el fuego,
la casa de José* la llama,
y la casa de Esaú la estopa:
lo abrasarán hasta consumirlo,
y no le quedará un superviviente a la
casa de Esaú.
¡Lo ha dicho Yahvé!

El nuevo Israel.

¹⁹ Ocuparán el Negueb, la montaña de   Am 9 12
Esaú,
y la llanura de los filisteos,
la campiña de Efraín y la campiña de
Samaría,
Benjamín y Galaad.

²⁰ La multitud de los deportados de Israel
ocupará Canaán* hasta Sarepta,
y los deportados de Jerusalén que están en Sefarad
ocuparán las ciudades del Negueb.

²¹ Subirán victoriosos al monte Sión   Mi 4 7
para juzgar a la montaña de Esaú*.
¡Y Yahvé reinará*!   ‖Sal 22 29

---

15   Es la ley del talión, Ex 21 25 +, que se aplica a Edom. Igual pena pedida para Babilonia, Jr 50 15.29, ver 18 6-7, para los enemigos de Jerusalén, Lm 3 64, para Tiro, Sidón y los filisteos, Jl 4 4, 7.

16   (a) La perspectiva se amplía: en el «Día de Yahvé» que juzga a las naciones, ver Am 5 18 +, Sión oprimida se convierte en el lugar de salvación y el poder pasa a sus manos. Sus enemigos quedan derrotados (las naciones paganas) y entre ellos Edom es arruinado para siempre. El profeta se dirige en adelante a los israelitas.

16   (b) En la copa de la cólera divina, ver Is 51 17 +. —«relamiéndose» sentido dudoso; algunos corrigen para leer «vacilando», ver Is 24 20; 29 9.

17   Texto citado en Jl 3 5 como palabra de Dios. Al «resto» salvado de Judá, ver Is 4 3 +, el Día de Yahvé no le trae ya más terrores, sino la seguridad de la sal-

vación en el monte Sión, santuario inviolable adonde «los extranjeros no pasarán», Jl 4 17.

18   La «casa de Jacob», ver 10, es Judá, «la casa de José», el reino del Norte, ver Am 5 6; Za 10 6, asociado a Judá en el tiempo de la salvación final, ver Jr 3 18 +. Los dos reinos reconquistan, 19-20, las fronteras ideales del imperio de David, ver 1 R 8 65; 2 R 14 25.

20   «Canaán», lit. «los cananeos»; es Fenicia. Sarepta, entre Tiro y Sidón, señala el límite norte del nuevo reino. Sefarad es de identificación incierta.

21   (a) «victoriosos» conj. (lit. «salvados»); «salvadores» hebr. —«juzgar», es decir, dominar, gobernar.

21   (b) Grito de triunfo de la escatología israelita, Sal 22 29; 103 19; 145 11-13; ver Sal 10 16; 47 9; 93 1; 97 1; 99 1. El reino de Israel es el reino de Yahvé, consumación de la historia.

JONÁS

Jonás, rebelde a su misión.

1 [1] Yahvé habló a Jonás, hijo de Amitay, diciéndole: [2] «Prepárate y vete a Nínive, la metrópoli, para anunciarle que su maldad ha llegado hasta mí.»

Sal 139 7s

[3] Jonás se preparó para huir a Tarsis*, lejos de Yahvé. Bajó a Jope, donde encontró un barco que zarpaba para Tarsis; pagó su pasaje y se embarcó para ir con ellos a Tarsis, lejos de Yahvé. [4] Pero Yahvé desencadenó un viento tempestuoso sobre el mar, y se desencadenó una borrasca tan violenta que el barco amenazaba naufragar. [5] Los marineros se asustaron y cada cual pedía auxilio a su dios*; luego arrojaron por la borda la carga del barco para aligerarlo. En cambio, Jonás había bajado a la bodega del barco y dormía profundamente. [6] El capitán se acercó a él y le dijo: «¿Qué haces aquí durmiendo? ¡Levántate e invoca a tu Dios! A ver si tu Dios se apiada de nosotros y no perezcamos.» [7] Luego propusieron entre todos: «Vamos a echar suertes para saber quién de nosotros es el culpable de este castigo*.» Echaron suertes y le tocó a Jonás.

Sal 107 23-30

Hch 27 18

Mt 8 24-25p

[8] Entonces le preguntaron: «Dinos por qué nos sucede esto, cuál es tu oficio, de dónde vienes, cuál es tu país y de qué pueblo eres.» [9] Jonás respondió: «Soy hebreo y creo en Yahvé, Dios del cielo, que hizo el mar y la tierra.» [10] Aquellos hombres se asustaron mucho y le dijeron: «¿Por qué has hecho esto?» Pues, por lo que les había contado, dedujeron que huía de Yahvé. [11] Y le preguntaron: «¿Qué podemos hacer contigo para que el mar se nos calme?» Pues el mar seguía enfureciéndose. [12] Jonás les respondió: «Arro-

1 3

jadme al mar, y el mar se os calmará. Reconozco que soy el culpable de esta gran borrasca que os amenaza.»

[13] Los hombres remaban para llegar a tierra firme, pero no podían, porque el mar seguía enfureciéndose en torno a ellos. [14] Entonces gritaron a Yahvé, diciendo: «¡Ay, Yahvé, que no perezcamos por culpa de este hombre. No nos manches con sangre inocente, pues tú, Yahvé, has actuado según tu voluntad!» [15] Luego cogieron a Jonás, lo arrojaron al mar y el mar calmó su furia. [16] Y aquellos hombres creyeron firmemente en Yahvé; le ofrecieron sacrificios y le hicieron promesas*.

Jr 26 15

Jonás salvado.

2 [1] Yahvé hizo que un gran pez se tragase a Jonás*, y Jonás estuvo en el vientre del pez tres días y tres noches. [2] Jonás oró a Yahvé su Dios desde el vientre del pez, [3] diciendo*:

Mt 12 40

En mi angustia clamé a Yahvé
y él me respondió;
desde el seno del abismo grité
y tú me escuchaste.
[4] Me habías arrojado a lo más hondo
en el corazón del mar;
la corriente me arrastraba:
todo tu oleaje me arrollaba.
[5] Yo me dije: ¡Me has arrojado
de tu presencia!
¿Cuándo volveré a contemplar
tu santo templo?
[6] Las aguas me asfixiaban el aliento,
el abismo me envolvía,
las algas enredaban mi cabeza.
[7] Bajé hasta los cimientos de los montes*,

Sal 120 1; 130 1

Lm 3 55

‖Sal 42 8

Sal 31 23

Sal 5 8

Sal 69 2

---

1 3 «Tarsis», ver 1 R 10 1 +; Sal 48 8 +, representaba a los ojos de los hebreos el confín del mundo. Jonás quiere sustraerse a su misión huyendo lo más lejos posible.
1 5 Los marineros son de nacionalidades diversas; cada cual tiene su dios, pero cree en el poder de los demás dioses.
1 7 En la antigüedad, aparece también en otras partes la idea de que la presencia de un culpable en un navío es un peligro para todos.
1 16 El autor insiste en la probidad de los marineros paganos: se han escandalizado de la rebelión de Jonás contra Yahvé, v. 10; han temido ofender a Yahvé sacrificando a Jonás, v. 14; finalmente, una vez reconocido su poder, le rinden culto.
2 1 Sobre este pez, y más en general sobre los prodigios acumulados por el autor de Jonás, véase la Introducción a los profetas.
2 3 Este cántico, mosaico de citas de diversos salmos, tiene la estructura habitual de los salmos de ac-

ción de gracias: evocación de las angustias pasadas, relato de la liberación. Los salmistas equiparan los grandes peligros a la muerte, y la liberación a una resurrección; también aquí: ver vv. 6.7.8. El mar, enemigo de Dios en los orígenes ver Jb 7 12 +, es considerado o como el Reino de la muerte o al menos como el camino que lleva a ella. De ahí las expresiones tan fuertes del cántico de Jonás, que permitieron al mismo Jesús, Mt 12 40; Lc 11 30, presentar la aventura de Jonás como la figura de su propia estancia por tres días «en el corazón de la tierra» (el abismo, más bien que la tumba, ver Jon 2 2-3). El Reino de la muerte aparece entonces como un monstruo voraz, que no puede retener a Jesús y lo arroja el día de la resurrección. La analogía entre el bautismo del cristiano y la resurrección de Cristo ha llevado a utilizar en el mismo sentido la figura de Jonás en la tipología bautismal.
2 7 «Los cimientos de los montes» designan sin duda el fondo del mar (sobre el cual se creía descansaba la tierra).

la tierra se cerró para siempre sobre mí.

Pero tú sacaste mi vida de la tumba,
Yahvé, Dios mío.

⁸ Cuando mi aliento desfallecía
me acordé de Yahvé
y mi oración llegó hasta ti,
hasta tu santo templo.

⁹ Los que adoran falsos ídolos
traicionan su lealtad.

¹⁰ Yo, en cambio, en tono de acción de gracias
te ofreceré sacrificios
y cumpliré los votos que te hice.
¡La salvación viene de Yahvé!

¹¹ Entonces Yahvé ordenó al pez que vomitase a Jonás en tierra firme.

Conversión de Nínive y perdón divino.

3 ¹ Por segunda vez Yahvé habló a Jonás, diciéndole: ² «Prepárate y vete a Nínive, la metrópoli, para anunciarle el mensaje que yo te comunique.» ³ Jonás se preparó y marchó a Nínive, de acuerdo con la orden de Yahvé. Nínive era una gran metrópoli*, con un recorrido de tres días. ⁴ Jonás comenzó a atravesar la ciudad y caminó un día entero proclamando: «En el plazo de cuarenta días* Nínive será destruida.»

⁵ Los ninivitas creyeron en Dios*, organizaron un ayuno y grandes y pequeños se vistieron de saco. ⁶ El anuncio llegó hasta el rey de Nínive, que se bajó del trono, se quitó su manto, se cubrió de saco y se sentó en la ceniza*. ⁷ Luego mandó proclamar en Nínive este decreto del rey y sus ministros: «Que hombres y bestias, ganado mayor y menor, no prueben bocado, ni pasten, ni beban agua. ⁸ Que hombres y animales se vistan con sacos e invoquen a Dios con insistencia; y que cada uno se convierta de su mala conducta y de sus acciones violentas. ⁹ A ver si Dios se arrepiente y se compadece,

se aplaca el ardor de su ira y no perecemos.» ¹⁰ Cuando Dios vio lo que hacían y cómo se convertían de su mala conducta, se arrepintió del castigo que había anunciado contra ellos, y no lo ejecutó.

Despecho del profeta y respuesta divina.

4 ¹ Jonás sintió un gran disgusto, se enfureció ² y oró así a Yahvé: «¡Ay, Yahvé! Ya lo decía yo cuando estaba todavía en mi tierra y por eso me apresuré a huir a Tarsis: pues sabía que tú eres un Dios clemente, compasivo, paciente y generoso, que se arrepiente del castigo. ³ Así que, Yahvé, quítame la vida, pues prefiero morirme a estar vivo.» ⁴ Pero Yahvé le dijo: «¿Te parece bien enfurecerte así?»

⁵ Jonás salió de la ciudad y se instaló al oriente; allí se hizo una choza y se sentó a su sombra, para ver qué sucedía en la ciudad. ⁶ Entonces Yahvé hizo crecer una planta de ricino por encima de la cabeza de Jonás para darle sombra y librarlo así de su malestar. Jonás se puso muy contento con aquel ricino. ⁷ Pero al día siguiente, al rayar el alba, Yahvé envió un gusano, que dañó al ricino y éste se secó. ⁸ Al salir el sol, Dios mandó un sofocante viento solano. El sol atacó a la cabeza de Jonás, que empezó a desfallecer y se deseó la muerte, diciendo: «¡Prefiero morirme a estar vivo!» ⁹ Entonces Dios dijo a Jonás: «¿Te parece bien enfurecerte por el ricino?» Respondió: «¡Sí, me parece bien enfurecerme hasta la muerte!» ¹⁰ Y Yahvé replicó: «Tú te compadeces de un ricino que no te ha costado hacer crecer, que al cabo de una noche apareció y al cabo de otra pereció. ¹¹ ¿Y no voy yo a compadecerme de Nínive, la metrópoli, donde viven más de ciento veinte mil personas que no distinguen el bien del mal, y una gran cantidad de animales*?»

Referencias marginales:

Sal 30 4; 16 10
Sal 22 26
Sal 3 9
Lc 11 30. 32
Mt 12 41
Ez 26 16
Ez 27 30-31
Jdt 4 10
Jl 2 14
Am 5 15
Gn 6 6+
Jr 26 3
Lc 15 28
1 3
Ex 34 6-7+
1 R 19 4

---

3 3 Lit. «grande ante Dios», la expresión más fuerte del superlativo en hebreo. El «recorrido de tres días» es otra hipérbole, para evocar las dimensiones fabulosas de la ciudad.
3 4 Los «cuarenta días» recuerdan los cuarenta días del diluvio o los cuarenta años del Éxodo; ver también 1 R 19 8. El griego lee: «dentro de tres días», ver 2 1.
3 5 La conversión ejemplar de los ninivitas será recordada por Jesús, Mt 12 41; Lc 11 32, y lo mismo que en el Evangelio, subraya aquí por contraste la incredulidad de los judíos.
3 6 Toda esta escena de penitencia y de conversión es la antítesis de Jr 36 (ver la Introducción a los pro-

fetas). Además está llena de expresiones predilectas de Jeremías.
4 11 Este último cap. remacha la doctrina de la misericordia divina universal. Dios ha tenido misericordia de su profeta devorado, 2 7, y de Nínive arrepentida; también se apiada de Jonás afligido en su egoísmo. Y su respuesta, 4 10-11, rezuma dulce y benévola ironía; la solicitud divina se extiende hasta los animales; con mayor razón se preocupa de los hombres, incluidos los niños de corta edad, «que no distinguen el bien del mal». Todo el libro prepara de este modo la revelación evangélica de Dios Amor.

MIQUEAS

1 ¹ Palabra de Yahvé que recibió Miqueas de Moréset, en tiempos de Jotán, Ajaz y Ezequías, reyes de Judá, y visiones sobre Samaría y Jerusalén.

I. El proceso de Israel

AMENAZAS Y CONDENAS

Is 28 1-4
Juicio de Samaría*.

Is 1 2
Sal 49 2
² ¡Escuchad, pueblos todos;
atiende, tierra y cuanto la llena!
¡Sea testigo Yahvé* contra vosotros,
el Señor desde su santo Templo!

Is 26 21
Am 4 13
³ Mirad que Yahvé sale de su morada,
baja y camina sobre las alturas de la tierra.

Za 14 4
Sal 97 5
⁴ Los montes se derriten debajo de él
y los valles se agrietan,
como la cera junto al fuego,
como aguas que se precipitan por la pendiente.

⁵ Todo esto por el delito de Jacob,
por los pecados de la casa de Israel.
¿Cuál es el delito de Jacob?
¿No es Samaría?
¿Cuál es el pecado de la casa de Judá*?
¿No es Jerusalén?

3 12
⁶ «Voy a convertir a Samaría en un campo de ruinas,
en un plantío de viñas.
Haré rodar sus piedras por el valle,
dejaré desnudos sus cimientos.

⁷ Todos sus ídolos serán machacados,
todas sus ganancias* quemadas en el fuego,
aniquilaré todas sus imágenes,
porque con ganancias de prostitución
las reunió
y a ganancias de prostitución tornarán.»

Lamentación sobre las ciudades de la Tierra Baja*.

⁸ Por eso lloraré y me lamentaré,
andaré descalzo y desnudo,
lanzaré aullidos como los chacales,
y lamentos como las avestruces;

2 S 15 30
Is 20 2-4
Ez 24 17-23

⁹ porque su herida* es incurable,
se ha extendido hasta Judá
y ha tocado la puerta de mi pueblo,
hasta Jerusalén.

¹⁰ ¡No lo contéis en Gat*,
en Cabón no lloréis!
¡En Bet Leafrá
revolcaos* en el polvo!

2 S 1 20

¹¹ ¡Los habitantes de Safir
van desnudos al destierro!
¡De su ciudad no salen
los habitantes de Saanán!
¡Hay duelo en Bet Haesel
y no os podrá dar su ayuda*!

Jr 25 34

Jos 15 37

¹² Está enferma de verdad
la población de Marot,
porque Yahvé ha hecho caer la desgracia
hasta las puertas de Jerusalén.

Rt 1 20

¹³ ¡Enganchad los caballos al carro,
habitantes de Laquis!

Jos 15 39
2 R 14 19

---

1 2 (a) Este oráculo contra Samaría, anterior a la ruina de la ciudad el 721, es aplicado luego a Jerusalén.
1 2 (b) «Yahvé» algunos mss griegos; «el Señor Yahvé» hebr.
1 5 «el pecado de la casa de Judá» griego, Targ.; «los lugares altos de Judá» hebr.
1 7 La ganancia de las prostitutas sagradas, vinculadas al culto de Samaría, Am 2 7-8; Os 4 14, ver Dt 23 19 +; toda Samaría es para Miqueas una prostituta, como Israel para Oseas, Jeremías y Ezequiel, ver Os 1 2 +.
1 8 Este lamento anuncia la desgracia a doce ciudades, siete de las cuales son conocidas, al sudoeste de Judá: Gat, Moreset Gat, Saanán, Laquis, Aczib, Maresá, Adulán, ver Jos 15 35-44; las cuatro últimas se han de buscar en la misma región. El sentido general está claro: una invasión que alcanza el país natal del profeta, sirve aquí de advertencia para Jerusalén. Parece que se trata de la expedición de Senaquerib contra Filistea y Judá el 701.

1 9 «herida» versiones; hebr. en plural.
1 10 (a) Como en Is 10 28-32, el texto juega con los nombres de las ciudades. Aliteraciones entre Gat y taggidú «contad», entre Bet Leafrá y 'afar «polvo», entre Saanán y yase'ah «sale», entre Lakis y rekes, «caballo»; Marot significa «amargura». El nombre de Moreset (la patria del profeta, 1 1) evoca a la prometida me'orašah: hay que entregar la ciudad a su nuevo dueño con la dote matrimonial. Aczib juega con 'akzab «mentira», Maresá se relaciona con yoreš «conquistador». —«Cabón» conj. El segundo verso está corrompido y no conserva más que una letra del nombre de la ciudad que debía estar mencionada aquí.
1 10 (b) «revolcaos» conj.; «me he revolcado» hebr.
1 11 «De su ciudad me'irah conj., ver griego; «desnudez, vergüenza» 'eryah bošet hebr. —«ha sido arrancada» griego, Targ.; «él arrancará» hebr. —«desde sus cimientos» misôdô conj.; «duelo» mispad hebr. —«desde la base» mimmekôn conj.; «de vosotros» mikken hebr.

Allí comenzó el pecado de la hija de Sión,
en ti aparecieron los delitos de Israel.
¹⁴ Por eso darás el acta de divorcio
a Moreset Gat.

Jos 15 44
Bet Aczib* será una trampa
para los reyes de Israel.
¹⁵ ¡Aún te enviaré un conquistador,
Jos 15 44
1 S 22 1
2 S 23 13
habitante de Maresá!
Hasta Adulán marchará
la gloria de Israel*!

Jr 7 29
¹⁶ ¡Córtate el pelo y aféitate
por tus hijos queridos;
Is 22 12
ensancha tu calva como la del buitre,
porque se van desterrados lejos de ti!

Contra los acaparadores.

2 ¹ ¡Ay de aquellos que planean injusticias,
Sal 36 5
que traman maldades en sus lechos
y al despuntar el día las ejecutan,
porque acaparan el poder!
² Codician campos y los roban,
Is 5 8
casas, y las usurpan;
atropellan* al hombre y a su casa,
al individuo y a su heredad.
³ Por eso, así dice Yahvé:
Mirad que yo planeo
contra esa gente una desgracia
de la que no podréis apartar vuestro cuello.
¡No caminaréis con arrogancia,
‖Am 5 13
porque serán tiempos funestos!
⁴ Aquel día os dedicarán una copla,
y entonarán una elegía, diciendo:
Dt 28 30-33
«¡Estamos completamente arruinados;
han vendido la herencia de mi pueblo,
y no me la devuelven;
los invasores se rifan nuestros campos*!»

⁵ Pues bien: no tendréis a nadie
que reparta suertes
en la asamblea de Yahvé*.

El profeta de desgracias*.

⁶ «¡No farfulléis —farfullan ellos—
Am 2 12
Is 30 10
que no farfullen de esa manera*!
¡No nos afectará la deshonra!
⁷ ¿Acaso está maldita la casa de Jacob?
¿Ha perdido Yahvé la paciencia?
¿Es ése su proceder?
¿No son propicias sus palabras*
para quien actúa correctamente?»
⁸ Sois vosotros los que os levantáis
como enemigos contra mi pueblo*.
Además de la túnica le arrancáis
Dt 24 12-13
el manto
a los que desfilan confiados al regreso de la guerra.
⁹ Expulsáis de sus hogares confortables
a las mujeres de mi pueblo
y arrancáis a sus* niños
para siempre mi honor*.
2 R 4 1
¹⁰ «¡Levantaos y marchad,
que éste no es lugar de reposo!»
Por la impureza pagaréis hipoteca,
una hipoteca agobiante.
Ex 22 25
Jr 5 31
¹¹ Si llegase un profeta
urdiendo* mentiras:
«Farfullaré para ti por vino y licor»,
ése sería un charlatán digno de este pueblo.

Promesa de restauración*.

¹² Voy a reunir a todo Jacob,
Jr 3 18
+
Is 4 3+
Ez 34 1+;
37 15-28
voy a congregar al resto de Israel;
los agruparé como ovejas en el redil,
como rebaño entre sus pastos,
alborotarán lejos de los hombres.
¹³ El que abre camino subirá delante de ellos;
abrirán camino, pasarán la puerta,
y por ella saldrán;
su rey pasará delante de ellos,
Jn 10 4
y Yahvé a la cabeza.

Contra los jefes que oprimen al pueblo.

3 ¹ Pero yo digo:
Escuchad, jefes de Jacob,

---

1 14　«Bet Aczib» conj.; «las casas de Aczib» *battê 'Akzîb* hebr.
1 15　Adulán fue el refugio de David fugitivo. Una corrección permitiría leer: «Para siempre de Adulán se irá la gloria de Israel»: Yahvé va a abandonar el mismo lugar en que la dinastía comenzó sus gestas.
2 2　Se trata del embargo por deudas, del que los acreedores se aprovechan para aumentar sus dominios.
2 4　V. corrompido; seguimos el griego. —El castigo, obra de un invasor extranjero, cae sobre todo el pueblo.
2 5　A los acaparadores se les excluirá del nuevo reparto de tierras, en el reino restaurado.
2 6　(a) Los oyentes del profeta protestan en nombre de la Alianza, contra sus amenazas, vv. 6-7. Miqueas responde, vv. 8-10, que esa Alianza ha sido rota por los falsos devotos que no quieren oír de sus profetas más que promesas del todo materiales, v. 11.

2 6　(b) El verbo «farfullar» designa peyorativamente aquí y en el v. 11 a los falsos profetas que «farfullan» palabras como borrachos charlatanes.
2 7　«maldita» *'arûr* conj.; «dicho» *'amûr* hebr. —«sus palabras» griego; «mis palabras» hebr.
2 8　Proponemos aquí una restitución fundada en el griego; hebr.: «y ayer mi pueblo se alzaba como enemigo».
2 9　(a) «sus» griego; hebr. en singular.
2 9　(b) El honor de la condición de libre en Israel.
2 11　«urdiendo» conj.; «ha urdido» hebr. —El oráculo del profeta mentiroso juega con el doble sentido del verbo «profetizar» y «farfullar».
2 12　Se discute la atribución a Miqueas de estas promesas de reunión y de retorno. Parece más bien que datan del Destierro; habrían sido insertadas aquí para compensar los terribles oráculos que las encuadran.

y dirigentes de la casa de Israel:
¿No os corresponde conocer el derecho?

Is 5 20.23 [2] Pero vosotros odiáis el bien
y amáis el mal,
  arrancáis la piel de encima,
  y la carne de los huesos.
[3] Los que han comido
la carne de mi pueblo,
  han arrancado su piel,
  han roto sus huesos
  y lo han despedazado
como carne* en el caldero,
  como tajadas en la olla,
Jr 11 11+ [4] clamarán a Yahvé,
  pero él no les responderá:
Dt 31 17 entonces les esconderá su rostro
  por los crímenes que cometieron.

Contra los profetas corruptos*.

[5] Esto dice Yahvé contra los profetas
que extravían a mi pueblo,
los que, mientras mastican con sus
  dientes,
gritan: «¡Paz!»,
pero a quien no pone nada en su boca
le declaran la guerra santa.
[6] Por eso tendréis noche sin visiones
y oscuridad sin presagios;
¡se pondrá el sol para los profetas,
el día se oscurecerá sobre ellos!

[7] Los videntes se verán abochornados,
los adivinos quedarán en ridículo;
y todos se taparán la barba,
porque Dios no responde.
[8] Yo, en cambio, estoy lleno de fuerza,
de espíritu de Yahvé,
de justicia y de valor
para denunciar a Jacob su delito
y a Israel su pecado.

A los dirigentes: anuncio de la ruina de Sión.

[9] Escuchad esto,
jefes de la casa de Jacob
y dirigentes de la casa de Israel,
que aborrecéis la justicia
y torcéis* todo el derecho, Am 5 7
[10] que edificáis a Sión con sangre Ha 2 12
y a Jerusalén con crímenes*.
[11] Sus jefes juzgan con soborno, Is 1 23
sus sacerdotes enseñan* a sueldo,
sus profetas vaticinan por dinero, 1 S 9 7+
y se apoyan en Yahvé diciendo:
«¿No está Yahvé en medio de nosotros?
¡No nos alcanzará ningún mal!» Jr 7 3-4
[12] Por eso, por culpa vuestra,
Sión será un campo arado,
Jerusalén, un montón de ruinas / Jr 26 18
y el monte del templo, Mi 1 6
un cerro agreste.

II. Promesas a Sión

El reino futuro de Yahvé en Sión*.

‖Is 2 2-4+ **4** [1] Al final de los tiempos, el monte del
templo de Yahvé
se asentará en la cima de los montes
y se alzará por encima de las colinas.
Acudirán a él los pueblos,
[2] llegarán naciones numerosas,
que dirán:
«Venid, subamos al monte de Yahvé,
al Templo del Dios de Jacob;
él nos enseñará sus caminos
y nosotros seguiremos sus senderos.»
Pues de Sión saldrá la Ley
y de Jerusalén la palabra de Yahvé.
[3] Él juzgará entre pueblos numerosos,

y arbitrará entre naciones poderosas*;
convertirán sus espadas en azadas,
y sus lanzas en podaderas.
No levantará la espada
nación contra nación,
ni se adiestrarán más para la guerra.
[4] Se sentará cada cual bajo su parra
y su higuera, sin que nadie le inquiete,
¡Yahvé Sebaot ha hablado! ‖Is 1 20

[5] Pues todos los pueblos caminan
cada uno en el nombre de sus dioses,
pero nosotros caminamos
en el nombre de Yahvé, nuestro Dios, Is 2 5
para siempre jamás*.

---

3 3   «como carne» griego, sir.; «como» hebr.
3 5   Sobre los regalos hechos a los profetas, ver 1 S
9 7-8; 1 R 14 3; 2 R 4 42; 5 15.22; 8 8-9; Am 7 12. —Miqueas no discute la inspiración de esos profetas, pero
les acusa de dejarse comprar por dichos regalos.
3 9   «torcéis» conj.; «tuercen», hebr.
3 10   «que edificáis» versiones; «edificas» hebr. —Ante
las grandes construcciones de la capital, Miqueas piensa
sobre todo en la injusticia al precio de la cual han sido
levantadas (como Am 3 10.15; 5 11; 6 8; Jr 22 13-15).

3 11   Se trata de enseñanzas sacerdotales (tôrôt),
ver Ex 22 8; Dt 17 8-13; Jr 18 18; Ez 7 26; Ag 2 11-14;
Ml 2 7.
4   No es seguro el origen de este oráculo, que se
encuentra también en Is 2 2-4. Como Is 60, describe la
venida a Sión de los paganos convertidos, ver Is 45 14+.
—Este tema es ajeno al pensamiento de Miqueas, al menos a juzgar por sus oráculos incontrovertidos.
4 3   El hebr. añade: «hasta lejos», ausente de Is 2 4.
4 5   Adición litúrgica (como Is 2 5).

Reunión en Sión del rebaño disperso*.

Ez 34 1+
So 3 19

⁶ Aquel día —oráculo de Yahvé—
yo recogeré a la (oveja) coja,
reuniré a la descarriada
y a la que yo he maltratado.

Is 4 3+

⁷ Con las cojas formaré un resto,
con las alejadas una nación fuerte.
Entonces reinará Yahvé sobre ellos
en el monte Sión,
desde ahora y para siempre.

⁸ Y tú, torre del rebaño,
colina de la hija de Sión*,
recobrarás la soberanía de antaño,
la realeza volverá
a la hija de Jerusalén.

Asedio, destierro y liberación de Sión*.

⁹ Y ahora, ¿por qué gritas tanto?
¿Es que no tienes rey,
o ha perecido tu consejero,
que tienes convulsiones como parturienta?

¹⁰ ¡Retuércete y grita*,
hija de Sión, como parturienta,
porque ahora vas a salir de la ciudad,
y habitarás en el campo!
Irás a Babilonia
y allí serás liberada,
allí te rescatará Yahvé
de la mano de tus enemigos.

Las naciones trilladas en la era*.

¹¹ Ahora se reúnen contra ti
numerosas naciones,
diciendo: «¡Que sea profanada
y que nuestros ojos se recreen
en Sión!»

Is 55 8-9

¹² Pero ellos no conocen
los planes de Yahvé
ni comprenden su designio:
que los ha reunido
como gavillas en la era.

¹³ ¡Levántate y trilla, hija de Sión!
Que yo te daré cuernos de hierro,
y pezuñas de bronce:
triturarás a pueblos numerosos,
consagrarás a Yahvé su botín,
y su riqueza al Señor de toda la tierra.

Jos 3 11
Za 4 14; 6

Decadencia y gloria de la dinastía de David*.

¹⁴ Y ahora se reúnen en cuadrillas,
nos estrechan el cerco,
con vara golpean la mejilla
del juez de Israel!

5.¹

5 ¹ En cuanto a ti, Belén Efratá,
la menor* entre los clanes de Judá,
de ti sacaré al que ha de ser
el gobernador de Israel;
sus orígenes son antiguos,
desde tiempos remotos».

↗ Mt 2 6
↗ Jn 7 42

² Por eso él* los abandonará hasta el momento
en que la parturienta* dé a luz
y el resto de sus hermanos vuelva
con los hijos de Israel.

3

Is 7 14

³ Pastoreará firme
con la fuerza de Yahvé,
con la majestad del nombre de Yahvé su Dios.
Vivirán bien,
porque entonces él crecerá
hasta los confines de la tierra.

4

El vencedor futuro de Asiria*.

⁴ Él será la paz.
Cuando Asiria invada nuestra tierra,

Jc 6 24

---

4 6   Bajo la imagen del buen Pastor, ver Ez **34** 1+, promesa de restauración de Israel en Sión, por encima del castigo. Los vv. 6-7 son muy afines a **2** 12-13 y tienen probablemente el mismo origen.
4 8   «Torre del rebaño», en hebreo *Migdal 'Eder*; este antiguo nombre de lugar, ver Gn **35** 21, designa aquí a Jerusalén tomada como un aprisco. La colina es el barrio de la residencia real, Is **32** 14; 2 Cro **27** 3.
4 9   Este oráculo anuncia la deportación. La mención de Babilonia en el v. 10 se refiere al destierro de 587.
4 10   «y grita» *wehegî* conj.; «y brota» *wagojî* hebr.
4 11   Este oráculo, a diferencia del precedente, describe una liberación realizada en la misma Sión, asediada por los pueblos. En la misma época que Miqueas, predicaba Isaías cosas parecidas, Is **10** 24-27.32-34; **14** 24-27; **29** 1-8; **30** 27-33; **31** 4-9. En todos estos oráculos, se trata probablemente de la invasión de Senaquerib el 701 y de su misterioso fracaso. Más tarde, el ataque a Jerusalén por las naciones (y el aplastamiento de éstas) se convertirá en un tema escatológico importante, Ez **38-39**; Jl **4**; Za **14**.
4 14   El oráculo contrapone al rey «juez de Israel» actualmente humillado (por Senaquerib: 2 R **18** 13-16) al rey-mesías, cuyo nacimiento inaugura la nueva era de

gloria y de paz (como en Is **9** 5). Miqueas se representa a este mesías en la forma tradicional de los profetas de Judá, como rey triunfante en Sión: así Gn **49** 10-12; Nm **24** 15-19; Sal **110**; Is **9** 1-6; **11** 1-9; **32** 1.
5 1   (a) «la menor» griego; «pequeña» hebr.; hebr. y griego añaden «para ser», repetición de 1c («el que ha de ser»).
5 1   (b) Efratá (a la que Miqueas parece dar el sentido etimológico de «fecunda», en relación con el nacimiento del Mesías) designaba primero un clan aliado de Caleb, 1 Cro 2 19.24.50, y establecido en la región de Belén, 1 S **17** 12; Rt 1 2; luego, el nombre pasó a la ciudad, Gn **35** 19; **48** 7; Jos **15** 59; Rt 4 11, y de ahí la glosa del texto. —Miqueas está pensando en los antiguos orígenes de la dinastía de David, 1 S **17** 12s; Rt 4 11.17.18-22; los evangelistas reconocerán en «Belén de Efratá» la designación del lugar de nacimiento del Mesías.
5 2   (a) Es decir, Yahvé.
5 2   (b) Se trata de la madre del Mesías. Miqueas piensa tal vez en el célebre oráculo de la *'almah*, Is **7** 14+, pronunciado por Isaías unos treinta años antes.
5 4   (a) Este fragmento anuncia una victoria futura sobre Asiria, atribuyéndola al hijo de David (comienzo del v. 4, final del v. 5) y a los jefes de Judá (vv. 4ᵇ-5ᵃ), elemento primitivo vuelto a emplear).

y pise nuestro suelo*,
le opondremos siete pastores
y ocho capitanes.
⁵ Ellos pastorearán
a Asiria con la espada,
y al país de Nemrod con el acero.
Él nos librará de Asiria,
cuando invada nuestra tierra,
y pise nuestro territorio.

Papel futuro del Resto entre las naciones*.

⁶ El resto de Jacob será
en medio de pueblos numerosos
como rocío que viene de Yahvé,
como lluvia sobre la hierba,
que no espera al hombre
ni depende de los humanos.

⁷ El resto de Jacob será entre las naciones,
en medio de pueblos numerosos,
como león entre los animales de la selva,
como leoncillo en un rebaño de ovejas,

Margin references left column:
Am 1 3+
Sal 2 9 (LXX)
Is 4 3+
Os 14 6

que si pasa, pisotea
y desgarra, y no hay quien defienda.

Yahvé suprimirá todos los peligros*.

⁸ ¡Levanta tu mano contra tus adversarios
y que todos tus enemigos sean eliminados!
⁹ Aquel día —oráculo de Yahvé—
yo eliminaré tus caballos,
y destruiré tus carros;
¹⁰ yo eliminaré las ciudades de tu tierra,
y demoleré todas tus fortalezas;
¹¹ yo eliminaré de tu mano
las hechicerías,
y no te quedarán más adivinos;
¹² yo eliminaré en medio de ti
tus estatuas y tus estelas,
y no volverás a postrarte
ante la obra de tus manos;
¹³ yo derribaré en medio de ti
tus postes sagrados
y destruiré tus ídolos*.
¹⁴ ¡Con cólera y furor me vengaré
de las naciones que no escucharon!

Margin references right column:
Os 14 4
Za 9 10
Ex 23 24+
34 13+

III.   Nuevo proceso de Israel

REPROCHES Y AMENAZAS

Yahvé pleitea con su pueblo*.

6 ¹ Escuchad lo que dice Yahvé:
«¡Levántate,
llama a juicio a los montes
y que las colinas escuchen tu voz*!»
² Escuchad, montes, el juicio de Yahvé,
prestad oído*, cimientos de la tierra,
pues Yahvé entabla juicio
con su pueblo,
se querella contra Israel:
³ «Pueblo mío, ¿qué te he hecho?

Margin references:
Is 3 13-15;
5 3-4
Os 4 1-5

¿En qué te he molestado?
Respóndeme*.
⁴ Pues yo te saqué del país de Egipto,
te rescaté de la esclavitud
y mandé delante de ti a Moisés,
Aarón y María.
⁵ Pueblo mío,
recuerda lo que maquinaba
Balac, rey de Moab,
y lo que le contestó Balaán,
hijo de Beor,
...desde Sitín hasta Guilgal,

Margin references:
Dt 5 6;
7 8
1 S 12 6
Nm 22-24

---

5 4 (b) «nuestro suelo» griego, sir.; «nuestros palacios» hebr.
5 6 Este oráculo, en dos estrofas simétricas, anuncia el papel del «resto» en la salvación de las naciones, ver 5 1-4; 7 12, y en su castigo, 4 13; 5 8.14. El primer tema, que no aparece hasta el fin del Destierro, sugiere una fecha posterior a Miqueas.
5 8 El oráculo de los vv. 9-13 anuncia que Yahvé va a «extirpar» de su pueblo todos los falsos apoyos humanos (ver Os 3 4; 8 14; 14 4; Is 2 7-8; 30 1-3.15-16; 31 1-3): Fuerzas militares, instrumentos de adivinación y de culto en los altos. Esta amenaza incluye la promesa de una era de paz y de fe. Los vv. 8 y 14 aplican este oráculo a los pueblos paganos enemigos de Yahvé; se trata de un retoque del texto original.
5 13 «tus ídolos» 'aṣabbêka conj.; «tus ciudades» 'arêka hebr.

6 A la requisitoria de Yahvé que recuerda sus beneficios, vv. 3-5, sigue una pregunta del fiel arrepentido sobre las exigencias de su Dios, vv. 6-7, y una respuesta del profeta, v. 8.
6 1 Los montes, lugares por excelencia de los encuentros de Dios con su pueblo (Sinaí, Nebo, Ebal y Garizín, Sión, Carmelo, etc.), y testigos inmutables, son a menudo personificados, Gn 49 26; 2 S 1 21; Ez 35-36; Sal 68 16-17, etc.
6 2 «prestad oído» weha'azinû con_.; «y vosotros los firmes» weha'etanim hebr.
6 3 Asonancia entre «te he molestado» (hele'etîka) y «te saqué» (he'elitîka). —Al pueblo que se queja de haber sido abandonado por Dios, Yahvé le va a recordar sus beneficios pasados. Este texto se recoge en los «Improperios» del Viernes Santo.

para que comprendas la justicia de
Yahvé*.»

⁶ —«¿Con qué me presentaré ante Yahvé
y me inclinaré ante el Dios de lo alto?
¿Me presentaré con holocaustos,
con terneros añojos?
⁷ ¿Aceptará Yahvé miles de carneros,
miríadas de ríos de aceite?

Lv 18 21+

¿Ofreceré mi primogénito por mi delito,
el fruto de mis entrañas por mi propio
pecado*?»

Am 5 21+

⁸ —«Se te ha hecho saber*,
hombre, lo que es bueno,
lo que Yahvé quiere de ti:

Am 5 24
Os 2 21+

tan sólo respetar el derecho,
amar la lealtad
y proceder humildemente

Is 7 9;
30 15

con tu Dios.»

Contra los defraudadores en la ciudad.

⁹ La voz de Yahvé grita a la ciudad:

¡Escuchad,
tribu y consejo de la ciudad*!
¹⁰ ¿Tengo que soportar
la casa del malvado
con riquezas injustas

Am 8 5+

y una medida escasa e indignante?
¹¹ ¿Daré por justa* la balanza tramposa
y la bolsa de pesas fraudulentas?
¹² *¡Sus ricos están llenos de violencia,
sus habitantes dicen falsedades
y tienen lenguas mentirosas!
¹³ Pues ahora yo comienzo* a herirte,
a devastarte por tus pecados.

Os 4 10

¹⁴ Comerás, pero no te saciarás,
el hambre* devorará tus entrañas.
Guardarás, pero no salvarás,
y lo que salves lo entregaré a la espada.

¹⁵ Sembrarás, pero no segarás;
pisarás la aceituna,
pero no te ungirás con aceite;
harás mosto, pero no beberás vino.

Dt 28 30-
33+
Am 5 11

El ejemplo de Samaría.

¹⁶ Tú observas los decretos de Omrí,
todas las acciones de la casa de Ajab
y te conduces según sus consejos,
para que yo te convierta en ruina
y a tus habitantes en rechifla,
y tengáis que soportar
la humillación de mi pueblo*.

La injusticia generalizada.

7 ¹ ¡Ay de mí, que me parezco
a las recolecciones
de verano,
a las rebuscas de la vendimia!
¡Ni un racimo que comer*,
ni una breva de las que me gustan!
² ¡Los fieles han desaparecido del país,
no queda un justo entre los hombres!
Todos planean asesinatos,
cada cual tiende trampas a su hermano.

Sal 14 1-3
Jr 5 1

³ Adiestran sus manos para el mal*:
el príncipe impone exigencias,
el juez actúa por soborno,
el poderoso declara su propia codicia
y él y ellos lo traman.
⁴ Su bondad es como un cardo,
su rectitud como un espino.

Jr 4 22

¡El día del juicio
y de su inspección ha llegado!
¡Ahora vendrá su desgracia*!
⁵ ¡No os fiéis del compañero,
no confiéis en el amigo;
guarda las puertas de tu boca
de la que duerme en tus brazos!

Jr 9 3; 12 6

---

6 5 El hebr. tiene una laguna. Se trata del paso del
Jordán. —«para que comprendas» versiones; «conocimiento de» hebr. —«la justicia», es decir, la conducta
justa, son las gestas de la Historia Sagrada, por las que
Yahvé ha mantenido sus compromisos de aliado. Como
la misma Alianza procede de la iniciativa divina, esta
«justicia» es también pura gracia.
6 7 Es el fiel quien responde a la queja que Yahvé
dirige a su pueblo, lo cual pone bien de manifiesto el
aspecto personal de la religión para el profeta. El fiel
propone sacrificios, legítimos o no. El profeta los va a
rechazar, v. 8, para substituirlos por una religión espiritual, caracterizada por las exigencias que ya «se han
declarado» al hombre: la justicia (Amós), la piedad o el
amor (Oseas), la humildad ante Dios (Isaías).
6 8 «Se te ha hecho saber» griego; «te he hecho saber» hebr.; «te declararé» sir., Vulg.
6 9 Antes de «escuchad», el hebr. añade tres palabras ininteligibles: «éxito verá tu nombre» (?). —«consejo de la ciudad» según griego y Targ.; «y que la ha
determinado» (?) hebr.
6 11 «¿Daré por justa?» Vulg.; «¿seré justo?» hebr.

6 12 Muchos autores trasladan este v. detrás del v. 9,
para asegurar una mejor continuidad del texto. —El fin
del v. parece una glosa tomada del Sal 120 2-3.
6 13 «comienzo» versiones; «he hecho enfermar»
hebr.
6 14 Palabra desconocida, traducción dudosa.
6 16 «observas» versiones; «él se guarda» hebr. —«te
conduces» conj.; hebr. en plural; —«tus (habitantes)»
conj.; «sus» hebr. —Las «acciones» y los «consejos» que
denuncia el profeta son quizás el culto a Baal, pero más
probablemente el lujo de los grandes y la injusticia social.
7 1 Asonancia entre «racimo» (*eškôl*) y «comer»
(*'ekol*).
7 3 Restituido según griego; hebr.: «contra el mal,
manos para lograr».
7 4 Asonancia entre «espino» (*mesûkah*) y «desgracia» (*mebûkah*). —Algunos corrigen «el día... ha llegado» por «hoy ha llegado del Norte su visita»: el Norte
es la ruta tradicional de las invasiones ver Jr 1 13-14,
etc., y la «inspección» sería la invasión, ver Is 10 3+.

✗ Mt 10 35-36p

Jn 8 12+

6 5+

Sal 42 4.11
Jl 2 17

Ez 34 1+
Sal 95 7;
23 1-2.4

Is 40 3+

Is 26 11

Jr 50 20

Sal 103 9
Ex 34 6-7

1 S 38 17

✗ Lc 1 73
Gn 22 16-
18; 28 13-15

⁶ Porque el hijo deshonra al padre,
la hija se alza contra su madre,
la nuera contra su suegra,
y los enemigos de cada cual

son los de su casa.
⁷ Pero yo aguardo a Yahvé,
espero en el Dios de mi salvación:
mi Dios me escuchará*.

IV. Esperanzas

Sión bajo los insultos de su enemiga*.

⁸ No te alegres por mí, enemiga mía,
pues aunque caí, me levantaré,
y aunque estoy postrada en tinieblas,
Yahvé es mi luz.
⁹ Soportaré la cólera de Yahvé,
pues he pecado contra él,
hasta que juzgue mi causa
y me haga justicia.
Él me sacará a la luz,
y yo contemplaré su salvación.
¹⁰ Lo verá mi enemiga
y se cubrirá de vergüenza,
ella que me decía:
«¿Dónde está Yahvé tu Dios?»
¡Mis ojos se regodearán en ella
cuando sea pisoteada
como el fango de las calles!

Oráculo de restauración*.

¹¹ ¡Llega el día de reedificar tus muros!
¡El día de ensanchar tus fronteras,
¹² el día en que vendrán hasta ti
desde Asiria hasta Egipto,
desde Egipto hasta el Río,
de mar a mar, de monte a monte*!
¹³ Y el país quedará desolado
por culpa de sus habitantes,
en pago por su conducta*.

Oración contra las naciones.

¹⁴ Apacienta a tu pueblo con tu cayado,
el rebaño de tu heredad,

que vive solitario en el bosque,
en medio del Carmelo*.
Que pasten en Basán y en Galaad
como en los tiempos antiguos.
¹⁵ Como cuando saliste del país de
Egipto,
haznos ver* prodigios.
¹⁶ Lo verán las naciones
y se avergonzarán
de toda su prepotencia;
pondrán la mano en la boca
y sus oídos quedarán sordos.
¹⁷ Lamerán el polvo como la serpiente,
como los reptiles de la tierra.
¡Se estremecerán desde sus guaridas,
vendrán temblando hacia Yahvé nuestro Dios,
y tendrán miedo de ti!

Llamada al perdón de Dios*.

¹⁸ ¿Qué Dios hay como tú,
que perdone el pecado
y absuelva al resto de su heredad?
No mantendrá para siempre su cólera
pues ama la misericordia.
¹⁹ volverá a compadecerse de nosotros,
destruirá nuestras culpas
y arrojará al fondo del mar
todos nuestros pecados*!
²⁰ Y mantendrás tu fidelidad a Jacob
y tu amor a Abrahán,
como juraste a nuestros antepasados,
desde los días de antaño*

7 7   Este v., en el que el profeta proclama su fe en la salvación, ha podido servir de conclusión a su libro; ha ofrecido un punto de unión para la adición de los poemas de esperanza que siguen y que probablemente datan del Destierro.
7 8   Esta enemiga parece ser Edom, más que Babilonia, ver Ez 25 12-14; 35; Ab 10-15; Sal 137 7; Is 34 5-8, etc.
7 11   Este oráculo, que podemos datar de la época persa (a partir del 538), anuncia la restauración de los muros de Jerusalén y el ensanchamiento de las fronteras para acoger a una multitud: a los israelitas dispersos, o a los paganos convertidos.
7 12   El texto de todo este v. está corrompido; seguimos el griego.
7 13   Este v., aislado, pudo haber sido una amenaza

contra Judá. En el contexto actual dicha amenaza se dirige a los pueblos paganos, y primeramente sin duda a los «habitantes del país» vecinos inmediatos de los judíos, hostiles a la comunidad vuelta del Destierro.
7 14   El pueblo se halla aislado en un territorio pobre. Es la situación de los judíos a la vuelta del Destierro, en el distrito de Jerusalén.
7 15   «haznos ver» corr.; «haré que vea» hebr.
7 18   Esta oración es un salmo, al estilo de los que se encuentran en las colecciones proféticas (Is 12; 25 1-5; 26 1-6.7-15.16-19; 63 7- 64 11, etc.).
7 19   «nuestros pecados» versiones; «sus pecados» hebr.
7 20   La salvación de Israel es la realización de la Alianza y de la Promesa, fundamentos de toda la esperanza, objeto primero de la fe del Pueblo de Dios.

NAHÚM

1 ¹ Oráculo sobre Nínive. Libro de la visión de Nahúm de Elcós.

Preludio

Salmo. La ira de Yahvé*.

Alef.
Dt 4 24+
Ex 20 5-6

² ¡Dios celoso y vengador Yahvé,
vengador Yahvé y rico en ira!
Se venga Yahvé de sus adversarios,
guarda rencor a sus enemigos.

Ex 34 6-7+

³ Yahvé tardo a la cólera, pero grande en poder,
y a nadie deja impune Yahvé*.

Bet.

Camina en la tempestad y el huracán,
las nubes son el polvo de sus pies.

Guimel
Is 50 2
Sal 106 9
(Dálet.)

⁴ Increpa al mar y lo seca,
todos los ríos agota.
...languidecen* Basán y el Carmelo,
la flor del Líbano se amustia.

He.
Jr 4 24

⁵ Los montes tiemblan ante él,
se estremecen las colinas;

Vau.

en su presencia se levanta la tierra,
el orbe y los que lo habitan*.

Zain.
/ Ap 6 17

⁶ Ante su enojo ¿quién aguantará?
¿Quién resistirá el ardor de su cólera?

Het.

Su furor se derrama como fuego,
las rocas se quiebran ante él.

Tet.

⁷ Bueno es Yahvé para quien lo espera*,

Yod.

un refugio el día de la angustia;
conoce a los que a él se acogen,

Gn 6 7s;
8 1
Kaf.

⁸ cuando pasa la inundación*.
Extermina a los que se alzan contra él*,
a sus enemigos empuja a las tinieblas.

Sentencias proféticas a Judá y Nínive.

(a Judá)

1 S 2 6

⁹ ¿Qué meditáis contra Yahvé*?
Él es quien ejecuta el exterminio,
no se alzará dos veces la opresión;
¹⁰ porque ellos, maraña de espinos,

ahítos del alcohol de sus festines,
como paja seca serán consumidos.

(a Asur)

¹¹ ¡De ti ha salido el que tramaba
el mal contra Yahvé,
el consejero de Belial*!

Dt 13 14+
Sal 18 5

(a Judá)

¹² Así dice Yahvé:
Aunque estén sanos, por muchos que sean,
serán talados y desaparecerán.
Si te he humillado,
no volveré a humillarte,
¹³ pues ahora quebraré tu yugo,
romperé tus cadenas.

2 R 19 35-36

Is 9 3

(al rey de Nínive)

¹⁴ Esto te depara Yahvé:
tu apellido no tendrá descendencia;
extirparé del templo de tus dioses
imágenes fundidas y esculpidas,
prepararé tu tumba, porque eres despreciable.

Is 14 19-21
Jr 8 1-2

(a Judá)

2 ¹ ¡Mirad por los montes
los pies del mensajero
que anuncia la paz!
Celebra tus fiestas, Judá,
cumple tus votos,
que ya no volverá
a pasar por ti Belial:
ha sido extirpado del todo*.

¹⁵

Is 52 7-10

1 11+

³ Yahvé repara la viña de Jacob,
como la viña de Israel*.
Devastadores la habían devastado,
habían destruido sus sarmientos.

2.²

Is 5 1+

---

1 2   Este salmo alfabético, ver Sal 31 10+ (pero la serie alfabética es incompleta), desarrolla el tema tradicional de la Ira de Yahvé (Nm 11 33; 2 S 6 7; 21 14; 24 1; Sal 2 12; 60 3; 79 5; 110 5, etc.) y sirve de introducción al oráculo contra Nínive.
1 3   Los cuatro últimos versos, que no forman parte de la serie alfabética, parecen ser un comentario posterior del v. 2ª, destinado a explicar el sentido de la ira divina.
1 4   Falta el comienzo del verso *(dalet)*.
1 5   Para describir la ira de Dios, el poeta utiliza a la vez los temas de las cosmogonías antiguas (la creación, victoria divina sobre las aguas), Jb 7 12+), y los de la historia sagrada (mar Rojo y Sinaí, Sal 114 3-8; Is 51 10, etc.).

1 7   «para quien lo espera» (en plural) griego; falta en hebr.
1 8   (a) Probable alusión al Diluvio (Noé era, como Nahúm, un «consolador», según Gn 5 29). La ira divina tiene un sentido, vv. 7-8; no es una explosión ciega, sino un juicio que distingue a los creyentes de los impíos.
1 8   (b) «los que se alzan contra él» griego; «su lugar» hebr.
1 9   Podría traducirse también: «¿Qué idea tenéis de Yahvé?», o «¡Cómo debéis contar con Yahvé!».
1 11   Este personaje impío, originario de Asur, podría ser Senaquerib, ver 2 R 18-19.
2 1   Trasponemos el v. 2 después del v. 3.
2 3   «viña» (bis) *gefen* conj.; «magnificencia» *ge'ôn* hebr.

Ruina de Nínive

El asalto.

Is 5 26-30
Jr 5 15-17;
  6 22-30

² ¡Sube un destructor contra ti!
¡Monta guardia en el baluarte,
vigila el camino,
cíñete los lomos,
redobla tu fuerza!

³ El escudo de sus bravos es rojo,
valientes vestidos de escarlata;
brillan como fuego sus carros
cuando están en formación;
se impacientan los jinetes*.

⁵ Furiosos los carros por las calles,
se precipitan en medio de las plazas,
su aspecto es de antorchas,
se lanzan como el relámpago.

⁶ Se da la voz* a los bravos;
en su marcha se entrechocan;
se apresuran hacia la muralla,
se asegura el parapeto*.

⁷ Las puertas que dan al Río se abren
y en el palacio cunde el pánico.

⁸ La Belleza es deportada, arrancada*,
gimen sus esclavas
con gemido de palomas,
y se golpean el pecho.

⁹ Nínive es una alberca
cuyas aguas* se escapan.
«¡Deteneos, deteneos!»
Pero nadie se vuelve.

¹⁰ «Saquead la plata, saquead el oro.»
¡Es un tesoro inagotable,
repleto de toda clase
de objetos preciosos!

Is 13 7-8

¹¹ ¡Destrozo, saqueo, devastación*!
¡Ánimos que decaen,
rodillas que vacilan,

Jr 30 6;
  4 31+

espaldas que flaquean,
rostros mudados de color!

Amenazas al león de Asur.

Os 5 14
Mi 5 7
Jr 4 7

¹² ¿Dónde está el cubil de los leones,
dónde la cueva* de los cachorros,
adonde iba el león a llevar
su cría sin que nadie le inquietase?

¹³ El león desgarraba para sus crías,
despedazaba para sus leonas,
llenaba de presas su escondrijo,
de rapiñas sus cubiles.

¹²

¹⁴ Aquí estoy contra ti
—oráculo de Yahvé Sebaot—:
arderán humeantes tus carros,
la espada devorará a tus cachorros;
suprimiré de la tierra tu presa,
no volverá a resonar
la voz de tus mensajeros.

¹³

=3 5

Amenazas a Nínive por sus crímenes*.

3 ¹ ¡Ay de la ciudad sanguinaria,
toda ella mentira,
repleta de rapiña,
de incesante pillaje!

² ¡Chasquido de látigos,
estrépito de ruedas!
¡Caballos que galopan,
carros que saltan,

³ caballería que avanza,
llamear de espadas,
centellear de lanzas...
multitud de heridos,
montones de muertos,
cadáveres sin fin,
se tropieza en cadáveres!

Ez 39 11-1_

⁴ Por todas las prostituciones de la
prostituta,
llena de gracia y hechicera,
que vendía a las naciones con sus
prostituciones*
y a los pueblos con sus hechicerías.

Ap 17-18

⁵ Aquí estoy contra ti
—oráculo de Yahvé Sebaot—:
levantaré tus faldas hasta tu cara,
mostraré a las naciones tu desnudez,
a los reinos tu vergüenza.

=2 14

Os 2 5+

⁶ Arrojaré inmundicia sobre ti,
te deshonraré convertida en espectáculo*.

⁷ Y así, todo el que te vea
huirá de tu presencia diciendo:

---

2 4   «jinetes» griego, sir.; «ciprés» hebr.
2 6   (a) «Se da la voz» según griego; «recuerda» hebr.
2 6   (b) Sin duda una máquina de guerra destinada a proteger a los sitiadores que atacan la muralla.
2 8   «La Belleza» *hassebî* conj.: «es colocada» *wehussab* hebr. —«La Belleza» es probablemente la estatua de la diosa *Ištar*, a la que se aplica frecuentemente este título en los textos asirios; sus «esclavas» son las prostitutas sagradas.
2 9   «cuyas aguas» según griego; «desde los días de ella, y ellos» hebr.
2 11   Asonancia: *bûqah, umebûqah, umebullaqah.*
2 12   «la cueva» *me'arah* conj.; «el pasto» *mir'eh* hebr.

3   Nuevo cuadro de la ruina de Nínive, acompañado de un juicio sobre los pecados que han motivado este castigo. Al representar a Nínive como una prostituta, Nahúm se fija, más que en su idolatría (Nínive no es como Israel la esposa de Yahvé) y su prostitución sagrada, en la codicia y la habilidad con que ha establecido su poder sobre todos los pueblos para despojarlos.
3 4   La imagen se refiere a los pueblos que han sido esclavizados, al contrario del «rescate» que significa su liberación.
3 6   El castigo de Nínive es el de las adúlteras, ver Os 2 5; Ez 16 36-43; 23 25-30.

«¡asolada ha quedado Nínive!
¿Quién se apiadará de ella?
¿Dónde buscará quien la consuele?»

Jr 15 5
Is 51 19

El ejemplo de Tebas.

[8] ¿Eres» mejor que No Amón*,
la asentada entre los Nilos,
(rodeada por las aguas),
cuya barrera era el mar,
cuya muralla las aguas*?
[9] Etiopía y Egipto eran su fuerza,
que no tenía límite;

Jr 46 9+

Put y los libios venían en su* ayuda.
[10] También ella fue al destierro,
al cautiverio partió,

Os 10 14+

también sus niños fueron estrellados
en los cruces de todas las calles;
se echaron suertes sobre sus notables,

Jl 4 3

todos sus grandes fueron encadenados.
[11] También tú te emborracharás
y andarás escondida;
también tú buscarás
refugio contra el enemigo.

Inutilidad de los preparativos de Nínive*.

[12] Tus fortalezas son higueras
cargadas de brevas:
si se las sacude, caen
en la boca que las come.

Is 3 12;
19 16
Jr 50 37;
51 30

[13] Tus soldados se han vuelto mujeres
entre las tropas enemigas;
abiertas de par en par
las puertas de tu país,

el fuego ha devorado tus cerrojos.
[14] Haz abasto de agua para el asedio,
consolida tus defensas,
pisa la arcilla, aplasta el mortero,
métela en el molde de ladrillos.
[15] Allí el fuego te consumirá,
la espada te exterminará
(te devorará como el pulgón.)

El vuelo de las langostas*.

Multiplícate como el pulgón,
multiplícate como la langosta;
[16 a] multiplica tus mercaderes
más que las estrellas del cielo*,
[17 a] tus guardias como langostas,
y tus escribas como enjambres de insectos,
que se posan en las tapias
al abrigo del frío;
sale el sol y se van,
[16 b] se despliegan los pulgones y vuelan,
[17 b] sin que nadie sepa adónde.

Lamentación fúnebre.

¡Ay, cómo* [18] duermen tus pastores,
rey de Asiria!
Dormitan* tus capitanes,
tu tropa anda dispersa por los montes,
y no hay quien la reúna.

1 R 22 17

[19] ¡Tu herida no tiene remedio,
tu llaga es incurable!
Los que tienen noticias tuyas
baten palmas contra ti;
pues ¿sobre quién no cayó
sin tregua tu maldad?

---

3 8   (a) Sin duda Tebas en el Alto Egipto, «la ciudad de Amón»; fue saqueada el 663 por los ejércitos de Asur-banipal, que tal vez la habían alcanzado ya el 667.
3 8   (b) «cuya» (lit. «su») falta en hebr.: «las aguas» *mayim* 4Qp (comentario a Nahúm descubierto en Qum-rán); «del mar» *miyyam* hebr.
3 9   «su» griego, sir.; «tu» hebr.
3 12   Este oráculo parece aludir a reveses ya sufridos por los ejércitos asirios (¿toma de Tarbis y de Asur el 614?).
3 15   (a) «te devorará como el pulgón» parece glosa

inspirada por lo que sigue.
3 15   (b) La invasión por los asirios (mercaderes, sol-dados, escribas) de los países ocupados es comparada a la de una nube de langosta. La misma imagen sirve para anunciar su desaparición súbita y total.
3 16ª «multiplica» conj.; «eres multiplicada» hebr. —Trasponemos el v. 16 en medio del v. 17.
3 17 «¡Ay, cómo» *'ôy mah* conj. según griego; «¿dónde están?» *'ayyam* hebr.
3 18 «Dormitan» griego; «yacen» hebr.

HABACUC

Título.

1 [1] Oráculo* que tuvo en visión el profeta Habacuc.

I. Diálogo entre el profeta y su Dios

**Primera queja del profeta:
la bancarrota de la justicia*.**

[2] ¿Hasta cuándo, Yahvé, pediré auxilio,
sin que tú escuches,
clamaré a ti: «¡Violencia!»
sin que tú salves?

[3] ¿Por qué me haces ver la iniquidad,
mientras tú miras la opresión?
¡Ante mí hay rapiña y violencia,
se suscitan querellas y discordias!

[4] Pues la ley se desvirtúa,
no se hace justicia.
¡El impío asedia al justo,
por eso se pervierte la justicia!

**Primer oráculo.
Los caldeos, azote de Dios*.**

[5] Mirad a las naciones, contemplad,
quedad estupefactos, atónitos:
voy a hacer* una obra en vuestros días
que no creeríais si os la contasen.

[6] Pienso movilizar a los caldeos,
un pueblo cruel y fogoso*,
que recorre las anchuras de la tierra,
para adueñarse de países ajenos.

[7] Es terrible y espantoso,
impone su ley y su poder*;

[8] son más raudos que panteras sus caballos,
más ágiles que lobos esteparios.
Sus jinetes galopan,
vienen de lejos sus jinetes,
vuelan como águila que se lanza a devorar.

[9] Llegan todos para hacer violencia,
son sus rostros ardientes, como un viento del este*,
amontonan cautivos como arena.

[10] Se burla de los reyes,
los soberanos le sirven de irrisión;
se ríe de toda fortaleza,
levanta un terraplén* y la toma.

[11] Después cambia el viento y desaparece*,
culpable por hacer de su fuerza su dios.

**Segunda queja del profeta
Las vejaciones del opresor*.**

[12] ¿No eres tú desde antiguo*, Yahvé,
mi Dios, mi santo? ¡Tú no mueres*!

Margin references (left):
Jb 19 7
Jr 14 9
Sal 18 42

Am 3 9-10
Jr 6 7; 9 2s
Sal 55 10-12

Mi 7 2-3
Is 59 14

Hch 13 41
Is 29 9

Margin references (right):
So 3 3

1 7
Is 10 13

Dt 33 27
Sal 90 1-2
Lv 17 1+

---

1 1   Lit. «carga», «peso», ver Is 13 1, etc., y Jr 23 33-40.
1 2   En nombre de su pueblo, ver Jr 10 23-25; 14 2-9.19-22; Is 59 9-14, el profeta se queja a Yahvé de las desgracias públicas. Este texto, afín a los lamentos del Salterio y de Jeremías, podría referirse, considerado aisladamente, a los desórdenes interiores de una sociedad, pero, en el contexto de los vv. 12-17, apunta sin género de duda a la opresión caldea. ¿Por qué la justicia y la bondad de Yahvé (y su santidad, v. 13) toleran el triunfo del impío? Pues quien domina es un pagano, y Judá, aun pecador, es un «justo», conocedor del verdadero Dios. A Yahvé corresponde dar la respuesta, ver 2 1.
1 5   (a) Primera respuesta. Es el mismo Yahvé quien suscita el azote de los caldeos. Estos paganos son el instrumento de su justicia por algún tiempo. Ver Am 3 11; Is 10 5-27; Jr 5 14-19; 25 1-13; 27 6-22; 51 20-23; Dt 28 47s; 2 R 24 2-4. Caso, p.e., de Nabucodonosor, «mi siervo», Jr 25 9; 27 6; 43 10.
1 5   (b) Con griego; el hebr. puede también entenderse: «(una obra) se realiza».
1 6   Las imágenes que van a componer una descripción épica de la invasión se encuentran repetidamente en los Profetas, ver Is 5 26-29; 13 17-18; Jr 4 5-7.13.16-17; 5 15-17; 6 22-24; Na 3 2-3; Ez 23 22-26; 28 7-10.
1 7   Este pueblo no reconoce ni Dios ni señor, y sólo

a sí mismo se atribuye los éxitos. Ver v. 11[b].
1 9   Texto dudoso. —«un viento del este» con 1Qp Hab (esta sigla designa el comentario de Habacuc descubierto en Qumrán en 1947) y Vulg.; «hacia el este» TM. —El «viento del este», viento agostador del desierto, es a veces el símbolo de las invasiones llegadas del este, ver Os 12 2; 13 15; Jr 18 17; Ez 17 10s.
1 10   Terraplenes o diques de tierra usados en los asedios.
1 11   La invasión, como el huracán, pasa y se va, no dejando más que ruinas a su paso —Otros entienden: «Entonces el espíritu pasa y se va» (una fase de la inspiración profética ha concluido); o bien: «Entonces (el invasor) cambia de espíritu y traspasa (¿su misión?)».
1 12   (a) Este nuevo lamento reanuda el primero, vv. 2-4: puesto que el triunfo de los caldeos tiene por causa última la voluntad de Yahvé, vv. 5-6, habrá que interrogar al mismo Yahvé. ¿Cómo, siendo justo y santo, guardián del derecho, vv. 12[ab].13, puede tratar así a las naciones y al pueblo elegido, v. 14? ¿Dejará que el impío devore al justo, v. 13, ver v. 4 y vv. 15-17?
1 12   (b) Alusión al Éxodo, que recordará el capítulo 3. Ahí está para Habacuc el motivo de la esperanza.
1 12   (c) «Tú no mueres» lo' tamût conj.; no morimos» lo' namût hebr., pero hay aquí una corrección de escriba escrupuloso, y la traducción restituye lo que debía de ser el texto primitivo.

¡Para juzgar lo pusiste, Yahvé,
oh Roca*, fiscal lo nombraste*!

1 3
Sal 5 5-6

13 Tus ojos puros no pueden ver el mal,
eres incapaz de contemplar la opresión.
¿Por qué ves a los traidores

Sal 35 22s

y callas cuando traga el impío
al que es más justo que él?

Jr 16 16
Ez 12 13;
17 20; 29 4s;
32 3

14 Tratas a los hombres como a peces
del mar,
como a reptiles que no tienen amo.
15 A todos los pesca* con anzuelo,
los apresa en su red,
los recoge en su copo.

Por eso se alegra y regocija,
16 por eso sacrifica a su red
y ofrece incienso a su copo,
pues por ellos abunda su presa,
su comida es suculenta.

17 Por eso vacía su red sin cesar*,
matando naciones sin piedad.

Segundo oráculo.
El justo vivirá por su fidelidad.

2 **1** Mi puesto de guardia ocuparé,
arriba en la muralla me pondré,
oteando para ver lo que me dice,
lo que responde a mi querella*.
2 Yahvé me respondió de este modo:
«Escribe la visión,
ponla clara en tablillas
para que pueda leerse de corrido.
3 Porque tiene su fecha* la visión,
aspira* a la meta y no defrauda;
si se atrasa, espérala,
pues vendrá ciertamente, sin retraso.
4 Sucumbirá quien* no tiene el alma
recta,
mas el justo por su fidelidad vivirá*.»

Nm 23 1-6

Is 8 1
Jr 30 2
Ap 1 19

2 P 3 4-10
Nm 23 19

↗ Rm 1 17
↗ Ga 3 11
↗ Hb 10 38

II.   Maldiciones contra el opresor

Preludio.

5 ¡Ciertamente es traidora la riqueza*!
¡Es hombre fatuo y nada conseguirá
el que abre sus fauces como el Seol;
como la muerte, él nunca se sacia,
reúne para sí a las naciones,
acapara para sí los pueblos todos!
6 ¿No pronunciarán todos éstos contra
él
sátiras, adivinanzas y enigmas?
Dirán*:

Is 5 14
Pr 27 20

Is 14 4
Mi 2 4

Las cinco imprecaciones.

I

¡Ay* del que se enriquece con lo ajeno
(¿hasta cuándo?)
y se carga de prendas empeñadas!
7 Vendrán de repente tus acreedores,
se despertarán tus vejadores,
te convertirás en su presa.
8 Por haber saqueado a naciones numerosas,

Ap 8 13+
Is 5 8+
Lc 6 24-26

Is 33 1

---

1 12 (d) Lit. «y una roca» (acaso «como roca»). Ver
Dt 32 4.
1 12 (e) Al pueblo caldeo, suscitado para una misión
de justicia que no debe sobrepasar, ver 1 5+. Para otros,
se trata de Israel, que debía ser el árbitro de los pueblos,
o del rey de Judá, Joaquín, infiel a su misión: 1 2-4.12-
17 y 2 6-19 estarían dirigidos contra él.
1 15 El invasor caldeo.
1 17 «Por eso» 1 Qp Hab; hebr. en interrogativo,
—«sin cesar» 1 Qp Hab; «y sin cesar matando» TM.
2 1 «responde» conj. según la Pešitta; «respondo»
TM. —El profeta vela por su pueblo como el centinela
en la muralla, ver Os 9 8+; Is 21 6-12; Jr 6 17; Ez 3 17;
33 1-9; Sal 5 4.
2 3 (a) De ahí la orden de escribir. La revelación se
cumplirá «en la fecha fijada», ver Dn 8 19.26; 10 14; 11
27.35, y el documento escrito emplaza para ese tiempo
a la palabra de Yahvé, ver 2 P 3 2, cuya veracidad demostrará más tarde. Ver Is 8 1.3; 30 8.
2 3 (b) La visión está provista de una energía propia:
expresa una palabra de Dios que tiende a su realización,
ver Is 55 10-11. La Liturgia del Adviento utiliza este v.,
según la traducción griega divergente, para expresar la
expectación del Mesías. Véase también Hb 10 37.
2 4 (a) «sucumbirá quien (‘âllap zû) no tiene el alma
recta» conj.; «está inflada (‘âppelah), no es recta su
alma en él» hebr. Vulg.: «El que es incrédulo, su alma
no será recta en él». Griego: «Si falla, mi alma no se

complace en él; mas el justo vivirá de la fe en mí».
2 4 (b) Esta sentencia formulada en términos uni-
versales, ver Is 3 10-11, expresa el contenido de la visión. La «fidelidad» (ver Os 2 22; Jr 5 1.3; 7 28; 9 2, etc.)
a Dios, es decir, a su palabra y a su voluntad, caracteriza al «justo» y le garantiza aquí abajo la seguridad y
la vida (ver Is 33 6; Sal 37 3; Pr 10 25, etc.). El impío,
que carece de esta «rectitud», va hacia la perdición. En
este contexto (1 2-4.12-17; 2 5-18) se trata aquí respectivamente del caldeo y de Judá: el justo Judá vivirá, el
opresor perecerá. En el texto de los LXX, donde «fidelidad» se convierte en «fe», San Pablo leerá la doctrina
de la justificación por la fe.
2 5 «es traidora la riqueza» 1 Qp Hab; «el vino (es)
traidor» TM.
2 6 (a) «Dirán» 1 Qp Hab y griego; «Dirá» TM. —La
sátira, mašal, es una copla burlona que se sirve de la
metáfora. La adivinanza, melîsah, es un enigma, que ha
de ser interpretado. Estos términos caracterizan el género literario de las cinco imprecaciones: en forma solemne de profecías, son amenazas proferidas en términos velados.
2 6 (b) Contra la codicia del conquistador. El pensamiento tiene la sutileza de los discursos parabólicos.
El caldeo, que se apodera de los bienes de los demás,
se convierte en deudor. A título de tal, será a su vez presa de los pueblos expoliados, convertidos en acreedores
suyos. Es la ley del talión, Ex 21 25+.

serás saqueado por el resto de los pueblos*,

=2 17   por tus crímenes, por la violencia al
país,
a la ciudad y a todos los que la habitan.

II

Jr 22 13-17   ⁹ ¡Ay* de quien saca ganancia
inmoral para su casa,

Jr 49 16   para poner su nido en lo alto
Is 14 13+   y escapar a la garra del mal!
Ab 4

1 17   ¹⁰ ¡Planeaste la deshonra de tu casa:
Is 14 20   al derribar* a tantas naciones,
tú mismo te malogras!

Lc 19 40   ¹¹ Porque la piedra grita desde el muro,
y la viga de madera le responde*.

III

Jr 22 13   ¹² ¡Ay* de quien construye con sangre
Mi 3 10   una ciudad,
y funda un pueblo en la injusticia!

¹³ ¿No* decide Yahvé Sebaot
‖Jr 51 58   que los pueblos se fatiguen para el fue-
go
Si 14 19   y las gentes se agoten para nada?

Is 11 9   ¹⁴ ¡Pues la tierra acabará llenándose
Nm 14 21+   del conocimiento de la gloria de Yahvé,
como las aguas llenan el mar!

IV

Gn 9 20-25   ¹⁵ ¡Ay* del que emborracha a sus vecinos,

y les añade su droga* hasta embria-
garlos,
para mirar después su desnudez!

¹⁶ ¡Te has saciado de ignominia, no de
gloria!

¡Bebe también y enseña tu prepucio*!   Lm 4 21
¡Te pasa la copa la diestra de Yahvé,   Is 51 17+
y la ignominia superará a tu gloria!   Sal 75 9+

¹⁷ Pues la violencia hecha al Líbano* te
cubrirá
y la matanza de animales te* aterrará,
(por tus crímenes, por la violencia al   =2 8
país,
a la ciudad y a todos los que la habitan*).

V

¹⁹ ¡Ay* de quien dice al madero: «Des-   Is 40 20+
pierta»,
«Levántate», a la piedra que no habla!
¿Podrán transmitir un oráculo*?
¡Aunque están cubiertos de oro y plata,
no hay un soplo de vida en su interior!

¹⁸ ¿De qué sirve un ídolo, obra de escultor,
si es imagen fundida, oráculo enga-   Os 3 4
ñoso?   Ez 21 26
¿Puede en él confiar su creador,   Za 10 2
artífice de ídolos mudos?

²⁰ Mas Yahvé está en su santo Templo*:
¡silencio ante él, tierra entera*!   So 1 7
Za 2 17
Ap 8 1

---

2 8   No «lo que quedará de los pueblos oprimidos»,
ni «el resto de los pueblos fuera de los oprimidos», sino
todos los pueblos distintos de los caldeos.
2 9   El caldeo sufrirá la suerte del hombre que se ha
creado una situación con ganancias ilícitas: nada de
ello le quedará.
2 10   «al derribar» versiones, «derribar» TM.
2 11   «Casa» edificada con bienes mal adquiridos: piedra y madera claman venganza contra el injusto posesor.
2 12   Contra la política de violencia.
2 13   «¿No...?» versiones; «He aquí» TM; fórmula de
citación, ver 2 Cro 25 26, que introduce una palabra de
Yahvé en los tres versos siguientes.
2 15   (a) Cinismo del conquistador, como el del hombre que en una orgía hace beber a sus vecinos para en-
vilecerlos; la ignominia de éstos será la suya. Sobre este
papel atribuido a Babilonia, ver Jr 51 7; a Nínive, ver
Na 3 4-7.
2 15   (b) «sus vecinos» 1 Qp Hab; «su vecino» TM.
—«añade» sentido dudoso. —«su droga (o veneno)»

(ver Dt 32 24.33; Sal 58 5; 140 4: o «su ira») 1 Qp Hab,
Símaco y Vulg.; «tu veneno» TM.
2 16   Desenfreno y deshonra del caldeo incircunciso,
embriagado a su vez. Pero se trata, en conjunto, de imágenes bélicas. La desnudez hace referencia a la indefen-
sión de una ciudad, que deja al descubierto sus interioridades.
2 17   (a) El Líbano asolado, ver Is 37 24, y cuyos cedros aprovechó Nabucodonosor para sus construcciones, ver Is 14 8, puede ser símbolo de Israel, ver Is 33
9; Jr 21 14; 22 6-7.20-23.
2 17   (b) «le» griego, sir.; «los» hebr.
2 17   (c) Colocamos el v. 18 después del v. 19, como
parece exigir el sentido.
2 18   (a) Contra la insensata idolatría del caldeo.
2 19   (b) Quizá glosa procedente de 18ᵇ.
2 20   (a) El templo de Jerusalén, pero sobre todo el
palacio celeste del que Yahvé va a salir, ver 3 3s.
2 20   (b) Este silencio prepara la teofanía de 3 3-15.
Ver Is 41 1; Sal 76 9-10.

III. Llamada a la intervención de Yahvé

3 [1] Oración* del profeta Habacuc*, en el tono de las lamentaciones.

Preludio. Súplica.

Dt 2 25
Sal 8 2.10;
76 2
Is 51 9

Is 54 8

[2] ¡Yahvé, he oído tu fama*,
he visto tu obra, Yahvé*!
¡En medio de los años* hazla revivir
en medio de los años dala a conocer*,
aun en la ira acuérdate de la compasión!

Teofanía. La llegada de Yahvé.

Dt 33 2
Jc 5 4

Nm 14 21+
Sal 72 19

Ap 6 8

Sal 104 32
Ex 15 14-16

[3] Viene Dios de Temán,
el Santo, del monte Parán*.   *Pausa.*
Su majestad cubre los cielos,
de su gloria está llena la tierra.

[4] Su fulgor* es como la luz,
rayos* tiene que saltan de su mano,
allí se oculta su poder.

[5] Ante él marcha la Peste,
la Fiebre* va tras sus pasos.

[6] Se planta y tiembla la tierra,
mira y estremece a las naciones;
se desmoronan los montes eternos,
se hunden los collados antiguos*,
¡sus senderos de siempre!

El combate de Yahvé.

[7] En apuros veo las tiendas de Cusán,
tiemblan los pabellones de Madián*.
[8] ¿Arde tu cólera, Yahvé*, contra los ríos,
contra el mar tu furor*,
cuando montas tus caballos,
tus carros victoriosos?

Dt 33 26+

[9] Desnudas y aprestas tu arco,
llenas su cuerda de saetas*.   *Pausa.*

Hiendes con ríos la tierra*;
[10] te ven y se espantan los montes,
pasa un diluvio de agua,
el abismo* alza su voz,
levanta en alto sus manos.

[11] Sol y luna se paran donde están,
a la luz de tus raudas saetas,
al fulgor deslumbrante de tu lanza.

[12] Con furia atraviesas la tierra,
con cólera aplastas naciones.

[13] Sales a salvar a tu pueblo,
a salvar a tu ungido*.
Derrumbas la casa del impío,
desnudas sus cimientos hasta el fondo.   *Pausa.*

2 9-11

---

3 1   (a) Esta oración, al igual que muchos salmos, une a la súplica un himno al poder divino. El título, la presencia de las «pausas» y la indicación del v. 19ᵈ indican una utilización litúrgica. —Todo este capítulo falta en el comentario a Habacuc encontrado en Qumrán, ver la Introducción a los Profetas.
3 1   (b) Esta mención puede indicar, como en los Salmos, no el origen literario, sino simplemente la pertenencia a una colección, aquí al libro de Habacuc.
3 2   (a) Lit. «lo que tú haces oír».
3 2   (b) El conjunto de intervenciones de Yahvé en favor de su pueblo en la época mosaica (ver 1 12). Ver Sal 44 2-9; 77 12-13; 95 9; Jc 2 7; Dt 11 7.
3 2   (c) Es decir «en nuestro tiempo».
3 2   (d) El griego dice «en dos dísticos»: «En medio de dos animales te manifestarás; cuando estén próximos los años serás conocido; cuando haya llegado el tiempo aparecerás», texto que, con Is 1 3, es el origen de la tradición sobre los dos animales del pesebre de Belén.
3 3   Temán: distrito norte del país de Edom o Seír. Parán: monte que se ha de situar en Edom. —Aquí comienza la teofanía, ver Ez 19 16+, que comprende la llegada, vv. 3-7, y el combate, vv. 8-15 de Yahvé. Esta visión épica evoca en diversos rasgos la marcha triunfal de Yahvé al frente de su pueblo en el Éxodo, tipo, ver Is 40 3+, de la liberación futura. Yahvé («el Santo», ver Dt 33 3; Is 6 3+) se dirige desde el Sinaí, ver Ex 24 9-11, hacia Canaán, por Nm 20 14s, por el sur-sudeste de Palestina, región de la que también vienen las tormentas. Su venida se describe, vv. 3s, bajo el aspecto de una nube tormentosa, ver Sal 18 8s; 29. Las expresiones designan ora la nube, ora a Yahvé que en ella se manifiesta.
3 4   (a) «Su fulgor» versiones; «el fulgor» hebr.

3 4   (b) En sentido propio, «cuernos», pero ver Ex 34 29-30.35.
3 5   La misma palabra *réšef*, derivada del nombre del dios fenicio del relámpago, designa el rayo, el granizo, la calamidad y, aquí (por paralelismo con la «peste» y ver Dt 32 24), la fiebre abrasadora..
3 6   Las expresiones «montes eternos», «collados antiguos» adquieren aquí un sentido cósmico, ver Sal 90 2; Pr 8 25; Jb 15 7; designan los lugares de estancia de los Patriarcas en Gn 49 26; Dt 33 15.
3 7   Madián, ver Ex 2 15+. Cusán es probablemente una designación arcaica de esta misma región.
3 8   (a) El hebr. añade: «o contra los ríos».
3 8   (b) Como en Jc 5 4-5; Sal 77 17-20; 114 3-7, a la intervención de Yahvé acompañan conmociones cósmicas, ver Am 8 9+. Quizá se trate aquí de una utilización poética de antiguas tradiciones sobre la creación, concebida como una lucha de Dios contra los elementos rebelados (el Abismo, el Mar, el Río, etc), ver Jb 7 12+. Aquí el combate termina con la derrota del «impío», es decir del caldeo, vv. 13-15.
3 9   (a) Texto corregido, según un ms griego; el hebr. es ininteligible (lit.: «los juramentos son las saetas de la palabra»). —Las saetas son los relámpagos, ver v. 4 y Sal 29 7; 77 18. Yahvé comparado al arquero: ver Dt 32 23; Ez 5 16, etc. El arco, símbolo de la fuerza: ver Gn 49 24; Jb 29 20, etc.
3 9   (b) Lluvia diluvial de la tormenta, ver Sal 77 17-19; Jc 5 4.
3 10   El Abismo subterráneo, el Océano primordial que une sus aguas a la lluvia del cielo.
3 13   Aquí, el pueblo, ver Sal 28 8 (Ex 19 6), más bien que el rey. —«a salvar...» griego; «el socorro, tu ungido» hebr. —La traducción del resto del v. es dudosa.

Sal 10 7-9;
17 12

Sal 77 20
Is 43 16-17

Jr 4 19

Jr 5 17
Os 9 2

Lc 1 47

Sal 18 34
Dt 32 13
Is 58 14

¹⁴ Traspasas con tus dardos la cabeza
de sus nobles
lanzados para dispersarnos* con su estrépito,
cuando iban a devorar al pobre en su
escondrijo.

¹⁵ Surcas el mar con tus caballos,
entre el estrépito de aguas caudalosas.

**Conclusión: Temor humano
y fe en Dios.**

¹⁶ ¡Lo he oído y se estremecen* mis entrañas,

lo he escuchado y titubean mis labios,
un temblor penetra en mis huesos,
al andar tiemblan mis pasos*!

Espero tranquilo el día de la angustia,
que caerá sobre el pueblo que nos asalta.

¹⁷ (Pues la higuera no retoñará,
ni habrá en las viñas recolección.
Fallará la cosecha del olivo,
los campos no darán sus frutos,
faltarán las ovejas en el aprisco,
no habrá ya vacas en los establos*.)

¹⁸ ¡Pero yo me alegraré en Yahvé,
gozaré del Dios de mi salvación!

¹⁹ Yahvé mi señor es mi fuerza,
él me da pies como de cierva,
y me hace caminar por las alturas*.

Del maestro de coro. Para instrumentos de cuerda*.

---

3 14 Texto muy dudoso; «tus dardos» conj., «sus dardos» hebr.; «sus nobles» griego, «sus guerreros» Vulg.;
el hebr. trae una palabra desconocida. —«dispersarnos»
conj.; «dispersarme» hebr.
3 16 (a) Ver v. 2 e Is 21 3-4: Jr 23 9; Dn 8 18.27; 10
8. El terror religioso y la angustia del profeta ante el
combate de Yahvé y los males que le acompañan, vv.
16-17, dan paso a la alegría de la salvación y de la seguridad en Yahvé, vv. 18-19, ver 16ᶜ.
3 16 (b) «tiemblan mis pasos» *yirgezû 'ašurî* conj. según griego; «tiemblo quien» *'ergaz 'ašer* hebr. —El final
del v. es dudoso; otros traducen: «para subir contra un

pueblo que le asalta» o «cuando se sube contra un pueblo para asaltarlo».
3 17 Este cuadro de miseria agrícola, en el contexto
de un combate cósmico, puede ser una glosa (que refuerza la lección de esperanza en Yahvé), a no ser que
trate de describir los daños causados en Judá por la
guerra.
3 19 (a) «las alturas» griego; «mis alturas» hebr.
3 19 (b) «Para instrumentos» conj.; «Mis instrumentos» hebr. —Estas indicaciones figuran de ordinario al
comienzo de los Salmos.

SOFONÍAS

1 [1] Palabra de Yahvé dirigida a Sofonías, hijo de Cusí, hijo de Godolías, hijo de Amarías, hijo de Ezequías, en tiempo de Josías, hijo de Amón, rey de Judá.

I. El día de Yahvé en Judá

Preludio cósmico.

[2] ¡Voy a aventarlo todo
sobre la faz de la tierra!
—oráculo de Yahvé—.
[3] Aventaré hombres y bestias,
aventaré aves del cielo y peces del mar,
haré tropezar* a los impíos;
extirparé a los hombres de la faz de la tierra
—oráculo de Yahvé—.

Os 4 3+

Contra el culto de los dioses extranjeros.

[4] Extenderé mi mano contra Judá,
contra todos los habitantes de Jerusalén,
y extirparé de este lugar
lo que queda de Baal,
el nombre de ministros* y sacerdotes,
[5] los que se postran en los terrados
ante el ejército del cielo,
los que se postran* ante Yahvé
y juran por Milcón*,
[6] los que no siguen a Yahvé,
los que no buscan a Yahvé
ni le consultan.
[7] ¡Silencio ante el Señor Yahvé,
que está cerca el Día de Yahvé!
Yahvé ha preparado un sacrificio,
ha consagrado a sus invitados*.

R 23 4s.12
Dt 4 19
2 R 21 3-5
R 11 7.33
2 R 23 13
Ha 2 20
Za 2 17
Ap 8 1

Contra los altos dignatarios de la corte*.

[8] El día del sacrificio de Yahvé
yo visitaré a los príncipes,
a los hijos del rey,

Ex 3 16+

y a todos los que visten
ropas extranjeras.
[9] Aquel día visitaré
a todos los que escalan el umbral,
los que llenan la Casa de su Señor
de violencia y de fraude*.

Contra los comerciantes de Jerusalén.

[10] Aquel día habrá —oráculo de Yahvé—
gritos de auxilio en la Puerta del Pescado,
gemidos en el Barrio Nuevo,
desastre sonado en las colinas.
[11] ¡Gemid, habitantes del Mortero,
que han sido aniquilados los mercaderes,
exterminados los que pesan la plata*!

Ne 3 3

Contra los incrédulos.

[12] Sucederá en el tiempo aquel
que escrutaré a Jerusalén con lámparas,
pediré cuentas a los hombres
que se apelmazan en sus heces*,
los que dicen en su interior:
«¡Ni bien ni mal hace Yahvé!»
[13] Será dada al saqueo su riqueza,
sus casas a la devastación;
casas construyeron, mas no las habitarán,
viñas plantaron, mas no beberán su vino.

Jr 48 11
Jr 5 12+
Sal 10 4;
14 1
Dt 28 30-
33+
Mi 6 15

El Día de Yahvé*.

[14] ¡Se acerca el gran Día de Yahvé,
se acerca, viene a toda prisa!

Am 5 18+

---

1 3 «haré tropezar» *wehikšaltî* conj.; «los tropiezos» *wehammakšelôt* hebr.
1 4 Término propio del sacerdocio de los ídolos.
1 5 (a) El hebr. añade: «y que juran», ditografía.
1 5 (b) «Milcón» mss griegos, sir. y Vulg.; «su rey» hebr. —Junto con las supervivencias cananeas, v. 4, Sofonías denuncia el culto astral de Asur, y luego el culto de los dioses vecinos (Milcón, dios amonita) mezclado al culto de Yahvé.
1 7 Este v. comienza con una llamada litúrgica. Presenta el Día de Yahvé como un sacrificio (Is 34 6; Jr 46 10; Ez 39 17), cuyas víctimas serán los de Judá. Los invitados son «consagrados» para la inmolación, como en

Jr 12 3.
1 8 Estos cortesanos, sometidos a Asiria, ejercen la regencia durante la minoría de Josías. «Los que escalan el umbral», v. 9, son tal vez los personajes que se acercan al rey.
1 9 La «visita» de Yahvé es toda intervención especial, favorable o desfavorable; aquí para el castigo.
1 11 El «Mortero» («la jofaina») es un barrio de Jerusalén (¿centro? ¿sur?). «mercaderes», lit. «cananeos», ver Os 12 8; Is 23 8; Pr 31 24; etc.
1 12 Como el vino que no ha sido trasegado.
1 14 (a) Como en Amós 5 18-20, e Isaías 2 6-22, el «Día» es una manifestación temible del poder de Yahvé;

¡Amargo el vocerío del día de Yahvé,
entonces gritará hasta el soldado*!

Is 42 13
Nm 10 35

¹⁵ Aquel día será día de ira,
día de angustia y aprieto,
día de devastación y desolación,
día de tinieblas y oscuridad,
día de nubes y densa niebla,

‖Jl 2 2

¹⁶ día de trompeta y griterío,
contra las ciudades fortificadas,
contra los altos baluartes.

Jl 2 1+

¹⁷ Pondré a los hombres en aprieto,
y ellos andarán como ciegos,
(porque pecaron contra Yahvé);
su sangre se derramará como polvo,
su carne como excrementos.

Jr 9 21
Ez 7 19

¹⁸ Ni su plata ni su oro
podrán salvarlos
el Día de la ira de Yahvé,
cuando el fuego de su celo
devore la tierra entera;

Dt 4 24+

pues acabará de forma terrorífica
con todos los habitantes de la tierra.

Conclusión. Exhortación a la conversión*.

2 ¹ Reuníos, congregaos*,
gente sin vergüenza,
² antes que seáis aventados*
como el tamo que en un día pasa,
antes que caiga sobre vosotros
el ardor de la ira de Yahvé,
(antes que caiga sobre vosotros
el Día de la ira de Yahvé).
³ Buscad a Yahvé,
vosotros, humildes de la tierra*,
que cumplís sus mandatos;
buscad la justicia,
buscad la humildad;
quizá encontréis cobijo
el Día de la ira de Yahvé.

Os 13 3

Am 5 4+

Is 57 15

II. Contra las naciones

El enemigo por occidente: los filisteos*.

Jos 13 2+
Am 1 6-8
Is 14 28-32
Jr 47
Ez 25 15-17

⁴ Gaza quedará desamparada,
Ascalón desolada,
Asdod, expulsada al mediodía,
Ecrón, arrancada de raíz.
⁵ ¡Ay de los habitantes de la costa,
nación de los quereteos!
Palabra de Yahvé contra vosotros:
«Canaán, tierra de filisteos,
te destruiré, te dejaré sin habitantes;
⁶ la costa quedará convertida en pastizales,
en pradera de pastores,
en apriscos de ovejas.»
⁷ Y será la franja costera

Am 9 7
Dt 2 23
Jr 47 4

para el Resto de la casa de Judá:
allí pacerán y a la tarde
reposarán en las casas de Ascalón,
cuando los visite Yahvé su Dios,
y los traiga de su cautiverio.

Enemigos por oriente: Moab y Amón.

Nm 22 36-
Dt 2 19+
Am 1 13 - 2
Is 15-16
Jr 48 1 - 49
Ez 25 1-11

⁸ He oído los insultos de Moab,
los denuestos lanzados por Amón,
cuando insultaron a mi pueblo,
y prosperaron a costa de su tierra.
⁹ Por eso, ¡por mi vida
—oráculo de Yahvé Sebaot,
Dios de Israel—
que Moab quedará como Sodoma,

Gn 19 1+

Dios aparece como guerrero, ver Ex 15 3; 2 S 5 24; Sal 18 8-15, etc., pero sus armas las dirige contra su pueblo pecador. Este poema ha inspirado a Joel 2 1-11, y al autor medieval del *Dies irae*.
1 14 (b) Otra traducción: «Un bravo da allí el grito (de guerra)».
2 La amenaza del Día de Yahvé deja en pie la esperanza de la conversión. La salvación se promete a los «humildes» (o «pobres»), v. 3.
2 1 Verbo raro, diversamente interpretado: «Amontonaos», «Entrad en vosotros mismos», «Inclínaos». La semejanza con la palabra que significa «tamo» invita a ver aquí la imagen del hacinamiento de la paja en la era, para la trilla, ver v. 2.
2 2 «(antes que) seáis aventados» *lo' tiddajeqû* conj.; «el nacimiento del decreto» *ledet joq* hebr.
2 3 «humildes» o «pobres», en hebreo *'anawîm*. Los pobres tienen gran importancia en la Biblia. Si la literatura sapiencial tiende a considerar la pobreza, *rēš*, como efecto de la pereza, Pr 10 4 (pero ver Pr 14 21; 18 12), los profetas saben que los pobres son ante todo los

oprimidos, *'aniyyîm;* reclaman justicia para los débiles y pequeños, *dal.lim,* y los indigentes, *'ebyônîm,* Am 2 6s; Is 10 2; ver Jb 34 28s; Si 4 1s; St 2 2s. El Deuteronomio, siguiendo a Ex 22 20-26; 23 6, les hace eco con su legislación humanitaria, Dt 24 10s. Con Sofonías, el vocabulario de la pobreza toma un colorido moral y escatológico, **3** 11s; ver Is 49 13; 57 14-21; 66 2; Sal 22 27; 34 3s; 37 11s; 69 34; 74 19; 149 4; ver también Mt 5 3+; Lc 1 52; 6 20; 7 22. Los *'anawîm* son en una palabra los israelitas sumisos a la voluntad divina. En la época de los LXX, el término *'anaw* (o *'ani*) expresa cada vez más una idea de altruismo, Za 9 9; ver Si 1 27. A los «pobres» es a quienes será enviado el Mesías, Is 61 1; ver 11 4; Sal 72 12s; Lc 4 18. Él mismo será humilde y manso, Za 9 9; ver Mt 11 29; 21 5, y será incluso oprimido, Is 53 4; Sal 22 15.
2 4 Sofonías enumera (excepto Gat, quizá ya en ruinas) las ciudades filisteas confederadas, la «liga del mar». Repitiendo el procedimiento de Is 10 29-31 y de Mi 1 10-15, deduce, por medio de juegos de palabras, presagios de desgracia de los nombres de Gaza y Ecrón.

los habitantes de Amón como Gomorra*:
cardizal y mina de sal,
desolación para siempre!

Is 14 2
Za 2 13

El Resto de mi pueblo los saqueará,
los que queden de mi nación los heredarán.
¹⁰ Éste será el precio de su orgullo,
por insultar, por prosperar
a costa del pueblo de Yahvé Sebaot.
¹¹ Yahvé se les mostrará terrible,
cuando deje sin fuerzas
a todos los dioses de la tierra,
y se postren ante él,
cada una en su lugar,
todas las islas de los paganos*.

El enemigo por el sur: Etiopía*.

Is 18-20
Jr 46
Ez 29-32

¹² También vosotros, etíopes:
«Seréis víctimas de mi espada».

El enemigo por el norte: Asiria*.

¹³ Extenderá su mano contra el norte,
destruirá a Asiria,
dejará a Nínive desolada,
árida como el desierto.
¹⁴ Se tumbarán en medio de ella
rebaños y toda suerte de animales:
hasta la lechuza y el erizo
pasarán la noche entre sus capiteles.
El búho ululará en la ventana,
graznará el cuervo en el umbral,
porque el cedro fue arrancado*.
¹⁵ Así quedará la ciudad bulliciosa,
la que tranquila reposaba,
la que decía en su interior:
«¡Yo, y nadie más!»
¡Qué desolada ha quedado,
convertida en guarida de animales!
Todo el que pasa a su lado
silba y agita su mano.

‖Is 47 8.10

Jr 18 16;
19 8; 49 17

III.   Contra Jerusalén

Contra los dirigentes de la nación.

3 ¹ ¡Ay de la rebelde, la impura,
la ciudad opresora!
² No ha escuchado la voz,
no ha aceptado la corrección;
en Yahvé no ha confiado,
no se ha acercado a su Dios.

Am 4 6s

z 22 25-26

³ Los príncipes que habitan en ella
son leones rugientes,
sus jueces, como lobos esteparios,
no dejan un hueso para la mañana.
⁴ Sus profetas, fanfarrones,
hombres traicioneros;
sus sacerdotes profanan lo santo
y violan la Ley.

Dt 32 4

⁵ Vive en ella Yahvé el justo,
que no comete injusticia;
cada mañana dicta sentencia,
no falla al amanecer
(pero el inicuo no conoce la vergüenza).

al 101 8+

La lección de las naciones.

⁶ He exterminado a las naciones,
sus almenas han sido derruidas,
he dejado desiertas sus calles,
sin nadie que transite;
han sido arrasadas sus ciudades,
no quedan hombres ni habitantes.
⁷ Pensé: «Ella al menos me temerá,
sabrá aceptar la corrección;
no podrá apartar de sus ojos*
todo lo que la he castigado.»
Pero al punto han corrompido
todas sus acciones.

⁸ Por eso, esperad —oráculo de Yahvé—
el día en que me levante para acusar,
porque voy a reunir a las naciones,
voy a congregar a los reinos,
para derramar sobre vosotros mi furor,
todo el ardor de mi cólera.
(Porque el fuego de mi celo
devorará la tierra entera*).

Am 4 6s

---

2 9   Según Gn 19 30-38, Amón y Moab proceden de
Lot, evadido de Sodoma.
2 11   Esta promesa de conversión de las «islas», que
va más allá de Moab y Amón, es sin duda una adición,
que parece depender de Is 41 1.5; 42 4.10.12; 49 1; 51
5.
2 12   Etiopía designa aquí a Egipto, donde reinaron
faraones etíopes poco antes de Sofonías (de 751 a 663;
dinastía XXV). El oráculo parece incompleto.
2 13   El enemigo por excelencia, que aplastaba a Judá
desde hacía casi un siglo.
2 14   «El búho» kôs conj.; «una voz» qôl hebr. —«el

cuervo» griego; «la desolación» hebr. —«el cedro fue
arrancado» conj.; «¡el arrancó el cedro» hebr. Probablemente la madera empleada para la construcción, madera que «fue arrancada».
3 7   «de sus ojos» griego, sir.; «su morada» hebr.
3 8   «para acusar» hebr. —«sobre vosotros» conj.;
«sobre ellos» hebr. —El texto primitivo debía de concluir con los vv. 6-7 anunciando el castigo de Judá ante
los paganos, como Am 3 9-11. Retocado, el texto hebreo
actual anuncia el castigo de las naciones. El final del v.
8 parece una repetición de 1 18 para introducir los vv.
9-20.

IV. Promesas

Conversión de los pueblos.

⁹ Entonces purificaré el labio de los pueblos,

Ml 1 11

para que invoquen todos el nombre de Yahvé,
y le sirvan bajo un mismo yugo*.

Is 18 7

¹⁰ Desde allende los ríos de Etiopía,
mis suplicantes, mi Dispersión*,
vendrán a mí con ofrendas.

2 3+

El humilde Resto de Israel*.

¹¹ Aquel día no tendrás que avergonzarte
de los delitos cometidos contra mí;
entonces arrancaré de tu seno
a tus alegres fanfarrones,
y no volverás a engreírte
en mi santo monte.
¹² Dejaré en medio de ti
un pueblo humilde y pobre,
se cobijará al amparo de Yahvé
¹³ el Resto de Israel.
Ya no cometerán injusticias

Is 53 9
Ap 14 5

ni dirán mentiras,
ya no ocultará su boca
una lengua embustera.
Se apacentarán y reposarán,
sin que nadie los turbe.

Salmos de júbilo a Sión*.

Is 12 6;
54 1
Za 2 14

¹⁴ ¡Grita alborozada, Sión,
lanza clamores, Israel,

celébralo alegre de todo corazón,
ciudad de Jerusalén!
¹⁵ Que Yahvé ha anulado tu sentencia,

Is 40 2

ha alejado a tu enemigo.
¡Yahvé, Rey de Israel, está en medio de ti,
ya no temerás mal alguno!

¹⁶ Aquel día se dirá a Jerusalén:
¡No tengas miedo, Sión,
no desfallezcan tus manos!
¹⁷ Yahvé tu Dios está en medio de ti,
¡un poderoso salvador!
Exulta de gozo por ti,

Jr 32 41
Is 62 5

te renueva* con su amor;
danza por ti con gritos de júbilo,
¹⁸ como en los días de fiesta*.

Lm 2 6

Vuelta de los dispersos*.

Apartaré de tu lado la desgracia,
el oprobio que pesa sobre ti*.
¹⁹ Voy a condenar al exterminio*
a todos tus opresores;
salvaré a la coja,
reuniré a la descarriada,
les daré fama y renombre
en la tierra donde fueron humilladas*.

²⁰ En aquel tiempo os traeré,
en aquel tiempo* os congregaré.

Mi 4 6

Entonces os daré renombre y fama
entre todos los pueblos de la tierra,
cuando cambie vuestra suerte
ante vuestros propios ojos,
dice Yahvé.

---

3 9   Así griego y sir.; hebr. lit.: «con un solo hombro».
3 10   «mi Dispersión» es tal vez una glosa que transforma en promesa para los judíos dispersos la promesa original de la conversión de los etíopes, ver Is **18** 7; **19** 18-25; **45** 14, que probablemente tampoco es auténtica; como la de **2** 11, podría ser postexílica.
3 11   Este oráculo anuncia la realización del ideal propuesto en **2** 3, y da una de las descripciones más perfectas del «espíritu de pobreza» en el AT.
3 14   Estos dos salmos, o por lo menos el segundo, han sido añadidos para formar la conclusión de la colección.
3 17   «te renueva» griego, sir.; «se calla» hebr.

3 18   (a) «como en los días de fiesta» griego, sir.; «afligidos fuera de la fiesta» hebr.
3 18   (b) El v. 20 es una variante del v. 19; éste depende de Mi **4** 6. Estos oráculos datan probablemente del Destierro.
3 18   (c) «la desgracia» *hawwah* conj.; «ellos fueron» *hayû* hebr. —«sobre ti» conj.; «sobre ella» hebr.
3 19   (a) «exterminio» falta en hebr. por probable haplografía.
3 19   (b) «donde fueron humilladas», lit. «de su confusión».
3 20   «en aquel tiempo» conj.; «en el tiempo en que» hebr.

AGEO

La reconstrucción del Templo.

1 ¹ El año segundo del rey Darío, el día primero del sexto mes*, fue dirigida la palabra de Yahvé, por medio del profeta Ageo, a Zorobabel, hijo de Sealtiel, gobernador de Judá, y a Josué, hijo de Josadac, sumo sacerdote, en estos términos: ² Así dice Yahvé Sebaot: Este pueblo dice: «¡Todavía no ha llegado el momento* de reedificar el Templo de Yahvé!» ³ (Dirigió entonces Yavé la palabra, por medio del profeta Ageo, en estos términos:) ⁴ ¿Os ha llegado acaso el momento de habitar en casas artesonadas, mientras esta Casa está en ruinas? ⁵ Pues ahora, así dice Yahvé Sebaot: Prestad atención a la situación en que os halláis. ⁶ Habéis sembrado mucho y cosechado poco; habéis comido, pero sin quitar el hambre; habéis bebido, pero sin apagar la sed; os habéis vestido, mas sin calentaros; y el jornalero ha metido su jornal en saco roto. ⁷ Así dice Yahvé Sebaot: Prestad atención a la situación en que os halláis*. ⁸ Subid a la montaña*, traed madera y reedificad el Templo; yo la aceptaré gustoso y me sentiré honrado, dice Yahvé. ⁹ Esperabais mucho, y bien poco es lo que hay*. Y lo que metisteis en casa yo lo aventé. ¿Por qué? —oráculo de Yahvé Sebaot— Porque mi Casa está en ruinas, mientras vosotros os cobijáis cada uno en su casa. ¹⁰ Por eso, por culpa vuestra, los cielos han negado la lluvia* y la tierra ha negado su producto. ¹¹ Yo he convocado a la sequía sobre la tierra y sobre los montes, sobre el trigo, el mosto y el aceite, sobre todo lo que produce el suelo, sobre los hombres y el ganado, y sobre todos vuestros trabajos.

¹² Zorobabel, hijo de Sealtiel, Josué, hijo de Josadac, sumo sacerdote, y el Resto del pueblo* escucharon la voz de Yahvé, su Dios, y las palabras del profeta

Ageo, según la misión que Yahvé su Dios le había encomendado, y el pueblo tuvo miedo de Yahvé. ¹³ Entonces Ageo, el mensajero de Yahvé, habló así al pueblo, en virtud del mensaje de Yahvé: «Yo estoy con vosotros, oráculo de Yahvé.» ¹⁴ Y Yahvé movió el espíritu de Zorobabel, hijo de Sealtiel, gobernador de Judá, el espíritu de Josué, hijo de Josadac, sumo sacerdote, y el espíritu de todo el Resto del pueblo. Y vinieron y emprendieron las obras del Templo de Yahvé Sebaot, su Dios. ¹⁵ Era el día veinticuatro del sexto mes.

La gloria del Templo.

2 El año segundo del rey Darío, ¹ el día veintiuno del séptimo mes*, dirigió Yahvé la palabra, por medio del profeta Ageo, en estos términos: ² Habla ahora a Zorobabel, hijo de Sealtiel gobernador de Judá, a Josué, hijo de Josadac, sumo sacerdote, y al resto del pueblo, y diles: ³ ¿Quién queda entre vosotros que haya visto este Templo en su primer esplendor? Y ¿qué es lo que veis ahora? ¿Verdad que os parece que no existe? ⁴ ¡Pero ahora ten ánimo, Zorobabel, oráculo de Yahvé; ánimo, Josué, hijo de Josadac, sumo sacerdote, ánimo, pueblo todo de la tierra!, oráculo de Yahvé. ¡A la obra, que estoy con vosotros —oráculo de Yahvé Sebaot— ⁵ según el pacto que hice con vosotros cuando salisteis de Egipto; y mi espíritu sigue en medio de vosotros: no temáis! ⁶ Pues así dice Yahvé Sebaot: Dentro de muy poco tiempo sacudiré los cielos y la tierra, el mar y el suelo firme*, ⁷ sacudiré todas las naciones; llegarán entonces los tesoros de todas las naciones*, y yo llenaré de gloria este Templo, dice Yahvé Sebaot. ⁸ ¡Mía es la plata y mío el oro!, oráculo de Yahvé Sebaot. ⁹ Grande será la gloria de este Templo, la del segundo mayor que la del primero,

1 1   Agosto del 520.
1 2   «Todavía no ha llegado el momento» griego, Vulg.; hebr. corrompido.
1 7   Este v. parece estar aquí fuera del lugar. Los vv. 1-11 podrían reunir dos conjuntos diferentes, los dos auténticos; vv. 1-6.8 y vv. 7.9-11.
1 8   Probablemente la montaña de Judá.
1 9   «hay» griego, sir., Targ.; «y he aquí» hebr.
1 10   «la lluvia» Targ., «el rocío» hebr.
1 12   La expresión «Resto del pueblo» designa en Ageo y Zacarías al pueblo fiel, agrupado en torno a Jerusalén. Ver Is 4 3+.
2 1   Octubre del 520, en el último día de la fiesta de

las Tiendas.
2 6   A los ojos de Ageo, sólo Dios conduce la historia. En el momento en que el profeta anuncia la catástrofe, ver Am 5 18+; 8 9+, que va a inaugurar la nueva era, el mundo está en paz bajo el reinado de Darío. La conmoción mundial ya cercana y la reconstrucción del Templo serán los preludios de la era mesiánica.
2 7   «tesoros», lit. «lo que es precioso», «lo que se desea» (singular en sentido colectivo). La Vulg. ha leído aquí una alusión al Mesías: «Et veniet Desideratus cunctis gentibus.» De ahí el uso litúrgico de este texto en tiempo de Adviento.

dice Yahvé Sebaot, y proporcionaré paz a este lugar, oráculo de Yahvé Sebaot*.

Consulta a los sacerdotes.

[10] El día veinticuatro del noveno mes, el año segundo de Darío*, dirigió Yahvé la palabra al profeta Ageo en estos términos: [11] Así dice Yahvé Sebaot: Pregunta a los sacerdotes sobre la Ley. Diles: [12] «Si lleva alguien carne sagrada en el halda de su vestido, y toca con su halda pan, guiso, vino, aceite o cualquier otra comida, ¿quedará ésta santificada?» Respondieron los sacerdotes: «No.» [13] Continuó Ageo: «Si alguien, que se ha hecho impuro con el contacto de un cadáver, toca alguna de esas cosas, ¿quedará impura?» Respondieron los sacerdotes: «Sí*.» [14] Entonces Ageo siguió diciendo: «Así es este pueblo, así esta nación por lo que a mí respecta, oráculo de Yahvé; todas sus tareas* y lo que ofrecen aquí no es más que impureza*»

Promesa de prosperidad agrícola*.

[15] Y ahora prestad atención a partir de este día. Antes de empezar a construir el Templo de Yahvé, [16] ¿qué os pasaba? Que ibais a un montón de grano en busca de veinte fanegas, y no había más que

diez; que entrabais en el lagar a sacar cincuenta cántaros, y no había más que veinte*. [17] Yo castigué vuestras labores con tizón, añublo y granizo, pero ninguno os volvisteis a mí, oráculo de Yahvé. [18] Prestad, pues, atención a partir de este día (desde el día veinticuatro del noveno mes, día en que se echaron los cimientos del Templo de Yahvé, prestad atención*): [19] ¿hay grano ahora en el granero? Pues si ni la vid ni la higuera ni el granado ni el olivo producían fruto, desde este día yo los bendeciré.

Promesa a Zorobabel.

[20] Yahvé dirigió la palabra por segunda vez a Ageo, el día veinticuatro del mes, en estos términos: [21] Habla a Zorobabel, gobernador de Judá y dile: Voy a sacudir los cielos y la tierra. [22] Volcaré los tronos de los reyes y destruiré el poder de los reinos paganos, volcaré los carros de guerra con sus aurigas, y serán abatidos caballos y caballeros, cada uno por la espada de su camarada. [23] Aquel día —oráculo de Yahvé Sebaot— te tomaré a ti*, Zorobabel, hijo de Sealtiel, siervo mío —oráculo de Yahvé— y te haré mi anillo de sello*, pues tú eres mi elegido, oráculo de Yahvé Sebaot.

marginal references:
Lv 22 4-7
Os 4 3+
Za 6 12-13

---

2 9 El Templo, ver 2 S 7 13+, se ha convertido, con Ezequiel, en tema mesiánico central. De hecho, en este segundo Templo, restaurado por Herodes, aparecerá Cristo. —El griego añade: «y la paz del alma, para preservar a todos los que hayan puesto los cimientos para erigir este Templo».

2 10 Diciembre del 520.

2 13 La «impureza» parece ser más contagiosa que la santidad; el punto de vista es ritual.

2 14 (a) Es decir, las cosechas, ver Dt 24 10; 28 12; 30 9.

2 14 (b) El culto continuaba en el emplazamiento del Templo, donde se había restablecido el altar de los holocaustos desde el 538. Ageo deduce la lección de la decisión dada en el v. 13. El pueblo es impuro, e impuras sus ofrendas sacrificiales. Esta amonestación, cuya dureza contrasta con 2 1-9, se dirige quizás a los samaritanos, ver Esd 4 1-5. —El griego añade: «a causa de sus beneficios prematuros, sufrirán por sus trabajos, y vo-

sotros odiáis en las puertas de los que censuran».

2 15 Este fragmento, que completa 1 1-15, quizá se deba leer después de 1 15ª.

2 16 «qué os pasaba» griego; «de vuestro ser» hebr. —«ibais» conj.; «él venía» hebr. —Después de «cincuenta cántaros», hebr. añade «prensa», glosa sobre «lagar», ausente del griego.

2 18 Glosa en parte inexacta, ver 1 15+.

2 23 (a) La expresión indica una elección divina para una misión importante en la historia de la salvación. Así tomó Yahvé a Abrahán, Jos 24 3, a los levitas, Nm 3 12, a David, 2 S 7 8. Zorobabel, sucesor de David, reanuda el viejo mesianismo real, ver 2 S 7 1+; Is 7 14+, y cristaliza en torno a su persona la espera de la Ley. Ver Za 6 12.

2 23 (b) El anillo de sello, que servía para firmar las cartas y documentos, 1 R 21 8, se guardaba cuidadosamente en el cuello, Gn 38 18, o en el dedo, Jr 22 24.

ZACARÍAS

Primera parte

Exhortación a la conversión.

1 ¹ El octavo mes del año segundo de Darío* dirigió Yahvé la palabra al profeta Zacarías (hijo de Berequías*), hijo de Idó, en estos términos: ² «Yahvé se irritó mucho con vuestros antepasados» ³ Les dirás: «Así dice Yahvé Sebaot: Volveos a mí —oráculo de Yahvé Sebaot— y yo me volveré a vosotros, dice Yahvé Sebaot.

⁴ No seáis como vuestros antepasados, a quienes los antiguos profetas predicaban así: '¡Convertíos de vuestra mala conducta y de vuestras malas obras!' Pero ellos no escucharon ni me hicieron caso —oráculo de Yahvé—. ⁵ ¿Dónde están ahora vuestros antepasados? ¿Vivirán siempre vuestros profetas? ⁶ Sin embargo, mis palabras y preceptos encomendados a mis siervos los profetas ¿no alcanzaron a vuestros padres*? Por eso se convirtieron diciendo: 'Yahvé Sebaot nos ha tratado como había decidido, según nuestra conducta y nuestras obras'.»

Primera visión: los jinetes.

⁷ El día veinticuatro del undécimo mes (el mes de Sebat), el año segundo de Darío*, Yahvé dirigió la palabra al profeta Zacarías (hijo de Berequías), hijo de Idó, en estos términos: ⁸ He tenido una visión esta noche. Un hombre, a lomos de un caballo alazán, estaba parado entre los mirtos de la hondonada; detrás de él había caballos rojos, alazanes y blancos*. ⁹ Yo pregunté: «¿Quiénes son éstos, señor?» El ángel que hablaba conmigo me contestó: «Yo te enseñaré quiénes son.» ¹⁰ Y el hombre que estaba entre los mir-

tos intervino diciendo: «Éstos son los que ha enviado Yahvé a recorrer la tierra.» ¹¹ Entonces ellos se dirigieron al ángel de Yahvé* que estaba entre los mirtos y dijeron: «Hemos recorrido la tierra y hemos visto que toda la tierra vive en paz*.» ¹² Tomó la palabra el ángel de Yahvé y dijo: «Oh Yahvé Sebaot, ¿hasta cuándo seguirás sin apiadarte de Jerusalén y de las ciudades de Judá, contra las que estás irritado desde hace setenta años?» ¹³ Yahvé respondió al ángel que hablaba conmigo palabras buenas, palabras de consuelo. ¹⁴ Y el ángel que hablaba conmigo me dijo: «Proclama lo siguiente: Así dice Yahvé Sebaot: Siento celos de Jerusalén y de Sión, unos celos terribles, ¹⁵ y estoy sobremanera encolerizado contra las naciones que se sienten seguras* y que, cuando me vieron poco encolerizado, contribuyeron al mal. ¹⁶ Por eso, así dice Yahvé: Me vuelvo con piedad hacia Jerusalén: en ella será reedificado mi templo —oráculo de Yahvé Sebaot— y el cordel de medir será aplicado a Jerusalén. ¹⁷ Clama también y di: Así dice Yahvé Sebaot: Aún han de rebosar mis ciudades de bienes; aún consolará Yahvé a Sión y aún elegirá a Jerusalén.»

Segunda visión: cuernos y herreros.

2 ¹ Alcé luego la vista y tuve una visión: Eran cuatro cuernos*. ² Y dije al ángel que hablaba conmigo: «¿Qué significan?» Me dijo: «Son los cuernos que dispersaron a Judá (a Israel) y a Jerusalén*.» ³ Yahvé me mostró después cuatro herreros*. ⁴ Yo pregunté: «¿Qué vienen a hacer éstos?» Y él me contestó: «(Aquellos

Referencias marginales

‖Ml 3 7

Is 55 7
Lc 15 20

7 7-14

6 1-7
Ap 6 1-9

/ Ap 5 6

Ap 6 10

8 2

Is 47 6

Is 54 6-10

2 5-9

13 9; 2 15

Dt 33 17
Dn 7 8

---

1 1   (a) Octubre-noviembre del 520, dos meses después de la primera profecía de Ageo.
1 1   (b) Glosa según Is 8 2. Según Esd 5 1; 6 14; Ne 12 16, Zacarías es hijo de Idó; igualmente en el v. 7.
1 6   El hombre es mortal, pero la palabra de Dios (personificada como en Sal 147 15; Is 55 11; Sb 18 14-15) permanece. Ver Is 40 7-8.
1 7   Mediados de febrero del 519.
1 8   La visión utiliza, en una perspectiva monoteísta, elementos que parecen de origen mitológico. Los mirtos parecen enraizados en las profundidades del abismo. El hombre de pie es el ángel de Yahvé, v. 11. Los caballos, designación simbólica de los ángeles inspectores del mundo, forman probablemente cuatro grupos, ver 6 2s (tal vez se deba añadir «negros» a la lista de los caballos, como hace el griego), en relación con los cuatro puntos cardinales o los cuatro vientos; según el v. 11

llevan conductores.
1 11   (a) El «ángel de Yahvé» ya no es, como en los antiguos textos, ver Gn 16 7+, la forma visible de Yahvé, sino un personaje autónomo: se cree que los hombres y los ángeles sólo tienen acceso a Dios por medio de él.
1 11   (b) En febrero del 519, el universo está en paz bajo el reinado de Darío. Esta calma inquieta a Israel, que espera, con Ag 2 6+, la sacudida anunciadora de los tiempos nuevos.
1 15   Se trata sobre todo de los vecinos de Judá.
2 1   Los cuernos, símbolos de poder Sal 75 5+, son las naciones enemigas de Judá. El número 4 significa su universalidad.
2 2   «Israel» parece una adición, ver v. 4.
2 3   Símbolos de potencias angélicas.

son los cuernos que dispersaron a Judá, hasta que nadie osó levantar cabeza.) Y éstos han venido a espantarlos (a abatir los cuernos de las naciones que embistieron con sus cuernos a la tierra de Judá para dispersarla).»

Tercera visión: el medidor.

⁵ Alcé la vista y tuve una visión: Era un hombre con un cordel de medir en la mano. ⁶ Le pregunté: «¿Adónde vas?» Me contestó: «A medir a Jerusalén, a ver cuánta es su anchura y cuánta su longitud*.» ⁷ En esto, salió el ángel que hablaba conmigo, y otro ángel salió a su encuentro ⁸ y le dijo: «Corre, habla con ese joven* y dile: Jerusalén será habitada como ciudad abierta, debido a la multitud de hombres y ganados que albergará en su interior. ⁹ Y seré para ella —oráculo de Yahvé— muralla de fuego en torno y gloria* dentro de ella.»

Dos llamadas a los desterrados.

¹⁰ ¡Hala, venga, huid del país del Norte —oráculo de Yahvé—,
ya que a los cuatro vientos del cielo yo os esparcí! —oráculo de Yahvé—
¹¹ ¡Hala, sálvate, Sión*,
tú que moras en Babilonia!
¹² Pues así dice Yahvé Sebaot
que tras la gloria me ha enviado
a las naciones que os despojaron:
«El que os toca a vosotros
toca a la niña de mis ojos*.»
¹³ Voy a alzar mi mano contra ellas,
y serán despojo de sus propios vasallos.
Sabréis así que Yahvé Sebaot me ha enviado.

¹⁴ Grita de gozo y alborozo, Sión capital,
pues vengo a morar dentro de ti,
oráculo de Yahvé.
¹⁵ Aquel día se unirán a Yahvé
numerosas naciones
serán un pueblo para mí,
y yo moraré en medio de ti*.
Sabrás así que Yahvé Sebaot me ha enviado a ti.
¹⁶ Poseerá Yahvé a Judá
como su lote en la Tierra Santa*,
y elegirá de nuevo a Jerusalén.
¹⁷ ¡Silencio, todo el mundo, ante Yahvé,
pues se despierta en su santa Morada*!

Cuarta visión: las vestiduras de Josué.

3¹ Después me mostró* al sumo sacerdote Josué, que estaba ante el ángel de Yahvé; a su derecha estaba el Satán para acusarle*. ² Dijo el ángel de Yahvé* al Satán: «¡Yahvé te reprima, Satán, reprímate Yahvé, el que ha elegido a Jerusalén! ¿No es éste un tizón sacado del fuego*?» ³ Estaba Josué vestido con ropas sucias*, de pie ante el ángel. ⁴ᵃ Tomó éste la palabra y habló así a los que estaban ante él: «¡Quitadle esas ropas sucias y ⁴ᶜ ponedle* un traje de fiesta; ⁵ colocad en su cabeza una diadema limpia!» Le vistieron un traje de fiesta y le colocaron en la cabeza la diadema limpia*. El ángel de Yahvé, que seguía en pie, ⁴ᵇ le dijo: «Mira, he pasado por alto tu culpa.» ⁶ Luego el ángel de Yahvé advirtió a Josué: ⁷ «Así dice Yahvé Sebaot: Si actúas según mis normas y guardas mis mandamientos, estarás al frente de mi templo, y tú mismo guardarás mis atrios: yo dejaré que te acerques con estos que están aquí*.»

---

2 6   Como en Ez 41 13, la medición se hace con miras a una restauración. El medidor es un ángel.
2 8   El ángel que mide.
2 9   La Jerusalén mesiánica será defendida por el mismo Yahvé, vuelto a su templo, ver Ez 43 1s.
2 11   Sión designa a los desterrados, como en Is 51 16.
2 12   «tras la gloria», es decir, tras la visión. —El hebr. dice «su ojo», pero es una corrección de escriba para eliminar el antropomorfismo del texto primitivo, que la traducción restituye.
2 15   La alianza se extiende aquí a todos los pueblos; Jerusalén será la metrópoli religiosa del universo, ver Is 45 14+.
2 16   La expresión aparece aquí por vez primera en la Biblia. Ver 2 M 1 7.
2 17   Yahvé va a volver de su templo celeste a su templo terrestre. Ver Ez 43 1s.
3 1   (a) Yahvé.
3 1   (b) A la entrada del cielo, el ángel de Yahvé pre-

side un tribunal. A la derecha del sumo sacerdote Josué hay un ángel maléfico, «el Satán» («el Acusador»), enemigo del hombre, ver Jb 1 6+.
3 2   (a) «El ángel de Yahvé» sir.; «Yahvé» hebr.
3 2   (b) Josué representa al pueblo judío.
3 3   Señal de duelo, o por un muerto, o con ocasión de una catástrofe nacional; el duelo implica en tal caso el reconocimiento de un pecado, ver v. 4ᵇ.
3 4   «ponedle» griego; «yo le pondré» hebr. —Todo este pasaje está alterado; restituimos el orden lógico.
3 5   Al comienzo del v. omitimos con griego «y te dije». —«colocad» griego; «que se coloque» hebr. —«traje de fiesta» sir.; «vestiduras» hebr. —El duelo nacional, que duraba desde el 587, ha terminado.
3 7   Josué ya no representa aquí al pueblo judío. El ángel se dirige a Josué mismo, así como al sacerdocio futuro anunciado por él, ver 3 8. Este sacerdocio va a participar de la función mediadora de los ángeles, ver Ml 2 7.

La venida del «Germen».

⁸ Escucha, pues, Josué, sumo sacerdote, tú y tus compañeros que están junto a ti —pues son hombres de presagio*—: He decidido traer a mi siervo «Germen».* ⁹ Y ésta es la piedra que pongo delante de Josué; en esta única piedra* hay siete ojos; yo mismo grabaré su inscripción —oráculo de Yahvé Sebaot— y quitaré la culpa de esta tierra en un solo día. ¹⁰ Aquel día —oráculo de Yahvé Sebaot— os invitaréis unos a otros bajo la parra y bajo la higuera.

Quinta visión: el candelabro y los olivos.

4 ¹ Volvió el ángel que hablaba conmigo y me despertó como a quien se despierta del sueño. ² Me preguntó: «¿Qué ves?» Respondí*: «Veo un candelabro de oro macizo, con una cazoleta en su vértice: tiene siete lámparas y siete boquillas para las siete lámparas que lleva encima. ³ Hay también dos olivos junto a él, uno a su derecha* y otro a su izquierda.» ⁴ Proseguí y dije al ángel que hablaba conmigo: «¿Qué significa esto, señor?» ⁵ Me respondió el ángel que hablaba conmigo: «¿No sabes qué significa esto?» Dije: «No, señor.» ^{6a} Prosiguió de este modo*: ^{10b}«Esas siete cosas son los ojos de Yahvé*, que recorren toda la tierra.»¹¹ Entonces tomé la palabra y le dije: «¿Qué significan esos dos olivos a derecha e izquierda del candelabro?» ¹² (Le pregunté también: «¿Qué significan las dos ramas de olivo que vierten aceite dorado por los dos tubos de oro?») ¹³ Me dijo: «¿No sabes qué significa esto?» Respondí: «No, señor.» ¹⁴ Y me dijo: «Son los dos Ungidos que están al servicio del Señor de toda la tierra*.»

Tres palabras sobre Zorobabel.

^{6b} Ésta es la palabra dirigida por Yahvé a Zorobabel: No cuentan el valor ni la fuerza, sino sólo mi Espíritu —dice Yahvé Sebaot—. ⁷ ¿Quién eres tú, altiva montaña*? Ante Zorobabel serás una explanada, y él extraerá la piedra de remate, a los gritos de «¡Bravo, bravo por ella!»

⁸ Yahvé me dirigió la palabra en estos términos: ⁹ Las manos de Zorobabel echaron los cimientos de este Templo y sus manos lo acabarán; (sabréis* así que Yahvé Sebaot me ha enviado a vosotros). ^{10a} ¿Quién menospreció los modestos comienzos*? ¡Se alegrará al ver la plomada en la mano de Zorobabel!

Sexta visión: el libro que vuela.

5 ¹ Alcé de nuevo la vista y tuve una visión: Era un rollo volando. ² El ángel* me dijo: «¿Qué ves?» Respondí: «Veo un rollo volando, de veinte codos de largo y veinte de ancho*.» ³ Y añadió: «Eso es la Maldición que sale sobre la faz de toda esta tierra. Pues, según ella, todo ladrón será expulsado de aquí, y todo el que jura será, según ella, expulsado de aquí*. ⁴ La he dejado en libertad —oráculo de Yahvé Sebaot— para que entre en casa del ladrón y en casa del que jura por mi nombre en falso, para que se aloje en su casa y la consuma, con su maderamen y sus piedras.»

Séptima visión: la mujer dentro de la medida.

⁵ Salió el ángel que hablaba conmigo y me dijo: «Alza ahora la vista y mira eso que sale.» ⁶ Le pregunté: «¿Qué es eso?» Respondió: «Es la medida* que sale.» Y

Margin references (left column): Is 8 18 · Za 6 12 · Jr 23 5+ · Ap 5 6 · x 25 31-40 · 3 9 · Ap 5 6 · Ap 11 4 · Za 6 5 · Jos 3 11 · Mi 4 13

Margin references (right column): Os 1 7+ · Ez 2 9-10 · Ap 10 9-11 · Ex 20 15 · Ex 20 7

---

3 8 (a) El restablecimiento del sacerdocio es señal del tiempo de salvación.
3 8 (b) Este nombre mesiánico, ver Jr 23 5+, no parece aplicado aún a Zorobabel, como en 6 12. —En vez de «Germen», el griego dice «Sol naciente», ver Lc 1 78.
3 9 Esta piedra única designa sin duda el templo. Los siete ojos simbolizan la presencia vigilante de Yahvé, 4 10. La inscripción («¿consagrado a Yahvé?») no está grabada todavía: la construcción no se ha concluido.
4 2 «respondí» griego y qeré; «respondió» ketib.
4 3 «a su derecha» conj.: «a la derecha de la ampolla» hebr.
4 6ª Transponemos los vv. 6b-10ª después del v. 14.
4 10b Símbolo de la omnisciencia y de la vigilancia divinas.
4 14 El hombre es comparado a menudo con un árbol, Jr 11 19; Sal 1 3; Jb 29 19; Ez 31. Los dos Ungidos (literalmente: «hijos del aceite») son Josué, que representa el poder espiritual, y Zorobabel, el poder tempo-

ral. El primero tiene la unción sacerdotal, Lv 4 3.5.16; el segundo recibirá, como se espera, la función real. Así se cumplirá Jr 33 14-18: los dos poderes quedan unidos en los tiempos de la salvación.
4 7 Quizá el monte de escombros del que se va a extraer la vieja piedra terminal del templo, ver vv. 9-10.
4 9 «sabréis» conj.; «sabrás» hebr.
4 10ª Los de la nueva cimentación del templo por Zorobabel, Ag 2 3. Este mismo Zorobabel concluirá el templo, poniendo la piedra del v. 7.
5 2 (a) «el ángel», añadido por sentido.
5 2 (b) Es un rollo enorme. Sus dimensiones son las del pórtico del templo salomónico, 1 R 6 3.
5 3 «el que jura», se entiende «por mi nombre en falso», ver v. 4. —La maldición se concibe como eficaz. Alcanza a todos los pecadores, de los que sólo la Tierra Santa será liberada en la época de la salvación.
5 6 (a) Lit. «el efá», ver el índice de medidas al fin del volumen. Pero el efá no tiene aquí su valor ordinario.

añadió: «Ésta es la culpa* de ellos en todo el país.» ⁷ En esto, se levantó la tapa de plomo y había una mujer sentada en medio de la medida. ⁸ Dijo él: «Ésta es la Maldad.» La echó dentro de la medida y volvió a poner la tapa de plomo en su boca. ⁹ Alcé luego la vista y tuve una visión: Aparecieron dos mujeres con las alas desplegadas al viento, pues tenían alas como de cigüeña. Y transportaron la medida entre la tierra y el cielo. ¹⁰ Pregunté entonces al ángel que hablaba conmigo: «¿Adónde llevan ésas la medida?»¹¹ Me respondió: «Van a edificarle una casa en el país de Senaar, y cuando esté a punto será colocada allí sobre su base*.»

/ Ap 6 2-8

Octava visión: los carros.

6 ¹ Alcé de nuevo la vista y tuve una visión: Eran cuatro carros que salían de entre dos montes; y los montes eran montes de bronce*. ² El primer carro iba tirado por caballos alazanes, el segundo por caballos negros, ³ el tercero por caballos blancos, y el cuarto por caballos tordos. ⁴ Tomé la palabra y dije al ángel que hablaba conmigo: «¿Qué significan, señor?» ⁵ El ángel me respondió: «Son los cuatro vientos del cielo que salen después de presentarse ante el Señor de toda la tierra. ⁶ Los caballos negros salen hacia el norte; los blancos parten tras de ellos y los tordos salen hacia el sur*.» ⁷ Partían briosos, impacientes por recorrer la tierra. Y les dijo: «Id, recorred la tierra.» Y recorrieron la tierra. ⁸ Y a mí me gritó en estos términos: «Mira, los que salen hacia el norte van a aplacar mi espíritu* en el norte*.»

1 8+

4 14+

La corona exvoto.

⁹ Yahvé me dirigió la palabra en estos términos: ¹⁰ «Haz una colecta entre los deportados: Jelday, Tobías y Yedaías; vienes aquel día y entras en casa de Josías, hijo de Sofonías, adonde han llegado de Babilonia*, ¹¹ tomas la plata y el oro, haces una corona*, la pones en la cabeza del sumo sacerdote Josué, hijo de Josadac*, ¹² y le hablas de esta manera: Así dice Yahvé Sebaot: Éste es el hombre llamado Germen: debajo de él habrá germinación* (y edificará el templo de Yahvé). ¹³ Él edificará el templo de Yahvé; llevará las insignias reales, se sentará dominador en su trono; habrá un sacerdote a su derecha*, y un consejo de paz entre ambos. ¹⁴ Será la corona para Jelday, Tobías y Yedaías, y para el hijo de Sofonías, un memorial de gracia en el templo de Yahvé*. ¹⁵ Y los que están lejos vendrán y reedificarán el templo de Yahvé. Sabréis entonces que Yahvé Sebaot me ha enviado a vosotros. Así será si de verdad escucháis la voz de Yahvé vuestro Dios.»

3 8+
Jr 23 5+

4 14+

Dt 28 1

Cuestión sobre el ayuno.

7 ¹ El año cuarto del rey Darío, Yahvé dirigió la palabra a Zacarías, el día cuatro del noveno mes*, el mes de Quisleu. ² Betel-Saréser había enviado a Réguem-Mélec con sus oficiales a aplacar el rostro de Yahvé, ³ y a decir a los sacerdotes del templo de Yahvé Sebaot y a los profetas: «¿Tendré que observar un día de duelo y abstinencia el quinto mes como lo he hecho durante tantos años*?»

---

5 6   (b) «culpa» griego; «ojos» hebr.
5 11   La Tierra Santa, en la época de la salvación, se verá desembarazada de la Maldad (el desprecio de Dios, personificado). La Maldad llega a ser una falsa divinidad a la que se erige un templo en Senaar (Babilonia), centro simbólico del mundo pagano.
6 1   En la mitología babilonia, esos montes señalaban la entrada de la mansión de los dioses. Aquí no es más que una simple imagen.
6 6   Sería tentador leer «hacia el país de occidente» en lugar de «tras de ellos», y añadir «los caballos rojos salen hacia el país de oriente», para completar la dirección de los «cuatro vientos del cielo», pero ningún testigo apoya esta conjetura.
6 8   (a) Quien habla ahora es el mismo Yahvé.
6 8   (b) Donde están los desterrados. Movidos por el espíritu de Yahvé, volverán y reconstruirán el templo, ver v. 15, que algunos traductores trasladan aquí, lo que da quizá un sentido más satisfactorio.
6 10   Estos personajes son desconocidos.
6 11   (a) «una corona» conj.; «coronas» hebr., pero el

resto del v. está en singular, lo mismo que en el v. 14.
6 11   (b) Según lo dicho en los vv. 12-13, el texto diría aquí primitivamente el nombre de Zorobabel, sustituido más tarde por el nombre del sumo sacerdote Josué, a causa de la promoción del sacerdocio en Jerusalén.
6 12   Juego de palabras. Zorobabel tendrá descendientes. El profeta entrevé aquí el futuro de la realeza y sin duda también el del templo. «Germen» es un título mesiánico, Jr 23 5+; Zorobabel restablece el mesianismo real de 2 S 7, ver Ag 2 23+.
6 13   «a su derecha» griego; «en su trono» hebr.
6 14   «la corona» griego; «las coronas» hebr. —Jelday sir., ver v. 10; «Jélem» hebr. —«para el hijo de Sofonías, un memorial de gracia» conj.; «para la gracia del hijo (o: para Jen, hijo) de Sofonías, un memorial» hebr.
7 1   Noviembre del 518.
7 3   Este ayuno de julio conmemoraba la destrucción de Jerusalén y del templo en 587. Una vez comenzada la reconstrucción, parece fuera de lugar. De ahí la cuestión planteada a la autoridad de Jerusalén. Sólo en 8 18-19 parece darse la respuesta.

Recuerdo del pasado nacional*.

Yahvé me dirigió la palabra en estos términos: Habla a todo el pueblo de la tierra* y a los sacerdotes y diles: «Cuando habéis ayunado y plañido los meses quinto y séptimo de estos setenta años, ¿habéis ayunado de verdad por mí? Y cuando coméis y bebéis, ¿no coméis y bebéis en provecho propio*? ¿No conocéis las palabras que Yahvé proclamó por medio de los antiguos profetas, cuando Jerusalén y las ciudades que la rodeaban vivían en paz, y estaban habitados el Negueb y la Tierra Baja? (Yahvé dirigió la palabra a Zacarías en estos términos: Así dice Yahvé Sebaot): Celebrad juicios justos, practicad entre vosotros el amor y la compasión. No oprimáis a la viuda, al huérfano, al forastero, o al pobre; no maquinéis malas acciones entre vosotros. Pero ellos no quisieron hacer caso; no se dejaron someter y se hicieron los sordos para no escuchar; endurecieron su corazón como el diamante para no oír la Ley y las palabras que Yahvé Sebaot había dirigido por su espíritu, por medio de los antiguos profetas. Entonces montó en cólera Yahvé Sebaot y dijo: Como no han escuchado cuando les he hablado, tampoco los escucharé cuando me llamen. Así que los dispersé por todas las naciones que no conocían, y la tierra quedó devastada tras de ellos: ya nadie iba ni venía. Y así convirtieron una tierra deliciosa en pura desolación.»

Perspectivas de salvación mesiánica*.

8 Yahvé dirigió la palabra en estos términos:

Así dice Yahvé Sebaot:
Siento celos de Sión,
unos celos terribles;
siento por ella pasión,
una pasión enorme.

Así dice Yahvé:
Volveré a Sión,
habitaré en medio de Jerusalén.

Jerusalén se llamará Ciudad-de-Fidelidad,
y el monte de Yahvé Sebaot, Monte-de-Santidad.

Así dice Yahvé Sebaot:
Aún se sentarán viejos y viejas
en las plazas de Jerusalén,
cada cual con su bastón en la mano,
de tan viejos que se harán;
las plazas de la ciudad se llenarán
de muchachos y muchachas,
que jugarán en sus plazas.

Así dice Yahvé Sebaot:
Y si en aquellos días
esto parece imposible
al Resto de este pueblo,
¿también yo he de juzgarlo imposible?
—oráculo de Yahvé Sebaot—.

Así dice Yahvé Sebaot:
Voy a salvar a mi pueblo,
a traerlo de oriente,
del país donde se pone el sol;
voy a traerlos*
para que moren en medio de Jerusalén.
Ellos serán mi pueblo
y yo seré su Dios
con fidelidad y con justicia.

Así dice Yahvé Sebaot: Recobrad el ánimo, vosotros que oisteis esos días las palabras pronunciadas por los profetas, desde el día* en que se echaron los cimientos del templo de Yahvé Sebaot para reconstruirlo. Porque hasta esos días no había paga ni para los hombres ni para el ganado; no había paz para hacer una vida normal, a causa del enemigo, y yo había dado rienda suelta* a los enfrentamientos entre los hombres. Pero ahora ya no seré para el Resto de este pueblo como en días pasados, oráculo de Yahvé Sebaot. Porque hay simiente de paz: la vid dará su fruto, la tierra dará sus productos y los cielos darán su rocío; y yo daré en posesión al Resto de este pueblo todas estas cosas. Y del mismo modo que fuisteis malditos entre las naciones, casa de Judá y casa de Is-

Margin refs: Am 5 21+; Is 1 17; Ex 22 20-21+; Mi 2 1; Ex 32 9+; Is 48 4; Ez 11 19; Dt 4 27; 1 14; Is 1 26+; Is 65 20; Dt 4 40; Jr 32 27; Jr 31 31+; Za 13 9; Ag 1 15

4 Este oráculo ha sido referido artificialmente al episodio de la embajada de Betel, a causa de la mención de los ayunos, v. 5. El ayuno de septiembre conmemoraba el asesinato de Godolías, 2 R 25 25; Jr 41 1s.
5 Se trata de la aristocracia rural, defensora tradicional del yahvismo y de la dinastía davídica.
6 Tanto si ayunan como si están de fiesta, lo que buscan siempre es su interés.
Este cap. agrupa pequeños oráculos independientes; excepto 8 16-17, que es una instrucción, todos se refieren a la salvación mesiánica, descrita como una era de felicidad sencilla y tranquila, bajo la bendición de Yahvé presente en Sión. Las perspectivas se hacen universalistas en los vv. 20s.
8 No sólo, como en 2 10s, a los cautivos de Babilonia, sino a todos los judíos dispersos. Su regreso será seguido de la renovación de la Alianza, ver Jr 31 31+.
9 «desde el día» griego; «en el día» hebr.
10 «yo había dado rienda suelta» corr.; «yo daré rienda suelta» hebr.

Gn 12 3+
Sal 72 17

rael, así os salvaré yo, y seréis benditos; ¡no tengáis miedo, recobrad el ánimo!

[14] Así dice Yahvé Sebaot: Aunque decidí haceros mal cuando me irritaron vuestros padres —dice Yahvé Sebaot— y no me arrepentí de ello, [15] en estos días he decidido favorecer a Jerusalén y a la casa de Judá: ¡no temáis!

[16] Esto es lo que debéis hacer: Deciros la verdad unos a otros; juzgar con equidad en vuestros tribunales; [17] no maquinar el mal entre vosotros, y no aficionarse a jurar en falso, porque odio todas estas cosas, oráculo de Yahvé.

Ef 4 25
Mt 5 9

Respuesta a la cuestión del ayuno.

7 1-3

[18] Yahvé me dirigió la palabra en estos términos: [19] «Así dice Yahvé Sebaot: El ayuno de los meses cuarto, quinto, séptimo y décimo será para la casa de Judá

Jr 31 13
Is 35 10
Mt 9 14-15

ocasión de regocijo, alegría y faustas solemnidades*. Amad, pues, la verdad y la paz.»

Perspectivas de salvación mesiánica.

[20] Así dice Yahvé Sebaot: Todavía vendrán pueblos y habitantes de grandes ciudades. [21] Y los habitantes de una ciudad irán a la otra diciendo: «Vamos a aplacar a Yahvé y a visitar a Yahvé Sebaot: ¡yo también voy!» [22] Y vendrán pueblos numerosos y naciones poderosas a visitar a Yahvé Sebaot en Jerusalén, y a aplacar a Yahvé.

[23] Así dice Yahvé Sebaot: Aquellos días, diez hombres de todas las lenguas de las naciones asirán por la orla del manto a un judío diciendo: «Queremos ir con vosotros, porque hemos oído decir que Dios está con vosotros.»

Segunda parte

9 [1] Oráculo.
La nueva tierra*.

La palabra de Yahvé
llega al país de Jadrac
y a Damasco, su lugar de reposo,
pues de Yahvé son las ciudades de
Aram*,
    lo mismo que las tribus de Israel;
[2] y también la fronteriza Jamat,
(Tiro) y Sidón, con fama de sabia.
[3] Tiro se ha construido un baluarte,
ha amontonado plata como polvo
y oro como barro de las calles.
[4] Pero el Señor la desposeerá:
hundirá en el mar su prosperidad,
y ella misma será pasto del fuego.
[5] Ascalón lo verá aterrada,
Gaza se retorcerá de dolor,
y Ecrón, pues su esperanza ha fracasado;
    desaparecerá de Gaza el rey,

Ascalón no será ya habitada,
[6] y un bastardo* habitará en Asdod.
Truncaré el orgullo de los filisteos;
[7] quitaré la sangre de su boca,
y sus abominaciones de sus dientes*.
También de él quedará
un resto para nuestro Dios,
será como una tribu de Judá,
y Ecrón será como el jebuseo*.
[8] Acamparé junto a mi Casa* como
guardia*
contra quien pasa o quien viene;
no pasará junto a ellos el opresor,
porque ahora vigilo con mis ojos.

Is 4 3+

El Mesías.

[9] ¡Exulta sin freno, Sión,
grita de alegría, Jerusalén!
Que viene a ti tu rey:
justo* y victorioso,
humilde y montado en un asno,

Mt 21

---

8 19   A los ayunos del quinto y séptimo mes, ver 7 3 y 7 5, se añaden los ayunos del cuarto y del décimo mes, que conmemoraban la brecha abierta en las murallas de Jerusalén y el comienzo del sitio, 2 R 25 1-4.
9 1   (a) La Tierra Prometida comprenderá, además del territorio de Israel, ver Jc 20 1+, las ciudades arameas, fenicias y filisteas. El oráculo alude a una conquista (probablemente la acción de Alejandro después de Issos, 333), interpretada como una acción de Yahvé y que preludiará la era mesiánica.
9 1   (b) «Aram» conj.; «Adam» hebr.
9 6   La población mezclada resultante de la colonización.

9 7   (a) Alusión a las prácticas paganas de comer la carne con la sangre, ver Lv 1 5+, y de comer carnes prohibidas, como el puerco, ver Is 65 4; 66 17.
9 7   (b) Que fue incorporado al antiguo Israel.
9 8   (a) La «Casa» de Yahvé designa aquí al país, ver Os 8 1; 9 15; Jr 12 7s.
9 8   (b) «como guardia» maṣṣabah conj.; «ante un ejército» miṣṣabah hebr.
9 9   (a) No en el sentido de que él administra justicia, ver Is 11 3-5, sino en el sentido de que será objeto de la «justicia» de Yahvé, es decir de su poderosa protección, ver Is 45 21-25.

Mt 11 29
Mi 5 9

Os 2 20
Is 11 6+

Sal 72 8

en una cría de asna*.
¹⁰ Suprimirá* los carros de Efraín
y los caballos de Jerusalén;
será suprimido el arco de guerra,
y él proclamará la paz a las naciones.
Su dominio alcanzará de mar a mar,
desde el Río al confín de la tierra*.

La restauración de Israel.

Ex 24 4-8
Mt 26 28

¹¹ Por la sangre de tu alianza*,
libraré a tus cautivos de la fosa
vacía, sin agua*.
¹² Volved a la fortaleza,
cautivos de la esperanza;
hoy mismo, os lo anuncio,
el doble te he de devolver.
¹³ He tensado como un arco a Judá,
lo he cargado con las flechas de Efraín.
Voy a incitar a tus hijos, Sión,
contra tus hijos, Yaván*,
te transformaré en espada de guerrero.

Sal 18 15
Dt 33 2
Ha 3 4

¹⁴ Yahvé aparecerá junto a ellos,
saldrán como relámpagos sus flechas;
(el Señor) Yahvé tocará el cuerno
y avanzará en los torbellinos del sur.
¹⁵ Yahvé Sebaot los escudará,
devorarán como carne a los honderos,
beberán la sangre como vino*,
rebosarán como copa de aspersiones,

Ex 27 2+

como las salientes de un altar.

Ez 34 1+

¹⁶ Aquel día los salvará Yahvé su Dios,
los pastoreará como a un rebaño,
serán como piedras de diadema
refulgentes en su tierra.
¹⁷ ¡Qué prosperidad y hermosura!
El trigo hará crecer a los jóvenes
y el mosto a las doncellas.

31 12-13

Fidelidad a Yahvé.

Dt 11 14

10 ¹ Pedid a Yahvé la lluvia
en tiempo de primavera.

Yahvé, que crea los temporales,
lluvia copiosa les dará,
hierba en su campo a cada uno.
² Pues los *terafim* predicen falsedad
y los adivinos ven mentira*,
predicen sueños ilusorios,
con vanidades quieren consolar;
por eso emigran como ovejas,
abatidos por falta de pastor.

Sal 135 7

1 S 15 22+

Ez 34 5
Mt 9 36

Liberación y vuelta de Israel*.

³ Contra los pastores arde mi cólera,
a los machos cabríos visitaré*.
Cuando Yahvé Sebaot visite
a su rebaño, la Casa de Judá,
hará de ellos su caballo
victorioso en el combate.
⁴ De ellos saldrá la piedra angular,
de ellos clavijas para la tienda,
de ellos los arcos para el combate,
de ellos todos los caudillos*.
Juntos ⁵ serán como soldados
que pisan el barro de las calles;
combatirán, porque Yahvé está con
ellos,
y los jinetes quedarán confundidos.
⁶ Yo haré fuerte a la casa de Judá,
victoriosa a la casa de José;
los repatriaré, me dan pena,
serán como si no los hubiera desechado,
pues soy Yahvé su Dios, y les respondo.
⁷ Como soldados serán los de Efraín,
su corazón se alegrará como con vino;
sus hijos lo verán, se alegrarán,
todo su ser gozará con Yahvé.
⁸ Les silbaré para reunirlos
pues los he rescatado,
y serán tan numerosos como eran.
⁹ Los dispersé entre los pueblos,
en tierras lejanas me recordarán,
criarán sus hijos y volverán*.

Ez 34 2

10 12; 12 5

Is 41 17

Sal 104 15

Dt 30 1-3
Ba 2 30-32
Lc 15 17

---

9 9 (b) El Mesías será «humilde» *('ani)*, cualidad que So 3 12 atribuía al pueblo futuro, ver So 2 3+. Renunciando al boato de los reyes históricos, Jr 17 25; 22 4, el rey mesiánico tendrá la antigua montura de los príncipes, Gn 49 11; Jc 5 10; 10 4; 12 14. Compárese también 1 R 1 38 con 1 R 1 5. Nuestro Señor cumplió esta profecía el día de Ramos.
9 10 (a) «suprimirá» griego; «suprimiré» hebr. —Las tribus del Norte se unen a Judá en el reino mesiánico, ver Jr 3 18+.
9 10 (b) Es decir: del Mediterráneo al mar Muerto y del Éufrates al extremo sur. Pentecostés dará su pleno sentido a la expresión.
9 11 (a) Alusión a la ceremonia del Sinaí, Ex 24 5s, o a las ofrendas sacrificiales del templo.
9 11 (b) Una cisterna sirve de prisión: es el símbolo de Babilonia.
9 13 Los griegos. El imperio persa se derrumbó entonces bajo los golpes de Alejandro.
9 15 «la sangre» *dam* mss griegos; «harán ruido»

hamû hebr. —Se puede entender también: «beberán, harán ruido como (bajo el efecto) del vino»» lo cual evocaría el ruido del rebaño, ver Mi 2 12; Ez 34 36-38.
10 2 Los adivinos y los *terafim* aparecen también juntos en 1 S 15 23. Los *terafim* son aquí medios de adivinación, ver Ez 21 26. La actividad de los adivinos está atestiguada, después del Destierro, por Ml 3 5, ver Lv 19 31; 20 6.
10 3 (a) Este difícil pasaje entremezcla curiosamente fragmentos en que Yahvé habla, vv. 3ª.6.8-11, y otros en los que se habla de él en tercera persona, vv. 3ᵇ-5.7.12; 11 1-3.
10 3 (b) La primera «visita» es de castigo, contra los príncipes extranjeros que dominan al pueblo y santo; se les llama «pastores», ver Is 44 28; Jr 25 34s; Na 3 18, «machos cabríos», ver Dn 8 5s. La segunda «visita», al rebaño, es favorable.
10 4 Los jefes que, al fin, van a salir del pueblo.
10 9 «criarán» (lit. «harán vivir») griego; «vivirán» hebr.

¹⁰ Los haré volver de Egipto,
de Asiria los recogeré,
los conduciré a Galaad y al Líbano*,
donde no habrá bastante para ellos.
¹¹ Atravesarán el mar de la angustia*,
(él golpeará al mar borrascoso),
quedará seco el cauce del Nilo.
Será abatido el orgullo de Asiria,
y el poder de Egipto llegará a su fin.
10 6; 12 5   ¹² Los haré fuertes en Yahvé,
y en su Nombre marcharán
—oráculo de Yahvé—.

11 ¹ Abre tus puertas, Líbano,
que el fuego devore tus cedros*.
² Gime, ciprés, que el cedro ha caído,
que los majestuosos han sido arrasados.

Gemid, encinas de Basán,
que ha sido abatida la selva impenetrable.
³ Se oyen gemidos de pastores,
porque ha sido arrasado su esplendor*,
se oyen rugidos de leones,
porque ha sido arrasada la flora del Jordán.

Ez 34 1+   **Los dos pastores*.**

Jr 12 3   ⁴ Así dice Yahvé mi Dios: Apacienta las ovejas destinadas al matadero; ⁵ ésas que sus compradores matan impunemente, mientras sus vendedores dicen: «¡Bendito sea Yahvé; ya soy rico!», y a las que no perdonan los pastores*. ⁶ Pues yo no perdonaré más a los habitantes de esta tierra, oráculo de Yahvé; entregaré a cada uno en manos de su vecino y en manos de su rey; cuando aplasten el país, yo no los libraré de sus manos*. ⁷ Apacenté, pues, las ovejas de matanza destinadas a los tratantes* de ovejas, y me procuré dos cayados: a uno lo llamé «Gracia» y al otro «Vínculo». Me puse a apacentar las ovejas, ⁸ y me deshice de los tres pastores en un mes*. Pero me impacienté con ellos y ellos se hartaron de mí*. ⁹ Entonces dije: «¡No volveré a apacentaros; la que tenga que morir, que muera; la que tenga que desaparecer, que desaparezca; y las que queden, que se coman unas a otras!» ¹⁰ Tomé luego mi cayado «Gracia» y lo partí, para romper así la alianza que Yahvé había concluido con todos los pueblos*. ¹¹ Quedó rota aquel día, y los tratantes de ovejas que me observaban supieron que era una palabra de Yahvé. ¹² Yo les dije: «Si os parece bien, dadme mi jornal; si no, dejadlo.» Ellos pesaron mi jornal: treinta siclos de plata*. ¹³ Yahvé me dijo: «¡Echa al tesoro ese valioso precio en que me han tasado*!» Tomé, pues, los treinta siclos de plata y los eché en el tesoro del templo de Yahvé. ¹⁴ Después partí mi segundo cayado «Vínculo», para romper así la fraternidad entre Judá e Israel*.

Mt 27 3-10

2 R 12 11 22 4

---

10 10 Asiria y Egipto designan aquí a los países opresores en general. —Galaad fue el primer territorio conquistado después del Éxodo, ver Is 40 3+.
10 11 «Atravesarán» griego; «Atravesará» hebr. —«el mar de la angustia», el mar Rojo.
11 1 Símbolos de las grandes potencias, ver Is 10 33s; Ez 31, o de sus reyes.
11 3 «su esplendor», es decir sus pastos espléndidos, ver Jr 25 36.
11 4 El pasaje de los pastores, ver Ez 34 1+, concluirá, Za 13 7-9, en profecía mesiánica. Aquí, los vv. 4-14 son una velada alegoría a los sucesos recientes, que constituye una especie de apología de la Providencia. El Profeta desempeña el papel de Yahvé, de cuya función pastoral eminente se ha revestido, por así decirlo. Pero Israel no ha comprendido las buenas intenciones de su Dios para con él. Por lo mismo, Yahvé va a suscitar un mal pastor, y el profeta recibe el encargo de remedarle con gestos, vv. 15-17, figurando la vuelta a los procedimientos antiguos.
11 5 «dicen», «no perdonan» conj.; hebr. en singular. —Compradores y vendedores son las clases dirigentes judías; sus intrigas y su dinero les hacen amos de los pastores del pueblo.
11 6 Este v. se considera a menudo como una glosa, sugerida por la palabra «perdonar», pero extraña a la perspectiva del contexto. Sin embargo, se puede ver en él una alusión a los acontecimientos relatados en 1 R 12 19 y 24. Todo este pasaje podría aludir a los comienzos de la monarquía: los tres pastores rechazados, v. 8, representarían entonces a Salomón, culpable de idolatría, a Roboán, que provocó el cisma, y a Jeroboán

que introdujo un culto heterodoxo. Pero ver v. 8+.
11 7 Lit. «a los cananeos» (el término designa con frecuencia a los comerciantes); griego; «a los más pobres» hebr.; igualmente en el v. 11.
11 8 (a) Si no se trata de los reyes culpables, ver v. 6+, puede ser una alusión a una serie de sumos sacerdotes, cuya destitución provocó Yahvé, representado alegóricamente por el profeta. Es sabido que después del destierro los sacerdotes fueron los jefes de la comunidad judía. El «mes» simboliza el tiempo de la salvación del que no quiso aprovecharse el pueblo.
11 8 (b) El pueblo da pruebas de ser ingobernable.
11 10 «la alianza que Yahvé había concluido» conj.; «mi alianza que yo había concluido» hebr. —Yahvé, pues, no protegerá al pueblo judío contra sus vecinos.
11 12 Un gobernador tiene derecho a la retribución, ver Ne 5 15. Aquí, la alegóricamente dan las clases dirigentes al profeta (que simboliza a Yahvé) es irrisoria, el precio de un esclavo, Ex 21 32. En una palabra, se mofan de Yahvé. —Mt 27 3-10 ha aplicado los vv. 12-13 a Cristo, de quien el profeta, que representa a Yahvé despreciado, aparece como tipo.
11 13 «al tesoro» sir., Targ.; «al alfarero» hebr.; «al horno» griego. —Según 2 M 3 4s, se podían depositar fondos en el tesoro del templo.
11 14 Este pasaje podría constituir el más antiguo testimonio del cisma samaritano. Sería hacia el 328 cuando, según atestigua Josefo, los samaritanos habrían construido en Garizín un templo rival del de Jerusalén. Así pues, la rotura de los dos cayados simboliza la opresión extranjera renaciente (v. 10) y el cisma interior consumado.

¹⁵ Yahvé me dijo también: «Toma el hato de un pastor necio. ¹⁶ Pues he pensado suscitar en esta tierra un pastor que no hará caso de la oveja perdida, ni buscará a la extraviada*, ni curará a la herida, ni se ocupará de la sana, sino que comerá la carne de las ovejas cebadas, y hasta las uñas les arrancará.

¹⁷ ¡Ay del pastor inútil
que abandona a las ovejas!
¡Espada contra su brazo,
contra su ojo derecho;
que su brazo se seque del todo,
que del todo se ciegue su ojo!»

Liberación y renovación de Jerusalén.

12 ¹ Oráculo. Palabra de Yahvé sobre Israel (^{2b} y también sobre Judá*). Oráculo de Yahvé, que despliega los cielos, pone los cimientos de la tierra y forma el espíritu del hombre en su interior*.

^{2a} Voy a convertir a Jerusalén en una copa de vértigo para todos los pueblos del contorno (durante el asedio contra Jerusalén).

³ Aquel día haré de Jerusalén una piedra de levantamiento para todos los pueblos: todos los que la levanten se desgarrarán completamente. Y contra ella se congregarán todas las naciones de la tierra. ⁴ Aquel día —oráculo de Yahvé— haré que se espanten los caballos y enloquezcan sus jinetes. A todos los pueblos heriré de ceguera. (Pero pondré mis ojos en la casa de Judá*.) ⁵ Entonces dirán para sí los clanes de Judá: «La fuerza de los habitantes* de Jerusalén está en Yahvé Sebaot su Dios.» ⁶ Aquel día convertiré a los clanes de Judá en un incendio en el bosque, en una antorcha entre gavillas; y devorarán a derecha e izquierda a todos los pueblos del contorno, mientras Jerusalén será de nuevo habitada en su lugar*. ⁷ Salvará Yahvé en primer lugar a las tiendas de Judá, para que el prestigio de la dinastía de David y el prestigio de los habitantes de Jerusalén no crezca a costa de Judá. ⁸ Aquel día protegerá Yahvé a los habitantes de Jerusalén: el más flaco entre ellos será aquel día como David, y la dinastía de David* será como Dios, como un ángel de Yahvé, al frente de ellos.

⁹ Aquel día me dispondré a destruir a todas las naciones que ataquen a Jerusalén; ¹⁰ derramaré sobre la dinastía de David y sobre los habitantes de Jerusalén un espíritu de gracia y de oración; y mirarán hacia mí. En cuanto a aquél a quien traspasaron*, harán duelo por él como se llora a un hijo único, y le llorarán amargamente como se llora a un primogénito. ¹¹ Aquel día será grande el duelo en Jerusalén, como el duelo de Hadad Rimón en la llanura de Meguidó. ¹² Y se lamentará el país, cada familia aparte:

la familia de David aparte
y sus mujeres aparte;
la familia de Natán* aparte
y sus mujeres aparte;
¹³ la familia de Leví aparte
y sus mujeres aparte;
la familia de Semeí* aparte
y sus mujeres aparte;
¹⁴ el resto de las familias aparte
y sus mujeres aparte.

13 ¹ Aquel día habrá una fuente a disposición de la casa de David y de los habitantes de Jerusalén, para lavar el pecado y la impureza*.

² Aquel día —oráculo de Yahvé Sebaot— extirparé de esta tierra los nombres de los ídolos y no se volverá a men-

---

Marginal references (left column):
Ez 34 2-4
Is 42 3
Mt 12 20
Jn 10 12-13
Is 42 5
Gn 2 7
Is 51 17+
10 6.12

Marginal references (right column):
=14 10
14 3
Jn 19 37
Ap 1 7
Jn 3 14+
Am 8 10
Jn 3 16
Col 1 15.18
Jn 7 38s;
19 34
Ez 47 1+;
36 25

---

11 16 «la extraviada» *hanne'ederet* conj.; hebr. *hanna'ar* dudoso.

12 2^b Glosa que sin duda se debe leer aquí más bien *que después de «todos los pueblos del contorno»*, donde se halla accidentalmente en el hebr. y no da sentido satisfactorio. —El final del v. 2 es también probablemente una glosa.

12 1 Título que se parece a Ml 1 1 y se desarrolla a imitación de Is 42 5.

12 4 Invertimos el orden de las dos últimas frases, como parece exigir el sentido, y omitimos «los caballos» antes de «los pueblos». —La última frase parece una glosa.

12 5 «de los habitantes» conj.; «para mí, los habitantes» hebr.

12 6 El hebr. añade «en Jerusalén».

12 8 En la época de la salvación será restablecida la casa de David.

12 10 Conservamos la lectura del TM marcando más netamente el corte después de «hacia mí». Teodoción ha entendido: «hacia aquél a quien traspasaron», y esta lectura es la que cita san Juan. La muerte del Traspasado se sitúa en un contexto escatológico: levantamiento del asedio de Jerusalén, duelo nacional, vv. 10-14, y apertura de una fuente saludable, 13 1. Es la realización de la salvación intervendrán, pues, un sufrimiento y una muerte misteriosos. Es un paralelo, pero nacionalizado y restringido, de la figura del Siervo de Is 52 13 - 53 12; ver también Sal 69 27; Ez 37. Jn 19 37 ha visto aquí una profecía de la pasión del Cristo.

12 12 Se trata de Natán, hijo de David, 2 S 5 14s.

12 13 Semeí, descendiente de Guersón, hijo de Leví. Ver Nm 3 21.

13 1 Lit. «para el pecado y la impureza». —Sobre la fuente que regará a Jerusalén de la era mesiánica, ver Is 12 3; Ez 47 1. Aquí, a diferencia de 14 8, sirve para la purificación del pueblo, ver Ez 36 25.

tarlos; igualmente haré que desaparezcan de esta tierra los profetas* y el espíritu de impureza.

³ Y, si alguien sigue todavía profetizando, le dirán su padre y su madre que lo engendraron: «¡No puedes vivir, pues dices mentiras en nombre de Yahvé!» Y su padre y su madre que lo engendraron lo traspasarán mientras esté profetizando. ⁴ Aquel día, cuando profeticen, se avergonzarán los profetas de sus visiones, y no se vestirán el manto de pelo para mentir, ⁵ sino que dirá cada uno: «¡No soy profeta; soy un campesino, pues la tierra es mi ocupación* desde mi juventud!» ⁶ Y si alguien le dice: «¿Y esas heridas que hay entre tus manos?», responderá: «Las he recibido en casa de mis amigos*.»

Invocación a la espada: el nuevo pueblo*.

⁷ ¡Despierta, espada,
contra mi pastor,
contra mi ayudante!
—oráculo de Yahvé Sebaot—.

¡Hiere al pastor, que se dispersen las ovejas,
yo volveré mi mano contra los corderos!
⁸ En toda esta tierra
—oráculo de Yahvé—
dos tercios serán exterminados (perecerán)
y el otro tercio quedará en ella.
⁹ Meteré en el fuego este tercio:
lo purgaré como se purga la plata
lo refinaré como se refina el oro.
Él invocará mi nombre
y yo le responderé;

Márgenes izquierdos:
2 R 1 8+
Mt 3 4

1 R 18 28

Ez 34 1+

Mt 26 31
Ez 34 1+

Is 1 25;
48 10

Sal 91 15
Is 65 24

diré*: «¡Éste es mi pueblo!»
y él dirá: «¡Yahvé es mi Dios!»

Márgenes derechos:
Jr 31 31+
Za 8 8

El combate escatológico: esplendor de Jerusalén*.

14 ¹ Ya llega el Día de Yahvé en que serán repartidos tus despojos en medio de ti. ² Yo reuniré a todas las naciones para que ataquen Jerusalén. La ciudad será tomada, las casas saqueadas y las mujeres violadas. La mitad de la ciudad partirá al cautiverio, pero el Resto del pueblo no será extirpado de la ciudad. ³ Saldrá entonces Yahvé y combatirá contra esas naciones como el día en que fue el combate, el día de la batalla. ⁴ Aquel día se asentarán los pies en el monte de los Olivos que está frente a Jerusalén, al oriente, y el monte de los Olivos se hendirá por el medio de oriente a occidente haciéndose un enorme valle: la mitad del monte se retirará al norte y la otra mitad al sur. ⁵ Y huiréis al valle de mis montes, porque el valle de los montes llegará hasta Yasol*; huiréis como cuando el terremoto en tiempos de Ozías, rey de Judá. Y vendrá Yahvé mi Dios y todos los consagrados con él*.
⁶ Aquel día no habrá frío ni hielo*.
⁷ Será un día único —conocido sólo de Yahvé—: no sucederá la noche al día, pues al atardecer seguirá habiendo luz.
⁸ Aquel día manarán de Jerusalén aguas vivas, mitad hacia el mar oriental, mitad hacia el mar occidental: manarán tanto en verano como en invierno. ⁹ Y Yahvé reinará en toda la tierra: ¡aquel día será único Yahvé y único su nombre*! ¹⁰ Toda esta tierra se transformará en llanura, desde Gueba hasta Rimón, al sur de Jerusalén. Jerusalén seguirá encumbrada y

Jl 4 2.12

Is 31 4

Am 1 1
Dt 33 2-3
Mt 16 27

Ap 21 23
Ez 47 1+
Jn 4 1+

Ap 11 15
Dt 33 26

=12 6

---

13 2   Desaparición de la institución profética, condenada por los abusos de los falsos profetas, ver Jr 23 9s; Ez 13.
13 5   «la tierra es mi ocupación» '*adamah qinyaní* conj.; «un hombre me ha ocupado (o: adquirido)» '*adam hiqnaní* hebr.
13 6   «entre tus manos», es decir «en tu pecho». —Los antiguos profetas se practicaban incisiones en el cuerpo, ver 1 R 18 28, etc. El hombre que lleva tales incisiones es aquí acusado de ser profeta: se defiende alegando una riña con compañeros.
13 7   Texto mesiánico, tal vez independiente. El «pastor» es aquí, no ya el buen pastor de 11 4-14, ni el malo, 11 15-16, sino, sin más precisiones, el jefe del pueblo, lugarteniente de Yahvé. La espada que le va a herir entregará a todo el pueblo a la prueba final, que ha de preceder al tiempo de la salvación. Esta prueba se describe con las imágenes clásicas de las ovejas sin pastor, Ez 34 5, del Resto, Is 4 3, etc., del tercio, Ez 5 1-4, del fuego que acrisola, Jr 6 29-30. Entonces el pueblo estará dispuesto para la Nueva Alianza, ver Jr 31 31+.
13 9   «diré» griego; «he dicho» hebr.

14   El cap. 14 anuncia cómo el monoteísmo tendrá una repercusión cósmica, unificando el tiempo (día único), transformando los lugares (nivelación de Jerusalén), haciendo desaparecer las ocasiones e incluso los recuerdos de idolatría y de adivinación (astros y estaciones, Gehenna y Tófet, monte del Escándalo, etc.), y también unificando el culto y sus participantes, paganos e israelitas: Dios será todo en todos. Las descripciones del combate escatológico (vv. 1-5.12-15) se interrumpen o completan con otras sobre el nuevo estado de cosas que le sucederá.
14 5   (a) «Yasol» griego; «Asel» hebr. —Yasol se ha de buscar por el guadi Yasul, afluente del Cedrón. Am 1 1 se refiere también al seísmo del tiempo de Ozías (mencionado asimismo por Flavio Josefo).
14 5   (b) «con él» griego; «contigo» hebr.
14 6   «frío ni hielo» versiones; hebr. ininteligible.
14 9   Repetición solemne: el «Nombre» de Yahvé es Yahvé mismo. La extensión del monoteísmo a toda la tierra es uno de los rasgos de la era mesiánica, ver Ml 1 11.

habitada, desde la Puerta de Benjamín hasta el emplazamiento de la antigua Puerta, es decir, hasta la Puerta de los Ángulos, y desde la torre* de Jananel hasta los Lagares del rey. [11] Será habitada y no habrá más anatemas: ¡Jerusalén será habitada sin sobresaltos!

[12] Y ésta será la plaga con que castigará Yahvé a todos los pueblos que hayan luchado contra Jerusalén: pudrirá su carne aun estando en pie, sus ojos se pudrirán en sus cuencas, y su lengua se pudrirá en su boca*. [15] Semejante será la plaga de los caballos, mulos, camellos y asnos, y de todo el ganado que haya entonces en los campamentos: ¡una plaga terrible! [13] Aquel día cundirá entre ellos un pánico sobrecogedor enviado por Yahvé: si uno agarra la mano de su prójimo, éste levantará la mano contra él. [14] También Judá combatirá en Jerusalén. Y serán reunidas las riquezas de todas las naciones de alrededor: oro, plata y vestidos en gran cantidad.

[16] Los supervivientes de todas las naciones que atacaron Jerusalén subirán de año en año a postrarse ante el Rey Yahvé Sebaot y a celebrar la fiesta de las Tiendas*. [17] Y la familia del país que no suba a Jerusalén a postrarse ante el Rey Yahvé Sebaot no recibirá lluvia en sus tierras. [18] Si la familia de Egipto no sube ni viene, caerá* sobre ella la plaga con que Yahvé herirá a las naciones que no suban a celebrar la fiesta de las Tiendas. [19] Tal será el castigo de Egipto y el castigo de todas las naciones que no suban a celebrar la fiesta de las Tiendas.

[20] Aquel día estará escrito en los cascabeles de los caballos: «Consagrado a Yahvé», y las ollas del templo de Yahvé serán como los aspersorios que hay ante el altar. [21] Y las ollas de Jerusalén y de Judá estarán consagradas a Yahvé Sebaot; todos los que quieran sacrificar vendrán a hacer uso de ellas, y en ellas cocerán; y aquel día no habrá más comerciantes en el templo de Yahvé Sebaot*.

Marginal references:
Jr 31 40
Ap 22 3
Dt 33 28
Is 66 24+
Ez 38 21
Ex 23 14+
Jn 2 16

14 10 «y desde la torre» conj.; «y la torre» hebr. —Gueba se encuentra en la frontera norte del reino de Judá, en territorio de Benjamín. Rimón debe ser Umm er-Rammamín, a 15 km al nordeste de Berseba.
14 12 Leemos aquí el v. 15, como parece exigir el sentido.
14 16 Se elige sin duda la fiesta de las Tiendas porque en ella se celebraba la realeza de Yahvé.
14 18 «caerá» griego; «no caerá» hebr.
14 21 El autor, recordando a Ezequiel, entrevé para los tiempos mesiánicos una sacralización de todas las cosas en la tierra de Israel.

MALAQUÍAS

1 ¹ Oráculo.
Palabra de Yahvé dirigida a Israel por medio de Malaquías*.

El amor de Yahvé a Israel.

Os 11 1
Dt 7 7s;
4 37
Ez 16
Is 54 8+
Rm 9 13
Gn 25 23

² Os he amado, dice Yahvé. —Pero vosotros decís: ¿En qué se nota que nos has amado? —¿No era Esaú* hermano de Jacob?, oráculo de Yahvé. Y sin embargo amé a Jacob ³ y odié a Esaú. Entregué sus montes a la desolación y su heredad a los chacales del desierto. ⁴ Si dice Edom: «Hemos sido aplastados, pero reedificaremos nuestras ruinas», así dice Yahvé Sebaot: Ellos edificarán, pero yo demoleré, y los llamarán: «Territorio de impiedad», y «Pueblo contra el que Yahvé está irritado para siempre». ⁵ Vuestros ojos lo verán y vosotros diréis: «¡Grande es Yahvé más allá del término de Israel!»

Contra los sacerdotes.

Ex 20 12
Dt 1 31;
32 6

Is 29 13

⁶ El hijo honra a su padre, el siervo a su señor. Pues si yo soy padre, ¿dónde está mi honra? Y si señor, ¿dónde mi temor?, os dice Yahvé Sebaot a vosotros, sacerdotes que menospreciáis mi Nombre. —Decís: ¿En qué hemos menospreciado tu Nombre? —⁷ Presentando en mi altar pan impuro. —Y encima preguntáis: ¿En qué te hemos manchado? —Pensando que la mesa de Yahvé es despreciable. ⁸ Y cuando presentáis para el sacrificio una res ciega, ¿no está mal? Y cuando presentáis una coja o enferma, ¿no está mal? Anda, ofrécesela a tu gobernador: ¿se te pondrá contento o te acogerá con agrado?, dice Yahvé Sebaot. ⁹ Ahora, pues, aplacad a Dios para que tenga compasión de nosotros. Venís con eso en vuestras manos, ¿acaso os acogerá agradecido?, dice Yahvé Sebaot. ¹⁰ ¡Ojalá alguien de vosotros cerrara las

v 22 18-25

puertas para que no encendáis mi altar en vano! No me gustáis nada, dice Yahvé Sebaot, ni me agrada la oblación que traéis. ¹¹ Desde levante hasta poniente grande es mi Nombre entre las naciones, y en todo lugar ofrecen a mi Nombre sacrificios de incienso y oblaciones puras*, pues grande es mi Nombre entre las naciones, dice Yahvé Sebaot. ¹² Pero vosotros lo profanáis*, cuando decís: ¡La mesa del Señor está manchada, son repugnantes sus alimentos!, ¹³ y me despreciáis añadiendo: ¡Qué lata!, dice Yahvé Sebaot. Cuando traéis una res robada, o coja, o enferma, cuando traéis una oblación así, ¿pensáis que la voy a aceptar de vuestras manos?, dice Yahvé Sebaot*. ¹⁴ ¡Maldito el tramposo que promete un macho de su rebaño y sacrifica al Señor una bestia castrada! ¡Que yo soy un gran Rey, dice Yahvé Sebaot, y mi Nombre admirado entre las naciones!

Am 5 21+

Jr 6 20
So 3 9

Lv 22 18-25

2 ¹ Recibid ahora esta advertencia, sacerdotes: ² Si no hacéis caso ni tomáis a pecho dar gloria a mi Nombre, dice Yahvé Sebaot, lanzaré contra vosotros la maldición y maldeciré vuestra bendición*; la maldeciré porque ninguno de vosotros toma nada a pecho. ³ Voy a dejaros sin brazo, os echaré estiércol a la cara, el estiércol de vuestras fiestas, y seréis aventados con él*. ⁴ Sabréis así que yo os dirigí esta advertencia para que se mantuviera mi alianza con Leví, dice Yahvé Sebaot. ⁵ Mi alianza con él era de vida y paz, y se las concedí; era de respeto, y me respetaba reverenciando mi Nombre. ⁶ Su boca transmitía la Ley de verdad, no había en sus labios maldad; en paz y en rectitud caminaba conmigo, y a muchos recobró de la culpa.

Sal 102 6

Dt 28 15

Dt 18 1-8;
33 8-11
Nm 25 12s

⁷ Los labios del sacerdote guardarán el saber, y la Ley se busca en su boca, pues

Dt 21 5
Mt 23 13.15

---

1 1   «Malaquías» significa: «mi mensajero», y así lo ha traducido el griego, añadiendo: «pone pues (esto) en vuestros corazones». Targ.: «mi mensajero, cuyo nombre es Esdras el escriba».
1 2   Esaú es el epónimo de Edom, ver Gn 36 1; Dt 2 1.5+; Nm 20 23+.
1 11   Malaquías piensa aquí en el sacrificio perfecto de la era mesiánica más que en el culto, extendido en el imperio persa, ver Esd 1 2+, del «Dios del cielo», Ne 1 4s; 2 4.20; Esd 1 2; 5 11s; 6 9s; 7 12.21.23; Dn 2 18; 4 34; 5 23; culto que el profeta consideraría como dirigido a Yahvé; el Concilio de Trento ha adoptado esta interpretación.
1 12   En lugar de «vosotros lo profanáis», el texto primitivo debía de decir «vosotros me profanáis», que los

escribas han corregido por respeto a la grandeza divina. Igualmente en el v. siguiente, donde restituimos «me despreciáis», en lugar del hebr. «lo despreciáis». Otro ejemplo de estas correcciones de escribas (*tiqqun soferim*) en Za 2 12. —Antes de «repugnantes» omitimos «y su fruto».
1 13   «traéis una oblación así» conj.; «traed la oblación» hebr. —«Sebaot» griego; omitido por hebr.
2 2   «vuestra bendición» griego, ver v. 4; «resto del v.; «nuestras bendiciones» hebr. —Se trata, en sentido concreto, de bienes materiales distribuidos a los levitas.
2 3   «dejaros sin brazo» griego, Vulg.; «reprender (maldecir) vuestras semillas» hebr. —«y seréis aventados con él» sir.; «él os aventará hacia él» hebr.

es el mensajero de Yahvé Sebaot. [8] Pero vosotros os habéis extraviado del camino, habéis hecho tropezar a muchos en la Ley, habéis corrompido la alianza de Leví, dice Yahvé Sebaot. [9] Por eso también yo os he hecho despreciables y os he envilecido ante todo el pueblo, de la misma manera que vosotros no guardáis mis caminos y hacéis acepción de personas en la Ley.

Matrimonios mixtos y divorcios.

Dt 1 31+
Ef 4 6

[10] ¿No tenemos todos un mismo Padre? ¿No nos ha creado el mismo Dios? ¿Por qué entonces nos traicionamos unos a otros, profanando la alianza de nuestros padres? [11] Judá es culpable de traición; en Israel y en Jerusalén se cometen abominaciones. Porque Judá ha profanado el santuario querido de Yahvé* al casarse con la hija de un dios extranjero*. [12] ¡Que extirpe Yahvé al hombre que hace tal, incluidos testigo y defensor, de las tiendas de Jacob y de entre los que presentan* la oblación a Yahvé Sebaot! [13] Y hacéis otra cosa más: cubrís de lágrimas el altar de Yahvé, de llantos y suspiros, porque él ya no acepta vuestra oblación, ni la recibe gustoso de vuestras manos. [14] Y encima decís: ¿Por qué? —Porque Yahvé es testigo entre tú y la esposa de tu juventud, a la que tú traicionaste, siendo así que era tu compañera, la mujer con la que te habías comprometido. [15] ¿No los ha hecho un solo ser, dotado de carne y espíritu? Y este uno ¿qué busca? ¡Una posteridad dada por Dios! Guardad, pues, vuestro espíritu; no traiciones a la esposa de tu juventud*. [16] Pues yo odio el repudio, dice Yahvé Dios de Israel, y al que encubre* con su vestido la violencia, dice

Gn 2 24
Mt 5 31-32p
Ef 5 24-32

Yahvé Sebaot. Guardad, pues, vuestro espíritu y no cometáis tal traición.

El Día de Yahvé.

[17] Vosotros cansáis a Yahvé con vuestras palabras. —Decís: ¿En qué le cansamos? —Cuando afirmáis: Yahvé aprueba al que hace el mal, lo acepta complacido; o también: ¿Dónde está el Dios justo*?

Jb 21 7-8

3 [1] Voy a enviar a mi mensajero a allanar el camino delante de mí*, y en seguida vendrá a su templo el Señor a quien vosotros buscáis; y el Ángel de la alianza* que tanto deseáis, ya llega, dice Yahvé Sebaot. [2] ¿Quién podrá soportar el Día de su venida? ¿Quién se tendrá en pie cuando aparezca? Porque será como fuego de fundidor y lejía de lavandero. [3] Se sentará para fundir y purgar*. Purificará a los hijos de Leví y los acrisolará como el oro y la plata; y serán quienes presenten a Yahvé oblaciones legítimas. [4] Entonces se complacerá Yahvé en la oblación de Judá y de Jerusalén, como en los días de antaño, como en los años remotos. [5] Me haré presente para juzgaros, y seré un testigo expeditivo contra los hechiceros y los adúlteros, contra los que juran en falso, contra los que oprimen al jornalero, a la viuda y al huérfano, contra los que hacen agravio al forastero sin ningún temor de mí, dice Yahvé Sebaot.

Mt 11 10

Hch 13 24-25
Lc 1 17-76
Na 1 6
Jl 2 11

Jr 6 29+

Lv 19 13
Ex 22 20-21+

Los diezmos del Templo*.

[6] Yo, Yahvé, no cambio, pero vosotros, hijos de Jacob, no termináis nunca*. [7] Desde los tiempos de vuestros antepasados venís apartándoos de mis preceptos y no los observáis. Volveos a mí y yo me volveré a vosotros, dice Yahvé Sebaot. —Decís: ¿En qué hemos de volver? —[8] ¿Puede un hombre defraudar* a

Nm 23 19

Za 1 3

---

2 11 (a) Las culpas del pueblo manchan el templo.
2 11 (b) A «Judá», tomado primero colectivamente, se le toma ahora en sentido distributivo: el que forma parte de Judá se desposa con la «hija» de un dios extranjero, una idólatra.
2 12 «testigo» 'ed conj.: hebr. 'er no tiene sentido. —«defensor», lit. «que responde». —«de entre los que presentan» griego.; «del que presenta» hebr.
2 15 «¿No los ha hecho?» Vulg.; «El no ha hecho» hebr. —«carne y espíritu» še'ar rûaj hebr. —«no traiciones» Vulg.; «que no traicione» hebr.
2 16 «odio» conj.; «odia» hebr. —«al que encubre con su vestido la violencia» conj.; «ha recubierto de violencia su vestido» hebr.
2 17 Sobre el escándalo que producía la prosperidad de los malos, en la perspectiva de la retribución terrestre, véase Job, los Sal **37** y **73**, y la Introducción a los libros sapienciales.
3 1 (a) El precursor de Yahvé, ver ya Is **40** 3, será

identificado con Elías, Ml **3** 23. Mt 11 10 aplica este texto a Juan Bautista, nuevo Elías, Mt 11 14+; Mc 1 2; Lc 1 17-76.
3 1 (b) El Ángel de la nueva Alianza no es el precursor del que se ha hablado más arriba, porque su llegada al templo es simultánea a la de Yahvé. Se trata sin duda de una designación misteriosa del mismo Yahvé, con referencia implícita a Ex **3** 2; **23** 20; ver Gn 16 7+. Mt 11 10 invita a interpretarlo de Cristo.
3 3 Omitimos «plata», glosa probable.
3 6 (a) Quizá se deba unir este pasaje a 1 2-5; daría así respuesta a los escépticos que se expresan en 1 2.
3 6 (b) Se sobreentiende: de ser los hijos de aquél que suplantó y engañó a su hermano, ver vv. 8-9.
3 8 (a) «defraudar» (las tres veces) 'aqab griego; «robar» qaba' hebr., pero se trata una vez más de una corrección de escriba, para eliminar la alusión a Jacob «el tramposo». Igualmente en el v. 9.

Dios? ¡Pues vosotros me defraudáis! —Y encima decís: ¿En qué te hemos defraudado? —En el diezmo y en la ofrenda reservada*. ⁹ Estáis repletos de maldición, pues me defrauda la nación entera. ¹⁰ Llevad el diezmo íntegro a la casa del tesoro, para que haya alimento en mi templo; ponedme así a prueba, dice Yahvé Sebaot, y veréis cómo os abro las esclusas del cielo y derramo sobre vosotros la benéfica lluvia hasta que se agote. ¹¹ Os ahuyentaré la voraz langosta para que no acabe con el fruto del suelo y no queden estériles las viñas campestres, dice Yahvé Sebaot. ¹² Todas las naciones os felicitarán entonces, porque seréis una tierra deliciosa, dice Yahvé Sebaot.

Triunfo de los justos el Día de Yahvé.

¹³ Duras me resultan vuestras palabras, dice Yahvé. —Y todavía decís: ¿Qué hemos dicho contra ti? —¹⁴ Habéis dicho: Es inútil servir a Dios; ¿qué ganamos con guardar sus mandamientos o con hacer duelo ante Yahvé Sebaot? ¹⁵ Más bien hemos de felicitar a los arrogantes, que aun haciendo el mal prosperan, y aun tentando a Dios escapan impunes. ¹⁶ Entonces los devotos de Yahvé* hablaron entre sí. Yahvé escuchó con atención; y se escribió en su presencia un li-

bro en memoria de los devotos de Yahvé que honran su Nombre. ¹⁷ Ese día que estoy preparando se convertirán en mi propiedad personal, dice Yahvé Sebaot; y seré indulgente con ellos como es indulgente un padre con el hijo que le sirve. ¹⁸ Entonces volveréis a distinguir entre el justo y el malvado, entre quien sirve a Dios y quien no le sirve.

¹⁹ Está para llegar el Día, abrasador como un horno*; todos los arrogantes y los malvados serán como paja; y los consumirá el Día que viene, dice Yahvé Sebaot, hasta no dejarles raíz ni rama. ²⁰ Pero para vosotros, los adeptos a mi Nombre, os alumbrará el sol de justicia* con la salud en sus rayos*, y saldréis brincando como becerros bien cebados fuera del establo. ²¹ Y pisotearéis a los malvados, que serán como ceniza bajo la planta de vuestros pies, el día que estoy preparando, dice Yahvé Sebaot.

Apéndices.

²² Acordaos de la Ley de Moisés, mi siervo, a quien yo prescribí en el Horeb preceptos y normas para todo Israel. ²³ Voy a enviaros al profeta Elías antes de que llegue el Día de Yahvé, grande y terrible. ²⁴ Él reconciliará a los padres con los hijos y a los hijos con los padres, y así no vendré a castigar la tierra con el anatema*.

Margin references:
Dt 28 15
Pr 3 9-10
Dt 28 8.12
Is 61 9
Jb 21 14-15
Is 58 3

Dn 7 10+
Ex 19 5
Sal 103 13
4.¹
Am 5 18+
² Lc 1 78
Jn 8 12+
³
⁴
Mt 17 10-13p
Si 48 10
Lc 1 17
Jos 6 17+

---

3 8 (b) Sobre el diezmo, ver Dt 14 22+. Según los escritos «sacerdotales», Lv 27 30s; Nm 18 21-31, es un impuesto para la subsistencia del clero, centralizado en el único santuario; véase también Ne 10 36s; 12 44.
3 16 Lit. «los temerosos de Yahvé».
3 19 Sobre el fuego en el Día de Yahvé, ver Is 10 16s; 30 27; So 1 18; 3 8; Jr 21 14.
3 20 (a) «justicia» implica aquí poder y victoria, como en Is 41 2+. El título de «Sol de justicia», apli-

cado a Cristo, ha desempeñado un papel en la formación de las fiestas litúrgicas de Navidad y Epifanía.
3 20 (b) Lit. «en sus alas».
3 24 Elías, arrebatado al cielo, 2 R 2 11-13, volverá. Este regreso, anunciado aquí, será un rasgo importante de la escatología judía, ver el Libro de Henoc. Jesús explica que Elías vino ya en la persona de Juan Bautista, Mt 11 7-14; 17 10-13+; Mc 9 2-13.

NUEVO TESTAMENTO

NUEVO TESTAMENTO

EVANGELIOS SINÓPTICOS

EVANGELIOS SINÓPTICOS

EVANGELIOS SINÓPTICOS

Introducción

De los cuatro libros canónicos que narran la «Buena Nueva» (significado de la palabra griega «Evangelio») traída por Jesucristo, los tres primeros presentan entre sí tales semejanzas que pueden ponerse en columnas paralelas y abarcarse «de una sola mirada», que es a su vez el significado de la palabra «sin-óptico». Pero presentan también entre sí numerosas divergencias. ¿Cómo explicar a la vez estas semejanzas y estas divergencias? Lo que equivale a preguntarse: ¿cómo se formaron?

La tradición oral.

Para comprenderlo, hay que admitir en primer lugar que, antes de ser puestos por escrito, los evangelios, o por lo menos una gran cantidad de los materiales que contienen, se transmitieron oralmente. Lo primero fue la predicación oral de los apóstoles, centrada en torno al «kerygma» que anunciaba la muerte redentora y la resurrección del Señor. Iba dirigida a los judíos a quienes había que probar, mediante el testimonio de los apóstoles sobre la resurrección, que Jesús era efectivamente el Mesías anunciado por los profetas antiguos; y concluía con un llamamiento a la conversión. De esta predicación nos dan resúmenes típicos los discursos de Pedro en los Hechos de los Apóstoles (Hch 4 8-12, más desarrollados en 3 12-26; 2 14-36 y sobre todo 13 16-41), así como Pablo en 1 Co 15 3-7. Según Lc 24 44-48, este «kerygma» fundamental hundiría sus raíces incluso en las consignas de Cristo resucitado. Pero a aquellos que se convertían había que darles, antes que recibiesen el bautismo, una instrucción más completa sobre la vida y la enseñanza de Jesús.

Un resumen de esta catequesis pre-bautismal se nos da en Hch 10 37-43, cuyo esquema anuncia ya la estructura del evangelio de Mc: bautismo dado por Juan durante el cual Jesús recibe el Espíritu, actividad taumatúrgica de Cristo en el país de los judíos, su crucifixión seguida de su resurrección y de sus apariciones a algunos discípulos privilegiados, todo ello garantizado por el testimonio de los apóstoles. Según los Hechos, esta información procede todavía de la predicación oral.

Muy pronto también, para ayudar a los predicadores y a los catequistas cristianos, se reunieron por temas comunes los principales «dichos» de Jesús. Vestigios de ello los tenemos todavía en nuestros evangelios actuales: estos «dichos» están a menudo unidos unos con otros por palabras-clave a fin de facilitar la memorización. En la Iglesia primitiva había también narradores especializados, como los «evangelistas», Hch 21 8; Ef 4 11; 2 Tm 4 5, que contaban los recuerdos evangélicos bajo una forma que tendía a fijarse por la repetición.

Sabemos también, gracias a dos testimonios independientes (ver infra), que el segundo evangelio fue predicado por Pedro antes de ser puesto por escrito por Marcos. Y Pedro no fue el único testigo ocular entre los que anunciaban a Cristo; sin duda tampoco los otros tenían necesidad de documentos escritos para ayudar a su memoria. Pero es claro que un mismo suceso tenía que ser narrado por ellos según formas literarias diferentes. Un caso típico lo tenemos en el relato de la institución de la Eucaristía. Antes de escribirlo a los fieles de Corinto, sin duda Pablo lo refirió oralmente según una tradición particular (1 Co 11 23-26) conocida también de Lc (22 19-20). Pero el mismo relato se nos ha transmitido, con variantes importantes, según una tradición conocida de Mt (26 26-29) y de Mc (14 22-25).

Es, pues, en la tradición oral donde hay que buscar la causa primera de las semejanzas y de las divergencias entre los Sinópticos. Sin embargo, esta tradición oral no es capaz por sí sola de dar cuenta de las semejanzas tan numerosas como sorprendentes, tanto en el detalle de los textos como en el orden de las perícopas, que sobrepasan las posibilidades de la memoria, incluso la antigua y oriental. Para explicar el origen de nuestros evangelios es necesario recurrir a una documentación escrita.

Testimonios de Papías y Clemente.

El testimonio más antiguo que tenemos sobre la composición de los evangelios canónicos es el de Papías, obispo de Hierápolis, en Frigia, que escribió hacia el 130 una «Interpretación (exégesis) de los Oráculos del Señor», en cinco libros. Esta obra se perdió hace mucho tiempo, pero el historiador Eusebio de Cesarea nos ha conservado de ella los dos pasajes siguientes: «Y el Anciano decía: Marcos, que fue el intérprete de Pedro, puso por escrito cuidadosamente todo aquello de lo que guardaba memoria, aunque sin ajustarse al orden de las cosas que el Señor había dicho y realizado. En efecto, a quien él escuchó o acompañó no fue al Señor sino a Pedro más tarde, como ya he dicho. Éste procedía según las conveniencias de su enseñanza y no como si quisiera dar la ordenanza de los oráculos del Señor. Por tanto, no se puede censurar a Marcos el haberlos redactado del modo como él los recordaba. Su única preocupación fue no omitir nada de lo que había oído, sin permitirse ninguna falsedad en ello». Inmediatamente después, Eusebio añade el testimonio de Papías sobre Mateo: «Mateo, pues, puso en orden los oráculos, en lengua hebrea; cada uno los interpretó como podía» (Hist. Eccl., III, 39, 15-16).

Un segundo testimonio sobre la composición de los evangelios nos lo da Clemente de Alejandría (a su vez citado por Eusebio de Cesarea): «En los mismos libros también, Clemente cita una tradición de los Ancianos relativa al orden de los evangelios; es ésta: decía que los evangelios que contienen las genealogías fueron escritos primero y que el de san Marcos lo fue en las circunstancias siguientes: Después que Pedro hubo predicado públicamente la doctrina en Roma y expuesto el evangelio [guiado] por el Espíritu, sus oyentes, que eran muchos, animaron a Marcos, como que él era el que le había acompañado desde hacía tiempo y guardaba en su memoria sus palabras, a transcribir lo que aquél había dicho; así lo hizo y transcribió el evangelio a los que se lo habían pedido. Al enterarse de ello Pedro, no emitió consejo en ningún sentido, ni para impedírselo ni para recomendárselo» (Hist. Eccl., IV, 14, 5-7). Al igual que el de Papías, este testimonio se remonta a los Ancianos, es decir a hombres de la segunda generación cristiana. Toda la tradición posterior, griega, latina o incluso siríaca (Efrén), no hará sino repetir, añadiendo algunos detalles, estos dos testimonios fundamentales. ¿Qué podemos deducir de ello?

Papías y Clemente concuerdan en atribuir la composición de uno de los evangelios a Marcos, discípulo de Pedro (ver 1 P 5,13), cuya predicación habría puesto por escrito. Viniendo de dos fuentes arcaicas independientes, esta información puede ser tenida por cierta. Según Clemente, Marcos habría escrito viviendo todavía Pedro, el cual, por lo demás, se habría desinteresado más o menos del asunto. Papías no nos da ningún dato explícito sobre este punto. Su texto deja más bien entender que Marcos habría escrito después de la muerte de Pedro, y en este sentido lo interpretarán Ireneo de Lyon y el más antiguo Prólogo evangélico que ha llegado hasta nosotros (finales del siglo II). Papías no nos dice dónde escribió Marcos su evangelio. Clemente precisa que fue en Roma, donde Pedro ejercía su ministerio. Este detalle, recogido en la tradición posterior, parece exacto porque el evangelio de Marcos contiene un cierto número de palabras griegas que no son más que una transcripción del latín.

Clemente no nos da ninguna noticia sobre Mateo, salvo lo de que su evangelio contenía una genealogía de Cristo (Mt 1,1-17). Según Papías, habría escrito en hebreo, término que podría aplicarse también al arameo, y luego su obra habría sido traducida al griego. Este detalle será repetido unánimemente por la tradición posterior. Un hecho podría confirmarlo. En los dos pasajes fundamentales citados más arriba, los datos relativos a Marcos son mucho más extensos que los que se refieren a Mateo, de quien ni siquiera se nos dice que se trata del publicano de Mt 9,9. ¿No sería esto un indicio de que el evangelio de Marcos, escrito en griego, se habría divulgado rápidamente en el mundo cristiano hasta que el de Mateo, que lo sustituirá como evangelio de base, fue traducido del hebreo (o del arameo) al griego? Pero Papías y Clemente ya no concuerdan cuando se trata de establecer el orden en el que habrían sido escritos los evangelios. Papías parece decir que Mateo habría puesto en orden los «oráculos» de Cristo que Marcos nos había transmitido en desorden. Probablemente este dato no debe ser tomado a la letra.

Por último, para Papías Mateo habría escrito después de Marcos; según Clemente, Marcos habría escrito después de Mateo y Lucas, cuyos evangelios contienen una genealogía de Cristo (Mt 1,1-17; Lc 3,23-38). La tradición posterior, desde Ireneo, retendrá el orden Mt, Mc, Lc; pero ¿no sería porque Mt se había convertido en el evangelio fundamental? Los datos *tradicionales son, pues, contradictorios en lo que se refiere al orden de producción de los tres Sinópticos. Sobre Lucas, Eusebio de Cesarea no nos ha conservado testimonio de Papías, si es que hubo alguno. Desde Ireneo y los antiguos Prólogos evangélicos, la tradición atribuirá su redacción a Lucas, el médico discípulo de Pablo (Col 4 14; Flm 24; 2 Tm 4 11).*

El problema sinóptico.

Estos datos, que no son siempre concordantes, están lejos de resolver el problema sinóptico. Por ejemplo, Papías habla de un evangelio de Mateo escrito «en lengua hebrea», perdido desde hace tiempo, pero no nos dice nada sobre la forma griega, sin duda más desarrollada, del evangelio según Mateo que nosotros tenemos actualmente. Por lo demás, esta forma griega ha podido recibir variantes, como lo atestiguan, entre otros, las citas de este evangelio hechas por los Padres antiguos, especialmente el apologista Justino.

En cuanto a Marcos, aun cuando su fuente sea Pedro, cabe preguntarse por qué se muestra tan parco respecto de la enseñanza de Jesús. ¿Fue su evangelio el primero en ser escrito, como parece afirmar Papías, o por el contrario el último de los tres, como expresamente dice Clemente? Y ¿de dónde ha tomado Lucas las tradiciones que son propias de él? ¿En qué medida ha comprendido el mensaje de Pablo, de quien fue discípulo? En fin, los evangelios escritos por Marcos, Mateo y Lucas ¿no recibieron complementos, o hasta modificaciones más o menos profundas, desde el momento en que fueron compuestos hasta el de su recepción definitiva en las iglesias?

Y ¿en qué fecha aproximadamente tuvo lugar esto? Para responder a esta pregunta, es preciso tomar el problema remontándose en el tiempo. Conocemos actualmente más de 2000 manuscritos griegos en pergamino que contienen el texto de los evangelios sinópticos, escalonándose entre los siglos IV y XIV. Todos estos manuscritos ofrecen entre sí variantes inevitables, pero que no pasan de ser variantes de detalle.

Los textos que nosotros utilizamos en nuestros días, ya sea para estudiar los Sinópticos ya para traducirlos a lenguas modernas, se fundan en los dos más antiguos de estos manuscritos: el Sinaítico, que proviene del monasterio de Santa Catalina del Sinaí, hoy conservado en el Museo Británico, y sobre todo el Vaticano,

conservado en la Biblioteca Vaticana. Ambos se datan de mediados del siglo IV. Pero la autenticidad del texto que nos ofrecen puede ser atestiguada de diferentes maneras. Desde comienzos de este siglo se han descubierto en Egipto un buen número de papiros con textos del NT. Citemos dos de los más importantes. Un códice que contiene alrededor de cuatro quintas partes de Lucas (e importantes fragmentos de Juan) se data de comienzos del siglo III. Es propiedad de la Biblioteca Bodmer, en Cologny, cerca de Ginebra. Su texto es muy próximo del que nos da el Vaticano. Por su parte, en la colección Chester Beatty, de Dublín, se conservan numerosos fragmentos bastante importantes de los cuatro evangelios, pertenecientes a un códice datado de mediados del siglo III. Aunque menos próximo del Vaticano que el precedente, su texto tampoco difiere de él más que en variantes de detalle. Otros cuatro fragmentos, mucho más modestos, pues sólo contienen algunos versículos de Mateo, se datan también o del siglo III, o incluso el más antiguo de finales del siglo II o comienzos del III. A este testimonio de los manuscritos griegos hay que añadir el de las versiones antiguas.

Desde finales del siglo II, los evangelios fueron traducidos al latín en África del norte (probablemente Cartago) así como al siríaco. La versión copta se remonta al siglo III. Esto por hablar sólo de las más importantes y más antiguas. Hay que tener presente, en fin, las numerosas citas evangélicas hechas por los Padres antiguos: Ireneo de Lyon, Clemente de Alejandría y Orígenes entre los griegos, Tertuliano y Cipriano entre los africanos, Áfrates y Efrén entre los sirios. Todo esto forma un conjunto de testimonios concordantes, repartidos por todo el mundo cristiano, que nos permiten afirmar que los evangelios, sin perjuicio de las variantes inevitables que no afectan a su sustancia, estaban ya compuestos desde mediados del siglo II, e incluso probablemente en fecha más antigua, en la forma en que ahora los conocemos.

Una mención especial merece el apologista Justino, quien escribía hacia el 150 su Diálogo con Trifón y sus dos Apologías del cristianismo. Aunque cita a menudo los evangelios, nunca lo hace con el nombre de Mateo, Lucas o Marcos, sino bajo el más general de «Memorias de los apóstoles». Algunos han creído poder concluir de aquí que Justino ignoraba la división en cuatro evangelios, afirmada con fuerza por Ireneo unos treinta años más tarde. Un estudio de sus citas permite pensar que Justino utilizaba de hecho una armonía evangélica compuesta a partir de los tres Sinópticos, y probablemente también de Juan.

El problema sinóptico se plantea, por tanto, para el período que se extiende entre la composición de los primeros evangelios por Mateo, Marcos y Lucas, y la forma en que los conocemos ahora que, en lo esencial, podría remontarse a los comienzos del siglo II. ¿Cómo explicar a la vez las semejanzas y las divergencias que existen entre los tres evangelios sinópticos en esta forma que hoy conocemos? Muchas controversias ha suscitado este problema desde hace dos siglos, y no es cuestión aquí de entrar en detalles demasiado técnicos. Indiquemos simplemente las tendencias generales de la exegésis moderna.

La teoría que goza de mayor favor es la de las Dos Fuentes. Elaborada hacia mediados del siglo pasado, hoy es aceptada con mayor o menor convicción por la inmensa mayoría de los exegetas, tanto católicos como protestantes. Una de las dos fuentes en cuestión sería Mc, de quien dependerían Mt y Lc en todos los relatos que tienen en común con él (triple tradición). Mt y Lc contienen también bastantes secciones, especialmente de los «dichos» de Cristo (así: el Sermón inaugural de Jesús) desconocidas de Mc (doble tradición). Como, según la teoría de las Dos Fuentes, estos dos evangelios son independientes entre sí, habría que admitir que ambos se sirvieron de otra fuente a la que se llama Q (inicial de la palabra alemana «Quelle», fuente). En cuanto a las secciones propias, tanto de Mt como de Lc, provendrían de fuentes secundarias que conocerían cada uno de ellos.

Presentada de esta forma, la teoría de las Dos Fuentes se presta a una seria objeción. Incluso en las secciones dependientes de la triple tradición, Mt y Lc ofrecen entre sí no pocas concordancias contra Mc, positivas o negativas, más o menos importantes. Si es verdad que un cierto número de estas concordancias puede explicarse como reacciones naturales de Mt y Lc en su esfuerzo por mejorar el texto un poco tosco de Mc, queda aún otra porción de ellas que es difícil de explicar. En vista de ello, algunos exegetas han perfeccionado la teoría suponiendo que Mt y Lc dependerían, no del Mc tal como ha llegado a nosotros, sino de una forma anterior (proto-Mc) ligeramente di-

ferente del Mc actual. Sea lo que fuere de este último punto, es cierto que la teoría de las Dos Fuentes, relativamente simple, permite justificar un gran número de hechos «sinópticos». Por otro lado, concuerda en parte con el dato tradicional heredado de Papías: la prioridad se da a Mc. Los relatos de este evangelio, vivos y ricos en detalles concretos, podrían muy bien reflejar la predicación de Pedro. Algunos han propuesto incluso identificar la fuente Q (colección sobre todo de los «dichos» de Jesús) con Mt, de quien Papías dice que puso en orden los «oráculos» del Señor. Pero Papías emplea la misma expresión para designar el evangelio de Mc (como también para el título de su obra) y nada permite pensar que el Mt del que habla no habría contenido más que logia. Sigue siendo verdad que la existencia de una colección de «dichos» de Jesús, al servicio de las necesidades de la catequesis, es muy verosímil; el evangelio (no canónico) de Tomás sería un buen ejemplo de ello.

Desde hace varias décadas, algunos exegetas, sobre todo en Inglaterra y en los Estados Unidos, han querido rescatar una teoría propuesta hace algo más de dos siglos por Griesbach y que tendría la ventaja, a sus ojos, de evitar el recurso a una fuente hipotética como la de Q. Esa teoría se apoya en la tradición de los Ancianos referida por Clemente de Alejandría: el primer evangelio sería el de Mt, Lc dependería de Mt; y Mc, que sería el último, dependería unas veces de Mt y otras de Lc, a los que habría simplificado. Es cierto que muchas veces parece que Mc ha fundido los textos paralelos de Mt y Lc (hecho que la teoría de las Dos Fuentes apenas puede justificar). Pero ¿en qué queda el dato tradicional (Papías y Clemente) que dice que Marcos puso por escrito la predicación de Pedro? Y ¿cómo suponer que Marcos habría omitido deliberadamente los evangelios de la infancia así como la mayor parte de los «dichos» del Señor, en particular la casi totalidad del discurso inaugural de Jesús?

En fin, otros exegetas siguen persuadidos de que la teoría de las Dos Fuentes, a pesar de sus ventajas, es demasiado simple para poder explicar la totalidad de los hechos sinópticos. Sin duda, Mc parece a menudo más primitivo que Mt y Lc, pero también es verdad lo contrario: a veces presenta rasgos tardíos, tales como paulinismos o también adaptaciones a lectores del mundo grecorromano, mientras que Mt o Lc, incluso en los textos de la tri-

ple tradición, conservan detalles arcaicos, de expresión semítica o de ambiente palestino. Surge entonces la hipótesis según la cual las relaciones entre los Sinópticos habría que considerarlas, no ya al nivel de los evangelios tal como los tenemos ahora, sino al nivel de redacciones más antiguas que podrían llamarse pre-Mt, pre-Lc, incluso pre-Mc, sin perjuicio por lo demás de que todos estos documentos intermedios pudieran depender de una fuente común que no sería otra que el Mt escrito en arameo, y traducido después al griego de diferentes maneras, del que habla Papías. De ahí la posibilidad de pensar en la existencia de interreacciones entre las diversas tradiciones evangélicas, más complejas pero también más flexibles, que podrían explicar mejor todos los hechos sinópticos.

Esta hipótesis daría cuenta también de un hecho apuntado desde finales del siglo pasado: algunos autores antiguos, en particular el apologista Justino y otros después de él, citan los evangelios de Mt y Lc bajo una forma un poco diferente de la que nosotros conocemos, y a veces más arcaica. ¿No habrían tenido a mano estos pre-Mt y pre-Lc que antes mencionábamos? Estudios de detalle han mostrado igualmente que Lc y Jn ofrecen entre sí contactos tan estrechos, sobre todo (pero no exclusivamente) en lo que se refiere a los relatos de la pasión y de la resurrección, que podrían explicarse por la utilización de una fuente común ignorada de Mt y de Mc.

Redacción de los Sinópticos.

La fecha de la redacción de los Sinópticos es muy difícil de precisar, y tal datación dependerá forzosamente de la solución que se acepte del problema sinóptico. En la hipótesis de la teoría de las Dos Fuentes, la composición de Mc se situará un poco antes (Clemente de Alejandría) o un poco después (Ireneo) de la muerte de Pedro, por tanto entre el 64 y el 70, no después de esta fecha dado que no parece suponer que la destrucción de Jerusalén se haya consumado ya. Las obras de Mt-griego y de Lc serían posteriores a él, por hipótesis; lo cual se confirmaría por el hecho de que, con toda probabilidad, Mt-griego y Lc suponen que la ruina de Jerusalén es ya un hecho consumado, Mt 22 7; Lc 19 42-44; 21 20-24. Su fecha estaría entonces entre el 75 y el 90. Pero hay que reconocer también que este último argumento no es definitivo. Si lo fuera, valdría igualmente para inferir, por ejemplo, que

Ezequiel habría profetizado la destrucción de Jerusalén por los caldeos después de la toma de la ciudad (comparar Ez 4 1-2 con Lc 19 42-44), lo que es manifiestamente falso. Para una datación tardía del Mt-griego, sería más procedente invocar ciertos detalles que denotan una polémica contra el judaísmo rabínico salido de la asamblea de Yammia, la cual tuvo lugar por el año 80. Y si se admite que los Sinópticos fueron compuestos en etapas sucesivas, la datación de su última redacción deja abierta la posibilidad de fechas más antiguas para las redacciones intermedias, y con mayor razón para el Mt arameo que estaría en el origen de la tradición sinóptica.

De todos modos, el origen apostólico, directo o indirecto, y la génesis literaria de los tres Sinópticos justifican su valor histórico, permitiéndonos además apreciar cómo éste debe ser entendido. Derivados de la predicación oral que se remonta a los comienzos de la comunidad primitiva, estos textos tienen en su base la garantía de testigos oculares, Lc 1 1-2. Indudablemente ni los apóstoles ni los otros predicadores y narradores evangélicos trataban de hacer «historia», en el sentido técnico y moderno de la palabra. Su propósito era más teológico y misionero: hablaban para convertir y edificar, para inculcar y esclarecer la fe, para defenderla contra los adversarios, 2 Tm 3 16. Pero lo hicieron apoyándose en testimonios verídicos, garantizados por el Espíritu, Lc 24 48-49; Hch 1 8; Jn 15 26-27, exigidos tanto por la probidad de su conciencia como por el cuidado de no dar pie a refutaciones hostiles.

Los redactores evangélicos que después de ellos consignaron y reunieron sus testimonios lo hicieron con el mismo afán de honesta objetividad que respeta las fuentes, como bien lo demuestran la simplicidad y el arcaísmo de sus composiciones, en las que tan poco lugar se concede a elaboraciones teológicas posteriores. En comparación con algunos evangelios apócrifos que tanto abundarán en creaciones legendarias e inverosímiles, son más bien parcos. Si los tres Sinópticos no son biografías modernas, nos ofrecen no obstante muchas informaciones históricas sobre Jesús y los que le siguieron. Pueden compararse con las vidas helenísticas populares, por ejemplo las de Plutarco, que no ocultan su simpatía para con su personaje, pero sin ofrecer un desarrollo psicológico suficiente como para satisfacer los gustos modernos. Pero hay modelos más *próximos en el AT, como las historias de Moisés, de Jeremías, de Elías. Los evangelios se distinguen de los modelos paganos por su seriedad ética y su finalidad religiosa, de los modelos veterotestamentarios por su convicción de la superioridad mesiánica de Jesús (por no entrar en más detalles).*

Esto no quiere decir, sin embargo, que cada uno de los hechos o de los dichos que refieren pueda tomarse como reproducción rigurosamente exacta de lo que sucedió en la realidad. Las leyes inevitables de todo testimonio humano y de su transmisión disuaden de esperar una tal exactitud material, y los hechos contribuyen a recomendar esta cautela, por cuanto vemos que el mismo relato o la misma sentencia de Cristo se transmite de manera diversa por los diferentes evangelios. Esto, que vale para el contenido de los diversos episodios, vale con mayor razón aún para el orden en el que se hallan organizados entre sí. Este orden varía según los evangelios, y no otra cosa cabía esperar de su compleja génesis, según la cual elementos, transmitidos primeramente de manera aislada, poco a poco se fueron amalgamando y agrupando, reuniendo o separando, por motivos más bien lógicos y sistemáticos que cronológicos. Es preciso reconocer que no pocos hechos o «dichos» evangélicos han perdido su vinculación original con el tiempo o el lugar, y sería a menudo un error tomar a la letra nexos redaccionales tales como «entonces», «luego», «aquel día», «en aquel tiempo», etc.

Pero tales comprobaciones no suponen menoscabo alguno para la autoridad de los libros inspirados. Si el Espíritu Santo no dio a sus intérpretes una perfecta uniformidad en el detalle, es que no concedía a la precisión material importancia para la fe. Más aún, es que buscaba esta diversidad en el testimonio. «Más vale acuerdo tácito que manifiesto», dijo Heráclito. Desde un punto de vista puramente histórico, un hecho que nos atestiguan diversas y aun discordantes tradiciones posee, en su sustancia, una riqueza y una solidez que no sería capaz de conferirle un testimonio perfectamente coherente, pero de una sola tonalidad. Así, algunos «dichos» de Jesús están atestiguados doblemente: según la triple tradición en Mc 8 34-35 = Mt 16 24-25 = Lc 9 23-24, y según la doble tradición en Mt 10 37-39 = Lc 14 25-27. Hay aquí una variante entre formulación negativa y positiva, pero el sentido es el mismo. Podrían citarse una treintena de casos similares, lo cual les da un sólido fundamento histórico. El mismo principio vale para los hechos de Jesús; por ejemplo, el relato de la multiplicación de los panes se nos ha transmitido según dos tradiciones diferentes, Mc 6 35-44 y p.; 8 1-9 y p. No podemos tampoco poner en duda que Jesús haya curado enfermos, con el pretexto de que los detalles de cada relato de curación varíen según sea el narrador. Los relatos del proceso y de la muerte de Jesús, lo mismo que los de las apariciones del Resucitado, son casos más delicados, pero en ellos se aplican los mismos principios para apreciar su valor histórico.

Y aún supone una ventaja el que la diversidad de los testimonios no se deba solamente a las condiciones de su transmisión, sino que sea el resultado de correcciones intencionadas. No cabe duda de que en muchos casos los redactores evangélicos han querido presentar las cosas de forma diferente. Analizar las tendencias propias de cada evangelista es lo que se llama la «crítica de la redacción», crítica que presupone que los evangelistas eran verdaderos autores y teólogos en sentido pleno. Y, antes que ellos, la tradición oral, de la que son herederos, tampoco transmitió los recuerdos evangélicos sin interpretarlos y adaptarlos a las necesidades de la fe viva de que eran portadores. Es para nosotros muy útil conocer, no sólo la vida de Jesús, sino también las preocupaciones de las primeras comunidades cristianas, y las de los mismos evangelistas. Estas tres etapas de la tradición son las que nos dan los evangelios, siempre que los leamos teniendo en cuenta esos tres asientos sucesivos. Los tres niveles son inspirados, los tres proceden de la Iglesia antigua, cuyos responsables representaban el primer magisterio.

El Espíritu Santo, que iba a inspirar a los autores evangélicos, presidía ya todo este trabajo de elaboración previa y lo conducía hacia la consumación de la fe, garantizando sus resultados con esa verdadera inerrancia que no reside tanto en la materialidad de los hechos como en el mensaje de salvación que en sí contienen.

El evangelio según San Marcos.

El evangelio de Marcos se divide en dos partes complementarias. En la primera, 1 2 - 9 10, se nos dice quién es Jesús de Nazaret: el Cristo, el rey del nuevo pueblo de Dios, según la profesión de fe de Pedro en 8 29. Pero ¿cómo es posible que Jesús sea este *Rey* habiendo tenido que morir por instigación de los jefes del pueblo judío? Es que él era «hijo de Dios», lo que implicaba una protección de Dios sobre él para rescatarle de la muerte. La segunda parte, *9 14 - 16 18*, nos orienta poco a poco hacia la muerte de Jesús, pero culmina en la profesión de fe del centurión: «*Verdaderamente este hombre era hijo de Dios*», *15 39*, confirmada por el descubrimiento del sepulcro vacío, prueba de la resurrección de Jesús. Este plan está indicado desde la primera frase escrita por Marcos: «*Comienzo del evangelio de Jesucristo, hijo de Dios*».

Salvo algunas piezas más o menos aberrantes, la primera parte del evangelio está muy bien estructurada. Como en una especie de prólogo, *1 2-20*, el lector asiste en primer lugar a la investidura real de Jesús, después que el Bautista haya anunciado su venida, *1 2-11*. La voz celeste se dirige a él fundiendo *Sal 2 7* e *Is 42 1*: Jesús es instituido Rey, *Sal 2 6*, y recibe la misión del Siervo de Dios, a saber, enseñar el derecho a las naciones, *Is 42 1-4*. Toda la primera parte del evangelio estará condicionada por estos dos temas (ver infra). Para completar la escena, Jesús recibe el Espíritu, como Rey (*1 S 16 13*) y como Siervo de Dios (*Is 42 1 +*): es «ungido» por el Espíritu (*Is 61 1*; *Hch 10 38*), es el «Cristo» por excelencia (*Sal 2 2*). Pero Satán ejercía ya su poder maléfico sobre el mundo (ver *1 Jn 5 19*). En consecuencia, Jesús deberá entrar en guerra con él para establecer su propia realeza; así lo hace desde el día en que recibe el bautismo, conducido al combate por el Espíritu, *1 12-13*. En cuanto Siervo de Dios, Jesús va a enseñar a la gente; para establecer su realeza, va a exorcizar a los espíritus impuros, satélites de Satán.

Este doble tema va a recorrer todo el evangelio, *1 27*; *1 39*; *2 2* y *3 11*; *3 14-15*; *6 2*; *6 12-13*; *6 34*. Para cerrar este prólogo, Marcos describe, de una manera muy general, el ministerio de Jesús: cómo proclama el Evangelio, la Buena Nueva (ver *Is 61 1*), y anuncia que el reino de Dios está cerca, *1 14-15*; predicación y realeza, tal es la perspectiva de las primeras escenas. Finalmente, Jesús llama en su seguimiento a sus cuatro primeros discípulos, *1 16-20*. Que él sea el Cristo, Jesús es el único que lo sabe (aparte los espíritus impuros), como lo deja entender la escena del bautismo. Deberá, por tanto, persuadir de ello a los demás, lo cual será difícil y en parte condenado al fracaso, como va a mostrar el resto del evangelio.

Mc 1 21-39 describe una «jornada tipo» de Jesús, en Cafarnaún. Como Siervo de Dios, enseña en la Sinagoga. Como Rey, expulsa a sus adversarios, los espíritus impuros. Este segundo aspecto de su misión se desarrolla en el relato de la curación de la suegra de Pedro (toda enfermedad se debía a la influencia de los malos espíritus, ver *Lc 4 39*), y en el resumen de *1 32-34*. Enseñanza y exorcismos provocan el asombro de la gente y suscitan el problema de la verdadera identidad de Jesús, *1 27*; ver *Jn 15 22.24*. La gente se rinde a él, *1 28.37*. Pero Jesús se va de allí para enseñar y exorcizar a los demonios por toda Galilea, *1 38-39*.

En contraste con el entusiasmo de la gente (ver *1 45*), Marcos nos presenta un primer grupo de personas que rehúsan creer en Jesús: los escribas y los fariseos. Es el conjunto de cinco controversias referidas en *2 1 - 3 6*, que concluye con la decisión de acabar con Jesús. Este conjunto comienza con una mención de la enseñanza de Cristo, *2 2.13*, y se prolonga en un resumen que muestra a Jesús expulsando a los espíritus impuros, *3 7-12*. Escribas y fariseos odian a Cristo a causa de su enseñanza y sus exorcismos: están celosos (ver *1 22*).

En la sección siguiente, *3 13-35*, Marcos va a contraponer de nuevo a dos grupos de personas: los Doce, a los que Cristo transmite su poder de enseñar y de expulsar los demonios, *3 13-19*, y sus parientes que lo toman por un iluminado *3 20-21*; ver *Jn 7 5*, y frente a los que él señala su verdadera parentela: aquellos que hacen la voluntad de Dios, *3 31-35*. En *3 22-29*, Marcos hace intervenir a los escribas que acusan a Jesús de practicar los exorcismos gracias a Beelzebul, a fin de recordar que es el Espíritu Santo quien hace actuar a Jesús, *3 29*. Volvemos a encontrar aquí los dos componentes de la actividad de Cristo: los exorcismos y la enseñanza (ver *3 31-35*; más claro en *Lc 8 21*).

El centro de esta primera parte está formado por la larga sección que va de *4 1* a *5 43*. Hasta aquí Marcos ha presentado a Cristo enseñando y expulsando los demonios, pero sin dar muchos detalles. Lo va a hacer ahora. En primer lugar explica cómo enseñaba Cristo, *4 1-2*: en forma de parábolas sobre el reino de Dios, de las que da cinco ejemplos, *4 3-34*. Seguidamente se extiende en cuatro milagros realizados por Jesús: la tempestad calmada, *4 35-41*, asimilada a un exorcismo (comparar *4 39.41* con *1 25.27*), el exorcismo del poseso de Gerasa, **5** *1-20*, la resurrección de la hija de Jairo, episodio en el que se inserta el relato de la curación de la hemorroísa, **5** *21-43*. Estos milagros provocan el asombro y obligan a plantearse el problema de la verdadera identidad de Jesús, **4** *41*; ver **5** *20.42*. Hay que notar una primera «punzada» dirigida a los discípulos: no han tenido fe, **4** *40*, al contrario que la hemorroísa, **5** *34*, y Jairo, **5** *36*.

La sección siguiente, **6** *1-30*, recoge, en orden inverso, los temas de **3** *13-35*: Marcos subraya aquí el contraste entre la falta de fe de los parientes y vecinos de Jesús, a pesar de su enseñanza y de sus exorcismos, **6** *1-5*; ver **3** *20-21.31-35*, y el grupo de los verdaderos discípulos a quienes envía a predicar y expulsar a los espíritus impuros, **6** *7-13*; ver **3** *13-19*. En **6** *30* se habla del regreso de los discípulos, que cuentan todo lo que han hecho (exorcismos y curaciones) y lo que han enseñado. Para llenar el intervalo de tiempo entre su marcha y su regreso, Marcos pone aquí la opinión de Herodes sobre Jesús, **6** *17-20*, lo que le da ocasión para subrayar que la gente, por más que estuviera impresionada por la actividad de Jesús, sólo tenía una opinión aproximativa de su verdadera personalidad. El relato de la ejecución del Bautista por Herodes, se inserta aquí, **6** *21-29*, como una digresión.—El doble episodio de la multiplicación de los panes, **6** *35-44*, y de la tempestad calmada, **6** *45-52*, está encuadrado por dos noticias que recuerdan la doble actividad de Cristo, que adoctrina a la gente que acude a él, **6** *31-34*, y cura sus enfermedades, **6** *53-56*. Por segunda vez, Marcos apunta la incomprensión de los discípulos a pesar del milagro de la multiplicación de los panes, **6** *52*.

La sección siguiente, **7** *1 - 8 9*, abre un horizonte nuevo: la difusión del evangelio entre los paganos. Éstos eran considerados impuros por los judíos; contra los fariseos, Jesús afirma que a los ojos de Dios sólo cuenta la pureza del corazón, **7** *1-23*. Seguidamente Jesús pasa a la región de Tiro donde cura a la hija de una siro-fenicia, **7** *24-30*, y luego a la Decápolis, donde cura a un sordo-tartamudo, **7** *32-37*. En el relato de la segunda multiplicación de los panes, **8** *1-9*, algunos detalles evocan el mundo pagano invitado al banquete mesiánico. Como casi todas las secciones precedentes, ésta subraya también una oposición fundamental. Empieza y termina con un ataque de los fariseos contra Jesús, **7** *5* y **8** *11-13*; ver **2** *1 - 3 6*, el

cual responde al primero fustigando su hipocresía, **7** *6-13*. A esta ceguera, Marcos contrapone la confianza de una pagana y luego la curación de un sordo-tartamudo, probablemente también pagano. Lo cual es lo mismo que insinuar que, ante la actitud de las autoridades judías, son los paganos los que van a ser llamados a la salvación.

La última sección, **8** *14 - 9 10*, es dramática. Por tercera vez (ver **6** *52*; **7** *18*), Jesús hace constar la incomprensión de sus discípulos, **8** *14-21*, que no han comprendido el sentido, ni de los prodigios que él ha realizado, ni de su propia enseñanza, **8** *18*. De modo que no le reconocen ni por el Rey anunciado por Sal **2** *7*, ni por el Siervo del que habla Is **42** *1-4*. Entonces, ¿hay que desesperar de todos? No, porque, contra toda esperanza, Pedro se aparta de la opinión de la gente, **8** *27-28*; ver **6** *14-16*, para reconocer: «Tú eres el Cristo», **8** *29*. Sólo ha podido hacerlo en virtud de una revelación del Padre, como comprenderá Mateo, Mt **16** *17*. Precisamente para preparar esta «conversión» de Pedro, Marcos refiere, inmediatamente antes, la curación de un ciego, **8** *22-26*, a la que daría un alcance simbólico: ¿no estaba Pedro también ciego (ver **8** *18*)? Esta profesión de fe va a ser confirmada por la escena de la Transfiguración, **9** *2-10*, del mismo modo que, al final de la segunda parte, la profesión de fe del centurión romano, **15** *39*, será confirmada por el hallazgo del sepulcro vacío, **16** *1-8*. Esta escena de la Transfiguración responde a la del bautismo de Cristo: Jesús había oído la voz celeste que le decía: «Tú eres mi Hijo amado, en ti me complazco», **1** *11*; aquí son Pedro, Santiago y Juan quienes la oyen: «Este es mi Hijo amado, escuchadle», **9** *7*. Sobre el pequeño bloque constituido por **8** *31 - 9 1*, ver infra.

La estructura de esta primera parte forma un quiasmo (o esquema convergente en el centro) un poco torcido:

A)   Testimonio del Bautista: **1** *2-8*. Bautismo de Cristo: **1** *9-11*. [Enseñanza y exorcismos: **1** *21-39*].

B)   Controversias con los fariseos: **2** *1 - 3 6*.

C)   Llamada de los Doce: **3** *13-19*.

D)   Incredulidad de la familia de Jesús: **3** *20-35*.

E)   Enseñanza y exorcismos: **4** *1 - 5 43*.

D')   Incredulidad de los vecinos de Jesús: **6** *1-6*.

C') Misión de los Doce: **6** 7-13. 30.
[Multiplicación de los panes: **6** 34-44].
B') Hostilidad de los fariseos: **7** 5-13;
8 11-13.
Los gentiles llamados a la salvación: **7** 14 - **8** 9.
A') Profesión de fe de Pedro: **8** 27-30.
Transfiguración: **9** 2-10.

La segunda parte del evangelio no está tan bien estructurada. Más bien procede por toques sucesivos para desarrollar dos temas conexos: la paradoja de Jesús al tener que pasar por la muerte antes de reinar; las condiciones requeridas para entrar en el reino. Esta parte se une a la primera por medio de dos «secciones-enlace». Una está insertada en la terminación de la primera parte, en **8** 31 - **9** 1, y contiene en germen los temas esenciales de la segunda: Jesús deberá morir antes de reinar (primer anuncio de la pasión: **8** 31), pero su reinado es inminente, **9** 1; para participar en él, es necesario «seguir» a Jesús renunciándose a sí mismo, **8** 34-38. Para anunciar su pasión y su resurrección, aquí lo mismo que en **9** 31-32 y **10** 33-34, Cristo se identifica con el «Hijo del hombre» de Dn **7** 13-14. Según este texto, en efecto, este Hijo de hombre va a recibir la investidura real junto a Dios, pero en un contexto de persecución. La segunda «sección-enlace» se lee después del relato de la Transfiguración. La voz celeste mandaba «escuchar» la enseñanza de Cristo, **9** 7; ver Dt **18** 18; Jesús realiza ahora un exorcismo para expulsar al espíritu malo que atormenta a un niño, **9** 14-29. Enseñanza y exorcismo eran justamente las dos actividades esenciales de Cristo en la primera parte del evangelio.

En la sección siguiente, **9** 30-49, Cristo se dedica a la enseñanza de sus discípulos, **9** 30-31a. De nuevo les anuncia que él debe morir y resucitar, **9** 31b-32, después les da unas cuantas consignas éticas: hacerse el servidor de todos, evitar escandalizar a los que creen en él, si un miembro es ocasión de caída, arrancarlo para poder «entrar en la vida» o «en el reino».

A partir de **10** 1 vuelve a dirigir su enseñanza a la gente, para dar algunas consignas éticas: acerca del divorcio, **10** 2-12, de la necesidad de recibir el reino como un niño, **10** 13-16, y sobre todo de la necesidad de renunciar a las riquezas propias para entrar en el reino, **10** 17-31.

La sección que va de **10** 32 a **11** 10 describe el viaje de Jesús hacia Jerusalén.

Cada vez va centrándose más en la realeza de Cristo. El tercer anuncio de la pasión, **10** 32b-34, recuerda la paradoja fundamental: Jesús debe morir antes de reinar. Santiago y Juan desearían ser ministros de Cristo, pero Jesús les recuerda la necesidad de seguirle bebiendo el mismo cáliz que él, **10** 35-45. El ciego de Jericó es curado porque le reconoce como el «hijo de David», título real por excelencia, **10** 46-52. Finalmente, Jesús hace su entrada en Jerusalén según el rito de las entradas de los reyes, **11** 1-10. ¿Va a ser Jesús consagrado «rey» en Jerusalén? No, porque va a morir. El drama, y por tanto la paradoja, se va a tramar durante los días siguientes. Los sumos sacerdotes y los escribas deciden la muerte de Jesús, exasperados por la expulsión de los vendedores del Templo, **11** 15-18. Jesús se niega a responderles cuando le preguntan en virtud de qué poder obra así, **11** 27-33. La parábola de los enviados a la viña vuelve a excitar su ira, **12** 1-12. Los fariseos tratan de perderle, tanto a los ojos del poder romano como delante de la gente, preguntándole si es lícito pagar el tributo al César, **12** 13-17. Nueva controversia con los saduceos a propósito de la resurrección, **12** 18-27. Un claro en la tempestad que ruge: uno de los escribas (los enemigos encarnizados de Jesús) dialoga con Cristo acerca del mandamiento mayor y oye decir que no está lejos del reino de Dios, **12** 28-34. Pero es una excepción, y Jesús se encara con ellos ridiculizando su enseñanza, **12** 35-37, y fustigando sus vicios, **12** 38-40.

Al anunciar la ruina del Templo, **13** 1-2, es decir la ruptura de la alianza entre Dios y su pueblo, Jesús no hace sino precipitar los acontecimientos trágicos (ver **14** 58). Pero da también la solución de la paradoja: el Hijo del hombre volverá para reunir a los elegidos a fin de formar el nuevo reino, **13** 24-27. Para referir los acontecimientos que van a llevar a Cristo hasta la cruz, Marcos sigue la tradición común, **14-15**, pero subrayando el hecho de que Jesús será abandonado de todos. Las autoridades judías temen a la multitud que era favorable a él, **11** 18; **12** 12.37, pero consiguen reducirla gracias al episodio de Barrabás, **15** 6-15. Los discípulos, que no han entendido una palabra de la paradoja de la muerte de Jesús, **8** 32-33; **9** 9-10; **9** 32, tienen miedo de acercarse a Jerusalén, **10** 32, y finalmente, cuando Cristo es arrestado, emprenden todos la huida, **14** 50; ver **14** 27, después de un simulacro de resistencia, **14** 47.

Como un rey de mascarada Jesús es entregado a la muerte por Pilato (ver 15 2.9.12.17-20) *y, escarnio supremo, muere en la cruz mientras una inscripción le proclama «Rey de los judíos»,* 15 26. *Pero el escarnecido, ¿no es acaso Dios, que le había consagrado rey en el momento del bautismo en el Jordán? No, el centurión romano le proclama justo después de verle expirar: «Verdaderamente este hombre era hijo de Dios»,* 15 39. *Como bien lo ha entendido Lucas* (23 47), *es una alusión a* Sb 2 18: *«Si el justo es hijo de Dios, él lo rescatará y lo librará del poder de sus adversarios». El día de Pascua, el ángel confirmará esta profesión de fe del centurión: Jesús ha resucitado,* Mc 16 6. *Por cuanto él es el Hijo del hombre, ha recibido la investidura real junto a Dios* (Dn 7 13-14), *y volverá para reunir a los elegidos,* 13 26, *en el reino de Dios.*

Es dentro de este contexto general como hay que interpretar el «secreto mesiánico» tan del agrado de Mc, que Jesús impone, ya a los espíritus impuros, 1 25.34; 3 11-12, *ya a los discípulos después de la Transfiguración,* 9 9, *ya a las personas a las que cura,* 1 44; 5 43; 7 36; 8 26. *Los judíos esperaban un Cristo que les libraría de la ocupación romana. Por ello, Jesús quiere evitar ser la ocasión de una sublevación popular contra los romanos, que sería contraria a la misión que él ha recibido de Dios* (ver Jn 6 14-15).

Este análisis del evangelio de Mc cuestiona una vez más la noticia de Papías: Marcos habría puesto por escrito la catequesis de Pedro, tal como él la daba según las circunstancias, y por tanto sin orden. No sería él, por tanto, quien habría compuesto un evangelio tan bien estructurado, sobre todo en su primera parte. Pero el problema es sin duda más complejo. En efecto, se comprueban en Mc duplicados advertidos ya desde hace tiempo. Enseñanza de Jesús en Cafarnaún, 1 21-22.27, *y «en su patria»,* 6 1-2, *narrados en términos semejantes. Dos relatos de la multiplicación de los panes,* 6 35-44; 8 1-9, *seguidos de la observación de que los discípulos no comprendieron su sentido,* 6 52; 8 14-20. *Dos anuncios de la Pasión seguidos de la consigna de hacerse el servidor de todos,* 9 31.35; 10 33-34.43. *Dos relatos de la tempestad calmada,* 4 35-41; 6 45-52. *Dos apuntes sobre la actitud de Jesús para con los niños,* 9 36; 10 16. *En consecuencia, el Mc actual habría, o fundido dos documentos diferentes, o completado un documento primitivo por me-*

dio de tradiciones paralelas. El Mc del que habla Papías podría ser entonces uno de los dos documentos básicos, considerablemente retocado y modificado en el Mc actual.

El evangelio según San Mateo.

Las mismas grandes líneas de la vida de Jesús que vemos en san Marcos se encuentran en el evangelio de San Mateo, pero el acento se pone de otro modo. El plan, en primer lugar, es diferente. Los relatos se alternan con los discursos: 1-4, *relato: infancia y comienzo del ministerio;* 5-7, *discurso: sermón del monte (bienaventuranzas, entrada en el Reino);* 8-9, *relato: diez milagros que muestran la autoridad de Jesús, invitación a los discípulos;* 10: *discurso misionero;* 11-12, *relato: Jesús rechazado por «esta generación»;* 13, *discurso: siete parábolas sobre el reino;* 14-17, *relato: Jesús reconocido por los discípulos;* 18 *discurso: la vida comunitaria en la Iglesia;* 19-22 *relato: autoridad de Jesús, última invitación;* 23-25, *discurso apocalíptico: calamidades, venida del reino;* 26-28, *relato: muerte y resurrección. Es de observar la correspondencia de los relatos (natividad y vida nueva, autoridad e invitación, rechazo y reconocimiento), y la relación entre los discursos primero y quinto, y entre el segundo y el cuarto; el tercer discurso constituye el centro de la composición. Como por otra parte Mateo reproduce de manera más completa que Marcos la enseñanza de Jesús (que en gran parte tiene en común con Lucas) e insiste en el tema del «reino de los Cielos»,* 3 2; 4 17+, *su evangelio puede caracterizarse como una instrucción narrativa sobre la venida del reino de los Cielos.*

Este reino de los Cielos (= de Dios), que debe restablecer entre los hombres la autoridad soberana de Dios como Rey finalmente reconocido, servido y amado, había sido preparado y anunciado por la antigua alianza. Por eso Mateo, que escribe para una comunidad de cristianos venidos del Judaísmo y sin duda enfrascada en debates con los rabinos, se ciñe particularmente a mostrar en la persona y en la obra de Jesús el cumplimiento de las Escrituras. En cada punto de inflexión de su libro se remite al AT para probar cómo la Ley y los Profetas «se cumplen», es decir, no sólo se realizan en cuanto se esperaba, sino que alcanzan una perfección que los corona y los supera. Así lo hace a propósito de la persona de Jesús, confir-

mando con textos escriturísticos su linaje davídico, **1** *1-17, su nacimiento de una virgen, **1** 23, en Belén, **2** 6, su estancia en Egipto, su residencia en Cafarnaún, **4** 14-16, su entrada mesiánica en Jerusalén, **21** 5.16; refiriéndose a su obra, de curaciones milagrosas, **11** 4-5, de enseñanza que «cumple» la Ley, **5** 17, dándole una interpretación nueva y más interior, **5** 21-48; **19** 3-9.16-21. Y con no menor energía subraya cómo la apariencia humilde de esta persona y el fracaso aparente de esta obra resulta que cumplen también las Escrituras: la matanza de los inocentes, **2** 17s, la infancia oculta en Nazaret, **2** 23, la mansedumbre compasiva del «Siervo», **12** 17-21; ver **8** 17; **11** 29; **12** 7, el abandono de los discípulos, **26** 31, el precio irrisorio de la traición, **27** 9-10, el prendimiento, **26** 54, la sepultura durante tres días, **12** 40, todo ello era el designio de Dios anunciado por la Escritura. Y del mismo modo, la incredulidad de la gente, **13** 13-15, y sobre todo de los discípulos de los fariseos, aferrados a sus tradiciones humanas, **15** 7-9, y a quienes no se les puede dar más que una enseñanza misteriosa en parábolas, **13** 14-15.35, eso también estaba anunciado por las Escrituras. Es cierto que los otros Sinópticos utilizan también este argumento escriturístico; pero Mateo lo intensifica notablemente hasta el punto de hacer de él un rasgo característico de su evangelio. Esto, unido a la construcción sistemática de su exposición, hace de su obra el documento de la nueva economía que da cumplimiento a los designios de Dios en Cristo.

Para Mateo Jesús es el Hijo de Dios y Emmanuel, Dios con nosotros desde el principio. Al final del evangelio, Jesús en cuanto Hijo del hombre recibe toda autoridad divina sobre el reino de Dios, en los cielos y en la tierra. El título Hijo de Dios reaparece en los momentos decisivos del relato: el bautismo, **3** 17; la confesión de Pedro, **16** 16; la transfiguración, **17** 5; el proceso de Jesús y su crucifixión, **26** 63; **27** 40.43.54. Unido con aquel título está el de Hijo de David (diez veces, así **9** 27), en virtud del cual Jesús es el nuevo Salomón, sabio y curador. Efectivamente Jesús habla como la Sabiduría encarnada, **11** 25-30 y **23** 37-39. El título Hijo del hombre, que recorre todo el evangelio, culminando en la última escena majestuosa, **28** 18-20, viene de Dn **4** 17 y **7** 13-14, donde se halla en estrecha relación con el tema del reino.

El anuncio de la venida del reino comporta una conducta humana que en Mateo se expresa sobre todo por la búsqueda de la justicia y la obediencia a la Ley. La justicia, tema preferido de Mateo (**3** 15; **5** 6.10.20; **6** 1.33; **21** 32), es aquí la respuesta humana de obediencia a la voluntad del Padre, más bien que el don divino del perdón que es como la entiende San Pablo. La validez de la Ley (Torá) mosaica queda afirmada, **5** 17-20, pero la explicación que de ella hacen los fariseos se rechaza frente a la interpretación que le da Jesús, quien insiste sobre todo en los preceptos éticos, en el Decálogo y en los grandes mandamientos del amor a Dios y al prójimo, y habla de otros temas (el divorcio, **5** 31-32; **19** 1-10) en la medida en que tienen un aspecto moral.

Entre los evangelistas distingue también a Mateo su interés explícito por la Iglesia, **16** 18; **18** 17 (dos veces), la comunidad de los creyentes a la que procura dar principios de conducta y jefes autorizados. Estos principios se recuerdan en los grandes discursos, sobre todo en el cap. **18**, que contiene directrices sobre cómo tomar decisiones y resolver conflictos: la solicitud por la oveja descarriada y por los pequeños, el perdón y la humildad. Mateo no tiene el triple ministerio de los obispos, los presbíteros y los diáconos, pero menciona a los sabios o a los jefes instruidos, y en particular a los apóstoles, con Pedro a su cabeza, **10** 2, que participan de la autoridad de Jesús mismo, **10** 40; **9** 8, y también a los profetas, los escribas, los sabios, **10** 41; **13** 52; **23** 34. Como juez de última instancia está Pedro, **16** 19. Dado que el poder, aunque necesario, es peligroso, los jefes deben tener humildad, **18** 1-9. Mateo no se hace ninguna ilusión respecto de la Iglesia. El que menos se piensa puede claudicar (incluso Pedro, **26** 69-75); los profetas pueden decir mentiras, **7** 15; en la Iglesia santos y pecadores se hallan mezclados hasta la última criba, **13** 36-43; **22** 11-14; **25**. No obstante, la Iglesia es enviada en misión al mundo entero, **28** 18-20. El estilo de vida apostólica o misionera se describe en **9** 36 - **11** 1. Todo el evangelio está encuadrado por el formulario según el cual Dios se une con su pueblo por medio de Jesucristo, **1** 23 y **28** 18-20. Los rechazados del antiguo Israel, **21** 31-32, junto con los gentiles convertidos, se convierten en el nuevo pueblo de Dios, **21** 43. Es comprensible que este evangelio tan completo y tan bien estructurado, redactado en un lenguaje menos sabroso, pero más correcto que el de Marcos, fuera recibido y utilizado con predilección por la Iglesia naciente.

El evangelio según San Lucas.

El mérito especial del tercer evangelio le viene de la atractiva personalidad de su autor, que se transparenta en él sin cesar. San Lucas es un escritor de gran talento y un alma delicada. Ha elaborado su obra de una manera original, con afán de información y de orden, 1 3. No quiere esto decir que haya podido dar a los materiales recibidos de la tradición una disposición más «histórica» que Mateo y Marcos; su respeto a las fuentes y su método de yuxtaponerlas no se lo permitían. Su plan sigue las grandes líneas del de Marcos con algunas transposiciones u omisiones. Algunos episodios se desplazan; 3 19-20; 4 16-30; 5 1-11; 6 12-19; 22 31-34, etc., ya por deseo de claridad y de lógica, ya por influencia de otras tradiciones, entre las cuales se ha de notar la que también se refleja en el cuarto evangelio. Otros episodios se omiten, por ser menos interesantes para los lectores paganos, ver Mc 9 11-23, o por evitar los duplicados, ver 12 28-34 y comparar con Lc 10 25-28. Es de observar sobre todo la ausencia del texto correspondiente a Mc 6 45 - 8 26. Pero la diferencia más notable con relación al segundo evangelio es la larga sección intermedia 9 51 - 18 14, que se nos presenta bajo la forma de una subida a Jerusalén recalcada con anotaciones repetidas, 9 51; 13 22; 17 11, ver Mc 10 1, y en la que se ha de ver, más que el recuerdo real de diversos viajes, la insistencia intencionada en una idea teológica muy del agrado de Lucas: la Ciudad santa es el lugar donde debe tener cumplimiento la salvación, 9 31; 13 33; 18 31; 19 11, es allí donde ha comenzado el Evangelio, 1 5s, y donde debe concluir, 24 52s —con apariciones y conversaciones que no tienen lugar en Galilea, 24 13-51; y comp. 24 6 con Mc 16 7; Mt 28 7.16-20—, porque de allí debe partir la evangelización del mundo, 24 47; Hch 1 8. En un sentido más amplio, es la subida de Jesús (y del cristiano) hacia Dios.

Otros rasgos literarios de Lucas son el empleo de los géneros del simposio, 7 36-50; 11 37-54; 14 1-24, y del discurso de despedida, 22 14-28, su afición a los paralelismos (Juan el Bautista y Jesús, 1 5-2 52) y a las inclusiones, y el esquema promesa-cumplimiento que puntea su relato.

Si se compara en detalle a Lucas con Marcos y Mateo, se percibe al vivo la actividad siempre despierta de un escritor que se distingue por presentar las cosas de una manera que le es propia, evitando o atenuando lo que puede herir su sensibilidad o la de los lectores (8 43, comp. Mc 5 26; om. Mc 9 43-48; 13 32; etc.), o puede serles menos comprensible (om. Mt 5 21s.33s; Mc 15 34; etc.), tratando con miramiento a los apóstoles (om. Mc 4 13; 8 32s; 9 28s; 14 50) o excusándolos (9 45; 18 34; 22 45), interpretando los términos oscuros (6 15) o precisando la geografía (4 31; 19 28s.37; 23 51), etc. Con estas frecuentes y finas pinceladas, y sobre todo con la rica aportación debida a su investigación personal, Lucas nos brinda las reacciones y las tendencias de su alma; o mejor, por medio de este instrumento de elección, el Espíritu Santo nos presenta el mensaje evangélico de una forma original, rica en doctrina. Por lo demás, no se trata tanto de grandes tesis teológicas (las ideas maestras son las mismas que las de Marcos y Mateo) como de una sicología religiosa, donde se encuentran, mezcladas con una influencia muy discreta de su maestro Pablo, las inclinaciones propias del temperamento de Lucas. Como buen «scriba mansuetudinis Christi» (Dante) gusta de subrayar la misericordia de su Maestro con los pecadores, 15 1s.7.10, y referir escenas de perdón, 7 36-50; 15 11-32; 19 1-10; 23 34.39-43. Insiste gustoso en la ternura de Jesús con los humildes y los pobres, mientras que los orgullosos y los ricos que disfrutan son severamente tratados, 1 51-53; 6 20-26; 12 13-21; 14 7-11; 16 15.19-31; 18 9-14. Sin embargo, hasta la justa condena no vendrá sino después de pacientes plazos de misericordia, 13 6-9; comp. Mc 11 12-14. No hace falta más que arrepentirse, renunciarse, y en este punto la generosidad viril de Lucas propende a repetir la exigencia de un desprendimiento decidido y absoluto, 14 25-34, especialmente por el abandono de las riquezas, 6 34s; 12 33; 16 9-13. Son de notar también los pasajes propios del tercer evangelio sobre la necesidad de la oración, 11 5-8; 18 1-8, y sobre el ejemplo que de ello ha dado Jesús, 3 21; 5 16; 6 12; 9 28. Finalmente, como en Pablo y en los Hechos, el Espíritu Santo ocupa un lugar de primer plano que Lucas no se cansa de subrayar: 1 15.35.41.67; 2 25-27; 4 1.14.18; 10 21; 11 13; 24 49. Todo esto, junto con la atmósfera de gratitud por los beneficios divinos y de alegría espiritual, que envuelve todo el tercer evangelio, 2 14; 5 26; 10 17; 13 17; 18 43; 19 37; 24 51s, da a la obra de Lucas ese fervor que emociona y enfervoriza el corazón.

El estilo de San Marcos es rugoso, lleno de arameísmos y a menudo incorrecto, pero impulsivo y de una vivacidad popular que está llena de encanto. El de San Mateo es también arameizante, pero más cuidado; menos pintoresco, pero más correcto. El de San Lucas es complejo: de calidad excelente cuando depende sólo de sí mismo, acepta ser menos bueno por respeto a sus fuentes, de las que conserva algunas imperfecciones aunque trata de corregirlas; en fin, imita consciente y maravillosamente el estilo bíblico de los Setenta. Nuestra traducción ha tratado de respetar estos matices en la medida de lo posible, como asimismo se ha esmerado en reflejar en castellano el detalle de las semejanzas y de las diferencias en que se traslucen, en los originales griegos, las relaciones literarias que entre sí tienen los tres evangelios sinópticos.

EVANGELIO SEGÚN SAN MATEO

I. Nacimiento e infancia de Jesucristo

‖Lc 3 23-28

Genealogía de Jesús*.

Gn 2 4; 5 1
Is 11 1
Gn 12
Mt 9 27+
Ga 3 16+
Gn 22 18;
25 26;
29 35
1 Cro 1 34+
Gn 38 29s
1 Cro 2 4s
Hb 7 14

1 Cro 2 9-12

1 ¹ Libro del origen de Jesucristo, hijo de David, hijo de Abrahán:

² Abrahán engendró a Isaac,
Isaac engendró a Jacob,
Jacob engendró a Judá y a sus hermanos,
³ Judá engrendró, de Tamar, a Fares y a Zara,
Fares engendró a Esrón,
Esrón engendró a Arán,
⁴ Arán engendró a Aminadab,
Aminadab engrendró a Naasón,
Naasón engendró a Salmón,

Jos 2 1+
Rt 4 12-22

⁵ Salmón engendró, de Rajab, a Booz,
Booz engendró, de Rut, a Obed,
Obed engendró a Jesé,

1 S 17 12
1 Cro 2 15

⁶ Jesé engendró al rey David.

2 S 12 24
1 Cro 3 5

David engendró, de la mujer de Urías, a Salomón,

1 Cro 3 10-
16

⁷ Salomón engendró a Roboán,
Roboán engendró a Abiá,
Abiá engendró a Asaf*,
⁸ Asaf engendró a Josafat,
Josafat engendró a Jorán,
Jorán engendró a Ozías,
⁹ Ozías engendró a Joatán,
Joatán engendró a Acaz,
Acaz engendró a Ezequías,
¹⁰ Ezequías engendró a Manasés,
Manasés engendró a Amón*,
Amón engendró a Josías,

¹¹ Josías engendró a Jeconías y a sus hermanos,
cuando la deportación a Babilonia.

2 R 24 16

¹² Después de la deportación a Babilonia,
Jeconías engendró a Salatiel,
Salatiel engendró a Zorobabel,
¹³ Zorobabel engendró a Abiud,
Abiud engendró a Eliaquín,
Eliaquín engendró a Azor,

1 Cro 3 17.19
Esd 3 2

¹⁴ Azor engendró a Sadoc,
Sadoc engendró a Ajín,
Ajín engendró a Eliud,
¹⁵ Eliud engendró a Eleazar,
Eleazar engendró a Matán,
Matán engendró a Jacob,
¹⁶ y Jacob engendró a José, el esposo de María,
de la que nació Jesús*, llamado Cristo.

Lc 1 27

Mt 27 17

¹⁷ Así que el total de las generaciones son: desde Abrahán hasta David, catorce generaciones; desde David hasta la deportación a Babilonia, catorce generaciones; desde la deportación a Babilonia hasta Cristo, catorce generaciones.

José asume la paternidad legal de Jesús.

¹⁸ El origen de Jesucristo fue de esta manera: Su madre, María, estaba desposada con José* y, antes de empezar a estar juntos ellos, se encontró encinta por obra del Espíritu Santo. ¹⁹ Su marido José, que era justo, pero no quería infamarla, resolvió repudiarla en privado*.

Lc 1 27; 2 5

---

1 La genealogía de Mt, aun indicando influencias extranjeras por parte de las mujeres, vv. 3.5.6, se limita a la ascendencia israelita de Cristo. Trata de vincularle a los principales depositarios de las promesas mesiánicas, Abrahán y David, y a los descendientes reales de este último, 2 S 7 1+; Is 7 14+. La genealogía de Lc, más universalista, se remonta a Adán, cabeza de toda la humanidad. De David a José, las dos listas sólo tienen en común dos nombres. Esta divergencia puede explicarse, o por el hecho de que Mt ha preferido la sucesión dinástica a la descendencia natural, o bien por la equivalencia que hay entre la descendencia legal (ley del levirato, Dt 25 5+) y la descendencia natural. Por lo demás, el carácter sistemático de la genealogía se pone de relieve, en Mt, con la distribución de los antepasados de Cristo en tres series de dos veces siete nombres, ver 6 9+, lo que obliga a omitir tres reyes entre Jorán y Ozías y a computar a Jeconías, vv. 11-12, por dos (ya que este mismo nombre griego puede traducir los dos nombres hebreos afines de Yoyaquín y Joaquín). Las dos listas terminan con José, que no es más que padre legal de Jesús; es que, a los ojos de los antiguos, la paternidad legal (por adopción, levirato, etc.) bastaba para conferir todos los derechos hereditarios, aquí los del linaje davídico. Esto no excluye que María también haya pertenecido a ese linaje, aun cuando los evangelistas no lo digan.

1 7 Var.: «Asá».
1 10 Var.: «Amós».
1 16 Varios testigos griegos y latinos precisan: «José, con quien se desposó la Virgen María que engendró a Jesús»; de esta lectura mal entendida procede sin duda la var. sin.: «José, con quien estaba desposada la Virgen María, engendró a Jesús.»
1 18 Los desposorios judíos suponían un compromiso tan real que al prometido se le llamaba ya «marido» y no podía quedar libre más que por el «repudio» (v. 19).
1 19 José es *justo* en el sentido de que cumple la ley. Es la acepción normal de la palabra en el Judaísmo y en el mismo evangelio de Mateo. José quiere cumplir la ley y piensa en separarse de María, pero el var. del divorcio público, que en teoría suponía la lapidación de la mujer infiel (Dt 22), pero que en aquel tiempo ya no se practicaba, decide abandonarla privadamente, lo que constituía el procedimiento normal.

Gn 16 7+
Jn 5+
Hch 7 38+

Lc 1 35

Lc 1 31
Sal 130 8
Si 46 1
Hch 3 16+;
4 12

Is 7 14;
8 8.10

2 S 6 23
Lc 2 7

Jc 19 1-2
Lc 2 1-7

Nm 24 17
Za 6 12 LXX
Lc 1 78
2 P 1 19
Ap 22 16

²⁰ Así lo tenía planeado, cuando el ángel del Señor* se le apareció en sueños* y le dijo: «José, hijo de David, no temas tomar contigo a María tu mujer porque lo engendrado en ella es del Espíritu Santo. ²¹ Dará a luz un hijo, y le pondrás por nombre Jesús, porque él salvará* a su pueblo de sus pecados.» ²² Todo esto sucedió para que se cumpliese lo dicho por el Señor por medio del profeta*:

²³ *Ved que la virgen concebirá y dará a luz un hijo,*

> *y le pondrán por nombre Emmanuel,*

que traducido significa: «Dios con nosotros». ²⁴ Despertado José del sueño, hizo como el ángel del Señor le había mandado, y tomó consigo a su mujer. ²⁵ Y no la conocía hasta que ella dio a luz un hijo*, y le puso por nombre Jesús.

Adoración de los Magos.

2 ^{*1} Nacido Jesús en Belén de Judea, en tiempo del rey Herodes*, unos magos que venían del Oriente* se presentaron en Jerusalén, ² diciendo: «¿Dónde está el rey de los judíos que ha nacido? Pues vimos su estrella en el Oriente* y hemos venido a adorarle.» ³ Al oírlo el rey He-rodes se sobresaltó y con él toda Jerusalén. ⁴ Convocando a todos los sumos sacerdotes y escribas del pueblo*, les preguntaba dónde había de nacer el Cristo. ⁵ Ellos le dijeron: «En Belén de Judea, porque así está escrito por el profeta:

⁶ *Y tú, Belén, tierra de Judá,*
> *no eres, no, la menor entre los principales clanes de Judá;*
> *porque de ti saldrá un caudillo*
> *que apacentará a mi pueblo Israel.»*

⁷ Entonces Herodes llamó aparte a los magos y por sus datos precisó el tiempo de la aparición de la estrella. ⁸ Después, enviándolos a Belén, les dijo: «Id e indagad cuidadosamente sobre ese niño; y cuando le encontréis, comunicádmelo, para ir también yo a adorarle.» ⁹ Ellos, después de oír al rey, se pusieron en camino, y he aquí que la estrella que habían visto en el Oriente iba delante de ellos, hasta que llegó y se detuvo encima del lugar donde estaba el niño*. ¹⁰ Al ver la estrella se llenaron de inmensa alegría. ¹¹ Entraron en la casa; vieron al niño con María su madre, y postrándose, le adoraron; abrieron luego sus cofres y le ofrecieron dones de oro, incienso y mirra*. ¹² Y, avisados en sueños que no

21 10

Jn 7 42

Mi 5 1-3

2 S 5 2
1 Cro 11 2

Nm 9 17

Is 9 1-2

Is 49 23;
60 5s
Sal 72 10-
11.15
Tb 13 14

---

1 20 (a) El «ángel del Señor», en los textos antiguos, Gn 16 7+, representaba primitivamente al mismo Yahvé. Diferenciado cada vez más de Dios por los progresos de la angelología, ver Tb 5 4+, sigue siendo el tipo del mensajero celeste y como tal aparece con frecuencia en los Evangelios de la Infancia: Mt 1 20.24; 2 13.19; Lc 1 11; 2 9; ver también Mt 28 2; Jn 5 4; Hch 5 19; 8 26; 12 7.23.

1 20 (b) Como en el AT, Si 34 1+, Dios puede dar a conocer sus designios por un sueño: Mt 2 12.13.19.22; 27 19; ver Hch 16 9; 18 9; 23 11; 27 23, y las visiones paralelas de Hch 9 10s; 10 3s.11s.

1 21 «Jesús» (hebreo *Yehošu'a*) quiere decir «Yahvé salva».

1 22 Esta fórmula y otras afines serán frecuentes en Mt: 2 15.17.23; 8 17; 12 17; 13 35; 21 4; 26 54.56; 27 9; ver 3 3; 11 10; 13 14; etc. Pero Mt no es el único en pensar que las Escrituras se cumplen en Jesús. Jesús mismo declara que ellas hablan de él, Mt 11 4-6; Lc 4 21; 18 31+; 24 44; Jn 5 39+; 8 56; 17 12; etc. Ya en el AT la realización de las palabras de los profetas era uno de los criterios de la autenticidad de su misión, Dt 18 20-22+. A los ojos de Jesús y de sus discípulos, Dios ha anunciado sus designios, con palabras o con hechos, y la fe de los cristianos descubre que el cumplimiento literal de los textos en la persona de Jesucristo o en la vida de la Iglesia manifiesta el cumplimiento real de las intenciones de Dios, Jn 2 22; 20 9; Hch 2 23; 2 31.34-35; 3 24+; Rm 15 4; 1 Co 10 11; 15 3-4; 2 Co 1 20; 3 14-16.

1 25 El texto no contempla el período posterior, por sí mismo no afirma la virginidad perpetua de María, pero el resto del Evangelio, así como la tradición de la Iglesia, la suponen. Sobre los hermanos de Jesús, ver 12 46+.

2 Después de presentar en el cap. 1 a la persona de Jesús, hijo de David e hijo de Dios, Mt expone en el cap. 2 su misión de salvación ofrecida a los paganos, a cuyos sabios atrae a su luz, vv. 1-12, y de sufrimiento en su propio pueblo, cuyas experiencias dolorosas revive: el primer destierro en Egipto, 13-15, la segunda cautividad, 16-18, la vuelta humillada del pequeño «Resto», *nasûr*, 19-23 (ver v. 23+). Estos relatos de carácter haggádico enseñan por medio de acontecimientos lo que Lc 2 30-34 enseña por las palabras proféticas de Simeón, ver Lc 2 34+.

2 1 (a) Hacia el año 5 ó 4 antes de la era cristiana, ya que ésta comienza por error unos años después del nacimiento de Cristo, ver Lc 2 2+; 3 1+. Herodes reinó del 37 al 4 antes de nuestra era. Su reino llegó a comprender Judea, Idumea, Samaría, Galilea, Perea y otras regiones de la zona del Haurán.

2 1 (b) Un relato como éste pide que «el Oriente» quede aquí en la vaguedad de una designación muy genérica: la región por excelencia de los sabios astrólogos que son los «magos». Se puede pensar en Persia, Babilonia o el sur de Arabia.

2 2 Otra traducción: «en su salida». Igualmente en el v. 9.

2 4 Llamados también «doctores de la Ley», Lc 5 17; Hch 5 34, o «legistas», Lc 7 30; 10 25; etc. Los «escribas» tenían la función de interpretar las Escrituras, y en particular la Ley mosaica, para sacar de ella las normas de conducta de la vida judía; ver Esd 7 16+. 11; Si 39 2+. Esta función les confería prestigio e influencia entre el pueblo. Los escribas se reclutaban sobre todo, pero no exclusivamente, entre los fariseos, 3 7+. Eran miembros del Gran Sanedrín, con los sumos sacerdotes y los ancianos.

2 9 El evangelista piensa manifiestamente en un astro milagroso, del que es inútil buscar una explicación natural.

2 11 Riquezas y perfumes de Arabia, Jr 6 20; Ez 27 22. Los Padres ven simbolizadas en ellos la Realeza (oro), la Divinidad (incienso) y la Pasión (mirra) de

1 R 13 9s
volvieran a Herodes, se retiraron a su país por otro camino.

Huida a Egipto y muerte de los inocentes.

1 20+
Ex 2 15
1 R 11 17.40
2 R 25 26
Jr 26 21; 43
Ap 12 4-6
[13] Cuando ellos se retiraron, el ángel del Señor se apareció en sueños a José y le dijo: «Levántate, toma contigo al niño y a su madre y huye a Egipto; y estáte allí hasta que yo te diga. Porque Herodes va a buscar al niño para matarle.» [14] Él se levantó, tomó de noche al niño y a su madre, y se retiró a Egipto; [15] y estuvo allí hasta la muerte de Herodes; para que se cumpliera lo dicho por el Señor por medio del profeta:

Ex 4 22
Nm 23 22;
24 28
Os 11 1
De Egipto llamé a mi hijo*.

[16] Entonces Herodes, al ver que había sido burlado por los magos*, se enfureció terriblemente y envió a matar a todos los niños de Belén y de toda su comarca, de dos años para abajo, según el tiempo que había precisado por los magos. [17] Entonces se cumplió lo dicho por el profeta Jeremías*:

[18] *Un clamor se ha oído en Ramá, mucho llanto y lamento: es Raquel que llora a sus hijos, y no quiere consolarse, porque ya no existen.*

Jr 31 15

Gn 35 19

Vuelta de Egipto y residencia en Nazaret.

1 20+
[19] Muerto Herodes, el ángel del Señor se apareció en sueños a José en Egipto y le dijo: [20] «Levántate, toma contigo al niño y a su madre, y vete a la tierra de Israel, pues ya han muerto los que buscaban la vida del niño.» [21] Él se levantó, tomó consigo al niño y a su madre, y entró en tierra de Israel. [22] Pero al enterarse de que Arquelao* reinaba en Judea en lugar de su padre Herodes, tuvo miedo de ir allí; y, avisado en sueños, se retiró a la región de Galilea*, [23] y fue a vivir en una ciudad llamada Nazaret; para que se cumpliese lo dicho por los profetas:

Ex 4 19-20

Lc 2 39

Lc 2 51; 4 16
Lc 18 37;
24 19
Hch 2 22;
3 6; 6 14;
22 8; 24 5;
26 9

Será llamado Nazoreo*.

II. Promulgación del Reino de los Cielos

1. SECCIÓN NARRATIVA

‖Mc 1 1-8
‖Lc 3 1-18

Jn 3 23

Predicación de Juan el Bautista.

3 [1] Por aquellos días* se presenta Juan el Bautista, proclamando en el desierto de Judea*: [2] «Convertíos* porque ha llegado el Reino de los Cielos*.» [3] Este es de quien habló el profeta Isaías cuando dice:

Mc 1 15
Hch 2 38+
Is 56 1
Mt 4 17+;
10 7

Cristo. La adoración de los Magos da cumplimiento a los oráculos mesiánicos sobre el homenaje de las naciones al Dios de Israel, ver Nm 24 17; Is 49 23; 60 5s; Sal 72 10-15.

2 15 Israel, el «hijo» del texto profético, era, pues, figura del Mesías.

2 16 Este relato tiene un paralelo, que es un precedente, en la infancia de Moisés contada por las tradiciones rabínicas: después de haber sido anunciado, por visiones o por magos, el nacimiento del niño, el Faraón ordena matar a los niños recién nacidos.

2 17 En el sentido primero de este texto, los hombres a quienes llora Raquel, su abuela, son los de Efraín, Manasés y Benjamín, muertos o deportados por los asirios. La aplicación que hace Mateo ha podido sugerírsela una tradición que situaba la tumba de Raquel en territorio de Belén, Gn 35 19s.

2 22 (a) Este hijo de Herodes y de Maltaké (al igual que Herodes Antipas) fue etnarca de Judea del 4 a.c. al 6 p.c.

2 22 (b) Dominio de Herodes Antipas, ver Lc 3 1+.

2 23 «Nazoreo»: Nadsôraios (forma adoptada por Mt, Jn y Hch) y su sinónimo Nadsarênos (forma adoptada por Mc; Lc emplea las dos formas) son dos transcripciones corrientes de un adjetivo arameo (nasraya), derivado a su vez del nombre de lugar «Nazaret» (Nasrath). Aplicado a Jesús, cuyo origen denotaba, 26 69.71, y luego a sus seguidores, Hch 24 5, este término se conservó en el mundo semítico para designar a los discípulos de Jesús, mientras que el nombre de «cristiano», Hch 11 26, prevaleció en el mundo grecorromano. No se ve claramente a qué oráculos proféticos alude aquí Mt; se puede pensar en el nazir de Jc 13 5.7, o en el neser, «vástago», de Is 11 1, o mejor todavía en nasar, «guardar», de Is 42 6; 49 8, de donde nasûr = el Resto.

3 1 (a) Expresión estereotipada, que no tiene más que un valor de transición.

3 1 (b) Región montañosa y desolada que se extiende entre el yugo montañoso central de Palestina y la depresión del Jordán y del mar Muerto.

3 2 (a) La metánoia, etim. «cambio de mente», designa una renuncia al pecado, una «penitencia». Este pesar, que mira hacia el pasado, va acompañado normalmente de una «conversión», (verbo griego epistréfein), por la que el hombre se vuelve hacia Dios e inicia una vida nueva. Estos dos aspectos complementarios de un mismo movimiento del alma no se distinguen siempre en el vocabulario. Ver Hch 2 38+; 3 19+. Penitencia y conversión son la condición necesaria para recibir la salvación que trae el Reino de Dios. La llamada a la penitencia lanzada por Juan Bautista, ver también Hch 13 24; 19 4, será repetida por Jesús, Mt 4 17p; Lc 5 32; 13 3.5, por sus discípulos, Mc 6 12; Lc 24 47, y por Pablo, Hch 20 21; 26 20.

3 2 (b) En lugar de «Reino de Dios», ver 4 17+, expresión propia de Mt que responde a la preocupación judía por sustituir el Nombre temible de Dios con una metáfora.

Is 40 3+
(LXX)
Jn 1 23

11 8
2 R 1 8+
Lv 11 21s
11 7
Gn 13 11
(LXX)
Jn 1 28
Jn 5 35
Sal 140 3
Is 59 5
Mt 12 34;
23 33
Am 5 18+
Rm 1 18
Jn 8 33-40
Rm 9 7-8
Ga 3 7; 4 21-31
=7 19p;
12 33
Is 10 34
Jr 46 22
Lc 13 6-9
Jn 15 1-6
Jn 1 26.33

Voz del que clama en el desierto:
Preparad el camino del Señor,
enderezad sus sendas.

⁴ Tenía Juan su vestido hecho de pelos de camello, con un cinturón de cuero a su cintura, y su comida eran langostas y miel silvestre. ⁵ Acudía entonces a él Jerusalén, toda Judea y toda la región del Jordán, ⁶ y eran bautizados por él en el río Jordán, confesando sus pecados*. ⁷ Pero viendo venir muchos fariseos* y saduceos* a su bautismo, les dijo: «Raza de víboras, ¿quién os ha enseñado a huir de la ira inminente*? ⁸ Dad, pues, fruto digno de conversión, ⁹ y no creáis que basta con decir en vuestro interior: 'Tenemos por padre a Abrahán'; porque os digo que puede Dios de estas piedras suscitar hijos a Abrahán. ¹⁰ Ya está el hacha puesta a la raíz de los árboles; y todo árbol que no dé buen fruto será cortado y arrojado al fuego. ¹¹ Yo os bautizo con agua en señal de conversión; pero aquel que viene detrás de mí es más fuerte que

yo, y no soy digno de llevarle las sandalias. Él os bautizará con Espíritu Santo y fuego*. ¹² En su mano tiene el bieldo y va a limpiar su era: recogerá su trigo en el granero, pero la paja la quemará con fuego que no se apaga*.»

Bautismo de Jesús.

Jn 1 27-33
Hch 1 5+

Is 41 16
Jr 15 7
Sb 5 14.23
Ap 14 14
Mt 13 42.50
Is 6 24;
48 10

Mc 1 9-11
‖Lc 3 21-22
Jn 1 29-34
2 R 5 1-14

2 S 24 21
Lc 1 43
Jn 13 6
2 Co 5 21
Jn 5 17

Ez 1 1
Hch 10 11
Is 11 2; 61 1
Jn 1 32-34

Is 42 1
Mt 12 18;
17 5
Jn 12 28

¹³ Entonces se presenta Jesús, que viene de Galilea al Jordán, a donde Juan, para ser bautizado por él. ¹⁴ Pero Juan trataba de impedírselo diciendo: «Soy yo el que necesita ser bautizado por ti, ¿y tú vienes a mí?» ¹⁵ Jesús le respondió: «Deja ahora, pues conviene que así cumplamos toda justicia*.» Entonces le dejó*.

¹⁶ Una vez bautizado Jesús, salió luego del agua; y en esto se abrieron los cielos* y vio al Espíritu de Dios que bajaba como una paloma y venía sobre él*. ¹⁷ Y una voz que salía de los cielos decía: «Este es mi Hijo amado, en quien me complazco*.»

3 6   El rito de inmersión, símbolo de purificación o de renovación, era conocido en las religiones antiguas y en el Judaísmo (Bautismo de los Prosélitos, Esenios). Aun inspirándose en estos precedentes, el bautismo de Juan se distingue de ellos por tres rasgos principales: apunta a una purificación no ya ritual sino moral, 3 2.6.8.11; Lc 3 10-14; no se repite y cobra por ello el aspecto de una iniciación; tiene un valor escatológico, ya que introduce en el grupo de los que profesan una espera activa del Mesías próximo y constituyen por anticipado su comunidad, 3 2.11; Jn 1 19-34. Su eficacia es real, pero no sacramental, puesto que depende del Juicio de Dios, que aún ha de venir en la persona del Mesías, cuyo fuego purificará o consumirá, según que se esté bien o mal dispuesto, y quien únicamente bautizará «en el Espíritu Santo», 3 7.10-12; Jn 1 33+. Este bautismo de Juan aún será practicado por los discípulos de Cristo, Jn 4 1-2, hasta el día en que quede absorbido en el nuevo rito instituido por Cristo resucitado, Mt 28 19; Hch 1 5+; Rm 6 4+.
3 7   (a) Secta de judíos, observantes de la Ley, muy apegados a la tradición oral de sus doctores. La interpretación diferente y profundizadora que Jesús da a la Ley, y su trato con los pecadores no podían menos de suscitar por parte de ellos una oposición, de la que los evangelios, sobre todo Mt, han conservado numerosos ecos: ver Mt 9 11p; 12 2p.14p.24; 15 1p; 16 1p.6p; 19 3p; 21 45; 22 15p.34.41; 23p; Lc 5 21; 6 7; 15 2; 16 14s; 18 10s; Jn 7 32; 8 13; 9 13s; 11 47s. La polémica lanzada por Mt contra los sucesores de los fariseos ha influido muy negativamente en la opinión que se tiene de ellos. Sin embargo, Jesús mantuvo con algunos relaciones amistosas, Lc 7 36+; Jn 3 1+, y los discípulos encontraron en ellos aliados contra los opresores, Hch 23 6-10. No se puede negar su celo, ver Rm 10 2, ni en ocasiones su rectitud, Hch 5 34s. El mismo Pablo se enorgullece de su pasado fariseo, Hch 23 6; 26 5; Flp 3 5.
3 7   (b) Éstos, por reacción contra los fariseos, rechazaban toda tradición fuera de la Ley escrita, ver Hch 23 8+. Menos celosos y más preocupados por la política, se reclutaban sobre todo entre las grandes familias sacerdotales, ver 21 23. El partido de los sumos sacerdotes estaba compuesto en gran parte por saduceos. És-

tos también se enfrentaron a Jesús, Mt 16 1.6; 22 23p, y a sus discípulos, Hch 4 1+; 5 17.
3 7   (c) La ira, Nm 11 1+, del Día de Yahvé, Am 5 18+, que debía inaugurar la era mesiánica. Ver Rm 1 18.
3 11   El fuego, medio de purificación menos material y más eficaz que el agua, simboliza ya en el AT, ver Is 1 25; Za 13 9; Ml 3 2-3; Si 2 5; etc., la intervención soberana de Dios y de su Espíritu para purificar las conciencias.
3 12   El fuego de la gehenna, 18 9+, que consume por siempre lo que no ha podido ser purificado, Is 66 24; Jdt 16 17; Si 7 17; So 1 18; Sal 21 10; etc.
3 15   (a) La iglesia naciente se persuadió muy pronto de que Jesús estaba libre de pecado, Jn 8 46; Hb 4 15. De ahí que se quisiera explicar por qué se sometía al bautismo de Juan (en el que él mismo reconocía un paso querido por Dios, ver Lc 7 29-30, preparación última de la era mesiánica, ver Mt 3 6+). Muy conciso, Mt 3 15 dice: (a) que, con su bautismo, Jesús satisface la justicia salvífica de Dios que preside el plan de la salvación, (b) que él mismo era justo obrando así, (c) que tenía que identificarse con los pecadores, ver 2 Co 5 21, y (d) que así preparaba el bautismo futuro de los cristianos, 28 19, poniéndose como modelo (nótese el plural «nosotros»).
3 15   (b) Una leyenda apócrifa se ha interferido aquí en dos mss de la Vet. Lat.: «Y mientras era bautizado, una intensa luz se difundió fuera del agua, hasta el punto que todos los asistentes fueron presa del temor.»
3 16   (a) Adic.: «para él», es decir, a sus ojos.
3 16   (b) El Espíritu que aleteaba sobre las aguas de la primera creación, Gn 1 2, aparece aquí en el preludio de la nueva creación. Por un lado, unge a Jesús para su misión mesiánica, Hch 10 38, que en adelante seguirá dirigiendo, Mt 4 1p; Lc 4 14.18; 10 21; Mt 12 18.28; por otro, como lo han entendido los Padres, santifica el agua y prepara el bautismo cristiano, ver Hch 1 5+.
3 17   Esta visión interpretativa designa ante todo a Jesús como el verdadero Siervo anunciado por Isaías. Con todo, el término «Hijo» que sustituye al de «Siervo» (gracias al doble sentido del término griego pais) subraya el carácter mesiánico y propiamente filial de su relación con el Padre, ver 4 3+.

Mc 1 12-13
Lc 4 1-13
Dt 8 2

Hb 2 18;
4 15
Sal 69 10
Ex 24 18;
34 28
Dt 9 9
1 R 19 8
Jb 2 1-7

Dt 8 3
Sb 16 26

27 53
Dn 3 28

Sal 91 11-12

Dt 6 16

Ap 21 10
Dt 34 1-4

Tentaciones en el desierto*.

4 ¹ Entonces Jesús fue llevado por el Espíritu* al desierto para ser tentado por el diablo*. ² Y después de hacer un ayuno de cuarenta días y cuarenta noches, al fin sintió hambre. ³ Y acercándose el tentador, le dijo: «Si eres Hijo de Dios*, di que estas piedras se conviertan en panes.» ⁴ Mas él respondió: «Está escrito:

No sólo de pan vive el hombre,
sino de toda palabra que sale de la boca de Dios.»

⁵ Entonces el diablo le lleva consigo a la Ciudad Santa, le pone sobre el alero del Templo, ⁶ y le dice: «Si eres Hijo de Dios, tírate abajo, porque está escrito:

A sus ángeles te encomendará,
y en sus manos te llevarán,
para que no tropiece tu pie en piedra alguna.»

⁷ Jesús le dijo: «También está escrito:

No tentarás al Señor tu Dios.»

⁸ De nuevo le lleva consigo el diablo a un monte muy alto, le muestra todos los reinos del mundo y su gloria, ⁹ y le dice: «Todo esto te daré si postrándote me adoras.» ¹⁰ Dícele entonces Jesús: «Apártate, Satanás, porque está escrito:

Al Señor tu Dios adorarás,
y sólo a él darás culto.»

¹¹ Entonces el diablo le deja. Y he aquí que se acercaron unos ángeles y le servían.

Vuelta a Galilea.

¹² Cuando oyó que Juan había sido entregado, se retiró a Galilea. ³ Y dejando Nazará*, vino a residir en Cafarnaún junto al mar, en el territorio de Zabulón y Neftalí; ¹⁴ para que se cumpliera lo dicho por el profeta Isaías:

¹⁵ *¡Tierra de Zabulón y tierra de Neftalí,*
camino del mar, allende el Jordán,
Galilea de los gentiles!

¹⁶ *El pueblo que habitaba en tinieblas*
ha visto una gran luz;
a los que habitaban en paraje de sombras de muerte
una luz les ha amanecido.

16 23-26

Dt 6 13

1 R 19 5-8
Mt 26 53
Sal 91 11

Mc 1 14-15
Lc 4 14

Jn 4 1-3.43.45

13 53s

Is 8 23 - 9 1

1 M 5 15
Jn 7 52

Lc 1 79s
Jn 8 12+
Rm 2 19

---

4 Jesús es conducido al desierto para ser allí tentado durante cuarenta días, como lo había sido antes Israel durante cuarenta años, Dt 8 2.4; ver Num 14 34. Allí sufre tres tentaciones, subrayadas por tres citas tomadas de Dt 6-8, capítulos dominados (como la ética de Mateo) por el mandamiento de amar a Dios: Dt 6 5. Las tres tentaciones, a primera vista enigmáticas, pueden entenderse (a la luz de la interpretación tradicional judía de Dt 6 5) como tentaciones contra el amor de Dios, valor supremo: a) No amar a Dios «con todo tu corazón», esto es, no someter a Dios tus deseos interiores, revelarse contra el alimento divino el maná. b) No amar a Dios «con toda tu alma», esto es, con tu vida, con tu cuerpo físico, hasta el extremo del martirio si es preciso. c) No amar a Dios «con todas tus fuerzas», esto es, con tus riquezas, lo que se posee, los bienes exteriores. Al final, Jesús se muestra como uno que ama a Dios perfectamente.

4 1 (a) El Espíritu Santo. «Soplo» y energía creadora de Dios, que dirigía a los profetas, Is 11 2+; Jc 3 10+, va a dirigir ahora a Jesús mismo en el cumplimiento de su misión, ver 3 16+; Lc 4 14, como más tarde dirigirá los comienzos y el desarrollo de la Iglesia, Hch 1 8+.

4 1 (b) Este nombre, que quiere decir Acusador, Calumniador, ha traducido a veces el hebreo *Satán* (Adversario), Jb 1 6+; ver Sb 2 24+. El personaje que lo lleva, dado que se dedica a hacer caer a los hombres en culpa, es considerado responsable de todo lo que obstaculiza la obra de Dios y de Cristo: 13 39p; Jn 8 44; 13 2; Hch 10 38; Ef 6 11; 1 Jn 3 8+. Su derrota significará la victoria final de Dios, Mt 25 41; Hb 2 14; Ap 12 9.12; 20 2.10.

4 3 El título bíblico de «Hijo de Dios» no expresa necesariamente una filiación de naturaleza, sino que puede indicar simplemente una filiación adoptiva resultante de una elección divina que establece entre Dios y su criatura relaciones de una protección particular. Así este título es aplicado a los ángeles, Jb 1 6, al Pueblo elegido, Ex 4 22; Sb 18 13, a los israelitas, Dt 14 1; Os 2 1; ver Mt 5 9.45, etc., a sus jefes, Sal 82 6. Por tanto, cuando se dice del Rey Mesías, 1 Crc 17 13; Sal 2 7; 89 27, no exige que éste sea más que humano, y no es necesario suponer más en el pensamiento de Satán, Mt 4 3.6, de los endemoniados, Mc 3 11; 5 7; Lc 4 41, a *fortiori* del centurión, Mc 15 39, ver Lc 23 47. Incluso las palabras del Bautismo, Mt 3 17, y de la Transfiguración, 17 5, no implicarían de suyo más que el favor especial otorgado al Mesías-Siervo; y la pregunta del sumo sacerdote, 26 63, no parece que vaya más allá de esta significación mesiánica. Pero el título de «Hijo de Dios» queda abierto en otros pasajes a la significación más elevada de una filiación propiamente dicha, y Jesús lo ha sugerido claramente al designarse como «el Hijo», 21 37, superior a los ángeles, 24 36, que tiene a Dios por «Padre» a título enteramente especial, Jn 20 17 y ver «Padre mío», Mt 7 21, etc., porque sostiene con él relaciones únicas de conocimiento, Mt 11 27. Estas declaraciones, apoyadas por otras sobre el rango divino del Mesías, 22 42-46, y sobre el origen celestial del «Hijo del hombre», 8 20+, confirmadas finalmente por el triunfo de la Resurrección, han dado a la expresión «Hijo de Dios» el sentido propiamente divino que se encontrará, por ejemplo, en San Juan, Jn 1 18+. Si los discípulos no tuvieron clara conciencia de ello en vida de Jesús (los textos de Mt 14 33 y 16 16, al añadir esta expresión al texto más primitivo de Mc, reflejan sin duda una fe más evolucionada), la fe que definitivamente adquirieron después de Pascua, con la ayuda del Espíritu Santo, se apoya no menos realmente en las palabras históricas del Maestro, que expresó, hasta donde podían captarlo sus contemporáneos, su conciencia de ser el Hijo propio del Padre.

4 13 «Nazará», forma muy rara, atestiguada por excelentes autoridades: B Z Orígenes k, ver Lc 4 16: la masa de testigos ha vuelto a la forma común «Nazaret».

3 2+
Dn 7 14

[17] Desde entonces comenzó Jesús a predicar y decir: «Convertíos, porque el Reino de los Cielos* ha llegado.»

‖Mc 1 16-20
‖Lc 5 1-11

Llamamiento de los cuatro primeros discípulos.

Jn 1 35-42
10 2

[18] Caminando por la ribera del mar de Galilea vio a dos hermanos, Simón, llamado Pedro, y su hermano Andrés, echando la red en el mar, pues eran pescadores, [19] y les dice: «Venid conmigo, y os haré pescadores de hombres.» [20] Y ellos al instante, dejando las redes, le siguieron.

Jn 21 3
2R 6 19
Ez 47 10
Mt 8 19-22;
13 47-50;
19 27

[21] Caminando adelante, vio a otros dos hermanos, Santiago el de Zebedeo y su hermano Juan, que estaban en la barca con su padre Zebedeo arreglando sus redes; y los llamó. [22] Y ellos al instante, dejando la barca y a su padre, le siguieron.

Jesús enseña y sana.

[23] Recorría Jesús toda Galilea, enseñando en sus sinagogas, proclamando la Buena Nueva del Reino y curando toda enfermedad y toda dolencia en el pueblo*. [24] Su fama llegó a toda Siria*; y le trajeron todos los que se encontraban mal con enfermedades y sufrimientos diversos, endemoniados, lunáticos* y paralíticos, y los curó. [25] Y le siguió una gran muchedumbre de Galilea, Decápolis*, Jerusalén y Judea, y el otro lado del Jordán.

‖Mc 1 39;
3 7-8
‖Lc 4 14-15.
44; 6 17-18
=Mt 9 35
Is 35 5

2. DISCURSO EVANGÉLICO*

‖Lc 6 20-23

Las bienaventuranzas.

5 [1] Viendo la muchedumbre, subió al monte*, se sentó, y sus discípulos se le acercaron. [2] Y, tomando la palabra, les enseñaba diciendo:

[3] «Bienaventurados* los pobres de espíritu*,

Sb 2 16
Si 14 20;
25 7-12

---

4 17 La Realeza de Dios sobre el pueblo elegido, y a través de él sobre el mundo, es el tema central de la predicación de Jesús, como lo era el del ideal teocrático del AT. Implica un Reino de «santos», cuyo Rey verdadero será Dios, porque su reinado será aceptado por ellos con conocimiento y amor. Esta Realeza, comprometida por la rebelión del pecado, debe ser restablecida por una intervención soberana de Dios y de su Mesías, Dn 2 28+; 7 13-14. Es esta intervención la que Jesús, después de Juan Bautista, 3 2, anuncia como inminente, 4 17.23; Lc 4 43. Antes de su realización escatológica definitiva en la que los elegidos vivirán cerca del Padre en la alegría del banquete celestial, 8 11+; 13 43; 26 29, el Reino aparece con comienzos humildes, 13 31-33, misteriosos, 13 11, impugnados, 13 24-30, como una realidad ya comenzada, 12 28; Lc 17 20-21, en relación con la Iglesia, Mt 16 18+. Predicado en el universo por la misión apostólica, Mt 10 7; 24 14; Hch 1 3+, será definitivamente establecido y devuelto al Padre, 1 Co 15 24, por el retorno glorioso de Cristo, Mt 16 27; 25 31, en el Juicio final, 13 37-43.47-50; 25 31-46. Entretanto, se presenta como una gran gracia, 20 1-16; 22 9-10; Lc 12 32, aceptada por los humildes, Mt 5 3; 18 3-4; 19 14.23-24, y los abnegados, 13 44-46; 19 12; Mc 9 47; Lc 9 62; 18 29s, rechazada por los soberbios y los egoístas, 21 31-32.43; 22 2-8; 23 13. Sólo se entra en él con la vestidura nupcial, 22 11-13, de la vida nueva, Jn 3 3.5; hay excluidos, Mt 8 12; 1 Co 6 9-10; Ga 5 21. Hay que velar para estar a punto cuando venga de improviso, Mt 25 1-13.

4 23 Las curaciones milagrosas son la señal preferente del advenimiento mesiánico, ver 10 1.7s; 11 4s.

4 24 (a) Este término designa un vasto territorio dividido en tres grandes provincias, entre las cuales estaban «Siria-Palestina». Quiere indicar aquí el amplio eco de la palabra de Jesús.

4 24 (b) Ahora los llamamos «epilépticos», ver 17 15.

4 25 La Decápolis era una agrupación de diez ciudades libres con su territorio, diseminadas sobre todo al este y al nordeste del Jordán hasta incluir Damasco.

5 Jesús expone el nuevo espíritu del Reino de Dios, 4 17+, en un discurso inaugural, que Mc omite, Mc 3 19+, y del que Mt y Lc (6 20-49) presentan dos redacciones diferentes. Lucas suprime, lo tocante a las leyes o prácticas judías, Mt 5 17 - 6 18; Mt, por el contrario, incluye en él palabras pronunciadas en otras ocasiones (véanse sus paralelos en Lc) con el fin de lograr un programa más completo. La estructura básica es: 1.º introducción, 5 1-16; 2.º una nueva interpretación de la ley moral bíblica, el Decálogo, los grandes mandamientos de Dios y al prójimo, los deberes de piedad, 5 17 - 7 12; 3.º conclusión, 7 13-19. Esta interpretación nueva implica una profundización y una interiorización.

5 1 Una de las colinas próximas a Cafarnaún.

5 3 (a) El AT empleaba a veces fórmulas de felicitación como éstas, a propósito de piedad, de sabiduría, de prosperidad, Sal 1 1-2; 33 12; 127 5-6; Pr 3 3; Si 31 8; etc. Bienaventuranzas de carácter sapiencial se han descubierto en Qumrán. Jesús recuerda, en el espíritu de los profetas, que también los pobres participan de estas «bendiciones»: las tres primeras «bienaventuranzas», Mt 5 3-5; Lc 6 20-21+, declaran que hombres considerados de ordinario como desgraciados y malditos son felices, ya que son aptos para recibir la bendición del Reino. Las bienaventuranzas siguientes apuntan más directamente a la actitud moral del hombre. Otras bienaventuranzas de Jesús: Mt 11 6; 13 16; 16 17; 24 46; Lc 11 27-28; etc. Ver también Lc 1 45; Ap 1 3; 14 13; etc.

5 3 (b) Cristo recoge la palabra «pobre» con el matiz moral perceptible ya en Sofonías, ver So 2 3+, hecho aquí explícito por la expresión «de espíritu», ausente en Lc 6 20. Indefensos y oprimidos, los «pobres» o los «humildes» están a punto para el Reino de los Cielos; tal es el tema de las Bienaventuranzas, ver Lc 4 18; 7 22 = Mt 11 5; Lc 14 13; St 2 5. La «pobreza» viene a parecerse a la «infancia espiritual» necesaria para entrar en el Reino, Mt 18 1s = Mc 9 33s; ver Lc 9 46; Mt 19 13sp; 11 25sp (el misterio revelado a los «pequeños», *nēpioi*, ver Lc 12 32; 1 Co 1 26s). A los «pobres», *ptōjoi*, corresponden también los «humildes», *tapeinoi*, Lc 1 48.52; 14 11; 18 14; Mt 23 12; 18 4, los «últimos» opuestos a los «primeros», Mc 9 35, los «pequeños» opuestos porque de ellos es el Reino de los Cielos.

⁴ Bienaventurados *los mansos**,

porque *ellos poseerán en herencia la tierra.*

⁵ Bienaventurados los que lloran,

porque ellos serán consolados.

⁶ Bienaventurados los que tienen hambre y sed de la justicia,

porque ellos serán saciados.

⁷ Bienaventurados los misericordiosos,

porque ellos alcanzarán misericordia.

⁸ Bienaventurados los limpios de corazón,

porque ellos verán a Dios.

⁹ Bienaventurados los que trabajan por la paz,

porque ellos serán llamados hijos de Dios.

¹⁰ Bienaventurados los perseguidos por causa de la justicia,

porque de ellos es el Reino de los Cielos.

¹¹ Bienaventurados seréis cuando os injurien y os persigan y digan con mentira toda clase de mal contra vosotros por mi causa. ¹² Alegraos y regocijaos, porque vuestra recompensa será grande en los cielos; pues de la misma manera persiguieron a los profetas anteriores a vosotros*.

Sal de la tierra y luz del mundo.

¹³ «Vosotros sois la sal de la tierra. Mas si la sal se desvirtúa, ¿con qué se la salará? Ya no sirve para nada más que para ser tirada afuera y pisoteada por los hombres.

¹⁴ «Vosotros sois la luz del mundo. No puede ocultarse una ciudad situada en la cima de un monte. ¹⁵ Ni tampoco se enciende una lámpara y la ponen debajo del celemín*, sino sobre el candelero, para que alumbre a todos los que están en la casa. ¹⁶ Brille así vuestra luz delante de los hombres, para que vean vuestras buenas obras y glorifiquen a vuestro Padre que está en los cielos.

Cumplimiento de la Ley.

¹⁷ «No penséis que he venido a abolir la Ley y los Profetas. No he venido a abolir, sino a dar cumplimiento*. ¹⁸ Os lo aseguro*: mientras duren el cielo y la tierra, no dejará de estar vigente ni una i ni una tilde* de la ley sin que todo se cumpla. ¹⁹ Por tanto, el que traspase uno de estos mandamientos más pequeños y así lo enseñe a los hombres, será el más pequeño en el Reino de los Cielos; en cambio, el que lo observe y los enseñe, ése será grande en el Reino de los Cielos.

La justicia nueva, superior a la antigua.

²⁰ «Porque os digo que, si vuestra justicia no es mayor que la de los escribas y fariseos, no entraréis en el Reino de los Cielos.

²¹ «Habéis oído* que se dijo a los antepasados: *No matarás;* y aquel que mate será reo ante el tribunal. ²² Pues yo os digo: Todo aquel que se encolerice contra su hermano, será reo ante el tribunal; pero el que llame a su hermano 'imbé-

Marginal references (left column):

Sal 37 11
Gn 13 15
Lv 25 23

Tb 13 14
Si 48 24
Sal 126 5
Is 61 2-3;
40 1
Sal 107 5-8s
Is 51 1
Am 8 11-12
Lc 1 53
Sal 37 19b
Pr 9 5
Si 24 21
Jn 6 35
Gn 20 5s
Sal 24 3-4;
11 7
Pr 22 11
Ex 33 20+
Hb 12 14
Sal 34 14
Pr 12 20
Za 8 16
Os 11 1

1 P 3 14
Is 51 7
Hch 5 41
Flp 1 29
Col 1 24
Hb 10 34
St 1 2
Gn 15 1
Si 2 8
Mt 23 34

Mc 9 50
Lc 14
34-35
Lv 2 13
Nm 18 19
Col 4 6

Marginal references (right column):

Jn 8 12+
Is 2 2

Mc 4 21
Lc 8 16;
11 33

Jn 3 21;
15 8
1 Co 10 31

Rm 3 31;
10 4; 13 8-10

Lc 16 17

24 34s

St 2 10

Ga 6 2
St 1 25

Lv 19 15s
Rm 10 3
Flp 3 9

Gn 9 6 Tg
Ex 20 13
Dt 5 17

Si 10 6
Ef 4 26
St 1 19-20

---

a los «grandes», Lc 9 48; ver Mt 19 30p; 20 26p (ver Lc 17 10). Si bien la fórmula de Mt 5 3 subraya el *espíritu* de pobreza, tanto en el rico como en el pobre, a lo que Cristo se refiere generalmente es a una pobreza efectiva, en especial para sus discípulos, Mt 6 19s; ver Lc 12 33s; Mt 6 25p; 4 18sp (ver Lc 5 1s); 9 9p; 19 21p; 19 27 (ver Mc 10 28p); ver Hch 2 44s; 4 32s. Él mismo da ejemplo de pobreza, Lc 2 7; Mt 8 20p, y de humildad, Mt 11 29; 20 28p; 21 5; Jn 13 12s; ver 2 Co 8 9; Flp 2 7s. Se identifica con los pequeños y los desdichados, Mt 25 45; ver 18 5sp.

5 4 O: «los humildes». Tomado del Sal 37 11 según el griego. —El v. 4 podría no ser más que una glosa del v. 3; su omisión dejaría en siete el número de las bienaventuranzas, ver 6 9+.

5 12 Los discípulos son los sucesores de los profetas, ver 10 41; 13 17; 23 34.

5 15 En la antigüedad, el celemín era un pequeño mueble de tres o cuatro patas. Sólo se trataría aquí, pues, de esconder la lámpara debajo de este mueble, algo así como debajo del lecho de Mc 4 21p, no de apagarla cubriéndola con un celemín moderno. Hoy diríamos tal vez «debajo del arca» (ese mueble que suele haber en las casas de pueblo).

5 17 Jesús no viene ni a destruir la Ley, Dt 4 8+ (y toda la economía antigua) ni a consagrarla como intan-

gible, sino a darle con su enseñanza y su modo de actuar una forma nueva y definitiva, en la que por fin se realiza en plenitud aquello hacia lo que la Ley conducía. Esto es así en particular de la «Justicia», v. 20, ver 3 15; Lv 19 15; Rm 1 16+, justicia «perfecta», v. 42, de la que las sentencias de los vv. 21-48 dan varios ejemplos relevantes. El precepto antiguo se hace interior y llega hasta el deseo y el motivo secretos, ver 12 34; 23 25-28. Por tanto, ningún detalle de la Ley debe ser omitido mientras no haya sido así llevado a su cumplimiento, vv. 18-19; ver 13 52. No se trata tanto de aligeramiento como de profundización, 11 28. El amor, en el que ya se resumía la Ley antigua, 7 12; 22 34-40p, pasa a ser el mandamiento nuevo e inagotable de Jesús, Jn 13 34, y cumple toda la Ley, Rm 13 8-10; Ga 5 14; ver Col 3 14+.

5 18 (a) Lit.: «en verdad (*Amén*)..». Introduciendo algunos de sus dichos con *Amén*, término hebreo que significa «en verdad», Sal 41 14+; Jesús subraya su autoridad: 6 2.5.16, etc.; Jn 1 51, etc. La palabra hebrea, que en su origen significaba «firmeza» evolucionó en dos direcciones: la de «verdad» y la de «fidelidad».

5 18 (b) Se trata de los rasgos más pequeños del alfabeto hebreo.

5 21 Por la enseñanza tradicional, dada oralmente, sobre todo en las sinagogas.

Dt 17 8-13
1 Jn 3 15
St 3 6
Mt 3 12+
Mc 11 25

Si 28 2
‖Lc 12
58-59

Ex 20 14
Dt 5 18

Si 9 5

=18 8-9

Dt 24 1-4
Ml 2 14-16

=19 9+
‖Mc 10
11-12
‖Lc 16 18
1 Co 7 10-11
Os 1 2+

Ex 20 7
Nm 30 3
Dt 23 22
Si 23 9
St 5 12
Sal 11 4
Is 66 1

cil*', será reo ante el Sanedrín*; y el que le llame 'renegado*', será reo de la gehenna de fuego. ²³ Si, pues, al presentar tu ofrenda en el altar te acuerdas entonces de que tu hermano tiene algo contra ti, ²⁴ deja tu ofrenda allí, delante del altar, y vete primero a reconciliarte con tu hermano; luego vuelves y presentas tu ofrenda. ²⁵ Ponte enseguida a buenas con tu adversario mientras vas con él por el camino; no sea que tu adversario te entregue al juez y el juez al guardia, y te metan en la cárcel. ²⁶ Yo te aseguro: no saldrás de allí hasta que no hayas pagado el último céntimo.

²⁷ «Habéis oído que se dijo: *No come-terás adulterio.* ²⁸ Pues yo os digo: Todo el que mira a una mujer deseándola, ya cometió adulterio con ella en su corazón. ²⁹ Si, pues, tu ojo derecho te es ocasión de pecado, sácatelo y arrójalo de ti; más te conviene que se pierda uno de tus miembros, que no que todo tu cuerpo sea arrojado a la gehenna. ³⁰ Y si tu mano derecha te es ocasión de pecado, córtatela y arrójala de ti; más te conviene que se pierda uno de tus miembros, que no que todo tu cuerpo vaya a la gehenna.

³¹ «También se dijo: *El que repudie a su mujer, que le dé acta de divorcio.* ³² Pues yo os digo: Todo el que repudia a su mujer, excepto en caso de fornicación, la hace ser adúltera; y el que se case con una repudiada, comete adulterio.

³³ «Habéis oído también que se dijo a los antepasados: *No perjurarás, sino que cumplirás al Señor tus juramentos.* ³⁴ Pues yo os digo que no juréis en modo alguno: ni por el *Cielo,* porque es *el trono de Dios,* ³⁵ ni por *la Tierra,* porque es el

Sal 48 3

2 Co 1 17-19
St 5 12

Ex 21 24
Lv 24 20
Dt 19 21

‖Lc 6 29
Is 50 6
(LXX)
Hch 23 2
Rm 12 19.21
Lc 6 30
Dt 15 7s

Lv 19 18

Dt 23 4.7
‖Lc 6 27-36;
23 34
Hch 7 60
Rm 12 20
Si 4 10
Ga 4 7

Lc 3 12

Lv 11 44;
19 2+
Tb 12 8
1 P 1 16
St 1 4

5 20

23 5

Lc 14 14-15
Jn 5 44;
12 43

escabel de sus pies; ni por *Jerusalén,* porque es *la ciudad del gran rey.* ³⁶ Ni tampoco jures por tu cabeza, porque ni a uno solo de tus cabellos puedes hacerlo blanco o negro. ³⁷ Sea vuestro lenguaje: 'Sí, sí' 'no, no'*: que lo que pasa de aquí viene del Maligno.

³⁸ «Habéis oído que se dijo: *Ojo por ojo y diente por diente.* ³⁹ Pues yo os digo: no resistáis al mal*; antes bien, al que te abofetee en la mejilla derecha ofrécele también la otra; ⁴⁰ al que quiera pleitear contigo para quitarte la túnica* déjale también el manto; ⁴¹ y al que te obligue a andar una milla vete con él dos. ⁴² A quien te pida da, y al que desee que le prestes algo no le vuelvas la espalda.

⁴³ «Habéis oído que se dijo: *Amarás a tu prójimo* y odiarás a tu enemigo*. ⁴⁴ Pues yo os digo: Amad a vuestros enemigos* y rogad por los que os persigan*, ⁴⁵ para que seáis hijos de vuestro Padre celestial, que hace salir su sol sobre malos y buenos, y llover sobre justos e injustos. ⁴⁶ Porque si amáis a los que os aman, ¿qué recompensa vais a tener? ¿No hacen eso mismo también los publicanos*? ⁴⁷ Y si no saludáis más que a vuestros hermanos, ¿qué hacéis de particular? ¿No hacen eso mismo también los gentiles? ⁴⁸ Vosotros, pues, sed perfectos como es perfecto vuestro Padre celestial.

La limosna en secreto.

6 ¹ «Cuidad de no practicar vuestra justicia* delante de los hombres para ser vistos por ellos; de lo contrario no tendréis recompensa de vuestro Padre que

---

5 22 (a) El término *Raqa*, traducido del arameo, significa: cabeza vacía, sin seso.
5 22 (b) Aquí, el Gran Sanedrín, que tenía su sede en Jerusalén, por oposición a los simples «tribunales», vv. 21-22, distribuidos por el país.
5 22 (c) Al sentido originario del término griego: «insensato», el uso judío añadía un matiz mucho más grave de impiedad religiosa.
5 37 Esta fórmula que aparentemente se entiende bien, ver 2 Co 1 17; St 5 12, puede explicarse de diversas maneras: 1.º Veracidad: si es sí, decid sí; si es no, decid no. 2.º Sinceridad: que el sí (o el no) de la boca corresponda al sí (o al no) del corazón. 3.º Solemnidad: la repetición del sí o del no sería una forma solemne de afirmación o de negación que debe bastar y dispensar de recurrir a un juramento, comprometiendo a la divinidad.
5 39 *Jesus* alude a la llamada «ley del talión». Al equiparar el castigo con el daño producido, la ley marcaba una restricción de la venganza ver Gn 4 23-24). Jesús con esta modificación abre una etapa en la evolución de los comportamientos de la que ya hay algún eco en textos rabínicos. Nótese que todos los ejemplos propuestos (vv. 39-40) se refieren a daños personales. Jesús no prohíbe oponerse dignamente a los ataques injustos, ver Jn

18 22s ni, mucho menos, combatir el mal en el mundo.
5 40 A título de prenda, ver Ex 22 25s; Dt 24 12s. Es manifiesto el giro voluntariamente paradójico del pensamiento; ver 19 24.
5 43 La segunda parte de este mandamiento no se encuentra así en la Ley, ni podría encontrarse. Esta expresión forzada de una lengua pobre en matices (el original arameo) equivale a: «No tienes por qué amar a tu enemigo». Compárese con Lc 14 26 y su paralelo Mt 10 37. Encontramos, no obstante, en Si 12 4-7 y en los escritos de Qumrán (1 QS 1 10, etc.) una detestación de los pecadores que no está lejos del odio, y en la que Jesús ha podido pensar.
5 44 (a) Adic.: «haced bien a los que os odien».
5 44 (b) Adic.: «y por los que os maltraten» ver Lc 6 27s.
5 46 Recaudadores de impuestos, a quienes el cargo, ejercido con extorsión, les granjeaba el desprecio público; ver 9 10; 18 17+.
6 1 «Practicar la justicia» (var.: «hacer limosna»), es decir, practicar las obras buenas que hacen justo al hombre ante Dios. Las principales eran, a los ojos de los judíos, la limosna, vv. 2-4, la oración, vv. 5-6, y el ayuno, vv. 16-18.

Am 4 5
Mt 15 7;
22 18;
23 13-15
Is 33 13

está en los cielos. ² Por tanto, cuando hagas limosna, no lo vayas trompeteando por delante como hacen los hipócritas* en las sinagogas y por las calles, con el fin de ser honrados por los hombres; en verdad os digo que ya reciben su paga. ³ Tú, en cambio, cuando hagas limosna, que no sepa tu mano izquierda lo que hace tu derecha; ⁴ así tu limosna quedará en secreto; y tu Padre, que ve en lo secreto, te recompensará.

Sal 139 2-7

La oración en secreto*.

St 4 3

⁵ «Y cuando oréis, no seáis como los hipócritas, que gustan de orar en las sinagogas y en las esquinas de las plazas bien plantados para ser vistos de los hombres; en verdad os digo que ya reciben su paga. ⁶ Tú, en cambio, cuando vayas a orar, *entra en tu aposento y, después de cerrar la puerta, ora* a tu Padre, que está allí, en lo secreto; y tu Padre, que ve en lo secreto, te recompensará.

Is 26 20
2 R 4 33
Dn 6 11
Ml 1 10

La verdadera oración. El Padre nuestro.

Qo 5 1
Si 7 14
Is 1 15

⁷ «Y, al orar, no charléis mucho, como los gentiles, que se figuran que por su palabrería van a ser escuchados. ⁸ No seáis como ellos, porque vuestro Padre sabe lo que necesitáis antes de pedírselo. ⁹ «Vosotros, pues, orad así*:

‖Lc 11 2-4

Ez 36 23
Jn 17 6.26

Padre nuestro que estás en los cielos,
    santificado sea tu Nombre;
¹⁰ venga tu Reino;

hágase tu Voluntad
    así en la tierra como en el cielo.

26 39.42p
Dn 4 32

¹¹ Nuestro pan cotidiano* dánosle hoy;
¹² y perdónanos nuestras deudas,
    así como nosotros hemos perdonado a nuestros deudores;
¹³ y no nos dejes caer* en tentación,
    mas líbranos del mal*.

Pr 30 8-9
Jn 6 32.35
Mt 18 21-35
Ef 4 32

26 41p
Jn 17 11.15
1 Jn 2 14+

¹⁴ «Que si vosotros perdonáis a los hombres sus ofensas, os perdonará también a vosotros vuestro Padre celestial; ¹⁵ pero si no perdonáis a los hombres, tampoco vuestro Padre perdonará vuestras ofensas.

2 Ts 3 3
‖Mc 11 25
Si 28 1-5
Mt 5 7

Ef 4 32
Col 3 13
St 2 13

El ayuno en secreto.

¹⁶ «Cuando ayunéis, no pongáis cara triste, como los hipócritas, que desfiguran su rostro para que los hombres vean que ayunan; en verdad os digo que ya reciben su paga. ¹⁷ Tú, en cambio, cuando ayunes, perfuma tu cabeza y lava tu rostro, ¹⁸ para que tu ayuno sea visto, no por los hombres, sino por tu Padre que está allí, en lo secreto; y tu Padre, que ve en lo secreto, te recompensará.

2 S 12 15-23
23 5

Jdt 10 3

Is 58 3

El verdadero tesoro.

¹⁹ «No os amontonéis tesoros en la tierra, donde hay polilla y herrumbre que corroen, y ladrones que socavan y roban. ²⁰ Amontonaos más bien tesoros en el cielo, donde no hay polilla ni herrumbre que corroan, ni ladrones que socaven y

‖Lc 12
33-34
Jb 22 24-26
St 5 2-3

Si 29 10
19 21

---

6 2 Este epíteto, que califica a todos los falsos devotos de piedad afectada y ostentosa, se aplica especialmente, en el espíritu de Mateo, a la secta de los fariseos: ver 15 7; 22 18; 23 13-15.
6 5 Con su ejemplo, Mt 14 23+, lo mismo que con su doctrina, Jesús enseña a sus discípulos el deber y el modo de orar. La oración ha de ser humilde, sin pretensiones ante Dios, Lc 18 10-14, ni vanagloria ante los hombres, Mt 6 5-6; Mc 12 40p, del corazón más que de los labios, Mt 6 7, confiada en la bondad del Padre, Mt 6 8; 7 7-11p, e insistente hasta la importunidad, Lc 11 5-8; 18 1-8. Será ciertamente oída, si se hace con fe, Mt 21 22p, en nombre de Jesús, Mt 18 19-20; Jn 14 13-14; 15 7.16; 16 23-27, y pide cosas buenas, Mt 7 11, como por ejemplo el Espíritu Santo, Lc 11 13. Ha de pedir a Dios el perdón, Mc 11 25, el bien de los perseguidores, Mt 5 44p; ver Lc 23 24, sobre todo, el advenimiento del Reino de Dios y la preservación en la prueba escatológica, Mt 24 20p; 26 41p; Lc 21 36; ver Lc 22 31-32; esta es toda la sustancia de la Oración modelo enseñada por el mismo Jesús, Mt 6 9-15p.
6 9 En la redacción de Mt, el Padre nuestro contiene siete peticiones. Mt siente predilección por esta cifra: dos veces siete generaciones en la Genealogía, 1 17; siete bienaventuranzas, 5 3+; perdonar no siete veces sino setenta veces siete, 18 22; siete maldiciones contra los fariseos, 23 13+. Tal vez para obtener esta cifra de siete es por lo que Mt ha añadido

al texto básico (Lc 11 2-4) las peticiones tercera, ver 7 21; 21 31; 26 42, y séptima, ver el «Maligno» 13 19.38.
6 11 Traducción tradicional y probable de un término difícil. Se ha propuesto también: «necesario para la subsistencia», «del mañana». De todos modos, la idea es que hay que pedir a Dios el sustento indispensable de la vida material, pero nada más, no la riqueza ni la opulencia. Los Padres han aplicado este texto al alimento de la fe, el pan de la palabra de Dios y el pan eucarístico: ver Jn 6 22+.
6 13 (a) Lit.: «no nos sometas». La traducción propuesta es equívoca. Dios nos somete a la prueba, pero él no tienta a nadie (St 1 12; 1 Co 10 13). Ni el griego ni la Vulgata traducen el sentido permisivo del verbo arameo, empleado por Jesús, «dejar caer» y no «hacer caer». Desde los primeros siglos, muchos manuscritos latinos sustituían «ne nos inducas» («no nos sometas») por «ne nos patiaris induci». («no permitas que seamos sometidos»). Lo que pedimos es que nos libre del Tentador y «nos hagamos para no caer en tentación (ver Mt 26 41p), es decir, en la apostasía.
6 13 (b) «del Malo» Adic.: «Porque tuyo es el reino, el poder y la gloria por los siglos. Amén». glosa litúrgica inspirada en 1 Cro 29 11-12, que era útil para reconducir la oración a su tema central, el Reino de Dios, v. 10. Falta en los principales mss del NT, pero se encuentra ya en la *Didajé* (s. II) y en mss. bizantinos.

roben. [21] Porque donde esté tu tesoro, allí estará también tu corazón.

‖Lc 11 34-35

El ojo, lámpara del cuerpo.

Nm 24 3 (LXX)
Si 23 19
Dn 10 6
Za 4 10
Dt 15 9
Si 14 10
Jn 11 9-10

[22] «La lámpara del cuerpo es el ojo. Si tu ojo está sano, todo tu cuerpo estará luminoso; [23] pero si tu ojo está malo, todo tu cuerpo estará a oscuras. Y, si la luz que hay en ti es oscuridad, ¡qué oscuridad habrá*! 13 14

‖Lc 16 13
Mt 5 3-4

Dios y el dinero.

[24] «Nadie puede servir a dos señores; porque aborrecerá a uno y amará al otro; o bien se entregará a uno y despreciará al otro. No podéis servir a Dios y al Dinero.

19 21-26

Abandono en la Providencia.

‖Lc 12 22-31

[25] «Por eso os digo: No andéis preocupados por vuestra vida, qué comeréis, ni por vuestro cuerpo, con qué os vestiréis. ¿No vale más la vida que el alimento, y el cuerpo más que el vestido? [26] Mirad las aves del cielo: no siembran, ni cosechan, ni recogen en graneros; y vuestro Padre celestial las alimenta. ¿No valéis vosotros más que ellas? [27] Por lo demás, ¿quién de vosotros puede, por más que se preocupe, añadir un solo codo a la medida de su vida? [28] Y del vestido, ¿por qué preocuparos? Observad los lirios del campo, cómo crecen; no se fatigan, ni hilan. [29] Pero yo os digo que ni Salomón, en toda su gloria, se vistió como uno de ellos. [30] Pues si a la hierba del campo, que hoy es y mañana se echa al horno, Dios así la viste, ¿no lo hará mucho más con vosotros, hombres de poca fe? [31] No andéis, pues, preocupados diciendo: ¿Qué vamos a comer?, ¿qué vamos a beber?, ¿con qué vamos a vestirnos? [32] Que por todas esas cosas se afanan los gentiles; pues ya sabe vuestro Padre celestial que tenéis necesidad de todo eso. [33] Buscad primero el Reino de

Sal 127

10 31

Sal 103 15

1 R 10 1-29
2 Cro 9 13s

Sal 90 5s

Is 51 1

Dios y su justicia, y todas esas cosas se os darán por añadidura. [34] Así que no os preocupéis del mañana: el mañana se preocupará de sí mismo. Cada día tiene bastante con su propio mal.

Rm 14 17
Sal 37 4-25
Sb 7 11
St 4 13-14

Ex 16 19

No juzgar.

‖Lc 6 37-42
Rm 2 1-2
1 Co 4 5

7 [1] «No juzguéis, para que no seáis juzgados*. [2] Porque con el juicio con que juzguéis seréis juzgados, y con la medida con que midáis se os medirá. [3] ¿Cómo es que miras la brizna que hay en el ojo de tu hermano, y no reparas en la viga que hay en tu ojo? [4] ¿O cómo vas a decir a tu hermano: 'Deja que te saque la brizna del ojo', teniendo la viga en el tuyo? [5] Hipócrita, saca primero la viga de tu ojo, y entonces podrás ver para sacar la brizna del ojo de tu hermano.

St 4 11s; 5 9
‖Mc 4 24

Jn 8 7

No profanar las cosas santas.

Dt 23 19
Sal 22 16.20
Flp 3 22
2 P 2 22
Ap 22 15
Ex 29 33
Lv 22 10
Tb 4 17
Pr 23 9
Si 22 9-10

[6] «No deis a los perros lo que es santo*, ni echéis vuestras perlas delante de los puercos, no sea que las pisoteen con sus patas, y después, volviéndose, os despedacen.

Eficacia de la oración.

‖Lc 11 9-13
Mt 18 19
Mc 11 24
Lc 18 1-8
Jn 14 13
St 1 5+

[7] «Pedid y se os dará; buscad y hallaréis; llamad y se os abrirá. [8] Porque todo el que pide recibe; el que busca, halla; y al que llama, se le abrirá. [9] ¿O hay acaso alguno entre vosotros que al hijo que le pide pan le dé una piedra; [10] o si le pide un pez, le dé una culebra? [11] Si, pues, vosotros, siendo malos, sabéis dar cosas buenas a vuestros hijos, ¡cuánto más vuestro Padre que está en los cielos dará cosas buenas a los que se las pidan!

Dt 4 29+
Pr 8 17
Jr 29 13s

St 1 5.17
1 Jn 3 22s;
5 14-15

La Regla de oro*.

‖Lc 6 31

[12] «Por tanto, todo cuanto queráis que os hagan los hombres, hacédselo también vosotros a ellos; porque ésta es la Ley y los Profetas.

Tb 4 15
Lv 19 18
Mt 22 40
Rm 13 8-10

---

6 23 *Ojo bueno/ojo malo* significan generoso/tacaño (Dt 15 9; Pr 22 9; Si 14 3.10; 31 13.23-24; 37 11; ver Mt 20 15). Lo que dice Mt es que la persona generosa es luminosa, mientras que la tacaña está en las tinieblas. Así entendidos estos versículos encajan perfectamente con el contexto de los versículos que hablan del tesoro (19-21) y del dinero (24).
7 1· No juzguéis a los *demás*, para no ser juzgados por *Dios*. De igual modo en el v. siguiente; ver St 4 12.
7 6 Los manjares sagrados, alimentos santificados por haber sido ofrecidos al Templo, ver Ex 22 30; Lv 22

14. Así tampoco se ha de proponer una doctrina preciosa y santa a gente incapaz de recibirla bien, y que podría abusar de ella. El texto no precisa de qué gente se trata: ¿los judíos hostiles? ¿los paganos (ver 15 26)?
7 12 Esta máxima de conducta era bien conocida de la Antigüedad, especialmente en el Judaísmo: ver Tb 4 15, carta de Aristeas, Targum de Lv 19 18, Hillel, Filón, etc., pero en forma negativa: no hacer al prójimo lo que no querríamos que él nos hiciera a nosotros. Jesús, y después de él los escritos cristianos, dan a esta máxima un giro positivo, que es bastante más exigente.

‖Lc 13 24

Sal 1+

Dt 30 15+
Si 21 10

Mt 19 24p
Jn 10 9-10

Mt 22 1-4p

Ap 13 11;
19 20
2 P 2 1-3
Dt 13 2-6;
18 9-22
Ez 22 27-28
=12 33
‖Lc 6 43-44
St 3 12
Si 27 6
Ga 5 19-24

=3 10p
Jn 15 6

Is 29 13
‖Lc 6 46

Los dos caminos*.

[13] «Entrad por la entrada estrecha; porque ancha es la entrada y espacioso el camino* que lleva a la perdición, y son muchos los que entran por ella; [14] mas ¡qué estrecha la entrada y qué angosto el camino que lleva a la Vida!; y pocos son los que lo encuentran.

Los falsos profetas.

[15] «Guardaos de los falsos profetas*, que vienen a vosotros con disfraces de ovejas, pero por dentro son lobos rapaces. [16] Por sus frutos los conoceréis. ¿Acaso se recogen uvas de los espinos o higos de los abrojos? [17] Así, todo árbol bueno da frutos buenos, pero el árbol malo da frutos malos. [18] Un árbol bueno no puede producir frutos malos, ni un árbol malo producir frutos buenos. [19] Todo árbol que no da buen fruto, es cortado y arrojado al fuego. [20] Así que por sus frutos los reconoceréis.

Los verdaderos discípulos.

[21] «No todo el que me diga: 'Señor, Señor', entrará en el Reino de los Cielos, sino el que haga la voluntad de mi Padre que está en los cielos. [22] Muchos me dirán aquel Día*: 'Señor, Señor, ¿no profetizamos en tu nombre, y en tu nombre expulsamos demonios, y en tu nombre hicimos muchos milagros?' [23] Y entonces les declararé: '¡Jamás os conocí; *apartaos de mí, agentes de iniquidad!*'

[24] «Así pues, todo el que oiga estas palabras mías y las ponga en práctica, será como el hombre prudente que edificó su casa sobre roca: [25] cayó la lluvia, vinieron los torrentes, soplaron los vientos, y embistieron contra aquella casa; pero ella no cayó, porque estaba cimentada sobre roca. [26] Y todo el que oiga estas palabras mías y no las ponga en práctica, será como el hombre insensato que edificó su casa sobre arena: [27] cayó la lluvia, vinieron los torrentes, soplaron los vientos, irrumpieron contra aquella casa y cayó, y fue grande su ruina.»

Admiración de la gente.

[28] Y sucedió que cuando acabó Jesús estos discursos, la gente se asombraba de su doctrina; [29] porque les enseñaba como quien tiene autoridad, y no como sus escribas*.

Sal 5 5; 6 9
Am 5 21+
Mt 13 41;
25 11 12
‖Lc 13 26-27

‖Lc 6 47-49

Pr 10 25;
12 3.7
1 Jn 2 17

Jb 8 15
Ez 13 10-14

23 38

‖Lc 4 32; 7 1
‖Mc 1 22

III. Predicación del Reino de los Cielos

1. SECCIÓN NARRATIVA: DIEZ MILAGROS

‖Mc 1 40-45
‖Lc 5 12-16
m 12 10-13

Ex 34 29
(LXX)

11 5
8 15; 9 25;
14 36
Lc 17 14
Mc 1 34+

Curación de un leproso.

8 [1] Cuando bajó del monte, fue siguiéndole una gran muchedumbre. [2] En esto, un leproso se acercó y se postró ante él, diciendo: «Señor, si quieres puedes limpiarme.» [3] Él extendió la mano, le tocó y dijo: «Quiero, queda limpio.» Y al instante quedó limpio de su lepra*. [4] Y Jesús le dice: «Mira, no se lo digas a na-

7 13 (a) La doctrina de los dos caminos, del bien y del mal, entre los que el hombre debe elegir, es un tema antiguo y extendido en el Judaísmo, ver Dt 30 15-20; Sal 1; Pr 4 18-19; **12** 28; **15** 24; Si **15** 17; **33** 14. Ha sido expuesta en un pequeño tratado de moral que nos ha llegado a través de la *Didajé* y su traducción latina *Doctrina Apostolorum*. Algunos quieren ver su influencia en Mt **5** 14-18; **7** 12-14; **19** 16-26; **22** 34-40 y en Rm 12 16-21; **13** 8-12.
7 13 (b) Var.: «ancho y espacioso es el camino».
7 15 Doctores de mentira que seducen al pueblo con apariencias de piedad, persiguiendo en el fondo fines interesados; ver **24** 4s.24; Ez **22** 28; Jr 23 9-14.
7 22 El día del Juicio final.
7 29 Que apoyaban todas sus enseñanzas en la «Tradición» de los antiguos, ver **15** 2. —Adic.: «y fariseos».
8 3 Jesús manifiesta con sus milagros su poder sobre la naturaleza, 8 23-27; **14** 22-23p, especialmente sobre la enfermedad, 8 1-4.5-13.14-15; 9 1-8.20-22.27-31; **14** 34-36; **15** 30; **20** 29-34 y p; Mc **7** 32-37; **8** 22-26; Lc 14 1-6; **17** 11-19; Jn 5 1-16; 9 1-41, sobre la muerte, Mt 9 23-26p; Lc **7** 11-17; Jn 11 1-44, y sobre los demonios, Mt 8 29+. Los milagros de Jesús, diferentes por su simplicidad de los maravillosos prodigios del helenismo y del judaísmo rabínico, se distinguen sobre todo por su significación espiritual y simbólica: anuncian los castigos, 21 18-22p, y los dones de la era mesiánica, 11 5+; 14 13-21; **15** 32-39p; Lc 5 4-11; Jn 2 1-11; 21 4-14, e inauguran el triunfo del Espíritu sobre el imperio de Satán, 8 29+, y las fuerzas del Mal, pecados, 9 2+, y enfermedades, 8 17+. Realizados a veces por compasión, 20 34; Mc 1 41; Lc **7** 13, se destinan sobre todo a confirmar la fe, 8 10+; Jn 2 11+. Por eso Jesús los realiza en casos especiales, exigiendo el secreto de los favorecidos, Mc 1 34+, y reservándose el ofrecer más tarde el decisivo milagro de su propia resurrección, 12 39-40. Jesús comunica este poder de curación a sus apóstoles al enviarlos a predicar el Reino, 10 1.8p; por eso Mt antepone a las consignas de la misión, 10, una serie de diez milagros, 8-9, como señales del misionero, Mc 16 17s; Hch 2 22; ver Hch 1 8+.

Lv 14 1-32
die, sino vete, muéstrate al sacerdote y presenta la ofrenda que prescribió Moisés, para que les sirva de testimonio.»

Curación del criado de un centurión.

‖Lc 7 1-10
‖Jn 4 46-53

⁵ Al entrar en Cafarnaún, se le acercó un centurión y le rogó ⁶ diciendo: «Señor, mi criado yace en casa paralítico con terribles sufrimientos.» ⁷ Dícele Jesús: «Yo iré a curarle.» ⁸ Replicó el centurión: «Señor, no soy digno de que entres bajo mi techo; basta que lo digas de palabra y mi criado quedará sano. ⁹ Porque también yo, que soy un subalterno, tengo soldados a mis órdenes, y digo a éste: 'Vete', y va; y a otro: 'Ven', y viene; y a mi siervo: 'Haz esto', y lo hace.» ¹⁰ Al oír esto Jesús quedó admirado y dijo a los que le seguían: «Os aseguro que en Israel no he encontrado en nadie una fe* tan grande. ¹¹ Y os digo que vendrán muchos de oriente y occidente y se pondrán a la mesa* con Abrahán, Isaac y Jacob en el reino de los Cielos, ¹² mientras que los hijos del Reino* serán echados a las tinieblas de fuera; allí será el llanto y el rechinar de dientes*.» ¹³ Y dijo Jesús al centurión: «Anda; que te suceda como has creído.» Y en aquella hora sanó el criado.

Lc 5 8
Sal 33 9;
107 20
Ba 3 33-35

Ba 4 37
‖Lc 13
28-29
Rm 11 11

Jn 8 12+
13 42.50;
22 13; 24 51;
25 30

17 18

Curación de la suegra de Pedro.

‖Mc 1 29-31
‖Lc 4 38-39

¹⁴ Al llegar Jesús a casa de Pedro, vio a la suegra de éste en cama, con fiebre. ¹⁵ Le tocó la mano y la fiebre la dejó; y se levantó y se puso a servirle.

9 25p
Mc 9 27
Hch 3 7

Numerosas curaciones.

‖Mc 1 32-34
‖Lc 4 40-41

¹⁶ Al atardecer, le trajeron muchos endemoniados; él expulsó a los espíritus con una palabra, y curó a todos los enfermos, ¹⁷ para que se cumpliera lo dicho por el profeta Isaías:

Él tomó nuestras flaquezas y cargó con nuestras enfermedades*.

Is 53 4
Jn 1 29

Exigencias de la vocación apostólica.

‖Lc 9 57-60

¹⁸ Viéndose Jesús rodeado de la muchedumbre, mandó pasar a la otra orilla*. ¹⁹ Y un escriba se acercó y le dijo: «Maestro, te seguiré adondequiera que vayas.» ²⁰ Dícele Jesús: «Las zorras tienen guaridas, y las aves del cielo nidos; pero el Hijo del hombre* no tiene donde reclinar la cabeza.» ²¹ Otro de los discípulos le dijo: «Señor, déjame ir primero a enterrar a mi padre.» ²² Dícele Jesús: «Sígueme, y deja que los muertos entierren a sus muertos.»

Sal 84 4
Mt 11 18
Sal 8 4
2 Co 8 9

Gn 50 5
Tb 4 3
1R 19 20
Mt 4 20.22;
10 37p

---

8 10 Esta fe que Jesús exige desde el comienzo de su actividad, Mc 1 15, y que constantemente exigirá, es un impulso de confianza y de abandono, por el cual el hombre renuncia a apoyarse en sus pensamientos y sus fuerzas, para abandonarse a la palabra y al poder de aquel en quien cree, Lc 1 20.45; Mt 21 25p.32. Jesús la exige en especial con ocasión de sus milagros, 8 13; 9 2p.22p.28-29; 15 28; Mc 5 36p; 10 52p; Lc 17 19, que más que actos de misericordia son señales de su misión y del Reino, 8 3+; ver Jn 2 11+; por eso no puede realizarlos si no encuentra este fe que debe darles su verdadero sentido, 12 38-39; 13 58p; 16 1-4. La fe, que exige un sacrificio del espíritu y de todo el ser, es un acto difícil de humildad, 18 6p, al que muchos se resisten, especialmente en Israel, 8 10p; 15 28; 27 42p; Lc 18 8, o no lo hacen más que a medias, Mc 9 24; Lc 8 13. Los mismos discípulos son tardos en creer, 8 26p; 14 31; 16 8; 17 20p, aun después de la Resurrección, 28 17; Mc 16 11-14; Lc 24 11.25.41. La más sincera fe de su jefe, la «Piedra», 16 16-18, vacilará ante el escándalo de la Pasión, 26 69-75p, pero luego saldrá triunfante, Lc 22 32. La fe, cuando es fuerte, obra maravillas, 17 20p; 21 21p; Mc 16 17, lo consigue todo, 21 22p; Mc 9 23, especialmente la remisión de los pecados, 9 2p; Lc 7 50, y la salvación, para la cual es condición indispensable, Lc 8 12; Mc 16 16; ver Hch 3 16+.
8 11 Desde Is 25 6; 55 1-2; Sal 22 27, etc., el Judaísmo describe con frecuencia las alegrías de la era mesiánica con la imagen de un banquete: ver 22 2-14; 26 29p; Lc 14 15; Ap 3 20; 19 9.
8 12 (a) Es decir, los judíos, herederos naturales de las promesas. Los que no hayan creído en el Cristo serán suplantados por paganos.
8 12 (b) Imagen bíblica de la ira y del despecho de los impíos para con los justos, ver Sal 35 16; 37 12; 112 10;

Jb 16 9. En Mateo describe la condenación.
8 17 Para Isaías, el Siervo «toma» sobre sí nuestros dolores por su propio sufrimiento expiador. Mt considera que Jesús los «toma» quitándolos con sus curaciones milagrosas. Esta interpretación, en apariencia forzada, contiene en realidad una profunda verdad teológica: si Jesús, el «Siervo», puede aliviar a los hombres de sus males corporales, que son la consecuencia y la pena del pecado, es porque ha venido a tomar sobre sí la expiación de los pecados.
8 18 La orilla oriental del lago Tiberíades.
8 20 «Hijo del hombre» es un semitismo enigmático con dos sentidos: el ordinario es una circunlocución por «hombre», «ser humano», que a menudo equivalía a «yo», como fórmula modesta de automención (piénsese en nuestro «un servidor»), por ej., Ez 2 1; Sal 8 4. Este es el caso aquí. El otro sentido, el teológico, se basa en Dn 7 13-14, donde el Hijo de hombre es un título que designa a un ser celeste, trascendental, quizá angélico o incluso divino, al que se le da el Reino de Dios. Este ser celeste adquiere un perfil mayor en los libros apócrifos, *1 Henoc* 46-9 etc. y *4 Esdras* 13, donde se le identifica con el Mesías. Se trata, pues, de una expresión que se refiere paradójicamente a la humildad y a la exaltación divina, lo que origina cierta confusión y, de otro lado, una clave cristológica. En el NT la expresión sólo se encuentra en labios de Jesús (4 excepciones: Jn 12 34; Hch 7 56; Ap 1 13; 14 14) como automención. En los Sinópticos se refiere: (a) a la vida presente, terrestre de Jesús (por ej., aquí); (b) a las predicciones de su pasión, muerte y resurrección (por ej., Mc 8 31; 9 31; 10 33-34); (c) a su venida como Hijo del hombre en un futuro glorioso (por ej., Mc 8 38; 13 26; 14 62 y p).

Mc 4 35-41
Lc 8 22-25
Mt 14 22-33
Jon 1 4s
Hch 27 9

La tempestad calmada.

²³ Subió a la barca y sus discípulos le siguieron. ²⁴ De pronto se levantó en el mar una tempestad tan grande que la barca quedaba tapada por las olas; pero él estaba dormido. ²⁵ Acercándose ellos le despertaron diciendo: «¡Señor, sálvanos, que perecemos!» ²⁶ Díceles: «¿Por qué tenéis miedo, hombres de poca fe?» Entonces se levantó, increpó a los vientos y al mar, y sobrevino una gran bonanza. ²⁷ Y aquellos hombres, maravillados, decían: «¿Quién es éste, que hasta los vientos y el mar le obedecen?»

14 30

6 30; 8 10+
14 31

Sal 65 8+;
89 10;
107 29

Mc 5 1-20
Lc 8 26-39

Los endemoniados gadarenos.

²⁸ Al llegar a la otra orilla, a la región de los gadarenos*, vinieron a su encuentro dos endemoniados* que salían de los sepulcros, y tan furiosos que nadie era capaz de pasar por aquel camino. ²⁹ Y se pusieron a gritar: «¿Qué tenemos nosotros contigo, Hijo de Dios? ¿Has venido aquí para atormentarnos antes de tiempo*?» ³⁰ Había allí a cierta distancia una gran piara de puercos paciendo. ³¹ Y le suplicaban los demonios: «Si nos echas, mándanos a la piara de puercos.» ³² Él les dijo: «Id.» Saliendo ellos, se fueron a los puercos, y de pronto toda la piara se arrojó al mar precipicio abajo, y perecieron en las aguas*. ³³ Los porqueros huyeron, y al llegar a la ciudad lo contaron todo y también lo de los endemoniados. ³⁴ Y he aquí que toda la ciudad salió al encuentro de Jesús y, en viéndole, le rogaron que se retirase de su territorio.

9 33; 15 22;
17 18
Lc 8 2
Hch 8 7;
10 38;
16 17
Is 65 4
Mt 4 3+
Lc 4 34
St 2 19

28 43

21 9; 25 1
Jn 12 13
1 Ts 4 17

12 24

Curación de un paralítico.

Mc 2 1-12
Lc 5 17-26

9 ¹ Subiendo a la barca, pasó a la otra orilla y vino a su ciudad*. ² En esto le trajeron un paralítico postrado en una camilla. Viendo Jesús la fe de ellos, dijo al paralítico: «¡Ánimo!, hijo, tus pecados te son perdonados*.» ³ Pero he aquí que algunos escribas dijeron para sí: «Éste está blasfemando.» ⁴ Jesús, conociendo sus pensamientos, dijo: «¿Por qué pensáis mal en vuestros corazones? ¿Qué es más fácil, decir: 'Tus pecados te son perdonados', o decir: ⁵ 'Levántate y anda*'? ⁶ Pues para que sepáis que el Hijo del hombre tiene en la tierra poder de perdonar pecados —dice entonces al paralítico—: 'Levántate, toma tu camilla y vete a tu casa'.» ⁷ Él se levantó y se fue a su casa. ⁸ Y al ver esto, la gente temió y glorificó a Dios, que había dado tal poder a los hombres*.

8 10+
Lc 7 48

Jn 10 33-36
Jn 1 48+

Za 8 17

Dn 7 14
Jn 5 27

Jn 5 8

8 4

Vocación de Mateo.

Mc 2 13-14
Lc 5 27-28

⁹ Cuando se iba de allí, al pasar vio Jesús a un hombre llamado Mateo*, sentado en el despacho de impuestos y le dice: «Sígueme.» Él se levantó y le siguió.

4 19; 8 22

Comida con pecadores.

Mc 2 15-17
Lc 5 29-32

¹⁰ Y sucedió que estando él a la mesa en la casa, vinieron muchos publicanos y pecadores*, y estaban a la mesa con Jesús y sus discípulos. ¹¹ Al verlo los fari-

Lc 15 1-2;
19 1-10

---

8 28 (a) Así llamados por la ciudad de Gadara, situada al sudeste del lago. La var. «gerasenos» (Mc, Lc y Vulg. de Mt) deriva del nombre de otra ciudad, Gerasa o quizá Corsia; la var. «guerguesenos» proviene de una conjetura de Orígenes.
8 28 (b) Dos endemoniados, en lugar de uno del texto de Mc y Lc; igualmente dos ciegos en Jericó, 20 30, y dos ciegos en Betsaida, 9 27, milagro que es un calco del anterior. Este desdoblamiento de los personajes puede ser un procedimiento de estilo de Mt.
8 29 Mientras llega el día del Juicio, los demonios gozan de cierta libertad para sus crueldades en la tierra, Ap 9 5, cosa que realizan con preferencia posesionándose de los hombres, 12 43-45+. Esta posesión va acompañada con frecuencia de una enfermedad, ya que ésta es, como consecuencia del pecado, 9 2+, otra manifestación del dominio de Satán, Lc 13 16. Por eso los exorcismos del Evangelio, que a veces aparecen, como aquí, en su realismo, ver 15 21-28p; Mc 1 23-28p; Lc 8 2, se hacen a menudo a modo de exorcismo, 9 32-34: 12 22-24p; 17 14-18p; Lc 13 10-17. Con su poder sobre los demonios, Jesús destruye el imperio de Satán, 12 28p; Lc 10 17-19; ver Lc 4 6; Jn 12 31+, e inaugura el Reino mesiánico, del que es promesa característica el Espíritu Santo, Is 11 2+; Jl 3 1s. Si los hombres se niegan a comprenderlo, 12 24-32, los demonios lo saben bien, aquí y Mc 1 24p; 3 11p; Lc 4 41; Hch 16 17; 19 15. Jesús comunica a sus discípulos este poder de exorcismo al mis-

mo tiempo que el poder de curaciones milagrosas, 10 1.8p, que está en conexión con aquél, 8 3+; 24; 8 16p; Lc 13 32.
8 32 El relato de semejante modo de acabar con los puercos tendrá, para un auditorio judeocristiano, un doble aspecto, humorístico y utilitario, como la eliminación de las ratas o de los insectos.
9 1 Cafarnaún, ver 4 13.
9 2 Jesús piensa en la curación del alma antes que en la del cuerpo, y no realiza ésta sino en atención a aquélla. Pero estas palabras contenían ya una promesa de curación, puesto que las enfermedades se consideraban como la consecuencia de un pecado cometido por el paciente o por sus padres, ver 8 29+; Jn 5 14; 9 2.
9 5 Perdonar los pecados del alma es en sí más difícil que curar el cuerpo; pero es más fácil de decir, porque no se puede verificar exteriormente.
9 8 Nótese el plural: Mt piensa sin duda en los ministros de la Iglesia, que han recibido este poder del Cristo, 18 18.
9 9 El mismo a quien Mc y Lc llaman Leví.
9 10 Personas a quienes sus costumbres personales o su profesión de mala nota, ver 5 46+, hacían «impuras» y con las que no se debía tratar. Eran particularmente sospechosas de no observar las numerosas leyes relativas a la alimentación, de lo cual se originaban problemas de comensalía, Mc 7 3-4.14-23p; Hch 10 15+; 15 20+; Ga 2 12; ver 1 Co 8-9; Rm 14.

seos decían a los discípulos: «¿Por qué come vuestro maestro con los publicanos y pecadores?» [12] Mas él, al oírlo, dijo: «No necesitan médico los que están fuertes sino los que están mal. [13] Id, pues, a aprender qué significa *Misericordia quiero, que no sacrificio**. Porque no he venido a llamar a justos, sino a pecadores.»

Discusión sobre el ayuno.

[14] Entonces se le acercan los discípulos de Juan* y le dicen: «¿Por qué nosotros y los fariseos ayunamos, y tus discípulos no ayunan?» [15] Jesús les dijo: «¿Pueden acaso los invitados a la boda ponerse tristes mientras el novio* está con ellos? Días vendrán en que les será arrebatado el novio*; entonces ayunarán. [16] Nadie echa un remiendo de paño sin tundir en un vestido viejo, porque lo añadido tira del vestido, y se produce un desgarrón peor. [17] Ni tampoco se echa vino nuevo en pellejos viejos; pues de otro modo, los pellejos revientan, el vino se derrama, y los pellejos se echan a perder; sino que el vino nuevo se echa en pellejos nuevos, y así ambos se conservan*.»

Curación de una hemorroísa y resurrección de la hija de un jefe.

[18] Así les estaba hablando, cuando se acercó un magistrado* y se postraba ante él diciendo: «Mi hija acaba de morir, pero ven, impón tu mano sobre ella y vivirá.» [19] Jesús se levantó y le siguió junto con sus discípulos.

[20] En esto, una mujer que padecía flujo de sangre desde hacía doce años se acercó por detrás y tocó la orla de su manto. [21] Pues se decía para sí: «Con sólo tocar su manto, me salvaré.» [22] Jesús se volvió, y al verla le dijo: «¡Ánimo!, hija, tu fe te ha salvado.» Y se salvó la mujer desde aquel momento.

[23] Al llegar Jesús a casa del magistrado y ver a los flautistas y la gente alborotando*, [24] decía: «¡Retiraos! La muchacha no ha muerto; está dormida.» Y se burlaban de él. [25] Mas, echada fuera la gente, entró él, la tomó de la mano, y la muchacha se levantó. [26] Y esta noticia se divulgó por toda aquella comarca.

Jesús cura a dos ciegos.

[27] Cuando Jesús se iba de allí, le siguieron dos ciegos gritando: «¡Ten piedad de nosotros, Hijo de David*!» [28] Y al llegar a casa, se le acercaron los ciegos, y Jesús les dice: «¿Creéis que puedo hacer eso?» Dícenle: «Sí, Señor.» [29] Entonces les tocó los ojos diciendo: «Hágase en vosotros según vuestra fe.» [30] Y se abrieron sus ojos. Jesús les ordenó severamente: «¡Mirad que nadie lo sepa!» [31] Pero ellos, en cuanto salieron, divulgaron su fama por toda aquella comarca.

Curación de un endemoniado mudo.

[32] Salían ellos todavía, cuando le presentaron un mudo endemoniado. [33] Y expulsado el demonio, rompió a hablar el mudo. Y la gente, admirada, decía: «Jamás se vio cosa igual en Israel.» [34] Pero los fariseos decían: «Por el Príncipe de los demonios expulsa a los demonios*.»

Compasión hacia la muchedumbre.

[35] Jesús recorría todas las ciudades y aldeas, enseñando en sus sinagogas, proclamando la Buena Nueva del Reino y sanando toda enfermedad y toda dolencia. [36] Y al ver a la muchedumbre, sintió compasión de ella, porque estaban vejados y abatidos como ovejas que no tienen pastor*. [37] Entonces dice a sus discípulos: «La mies es mucha y los obreros pocos. [38] Rogad, pues, al Dueño de la mies que envíe obreros a su mies.»

Marginal references (left column)

3 7+
1 Tm 1 15
=12 7
1 S 15 22
Pr 16 7
(LXX)
Os 6 6
Mt 18 12
Lc 19 10

‖Mc 2 18-22
‖Lc 5 33-39
6 16-18
Is 58 3

Jn 3 29+
2S 12 15-23

Jn 1 17
2 Co 5 17
Ga 1 6; 4 9

Jb 32 19

Lv 26 10
Rm 7 6

‖Mc 5 21-43
‖Lc 8 40-56

1 Tm 4 14+

23 5+
Nm 15 38
Dt 22 12
1 S 15 27
Mt 14 36
Hch 19 12
Mt 8 10+

Marginal references (right column)

Jn 11 11-13

8 3+.15

20 29-34

21 9
Lc 1 32

8 10+

Mc 1 34+

=12 22-24
‖Lc 11
14-15

8 29+
Mc 7 37

=4 23

24 14
Mc 1 1+

‖Mc 6 34

‖Lc 10 2
Jn 4 35-38

---

9 13   Dios prefiere el sentimiento interior de un corazón sincero y compasivo a la práctica rigorista y exterior de la Ley. Es un tema frecuente en los profetas, Am 5 21+.
9 14   Juan Bautista. Sus discípulos, como los fariseos, practicaban ayunos por propia iniciativa para apresurar con su piedad la venida del Reino. Ver Lc 18 12.
9 15   (a) Se trata de Jesús, cuyos compañeros, es decir, los «pajes de honor», no pueden ayunar porque los tiempos mesiánicos han comenzado ya con él.
9 15   (b) Claro anuncio de la muerte de Jesús
9 17   Mt modifica a Mc 2 21-22 con ligeros retoques, para subrayar la continuidad entre la vieja economía de la salvación y la nueva. La diferencia está entre lo bueno pero incompleto y lo completamente bueno. «Lo añadido» v. 16 es en griego *pléroma*, «plenitud», juego intencional de palabras. Ver 5 17s.
9 18   Jefe de sinagoga, y que según Mc y Lc se llamaba Jairo.
9 23   Ruidosas manifestaciones del duelo oriental.
9 27   Título mesiánico, 2 S 7 1+; ver Lc 1 32; Hch 2 30; Rm 1 3, comúnmente aceptado en el Judaísmo, Mc 12 35; Jn 7 42, y cuya aplicación a Jesús subraya especialmente Mt 1 1; 12 33; 15 22; 20 30p; 21 9.15. Sin embargo, Jesús lo acepta con reservas, porque implicaba una concepción demasiado humana del Mesías, Mt 22 41-46; ver Mc 1 34+, y prefiere el misterioso título de Hijo del hombre, 8 20+. El por qué se invoca como Hijo de David para pedir la curación, si David no se distinguía por curar, puede explicarse porque los judíos del tiempo del evangelio sí veían como tal a Salomón, hijo de David y sucesor suyo (ver el *Testamento de Salomón*).
9 34   V. omitido por testigos del texto «occidental».
9 36   Imagen bíblica: Nm 27 17; 1 R 22 17; Jdt 11 19; Ez 34 5; 2 Cro 18 16.

2. DISCURSO APOSTÓLICO

Misión de los Doce.

‖Mc 3 14-15;
6 7
‖Lc 9 1
Mt 8 29+

10 ¹ Y llamando a sus doce discípulos*, les dio poder sobre los espíritus inmundos para expulsarlos, y para curar toda enfermedad y toda dolencia.

‖Mc 3 16-19
‖Lc 6 13-16
Hch 1 13

² Los nombres de los doce Apóstoles* son éstos: primero Simón, llamado Pedro, y su hermano Andrés; Santiago el de Zebedeo y su hermano Juan; ³ Felipe y Bartolomé; Tomás y Mateo el publicano; Santiago el de Alfeo y Tadeo; ⁴ Simón el Cananeo y Judas el Iscariote, el que le entregó. ⁵ A estos doce envió Jesús, después de darles estas instrucciones:

28 19
Lc 9 52-53
Jn 4 9.40

Jn 50 6
Mt 15 24
Hch 13 46
Mt 3 2+;
4 17+
Lc 10 9.11
2 R 5 16
Is 55 1
Hch 8 20
‖Mc 6 8-9
‖Lc 9 3; 10.4
‖Lc 10 7
✗1 Co 9 14

‖Mc 6 10-11
‖Lc 9 4-5;
10 5-12

«No toméis camino de gentiles ni entréis en ciudad de samaritanos; ⁶ dirigíos más bien a las ovejas perdidas de la casa de Israel*. ⁷ Yendo proclamad que el Reino de los Cielos está cerca. ⁸ Curad enfermos, resucitad muertos, purificad leprosos, expulsad demonios. Gratis lo recibisteis; dadlo gratis. ⁹ No os procuréis oro, ni plata, ni cobre en vuestras fajas; ¹⁰ ni alforja para el camino, ni dos túnicas, ni sandalias, ni bastón; porque el obrero merece su sustento.

¹¹ «En la ciudad o pueblo en que entréis, informaos de quién hay en él digno, y quedaos allí hasta que salgáis. ¹² Al entrar en la casa, saludadla*. ¹³ Si la casa es digna, llegue a ella vuestra paz; mas si no es digna, vuestra paz se vuelva a vosotros. ¹⁴ Y si no se os recibe ni se escuchan vuestras palabras, al salir de la casa o de la ciudad aquella sacudíos el polvo de vuestros pies*. ¹⁵ Yo os aseguro: el día del Juicio habrá menos rigor para la tierra de Sodoma y Gomorra que para aquella ciudad.

Hch 13 51;
18 6

=11 24
Gn 13 13;
18 16-19 29

Predicción de persecuciones*.

¹⁶ «Mirad que yo os envío como ovejas en medio de lobos. Sed, pues, prudentes como las serpientes, y sencillos como las palomas. ¹⁷ Guardaos de los hombres, porque os entregarán a los tribunales* y os azotarán en sus sinagogas; ¹⁸ y por mi causa seréis llevados ante gobernadores y reyes, para que deis testimonio ante ellos y ante los gentiles. ¹⁹ Mas cuando os entreguen, no os preocupéis de cómo o qué vais a hablar. Lo que tengáis que hablar se os comunicará en aquel momento. ²⁰ Porque no seréis vosotros los que hablaréis, sino el Espíritu de vuestro Padre el que hablará en vosotros.

‖Lc 10 3
Mt 7 15
Gn 3 1
Si 13 17
1 Co 14 20
‖Mc 13 9-13
‖Lc 21
12-19
Jn 16 1-4
Jn 15 27
‖Lc 12
11-12

Ex 4 10-12
Jr 1 6-10

Jn 15 26
Hch 4 8.31

²¹ «Entregará a la muerte hermano a hermano y padre a hijo; se levantarán hijos contra padres y los matarán. ²² Y seréis odiados de todos por causa de mi nombre; pero el que persevere hasta el fin, ése se salvará. ²³ «Cuando os persigan en una ciudad huid a otra, y si también en ésta os persiguen, marchaos a otra*. Yo os aseguro: no acabaréis de recorrer las ciudades de Israel antes que venga el Hijo del hombre*.

=24 9
Jn 15
18-19.25
=Mt 24 13
Dn 12 12s

16 28; 24 34
24 30; 26 64

---

10 1 Mt supone conocida la elección de los Doce, que Mc y Lc mencionan explícitamente, distinguiéndola de la misión.

10 2 El catálogo de los doce apóstoles, ver Mc 3 14+ y Lc 6 13+, nos ha llegado en cuatro formas, según Mt, Mc, Lc y Hch. Se divide en tres grupos de cuatro nombres, el primero de los cuales es el mismo en las cuatro formas: Pedro, Felipe y Santiago el de Alfeo. Pero el orden puede cambiar dentro de cada grupo. En el primer grupo, el de los discípulos más próximos a Jesús, Mt y Lc ponen juntos a los hermanos Pedro y Andrés, Santiago y Juan; pero en Mc y Hch, Andrés es trasladado al cuarto lugar para ceder el puesto a los dos hijos de Zebedeo, que se han convertido, con Pedro, en los tres íntimos del Señor, ver Mc 5 37+. Más tarde todavía, en Hch, Santiago el de Zebedeo será puesto detrás de su hermano menor, Juan, que se ha hecho mas importante, ver Hch 1 13; 12 2+. y ya Lc 8 51+; 9 28. En el segundo grupo, que parece haber tenido afinidades especiales con los no judíos, Mateo pasa al último lugar en las listas de Mt y de Hch; y sólo en Mt se le llama «el publicano». En cuanto al tercer grupo, el más judaizante, el Tadeo (var.: Lebbeo) de Mt y Mc, si es el mismo que Judas (hijo) de Santiago de Lc y Hch, desciende en estos últimos del segundo al tercer puesto. Simón el Celota de Lc y Hch no es sino la traducción griega del arameo Simón *Qan'ana* de Mt y Mc. Judas Iscariote, el traidor, figura siempre en último lugar. Su nombre es interpretado a menudo como «hombre de Queriot», según Jos 15 25, pero podría venir también del arameo *seqarya* «el mentiroso, el hipócrita».

10 6 Hebraísmo bíblico: el pueblo de Israel. -Los judíos, como herederos de la elección y de las promesas, deben ser los primeros en recibir el ofrecimiento de la salvación mesiánica; pero ver Mt 8 5; 15 5+.

10 12 El saludo oriental consiste en desear la paz. Este saludo se concibe, v. 13, como algo muy concreto, que no puede ser ineficaz y que, si no puede realizarse, vuelve al que lo ha emitido.

10 14 Frase de origen judaico. Se considera impuro el polvo de todo país que no sea la Tierra Santa, aquí de todo país que no acoge la Palabra.

10 16 Las enseñanzas de los vv. 16-39 sobrepasan manifiestamente el horizonte de esta primera misión de los Doce y debieron de pronunciarse más tarde (véase su lugar en Mc y Lc). Mt las agrupa aquí para componer un breviario del misionero.

10 17 Los pequeños sanedrines de provincia y el Gran Sanedrín de Jerusalén; ver 5 21-22.

10 23 (a) Om.: «y si también ... a otra».

10 23 (b) La venida aquí anunciada no concierne al mundo en general, sino a Israel en particular; tuvo lugar cuando Dios vino a «visitar» a su pueblo infiel y puso fin al régimen de la antigua alianza con la ruina de Jerusalén y de su templo, el 70 d.C., ver 24 1+.

Lc 6 40
‖Jn 13 16;
  15 20

²⁴ «No está el discípulo por encima del maestro, ni el siervo por encima de su amo. ²⁵ Ya le basta al discípulo ser como su maestro, y al siervo como su amo. Si el dueño de la casa le han llamado Beelzebul, ¡cuánto más a sus domésticos!

9 34; 12 24

Hablar francamente y sin temor.

‖Lc 12 2-9

²⁶ «No les tengáis miedo. Pues no hay nada encubierto que no haya de ser descubierto, ni oculto que no haya de saberse. ²⁷ Lo que yo os digo en la oscuridad, decidlo vosotros a la luz; y lo que oís al oído, proclamadlo desde los terrados*.

‖Mc 4 22
  Lc 8 17

Si 9 13
1 P 3 14
Ap 2 10

²⁸ «Y no temáis a los que matan el cuerpo, pero no pueden matar el alma; temed más bien al que puede llevar a la perdición alma y cuerpo en la gehenna. ²⁹ ¿No se venden dos pajarillos por un as? Pues bien, ni uno de ellos caerá en tierra sin el consentimiento de vuestro Padre. ³⁰ En cuanto a vosotros, hasta los cabellos de vuestra cabeza están todos contados. ³¹ No temáis, pues; vosotros valéis más que muchos pajarillos.

2 S 14 11.45
  Lc 21 18
  Hch 27 34

‖Lc 12 8-9
  Ap 3 5

³² «Por todo aquel que se declare por mí ante los hombres, yo también me declararé por él ante mi Padre que está en los cielos*; ³³ pero a quien me niegue ante los hombres, le negaré yo también ante mi Padre que está en los cielos.

‖Mc 8 38
  ‖Lc 9 26
  2 Tm 2 12
  1 S 2 30+

Jesús, señal de contradicción*.

‖Lc 12 51-53

³⁴ «No penséis que he venido a traer paz a la tierra. No he venido a traer paz, sino espada. ³⁵ Sí, he venido a enfrentar al hombre *con su padre, a la hija con su madre, a la nuera con su suegra,* ³⁶ *y enemigos de cada cual son los de su casa.*

Lc 2 34;
22 36
Ap 6 4
Mi 7 6

Renunciarse para seguir a Jesús.

³⁷ «El que ama a su padre o a su madre más que a mí, no es digno de mí; el que ama a su hijo o a su hija más que a mí, no es digno de mí. ³⁸ El que no toma su cruz y me sigue detrás no es digno de mí. ³⁹ El que encuentre su vida, la perderá; y el que pierda su vida por mí, la encontrará*.

‖Lc 14
26-27

Dt 33 9

=16 24-25

‖Mc 8 34-35
Lc 9 23-24
‖Lc 17 33
‖Jn 12 25

Conclusión del discurso apostólico*.

⁴⁰ «Quien a vosotros recibe, a mí me recibe, y quien me recibe a mí, recibe a Aquel que me ha enviado.
⁴¹ «Quien reciba a un profeta por ser profeta, recompensa de profeta recibirá, y quien reciba a un justo por ser justo, recompensa de justo recibirá.
⁴² «Y todo aquel que dé de beber tan sólo un vaso de agua fresca a uno de estos pequeños, por ser discípulo, os aseguro que no perderá su recompensa.»

=18 5
‖Mc 9 37
‖Lc 9 48

‖Lc 10 16
Jn 12
44-45; 13 20
1 R 17 9-24;
18 4
2 R 4 9-37
Mt 25 40.45

‖Mc 9 41

IV. El misterio del Reino de los Cielos

1. SECCIÓN NARRATIVA

7 28

11 ¹ Y sucedió que, cuando acabó Jesús de dar instrucciones a sus doce discípulos, partió de allí para enseñar y predicar en sus ciudades*.

Pregunta del Bautista y testimonio de Jesús.

‖Lc 7 18-28

² Juan, que en la cárcel había oído hablar de las obras de Cristo, envió a sus discípulos* a decirle: ³ «¿Eres tú el que ha de venir, o debemos esperar a otro*?» ⁴ Jesús les respondió: «Id y contad a Juan lo que oís y veis: ⁵ los ciegos ven y los cojos andan, los leprosos quedan limpios y los sordos oyen, los muertos resucitan y se anuncia a los pobres la Buena Nue-

Dt 18 15
Sal 118 26
Dn 7 13;
9 26
Ml 3 1
Mt 3 11
Jn 1 21+
Is 26 19;
29 18s; 35
5s; 42 7.18;
61 1
Mt 5 3+;
8 3+;
15 31

---

10 27 Jesús tuvo que trasmitir su mensaje en forma velada, porque sus oyentes no podían comprenderlo, Mc 1 34+, y él mismo no había aún consumado su obra muriendo y resucitando. Más tarde sus discípulos podrán y deberán proclamarlo todo sin temor alguno. El sentido de las mismas palabras en Lc es totalmente distinto: que los discípulos no imiten la hipocresía de los fariseos: todo lo que intentaran ocultar acabaría por saberse; que *hablen*, pues, abiertamente.

10 32 En el Juicio final, cuando el Hijo devuelva los elegidos a su Padre, ver 25 34.

10 34 Jesús es una «señal de contradicción», Lc 2 34, que, sin querer las discordias, las provoca necesariamente por las exigencias de la elección que impone.

10 39 En esta frase, de forma más arcaica que en Mc y Lc, «encontrar» se ha de entender con el matiz de «ga-

nar, obtener, procurarse», ver Gn 26 12; Os 12 9; Pr 3 13; 21 21. Véase 16 25+.

10 40 En estos tres versículos encontramos probablemente la estructura de la iglesia mateana. En la cúspide, la autoridad apostólica (v. 40); se describe mediante una fórmula jurídica judía para indicar la transmisión de poderes, pero que aquí se relaciona con Dios. Luego (v. 41), los que enseñan (ver 13 52 y 23 34 para más precisiones) y los testigos que han resistido heroicamente en las persecuciones (ver 13 17 y 23 29). Finalmente (v. 42) los pequeños (ver 18 10.14).

11 1 Las ciudades de los judíos.

11 2 Var.: «dos de sus discípulos», ver Lc 7 18.

11 3 Sin dudar absolutamente de Jesús, Juan Bautista se extraña viéndole plasmar un tipo de Mesías tan distinto del que él esperaba, ver 3 10-12.

va*; ⁶ ¡y dichoso aquel que no halle escándalo en mí!»

⁷ Cuando éstos se marchaban, se puso Jesús a hablar de Juan a la gente: «¿Qué salisteis a ver en el desierto? ¿Una caña agitada por el viento? ⁸ ¿Qué salisteis a ver, si no? ¿Un hombre elegantemente vestido? Mirad, los que visten con elegancia están en los palacios de los reyes. ⁹ Entonces ¿a qué salisteis? ¿A ver un profeta? Sí, os digo, y más que un profeta. ¹⁰ Este es de quien está escrito:

He aquí que yo envío mi mensajero delante de ti,

que preparará tu camino por delante de ti.

¹¹ «En verdad os digo que no ha surgido entre los nacidos de mujer uno mayor que Juan el Bautista; sin embargo, el más pequeño en el Reino de los Cielos es mayor que él*. ¹² Desde los días de Juan el Bautista hasta ahora, el Reino de los Cielos sufre violencia*, y los violentos lo arrebatan. ¹³ Pues todos los profetas, lo mismo que la Ley, hasta Juan profetizaron. ¹⁴ Y, si queréis admitirlo, él es Elías, el que iba a venir*. ¹⁵ El que tenga oídos, que oiga.

Jesús juzga a su generación.

¹⁶ «¿Pero, con quién compararé a esta generación? Se parece a los chiquillos que, sentados en las plazas, se gritan unos a otros diciendo:

¹⁷ 'Os hemos tocado la flauta,
y no habéis bailado,

os hemos entonado endechas,
y no os habéis lamentado.'

¹⁸ «Porque vino Juan, que ni comía ni bebía, y dicen: 'Demonio tiene.' ¹⁹ Vino el Hijo del hombre, que come y bebe, y dicen: 'Ahí tenéis un comilón y un borracho, amigo de publicanos y pecadores.' Y la Sabiduría se ha acreditado por sus obras*.»

¡Ay de las ciudades impenitentes!

²⁰ Entonces se puso a maldecir a las ciudades en las que se había realizado la mayoría de sus milagros, porque no se habían convertido:

²¹ «¡Ay de ti, Corazín! ¡Ay de ti, Betsaida! Porque si en Tiro y en Sidón se hubieran hecho los milagros que se han hecho en vosotras, tiempo ha que en sayal y ceniza se habrían convertido. ²² Por eso os digo que el día del Juicio habrá menos rigor para Tiro y Sidón que para vosotras. ²³ Y tú, Cafarnaún, ¿hasta el cielo te vas a encumbrar? ¡Hasta el Hades te hundirás! Porque si en Sodoma se hubieran hecho los milagros que se han hecho en ti, aún subsistiría el día de hoy. ²⁴ Por eso os digo que el día del Juicio habrá menos rigor para la tierra de Sodoma que para ti.»

El Evangelio revelado a los sencillos. El Padre y el Hijo.

²⁵ En aquel tiempo, tomando Jesús la palabra, dijo: «Yo te bendigo, Padre, Señor del cielo y de la tierra, porque has ocultado estas cosas* a sabios e inteli-

Marginal references

13 57
Is 8 7
Jn 6 61

3 1.5-6

3 4

16 14+
Lc 1 76-79

Ex 23 20
Ml 3 1
Dn 4 14
‖Mc 1 2
Hch 13 24-25

Jb 14 1
Dt 34 10

‖Lc 16 16
Is 13 4;
25 3-5; 29 5
Sal 54 5;
86 14
Ex 19 24
Sal 7 2; 10 9;
22 14; 50 22
Si 48 10
Ml 3 23
Mt 17 11-13

Ez 3 27
Lc 7 31-35

Qo 3 4

Mt 3 4
Lc 1 15

8 20+;
9 10-11
Dt 21 20
Pr 23 20
Si 3 1; 4 11
Jn 6 35+; 10 32;
14 11-12

‖Lc 10 13-15

Jn 12 37;
15 24
Mt 13 58

Dn 9 3
Jon 3 6

Jdt 16 17
Is 34 8

Is 14 13-15
Ez 31 14s

=10 15

‖Lc 10 21-22

Si 51 1.10.12
Sal 136 26
Tb 7 12

Notas

11 5 Lit.: «los pobres son evangelizados», ver Mt 4 23+; Lc 1 19+. Con esta alusión a los oráculos de Isaías, Jesús muestra a Juan que sus obras inauguran ciertamente la era mesiánica, pero con maneras de bondad y salvación, no de violencia y castigo: ver Lc 4 17-21.

11 11 Por el solo hecho de pertenecer al Reino, mientras que Juan, en tanto que Precursor, se ha quedado a la puerta. Esta frase contrapone dos épocas de la obra divina, dos «economías», sin minusvalorar en nada a la persona de Juan: los tiempos del Reino transcienden totalmente a los que los han precedido y preparado.

11 12 Expresión diversamente interpretada. Puede tratarse: 1) de la santa violencia de los que conquistan el Reino al precio de las más duras renuncias; 2) de la equivocada violencia de los que quieren establecer el Reino por las armas (los Celotas); 3) de la tiranía de las potencias demoníacas, o de sus secuaces terrestres, que intentan conservar el imperio de este mundo y obstaculizar la expansión del Reino de Dios. Finalmente, algunos traducen: «el Reino de los Cielos se abre su camino con violencia», es decir se establece con fuerza a despecho de todos los obstáculos.

11 14 Juan ha venido a completar la economía de la antigua alianza sucediendo al último de los profetas, Malaquías, cuya última predicción cumple, Ml 3 23.

11 19 Var.: «por sus hijos», ver Lc 7 35. Como niños enojadizos que rechazan todos los juegos que se les

ofrecen (aquí los juegos de boda y de entierro) los judíos rechazan todas las insinuaciones de Dios, tanto la penitencia de Juan como la condescendencia de Jesús. Una y otra, sin embargo, se legitiman por las situaciones diferentes de Juan Bautista y de Jesús con relación a la era mesiánica: ver 9 14-15; 11 11-13. —A pesar de la mala voluntad de los hombres, el sabio designio de Dios se realiza y se justifica a sí mismo por la conducta que inspira a Juan Bautista y a Jesús. Las «obras» de este último, en particular, es decir sus milagros, v. 2, son el testimonio que convence o condena, vv. 6 y 20-24. A Jesús se le relaciona también con la Sabiduría en 11 28-30; 12 42; 23 34p; Jn 6 35+; 1 Co 1 24. —Otra exégesis no ve aquí más que un proverbio cuya aplicación a los incrédulos anuncia que su falsa sabiduría, ver v. 25, cosechará sus justos frutos, a saber, los castigos divinos, vv. 20-24.

11 21 Ciudades de las amenazas de los profetas habían hecho tipos de impiedad: Am 1 9-10; Is 23; Ez 26-28; Za 9 2-4.

11 25 No estando en este pasaje, vv. 25-27 en estrecha conexión con el contexto en que Mt lo ha insertado (ver su lugar diferente en Lc), «estas cosas» no se refieren a lo que precede, sino que se deben entender de los «misterios del Reino», 13 11, revelados a los «pequeños», los discípulos, ver 10 42, pero ocultos a los «sabios», los fariseos y sus doctores.

Mt 13 11
Jn 7 48-49
1 Co 1 26-29

Sb 2 13
Dn 7 14
Mt 4 3+;
16 17
Jn 3
11+.35+;
10 15; 1 18

gentes, y se las has revelado a pequeños. [26] Sí, Padre, pues tal ha sido tu beneplácito. [27] Todo me ha sido entregado por mi Padre, nadie conoce al Hijo sino el Padre, ni al Padre le conoce nadie sino el Hijo, y aquel a quien el Hijo se lo quiera revelar*.

Jesús, maestro bondadoso.

Ex 33 14
Si 24 19;
51 23-30
Is 10 27;
28 12
Os 10 11
Nm 12 3
Jr 6 16
Pr 3 17
Sal 34 19
Ga 5 1
Hch 15 10

[28] «Venid a mí todos los que estáis fatigados y sobrecargados*, y yo os daré descanso. [29] Tomad sobre vosotros mi yugo*, y aprended de mí, que soy manso y humilde de corazón*; *y hallaréis descanso para vuestras almas.* [30] Porque mi yugo es suave y mi carga ligera.»

Las espigas arrancadas en sábado.

‖Mc 2 23-28
‖Lc 6 1-5
Ex 20 8+
Dt 23 26

12 [1] En aquel tiempo cruzaba Jesús un sábado por los sembrados. Y sus discípulos sintieron hambre y se pusieron a arrancar espigas y a comerlas. [2] Al verlo los fariseos, le dijeron: «Mira, tus discípulos hacen lo que no es lícito hacer en sábado*.» [3] Pero él les dijo: «¿No habéis leído lo que hizo David cuando sintió hambre él y los que le acompañaban, [4] cómo entró en la Casa de Dios y comieron los panes de la Presencia, que no le era lícito comer a él, ni a sus compañeros, sino sólo a los sacerdotes? [5] ¿Tampoco habéis leído en la Ley que en día de sábado los sacerdotes, en el Templo, quebrantan el sábado sin incurrir en culpa*? [6] Pues yo os digo que hay aquí algo mayor que el Templo. [7] Si

Nm 15 32-36

1 S 21 2-7

Ex 25 23+

Ex 40 23
Lv 24 5-9
Nm 28 9
Mt 12 41s

hubieseis comprendido lo que significa *Misericordia quiero, que no sacrificio,* no condenaríais a los que no tienen culpa. [8] Porque el Hijo del hombre es señor del sábado*.»

Curación del hombre de la mano paralizada.

=9 13
Os 6 6
1 S 15 22
Jn 5 16-17

‖Mc 3 1-6
‖Lc 6 6-11

[9] Se fue de allí y entró en su sinagoga. [10] Había allí un hombre que tenía una mano seca. Y le preguntaron si era lícito curar en sábado, para poder acusarle. [11] Él les dijo: «¿Quién de vosotros que tenga una sola oveja, si ésta cae en un hoyo en sábado, no la agarra y la saca? [12] Pues, ¡cuánto más vale un hombre que una oveja! Por tanto, es lícito hacer bien en sábado.» [13] Entonces dice al hombre: «Extiende tu mano.» Él la extendió, y quedó restablecida, sana como la otra. [14] Pero los fariseos, en cuanto salieron, se confabularon contra él para eliminarle.

Lc 20 20
Jn 8 6

‖Lc 14 5

Qo 3 19

Ex 20 8+

Jn 5 18;
11 53

Jesús es el «Siervo de Yahvé».

Mc 3 7

Mc 1 34+;
3 12p

[15] Jesús, al saberlo, se retiró de allí. Le siguieron muchos y los curó a todos. [16] Y les mandó enérgicamente que no le descubrieran; [17] para que se cumpliera lo dicho por el profeta Isaías:

Is 42 1-4
Ag 2 23

3 16+

[18] *He aquí mi Siervo, a quien elegí,*
  mi Amado, en quien mi alma se complace.
  Pondré mi Espíritu sobre él,
  y anunciará el juicio* a las naciones.
[19] *No disputará ni gritará,*
  ni oirá nadie en las plazas su voz.

---

11 27 La profesión de las relaciones íntimas con Dios, vv. 26-27, y la invitación a hacerse discípulo, vv. 28-30, evocan no pocos pasajes de los libros sapienciales, Pr 8 22-36; Si 24 3-9.19-20; Sb 8 3-4; 9 9-18; etc. Jesús se atribuye así el papel de la Sabiduría, ver Mt 11 19+, pero de una manera eminente, no ya como una personificación, sino como una persona, «el Hijo» por excelencia del «Padre», ver 4 3+. Este pasaje, de tono propio de San Juan, ver Jn 1 18; 3 11.35; 6 46; 10 15; etc., expresa, en el fondo más primitivo de la tradición sinóptica, lo mismo que en Jn, la conciencia clara que Jesús tenía de su filiación divina. Su estructura puede haber sido influida por Si 51 en este tema de las relaciones de privilegio con Dios; ver también Ex 33 12-23.
11 28 Por el peso de la Ley y de las observancias farisaicas que la recargan más todavía, 23 4; ver 5 17+.
11 29 (a) «yugo de la Ley» es una metáfora frecuente entre los rabinos: ver ya So 3 9 (LXX); Lm 3 27; Jr 2 20; 5 5; ver Is 14 25. Si 6 24-30; 51 26-27 la emplea en el contexto de sabiduría, con la idea de trabajo fácil y aliviador.
11 29 (b) Epítetos clásicos de los «Pobres» del AT, ver So 2 3+; Dn 3 87. Jesús reivindica su actitud religiosa y se considera autorizado para hacerse su maestro de sabiduría, como estaba anunciado del Siervo, Is 61 1-2 y Lc 4 18; véase también Mt 12 18-21; 21 5. De hecho es para ellos para quienes ha pronunciado las Bienaventuranzas, Mt 5 3+, y otras muchas instrucciones de su Buena Nueva.
12 2 No se censura a los discípulos por recoger de paso espigas en campo ajeno (Dt 23 26) ni por robarlo, sino por hacerlo en sábado. Los casuistas veían en ello un «trabajo» prohibido por la Ley, Ex 34 21.
12 5 El sábado no suprimía sino más bien recargaba las actividades de los ministros del culto.
12 8 En esta ocasión y en las de las curaciones que realiza en día de sábado, Mt 12 9-14p; Lc 13 10-17; 14 1-6; Jn 5 1-18; 7 19-24; 9, Jesús afirma que ni siquiera una institución divina como la del descanso sabático tiene un valor absoluto, que debe subordinarse a la necesidad o a la caridad, y que él mismo tiene poder de interpretar con autoridad la Ley mosaica, ver 5 17+; 15 1-7p; 19 1-9p. Lo tiene en su calidad de «Hijo del hombre», jefe del Reino mesiánico, 8 20+, y encargado desde aquí abajo, 9 6, de establecer su nueva economía, 9 17+, superior a la antigua, porque «hay aquí algo mayor que el Templo». —Los rabinos admitían dispensas de la Ley del sábado, pero sus escrúpulos las restringían lo más posible.
12 18 El término hebreo (y su traducción por los LXX) designa el Juicio o «Derecho» divino, ese derecho que regula las relaciones de Dios con los hombres y que se expresa esencialmente con la Revelación y la verdadera Religión que de ella fluye.

Ha 1 4
Ap 2 7
Is 11 10
(LXX)
Rm 15 12

^{20} *La caña cascada no la quebrará,*
ni apagará la mecha humeante,
hasta que lleve a la victoria el juicio:
^{21} *en su nombre pondrán las naciones su*
esperanza.

Jesús y Beelzebul.

Lc 11
14-15
=Mt 9
32-34
8 29+
9 27+

^{22} Entonces le fue presentado un endemoniado ciego y mudo. Y le curó, de suerte que el mudo hablaba y veía. ^{23} Y toda la gente atónita decía: «¿No será éste el Hijo de David?» ^{24} Mas los fariseos, al oírlo, dijeron: «Éste no expulsa los demonios más que por Beelzebul*, Príncipe de los demonios.»

Mc 3 23-30
Lc 11
17-23

^{25} Él, conociendo sus pensamientos, les dijo: «Todo reino dividido contra sí mismo queda asolado, y toda ciudad o casa dividida contra sí misma no podrá subsistir.

Jb 1 6+

^{26} Si Satanás expulsa a Satanás, contra sí mismo está dividido: ¿cómo, pues, va a subsistir su reino? ^{27} Y si yo expulso los demonios por Beelzebul, ¿por quién los expulsan vuestros hijos*? Por eso, ellos serán vuestros jueces. ^{28} Pero si por el Espíritu de Dios expulso yo los demonios, es que ha llegado a vosotros el Reino de Dios.

10 25
Hch 19 13

3 16+

8 29+

^{29} «O, ¿cómo puede uno entrar en la casa del fuerte y saquear su ajuar, si no ata primero al fuerte? Entonces podrá saquear su casa.

Is 49 25
Jn 12 31
Tb 8 3

^{30} «El que no está conmigo, está contra mí, y el que no recoge conmigo, desparrama.

Mc 9 40

^{31} «Por eso os digo: Todo pecado y blasfemia se perdonará a los hombres, pero la blasfemia contra el Espíritu no será perdonada. ^{32} Y al que diga una palabra contra el Hijo del hombre, se le perdonará; pero al que diga contra el

1 Tm 1 13
1 Jn 5 16

Lc 12 10
Nm 15 30s

Espíritu Santo, no se le perdonará ni en este mundo ni en el otro*.

Las palabras descubren el corazón.

=7 16-20
Lc 6 43-45

^{33} «Suponed un árbol bueno, y su fruto será bueno; suponed un árbol malo, y su fruto será malo; porque por el fruto se conoce el árbol. ^{34} Raza de víboras, ¿cómo podéis vosotros hablar cosas buenas siendo malos? Porque de lo que rebosa el corazón habla la boca. ^{35} El hombre bueno, del buen tesoro saca cosas buenas y el hombre malo del tesoro malo saca cosas malas. ^{36} Os digo que de toda palabra ociosa* que hablen los hombres darán cuenta en el día del Juicio. ^{37} Porque por tus palabras serás declarado justo y por tus palabras serás condenado.»

3 7; 23 33
Si 27 6

15 11.18
Pr 10 14

St 3 1-6
Judas 15

El signo de Jonás.

Lc 11
29-32
Mc 8 11-12
=Mt 16 14
1 Co 1 22

^{38} Entonces le interpelaron algunos escribas y fariseos: «Maestro queremos ver un signo hecho por ti*.» ^{39} Mas él les respondió: «¡Generación malvada y adúltera*! Un signo pide, y no se le dará otro signo que el signo del profeta Jonás*. ^{40} Porque de la misma manera que Jonás *estuvo en el vientre del cetáceo tres días y tres noches*, así también el Hijo del hombre estará en el seno de la tierra tres días y tres noches*. ^{41} Los ninivitas se levantarán en el Juicio con esta generación y la condenarán; porque ellos se convirtieron por la predicación de Jonás, y aquí hay algo más que Jonás. ^{42} La reina del Mediodía se levantará en el Juicio con esta generación y la condenará; porque ella vino de los confines de la tierra a oír la sabiduría de Salomón, y aquí hay algo más que Salomón.

Dt 32 5.20

Is 1 21
Jr 2 20
Ez 16
Os 1 2
Ap 17 1s
Jon 2 1

Ez 3 6-7

Jon 3

12 6
1 R 10 1-10

12 6
Jn 6 35+

---

12 24 Divinidad cananea cuyo nombre significa «Baal el Príncipe» (y no «Baal del estercolero» como se ha dicho a menudo), lo cual explica que la ortodoxia monoteísta lo haya convertido en «Príncipe de los demonios». La forma «Beelzebub» (sir. y Vulg.) es un juego de palabras despectivo (ver ya 2 R 1 2s) que transforma este título en «Baal de las moscas».
12 27 Giro semítico que significa «vuestros secuaces».
12 32 El hombre tiene excusa si se equivoca respecto a la divinidad de Jesús, velada por sus humildes apariencias de «Hijo del hombre», 8 20+; pero no la tiene si cierra sus ojos y su corazón a las admirables obras del Espíritu. Negándolas, rechaza la invitación suprema que Dios le hace, y se sitúa fuera de la salvación, ver Hb 6 4-6; 10 26-31.
12 36 Más que puramente «ociosa», se debe entender palabra mala desprovista de fundamento, calumnia.
12 38 Un prodigio que exprese y justifique la autoridad que reivindica Jesús, ver Is 7 11s; Lc 1 18+; Jn 2 11+. No se dará otro signo que el de su resurrección, que será el signo decisivo cuyo anuncio hace aquí ve-

ladamente.
12 39 (a) Imagen tomada de la Biblia, ver Os 1 2+.
12 39 (b) En 16 4, Mt no precisa, como lo hace aquí en el v. 40, el sentido del «signo de Jonás», y Lc 11 29s lo entiende de la predicación de Jesús, que es un signo para sus contemporáneos como Jonás lo fue para los ninivitas. Por lo demás, esta segunda interpretación subyace también aquí en el v. 41. Pero es menos verosímil. No sólo la predicación ya actual de Jesús no puede anunciarse como futura, sino que además y, sobre todo, en la tradición judía Jonás era célebre por su liberación milagrosa, mucho más que por su predicación a los paganos, que más bien desagradaba. Aun en el caso de que su explicación del v. 40 sea tardía, la interpretación de Mt debe, pues, reflejar mejor que la de Lc el pensamiento de Jesús, que anuncia así de forma velada su triunfo final. Mc omite la alusión a Jonás, ver Mc 8 12+.
12 40 Esta frase hecha, tomada literalmente de Jon 2 1+, sólo de manera aproximada se aplica al intervalo entre la muerte y la resurrección de Cristo.

‖Lc 11
24-26
Mt 8 29+
Is 34 14

Estrategia de Satanás.

⁴³ «Cuando el espíritu inmundo sale del hombre, anda vagando por lugares áridos en busca de reposo*, pero no lo encuentra. ⁴⁴ Entonces dice: 'Me volveré a mi casa, de donde salí.' Y al llegar la encuentra desocupada, barrida y en orden. ⁴⁵ Entonces va y toma consigo otros siete espíritus peores que él; entran y se instalan allí, y el final de aquel hombre viene a ser peor que el principio. Así le sucederá también a esta generación malvada.»

Mc 5 9
Lc 8 2

27 64
Jn 5 14
2 P 2 20
Mt 12 39

El verdadero parentesco de Jesús.

⁴⁶ Todavía estaba hablando a la muchedumbre, cuando su madre y sus hermanos* se presentaron fuera y trataban de hablar con él. ⁴⁷ Alguien le dijo: ¡Oye! ahí fuera están tu madre y tus hermanos que desean hablarte*.» ⁴⁸ Pero él respondió al que se lo decía: «¿Quién es mi madre y quiénes son mis hermanos?» ⁴⁹ Y, extendiendo su mano hacia sus discípulos, dijo: «Estos son mi madre y mis hermanos. ⁵⁰ Pues todo el que cumpla la voluntad de mi Padre de los cielos, ése es mi hermano, mi hermana y mi madre*.»

‖Mc 3 31-35
‖Lc 8 19-21

Jn 7 3s

Dt 33 9
Mt 13 55
Lc 2 49-50+

7 21
Jn 15 14;
20 17

2. DISCURSO PARABÓLICO

‖Mc 4 1-2
‖Lc 8 4

Introducción.

Mc 2 13

Mc 3 9

13 ¹ Aquel día*, salió Jesús de casa y se sentó a orillas del mar. ² Y se reunió tanta gente junto a él, que hubo de subir a sentarse en una barca, y toda la gente quedaba en la ribera. ³ Y les habló muchas cosas en parábolas*.

‖Mc 4 3-9
‖Lc 8 5-8

Parábola del sembrador.

Decía: «Salió un sembrador a sembrar. ⁴ Y al sembrar, unas semillas cayeron a lo largo del camino; vinieron las aves y se las comieron. ⁵ Otras cayeron en pedregal, donde no tenían mucha tierra, y brotaron enseguida por no tener hondura de tierra; ⁶ pero en cuanto salió el sol se agostaron y, por no tener raíz, se secaron. ⁷ Otras cayeron entre abrojos; crecieron los abrojos y las aho-

Si 40 15

Jb 31 40

garon. ⁸ Otras cayeron en tierra buena y dieron fruto, una ciento, otra sesenta, otra treinta. ⁹ El que tenga oídos*, que oiga.»

Jn 15 8.16

11 15

Por qué habla Jesús en parábolas.

¹⁰ Y acercándose los discípulos le dijeron: «¿Por qué les hablas en parábolas?» ¹¹ Él les respondió: «Es que a vosotros se os ha dado conocer los misterios del Reino de los Cielos, pero a ellos no. ¹² Porque a quien tiene se le dará y le sobrará; pero a quien no tiene, aun lo que tiene se le quitará*. ¹³ Por eso les hablo en parábolas, porque viendo no ven, y oyendo no oyen ni entienden*. ¹⁴ En ellos se cumple la profecía de Isaías:

Oír, oiréis, pero no entenderéis, mirar, miraréis, pero no veréis.

‖Mc 4
10-12.25
‖Lc 8
9-10.18

11 25

=25 29
Pr 11 24

Jr 5 21
Mc 8 18
Lc 19 42

Is 6 9-10+
Jn 12 40
Hch 28 26s

---

12 43 Los antiguos consideraban los lugares desiertos como poblados de demonios, ver Lv 16 8+; 17 7+; Is 13 21; 34 14; Ba 4 35; Mt 8 28; Ap 18 2. Sin embargo, éstos prefieren vivir en los hombres, Mt 8 29+.

12 46 Los «hermanos» (y las «hermanas») de Jesús se mencionan repetidas veces; ver 13 55; Jn 7 3; Hch 1 14; 1 Co 9 5; Ga 1 9. La palabra griega empleada (*adelfós*) significa en su sentido primero «hermano de sangre»; mas, al igual que la palabra hebrea o aramea correspondiente, puede significar también unas relaciones de parentesco más amplias (ver Gn 13 8; 29 15; Lv 10 4), y de modo especial a un primo hermano (1 Cro 23 22). El griego tiene otro término para significar «primo» (*anepsios*, ver Col 4 10 sobre el uso de este término en el NT). Pero el libro de Tobías muestra que se pueden emplear las dos palabras indistintamente refiriéndose a la misma persona; ver 7 2: «nuestro hermano Tobit» (*adelfós* o *anepsios*, según los manuscritos). A partir de los Padres de la Iglesia, la interpretación predominante ha visto en estos «hermanos» de Jesús a «primos», en consonancia con la creencia en la virginidad perpetua de María. Por lo demás, esto es coherente con Jn 19 26-27, que deja suponer que María estaba sola a la muerte de Jesús.

12 47 Algunos testigos omiten el v. 47 al considerar que el copista ha saltado del final del v. 46 al final idén-

tico del v. 47 («*homeoteleuton*»). Pero el v. 47 podría no ser más que una repetición del v. 46, basada en Mc y Lc.

12 50 Los lazos del parentesco carnal quedan pospuestos a los del parentesco espiritual, ver 8 21s; 10 37; 19 29.

13 1 Esta expresión estereotipada es una simple transición, sin valor cronológico.

13 3 A las dos parábolas que tiene en común con Mc, Mt añade otras cinco, poniendo así siete, ver 6 9+.

13 9 Adic.: «para oír». Igualmente en 11 15 y 13 43.

13 12 A las almas bien dispuestas se les dará, además de la antigua alianza, el perfeccionamiento de la nueva, ver 5 17.20; a las almas mal dispuestas se les quitará hasta lo que tienen.

13 13 Endurecimiento voluntario y culpable que causa y explica la retirada de la gracia. Todos los relatos que preceden preparan el discurso parabólico, ilustrando este endurecimiento, 11 16-19.20-24; 12 7.14.24-32.34. 39.45. A estos espíritus oscurecidos, a los que la plena luz sobre el carácter humilde y oculto del verdadero mesianismo no haría sino cegar más, Mc 1 34+, no podrá dar Jesús más que una luz tamizada por los símbolos: luz a medias que también será una gracia, una invitación a pedir mejor y recibir más.

[15] *Porque se ha embotado el corazón de este pueblo,*
han hecho duros sus oídos, y sus ojos han cerrado;
no sea que vean con sus ojos, con sus oídos oigan, con su corazón entiendan y se conviertan, y yo los sane.

‖Lc 10 23-24
Lc 17 22
Jn 8 56
Ef 3 5
1 P 1 10-12

[16] «¡Pero dichosos vuestros ojos, porque ven, y vuestros oídos, porque oyen! [17] Pues os aseguro que muchos profetas y justos* desearon ver lo que vosotros veis, pero no lo vieron, y oír lo que vosotros oís, pero no lo oyeron.

‖Mc 4 13-20
‖Lc 8 11-15

Explicación de la parábola del sembrador.

Dt 30 14
Jn 6 63

[18] «Vosotros, pues, escuchad la parábola del sembrador. [19] Sucede a todo el que oye la palabra del Reino y no la comprende, que viene el Maligno y arrebata lo sembrado en su corazón: éste es el que fue sembrado* a lo largo del camino.

1 Ts 1 6

[20] El que fue sembrado en pedregal, es el que oye la palabra, y al punto la recibe con alegría; [21] pero no tiene raíz en sí mismo, sino que es inconstante y, cuando se presenta una tribulación o persecución por causa de la palabra, sucumbe enseguida. [22] El que fue sembrado entre los abrojos, es el que oye la palabra, pero las preocupaciones del mundo y la seducción de las riquezas ahogan la palabra, y queda sin fruto.

Jr 4 3-4

St 1 21

[23] Pero el que fue sembrado en tierra buena, es el que oye la palabra y la entiende: éste sí que da fruto y produce, uno ciento, otro sesenta, otro treinta.»

Jn 15 8.16
Ga 5 22

Parábola de la cizaña.

[24] Otra parábola les propuso, diciendo: «El Reino de los Cielos es semejante a un hombre que sembró buena semilla en su campo. [25] Pero, mientras su gente dormía, vino su enemigo, sembró encima cizaña entre el trigo, y se fue. [26] Cuando brotó la hierba y produjo fruto, apareció entonces también la cizaña. [27] Los siervos del amo se acercaron a decirle: 'Se-

ñor, ¿no sembraste semilla buena en tu campo? ¿Cómo es que tiene cizaña?' [28] Él les contestó: 'Algún enemigo ha hecho esto.' Dícenle los siervos: '¿Quieres, pues, que vayamos a recogerla?' [29] Díceles: 'No, no sea que, al recoger la cizaña, arranquéis a la vez el trigo. [30] Dejad que ambos crezcan juntos hasta la siega. Y al tiempo de la siega, diré a los segadores: Recoged primero la cizaña y atadla en gavillas para quemarla, y el trigo recogedlo en mi granero.'»

Ap 14 15

Jn 15 6
Mt 3 12

Parábola del grano de mostaza.

‖Mc 4 30-32
‖Lc 13 18-19

[31] Otra parábola les propuso: «El Reino de los Cielos es semejante a un grano de mostaza que tomó un hombre y lo sembró en su campo. [32] Es ciertamente más pequeña que cualquier semilla, pero cuando crece es mayor que las hortalizas, y se hace árbol, hasta el punto de que las aves del cielo vienen y anidan en sus ramas.»

17 20

Ez 17 23
Sal 103 12 (LXX)
Dn 4 9.18

Parábola de la levadura.

‖Lc 13 20-21

[33] Les dijo otra parábola: «El Reino de los Cielos es semejante a la levadura que tomó una mujer y la metió en tres medidas de harina, hasta que fermentó todo*.»

16 6
1 Co 5 6-8

Gn 18 6

Sólo en parábolas habla a la gente.

‖Mc 4 33-34

[34] Todo esto dijo Jesús en parábolas a la gente, y nada les hablaba sin parábolas, [35] para que se cumpliese lo dicho por el profeta:

13 3

Abriré con parábolas mi boca, publicaré lo que estaba oculto desde la creación del mundo.*

Sal 78 2
1 Co 2 7

Interpretación de la parábola de la cizaña.

[36] Entonces despidió a la multitud y se fue a casa. Y se le acercaron sus discípulos diciendo: «Explícanos la parábola de la cizaña del campo.» [37] Él respondió: «El que siembra la buena semilla es el Hijo del hombre; [38] el campo es el mundo; la buena semilla son los hijos del Reino; la cizaña son los hijos del Maligno*;

13 24-30

1 Jn 3 10

---

13 17 Los de la antigua alianza, 23 29; ver 10 41. San Pablo insiste en los largos silencios que han rodeado el «Misterio»: Rm 16 25; Ef 3 4-5; Col 1 26. Ver también 1 P 1 11-12.
13 19 Este extraño giro proviene de una cierta confusión en la interpretación de la parábola, que identifica a los hombres unas veces con los diversos terrenos que reciben más o menos bien la Palabra, otras con la se-

milla misma, de mejor o peor calidad, que produce treinta, sesenta o cien.
13 33 Como el grano de mostaza y la levadura, el Reino tiene comienzos modestos, pero un grande y súbito desarrollo.
13 35 Varios testigos omiten: «del mundo».
13 38 «los hijos del Reino» y «los hijos del Maligno», semitismo con sentido de «adeptos».

4 1+
Jl 4 13
Ap 14 15-16

³⁹ el enemigo que la sembró es el diablo; la siega es el fin del mundo, y los segadores son los ángeles. ⁴⁰ De la misma manera, pues, que se recoge la cizaña y se la quema en el fuego, así será al fin del mundo. ⁴¹ El Hijo del hombre enviará a sus ángeles, que recogerán de su Reino todos los escándalos y a los obradores de iniquidad, ⁴² y los arrojarán en el horno de fuego; allí será el llanto y el rechinar de dientes. ⁴³ Entonces los justos brillarán como el sol en el Reino de su Padre*. El que tenga oídos, que oiga.

So 1 3
Mt 7 23
Dn 3 6
Mt 8 12+
Ap 21 8
Jc 5 31
2 S 23 4
Dn 12 3

Parábolas del tesoro y de la perla*.

Pr 2 4
Si 20 30s

⁴⁴ «El Reino de los Cielos es semejante a un tesoro escondido en un campo que, al encontrarlo un hombre, vuelve a esconderlo y, por la alegría que le da, va, vende todo lo que tiene y compra el campo aquel.

Pr 4 7
Mt 19 21
Flp 3 7-8

⁴⁵ «También es semejante el Reino de los Cielos a un mercader que anda buscando perlas finas, ⁴⁶ y que, al encontrar una perla de gran valor, va, vende todo lo que tiene y la compra.

Parábola de la red.

⁴⁷ «También es semejante el Reino de los Cielos a una red que se echa en el mar y recoge peces de todas clases; ⁴⁸ y cuando está llena, la sacan a la orilla, se sientan, y recogen en cestos los buenos y tiran los malos. ⁴⁹ Así sucederá al fin del mundo: saldrán los ángeles, separarán a los malos de entre los justos ⁵⁰ y los echarán en el horno de fuego; allí será el llanto y el rechinar de dientes.

4 19
22 9s
Ez 47 10
Ha 1 14s
13 39
25 32
Sal 1 5
8 12+
Dan 3 6

Conclusión.

⁵¹ «¿Habéis entendido todo esto?» Dícenle: «Sí.» ⁵² Y él les dijo: «Así, todo escriba que se ha hecho discípulo del Reino de los Cielos es semejante al dueño de una casa que saca de su arca cosas nuevas y cosas viejas*.»

Mc 4 13+

23 34

12 35; 20 1;
21 33
Lv 26 10

V. La Iglesia, primicias del Reino de los Cielos

1. SECCIÓN NARRATIVA

‖Mc 6 1-6
‖Lc 4 16-24
7 28

Visita a Nazaret.

⁵³ Y sucedió que, cuando acabó Jesús estas parábolas, partió de allí. ⁵⁴ Viniendo a su patria*, les enseñaba en su sinagoga, de tal manera que decían maravillados: «¿De dónde le viene a éste esa sabiduría y esos milagros? ⁵⁵ ¿No es éste el hijo del carpintero? ¿No se llama su madre María, y sus hermanos Santiago, José, Simón y Judas? ⁵⁶ Y sus hermanas, ¿no están todas entre nosotros? Entonces, ¿de dónde le viene todo esto?» ⁵⁷ Y se escandalizaban a causa de él. Mas Jesús les dijo: «Un profeta sólo en su patria y en su casa carece de prestigio.» ⁵⁸ Y no hizo allí muchos milagros, a causa de su falta de fe.

2 23

Lc 3 23
Jn 6 42

27 56

12 46+

16 14+

‖Jn 4 44

8 10+

Herodes y Jesús.

14 ¹ En aquel tiempo se enteró el tetrarca Herodes de la fama de Jesús, ² y dijo a sus criados: «Ese es Juan el Bautista; él ha resucitado de entre los muertos, y por eso actúan en él fuerzas milagrosas.»

‖Mc 6 14-16
Lc 9 7-9

Lc 3 1+;
23 8-12
Mt 16 14+

Muerte del Bautista.

³ Es que Herodes había prendido a Juan, le había encadenado y puesto en la cárcel, por causa de Herodías, la mujer de su hermano Filipo*. ⁴ Porque Juan le decía: «No te es lícito tenerla.» ⁵ Y aunque quería matarle, temió a la gente,

‖Mc 6 17-29
Lc 3 19-20

Lv 18 16;
20 21
Mt 19 9

---

13 43 Al Reino del Hijo (reino mesiánico) del v. 41 sucede el Reino del Padre, a quien el Hijo entrega los elegidos salvados por él. Ver Mt 25 34+; 1 Co 15 24.
13 44 El que encuentra el Reino de los Cielos debe dejarlo todo para entrar en él, ver 19 21; Lc 9 57-62.
13 52 El doctor judío, hecho discípulo de Cristo, posee y administra toda la riqueza de la antigua alianza, aumentada por el perfeccionamiento de la nueva, v. 12. Este elogio del «escriba cristiano» resume todo el ideal del evangelista Mateo, y bien puede ser su discreta rúbrica. El versículo invita a los discípulos a ser también creadores de nuevas parábolas.
13 54 Nazaret, el pueblo de su infancia, ver 2 23.
14 3 Om. (Vulg.): «Filipo», nombre que ofrece dificultad. Este personaje no es el tetrarca de Iturea y de Traconítida, Lc 3 1; ver Mt 16 13, sino otro hijo de Herodes el Grande tenido de Mariamne II, hermanastro por tanto de Antipas, y a quien Josefo llama también Herodes. Su situación de simple particular no había podido satisfacer la ambición de su mujer Herodías, a su vez nieta de Herodes el Grande por su padre Aristóbulo y por tanto sobrina de Antipas, la cual prefirió al tío demasiado modesto el tío tetrarca de Galilea. —El crimen de Antipas consistía, más que en haberse casado con su sobrina, en habérsela quitado a su hermano vivo aún, por lo demás no sin haber él mismo repudiado a su primera mujer.

21 26

porque le tenían por profeta. ⁶ Mas, llegado el cumpleaños de Herodes, la hija de Herodías* danzó en medio de todos gustando tanto a Herodes, ⁷ que éste le prometió bajo juramento darle lo que pidiese. ⁸ Ella, instigada por su madre, «dame aquí, dijo, en una bandeja, la cabeza de Juan el Bautista.» ⁹ Entristecióse el rey, pero, a causa del juramento y de los comensales, ordenó que se le diese, ¹⁰ y envió a decapitar a Juan en la cárcel.

Hch 8 2

¹¹ Su cabeza fue traída en una bandeja y entregada a la muchacha, la cual se la llevó a su madre. ¹² Llegando después sus discípulos, recogieron el cadáver y lo sepultaron; y fueron a informar a Jesús.

‖Mc 6 31-44
‖Lc 9 10-17
‖Jn 6 1-13
Mt 15
32-38p

Primera multiplicación de los panes*.

¹³ Al oírlo Jesús, se retiró de allí en una barca, aparte*, a un lugar solitario. En cuanto lo supieron las gentes, le siguieron a pie de las ciudades*. ¹⁴ Al desembarcar, vio mucha gente, sintió compasión de ellos y curó a sus enfermos.

2 R 4 42-44
4 12; 9 36;
15 32
8 3+

¹⁵ Al atardecer se le acercaron los discípulos diciendo: «El lugar está deshabitado, y la hora es ya pasada. Despide, pues, a la gente, para que vayan a los pueblos y se compren comida.» ¹⁶ Mas Jesús les dijo: «No tienen por qué marcharse; dadles vosotros de comer.» ¹⁷ Dícenle ellos: «No tenemos aquí más que

2 R 4 42
(LXX)

cinco panes y dos peces.» ¹⁸ Él dijo: «Traédmelos acá.» ¹⁹ Y ordenó a la gente reclinarse sobre la hierba; tomó luego los cinco panes y los dos peces, y levantando los ojos al cielo, pronunció la bendición y, partiéndolos, dio los panes a los discípulos y los discípulos a la gente. ²⁰ Comieron todos y se saciaron, y recogieron de los trozos sobrantes doce canastos llenos. ²¹ Y los que habían comido eran unos cinco mil hombres, sin contar mujeres y niños.

16 9
1 S 21 4

Sal 123 1
Jn 11 41;
17 1

Sal 78 29

Jesús camina sobre las aguas y Pedro con él*.

‖Mc 6 45-52
‖Jn 6 16-21

²² Inmediatamente obligó a los discípulos a subir a la barca y a ir por delante de él a la otra orilla, mientras él despedía a la gente. ²³ Después de despedir a la gente, subió al monte a solas para orar*; al atardecer estaba solo allí. ²⁴ La barca se hallaba ya distante de la tierra muchos estadios*, zarandeada por las olas, pues el viento era contrario. ²⁵ Y a la cuarta vigilia de la noche* vino él hacia ellos, caminando sobre el mar. ²⁶ Los discípulos, viéndole caminar sobre el mar, se turbaron y decían: «Es un fantasma», y de miedo se pusieron a gritar. ²⁷ Pero al instante les habló Jesús diciendo: «¡Ánimo!, soy yo; no temáis.» ²⁸ Pedro* le respondió: «Señor, si eres tú, mándame ir hacia ti so-

15 39
5 1
Jn 6 15
Mc 1 35+

8 23-27
Sal 107 23-32

Jb 9 8
Sal 77 20
Is 43 16

Ex 3 14

---

14 6 Se llamaba Salomé, según Josefo.
14 13 (a) Mientras que Lc 9 10-17 y Jn 6 1-13 no relatan más que una multiplicación de los panes, Mt 14 13-21; 15 32-39 y Mc 6 30-44; 8 1-10 refieren dos. Se trata sin duda de un duplicado, seguramente muy antiguo, ver 16 9s, que presenta el mismo acontecimiento según dos tradiciones diferentes. La primera, más arcaica, de origen palestino, parece situar el suceso en la orilla occidental del lago (véase la nota siguiente) y habla de doce canastos, cifra de las tribus de Israel y de los apóstoles, Mc 3 14+. La segunda, que procedería de ambientes cristianos de origen pagano, sitúa el acontecimiento en la orilla oriental, pagana, del lago, ver Mt 7 31, y habla de siete espuertas, cifra de las naciones de Canaán, Hch 13 19, y de los diáconos helenistas, Hch 6 5; 21 8. Las dos tradiciones describen el suceso a la luz de precedentes veterotestamentarios, en particular la multiplicación de aceite y de pan por Eliseo, 2 R 4 1-7.42-44, y el episodio del maná y de las codornices, Ex 16; Nm 11. Reanudando con un poder todavía superior estos repartos gratuitos de alimentos celestes, el gesto de Jesús fue entendido desde la más antigua tradición como una preparación del alimento escatológico por excelencia, la Eucaristía. Es lo que subraya la presentación literaria de los Sinópticos: comparar Mt 14 19; 15 36 y 26 26 con el discurso sobre el pan de vida de Jn 6.
14 13 (b) Nada obliga a pensar en la orilla oriental del lago. Jesús ha podido atravesar de norte a sur y de sur a norte rodeando la costa occidental, y llegar así a «la otra orilla», v. 22, de la ensenada que forma esta costa.
14 13 (c) Siguiendo por la orilla a la barca que navegaba mar adentro.

14 22 El sentido de este relato, muy impregnado de la piedad del salmista, Sal 107 23-32, consiste esencialmente en presentar a Jesús ejerciendo el control divino sobre las aguas del caos, símbolos de las potencias del mal. Jesús tiene el poder de salvar a sus discípulos. La forma narrativa puede haber sido influida por los Testamentos de los 12 Patriarcas, Neftalí 6
14 23 Los evangelistas, sobre todo Lucas, señalan a menudo que Jesús ora en la soledad o en la noche, Mt 14 23p; Mc 1 35; Lc 5 16, en el momento de las comidas, Mt 14 19p; 15 36p; 26 26-27p, y en acontecimientos importantes: en el Bautismo, Lc 3 21, antes de la elección de los Doce, Lc 6 12, de la enseñanza del Padrenuestro, Lc 11 1; ver Mt 6 5+, y de la confesión de Cesarea, Lc 9 18, en la Transfiguración, Lc 9 28-29, en Getsemaní, Mt 26 36-44p, en la cruz, Mt 27 46p; Lc 23 46. Ora por sus verdugos, Lc 23 34, por Pedro, Lc 22 32, por sus discípulos y los que les seguirán, Jn 17 9-24. También ruega por sí mismo, Mt 26 39p; ver Jn 17 1-5; Hb 5 7. Estas oraciones manifiestan una comunicación permanente entre el Padre, Mt 11 25-27p, quien nunca le abandona, Jn 8 29, y le escucha siempre Jn 11 22.42; ver Mt 26 53. Con este ejemplo, así como con su enseñanza, Jesús inculca a sus discípulos la necesidad y el modo de orar, Mt 6 5+. Y ahora, en la gloria, continúa intercediendo por los suyos, Rm 8 34; Hb 7 25; 1 Jn 2 1, como lo prometió, Jn 14 16.
14 24 Ver Jn 6 19; var.: «en medio del mar», ver Mc 6 47.
14 25 De tres a seis de la mañana.
14 28 Tres episodios referentes a Pedro, éste y 16 16-20 y 17 24-27, jalonan intencionadamente la parte histórica del libro de Mt, el evangelio de la Iglesia.

bre las aguas.» ²⁹ «¡Ven!», le dijo. Bajó Pedro de la barca y se puso a caminar sobre las aguas, yendo hacia Jesús. ³⁰ Pero, viendo la violencia del viento, le entró miedo y, como comenzara a hundirse, gritó: «¡Señor, sálvame!» ³¹ Al punto Jesús, tendiendo la mano, le agarró y le dice: «Hombre de poca fe, ¿por qué dudaste?» ³² Subieron a la barca y amainó el viento. ³³ Y los que estaban en la barca se postraron ante él diciendo: «Verdaderamente eres Hijo de Dios.»

Curaciones en el país de Genesaret.

³⁴ Terminada la travesía, llegaron a tierra en Genesaret. ³⁵ Los hombres de aquel lugar, apenas le reconocieron, pregonaron la noticia por toda aquella comarca y le presentaron todos los enfermos. ³⁶ Le pedían que tocaran siquiera la orla de su manto; y cuantos la tocaron quedaron salvados.

Discusión sobre las tradiciones farisaicas.

15 ¹ Entonces se acercan a Jesús algunos fariseos y escribas venidos de Jerusalén, y le dicen: ² «¿Por qué tus discípulos transgreden la tradición de los antepasados*? Pues no se lavan las manos a la hora de comer*.» ³ Él les respondió: «Y vosotros, ¿por qué transgredís el mandamiento de Dios por vuestra tradición? ⁴ Porque Dios dijo: *Honra* a tu padre y a tu madre*, y: *El que maldiga a su padre o a su madre, sea castigado con la muerte*. ⁵ Pero vosotros decís: El que diga a su padre o a su madre: 'Lo que de mí podrías recibir como ayuda es ofrenda*', ⁶ ése no tendrá que honrar a su padre y a su madre*. Así habéis anulado la palabra de Dios por vuestra tradición. ⁷ Hipócritas, bien profetizó de vosotros Isaías cuando dijo:

⁸ *Este pueblo me honra con los labios, pero su corazón está lejos de mí.*

⁹ *En vano me rinden culto, ya que enseñan doctrinas que son preceptos de hombres.»*

Doctrina sobre lo puro y lo impuro*.

¹⁰ Luego llamó a la gente y les dijo: «Oíd y entended. ¹¹ No es lo que entra en la boca lo que contamina al hombre; sino lo que sale de la boca, eso es lo que contamina al hombre.»

¹² Entonces se acercan los discípulos y le dicen: «¿Sabes que los fariseos se han escandalizado al oír tu palabra?» ¹³ Él les respondió: «Toda planta que no haya plantado mi Padre celestial será arrancada de raíz. ¹⁴ Dejadlos: son ciegos y guías de ciegos. Y si un ciego guía a otro ciego, los dos caerán en el hoyo.»

¹⁵ Tomando Pedro la palabra, le dijo: «Explícanos la parábola.» ¹⁶ Él dijo: «¿También vosotros estáis todavía sin inteligencia? ¹⁷ ¿No comprendéis que todo lo que entra en la boca pasa al vientre y luego se echa al excusado? ¹⁸ En cambio lo que sale de la boca viene de dentro del corazón, y eso es lo que contamina al hombre. ¹⁹ Porque del corazón salen las intenciones malas, asesinatos, adulterios, fornicaciones, robos, falsos testimonios, injurias. ²⁰ Eso es lo que contamina al hombre; que el comer sin lavarse las manos no contamina al hombre.»

Curación de la hija de una cananea.

²¹ Saliendo de allí Jesús se retiró hacia la región de Tiro y de Sidón. ²² En esto, una mujer cananea, que había salido de aquel territorio*, gritaba diciendo: «¡Ten piedad de mí, Señor, hijo de David! Mi hija está malamente endemoniada.» ²³ Pero él no le respondió palabra. Sus discípulos, acercándose, le rogaban: «Despídela*, que viene gritando detrás de nosotros.» ²⁴ Respondió él: «No he sido enviado más que a las ovejas perdidas de la casa de Israel.» ²⁵ Ella, no obstante, vino a postrarse ante él y le

Marginal references (left):
8 25-26
8 10+
4 3+;
16 16+
‖Mc 6 53-56
Jn 6 22-25
9 20-22
8 3+
‖Mc 7 1-13
Jn 1 19
Ga 1 14
Col 2 8
Lc 11 38
Ex 20 12
Dt 5 16
Mt 19 19
Lc 18 20
Ex 21 17
Lv 20 9
Pr 28 24
23 13s
Sal 78 36s
Is 29 13

Marginal references (right):
Col 2 22
Tt 1 14
‖Mc 7 14-23
Hch 10 15;
11 8
12 34; 15 18
Hch 5 38
23 16.19
‖Lc 6 39
Rm 2 19
Mc 4 13+
Rm 1 29
‖Mc 7 24-30
1 R 17 7-16
9 27+
Nm 27 1-10
8 29+
Lc 11 8
10 6
Rm 15 8

---

15 2 (a) Tradición oral que, so pretexto de hacer observar la Ley escrita, la exageraba. Los rabinos la hacían remontarse, a través de los «antepasados», hasta Moisés.
15 2 (b) Lit.: «comer pan».
15 4 Se ha de entender: Con asistencia y servicios reales.
15 5 Vulg. ha entendido: «Todo don que yo haga (a Dios) te será útil.»
15 6 Porque los bienes así dedicados (*korbán*) han adquirido un carácter «sagrado» que en adelante prohíbe a los padres reclamarlos. Aun cuando, por lo demás era ficticio y no suponía ninguna donación verdadera, era un medio odioso de librarse de un deber

sagrado. Los rabinos, aun reconociendo su carácter inmoral, consideraban válido semejante voto.
15 10 A propósito de la impureza de las manos, objetada por los fariseos, v. 2, Jesús considera la cuestión más general de la impureza atribuida por la Ley a algunos alimentos, Lv 11, y enseña a posponer la impureza legal a la impureza moral, la única que de verdad importa, ver Hch 10 9-16.28; Rm 14 14s; Ef 4 29; St 3 6.
15 22 La gracia finalmente concedida por Jesús a esta pagana se hace probablemente en tierra de Israel.
15 23 Los discípulos piden al Maestro que *la despida concediéndole lo que pide*; la misma palabra griega en 18 27; 27 15.

dijo: «¡Señor, socórreme!» ²⁶ Él respon-

7 6 dió: «No está bien tomar el pan de los hijos y echárselo a los perritos*.» ²⁷ «Sí, Señor —repuso ella—, pero también los perritos comen de las migajas que caen de la mesa de sus amos.» ²⁸ Entonces Je-
8 10+ sús le respondió: «Mujer, grande es tu fe; que te suceda como deseas.» Y desde aquel momento quedó curada su hija.

Numerosas curaciones junto al lago.

²⁹ Pasando de allí Jesús vino junto al
Mc 7 31 mar de Galilea; subió al monte y se sentó
Mt 5 1; 19 2 allí. ³⁰ Y se le acercó mucha gente trayendo consigo cojos, lisiados, ciegos, mudos y otros muchos; los pusieron a
8 3+ sus pies, y él los curó. ³¹ De suerte que la
Mc 3 10 gente quedó maravillada al ver que los
Mc 7 37 mudos hablaban, los lisiados quedaban curados*, los cojos caminaban y los ciegos veían; y glorificaron al Dios de Israel.

Mc 8 1-10 ### Segunda multiplicación de los panes.
Mt 14
13-21p
8 3+ ³² Jesús llamó a sus discípulos y les dijo: «Siento compasión de la gente, porque hace ya tres días que permanecen conmigo y no tienen qué comer. Y no quiero despedirlos en ayunas, no sea que desfallezcan en el camino.» ³³ Le di-
2 R 4 43 cen los discípulos: «¿Cómo hacernos en un desierto con pan suficiente para saciar a una multitud tan grande?» ³⁴ Díceles Jesús: «¿Cuántos panes tenéis?» Ellos dijeron: «Siete, y unos pocos pececillos.» ³⁵ Él mandó a la gente acomodarse en el suelo. ³⁶ Tomó luego los siete panes y los peces y, dando gracias, los partió e iba dándolos a los discípulos, y los discípulos a la gente. ³⁷ Comie-
Sal 78 29 ron todos y se saciaron, y de los trozos sobrantes recogieron siete espuertas llenas. ³⁸ Y los que habían comido eran
16 10 cuatro mil hombres, sin contar mujeres y niños. ³⁹ Despidiendo luego a la mu-
14 13.23 chedumbre, subió a la barca, y se fue al territorio de Magadán.

Los fariseos y saduceos piden un signo del cielo.
Mc 8 11-13
Lc 11
16.29
=Mt 12
38-39
16 ¹ Se acercaron los fariseos y saduceos y, para ponerle a prueba, le pidieron que les mostrase un signo del cielo. ² Mas él les respondió: ‹Al atardecer
Jn 6 30

Lc 12 decís: 'Va a hacer buen tiempo, porque el
54-56 cielo tiene un rojo de fuego' ³ y a la mañana: 'Hoy habrá tormenta, porque el cielo tiene un rojo sombrío.' ¡Conque sabéis discernir el aspecto del cielo y no podéis
8 10+ discernir los signos de los tiempos*! ⁴ ¡Ge-
Lc 19 44 neración malvada y adúltera! Un signo
12 39+ pide y no se le dará otro signo que el sig-
Jon 2 1 no de Jonás.» Y dejándolos, se fue.

La levadura de los fariseos y saduceos.
Mc 8 14-21
Lc 12 1
⁵ Los discípulos, al pasar a la otra orilla, se habían olvidado de tomar panes. ⁶ Jesús les dijo: «Abrid los ojos y guardaos de la levadura de los fariseos y saduceos.» ⁷ Ellos hablaban entre sí diciendo: «Es que no hemos traído panes.» ⁸ Mas Jesús, dándose cuenta, dijo:
8 10+ «Hombres de poca fe, ¿por qué estáis hablando entre vosotros de que no tenéis
Mc 4 13+ panes? ⁹ ¿Aún no comprendéis, ni os
1 S 21 4 acordáis de los cinco panes de los cinco
Mt 14 21 mil hombres, y cuántos canastos recogisteis? ¹⁰ ¿Ni de los siete panes de los
15 38 cuatro mil, y cuántas espuertas recogisteis? ¹¹ ¿Cómo no comprendéis que no me refería a los panes? Guardaos, sí, de la levadura de los fariseos y saduceos.» ¹² Entonces entendieron que no había querido decir que se guardasen de la levadura de los panes, sino de la doctrina de los fariseos y saduceos*.

Profesión de fe y primado de Pedro*.
Mc 8 27-30
Lc 9 18-21
¹³ Llegado Jesús a la región de Cesarea de Filipo, hizo esta pregunta a sus discípulos: «¿Quién dicen los hombres que
8 20+ es el Hijo del hombre?» ¹⁴ Ellos dijeron:
14 2 «Unos, que Juan el Bautista; otros, que Elías; otros, que Jeremías o uno de los profetas*.» ¹⁵ Díceles él: «Y vosotros

15 26 Jesús debe dedicarse a la salvación de los judíos, «hijos» de Dios y de las promesas, antes de ocuparse de los paganos, que a los ojos de los judíos no eran más que «perros». El carácter tradicional de esta imagen, y la forma diminutiva empleada, atenúan en labios de Jesús lo que el epíteto podía tener de despectivo.
15 31 Om.: «los lisiados quedaban curados».
16 3 De los tiempos mesiánicos. Estos signos son los milagros que obra Jesús, ver 11 3-5; 12 28. —Om.: «Al atardecer... tiempos».
16 12 Como la levadura hace fermentar la masa, **13 33**, pero puede también corromperla, ver 1 Co 5 6; Ga 5 9.

la doctrina falseada de los jefes judíos amenazaba con pervertir a todo el pueblo dirigido por ellos, ver 15 14.
16 13 Encontramos en el Pentateuco paralelos sobre la institución de un «alto funcionario».
16 14 Este título de «profeta», que Jesús sólo de manera indirecta y velada reivindica, Mt 13 57p; Lc 13 33, pero que la gente le otorga claramente, Mt 16 14p; 21 11.46; Mc 6 15p; Lc 7 16.39; 24 19; Jn 4 19; 9 17, tenía valor mesiánico. Pues el espíritu de profecía, extinguido desde Malaquías, debía reaparecer, según esperaba el Judaísmo, como señal de la era mesiánica o en la persona de Elías, Mt 17 10-11p, o en forma de efusión ge-

14 28+
4 3+
Jn 6 69
Mt 11 27
Gal 1 15s
Rm 7 5+
Hb 2 14
Gn 17 5
Is 28 16
Jn 1 42
Gn 22 17
Is 45 1-2
Jb 38 17
Sal 9 14
Sb 16 13
Lc 22 32
Is 22 22
Ap 3 7
=Mt 18 18
Jn 20 23
Dt 17 8-9
Mc 1 34+
‖Mc 8 31-33
‖Lc 9 22

¿quién decís que soy yo?» [16] Simón Pedro contestó: «Tú eres el Cristo, el Hijo de Dios vivo*.» [17] Replicando Jesús le dijo: «Bienaventurado eres Simón, hijo de Jonás, porque no te ha revelado esto la carne ni la sangre*, sino mi Padre que está en los cielos. [18] Y yo a mi vez te digo que tú eres Pedro*, y sobre esta piedra edificaré mi Iglesia*, y las puertas del Hades* no prevalecerán contra ella. [19] A ti te daré las llaves del Reino de los Cielos; y lo que ates en la tierra quedará atado en los cielos, y lo que desates en la tierra quedará desatado en los cielos*.» [20] Entonces mandó a sus discípulos que no dijesen a nadie que él era el Cristo*.

Primer anuncio de la Pasión.

[21] Desde entonces* comenzó Jesús a manifestar a sus discípulos que él debía ir a Jerusalén y sufrir mucho de parte de los ancianos, los sumos sacerdotes y los escribas, y ser matado y resucitar al tercer día. [22] Tomándole aparte Pedro, se puso a reprenderle diciendo: «¡Lejos de ti, Señor! ¡De ningún modo te sucederá eso!» [23] Pero él, volviéndose, dijo a Pedro: «¡Quítate de mi vista, Satanás! ¡Escándalo eres para mí*, porque tus pensamientos no son los de Dios, sino los de los hombres!

Condiciones para seguir a Jesús.

[24] Entonces dijo Jesús a sus discípulos: «Si alguno quiere venir en pos de mí, niéguese a sí mismo, tome su cruz y sígame. [25] Porque quien quiera salvar su vida, la perderá, pero quien pierda su vida por mí, la encontrará*. [26] Pues ¿de

17 12.
22-23;
20 17-19
Lc 2 38+;
13 33
Hch 10 40+
Os 6 2

4 10
1 R 11 14
(LXX)
Is 8 14
Mc 4 13+

‖Mc 8 34-
9 1
‖Lc 9 23-27
=10 38-39
‖Lc 14 27

Lc17 33
‖Jn 12
25-26

neral del Espíritu, Hch 2 17-18.33. De hecho, muchos (falsos) profetas se presentaron en tiempo de Jesús, Mt 24 11.24p, etc. Juan Bautista fue, sí, verdadero profeta, Mt 11 9p; **14** 5; **21** 26p; Lc 1 76, pero a título de precursor venido con el espíritu de Elías, Mt 11 10p.14; 17 12p; y él mismo negó (Jn 1 21+) ser «el Profeta» que había anunciado Moisés, Dt 18 15. Sólo Jesús es para la fe cristiana este Profeta, Hch 3 22-26+; Jn 6 14; 7 40. Sin embargo, habiéndose difundido el carisma profético en la Iglesia primitiva después de Pentecostés, Hch 11 27+, este título de Jesús cayó pronto en desuso ante otros títulos más específicos de la cristología.
16 16 A la confesión de la mesianidad de Jesús, referida por Mc y Lc, Mt añade la de la filiación divina. Ver ya **14** 33 comparado con Mc 6 51s. Ver Mt **4** 3+.
16 17 Esta expresión designa al hombre, subrayando el aspecto material limitado de su naturaleza, por oposición al mundo de los espíritus, Si 14 18; Rm 7 5+; 1 Co 15 50; Ga 1 16; Ef 6 12; Hb 2 14; ver Jn 1 13.
16 18 (a) Este cambio de nombre pudo haberse producido antes, ver Jn 1 42; Mc 3 16; Lc 6 14, y Gn 17 5. El término griego *Pétros* no se usaba como nombre de persona antes que Jesús llamara así al jefe de los apóstoles para simbolizar su papel en la fundación de la Iglesia. Pero su correspondiente arameo *Kefa* («piedra») está atestiguado por lo menos una vez en un documento de Elefantina, en 416 a. de JC.
16 18 (b) El término semítico traducido por *ekklesía* significa «asamblea» y se encuentra con frecuencia en el AT para designar a la comunidad del pueblo elegido, especialmente en el desierto, ver Dt 4 10, etc.; Hch 7 38. Algunos círculos judíos, que se creían el Resto de Israel (Is **4** 3+) de los últimos tiempos, como los Esenios de Qumrán, denomináronse así a su agrupación: al recoger este término, Mateo designa a la comunidad mesiánica, y, al usarlo paralelamente al de «Reino de los Cielos», Mt 4 17+, indica que esta comunidad escatológica comenzará ya en la tierra con una sociedad organizada, cuyo jefe instituye Jesús. Ver Hch 5 11+; 1 Co 1 2+.
16 18 (c) Sobre el *Hades* (en hebreo el *šeol*), designación de la mansión de los muertos, ver Nm **16** 33+. Aquí, sus «puertas» personificadas evocan las potencias del Mal que, tras haber arrastrado a los hombres a la muerte del pecado, los encadenan definitivamente en la muerte eterna. A imitación de su Maestro, muerto, «descendido a los infiernos», 1 P 3 19+, y resucitado, Hch 2 27.31, la misión de la Iglesia será la de arrancar a los elegidos al imperio de la muerte, temporal y sobre todo eterna, para hacerles entrar en el Reino de los Cielos, ver Col 1 13; 1 Co 15 26; Ap 6 8; 20 13.

16 19 Al igual que la Ciudad de la Muerte, también la Ciudad de Dios tiene puertas, que no dejan entrar más que a los dignos de ella: ver Mt **23** 13p. Pedro recibe sus llaves. A él le corresponderá, por tanto, abrir o cerrar el acceso al Reino de los Cielos por medio de la Iglesia. —«Atar» y «desatar» son dos términos técnicos del lenguaje rabínico que primeramente se aplicaban al campo disciplinar de la excomunión a la que se «condena» (atar) o de la que se «absuelve» (desatar) a alguien, y ulteriormente a las decisiones doctrinales o jurídicas, con el sentido de «prohibir» (atar) o «permitir» (desatar). Pedro, como mayordomo (cuyo distintivo son las llaves, ver Is 22 22) de la Casa de Dios, ejercerá el poder disciplinar de admitir o excluir a quien le parezca bien, y administrará la comunidad por medio de todas las decisiones oportunas en materia de doctrina y de moral. Sentencia y decisiones serán ratificadas por Dios desde lo alto de los cielos. —La exégesis católica sostiene que estas promesas eternas no valen sólo para la persona de Pedro, sino también para sus sucesores y, si bien esta consecuencia no está explícitamente indicada en el texto, es, sin embargo, legítima, si se atiende a la intención manifiesta que tiene Jesús de proveer al futuro de su Iglesia con una institución que no puede desaparecer con la muerte de Pedro. —Dos textos más, Lc 22 31s y Jn 21 15s, subrayarán que el primado de Pedro se ha de ejercer especialmente en el orden de la fe, y que aquél ha de ser cabeza, no sólo de la Iglesia futura, sino ya ahora de los demás apóstoles.
16 20 Vulg.: «Jesucristo».
16 21 Después del momento crucial en el que los discípulos hacen la primera profesión de fe expresa en la mesianidad de Jesús, el evangelio introduce el primer anuncio de su Pasión: al papel glorioso del Mesías une el papel doloroso del Siervo doliente. Esta disposición de tradiciones, después de la cual viene la Transfiguración, seguida de una consigna de silencio y un anuncio similares, 17 1-12, prepara la fe de los discípulos para la crisis próxima de la muerte y la Resurrección de Jesús.
16 23 Pedro, al pretender atravesarse en el camino que debe seguir el Mesías, le sirve de «escándalo» —es decir, «tropiezo», sentido originario del griego *skándalon*— y se convierte en secuaz, aunque inconsciente, del mismo Satán, ver 4 1-10.
16 25 Este *logion* de forma paradójica, y los que le siguen, juegan con dos etapas de la vida humana: la presente y la futura. El griego *psyjé*, equivalente aquí del hebreo *nefèš*, combina los tres sentidos de vida, alma, persona. Ver Gn 2 7+; Dt 6 5.

qué le servirá al hombre ganar el mundo entero, si arruina su vida? O ¿qué puede dar el hombre a cambio de su vida? [27] «Porque el Hijo del hombre ha de venir en la gloria de su Padre, con sus ángeles, y entonces pagará a cada uno según su conducta*. [28] Yo os aseguro: entre los aquí presentes hay algunos que no gustarán la muerte hasta que vean al Hijo del hombre venir en su Reino.»

La Transfiguración*.

17 [1] Seis días después, toma Jesús consigo a Pedro, a Santiago y a su hermano Juan, y los lleva aparte, a un monte alto*. [2] Y se transfiguró delante de ellos: su rostro se puso brillante como el sol y sus vestidos se volvieron blancos como la luz*. [3] En esto, se les aparecieron Moisés y Elías que conversaban con él. [4] Tomando Pedro la palabra, dijo a Jesús: «Señor, bueno es estarnos aquí. Si quieres, haré* aquí tres tiendas, una para ti, otra para Moisés y otra para Elías.» [5] Todavía estaba hablando, cuando una nube luminosa los cubrió con su sombra y de la nube salió una voz que decía: «Este es mi Hijo amado, en quien me complazco; escuchadle.» [6] Al oír esto los discípulos cayeron rostro en tierra llenos de miedo. [7] Mas Jesús, acercándose a ellos, los tocó y dijo: «Levantaos, no tengáis miedo.» [8] Ellos alzaron sus ojos y no vieron a nadie más que a Jesús solo.

La venida de Elías.

[9] Y cuando bajaban del monte, Jesús les ordenó: «No contéis a nadie la visión hasta que el Hijo del hombre haya resucitado de entre los muertos.» [10] Sus discípulos le preguntaron: «¿Por qué, pues, dicen los escribas que Elías debe venir primero*?» [11] Respondió él: «Ciertamente, Elías ha de venir a restaurarlo todo. [12] Os digo, sin embargo: Elías vino ya, pero no le reconocieron sino que hicieron con él cuanto quisieron. Así también el Hijo del hombre tendrá que padecer de parte de ellos.» [13] Entonces los discípulos entendieron que se refería a Juan el Bautista.

El endemoniado epiléptico.

[14] Cuando llegaron donde la gente, se acercó a él un hombre que, arrodillándose ante él, [15] le dijo: «Señor, ten piedad de mi hijo, porque es lunático y sufre mucho; pues muchas veces cae en el fuego y muchas en el agua. [16] Se lo he presentado a tus discípulos, pero ellos no han podido curarle.» [17] Jesús respondió: «¡Oh generación incrédula y perversa! ¿Hasta cuándo estaré con vosotros? ¿Hasta cuándo habré de soportaros? ¡Traédmelo acá!» [18] Jesús le increpó y el demonio salió de él; y quedó sano el niño desde aquel momento.

[19] Entonces los discípulos se acercaron a Jesús, en privado, y le dijeron: «¿Por qué nosotros no pudimos expulsarle?» [20] Díceles: «Por vuestra poca fe*. Porque yo os aseguro: si tenéis fe como un grano de mostaza, diréis a este monte: 'Desplázate de aquí allá', y se desplazará, y nada os será imposible*.» [21]

Segundo anuncio de la Pasión.

[22] Yendo un día juntos por Galilea, les dijo Jesús: «El Hijo del hombre va a ser entregado en manos de los hombres; [23] le matarán, y al tercer día resucitará.» Y se entristecieron mucho.

El tributo del Templo pagado por Jesús y Pedro.

[24] Cuando entraron en Cafarnaún, se acercaron a Pedro los que cobraban las

---

Margin references (left column):
25 31s
Dn 7 13-14
2 Ts 1 7
Sal 62 13+
Ez 18 21-32+

10 23;
24 30.34;
26 64

‖Mc 9 2-8
‖Lc 9 28-36
2 P 1 16-18

Ex 24 13-16

28 3

Ex 13 12+;
19 16+
Mt 24 30+

3 17; 12 18
Gn 22 2
(LXX)
Dt 18 15.19
Is 42 1
Dn 10 9
Ha 3 2
(LXX)

‖Mc 9 9-13

Mc 1 34+
8 20+

Si 48 10
Ml 3 23-24
Mt 16 14+

Margin references (right column):
1 R 19 2-10

16 21;
17 22-23;
20 17-19

11 10-14

‖Mc 9 14-29
‖Lc 9 37-42

2 R 4 31

Dt 32 5.20
Sal 78 8
Mt 12 39;
8 13
Hch 2 40
Flp 2 15

8 29+

10 1

8 10+
‖Lc 17 6
‖Mc 11
22-23
=Mt 21 21

‖Mc 9 30-32
‖Lc 9 44-45
8 20+;
16 21;
17 12;
20 17-19
Hch 10 40+
Mt 18 31;
19 22p

9 1

14 28+

---

16 27 «su conducta»; var.: «sus obras».
17 1 (a) Según la presentación de Mt, diferente de las de Mc 9 2+ y Lc 9 28+, Jesús transfigurado aparece sobre todo como un nuevo Moisés, ver 4 1+, que se encuentra con Dios en un nuevo Sinaí en medio de la nube, v. 5; Ex 24 15-18, el rostro luminoso, v. 2; Ex 34 29-35; ver 2 Co 3 7 - 4 6, asistido de dos personajes del AT que recibieron revelaciones en el Sinaí, Ex 19; 33-34; 1 R 19 9-13, y personifican a la Ley y los Profetas a los que Jesús viene a dar cumplimiento, Mt 5 17. La voz celeste ordena que se le escuche como al nuevo Moisés, Dt 18 15; ver Hch 3 20-26, y los discípulos se postran en reverencia al Maestro, ver Mt 28 17. Al terminar la aparición, queda sólo «él», v. 8, porque él solo basta como doctor de la Ley perfecta y definitiva. Su gloria, por lo demás, no es sino transitoria, porque él es también el «Siervo», v. 5; Is 42 1; ver Mt 3 16s+, que debe sufrir y morir, 16 21;

17 22-23, lo mismo que su Precursor, vv. 9-13, antes de entrar definitivamente en la gloria por la Resurrección.
17 1 (b) El Tabor, según la opinión tradicional. Según algunos, el gran Hermón, o el Carmelo, pero es sobre todo un monte simbólico de la revelación escatológica, un nuevo Sinaí.
17 2 Var.: «como la nieve», ver 28 3.
17 4 Vulg.: «hagamos», ver Mc y Lc.
17 10 Después de haber visto al Mesías ya venido, 16 16, y en su gloria, 17 1-7, los discípulos se maravillan de que Elías no haya desempeñado el papel de Precursor que Malaquías le asignaba. Lo ha desempeñado, responde Jesús, pero en la persona de Juan Bautista, a quien no se le ha reconocido. Ver Lc 1 17+.
17 20 (a) Var.: «falta de fe».
17 20 (b) Adic. v. 21: «Esta clase (de demonios), sólo se la expulsa con la oración y el ayuno», ver Mc 9 29.

Ex 30 13s

didracmas* y le dijeron: «¿No paga vuestro Maestro las didracmas?» ²⁵ Dice él: «Sí.» Y cuando llegó a casa, se anticipó Jesús a decirle: «¿Qué te parece, Simón?; los reyes de la tierra, ¿de quién cobran tasas o tributo, de sus hijos* o de los extraños?» ²⁶ Al contestar él: «De los extraños», Jesús le dijo: «Por tanto, libres están los hijos. ²⁷ Sin embargo, para que no les sirvamos de escándalo, vete al mar, echa el anzuelo, y el primer pez que salga, cógelo, ábrele la boca y encontrarás un estáter. Tómalo y dáselo por mí y por ti.»

1 Co 9 1

Rm 14 13
1 Co 8 13

2. DISCURSO ECLESIÁSTICO

Mc 9 33-36
Lc 9 46-47

¿Quién es el mayor?

18 ¹ En aquel momento se acercaron a Jesús los discípulos y le dijeron: «¿Quién es, pues, el mayor en el Reino de los Cielos?» ² Él llamó a un niño, le puso en medio de ellos ³ y dijo: «Yo os aseguro: si no cambiáis y os hacéis como los niños, no entraréis en el Reino de los Cielos. ⁴ Así pues, quien se humille como este niño, ése es el mayor en el Reino de los Cielos.

11 11

Mc 10 15
Lc 18 17
Jn 3 5

23 12

El escándalo.

Mc 9 37
Lc 9 48
=Mt 10 40
Mc 9 42
Lc 17 1-2

⁵ «Y el que reciba a un niño como éste* en mi nombre, a mí me recibe. ⁶ Pero al que escandalice a uno de estos pequeños que creen en mí, más le vale que le cuelguen al cuello una de esas piedras de molino que mueven los asnos, y le hundan en lo profundo del mar. ⁷ ¡Ay del mundo por los escándalos! Es forzoso, ciertamente, que vengan escándalos, pero ¡ay de aquel hombre por quien el escándalo viene! ⁸ «Si, pues, tu mano o tu pie te es ocasión de pecado*, córtatelo y arrójalo de ti; más te vale entrar en la Vida* manco o cojo que, con las dos manos o los dos pies, ser arrojado en el fuego eterno. ⁹ Y si tu ojo te es ocasión de pecado, sácatelo y arrójalo de ti; más te vale entrar en la Vida con un solo ojo que, con los dos ojos, ser arrojado a la gehenna del fuego*. ¹⁰ «Guardaos de menospreciar a uno de estos pequeños; porque yo os digo que sus ángeles, en los cielos, ven continuamente el rostro* de mi Padre que está en los cielos*. [11]

26 24

Mc 9 43-47
=Mt 5
29-30
Col 3 5

5 29

Ex 23 20-22
Dn 10 13.2
21;
12 1

La oveja perdida.

¹² «¿Qué os parece? Si un hombre tiene cien ovejas y se le descarría una de ellas, ¿no dejará en los montes las noventa y nueve, para ir en busca de la descarriada? ¹³ Y si llega a encontrarla, os digo de verdad que tiene más alegría por ella que por las noventa y nueve no descarriadas. ¹⁴ De la misma manera, no es voluntad de vuestro Padre celestial que se pierda uno solo de estos pequeños.

Lc 15 3-7
Ez 34+

Sal 119 76
Ez 34 4.16

Corrección fraterna.

¹⁵ «Si tu hermano llega a pecar*, vete y repréndele, a solas tú con él. Si te escucha, habrás ganado a tu hermano. ¹⁶ Si no te escucha, toma todavía contigo uno o dos, para que *todo asunto quede zanjado por la palabra de dos o tres testigos.* ¹⁷ Si les desoye a ellos, díselo a la comunidad*. Y si hasta a la comunidad desoye, sea para ti como el gentil y el publicano*.

Lc 17 3

Lv 19 17
Ga 6 1

Dt 19 15

Rm 16 17
1 Co 5 11

---

17 24 Tributo anual y personal para las necesidades del Templo.
17 25 Es decir, «de sus súbditos», ver 13 38. Pero Jesús juega con la metáfora semítica de «hijo» para designarse a sí mismo, el Hijo, ver 3 17; 17 5 y 10 32s; 11 25-27, etc., y consigo a los discípulos que son sus hermanos, 12 50, e hijos del mismo Padre, 5 45, etc. Ver Mt 4 3+.
18 5 Es decir, un hombre que se ha hecho niño por la sencillez, ver v. 4.
18 8 (a) Lit.: «un escándalo», según la acepción primera del término griego («ocasión de caída», ver 16 23+) que no evoca el término inglés. Por asociación verbal con esta palabra han venido a insertarse aquí, y no sin romper el contexto, los vv. 8-9 (ya utilizados en 5 29-30).
18 8 (b) La vida eterna.
18 9 Hebr. *Ge-Hinnom*, nombre de un valle de Jerusalén, profanado antiguamente por sacrificios de niños,

Lv 18 21+, designó más tarde el lugar maldito, reservado para el castigo de los malos, nuestro «infierno».
18 10 (a) Expresión bíblica que designa la presencia de los cortesanos ante su soberano, ver 2 S 14 24; 2 R 25 19; Tb 12 15. Así pues, el acento se pone aquí, más que en la contemplación de los ángeles, ver Sal 11 7+, en la asiduidad y la familiaridad de su trato con Dios.
18 10 (b) Adic. v. 11: «Pues el Hijo del hombre ha venido a salvar lo que estaba perdido», ver Lc 19 10.
18 15 La precisión «contra ti», añadida por numerosos testigos, parece que se debe rechazar. Se trata de una falta grave y pública que no se ha hecho necesariamente al que la corrige. El caso del v. 21 es distinto.
18 17 (a) La *ekklesia*, es decir, la asamblea de los hermanos. Ver 16 18+.
18 17 (b) Personas «impuras» con las que los judíos piadosos no podían tratar, ver 5 46+ y 9 10+. Véase la excomunión de 1 Co 5 11+.

16 19+
Jn 20 23

[18] «Yo os aseguro: todo lo que atéis en la tierra quedará atado en el cielo, y todo lo que desatéis en la tierra quedará desatado en el cielo*.

Oración en común.

Jn 15 7.16

1 23; 28 20
Ex 20 24

[19] «Os aseguro también que si dos de vosotros se ponen de acuerdo en la tierra para pedir algo, sea lo que fuere, lo conseguirán de mi Padre que está en los cielos. [20] Porque donde están dos o tres reunidos en mi nombre, allí estoy yo en medio de ellos.»

‖Lc 17 4
Mt 6 12

Perdón de las ofensas*.

Lc 23 34
Gn 4 24

[21] Pedro se acercó entonces y le dijo: «Señor, ¿cuántas veces tengo que perdonar las ofensas que me haga mi hermano? ¿Hasta siete veces?» [22] Dícele Jesús: «No te digo hasta siete veces, sino hasta setenta veces siete*.»

Parábola del siervo sin entrañas.

25 19

[23] «Por eso el Reino de los Cielos es semejante a un rey que quiso ajustar cuentas con sus siervos. [24] Al empezar a ajustarlas, le fue presentado uno que le debía diez mil talentos*. [25] Como no tenía con

qué pagar, ordenó el señor que fuese vendido él, su mujer y sus hijos y todo cuanto tenía, y que se le pagase. [26] Entonces el siervo se echó a sus pies, y postrado le decía: 'Ten paciencia conmigo, que todo te lo pagaré.' [27] Movido a compasión el señor de aquel siervo, le dejó ir y le perdonó la deuda. [28] Al salir de allí aquel siervo se encontró con uno de sus compañeros, que le debía cien denarios*; le agarró y, ahogándole, le decía: 'Paga lo que debes.' [29] Su compañero, cayendo a sus pies, le suplicaba: 'Ten paciencia conmigo, que ya te pagaré.' [30] Pero él no quiso, sino que fue y le echó en la cárcel, hasta que pagase lo que debía. [31] Al ver sus compañeros lo ocurrido, se entristecieron mucho, y fueron a contar a su señor todo lo sucedido. [32] Su señor entonces le mandó llamar y le dijo: 'Siervo malvado, yo te perdoné a ti toda aquella deuda porque me lo suplicaste. [33] ¿No debías tú también compadecerte de tu compañero, del mismo modo que yo me compadecí de ti?' [34] Y encolerizado su señor, le entregó a los verdugos hasta que pagase todo lo que le debía. [35] Esto mismo hará con vosotros mi Padre celestial, si no perdonáis de corazón cada uno a vuestro hermano.»

Lc 7 42

24 49

Rm 13 7

22 7

5 7; 7 2

8 29
5 26

6 12.14s
Lc 23 34

VI.   Próxima venida del Reino de los Cielos

1. SECCIÓN NARRATIVA

‖Mc 10 1-12

Pregunta sobre el divorcio.

Lc 9 51
Mt 7 28;
12 15
15 30

16 1
Lc 11 54
Jn 8 6

Gn 1 27
Gn 2 24

19 [1] Y sucedió que, cuando acabó Jesús estos discursos, partió de Galilea y fue a la región de Judea, al otro lado del Jordán. [2] Le siguió mucha gente, y los curó allí. [3] Y se le acercaron unos fariseos que, para ponerle a prueba, le dijeron: «¿Puede uno repudiar a su mujer por un motivo cualquiera?» [4] Él respondió: «¿No habéis leído que el Creador, desde el comienzo, *los hizo varón y hembra*, [5] y que dijo: *Por eso dejará el hombre a su padre y*

a su madre y se unirá a su mujer, y los dos se harán una sola carne? [6] De manera que ya no son dos, sino una sola carne. Pues bien, lo que Dios unió no lo separe el hombre*.» [7] Dícenle: «Pues ¿por qué Moisés prescribió dar *acta de divorcio y repudiarla?*» [8] Díceles: «Moisés, teniendo en cuenta la dureza de vuestro corazón, os permitió repudiar a vuestras mujeres; pero al principio no fue así. [9] Ahora bien, os digo que quien repudie a su mujer —no por fornicación*— y se case con otra, comete adulterio.»

Ef 5 31

1 Co 6 16;
7 10

Dt 24 1

=5 32
‖Lc 16 18

---

18 18 Extensión a los ministros de la Iglesia (a los que en primer lugar se dirige todo este discurso) de uno de los poderes conferidos a Pedro.

18 21 A ejemplo de Dios y de Jesús, Lc 23 34+, y como lo hacían ya entre sí los israelitas, Lv 19 18-19; ver Ex 21 25+, los cristianos deben perdonarse mutuamente, 5 39; 6 12p (ver 7 2); 2 Co 2 7; Ef 4 32; Col 3 13, pero «el prójimo» se extiende a todo hombre, incluidos aquéllos a los que hay que devolver bien por mal, 5 44-45; Rm 12 17-21; 1 Ts 5 15; 1 P 3 9; ver Ex 21 25+; Sal 5 11+. Así el amor cubre multitud de pecados, Pr 10 12

citado por St 5 20; 1 P 4 8.

18 22 Otros entienden «hasta setenta y siete veces». Ver 6 9+.

18 24 Unos cincuenta millones de pesetas oro: suma escogida a propósito como exorbitante.

18 28 Unas ochenta pesetas oro

19 6 Afirmación categórica de la indisolubilidad del vínculo conyugal.

19 9 Dada la forma absoluta de los paralelos, Mc 10 11s; Lc 16 18 y 1 Co 7 10s, es poco verosímil que los tres hayan suprimido una cláusula restrictiva de Jesús,

La continencia voluntaria.

[10] Dícenle sus discípulos: «Si tal es la condición del hombre respecto de su mujer, no trae cuenta casarse.» [11] Pero él les dijo: «No todos entienden este lenguaje, sino aquellos a quienes se les ha concedido. [12] Porque hay eunucos que nacieron así del seno materno, y hay eunucos que fueron hechos tales por los hombres, y hay eunucos que se hicieron tales a sí mismos por el Reino de los Cielos. Quien pueda entender, que entienda*.»

(margen: Sb 3 14 / Is 56 3-5 / 1 Co 7 1. 7-8.32-34)

Jesús y los niños.

[13] Entonces le fueron presentados unos niños para que les impusiera las manos y orase; pero los discípulos les reñían. [14] Mas Jesús les dijo: «Dejad que los niños vengan a mí, y no se lo impidáis porque de los que son como éstos es el Reino de los Cielos.» [15] Y, después de imponerles las manos, se fue de allí.

(margen: ‖Mc 10 13-16 / ‖Lc 18 15-17 / Lc 9 47 / 1 Tm 4 14+ / 18 3-4 / 1 P 2 1-2)

El joven rico.

[16] En esto se le acercó uno y le dijo: «Maestro*, ¿qué he de hacer de bueno para conseguir vida eterna?» [17] Él le dijo: «¿Por qué me preguntas acerca de lo bueno? Uno solo es el Bueno*. Mas si quieres entrar en la vida, guarda los mandamientos.» [18] «¿Cuáles?» —le dice él. Y Jesús dijo: «*No matarás, no cometerás adulterio, no robarás, no levantarás

(margen: ‖Mc 10 17-22 / ‖Lc 18 18-23 / Lc 10 25-28)

(margen: Ex 20 12-16 / Dt 5 16-20 / Rm 13 9)

falso testimonio, [19] honra a tu padre y a tu madre, y amarás a tu prójimo como a ti mismo.» [20] Dícele el joven: «Todo eso lo he guardado*; ¿qué más me falta?» [21] Jesús le dijo: «Si quieres ser perfecto*, anda, vende lo que tienes y dáselo a los pobres, y tendrás un tesoro en los cielos; luego sígueme.» [22] Al oír estas palabras, el joven se marchó entristecido, porque tenía muchos bienes.

(margen: 15 4+ / Lv 19 18)

(margen: 5 3+ / 6 19-21; / 13 44-46)

Peligro de las riquezas.

[23] Entonces Jesús dijo a sus discípulos: «Yo os aseguro que un rico difícilmente entrará en el Reino de los Cielos. [24] Os lo repito, es más fácil que un camello entre por el ojo de una aguja, que el que un rico entre en el Reino de los Cielos.» [25] Al oír esto, los discípulos, llenos de asombro, decían: «Entonces, ¿quién se podrá salvar?» [26] Jesús, mirándolos fijamente, dijo: «Para los hombres eso es imposible, mas para Dios todo es posible.»

(margen: ‖Mc 10 23-27 / ‖Lc 18 24-27)

(margen: 1 Co 1 26)

(margen: Gn 18 14 / Lc 1 37)

Recompensa prometida al desprendimiento.

[27] Entonces Pedro, tomando la palabra, le dijo: «Ya lo ves, nosotros lo hemos dejado todo y te hemos seguido; ¿qué recibiremos, pues?» [28] Jesús les dijo: «Yo os aseguro que vosotros que me habéis seguido, en la regeneración*, cuando el Hijo del hombre se siente en su trono de gloria, os sentaréis también vosotros en doce tronos, para juzgar* a

(margen: ‖Mc 10 28-31 / ‖Lc 18 28-30)

(margen: 4 20.22)

(margen: Is 1 26; 49 / Hch 1 6)

(margen: Lc 22 30 / Dn 7 9.22)

---

y más probable, en cambio, que uno de los últimos redactores del primer evangelio la haya añadido para responder a una determinada problemática rabínica (discusión entre Hillel y Šammái sobre los motivos que legitiman el divorcio), por lo demás evocada por el contexto, v 3, que podía preocupar al medio judeo-cristiano para el que escribía. Tendríamos, pues, aquí una decisión eclesiástica de alcance local y temporal, como lo fue la del Decreto de Jerusalén concerniente a la región de Antioquía, Hch 15 23-29. El sentido de *porneia* orienta la investigación en la misma dirección. Algunos quieren ver en este término la fornicación en el matrimonio, es decir, el adulterio, y encuentran aquí la dispensa para divorciarse en tal caso; así las iglesias ortodoxas y protestantes. Pero en este sentido se habría esperado otro término, *moijeia*. En cambio, *porneia*, en el contexto, parece tener el sentido técnico de la *zenût* o «prostitución» de los escritos rabínicos, dicha de toda unión convertida en incestuosa por un grado de parentesco prohibido según la Ley, Lv 18. Uniones de éstas, contraídas legalmente entre paganos o toleradas por los mismos judíos entre los prosélitos, debieron de causar dificultades, cuando estas personas se convertían, en medios judeo-cristianos legalistas del Mt; de ahí la consigna de disolver semejantes uniones irregulares que en definitiva no eran sino matrimonios nulos. —Otra solución considera que la licencia concedida por la cláusula restrictiva no sea la del divorcio, sino la de

la «separación» sin nuevo matrimonio. Tal institución era desconocida del Judaísmo, pero las exigencias de Jesús han dado lugar a más de una solución nueva, y ésta concretamente la supone ya claramente San Pablo en 1 Co 7 11.
19 12 Jesús invita a la continencia perpetua a los que quieran consagrarse exclusivamente al Reino de los Cielos.
19 16 Var.: «Maestro bueno», ver Mc y Lc.
19 17 Es decir, Dios, como precisan Mc y Lc, y aquí Vulg. —Otra lectura, tomada de Mc y Lc: «¿Por qué me llamas bueno? Nadie es bueno sino sólo Dios.»
19 20 Adic.: «desde mi juventud», ver Mc y Lc.
19 21 Jesús no instituye aquí una categoría de «perfectos», superiores a los cristianos corrientes. La «perfección» que se contempla aquí es la de la economía nueva, que supera a la antigua dándole cumplimiento, ver 5 17+. Todos son por igual llamados a ella, ver 5 48. Mas, para establecer el Reino, Jesús necesita colaboradores especialmente disponibles: a ellos es a quienes pide la renuncia radical a las preocupaciones de la familia, 18 12, y de las riquezas, 8 19-20.
19 28 (a) Se trata de la renovación mesiánica que se manifestará al fin del mundo, pero que comenzará ya, de un modo espiritual, con la Resurrección de Cristo y su Reino en la Iglesia. Ver Hch 3 21+.
19 28 (b) En sentido bíblico: para «gobernar». Las «doce tribus» designan al nuevo Israel, la Iglesia

Mt 18 18
Ap 20 4;
3 21

20 21

Lc 13 30
Mt 20 16;
5 3+

las doce tribus de Israel. [29] Y todo aquel que haya dejado casas, hermanos, hermanas, padre, madre, hijos* o campos por mi nombre, recibirá el ciento por uno y heredará vida eterna.

[30] «Pero muchos primeros serán últimos y muchos últimos, primeros.»

Parábola de los obreros de la viña*.

Lv 19 13
Dt 24 14-15

20 [1] «En efecto, el Reino de los Cielos es semejante a un propietario que salió a primera hora de la mañana a contratar obreros para su viña. [2] Habiéndose ajustado con los obreros en un denario al día, los envió a su viña. [3] Salió luego hacia la hora tercia y al ver a otros que estaban en la plaza parados, [4] les dijo: 'Id también vosotros a mi viña, y os daré lo que sea justo.' [5] Y ellos fueron. Volvió a salir a la hora sexta y a la nona e hizo lo mismo. [6] Todavía salió a eso de la hora undécima y, al encontrar a otros que estaban allí, les dice: '¿Por qué estáis aquí todo el día parados?' [7] Dícenle: 'Es que nadie nos ha contratado.' Díceles: 'Id también vosotros a la viña.' [8] Al atardecer, dice el dueño de la viña a su administrador: 'Llama a los obreros y págales el jornal, empezando por los últimos hasta los primeros.' [9] Vinieron, pues, los de la hora undécima y cobraron un denario cada uno. [10] Al venir los primeros pensaron que cobrarían más, pero ellos también cobraron un denario cada uno. [11] Y al cobrarlo, murmuraban contra el propietario, [12] diciendo: 'Estos últimos no han trabajado más que una hora, y les pagas como a nosotros, que hemos aguantado el peso del día y el calor.' [13] Pero él contestó a uno de ellos: 'Amigo, no te hago ninguna injusticia. ¿No te ajustaste conmigo en un denario? [14] Pues toma lo tuyo y vete. Por mi parte, quiero dar a este último lo mismo que a ti.

Rm 9 19-21

[15] ¿Es que no puedo hacer con lo mío lo que quiero? ¿O va a ser tu ojo malo porque yo soy bueno?'. [16] Así, los últimos serán primeros y los primeros, últimos*.»

19 30

Tercer anuncio de la Pasión.

Mc 10
32-34
Lc 18
31-33

[17] Cuando iba subiendo Jesús a Jerusalén, tomó aparte a los Doce, y les dijo por el camino: [18] «Mirad que subimos a Jerusalén, y el Hijo del hombre será entregado a los sumos sacerdotes y escribas; le condenarán a muerte [19] y le entregarán a los gentiles, para burlarse de él, azotarle y crucificarle, y al tercer día resucitará.»

16 21;
17 12.22-23

Hch 10 40+

Petición de la madre de los hijos de Zebedeo.

Mc 10
35-40

[20] Entonces se le acercó la madre de los hijos de Zebedeo con sus hijos, y se postró como para pedirle algo. [21] Él le dijo: «¿Qué quieres?» Dícele ella: «Manda que estos dos hijos míos se sienten, uno a tu derecha y otro a tu izquierda, en tu Reino*.» [22] Replicó Jesús: «No sabéis lo que pedís. ¿Podéis beber la copa* que yo voy a beber?» Dícenle: «Sí, podemos.» [23] Díceles: «Mi copa, sí la beberéis*; pero sentarse a mi derecha o mi izquierda no es cosa mía el concederlo, sino que es para quienes está preparado por mi Padre*.»

19 28

Mc 4 13+
Mt 26 39
Jn 18 11

Los jefes deben servir.

Mc 10
41-45
Lc 22
24-27

[24] Al oír esto los otros diez, se indignaron contra los dos hermanos. [25] Mas Jesús los llamó y dijo: «Sabéis que los jefes de las naciones las dominan como señores absolutos, y los grandes las oprimen con su poder. [26] No ha de ser así entre vosotros, sino que el que quiera llegar a ser grande entre vosotros, será vuestro servidor, [27] y el que quiera ser el primero entre vosotros, será vuestro esclavo; [28] de la misma manera que el Hijo del hombre no ha venido a ser servido,

Mc 9 35
Jn 13 4-15

8 20+

---

19 29 Adic.: «mujer».
20   Contratando hasta la tarde a obreros sin trabajo y dándoles a todos el jornal completo, el dueño de la viña da pruebas de una bondad que sobrepasa la justicia, sin lesionarla por lo demás. Así es Dios, que admite en su Reino a los que han llegado tarde, los pecadores y paganos. Los llamados a primera hora (los judíos beneficiarios de la alianza desde Abrahán) no deben escandalizarse por ello.
20 16 Adic.: «Porque muchos son llamados, mas pocos escogidos», sin duda tomado de 22 14.
20 21 Los apóstoles esperan una manifestación inmediata y gloriosa del Reino de Cristo, que de hecho será diferida hasta su segundo advenimiento, ver Mt 4 17+; Hch 1 6+.
20 22 Metáfora bíblica, ver Is 51 17+, que aquí designa la Pasión cercana.
20 23 (a) Herodes Agripa hizo morir a Santiago, hijo de Zebedeo, hacia el año 44, Hch 12 2. Su hermano Juan, aunque no sufrió el martirio, no estuvo menos estrechamente asociado a los sufrimientos del Maestro.
20 23 (b) La misión de Cristo en la tierra no es la de repartir mercedes a los hombres, sino la de sufrir para salvarlos, ver Jn 3 17; 12 47.

26 28
Rm 5 6-21
1 Tm 2 6

sino a servir y a dar su vida como rescate* por muchos*.»

‖Mc 10
46-52
‖Lc 18
35-43

Los dos ciegos de Jericó.

9 27-31

⁹ Cuando salían de Jericó, le siguió una gran muchedumbre. ³⁰ En esto, dos ciegos que estaban sentados junto al camino, al enterarse que Jesús pasaba, se pusieron a gritar: «¡Señor, ten compasión de nosotros, Hijo de David!» ³¹ La gente les increpó para que se callaran, pero ellos gritaron más fuerte: «¡Señor, ten compasión de nosotros, Hijo de David!» ³² Entonces Jesús se detuvo, los llamó y dijo: «¿Qué queréis que os haga?» ³³ Dícenle: «¡Señor, que se abran nuestros ojos!» ³⁴ Movido a compasión Jesús tocó sus ojos, y al instante recobraron la vista; y le siguieron.

9 27+

8 3+

‖Mc 11 1-11
‖Lc 19
28-38
‖Jn 12
12-16
Za 14 4

Entrada mesiánica en Jerusalén.

21 ¹ Cuando se aproximaron a Jerusalén y llegaron a Betfagé, en el monte de los Olivos, entonces envió Jesús a dos discípulos, ² diciéndoles: «Id al pueblo que está enfrente de vosotros, y enseguida encontraréis un asna atada y un pollino con ella; desatadlos y traédmelos. ³ Y si alguien os dice algo, diréis: El Señor los necesita, pero enseguida los devolverá.» ⁴ Esto sucedió para que se cumpliese lo dicho por el profeta:

Is 62 11
Za 9 9+

Mt 11 29
Gn 49 11

⁵ Decid a la hija de Sión:
He aquí que tu Rey viene a ti,
manso y montado en un asna
y un pollino, hijo de animal de yugo*.

1 R 1 33

2 R 9 13

⁶ Fueron, pues, los discípulos e hicieron como Jesús les había encargado: ⁷ trajeron el asna y el pollino. Luego pusieron sobre ellos sus mantos, y él se sentó encima. ⁸ La gente, muy numerosa, extendió sus mantos por el camino; otros cortaban ramas de los árboles y las ten-

dían por el camino. ⁹ Y la gente que iba delante y detrás de él gritaba:

«¡Hosanna* al Hijo de David!
¡Bendito el que viene en nombre del Señor!
¡Hosanna en las alturas!»

9 27+
Sal 118
25-26
Hch 2 33+

¹⁰ Y al entrar él en Jerusalén, toda la ciudad se conmovió. «¿Quién es éste?», decían. ¹¹ Y la gente decía: «Este es el profeta Jesús, de Nazaret de Galilea.»

16 14+

Expulsión de los vendedores del Templo.

‖Mc 11 11.
15-17
‖Lc 19
45-46
‖Jn 2 14-16

¹² Entró Jesús en el Templo y echó fuera a todos los que vendían y compraban en el Templo; volcó las mesas de los cambistas y los puestos de los vendedores de palomas*. ¹³ Y les dijo: «Está escrito: Mi Casa será llamada Casa de oración. ¡Pero vosotros estáis haciendo de ella una cueva de bandidos!» ¹⁴ También en el Templo se acercaron a él algunos ciegos y cojos, y los curó. ¹⁵ Mas los sumos sacerdotes y los escribas, al ver los milagros que había hecho y a los niños que gritaban en el Templo: «¡Hosanna al Hijo de David!», se indignaron ¹⁶ y le dijeron: «¿Oyes lo que dicen éstos?» «Sí —les dice Jesús—. ¿No habéis leído nunca que

Za 14 21
Ne 13 7s

Is 56 7

Jr 7 11
Mt 11 5
Lv 21 16-23
2 S 5 8
(LXX)

Jn 12 19

De la boca de los niños y de los que aún maman
te preparaste alabanza?»

Sal 8 3
(LXX)
Sb 10 21
Mt 11 25

¹⁷ Y dejándolos, salió fuera de la ciudad, a Betania, donde pasó la noche.

Lc 21 37

La higuera estéril y seca. Fe y oración.

‖Mc 11
12-14.20-2-

¹⁸ Al amanecer, cuando volvía a la ciudad, sintió hambre; ¹⁹ y viendo una higuera junto al camino, se acercó a ella, pero no encontró en ella más que hojas. Entonces le dice: «¡Que nunca jamás brote fruto de ti!» Y al momento se secó

Ct 2 13
Jr 8 13
Lc 13 6-9

Jr 50 39
Os 9 16
Ha 3 17

---

20 28 (a) Los pecados de los hombres arrastran una deuda ante la Justicia divina, la pena de muerte exigida por la Ley, ver 1 Co 15 56; 2 Co 3 7.9; Ga 3 13; Rm 8 3-4 (y las notas). Para librarles de esta esclavitud del pecado y de la muerte, Rm 3 24+, Jesús pagará el rescate y saldará la deuda dando el precio de su sangre, 1 Co 6 20; 7 23; Ga 3 13; 4 5 (y las notas), es decir, muriendo en lugar de los culpables, como estaba anunciado del «Siervo de Yahvé», Is 53. El término semítico traducido por «muchos», Is 53 11s, contrapone el gran número de los rescatados al único Redentor, sin querer decir que tal número sea limitado. Rm 5 6-21. Ver 26 28+.
20 28 (b) Algunos testigos añaden aquí un pasaje que sin duda procede de algún evangelio apócrifo: «Mas vosotros tratáis de haceros de pequeños grandes, y de grandes os hacéis pequeños. Cuando vayáis a un ban-

quete al que se os ha invitado, no ocupéis los puestos de honor, no sea que llegue uno más digno que tú, y acercándose el presidente del banquete te diga: 'Ponte más abajo', y ello os avergonzará. Mas si ocupas el puesto inferior y llega uno menos digno que tú, el presidente del banquete te dirá: 'Ponte más arriba', y ello te resultará beneficioso.» Ver Lc 14 8-10.
21 5 Este modesto aparato del Rey mesiánico debía manifestar, en el pensamiento del profeta, el carácter humilde y pacífico de su reino. Mateo aplica esta profecía a Jesús, Mesías humilde.
21 9 Término hebreo (en sentido primitivo: «Salva, pues») convertido en aclamación, ver Sal 118 26+.
21 12 Proporcionaban a los peregrinos las monedas y víctimas requeridas para las ofrendas. Pero este uso legítimo daba lugar a abusos.

la higuera*. [20] Al verlo los discípulos se maravillaron y decían: «¿Cómo al momento quedó seca la higuera?» [21] Jesús les respondió: «Yo os aseguro: si tenéis fe y no vaciláis, no sólo haréis lo de la higuera, sino que si aun decís a este monte: 'Quítate y arrójate al mar', así se hará. [22] Y todo cuanto pidáis con fe en la oración, lo recibiréis.»

Controversia sobre la autoridad de Jesús.

[23] Llegado al Templo, mientras enseñaba se le acercaron los sumos sacerdotes y los ancianos del pueblo diciendo: «¿Con qué autoridad haces esto*? ¿Y quién te ha dado tal autoridad?» [24] Jesús les respondió: «También yo os voy a preguntar una cosa; si me contestáis a ella, yo os diré a mi vez con qué autoridad hago esto. [25] El bautismo de Juan, ¿de dónde era?, ¿del cielo o de los hombres?» Ellos discurrían entre sí: «Si decimos: 'Del cielo', nos dirá: '¿Entonces por qué no le creísteis?' [26] Y si decimos: 'De los hombres', tenemos miedo a la gente, pues todos tienen a Juan por profeta.» [27] Respondieron, pues, a Jesús: «No sabemos.» Y él les replicó asimismo: «Tampoco yo os digo con qué autoridad hago esto.»

Parábola de los dos hijos.

[28] «Pero ¿qué os parece? Un hombre tenía dos hijos. Llegándose al primero, le dijo: 'Hijo, vete hoy a trabajar en la viña.' [29] Y él respondió: 'No quiero', pero después se arrepintió y fue. [30] Llegándose al segundo, le dijo lo mismo. Y él respondió: 'Voy, Señor', y no fue. [31] ¿Cuál de los dos hizo la voluntad del padre?» —«El primero»— le dicen. Díceles Jesús: «En verdad os digo que los publicanos y las prostitutas llegan antes que vosotros al Reino de Dios. [32] Porque vino Juan a vosotros por camino de justicia*, y no creísteis en él, mientras que los publicanos y las prostitutas creyeron en él. Y

vosotros, ni viéndolo, os arrepentisteis después, para creer en él.

Parábola de los viñadores homicidas*.

[33] «Escuchad otra parábola. Era un propietario que plantó una viña, la rodeó de una cerca, cavó en ella un lagar y edificó una torre; la arrendó a unos labradores y se ausentó. [34] Cuando llegó el tiempo de los frutos, envió sus siervos a los labradores para recibir sus frutos. [35] Pero los labradores agarraron a los siervos, y a uno le golpearon, a otro le mataron, a otro le apedrearon. [36] De nuevo envió otros siervos en mayor número que los primeros; pero los trataron de la misma manera. [37] Finalmente les envió a su hijo, diciendo: 'A mi hijo le respetarán.' [38] Pero los labradores, al ver al hijo, se dijeron entre sí: 'Éste es el heredero. Vamos, matémosle y quedémonos con su herencia.' [39] Y, agarrándole, le echaron fuera de la viña y le mataron. [40] Cuando venga, pues, el dueño de la viña, ¿qué hará con aquellos labradores?» [41] Dícenle: «A esos miserables les dará una muerte miserable y arrendará la viña a otros labradores, que le paguen los frutos a su tiempo.» [42] Y Jesús les dice: «¿No habéis leído nunca en las Escrituras:

*La piedra que los constructores desecharon,
en piedra angular se ha convertido;
fue el Señor quien hizo esto
y es maravilloso a nuestros ojos?*

[43] Por eso os digo: Se os quitará el Reino de Dios para dárselo a un pueblo que rinda sus frutos. [44] Y el que cayere sobre esta piedra se destrozará, y a aquel sobre quien cayere, le aplastará*.»

[45] Los sumos sacerdotes y los fariseos, al oír sus parábolas, comprendieron que estaba refiriéndose a ellos. [46] Y trataban de detenerle, pero tuvieron miedo a la gente porque le tenían por profeta.

21 19 «No era tiempo de higos», dice Mc. Jesús quiere realizar un gesto simbólico, como hicieron los profetas, ver Jr 18 1+, para poner en guardia a Israel desobediente; ver Jr 8 13.

21 23 Los actos insólitos que Jesús acaba de permitirse en el mismo Templo: triunfo mesiánico, expulsión de los traficantes, curaciones milagrosas.

21 32 Expresión bíblica: Juan practicaba y predicaba esa conformidad con la voluntad de Dios que hace «justo» al hombre.

21 33 Diríase mejor una «alegoría», porque cada rasgo

tiene su significación: el propietario es Dios; la viña, el pueblo elegido, Israel, ver Is 5+; los siervos, los profetas; el hijo, Jesús, muerto fuera de las murallas de Jerusalén; los viñadores homicidas, los judíos infieles; el otro pueblo al que se le confiará la viña los gentiles y los judíos creyentes.

21 44 Este v. falta en los mss occidenta es, quizá porque los copistas veían en él una repetición de Lc 20 18. Pero hay que mantenerlo, porque explicita más la alusión a Dn 2 34s.44s.

Marginal references
3 10;8 3+

=17 20
‖Lc 17 6
Mt 8 10+
Rm 4 20
St 1 6

7 7-11

‖Mc 11 27-33
‖Lc 20 1-8

Jn 2 18
Mt 28 18

Jn 3 27

21 32
21 46

14 5;
16 14+

Lc 15 11s

c 18 9-14
c 7 29-30

Pr 8 20;
12 28;
21 (LXX)
7 37-50;
19 1-10

Mc 12 1-12
‖Lc 20 9-19

Is 5+
2 R 9 17-24
Ct 4 4

22 3
Nm 22
14.15.37
Mt 22 6
2 Cro 24 19
Jr 7 25s;
25 4
Ne 9 6

Jn 3 16-17
1 Jn 4 9

Ga 3 16; 4 7
Hb 1 2
Pr 1 11s
Hb 13 12
Gn 4 8

Sal 118
22-23
Hch 2 33+
Is 28 16
Rm 9 33
Ef 2 20
1 P 2 4-8

Si 49 4s
Hch 13 5+
Dn 2
34s.44s;
7 27
Rm 11 11

21 26
16 14+

‖Lc 14
16-24
Mt 8 11+
Pr 9 1-6

Is 25 6-10

21 34

Parábola del banquete nupcial*.

22¹ Tomando Jesús de nuevo la palabra les habló en parábolas, diciendo: ² «El Reino de los Cielos es semejante a un rey que celebró el banquete de bodas de su hijo. ³ Envió sus siervos a llamar a los invitados a la boda, pero no quisieron venir. ⁴ Envió todavía otros siervos, con este encargo: Decid a los invitados: 'Mirad, mi banquete está preparado, se han matado ya mis novillos y animales cebados, y todo está a punto; venid a la boda.' ⁵ Pero ellos, sin hacer caso, se fueron el uno a su campo, el otro a su negocio; ⁶ y los demás agarraron a los siervos, los escarnecieron y los mataron. ⁷ Se enojó el rey y, enviando sus tropas, dio muerte a aquellos homicidas y prendió fuego a su ciudad. ⁸ Entonces dice a sus siervos: 'La boda está preparada, pero los invitados no eran dignos. ⁹ Id, pues, a los cruces de los caminos y, a cuantos encontréis, invitadlos a la boda.' ¹⁰ Los siervos salieron a los caminos, reunieron a todos los que encontraron, malos y buenos, y la sala de bodas se llenó de comensales.

¹¹ «Cuando entró el rey a ver a los comensales vio allí uno que no tenía traje de boda; ¹² le dice: 'Amigo, ¿cómo has entrado aquí sin traje de boda?' Él se quedó callado. ¹³ Entonces el rey dijo a los sirvientes: 'Atadle de pies y manos, y echadle a las tinieblas de fuera; allí será el llanto y el rechinar de dientes.' ¹⁴ Porque muchos son llamados, mas pocos escogidos*.»

21 35
2 S 10-11 1
2 S 12 26-31
Is 64 10
Ap 17 16

Ap 19 7

13 38.47s

Ap 19 8

Sb 4 19
Sb 17 2
8 12+

El tributo debido al César.

‖Mc 12
13-17
‖Lc 20
20-26

Lc 11 54

¹⁵ Entonces los fariseos se fueron y celebraron consejo sobre la forma de sorprenderle en alguna palabra. ¹⁶ Y le enviaban sus discípulos, junto con los herodianos*, a decirle: «Maestro, sabemos que eres veraz y que enseñas el camino de Dios con franqueza y que no te importa por nadie, porque no miras la condición de las personas. ¹⁷ Dinos, pues, qué te parece, ¿es lícito pagar tributo al César o no?» ¹⁸ Mas Jesús, conociendo su malicia, dijo: «Hipócritas, ¿por qué me tentáis? ¹⁹ Mostradme la moneda del tributo.» Ellos le presentaron un denario. ²⁰ Y les dice: «¿De quién es esta imagen y la inscripción?» ²¹ Dícenle: «Del César.» Entonces les dice: «Pues lo del César devolvédselo al César, y lo de Dios a Dios*.» ²² Al oír esto, quedaron maravillados, y dejándole, se fueron.

Gn 18 19
Sal 25 9;
51 13
1 S 16 7

Rm 13 7

La resurrección de los muertos.

²³ Aquel día se le acercaron unos saduceos, esos que niegan que haya resurrección*, y le preguntaron: ²⁴ «Maestro, Moisés dijo: Si alguien muere sin tener hijos, su hermano se casará con la mujer de aquél para dar descendencia a su hermano. ²⁵ Ahora bien, había entre nosotros siete hermanos. El primero se casó y murió; y, no teniendo descendencia, dejó su mujer a su hermano. ²⁶ Sucedió lo mismo con el segundo, y con el tercero, hasta los siete. ²⁷ Después de todos murió la mujer. ²⁸ En la resurrección, pues, ¿de cuál de los siete será mujer? Porque todos la tuvieron.» ²⁹ Jesús les respondió: «Estáis en un error, por no entender las Escrituras ni el poder de Dios. ³⁰ Pues en la resurrección, ni ellos tomarán mujer ni ellas marido, sino que serán como ángeles en el cielo. ³¹ Y en cuanto a la resurrección de los muertos, ¿no habéis leído lo dicho por Dios : ³² *Yo soy el Dios de Abrahán, el Dios de Isaac y el Dios de Jacob?* No es un Dios de muer-

‖Mc 12
18-27
‖Lc 20
27-40

1 Co 15
Gn 38 8
Dt 25 5+

Sb 5 5
Col 1 12

Ex 3 6

---

22   Parábola entreverada de rasgos alegóricos, como la precedente, y que entraña la misma lección: el rey es Dios; el banquete de bodas es la felicidad mesiánica, ya que el hijo del rey es el Mesías; los enviados son los profetas y los apóstoles; los invitados que hacen caso omiso de ellos o los ultrajan son los judíos; los que son llamados de los caminos son los pecadores y los gentiles; el incendio de la ciudad es la ruina de Jerusalén. A partir del v. 11 cambia la escena y se trata ya del Juicio final. Parece que Mt ha combinado dos parábolas, una análoga a la de Lc 14 16-24, la otra aquélla cuya conclusión se encuentra en vv. 11s: el hombre que responde a la invitación ha de llevar vestido de bodas; las obras de justicia deben acompañar a la fe, ver 3 8; 5 20; 7 21s; 13 47s; 21 28s.

22 14 Esta sentencia parece corresponder a la primera parte de la parábola más bien que a la segunda. No se trata de los elegidos en general, sino de los judíos, los

primeros invitados. La parábola no dice, pero tampoco excluye, que algunos «pocos» de entre ellos hayan respondido y hayan sido elegidos, ver 24 22+.

22 16 Partidarios de la dinastía de Herodes, Mc 3 6+, designados para denunciar la autoridad romana ante las palabras hostiles al César que se esperaba hacer pronunciar a Jesús.

22 21 Puesto que aceptan prácticamente la autoridad y los beneficios del poder romano, del que esa moneda es el símbolo, pueden e incluso deben rendirle el homenaje de su obediencia y de sus bienes, sin perjuicio de lo que por otro lado deben a la autoridad superior de Dios.

22 23 Esta secta, 3 7+, se atenía estrictamente a la tradición *escrita*, sobre todo del Pentateuco, y afirmaba no encontrar en él la doctrina de la resurrección de la carne, ver 2 M 7 9+. Los fariseos se oponían a ellos en este punto. Ver Hch 4 1+; 23 8+.

tos, sino de vivos*.» [33] Al oír esto, la gente se maravillaba de su doctrina.

‖Mc 12
28-31
‖Lc 10
25-28
Jn 13
34-35+

Dt 6 5
Jos 22 5

Lv 19 18.34
Rm 13 8-10
Ga 5 14

‖Mc 12
35-37
‖Lc 20
41-44

2 S 7+
Mt 9 27+

Sal 110 1
Mt 26 64p
Hch 2 23+.
34s
Hb 1 13

‖Mc 12 34
‖Lc 20 40

El mandamiento principal.

[34] Mas los fariseos, al enterarse de que había tapado la boca a los saduceos, se reunieron en grupo, [35] y uno de ellos* le preguntó con ánimo de ponerle a prueba: [36] «Maestro, ¿cuál es el mandamiento mayor de la Ley?» [37] Él le dijo: «Amarás al Señor, tu Dios, con todo tu corazón, con toda tu alma y con toda tu mente. [38] Este es el mayor y el primer mandamiento. [39] El segundo es semejante a éste: Amarás a tu prójimo como a ti mismo*. [40] De estos dos mandamientos penden toda la Ley y los Profetas.»

Cristo, hijo y Señor de David.

[41] Estando reunidos los fariseos, les propuso Jesús esta cuestión: [42] «¿Qué pensáis acerca del Cristo? ¿De quién es hijo?» Dícenle: «De David.» [43] Díceles: «Pues ¿cómo David, movido por el Espíritu, le llama Señor, cuando dice:

[44] Dijo el Señor a mi Señor:
Siéntate a mi diestra
hasta que ponga a tus enemigos
debajo de tus pies?

[45] Si, pues, David le llama Señor, ¿cómo puede ser hijo suyo?» [46] Nadie era capaz de contestarle nada*; y desde ese día ninguno se atrevió ya a hacerle más preguntas.

Hipocresía y vacuidad de los escribas y fariseos.

23 [1] Entonces Jesús se dirigió a la gente y a sus discípulos [2] y les dijo: «En la cátedra de Moisés se han sentado los escribas y los fariseos. [3] Haced, pues, y observad todo lo que os digan*; pero no imitéis su conducta, porque dicen y no hacen. [4] Atan cargas pesadas y las echan a las espaldas de la gente, pero ellos ni con el dedo quieren moverlas. [5] Todas sus obras las hacen para ser vistos por los hombres; ensarcian las filacterias y alargan las orlas del manto*; [6] quieren el primer puesto en los banquetes y los primeros asientos en las sinagogas, [7] que se les salude en las plazas y que la gente les llame 'Rabbí*'.

[8] «Vosotros*, en cambio no os dejéis llamar 'Rabbí', porque uno solo es vuestro Maestro; y vosotros sois todos hermanos. [9] Ni llaméis a nadie 'Padre*' vuestro en la tierra, porque uno solo es vuestro Padre: el del cielo. [10] Ni tampoco os dejéis llamar 'Instructores*', porque uno solo es vuestro Instructor: el Cristo. [11] El mayor entre vosotros será vuestro servidor. [12] Pues el que se ensalce, será humillado; y el que se humille, será ensalzado.

Siete maldiciones contra los escribas y fariseos.

[13] «¡Ay de vosotros, escribas y fariseos hipócritas, que cerráis a los hombres el Reino de los Cielos! Vosotros ciertamente no entráis; y a los que están entrando no les dejáis entrar*. [14]

Mc 12 38-40
Lc 11 39-52;
20 45-57

Ex 17 12.16

Dt 17 10

Rm 2 17-24
‖Lc 11 46
Mt 11 28

6 1-18
Am 4 5
‖Mc 12
38-39
‖Lc 20 46;
11 43
Lc 14 7

Jr 31 34
Jn 13 13

Hch 22 1
1 Jn 2 14
Ml 2 8-10

=20 26
‖Lc 14 11;
18 14
Mt 18 4
Lc 1 52-53

6 9+
‖Lc 11
39-48.52
Is 5 8-25
Jr 8 8
Ez 22 6-18
Ml 2 8

---

22 32 Cuando Dios concede su protección a un individuo o a un pueblo hasta el punto de convertirse en «su Dios», el dejarle volver a la nada no podría ser una manera imperfecta y efímera. Esta exigencia de eternidad por parte del amor divino no fue claramente percibida en los comienzos de la revelación bíblica: de ahí esta creencia en un «šeol» sin resurrección (Is 38 10-20; Sal 6 6; 88 11-13), a la que el tradicionalismo conservador de los saduceos, Hch 23 8+, pretendía mantenerse fiel. Pero el progreso de la revelación comprendió y satisfizo poco a poco esta exigencia, Sal 16 10-11; 49 16; 73 24, anunciando el retorno a la vida, Sb 3 1-9, de todo el hombre, salvado hasta en su cuerpo, Dn 12 2-3; 2 M 7 9s; 12 43-46; 14 46. Es esta revelación última la que Jesús sanciona con su interpretación de Ex 3 6.
22 35 Adic.: «un legista», tomado sin duda de Lc 10 25.
22 39 Estos dos preceptos del amor, a Dios y al prójimo, se hallan igualmente unidos en la Didajé 1 2, que podría recoger aquí un tratado judío sobre los Dos Caminos, ver 7 13+.
22 46 La respuesta exacta hubiera sido que, aun descendiendo de David por sus orígenes humanos, ver 1 1-17, el Mesías poseía también un carácter divino que le hacía superior a David y que éste había profetizado.
23 3 En cuanto que trasmiten la doctrina tradicional recibida de Moisés. Esto no impone sus interpretaciones

personales, de las que ya ha indicado Jesús en otras ocasiones lo que se debe pensar, ver 15 1-20; 16 6; 19 3-9.
23 5 Filacterias: pequeños estuches que contenían las palabras esenciales de la Ley y que los judíos fijan en sus brazos o en su frente, practicando materialmente Ex 13 9.16; Dt 6 8; 11 18. Orlas: borlas cosidas a las puntas del manto, ver Nm 15 38+; Mt 9 20.
23 7 Término hebreo que significa «mi grande», modelado sobre el arameo «ribboni, rabbuni», título respetuoso como «mi señor», y más tarde, después del 70, título habitual de los doctores judíos, como aquí. Para el uso antiguo, ver Mc 9 5p.
23 8 Los vv. 8-12, dirigidos sólo a los discípulos primitivos, no pertenecían sin duda al mismo discurso.
23 9 En arameo Abbá, otro título honorífico.
23 10 Jesús alude quizá al jefe religioso de la comunidad de Qumrán, el «Director justo», llamado comúnmente «Maestro de justicia».
23 13 Las exigencias de la casuística rabínica hacían difícil la observancia de la Ley. —Adic.: v. 14: «Ay de vosotros, escribas y fariseos hipócritas que devoráis la hacienda de las viudas, so capa de largas oraciones: por eso tendréis una sentencia más rigurosa», interpolación tomada de Mc 12 40; Lc 20 47, y que eleva a ocho la cifra intencional de siete maldiciones, ver 6 9+.

¹⁵ «¡Ay de vosotros, escribas y fariseos hipócritas, que recorréis mar y tierra para hacer un prosélito*, y, cuando llega a serlo, le hacéis hijo de condenación el doble que vosotros!

¹⁶ «¡Ay de vosotros, guías ciegos, que decís*: 'Si uno jura por el Santuario, eso no es nada; mas si jura por el oro del Santuario, queda obligado!' ¹⁷ ¡Insensatos y ciegos! ¿Qué es más importante, el oro, o el Santuario que hace sagrado el oro? ¹⁸ Y también: 'Si uno jura por el altar, eso no es nada; mas si jura por la ofrenda que está sobre él, queda obligado.' ¹⁹ ¡Ciegos! ¿Qué es más importante, la ofrenda, o el altar que hace sagrada la ofrenda? ²⁰ Quien jura, pues, por el altar, jura por él y por todo lo que está sobre él. ²¹ Quien jura por el Santuario, jura por él y por Aquel que lo habita. ²² Y quien jura por el cielo, jura por el trono de Dios y por Aquel que está sentado en él.

²³ «¡Ay de vosotros, escribas y fariseos hipócritas, que pagáis el diezmo de la menta, del aneto y del comino*, y descuidáis lo más importante de la Ley: la justicia, la misericordia y la fe! Esto es lo que había que practicar, aunque sin descuidar aquello. ²⁴ ¡Guías ciegos, que coláis el mosquito y os tragáis el camello!

²⁵ «¡Ay de vosotros, escribas y fariseos hipócritas, que purificáis por fuera la copa y el plato, mientras por dentro están llenos* de rapiña e intemperancia! ²⁶ ¡Fariseo ciego, purifica primero por dentro la copa, para que también por fuera quede pura!

²⁷ «¡Ay de vosotros, escribas y fariseos hipócritas, pues sois semejantes a sepulcros blanqueados, que por fuera parecen hermosos, pero por dentro están llenos de huesos de muertos y de toda inmundicia! ²⁸ Así también vosotros, por fuera aparecéis justos ante los hombres, pero por dentro estáis llenos de hipocresía y de iniquidad.

²⁹ «¡Ay de vosotros, escribas y fariseos hipócritas, porque edificáis los sepulcros de los profetas y adornáis los monumentos de los justos, ³⁰ y decís: 'Si nosotros hubiéramos vivido en el tiempo de nuestros padres, no habríamos tenido parte con ellos en la sangre de los profetas!' ³¹ Con lo cual atestiguáis contra vosotros mismos que sois hijos de los que mataron a los profetas. ³² ¡Colmad también vosotros la medida de vuestros padres*!

Crímenes y castigos próximos.

³³ «¡Serpientes, raza de víboras! ¿Cómo vais a escapar de la condenación de la gehenna? ³⁴ Por eso, he aquí que yo envío a vosotros profetas, sabios y escribas*: a unos los mataréis y los crucificaréis, a otros los azotaréis en vuestras sinagogas y los perseguiréis de ciudad en ciudad, ³⁵ para que caiga sobre vosotros toda la sangre inocente derramada sobre la tierra, desde la sangre del inocente Abel hasta la sangre de Zacarías, hijo de Baraquías*, a quien matasteis entre el Santuario y el altar. ³⁶ Yo os aseguro: todo esto recaerá sobre esta generación.

Apóstrofe a Jerusalén.

³⁷ «¡Jerusalén, Jerusalén, la que mata a los profetas* y apedrea a los que le son enviados! ¡Cuántas veces* he querido reunir a tus hijos, como una gallina reúne a sus pollos bajo las alas, y no habéis querido! ³⁸ Pues bien, se os va a dejar desierta vuestra casa*. ³⁹ Porque os digo que ya no me volveréis a ver hasta que digáis:

¡Bendito el que viene en nombre del Señor*!»

18 9+

15 14
Jn 9 38-41
Rm 2 19

Ex 29 37

5 33-37

Am 5 21+
Dt 14 22+

Za 7 9

Lv 11 4

Mc 7 4

15 17;
17 19.26
Jn 9 39-41

Hch 23 3

Lc 16 15

7 23; 13 41
24 12

Hch 7 52

1 Ts 2 16

3 7; 12 34

‖Lc 11
49-51
2 S 12 1
Jr 7 25s; 25
Dn 12 3
1 Ts 2 14-
Mt 5 12
Gn 4 8.10
Pr 6 17
Jl 4 19
Jn 1 14
Ap 16 6;
18 24

Dt 27 25

‖Lc 13
34-35

21 35; 22

1 R 9 7s
Is 64 10s
Jr 7 14;
26 4-6
Ez 11 23
Jn 2 19-2
Tb 14 4

Sal 118 2
Hch 2 33

---

23 15 Pagano convertido al Judaísmo. El proselitismo judío en el mundo greco-romano era muy activo. Ver Hch 2 11+.
23 16 Se trata aquí de los votos. Para absolver de ellos a los que imprudentemente los habían hecho los rabinos recurrían a sutiles argucias.
23 23 El precepto mosaico del diezmo que debía tomarse de los productos de la tierra era aplicado con exageración por los rabinos a las plantas más insignificantes.
23 25 Var.: «por dentro estáis llenos». -«intemperancia»; var.: «iniquidad», «impureza», «codicia».
23 32 Alusión a la muerte cercana del mismo Jesús, ver 21 38s.
23 34 Términos de origen bíblico, pero aplicados aquí a los misioneros cristianos, ver 10 41; 13 52.
23 35 Probablemente se trata del Zacarías de 2 Cro 24 20-22. Su asesinato es el último que se refiere en la Bi-

blia (2 Cro es el último libro del Canon judío), mientras que el de Abel, Gn 4 8, es el primero. «Hijo de Baraquías» procede quizá de la confusión con algún otro Zacarías, ver Is 8 2 (LXX); Za 1 1. O acaso estas palabras sean glosa del copista.
23 37 (a) Véase 1 R 19 10.14: Jr 26 20-23; 2 Cro 24 20-22; Hch 7 52; 1 Ts 2 15; Hb 11 37, y las leyendas judías apócrifas.
23 37 (b) Alusión a visitas reiteradas a Jerusalén, de las que nada dicen los Sinópticos, pero que refiere Jn.
23 38 Om.: «desierta». —El texto alude a la destrucción del Templo, el año 70.
23 39 Estas palabras, que Lc 13 35 parece relacionar con la entrada del día de Ramos, se refieren sin duda, en el contexto actual de Mt, a una vuelta ulterior de Cristo, la del fin de los tiempos. Los judíos saludarán esta vuelta, porque se habrán convertido, ver Rm 11 25s.

2. DISCURSO ESCATOLÓGICO*

‖Mc 13 1-4
‖Lc 21 5-7

Introducción.

24 ¹ Cuando salió Jesús del Templo, caminaba y se le acercaron sus discípulos para mostrarle las construcciones del Templo. ² Pero él les respondió: «¿Veis todo esto? Yo os aseguro: no quedará aquí piedra sobre piedra que no sea derruida.» ³ Estando luego sentado en el monte de los Olivos, se acercaron a él en privado sus discípulos, y le dijeron: «Dinos cuándo sucederá eso, y cuál será el signo de tu venida* y del fin del mundo*.»

r 7 14; 9 11

13 39

El comienzo de los dolores.

‖Mc 13 5-13
‖Lc 21 8-19

⁴ Jesús les respondió: «Mirad que no os engañe nadie. ⁵ Porque vendrán muchos en mi nombre diciendo: 'Yo soy el Cristo*', y engañarán a muchos. ⁶ Oiréis también hablar de guerras y rumores de guerras. ¡Cuidado, no os alarméis! Porque eso es necesario que suceda, pero no es todavía el fin. ⁷ Pues se levantará nación contra nación y reino contra reino, y habrá en diversos lugares hambre* y terremotos*. ⁸ Todo esto será el comienzo de los dolores de alumbramiento*.

Dn 2 28
Cro 15 6-7

Jn 16 21
Rm 8 22
1 Ts 5 3
Ap 12 2

⁹ «Entonces os entregarán a la tortura y os matarán, y seréis odiados de todas las naciones por causa de mi nombre. ¹⁰ Muchos se escandalizarán entonces y se traicionarán y odiarán mutuamente. ¹¹ Surgirán muchos falsos profetas, que engañarán a muchos. ¹² Y al crecer cada vez más la iniquidad, la caridad de muchos se enfriará. ¹³ Pero el que persevere hasta el fin, ése se salvará*.

¹⁴ «Se proclamará esta Buena Nueva del Reino en el mundo entero*, para dar testimonio a todas las naciones. Y entonces vendrá el fin*.

= 10 22

10 21.35-36

2 Ts 2 3
Lc 18 8
= 10 22

26 13

Rm 10 18

La gran tribulación de Jerusalén.

¹⁵ «Cuando veáis, pues *la abominación de la desolación*, anunciada por el profeta Daniel, erigida en el Lugar Santo* (el que lea, que comprenda), ¹⁶ entonces, los que estén en Judea, huyan a los montes; ¹⁷ el que esté en el terrado, no baje a recoger las cosas de su casa; ¹⁸ y el que esté en el campo, no regrese en busca de su manto. ¹⁹ ¡Ay de las que estén encinta o criando en aquellos días! ²⁰ Orad para que vuestra huida no

‖Mc 13
14-23
‖Lc 21
20-24
1 M 1 54
Jr 13 27;
16 18;
32 34
Dn 9 27;
11 31; 12 11
2 Ts 2 3-4
Mt 11 24
Lc 17 31

Jr 16 2

---

24 El discurso escatológico de Mt combina el anuncio de la ruina de Jerusalén con el fin de la era presente. Para ello el discurso de Mc, que se limitaba al primero de estos acontecimientos, se completa de tres maneras: 1.º, adición de los vv. 26-28.37-41, tomados de un discurso sobre el Día del Hijo del hombre, que Lc utiliza por su parte, Lc 17 22-27; 2.º, retoques que introducen los temas de la «Parusía», vv. 3.27.37.39 (que no aparecen en ningún otro lugar los Evangelios, ver Mt 24 3+; 1 Co 15 23+), del «Fin de esta era», v. 3; ver 13 39.40.49, y del «signo del Hijo del hombre» que llega a todas las razas de la tierra, v. 30; 3.º adición, al fin del discurso, de varias parábolas sobre la vigilancia, 24 42 - 25 30, que preparan el retorno de Jesús y el gran Juicio escatológico, 25 31-46. La ruina de Jerusalén ¿señala el final de una era y, en consecuencia, la inauguración de una nueva etapa de la historia?
24 3 (a) La palabra griega *(Parusía)*, que significa «Presencia», designaba en el mundo grecorromano la visita oficial y solemne de un príncipe a algún lugar. Los cristianos la adoptaron como término técnico para significar la venida gloriosa de Cristo, ver 1 Co 15 23+.
24 3 (b) Lit.: «del fin de la edad». Edad o edades del mundo se dice en griego *aiōn*: eón, época, era. La idea que subyace es que, según el pensamiento apocalíptico, la historia de la salvación se dividía en una serie de períodos o «eones»; por ejemplo, desde la creación (Adán) hasta Abrahán, de Abrahán a Moisés, de Moisés a David, de David hasta el destierro, desde el destierro hasta el Mesías, ver Mt 1 1-14. La serie de edades del mundo no estaba fijada con rigor. La innovación de los cristianos consistía en considerar dos venidas del Mesías, una en humillación, otra en gloria, cuando el Reino de Dios alcance su plenitud. La primera venida ya se ha cumplido e inaugura la época de Iglesia. La segunda está aún por venir, es la parusía propiamente dicha. La idea de una segunda venida de Cristo está presente en el NT,

por ejemplo Jn 14 3, pero no se encuentra expresamente explicitada antes de San Justino Mártir *(deútera parusía)*.
24 5 Antes del 70, varios aventureros se hicieron pasar por el Mesías.
24 7 (a) Adic.: «pestes», ver Lc 21 11.
24 7 (b) Ver Is 8 21; 13 13; 19 2; Jr 21 9; 34 17; Ez 5 12; Am 4 6-11; 8 8; 2 Cro 15 6.
24 8 Ver Is 13 8; 26 17; 66 7; Jr 13 21; 22 23; Os 13 13; Mi 4 9-10. La imagen fue aplicada por el Judaísmo al período de gran angustia que debía preceder a la venida del Reino mesiánico.
24 13 Los vv. 9-13 recogen los temas de 10 17-22 (que ofrece un paralelo más cercano de Mc 13 9-13; Lc 21 12-19), pero introduciendo algunos elementos particulares que parecen reflejar el clima de la persecución de los cristianos en Roma bajo Nerón después del incendio del 64 («odiados de todas las naciones por causa de mi nombre») y de las traiciones y odios mutuos entre las mismas víctimas («la caridad de la mayoría se enfriará»); ver Tácito, *Annales* XV 44.
24 14 (a) El «mundo habitado» *(oik umenè*, es decir el mundo grecorromano. Es preciso que, antes del castigo de Israel, todos los judíos del Imperio hayan oído la Buena Nueva, ver Hch 1 8+; Rm 10 18. El Evangelio llegó efectivamente a todas las partes vitales del Imperio romano antes de la destrucción del Templo, el año 70, ver 1 Ts 1 8; Rm 1 5.8; Col 1 6.23.
24 14 (b) Es decir, el fin de la era presente y la llegada del Reino de Dios en su plenitud, cuya señal anticipada es la caída de Jerusalén.
24 15 Al parecer, Daniel designaba con ello un altar pagano que Antíoco Epífanes erigió en el Templo de Jerusalén (el 168: ver 1 M 1 54). La aplicación evangélica se realizó cuando la Ciudad Santa y su Templo fueron sitiados y luego ocupados por los ejércitos paganos de Roma, ver Lc 21 20.

Dn 12 1
Ap 7 14

suceda en invierno ni en día de sábado. [21] Porque habrá entonces una gran *tribulación, cual no la hubo* desde el principio del mundo *hasta el presente* ni volverá a haberla*. [22] Y si aquellos días no se abreviasen, no se salvaría nadie; pero en atención a los elegidos* se abreviarán aquellos días.

Dt 13 2-6
2 Ts 2 3-4.9
Ap 13

[23] «Entonces, si alguno os dice: 'Mirad, el Cristo está aquí o allí', no lo creáis. [24] Porque surgirán falsos cristos y falsos profetas, que harán grandes signos y prodigios, capaces de engañar, si fuera posible, a los mismos elegidos. [25] ¡Mirad que os lo he predicho!

‖Lc 17
23-24

La venida del Hijo del hombre será manifiesta.

[26] «Así que si os dicen: 'Está en el desierto', no salgáis; 'Está en los aposentos', no lo creáis. [27] Porque como el relámpago sale por oriente y brilla hasta occidente, así será la venida del Hijo del hombre*. [28] Donde esté el cadáver, allí se juntarán los buitres*.

Jn 7 27
Ap 19 11-12

‖Lc 17 27
Is 34 15
Jb 39 30
Mt 25 32

Resonancia cósmica de la venida.

[29] «Inmediatamente después de la tribulación de aquellos días, el sol se oscurecerá, la luna no dará su resplandor, las estrellas caerán del cielo, y las fuerzas de los cielos serán sacudidas*. [30] Entonces aparecerá en el cielo la señal del Hijo del hombre*; y entonces se golpearán el pecho todas las razas de la tierra y verán al Hijo del hombre venir sobre las nubes del cielo con gran poder y gloria*. [31] Él enviará a sus ángeles con so-

‖Mc 13
24-27
‖Lc 21
25-27
Is 13 9-10;
34 4
Am 8 9+

Za 12 10-12
Ap 1 7

8 20+; 26 64
Dn 7 13-14

nora trompeta*, y reunirán de los cuatro vientos a sus elegidos, desde un extremo de los cielos hasta el otro*.

1 Ts 4 16
Dt 30 3s

Parábola de la higuera.

[32] «De la higuera aprended esta parábola: cuando ya sus ramas están tiernas y brotan las hojas, sabéis que el verano está cerca. [33] Así también vosotros, cuando veáis todo esto, sabed que Él* está cerca, a las puertas. [34] Yo os aseguro que no pasará esta generación hasta que todo esto suceda*. [35] El cielo y la tierra pasarán, pero mis palabras no pasarán.

‖Mc 13
28-32
‖Lc 21
29-33

5 18;
10 23; 16 :
Is 51 6

Estar alerta para no ser sorprendidos.

[36] «Mas de aquel día y hora, nadie sabe nada, ni los ángeles de los cielos, ni el Hijo*, sino sólo el Padre.

[37] «Como en los días de Noé, así será la venida del Hijo del hombre. [38] Porque como en los días que precedieron al diluvio, comían, bebían, tomaban mujer o marido, hasta el día en que entró Noé en el arca, [39] y no se dieron cuenta hasta que vino el diluvio y los arrastró a todos, así será también la venida del Hijo del hombre. [40] Entonces, estarán dos en el campo: uno es tomado, el otro dejado; [41] dos mujeres moliendo en el molino: una es tomada, la otra dejada.

[42] «Velad, pues, porque no sabéis qué día* vendrá vuestro Señor. [43] Entendedlo bien: si el dueño de casa supiese a qué hora de la noche iba a venir el ladrón, estaría en vela y no permitiría que le horadasen su casa. [44] Por eso, también vosotros estad preparados, porque en el

‖Lc 17
26-27.
34-35
Hch 1 7
Za 14 7

Gn 6 11-1
Is 54 9

Gn 7 11-2

Ap 12 15
1 Ts 5 3

25 13
1 Ts 5+
‖Lc 12
39-40

1 Ts 5 2-

---

24 21 Ver Ex **10** 14; **11** 6; Jr **30** 7; Ba **2** 2; Jl **2** 2; Dn **12** 1; **1** M **9** 27; Ap **16** 18.
24 22 Los que, entre los judíos, son llamados a entrar en el Reino de Dios: el «pequeño Resto», ver Is **4** 3+; Rm **11** 5-7.
24 27 La venida del Mesías será manifiesta como el relámpago. Para una descripción de ello, ver Ap **19** 11-21. El relámpago es un acompañamiento clásico de los juicios divinos, ver Is **29** 6; **30** 30; Za **9** 14; Sal **97** 4; etc.
24 28 Tal vez un proverbio con la misma idea de manifestación patente: un cadáver, aun escondido en el desierto, queda inmediatamente denunciado por la presencia de los buitres.
24 29 Ver Jr **4** 23-26; Ez **32** 7s; Am **8** 9; Mi **1** 3-4; Jl **2** 10; **3** 4; **4** 15 y sobre todo Is **13** 9-10; **34** 4, cuyas expresiones recoge nuestro texto. Las «fuerzas de los cielos» son los astros y las fuerzas celestes en general.
24 30 (a) Los Padres ven en esta señal la Cruz de Cristo. Podría tratarse del mismo Cristo.
24 30 (b) Daniel anunciaba así el establecimiento del Reino mesiánico por un Hijo de hombre que vendría en las nubes. —La nube es el marco ordinario de las teofanías, en el AT: Ex **13** 22+; **19** 16+; **34** 5+; Lv **16** 2; **1** R **8** 10-11; Sal **18** 12; **97** 2; **104** 3; Is **19** 1; Jr **4** 13; Ez **1** 4; **10** 3s; **2** M **2** 8, lo mismo que en el NT: Mt **17** 5;

Hch **1** 9. 11; **1** Ts **4** 17; Ap **1** 7; **14** 14.
24 31 (a) Adic.: «y voz».
24 31 (b) Fórmula combinada basándose en Za **2** 10 y Dt **30** 4, textos en que se trata de reunir a los dispersos de Israel, ver Ez **37** 9 y Ne **1** 9. Véase también Is **27** 13. Los «elegidos» son, pues, aquí como en los vv. 22 y 34, aquellos judíos a quienes Dios salvará del desastre de su pueblo para admitirlos en su Reino, con los gentiles, v 30.
24 33 El Hijo del hombre, que viene a instaurar su Reino.
24 34 Esta afirmación se refiere a la ruina de Jerusalén y al fin de la era presente.
24 36 Om. (Vulg.): «ni el Hijo», sin duda por escrúpulo teológico. Cristo, en cuanto hombre, recibió del Padre el conocimiento de todo lo que interesaba a su misión, pero pudo ignorar algunos puntos del plan divino tal como aquí lo afirma formalmente .
24 42 Vulg.: «a qué hora». -Velar, que propiamente significa abstenerse del sueño, es la actitud que Jesús recomienda a los que esperan su venida, 25 13; Mc 13 33-37; Lc 12 35-40; 21 34-16. La vigilancia, en este estado de alerta, supone una esperanza firme y exige una presencia de espíritu sin decaimiento que recibe el nombre de «sobriedad», 1 Ts 5 6-8; 1 P 5 8; ver 1 P 1 13: 4 7.

momento que no penséis, vendrá el Hijo del hombre.

Lc 12 42-46

Parábola del mayordomo*.

[45] «¿Quién es, pues, el siervo fiel y prudente, a quien el señor puso al frente de su servidumbre para darles la comida a su tiempo? [46] Dichoso aquel siervo a quien su señor, al llegar, encuentre haciéndolo así. [47] Yo os aseguro que le pondrá al frente de toda su hacienda. [48] Pero si el mal siervo aquel se dice en su corazón: 'Mi señor tarda', [49] y se pone a golpear a sus compañeros y come y bebe con los borrachos, [50] vendrá el señor de aquel siervo el día que no espera y en el momento que no sabe, [51] le separará* y le señalará su suerte entre los hipócritas; allí será el llanto y el rechinar de dientes.

Gn 34 9s
Sal 105 21;
104 27

9 28; 25 21

18 28

8 12+

Lc 12 35-38

Parábola de las diez vírgenes*.

25 [1] «Entonces el Reino de los Cielos será semejante a diez vírgenes, que, con su lámpara en la mano, salieron al encuentro del novio*. [2] Cinco de ellas eran necias, y cinco prudentes. [3] Las necias, en efecto, al tomar sus lámparas, no se proveyeron de aceite; [4] las prudentes, en cambio, junto con sus lámparas tomaron aceite en las alcuzas. [5] Como el novio tardara, se adormilaron todas y se durmieron. [6] Mas a media noche se oyó un grito: '¡Ya está aquí el novio! ¡Salid a su encuentro!' [7] Entonces todas aquellas vírgenes se levantaron y arreglaron sus lámparas. [8] Y las necias dijeron a las prudentes: 'Dadnos de vuestro aceite, que nuestras lámparas se apagan.' [9] Pero las prudentes replican: 'No, no sea que no alcance para nosotras y para vosotras; es mejor que vayáis donde los vendedores y os lo compréis.' [10] Mientras iban a comprarlo, llegó el novio, y las que estaban preparadas entraron con él al banquete de boda, y se cerró la puerta. [11] Más tarde llegaron las otras vírgenes diciendo: '¡Señor, señor, ábrenos!' [12] Pero él respondió: 'En verdad os digo que no os co-

1 Ts 4 15

Pr 13 9
Jb 18 5

Lc 13 25

7 23

nozco.' [13] Velad, pues, porque no sabéis ni el día ni la hora.

24 42
Mc 13 33

Parábola de los talentos*.

Lc 19 12-27

[14] «Es también como un hombre que, al ausentarse, llamó a sus siervos y les encomendó su hacienda: [15] a uno dio cinco talentos, a otro dos y a otro uno, a cada cual según su capacidad; y se ausentó. [16] Enseguida, el que había recibido cinco talentos se puso a negociar con ellos y ganó otros cinco. [17] Igualmente el que había recibido dos ganó otros dos. [18] En cambio el que había recibido uno se fue, cavó un hoyo en tierra y escondió el dinero de su señor. [19] Al cabo de mucho tiempo, vuelve el señor de aquellos siervos y ajusta cuentas con ellos. [20] Llegándose el que había recibido cinco talentos, presentó otros cinco, diciendo: 'Señor, cinco talentos me entregaste; aquí tienes otros cinco que he ganado.' [21] Su señor le dijo: '¡Bien, siervo bueno y fiel!; en lo poco has sido fiel, al frente de lo mucho te pondré; entra en el gozo de tu señor*.' [22] Llegándose también el de los dos talentos dijo: 'Señor, dos talentos me entregaste; aquí tienes otros dos que he ganado.' [23] Su señor le dijo: '¡Bien, siervo bueno y fiel!; en lo poco has sido fiel, al frente de lo mucho te pondré; entra en el gozo de tu señor.' [24] Llegándose también el que había recibido un talento dijo: 'Señor, sé que eres un hombre duro, que cosechas donde no sembraste y recoges donde no esparciste. [25] Por eso me dio miedo, y fui y escondí en tierra tu talento. Mira, aquí tienes lo que es tuyo.' [26] Mas su señor le respondió: 'Siervo malo y perezoso, sabías que yo cosecho donde no sembré y recojo donde no esparcí; [27] debías, pues, haber entregado mi dinero a los banqueros, y así, al volver yo, habría cobrado lo mío con los intereses. [28] Quitadle, por tanto, el talento y dádselo al que tiene los diez talentos. [29] Porque a todo el que tiene, se le dará y le sobrará; pero al que no tiene, aun lo

Mc 13 34
Rm 12 3-6

18 23

Gn 30 30

Jn 15 11
19 28; 24 47
Lc 16 10

=13 12+

---

24 45 Al discurso que anuncia la ruina de Jerusalén y el advenimiento último del Cristo al fin del mundo, Mt añade tres parábolas que se refieren a las postrimerías de los individuos. La primera parábola es un siervo de Cristo, encargado de una función en la Iglesia, como fueron los apóstoles, y juzgado sobre el modo como ha cumplido su misión.
24 51 Lit.: «le cortará», término oscuro que sin duda se ha de tomar en sentido metafórico: «le separará de sí» por una especie de excomunión, ver **18 17**.
25 Las vírgenes representan a las almas cristianas a la espera de su esposo Cristo. Aun cuando tarde, la

lámpara de su vigilancia debe estar a punto.
25 1 Adic.: «y de la novia».
25 14 Los cristianos son los siervos a quienes Jesús, su señor, encarga de hacer fructificar sus dones para el desarrollo de su Reino, y que deberán rendirle cuentas de su gestión. —La parábola de las minas, Lc **19 12-27**, presenta analogías de forma, pero contiene una lección bastante diferente.
25 21 Este gozo es el del banquete celestial, Mt **8 11+**. —«te pondré al frente de lo mucho» designa la participación activa en el Reino de Cristo.

que tiene se le quitará. [30] Y al siervo inútil, echadle a las tinieblas de fuera. Allí será el llanto y el rechinar de dientes.'

El Juicio final*.

[31] «Cuando el Hijo del hombre venga en su gloria acompañado de todos sus ángeles, entonces se sentará en su trono de gloria. [32] Serán congregadas delante de él todas las naciones*, y él separará a los unos de los otros, como el pastor separa las ovejas de los cabritos. [33] Pondrá las ovejas a su derecha, y los cabritos a su izquierda. [34] Entonces dirá el Rey a los de su derecha: 'Venid, benditos de mi Padre, recibid la herencia del Reino preparado para vosotros desde la creación del mundo. [35] Porque tuve hambre, y me disteis de comer; tuve sed, y me disteis de beber; era forastero, y me acogisteis; [36] estaba desnudo, y me vestisteis; enfermo, y me visitasteis; en la cárcel, y acudisteis a mí*.' [37] Entonces los justos le responderán: 'Señor, ¿cuándo te vimos hambriento, y te dimos de comer; o sediento, y te dimos de beber; [38] ¿Cuándo te vimos forastero, y te acogimos; o desnudo, y te vestimos? [39] ¿Cuándo te vimos enfermo o en la cárcel, y acudimos a tí?' [40] Y el Rey les dirá: 'En verdad os digo que cuanto hicisteis a uno de estos hermanos míos más pequeños, a mí me lo hicisteis.' [41] Entonces dirá también a los de su izquierda: 'Apartaos de mí, malditos, al fuego eterno preparado para el diablo y sus ángeles. [42] Porque tuve hambre, y no me disteis de comer; tuve sed, y no me disteis de beber; [43] era forastero, y no me acogisteis; estaba desnudo, y no me vestisteis; enfermo y en la cárcel, y no me visitasteis.' [44] Entonces dirán también éstos: 'Señor, ¿cuándo te vimos hambriento o sediento o forastero o desnudo o enfermo o en la cárcel, y no te asistimos?' [45] Y él entonces les responderá: 'En verdad os digo que cuanto dejasteis de hacer con uno de estos más pequeños, también conmigo dejasteis de hacerlo.' [46] E irán éstos a un castigo eterno, y los justos a una vida eterna.»

VII. Pasión y resurrección

Conspiración contra Jesús.

26 [1] Y sucedió que, cuando acabó Jesús todos estos discursos, dijo a sus discípulos: [2] «Sabéis que dentro de dos días es la Pascua; y el Hijo del hombre va a ser entregado para ser crucificado.»

[3] Entonces los sumos sacerdotes y los ancianos del pueblo se reunieron en el palacio del Sumo Sacerdote, llamado Caifás; [4] y se pusieron de acuerdo para prender a Jesús con engaño y darle muerte. [5] Decían sin embargo: «Durante la fiesta no, para que no haya alboroto en el pueblo.»

Unción en Betania*.

[6] Hallándose Jesús en Betania, en casa de Simón el leproso, [7] se acercó a él una mujer que traía un frasco de alabastro, con perfume muy caro, y lo derramó sobre su cabeza mientras estaba a la mesa. [8] Al ver esto los discípulos se indignaron y dijeron: «¿Para qué este despilfarro? [9] Se podía haber vendido a buen precio y habérsela dado a los pobres.» [10] Mas Jesús, dándose cuenta, les dijo: «¿Por qué molestáis a esta mujer? Pues una 'obra buena*' ha hecho conmigo. [11] Porque pobres tendréis siempre con vosotros, pero a mí no me tendréis siempre.

---

25 31 La expresión «estos hermanos míos más pequeños», v. 40, designa a todos los que padecen necesidad, pues la palabra «hermano» no parece tener aquí un sentido restrictivo que designaría solamente a los misioneros cristianos, ver *Henoc* 61 8; 62 25; 69 27. Esta vigorosa escena dramática incluye elementos parabólicos (el pastor, las ovejas y los cabritos), pero no podemos minimizar la importancia de este texto reduciéndola a una simple parábola, y mucho menos podemos tomarla como una descripción «cinematográfica» del juicio. El acento del texto recae sobre el amor al prójimo, valor moral supremo (ver vv. 32.34-40). El autor, contra su costumbre, presenta como juez al Hijo y no a Dios Padre. **25 32** Todos los hombres de todos los tiempos. La resurrección de los muertos no se menciona, pero se debe suponer. Ver 10 15; 11 22-24; 12 41s.

25 36 Los hombres serán juzgados según sus obras de misericordia (descritas de manera bíblica, ver Is 58 7; Jb 22 6s; Si 7 32s, etc.), no según sus acciones excepcionales, ver 7 22s.

26 6 La mujer es María, como precisa Jn. El episodio similar referido en Lc 7 36-50 es un poco diferente.

26 10 Los judíos dividían las «buenas obras» en «limosnas» y «acciones caritativas»; a éstas últimas se las juzgaba superiores y, entre otras cosas, comprendían la inhumación de los muertos. La mujer ha hecho, pues, una «obra» más excelente que la limosna, proveyendo a la sepultura de Cristo.

Margin references:
8 12+
Dt 32 43
Rm 14 10
2 Co 5 10
Mt 8 20+;
16 27
Dt 32 2
Dn 7 13s
Za 14 5
Mt 24 31
Gn 30 40
Ez 34 17
Rm 8 17
Ef 1 4
Is 58 6-8
Jb 31 32
Pr 19 17
Za 2 12
Mt 10 40;
18 5
Lc 10 16
Jn 13 33-3
Hch 9 5
Jb 22 6-9
Dn 12 2
Jn 5 29
Mc 14 1-2
Lc 22 1-2
7 28
Dt 31 1
(LXX)
Sal 2 1-2
Jn 11 47-53
Hch 4 25-27
Sal 31 14
Mc 14 3
Jn 12 1-
5 16; 6
Dt 15 1

¹² Y al derramar ella este ungüento sobre mi cuerpo, en vista de mi sepultura lo ha hecho. ¹³ Yo os aseguro: dondequiera que se proclame esta Buena Nueva, en el mundo entero, se hablará también de lo que ésta ha hecho para memoria suya.»

‖Mc 14
10-11
‖Lc 22 3-6

Traición de Judas.

¹⁴ Entonces uno de los Doce, llamado Judas Iscariote, fue donde los sumos sacerdotes, ¹⁵ y les dijo: «¿Qué queréis darme, y yo os lo entregaré?» Ellos le asignaron treinta monedas de plata*. ¹⁶ Y desde ese momento andaba buscando una oportunidad para entregarle.

Gn 37 28
Za 11 12
Mt 27 3s

‖Mc 14
12-16
Lc 22 7-13

Preparativos para la cena pascual.

¹⁷ El primer día de los Ázimos*, los discípulos se acercaron a Jesús y le dijeron: «¿Dónde quieres que te hagamos los preparativos para comer la Pascua?» ¹⁸ Él les dijo: «Id a la ciudad, a un tal, y decidle: 'El Maestro dice: Mi tiempo está cerca; en tu casa voy a celebrar la Pascua con mis discípulos.'» ¹⁹ Los discípulos hicieron lo que Jesús les había mandado, y prepararon la Pascua.

x 12 14-20

Jn 2 4+

Anuncio de la traición de Judas.

²⁰ Al atardecer, se puso a la mesa con los Doce. ²¹ Y mientras comían*, dijo: «Yo os aseguro que uno de vosotros me entregará.» ²² Muy entristecidos, se pusieron a decirle uno por uno: «¿Acaso

‖Mc 14
17-21
‖Lc 22
14.21-23
‖Jn 13
21-30

soy yo, Señor?» ²³ Él respondió: «El que ha metido conmigo la mano en el plato, ése me entregará. ²⁴ El Hijo del hombre se va, como está escrito de él, pero ¡ay de aquel por quien el Hijo del hombre es entregado! ¡Más le valdría a ese hombre no haber nacido!» ²⁵ Entonces preguntó Judas, el que iba a entregarle: «¿Soy yo acaso, Rabbí?» Dícele: «Tú lo has dicho.»

Sal 41 10;
54 20 (LXX)
Jn 13 18

Jn 17 12
Ha 2 6.15

Is 48 8

Institución de la Eucaristía.

²⁶ Mientras estaban comiendo*, tomó Jesús pan y lo bendijo, lo partió y, dándoselo a sus discípulos, dijo: «Tomad, comed, éste es mi cuerpo.» ²⁷ Tomó luego una copa y, dadas las gracias*, se la dio diciendo: «Bebed de ella todos, ²⁸ porque ésta es mi sangre de la Alianza*, que es derramada por muchos para perdón de los pecados. ²⁹ Y os digo que desde ahora no beberé de este producto de la vid hasta el día aquel en que lo beba con vosotros, nuevo, en el Reino de mi Padre*.»

‖Mc 14
22-25
‖Lc 22
19-20
‖1 Co 11
23-25
Jn 6 51-58
1 Co 10 16

Ex 24 8
Za 9 11

20 28+
Is 53 12
Hb 12 15

8 11+

Predicción de las negaciones de Pedro.

³⁰ Y cantados los himnos*, salieron hacia el monte de los Olivos. ³¹ Entonces les dice Jesús: «Todos vosotros vais a escandalizaros* de esta noche, porque está escrito: *Heriré al pastor y se dispersarán las ovejas del rebaño.* ³² Mas después de mi resurrección, iré delante de vosotros a Galilea.» ³³ Pedro intervino y

‖Mc 14
26-31
‖Lc 22 39.
31-34
‖Jn 13
36-38; 16 32

Za 13 7

28 7

---

26 15 Treinta siclos (y no treinta denarios, como se dice a menudo). Era el precio fijado por la Ley para la vida de un esclavo, Ex 21 32.

26 17 El «primer día» de la semana, en que se comía pan sin levadura (ázimos), ver Ex 12 1+; 23 14+, era normalmente el que seguía a la cena pascual: llamando así al día precedente, los Sinópticos dan pruebas de un uso más amplio. Por otra parte, parece cierto, según Jn 18 28 y otros detalles de la Pasión, que el banquete pascual se celebró aquel año la tarde del viernes (o «Parasceve», «preparación», Mt 27 62; ver Jn 19 14.31.42). La Cena de Jesús que los Sinópticos colocan un día antes, la tarde del jueves, debe en consecuencia explicarse, o bien por anticipación del rito en una parte del pueblo judío, o mejor por una anticipación buscada por el mismo Jesús: al no poder celebrar la Pascua el día siguiente, sino en su propia persona sobre la cruz, Jn 19 36; 1 Co 5 7, Jesús habría instituido su propio rito nuevo durante una cena que recibiría el rasgos de rechazo los restos de la antigua Pascua. La opinión reciente que sitúa la Cena en la tarde del martes, en el calendario esenio, goza de escasa probabilidad. —El 14 de Nisán (día de la cena pascual) cayó en viernes el 30 y el 33 p. C.; los exegetas eligen uno u otro de estos años según se sitúen su bautismo el 28 o el 29 y que asignen a su ministerio una duración más o menos larga.

26 21 Se trata de la primera parte del rito que precedía a la cena pascual propiamente dicha.

26 26 Se ha llegado al centro de la cena pascual. Entre ritos precisos y solemnes del ritual judío (bendiciones a

Yahvé pronunciadas sobre el pan y el vino) injerta Jesús los ritos sacramentales del nuevo culto instaurado por él.

26 27 «Dar gracias» traduce aquí el verbo griego *eujaristô*, cuyo sustantivo *eujaristia*, «acción de gracias», ha sido adoptado por el lenguaje cristiano para designar la Sagrada Cena.

26 28 (a) Adic. (Vulg.): «nueva», ver Lc 22 20; 1 Co 11 25; Jr 31 31-34

26 28 (b) Como antaño, en el Sinaí, la sangre de las víctimas selló la alianza de Yahvé con su pueblo, Ex 24 4-8+; ver Gn 15 1+, así también, sobre la cruz, la sangre de la víctima perfecta, Jesús, va a sellar entre Dios y los hombres la alianza «nueva», ver Lc 22 20, que anunciaron los profetas, Jr 31 31+. Jesús se atribuye la misión de redención universal asignada por Isaías al «Siervo de Yahvé», Is 42 6; 49 6; 53 12; ver 42 1+. Ver Hb 8 8; 9 15; 12 24. La idea de alianza nueva aparece también en San Pablo, además de 1 Co 11 25, en diversos contextos que hacen ver su gran importancia, 2 Co 3 4-6; Ga 3 15-20; 4 24.

26 29 Alusión al banquete escatológico, ver 8 11; 22 1s. Han concluido las comidas terrestres de Jesús con sus discípulos.

26 30 Los salmos del *Hal-lel*, Sal 113-118, cuya recitación cerraba la cena pascual.

26 31 Escándalo religioso de ver sucumbir, sin resistencia, al que ellos consideran como Mesías, 16 16, y de quien esperan el triunfo cercano, 20 21s. Los discípulos perderán entonces por un momento su valor y hasta su fe, ver Lc 22 31-32; Jn 16 1.

le dijo: «Aunque todos se escandalicen de ti, yo nunca me escandalizaré.» [34] Jesús le dijo: «Yo te aseguro: esta misma noche, antes que el gallo cante, me habrás negado tres veces.» [35] Dícele Pedro: «Aunque tenga que morir contigo, yo no te negaré.» Y lo mismo dijeron también todos los discípulos.

26 69-75

Agonía de Jesús.

‖Mc 14
32-42
‖Lc 22
40-46
‖Jn 18 1
Jn 12 27-30
Hb 5 7-10
Gn 22 5
Sal 42 6
Si 37 2

[36] Entonces va Jesús con ellos a una propiedad llamada Getsemaní*, y dice a los discípulos: «Sentaos aquí, mientras voy allá a orar.» [37] Y tomando consigo a Pedro y a los dos hijos de Zebedeo, comenzó a sentir tristeza y angustia. [38] Entonces les dice: «Mi alma está triste hasta el punto de morir*; quedaos aquí y velad conmigo.» [39] Y adelantándose un poco, cayó rostro en tierra, y suplicaba así: «Padre mío, si es posible, que pase de mí esta copa, pero no sea como yo quiero, sino como quieres tú*.» [40] Viene entonces a los discípulos y los encuentra dormidos; y dice a Pedro: «¿Conque no habéis podido velar una hora conmigo? [41] Velad y orad, para que no caigáis en tentación; que el espíritu está pronto, pero la carne es débil.» [42] Y alejándose de nuevo, por segunda vez oró así: «Padre mío, si esta copa no puede pasar sin que yo la beba, hágase tu voluntad.» [43] Volvió otra vez y los encontró dormidos, pues sus ojos estaban cargados. [44] Los dejó y se fue a orar por tercera vez, repitiendo las mismas palabras. [45] Viene entonces a los discípulos y les dice: «Ahora ya podéis dormir y descansar*. Mirad, ha llegado la hora en que el Hijo del hombre va a ser entregado en manos de pecadores. [46] ¡Levantaos!, ¡vámonos! Mirad que el que me va a entregar está cerca.»

Is 51 17.22
Ha 2 15

6 10
Jn 4 34;
6 38
Rm 5 19
Flp 2 8

6 13
Rm 7 5+

6 10

2 S 24 14
Jn 14 30-31

Prendimiento de Jesús.

‖Mc 14
43-52
‖Lc 22
47-53
‖Jn 18 2-11

[47] Todavía estaba hablando, cuando llegó Judas, uno de los Doce, acompañado de un grupo numeroso con espadas y palos, de parte de los sumos sacerdotes y los ancianos del pueblo. [48] El que le iba a entregar les había dado esta señal: «Aquel a quien yo dé un beso, ése es; prendedle.» [49] Y al instante se acercó a Jesús y le dijo: «¡Salve, Rabbí!», y le dio un beso. [50] Jesús le dijo: «Amigo, ¡a lo que estás aquí*!» Entonces aquéllos se acercaron, echaron mano a Jesús y le prendieron. [51] En esto, uno de los que estaban con Jesús echó mano a su espada, la sacó y, hiriendo al siervo del Sumo Sacerdote, le llevó la oreja. [52] Dícele entonces Jesús: «Vuelve tu espada a su sitio, porque todos los que empuñen espada, a espada perecerán. [53] ¿O piensas que no puedo yo rogar a mi Padre, que pondría al punto a mi disposición más de doce legiones de ángeles? [54] Mas, ¿cómo se cumplirían las Escrituras de que así debe suceder?» [55] En aquel momento dijo Jesús a la gente: «¿Como contra un salteador habéis salido a prenderme con espadas y palos? Todos los días me sentaba en el Templo para enseñar*, y no me detuvisteis. [56] Pero todo esto ha sucedido para que se cumplan las Escrituras de los profetas.» Entonces todos los discípulos le abandonaron y huyeron.

26 23

Sal 41 9;
55 3

Gn 9 6
Jn 15 2
Ap 13 10
Sal 91 11
Jn 18 36

Lc 24 26-

Jn 18 20

Ha 1 13

Sal 22 1‖
Za 13 7
Mt 26 31

Jesús ante el Sanedrín*.

‖Mc 14
53-65
‖Lc 22
54-55.66-
Is 53 7

‖Jn 18
15-16.18

[57] Los que prendieron a Jesús le llevaron ante el Sumo Sacerdote Caifás, donde se habían reunido los escribas y los ancianos. [58] Pedro le iba siguiendo de lejos hasta el palacio del Sumo Sacerdote; y, entrando dentro, se sentó con los criados para ver el final. [59] Los sumos sacerdotes y el Sanedrín entero andaban buscando un falso testimonio contra Jesús con ánimo de darle muerte, [60] y no lo encontraron, a pesar de que se presentaron muchos falsos testigos. Al fin se presentaron dos, [61] que dijeron: «Éste dijo: Yo puedo destruir el Santuario de Dios, y en tres días edifi-

Sal 27 12

Jn 2 19
Hch 6 14

---

26 36 El nombre significa «lagar de aceite». Lugar situado en el valle del Cedrón, al pie del monte de los Olivos.
26 38 Expresión cuya forma literaria recuerda Sal 42 6-12; 43 5 y Jon 4 9.
26 39 Jesús experimenta con toda su fuerza el miedo que la muerte inspira al hombre; siente y expresa el deseo natural de librarse de ella, sin embargo, con la aceptación de la voluntad del Padre, ver 4 1+.
26 45 Censura teñida de una dulce ironía: Ha pasado la hora en que deberíais haber velado conmigo. Ha llegado el momento de la prueba, y Jesús entrará solo en ella; los discípulos pueden dormir, si quieren.

26 50 Es decir: «haz lo que piensas hacer». Más que una pregunta («¿a qué has venido?») o un reproche («¿qué es lo que haces?»), se puede entrever aquí una expresión estereotipada, que quiere decir: «(haz) aquello por lo que estás aquí», «sigue tu negocio». Jesús abrevia los cumplimientos hipócritas: es la hora de pasar a los hechos. Ver Jn 13 27.
26 55 Var. (Vulg.): «me sentaba entre vosotros en el Templo», ver Mc 14 49.
26 57 Se pueden, con ayuda de Lc y Jn, distinguir: una primera comparecencia ante Anás, por la noche, y una sesión solemne del Sanedrín por la mañana, Mt 27 1. Mt y Mc refieren la escena de la noche con los rasgos de la de la mañana, que fue la única sesión formal y decisiva.

Is 53 7

4 3+; 16 16

3 20+; 24 30
Hch 2 33+
Sal 110 1
Dn 7 13

Lv 10 6;
21 10

Lv 24 16

Jr 26 11

‖Lc 22
63-65
Is 50 6;
52 14;
Mi 4 14

‖Mc 14
66-72
‖Lc 22
55-62
‖Jn 18 17.
25-27

8 10+

2 23+

carlo*.» ⁶² Entonces, se levantó el Sumo Sacerdote y le dijo: «¿No respondes nada? ¿Qué es lo que éstos atestiguan contra ti*?» ⁶³ Pero Jesús callaba. El Sumo Sacerdote le dijo: «Te conjuro por Dios vivo que nos digas si tú eres el Cristo, el Hijo de Dios.» ⁶⁴ Dícele Jesús: «Tú lo has dicho. Pero os digo que a partir de ahora veréis *al hijo del hombre sentado a la diestra del Poder y viniendo sobre las nubes del cielo*.» ⁶⁵ Entonces el Sumo Sacerdote rasgó sus vestidos y dijo: «¡Ha blasfemado*! ¿Qué necesidad tenemos ya de testigos? Acabáis de oír la blasfemia. ⁶⁶ ¿Qué os parece?» Respondieron ellos diciendo: «Es reo de muerte.»

⁶⁷ Entonces se pusieron a escupirle en la cara y a abofetearle; y otros a golpearle, ⁶⁸ diciendo: «Adivínanos, Cristo. ¿Quién es el que te ha pegado*?»

Negaciones de Pedro.

⁶⁹ Pedro, entretanto, estaba sentado fuera en el patio; y una criada se acercó a él y le dijo: «También tú estabas con Jesús el Galileo.» ⁷⁰ Pero él lo negó delante de todos: «No sé qué dices.» ⁷¹ Cuando salía al portal, le vio otra criada y dijo a los que estaban allí: «Éste estaba con Jesús el Nazoreo*.» ⁷² Y de nuevo lo negó con juramento: «¡Yo no conozco a ese hombre!» ⁷³ Poco después se acercaron los que estaban allí y dijeron a Pedro: «¡Ciertamente, tú también eres de ellos, pues además tu misma habla* te descubre!» ⁷⁴ Entonces él se puso a echar imprecaciones y a jurar: «¡Yo no conozco a ese hombre!» Inmediatamente cantó un gallo. ⁷⁵ Y Pedro

se acordó de aquello que le había dicho Jesús: «Antes que el gallo cante, me habrás negado tres veces.» Y, saliendo fuera, lloró amargamente.

Jesús llevado ante Pilato.

27 ¹ Llegada la mañana, todos los sumos sacerdotes y los ancianos del pueblo celebraron consejo contra Jesús para darle muerte. ² Y después de atarle, le llevaron y le entregaron al procurador Pilato*.

Muerte de Judas.

³ Entonces Judas, el que le entregó, viendo que había sido condenado, fue acosado por el remordimiento, y devolvió las treinta monedas de plata a los sumos sacerdotes y a los ancianos, ⁴ diciendo: «Pequé entregando sangre inocente*.» Ellos dijeron: «A nosotros, ¿qué? Tú verás.» ⁵ Él tiró las monedas en el Santuario; después se retiró y fue y se ahorcó. ⁶ Los sumos sacerdotes recogieron las monedas y dijeron: «No es lícito echarlas en el tesoro de las ofrendas, porque son precio de sangre.» ⁷ Y después de deliberar, compraron con ellas el Campo del Alfarero como lugar de sepultura para los forasteros ⁸ Por esta razón ese campo se llamó «Campo de Sangre*», hasta hoy. ⁹ Entonces se cumplió lo dicho por el profeta Jeremías*: *Y tomaron las treinta monedas de plata, cantidad en que fue apreciado aquel a quien pusieron precio algunos hijos de Israel, ¹⁰ y las dieron por el Campo del Alfarero, según lo que me ordenó el Señor*.*

26 34

Is 22 4

‖Mc 15 1
‖Lc 22 66;
23 1
Mt 26 57+

Jn 18 28

Lc 3 1+

Hch 1 18-19

26 15

Dt 27 25

2 S 17 23

Dt 23 19

Jr 19 1-6.12

Jr 7 32

Za 11 12-13

Ex 9 12
(LXX)

26 61 De hecho Mateo anunció la destrucción del Templo y del culto judío simbolizado por él, **24**, y su sustitución por un Templo nuevo: primero el propio cuerpo de Jesús, resucitado a los tres días, **16** 21; 17 23; 20 19; Jn 2 19-22, y después la Iglesia, **16** 18.
26 62 Vulg. no ve aquí más que una pregunta: «¿No respondes nada a lo que éstos atestiguan contra ti?»
26 64 «El Poder» es un equivalente de «Yahvé». Jesús, renunciando en este instante supremo a su consigna de «secreto mesiánico», ver Mc 1 34+, reconoce categóricamente que él es el Mesías, como ya lo había hecho confesar a sus íntimos, Mt 16 16; pero se manifiesta más todavía afirmándose no el Mesías humano tradicional, sino el «Señor» del Sal 110, ver Mt 22 41s, y el misterioso personaje de origen celeste, entrevisto por Daniel, ver Mt 8 20+. Los judíos ya no le verán más que en su gloria, primero por el triunfo de la Resurrección, después por el del Reino, ver 23 39 y 24 30.
26 65 La «blasfemia» de Jesús consistía, no en presentarse como Mesías, sino en reivindicar la dignidad del rango divino.
26 68 La redacción de Mt es desafortunada, ya que, no estando velado como en Lc 22 63, Jesús puede indicar sin dificultad quién le ha golpeado. Lo importante es burlarse de él como «profeta», debido a sus palabras sobre el Templo, y más concretamente quizá

como «Mesías-Profeta» (esta interpelación a Jesús con el vocativo «Cristo» es única en los evangelios), es decir, como pretendido Sumo Sacerdote escatológico que quiere instaurar un nuevo Templo.
26 71 Var. (Vulg.): «Nazareno».
26 73 El dialecto galileo.
27 2 Var.: «Poncio Pilato». Ver Lc 3 1+. Puesto que Roma se había reservado, en Judea como en todas las provincias del Imperio, el derecho de la pena capital, los judíos debían recurrir al procurador para obtener la confirmación y ejecución de su propia sentencia.
27 4 Var.: «sangre justa», ver 23 35.
27 8 En arameo *Haqeldamá* (ver Hch 1 19 y aquí la Vulg.). Una tradición muy antigua y probablemente auténtica sitúa este lugar en el valle de Hinnom.
27 9 Om.: «Jeremías». En realidad se trata de una cita libre de Za 11 12-13, combinada con la idea de la compra de un campo sugerida por Jr 32 6-15. Esto, unido al hecho de que Jeremías habla de los alfareros, **18** 2s, que había en la región de *Haqeldamá*, **19** 1s, explica que todo el texto haya podido atribuírsele por aproximación.
27 10 Yahvé se quejaba de no haber recibido de los israelitas, en la persona de su profeta Zacarías, más que un salario irrisorio; la venta de Jesús a mismo precio mísero le parece a Mt que realiza este oráculo profético.

‖Mc 15 2-15
‖Lc 23 2-5.
 13-25
‖Jn 18 28-
19 1; 19 4-16

Jesús ante Pilato.

[11] Jesús compareció ante el procurador, y el procurador le preguntó: «¿Eres tú el rey de los judíos?» Respondió Jesús: «Tú lo dices*.» [12] Y, mientras los sumos sacerdotes y los ancianos le acusaban, no respondió nada. [13] Entonces le dice Pilato: «¿No oyes de cuántas cosas te acusan?» [14] Pero él a nada respondió, de suerte que el procurador estaba muy sorprendido.

Sal 39 1
Is 53 7
Mt 26 63

Jn 18 39

[15] Cada Fiesta, el procurador solía conceder al pueblo la libertad de un preso, el que quisieran. [16] Tenían* a la sazón un preso famoso, llamado Barrabás*. [17] Y cuando ellos estaban reunidos, les dijo Pilato: «¿A quién queréis que os suelte, a Barrabás o a Jesús, el llamado Cristo?», [18] pues sabía que le habían entregado por envidia.

[19] Mientras él estaba sentado en el tribunal, le mandó a decir su mujer: «No te metas en ese justo, porque hoy he sufrido mucho en sueños por su causa.»

[20] Pero los sumos sacerdotes y los ancianos persuadieron a la gente para que pidiese la libertad de Barrabás y la muerte de Jesús. [21] Y cuando el procurador les dijo: «¿A cuál de los dos queréis que os suelte?», respondieron: «¡A Barrabás!»

Sal 27 12

[22] Díceles Pilato: «Y ¿qué voy a hacer con Jesús, el llamado Cristo?» Dicen todos: «¡Sea crucificado!» — [23] «Pero ¿qué mal ha hecho?», preguntó Pilato. Mas ellos seguían gritando con más fuerza: «¡Sea crucificado!» [24] Entonces Pilato, viendo que nada adelantaba, sino que más bien se promovía tumulto, tomó agua y se lavó las manos* delante de la gente diciendo: «Inocente soy de la sangre de este justo*. Vosotros veréis.» [25] Y todo el pueblo respondió: «¡Su sangre sobre nosotros y sobre nuestros hijos*!» [26] Entonces les soltó a Barrabás; y a Jesús, después de azotarle*, se lo entregó para que fuera crucificado.

Jr 26 15
Mt 26 28
Hch 5 28

Coronación de espinas.

‖Mc 15
16-20
‖Jn 19 2-3

[27] Entonces los soldados del procurador llevaron consigo a Jesús al pretorio* y reunieron alrededor de él a toda la cohorte. [28] Le desnudaron y le echaron encima un manto de púrpura*; [29] y, trenzando una corona de espinas, se la pusieron sobre su cabeza, y en su mano derecha una caña; y doblando la rodilla delante de él, le hacían burla diciendo: «¡Salve, Rey de los judíos*!»; [30] y después de escupirle, cogieron la caña y le golpeaban en la cabeza. [31] Cuando se hubieron burlado de él, le quitaron el manto, le pusieron sus ropas y le llevaron a crucificarle.

Jr 10 9

Sal 22 7-8;
69 11-12;
109 25
Mt 27 11
Is 50 6

La Crucifixión.

‖Mc 15
21-27
‖Lc 23
26-34.38
‖Jn 19
17-24

Sal 69 22
Pr 31 6-7

Mt 26 29
Mc 14 25
Sal 22 19

[32] Al salir, encontraron a un hombre de Cirene llamado Simón, y le obligaron a llevar su cruz. [33] Llegados a un lugar llamado Gólgota*, esto es, «Calvario», [34] le dieron a beber vino mezclado con hiel*; pero él, después de probarlo, no quiso beberlo. [35] Una vez que le crucificaron, se repartieron sus vestidos, echando a suertes*. [36] Y se quedaron sentados allí para custodiarle.

[37] Sobre su cabeza pusieron, por escrito, la causa de su condena: «Este es Jesús,

---

27 11 Con estas palabras Jesús reconoce como exacto, al menos en cierto sentido, lo que sin embargo, no hubiera dicho él de sí mismo. Véase ya **26** 25.64, y ver Jn 18 33-37+.

27 16 (a) Var.: «Tenía».

27 16 (b) Aquí y en el v. 17, var.: «Jesús Barrabás», lo que da a la pregunta de Pilato un giro chocante, pero esta precisión parece proceder de una tradición apócrifa.

27 24 (a) Gesto expresivo que los judíos debieron comprender perfectamente, ver Dt 21 6s; Sal 26 6; 73 13.

27 24 (b) Var.: «de esta sangre».

27 25 Expresión bíblica tradicional, 2 S 1 16; 3 29; Hch 5 28; 18 6, por la cual el pueblo acepta la responsabilidad de la muerte que exige.

27 26 Preludio normal a la crucifixión entre los romanos.

27 27 El Pretorio, es decir la residencia del Pretor, debe de ser el antiguo palacio de Herodes el Grande, donde se instalaba normalmente el procurador cuando subía de Cesarea a Jerusalén. Este palacio, situado al oeste de la ciudad, en el emplazamiento de la actual ciudadela, era diferente de la residencia familiar de los Asmoneos, que estaba cerca del Templo, y donde Herodes Antipas recibió a Jesús cuando Pilato le envió, Lc 23 7-12. Algunos sitúan el Pretorio en la fortaleza Antonia, al norte del Templo. Pero esta localización no parece avenirse ni con la costumbre de los procuradores, tal como nos la transmiten los textos antiguos, ni con el uso del término «pretorio», que no puede trasladarse así de sitio, ni con los movimientos de Pilato y de la multitud judía en los relatos evangélicos de la Pasión, en especial el de San Juan.

27 28 Capa de soldado romano *(sagum)*. Su color rojo evoca por irrisión la púrpura real.

27 29 Los judíos se habían burlado de Jesús como «Profeta», **26** 68p+, los romanos se burlan de él como «Rey»: estas dos escenas reflejan bien los dos aspectos, religioso y político, del proceso de Jesús.

27 33 Transcripción de la palabra aramea *Gulgotá*, «lugar de Cráneo», en latín *Calvaria* (de aquí «Calvario»).

27 34 Brebaje embriagante que mujeres judías compasivas, ver Lc 23 27s, solían ofrecer a los ajusticiados para atenuar sus sufrimientos. De hecho a este vino se le mezclaba más bien «mirra», ver Mt 15 23; la «hiel» en Mt se debe a una reminiscencia del Sal 69 22 (al igual que la corr. de «vino» en «vinagre» de la recensión antioquena). Jesús rechaza este estupefaciente.

27 35 Adic.: «Para que se cumpliera el oráculo del profeta: Se han repartido mis vestidos, y han echado a suertes mi túnica» (Sal 22 19), glosa tomada de Jn 19 24.

el rey de los judíos.» [38] Y al mismo tiempo que a él crucifican a dos salteadores, uno a la derecha y otro a la izquierda.

Jesús en cruz ultrajado.

[39] Los que pasaban por allí le insultaban, meneando la cabeza y diciendo: [40] «Tú que destruyes el Santuario y en tres días lo levantas, ¡sálvate a ti mismo, si eres hijo de Dios, y baja de la cruz!» [41] Igualmente los sumos sacerdotes junto con los escribas y los ancianos se burlaban de él diciendo: [42] «A otros salvó y a sí mismo no puede salvarse. Rey de Israel es: que baje ahora de la cruz, y creeremos en él. [43] Ha puesto su confianza en Dios; que le salve ahora, si es que de verdad le quiere; ya que dijo: 'Soy hijo de Dios.'» [44] De la misma manera le injuriaban también los salteadores crucificados con él.

Muerte de Jesús.

[45] Desde la hora sexta hubo oscuridad sobre toda la tierra hasta la hora nona*. [46] Y alrededor de la hora nona clamó Jesús con fuerte voz: «¡Elí, Elí! ¿lemá sabactaní?», esto es: «¡Dios mío, Dios mío! ¿por qué me has abandonado*?» [47] Al oírlo algunos de los que estaban allí decían: «A Elías llama éste*.»

[48] Y enseguida uno de ellos fue corriendo a tomar una esponja, la empapó en vinagre*, y sujetándola a una caña, le ofrecía de beber. [49] Pero los otros dijeron: «Deja, vamos a ver si viene Elías a salvarle.» [50] Pero Jesús, dando de nuevo un fuerte grito, exhaló el espíritu.

[51] En esto, el velo del Santuario* se rasgó en dos, de arriba abajo; tembló la tierra y las rocas se hendieron*. [52] Se abrieron los sepulcros, y muchos cuerpos de santos difuntos resucitaron. [53] Y, saliendo de los sepulcros después de la resurrección de él, entraron en la Ciudad Santa y se aparecieron a muchos*. [54] Por su parte, el centurión y los que con él estaban guardando a Jesús, al ver el terremoto y lo que pasaba, se llenaron de miedo y dijeron: «Verdaderamente éste era hijo de Dios.»

[55] Había allí muchas mujeres mirando desde lejos, aquellas que habían seguido a Jesús desde Galilea para servirle. [56] Entre ellas estaban María Magdalena, María la madre de Santiago y de José, y la madre de los hijos de Zebedeo.

Sepultura de Jesús.

[57] Al atardecer, vino un hombre rico de Arimatea, llamado José, que se había hecho también discípulo de Jesús. [58] Se presentó a Pilato y pidió el cuerpo de Jesús. Entonces Pilato dio orden de que se le entregase. [59] José tomó el cuerpo, lo envolvió en una sábana limpia [60] y lo puso en su sepulcro nuevo* que había hecho excavar en la roca; luego, hizo rodar una gran piedra hasta la entrada del sepulcro y se fue. [61] Estaban allí María Magdalena y la otra María, sentadas frente al sepulcro.

Custodia del sepulcro.

[62] Al otro día, el siguiente a la Preparación*, los sumos sacerdotes y los fariseos se reunieron ante Pilato [63] y le dijeron: «Señor, recordamos que ese impostor dijo cuando aún vivía: 'A los tres días resucitaré.' [64] Manda, pues, que quede asegurado el sepulcro hasta el tercer día, no sea que vengan sus discípulos, lo roben y digan luego al pueblo: 'Resucitó de entre

---

27 45 Desde el mediodía hasta las tres de la tarde.

27 46 Grito de angustia, pero no de desesperación, esta queja, tomada de la Escritura, es una oración a Dios, y en el Salmo le sigue la alegre seguridad del triunfo final.

27 47 Mordaz juego de palabras, basado en la espera de Elías como precursor del Mesías, ver 17 10-13+, o en la creencia judía de que él socorría a los justos en la necesidad.

27 48 Bebida ácida que usaban los soldados romanos. El gesto fue sin duda de compasión, ver Jn 19 28s; los Sinópticos lo consideran mal intencionado, Lc 23 36, y lo describen con términos que evocan Sal 69 22.

27 51 (a) La cortina que cerraba el Santo, o mejor la que separaba el Santo del Santo de los Santos, ver Ex 26 31s. Siguiendo Hb 9 12; 10 20, la tradición cristiana ha visto en este desgarrarse del velo la supresión del antiguo culto mosaico y el acceso abierto por Cristo al santuario escatológico.

27 51 (b) Estas manifestaciones extraordinarias, como

también las tinieblas del v. 45, estaban anunciadas por los profetas como señales características del «Día de Yahvé», ver Am 8 9+.

27 53 Esta resurrección de los justos del AT es un signo de la era escatológica, Is 26 19; Ez 37 12; Dn 12 2. Liberados del Hades por la muerte de Cristo, ver Mt 16 18+, esperan ellos su resurrección para entrar con él en la Ciudad Santa, es decir, Jerusalén. Tenemos aquí una de las primeras expresiones de la fe en la liberación de los muertos por el descenso de Cristo a los infiernos, ver 1 P 3 19+.

27 60 Sábana «limpia» y sepulcro «nuevo» subrayan la piedad del entierro; el segundo dato explica también el que haya sido posible, ya que el cadáver de un ajusticiado no podía ser puesto en un sepulcro ya ocupado, donde habría contaminado los huesos de justos.

27 62 En griego «Parasceve». Este término se aplicaba al viernes, día en que se hacían los preparativos del sábado. Ver Jn 19 14+. Sobre el problema de la cronología, véase Mt 26 17+.

Dn 6 17

los muertos', y la última impostura sea peor que la primera.» ⁶⁵ Pilato les dijo: «Tenéis una guardia*. Id, aseguradlo como sabéis.» ⁶⁶ Ellos fueron y aseguraron el sepulcro, sellando la piedra y poniendo la guardia.

‖Mc 16 1-8
‖Lc 24 1-10
Jn 20 1
27 51+
1 20+
17 2
Dn 7 9; 10 6
26 32

El sepulcro vacío. Mensaje del ángel.

28 ¹ Pasado el sábado*, al alborear el primer día de la semana, María Magdalena y la otra María* fueron a ver* el sepulcro. ² De pronto se produjo un gran terremoto, pues un ángel del Señor bajó del cielo y, acercándose, hizo rodar la piedra y se sentó encima de ella. ³ Su aspecto era como el relámpago y su vestido blanco como la nieve. ⁴ Los guardias, atemorizados ante él, se pusieron a temblar y se quedaron como muertos. ⁵ El ángel se dirigió a las mujeres y les dijo: «Vosotras no temáis, pues sé que buscáis a Jesús, el Crucificado; ⁶ no está aquí, ha resucitado, como lo había dicho. Venid, ved el lugar donde estaba*. ⁷ Y ahora id enseguida a decir a sus discípulos: 'Ha resucitado de entre los muertos y irá delante de vosotros a Galilea; allí le veréis.' Ya os lo he dicho.» ⁸ Ellas partieron a toda prisa del sepulcro*, con miedo y gran gozo, y corrieron a dar la noticia a sus discípulos.

Jn 20 14s

Aparición a las santas mujeres.

⁹ En esto, Jesús les salió al encuentro y les dijo: «¡Salve!» Y ellas, acercándose, se asieron de sus pies y le adoraron. ¹⁰ Entonces les dice Jesús: «No temáis. Id, avisad a mis hermanos que vayan a Galilea; allí me verán*.»

Soborno de los soldados.

¹¹ Mientras ellas iban, algunos de la guardia fueron a la ciudad a contar a los sumos sacerdotes todo lo que había pasado. ¹² Éstos, reunidos con los ancianos, celebraron consejo y dieron una buena suma de dinero a los soldados, ¹³ advirtiéndoles: «Decid: 'Sus discípulos vinieron de noche y lo robaron mientras nosotros dormíamos.' ¹⁴ Y si la cosa llega a oídos del procurador, nosotros le convenceremos y os evitaremos complicaciones.» ¹⁵ Ellos tomaron el dinero y procedieron según las instrucciones recibidas. Y se corrió esa versión entre los judíos, hasta el día de hoy.

Aparición en Galilea y misión universal.

¹⁶ Por su parte, los once discípulos marcharon a Galilea, al monte que Jesús les había indicado. ¹⁷ Y al verlo le adoraron; algunos sin embargo dudaron*. ¹⁸ Jesús se acercó a ellos y les habló así*:

8 10+

---

27 65 Es decir: «Utilizad vuestra guardia», ver Lc 22 4+; o bien: «Pongo una guardia a vuestra disposición», ver Jn 18 3.
28 1 (a) Y no «en la tarde del sábado» (Vulg.). -Siendo el sábado el día de descanso, el «primer día de la semana» judía corresponde a nuestro «domingo», Ap 1 10, es decir, «día del Señor», así llamado en memoria de la Resurrección. Ver Hch 20 7+; 1 Co 16 2.
28 1 (b) Es decir: «María la de Santiago», Mc 16 1; Lc 24 10; ver Mt 27 56 y 61.
28 1 (c) Estando el sepulcro sellado y vigilado las mujeres no piensan en ungir el cuerpo de Jesús como en Mc y Lc; quieren solamente «visitar» el sepulcro.
28 6 Adic.: «el Señor».
28 8 Var.: «saliendo a toda prisa del sepulcro», ver Mc 16 8.
28 10 Si bien los cuatro evangelistas están de acuerdo al referir la aparición inicial del ángel (o de los ángeles) a las mujeres, Mt 28 5-7; Mc 16 5-7; Lc 24 4-7; Jn 20 13, difieren en lo tocante a las apariciones del mismo Jesús. Prescindiendo de Mc, cuya brusca conclusión plantea un problema especial, ver Mc 16 8+, y cuyo largo final recapitula los datos de los demás evangelios, se observa en todos ellos una distinción literaria y doctrinalmente subrayada entre: 1.— apariciones privadas que sirven para demostrar la Resurrección: a María Magdalena, sola, Jn 20 14-17; ver Mc 16 9, o acompañada, Mt 28 9-10; a los discípulos de Emaús, Lc 24 13-32; ver Mc 16 12; a Simón, Lc 24 34; a Tomás, Jn 20 26-29; 2.—una aparición colectiva con misión apostólica, Mt 28 16-20; Lc 24 36-49; Jn 20 19-23; ver Mc 16 14-18. Se advierten por otra parte dos tradiciones en la localización: en Galilea solamente, Mc 16 7; Mt 28 10.16-20; en Judea solamente, Lc y Jn 20. Jn 21 añade,

a modo de apéndice, una aparición en Galilea que, aun manteniendo un carácter privado (sobre todo en cuanto a Pedro y Juan) va acompañada de una misión (a Pedro). El kerygma antiguo que Pablo recita en 1 Co 15 3-7 enumera cinco apariciones (a las cuales se añade la aparición al mismo Pablo) que no son fáciles de armonizar con los relatos evangélicos; menciona en particular una aparición a Santiago que también la refiere el *Evangelio a los Hebreos*. Se advierten en todo ello tradiciones diferentes, debidas a grupos diversos, que resulta difícil precisar. Pero sus mismas divergencias atestiguan, mejor que una uniformidad artificialmente elaborada, el carácter antiguo e histórico de estas múltiples manifestaciones de Cristo resucitado.
28 17 Otra traducción menos autorizada por la gramática: «ellos que habían dudado». —Sobre estas dudas que Mt tiene que mencionar aquí por no haber narrado otra aparición a los discípulos, ver Mc 16 11.14; Lc 24 11.41; Jn 20 24-29.
28 18 En estas últimas instrucciones de Jesús, con la promesa que les sigue, está condensada la misión de la Iglesia apostólica. El Cristo glorioso ejerce tanto en la tierra como en el cielo, 6 10; ver Jn 17 2; Flp 2 10; Ap 12 10, el poder sin límites, Mt 7 29; 9 6; 21 23; etc., que ha recibido de su Padre, Jn 3 35+. Sus discípulos ejercerán, «pues», este poder en nombre de él por el bautismo y la formación de los cristianos. Su misión es universal: después de haber sido anunciada primeramente al pueblo de Israel, 10 5s+; 15 24, como lo pedía el plan divino, la salvación debe ser en adelante ofrecida a todas las naciones, 8 11; 21 41; 22 8-10; 24 14.30s; 25 32; 26 13; ver Hch 1 8+; 13 5+; Rm 1 16+. En esta obra de conversión universal, por larga y laboriosa que pueda ser, el Resucitado estará vivo y operante con los suyos.

2 Cro **36** 23
Dn **7** 14
Jn **3** 35+
Mc **16** 15-16
Lc **24** 47
Hch **2** 38+;
1 8+

«Me ha sido dado todo poder en el cielo y en la tierra. [19] Id, pues, y haced discípulos a todas las gentes bautizándolas en el nombre del Padre y del Hijo y del Espíritu Santo*, [20] y enseñándoles a guardar todo lo que yo os he mandado. Y he aquí que yo estoy con vosotros todos los días hasta el fin del mundo.»

Dt **34** 9
Jos **22** 2

Nm **35** 34
Mt **1** 23;
18 20
Jn **14** 18-21
Dn **2** 44;
12 12 (LXX)

28 19 Es posible que esta fórmula se resienta, en su precisión, del uso litúrgico establecido más tarde en la comunidad primitiva. Es sabido que los Hechos hablan de bautizar «en el nombre de Jesús», ver Hch **1** 5+; **2** 38+. Más tarde se habrá hecho explícita la vinculación del bautizado con las tres personas de la Trinidad. Sea lo que fuere de estas variaciones posibles, la realidad profunda sigue siendo la misma. El bautismo vincula con la persona de Jesús Salvador; ahora bien, toda su obra de salvación procede del amor del Padre y culmina con la efusión del Espíritu.

EVANGELIO SEGÚN SAN MARCOS

I. Preparación del ministerio de Jesús

‖Mt 3 1-12
‖Lc 3 3-18

Predicación de Juan el Bautista.

1 ¹ Comienzo del Evangelio* de Jesús, el Cristo*, Hijo de Dios*. ² Conforme está escrito en Isaías el profeta:

Ml 3 1

> *Mira, envío mi mensajero delante de ti,*
> *el que ha de preparar tu camino.*

Is 40 3
Jn 1 23

> ³ *Voz del que clama en el desierto:*
> *Preparad el camino del Señor,*
> *enderezad sus sendas,*

=Lc 3 3

⁴ apareció Juan bautizando en el desierto, proclamando un bautismo de conversión para perdón de los pecados. ⁵ Acudía a él gente de toda la región de Judea y todos los de Jerusalén, y eran bautizados por él en el río Jordán, confesando sus pecados.

Jn 1 27

⁶ Juan llevaba un vestido de piel de camello*; y se alimentaba de langostas y miel silvestre. ⁷ Y proclamaba: «Detrás de mí viene el que es más fuerte que yo; y no soy digno de desatarle, inclinándome, la correa de sus sandalias. ⁸ Yo os he bautizado con agua, pero él os bautizará con Espíritu Santo.»

Jn 1 26. 33
Hch 1 5;
11 16

Bautismo de Jesús*.

‖Mt 3 13-17
‖Lc 3 21-22

⁹ Y sucedió que por aquellos días vino Jesús desde Nazaret de Galilea, y fue bautizado por Juan en el Jordán. ¹⁰ En cuanto salió del agua vio que los cielos se rasgaban y que el Espíritu, en forma de paloma, bajaba a él. ¹¹ Y se oyó una voz que venía de los cielos: «Tú eres mi Hijo amado, en ti me complazco.»

Is 63 11. 19
Jn 1 32-34

Is 42 1
Mc 9 7

Tentaciones en el desierto*.

‖Mt 4 1-11
‖Lc 4 1-13

¹² A continuación, el Espíritu le empuja al desierto, ¹³ y permaneció en el desierto cuarenta días, siendo tentado por Satanás. Estaba entre los animales del campo y los ángeles le servían.

Jb 1 6+

II. Ministerio de Jesús en Galilea

‖t 4 12-17
‖c 4 14-15

Jesús inicia su predicación.

¹⁴ Después que Juan fue entregado, marchó Jesús a Galilea; y proclamaba la Buena Nueva de Dios: ¹⁵ «El tiempo se ha cumplido* y el Reino de Dios está cerca; convertíos y creed en la Buena Nueva.»

Rm 1 1
Dn 7 22
Mt 3 2+;
8 10+

---

1 1 (a) Transcripción de una palabra griega que significa «Buena Nueva»; es la venida, en la persona de Cristo, 1 1, del reinado de Dios, 1 14-15; Mt 4 23, que va a remplazar al de Satán, Mt 4 1+, causa de todos los males que se abaten sobre el mundo. Después de Cristo, sus discípulos proclamarán el evangelio al mundo entero, 13 10; 14 9. Creer en el evangelio exige arrepentimiento, 1 15, y renuncia, 8 35; 10 29. Predicada primero, y luego puesta por escrito poco a poco, esta Buena Nueva ha quedado fijada en nuestros cuatro evangelios canónicos; ver Introd.—Término técnico en Mc y Mt, que se transcribe siempre por «Evangelio», no es utilizado nunca por Lc, que prefiere el verbo derivado de él, tomado de Is 61 1+, ver Lc 4 17-19; 1 19+, y que se traduce mejor por «anunciar la Buena Nueva».
1 1 (b) Transcripción de una palabra griega que significa «Ungido». Se aplica ante todo a quien ha recibido la unción real, Sal 2 2; Mc 1 9+. Los dos títulos, de «Cristo» y de «Mesías», son equivalentes, Jn 1 41.
1 1 (c) Este título no indica una filiación de naturaleza, sino simplemente una filiación adoptiva, Mt 3+, que expresa una protección de Dios sobre el hombre a quien declara «hijo suyo», Sb 2 18, especialmente sobre el rey a quien ha elegido, 2 S 7 14-16; Sal 2 7. —Om.: «hijo de Dios».
1 6 Var.: «Juan llevaba un vestido de piel de camello y un cinturón de cuero a sus lomos», ver Mt 3 4.
1 9 Al recibir el Espíritu, Jesús es «ungido», 1 1+, como rey sobre el nuevo pueblo de Dios, 1 S 16 13; Jc

3 10. Esto es lo que la voz celeste le declara, citando Sal 2 7, ver Lc 3 22, completado por Is 42 1: Jesús es también el «Siervo» que va a enseñar el derecho a las naciones. Para describir la escena, Mc se inspira en Is 63 11. 19: Jesús es presentado como un nuevo Moisés, ver Ex 2 1ss; Nm 11 17. En Mt 3 17, la voz celeste ya no se dirige a Jesús sino a la gente. Según Jn 1 34-35, es el Bautista quien ve el Espíritu bajar sobre Jesús y quien proclama a la gente su verdadera personalidad.
1 12 Mc omite o desconoce el detalle de las tres tentaciones, que Mt y Lc deben a otra fuente. La mención de los animales del campo evoca el ideal mesiánico, anunciado por los profetas, de una vuelta a la paz paradisíaca, ver Is 11 6-9+, asociada a tema del retiro en el desierto, ver Os 2 16+. El servicio de los ángeles expresa la protección divina, ver Sal 91 11-13, texto utilizado aquí mismo por Mt 4 6p.
1 15 Hablar de cumplimiento es suponer que hay una continuidad que enlaza las etapas del designio de Dios, 1 R 8 24; Sb 8 8; Hch 1 7+, etc., y que los hombres tienen conocimiento de ello. Al iniciarse la última de las etapas, Rm 3 26+; Hb 1 2+, etc., se han «cumplido» los tiempos, Ga 4 4+; ver 1 Co 10 11; no sólo las Escrituras, Mt 1 22+, y la Ley, Mt 5 17+, sino también toda la economía de la Alianza antigua llevada por Dios hasta su plenitud, Mt 9 17; 26 28+; Rm 10 4; 2 Co 3 14-15; Hb 10 1.14; etc. Al final de este último período de la historia, 1 Co 10 11; 1 Tm 4 1; 1 P 1 5. 20; 1 Jn 2 18, que es «el fin de los tiempos», Hb 9 26, vendrá otro fin, el

‖Mc **4** 18-22
‖Lc **5** 1-11

Vocación de los cuatro primeros discípulos*.

¹⁶ Bordeando el mar de Galilea, vio a Simón y Andrés, el hermano de Simón, largando las redes en el mar, pues eran pescadores. ¹⁷ Jesús les dijo: «Venid conmigo*, y os haré llegar a ser pescadores de hombres.» ¹⁸ Al instante, dejando las redes, le siguieron.

¹⁹ Caminando un poco más adelante, vio a Santiago, el de Zebedeo, y a su hermano Juan; estaban también en la barca arreglando las redes; ²⁰ y al instante los llamó. Y ellos, dejando a su padre Zebedeo en la barca con los jornaleros, se fueron tras él.

‖Lc **4** 31-37

Jesús enseña en Cafarnaún y cura a un endemoniado*.

²¹ Llegan a Cafarnaún. Al llegar el sábado entró en la sinagoga y se puso a enseñar. ²² Y quedaban asombrados de su doctrina, porque les enseñaba como quien tiene autoridad, y no como los escribas.

Mt **7** 28s

²³ Había precisamente en su sinagoga un hombre poseído por un espíritu inmundo*, que se puso a gritar: ²⁴ «¿Qué tenemos nosotros contigo*, Jesús de Nazaret? ¿Has venido a destruirnos*? Sé quién eres tú: el Santo de Dios*.» ²⁵ Jesús, entonces, le conminó diciendo: «Cállate y sal de él.» ²⁶ Y agitándole violentamente el espíritu inmundo, dio un

Mt **8** 29+
Mt **2** 23+

Hch **3** 14+
Mc **1** 34+

fuerte grito y salió de él. ²⁷ Todos quedaron pasmados de tal manera que se preguntaban unos a otros: «¿Qué es esto? ¡Una doctrina nueva, expuesta con autoridad! Manda hasta a los espíritus inmundos y le obedecen*.» ²⁸ Bien pronto su fama se extendió por todas partes, en toda la región de Galilea.

Mt **8** 29+
Mc **4** 41

Curación de la suegra de Simón.

²⁹ Cuando salió de la sinagoga se fue* con Santiago y Juan a casa de Simón y Andrés. ³⁰ La suegra de Simón estaba en cama con fiebre; y le hablan de ella. ³¹ Se acercó y, tomándola de la mano, la levantó. La fiebre la dejó y ella se puso a servirles.

‖Mt **8** 14-15
‖Lc **4** 38-39

13 3

5 41

Numerosas curaciones.

³² Al atardecer, a la puesta del sol, le trajeron todos los enfermos y endemoniados; ³³ la ciudad entera estaba agolpada a la puerta. ³⁴ Jesús curó a muchos que se encontraban mal de diversas enfermedades y expulsó muchos demonios. Y no dejaba hablar a los demonios, pues le conocían*.

‖Mt **8** 16
‖Lc **4** 40-41

3 12

Jesús sale ocultamente de Cafarnaún y recorre Galilea.

³⁵ De madrugada, cuando todavía estaba muy oscuro, se levantó, salió y fue a un lugar solitario y allí se puso a hacer oración. ³⁶ Simón y sus compañeros fue-

‖Lc **4** 42-4·

Mt **14** 23p
26 36
Lc **3** 21+

«del tiempo», Mt **13** 40. 49; **24** 3; **28** 20, es decir, el Día, 1 Co 1 8+; ver Am **5** 18+, de la venida de Cristo, 1 Co **15** 23+, de su Revelación, 1 Co **1** 7+, y del Juicio, Rm **2** 6+; ver Sal **9** 5+.
1 16 Este relato se inspira literariamente en 1 R **19** 19-21: llamamiento de Eliseo por Elías. Jesús es presentado como un nuevo Elías, ver Lc **7** 15 que cita 1 R **17** 23.
1 17 Lit.: «venid detrás de mí». Aquellos a quienes Jesús llama para que le sigan, **1** 20; **2** 14p; Mt **19** 21p. 27-28; Lc **9** 57-62; ver ya Dt **13** 3. 5; 1 R **14** 8; **19** 20; etc., para participar de su destino, deben dejarlo todo, **10** 21. 28p, estar dispuestos para el sufrimiento y la cruz, Mt **10** 38p; **16** 24p; ver Jn **12** 24-26. Pensamientos afines se expresarán también, para los discípulos que no conocieron a Jesús en la tierra, con los términos de comunión, Flp **3** 10; 1 Jn **1** 3+, etc., o imitación, 2 Ts **3** 7+.
1 21 Jesús, por el Espíritu que ha recibido en su bautismo, inaugura su misión tal como le ha prescrito la voz del cielo, **1** 9+. Él enseña, como el Siervo de Is **42** 1-4; al expulsar los espíritus inmundos, agentes de Satán, pone de manifiesto que despoja a éste de su poder regio, ver Lc **10** 18-19; Jn **12** 32+; Ap **3** 7.
1 23 El judaísmo, ver Za **13** 2, calificaba así a los demonios forasteros y también hostiles a la pureza religiosa y moral que exige el servicio de Dios; ver también **3** 11.30; Mt **10** 1; **12** 43; Lc **4** 33.36, etc.
1 24 (a) Lit.: «¿Qué a nosotros y ti?», ver Jn **2** 4+.
1 24 (b) Estas palabras son un eco de las que la viuda de Sarepta dirige a Elías, 1 R **17** 18; Jesús es comparado de nuevo con este profeta, **1** 16+.

1 24 (c) «Santo» significa «consagrado, separado». El espíritu inmundo reconoce en Jesús al profeta consagrado por Dios para su misión, Jr **1** 5; Jn **6** 69+; **10** 35-36, gracias al Espíritu que ha recibido, Is **61** 1ss. Ver Lc **1** 35; Hch **2** 27; **3** 14; **4** 27-30; Ap **3** 7.
1 27 La enseñanza de Jesús y los milagros que la acompañan provocan la admiración y obligan a los espectadores a preguntarse: «¿Quién este Jesús de Nazaret?» Esta pregunta recorre toda la primera parte del evangelio, **1** 34; **2** 12; **3** 12; **4** 41; **5** 42; **6** 2-3.14-16; **7** 37; ver **1** 25.34; **3** 11; Pedro le dará finalmente la respuesta: Él es el Cristo, **8** 29+.
1 29 Var.: «se fueron».
1 34 A los demonios, **1** 25. 34; **3** 12, como a los favorecidos con algún milagro, **1** 44; **5** 43; **7** 36; **8** 26, y hasta a los apóstoles, **8** 30; **9** 9, Jesús impone, respecto de su identidad mesiánica, una consigna de silencio que no se levantará hasta después de su muerte, Mt **10** 27 +. Como el vulgo se hacía por entonces, respecto del Mesías, una idea nacionalista y bélica muy distinta de la que Jesús quería encarnar, se veía obligado a usar de mucha prudencia, al menos dentro de Israel, ver **5** 19, para evitar molestos errores sobre su misión, ver Jn **6** 15; Mt **13** 13+. Esta consigna del «secreto mesiánico» no es una tesis artificial inventada después por Marcos, como algunos han afirmado, sino que responde a una actitud histórica de Jesús; sólo que Marcos la ha convertido en tema de su preferencia. Fuera de Mt **9** 30, Mt y Lc no tienen esta consigna más que en los paralelos con Mc; y muchas veces incluso la omiten.

ron en su busca; [37] al encontrarle, le dicen: «Todos te buscan.» [38] Él les dice: «Vayamos a otra parte, a los pueblos vecinos, para que también allí predique; pues para eso he salido*.» [39] Y recorrió toda Galilea, predicando en sus sinagogas y expulsando los demonios.

Curación de un leproso*.

[40] Se le acerca un leproso suplicándole y, puesto de rodillas, le dice: «Si quieres, puedes limpiarme.» [41] Encolerizado*, extendió su mano, le tocó y le dijo: «Quiero; queda limpio.» [42] Y al instante, le desapareció la lepra y quedó limpio. [43] Le despidió al instante prohibiéndole severamente: [44] «Mira, no digas nada a nadie, sino vete, muéstrate al sacerdote y haz por tu purificación la ofrenda que prescribió Moisés para que les sirva de testimonio.» [45] Pero él, así que se fue, se puso a pregonar con entusiasmo y a divulgar la noticia, de modo que ya no podía Jesús presentarse en público en ninguna ciudad, sino que se quedaba a las afueras, en lugares solitarios. Y acudían a él de todas partes.

Curación de un paralítico.

2 [1] Entró de nuevo en Cafarnaún; al poco tiempo había corrido la voz de que estaba en casa. [2] Se agolparon tantos que ni siquiera ante la puerta había ya sitio, y él les anunciaba la palabra. [3] Y le vienen a traer a un paralítico llevado entre cuatro. [4] Al no poder presentárselo a causa de la multitud, abrieron el techo encima de donde él estaba y, a través de la abertura que hicieron, descolgaron la camilla donde yacía el paralítico. [5] Viendo Jesús la fe de ellos, dice al paralítico: «Hijo, tus pecados te son perdonados*.» [6] Estaban allí sentados algunos escribas que pensaban en sus corazones: [7] «¿Por qué éste habla así? Está blasfemando. ¿Quién puede perdonar pecados, sino Dios sólo?» [8] Pero, al instante, conociendo Jesús en su espíritu lo que ellos pen-

saban en su interior, les dice: «¿Por qué pensáis así en vuestros corazones? [9] ¿Qué es más fácil, decir al paralítico: 'Tus pecados te son perdonados', o decir: 'Levántate, toma tu camilla y anda?' [10] Pues para que sepáis que el Hijo del hombre tiene en la tierra poder de perdonar pecados —dice al paralítico—: [11] 'A ti te digo, levántate, toma tu camilla y vete a tu casa.'» [12] Se levantó y, al instante, tomando la camilla, salió a la vista de todos, de modo que quedaban todos asombrados y glorificaban a Dios, diciendo: «Jamás vimos cosa parecida.»

Vocación de Leví.

[13] Salió de nuevo por la orilla del mar*, toda la gente acudía a él, y él les enseñaba. [14] Al pasar, vio a Leví, el de Alfeo, sentado en el despacho de impuestos, y le dice: «Sígueme.» Él se levantó y le siguió.

Comida con pecadores.

[15] Y sucedió que estando él a la mesa en casa de Leví, muchos publicanos y pecadores estaban a la mesa con Jesús y sus discípulos, pues eran muchos los que le seguían. [16] Al ver los escribas de los fariseos que comía con los pecadores y publicanos, decían a los discípulos: «¿Qué? ¿Es que come con los publicanos y pecadores?» [17] Al oír esto Jesús, les dice: «No necesitan médico los que están fuertes, sino los que están mal; no he venido a llamar a justos, sino a pecadores.»

Discusión sobre el ayuno.

[18] Como los discípulos de Juan y los fariseos estaban ayunando, vienen y le dicen: «¿Por qué mientras los discípulos de Juan y los discípulos de los fariseos ayunan, tus discípulos no ayunan?» [19] Jesús les dijo: «¿Pueden acaso ayunar los invitados a la boda mientras el novio está con ellos? Mientras tengan consigo al novio no pueden ayunar. [20] Días vendrán en que les será arrebatado el novio; en-

Jn 18 37

‖Mt 8 2-4
‖Lc 5 12-16

5 30+

1 34+

Lv 14 1-32

‖Mt 9 1-8
‖Lc 5 17-26

3 20

Mt 8 10+

Mt 9 33

‖Mt 9 9
‖Lc 5 27-28

‖Mt 9 10-13
‖Lc 5 29-32

‖Mt 9 14-17
‖Lc 5 33-39

Lc 24 51

---

1 38   Salido de Cafarnaún, v. 35, tal es el sentido inmediato. Pero otro sentido más profundo podría referirse a la salida de Jesús de junto a Dios, Jn 8 42; 13 3; 16 27s.30. Ver Lc 4 43.
1 40   Al parecer Mc ha completado, basado en los paralelos de Mt y Lc, un relato más antiguo en el que Jesús, encolerizado, v. 41, despacha al leproso sin curarlo, v. 43, porque éste había quebrantado la norma dada a los leprosos de no mezclarse con las otras personas, Lv 13 41-46; ver 17 12.
1 41   Var.: «Compadecido».

2 5   Siendo el pecado una ofensa hecha a Dios, sólo a Dios pertenece perdonar los pecados, Is 1 18+. Según un modo de hablar corriente en el mundo semítico, la forma pasiva empleada por Jesús en el v. 5 indica que es Dios quien perdona los pecados por Jesús; Jesús no hace más que declarar este perdón divino. Se equivocan los judíos al reprocharle que pretenda igualarse a Dios, como subraya Mt 9 8; ver Jn 20 23; Mt 16 19; 18 18. Igual acusación falsa de parte de los judíos en Jn 10 31-36.
2 13   El mar de Galilea o lago de Tiberíades.

tonces ayunarán, en aquel día. ²¹ Nadie cose un remiendo de paño sin tundir en un vestido viejo, pues de otro modo, lo añadido tira de él, el paño nuevo del viejo, y se produce un desgarrón peor. ²² Nadie echa tampoco vino nuevo en pellejos viejos; de otro modo, el vino reventaría los pellejos y se echarían a perder tanto el vino como los pellejos: sino que el vino nuevo, en pellejos nuevos.»

‖ Mt 12 1-8
‖ Lc 6 1-5

Las espigas arrancadas en sábado.

²³ Y sucedió que un sábado cruzaba Jesús por los sembrados, y sus discípulos empezaron a abrir camino arrancando espigas*. ²⁴ Decíanle los fariseos: «Mira, ¿por qué hacen en sábado lo que no es lícito?» ²⁵ Él les dice: «¿Nunca habéis leído lo que hizo David cuando tuvo necesidad, y él y los que le acompañaban sintieron hambre, ²⁶ cómo entró en la Casa de Dios, en tiempos del sumo sacerdote Abiatar*, y comió los panes de la presencia, que sólo a los sacerdotes es lícito comer, y dio también a los que estaban con él?» ²⁷ Y les dijo: «El sábado ha sido instituido para el hombre y no el hombre para el sábado*. ²⁸ De suerte que el Hijo del hombre también es señor del sábado.»

1 S 21 2-7
Ex 25 23+

‖ Mt 12 9-14
‖ Lc 6 6-11

Curación del hombre de la mano paralizada.

Lc 14 1-6

Lc 14 1

3 ¹ Entró de nuevo en la sinagoga, y había allí un hombre que tenía la mano paralizada. ² Estaban al acecho a ver si le curaba en sábado para poder acusarle. ³ Dice al hombre que tenía la mano seca: «Levántate ahí en medio.» ⁴ Y les dice: «¿Es lícito en sábado hacer el bien en vez del mal, salvar una vida en vez de destruirla?» Pero ellos callaban. ⁵ Entonces, mirándoles con ira, apenado por la dureza de su corazón, dice al hombre: «Ex-

Lc 14 4

Ef 4 18

tiende la mano.» Él la extendió y quedó restablecida su mano. ⁶ En cuanto salieron los fariseos, se confabularon con los herodianos* contra él para ver cómo eliminarle.

La muchedumbre sigue a Jesús.

Mt 12 15-16

⁷ Jesús se retiró con sus discípulos hacia el mar, y le siguió una gran muchedumbre de Galilea. También de Judea*, ⁸ de Jerusalén, de Idumea, del otro lado del Jordán, de los alrededores de Tiro y Sidón, una gran muchedumbre, al oír lo que hacía, acudió a él. ⁹ Entonces, a causa de la multitud, dijo a sus discípulos que le prepararan una pequeña barca, para que no le aplastaran. ¹⁰ Pues curó a muchos, de suerte que cuantos padecían dolencias se le echaban encima para tocarle. ¹¹ Y los espíritus inmundos, al verle, se arrojaban a sus pies y gritaban: «Tú eres el Hijo de Dios.» ¹² Pero él les mandaba enérgicamente que no le descubrieran.

Lc 6 17-19
Mt 4 25

5 30+
Mt 8 29+

Lc 4 41
Mt 4 3+

1 34+

Institución de los Doce.

Mt 10 1-4
Lc 6 12-16

¹³ Subió al monte y llamó a los que él quiso; y vinieron junto a él. ¹⁴ Instituyó Doce*, para que estuvieran con él, y para enviarlos a predicar ¹⁵ con poder de expulsar los demonios. ¹⁶ Instituyó a los Doce y puso a Simón el nombre de Pedro; ¹⁷ a Santiago el de Zebedeo y a Juan, el hermano de Santiago, a quienes puso por nombre Boanerges, es decir, hijos del trueno; ¹⁸ a Andrés, Felipe, Bartolomé, Mateo, Tomás, Santiago el de Alfeo, Tadeo, Simón el Cananeo ¹⁹ y Judas Iscariote, el mismo que le entregó*.

=6 7

Mt 16 18+
Jn 1 42

Lc 9 54

Sus parientes le buscan.

²⁰ Vuelve a casa. Se aglomera otra vez la muchedumbre de modo que no po-

2 2

---

2 23   El delito de los discípulos no es para Mc, como para Mt y Lc, el de recoger espigas para mitigar su hambre, sino el de arrancarlas para abrirse camino. Con esta versión del hecho, parece que Mc quiso hacer más comprensible el delito para lectores poco duchos en casuística judía: les era tan evidente que el recoger unas espigas no era «segar», como que no se debía asolar un sembrado para atravesarlo. Esta nueva versión no concuerda bien con el resto del relato que Mc no ha modificado.
2 26   El sumo sacerdote de 1 S 21 2-7 era en realidad Ajimélek. A su hijo Abiatar (Ebiatar) se le nombra aquí por su mayor celebridad como sumo sacerdote del tiempo de David, 2 S 20 25, o bien Mc sigue alguna tradición divergente que hacía de Abiatar el padre de Ajimélek (2 S 8 17 hebr.).
2 27   Este versículo, que falta en Mt y Lc, pudo ser

añadido por Mc en una época en que el nuevo espíritu del cristianismo había relativizado definitivamente la obligación del sábado; ver Lc 5 39+.
3 6   En los herodianos se ha de ver, más que funcionarios propiamente dichos, judíos políticos, incondicionales de la casa de Herodes Antipas, tetrarca de Galilea, ver Lc 3 1+, y con influencia ante él, ver Mt 22 16+.
3 7   Puntuación incierta. Se puede unir «también de Judea... y Sidón» a lo que precede o a lo que sigue.
3 14   El número de los nuevos jefes del pueblo elegido debe ser el de doce, como antes las tribus de Israel. Esta cifra quedará restablecida después de la defección de Judas, Hch 1 26, para ser conservada eternamente en el cielo, Mt 19 28p; Ap 21 12-14+.
3 19   Mc ignora el discurso que refieren Mt 5-7 y Lc 6 20-49, procedente de una fuente particular.

6 31
Jn 7 5;
10 20

dían comer. ²¹ Se enteraron sus parientes y fueron a hacerse cargo de él, pues decían: «Está fuera de sí.»

Mt 12 24-32
‖Lc 11
15-23; 12 10

Calumnias de los escribas.

²² Los escribas que habían bajado de Jerusalén decían: «Está poseído por Beelzebul» y «por el príncipe de los demonios expulsa los demonios.» ²³ Él, llamándoles junto a sí, les decía en parábolas: «¿Cómo puede Satanás expulsar a Satanás? ²⁴ Si un reino está dividido contra sí mismo, ese reino no puede subsistir. ²⁵ Si una casa está dividida contra sí misma, esa casa no podrá subsistir. ²⁶ Y si Satanás se ha alzado contra sí mismo y está dividido, no puede subsistir, pues ha llegado su fin. ²⁷ Pero nadie puede entrar en la casa del fuerte y saquear su ajuar, si no ata primero al fuerte; entonces podrá saquear su casa. ²⁸ Yo os aseguro que se perdonará todo a los hijos de los hombres, los pecados y las blasfemias, por muchas que éstas sean. ²⁹ Pero el que blasfeme contra el Espíritu Santo, no tendrá perdón nunca, antes bien, será reo de pecado eterno.» ³⁰ Es que decían: «Está poseído por un espíritu inmundo*.»

Mt 12 46-50
Lc 8 19-21

El verdadero parentesco de Jesús.

³¹ Llegan su madre y sus hermanos y, quedándose fuera, le envían a llamar. ³² Estaba mucha gente sentada a su alrededor. Le dicen: «¡Oye!, tu madre, tus hermanos y tus hermanas están fuera y te buscan.» ³³ Él les responde: «¿Quién es mi madre y mis hermanos?» ³⁴ Y mirando en torno a los que estaban sentados en corro, a su alrededor, dice: «Estos son mi madre y mis hermanos. ³⁵ Quien cumpla la voluntad de Dios, ése es mi hermano, mi hermana y mi madre.»

Mt 13 1-9
‖Lc 8 4-8

2 13

Parábola del sembrador.

4 ¹ Y otra vez se puso a enseñar a orillas del mar. Y se reunió tanta gente junto a él que hubo de subir a una barca y, ya en el mar, se sentó; toda la gente estaba en tierra a la orilla del mar. ² Les enseñaba muchas cosas por medio de parábolas. Les decía en su instrucción: ³ «Escuchad. Una vez salió un sembrador a sembrar. ⁴ Y sucedió que, al sembrar, una parte cayó a lo largo del camino; vinieron las aves y se la comieron. ⁵ Otra parte cayó en terreno pedregoso, donde no tenía mucha tierra, y brotó en seguida por no tener hondura de tierra; ⁶ pero cuando salió el sol se agostó y, por no tener raíz, se secó. ⁷ Otra parte cayó entre abrojos; crecieron los abrojos y la ahogaron, y no dio fruto. ⁸ Otras partes cayeron en tierra buena y, creciendo y desarrollándose, dieron fruto*; unas produjeron treinta, otras sesenta, otras ciento.» ⁹ Y decía: «Quien tenga oídos para oír, que oiga.»

Por qué habla Jesús en parábolas.

‖Mt 13 10-15
‖Lc 8 9-10

¹⁰ Cuando quedó a solas, los que le seguían a una con los Doce le preguntaban sobre las parábolas. ¹¹ Él les dijo: «A vosotros se os ha dado el misterio del Reino de Dios, pero a los que están fuera todo se les presenta en parábolas, ¹² para que* por mucho que miren no vean, por mucho que oigan no entiendan, no sea que se conviertan y se les perdone.»

Rm 16 25+
Col 4 3

Col 4 5

Is 6 9-10+

Explicación de la parábola del sembrador.

‖Mt 13 18-23
‖Lc 8 11-15

¹³ Y les dice: «¿No entendéis esta parábola? ¿Cómo, entonces, comprenderéis todas las parábolas*? ¹⁴ El sembrador siembra la palabra. ¹⁵ Los que están a lo largo del camino donde se siembra la palabra son aquellos que, en cuanto la oyen, viene Satanás y se lleva la palabra sembrada en ellos. ¹⁶ De igual modo, los sembrados en terreno pedregoso son los que, al oír la palabra, al punto la reciben con alegría, ¹⁷ pero no tienen raíz en sí mismos, sino que son inconstantes; y en cuanto se presenta una tribulación o persecución por causa de la palabra, sucumben en seguida. ¹⁸ Y otros son los sembrados entre los abrojos; son los que han oído la palabra, ¹⁹ pero las preocupacio-

Jr 4 3-4

---

3 30 Atribuir al demonio lo que es obra del Espíritu Santo, es no admitir la luz de la gracia divina y el perdón que se sigue. Esta actitud, por su naturaleza misma, deja a uno fuera de la salvación. Pero la gracia puede de cambiar esta actitud, y en tal caso es posible una vuelta a la salvación. Ver nota a 1 23.

4 8 Var. (Vulg.): «dieron fruto que crecía y desarrollaba».

4 12 Esta conjunción (evitada por Mt) expresa una

«finalidad escriturística»: «Para que se cumpliera la Escritura que dice...».

4 13 Este tema de los apóstoles que no comprenden las palabras o las obras de Jesús es especialmente subrayado por Mc 6 52; 7 18; 8 17-18. 21. 33; 9 10. 32; 10 38. Fuera de algunos paralelos (Mt 15 16 16 9), comprender o no comprender es una actitud religiosa que se consigue por la entrega personal a Jesús, no simplemente un acto intelectual. Mt no lo subraya tanto (ver Mt 13 51 y Lc 24 45; Jn 14 33 con Mc 6 51-52, y ver Mt 13 51. Ver Jn 14 26+.

nes del mundo, la seducción de las riquezas y las demás concupiscencias les invaden y ahogan la palabra, y queda sin fruto. [20] Y los sembrados en tierra buena son aquellos que oyen la palabra, la acogen y dan fruto, unos treinta, otros sesenta, otros ciento.»

Jn 1 12-13
1 P 1 23
St 1 21

Cómo recibir y transmitir la enseñanza de Jesús*.

‖Lc 8 16
=Lc 11 33
‖Mt 5 15

[21] Les decía también: «¿Acaso se trae la lámpara para ponerla debajo del celemín o debajo del lecho? ¿No es para ponerla sobre el candelero? [22] Pues nada hay oculto si no es para que sea manifestado; nada ha sucedido en secreto, sino para que venga a ser descubierto. [23] Quien tenga oídos para oír, que oiga.»

‖Lc 8 17
=Lc 12 2
‖Mt 10 26

‖Lc 8 18a
‖Lc 6 38
‖Mt 7 2

[24] Les decía también: «Atended a lo que escucháis. Con la medida con que midáis, se os medirá y aun con creces. [25] Porque al que tiene se le dará, y al que no tiene, aun lo que tiene se le quitará.»

‖Lc 8 18b
=Lc 19 26
‖Mt 25 29

Parábola de la semilla que crece por sí sola.

St 5 7

[26] También decía: «El Reino de Dios es como un hombre que echa el grano en la tierra; [27] duerma o se levante, de noche o de día, el grano brota y crece, sin que él sepa cómo. [28] La tierra da el fruto por sí misma; primero hierba, luego espiga, después trigo abundante en la espiga. [29] Y cuando el fruto lo admite, en seguida se le mete la hoz, porque ha llegado la siega*.»

Jl 4 13
Ap 14 15-16

Parábola del grano de mostaza.

‖Mt 13 31-32
‖Lc 13 18-19

[30] Decía también: «¿Con qué compararemos el Reino de Dios o con qué parábola lo expondremos? [31] Es como un grano de mostaza que, cuando se siembra en la tierra, es más pequeña que cualquier semilla que se siembra en la tierra; [32] pero una vez sembrada, crece y se hace mayor que todas las hortalizas y echa ramas tan grandes que las aves del cielo anidan a su sombra.»

Dn 4 9. 18

Conclusión de las parábolas.

‖Mt 13 34-35

[33] Y les anunciaba la palabra con muchas parábolas como éstas, según podían entenderle; [34] no les hablaba sin parábolas; pero a sus propios discípulos se lo explicaba todo en privado.

La tempestad calmada.

‖Mt 8 18. 23-27
‖Lc 8 22-25

[35] Este día, al atardecer, les dice: «Pasemos a la otra orilla.» [36] Despiden a la gente y le llevan en la barca, como estaba; e iban otras barcas con él. [37] En esto, se levantó una fuerte borrasca y las olas irrumpían en la barca, de suerte que ya se anegaba la barca. [38] Él estaba en popa, durmiendo sobre un cabezal. Le despiertan y le dicen: «Maestro, ¿no te importa que perezcamos?» [39] Él, habiéndose despertado, increpó al viento y dijo al mar: «¡Calla, enmudece!» El viento se calmó y sobrevino una gran bonanza. [40] Y les dijo: «¿Por qué estáis con tanto miedo? ¿Cómo no tenéis fe*?» [41] Ellos se llenaron de gran temor y se decían unos a otros: «Pues ¿quién es éste que hasta el viento y el mar le obedecen?»

Mt 8 10+

1 27

El endemoniado de Gerasa.

‖Mt 8 28-34
‖Lc 8 26-39

5 [1] Y llegaron al otro lado del mar, a la región de los gerasenos*. [2] Apenas saltó de la barca, vino a su encuentro, de entre los sepulcros, un hombre con espíritu inmundo [3] que moraba en los sepulcros y a quien nadie podía ya tenerle atado ni siquiera con cadenas, [4] pues muchas veces le habían atado con grillos y cadenas, pero él había roto las cadenas y destrozado los grillos, y nadie podía dominarle. [5] Y siempre, noche y día, andaba entre los sepulcros y por los montes, dando gritos e hiriéndose con piedras. [6] Al ver de lejos a Jesús, corrió y se postró ante él [7] y gritó con fuerte voz: «¿Qué tengo yo contigo, Jesús, Hijo de Dios Altísimo? Te conjuro por Dios que no me atormentes.» [8] Es que él le había dicho: «Espíritu inmundo, sal de este hombre.» [9] Y le preguntó: «¿Cuál es tu nombre?» Le contesta: «Mi nombre es Le-

---

4 21 Mc, seguido por Lc, ha reunido aquí, vv. 21-25, *cuatro pequeñas parábolas del género* mašal, que pueden interpretarse de diversas maneras según el contexto en el que se las utilice. En el contexto presente, todas ellas pueden considerarse relacionadas con la enseñanza de Jesús, luz a la que se debe hacer que brille, y de lo que son responsables de algún modo los beneficiarios.
4 29 El Reino de Dios incluye en sí mismo un principio de desarrollo, una fuerza secreta que le llevará

hasta su total perfección.
4 40 Var.: «¿Aún no tenéis fe?».
5 1 La ciudad de Gerasa, la actual Jerash, está situada a más de 50 kms del lago de Tiberíades, lo cual hace imposible allí el episodio de los puercos. Es posible que Mc haya fundido dos episodios distintos. Según el primero, Jesús habría realizado un simple exorcismo en la región de Gerasa, vv. 1-8 y 18-20. Según el segundo, ver Mt 8 28-34, Jesús manda los demonios a los puercos, que se precipitan en el lago.

.c 8 2; 11 26

gión, porque somos muchos.» [10] Y le suplicaba con insistencia que no los echara fuera de la región. [11] Había allí una gran piara de puercos que pacían al pie del monte; [12] y le suplicaron: «Envíanos a los puercos para que entremos en ellos.» [13] Y se lo permitió. Entonces los espíritus inmundos salieron y entraron en los puercos, y la piara —unos dos mil— se arrojó al mar de lo alto del precipicio y se fueron ahogando en el mar. [14] Los porqueros huyeron y lo contaron por la ciudad y por las aldeas; y salió la gente a ver qué era lo que había ocurrido. [15] Llegan junto a Jesús y ven al endemoniado, al que había tenido la Legión, sentado, vestido y en su sano juicio, y se llenaron de temor. [16] Los que le habían visto les contaron lo ocurrido al endemoniado y lo de los puercos. [17] Entonces comenzaron a rogarle que se alejara de su término. [18] Y al subir a la barca, el que había estado endemoniado le pedía estar con él. [19] Pero no se lo concedió, sino que le dijo: «Vete a tu casa, con los tuyos, y cuéntales lo que el Señor ha hecho contigo y que ha tenido compasión de ti.» [20] Él se fue y empezó a proclamar por la Decápolis todo lo que Jesús había hecho con él, y todos quedaban maravillados.

1 34+

Mt 4 25+

Curación de una hemorroísa y resurrección de la hija de Jairo.

Mt 9 18-26
Lc 8 40-56

2 13

Tb 2 10

[21] Jesús pasó de nuevo en la barca a la otra orilla y se aglomeró junto a él mucha gente; él estaba a la orilla del mar. [22] Llega uno de los jefes de la sinagoga, llamado Jairo, y al verle, cae a sus pies, [23] y le suplica con insistencia diciendo: «Mi hija está a punto de morir; ven, impón tus manos sobre ella, para que se salve y viva.» [24] Y se fue con él. Le seguía un gran gentío que le oprimía.

[25] Entonces, una mujer que padecía flujo de sangre desde hacía doce años, [26] y que había sufrido mucho con muchos médicos y había gastado todos sus bienes sin provecho alguno, antes bien, yendo a peor, [27] habiendo oído lo que se decía de Jesús, se acercó por detrás entre la gente y tocó su manto. [28] Pues decía: «Si logro tocar aunque sólo sea sus vestidos, me salvaré.» [29] Inmediatamente se le secó la fuente de sangre y sintió en su cuerpo que quedaba sana del mal. [30] Al instante Jesús, dándose cuenta de la fuerza que había salido de él, se volvió entre la gente y decía: «¿Quién me ha tocado los vestidos*?» [31] Sus discípulos le contestaron: «Estás viendo que la gente te oprime y preguntas: '¿Quién me ha tocado?'» [32] Pero él miraba a su alrededor para descubrir a la que lo había hecho. [33] Entonces, la mujer, viendo lo que le había sucedido, se acercó atemorizada y temblorosa*, se postró ante él y le contó toda la verdad. [34] Él le dijo: «Hija, tu fe te ha salvado; vete en paz y queda curada de tu enfermedad.»

Mt 8 10+

[35] Mientras estaba hablando llegan de la casa del jefe de la sinagoga unos diciendo: «Tu hija ha muerto; ¿a qué molestar ya al Maestro?» [36] Jesús, que oyó lo que habían dicho, dice al jefe de la sinagoga: «No temas; solamente ten fe. [37] Y no permitió que nadie le acompañara, a no ser Pedro, Santiago y Juan, el hermano de Santiago*. [38] Llegan a la casa del jefe de la sinagoga y observa el alboroto, unos que lloraban y otros que daban grandes alaridos. [39] Entra y les dice: «¿Por qué alborotáis y lloráis? La niña no ha muerto; está dormida.» [40] Y se burlaban de él. Pero él, después de echar fuera a todos, toma consigo al padre de la niña, a la madre y a los suyos, y entra donde estaba la niña. [41] Y tomando la mano de la niña, le dice: «Talitá kum*», que quiere decir: «Muchacha, a ti te digo, levántate.» [42] La muchacha se levantó al instante y se puso a andar, pues tenía doce años. Quedaron fuera de sí, llenos de estupor. [43] Y les insistió mucho en que nadie lo supiera; y les dijo que le dieran a ella de comer.

Mt 8 10+

Hch 9 40

9 27

1 34+

Visita a Nazaret*.

‖Mt 13
53-58
‖Lc 4 16-30

6 [1] Salió de allí y vino a su patria, y sus discípulos le siguen. [2] Cuando llegó el sábado se puso a enseñar en la sinagoga. La multitud, al oírle, quedaba maravillada, y decía: «¿De dónde le viene esto? y ¿qué sabiduría es esta que le ha sido dada? ¿Y esos milagros hechos por sus

---

5 30 Esta fuerza es concebida como un efluvio físico que obra las curaciones, ver Lc 6 19, por medio del contacto: ver 1 41; 3 10; 6 56; 8 22.
5 33 Además de su carácter humillante, esta enfermedad ponía a la mujer en estado de impureza legal, Lv 15 25.
5 37 Los mismos que serán testigos privilegiados de la

Transfiguración, 9 2, y de la agonía, 14 33; ver 1 29: 13 3.
5 41 Estas palabras son arameas, lengua que hablaba Jesús.
6 Al igual que el episodio paralelo de Lc 4 16ss, ver allí la nota, este relato ha sufrido una transformación: de favorables como eran, los oyentes se vuelven bruscamente hostiles.

manos? ³ ¿No es éste el carpintero*, el hijo de María y hermano de Santiago, Joset*, Judas y Simón? ¿Y no están sus hermanas aquí entre nosotros?» Y se escandalizaban a causa de él. ⁴ Jesús les dijo: «Un profeta sólo en su patria, entre sus parientes y en su casa carece de prestigio. ⁵ Y no podía hacer allí ningún milagro, a excepción de unos pocos enfermos a quienes curó imponiéndoles las manos. ⁶ Y se maravilló de su falta de fe.

Misión de los Doce.

Y recorría los pueblos del contorno enseñando. ⁷ Y llama a los Doce y comenzó a enviarlos de dos en dos, dándoles poder sobre los espíritus inmundos. ⁸ Les ordenó que nada tomasen para el camino, fuera de un bastón*: ni pan, ni alforja, ni calderilla en la faja; ⁹ sino: «Calzados con sandalias y no vistáis dos túnicas.» ¹⁰ Y les dijo: «Cuando entréis en una casa, quedaos en ella hasta marchar de allí. ¹¹ Si algún lugar no os recibe y no os escuchan, marchaos de allí sacudiendo el polvo de la planta de vuestros pies, en testimonio contra ellos.»

¹² Y, yéndose de allí, predicaron que se convirtieran; ¹³ expulsaban a muchos demonios, y ungían con aceite a muchos enfermos y los curaban.

Herodes y Jesús.

¹⁴ Se enteró el rey Herodes, pues su nombre se había hecho célebre. Algunos decían*: «Juan el Bautista ha resucitado de entre los muertos y por eso actúan en él fuerzas milagrosas.» ¹⁵ Otros decían: «Es Elías»; otros: «Es un profeta como los demás profetas.» ¹⁶ Al enterarse Herodes, dijo: «Aquel Juan, a quien yo decapité, ése ha resucitado.»

Muerte del Bautista.

¹⁷ Es que Herodes era el que había enviado a prender a Juan y le había encadenado en la cárcel por causa de Herodías, la mujer de su hermano Filipo, con quien Herodes se había casado. ¹⁸ Porque Juan decía a Herodes: «No te está permitido tener la mujer de tu hermano.» ¹⁹ Herodías le aborrecía y quería

matarle, pero no podía, ²⁰ pues Herodes temía a Juan, sabiendo que era hombre justo y santo, y le protegía; y al oírle, quedaba muy perplejo*, y le escuchaba con gusto.

²¹ Y llegó el día oportuno, cuando Herodes, en su cumpleaños, dio un banquete a sus magnates, a los tribunos y a los principales de Galilea. ²² Entró la hija de la misma Herodías, danzó, y gustó mucho a Herodes y a los comensales. El rey, entonces, dijo a la muchacha: «Pídeme lo que quieras y te lo daré.» ²³ Y le juró: «Te daré lo que me pidas, hasta la mitad de mi reino.» ²⁴ Salió la muchacha y preguntó a su madre: «¿Qué voy a pedir?» Y ella le dijo: «La cabeza de Juan el Bautista.» ²⁵ Entrando al punto apresuradamente adonde estaba el rey, le pidió: «Quiero que ahora mismo me des, en una bandeja, la cabeza de Juan el Bautista.» ²⁶ El rey se llenó de tristeza, pero no quiso desairarla a causa del juramento y de los comensales. ²⁷ Y al instante mandó el rey a uno de su guardia, con orden de traerle la cabeza de Juan. Se fue y le decapitó en la cárcel ²⁸ y trajo su cabeza en una bandeja, y se la dio a la muchacha, y la muchacha se la dio a su madre. ²⁹ Al enterarse sus discípulos, vinieron a recoger el cadáver y le dieron sepultura.

Primera multiplicación de los panes.

³⁰ Los apóstoles se reunieron con Jesús y le contaron todo lo que habían hecho y lo que habían enseñado. ³¹ Él, entonces, les dice: «Venid también vosotros aparte, a un lugar solitario, para descansar un poco.» Pues los que iban y venían eran muchos, y no les quedaba tiempo ni para comer. ³² Y se fueron en la barca, aparte, a un lugar solitario. ³³ Pero les vieron marcharse y muchos cayeron en cuenta; y fueron allá corriendo, a pie, de todas las ciudades y llegaron antes que ellos. ³⁴ Y al desembarcar, vio mucha gente, sintió compasión de ellos, pues estaban como ovejas que no tienen pastor, y se puso a enseñarles muchas cosas. ³⁵ Era ya una hora muy avanzada cuando se le acercaron sus discípulos y le dijeron: «El lugar está deshabitado y ya es

Margin references left column:
Mt 12 46+

7 32
1 Tim 4 14+
Mt 8 10+

‖Mt 10 1.
9-14
‖Lc 9 1-6
=3 14s

St 5 14s

‖Mt 14 1-2
‖Lc 9 7-9

8 28

Mt 16 14+

‖Mt 14 3-12
Lc 3 19-20

Margin references right column:
Est 1 3
Dn 5 1

Est 5 3+

‖Mt 14 13-2
Lc 9 10-27
Jn 6 1-13
Mc 8 1-10

2 2; 3 20

Mt 9 36

---

6 3   (a) Y no «el hijo del carpintero», Mt 13 55; la expresión de Mc considera mejor el nacimiento virginal de Jesús.
6 3   (b) Var.: «José» o «Josefo».
6 8   Según Mt y Lc, ni siquiera bastón. En Mc, sandalias y bastón evocan el texto de Ex 12 11

6 14 Var.: «Decía él».
6 20 Var. (Vulg.): «hacía muchas cosas». —Otra traducción (menos probable) de toda la frase: «... le protegía; le escuchaba, le planteaba toda clase de problemas y le escuchaba con gusto».

hora avanzada. ³⁶ Despídelos para que vayan a las aldeas y pueblos del contorno a comprarse de comer.» ³⁷ Él les contestó: «Dadles vosotros de comer.» Ellos le dicen: «¿Vamos nosotros a comprar doscientos denarios de pan para darles de comer?» ³⁸ Él les dice: «¿Cuántos panes tenéis? Id a ver.» Después de haberse cerciorado, le dicen: «Cinco, y dos peces.» ³⁹ Entonces les mandó que se acomodaran todos por grupos sobre la verde hierba. ⁴⁰ Y se acomodaron por grupos de cien y de cincuenta. ⁴¹ Y tomando los cinco panes y los dos peces, y levantando los ojos al cielo, pronunció la bendición, partió los panes y los iba dando a los discípulos para que se los fueran sirviendo. También repartió entre todos los dos peces. ⁴² Comieron todos y se saciaron. ⁴³ Y recogieron las sobras, doce canastos llenos y también lo de los peces. ⁴⁴ Los que comieron los panes fueron cinco mil hombres.

14 22-31
Jn 6 16-21

Jesús camina sobre las aguas.

⁴⁵ Inmediatamente obligó a sus discípulos a subir a la barca y a ir por delante hacia Betsaida*, mientras él despedía a la gente. ⁴⁶ Después de despedirse de ellos, se fue al monte a orar.

⁴⁷ Al atardecer, estaba la barca en medio del mar y él, solo, en tierra. ⁴⁸ Viendo que ellos se fatigaban remando, pues el viento les era contrario, a eso de la cuarta vigilia de la noche viene hacia ellos caminando sobre el mar y quería pasarles de largo. ⁴⁹ Pero ellos, viéndole caminar sobre el mar, creyeron que era un fantasma y se pusieron a gritar, ⁵⁰ pues todos le habían visto y estaban turbados. Pero él, al instante, les habló, diciéndoles: «¡Ánimo!, que soy yo, no temáis.» ⁵¹ Subió entonces junto a ellos a la barca, y amainó el viento, y quedaron en su interior completamente estupefactos, ⁵² pues no habían entendido lo de los panes, sino que su mente estaba embotada.

4 13+

14 34-36

Curaciones en el país de Genesaret.

⁵³ Terminada la travesía, llegaron a tierra en Genesaret y atracaron. ⁵⁴ Apenas desembarcaron, le reconocieron en seguida, ⁵⁵ recorrieron toda aquella región y comenzaron a traer a los enfermos en camillas adonde oían que él estaba. ⁵⁶ Y dondequiera que entraba en pueblos, ciudades o aldeas, colocaban a los enfermos en las plazas y le pedían que tocaran siquiera la orla de su manto; y cuantos la tocaron quedaban salvados.

5 27-28

Discusión sobre las tradiciones farisaicas*.

||Mt 15 1-9

7 ¹ Se reúnen junto a él los fariseos, así como algunos escribas venidos de Jerusalén. ² Y al ver que algunos de sus discípulos comían con manos impuras, es decir no lavadas, ³ —es que los fariseos y todos los judíos no comen sin haberse lavado las manos hasta el codo*, aferrados a la tradición de los antiguos, ⁴ y al volver de la plaza, si no se bañan*, no comen; y hay otras muchas cosas que observan por tradición, como la purificación de copas, jarros y bandejas—. ⁵ Por ello, los fariseos y los escribas le preguntan: «¿Por qué tus discípulos no viven conforme a la tradición de los antepasados*, sino que comen con manos impuras?» ⁶ Él les dijo: «Bien profetizó Isaías de vosotros, hipócritas según está escrito:

Lc 11 38

*Este pueblo me honra con los labios,
   pero su corazón está lejos de mí.*
⁷ *En vano me rinden culto,
   ya que enseñan doctrinas que son preceptos de hombres.*

Is 29 13

⁸ «Dejando el precepto de Dios, os aferráis a la tradición de los hombres.» ⁹ Les decía también: «¡Qué bien violáis el mandamiento de Dios, para conservar vuestra tradición! ¹⁰ Porque Moisés dijo: *Honra a tu padre y a tu madre* y: *el que maldiga a su padre o a su madre, sea castigado con la muerte.* ¹¹ Pero vosotros decís: Si uno dice a su padre o a su madre: 'Lo que de mí podrías recibir como ayuda lo declaro Korbán* —es decir: ofrenda—', ¹² ya no le dejáis hacer nada por su padre y por su madre, ¹³ anulando así la palabra de Dios por vuestra tradición

Ex 20 12
Dt 5 16

Ex 21 17
Lc 20 9

---

6 45 Adic.: «a la otra orilla», tomada quizás de Mt 14 22.
7 La sección que va desde 7 1 hasta el segundo relato de la multiplicación de los panes, 8 1ss, trata de la llamada de los gentiles a la salvación. Ver Introducción.
7 3 Traducción dudosa. Lit.: «con el puño».
7 4 Var.: «hacen aspersión». —Otra traducción: «No comen lo que viene del mercado antes de haberlo

perjado.»
7 5 La tradición de los antepasados comprendía estos preceptos y prácticas que los rabinos habían añadido a la ley de Moisés, incluso asegurando que procedían por vía oral del gran legislador.
7 11 *Korbán*, palabra aramea que significa ofrenda y especialmente ofrenda hecha a Dios. Ver Mt 15 6+.

que os habéis transmitido; y hacéis muchas cosas semejantes a éstas.»

‖Mt 15
10-20

Doctrina sobre lo puro y lo impuro.

¹⁴ Llamó otra vez a la gente y les dijo: «Oídme todos y entended. ¹⁵ Nada hay fuera del hombre que, entrando en él, pueda contaminarle; sino lo que sale del hombre, eso es lo que contamina al hombre. ¹⁶ Quien tenga oídos para oír, que oiga*.»

4 10

¹⁷ Y cuando, apartándose de la gente, entró en casa, sus discípulos le preguntaban sobre la parábola*. ¹⁸ Él les dijo: «¿Conque también vosotros estáis sin in-

teligencia? ¿No comprendéis que todo lo que de fuera entra en el hombre no puede contaminarle, ¹⁹ pues no entra en su corazón, sino en el vientre y va a parar al excusado?» —así declaraba puros todos los alimentos*—. ²⁰ Y decía: «Lo que sale del hombre, eso es lo que contamina al hombre. ²¹ Porque de dentro, del corazón de los hombres, salen las intenciones malas: fornicaciones, robos, asesinatos, ²² adulterios, avaricias, maldades, fraude, libertinaje, envidia, injuria, insolencia, insensatez. ²³ Todas estas perversidades salen de dentro y contaminan al hombre.»

4 13+

Hch 10 9-16
Rm 14
Col 2 16.
21-22

Rm 1 29+

III. Viajes de Jesús fuera de Galilea

‖Mt 15 21-28

Curación de la hija de una sirofenicia*.

9 33; 10 10;
1 29 2 15

²⁴ Y partiendo de allí, se fue a la región de Tiro*, y entrando en una casa quería que nadie lo supiese, pero no logró pasar inadvertido, ²⁵ sino que, en seguida, habiendo oído hablar de él una mujer, cuya hija estaba poseída de un espíritu inmundo, vino y se postró a sus pies. ²⁶ Esta mujer era griega*, sirofenicia de nacimiento, y le rogaba que expulsara de

Mt 8 29+

su hija al demonio. ²⁷ Él le decía: «Espera que primero se sacien los hijos, pues no está bien tomar el pan de los hijos y echárselo a los perritos.» ²⁸ Pero ella le respondió: «Sí, Señor; que también los perritos comen bajo la mesa migajas de los niños.» ²⁹ Él, entonces, le dijo: «Por lo que has dicho, vete; el demonio ha salido de tu hija.» ³⁰ Volvió a su casa y encontró que la niña estaba echada en la cama y que el demonio se había ido.

Curación de un tartamudo sordo.

5 20

³¹ Se marchó de la región de Tiro y vino de nuevo, por Sidón, al mar de Galilea, atravesando la Decápolis. ³² Le pre-

sentan un sordo que, además, hablaba con dificultad, y le ruegan imponga la mano sobre él. ³³ Él, apartándole de la gente, a solas, le metió sus dedos en los oídos y con su saliva le tocó la lengua. ³⁴ Y, levantando los ojos al cielo, dio un gemido, y le dijo: «*Effatá*», que quiere decir: «¡Ábrete!» ³⁵ Se abrieron sus oídos y, al instante, se soltó la atadura de su lengua y hablaba correctamente. ³⁶ Jesús les mandó que a nadie se lo contaran. Pero cuanto más se lo prohibía, tanto más ellos lo publicaban. ³⁷ Y se maravillaban sobremanera y decían: «Todo lo ha hecho bien; hace oír a los sordos y hablar a los mudos.»

6 5
1 Tm 4 14+

Mt 8 3+

1 34+

Is 35 5-6

9 25

Segunda multiplicación de los panes*.

8 ¹ Por aquellos días, habiendo de nuevo mucha gente y no teniendo qué comer, llama Jesús a sus discípulos y les dice: ² «Siento compasión de esta gente, porque hace ya tres días que permanecen conmigo y no tienen qué comer. ³ Si los despido en ayunas a sus casas, desfallecerán en el camino, y algunos de ellos han venido de lejos.» ⁴ Sus discí-

‖Mt 15
32-39
6 30-44

Ex 15 22

---

7 16   Om. v. 16.
7 17   Parábola en el sentido del *mašal* hebreo, que a veces no es sino una sentencia lapidaria y enigmática.
7 19   Lit.: «purificando todos los alimentos». Miembro de frase oscuro (glosa, quizá) y diversamente interpretado.
7 24   (a) Este episodio es paralelo al de la curación del hijo del centurión, Mt 8 5ss y Lc 7 1ss: Jesús realiza una curación en favor de un gentil o de una gentil; pero cura a distancia, por el poder de su palabra, porque no estaba permitido a un judío entrar en casa de un gentil.
7 24   (b) Adic.: «y de Sidón», ver Mt 15 21.

7 26   «griega», no de raza, puesto que era sirofenicia, sino de cultura, es decir, aquí gentil: ver Jn 7 35; Hch 16 1.
8   Mientras que la primera multiplicación de los panes, Mc 6 31-44, se hace en favor de los judíos, la segunda beneficia a los gentiles, Mt 14 13+. Ésta tiene lugar en la Decápolis, 7 32. Las siete espuertas evocan a las naciones de Canaán, 1 Re 8 65, y a los siete diáconos helenistas, Hch 6 5. Los que han venido «de lejos», v. 3, son los gentiles, Hch 2 39; 22 21; Ef 2 13. 17; ver Jos 9 9. Ya no quedan relegados a comer las migajas que caen de la mesa de los hijos del reino, 7 27-28.

pulos le respondieron: «¿Cómo podrá alguien saciar de pan a éstos aquí en el desierto?» [5] Él les preguntaba: «¿Cuántos panes tenéis?» Ellos le respondieron: «Siete.» [6] Entonces él mandó a la gente acomodarse sobre la tierra y, tomando los siete panes y dando gracias, los partió e iba dándolos a sus discípulos para que los sirvieran, y ellos los sirvieron a la gente. [7] Tenían también unos pocos pececillos. Y, pronunciando la bendición sobre ellos, mandó que también los sirvieran. [8] Comieron y se saciaron, y recogieron de los trozos sobrantes siete espuertas. [9] Fueron unos cuatro mil; y Jesús los despidió. [10] Subió a continuación a la barca con sus discípulos y se fue a la región de Dalmanutá*.

Los fariseos piden un signo del cielo.

[11] Y salieron los fariseos y comenzaron a discutir con él, pidiéndole un signo del cielo, con el fin de ponerle a prueba. [12] Dando un profundo gemido desde lo íntimo de su ser, dice: «¿Por qué esta generación pide un signo? Yo os aseguro: no se dará a esta generación ningún signo*.» [13] Y, dejándolos, se embarcó de nuevo, y se fue a la orilla opuesta.

La levadura de los fariseos y de Herodes.

[14] Se habían olvidado de tomar panes, y no llevaban consigo en la barca más que un pan. [15] Él les hacía esta advertencia: «Abrid los ojos y guardaos de la levadura de los fariseos y de la levadura de Herodes.» [16] Ellos hablaban entre sí que no tenían panes. [17] Dándose cuenta, les dice: «¿Por qué estáis hablando de que no tenéis panes? ¿Aún no comprendéis ni entendéis? ¿Es que tenéis la mente embotada? [18] *¿Teniendo ojos no veis y teniendo oídos no oís?* ¿No os acordáis de [19] cuando partí los cinco panes para los cinco mil? ¿Cuántos canastos llenos de trozos recogisteis?» «Doce», le dicen. [20] «Y cuando partí los siete entre los cuatro mil, ¿cuántas espuertas llenas de trozos recogisteis?» Le dicen: «Siete.» [21] Y continuó: «¿Aún no entendéis*?»

Curación del ciego de Betsaida*.

[22] Llegan a Betsaida. Le presentan un ciego y le suplican que le toque. [23] Tomando al ciego de la mano, le sacó fuera del pueblo, y habiéndole puesto saliva en los ojos, le impuso las manos y le preguntaba: «¿Ves algo?» [24] Él, alzando la vista*, dijo: «Veo a los hombres, pues los veo como árboles, pero que andan.» [25] Después, le volvió a poner las manos en los ojos y comenzó a ver perfectamente y quedó curado, de suerte que veía de lejos claramente todas las cosas. [26] Y le envió a su casa, diciéndole: «Ni siquiera entres en el pueblo »

Profesión de fe de Pedro*.

[27] Salió Jesús con sus discípulos hacia los pueblos de Cesarea de Filipo, y por el camino hizo esta pregunta a sus discípulos: «¿Quién dicen los hombres que soy yo?» [28] Ellos le dijeron: «Unos, que Juan el Bautista; otros, que Elías; otros, que uno de los profetas.» [29] Y él les preguntaba: «Y vosotros, ¿quién decís que soy yo?» Pedro le contesta: «Tú eres el Cristo.» [30] Y les mandó enérgicamente que a nadie hablaran acerca de él.

Primer anuncio de la Pasión.

[31] Y comenzó a enseñarles que el Hijo del hombre debía sufrir mucho y ser reprobado por los ancianos, los sumos sacerdotes y los escribas, y ser matado y resucitar a los tres días. [32] Hablaba de esto abiertamente. Tomándole aparte, Pedro se puso a reprenderle. [33] Pero él, volviéndose y mirando a sus discípulos, reprendió a Pedro, diciéndole: «¡Quítate de mi vista, Satanás! porque tus pensamientos

Márgenes

Sal 78 29

‖Mt 16 1-4

Mt 16 5-12

4 13+

Jr 5 21
Ez 12 2

6 43-44

4 13+

5 30+

7 33
Jn 9 6
1 Tm 4 14+

Mt 8 3+

1 34+

‖Mt 16 13-20
‖Lc 9 18-21

1 34+

‖Mt 16 21-23
‖Lc 9 22

Mt 21 42

9 9-10.
31-32;
10 32-34

4 13+

---

8 10 Nombre de una localidad desconocida, como «Magadán» de Mt 15 39; o quizá transcripción de una expresión aramea mal identificada.
8 12 La negativa de todo signo, en Mc, se considera a menudo como más primitiva que la promesa del «signo de Jonás» en Mt y Lc. Puede suceder, sin embargo, que Mc haya omitido una evocación bíblica que podía no ser captada por sus lectores, o que Jesús haya prometido realmente ese signo, para anunciar el triunfo de su liberación final, tal como lo dejó bien claro Mt, ver Mt 12 39+.
8 21 Es una invitación a los discípulos a superar sus preocupaciones materiales para pensar en la misión de Jesús, ilustrada por sus milagros.

8 22 Este episodio prepara el de la profesión de fe de Pedro, 8 27ss. La curación es lenta y se hace en dos tiempos, para mostrar lo difícil que le resulta a la gente «ver» quién es realmente Jesús de Nazaret, Jn 9 39-41.
8 24 También se traduce: «que empezaba a ver».
8 27 Durante toda la primera parte de evangelio, viene planteándose la cuestión de quién es Jesús de Nazaret, 1 27+. En razón de su enseñanza y de los prodigios que obra, se presiente su personalidad misteriosa, v. 28, pero sólo Pedro da la verdadera respuesta, v. 29: «Tú eres el Cristo», es decir el Rey mesiánico. Cada la incomprensión de los discípulos, 4 13+, subrayada por Jesús mismo, 8 17-21, Pedro no ha podido hacer esta profesión de fe sino en virtud de una revelación divina, Mt 16 17.

no son los de Dios, sino los de los hombres*.»

‖Mt 16
24-28
‖Lc 9 23-27

Condiciones para seguir a Jesús.

[34] Llamando a la gente a la vez que a sus discípulos, les dijo: «Si alguno quiere venir en pos de mí, niéguese a sí mismo, tome su cruz y sígame. [35] Porque quien quiera salvar su vida, la perderá; pero quien pierda su vida por mí y por el Evangelio, la salvará. [36] Pues ¿de qué le sirve al hombre ganar el mundo entero si arruina su vida? [37] Pues ¿qué puede dar el hombre a cambio de su vida? [38] Porque quien se avergüence de mí y de mis palabras en esta generación adúltera y pecadora, también el Hijo del hombre se avergonzará de él cuando venga en la gloria de su Padre con los santos ángeles.»

Mt 10 33

9 [1] Les decía también: «Yo os aseguro que entre los aquí presentes hay algunos que no gustarán la muerte hasta que vean venir con poder el Reino de Dios.»

Rm 1 4

La Transfiguración*.

‖Mt 17 1-8
‖Lc 9 28-36

[2] Seis días después, toma Jesús consigo a Pedro, Santiago y Juan, y los lleva, a ellos solos, aparte, a un monte alto. Y se transfiguró delante de ellos, [3] y sus vestidos se volvieron resplandecientes, muy blancos, tanto que ningún batanero en la tierra sería capaz de blanquearlos de ese modo. [4] Se les aparecieron Elías y Moisés, y conversaban con Jesús. [5] Toma la palabra Pedro y dice a Jesús: «Rabbí, bueno es estarnos aquí. Vamos a hacer tres tiendas, una para ti, otra para Moisés y otra para Elías»; [6] —pues no sabía qué responder ya que estaban atemorizados—. [7] Entonces se formó una nube que les cubrió con su sombra, y vino una voz desde la nube: «Este es mi Hijo amado, escuchadle.» [8] Y de pronto, mirando en derredor, ya no vieron a nadie más que a Jesús solo con ellos.

5 37+
16 5
14 40
Mt 4 3+

La venida de Elías.

‖Mt 17 9-13

[9] Y cuando bajaban del monte les ordenó que a nadie contasen lo que habían visto hasta que el Hijo del hombre resucitara de entre los muertos. [10] Ellos observaron esta recomendación, discutiendo entre sí qué era eso de «resucitar de entre los muertos.» [11] Y le preguntaban: «¿Por qué dicen los escribas que Elías debe venir primero?» [12] Él les contestó: «Elías vendrá primero y restablecerá todo; mas, ¿cómo está escrito del Hijo del hombre que sufrirá mucho y que será despreciado? [13] Pues bien, yo os digo: Elías ha venido ya y han hecho con él cuanto han querido, según estaba escrito de él.»

1 34+
4 13+
Ml 3 23-24
1 R 19 2. 10

El endemoniado epiléptico.

‖Mt 17
14-21
‖Lc 9 37-42

[14] Al llegar junto a los discípulos, vio* a mucha gente que les rodeaba y a unos escribas que discutían con ellos. [15] Toda la gente, al verle, quedó sorprendida y corrieron a saludarle. [16] Él les preguntó: «¿De qué discutís con ellos?» [17] Uno de entre la gente le respondió: «Maestro, te he traído a mi hijo que tiene un espíritu mudo [18] y, dondequiera que se apodera de él, le derriba, le hace echar espumarajos, rechinar de dientes y le deja rígido. He dicho a tus discípulos que lo expulsaran, pero no han podido.» [19] Él les responde: «¡Oh generación incrédula! ¿Hasta cuándo estaré con vosotros? ¿Hasta cuándo habré de soportaros? ¡Traédmelo!» [20] Y se lo trajeron. Apenas el espíritu vio a Jesús, agitó violentamente al muchacho y, cayendo en tierra, se revolcaba echando espumarajos. [21] Entonces él preguntó a su padre: «¿Cuánto tiempo hace que le viene sucediendo esto?» Le dijo: «Desde niño. [22] Y muchas veces le ha arrojado al fuego y al agua para acabar con él; pero, si algo puedes, ayúdanos, compadécete de nosotros.» [23] Jesús le dijo: «¡Qué es eso de si puedes! ¡Todo es posible para quien cree!» [24] Al instante gritó el padre del muchacho: «¡Creo,

Mt 8 29+
Mt 8 10+

---

8 33   Lo que los discípulos no comprenden no es ya la verdadera personalidad de Jesús, 4 13+, sino el misterio de su muerte. La idea de un Cristo-Rey que tenga que morir les escandaliza porque ignoran lo que es la resurrección, 9 10. 32.

9 2   Este episodio cierra la primera parte del evangelio y hace inclusión con la escena del bautismo de Cristo, 1 9-11+: en ambos se oye la misma voz celeste, aludiendo a Sal 2 7 y a Is 42 1, pero, en el bautismo, se dirigía sólo a Cristo, y aquí se dirige a los tres discípulos presentes, como para confirmar la profesión de fe de Pedro. En la escena del bautismo, Jesús aparecía como un nuevo Moisés; lo mismo aquí, como subraya la voz celeste al decir: «Escuchadle», Dt 18 15. El «monte alto» donde Cristo se «transfigura», v. 2, evoca el Sinaí, donde Moisés se encontró con Dios y de donde bajó con el rostro irradiando la gloria divina, Ex 34 29-30. La nube que cubre a los discípulos con su sombra evoca el texto de Ex 40 38. Se comprende así por qué, después de la Transfiguración, Jesús se ocupa más de la formación de sus discípulos, 9 30-31, y les da algunos principios de una ética cristiana, 9 35 - 10 45.

9 14   Var.: «vieron».

ayuda a mi poca fe!» [25] Viendo Jesús que se agolpaba la gente, increpó al espíritu inmundo, diciéndole: «Espíritu sordo y mudo, yo te lo mando: sal de él y no entres más en él.» [26] Y el espíritu salió dando gritos y agitándole con violencia. El muchacho quedó como muerto, hasta el punto de que muchos decían que había muerto. [27] Pero Jesús, tomándole de la mano, le levantó y él se puso en pie. [28] Cuando Jesús entró en casa, le preguntaban en privado sus discípulos: «¿Por qué nosotros no pudimos expulsarle?» [29] Les dijo: «Esta clase con nada puede ser arrojada sino con la oración*.»

Segundo anuncio de la Pasión.

[30] Y saliendo de allí, iban caminando por Galilea; él no quería que se supiera, [31] porque iba enseñando a sus discípulos. Les decía: «El Hijo del hombre será entregado en manos de los hombres; le matarán y a los tres días de haber muerto resucitará.» [32] Pero ellos no entendían lo que les decía y temían preguntarle.

¿Quién es el mayor?

[33] Llegaron a Cafarnaún y, una vez en casa, les preguntaba: «¿De qué discutíais por el camino?» [34] Ellos callaron, pues por el camino habían discutido entre sí quién era el mayor. [35] Entonces se sentó, llamó a los Doce, y les dijo: «Si uno quiere ser el primero, sea el último de todos y el servidor de todos.» [36] Y tomando un niño, le puso en medio de ellos, le estrechó entre sus brazos y les dijo: [37] «El que reciba a un niño como éste en mi nombre, a mí me recibe; y el que me reciba a mí, no me recibe a mí sino a Aquel que me ha enviado.»

Empleo del nombre de Jesús.

[38] Juan le dijo: «Maestro, hemos visto a uno que expulsaba demonios en tu nombre y no viene con nosotros y tratamos de impedírselo porque no venía con nosotros.» [39] Pero Jesús dijo: «No se lo impidáis, pues no hay nadie que obre un milagro invocando mi nombre y que luego sea capaz de hablar mal de mí.

[40] Pues el que no está contra nosotros, está por nosotros.

Caridad con los discípulos

[41] «Todo aquel que os dé de beber un vaso de agua por el hecho de que sois de Cristo, os aseguro que no perderá su recompensa.

El escándalo.

[42] «Y al que escandalice a uno de estos pequeños que creen*, mejor le es que le pongan al cuello una de esas piedras de molino que mueven los asnos y que le echen al mar. [43] Y si tu mano te es ocasión de pecado, córtatela. Más vale que entres manco en la Vida que, con las dos manos, ir a la gehenna, al fuego que no se apaga*[44]. [45] Y si tu pie te es ocasión de pecado, córtatelo. Más vale que entres cojo en la Vida que, con los dos pies, ser arrojado a la gehenna[46]. [47] Y si tu ojo te es ocasión de pecado, sácatelo. Más vale que entres con un solo ojo en el Reino de Dios que, con los dos ojos, ser arrojado a la gehenna, [48] donde *su gusano no muere y el fuego no se apaga;* [49] pues todos han de ser salados con fuego*. [50] Buena es la sal; mas si la sal se vuelve insípida, ¿con qué la sazonaréis? Tened sal en vosotros y tened paz unos con otros.»

Pregunta sobre el divorcio

10 [1] Y levantándose de allí va a la región de Judea, y al otro lado del Jordán, y de nuevo vino la gente hacia él y, como acostumbraba, les enseñaba. [2] Se acercaron unos fariseos que, para ponerle a prueba, preguntaban: «¿Puede el marido repudiar a la mujer?» [3] Él les respondió: «¿Qué os prescribió Moisés?» [4] Ellos le dijeron: «Moisés permitió escribir el acta de divorcio y repudiarla.» [5] Jesús les dijo: «Teniendo en cuenta la dureza de vuestro corazón escribió para vosotros este precepto. [6] Pero desde el comienzo de la creación, *Él los hizo varón y hembra.* [7] *Por eso dejará el hombre a su padre y a su madre**, [8] *y los dos se harán una sola carne.* De manera que ya

Marginal references (left column):
7 37
8 23
Mt 8 15+
‖Mt 17
22-23
‖Lc 9 43-45
Jn 7 1
1 34+
8 31
4 13+
‖Mt 18 1-5
‖Lc 9 46-48
7 24+
Mt 10 40+
Lc 9 49-50
Nm 11 28
Hch 3 16+
1 Co 12 3

Marginal references (right column):
Mt 12 30p
‖Mt 10 42
1 Co 3 23+
‖Mt 18 6-9
‖Lc 17 1-2
‖Mt 18 8-9
Is 66 24+
Lv 2 13+
‖Mt 5 13
‖Lc 14 34
Col 4 6
Rm 12 18
‖Mt 19 1-9
Dt 24 1
Gn 1 27; 2 24

---

9 29 Var.: «con la oración y el ayuno».
9 42 Adic.: «en mí».
9 43 Los vv. 44 y 46 (Vulg.), simples repeticiones del v. 48, se deben omitir con los mejores mss.
9 49 El fuego que sala se entiende o bien del castigo que castiga a los pecadores conservándolos, o mejor del fuego que purifica a los fieles (prueba, juicio de Dios)

para convertirlos en víctimas agradables a Dios, ver Lv 2 13 (a lo cual alude una adic.: «y toda víctima será salada con sal»). El v. 50, ver Mt 5 13, parece haberse puesto aquí por la simple afinidad de la palabra «sal».
10 7 Adic.: «y se adherirá a su mujer», ver Gn 2 24 y Mt 19 5.

no son dos, sino una sola carne. [9] Pues bien, lo que Dios unió, no lo separe el hombre.» [10] Y ya en casa, los discípulos le volvían a preguntar sobre esto. [11] Él les dijo: «Quien repudie a su mujer y se case con otra, comete adulterio contra aquélla; [12] y si ella repudia a su marido* y se casa con otro, comete adulterio.»

Jesús y los niños.

[13] Le presentaban unos niños para que los tocara; pero los discípulos les reñían. [14] Mas Jesús, al ver esto, se enfadó y les dijo: «Dejad que los niños vengan a mí, no se lo impidáis, porque de los que son como éstos es el Reino de Dios. [15] Yo os aseguro: el que no reciba el Reino de Dios como niño, no entrará en él.» [16] Y abrazaba a los niños, y los bendecía poniendo las manos sobre ellos.

El hombre rico.

[17] Se ponía ya en camino cuando uno corrió a su encuentro y, arrodillándose ante él, le preguntó: «Maestro bueno, ¿qué he de hacer para tener en herencia vida eterna?» [18] Jesús le dijo: «¿Por qué me llamas bueno? Nadie es bueno sino sólo Dios. [19] Ya sabes los mandamientos: *No mates, no cometas adulterio, no robes, no levantes falso testimonio,* no seas injusto, *honra a tu padre y a tu madre.»* [20] Él, entonces, le dijo: «Maestro, todo eso lo he guardado desde mi juventud.» [21] Jesús, fijando en él su mirada, le amó y le dijo: «Una cosa te falta: anda, cuanto tienes véndelo y dáselo a los pobres y tendrás un tesoro en el cielo; luego, ven y sígueme.» [22] Pero él, abatido por estas palabras, se marchó entristecido, porque tenía muchos bienes.

Peligro de las riquezas.

[23] Jesús, mirando a su alrededor, dice a sus discípulos: «¡Qué difícil es que los que tienen riquezas entren en el Reino de Dios!» [24] Los discípulos quedaron sorprendidos al oírle estas palabras*. Mas Jesús, tomando de nuevo la palabra, les dijo: «¡Hijos, qué difícil es entrar en el Reino de Dios! [25] Es más fácil que un camello pase por el ojo de la aguja, que el

que un rico entre en el Reino de Dios.» [26] Pero ellos se asombraban aún más y se decían unos a otros: «Y ¿quién se podrá salvar?» [27] Jesús, mirándolos fijamente, dice: «Para los hombres, imposible; pero no para Dios, porque todo es posible para Dios.»

Recompensa prometida al desprendimiento.

[28] Pedro se puso a decirle: «Ya lo ves, nosotros lo hemos dejado todo y te hemos seguido.» [29] Jesús dijo: «Yo os aseguro: nadie que haya dejado casa, hermanos, hermanas, madre, padre, hijos o hacienda por mí y por el Evangelio, [30] quedará sin recibir el ciento por uno: ahora, al presente, casas, hermanos, hermanas, madres, hijos y hacienda, con persecuciones; y en el mundo venidero, vida eterna. [31] Pero muchos primeros serán últimos y los últimos, primeros.»

Tercer anuncio de la Pasión.

[32] Iban de camino subiendo a Jerusalén, y Jesús marchaba delante de ellos; ellos estaban sorprendidos y los que le seguían tenían miedo. Tomó otra vez a los Doce y comenzó a decirles lo que le iba a suceder: [33] «Mirad que subimos a Jerusalén, y el Hijo del hombre será entregado a los sumos sacerdotes y a los escribas; le condenarán a muerte y le entregarán a los gentiles, [34] y se burlarán de él, le escupirán, le azotarán y le matarán, y a los tres días resucitará.»

La petición de los hijos de Zebedeo.

[35] Se acercan a él Santiago y Juan, los hijos de Zebedeo, y le dicen: «Maestro, queremos nos concedas lo que te pidamos.» [36] Él les dijo: «¿Qué queréis que os conceda?» [37] Ellos le respondieron: «Concédenos que nos sentemos en tu gloria*, uno a tu derecha y otro a tu izquierda.» [38] Jesús les dijo: «No sabéis lo que pedís. ¿Podéis beber la copa que yo voy a beber, o ser bautizados con el bautismo con que yo voy a ser bautizado*?» [39] Ellos le dijeron: «Sí, podemos.» Jesús les dijo: «La copa que yo voy a beber, sí la beberéis y también seréis bautizados

10 12 Esta cláusula es reflejo del derecho romano, porque el derecho judío solamente concedía el derecho de repudio al hombre y no a la mujer.

10 24 Riquezas y prosperidad se consideraban como señales de bendición divina, ver la Introducción a los libros sapienciales.

10 37 Cuando triunfes como Rey mesiánico.

10 38 Como la copa que va a beber, ver **14 36**, el bautismo que va a recibir es una imagen de la Pasión cercana: según la fuerza original del término griego «bautizar», Jesús será «sumergido» en un abismo de sufrimientos.

Marginal references: 7 24+ · Mt 5 32 · Lc 16 18 · Mt 19 13-15 · Lc 18 15-17 · Lc 9 47 · Mt 19 16-22 · Lc 18 18-23 · Ex 20 12-16 · Dt 5 16-20; 24 14 · Mt 19 23-26 · Lc 18 24-27 · Za 8 6-7 · Mt 19 27-30 · Lc 18 28-30 · 1 1+ · Mt 20 17-19 · Lc 18 31-33 · 8 31 · Mt 20 20-23 · 4 13+

con el bautismo con que yo voy a ser bautizado; [40] pero, sentarse a mi derecha o a mi izquierda no es cosa mía el concederlo, sino que es para quienes está preparado.»

Mt 20
24-28
‖Lc 22
24-27

Los jefes deben servir.

[41] Al oír esto los otros diez, empezaron a indignarse contra Santiago y Juan. [42] Jesús, llamándoles, les dice: «Sabéis que los que son tenidos como jefes de las naciones, las dominan como señores absolutos y sus grandes los oprimen con su poder. [43] Pero no ha de ser así entre vosotros, sino que el que quiera llegar a ser grande entre vosotros, será vuestro servidor, [44] y el que quiera ser el primero entre vosotros, será esclavo de todos, [45] que tampoco el Hijo del hombre ha venido a ser servido, sino a servir y a dar su vida como rescate por muchos.»

El ciego de Jericó.

‖Mt 20
29-34
‖Lc 18
35-43

[46] Llegan a Jericó. Y cuando salía de Jericó, acompañado de sus discípulos y de una gran muchedumbre, el hijo de Timeo (Bartimeo), un mendigo ciego, estaba sentado junto al camino. [47] Al enterarse de que era Jesús de Nazaret, se puso a gritar: «¡Hijo de David, Jesús, ten compasión de mí!» [48] Muchos le increpaban para que se callara. Pero él gritaba mucho más: «¡Hijo de David, ten compasión de mí!» [49] Jesús se detuvo y dijo: «Llamadle.» Llaman al ciego, diciéndole: «¡Ánimo, levántate! Te llama.» [50] Y él, arrojando su manto, dio un brinco y vino ante Jesús. [51] Jesús, dirigiéndose a él, le dijo: «¿Qué quieres que te haga?» El ciego le dijo: «¡Rabbuní*, ¡que vea!» [52] Jesús le dijo: «Vete, tu fe te ha salvado.» Y al instante recobró la vista y le seguía por el camino.

Jn 20 16
Mt 8 10+

IV. Ministerio de Jesús en Jerusalén

‖Mt 21
1-11
‖Lc 19
28-38
‖Jn 12
12-16

Entrada mesiánica en Jerusalén.

11 [1] Cuando se aproximaban a Jerusalén, cerca ya de Betfagé y Betania, al pie del monte de los Olivos, envía a dos de sus discípulos, [2] diciéndoles: «Id al pueblo que está enfrente de vosotros, y no bien entréis en él, encontraréis un pollino atado, sobre el que no ha montado todavía ningún hombre. Desatadlo y traedlo. [3] Y si alguien os dice: '¿Por qué hacéis eso?', decid: 'El Señor lo necesita, y que lo devolverá en seguida'.» [4] Fueron y encontraron el pollino atado junto a una puerta, fuera, en la calle, y lo desataron. [5] Algunos de los que estaban allí les dijeron: «¿Qué hacéis desatando el pollino?» [6] Ellos les contestaron según les había dicho Jesús, y les dejaron. [7] Traen el pollino ante Jesús, echaron encima sus mantos y se sentó sobre él. [8] Muchos extendieron sus mantos por el camino; otros, follaje cortado de los campos. [9] Los que iban delante y los que le seguían, gritaban: «¡Hosanna! ¡Bendito el que viene en nombre del Señor! [10] ¡Bendito el reino que viene de nuestro padre David! ¡Hosanna en las alturas!» [11] Y entró en Jerusalén, en el Templo, y después de observar todo a su alrededor, siendo ya tarde, salió con los Doce para Betania.

Sal 118
25-26

2 S 7 16

La higuera estéril*.

‖Mt 21
18-19

[12] Al día siguiente, saliendo ellos de Betania, sintió hambre. [13] Y viendo de lejos una higuera con hojas, fue a ver si encontraba algo en ella; acercándose a ella, no encontró más que hojas; es que no era tiempo de higos. [14] Entonces le dijo: «¡Que nunca jamás coma nadie fruto de ti!» Y sus discípulos oían esto.

---

10 51 En arameo: «Mi maestro», o «Maestro»; ver Jn 20 16.

11 12 Los evangelios sinópticos presentan aquí un orden diferente, que habrá de explicarse por la evolución literaria de la tradición. Por una parte, la entrada en Jerusalén y la expulsión de los vendedores del Templo, que Mt y Lc ponen en el mismo día, aquí se distribuyen en dos días y las separa el episodio de la higuera maldita. Por otra, la higuera seca (y también su maldición, en Mt) la incluye aquí Mc entre la expulsión de los vendedores del Templo y la discusión sobre la autoridad de Jesús, dos perícopas que primitivamente debieron sucederse sin interrupción, ver Jn 2 14-22. Estas divergencias se explican si el episodio de la higuera ha sido incluido posteriormente en un argumento primitivo (nótese que falta en Lc), y ello en dos fases: primero la maldición, luego el hecho de secarse, adición posterior que ha pretendido sacar de la maldición, que así tuvo efecto, una lección sobre la eficacia de la oración hecha con fe. Esta lección sólo en Mc ha introducido además, por asociación verbal, un *logion* sobre el perdón de las ofensas, que Mt emplea con ocasión del Padre nuestro, Mt 6 14.

‖Mt 21
12-13. 17
‖Lc 19
45-48
‖Jn 2 14-16

Expulsión de los vendedores del Templo.

¹⁵ Llegan a Jerusalén; y entrando en el Templo, comenzó a echar fuera a los que vendían y a los que compraban en el Templo; volcó las mesas de los cambistas y los puestos de los vendedores de palomas ¹⁶ y no permitía que nadie transportase cosas por el Templo. ¹⁷ Y les enseñaba, diciéndoles: «¿No está escrito: *Mi casa será llamada casa de oración para todas las gentes**? ¡Pero vosotros la tenéis hecha una *cueva de bandidos!*» ¹⁸ Se enteraron de esto los sumos sacerdotes y los escribas y buscaban cómo podrían matarle; porque le tenían miedo, pues toda la gente estaba asombrada de su doctrina. ¹⁹ Y al atardecer, salía fuera de la ciudad.

Is 56 7
Jr 7 11

‖Mt 21
20-22

La higuera seca. Fe y oración.

²⁰ Al pasar muy de mañana, vieron la higuera, que estaba seca hasta la raíz. ²¹ Pedro, recordándolo, le dice: «¡Rabbí, mira!, la higuera que maldijiste está seca.» ²² Jesús les respondió: «Tened fe en Dios. ²³ Yo os aseguro que quien diga a este monte: 'Quítate y arrójate al mar' y no vacile en su corazón sino que crea que va a suceder lo que dice, lo obtendrá. ²⁴ Por eso os digo: todo cuanto pidáis en la oración, creed que ya lo habéis recibido y lo obtendréis. ²⁵ Y cuando os pongáis de pie para orar, perdonad, si tenéis algo contra alguno, para que también vuestro Padre, que está en los cielos, os perdone vuestras ofensas* [26].»

Mt 8 10+

Jn 11 22

Mt 5 23-24

Mt 6 14-15

‖Mt 21
23-27
Lc 20 1-8

Controversia sobre la autoridad de Jesús.

²⁷ Vuelven a Jerusalén y, mientras paseaba por el Templo, se le acercan los sumos sacerdotes, los escribas y los ancianos, ²⁸ y le decían: «¿Con qué autoridad haces esto?, o ¿quién te ha dado tal autoridad para hacerlo?» ²⁹ Jesús les dijo: «Os voy a preguntar una cosa. Respondedme y os diré con qué autoridad hago esto. ³⁰ El bautismo de Juan, ¿era del cielo o de los hombres? Respondedme.» ³¹ Ellos discurrían entre sí: «Si decimos: 'Del cielo', dirá: 'Entonces, ¿por qué no le creísteis?' ³² Pero ¿vamos a decir: 'De los hombres?'» *Tenían miedo a la gente*;

Jn 2 18

pues todos tenían a Juan por un verdadero profeta. ³³ Responden, pues, a Jesús: «No sabemos.» Jesús entonces les dice: «Tampoco yo os digo con qué autoridad hago esto.»

Mt 16 14+

Parábola de los viñadores homicidas.

12 ¹ Y se puso a hablarles en parábolas: «Un hombre plantó una viña, la rodeó de una cerca, cavó un lagar y edificó una torre, la arrendó a unos labradores, y se ausentó. ² Envió un siervo a los labradores a su debido tiempo para recibir de ellos una parte de los frutos de la viña. ³ Ellos le agarraron, le golpearon y le despacharon con las manos vacías. ⁴ De nuevo les envió a otro siervo; también a éste le descalabraron y le insultaron. ⁵ Y envió a otro y a éste le mataron; y también a otros muchos, hiriendo a unos, matando a otros. ⁶ Todavía le quedaba un hijo querido; les envió a éste, el último, diciendo: 'A mi hijo le respetarán.' ⁷ Pero aquellos labradores dijeron entre sí: 'Éste es el heredero. Vamos, matémosle, y será nuestra la herencia.' ⁸ Le agarraron, le mataron y le echaron fuera de la viña. ⁹ ¿Qué hará el dueño de la viña? Vendrá y dará muerte a los labradores y entregará la viña a otros. ¹⁰ ¿No habéis leído esta Escritura:

‖Mt 21
33-46
‖Lc 20 9-19

Is 5+

*La piedra que los constructores desecharon,
  en piedra angular se ha convertido;*
¹¹ *fue el Señor quien hizo esto
  y es maravilloso a nuestros ojos?»*

Sal 118
22-23

¹² Trataban de detenerle —pero tuvieron miedo a la gente— porque habían comprendido que la parábola la había dicho por ellos. Y dejándole, se fueron.

El tributo debido al César.

¹³ Y envían hacia él algunos fariseos y herodianos, para cazarle en alguna palabra. ¹⁴ Vienen y le dicen: «Maestro, sabemos que eres veraz y que no te importa por nadie, porque no miras la condición de las personas, sino que enseñas con franqueza el camino de Dios: ¿Es lícito pagar tributo al César o no? ¿Pagamos o dejamos de pagar?» ¹⁵ Mas él, dándose cuenta de su hipocresía, les dijo: «¿Por qué me tentáis? Traedme un de-

‖Mt 22
15-22
‖Lc 20
20-26
Mc 3 6+

---

11 17 Sólo Mc entre los Sinópticos cita, y sin duda intencionadamente, las últimas palabras del texto de Isaías, que anuncian la extensión universal del culto mesiánico.

11 25 Adic. v. 26: «Mas si vosotros no perdonáis, tampoco vuestro Padre que está en los cielos perdonará vuestras ofensas», ver Mt 6 15.

nario, que lo vea.» [16] Se lo trajeron y les dice: «¿De quién es esta imagen y la inscripción?» Ellos le dijeron: «Del César.» [17] Jesús les dijo: «Lo del César, devolvédselo al César, y lo de Dios, a Dios.» Y se maravillaban de él.

‖Mt 22
23-33
‖Lc 20
27-40

La resurrección de los muertos.

Dt 25 5s+

[18] Se le acercan unos saduceos, esos que niegan que haya resurrección, y le preguntaban: [19] «Maestro, Moisés nos dejó escrito que si muere el hermano de alguno y deja mujer y no deja hijos, que su hermano tome a la mujer para dar descendencia a su hermano. [20] Eran siete hermanos: el primero tomó mujer, pero murió sin dejar descendencia; [21] también el segundo la tomó y murió sin dejar descendencia; y el tercero lo mismo. [22] Ninguno de los siete dejó descendencia. Después de todos, murió también la mujer. [23] En la resurrección, cuando resuciten, ¿de cuál de ellos será mujer? Porque los siete la tuvieron por mujer.»

[24] Jesús les contestó: «¿No estáis en un error precisamente por esto, por no entender las Escrituras ni el poder de Dios? [25] Pues cuando resuciten de entre los muertos, ni ellos tomarán mujer ni ellas marido, sino que serán como ángeles en los cielos. [26] Y acerca de que los muertos resuciten, ¿no habéis leído en el libro de Moisés, en lo de la zarza*, cómo Dios le

Ex 3 6

dijo: *Yo soy el Dios de Abrahán, el Dios de Isaac y el Dios de Jacob?* [27] No es un Dios de muertos, sino de vivos. Estáis en un gran error.»

‖Mt 22 34-40
‖Lc 10
25-28

El mandamiento principal.

Dt 6 4-5

[28] Acércose uno de los escribas que les había oído y, viendo que les había respondido muy bien, le preguntó: «¿Cuál es el primero de todos los mandamientos?» [29] Jesús le contestó: «El primero es: *Escucha, Israel: El Señor, nuestro Dios, es el único Señor**, [30] y amarás al Señor, tu Dios, con todo tu corazón, con toda tu alma, con toda tu mente y con todas tus*

Lv 19 18

fuerzas. [31] El segundo es: *Amarás a tu*

prójimo como a ti mismo. No existe otro mandamiento mayor que éstos.» [32] Le dijo el escriba*: «Muy bien, Maestro; tienes razón al decir que *Él es único y que no hay otro fuera de Él,* [33] *y amarle con todo el corazón, con toda la inteligencia y con todas las fuerzas, y amar al prójimo como a sí mismo* vale más que todos los holocaustos y sacrificios » [34] Y Jesús, viendo que le había contestado con sensatez, le dijo: «No estás lejos del Reino de Dios.» Y nadie más se atrevía ya a hacerle preguntas.

Dt 6 4;
4 35

Am 5 21+
1 S 15 22
Sal 40 7-9

‖Mt 22 46
‖Lc 20 40

Cristo, hijo y Señor de David.

‖Mt 22
41-46
‖Lc 20
41-44

[35] Jesús, tomando la palabra, decía mientras enseñaba en el Templo: «¿Cómo dicen los escribas que el Cristo es hijo de David? [36] David mismo dijo, movido por el Espíritu Santo:

Mt 9 27+

Dijo el Señor a mi Señor:
Siéntate a mi diestra
hasta que ponga a tus enemigos
debajo de tus pies.

Sal 110 1

[37] El mismo David le llama Señor; ¿cómo entonces puede ser hijo suyo?» La muchedumbre le oía con agrado.

6 20

Los escribas juzgados por Jesús.

‖Mt 23 6-7
‖Lc 20
45-47; 11 43

[38] Decía también en su instrucción: «Guardaos de los escribas, que gustan pasear con amplio ropaje, ser saludados en las plazas, [39] ocupar los primeros asientos en las sinagogas y los primeros puestos en los banquetes; [40] y que devoran la hacienda de las viudas so capa de largas oraciones. Ésos tendrán una sentencia más rigurosa.»

El óbolo de la viuda.

‖Lc 21 1-4

[41] Jesús se sentó frente al arca del Tesoro y miraba cómo echaba la gente monedas en el arca del Tesoro*: muchos ricos echaban mucho. [42] Llegó también una viuda pobre y echó dos moneditas, o sea, una cuarta parte del as. [43] Entonces, llamando a sus discípulos, les dijo:

---

12 26 Allí donde se refiere el episodio de la zarza ardiendo.
12 29 El monoteísmo es tan intransigente en el NT como en el Judaísmo. Aquí se apoya, en labios de Jesús, en el *Šema*, Dt 6 4-5+. Pablo exhortará a los gentiles a «volverse» al único Dios vivo, Hch 14 15+; 1 Ts 1 9+; ver 1 Co 8 4-6; 1 Tm 2 5. Para él, toda la obra de Cristo Jesús arranca de Dios y en él acaba, porque la transforma en su propia gloria, Rm 8 28-30; 16 27; 1 Co 1 30; 15 28.57; Ef 1 3-12; 3 11; Flp 2 11; 4 19-20; 1 Tm 2 3-5;

6 15-16; ver Hb 1 1-13; 13 20-21; etc. El evangelio de Jn expresa el asunto de otro modo: Jesús viene del Padre, 3 17+. 31; 6 46, etc., y va al Padre, 7 33; 13 3; 14 6+.
12 32 Vv. 32-34: este añadido inesperado, en el que el escriba se ve felicitado por haber repetido simplemente las palabras de Jesús, es una adición tomada de una tradición paralela a los vv. 28-31, y cuya forma literaria más bien recuerda a Lc 10 25-28.
12 41 La sala del Tesoro, en el recinto del Templo, tenía, pues, un cepillo exterior para recibir las ofrendas.

«Os digo de verdad que esta viuda pobre ha echado más que todos los que echan en el arca del Tesoro. [44] Pues todos han echado de lo que les sobraba, ésta, en cambio, ha echado de lo que necesitaba todo cuanto poseía, todo lo que tenía para vivir.»

Discurso escatológico*.
Introducción.

‖Mt 24 1-3
‖Lc 21 5-7

13 [1] Al salir del Templo, le dice uno de sus discípulos: «Maestro, mira qué piedras y qué construcciones.» [2] Jesús le dijo: «¿Ves estas grandiosas construcciones? No quedará piedra sobre piedra que no sea derruida.»

[3] Estando luego sentado en el monte de los Olivos, frente al Templo, le preguntaron en privado Pedro, Santiago, Juan y Andrés: [4] «Dinos cuándo sucederá eso, y cuál será la señal de que todas estas cosas están para cumplirse.»

1 29
5 37+

El comienzo de los dolores.

‖Mt 24 4-14
‖Lc 21 8-19

[5] Jesús empezó a decirles: «Mirad que no os engañe nadie. [6] Vendrán muchos usurpando mi nombre y diciendo: 'Yo soy', y engañarán a muchos. [7] Cuando oigáis hablar de guerras y de rumores de guerras, no os alarméis; porque eso es necesario que suceda, pero no es todavía el fin. [8] Pues se levantará nación contra nación y reino contra reino. Habrá terremotos en diversos lugares, habrá hambre: esto será el comienzo de los dolores de alumbramiento.

Dn 2 28

‖Mt 10
17-22

[9] «Pero vosotros mirad por vosotros mismos; os entregarán a los tribunales, seréis azotados en las sinagogas y compareceréis ante gobernadores y reyes por mi causa, para que deis testimonio ante ellos. [10] Y es preciso que antes sea proclamada la Buena Nueva a todas las naciones. [11] «Y cuando os lleven para entregaros, no os preocupéis de qué vais a hablar; sino hablad lo que se os comunique en aquel momento. Porque no seréis vosotros los que hablaréis, sino el Espíritu Santo. [12] Y entregará a la muerte hermano a hermano y padre a hijo; se levantarán hijos contra padres y los matarán. [13] Y seréis odiados de todos por causa de mi nombre; pero el que persevere hasta el fin, ése se salvará.

Mt 10 36

La gran tribulación de Jerusalén.

‖Mt 24
15-25
‖Lc 21
20-24
Dn 9 27;
11 31; 12 11
1 M 1 54

[14] «Pero cuando veáis *la abominación de la desolación* erigida donde no debe (el que lea, que entienda), entonces, los que estén en Judea, huyan a los montes; [15] el que esté en el terrado, no baje ni entre a recoger algo de su casa, [16] y el que esté por el campo, no regrese en busca de su manto. [17] ¡Ay de las que estén encinta o criando en aquellos días! [18] Orad para que no suceda en invierno. [19] Porque aquellos días habrá *una tribulación cual no la hubo* desde el principio de la creación, que hizo Dios, *hasta el presente*, ni la volverá a haber. [20] Y si el Señor no abreviase aquellos días, no se salvaría nadie, pero en atención a los elegidos que él escogió, ha abreviado los días. [21] Entonces, si alguno os dice: 'Mirad, el Cristo aquí', 'Miradlo allí', no lo creáis. [22] Pues surgirán falsos cristos y falsos profetas y realizarán señales y prodigios con el propósito de engañar, si fuera posible, a los elegidos. [23] Vosotros, pues, estad sobre aviso; mirad que os lo he predicho todo.

Dn 12 1

La manifestación gloriosa del Hijo del hombre*.

‖Mt 24
29-31
‖Lc 21
25-27

[24] «Mas por esos días, después de aquella tribulación, el sol se oscurecerá, la luna no dará su resplandor, [25] las estrellas irán cayendo del cielo, y las fuerzas que están en los cielos serán sacudidas. [26] Y entonces verán al Hijo del hombre que viene entre nubes con gran poder y gloria; [27] entonces enviará a los ángeles y reunirá de los cuatro vientos a sus elegidos, desde el extremo de la tierra hasta el extremo del cielo.

Dn 7 13-14
Mt 8 20+

Dt 30 3-4
Za 2 10-17

---

13 A diferencia del discurso de Mt que, a la perspectiva de la ruina de Jerusalén y del Templo, añade la del fin del mundo, ver Mt **24**+, el discurso de Mc más bien ha conservado la orientación primitiva, que solamente se refiere a la ruina de Jerusalén. Muchos críticos ven en él un pequeño apocalipsis judío inspirado en Daniel, vv. 7-8.14-20.24-27, completado con palabras de Jesús, vv. 5-6.9-13.21-23.28-37. Nada hay en estas palabras, ni el pequeño apocalipsis judío en que se basa, que anuncie otra cosa que la crisis mesiánica inminente y la liberación esperada del pueblo ele-

gido, que de hecho se ha producido con la ruina de Jerusalén, la resurrección de Cristo y su venida en la Iglesia.
13 24 Los símbolos cósmicos sirven en el lenguaje tradicional de las profecías (ver las referencias marginales, aquí y en Mt **24** 29-31) para describir las intervenciones poderosas de Dios en la historia, aquí la crisis mesiánica seguida del final triunfante del pueblo de los santos y de su jefe el Hijo del hombre. Nada hay que obligue a aplicarlos al fin del mundo, como a menudo se hace a causa del contexto que les ha dado Mt, ver Mt **24**+.

‖Mt 24
32-36
‖Lc 21
29-33

Parábola de la higuera.

²⁸ «De la higuera aprended esta parábola: cuando ya sus ramas están tiernas y brotan las hojas, sabéis que el verano está cerca. ²⁹ Así también vosotros, cuando veáis que sucede esto, sabed que Él está cerca, a las puertas. ³⁰ Yo os aseguro que no pasará esta generación hasta que todo esto suceda. ³¹ El cielo y la tierra pasarán, pero mis palabras no pasarán. ³² Mas de aquel día y hora, nadie sabe nada, ni los ángeles en el cielo, ni el Hijo, sino sólo el Padre.

Estar alerta para no ser sorprendidos.

³³ «Estad atentos y vigilad, porque ignoráis cuándo será el momento. ³⁴ Al igual que un hombre que se ausenta: deja su casa, da atribuciones a sus siervos, a cada uno su trabajo, y ordena al portero que vele; ³⁵ velad, por tanto, ya que no sabéis cuándo viene el dueño de la casa, si al atardecer, o a media noche, o al cantar del gallo, o de madrugada*. ³⁶ No sea que llegue de improviso y os encuentre dormidos. ³⁷ Lo que a vosotros digo, a todos lo digo: ¡Velad!»

‖Mt 24 42;
25 13-15
‖Lc 19
12-13;
12 38. 40

V. La Pasión y la Resurrección de Jesús

‖Mt 26 2-5
‖Lc 22 1-2

Mt 26 17+

Conspiración contra Jesús.

14 ¹ Faltaban dos días para la Pascua y los Ázimos. Los sumos sacerdotes y los escribas buscaban cómo prenderle con engaño y matarle. ² Pues decían: «Durante la fiesta no, no sea que haya alboroto del pueblo.»

‖Mt 26 6-13
‖Jn 12 1-8

Unción en Betania.

³ Estando él en Betania, en casa de Simón el leproso, recostado a la mesa, vino una mujer que traía un frasco de alabastro con perfume puro de nardo*, de mucho precio; quebró el frasco y lo derramó sobre su cabeza. ⁴ Había algunos que se decían entre sí indignados: «¿Para qué este despilfarro de perfume? ⁵ Se podía haber vendido este perfume por más de trescientos denarios y habérselo dado a los pobres.» Y refunfuñaban contra ella. ⁶ Mas Jesús dijo: «Dejadla. ¿Por qué la molestáis? Ha hecho una obra buena en mí. ⁷ Porque pobres tendréis siempre con vosotros y podréis hacerles bien cuando queráis; pero a mí no me tendréis siempre. ⁸ Ha hecho lo que ha podido. Se ha anticipado a embalsamar mi cuerpo para la sepultura. ⁹ Yo os aseguro: dondequiera que se proclame la Buena Nueva, en el mundo entero, se hablará también de lo que ésta ha hecho para memoria suya.»

Dt 15 11

Traición de Judas.

¹⁰ Entonces, Judas Iscariote, uno de los Doce, se fue donde los sumos sacerdotes para entregárselo. ¹¹ Al oírlo ellos, se alegraron y prometieron darle dinero. Y él andaba buscando cómo le entregaría en momento oportuno.

‖Mt 26
14-16
‖Lc 22 3-6

Preparativos para la cena pascual*.

¹² El primer día de los Ázimos, cuando se sacrificaba el cordero pascual, le dicen sus discípulos: «¿Dónde quieres que vayamos a hacer los preparativos para que comas el cordero de Pascua?» ¹³ Entonces, envía a dos de sus discípulos y les dice: «Id a la ciudad; os saldrá al encuentro un hombre llevando un cántaro de agua; seguidle ¹⁴ y allí donde entre, decid al dueño de la casa: 'El Maestro dice: ¿Dónde está mi sala, donde pueda comer la Pascua con mis discípulos?' ¹⁵ Él os enseñará en el piso superior una sala grande, ya dispuesta y preparada; haced allí los preparativos para nosotros.» ¹⁶ Los discípulos salieron, llegaron a la ciudad, lo encontraron tal como les había dicho, y prepararon la Pascua.

‖Mt 26
17-19
‖Lc 22 7-13

1 S 10 2-5

Anuncio de la traición de Judas.

¹⁷ Y al atardecer, llega él con los Doce. ¹⁸ Y mientras comían recostados, Jesús

‖Mt 26
20-25
‖Lc 22 14.
21-23
‖Jn 13
21-30

---

13 35 Estas cuatro vigilias dividían la noche, ya que cada una de ellas era de tres horas.
14 3 Mc concreta, con Jn 12 3, la calidad del perfume: nardo, extracto de una planta aromática de la India, y sólo él da el detalle de que la mujer quiebra el frasco para derramarlo más abundantemente y más deprisa, gesto de afectuosa prodigalidad.
14 12 Según Mt, Jesús daba a conocer su decisión al morador de Jerusalén a cuya casa él mismo se invitaba;

según Mc, una señal llevará a los discípulos delegados a una sala que encontrarán completamente preparada. Aunque señal y preparación pudieron haberse ya convenido de antemano, su presentación literaria, inspirada en 1 S 10 2-5, da a la escena una aureola de presciencia sobrenatural. Obsérvese además que la estructura del episodio se parece mucho a la preparación de la entrada mesiánica, Mc 11 1-6.

dijo: «Yo os aseguro que uno de vosotros me entregará, el que come conmigo.» [19] Ellos empezaron a entristecerse y a decirle uno tras otro: «¿Acaso soy yo?» [20] Él les dijo: «Uno de los Doce que moja conmigo en el mismo plato. [21] Porque el Hijo del hombre se va, como está escrito de él, pero ¡ay de aquel por quien el Hijo del hombre es entregado! ¡Más le valdría a ese hombre no haber nacido!»

|| Mt 26
26-29
|| Lc 22
15-20
|| 1 Co 11
23-25

Institución de la Eucaristía.

[22] Y mientras estaban comiendo, tomó pan, lo bendijo, lo partió y se lo dio y dijo: «Tomad, éste es mi cuerpo.» [23] Tomó luego una copa y, dadas las gracias, se la dio, y bebieron todos de ella. [24] Y les dijo: «Ésta es mi sangre de la alianza, que es derramada por muchos. [25] Yo os aseguro que ya no beberé del producto de la vid hasta el día en que lo beba nuevo en el Reino de Dios.»

Mt 8 11+

|| Mt 26
30-35
|| Lc 22
31-34. 39
|| Jn 13
36-38
Za 13 7

Predicción de las negaciones de Pedro.

[26] Y cantados los himnos, salieron hacia el monte de los Olivos. [27] Jesús les dice: «Todos os vais a escandalizar, ya que está escrito: *Heriré al pastor y se dispersarán las ovejas.* [28] Pero después de mi resurrección, iré delante de vosotros a Galilea.» [29] Pedro le dijo: «Aunque todos se escandalicen, yo no.» [30] Jesús le dice: «Yo te aseguro: hoy, esta misma noche, antes que el gallo cante dos veces, tú me habrás negado tres.» [31] Pero él insistía: «Aunque tenga que morir contigo, yo no te negaré.» Lo mismo decían también todos.

14 72

|| Mt 26
36-46
|| Lc 22
40-46

Agonía de Jesús.

[32] Van a una propiedad, cuyo nombre es Getsemaní, y dice a sus discípulos: «Sentaos aquí, mientras yo hago oración.» [33] Toma consigo a Pedro, Santiago y Juan, y comenzó a sentir pavor y angustia. [34] Y les dice: «Mi alma está triste hasta el punto de morir; quedaos aquí y velad.» [35] Y adelantándose un poco, caía en tierra y suplicaba que a ser posible pasara de él aquella hora. [36] Y decía: «¡Abbá*, Padre!; todo es posible para ti; aparta de mí esta copa; pero no sea lo que yo quiero, sino lo que quieres tú.» [37] Viene

5 37+

entonces y los encuentra dormidos; y dice a Pedro: «Simón, ¿duermes?, ¿ni una hora has podido velar? [38] Velad y orad, para que no caigáis en tentación; que el espíritu está pronto, pero la carne es débil.» [39] Y alejándose de nuevo, oró diciendo las mismas palabras. [40] Volvió otra vez y los encontró dormidos, pues sus ojos estaban cargados; ellos no sabían qué contestarle. [41] Viene por tercera vez y les dice: «Ahora ya podéis dormir y descansar. Basta ya. Llegó la hora. Mirad que el Hijo del hombre va a ser entregado en manos de los pecadores. [42] ¡Levantaos! ¡vámonos! Mirad, el que me va a entregar está cerca.»

Rm 7 5+

9 6

Jn 14 31

Prendimiento de Jesús.

[43] Todavía estaba hablando, cuando de pronto se presenta Judas, uno de los Doce, acompañado de un grupo con espadas y palos, de parte de los sumos sacerdotes, de los escribas y de los ancianos. [44] El que le iba a entregar les había dado esta contraseña: «Aquel a quien yo dé un beso, ése es, prendedle y llevadle con cautela.» [45] Nada más llegar, se acerca a él y le dice: «Rabbí», y le dio un beso. [46] Ellos le echaron mano y le prendieron. [47] Uno de los presentes, sacando la espada, hirió al siervo del Sumo Sacerdote, y le llevó la oreja. [48] Y tomando la palabra Jesús, les dijo: «¿Como contra un salteador habéis salido a prenderme con espadas y palos? [49] Todos los días estaba junto a vosotros enseñando en el Templo, y no me detuvisteis. Pero es para que se cumplan las Escrituras.» [50] Y abandonándole huyeron todos. [51] Un joven le seguía cubierto sólo de un lienzo; y le detienen. [52] Pero él, dejando el lienzo, se escapó desnudo*.

|| Mt 26
47-56
|| Lc 22
47-53
|| Jn 18 2-11

Am 2 16

Jesús ante el Sanedrín.

[53] Llevaron a Jesús ante el Sumo Sacerdote, y se reúnen todos los sumos sacerdotes, los ancianos y los escribas. [54] También Pedro le siguió de lejos, hasta dentro del palacio del Sumo Sacerdote, y estaba sentado con los criados, calentándose al fuego. [55] Los sumos sacerdotes y el Sanedrín entero andaban buscando contra Jesús un testimonio para darle muerte; pero no lo encontraban.

|| Mt 26
57-68
|| Lc 22
54. 63-71
|| Jn 18
15-16. 18

14 36 *Abbá* es un nombre arameo que, en labios de Jesús, expresa la familiaridad del Hijo con el Padre, ver Mt 11 25-26p; Jn 3 35; 5 19-20; 8 28-29, etc. Por eso será puesto en boca de los cristianos, Rm 8 15; Ga 4 6, a los que el Espíritu, Rm 5 5+, hace hijos de Dios, Mt 6 9; 17 25+; Lc 11 2, etc.
14 52 Detalle propio de Mc. Muchos comentaristas ven en este joven al mismo evangelista.

2 Co 5 1

13 26
Sal 110 1

[56] Pues muchos daban falso testimonio contra él, pero los testimonios no coincidían. [57] Algunos, levantándose, dieron contra él este falso testimonio: [58] «Nosotros le oímos decir: Yo destruiré este Santuario hecho por hombres y en tres días edificaré otro no hecho por hombres.» [59] Y tampoco en este caso coincidía su testimonio. [60] Entonces, se levantó el Sumo Sacerdote y poniéndose en medio, preguntó a Jesús: «¿No respondes nada? ¿Qué es lo que éstos atestiguan contra ti*?» [61] Pero él seguía callado y no respondía nada. El Sumo Sacerdote le preguntó de nuevo: «¿Eres tú el Cristo, el Hijo del Bendito*?» [62] Y dijo Jesús: «Sí, yo soy, y veréis *al Hijo del hombre sentado a la diestra del Poder y venir entre las nubes del cielo.*» [63] El Sumo Sacerdote se rasga las túnicas y dice: «¿Qué necesidad tenemos ya de testigos? [64] Habéis oído la blasfemia. ¿Qué os parece?» Todos juzgaron que era reo de muerte.

[65] Algunos se pusieron a escupirle, le cubrían la cara y le daban bofetadas, mientras le decían: «Adivina*», y los criados le recibieron a golpes.

‖Mt 26
69-75
‖Lc 22
55-62
‖Jn 18
15-18. 25-27

Negaciones de Pedro.

Mt 2 23+

[66] Estando Pedro abajo en el patio, llega una de las criadas del Sumo Sacerdote [67] y, al ver a Pedro calentándose, le mira atentamente y le dice: «También tú estabas con Jesús de Nazaret.» [68] Pero él lo negó: «Ni sé ni entiendo qué dices», y salió afuera, al portal, y cantó un gallo*. [69] Le vio la criada y otra vez se puso a decir a los que estaban allí: «Éste es uno de ellos.» [70] Pero él lo negaba de nuevo. Poco después, los que estaban allí volvieron a decir a Pedro: «Ciertamente eres de ellos pues además eres galileo.»

[71] Pero él se puso a echar imprecaciones y a jurar: «¡Yo no conozco a ese hombre de quien habláis!» [72] Inmediatamente cantó un gallo por segunda vez. Y Pedro recordó lo que le había dicho Jesús: «Antes que el gallo cante dos veces, me habrás negado tres.» Y rompió a llorar.

Jesús ante Pilato.

‖Mt 27
1-2.11-26
‖Lc 22 66;
23 1-5.13-25
‖Jn 18 28-
19 1; 19 4-16
Mt 26 57+

15 [1] Pronto, al amanecer, prepararon una reunión los sumos sacerdotes con los ancianos, los escribas y todo el Sanedrín y, después de haber atado a Jesús, le llevaron y le entregaron a Pilato. [2] Pilato le preguntaba: «¿Eres tú el rey de los judíos?» Él le respondió: «Sí, tú lo dices.» [3] Los sumos sacerdotes le acusaban de muchas cosas. [4] Pilato volvió a preguntarle: «¿No contestas nada? Mira de cuántas cosas te acusan.» [5] Pero Jesús no respondió ya nada, de suerte que Pilato estaba sorprendido.

[6] Cada Fiesta les concedía la libertad de un preso, el que pidieran. [7] Había uno, llamado Barrabás, que estaba encarcelado con aquellos sediciosos que en el motín habían cometido un asesinato. [8] Subió la gente* y se puso a pedir lo que les solía conceder. [9] Pilato les contestó: «¿Queréis que os suelte al rey de los judíos*?» [10] Pues se daba cuenta de que los sumos sacerdotes le habían entregado por envidia. [11] Pero los sumos sacerdotes incitaron a la gente a que dijeran que les soltase más bien a Barrabás. [12] Pero Pilato les decía otra vez: «Y ¿qué voy a hacer con el que llamáis el rey de los judíos?» [13] La gente volvió a gritar: «¡Crucifícale!» [14] Pilato les decía: «Pero ¿qué mal ha hecho?» Pero ellos gritaron con más fuerza: «¡Crucifícale!» [15] Pilato, entonces, queriendo complacer a la gente, les soltó a Barrabás

---

14 60 Como en Mt 26 62, también se traduce: «¿Nada respondes a lo que éstos atestiguan contra ti?».
14 61 Calificativo que sustituye al nombre de Yahvé, cuya pronunciación evitaban los judíos. De igual modo «el Poder» en el v. 62.
14 65 «escupirle a la cara» D Vet. Lat. (a f). Texto de Cesarea, Pesitta; «escupirle encima y cubrirle la cara con un velo» la mayoría de los mss. por armonización con Lc 22 64. Adic.: «¿Quién es el que te ha pegado?», testimonios de valor secundario, por armonización con Mt 26 68 y Lc 22 64. Si Mc no menciona ni el velo ni la pregunta, la escena no tiene carácter adivinatorio y se limita a ser una ilustración de los ultrajes al profeta anunciados por Is 50 6.
14 68 Este primer canto del gallo que no inmuta a Pedro y la falsa salida que le acompaña resultan extraños y llevan a presentar un relato primitivo que solamente contenía una negación, con canto del gallo y salida. Su combinación con dos relatos paralelos, procedente de otras tradiciones, produjo la cifra tradicional de tres ne-

gaciones: 14 30p. 72p; ver Jn 13 38; 21 15-17. La combinación de los textos, perceptible en Mc, ha sido difuminada en Mt y Lc, que han suprimido el primer canto del gallo y restringido (o eliminado, Lc) la primera falsa salida; ésta está sugerida en Jn por la separación entre la primera negación, 18 17, y las otras dos, 18 25-27.
15 8 Esta indicación supone que el Pretorio se hallaba en un lugar elevado, lo cual se justifica mejor tratándose de la colina occidental, donde se hallaba el antiguo palacio de Herodes el Grande.
15 9 En Mc, la muchedumbre llega al Pretorio para pedir el indulto de un preso, sin pensar en el caso de Jesús. Pilato es el que se aprovecha de esta petición para proponer el indulto de Jesús y librarse de ese modo de un caso embarazoso; los sumos sacerdotes desbaratan su maniobra contraponiéndole el nombre de Barrabás. Mt 27 17 ha perdido estos matices atribuyendo a Pilato la torpeza de proponer él mismo la elección entre Barrabás y Jesús.

y entregó a Jesús, después de azotarle, para que fuera crucificado.

Coronación de espinas.

¹⁶ Los soldados le llevaron dentro del palacio, es decir, al pretorio y llaman a toda la cohorte. ¹⁷ Le visten de púrpura y, trenzando una corona de espinas, se la ciñen. ¹⁸ Y se pusieron a saludarle: «¡Salve, rey de los judíos!» ¹⁹ Y le golpeaban en la cabeza con una caña, le escupían y, doblando las rodillas, se postraban ante él. ²⁰ Cuando se hubieron burlado de él, le quitaron la púrpura, le pusieron sus ropas y le sacan fuera para crucificarle.

El camino de la cruz.

²¹ Y obligaron a uno que pasaba, a Simón de Cirene, que volvía del campo, el padre de Alejandro y de Rufo*, a que llevara su cruz. ²² Le conducen al lugar del Gólgota, que quiere decir: Calvario.

La Crucifixión.

²³ Le daban vino con mirra, pero él no lo tomó. ²⁴ Le crucifican y se reparten sus vestidos, echando a suertes a ver qué se llevaba cada uno. ²⁵ Era la hora tercia* cuando le crucificaron. ²⁶ Y estaba puesta la inscripción de la causa de su condena: «El rey de los judíos.» ²⁷ Con él crucificaron a dos salteadores, uno a su derecha y otro a su izquierda* ^[28].

Jesús en cruz ultrajado.

²⁹ Y los que pasaban por allí le insultaban, meneando la cabeza y diciendo: «¡Eh, tú!, que destruyes el Santuario y lo levantas en tres días, ³⁰ ¡sálvate a ti mismo bajando de la cruz!» ³¹ Igualmente los sumos sacerdotes se burlaban entre ellos junto con los escribas diciendo: «A otros salvó y a sí mismo no puede salvarse. ³² ¡El Cristo, el rey de Israel!, que baje ahora de la cruz, para que lo veamos y creamos.» También le injuriaban los que con él estaban crucificados.

Muerte de Jesús.

³³ Llegada la hora sexta, hubo oscuridad sobre toda la tierra hasta la hora nona. ³⁴ A la hora nona gritó Jesús con fuerte voz: «*Eloí, Eloí*, *¿lemá sabactaní?*», —que quiere decir— «*¡Dios mío, Dios mío! ¿por qué me has abandonado?*» ³⁵ Al oír esto algunos de los presentes decían: «Mira, llama a Elías.» ³⁶ Entonces uno fue corriendo a empapar una esponja en vinagre y, sujetándola a una caña, le ofrecía de beber, diciendo: «Dejad, vamos a ver si viene Elías a descolgarle.» ³⁷ Pero Jesús lanzando un fuerte grito, expiró. ³⁸ Y el velo del Santuario se rasgó en dos, de arriba abajo. ³⁹ Al ver el centurión, que estaba frente a él, que había expirado de esa manera, dijo: «Verdaderamente este hombre era hijo de Dios*.»

Las santas mujeres en el Calvario.

⁴⁰ Había también unas mujeres mirando desde lejos, entre ellas, María Magdalena, María la madre de Santiago el menor y de Joset, y Salomé*, ⁴¹ que le seguían y le servían cuando estaba en Galilea, y otras muchas que habían subido con él a Jerusalén.

Sepultura de Jesús.

⁴² Y ya al atardecer, como era la Preparación, es decir, la víspera del sábado, ⁴³ vino José de Arimatea, miembro respetable del Consejo*, que esperaba también el Reino de Dios, y tuvo la valentía de entrar donde Pilato y pedirle el cuerpo de Jesús. ⁴⁴ Se extrañó Pilato de que ya estuviese muerto y, llamando al centurión, le preguntó si había muerto hacía tiempo*. ⁴⁵ Informado por el centurión, concedió el cuerpo a José, ⁴⁶ quien, comprando una sábana, lo descolgó de la cruz, lo envolvió en la sábana y lo puso en un sepulcro que estaba excavado en roca; luego, hizo rodar una piedra sobre la entrada del sepulcro. ⁴⁷ María Mag-

---

Marginal references (left column):
‖Mt 27 27-31
‖Jn 19 1-3

‖Mt 27 32-33
‖Lc 23 26
‖Jn 19 17

‖Mt 27 34-38
‖Lc 23 33-34
‖Jn 19 18-24
Sal 22 19

Is 53 12
Lc 22 37

‖Mt 27 39-44
‖Lc 23 35-37
Mc 14 58

Jn 6 30

Lc 23 39-43

Marginal references (right column):
‖Mt 27 45-54
‖Lc 23 44-47
‖Jn 19 28-30

Sal 22 2

Mt 4 3+

‖Mt 27 55-56
‖Lc 23 49
‖Jn 19 25

6 3

‖Mt 27 57-61
‖Lc 23 50-55
‖Jn 19 38-42
Mt 27 62+

---

15 21 Alejandro y Rufo eran sin duda conocidos de la comunidad romana donde Marcos escribió su evangelio. Ver Rm **16** 13.

15 25 Nueve de la mañana o, en sentido más amplio, el tiempo entre las nueve y el mediodía.

15 27 *Adic. v. 28:* «Y se cumplió la Escritura que dice: Ha sido contado entre los malhechores (Is **53** 12).» Ver Lc **22** 37.

15 34 Forma aramea, *Elahî*, transcrito *Eloí* quizá bajo la influencia del hebreo *Elohím.* La forma *Elí* dada por Mt es hebrea; es la del texto original del salmo y explica mejor el juego de palabras de los soldados.

15 39 Lc hace decir al centurión: «Ciertamente, este

hombre era justo», **23** 47. Ha visto, pues, en Mc **15** 39 una alusión al texto de Sb **2** 18: «Si el justo es hijo de Dios, él lo rescatará y lo librará del poder de sus adversarios». Es un anuncio velado de la resurrección, que será confirmado por el descubrimiento del sepulcro vacío, **16** 1-8. La profesión de fe del centurión forma inclusión con la proclamación de la voz celeste en el bautismo de Cristo, **1** 11 (ver **1** 1+).

15 40 Probablemente la misma a que Mt **27** 56 llama madre de los hijos de Zebedeo.

15 43 Es decir, el Sanedrín.

15 44 Var.: «si efectivamente había muerto ya».

dalena y María la de Joset se fijaban dónde era puesto.

Mt 28 1-8
Lc 24 1-10
Jn 20 1-10

El sepulcro vacío. Mensaje del ángel.

16 ¹ Pasado el sábado, María Magdalena, María la de Santiago y Salomé compraron aromas para ir a embalsamarle*. ² Y muy de madrugada, el primer día de la semana, a la salida del sol*, van al sepulcro. ³ Se decían unas a otras: «¿Quién nos retirará la piedra de la puerta del sepulcro?» ⁴ Y levantando los ojos ven que la piedra estaba ya retirada; y eso que era muy grande. ⁵ Y entrando en el sepulcro vieron a un joven sentado en el lado derecho, vestido con una túnica blanca, y se asustaron. ⁶ Pero él les dice: «No os asustéis. Buscáis a Jesús de Nazaret, el Crucificado; ha resucitado, no está aquí. Ved el lugar donde le pusieron. ⁷ Pero id a decir a sus discípulos y a Pedro que irá delante de vosotros a Galilea; allí le veréis, como os dijo.» ⁸ Ellas salieron huyendo del sepulcro, pues un gran temblor y espanto se había apoderado de ellas, y no dijeron nada a nadie* porque tenían miedo...

9 3

Mt 2 23+

14 28

Mt 28 10+

Apariciones de Jesús resucitado*.

Jn 20
11-18
Lc 8 2

⁹ Jesús resucitó en la madrugada, el primer día de la semana, y se apareció primero a María Magdalena, de la que había echado siete demonios. ¹⁰ Ella fue a comunicar la noticia a los que habían vivido con él, que estaban tristes y llorosos. ¹¹ Ellos, al oír que vivía y que había sido visto por ella, no creyeron. ¹² Después de esto, se apareció, bajo otra figura, a dos de ellos cuando iban de camino a una aldea. ¹³ Ellos volvieron a comunicárselo a los demás; pero tampoco creyeron a éstos.

¹⁴ Por último, estando a la mesa los once discípulos, se les apareció y les echó en cara su incredulidad y su dureza de corazón, por no haber creído a quienes le habían visto resucitado. ¹⁵ Y les dijo: «Id por todo el mundo y proclamad la Buena Nueva a toda la creación. ¹⁶ El que crea y sea bautizado, se salvará; el que no crea, se condenará. ¹⁷ Estos son los signos que acompañarán a los que crean: en mi nombre expulsarán demonios, hablarán en lenguas nuevas, ¹⁸ agarrarán serpientes en sus manos y aunque beban veneno no les hará daño; impondrán las manos sobre los enfermos y se pondrán bien.»

¹⁹ Con esto, el Señor Jesús, después de hablarles, fue elevado al cielo y se sentó a la diestra de Dios.

²⁰ Ellos salieron a predicar por todas partes, colaborando el Señor con ellos y confirmando la Palabra con los signos que la acompañaban.

Jn 20 18
Lc 24 10-11

Mt 8 10+
Lc 24
13-35

Lc 24
36-49
Jn 20
19-23
1 Co 15 5

Mt 28
18-20
Mc 13 10
Col 1 23

Hch 1 8+
Mt 10 1p

Lc 10 19
Hch 28 3-6

1 Tim 4 14+

Lc 24
50-53
Hch 1 3-14
Hch 2 33+

---

16 1 El fin de las gestiones de las mujeres, en Mc seguido por Lc, no es tan probable como una piadosa «visita» supuesta por Mt 28 1 y Jn 20 1. Sea lo que fuere de la guardia del sepulcro, solamente mencionada por Mt, hubiera sido poco natural abrir el sepulcro después de un enterramiento de día y medio, y el proyecto de ungir el cuerpo de Jesús no concuerda bien con lo que Jn 19 39s dice del cuidado puesto por José de Arimatea y Nicodemo. Pero Mt 26 12p y Jn 12 7 son testigos a su manera de que la forma en que se sepultó a Jesús había preocupado a la primera comunidad y fue explicada de diversas maneras.

16 2 Var.: «habiendo salido el sol».

16 8 Según Mt 28 8; Lc 24 10.22s; Jn 20 18, las mujeres hablaron. Si no se supone que el mismo Marcos lo decía en la continuación de su evangelio que se habría perdido para nosotros (ver la nota siguiente), se ha de admitir que prefirió callarlo para no obligarse a dar un relato de las apariciones que había decidido no añadir a su evangelio.

16 9 El «final de Marcos», vv. 9-20, forma parte de las Escrituras inspiradas; es considerado como canónico. Esto no significa necesariamente que haya sido redactado por Marcos. De hecho, se pone en duda su pertenencia a la redacción del segundo evangelio. —Las dificultades proceden antes todo de la tradición manuscrita. Varios mss, entre ellos el Vat. y Sin., omiten el final actual. En lugar del final ordinario, un ms da un final más breve que es continuación del v. 8: «Ellas refirieron brevemente a los compañeros de Pedro lo que se les había anunciado. Luego, el mismo Jesús hizo que ellos llevaran, desde el oriente hasta el poniente, el mensaje sagrado e incorruptible de la salvación eterna.» Cuatro mss dan a continuación los dos finales, el breve y el largo. Finalmente, uno de los mss que dan el final largo, intercala entre el v. 14 y el v. 15 el fragmento siguiente: «Y éstos alegaron en su defensa: Este siglo de iniquidad y de incredulidad está bajo el dominio de Satán, que no deja que lo que está bajo el yugo de los espíritus impuros reciba la verdad y el poder de Dios; manifiesta, pues, ya desde ahora tu justicia. Esto es lo que decían a Cristo y Cristo les respondió: 'El término de los años del poder de Satán se ha cumplido, pero otras cosas terribles se acercan. Y yo he sido entregado a la muerte por los que pecaron, para que se conviertan a la verdad, a la que no pequen más, a fin de que hereden la gloria espiritual e incorruptible de justicia que está en el cielo'.» La tradición patrística presenta también cierta fluctuación. —Añadimos que entre el v. 8 y el v. 9 hay en el relato solución de continuidad. Por otra parte es difícil admitir que el segundo evangelio en su primera redacción se detuviera bruscamente en el v. 8. De aquí la suposición de que el final primitivo desapareció, por causas desconocidas de nosotros, y que el final actual fue redactado para llenar la laguna. Se presenta éste como un resumen de las apariciones de Cristo resucitado, cuya redacción es sensiblemente diferente de la manera habitual de Marcos, concreto y pintoresco. Sin embargo este final está conocido desde el siglo II por Taciano y San Ireneo, y se encuentra en la inmensa mayoría de los mss griegos y otros. Si no se puede demostrar que haya tenido a Marcos por autor, lo cierto es que constituye, según la frase de Swete, «una auténtica reliquia de la primera generación cristiana».

EVANGELIO SEGÚN SAN LUCAS

Prólogo*.

Jn 15 27

1 ¹ Puesto que muchos* han intentado narrar ordenadamente las cosas que se han verificado entre nosotros, ² tal como nos las han transmitido los que desde el principio fueron testigos oculares y servidores de la Palabra, ³ he decidido yo también, después de haber investigado diligentemente todo desde los orígenes, escribírtelo por su orden, ilustre Teófilo, ⁴ para que conozcas la solidez de las enseñanzas que has recibido*?

Hch 1 8+
Ef 3 7

Hch 1 1

I.   Nacimiento y vida oculta de Juan el Bautista y de Jesús*

Anuncio del nacimiento de Juan el Bautista.

1 Cro 24 10

⁵ Hubo en los días de Herodes, rey de Judea, un sacerdote, llamado Zacarías, del grupo de Abías, casado con una mujer descendiente de Aarón, que se llamaba Isabel; ⁶ los dos eran justos ante Dios, y caminaban sin tacha en todos los mandamientos y preceptos del Señor. ⁷ No tenían hijos, porque Isabel era estéril, y los dos de avanzada edad.

Gn 18 11
Jc 13 2-5
1 S 1 5-6

⁸ Sucedió que, mientras oficiaba delante de Dios, en el grupo de su turno*, ⁹ le tocó en suerte, según el uso del servicio sacerdotal, entrar en el Santuario del Señor para quemar el incienso*. ¹⁰ Toda la multitud del pueblo estaba fuera en oración, a la hora del incienso.

Mt 1 20+

¹¹ Se le apareció el ángel del Señor, de pie, a la derecha del altar del incienso. ¹² Al verle Zacarías, se sobresaltó, y el temor se apoderó de él*. ¹³ El ángel le dijo: «No temas, Zacarías, porque tu petición ha sido escuchada; Isabel, tu mujer, te dará un hijo, a quien pondrás por nombre Juan*; ¹⁴ será para ti gozo y alegría y muchos se gozarán* en su nacimiento, ¹⁵ porque será grande ante el Señor; no beberá vino ni licor*; estará lleno de Espíritu Santo* ya desde el seno de su madre, ¹⁶ y convertirá al Señor su Dios a muchos de los hijos de Israel ¹⁷ e irá delante de él con el espíritu y el poder de Elías*, *para hacer volver los corazones de los padres a los hijos* y a los rebeldes a la prudencia de los justos, para preparar al Señor un pueblo bien dispuesto.» ¹⁸ Zacarías dijo al ángel: «¿En qué lo conoceré*? Porque yo soy viejo y mi mujer de avanzada edad.» ¹⁹ El ángel le respondió: «Yo soy Gabriel, el que está delante de Dios, y he sido enviado para hablarte y anunciarte* esta buena noticia. ²⁰ Mira,

Nm 6 2-3
Lc 1 41
Jr 1 5

Mt 17
10-13+
Ml 3 23-24
Si 48 10-11

Gn 15 8

Dn 8 16;
9 21
Tb 12 15
Mc 1 1+

---

1 Este prólogo, de vocabulario escogido y estilo periódico, se parece a los de los historiadores de la época helenística.
1 1 Enfático: se ha de entender «algunos». Sobre estos relatos conocidos de Lucas y por él utilizados ver la Introducción.
1 4 O, quizá: «de las noticias que te han llegado». En este caso, Teófilo no sería un cristiano a quien se desearía confirmar en la fe, sino un alto funcionario a quien se trata de informar.
1 5 Hasta el cap. 3, Lucas adopta el griego semitizante de los Setenta. Las alusiones y reminiscencias bíblicas son abundantes. El conjunto es arcaizante. Lucas restablece la atmósfera del ambiente de los «pobres», ver So 2 3+, en que vivían sus personajes y del que sin duda ha tomado lo esencial de la información. Dispone en forma de díptico los relatos sobre el nacimiento y la infancia de Juan y de Jesús y los narra desde el punto de vista de María, mientras que Mt lo hacía desde el punto de vista de José.
1 8 Cada «grupo» realizaba el servicio durante una semana, ver 1 Cro 24 19; 2 Cro 23 8.
1 9 Este oficio consistía en renovar las brasas y los perfumes en el altar del incienso que se hallaba ante el Santo de los Santos, ver Ex 30 6-8. La incensación tenía lugar antes del sacrificio de la mañana y después del de la tarde.

1 12 Lucas gusta de señalar las manifestaciones de temor religioso: 1 29-30.65; 2 9-10; 4 36: 5 8-10.26; 7 16; 8 25.35-37.56; 9 34.43; 24 37; Hch 2 43; 3 10; 5 5.11; 10 4; 19 17. Ver Ex 20 20+; Dt 6 2+; P¹ 1 7+.
1 13 Este nombre significa «Yahvé es favorable».
1 14 Los caps. 1-2 están impregnados de una atmósfera de alegría: 1 28.46.58: 2 10. Ver 10 17. 20s; 13 17; 15 7.32; 19 6.37; 24 41.52; Hch 2 46+; Flp 1 4+.
1 15 (a) Estas palabras se inspiran en varios textos del AT, especialmente en el estatuto del *nazir*, ver Nm 6 1+.
1 15 (b) Esta expresión no significa una plenitud de gracia santificante, sino un don de profecía que hace hablar de forma inspirada: 1 41.67; Hch 2 4; 4 8.31; 7 55; 9 17; 13 9. Este don se manifestará en Juan desde el seno de su madre con un profético salto de gozo, 1 44.
1 17 Según Ml 3 23, se creía que la vuelta de Elías debía preceder y preparar el Día de Yahvé. Juan el Bautista será el «Elías que ha de venir» ver Mt 17 10-13; Lc 9 30.
1 18 Zacarías pide un «signo», ver Gn 15 8; Jc 6 17; Is 7 11; 38 7. Pero sigue escéptico.
1 19 Primera aparición de un verbo preferido de Lucas: diez veces en el Evangelio, qunce veces en los Hechos, las más de las veces a propósito de la Buena Nueva o «Evangelio» del Reino: ver Mc 1 1+; Hch 5 42+; Ga 1 6+.

Mt 8 10+

por no haber creído mis palabras, que se cumplirán a su tiempo, vas a quedar mudo y no podrás hablar hasta el día en que sucedan estas cosas.» ²¹ El pueblo estaba esperando a Zacarías y se extrañaban de que se demorara tanto en el Santuario. ²² Cuando salió no podía hablarles*, y comprendieron que había tenido una visión en el Santuario; les hablaba por señas y permaneció mudo.

²³ Una vez cumplidos los días de su servicio se fue a su casa. ²⁴ Días después, concibió su mujer Isabel y estuvo durante cinco meses recluida ²⁵ diciendo: «Esto es lo que ha hecho por mí el Señor en los días en que se dignó quitar mi oprobio entre la gente*.»

La Anunciación*.

²⁶ Al sexto mes* envió Dios el ángel Gabriel a una ciudad de Galilea, llamada Nazaret, ²⁷ a una virgen desposada con un hombre llamado José, de la casa de David; el nombre de la virgen era María. ²⁸ Y, entrando, le dijo: «Alégrate*, llena de gracia, el Señor está contigo.» ²⁹ Ella se conturbó por estas palabras y se preguntaba qué significaría aquel saludo. ³⁰ El ángel le dijo: «No temas, María, porque has hallado gracia delante de Dios; ³¹ vas a concebir en el seno y vas a dar a luz un hijo a quien pondrás por nombre Jesús. ³² Él será grande, se le llamará Hijo del Altísimo y el Señor Dios le dará el trono de David, su padre; ³³ reinará sobre la casa de Jacob por los siglos y su reino no tendrá fin*.» ³⁴ María respondió al ángel:

Mt 1 18

So 3 14-15
Za 2 14
Rt 2 4

Is 7 14+
Mt 1 21+

2 S 7 1+
Is 9 6
Mt 9 27+
Dn 7 14

«¿Cómo será esto, puesto que no conozco varón*?» ³⁵ El ángel le respondió: «El Espíritu Santo vendrá sobre ti y el poder del Altísimo te cubrirá con su sombra*; por eso el que ha de nacer será santo y se le llamará Hijo de Dios. ³⁶ Mira, también Isabel, tu pariente, ha concebido un hijo en su vejez y ese es ya el sexto mes de la que se decía que era estéril, ³⁷ *porque no hay nada imposible para Dios.*» ³⁸ Dijo María: «He aquí la esclava del Señor; hágase en mí según tu palabra.» Y el ángel, dejándola, se fue.

Mt 1 20

Mc 1 24+
Hch 3 14+
Mt 4 3+

Gn 18 14
Jr 32 27

La Visitación.

³⁹ En aquellos días, se puso en camino María y se fue con prontitud a la región montañosa, a una ciudad de Judá*; ⁴⁰ entró en casa de Zacarías y saludó a Isabel. ⁴¹ En cuanto oyó Isabel el saludo de María, saltó de gozo el niño en su seno, Isabel quedó llena de Espíritu Santo ⁴² y exclamó a gritos: «Bendita tú entre las mujeres y bendito el fruto de tu seno; ⁴³ ¿de dónde a mí que venga a verme la madre de mi Señor*? ⁴⁴ Porque apenas llegó a mis oídos la voz de tu saludo, saltó de gozo el niño en mi seno. ⁴⁵ ¡Feliz la que ha creído que se cumplirían las cosas que le fueron dichas de parte del Señor*!»

1 15
Jc 5 24
Jdt 13 18

Jn 20 29

Cántico de María.

⁴⁶ Y dijo María*:

«Alaba mi alma la grandeza del Señor
⁴⁷ y mi espíritu *se alegra en Dios mi salvador*

1 S 2 1-10
Is 29 19

1 S 2 1
Is 61 10
Ha 3 18

---

1 22   Para pronunciar la bendición acostumbrada.
1 25   La esterilidad se consideraba como deshonra, Gn 30 23; 1 S 1 5-8, e incluso como castigo, 2 S 6 23; Os 9 11.
1 26   (a) La representación de este acontecimiento se inspira en varios pasajes del AT, en particular en la aparición del ángel a Gedeón, Jc 6 11-24 (comparar con el anuncio del nacimiento de Sansón, Jc 13 2-7). La dignidad del niño se evoca con alusiones a las promesas del AT, sobre todo a las hechas a David y a su linaje, 2 S 7 1ss.
1 26   (b) De la concepción de Juan.
1 28   «Alégrate» mejor que «Salve». Llamada al júbilo mesiánico, eco de la llamada de los profetas a la Hija de Sión, y como ésta, motivada por la venida de Dios entre su pueblo; ver Is 12 6; So 3 14-15; Jl 2 21-27; Za 2 14; 9 9. —«Llena de gracia», lit.: «tú que has estado y sigues estando llena de favor divino». -Adic.: «Bendita tú entre las mujeres», por influencia de 1 42.
1 33   Las palabras del ángel se inspiran en varios pasajes mesiánicos del AT.
1 34   La «virgen» sólo está «desposada» (v. 27) y no tiene relaciones conyugales (sentido semítico de «conocer», ver Gn 4 1, etc.). Este hecho, que parece contraponerse al anuncio de los vv. 31-33, trae la explicación del v. 35. Nada hay en el contexto que imponga la idea de un voto de virginidad.

1 35   La expresión evoca la nube luminosa, señal de la presencia de Yahvé, ver Ex 13 22+; 19 16+; 24 16+, o las alas del pájaro que simboliza el poder protector, Sal 17 8; 57 2; 140 8, y creador, Gn 1 2 de Dios. Comparar Lc 9 34p. En la concepción de Jesús todo viene del poder del Espíritu Santo.
1 39   Hoy en día preferentemente identificada con Ain Karim, 6 km al oeste de Jerusalén.
1 43   Título divino de Jesús resucitado, Hch 2 36+; Flp 2 11+, que Lucas le concede desde su vida terrena, con más frecuencia que Mt Mc: 7 13; 10 1.39.41; 11 39, etc.
1 45   De Dios. —O: «Y feliz tú que has creído, porque tendrá cumplimiento lo que te ha sido prometido de parte del Señor.»
1 46   «María» y no «Isabel», var. sin apoyo suficiente. El cántico de María se inspira en el cántico de Ana, 1 S 2 1-10 y en muchos otros pasajes del AT. Además de las principales afinidades literarias subrayadas por las referencias marginales, obsérvense los dos grandes temas: 1.°, los pobres y humildes socorridos en detrimento de los ricos y poderosos, So 2 3+; 2.°, Israel objeto del favor de Dios, ver Dt 7 6+, etc., desde la promesa hecha a Abrahán, Gn 15 1+; 17 1+. Lucas debió dar con este cántico en el ambiente de los «pobres», donde quizá lo habían atribuido a la Hija de Sión; estimó oportuno ponerlo en labios de María, incluyéndolo en su relato en prosa.

1 S 1 11

11 27
Gn 30 13

Sal 111 9

Sal 103 17

Sal 89 11

Jb 12 19;
5 11
Sal 107 9

Is 41 8-9

Sal 98 3

Gn 12 3;
13 15; 22 18

⁴⁸ porque *ha puesto los ojos en la pequeñez de su esclava,*
por eso desde ahora todas las generaciones me llamarán bienaventurada,
⁴⁹ porque ha hecho en mi favor cosas grandes el Poderoso, *Santo es su nombre*
⁵⁰ *y su misericordia alcanza de generación en generación a los que le temen.*
⁵¹ Desplegó la fuerza de su brazo, dispersó a los de corazón altanero.
⁵² *Derribó a los potentes* de sus tronos *y exaltó a los humildes.*
⁵³ *A los hambrientos colmó de bienes y despidió a los ricos con las manos vacías.*
⁵⁴ *Acogió a Israel, su siervo,*
acordándose de la misericordia
⁵⁵ —como había anunciado a nuestros padres— en favor de Abrahán y de su linaje por los siglos.»

⁵⁶ María se quedó con ella unos tres meses, y luego se volvió a su casa*.

Nacimiento de Juan el Bautista.

⁵⁷ Se le cumplió a Isabel el tiempo de dar a luz y tuvo un hijo. ⁵⁸ Oyeron sus vecinos y parientes que el Señor le había 1 14+ hecho gran misericordia, y se congratulaban con ella.

Circuncisión de Juan el Bautista.

Gn 17 10+
Lv 12 3

⁵⁹ Al octavo día fueron a circuncidar al niño y querían ponerle el nombre* de su padre, Zacarías, ⁶⁰ pero su madre, tomando la palabra, dijo: «No; se ha de llamar Juan.» ⁶¹ Le decían: «No hay nadie en tu parentela que tenga ese nombre.» ⁶² Y preguntaban por señas a su padre cómo quería que se le llamase*. ⁶³ Él pidió una tablilla y escribió: «Juan es su 1 13 nombre.» Y todos quedaron admirados. ⁶⁴ Y al punto se abrió su boca y su lengua, y hablaba bendiciendo a Dios. ⁶⁵ In-
2 20+

vadió el temor a todos sus vecinos, y en toda la montaña de Judea se comentaban todas estas cosas; ⁶⁶ todos los que las oían las grababan en su corazón, diciéndose: «Pues ¿qué será este niño?» Porque, en efecto, la mano del Señor estaba con él*.
1 12+

1 80+

Cántico de Zacarías*.

⁶⁷ Zacarías, su padre, quedó lleno de Espíritu Santo y profetizó* diciendo:

⁶⁸ «*Bendito el Señor Dios de Israel*
porque ha visitado* y *redimido a su pueblo,*
⁶⁹ y nos ha suscitado una fuerza* salvadora
en la casa de David, su siervo,
⁷⁰ como había prometido desde antiguo,
por boca de sus santos profetas,
⁷¹ que nos salvaría de nuestros *enemigos*
y de la mano de todos *los que nos odian*
⁷² teniendo *misericordia* con *nuestros padres*
y *recordando su* santa *alianza*
⁷³ el juramento que juró
a Abrahán nuestro padre,
de concedernos ⁷⁴ que, libres de manos enemigas,
podamos servirle sin temor
⁷⁵ en santidad y justicia
en su presencia todos nuestros días.
⁷⁶ Y tú, niño, serás llamado profeta del Altísimo,
pues irás delante *del Señor**
para *preparar sus caminos*
⁷⁷ y dar a su pueblo el conocimiento de la salvación
mediante el perdón de sus pecados*,
⁷⁸ por las entrañas de misericordia de nuestro Dios,
que harán que nos visite* una Luz de lo alto*,

Sal 41 14;
72 18;
106 48
Sal 111 9

Lv 26 42
Sal 105 8-9;
106 45
Jr 11 5
Mi 7 20
Gn 22 16-18

Mt 16 14+

Lc 1 16-17
Ml 3 1
Is 40 3

Ml 3 20+
Za 3 8

---

1 56 María probablemente permaneció junto a Isabel hasta el nacimiento y la circuncisión de Juan. Lucas agota una materia antes de pasar a otra. Ver 1 64-67; 3 19-20; 8 37-38.
1 59 Ordinariamente, el niño recibía el nombre en la circuncisión, ver 2 21.
1 62 La sordera y la mudez van juntas con frecuencia, y el mismo término griego *kôfós* puede significar «sordo», 7 22, o «mudo», 11 14.
1 66 Es decir, le protegía: expresión bíblica, 1 Cro 4 10; Hch 11 21.
1 67 (a) Al igual que el de María, este cántico es un trozo poético que Lucas ha espigado y puesto en labios de Zacarías, añadiendo los vv. 76-77 para adaptarlo a la situación. No lo ha incluido en el relato en prosa, v. 64, sino a continuación.
1 67 (b) En el sentido pleno de la palabra; porque si

la primera parte, vv. 68-75, es un himno de acción de gracias, la segunda, vv. 76-79, es una visión del futuro.
1 68 La visita de Dios en el NT, como a menudo en el AT, Ex 3 16+, se entiende en un sentido favorable, 1 78; 7 16; 19 44; 1 P 2 12.
1 69 Lit.: «un cuerno», ver Sal 75 5+.
1 76 Es decir, Dios, como en 1 6-17, no el Mesías.
1 77 Lucas describe el papel del Precursor utilizando textos bíblicos que se aplicaban tradicionalmente, ver 3 4p; 7 27p; y su mensaje, según el de los apóstoles en los Hechos, ver 5 31; 10 43; 13 38; 24 47.
1 78 (a) «entrañas» = «sentimientos», ver Col 3 12.— «harán que nos visite»; var: «hicieron que nos visitara».
1 78 (b) *Anatolé*: título del Mesías, Estrella que trae la luz, ver Nm 24 17; Ml 3 20; Is 60 1, y Germen que retoña del tronco de David, ver Jr 23 5; 33 15; Za 3 8; 6 12.

Is 9 1; 42 7
Jn 8 12+

[79] a fin de iluminar *a los que habitan en tinieblas y sombras de muerte* y guiar nuestros pasos por el *camino de la paz.*»

Jr 6 14+
Is 11 6+

Vida oculta de Juan el Bautista.

[80] El niño crecía y su espíritu se fortalecía* y vivió en lugares desiertos hasta el día de su manifestación a Israel.

3 1-18

Nacimiento de Jesús y visita de los pastores.

2 [1] Por aquellos días salió un edicto de César Augusto* ordenando que se empadronase todo el mundo. [2] Este primer empadronamiento* tuvo lugar siendo gobernador de Siria Cirino. [3] Iban todos a empadronarse, cada uno a su ciudad. [4] Subió también José desde Galilea, de la ciudad de Nazaret, a Judea, a la ciudad de David, que se llama Belén, por ser él de la casa y familia de David, [5] para empadronarse con María, su esposa, que estaba encinta. [6] Mientras estaban allí, se le cumplieron los días del alumbramiento [7] y dio a luz a su hijo primogénito*, le envolvió en pañales y le acostó en un pesebre, porque no tenían sitio en el albergue*.

1 S 16 1-13
Jn 7 42

Mt 1 25

[8] Había en la misma comarca unos pastores, que dormían al raso y vigilaban por turno durante la noche su rebaño. [9] Se les presentó el ángel del Señor, la gloria del Señor los envolvió en su luz y se llenaron de temor. [10] El ángel les dijo: «No temáis, pues os anuncio una gran alegría, que lo será para todo el pueblo:

Mt 1 20+
Tb 5 4+
Ex 24 16+

1 12+
1 14+

[11] os ha nacido hoy, en la ciudad de David, un salvador, que es el Cristo Señor*; [12] y esto os servirá de señal: encontraréis un niño envuelto en pañales y acostado en un pesebre.» [13] Y de pronto se juntó con el ángel una multitud del ejército celestial que alababa a Dios diciendo:

Mt 1 21
1 18+
Is 9 5+

[14] «Gloria a Dios en las alturas y en la tierra paz a los hombres en quienes él se complace*.»

Ez 3 12
19 38

[15] Cuando los ángeles, dejándoles, se fueron al cielo, los pastores se decían unos a otros: «Vamos a Belén a ver lo que ha sucedido y el Señor nos ha manifestado.» [16] Fueron a toda prisa y encontraron a María y a José, y al niño acostado en el pesebre. [17] Al verlo, contaron lo que les habían dicho acerca de aquel niño; [18] y todos los que lo oyeron se maravillaban de lo que los pastores les decían. [19] María, por su parte, guardaba todas estas cosas y las meditaba en su corazón. [20] Los pastores se volvieron glorificando y alabando a Dios* por todo lo que habían oído y visto, tal como se les había dicho.

Is 1 3

2 51

Circuncisión de Jesús.

1 59+

[21] Cuando se cumplieron los ocho días para circuncidarle, se le puso el nombre de Jesús, el que le dio el ángel antes de ser concebido en el seno.

1 31
Mt 1 21+

Presentación de Jesús en el Templo.

[22] Cuando se cumplieron los días en que debían purificarse, según la Ley de Moisés*, llevaron a Jesús a Jerusalén

Lv 12 2-4

---

1 80 Especie de estribillo: **2** 40.52; ver **1** 66 y comparar Hch **2** 41+; **6** 7+.
2 1 Emperador romano de 30 a.C. a 14 d.C. Fuera de este texto no hay noticia de un censo de todo el imperio bajo Augusto. El censo que tuvo lugar cuando Cirino era legado de Siria, **2** 2+, no concernía más que a Judea. Sin duda Lc traslada a escala mundial un asunto de ámbito local, ver Hch **11** 28.
2 2 Dado que Josefo data el censo bajo Cirino en el 6 d.C., la cronología del nacimiento de Jesús que ofrece Lc no concuerda con la de Mt, según la cual Jesús nació antes de la muerte de Herodes el Grande (4 a. C), quizá entre los años 8-6. Es que de hecho el censo de Judea bajo Cirino hizo época: su ocasión fue la reorganización del país como provincia procuratoriana después de la deposición del etnarca Arquelao, hijo de Herodes, y provocó la insurrección de Judas el Galileo, de la que se habla en Hch **5** 37. —Para la «era cristiana» ver **3** 1+.
2 7 (a) En griego bíblico, el término no supone necesariamente hermanos menores, sino que subraya la dignidad y los derechos del niño.
2 7 (b) Mejor que una posada (*pandojeion*, Lc **10** 34), la palabra griega *katályma* puede designar una sala, **1 S 9** 22; Lc **22** 11p, en la que se alojaba la familia de José. Si éste tenía su domicilio en Belén, se explica mejor que haya regresado allí para el censo y también que haya traído a su joven mujer encinta. El pesebre, co-

medero del ganado, estaba sin duda instalado en una pared del pobre albergue, y éste se hallaba tan lleno que no pudieron encontrar lugar mejor para recostar al niño. Una piadosa leyenda ha dotado a este pesebre de dos animales, ver Ha **3** 2+; Is **1** 3.
2 11 Se trata, pues, del Mesías esperado, pero será «Señor»: título que el AT reservaba celosamente a Dios. Va a comenzar una nueva era. Ver **1** 43+.
2 14 La traducción corriente: «paz a los hombres de buena voluntad», basada en la Vulg., no traduce el sentido usual del término griego. —Otra lectura menos segura: «paz en la tierra y entre los hombres benevolencia divina».
2 20 Tema predilecto de Lucas: **1** 64; **2** 28.38; **5** 25-26; **7** 16; **13** 13; **17** 15.18; **18** 43; **19** 37; **23** 47; **24** 53. Ver Hch **2** 47+.
2 22 La purificación sólo obligaba a la madre; pero había que rescatar al hijo. Lucas observa cuidadosamente que tanto los padres de Jesús, como los de Juan, cumplieron todas las prescripciones de la Ley. La presentación del niño en el santuario no era obligatoria, pero estaba permitida, Nm **18** 15, y al parecer la gente piadosa lo estimaba conveniente, ver **1 S 1** 24-28. Lucas centra su relato, en este primer acto cultual de Jesús, en la Ciudad santa, a la que atribuye gran importancia como lugar del acontecimiento pascual y punto de partida de la misión cristiana. Ver **2** 38+; Hch **1** 4+.

para presentarle al Señor, ²³ como está escrito en la Ley del Señor: *Todo varón primogénito será consagrado al Señor* ²⁴ y para ofrecer en sacrificio *un par de tórtolas o dos pichones**, conforme a lo que se dice en la Ley del Señor.

²⁵ Vivía entonces en Jerusalén un hombre llamado Simeón. Era un hombre justo y piadoso, y esperaba la consolación de Israel; y estaba en él el Espíritu Santo.

²⁶ El Espíritu Santo le había revelado que no vería la muerte antes de haber visto al Cristo del Señor*. ²⁷ Movido por el Espíritu, vino al Templo; y cuando los padres introdujeron al niño Jesús, para cumplir lo que la Ley prescribía sobre él, ²⁸ le tomó en brazos y bendijo a Dios diciendo:

Cántico de Simeón*.

²⁹ «Ahora, Señor, puedes, según tu palabra,
dejar que tu siervo se vaya en paz;
³⁰ porque han visto mis ojos tu salvación,
³¹ la que has preparado a la vista de todos los pueblos,
³² luz para iluminar a las gentes
y gloria de tu pueblo Israel.»

Profecía de Simeón.

³³ Su padre y su madre estaban admirados de lo que se decía de él. ³⁴ Simeón les bendijo y dijo a María, su madre: «Éste está puesto para caída y elevación de muchos en Israel, y como signo de contradicción* —³⁵ ¡y a ti misma una espada te atravesará el alma!— a fin de que queden al descubierto las intenciones de muchos corazones*.»

Profecía de Ana.

³⁶ Había también una profetisa*, Ana, hija de Fanuel, de la tribu de Aser, de edad avanzada. Casada en su juventud, había vivido siete años con su marido, ³⁷ y luego quedó viuda hasta los ochenta y cuatro años; no se apartaba del Templo, sirviendo a Dios noche y día en ayunos y oraciones. ³⁸ Presentándose en aquella misma hora, alababa a Dios y hablaba del niño a todos los que esperaban la redención de Jerusalén*.

Vida oculta de Jesús en Nazaret.

³⁹ Así que cumplieron todas las cosas según la Ley del Señor, volvieron a Galilea, a su ciudad de Nazaret. ⁴⁰ El niño crecía y se fortalecía, llenándose de sabiduría; y la gracia de Dios estaba sobre él.

Jesús entre los doctores.

⁴¹ Sus padres iban todos los años a Jerusalén a la fiesta de la Pascua. ⁴² Cuando cumplió los doce años, subieron como de costumbre a la fiesta. ⁴³ Al volverse ellos pasados los días, el niño Jesús se quedó en Jerusalén, sin saberlo sus padres. ⁴⁴ Creyendo que estaría en la caravana, hicieron un día de camino, y le buscaban entre los parientes y conocidos; ⁴⁵ pero, al no encontrarle, se volvieron a Jerusalén en su busca.

⁴⁶ Al cabo de tres días*, le encontraron en el Templo sentado en medio de los maestros, escuchándoles y haciéndoles preguntas; ⁴⁷ todos los que e oían, estaban estupefactos por su inteligencia y sus respuestas. ⁴⁸ Cuando le vieron quedaron sorprendidos y su madre le dijo: «Hijo, ¿por qué nos has hecho esto? Mira, tu padre y yo, angustiados, te andábamos buscando.» ⁴⁹ Él les dijo: «Y ¿por qué me buscabais? ¿No sabíais que yo debía estar en la casa de mi Padre*?» ⁵⁰ Pero ellos no comprendieron la respuesta que les dio.

Márgenes (referencias):

Ex 13 2; 13 11+
Lv 5 7; 12 8
Is 40+
Is 42 1
Ex 30 22+
2 20+
Is 52 10; 46 13
s 42 6; 49 6
Jn 8 12+
7 23; 12 51-53
Jr 15 10
n 3 19; 9 39
Jdt 8 4-5
1 Tm 5 5
2 20+
Mt 2 23
1 80+
Dt 16 16
Ex 12+
4 22
Jn 7 15.46

---

2 24   Era la ofrenda de los pobres.
2 26   «El Cristo del Señor» es aquel que el Señor ha ungido, ver Ex 30 22+, es decir, consagrado para una misión de salvación, como el rey de Israel, un príncipe elegido por Yahvé y, finalmente y de un modo eminente, el Mesías que instaurará el reino de Dios.
2 29   A diferencia de los cánticos precedentes, éste parece haber sido compuesto por Lucas mismo, en especial valiéndose de textos de Isaías. Después de un primer trístico que se refiere a Simeón y a su próxima muerte, otro define la salvación universal traída por el Mesías Jesús: una iluminación del mundo gentil que, salida del pueblo elegido, concluirá en gloria de este mismo pueblo.
2 34   La misión de luz en el mundo gentil irá acompañada, con respecto a Jesús, de hostilidad y persecuciones por parte de su propio pueblo. Ver Mt 2 1+.
2 35   Verdadera Hija de Sión, María llevará en su propia vida el destino doloroso de su pueblo. Con su Hijo, se hallará en el centro de esa contracicción donde los corazones deberán manifestarse en pro o en contra de Jesús. El símbolo de la espada puede inspirarse en Ez 14 17, o según otros en Za 12 10.
2 36   Mujer consagrada a Dios e interprete de sus designios. Ver Ex 15 20; Jc 4 4; 2 R 22 14.
2 38   La liberación mesiánica del pueblo elegido, 1 68; 24 21, interesaba ante todo a la capital, ver 13 40 2; 52 9 (y ver 2 S 5 9+). Jerusalén es para Lucas el centro predestinado para la obra de la salvación, 9 31.51.53; 13 22.23; 17 11; 18 31; 19 11; 24 47-49.52; Hch 1 8+.
2 46   Jesús «encontrado» «al cabo de tres días» «en la casa de su Padre», tres rasgos que prefiguran el acontecimiento de la Pascua.
2 49   Otros traducen: «en las cosas de mi Padre». En cualquier caso, Jesús afirma, delante de José, v. 48, que tiene a Dios por Padre, ver 10 22; 22 29; Jn 20 17, y

Más sobre la vida oculta en Nazaret.

2 19
[51] Bajó con ellos, vino a Nazaret y vivía sujeto a ellos. Su madre conservaba cuidadosamente todas las cosas en su corazón. [52] Jesús crecía en sabiduría, en estatura y en gracia ante Dios y ante los hombres.

1 80+
1 S 2 26
Pr 3 4

II.   Preparación del ministerio de Jesús

‖ Mt 3 1-12
‖ Mc 1 1-8
Predicación de Juan el Bautista.

3 [1] En el año quince del imperio de Tiberio César*, siendo Poncio Pilato* procurador de Judea; Herodes* tetrarca de Galilea; Filipo*, su hermano, tetrarca de Iturea y de Traconítida, y Lisanias* tetrarca de Abilene; [2] en el pontificado de Anás y Caifás*, fue dirigida la palabra de Dios a Juan, hijo de Zacarías, en el desierto. [3] Y se fue por toda la región del Jordán proclamando un bautismo de conversión para perdón de los pecados, [4] como está escrito en el libro de los oráculos del profeta Isaías:

Jr 1 2
Os 1 1

Lc 1 80

Mt 3 2+

Is 40 3-5
=Jn 1 23
Voz del que clama en el desierto:
Preparad el camino del Señor,
enderezad sus sendas;
[5] *todo barranco será rellenado,*
todo monte y colina será rebajado,
lo tortuoso se hará recto
y las asperezas serán caminos llanos.
[6] *Y todos verán la salvación de Dios*.*

[7] Decía, pues, a la gente que acudía para que les bautizara: «Raza de víboras, ¿quién os ha enseñado a huir de la ira inminente? [8] Dad, pues, frutos dignos de conversión y no andéis diciendo en vuestro interior: 'Tenemos por padre a Abrahán'; porque os digo que puede Dios de estas piedras dar hijos a Abrahán. [9] Ya está el hacha puesta a la raíz de los árboles; y todo árbol que no dé buen fruto será cortado y arrojado al fuego.»

Hch 2 37
[10] *La gente le preguntaba: «Pues ¿qué debemos hacer?» [11] Y él les respondía: «El que tenga dos túnicas, que las reparta con el que no tiene; el que tenga para comer, que haga lo mismo.» [12] Vinieron también publicanos a bautizarse, que le dijeron: «Maestro, ¿qué debemos hacer?» [13] Él les dijo: «No exijáis más de lo que os está fijado.» [14] Preguntáronle también unos soldados: «Y nosotros ¿qué debemos hacer?» Él les dijo: «No hagáis extorsión a nadie, no hagáis denuncias falsas y contentaos con vuestra soldada.»

12 33+
Is 58 7

Mt 5 46+

[15] Como el pueblo estaba expectante y andaban todos pensando en sus corazones acerca de Juan, si no sería él el Cristo, [16] declaró Juan a todos: «Yo os bautizo con agua; pero está a punto de llegar el que es más fuerte que yo, a quien ni siquiera soy digno de desatarle la correa de sus sandalias. Él os bautizará en Espíritu Santo y fuego. [17] En su mano tiene el bieldo para bieldar su parva: recogerá el trigo en su granero, pero quemará la paja con fuego que no se apaga.» [18] Y, con otras muchas exhortaciones, anunciaba al pueblo la Buena Nueva.

Jn 1 19-20;
3 28
Hch 13 25
Jn 1 26.
27.33

Prisión de Juan el Bautista.

Mt 14 3-12
Mc 6 17-29

[19] Pero Herodes, el tetrarca, reprendido por él por el asunto de Herodías, la

---

vindica para con él relaciones que son superiores a las de la familia humana, ver Jn 2 4. Primera manifestación de su conciencia de ser «el Hijo», ver Mt 4 3+.
3 1   (a) Como en 1 5 y 2 1-3, Lucas establece un sincronismo entre la historia profana y la historia de la salvación. Tiberio sucedió a Augusto, 2 1, el 19 de agosto del año 14 d.C. El decimoquinto año discurre, por tanto, del 19 de agosto del 28 al 18 de agosto del 29, o según el modo de calcular los años de reinado usado en Siria, de septiembre-octubre del 27 a septiembre-octubre del 28. Jesús tiene entonces treinta y tres años por lo menos, quizá incluso treinta y cinco o treinta y seis. La indicación del v. 23 es aproximada y acaso subraya únicamente que Jesús tenía la edad requerida para ejercer una misión pública. La «era cristiana» (fijada por Dionisio el Exiguo en el siglo VI), se debe a que se entendió rigurosamente la cifra de treinta años: los 29 años cumplidos de Jesús, restados del año 782 de Roma (15.º año de Tiberio), han dado 753 como comienzo de nuestra era.
3 1   (b) Procurador de Judea (y de Idumea y Sama-

ria) del 26 al 36 d.C.
3 1   (c) Antipas, hijo de Herodes el Grande y de Maltaké, tetrarca de Galilea (y de Perea) del 4 a.C. al 39 d.C.
3 1   (d) Hijo de Herodes el Grande y de Cleopatra, tetrarca del 4 a.C. al 34 d.C.
3 1   (e) Conocido por dos inscripciones. Abilene se hallaba situada en el Antilíbano.
3 2   El sumo sacerdote en funciones era José, llamado Caifás, que ejerció el pontificado del 18 al 36, y jugó un papel preponderante en la conspiración contra Jesús, ver Mt 26 3; Jn 11 49; 18 14. Anás, su suegro, que había sido sumo sacerdote del 6 (?) al 15, figura a su lado, incluso en primer plano, ver Hch 4 6 y Jn 18 13.24, como gozando de un prestigio tal que, de hecho, era él sumo sacerdote.
3 6   Lucas amplía más que Mt y Mc la cita de Isaías para llevarla hasta el anuncio de una salvación universal.
3 10   Los vv. 10-14, propios de Lc, insisten en el elemento positivo y humano del mensaje de Juan. Ninguna profesión excluye de la salvación; pero se ha de practicar la justicia y la caridad.

mujer de su hermano, y por todas las malas acciones que había hecho, ²⁰ añadió a todas ellas la de encerrar a Juan en la cárcel*.

Mt 3 13-17
Mc 1 9-11

Bautismo de Jesús.

Jn 1 32-34

²¹ Todo el pueblo se estaba bautizando. Jesús, ya bautizado, se hallaba en oración*, se abrió el cielo, ²² bajó sobre él el Espíritu Santo en forma corporal, como una paloma; y vino una voz del cielo: «*Tú eres mi hijo; yo hoy te he engendrado*.*»

Sal 2 7

Mt 1 1-17

Genealogía de Jesús*.

²³ Tenía Jesús, al comenzar, unos treinta años. Se creía que era hijo de José, hijo de Helí, ²⁴ hijo de Matat, hijo de Leví, hijo de Melkí, hijo de Janái, hijo de José, ²⁵ hijo de Matatías, hijo de Amós, hijo de Naúm, hijo de Eslí, hijo de Nangái, ²⁶ hijo de Maaz, hijo de Matatías, hijo de Semeín, hijo de Josec, hijo de Yodá, ²⁷ hijo de Joanán, hijo de Resá, hijo de Zorobabel, hijo de Salatiel,

hijo de Nerí, ²⁸ hijo de Melkí, hijo de Addí, hijo de Cosán, hijo de Elmadán, hijo de Er, ²⁹ hijo de Jesús, hijo de Eliezer, hijo de Jorín, hijo de Matat, hijo de Leví, ³⁰ hijo de Simeón, hijo de Judá, hijo de José, hijo de Jonán, hijo de Eliakín, ³¹ hijo de Meleá, hijo de Menná, hijo de Matatá, hijo de Natán, hijo de David,

³² hijo de Jesé, hijo de Obed, hijo de Booz, hijo de Salá, hijo de Naasón, ³³ hijo de Aminadab, hijo de Admín, hijo de Arní, hijo de Esrón, hijo de Fares, hijo de Judá, ³⁴ hijo de Jacob, hijo de Isaac, hijo de Abrahán,

hijo de Tara, hijo de Najor, ³⁵ hijo de Serug, hijo de Ragáu, hijo de Fálec, hijo de Eber, hijo de Salá, ³⁶ hijo de Cainán,

hijo de Arfaxad, hijo de Sem, hijo de Noé, hijo de Lámec, ³⁷ hijo de Matusalén, hijo de Henoc, hijo de Járet, hijo de Maleleel, hijo de Cainán, ³⁸ hijo de Enós, hijo de Set, hijo de Adán, hijo de Dios.

Tentaciones en el desierto*.

Mt 4 1-11
Mc 1 12-13

4 ¹ Jesús, lleno de Espíritu Santo*, se volvió del Jordán y era conducido por el Espíritu en el desierto, ² durante cuarenta días, tentado por el diablo. No comió nada en aquellos días y, al cabo de ellos, sintió hambre. ³ Entonces el diablo le dijo: «Si eres Hijo de Dios, di a esta piedra que se convierta en pan.» ⁴ Jesús le respondió: «Está escrito: *No sólo de pan vive el hombre.*»

Dt 8 3

⁵ Llevándole luego a una altura le mostró en un instante todos los reinos de la tierra ⁶ y le dijo el diablo: «Te daré todo el poder y la gloria de estos reinos, porque me la han entregado a mí y yo se la doy a quien quiero*. ⁷ Si, pues, me adoras, toda será tuya.» ⁸ Jesús le respondió: «Está escrito: *Adorarás al Señor tu Dios y sólo a él darás culto.*»

Ap 13 2.4

Jr 27 5

Dt 6 13

⁹ Le llevó después a Jerusalén, le puso sobre el alero del Templo y le dijo: «Si eres Hijo de Dios, tírate aquí abajo; ¹⁰ porque está escrito:

*A sus ángeles te encomendará
para que te guarden.*
¹¹ Y:

*En sus manos te llevarán
para que no tropiece tu pie en piedra alguna.*»

Sal 91 11-12

¹² Jesús le respondió: «Está dicho:

No tentarás al Señor tu Dios.»

Dt 6 16

¹³ Acabada toda tentación, el diablo se alejó de él hasta el tiempo propicio.

22 3.53
Jn 13 2.27

---

3 20 Lucas concluye todo lo referente al ministerio de Juan antes de pasar a Jesús, ver 1 56+. Ya no hará más que una breve alusión a la muerte del Precursor, 9 7-9.
3 21 La oración de Jesús es un tema predilecto de Lucas, ver 5 16; 6 12; 9 18.28-29; 11 1; 22 41. Ver Mt 14 23+.
3 22 Var.: «Tú eres mi Hijo amado, en ti me complazco» sospechosa de armonización con Mt Mc. La literalidad probablemente original de la voz del cielo en Lucas no hace referencia a Is 42 como en Mt y Mc sino al Sal 2 7; más bien que reconocer en Jesús al «Siervo», le presenta como el Rey-Mesías del Salmo, entronizado en el Bautismo para establecer el Reino de Dios en el mundo.
3 23 La genealogía de Lucas, remontándose por encima de Abrahán hasta Adán, reviste un carácter más universalista que la de Mt. Descendiente de Adán, y sin padre terrestre, cfr. 1 35, Jesús inaugura un nuevo linaje humano; quizá Lucas, discípulo de Pablo, piensa en el nuevo Adán, Rm 5 12+. Sobre las relaciones con la genealogía de Mt, ver Mt 1 1+.

4 Lc une en su relato los datos de Mc (cuarenta días de tentación) y los de Mt (tres tentaciones al final del ayuno de cuarenta días). Modifica el orden de Mt de modo que pueda terminar en Jerusalén; ver Lc 2 38+. Sobre la naturaleza de estas tentaciones, ver Mt 4 1+.
4 1 El interés especial de Lucas por el Espíritu Santo no sólo se manifiesta en sus dos primeros capítulos, 1 15.35.41.67.80; 2 25.26.27, sino también en el resto de su evangelio donde en diversas ocasiones lo añade a los otros sinópticos, 4 1.14.18; 10 21; 11 13. También habla de él con gran frecuencia en los Hechos, Hch 1 8+. Ver Mt 4 1+.
4 6 Al introducir en el mundo el pecado y su consecuencia, la muerte, Sb 2 24+; Rm 5 12+, Satanás ha hecho al hombre cautivo de su tiranía, Mt 8 29+; Ga 4 3+; Col 2 8+; ha extendido en el mundo, del que se ha convertido en «Príncipe», Jn 12 31+, un dominio que Jesús ha venido a suprimir con la «redención», Mt 20 28+; Rm 3 24+; 6 15+; Col 1 13-14; 2 15+. Ver asimismo Ef 2 1-6; 6 12+; Jn 3 35+; 1 Jn 2 14; Ap 13 1-18; 19 19-21.

III. Ministerio de Jesús en Galilea

‖Mt 4
12-17.23
‖Mc 1
14-15.39
Mt 3 16+
=Lc 4 44

Comienzo de la predicación.

[14] Jesús volvió a Galilea por la fuerza del Espíritu y su fama se extendió por toda la región*. [15] Iba enseñando en sus sinagogas, alabado por todos*.

‖Mt 13
53-58
‖Mc 6 1-6
Lc 2 39.51

Jesús en Nazaret*.

[16] Vino a Nazará*, donde se había criado, entró, según su costumbre, en la sinagoga el día de sábado, y se levantó para hacer la lectura*. [17] Le entregaron el volumen del profeta Isaías, desenrolló el volumen y halló el pasaje donde estaba escrito:

Is 61 1-2
Mt 3 16+

So 2 3+

[18] *El Espíritu del Señor sobre mí,*
porque me ha ungido
para anunciar a los pobres la Buena Nueva,
me ha enviado a proclamar la liberación a los cautivos*
y la vista a los ciegos,
para dar la libertad a los oprimidos
[19] *y proclamar un año de gracia del Señor.*

Hch 6 15

[20] Enrolló el volumen, lo devolvió al ministro y se sentó. En la sinagoga todos los ojos estaban fijos en él. [21] Comenzó, pues, a decirles: «Esta Escritura que acabáis de oír se ha cumplido hoy.» [22] Y todos daban testimonio de él y estaban admirados de las palabras llenas de gracia que salían de su boca.

2 47; 4 15+
Jn 7 46

Y decían: «¿Acaso no es éste el hijo de José?» [23] Él les dijo: «Seguramente me vais a decir el refrán: Médico, cúrate a ti mismo. Todo lo que hemos oído que ha sucedido en Cafarnaún*, hazlo también aquí en tu patria.» [24] Y añadió: «En verdad os digo que ningún profeta es bien recibido en su patria.»

Jn 4 44

[25] «Os digo de verdad: Muchas viudas había en Israel en los días de Elías, cuando se cerró el cielo por tres años y seis meses y hubo gran hambre en todo el país; [26] y a ninguna de ellas fue enviado Elías, sino a *una mujer viuda de Sarepta de Sidón.* [27] Y muchos leprosos había en Israel en tiempos del profeta Eliseo, y ninguno de ellos fue purificado sino Naamán, el sirio.»

1 R 17 1;
18 1
St 5 17

1 R 17 9

2 R 5 14

[28] Al oír estas cosas, todos los de la sinagoga se llenaron de ira [29] y, levantándose, le arrojaron fuera de la ciudad y le llevaron a una altura escarpada del monte sobre el cual estaba edificada su ciudad para despeñarle. [30] Pero él, pasando por medio de ellos, se marchó.

Hch 7 57s

Jn 8 59

Jesús enseña en Cafarnaún y cura a un endemoniado.

‖Mc 1 21-28

[31] Bajó a Cafarnaún, ciudad de Galilea, y los sábados les enseñaba. [32] Quedaban asombrados de su doctrina, porque hablaba con autoridad.

‖Mt 7 28-29

[33] Había en la sinagoga un hombre que tenía el espíritu de un demonio inmundo y se puso a gritar a grandes voces: [34] «¡Ah! ¿Qué tenemos nosotros contigo, Jesús de Nazaret? ¿Has venido a destruirnos? Sé quién eres tú: el Santo de Dios.» [35] Jesús entonces le conminó diciendo: «Cállate y sal de él.» Y el demonio, arrojándole en medio, salió de él sin hacerle ningún daño. [36] Quedaron todos pasmados y se decían unos a otros: «¡Qué palabra ésta! Manda con autoridad y poder a los espíritus inmundos y salen.» [37] Y su fama se extendió por todos los lugares de la región.

Mt 8 29+

Mt 2 23+
Mc 1 24+
Jn 6 69
Hch 3 14+

1 12+
Mt 8 29+

4 14+

---

4 14 Estribillo de Lucas: 4 37; 5 15; 7 17; ver los estribillos análogos de Hch 2 41+; 6 7; Lc 1 80+.
4 15 Jesús admirado y alabado por las turbas, otro tema predilecto de Lucas: 4 22; 8 25; 9 43; 11 27; 13 17; 19 48, semejante al estribillo precedente, 4 14+, y a los temas de la alabanza de Dios, 2 20+, y del temor religioso, 1 12+.
4 16 (a) Este relato extraña por el cambio inexplicable de la muchedumbre, que salta de la admiración, v. 22a, a la animosidad, vv. 22b.28s. Esta anomalía se debe sin duda a una evolución literaria. Un primer relato refería una visita a la sinagoga con una predicación coronada por el éxito, al comienzo del ministerio, ver Mc 1 21s, en Nazaret, ver Mt 4 13 con Nazará como Lc 4 16. Luego, se ha vuelto sobre el relato, sobrecargándolo y situándolo más tarde en la vida de Jesús, Mt 13 53-58; Mc 6 1-6, para dejar sentada la incomprensión y

el rechazo que siguieron a la primera acogida del pueblo. De este texto complejo, Lucas ha sabido extraer una página admirable, que ha conservado al comienzo del ministerio, como una escena inaugural, y donde esboza, en un esquema simbólico, la misión de gracia de Jesús y la recusación de su pueblo.
4 16 (b) Forma rara del nombre de Nazaret. Ver Mt 4 13.
4 16 (c) A todo judío adulto se le permitía, con autorización del jefe de la sinagoga, hacer la lectura pública del texto sagrado.
4 18 Adic.: «a curar a los que tienen destrozado el corazón», ver LXX.
4 23 En realidad, estos milagros sólo serán referidos después de la visita a Nazaret. v. 33, etc. Ver la nota a 4 16.

Mt 8 14-15
Mc 1 29-31

Curación de la suegra de Simón.

[38] En saliendo de la sinagoga, entró en la casa de Simón. La suegra de Simón estaba con mucha fiebre y le rogaron por ella. [39] Inclinándose sobre ella, conminó a la fiebre; y la fiebre la dejó; ella, levantándose al punto, se puso a servirles.

Mt 8 16-17
Mc 1 32-34

Numerosas curaciones.

13 13
1 Tm 4 14+

Mt 8 29+
Mt 4 3+

Mc 1 34+

[40] A la puesta del sol, todos cuantos tenían enfermos de diversas dolencias se los llevaban; y él, poniendo las manos sobre cada uno de ellos, los curaba. [41] Salían también demonios de muchos, gritando y diciendo: «Tú eres el Hijo de Dios.» Pero él les conminaba y no les permitía hablar, porque sabían que él era el Cristo.

Mc 1 35-39

Jesús sale ocultamente de Cafarnaún y recorre Judea.

Mc 1 38+

[42] Al hacerse de día salió y se fue a un lugar solitario. La gente le andaba buscando y, llegando hasta él, trataban de retenerle para que no les dejara. [43] Pero él les dijo: «También a otras ciudades tengo que anunciar la Buena Nueva del Reino de Dios, porque a esto he sido enviado.» [44] E iba predicando por las sinagogas de Judea*.

Mt 4 18-22
Mc 1 16-20

Vocación de los cuatro primeros discípulos*.

Mc 4 1

Mc 1 16.19

Mc 4 1-2

Jn 21 1-6

5 [1] Estaba él a la orilla del lago Genesaret y la gente se agolpaba a su alrededor para oír la palabra de Dios, [2] cuando vio dos barcas que estaban a la orilla del lago. Los pescadores habían bajado de ellas y estaban lavando las redes. [3] Subiendo a una de las barcas, que era de Simón, le rogó que se alejara un poco de tierra; y, sentándose, enseñaba desde la barca a la muchedumbre. [4] Cuando acabó de hablar, dijo a Simón: «Boga mar adentro, y echad vuestras redes para pescar.» [5] Simón le respondió: «Maestro, hemos estado bregando toda la noche y no hemos pescado nada; pero, por tu palabra, echaré las redes.» [6] Y, haciéndolo así, pescaron gran cantidad de peces, de modo que las redes amenazaban romperse. [7] Hicieron señas a los compañeros de la otra barca para que vinieran en su ayuda. Vinieron, pues, y llenaron tanto las dos barcas que casi se hundían.

Mt 8 10+

Mt 8 3+

[8] Al verlo, Simón Pedro* cayó a las rodillas de Jesús, diciendo: «Aléjate de mí, Señor, que soy un hombre pecador.» [9] Pues el asombro se había apoderado de él y de cuantos con él estaban, a causa de los peces que habían pescado. [10] Y lo mismo de Santiago y Juan, hijos de Zebedeo, que eran compañeros de Simón*. Jesús dijo a Simón: «No temas. Desde ahora serás pescador de hombres.» [11] Llevaron a tierra las barcas y, dejándolo todo, le siguieron.

Ex 33 20+

1 12+

Mc 1 17.20

Jn 21
15-17.19
Lc 12 33+

Curación de un leproso.

Mt 8 1-4
Mc 1 40-45

[12] Estando en una ciudad, se presentó un hombre cubierto de lepra que, al ver a Jesús, se echó rostro en tierra y le rogó diciendo: «Señor, si quieres, puedes limpiarme.» [13] Él extendió la mano, le tocó y dijo: «Quiero, queda limpio.» Y al instante le desapareció la lepra. [14] Le ordenó que no se lo dijera a nadie. Y añadió: «Vete, preséntate al sacerdote y haz la ofrenda por tu purificación como prescribió Moisés, para que les sirva de testimonio.» [15] Su fama se extendía cada vez más y una numerosa multitud afluía para oírle y ser curados de sus enfermedades. [16] Pero él se retiraba a los lugares solitarios, donde oraba.

Mc 1 34+

Lv 14 1-32

4 14+

3 21+

Curación de un paralítico.

Mt 9 1-8
Mc 2 1-12

[17] Un día que estaba enseñando, había sentados algunos fariseos y doctores de la ley que habían venido de todos los pueblos de Galilea y Judea, y de Jerusalén. El poder del Señor* le hacía obrar

---

4 44 Mc dice «Galilea». Lc toma «Judea» en sentido muy amplio: todo el país de Israel. Asimismo 7 17; 23 5 (?); Hch 10 37; 28 21.
5 Lc ha agrupado en este relato: 1.º, una descripción de los lugares y una predicación de Jesús, vv. 1-3, que recuerdan a Mc 4 1-2 y 1 16.19; 2.º, la historia de una pesca milagrosa, que se parece a Jn 21 4-11; 3.º, el llamamiento a Simón, vv. 10b-11, afín a Mc 1 17.20. Al narrar la vocación de los primeros discípulos después de un período de enseñanzas y de milagros, Lc ha querido hacer más verosímil su respuesta inmediata a la llamada.

5 8 De hecho, sólo más tarde dará Jesús a Simón el sobrenombre de Pedro, 6 14. Se trata, pues, de una anticipación literaria, y de carácter joánico (¿como la pesca milagrosa?), porque la expresión «Simón Pedro», excepto este caso de Lc y Mt 16 16, sólo se encuentra en Jn: 17 veces, 1 40; 6 8.68, etc.; 21 2.3.7.11.
5 10 Los «compañeros» de v. 7. Si no se nombra a Andrés es porque se encuentra en la barca de Simón (ver los plurales de los vv. 5.6.7), que retiene toda la atención de Lucas.
5 17 Es decir, de Dios. Ver Hch 2 22; 10 38.

curaciones. [18] En esto, unos hombres trajeron en una camilla a un paralítico y trataban de introducirle, para ponerle delante de él. [19] Pero no encontrando por dónde meterle, a causa de la multitud, subieron al terrado, le bajaron con la camilla a través de las tejas* y le pusieron en medio, delante de Jesús. [20] Viendo Jesús la fe que tenían, dijo: «Hombre, tus pecados te quedan perdonados.»

Mt 8 10+

[21] Los escribas y fariseos empezaron a pensar: «¿Quién es éste, que dice blasfemias? ¿Quién puede perdonar pecados sino sólo Dios?» [22] Conociendo Jesús sus pensamientos, les dijo: «¿Qué estáis pensando en vuestros corazones? [23] ¿Qué es más fácil, decir: 'Tus pecados te quedan perdonados', o decir: 'Levántate y anda'? [24] Pues para que sepáis que el Hijo del hombre tiene en la tierra poder de perdonar pecados —dijo al paralítico—: 'A ti te digo, levántate, toma tu camilla y vete a tu casa'.» [25] Y al instante, levantándose delante de ellos, tomó la camilla en que yacía y se fue a su casa, glorificando a Dios.

Mt 2 4+;
3 7+

[26] El asombro se apoderó de todos y glorificaban a Dios. Y llenos de temor, decían: «Hoy hemos visto cosas increíbles.»

2 20+
1 12+

Vocación de Leví.

‖Mt 9 9
‖Mc 2 13-14

[27] Después de esto, salió y vio a un publicano llamado Leví, sentado en el despacho de impuestos, y le dijo: «Sígueme.» [28] Él, dejándolo todo, se levantó y le siguió.

12 33+

Comida con los pecadores en casa de Leví.

‖Mt 9 10-12
‖Mc 2 15-17

[29] Leví le ofreció en su casa un gran banquete. Había un gran número de publicanos y de otros que estaban a la mesa con ellos. [30] Los fariseos y sus escribas refunfuñaban diciendo a sus discípulos: «¿Cómo es que coméis y bebéis con los publicanos y pecadores?» [31] Les respondió Jesús: «No necesitan médico los que están sanos, sino los que están mal. [32] No he venido a llamar a conversión a justos, sino a pecadores.»

Mt 5 46+

Mt 3 7+;
2 4+
Mt 9 10+

Discusión sobre el ayuno.

‖Mt 9 14-17
‖Mc 2 18-22

[33] Ellos le dijeron: «Los discípulos de Juan ayunan frecuentemente y recitan oraciones, igual que los de los fariseos, pero los tuyos no se privan de comer y beber.» [34] Jesús les dijo: «¿Podéis acaso hacer ayunar a los invitados a la boda mientras el novio está con ellos? [35] Días vendrán en que les será arrebatado el novio; entonces, en aquellos días, ayunarán.»

[36] Les dijo también una parábola: «Nadie rompe un vestido nuevo para echar un remiendo a uno viejo, porque, si lo hace, desgarrará el nuevo, y al viejo no le irá el remiendo del nuevo.

[37] «Nadie echa tampoco vino nuevo en pellejos viejos; porque, si lo hace, el vino nuevo reventará los pellejos, el vino se derramará, y los pellejos se echarán a perder; [38] sino que el vino nuevo debe echarse en pellejos nuevos. [39] Nadie, después de beber el vino añejo, quiere del nuevo porque dice: El añejo es el bueno*.»

Jn 3 19
Jn 2 10

Las espigas arrancadas en sábado.

‖Mt 12 1-8
‖Mc 2 23-28

6 [1] Sucedió que, cruzando un sábado por unos sembrados, sus discípulos arrancaban espigas, las desgranaban con las manos y se las comían. [2] Algunos de los fariseos dijeron: «¿Por qué hacéis lo que no es lícito en sábado?» [3] Y Jesús les respondió: «¿Ni siquiera habéis leído lo que hizo David, cuando sintió hambre él y los que le acompañaban, [4] cómo entró en la Casa de Dios y tomando los panes de la presencia, que no es lícito comer sino sólo a los sacerdotes, comió él y dio a los que le acompañaban?» [5] Y les dijo: «El Hijo del hombre es señor del sábado*.»

Ex 25 23+

Curación del hombre de la mano seca.

‖Mt 12 9-14
‖Mc 3 1-6
Lc 13 10-17
14 1-6

[6] Otro sábado entró Jesús en la sinagoga y se puso a enseñar. Había allí un hombre que tenía la mano derecha seca. [7] Estaban al acecho los escribas y fariseos por si curaba en sábado, para encontrar de qué acusarle. [8] Pero él, conociendo sus pensamientos, dijo al hombre

Jn 1 48+

---

5 19   El terrado palestinense de Mc 2 4 se convierte en Lucas en un tejado de casa grecorromana.
5 39   El vino nuevo que ofrece Jesús no es del gusto de los que han bebido el vino añejo de la Ley. Esta última idea, propia de Lucas, refleja quizá la experiencia de Lucas, discípulo de Pablo, que conoce las dificultades de la misión entre los judíos, ver Hch 13 5+.

6 5   Un ms añade aquí una sentencia interesante, aunque probablemente no es auténtica: «El mismo día, viendo trabajar a uno en día de sábado, le dijo: Amigo, si sabes lo que haces, eres dichoso, pero si no lo sabes, eres un maldito y un transgresor de la Ley». Ver Mc 2 27+.

que tenía la mano seca: «Levántate y ponte ahí en medio.» Él se levantó y se puso allí. ⁹ Entonces Jesús les dijo: «Yo os pregunto si en sábado es lícito hacer el bien en vez de hacer el mal, salvar una vida en vez de destruirla.» ¹⁰ Y, mirando a todos ellos, le dijo: «Extiende tu mano.» Él lo hizo, y quedó restablecida su mano. ¹¹ Ellos se ofuscaron y deliberaban entre sí qué harían a Jesús.

11 53+

Elección de los Doce.

‖Mt 10 1-4
‖Mc 3 13-19

3 21+

¹² Por aquellos días, se fue él al monte a orar y se pasó la noche en la oración de Dios. ¹³ Cuando se hizo de día, llamó a sus discípulos y eligió doce de entre ellos, a los que llamó también apóstoles*: ¹⁴ A Simón, a quien puso el nombre de Pedro, y a su hermano Andrés; a Santiago y Juan, a Felipe y Bartolomé, ¹⁵ a Mateo y Tomás, a Santiago de Alfeo y Simón, llamado Zelota; ¹⁶ a Judas de Santiago* y a Judas Iscariote, que fue el traidor.

‖Hch 1 13

La muchedumbre sigue a Jesús.

‖Mt 4 24-25
‖Mc 3 7-12

¹⁷ Bajó con ellos y se detuvo en un paraje llano; había un número de discípulos suyos y gran muchedumbre del pueblo, de toda Judea, de Jerusalén y de la región costera de Tiro y Sidón, ¹⁸ que habían venido para oírle y ser curados de sus enfermedades. Y los que eran molestados por espíritus inmundos quedaban curados. ¹⁹ Toda la gente procuraba tocarle, porque salía de él una fuerza que sanaba a todos.

5 17; 8 46
Mc 5 30+

Discurso inaugural*.
Las Bienaventuranzas*.

Is 65 13-14

²⁰ Y él, alzando los ojos hacia sus discípulos, decía:

«Bienaventurados los pobres, porque vuestro es el Reino de Dios.

‖Mt 5 1

‖Mt 5 3

²¹ Bienaventurados los que tenéis hambre ahora, porque seréis saciados.

Bienaventurados los que lloráis ahora, porque reiréis.

²² Bienaventurados seréis cuando los hombres os odien, cuando os expulsen, os injurien y proscriban vuestro nombre como malo por causa del Hijo del hombre. ²³ Alegraos ese día y saltad de gozo, que vuestra recompensa será grande en el cielo. Pues de ese modo trataban sus padres a los profetas.

‖Mt 5 6

‖Mt 5 5

‖Mt 5 11-12

Las maldiciones.

²⁴ «Pero ¡ay de vosotros, los ricos!, porque habéis recibido vuestro consuelo.

²⁵ ¡Ay de vosotros, los que ahora estáis hartos!, porque tendréis hambre.

¡Ay de los que reís ahora!, porque tendréis aflicción y llanto.

²⁶ ¡Ay cuando todos los hombres hablen bien de vosotros!, pues de ese modo trataban sus padres a los falsos profetas.

Is 5 8-25
Ha 2 6s

Amor a los enemigos.

²⁷ «Pero a vosotros, los que me escucháis, yo os digo: Amad a vuestros enemigos, haced bien a los que os odien, ²⁸ bendecid a los que os maldigan, rogad por los que os difamen. ²⁹ Al que te hiera en una mejilla, preséntale también la otra; y al que te quite el manto no le niegues la túnica. ³⁰ A todo el que te pida, da, y al que tome lo tuyo, no se lo reclames. ³¹ Y tratad a los hombres como queréis que ellos os traten. ³² Si amáis a los que os aman, ¿qué mérito tenéis? Pues también los pecadores aman a los que les aman. ³³ Si hacéis bien a los que os lo hacen a vosotros, ¿qué mérito tenéis? ¡También los pecadores hacen otro tanto! ³⁴ Si prestáis a aquellos de quienes esperáis recibir, ¿qué mérito tenéis? También los pecadores prestan a los pecadores para recibir lo correspondiente. ³⁵ Más bien, amad a

‖Mt 5 44

‖Mt 5 39-40

‖Mt 5 42
Lc 12 33+

‖Mt 7 12
Tb 4 15
‖Mt 5 46

14 12-14

6 13 Apóstol significa «enviado». Conocido ya en el mundo griego y en el mundo judío *(seliah)* este término ha llegado a designar en el cristianismo a los misioneros «enviados», ver Hch 22 21+, como testigos de Cristo, de su vida, de su muerte y de su resurrección, Hch 1 8+, ante todo a los Doce, Mc 3 14+ (este término queda reservado para ellos en los Hechos), pero también a un círculo más amplio de discípulos, ver Rm 1 1+, que figuran en primer lugar en las listas de carismas, ver 1 Co 12 28; Ef 4 11. −Pudiera ser que sólo la primitiva comunidad hubiera dado el *nombre* de apóstol a los misioneros, pero sigue siendo verdad que Jesús mismo envió a sus discípulos en misión, primero a los pueblos de Galilea, 9 6, y, después de su resurrección, al mundo entero, 24 47; Hch 1 8; ver Jn 3 11+; 4 34+.

6 16 «Judas de Santiago» puede entenderse: «hijo» o también «hermano de Santiago». Ver Mt 10 2+.
6 20 (a) La forma de este discurso es más breve que en Mt, porque Lc no ha insertado en él las mismas adiciones que Mt, e incluso ha quitado aquello que tendría menos interés para lectores no judíos, particularmente sobre la Ley, ver Mt 5 1+.
6 20 (b) Mt trae ocho bienaventuranzas, Lc cuatro bienaventuranzas y cuatro maldiciones. Las de Mt, Mt 5 3-12+, trazan un programa de vida virtuosa con promesa de recompensa celeste; las de Lc anuncian la inversión de las situaciones, de esta vida a la vida futura, ver 16 25. En Mt Jesús emplea la 3.ª persona, en Lc apostrofa a su auditorio.

vuestros enemigos; haced el bien y prestad sin esperar nada a cambio*; entonces vuestra recompensa será grande y seréis hijos del Altísimo, porque él es bueno con los desagradecidos y los perversos.

||Mt 5 45
Si 4 11

Misericordia y beneficencia.

Ex 34 6-7
||Mt 7 1

[36] «Sed compasivos como vuestro Padre es compasivo. [37] No juzguéis y no seréis juzgados, no condenéis y no seréis condenados; perdonad y seréis perdonados. [38] Dad y se os dará; una medida buena, apretada, remecida, rebosante pondrán en el halda de vuestros vestidos*. Porque con la medida con que midáis se os medirá.»

||Mt 7 2
||Mc 4 24

Celo bien ordenado.

||Mt 15 14

[39] Les añadió una parábola: «¿Podrá un ciego guiar a otro ciego? ¿No caerán los dos en el hoyo*? [40] No está el discípulo por encima del maestro. Será como el maestro cuando esté perfectamente instruido. [41] ¿Cómo es que miras la brizna que hay en el ojo de tu hermano y no reparas en la viga que hay en tu propio ojo? [42] ¿Cómo puedes decir a tu hermano: 'Hermano, deja que saque la brizna que hay en tu ojo', si no ves la viga que hay en el tuyo? Hipócrita, saca primero la viga de tu ojo y entonces podrás ver para sacar* la brizna que hay en el ojo de tu hermano.

||Mt 10
24-25
||Jn 13 16;
15 20

||Mt 12
33-35
||Mt 7 16-18

[43] «Porque no hay árbol bueno que dé fruto malo y, a la inversa, no hay árbol malo que dé fruto bueno. [44] Cada árbol se conoce por su fruto. No se recogen higos de los espinos, ni de la zarza se vendimian uvas. [45] El hombre bueno, del buen tesoro del corazón saca lo bueno, y el malo, del malo saca lo malo. Porque de lo que rebosa el corazón habla su boca.

Necesidad de las obras.

||Mt 7 21

[46] «¿Por qué me llamáis: 'Señor, Señor' y no hacéis lo que digo?

||Mt 7 24-27

[47] «Todo el que venga a mí* y oiga mis palabras y las ponga en práctica, os voy a mostrar a quién es semejante: [48] Es semejante a un hombre que, al edificar una casa, cavó profundamente y puso los cimientos sobre roca. Al sobrevenir una inundación, rompió el torrente contra aquella casa, pero no pudo destruirla por estar bien edificada. [49] Pero el que haya oído y no haya puesto en práctica es semejante a un hombre que edificó una casa sobre tierra, sin cimientos, contra la que rompió el torrente y al instante se desplomó y fue grande la ruina de aquella casa.»

Curación del siervo de un centurión.

||Mt 8
5-10.13
||Jn 4
46-54?

7 [1] Una vez concluidas todas estas palabras al pueblo, entró en Cafarnaún. [2] Se encontraba enfermo y a punto de morir un siervo de un centurión, muy querido de éste. [3] Habiendo oído hablar de Jesús, le envió unos ancianos* de los judíos para rogarle que viniera y salvara a su siervo.

[4] Éstos, llegando ante Jesús, le suplicaban insistentemente, diciendo: «Merece que se lo concedas, [5] porque ama a nuestro pueblo* y él mismo nos ha edificado la sinagoga.» [6] Iba Jesús con ellos y, estando ya no lejos de la casa, envió el centurión a unos amigos a decirle: «Señor, no te molestes, porque no soy digno de que entres bajo mi techo, [7] por eso ni siquiera me consideré digno de salir a tu encuentro. Mándalo de palabra y quede sano mi criado*. [8] Porque también yo, que soy un subalterno, tengo soldados a mis órdenes, y digo a éste: 'Vete', y va; y a otro: 'Ven', y viene; y a mi siervo: 'Haz esto', y lo hace.» [9] Al oír esto, Jesús quedó admirado de él, y volviéndose dijo a la muchedumbre que le seguía: «Os digo que ni en Israel he encontrado una fe tan grande.» [10] Cuando los enviados volvieron a la casa hallaron al siervo sano.

12 33+

Mt 8 10+

Resurrección del hijo de la viuda de Naín*.

[11] A continuación se fue a una ciudad llamada Naín. Iban con él sus discípulos

---

6 35   Texto difícil y traducción conjetural. Var.: «sin desesperar a nadie (o: de nadie)», «sin desesperar en nada».
6 38   En los pliegues de la túnica o del manto, doblado hasta la cintura, que servían de bolso o de alforja para las provisiones. Ver Rt 3 15.
6 39   Lc aplica a los discípulos lo que Mt 15 14 decía de los fariseos. Idéntica observación para los vv. 43-45.
6 42   O: «y entonces verás de sacar».
6 47   Expresión de sabor joánico, ver Jn 6 35+.

7 3   Notables de la localidad que no se deben confundir con los ancianos de Jerusalén, miembros del Sanedrín.
7 5   Se trata, sin duda, como en el caso de Cornelio, Hch 10 1-2+, de un pagano simpatizante con el Judaísmo.
7 7   Var.: «y quedará sano mi criado».
7 11   Relato propio de Lc, que prepara la respuesta de Jesús a los enviados de Juan, 7 22.

y una gran muchedumbre. ¹² Cuando se acercaba a la puerta de la ciudad sacaban a enterrar a un muerto, hijo único de su madre, que era viuda; la acompañaba mucha gente de la ciudad. ¹³ Al verla, el Señor tuvo compasión de ella y le dijo: «No llores.» ¹⁴ Y, acercándose, tocó el féretro. Los que lo llevaban se pararon, y él dijo: «Joven, a ti te digo: Levántate.» ¹⁵ El muerto se incorporó y se puso a hablar, y él *se lo dio a su madre.* ¹⁶ El temor se apoderó de todos y glorificaban a Dios, diciendo: «Un gran profeta ha surgido entre nosotros», y «Dios ha visitado a su pueblo». ¹⁷ Y lo que se decía de él se propagó por toda Judea y por toda la región circunvecina.

Pregunta del Bautista y testimonio de Jesús.

¹⁸ Los discípulos de Juan le llevaron todas estas noticias. Entonces él, llamando a dos de ellos, ¹⁹ los envió a decir al Señor: «¿Eres tú el que ha de venir, o debemos esperar a otro?» ²⁰ Aquellos hombres se acercaron a él y le dijeron: «Juan el Bautista nos ha enviado a decirte: ¿Eres tú el que ha de venir o debemos esperar a otro?» ²¹ En aquel momento curó a muchos de sus enfermedades y dolencias y de malos espíritus, y dio vista a muchos ciegos. ²² Y les respondió: «Id y contad a Juan lo que habéis visto y oído: Los ciegos ven, los cojos andan, los leprosos quedan limpios, los sordos oyen, los muertos resucitan, se anuncia a los pobres la Buena Nueva; ²³ ¡y dichoso aquel que no halle escándalo en mí!»

²⁴ Cuando los mensajeros de Juan se alejaron se puso a hablar de Juan a la gente: «¿Qué salisteis a ver en el desierto? ¿Una caña agitada por el viento? ²⁵ ¿Qué salisteis a ver, si no? ¿Un hombre elegantemente vestido? ¡No! Los que visten magníficamente y viven con molicie están en los palacios. ²⁶ Entonces, ¿qué salisteis a ver? ¿Un profeta? Sí, os digo, y más que un profeta. ²⁷ De éste es de quien está escrito:

He aquí que envío mi mensajero delante de ti,
que preparará por delante tu camino.

²⁸ «Os digo: No hay, entre los nacidos de mujer, ninguno mayor que Juan; sin embargo el más pequeño en el Reino de Dios es mayor que él. ²⁹ Todo el pueblo que le escuchó, incluso los publicanos, reconocieron la justicia de Dios, y se hicieron bautizar con el bautismo de Juan. ³⁰ Pero los fariseos y los legistas, al no aceptar su bautismo, frustraron el plan de Dios sobre ellos.

Jesús juzga a su generación.

³¹ «¿Con quién, compararé, pues, a los hombres de esta generación? Y ¿a quién se parecen? ³² Se parecen a los chiquillos que están sentados en la plaza y se gritan unos a otros diciendo:

'Os hemos tocado la flauta,
y no habéis bailado,
os hemos entonado endechas,
y no habéis llorado.'

³³ «Porque ha venido Juan el Bautista, que no comía pan ni bebía vino, y decís: 'Demonio tiene.' ³⁴ Ha venido el Hijo del hombre, que come y bebe, y decís: 'Ahí tenéis un comilón y un borracho, amigo de publicanos y pecadores.' ³⁵ Y la Sabiduría se ha acreditado por todos sus hijos*.»

La pecadora perdonada*.

³⁶ Un fariseo le rogó que comiera con él, y, entrando en la casa del fariseo, se puso a la mesa. ³⁷ Había en la ciudad una mujer pecadora pública. Al enterarse de que estaba comiendo en casa del fariseo, llevó un frasco de alabastro de perfume ³⁸ y, poniéndose detrás, a los pies de él, comenzó a llorar, y con sus lágrimas le mojaba los pies y con los cabellos de su cabeza se los secaba; besaba sus pies y los ungía con el perfume. ³⁹ Al verlo el fariseo que le había invitado, se decía para sí: «Si éste fuera profeta, sabría quién y qué clase de mujer es la que le está tocando, pues es una pecadora.» ⁴⁰ Jesús le respondió: «Simón, tengo algo que decirte.» Él dijo: «Di, maestro.» ⁴¹ «Un acreedor tenía dos deudores: uno debía quinientos denarios y el otro cincuenta. ⁴² Como no tenían para pagarle, perdonó a los dos. ¿Quién de

Marginal references (left column):
1 43+
Mt 8 3+
1 R 17 23
1 12+; 2 20+
Mt 16 14+
Lc 1 68+
4 14.44+
‖Mt 11 2-15
Is 26 19;
35 5-6;
42 7;
61 1
2 34+
Ml 3 1

Marginal references (right column):
‖Mt 21 31-32
‖Mt 11 16-19
Jn 6 35+
11 37; 14 1
Mt 16 14+
Jn 4 18-19

---

7 35 Var.: «por sus propias obras», ver Mt 11 19+. —Los hijos de la Sabiduría, es decir, de Dios soberanamente sabio, ver Pr 8 22+, reconocen y aceptan las obras de Dios.
7 36 Episodio propio de Lc distinto del de la unción

en Betania, Mt 26 6-13p, aunque esta última podría tal vez haber influido en algunos detalles del relato lucano. No debe identificarse a la pecadora de este episodio ni con María de Betania, hermana de Marta, 10 39; ver Jn 11 1s; 12 2s, ni tampoco con María Magdalena, 8 2.

ellos le amará más?» [43] Respondió Simón: «Supongo que aquel a quien perdonó más.»

Él le dijo: «Has juzgado bien.» [44] Y, volviéndose hacia la mujer, dijo a Simón: «¿Ves a esta mujer? Entré en tu casa y no me diste agua para los pies. Ella, en cambio, ha mojado mis pies con lágrimas y los ha secado con sus cabellos. [45] No me diste el beso. Ella, desde que entró*, no ha dejado de besarme los pies. [46] No ungiste mi cabeza con aceite. Ella ha ungido mis pies con perfume.

Mt 21 31

[47] Por eso te digo que quedan perdonados sus muchos pecados, porque ha mostrado mucho amor*. A quien poco se le perdona, poco amor muestra.» [48] Y le dijo a ella: «Tus pecados quedan perdonados.» [49] Los comensales empezaron a decirse para sí: «¿Quién es éste, que hasta perdona los pecados?» [50] Pero él dijo a la mujer: «Tu fe te ha salvado. Vete en paz.»

Mt 8 10+

Mujeres que acompañaban a Jesús.

‖Mt 4 23;
9 35
‖Mc 1 39
Lc 4 43-44

8 [1] Recorrió a continuación ciudades y pueblos, proclamando y anunciando la Buena Nueva del Reino de Dios; le acompañaban los Doce, [2] y algunas mujeres que habían sido curadas de espíritus malignos y enfermedades: María, llamada Magdalena, de la que habían salido siete demonios, [3] Juana, mujer de Cusa, un administrador de Herodes, Susana y otras muchas que les servían con sus bienes.

Mt 8 29+

Mt 27 55-56
Mc 15 40-41
Lc 23 49;
24 10
Jn 19 25

Parábola del sembrador.

‖Mt 13 1-9
‖Mc 4 1-9

[4] Se iba reuniendo mucha gente, a la que se añadía la que procedía de las ciudades. Les dijo entonces en parábola:

[5] «Salió un sembrador a sembrar su simiente y, al sembrar, una parte cayó a lo largo del camino, fue pisada y las aves del cielo se la comieron; [6] otra cayó sobre piedra y, después de brotar, se secó, por no tener humedad; [7] otra cayó en medio de abrojos y, creciendo los abrojos con ella, la ahogaron. [8] Y otra cayó en tierra buena y, creciendo, dio fruto cen-

Jr 4 3-4

tuplicado.» Dicho esto, exclamó: «El que tenga oídos para oír, que oiga.»

Por qué habla Jesús en parábolas.

‖Mt 13
10-11.13
‖Mc 4 10-12

[9] Le preguntaban sus discípulos qué significaba esta parábola, [10] y él dijo: «A vosotros se os ha dado el conocer los misterios del Reino de Dios; a los demás sólo en parábolas, para que

viendo, no vean
y, oyendo, no entiendan.

Is 6 9

Explicación de la parábola del sembrador.

‖Mt 13
18-23
‖Mc 4
14-20

[11] «La parábola quiere decir esto: La simiente es la palabra de Dios. [12] Los de a lo largo del camino son los que han oído; después viene el diablo y se lleva de su corazón la palabra, no sea que crean y se salven. [13] Los de sobre piedra son los que, al oír la palabra, la reciben con alegría; pero no tienen raíz; creen por algún tiempo, pero a la hora de la prueba abandonan. [14] Lo que cayó entre los abrojos son los que han oído, pero las preocupaciones, las riquezas y los placeres de la vida los van sofocando y no llegan a madurez. [15] Lo que en buena tierra son los que, después de haber oído, conservan la palabra con corazón bueno y recto, y dan fruto con perseverancia.

Mt 8 10+

21 34

Cómo recibir y transmitir la enseñanza de Jesús.

‖Mc 4
21-22

[16] «Nadie enciende una lámpara y la tapa con una vasija, o la pone debajo de un lecho, sino que la pone sobre un candelero, para que los que entren vean la luz. [17] Pues nada hay oculto que no quede de manifiesto, y nada secreto que no venga a ser conocido y descubierto. [18] Mirad, pues, cómo oís; porque al que tenga, se le dará; y al que no tenga, aun lo que crea tener se le quitará.»

‖Mt 5 15
=Lc 11 33
Jn 8 12+

‖Mt 10 26
=Lc 12 2

=Mt 13 12
25 29
=Mc 4 24-2
=Lc 19 26

El verdadero parentesco de Jesús*.

‖Mt 12
46-50
‖Mc 3 31-3

[19] Se le presentaron su madre y sus hermanos, pero no podían llegar hasta él a causa de la gente. [20] Le avisaron: «Tu madre y tus hermanos están ahí fuera y

---

7 45   Var.: «desde que entré».
7 47   En la primera parte de este versículo, el amor aparece como causa del perdón; en la segunda, es su efecto. Esta antinomia procede de que el texto de la perícopa es heterogéneo. En 37-38.44-46, los gestos de la mujer demuestran un gran amor que le merece el perdón de sus faltas; de ahí la conclusión 47a. Pero en 40-

43 se ha incluido una parábola, cuya lección es la inversa: un perdón mayor produce un amor mayor; de ahí la conclusión 47b.
8 19   Lc pone aquí esta perícopa que Mc 3 31-35 sitúa antes, porque la ha considerado apropiada como conclusión de su pequeño conjunto sobre la enseñanza en parábolas de Jesús; comparar los vv. 15 y 21.

11 27-28

quieren verte.» ²¹ Pero él les respondió: «Mi madre y mis hermanos son aquellos que oyen la palabra de Dios y la cumplen.»

‖Mt 8 18.
23-27
‖Mc 4 35-41

La tempestad calmada.

²² Cierto día subió a una barca con sus discípulos y les dijo: «Pasemos a la otra orilla del lago.» Y se hicieron a la mar. ²³ Mientras ellos navegaban, se quedó dormido. Se abatió sobre el lago una borrasca; la barca se anegaba y estaban en peligro. ²⁴ Entonces, acercándose, le despertaron, diciendo: «¡Maestro, Maestro, nos hundimos!» Él, habiéndose despertado, increpó al viento y al oleaje, que amainaron y sobrevino la bonanza. ²⁵ Entonces les dijo: «¿Dónde está vuestra fe?»

Mt 8 10+
Lc 1 12+;
4 15+

Ellos, llenos de temor, se decían entre sí maravillados: «Pues ¿quién es éste, que conmina a los vientos y al agua, y le obedecen?»

‖Mt 8 28-34
‖Mc 5 1-20

El endemoniado de Gerasa.

²⁶ Arribaron a la región de los gerasenos*, que está frente a Galilea. ²⁷ Al saltar a tierra, vino de la ciudad a su encuentro un hombre, poseído por los demonios, y que hacía mucho tiempo que no llevaba vestido, ni moraba en una casa, sino en los sepulcros.

4 34
Mt 4 3+

²⁸ Al ver a Jesús se echó a sus pies, gritando con gran voz: «¿Qué tengo yo contigo, Jesús, hijo de Dios Altísimo? Te suplico que no me atormentes.» ²⁹ Es que él había mandado al espíritu inmundo que saliera de aquel hombre; pues en muchas ocasiones se apoderaba de él; y, aunque le sujetaban con cadenas y grillos para custodiarle, rompía las ligaduras y el demonio le empujaba al desierto. ³⁰ Jesús le preguntó: «¿Cuál es tu nombre?» Él contestó: «Legión»; porque habían entrado en él muchos demonios. ³¹ Y le suplicaban que no les mandara irse al abismo*.

³² Había allí una gran piara de puercos que pacían en el monte; le suplicaron que les permitiera entrar en ellos y él se lo permitió. ³³ Los demonios salieron de aquel hombre y entraron en los puercos; y la piara se arrojó al lago de lo alto del precipicio y se ahogó.

³⁴ Viendo los porqueros lo que había pasado, huyeron y lo contaron por la ciudad y por las aldeas. ³⁵ Salieron, pues, a ver lo que había ocurrido y, llegando donde Jesús, encontraron al hombre del que habían salido los demonios, sentado, vestido y en su sano juicio, a los pies de Jesús*; y se llenaron de temor. ³⁶ Los que lo habían visto, les contaron cómo había sido salvado el endemoniado. ³⁷ Entonces toda la gente del país de los gerasenos le rogaron que se alejara de ellos, porque estaban poseídos de gran temor. Él, subiendo a la barca, regresó.

1 12+

³⁸ El hombre de quien habían salido los demonios le pedía estar con él; pero le despidió, diciendo: ³⁹ «Vuelve a tu casa y cuenta todo lo que Dios ha hecho contigo.» Y fue por toda la ciudad proclamando todo lo que Jesús había hecho con él.

Curación de una hemorroísa y resurrección de la hija de Jairo.

‖Mt 9 18-26
‖Mc 5 21-43

⁴⁰ Cuando regresó Jesús, la muchedumbre le recibió con agrado, pues todos le estaban esperando. ⁴¹ Llegó entonces un hombre, llamado Jairo, que era jefe de la sinagoga, y, cayendo a los pies de Jesús, le suplicaba entrara en su casa, ⁴² porque su hija única, de unos doce años, se estaba muriendo. Mientras iba, la gente le ahogaba.

⁴³ Entonces, una mujer que padecía flujo de sangre desde hacía doce años, y que no había podido ser curada por nadie*, ⁴⁴ se acercó por detrás y tocó la orla de su manto; y, al punto se le paró el flujo de sangre. ⁴⁵ Jesús dijo: «¿Quién me ha tocado?» Como todos lo negaban, dijo Pedro: «Maestro, las gentes te aprietan y te oprimen.» ⁴⁶ Pero Jesús dijo: «Alguien me ha tocado, porque he sentido que una fuerza ha salido de mí.» ⁴⁷ Viéndose descubierta, la mujer se acercó temblorosa y, postrándose ante él, contó delante de todo el pueblo por qué razón le había tocado, y cómo al punto había sido curada. ⁴⁸ Él le dijo: «Hija, tu fe te ha salvado; vete en paz.»

6 19

⁴⁹ Estaba todavía hablando, cuando uno de casa del jefe de la sinagoga llega diciendo: «Tu hija está muerta. No mo-

---

8 26 Var.: «guerguesenos», «gadarenos».
8 31 En lugar de «los echara fuera de la región», Mc 5 10. Los demonios piden a Jesús que no los envíe a las profundidades de la tierra, su mansión normal y definitiva, Ap 9 1.2.11; 11 7; 17 8; 20 1.3.

8 35 En la actitud de un discípulo, 8 38; ver 10 39; Hch 22 3. Rasgo añadido por Lucas.
8 43 Var.: «una mujer, a la que, después de gastar en médicos todo su dinero, nadie había podido curar», ver Mc 5 26.

Mt 8 10+

lestes ya al Maestro.» ⁵⁰ Jesús, que lo oyó, le dijo: «No temas; solamente ten fe y se salvará.» ⁵¹ Al llegar a la casa no permitió entrar con él más que a Pedro, Juan y Santiago*, y al padre y a la madre de la niña. ⁵² Todos la lloraban y se lamentaban, pero él dijo: «No lloréis, no ha muerto; está dormida.» ⁵³ Y se burlaban de él, pues sabían que estaba muerta. ⁵⁴ Él, tomándola de la mano, dijo en voz alta: «Niña, levántate.» ⁵⁵ Retornó el espíritu a ella y, al punto, se levantó, y él mandó que le dieran de comer. ⁵⁶ Sus padres quedaron estupefactos, y él les ordenó que a nadie dijeran lo que había pasado.

1 12+
Mc 1 34+

Misión de los Doce.

‖Mt 10 1.5.
8.9-14
‖Mc 6 7-13
Mt 8 3+;
8 29+

9 ¹ Convocando a los Doce*, les dio autoridad y poder sobre todos los demonios, y para curar enfermedades; ² y los envió a proclamar el Reino de Dios y a curar. ³ Y les dijo: «No toméis nada para el camino, ni bastón, ni alforja, ni pan, ni plata; ni tengáis dos túnicas cada uno. ⁴ Cuando entréis en una casa, quedaos en ella hasta que os marchéis de allí. ⁵ Y si algunos no os reciben, salid de aquella ciudad y sacudid el polvo de vuestros pies en testimonio contra ellos.» ⁶ Partieron, pues, y recorrieron los pueblos, anunciando la Buena Nueva y curando por todas partes.

10 7
Hch 9 43;
16 15;
17 7; 18 3
Hch 13 51

Herodes y Jesús*.

‖Mt 14 1-2
‖Mc 6 14-16

⁷ Se enteró el tetrarca Herodes de todo lo que pasaba y estaba perplejo, porque unos decían que Juan había resucitado de entre los muertos; ⁸ otros, que Elías se había aparecido, y otros, que uno de los antiguos profetas había resucitado. ⁹ Herodes dijo: «A Juan, le decapité yo. ¿Quién es, pues, éste de quien oigo tales cosas?» Y buscaba verle.

9 19
23 8-12

Vuelta de los apóstoles y multiplicación de los panes*.

‖Mt 14
13-21
‖Mc 6 30-44
Jn 6 1-13

¹⁰ Cuando los apóstoles regresaron le contaron cuanto habían hecho. Y él, tomándolos consigo, se retiró aparte, hacia una ciudad llamada Betsaida. ¹¹ Pero la gente lo supo y le siguieron. Él los acogía, les hablaba del Reino de Dios y curaba a los que tenían necesidad de ser curados.

Mc 6 45

¹² Pero el día había comenzado a declinar y, acercándose los Doce, le dijeron: «Despide a la gente para que vayan a los pueblos y aldeas del contorno y busquen alojamiento y comida, porque aquí estamos en un lugar deshabitado.» ¹³ Él les dijo: «Dadles vosotros de comer.» Pero ellos respondieron: «No tenemos más que cinco panes y dos peces; a no ser que vayamos nosotros a comprar alimentos para toda esta gente.» ¹⁴ Pues había como cinco mil hombres. Él dijo a sus discípulos: «Haced que se acomoden por grupos de unos cincuenta.» ¹⁵ Lo hicieron así y acomodaron a todos. ¹⁶ Tomó entonces los cinco panes y los dos peces y, levantando los ojos al cielo, pronunció sobre ellos la bendición, los partió y los iba dando a los discípulos para que los fueran sirviendo a la gente. ¹⁷ Comieron todos hasta saciarse. Se recogieron los trozos que les habían sobrado: doce canastos.

Profesión de fe de Pedro*.

‖Mt 16 13-20
‖Mc 8 27-30
Lc 3 21+

¹⁸ Estando una vez orando a solas, en compañía de los discípulos, les preguntó: «¿Quién dice la gente que soy yo?» ¹⁹ Ellos respondieron: «Unos, que Juan el Bautista; otros, que Elías; otros, que un profeta de los antiguos ha resucitado.» ²⁰ Les dijo: «Y vosotros, ¿quién decís que soy yo?» Pedro le contestó: «El Cristo de

9 7-8
2 26+;
23 35

---

8 51   Ver Mc 5 37+. Pero aquí, como en 9 28; Hch 1 13, Juan figura inmediatamente después de Pedro. Esta manera de asociar a Pedro y Juan es común a Lc, 22 8; Hch 3 1.3.11; 4 13.19; 8 14, y al cuarto evangelio, Jn 13 23-26; 18 15-16; 20 3-9; 21 7.20-23.
9 1   Adic.: «apóstoles».
9 7   En lugar de narrar la muerte de Juan el Bautista, Lucas prepara («buscaba verle» v. 9) el encuentro futuro de Herodes y de Jesús, 23 8-12.
9 10 Lc sólo relata una multiplicación de panes, como Juan, mientras que Mt y Mc refieren dos. Es posible que haya omitido, o desconocido, toda la sección de Mc 6 45 - 8 26, que se encuentra la segunda multiplicación. Pero también es posible, y quizá más, que evite así un duplicado de Mc y Mt, donde los dos relatos de multiplicación de panes ciertamente parecen ser dos tradiciones paralelas en un mismo caso: una,

procedente del medio palestinense (ribera occidental del lago, ver Mt 14 13+; doce canastos como las doce tribus de Israel); la otra, procedente de un medio cristiano nacido del paganismo (ribera oriental, ver Mc 7 31; siete espuertas como las siete naciones paganas de Canaán antes de la conquista, Dt 7 1; Hch 13 19). Ver Mt 14 13+.
9 18   Aun sin la adición matea «Hijo de Dios», ver Mt 16 16+, esta confesión de Pedro, hablando en nombre del grupo apostólico, tiene mucha importancia y marca un momento decisivo en la vida terrena de Jesús. En el momento en que la muchedumbre se extravía en sus ideas acerca de él y cada vez se aparta más de él, sus discípulos reconocen por primera vez, de un modo explícito, que es el Mesías, ver 2 26+. En adelante Jesús dedicará sus esfuerzos a formar a este pequeño núcleo de los primeros creyentes y a purificar su fe.

Mc 1 34+

Dios.» ²¹ Pero les mandó enérgicamente que no dijeran esto a nadie.

‖Mt 16 21
‖Mc 8 31

Primer anuncio de la Pasión*.

²² Dijo: «El Hijo del hombre debe sufrir mucho y ser reprobado por los ancianos, los sumos sacerdotes y los escribas, ser matado y resucitar al tercer día.»

‖Mt 16
24-27
‖Mc 8 34-38

Condiciones para seguir a Jesús.

²³ Decía a todos: «Si alguno quiere venir en pos de mí, niéguese a sí mismo, tome su cruz cada día, y sígame. ²⁴ Porque quien quiera salvar su vida, la perderá; pero quien pierda su vida por mí, ése la salvará. ²⁵ Pues, ¿de qué le sirve al hombre haber ganado el mundo entero, si él mismo se pierde o se arruina? ²⁶ Porque quien se avergüence de mí y de mis palabras, de ése se avergonzará el Hijo del hombre cuando venga en su gloria, en la de su Padre y en la de los santos ángeles.

‖Mt 10 38
=Lc 14 27
Jn 12 26

‖Mt 10 39
=Lc 17 33
‖Jn 12 25

‖Mt 10 33
=Lc 12 9

Próxima venida del Reino.

²⁷ «Pues de verdad os digo que hay algunos, entre los aquí presentes, que no gustarán la muerte hasta que vean el Reino de Dios.»

‖Mt 16 28+
‖Mc 9 1

La Transfiguración*.

²⁸ Unos ocho días después de estas palabras, tomó consigo a Pedro, Juan y Santiago, y subió al monte a orar. ²⁹ Y mientras oraba, el aspecto de su rostro se mudó y sus vestidos eran de una blancura fulgurante. ³⁰ Y he aquí que conversaban con él dos hombres, que eran Moisés y Elías*; ³¹ los cuales aparecían en gloria, y hablaban de su partida, que iba a cumplir en Jerusalén. ³² Pedro y sus compañeros estaban cargados de sueño, pero permanecían despiertos*, y vieron su gloria y a los dos hombres que esta-

‖Mt 17 1-9
‖Mc 9 2-10

8 51
3 21+
Mt 14 23+

24 16+

24 4
Hch 1 10

Jn 13 1+
2 38+
22 45

Jn 1 14+

ban con él. ³³ Cuando ellos se separaron de él, dijo Pedro a Jesús: «Maestro, bueno es estarnos aquí. Podríamos hacer tres tiendas, una para ti, otra para Moisés y otra para Elías», sin saber lo que decía. ³⁴ Estaba diciendo estas cosas cuando se formó una nube y los cubrió con su sombra; y, al entrar en la nube, se llenaron de temor. ³⁵ Y vino una voz desde la nube, que decía: «Este es mi Hijo, mi Elegido*; escuchadle.» ³⁶ Cuando cesó la voz, se encontró Jesús solo. Ellos callaron y, por aquellos días, no dijeron a nadie nada de lo que habían visto.

1 35+
1 12+

Jn 1 34

9 21

El endemoniado epiléptico.

³⁷ Al día siguiente, cuando bajaron del monte, le salió al encuentro mucha gente. ³⁸ En esto, un hombre de entre la gente empezó a gritar: «Maestro, te suplico que mires a mi hijo, porque es el único que tengo. ³⁹ Mira, un espíritu se apodera de él y de pronto empieza a dar gritos, le hace retorcerse echando espuma, y difícilmente se aparta de él y le deja magullado. ⁴⁰ He pedido a tus discípulos que lo expulsaran, pero no han podido.» ⁴¹ Respondió Jesús: «¡Oh generación incrédula y perversa! ¿Hasta cuándo estaré con vosotros y habré de soportaros? ¡Trae acá a tu hijo!» ⁴² Cuando se acercaba, el demonio le arrojó por tierra y le agitó violentamente; pero Jesús increpó al espíritu inmundo, curó al niño y lo devolvió a su padre; ⁴³ y todos quedaron atónitos ante la grandeza de Dios.

‖Mt 17
14-18
‖Mc 9 14-27

Hch 2 40

7 15
4 15+

Segundo anuncio de la Pasión.

Estando todos maravillados por todas las cosas que hacía, dijo a sus discípulos: ⁴⁴ «Poned en vuestros oídos estas palabras: el Hijo del hombre va a ser entregado en manos de los hombres.» ⁴⁵ Pero ellos no entendían lo que les decía; les estaba velado su sentido de modo que no

‖Mt 17 22
‖Mc 9 30-32

4 15+

9 22+

Mc 4 13+

---

9 22 Este anuncio irá seguido de varios más, 9 44; 12 50; 17 25; 18 31-33. Ver 24 7.25-27. —Lc omite la intervención de Pedro y la reprimenda de Jesús, Mc 8 32s.
9 28 Muchos rasgos originales delatan aquí en Lc una fuente distinta a la de Mc. Del conjunto se desprende una presentación distinta de la Transfiguración de las de Mt y Mc. Mientras que Mt pone de relieve la manifestación de Jesús como nuevo Moisés, ver Mt 17 1+, y Mc describe una epifanía del Mesías oculto, ver Mc 9 2+, Lc, o al menos la fuente que él combina con Mc, más bien pone su atención en una experiencia personal de Jesús que, durante una oración ardiente y transformadora, recibe luz del cielo sobre la «partida» (lit. éxodo) es decir la muerte, ver Sb 3 2; 7 6; 2 P 1 15, que debe cumplimentar en Jerusalén, la ciudad que

mata a los profetas, ver 13 33-34.
9 30 Como a Moisés y Elías sólo se les nombra para identificar a los «dos hombres» mencionados al principio, podemos pensar que en la fuente combinada por Lc con Mc éstos eran dos ángeles, ver 24 4; Hch 1 10, que instruían y confortaban a Jesús, ver 22 43. Sobre la significación de Moisés y Elías en la tradición de Mt, ver Mt 17 1+.
9 32 O bien: «habiéndose despertado». Ese sueño que abruma a los discípulos, propio de Lc, recuerda el de Getsemaní, 22 45, donde parece más natural y de donde podría proceder.
9 35 Var.: «mi Hijo amado», ver Mt y Mc. —El título de «Elegido», ver 23 35; Is 42 1, alterna con el de «Hijo del hombre» en las *Parábolas de Henoc*.

lo comprendían y temían preguntarle acerca de este asunto.

me ha enviado; pues el más pequeño de entre vosotros, ése es mayor.»

Lc 22 26;
14 11

‖Mt 18 1-5
‖Mc 9 33-37

¿Quién es el mayor*?

=Lc 22 24

[46] Se suscitó una discusión entre ellos sobre quién de ellos sería el mayor. [47] Conociendo Jesús lo que pensaban en su corazón, tomó a un niño, le puso a su lado, [48] y les dijo: «El que reciba a este niño en mi nombre, a mí me recibe; y el que me reciba a mí, recibe a Aquel que

‖Mt 10 40
=Lc 10 16
‖Jn 13 20

Empleo del nombre de Jesús.

‖Mc 9 38-40

[49] Tomando Juan la palabra, dijo: «Maestro, hemos visto a uno que expulsaba demonios en tu nombre y tratamos de impedírselo*, porque no viene con nosotros.» [50] Pero Jesús le dijo: «No se lo impidáis, pues el que no está contra vosotros está por vosotros.»

Hch 3 16+

IV.   La subida a Jerusalén*

Mala acogida en un pueblo samaritano.

Mt 19 1
Mc 10 1
Lc 2 38+

22 8

[51] Sucedió que como se iban cumpliendo los días de su asunción*, él se afirmó en su voluntad de ir a Jerusalén. [52] Envió, pues, mensajeros delante de sí, que fueron y entraron en un pueblo de samaritanos para prepararle posada; [53] pero no le recibieron porque tenía intención de ir a Jerusalén*. [54] Al verlo sus discípulos Santiago y Juan, dijeron: «Señor, ¿quieres que digamos que baje fuego del cielo y los consuma*?» [55] Pero, volviéndose, les reprendió*; [56] y se fueron a otro pueblo.

2 R 1 10

Exigencias de la vocación apostólica.

‖Mt 8 18-22

[57] Mientras iban caminando, uno le dijo: «Te seguiré adondequiera que vayas.» [58] Jesús le dijo: «Las zorras tienen guaridas, y las aves del cielo nidos; pero el Hijo del hombre no tiene donde reclinar la cabeza.»

[59] A otro dijo: «Sígueme.» Él respondió*: «Déjame ir primero a enterrar a mi padre.» [60] Le respondió: «Deja que los muertos entierren a sus muertos*; tú vete a anunciar el Reino de Dios.» [61] También otro le dijo: «Te seguiré, Señor; pero déjame antes despedirme de los de mi casa.» [62] Le dijo Jesús: «Nadie que pone la mano en el arado y mira hacia atrás es apto para el Reino de Dios.»

14 26.33

1 R 19 19-21

Flp 3 13

Misión de los setenta y dos discípulos*.

9 1-2

10 [1] Después de esto, designó el Señor a otros setenta y dos y los envió por delante*, de dos en dos, a todas las ciudades y sitios adonde él había de ir. [2] Y les dijo:

«La mies es mucha y los obreros pocos. Rogad, pues, al Dueño de la mies que envíe obreros a su mies. [3] Id; mirad que os envío como corderos en medio de lobos. [4] No llevéis bolsa, ni alforja, ni

‖Mt 9 37-38

‖Mt 10 16
Mt 10 9-15
‖Mc 6 8-11

---

9 46   La respuesta general a esta pregunta se da en el v. 48b, y en una forma más primitiva que en Mt 18 3-4 ó Mc 9 35. El *logion* del v. 48a, ver Mt 18 5; Mc 9 37, está tomado de otro contexto, ver Mt 10 40.
9 49   Var.: «se lo impedimos».
9 51   (a) De 9 51 a 18 14, Lc se aparta de Mc y reúne, en el marco literario ofrecido por Mc 10 1, de una subida hacia Jerusalén, 9 53.57; 10 1; 13 22.33; 17 11; ver 2 38+, materiales que ha tomado de una Colección utilizada también por Mt y de otras tradiciones que le son propias. Mientras que Mt ha distribuido esta Colección para distribuir sus fragmentos por todo su evangelio, Lc ha preferido reproducirla en bloque, y precisamente en esta sección 9 51 - 18 14, a la que suministra la aportación principal.
9 51   (b) La «asunción» o «elevación» de Jesús, ver 2 9-11; Mc 16 19; Hch 1 2.10-11; 1 Tm 3 16, abarca los últimos días de su destino doloroso y los primeros de su destino glorioso (pasión, muerte, resurrección y ascensión). Para el mismo conjunto, Jn empleará el término mas teológico «glorificar», Jn 7 39; 12 16.23; 13 31s; la crucifixión para él será una «elevación», Jn 12 32+.
9 53   Los samaritanos, siempre mal dispuestos con los judíos, Jn 4 9+, debían mostrarse especialmente hostiles con los peregrinos de Jerusalén. Por ello general-

mente se evitaba su territorio, ver Mt 10 5. Lucas y Juan (4 1-42) son los únicos que mencionan este paso de Jesús por tierra cismática, ver 17 11.16. La primitiva Iglesia imitará desde muy pronto al Maestro, Hch 8 5-25.
9 54   Adic.: «como hizo Elías». —Alusión a 2 R 1 10-12. Santiago y Juan se muestran verdaderos «hijos del trueno», Mc 3 17.
9 55   Adic.: «No sabéis de qué espíritu sois. Porque el Hijo del hombre no ha venido a perder las almas de los hombres sino a salvarlas». Lectura sospechosa de origen marcionita.
9 59   Adic.: «Señor», ver Mt 8 21.
9 60   El *logion* juega con el doble sentido, físico y espiritual, de la palabra «muerto».
10   La colección de *logia* empleada por Mt y Lc contenía un discurso de misión paralelo al de Mc 6 8-11. Mientras que Mt ha combinado estas dos versiones en un solo discurso, 10 7-16, Lc las ha mantenido por separado en dos discursos dirigidos, uno a los Doce, cifra de Israel, y el otro a los setenta y dos (o setenta) discípulos, cifra tradicional de las naciones paganas. Comparar el caso de las dos multiplicaciones de los panes, ver Mt 14 13+.
10 1   No, como 9 52, para preparar habitación y alimento sino para servirle de precursores espirituales.

=Lc 9 3-5

sandalias. Y no saludéis a nadie en el camino. ⁵ En la casa en que entréis, decid primero: 'Paz a esta casa.' ⁶ Y si hubiere allí un hijo de paz*, vuestra paz reposará sobre él; si no, se volverá a vosotros. ⁷ Permaneced en la misma casa, comed y bebed lo que tengan, porque el obrero merece su salario. No vayáis de casa en casa. ⁸ En la ciudad en que entréis y os reciban, comed lo que os pongan; ⁹ curad los enfermos que haya en ella, y decidles: 'El Reino de Dios está cerca de vosotros.' ¹⁰ En la ciudad en que entréis y no os reciban, salid a sus plazas y decid: ¹¹ 'Sacudimos sobre vosotros hasta el polvo de vuestra ciudad que se nos ha pegado a los pies. Sabed, de todas formas, que el Reino de Dios está cerca.' ¹² Os digo que en aquel Día habrá menos rigor para Sodoma que para aquella ciudad.

¹³ «¡Ay de ti, Corazín! ¡Ay de ti, Betsaida! Porque si en Tiro y en Sidón se hubieran hecho los milagros que se han hecho en vosotras, tiempo ha que, sentados con sayal y ceniza, se habrían convertido. ¹⁴ Por eso, en el Juicio habrá menos rigor para Tiro y Sidón que para vosotras. ¹⁵ Y tú, Cafarnaún, *¿hasta el cielo te vas a encumbrar? ¡Hasta el Hades te hundirás!*

¹⁶ «Quien a vosotros os escucha, a mí me escucha; y quien a vosotros os rechaza, a mí me rechaza; y quien me rechaza a mí, rechaza al que me ha enviado.»

De qué deben alegrarse los apóstoles.

¹⁷ Regresaron los setenta y dos, y dijeron alegres: «Señor, hasta los demonios se nos someten en tu nombre.» ¹⁸ Él les dijo: «Yo veía a Satanás caer del cielo como un rayo. ¹⁹ Mirad, os he dado el poder de pisar sobre serpientes y escorpiones y sobre todo poder del enemigo, y nada os podrá hacer daño; ²⁰ pero no os alegréis de que los espíritus se os sometan; alegraos de que vuestros nombres estén escritos en los cielos.»

El Evangelio revelado a los sencillos. El Padre y el Hijo.

²¹ En aquel momento, se llenó de gozo Jesús en el Espíritu Santo y dijo: «Yo te

1 Tm 5 18

‖Mt 10 7s
Mt 3 2+

‖Mt 11
21-24

Is 14 13.15

‖Mt 10 40
‖Mc 9 37
=Lc 9 48
‖Jn 13 20

1 14+
Mt 8 29+
Hch 3 16+
Jn 12 31-32
Ap 12 9
Sal 91 13

Mc 16 18

Ap 20 12+

‖Mt 11
25-27

1 14+
4 1+

bendigo, Padre, Señor del cielo y de la tierra, porque has ocultado estas cosas a sabios e inteligentes y se las has revelado a ingenuos. Sí, Padre, pues tal ha sido tu beneplácito. ²² *Mi Padre me lo ha entregado todo, y nadie conoce quién es el Hijo sino el Padre; y quién es el Padre sino el Hijo y aquel a quien el Hijo se lo quiera revelar.»

Privilegio de los discípulos.

²³ Volviéndose a los discípulos, les dijo aparte: «¡Dichosos los ojos que ven lo que veis! ²⁴ Porque os digo que muchos profetas y reyes quisieron ver lo que vosotros veis, pero no lo vieron, y oír lo que vosotros oís, pero no lo oyeron*.»

El gran mandamiento.

²⁵ Se levantó un legista y dijo, para ponerle a prueba: «Maestro, ¿qué he de hacer para tener en herencia vida eterna?» ²⁶ Él le dijo: «¿Qué está escrito en la Ley? ¿Cómo lees?» ²⁷ Respondió: «*Amarás al Señor tu Dios con todo tu corazón, con toda tu alma, con todas tus fuerzas y con toda tu mente; y a tu prójimo como a ti mismo.*» ²⁸ Díjole entonces: «Bien has respondido. Haz eso y vivirás.»

Parábola del buen samaritano.

²⁹ Pero él, queriendo justificarse*, dijo a Jesús: «Y ¿quién es mi prójimo?» ³⁰ Jesús respondió: «Bajaba un hombre de Jerusalén a Jericó y cayó en manos de salteadores que, después de despojarle y darle una paliza, se fueron, dejándole medio muerto. ³¹ Casualmente, bajaba por aquel camino un sacerdote y, al verle, dio un rodeo. ³² De igual modo, un levita que pasaba por aquel sitio le vio y dio un rodeo. ³³ Pero un samaritano* que iba de camino llegó junto a él, y al verle tuvo compasión. ³⁴ Acercándose, vendó sus heridas, echando en ellas aceite y vino; y le montó luego sobre su propia cabalgadura, le llevó a una posada y cuidó de él. ³⁵ Al día siguiente, sacó dos denarios y se los dio al posadero, diciendo: 'Cuida de él y, si gastas algo más, te lo pagaré cuando vuelva.' ³⁶ ¿Quién de estos

8 10

‖Mt 13
16-17

‖Mt 22
34-40
‖Mc 12
28-31

Dt 6 5

Lv 19 18

Lv 18 5

2 Cr 28 15

---

10 6 Hebraísmo: alguien que sea digno de la «paz», es decir, del conjunto de bienes temporales y espirituales que este saludo desea. Ver Jn 14 27.
10 22 Adic.: «Y volviéndose a los discípulos, dijo».
10 24 San Pablo ha insistido enérgicamente en los largos silencios que han rodeado al «Misterio»: Rm 16

25+. Ver también 1 P 1 11-12.
10 29 Por la pregunta que había hecho.
10 33 Por una parte, los que más obligados se hallaban en Israel a observar la ley de la caridad, y por otra, el extranjero y hereje, Jn 8 48; ver Lc 9 53+, de quien normalmente no se podía esperar más que odio.

tres te parece que fue prójimo del que cayó en manos de los salteadores?» ³⁷ Él dijo: «El que practicó la misericordia con él.» Díjole Jesús: «Vete y haz tú lo mismo.»

Marta y María*.

³⁸ Yendo ellos de camino, entró en un pueblo; y una mujer, llamada Marta, le recibió en su casa. ³⁹ Tenía ella una hermana llamada María, que, sentada a los pies del Señor, escuchaba su palabra, ⁴⁰ mientras Marta estaba atareada en muchos quehaceres. Al fin, se paró y dijo: «Señor, ¿no te importa que mi hermana me deje sola en el trabajo? Dile, pues, que me ayude.» ⁴¹ Le respondió el Señor: «Marta, Marta, te preocupas y te agitas por muchas cosas; ⁴² y hay necesidad de pocas, o mejor, de una sola*. María ha elegido la mejor parte, que no le será quitada.»

El Padre Nuestro.

11 ¹ Estaba él orando en cierto lugar y cuando terminó, le dijo uno de sus discípulos: «Señor, enséñanos a orar, como enseñó Juan a sus discípulos.» ² Él les dijo: «Cuando oréis, decid*:

Padre, santificado sea tu Nombre,
venga tu Reino,
³ danos cada día nuestro pan cotidiano*,
⁴ y perdónanos nuestros pecados*,
porque también nosotros perdonamos a todo el que nos debe,
y no nos dejes caer en tentación.»

El amigo inoportuno.

⁵ Les dijo también: «Si uno de vosotros tiene un amigo y, acudiendo a él a medianoche, le dice: 'Amigo, préstame tres panes, ⁶ porque ha llegado de viaje a mi casa un amigo mío y no tengo qué ofrecerle', ⁷ y aquél, desde dentro, le responde: 'No me molestes; la puerta ya está cerra-

da, y mis hijos y yo estamos acostados; no puedo levantarme a dártelos', ⁸ os aseguro que si no se levanta a dárselos por ser su amigo, se levantará para que deje de molestarle y le dará cuanto necesite.

Eficacia de la oración.

⁹ «Yo os digo: Pedid y se os dará; buscad y hallaréis; llamad y se os abrirá. ¹⁰ Porque todo el que pide, recibe; el que busca, halla; y al que llama, se le abrirán. ¹¹ ¿Qué padre hay entre vosotros que, si su hijo le pide un pez, en lugar de un pez le da una culebra*; ¹² o, si pide un huevo, le da un escorpión? ¹³ Si, pues, vosotros, aun siendo malos, sabéis dar cosas buenas a vuestros hijos, ¡cuánto más el Padre del cielo dará el Espíritu Santo* a los que se lo pidan!»

Jesús y Beelzebul.

¹⁴ Estaba expulsando un demonio que era mudo. Apenas salió el demonio, rompió a hablar el mudo y la gente se admiró. ¹⁵ Pero algunos de ellos dijeron: «Por Beelzebul, príncipe de los demonios, expulsa los demonios.» ¹⁶ Otros, para ponerle a prueba, le pedían un signo del cielo. ¹⁷ Pero él, conociendo sus intenciones, les dijo: «Todo reino dividido contra sí mismo queda asolado y una casa se desploma sobre la otra. ¹⁸ Si, pues, también Satanás está dividido contra sí mismo, ¿cómo va a subsistir su reino?... porque decís que yo expulso los demonios por Beelzebul*. ¹⁹ Si yo expulso los demonios por Beelzebul, ¿por quién los expulsan vuestros hijos? Por eso, ellos serán vuestros jueces. ²⁰ Pero si por el dedo de Dios* expulso yo los demonios, es que ha llegado a vosotros el Reino de Dios. ²¹ Cuando uno fuerte y bien armado custodia su palacio, sus bienes están en seguro; ²² pero si llega uno más fuerte que él y le vence, le quita las armas en las que estaba confiado y reparte sus despojos.

Marginal references (left column): 8 35+; 1 Co 7 35; 8 3; Mt 6 33; Jn 6 27; 3 21+; ‖Mt 6 9-13; 18 1-8

Marginal references (right column): ‖Mt 7 7-11; Jn 14 13-14+; Jn 14 13-16; ‖Mt 12 22-29; ‖Mc 3 22-2·; ‖Mt 16 1; ‖Mc 8 11; =Lc 11 29; Ex 8 15; Mt 12 28; 8 29+; Mt 4 17+; Lc 17 21; Is 49 25; 53 12

---

10 38 Encontramos a ambas hermanas con los mismos rasgos de carácter en el relato de la resurrección de Lázaro, Jn 11 1-44.

10 42 Var.: «y hay necesidad de una sola cosa», «y hay necesidad de pocas cosas», lecturas que mutilan el texto y alteran el sentido. —Jesús pasa de la perspectiva de la comida («hay necesidad de pocas») a la de la única necesaria.

11 2 El texto de Mt contiene siete peticiones, el de Lc solamente cinco. Ver Mt 6 9+.

11 3 Var. (que quizá tenga su origen en la liturgia bautismal): «que tu Espíritu Santo venga sobre nosotros y nos purifique».

11 4 Lc interpreta con exactitud las «deudas» de Mt, conservando con todo en el verso siguiente («a todo el que nos debe») el aspecto jurídico de Mt. Para «tentación», ver la nota a Mt 6 13 (a).

11 11 Adic.: «pan, le da una piedra». Adecuación a Mt 7 9.

11 13 En lugar de «cosas buenas» de Mt 7 11. El Espíritu Santo es la «cosa buena» por excelencia.

11 18 Var.: «Beezebul» y «beelzebub».

11 20 Sobre la expresión, ver Ex 8 15 y Sal 8 4. La comparación de este pasaje con el paralelo Mt 12 28 es la que ha llevado a dar al Espíritu Santo la apelación de «Digitus paternae dexterae».

‖Mt 12 30

Lc 9 50

Intransigencia de Jesús.

²³ «El que no está conmigo, está contra mí; y el que no recoge conmigo, desparrama.

‖Mt 12
43-45

Estrategia de Satanás.

²⁴ «Cuando el espíritu inmundo sale del hombre, anda vagando por lugares áridos, en busca de reposo; y, al no encontrarlo, dice: 'Me volveré a mi casa, de donde salí.' ²⁵ Y, al llegar, la encuentra barrida y en orden. ²⁶ Entonces va y toma otros siete espíritus peores que él; entran y se instalan allí, y el final de aquel hombre viene a ser peor que el principio.»

La verdadera dicha.

4 15+
8 21
Dt 30 14
Jn 13 17;
14 23
St 1 25
Ap 1 3

²⁷ Estaba él diciendo estas cosas cuando alzó la voz una mujer de entre la gente y dijo: «¡Dichoso el seno que te llevó y los pechos que te criaron!» ²⁸ Pero él dijo: «Dichosos más bien los que oyen la palabra de Dios y la guardan.»

‖Mt 12
38-42

El signo de Jonás.

Jn 6 30-31

²⁹ Habiéndose reunido la gente, comenzó a decir: «Esta generación es una generación malvada; pide un signo*, pero no se le dará otro signo que el signo de Jonás. ³⁰ Porque así como Jonás fue signo para los ninivitas, así lo será el Hijo del hombre para esta generación*.

1 R 10 1-10

³¹ La reina del Mediodía se levantará en el Juicio con los hombres de esta generación y los condenará; porque ella vino de los confines de la tierra a oír la sabiduría de Salomón, y aquí hay algo más que Salomón.

Jn 6 35+

³² Los ninivitas se levantarán en el Juicio con esta generación y la condenarán; porque ellos se convirtie-

Jon 3

ron por la predicación de Jonás, y aquí hay algo más que Jonás.

Dos «logia» sobre la lámpara.

‖Mt 5 15
‖Mc 4 21
=Lc 8 16

³³ «Nadie enciende una lámpara y la pone en sitio oculto, ni bajo el celemín,

sino sobre el candelero, para que los que entren vean el resplandor. ³⁴ Tu ojo es la lámpara de tu cuerpo. Cuando tu ojo está sano, todo tu cuerpo está iluminado; pero cuando está malo, también tu cuerpo está a oscuras. ³⁵ Mira, pues, que la luz que hay en ti no sea oscuridad. ³⁶ Si, pues, tu cuerpo está enteramente iluminado, sin parte alguna oscura, estará tan enteramente luminoso, como cuando la lámpara te ilumina con su fulgor*.»

‖Mt 6 22-23

Contra los fariseos y legistas.

7 36; 14 1

³⁷ Cuando terminó de hablar, un fariseo le rogó que fuera a comer con él; entró, pues, y se puso a la mesa. ³⁸ El fariseo se quedó admirado viendo que había omitido las abluciones antes de comer.

Mt 15 2
Mc 7 2.5

³⁹ Pero el Señor le dijo*: «¡Bien! Vosotros, los fariseos, purificáis por fuera la copa y el plato, mientras por dentro estáis llenos de rapiña y maldad. ⁴⁰ ¡Insensatos! El que hizo el exterior, ¿no hizo también el interior? ⁴¹ Dad más bien en

‖Mt 23
25-26

limosna lo que tenéis* y entonces todo será puro para vosotros. ⁴² Pero, ¡ay de vosotros, los fariseos, que pagáis el diezmo de la menta, de la ruda y de toda hortaliza, y dejáis a un lado la justicia y el amor a Dios! Esto es lo que había que practicar, aunque sin omitir aquello.

12 33+

‖Mt 23 23

⁴³ ¡Ay de vosotros, los fariseos, que amáis el primer asiento en las sinagogas y que se os salude en las plazas! ⁴⁴ ¡Ay de vosotros, pues sois como los sepulcros que no se ven, sobre los que andan los hombres sin saberlo*!»

‖Mt 23 6-7
‖Mc 12
38-39
=Lc 20 46
‖Mt 23 27

⁴⁵ Uno de los legistas le respondió: «¡Maestro, diciendo estas cosas también nos injurias a nosotros!» ⁴⁶ Pero él dijo: «¡Ay también de vosotros, los legistas, que imponéis a los hombres cargas intolerables, y vosotros no las tocáis ni con uno de vuestros dedos!

‖Mt 23 4
Mt 11 28

⁴⁷ ¡Ay de vosotros, porque edificáis los sepulcros de los profetas que vuestros padres mataron! ⁴⁸ Por tanto, sois testigos y estáis de acuerdo con las obras de

‖Mt 23
29-31

---

11 29 Es decir, un milagro que exprese y justifique la autoridad de Jesús, ver Jn 2 11+; Lc 1 18+. Ver Mt 8 3+.

11 30 Esta interpretación del «signo de Jonás» no es tan probable como la de Mt 12 40, ver Mt 12 39+. Por lo demás no es más que el resultado de la agrupación artificial de *logia* primitivamente distintos: Lc 11 29p; Mt 12 38-39 y Lc 11 30-32p; Mt 12 41-42.

11 36 El texto de los vv. 35-36, de trasmisión confusa, está, sin duda, viciado. Con todo, el sentido del conjunto to *logion* está claro: el mensaje que Jesús dirige a

todos, por todos puede ser comprendido; basta para ello tener la inteligencia sana, es decir, desprovista de todo prejuicio egoísta, ver Jn 3 19-21.

11 39 Lucas, que aquí depende de una fuente común con Mt, volverá sobre el mismo tema en 20 45-47, dependiente de Mc. Mt ha combinado ambas fuentes en un solo discurso (23). Ver Lc 10 1+; 17 22+.

11 41 Texto de difícil interpretación. También se traduce: «lo que está dentro».

11 44 Contrayendo con ello una impureza ritual, Nm 19 16.

vuestros padres; porque ellos los mataron y vosotros erigís monumentos*.

 **Mt 23
34-36**

⁴⁹ «Por eso dijo la Sabiduría de Dios*: Les enviaré profetas y apóstoles; a algunos los matarán y perseguirán, ⁵⁰ para que se pidan a esta generación cuentas de la sangre de todos los profetas derramada desde la creación del mundo, ⁵¹ desde la sangre de Abel hasta la sangre de Zacarías, el que pereció entre el altar y el Santuario. Sí, os aseguro que se pedirán cuentas a esta generación.

Mt 23 13

⁵² «¡Ay de vosotros, los legistas, que os habéis llevado la llave de la ciencia! No entrasteis vosotros, y a los que están entrando se lo habéis impedido.»

⁵³ Y cuando salió de allí, comenzaron los escribas y fariseos a acosarle implacablemente* y a hacerle hablar de muchas cosas, ⁵⁴ buscando, con insidias, cazar alguna palabra de su boca.

Hablar francamente y sin temor.

**Mt 16 6.12
Mc 8 15**

**Mt 10
26-27
Mc 4 22
=Lc 8 17**

12 ¹ En esto, habiéndose reunido miles y miles de personas, hasta pisarse unos a otros, se puso a decir primeramente a sus discípulos*: «Guardaos de la levadura de los fariseos, que es la hipocresía. ² Nada hay encubierto que no haya de ser descubierto ni oculto que no haya de saberse. ³ Porque cuanto dijisteis en la oscuridad será oído a la luz, y lo que hablasteis al oído en las habitaciones privadas será proclamado desde los terrados.

**Jn 15 15
Mt 10
28-31**

⁴ «Os digo a vosotros, amigos míos: No temáis a los que matan el cuerpo, y después de esto no pueden hacer más. ⁵ Os mostraré a quién debéis temer: temed a Aquel que, después de matar, tiene poder para arrojar a la gehenna; sí, os repito: temed a ése.

**St 4 12
Mt 3 12+;
18 9+**

⁶ «¿No se venden cinco pajarillos por dos ases? Pues bien, ni uno de ellos está olvidado ante Dios. ⁷ Hasta los cabellos de vuestra cabeza están todos contados. No temáis; valéis más que muchos pajarillos.

Mt 10 30-31

⁸ «Yo os digo: Por todo el que se declare por mí ante los hombres, también el Hijo del hombre se declarará por él ante los ángeles de Dios. ⁹ Pero el que me nie-

**Mt 10
32-33**

**Mc 8 38
=Lc 9 26**

gue delante de los hombres, será negado delante de los ángeles de Dios.

**Mt 12 32
Mc 3 29**

¹⁰ «A todo el que diga una palabra contra el Hijo del hombre se le perdonará; pero al que blasfeme contra el Espíritu Santo no se le perdonará.

**Mt 10
17-20
Mc 13 11
=Lc 21
12-15
Jn 14 26+**

¹¹ «Cuando os lleven a las sinagogas, ante los magistrados y las autoridades, no os preocupéis de cómo o con qué os defenderéis, o qué diréis, ¹² porque el Espíritu Santo os enseñará en aquel mismo momento lo que conviene decir.»

No acumular riquezas.

¹³ Uno de la gente le dijo: «Maestro, di a mi hermano que reparta la herencia conmigo.» ¹⁴ Él le respondió: «¡Hombre! ¿Quién me ha constituido juez o repartidor entre vosotros?» ¹⁵ Y les dijo: «Mirad y guardaos de toda codicia, porque, aunque alguien posea abundantes riquezas, éstas no le garantizan la vida.»

¹⁶ Les dijo una parábola: «Los campos de cierto hombre rico dieron mucho fruto; ¹⁷ y pensaba entre sí, diciendo: '¿Qué haré, pues no tengo dónde almacenar mi cosecha?' ¹⁸ Y dijo: 'Voy a hacer esto: Voy a demoler mis graneros, edificaré otros más grandes, reuniré allí todo mi trigo y mis bienes ¹⁹ y diré a mi alma: Alma, tienes muchos bienes en reserva para muchos años. Descansa, come, bebe, banquetea.' ²⁰ Pero Dios le dijo: '¡Necio! Esta misma noche te reclamarán el alma; las cosas que preparaste, ¿para quién serán?' ²¹ Así es el que atesora riquezas para sí y no se enriquece en orden a Dios.»

**St 4 13-15
Pr 27 1**

**Si 11 19
1 Co 15 32
Qo 2 17-23
5 17; 6 2**

**Mt 6 19-21
Ap 3 17-18**

Abandono en la Providencia.

Mt 6 25-3

²² Dijo a sus discípulos: «Por eso os digo: No andéis preocupados por vuestra vida, qué comeréis, ni por vuestro cuerpo, con qué os vestiréis: ²³ porque la vida* vale más que el alimento y el cuerpo más que el vestido; ²⁴ fijaos en los cuervos: ni siembran, ni cosechan; no tienen bodega ni granero, pero Dios los alimenta. ¡Cuánto más valéis vosotros que las aves! ²⁵ Por lo demás, ¿quién de vosotros puede, por más que se preocupe, añadir un codo a la medida de su vida? ²⁶ Si, pues, no sois capaces ni de lo

---

11 48 Irónico. Construyendo sepulcros para los profetas, los legistas creen reparar las faltas de sus padres. Pero conservan las mismas disposiciones que ellos.
11 49 Trátase aquí de los decretos divinos interpretados por Jesús.
11 53 La oposición de los enemigos de Jesús va cre-

ciendo: Lc, mejor que Mc, ha señalado sus etapas, 6 11; 11 53-54; 19 48; 20 19-20; 22 2.
12 1 O bien: «se puso a decir a sus discípulos: En primer lugar, guardaos de...».
12 23 Lit. «el alma» en sentido bíblico, como en el v. 19.

más pequeño, ¿por qué preocuparos de lo demás? [27] Fijaos en los lirios, cómo ni hilan ni tejen*. Pero yo os digo que ni Salomón en toda su gloria se vistió como uno de ellos. [28] Pues si a la hierba que hoy está en el campo y mañana se echa al horno, Dios así la viste ¡cuánto más a vosotros, hombres de poca fe! [29] Así, pues, vosotros no andéis buscando qué comer ni qué beber, y no estéis inquietos. [30] Que por todas esas cosas se afanan los gentiles del mundo; y ya sabe vuestro Padre que tenéis la necesidad de eso. [31] Buscad más bien su Reino y esas cosas se os darán por añadidura.

Jn 10;
21 15-17

[32] «No temas, pequeño rebaño, porque a vuestro Padre le ha parecido bien daros a vosotros el Reino.

Vender los bienes y hacer limosnas*.

Hch 4 34
Pr 13 7
‖Mt 6 20-21

[33] «Vended vuestros bienes y dad limosna. Haceos bolsas que no se deterioran, un tesoro inagotable en los cielos, donde no llega el ladrón, ni la polilla corroe; [34] porque donde esté vuestro tesoro, allí estará también vuestro corazón.

Estar preparados para cuando vuelva el Señor.

1 P 1 13
Ef 6 14
Mt 25 1-13

[35] «Tened ceñida la cintura y las lámparas encendidas, [36] y sed como hombres que esperan a que su señor vuelva de la boda, para que, en cuanto llegue y llame, al instante le abran. [37] Dichosos los siervos a quienes el señor, al venir, encuentre despiertos: yo os aseguro que se ceñirá, los hará ponerse a la mesa y, yendo de uno a otro, les servirá. [38] Que venga en la segunda vigilia o en la tercera, si los encuentra así, ¡dichosos ellos! [39] Entendedlo bien: si el dueño de casa supiese a qué hora iba a venir el ladrón, no dejaría que le horadasen su casa. [40] Estad también vosotros preparados, porque cuando menos lo penséis, vendrá el Hijo del hombre.»

22 27
Jn 13 4-5
‖Mc 13 35
‖Mt 24
43-44

[41] Dijo Pedro: «Señor, ¿dices esta parábola para nosotros o para todos?» [42] Respondió el Señor: «¿Quién es, pues,

el administrador* fiel y prudente a quien el señor pondrá al frente de su servidumbre para darles a su tiempo su ración conveniente? [43] Dichoso aquel siervo a quien su señor, al llegar, encuentre haciéndolo así. [44] De verdad os digo que le pondrá al frente de toda su hacienda. [45] Pero si aquel siervo se dice en su corazón: 'Mi señor tarda en venir', y se pone a golpear a los criados y a las criadas, a comer y a beber y a emborracharse, [46] vendrá el señor de aquel siervo el día que no espera y en el momento que no sabe, le castigará severamente y le señalará su suerte entre los infieles.

‖Mt 24
45-51
1 Co 4 1s

[47] «Aquel siervo que, conociendo la voluntad de su señor, no ha preparado nada ni ha obrado conforme a su voluntad, recibirá muchos azotes; [48] el que no la conoce y hace cosas que merecen azotes, recibirá pocos; a quien se le dio mucho, se le reclamará mucho; y a quien se confió mucho, se le pedirá más.

Jesús ante su Pasión.

[49] «He venido a arrojar un fuego* sobre la tierra y ¡cuánto desearía que ya hubiera prendido! [50] Con un bautismo tengo que ser bautizado y ¡qué angustiado estoy hasta que se cumpla!

Mt 3 11+

Mc 10 38+
Lc 9 22+

Jesús causa de disensión.

[51] «¿Creéis que estoy aquí para poner paz en la tierra? No, os lo aseguro, sino división. [52] Porque desde ahora habrá cinco en una casa y estarán divididos; tres contra dos, y dos contra tres; [53] estarán divididos el padre contra el hijo y el hijo contra el padre; la madre contra la hija y la hija contra la madre; la suegra contra la nuera y la nuera contra la suegra.»

‖Mt 10
34-36

2 34+

Mi 7 6

Las señales de los tiempos*.

[54] Decía también a la gente: «Cuando veis que una nube se levanta por occidente, al momento decís: 'Va a llover', y así sucede. [55] Y cuando sopla el sur, decís: 'Viene bochorno', y así sucede. [56] ¡Hipócritas! Sabéis explorar el aspecto de la

‖Mt 16 2-3

---

12 27 Var.: «no se fatigan ni hilan», ver Mt 6 28.
12 33 El peligro de las riquezas, con el consejo de deshacerse de ellas y de practicar la limosna, es un rasgo característico de la religión de Lucas: ver 3 11; 5 11.28; 6 30; 7 5; 11 41; 12 33-34; 14 13.33; 16 9; 18 22; 19 8; Hch 9 36; 10 2.4.31.
12 42 Se trata, pues, de un siervo constituido en autoridad sobre los demás siervos, lo que responde perfectamente a la pregunta de Pedro, en la que «nosotros» se refiere a los apóstoles.

12 49 Este fuego, evidentemente simbólico, puede revestir significaciones diferentes según los contextos: el Espíritu Santo, o también el fuego que purificará y abrasará los corazones, que debe encenderse en la cruz. El v. 50 favorecería esta última interpretación, pero los vv. 51-53 más bien sugerirían el estado de guerra espiritual que suscita la aparición de Jesús.
12 54 Los tiempos mesiánicos han llegado, y urge comprenderlo, porque el juicio está próximo, vv. 57-59.

tierra y del cielo, ¿cómo no exploráis, pues, este tiempo?

‖Mt 5 25-26 [57] «¿Por qué no juzgáis por vosotros mismos lo que es justo? [58] Cuando vayas con tu adversario al magistrado, procura en el camino arreglarte con él, no sea que te arrastre ante el juez, el juez te entregue al alguacil y el alguacil te meta en la cárcel. [59] Te digo que no saldrás de allí hasta que no hayas pagado el último céntimo*.»

Invitación a la penitencia.

13 [1] En aquel mismo momento llegaron algunos que le contaron lo de los galileos, cuya sangre había mezclado Pilato con la de sus sacrificios*. [2] Les respondió Jesús: «¿Pensáis que esos galileos eran más pecadores que todos los demás galileos, porque han padecido estas cosas? [3] No, os lo aseguro; y si no os convertís, todos pereceréis del mismo modo. [4] O aquellos dieciocho sobre los que se desplomó la torre de Siloé y los mató, ¿pensáis que eran más culpables que los demás hombres que habitaban en Jerusalén? [5] No, os lo aseguro; y si no os convertís, todos pereceréis del mismo modo.»

Jn 5 14

Jn 8 24

Parábola de la higuera estéril*.

Mt 21 19s [6] Les dijo esta parábola: «Un hombre tenía plantada una higuera en su viña, fue a buscar fruto en ella y no lo encontró. [7] Dijo entonces al viñador: 'Ya hace tres años* que vengo a buscar fruto en esta higuera y no lo encuentro. Córtala; ¿Para qué ha de ocupar el terreno estérilmente?' [8] Pero él le respondió: 'Señor, déjala por este año todavía y mientras tanto cavaré a su alrededor y echaré abono, [9] por si da fruto en adelante; y si no da, la cortas.'»

6 6-11;
14 1-6 ### Curación en sábado de la mujer encorvada.

[10] Estaba un sábado enseñando en una sinagoga. [11] Había allí una mujer a la que

un espíritu tenía enferma hacía dieciocho años; estaba encorvada y no podía en modo alguno enderezarse*. [12] Al verla, Jesús la llamó y le dijo: «Mujer, quedas libre de tu enfermedad.» [13] Y le impuso las manos. Y al instante se enderezó y glorificaba a Dios.

Mt 8 29+

4 40

2 20+

[14] Pero el jefe de la sinagoga, indignado de que Jesús hubiese hecho una curación en sábado*, decía a la gente: «Hay seis días en que se puede trabajar; venid, pues, esos días a curaros, y no en día de sábado.» [15] Replicóle el Señor: «¡Hipócritas! ¿No desatáis del pesebre todos vosotros en sábado a vuestro buey o vuestro asno para llevarlos a abrevar? [16] Y a ésta, que es hija de Abrahán, a la que ató Satanás hace ya dieciocho años, ¿no estaba bien desatarla de esta ligadura en día de sábado?» [17] Y cuando decía estas cosas, sus adversarios quedaban abochornados, mientras que toda la gente se alegraba con las maravillas que hacía.

Mt 12 11
Lc 14 5

Mt 8 29+

1 14+
4 15+

Parábola del grano de mostaza.

‖Mt 13
31-32
‖Mc 4 30-32 [18] Decía, pues: «¿A qué es semejante el Reino de Dios? ¿A qué lo compararé? [19] Es semejante a un grano de mostaza, que tomó un hombre y lo puso en su huerto; creció hasta hacerse árbol y las aves del cielo anidaron en sus ramas.»

Dn 4 9.18
Ez 17 23

Parábola de la levadura.

‖Mt 13 33 [20] Dijo también: «¿A qué compararé el Reino de Dios? [21] Es semejante a la levadura que tomó una mujer y la metió en tres medidas de harina hasta que todo fermentó.»

La puerta estrecha.
Reprobación de los judíos infieles y vocación de los gentiles*.

[22] Atravesaba ciudades y pueblos enseñando, mientras caminaba hacia Jerusalén. [23] Uno le dijo: «Señor, ¿son pocos los que se salvan?» Él les dijo: [24] «Luchad por entrar por la puerta es-

9 51+
2 38+

‖Mt 7 13-14

---

12 59 Lit.: «*lepton*», moneda griega de ínfimo valor. —En Mt 5 25-26 el *logion* recibía del contexto una aplicación social: cómo deben reconciliarse los hermanos de la comunidad y arreglar sus diferencias. En Lc tiene un alcance escatológico: el juicio de Dios está cerca, hay que apresurarse para estar dispuesto.
13 1 Episodio desconocido fuera de este texto, como ocurre también con el incidente mencionado en el v. 4. Su enseñanza es clara: los oyentes de Jesús han merecido por sus propios pecados una suerte semejante, que sin duda alguna sufrirán si no hacen penitencia.

13 6 El episodio de la higuera que se secó, Mt 21 18-22p, es un acto de severidad; Lucas ha preferido esta parábola de la paciencia.
13 7 Quizás alusión a la duración del ministerio de Jesús, tal como se deduce del cuarto evangelio.
13 11 O: «no podía levantar del todo la cabeza».
13 14 Ve en esta curación un «trabajo» prohibido por la Ley.
13 22 La fuente utilizada por Lc y Mt ha agrupado aquí algunos dichos que Mt ha repartido en otros lugares de su evangelio, ver 9 51+. La idea maestra de

trecha, porque, os digo, muchos pretenderán entrar y no podrán.

‖Mt 25 10-12

²⁵ «Cuando el dueño de la casa se levante y cierre la puerta, os pondréis los que estéis fuera a llamar a la puerta, diciendo: '¡Señor, ábrenos!' Y os responderá: 'No sé de dónde sois.' ²⁶ Entonces empezaréis a decir: 'Hemos comido y bebido contigo y has enseñado en nuestras plazas'. ²⁷ Pero os volverá a decir: 'No sé de dónde sois. ¡Retiraos de mí, todos los malhechores!'

‖Mt 7 22-23

Sal 6 9

‖Mt 8 12+

²⁸ «Allí será el llanto y el rechinar de dientes, cuando veáis a Abrahán, Isaac y Jacob y a todos los profetas en el Reino de Dios, mientras a vosotros os echan fuera. ²⁹ Y vendrán de oriente y occidente, del norte y del sur, y se pondrán a la mesa en el Reino de Dios.

Mt 19 30+; 20 16 ‖Mc 10 31

³⁰ «Pues hay últimos que serán primeros y hay primeros que serán últimos.»

Herodes el astuto.

³¹ En aquel mismo momento se acercaron algunos fariseos y le dijeron: «Sal y vete de aquí, porque Herodes* quiere matarte.» ³² Él les contestó: «Id a decir a ese zorro: Yo expulso demonios y llevo a cabo curaciones hoy y mañana, y al tercer día* soy consumado*. ³³ Pero conviene que hoy y mañana y pasado siga adelante, porque no cabe que un profeta perezca fuera de Jerusalén*.

Mt 16 14+ Lc 2 38+

Apóstrofe a Jerusalén.

‖Mt 23 37-39 19 41-44

³⁴ «¡Jerusalén, Jerusalén!, la que mata a los profetas y apedrea a los que le son enviados. ¡Cuántas veces he querido reunir a tus hijos, como una gallina su nidada bajo las alas, y no habéis querido! ³⁵ Pues bien, se os va a dejar desierta vuestra casa. Os digo que no me volveréis a ver hasta que llegue el día en que digáis:

Mt 23 39+

Sal 118 26

¡Bendito el que viene en nombre del Señor!»

Curación de un hidrópico en sábado.

6 6-11; 13 10-17 7 36; 11 37

14 ¹ Sucedió que un sábado fue a comer a casa de uno de los jefes de los fariseos. Ellos le estaban observando. ² Había allí, delante de él, un hombre hidrópico. ³ Entonces preguntó Jesús a los legistas y a los fariseos: «¿Es lícito curar en sábado, o no?» ⁴ Pero ellos se callaron. Entonces le tomó, le curó y le despidió. ⁵ Y a ellos les dijo «¿A quién de vosotros se le cae un hijo* o un buey a un pozo en día de sábado y no lo saca al momento?» ⁶ Y no pudieron replicar a esto.

Mc 3 4

Mt 8 3+ ‖Mt 12 11 Lc 13 15

Elección de asientos.

⁷ Notando cómo los invitados elegían los primeros puestos, les dijo una parábola: ⁸ «Cuando alguien te invite a una boda, no te pongas en el primer puesto, no sea que haya invitado a otro más distinguido que tú ⁹ y, viniendo el que os invitó a ti y a él, te diga: 'Deja el sitio a éste', y tengas que ir, avergonzado, a sentarte en el último puesto. ¹⁰ Al contrario, cuando te inviten, vete a sentarte en el último puesto, de manera que, cuando venga el que te invitó, te diga: 'Amigo, sube más arriba.' Y esto será un honor para ti delante de todos los que estén contigo a la mesa. ¹¹ Porque todo el que se ensalce, será humillado; y el que se humille, será ensalzado.»

Pr 25 6-7

‖Mt 23 12 =Lc 18 14

Elección de invitados.

¹² Dijo también al que le había invitado: «Cuando des una comida o una cena, no llames a tus amigos, ni a tus hermanos, ni a tus parientes, ni a tus vecinos ricos; no sea que ellos te inviten a su vez y tengas ya tu recompensa*. ¹³ Cuando des un banquete, llama a los pobres, a los lisiados, a los cojos, a los ciegos; ¹⁴ y serás dichoso, porque no te pueden corresponder, pues se te recompensará en la resurrección de los justos.»

12 33+

6 35

---

esta agrupación, respetada por Lc, parece haber sido el rechazo de Israel y la llamada de los gentiles a la salvación. A los primeros de nada les van a valer los lazos de raza con Jesús para evitar la exclusión merecida por su conducta, vv. 25-27; ver **3** 7-9p; Jn **8** 33s. Por eso, muchos no podrán encontrar la puerta de la salvación, vv. 23-24; de primeros pasarán a últimos, v. 30; ver Mt **20** 16, y verán cómo los gentiles ocupan el lugar de ellos en el banquete mesiánico, vv. 28-29.

13 31 Herodes Antipas, ver Lc **3** 1+. Quizá haya querido con esa amenaza desembarazarse de Jesús; a esta maniobra podría aludir el epíteto de «zorro».

13 32 (a) La expresión indica un lapso de tiempo bastante corto.

13 32 (b) Palabra rica de sentido, que incluye a la vez el fin y la consumación de Jesús, hecho «perfecto» por sus sufrimientos y su muerte, Hb **2** 10; **5** 9. Ver Jn **19** 30.

13 33 Es decir, a lo que parece: Mi tarea estará pronto acabada, pero todavía no lo está. Aún he de expulsar demonios y curar, y esto en el campo de Jerusalén, donde se ha de cumplir mi destino, ver **2** 38+. Asimismo en Jn **7** 30; **8** 20 (ver **8** 59; **10** 39; **11** 54), los enemigos de Jesús no pueden atentar contra su vida mientras «no haya llegado su hora».

14 5 «un hijo»; var.: «un asno».

14 14 O: «y te devuelvan lo equivalente».

Los invitados que se excusan.

Mt 8 11+

‖Mt 22 2-10

[15] Al oír esto, uno de los comensales le dijo: «¡Dichoso el que pueda comer en el Reino de Dios!» [16] Él le respondió: «Un hombre dio una gran cena y convidó a muchos; [17] a la hora de la cena envió a su siervo a decir a los invitados: 'Venid, que ya está todo preparado.' [18] Pero todos a una empezaron a excusarse. El primero le dijo: 'He comprado un campo y tengo que ir a verlo; te ruego me dispenses.' [19] Y otro dijo: 'He comprado cinco yuntas de bueyes y voy a probarlas; te ruego me dispenses.' [20] Otro dijo: 'Me acabo de casar, y por eso no puedo ir.'

[21] «Regresó el siervo y se lo contó a su señor. Entonces, el dueño de la casa, airado, dijo a su siervo: 'Sal en seguida a las plazas y calles de la ciudad, y haz entrar aquí a los pobres y lisiados, a ciegos y cojos*.' [22] Dijo el siervo: 'Señor, se ha hecho lo que mandaste, y todavía hay sitio.' [23] Dijo el señor al siervo: 'Sal a los caminos y cercas*, y obliga a entrar hasta que se llene mi casa.' [24] Porque os digo que ninguno de aquellos invitados probará mi cena.»

Renuncia a todo lo que se ama.

Mt 10 37;
19 29

‖Mt 10 38;
16 24
‖Mc 8 34
=Lc 9 23
Jn 12 26

[25] Caminaba con él mucha gente y, volviéndose, les dijo: [26] «Si alguno viene junto a mí y no odia* a su padre, a su madre, a su mujer*, a sus hijos, a sus hermanos, a sus hermanas y hasta su propia vida, no puede ser discípulo mío. [27] El que no lleve su cruz y venga en pos de mí, no puede ser discípulo mío.

Renuncia a los bienes.

[28] «Porque ¿quién de vosotros, que quiere edificar una torre, no se sienta primero a calcular los gastos y ver si tiene para acabarla? [29] No sea que, habiendo puesto los cimientos y no pudiendo terminar, todos los que lo vean se pongan a burlarse de él, diciendo: [30] 'Éste comenzó a edificar y no pudo terminar.' [31] O ¿qué rey, antes de salir contra otro rey, no se sienta a deliberar si con diez mil puede salir al paso del que viene contra él con veinte mil? [32] Y si no, cuando el otro está todavía lejos, envía una embajada para pedir condiciones de paz. [33] Pues, de igual manera, cualquiera de vosotros que no renuncie a todos sus bienes no puede ser discípulo mío*.

12 33+

No perder la eficacia.

‖Mt 5 13
‖Mc 9 50

[34] «Buena es la sal; mas si también la sal se torna insípida, ¿con qué se la sazonará? [35] No es útil ni para la tierra ni para el estercolero; la tiran fuera. El que tenga oídos para oír, que oiga.»

Las tres parábolas de la misericordia*.

Ex 34 6+;
Os 11 8-9;
2 21+
Lc 6 36

15 [1] Todos los publicanos y los pecadores se acercaban a él para oírle. [2] Los fariseos y los escribas murmuraban, diciendo: «Éste acoge a los pecadores y come con ellos.» [3] Entonces les dijo esta parábola:

Mt 9 10-13

La oveja perdida.

‖Mt 18
12-14
Ez 34+

Ez 34 4.16

[4] «¿Quién de vosotros que tiene cien ovejas, si pierde una de ellas, no deja las noventa y nueve en el desierto y va a buscar la que se perdió, hasta que la encuentra? [5] Cuando la encuentra, se la pone muy contento sobre los hombros [6] y, llegando a casa, convoca a los amigos y vecinos y les dice: 'Alegraos conmigo, porque he hallado la oveja que se me había perdido.' [7] Os digo que, de igual modo, habrá más alegría en el cielo por un solo pecador que se convierta que por noventa y nueve justos que no tengan necesidad de conversión.

19 10

1 14+

La dracma perdida.

[8] «O, ¿qué mujer que tiene diez dracmas, si pierde una, no enciende una lám-

---

14 21 En los escritos de Qumrán estos enfermos estaban excluidos del combate escatológico y del banquete que le seguía.
14 23 Después de «las plazas y las calles de la ciudad» del v. 21, «los caminos y cercas» del v. 23 parecen estar fuera de la ciudad. Se presentan dos categorías diferentes: por una parte, los pobres y los «impuros» en Israel; por otra, los gentiles. La «obligación» impuesta a esos pobres y minusválidos quiere solamente expresar el triunfo de la gracia sobre su falta de preparación, y no una violación de su conciencia. Es conocido el abuso que se ha hecho a través de la historia de este *compelle intrare* (= «obliga a entrar»).
14 26 (a) Hebraísmo. Jesús no pide odio, sino desprendimiento completo e inmediato, ver 9 57-62.

14 26 (b) «su mujer» propio de Lc, que expresa con ello su tendencia ascética, ver 1 Co 7. Igualmente 18 29.
14 33 Lucas no parece establecer distinción entre los discípulos. La advertencia es aplicable a todos. Ver Mc 1 17+.
15 Lc tiene varias parábolas bastante desarrolladas que son exclusivas del tercer evangelio. Las parábolas de Mc se refieren sobre todo a la naturaleza y la venida del reino. Las que son propias de Mt conciernen en gran parte bien al juicio final, bien a las relaciones fraternas dentro de la comunidad. Las parábolas de Lc se ocupan de los individuos y de la moral personal; en el primer plano de ellas hay a menudo un antagonista cuyo soliloquio resulta ser lo que determina el relato, ver 12 17; 15 17; 16 3.24; 18 4.11.

para y barre la casa y busca cuidadosamente hasta que la encuentra? ⁹ Y cuando la encuentra, convoca a las amigas y vecinas y les dice: 'Alegraos conmigo, porque he hallado la dracma que había perdido.' ¹⁰ Pues os digo que, del mismo modo, hay alegría entre los ángeles de Dios por un solo pecador que se convierta.»

El hijo perdido y el hijo fiel: «El hijo pródigo.»

¹¹ Dijo: «Un hombre tenía dos hijos. ¹² El menor de ellos dijo al padre: 'Padre, dame la parte de la hacienda que me corresponde.' Y él les repartió la hacienda. ¹³ Pocos días después, el hijo menor lo reunió todo y se marchó a un país lejano, donde malgastó su hacienda viviendo como un libertino.

¹⁴ «Cuando se lo había gastado todo, sobrevino un hambre extrema en aquel país y comenzó a pasar necesidad. ¹⁵ Entonces fue y se ajustó con uno de los ciudadanos de aquel país, que le envió a sus fincas a apacentar puercos. ¹⁶ Y deseaba llenar su vientre con las algarrobas que comían los puercos, pues nadie le daba nada*. ¹⁷ Y entrando en sí mismo, dijo: ¡Cuántos jornaleros de mi padre tienen pan en abundancia, mientras que yo aquí me muero de hambre! ¹⁸ Me levantaré, iré a mi padre y le diré: Padre, pequé contra el cielo y ante ti. ¹⁹ Ya no merezco ser llamado hijo tuyo, trátame como a uno de tus jornaleros.' ²⁰ Y, levantándose, partió hacia su padre.

«Estando él todavía lejos, le vio su padre y, conmovido, corrió, se echó a su cuello y le besó efusivamente. ²¹ El hijo le dijo: 'Padre, pequé contra el cielo y ante ti; ya no merezco ser llamado hijo tuyo*.' ²² Pero el padre dijo a sus siervos: 'Daos prisa; traed el mejor vestido y vestidle, ponedle un anillo en la mano y unas sandalias en los pies. ²³ Traed el novillo cebado, matadlo, y comamos y celebremos una fiesta, ²⁴ porque este hijo mío había muerto y ha vuelto a la vida; se había perdido y ha sido hallado.' Y comenzaron la fiesta.

²⁵ «Su hijo mayor* estaba en el campo y, al volver, cuando se acercó a la casa, oyó la música y las danzas; ²⁶ y, llamando a uno de los criados, le preguntó qué era aquello. ²⁷ Él le dijo: 'Ha vuelto tu hermano y tu padre ha matado el novillo cebado, porque le ha recobrado sano.' ²⁸ Él se irritó y no quería entrar. Salió su padre y le rogaba. ²⁹ Pero él replicó a su padre: 'Hace tantos años que te sirvo, y jamás dejé de cumplir una orden tuya, pero nunca me has dado un cabrito para tener una fiesta con mis amigos; ³⁰ y ¡ahora que ha venido ese hijo tuyo, que ha devorado tu hacienda con prostitutas, has matado para él el novillo cebado!'

³¹ «Pero él le dijo: 'Hijo tú siempre estás conmigo, y todo lo mío es tuyo; ³² pero convenía celebrar una fiesta y alegrarse, porque este hermano tuyo había muerto y ha vuelto a la vida, se había perdido y ha sido hallado.'»

El administrador infiel.

16 *¹ Decía también a sus discípulos: «Había un hombre rico que tenía un administrador a quien acusaron ante él de malbaratar su hacienda. ² Le llamó y le dijo: ¿Qué oigo decir de ti? Dame cuenta de tu administración, porque ya no seguirás en el cargo.' ³ Se dijo entre sí el administrador: '¿Qué haré ahora que mi señor me quita la administración? Cavar, no puedo; mendigar, me da vergüenza. ⁴ Ya sé lo que voy a hacer, para que cuando sea destituido del cargo me reciban en sus casas.'

⁵ «Y llamando uno por uno a los deudores de su señor, dijo al primero: '¿Cuánto debes a mi señor?' ⁵ Respondió: 'Cien medidas de aceite.' Él le dijo: 'Toma tu recibo, siéntate en seguida y escribe cincuenta.' ⁷ Después dijo a otro: 'Tú, ¿cuánto debes?' Contestó: 'Cien cargas de trigo.' Dícele: 'Toma tu recibo y escribe ochenta.'

⁸ «El señor alabó al administrador injusto porque había obrado con sagacidad*, pues los hijos de este mundo son más sagaces con los de su clase que los hijos de la luz.

Is 55 7
Jr 3 12s

Is 49 14-16
Jr 31 20

Za 3 4

Jn 17 10
1 14+

Jn 8 12+

---

15 16 Lit.: «y nadie le daba».
15 21 Adic.: «trátame como a uno de tus jornaleros», ver v. 19.
15 25 A la actitud misericordiosa del padre, que simboliza la misericordia divina, se opone en el hijo mayor la actitud de los fariseos y de los escribas que se jactaban de ser «justos» porque no dejaban de cumplir ningún mandamiento de la Ley, v. 29; ver 18 9s.
16 1 Este cap. reúne dos parábolas y varios *logia* de

Jesús referentes al buen y mal uso de dinero. Los vv. 16-18, que se refieren a tres temas distintos, oscurecen la composición.
16 8 Según la costumbre entonces tolerada en Palestina, el mayordomo tenía derecho a autorizar préstamos de los bienes de su amo y, como no percibía sueldo, a resarcirse aumentando en el recibo la cantidad prestada, para que en el reembolso pudiera beneficiarse de la diferencia como de un excedente que representaba su inte-

Buen uso de las riquezas.

⁹ «Yo os digo: Haceos amigos con el dinero injusto*, para que, cuando llegue a faltar, os reciban en las eternas moradas. ¹⁰ El que es fiel en lo insignificante, lo es también en lo importante; y el que es injusto en lo insignificante, también lo es en lo importante. ¹¹ Si, pues, no fuisteis fieles en el dinero injusto, ¿quién os confiará lo verdadero? ¹² Y si no fuisteis fieles con lo ajeno*, ¿quién os dará lo vuestro*?

¹³ «Ningún criado puede servir a dos señores, porque aborrecerá a uno y amará al otro; o bien se dedicará a uno y desdeñará al otro. No podéis servir a Dios y al dinero.»

Contra los fariseos, amigos de las riquezas.

¹⁴ Estaban oyendo todas estas cosas los fariseos, que son amigos del dinero, y se burlaban de él. ¹⁵ Y les dijo: «Vosotros sois los que os las dais de justos delante de los hombres, pero Dios conoce vuestros corazones; porque lo que es estimable para los hombres, es abominable ante Dios.

Al asalto del Reino.

¹⁶ «La Ley y los profetas llegan hasta Juan; a partir de ahí comienza a anunciarse la Buena Nueva del Reino de Dios, y todos emplean la violencia frente a él.

Perennidad de la Ley.

¹⁷ «Más fácil es que el cielo y la tierra pasen que no que caiga un ápice de la Ley.

Indisolubilidad del matrimonio.

¹⁸ «Todo el que repudia a su mujer y se casa con otra comete adulterio; y el que se casa con una repudiada por su marido comete adulterio.

El rico malo y Lázaro el pobre*.

¹⁹ «Había un hombre rico que vestía de púrpura y lino, y celebraba todos los días espléndidas fiestas. ²⁰ Y uno pobre, llamado Lázaro, que, echado junto a su portal, cubierto de llagas, ²¹ deseaba hartarse de lo que caía de la mesa del rico*... pero hasta los perros venían y le lamían las llagas. ²² Sucedió, pues, que murió el pobre y los ángeles le llevaron al seno de Abrahán*. Murió también el rico y fue sepultado*.

²³ «Estando en el Hades entre tormentos, levantó los ojos y vio a lo lejos a Abrahán, y a Lázaro en su seno. ²⁴ Y, gritando, dijo: 'Padre Abrahán, ten compasión de mí y envía a Lázaro a que moje en agua la punta de su dedo y refresque mi lengua, porque estoy atormentado en esta llama.' ²⁵ Pero Abrahán le dijo: 'Hijo, recuerda que recibiste tus bienes durante tu vida y Lázaro, al contrario, sus males; ahora, pues, él es aquí consolado y tú atormentado. ²⁶ Y además, entre nosotros y vosotros se interpone un gran abismo*, de modo que los que quieran pasar de aquí a vosotros, no puedan hacerlo; ni de ahí puedan pasar hacia nosotros.'

²⁷ «Replicó: 'Pues entonces, te ruego, padre, que le envíes a la casa de mi padre, ²⁸ porque tengo cinco hermanos, para que les advierta y no vengan también ellos a este lugar de tormento.' ²⁹ Abrahán le dijo: 'Tienen a Moisés y a los profetas; que les oigan.' ³⁰ Él dijo: 'No, padre Abrahán, que si alguno de entre los muertos va a ellos, se convertirán.' ³¹ Le contestó: 'Si no oyen a Moisés y a los profetas, tampoco se convencerán aunque un muerto resucite.'»

Marginal references (left column):
12 33+;
6 24
Tb 4 9-10

‖Mt 25 21
‖Lc 19 17

‖Mt 6 24

Mt 6 1;
23 28
Lc 18 9
Jr 11 20

‖Mt 11
12-13

‖Mt 5 18

‖Mt 5 32;
19 9

Marginal references (right column):
6 24-25

24 44

Jn 5 46-47

---

rés. En el caso presente, sin duda no había prestado en realidad más que cincuenta medidas de aceite y ochenta cargas de trigo; al rebajar el recibo a su cantidad real, no hace más que privarse del beneficio ciertamente usurario, que había negociado. Su «injusticia», v. 8, no está, pues, en la reducción de recibos, que no es más que el sacrificio de sus intereses inmediatos, hábil maniobra que su amo puede alabar, igual más bien en las malversaciones anteriores que han motivado su despido, v. 1.
16 9 El vuestro, evidentemente. Se llama «injusto» al dinero no sólo porque quien lo posee lo ha adquirido con malas artes, sino también, de un modo más general, porque en el origen de casi todas las fortunas hay alguna injusticia.
16 12 (a) Es decir, con un bien exterior al hombre: la riqueza.

16 12 (b) «Lo vuestro»; var.: «lo nuestro». —Se trata de bienes espirituales, los cuales sí pueden pertenecer al hombre.
16 19 Historia-parábola, sin relación alguna con la historia.
16 21 Adic.: «pero nadie le daba», ver 15 16.
16 22 (a) Expresión judaica que responde a la antigua locución bíblica «reunirse con sus padres», es decir, con los patriarcas, Jc 2 10: ver Gn 15 15; 47 30; Dt 31 16. La imagen expresa la intimidad, Jn 1 18, y la proximidad con Abrahán en el banquete mesiánico, ver Jn 13 23; Mt 8 11+.
16 22 (b) Vulg.: «fue sepultado en el infierno».
16 26 El abismo simboliza la imposibilidad, tanto para los elegidos como para los condenados, de cambiar su destino.

Mt 18 6-7
‖Mc 9 42

El escándalo.

17 ¹ Dijo a sus discípulos: «Es imposible que no haya escándalos; pero, ¡ay de aquel por quien vienen! ² Más le vale que le pongan al cuello una piedra de molino y le arrojen al mar, que escandalizar a uno de estos pequeños. ³ Andad, pues, con cuidado.

‖Mt 18 15.
21-22

Corrección fraterna*.

«Si tu hermano peca, repréndele; y si se arrepiente, perdónale. ⁴ Y si peca contra ti siete veces al día, y siete veces se vuelve a ti, diciendo: 'Me arrepiento', le perdonarás.»

Mt 8 10+

Poder de la fe*.

⁵ Dijeron los apóstoles al Señor: «Auméntanos la fe.» ⁶ El Señor dijo: «Si tuvierais una fe como un grano de mostaza, habríais dicho a este sicómoro: 'Arráncate y plántate en el mar', y os habría obedecido*.»

‖Mt 17 20;
21 21
‖Mc 11 23

Servir con humildad.

⁷ «¿Quién de vosotros que tiene un siervo arando o pastoreando y, cuando regresa del campo, le dice: 'Pasa al momento y ponte a la mesa?' ⁸ ¿No le dirá más bien: 'Prepárame algo para cenar, y cíñete para servirme que yo haya comido y bebido comerás y beberás tú*?' ⁹ ¿Acaso tiene que dar las gracias al siervo porque hizo lo que le mandaron*? ¹⁰ De igual modo vosotros, cuando hayáis hecho todo lo que os mandaron, decid: No somos más que unos pobres siervos*; sólo hemos hecho lo que teníamos que hacer.»

Jb 22 3;
35 7

Los diez leprosos.

¹¹ De camino a Jerusalén, pasó por los confines entre Samaría y Galilea*. ¹² Al entrar en un pueblo, salieron a su encuentro diez hombres leprosos, que se pararon a distancia ¹³ y, levantando la voz, dijeron: «¡Jesús, Maestro, ten compasión de nosotros!» ¹⁴ Al verlos, les dijo: «Id y presentaos a los sacerdotes.» Y sucedió que, mientras iban, quedaron limpios. ¹⁵ Uno de ellos, viéndose curado, se volvió glorificando a Dios en alta voz, ¹⁶ y, postrándose rostro en tierra a los pies de Jesús, le daba gracias; y éste era un samaritano. ¹⁷ Tomó la palabra Jesús y dijo: «¿No quedaron limpios los diez? Los otros nueve, ¿dónde están? ¹⁸ ¿No ha habido quien volviera a dar gloria a Dios sino este extranjero?» ¹⁹ Y le dijo: «Levántate y vete; tu fe te ha salvado.»

9 51+

Lv 13 45-46

Mt 8 4
Mc 1 44
Lc 5 14
Lv 14 1-32

2 20+

9 53+;
10 33+

Mt 8 10+

La venida del Reino de Dios.

²⁰ Habiéndole preguntado los fariseos cuándo llegaría el Reino de Dios, les respondió: «La venida del Reino de Dios no se producirá aparatosamente, ²¹ ni se dirá: 'Vedlo aquí o allá', porque, mirad, el Reino de Dios ya está entre vosotros*.»

Mt 4 17+

Mt 3 2

El Día del Hijo del hombre*.

²² Dijo a sus discípulos: «Días vendrán en que desearéis ver uno solo de los días del Hijo del hombre*, y no lo veréis. ²³ Y os dirán: 'Vedlo aquí, vedlo allá.' No vayáis, ni corráis detrás. ²⁴ Porque, como relámpago fulgurante que brilla de un extremo a otro del cielo, así será el Hijo del hombre en su Día. ²⁵ Pero antes ten-

Mt 13 17+

Mt 8 20+
‖Mc 13 21
‖Mt 24 23.
26-27

9 22+

---

17 3 Parece que Lucas tiene presente una ofensa entre dos hermanos, mientras que en Mt se trata de una falta más general. Lucas omite el recurso a la comunidad.
17 5 Este conjunto sigue un razonamiento *a fortiori*. Si, con la poca fe que lamentáis, podéis conseguir lo impensable, con cuánta mayor razón podréis cumplir vuestra tarea de simples servidores, encontrando en ello toda vuestra satisfacción sin exigir garantías especiales del Señor.
17 6 Lc piensa no en la fe ideal que se debería tener (como en Mt y Mc), sino en la que realmente tienen los apóstoles.
17 8 Comparar con esta regla humana la paradoja evangélica, **12** 37; **22** 27; Jn 13 1-16.
17 9 La pregunta de Jesús permanece abierta, creando una ambigüedad que hace adivinar mucho más que un derecho al reconocimiento del Señor: su benevolencia ¿no se obtendría hasta no haber terminado la tarea? ¿o la acompaña desde el comienzo?
17 10 Mejor que «siervos inútiles»; el adjetivo califica la situación de los siervos y no sus disposiciones mo-

rales; ver 2 S 6 22 LXX.
17 11 Para llegar al valle del Jordán y bajar hasta Jericó, **18** 35, desde donde subirá a Jerusalén.
17 21 Como una realidad ya operante. También se traduce: «dentro de vosotros», lo que no parece estar directamente indicado en el contexto
17 22 (a) Este discurso es propio de Lc, que ha distinguido claramente en las predicciones de Jesús entre lo que se refiere a la ruina de Jerusalén, 21 6-24, y lo que concierne al retorno glorioso de Jesús al fin de los tiempos, **17** 22-37. —Algunos pasajes de este discurso se encuentran en el gran discurso escatológico de Mt 24 5-41, que ha combinado, aquí como en otras ocasiones, ver Lc 10 1+; 11 39+, dos fuentes que Lc ha mantenido separadas, ver Mt 24 1+. —«Día» es más bíblico («Día de Yahvé», ver Am 5 18+) que el término de Mt 24 3, «Parusía» (venida) que ha sido tomado del vocabulario helenístico. Ver 1 Co 1 8+.
17 22 (b) Los discípulos desearán no volver a ver uno de los días de su existencia terrestre, o contemplar el primer día de su manifestación gloriosa, sino gozar de uno solo de los días que la seguirán.

drá que padecer mucho y ser reprobado por esta generación.

‖Mt 24
37-39
Gn 6-8
26 «Como sucedió en los días de Noé, así será también en los días del Hijo del hombre*. 27 Comían, bebían, tomaban mujer o marido, hasta el día en que entró Noé en el arca; vino el diluvio y los hizo perecer a todos. 28 Lo mismo sucedió en los días de Lot: comían, bebían, compraban, vendían, plantaban, construían; 29 pero el día que salió Lot de Sodoma, llovió fuego y azufre del cielo que los hizo perecer a todos. 30 Así sucederá el Día en que el Hijo del hombre se manifieste.

Gn 19 1-29

‖Mt 24
17-18
‖Mc 13
15-16
Lc 21 21
Gn 19 26
‖Mt 10 39
Jn 12 25
Lc 9 24
31 «Aquel Día, el que esté en el terrado y tenga sus enseres en casa, no baje a recogerlos; y, de igual modo, el que esté en el campo, no se vuelva atrás. 32 Acordaos de la mujer de Lot. 33 Quien intente guardar su vida, la perderá; y quien la pierda, la conservará. 34 Yo os lo digo: aquella noche estarán dos en un mismo lecho: al uno tomarán y al otro le dejarán; 35 habrá dos mujeres moliendo juntas: a una la tomarán y a la otra la dejarán*.» [36]

‖Mt 24
40-41

‖Mt 24 28
37 Y le dijeron: «¿Dónde, Señor?» Él les respondió: «Donde esté el cuerpo, allí también se reunirán los buitres.»

11 5-8
El juez inicuo y la viuda importuna.

18 1 Les propuso una parábola para inculcarles que era preciso orar siempre sin desfallecer*: 2 «Había en una ciudad un juez que ni temía a Dios ni respetaba a los hombres. 3 Había en aquella misma ciudad una viuda que, acudiendo a él, le dijo: ¡Hazme justicia contra mi adversario!' 4 Durante mucho tiempo no quiso, pero después se dijo a sí mismo: 'Aunque no temo a Dios ni respeto a los hombres, 5 como esta viuda me causa molestias, le voy a hacer justicia para que deje de una vez de importunarme.'»

11 9+
1 Ts 5 17+

Ap 6 9-11

Si 35 19
6 Dijo, pues, el Señor: «Oíd lo que dice el juez injusto; 7 pues, ¿no hará Dios justicia a sus elegidos, que están clamando a él día y noche? ¿Les hará esperar*? 8 Os digo que les hará justicia pronto. Pero, cuando el Hijo del hombre venga, ¿encontrará la fe sobre la tierra?»

Mt 24 12
Mt 8 10+

El fariseo y el publicano.

16 15
Mt 6 1;
23 28
9 A algunos que se tenían por justos y despreciaban a los demás les dijo esta parábola: 10 «Dos hombres subieron al templo a orar; uno fariseo, otro publicano. 11 El fariseo, de pie, oraba en su interior de esta manera: '¡Oh Dios! Te doy gracias porque no soy como los demás hombres, rapaces, injustos, adúlteros, ni tampoco como este publicano. 12 Ayuno dos veces por semana, doy el diezmo de todas mis ganancias.' 13 En cambio el publicano, manteniéndose a distancia, no se atrevía ni a alzar los ojos al cielo, sino que se golpeaba el pecho, diciendo: '¡Oh Dios! ¡Ten compasión de mí, que soy pecador!' 14 Os digo que éste bajó a su casa justificado y aquél no. Porque todo el que se ensalce será humillado; y el que se humille será ensalzado.»

‖Mt 23 12
=Lc 14 11

Jesús y los niños*.

‖Mt 19
13-15
‖Mc 10
13-16
Lc 9 47
15 Le presentaban también los niños pequeños para que los tocara y, al verlo, los discípulos, les reñían. 16 Mas Jesús llamó a los niños, diciendo: «Dejad que los niños vengan a mí y no se lo impidáis; porque de los que son como éstos es el Reino de Dios. 17 Yo os aseguro: el que no reciba el Reino de Dios como niño, no entrará en él.»

El hombre rico.

‖Mt 19
16-22
‖Mc 10
17-22
Lc 10 25-2‹
18 Uno de los principales le preguntó: «Maestro bueno, ¿qué he de hacer para tener en herencia vida eterna?» 19 Le dijo Jesús: «¿Por qué me llamas bueno? Nadie es bueno, sino sólo Dios. 20 Ya sabes los mandamientos: *No cometas adulterio, no mates, no robes, no levantes falso testimonio, honra a tu padre y a tu madre.*» 21 Él dijo: «Todo eso lo he guardado desde mi juventud.» 22 Al oírlo, Jesús le dijo: «Aún te falta una cosa: vende todo cuanto tienes y repártelo entre los pobres, y tendrás un tesoro en los cielos; luego, ven y sígueme.» 23 Al oír esto, se puso muy triste, porque era muy rico.

Ex 20 12-1
Dt 5 16-20

12 33+

Peligro de las riquezas.

‖Mt 19
23-26
‖Mc 10
23-27
24 Al verlo, Jesús dijo: «¡Qué difícil es que los que tienen riquezas entren en el

---

17 26 En la época de su manifestación gloriosa.
17 35 Adic. v. 36: «Estarán dos en el campo: al uno tomarán y al otro dejarán», ver Mt **24** 40.
18 1 Idea y vocabulario paulinos: ver Rm 1 10; **12** 12; 1 Ts **5** 17+.
18 7 En Si **35** 18-19, donde parece inspirarse este versículo, se dice que Dios no tendrá paciencia ni tardará

en hacer justicia a los pobres oprimidos; aquí se dice que tiene paciencia. Quizá esta adaptación refleje el afán de explicar el retraso de la Parusía. Comparar una actitud parecida en 2 P **3** 9; Ap **6** 9-11.
18 15 Lucas se une aquí al relato de Mc, del que se separó en **9** 50. Ver **9** 51+.

Reino de Dios! ²⁵ Es más fácil que un camello entre por el ojo de una aguja que el que un rico entre en el Reino de Dios.» ²⁶ Los que lo oyeron, dijeron: «¿Y quién se podrá salvar?» ²⁷ Respondió: «Lo que es imposible para los hombres es posible para Dios.»

Recompensa prometida al desprendimiento.

²⁸ Dijo entonces Pedro: «Ya lo ves, nosotros hemos dejado nuestras cosas y te hemos seguido.» ²⁹ Él les dijo: «Yo os aseguro que nadie que haya dejado casa, mujer, hermanos, padres o hijos por el Reino de Dios, ³⁰ quedará sin recibir* mucho más al presente y vida eterna en el mundo venidero.»

Tercer anuncio de la Pasión.

³¹ Tomando consigo a los Doce, les dijo: «Mirad que subimos a Jerusalén, y se cumplirá todo lo que los profetas* escribieron sobre el Hijo del hombre: ³² le entregarán a los gentiles y será objeto de burlas, insultado y escupido; ³³ y después de azotarle le matarán; pero al tercer día resucitará.» ³⁴ Ellos no comprendieron nada de esto; no captaban el sentido de estas palabras y no entendían lo que decía.

El ciego de Jericó.

³⁵ Cuando se acercaba a Jericó, estaba un ciego sentado junto al camino pidiendo limosna; ³⁶ al oír que pasaba gente, preguntó qué era aquello. ³⁷ Le informaron que pasaba Jesús el Nazoreo ³⁸ y empezó a gritar, diciendo: «¡Jesús, Hijo de David, ten compasión de mí!» ³⁹ Los que iban delante le increpaban para que se callara, pero él gritaba mucho más: «¡Hijo de David, ten compasión de mí!» ⁴⁰ Jesús se detuvo, y mandó que se lo trajeran. Cuando se acercó, le preguntó: ⁴¹ «¿Qué quieres que te haga?» Él dijo:

«¡Señor, que vea!» ⁴² Jesús le dijo: «Recobra la vista. Tu fe te ha salvado.» ⁴³ Y al instante recobró la vista y le seguía glorificando a Dios. Y todo el pueblo, al verlo, alabó a Dios.

Zaqueo.

19 ¹ Entró en Jericó y cruzaba la ciudad. ² Había un hombre llamado Zaqueo, que era jefe de publicanos, y rico. ³ Trataba de ver quién era Jesús, pero no podía a causa de la gente, porque era de pequeña estatura. ⁴ Se adelantó corriendo y se subió a un sicómoro para verle, pues iba a pasar por allí. ⁵ Y cuando Jesús llegó a aquel sitio, alzando la vista, dijo: «Zaqueo, baja pronto; porque conviene que hoy me quede yo en tu casa.» ⁶ Se apresuró a bajar y le recibió con alegría. ⁷ Al verlo, todos murmuraban diciendo: «Ha ido a hospedarse a casa de un hombre pecador.» ⁸ Zaqueo, puesto en pie, dijo al Señor: «Daré, Señor, la mitad de mis bienes a los pobres; y si en algo defraudé a alguien, le devolveré cuatro veces más*.» ⁹ Jesús le dijo: «Hoy ha llegado la salvación a esta casa, porque también éste es hijo de Abrahán*, ¹⁰ pues el Hijo del hombre ha venido a buscar y salvar lo que estaba perdido.»

Parábola de las minas*.

¹¹ Mientras la gente escuchaba estas cosas, añadió una parábola, porque estaba él cerca de Jerusalén y creían ellos que el Reino de Dios aparecería de un momento a otro. ¹² Dijo, pues: «Un hombre noble marchó a un país lejano, para recibir la investidura real y volverse*. ¹³ Llamó a diez siervos suyos, les dio diez minas y les dijo: 'Negociad hasta que vuelva.' ¹⁴ Pero sus ciudadanos le odiaban y enviaron detrás de él una embajada que dijese: 'No queremos que ése reine sobre nosotros.'

¹⁵ «Cuando regresó, después de recibir la investidura real, mandó llamar a aquellos siervos suyos a los que había dado el dinero, para saber lo que había ganado cada uno. ¹⁶ Se presentó el primero y dijo: 'Señor, tu mina ha producido diez minas.' ¹⁷ Le respondió: '¡Muy bien, siervo bueno!; ya que has sido fiel en lo insignificante, toma el gobierno de diez ciudades.' ¹⁸ Vino el segundo y dijo: 'Tu mina, Señor, ha producido cinco minas.' ¹⁹ Dijo a éste: 'Ponte tú también al mando de cinco ciudades.'

²⁰ «Vino el otro y dijo: 'Señor, aquí tienes tu mina, que he tenido guardada en un lienzo; ²¹ pues tenía miedo de ti, que eres un hombre severo; que tomas lo que no pusiste y cosechas lo que no sembraste.' ²² Dícele: 'Por tu propia boca te juzgo, siervo malo; sabías que yo soy un hombre severo, que tomo lo que no puse y cosecho lo que no sembré; ²³ pues, ¿por qué no colocaste mi dinero en el banco? Y así, al volver yo, lo habría cobrado con los intereses.' ²⁴ Y dijo a los presentes: 'Quitadle la mina y dádsela al que tiene las diez minas.' ²⁵ Dijéronle: 'Señor, tiene ya diez minas.' ²⁶ —'Os digo que a todo el que tiene, se le dará; pero al que no tiene, aun lo que tiene se le quitará.'

²⁷ «'Y a esos enemigos míos, que no querían que yo reinara sobre ellos, traedlos aquí y matadlos delante de mí.'»

20 16

‖Mt 13 12
‖Mc 4 25
=Lc 8 18

Sal 2 9
Lc 20 16

V. Ministerio de Jesús en Jerusalén

Entrada mesiánica en Jerusalén.

‖Mt 21 1-11
‖Mc 11 1-11
‖Jn 12 12-16
Lc 9 51;
2 38+

²⁸ Y dicho esto, marchaba por delante, subiendo a Jerusalén. ²⁹ Al aproximarse a Betfagé y Betania, al pie del monte llamado de los Olivos, envió a dos de sus discípulos, ³⁰ diciendo: «Id al pueblo que está enfrente; al entrar, encontraréis un pollino atado, sobre el que no ha montado todavía ningún hombre; desatadlo y traedlo. ³¹ Y si alguien os pregunta: '¿Por qué lo desatáis?', diréis esto: 'Porque el Señor lo necesita.'» ³² Fueron, pues, los enviados y lo encontraron como les había dicho. ³³ Cuando desataban el pollino, les dijeron los dueños: «¿Por qué desatáis el pollino?» ³⁴ Ellos les contestaron: «Porque el Señor lo necesita.»

³⁵ Y lo trajeron a Jesús; y, echando sus mantos sobre el pollino, hicieron montar a Jesús. ³⁶ Mientras él avanzaba, extendían sus mantos por el camino. ³⁷ Cerca ya de la bajada del monte de los Olivos, toda la multitud de los discípulos, llenos de alegría, se pusieron a alabar a Dios a grandes voces por todos los milagros que habían visto.

1 14+
2 20+
4 15+
Jn 12 18

³⁸ Decían:

Sal 118 26

«¡Bendito el rey *que viene en nombre del Señor!*

2 14

Paz en el cielo
y gloria en las alturas.»

Jesús aprueba las aclamaciones de sus discípulos.

³⁹ Algunos de los fariseos que estaban entre la gente, le dijeron: «Maestro, reprende a tus discípulos.» ⁴⁰ Respondió: «Os digo que si éstos se callan gritarán las piedras.»

Mt 21 14-1◄

Ha 2 11

Lamentación sobre Jerusalén.

⁴¹ Al acercarse y ver la ciudad, lloró por ella, ⁴² diciendo: «¡Si también tú conocieras en este día el mensaje de paz*! Pero ahora ha quedado oculto a tus ojos. ⁴³ Porque vendrán días sobre ti en que tus enemigos te rodearán de empalizadas, te cercarán y te apretarán por todas partes, ⁴⁴ te estrellarán contra el suelo a ti y a tus hijos que estén dentro de ti y no dejarán en ti piedra sobre piedra, porque no has conocido el tiempo de tu visita*.»

13 34-35

12 54-56
1 68

Expulsión de los vendedores del Templo.

⁴⁵ Entró en el Templo y comenzó a echar fuera a los que vendían, ⁴⁶ diciéndoles: «Está escrito: *Mi Casa será Casa de oración. ¡Pero vosotros la habéis hecho una cueva de bandidos!»*

‖Mt 21 12-13
‖Mc 11 15-17
‖Jn 2 14-1

Is 56 7

Jr 7 11

---

19 42 Se trata de la paz mesiánica, ver Is 11 6+; Os 2 20+.
19 44 Este oráculo, tejido todo él de reminiscencias bíblicas (perceptibles, sobre todo, en el texto griego, v. 43: ver Is 29 3; 37 33; Jr 52 4-5; Ez 4 1-3; 21 27 (22); v. 44:

Os 10 14; 14 1; Na 3 10; Sal 137 9) evoca la ruina de Jerusalén del 587 a.C. tanto o más que la del 70 d.C. de la que no describe ninguno de los rasgos característicos. No se puede, pues, concluir de este texto que ésta segunda haya ocurrido ya. Ver 17 22+; 21 20+.

Jesús enseña en el Templo.

21 37; 22 53
Jn 18 20
‖Mc 11 18

11 53+

4 15+

[47] Enseñaba todos los días en el Templo. Por su parte, los sumos sacerdotes, los escribas y también los notables del pueblo buscaban matarle, [48] pero no encontraban modo de hacerlo, porque todo el pueblo le oía pendiente de sus labios.

Controversia sobre la autoridad de Jesús.

‖Mt 21
23-27
‖Mc 11
27-33

20 [1] *Uno de aquellos días, mientras enseñaba al pueblo en el Templo y anunciaba la Buena Nueva, se acercaron los sumos sacerdotes y los escribas, junto con los ancianos, [2] y le preguntaron: «Dinos: ¿Con qué autoridad haces esto, o quién es el que te ha dado tal autoridad?» [3] Él les respondió: «También yo os voy a preguntar una cosa. Decidme: [4] El bautismo de Juan, ¿era del cielo o de los hombres?» [5] Ellos discurrían entre sí: «Si decimos: 'Del cielo', dirá: '¿Por qué no le creísteis?' [6] Pero si decimos: 'De los hombres', todo el pueblo nos apedreará, pues están convencidos de que Juan era un profeta.» [7] Respondieron, pues, que no sabían de dónde era. [8] Jesús entonces les dijo: «Tampoco yo os digo con qué autoridad hago esto.»

Parábola de los viñadores homicidas.

‖Mt 21
33-46
Mc 12 1-12
Is 5+

[9] Se puso a decir al pueblo esta parábola: «Un hombre plantó una viña, la arrendó a unos labradores y se ausentó por mucho tiempo. [10] «A su debido tiempo, envió un siervo a los labradores para que le diesen una parte del fruto de la viña. Pero los labradores le apalearon y le despacharon con las manos vacías. [11] Volvió a enviar otro siervo, pero también a él le apalearon, le insultaron y le despacharon con las manos vacías. [12] Tornó a enviar un tercero, pero también a éste lo malhirieron y lo echaron. [13] Dijo, pues, el dueño de la viña: '¿Qué haré? Voy a enviar a mi hijo querido; tal vez le respeten.' [14] Pero los labradores, al verle, se dijeron entre sí: 'Este es el heredero; matémosle, para que la herencia sea nuestra.' [15] Lo echaron fuera de la viña y le mataron. «¿Qué hará ahora con ellos el dueño de la viña? [16] Vendrá, dará muerte a estos labradores y entregará la viña a otros.» Al oír esto, dijeron: «¡Dios no lo quiera!» [17] Pero él, clavando en ellos la mirada, dijo: «Pues, ¿qué es lo que está escrito:

Sal 118 22

La piedra que los constructores desecharon
en piedra angular se ha convertido?

[18] Todo el que caiga sobre esta piedra se destrozará, y aquel sobre quien ella caiga quedará aplastado.» [19] Los escribas y los sumos sacerdotes comprendieron que aquella parábola había sido dicha para ellos y trataron de echarle mano en aquel mismo momento, pero tuvieron miedo del pueblo.

11 53+

El tributo debido al César.

‖Mt 22
15-22
‖Mc 12
13-17

[20] Quedándose ellos al acecho, le enviaron unos espías, que fingieran ser justos, para sorprenderle en alguna palabra y poderle entregar al poder y autoridad del procurador. [21] Y le preguntaron: «Maestro, sabemos que hablas y enseñas con rectitud y que no tienes en cuenta la condición de las personas, sino que enseñas con franqueza el camino de Dios: [22] ¿Nos es lícito pagar tributo al César o no?» [23] Pero él, habiendo conocido su astucia, dijo: [24] «Mostradme un denario. ¿De quién lleva la imagen y la inscripción?» Ellos dijeron: ‹Del César.» [25] Él les dijo: «Pues bien, lo del César devolvédselo al César, y lo de Dios a Dios.» [26] No pudieron sorprenderle en ninguna palabra ante el pueblo y, maravillados por su respuesta, se callaron.

La resurrección de los muertos.

‖Mt 22
23-33
‖Mc 12
18-27

Dt 25 5+

[27] Se acercaron algunos de los saduceos, los que sostienen que no hay resurrección, y le preguntaron: [28] «Maestro, Moisés nos dejó escrito que si a uno se le muere un hermano casado y sin hijos, debe tomar a la mujer para dar descendencia a su hermano. [29] Pues bien, eran siete hermanos. El primero tomó mujer y murió sin hijos; [30] la tomó el segundo, [31] luego el tercero; y murieron los siete, sin dejar hijos. [32] Finalmente, también murió la mujer. [33] Ésta, pues, ¿de cuál de ellos será mujer en la resurrección? Porque fue mujer de los siete.»

20 1 Desde 20 1 hasta 21 5, Lucas sigue muy de cerca a Mc. Omite la acción simbólica de la higuera que se secó, Mc 11 12-14.20-25, a la que ha sustituido con la parábola de la higuera estéril, Lc 13 6-9. omite también la discusión sobre el primer mandamiento, Mc 12 28-34, que ya había tomado de otra fuente, Lc 10 25-28.

³⁴ Jesús les dijo: «Los hijos de este mundo* toman mujer o marido; ³⁵ pero los que alcancen a ser dignos de tener parte en aquel mundo y en la resurrección de entre los muertos*, ni ellos tomarán mujer ni ellas marido, ³⁶ ni pueden* ya morir, porque son como ángeles, y son hijos de Dios por ser hijos de la resurrección*. ³⁷ Y que los muertos resucitan lo ha indicado también Moisés en lo de la zarza, cuando llama al Señor *el Dios de Abrahán, el Dios de Isaac y el Dios de Jacob.* ³⁸ No es un Dios de muertos, sino de vivos, porque para él todos viven.»

³⁹ Algunos de los escribas* le dijeron: «Maestro, has hablado bien.» ⁴⁰ Pues ya no se atrevían a preguntarle nada.

Cristo, hijo y Señor de David.

⁴¹ Les preguntó: «¿Cómo dicen que el Cristo es hijo de David? ⁴² Porque David mismo dice en el libro de los Salmos:

Dijo el Señor a mi Señor:
Siéntate a mi diestra
⁴³ *hasta que ponga a tus enemigos*
por escabel de tus pies.

⁴⁴ Si, pues, David le llama Señor; ¿cómo entonces puede ser hijo suyo?»

Los escribas juzgados por Jesús.

⁴⁵ Dijo luego a sus discípulos, de modo que lo oyó todo el pueblo: ⁴⁶ «Guardaos de los escribas, que gustan pasear con amplio ropaje y quieren ser saludados en las plazas, ocupar los primeros asientos en las sinagogas y los primeros puestos en los banquetes; ⁴⁷ y devoran la hacienda de las viudas so capa de largas oraciones. Ésos tendrán una sentencia más rigurosa.»

El óbolo de la viuda.

21 ¹ Alzando la mirada, vio a unos ricos que echaban sus donativos en el arca del Tesoro; ² vio también a una viuda pobre, que echaba allí dos moneditas, ³ y dijo: «De verdad os digo que esta viuda pobre ha echado más que nadie. ⁴ Porque todos éstos han echado como donativo de lo que les sobra, ésta en cambio ha echado de lo que necesita, de todo lo que tiene para vivir.»

Discurso sobre la ruina de Jerusalén*. Introducción.

⁵ Como algunos hablaban del Templo, de cómo estaba adornado de bellas piedras y ofrendas votivas, él dijo: ⁶ «De esto que veis, llegarán días en que no quedará piedra sobre piedra que no sea derruida.» ⁷ Le preguntaron: «Maestro, ¿cuándo sucederá eso? Y ¿cuál será la señal de que todas estas cosas están para ocurrir?»

Señales precursoras.

⁸ Él dijo: «Mirad, no os dejéis engañar. Porque vendrán muchos usurpando mi nombre y diciendo: 'Yo soy' y 'el tiempo está cerca'. No les sigáis. ⁹ Cuando oigáis hablar de guerras y revoluciones, no os aterréis; porque es necesario que sucedan primero estas cosas, pero el fin no es inmediato.» ¹⁰ Entonces les dijo: «Se levantará nación contra nación y reino contra reino. ¹¹ Habrá grandes terremotos, peste y hambre en diversos lugares, habrá cosas espantosas y grandes señales del cielo.

¹² «Pero, antes de todo esto, os echarán mano y os perseguirán, os entregarán a las sinagogas y cárceles y os llevarán ante reyes y gobernadores por mi nombre; ¹³ esto os sucederá para que deis testimonio. ¹⁴ Proponed, pues, en vuestro corazón no preparar la defensa, ¹⁵ porque yo* os daré una elocuencia y una sabiduría a la que no podrán resistir ni contradecir todos vuestros adversarios. ¹⁶ Seréis entregados por padres, hermanos, parientes y amigos, y matarán a algunos de vosotros. ¹⁷ Todos os odiarán por causa de mi nombre. ¹⁸ Pero no perecerá ni un cabello de vuestra cabeza. ¹⁹ Con vuestra perseverancia salvaréis vuestras almas.

Marginal references (left column):
Flp 3 11
Ex 3 6
Rm 6 10-11
Ga 2 19
‖Mt 22 46
‖Mc 12 34
‖Mt 22 41-45
‖Mc 12 35-37
Sal 110 1
‖Mt 23 6-7
‖Mc 12 38-40
=Lc 11 43
‖Mc 12 41-44

Marginal references (right column):
‖Mt 24 1-3
‖Mc 13 1-4
‖Mt 24 4-14
‖Mc 13 5-13
Dn 2 28
Is 19 2
2 Cro 15 6
‖Mt 10 17-22
Jn 15 20; 16 1-2
12 11s
Hch 6 10
12 7
Mt 10 30
Hb 10 36.3

---

20 34 Semitismo: los que pertenecen a este mundo.
20 35 Aquí solamente se trata de la resurrección de los justos.
20 36 (a) Var.: «ni van ya a».
20 36 (b) Semitismo: resucitados.
20 39 Los escribas, en su mayor parte fariseos, creían en la resurrección de los muertos, ver Hch 23 6-9.
21 5 En 17 22-37, Lucas, siguiendo una de sus fuentes, había tratado del retorno glorioso de Jesús al fin de los tiempos. Aquí, como Mc al que sigue y combina con alguna otra fuente, trata de la ruina de Jerusalén, sin mezclar en ello el fin del mundo como lo hace Mt, ver Mt 24+; Lc 19 44+.
21 15 Lc atribuye aquí a Jesús la iniciativa que Mt 10 20; Mc 13 11; Lc 12 12 reservan al Espíritu del Padre (Mt) o al Espíritu Santo (Mc y Lc). Ver Hch 6 10; Jn 16 13-15.

‖Mt 24
15-20
‖Mc 13
14-18
Asedio de Jerusalén.

²⁰ «Cuando veáis a Jerusalén cercada por ejércitos*, sabed entonces que se acerca su desolación. ²¹ Entonces, los que estén en Judea que huyan a los montes; los que estén en medio de la ciudad que se alejen; y los que estén en los campos que no entren en ella; ²² porque éstos son días de venganza en los que se cumplirá todo cuanto está escrito*. ²³ ¡Ay de las que estén encinta o criando en aquellos días!

Jr 46 10
Os 9 7

‖Mt 24 21
‖Mc 13 19
La catástrofe y el tiempo de los gentiles.

«Habrá, en efecto, una gran calamidad sobre la tierra y cólera contra este pueblo. ²⁴ Caerán a filo de espada, y serán llevados cautivos a todas las naciones y *Jerusalén* será *pisoteada por los gentiles*, hasta que el tiempo de los gentiles llegue a su cumplimiento*.

Rm 1 18+

Dt 28 64
Ap 11 2
Dn 12 7

‖Mt 24
29-30
‖Mc 13
24-26
Catástrofes cósmicas y manifestación gloriosa del Hijo del hombre.

²⁵ «Habrá señales en el sol, en la luna y en las estrellas; y en la tierra, angustia de la gente, trastornada por el estruendo del mar y de las olas. ²⁶ Los hombres se quedarán sin aliento por el terror y la ansiedad ante las cosas que se abatirán sobre el mundo, porque las fuerzas de los cielos se tambalearán. ²⁷ Y entonces verán venir al Hijo del hombre en una nube con gran poder y gloria. ²⁸ Cuando

Sal 65 8s

Dn 7 13-14

empiecen a suceder estas cosas, cobrad ánimo y levantad la cabeza, porque se acerca vuestra liberación*.»

Hb 10 37

Parábola de la higuera.

²⁹ Les añadió una parábola: «Mirad la higuera y todos los demás árboles. ³⁰ Cuando veis que echan brotes, sabéis que el verano está ya cerca. ³¹ Así también vosotros, cuando veáis que suceden estas cosas, sabed que el Reino de Dios está cerca*. ³² Yo os aseguro que no pasará esta generación hasta que todo esto suceda. ³³ El cielo y la tierra pasarán, pero mis palabras no pasarán.

‖Mt 24
32-35
‖Mc 13
28-31

Mt 26 28
Mc 9 1
Lc 9 27

Estar alerta para no ser sorprendidos.

³⁴ «Cuidad que no se emboten vuestros corazones por el libertinaje, por la embriaguez y por las preocupacines de la vida y venga aquel Día de improviso sobre vosotros, ³⁵ como un lazo; porque vendrá* sobre todos los que habitan toda la faz de la tierra. ³⁶ Estad en vela, pues, orando en todo tiempo para que tengáis fuerza, logréis escapar y podáis manteneros en pie delante del Hijo del hombre.»

17 26-30
8 14

1 Ts 5 3
Qo 9 12
Is 24 17s

Ef 6 18

Ap 6 17

Los últimos días de Jesús.

³⁷ Durante el día enseñaba en el Templo y salía a pasar la noche en el monte llamado de los Olivos. ³⁸ Y todo el pueblo madrugaba para ir hacia él y escucharle en el Templo*.

19 47+
Mt 21 17
Mc 11 11.19
Jn 18 2

VI. La Pasión*

‖Mt 26 2-5
‖Mc 14 1-2
n 11 47-53
Conspiración contra Jesús y traición de Judas.

22¹ Se acercaba la fiesta de los Ázimos, llamada Pascua. ² Los sumos sacerdotes y los escribas buscaban cómo

11 53+

hacerle desaparecer, pues temían al pueblo*.

³ Entonces Satanás entró en Judas, llamado Iscariote, que era del número de los Doce. ⁴ Éste se fue a concertar con los sumos sacerdotes y los jefes de la

4 13
Jn 13 2.27
Hch 5 3

---

21 20 Como en 19 43-44, las expresiones son bíblicas y en nada se parecen a una descripción hecha después del acontecimiento.
21 22 Quizá alusión a Dn 9 26s.
21 24 Ver los setenta años de Jr 25 11; 29 10; 2 Cro 36 20-21; Dn 9 1-2, repetido en la profecía de las setenta semanas de años de Dn 9 24-27, cifras simbólicas y misteriosas del tiempo concedido por Dios a las naciones paganas para castigar a Israel culpable, después de lo cual éste verá su liberación.
21 28 O: «redención», término paulino, ver Rm 3 24+.
21 31 No en su fase inicial, ya inaugurada, 17 21, sino en su fase de desarrollo y de conquista, que se iniciará

con la ruina de Jerusalén. Ver 9 27p.
21 35 Var.: «porque como un lazo vendrá».
21 38 El contacto literario con Jn 8 1-2 es evidente. La perícopa de la mujer adúltera, Jn 7 53 - 8 11, que tantas razones invitan a atribuir a Lucas, vendría aquí un excelente contexto.
22 En todo el relato de la Pasión, Lc depende de Mc mucho menos que en lo que precede. En cambio, tiene numerosos puntos de contacto con Jn; ambos, sin duda, disponen de una fuente común.
22 2 Lucas no refiere la unción de Betania; en 7 36-50 ha ofrecido ya un hecho de la misma clase.

‖Mt 26
14-16
‖Mc 14
10-11

guardia* el modo de entregárselo. ⁵ Ellos se alegraron y quedaron con él en darle dinero. ⁶ Él aceptó y andaba buscando una oportunidad para entregarle sin que la gente lo advirtiera.

Preparativos para la cena pascual.

‖Mt 26
17-19
‖Mc 14
12-16

8 51+

⁷ Llegó el día de los Ázimos, en el que se había de sacrificar el cordero de Pascua; ⁸ y envió a Pedro y a Juan, diciendo: «Id y preparadnos la Pascua para que la comamos.» ⁹ Ellos le dijeron: «¿Dónde quieres que la preparemos?» ¹⁰ Les dijo: «Cuando entréis en la ciudad, os saldrá al paso un hombre que lleva un cántaro de agua; seguidle hasta la casa en que entre ¹¹ y diréis al dueño de la casa: 'El Maestro te dice: ¿Dónde está la sala donde pueda comer la Pascua con mis discípulos?' ¹² Él os enseñará en el piso superior una sala grande, ya dispuesta; haced allí los preparativos.» ¹³ Fueron y lo encontraron tal como les había dicho y prepararon la Pascua.

La cena pascual.

12 49-50+

Mt 8 11+

‖Mt 26 29
‖Mc 14 25

¹⁴ Cuando llegó la hora, se puso a la mesa con los apóstoles ¹⁵ y les dijo*: «Con ansia he deseado comer esta Pascua con vosotros antes de padecer; ¹⁶ porque os digo que ya no la comeré más hasta que halle su cumplimiento* en el Reino de Dios.»
¹⁷ Tomó luego una copa*, dio gracias y dijo: «Tomad esto y repartidlo entre vosotros; ¹⁸ porque os digo que, a partir de este momento, no beberé del producto de la vid hasta que llegue el Reino de Dios.»

Institución de la Eucaristía*.

‖Mt 26
26-28
‖Mc 14
22-24
‖1 Co 11
23-25

¹⁹ Tomó luego pan, dio gracias, lo partió y se lo dio diciendo: «Éste es mi cuer-

po que se entrega por vosotros; haced esto en recuerdo mío.» ²⁰ De igual modo, después de cenar, tomó la copa, diciendo: «Esta copa es la nueva Alianza en mi sangre, que se derrama por vosotros*.

Mt 26 28+

Anuncio de la traición de Judas.

‖Mt 26
20-25
‖Mc 14
17-21
Jn 13 21-23
Hch 2 23+

²¹ «Mirad, la mano del que me entrega está aquí conmigo sobre la mesa. ²² Porque el Hijo del hombre se marcha según está determinado. Pero, ¡ay de aquel por quien es entregado!» ²³ Entonces se pusieron a discutir entre sí quién de ellos sería el que iba a hacer aquello.

¿Quién es el mayor*?

=9 46

‖Mt 20
25-27
‖Mc 10
42-44

²⁴ Entre ellos hubo también un altercado sobre quién de ellos parecía ser el mayor. ²⁵ Él les dijo: «Los reyes de las naciones las dominan como señores absolutos y los que ejercen el poder sobre ellas se hacen llamar bienhechores; ²⁶ pero no así vosotros, sino que el mayor entre vosotros sea como el más joven y el que gobierna como el que sirve. ²⁷ Porque, ¿quién es mayor, el que está a la mesa o el que sirve? ¿No es el que está a la mesa? Pues yo estoy en medio de vosotros como el que sirve.

Jn 13 4-15

Recompensa prometida a los apóstoles.

Jn 15 27;
6 66-68
Ap 2 26-28

Ap 3 20-21

‖Mt 19 28

²⁸ «Vosotros sois los que habéis perseverado conmigo en mis pruebas; ²⁹ yo, por mi parte, dispongo un Reino para vosotros, como mi Padre lo dispuso para mí, ³⁰ para que comáis y bebáis a mi mesa en mi Reino y os sentéis sobre tronos para juzgar a las doce tribus de Israel.

Anuncio de la negación y del arrepentimiento de Pedro.

Jb 1 6+
Am 9 9

³¹ *«¡Simón, Simón! Mira que Satanás ha solicitado el poder cribaros como tri-

---

22 4   Oficiales de la policía del Templo reclutados entre los levitas. Ver Hch 4 1.
22 15   Lucas adopta la práctica helenística de un banquete de despedida del Maestro con sus discípulos. Las palabras pronunciadas por Jesús en la Cena adquieren en Lc mayor importancia que en Mt y Mc; las pláticas de Jn 13 31 - 17 26 serán más desarrolladas aún. Parece como si Lucas hubiera elaborado estos discursos teniendo presentes las asambleas eucarísticas primitivas.
22 16   *Hallará su cumplimiento* de una manera inicial con la institución de la Eucaristía, centro de la vida espiritual del Reino fundado por Jesús, y de una manera total y sin velos al fin de los tiempos.
22 17   Lucas ha distinguido la Pascua y la copa de los vv. 15-18 del Pan y de la Copa de los vv. 19-20, para establecer un paralelo entre el rito antiguo de la Pascua judía y el rito nuevo de la Eucaristía cristiana. Por no

haber entendido esta elaboración teológica, y extrañados por hallar dos copas, algunos testigos antiguos han omitido el v. 20 e incluso el final del v. 19 (a partir de «que se entrega por vosotros»).
22 19   Obsérvese la afinidad del texto de Lucas con el de Pablo.
22 20   Puede entenderse: «que va a ser entregada, derramada» o «que ha de ser entregada, derramada».
22 24   Lucas traslada aquí, en forma por lo demás bastante diferente, palabras que Mt Mc ponen después de la petición de los hijos de Zebedeo, ver Mt 20 20-28; Mc 10 42-45. En su nuevo contexto, estas enseñanzas de Jesús aclaran las cuestiones de precedencia y de servicio de mesas que sin duda se plantearon en las asambleas litúrgicas primitivas, ver Hch 6 1; 1 Co 11 17-19; St 2 2-4.
22 31   Adic.: «Y el Señor dijo.»

Mt 8 10+;
16 19+
Jn 21 15-17

Hch 21 13
2 S 15 20-21

‖Mt 26
31-35
‖Mc 14
27-31
‖Jn 13
36-38

10 4

Mt 10 34
Lc 12 51

Is 53 12
Lc 23 32

‖Mt 26 30.
36-46
‖Mc 14 26.
32-42

Lc 21 37
Jn 18 2

3 21+
Jn 12 27-29

‖Mt 26
47-56
‖Mc 14
43-52
‖Jn 18 3-11

go; ³² pero yo he rogado por ti, para que tu fe no desfallezca. Y tú, cuando hayas vuelto, confirma a tus hermanos*.» ³³ Él dijo: «Señor, estoy dispuesto a ir contigo hasta la cárcel y la muerte.» ³⁴ Pero él contestó: «Te digo, Pedro, que antes de que hoy cante el gallo habrás negado tres veces que me conoces.»

La hora del combate decisivo.

³⁵ Y les dijo: «Cuando os envié sin bolsa, sin alforja y sin sandalias, ¿os faltó algo?» Ellos dijeron: «Nada.» ³⁶ Les dijo: «Pues ahora, el que tenga bolsa que la tome, y lo mismo alforja, y el que no tenga, que venda su manto y se compre una espada*. ³⁷ Porque os digo que es necesario que se cumpla en mí esto que está escrito: *Ha sido contado entre los malhechores.* Porque lo que se refiere a mí toca a su fin.» ³⁸ Ellos dijeron: «Señor, aquí hay dos espadas.» Él les dijo: «Basta.»

En el monte de los Olivos.

³⁹ Salió y, como de costumbre, fue al monte de los Olivos; los discípulos le siguieron. ⁴⁰ Llegado al lugar les dijo: «Pedid que no caigáis en tentación.» ⁴¹ Se apartó de ellos como un tiro de piedra, y puesto de rodillas* oraba ⁴² diciendo: «Padre, si quieres, aparta de mí esta copa; pero no se haga mi voluntad, sino la tuya.» ⁴³ Entonces se le apareció un ángel venido del cielo que le confortaba. ⁴⁴ Y sumido en agonía, insistía más en su oración. Su sudor se hizo como gotas espesas de sangre que caían en tierra*. ⁴⁵ Levantándose de la oración, vino donde los discípulos y los encontró dormidos por la tristeza; ⁴⁶ y les dijo: «¿Cómo es que estáis dormidos? Levantaos y orad para que no caigáis en tentación.»

Prendimiento de Jesús.

⁴⁷ Estaba todavía hablando cuando se presentó un grupo; el llamado Judas,

uno de los Doce, iba el primero, y se acercó a Jesús para darle un beso. ⁴⁸ Jesús le dijo: «¡Judas, con un beso entregas al Hijo del hombre!» ⁴⁹ Viendo los que estaban con él lo que iba a suceder, dijeron: «Señor, ¿herimos a espada?» ⁵⁰ Y uno de ellos hirió al siervo del Sumo Sacerdote y le llevó la oreja derecha. ⁵¹ Pero Jesús dijo: «¡Dejad! ¡Basta ya!» Y tocando la oreja le curó.

⁵² Dijo Jesús a los sumos sacerdotes, a los jefes de la guardia del Templo y a los ancianos que habían venido contra él: «¿Como contra un salteador habéis salido con espadas y palos? ⁵³ Estaba yo todos los días en el Templo con vosotros y no me pusisteis las manos encima; pero esta es vuestra hora y el poder de las tinieblas.»

Negaciones de Pedro.

⁵⁴ Entonces le prendieron*, se lo llevaron y le hicieron entrar en la casa del Sumo Sacerdote; Pedro le iba siguiendo de lejos. ⁵⁵ Habían encendido una hoguera en medio del patio y estaban sentados alrededor; Pedro se sentó entre ellos. ⁵⁶ Una criada, al verle sentado junto a la lumbre, se le quedó mirando y dijo: «Éste también estaba con él.» ⁵⁷ Pero él lo negó: «¡Mujer, no le conozco!» ⁵⁸ Poco después le vio otro y dijo: «Tú también eres uno de ellos.» Pedro dijo: «¡Hombre, no lo soy!» ⁵⁹ Pasada como una hora, otro aseguraba: «Cierto que éste también estaba con él, pues además es galileo.» ⁶⁰ Le dijo Pedro: «¡Hombre, no sé de qué hablas!» Y en aquel mismo momento, cuando aún estaba hablando, cantó un gallo. ⁶¹ El Señor se volvió y miró a Pedro. Recordó Pedro las palabras que le había dicho el Señor: «Antes que cante hoy el gallo, me habrás negado tres veces» ⁶² y, saliendo fuera, rompió a llorar amargamente.

Hch 1 16

19 47; 21 37

4 13+
Jn 8 12+

‖Mt 26
69-75
‖Mc 14
66-72
‖Jn 18
15-18.25-27

22 34

---

22 32 Esta sentencia confiere a Pedro, en relación con los demás apóstoles, una función directiva en la fe. Su primado dentro mismo del colegio apostólico se afirma aquí con mayor claridad que en Mt 16 17-19, donde podía ser considerado simplemente como el portavoz y representante de los Doce. Ver también Jn 21 15-17, donde los «corderos» u «ovejas» que debe apacentar parecen incluir ciertamente a «éstos», sus compañeros apostólicos a los que supera en amor.
22 36 Una bolsa para comprar y una alforja para guardar los víveres que en adelante ya no se darán libremente a los discípulos; una espada para protegerse en un mundo que se ha hecho hostil.
22 41 La oración se hacía normalmente de pie, ver 1 R 8 22; Mt 6 5; Lc 18 11, pero también de rodillas

cuando llegaba a ser más intensa o más humilde, ver Sal 95 6; Is 45 23; Dn 6 11; Hch 7 60; 9 40; 20 36; 21 5.
22 44 Aunque omitidos por algunos buenos testigos, deben mantenerse los vv. 43-44. Presentes desde el siglo II en numerosos testigos, tienen el estilo y las maneras de Lucas. Su omisión se explica por el afán de evitar una humillación de Jesús considerada demasiado humana.
22 54 En Mt la turba se apodera de Jesús en cuanto Judas le besa; sigue el episodio de la oreja cortada; el discurso de Jesús viene en último lugar. Lo mismo en Mc. El orden de Lc, en el que el arresto sigue al discurso de Jesús, subraya el dominio de Jesús sobre el acontecimiento. Ver en este sentido Jn 10 18+; 18 4-6.

‖Mt 26
67-68
‖Mc 14 65

Primeros ultrajes*.

63 Los hombres que le tenían preso se burlaban de él y le golpeaban. **64** Y, cubriéndole con un velo, le preguntaban: «¡Adivina! ¿Quién es el que te ha pegado?» **65** Y le insultaban diciéndole otras muchas cosas.

‖Mt 26
57-66; 27 2
‖Mc 14
53-64; 15 1

Jn 10 24-25

Sal 110 1

Mt 4 3+
Jn 10 30-33

Mt 27 1-2
Jn 18 28

Jesús ante el Sanedrín*.

66 En cuanto se hizo de día, se reunió el Consejo de Ancianos del pueblo*, sumos sacerdotes y escribas, le hicieron venir a su Sanedrín* **67** y le dijeron: «Si tú eres el Cristo, dínoslo.» Él respondió: «Si os lo digo, no me creeréis. **68** Si os pregunto, no me responderéis. **69** De ahora en adelante, el Hijo del hombre *estará sentado a la diestra* del poder *de Dios*.» **70** Dijeron todos: «Entonces, ¿tú eres el Hijo de Dios*?» Él les dijo: «Vosotros lo decís: Yo soy.» **71** Dijeron ellos: «¿Qué necesidad tenemos ya de testigos, pues nosotros mismos lo hemos oído de su propia boca*?»

23 **1** Se levantaron todos ellos y le llevaron ante Pilato.

‖Mt 27
11-14
‖Mc 15 2-5
‖Jn 18
29-38a

20 20-26

Jesús ante Pilato*.

2 Comenzaron a acusarle diciendo: «Hemos encontrado a éste alborotando a nuestro pueblo, prohibiendo pagar tributos al César y diciendo que él es Cristo rey.» **3** Pilato le preguntó: «¿Eres tú el rey de los judíos?» Él le respondió: «Sí, tú lo dices.» **4** Pilato dijo a los sumos sacerdotes y a la gente: «Ningún delito encuentro en este hombre.» **5** Pero ellos in-

sistían diciendo: «Solivianta al pueblo con sus enseñanzas por toda Judea, desde Galilea, donde comenzó, hasta aquí.» **6** Al oír esto, Pilato preguntó si aquel hombre era galileo. **7** Y, al saber que era de la jurisdicción de Herodes, le remitió a Herodes, que por aquellos días estaba también en Jerusalén.

4 44+

Jesús ante Herodes*.

8 Cuando Herodes vio a Jesús se alegró mucho, pues hacía largo tiempo que deseaba verle, por las cosas que oía de él, y esperaba que hiciera algún signo en su presencia. **9** Le hizo numerosas preguntas, pero él no respondió nada. **10** Estaban allí los sumos sacerdotes y los escribas acusándole con insistencia. **11** Pero Herodes, con su guardia, después de despreciarle y burlarse de él, le puso un espléndido vestido* y le remitió a Pilato. **12** Aquel día Herodes y Pilato se hicieron amigos, pues antes estaban enemistados.

9 9

Hch 4 27+

De nuevo Jesús ante Pilato.

13 Pilato convocó a los sumos sacerdotes, a los magistrados y al pueblo **14** y les dijo: «Me habéis traído a este hombre como alborotador del pueblo, pero yo le he interrogado delante de vosotros y no he hallado en él ninguno de los delitos de que le acusáis. **15** Ni tampoco Herodes, porque nos lo ha remitido. Nada ha hecho, pues, que merezca la muerte. **16** Así que le daré un escarmiento y le soltaré*.» [**17**] **18** Toda la muchedumbre se puso a gritar a una: «¡Fuera ése, suéltanos a Barrabás!» **19** Éste había sido en-

‖Mt 27
15-26
‖Mc 15 6-15
‖Jn 18 38b -
19 16

Hch 21 35-
36

---

22 63 Situándolos durante la espera nocturna, antes de la sesión del Sanedrín y después de ella como en Mt y Mc, los ultrajes en Lc no son cosa de los sanedritas, sino de sus lacayos. Además, a diferencia también de Mt 26 68; Mc 14 65 (ver las notas), Jesús tiene el rostro cubierto con un velo, de modo que los ultrajes resultan un juego de adivinación, muy conocido en el mundo antiguo y aun en todos los tiempos. Sobre estos detalles el relato de Lc tiene sin duda más verosimilitud que los de Mt y Mc.
22 66 (a) En lugar de las dos comparecencias de Mt y Mc, Lc sólo trae una, por la mañana y, sin duda, en el edificio del «Tribunal», cerca del Templo. Ver Mt 26 57+.
22 66 (b) «Ancianos» no designa aquí a uno de los tres elementos del Sanedrín (los ancianos), sino al Sanedrín entero, del que Lc indica los dos elementos más importantes (sumos sacerdotes y escribas).
22 66 (c) Mejor que a las personas que componían el Sanedrín, este término debe designar aquí el local oficial de sus reuniones. Este local se encontraba, en parte al menos, en la explanada de Templo, en su zona suroeste. Sólo abría sus puertas al amanecer, como lo supone el v. 66.
22 69 Lc evita el «veréis» de Mt y Mc, así como la alu-

sión a Dn. Quizá haya querido soslayar la espera de una Parusía próxima a la que podían dar ocasión estas palabras mal entendidas.
22 70 Lc distingue mejor que Mt Mc los dos títulos de «Cristo», v. 67, e «Hijo de Dios», v. 70; comparar Jn 10 24-39.
22 71 Lc no habla de los falsos testimonios (pero ver Hch 6 11-14) ni de la sentencia de muerte explícita. Parece cierto que depende de alguna fuente distinta a la de Mc Mt.
23 2 El relato de Lc, más detallado, más dramático que Mc y Mt, preludia la larga escena de Jn.
23 8 Se trata, por supuesto, de Antipas, hijo de Herodes el Grande y tetrarca de Galilea; ver 3 1+. Nada tiene de extraño este tipo de consulta a tercera persona por un magistrado romano. No se ha podido inventar la escena partiendo de Sal 2 1-2, como algunos críticos pretenden; este texto es demasiado vago; lo que sí exige un caso real es más bien su aplicación acomodaticia, en Hch 4 27.
23 11 Vestido de gala, como el que llevaban los príncipes. Herodes quiere mofarse de las pretensiones de Jesús a la realeza. v. 3.
23 16 Adic. v. 17: «Y debía soltarles uno cada Fiesta», que parece glosa explicativa, ver Mt 27 15p.

carcelado por un motín que hubo en la ciudad y por asesinato.

²⁰ Pilato les habló de nuevo, con la intención de librar a Jesús, ²¹ pero ellos seguían gritando: «¡Crucifícale, crucifícale!» ²² Por tercera vez* les dijo: «Pero ¿qué mal ha hecho éste? No encuentro en él ningún delito que merezca la muerte; así que le daré un escarmiento y le soltaré*.» ²³ Pero ellos insistían pidiendo a grandes voces que fuera crucificado y arreciaban en sus gritos. ²⁴ Pilato sentenció que se cumpliera su demanda. ²⁵ Soltó, pues, al que habían pedido, al que estaba en la cárcel por motín y asesinato, y a Jesús se lo entregó a su deseo.

Camino del Calvario.

‖Mt 27 31b-32
‖Mc 15 20b-22
‖Jn 19 17
14 27

²⁶ Cuando le llevaban, echaron mano de un cierto Simón de Cirene, que venía del campo, y le cargaron la cruz para que la llevara detrás de Jesús. ²⁷ Le seguía una gran multitud del pueblo y mujeres* que se dolían y se lamentaban por él. ²⁸ Jesús se volvió a ellas y les dijo: «Hijas de Jerusalén, no lloréis por mí; llorad más bien por vosotras y por vuestros hijos. ²⁹ Porque llegarán días en que se dirá: ¡Dichosas las estériles, las entrañas que no engendraron y los pechos que no criaron! ³⁰ Entonces se pondrán a *decir a los montes: ¡Caed sobre nosotros! Y a las colinas: ¡Sepultadnos!* ³¹ Porque si en el leño verde hacen esto, en el seco ¿qué se hará*?» ³² Llevaban además a otros dos malhechores para ejecutarlos con él.

11 27
Os 9 14

Os 10 8

Ez 21 3.8
Sal 11 31
Is 53 12
Lc 22 37

La Crucifixión*.

‖Mt 27 35-38
‖Mc 15 24-28
‖Jn 19 17-24

³³ Llegados al lugar llamado Calvario, le crucificaron allí a él y a los malhecho-res, uno a la derecha y otro a la izquierda. ³⁴ *Jesús decía: «Padre, perdónalos, porque no saben lo que hacen*.» Se repartieron sus vestidos, echando suertes.

Mt 18 21s.35

Sal 22 19

Jesús en la cruz ultrajado.

‖Mt 27 39-43
‖Mc 15 29-32a

³⁵ Estaba el pueblo mirando; los magistrados hacían muecas diciendo: «Ha salvado a otros; que se salve a sí mismo si él es el Cristo de Dios el Elegido.» ³⁶ También los soldados se burlaban de él y, acercándose, le ofrecían vinagre ³⁷ y le decían: «Si tú eres el rey de los judíos, ¡sálvate!» ³⁸ Había encima de él una inscripción: «Este es el rey de los judíos.»

2 26+
9 35+

El «buen ladrón».

³⁹ Uno de los malhechores colgados le insultaba: «¿No eres tú el Cristo*? Pues ¡sálvate a ti y a nosotros!» ⁴⁰ Pero el otro le increpó: «¿Es que no temes a Dios, tú que sufres la misma condena? ⁴¹ Y nosotros con razón, porque nos lo hemos merecido con nuestros hechos; en cambio éste nada malo ha hecho.» ⁴² Y decía: «Jesús, acuérdate de mí cuando vengas con tu Reino*.» ⁴³ Jesús le dijo: «Te aseguro que hoy estarás conmigo en el Paraíso.»

Mt 27 44
Mc 15 32b

Muerte de Jesús.

‖Mt 27 45-50
‖Mc 15 33-37
‖Jn 19 25-30

⁴⁴ Era ya cerca de la hora sexta cuando se oscureció el sol y toda la tierra quedó en tinieblas hasta la hora nona*. ⁴⁵ El velo del Santuario se rasgó por medio ⁴⁶ y Jesús, dando un fuerte grito, dijo: «Padre, *en tus manos pongo mi espíritu.*» Y, dicho esto, expiró.

Sal 31 6

---

23 22 (a) Lucas, como Jn, insiste en el «deseo (de Pilato) de soltar a Jesús», y menciona por tres veces la declaración de inocencia de Jesús hecha por el procurador, ver Jn 18 38; 19 4.6.
23 22 (b) Ver v. 16. Lc no concreta este castigo, que responde a la *flagelación* de Mt 27 27-31p. A diferencia de Mt y Mc, ve en ello, como Jn, un castigo preventivo anterior a la sentencia y cuya finalidad era evitarla.
23 27 Conforme a un uso, mencionado por el Talmud, algunas mujeres distinguidas de Jerusalén preparaban brebajes calmantes y se los llevaban a los condenados.
23 31 Si se quema el *leño verde*, que no se debería quemar (alusión al suplicio de Jesús), ¿qué no se hará con el *leño seco* (los verdaderos culpables)?
23 33 La comparación con Mc y Mt muestra cómo ha sabido Lucas hacer que sobre el Calvario pasara una brisa de humanidad: su muchedumbre es más curiosa que hostil, vv. 27.35.48, y finalmente se arrepiente, v. 48; Jesús no pronuncia las palabras de aparente desesperación: «Dios mío, Dios mío, ¿por qué me has abandonado?»; sigue ejerciendo hasta el fin su ministerio de

perdón, vv. 34.39-43; expira «poniendo su espíritu en las manos» del «Padre».
23 34 (a) Este v. se debe mantener, a pesar de su omisión por buenos testigos.
23 34 (b) Estas palabras de Jesús recuerdan Is 53 12. Idéntica apreciación de las causas de su muerte reaparecerá en Hch 3 17; 13 27; 1 Co 2 8. Esteban orará con el mismo espíritu, Hch 7 60, siguiendo el ejemplo legado por el Maestro a todos sus discípulos, 1 P 2 23; ver Mt 18 21-22+.
23 39 El mal ladrón interpela a Jesús como «Cristo», v. 39; el buen ladrón le reconoce como «Rey», v. 42: son los dos títulos, religioso y político, en torno a los cuales ha girado todo el proceso de Jesús, ante los Judíos primeramente, y ante Pilato después.
23 42 «con (es decir, en posesión de) tu Reino». —Var.: «cuando vengas en tu Reino», es decir, para inaugurarlo.
23 44 Prodigios cósmicos característicos del «Día de Yahvé», ver Mt 27 51+.

Después de la muerte de Jesús.

⁴⁷ Al ver el centurión lo sucedido, glorificaba a Dios diciendo: «Ciertamente este hombre era justo.» ⁴⁸ Y toda la muchedumbre que había acudido a aquel espectáculo, al ver lo que pasaba, se volvió dándose golpes de pecho. ⁴⁹ Todos sus conocidos y las mujeres que le habían seguido desde Galilea se mantenían a distancia, viendo estas cosas.

Sepultura de Jesús.

⁵⁰ Había un hombre llamado José, miembro del Consejo, hombre bueno y justo, ⁵¹ que no había asentido al consejo y proceder de los demás. Era de Arimatea, ciudad de Judea, y esperaba el Reino de Dios. ⁵² Se presentó a Pilato, le pidió el cuerpo de Jesús ⁵³ y, después de descolgarle, le envolvió en una sábana y le puso en un sepulcro excavado en la roca en el que nadie había sido puesto todavía. ⁵⁴ Era el día de la Preparación y apuntaba* el sábado.

⁵⁵ Las mujeres que habían venido con él desde Galilea fueron detrás y vieron el sepulcro y cómo era colocado su cuerpo. ⁵⁶ Luego regresaron y prepararon aromas y mirra. Y el sábado descansaron según el precepto.

VII. Después de la Resurrección

El sepulcro vacío.
Mensaje de los ángeles.

24 ¹ El primer día de la semana, muy de mañana, fueron al sepulcro llevando los aromas que habían preparado. ² Pero encontraron que la piedra había sido retirada del sepulcro. ³ Entraron, pero no hallaron el cuerpo del Señor Jesús. ⁴ No sabían qué pensar de esto, cuando se presentaron ante ellas dos hombres con vestidos resplandecientes. ⁵ Asustadas, inclinaron el rostro a tierra, pero les dijeron: «¿Por qué buscáis entre los muertos al que está vivo? ⁶ No está aquí, ha resucitado. Recordad cómo os habló cuando estaba todavía en Galilea*, diciendo: ⁷ Es necesario que el Hijo del hombre sea entregado en manos de los pecadores y sea crucificado, pero al tercer día resucitará.» ⁸ Y ellas recordaron sus palabras.

Los apóstoles no creen a las mujeres.

⁹ Regresaron, pues, del sepulcro y anunciaron todas estas cosas a los Once y a todos los demás. ¹⁰ Las que referían estas cosas a los apóstoles eran María Magdalena, Juana y María la de Santiago y las demás que estaban con ellas. ¹¹ Pero a ellos todas aquellas palabras les parecían desatinos y no les creían.

Pedro en el sepulcro.

¹² *Con todo, Pedro se levantó y corrió al sepulcro. Se inclinó, pero sólo vio los lienzos y se volvió a su casa, asombrado por lo sucedido.

Los discípulos de Emaús.

¹³ Aquel mismo día iban dos de ellos a un pueblo llamado Emaús, que dista sesenta estadios* de Jerusalén, ¹⁴ y conversaban entre sí sobre todo lo que había pasado. ¹⁵ Mientras conversaban y discutían, el mismo Jesús se acercó a ellos y caminó a su lado; ¹⁶ pero sus ojos estaban como incapacitados para reconocerle*. ¹⁷ Él les dijo: «¿De qué discutís

Marginal references (left column):
‖Mt 27 51-56
‖Mc 15 38-41
‖Jn 19 31-37
Hch 3 14+

8 2-3;
24 10

‖Mt 27 57-61
‖Mc 15 42-47
‖Jn 19 38-42

Mt 28 10+

‖Mt 28 1-8
‖Mc 16 1-8
‖Jn 20 1-2

9 30+

9 22+

‖Mt 28 10.17
‖Mc 16 10.11.14
‖Jn 20 18.25.29

Marginal references (right column):
Mc 16 1

8 2-3

Mt 8 10+

‖Jn 20 3-10

24 24

‖Mc 16 12-13

---

23 54 O quizá, «brillaba». En este caso habría en ello una alusión a la costumbre judía de encender lámparas al comienzo del sábado (al caer la noche).
24 6 Lucas, que no quería hablar de apariciones en Galilea, modifica Mc 16 7, como había omitido Mc 14 28.
24 12 A pesar de su omisión por algunos testigos, debe mantenerse este versículo. De estilo lucano a la vez que joánico, representa una tradición común al tercer y cuarto evangelios. Lc 24 24 se hace eco, y deja entender que Pedro no estuvo solo en su carrera.
24 13 Var. menos apoyada: «ciento sesenta». -Se discute la identificación de este pueblo. El relato que sigue se distingue de otros que narran las apariciones del Re-

sucitado y es afín a la historia de Felipe y el eunuco, Hch 8 26-40: en ambos casos la perplejidad inicial queda resuelta por la instrucción y cada relato concluye con una acción sacramental.
24 16 En las apariciones referidas por Lc y Jn, los discípulos no reconocen al Señor a la primera, sino sólo a consecuencia de una palabra o de un signo, Lc 24 30s.35.37 y 39-43; Jn 20 14.16.20: 21 4 y 6-7: comp. Mt 28 17. Y es que, aun manteniéndose idéntico a sí mismo, el cuerpo del Resucitado se encuentra en un estado nuevo que modifica su figura exterior, Mc 16 12, y lo libra de las condiciones sensibles de este mundo, Jn 20 19. Sobre el estado de los cuerpos gloriosos, ver 1 Co 15 44+.

por el camino?» Ellos se pararon con aire entristecido*.

¹⁸ Uno de ellos, llamado Cleofás, le respondió: «¿Eres tú el único residente en Jerusalén que no sabe las cosas que han pasado allí estos días?» ¹⁹ Él les dijo: «¿Qué cosas?» Ellos le dijeron: «Lo de Jesús el Nazoreo*, que fue un profeta poderoso en obras y palabras delante de Dios y de todo el pueblo; ²⁰ cómo nuestros sumos sacerdotes y magistrados le condenaron a muerte y le crucificaron. ²¹ Nosotros esperábamos que sería él el que iba a librar a Israel; pero, con todas estas cosas, llevamos ya tres días desde que esto pasó. ²² El caso es que algunas mujeres de las nuestras nos han sobresaltado, porque fueron de madrugada al sepulcro ²³ y, al no hallar su cuerpo, vinieron diciendo que incluso habían visto una aparición de ángeles que decían que él vivía. ²⁴ Fueron también algunos de los nuestros* al sepulcro y lo hallaron tal como las mujeres habían dicho, pero a él no le vieron.»

²⁵ Él les dijo: «¡Oh insensatos y tardos de corazón para creer todo lo que dijeron los profetas! ²⁶ ¿No era necesario que el Cristo padeciera eso para entrar así en su gloria?» ²⁷ Y, empezando por Moisés y continuando por todos los profetas, les explicó lo que había sobre él en todas las Escrituras.

²⁸ Al acercarse al pueblo a donde iban, él hizo ademán de seguir adelante. ²⁹ Pero ellos le rogaron insistentemente: «Quédate con nosotros, porque atardece y el día ya ha declinado.» Entró, pues, y se quedó con ellos. ³⁰ Sentado a la mesa con ellos, tomó el pan, pronunció la bendición, lo partió y se lo iba dando. ³¹ Entonces se les abrieron los ojos y le reconocieron, pero él desapareció de su vista. ³² Se dijeron uno a otro: «¿No estaba ardiendo nuestro corazón dentro de nosotros cuando nos hablaba en el camino y nos explicaba las Escrituras?»

³³ Y, levantándose al momento, se volvieron a Jerusalén y encontraron reunidos a los Once y a los que estaban con ellos, ³⁴ que decían: «¡Es verdad! ¡El Señor ha resucitado y se ha aparecido a Simón!» ³⁵ Ellos, por su parte, contaron lo que había pasado en el camino y cómo le habían conocido al partir el pan*.

Aparición a los apóstoles.

³⁶ Estaban hablando de estas cosas, cuando él se presentó en medio de ellos y les dijo: «La paz con vosotros.» ³⁷ Sobresaltados y asustados, creían ver un espíritu. ³⁸ Pero él les dijo: «¿Por qué os turbáis? ¿Por qué se suscitan dudas en vuestro corazón? ³⁹ Mirad mis manos y mis pies; soy yo mismo. Palpadme y ved, porque un espíritu no tiene carne y huesos como véis que yo tengo.» ⁴⁰ *Y, diciendo esto, les mostró las manos y los pies*. ⁴¹ Como no acababan de creérselo a causa de la alegría y estaban asombrados, les dijo: «¿Tenéis aquí algo de comer?» ⁴² Ellos le ofrecieron un trozo de pescado. ⁴³ Lo tomó y comió delante de ellos.

Últimas instrucciones a los apóstoles.

⁴⁴ Después* les dijo: «Éstas son aquellas palabras mías que os dije cuando todavía estaba con vosotros: Es necesario que se cumpla todo lo que está escrito en la Ley de Moisés, en los Profetas y en los Salmos acerca de mí.» ⁴⁵ Y, entonces, abrió sus inteligencias para que comprendieran las Escrituras ⁴⁶ y les dijo: «Así está escrito: que el Cristo debía padecer y resucitar de entre los muertos al tercer día ⁴⁷ y que se predicaría en su nombre la conversión para perdón de los pecados a todas las naciones, empezando desde Jerusalén. ⁴⁸ Vosotros sois testigos de estas cosas.

⁴⁹ «Mirad, yo voy a enviar sobre vosotros la Promesa de mi Padre*. Vosotros permaneced en la ciudad hasta que seáis revestidos de poder desde lo alto.»

Mt 2 23+
Mt 16 14+
Hch 7 22

1 54.68;
2 38

24 9s

Mc 4 13+
Mt 8 10+
Hch 3 24+
Lc 18 31+
Lc 9 22+
1 P 1 11
16 29.31

24 16+

1 Co 15 5

24 16+

Jn 20 19-23

1 12+
24 16+

Mt 8 10+
1 14+
Jn 21 5

Jn 21
9-10.13

9 22+
24 25-26

Mc 4 13+
Hch 2 23+

Hch 10 40+
Mt 3 2+
Mt 28 18-20
Mc 16 15-16
Lc 2 38+

‖Hch 1 8+
‖Hch 1 4
Hch 2 33+
Ga 3 14
Ef 1 13

---

24 17 Var.: «¿De qué discutís entre vosotros mientras vais andando con aire entristecido?»
24 19 Var.: «el Nazareno».
24 24 O plural de generalización, v. 12, o bien alusión a la visita hecha por Pedro y Juan juntos y referida por Jn 20 3-10.
24 35 Lucas, al emplear aquí este término técnico que repetirá en los Hechos, Hch 2 42+, piensa sin duda en la Eucaristía.
24 40 (a) Debe mantenerse este v. a pesar de su omi-

sión por buenos testigos.
24 40 (b) Como Lucas escribía para griegos y éstos consideraban absurda la idea de la resurrección, insiste en la realidad física del cuerpo de Jesús resucitado, ver v. 43.
24 44 Todo *parece* ocurrir el mismo día, el día de la Resurrección. Hch 1 1-8 supone por el contrario un período de cuarenta días.
24 49 Es decir, el Espíritu Santo, ver Hch 1 4s; 2 33.39; Ga 3 14.22; 4 6; Ef 1 13; Jn 1 33+.

‖Mc 16 19
‖Hch 1 9.12

La Ascensión.

Lv 9 22
Si 50 20

50 Los sacó hasta cerca de Betania y, alzando sus manos, los bendijo. 51 Y, mientras los bendecía, se separó de ellos y fue llevado al cielo*. 52 Ellos, después de postrarse ante él*, se volvieron a Jerusalén con gran gozo. 53 Y estaban siempre en el Templo bendiciendo a Dios*.

9 51+

1 14+
2 20+

---

24 51 Om.: «y fue llevado al cielo». Esta omisión pretende evitar la Ascensión el día mismo de la Resurrección, que parece contradecir a la de Hch 1 3.9, cuarenta días después.

24 52 Om.: «después de postrarse ante él».
24 53 El evangelio de Lucas concluye en el Templo donde había comenzado, entre alegría y alabanzas divinas.

EVANGELIO SEGÚN SAN JUAN

EVANGELIO SEGÚN SAN JUAN

Introducción

Un evangelio

La primera conclusión del evangelio joánico, 20 31, define a éste y lo sitúa literariamente. Es también un «Evangelio», al igual que la más antigua predicación de la Iglesia: una proclamación de la mesianidad y divina filiación de Jesús, partiendo de los «signos», para desarrollar la fe en Cristo y obtener así la vida.

El evangelio de Juan se presenta como los evangelios sinópticos. Comienza mostrando el testimonio del Bautista sobre Jesús, refiere a continuación un cierto número de episodios relativos a la vida de Jesús, muchos de los cuales coinciden con los de la tradición sinóptica; y termina con los relatos de la pasión y la resurrección. Se distingue sin embargo de los otros evangelios por numerosos rasgos: milagros que aquéllos ignoran, como el del agua convertida en vino en Caná o el de la resurrección de Lázaro, largos discursos, como el que sigue a la multiplicación de los panes, cristología mucho más desarrollada insistiendo especialmente en la divinidad de Cristo.

La estructura del libro

Se han propuesto muchas maneras de dividir el evangelio, todas las cuales contienen una parte de verdad, pero pecan a menudo por exceso de sistematización. Lo mejor es dejarse guiar por las indicaciones más claras dadas por el mismo evangelista. Por una parte, está claro que insiste en la importancia de las fiestas litúrgicas judías, como jalones de su relato: tres Pascuas, 2 13; 6 4; 11 55, una fiesta no precisada, 5 1, una fiesta de las Tiendas, 7 2, una fiesta de la Dedicación, 10 22. Por otra parte, en diversas ocasiones, consigna cuidadosamente el orden de los días para dividir la vida de Cristo en períodos determinados. Por ejemplo: la primera semana del ministerio de Cristo, 1 19 - 2 11, la semana de la fiesta de las Tiendas, 7 2. 14.37, la semana de la Pasión, 12 1.12; 19 31.42, comprendida entre su relato: la sepultura simbólica 12 7, y su realización, 19 38s; nótese asimismo la evocación de la primera Pascua, en 4 45, que forma una «in- clusio» con 2 13-25. *Teniendo en cuenta estos dos hechos, se podría proponer la división siguiente:*

— *Prólogo, 1 1-18: «En el principio...»*
— *El ministerio de Jesús:*
1. *El anuncio de la nueva economía, 1 19 - 4 54: la semana inicial; los acontecimientos que gravitan en torno a la primera Pascua.*
2. *Segunda fiesta, en sábado, en Jerusalén: primera oposición a la revelación, 5 1-47.*
3. *En Galilea, la Pascua del Pan de vida: nueva oposición a la revelación 6 1-71.*
4. *La fiesta de las Tiendas: la gran revelación mesiánica; la gran repulsa, 7 1 - 10 21.*
5. *La fiesta de la Dedicación: decisión de dar muerte a Jesús, 10 22 - 11 54.*
6. *Fin del ministerio público de Jesús y preliminares de la última Pascua, 11 55 - 12 50.*
— *La Hora de Jesús. La Pascua del Cordero de Dios:*
1. *La última cena de Jesús con sus discípulos, 13 1 - 17 26.*
2. *La pasión, 18-19.*
3. *El Día de la Resurrección, 20 1-29.*
4. *Primera conclusión del evangelio, 20 30s.*
— *Epílogo 21 1-25: Aparición a orillas del Lago de Tiberíades.*

Así pues, además del Prólogo, 1 1-18, y del Epílogo, 21 1-25, el evangelio de Juan tiene dos partes netamente diferenciadas: el libro de los «signos», 1 19 - 12 43, con su conclusión pesimista, 12 37-43, y el libro de la pasión-resurrección, 13 1 - 20 31, con su solemne introducción, 13 1-3.

Esta estructura en doble parte, según algún autor, podría ser fruto de la redacción última, dado que el corte entre los caps. 12 y 13 no cuadra con una estructura concéntrica que algunos describen entre los caps. 11 al 20 y cuyo centro sería el discurso de la Cena, 14 1-31 Pero en esta estructura concéntrica no entran episodios tan fundamentales como el lavatorio de los pies. Por ello es preferible atenerse a la disposición del texto actual.

La unidad del Evangelio: Fuentes y estratos redaccionales

Es bastante difícil descubrir el plan preciso según el cual ha querido San Juan exponer este misterio de Cristo. Notemos ante todo que el orden en que se presenta el evangelio ofrece cierto número de dificultades: sucesión difícil de los caps. **4**, **5**, **6**, **7** *1-24; anomalía en los caps.* **15-17** *que vienen después de la despedida* **14** *31; situación fuera del contexto de fragmentos como* **3** *31-36 y* **12** *44-50. Es posible que estas anomalías provengan del modo como se ha compuesto y editado el evangelio: en realidad sería el resultado de una lenta elaboración, con elementos de épocas diversas, retoques, adiciones, diversas redacciones de una misma enseñanza, habiéndose publicado definitivamente no por el mismo evangelista sino, después de su muerte, por sus discípulos,* **21** *24; éstos habrían insertado en la trama primitiva del evangelio fragmentos joánicos que no querían que se perdieran y cuyo lugar no estaba rigurosamente determinado.*

Según algunos, el evangelista habría utilizado una o varias fuentes. Bultmann distingue así: una «fuente de los signos» cuyo contenido serían los milagros relatados en el cuarto evangelio, una colección de los «dichos» atribuidos a Jesús, un relato de la pasión y la resurrección de Cristo. Un último redactor habría añadido un cierto número de retoques a la obra del evangelista. De esta reconstrucción de Bultmann, sólo la hipótesis de una «fuente de los signos» ha tenido un cierto éxito. Éxito muy relativo, por lo demás, ya que para algunos (Fortna) no se podría hablar ya de una «fuente de signos», sino de un evangelio completo que incluía también la predicación del Bautista y los relatos de la pasión y la resurrección. En razón de la relativa unidad de estilo del conjunto del evangelio, otros autores prefieren hablar de un evangelio joánico primitivo, mucho más simple que el evangelio actual, que habría sido ampliado y desarrollado, probablemente en varias etapas, durante la segunda mitad del siglo primero. La presencia de los abundantes duplicados en el evangelio de Juan muestra la complejidad del problema. Algunos temas han debido de desarrollarse de diferentes maneras en los medios joánicos antes de ser incorporados al evangelio actual. Sea cual sea el modo de aproximación al problema, los comentaristas se esfuerzan por reconstruir un «escrito fundamental» reutilizado por el evangelista. Es posible que también Lucas conociera este «escrito fundamental», lo que explicaría el parentesco, notado desde hace tiempo, entre tradiciones «joánicas» y «lucanas» (Evangelio y Hechos), especialmente en lo que respecta a los relatos de la pasión y la resurrección.

Pero la mayoría de los comentaristas modernos estiman que el autor del cuarto evangelio, sea quien sea, habría utilizado un documento más antiguo, de origen palestino y que, según algunos, habría sido escrito en arameo.

El desarrollo de la cristología del Evangelio

Según Dt **18** *15.18-19, Dios había prometido a su pueblo enviarle un profeta semejante a Moisés. Esta promesa se ha realizado en Jesús de Nazaret. Tal convicción sirve de base a todo el evangelio de Juan y domina casi todos sus temas mayores. Jesús es, no un profeta ordinario, sino el Profeta por excelencia, Jn* **6** *14;* **7** *40.52, que alimenta al pueblo de Dios como lo había hecho Moisés durante el Éxodo,* **6** *5-13; ver Ex* **16**. *No es Juan Bautista este profeta por excelencia,* **1** *21b, sino Jesús, a propósito del cual había escrito Moisés en la Ley,* **1** *45;* **5** *46; ver Dt* **18** *15.18. Para subrayarlo, el evangelista pone en los labios de Jesús palabras que se referían a Moisés en el AT,* **12** *48-50;* **8** *28-29;* **7** *16b-17; ver Dt* **18** *18-19; Nm* **16** *28; Ex* **3** *12;* **4** *12. En la economía de la nueva alianza, Jesús sustituye a Moisés,* **1** *17, y los judíos deben ahora escoger entre el antiguo y el nuevo Moisés,* **9** *24-34. Un profeta es, por definición, el portavoz de Dios. Este era el caso de Moisés, quien no hacía más que repetir lo que Dios le había mandado decir (Dt* **18** *18; Ex* **4** *12.15). Lo es también el caso del propio Jesús,* **12** *49;* **8** *28. Él no habla por su propia cuenta,* **7** *16-18;* **14** *10.24, y no hace sino transmitir a los hombres las palabras que Dios le ha dado para ellos,* **17** *8;* **3** *34. Ahora bien, ¿cuál es el mensaje que el nuevo Moisés ha venido a transmitirnos de parte de Dios? Que nos amemos los unos a los otros como Jesús mismo nos ha amado a nosotros,* **13** *34-35;* **15** *12.17. Es el mandamiento que Cristo nos deja como su testamento y que resume toda la Ley antigua, las diez «palabras» que antaño nos había transmitido Moisés de parte de Dios (Ex* **20** *1-17; Dt* **5** *5-22). Porque «Dios es Amor», 1 Jn* **4** *7-16, y este amor baja del Padre sobre Cristo y sobre nosotros, y luego vuelve a subir de nosotros a Cristo y al Padre,* **17** *23-26;* **3** *16.35;* **10** *17;* **11** *5;*

13 1; 14 15.21-24.31; 15 9. El cristianismo es esencialmente una religión de amor. Moisés había recibido y transmitido a los hombres la revelación del Nombre divino por excelencia: «Yo soy» (Ex 3 13-15); del mismo modo Jesús ha revelado a los hombres este otro nombre divino, 17 6.26, que implica un amor indefectible: «Padre», 17 1.11.24.25. Habiendo recibido esta revelación de amor, los hombres no obedecen ya como esclavos, sino como amigos, 15 15; 8 34-36.

Cuando prometía a los hebreos el envío de un profeta semejante a Moisés, Dios les ordenaba también: «Escuchadle» (Dt 18 15). El que no escuche sus palabras será condenado por Dios (Dt 18 19). Es una cuestión de vida o muerte: si el pueblo hebreo quiere vivir y no morir, deberá obedecer los mandamientos de Dios, escuchar su voz (Dt 30 15-20). Lo mismo los discípulos de Cristo. El que escucha la palabra de Cristo tiene la vida eterna, ha pasado de la muerte a la vida, 5 24; el que guarde esta palabra no verá jamás la muerte, 8 51. El que rechaza a Cristo y no recibe sus palabras está condenado, 12 48; ver Dt 18 29, porque el mandamiento de Dios es vida eterna, 12 50. Sólo Cristo tiene palabras que son vida eterna, 6 63.68; ver Dt 8 3. La palabra de Dios es a la vez luz y vida, 1 4-5.9, luz que permite caminar hacia la vida, 8 12; 9 5; ver Sal 119 115, sin tropezar contra los obstáculos que hay en el camino, 11 9-10; 12 35-36. Cristo ha partido delante de nosotros para prepararnos un lugar en la casa del Padre, (ver Dt 1 33), pero volverá a buscarnos para que podamos reunirnos con él donde él está, 14 2-3; 17 24; 12 26. Aquel que va en seguimiento de Jesús, como discípulo suyo, llega finalmente adonde está Jesús, 1 37-39; confrontar con 7 33-34; 8 21-22, en la casa del Padre, 14 2-3.

Moisés, como todos los profetas, había sido «enviado» por Dios para salvar y guiar a su pueblo (Ex 3 10-12). Igualmente, Cristo fue «enviado» por Dios para dar la vida a los hombres, 3 17.34; 6 29.57; 7 29; 10 36; 17 18. Tan cierto es esto que Jesús nombra a Dios veinte veces como «aquel que me ha enviado», 4 34; 5 23-24.30, y passim. Pero ¿cómo podemos nosotros creer que en efecto es así y que Jesús no es un impostor, ver 7 12.17-18.21-25? Ya Moisés había expuesto este reparo a Dios (Ex 3 13; 4 1), y para responderle Dios había concedido a Moisés el

realizar «signos» que serían la prueba de su misión divina (Ex 4 2-9). Lo mismo pasa con Jesús. Durante su vida terrestre, realiza seis milagros, de los cuales los dos primeros y el último se ofrecen como «signos» que prueban su misión, 2 11; 4 54; 12 18; ver 11 42. Y es por razón de estos signos por lo que la gente sigue a Jesús y cree en él, 2 23; 6 2.14; 7 31; 11 47; 12 37; 20 30. En efecto, sólo Dios puede alterar las leyes de la naturaleza; por tanto, si un hombre realiza «signos», es porque ha venido de parte de Dios y porque «Dios está con él», 3 2; 9 32-33; ver Ex 3 12. Y el signo por excelencia, el séptimo, será la resurrección de Cristo, 2 18-22, porque es Jesús mismo quien tiene poder de recobrar su vida, 10 17-18. Sin embargo, para creer en Jesús no se debe dar demasiada importancia a los «signos», 4 48; 20 25.29; es en definitiva su palabra, el mensaje que nos transmite de parte de Dios, lo que debe unirnos a él, 4 40-42. Si, incluso después del «signo» de la multiplicación de los panes, sólo los Doce siguen fieles a Jesús, es porque han comprendido que él tiene las palabras de la vida eterna, 6 66-69. Sus palabras deben comprometer nuestra fe por la misma razón que los «signos» que realiza, 15 22.24; ver Ex 4 15-17. Si es verdad que los «signos» atestiguan en favor de la misión de Jesús, 5 36; 10 25, también deben moverlos otros motivos como el testimonio del Bautista, 1 7-8.15; 5 31-35, el del Padre en el acto del bautismo de Cristo, 5 37; ver 1 32-34, el de las Escrituras que anunciaron su venida, 5 39.45-47; ver Dt 18 15.18, en fin el Espíritu, 15 26. Por su parte, el discípulo a quien Jesús amaba puede atestiguar que Jesús está realmente muerto, 19 35, condición indispensable para que el «signo» por excelencia, la resurrección, no pueda ponerse en duda.

Con el tema de Jesús nuevo Moisés está estrechamente unido el de Jesús rey mesiánico. Precisamente porque le reconocen como el Profeta por excelencia los judíos quieren tomarle por la fuerza para hacerle rey, 6 14-15. Esta relación entre los dos temas procede quizá de las tradiciones samaritanas. En efecto, para los samaritanos dos personajes dominaban la historia bíblica: Moisés, el profeta por excelencia, y el patriarca José a quien ellos daban el nombre de «rey», ver Gn 41 41-43. Ahora bien, en el evangelio de Juan, después de ser reconocido como «Aquel de quien Moisés escribió en la Ley», 1 45; ver Dt 18

15.18, Jesús es proclamado «rey de Israel» por Natanael, 1 49, e inmediatamente después provee de vino a los que no lo tenían, como el patriarca José había abastecido de trigo durante el hambre de Egipto, 2 5 citando Gn 41 55. Sea ello lo que fuere, mediante este título de «rey» dado a Jesús se empalma con las tradiciones judías según las cuales Cristo, el rey mesiánico, debía ser descendiente de David, 7 40-42. Así, aclamado por la multitud como «rey de Israel» hará Jesús su entrada solemne en Jerusalén, 12 13, y como «rey de los judíos» será condenado a muerte y clavado en la cruz, 19 3.12-15.19-21. ¿Cómo explicar este dramático vuelco de situación? Es que Satán, el Diablo, reina ya sobre el mundo. Es «el Príncipe de este mundo», 12 31; 14 30; 16 11, y el mundo entero yace en su poder, 1 Jn 5 19. Detrás de los enemigos de Jesús se esconde y actúa el Príncipe de este mundo decidido a perderle, 14 30; 13 2.27. Él domina el mundo, y este mundo malo, al que pertenecen los jefes del pueblo judío, 8 23, no puede menos de odiar a Jesús y a todos los que se han hecho discípulos suyos, 15 18-19; 17 14. De este modo, el evangelio de Juan se presenta como un drama. Cada vez que Jesús sube a Jerusalén, tropieza con una oposición más violenta por parte de los jefes del pueblo judío, 5 16-18; 7 30-32.44; 8 59; 10 31.49, quienes, finalmente, reúnen el Sanedrín y deciden darle muerte, 11 47-53. Pero, situación paradójica que Satán no preveía, en el momento mismo en que Jesús es «elevado» en la cruz llega a su fin la dominación del Príncipe de este mundo, 12 31-32. La elevación de Jesús en la cruz es como el primer paso que marca su retorno a la gloria divina en la Hora señalada por Dios, 12 23; 13 31-32; 17 1.5, la Hora de su entronización real. Jesús es rey, pero su realeza no es de este mundo, 18 36. El Príncipe de este mundo no tiene, pues, ningún poder sobre él, 14 30.

Jesús es el Profeta, el nuevo Moisés anunciado por Dt 18 15.18, pero es muy superior a Moisés. Un profeta es un portavoz de Dios. Para que fuera así, Dios ponía sus palabras en la boca de Moisés (Dt 18 18), estaba en su boca (Ex 4 12). De una manera mucho más radical, en Jesús es la Palabra misma de Dios, personificada, la que ha venido a encarnarse, 1 1-2.14. Al igual que la Palabra de la que habla Isaías 55 10-11, ésta ha venido a habitar entre los hombres para dar a los que la reciben el poder de hacerse «hijos de Dios», 1 12-13, y luego ha retornado al seno del Padre, 1 18; 13 3; 16 27-28; 14 2-3. En Jesús, es la Palabra de Dios la que nos da a conocer los misterios divinos, 1 18; 3 11-13. Ya no está escondida en los cielos, ha venido a vivir junto a nosotros, Dt 30 11-14; Ba 3 29-31.38. En cuanto Palabra de Dios encarnada, Cristo puede decir: «Antes de que Abrahán existiera, Yo Soy», 8 58. Él existía antes que el mundo, que fue creado por la Palabra, 1 3. Por eso Isaías pudo ver su gloria, 12 41, y cuando Cristo retorna al Padre, éste le devuelve la gloria que tenía antes que el mundo fuese, 17 5. En cuanto Palabra de Dios encarnada, Cristo no es solamente «hijo de Dios», título que no implicaba un sentido trascendente, en contra de la acusación que le hacían los judíos, 10 33-36; 19 7, es el Unigénito, 1 14.18; 3 16.18. Como Engendrado de Dios, Pr 8 25, él mismo es Dios, 1 1; 20 29; 1 Jn 5 20. Cuando dice a los judíos: «Antes de que Abrahán existiera, Yo Soy», 8 58; ver 8 24.28; 13 19; Is 43 10; 45 18; Dt 32 39, este último verbo evoca la revelación que Dios hizo a Moisés cuando la teofanía del Sinaí: «Yo soy el que soy. Así dirás a los israelitas: 'Yo soy' me ha enviado a vosotros» (Ex 3 14). Cuando una tropa armada viene a prender a Jesús, él les dice: «Yo soy», y la evocación del Nombre divino basta para tirarlos por tierra, 18 5-6. Por cuanto la Palabra de Dios, Jn 1 1, ha sido Dios quien, en Jesús, ha venido a habitar entre nosotros, Jn 1 14.

La gloria del Verbo Encarnado

En cada evangelista predomina un determinado enfoque sobre Jesús y sobre su misión. Para San Juan, Jesús es el Verbo hecho carne, que ha venido a dar la vida a los hombres, 1 14. El misterio de la Encarnación domina todo su pensamiento. Esta teología de la Encarnación se expresa en lenguaje de misión y testimonio. Jesús es la Palabra (el Verbo) enviada por Dios a la tierra y que debe volver a Dios una vez cumplida su misión, ver 1 1+. Esta misión consiste en anunciar a los hombres los misterios divinos: Jesús es el testigo de lo que ha visto y oído junto al Padre, ver 3 11+. Para acreditar su misión, Dios le ha dado poder de realizar cierto número de obras, de «signos»; que superan las posibilidades humanas y demuestran que ciertamente ha sido enviado por ese Dios que obra en él, ver 2 11+; estos «signos» son la manifestación, todavía discreta, de su gloria, en espera de la plena manifestación en el día de su resurrección, ver 1

*14+. Porque según la profecía de Is **52** 13 (LXX), el Hijo del hombre debe ser «alzado», y, por la Cruz, volver al Padre, ver **12** 32+, para recobrar la gloria que tenía en Dios «antes que el mundo fuese», **17** 5+.24, cuya revelación tuvieron los Profetas, ver **5** 39.46; **12** 41; **19** 37 y notas. Su manifestación es la teofanía que culmina y eclipsa todos los precedentes, la de la creación, **1** 1, las que fueron otorgadas a Abrahán, **8** 56, a Jacob, **1** 51, a Moisés, **1** 17, a los profetas. La gloria del «Día de Yahvé», ver Am **5** 18+, se cumple en el «Día» de Jesús, **8** 56, y especialmente en su «Hora», **2** 4+, la Hora de su «elevación» y de su «glorificación»; entonces se revela la trascendente grandeza del «enviado», ver 8 24+; 10 30+, venido al mundo para dar la vida, ver **3** 35+, a los que por la fe reciben el mensaje de salvación que él trae, ver **3** 11+. Y precisamente porque toda esta «misión» del Hijo está ordenada a una obra de salvación, es en definitiva manifestación suprema del amor del Padre al mundo, ver **17** 6+.*

El Espíritu de la verdad

Cristo nuevo Moisés, el profeta por excelencia, va a dejar este mundo para retornar al Padre. Pero los discípulos se beneficiarán entonces de la venida del Espíritu de verdad, del Paráclito, que continuará entre ellos la obra de Cristo. Al igual que Cristo, él procede del Padre, **15** 26; ver 8 42; 16 27-30; 17 8. Como él será «enviado» a ellos (por el Padre a petición de Cristo: 14 16; 15 26; por el mismo Cristo: 15 26; 16 7) y permanecerá con ellos para siempre, **14** 16-17; ver Mt 28 20. Su misión será la de enseñarles todo lo que Cristo no haya podido decirles, y, del mismo modo que Cristo, no hablará «por su cuenta», limitándose a transmitir lo que haya oído junto al Padre, **16** 12-15. Así los discípulos comprenderán el sentido misterioso, todavía oculto, de ciertos acontecimientos concernientes a Cristo, **2** 22; **12** 16; **13** 7; **20** 9. El Espíritu podrá dar testimonio de Cristo, **15** 26, haciendo comprender a los discípulos que, a pesar de su muerte ignominiosa, él era el Enviado de Dios, aquel en quien había que creer para salvarse, aquel que, a pesar de las apariencias, había vencido definitivamente al Príncipe de este mundo, **16** 8-11.

La doble perspectiva escatológica y su significado

En su conjunto, el cuarto evangelio desarrolla el principio de una escatología ya realizada. El judaísmo distinguía entre el mundo presente y el mundo (escatológico) futuro; según Jn 8 23, los dos mundos coexisten: el uno es de «abajo» (este mundo) y el otro es de «arriba», de Dios, **13** 1. Según el punto de vista de muchos lugares del evangelio la resurrección no debe ya esperarse para el momento en que se instaure el «mundo futuro» (ver Dn **12** 1-2), sino que se ha realizado ya en y por Cristo, **11** 23-36. El que cree en Cristo ha pasado ya de la muerte a la vida, **5** 24; **1** Jn 3 14, nunca más verá la muerte, o sea la muerte en el sentido semítico de la palabra, ese casi aniquilamiento en el seol, **8** 50; **11** 25. La muerte ya no es más que una apariencia (ver Sb **3** 2). En este sentido, los que creen en Cristo no serán juzgados, mientras que los que se niegan a creer están ya juzgados, **3** 18-21.36. Todo esto supone una antropología con distinción entre alma y cuerpo. Pero el último redactor del cuarto evangelio quiso introducir la escatología judía heredada de Daniel: Hasta «el último día» no resucitará el que cree en Cristo, **6** 39.40.44.54; confrontar con **11** 23-26; «en el último día» será juzgado, **11** 48, cuando, a la voz de Cristo, todos los que estén en los sepulcros saldrán, los unos para una resurrección de vida, los otros para una resurrección de juicio, **5** 28-29; ver Dn **12** 2; confrontar con **5** 24.

Ambas perspectivas escatológicas se completan actualmente en el evangelio.

La cuestión del autor del evangelio y la identidad del Discípulo Amado

Una última cuestión queda por plantear: ¿quién es el autor de este evangelio tan rico y tan complejo? La tradición, casi unánimemente, responde: Juan el apóstol, el hijo de Zebedeo. Vemos ya en la primera mitad del siglo II que muchos autores conocen y utilizan el cuarto evangelio: San Ignacio de Antioquía, el autor de las Odas de Salomón, Papías, San Justino, y quizá el mismo San Clemente de Roma; todo ello es prueba de que el evangelio gozaba ya de autoridad apostólica. El primer testimonio explícito es el de San Ireneo, hacia el 180: «Luego Juan, el discípulo del Señor, el mismo que reposó en su pecho, publicó también el evangelio durante su estancia en Éfeso.» Casi por la misma época, Clemente de Alejandría, Tertuliano y el canon de Muratori atribuyen también formalmente el cuarto evangelio a Juan el apóstol. Si se ha podido recoger una opinión opuesta entre los siglos II-III, es la de algunos que reaccionan contra los «es-

pirituales» *montanistas, quienes utiliza-*
ban el evangelio de Juan con fines tenden-
ciosos. Pero esta oposición se reduce a
poca cosa, y, basada en razones teológi-
cas, no tiene ninguna raíz en la tradición.

Por lo demás, nada hay en el mismo
evangelio que se oponga a esta tradición;
muy al contrario. Ya hemos visto que el
evangelio se presenta bajo la garantía de
un discípulo amado del Señor, testigo
ocular de los hechos que narra. Su lengua
y su estilo denotan su origen manifiesta-
mente semítico; se le ve perfectamente al
corriente de las costumbres judías, así
como de la topografía palestinense en
tiempo de Cristo. Parece unido con espe-
cial amistad a Pedro, 13 23s; 18 15; 20 3-
10; 21 20-23, y Lucas nos informa de que
efectivamente ese era el caso de Juan el
apóstol, Lc 22 8; Hch 3 1-4.11; 4 13.19; 8
14. ¿Cómo explicar finalmente el silencio
incomprensible del cuarto evangelio sobre
los dos hijos de Zebedeo, sino precisamen-
te porque habría sido puesto bajo la au-
toridad de uno de ellos? El «discípulo a
quien Jesús amaba... que ha escrito estas
cosas», 21 24, es ciertamente aquel a
quien, con Pedro y Santiago, estima Je-
sús de un modo particular, Mc 5 37; 9 2;
13 3; 14 33. Se ha querido objetar el hecho
de que, según algunos testimonios, Juan
el apóstol habría muerto mártir en fecha
relativamente temprana y que por lo mis-
mo no habría podido ser el testigo a que
se refiere esta tradición que pone bajo su
autoridad el evangelio que lleva su nom-
bre. En realidad es difícil negar que haya
habido efectivamente una antigua tradi-
ción en favor de este martirio; pero ¿tiene
más garantías de autenticidad que la tra-
dición que hace vivir a San Juan en Éfeso
hasta edad avanzada? Y aun siendo así, se
podrá observar que silencia la fecha de tal
martirio. Por otra parte, el conjunto de las
tradiciones joánicas, como ya lo hemos
visto, ciertamente se constituyó en fecha
muy antigua, aunque el evangelio no se
hubiera redactado y editado definitiva-
mente hasta más tarde, probablemente
por los discípulos de Juan. En consecuen-
cia, la paternidad joánica del cuarto evan-
gelio no sería inconciliable con la hipóte-
sis de un martirio del apóstol.

Algunos han sugerido la identificación
del Discípulo Amado con Lázaro. Este dis-
cípulo vivía en los alrededores de Jerusa-
lén, y nada impide que fuera conocido del
sumo sacerdote. Por otra parte, cuando
cae gravemente enfermo, sus hermanas
mandan un mensajero a decir a Jesús:

«Aquel a quien tú quieres está enfermo»,
11 3. En la intención de las hermanas de
Lázaro, no había confusión posible: Jesús
no tenía más que un amigo. ¿No sería éste
entonces «el discípulo a quien Jesús ama-
ba»? Sin embargo la identificación de
Juan el Apóstol con el Discípulo Amado
tiene las garantías de la Tradición. Esto se
refiere primariamente al testimonio apos-
tólico que está detrás del evangelio. Con
ello no se excluye que la obra haya podido
ser escrita por un discípulo que la pone
bajo la autoridad del apóstol Juan.

El simbolismo de los números

Para expresar sus ideas cristológicas, el
evangelista utiliza a menudo el simbolis-
mo de los números, procedimiento bas-
tante corriente en la época. Su interés por
las cifras se transparenta en ciertos deta-
lles. En 4 16-18, Jesús reprocha a la sa-
maritana el haber tenido cinco maridos, y
la palabra «marido» se repite cinco veces.
Lo mismo sucede con las palabras «pa-
nes» y «peces» en 6 9-13, «discípulos» en
1 35-37 y 21 1-14. Más interesante es el
empleo de cifras que tienen un valor sim-
bólico bien conocido en la antigüedad;
siete simboliza la totalidad, la perfección,
y seis evoca la idea de imperfección. Jesús
ha «sanado» al paralítico, 7 23, el adjetivo
«sano» se repite siete veces en el relato pri-
mitivo, 5 4.6.9.11.14.15; 7 23, lo mismo
que la expresión «abrir los ojos» en el re-
lato paralelo de la curación del ciego de
nacimiento, 9 10.14.17.21.26.30.32. El
hijo del funcionario real de Cafarnaún es
curado en la hora séptima, 4 52-53. En
cambio, la debilidad de Cristo-hombre se
manifiesta en la hora sexta, 4 6; 19 14. En
5 31-47, el evangelista enumera los testi-
gos en favor de la misión de Cristo, a los
que contrapone el rechazo de los judíos a
creer; ahora bien, el verbo «atestiguar» se
repite siete veces en este pasaje, 5 31.32.
32.33.36.37.39, mientras que el verbo
«creer», a menudo en negativo, se lee seis
veces, 5 38.44.46.46.47.47. Así se oponen
judaísmo y cristianismo. Las tinajas que
servían para la purificación de los judíos
son seis, 2 6; este sistema de purificación,
imperfecto, ha caducado (confrontar con
15 3; 13 8-10). Las fiestas «de los judíos»
se mencionan seis veces: la Pascua, 2 13;
6 4; 11 55, una fiesta no nombrada, 5 1,
las Tiendas, 7 2, y la Dedicación, 10 22;
pero la última Pascua se va a convertir en
la Pascua de Cristo, su paso de este mun-
do al Padre, 13 1, y por eso es nombrada
siete veces, 11 55.55; 12 1; 13 1; 18 28.39;

19 *14. Cristo es ahora el verdadero Cordero pascual,* **19** *36; ver Ex* **12** *10.46;* *1 Cor* **5** *7. Pero aunque se le dé muerte, él mismo tiene el poder de resucitar, lo que constituirá el séptimo «signo» para atestiguar la realidad de su misión, el «signo» por excelencia,* **2** *18-19; ver* **2** *1ss;* **4** *46ss;* **5** *1ss;* **6** *2ss;* **9** *1ss;* **11** *1ss.*

La fecha de composición del evangelio

¿En qué fecha se compuso el cuarto evangelio? El más antiguo testimonio al respecto es un fragmento de papiro (Rylands 457), escrito hacia el 125, que contiene Jn 18 31-34 y 37-38 en la forma que nosotros conocemos hoy. El papiro Egerton 2, muy poco posterior a aquél, cita otros varios pasajes. Estos dos documentos han sido hallados en Egipto. De donde se puede concluir que el cuarto evangelio habría sido publicado, en Éfeso o en Antioquía, lo más tarde en los últimos años del siglo primero. Por otra parte, si es cierto que textos como Jn 9 22; **12** *42;* **16** *2, aludirían a una decisión de las autoridades judías tomada en el concilio de Yamnia, la composición del cuarto evangelio, en su forma casi definitiva, no podría ser anterior a los años 80. Pero esta redacción, que supone una evolución bastante compleja de las tradiciones «joánicas», obliga a retrotraer la composición del documento más antiguo a una fecha mucho más temprana. Un texto como Jn* **14** *2-3, próximo a 1 Ts* **4** *13ss, supone que todavía se esperaba el retorno de Cristo en un futuro muy cercano. Es posible, pues, que el documento «joánico» más antiguo, de origen palestino, pueda datarse alrededor del año 50.*

EVANGELIO SEGÚN SAN JUAN

Prólogo

1 Jn 1 1-2

1 ¹ En el principio* existía la Palabra
y la Palabra estaba junto a Dios,
y la Palabra era Dios.
² Ella estaba en el principio junto a Dios.

1 Co 8 6
Col 1 15-20
Hb 1 1-3

³ Todo se hizo por ella
y sin ella no se hizo nada.
Lo que se hizo ⁴ en ella* era la vida*
y la vida era la luz de los hombres,

8 12+
1 Jn 2 8

⁵ y la luz brilla en las tinieblas*,
y las tinieblas no la vencieron.

⁶ Hubo un hombre, enviado por Dios:
se llamaba Juan*.

1 19-34
5 31+
1 40+

⁷ Éste vino para un testimonio,
para dar testimonio de la luz,
para que todos creyeran por él.
⁸ No era él la luz,
sino quien debía dar testimonio de la
luz.

⁹ La Palabra era la luz verdadera
que ilumina a todo hombre,
viniendo a este mundo*.

Sb 7 26+
1 Jn 1 5

¹⁰ En el mundo estaba,
y el mundo fue hecho por ella,
y el mundo no la conoció*.

¹¹ Vino a los suyos,
y los suyos* no la recibieron.

¹² Pero a todos los que la recibieron
les dio poder de hacerse hijos de Dios,
a los que creen en su nombre*;

1 18+
1 Jn 5 13

¹³ los cuales no nacieron de sangre,
ni de deseo de carne,
ni de deseo de hombre
sino que nacieron de Dios*.

1 Jn 5 18

¹⁴ Y la Palabra se hizo carne*,
y puso su Morada entre nosotros*,

---

1 1 Ver Gn 1 1. En 1 1-5, el evangelista recoge un himno más antiguo que sigue las huellas del relato de la creación en Gn 1 1-31, con la cadencia marcada por los verbos: «Dijo Dios...y así fue»: Dios ha creado el mundo por su Palabra, ver Sal 33 6-9; Si 9 1; Si 42 15, especialmente la luz opuesta a las tinieblas, Gn 1 18, los seres vivos, Gn 1 20-25, y al hombre, Gn 1 26-27. Es posible que los vv. 1c-2, encuadrados por la repetición redaccional «junto a Dios... junto a Dios» y que rompen el ritmo binario del párrafo, hayan sido añadidos por el evangelista para afirmar la divinidad de Cristo, Palabra encarnada, ver 8 24+; 20 29; 1 Jn 1 2. El tema de la Palabra creadora se desarrolla en armonía con Is 55 10-11: enviada por Dios, 1 9-11; 4 34+, al mundo, 1 9+, para fecundarlo, 1 12+, revelándole la «verdad», 8 32+, retorna a Dios después de haber cumplido su misión, 1 18; 13 1; 16 28. Este conjunto de temas: presencia junto a Dios, papel desempeñado en la creación, envío al mundo para adoctrinar en él a la humanidad, atañen a la Sabiduría tanto como a la Palabra, Pr 8 22-36+; Si 24 3-32; Sb 9 9-12. En el NT corresponde a Juan, gracias al hecho de la Encarnación, 1 14+, inferir la naturaleza personal de esta Palabra (Sabiduría) subsistente y eterna.
1 4 (a) O quizá: «Lo que existió por ella».
1 4 (b) En el griego, el término vida, sin artículo, no puede ser el sujeto del verbo ser; por tanto, no procede unir las palabras «lo que se hizo» a la frase precedente. En cambio, la omisión del artículo era regular cuando el substantivo, incluso determinado, se ponía como atributo delante del verbo ser, ver 1 49.
1 5 La luz (el Bien, la Palabra) escapa al dominio de las Tinieblas (el Mal, las potencias del mal), ver 8 12+. Otros traducen: «Y las tinieblas no la recibieron».
1 6 Primitivamente, los vv. 6-8 debían de preceder inmediatamente a los vv. 19ss.
1 9 Este v. 9 debe unirse a los vv. 4-5: es la Palabra-luz (y no el Bautista) la que viene al mundo, 3 19; 12 46; ver 6 14; 9 39; 11 27; 18 37, porque fue enviada por Dios a él, 10 36; 17 18. Otros prefieren traducir: «...todo hombre que viene a este mundo».
1 10 El «mundo» puede designar simplemente el universo creado, 17 5.24, pero según las tradiciones judías, tiene a menudo un matiz peyorativo. Sometido al poder de Satán, 12 31; 14 30; 16 11; 1 Jn 5 19, se niega a creer en la misión de Cristo, 16 8.11, y persigue con su odio

a Jesús y a sus discípulos; 15 18-19; 7 14, cuya luz denuncia su perversión; 7 7; 3 19-21. Su malicia es profunda, 17 9, pero será vencido por Cristo, 16 33. Comparar con el sentido peyorativo de «tierra» en Ap 6 15; 13 3.8; 14 3; 17 2.5.8. Según las tradiciones judías, a este mundo malo sucederá un día «el mundo futuro»; para Juan, el mundo escatológico está ya presente «arriba», 8 23, junto al Padre, 13 1, donde los discípulos de Cristo gozan de la vida eterna, 12 25 Pero otros textos presentan el mundo con un tono más optimista. Así, es capaz de creer en Cristo a la vista de los signos que realiza, 12 19. Dios lo ama y ha enviado a su Hijo para salvarlo dándole la vida, 3 16-17; 12 47; 6 33.51. Por cuanto lo quita su pecado, 1 29, Cristo es el salvador del mundo, 4 42.
1 11 Probablemente el pueblo judío.
1 12 La Palabra es una semilla divina, 1 Jn 3 9; Lc 8 11, que, cuando la recibimos, nos hace hijos de Dios, 1 Jn 3 1; 1 P 1 23; St 1 18. Según Jn 3 5-6, nuestro nuevo nacimiento es el fruto del Espíritu, ver Rm 8 14.
1 13 La lectura en plural «los cuales no nacieron», atestiguada por el conjunto de manuscritos griegos, es la lectura corriente. Var.: «Él que no nació». En el libro apócrifo de Henoc, 15 4, se reprocha a los ángeles que se hayan unido a las mujeres según Gn 6 1-5: «En la sangre de mujeres os habéis manchado y en la sangre de la carne habéis engendrado y en la sangre de hombres habéis dado pasto a la concupiscencia». En el supuesto de la lectura en singular, Juan, que quiere hacer ver que Jesús no fue concebido como los Gigantes a partir de ángeles caídos, sino «de Dios», ver Lc 1 34-35.
1 14 (a) Ver 1 Jn 4 2; 2 Jn 7; Rm 3.— La «carne» designa a la humanidad en su condición de debilidad y de mortalidad, Gn 6 3; Sal 56 5; Is 40 6-8; Jn 3 6; 17 2. Al revestirse de nuestra humanidad, la Palabra de Dios ha asumido todas sus debilidades, incluida la muerte, Flp 2 6-8.
1 14 (b) Verbo griego eskénôsen, ver skênê. Lit.: «su tienda». Alusión a la Tienda *miškän* que, en tiempo del Éxodo, simbolizaba la presencia de Dios, Ex 26 1+, presencia que se hizo manifiesta por la irrupción de la gloria de Dios en ella en el momento de su inauguración, Ex 40 34-35. La Palabra, Unigénito del Padre, en quien reside el nombre temible «Yo soy», Ex 3 14-15; Jn 8 24+, resplandeciente de esa gloria que tiene del

---

Is 40 5
Jn 17 5+
1 Jn 1 1-3

y hemos contemplado su gloria*,
    gloria que recibe del Padre como Uni-
    génito,
    lleno de gracia y de verdad*.

¹⁵ Juan da testimonio de él y clama:
    «Este era del que yo dije:

=1 30
El que viene detrás de mí

3 22+
se ha puesto delante de mí,
    porque existía antes que yo.»

¹⁶ Pues de su plenitud hemos recibido
todos, y gracia por gracia*.
¹⁷ Porque la Ley fue dada por medio de
Moisés;
    la gracia y la verdad nos han llegado
por Jesucristo.
¹⁸ A Dios nadie le ha visto jamás:
    el Hijo Unigénito,
    que está en el seno del Padre,
    él lo ha contado.

Col 2 9-10

1 21+

Ex 33 20+
Si 43 31
Jn 6 46
1 Jn 4 12
Jn 3 11+;
17 6+

El ministerio de Jesús

1. EL ANUNCIO DE LA NUEVA ECONOMÍA

A. LA SEMANA INAUGURAL

1 7-8.15
El testimonio de Juan.

5 33
¹⁹ Y este fue el testimonio de Juan,
cuando los judíos* enviaron desde Jerusalén sacerdotes y levitas a preguntarle:
«¿Quién eres tú?» ²⁰ Él confesó, y no

Lc 3 15
Hch 13 25
negó; confesó: «Yo no soy el Cristo.» ²¹ Y
le preguntaron: «¿Qué pues?; ¿Eres tú

Mt 17
10-13+
Mt 16 14+
Elías*?» Él dijo: «No lo soy.» — «¿Eres
tú el profeta*?» Respondió: «No.» ²² Entonces le dijeron: «¿Quién eres, pues,
para que demos respuesta a los que nos
han enviado? ¿Qué dices de ti mismo?»
²³ Dijo él: «Yo soy

la voz del que clama en el desierto:
Rectificad el camino del Señor,

Is 40 3
‖Mt 3 3+

como dijo el profeta Isaías». ²⁴ Habían
sido enviados por los fariseos. ²⁵ Y le preguntaron: «¿Por qué, pues, bautizas, si no
eres tú el Cristo ni Elías ni el profeta?»
²⁶ Juan les respondió: «Yo bautizo con
agua, pero en medio de vosotros está uno
a quien no conocéis ²⁷ que viene detrás de
mí, a quien yo no soy digno de desatarle
la correa de su sandalia.» ²⁸ Esto ocurrió
en Bethabara*, al otro lado del Jordán,
donde estaba Juan bautizando.

Mt 3 6+

7 27+

Mc 1 7p

10 40

Padre, realiza en la nueva alianza esta presencia divina
que debe asegurar la salvación del pueblo de Dios, Ex
34 9. Él es verdaderamente el Emmanuel, «Dios con nosotros», anunciado por Is 7 14; Mt 1 23.
1 14 (c) La gloria era la garantía de la presencia de
Dios, Ex 24 16+. Ella misma no podía ser vista, Ex 33
20+, pero se manifestaba a través de los prodigios realizados por Dios en favor de su pueblo, Ex 15 7; 16 7.
Lo mismo sucederá con la Palabra encarnada, cuyos
«signos» manifiestan la gloria, 2 11+; 11 40, «en espera
del signo» por excelencia de la resurrección, 2 18-19; 17
5. También del mismo modo que la gloria de Dios se
reflejaba en el rostro de Moisés después de la teofanía
del Sinaí, Ex 34 29.35, así el rostro de Cristo resplan-
deció cuando la Transfiguración (similar a la teofanía
del Sinaí, ver Mt 17+), y sus discípulos pudieron ver así
el reflejo de su gloria, Lc 9 32; 2 P 1 16-18.
1 14 (d) La fórmula corresponde a la de Ex 34 6+:
«rico en amor y fidelidad» en la definición que Dios da
de sí mismo a Moisés. Al régimen de la Ley sucede el
del amor indefectible de Dios, que se manifiesta en Cristo, 1 17.
1 16 Es decir, «una gracia correspondiente a la gracia
(que está en el Hijo único)»; o «una gracia (la de la nueva alianza) en lugar de otra gracia (la de la antigua
alianza)». Otra traducción: «gracia sobre gracia».
1 18 En la Biblia, la expresión «hijo de Dios» no tenía
un sentido trascendente y podía designar: bien a miembros del pueblo de Dios, Os 2 1, su rey, Sal 2 7;
2 S 7 14, bien al justo perseguido que espera el auxilio
de Dios, Sb 2 16-18; Mt 4 3+. También Juan lo sabe, 10
32-36, y por eso adopta la expresión «Unigénito», 1
14.18; 3 16.18; 1 Jn 4 9, que no ofrece ningún equívoco,
ver Pr 8 24. — Var. «un Dios Unigénito».
1 19 En el evangelio de Juan, este término tiene diferentes significados. Designa a veces a los adeptos del
judaísmo, cuyos ritos se explican a los lectores de origen no judío (ver 2 6.13; 18 20, etc.); se los distingue de
los samaritanos y de los gentiles (ver 4 9; 18 35). Pero
con más frecuencia la palabra tiene un significado técnico y designa a las autoridades religiosas hostiles a Jesús (8 37+), sumos sacerdotes y fariseos: comparar 18
3 con 18 12; y 18 24.28 con 18 31. Finalmente, algunas
veces designa a los fariseos contemporáneos de la redacción del evangelio, que representaban entonces, a
partir del año 70, el judaísmo frente a su rival el cristianismo: comparar 9 22 con 12 42.
1 21 (a) Sobre la vuelta esperada de Elías, ver Ml 3
23-24 y Mt 17 10-13.
1 21 (b) Apoyados en Dt 18 15 (ver la nota), los judíos esperaban al Mesías como a un nuevo Moisés (el
profeta por excelencia, ver Nm 12 7+), que renovaría
centuplicados los prodigios del Éxodo. Ver Jn 3 14; 6
14.30-31.58; 7 40.52; 13 1+; Hch 3 22-23; 7 20-44; Hb
3 1-11. Ver también Mt 16 14+.
1 28 Significa «lugar de paso», recordando el paso
del Jordán al final del Éxodo, Jos 3. Juan bautiza todavía «al otro lado del Jordán», por este bautismo de
penitencia prepara al pueblo de Dios para «pasar» a la
Tierra Prometida. — Var. más corrientemente adoptada:
Betania, 11 1.18.

1 Jn 3 5
1 S 9 17

[29] Al día siguiente ve a Jesús venir hacia él y dice: «He ahí el cordero de Dios, que quita el pecado del mundo*. [30] Este es por quien yo dije:

8 58; 1 1+

Detrás de mí viene un hombre,
que se ha puesto delante de mí,
porque existía antes que yo.

[31] «Yo no le conocía, pero he venido a bautizar en agua para que él sea manifestado a Israel*.» [32] Y Juan dio testimonio diciendo: «He visto al Espíritu que bajaba como una paloma del cielo y se quedaba sobre él. [33] Y yo no le conocía pero el que me envió a bautizar con agua, me dijo:

Is 11 2; 61 1
Mt 3 16p

'Aquel sobre quien veas que baja el Espíritu y se queda sobre él, ése es el que bautiza con Espíritu Santo'*. [34] Y yo le he visto y doy testimonio de que ése es el Elegido de Dios*.»

3 5
Mt 3 11+

Is 42 1
Lc 9 35;
23 35

Mt 4 18-20p

Los primeros discípulos.

[35] Al día siguiente, Juan se encontraba de nuevo allí con dos de sus discípulos. [36] Fijándose en Jesús que pasaba, dice: «He ahí el Cordero de Dios»*. [37] Los dos discípulos le oyeron hablar así y siguieron a Jesús*. [38] Jesús se volvió y, al ver que le seguían, les dice: «¿Qué buscáis?» Ellos le respondieron: «Rabbí —que quiere decir 'Maestro'— ¿dónde vives?» [39] Les respondió: «Venid y lo veréis.» Fueron, pues, vieron dónde vivía y se quedaron con él aquel día. Era más o menos la hora décima*.

[40] Andrés, el hermano de Simón Pedro, era uno de los dos que habían oído a Juan y habían seguido a Jesús*. [41] Éste encuentra primeramente a su propio hermano, Simón, y le dice: «Hemos encontrado al Mesías» — que quiere decir, Cristo. [42] Y le llevó a Jesús Fijando Jesús su mirada en él, le dijo: «Tú eres Simón, el hijo de Juan; tú te llamarás Cefas» — que quiere decir, 'Piedra'».

Mt 16
18-19+
Mc 3 16

[43] Al día siguiente, Jesús quiso partir para Galilea y encuentra a Felipe. Y Jesús le dice: «Sígueme.» [44] Felipe era de Betsaida, de la ciudad de Andrés y Pedro.

12 21
Mt 9 9

[45] Felipe encuentra a Natanael y le dice: «Aquel de quien escribió Moisés en la Ley, y también los profetas, lo hemos encontrado: Jesús, el hijo de José, el de Nazaret.» [46] Le respondió Natanael: «¿De Nazaret puede haber cosa buena?» Le

1 21+
5 39+
Dt 18 18+
Hch 26 22+

7 41.42.52
Mt 13 54s

---

1 29 El «pecado» (en singular) por excelencia es negarse a reconocer a Cristo como el enviado de Dios, 15 22.24; 16 9; 8 21, aquel que ha venido a revelarnos la «verdad», 8 32+; es estar «ciego» hasta el punto de no saber cuál es la voluntad de Dios sobre el hombre, 9 39-41; Mt 15 14; 23 16-26; Rm 2 17-24, rechazando al nuevo Moisés, 9 28-34. Esta ignorancia relativa al discernimiento entre el bien y el mal, Gn 3 3-5, consecuencia del dominio de Satán sobre el mundo, 8 34+, es lo que el Cordero debe quitar, 1 29. Como el Siervo de Dios del que habla Is 42 1-4, y al que aludirá Jn 1 34, él quita el pecado gracias a la enseñanza que nos da. Por eso, algunos han pensado que el término «cordero» era una mala traducción de un original hebreo que significaba también «siervo».—La tradición joánica conoce posiblemente la interpretación targúmica del sacrificio de Isaac, «atado sobre el monte como un cordero sobre el altar», Gn 22 2.6-9; ver Rm 8 32; y ve en Isaac una figura de Cristo, ver Jn 3 16; 8 56.—Para Jn, Jesús es también el «Cordero» pascual, 18 28+; 19 36, que, por su muerte, recibe dominio sobre los hombres, 12 31+; Ap 5 12, y por tanto quita el «pecado» del mundo. —La alusión a Is 53 7.11 es aquí poco probable.
1 31 Según las tradiciones judías, el Mesías, que no se distinguía en nada de los demás hombres, debía permanecer de incógnito hasta el día en que fuera manifestado como Mesías, por Elías vuelto a la tierra, Ml 3 23-24; Jn 1 35+. Este tema es el que se evoca en 1 26. 31, ver 7 27, versículos que quizá estaban unidos en una redacción más antigua.
1 33 Por cuanto el Espíritu reposa sobre él, Is 11 2; 42 1; 61 1, Cristo podrá comunicarlo a los demás, realizando así la profecía de Ez 36 26-27, ver la alianza nueva de Jr 31 31+. Pero esta efusión del Espíritu sólo tendrá lugar una vez que Cristo haya sido «glorificado», 7 39; ver 20 22-23, o «elevado» a la diestra de Dios, Hch 2 33, el día de Pentecostés, Hch 1 5; 2 4.
1 34 Alusión a Is 42 1+; ver Lc 9 35; 23 35; Jesús es

el Siervo sobre el que Dios ha puesto su Espíritu, ver 1 29. Juan invierte los datos del relato del bautismo de Cristo, Mc 1 9-11: ya no es Jesús sino el Bautista quien ve al Espíritu bajar; ya no es la voz celeste la que da testimonio de Cristo, sino el Bautista, ver 1 31+.— Var.: «el Hijo de Dios», por armonización con Mt 3 17.
1 36 Los vv. 35-36 y 33a son un duplicado de los vv. 29 y 31a. Provienen de dos tradiciones joánicas paralelas, que aquí ha fundido el evangelista. Es posible que el v. 15, duplicado del v. 30 y que en el Prólogo se halla fuera de contexto, se leyera primitivamente después de los vv. 35-36.
1 37 Ver Mc 1 18. El relato joánico de la vocación de Pedro y Andrés no tiene en común con el de Mc 1 16-18 = Mt 4 18-20 (Lc lo omite) más que la expresión «siguieron a Jesús», característica del discípulo. La tradición joánica parece preferible. En Mc y Mt, la vocación de Pedro y Andrés es un calco de la de Santiago y Juan, que presenta rasgos más primitivos.
1 39 Hacia las cuatro de la tarde. Todo el relato está estilizado para describir la condición del discípulo de Cristo. En el AT, para encontrar a D os había que buscarle, Dt 4 29; Is 55 6, ahora, el que «busca» a Cristo lo «encuentra», vv. 38 y 41, ver Mt 7 7-8; y porque «sigue» a Jesús, vv. 37-38, el discípulo llega adonde él vive, v. 39; ver 12 26; 14 3; 17 24. En el extremo opuesto de los discípulos están los judíos que se niegan a creer en Jesús, 7 34; 8 21; ver Os 5 6; Pr 1 28.
1 40 Se piensa a menudo que el otro discípulo era el apóstol Juan. Pero ¿no sería más bien Felipe, el compañero habitual de Andrés, 6 7-9; 12 21-22, y que va a reaparecer a partir del v. 43? Esta interpretación supone la variante textual del v. 41: «Éste, el primero, encuentra...». Según 1 7, todos van a creer por el testimonio del Bautista, primero Andrés y Felipe, 1 35-37, después, gracias a ellos, el mundo judío, 1 41-42; 1 45-49 (las dos escenas están construidas de manera similar), y después el mundo pagano 12 21-22.

Sal 32 2
Rm 2 29

6 15; 12 13

Gn 28 10-17

Mt 8 20+

21 2

dice Felipe: «Ven y lo verás.» ⁴⁷ Vio Jesús que se acercaba Natanael y dijo de él: «Ahí tenéis a un israelita de verdad, en quien no hay engaño.» ⁴⁸ Le dice Natanael: «¿De qué me conoces?» Le respondió Jesús: «Antes de que Felipe te llamara, cuando estabas debajo de la higuera, te vi*.» ⁴⁹ Le respondió Natanael: «Rabbí, tú eres el Hijo de Dios*, tú eres el rey de Israel.» ⁵⁰ Jesús le contestó: «¿Por haberte dicho que te vi debajo de la higuera, crees? Has de ver cosas mayores.» ⁵¹ Y le añadió: «En verdad, en verdad os digo: veréis el cielo abierto y a los ángeles de Dios subir y bajar sobre el Hijo del hombre*.»

La boda en Caná.

2 ¹ Tres días después* se celebraba una boda en Caná de Galilea y estaba allí la madre de Jesús*. ² Fue invitado también a la boda Jesús con sus discípulos. ³ Y no tenían vino, porque se había acabado el vino de la boda. Le dice a Jesús su madre: «No tienen vino.» ⁴ Jesús le

responde: «¿Qué tengo yo contigo*, mujer*? Todavía no ha llegado mi hora*.» ⁵ Dice su madre a los sirvientes: «Haced lo que él os diga.»

⁶ Había allí seis tinajas de piedra, puestas para las purificaciones de los judíos, de dos o tres medidas cada una. ⁷ Les dice Jesús: «Llenad las tinajas de agua.» Y las llenaron hasta arriba. ⁸ «Sacadlo ahora, les dice, y llevadlo al maestresala.» Ellos lo llevaron. ⁹ Cuando el maestresala probó el agua convertida en vino, como ignoraba de dónde era (los sirvientes, los que habían sacado el agua, sí que lo sabían), llama el maestresala al novio ¹⁰ y le dice: «Todos sirven primero el vino bueno y cuando ya están bebidos, el inferior. Pero tú has guardado el vino bueno hasta ahora.» ¹¹ Tal comienzo de los signos hizo Jesús, en Caná de Galilea*, y manifestó su gloria, y creyeron en él sus discípulos. ¹² Después bajó a Cafarnaún con su madre y sus hermanos y sus discípulos*, pero no se quedaron allí muchos días.

Gn 41 55

Mc 7 3-4

Mt 26 29p
Lc 5 37-39p

4 54; 12 37
Ex 4 30-31
Jn 1 14+

Mt 4 13;
12 46+
Hch 1 15+

B. LA PRIMERA PASCUA

‖Mt 21
12-13
‖Mc 11 11.
15-17
‖Lc 19
45-46
Ne 13 7s

La purificación del Templo.

¹³ Se acercaba la Pascua de los judíos y Jesús subió a Jerusalén. ¹⁴ Y encontró en el Templo a los vendedores de bueyes,

ovejas y palomas, y a los cambistas en sus puestos. ¹⁵ Haciendo un látigo con cuerdas, echó a todos fuera del Templo, con las ovejas y los bueyes; desparramó el dinero de los cambistas y les volcó las

Ml 3 1-4

1 48 El conocimiento de las realidades ocultas es una de las características de los profetas, 16-19; Lc 7 39. Natanael reconoce así que Jesús es el Profeta-Rey, ver 6 14-15, del que le ha hablado Felipe, 1 45; ver Dt 18 18. Sobre este conocimiento sobrenatural de Cristo, ver además: 2 24s; 6 61.64.71; 13 1.11.27.28; 16 19.30; 18 4; 21 17.
1 49 Aquí simple título mesiánico, como «Rey de Israel». Ver Mt 4 3+.
1 51 Este sueño de Jacob, Gn 28 10-17, se realizará cuando el Hijo del hombre sea «levantado», 3 14+.
2 1 (a) Tres días después* del encuentro con Felipe y Natanael. De este modo, el evangelio se abre con una semana completa, contada casi día por día, y que concluye con la manifestación de la gloria de Jesús.
2 1 (b) María está presente en el primer milagro que manifiesta la gloria de Jesús, y de nuevo en la cruz, 19 25-27. Con evidente intención, varios rasgos se corresponden en las dos escenas.
2 4 (a) Lit.: «¿Qué a mí y a ti?», semitismo bastante frecuente en el AT, Jc 11 12; 2 S 16 10; 19 23; 1 R 17 18; etc., y en el NT, Mt 8 29; Mc 1 24; 5 7; Lc 4 34; 8 28. Se emplea para rechazar una intervención que se juzga inoportuna y hasta para indicar a alguien que no se quiere mantener relación alguna con él. Sólo el contexto permite precisar el matiz exacto en cada caso. Aquí, Jesús presenta a su madre la dificultad de que «todavía no ha llegado su hora».
2 4 (b) Este tratamiento, insólito en un hijo para con su madre, se repetirá en 19 26, donde su significación se aclara como evocación de Gn 3 15.20: María

es la nueva Eva, «la madre de los vivientes».
2 4 (c) La «hora» de Jesús es la hora de su glorificación, de su vuelta a la diestra del Padre. El evangelio señala su proximidad, 7 30; 8 20; 12 23.27; 13 1; 17 1. Fijada por el Padre, no podrá ser adelantada. Con todo, el milagro conseguido con la intervención de María será su anuncio simbólico.
2 11 Al igual que Moisés, Ex 4 1-9.27-31, Jesús debe realizar «signos» para probar que ha sido enviado por Dios, ya que sólo Dios puede obrar contra las leyes naturales, Jn 3 2; 9 31-33. Durante su vida terrestre realizará seis, 2 1.11; 4 46.54; 5 2ss; 6 5.14; 9 1.16; 11 1ss; ver 12 18, el último de ellos la resurrección de Lázaro que prefigura su propia resurrección, el signo por excelencia, 2 18-19; ver 10 17-18. Estos signos y otros muchos que no se han descrito explícitamente, deben suscitar la fe en la misión de Cristo, 2 23; 4 45; 6 2; 7 31; 10 40-42; 20 30-31; sin embargo, es una nota de decepción lo que cierra la primera parte del evangelio, 12 37. En 4 48, ver 20 25.29, de redacción probablemente más tardía, Jesús reprocha a sus interlocutores que tengan necesidad de «signos» para creer. A excepción de este último texto (4 48), el término «signo» lo usa sólo el evangelista a propósito de Jesús; por su parte, Jesús habla de sus «obras», 5 36+, o de las de sus discípulos, 14 12.
2 12 Esta bajada a Cafarnaún, con tanto hincapié expresada, no parece tener objeto. Numerosos autores admiten que, en el documento primitivo recogido por el evangelista, seguía inmediatamente el relato de 4 46b y siguientes, ver 4 46+. Esta solución aproximaría las fórmulas paralelas de 2 11 y 4 54.

Za 14 21

mesas; [16] y dijo a los que vendían palomas: «Quitad esto de aquí. No hagáis de la casa de mi Padre una casa de mercado.» [17] Sus discípulos se acordaron de que estaba escrito:

Sal 69 10

El celo por tu casa me devorará.

6 30

[18] Los judíos entonces replicaron diciéndole: «¿Qué signo nos muestras para obrar así?» [19] Jesús les respondió: «Destruid este santuario y en tres días lo levantaré*.» [20] Los judíos le contestaron: «Cuarenta y seis años se ha tardado en construir este santuario*, ¿y tú lo vas a levantar en tres días?» [21] Pero él hablaba del santuario de su cuerpo. [22] Cuando fue levantado, pues, de entre los muertos, se acordaron sus discípulos de que había dicho eso, y creyeron en la Escritura y en las palabras que había dicho Jesús.

Mt 26 61+

Mt 12 6+.
38-40+

1 14+

5 39+;
14 26+

Estancia en Jerusalén.

1 48+

[23] Mientras estuvo en Jerusalén, por la fiesta de la Pascua, muchos creyeron en su nombre al ver los signos que realizaba. [24] Pero Jesús no se confiaba a ellos porque los conocía a todos [25] y no tenía necesidad de que se le diera testimonio acerca de los hombres, pues él conocía lo que hay en el hombre.

Entrevista con Nicodemo.

7 48.50-52;
12 42-43;
19 39
Lc 18 18

3 [1] Había entre los fariseos un hombre llamado Nicodemo, magistrado judío. [2] Fue éste a Jesús de noche y le dijo: «Rabbí, sabemos que has venido de Dios como maestro, porque nadie puede realizar los signos que tú realizas si Dios no está con él.» [3] Jesús le respondió:

2 11+

«En verdad, en verdad te digo:

el que no nazca de nuevo*
no puede ver el Reino de Dios*.»

1 12+

Mt 18 3

[4] Dícele Nicodemo: «¿Cómo puede uno nacer siendo ya viejo? ¿Puede acaso entrar otra vez en el seno de su madre y nacer?» [5] Respondió Jesús:

2 19+

«En verdad, en verdad te digo:
el que no nazca* de agua y de Espíritu
no puede entrar en el Reino de Dios.
[6] Lo nacido de la carne, es carne;
lo nacido del Espíritu es espíritu.
[7] No te asombres de que te haya dicho:
Tenéis que nacer de nuevo.
[8] El viento sopla donde quiere,
y oyes su voz,
pero no sabes de dónde viene ni a dónde va.
Así es todo el que nace del Espíritu.»

1 33+
Mt 3 5
Tt 3 5

1 14+
6 63
1 Co 15
44-50

8 14+
Qo 11 5

[9] Respondió Nicodemo «¿Cómo puede ser eso?» [10] Jesús le respondió: «Tú eres maestro en Israel y ¿no sabes estas cosas?
[11] «En verdad, en verdad te digo:
nosotros hablamos de lo que sabemos
y damos testimonio de lo que hemos visto*,
pero vosotros no aceptáis nuestro testimonio.
[12] Si al deciros cosas de la tierra,
no creéis,
¿cómo vais a creer
si os digo cosas del cielo?
[13] Nadie ha subido al cielo*
sino el que bajó del cielo,
el Hijo del hombre.
[14] Y como Moisés elevó la serpiente en el desierto,
así tiene que ser elevado el Hijo del hombre*,

3 32

6 60-62
Sb 9 16-17
Flp 3 19s

20 17+
Pr 30 4
Rm 10 6
Ef 4 8-9
Jn 1 18
Nm 21 4-9
Sb 16 5-7

---

2 19   En el evangelio de Juan, Cristo suele emplear palabras que, además de su sentido natural (el único comprendido por sus interlocutores), puede incluir otro sentido, sobrenatural o figurado, ver 2 21 (Templo); 3 3 (nuevo nacimiento); 4 15 (agua viva); 4 32 (alimento); 6 34 (pan vivo); 7 35 (irse); 8 33+ (esclavitud); 11 11s (despertar); 12 34 (levantar); 13 9 (lavar); 13 36s (irse); 14 22 (manifestarse). De ahí un malentendido que da ocasión a Cristo para desarrollar su enseñanza, ver 3 11+.
2 20   La reconstrucción del Templo se había emprendido el año 19 antes de nuestra era. Esto sitúa la escena en la Pascua del año 28.
3 3   (a) Jn emplea una palabra griega, *ánozen*, que también significa «de lo alto», ver 3 7.31. Este doble sentido no lo tiene la lengua de Jesús y Nicodemo.
3 3   (b) Único caso en Juan, con el v. 5, de esta expresión frecuente en los sinópticos, Mt 4 17+; al Reino corresponde en Jn la «vida» o la «vida eterna».
3 5   Los vv. 6-8 indican que el acento recae no sobre el agua, sino sobre el Espíritu. En los profetas, así como en Qumrán, el agua es un símbolo frecuente del Espí-

ritu, ver Is 44 3; Ez 36 25+.27; Za 12 10; 13 1; 14 8.
3 11   Lo que Cristo ha visto junto al Padre, 8 38; ver 3 31-32, que es un duplicado de 3 1-13. Cristo puede expresarse así porque él es la Palabra encarnada, 1 14.18. La fórmula «oír del Padre», 8 26.40; 15 15, es menos fuerte y podría decirse de un simple profeta.
3 13   No se trata de la ascensión (verbo en pasado). Cristo alude a textos como Dt 30 12; Ba 3 29; Pr 30 4, ver Rm 10 6: como venido del cielo, puede darnos a conocer los misterios de la voluntad divina, ver Sb 9 16-17.
3 14   En Dn 7 13-14+ el Hijo de hombre sube junto a Dios para recibir allí la investidura regia. Para Juan, el Hijo del hombre debe ser «elevado» en la cruz, 3 14; 8 28; 12 34, pero esto es el primer paso que debe llevarle junto a Dios, 12 33+, en la gloria, 12 23; 13 31; ver 1 51+, donde reinará después de destronar al Príncipe de este mundo, 12 31-32. Al subir al cielo, el Hijo del hombre no hará sino retornar a su lugar propio, recobrar la gloria que tenía antes de la creación del cosmos, 17 5; ver 3 13; 1 14+. —Es en esta línea de pensamiento como se puede comprender el paralelo entre 3 14-15 y Nm 21 4-9. Los hebreos debían mirar a la serpiente de

¹⁵ para que todo el que crea
   tenga en él la vida eterna*.
¹⁶ Porque tanto amó Dios al mundo
   que dio a su Hijo unigénito,
   para que todo el que crea en él no perezca,
   sino que tenga vida eterna.
¹⁷ Porque Dios no ha enviado a su Hijo al mundo
   para juzgar al mundo,
   sino para que el mundo se salve por él.
¹⁸ El que cree en él, no es juzgado;
   pero el que no cree, ya está juzgado,
   porque no ha creído
   en el nombre del Hijo unigénito de Dios.
¹⁹ Y el juicio está
   en que la luz vino al mundo,
   y los hombres amaron más las tinieblas que la luz,
   porque sus obras eran malas.
²⁰ Pues todo el que obra el mal
   aborrece la luz y no va a la luz,
   para que no sean censuradas sus obras.
²¹ Pero el que obra la verdad,
   va a la luz,
   para que quede de manifiesto
   que sus obras están hechas según Dios.»

Ministerio de Jesús en Judea. Último testimonio de Juan.

²² Después de esto, se fue Jesús con sus discípulos al país de Judea; y allí se estaba con ellos y bautizaba*. ²³ Juan también estaba bautizando en Ainón*, cerca de Salín, porque había allí mucha agua,

y la gente acudía y se bautizaba. ²⁴ Pues todavía Juan no había sido metido en la cárcel.

²⁵ Se suscitó una discusión entre los discípulos de Juan y un judío acerca de la purificación*. ²⁶ Fueron, pues, a Juan y le dijeron: «Rabbí, el que estaba contigo al otro lado del Jordán, aquel de quien diste testimonio, mira, está bautizando y todos se van a él.» ²⁷ Juan respondió:

«Nadie puede recibir nada
   si no se le ha dado del cielo.

²⁸ «Vosotros mismos me sois testigos de que dije: 'Yo no soy el Cristo, sino que he sido enviado delante de él.'
²⁹ El que tiene a la novia es el novio*;
   pero el amigo del novio,
   el que asiste y le oye,
   se alegra mucho con la voz del novio.
   Esta es, pues, mi alegría, que ha alcanzado su plenitud.
³⁰ Es preciso que él crezca
   y que yo disminuya.
³¹ El que viene de arriba
   está por encima de todos*:
   el que es de la tierra,
   es de la tierra y habla de la tierra.
   El que viene del cielo*,
³² da testimonio de lo que ha visto y oído,
   y su testimonio nadie lo acepta.
³³ El que acepta su testimonio
   certifica que Dios es veraz.
³⁴ Porque aquel a quien Dios ha enviado
   habla las palabras de Dios,
   porque no da el Espíritu con medida*.
³⁵ El Padre ama al Hijo
   y ha puesto todo en su mano*.

Marginal references

1 21+; 12 32+
1 Jn 4 9; Gn 22; Mt 21 37p; Rm 8 32
1 1+; 4 34+
1 9; 12 47; 2 Co 5 19; Hch 4 12
1 18+; 2 23; 1 9+; 8 12+
Jb 24 13-17
7 7; Ef 5 13
8 32+; 1 Jn 3 19; Mt 5 14-16
4 1-2
Mt 3 6+; Lc 3 20
1 32
19 11; 1 Co 4 7; St 1 17; 1 19-27; Ml 3 1
Mt 19 15+
8 23
1 Jn 4 5
3 11
1 Jn 5 10; 7 28; 8 26
1 1+; 3 11+; 1 32
5 20

---

bronce puesta por Moisés sobre una «señal» para que Dios les perdonara su pecado (v. 7) y pudieran seguir con vida (v. 9). Así, el hecho de que el Hijo del hombre sea elevado en la cruz será lo que permitirá reconocer que él podía atribuirse el Nombre divino «Yo soy», 8 24+ y por tanto el hombre podrá evitar el morir en razón de los pecados. Creer en el Hijo del hombre «elevado», es creer en el nombre del Hijo, Unigénito de Dios, 3 18, es, por tanto, creer en el amor del Padre que ha sacrificado a su propio Hijo para que nosotros nos salvemos, 3 16 y el paralelo de 1 Jn 4 9-10; ver Rm 8 32. Si no se cree que el Hijo del hombre es el Unigénito, ¿cómo reconocer el amor del Padre para con nosotros? El peor de los pecados es no creer ya en el Amor.
3 15 La sección 3 16-21 tiene su paralelo en 12 46-50, pero parece de redacción más reciente. Un mismo tema joánico se ha desarrollado en dos perspectivas diferentes. Esta sección desarrolla una cristología «elevada» (ver nota precedente); la otra, que glosa a Dt 18 15.18, presenta simplemente a Cristo como el nuevo Moisés.
3 22 Bautismo idéntico al que daba Juan Bautista, Hch 19 1+: Así pues, probablemente Jesús fue uno de sus discípulos según 1 15.30 (el discípulo iba detrás del maestro) y 3 30 (el título «rabbí» significa «mi grande»; Juan cede el título de «grande» a Jesús). Los Sinópticos no dicen nada de esta actividad de Cristo, cuestionada

también en la glosa de 4 2.
3 23 Probablemente en Ain Farah, al norte de la actual Nablus. La actividad del Bautista en plena Samaría prepara la conversión de los samaritanos, 4 36-38; ver 4 1+. La tradición bizantina situará Ainón en el valle del Jordán, algunos kilómetros al sur de Escitópolis.
3 25 Probablemente a propósito del bautismo. —«un judío»: var.: «unos judíos». Texto quizá alterado. Acaso se leía: «Jesús» o «los discípulos de Jesús».
3 29 La imagen nupcial se aplica en el AT a las relaciones de Dios con Israel, Os 1 2+. Jesús se la apropia, Mt 9 15p; 22 1s; 25 1s. Pablo la repite, Ef 5 22s; 2 Co 11 2. Las bodas del Cordero, Ap 19 7; 21 2, se han inaugurado ya con la alegría mesiánica, aquí v. 29, ver 2 1-11.
3 31 (a) O también: «de todo».
3 31 (b) Adic.: «está por encima de todos» (o: «de todo»).
3 34 O: «que le da el Espíritu sin medida».
3 35 Por voluntad del Padre, todo está «en la mano», en el poder del Hijo, 3 35; 10 28.29; 13 3; 17 2; ver 6 37-39.44 17 24; 28 18; ése es el fundamento de su realeza, 12 13-15; 18 36-37, que inaugurará en el día de su «exaltación», 12 32+; 19 19; Hch 2 33; Ef 4 8, mientras que el reinado del Príncipe de este mundo llegará a su fin, 12 31.

Ef 5 6

[36] El que cree en el Hijo tiene vida eterna; el que resiste al Hijo, no verá la vida, sino que la ira de Dios permanece sobre él.»

Mt 3 7+

Jesús entre los samaritanos*.

4 [1] Cuando Jesús* se enteró de que había llegado a oídos de los fariseos que él hacía más discípulos y bautizaba más que Juan —[2] aunque no era Jesús mismo el que bautizaba, sino sus discípulos—, [3] abandonó Judea y volvió a Galilea. [4] Tenía que pasar por Samaría.

3 22

Lc 9 52-55

[5] Llega, pues, a una ciudad de Samaría llamada Sicar*, cerca de la heredad que Jacob dio a su hijo José. [6] Allí estaba el pozo de Jacob. Jesús, como se había fatigado del camino, estaba sentado junto al pozo. Era alrededor de la hora sexta*. [7] Llega una mujer de Samaría a sacar agua. Jesús le dice: «Dame de beber.» [8] Pues sus discípulos se habían ido a la ciudad a comprar comida. Le dice la mujer samaritana: [9] «¿Cómo tú, siendo judío, me pides de beber a mí, que soy una mujer samaritana*?» (Porque los judíos no se tratan con los samaritanos.) [10] Jesús le respondió:

Gn 33 18-20; 48 21-22+ Jos 24 32

19 14

19 28

Lc 10 29-37; 17 11-19

«Si conocieras el don de Dios, y quién es el que te dice: Dame de beber, tú le habrías pedido a él, y él te habría dado agua viva.»

3 16 Hch 8 20+

[11] Le dice la mujer: «Señor, no tienes con qué sacarla, y el pozo es hondo; ¿de dónde, pues, tienes esa agua viva? [12] ¿Acaso eres tú más que nuestro padre Jacob, que nos dio el pozo, y de él be-

6 31-32 8 53

bieron él y sus hijos y sus ganados?» [13] Jesús le respondió:

«Todo el que beba de esta agua, volverá a tener sed; [14] pero el que beba del agua que yo le dé, no tendrá sed jamás, sino que el agua que yo le dé se convertirá en él en fuente de agua que brota para vida eterna*.»

6 35; 7 37-39

Is 58 11

[15] Le dice la mujer: «Señor, dame de esa agua, para que no tenga más sed y no tenga que venir aquí a sacarla.» [16] Él le dice: «Vete, llama a tu marido y vuelve acá.» [17] Respondió la mujer: «No tengo marido.» Jesús le dice: «Bien has dicho que no tienes marido, [18] porque has tenido cinco maridos y el que ahora tienes no es marido tuyo; en eso has dicho la verdad*.» [19] Le dice la mujer: «Señor, veo que eres un profeta. [20] Nuestros padres adoraron en este monte* y vosotros decís que en Jerusalén es el lugar donde se debe adorar.» [21] Jesús le dice:

6 34 2 19+

1 48+

Mt 16 14+

Dt 12 5+

«Créeme, mujer, que llega la hora en que, ni en este monte, ni en Jerusalén adoraréis al Padre. [22] Vosotros adoráis lo que no conocéis; nosotros adoramos lo que conocemos, porque la salvación viene de los judíos. [23] Pero llega la hora (ya estamos en ella) en que los adoradores verdaderos adorarán al Padre en espíritu y en verdad*, porque así quiere el Padre que sean los que le adoren. [24] Dios es espíritu, y los que adoran, deben adorar en espíritu y verdad.»

2 R 17 27-33

Rm 9 4-5

8 32+

---

4 Para algunos autores, habría aquí un relato primitivo recargado de elementos adventicios (lo que no quiere decir carentes de interés). El marco se inspira literariamente en Gn 24 13-14, ver 24 43 y 24 28-32. El centro, 4 16-18+, alude a Gn 17 24ss y Os 2 18-19: origen de la semiidolatría de los samaritanos y anuncio de su conversión. El encuentro junto al pozo es un recurso literario, ver también Gn 29 1ss; Ex 2 15ss; al convertirse, la samaritana renovará el vínculo matrimonial que la unía a Dios, Os 1 2+.
4 1 Var.: «el Señor».
4 5 La antigua Siquén (*Sicara* en arameo), o la actual aldea de Askar, al pie del monte Ebal, a unos mil metros del «pozo de Jacob». De este pozo no se habla en Gn.
4 6 Mediodía.
4 9 Om. del paréntesis. —Los judíos odiaban a los samaritanos, Si 50 25-26; Jn 8 48; Lc 9 52-55; ver Mt 10 5; Lc 10 33; 17 16, y explicaban su origen, 2 R 17 24-41, por la inmigración forzada de cinco grupos paganos, que en parte siguieron fieles a sus dioses simbolizados por los «cinco maridos» del v. 18.
4 14 Alusión a Pr 18 4 (LXX): «Un agua profunda es la palabra en el corazón del hombre, un río que brota,

una fuente de vida», ver Is 58 11. El agua que da Cristo es, pues, la palabra, su enseñanza llena de sabiduría divina, Si 15 3; 24 21; Is 55 1-3. El que guarda esta palabra no verá la muerte jamás, 8 51 vivirá para siempre, 12 50; Dt 30 15-20; Pr 13 14. En 7 37-39, el agua simboliza al Espíritu.
4 18 Los cinco maridos simbolizan a los dioses importados por cinco poblaciones paganas, según 2 R 17 24. El dios de los cananeos se llamaba *Ba'al*, y esta palabra se había convertido en nombre común para designar a los falsos dioses. Como en las lenguas semíticas la palabra *ba'al* significa también «marido», tendríamos aquí un juego de palabras, intraducible en griego, que se habría tomado de Os 2 18-19, texto que anuncia la conversión de Samaría.
4 20 El monte Garizim, sobre el cual los samaritanos habían construido un templo, rival del de Jerusalén. Juan Hircano lo había destruido en el 129.
4 23 Espíritu, 14 26+, principio del nuevo nacimiento, 3 5, es también principio del nuevo culto, culto espiritual, ver 2 20-21+ y Rm 1 9+. Este culto es «en verdad», porque sólo un culto así responde a la revelación que de él hace Dios por Jesús.

Dt 18 18-22

9 37; 8 24+
Is 52 6

²⁵ Le dice la mujer: «Sé que va a venir el Mesías, el llamado Cristo. Cuando venga, nos lo desvelará todo*.» ²⁶ Jesús le dice: «Yo soy, el que está hablando contigo.»

²⁷ En esto llegaron sus discípulos y se sorprendían de que hablara con una mujer. Pero nadie le dijo: «¿Qué quieres?» o «¿Qué hablas con ella?» ²⁸ La mujer, dejando su cántaro, corrió* a la ciudad y dijo a la gente: ²⁹ «Venid a ver a un hombre que me ha dicho todo lo que he hecho. ¿No será el Cristo?» ³⁰ Salieron de la ciudad e iban hacia él.

³¹ Entretanto, los discípulos le insistían diciendo: «Rabbí, come.» ³² Pero él les dijo: «Yo tengo para comer un alimento que vosotros no sabéis.» ³³ Los discípulos se decían unos a otros: «¿Le habrá traído alguien de comer?» ³⁴ Les dice Jesús:

Dt 8 3+
1 1+;
6 38-40

17 4; 19 30

«Mi alimento
es hacer la voluntad del que me ha enviado*»
y llevar a cabo su obra.
³⁵ ¿No decís vosotros:
Cuatro meses más y llega la siega?
Pues bien, yo os digo:

Mt 9 37-38
Lc 10 2

Alzad vuestros ojos y ved los campos, que blanquean ya para la siega*.
Ya ³⁶ el segador recibe el salario, y recoge fruto para vida eterna,

Sal 126 5-6

de modo que el sembrador se alegra igual que el segador.
³⁷ Porque en esto resulta verdadero el refrán
de que uno es el sembrador y otro el segador:

17 18; 20 21
Hch 8 14-17

³⁸ yo os he enviado a segar
donde vosotros no os habéis fatigado.
Otros se fatigaron
y vosotros os aprovecháis de su fatiga.»

³⁹ Muchos samaritanos de aquella ciudad creyeron en él por las palabras de la mujer que atestiguaba: «Me ha dicho todo lo que he hecho.» ⁴⁰ Cuando llegaron a él los samaritanos, le rogaron que se quedara con ellos. Y se quedó allí dos días. ⁴¹ Y fueron muchos más los que creyeron por sus palabras*, ⁴² y decían a la mujer: «Ya no creemos por tus palabras; que nosotros mismos hemos oído y sabemos que éste es verdaderamente el Salvador del mundo.»

1 9+

Jesús en Galilea.

⁴³ Pasados los dos días, partió de allí para Galilea. ⁴⁴ Pues Jesús mismo había afirmado que un profeta no goza de estima en su patria*. ⁴⁵ Cuando llegó, pues, a Galilea, los galileos le hicieron un buen recibimiento, porque habían visto todo lo que había hecho en Jerusalén durante la fiesta, pues también ellos habían ido a la fiesta.

Mt 13 57p;
16 14+

2 23

Segundo signo en Caná: Curación del hijo de un funcionario real*.

‖Mt 8
5-13
‖Lc 7 1-10

⁴⁶ Volvió, pues, a Caná de Galilea, donde había convertido el agua en vino. Había un funcionario real, cuyo hijo estaba enfermo en Cafarnaún. ⁴⁷ Cuando se enteró de que Jesús había venido de Judea a Galilea, fue a él y le rogaba que bajase a curar a su hijo, porque estaba a punto de morir. ⁴⁸ Entonces Jesús le dijo: «Si no veis signos y prodigios, no creéis*.» ⁴⁹ Le dice el funcionario: «Señor, baja antes que se muera mi hijo.» ⁵⁰ Jesús le dice: «Vete, que tu hijo vive.» Creyó el hombre en la palabra que Jesús le había dicho y se puso en camino, ⁵¹ Cuando ba-

2 1-11

20 29
Mt 12 38sp

Mt 8 10+

---

4 25 Mejor que «anunciará». En lenguaje apocalíptico, el verbo empleado significa «desvelar», «explicar»; ver Dn (Teodoción) 2 2.7.11; 5 12.15; 9 23; 10 21; 11 2. Ver también Jn 16 13-15.
4 28 Ver Gn 24 28. El relato cobra todo su relieve si se unen los vv. 28-29 a los vv. 16-18; ver 4 1+. —Var.: «se fue», verbo mateano que Juan no usa en ningún otro sitio.
4 34 Como Moisés, 12 49+, como Jeremías, 10 36+, Jesús ha sido enviado por Dios, a quien llama «El que me ha enviado», 4 34; 5 23.24.30.37 y passim. Toda su vida se consagra, pues, a hacer la voluntad de quien le ha enviado, 5 30; 6 38-40; ver Sal 40 8-9; Heb 10 9, a llevar a cumplimiento la obra de Dios que es salvar a la humanidad dándole la vida eterna, 17 4. Esta obediencia le llevará hasta la muerte, 12 42; Lc 22 42; Rm 5 19, y la última palabra de Cristo agonizante en la cruz será afirmar que «todo está cumplido», 19 28-30+.
4 35 La mies espiritual, cuyas primicias son los samaritanos que van llegando, v. 30.
4 41 No hay necesidad de milagros para unirse a

Cristo y creer en su misión, 4 48; la palabra que él nos transmite de parte de Dios, 12 49+, debe bastar para convencernos, 6 66-69; 15 22.
4 44 Esta glosa, delimitada por una repetición redaccional, anuncia por anticipado los acontecimientos que se narrarán en 6 60.66.
4 46 No pocos autores sostienen que, primitivamente, este episodio seguía inmediatamente al de las bodas de Caná. Era un milagro realizado «a distancia» pero, como en el relato paralelo de Mt 8 5-13, Jesús mismo se encontraba entonces en Cafarnaún, 2 12+. El evangelista habría añadido los vv. 46a y 54b y retocado un poco el texto para adaptarlo a la nueva situación que creaba.
4 48 El v. 48 es probablemente una glosa del evangelista, quien también añadió el v. 49 empalmando así con el dato del v. 47 para reanudar el hilo del relato. Este reproche no parece dirigirse al padre del niño enfermo cuyo gesto de llegar hasta Jesús prueba ya su fe (v. 47), sino más bien a los contemporáneos del evangelista.

jaba, le salieron al encuentro sus siervos, y le dijeron que su hijo vivía. [52] Él les preguntó entonces la hora en que se había sentido mejor. Ellos le dijeron: «Ayer a la hora séptima le dejó la fiebre.» [53] El padre comprobó que era la misma hora en que le había dicho Jesús «Tu hijo vive», y creyó él y toda su familia*. [54] Tal fue, de nuevo, el segundo signo que hizo Jesús cuando volvió de Judea a Galilea.

Hch 18 8
2 11+

2. SEGUNDA FIESTA EN JERUSALÉN

(PRIMERA OPOSICIÓN A LA REVELACIÓN)

Curación de un enfermo en la piscina de Betesda.

5 [1] Después de esto, hubo una fiesta de los judíos*, y Jesús subió a Jerusalén. [2] Hay en Jerusalén una piscina Probática que se llama en hebreo Betzatá*, que tiene cinco pórticos*. [3] En ellos yacía una multitud de enfermos, ciegos, cojos, paralíticos, esperando la agitación del agua. [4] Porque el ángel del Señor se lavaba* de tiempo en tiempo en la piscina y agitaba el agua; y el primero que se metía después de la agitación del agua, recobraba la salud de cualquier mal que tuviera. [5] Había allí un hombre que llevaba treinta y ocho años enfermo. [6] Jesús, viéndole tendido y sabiendo que llevaba ya mucho tiempo, le dice: «¿Quieres recobrar la salud?» [7] Le respondió el enfermo: «Señor, no tengo a nadie que me meta en la piscina cuando se agita el agua; y mientras yo voy, otro baja antes que yo.» [8] Jesús le dice: «Levántate, toma tu camilla y anda.» [9] Y al instante el hombre recobró la salud, tomó su camilla y se puso a andar.

Pero era sábado aquel día. [10] Por eso los judíos decían al que había sido curado: «Es sábado y no te está permitido llevar la camilla.» [11] Él les respondió: «El que me ha devuelto la salud me ha dicho: Toma tu camilla y anda.» [12] Ellos le preguntaron: «¿Quién es el hombre que te ha dicho: Tómala y anda?» [13] Pero el curado no sabía quién era, pues había desaparecido porque había mucha gente en aquel lugar. [14] Más tarde Jesús lo encuentra en el Templo y le dice: «Mira, has recobrado la salud; no peques más, para que no te suceda algo peor.» [15] El hombre se fue a decir a los judíos que era Jesús el que le había devuelto la salud. [16] Por eso los judíos perseguían a Jesús, porque hacía estas cosas en sábado*. [17] Pero Jesús les replicó: «Mi Padre trabaja hasta ahora, y yo también trabajo*. [18] Por eso los judíos trataban con mayor empeño de matarle, porque no sólo quebrantaba el sábado, sino que llamaba a Dios su propio Padre, haciéndose a sí mismo igual a Dios.

Discurso sobre la obra del Hijo.

[19] Jesús, pues, tomando la palabra, les decía:

«En verdad, en verdad os digo:
el Hijo no puede hacer nada por su cuenta,
sino lo que ve hacer al Padre:

Mt 1 20+
Dt 2 14
Mt 9 6
9 14
Ex 20 8+
Jr 17 21-27
Mt 9 2+
7 23; 9 4
7 1.19.25; 11 53
2 16
Sb 2 16
10 33
Flp 2 6
8 28-29

4 53 Se discute sobre el final del relato primitivo. Hay en el relato actual dos actos de fe del padre del niño, el primero antes de la comprobación del milagro (v. 50), el segundo después (v. 53). La solución más corriente es asignar los vv. 51-53 al relato primitivo y considerar el v. 50 como una adición del evangelista. Pero sería más lógico al revés: en efecto, el v. 50 sigue la línea del v. 47 mientras que los vv. 51-53 podrían haber sido añadidos para justificar el reproche hecho por Jesús en el v. 48.
5 1 Var.: «la fiesta». El evangelista no dice de qué fiesta se trata.
5 2 (a) Seguimos el texto del Sinaítico y de Eusebio de Cesarea, apoyados por manuscritos latinos. El griego «Probática» y el arameo «Betzatá» hacen referencia a las «ovejas». Para la construcción de la frase, leer 19 17 a la vista de 19 13. El texto alejandrino diría: «junto a la (puerta) Probática», ver Ne 3 1.32; 12 39, una piscina que en hebreo se llama Betsaida, ver 1 44.
5 2 (b) Esta descripción es sólo aproximativa. Un grueso muro cortaba, sí, el cuadrilátero en dos estanques, pero las excavaciones no han encontrado ningún vestigio de las columnas que formaban un «pórtico» antiguo. Al este de estos dos estanques, de 13 metros de profundidad, había otros estanques más pequeños que atestiguan la presencia de un santuario pagano de curación.
5 4 Var.: «bajaba».— La tradición alejandrina omite el final del v. 3 y el v. 4: parecía demasiado extraña la idea de un ángel «lavándose» en una piscina. Pero el v. 4 es necesario para la inteligencia del relato (v. 7). La finalidad de la mención del «ángel del Señor» podría ser la de «judaizar» el santuario pagano.
5 16 El texto que se encuentra actualmente en 7 19-23, constituía la conclusión primitiva de este episodio. La de 5 17-18 es, pues, de redacción posterior.
5 17 Al pensamiento judío le resulta difícil conciliar el descanso de Dios después de la creación, descanso cuya imagen es el sábado, Gn 2 2s, con su constante actividad en el gobierno del mundo. Se distinguía la actividad como Creador que ha concluido ya, y la actividad como Juez, que no cesa jamás. Jesús identifica su propia actividad con la del Juez soberano. De ahí la indignación de los judíos y el discurso por el que Jesús justifica su pretensión, ver Lc 6 5; y sobre todo Mt 12 1-8; etc.

lo que hace él, eso también lo hace
igualmente el Hijo.

3 35+   ²⁰ Porque el Padre quiere al Hijo
y le muestra todo lo que él hace.
Y le mostrará obras aún mayores que
éstas,
para que os asombréis.

3 35+   ²¹ Porque, como el Padre resucita a los
Dt 32 39   muertos
1 S 26
2 R 5 7   y les da la vida,
así también el Hijo da la vida a los que
quiere.

5 27   ²² Porque el Padre no juzga* a nadie;
Hch 10 42+   sino que todo juicio lo ha entregado al
Hijo*,

17 6+   ²³ para que todos honren al Hijo
como honran al Padre.
El que no honra al Hijo
no honra al Padre que lo ha enviado.

10 27; **18** 37;   ²⁴ En verdad, en verdad os digo:
3 11+   el que escucha mi palabra
3 18   y cree en el que me ha enviado,
tiene vida eterna
y no incurre en juicio,
1 Jn 3 14   sino que ha pasado de la muerte a la
vida.

²⁵ En verdad, en verdad os digo:
llega la hora (ya estamos en ella),
11 25-26   en que los muertos* oirán la voz del
Hijo de Dios,
y los que la oigan vivirán.

²⁶ Porque, como el Padre tiene vida en sí
mismo,
3 35+   así también le ha dado al Hijo tener
vida en sí mismo,
²⁷ y le ha dado poder para juzgar,
Dn 7 13.22   porque es Hijo del hombre.
Mt 8 20+   ²⁸ No os extrañéis de esto:
llega la hora en que todos los que estén
en los sepulcros

oirán su voz

²⁹ y saldrán los que hayan hecho el bien
11 43-44   para una resurrección de vida,
3 11+   y los que hayan hecho el mal,
Dn 12 2   para una resurrección de juicio*.
Hch 24 15
Mt 16 27;   ³⁰ Yo no puedo hacer nada por mi cuen-
25 46   ta:
juzgo según lo que oigo*;
y mi juicio es justo,
porque no busco mi voluntad,
4 34+; **6** 38   sino la voluntad del que me ha enviado.

³¹ Si yo diera testimonio de mí mismo,
8 13-14   mi testimonio no sería válido*.

³² Otro* es el que da testimonio de mí,
y yo sé que es válido
el testimonio que da de mí.

³³ Vosotros mandasteis enviados a Juan,
1 19-28   y él dio testimonio de la verdad.
Mt 11 7-11p

³⁴ En cuanto a mí, no es de un hombre
del que recibo testimonio;
pero digo esto para que vosotros seáis
salvos.

³⁵ Él era la lámpara* que arde y alumbra
1 8   y vosotros quisisteis recrearos una
2 P 1 9   hora con su luz.
Si 48 1

³⁶ Pero yo tengo un testimonio mayor
que el de Juan;
porque las obras que el Padre me ha
encomendado llevar a cabo,
las mismas obras que realizo*,
dan testimonio de mí, de que el Padre
me ha enviado.

1 1+   ³⁷ Y el Padre, que me ha enviado,
es el que ha dado testimonio de mí*.
6 44-45   Vosotros no habéis oído nunca su voz,
ni habéis visto nunca su rostro,

³⁸ ni habita su palabra en vosotros,
8 37   porque no creéis al que él ha enviado.
1 Jn 2 14   ³⁹ Vosotros investigáis las Escrituras,

---

5 22   (a) El poder sobre la vida y la muerte es también la expresión del supremo poder judicial.
5 22   (b) Difícilmente puede conciliarse este texto
con pasajes como **3** 17-18; **12** 47-48: no es Cristo quien
juzga; el juicio, o separación entre los hombres, se
ha efectuado, **5** 24, por el hecho mismo de que aceptan
o rechazan a Cristo-luz, **3** 19-21. De hecho, los textos
sobre el «juicio» pertenecen a estratos redaccionales diferentes: el juicio escatológico, en el último día, ver **5**
27-29, y el juicio ya realizado.
5 25   Los muertos espirituales.
5 29   Los vv. 27-29, del último redactor, ver Introd.,
reinterpretan los vv. 24-25 en función de **Dn** 12 2, lugar
clásico de la afirmación de la resurrección de los muertos al fin de los tiempos.
5 30   Jesús escucha al Padre.
5 31   *Oponer a* **8** 13-14.18. Estos textos se derivan de
tradiciones diferentes.—Todo profeta debía poder justificar la autenticidad de su misión por Dios, **Ex** 4 1-9;
ver **Jn** 6 30. Jesús reúne aquí los diversos «testimonios»
en su favor, todos ellos provenientes de Dios (v. **32**): el
del Bautista (vv. 33-35), el de los milagros (v. **36**), el del
Padre (vv. 37-38) y el de las Escrituras (v. **39**). A pesar
de estos testimonios, los judíos se niegan a creer en él

(vv. 40-44); serán acusados por Moisés mismo, en quien
ponen su esperanza (vv. 45-47). Una vez que Cristo haya
subido de nuevo junto a su Padre, quien dará testimonio será el Espíritu, **15** 26; ver **16** 7-11, y a su testimonio
se unirá el de los discípulos, **15** 27; **21** 24; **Hch** 5 32.
5 32   Estando en presente el verbo que sigue, se trata
del Padre (ver **8** 18, y no del Bautista, como pediría en
el v. **32** la variante «vosotros sabéis» en lugar de «yo sé».
5 35   Alusión a **Si** 48 1: el Bautista desempeña el papel
de Elías vuelto a la tierra para manifestar a Jesús como
el Cristo, **1** 31+. Ver **Lc** 1 17 que cita a **Ml** 3 1.23.
5 36   Cuando alude a sus milagros, Jesús no habla de
«signos», **2** 11+, sino de «obras», en referencia a **Nm**
16 28. Al igual que Moisés, él no los realiza «por su
cuenta»; no hace sino imitar al Padre, **5** 19, incluso hasta volver a dar vida a los muertos, **5** 20-21. Estas obras
atestiguan, pues, que es Dios quien actúa en Cristo y
por Cristo, **10** 25.37-38; ver **9** 3-4. No creer a pesar de
las «obras» o a pesar de las palabras de Cristo constituye el pecado por excelencia, **15** 22.24.
5 37   Aquí, el perfecto del verbo se opone al presente del v. **32**; alusión a un hecho pasado: el Padre dio
testimonio de Cristo en el momento de su bautismo,
Mt 3 17.

ya que creéis tener en ellas vida eterna*;

ellas son las que dan testimonio de mí*;

[40] y vosotros no queréis venir a mí para tener vida.

[41] La gloria no la recibo de los hombres.

[42] Pero yo os conozco:

no tenéis en vosotros el amor de Dios.

[43] Yo he venido en nombre de mi Padre, y no me recibís;

si otro viene en su propio nombre, a ése le recibiréis.

[44] ¿Cómo podéis creer vosotros,

que aceptáis gloria unos de otros,

y no buscáis la gloria que viene del único Dios*?

[45] No penséis que os voy a acusar yo delante del Padre.

Vuestro acusador es Moisés,

en quién habéis puesto vuestra esperanza.

[46] Porque, si creyerais a Moisés,

me creeríais a mí,

porque él escribió de mí.

[47] Pero si no creéis en sus escritos,

¿cómo vais a creer en mis palabras?»

Margin references: 1 Jn 2 15; 1 11; Mt 24; 5.24+; 12 43; Rm 2 29; 1 Co 4 5; Dt 31 26; 5 39+; Mt 8 10+; Dt 18 15

3. LA PASCUA DEL PAN DE VIDA

(NUEVA OPOSICIÓN A LA REVELACIÓN)

La multiplicación de los panes*.

6 [1] Después de esto, se fue Jesús a la otra ribera del mar de Galilea, el de Tiberíades, [2] y mucha gente le seguía porque veían los signos que realizaba en los enfermos. [3] Subió Jesús al monte y se sentó allí en compañía de sus discípulos. [4] Estaba próxima la Pascua, la fiesta de los judíos.

[5] Al levantar Jesús los ojos y ver que venía hacia él mucha gente, dice a Felipe: «¿Dónde nos procuraremos panes para que coman éstos?» [6] Se lo decía para probarle, porque él sabía lo que iba a hacer. [7] Felipe le contestó: «Doscientos denarios de pan no bastan para que cada uno tome un poco.» [8] Le dice uno de sus discípulos, Andrés, el hermano de Simón Pedro: [9] «Aquí hay un muchacho que tiene cinco panes de cebada y dos peces; pero ¿qué es eso para tantos?» [10] Dijo Jesús: «Haced que se recueste la gente.» Había en el lugar mucha hierba. Se recostaron, pues, los hombres en número de unos cinco mil. [11] Tomó entonces Jesús los panes y, después de dar gracias, los repartió entre los que estaban recostados y lo mismo los peces, todo lo que quisieron. [12] Cuando se saciaron, dice a

sus discípulos: «Recoged los trozos sobrantes para que nada se pierda.» [13] Los recogieron, pues, y llenaron doce canastos con los trozos de los cinco panes de cebada que sobraron a los que habían comido. [14] Al ver la gente el signo que había realizado, decía: «Este es verdaderamente el profeta que iba a venir al mundo.» [15] Sabiendo Jesús que intentaban venir a tomarle por la fuerza para hacerle rey, huyó* de nuevo al monte él solo.

Jesús se reúne con sus discípulos caminando sobre el mar.

[16] Al atardecer, bajaron sus discípulos a la orilla del mar, [17] y subiendo a una barca, se dirigían al otro lado del mar, a Cafarnaún. Había ya oscurecido, y Jesús todavía no había venido a ellos; [18] soplaba un fuerte viento y el mar comenzó a encresparse. [19] Cuando habían remado unos veinticinco o treinta estadios, ven a Jesús que caminaba sobre el mar y se acercaba a la barca, y tuvieron miedo. [20] Pero él les dijo: «Soy yo No temáis*.» [21] Quisieron recogerle en la barca, pero en seguida la barca tocó tierra en el lugar a donde se dirigían.

Margin references: Mt 14 13-21; Mc 6 32-44; Lc 9 10-17; Is 55 1-2; Nm 11 13; Nm 11 22; 1 40; 2 R 4 42-44; 2 11+; Dt 18 15.18; 1 21+; 18 36; Mc 1 34+; Mt 14 22-33; Mc 6 45-52; Sal 107 23; Sal 107 25; Sal 107 30

5 39 (a) Las «Escrituras», son fuente de vida porque nos trasmiten la palabra de Dios, ver Dt 4 1; 8 1.3; 30 15-20; 32 46s; Ba 4 1; Sal 119, etc.
5 39 (b) Jesús es el centro y el fin de las Escrituras, ver 1 45; 2 22; 5 39.46; 12 16.41; 19 28.36; 20 9.
5 44 Var.: «del Único».
6 El relato de la tradición sinóptica, recogido por Juan, se inspiró literalmente en un relato similar protagonizado por Eliseo, 2 R 4 42-44. De este relato primitivo, Juan ha conservado la precisión de que se trataba de panes de cebada (vv. 9.13). Pero añade detalles que evocan el episodio de Moisés alimentando al pueblo de Dios durante el Éxodo; comparar 6 5 con Nm 11 13;

y asimismo 6 7 con Nm 11 22. Jesús actúa como un nuevo Moisés; se le aclama, pues, como al profeta por excelencia, 6 14; ver 2 11+. Pero el pan que da aquí Jesús es el símbolo de la Sabiduría que él ha comunicado a la humanidad, como explicará el discurso siguiente, ver Dt 8 3.
6 15 Var.: «se retiró».
6 20 La fórmula «soy yo», lit.: «Yo soy», evoca el Nombre divino, Ex 3 14-15, que reside en Jesús, 8 24+. Es en virtud de este Nombre como Jesús puede vencer a las potencias del mal, 18 5+, simbolizadas por el mar desencadenado, Mt 14 22+.

Discurso en la sinagoga de Cafarnaún*.

²² Al día siguiente, la gente que se había quedado al otro lado del mar vio que allí no había más que una barca y que Jesús no había montado en la barca con sus discípulos, sino que los discípulos se habían marchado solos. ²³ Pero llegaron barcas de Tiberíades cerca del lugar donde habían comido el pan*. ²⁴ Cuando la gente vio que Jesús no estaba allí, ni tampoco sus discípulos, subieron a las barcas y fueron a Cafarnaún, en busca de Jesús. ²⁵ Al encontrarle a la orilla del mar, le dijeron: «Rabbí, ¿cuándo has llegado aquí?» ²⁶ Jesús les respondió:

«En verdad, en verdad os digo:
vosotros me buscáis,

2 11+   no porque habéis visto signos,
sino porque habéis comido de los panes y os habéis saciado.

Ex 16 20 ²⁷ Obrad, no por el alimento perecedero,
Is 55 2   sino por el alimento que permanece para vida eterna,

Mt 8 20+   el que os dará* el Hijo del hombre,
porque a éste es a quien el Padre, Dios, ha marcado con su sello*.»

²⁸ Ellos le dijeron: «¿Qué hemos de hacer para obrar las obras de Dios?» ²⁹ Jesús les respondió: «La obra de Dios* es

Mt 8 10+ que creáis en el que él ha enviado.»
Mt 16 1-4 ³⁰ Ellos entonces le dijeron: «¿Qué signo
Mc 15 32 haces para que viéndolo creamos en ti?
Lc 11 29-32 ¿Qué obra realizas? ³¹ Nuestros padres
Jn 1 21+; comieron el maná* en el desierto, según
2 11+ está escrito:
Ex 16 4s+
Sal 78 24 *Pan del cielo les dio a comer.*»

³² Jesús les respondió:
«En verdad, en verdad os digo:

No fue Moisés quien os dio el pan del cielo;
es mi Padre el que os da el verdadero pan del cielo;
³³ porque el pan de Dios
es el que baja del cielo
y da la vida al mundo.»

2 19+ ³⁴ Entonces le dijeron: «Señor, danos siempre de ese pan.»
³⁵ Les dijo Jesús:

«Yo soy* el pan de vida.
Pr 9 1-6 El que venga a mí, no tendrá hambre,
Si 24 19-22 y el que crea en mí, no tendrá nunca
Is 55 1-3 sed*.
Jn 4 14; ³⁶ Pero ya os lo he dicho:
4 10+ Me habéis visto y no creéis.

2 11+ ³⁷ Todo lo que me dé el Padre vendrá a
9 24.35 mí,
Gn 3 23-24 y al que venga a mí*
Ap 7 14; no lo echaré fuera;
19 9; ³⁸ porque he bajado del cielo,
22 14.17 no para hacer mi voluntad,
4 34; 5 30; sino la voluntad del que me ha enviado.
14 31;
12 27+
³⁹ Y esta es la voluntad del que me ha enviado:
3 35+; que no pierda nada
10 28-29; de lo que él me ha dado,
17 12 sino que lo resucite el último día*.
⁴⁰ Porque esta es la voluntad de mi Padre:
que todo el que vea al Hijo* y crea en él,
tenga vida eterna
y que yo le resucite el último día.»

⁴¹ Los judíos murmuraban de él*, porque había dicho: «Yo soy el pan que ha
Mt 13 54-57 bajado del cielo.» ⁴² Y decían: «¿No es
Mc 6 1-6 éste Jesús, hijo de José, cuyo padre y ma-

---

6 22 Dos tradiciones joánicas se funden en los diálogos que vienen a continuación. Según una, el Padre es quien da el pan verdadero, a saber Jesús-Sabiduría o Palabra de Dios, 6 28-51a; 6 60s; según la otra, más reciente, es Jesús quien da este pan, o sea su cuerpo, 6 26-27.51b-59. Las dos secuencias tienen la misma estructura. Nótese también el duplicado que forman los vv. 22 y 24.

6 23 Adic.: «después que el Señor hubo dado gracias».

6 27 (a) Var.: «da».

6 27 (b) El sello del Espíritu recibido en el bautismo, Mt 3 16+; ver Rm 4 11+, poder de Dios para realizar los «signos». Ver Mt 12 28; Hch 10 38; Ef 1 13; 4 30; 2 Co 1 22.

6 29 A las «obras» de los judíos, Jesús contrapone la fe en el enviado de Dios.

6 31 El maná de Ex 16 1+ se consideraba como el alimento del pueblo mesiánico, Sal 78 23-24; 105 40; Sb 16 20-22+.

6 35 (a) Primera de siete (cifra que indica la totalidad) fórmulas por las que Jesús se define a sí mismo. Él es: el verdadero pan, 6 35.48.51, la verdadera luz, 8 12, la puerta, 10 7.9, el buen pastor, 10 11.14, la re-

surrección, 11 25, el camino, 14 6, la verdadera vid, 15 1.5.

6 35 (b) Jesús, como la Sabiduría, Pr 9 1s, invita a los hombres a su banquete. Para Juan, Jesús es esta Sabiduría de Dios, a la que la Revelación bíblica tendía a personificar, ver 1 1+. Tal convicción se apoya en la enseñanza de Cristo, perceptible ya en los Sinópticos, Mt 11 19; Lc 11 31p, pero mucho más acentuada aquí: de origen misterioso, Jn 7 27-29; 8 14.19; ver Jb 28 20-28, sólo Jesús conoce los misterios de Dios y los revela a los hombres, 3 11-12.31-32; ver Mt 11 25-27p; Sb 9 13-18; Ba 3 29-38, pan vivo que calma el hambre, 6 35: ver Pr 9 1-6; Si 24 19-22; Mt 4 4p (ver Dt 8 3).

6 37 «Venir o ir a Jesús», equivale a creer.

6 39 Contrastar con 11 24-26. El tema de la resurrección «en el último día» (vv. 39.40.44.54; ver 12 48) fue probablemente añadido por el último redactor a fin de reintroducir en el evangelio la escatología según Daniel, ver Introd.

6 40 «Ver» al Hijo, es discernir y reconocer que realmente es el Hijo enviado por el Padre, ver 12 45; 14 9; 17 6+.

6 41 Como los hebreos en el desierto, ver Ex 16 2s; 17 3; Nm 11 1; 14 27; 1 Co 10 10.

dre conocemos? ¿Cómo puede decir ahora: He bajado del cielo?» [43] Jesús les respondió:

«No murmuréis entre vosotros.
[44] Nadie puede venir a mí,
si el Padre que me ha enviado no lo atrae;
y yo le resucitaré el último día.
[45] Está escrito en los profetas:
Serán todos enseñados por Dios.
Todo el que escucha al Padre
y aprende,
viene a mí.
[46] No es que alguien haya visto al Padre;
sino aquel que ha venido de Dios,
ése ha visto al Padre.
[47] En verdad, en verdad os digo:
el que cree, tiene vida eterna.
[48] Yo soy el pan de vida.
[49] Vuestros padres comieron el maná en el desierto
y murieron;
[50] este es el pan que baja del cielo,
para que quien lo coma no muera.
[51] Yo soy el pan vivo, bajado del cielo.
Si uno come de este pan, vivirá para siempre*;
y el pan que yo le voy a dar,
es mi carne* por la vida del mundo.»

[52] Discutían entre sí los judíos y decían: «¿Cómo puede éste darnos a comer su carne?» [53] Jesús les dijo:

«En verdad, en verdad os digo:
si no coméis la carne del Hijo del hombre,
y no bebéis su sangre,
no tenéis vida en vosotros.
[54] El que come mi carne y bebe mi sangre,
tiene vida eterna,
y yo le resucitaré el último día.
[55] Porque mi carne es verdadera comida
y mi sangre verdadera bebida.

[56] El que come mi carne y bebe mi sangre,
permanece en mí,
y yo en él*.
[57] Lo mismo que el Padre, que vive, me ha enviado
y yo vivo por el Padre,
también el que me coma
vivirá por mí*.
[58] Este es el pan bajado del cielo;
no como el que comieron vuestros padres*,
y murieron;
el que coma este pan vivirá para siempre.»

[59] Esto lo dijo enseñando en la sinagoga, en Cafarnaún.
[60] Muchos de sus discípulos, al oírle*, dijeron: «Es duro este lenguaje. ¿Quién puede escucharlo?» [61] Pero sabiendo Jesús en su interior que sus discípulos murmuraban por esto, les dijo: «¿Esto os escandaliza? [62] ¿Y cuando veáis al Hijo del hombre subir adonde estaba antes?...

[63] «El espíritu es el que da vida;
la carne no sirve para nada.
Las palabras que os he dicho son espíritu
y son vida*.

[64] «Pero hay entre vosotros algunos que no creen.» Porque Jesús sabía desde el principio quiénes eran los que no creían y quién era el que lo iba a entregar. [65] Y decía: «Por esto os he dicho que nadie puede venir a mí si no se lo concede el Padre.» [66] Desde entonces muchos de sus discípulos se volvieron atrás y ya no andaban con él.

La confesión de Pedro.

[67] Jesús dijo entonces a los Doce: «¿También vosotros queréis marcharos?»

Marginal references:

Mt 16 17

Is 54 13
Jr 31 33s
1 Jn 2 20.27

Ex 33 20+
Jn 1 18
1 Jn 4 12
Jn 7 29

1 Co 10 3-5

8 51

Lc 22 19p
1 Co 11 24

1 14+
Mt 8 20+

15 4-5

5 26

3 11+
1 48+

Mt 8 20+
Jn 12 32+

20 27+
1 Co 15 45
2 Co 3 6
Jn 3 11+;
12 49-50

1 48+

6 44

‖Mt 16 16p

---

6 51 (a) Referencia a Gn **3** 22: «...y comiendo de él viva para siempre». Con su enseñanza, Cristo-Sabiduría nos da acceso de nuevo al árbol de la vida del que Adán *había sido privado,* Pr **3** 18. Ya nunca más seremos arrojados del paraíso, **6** 37; ver Gn **3** 23.
6 51 (b) Se sobrentiende: «dada» o «entregada (como precisan muchos mss). Este giro conciso recuerda a 1 Co **11** 24: «Este es mi cuerpo que se da por vosotros», ver Lc **22** 19. Alusión a la Pasión. Pero Juan sustituye el término «cuerpo» por «carne» que designaba al hombre en su condición de debilidad y de mortalidad, **1** 14+. En el judaísmo, la expresión más compleja «la carne y la sangre» significaba lo mismo, Mt **16** 17; 1 Co **15** 50; Ef **6** 12. Comparar por tanto los vv. 56 y 57.
6 56 «Estar en», y más todavía «permanecer en», con bastantes variantes en cuanto a los sujetos y complementos, es uno de los rasgos propios del lenguaje joánico. La relación de presencia interior que así se expresa está evidentemente determinada por la naturaleza de las realidades o personas en cuestión: una es siempre mayor que la otra, sobre todo si se trata de una persona divina. Esto se observa particularmente si la relación es recíproca, como aquí, **10** 38; **14** 10.20; **15** 4-7; **17** 21-23.26; 1 Jn **2** 24; **3** 24; **4** 12-16.
6 57 La Eucaristía comunica a los fieles la vida que el Hijo recibe del Padre.
6 58 Adic.: «el maná» o: «en el desierto».
6 60 Aquí se reanuda el diálogo sobre Jesús-Sabiduría, interrumpido por la inserción de la sección propiamente eucarística. El escándalo de los discípulos obedece a que Jesús ha afirmado haber bajado del cielo, **6** 51a; ver **6** 41; Jesús responde anunciando su ascensión que probará su verdadero origen (**6** 62).
6 63 Las palabras de Jesús respecto del pan celestial manifiestan una realidad divina que sólo el Espíritu, ver **1** 33+, puede hacernos comprender, ver **14** 26+, y que es fuente de vida para el hombre.

Dt 8 3
Hch 7 38
Hch 3 14+

[68] Le respondió Simón Pedro: «Señor, ¿a quién vamos a ir? Tú tienes palabras de vida eterna, [69] y nosotros creemos y sabemos que tú eres el Santo de Dios*.» [70] Jesús les respondió: «¿No os

he elegido yo a vosotros, los Doce? Y uno de vosotros es un diablo.» [71] Hablaba de Judas, hijo de Simón Iscariote, porque éste le iba a entregar, uno de los Doce*.

13 18

13 2.27

4. LA FIESTA DE LAS TIENDAS

(LA GRAN REVELACIÓN MESIÁNICA. LA GRAN REPULSA)

Jesús sube a Jerusalén para la fiesta y enseña.

Mc 9 30p

Ex 23 14+
Za 14 16-19

5 36+
Mt 5 15

14 22

2 4+
Dn 7 22
1 10+

3 19

8 20

Mt 27 63

9 22;
12 42;
19 38

7 [1] Después de esto, Jesús andaba por Galilea, y no podía* andar por Judea, porque los judíos buscaban matarle. [2] Pero se acercaba la fiesta judía de las Tiendas*. [3] Y le dijeron sus hermanos: «Sal de aquí y vete a Judea, para que también tus discípulos vean las obras que haces, [4] pues nadie actúa en secreto cuando quiere ser conocido. Si haces estas cosas, muéstrate al mundo.» [5] Es que ni siquiera sus hermanos creían en él. [6] Entonces les dice Jesús: «Todavía no ha llegado mi tiempo, en cambio vuestro tiempo siempre está a mano. [7] El mundo no puede odiaros; a mí sí me aborrece, porque doy testimonio de que sus obras son perversas. [8] Subid vosotros a la fiesta; yo no subo a esta fiesta porque aún no se ha cumplido mi tiempo.» [9] Dicho esto, se quedó en Galilea. [10] Pero después que sus hermanos subieron a la fiesta, entonces él también subió no manifiestamente, sino de incógnito. [11] Los judíos, durante la fiesta, andaban buscándole y decían: «¿Dónde está ése?» [12] Entre la gente había muchos comentarios acerca de él. Unos decían: «Es bueno.» Otros decían: «No, sino que engaña al pueblo.» [13] Pero nadie hablaba de él abiertamente por miedo a los judíos.

[14] Mediada ya la fiesta, subió Jesús al Templo y se puso a enseñar*. [15] Los judíos, asombrados, decían: «¿Cómo entiende de letras sin haber estudiado?» [16] Jesús les respondió:

«Mi doctrina no es mía,
sino del que me ha enviado.
[17] Si alguno quiere cumplir su voluntad,
verá si mi doctrina es de Dios
o hablo yo por mi cuenta.
[18] El que habla por su cuenta,
busca su propia gloria;
pero el que busca la gloria del que le ha enviado,
ese es veraz;
y no hay impostura en él.
[19] ¿No es Moisés el que os dio la Ley?
Y ninguno de vosotros cumple la Ley.
¿Por qué queréis matarme?»

[20] Respondió la gente: «Tienes un demonio. ¿Quién quiere matarte?» [21] Jesús les respondió: «Una sola obra he hecho y todos os maravilláis. [22] Moisés os dio la circuncisión (no que provenga de Moisés, sino de los patriarcas) y vosotros circuncidáis a uno en sábado. [23] Si se circuncida a un hombre en sábado, para no quebrantar la Ley de Moisés, ¿os irritáis contra mí porque le devuelto la salud plena a un hombre en sábado*? [24] No juzguéis según la apariencia. Juzgad con juicio justo.»

13 18

Mt 7 28;
13 54-57
Hch 4 13

3 11+
14 24

8 50

Sal 92 16

8 37-41
Rm 2 17-23

8 48.52;
10 20
Mt 12
24-27p
Jn 5 1-9
Gn 17 10+
Hch 7 8
Rm 4 11

Mt 12 1-5.
11-12
Lc 13 15s;
14 5

Is 11 3
Za 7 9

6 69 Es decir: el enviado y elegido de Dios, consagrado y unido a él de modo eminente, el Mesías, ver 10 36; 17 19; ver Mc 1 24+ . —Var.: «tú eres el Cristo, el Hijo de Dios», o: «el Hijo de Dios vivo», ver Mt 16 16.
6 71 Este anuncio anticipado de la traición de Judas debe de ser de la misma tradición joánica que el diálogo eucarístico de los vv. 51b-59, ver Lc 22 14-23.
7 1 Var.: «no quería».
7 2 La sección 7 2-9 está fuera de contexto, ver ya Bultmann. Supone que Jesús no ha realizado aún ningún milagro en Jerusalén, en contra de lo dicho en 2 23 y sobre todo en 5 1ss; tampoco concuerda fácilmente con 7 10. Es posible que primitivamente estuviera después del relato de 4 46ss. Las «obras» de Cristo le manifiestan como Mesías, 5 36+.
7 14 7 14-52 se compone de diversos fragmentos, unidos por un tema común: la incertidumbre respecto del origen de Jesús: 1. —Su origen humano vela su origen

divino: ¿cómo puede saber si no ha estado en la escuela de los rabinos?, vv. 14-18; conocen su infancia, no puede ser el Cristo, vv 25-30. 2.— Creen que ha nacido en Nazaret, no puede ser el Cristo, vv. 40-52. —El tema de la «partida» de Jesús, vv. 33-36, ver 8 21-23, se enlaza con el orden del origen divino: Cristo hombre se va donde siempre ha estado (por su divinidad, ver vv. 29 y 34). —Los vv. 19-23, conclusión de 5 1-16, se hallan fuera de contexto.
7 23 Lit.: «he hecho sano a un hombre entero». El adjetivo *hyguiés* «sano» aparece siete veces en Jn, ver **5** 4.6.9.11.14.15. Aquí, la séptima y última vez, está reforzado por el adjetivo «entero» para subrayar la perfección de la curación realizada. Jesús emplea un razonamiento de estilo rabínico, *qal wahomer*, o *a fortiori*: si la circuncisión, que era considerada «curación» de un miembro particular, podía practicarse en sábado, con más razón debía ser lícita la curación de «un hombre entero».

Discusiones del pueblo sobre el origen de Cristo.

²⁵ Decían algunos de los de Jerusalén: «¿No es a ése a quien quieren matar? ²⁶ Mirad cómo habla con toda libertad y no le dicen nada. ¿Habrán reconocido de veras las autoridades* que este es el Cristo? ²⁷ Pero éste sabemos de dónde es, mientras que, cuando venga el Cristo, nadie sabrá de dónde es*.» ²⁸ Gritó, pues, Jesús, enseñando en el Templo y diciendo:

«Me conocéis a mí
y sabéis de dónde soy.
Pero yo no he venido por mi cuenta;
sino que es veraz el que me ha enviado;
pero vosotros no le conocéis.
²⁹ Yo le conozco,
porque vengo de él
y él es el que me ha enviado.»

³⁰ Querían, pues, detenerle, pero nadie le echó mano, porque todavía no había llegado su hora.

Jesús anuncia su próxima partida.

³¹ Y muchos entre la gente creyeron en él y decían: «Cuando venga el Cristo, ¿hará más signos que los que ha hecho éste?» ³² Se enteraron los fariseos que la gente hacía estos comentarios acerca de él y enviaron guardias para detenerle. ³³ Entonces él dijo:

«Todavía un poco de tiempo estaré con vosotros,
y me voy al que me ha enviado.
³⁴ Me buscaréis y no me encontraréis;
y adonde yo esté,
vosotros no podéis venir*.»

³⁵ Se decían entre sí los judíos: «¿A dónde se irá éste que nosotros no le podamos encontrar? ¿Se irá a los que viven dispersos entre los griegos para enseñar a los griegos? ³⁶ ¿Qué es eso que ha dicho:

'Me buscaréis y no me encontraréis',
y 'adonde yo esté,
vosotros no podéis venir'?»

La promesa del agua viva.

³⁷ El último día de la fiesta*, el más solemne, Jesús puesto en pie, gritó:

«Si alguno tiene sed,
que venga a mí*, y beberá*
³⁸ el que cree en mí,
como dice la Escritura:
De su seno* correrán ríos de agua viva*.»

³⁹ Esto lo decía refiriéndose al Espíritu que iban a recibir los que creyeran en él. Porque aún no había Espíritu*, pues todavía Jesús no había sido glorificado.

Nuevas discusiones sobre el origen de Cristo.

⁴⁰ Muchos entre la gente, que le habían oído estas palabras, decían «Este es verdaderamente el profeta.» ⁴¹ Otros decían: «Este es el Cristo.» Pero otros replicaban: «¿Acaso va a venir de Galilea el Cristo? ⁴² ¿No dice la Escritura que el Cristo vendrá de la descendencia de David y de Belén, el pueblo de donde era David*?» ⁴³ Se originó, pues, una disensión entre la gente por causa de él. ⁴⁴ Algunos de ellos querían detenerle, pero nadie le echó mano.

Marginal references

8 19; 19 9+
Mt 11 27

8 26
6 46; 8 55

1 1+

7 44
Lc 4 29s
8 20; 2 4+

2 11+

8 21-22

1 1+

1 39+

2 19+

Pr 1 20

Is 55 1.3
Ap 21 6; 22 7

4 14+
1 Co 10 4+
Is 44 3

1 33+

1 21+

2 S 7 12+
Mt 9 27+
Rm 1 3
Mt 2 5s

7 30

---

7 26   Var.: «los sumos sacerdotes», o: «los ancianos», o: «ellos».
7 27   Sabían que el Cristo debía nacer en Belén, ver v. 42; Mt 2 5s, pero la creencia común era que debía permanecer oculto en un lugar desconocido, ver Mt 24 26 (algunos decían: en el cielo) hasta el día de su venida. Jesús, por su origen celeste, responde a esta creencia, pero sus interlocutores no lo saben, ver 1 31 y nota.
7 34   Los fariseos incrédulos son los tipos del «antidiscípulo», 1 39+. Por cuanto las autoridades judías han dejado pasar el tiempo favorable, serán los griegos (= gentiles) los que recibirán la salvación, ver v. 35; 12 20-21.35-36+.
7 37   (a) El séptimo o el octavo, día de clausura de la fiesta.
7 37   (b) Om.: «a mí».—Jesús invita a ir a él, como hace la Sabiduría, ver 6 35+.
7 37   (c) Lit.: «que beba». Juan parece usar un procedimiento de sintaxis semítica: cuando dos imperativos se suceden, el segundo puede tener un sentido consecutivo que puede expresarse en futuro. El mismo caso en 7 52 donde la expresión «examina y ve» es traducida habitualmente por «examina (las Escrituras). Verás...»
7 38   (a) El cuadro literario (discusiones sobre la identidad y origen de Jesús, c. 7-8) y litúrgico (procla-

mación solemne en el «gran» día de la fiesta) invita a comprender que se trata del seno («vientre», griego koilía) de Jesús, Is 55 1, ver el paralelo de Ap 22 17. Así lo ha comprendido la tradición más antigua. Otra tradición relaciona la expresión «el que cree en mí» con lo que sigue e interpreta el pasaje refiriéndolo al seno del creyente, ver Is 58 11; Pr 18 4; pero esta interpretación está menos fundada aquí que en 4 14.
7 38   (b) La liturgia de la Fiesta de las Tiendas contenía plegarias por la lluvia, ver Zac 14 17; una conmemoración ritual del milagro del agua que simbolizaba el don de la Torá, Ex 17 y passim; ver 1 Cor 10 4 y las lecturas de profecías anunciando la fuente que debía regenerar a Sión, Is 12 3; Zac 14 8; Ez 47 1s. La frase citada no corresponde exactamente a ningún verso de la Escritura pero se puede pensar en un conjunto de asociaciones: «de su seno correrán ríos», ver Ex 17 6; Sal 78 16. 20, y los targumim correspondientes; «de agua viva», ver Zac 14 8: «aquel día manarán de Jerusalén aguas vivas».
7 39   El agua es símbolo del Espíritu, y no ya de la Palabra, 4 14+, como en Is 44 3-4, ver Ez 36 25-27. Pero, lo mismo que la Sabiduría, es el Espíritu el que permite conocer la voluntad de Dios, Sb 9 17-18.
7 42   La gente pensaba que Jesús era originario de Nazaret, en Galilea, 1 46.

Mt 13 54-56

⁴⁵ Los guardias volvieron a los sumos sacerdotes y los fariseos. Éstos les dijeron: «¿Por qué no le habéis traído?» ⁴⁶ Respondieron los guardias: «Jamás un hombre ha hablado como habla ese hombre.» ⁴⁷ Los fariseos les respondieron: «¿Vosotros también os habéis dejado embaucar? ⁴⁸ ¿Acaso ha creído en él algún magistrado o algún fariseo? ⁴⁹ Pero esa gente que no conoce la Ley son unos malditos.» ⁵⁰ Les dice Nicodemo, que era uno de ellos, el que había ido anteriormente a Jesús: ⁵¹ «¿Acaso nuestra Ley juzga a un hombre sin haberle antes oído y sin saber lo que hace?» ⁵² Ellos le respondieron: «¿También tú eres de Galilea? Indaga y verás que de Galilea no sale ningún profeta.»

3 1

Dt 1 16s;
17 4
Hch 5 35
Jn 5 39;
1 46
Mt 16 14+

La mujer adúltera*.

⁵³ Y se volvieron cada uno a su casa.

Lc 21 37-38

8 ¹ Mas Jesús se fue al monte de los Olivos. ² Pero de madrugada se presentó otra vez en el Templo, y todo el pueblo acudía a él. Entonces se sentó y se puso a enseñarles. ³ Los escribas y fariseos le llevan una mujer sorprendida en adulterio, la ponen en medio ⁴ y le dicen: «Maestro, esta mujer ha sido sorprendida en flagrante adulterio. ⁵ Moisés nos mandó en la Ley apedrear a estas mujeres. ¿Tú qué dices?» ⁶ Esto lo decían para tentarle, para tener de qué acusarle. Pero Jesús, inclinándose, se puso a escribir con el dedo en la tierra*. ⁷ Pero, como ellos in-

Lc 7 37-50

Lv 20 10
Dt 22 22-24

Mt 12 10
Lc 20 20

sistían en preguntarle, se incorporó y les dijo: «Aquel de vosotros que esté sin pecado, que le arroje la primera piedra.» ⁸ E inclinándose de nuevo, escribía en la tierra. ⁹ Ellos, al oír estas palabras, se iban retirando uno tras otro, comenzando por los más viejos; y se quedó solo Jesús con la mujer, que seguía en medio. ¹⁰ Incorporándose Jesús le dijo: «Mujer, ¿dónde están? ¿Nadie te ha condenado?» ¹¹ Ella respondió: «Nadie, Señor.» Jesús le dijo: «Tampoco yo te condeno. Vete, y en adelante no peques más.»

Dt 17 7
Mt 7 1-5

Sal 103 8.
13-14
Ez 33 11;
18 32
Jn 5 14

Jesús, luz del mundo*.

¹² Jesús les habló otra vez diciendo:

«Yo soy la luz del mundo;
el que me siga no caminará en la oscuridad,
sino que tendrá la luz de la vida.»

Ex 13 21
Sal 27 1;
36 10;
89 16;
Sb 7 26+
Is 9 1; 60 19
1 Jn 1 5
Ef 5 8

Discusión del testimonio de Jesús sobre sí mismo.

¹³ Los fariseos le dijeron: «Tú das testimonio de ti mismo: tu testimonio no vale.» ¹⁴ Jesús les respondió:

«Aunque yo dé testimonio de mí mismo,
mi testimonio vale,
porque sé de dónde he venido y a dónde voy;
pero vosotros no sabéis
de dónde vengo ni a dónde voy*.

¹⁵ Vosotros juzgáis según la carne*

3 11+
5 31

14 28

7 24
Rm 7 5

---

7 53   Esta perícopa, 7 53-8 11, omitida por los testigos más antiguos (mss, versiones y padres), y desplazada por otros, con estilo de colorido sinóptico, no puede ser del mismo San Juan. Pudiera atribuirse a San Lucas, ver Lc 21 38+. Su canonicidad, su carácter inspirado y su valor histórico están fuera de discusión.

8 6   Queda oscuro el sentido de este gesto.

8 12   El tema de la luz se desarrolla en el NT siguiendo tres líneas principales, más o menos distintas. 1.—Así como el sol ilumina el camino, así es «luz» todo el que ilumina el camino hacia Dios: antes la Ley, la Sabiduría y la Palabra de Dios, Qo 2 13; Pr 4 18-19; 6 23; Sal 119 105; ahora Cristo, Jn 1 9; 9 1-39; 12 35; 1 Jn 2 8-11; ver Mt 17 2; 2 Co 4 6, comparable a la Nube luminosa del Éxodo, Jn 8 12; ver Ex 13 21s; Sb 18 3s; y finalmente, cualquier cristiano que manifiesta a Dios a los ojos del mundo, Mt 5 14-16; Lc 8 16; Rm 2 19; Flp 2 15; Ap 21 24. 2.—La luz es símbolo de la vida, la felicidad y la alegría; las tinieblas, símbolo de la muerte, la desgracia y las lágrimas, Jb 30 26; Is 45 7; ver Sal 17 15+; a las tinieblas del cautiverio se contrapone, pues, la luz de la liberación y de la salvación mesiánica, Is 8 22 - 9 1; Mt 4 16; Lc 1 79; Rm 13 11-12, que alcanza incluso a las naciones paganas, Lc 2 32; Hch 13 47, con Cristo Luz, Jn (textos arriba citados); Ef 5 14, para consumarse en el Reino de los Cielos, Mt 8 12; 22 13; 25 30; Ap 22 5; ver 21 3-4. 3.—El dualismo «luz-tinieblas», viene a caracterizar los dos mundos opuestos del Bien

y del Mal (ver los textos esenios de Qumrán). De este modo, en el NT aparecen dos «imperios», bajo la dominación respectiva de Cristo y de Satán, 2 Co 6 14-15; Col 1 12-13; Hch 26 18; 1 P 2 9, tratando uno de vencer al otro, Lc 22 53; Jn 13 27-30. Los hombres se dividen en «hijos de luz» e «hijos de tinieblas», Lc 16 8; 1 Ts 5 4-5; Ef 5 7-8; Jn 12 36, según que vivan bajo la influencia de la luz (Cristo) o de las tinieblas (Satán), Mt 6 23; 1 Ts 5 4s; 1 Jn 1 6-7; 2 9-10, y se les reconoce por sus obras, Rm 13 12-14; Ef 5 8-11. Esta separación (juicio) entre los hombres se ha manifestado con la venida de la Luz, que obliga a cada cual a pronunciarse en pro o en contra de ella, Jn 3 19-21; 7 7; 9 39; 12 46; ver Ef 5 12-13. La perspectiva es optimista: un día, las tinieblas deberán desaparecer ante la luz, Jn 1 5; 1 Jn 2 8; Rm 13 12.

8 14   Fórmula bíblica, Gn 16 8; Jc 19 17, con la que se pregunta a un extranjero su identidad, es decir a qué tribu pertenece. Los fariseos ignoran la verdadera identidad de Jesús; pero él la conoce, él sabe que es el Unigénito del Padre, 1 18+.

8 15   (a) Los fariseos (v. 14) juzgan a Jesús por la apariencia, que es la de un hombre corriente, «en la carne no ven resplandecer la gloria del Hijo de Dios» (San Agustín). La continuación del discurso de Jesús se lee en el v. 18. Los vv. 15b-17 introducen un tema diferente en el que el verbo «juzgar» cobra un sentido jurídico que no tiene en el v. 15a.

12 47; 5 30; yo no juzgo* a nadie;
8 29 [16] y si juzgo, mi juicio es verdadero,
porque no estoy yo solo,
10 30+ sino yo y el que me ha enviado.
Dt 17 6+; [17] Y en vuestra Ley está escrito
19 15 que el testimonio de dos personas es
Nm 35 30 válido.
[18] Yo soy el que doy testimonio de mí mismo
y también el que me ha enviado, el Padre,
5 32.37 da testimonio de mí.»

14 9 [19] Entonces le decían: «¿Dónde está tu Padre?» Respondió Jesús:

12 45 «No me conocéis ni a mí ni a mi Padre;
=14 7 si me conocierais a mí, conoceríais también a mi Padre.»

[20] Estas palabras las pronunció en el
Mc 12 41+ Tesoro, mientras enseñaba en el Templo.
7 30 Y nadie le prendió, porque aún no había
2 4+ llegado su hora.
[21] Jesús les dijo otra vez:

7 34+ «Yo me voy y vosotros me buscaréis,
Dt 24 16 y moriréis en vuestro pecado*.
Ez 18 20; Adonde yo voy,
33 12-20
Jn 13 33.36 vosotros no podéis ir.»

3 19+ [22] Los judíos se decían: «¿Es que se va a suicidar, pues dice: 'Adonde yo voy, vosotros no podéis ir'? [23] Él les decía:

«Vosotros sois de abajo,
1 10+ yo soy de arriba.
3 31; 17 14 Vosotros sois de este mundo,
yo no soy de este mundo.
[24] Ya os he dicho que moriréis en vuestros pecados,
1 1+ porque si no creéis que Yo Soy*,
Ex 3 14+
Is 43 11
moriréis en vuestros pecados.»

[25] Entonces le decían: «¿Quién eres tú?» Jesús les respondió:

«Desde el principio, lo que os estoy diciendo*.
[26] Mucho podría hablar de vosotros y juzgar
pero el que me ha enviado es veraz, 7 28
y lo que le he oído a él
es lo que hablo al mundo.» 12 48-50

[27] No comprendieron que les hablaba del Padre. [28] Les dijo, pues, Jesús:

«Cuando hayáis levantado al Hijo del hombre, 3 14+ Mt 8 20+
entonces sabréis que Yo Soy*, 8 24+
y que no hago nada por mi propia cuenta;
sino que, lo que el Padre me ha enseñado, 3 11+
eso es lo que hablo.
[29] Y el que me ha enviado está conmigo: 10 30+
no me ha dejado solo, 16 32
porque yo hago siempre lo que le agrada a él.» 1 Jn 3 22
[30] Al hablar así, muchos creyeron en él.

Jesús y Abrahán.

[31] Decía, pues, Jesús a los judíos que habían creído en él:

«Si os mantenéis en mi palabra, 3 11+
seréis verdaderamente mis discípulos,
[32] y conoceréis la verdad*
y la verdad os hará libres.»

[33] Ellos le respondieron «Nosotros somos descendencia de Abrahán y nunca
hemos sido esclavos de nadie. ¿Cómo di- 2 19+

8 15 (b) Es decir, «condeno», según el uso semítico de la palabra.

8 21 Rechazando a Jesús, los judíos se pierden sin esperanza; pecan contra la verdad, vv. 40.45s. Es el pecado contra el Espíritu, Mt 12 31p. Ver Jn 7 34+.

8 24 Fórmula que se repite en el v. 28 y en 13 19, ver 8 58; 6 20+; 18 6+; se inspira en Is 43 10s, ver Is 45 18; Dt 32 39, texto que alude al Nombre divino revelado a Moisés según Ex 3 14. La elevación del Hijo del hombre (en la cruz, y luego a la gloria del Padre: 12 33+) revelará su origen divino, 8 28. Por no reconocerlo, los judíos que se nieguen a creer morirán en sus pecados como en otro tiempo los hebreos en el desierto, 3 14+.

8 25 Texto muy difícil, diversamente traducido: «Ante todo, ¿por qué os hablo?»; «¿Por qué habría de hablaros?»; «Desde un principio lo que os digo»; «Absolutamente lo que os digo». Nuestra traducción conserva el matiz temporal que prepara el «entonces» del v. 28: los judíos tienen ocasión ahora de conocer a Jesús por su palabra; cuando lo conozcan «levantado» será demasiado tarde.—La traducción de la Vulg.: «(Yo soy) el Principio, yo, que os hablo» es gramaticalmente insostenible.

8 28 Para el sentido de esta expresión, ver 8 24+. En lo que sigue del v. 28 y en el v. 29 Jesús se presenta como el nuevo Moisés apropiándose expresiones dichas primero de Moisés: Nm 16 28; Ex 4 12 y 3 12; ver Ex 15 26.

8 32 La verdad es la expresión de la voluntad de Dios sobre el hombre, tal como nos ha sido transmitida por Cristo, 8 40.45; 17 17. Nosotros la «conocemos» en el sentido (semítico) de que permanece en nosotros, 2 Jn 1-2, como un principio de vida moral: «andamos» (= vivimos) según sus directrices, 3 Jn 3-4; Sal 86 11; «hacemos la verdad», 3 21; 1 Jn 1 6; ver Tb 4 6, es decir obramos conforme a lo que ella exige de nosotros. Se contrapone, pues, al «mundo», 1 9+, como una especie de clima ético: los que son «del mundo» no pueden sino odiarla, 15 19; 17 14-16, los que son «de la verdad» obedecen al mensaje de amor que Cristo nos ha transmitido de parte de Dios, 18 37; 1 Jn 3 18-19. Y son santificados por la verdad lo mismo que por la palabra de Cristo, 17 17; 15 3. Por cuanto esta verdad se nos da por Cristo, éste puede afirmar que él es la Verdad que nos conduce al Padre, 14 6+, del mismo modo que, después de su retorno junto al Padre, será el Espíritu el que, guiándonos hacia la verdad completa, 16 13, será la Verdad, 1 Jn 5 6, o el Espíritu de verdad, 14 17+

ces tú: Os haréis libres?» [34] Jesús les respondió:

«En verdad, en verdad os digo:
todo el que comete pecado es un esclavo*.
[35] Y el esclavo no se queda en casa para siempre;
mientras el hijo se queda para siempre*.
[36] Si, pues, el Hijo os da la libertad,
seréis realmente libres.
[37] Ya sé* que sois descendencia de Abrahán;
pero tratáis de matarme,
porque mi palabra no prende en vosotros.
[38] Yo hablo
lo que he visto junto a mi Padre;
y vosotros hacéis
lo que habéis oído a vuestro padre.»

[39] Ellos le respondieron: «Nuestro padre es Abrahán.» Jesús les dice:

«Si sois hijos de Abrahán,
haced las obras de Abrahán.
[40] Pero tratáis de matarme,
a mí que os he dicho la verdad
que oí de Dios.
Eso no lo hizo Abrahán.
[41] Vosotros hacéis las obras de vuestro padre.»

Ellos le dijeron: «Nosotros no hemos nacido de la prostitución*; no tenemos más padre que a Dios.» [42] Jesús les respondió:

«Si Dios fuera vuestro Padre, me amaríais a mí,
porque yo he salido y vengo de Dios;
no he venido por mi cuenta,
sino que él me ha enviado.
[43] ¿Por qué no reconocéis mi lenguaje?
Porque no podéis escuchar mi palabra*.

[44] Vosotros sois de vuestro padre el diablo
y queréis cumplir los deseos de vuestro padre.
Éste era homicida desde el principio,
y no se mantuvo* en la verdad,
porque no hay verdad en él;
cuando dice la mentira,
dice lo que le sale de dentro,
porque es mentiroso y padre de la mentira*.
[45] Pero a mí, como os digo la verdad,
no me creéis.
[46] ¿Quién de vosotros puede probar que soy pecador*?
Si digo la verdad,
¿por qué no me creéis?
[47] El que es de Dios,
escucha las palabras de Dios;
vosotros no las escucháis,
porque no sois de Dios.»

[48] Los judíos le respondieron: «¿No decimos, con razón, que eres samaritano y que tienes un demonio?» [49] Respondió Jesús:

«Yo no tengo un demonio;
sino que honro a mi Padre,
y vosotros me deshonráis a mí.
[50] Pero yo no busco mi gloria;
ya hay quien la busca y juzga.
[51] En verdad, en verdad os digo:
si alguno guarda mi palabra,
no verá la muerte jamás.»

[52] Le dijeron los judíos: «Ahora estamos seguros de que tienes un demonio. Abrahán murió, y también los profetas; y tú dices:
'Si alguno guarda mi palabra,
no probará la muerte jamás.'
[53] ¿Eres tú acaso más grande que nuestro padre Abrahán, que murió? También los profetas murieron. ¿Por quién te tienes a ti mismo?» [54] Jesús respondió:

Marginal references (left column):
2 19+
Rm 6 17-19

Gn 21 10
Jr 2 14s
Jn 14 2-3
Ga 4 30s
Hb 3 5-6

Mt 21 33-46

5 38

3 11+

Gn 15 6;
17 1s

Ex 4 22
Dt 32 6

1 Jn 5 1
Mc 1 38+

1 1+

Marginal references (right column):
1 Jn 3 8-15
Mt 4 1+

Gn 2 17;
3 1s
Sb 1 13;
2 24
Rm 5 12

1 Jn 3 5
1 P 1 19
Hb 9 14-28

10 26+
1 Jn 4 6

4 9+
7 20

7 18

3 11+
11 25;
5 25-28

7 20

4 12

---

8 34   Porque, siendo «del mundo», está sujeto al Príncipe de este mundo, 12 31+, que le domina, 1 Jn 5 19. Obedece a los dictados del diablo, el cual vive, no en la verdad, sino en la mentira, 8 44. —Adic.: «del pecado», por influencia de Rm 6 16.20.
8 35   Alusión al relato de Gn 21 10. Hasta los hijos de Abrahán pueden ser esclavos y, en razón de ello, verse privados de la herencia prometida por Dios (ver Ga 4 30-31; Mt 3 9).
8 37   La violenta requisitoria que sigue, hasta el fin del capítulo, se dirige a las autoridades judías, hostiles a Jesús, y no «a los judíos que habían creído» en Jesús, 8 31; ver 1 19+, como supone el texto actual del evangelio. El nexo, fáctico, entre las dos secuencias lo constituye el tema de los judíos salidos de Abrahán, vv. 33 y 39.— Tampoco la continuación es homogénea: los vv. 37-39 son un duplicado de los vv. 40-42, comparar: v. 37b y 40a; 38 y 40b-41a; 39a y 41b; 39b y 42a. Un mis-

mo tema se ha desarrollado en las tradiciones joánicas en dos direcciones diferentes: por cuanto los judíos quieren matar a Jesús, no son de la descendencia de Abrahán, no son de la descendencia de Dios.
8 41   La prostitución designa entre los profetas la infidelidad religiosa, ver Os 1 2+. Los judíos, pues, hacen aquí protestas de su fidelidad al Dios de la alianza.
8 43   Por hallarse bajo la dependencia del diablo, el enemigo de la verdad. Ver 18 37.
8 44   (a) Var.: «no estaba fundado».
8 44   (b) O: «padre del mentiroso». —La mentira, al contrario de la palabra, 1 1+, y de la verdad, 8 32+, está unida a la nada y al mal, ver Rm 1 25; 2 Ts 2 9-12; etc. Los judíos que rechazan la verdad de Jesús, v. 40; ver 1 P 2 22, están sometidos al jefe de todos los enemigos de esta verdad, ver 12 31+; 13 2+; 1 Jn 2 14.
8 46   Es decir, infiel a Dios en la misión de él recibida.

«Si yo me glorificara a mí mismo,
mi gloria no valdría nada;
es mi Padre quien me glorifica,
de quien vosotros decís: 'Él es nuestro
Dios',
[55] y sin embargo no le conocéis,
7 29 yo sí que le conozco,
y si dijera que no le conozco,
sería un mentiroso como vosotros.
Pero yo le conozco, y guardo su palabra.
5 39+ [56] Vuestro padre Abrahán se regocijó
Gn 17 17 Mt 13 17s pensando en ver mi Día;*
Lc 17 22 lo vio y se alegró*.»

[57] Entonces los judíos le dijeron:
«¿Aún no tienes cincuenta años y has
visto a Abrahán?» [58] Jesús les respondió:

«En verdad, en verdad os digo:
1 1+ antes de que Abrahán existiera,
8 24+ Yo Soy.»

10 31.39 [59] Entonces tomaron piedras para ti-
Lc 4 29s rárselas*; pero Jesús se ocultó y salió del
Templo.

Curación de un ciego de nacimiento.

9 [1] Vio, al pasar, a un hombre ciego de
nacimiento. [2] Y le preguntaron sus
5 14 discípulos: «Rabbí, ¿quién pecó, él o sus
Lc 13 2 padres, para que haya nacido ciego?»
[3] Respondió Jesús: «Ni él pecó ni sus padres; es para que se manifiesten en él las
5 36+ obras de Dios*.

11 9-10; [4] «Tenemos* que trabajar en las obras
12 35-36; del que me ha enviado
4 34 mientras es de día;
llega la noche, cuando nadie puede
trabajar*.
[5] Mientras estoy en el mundo,
8 12+ soy luz del mundo*.»

[6] Dicho esto, escupió en tierra, hizo barro con la saliva, y untó con el barro los
ojos del ciego [7] y le dijo: «Vete, lávate en
Is 8 6 la piscina de Siloé*» (que quiere decir Enviado). Él fue, se lavó y volvió ya viendo.

[8] Los vecinos y los que solían verle antes, pues era mendigo, decían: «¿No es
éste el que se sentaba para mendigar?»
[9] Unos decían: «Es él». «No, decían otros,
sino que es uno que se le parece.» Pero él
decía: «Soy yo.» [10] Le dijeron entonces:
«¿Cómo, pues, se te han abierto los ojos?»
[11] Él respondió: «Ese hombre que se llama Jesús, hizo barro, me untó los ojos y
me dijo: 'Vete a Siloé y lávate.' Yo fui, me
lavé y vi.» [12] Ellos le dijeron: «¿Dónde está
ése?» Él respondió: «No lo sé.»
[13] Lo llevan a los fariseos al que antes
era ciego. [14] Era sábado el día en que Je- Mt 12 10sp
sús hizo barro* y le abrió los ojos. [15] Los Lc 13 10s;
fariseos a su vez le preguntaron cómo 14 1s
había recobrado la vista. Él les dijo: «Me
puso barro sobre los ojos, me lavé y
veo.» [16] Algunos fariseos decían: «Este
hombre no viene de Dios, porque no
guarda el sábado.» Otros decían: «Pero,
¿cómo puede un pecador realizar seme- 3 2
jantes signos?» Y había disensión entre
ellos. [17] Entonces le dicen otra vez al ciego: «¿Y tú qué dices de él, ya que te ha
abierto los ojos?» Él respondió: «Que es Mt 16 14+
un profeta.»
[18] No creyeron los judíos que aquel
hombre hubiera sido ciego, hasta que
llamaron a los padres del que había recobrado la vista* [19] y les preguntaron:
«¿Es éste vuestro hijo, el que decís que
nació ciego? ¿Cómo, pues, ve ahora?»
[20] Sus padres respondieron: «Nosotros
sabemos que este es nuestro hijo y que
nació ciego. [21] Pero, cómo ve ahora, no
lo sabemos; ni quién le ha abierto los
ojos, eso nosotros no lo sabemos. Preguntadle*; edad tiene; puede hablar de sí
mismo.» [22] Sus padres decían esto por
miedo a los judíos, pues los judíos se ha- 7 13+
bían puesto ya de acuerdo en que, si alguno le reconocía como Cristo, quedara 16 2
excluido de la sinagoga. [23] Por eso dijeron sus padres: «Edad tiene; preguntád-
selo a él.»

8 56 (a) El acontecimiento de la venida de Jesús. También aquí se apropia Jesús una expresión reservada a Dios en el AT: el «Día de Yahvé», ver Am 5 18+.
8 56 (b) Abrahán vio el «Día» de Jesús (como Isaías «vio su gloria», 12 41), «de lejos», ver Hb 11 13; Nm 24 17, en un acontecimiento profético: el nacimiento de Isaac, que provocó la «risa» de Abrahán, Gn 17 17+. Jesús se declara el verdadero objeto de la promesa hecha a Abrahán, la verdadera causa de su alegría, el Isaac espiritual. Ver Gn 12+.
8 59 La pretensión de Jesús de poseer un modo divino de existencia es a los ojos de los judíos una blasfemia, merecedora de lapidación, Lv 24 16.
9 3 Los «signos», ver 2 11+.
9 4 (a) Var.: «Tengo».
9 4 (b) La vida de Jesús es como un día de trabajo, 5 17, que concluye con la noche de la muerte. Ver Lc 13 32.
9 5 Esta declaración da por anticipado el sentido del milagro, ver 9 37.
9 7 De ella se sacaba el agua, símbolo de las bendiciones mesiánicas, durante la fiesta de las Tiendas. En lo sucesivo las bendiciones vienen de Jesús. —«Enviado»: uno de los títulos de Jesús, característicos de Jn, ver 4 34+.
9 14 Trabajo prohibido en sábado.
9 18 Var.: «que aquel hombre hubiera sido ciego y hubiera recobrado la vista».
9 21 Om.: «Preguntadle».

²⁴ Llamaron por segunda vez al hombre que había sido ciego y le dijeron: «Da gloria a Dios*. Nosotros sabemos que ese hombre es un pecador.» ²⁵ Les respondió: «Si es un pecador, no lo sé. Sólo sé una cosa: que era ciego y ahora veo.» ²⁶ Le dijeron entonces: «¿Qué hizo contigo? ¿Cómo te abrió los ojos?» ²⁷ Él replicó: «Os lo he dicho ya, y no me habéis escuchado. ¿Por qué queréis oírlo otra vez? ¿Es qué queréis también vosotros haceros discípulos suyos?» ²⁸ Ellos le llenaron de injurias y le dijeron: «Tú eres discípulo de ese hombre; nosotros somos discípulos de Moisés. ²⁹ Nosotros sabemos que a Moisés le habló Dios; pero ése no sabemos de dónde es.» ³⁰ El hombre les respondió: «Eso es lo extraño: que vosotros no sepáis de dónde es y que me haya abierto a mí los ojos. ³¹ Sabemos que Dios no escucha a los pecadores; mas, si uno es religioso y cumple su voluntad, a ése le escucha. ³² Jamás se ha oído decir que alguien haya abierto los ojos de un ciego de nacimiento*. ³³ Si éste no viniera de Dios, no podría hacer nada.» ³⁴ Ellos le respondieron: «Has nacido todo entero en pecado ¿y nos das lecciones a nosotros?» Y le echaron fuera.

³⁵ Jesús se enteró de que le habían echado fuera y, encontrándose con él, le dijo: «¿Tú crees en el Hijo del hombre?» ³⁶ Él respondió: «¿Y quién es, Señor, para que crea en él?» ³⁷ Jesús le dijo: «Le has visto; el que está hablando contigo, ése es». ³⁸* Él entonces dijo: «Creo, Señor.» Y se postró ante él.

³⁹ Y dijo Jesús:

«Para un juicio he venido a este mundo:

para que los que no ven, vean;
y los que ven*, se vuelvan ciegos.»

⁴⁰ Algunos fariseos que estaban con él oyeron esto y le dijeron: «¿Es que también nosotros somos ciegos?» ⁴¹ Jesús les respondió:

Margin left:
Jr 13 16s

Is 1 15
Pr 15 29

3 2

7 49

Mt 8 20+

9 5+
4 26
Mt 8 10+

8 12+
1 1+

Mt 13 13

Mt 15 14p

«Si fuerais ciegos,
no tendríais pecado;
pero, como decís: 'Vemos',
vuestro pecado permanece.»

El buen Pastor.

10 ¹ «En verdad, en verdad os digo: el que no entra por la puerta en el redil de las ovejas, sino que escala por otro lado, ése es un ladrón y un salteador; ² pero el que entra por la puerta es pastor de las ovejas. ³ A éste le abre el portero, y las ovejas escuchan su voz; y a sus ovejas las llama una por una* y las saca fuera. ⁴ Cuando ha sacado todas las suyas, va delante de ellas, y las ovejas le siguen, porque conocen su voz. ⁵ Pero no seguirán a un extraño, sino que huirán de él, porque no conocen la voz de los extraños.» ⁶ Jesús les* dijo esta parábola, pero ellos no comprendieron lo que les hablaba.

⁷ Entonces Jesús les dijo de nuevo:

«En verdad, en verdad os digo:
yo soy la puerta* de las ovejas.

⁸ Todos los que han venido delante de mí*

son ladrones y salteadores;
pero las ovejas no les escucharon.

⁹ Yo soy la puerta;

si uno entra por mí, estará a salvo;
entrará y saldrá
y encontrará pasto.

¹⁰ El ladrón no viene

más que a robar, matar y destruir.
Yo he venido
para que tengan vida*
y la tengan en abundancia.

¹¹ Yo soy el buen pastor*.

El buen pastor da su vida por las ovejas.

¹² Pero el asalariado, que no es pastor,

a quien no pertenecen las ovejas,
ve venir al lobo,
abandona las ovejas y huye,
y el lobo hace presa en ellas y las dispersa,

¹³ porque es asalariado

Margin right:
3 36; 12 48
Mt 23 16s

Ez 34+
Jr 23 1-3

21 16

Mi 2 13

3 17
Sal 23 1-3
Is 49 9-10
Ez 34 14

Ez 34+

Jr 23 1s
Ez 34 3-8
Za 11 17

---

9 24 Fórmula bíblica para conjurar a alguien a que diga la verdad y repare una ofensa hecha a la majestad divina, ver Jos 7 19; 1 S 6 5.
9 32 El milagro del ciego de nacimiento es probablemente para el evangelista un símbolo del bautismo, nuevo nacimiento por el agua y el Espíritu, 3 3-7. Las *analogías* entre 3 1-21 y 9 son muchas.
9 38 Om. de todo el v. 38 y del comienzo del v. 39.
9 39 Los presuntuosos, que se fían de sus propias luces, ver vv. 24.29.34, en contraposición a los humildes, cuyo tipo es el ciego. Ver Dt 29 3; Is 6 9s; Jr 5 21; Ez 12 2.
10 3 O bien: «a cada una por su nombre».
10 6 A los fariseos cegados, 9 40. No comprenden que

la parábola se dirige a ellos.
10 7 Que da acceso a las ovejas. Para regir legítimamente el rebaño, hay que pasar por Jesús, 21 15-17.
10 8 Om.: «delante de mí.»—Probablemente se trata de los fariseos, ver Mt 23 1-36; Lc 11 39-52 y Mt 9 36; Mc 6 34.
10 10 La vida eterna, la da Jesús, 3 16.36; 5 40; 6 33.35.48.51; 14 6; 20 31, y con magnificencia, ver Ap 7 17; Mt 25 29; Lc 6 38.
10 11 Dios, también él pastor de su pueblo, debía darle, en los tiempos mesiánicos, un pastor elegido por él, ver Ez 34+. Al declararse el buen pastor, Jesús plantea una reivindicación mesiánica.

y no le importan nada las ovejas. [14] Yo soy el buen pastor;
y conozco mis ovejas
y las mías me conocen a mí*,

15 9
Mt 11
25-27p

[15] como me conoce el Padre
y yo conozco a mi Padre
y doy mi vida por las ovejas.

Jr 23 3;
31 10
Ef 2 14s;
4 4s
Jn 5 25;
18 37; 11 52
Ez 34 23;
37 22
Mi 2 13

[16] También tengo otras ovejas,
que no son de este redil;
también a ésas las tengo que conducir*
y escucharán mi voz;
y habrá un solo rebaño*,
un solo pastor.

3 35; 8 29

[17] Por eso me ama el Padre,
porque doy mi vida,

para recobrarla de nuevo.
[18] Nadie me la quita;
yo la doy voluntariamente*.
Tengo poder para darla
y poder para recobrarla de nuevo;
esa es la orden que he recibido de mi
Padre.»

[19] Se produjo otra vez una disensión
entre los judíos por estas palabras.
[20] Muchos de ellos decían: «Tiene un demonio y está loco. ¿Por qué le escucháis?» [21] Pero otros decían: «Esas palabras no son de un endemoniado. ¿Puede
acaso un demonio abrir los ojos de los
ciegos?»

3 11+
7 20+

3 2;
9 30-32

5. LA FIESTA DE LA DEDICACIÓN
(LA DECISIÓN DE MATAR A JESÚS)

La verdadera identidad de Jesús*.

1 M 4 36+

[22] Se celebró por entonces en Jerusalén
la fiesta de la Dedicación. Era invierno.
[23] Jesús se paseaba por el Templo, en el
pórtico de Salomón. [24] Le rodearon los

Hch 3 11+

8 25
Lc 22 67

judíos, y le decían: «¿Hasta cuándo vas a
tenernos en vilo? Si tú eres el Cristo, dínoslo abiertamente*.» [25] Jesús les respondió:

5 36+

«Ya os lo he dicho*, pero no me creéis.
Las obras que hago en nombre de mi
Padre
son las que dan testimonio de mí;
[26] pero vosotros no creéis
porque no sois de mis ovejas*.

Pr 28 5
1 Co 2 14
Jn 10 3-4.14

[27] Mis ovejas escuchan mi voz;
yo las conozco y ellas mi siguen.

[28] Yo les doy vida eterna
y no perecerán jamás,
y nadie las arrebatará de mi mano.
[29] El Padre, que me las ha dado, es más
grande que todos*,
y nadie puede arrebatar nada* de la
mano del Padre.
[30] Yo y el Padre somos uno*.»

10 10
Rm 8 33-39
Jr 23 4

3 35+
Dt 32 39;
33 3
Is 43 13;
51 16
Sb 3 1
Jn 1 1+

[31] Los judíos trajeron otra vez piedras
para apedrearle. [32] Jesús les dijo: «Muchas
obras buenas de parte del Padre os he
mostrado. ¿Por cuál de esas obras queréis
apedrearme?» [33] Le respondieron los judíos: «No queremos apedrearte por ninguna obra buena, sino por una blasfemia
y porque tú, siendo hombre, te haces a ti
mismo Dios.» [34] Jesús les respondió:

8 59

Lc 22 70-71

5 18

10 14 En la Biblia, ver Os 2 2+, el «conocimiento», no procede de una actividad puramente intelectual, sino de una «experiencia», de una presencia (comparar Jn 10 14-15 y 14 20; 17 21-22; ver 14 17; 17 3; 2 Jn 1-2); acaba necesariamente en el amor, ver Os 6+ y 1 Jn 1 3+.
10 16 (a) Es decir, agregarlas al rebaño que Jesús «conduce» a la vida eterna.
10 16 (b) Var.: «un solo redil».
10 18 Cristo tiene la vida en sí mismo, 3 35+, y nadie puede quitársela, 7 30.44; 8 20; 10 39; la da libremente, 10 18; 14 30; 19 11; de ahí esa serena majestad, esa ple-na libertad ante la muerte, 12 27; 13 1-3; 17 19; 18 4-6; 19 28.
10 22 Para Juan, no hubo proceso de Jesús ante el Sa-nedrín antes de ser entregado a Pilato, ver 18 31. Así pues, aquí traspone los datos; ver 10 24b-25a y Lc 22 67; 10 36 y Lc 22 70; 10 33 y Mc 14 64. Efectivamente el Sanedrín se reunirá y decidirá la muerte de Jesús, pero mucho antes del arresto de éste y en su ausencia, 11 47-53. Según Lc, el Sanedrín habría condenado a Je-sús a muerte por haber blasfemado diciéndose «Hijo de Dios», Lc 22 70; ver Mt 26 64-66; Mc 14 62-64. Juan critica semejante acusación probando, según la Escritu-ra, que esta afirmación en modo alguno constituía una blasfemia, 10 33-36; ver 1 18+.

10 24 Y no con el enigmático lenguaje de las pará-bolas, ver v. 6; 16 25.29. De una manera más apre-miante que en 2 18; 5 16; 6 30; 8 25 los judíos plantean a Jesús la cuestión mesiánica que el sumo sacerdote plantea en los evangelios sinópticos antes de la Pasión, Mt 26 63p.
10 25 Las anteriores declaraciones de Jesús lo desig-naban bastante claramente como el enviado de Dios, 4 34+.
10 26 Para creer a Jesús hay que sintonizar interior-mente con él: ser «de arriba», 8 23, «de Dios», 8 47, «de la verdad», 8 37, ser de sus ovejas, 10 14. La fe supone una afinidad espiritual con la verdad, 3 17-21. Ver Hch 13 48+; Rm 8 29s.
10 29 (a) Var.: «Mi Padre, lo que me ha dado es más grande que todo» o «mi Padre, en lo que me ha dado, es más grande que todos».
10 29 (b) Var.: «arrebatarlas».
10 30 Según el contexto, esta afirmación considera en primer lugar el poder común de Jesús y del Padre; pero, indeterminada adrede, deja entrever un misterio de uni-dad más amplio y más hondo. Los judíos no se engañan cuando en ello ven la pretensión de ser Dios, v. 33. Ver 1 1; 8 16.29; 10 38; 14 9-10; 17 11.21 y 2 11+.

Rm 3 19+
Sal 82 6

«¿No está escrito en vuestra Ley:
Yo he dicho: dioses sois*?
[35] Si llama dioses
a aquellos a quienes se dirigió la palabra de Dios
—y no puede fallar la Escritura—

Jr 1 5

[36] a aquel a quien el Padre ha santificado
y enviado al mundo,
¿cómo le decís que blasfema por haber
dicho:
'Yo soy Hijo de Dios'?
[37] Si no hago las obras de mi Padre,
no me creáis;
[38] pero si las hago,

5 36+

aunque a mí no me creáis,
creed por las obras,
y así sabréis y conoceréis

14 11; 17 21

que el Padre está en mí y yo en el Padre.»

8 59

[39] Querían de nuevo* prenderle, pero
se les escapó de las manos*.

Jesús se retira al otro lado del Jordán.

1 28
Mt 19 1
Mc 10 1

[40] Se marchó de nuevo al otro lado del
Jordán, al lugar donde Juan había estado
antes bautizando, y se quedó allí. [41] Muchos fueron a él y decían: «Juan no realizó ningún signo, pero todo lo que dijo
Juan de éste, era verdad.» [42] Y muchos
allí creyeron en él.

Resurrección de Lázaro.

Lc 10 38s
Jn 12 1-8

11 [1] Había un enfermo, Lázaro, de
Betania, pueblo de María y de su
hermana Marta*. [2] María era la que ungió al Señor con perfumes y le secó los
pies con sus cabellos*; su hermano Lázaro era el enfermo. [3] Las hermanas enviaron a decir a Jesús: «Señor, aquel a
quien tú quieres, está enfermo.» [4] Al oírlo Jesús, dijo: «Esta enfermedad no es de

2 11

muerte, es para la gloria de Dios, para

que el Hijo de Dios sea glorificado por
ella*.»
[5] Jesús amaba a Marta, a su hermana
y a Lázaro.
[6] Cuando se enteró de que estaba enfermo, permaneció dos días más en el lugar donde se encontraba. [7] Al cabo de
ellos, dice a sus discípulos: «Volvamos
de nuevo a Judea.» [8] Le dicen los discípulos: «Rabbí, hace poco los judíos querían apedrearte, ¿y vuelves allí?» [9] Jesús
respondió:

1 14+
10 34+

8 59; 10 31

«¿No son doce las horas del día?
Si uno anda de día, no tropieza,
porque ve la luz de este mundo;
[10] pero si uno anda de noche, tropieza,
porque no está la luz en él.»

8 12+

[11] Dijo esto y añadió: «Nuestro amigo
Lázaro duerme; pero voy a despertarle.»
[12] Le dijeron sus discípulos: «Señor, si
duerme, se curará. [13] Jesús lo había dicho de su muerte, pero ellos creyeron
que hablaba del descanso del sueño.
[14] Entonces Jesús les dijo abiertamente:
«Lázaro ha muerto, [15] y me alegro por
vosotros de no haber estado allí, para
que creáis*. Pero vayamos allá.»
[16] Entonces Tomás, llamado el Mellizo, dijo a los otros discípulos*: «Vayamos también nosotros a morir con él.»
[17] Cuando llegó Jesús, se encontró con
que Lázaro llevaba ya cuatro días en el
sepulcro. [18] Betania estaba cerca de Jerusalén como a unos quince estadios, [19] y
muchos judíos habían venido a casa de
Marta y María para consolarlas por su
hermano. [20] Cuando Marta supo que había venido Jesús, le salió al encuentro,
mientras María permanecía en casa.
[21] Dijo Marta a Jesús: «Señor*, si hubieras estado aquí, no habría muerto mi
hermano. [22] Pero aun ahora yo sé que
cuanto pidas a Dios, Dios te lo conce-

2 19+

Mt 9 24p

2 11+

14 5;
20 24-29

Mc 10 32

11 45;
12 9-11.
17-19

Lc 10 39s

11 32

9 31-33

---

10 34 Esta sentencia se dirige a los jueces, llamados
«dioses» por metáfora en razón de su cargo, porque «el
juicio es de Dios», Dt 1 17; 19 17; Ex 21 6; Sal 58. Con
un argumento *a fortiori* de tipo rabínico, Jesús va a deducir que no es procedente acusar de blasfemia cuando
el Santo y el Enviado de Dios se dice Hijo de Dios.—En
torno a este título de «Hijo de Dios», v. 36, ver 5 25; 11
4.27; 20 17.31, se va a decidir ahora la suerte de Jesús,
ver 19 7. Ver Mt 4 3+.
10 39 (a) Om.: «de nuevo».
10 39 (b) En griego, la palabra «mano» está en singular; contraste irónico con los vv. 28-29.
11 1 Estas dos hermanas, que volverán a aparecer en
ocasión de un banquete dado a Jesús, 12 1ss, son probablemente las mismas de las que habla Lc en 10 38-
42. En los dos relatos, Marta es el ama de casa que cuida del servicio del banquete, Jn 12 2; Lc 10 40, mientras
que María se sienta a los pies de Jesús, Jn 11 20; 12 3;

Lc 10 39. Se advierte una tensión interna en el relato
de Juan: en los vv. 1 y sobre todo 45, María parece el
personaje principal. Pero a lo largo del relato, y especialmente en el v. 5, es Marta la que ocupa el primer
lugar; en el v. 32, María no hace más que repetir las palabras pronunciadas por Marta en el v. 21.
11 2 Con toda probabilidad, no se trata de la pecadora de Lc 7 37.
11 4 Expresión de doble sentido: Jesús será glorificado por el milagro mismo, ver 1 14+; pero este milagro traerá, 11 46-54, su propia muerte, que será también su glorificación, 12 32+.
11 15 La muerte de Lázaro es la ocasión del milagro,
que fortalecerá la fe de ellos.
11 16 Lit.: «condiscípulos». El texto usa aquí la palabra griega *symmazetai*, en vez de la habitual *mazetai*,
«discípulos». Es el único caso en toda la Biblia.
11 21 Om.: «Señor».

derá*.» ²³ Le dice Jesús: «Tu hermano resucitará.» ²⁴ Le respondió Marta: «Ya sé que resucitará en la resurrección, el último día.» ²⁵ Jesús le respondió:

«Yo soy la resurrección*.
El que cree en mí, aunque muera*, vivirá*;
²⁶ y todo el que vive y cree en mí,
no morirá jamás.
¿Crees esto?»

²⁷ Le dice ella: «Sí, Señor, yo creo que tú eres el Cristo, el Hijo de Dios*, el que iba a venir al mundo.»

²⁸ Dicho esto, fue a llamar a su hermana María y le dijo al oído: «El Maestro está ahí y te llama.» ²⁹ Ella, en cuanto lo oyó, se levantó rápidamente, y se fue hacia él. ³⁰ Jesús todavía no había llegado al pueblo; sino que seguía en el lugar donde Marta lo había encontrado. ³¹ Los judíos que estaban con María en casa consolándola, al ver que se levantaba rápidamente y salía, la siguieron pensando que iba al sepulcro para llorar allí.

³² Cuando María llegó donde estaba Jesús, al verle, cayó a sus pies y le dijo: «Señor, si hubieras estado aquí, mi hermano no habría muerto.» ³³ Viéndola llorar Jesús y que también lloraban los judíos que la acompañaban, se conmovió interiormente, se turbó ³⁴ y dijo: «¿Dónde lo habéis puesto?» Le responden: «Señor, ven y lo verás.» ³⁵ Jesús derramó lágrimas*. ³⁶ Los judíos entonces decían: «Mirad cómo le quería.» ³⁷ Pero algunos de ellos dijeron: «Éste, que abrió los ojos del ciego, ¿no podía haber hecho que éste no muriera?» ³⁸ Entonces Jesús se conmovió de nuevo en su interior y fue

al sepulcro. Era una cueva, y tenía puesta encima una piedra. ³⁹ Dice Jesús: «Quitad la piedra.» Le responde Marta, la hermana del muerto: «Señor, ya huele; es el cuarto día*.» ⁴⁰ Le dice Jesús: «¿No te he dicho que, si crees, verás la gloria de Dios?» ⁴¹ Quitaron, pues, la piedra. Entonces Jesús levantó los ojos a lo alto y dijo:

«Padre, te doy gracias por haberme escuchado.
⁴² Ya sabía yo que tú siempre me escuchas;
pero lo he dicho por estos que me rodean,
para que crean que tú me has enviado.»

⁴³ Dicho esto, gritó con fuerte voz: «¡Lázaro, sal afuera!» ⁴⁴ Y salió el muerto, atado de pies y manos con vendas* y envuelto el rostro en un sudario. Jesús les dice: «Desatadlo y dejadle andar.»

Las autoridades judías deciden la muerte de Jesús.

⁴⁵ Muchos de los judíos que habían venido a casa de María, viendo lo que había hecho, creyeron en él. ⁴⁶ Pero algunos de ellos fueron a los fariseos y les contaron lo que había hecho Jesús. ⁴⁷ Entonces los sumos sacerdotes y los fariseos convocaron consejo y decían: «¿Qué hacemos? Porque este hombre realiza muchos signos. ⁴⁸ Si le dejamos que siga así, todos creerán en él y vendrán los romanos y destruirán nuestro Lugar Santo* y nuestra nación.» ⁴⁹ Pero uno de ellos, Caifás, que era el sumo sa-

11 22 Marta confía en Jesús; pero se detiene, como en el umbral de una oración imposible.
11 25 (a) Adic.: «y la vida».
11 25 (b) En los vv. 23-26, Juan utiliza un procedimiento literario clásico en él, 2 19+, para dar una enseñanza sobre la resurrección. Marta entiende el verbo (v. 23) en el sentido de la escatología judía heredada de Daniel 12 2: a su muerte, el hombre baja al šeol, Nm 16 33+, como una sombra privada de vida, pero resucitará en el último día. Jesús rectifica esta idea en el sentido de una escatología ya realizada: él mismo es la resurrección, v. 25. El que cree en él no morirá jamás, v. 26; ver 8 51, ha pasado ya de la muerte a la vida, 5 24; 1 Jn 3 14, ha resucitado ya en Cristo gracias a la vida nueva que hay en él, Rm 6 1-11; Col 2 12-13; 3 1. La muerte tal como la concebía Daniel ha sido abolida. Esta visión nueva supone una distinción entre el alma, que no muere, y el cuerpo, que se corrompe en la tierra.
11 25 (c) En los vv. 25-26, tenemos una nueva utilización de la fórmula «yo soy» para introducir una definición de Cristo, 6 35+. Pero aquí, la respuesta de Cristo parece más compleja (confrontar con 8 12 por ejemplo), con una repetición redaccional constituida

por la expresión «cree en mí». El texto primitivo debía de decir simplemente: «El que cree en mí () no morirá jamás». La experiencia humana parece contradecir esta afirmación (ver nota precedente), ce ahí la glosa.
11 27 Como para Natanael, 1 49, la expresión «Hijo de Dios» es un simple título mesiánico, 18+.
11 35 El evangelista emplea dos verbos diferentes: klaíein, «lamentarse», referido a María y a los judíos, 11 31.33, y dakryein, «derramar lágrimas» (el único empleo en el NT) referido aquí a Jesús. Algunos ven en esto una alusión a la agonía de Jesús, ver Hb 5 7.
11 39 Este detalle se da para probar la realidad de la muerte, y por tanto la de la resurrección, ver 19 35.
11 44 Es inútil quizá preguntarse si era costumbre judía atar las manos y los pies de los muertos al sepultarlos. Juan quiere indicar que Lázaro ha sido librado de los lazos de la muerte: ¡desatadlo!, Sal 116 3; ver Sal 18 6; Hch 2 24.
11 48 Lit.: «nuestro Lugar»: Jerusalén, o el país judío, o más probablemente el Lugar Santo por excelencia, el Templo, Mt 24 15. Ver Is 60 13; 2 M 1 29; 2 18; Hch 6 13.

cerdote de aquel año, les dijo: «Vosotros no sabéis nada, [50] ni caéis en la cuenta de que os conviene que muera uno solo por el pueblo y no perezca toda la nación.» [51] Esto no lo dijo por su propia cuenta, sino que, como era sumo sacerdote aquel año, profetizó que Jesús iba a morir por la nación [52] — y no sólo por la na-

4 42+

ción, sino también para reunir en uno a los hijos de Dios que estaban dispersos*. [53] Desde este día, decidieron darle muerte. [54] Por eso Jesús no andaba ya en público entre los judíos, sino que se retiró de allí a la región cercana al desierto, a una ciudad llamada Efraín*, y allí residía con sus discípulos.

10 16
Dt 30 3

5 18+
Mt 12 14

7 1

6. FIN DEL MINISTERIO PÚBLICO
Y PRELIMINARES DE LA ÚLTIMA PASCUA

La proximidad de la Pascua.

2 13; 6 4

Nm 9 6-13

[55] Estaba cerca la Pascua de los judíos*, y muchos del país habían subido a Jerusalén, antes de la Pascua* para purificarse. [56] Buscaban a Jesús y se decían unos a otros estando en el Templo: «¿Qué os parece? ¿Que no vendrá a la fiesta?» [57] Los sumos sacerdotes y los fariseos habían dado órdenes de que, si alguno sabía dónde estaba, lo notificara para detenerle.

|| Mt 26 6-13
|| Mc 14 3-9

La unción en Betania.

12 [1] Seis días antes de la Pascua*, Jesús se fue a Betania, donde estaba Lázaro, a quien Jesús había resucitado de entre los muertos. [2] Le dieron allí una cena. Marta servía y Lázaro era uno de los que estaban con él a la mesa. [3] Entonces María, tomando una libra de perfume de nardo puro, muy caro, ungió los pies de Jesús y los secó con sus cabellos. Y la casa se llenó del olor del perfume. [4] Dice Judas Iscariote, uno de los discípulos, el que lo había de entregar: [5] «¿Por qué no se ha vendido este perfume por trescientos denarios y se ha dado a los pobres?» [6] Pero no decía esto porque le preocuparan los pobres, sino porque era ladrón, y como tenía la bolsa, se llevaba lo que echaban en ella. [7] Jesús dijo: «Déjala, que lo guarde para el día de mi sepultura*. [8] Porque pobres siempre tendréis con vosotros; pero a mí no siempre me tendréis.»

11 2+

13 29

[9] Gran número de judíos supieron que Jesús estaba allí y fueron, no sólo por Jesús, sino también por ver a Lázaro, a quien había resucitado de entre los muertos. [10] Los sumos sacerdotes decidieron dar muerte también a Lázaro, [11] porque a causa de él muchos judíos se les iban y creían en Jesús.

11 45

Entrada mesiánica de Jesús en Jerusalén.

|| Mt 21 1-9
|| Mc 11 1-10
|| Lc 19 28-38

[12] Al día siguiente, al enterarse la numerosa muchedumbre que había llegado para la fiesta, de que Jesús se dirigía a Jerusalén, [13] tomaron ramas de palmera y salieron a su encuentro gritando:

1 M 13 51
Ap 7 9

> «¡Hosanna!
> ¡Bendito el que viene en nombre del Señor,
> y el rey de Israel*!»

Sal 118 25s

1 49;
6 15

[14] Jesús, habiendo encontrado un borriquillo, se montó en él, según está escrito:

> [15] No temas, hija de Sión;
> mira que viene tu rey
> montado en un pollino de asna.

Za 9 9s

[16] Esto no lo comprendieron sus discípulos de momento; pero cuando Jesús fue glorificado, cayeron en la cuenta de que esto estaba escrito sobre él, y que era lo que le habían hecho. [17] La gente que estaba con él cuando llamó a Lázaro de la tumba y le resucitó de entre los muer-

14 26+
Mc 4 13+

5 39+

---

11 52 Por su elevación en la cruz, Cristo atraerá hacia sí a todos los hombres porque, reconocido como el verdadero enviado de Dios, su enseñanza «de verdad» será aceptada por todos, 12 31+.
11 54 Efraín, 2 S 13 23, u Ofrá, Jos 18 23, es la actual et-Taiyibé, a 25 kms al NE de Jerusalén, en el límite del desierto de Judea.
11 55 (a) Jn no dejará de subrayar la relación de la muerte de Jesús con la Pascua, 13 1; 18 28; 19 14.42.
11 55 (b) Om.: «antes de la Pascua».
12 1   Última semana de la vida pública de Jesús, tan

detalladamente seguida, 12 12; 13 1; 18 28; 19 31, como la primera, 2 1+. Ver Introducción. Una y otra concluyen con la manifestación de la gloria de Jesús. Pero ya no nos hallamos como en Caná en tiempo de «signos», 2 4.11; «ha llegado la hora de que sea glorificado el Hijo del hombre», 12 23; 13 31s; 17 1.5.
12 7   Jesús ve en la acción de María un homenaje anticipado a su cadáver. A este acto simbólico corresponderá, 19 38s, el embalsamamiento efectivo de Jesús.
12 13 El rey mesiánico.

Lc 19 37

11 47-48

tos, daba testimonio. [18] Por eso también salió la gente a su encuentro, porque habían oído que él había realizado aquel signo. [19] Entonces los fariseos se dijeron entre sí: «¿Veis cómo no adelantáis nada?; todo el mundo se ha ido tras él.»

Jesús anuncia su glorificación por la muerte.

Hch 8 26s
Za 14 16

1 40+.44
6 40+

2 4+
3 14+
Mt 8 20+

1 Co 15 36

Is 53 10-12

||Mt 16 25
||Mc 8 35
||Lc 9 24
Ap 12 11
Jn 1 10+
Mt 16 24

Jn 7 34;
14 3; 17 24

[20] Había algunos griegos de los que subían a adorar en la fiesta*. [21] Éstos se dirigieron a Felipe, el de Betsaida de Galilea, y le rogaron: «Señor, queremos ver a Jesús.» [22] Felipe fue a decírselo a Andrés; Andrés y Felipe fueron a decírselo a Jesús. [23] Jesús les respondió:

«Ha llegado la hora
de que sea glorificado el Hijo de hombre.
[24] En verdad, en verdad os digo:
si el grano de trigo no cae en tierra y muere,
queda él solo;
pero si muere,
da mucho fruto.
[25] El que ama su vida, la pierde;
y el que odia su vida en este mundo,
la guardará para una vida eterna.
[26] Si alguno me sirve, que me siga,
y donde yo esté*, allí estará también mi servidor.
Si alguno me sirve, el Padre le honrará.

11 33; 13 21
Hb 5 7-8

Lc 22
40-46p
Sal 22 20-24
Jn 18 11

2 11+
1 14+
17 5+

Lc 22 43

11 42

3 19
1 10+
Lc 10 18
Ap 12 9;
20 1-6

3 35+

18 32
21 19

Rm 3 19+

2 S 7 16
Sal 110 4;
Is 9 6
Jn 2 19+
Mt 8 20+

8 12+

[27] Ahora mi alma está turbada*.
Y ¿que voy a decir?
¡Padre, líbrame de esta hora!
Pero ¡si he llegado a esta hora para esto!
[28] Padre, glorifica tu Nombre*».

Vino entonces una voz del cielo:
«Le he glorificado y de nuevo le glorificaré*».

[29] La gente que estaba allí y lo oyó decía que había sido un trueno. Otros decían: «Le ha hablado un ángel.» [30] Jesús respondió: «No ha venido esta voz por mí, sino por vosotros*. [31] Ahora es el juicio de este mundo; ahora el Príncipe de este mundo será derribado*. [32] Y yo cuando sea elevado de la tierra, atraeré a todos* hacia mí.»

[33] Decía esto para significar de qué muerte iba a morir*. [34] La gente le respondió: «Nosotros sabemos por la Ley que el Cristo permanece para siempre. ¿Cómo dices tú que es preciso que el Hijo del hombre sea elevado? ¿Quién es ese Hijo del hombre*?» [35] Jesús les dijo:

«Todavía, por un poco de tiempo, está la luz entre vosotros.
Caminad* mientras tenéis la luz,
para que no os sorprendan las tinieblas;

---

12 20 No se trata de judíos, sino de adheridos al monoteísmo de Israel y, hasta cierto punto, a las observancias mosaicas: los «temerosos de Dios» de Hch 10 2+.
12 26 En la gloria del Padre, ver **14** 3; 17 24.
12 27 Escena que en más de un rasgo evoca a Getsemaní: angustia ante la Hora que se acerca, llamamiento a la compasión del Padre, aceptación del sacrificio, consuelo venido del cielo (ver Lc). Nótese con todo dos diferencias: Cristo sigue de pie, su llamada a la compasión queda reducida a la lucha interior (Jn); «se pone de rodillas» (Lc); «cae rostro en tierra» (Mt, Mc). Ver Jn 18 4-6; 10 18+.
12 28 (a) «tu Nombre» (var.: «a tu Hijo») designa a la misma persona del Padre. Jesús se ofrece a una muerte para que se cumpla la obra que glorificará al Padre manifestando su amor por el mundo, 17 6+.
12 28 (b) El Nombre de Dios ha sido ya glorificado gracias a los «signos» realizados por Jesús, 11 4; y será glorificado por la ascensión de Cristo a la gloria, el «signo» por excelencia, 2 11+.
12 30 El acontecimiento es como un sello divino puesto por anticipado a la muerte de Jesús.
12 31 Como en Lc 10 18 y Ap 12 9; su caída contrasta con la elevación de Cristo, que debe entenderse en dos sentidos complementarios: elevación en la cruz y elevación a la derecha del Padre. El reinado de Satán sobre el mundo, 14 30; 16 11; 1 Jn 5 19, va a llegar a su fin para ceder el sitio al reinado de Cristo, Ap 12 9-10. Esta doble realeza debe ser entendida en una perspectiva ética. El diablo es mentiroso por naturaleza. Desde los orígenes ha engañado a la humanidad acerca de los mandamientos divinos, lo cual le ha costado la muerte; es, pues, homicida, 8 44b; Gn 3; Sb 2 24. Las autoridades

judías que quieren matar a Jesús lo hacen por instigación del diablo, 8 44a, como lo hizo Caín, 1 Jn 3 12. Es el Príncipe de este mundo quien, por sus mentiras, es la causa de todos los desórdenes morales, ver Ef 2 1-3; 6 10-17; 2 Co 4 4. Su reinado es el del Mal y engendra la muerte. Por el contrario, Cristo fue enviado por Dios para decirnos la verdad, 8 45 (opuesto a 8 44), esa verdad que debe liberarnos de la esclavitud del diablo, 8 34+, porque nos hace saber claramente cuál es la voluntad de Dios sobre nosotros, 8 34+. Ahora bien, será la elevación de Cristo la que nos proporcione el «signo» por excelencia que nos probará que él ha sido en efecto enviado por Dios, 2 11+; 3 14+, y que él nos trasmite sus palabras. Cristo entonces atraerá a sí a toda la humanidad, 12 32, en el sentido de que todos vendrán a él y recibirán su enseñanza, 6 35.45; Is 55 1-3; Si 24 19-22, que es, no de odio, sino de amor mutuo, 13 34-35; 1 Jn 3 11-12. El reinado de Cristo es el del Amor y engendra la vida, 12 49-50; 5 24; 8 51; 1 Jn 3 14-15.— Var.: «echado fuera».
12 32 Var.: «a todo hombre» o «todo».
12 33 Si los judíos hubieran ejecutado ellos mismos a Cristo, lo habrían lapidado después de «arrojarlo» desde lo alto de un lugar escarpado, Lc 4 29. Al ser ejecutado por los romanos, fue «elevado» en la cruz, primer paso que debía llevarlo a la derecha del Padre. El tipo de muerte que recibió Cristo tenía, por tanto, un valor de símbolo, 18 31-32.
12 34 Este dicho lo pronuncia Jesús en 12 23. Por ello, algunos proponen trasladar 12 34-35a después de 3 14-15, o 3 14-18.
12 35 Jesús exhorta a los judíos a que crean en él antes de que sea demasiado tarde, ver 7 34-.

el que camina en tinieblas, no sabe a dónde va.

Jr 13 16 ^36 Mientras tenéis la luz,
creed en la luz,
para que seáis hijos de luz.»

Dicho esto, se marchó Jesús y se ocultó de ellos*.

Conclusión: la incredulidad de los judíos.

2 11+
Dt 29 1-3 ^37 Aunque había realizado tan grandes signos delante de ellos, no creían en él; ^38 para que se cumpliera el oráculo pronunciado por el profeta Isaías:

Is 53 1
Rm 10 16 *Señor, ¿quién dio crédito a nuestras palabras?*
Y el brazo del Señor, ¿a quién se le reveló?

Mt 13 13+ ^39 No podían creer, porque también había dicho Isaías:

Is 6 9s+ ^40 *Ha cegado sus ojos,*
ha endurecido su corazón;
para que no vean con los ojos,
ni comprendan con su corazón,
ni se conviertan,
ni yo los sane.

5 39+ ^41 Isaías dijo esto porque vio su gloria* y habló de él.
7 13 ^42 Sin embargo, aun entre los magistrados, muchos creyeron en él; pero, por

los fariseos, no lo confesaban, para no ser excluidos de la sinagoga, ^43 porque prefirieron la gloria de los hombres a la gloria de Dios.
^44 Jesús gritó y dijo*:
«El que cree en mí,
no cree en mí,
sino en aquel que me ha enviado;
^45 y el que me ve a mí,
ve a aquel que me ha enviado.
^46 Yo, la luz, he venido al mundo
para que todo el que crea en mí
no siga en las tinieblas.
^47 Si alguno oye mis palabras y no las guarda,
yo no le juzgo,
porque no he venido para juzgar al mundo,
sino para salvar al mundo.
^48 El que me rechaza y no recibe mis palabras,
ya tiene quien le juzgue:
la palabra que yo he hablado,
ésa le juzgará el último día*;
^49 porque yo no he hablado por mi cuenta,
sino que el Padre que me ha enviado me ha mandado
lo que tengo que decir y hablar,
^50 y yo sé que su mandato es vida eterna.
Por eso, lo que yo hablo
lo hablo como el Padre me lo ha dicho a mí.»

9 22
5 44
13 20
14 7-9
1 1+; 8 12+
3 11+
Lc 8 21p;
11 28
Mt 13 18-23p
3 17
Lc 20 16
Dt 31 26-29
Jn 8 37.47
Hb 4 12s
Dt 18 18-19
1 1+
3 11+
6 63

12 36 Al negarse los judíos a creer en Jesús, **12** 37, éste «se oculta» a fin de que no puedan encontrarle más, 1 39+.
12 41 «porque vio»; var.: «cuando vio».—Alusión a la visión de Isaías en el Templo, Is 6 1-4+, interpretada como una visión profética de la gloria de Cristo, ver 8 56+.
12 44 La sección **12** 44-50 está fuera de contexto, después del gesto escénico de **12** 36+. Esta sección desarrolla el mismo tema que 3 16-19, pero con una cris-

tología más simple, centrada en el tema de Jesús nuevo Moisés: los vv. 47-50 desdoblan el texto de Dt **18** 18-19 (con inversión de los temas), con lo que el v. 49a es un eco del texto de Nm **16** 28, ver Jn 8 28-29+.
12 48 La expresión «el último día» parece haber sido añadida por el último redactor, 6 39+. Así pues, el verbo que precede debe traducirse en presente: «quien le juzgue», ver 3 18.

La Hora de Jesús

La Pascua del Cordero de Dios

1. LA ÚLTIMA CENA DE JESÚS CON SUS DISCÍPULOS

El lavatorio de los pies*.

Mt 26 17+
1 48+
2 4+
10 18+

1 10+

Mt 26 20p
Mt 4+

3 35+

1 1+

Lc 12 37;
17 7-10

Mt 3 14

14 26+

2 19+

13 ¹ Antes de la fiesta de la Pascua, sabiendo Jesús que había llegado su hora de pasar de este mundo al Padre*, habiendo amado a los suyos que estaban en el mundo*, los amó hasta el extremo*. ² Durante la cena*, cuando ya el diablo había puesto en el corazón* a Judas Iscariote, hijo de Simón, el propósito de entregarle, ³ sabiendo que el Padre le había puesto todo en sus manos y que había salido de Dios y a Dios volvía, ⁴ se levanta de la mesa, se quita sus vestidos y, tomando una toalla, se la ciñó. ⁵ Luego echa agua en un lebrillo y se puso a lavar los pies de los discípulos* y a secárselos con la toalla con que estaba ceñido.

⁶ Llega a Simón Pedro; éste le dice: «Señor, ¿tú lavarme a mí los pies?» ⁷ Jesús le respondió: «Lo que yo hago, tú no lo entiendes ahora: lo comprenderás más tarde.» ⁸ Le dice Pedro: «No me lavarás los pies jamás.» Jesús le respondió: «Si no te lavo, no tienes parte conmigo.*» ⁹ Le dice Simón Pedro: «Señor, no sólo los pies, sino hasta las manos y la cabeza.» ¹⁰ Jesús le dice: «El que se ha bañado, no necesita lavarse*; está del todo limpio. Y vosotros estáis limpios*, aunque no todos.» ¹¹ Sabía quién le iba a entregar, y por eso dijo: «No estáis limpios todos.»

¹² Después que les lavó los pies, tomó sus vestidos, volvió a la mesa, y les dijo: «¿Comprendéis lo que he hecho con vosotros? ¹³ Vosotros me llamáis 'el Maestro' y 'el Señor', y decís bien, porque lo soy. ¹⁴ Pues si yo, el Señor y el Maestro, os he lavado los pies, vosotros también debéis lavaros los pies unos a otros*. ¹⁵ Porque os he dado ejemplo, para que también vosotros hagáis como yo he hecho con vosotros.

15 3

1 48+

Mt 23 8-12

Lc 22 24-30
Jn 13 34;
15 12
Flp 2 5.8
Ef 5 2

¹⁶ «En verdad, en verdad os digo*:
no es más el siervo que su amo,
ni el enviado más que el que lo envía.

Mt 10 24
Lc 6 40

¹⁷ «Sabiendo esto, dichosos seréis si lo cumplís. ¹⁸ No me refiero a todos vosotros; yo conozco a los que he elegido; pero tiene que cumplirse la Escritura*:

Is 56 2
St 1 25

6 70

*El que come mi pan
ha alzado contra mí su talón.*

Sal 41 10

---

13 El relato del lavatorio de los pies no es homogéneo. Primitivamente, recordaba un ejemplo de humildad y de «servicio» al prójimo dado por Cristo a los discípulos, vv. 4-5 y 12-15; ver Lc 22 24-27. El relato se completó después añadiendo los vv. 6-10 para darle un sentido sacramental (el bautismo probablemente). En esta nueva perspectiva, la purificación se obtiene por participación en el sacrificio de Cristo, v. 8; ver 1 Jn 1 1-7; 1 P 1 2, y no por el hecho de obedecer a su palabra, 15 3; 17 17-19. Ver 6 22.60+. También los vv. 1-3 parecen recargados; el v. 2 anticipa lo que se dirá en el v. 27.
13 1 (a) Una tradición judía interpretaba la palabra «Pascua» (ver Ex 12 11+) en el sentido de «Paso», con referencia al paso del Mar Rojo, Ex 14. Cristo (y nosotros con él) va a «pasar» de este mundo, cautivo del pecado, al Padre, la Tierra Prometida (ver 1 21+; 11 55+). Esta será la Pascua de Cristo, que va a sustituir a la Pascua de los judíos.
13 1 (b) Por vez primera pone Jn explícitamente la vida y la muerte de Jesús como signo de su amor a los suyos. Es como un secreto cuya revelación se reserva para los últimos instantes, 13 34; 15 9.13; 17 23; 1 Jn 3 16; Rm 8 35; Ga 2 20; Ef 3 19; 5 2.25.
13 1 (c) Hasta el cumplimiento de la obra querida por el Padre, 4 34+; 19 30.
13 2 (a) No se trata de la cena pascual de la que hablan Mt 26 17ss y p.; ver 13 29.
13 2 (b) Var.; «habiendo puesto el diablo en el (¿en su?) corazón que Judas Iscariote le entregara», o: «habiéndose propuesto en el corazón...», o: «como Satanás

hubiese entrado en el corazón de Judas para que lo entregara».—La Pasión es un drama en el que está implicado el mundo invisible: detrás de los hombres actúa el poder diabólico. Ver 6 70s; 8 44; 12 31; 13 27; 16 11; Ap 12 4.17; 13 2; Lc 22 3; 1 Co 2 8.
13 5 Actitud y función propias de un esclavo, ver 1 S 25 41.
13 8 Semitismo: Por no saber comprender el espíritu de su Maestro, Pedro se excluye de toda comunión con él, de toda participación en su obra y en su gloria.
13 10 (a) Adic.: «más que los pies».
13 10 (b) Pedro ha comprendido la respuesta de Jesús, v. 8, en sentido material, como si Jesús inaugurara un rito de purificación. Jesús replica que esta purificación está conseguida gracias a su sacrificio, ver 15 2-3; 1 Jn 1 7; Hb 10 22. El significado de este gesto lo explica Jesús en los vv. 12-15.
13 10 (c) La misma palabra significa en griego: limpio y puro.
13 14 Ver 1 Jn 2 6; 3 16. Sobre esta práctica en la Iglesia primitiva, ver 1 Tm 5 10.
13 16 Dicho de Cristo que volverá a aparecer en 15 20, en un contexto de persecución como en Mt 10 24, ver Lc 6 40. Aquí corta forzadamente los vv. 15 y 17.
13 18 Este v. 18 anuncia la traición de Judas de una forma muy concisa y arcaica, ver Mt 14 18. El relato de los vv. 21-30 desarrollará el tema acercándose al relato de los Sinópticos. En cuanto al dicho de Cristo reproducido en el v. 20 supone el mismo contexto misionero, ver Mt 10 40, que el insertado en el v. 16.

14 29; 16 4

¹⁹ «Os lo digo desde ahora,
antes de que suceda,
para que, cuando suceda,
creáis que Yo Soy.

8 24+

‖Mt 10 40
‖Mc 9 37
‖Lc 9 48

²⁰ En verdad, en verdad os digo:
quien acoja al que yo envíe, me acoge a mí,
y quien me acoja a mí, acoge a aquel que me ha enviado.»

‖Mt 26
21-25
‖Mc 14
18-21
‖Lc 22
21-23

Anuncio de la traición de Judas.

²¹ Cuando dijo estas palabras, Jesús se turbó en su interior y declaró:

«En verdad, en verdad os digo
que uno de vosotros me entregará.»

19 26; 20 2;
21 7.20
Lc 8 51+

²² Los discípulos se miraban unos a otros, sin saber de quién hablaba. ²³ Uno de sus discípulos, el que Jesús amaba, estaba a la mesa al lado de Jesús*. ²⁴ Simón Pedro le hace una seña y le dice: «Pregúntale de quién está hablando.» ²⁵ Él, recostándose sobre el pecho de Jesús, le dice: «Señor, ¿quién es?» ²⁶ Le responde Jesús: «Es aquel a quien dé el bocado que voy a mojar.» Y, mojando el bocado, lo toma y se lo da a Judas, hijo de Simón Iscariote. ²⁷ Y entonces, tras el bocado, entró en él Satanás*. Jesús le dice: «Lo que vas a hacer, hazlo pronto.» ²⁸ Pero ninguno de los comensales entendió por qué se lo decía. ²⁹ Como Judas tenía la bolsa, algunos pensaban que Jesús quería decirle: «Compra lo que nos hace falta para la fiesta», o que diera algo a los pobres. ³⁰ En cuanto tomó Judas el bocado, salió. Era de noche*.

13 2+
Lc 22 3

1 48+

12 6

8 12+

La despedida.

³¹ Cuando salió, dice Jesús:

«Ahora* ha sido glorificado el Hijo del hombre
y Dios ha sido glorificado en él.
³² Si Dios ha sido glorificado en él*,
Dios también le glorificará en sí mismo*
y le glorificará pronto.»

Mt 8 20+

1 14+

³³ «Hijos míos,
ya poco tiempo voy a estar con vosotros.
Vosotros me buscaréis,
y, lo mismo que les dije a los judíos*,
que adonde yo voy,
vosotros no podéis venir*,
os digo también ahora a vosotros.
³⁴ Os doy un mandamiento nuevo*:
que os améis los unos a los otros.
Que, como yo os he amado,
así os améis también vosotros los unos a los otros.
³⁵ En esto conocerán todos que sois discípulos míos: si os tenéis amor los unos a los otros.»

8 21

1 1+

1 Jn 2 8

15 12.17
Lv 19 18
Mt 19 19;
22 39
Lc 10 26s
Dt 28 9-10
Hch 4 32

³⁶ Simón Pedro le dice: «Señor, ¿a dónde vas?» Jesús le respondió: «Adonde yo voy no puedes seguirme ahora; me seguirás más tarde*.» ³⁷ Pedro le dice*: «¿Por qué no puedo seguirte ahora? Yo daré mi vida por ti.» ³⁸ Le responde Jesús: «¿Que darás tu vida por mí? En verdad, en verdad te digo: no cantará el gallo antes que tú me hayas negado tres veces.»

2 19+

8 21

21 18-19
‖Lc 22
31-34
‖Mt 26
33-35
‖Mc 26
29-31

14

¹ «No se turbe vuestro corazón*.
Creéis en Dios: creed también en mí.
² En la casa de mi Padre hay muchas mansiones;
si no, os lo habría dicho*;
porque voy a prepararos un lugar.

14 27
Dt 1 29

10 28-30
16 33

8 35; Dt 1 33

---

13 23 Lit.: «en el seno de Jesús», en *tô(i) kolpô(i)*, ver 1 18, *eis ton kolpon*. El «discípulo a quien Jesús amaba» aparece aquí por primera vez bajo esta designación enigmática. Ver 19 26; 20 2; 21 7.20.24.
13 27 Es Satanás, el Príncipe de este mundo, el que hace el combate contra Cristo, 13 2; Lc 4 13, por persona interpuesta. Quiere defender su reino, que Cristo se dispone a arrebatarle, haciendo morir a Jesús; pero, ironía del plan divino, será subiendo a la cruz como Cristo le vencerá, 12 31+.
13 30 Juan anota este detalle porque ve en él un alcance simbólico: Judas, en quien Satán acaba de entrar, pertenece ahora al mundo de las tinieblas, Lc 22 53.
13 31 La Pasión ha comenzado, puesto que Judas, impulsado por Satanás, acaba de salir; Jesús celebra ya su triunfo como consumado, ver 16 33.
13 32 (a) Om.: «Si Dios ha sido glorificado en él».
13 32 (b) «sí mismo» designa a Dios Padre, que glorificará al Hijo del hombre tomándolo consigo en la gloria. Ver 17 5.22.24.
13 33 (a) La glorificación de Jesús se halla vinculada a su partida. Para los judíos, la separación será definitiva, 8 21; para los discípulos, momentánea, 14 2-3.
13 33 (b) Si no es por la muerte, ver v. 36; 21 19.22s.
13 34 Ver Mat 25 31-46. A la idea de la «separación» de Cristo, v. 33, que prepara el anuncio de la negación de Pedro, vv. 36-38, el evangelista une el precepto del amor, vv. 34-35, testamento de Cristo. Este precepto, presente ya en la Ley mosaica, es «nuevo» por la perfección a que Jesús lo eleva y porque constituye como la señal distintiva de los tiempos nuevos, inaugurados y revelados por la muerte de Jesús.
13 36 Anuncio velado del martirio de Pedro.
13 37 Adic.: «Señor».
13 1+ Las vv. 1-2 son un reflejo del texto de Dt 1 19-33: en el momento de «pasar» a la Tierra prometida, 13 1+, no hay que temer a los enemigos, Dt 1 29, aquí, el mundo sometido a Satán; 13 27; 16 33, sino tener confianza en Dios (al revés que los hebreos, Dt 1 32) porque como había hecho Dios, Cristo marcha delante a fin de «preparar» (Targum) un lugar para los discípulos, Dt 1 33; ver Hb 6 19-20; 2 Co 5 1.
14 2 Otra traducción: «Si no, ¿os habría dicho (que yo voy...)?»

Hb 6 19-20
³ Y cuando haya ido y os haya preparado un lugar,
volveré* y os tomaré conmigo,
7 34; 12 26;
17 24
para que donde esté yo
estéis también vosotros.
⁴ Y adonde yo voy sabéis el camino.»

11 16
20 24-29
13 36
⁵ Le dice Tomás: «Señor, no sabemos a dónde vas, ¿cómo podemos saber el camino?» ⁶ Le dice Jesús:

1 4
Hb 10 19-20
«Yo soy el Camino, la Verdad y la Vida*.
Nadie va al Padre sino por mí.
8 19; 12 45
2 Co 4 4
⁷ Si me conocéis a mí, conoceréis también a mi Padre*;
desde ahora lo conocéis y lo habéis visto.»

Ex 33 18+
⁸ Le dice Felipe: «Señor, muéstranos al Padre y nos basta.»
⁹ Le dice Jesús: «¿Tanto tiempo hace que estoy con vosotros y no me conoces, Felipe?
1 18
12 45
El que me ha visto a mí, ha visto al Padre.
17 6+
¿Cómo dices tú: «Muéstranos al Padre»?
¹⁰ ¿No crees*
10 30+
que yo estoy en el Padre y el Padre está en mí?
1 1+
12 49
Las palabras que os digo, no las digo por mi cuenta;
5 36
el Padre que permanece en mí es el que realiza las obras.
¹¹ Creedme:

yo estoy en el Padre y el Padre está en mí.
Al menos, creedlo por las obras.
10 38
¹² En verdad, en verdad os digo:
el que crea en mí,
Mt 8 10+
hará él también las obras que yo hago,
y hará mayores aún,
Mt 21 21
porque yo voy al Padre*.
¹³ Y todo lo que pidáis en mi nombre,
15 16
16 24.26
Mt 7 7-11
yo lo haré,
para que el Padre sea glorificado en el Hijo.
¹⁴ Si me pedís algo en mi nombre,
Hch 3 16+
yo lo haré.
¹⁵ Si me amáis, guardaréis mis mandamientos*;
1 Jn 5 3
Dt 6 4-9;
7 11; 11 1
Sb 6 18
¹⁶ y yo pediré al Padre
y os dará otro Paráclito*,
1 Jn 2 1
para que esté con vosotros para siempre,
¹⁷ el Espíritu de la verdad*,
a quien el mundo no puede recibir,
1 10+
porque no le ve ni le conoce.
Pero vosotros le conocéis,
porque mora con vosotros
2 Jn 1-2
y estará en vosotros.
¹⁸ No os dejaré huérfanos:
Sal 27 10
Is 49 14-15
volveré a vosotros*.
¹⁹ Dentro de poco el mundo ya no me verá,
7 34; 8 21
pero vosotros sí me veréis,
16 16
porque yo vivo y también vosotros viviréis.
6 57
²⁰ Aquel día* comprenderéis que yo estoy en mi Padre
10 30+

14 3 Toda la espera de la Iglesia se apoya en esta promesa. Ver 1 Ts 4 16s; 1 Co 4 5; 11 26; 16 22; Ap 22 17.20; 1 Jn 2 28. Como en los comienzos del cristianismo, el retorno de Cristo parece esperarse en un futuro relativamente próximo; los vv. 1-3 son, pues, de redacción bastante arcaica (confrontar con 14 18+; 16 7+; 16 16+).

14 6 Estos tres títulos se dicen de Cristo en referencia a los bienes que recibimos de él. Él es la Verdad, porque nos enseña la verdad sobre nuestra vida moral, 8 32+. Es el Camino, porque nos enseña cómo andar por la senda que lleva al Padre, 8 12; 11 9-10; 12 35, dándonos ejemplo él mismo, 1 Jn 2 6; Jn 13 15. Es la Vida, porque, siguiendo este Camino, obtendremos la vida, 12 50.

14 7 Var.: «Si me conocierais a mí, conoceríais». Es preciso saber que Jesús es el Unigénito para reconocer que Dios es «el Padre» que nos ama, 3 14+.

14 10 Sólo la fe descubre la presencia del Hijo en el Padre y del Padre en el Hijo. Felipe se equivoca pidiendo una fulgurante manifestación del Padre.

14 12 El ministerio de revelación y de salvación, cuyos signos han sido los milagros, 2 11+, proseguirá en la obra de los discípulos. El Espíritu, principio de los carismas de que gozarán, será enviado por Cristo glorificado a la diestra del Padre, 7 39; 16 7.

14 15 Var.: «guardad mis mandamientos». Jesús afirma, como Dios, su derecho a ser amado y obedecido.

14 16 Primero de los cinco textos sobre el Espíritu (Paráclito, Espíritu de verdad, Espíritu santo) en el discurso de después de la Cena. Enviado por el Padre (o por Cristo) después de la marcha de Jesús, 16 7; 7 39; Hch 2 33,

permanecerá para siempre junto a los discípulos, 14 15-17, para recordar y completar la enseñanza de Cristo, 14 25-26, conduciendo a los discípulos por los caminos de la verdad, 8 32+, y explicándoles el sentido de los acontecimientos futuros, 16 12-15; ver 2 22; 12 16; 13 7; 20 9. Él glorificará a Cristo, 16 14, en el sentido de que atestiguará, 15 26-27; 1 Jn 5 6-7, que su misión venía efectivamente de Dios y que el mundo, engañado por su Príncipe, el «padre de la mentira» 8 44, se ha equivocado no creyendo en él, 16 7-11. En 1 Jn 2 1-2, conforme a las tradiciones judías, el Cristo-Paráclito (Abogado) nos defendía en el tribunal del Padre contra las acusaciones de Satán, el Acusador, Za 3 +; Ap 12 10, gracias a su sacrificio expiatorio, Ap 12 9-11. En el discurso de la Cena, Jesús-Paráclito ejerce más bien la «paráclesis», las exhortaciones de las que se ha hablado en los Hechos y las Cartas de Pablo, Hch 9 31; 13 15+.

14 17 La expresión proviene de Qumrán, donde se contraponía «espíritu de verdad» y «espíritu de error», ver 1 Jn 4 6+, para designar dos tendencias inherentes al hombre. Aquí, el Espíritu de verdad, 8 32+, está personalizado (confrontar con 2 Jn 1-2, texto que calca el de Jn 14 17c).

14 18 No se trata ya del retorno de Cristo tal como se concebía en 14 1-3+, sino de una presencia puramente espiritual de Cristo-Sabiduría (v. 21+) juntamente con el Padre (v. 23).

14 20 (a) Los profetas designaban así el tiempo de las grandes intervenciones divinas, ver Is 2 17; 4 1s, etc. El «día» puede designar aquí todo el tiempo que seguirá a la resurrección de Jesús.

y vosotros en mí y yo en vosotros*.

17 11.21.22
Sb 6 12.18
Pr 8 17

²¹ El que tiene mis mandamientos y los guarda,

ése es el que me ama;

y el que me ame, será amado de mi Padre;

16 27
17 26
Si 4 14

y yo le amaré y me manifestaré a él*.»

²² Le dice Judas* —no el Iscariote—: «Señor, ¿qué pasa para que te vayas a manifestar a nosotros y no al mundo?»

2 19+; 7 4

²³ Jesús le respondió:

«Si alguno me ama,

guardará mi palabra*,

3 11+

y mi Padre le amará,

y vendremos a él,

Ap 3 20

y haremos morada en él.

²⁴ El que no me ama no guarda mis palabras.

Y la palabra* no es mía,

3 11+
1 1+

sino del Padre que me ha enviado.

²⁵ Os he dicho estas cosas

estando entre vosotros.

14 16+

²⁶ Pero el Paráclito, el Espíritu Santo, que el Padre enviará en mi nombre*,

os lo enseñará todo

y os recordará todo lo que yo os he dicho.

2 Ts 3 16
Rm 5 1
Ef 2 14-18

²⁷ Os dejo la paz*,

mi paz os doy;

no os la doy como la da el mundo.

14 1-3

No se turbe vuestro corazón ni se acobarde.

²⁸ Habéis oído que os he dicho:

Me voy y volveré a vosotros.

Si me amarais, os alegraríais de que me vaya al Padre,

porque el Padre es más grande que yo*.

13 19; 16 4

²⁹ Y os lo digo ahora, antes de que suceda,

para que cuando suceda creáis.

³⁰ Ya no hablaré muchas cosas con vosotros,

porque llega el Príncipe de este mundo.

1 10+;
12 31+;
13 2+;
10 18+

En mí no tiene ningún poder;

³¹ pero ha de saber el mundo que amo al Padre

y que obro según el Padre me ha ordenado.

6 38+

Levantaos. Vámonos de aquí*.

Mt 26 46p

La vid verdadera.

15 ¹ «Yo soy la vid verdadera*, y mi Padre es el viñador.

Is 5+

² Todo sarmiento que en mí no da fruto*,

lo corta,

Mt 15 13

y todo el que da fruto,

lo limpia,

para que dé más fruto.

Is 18 5

³ Vosotros estáis ya limpios*

gracias a la palabra que os he dicho.

13 10
3 11+

⁴ Permaneced en mí, como yo en vosotros.

6 56-57

Lo mismo que el sarmiento no puede dar fruto por sí mismo,

si no permanece en la vid;

así tampoco vosotros si no permanecéis en mí.

⁵ Yo soy la vid;

vosotros los sarmientos.

El que permanece en mí y yo en él,

ése da mucho fruto,

15 16

porque separados de mí no podéis hacer nada.

1 3

⁶ Si alguno no permanece en mí,

es arrojado fuera, como el sarmiento,

y se seca;

luego los recogen, los echan al fuego

y arden.

Ez 15 1-8
Mt 3 10p;
13 30.40

⁷ Si permanecéis en mí,

y mis palabras permanecen en vosotros,

pedid lo que queráis

y lo conseguiréis.

14 13+
1 Jn 5 14

⁸ La gloria de mi Padre está

en que deis mucho fruto,

y seáis mis discípulos*.

Mt 5 16
Rm 7 4

14 20 (b) Las relaciones entre Jesús y sus discípulos son análogas a las que le unen con el Padre, 6 57; 10 14-15; 15 9, etc.
14 21 En este versículo, quien habla es Cristo-Sabiduría; ver Pr 8 17; Sb 6 12.18; 7 28; Si 2 15-16; 4 14.
14 22 El Judas, hermano de Santiago de Lc 6 16 y Hch 1 13; el Tadeo de Mt 10 3 y Mc 3 18.
14 23 Lo que no hace el mundo, 8 37.43.47.
14 24 Ver 7 16.—Var.: «la palabra que escucháis».
14 26 Aquí y en 14 16+, el Paráclito es enviado por el Padre a petición de Cristo; en 15 26-27 y 16 7-11 será enviado por Cristo mismo.
14 27 A pesar de las asechanzas del mundo, 16 2, y de su jefe, que no hay que temer, 16 33; 14 30.
14 28 Porque Cristo hace siempre la voluntad del Padre que le ha enviado, 14 31; ver 4 34+; 5 30; 6 38; 8 28; 12 27+, y guarda sus mandamientos, 10 18; 12 49-50; 15 10. El enviado no es más que el que le en-

vía, 13 16.
14 31 En un estado anterior del evangelio, el texto seguía en 18 1 o quizá en 17 1.
15 1 Sobre la imagen de la viña, ver Jr 2 21; Is 5+; Jesús la emplea en los Sinópticos como parábola del Reino de los Cielos, Mt 20 1-8; 21 28-31.33-41 y par., y hace del «fruto de la vid» la Eucaristía de la nueva alianza, Mt 26 29p. Aquí se proclama a sí mismo la verdadera vid, cuyo fruto, el verdadero Israel, no causará decepción a las esperanzas divinas.
15 2 El fruto es la santidad de una vida fiel a los mandamientos, especialmente al mandamiento del amor, vv. 12-17. Ver Is 5 7; Jr 2 21.
15 3 O bien: «podados». La misma raíz designa en griego la poda y la pureza, ver 13 10.
15 8 Var.: «y así seréis mis discípulos».—Y entonces el Padre es «glorificado en el Hijo», 14 13. Ver 21 19.

3 35+;
10 14-15+;
17 23;
13 1+

⁹ Como el Padre me amó,
yo también os he amado a vosotros;
permaneced en mi amor.
¹⁰ Si guardáis mis mandamientos,
permaneceréis en mi amor,

8 29; 6 38+

como yo he guardado los mandamientos de mi Padre,
y permanezco en su amor.
¹¹ Os he dicho esto,

3 29;
16 21.22;
17 13
1 Jn 1 4

para que mi gozo* esté en vosotros,
y vuestro gozo sea colmado.
¹² Este es el mandamiento mío:

13 34

que os améis unos a los otros
como yo os he amado.

1 Jn 3 16
Rm 5 6-8

¹³ Nadie tiene mayor amor
que el que da su vida por sus amigos.
¹⁴ Vosotros sois mis amigos,
si hacéis lo que yo os mando.
¹⁵ No os llamo ya siervos,
porque el siervo no sabe lo que hace su
amo;

Lc 12 4
Ex 33 11

a vosotros os he llamado amigos,
porque todo lo que he oído a mi Padre
os lo he dado a conocer.
¹⁶ No me habéis elegido vosotros a mí,

Dt 7 6+
1 Jn 4 10

sino que yo os he elegido a vosotros,
y os he destinado

Rm 6 20-23
Jn 15 2+

para que vayáis y deis fruto,
y que vuestro fruto permanezca;
de modo que todo lo que pidáis al Pa-

14 13+

dre en mi nombre
os lo conceda.
¹⁷ Lo que os mando es

13 34

que os améis los unos a los otros.

Los discípulos y el mundo*.

Mt 10 22
Jn 3 12-13

¹⁸ «Si el mundo os odia,
sabed que a mí me ha odiado antes
que a vosotros.
¹⁹ Su fuerais del mundo,
el mundo amaría lo suyo;

17 14-16
1 10+

pero, como no sois del mundo,
porque yo al elegiros os he sacado del
mundo,
por eso os odia el mundo.
²⁰ Acordaos de la palabra que os he dicho:

13 16
Mt 10 24

El siervo no es más que su señor.
Si a mí me han perseguido,

Mt 10 23
1 Ts 2 14+

también os perseguirán a vosotros;
si han guardado mi palabra,
también la vuestra guardarán.

²¹ Pero todo esto os lo harán por causa
de mi nombre,

Hch 5 41

porque no conocen al que me ha enviado.

8 19

²² Si yo no hubiera venido
y no les hubiera hablado,
no tendrían pecado;
pero ahora no tienen excusa de su pecado.

8 21-24+
16 9

²³ El que me odia, odia también a mi
Padre.

10 30+

²⁴ Si no hubiera hecho entre ellos obras
que no ha hecho ningún otro,
no tendrían pecado;

Mt 10 25;
12 24-28

pero ahora las han visto
y nos odian a mí y a mi Padre.

6 36; 2 11+

²⁵ Pero es para que se cumpla lo que
está escrito en su Ley:
Me han odiado sin motivo.

Rm 3 19+
Sal 35 19;
69 5

²⁶ Cuando venga el Paráclito,
que yo os enviaré de junto al Padre,
el Espíritu de la verdad, que procede*
del Padre,

14 16+
Hch 2 33+

él dará testimonio de mí

Mt 10 19-20
Hch 5 32
Mt 10 18
Hch 1 8+
Lc 1 2

²⁷ Pero también vosotros daréis testimonio,
porque estáis conmigo desde el principio.

16
¹ Os he dicho esto
para que no os escandalicéis*.
² Os expulsarán de las sinagogas.
E incluso llegará la hora

9 22
Mt 10 17

en que todo el que os mate piense que
da culto a Dios.
³ Y esto lo harán
porque no han conocido ni al Padre ni
a mí.

8 29; 15 21

⁴ Os he dicho esto
para que, cuando llegue la hora,
os acordéis de que ya os lo había dicho.

13 19; 14 29
Mc 13 23

La venida del Paráclito.

«No os dije esto desde el principio
porque estaba yo con vosotros.

17 12

⁵ Pero ahora me voy a aquel que me ha
enviado,

1 1+

y ninguno de vosotros me pregunta:
'¿Dónde vas*?'

13 36; 14 5

⁶ Sino que por haberos dicho esto
vuestros corazones se han llenado de
tristeza.

14 1

---

15 11 El gran gozo mesiánico, el del Hijo de Dios.
15 18 Al mutuo amor de los discípulos, Jesús contrapone el odio que les profesará el mundo. Su suerte será
idéntica a la del Maestro, y el mundo perseguirá a Jesús
en ellos. Ver Hch 9 5; Col 1 24.
15 26 La «misión» del Espíritu en el mundo, más bien
que su «procesión» del Padre en el seno de la Trinidad.

16 1 En el sentido literal de la palabra «escándalo»;
piedra que hace tropezar, Mt 16 22+. Jesús previene a
los Apóstoles respecto de las pruebas que les aguardan
para que su fe no vacile, ver 13 19.
16 5 No pertenece al mismo nivel de redacción que
13 36.

⁷ Pero yo os digo la verdad:
Os conviene que yo me vaya;
porque si no me voy,

1 33+
14 16+
no vendrá a vosotros el Paráclito;
pero si me voy,
os lo enviaré*;

⁸ y cuando él venga,

1 10+
convencerá al mundo
en lo referente al pecado,
en lo referente a la justicia
y en lo referente al juicio;

8 21-24
15 22
⁹ en lo referente al pecado:
porque no creen en mí*;

13 33
¹⁰ en lo referente a la justicia
porque me voy al Padre,
y ya no me veréis*;

12 31+
¹¹ en lo referente al juicio,
porque el Príncipe de este mundo está juzgado*.

¹² Mucho tengo todavía que deciros,
pero ahora no podéis con ello.

14 16+
Sal 25 5;
86 11
¹³ Cuando venga él,
el Espíritu de la verdad,
os guiará hasta la verdad completa*;
pues no hablará por su cuenta,
sino que hablará lo que oiga,
y os explicará lo que ha de venir*.

¹⁴ Él me dará gloria,
porque recibirá de lo mío
y os lo explicará a vosotros.

17 10
Lc 15 31
¹⁵ Todo lo que tiene el Padre es mío.
Por eso he dicho:
Recibirá de lo mío
y os lo explicará a vosotros.

Anuncio de un pronto retorno.

7 33; 14 19
¹⁶ «Dentro de poco ya no me veréis,
y dentro de otro poco me volveréis a ver*.»

¹⁷ Entonces algunos de sus discípulos comentaron entre sí: «¿Qué es eso que nos dice: 'Dentro de poco ya no me veréis y dentro de otro poco me volveréis a ver' y 'Me voy al Padre'?» ¹⁸ Y decían: «¿Qué es ese 'poco'*? No sabemos lo que quiere decir.» ¹⁹ Se dio cuenta Jesús de que querían preguntarle y les dijo: «¿Andáis preguntándoos acerca de lo que he dicho:

1 48+

'Dentro de poco no me veréis
y dentro de otro poco me volveréis a ver?'

²⁰ En verdad, en verdad os digo
que lloraréis y os lamentaréis,
y el mundo se alegrará.
Estaréis tristes,
pero vuestra tristeza se convertirá en gozo*.

Lc 6 21
Ap 11 10

²¹ La mujer, cuando va a dar a luz, está triste,
porque le ha llegado su hora;
pero cuando ha dado a luz al niño,
ya no se acuerda del aprieto*
por el gozo de que ha nacido un hombre en el mundo.

Is 26 17-18;
66 7-14
Mi 4 9-10

²² También vosotros estáis tristes ahora,
pero volveré a veros y se alegrará vuestro corazón
y vuestra alegría nadie os la podrá quitar.

14 19
15 11; 20 20
Is 66 14

²³ Aquel día
no me preguntaréis nada.
En verdad, en verdad os digo:
lo que pidáis al Padre os lo dará en mi nombre.

14 13+

²⁴ Hasta ahora nada le habéis pedido en mi nombre*.
Pedid y recibiréis,
para que vuestro gozo sea colmado.

²⁵ Os he dicho todo esto en parábolas.
Se acerca la hora en que ya no os hablaré en parábolas,

Mt 13
34-35p

---

16 7 Los vv. 6-7 siguen con el tema de 14 1-3, pero el envío del Paráclito sustituye a la vuelta escatológica de Cristo que ya no se espera para un futuro próximo.
16 9 El mundo se niega a creer que Cristo ha sido enviado por Dios, pese a la evidencia de las «obras», 15 24; 5 36+; 2 11+, y a la excelencia de su enseñanza, 15 22. Es esta ceguera la que constituye su pecado, 1 29+; 9 41; 12 40.
16 10 «Practicar la justicia» es amar y no odiar, 1 Jn 2 29; 3 7.10-11, como nos ha enseñado Cristo. Y el hecho de su retorno junto al Padre será la prueba de que efectivamente nos hablaba de parte de Dios, 3 14+.
16 11 El Príncipe de este mundo no nos enseña más que odio, 8 44; 1 Jn 3 8.10-11. Pero la elevación de Cristo, en la cruz y luego junto al Padre, ha significado la condena y la derrota del diablo, y por tanto el triunfo del amor sobre el odio, 12 31+. Estos tres puntos serán los que nos hará entender el Paráclito, 16 13+.
16 13 (a) Ver Sal 25 5.—Var.: «él os introducirá en la verdad completa».
16 13 (b) Os «explicará», como en 4 25+ y en la línea de los vv. 8-11. «Lo que ha de venir» son los acontecimientos que van a desencadenarse hasta la muerte de Cristo, 18 4. El Espíritu hará comprender que la elevación de Cristo en la cruz será también su elevación a la gloria. En este sentido, él «dará gloria» a Cristo, v. 14. Juan atribuye al Espíritu lo que Lucas dice de Cristo resucitado en 24 25-27.
16 16 Este segundo verbo, diferente en griego del primero, alude a las apariciones de Cristo resucitado, 20 18+; comparar 16 22 con 20 20. Es el tema de 14 1-3 el que se ha traspuesto: ya no se trata de esperar un retorno escatológico inminente.
16 18 Adic.: «de que habla».
16 20 Tristeza de la Pasión, gozo de ver nuevamente a Cristo resucitado, por 20 20.
16 21 Imagen bíblica tradicional para significar el doloroso nacimiento del mundo nuevo, mesiánico. Ver Mt 24 8+.
16 24 Porque Jesús no había sido aún glorificado. Ver 14 13s.

sino que con toda claridad* os hablaré acerca del Padre.

²⁶ Aquel día pediréis en mi nombre
y no os digo que yo rogaré al Padre* por vosotros,

14 23 ²⁷ pues el Padre mismo os quiere,
porque me queréis a mí
y creéis que salí de Dios.

1 1+ ²⁸ Salí del Padre y he venido al mundo.
Ahora dejo otra vez el mundo y voy al Padre.»

Mc 4 11; ²⁹ Le dicen sus discípulos: «Ahora sí que
8 32 hablas claro, y no dices ninguna pará-
1 48+ bola. ³⁰ Sabemos ahora que lo sabes todo
16 19 y no necesitas que nadie te pregunte. Por esto creemos que has salido de Dios.»
³¹ Jesús les respondió:

«¿Ahora creéis?
³² Mirad que llega la hora (y ha llegado ya)

Za 13 7 en que os dispersaréis cada uno por
Mt 26 31p vuestro lado
y me dejaréis solo.

8 29 Pero no estoy solo,
porque el Padre está conmigo.
³³ Os he dicho estas cosas

14 27+ para que tengáis paz en mí.
1 10+ En el mundo tendréis tribulación.
Pero ¡ánimo!:

12 31; 14 30 yo he vencido al mundo.»
1 Jn 2 14+

La oración de Jesús.

11 41 **17** ¹ Así habló Jesús, y alzando los
ojos al cielo, dijo:

2 4+ «Padre*, ha llegado la hora;
glorifica a tu Hijo,
para que tu Hijo te glorifique a ti*.

3 35+ ² Y que según el poder que le has dado sobre toda carne*,
dé también vida eterna

Sb 15 3 a todos los que tú le has dado.
Jr 24 7; ³ Esta es la vida eterna:
31 31-34 que te conozcan a ti*
Ez 36 25-28 el único Dios verdadero,
Jn 14 7-9 y al que tú has enviado, Jesucristo*.
1 Jn 5 20-21

⁴ Yo te he glorificado en la tierra, **1 1+**
llevando a cabo la obra que me enco-
mendaste realizar. **4 34+**
⁵ Ahora, Padre, glorifícame tú, junto a **Flp 2 6-11**
ti,
con la gloria que tenía a tu lado* **1 14+**
antes que el mundo fuese*. **17 24**
⁶ He manifestado tu Nombre a los **17 26**
hombres* **Ex 3 13**
que tú me has dado tomándolos del mundo.
Tuyos eran y tú me los has dado; **3 35+**
y han guardado tu palabra. **3 11+**
⁷ Ahora ya saben
que todo lo que me has dado viene de ti;
⁸ porque las palabras que tú me diste se **12 44+**
las he dado a ellos, **Dt 18 18**
y ellos las han aceptado
y han reconocido* verdaderamente que vengo de ti,
y han creído que tú me has enviado.
⁹ Por ellos ruego; **4 34**
no ruego por el mundo, **1 10+**
sino por los que tú me has dado,
porque son tuyos;
¹⁰ y todo lo mío es tuyo y todo lo tuyo **16 15**
es mío; **Lc 15 31**
y yo he sido glorificado en ellos. **2 Ts 1 10**
¹¹ Yo ya no estoy en el mundo, **1 10+**
pero ellos sí están en el mundo,
y yo voy a ti. **1 1+**
Padre santo,
cuida en tu nombre a los que me has **Nm 6 24**
dado*, **Jn 3 35+**
para que sean uno como nosotros.
¹² Cuando estaba yo con ellos,
yo cuidaba en tu nombre a los que me habías dado.
He velado por ellos y ninguno se ha **6 39; 10 28**
perdido,
salvo el hijo de perdición, **13 18-19+**
para que se cumpliera la Escritura. **Hch 1 16.20**
¹³ Pero ahora voy a ti, **Sal 41 10**
y digo estas cosas en el mundo
para que tengan en sí mismos mi ale- **15 11+**
gría colmada.

---

16 25 Con la Resurrección y la venida del Espíritu co-menzará la iniciación perfecta, que concluirá con la vi-sión de Dios «tal cual es», 1 Jn 3 2.
16 26 Var.: «y no rogaré al Padre».—Cierto que Jesús es el único mediador, ver 10 9; 14 6; 15 5; Hb 8 6, pero los discípulos, que son una cosa con él por la fe y el amor, serán amados por el Padre: la mediación de Jesús habrá alcanzado la plenitud de su efecto.
17 1 (a) Ver vv. 5.11.21.24 y 25; 11 41; sobre todo 12 27 y Mc 14 36.
17 1 (b) Aunque Jesús pide su propia glorificación, no es que busque su gloria, ver 7 18; 8 50; sino que su gloria y la gloria del Padre son una misma cosa, ver 12 28; 13 31.
17 2 Todo hombre, ver 1 14+.

17 3 (a) Conocimiento en sentido bíblico, ver 10 14+.
17 3 (b) La revelación, vinculada hasta entonces a la Ley mosaica, ahora viene a los hombres por Cristo.
17 5 (a) Var.: «la gloria que estuvo a tu lado», o: «la gloria con que estuvo», o: «la gloria a tu lado».
17 5 (b) Bien la gloria que Jesús poseía en su pre-existencia divina, bien la gloria que le reserva el Padre desde toda la eternidad, 1 14+.
17 6 Como hizo Moisés, Ex 3 14-5, Jesús nos ha re-velado el Nombre de Dios que es el de «Padre», 17 1+, el cual implica un amor indefectible, 17 23.26; 3 14+.
17 8 Otros traducen: «han aceptado verdaderamente porque vengo de ti».
17 11 Var.: «cuídalos en tu nombre, lo que tú me has dado». Lo mismo en el v. 12.

3 11+
¹⁴ Yo les he dado tu palabra,
y el mundo los ha odiado,
15 19
porque no son del mundo,
como yo no soy del mundo.
¹⁵ No te pido que los retires del mundo,
1 Jn 2 13+
sino que los guardes del Maligno*.
8 23
¹⁶ Ellos no son del mundo,
como yo no soy del mundo.
1 P 1 22
Hch 9 13+
Lv 17+
Jn 10 36
¹⁷ Santifícalos* en la verdad:
tu palabra es verdad.
¹⁸ Como tú me has enviado al mundo,
yo también los he enviado al mundo.
10 18+
Ex 28 36.38
Hb 10 10-14
Jn 8 32+
¹⁹ Y por ellos me santifico a mí mismo,
para que ellos también sean santificados en la verdad*.
²⁰ No ruego sólo por éstos,
sino también por aquellos
que, por medio de su palabra, creerán en mí*,
²¹ para que todos sean uno.
10 30+
Como tú, Padre, en mí y yo en ti,
que ellos también sean uno en nosotros,
para que el mundo crea que tú me has enviado.
17 5+
1 14
²² Yo les he dado la gloria que tú me diste,

para que sean uno como nosotros somos uno:
²³ yo en ellos y tú en mí,
para que sean perfectamente uno,
y el mundo conozca que tú me has enviado
y que los has amado* a ellos como me has amado a mí.
15 9
²⁴ Padre,
los que tú me has dado,
quiero que donde yo esté
14 3
estén también conmigo,
para que contemplen mi gloria,
17 5+
la que me has dado,
porque me has amado
antes de la creación del mundo.
Ef 1 4
²⁵ Padre justo,
el mundo no te ha conocido,
1 10+
pero yo te he conocido
y éstos han conocido
que tú me has enviado.
1 1+
17 6+
Ex 3 13
²⁶ Yo les he dado a conocer tu nombre
y se lo seguiré dando a conocer,
para que el amor con que tú me has amado esté en ellos
y yo en ellos.»

2. LA PASIÓN

Prendimiento de Jesús.

‖Mt 26
30.36
‖Mc 14
26.32
‖Lc 22 39

18 ¹ Dicho esto, pasó Jesús con sus discípulos al otro lado del torrente Cedrón, donde había un huerto, en el que entraron él y sus discípulos. ² Pero también Judas, el que le entregaba, conocía el sitio, porque Jesús se había reunido allí muchas veces con sus discípulos.

‖Mt 26
47-56
‖Mc 14
43-52
‖Lc 22
47-53
1 48+

³ Judas, pues, llega allí con la cohorte* y los guardias enviados por los sumos sacerdotes y fariseos, con linternas, antorchas y armas. ⁴ Jesús, que sabía todo lo que le iba a suceder, se adelanta y les pregunta: «¿A quién buscáis?» ⁵ Le contestaron: «A Jesús el Nazareno.» Díceles: «Yo soy.» Judas, el que le entregaba, estaba también con ellos. ⁶ Cuando les dijo: «Yo soy», retrocedieron y cayeron en tierra*. ⁷ Les preguntó de nuevo: «¿A quién buscáis?» Le contestaron: «A Jesús el Nazareno».

12 27+
8 24+

Sal 27 2;
35 4

⁸ Respondió Jesús: «Ya os he dicho que yo soy; así que si me buscáis a mí, dejad marchar a éstos.» ⁹ Así se cumpliría lo que había dicho:

«De los que me has dado, no he perdido a ninguno.»
17 12
6 39; 10 28

¹⁰ Entonces Simón Pedro, que llevaba una espada, la sacó e hirió al siervo del sumo sacerdote, y le cortó la oreja derecha. El siervo se llamaba Malco. ¹¹ Jesús dijo a Pedro: «Vuelve la espada a la vaina. La copa que me ha dado el Padre, ¿no la voy a beber?»
Mt 26 39p

Jesús ante Anás y Caifás. Negaciones de Pedro.

¹² Entonces la cohorte, el tribuno y los guardias de los judíos prendieron a Jesús, le ataron ¹³ y le llevaron primero a

---

17 15 O bien: «que los guardes del mal», ver Mt **6** 13.
17 17 El verbo significa lit.: separar para Dios, dedicar a Dios (en el sentido original de este término, ver Hch **9** 13+).
17 19 Jesús se santifica presentándose ante el Padre para ser uno con él, y ante los hombres como la revelación perfecta. Pide que sus discípulos vivan en la verdad de Dios, santificados por la fe en el Padre que él les ha revelado.

17 20 Jesús ora finalmente, vv. 20-26, por la Iglesia de los creyentes.
17 23 Var.: «que les he amado».
18 3 Un destacamento de la guarnición romana establecida en Jerusalén.
18 6 Alusión al Nombre divino que Jesús lleva en sí mismo, **8** 24+, y cuya majestad aterra a sus adversarios. Así pues, si Jesús es arrestado, es porque quiere, **10** 17-18; ver Mt **26** 53.

Lc 3 2

11 50

||Mt 26 58.
69-75
||Mc 14 54.
66-72
||Lc 22
54-62

casa de Anás, pues era suegro de Caifás, el sumo sacerdote de aquel año. ¹⁴ Caifás era el que aconsejó a los judíos que convenía que muriera un solo hombre por el pueblo.

¹⁵ Seguían a Jesús Simón Pedro y otro discípulo*. Este discípulo era conocido del sumo sacerdote y entró con Jesús en el atrio del sumo sacerdote, ¹⁶ mientras Pedro se quedaba fuera, junto a la puerta. Entonces salió el otro discípulo, el conocido del sumo sacerdote, habló a la portera e hizo pasar a Pedro. ¹⁷ La muchacha portera dice a Pedro: «¿No eres tú también de los discípulos de ese hombre?» Dice él: «No lo soy.» ¹⁸ Los siervos y los guardias tenían unas brasas encendidas porque hacía frío, y se calentaban. También Pedro estaba con ellos calentándose.

6 59; 7 14.28
8 20

Is 45 19;
48 16
Lc 22 53

Hch 23 2

¹⁹ El sumo sacerdote interrogó a Jesús sobre sus discípulos y su doctrina. ²⁰ Jesús le respondió: «He hablado abiertamente ante todo el mundo; he enseñado siempre en la sinagoga y en el Templo, donde se reúnen todos los judíos, y no he hablado nada a ocultas. ²¹ ¿Por qué me preguntas? Pregunta a los que me han oído lo que les he hablado; ellos saben lo que he dicho.» ²² Apenas dijo esto, uno de los guardias, que allí estaba, dio una bofetada a Jesús, diciendo: «¿Así contestas al sumo sacerdote?» ²³ Jesús le respondió:

«Si he hablado mal, declara lo que está mal; pero si he hablado bien, ¿por qué me pegas?»

²⁴ Anás entonces le envió atado al sumo sacerdote Caifás*.

²⁵ Estaba allí Simón Pedro calentándose y le dijeron: «¿No eres tú también de sus discípulos?» Él lo negó diciendo: «No lo soy.» ²⁶ Uno de los siervos del sumo sacerdote, pariente de aquel a quien Pedro había cortado la oreja, le dice: «¿No te vi yo en el huerto con él?» ²⁷ Pedro volvió a negar, y al instante cantó un gallo.

Jesús ante Pilato.

²⁸ De la casa de Caifás llevan a Jesús al pretorio*. Era de madrugada. Ellos no entraron en el pretorio para no contaminarse* y poder así comer la Pascua. ²⁹ Salió entonces Pilato fuera hacia ellos y dijo: «¿Qué acusación traéis contra este hombre?» ³⁰ Ellos le respondieron: «Si éste no fuera un malhechor, no te lo habríamos entregado.» ³¹ Pilato replicó: «Tomadle vosotros y juzgadle según vuestra Ley.» Los judíos replicaron: «Nosotros no podemos dar muerte a nadie*.» ³² Así se cumpliría lo que había dicho Jesús cuando indicó de qué muerte iba a morir.

³³ Entonces Pilato entró de nuevo al pretorio y llamó a Jesús y le dijo: «¿Eres tú el rey de los judíos?» ³⁴ Respondió Jesús: «¿Dices eso por tu cuenta, o es que otros te lo han dicho de mí?» ³⁵ Pilato respondió: «¿Es que yo soy judío? Tu pueblo y los sumos sacerdotes te han entregado a mí. ¿Qué has hecho?» ³⁶ Respondió Jesús:

«Mi Reino no es de este mundo.
Si mi Reino fuese de este mundo,
mi gente habría combatido
para que no fuese entregado a los judíos;
pero mi Reino no es de aquí.»

³⁷ Entonces Pilato le dijo: «¿Luego tú eres rey?» Respondió Jesús:

«Sí, como dices, soy rey.
Yo para esto he nacido
y para esto he venido al mundo:
para dar testimonio de la verdad.
Todo el que es de la verdad, escucha mi voz.»

³⁸ Le dice Pilato: «¿Qué es la verdad?» Y, dicho esto, volvió a salir hacia los judíos y les dijo: «Yo no encuentro ningún delito en él. ³⁹ Pero es costumbre entre vosotros que os ponga en libertad a uno por la Pascua. ¿Queréis, pues, que ponga en libertad al rey de los judíos?» ⁴⁰ Ellos volvieron a gritar diciendo: «¡A ése, no; a Barrabás!» Barrabás era un salteador.

||Mt 27 2.
11-26
||Mc 15 1-15
||Lc 23 1-7.
13-25

11 55
Mt 26 17+

Hch 18 15

12 33

19 14s.19-22

1 10+
6 15+;
8 23; 12 32;
18 10-11

12 31+
3 35+

8 32+
10 26+
1 Jn 3 19+

Lc 23 22+

---

18 15 Jn no habla del proceso judío, porque este proceso recorre de hecho todo su evangelio, desde el interrogatorio de Juan, 1 9, hasta la decisión de matar a Jesús, 11 49-53.
18 24 Acerca del silencio de Juan sobre el proceso de Jesús ante el Sanedrín, ver 10 22+.
18 28 (a) Tribunal del procurador romano.
18 28 (b) Entrar en casa de un gentil constituía una impureza legal, ver Hch 11 2s.—Según Juan, la Pascua de los judíos no ha llegado todavía; a Jesús se le dará

muerte en el momento en que se inmolaban los corderos en el Templo, la víspera de la Pascua, 19 14; ver 19 31.42: Él es el verdadero Cordero pascual, 19 36+; 1 Co 5 7. Los Sinópticos suponen una cronología diferente: la muerte de Jesús habría sido el día de la Pascua, ver Mc 26 17ss.
18 31 Los romanos habían privado al Sanedrín del derecho de vida y muerte. Según el derecho de los judíos, Jesús habría sido lapidado, ver 8 59; 10 31, y no crucificado («levantado»).

‖Mt 27
26-31
‖Mc 15
15-20

19

¹ Pilato entonces tomó a Jesús y mandó azotarle. ² Los soldados trenzaron una corona de espinas, se la pusieron en la cabeza y le vistieron un manto de púrpura; ³ y, acercándose a él, le decían: «Salve, rey de los judíos.» Y le daban bofetadas.

⁴ Volvió a salir Pilato y les dijo: «Mirad, os lo traigo fuera para que sepáis que no encuentro ningún delito en él*.» ⁵ Salió entonces Jesús fuera llevando la corona de espinas y el manto de púrpura. Díceles Pilato: «Aquí tenéis al hombre.» ⁶ Cuando lo vieron los sumos sacerdotes y los guardias, gritaron: «¡Crucifícalo, crucifícalo!» Les dice Pilato: «Tomadlo vosotros y crucificadle, porque yo no encuentro en él ningún delito.» ⁷ Los judíos le replicaron: «Nosotros tenemos una Ley y según esa Ley debe morir, porque se tiene por Hijo de Dios.»

⁸ Cuando oyó Pilato estas palabras, se atemorizó aún más. ⁹ Volvió a entrar en el pretorio y dijo a Jesús: «¿De dónde eres tú*?» Pero Jesús no le dio respuesta. ¹⁰ Dícele Pilato: «¿A mí no me hablas? ¿No sabes que tengo poder para soltarte y poder para crucificarte?» ¹¹ Respondió Jesús: «No tendrías contra mí ningún poder, si no se te hubiera dado de arriba; por eso, el que me ha entregado a ti tiene mayor pecado*.»

1 29.36

Lv 24 16

10 22+

3 27;
10 18+
Sb 6 3

8 21.44

Condena a muerte.

¹² Desde entonces Pilato trataba de librarle. Pero los judíos gritaron: «Si sueltas a ése, no eres amigo del César; todo el que se hace rey se enfrenta al César.» ¹³ Al oír Pilato estas palabras, hizo salir a Jesús y se sentó en el tribunal, en el lugar llamado Enlosado, en hebreo Gabbatá*. ¹⁴ Era el día de la Preparación de la Pascua*, hacia la hora sexta*. Dice Pilato a los judíos: «Aquí tenéis a vuestro rey.» ¹⁵ Ellos gritaron*: «¡Fuera, fuera! ¡Crucifícale!» Les dice Pilato: «¿A vues-

Hch 17 7

4 6
Mt 26 17+

tro rey voy a crucificar?» Replicaron los sumos sacerdotes: «No tenemos más rey que el César.» ¹⁶ Entonces se lo entregó para que fuera crucificado.

La crucifixión.

Tomaron, pues, a Jesús*, ¹⁷ y él cargando con su cruz, salió hacia el lugar llamado Calvario, que en hebreo se llama Gólgota, ¹⁸ y allí le crucificaron y con él a otros dos, uno a cada lado, y Jesús en medio. ¹⁹ Pilato redactó también una inscripción y la puso sobre la cruz. Lo escrito era: «Jesús el Nazareno, el rey de los judíos.» ²⁰ Esta inscripción la leyeron muchos judíos, porque el lugar donde había sido crucificado Jesús estaba cerca de la ciudad; y estaba escrita en hebreo, latín y griego. ²¹ Los sumos sacerdotes de los judíos dijeron a Pilato: «No escribas: 'El rey de los judíos', sino: 'Éste ha dicho: Yo soy rey de los judíos'.» ²² Pilato respondió: «Lo que he escrito, lo he escrito.»

‖Mt 27 31.
33.37-38
‖Mc 15 20.
22.25-27
‖Lc 23 33.38

Gn 22 6
Is 53 12

12 31-33

Reparto de los vestidos.

²³ Los soldados, después que crucificaron a Jesús, tomaron sus vestidos, con los que hicieron cuatro lotes, un lote para cada soldado, y la túnica. La túnica era sin costura*, tejida de una pieza de arriba abajo. ²⁴ Por eso se dijeron: «No la rompamos; sino echemos a suertes a ver a quién le toca.» Para que se cumpliera la Escritura:

‖Mt 27 35
Mc 15 24
Lc 23 34

*Se han repartido mis vestidos,
han echado a suertes mi túnica.*

Sal 22 19

Y esto es lo que hicieron los soldados.

Jesús y su madre.

²⁵ Junto a la cruz de Jesús estaban su madre* y la hermana de su madre*, María, mujer de Clopás, y María Magdalena. ²⁶ Jesús, viendo a su madre y junto a ella al discípulo a quien amaba, dice a su

‖Mt 27
55-56
‖Mc 15
40-41
‖Lc 23 49

---

19 4   Om.: «en él». Var.: «contra él»
19 9   Es decir, no «¿de qué país eres?», sino «¿cuál es tu misterioso origen?, ¿quién eres tú?» Como antes la gente de Caná, 2 9, la Samaritana, 4 11, los apóstoles, la turba, 6 5, los jefes judíos, 7 27s; 8 14; 9 29s, Pilato se enfrenta con el misterio de Jesús, 16 28; 17 25, tema de todo el evangelio, 1 13.
19 11 *Los jefes judíos y especialmente Caifás,* 11 51s; 18 14, pero también Judas que lo ha «entregado a éstos», 6 71; 13 2.11.21; 18 2.5.
19 13 Es decir, según parece: altura, relevancia.
19 14 (a) Durante este día se preparaba la cena Pascual, que debía tener lugar después de ponerse el sol, ver Ex 12 6+, y todo lo que era necesario para pasar la fiesta en el descanso prescrito contra la Ley.

19 14 (b) Hacia el mediodía, la hora en que todo lo que estuviera fermentado debía desaparecer de las casas para ser sustituido por los ázimos de la Pascua, ver Ex 12 15s. Quizá sea ésta la coincidencia que quiere subrayar el evangelista, ver 1 Co 5 7.
19 15 Var.: «decían».
19 16 Adic.: «y lo llevaron».
19 23 Posible alusión al sacerdocio de Cristo en la cruz: la vestidura del sumo sacerdote no debía tener costura.
19 25 (a) Sólo Juan menciona su presencia. Ver 2 1+.
19 25 (b) O Salomé, madre de los hijos de Zebedeo (ver Mt 27 56p), o uniendo esta designación a lo que sigue, «María, mujer de Clopás».

2 4+

madre: «Mujer, ahí tienes a tu hijo.» [27] Luego dice al discípulo: «Ahí tienes a tu madre*.» Y desde aquella hora el discípulo la acogió en su casa.

|| Mt 27
48-50
|| Mc 15
36-37
|| Lc 23 46
Jn 5 39+
Sal 22 16;
69 22

Muerte de Jesús.

[28] Después de esto, sabiendo Jesús que ya todo estaba cumplido, para que se cumpliera la Escritura, dice:

«Tengo sed.»

4 34+;
10 18+;
17 4
Mt 8 20

[29] Había allí una vasija llena de vinagre. Sujetaron a una rama de hisopo* una esponja empapada en vinagre y se la acercaron a la boca. [30] Cuando tomó Jesús el vinagre, dijo: «Todo está cumplido*.» E inclinando la cabeza entregó el espíritu*.

La lanzada.

7 37; 9 14;
19 14
Dt 21 23
Ga 3 13

[31] Los judíos, como era el día de la Preparación, para que no quedasen los cuerpos en la cruz el sábado —porque aquel sábado era muy solemne— rogaron a Pilato que les quebraran las piernas* y los retiraran. [32] Fueron, pues, los soldados y quebraron las piernas del primero y del otro crucificado con él. [33] Pero al llegar a Jesús, como lo vieron*, no le quebraron las piernas, [34] sino que uno de los soldados le atravesó el costado con

1 33+

una lanza y al instante salió sangre y agua*. [35] El que lo vio* lo atestigua y su testimonio es válido, y él* sabe que dice la verdad, para que también vosotros creáis. [36] Y todo esto sucedió para que se cumpliera la Escritura:

7 37-39
Ez 47+
1 Jn 5 6-8

No se le quebrará hueso alguno.*

Ex 12 46
Sal 34 21

[37] Y también otra Escritura dice:

Mirarán al que traspasaron.*

Za 12 10

La sepultura.

[38] Después de esto, José de Arimatea, que era discípulo de Jesús, aunque en secreto por miedo a los judíos, pidió a Pilato autorización para retirar el cuerpo de Jesús. Pilato se lo concedió. Fueron*, pues, y retiraron su cuerpo. [39] Fue también Nicodemo —aquel que anteriormente había ido a verle de noche— con una mezcla de mirra y áloe de unas cien libras. [40] Tomaron el cuerpo de Jesús y lo envolvieron en lienzos con los aromas, conforme a la costumbre judía de sepultar. [41] En el lugar donde había sido crucificado había un huerto, y en el huerto un sepulcro nuevo, en el que nadie todavía había sido depositado. [42] Allí, pues, porque era el día de la Preparación de los judíos y el sepulcro estaba cerca, pusieron a Jesús.

|| Mt 27
57-60
|| Mc 15
42-46
|| Lc 23
50-54
Jn 7 13+

3 1; 7 50

11 44

3. EL DÍA DE LA RESURRECCIÓN

El sepulcro vacío.

|| Mt 28 1-8
|| Mc 16 1-8
Lc 24 1-11
Mt 28 10+

20 [1] El primer día de la semana* va María Magdalena de madrugada al sepulcro cuando todavía estaba oscuro, y

ve la piedra quitada del sepulcro. [2] Echa a correr y llega a Simón Pedro y al otro discípulo a quien Jesús quería y les dice: «Se han llevado del sepulcro al Señor, y no sabemos dónde le han puesto.»

18 15

---

19 27 El contexto de citas de la Escritura (vv. 24.28.36.37) y el carácter singular de la designación «Mujer» parecen indicar que el evangelista ve aquí un acto que sobrepasa la simple piedad filial: la proclamación de la maternidad espiritual de María, nueva Eva, con respecto a los creyentes representados por el discípulo amado, ver 15 10-15.
19 29 Conj.: «a una lanza».
19 30 (a) La obra del Padre, tal como estaba anunciada por la Escritura: la salvación del mundo por el sacrificio de Cristo. Jn no refiere el grito de abandono de Mt 27 46 y Mc 15 34; sólo ha querido retener la serena majestad de esta muerte. Ver Lc 23 43+; Jn 12 27+.
19 30 (b) El último suspiro de Jesús es el preludio de la efusión del Espíritu, 1 33+; 20 22.
19 31 Para acelerar la muerte.
19 33 Var.: «como lo hallaron».
19 34 Var.: «agua y sangre».—El sentido de este hecho lo precisarán dos textos de la Escritura, vv. 36s. La sangre, Lv 1 5+; Ex 24 8+, atestigua la realidad del sacrificio del cordero ofrecido por la salvación del mundo, 6 51, y el agua, símbolo del Espíritu, atestigua su fecun-

didad espiritual. Muchos Padres han visto, y no sin fundamento, en el agua el símbolo del bautismo, en la sangre el de la Eucaristía y en estos dos sacramentos, el signo de la Iglesia, nueva Eva que nace del nuevo Adán. Ver Ef 5 23-32.
19 35 (a) El discípulo del v. 26.
19 35 (b) Bien el testigo, bien Dios (o Cristo), a quien apelaría el testigo.
19 36 Fusión de un v. del salmo 34 que describe la protección divina sobre el justo perseguido (ver Sb 2 18-20), cuyo tipo es el «Siervo de Yahvé» de Is 53, y de una prescripción ritual referente al cordero Pascual. Ver 1 29+ y 1 Co 5 7.
19 37 «Mirarán», en sentido joánico de «ver, comprender», ver 3 14+. Más allá de la persona del soldado romano, Jn ve la adhesión de los gentiles a la fe, ver 12 20-21.32 y notas. La misma idea en Mt 27 54+ y Mc 15 39+. Ver también Lc 23 47.48; Mt 24 30; Ap 1 7.
19 38 Var.: «Fue».
20 1 Convertido en el «Día del Señor», el domingo cristiano; ver Ap 1 10.

³ Salieron Pedro y el otro discípulo, y se encaminaron al sepulcro. ⁴ Corrían los dos juntos, pero el otro discípulo corrió por delante más rápido que Pedro, y llegó primero al sepulcro. ⁵ Se inclinó y vio los lienzos en el suelo; pero no entró*.

11 44
19 40
Lc 24 12

⁶ Llega también Simón Pedro siguiéndole, entra en el sepulcro y ve los lienzos en el suelo, ⁷ y el sudario que cubrió su cabeza, no junto a los lienzos, sino plegado en un lugar aparte. ⁸ Entonces entró también el otro discípulo, el que había llegado el primero al sepulcro; vio y creyó, ⁹ pues hasta entonces no habían comprendido que según la Escritura* Jesús debía resucitar de entre los muertos.

5 39+
14 26+
1 Co 15 4

¹⁰ Los discípulos, entonces, volvieron a casa.

‖Mt 28 9-10
‖Mc 16 9-11

Aparición a María de Magdala.

¹¹ Estaba María junto al sepulcro fuera llorando. Y mientras lloraba se inclinó hacia el sepulcro, ¹² y vio dos ángeles de blanco, sentados donde había estado el cuerpo de Jesús, uno a la cabecera y otro a los pies. ¹³ Dícenle ellos: «Mujer, ¿por qué lloras?» Ella le respondió: «Porque se han llevado a mi Señor, y no sé dónde le han puesto.» ¹⁴ Dicho esto, se volvió y vio a Jesús, de pie, pero no sabía que era Jesús. ¹⁵ Le dice Jesús: «Mujer, ¿por qué lloras? ¿A quién buscas?» Ella, pensando que era el encargado del huerto, le dice: «Señor, si tú lo has llevado, dime dónde lo has puesto, y yo me lo llevaré.» ¹⁶ Jesús le dice: «María.» Ella se vuelve* y le dice en hebreo: «Rabbuní*—que quiere decir: «Maestro»—. ¹⁷ Dícele Jesús: «Deja

Ct 3 1-3

Lc 24 16+

10 3-4
Mc 10 51
Ct 3 4

de tocarme*, que todavía no he subido al Padre. Pero vete a mis hermanos* y diles: Subo a mi Padre* y vuestro Padre, a mi Dios y vuestro Dios.» ¹⁸ Fue María Magdalena y dijo a los discípulos: «He visto al Señor*» y que había dicho estas palabras.

1 1+
12 32+
Sal 89 27

Apariciones a los discípulos.

¹⁹ Al atardecer de aquel día, el primero de la semana, estando cerradas, por miedo a los judíos, las puertas del lugar donde se encontraban los discípulos, se presentó Jesús en medio de ellos y les dijo: «La paz con vosotros*.» ²⁰ Dicho esto, les mostró las manos y el costado. Los discípulos se alegraron de ver al Señor. ²¹ Jesús les dijo otra vez: «La paz con vosotros.

‖Mc 16
14-18
‖Lc 24
36-49

14 27; 16 3
Lc 24 16

15 11; 16 2

Como el Padre me envió,
también yo os envío.»

17 18
Mt 28 19
Mc 16 15

²² Dicho esto, sopló* y les dijo:

Lc 24 47s
Hch 1 8+
Jn 1 33+

«Recibid el Espíritu Santo.
²³ A quienes perdonéis los pecados,
les quedan perdonados;
a quienes se los retengáis,
les quedan retenidos.»

Mt 16 19+;
18 18+

²⁴ Tomás*, uno de los Doce, llamado el Mellizo, no estaba con ellos cuando vino Jesús. Los otros discípulos le decían: «Hemos visto al Señor.» ²⁵ Pero él les contestó: «Si no veo en sus manos la señal de los clavos y no meto mi dedo en el agujero de los clavos y no meto mi mano en su costado, no creeré.» ²⁶ Ocho días después, estaban otra vez sus discí-

11 16; 14 5

---

20 5   El discípulo reconoce en Pedro cierta preeminencia. Ver 21 15-17.
20 9   El evangelista no cita ningún texto. Quiere subrayar el estado de falta de preparación de los discípulos en cuanto a la revelación pascual, a pesar de la Escritura. Ver Lc 24 27.32.44-45.
20 16 (a) Var.: «Ella lo reconoció.»
20 16 (b) Denominación más solemne que *rabbí* y empleada a menudo dirigiéndose a Dios. Se acerca, pues, a la profesión de fe de Tomás, v. 28.
20 17 (a) María se ha arrojado a los pies de Jesús para abrazarlos. Ver Mt 28 9.
20 17 (b) Var.: «los hermanos».
20 17 (c) Esta afirmación no está en contradicción con el relato de Hch 1 3s. La «subida», de Cristo al Padre, su entrada en la gloria, Jn 3 13; 6 62; Ef 4 10; 1 Tm 3 16; Hb 4 14; 6 19s; 9 24; 1 P 3 22; ver Hch 2 33+.36+, tienen lugar el mismo día de la resurrección, Jn 20 17; *Lc 24 51.* La escena de la Ascensión, cuarenta días después, Hch 1 2s.9-11, significará que el período de los coloquios familiares con Cristo ha concluido, que Jesús «está sentado» ahora a la diestra de Dios y ya no volverá hasta la Parusía.
20 18 Este verbo «ver», utilizado en activa o más a menudo en pasiva, se usa regularmente para hablar de las apariciones de Cristo resucitado, 20 18.25.29; Lc 24 34;

Hch 9 17; 13 31; 1 Co 15 5-8. Es el verbo empleado para hablar de las apariciones de Dios, Gn 12 7; 17 1; Hch 7 2, de los ángeles, Ex 3 2; Lc 1 11; 22 43; Hch 7 30, y de los seres celestes, Mc 9 4; Lc 9 30. Cristo resucitado ha retornado al mundo celeste, 17 5+.
20 19 Saludo ordinario de los judíos, ver Jc 19 20; 2 S 18 28; Lc 10 5.—Este saludo se repite en el v. 21, indicio quizá de una inserción más tardía de los vv. 20-21a, bajo la influencia del relato paralelo de Lc.
20 22 El soplo de Jesús simboliza al Espíritu (en hebreo: soplo) principio de vida, 6 63. Igual verbo raro que en Gn 2 7; ver Sb 15 11: Cristo resucitado da a los discípulos el Espíritu que realiza como una re-creación de la humanidad. Poseyendo desde ahora este principio de vida, el hombre ha pasado de la muerte a la vida, 5 24, y no morirá jamás, 8 51. Es el principio de una escatología ya realizada. Para Pablo (al menos en sus primeras cartas), esta re-creación de la humanidad no se producirá hasta la vuelta de Cristo, 1 Co 15 45, que cita a Gn 2 7.
20 24 Esta segunda aparición de Cristo a los discípulos es literalmente un calco de la primera. Cristo reprocha en ella a Tomás el no haber creído en el testimonio de los otros discípulos y haber exigido «ver» para creer, vv. 24 y 29. Como 4 48+ (ver v. 25b) este relato se dirige a los cristianos de la segunda generación.

pulos dentro y Tomás con ellos. Se presentó Jesús en medio estando las puertas cerradas, y dijo: «La paz con vosotros.» [27] Luego dice a Tomás: «Acerca aquí tu dedo y mira mis manos; trae tu mano y métela en mi costado*, y no seas incrédulo sino creyente.» [28] Tomás le contestó: «Señor mío y Dios mío.» [29] Dícele Jesús:

«Porque me has visto has creído.

Dichosos los que no han visto y han creído*.»

Marginal references: 14 27 · 19 34+ · Lc 1 45

4. PRIMERA CONCLUSIÓN

[30] Jesús realizó en presencia de los discípulos otros muchos signos que no están escritos en este libro. [31] Éstos han sido escritos para que creáis que Jesús es el Cristo, el Hijo de Dios, y para que creyendo tengáis vida en su nombre.

Marginal references: 2 11+ · Dt 34 10-12 · Hch 3 16+

Epílogo

Aparición a orillas del lago de Tiberíades*.

Marginal references: Mt 26 32p; 28 7

21 [1] Después de esto, se manifestó Jesús otra vez a los discípulos a orillas del mar de Tiberíades. Se manifestó de esta manera. [2] Estaban juntos Simón Pedro, Tomás, llamado el Mellizo, Natanael, el de Caná de Galilea, los de Zebedeo y otros dos de sus discípulos. [3] Simón Pedro les dice: «Voy a pescar.» Le contestan ellos: «También nosotros vamos contigo.» Fueron y subieron a la barca, pero aquella noche no pescaron nada.

[4] Cuando ya amaneció, estaba Jesús en la orilla; pero los discípulos no sabían que era Jesús. [5] Díceles Jesús: «Muchachos, ¿no tenéis nada que comer?» Le contestaron: «No.» [6] Él les dijo: «Echad la red a la derecha de la barca y encontraréis.» La echaron, pues, y ya no podían arrastrarla por la abundancia de peces*. [7] El discípulo a quien Jesús amaba dice entonces a Pedro: «Es el Señor». Cuando Simón Pedro oyó «el es el Señor», se puso el vestido —pues estaba desnudo— y se lanzó al mar. [8] Los demás discípulos vinieron en la barca, arrastrando la red con los peces; pues no distaban mucho de tierra, sino unos doscientos codos.

[9] Nada más saltar a tierra, ven preparadas unas brasas y un pez sobre ellas y pan. [10] Díceles Jesús: «Traed algunos de los peces que acabáis de pescar.» [11] Subió Simón Pedro y sacó la red a tierra, llena de peces grandes: ciento cincuenta y tres. Y, aun siendo tantos, no se rompió la red*. [12] Jesús les dice: «Venid y comed.» Ninguno de los discípulos se atrevía a preguntarle: «¿Quién eres tú?», sabiendo que era el Señor. [13] Viene entonces Jesús, toma el pan y se lo da; y de igual modo el pez. [14] Esta fue ya la tercera vez que Jesús se manifestó a los discípulos después de resucitar de entre los muertos.

[15] Después de haber comido, dice Jesús a Simón Pedro: «Simón de Juan, ¿me amas más que éstos?» Le dice él: «Sí, Señor, tú sabes que te quiero.» Le dice Jesús: «Apacienta mis corderos.» [16] Vuelve a decirle por segunda vez: «Simón de Juan, ¿me amas?» Le dice él: «Sí, Señor, tú sabes que te quiero.» Le dice Jesús: «Apacienta mis ovejas.» [17] Le dice por tercera vez: «Simón de Juan, ¿me quie-

Marginal references: 11 16; 14 5 · 1 45 · Lc 5 4-10 · Lc 24 16+ · 20 8 · Lc 24 41-43 · 4 27 · 6 11 · 20 19-23. 26-29 · 13 37.38 · 18 17.25-27

---

20 27 Juan, al fin de su evangelio, vuelve una vez más su mirada de creyente hacia la llaga del costado, ver **19** 34+.

20 29 Sobre el testimonio de los Apóstoles, ver Hch **1** 8+.

21 Este relato funde dos episodios primitivamente distintos: una pesca milagrosa, ver Lc **5** 4-10, y una comida pos-pascual, ver Lc **24** 41-43, que el v. 10 trata de enlazar. En los vv. 1 y 14, el verbo «manifestar» dicho de Cristo, es un término técnico, heredado de las tradiciones judías, para significar la manifestación de Cristo en cuanto tal, **1** 31+ (confrontar con el verbo «ser visto» para las apariciones de Cristo resucitado: 20

18+). Esto podría ser un indicio de que, en las tradiciones joánicas, la pesca milagrosa era en el origen un suceso pertinente al comienzo del ministerio de Jesús, como en Lc.

21 6 Sobreabundancia que recuerda a Caná, **2** 6 y la multiplicación de los panes, **6** 11s.

21 11 Como Lc **5** 10, Jn da un valor simbólico al relato. Los peces representan a los futuros discípulos de Jesús. 153 es una cifra triangular (género de cómputo bien conocido en la antigüedad) cuya base es 17, o sea 10+7 que significan la multitud y la totalidad. La red que no se rompe simboliza a la Iglesia, cuyo pastor será Pedro (vv. 15-17).

res?» Se entristeció* Pedro de que le preguntase por tercera vez: «¿Me quieres?» y le dijo: «Señor, tú lo sabes todo; tú sabes que te quiero*.» Le dice Jesús: «Apacienta mis ovejas*.»

18 «En verdad, en verdad te digo:
cuando eras joven,
tú mismo te ceñías,
e ibas adonde querías;
pero cuando llegues a viejo,
extenderás tus manos
y otro te ceñirá
y te llevará adonde tú no quieras.»

19 Con esto indicaba la clase de muerte* con que iba a glorificar a Dios. Dicho esto, añadió: «Sígueme*.»

20 Pedro se vuelve y ve, siguiéndoles detrás, al discípulo a quien Jesús amaba, que además durante la cena se había recostado en su pecho y le había dicho:

«Señor, ¿quién es el que te va a entregar?» 21 Viéndole Pedro, dice a Jesús: «Señor, y éste, ¿qué?» 22 Jesús le respondió: «Si quiero que se quede hasta que yo venga*, ¿qué te importa? Tú, sígueme.» 23 Corrió, pues, entre los hermanos la voz de que este discípulo no moriría. Pero Jesús no había dicho a Pedro: «No morirá», sino: «Si quiero que se quede hasta que yo venga*.»

Conclusión.

24 Este es el discípulo que da testimonio de estas cosas y que las ha escrito, y nosotros sabemos* que su testimonio es verdadero.

25 Hay además otras muchas cosas que hizo Jesús. Si se escribieran una por una, pienso que ni todo el mundo bastaría para contener los libros que se escribieran.

Margin references left column:
1 48+
6 68s
Mt 16 17-19
Lc 22 31-32

12 33
13 31
17 1
13 36

13 25

Margin reference right column:
20 30

21 17 (a) Ve en ello un recuerdo de su triple negación, 13 38; 18 17.25-27.
21 17 (b) Dos verbos diferentes, que corresponden respectivamente a amar y a ser amigo o querer, expresan en el texto el concepto «amar». Pero no es seguro que esta alternancia sea aquí otra cosa que cuestión de estilo, como la alternancia «corderos»-«ovejas».
21 17 (c) A la triple profesión de adhesión de Pedro, Jesús responde con una triple investidura. Confía a Pedro el cuidado de regir en su nombre al rebaño, ver Mt 16 18; Lc 22 31s. Es posible que la triple repetición sea la señal de un compromiso, un contrato en debida forma, según el uso semítico, ver Gn 23 7-18.
21 19 (a) El martirio.
21 19 (b) Fórmula que utiliza Jesús para invitar a alguien a ser su discípulo, 1 43; Mt 8 22; 9 9; 19 21. Como en Lc 5 10-11, el relato de pesca milagrosa concluye con una llamada a seguir a Jesús. Pero aquí, Pedro es invitado a seguirle hasta la muerte, v. 18; ver 13 36.
21 22 Es decir, hasta la Parusía, ver 1 Co 11 26; 16 22; Ap 1 7; 22 7.12.17.20.
21 23 Adic.: «¿qué te importa?»
21 24 Quizá sea un grupo de discípulos el que aquí habla.

HECHOS DE LOS APÓSTOLES

.

HECHOS DE LOS APÓSTOLES

Introducción

El tercer evangelio y el libro de los Hechos eran primitivamente las dos partes de una única obra, que nosotros titularíamos hoy «Historia de los orígenes cristianos». Desde muy pronto el segundo libro empezó a conocerse bajo el título «Hechos de los Apóstoles» o «Hechos de Apóstoles», según la moda de la literatura helenística que ya había divulgado obras como los «Hechos» de Aníbal, los «Hechos» de Alejandro, etc.; en el canon del NT está separado del evangelio de Lucas por el evangelio de Juan que se ha intercalado. La relación original de estos dos libros del NT viene indicada por sus respectivos Prólogos así como por su parentesco literario. El Prólogo de los Hechos que, como el del tercer evangelio Lc 1 1-4, se dirige a un tal Teófilo, Hch 1 1, remite a este evangelio como a un «primer libro», resumiendo su propósito y recogiendo los últimos sucesos (apariciones del Resucitado y Ascensión) para empalmar con ellos la continuación del relato. El otro vínculo que une estrechamente a estos dos libros es la lengua. Las características (de vocabulario, gramática y estilo) que aparecen a todo lo largo de los Hechos, y que confirman la unidad literaria de esta obra, las encontramos también en el tercer evangelio; lo que apenas permite dudar de que ambos libros son obra de un mismo autor.

La tradición de la Iglesia es unánime en reconocer que este autor es san Lucas. Nunca, ni en la antigüedad ni en nuestros días, se ha propuesto seriamente otro nombre. Así lo admitía ya hacia el año 175 el conjunto de las iglesias, como lo manifiesta la conformidad existente entre el documento romano llamado Canon de Muratori, el Prólogo «antimarcionita», san Ireneo, los Alejandrinos y Tertuliano. Juicio unánime que, en realidad, corroboran los indicios internos. Según sus escritos, el autor parece ser un cristiano de la generación apostólica, judío muy helenizado o, mejor, griego de amplia instrucción y versado a fondo así en las cosas judías como en la Biblia griega. Ahora bien, lo que sabemos de Lucas por las epístolas paulinas cuadra a la perfección con estos datos. El Apóstol lo presenta como un compañero muy querido que está a su lado durante su cautiverio, Col 4 14; Flm 24; 2 Tm 4 11. Según Col 4 10-14, Lucas es de origen pagano (de Antioquía de Siria según una vieja tradición) y médico, lo que comportaría una cierta cultura, aun cuando esté lejos de ser cierto que Lucas emplee en sus escritos un vocabulario específicamente médico.

Nada seguro hallamos en la tradición antigua para fijar la fecha en que escribía. El libro concluye con la prisión romana de Pablo, probablemente en 61-63, y en todo caso su composición debe ser posterior a la del tercer evangelio (¿antes del 70? ¿hacia el 80?, pero nada impone una fecha posterior al 70). Como lugar de composición se han propuesto Antioquía y Roma.

¿Cuáles son las fuentes utilizadas por Lucas para componer su obra? El autor de los Hechos declara «haber investigado diligentemente todo desde los orígenes» sumándose a los que ya habían «intentado narrar ordenadamente las cosas que se han verificado entre nosotros» (Lc 1 1-4, que constituye el prólogo general de la obra completa). Tales expresiones hacen suponer, por un lado, que ha buscado informaciones precisas y, por otro, que ha aprovechado relatos ya existentes. El examen del libro confirma esta impresión. A pesar de una actividad literaria siempre vigilante, cuya mano se advierte por doquier asegurando la unidad del libro, se pueden distinguir también sin dificultad algunas corrientes principales en las tradiciones recogidas por Lucas. Los doce primeros capítulos del libro de los Hechos refieren la vida de la primera comunidad reunida en torno a Pedro después de la Ascensión, 1-5, y los comienzos de su expansión a raíz de las iniciativas misioneras de Felipe, 8 4-40, de los «helenistas», 6 1 - 8 3; 11 19-30; 13 1-3, y en fin del mismo Pedro, 9 32 - 11 18; 12. Las tradiciones «petrinas» subyacentes se emparentarían con el «Evangelio de Pedro» que es conocido en la literatura de la Iglesia antigua. Para la segunda parte de los Hechos el autor habría utilizado relatos de la conversión de Pablo, de sus viajes misioneros, y *de su viaje por mar a Roma como prisionero. En todo caso, Lucas parece haber tenido a mano cartas paulinas, y podía haber pedido datos al mismo Pablo, a quien conocía por lo menos en el período de su cautiverio. Otras personas (¿Silas o Timoteo?) podrían haberle suministrado informaciones circunstanciadas sobre tal o cual episodio. En tres ocasiones durante su relato, 16 10-17; 20 5 - 21 18; 27 1 - 28 16 (y ya también 11 28 en el texto occidental), Lucas emplea la primera persona del plural. Siguiendo a san Ireneo, algunos exegetas han creído ver en los pasajes de los Hechos redactados en estilo «nosotros» la prueba de que Lucas acompañó a Pablo en su segundo y tercer viajes misioneros y en su viaje por mar a Roma. Contrasta, sin embargo, con ello el hecho de que Pablo no menciona nunca a Lucas como compañero de su obra de evangelización, por lo que este «nosotros» parece ser más bien el vestigio textual de un diario de viaje hecho por un compañero de Pablo (¿Silas?) y utilizado por el autor de los Hechos. El viaje descrito por el diario puede tener que ver con la colecta hecha por las iglesias de Macedonia y Acaya para la iglesia de Jerusalén, ver Hch 24 17; 1 Co 16 1-4; 2 Co 8 - 9; Rm 15 25-29. Una vez reunido este rico material, Lucas lo organizó hábilmente en unidad literaria, distribuyendo de la mejor manera los diversos elementos y uniéndolos unos con otros por medio de estribillos redaccionales, por ej. 6 7; 9 31; 12 24; etc.*

El valor histórico de los Hechos de los Apóstoles no es uniforme. De un lado, las fuentes de que Lucas disponía no eran homogéneas; de otro, en el manejo de estas fuentes se movía con bastante libertad según el espíritu de la historiografía antigua, subordinando los datos históricos a su plan literario y sobre todo a sus intereses teológicos. Los relatos de los viajes de san Pablo reflejan con mayor o menor extensión y exactitud el mundo del Mediterráneo oriental en el primer siglo: administración romana, ciudades griegas, cultos, rutas, geografía política y topografía local. En cambio, los relatos de la primera parte del libro son en general mucho menos circunstanciados. Lucas establece un cierto paralelismo entre los milagros de Pedro y los de Pablo: comparar 3 1-10 con 14 8-10; 5 15 con 19 o 12 6-11.17 con 16 23-26.40; 8 15-17 con 19 2-7; 8 18-24 con 13 6-11; 9 36-42 con 20 7-12. Además, algunos de los relatos de mila-

gros tienen sus paralelos en los evangelios: comparar Hch 3 6-7 con Lc 4 39 y Mc 1 31; Hch 9 33-34 con Lc 5 24b-25; Hch 20 10.12 con Lc 8 52-55; es también evidente que las últimas palabras de Esteban, Hch 7 59-60, se asemejan a las de Jesús, Lc 23 34.36. El discurso de Pablo en Antioquía de Pisidia, 13 16-41, no deja de tener analogías con los de Pedro en Jerusalén, 2 14-36; 3 12-26; 4 8-12; 5 29-32, el de Esteban, 7 1-53, y también el de Pedro en Cesarea, 10 34-43. Es, pues, razonable suponer que Lucas no había recibido estos discursos tal como los reprodujo, sino que los compuso utilizando algunos temas esenciales de la predicación primitiva apoyados con argumentos que se habían hecho tradicionales y moldeados con fórmulas nemotécnicas: florilegios de textos escriturísticos para los judíos, reflexiones de filosofía común para los griegos, y para todos el anuncio esencial (Kerygma) de Cristo muerto y resucitado, con el llamamiento a la conversión y al bautismo. Lucas habría conocido, primero por tradición y luego por experiencia, estos esquemas de la primera predicación cristiana, y es esto lo que le permitió, con su finísimo sentido psicológico, impregnar estos discursos de una enseñanza de valor auténtico e importancia capital. Se han señalado a menudo discrepancias entre el libro de los Hechos y las epístolas paulinas, que Lucas parece haber utilizado pero no en detalle. Es notable, por ejemplo, que no se haya preocupado de armonizar las cinco visitas de san Pablo a Jerusalén en los Hechos con los datos de Ga 1 15 - 2 10. En otro orden de cosas, se advierte un cierto contraste entre el retrato de Pablo dibujado en los Hechos y el que Pablo hace de sí mismo en su correspondencia. En Atenas Pablo se manifiesta netamente menos severo para con las religiones paganas que en su epístola a los Romanos: comparar Hch 17 22-31 con Rm 1 18-32 (pero ver también Sb 13 1-10, donde el autor, a la vez que condena la idolatría, disculpa los desvíos que algunos sufren buscando a Dios). En general Lucas atribuye al Apóstol una actitud más conciliadora que la de las epístolas: comparar Hch 21 20-26 con Ga 2 12ss; Hch 16 3 con Ga 2 3; 5 1-12. Pero no debe olvidarse que cada autor se mueve por intereses bastante diferentes. Pablo es un polemista que sabe ser intransigente (pero ver también 1 Co 9 19-23) mientras que el propósito de Lucas es demostrar la unidad profunda que existía entre los primeros discípulos.

A este respecto, la objetividad del libro de los Hechos ha sido atacada sesgadamente planteando la cuestión de su finalidad. La escuela de F. Ch. Baur ha querido ver en él un escrito de compromiso compuesto en el siglo II para conciliar las tendencias opuestas del petrinismo y del paulinismo. Este sistema tiene el mérito de señalar la existencia innegable de tensiones en la Iglesia primitiva; pero supone una fecha demasiado tardía, y en su forma radical ya nadie lo sostiene hoy. Otros, por su parte, todavía denuncian con frecuencia a esta obra de ser un alegato, con todo lo que esto puede implicar de deformación de los hechos. Lucas haría en ella una apología de Pablo destinada a convencer a las autoridades romanas de que él no era culpable de ningún delito político. Y, en efecto, no se puede negar que Lucas subraya el carácter puramente religioso del conflicto que enfrenta a los judíos con Pablo y la indiferencia de las autoridades romanas ante tal conflicto. Pero, aunque esto parece responder a la verdad histórica, en todo caso no es más que un aspecto de la obra. El libro de los Hechos es cosa muy distinta de un memorial para presentar ante el tribunal de Roma. Lo que persigue es nada menos que referir, por sí misma, la historia de los orígenes cristianos.

Para convencerse de ello, basta con examinar su plan. Se ve en él plasmada la aseveración inicial de Cristo: «Seréis mis testigos en Jerusalén, en toda Judea y Samaría, y hasta los confines de la tierra», Hch 1 8. La fe se implanta primero sólidamente en Jerusalén, donde la primera comunidad crece en gracia y número, 1 - 5. Enseguida comienza la expansión, preparada por la tendencia universalista de los convertidos del judaísmo helenístico y por su expulsión a raíz del martirio de san Esteban, 6 1 - 8 3: se llega a Samaría, 8 4-25, así como a la llanura costera hasta Cesarea, donde por primera vez entran gentiles en la Iglesia, 8 26-40; 9 32 - 11 18, al tiempo que la conversión de Pablo nos informa de que ya hay cristianos en Damasco y presagia la evangelización de Cilicia, 9 1-30. Estribillos, como 9 31 (que añade Galilea) ponen bien de relieve la difusión de la fe. A continuación es Antioquía la que recibe el mensaje de Jesús, 11 19-26 y que se va a convertir en un foco de irradiación, no sin guardar con Jerusalén contactos en los que se toman acuerdos sobre los principales problemas

misioneros, 11 27-30; 15 1-35. Se trata ahora, en efecto, de que el Evangelio llegue a los gentiles. A partir de la conversión de Cornelio, Pedro, después de ser encarcelado en Jerusalén, sale con destino desconocido, 12 17; y en adelante es Pablo quien, en el relato de Lucas, ocupará el primer plano. Después de un primer viaje con Bernabé a Chipre y Asia Menor antes de la asamblea de Jerusalén 13 - 14, dos viajes más le llevarán hasta Macedonia y Grecia, 15 36 - 18 22, y a Éfeso, 18 23 - 21 17. Siempre regresa a Jerusalén, y su arresto en esta ciudad, seguido de su encarcelamiento en Cesarea, 21 18 - 26 32, le permitirán ser conducido, preso pero siempre misionero, hasta Roma, donde, aun sin librarse de las cadenas, anuncia a Cristo, 27 - 28. Vista desde Jerusalén, esta capital del imperio representa perfectamente «los confines de la tierra», por lo que Lucas puede aquí poner fin a su libro.

Podremos quizá lamentar que no nos haya dicho nada de la actividad de los otros apóstoles, ni de la fundación de ciertas iglesias como la de Alejandría, o incluso la de Roma, donde la fe cristiana se había implantado ciertamente antes de la llegada del Apóstol (ver la Epístola a los Romanos, sobre todo 15 22ss). Nada dice tampoco del apostolado de Pedro fuera de Palestina, y es verdad que la persona de Pablo ocupa en su obra un lugar preponderante, hasta el punto de llenar ella sola toda la segunda mitad. Más que una historia materialmente completa, lo que Lucas ha querido darnos es una exposición de la fuerza de expansión espiritual del Cristianismo; y la enseñanza teológica que ha sabido deducir de los hechos de que disponía posee un valor universal e insustituible, que constituye el valor auténtico de su obra.

Esta aportación doctrinal es múltiple y no podemos evocar aquí más que sus puntos principales. Lo que la obra expone es la fe en Cristo, base del kerygma apostólico. Por los discursos conocemos los principales textos escriturísticos que sirvieron, bajo la guía del Espíritu, para la formulación de la cristología y la argumentación ante los judíos, son de notar particularmente los temas del Siervo, 3 13.26; 4 27.30; 8 32-33, y de Jesús nuevo Moisés, 3 22; 7 20s, y nuevo Elías, 1 9-11; 3 20-21. La resurrección se prueba por el Sal 16 8-11 (Hch 2 24-32; 13 34-37). La historia del pueblo elegido debe poner en guardia a los judíos contra la resistencia a la gracia, 7 2-53; 13 16-41. Para los gentiles, se recurre a argumentos de una teodicea más general, 14 15-17; 17 22-31. Pero los apóstoles son ante todo «testigos», 1 8+, y Lucas nos resume su «kerygma», 2 22+, relatándonos también sus signos taumatúrgicos. El problema crucial de la Iglesia naciente tenía que ser el acceso de los gentiles a la salvación, y sobre este punto el libro de los Hechos nos brinda alguna luz, aunque sin descubrirnos toda la envergadura de las dificultades y de las controversias ocasionadas por esta cuestión en la Iglesia e incluso entre sus dirigentes (ver Ga 2 11+): los hermanos de Jerusalén, agrupados en torno a Santiago, siguen fieles a la Ley judía, 15 1.5; 21 20s; pero los «helenistas», cuyo portavoz es Esteban, sienten la necesidad de romper con el culto del Templo; y Pedro, y después sobre todo Pablo, hacen triunfar en la asamblea de Jerusalén el principio de la salvación por la fe en Cristo, que dispensa a los gentiles de la circuncisión y de las observancias mosaicas. No es menos cierto que Lucas nos muestra a Pablo empezando siempre por dirigirse a los judíos, para volverse después a los gentiles sólo cuando se ve rechazado por sus hermanos de raza, 13 5+. Sobre la vida de las comunidades cristianas nos bosqueja un cuadro que tiene tintes sin duda ideales, por no decir utópicos, pero que se inspira en los recuerdos de los primeros años tanto como en las realidades eclesiales de una época más tardía: vida de oración y reparto de bienes en la joven iglesia de Jerusalén; administración del bautismo de agua y del bautismo en el Espíritu, 1 5+; celebración de la Eucaristía, 2 42+; esbozos de organización eclesiástica en los «profetas» y los «doctores», 13 1+, o también en los «presbíteros» que presiden la iglesia de Jerusalén, 11 30+, y que Pablo establece en las iglesias que él funda, 14 23. Todo ello impregnado, dirigido, impulsado por un soplo invencible

del Espíritu Santo. A este Espíritu, sobre el que Lucas había ya insistido en su evangelio, Lc 4 1+, lo presenta en acción incesante en la expansión de la Iglesia, Hch 1 8+, hasta el punto de que se ha podido llamar a los Hechos «el evangelio del Espíritu Santo». Es esto lo que da a esta obra ese aroma de alegría espiritual, de maravilla sobrenatural, de la que sólo podrán extrañarse los que no comprenden ese fenómeno único en el mundo que fue el nacimiento del Cristianismo. Si a todas estas riquezas teológicas añadimos la preciosa aportación de tantos detalles concretos que de otro modo no habríamos conocido, si se acierta a saborear los retratos de fina psicología en que Lucas se distingue, piezas incisivas y hábiles como el discurso delante de Agripa, 26, páginas conmovedoras como el adiós a los presbíteros de Éfeso, 20 17-38, relatos vivos y realistas como el motín de los orfebres, 19 23-41, se convendrá en que este libro, único en su género en el NT, representa un tesoro cuya falta hubiera empobrecido notablemente nuestro conocimiento de los orígenes del Cristianismo.

El texto de los Hechos, como el del resto del NT, ha llegado a nosotros con muchas variantes de detalle. Pero más que en otros libros merecen retener nuestra atención las que provienen del texto llamado «occidental» (códice de Beza, versiones latina, siríaca y copta, antiguos escritores eclesiásticos). Ofrecen éstas un texto que es a menudo más conciso que el texto alejandrino, pero que contiene también detalles concretos y pintorescos que el otro desconoce. En realidad, estas dos tradiciones textuales parecen representar redacciones sucesivas del libro de los Hechos. Nuestra traducción se ha hecho las más de las veces sobre el texto alejandrino, pero un buen número de variantes del texto occidental se han señalado en nota o incluso han sido admitidas en el texto traducido.

HECHOS DE LOS APÓSTOLES

Prólogo.

1 ¹ El primer libro* lo dediqué, Teófilo, a todo lo que Jesús hizo y enseñó desde el principio ² hasta el día en que, después de haber dado instrucciones por medio del Espíritu Santo* a los apóstoles que había elegido, fue levantado a lo alto*. ³ A estos mismos, después de su pasión, se les presentó dándoles pruebas de que vivía, dejándose ver de ellos durante cuarenta días y hablándoles del Reino de Dios*. ⁴ Mientras estaba comiendo con ellos, les ordenó: «No os vayáis de Jerusalén*, sino aguardad la Promesa del Padre, que oísteis de mí: ⁵ Porque Juan bautizó con agua, pero vosotros seréis bautizados con Espíritu Santo* dentro de pocos días.»

La Ascensión.

⁶ Ellos, en cambio, habiéndose reunido*, le preguntaron: «Señor, ¿es en este momento cuando le vas a restablecer el Reino a Israel*?» ⁷ Él les contestó: «No es cosa vuestra conocer el tiempo y el momento* que el Padre ha fijado con su propia autoridad; ⁸ al contrario, vosotros recibiréis una fuerza, cuando el Espíritu Santo venga sobre vosotros*, y de este modo seréis mis testigos* en Jerusalén, en toda Judea y Samaría, y hasta los confines de la tierra*». ⁹ Y dicho esto, fue levantado en presencia de ellos, y una nube* le ocultó a sus ojos. ¹⁰ Como ellos estuvieran mirando fijamente al cielo mientras él se iba, se les presentaron de pronto dos hombres vestidos de blanco ¹¹ que les dijeron: «Galileos, ¿por qué permanecéis mirando al cielo? Este Jesús, que de entre vosotros ha sido llevado al cielo, volverá así tal como* le habéis visto marchar al cielo».

---

1 1 El evangelio de Lucas.
1 2 (a) Se subraya la acción del Espíritu en los comienzos de la misión de los apóstoles, vv. 5.8 y cap. 2, como en los comienzos del ministerio de Jesús, Mt 4 1+; Lc 4 1+.
1 2 (b) El texto occ. no menciona aquí la Ascensión.
1 3 El Reino de Dios, Mt 4 17+, será el gran tema de la predicación de los apóstoles, ver 8 12; 19 8; 20 25; 28 23.31, como lo había sido de la predicación de Jesús, ver Mt 3 2+; Mc 1 1+.
1 4 Para Lucas, Jerusalén es el centro predestinado de la obra de la salvación, Lc 2 22+.38+, el punto terminal de la misión terrestre de Jesús, Lc 24 33s, y el punto inicial de la misión universal de los apóstoles, Lc 24 47; Hch 1 8.12; 6 7; 8 1; 11 19; 15 30.36; etc.
1 5 El bautismo en el Espíritu, anunciado ya por Juan el Bautista, Mt 3 11p, y prometido aquí por Jesús, se inaugurará con la efusión de Pentecostés, 2 1-4. Los apóstoles, conforme a la orden de Cristo, Mt 28 19, seguirán administrando el bautismo de agua, Hch 2 41; 8 12. 38; 9 18; 10 48; 16 15.33; 18 8; 19 5, como rito de iniciación al Reino mesiánico, ver Mt 3 6+, pero lo conferirán en el nombre de Jesús», Hch 2 38+, y por la fe en la obra realizada por Cristo, ver Rm 6 4+, dispondrá en lo sucesivo del poder eficaz de perdonar los pecados y de dar el Espíritu Santo, Hch 2 38. Se ve aparecer por otra parte, y en conexión con este Bautismo cristiano de agua, otro rito, el de la imposición de manos, 1 Tm 4 14+, que se ordena a una comunicación visible y carismática del Espíritu, análoga a la de Pentecostés, 8 16-19; 9 17-18; 19 5-6 (pero ver 10 44-48); rito que está en el origen del sacramento de la Confirmación. Al lado de estos sacramentos cristianos, siguió practicándose por algún tiempo y por algunos fieles, imperfectamente instruidos, el bautismo de Juan, 18 25.
1 6 (a) Hch 1 6 reanuda el hilo del relato interrumpido en Lc 24 49.
1 6 (b) El establecimiento del Reino mesiánico no se les representa aún a los apóstoles como una restauración temporal de la realeza davídica. Ver Mt 4 17+.
1 7 Insertando su plan de salvación en la historia humana, Dios ha dispuesto desde toda la eternidad (Rm 16 25+; 1 Co 2 7; Ef 1 4; 3 9.11; Col 1 26; 2 Tm 1 9; ver Mt 25 34) «su tiempo y su momento», ver Dn 2 21; 1 Ts

5 1: primero, el tiempo de la preparación, Hb 1 2; 9 9; 1 P 1 11, y de la paciencia, Rm 3 26; Hch 17 30; luego, en la «plenitud de los tiempos», Ga 4 4+, el momento escogido para la venida de Cristo, que inaugura la era de la salvación, Rm 3 26+; después el tiempo que transcurre hasta la Parusía, Co 6 2+; finalmente, precedido por los «últimos días», 1 Tm 4 1+, el «Día» escatológico, 1 Co 1 8+, y el Juicio final, Rm 2 6+.
1 8 (a) El Espíritu, tema especialmente predilecto de San Lucas (Lc 4 1+), ante todo aparece como un Poder, Lc 1 35; 24 49; Hch 1 8; 10 38; Rm 15 13.19; 1 Co 2 4-5; 1 Ts 1 5; Hb 2 4, enviado de junto a Dios por Cristo, Hch 2 33, para la difusión de la Buena Nueva. El Espíritu otorga los carismas, 1 Co 12 4s, que, garantizan la predicación: don de lenguas, Hch 2 4+, de milagros, 10 38, de profecía 11 27+; 20 23; 21 11, de sabiduría, 6 3. 5. 10; comunica fuerza para anunciar a Jesucristo, a pesar de las persecuciones, 4 8. 31; 5 32; 6 10; ver Flp 1 19, y dar testimonio de él, Mt 10 20p; Jn 15 26; Hch 1 8; 2 Tm 1 7s, ver nota siguiente; finalmente, interviene en las decisiones de capital importancia: admisión de los gentiles en la Iglesia, 8 29; 10 19. 44-47; 11 12-16; 15 28, supresión para ellos de observancias legales 15 28, misión de Pablo a través del mundo gentil, 13 2s; 16 6-7; 19 1 (T. occ); ver Mt 3 16+. Pero los Hechos conocen también el don del Espíritu recibido en el bautismo y que concede el perdón de los pecados, 2 38; ver Rm 5 5+.
1 8 (b) La misión esencial de los apóstoles es dar testimonio de la resurrección de Jesús, Lc 24 48; Hch 2 32; 3 15; 4 33; 5 32; 13 31; 22 15 y también de toda su vida pública, Lc 1 2; Jn 15 27; Hch 1 22; 10 39s. Ver Rm 1 1+.
1 8 (c) La misión de los apóstoles se extiende al universo, Is 45 14+. Las etapas aquí señaladas dibujan, a grandes rasgos, el esquema geográfico de los Hechos: Jerusalén, que era el punto de llegada del Evangelio, es ahora el punto de partida, ver 28 +.
1 9 La nube forma parte del marco de las teofanías del AT, Ex 13 22+, y del NT, Lc 9 34-35p. Es característica, Dn 7 13, de la Parusía del Hijo del hombre, Mt 24 30+; aquí v. 11; ver 1 Ts 4 17; Ap 1 7; 14 14-16.
1 11 El glorioso advenimiento de la Parusía, Mt 16 27p; 24 30p+; 25 31; 1 Ts 4 16; 2 Ts 1 7s.

I. La Iglesia de Jerusalén

El grupo de los apóstoles.

¹² Entonces se volvieron a Jerusalén desde el monte llamado de los Olivos, que está próximo a Jerusalén, la distancia de un camino sabático. ¹³ Y cuando llegaron, subieron a la estancia superior, donde vivían, Pedro y Juan; Santiago y Andrés; Felipe y Tomás; Bartolomé y Mateo; Santiago el de Alfeo, Simón el Zelota y Judas de Santiago*. ¹⁴ Todos ellos perseveraban en la oración*, con un mismo espíritu, en compañía de algunas mujeres, y de María la madre de Jesús, y de sus hermanos*.

Sustitución de Judas.

¹⁵ Uno de aquellos días Pedro, puesto en pie ante los hermanos* —ya que el número de personas congregadas con el mismo propósito era de unas ciento veinte— les dijo: ¹⁶ «Hermanos, era preciso que se cumpliera la Escritura en la que el Espíritu Santo, por boca de David, había anunciado ya acerca de Judas, que fue guía de los que prendieron a Jesús. ¹⁷ Porque era uno de los nuestros y obtuvo un puesto en este ministerio. ¹⁸ Éste, pues, con la paga de su crimen compró un campo y cayendo de cabeza, reventó por medio y todas sus entrañas se esparcieron. ¹⁹ Y todos los habitantes de Jerusalén lo conocieron, hasta el punto que llamaron aquel terreno, en su lengua, Haqueldamá, es decir: 'Campo de sangre'*. ²⁰ Pues está escrito en el libro de los Salmos:

Quede su majaría desierta
y no haya quien habite en ella.

Y también:
Que otro ocupe su cargo.

²¹ «Por tanto, es preciso que uno de los hombres que anduvieron con nosotros todo el tiempo que el Señor Jesús convivió con nosotros, ²² a partir del bautismo de Juan hasta el día en que fue llevado de entre nosotros al cielo, uno de ellos tiene que ser con nosotros testigo de su resurrección.»

²³ Presentaron* a dos: a José, llamado Barsabás, por sobrenombre Justo, y a Matías. ²⁴ Entonces oraron así: «Tú, Señor, que conoces el corazón de todos, muéstranos a cuál de estos dos has elegido, ²⁵ para ocupar en el ministerio del apostolado el puesto del que Judas desertó para irse a su propio puesto.» ²⁶ Les repartieron las suertes* y la suerte cayó sobre Matías, que fue agregado al número de los doce apóstoles*.

Referencias marginales (izquierda): Lc 6 14-16p · 2 42.46; 6 4 · Rm 12 12 · Lc 23 49 · 1 20 · Lc 22 47 · ‖Mt 27 3-10 · Sb 4 19

Referencias marginales (derecha): Sal 69 26 · Sal 109 8 · 1 8+ · 13 9+ · 15 8 · Jr 11 20+ · Lc 16 15 · Ap 2 23 · Ex 33 7+ · 1 S 14 41+

---

1 13 Se suple «hijo» (de Alfeo, de Santiago).—El apóstol Judas es distinto de Judas, hermano de Jesús, ver Mt 13 55; Mc 6 3, y hermano de Santiago (Judas 1). Parece que tampoco hay que identificar al apóstol Santiago, hijo de Alfeo, con Santiago, hermano del Señor, Hch 12 17; 15 12, etc.
1 14 (a) Los Hechos contienen abundantes ejemplos de la oración asidua recomendada, Mt 6 5+, y practicada, Mt 14 23+, por Jesús. Oración colectiva presidida por los apóstoles, 4 24-30; 6 4, y centrada en la fracción del pan, 2 42. 46; 20 7-11. Oración que se manifiesta en los momentos importantes: elecciones y ordenaciones para cargos de la Iglesia, 1 24; 6 6; 13 3; 14 23, confirmación de los samaritanos, 8 15, período de persecuciones, 4 24-31; 12 5. 12. También vemos orar a los individuos: Esteban ora por sí mismo y por sus verdugos, 7 59-60, Pablo después de su visión de Cristo, 9 11, Pedro y Pablo antes de los milagros, 9 40; 28 8, Pedro, cuando Dios le hace ir a casa de Cornelio, 10 9; 11 5, que es también hombre de oración, 10 2.4.30-31, Pablo y Silas en la prisión, 16 25, Pablo al dejar a sus amigos en *Mileto*, 20 36, y en Tiro, 21 5. Oración de petición en la mayoría de estas ocasiones, como en 8 22-24, para conseguir el perdón; oración de alabanza, 16 25, y de acción de gracias, 28 15, y, en fin, testimonio de fe: «invocar el nombre de Jesucristo» es la característica del cristiano, 2 21 y 38; 9 14. 21; 22 16.
1 14 (b) Ver Mt 12 46+.
1 15 Además del sentido estricto, la palabra hermano adquiere a veces en la Biblia sentidos más amplios, con referencia a un pariente más o menos lejano, Gn 9 25; 13 8, a un compatriota, Gn 16 12; Ex 2 11; Dt 2 4; 15 2; Sal 22 23. De ahí pasa a un parentesco más profundo por la comunión en la alianza. En el NT, muy a menudo designa a los cristianos, discípulos de Cristo, Mt 28 10; Jn 20 17; Hch 6 3; 9 30; 11 1; 12 17; Rm 1 13, etc., que como él hacen la voluntad del Padre, Mt 12 50p, hijo del Padre de quien es el Primogénito, Mt 25 40; Rm 8 29; Hb 2 11. 17, y entre los cuales reina el amor fraterno, Rm 12 10; 1 Ts 4 9; 1 P 1 22; 1 Jn 3 14, etc.
1 19 Esta versión de la muerte de Judas difiere de la de Mt 27 3-10. Judas no muere ahorcándose como Ajitófel, 2 S 17 23, sino cayendo de cabeza como los impíos de Sb 4 19, y derramándosele las entrañas, como algunos criminales de las leyendas folklóricas. La sangre del campo ya no es la de Jesús, sino la de Judas. Por entre estas divergencias de tradiciones populares se adivina el hecho real de una muerte súbita e ignominiosa del traidor, mejor o peor relacionada con un lugar de mala fama y conocido en Jerusalén, la Haqueldamá.
1 23 Var.: «Presentó a dos» v. 23, y «oró así» v. 24; para subrayar el papel de Pedro.
1 26 (a) Un procedimiento menos mecánico, ver 6 3-6; 13 2-3, sustituirá pronto en la comunidad primitiva a esta manera arcaica de elección, Ex 33 7+; 1 S 14 41; Lc 1 9.
1 26 (b) «fue agregado al número de los doce apóstoles» texto occ; ver Mc 3 14+.

Pentecostés.

Ex 23 14+

2 ¹ Al llegar el día de Pentecostés*, estaban todos reunidos* con un mismo objetivo. ² De repente vino del cielo un ruido como una impetuosa ráfaga de viento*, que llenó toda la casa en la que se encontraban. ³ Se les aparecieron unas lenguas como de fuego* que se repartieron y se posaron sobre cada uno de ellos; ⁴ se llenaron todos de Espíritu Santo y se pusieron a hablar en diversas lenguas, según el Espíritu les concedía expresarse*.

4 31
Jn 3 8+
Sal 104 30;
33 6
Jn 20 22

1 5+
Lc 1 15+
1 8+

⁵ Residían en Jerusalén hombres piadosos*, venidos de todas las naciones que hay bajo el cielo. ⁶ Al producirse aquel ruido la gente se congregó y se llenó de estupor, porque cada uno les oía hablar en su propia lengua*. ⁷ Estupefactos y admirados decían: «¿Es que no son galileos todos estos que están hablando? ⁸ Pues ¿cómo cada uno de nosotros les oímos en nuestra propia lengua nativa: ⁹ Partos, medos y elamitas; los que habitamos en Mesopotamia, Judea, Capadocia, el Ponto, Asia, ¹⁰ Frigia, Panfilia, Egipto, la parte de Libia fronteriza con Cirene; los romanos residentes aquí, ¹¹ tanto judíos como prosélitos*, cretenses y árabes*, les oímos proclamar en nuestras lenguas las maravillas de Dios? ¹² Todos estaban estupefactos y perplejos y se decían unos a otros: «¿Qué significa

Lc 14 47
Mt 28 19
Col 1 23

Gn 11 1-9+

1 Co 14 23

esto?» ¹³ Otros, en cambio, decían riéndose: «¡Están llenos de mosto!»

Discurso de Pedro a la gente.

¹⁴ Entonces Pedro, presentándose con los Once*, levantó la voz y les dijo: «Judíos y todos los que vivís en Jerusalén: Que os quede esto bien claro y prestad atención a mis palabras: ¹⁵ Éstos no están borrachos, como vosotros suponéis, pues es la hora tercia del día*, ¹⁶ sino que es lo que dijo el profeta*:

2 33+

¹⁷ *Sucederá en los últimos días*, dice Dios:*
  Derramaré mi Espíritu sobre todo mortal
  y profetizarán vuestros hijos y vuestras hijas;
  vuestros jóvenes verán visiones
  y vuestros ancianos soñarán sueños.
¹⁸ *Y también sobre mis siervos y sobre mis siervas*
  derramaré mi Espíritu.
¹⁹ *Haré prodigios arriba en el cielo*
  y signos abajo en la tierra.
²⁰ *El sol se convertirá en tinieblas,*
  y la luna en sangre,
  antes de que llegue el Día grande del Señor.*
²¹ *Y todo el que invoque el nombre del Señor se salvará*.*

Jl 3 1-5
Is 2 2

Rm 7 5+

11 27+

5 12
Mt 24 29p

Rm 10 9-13

---

2 1 (a) Es decir, concluido ya el período de cincuenta días entre la Pascua y Pentecostés. Pentecostés, que primeramente fue fiesta de la siega, Ex 23 14+, se había convertido también en la fiesta de la renovación de la Alianza, ver 2 Cro 15 10-13; Jubileos 6 20; Qumrán. Este nuevo valor litúrgico pudo inspirar la escenificación de Lucas, que evoca la entrega de la Ley en el Sinaí.
2 1 (b) No la asamblea de los ciento veinte de 1 15-26, sino el grupo apostólico presentado en 1 13-14.
2 2 Hay afinidad entre el Espíritu y el viento: la misma palabra significa «espíritu» y «soplo», ver Jn 3 8+.
2 3 La forma de las llamas (Is 5 24; ver Is 6 6-7) se relaciona aquí con el don de lenguas.
2 4 Según uno de sus aspectos, vv. 4. 11. 13, el milagro de Pentecostés es afín al carisma de la glosolalia, *frecuente en los comienzos de la Iglesia*: ver 10 46; 11 15; 19 6; 1 Co 12-14; ver Mc 16 17. Sus antecedentes se hallan en el antiguo profetismo israelita, ver Nm 11 25-29; 1 S 10 5-6. 10-13; 19 20-24; 1 R 22 10. Ver Joel, 3 1-5, citado por Pedro, vv. 17s.
2 5 «hombres piadosos» Sin. El texto occ.: «los judíos que residían en Jerusalén eran hombres venidos de todas las naciones que hay bajo el cielo». Los demás textos combinan «hombres piadosos» y «judíos».
2 6 La glosolalia utilizaba palabras en lenguas extranjeras para cantar las alabanzas de Dios, v. 11; 1 Co 14 2+. Lucas ve en este hablar en todas las lenguas del mundo la restauración de la unidad perdida en Babel, ver Gn 11 1-9, símbolo y anticipación maravillosa de la misión universal de los apóstoles.
2 11 (a) Los «prosélitos» son los que, sin ser judíos de

origen, han abrazado la religión judía y aceptado la circuncisión, constituyéndose así miembros del pueblo elegido; ver también 6 5; 13 43; Mt 23 15. «Judíos» y «prosélitos» no son, pues, nuevas denominaciones de pueblos: son palabras que califican a los que se acaba de enumerar.
2 11 (b) Esta enumeración de los pueblos del mundo mediterráneo, que en conjunto se describe de este a oeste y de norte a sur, sin duda se inspira en un antiguo calendario astrológico, conocido por otros documentos, en el que los pueblos se hallaban relacionados con los signos del zodíaco y enumerados por su orden. Lucas pudo haberlo adoptado como una descripción cómoda del *oikumenê* de entonces. No se explica bien la mención de Judea y ha suscitado desde la antigüedad varios intentos de corrección.
2 14 Pedro obra como cabeza del colegio apostólico y aparece en primer plano, ver 1 15; 2 37; 3 4.6.12; 4 8.13; 5 3.8.9.15.29; 10-11. Ver también 7; Lc 22 32+. En ocasiones Juan aparece junto a él, pero algo así como su doble, Hch 3 1.3.4.1 ; 4 13.19; 8 14; ver Lc 22 8.
2 15 Las nueve de la mañana, poco más o menos.
2 16 Adic.: «Joel». —Para la cita de los vv. 17-21, texto occ.; el texto alejandrino tiende a concordar con los LXX.
2 17 Los tiempos mesiánicos.
2 20 El día del glorioso advenimiento del Señor, el «Día de Yahvé», Am 5 18+. En la predicación evangélica es el día de la vuelta de Jesús, Mt 24+; 1 Co 1 8+.
2 21 Los cristianos se designan a sí mismos como «los que invocan el nombre del Señor», 9 14.21; 22 16;

Mt 2 23+
Lc 24 19
Hch 10 38
Lc 5 17

²² «Israelitas, escuchad estas palabras*: A Jesús, el Nazoreo, hombre acreditado por Dios ante vosotros con milagros, prodigios y signos que Dios realizó por su medio entre vosotros, como vosotros mismos sabéis, ²³ a éste, que fue entregado según el determinado designio* y previo conocimiento de Dios, vosotros le matasteis clavándole en la cruz por mano de unos impíos*; ²⁴ a éste Dios le resucitó librándole de los lazos del Hades*, pues no era posible que lo retuviera bajo su dominio; ²⁵ porque David dice refiriéndose a él*:

Sal 18 6

13 34-37

Sal 16 8-11

Veía constantemente al Señor delante de mí,

puesto que está a mi derecha para que no vacile.
²⁶ *Por eso se ha alegrado mi corazón*
y alborozado mi lengua,
y hasta mi carne reposará, en la esperanza
²⁷ *de que no abandonarás mi alma en el Hades*
ni permitirás que tu santo experimente la corrupción.
²⁸ *Me has hecho conocer caminos de vida,*
me llenarás de gozo con tu presencia.

²⁹ «Hermanos, permitidme que os diga con toda franqueza que el patriarca David murió y fue sepultado y su tumba permanece entre nosotros hasta el presente*. ³⁰ Pero como él era profeta y sabía que Dios *le había asegurado* con juramento *que se sentaría en su trono uno de su linaje,* ³¹ vio el futuro y habló de la resurrección de Cristo, que *ni fue abandonado en el Hades* ni su carne *experimentó la corrupción.* ³² A este Jesús Dios le resucitó; de lo cual todos nosotros somos testigos. ³³ Así pues, exaltado por la diestra* de Dios, ha recibido del Padre el Espíritu Santo prometido* y lo ha derramado; esto es lo que vosotros veis y oís.³⁴ Pues David no subió a los cielos* y sin embargo dice:

2 S 7 12
Sal 132 11
Mt 9 27+

1 8+
1 4-5+
Ez 36 27+
Jn 15 26

Ef 4 8-11

Dijo el Señor a mi Señor:
Siéntate a mi diestra
³⁵ *hasta que ponga a tus enemigos*
por escabel de tus pies.

Sal 110 1

³⁶ «Sepa, pues, con certeza todo Israel que Dios ha constituido Señor y Cristo* a ese Jesús a quien vosotros habéis crucificado.»

Flp 2 11+
Hch 2 23+

---

1 Co 1 2; 2 Tm 2 22; el nombre del «Señor» ya no se aplica a Yahvé sino a Jesús, ver Flp 2 11; Hch 3 16+. El que invoca este nombre —es decir, el que reconoce a Jesús como Señor— se salvará: ver Hch 4 12 y Rm 10 9.
2 22 El contenido de la predicación apostólica primitiva (*Kerygma*), de la que tenemos aquí una primera exposición, se nos ha transmitido esquemáticamente en cinco discursos de Pedro, Hch 2 14-39; 3 12-26; 4 9-12; 5 29-32; 10 34-43, y uno de Pablo, 13 16-41. El núcleo central es un testimonio, 1 8+, que tiene por objeto la muerte, la resurrección de Cristo, 2 24+, y su exaltación, 2 33+; 2 36+. Luego, detalles sobre su misión, anunciada por Juan el Bautista, 10 37; 13 24, preparada por la enseñanza y sus milagros, 2 22; 10 38, concluida con las apariciones del Resucitado, 10 40.41; 13 31, y la efusión del Espíritu, 2 33; 5 32. Finalmente, perspectivas más amplias que, por las profecías del AT, hunden sus raíces en el pasado, 2 23+; 2 25+, y miran al futuro: advenimiento de los tiempos mesiánicos y llamamiento a judíos y gentiles a la conversión, 2 38+, para apresurar la Vuelta de Cristo, 3 20-21. Los evangelios, que son un desarrollo de la predicación primitiva, siguen este esquema.
2 23 (a) Las profecías del AT prueban este designio de Dios: Hch 3 18; 4 28; 13 29; ver 8 32-35; 9 22; 10 43; 17 2-3; 18 5.28; 26 22-23.27; 28 23; Lc 18 31+; 22 22; 24 25-27.44.
2 23 (b) Aquí los romanos. Pero la predicación primitiva, v. 22+, contiene análogas acusaciones contra los judíos, contra los cuales se opone la intervención de *Dios que resucita a Jesús,* 2 32.36; 3 13-17; 4 10; 5 30-31; 7 52; 10 39-40; 13 27-30; 17 31; ver Rm 1 4+; 1 Ts 2 14+.
2 24 «del Hades» texto occ., «de la muerte» texto recibido. Ver vv. 27 y 31. El «Hades» en los LXX corresponde al *šeol,* Nm 16 33+; Sb 2 1+; Mt 16 18+.
2 25 Citado según los LXX. El texto hebreo sólo expresaba el deseo de escapar a una muerte inminente:

«No dejarás a tu amigo ver la fosa». El argumento supone el empleo de la versión griega que introduce una idea distinta traduciendo «fosa» (=tumba) por «corrupción».
2 29 En la antigua colina de Sión, por debajo del Templo, 1 R 2 10. Una interpretación exagerada de este versículo dio lugar a la leyenda de la tumba de David que veneran hoy en el lugar tradicional del Cenáculo, en la colina occidental que, desde los primeros siglos del cristianismo, recibió el nombre de Sión.
2 33 (a) Palabras inspiradas en el Sal 118 (v. 16 LXX: «la diestra del Señor me ha exaltado»), que la predicación apostólica utiliza considerándolo mesiánico: Hch 4 11; 1 P 2 7; Mt 21 9p.42p; 23 39; Lc 13 35; Jn 12 13; Hb 13 6. Pero también pudiera traducirse: «Habiendo sido exaltado a la diestra de Dios», y ver en ella la introducción de la cita (v. 34) del Sal 110 1, que recoge otro tema de la predicación apostólica: Mt 22 44p; 26 64p; Mc 16 19; Hch 7 55.56; Rm 8 34; 1 Co 15 25; Ef 1 20; Col 3 1; Hb 1 3.13; 8 1; 10 12; 12 2; 1 P 3 22.
2 33 (b) Los profetas habían anunciado el don del Espíritu para los tiempos mesiánicos, Ez 36 27+. Y por este Espíritu, «derramado», según el anuncio de Jl 3 1-2, por Cristo resucitado, explica Pedro el milagro de que son testigos sus oyentes.
2 34 El razonamiento parece ser como sigue: David, depositado en la tumba, no ha subido al cielo; por tanto, la invitación divina no se dirige a él, sino al que ha salido de la tumba. Una var.: «pues él mismo dice», en lugar de: «sin embargo dice», reduce el razonamiento al de Mt 22 43-45.
2 36 Conclusión del argumento escriturístico: por su resurrección ha sido Jesús constituido en el «Señor» de que habla el Sal 110 y en el «Mesías» (Cristo) al que se refiere el Sal 16. Análoga argumentación partiendo del Sal 2 7 (Hijo de Dios) en Hch 13 33+; Hb 1 5; 5 5; Rm 1 4+. Ver también Hch 5 31 (Jefe y Salvador); 10 42+; Rm 14 9 (Juez y Señor de vivos y muertos); Flp 2 9-11 (Señor en gloria).

Primeras conversiones.

³⁷ Al oír esto, dijeron con el corazón compungido a Pedro y a los demás apóstoles: «¿Qué hemos de hacer, hermanos?» ³⁸ Pedro les contestó: «Convertíos* y que cada uno de vosotros se haga bautizar en el nombre de Jesucristo*, para perdón de vuestros pecados; y recibiréis el don del Espíritu Santo; ³⁹ pues la Promesa* es para vosotros y para vuestros hijos, y *para todos los que están lejos*, para cuantos *llame el Señor* Dios nuestro». ⁴⁰ Con otras muchas palabras les conjuraba* y les exhortaba: «Poneos a salvo de esta generación perversa». ⁴¹ Así pues, los que acogieron su palabra fueron bautizados. Y aquel día se les unieron unas tres mil personas*.

La primera comunidad cristiana*.

⁴²Se mantenían constantes en la enseñanza de los apóstoles*, en la comunión*, en la fracción del pan* y en las oraciones*.

⁴³ Pero el temor se apoderaba de todos, pues los apóstoles realizaban muchos prodigios y signos*.

⁴⁴ Todos los creyentes estaban de acuerdo y tenían todo en común; ⁴⁵ vendían sus posesiones y sus bienes y lo repartían entre todos, según la necesidad de cada uno.

⁴⁶ Acudían diariamente al Templo con perseverancia y con un mismo espíritu, partían el pan en las casas y tomaban el alimento con alegría* y sencillez de corazón, ⁴⁷ alabando a Dios* y gozando de la simpatía de todo el pueblo. Por lo demás, el Señor agregaba al grupo a los que cada día se iban salvando*.

Curación de un tullido.

3 ¹ Pedro y Juan subían al Templo para la oración de la hora de nona*. ² Estaba allí un hombre tullido desde su nacimiento, al que llevaban y ponían todos los días junto a la puerta del Templo llamada Hermosa* para que pidiera limosna a los que entraban en el Templo. ³ Éste, al ver a Pedro y a Juan que iban a entrar en el Templo, les pidió una limosna. ⁴ Pedro, fijando en él la mirada juntamente con Juan, le dijo: «Míranos». ⁵ Él les miraba con fijeza esperando recibir algo de ellos. ⁶ Pedro le dijo: «No tengo plata ni oro; pero lo que tengo, te lo doy: En nombre de Jesucristo, el Nazoreo, echa a andar.» ⁷ Y tomándole la mano derecha le levantó. Al instante sus pies y tobillos cobraron fuerza ⁸ y de un salto se puso en pie y andaba. Entró con ellos en el Templo andando, saltando y alabando a Dios. ⁹ Todo el pueblo le vio cómo andaba y alababa a Dios; ¹⁰ al reconocer que era el mismo que pedía li-

Marginal references (left column)
16 30
Lc 3 10

Mt 3 2+
1 5+

2 33+

Is 57 19
Jl 3 5

6 1
Lc 9 41
Dt 32 5
Mt 17 17
Flp 2 15

4 32-35
5 12-16

=5 11-12a
Lc 1 12+

4 32.34-35

Marginal references (right column)
5 12
Lc 24 53

4 21.33
5 13

2 41+

14 8-10

Lc 8 51+

2 14+

3 16+
Mt 2 23+

9 41
Mt 8 15+

Is 35 6
Lc 7 22p

2 47+

---

2 38 (a) Cada uno de los grandes discursos apostólicos concluye con un llamamiento a la conversión (ver Mt 3 2+), para conseguir el perdón de los pecados: Hch 3 19.26; 5 31; 10 43; 13 38; ver 17 30; 26 20; Lc 1 77; 3 8; 5 32; 13 3.

2 38 (b) El bautismo se da «en el nombre de Jesucristo» (ver 1 5+), se le recibe «invocando el nombre del Señor Jesús» (ver 2 21+; 3 16+); 8 16; 10 48; 19 5; 22 16; 1 Co 1 13.15; 6 11; 10 2; Ga 3 27; Rm 6 3, ver St 2 7. Este modo de hablar, tal vez más que a la fórmula ritual del bautismo, ver Mt 28 19, atiende a la significación del rito mismo: profesión de fe en Cristo, toma de posesión por Cristo de los que en adelante le estarán consagrados.

2 39 (a) La Promesa concierne primero a los judíos, 3 25-26; 13 46; Rm 1 16+; 9 4+.

2 39 (b) Es decir, los gentiles, por alusión a Is 57 19, citado y explicado por Ef 2 13-17; ver también Hch 22 21.

2 40 O: «daba su testimonio», ver 8 25; 28 23.

2 41 Lucas cuida constantemente de señalar el crecimiento numérico de la Iglesia: v. 47; 4 4; 5 14; 6 1.7; 9 31; 11 21.24; 16 5; ver 12 24; 13 48-49; 19 20.

2 42 (a) Comparar con 4 32-35 y 5 12-16. Estos tres «resúmenes», de redacción heterogénea, describen con rasgos análogos la vida de la primera comunidad cristiana.

2 42 (b) Instrucciones a los nuevos convertidos, en las que se explicaban las Escrituras a la luz de los hechos cristianos; no era la proclamación de la Buena Nueva a los no cristianos. Ver 15 35.

2 42 (c) «Comunión», 1 Co 1 9+, viene aquí sin complemento, ver Ga 2 9. Ciertamente hay que entender aquí la entrega de los bienes a la comunidad, vv. 44; 4

32-35, que expresa y refuerza la unión de los corazones, v. 46; **4 32**, resultante de la partición de Evangelio y de todos los bienes recibidos de Dios en medio de Jesucristo en la comunidad apostólica. El sentido no se limita a una mutua ayuda social, ni a una ideología o a un sentimiento de solidaridad.

2 42 (d) Ver v. 46; 20 7.11; 27 35; Lc 24 30.35. La expresión, considerada en sí misma, evoca una comida judía, y el que preside, pronuncia una bendición antes de partir el pan. Pero en el lenguaje cristiano se refiere al rito eucarístico, 1 Co 10 16; 11 24; Lc 22 19p; 24 35+. Éste, v. 46, no se celebraba en el Templo, sino en alguna casa y no se separaba de una verdadera comida, ver 1 Co 11 20-34.

2 42 (e) Las oraciones en común, presididas por los apóstoles, 6 4. Un ejemplo: 4 24-30. Ver 1 14+.24; 12 5.

2 43 Adic.: «en Jerusalén, y un gran temor pesaba sobre todos».

2 46 El gozo que sigue a la fe: 8 8.39; 13 48.52; 16 34; ver 5 41; Lc 1 14+; Rm 15 13; Flp 1 4+.

2 47 (a) Ver 3 8.9; 4 21; 21 20; Lc 2 20+.

2 47 (b) La salvación en el Juicio es asegurada para los miembros de la comunidad cristiana, 2 21+; ver 13 48 y las epístolas paulinas. La Iglesia se identifica de este modo con el «Resto de Israel», Is 4 3–. ver Rm 9 27.

3 1 Era la hora del sacrificio de la tarde; ver Ex 29 39-42; Lc 1 8-10+; Si 50 5-21; Hch 3 30.

3 2 Probablemente la puerta llamada «Corintia» que, por el este del santuario, daba acceso desde el patio exterior, o atrio de los Gentiles, al primer patio interior o atrio de las mujeres.

3 6 Var.: «levántate y anda», ver Lc 5 23-24, etc.

mosna sentado junto a la puerta Hermosa del Templo, se quedaron llenos de estupor y asombro por lo que le había sucedido.

Discurso de Pedro al pueblo.

¹¹ Como él no soltaba a Pedro y a Juan, todo el pueblo, presa de estupor, corrió hacia ellos al pórtico llamado de Salomón*. ¹² Pedro, al ver esto, se dirigió al pueblo: «Israelitas, ¿por qué os admiráis de esto, o por qué nos miráis fijamente, como si por nuestro poder o piedad hubiéramos hecho andar a éste? ¹³ *El Dios de Abrahán, de Isaac y de Jacob, el Dios de nuestros padres ha glorificado a su siervo** Jesús, a quien vosotros entregasteis* y de quien renegasteis* ante Pilato, cuando éste había decidido ponerle en libertad. ¹⁴ Vosotros renegasteis* del Santo* y del Justo*, y pedisteis que os dejaran en libertad a un asesino; ¹⁵ matasteis al jefe que lleva a la vida*. Pero Dios le resucitó de entre los muertos; nosotros somos testigos de ello. ¹⁶ Y por la fe en su nombre, este mismo nombre ha restablecido a éste que vosotros veis y conocéis; es, pues, la fe, dada por su medio, la que le ha restablecido totalmente ante todos vosotros*.

¹⁷ «Ahora bien, ya sé, hermanos, que obrasteis por ignorancia*, lo mismo que vuestros jefes. ¹⁸ Pero de este modo Dios cumplió lo que había anunciado por boca de todos los profetas: que su Cristo había de padecer. ¹⁹ Arrepentíos, pues, y convertíos* para que vuestros pecados sean borrados, ²⁰ a fin de que del Señor venga el tiempo de la consolación* y envíe al Cristo que os estaba predestinado*, a Jesús, ²¹ a quien debe retener el cielo hasta el tiempo de la restauración universal*, de que Dios habló por boca de sus santos profetas*. ²² Moisés efectivamente dijo: *El Señor Dios os suscitará un profeta como yo de entre vuestros hermanos; escuchadle todo cuanto os diga.* ²³ *Todo el que no escuche a ese profeta, será excluido del pueblo.* ²⁴ Y todos los profetas desde Samuel en adelante, todos cuantos han hablado, anunciaron también estos días*.

²⁵ «Vosotros sois los herederos de los profetas y de la alianza que Dios estableció con vuestros padres, al decir a Abrahán: *En tu descendencia serán bendecidas todas las familias de la tierra.* ²⁶ Para vosotros en primer lugar ha resucitado* Dios a su siervo y le ha enviado para ben-

Marginal references (left column):
Lc 1 12+
2 22+
5 12
Jn 10 23
Ex 3 6.15
Is 52 13
2 23+
Lc 23 22+
Lc 23 2.5
Lc 23 19.25
2 23+
1 8+

Marginal references (right column):
13 27
1 Co 2 8
1 Tm 1 13
Lc 18 31
2 38+
Mt 3 2+
2 P 3 11-13
Ml 3 23-24
Mt 17 11
7 37
Dt 18 15.19
Mt 16 14+
17 5p
Jn 1 21+
Lv 23 29
Rm 9 4
Gn 12 3+;
22 18
Ga 3 8-29
Hch 2 39+

---

3 11　Columnata que se extendía sobre todo el flanco oriental de la explanada del Templo.
3 13　(a) Los cristianos reconocen en Jesús al misterioso «Siervo» de Is 52 13-53 12 (parcialmente citado en Hch 8 32-33), ver Is 42+. Ver *infra* v. 26; 4 27.30. La glorificación que Dios le ha concedido es su resurrección, v. 15. Ver Jn 17 5+.
3 13　(b) Ver Is 53 12. Igual alusión al Canto del Siervo: Rm 4 25; 8 32; Ga 2 20; Ef 5 2. 25; Hch 7 52.
3 13　(c) Como Moisés, 7 35, también él figura de Cristo y rechazado por sus compatriotas.
3 14　(a) Var.: «vosotros oprimisteis».
3 14　(b) Comparar con Hch 4 27.30: Jesús es el «Siervo santo» de Dios. Es también «el Santo de Dios» y «el Santo» por excelencia: Hch 2 27; Lc 1 35; 4 34; Mc 1 24+; Jn 6 69; Ap 3 7.
3 14　(c) Ver Is 53 11; Hch 7 52; 22 14; ver asimismo Mt 27 19; Lc 23 47; 1 P 3 18; 1 Jn 2 1.
3 15　El jefe que lleva a los suyos a la vida que le pertenece. La Secuencia de la misa de Pascua recoge la expresión: *Dux vitae mortuus regnat vivus.* Parecido título de «jefe» se da, 7 27.35, a Moisés, figura de Cristo. Ver 5 31+; Hb 2 10.
3 16　En la concepción de los antiguos, el nombre es inseparable de la persona y participa de sus prerrogativas, ver Ex 3 14+. Así la invocación del nombre de Jesús, 2 21+.38+, evoca el poder de Jesús; 3 6; 4 7. 10. 30; 10 43; 16 18; 19 13; Lc 9 49; 10 17; ver también Jn 14 13.14; 15 16; 16 24.26; 20 31. Mas para que la invocación resulte eficaz exige fe en quien a ella recurre, ver 19 13-17; Mt 8 10+.
3 17　Parece aludir a Lc 23 34; ver Hch 7 60.
3 19　Por la «conversión», el hombre se vuelve, se da media vuelta» espiritualmente, ver Mt 3 2+. Los gentiles deben volver a Dios abandonando los ídolos: ver 1 Ts 1 9; Ga 4 9; 1 Co 10 7.14; Hch 14 15; 15 19; 26 18-

18.20; los judíos deben convertirse al Señor reconociendo a Jesús como Señor: ver 2 Co 3 16; Hch 9 35. Los términos se hallan invertidos en Lc 1 16; Hch 11 21; ver 1 P 2 25. Ver asimismo Is 6 10 citado en Hch 28 27; Mt 13 15; Mc 4 12; ver Jn 12 40.
3 20　(a) Este tiempo coincide con el de la venida de Cristo y la restauración universal, ver 1 7+; Rm 2 6+; era también, en el pensamiento de los apóstoles, el tiempo de la restauración de la realeza en Israel, 1 6-7. El arrepentimiento y la conversión apresuran su venida, ver 2 P 3 12.
3 20　(b) O: «a Jesús que ha sido constituido Cristo para vosotros», ver 2 36+.
3 21　(a) La vuelta de los israelitas cautivos y dispersos fue anunciada por los profetas como un preludio de la era mesiánica, Jr 16 15; 23 8; Os 11 10-11, etc., en la que reinarán paz y felicidad sin fin, Is 11 1-9+; 65 17-25; Os 2 20+; Mi 5 6-8. Así también, cuando haya llegado el tiempo, Dios enviará a Jesús, constituido rey mesiánico desde su resurrección, 2 36+, que inaugurará su reino definitivo y la renovación de toda la creación, ver Rm 8 19+; 1 Co 15 24-25.
3 21　(b) Adic.: «desde los tiempos antiguos».
3 24　La predicación primitiva tenía interés en demostrar cómo Jesús realizaba las profecías del AT, por su descendencia davídica, 2 30; 13 34, su misión de «profeta», sucesor de Moisés, 3 22s, ver Mt 16 14+; Jn 1 21+, sus sufrimientos, 2 23+, su papel de piedra rechazada por los constructores y convertida en piedra angular, 4 11, su resurrección, 2 25-31; 13 33-37, su exaltación celeste a la diestra de Dios, 2 34s.
3 26　(a) Cumpliendo con ello la promesa recordada en el v. 22, ya que el mismo verbo griego significa a la vez «suscitar» y «resucitar». Con la resurrección de Cristo, Dios ha dado cumplimiento a las promesas hechas a los padres, 13 32-34; 24 14-15; 26 6-8.

deciros*, apartándoos a cada uno de vuestras iniquidades*.»

Pedro y Juan ante el Sanedrín.

4 [1] Estaban hablando al pueblo, cuando se les presentaron los sacerdotes, el jefe de la guardia del Templo y los saduceos*, [2] indignados porque enseñaban al pueblo y anunciaban en la persona de Jesús la resurrección de los muertos. [3] Les echaron mano y les pusieron bajo custodia hasta el día siguiente, pues caía ya la tarde. [4] Sin embargo, muchos de los que habían oído el discurso creyeron; y el número, contando sólo los hombres, llegó a unos cinco mil.

[5] Al día siguiente se reunieron en Jerusalén sus jefes, los ancianos y los escribas*, [6] el sumo sacerdote Anás, Caifás, Jonatán*, Alejandro y cuantos eran de la familia de sumos sacerdotes. [7] Y colocándolos en medio les preguntaban: «¿Con qué poder o en nombre de quién habéis hecho eso vosotros?» [8] Entonces Pedro, lleno del Espíritu Santo, les dijo: «Jefes del pueblo y ancianos, [9] puesto que con motivo de una obra buena realizada en un enfermo se nos interroga hoy por quién ha sido éste curado, [10] *sabed todos vosotros y todo el pueblo de Israel que ha sido por el nombre de Jesucristo, el Nazoreo, a quien vosotros crucificasteis y a quien Dios resucitó de entre los muertos; por su nombre y no por ningún otro se presenta éste aquí sano delante de vosotros. [11] Él es *la piedra que* vosotros, *los constructores*, habéis *despreciado y que se ha convertido en piedra angular.*[12] Porque no hay bajo el cielo otro nombre dado a los hombres por el que nosotros debamos salvarnos*.»

[13] Viendo la valentía de Pedro y Juan, y sabiendo que eran hombres sin instrucción ni cultura, estaban maravillados. Reconocían, por una parte, que habían estado con Jesús; [14] y al mismo tiempo veían de pie, junto a ellos, al hombre que había sido curado; de modo que no podían replicar. [15] Les mandaron salir fuera del Sanedrín y deliberaban entre ellos. [16] Decían: «¿Qué haremos con estos hombres? Es evidente para todos los habitantes de Jerusalén que ellos han realizado un signo manifiesto y no podemos negarlo. [17] Pero a fin de que esto no se divulgue más entre el pueblo, amenacémosles para que no hablen ya más a nadie en este nombre.»

[18] Les llamaron y les mandaron* que de ninguna manera hablasen o enseñasen en el nombre de Jesús. [19] Mas Pedro y Juan les respondieron: «Juzgad si es justo delante de Dios obedeceros a vosotros más que a Dios. [20] No podemos nosotros dejar de hablar de lo que hemos visto y oído.» [21] Ellos, después de haberles amenazado de nuevo, los soltaron, no hallando manera de castigarles, a causa del pueblo, porque todos glorificaban a Dios por lo que había ocurrido, [22] pues el hombre en quien se había realizado este signo de curación tenía más de cuarenta años.

Oración de los apóstoles en la persecución.

[23] Una vez libres, vinieron a los suyos y les contaron todo lo que les habían dicho los sumos sacerdotes y ancianos. [24] Al oírlo, todos a una elevaron su voz a Dios y dijeron: «Señor, tú hiciste el cielo y la tierra, el mar y todo lo que hay en ellos, [25] tú dijiste por el Espíritu Santo, por boca de nuestro padre David, tu siervo*:

*¿Por qué se agitan las naciones,
y los pueblos maquinan vanos proyectos?*
[26] *Se han congregado los reyes de la tierra
y los jefes se han aliado
contra el Señor y contra su Ungido*.*

Referencias marginales

Lc 22 4+

23 6-8;
24 15.21
1 Co 15
20-23

2 41+

Lc 22 66+
Lc 3 2+

Lc 20 2

2 14+
1 8+
Lc 1 15+
Hch 2 22+

3 6.16+
2 23-24+

Sal 118 22
Mt 21 42p
1 P 2 4.7

2 21+
Jl 3 5

Lc 12
11-12p;
21 12-15p
Jn 7 15

Jn 11 47-48

5 29

1 8+
Jr 20 9
1 Co 9 16
2 Co 13 8
2 Tm 1 7-8
2 47+

14 15+

Sal 2 1-2

3 26 (b) Ver 26 23; 2 Tm 1 10; Ga 3 14. Cristo ha traído al mundo, por su resurrección, la bendición prometida a Abrahán, v. 25.
3 26 (c) Otra traducción: «con tal de que cada uno de vosotros se aparte de sus iniquidades».
4 1 El partido de la aristocracia sacerdotal, opuesto al partido religioso y popular de los fariseos, ver Mt 3 7+. A los saduceos se les presenta constantemente como adversarios de la doctrina de la resurrección, Hch 23 6-8; Lc 20 27-38p. El antagonismo entre fariseos y saduceos desaparecerá más de una vez hará de los primeros unos aliados de los cristianos, ver Hch 5 34; 23 8-9; 26 5-8; Lc 20 39.
4 5 El Gran Sanedrín de Jerusalén, tribunal supremo de Israel.
4 6 Var.: «Juan».
4 10 En los vv. 10-12 seguimos el antiguo texto occ.
4 12 El nombre de Jesús significa Dios salva, Mt 1 21.
4 18 Prohibición que parece una advertencia legal. En asuntos como éste no se podía encarcelar a los contraventores (excepto si eran rabinos) más que en caso de reincidencia. Este caso se dará en el cap. siguiente, ver 5 28.
4 25 Texto alterado y traducción dudosa. El salterio se atribuye globalmente a David.
4 26 «Ungido»: la palabra griega es «Cristo», que aquí, v. 27, se explica en su sentido etimológico.

Jos 7

3 13+
10 38

2 23+

18 9-10
28 31
Ef 6 19

3 16+

1 8+

²⁷ «Porque verdaderamente en esta ciudad *se han aliado* Herodes y Poncio Pilato* con las naciones y los pueblos de Israel contra tu santo siervo Jesús, a quien has *ungido**, ²⁸ para realizar lo que tu poder y tu voluntad* habían predeterminado que sucediera. ²⁹ Y ahora, Señor, ten en cuenta sus amenazas y concede a tus siervos proclamar tu palabra con toda valentía; ³⁰ extiende tu mano para realizar curaciones, signos y prodigios por el nombre de tu santo siervo Jesús.» ³¹ Acabada su oración, retembló el lugar donde estaban reunidos, y todos quedaron llenos del Espíritu Santo y proclamaban la palabra de Dios con valentía*.

La primera comunidad cristiana*.

2 42-47
5 12-16
Flp 1 27
Jn 17 11.21

=2 44-45
1 8+

4 30

Dt 15 4

Lc 12 33

³² La multitud de los creyentes tenía un solo corazón y una sola alma. Nadie consideraba sus bienes como propios, sino que todo lo tenían ellos en común. ³³ Los apóstoles daban testimonio de la resurrección del Señor Jesús con gran poder*. Y gozaban todos de gran simpatía*. ³⁴ No había entre ellos ningún necesitado, porque todos los que poseían campos o casas los vendían, traían el importe de las ventas, ³⁵ y lo ponían a los pies de los apóstoles, y se repartía a cada uno según su necesidad.

Generosidad de Bernabé.

³⁶ José, llamado por los apóstoles Bernabé (que significa: «hijo de la exhortación*»), levita y originario de Chipre, ³⁷ tenía un campo; lo vendió, trajo el importe y lo puso a los pies de los apóstoles.

Fraude de Ananías y Safira.

Jos 7

5 ¹ Un hombre llamado Ananías, de acuerdo con su mujer Safira, vendió una propiedad, ²y se quedó con una parte del precio, sabiéndolo también su mujer; la otra parte la trajo y la puso a los pies de los apóstoles. ³ Pedro le dijo: «Ananías, ¿cómo es que Satanás se adueñó de tu corazón para mentir al Espíritu Santo y quedarte con parte del precio del campo? ⁴ ¿Es que no era tuyo mientras lo tenías, y, una vez vendido, no podías disponer del precio? ¿Por qué determinaste en tu corazón hacer esto? No has mentido a los hombres, sino a Dios.» ⁵ Al oír Ananías estas palabras, cayó y expiró. Y un gran temor se apoderó de todos cuantos lo oyeron. ⁶ Se levantaron los jóvenes, le amortajaron y le llevaron a enterrar. ⁷ Unas tres horas más tarde entró su mujer que ignoraba lo ocurrido. ⁸ Pedro le preguntó: «Dime, ¿habéis vendido el campo en tanto?» Ella respondió: «Sí, en eso.» ⁹ Y Pedro le replicó: «¿Cómo os habéis puesto de acuerdo para poner a prueba al Espíritu del Señor? Mira, aquí a la puerta están los pies de los que han enterrado a tu marido; ellos te llevarán también a ti.» ¹⁰ Al instante ella cayó a sus pies y expiró. Cuando entraron los jóvenes, la hallaron muerta, y la llevaron a enterrar junto a su marido*. ¹¹ Un gran temor se apoderó de toda la Iglesia* y de todos cuantos oyeron esto.

Lc 22 3
Jn 13 2.27

Dt 23 22-24

Lc 1 12+

2 14+

15 10
1 Co 10 9;
11 30-32

Lc 1 12+

Perspectiva general*.

2 42-47
4 32-35

2 19

¹² Por mano de los apóstoles se realizaban mucho signos y prodigios en el pueblo...

---

4 27 (a) Representando respectivamente a los reyes y a los «jefes» del salmo. En cuanto a Herodes, ver Lc 23 6-16.
4 27 (b) Por la unción que le ha constituido en el Soberano mesiánico, el Cristo, ver Mt 3 16+.
4 28 Lit.: «tu mano y tu consejo».
4 31 Un pequeño Pentecostés, comparable con el primero, 2 1s.
4 32 Resumen análogo al de 2 42-47. Aquí el tema es el de la comunidad de bienes; sirve de introducción a los dos ejemplos que siguen: el de Bernabé, y el de Ananías y Safira. La insistencia en la renuncia efectiva de las riquezas caracteriza la religión de Lucas, ver 12 33+.
4 33 (a) Un poder que se manifestaba en los milagros. Ver 2 22; 3 12; 4 7; 6 8; 8 13; 10 38; 1 Ts 1 5; 1 Co 2 4-5.
4 33 (b) Ante el pueblo: ver 2 47; 4 21; 5 13.
4 36 La palabra griega quiere decir a la vez consuelo y exhortación. Ver 11 23. —«hijo de», semitismo que aquí tiene el sentido de «hábil para». Sobre Bernabé, ver 9 27; 11 22-30; 12 25; 13-15; 1 Co 9 6; Ga 2; Col 4 10.

5 10 La falta de Ananías y Safira consiste en haber querido engañar a los apóstoles por amor al dinero, y por medio de ellos al Espíritu Santo presente entre los hermanos y al que han mentido.
5 11 Este término, tomado del AT, ver Hch 7 38, para designar la comunidad mesiánica, Mt 16 18+, ha adquirido con el desarrollo cristiano un significado cada vez más amplio: primero, la Iglesia-madre de Jerusalén, Hch 8 1; 11 22, etc.; luego las iglesias particulares de Judea, Ga 1 22; 1 Ts 2 14; ver Hch 9 31, y de la Gentilidad, Hch 13 1; 14 23; 15 41; 16 5; Rm 16 1.4; 1 Co 1 2+, etc.; St 5 14; 3 Jn 9; Ap 1 4; 2 1, etc., sus «asambleas», 1 Co 1 18; 14 23,34, etc., ver Hch 19 32, y sus locales, Rm 16 5; Col 4 15; Flm 2; finalmente la Iglesia en su unidad teológica, Hch 20 28; 1 Co 10 32; 12 28, etc., su personalidad de Cuerpo y de Esposa de Cristo, Col 1 18+; Ef 5 23-32, y su plenitud cósmica, Ef 1 23+.
5 12 (a) Este tercer «resumen» desarrolla el tema del poder milagroso de los apóstoles, ver 2 43; 4 33. Los vv 12b-14 interrumpen la exposición.

2 46
3 11
=2 47

2 41+

Mc 6 56

19 12

Lc 4 40-41
Hch 8 6-8

Todos* se reunían con un mismo espíritu en el pórtico de Salomón; [13] pero ninguno de los otros se atrevía a juntárseles, aunque el pueblo hablaba de ellos con elogio. [14] Los creyentes cada vez en mayor número se adherían al Señor, una multitud de hombres y mujeres*.

[15] ... hasta el punto de sacar los enfermos a las plazas y colocarlos en lechos y camillas, para que, al pasar Pedro, siquiera su sombra cubriese a alguno de ellos. [16] También acudía la multitud de las ciudades vecinas a Jerusalén trayendo enfermos y atormentados por espíritus inmundos; y todos se curaban.

Prendimiento y milagrosa liberación de los apóstoles.

4 6

4 1+

Mt 1 20+
Hch 12 7-10;
16 25-26

13 46+

[17] Entonces intervino el sumo sacerdote* y todos los suyos, los de la secta de los saduceos; y llenos de envidia, [18] echaron mano a los apóstoles y los metieron en prisión públicamente. [19] Pero el ángel del Señor, por la noche, abrió las puertas de la cárcel, los sacó y les dijo: [20] «Id, presentaos en el Templo y comunicad al pueblo todo lo referente a esta Vida*.» [21] Obedecieron, y al amanecer entraron en el Templo y se pusieron a enseñar.

Comparecen ante el Sanedrín.

Llegó el sumo sacerdote con los suyos, convocaron el Sanedrín, es decir, todo el Senado* de los hijos de Israel, y enviaron a buscarlos a la prisión. [22] Cuando llegaron los alguaciles, no los encontraron en la cárcel; volvieron a darles cuenta [23] y les dijeron: «Hemos hallado la prisión cerrada con todo cuidado y a los guardias firmes ante las puertas; pero, cuando abrimos, no encontramos a nadie dentro.» [24] Cuando oyeron esto, tanto el jefe de la guardia del Templo como los

4 1+

sumos sacerdotes se preguntaban perplejos qué podía significar aquello. [25] Se presentó entonces uno que les dijo: «Mirad, los hombres que pusisteis en la cárcel están presentes en el Templo y siguen enseñando al pueblo.» [26] Entonces el jefe de la guardia marchó con los alguaciles y los trajo, pero sin violencia, porque tenían miedo de que el pueblo los apedrease.

[27] Los trajeron, pues, y los presentaron en el Sanedrín. El sumo sacerdote les interrogó [28] y les dijo: «Os prohibimos severamente enseñar en ese nombre*; y sin embargo vosotros habéis llenado Jerusalén con vuestra enseñanza y pretendéis hacer recaer sobre nosotros la sangre de ese hombre.» [29] Pedro y los apóstoles respondieron: «Hay que obedecer a Dios antes que a los hombres. [30] El Dios de nuestros padres resucitó a Jesús, a quien vosotros matasteis colgándole de un madero*. [31] A éste le ha exaltado Dios con su diestra como Jefe y Salvador*, para conceder a Israel la conversión y el perdón de los pecados. [32] Y nosotros somos testigos de estos hechos, y también el Espíritu Santo* que ha dado a los que le obedecen.» [33] Ellos, al oír esto, se consumían de rabia y trataban de matarlos.

Intervención de Gamaliel.

[34] Entonces se levantó en el Sanedrín un fariseo llamado Gamaliel, doctor de la ley, con prestigio ante todo el pueblo*. Mandó que hicieran salir un momento a aquellos hombres, [35] y les dijo: «Israelitas, mirad bien lo que vais a hacer con estos hombres. [36] Porque hace algún tiempo se presentó Teudas, que pretendía ser alguien y al que siguieron unos cuatrocientos hombres; fue muerto y todos los que le seguían se disgregaron y quedaron en nada. [37] Después de éste, en

Lc 20 19p;
22 2p

4 18+

Mt 27 25
Hch 2 14+.
22+
4 19

2 23+
Sal 118 16
Hch 2 33+;
4 12+;
2 38+
Jn 15 26-27
Hch 1 8+

Jn 7 39

23 9
Jn 7 50s

---

5 12 (b) Al parecer, ya no los apóstoles, sino todos los creyentes.
5 14 Mejor que: «Cada vez en mayor número se adherían (a la comunidad) los que creían en el Señor». Ver 11 24.
5 17 Var.: «el sumo sacerdote Anás», ver 4 6.
5 20 Lit.: «todas las palabras (ver v. 32; 10 37) de esta Vida». En el mismo sentido se trata de la «palabra de salvación» en 13 26. La predicación cristiana tiene por objeto la «salvación», ver 4 12; 11 14; 15 11; 16 17.30-31, y la «vida», ver 3 15; 11 18; 13 46.48, prometidas a «los que invocan el nombre del Señor», 2 21.40.47; 4 12.
5 21 «Sanedrín» y «Senado» designan la misma asamblea: el Gran Sanedrín de Jerusalén, ver Lc 22 66+.
5 28 Texto occ.: «¿No os habíamos prohibido expresamente que enseñaseis en ese nombre? Y sin embar-

go... Pedro le contestó: ¿A quién se ha de obedecer, a Dios o a los hombres? Dijo aquél: A Dios. Y dijo Pedro: El Dios de nuestros padres...».
5 30 Expresión que se repite en 10 39 (ver 13 29). Recuerda Dt 21 23, citado en Ga 3 13; ver 1 P 2 24.
5 31 La expresión corresponde a «Jefe que lleva a la vida», 3 15+; igualmente corresponde a «Jefe y Redentor» aplicado a Moisés como figura de Cristo, 7 35 (ver 7 25). Ver también Hb 2 10; 12 2. Hay un paralelismo latente entre Jesús y Moisés.
5 32 Ver Mt 10 20; Lc 12 12; Jn 15 26-27; Hch 1 8.
5 34 Gamaliel I, el maestro de San Pablo, 22 3, era el heredero del pensamiento de Hil-lel y el representante más conspicuo de la tendencia liberal y más humana en la interpretación de la Ley. Su intervención corresponde a la actitud general del partido fariseo, ver 4 1+.

Lc 2 2+

los días del empadronamiento, se presentó Judas el galileo, que arrastró al pueblo en pos de sí; también éste pereció y todos los que le habían seguido se dispersaron*. [38] Ahora, pues, os digo: Desentendeos de estos hombres y dejadlos.

Lc 20 4
Mt 15 13

Porque si este plan o esta obra es de los hombres, fracasará; [39] pero si es de Dios, no conseguiréis destruirlos. No sea que os encontréis luchando contra Dios».» Y aceptaron su parecer.

2 Cro 13 12
2 M 7 19

[40] Entonces llamaron a los apóstoles; y, después de haberlos azotado, les intimaron que no hablasen en nombre de Jesús. Y los dejaron libres. [41] Ellos marcharon de la presencia del Sanedrín contentos por haber sido considerados dignos de sufrir ultrajes por el Nombre*.

22 19
Mt 10 17
Hch 4 18

Mt 5 10-
11+
1 Co 4 9s

[42] Y además ni un solo día cesaban de enseñar en el Templo y por las casas y de anunciar la Buena Nueva de que Jesús es el Cristo*.

18 5+

II.   Primeras misiones

La institución de los Siete.

2 41+
Dt 1 9-14

6 [1] Por aquellos días, al multiplicarse los discípulos*, hubo quejas de los helenistas contra los hebreos*, porque sus viudas eran desatendidas en la asistencia cotidiana. [2] Los Doce convocaron la asamblea de los discípulos y dijeron: «No está bien que nosotros abandonemos la palabra de Dios por servir a las mesas. [3] Por tanto, hermanos, buscad*

Ex 18 17-23
Nm 27 16-18
1 Tm 3 8-10
Is 11 2+
Hch 1 8+

de entre vosotros a siete* hombres, de buena fama, llenos de Espíritu y de saber, y los pondremos al frente de esa tarea; [4] mientras que nosotros nos dedicaremos a la oración y al ministerio de la palabra*.» [5] La propuesta le pareció bien a toda la asamblea y eligieron a Esteban,

1 14; 2 42

hombre lleno de fe y de Espíritu Santo, a Felipe, a Prócoro, a Nicanor, a Timón, a Pármenas y a Nicolás, prosélito antioqueno*; [6] los presentaron a los apóstoles y, habiendo hecho oración, les impusieron las manos*.

13 3
1 Tm 4 14+

[7] La palabra de Dios iba creciendo*; el número de los discípulos se multiplicaba considerablemente en Jerusalén; también una gran multitud de sacerdotes iba aceptando la fe.

2 41+

Rm 1 5+

Prisión de Esteban.

[8] Esteban, lleno de gracia y de poder, realizaba grandes prodigios y signos entre el pueblo*. [9] Se presentaron algunos

---

5 37   También Josefo menciona las insurrecciones de Judas el Galileo y de Teudas, datándolas respectivamente en el censo de Cirino (6 d.C.; ver Lc 2 2+) y en el mandato del procurador Cuspio Fado (44-46).
5 39   Una var. insiste en el afán de pureza ritual: «... dejadles y no os manchéis las manos. Porque si su idea... destruirles, ni vosotros, ni los reyes, ni los tiranos. Guardaos, pues, de tocar a esta gente, no sea que os encontréis luchando contra Dios».
5 41   Este Nombre, por el que sufren los apóstoles, ver 21 13; 1 P 4 14; 3 Jn 7, que predican, 4 10.12.17-18; 5 28.40; ver 3 6.16; 8 12.16; 9 15.16.27.28, que los cristianos invocan, 2 21; 4 12; 9 14.21; 22 16, es siempre el nombre de Jesús, inseparable de su persona, 3 16+, y que ha recibido en la resurrección, 2 36+, es decir, «el Nombre que está sobre todo nombre», el nombre de «Señor», hasta entonces reservado a Dios, Flp 2 9-11+.
5 42   La Buena Nueva del Reino, Mc 1 1+, predicada por los discípulos, es decir, la palabra que «evangelizan», 8 4.25.40; 14 7.15.21; 16 10, o «el Evangelio», 15 7; 20 24, se condensa para el cristianismo primitivo en la persona de Jesús, 8 35, resucitado por Dios, 13 32s; 17 18; ver 2 23+; 9 20, y hecho Hijo de Dios con poder, ver Rm 1 4+, Cristo, 5 42; 8 12; ver 9 22, y Señor, 10 36; 11 20; 15 35; ver 2 36+.
6 1   (a) «Los discípulos»: nueva manera, propia de los Hechos (no antes de 6 1 ni después de 21 16: indicio de fuentes utilizadas por Lucas), de designar a los cristianos, equiparados de este modo al pequeño grupo de fieles que se habían adherido a Jesús y al que los evangelios designan con este nombre.

6 1   (b) Los «helenistas»: judíos que habían vivido fuera de Palestina, habían recibido alguna cultura griega, y disponían en Jerusalén de sinagogas particulares, en las que se leía la Biblia en griego. Los «hebreos» eran los judíos autóctonos, hablaban el arameo, pero leían la Biblia en hebreo en sus sinagogas. Esta división se transfirió al interior de la Iglesia primitiva. La iniciativa de las misiones partirá del grupo helenista.
6 3   (a) Var.: «busquemos».
6 3   (b) Doce era la cifra de las tribus de Israel, Mc 3 14+. Siete es la de las naciones paganas que habitaban Canaán, 13 19.
6 4   La doble función de los apóstoles en las reuniones litúrgicas de la comunidad: dirigir las oraciones y desarrollar la catequesis.
6 5   Lucas no da el nombre de «diáconos» a los siete elegidos, aunque se repite la palabra «servicio» (diakonía), ver Flp 1 1+; Tt 1 5+. —Todos los elegidos llevan nombre griego; el último es un prosélito, ver 2 11+. Con esto, el grupo de los cristianos helenistas recibe una organización aparte del grupo hebreo. Es posible que detrás de la diferencia señalada en el v. 1 se oculte un desacuerdo más profundo entre hebreos y helenistas, quizá a propósito de la política misionera.
6 6   O la comunidad, ver 13 1-3, o mejor (v. 3) los apóstoles.
6 7   Un nuevo estribillo literario, ver 12 24; 19 29; ver Lc 1 80+, añadido al antiguo estribillo, ver 2 41+.
6 8   Las funciones de los Siete se asemejan a las de los Doce, ya que obran milagros, ver también 8 6-7, anuncian la palabra, 8 4, y bautizan, 8 38.

de la sinagoga llamada de los Libertos*, cirenenses y alejandrinos, y otros de Cilicia y Asia, y se pusieron a discutir con Esteban; [10] pero no eran capaces de enfrentarse a la sabiduría y al Espíritu con que hablaba. [11] Entonces sobornaron a unos hombres para que dijeran: «Hemos oído a éste pronunciar palabras blasfemas contra Moisés y contra Dios.» [12] De esta forma amotinaron al pueblo, a los ancianos y a los escribas; vinieron de improviso, le prendieron y le condujeron al Sanedrín. [13] Presentaron entonces testigos falsos que declararon: «Este hombre no para de hablar en contra del Lugar santo y de la Ley; [14] pues le hemos oído decir que Jesús, ese Nazoreo, destruiría este Lugar y cambiaría las costumbres que Moisés nos transmitió*.» [15] Fijando en él la mirada todos los que estaban sentados en el Sanedrín, vieron su rostro como el rostro de un ángel*.

Discurso de Esteban.

7 [1] El sumo sacerdote preguntó: «¿Es así?» [2] Él respondió*:

«Hermanos y padres, escuchad. El Dios de la gloria se apareció a nuestro padre Abrahán cuando estaba en Mesopotamia, antes de que se estableciese en Jarán* [3] y le dijo: *Sal de tu tierra y de tu parentela y vete a la tierra que yo te muestre.* [4] Entonces salió de la tierra de los caldeos y se estableció en Jarán. Y después de morir su padre, Dios le hizo emigrar de allí a esta tierra que vosotros habitáis ahora. [5] Y no le dio en ella en heredad ni la huella de un pie; sino que

prometió *dársela en posesión a él y a su descendencia después de él*, aunque no tenía *ningún hijo*. [6] Dios habló así: *Tus descendientes residirán como forasteros en tierra extraña y les esclavizarán y les maltratarán durante cuatrocientos años.* [7] *Pero yo juzgaré* —dijo Dios— *a la nación a la que sirvan como esclavos, y después saldrán y me darán culto en este mismo lugar*. [8] Le dio, además, *la alianza de la circuncisión;* y así, habiendo engendrado a Isaac, *Abrahán le circuncidó el octavo día,* y lo mismo Isaac a Jacob, y Jacob a los doce patriarcas.

[9] «Los patriarcas, *por envidia, vendieron a José con destino a Egipto.* Pero Dios *estaba con él* [10] y le libró de todas sus tribulaciones *y le dio gracia y* sabiduría ante Faraón, rey de Egipto *quien le nombró gobernador de Egipto y de toda su casa.* [11] *Sobrevino entonces en todo Egipto y Canaán hambre y gran* tribulación; nuestros padres no encontraban víveres. [12] *Pero al oír Jacob que había trigo en Egipto,* envió a nuestros padres un primer viaje; [13] en el segundo viaje *José se dio a conocer a sus hermanos.* Faraón conoció el linaje de José. [14] José envió a buscar a su padre Jacob y a toda su parentela: *setenta y cinco personas.* [15] Jacob bajó a Egipto donde murió él y también nuestros padres; [16] y fueron trasladados a Siquén y depositados en el sepulcro que había comprado Abrahán a precio de plata a los hijos de Jamor, padre de Siquén*.

[17] «Conforme se iba acercando el tiempo de la promesa que Dios había hecho a Abrahán, el pueblo *creció y se multipli-*

Marginal references left column:
Lc 21 15
Hch 1 8+

Mt 2 23+;
26 59-61p

Lc 4 20

Sal 29 3

Gn 12 1

Marginal references right column:
Gn 12 7+

Gn 15 2

Gn 15 13

Gn 15 14
Ex 3 12

Gn 17 10+

Gn 21 4

Gn 37 11.28

Gn 39 2.3.
21.23
Sal 34 20
Gn 41 40-41
Sal 105 21
Gn 41 54-
55; 42 5

Gn 42 2

Gn 45 1

Gn 46 27+

Gn 50 13

Ex 1 7.8

---

6 9   Probablemente los descendientes de los judíos llevados a Roma por Pompeyo el 63 a.C., vendidos como esclavos y luego manumitidos.
6 14   Durante el proceso de Jesús, algunos «falsos testigos» le acusaron también de haber dicho que «destruiría» el Templo. El resultado del proceso de Esteban, Hch 7 56-57, es repetición del proceso de Jesús, Mt 26 62-66. —Las acusaciones relativas a las costumbres mosaicas también serán lanzadas contra Pablo, Hch 15 1. 5; *21 21. 28; 25 8; 28 17.*
6 15   La vista de un ángel provoca un terror sagrado, ver Jc 13 6. El rostro de Moisés al bajar del Sinaí reflejaba el resplandor de la gloria de Dios y causaba el mismo terror, Ex 34 29-35; 2 Co 3 7-18. Igualmente el rostro de Jesús transfigurado, Mt 17 2; Lc 9 29. Los sanedritas asisten también a una transfiguración de Esteban, que ve la gloria de Dios, Hch 7 55-56. Sobre las teofanías, ver Ex 13 22; 19 16; 33 20; Mt 17 1; 24 26-31 y las notas.
7 2   (a) El discurso resume en primer lugar la historia de Abrahán y de José, vv. 2-16, expone con mayor amplitud la historia de Moisés vv. 17-43 (ver la acusación lanzada contra Esteban, 6 11). A la eminente misión de salvación que Dios encomendó a Moisés, Esteban contrapone la actitud de los israelitas: rechazo,

negativa a obedecer, infidelidad. Los temas son tradicionales (ver Dt), pero desarrollados aquí bajo la perspectiva del hecho cristiano: al hablar de Moisés, Esteban piensa en Cristo de quien aquél es figura; la actitud de los israelitas respecto de él es la de los judíos respecto de Cristo. Esteban subraya en la historia de Israel lo que redunda en contra del apego a un país particular, vv. 2-6, contra los sacrificios, vv. 39-43, y contra la construcción de un Templo material, vv. 44-50; ver la acusación de 6 13. Se percibe el espíritu del judaísmo helenizado de la Dispersión. El discurso concluye con una invectiva apasionada, vv. 51-53, que reitera un tema primitivo de la predicación cristiana, ver 2 23+.
7 2   (b) Según Gn 11 31, esta aparición tuvo lugar en Jarán. En este punto, Esteban depende de una tradición extrabíblica.
7 7   Esteban sustituye al monte Horeb con «este mismo lugar»: el Templo de Jerusalén.
7 16   «padre de Siquén»: aclaración conforme a Gn 33 19. —Var.: «a los hijos de Jamor, hijo de Siquén»; «a los hijos de Emmor en Siquén»; «a los hijos de Emmor (que habitaban) en Siquén». —El v. 16 sigue una tradición no conforme con la Biblia; de ahí las correcciones intentadas mediante diversas variantes.

có en Egipto, [18] hasta que *se alzó un nuevo rey en Egipto que no* había conocido a *José.* [19] *Obrando astutamente* contra nuestro linaje, este rey *maltrató* a nuestros padres hasta obligarles a exponer los recién nacidos; *aquí, porque su* padre; [20] En esta coyuntura nació Moisés, *que era hermoso a los ojos de Dios,* que durante *tres meses* fue criado en la casa de su padre; [21] después fue expuesto y *le adoptó la hija de Faraón,* quien le crió *como hijo suyo.* [22] Moisés fue educado en toda la sabiduría de los egipcios y era poderoso en sus palabras y en sus obras.

[23] «Cuando cumplió la edad de cuarenta años*, se le ocurrió la idea de visitar *a sus hermanos, los hijos de Israel.* [24] Y al ver que uno de ellos era maltratado, tomó su defensa y vengó al oprimido *matando al egipcio.* [25] Pensaba que sus hermanos comprenderían que Dios les daría la salvación por su mano; pero ellos no lo comprendieron. [26] Al día siguiente se les presentó mientras estaban peleándose y trataba de ponerles en paz diciendo: 'Amigos, que sois hermanos, ¿por qué os maltratáis uno a otro?' [27] Pero *el que maltrataba a su compañero* le rechazó diciendo: '*¿Quién te ha nombrado jefe y juez sobre nosotros*?* [28] ¿Es que quieres tú matarme a mí como mataste ayer al egipcio?' [29] Al oír esto* Moisés huyó y *vivió como forastero en la tierra de Madián,* donde tuvo dos hijos.

[30] «Al cabo de cuarenta años *se le apareció un ángel en el desierto del monte Sinaí, sobre la llama de una zarza ardiendo.* [31] Moisés se maravilló al ver la visión, *y al acercarse a mirarla, se dejó oír la voz del Señor:* [32] *'Yo soy el Dios de tus padres, el Dios de Abrahán, de Isaac y de Jacob.'* Moisés temblaba y *no se atrevía a mirar.*

[33] El Señor le dijo: '*Quítate las sandalias de los pies, pues el lugar donde estás es tierra santa.* [34] *Bien vista tengo la opresión de mi pueblo que está en Egipto y he oído su gemido y he bajado a librarles. Y ahora ven, que te enviaré a Egipto.'*

[35] «A este Moisés, de quien renegaron* diciéndole: *¿quién te ha nombrado jefe y juez?,* a éste envió Dios como jefe y redentor por mano del ángel que se le apareció en la zarza. [36] Éste los sacó, realizando *prodigios y signos en la tierra de Egipto,* en el mar Rojo y *en el desierto durante cuarenta años.* [37] Éste es el Moisés que dijo a los israelitas: *Dios os suscitará un profeta como yo de entre vuestros hermanos*.* [38] Éste es el que, en *la asamblea*\ del desierto, estuvo con el ángel que le hablaba en el monte Sinaí, y con nuestros padres*; el que recibió palabras de vida* para comunicárnoslas. [39] Pero nuestros padres no quisieron obedecerle, sino que le rechazaron y en su corazón *se volvieron hacia Egipto*,* [40] *y dijeron a Aarón: 'Haznos dioses que vayan delante de nosotros; porque ese Moisés que nos sacó de la tierra de Egipto no sabemos qué ha sido de él.'* [41] *E hicieron aquellos días un becerro y ofrecieron un sacrificio* al ídolo e hicieron una fiesta a la obra de sus manos. [42] Entonces Dios se apartó de ellos y los entregó al culto del ejército del cielo*, como está escrito en el libro de los Profetas:

¿Es que me ofrecisteis víctimas y sacrificios
durante cuarenta años en el desierto,
casa de Israel?
[43] Os llevasteis la tienda de Moloc
y la estrella del dios Refán,
las imágenes que hicisteis para adorarlas;

(marginal references, left column)
Ex 1 10.11
Ex 1 22
Ex 2 2
Hb 11 23s
Ex 2 5.10
Lc 24 19
Ex 2 11
Ex 2 12
Ex 2 13
Ex 2 14
Ex 2 15
Ex 3 1-2
Ex 3 4.6

(marginal references, right column)
Ex 3 5
Ex 3 7-8
Ex 3 10
Ex 2 14
Ex 7 3
Nm 14 33
Am 5 25
Dt 18 15
Dt 4 10;
9 10; 18 16
Ga 3 19+
Jn 1 17
Nm 14 3
Ex 32 1.23
Ex 32 4.6
Am 5 25-27
(LXX)

---

7 23   Según las tradiciones judías.
7 27   Dios, resucitando a Jesús, le ha constituido «jefe», ver 5 31, y «juez», ver 10 42; 17 31.
7 29   Según Ex 2 15, Moisés huyó por miedo a Faraón; aquí, porque es rechazado por los suyos.
7 35   La Biblia no emplea este verbo a propósito de Moisés, pero se la encuentra en Hch 3 13-14 a propósito de Jesús. Asimismo, el título de «redentor» no se da en la Biblia a Moisés. La imagen de Cristo, de quien aquél es figura, se proyecta sobre la de Moisés.
7 37   Texto mesiánico ya citado en 3 22. Otro —el Mesías— debía, pues, desempeñar un papel análogo al de Moisés, Mt 16 14+; Jn 1 21+.
7 38   (a) El griego *ekklesia* se ha convertido en nuestra palabra «iglesia», ver 5 11+; Mt 16 18+. En Dt 4 10+ designaba la asamblea del pueblo santo en el desierto. Ver la «reunión sagrada», Ex 12 16; Lv 23 3; Nm 29 1. La Iglesia, nuevo pueblo de los santos, 9 13+, es heredera del pueblo antiguo.
7 38   (b) Moisés desempeñaba el oficio de mediador entre el «ángel» y el pueblo. En los textos antiguos, «el

ángel de Yahvé» es el mismo Yahvé que se manifiesta, Gn 16 7+; ver Mt 1 20+. En época más reciente se subrayó la trascendencia divina distinguiendo entre Yahvé y su ángel. Así, Moisés no habría estado en relación inmediata con Dios, sino con uno o varios ángeles. Vestigios de esta concepción en Ga 3 19; Hb 2 2.
7 38   (c) La observancia de la Ley procura la vida, Dt 4 1; 8 1. 3; 30 15-16. 19-20; 32 46-47; Lv 18 5, citado en Ga 3 12; Rm 10 5; se hablaba, pues, de la Ley como de «preceptos de vida», Ez 33 15; Ba 3 9. Para los cristianos, la que será «palabra de vida», Flp 2 16; ver Hch 5 20, es decir, la «palabra de salvación», Hch 13 26, es la predicación evangélica. La palabra divina, fuente de vida, ella misma es «viva»: ver Hb 4 12; 1 P 1 23. Finalmente, el mismo Jesucristo es la «palabra de vida»: 1 Jn 1 1.
7 39   Ver Nm 14 3 y Ex 16 3. Comp. Ez 20 8-14.
7 42   Designación bíblica de los astros, frecuentemente divinizados, ver Dt 4 19; 17 3; 2 R 21 3-5; Jr 8 2; 19 13; So 1 5.

Ex 25 40
Hb 8 5

Sal 132 5
1 R 6 2
17 24
Hb 9 11.24

Is 66 1-2

Dt 9 13+
Jr 4 4+
Is 63 10
2 Cro 30 7-8;
36 14-16
Mt 23 34-35

3 14+
2 23+

7 38+
13 38s
15 10
Ga 6 13

*pues yo os trasladaré más allá de Ba-
bilonia.*

⁴⁴ «Nuestros padres tenían en el desierto la Tienda del Testimonio, como el
que hablaba con Moisés le mandó *hacerla según el modelo* que había visto.
⁴⁵ Nuestros padres que les sucedieron la
recibieron en herencia y la introdujeron
bajo el mando de Josué en el país ocupado por los gentiles, a los que Dios expulsó delante de nuestros padres, hasta
los días de David, ⁴⁶ que halló gracia ante
Dios y pidió *disponer de una morada para
la casa* de Jacob.* ⁴⁷ Pero fue *Salomón* el
que *le edificó casa,* ⁴⁸ aunque el Altísimo
no habita en casas fabricadas por manos
humanas como dice el profeta:

⁴⁹ *El cielo es mi trono
y la tierra el escabel de mis pies.
Dice el Señor: ¿Qué casa me vais a
construir?
O ¿cuál será el lugar de mi descanso?*
⁵⁰ *¿Es que no ha hecho mi mano todas estas cosas?*

⁵¹ «¡Duros de cerviz, incircuncisos de
corazón y de oídos! ¡Vosotros siempre
ofrecéis resistencia al Espíritu Santo*!
¡Como vuestros padres, así vosotros! ⁵² ¿A
qué profeta no persiguieron vuestros padres? Ellos mataron a los que habían
anunciado de antemano la venida del Justo, de aquel a quien vosotros ahora habéis
traicionado y asesinado; ⁵³ vosotros que
recibisteis la Ley por mediación de ángeles y no la habéis guardado.»
⁵⁴ Mientras oían estas cosas, sus corazones se consumían de rabia y rechina-
ban sus dientes contra él.

Lapidación de Esteban.
Saulo perseguidor.

⁵⁵ Pero él, lleno del Espíritu Santo,
miró fijamente al cielo, vio la gloria de
Dios y a Jesús de pie a la diestra de Dios;
⁵⁶ y dijo: «Estoy viendo los cielos abiertos
y al Hijo del hombre de pie* a la diestra
de Dios*.» ⁵⁷ Entonces, gritando fuertemente, se taparon sus oídos y todos a
una se abalanzaron sobre él; ⁵⁸ le arrastraron fuera de la ciudad y empezaron
a apedrearle*. Los testigos* depusieron
sus mantos a los pies de un joven llamado Saulo*. ⁵⁹ Mientras le apedreaban,
Esteban hacía esta invocación*: «Señor
Jesús, recibe mi espíritu » ⁶⁰ Después dobló las rodillas y dijo con fuerte voz: «Señor, no les tengas en cuenta este pecado.» Y diciendo esto, se durmió.

8 ¹ * Saulo aprobaba su muerte.
Aquel día se desató una gran persecución contra la iglesia de Jerusalén. To-
dos* se dispersaron por las regiones de
Judea y Samaría*, a excepción de los
apóstoles. ² Unos hombres piadosos sepultaron a
Esteban e hicieron gran duelo por él.
³ Entretanto Saulo hacía estragos en la
Iglesia; entraba por las casas, se llevaba
por la fuerza hombres y mujeres, y los
metía en la cárcel.

Felipe en Samaría.

⁴ Los que se habían dispersado fueron
por todas partes anunciando la Buena
Nueva de la palabra. ⁵ Felipe bajó a una
ciudad de Samaría* y les predicaba a
Cristo*. ⁶ La gente escuchaba con aten-

Lc 1 15+
Ex 24 16+

Hch 2 23+
Mt 26 64p+

Dn 7 13
Mt 8 20+

1 R 21 13
Hb 13 12+

22 20; 26 10
Ga 1 13+
Sal 31 6
Lc 23 46

Lc 23 34

22 20; 7 58
Jn 16 2

Lc 23 50-53

9 1-2; 22 4;
26 10-11
1 Co 15 9
Flp 3 6
1 Tm 1 13

=11 19

6 5; 21 8

18 5+

7 46   Var.: «para Dios».
7 51   Que hablaba por Moisés y por los profetas.
7 56   (a) En pie y no sentado como en Lc 22 69p; quizá en calidad de testigo del mártir.
7 56   (b) La visión de Esteban debe relacionarse con
su transfiguración, 6 15+.
7 58   (a) En vez de una sentencia en regla pronunciada por el Sanedrín, presenciamos un linchamiento popular. Quizá sea esta la realidad histórica que Lucas ha
podido presentar como un proceso regular, para equiparar la muerte del primer mártir a la de Jesús.
7 58   (b) Los falsos testigos mencionados, 6 13-14. A
los testigos de la acusación correspondía ser los primeros en ejecutar la sentencia, Dt 17 7.
7 58   (c) El futuro apóstol, 13 9+.
7 59   Hermoso ejemplo de la invocación del nombre
del Señor», 2 21+. Lucas subraya con dos rasgos, vv.
59-60, la semejanza entre Esteban, en el momento de
morir, y Jesús en su pasión.
8 1   (a) Los vv. 1-4 están formados por una serie de
breves noticias: los funerales de Esteban (v. 2), conclusión natural del episodio precedente; la actividad de
Saulo perseguidor (vv. 1a y 3), enlazando con el relato
de la lapidación de Esteban, ver 7 58b, el de la conver-

sión de Saulo, 9 1-30, que parece seguirla; finalmente,
una noticia sobre la persecución y la dispersión de la
iglesia (vv. 1b-4), que sirve de introducción al relato de
las misiones evangélicas de Felipe, 8 5-40, y de Pedro,
9 32 - 11 18; el v. 4 se repetirá en 11 19. Se ven, pues,
aquí esbozados los diversos temas desarrollados hasta
el cap. 12.
8 1   (b) «Todos»: simplificación literaria. La persecución parece ordenarse directamente contra los helenistas, ver 6 1.5; este grupo disperso por la persecución, ofrecerá a la Iglesia sus primeros misioneros, v. 4;
11 19-20.
8 1   (c) Segunda etapa de la expansión de la iglesia,
ver 1 8. La tercera comenzará con la fundación de la
iglesia de Antioquía, 11 20.
8 5   (a) Var.: «la ciudad de Samaría», «la ciudad de
Cesarea». —No se trata sin duda de la misma ciudad de
Samaría, convertida en ciudad helenística (Sebaste).
Aquí se trata de una evangelización de los «samaritanos» en el sentido judío de la palabra: de los hermanos
de raza y religión, pero separados de la comunidad de
Israel y caídos en la herejía, ver Jn 4 9+; Mt 10 5-6+.
8 5   (b) El Mesías, al que también esperaban los samaritanos, ver Jn 4 25.

ción y con un mismo espíritu lo que decía Felipe, porque ellos oían y veían los signos que realizaba; [7] pues de muchos posesos salían los espíritus inmundos dando grandes voces, y muchos paralíticos y cojos quedaron curados. [8] Hubo una gran alegría en aquella ciudad.

Simón el mago.

[9] Sin embargo, ya de tiempo atrás había en la ciudad un hombre llamado Simón que practicaba la magia y tenía atónito al pueblo de Samaría y decía que él era alguien importante. [10] Y todos, desde el menor hasta el mayor, le prestaban atención y decían: «Éste es la Potencia de Dios llamada la Grande*.» [11] Le prestaban atención porque les había tenido atónitos por mucho tiempo con sus artes de magia. [12] Pero cuando creyeron a Felipe que anunciaba la Buena Nueva del Reino de Dios y el nombre de Jesucristo, empezaron a bautizarse hombres y mujeres. [13] Hasta el mismo Simón creyó y, una vez bautizado, no se apartaba de Felipe; y estaba atónito al ver los signos y grandes milagros que se realizaban.

[14] Al enterarse los apóstoles que estaban en Jerusalén de que Samaría había aceptado la palabra de Dios, les enviaron a Pedro y a Juan. [15] Éstos bajaron y oraron por ellos para que recibieran el Espíritu Santo; [16] pues todavía no había descendido sobre ninguno de ellos; únicamente habían sido bautizados en el nombre del Señor Jesús. [17] Entonces les imponían las manos y recibían el Espíritu Santo.

[18] Al ver Simón que mediante la imposición de las manos de los apóstoles se daba el Espíritu, les ofreció dinero diciendo: [19] «Dadme a mí también ese poder: que reciba el Espíritu Santo aquel a quien yo imponga las manos.» [20] Pedro le contestó: «Que tu dinero sea para ti tu perdición; pues has pensado que el don de Dios* se compra con dinero. [21] En

este asunto no tienes tú parte ni herencia, pues tu corazón no es recto delante de Dios. [22] Arrepiéntete, pues, de esa tu maldad y ruega al Señor, a ver si se te perdona ese pensamiento de tu corazón; [23] porque veo que tú estás con la amargura de la hiel y encadenado por la maldad*.» [24] Simón respondió: «Rogad vosotros al Señor por mí, para que no venga sobre mí ninguna de esas cosas que habéis dicho*.»

[25] Ellos, después de haber dado testimonio y haber predicado la palabra del Señor, se volvieron a Jerusalén evangelizando muchos pueblos samaritanos.

Felipe bautiza a un eunuco.

[26] Un ángel* del Señor habló así a Felipe: «Levántate y marcha hacia el sur* por el camino que baja de Jerusalén a Gaza. Es desierto.» [27] Se levantó y partió. Y he aquí que un etíope* eunuco, alto funcionario de Candace, reina de los etíopes, que estaba a cargo de todos sus tesoros, y había venido a adorar en Jerusalén, [28] regresaba sentado en su carro, leyendo al profeta Isaías. [29] El Espíritu dijo a Felipe: «Acércate y ponte junto a ese carro.» [30] Felipe corrió hasta él y le oyó leer al profeta Isaías; y le preguntó: «¿Entiendes lo que vas leyendo?» [31] Él respondió: «¿Cómo lo puedo entender si nadie me hace de guía?» Y rogó a Felipe que subiese y se sentase con él. [32] El pasaje de la Escritura que iba leyendo era éste*:

«Fue llevado como una oveja al matadero;
y como cordero, mudo delante del que lo trasquila,
así él no abre la boca.
[33] *En su humillación le fue negada la justicia;*
¿quién podrá contar su descendencia?
Porque su vida fue arrancada de la tierra.»

Notas marginales (columna izquierda):
Mt 8 29+
2 46+
5 42+
1 5+
11 1.22
Lc 8 51+
1 5+
10 44
2 28+
1 5+
1 Tm 4 14+
Is 55 1
Mt 10 8

Notas marginales (columna derecha):
Jr 4 18
Pr 5 22
1 8+
Mt 1 20+
Sal 68 32
Is 56 3-7
Is 18 7+
Jn 12 20
1 8+
Rm 10 14
Is 53 7-8
Lc 18 31+

---

8 10   O, no tan bien: «la Potencia de Dios, a la que se llama *Megal-lé*» (es decir, en arameo: «Reveladora»). Suponíase, pues, que una emanación del Dios supremo habitaba en Simón, quien le debía sus poderes sobrenaturales.
8 20   El Espíritu Santo es por excelencia el Don de Dios, ver 2 38; 10 45; 11 17; Lc 11 9. 13: tema recogido en el himno *Veni Creator*.
8 23   De esta anécdota procede el término «simonía» para designar el comercio con las cosas santas.
8 24   Adic. occ.: «y no dejaba de llorar copiosamente».
8 26   (a) Los ángeles, ver Tb 5 4+; Ef 1 21+, a quienes los evangelios presentan al servicio de Jesús y de su mi-

sión, Mt 4 11p+; 26 53; Jn 1 51 etc., en los Hechos están en varias ocasiones al servicio de la comunidad cristiana, 1 10; 5 19; 10 3; 12 7-10. 23; 27 23. Aquí, la continuación del relato habla del «Espíritu», vv. 29 y 39.
8 26   (b) O: «marcha» hacia el mediodía».
8 27   No la Etiopía actual, sino el antiguo reino de Kuš, es decir Nubia, entre la primera (o sólo la segunda) catarata y Sudán.
8 32   Citado conforme a los LXX, traducción poco clara de un texto hebreo oscuro y sin duda alterado. Sobre el empleo de Is 53 en la predicación cristiana primitiva, véase 3 13+ y Lc 4 17-21p.

³⁴ El eunuco preguntó a Felipe: «Te ruego me digas de quién dice esto el profeta: ¿de sí mismo o de otro?» ³⁵ Felipe entonces tomó la palabra y, partiendo de este texto de la Escritura, se puso a anunciarle la Buena Nueva de Jesús.

³⁶ Siguiendo el camino llegaron a un sitio donde había agua. El eunuco dijo: «Aquí hay agua; ¿qué impide que yo sea bautizado*?» ^[37] ³⁸ Y mandó detener el carro. Bajaron ambos al agua, Felipe y el eunuco; y lo bautizó, ³⁹ y al subir del agua, el Espíritu del Señor arrebató* a Felipe y ya no le vio más el eunuco, que siguió gozoso su camino. ⁴⁰ Felipe se encontró en Azoto y recorría evangelizando todas las ciudades hasta llegar a Cesarea.

Vocación de Saulo*.

9 ¹ Entretanto Saulo, respirando todavía amenazas y muertes contra los discípulos del Señor, se presentó al sumo sacerdote, ² y le pidió cartas para las sinagogas de Damasco, para que, si encontraba algunos seguidores del Camino*, hombres o mujeres, los pudiera llevar presos a Jerusalén. ³ Sucedió que, yendo de camino, cuando estaba cerca de Damasco, de repente le envolvió una luz venida del cielo, ⁴ cayó en tierra y oyó una voz que le decía: «Saúl, Saúl*, ¿por qué me persigues?» ⁵ Él preguntó: «¿Quién eres, Señor?» Y él: «Yo soy Jesús, a quien tú persigues*. ⁶ Pero levántate, entra en la ciudad y te dirán lo que debes hacer.» ⁷ Los hombres que iban con él se habían detenido mudos de espanto, pues oían la voz, pero no veían a nadie. ⁸ Saulo se levantó del suelo, y, aunque tenía sus ojos bien abiertos, no veía nada. Le llevaron de la mano y le introdujeron en Damasco. ⁹ Pasó tres días sin ver y sin comer ni beber.

¹⁰ Había en Damasco un discípulo llamado Ananías. El Señor le dijo en una visión: «Ananías.» Él respondió: «Aquí estoy, Señor.» ¹¹ «Levántate y vete a la calle Recta y pregunta en casa de Judas por uno de Tarso llamado Saulo; mira, está en oración ¹² y ha visto* que un hombre llamado Ananías entraba y le imponía las manos para recobrar la vista.» ¹³ Respondió Ananías: «Señor, he oído a muchos hablar de ese hombre y de los muchos males que ha causado a tus santos* en Jerusalén ¹⁴ y aquí tiene poderes de los sumos sacerdotes para apresar a todos los que invocan tu nombre.» ¹⁵ El Señor le respondió: «Vete, pues éste me es un instrumento elegido para llevar mi nombre ante los gentiles, los reyes y los hijos de Israel*. ¹⁶ Yo le mostraré cuánto tendrá que padecer por mi nombre.» ¹⁷ Fue Ananías, entró en la casa, le impuso las manos y le dijo: «Saúl, hermano, me ha enviado el Señor Jesús, el que se te apareció en el camino por donde venías, para que recobres la vista y te llenes del Espíritu

Marginal references left column:
Lc 24 27
Hch 5 42+

1 5+
1 R 18 12+
Lc 24 31-32

2 46+

21 8

=22 5-16
=26 9-18
Ga 1 12-17
Hch 8 3

Ez 1 28
Dn 8 17

Marginal references right column:
Dn 10 7

Gn 22+

1 S 9 15-17

9 17; 28 8
1 Tm 4 14+

2 21+

22 21

15 26; 21 13
1 Co 4
9-13+
Mt 10 2+

22 14; 26 16
1 Co 9 1;
15 8

---

8 36 El v. 37 es una glosa muy antigua conservada en el texto occ. y que se inspira en la liturgia bautismal: «Dijo Felipe: Si crees de todo corazón, es posible. Respondió él: Creo que Jesucristo es el Hijo de Dios».
8 39 Var. occ.: «El Espíritu Santo cayó sobre el eunuco, y el ángel del Señor arrebató a Felipe.»
9 De este acontecimiento capital para la historia de la Iglesia, Lucas da tres referencias, cuyas divergencias de detalle se explican por la diferencia de géneros literarios: las otras dos referencias forman parte de los discursos de Pablo. Véase también Ga 1 12-17. El hecho tuvo lugar lo más pronto el año 33.
9 2 El «Camino» designa la conducta del hombre o, como aquí, de la comunidad de los creyentes. El uso del AT, adquiere un valor nuevo de conformidad con Cristo, Mt 7 13-14+; 22 16; 1 Co 4 17; 12 31; Hb 9 8; 10 19-22; 2 P 2 2. Jesús mismo se llamó el Camino, Jn 14 6+. El uso absoluto del término es peculiar de los Hechos, aquí, 18 25. 26; 19 9. 23; 22 4; 24 14. 22.
9 4 Forma aramea («hebrea»), 26 14, del nombre de Saulo.
9 5 Todo lo que se hace a los discípulos por el Nombre de Jesús, se hace al mismo Jesús, Mt 10 40+.
9 12 Var.: «y en una visión ha visto». Dos revelaciones paralelas, a Pablo y a Ananías; comp. 10 11s y 30s.
9 13 Siendo Dios el santo por excelencia, Is 6 3, los que a su servicio se consagran son llamados «santos», Lv 17+. Aplicado primeramente al pueblo de Israel, Ex 19 6+, y especialmente a la comunidad de los tiempos

mesiánicos, Dn 7 18+, este término vale de una manera eminente para los cristianos que son el nuevo «pueblo santo», 1 P 2 5. 9 llamados, Rm 1 7; 1 Co 1 2; Ef 1 4; 2 Tm 1 9; Mt 3 1, por la consagración del bautismo, Ef 5 26s, a una vida pura, 1 Co 7 34; Ef 1 4; 5 3; Col 1 22; que les hace santos como Dios, 1 P 1 15s; ver 1 Jn 3 3, y como Jesús, «el Santo de Dios», Mc 1 24+ pues la santidad es obra de Dios, 1 Ts 4 3+; 5 23. Por eso «los santos» fue en la comunidad primitiva la designación ordinaria de los cristianos, primero en Palestina, Hch 9 13. 32. 41; Rm 15 26. 31; 1 Co 16 1. 15; 2 Co 8 4; 9 1. 12, y luego en todas las iglesias, Rm 8 27; 12 13; 16 2. 15; 1 Co 6 1s; 14 33; 2 Co 13 12; Ef 1 1. 18; 4 12; 6 18; Flp 4 21s; Col 1 4; 1 Tm 5 10; Fl m 5. 7; Hb 6 10; 13 24; Judas 3 (y en los saludos de las epístolas, 2 Co 1 1 etc.). En Ap 5 8; 8 3, etc., el término designa más especialmente a los mártires. Posiblemente, a veces se restringe a los jefes, «apóstoles y profetas», Ef 3 5 y Col 1 26; Ef 3 8; 4 12; Ap 18 20. Finalmente, como en el AT, Jb 5 1+, el término puede aplicarse a los ángeles, Mc 8 38; Lc 9 26; Hch 10 22; Judas 14; Ap 14 10, y resulta difícil saber si algunos textos hablan de éstos o de los hombres que han llegado a la gloria Ef 1 18; Col 1 12+; 1 Ts 3 13; 2 Ts 1 10.
9 15 Ver Jr 1 10. La misión de Pablo concierne a «todos los hombres», Hch 22 15, a las naciones gentiles, 26 17; esto corresponde a la obra del mismo Pablo escribe en Ga 1 16, ver Rm 1 5; 11 13; 15 16-13; Ga 2 2. 8. 9; Ef 3 8; Col 1 27; 1 Tm 2 7. Sobre los «reyes», ver 26 2+.

Tb 11 10-15

1 5+

Santo*.» ¹⁸ Al instante cayeron de sus ojos unas como escamas, y recobró la vista; se levantó y fue bautizado. ¹⁹ Tomó alimento y recobró las fuerzas.

Ga 1 16-17

Predicación de Saulo en Damasco.

Estuvo algunos días con los discípulos de Damasco, ²⁰ y en seguida se puso a predicar a Jesús en las sinagogas: Éste es el Hijo de Dios*. ²¹ Todos los que le oían quedaban atónitos y decían: «¿No es éste el que en Jerusalén perseguía encarnizadamente a los que invocan ese nombre, y ha venido aquí con el objeto de llevárselos encadenados a los sumos sacerdotes?» ²² Pero Saulo se fortalecía y confundía a los judíos que vivían en Damasco demostrándoles que éste es el Cristo.

9 2

2 36+
18 5.28

²³ Al cabo de bastante tiempo* los judíos tomaron la decisión de matarle. ²⁴ Pero Saulo tuvo conocimiento de su conjura. Hasta las puertas estaban vigiladas día y noche para poderle matar. ²⁵ Pero los discípulos* le tomaron durante la noche y le descolgaron por la muralla dentro de una espuerta.

2 Co 11 32-33

Ga 1 18-19

Saulo en Jerusalén*.

²⁶ Llegó a Jerusalén e intentaba juntarse con los discípulos; pero todos le tenían miedo, no creyendo que fuese discípulo. ²⁷ Entonces Bernabé le tomó y le presentó a los apóstoles y les contó cómo había visto al Señor en el camino y que le había hablado y cómo había predicado con valentía en Damasco en el nombre de Jesús. ²⁸ Andaba con ellos por Jerusalén, predicando con valentía en el nombre del Señor. ²⁹ Hablaba también y discutía con los helenistas*; pero éstos intentaban matarle. ³⁰ Los hermanos, al saberlo, le llevaron a Cesarea y le enviaron a Tarso*.

4 36-37

13 46+

5 41+
=22 17-21

Período de tranquilidad.

³¹ Las iglesias* por entonces gozaban de paz en toda Judea, Galilea y Samaría; pues se edificaban y progresaban en el temor del Señor y estaban llenas de la consolación del Espíritu Santo*.

1 Co 8 1
Hch 2 41+

Pedro cura en Lida a un paralítico.

³² Pedro, que andaba recorriendo todos los lugares, bajó también a visitar a los santos que habitaban en Lida. ³³ Encontró allí a un hombre llamado Eneas, tendido en una camilla desde hacía ocho años, pues estaba paralítico. ³⁴ Pedro le dijo: «Eneas, Jesucristo te cura; levántate y arregla tu lecho.» Y al instante se levantó*. ³⁵ Todos los habitantes de Lida y Sarón le vieron, y se convirtieron al Señor.

Pedro resucita en Jope a una mujer.

³⁶ Había en Jope una discípula llamada Tabitá, que quiere decir Dorkás*. Era rica en buenas obras y en limosnas que hacía. ³⁷ Por aquellos días enfermó y murió. La lavaron y la pusieron en la estancia superior. ³⁸ Lida está cerca de Jope, y los discípulos, al enterarse que Pedro estaba allí, enviaron dos hombres con este ruego: «No tardes en venir a nosotros.» ³⁹ Pedro partió inmediatamente con ellos. Así que llegó le hicieron subir a la estancia superior y se le presentaron todas las viudas llorando y mostrando las túnicas y los mantos que Dorkás hacía mientras estuvo con ellas. ⁴⁰ Pedro hizo salir a todos, se puso de rodillas y oró; después se volvió al cadáver y dijo: «Tabitá, levántate.» Ella abrió sus ojos y al ver a Pedro se incorporó. ⁴¹ Pedro le dio la mano y la levantó. Llamó a los santos y a las viudas y se la presentó viva.

13 9+
Lc 12 33+

1 R 17 19

Mc 5 40-41

Lc 7 15
Hch 3 7
9 13+

---

9 17   Expresión típica de San Lucas, Lc 1 15+. 41.67; Hch 2 4; 4 8.31; 7 55; 13 9. Ver Lc 4 1+.
9 20   «Hijo de Dios» corresponde a «Cristo» del v. 22. Ver Mt 4 3+. El título de «Hijo de Dios» no reaparece en los Hechos hasta 13 33. Caracteriza a la cristología paulina, Ga 1 16; 2 20; 4 4. 6; Rm 1 3-4. 9; 1 Ts 1 10; ver Rm 9 5+.
9 23   Ga 1 17-18 precisa: tres años; durante este tiempo, Pablo vivió en Arabia. Lucas simplifica los hechos.
9 25   *Var.:* «sus discípulos».
9 26   Pablo refiere esta visita, Ga 1 18-19. Indica que en aquel entonces las iglesias de Judea no le conocían aún de vista, pero nada dice de la intervención de Bernabé. Por lo que a apóstoles se refiere, declara no haber visto más que a Pedro, y también a Santiago, el hermano del Señor; los Hechos esquematizan hablando de los apóstoles en general.

9 29   Var.: «con los griegos» (es decir, con los gentiles); la misma variante en 11 20. —Así como en la Iglesia son los helenistas (ver 6 1+) los más emprendedores, así también en el Judaísmo son ellos los que reaccionan con mayor violencia contra la propaganda cristiana, 6 9s; 7 58; 9 1; 21 27; 24 19.
9 30   Adonde irá a buscarle Bernabé, 11 25. Comparar con Ga 1 18-21 y con Hch 22 17-21.
9 31   (a) «Las iglesias» texto occ. y antioqueno; «La Iglesia» texto alej.
9 31   (b) Es la alegría de la fe, 2 46+. Otros traducen: «crecían por la consolación (o: por la asistencia; o: gracias a los estímulos) del Espíritu Santo»
9 34   Milagros semejantes: Lc 5 18-26p; 13 11-13; Jn 5 1-14; Hch 3 1-10 (y 4 22); 14 8-10.
9 36   El nombre significa «gacela».

[Lc 7 2.4-5]
[Hch 2 11+]

[Lc 12 33+]
[Lc 18 1]

[Hch 3 1+]
[Mt 1 20+]
[Hch 9 10+]

[Lc 1 12+]

[2 14+]

[Jdt 8 5]
[Dn 6 11]

[Lv 11]
[Ez 4 14]

[Gn 1 31+]

[1 8+]

[Lc 7 4-5]

[3 12; 14 15]
[Ap 19 10]

[15 9]
[Ga 2 12.]
[15-16]

[42] Esto se supo por todo Jope y muchos creyeron en el Señor. [43] Pedro permaneció en Jope bastante tiempo en casa de un tal Simón, curtidor.

Pedro va a casa de un centurión romano*.

10 [1] Había en Cesarea un hombre, llamado Cornelio, centurión de la cohorte Itálica, [2] piadoso y temeroso de Dios*, como toda su familia, daba muchas limosnas al pueblo y continuamente oraba a Dios. [3] Vio claramente en visión, hacia la hora nona del día, que el ángel de Dios entraba en su casa y le decía: «Cornelio.» [4] Él le miró fijamente y lleno de espanto dijo: «¿Qué pasa, señor?» Le respondió: «Tus oraciones y tus limosnas han subido como memorial ante la presencia de Dios*. [5] Ahora envía hombres a Jope y haz venir a un tal Simón, a quien llaman Pedro. [6] Éste se hospeda en casa de un tal Simón, curtidor, que tiene la casa junto al mar.» [7] Apenas se fue el ángel que le hablaba, llamó a dos criados y a un soldado piadoso, de entre sus asistentes, [8] les contó todo y los envió a Jope. [9] Al día siguiente, mientras ellos iban de camino y se acercaban a la ciudad, subió Pedro a la terraza, sobre la hora sexta, para hacer oración. [10] Sintió hambre y quiso comer. Mientras se lo preparaban le sobrevino un éxtasis, [11] y vio el cielo abierto y que bajaba hacia la tierra una cosa así como un gran lienzo, atado por las cuatro puntas*. [12] Dentro de él había toda suerte de cuadrúpedos, reptiles de la tierra y aves del cielo. [13] Y una voz le dijo: «Levántate, Pedro, sacrifica y come.» [14] Pedro replicó: «De ninguna manera, Señor; porque jamás he comido nada profano e impuro.» [15] La voz le dijo por segunda vez: «Lo que Dios ha purificado no lo llames tú profano*.» [16] Esto se repitió tres veces, e inmediatamente la cosa aquella fue elevada hacia el cielo.

[17] Mientras estaba Pedro perplejo pensando qué podría significar la visión que había visto, de pronto los hombres enviados por Cornelio, después de preguntar por la casa de Simón, se presentaron en la puerta; [18] llamaron y preguntaron si se hospedaba allí Simón, llamado Pedro. [19] Estando Pedro pensando en la visión, le dijo el Espíritu*: «Ahí tienes unos hombres* que te buscan. [20] Baja, pues, al momento y vete con ellos sin vacilar, pues yo los he enviado.» [21] Pedro bajó hacia ellos y les dijo: «Yo soy el que buscáis; ¿por qué motivo habéis venido?» [22] Ellos respondieron: «El centurión Cornelio, hombre justo y temeroso de Dios, reconocido como tal por el testimonio de toda la nación judía, ha recibido de un ángel santo el aviso de hacerte venir a su casa y de escuchar lo que tú digas.» [23] Entonces les invitó a entrar y les dio hospedaje.

Al día siguiente se levantó y se fue con ellos; le acompañaron algunos hermanos de Jope. [24] Al siguiente día entró en Cesarea. Cornelio los estaba esperando. Había reunido a sus parientes y a los amigos íntimos. [25] Cuando Pedro entraba, salió Cornelio a su encuentro y cayó postrado a sus pies. [26] Pedro le levantó diciendo: «Levántate, que también yo soy un hombre.» [27] Y conversando con él entró y encontró a muchos reunidos. [28] Y les dijo: «Vosotros sabéis que le está prohibido a un judío juntarse con un extranjero o entrar en su casa; pero a mí me ha mostrado Dios que no hay que llamar profano o impuro a ningún hombre. [29] Por eso al ser llamado he venido sin protestar. Os pregunto, pues, por qué

---

10 Para Lucas, la conversión, ver Hch 3 19+, de Cornelio no es un simple caso individual. Su alcance universal se deduce del mismo relato y de su insistencia en las visiones de Pedro y de Cornelio y, sobre todo, de la relación que el autor establece entre este acontecimiento y las decisiones de la «Asamblea de Jerusalén», ver 15 7-11. 14. Dos lecciones distintas parecen desprenderse: 1.ª, Dios mismo ha mostrado que los gentiles debían ser recibidos en la Iglesia sin que se les impusieran las prescripciones de la Ley, ver 10 34-35. 44-48a; 11 1.15-18; 15 7-11. 14; y Ga 2 1-10; 2.ª, Dios mismo ha mostrado a Pedro que debía aceptar la hospitalidad de un incircunciso: se advierte aquí el problema de las relaciones entre cristianos procedentes del Judaísmo y los cristianos venidos de la gentilidad, ver 10 10-16. 28-29; 11 2-14; y Ga 2 11-21.
10 2 Las expresiones «temeroso de Dios», 10 2. 22.

35; 13 16. 26, y «adorador de Dios», 13 43. 50; 17 4. 17; 18 7, que equivalen a «piadoso» o «religioso», pueden aplicarse a los gentiles simpatizantes con el Judaísmo.
10 4 La expresión evoca el sacrificio del «memorial», ver Lv 2 2. 9. 16, con el que Tb 12 12 compara la oración.
10 11 Hemos seguido el texto occ.
10 15 Se invita a Pedro a liberarse de sus escrúpulos respecto a la pureza legal, 11 9. Ver Mt 15 1-20p; Rm 14 14. 17. La aplicación se hace en 15 9: por la fe, Dios ha purificado el corazón de los gentiles, aun cuando su cuerpo sigue ritualmente impuro por no estar circuncidado. Consecuencia práctica: no debe temer Pedro el tratar con incircuncisos, 10 27-28.
10 19 (a) El papel del Espíritu es paralelo al del ángel del Señor, ver 8 26. 29.
10 19 (b) Var.: «tres hombres», ver 11 11.

motivo me habéis enviado a llamar.» ³⁰ Cornelio respondió: «Hace cuatro días, a esta misma hora, estaba yo haciendo la oración de nona* en mi casa, y de pronto se presentó delante de mí un varón con vestido resplandeciente, ³¹ y me dijo: 'Cornelio, tu oración ha sido oída y se han recordado tus limosnas ante Dios'; ³² envía, pues, alguien a Jope y haz venir a Simón, llamado Pedro, que se hospeda en casa de Simón el curtidor, junto al mar.' ³³ Al instante mandé algunos a tu casa, y tú has hecho bien en venir. Ahora, pues, todos nosotros, en la presencia de Dios, estamos dispuestos para escuchar todo lo que te ha sido ordenado por el Señor.»

Discurso de Pedro en casa de Cornelio.

³⁴ Entonces Pedro tomó la palabra y dijo: «Verdaderamente comprendo que Dios no hace acepción de personas, ³⁵ sino que en cualquier nación el que le teme y practica la justicia le es grato*.

³⁶ «Él ha enviado su palabra* a los hijos de Israel, *anunciándoles la Buena Nueva de la paz* por medio de Jesucristo que es el Señor de todos. ³⁷ Vosotros sabéis lo que sucedió en toda Judea*, comenzando* por Galilea, después que Juan predicó el bautismo; ³⁸ *cómo Dios a Jesús de Nazaret le ungió con el Espíritu Santo* y con poder, y cómo él pasó haciendo el bien y curando a todos los oprimidos por el diablo, porque Dios estaba con él; ³⁹ y nosotros somos testigos de todo lo que hizo en la región de los judíos y en Jerusalén; a quien llegaron a matar colgándole de un madero; ⁴⁰ a

éste, Dios le resucitó al tercer día* y le concedió la gracia de manifestarse, ⁴¹ no a todo el pueblo, sino a los testigos que Dios había escogido de antemano, a nosotros que comimos y bebimos con él* después que resucitó de entre los muertos. ⁴² Y nos mandó que predicásemos al Pueblo*, y que diésemos testimonio de que él está constituido por Dios juez de vivos y muertos*. ⁴³ De esto todos los profetas dan testimonio: que todo el que cree en él alcanza, por su nombre, el perdón de los pecados.»

Bautismo de los primeros gentiles.

⁴⁴ Estaba Pedro diciendo estas cosas cuando el Espíritu Santo cayó* sobre todos los que escuchaban la palabra. ⁴⁵ Y los fieles circuncisos que habían venido con Pedro quedaron atónitos al ver que el don del Espíritu Santo había sido derramado también sobre los gentiles, ⁴⁶ pues les oían hablar en lenguas y glorificar a Dios. Entonces Pedro dijo: ⁴⁷ «¿Acaso puede alguno negar el agua del bautismo a éstos que han recibido el Espíritu Santo como nosotros?» ⁴⁸ Y mandó* que fueran bautizados en el nombre de Jesucristo. Entonces le pidieron que se quedase algunos días*.

Pedro justifica su conducta en Jerusalén.

11 ¹ Los apóstoles y los hermanos residentes en Judea oyeron que también los gentiles habían aceptado la palabra de Dios. ² Cuando Pedro subió a Jerusalén, los de la circuncisión se lo reprochaban*, ³ diciéndole: «Has entrado

Marginal references (left column):
3 1+
Lc 1 13
2 22+
Dt 10 17+
Ga 2 6
Rm 2 11
1 P 1 17
Is 52 7
Na 2 1
Rm 10 12
Lc 4 44+
Is 61 1
Mt 3 16+
Hch 1 8+;
4 27+
Hch 2 22
Mt 4 1+;
8 29+
1 8+.22
2 23+

Marginal references (right column):
1 3-4; 13 31
Jn 14 22
Lc 24 41-43
2 36+
2 38+
3 16+
1 8+
8 16
2 33
2 4+.11
11 17; 8 36
1 5+; 2 38+
1 15+
8 14; 15 7

---

10 30 Var.: «estaba ayunando y haciendo la oración».

10 31 Este giro impersonal, respetuoso con la majestad divina, evoca a la vez el ministerio de los ángeles; ver Mt **18** 11. 14; Ap **5** 8; **8** 3; Tb **12** 12.

10 35 Terminología cultual (ver v. 4). Es grato a Dios el sacrificio irreprochable o el que lo ofrece, Lv **1** 3; **19** 5; **22** 19-27. Isaías (**56** 7) había anunciado que, al fin de los tiempos, los sacrificios de los gentiles serían gratos a Yahvé; ver Ml **1** 10-11. Ver Rm **15** 16; Flp **4** 18; 1 P **2** 5.

10 36 Var.: «La palabra que ha enviado».

10 37 (a) Los vv. 37-42 forman un resumen de la historia evangélica, ver **1** 21-22; **2** 22+, que subraya los puntos que el mismo Lucas pone de relieve en su evangelio.

10 37 (b) Var.: «el comienzo».

10 40 «le resucitó al tercer día»: la fórmula clásica de la predicación y de la fe cristianas. Aparece ya en el *Credo* embrionario de 1 Co **15** 4, con esta precisión: «según las Escrituras». La fórmula es eco de Jon **2** 1 (ver Mt **12** 40); ver también Os **6** 2. Vuelve a encontrarse en Mt **16** 21; **17** 23; **20** 19; **27** 64; Lc **9** 22; **18** 33; **24** 7. 46.

10 41 Adic. occ.: «y vivimos familiarmente en su compañía cuarenta días después de su resurrección de entre

los muertos».

10 42 (a) El «Pueblo» por excelencia es el pueblo de Israel, **10** 2; **21** 28.

10 42 (b) Los «vivos»: los que en el momento de la parusía estarán vivos; los «muertos»: los que, muertos ya, resucitarán entonces para el juicio. Ver 1 Ts **4** 13 - **5** 10. —Dios, resucitando a Jesús, le ha constituido en la dignidad de Juez soberano, Hch **17** 31; Jn **5** 22. 27; 2 Tm **4** 1; 1 P **4** 5; así pues, la proclamación de la Resurrección es a la vez para los hombres una invitación al arrepentimiento, ver **17** 30-31.

10 44 Es «el Pentecostés de los gentiles», análogo al primer Pentecostés, como lo comprueba Pedro, v. 47; **11** 15; **15** 8.

10 48 (a) Los apóstoles generalmente no administraban por sí mismos el bautismo, ver **19** 5; 1 Co **1** 14.17.

10 48 (b) Según **11** 2-3 (ver **10** 28), lo que pareció insólito e ilegítimo a los «hebreos» de Jerusalén, en la estancia de Pedro en casa de incircuncisos, más aún que la autorización de bautizarlos. El mismo problema dio ocasión al conflicto de Antioquía, Ga **2** 11s.

11 2 Texto occ.: «Al cabo, pues, de bastante tiempo, quiso Pedro ponerse en camino para Jerusalén. Después de haber hablado a los hermanos y de haberlos

10 28.48+

10 10-48

1 8+

2 47+
16 15+

10 44+

1 5+

en casa de incircuncisos y has comido con ellos.» [4] Pedro entonces se puso a explicarles punto por punto diciendo: [5] «Estaba yo en oración en la ciudad de Jope y en éxtasis vi una visión: un objeto como un lienzo grande, atado por las cuatro puntas, que bajaba del cielo y llegó hasta mí. [6] Lo miré atentamente y vi en él los cuadrúpedos de la tierra, las bestias, los reptiles, y las aves del cielo. [7] Oí también una voz que me decía: 'Pedro, levántate, sacrifica y come.' [8] Y respondí: 'De ninguna manera, Señor; pues jamás entró en mi boca nada profano ni impuro.' [9] Me dijo por segunda vez la voz venida del cielo: 'Lo que Dios ha purificado no lo llames tú profano.' [10] Esto se repitió hasta tres veces; y al fin fue retirado todo de nuevo al cielo. [11] «En aquel mismo momento se presentaron tres hombres en la casa donde estábamos, enviados a mí desde Cesarea. [12] El Espíritu me dijo que fuera con ellos sin plantearme dudas. Vinieron también conmigo estos seis hermanos, y entramos en la casa de aquel hombre. [13] Él nos contó cómo había visto al ángel que se presentó en su casa y le dijo: 'Manda a buscar en Jope a Simón, llamado Pedro, [14] quien te dirá palabras que traerán la salvación para ti y para toda tu casa.' [15] «Había empezado yo a hablar cuando cayó sobre ellos el Espíritu Santo, como sucedió al principio sobre nosotros. [16] Me acordé entonces de aquellas palabras que dijo el Señor: *Juan bautizó con agua, pero vosotros seréis bautizados con el Espíritu Santo*. [17] Por tanto, si

Dios* les ha concedido el mismo don que a nosotros, por haber creído en el Señor Jesucristo, ¿quién era yo para poner obstáculos a Dios*?» [18] Al oír esto se tranquilizaron y glorificaron a Dios diciendo: «Así pues, también a los gentiles les ha dado Dios la conversión que lleva a la vida.»

Fundación de la iglesia de Antioquía.

[19] Así pues*, los que se habían dispersado por la persecución originada a la muerte de Esteban, llegaron en su recorrido hasta Fenicia, Chipre y Antioquía*, sin predicar la palabra a nadie más que a los judíos. [20] Pero había entre ellos algunos chipriotas y cirenenses que, al llegar a Antioquía, hablaban también a los griegos* y les anunciaban la Buena Nueva del Señor Jesús*. [21] La mano del Señor estaba con ellos, y un crecido número recibió la fe y se convirtió al Señor. [22] La noticia de esto llegó a oídos de la iglesia de Jerusalén* y enviaron a Bernabé a Antioquía. [23] Cuando llegó y vio el don de Dios se alegró y exhortaba* a todos a permanecer unidos al Señor*, con firme propósito, [24] porque era un hombre bueno, lleno de Espíritu Santo y de fe. Y una considerable multitud se agregó al Señor. [25] Partió para Tarso en busca de Saulo, [26] y en cuanto le encontró le llevó a Antioquía. Estuvieron juntos durante un año entero en aquella iglesia* e instruyeron a una gran muchedumbre. En Antioquía fue donde, por primera vez los discípulos recibieron el nombre de «cristianos*».

15 8-9

Ex 16 7-8
Hch 10 47
Mt 16 23+

2 47+;
13 46s;
14 27;
17 30; 26 20

8 1.4

Lc 1 66
Hch 2 41+

3 19+

4 36+

13 43; 14 22

6 5
2 41+

9 30

---

afianzado, se fue, pronunciando muchos discursos por la campiña e instruyendo a las gentes. Los hermanos circuncisos, cuando llegó a ellos y les anunció la gracia concedida por Dios, se lo reprochaban».

11 17 (a) «Dios» omitido por el texto occ. (Cristo es quien da el Espíritu).

11 17 (b) Pedro da explicaciones respecto al bautismo otorgado a un gentil; no responde a la queja de haber aceptado la hospitalidad de un incircunciso, ver v. 3, ver 10+. Según Lucas, el primero que ha incorporado gentiles a la Iglesia, en principio al menos, es Pedro y esto, sea cual fuere el alcance del bautismo del eunuco etíope, 8 26-39, y sea cual fuere la cronología de la evangelización de Antioquía, cuyo relato se reserva para más adelante, vv. 19s. En esta perspectiva, la Asamblea de Jerusalén, 15 5-29, aparecerá de algún modo como la continuación o la reanudación de las deliberaciones de 11 1-18.

11 19 (a) El v. 19, enlazando con 8 1 y 8 4, da entrada al episodio de la fundación de la iglesia de Antioquía, como consecuencia directa del martirio de Esteban, del que ha sido separado por la inserción de los Hechos de Felipe, 8 5-40, y de Pedro, 9 31 - 11 18. El relato supone, con todo, la historia de la vocación de Saulo, 9 1-30, historia también ligada al martirio de Esteban.

11 19 (b) Antioquía del Orontes, capital de la provincia

romana de Siria, tercera ciudad del Imperio después de Roma y Alejandría.

11 20 (a) Var.: «helenistas», ver 9 29. —«griegos», en oposición a «judíos», v. 19, designa a los incircuncisos en general.

11 20 (b) En la predicación a los gentiles se da a Jesús el título de «Señor», ver 25 26+, con preferencia al título de «Cristo», que respondía a la espera particular de los judíos. Jesús es «Señor»: constituido, por su exaltación a la diestra de Dios, en Soberano del Reino del fin de los tiempos, ver 2 21. 36; 7 59-60; 10 36; 1 Ts 4 15-17; 2 Ts 1 7-12; Rm 10 9-13.

11 22 Esta iglesia ejerce en estos primeros tiempos un derecho de supervisión sobre las demás iglesias, ver 8 14; 11 1; y véase Ga 2 2.

11 23 (a) Juego de palabras, al aparecer, sobre el nombre de Bernabé, «hijo de la exhortación», 4 36.

11 23 (b) Var.: «en el Señor».

11 26 (a) Sentido dudoso. Pudiera entenderse: «obraron de común acuerdo», o: «fueron recibidos (por la iglesia)», es decir, la historia de sus huéspedes de la iglesia.

11 26 (b) Es decir, partidarios o seguidores de Cristus (o Crestus). Al inventar este apodo, los gentiles de Antioquía tomaron el título de «Cristo» (ungido) como un nombre propio.

Bernabé y Saulo, delegados para ir a Jerusalén.

²⁷ Por estos mismos días bajaron unos profetas* de Jerusalén a Antioquía*. ²⁸ Uno de ellos, llamado Ágabo, movido por el Espíritu, se levantó y profetizó que vendría una gran hambre sobre toda la tierra; es la que hubo en tiempo de Claudio*. ²⁹ Los discípulos determinaron enviar algunos recursos, según las posibilidades de cada uno, para los hermanos que vivían en Judea. ³⁰ Así lo hicieron y se los enviaron a los presbíteros* por medio de Bernabé y de Saulo*.

Prisión de Pedro y su milagrosa liberación*.

12 ¹ Por aquel tiempo el rey Herodes echó mano a algunos de la Iglesia para maltratarlos. ² Hizo morir por la espada a Santiago, el hermano de Juan. ³ Al ver que esto les gustaba a los judíos, se atrevió a prender también a Pedro. Eran los días de los Ázimos. ⁴ Le apresó, pues, le metió en la cárcel y le confió a cuatro escuadras de cuatro soldados para que le custodiasen, con la intención de presentarle ante el pueblo después de la Pascua. ⁵ Así pues, Pedro estaba custodiado en la cárcel, mientras la iglesia oraba insistentemente por él a Dios.

⁶ Cuando ya Herodes le iba a presentar, aquella misma noche estaba Pedro durmiendo entre dos soldados, atado con dos cadenas*; también unos centinelas ante la puerta custodiaban la cárcel. ⁷ De pronto se presentó el ángel del Señor y la celda se llenó de luz. El ángel golpeó a Pedro en el costado, le despertó y le dijo: «Levántate aprisa.» Y cayeron las cadenas de sus manos. ⁸ Le dijo el ángel: «Cíñete y cálzate las sandalias.» Así lo hizo. Añadió: «Ponte el manto y sígueme.» ⁹ Salió y se disponía a seguirle. No acababa de darse cuenta de que era real cuanto hacía el ángel, sino que se figuraba ver una visión. ¹⁰ Habiendo atravesado la primera y la segunda guardia, llegaron a la puerta de hierro que daba a la ciudad. Ésta se les abrió por sí misma. Salieron* y recorrieron una calle. Y de pronto el ángel se apartó de él. ¹¹ Pedro volvió en sí y dijo: «Ahora me doy cuenta realmente de que el Señor ha enviado su ángel y me ha librado de las manos de Herodes y de todo lo que esperaba el pueblo de los judíos.»

¹² Consciente de su situación, marchó a la casa de María, la madre de Juan, por

Referencias marginales:
Mt 16 14+
21 10
1 8+
Tt 1 5+
Mt 20 22-23+
Ex 12+
5 18-24
16 25-40
Mt 1 20+
1 R 19 5-7
Ex 12 11
Dn 3 28 (95)

---

11 27 (a) Como los profetas del AT, Dt 18 18+; 2 P 1 21; Mt 5 12, los del NT son hombres carismáticos, 1 Co 12 1+, que hablan en nombre de Dios bajo la inspiración de su Espíritu. Incluso hay en la nueva Alianza una más amplia efusión de este carisma, Hch 2 17-18, y todos los fieles se benefician de él oportunamente, Hch 19 6; 1 Co 11 4-5; 14 26. 29-33. 37. Sin embargo, algunos personajes se hallan especialmente dotados de él hasta el punto de merecer el título de «profetas», Hch 11 27; 13 1; 15 32; 21 9. 10. En la jerarquía de los carismas, normalmente vienen en segundo lugar después de los «apóstoles», 1 Co 12 28-29; Ef 4 11, pero ver 1 Co 12 10; Rm 12 6; Lc 11 49; es que son los testigos acreditados del Espíritu, Ap 1 3 y 2 7, etc.; 1 Ts 5 19-20, y transmiten sus «revelaciones» 1 Co 14 6. 26. 30; Ef 3 5; Ap 1 1; como los «apóstoles» son los testigos de Cristo resucitado, Rm 1 1+; Hch 1 8+, y proclaman el «kerygma», Hch 2 22+. Su función no se limita a predecir el porvenir, Hch 11 28; 21 11, o a leer en los corazones, 1 Co 14 24-25, ver 1 Tm 1 18; 4 14, y si «edifican, exhortan, consuelan», 1 Co 14 3; ver Hch 4 36; 11 23-24, se debe a revelaciones del Espíritu que les hacen afines a los glosolalos, Hch 2 4+; 19 6, pero situándoles por encima de éstos porque su palabra es inteligible, 1 Co 14. Su principal función parece haber sido la de explicar, bajo la luz del Espíritu, los oráculos de las Escrituras, especialmente de los antiguos profetas, 1 P 1 10-12, y descubrir en consecuencia el «misterio» del plan divino, 1 Co 13 2; Ef 3 5; Rm 16 25+. Por eso se les asocia a los apóstoles como fundamento de la Iglesia, Ef 2 20+. El Apocalipsis de San Juan es un caso típico de esta profecía del NT, Ap 1 3; 10 11; 19 10; 22 7-10.18-19. El carisma de profecía, por elevado que sea, no da más que un conocimiento imperfecto y provisional, ligado como está a la fe, Rm 1 6, que deberá desapa-

recer ante la visión beatífica, 1 Co 13 8-12.
11 27 (b) El texto occ. añade: «y había allí una gran alegría. Mientras nosotros nos hallábamos reunidos, uno de ellos...». En este caso tendríamos aquí el primer pasaje en que Lucas emplea «nosotros», ver 16 10.
11 28 En el reinado de Claudio (41-54) el Imperio sufrió una gran hambre hacia el 49-50, primero en Grecia y después en Roma. Josefo sitúa el suceso en tiempo del procurador Tiberio Alejandro (46-48). Hablar de un hambre universal denota la misma tendencia hiperbólica que en Lc 2 1+.
11 30 (a) Mencionados aquí por primera vez; ver 15 4; 21 18.
11 30 (b) Según Hechos, 9 26; 11 29s; 15 2, Pablo habría realizado tres viajes a Jerusalén antes de visitar dos veces Galacia, 16 6; 18 23; pero el mismo Pablo, en Ga 1 18; 2 1s; ver 4 13, sólo menciona dos. La diversidad en la narración de Hechos quizá esté ocasionada por la manera con que Lucas combina sus fuentes. Es posible que este viaje de 11 29 sea el mismo que el de 15 2. Los «recursos», objeto de este viaje, se han de distinguir de los que Pablo lleva más tarde, Hch 24 17, al final de la gran colecta hecha a petición de la iglesia de Jerusalén, Ga 2 10, ver 1 Co 16 1+; 2 Co 8 4; 9 1. 12. 13; Rm 15 31.
12 Agripa I, nieto del rey Herodes el Grande, fue distinguido con el título real por Calígula el año 37, pero no fue realmente rey de Judea hasta el 41; murió probablemente en septiembre u octubre del 43, y en todo caso antes de terminar febrero del 44. —Literariamente, el relato es ajeno a su contexto actual y recuerda el procedimiento de Marcos.
12 6 A los dos soldados que tenía a sus lados.
12 10 Adic.: «bajaron los siete escalones»

13 9+ sobrenombre Marcos*, donde se hallaban muchos reunidos y en oración. ¹³ Llamó él a la puerta del vestíbulo y salió a abrirle una sirvienta llamada Rosa;

Lc 24 41 ¹⁴ quien, al reconocer la voz de Pedro, de pura alegría no abrió la puerta, sino que entró corriendo a anunciar que Pedro estaba a la puerta. ¹⁵ Ellos le dijeron: «Estás loca.» Pero ella continuaba afirmando que era verdad. Entonces ellos dijeron: «Será su ángel*.» ¹⁶ Pedro entretanto seguía llamando. Al abrirle, le vieron, y quedaron atónitos. ¹⁷ Él les hizo

13 16 señas con la mano para que callasen y les contó cómo el Señor le había sacado de la cárcel. Y añadió: «Comunicad esto

1 15+ a Santiago* y a los hermanos.» Salió y marchó a otro lugar. ¹⁸ Cuando vino el día hubo un alboroto no pequeño entre los soldados, sobre qué habría sido de Pedro. ¹⁹ Herodes le hizo buscar y, al no encontrarle, procesó a los guardias y mandó ejecutarlos*. Después bajó de Judea a Cesarea y se quedó allí.

Muerte de Herodes*. 2 M 9 5-28

²⁰ Estaba Herodes fuertemente irritado con los de Tiro y Sidón. Éstos, de común acuerdo, se le presentaron y habiéndose ganado a Blasto, camarlengo del rey, solicitaban hacer las paces, pues su país se abastecía del territorio del rey. ²¹ El día señalado, Herodes, vestido con el manto real y sentado en la tribuna, les arengaba. ²² Entonces el pueblo se puso a aclamarle: «¡Es un dios el que habla, no un hombre!» ²³ Pero inmediatamente le hirió el ángel del Señor porque no había Mt 1 20+
dado la gloria a Dios; y, convertido en pasto de gusanos*, expiró.

Bernabé y Saulo vuelven a Antioquía.

²⁴ Entretanto la palabra de Dios crecía 6 7+
y se propagaba.

²⁵ Bernabé y Saulo volvieron, una vez 11 29-30
cumplido su ministerio en Jerusalén*, trayéndose consigo a Juan, por sobre- 12 12+
nombre Marcos.

III. Misión de Bernabé y Pablo. Asamblea de Jerusalén

La misión.

11 27+
4 36+
13 9+

13 ¹ Había en Antioquía, en la iglesia allí establecida, profetas y maestros*: Bernabé, Simeón llamado el Negro, Lucio de Cirene, Manahén, hermano de leche del tetrarca Herodes, y

Saulo. ² Mientras estaban celebrando el culto* del Señor y ayunando, dijo el Espíritu Santo: «Separadme ya a Bernabé 1 8+
y a Saulo para la obra a la que los tengo llamados.» ³ Entonces, después de haber ayunado y orado, les impusieron las manos* y los enviaron.

12 12 Volvemos a encontrar a Juan Marcos en 12 25; 13 5.13; 15 37-39; era primo de Bernabé, Col 4 10. Se hallará junto a Pablo durante el primer cautiverio romano de éste, Col 4 10; Flm 24, y Pablo reclamará todavía sus servicios poco antes de morir, 2 Tm 4 11. Fue asimismo discípulo de Pedro, 1 P 5 13, y la tradición reconoce en él al autor del segundo evangelio.
12 15 Suponen que Rosa veía una aparición de Pedro que volvía de entre los muertos: ver 23 8+.
12 17 «Santiago», sin más, designa al «hermano del Señor». Desde la época de la primera visita de Pablo a Jerusalén, Ga 1 19 (sería el 36, ver Hch 9+), Santiago es el jefe del grupo «hebreo» de los cristianos de Jerusalén. Él gobernará la iglesia después de la marcha de Pedro. Ver 15 13; 21 18; 1 Co 15 7. La epístola de Santiago se presenta como obra suya.
12 19 Los soldados, responsables de sus prisioneros, debían sufrir la pena de aquellos a quienes habían dejado escapar, ver 16 27; 27 42.
12 20 Josefo da también una información de la apoteosis y la muerte de Agripa que completa el libro de los Hechos.
12 23 Var.: «habiendo bajado de la tribuna se convirtió, vivo aún, en pasto de gusanos, y así expiró».

12 25 Var.: «en Jerusalén». Esta lectura, mejor avalada, puede entenderse si esas palabras se relacionan con el verbo «cumplir»; la var.: «de Jerusalén» supone que se hace depender la expresión del verbo «volvieron», pero de la sensación de ser una corrección para facilitar el texto.
13 1 Sobre los profetas, véase 11 27+. El carisma propio del maestro o didáscalo, le hace apto para dar a sus hermanos una enseñanza moral o doctrinal, normalmente basada en la Escritura, comp. la lista de los Doce, 1 13, y la de los Siete, 6 5. Como estos últimos, parece que los Cinco de Antioquía son judíos helenistas.
13 2 El uso de este término equipara las oraciones comunes de los cristianos al culto sacrificial de la antigua Ley, ver Rm 1 9+.
13 3 Según 14 26 (ver 15 40), este gesto de la comunidad parece encomendar a la gracia de Dios los nuevos misioneros, elegidos, v. 2, y enviados, v. 4, por el Espíritu Santo. El rito no tiene, por tanto, exactamente el mismo alcance que en 6 6, donde los Siete reciben de los apóstoles su mandato. Ver 1 Tm 4 14+.

En Chipre. El mago Elimas.

⁴ Ellos, pues, enviados por el Espíritu Santo, bajaron a Seleucia y de allí navegaron hasta Chipre*. ⁵ Llegados a Salamina anunciaban la palabra de Dios en las sinagogas de los judíos*. Tenían también a Juan que les ayudaba.

⁶ Habiendo atravesado toda la isla hasta Pafos, encontraron a un mago, un falso profeta judío, llamado Barjesús, ⁷ que vivía con el procónsul Sergio Paulo, hombre prudente. Éste hizo llamar a Bernabé y Saulo, deseoso de escuchar la palabra de Dios. ⁸ Pero se les oponía el mago Elimas —pues eso quiere decir su nombre— intentando apartar al procónsul de la fe. ⁹ Entonces Saulo, también llamado Pablo*, lleno de Espíritu Santo, mirándole fijamente, ¹⁰ le dijo: «Tú, repleto de todo engaño y de toda maldad, hijo del diablo, enemigo de toda justicia, ¿no dejarás ya de torcer los rectos caminos del Señor? ¹¹ Pues ahora, mira la mano del Señor sobre ti. Te quedarás ciego y no verás el sol hasta un tiempo determinado.» Al instante cayeron sobre él oscuridad y tinieblas y daba vueltas buscando quien le llevase de la mano. ¹² Entonces, al ver lo ocurrido, el procónsul creyó, impresionado por la doctrina del Señor.

Llegan a Antioquía de Pisidia.

¹³ Pablo y sus compañeros se hicieron a la mar en Pafos y llegaron a Perge de Panfilia. Pero Juan se separó de ellos y se volvió a Jerusalén, ¹⁴ mientras que ellos, partiendo de Perge, llegaron a Antioquía de Pisidia. El sábado entraron en la sinagoga y tomaron asiento. ¹⁵ Después de la lectura de la Ley y los Profetas, los jefes de la sinagoga les mandaron a decir: «Hermanos, si tenéis alguna palabra de exhortación* para el pueblo, hablad.» ¹⁶ Pablo se levantó, hizo señal con la mano* y dijo:

Predicación de Pablo ante los judíos*.

«Israelitas y cuantos teméis a Dios*, escuchad: ¹⁷ El Dios de este pueblo, Israel, eligió a nuestros padres, engrandeció al pueblo durante su permanencia en la tierra de Egipto y los sacó con su brazo extendido. ¹⁸ Y durante unos cuarenta años *los rodeó de cuidados* en el desierto;* ¹⁹ después, *habiendo exterminado siete naciones en la tierra de Canaán, les dio en herencia* su tierra, ²⁰ por unos cuatrocientos cincuenta años*. Después de esto les dio jueces hasta el profeta Samuel. ²¹ Luego pidieron un rey, y Dios les dio a Saúl, hijo de Cis, de la tribu de Benjamín*, durante cuarenta años. ²² Depuso a éste y les suscitó por rey a David, de quien precisamente dio este testimonio: *He encontrado a David, el hijo de Jesé, un hombre según mi corazón, que realizará todo lo que yo quiera.* ²³ De su descendencia, Dios, según la Promesa, ha suscitado* para Israel un Salvador, Jesús. ²⁴ Juan predicó como precursor, antes de su venida, un bautismo de conver-

Referencias marginales (columna izquierda)
12 12+
8 20-23
Jn 8 44
Lc 4 32
Mt 22 33
15 38

Referencias marginales (columna derecha)
13 5+
2 22+
10 2+
Ex 1 7
Is 1 2
Ex 3-15
Dt 1 31
Dt 7 1+
Gn 15 13
Ex 12 40-41
1 S 8-10
Sal 89 21
1 S 13 14
Is 44 28
Ml 3 1-2
Lc 1 76

---

13 4   Patria de Bernabé, 4 36.
13 5   La táctica constante de Pablo, 17 2, es dirigirse primero a los judíos, ver 13 14; 14 1; 16 13; 17 10. 17; 18 4. 19; 19 8; 28 17. 23. Responde a un principio: la prioridad en la predicación de la fe pertenece a los judíos, véase 3 26; 13 46; Rm 1 16; 2 9-10; Mc 7 27. Sólo después de la negativa de éstos, se dirige a los gentiles, ver 13 46; 18 6; 28 28.
13 9   Los judíos y los orientales en general, tomaban un nombre destinado al mundo grecorromano: Juan lleva el nombre de Marcos, 12 12, José Barsabás, el de Justo, 1 23, Simeón, el de Negro, 13 1, Tabitá, el de Dorkás, 9 36, etc. Aquí, Lucas da por vez primera a Pablo su nombre romano, que en adelante será su único nombre. También hace pasar a Pablo al primer plano: ya no es un ayudante de Bernabé, sino el verdadero jefe de la misión, v. 13.
13 15   Se trata de exhortaciones que se apoyan en la Escritura, ver Rm 15 4. La práctica de las sinagogas, tal como aquí aparece, vuelve a repetirse en las reuniones litúrgicas cristianas; en ellas, los «profetas» o maestros pronuncian discursos de exhortación: ver 1 Co 14 3. 31; 1 Tm 4 13; Hb 13 22; Hch 11 23; 14 22; 15 32; 16 40; 20 1. 2.
13 16   (a) Gesto habitual de los antiguos oradores, para llamar la atención de sus oyentes: extendían la mano derecha, con los dedos pulgar y meñique recogidos y los otros tres extendidos. Ver 19 33; 21 40; 26 1.

13 16   (b) El gran discurso inaugural de San Pablo, en el que Lucas quiere reflejar la predicación del Apóstol a los judíos. Tiene dos partes: primero, vv. 16-25, un resumen de historia sagrada (comp. el discurso de Esteban, 7), ampliado con la evocación del testimonio de Juan el Bautista; luego, vv. 26-39, Jesús, muerto y resucitado, es ciertamente el Mesías esperado (predicación estrechamente afín al discurso de Pedro, excepto el final que evoca la doctrina paulina de la justificación por la fe). El discurso concluye, vv. 40-41, con una severa admonición tomada de la Escritura, ver 28 26-27.
13 16   (c) Ver 10 2+.
13 18   Var.: «sostuvo» (o: «soportó»).
13 20   Texto occ. (y antioqueno): «durante cerca de cuatrocientos cincuenta años les dio jueces». El texto es oscuro.
13 21   Pablo, también de la tribu de Benjamín, Rm 11 1; Flp 3 5, llevaba el mismo nombre de Saúl (Saulo).
13 23   O «resucitado». El verbo griego es anfibológico, y la argumentación explota esa anfibología, como en 3 20-26; la «promesa» se ha realizado con la resurrección de Jesús, vv. 32-33, ver también 26 6-8; también por la resurrección ha quedado Jesús constituido como Salvador, ver también 2 21; 4 12; Rm 5 9-10; Flp 3 20, etc. Y así, el verbo, que en el v. 22 significa «suscitar», a partir del v. 30, indudablemente significa «resucitar». En el v. 23 se realiza la transición, de lo que resulta el equívoco.

sión a todo el pueblo de Israel. ²⁵ Al final de su carrera, Juan decía: 'Yo no soy el* que vosotros os pensáis, sino mirad que viene detrás de mí aquel a quien no soy digno de desatar las sandalias de los pies.'

²⁶ «Hermanos, hijos de la raza de Abrahán, y cuantos entre vosotros teméis a Dios: a vosotros* ha sido enviada esta palabra de salvación. ²⁷ Los habitantes de Jerusalén y sus jefes cumplieron, sin saberlo, las Escrituras de los profetas que se leen cada sábado*; ²⁸ sin hallar en él ningún motivo de muerte* pidieron a Pilato que le hiciera morir*. ²⁹ Y cuando hubieron cumplido todo lo que referente a él estaba escrito, lo bajaron del madero, y le pusieron en el sepulcro*. ³⁰ Pero Dios le resucitó de entre los muertos. ³¹ Él se apareció durante muchos días a los que habían subido con él de Galilea a Jerusalén y que ahora son testigos suyos ante el pueblo*.

³² «También nosotros os anunciamos la Buena Nueva de que la Promesa hecha a los padres ³³ Dios la ha cumplido en nosotros, los hijos*, al resucitar a Jesús, como está escrito en los salmos*: *Hijo mío eres tú; yo te he engendrado hoy*. ³⁴ Y que le resucitó de entre los muertos para nunca más volver a la corrupción, lo tiene declarado: *Os daré las cosas santas de David, las verdaderas*. ³⁵ Por eso dice también en otro lugar: *No permitirás que tu santo experimente la corrupción*. ³⁶ Ahora bien, David, después de haber cumplido en sus días la voluntad de Dios, murió, se reunió con sus padres y *experimentó la corrupción*. ³⁷ En

cambio aquel a quien Dios resucitó, *no experimentó la corrupción*.

³⁸ «Tened, pues, entendido, hermanos, que por medio de éste se os anuncia el perdón de los pecados; y la total justificación que no pudisteis obtener por la Ley de Moisés ³⁹ la obtiene por él todo el que cree. ⁴⁰ Cuidad, pues, de que no sobrevenga lo que dijeron los Profetas:

⁴¹ *Mirad, los que despreciáis,*
    asombraos y desapareced,
    porque en vuestros días yo voy a realizar una obra,
    que no creeréis aunque os la cuenten *.»*

⁴² Al salir les rogaban* que les hablasen sobre estas cosas el siguiente sábado. ⁴³ Disuelta la reunión, muchos judíos y prosélitos que adoraban a Dios siguieron a Pablo y a Bernabé*; éstos conversaban con ellos y les persuadían a perseverar fieles a la gracia de Dios*.

Pablo y Bernabé se dirigen a los gentiles.

⁴⁴ El sábado siguiente se congregó casi toda la ciudad para escuchar la palabra de Dios*. ⁴⁵ Los judíos, al ver a la multitud, se llenaron de envidia y contradecían con blasfemias cuanto Pablo decía. ⁴⁶ Entonces Pablo y Bernabé dijeron con valentía*: «Era necesario anunciaros a vosotros en primer lugar la palabra de Dios; pero ya que la rechazáis y vosotros mismos no os consideráis dignos de la vida eterna, mirad que nos volvemos a los gentiles. ⁴⁷ Pues así nos lo ordenó el Señor:

Marginal references left column:
Mt 3 11p+
Jn 1 20-27

5 20+

2 23+
3 17+
Lc 18 31+
Hch 13 14s;
15 21

5 30

1 3
1 8+

2 24-31
13 23

Sal 2 7
2 36+
9 20+

Is 55 3

Sal 16 10

Marginal references right column:
2 38+
Rm 3 20+
Hch 15 11

Rm 1 16+
28 26-27

Ha 1 5

10 2+
17 4

11 23; 14 22

5 17; 17 5
1 Ts 2 14+

13 5+

1 8

---

13 25 Var.: «lo que».

13 26 Var.: «a nosotros».

13 27 Con texto occ. Texto corriente: «Los habitantes de Jerusalén le desconocieron así como las palabras de los profetas que se leen cada sábado: las cumplieron al condenarle».

13 28 (a) Uno de los temas de la apologética cristiana: Jesús inocente e injustamente condenado, ver 3 13-14; Lc 23 14. 22. 47; Mt 27 3-10. 19. 23-24.

13 28 (b) «pidieron a Pilato que le hiciera morir», o bien: «que (él) le hiciera morir», o bien: «que (ellos pudieran) hacerle morir», según los testigos. Var.: «le entregaron a Pilato para que murieran».

13 29 Texto occ.: «... estaba escrito, pidieron a Pilato que después de crucificado pudieran bajarle del madero, y obtenido el permiso, le bajaron y le pusieron en el sepulcro».

13 31 Este recurso al testimonio de los apóstoles galileos sorprende un tanto en labios de Pablo que no establecía separación entre su testimonio y el de ellos, 1 Co 15 3-11.

13 33 (a) Var.: «en nuestros hijos».

13 33 (b) «en los salmos»; var.: «en el salmo primero»; lectura occ. (según la costumbre antigua de unir los Sal 1 y 2); otra var.: «en el salmo segundo» (según la cos-

tumbre que finalmente ha prevalecido).

13 33 (c) La resurrección de Cristo fue su entronización mesiánica; entonces su humanidad comenzó a disfrutar de los privilegios del Hijo de Dios. Ver Rm 1 4+.

13 34 Promesa de la santidad como de un don reservado para los tiempos mesiánicos que fluirá del nuevo David, Cristo resucitado.

13 41 La incredulidad y la resistencia de los judíos (ver Mt 21 33+; 22+) son tema predilecto de Lucas, ver Hch 13 5+, al que volverá al concluir el libro de los Hechos, 28 26-27.

13 42 Var.: «Al marcharse ellos, juzgaron conveniente el».

13 43 (a) Adic.: «juzgando conveniente hacerse bautizar».

13 43 (b) Adic. occ.: «y así la palabra de Dios se difundía por toda la ciudad».

13 44 Var.: «La palabra del Señor», o: «a Pablo, que disertó largamente acerca del Señor».

13 46 Esta idea de «osadía», o «valentía», subrayada ya a propósito de los apóstoles, 4 13. 29. 31, se repite con insistencia cuando se trata de Pablo, 9 27-28; 14 3; 19 8; 26 26; 28 31; idéntica insistencia en el mismo Pablo, 1 Ts 2 2; 2 Co 3 12; 7 4; Flp 1 20; Ef 3 12; 6 19-20.

Is 49 6
Jn 8 12+

2 46+

2 47+
3 15+
6 7+

10 2+

Lc 9 5;
10 11p
Hch 18 6
2 46+

13 5+

1 Ts 2 14+

4 29-30
13 46+

20 24.32
Mc 16 17-20

2 Tm 3 11

*Te he puesto como la luz de los gentiles,
para que tú seas la salvación hasta el
fin de la tierra*.»*

⁴⁸ Al oír esto los gentiles se alegraron y
se pusieron a glorificar la palabra del Se-
ñor*; y creyeron cuantos estaban destinados a una vida eterna*. ⁴⁹ Y la palabra
del Señor se difundía por toda la región.

⁵⁰ Pero los judíos incitaron a mujeres
piadosas y de la nobleza, y a los principales de la ciudad; promovieron una persecución contra Pablo y Bernabé y les
echaron de su territorio. ⁵¹ Éstos sacudieron contra ellos el polvo de sus pies y
se fueron a Iconio. ⁵² Los discípulos, en
cambio, se llenaban de gozo y del Espíritu Santo.

Evangelización de Iconio.

14 ¹ En Iconio, entraron como de cos-
tumbre* en la sinagoga de los judíos y hablaron de tal manera que gran
multitud de judíos y griegos abrazaron la
fe*.

² Pero los judíos que no habían creído
excitaron y envenenaron los ánimos de
los gentiles contra los hermanos*. ³ Con
todo se detuvieron allí bastante
tiempo, hablando con valentía del Señor
que daba testimonio de la predicación de
su gracia, concediéndoles obrar por sus
manos signos y prodigios. ⁴ La gente de la ciudad se dividió*:
unos a favor de los judíos y otros a favor
de los apóstoles. ⁵ Como se alzasen judíos y gentiles con sus jefes para ultra-
jarlos y apedrearlos, ⁶ al saberlo, huyeron a las ciudades de Licaonia, a Listra
y Derbe y sus alrededores*. ⁷ También

allí se pusieron a anunciar la Buena
Nueva.

Curación de un tullido.

⁸ En Listra estaba sentado un hombre
tullido de pies, cojo de nacimiento y que
nunca había andado. ⁹ Éste escuchaba a
Pablo que hablaba. Pablo fijó en él su
mirada y viendo que tenía fe para ser cu-
rado*, ¹⁰ le dijo con fuerte voz: «Ponte
derecho sobre tus pies.» Y él se levantó
de un salto y se puso a caminar.

¹¹ La gente, al ver lo que Pablo había
hecho, empezó a gritar en licaonio: «Los
dioses han bajado hasta nosotros en figura de hombres.» ¹² A Bernabé le llamaban Zeus y a Pablo, Hermes, porque
era quien dirigía la palabra*. ¹³ El sacerdote del templo de Zeus que hay a la entrada de la ciudad*, trajo toros y guir-
naldas delante de las puertas y a una con
la gente se disponía a ofrecer un sacrificio. ¹⁴ Al oírlo los apóstoles Bernabé y
Pablo, rasgaron sus vestidos* y se lanzaron en medio de la gente gritando:
¹⁵ «Amigos, ¿por qué hacéis esto? Nosotros somos también hombres, de igual
condición que vosotros, que os predicamos que abandonéis estas cosas vanas y
os volváis al Dios vivo* que hizo el cielo,
la tierra, el mar y cuanto en ellos hay*,
¹⁶ y que en las generaciones pasadas permitió que todas las naciones siguieran
sus propios caminos; ¹⁷ si bien no dejó de
dar testimonio de sí mismo, derramando
bienes, enviándoos desde el cielo lluvias
y estaciones fructíferas, llenando vuestros corazones de sustento y alegría...»
¹⁸ Con estas palabras pudieron impedir a

28 6

Nm 14 6
Jb 1 20+

3 12; 10 26

3 19+
2 38+
1 Ts 1 9

17 22-30+
Dt 5 26

Jr 5 24

---

13 47 Cita libre según los LXX. El texto puede entenderse, o del mismo Pablo (ver 26 17-18), apóstol y doctor de los gentiles (ver Rm 11 13; 1 Tm 2 7; Ef 3 8, etc.),
o bien de Cristo resucitado (véase 26 23, que parece
depender de Is 49 6, y Lc 2 32, que a su vez depende
de Is 49 6. 9): él es la luz de las naciones, pero sólo las
iluminará efectivamente mediante el testimonio de los
apóstoles, ver Hch 1 8+; por eso, la profecía es una orden para el Apóstol que debe realizar su cumplimiento.
13 48 (a) Var.: «la palabra de Dios».
13 48 (b) «una vida eterna», ver v. 46, es decir, la vida
del siglo futuro, ver 3 15+; sólo la alcanzarán aquellos
cuyos nombres «estén escritos en los cielos», Lc 10 20,
en «el libro de la vida», Flp 4 3; Ap 20 12+ —«Destinados a la vida del mundo futuro», expresión corriente
entre los rabinos.
14 1   (a) O: «entraron juntos».
14 1   (b) El v. 1 se continúa en el v. 3.
14 2   La negativa a aceptar la fe degenera inmediatamente en una oposición violenta, ver 19 9; 28 24 y 9
23; 13 45.50; 14 19; 17 5-8.13; 18 6.13.
14 4   Continuación del v. 2.
14 6   Listra, colonia romana, patria de Timoteo, ver

16 1-2. Los sucesos de los vv. 8-19 ocurren en Listra;
Pablo no llegará a Derbe hasta el v. 20.
14 9   Otra traducción: «para ser salvado». La fe es la
condición del milagro, ver Mt 8 10+.
14 12 Lit.: «que era conductor de la palabra». —Hermes (Mercurio entre los latinos) era el dios patrono de
los oradores. Más bien que del Zeus y del Hermes de los
griegos se trata sin duda de dioses de Licaonia asimilados a los olímpicos.
14 13 Según el texto occ. —Este Zeus era el dios protector de la ciudad.
14 14 En señal de indignación, ver Mt 26 65.
14 15 (a) Predicación monoteísta; en ella tradicionalmente se contrapone el Dios verdadero a los falsos dioses, el Dios vivo a los ídolos inertes, y termina con un
llamamiento a la conversión. Ver un resumen de la predicación de Pablo a los gentiles en 1 Ts 1 9-10 y Ga 4
9; ver Hch 15 19; 26 18. 20.
14 15 (b) El verdadero Dios se ha mostrado vivo al
crear el universo: fórmula que se halla en las confesiones de fe del Judaísmo. Ver Ex 20 11; Ne 9 6; Sal 146
6; Hch 4 24; 17 24; Ap 10 6; 14 7.

duras penas que la gente les ofreciera un sacrificio.

Fin de la misión.

1 Ts 2 14+
2 Co 11 25
2 Tm 3 11

[19] Vinieron entonces de Antioquía e Iconio algunos judíos y, habiendo persuadido a la gente, lapidaron a Pablo y le arrastraron fuera de la ciudad, dándole por muerto. [20] Pero él se levantó y, rodeado de los discípulos, entró en la ciudad. Al día siguiente marchó con Bernabé a Derbe.

[21] Habiendo evangelizado aquella ciudad y conseguido bastantes discípulos, se volvieron a Listra, Iconio y Antioquía,

15 32.41
18 23

[22] confortando los ánimos de los discípulos*, exhortándoles a perseverar en la

11 23; 13 43
Mt 10 22;
24 13
Rm 5 3-4
2 Ts 1 4s
2 Tm 2 12;
3 12
Hb 10 36
Hch 13 3+

fe y diciéndoles: «Es necesario que pasemos por muchas tribulaciones para entrar en el Reino de Dios.» [23] Designaron presbíteros* en cada iglesia y después de hacer oración con ayunos, los encomendaron al Señor en quien habían creído.

[24] Atravesaron Pisidia y llegaron a Panfilia; [25] predicaron en Perge la palabra* y bajaron a Atalía. [26] Allí se embarcaron para Antioquía, de donde habían partido

13 3+

encomendados a la gracia de Dios para la obra que habían realizado.

[27] A su llegada reunieron a la iglesia y se pusieron a contar todo cuanto Dios había hecho juntamente con ellos y cómo había abierto a los gentiles la puerta de la fe*. [28] Y permanecieron bastante tiempo con los discípulos.

15 4.12
21 19

Controversia en Antioquía.

Ga 2 11-14

15 [1] Bajaron algunos de Judea* que enseñaban a los hermanos: «Si no os circuncidáis conforme a la costumbre mosaica, no podéis salvaros.» [2] Se produjo con esto una agitación y una discusión no pequeña* de Pablo y Bernabé contra ellos; y decidieron que Pablo y Bernabé y algunos más de ellos* subieran a Jerusalén, adonde los apóstoles* y presbíteros, para tratar esta cuestión.

15 5.24
Gn 17 10+
Ga 2 1-2

[3] Ellos, pues, enviados* por la iglesia, atravesaron Fenicia y Samaría, contando al detalle la conversión de los gentiles y produciendo gran alegría en todos los hermanos. [4] Llegados a Jerusalén fueron recibidos por la iglesia y por los apóstoles y presbíteros, y contaron cuanto Dios había hecho juntamente con ellos.

20 38; 21 5
14 27+

Controversia en Jerusalén.

Ga 2 1-9

[5] Pero algunos de la secta de los fariseos, que habían abrazado la fe, se levantaron* para decir que era necesario circuncidar a los gentiles y mandarles

14 22 Ver Rm 1 11; 1 Ts 3 2. 13; Lc 22 32.
14 23 Según el modelo de las comunidades judías de la Dispersión.
14 25 Adic.: «del Señor» o «de Dios».
14 27 Análoga metáfora en San Pablo, 1 Co 16 9; 2 Co 2 12; Col 4 3.
15 Los sucesos de este cap. plantean varias dificultades: 1.ª: los vv. 5-7a vuelven sobre lo dicho en los vv. 1-2a, como si el autor refiriera dos orígenes distintos de la controversia, sin establecer conexión entre ellos; 2.ª: en el v. 6, parece que se trata de una reunión por separado de los dirigentes de la comunidad, pero en los vv. 12. 22, los debates tienen lugar ante la asamblea cristiana completa; 3.ª: la asamblea establece y envía un decreto a Pablo sobre las observancias de pureza ritual impuestas a los cristianos venidos de la gentilidad, vv. 22s, pero más tarde, parece que Santiago notifica este mismo decreto al Apóstol sin suponer que éste lo conozca, 21 25. Pablo mismo no habla de este decreto ni en Ga 2 6 (donde habla de la asamblea de Jerusalén) ni en 1 Co 8-10; Rm 14 (donde trata de problemas análogos); 4.ª: el decreto de Hch 15 29 se dio para las iglesias de Siria y de Cilicia, 15 23, sin embargo, Lucas no dice que Pablo lo haya publicado al atravesar esas regiones, 15 41, pero sí habla de él a propósito de las ciudades de Licaonia, 16 4; y en 15 19-21; 21 25 parece que en realidad da al decreto un alcance universal. Se explicarían estas dificultades admitiendo que Lucas agrupó dos controversias distintas y las diferentes soluciones que se dieron (Pablo distinguió mejor en Ga 2): una controversia en la que tomaron parte Pedro y Pablo, sobre la obligación de la Ley judía para los gentiles convertidos, ver Ga 2 1-10; otra, posterior, provocada por el incidente de Antioquía, Ga 2 11-14 y en la cual Santiago desempeñó un papel preponderante en ausencia de Pedro y Pablo, sobre los contactos entre cristianos venidos del Judaísmo y del paganismo en sus relaciones sociales; todo contacto con un gentil implicaba para el judío una impureza legal; ver 15 20+.
15 1 Ga 2 12 les designa como «algunos del grupo de Santiago».
15 2 (a) Var.: «Después de una agitación y una no pequeña discusión sostenida con ellos por Pablo y Bernabé —porque Pablo decía insistentemente que debían permanecer como cuando habían abrazado la fe— los que habían venido de Jerusalén les mandaron a ellos y algunos otros subir a Jerusalén adonde los apóstoles y presbíteros para ser allí juzgados ante ellos acerca de este litigio».
15 2 (b) Ga 2 12 nombra a Tito, que era originario de la gentilidad.
15 2 (c) A los apóstoles, de quienes no se trata ni en 11 30 ni en 21 18, se les menciona aquí conjuntamente con el colegio de los presbíteros; esto concuerda con Ga 2 2-9, en que a Pedro y Juan se les cita como autoridades de la iglesia de Jerusalén, junto a Santiago, hermano del Señor.
15 3 Otra traducción: «cuando hubieron sido provistos de lo necesario para el viaje» ver 1 Co 16 11; Tt 3 13.
15 5 (a) En el texto ordinario parece como si los fariseos intervinieran en Jerusalén independientemente de lo que ha sucedido en Antioquía. El texto occ. trata de armonizar los hechos: «Pero los que les habían mandado subir a donde los presbíteros se levantaron entonces...».

guardar la Ley de Moisés*. ⁶ Se reunieron entonces los apóstoles y presbíteros* para tratar este asunto. ⁷ Después de una larga discusión, Pedro se levantó* y les dijo:

Discurso de Pedro.

«Hermanos, vosotros sabéis que ya desde los primeros días me eligió Dios entre vosotros para que por mi boca oyesen los gentiles la palabra de la Buena Nueva y creyeran. ⁸ Y Dios, conocedor de los corazones, dio testimonio en su favor comunicándoles el Espíritu Santo como a nosotros; ⁹ y no hizo distinción alguna entre ellos y nosotros, pues purificó sus corazones con la fe*. ¹⁰ ¿Por qué, pues, ahora tentáis a Dios* imponiendo sobre el cuello de los discípulos un yugo que ni nuestros padres ni nosotros pudimos sobrellevar? ¹¹ Nosotros creemos más bien que nos salvamos por la gracia del Señor Jesús, del mismo modo que ellos*.»

¹² Toda la asamblea calló* y escucharon a Bernabé y a Pablo contar todos los signos y prodigios que Dios había realizado por medio de ellos entre los gentiles.

Discurso de Santiago.

¹³ Cuando terminaron de hablar, tomó Santiago* la palabra y dijo: «Hermanos,

escuchadme. ¹⁴ Simeón* ha referido cómo Dios ya por primera vez intervino para procurarse entre los gentiles un pueblo para su Nombre. ¹⁵ Con esto concuerdan los oráculos de los Profetas, según está escrito*:
¹⁶ *«Después de esto volveré*
y reconstruiré la tienda de David que
está caída;
reconstruiré sus ruinas,
y la volveré a levantar.
¹⁷ *Para que el resto de los hombres busque*
al Señor,
y todas las naciones
que han sido consagradas a mi nombre,*
dice el Señor que hace ¹⁸ *que estas cosas*
sean conocidas desde antiguo*.

¹⁹ «Por esto juzgo* yo que no se debe molestar a los gentiles que se conviertan a Dios, ²⁰ sino escribirles que se abstengan de lo que ha sido contaminado por los ídolos*, de la impureza*, de los animales estrangulados y de la sangre*. ²¹ Porque desde tiempos antiguos Moisés tiene en cada ciudad sus predicadores cuando se lee cada sábado en las sinagogas.»

La carta apostólica.

²² Entonces decidieron los apóstoles y presbíteros, de acuerdo con toda la igle-

Márgenes

2 14+

10 1 -
11 18+

1 24
10 44-47
11 15-17
11 12; 10 34

Ga 5 1
Mt 23 4

Ga 3 10-12
Rm 7

14 27

12 17+

18 10
Rm 9 26
Hch 13 47
Rm 15 9-12;
16 26
Am 9 11-12

3 19+

13 27

15 5 (b) Según Ga 2 3-5, tales exigencias apuntarían más directamente a Tito, que había acompañado a Pablo a Jerusalén.
15 6 Adic. occ.: «y la asamblea», ver v. 12.
15 7 Adic. occ.: «bajo la inspiración del Espíritu».
15 9 Interpretación de la palabra del cielo oída por Pedro, 10 15; 11 9; ver 10 28; St 38 10. La intervención de Pedro continúa la justificación que de su conducta dio en Cesarea, 11 4-7.
15 10 Tentar (ver 1 Co 10 13+) a Dios, es emplazarle a que demuestre su poder, exigiendo una intervención o una señal, 5 9; Ex 17 2. 7; Nm 14 22; Dt 6 16; Jdt 8 12-17; Sal 95 9; Is 7 11-12; Mt 4 7p; Hch 5 8-10; 1 Co 10 9.
15 11 Respuesta directa a la afirmación del v. 1. La doctrina es la de Ga 2 15-21; 3 22-26; Rm 11 32; Ef 2 1-10, etc. Bajo este punto de vista, no hay ventaja alguna para el judío: ver 13 38; Ga 5 6; 6 15.
15 12 Texto occ.: «Como los presbíteros dieran su asentimiento a lo que Pedro les había dicho, toda la asamblea...».
15 13 Ga 2 9 confirma la importancia de su intervención en este asunto, en especial en el debate referente a los problemas locales de relaciones sociales, ver 15 1+ y 20+.
15 14 Nombre semítico de Simón Pedro, ver 2 P 1 1.
15 15 El texto está citado según los LXX y la argumentación descansa en variantes que son propias de la versión griega. Proviene sin duda de los medios «helenistas», aun cuando aquí se le ponga en labios del jefe del partido «hebreo».
15 17 Lit.: «sobre quienes se ha invocado (o: pronunciado) mi nombre». Invocar el nombre de Yahvé sobre un pueblo, ver 2 Cro 7 14, o sobre un lugar, ver 2 Cro 6 34, es consagrarlos a Yahvé.

15 18 Var.: «dice el Señor que obra estas cosas. Desde antiguo conoce el Señor su obra».
15 19 Santiago dirime el debate, y la carta apostólica se limitará a repetir los términos de su declaración. Ga 2 9 produce la misma impresión: el que en la iglesia de Jerusalén ocupa en esta fecha el primer puesto es Santiago, ver Hch 12 17+. —Una var. disminuye su importancia: «Y por eso, por lo que a mí hace...».
15 20 (a) La carne de los animales inmolados en los sacrificios de los gentiles, ver v. 29 y 21 25. Ver 1 Co 8-10.
15 20 (b) La palabra parece designar todas las uniones irregulares enumeradas en Lv 18.
15 20 (c) El texto occ. suprime «animales estrangulados» y añade al final: «y no hacer a los demás lo que uno no querría que se le sucediera» (igualmente en el v. 29). Otra om.: «la impureza». —Las reservas de Santiago manifiestan la naturaleza exacta del litigio. Tienen un carácter estrictamente ritual y responden al problema planteado en Hch 11 3 y Ga 2 12-14: ¿qué se ha de exigir de parte de los heleno-cristianos para que los judío-cristianos puedan tratar con ellos sin mancha legal? Santiago sólo ha querido retener de todas las leyes de pureza aquellas cuya significación religiosa parece universal: el comer la carne ofrecida a los ídolos entrañaba cierta participación en un culto sacrílego, ver 1 Co 8-10. La sangre era la expresión de la vida, que sólo pertenece a Dios; la prohibición de comer la sangre, Lv 1 5 +, tenía tal fuerza obligatoria que hace explicable la repugnancia del judío a dispensar de ella al gentil. El caso de los animales estrangulados es análogo al de la sangre. Las uniones irregulares no figuran en este contexto por su calificación moral, sino en cuanto principio de mancha legal

sia, elegir de entre ellos algunos hombres y enviarlos a Antioquía con Pablo y Bernabé; y estos fueron Judas, llamado Barsabás*, y Silas*, que eran dirigentes entre los hermanos. ²³ Por su medio les enviaron esta carta:

«Los apóstoles y los presbíteros hermanos, saludan a los hermanos venidos de la gentilidad que están en Antioquía, en Siria y en Cilicia. ²⁴ Habiendo sabido que algunos de entre nosotros, sin mandato nuestro, os han perturbado con sus palabras, trastornando vuestros ánimos, ²⁵ hemos decidido de común acuerdo elegir algunos hombres y enviarlos a vosotros, juntamente con nuestros queridos Bernabé y Pablo, ²⁶ hombres que han entregado su vida a la causa de nuestro Señor Jesucristo. ²⁷ Enviamos, pues, a Judas y Silas, quienes os expondrán esto mismo de viva voz: ²⁸ Que hemos decidido el Espíritu Santo y nosotros no imponeros más cargas que éstas indispensables: ²⁹ abstenerse de lo sacrificado a los ídolos, de la sangre, de los animales estrangulados y de la impureza. Haréis bien* en guardaros de estas cosas. Adiós.»

Los delegados en Antioquía.

³⁰ Ellos, después de despedirse, bajaron a Antioquía, reunieron la asamblea y entregaron la carta. ³¹ La leyeron y se gozaron al recibir aquel aliento. ³² Judas y Silas, que eran también profetas, exhortaron con un largo discurso a los hermanos y les confortaron. ³³ Pasado algún tiempo, fueron despedidos en paz por los hermanos para volver a los que los habían enviado*. [34]

³⁵ Pablo y Bernabé se quedaron en Antioquía enseñando y anunciando, en compañía de otros muchos, la Buena Nueva, la palabra del Señor.

IV. Misiones de Pablo

Pablo se separa de Bernabé y toma por compañero a Silas.

³⁶ Al cabo de algunos días dijo Pablo a Bernabé: «Volvamos ya a ver cómo les va a los hermanos en todas aquellas ciudades en que anunciamos la palabra del Señor.» ³⁷ Bernabé quería llevar también con ellos a Juan, llamado Marcos. ³⁸ Pablo, en cambio, pensaba que no debían llevar consigo al que se había separado de ellos en Panfilia y no les había acompañado en la obra. ³⁹ Se produjo entonces una tirantez tal que acabaron por separarse el uno del otro*: Bernabé tomó consigo a Marcos y se embarcó rumbo a Chipre; ⁴⁰ por su parte Pablo eligió por compañero a Silas y partió, encomendado por los hermanos a la gracia de Dios*.

En Licaonia. Pablo toma por compañero a Timoteo.

⁴¹ Recorrió Siria y Cilicia consolidando las iglesias*.

16 ¹ Llegó también a Derbe y Listra. Había allí un discípulo llamado Timoteo*, hijo de una mujer judía creyente pero de padre griego. ² Los hermanos de Listra e Iconio daban de él un buen testimonio. ³ Pablo quiso que se fuera con él. Le tomó y le circuncidó a causa de los judíos que había por aquellos lugares*, pues todos sabían que su padre era griego.

⁴ Conforme iban pasando por las ciudades, les iban entregando, para que las observasen, las decisiones tomadas por los apóstoles y presbíteros en Jerusalén*.

Marginal references

Ga 2 12
Hch 15 1

1 8+
5 32

12 12+

13 13

15 22+
13 3+

11 27+

14 28
2 42+
5 42+

14 22+

2 Tm 1 5;
3 15
Mc 7 26

15 23-29

Footnotes

15 22 (a) Solamente conocido por este pasaje; ver 1 23.
15 22 (b) Silas, compañero de misión de Pablo, 15 40 - 18 5, es idéntico al Silvano que mencionan 1 Ts 1 1; 2 Ts 1 1; 2 Co 1 19; 1 P 5 12.
15 29 Adic.: occ.: «bajo la dirección del Espíritu Santo».
15 33 El texto occ. añade el v. 34: «pero Silas decidió quedarse». Varios mss añaden además: «Judas marchó solo».
15 39 Es posible que la razón de fondo de que Pablo se separe de Bernabé sea la diferencia que se produjo entre ellos en Antioquía a propósito de las comidas comunes, y por tanto de la comunión, entre cristianos procedentes del Judaísmo y de la gentilidad; ver Ga 2 11-13.
15 40 Var.: «la gracia del Señor».
15 41 El texto occ. añade: «trasmitiendo las prescripciones de los presbíteros», ver 16 4.
16 1 En adelante Timoteo seguirá unido a Pablo, ver 17 14s; 18 5; 19 22; 20 4; 1 Ts 3 2. 6; 1 Co 4 17; 16 10; 2 Co 1 19; Rm 16 21, y será hasta el fin uno de sus más fieles discípulos (véase 1 Tm y 2 Tm que le están dirigidas).
16 3 Pablo se oponía a que los cristianos procedentes de la gentilidad se hicieran circuncidar, Ga 2 3; 5 1-12. Pero Timoteo era hijo de una judía y por lo mismo, según el derecho judío, israelita.
16 4 Esta indicación redaccional enlaza lógicamente con la descripción de la asamblea de Jerusalén tal como aparece en el cap. 15, donde se supone que el decreto ha sido promulgado en presencia de Pedro y Pablo; pero ver 15+.

14 22+
2 41+

⁵ Las iglesias, pues, se afianzaban en la fe y crecían en número de día en día.

En Asia Menor.

Ga 4 13-15

⁶ Atravesaron Frigia y la región de Galacia*, pues el Espíritu Santo les había impedido predicar la palabra en Asia. ⁷ Estando ya cerca de Misia, intentaron dirigirse a Bitinia, pero no se lo consintió el Espíritu de Jesús*. ⁸ Atravesaron*, pues, Misia y bajaron a Tróade.

Flp 1 19
Rm 8 9
1 P 1 11
Hch 20 5-12

10 9-23

⁹ Por la noche Pablo tuvo una visión: Un macedonio estaba de pie suplicándole: «Pasa a Macedonia y ayúdanos.» ¹⁰ En cuanto tuvo la visión, inmediatamente intentamos* pasar a Macedonia, persuadidos de que Dios nos había llamado para evangelizarlos.

Llegada a Filipos.

¹¹ Nos embarcamos en Tróade y fuimos derechos a Samotracia, y al día siguiente a Neápolis; ¹² de allí, a Filipos, que es la principal colonia* de la demarcación de Macedonia. En esta ciudad nos detuvimos algunos días. ¹³ El día de

13 5+

sábado salimos fuera de la puerta, a la orilla de un río, donde suponíamos que habría un lugar de oración*. Nos sentamos y empezamos a hablar a las mujeres que habían concurrido. ¹⁴ Una de ellas, llamada Lidia, vendedora de púrpura, natural de la ciudad de Tiatira, y que adoraba a Dios, nos escuchaba. El Señor le abrió el corazón para que se adhiriese a las palabras de Pablo. ¹⁵ Cuando ella y los de su casa* recibieron el bautismo, suplicó: «Si juzgáis que soy fiel al Señor, venid y hospedaos en mi casa.» Y nos obligó a ir*.

10 2+

1 5+

10 48

Prisión de Pablo y Silas.

¹⁶ Sucedió que al ir nosotros al lugar de oración, nos salió al encuentro una esclava poseída de un espíritu adivino*, que pronunciando oráculos producía mucho dinero a sus amos. ¹⁷ Nos seguía a Pablo y a nosotros gritando: «Estos hombres son siervos del Dios Altísimo, que os anuncian un camino de salvación.» ¹⁸ Venía haciendo esto durante muchos días. Cansado Pablo, se volvió y dijo al espíritu: «En nombre de Jesucristo te mando que salgas de ella.» Y en el mismo instante salió.

19 15
Mt 8 29+

Hch 3 16+
Mc 16 17
Mc 1 25-26

¹⁹ Al ver sus amos que se les había ido su esperanza de ganancia, prendieron a Pablo y a Silas y los arrastraron hasta el ágora, ante los magistrados; ²⁰ los presentaron a los pretores y dijeron: «Estos hombres alborotan nuestra ciudad; son judíos ²¹ y predican unas costumbres que nosotros, por ser romanos, no podemos aceptar ni practicar*.» ²² La gente se amotinó contra ellos; los pretores les hicieron arrancar los vestidos y mandaron azotarlos con varas. ²³ Después de haberles dado muchos azotes, los echaron a la cárcel y mandaron al carcelero que los guardase con todo cuidado. ²⁴ Éste, al recibir tal orden, los metió en el calabozo interior y sujetó sus pies en el cepo.

19 24-27

24 5+

1 Ts 2 2
Flp 1 30+

2 Co 11 25

Milagrosa liberación de los misioneros.

²⁵ Hacia la media noche Pablo y Silas estaban en oración cantando himnos a Dios; los presos los escuchaban. ²⁶ De repente se produjo un terremoto tan fuerte que los mismos cimientos de la cárcel se conmovieron. Al momento quedaron abiertas todas las puertas y se soltaron las cadenas de todos. ²⁷ Despertó el car-

Col 3 16

4 31

12 6-11

---

16 6 Galacia propiamente dicha, ver la Introducción a las epístolas de San Pablo. Así pues, habiendo salido de Iconio, Pablo tenía intención de dirigirse al oeste, hacia Éfeso. Impedido por el Espíritu, sube hacia el norte y llega a Frigia; torciendo hacia el nordeste, llega luego al «territorio gálata» donde le detuvo una enfermedad, Ga 4 13-15. Pablo evangelizó aquellas comarcas; a ellas volverá más tarde para visitar a sus discípulos, Hch 18 23
16 7 Om.: «de Jesús».
16 8 Mejor que: «Bordearon».
16 10 La redacción pasa bruscamente a la primera persona del plural: primera «sección-nosotros» de los Hechos, pero véase *11 27+*. Ver la Introducción.
16 12 Var.: «ciudad del primer distrito de Macedonia», descripción exacta, porque Macedonia se dividía en cuatro distritos, el primero de los cuales comprendía la ciudad de Filipos, colonia romana, así como otras ciudades que Pablo visitó; su administración se ajustaba al modelo de la de Roma.
16 13 La misma palabra griega puede significar «ora-

ción» o «lugar de oración», y en un contexto judío este último sentido equivale a «sinagoga»; ver también **16 16**.
16 15 (a) La conversión de Lidia de toda su familia; ver **10 44; 16 31.34; 18 8; 1 Co 1 16**.
16 15 (b) Contra la línea de conducta ordinaria de Pablo: ver **20 33-35; 1 Ts 2 9; 2 Ts 3 8; 1 Co 9**. También, más tarde, los filipenses podrán conseguir que Pablo acepte socorros que no hubiera aceptado de ningún otro, ver **Flp 4 10-18**. No puede tributarse mejor homenaje a la caridad de Lidia y de los demás cristianos de Filipos
16 16 Lit.: «un espíritu pitón», así llamado en recuerdo de la serpiente Pitón del oráculo de Delfos.
16 21 Las «costumbres» en cuestión son las costumbres judías, ver **6 14; 15 1; 21 21; 26 3; 28 17; Jn 19 40**. Los acusadores no distinguen entre cristianos y judíos. La queja proviene del proselitismo. Si bien se permitía a los judíos practicar su religión, no les estaba permitido atraer hacia ella a los romanos. Era, pues, ilegal la propaganda cristiana.

celero y, al ver las puertas de la cárcel abiertas, sacó la espada e iba a matarse, creyendo que los presos habían huido. [28] Pero Pablo le gritó: «No te hagas ningún mal, que estamos todos aquí.»

[29] El carcelero pidió luz, entró de un salto y tembloroso* se arrojó a los pies de Pablo y Silas, [30] los sacó fuera y les dijo: «Señores, ¿qué tengo que hacer para salvarme?» [31] Le respondieron: «Ten fe en el Señor Jesús y te salvarás tú y tu casa.» [32] Y le anunciaron la palabra del Señor* a él y a todos los de su casa. [33] En aquella misma hora de la noche el carcelero los tomó consigo y les lavó las heridas; inmediatamente recibió el bautismo él y todos los suyos. [34] Les hizo entonces subir a su casa, les preparó la mesa y se alegró con toda su familia por haber creído en Dios.

[35] Llegado el día, los pretores enviaron a los lictores a decir al carcelero: «Pon en libertad a esos hombres*.» [36] El carcelero transmitió estas palabras a Pablo: «Los pretores han enviado a decir que os suelte. Ahora, pues, salid y marchad*.» [37] Pero Pablo les contestó: «Después de habernos azotado públicamente sin habernos juzgado, a pesar de ser nosotros ciudadanos romanos*, nos echaron a la cárcel; ¿y ahora quieren mandarnos de aquí a escondidas? Eso no; que vengan ellos a sacarnos.»

[38] Los lictores transmitieron estas palabras a los pretores. Les entró miedo al oír que eran romanos. [39] Vinieron y les rogaron que saliesen de la ciudad*. [40] Al salir de la cárcel se fueron a casa de Lidia, volvieron a ver a los hermanos, los animaron y se marcharon.

En Tesalónica. Dificultades con los judíos.

17 [1] Atravesando Anfípolis y Apolonia llegaron a Tesalónica, donde los judíos tenían una sinagoga. [2] Pablo, según su costumbre, se dirigió a ellos y durante tres sábados discutió con ellos basándose en las Escrituras, [3] explicando y probando que Cristo tenía que padecer y resucitar de entre los muertos y que «este Cristo es Jesús, a quien yo os anuncio». [4] Algunos de ellos* se convencieron y se unieron a Pablo y Silas así como una gran multitud de los que adoraban a Dios y de griegos* y no pocas de las mujeres principales.

[5] Pero los judíos, llenos de envidia, reunieron a gente maleante de la calle, armaron tumultos y alborotaron la ciudad. Se presentaron en casa de Jasón* buscándolos para llevarlos ante el pueblo. [6] Al no encontrarlos arrastraron a Jasón y a algunos hermanos ante los magistrados de la ciudad gritando: «Esos que han revolucionado el mundo se han presentado también aquí, [7] y Jasón los ha hospedado. Además todos ellos actúan contra los decretos del César, pues afirman que hay otro rey*, Jesús.» [8] Al oír esto, el pueblo y los magistrados de la ciudad se alborotaron. [9] Pero después de recibir una fianza de Jasón y de los demás, les dejaron ir.

Nuevas dificultades en Berea.

[10] Inmediatamente, por la noche, los hermanos enviaron hacia Berea* a Pablo y Silas. Ellos, al llegar allí, se fueron a la sinagoga de los judíos. [11] Éstos eran de un natural mejor que los de Tesalónica, y aceptaron la palabra de todo corazón. Diariamente examinaban las Escrituras para ver si las cosas eran así. [12] Creyeron, pues, muchos de ellos y, entre los griegos, mujeres distinguidas y no pocos hombres. [13] Pero cuando los judíos de Tesalónica se enteraron de que también en Berea ha-

Referencias marginales (columna izquierda):
12 18-19;
27 42

2 21+
16 15+

8 36.38
1 5+

2 46+

22 25

22 29

Referencias marginales (columna derecha):
13 5+

Lc 24 25-27.
44-47

2 23+
18 5+

10 2+

13 45+
1 Ts 2 14+

24 5

25 8
Lc 23 2
Jn 19 12-15

13 5+

Jn 5 39

16 29 Asustado esta vez porque se da cuenta de que ha tratado como malhechores a unos enviados del cielo.
16 32 Var.: «la palabra de Dios».
16 35 Var.: «Llegado el día, se reunieron los pretores en el ágora; recordaban con espanto el temblor de tierra que se había producido y enviaron a los lictores a decir: 'Pon en libertad a los hombres que ayer recibiste'».
16 36 Adic.: «en paz».
16 37 La *lex Porcia* prohibía bajo penas severas someter a un ciudadano romano a la flagelación.
16 39 Texto alej. (y antiqueno): «Vinieron éstos a ofrecerles sus excusas, y cuando los sacaron fuera, les pidieron que abandonaran la ciudad». Texto occ.: «Y habiendo ellos llegado a la prisión con numerosos amigos, les rogaron que salieran diciendo: 'Desconocíamos lo que os sucedía y que sois hombres justos'. Y luego que los hubieron llevado fuera, les rogaron diciendo:

'Salid de esta ciudad, no sea que los que se amotinaron contra vosotros, vuelvan a reunirse contra vosotros'.»
17 4 (a) Entre los cuales se encontraba sin duda Aristarco, uno de los más fieles compañeros de Pablo, ver 20 4; Col 4 10.
17 4 (b) Var.: «de griegos que adoraban a Dios». —La lectura adoptada supone una distinción entre «los que adoraban a Dios», ver 10 2+, y los «griegos», no afectados hasta entonces por la propaganda judía. La cristiandad de Tesalónica se componía principalmente de gentiles convertidos, ver 1 Ts 1 9-10, etc.
17 5 Quizá el de Rm 16 21.
17 7 En realidad, los cristianos evitaban dar a Cristo el título de *basileus* («rey») que pertenecía al emperador, y preferían el de «Cristo» (Mesías) y el de «Señor».
17 10 Esta salida no consiguió que cesara la persecución en Tesalónica, ver 1 Ts 2 4.

bía predicado Pablo la palabra de Dios, fueron también allá, y agitaron y alborotaron a la gente. [14] Los hermanos entonces hicieron marchar a toda prisa a Pablo hasta el mar; Silas y Timoteo se quedaron allí. [15] Los que conducían a Pablo le llevaron hasta Atenas y se volvieron con una orden para Timoteo y Silas de que fueran adonde él lo antes posible*.

Pablo en Atenas.

[16] Mientras Pablo les esperaba en Atenas, estaba interiormente indignado al ver la ciudad llena de ídolos*. [17] Discutía en la sinagoga con los judíos y con los que adoraban a Dios; y diariamente en el ágora con los que por allí se encontraban*. [18] Trababan también conversación con él algunos filósofos epicúreos y estoicos*. Unos decían: «¿Qué querrá decir este charlatán*?» Y otros: «Parece ser un predicador de divinidades extranjeras*.» Porque anunciaba a Jesús y la resurrección*. [19] Le tomaron y le llevaron al Areópago *; y le dijeron: «¿Podemos saber cuál es esa nueva doctrina que tú expones? [20] Pues te oímos decir cosas extrañas y querríamos saber qué es lo que significan.» [21] Todos los atenienses y los forasteros que allí residían en ninguna otra cosa pasaban el tiempo sino en decir u oír la última novedad.

[22] Pablo, de pie en medio del Areópago, dijo:

Discurso de Pablo ante el Areópago*.

«Atenienses, veo que vosotros sois, por todos los conceptos, los más respetuosos de la divinidad. [23] Pues al pasar y contemplar vuestros monumentos sagrados, he encontrado también un altar en el que estaba grabada esta inscripción: 'Al Dios desconocido*.' Pues bien, lo que adoráis sin conocer, eso os vengo yo a anunciar.

[24] «El Dios que hizo el mundo y todo lo que hay en él, que es Señor del cielo y de la tierra, no habita en santuarios fabricados por mano de hombres; [25] ni es servido por manos humanas, como si de algo estuviera necesitado*, el que a todos da la vida, el aliento y todas las cosas. [26] Él creó, de un solo principio*, todo el linaje humano, para que habitase sobre toda la faz de la tierra fijando los tiempos determinados y los límites del lugar donde habían de habitar*, [27] con el fin de que buscasen la divinidad*, para ver si a

Márgenes izquierdos:
14 2+
13 5+
10 2+
28 22

Márgenes derechos:
Is 42 5
Hch 14 15+
1 R 8 27
Hch 7 48-50
2 M 14 35
Sal 50 12
Gn 2 7+
2 M 7 23
Gn 1 27s
Gn 10
Dt 32 8
Dt 4 29
Is 55 6

---

17 15 Lucas abrevia y simplifica. Timoteo parece haber acompañado a Pablo, puesto que Pablo volverá a enviarle de Atenas a Tesalónica, 1 Ts 3 1s.

17 16 Atenas, centro espiritual del helenismo pagano, es a los ojos de Lucas un símbolo, como lo muestra el discurso de Pablo, único ejemplar conservado en los Hechos de su predicación a los gentiles, y único caso en que le vemos usar de la sabiduría profana para combatir al paganismo.

17 17 Única mención expresa en los Hechos de una predicación de este género (ver sin embargo **14** 7s).

17 18 (a) Las dos principales escuelas filosóficas de entonces.

17 18 (b) El término griego (del argot ateniense) significa propiamente «recoge-semillas». Designaba un ave granívora, una especie de cuervo. Se aplicaba al pordiosero que busca donde puede su alimento, y al charlatán empedernido que repite «como un loro» lugares comunes.

17 18 (c) Los mismos términos de la acusación lanzada contra Sócrates.

17 18 (d) Ver v. 32. Toman la palabra «Resurrección» como nombre de una diosa *(Anástasis)* paredra de Jesús.

17 19 El nombre designa una colina situada al sur del ágora. También designa el consejo supremo de Atenas que en otro tiempo tenía allí sus sesiones. El texto puede entenderse de dos maneras: o los filósofos llevaron a Pablo «a (la colina del) Areópago», para aparte, para oírle más cómodamente; o mejor, le llevaron «ante (el consejo del) Areópago».

17 22 Tras un exordio de circunstancias, 22-23, Pablo desarrolla el anuncio del verdadero Dios contraponiéndolo a las concepciones paganas: 1.º, Dios creó el universo; no es posible, pues, suponer que habite en un templo o que tenga necesidad del culto que se le rinde, 24-25; 2.º, Dios creó al hombre y le rodeó de sus bene-

ficios; es absurdo equipararlo a objetos materiales (las estatuas), 26-29. El discurso concluye con una llamada al arrepentimiento, en la perspectiva del juicio, 30-31. Hay cierta ironía anti-idolátrica en las dos partes del discurso. Pablo se inspira en los esquemas habituales de la propaganda monoteísta del Judaísmo helenista. Ver **14** 15-17; Sb **13-14**; Rm 1 19-25; Ef 4 17-19.

17 23 No se han encontrado hasta ahora otros ejemplos de altares dedicados «al dios desconocido»; es posible que Pablo modifique por su propia cuenta una dedicación —bien atestiguada en Atenas y en otras partes— «A los dioses desconocidos». En todo caso Pablo da otro sentido a la dedicación: el sentido bíblico de la ignorancia de los paganos que no conocían a Dios, 1 Ts 4 5; 2 Ts 1 8; Ga 4 8; 1 Co 15 34; Ef 4 17-19; 1 P 1 14; Jr 10 25; Jb 18 21; Sb 13 1; 14 22. Y así puede disculparse del reproche de predicar a una divinidad extranjera.

17 25 Idea familiar al pensamiento griego y al Judaísmo helenista, que por lo demás corresponde a un viejo tema bíblico, ver 1 Cro **29** 10s; 2 M 14 35; Sal 50 9-13; Am 5 21s, etc.

17 26 (a) Var.: «de una sola sangre», «de una sola nación», «de una sola raza».

17 26 (b) Los «tiempos determinados» evocan sobre todo las estaciones, cuya rotación regular garantiza a los hombres la subsistencia, **14** 17; ver Gn 1 14; Sb 7 18; Si 33 8; los «límites» del habitáculo de los hombres probablemente son los que dividían la tierra habitable de las aguas del abismo, Gn 1 9-10; Sal 104 9; Jb 38 8-11; Pr 8 28-29; ver Jr 5 22-24; Sal 74 17. Según otra explicación, puede tratarse de los tiempos y las fronteras que Dios señaló a los diferentes pueblos, Gn 10; Dt 32 8s. De cualquier modo se trata del orden del universo, apto para llevar al conocimiento de Dios.

17 27 Var.: «a Dios» o «al Señor».

Sal 145 18
Rm 1 19

2 P 1 4
Jn 1 12+
2 Co 3 18

19 26
Rm 1 22-23

Rm 3 25-26

Lc 24 47
Hch 2 38+

10 42+

24 25

tientas la buscaban y la hallaban; por más que no se encuentra lejos de cada uno de nosotros; ²⁸ pues en él vivimos, nos movemos y existimos, como han dicho algunos de vosotros*:

'Porque somos también de su linaje*.'

²⁹ «Si somos, pues, del linaje de Dios, no debemos pensar que la divinidad sea algo semejante al oro, la plata o la piedra, modelados por el arte y el ingenio humano*.

³⁰ «Dios, pues, pasando por alto los tiempos de la ignorancia, anuncia ahora a los hombres que todos y en todas partes deben convertirse, ³¹ porque ha fijado el día en que va a juzgar al mundo según justicia*, por el hombre que ha destinado, dando a todos una garantía al resucitarlo de entre los muertos*.»

³² Al oír la resurrección de los muertos, unos se burlaron y otros dijeron: «Sobre esto ya te oiremos otra vez*.» ³³ De este modo Pablo se marchó de entre ellos. ³⁴ Pero algunos hombres se adhirieron a él y creyeron, entre ellos Dionisio Areopagita*, una mujer llamada Damaris y algunos otros con ellos.

Fundación de la iglesia de Corinto.

18 ¹ Después de esto se ausentó de Atenas y llegó a Corinto*. ² Se en-

contró con un judío llamado Áquila, originario del Ponto, que acababa de llegar de Italia, y con su mujer Priscila*, por haber decretado Claudio que todos los judíos saliesen de Roma*; se llegó a ellos ³ y como era del mismo oficio, se quedó a trabajar* en su casa. El oficio de ellos era fabricar tiendas. ⁴ Todos los sábados discutía en la sinagoga, y se esforzaba por convencer a judíos y griegos.

⁵ Cuando llegaron de Macedonia Silas y Timoteo*, Pablo se dedicó enteramente a la palabra, dando testimonio ante los judíos de que el Cristo era Jesús*. ⁶ Como ellos se opusiesen y profiriesen blasfemias, sacudió sus vestidos* y les dijo: «Vuestra sangre recaiga sobre vuestra cabeza; yo soy inocente y desde ahora me voy a los gentiles.» ⁷ Entonces se retiró de allí y entró en casa de un tal Justo*, que adoraba a Dios, cuya casa estaba contigua a la sinagoga. ⁸ Crispo, el jefe de la sinagoga, creyó en el Señor con toda su casa; y otros muchos corintios creían y, al oír a Pablo se bautizaban*. ⁹ El Señor dijo a Pablo durante la noche en una visión: «No tengas miedo, sigue hablando y no te calles ¹⁰ porque yo estoy contigo y nadie te atacará para hacerte mal, porque tengo yo un pueblo numeroso en esta ciudad.» ¹¹ Y perma-

20 33 35
1 Co 4 12

13 5+
17 15
1 Ts 3 5-7

13 51+
Mt 27 24-25
Hch 20 26;
13 5+;
46-47;
28 8
10 2+

1 Co 1 14
Hch 16 15+

1 5+

Jr 1 8
1 Co 2 3
Hch 23 11

Jn 10 16

17 28 (a) Var.: «de vuestros poetas» o «de vuestros sabios».
17 28 (b) Cita sacada de los *Fenómenos* de Arato, poeta originario de Cilicia (siglo III a.C.). Cleanto el Estoico (siglo III) se expresa poco más o menos en los mismos términos. La predicación monoteísta judía aducía aquí el hecho de que el hombre había sido creado a imagen y semejanza de Dios, Gn 1 26-27; Sb 2 23; Si 17 1-8, para hacer patente el absurdo del culto de los ídolos.
17 29 Pablo se inspira en un viejo tema de propaganda anti-idolátrica, ver Is 40 20+.
17 31 (a) Ver Sal 9 9; 96 13; 98 9. La perspectiva en que los apóstoles invitan al arrepentimiento es la del juicio, ver sobre todo 10 42-43; 1 Ts 1 10.
17 31 (b) La resurrección de Cristo garantiza la fe en su misión de Juez y Salvador al fin de los tiempos, ver Rm 14 9; 2 Tm 4 1; 1 P 4 5.
17 32 En el mundo griego, incluso entre los cristianos, la doctrina de la resurrección encontró muchas dificultades para vencer los naturales prejuicios: ver 1 Co 15 12s. Los sanedritas de Jerusalén condenaban y perseguían el mensaje cristiano; los areopagitas de Atenas se contentaron con reírse de él. El fracaso de Pablo en Atenas fue casi total. En lo sucesivo, su predicación rechazará los adornos de la sabiduría griega, 1 Co 2 1-5.
17 34 Los lectores de Lucas le conocían sin duda. La leyenda se ha adueñado de él, sobre todo después que un autor del siglo V (el «Seudo Dionisio») puso a nombre del Areopagita sus propios escritos místicos. También se le ha identificado con San Dionisio, primer Obispo de París (siglo III).
18 1 Corinto, reconstruida por César, se había convertido en la capital de la provincia Romana de Acaya. Predominaba en ella el elemento romano y latino; pero el comercio atraía hacia ella a una población cosmo-

polita. Su colonia judía era importante. Corinto gozaba de mala fama por la libertad de sus costumbres.
18 2 (a) Llamada también Prisca, Rm 16 3; 1 Co 16 19; 2 Tm 4 19.
18 2 (b) Este decreto, conocido por Suetonio, data del año 41. Sus efectos fueron muy pasajeros, ver Rm 16 3; Hch 28 17.
18 3 Pablo, si bien reconoce el derecho de los misioneros a su subsistencia, 1 Co 9 6-14; Ga 6 6; 2 Ts 3 9; ver Lc 10 7, siempre tuvo empeño en trabajar con sus manos, 1 Co 4 12, para no ser gravoso a nadie, 1 Ts 2 9; 2 Ts 3 8; 2 Co 12 13s, y demostrar su desinterés, Hch 20 33s; 1 Co 9 15-18; 2 Co 11 7-12. Sólo de los filipenses aceptó socorros, Flp 4 10-19; 2 Co 11 8s; ver Hch 16 15+. Asimismo recomienda a sus fieles que trabajen para subvenir a las propias necesidades, 1 Ts 4 11s; 2 Ts 3 10-12, y a la de los pobres, Hch 20 35; Ef 4 28.
18 5 (a) Después que éstos regresaron escribió Pablo sus cartas a los fieles de Tesalónica. Ver 1 Ts 1 1; 3 6; 2 Ts 1 1. Llegados de Macedonia con socorros, 2 Co 11 8-9; Flp 4 15, ayudaron a Pablo en la evangelización de Corinto, 2 Co 11 9.
18 5 (b) La mesianidad de Jesús es el objeto específico de la predicación a los judíos, ver 2 36; 3 18.20; 5 42; 8 5. 12; 9 22; 17 3; 18 28; 24 24; 26 23.
18 6 El gesto señala una ruptura. Las palabras que siguen son bíblicas, ver Lv 20 9-16; 2 S 1 16, y dan a entender a los judíos que toda la responsabilidad de su actitud y de sus consecuencias pesa sobre ellos. Pablo queda libre de ella, «inocente» de la sangre de su castigo; ver Ez 3 17-21.
18 7 Var.: «Tito justo» o «Ticio Justo».
18 8 Adic. occ.: «creyendo en Dios por el nombre de nuestro Señor Jesucristo», ver 8 37. Eran, pues, gentiles los convertidos.

neció allí un año y seis meses, enseñando entre ellos la palabra de Dios.

Pablo entregado por los judíos a la justicia.

1 Ts 2 14+

¹² Siendo Galión procónsul de Acaya* se echaron los judíos de común acuerdo sobre Pablo y le condujeron ante el tribunal ¹³ diciendo: «Éste persuade a la gente para que adore a Dios de una manera contraria a la Ley*.» ¹⁴ Iba Pablo a abrir la boca cuando Galión dijo a los judíos: «Si se tratara de algún crimen o mala acción, yo os escucharía, judíos, con calma, como es razón. ¹⁵ Pero como

23 29
25 18-19

Jn 18 31

se trata de discusiones sobre palabras y nombres y cosas de vuestra Ley, allá vosotros. Yo no quiero ser juez en estos asuntos.» ¹⁶ Y los echó del tribunal. ¹⁷ Entonces todos ellos agarraron a Sóstenes*, el jefe de la sinagoga, y se pusieron a golpearlo ante el tribunal sin que a Galión le diera esto ningún cuidado.

Vuelta a Antioquía y partida para el tercer viaje.

¹⁸ Pablo se quedó allí todavía bastantes días; después se despidió de los hermanos y se embarcó rumbo a Siria*; y con

Rm 16 1

él Priscila y Áquila. En Cencreas se había afeitado la cabeza, porque tenía hecho un voto*.

13 5+

¹⁹ Arribaron a Éfeso y allí se separó de ellos. Entró en la sinagoga y se puso a discutir con los judíos. ²⁰ Le rogaron que

10 48

se quedase allí más tiempo, pero no accedió, ²¹ sino que se despidió diciéndoles: «Volveré a vosotros otra vez, si Dios quiere.» Y zarpó de Éfeso.

St 4 15

²² Desembarcó en Cesarea, y después de subir a saludar a la iglesia*, bajó a Antioquía. ²³ Después de pasar allí algún tiempo marchó a recorrer una tras otra las regiones de Galacia y Frigia para fortalecer a todos los discípulos.

16 6+
14 22+

Apolo.

19 1

²⁴ Un judío, llamado Apolo*, originario de Alejandría, hombre elocuente, que dominaba las Escrituras, llegó a Éfeso. ²⁵ Éste había sido instruido en el Camino del Señor y con fervor de espíritu hablaba y enseñaba con todo esmero lo referente a Jesús, aunque solamente conocía el bautismo de Juan. ²⁶ Éste, pues, comenzó a hablar con valentía en la sinagoga. Al oírle Áquila y Priscila, le tomaron consigo y le explicaron con más exactitud el Camino*.

9 2+

19 3-5
13 46+

²⁷ Queriendo él pasar a Acaya, los hermanos le animaron a ello y escribieron a los discípulos para que le recibieran*. Una vez allí fue de gran provecho, con el auxilio de la gracia, a los que habían creído; ²⁸ pues rebatía vigorosamente en público a los judíos, demostrando por las Escrituras que el Cristo era Jesús.

9 2+

9 22

18 5+

Los discípulos de Jesús en Éfeso*.

19 ¹ Ocurrió que mientras Apolo estaba en Corinto*, Pablo atravesó las regiones altas y llegó a Éfeso* y encontró algunos discípulos; ² les preguntó: «¿Recibisteis Espíritu Santo cuando abrazasteis la fe?» Ellos contestaron: «Pero si nosotros no hemos oído decir si-

8 15-17
Jn 7 39

---

18 12 Una inscripción de Delfos sitúa el proconsulado de Galión en el 51-52. La comparecencia de Pablo ante Galión parece haber tenido lugar hacia el fin (v. 18) de su estancia de dieciocho meses (v. 11) en Corinto: probablemente al final del verano del 51.
18 13 Término equívoco que designa tanto la ley romana, ver 16 21; 17 7, como la Ley judía, ésta, a su vez, protegida por la ley romana. Galión no quiere ver en ello, v. 15, más que un problema de interpretación de la Ley judía, y declina toda competencia.
18 17 Quizá el de 1 Co 1 1.
18 18 (a) Hacia Antioquía, que sigue siendo su base de operaciones.
18 18 (b) Texto oscuro. Más que Áquila, parece ser Pablo quien hizo el voto. El que emitía un voto era *nazir*, ver Nm 6+, por todo el tiempo de su voto (generalmente treinta días): entre otras observancias, no debía cortarse el pelo en este tiempo. No se sabe si Pablo hizo su voto en Cencreas o lo concluyó allí. Ver Hch 21 23-27, en que Pablo cumple con cuatro judíos los ritos de terminación de un voto.
18 22 Quizá la iglesia de Jerusalén.

18 24 Se trata de él en 1 Co: su paso por Corinto había suscitado entusiasmos, que pronto degeneraron en banderías, ver 1 Co 1 12; 3 4-11. 22: ver también Tt 3 13.
—La noticia sobre Apolo tiene rasgos comunes con la que sigue sobre los discípulos que Pablo encuentra en Éfeso: el cristianismo incompleto del uno y de los otros, es quizá reflejo de la iglesia de Alejandría en aquella época.
18 26 Adic.: «de Dios».
18 27 Sobre el uso de las cartas de recomendación en las primeras comunidades cristiandades, ver Rm 16 1; 2 Co 3 1s; Col 4 10; 3 Jn 9-10. 12.
19 Se trata de «discípulos» de Jesús que no habían recibido otro bautismo que el de Juan, sin duda de manos de Jesús; ver Jn 3 22; 4 1-2.
19 1 (a) Enlace redaccional entre las dos noticias intercaladas en el relato del viaje. —El texto occ. dice: «Queriendo Pablo, según sus planes, ir a Jerusalén, el Espíritu le dijo que se volviera a Asia. Atravesó, pues, ...».
19 1 (b) Éfeso, como Alejandría, pasaba por ser una de las más bellas ciudades del imperio: centro religioso, político y comercial, de población heterogénea.

quiera que haya Espíritu Santo*.» ³ Él replicó: «¿Pues qué bautismo habéis recibido?» —«El bautismo de Juan», respondieron. ⁴ Pablo añadió: «Juan bautizó con un bautismo de conversión, diciendo al pueblo que creyesen en el que había de venir después de él, o sea en Jesús.» ⁵ Cuando oyeron esto, se bautizaron en el nombre del Señor Jesús. ⁶ Y, habiéndoles Pablo impuesto las manos, vino sobre ellos el Espíritu Santo y se pusieron a hablar en lenguas y a profetizar. ⁷ Eran en total unos doce hombres.

Fundación de la iglesia de Éfeso*.

⁸ Entró en la sinagoga y durante tres meses hablaba con valentía, discutiendo acerca del Reino de Dios e intentando convencerles. ⁹ Pero como algunos se obstinaban, no se dejaban persuadir y hablaban mal del Camino ante la gente, rompió con ellos y formó grupo aparte con los discípulos, discutiendo diariamente en la escuela de Tirano*. ¹⁰ Esto duró dos años*, de forma que pudieron oír la palabra del Señor todos los habitantes de Asia*, tanto judíos como griegos.

Los judíos exorcistas.

¹¹ Dios obraba por medio de Pablo milagros no comunes, ¹² de forma que bastaba aplicar a los enfermos los pañuelos o mandiles que había usado y se alejaban de ellos las enfermedades y salían los espíritus malos.

¹³ Algunos exorcistas judíos* ambulantes intentaron también invocar el nombre del Señor Jesús sobre los que tenían espíritus malos, y decían: «Os conjuro por Jesús a quien predica Pablo.» ¹⁴ Eran siete hijos de un tal Esceva, sumo sacerdote judío, los que hacían esto. ¹⁵ Pero el espíritu malo les respondió: «A Jesús lo conozco y sé quién es Pablo; pero vosotros, ¿quiénes sois?» ¹⁶ Y arrojándose sobre ellos el hombre poseído del mal espíritu, dominó a unos y otros* y pudo con ellos de forma que tuvieron que huir de aquella casa desnudos y cubiertos de heridas. ¹⁷ Llegaron a enterarse de esto todos los habitantes de Éfeso, tanto judíos como griegos. El temor se apoderó de todos ellos y fue glorificado el nombre del Señor Jesús.

¹⁸ Muchos de los que habían creído venían a confesar y declarar públicamente sus prácticas*. ¹⁹ Bastantes de los que habían practicado la magia reunieron los libros y los quemaron delante de todos. Calcularon el precio y hallaron que subía a cincuenta mil monedas de plata.

²⁰ De esta forma la palabra del Señor crecía y se difundía poderosamente*.

V. Fin de las misiones.
El prisionero de Cristo

Planes de Pablo.

²¹ Cuando se hubo cumplido todo esto, Pablo tomó la decisión de ir a Jerusalén pasando por Macedonia y Acaya. Y añadió: «Después de haber estado allí tengo que visitar yo también Roma.» ²² Envió a Macedonia a dos de sus auxiliares, Ti-

Marginal references:
Mt 3 6+
Hch 13 24-25+;
1 5+;
2 38+
8 15-17+
1 Tm 4 14+
Hch 2 4+
11 27+
13 5+
13 46+
1 3+
9 2+
Lc 8 44-47p
Hch 5 15
Lc 9 49p
Hch 3 16+
16 17
9 35.42
3 10
Lc 5 26
6 7+
1 Co 16 1-8
Rm 15 22-32
11 30+
23 11
Rm 1 13

---

19 2 *No ignoran su existencia —si es que tienen un mínimo conocimiento del Antiguo Testamento—, sino su efusión, la realización de las promesas mesiánicas, ver 2 17-18. 33.*
19 8 Se reanuda el relato, interrumpido por las noticias sobre Apolo y los discípulos que Pablo encuentra en Éfeso: 19 8 es continuación de 18 23 y 19 1.
19 9 El texto oc. precisa que enseñaba allí desde las once de la mañana hasta las cuatro de la tarde.
19 10 (a) 20 31 dice tres años. Durante esta estancia escribió Pablo la primera carta a los Corintios, la carta a los Gálatas y, con alguna probabilidad, la carta a los Filipenses.
19 10 (b) No toda el Asia proconsular (parte occidental de Asia Menor), sino la región cuyo centro es Éfeso con las siete ciudades del Ap 1 11. Pablo había confiado a

Epafras, un colosense, el cuidado de evangelizar a Colosas; Epafras había extendido su apostolado a Laodicea y Hierápolis, Col 1 7; 4 12-13 A Pablo le seguían ayudando Timoteo y Erasto, Hch 19 22, Gayo y Aristarco, 19 29, Tito, de quien nunca hablan los Hechos, y otros, ver 2 Co 12 18. Lucas atribuye a Pablo el trabajo de todo el equipo que dirigía; ver Col 4 10.
19 13 Sobre la práctica de los exorcistas entre los judíos, ver Mt 12 27. El mismo Jesús y los apóstoles después de él, ver Hch 5 16; 16 13, liberaron frecuentemente endemoniados, ver Mt 8 29+.
19 16 O: «todos».
19 18 Prácticas mágicas, por las que Éfeso era famosa.
19 20 Texto Alej.: «De esta forma, por el poder del Señor, la palabra crecía y se difundía».

1 Co 4 17
moteo y Erasto, mientras él se quedaba algún tiempo en Asia.

En Éfeso. Revuelta de los orfebres*

9 2+
23 Por entonces se produjo un tumulto no pequeño con motivo del Camino. **24** Cierto platero, llamado Demetrio, que labraba en plata templetes de Artemisa y 16 19 proporcionaba no pocas ganancias a los artífices, **25** reunió a éstos y también a los obreros de este ramo y les dijo: «Compañeros, vosotros sabéis que a esta industria debemos el bienestar; **26** pero estáis viendo y oyendo decir que no solamente en Éfeso, sino en casi toda el Asia, ese Pablo ha persuadido a mucha gente a cambiar de idea, diciendo que no 17 29+ son dioses los que se fabrican con las manos. **27** Y esto no solamente trae el peligro de que nuestra profesión caiga en descrédito, sino también de que el mismo templo de la gran diosa Artemisa sea tenido en nada y venga a ser despojada de su grandeza aquella a quien adora toda el Asia y toda la tierra.» **28** Al oír esto, llenos de furor se pusieron a gritar*: «¡Grande es la Artemisa de los efesios!» **29** La ciudad se llenó de confusión. Todos a una se precipitaron hacia el teatro arrastrando consigo a Gayo y a Aristarco*, macedonios, compañeros de viaje de Pablo. **30** Pablo quiso entrar y presentarse al pueblo, pero se lo impidieron los discípulos. **31** Incluso algunos de los asiarcas, que eran amigos suyos, le enviaron a rogar que no se arriesgase a ir al teatro.

32 Unos gritaban una cosa y otros otra. Había gran confusión en la asamblea y la mayoría no sabía para qué se habían reunido. **33** Algunos de entre la gente 13 16 aleccionaron* a Alejandro a quien los judíos habían empujado hacia adelante. Alejandro pidió silencio con la mano y quería hacer una defensa ante el pueblo. **34** Pero, al conocer que era judío, todos a una voz estuvieron gritando durante casi dos horas: «¡Grande es la Artemisa de los efesios!» **35** Cuando el magistrado logró calmar a la gente, dijo: «Efesios, ¿quién hay en el mundo que no sepa que la ciudad de los efesios es la guardiana del templo de la gran Artemisa y de su estatua caída del cielo? **36** Siendo, pues, esto indiscutible, conviene que os calméis y no hagáis nada inconsideradamente. **37** Habéis traído acá a estos hombres que no son sacrílegos ni blasfeman contra nuestra diosa. **38** Si Demetrio y los artífices que le acompañan tienen quejas contra alguno, audiencias y procónsules hay; que presenten sus reclamaciones. **39** Y si tenéis algún otro asunto, se resolverá en la asamblea legal. **40** Porque, además, corremos peligro de ser acusados de sedición por lo de hoy, no existiendo motivo alguno que nos permita justificar este tumulto.» Dicho esto disolvió la asamblea.

16 20

Pablo abandona Éfeso.

20 **1** Cuando hubo cesado el tumulto*, Pablo mandó llamar a los discípulos, los animó, se despidió de ellos y salió camino de Macedonia. **2** Recorrió aquellas regiones* y exhortó a los fieles con largos discursos; después marchó a Grecia. **3** Pasó allí tres meses*. Como los judíos habían tramado una conjuración contra él para cuando estuviera a punto de embarcarse para Siria*, tomó la determinación de volver por Macedonia. **4** Le acompañaban* Sópatros, hijo de Pirro, de Berea; Aristarco y Segundo, de Tesalónica; Gayo, de Doberes, y Timoteo; Tíquico y Trófimo*, de Asia. **5** Éstos se adelantaron y nos* esperaron en Tróade. **6** Nosotros, después de los días de los

14 22; 16 40

9 23; 23 12s
1 Ts 2 14+

19 29
16 1+
19 22+

---

19 23 Este episodio, que procede de una fuente particular y que choca con el estilo habitual de Lucas, ha sido añadido artificialmente por él al relato de la evangelización de Éfeso.
19 28 Adic. occ.: «lanzándose a la calle».
19 29 Aristarco, originario de Tesalónica, 20 4, fue el compañero de Pablo durante su cautiverio, 27 2; Col 4 10; Flm 24. Gayo probablemente es el de Hch 20 4.
19 33 Otra traducción: «Entonces se hizo salir de entre la gente».
20 1 El relato enlaza con 19 22 donde quedó interrumpido.
20 2 De donde envió su segunda carta a los fieles de Corinto.
20 3 (a) Pablo, pues, pudo realizar finalmente los proyectos de 1 Co 5-6. Su carta a los Romanos la

escribió durante esta estancia en Corinto. —Texto occ.: «Pasó allí tres meses, y como los judíos tramaran una conjuración contra él, quiso embarcarse para Siria, pero el Espíritu le dijo que volviera por Macedonia».
20 3 (b) Para llevar a Jerusalén el resultado de la colecta, ver 19 21 y Rm 15 25+.
20 4 (a) Adic.: «hasta Asia». —Sópatros es quizá el Sosípatro de Rm 16 21, que era judío. —«de Doberes»; var.: «de Derbe».
20 4 (b) Trófimo, un efesio, 21 29, ver 2 Tm 4 20. Tíquico aparece nombrado en diversas ocasiones en las epístolas, Ef 6 21; Col 4 7; 2 Tm 4 12; Tt 3 12.
20 5 Relato en primera persona: Pablo encontró en Filipos al autor del Diario de viaje, que le acompañará en lo sucesivo, ver 16 10+.

Ázimos*, nos embarcamos en Filipos* y al cabo de cinco días nos unimos a ellos en Tróade donde pasamos siete días*.

En Tróade. Pablo resucita un muerto.

2 42+

[7] El primer día de la semana*, estando nosotros reunidos para la fracción del pan, Pablo, que debía marchar al día siguiente, disertaba ante ellos y alargó la charla hasta la media noche. [8] Había abundantes lámparas en la estancia superior donde estábamos reunidos. [9] Un joven, llamado Eutico, estaba sentado en el borde de la ventana; un profundo sueño le iba dominando a medida que Pablo alargaba su discurso. Vencido por el sueño se cayó del piso tercero abajo. Lo levantaron ya muerto. [10] Bajó Pablo, se echó sobre él y tomándole en sus brazos dijo: «No os inquietéis, pues su alma está en él.» [11] Subió luego; partió el pan y comió; después conversó largo tiempo, hasta el amanecer. Entonces se marchó. [12] Trajeron al muchacho vivo y se consolaron no poco.

1 R 17 17-24
2 R 4 30-37
Hch 9 36-42
Mc 5 39-42p

De Tróade a Mileto.

[13] Nosotros nos adelantamos hacia la nave y partimos hacia Aso, donde habíamos de recoger a Pablo; pues así lo había él determinado; él iría por tierra. [14] Cuando nos alcanzó en Aso, le tomamos a bordo y llegamos a Mitilene. [15] Al día siguiente nos hicimos a la mar y llegamos a la altura de Quíos; al otro día atracamos en Samos y, después de hacer escala en Trogilión, llegamos al día siguiente a Mileto. [16] Pablo había resuelto pasar de largo por Éfeso, para no perder tiempo en Asia. Se daba prisa, porque quería estar, si le era posible, el día de Pentecostés en Jerusalén.

Despedida de los presbíteros de Éfeso.

[17] Desde Mileto envió a llamar a los presbíteros de la iglesia de Éfeso. [18] Cuando llegaron a él, les dijo*:

«Vosotros sabéis cómo me comporté siempre con vosotros, desde el primer día que entré en Asia, [19] sirviendo al Señor con toda humildad y lágrimas y con las pruebas que me vinieron por las asechanzas de los judíos; [20] cómo no omití por miedo nada de lo que podía seros útil; os predicaba y enseñaba en público y por las casas, [21] dando testimonio tanto a judíos como a griegos para que se convirtieran a Dios y creyeran en nuestro Señor Jesús*.

[22] «Mirad que ahora yo, encadenado en el espíritu*, me dirijo a Jerusalén, sin saber lo que allí me sucederá; [23] solamente sé que el Espíritu Santo en cada ciudad me testifica que me aguardan prisiones y tribulaciones. [24] Pero yo no considero mi vida digna de estima*, con tal que lleve a término mi carrera y el ministerio que he recibido del Señor Jesús: dar testimonio del Evangelio de la gracia de Dios.

[25] «Y ahora yo sé que ya no volveréis a ver mi rostro* ninguno de vosotros, entre quienes pasé predicando el Reino. [26] Por esto os testifico en el día de hoy que yo estoy limpio de la sangre de todos, [27] pues no omití por miedo el anunciaros todo el designio de Dios.

[28] «Tened cuidado de vosotros y de toda la grey, en medio de la cual os ha puesto el Espíritu Santo como vigilantes para pastorear la Iglesia de Dios*, que él

11 30+

1 Ts 1 5;
2 10-12

Flp 2 3; 3 18
2 Co 1 8-9;
11 23-31

20 27
2 Tm 4 2

13 5+

1 8+
21 4.11

2 Tm 4 7
Flp 2 16

26 16-18

1 3+

18 6+

20 20

1 Tm 4 16
1 P 5 1-3
Jn 21 15-17
Sal 74 1s
Hch 5 11+
1 Co 1 2+

---

20 6 (a) Las fiestas de la Pascua, ver Ex 12+.
20 6 (b) Por el puerto de Neápolis, ver 16 11.
20 6 (c) Sobre el ministerio anterior de Pablo en esta ciudad (durante su viaje de Éfeso a Corinto: vv.: 1-2), ver 2 Co 2 12.
20 7 El primer día de la semana judía, convertido en el día de la asamblea de los cristianos, ver Mt 28 1+; 1 Co 16 2, el «día del Señor» («domingo»), Ap 1 10. La asamblea dominical tenía lugar al comienzo de ese día, es decir, en la noche del sábado, según la manera judía de contar el día.
20 18 El tercer gran discurso de Pablo en los Hechos. El primero ofrecía una muestra de su predicación ante los judíos, **13**, el segundo, de su predicación entre los paganos, **17**; éste constituye su testamento pastoral. Pablo se lo dirige a los jefes de la principal de las iglesias por él fundadas. Los puntos de contacto con sus epístolas son muchos; el espíritu es el de las epístolas pastorales. Después de recordar su ministerio en Asia, vv. 18-21, y dar a entender una separación definitiva, quizá la de la muerte, vv. 22-27, Pablo hace sus últimas recomendaciones a los presbíteros de Éfeso (y por medio de ellos

a todos los pastores de las iglesias): vigilancia, vv. 28-32, desinterés y caridad, vv. 33-35. Esas palabras se apoyan en los propios ejemplos de Pablo. De este modo el discurso nos ofrece un admirable retrato suyo.
20 21 Resumen de la predicación paulina, que ha de compararse con 17 30-31; 26 20; 1 Ts 1 9-10; 1 Co 8 4-6. Fe y conversión deben ir juntas ver Mc 1 15.
20 22 Dejándose llevar por el Espíritu en un viaje que debe desembocar en su cautiverio, Pablo se considera prisionero del Espíritu Santo. Otra traducción: «encadenado en espíritu», moralmente prisionero.
20 24 Ver 15 26; 21 13; 1 Ts 2 8 Flp 1 21-23. —Otra traducción: «Pero no vale la pena que yo os hable de mi vida».
20 25 Ver v. 38. Pablo contaba con salir de Jerusalén para España, Rm 15 24-28.
20 28 (a) Var.: «la Iglesia del Señor». —1 P 2 9-10 habla del Pueblo que Dios se ha adquirido (según Is 43 21; ver Hch 15 14+): está constituido en «Asamblea» (= Iglesia) de Dios, 5 11+, expresión predilecta de Pablo, ver 1 Co 1 2; 10 32; 11 22, etc.

Ef 1 14+
1 P 2 9+
Is 43 21

se adquirió con la sangre de su propio hijo*.

²⁹ «Yo sé que, después de mi partida, se introducirán entre vosotros lobos crueles que no perdonarán al rebaño; ³⁰ y también que de entre vosotros mismos se levantarán hombres que hablarán cosas perversas, para arrastrar a los discípulos detrás de ellos. ³¹ Por tanto, vigilad y acordaos durante tres años que no he cesado de amonestaros día y noche con lágrimas a cada uno de vosotros.

Mt 7 15
2 P 2 1-2

1 P 5 8-9
Hch 19 10+

³² «Ahora os encomiendo a Dios y a la palabra de su gracia, que tiene poder* para construir el edificio y daros la herencia con todos los santificados.

14 23
9 31
Ef 2 20-22
Dt 33 3-4

³³ «Yo de nadie codicié plata, oro o vestidos. ³⁴ Vosotros sabéis que estas manos proveyeron a mis necesidades y a las de mis compañeros. ³⁵ En todo os he enseñado que es así, trabajando, como se debe socorrer a los débiles y que hay que tener presentes las palabras del Señor Jesús, que dijo: Mayor felicidad hay en dar que en recibir*.»

18 3+

1 Co 11 1
Ef 4 28

³⁶ Dicho esto se puso de rodillas y oró con todos ellos. ³⁷ Rompieron entonces todos a llorar y, arrojándose al cuello de Pablo, le besaban, ³⁸ afligidos sobre todo por lo que había dicho: que ya no volverían a ver su rostro. Y fueron acompañándole hasta la nave.

21 5

2 Co 13 12+

20 25
15 3; 21 5

Subida a Jerusalén.

21 ¹ Separándonos de ellos nos hicimos a la mar y navegamos derechos hasta llegar a Cos; al día siguiente, hasta Rodas, y de allí hasta Pátara*. ² Encontramos una nave que partía para Fenicia; nos embarcamos y partimos. ³ Avistamos Chipre y, dejándola a la izquierda, íbamos navegando rumbo a Siria; arribamos a Tiro, pues allí la nave debía dejar su cargamento. ⁴ Habiendo encontrado a los discípulos nos quedamos allí siete días. Ellos, movidos por el

20 23; 21 11

Espíritu*, decían a Pablo que no subiese a Jerusalén. ⁵ Cuando completamos aquellos días, salimos y nos pusimos en camino. Todos nos acompañaron con sus mujeres e hijos, hasta las afueras de la ciudad. En la playa nos pusimos de rodillas y oramos; ⁶ nos despedimos unos de otros y subimos a la nave; ellos se volvieron a sus casas.

20 36-38

⁷ Nosotros, terminada la travesía, fuimos de Tiro a Tolemaida; saludamos a los hermanos y nos quedamos un día con ellos. ⁸ Al siguiente partimos y llegamos a Cesarea; entramos en casa de Felipe, el evangelista, que era uno de los Siete, y nos hospedamos en su casa. ⁹ Tenía éste cuatro hijas vírgenes que profetizaban. ¹⁰ Permanecimos allí bastantes días; bajó entre tanto de Judea un profeta llamado Ágabo; ¹¹ se acercó a nosotros, tomó el cinturón de Pablo, se ató sus pies y sus manos* y dijo: «Esto dice el Espíritu Santo: Así atarán los judíos en Jerusalén al hombre de quien es este cinturón. Y le entregarán en manos de los gentiles*.» ¹² Al oír esto nosotros y los de aquel lugar le rogamos que no subiera él a Jerusalén. ¹³ Entonces Pablo contestó: «¿Por qué habéis de llorar y destrozarme el corazón? Pues yo me encuentro dispuesto no sólo a ser atado, sino a morir también en Jerusalén por el nombre del Señor Jesús.» ¹⁴ Como no se dejaba convencer, dejamos de insistir y dijimos: «Hágase la voluntad del Señor.»

6 5; 8 4s.40

2 4+.17

11 27-28

1 8+

21 4

Lc 22 23
Hch 20 24+

Lc 22 42p
Mt 6 10

Pablo llega a Jerusalén.

¹⁵ Transcurridos estos días y hechos los preparativos de viaje, subimos a Jerusalén. ¹⁶ Venían con nosotros algunos discípulos de Cesarea, que nos llevaron a casa de cierto Mnasón, de Chipre, antiguo discípulo, donde nos habíamos de hospedar*. ¹⁷ Llegados a Jerusalén, los hermanos nos recibieron con alegría. ¹⁸ Al día siguiente Pablo, con nosotros*, entró en

1 15+

---

20 28 (b) Lit.: «que él se adquirió con su propia sangre». Como esto no puede decirse de Dios, hay que admitir que «propia» está empleado sustantivamente: «la sangre de su propio (Hijo)», o que el pensamiento se desliza de la acción del Padre a la del Hijo, ver Rm 8 31-39. Para la idea, ver Ef 5 25-27; Hb 9 12-14; 13 12.
20 32 «a Dios»; var.: «al Señor». —«que tiene poder» pudiera también referirse a Dios, ver Rm 16 25
20 35 Sentencia que no han conservado los evangelistas.
21 1 Adic.: «y Mira».
21 4 Estos profetas no trasmiten a Pablo una orden del Espíritu, sino que, movidos por el Espíritu sobre la

suerte que le espera, querrían, por el amor que le tienen, evitarle tal destino.
21 11 (a) Profecía con gestos simbólicos, al estilo de los antiguos profetas, ver Jr 18+.
21 11 (b) Este anuncio (ver 28 17), sólo tomándolo en sentido bastante amplio corresponde al relato del arresto (ver 21 31-33), pero se parece al anuncio de la Pasión de Jesús, Lc 18 31-34; ver Col 1 24; Flp 3 10, etc.
21 16 Quizás a mitad de camino de Jerusalén, como lo indica el texto occ.
21 18 Último «nosotros» antes de 27 1 (salida para Roma).

casa de Santiago; se reunieron también todos los presbíteros. [19] Les saludó y les fue exponiendo una a una todas las cosas que Dios había obrado entre los gentiles por su ministerio. [20] Ellos, al oírle, glorificaban a Dios. Pero le dijeron: «Ya ves, hermano, cuántos miles y miles de entre los judíos han abrazado la fe, y todos son fervientes partidarios de la Ley*. [21] Pero han oído decir de ti que enseñas a todos los judíos que viven entre los gentiles que se aparten de Moisés*, diciéndoles que no circunciden a sus hijos* ni observen las tradiciones. [22] ¿Qué hacer, pues? Porque va a reunirse la muchedumbre al enterarse de tu venida*. [23] Haz, pues, lo que te vamos a decir: Hay entre nosotros cuatro hombres que tienen un voto que cumplir. [24] Tómalos y purifícate con ellos; y paga tú por ellos, para que se rapen la cabeza*; así todos entenderán que no hay nada de lo que han oído decir de ti; sino que tú también te portas como un cumplidor de la Ley. [25] En cuanto a los gentiles que han abrazado la fe, ya les escribimos nosotros nuestra decisión: Abstenerse de lo sacrificado a los ídolos, de la sangre, de animal estrangulado y de la impureza*.»

[26] Entonces Pablo tomó a los hombres y, al día siguiente, habiéndose purificado con ellos, entró en el Templo para declarar cuándo se terminaban los días de la purificación en que se había de presentar la ofrenda por cada uno de ellos*.

Pablo es arrestado.

[27] Cuando estaban ya para cumplirse los siete días, los judíos venidos de Asia le vieron en el Templo, amotinaron a todo el pueblo, le echaron mano [28] y se pusieron a gritar: «¡Auxilio, hombres de Israel! Este es el hombre que va enseñando a todos por todas partes contra el pueblo, contra la Ley y contra este Lugar* ; y hasta ha llegado a introducir a unos griegos en el Templo, profanando este Lugar Santo.» [29] Pues habían visto anteriormente con él en la ciudad a Trófimo, de Éfeso, a quien creían que Pablo había introducido en el Templo.

[30] Toda la ciudad se alborotó y la gente concurrió de todas partes. Se apoderaron de Pablo y lo arrastraron fuera del Templo; inmediatamente cerraron las puertas. [31] Intentaban darle muerte, cuando subieron a decir al tribuno de la cohorte*: «Toda Jerusalén está revuelta.» [32] Inmediatamente tomó consigo soldados y centuriones y bajó corriendo hacia ellos; y ellos, al ver al tribuno y a los soldados, dejaron de golpear a Pablo. [33] Entonces el tribuno se acercó, le prendió y mandó que le atasen con dos cadenas; y empezó a preguntar quién era y qué había hecho. [34] Pero entre la gente unos gritaban una cosa y otros otra. Como no pudiese sacar nada en claro a causa del alboroto, ordenó que le llevasen al cuartel. [35] Cuando llegó a las escaleras, tuvo que ser llevado a hombros por los soldados a causa de la violencia de la gente; [36] pues toda la multitud le iba siguiendo y gritando: «¡Mátale!»

[37] Cuando iban ya a meterle en el cuartel, Pablo dijo al tribuno: «¿Me permites decirte una palabra?» Él le contestó: «Pero, ¿sabes griego? [38] ¿No eres tú entonces el egipcio que estos últimos días ha amotinado y llevado al desierto a los cuatro mil terroristas*?» [39] Pablo respondió: «Yo soy un judío, de Tarso de Cilicia, una ciudad no insignificante. Te ruego que me permitas hablar al pueblo.» [40] Se lo permitió. Pablo de pie sobre las escaleras, pidió con la mano silencio al pueblo. Y haciéndose un gran silencio, les dirigió la palabra en lengua hebrea*.

Marginal references:

12 17+
14 27
15 4.12
11 18
6 11.14
15 1; 28 17
Mc 7 1-13
18 18+
15+ 19s.28s
18 13-15; 21 21

24 5s.14; 25 8
Ez 44 9
20 4
26 21
20 23; 21 11
22 22; 25 24
Lc 23 18
13 16

---

21 20 Para sí mismos y para los demás, ver 11 2; 15 1. 5; Ga 2 12; 5 1s.

21 21 (a) Los principios de Pablo indudablemente llevaban a esta conclusión, puesto que la Ley mosaica ya no otorgaba al judío ventaja alguna sobre el gentil, pues la fe era la única fuente de la justificación, ver Rm 1 16+; 3 22+. Pero Pablo, al desarrollar esta doctrina, pensaba más en asegurar la libertad de los convertidos de la gentilidad con respecto a las observancias del Judaísmo, ver Ga 2 11s, que en alejar a los judíos piadosos.

21 21 (b) Ver Rm 2 25-29; 4 9-12; 1 Co 7 17-20.

21 22 Var.: «¿Qué hacer, pues? De todos modos se enterarán de tu venida».

21 24 Los sacrificios impuestos para la conclusión del nazireato, Nm 6 14-15, eran muy costosos.

21 25 Texto occ.: «En cuanto a los gentiles que han abrazado la fe, no hay nada que decir, pues nosotros hemos comunicado nuestra decisión: ninguna otra cosa tienen que observar sino abstenerse de lo sacrificado a los ídolos, de la sangre y de la impureza».

21 26 Texto oscuro. Parece suponer, antes del sacrificio de conclusión del voto, un plazo de siete días consagrados a ciertos ritos de purificación; práctica que no se conoce por otros pasajes.

21 28 Ver las acusaciones contra Esteban, 6 11-14, y contra Jesús, Mt 26 61; 27 40.

21 31 En la fortaleza Antonia, que, desde el ángulo noroeste, dominaba el atrio del Templo, se hallaba acuartelada una guarnición romana formada por una cohorte auxiliar.

21 38 O «cuatro mil sicarios», nombre por propiamente designaba a los nacionalistas extremistas. Josefo menciona esta sublevación.

21 40 Probablemente en arameo: ver 26 14.

Discurso de Pablo a los judíos de Jerusalén*.

22 [7 2] ¹ «Hermanos y padres, escuchad la defensa que ahora hago ante vosotros.» ² Al oír que les hablaba en lengua hebrea guardaron más profundo silencio. Y dijo: ³ «Yo soy judío, nacido en Tarso de Cilicia, pero educado en esta ciudad, instruido a los pies de Gamaliel en la exacta observancia de la Ley de nuestros padres; estaba lleno de celo por Dios, como lo estáis todos vosotros el día de hoy. ⁴ Yo perseguí a muerte a este Camino*, encadenando y arrojando a la cárcel a hombres y mujeres, ⁵ como puede atestiguármelo el sumo sacerdote y todo el consejo de ancianos. De ellos recibí también cartas para los hermanos de Damasco y me puse en camino con intención de traer también encadenados a Jerusalén a todos los que allí había, para que fueran castigados.

⁶ «Pero yendo de camino, estando ya cerca de Damasco, hacia el mediodía, me envolvió de repente una gran luz venida del cielo; ⁷ caí al suelo y oí una voz que me decía: 'Saúl, Saúl, ¿por qué me persigues?' ⁸ Yo respondí: ¿Quién eres, Señor?' Y él a mí: 'Yo soy Jesús Nazoreo, a quien tú persigues.' ⁹ Los que estaban vieron la luz, pero no oyeron la voz del que me hablaba. ¹⁰ Yo dije: '¿Qué he de hacer, Señor?' Y el Señor me respondió: 'Levántate y vete a Damasco; allí se te dirá todo lo que está establecido que hagas.' ¹¹ Como yo no veía, a causa del resplandor de aquella luz, conducido de la mano por mis compañeros llegué a Damasco.

¹² «Un tal Ananías, hombre piadoso según la Ley, bien acreditado por todos los judíos que habitaban allí*, ¹³ vino a verme, y presentándose ante mí me dijo: 'Saúl, hermano, recobra la vista.' Y en aquel momento le pude ver. ¹⁴ Él me dijo: 'El Dios de nuestros padres te ha destinado para que conozcas su voluntad, veas al Justo* y escuches la voz de sus labios, ¹⁵ pues le has de ser testigo ante todos los hombres de lo que has visto y oído*. ¹⁶ Y ahora, ¿qué esperas? Levántate, recibe el bautismo y lava tus pecados invocando su nombre.'

¹⁷ «Habiendo vuelto a Jerusalén* y estando en oración en el Templo, caí en éxtasis; ¹⁸ y le vi a él que me decía: 'Date prisa y marcha inmediatamente de Jerusalén, pues no recibirán tu testimonio acerca de mí*.' ¹⁹ Yo respondí: 'Señor, ellos saben que yo andaba por las sinagogas encarcelando y azotando a los que creían en ti; ²⁰ y cuando se derramó la sangre de tu testigo* Esteban, yo también me hallaba presente, y lo aprobaba y guardaba los vestidos de los que le mataban.' ²¹ Y me dijo: 'Marcha, porque yo te enviaré lejos, a los gentiles*'.»

Pablo, ciudadano romano.

²² Le estuvieron escuchando hasta estas palabras y entonces alzaron sus voces diciendo: «¡Quita a ése de la tierra!; ¡no merece vivir!» ²³ Vociferaban, agitaban sus vestidos y arrojaban polvo al aire. ²⁴ El tribuno mandó llevarlo dentro del cuartel y dijo que lo sometieran a los azotes para averiguar por qué motivo gritaban así contra él. ²⁵ Cuando le tenían estirado con las correas, dijo Pablo al centurión que estaba allí: «¿Os está permitido azotar a un ciudadano romano sin haberle juzgado?» ²⁶ Al oír esto el centurión fue donde el tribuno y le dijo: «¿Qué vas a hacer? Este hombre es ciudadano romano.» ²⁷ Acudió el tribuno y le preguntó: «Dime, ¿eres ciudadano romano?» —«Sí», respondió. ²⁸ —«Yo, dijo el tribuno, con-

Margin references (left column):
7 2
2 Co 11 22
Hch 26 4-5
5 34+
26 5
Ga 1 13-14
Flp 3 5-6
Rm 10 2
8 3; 9 2+
=9 1-18+
=26 9-18
Mt 2 23+

Margin references (right column):
9 17; 26 16
1 Co 9 1
1 8+
Mt 13 16-17p
1 Jn 1 1.3
2 38+
9 26
Ga 1 18
9 29-30
7 58; 8 1
2 39+
9 15
21 36
16 37+

---

22 Después de los tres discursos representativos de la predicación de Pablo, 13, 17 y 20, los Hechos dan tres defensas personales: ante la muchedumbre judía de Jerusalén, 22, ante el procurador Félix, 24, y ante el rey Agripa, 26, cada una de ellas hábilmente adaptada al auditorio, ver 9+. Ante la muchedumbre, Pablo presenta su comportamiento como el de un judío muy piadoso.

22 4 La Iglesia, ver 9 2+. Sobre Pablo perseguidor, ver 7 58; 8 1. 3; 9 1. 21; 22 19-20; 26 10-11; 1 Co 15 9; Ga 1 13. 23; Flp 3 6; 1 Tm 1 13.

22 12 Pablo sólo presenta a Ananías como un buen judío, sin precisar que era cristiano, 9 10, ni mencionar su visión, 9 10-16.

22 14 Cristo, ver 3 14; 7 52.

22 15 Ver 9 15. Aquí Ananías, como un profeta del AT, habla en nombre del «Dios de los padres». Pablo debe ser testigo «ante todos los hombres», sin precisar que lo será ante los gentiles (v. 21).

22 17 Reducción de las perspectivas: tres años habían pasado antes de este regreso a Jerusalén, ver 9 23 +. El éxtasis de que aquí habla Pablo no se menciona en ningún otro lugar; no puede confundirse con el que cuenta en 2 Co 12 1-4.

22 18 El gran tema de Lucas en su relato del apostolado de Pablo, ver 13 46-48; 18 6; 28 25-28.

22 20 En griego: «tu mártir». La palabra no posee aún su sentido actual, pero se va acercando; el supremo testimonio es el de la sangre. Ver Ap 2 13; 6 9; 17 6.

22 21 «Apóstol» quiere decir «enviado». Estas palabras de Cristo equivalen, pues, a constituir apóstol a Pablo, ver Ga 1 1; 1 Co 9 1; 2 Co 12 11-12, y especialmente apóstol de los gentiles, Ga 1 16; 2 7-8; Rm 1 5; 11 13; 15 16. 18; Ef 3 6-8; Col 1 25-29; 1 Tm 2 7, si bien los Hechos (excepto 14 4. 14) habitualmente reservan este título a los Doce.

seguí esta ciudadanía por una fuerte suma.» —«Pues yo, contestó Pablo, la tengo por nacimiento.» [29] Al momento se retiraron los que iban a darle tormento. El tribuno temió al darse cuenta que le había encadenado* siendo ciudadano romano.

Pablo ante el Sanedrín*.

[30] Al día siguiente, queriendo averiguar con certeza de qué le acusaban los judíos, le sacó de la cárcel y mandó que se reunieran los sumos sacerdotes y todo el Sanedrín; hizo bajar a Pablo y le puso ante ellos.

23 [1] Pablo miró fijamente al Sanedrín y dijo: «Hermanos, yo me he portado con entera buena conciencia* ante Dios, hasta este día.» [2] Pero el sumo sacerdote Ananías* mandó a los que le asistían que le golpeasen en la boca. [3] Entonces Pablo le dijo: «¡Dios te golpeará a ti, pared blanqueada! ¿Tú te sientas para juzgarme conforme a la Ley y mandas, violando la Ley, que me golpeen?» [4] Pero los que estaban a su lado le dijeron: «¿Insultas al sumo sacerdote de Dios?» [5] Pablo respondió: «No sabía, hermanos, que fuera el sumo sacerdote; pues está escrito: *No injuriarás al jefe de tu pueblo.*»

[6] Pablo, dándose cuenta de que una parte eran saduceos y la otra fariseos, gritó en medio del Sanedrín: «Hermanos, yo soy fariseo, discípulo de fariseos; por la esperanza en la resurrección de los muertos me juzgan.» [7] Al decir él esto, se produjo un altercado entre fariseos y saduceos y la asamblea se dividió. [8] Porque los saduceos dicen que no hay resurrección, ni ángel, ni espíritu*; mientras que los fariseos profesan todo eso. [9] Se produjo, pues, un gran griterío. Se pusieron en pie algunos escribas del partido de los fariseos y se oponían diciendo: «No encontramos nada malo en este hombre. ¿Y si acaso le habló un espíritu o un ángel*?» [10] Como el altercado iba creciendo, temió el tribuno que Pablo fuese despedazado por ellos y mandó a la tropa que bajase, que le arrancase de entre ellos y le llevase al cuartel.

[11] A la noche siguiente se le presentó el Señor y le dijo: «¡Ánimo! pues como has dado testimonio de mí en Jerusalén, así debes darlo también en Roma.»

Conjuración de los judíos contra Pablo.

[12] Al amanecer, los judíos se confabularon y se comprometieron bajo anatema* a no comer ni beber hasta que hubieran matado a Pablo. [13] Eran más de cuarenta los comprometidos en esta conjuración. [14] Éstos, pues, se presentaron a los sumos sacerdotes y a los ancianos y le dijeron: «Bajo anatema nos hemos comprometido a no probar bocado hasta que no hayamos dado muerte a Pablo. [15] Vosotros por vuestra parte, de acuerdo con el Sanedrín, indicad al tribuno que os lo baje a vosotros, como si quisierais examinar más a fondo su caso; nosotros estamos dispuestos a matarle antes de que llegue.»

[16] El hijo de la hermana de Pablo se enteró de la emboscada. Se presentó en el cuartel, entró y se lo contó a Pablo. [17] Pablo llamó a uno de los centuriones y le dijo: «Lleva a este joven donde el tribuno, pues tiene algo que contarle.» [18] Él entonces lo presentó al tribuno diciéndole: «Pablo, el preso, me llamó y me rogó que te trajese este joven que tiene algo que decirte.» [19] El tribuno le tomó de la mano, le llevó aparte y le preguntó: «¿Qué es lo que tienes que contarme?» [20] —«Los judíos, contestó, se han concertado para pedirte que mañana bajes a Pablo al Sanedrín con el pretexto de ha-

Marginal references (left column):
21 33
16 37+

24 16

Jn 18 22

Mt 23 27
Ez 13 10-15

Ex 22 27

26 5
Flp 3 5

24 15.21;
26 6s;
28 20
Dn 12 1-3
2 M 7
Hch 4 1+

Mt 22 23

5 34s

Marginal references (right column):
18 9-10
27 24

19 21

9 23; 20 3
1 Ts 2 14+

---

22 29 De hecho, Pablo seguirá a pesar de todo en cadenas; v. 30; 23 18; 24 27; 26 29. Quizá se hayan de distinguir dos especies de cadenas: unas más pesadas y que por sí mismas constituían ya una pena se las habrían quitado a Pablo; y las otras más ligeras, necesarias para la segura custodia de los presos.
22 30 Según el anuncio de los discípulos, Mt 10 17-18 = Mc 13 9-10; Lc 21 12, Pablo va a comparecer ante «los tribunales», Hch 22 30 - 23 10, «los gobernadores» (Félix, 24), «los reyes» (Agripa 25-26).
23 1 La buena conciencia caracteriza a la moral paulina: 1 Co 4 4; 2 Co 1 12; 1 Tm 1 5. 19; 3 9; 2 Tm 1 3; ver Hb 13 18.
23 2 Ananías, hijo de Nebedeo, nombrado sumo sacerdote hacia el 47, detenido, enviado a Roma y probablemente destituido el 51 o el 52, recuperó luego el favor de Roma; asesinado el 66, al comienzo de la guerra judía.
23 8 Los fariseos creían que el individuo participaría de la vida del mundo futuro por medio de, o bien un cuerpo glorificado, como un ángel (ver Mt 22 30 y par; Hch 12 15; 1 Co 15 42-44), o bien un alma inmortal («espíritu»; ver Lc 24 39). Por el contrario, los saduceos rechazaban una y otra creencia, y por tanto toda forma de resurrección. Sobre este punto Pablo va a encontrar aliados en los fariseos, ver Hch 4 1+.
23 9 La hipótesis parece querer explicar la aparición en el camino de Damasco: Pablo podría haber visto una aparición de Jesús resucitado de entre los muertos; ver 12 15+; 23 8+.
23 12 Invocando sobre sí la maldición divina si faltaban a su compromiso.

cer una indagación más a fondo sobre él. ²¹ Pero tú no les hagas caso, pues le preparan una emboscada más de cuarenta hombres de entre ellos, que se han comprometido bajo anatema a no comer ni beber hasta haberle dado muerte; y ahora están preparados, esperando tu asentimiento.» ²² El tribuno despidió al muchacho dándole esta recomendación: «No digas a nadie que me has denunciado estas cosas.»

Pablo trasladado a Cesarea.

²³ Después llamó a dos centuriones y les dijo: «Tened preparados para la tercera hora de la noche doscientos soldados, para ir a Cesarea, setenta de caballería y doscientos lanceros. ²⁴ Preparad también cabalgaduras para que monte Pablo; y llevadlo a salvo al procurador Félix*.»

²⁵ Y escribió una carta en estos términos: ²⁶ «Claudio Lisias saluda al excelentísimo procurador Félix. ²⁷ Este hombre había sido apresado por los judíos y estaban a punto de matarlo cuando, al saber que era romano, acudí yo con la tropa y le libré de sus manos. ²⁸ Queriendo averiguar el crimen de que le acusaban, le bajé a su Sanedrín. ²⁹ Y hallé que le acusaban sobre cuestiones de su Ley*, pero que no tenía ningún cargo digno de muerte o de prisión*. ³⁰ Pero habiéndome llegado el aviso de que se preparaba una conjuración contra este hombre, al punto te lo he mandado y he informado además a sus acusadores que formulen sus quejas contra él ante ti*.»

³¹ Los soldados, conforme a lo que se les había ordenado, tomaron a Pablo y lo condujeron de noche a Antipátrida; ³² a la mañana siguiente dejaron que los de caballería se fueran con él y ellos se volvieron al cuartel. ³³ Al llegar aquéllos a

21 31-33

22 25-29

18 15
25 18-19

Cesarea, entregaron la carta al procurador y le presentaron también a Pablo. ³⁴ Habiéndola leído, preguntó de qué provincia era y, al saber que era de Cilicia, le dijo: ³⁵ «Te oiré cuando estén también presentes tus acusadores.» Y mandó custodiarlo en el pretorio de Herodes*.

Proceso ante el procurador Félix.

24 ¹ Cinco días después bajó el sumo sacerdote Ananías con algunos ancianos y un tal Tértulo, abogado, y presentaron ante el procurador acusación contra Pablo. ² Citado Pablo, Tértulo empezó la acusación diciendo: «Gracias a ti gozamos de mucha paz y las mejoras realizadas por tu providencia en beneficio de esta nación, ³ en todo y siempre las reconocemos, excelentísimo Félix, con todo agradecimiento. ⁴ Pero para no molestarte más, te ruego que nos escuches un momento con tu característica clemencia. ⁵ Pues hemos comprobado que esta peste de hombre provoca altercados entre los judíos de toda la tierra y que es el jefe principal de la secta* de los nazoreos. ⁶ Ha intentado además profanar el Templo, pero nosotros le apresamos*. [7] ⁸ Interrogándole*, podrás tú llegar a conocer a fondo todas estas cosas de que le acusamos.» ⁹ Los judíos le apoyaron, afirmando que las cosas eran así.

¹⁰ Entonces el procurador concedió la palabra a Pablo y éste respondió*:

Discurso de Pablo ante el procurador romano.

«Yo sé que desde hace muchos años vienes juzgando a esta nación; por eso con toda confianza voy a exponer mi defensa. ¹¹ Tú mismo lo puedes comprobar: No hace más de doce días que yo subí a Jerusalén en peregrinación*. ¹² Y ni en el Templo, ni en las sinagogas ni por la ciu-

16 20; 17 6;
21 28
Lc 23 2

Mt 2 23+

11 30+
20 16

---

23 24 Antonio Félix, un liberto, hermano de Palas, el favorito de Agripina, fue procurador de Judea del 52 al 59 ó 60.
23 29 (a) Texto occ.: «... cuestiones de la Ley de Moisés y de un tal Jesús».
23 29 (b) Lucas recoge estas declaraciones que proclaman la inocencia de Pablo, ver v. 9; 25 18. 25; 26 31; 28 18, como lo había hecho con Jesús, ver 3 13; 13 28; Lc 23 14-15. 22.
23 30 Adic.: «Adiós».
23 35 Palacio construido por Herodes el Grande y convertido en residencia oficial del procurador romano.
24 5 Los adversarios del Cristianismo sólo ven en él una «secta», ver 5 17, dentro del Judaísmo, ver v. 14 ; 28 22.
24 6 Los judíos reivindican la competencia. Ver 25 9; Jn 18 31+. —Muchos testigos añaden aquí: «Nosotros

queríamos juzgarle según nuestra Ley, ⁷pero se presentó el tribuno Lisias y con mucha fuerza lo arrebató de nuestras manos ⁸y ha mandado a sus acusadores que vengan ante ti».
24 8 Preguntando a Pablo, según el texto breve aquí adoptado; según el texto largo (ver nota a **24** 6), podría tratarse de preguntar a Lisias.
24 10 Pablo rechaza la acusación de haber provocado desórdenes, vv. 11-13. Luego explica su condición de «nazoreo» (ver v. 5), que en modo alguno le impide ser fiel a su religión judía, vv. 14-16. Finalmente, se justifica de la acusación de haber profanado el Templo, vv. 17-19. En conclusión, recuerda que, al comparecer ante el Sanedrín, no se le pudo convencer de ningún delito, vv. 20-21.
24 11 Lit.: «para adorar», ver 8 27.

dad me han encontrado discutiendo con nadie ni alborotando a la gente. [13] Ni pueden tampoco probarte las cosas de que ahora me acusan.

[14] «En cambio te confieso que según el Camino, que ellos llaman secta, doy culto al Dios de mis padres, creo en todo lo que está escrito en la Ley y en los Profetas* [15] y tengo en Dios la misma esperanza que éstos mismos tienen*, de que habrá una resurrección, tanto de los justos como de los injustos. [16] Por eso yo también me esfuerzo por tener constantemente una conciencia limpia ante Dios y ante los hombres.

[17] «Al cabo de muchos años he venido a traer limosnas a los de mi nación* y a presentar ofrendas*. [18] Mientras las ofrecía me encontraron en el Templo después de haberme purificado, y no entre tumulto de gente. [19] Pero fueron algunos judíos de Asia... — que son los que debieran presentarse ante ti y acusarme si es que tienen algo contra mí; [20] o si no, que digan estos mismos qué crimen hallaron en mí cuando comparecí ante el Sanedrín, [21] a no ser este solo grito que yo lancé estando en medio de ellos: 'Yo soy juzgado hoy ante vosotros por la resurrección de los muertos*'.»

Pablo cautivo en Cesarea.

[22] Félix, que estaba bien informado en lo referente al Camino, les dio largas diciendo: «Cuando baje el tribuno Lisias decidiré vuestro asunto.» [23] Y ordenó al centurión que custodiase a Pablo, que le dejase tener alguna libertad y que no impidiese a ninguno de los suyos el asistirle*.

[24] Después de unos días vino Félix con su esposa Drusila, que era judía*; mandó traer a Pablo y le estuvo escuchando acerca de la fe en Cristo Jesús. [25] Y al hablarle Pablo de la justicia, del dominio

propio y del juicio futuro, Félix, aterrorizado*, le interrumpió: «Por ahora puedes marcharte; cuando encuentre una oportunidad te haré llamar.» [26] Esperaba al mismo tiempo Félix que Pablo le diese dinero; por eso frecuentemente le mandaba a buscar y conversaba con él.

[27] Pasados dos años Félix recibió como sucesor a Porcio Festo*; y, queriendo congraciarse con los judíos, dejó a Pablo prisionero*.

Pablo apela al César.

25 [1] Tres días después de haber llegado a la provincia*, Festo subió de Cesarea a Jerusalén [2] Los sumos sacerdotes y los principales de los judíos le presentaron acusación contra Pablo* e insistentemente [3] le pedían una gracia contra él, que le hiciera trasladar a Jerusalén, mientras preparaban una emboscada para matarle en el camino. [4] Pero Festo les contestó que Pablo debía estar custodiado en Cesarea, y que él mismo estaba para marchar allá inmediatamente. [5] «Que bajen conmigo, les dijo, los que entre vosotros tienen autoridad y si este hombre es culpable en algo, formulen acusación contra él.»

[6] Después de pasar entre ellos no más de ocho o diez días, bajó a Cesarea y al día siguiente se sentó en el tribunal y mandó traer a Pablo. [7] Así que éste se presentó le rodearon los judíos que habían bajado de Jerusalén, presentando contra él muchas y graves acusaciones, que no podían probar. [8] Pablo se defendía diciendo: «Yo no he cometido delito alguno ni contra la Ley de los judíos ni contra el Templo ni contra el César.» [9] Pero Festo, queriendo congraciarse con los judíos, preguntó a Pablo: «¿Quieres subir a Jerusalén y ser allí juzgado de estas cosas en mi presencia?» [10] Pablo contestó: «Estoy ante el tribunal del César

---

Marginal references (left column):

9 2+

Rm 3 31;
10 14
Mt 5 17+

Jn 5 29+
Hch 23 6

23 1+

21 27

23 6

9 2+

18 5+

Marginal references (right column):

Mc 6 17-20

17 32

25 9

25 9

23 12-15

Mt 26
59-61p;
27 12-14p
Lc 23 10
Hch 17 6-7

24 14+
21 28+

24 27

---

24 14 El Cristianismo no es una religión distinta del Judaísmo, es el mismo Judaísmo que ha entrado en posesión de su esperanza secular. Rechazando a Cristo, los judíos rechazan su propia tradición religiosa. Ver el discurso ante Agripa, **26**, el argumento tradicional de las profecías, 2 23+; 3 24+, y las declaraciones de Pablo; Rm 1 2; 3 31; 10 4; 16 26; 1 Co 15 3-4; Ga 3, etc.
24 15 Los fariseos, ver **23** 6+.
24 17 (a) Única alusión en los Hechos al motivo real del viaje: la colecta de las iglesias de la gentilidad que debía llevar a Jerusalén, ver Rm **15** 25+.
24 17 (b) Sacrificios ofrecidos a Dios, ver **21** 24.26.
24 21 Pablo trata hábilmente de vincular la causa cristiana a la de la teología farisea.
24 23 Régimen de prisión semejante al que Pablo go-

zará en Roma.
24 24 Hija menor de Agripa I (ver **12**). Había abandonado a su primer marido, el rey de Emesa, para desposarse con Félix.
24 25 Félix era codicioso, brutal, disoluto. —Compárese la actitud de Juan el Bautista ante Herodes.
24 27 (a) Nombrado el año 59 o el 60, muerto el 62.
24 27 (b) «y queriendo...»; var. occ.: «y dejó a Pablo en prisión a causa de Drusila». El derecho romano imponía sanciones a los denunciantes que no mantuviesen sus acusaciones, pero de ello no se seguía necesariamente que los acusados fueran puestos en libertad.
25 1 O: «después que entró en funciones».
25 2 Igual procedimiento jurídico que en **24** 1; ver **25** 15.

donde tengo que ser juzgado. A los judíos no les he hecho ningún mal, como
tú muy bien sabes. 11 Si, pues, soy reo de
algún delito o he cometido algún crimen
que merezca la muerte, no rehúso morir;
pero si en eso de que éstos me acusan no
hay ningún fundamento, nadie puede
entregarme a ellos; apelo al César*.»
12 Entonces Festo deliberó con el Con-
26 32; 28 19 sejo y respondió: «Has apelado al César,
al César irás.»

Pablo ante el rey Agripa.

13 Pasados algunos días, el rey Agripa y
Berenice* vinieron a Cesarea y fueron a
saludar a Festo. 14 Como pasaran allí
bastantes días, Festo expuso al rey el
caso de Pablo: «Hay aquí un hombre, le
dijo, que Félix dejó prisionero. 15 Estando yo en Jerusalén presentaron contra él
acusación los sumos sacerdotes y los ancianos de los judíos, pidiendo contra él
sentencia condenatoria. 16 Yo les respondí que no es costumbre de los romanos
entregar a un hombre antes de que el
acusado tenga ante sí a los acusadores y
se le dé la posibilidad de defenderse de
la acusación. 17 Ellos vinieron aquí juntamente conmigo, y sin dilación me senté al día siguiente en el tribunal y mandé
traer al hombre. 18 Los acusadores com-
parecieron ante él, pero no presentaron
ninguna acusación de los crímenes que
yo sospechaba; 19 solamente tenían con-
18 15; 23 29 tra él unas discusiones sobre su propia
religión y sobre un tal Jesús, ya muerto,
23 6 de quien Pablo afirma que vive. 20 Yo es-
1 Co 15 12-20 taba perplejo sobre estas cuestiones y le
2 Co 13 44 propuse si quería ir a Jerusalén y ser allí
Lc 24 5.23 juzgado de estas cosas. 21 Pero como Pablo interpuso apelación de que se le custodiase para la decisión del Augusto*,
mandé que se le custodiara hasta remi-
tirlo al César.» 22 Agripa dijo a Festo:
«Querría yo también oír a ese hombre*.»
— «Mañana, dijo, le oirás.»

23 Al día siguiente vinieron Agripa y
Berenice con gran ostentación y entraron en la sala de audiencia, junto con los
tribunos y los personajes de más categoría de la ciudad. A una orden de Festo,
trajeron a Pablo. 24 Festo dijo: «Rey Agripa y todos los aquí presentes; aquí veis a
este hombre, contra quien toda la multitud de los judíos vinieron a mi presencia tanto en Jerusalén como aquí, gritan- 21 36
do que no debía vivir ya más. 25 Yo
comprendí que no había hecho nada digno de muerte; pero como él ha apelado
al Augusto, he decidido enviarle. 26 No sé
en concreto qué escribir al Señor* sobre
él; por eso le he presentado ante vosotros, y sobre todo ante ti, rey Agripa,
para saber, después del interrogatorio, lo
que he de escribir. 27 Pues me parece absurdo enviar un preso sin indicar al mismo tiempo las acusaciones formuladas
contra él.»

26 1 Agripa dijo a Pablo: «Se te permite hablar en tu favor.» Entonces
Pablo extendió su mano y empezó su de- 13 16
fensa:

Discurso de Pablo ante el rey Agripa*.

2 «Me considero feliz, rey Agripa, al tener que defenderme hoy ante ti de todas
las cosas de que me acusan los judíos,
3 principalmente* porque tú conoces todas las costumbres y cuestiones de los
judíos. Por eso te pido que me escuches
pacientemente.

4 «Todos los judíos conocen mi vida
desde mi juventud, desde cuando estuve 22 3
en el seno de mi nación, en Jerusalén.
5 Ellos me conocen de mucho tiempo
atrás y si quieren pueden testificar que
yo he vivido como fariseo conforme a la
secta más estricta de nuestra religión. 6 Y
ahora estoy aquí procesado por la esperanza que tengo en la promesa hecha por 23 6
Dios a nuestros padres, 7 cuyo cumpli-

25 11 Pablo quiere sustraerse a una jurisdicción local, que ya ha tomado partido contra él, reclamando una audiencia imparcial ante el tribunal imperial en Roma.
25 13 Agripa, Berenice y Drusila (ver 24 24) eran tres hijos de Agripa I, ver 12+. Agripa (II), el primogénito, había nacido el 27. Su hermana Berenice vivía entonces con él, no sin dar que hablar; años más tarde, se encontrará al lado de Tito. Sobre los territorios gobernados por Agripa II, ver el índice cronológico al final del volumen (a partir del año 48).
25 21 «Augusto», como «César», eran títulos del emperador reinante (que entonces era Nerón, 54-68).
25 22 Asimismo, su tío-abuelo Antipas había deseado ver a Jesús, Lc 9 9; 23 8.
25 26 Designación del emperador, considerado como poseedor de un poder real absoluto y universal, que por lo mismo gozaba de una prerrogativa más o menos divina.
26 2 Tras un exordio insinuante, vv. 2-3; ver 24 2-3. 10, Pablo proclama la perfecta conformidad de su fe cristiana con la creencia farisea en la resurrección, vv. 4-8; ver 23 8+; refiere luego las circunstancias de su conversión, vv. 9-18; ver 9 1-18; 22 3-16; concluye con un resumen de su predicación, que no presenta el Cristianismo más que como el cumplimiento de las Escrituras, vv. 19-23; ver 13 15-47. Detrás de la controversia, se ve aparecer aquí toda la cuestión de las relaciones entre Judaísmo y Cristianismo, ver 24 14+.
26 3 Otra traducción: «porque tú conoces mejor que nadie».

Dn 12 1-3
2 M 7 9

Rm 4 17
2 Co 1 9
Hb 11 19

=9 1-18
=22 5-16
Mt 2 23+

9 13+

8 1; 22 20

21 40+

1 Co 9 16s

Ez 2 1

1 8+; 20 24

Jr 1 5-8

Is 42 7.16
Hch 9 17-18
Jn 8 12+
Col 1 12-14
1 P 2 9

miento están esperando nuestras doce tribus en el culto que asiduamente, noche y día, rinden a Dios*. Por esta esperanza, oh rey, soy acusado por los judíos. [8] ¿Por qué tenéis vosotros por increíble que Dios resucite a los muertos*?

[9] «Yo, pues, me había creído obligado a combatir con todos los medios el nombre de Jesús, el Nazoreo. [10] Así lo hice en Jerusalén y, con poderes recibidos de los sumos sacerdotes, yo mismo encerré a muchos santos en las cárceles; y cuando se les condenaba a muerte, yo contribuía con mi voto. [11] Frecuentemente recorría todas las sinagogas y a fuerza de castigos les obligaba a blasfemar y, rebosando furor contra ellos, los perseguía hasta en las ciudades extranjeras.

[12] «En este empeño iba hacia Damasco con plenos poderes y la autorización de los sumos sacerdotes; [13] y al medio día, yendo de camino vi, oh rey, una luz venida del cielo, más resplandeciente que el sol, que me envolvió a mí y a mis compañeros en su resplandor. [14] Caímos todos nosotros a tierra y yo oí una voz que me decía en lengua hebrea: 'Saúl, Saúl, ¿por qué me persigues? Te es duro dar coces contra el aguijón*.' [15] Yo respondí: '¿Quién eres, Señor?' Y me dijo el Señor: 'Yo soy Jesús a quien tú persigues. [16] Pero levántate, y ponte en pie; pues me he aparecido a ti para constituirte servidor y testigo tanto de las cosas que de mí has visto como de las que te manifestaré. [17] *Yo te libraré* de tu pueblo y *de los gentiles, a los cuales yo te envío,* [18] *para que les abras los ojos*; para que se conviertan *de las tinieblas a la luz**, y del poder de Satanás a Dios; y para que reciban el perdón de los pecados* y una parte en

la herencia entre los santificados, mediante la fe en mí'.

[19] «Así pues, rey Agripa, no fui desobediente a la visión celestial, [20] sino que primero a los habitantes de Damasco, después a los de Jerusalén y por todo el país de Judea y también a los gentiles he predicado que se convirtieran y que se volvieran a Dios haciendo obras dignas de conversión. [21] Por eso los judíos, habiéndome prendido en el Templo, intentaban darme muerte. [22] Con el auxilio de Dios hasta el presente me he mantenido firme dando testimonio a pequeños y grandes sin decir cosa que esté fuera de lo que los profetas y el mismo Moisés dijeron que había de suceder: [23] que el Cristo había de padecer y que, después de resucitar el primero de entre los muertos, anunciaría la luz al pueblo y a los gentiles.»

Reacciones en el auditorio.

[24] Mientras estaba él diciendo esto en su defensa, Festo le interrumpió gritándole: «Estás loco, Pablo; las muchas letras te hacen perder la cabeza*.» [25] Pablo contestó: «No estoy loco, excelentísimo Festo, sino que proclamo cosas verdaderas y sensatas. [26] Bien enterado está de estas cosas el rey, ante quien hablo con valentía; no creo que se le oculte nada, pues no han pasado en un rincón*. [27] ¿Crees, rey Agripa, a los profetas? Yo sé que crees.» [28] Agripa contestó a Pablo: «Por poco me convences para hacer de mí un cristiano*.» [29] Y Pablo replicó: «Quiera Dios que por poco o por mucho, no solamente tú, sino todos los que me escuchan hoy, llegaran a ser tales como yo soy, a excepción de estas cadenas.»

Dt 33 3-4

Ga 1 16

2 38+
Lc 3 8p

21 30-31

2 23+

1 Co 15
20-23
Hch 13 47

Jn 18 37-38

13 46+

28 20

---

26 7   La esperanza mesiánica se concreta en la creencia en la resurrección de los justos destinados a tomar parte en el Reino al fin de los tiempos, ver Dn **12** 1-3; 2 M 7 9+. Esta esperanza ha comenzado a realizarse con la resurrección de Cristo, que de este modo se convierte en el fundamento de la esperanza cristiana, 1 Co **15** 15-22; Col 1 18.
26 8   Var. vv. 7-8: «esta promesa por la que nuestras doce tribus rinden a Dios, noche y día, un culto asiduo, en la esperanza de alcanzar su cumplimiento; por ella soy ahora acusado por los judíos; esto es, que Dios resucita a los muertos».
26 14   Expresión proverbial entre los griegos para caracterizar una resistencia inútil: como la del buey, que al dar coces contra el aguijón, sólo consigue lastimarse.
26 18 (a)   La misión de Pablo se describe aquí por medio de rasgos bíblicos relativos a las grandes misiones proféticas: Jeremías, el Siervo de Yahvé.
26 18 (b)   En 9 17-18, el que pasa de las tinieblas a la

luz es Pablo, al recobrar la vista. En **22** 16 (ver 9 18), es Pablo el que debe purificarse de sus pecados recibiendo el bautismo. De este modo, lo que él mismo ha experimentado se convierte en símbolo de su misión con respecto a los demás.
26 24   Festo queda aturdido por la erudición bíblica de Pablo y, sin duda, también por el estilo judío de argumentar. Agripa, por su parte, se calla, visiblemente afectado; ver su respuesta evasiva en el v. 28.
26 26   Se trata de hechos que dan cumplimiento a las Escrituras (v. 23): la pasión y la resurrección de Jesús, la extensión de la predicación apostólica. Todo esto es público y notorio.
26 28   La palabra conserva aún su valor de apodo, ver 11 26+. —Var.: «Por poco, con tus argumentos, haces de mí un cristiano» o bien: «Por poco te convences de que me has hecho cristiano».
26 29   Juego de palabras con el «por poco» de Agripa.

³⁰ El rey, el procurador, Berenice y los que con ellos estaban sentados se levantaron, ³¹ y mientras se retiraban iban diciéndose unos a otros: «Este hombre no hace nada digno de muerte o de prisión.» ³² Agripa dijo a Festo: «Podría quedar en libertad este hombre si no hubiera apelado al César.»

Camino de Roma.

27 ¹ Cuando se decidió que nos* embarcásemos rumbo a Italia, entregaron a Pablo y algunos otros prisioneros a un centurión de la cohorte Augusta, llamado Julio. ² Subimos a una nave de Adramitio, que iba a partir hacia las costas de Asia, y nos hicimos a la mar. Estaba con nosotros Aristarco, macedonio de Tesalónica. ³ Al otro día arribamos a Sidón. Julio se portó humanamente con Pablo y le permitió ir a ver a sus amigos y ser atendido por ellos. ⁴ Partimos de allí y navegamos al abrigo de las costas de Chipre, porque los vientos eran contrarios. ⁵ Atravesamos los mares de Cilicia y Panfilia y llegamos al cabo de quince días* a Mira de Licia. ⁶ Allí encontró el centurión una nave alejandrina que navegaba a Italia, y nos hizo subir a bordo.

⁷ Durante muchos días la navegación fue lenta y a duras penas llegamos a la altura de Gnido. Como el viento no nos dejaba entrar en puerto, navegamos al abrigo de Creta por la parte de Salmone; ⁸ y, costeándola, llegamos con dificultad a un lugar llamado Buenos Puertos, cerca del cual se encuentra la ciudad de Lasea.

Tempestad y naufragio.

⁹ Había transcurrido bastante tiempo y la navegación era ya peligrosa, pues incluso había pasado el Ayuno*. Pablo les advertía ¹⁰ diciéndoles: «Amigos, veo que la navegación va a traer gran peligro y grave daño no sólo para el cargamento y la nave, sino también para nuestras propias personas.» ¹¹ Pero el centurión daba más crédito al piloto y al patrón que no a las palabras de Pablo. ¹² Como el puerto no era a propósito para invernar, la mayoría decidió hacerse a la mar desde allí, por si era posible llegar a Fénica, un puerto de Creta orientado al suroeste y al noroeste, y pasar allí el invierno.

¹³ Soplaba ligeramente entonces el viento del sur y creyeron que podían poner en práctica su propósito; levaron anclas y fueron costeando Creta de cerca. ¹⁴ Pero no mucho después se desencadenó un viento huracanado procedente de la isla, llamado Euroaquilón. ¹⁵ La nave fue arrastrada y, no pudiendo hacer frente al viento, nos abandonamos a la deriva. ¹⁶ Navegando a sotavento de una isleta llamada Cauda, pudimos con mucha dificultad hacernos con el bote. ¹⁷ Una vez izado el bote se emplearon los cables de refuerzo, ciñendo el casco por debajo; y por miedo a chocar contra la Sirte, se echó el ancla flotante. Así se iba a la deriva. ¹⁸ Y como el temporal seguía sacudiéndonos furiosamente, al día siguiente aligeraron la nave. ¹⁹ Y al tercer día con sus propias manos arrojaron al mar el aparejo de la nave. ²⁰ Durante muchos días no apareció el sol ni las estrellas; teníamos sobre nosotros una tempestad no pequeña; toda esperanza de salvarnos iba desapareciendo.

²¹ Hacía ya días que no habíamos comido*; entonces Pablo se puso de pie en medio de ellos y les dijo: «Amigos, más hubiera valido que me hubierais escuchado y no haberos hecho a la mar desde Creta; os hubierais ahorrado este peligro y esta pérdida. ²² Pero ahora os recomiendo que tengáis buen ánimo; ninguna de vuestras vidas se perderá; solamente la nave. ²³ Pues esta noche se me ha presentado un ángel del Dios a quien pertenezco y a quien doy culto, ²⁴ y me ha dicho: 'No temas, Pablo; tú tienes que comparecer ante el César*; y mira, Dios te ha concedido la vida de todos los que navegan contigo.' ²⁵ Por tanto, amigos, ¡ánimo! Yo tengo fe en Dios de que sucederá tal como se me ha dicho. ²⁶ Iremos a dar en alguna isla.»

²⁷ Era ya la décima cuarta noche que íbamos a la deriva por el Adriático*,

23 29+

25 11; 28 19

19 29+

Jon 1 4-16
Mt 8 23-27p

27 33

27 34
18 9
23 11
10 3
Jon 1 9

---

27 1   La precisión del relato da la impresión de un minucioso diario de viaje.
27 5   «al cabo de quince días» texto occ.
27 9   Otro nombre de la fiesta de la Expiación, único día de ayuno prescrito por la Ley, Lv 16 29-31. Se celebraba por el equinoccio de otoño. La estación franca para la navegación en el Mediterráneo duraba desde finales del mes de mayo hasta mediados de setiembre; de aquí a mediados de noviembre la navegación, todavía posible, resultaba peligrosa.
27 21   La segunda intervención de Pablo (vv. 33s) es la que responde a esta observación. La primera intervención (vv. 21-26) parece estar incluida con poco acierto en el contexto y duplica en parte la segunda.
27 24   Ante el tribunal imperial, no ante el mismo Nerón.
27 27   Se designaba de este modo toda la parte del Mediterráneo comprendida entre Grecia, Italia y África.

cuando hacia la media noche presintieron los marineros la proximidad de tierra. [28] Sondearon y hallaron veinte brazas; un poco más adelante sondearon de nuevo y hallaron quince brazas. [29] Temerosos de que fuésemos a chocar contra algunos escollos, echaron cuatro anclas desde la popa y esperaban ansiosamente que se hiciese de día. [30] Los marineros intentaban escapar de la nave, y estaban ya arriando el bote con el pretexto de echar los cables de las anclas de proa. [31] Pero Pablo dijo al centurión y a los soldados: «Si no se quedan éstos en la nave, vosotros no os podréis salvar.» [32] Entonces los soldados cortaron las amarras del bote y lo dejaron caer.

[33] Mientras esperaban que se hiciera de día, Pablo aconsejaba a todos que tomasen alimento diciendo: «Hace ya catorce días que, en continua expectación, estáis en ayunas, sin haber comido nada. [34] Por eso os aconsejo que toméis alimento, pues os conviene para vuestra propia salvación; que ninguno de vosotros perderá ni un solo cabello de su cabeza.» [35] Diciendo esto, tomó pan, dio gracias a Dios en presencia de todos, lo partió y se puso a comer*. [36] Entonces todos los demás se animaron y tomaron también alimento. [37] Estábamos en total en la nave doscientas setenta y seis personas. [38] Una vez satisfechos, aligeraron la nave arrojando el trigo al mar.

[39] Cuando vino el día, los marineros no reconocían la tierra; solamente podían divisar una ensenada con su playa; y resolvieron lanzar la nave hacia ella, si fuera posible. [40] Soltaron las anclas que dejaron caer al mar; aflojaron al mismo tiempo las ataduras de los timones; después izaron al viento la vela artimón y pusieron rumbo a la playa. [41] Pero tropezaron contra un lugar con mar por ambos lados, y encallaron allí la nave; la proa clavada, quedó inmóvil; en cambio la popa, sacudida violentamente, se iba deshaciendo.

[42] Los soldados entonces resolvieron matar a los presos, para que ninguno escapase a nado; [43] pero el centurión, que quería salvar a Pablo, se opuso a su designio y dio orden de que los que supieran nadar se arrojasen los primeros al

margen: 27 21
margen: 27 22.24
margen: 12 19+

agua y ganasen la orilla; [44] y los demás saliesen unos sobre tablones, otros sobre los despojos de la nave. De esta forma todos llegamos a tierra sanos y salvos.

En Malta.

28 [1] Una vez a salvo, reconocimos entonces que la isla se llamaba Malta. [2] Los nativos nos mostraron una humanidad poco común; encendieron una hoguera y nos hicieron acercar a todos nosotros a causa de la lluvia que caía y del frío. [3] Pablo había reunido una brazada de ramas secas; al ponerla sobre la hoguera, una víbora, que salía huyendo del calor, hizo presa en su mano. [4] Los nativos, cuando vieron el animal colgado de su mano, se decían unos a otros: «Este hombre es seguramente un asesino; ha escapado del mar, pero la justicia divina* no le deja vivir.» [5] Pero él sacudió el animal sobre el fuego y no sufrió daño alguno. [6] Ellos estaban esperando que se hincharía o que caería muerto de repente; pero después de esperar largo tiempo y viendo que no le ocurría nada anormal, cambiaron de parecer y empezaron a decir que era un dios.

[7] En las cercanías de aquel lugar tenía unas propiedades el principal de la isla llamado Publio, quien nos recibió y nos dio amablemente hospedaje durante tres días. [8] Precisamente el padre de Publio se hallaba en cama atacado de fiebres y disentería. Pablo entró a verlo, hizo oración, le impuso las manos y lo curó. [9] Después de este suceso los otros enfermos de la isla acudían y eran curados. [10] Tuvieron para con nosotros toda suerte de consideraciones y a nuestra partida nos proveyeron de lo necesario.

De Malta a Roma.

[11] Transcurridos tres meses nos hicimos a la mar en una nave alejandrina que había invernado en la isla y llevaba por enseña los Dióscuros. [12] Arribamos a Siracusa y permanecimos allí tres días. [13] Desde allí, costeando, llegamos a Regio. Al día siguiente se levantó el viento del sur, y al cabo de dos días llegamos a Pozzuoli*. [14] Encontramos allí hermanos y nos rogaron que permaneciéramos

margen: Mc 16 18 / Lc 10 19
margen: 14 11
margen: Lc 4 40; 10 9p / Hch 5 15-16; 8 7-8; 9 12 / 1 Tm 4 14+

27 35 Adic. occ.: «dándonoslo también a nosotros». —Todo judío, en el momento de comer, pronunciaba una bendición. Pero los términos que Lucas escoge, evocan, al parecer, el rito eucarístico, ver 2 42 +.

28 4 *Dikê*, la justicia divina personificada.
28 13 Pozzuoli, en el golfo de Nápoles. Había ya, en este importante puerto, una colonia cristiana.

con ellos siete días. Y así llegamos a
Roma.
[15] Los hermanos, informados de nuestra llegada, salieron a nuestro encuentro
hasta el Foro Apio y Tres Tabernas. Pablo, al verlos, dio gracias a Dios y cobró
ánimos. [16] Cuando entramos en Roma se
le permitió a Pablo permanecer en casa
particular con el soldado que le custo-
diaba*.

Entrevista de Pablo con los judíos de Roma*.

[17] Tres días después convocó a los
principales judíos. Una vez reunidos, les
dijo: «Hermanos, yo, sin haber hecho
21 21+ nada contra el pueblo ni contra las cos-
24 14+ tumbres de los padres, fui entregado preso en Jerusalén en manos de los romanos, [18] quienes, después de haberme
interrogado, querían dejarme en libertad
23 29+ porque no había en mí ningún motivo de
muerte. [19] Pero como los judíos se opo-
25 11; 26 32 nían, me vi forzado a apelar al César, sin
pretender con eso acusar a los de mi na-
ción*. [20] Por este motivo os llamé para
23 6+ veros y hablaros, pues precisamente por
26 6-8 la esperanza de Israel llevo encima estas
26 29 cadenas.»
[21] Ellos le respondieron*: «Nosotros no
Lc 4 44+ hemos recibido de Judea ninguna carta
que nos hable de ti, ni ninguno de los
hermanos llegados aquí nos ha referido
17 19-20 o hablado nada malo de ti. [22] Pero deseamos oír de ti mismo lo que piensas, pues
24 5.14 lo que de esa secta sabemos es que en todas partes se la contradice.»

Declaración de Pablo a los judíos de Roma*.

[23] Le señalaron un día y vinieron en
mayor número adonde se hospedaba. Él
les iba exponiendo el Reino de Dios, dan- 1 3+
do testimonio e intentando persuadirles 13 16-41
acerca de Jesús, basándose en la Ley de 2 23+
Moisés y en los Profetas, desde la mañana hasta la tarde. [24] Unos creían por
sus palabras y otros en cambio perma- 13 46-47
necían incrédulos. [25] Cuando, en desacuerdo entre sí mismos, ya se despedían,
Pablo dijo esta sola cosa*: «Con razón
habló el Espíritu Santo a vuestros padres
por medio del profeta Isaías:
[26] *Ve a encontrar a este pueblo y dile:* Is 6 9-10
Escucharéis bien, pero no entenderéis,
miraréis bien, pero no veréis.
[27] *Porque se ha embotado el corazón de*
este pueblo,
han hecho duros sus oídos, y sus ojos
han cerrado;
no sea que vean con sus ojos,
y con sus oídos oigan,
y con su corazón entiendan y se con-
viertan,
y yo los cure.
[28] «Sabed, pues, que esta salvación de
Dios ha sido enviada a los gentiles; ellos
sí que la oirán*.»

Epílogo*.

[30] Pablo permaneció dos años* enteros
en una casa que había alquilado y recibía a todos los que acudían a él; [31] predicaba el Reino de Dios y enseñaba lo referente al Señor Jesucristo con toda
valentía, sin estorbo alguno*. 13 46+

28 16 Texto occ. (adoptado por la recensión antioquena): «Cuando entramos en Roma, el centurión entregó los presos al estratopedarca. Se le permitió a Pablo alojarse fuera del campo (del pretorio)». Estos informes complementarios corresponden a lo que en efecto debió de ocurrir. Es el régimen de favor de la «custodia militaris»: el preso toma un alojamiento para él, pero ha de tener siempre el brazo derecho atado por una cadena al brazo izquierdo de un soldado que le custodia.

28 17 Pablo quiso regularizar su situación lo más rápidamente posible con respecto a los judíos de Roma. Va a hacer un resumen de su proceso y protestar por última vez de su fidelidad al Judaísmo.

28 19 Adic. occ.: «sino únicamente con el deseo de eludir la muerte».

28 21 Respuesta prudentemente circunspecta.

28 23 Aun en Roma, Pablo dirige en primer lugar su mensaje evangélico a los judíos, ver 13 5 +. El resumen de su predicación a los judíos de Roma debe compararse con el discurso inaugural de Antioquía de Pisidia, 13 15-41.

28 25 Esta declaración, paralela a la que sigue al discurso de Antioquía, 13 46-47, constituye la conclusión de los Hechos y nos da su clave, ver 13 41 +. También evoca las perspectivas abiertas con el final del discurso de Jesús en Nazaret, Lc 4 23-27, y con las últimas palabras de Jesús a los apóstoles, Lc 24 47. El texto de Is 6 9-10 (LXX) aparece también en Mt 13 14-15 (ver Mc 4 12p) y, parcialmente, en Jn 12 40. El tema y el texto eran muy familiares al cristianismo primitivo.

28 28 El texto occ. (seguido por la recensión antioquena) añade el v. 29: «Cuando hubo dicho esto, los judíos se fueron, discutiendo vivamente entre sí».

28 30 (a) Con la llegada de Pablo a Roma termina un programa de evangelización, ver Lc 24 47. Hch 1 8+ se presenta como el punto de partida de una nueva expansión del Cristianismo. Lucas había concluido su evangelio abriéndolo a la perspectiva de la misión de los apóstoles; del mismo modo concluye el libro de los Hechos abriéndolo al futuro.

28 30 (b) El NT no indica de manera clara qué sucedió después de este período. Se supone generalmente que Pablo fue puesto en libertad, quizá a raíz de uno de los gestos de clemencia que en Nerón no eran raros. En este caso podría haber realizado su deseo de llegar hasta España (ver Rm 15 24). Una buena tradición sostiene que culminó su martirio en Roma bajo Nerón el 64 o el 67.

28 31 Adic. occ.: «diciendo que es él, Jesús, el Hijo de Dios, por quien el mundo entero ha de ser juzgado», ver 17 31.

EPÍSTOLAS DE SAN PABLO

EPÍSTOLAS DE SAN PABLO

Introducción

Datos biográficos.

A San Pablo le conocemos mejor que a ninguna otra personalidad del NT por sus Espístolas y por los Hechos de los Apóstoles, dos fuentes independientes que se confirman y se completan, a pesar de algunas divergencias de detalle. Algunos sincronismos con sucesos históricos conocidos —sobre todo el proconsulado de Galión en Corinto, Hch **18** 12— permiten además fijar algunas fechas y establecer así una cronología relativamente exacta de la vida del Apóstol.

Nacido en Tarso de Cilicia, Hch **9** 11; **21** 39; **22** 3, en los inicios de nuestra era, Flm 9, de una familia judía de la tribu de Benjamín, Rm **11** 1; Flp **3** 5, pero al mismo tiempo ciudadano romano, Hch **16** 37s; **22** 25-28; **23** 27, ya desde su juventud recibió de Gamaliel, en Jerusalén, una profunda educación religiosa según las doctrinas fariseas, Hch **22** 3; **26** 4s; Ga **1** 14; Flp **3** 5. Encarnizado perseguidor, en un principio, de la naciente Iglesia cristiana, Hch **22** 4s; **26** 9-12; Ga **1** 13, sufrió un brusco cambio en el camino de Damasco, por la aparición de Jesús resucitado, que le manifestó la verdad de la fe cristiana y le dio a conocer su misión especial de Apóstol de los gentiles, Hch **9** 19p; Ga **1** 12.15s; Ef **3** 2s. Desde aquel momento (hacia el año 33) dedica toda su vida activa al servicio de Cristo que le había «alcanzado», Flp **3** 12. Después de permanecer en Arabia y de volver a Damasco, Ga **1** 17, donde ya predica, Hch **9** 20, sube a Jerusalén hacia el año 37, Ga **1** 18; Hch **9** 26-29, luego se retira a Siria-Cilicia, Ga **1** 21; Hch **9** 30, de allí le lleva consigo Bernabé a Antioquía, convertido en colaborador suyo, Hch **11** 25s; ver ya **9** 27. En una primera misión apostólica, al principio de los años 40, anuncia el Evangelio en Chipre, Panfilia, Pisidia y Licaonia, Hch **13-14**; según San Lucas, a partir de este momento utiliza el nombre romano de Pablo con preferencia al nombre judío Saulo, Hch **13** 9, y empieza a destacar sobre su compañero Bernabé por la excelencia de su predicación, Hch **14** 12. En su segundo viaje misionero, Hch **15** 36 - **18** 22, entre los años 47 y 51, llega a Europa. En el verano del 51 se encuentra en Corinto con Galión; después sube a Jerusalén para intervenir en la asamblea apostólica. En aquella asamblea, y, por influencia suya, se admite que la Ley judía no obliga a los cristianos convertidos del paganismo, Hch **15**; Ga **2** 3-6; al mismo tiempo se reconoce oficialmente su misión de Apóstol de los gentiles, Ga **2** 7-9, y vuelve a partir para nuevos viajes apostólicos. El segundo, Hch **15** 36 - **18** 22, y el tercero, Hch **18** 23 - **21** 17, ocupan, respectivamente, los años 50-52 y 53-58. Volveremos a tratar de ellos al situar las diversas epístolas que los jalonan. Es detenido en Jerusalén el 58, Hch **21** 27 - **23** 22, y mantenido en prisión en Cesarea de Palestina hasta el 60, Hch **23** 23 - **26** 32. En el otoño del 60, el procurador Festo lo remite con escolta a Roma, Hch **27** 1 - **28** 16, donde Pablo permanece dos años, Hch **28** 30, del 61 al 63. Estos son los datos seguros sobre la vida de Pablo. Tradiciones antiguas, apoyadas en parte por las Epístolas pastorales (cuyo valor histórico se comenta más adelante), afirman que, dos años después, el proceso fue sobreseído por falta de pruebas y que Pablo pudo viajar de nuevo hacia el Este —o quizá pudo cumplir su deseo de ir a España, Rm **15** 24.28. Un nuevo cautiverio en Roma, atestiguado por la tradición, culminó con el martirio de Pablo, entre los años 54 y 68.

Personalidad de Pablo.

Las Epístolas y los Hechos también nos pintan un impresionante retrato de la personalidad del Apóstol.

Pablo es un apasionado, un alma de fuego que se entrega sin medida a un ideal. Y este ideal es esencialmente religioso. Dios es todo para él, y a Dios sirve con una lealtad absoluta, primero persiguiendo a los que considera herejes, Ga **1** 13; ver Hch **24** 5.14, luego predicando a Cristo, cuando, por revelación, ha comprendido que sólo en él está la salvación. Este celo incondicional se traduce en una vida de entrega total al servicio de Aquél a quien ama. Trabajos, fatigas, padecimientos, privaciones, peligros de muerte, 1 Co **4** 9-13; 2 Co **4** 8s; **6** 4-10; **11** 23-27, nada cuenta a sus ojos con tal de cumplir la tarea de que se siente responsable, 1 Co **9**

16s. Nada de eso puede separarle del amor de Dios y de Cristo, Rm 8 35-39; o mejor, todo eso es de gran valor porque le configura con la Pasión y la Cruz de su Maestro, 2 Co 4 10s; Flp 3 10s. El sentimiento de su singular elección suscita en él inmensas aspiraciones. Cuando confiesa su solicitud por todas las iglesias, 2 Co 11 28; ver Col 1 24, cuando afirma haber trabajado más que los demás, 1Co 15 10; ver 2 Co 11 5, cuando pide a sus fieles que le imiten, 1 Co 11 1+, no lo hace por arrogancia; más bien se trata de la legítima y humilde satisfacción de un santo, que se reconoce como el último de todos, ya que fue perseguidor, 1 Co 15 9; Ef 3 8; y sólo a la gracia de Dios atribuye las grandes cosas que se realizan por su intervención, 1 Co 15 10; 2 Co 4 7: Flp 4 13; Col 1 29; Ef 3 7.

El fuego de su sensible corazón queda bien patente en sus sentimientos para con sus fieles. Lleno de confiado abandono con los de Filipos, Flp 1 7s; 4 10-20, sufre un acceso de indignación cuando los de Galacia se disponen a traicionar su fe, Ga 1 6; 3 1-3; y experimenta una dolorosa contrariedad ante la inconstancia vanidosa de los de Corinto, 2 Co 12 11 - 13 10. Sabe manejar la ironía para fustigar a los inconstantes, 1 Co 4 8; 2 Co 11 7; 12 13, e incluso los reproches severos, Ga 3 1-3; 4 11; 1 Co 3 1-3; 5 1-2; 6 5; 11 17-22; 2 Co 11 3s. Pero es por su bien, 2 Co 7 8-13. Y no tarda en suavizar sus represiones con acentos de conmovedora ternura, 2 Co 11 1-2; 12 14s: ¿no es acaso su único padre, 1 Co 4 14s; 2 Co 6 13; ver 1 Ts 2 11; Flm 10, su madre, 1 Ts 2 7; Ga 4 19? ¡Que se reanuden, pues, las buenas relaciones de antes, Ga 4 12-20; 2 Co 7 11-13!

En realidad, no les acusa tanto a ellos, cuanto a los adversarios que tratan de seducirles: esos cristianos judaizantes que quieren someter a sus convertidos al yugo de la Ley, Ga 1 7; 2 4, 6 12s. Ningún miramiento con ellos, 1 Ts 2 15s; Ga 5 12; Flp 3 2. A sus pretensiones, orgullosas y carnales, opone el auténtico poder espiritual que se manifiesta en su débil persona, 2 Co 10 1 - 12 12, y la sinceridad de su desinterés demuestra Hch 18 3+. Se ha afirmado que sus rivales eran los grandes apóstoles de Jerusalén. No hay nada que lo pruebe; más bien se trata de judeo-cristianos integristas que decían apoyarse en Pedro, 1 Co 1 12, y en Santiago, Ga 2 12, para destruir el prestigio de Pablo. En realidad, él siempre respeta la autoridad de los verdaderos apóstoles, Ga 1 18; 2 2, sin dejar de sostener la igualdad de su título como testigo de Cristo, Ga 1 11s: 1 Co 9 1; 15 8-11; y si bien resiste al mismo Pedro en un punto particular, Ga 2 11-14, sabe también mostrarse conciliador, Hch 21 18-26, y pone su mayor esmero en la colecta a favor de los pobres de Jerusalén, Ga 2 10, colecta que considera como la prenda mejor de la unión entre los cristianos de la gentilidad y los de la iglesia madre, 2 Co 8 14; 9 12-13; Rm 15 26s.

Predicación de Pablo.

Su predicación es ante todo el «kerygma» apostólico, Hch 2 22+, proclamación de Cristo crucificado y resucitado conforme a las Escrituras, 1 Co 2 2; 15 3-4; Ga 3 1. «Su» evangelio, Rm 2 16; 16 25, no es cosa suya; es el evangelio de la fe común, Ga 1 6-9; 2 2; Col 1 5-7, sólo que con una aplicación especial a la conversión de los gentiles, Ga 1 16; 2 7-9, en la línea universalista inaugurada en Antioquía. Pablo se siente solidario de las tradiciones apostólicas; las cita cuando se le presenta la ocasión, 1 Co 11 23-25; 15 3-7, las supone siempre, y ciertamente les debe mucho. Parece no haber visto en vida a Cristo, ver 2 Co 5 16+, pero conoce sus enseñanzas, 1 Co 7 10s; 9 14. Además, es también un testigo directo, y su irresistible convicción se apoya en una experiencia personal: porque también él ha «visto» a Cristo, 1 Co 9 1; 15 8. Ha sido favorecido con revelaciones y éxtasis, 2 Co 12 1-4. Lo que ha recibido de la tradición, puede también atribuirlo y con entera verdad a las comunicaciones directas del Señor, Ga 1 12; 1 Co 11 23.

Se ha querido atribuir estos fenómenos místicos a un temperamento exaltado y enfermizo. Pero sin fundamento alguno. La enfermedad que le detuvo en Galacia, Ga 4 13-15, sólo parece haber sido un ataque de paludismo; y «el aguijón de la carne», 2 Co 12 7, pudo ser muy bien la oposición en el seno de sus comunidades. No era hombre imaginativo, a juzgar por las imágenes que emplea, pocas y corrientes: el estadio, 1 Co 9 24-27; Flp 3 12-14; 2 Tm 4 7s, el mar, Ef 4 14, la agricultura, 1 Co 3 6-8, y la construcción, 1 Co 3 10-17; Rm 15 20; Ef 2 20-22, dos temas que fácilmente asocia y combina, 1 Co 3 9; Col 2 7; Ef 3 17; ver Col 2 19; Ef 4 16. Es más bien un cerebral. A un corazón ardiente se une en él una inteligencia lúcida, lógica, exigente, solícita por exponer la fe según las necesidades de sus oyentes. A esto se deben las admirables exposiciones teoló-

gicas de que rodea al *Kerygma* según las circunstancias. Cierto que esa lógica no es la nuestra. Pablo argumenta en ocasiones como rabino, según los métodos exegéticos recibidos de su ambiente y de su educación (por ejemplo, Ga 3 16; 4 21-31). Pero su genio hace saltar los límites de aquella herencia tradicional, y hace pasar una doctrina profunda a través de canales un tanto anticuados para nosotros.

Por otra parte, este semita también posee una cultura griega aceptable, recibida quizá desde su infancia en Tarso, enriquecida por reiterados contactos con el mundo grecorromano. Esta influencia se refleja en su modo de pensar lo mismo que en su lenguaje y en su estilo. Cita autores clásicos si la ocasión se presenta, 1 Co 15 33, y conoce ciertamente la filosofía popular basada en el estoicismo. Debe a la «diatriba» cínico-estoica su estilo de razonamiento riguroso por medio de breves preguntas y respuestas, Rm 3 1-9.27-31, o sus amplificaciones por acumulación retórica, 2 Co 6 4-10; y cuando por el contrario emplea frases largas y recargadas, donde las proposiciones se empujan en oleadas sucesivas, Ef 1 3-14; Col 1 9-20, puede también tener sus modelos en la literatura religiosa helenista. Maneja corrientemente el griego con pocos semitismos. Es el griego de su tiempo, la «koiné» elegante, pero sin pretensiones aticistas. Pues desprecia la afectación de la elocuencia humana y sólo quiere atribuir su fuerza de persuasión al poder de la Palabra de fe confirmada por los signos del Espíritu, 1 Ts 1 5; 1 Co 2 4s; 2 Co 11 6; Rm 15 18. Incluso, a veces, su expresión es incorrecta e incompleta, 1 Co 9 15, pues el molde del lenguaje resulta incapaz de contener la presión de un pensamiento demasiado rico o de emociones demasiado vivas. Salvo raras excepciones, Flm 19, dicta, Rm 16 22, en la forma acostumbrada por los antiguos, contentándose con escribir el saludo final, 2 Ts 3 17; Ga 6 11; 1 Co 16 21; Col 4 18; y si bien algunos fragmentos parecen fruto de una redacción largamente meditada, muchos otros producen la impresión de un primer impulso espontáneo y sin retoques. A pesar de estos defectos, o quizá precisamente por ellos, este estilo fogoso es de una densidad extraordinaria. Un pensamiento tan elevado, expresado de manera tan ardorosa, ofrece al lector más de una dificultad (2 P 3 16); pero también le ofrece textos cuyo vigor religioso y aun literario no tienen quizá igual en la historia de los epistolarios humanos.

Las epístolas de Pablo.

No hemos de olvidar que estas epístolas que Pablo nos ha dejado son escritos de ocasión; no tratados de teología, sino respuestas a situaciones concretas. Verdaderas cartas con el formulario entonces en uso, Rm 1+, no son ni «cartas» puramente privadas, ni «epístolas» puramente literarias, sino exposiciones que Pablo destina a lectores concretos y, en último término, a todos los fieles de Cristo. No hemos de buscar, pues, en ellas una formulación sistemática y completa del pensamiento del Apóstol; hemos de suponer siempre, en el fondo, la palabra viva, de la que son comentarios sobre puntos particulares. Mas no dejan de ser por eso extraordinariamente valiosas, tanto más cuanto que su riqueza y variedad nos permiten encontrar verdaderamente lo esencial del mensaje paulino. Al hilo de las circunstancias y según los diferentes auditorios, se descubre una misma doctrina fundamental, centrada en torno a Cristo, muerto y resucitado, pero adaptada, desarrollada, enriquecida a lo largo de aquella vida entregada toda a todos, 1 Co 9 19-22. Algunos intérpretes han atribuido a Pablo un eclecticismo que a tenor de las circunstancias le habría hecho adoptar puntos de vista divergentes y aun contradictorios, sin concederles valor absoluto, pues sólo le interesaba ganar los corazones para Cristo. Otros han contrapuesto a este punto de vista, un «jijismo» según el cual el pensamiento de Pablo, estructurado desde un principio por la experiencia de su conversión, no habría experimentado luego ninguna evolución. La verdad está entre ambos extremos: la teología de San Pablo, evolucionada en una línea homogénea, se ha desarrollado realmente bajo el impulso del Espíritu que dirigía su apostolado. Podemos distinguir las etapas de esta evolución recorriendo sus diversas epístolas según el orden cronológico, que no es el del Canon del NT, donde han sido ordenadas según su extensión decreciente y que es el que mantienen la mayoría de las traducciones.

I y II Tesalonicenses.

Las primeras cronológicamente están dirigidas a los Tesalonicenses, evangelizados por San Pablo en el curso de su segundo viaje, Hch 17 1-10, otoño del 49 a primavera del 50. Obligado por los ataques de los judíos a salir para Berea, desde donde llegó a Atenas y Corinto, de esta úl-

tima ciudad escribió sin duda 1 Ts en el verano del 50. Silas y Timoteo están con él, y las buenas noticias traídas por este último después de una segunda visita a Tesalónica, sirven de ocasión a Pablo para desahogar su corazón, 1-3; siguen algunas exhortaciones prácticas, 4 1-12; 5 12-28, entre las que se incluye una respuesta respecto de la suerte de los difuntos y de la Parusía de Cristo, 4 13 - 5 11. 2 Ts, escrita sin duda en Corinto algunos meses más tarde (2 Ts 2 15), contiene además de exhortaciones prácticas, 1; 2 13 - 3 15, nuevas instrucciones sobre la fecha de la Parusía y los signos que la han de preceder, 2 1-12.

2 Ts presenta sorprendentes semejanzas literarias con 1 Ts, hasta el punto que algunos críticos han visto en ella la obra de un falsario que se habría inspirado en San Pablo imitando su estilo. Pero resulta difícil comprender el motivo de tal falsificación, y es mucho más sencillo pensar que el mismo Apóstol, queriendo corregir algunos aspectos de su enseñanza escatológica mal comprendidos, 1 Ts 5 2-9, haya escrito esta segunda carta repitiendo las fórmulas de la primera. Ambos escritos no se contradicen, sino que se completan; y su autenticidad queda asimismo bien testificada por la antigua tradición de la Iglesia.

Aparte del interés que ofrecen por presentar ya en germen muchos de los temas que se repetirán en ulteriores epístolas, éstas son importantes sobre todo por su doctrina sobre la escatología. En esta primera etapa de su apostolado, el pensamiento del Apóstol aparece enteramente centrado en la resurrección de Cristo y en su venida gloriosa que traerá la salvación a los que hayan creído en él, aun cuando hubieran ya muerto, 1 Ts 4 13-18. Describe esta venida gloriosa según las tradiciones de la apocalíptica judía y del cristianismo primitivo (discurso escatológico de los Sinópticos, sobre todo de Mt). Conforme a las enseñanzas de Jesús, ora insiste en la inminencia imprevisible de esta venida, que exige vigilancia, 1 Ts 5 1-11, hasta el punto de producir la impresión de que él y ellos la verán en vida, 1 Ts 4 17, ora tanquiliza a sus fieles inquietos por esta perspectiva, recordándoles que no ha llegado aún el Día y que ha de ser precedido de algunos signos, 2 Ts 2 1-12. Éstos ya no son tan claros para nosotros como debieron serlo para los primeros lectores. Parece que Pablo se imagina al Anticristo como un individuo que vendrá en los úl-

timos tiempos. En cuanto al obstáculo «que ahora le retiene», 2 Ts 2 6, algunos intérpretes han visto en él al imperio romano, otros a la predicación evangélica, pero nada hay de cierto.

I y II Corintios.

Mientras escribía 1 y 2 Ts, Pablo evangelizaba Corinto durante más de dieciocho meses, Hch 18 1-18, desde la primavera del 50 hasta finales del verano del 51. Según su costumbre de actuar en los grandes centros, quería implantar la fe de Cristo en aquel famoso puerto, densamente poblado y desde el cual podría difundirse por toda Acaya, 2 Co 1 1; 9 2. De hecho, logró fundar allí, sobre todo en las capas modestas de la población, 1 Co 1 26-28, una floreciente comunidad. Pero esta gran ciudad era un foco de cultura griega, donde chocaban corrientes muy diversas de pensamiento y de religión. El contacto de la tierna fe cristiana con aquella capital del paganismo tenía que plantear para los neófitos muchos problemas delicados. Y el Apóstol trata de resolverlos en las dos cartas que les escribe.

A pesar de algunos puntos dudosos, la génesis de estas dos epístolas es bastante clara. Se ha perdido una primera carta «precanónica», 1 Co 5 9-13, de fecha dudosa. Más tarde, durante la estancia de algo más de dos años (52-54) en Éfeso, en el curso del tercer viaje, Hch 19 1 - 20 1, algunos problemas planteados por una delegación de los corintios, 1 Co 16 17, más otras informaciones recibidas por medio de Apolo, Hch 18 27s; 1 Co 16 12, y «los de Cloe», 1 Co 1 11, impulsaron a Pablo a escribir una nueva carta, que es nuestra 1 Co, alrededor de la Pascua del 54 (1 Co 5 7s; 16 5-9). Poco después, debió de producirse en Corinto una crisis, en la que probablemente tuvo que intervenir Timoteo (1 Co 4 17; 16 10-11), y que le obligó a hacerles una visita rápida y enojosa, 2 Co 1 23 - 2 1, en el curso de la cual prometió volver pronto, 2 Co 1 15-16. Pero de hecho no volvió y sustituyó esta visita por una carta severa, escrita «con muchas lágrimas», 2 Co 2 3s.9, que produjo un efecto saludable, 2 Co 7 8-13. Este buen resultado lo supo Pablo por Tito, 2 Co 1 12s; 7 5-16, en Macedonia, después de haber salido de Éfeso a consecuencia de crisis muy graves cuya naturaleza desconocemos, 1 Co 15 32; 2 Co 1 8-10; Hch 19 23-40; y entonces escribió las dos partes de 2 Co, en la primavera y el verano del 55. Luego iba a pasar por Corinto, Hch 20 1s;

ver 2 Co 9 5; 12 14; 13 1.10, para subir desde allí a Jerusalén y ser encarcelado.

Algunos opinan que 2 Co sería una recopilación de varias cartas —hasta cinco— remitidas por Pablo a Corinto en circunstancias diversas. Otros, menos preocupados por las dificultades de algunos enlaces literarios que esta teoría pretende explicar, admiten sin embargo que los cap. 10-13 no pueden ser continuación de 1-9. Es psicológicamente imposible que Pablo pase tan bruscamente de celebrar la reconciliación expuesta en los cap. 1-9 a la amonestación severa y las justificaciones irónicas de los cap. 10-13. Sugieren que los cap. 10-13 podrían ser la epístola escrita con lágrimas, a causa de su tono severo, pero esto no cuadra bien con el contexto. La epístola escrita con lágrimas ha sido motivada por la conducta de un individuo, 2 Co 2 5-8; ahora bien, ninguna referencia se hace a este asunto en los cap. 10-13, que tratan del daño causado en las comunidades por los falsos apóstoles. Es, pues, más probable que estos capítulos los haya provocado el deterioro de la situación en Corinto después del envío de los cap. 1-9.

Si estas epístolas ofrecen noticias de gran interés sobre el alma de Pablo y sobre sus relaciones con sus convertidos, no es menor su importancia doctrinal. Encontramos en ellas, especialmente en 1 Co, informaciones y decisiones sobre muchos problemas cruciales del cristianismo primitivo, tanto en su vida interior: pureza de costumbres, 1 Co 5 1-13; 6 12-20; matrimonio y virginidad, 7 1-40, orden de las asambleas religiosas y celebraciones de la eucaristía, 11-12, uso de los carismas, 12 1 - 14 40, como en sus relciones con el mundo pagano: recurso a los tribunales, 6 1-11, carnes ofrecidas a los ídolos, 8-10. Lo que hubiera podido quedar en un simple caso de conciencia o en unas instrucciones litúrgicas, da pie al genio de Pablo para exponer puntos de vista profundos sobre la verdadera libertad de la vida cristiana, la santificación del cuerpo, la primacía de la caridad y la unión con Cristo. La defensa de su apostolado, 2 Co 10-13, le inspira páginas espléndidas sobre la grandeza del ministerio apostólico, 2 Co 2 12 - 6 10; y el tema tan concreto de la colecta, 2 Co 8-9, queda iluminado por el ideal de la unión entre las iglesias. La perspectiva escatológica está siempre presente y penetra toda la exposición sobre la resurrección de la carne, 1 Co 15. Pero a las descripciones apocalípticas de 1 Ts y 2 Ts sustituye una discusión más racional que justifica esta esperanza, difícil para la mentalidad griega. Esta adaptación del Evangelio al mundo nuevo en el que va penetrando, se manifiesta sobre todo en la contraposición de la locura de la Cruz a la sabiduría helénica. A los corintios, que se hallan divididos contraponiendo a sus diversos maestros y sus respectivos talentos humanos, Pablo les recuerda que sólo hay un maestro, Cristo, un solo mensaje, la salvación por la cruz, y que esa es la única y verdadera Sabiduría, 1 Co 1 10 - 4 13. Así, forzado por las circunstancias y sin renegar de las perspectivas escatológicas, se ve obligado a insistir más y más en la vida cristiana presente, como unión con Cristo en el verdadero conocimiento que es el de la fe. A consecuencia de la crisis de Galacia Pablo va a profundizar más aún, y precisamente en referencia con el Judaísmo, esta vida que la fe otorga.

Gálatas.

Las epístolas a los Gálatas y a los Romanos deben ser tratadas conjuntamente, pues abordan el mismo problema: la primera, como reacción inmediata provocada por una situación concreta; la segunda, como expresión más serena y más completa que pone en orden las ideas suscitadas por la polémica. Este estrecho parentesco de las dos epístolas es una de las mayores razones que desaconsejan fechar la composición de Ga en los primeros años de Pablo, incluso antes de la asamblea de Jerusalén, como lo han propuesto algunos. Ha parecido a éstos que la segunda visita de Pablo a Jerusalén, narrada en Ga 2 1-10, debía de ser la segunda visita mencionada por Hechos, 11 30; 12 25, y no la tercera, Hch 15 2-30 (que difiere en varios puntos del relato de Pablo). Como, por otra parte, Pablo parece desconocer el Decreto de Hch 15 20.29 (ver Ga 2 6), su carta debería ser anterior a la asamblea de Jerusalén, y para esto bastaba admitir que los «Gálatas» fueron los licaonios y los pisidios evangelizados en el primer viaje misionero, explicándose con la ida y vuelta de Pablo la doble visita que parece suponer Ga 4 13. Pero todo esto tiene poca base. Si bien es verdad que Licaonia y Pisidia han estado políticamente vinculadas desde 36-25 a.C. a Galacia, no lo es menos que el lenguaje corriente del siglo I de nuestra era era reserva la denominación a la Galacia propiamente dicha, situada más al norte. Además de que parece difícil que se haya podido llamar «Gálatas» a sus habitantes, Ga **3** 1. Por lo demás, no hay necesidad alguna de esta difícil suposición. La segunda visita de Ga **2** 1-10 se identifica perfectamente con la tercera de Hch **15** —con la que tiene tan grandes semejanzas— mucho mejor que con la segunda, Hch **11** 30; **12** 25, de tan poca importancia que Pablo la ha pasado en silencio en su argumentación de Ga, a no ser que ni siquiera haya existido, siendo simplemente la consecuencia de un duplicado literario de San Lucas (ver los Hechos, Introducción, y Hch **11** 30+). Así pues, la epístola a los Gálatas es ciertamente posterior a la asamblea de Jerusalén. Si Pablo no habla en ella del Decreto, quizá se deba a que también éste es de época posterior (ver Hch **15**+) circunstancia que también explicaría la actitud de Pedro censurada en Ga **2** 11-14. Los destinatarios son sin duda los habitantes de la región «gálata» recorrida por Pablo con ocasión del segundo y del tercer viaje, Hch **16** 6; **18** 23. Y la carta pudo haber sido escrita en Éfeso o incluso en Macedonia, entre el 54 y el 55.

Romanos.

La epístola a los Romanos parece algo posterior. Pablo se halla en Corinto (invierno del 55-56), y a punto de partir para Jerusalén de donde espera ir a Roma y de allí a España, Rm **15** 22-32; ver 1 Co **16** 3-6; Hch **19** 21; **20** 3. Pero no ha fundado él la iglesia de Roma, respecto de la cual se halla medianamente informado, quizá por hombres como Áquila, Hch **18** 2; las pocas alusiones de su epístola únicamente dejan entrever una comunidad en la que los convertidos del Judaísmo y de la gentilidad están expuestos a despreciarse mutuamente. Por eso cree conveniente, para preparar su venida, enviar con su protectora Febe, Rm **16** 1, una carta en que expone su solución del problema del Judaísmo-Cristianismo, tal como lo acaba de madurar bajo los impactos de la crisis gálata. Para ello, retoma las ideas de Ga, pero de una manera más ordenada y matizada. Si Ga representa un grito salido del corazón, donde la apología personal, 1 11 - 2 21, se yuxtapone a la argumentación doctrinal, 3 1 - 4 31, y a las vehementes advertencias, 5 1 - 6 18, Rm por su parte ofrece una exposición ininterrumpida con algunas grandes secciones que se entrelazan armoniosamente por medio de temas que se anuncian anticipadamente para ser luego desarrollados.

Nadie ha discutido con argumentos serios la autenticidad de la epístola a los Romanos, como tampoco la de las de las epístolas a los Corintios y a los Gálatas. La única cuestión debatida es si los caps. **15** y **16** son una añadidura posterior. Especialmente el último, con sus numerosos saludos, habría sido primitivamente una esquela destinada a la iglesia de Éfeso. Pero el cap. **15**, a pesar de algunos manuscritos, no puede separarse del cuerpo de la epístola; y los que mantienen la autenticidad del cap. **16** advierten que Pablo no dirige nunca saludos a personas de comunidades en las que él no ha trabajado. Esto habría suscitado envidias, al tratar de forma diversa a algunos miembros de un grupo en el que todos sus componentes le eran conocidos. La lista de nombres del cap. **16** indica que el escrito iba dirigido a una iglesia que Pablo no había fundado, lo que excluye que su destinataria sea la iglesia de Éfeso. En cuanto a la doxología **16** 25-27, las características de su estilo no constituyen motivo suficiente para rechazar su autenticidad, pero sí pueden sugerir una fecha posterior.

Mientras las epístolas a los Corintios contraponían el Cristo Sabiduría de Dios a la vana sabiduría del mundo, las epístolas a los Gálatas y a los Romanos contraponen el Cristo Justicia de Dios a la justicia que los hombres pretendían conseguir por sus propios esfuerzos. Allí el peligro provenía del espíritu griego, con su orgullosa confianza en la razón; aquí proviene del espíritu judío, con su orgullosa confianza en la Ley. Algunos judaizantes vinieron a decir a los fieles de Galacia que no podían salvarse si no practicaban la circuncisión, poniénose así bajo el yugo de la Ley, Ga **5** 2s. Pablo se opone con todas sus fuerzas a este retroceso que haría inútil la obra de Cristo, Ga **5** 4. Sin negar el valor de la economía antigua, le asigna los justos límites de etapa provisional en el conjunto del plan de salvación, Ga **3** 23-25. La Ley de Moisés, buena y santa en sí, Rm **7** 12, hizo que el hombre conociera la voluntad de Dios, pero sin comunicarle la fuerza interior para cumplirla; por lo mismo, no consiguió más que hacerle consciente de su pecado y de la necesidad que tiene de la ayuda de Dios, Ga **3** 19-22; Rm **3** 20; **7** 7-13. Pues bien, esa ayuda de pura gracia, prometida en otro tiempo a Abrahán antes del don de la Ley Ga **3** 16-18; Rm **4**, acaba de ser concedida en Cristo Jesús: su muerte y su resurrección han obrado la destrucción de la vieja humanidad, viciada por el pecado de Adán, y la creación de una humanidad nueva de la *que él es el prototipo, Rm 5 12-21. El hombre, unido a Cristo por la fe y animado de su Espíritu, recibe ya gratuitamente la verdadera justicia y puede vivir según la voluntad divina, Rm 8 1-4. Cierto que su fe ha de florecer en obras buenas; pero esas obras realizadas por la fuerza del Espíritu, Ga 5 22-25; Rm 8 5-13, ya no son las obras de la Ley en que ponían orgullosamente su confianza los judíos. Son obras realizables por todos los que creen, aun cuando hayan venido del paganismo, Ga 3 6-9.14; Rm 4 11. Así pues, la economía mosaica, que tuvo su valor de etapa preparatoria, ha caducado ya. Los judíos, que pretenden mantenerse en ella, se colocan fuera de la verdadera salvación. Dios ha permitido su ceguera para hacer posible el acceso de los gentiles. Sin embargo, no pierden definitivamente su vocación primera, porque Dios es fiel: algunos de ellos, el «pequeño resto» anunciado por los profetas, han creído; los demás se convertirán algún día, Rm 9-11. En adelante, los fieles de Cristo, sean de origen judío o gentil, deben estar totalmente unidos en la caridad y en la ayuda mutua, Rm 12 1 - 15 13. Estas son las grandes perspectivas que, esbozadas en Ga, se amplían en Rm y nos proporcionan admirables exposiciones sobre el pasado pecador de toda la humanidad, Rm 1 18 - 3 20, y la lucha interior en cada hombre, Rm 7 14-25, la gratuidad de la salvación, Rm 3 24 y passim, la eficacia de la muerte y de la resurrección de Cristo, Rm 4 24s; 5 6-11, participadas por la fe y el bautismo, Ga 3 26s; Rm 6 3-11, el llamamiento a todos los hombres para que se hagan hijos de Dios, Ga 4 1-7; Rm 8 14-17, el amor lleno de sabiduría del Dios justo y fiel que dirige todo el plan de la salvación con sus diferentes etapas, Rm 3 21-26; 8 31-39. Las perspectivas escatológicas persisten: estamos salvados en esperanza, Rm 5 1-11; 8 24; mas, al igual que en las epístolas a los Corintios, se subraya la realidad de la salvación ya comenzada: se posee ya el Espíritu de la Promesa a título de primicias, Rm 8 23, el cristiano vive desde ahora en Cristo, Rm 6 11, y Cristo vive en él, Ga 2 20.*

La epístola a los Romanos representa, pues, una de las más bellas síntesis de la doctrina paulina. No se trata, sin embargo, de una síntesis completa, no contiene toda su doctrina. El interés primordial que le otorgó la controversia luterana sería perjudicial si nos hiciera olvidar el complemento de las otras epístolas que la integran en una síntesis más vasta.

Filipenses.

Filipos, *importante ciudad de Macedonia y colonia romana, había sido evangelizada por Pablo con ocasión de su segundo viaje, entre el otoño del 48 y el verano del 49, Hch 16 12-40. Volvió a pasar por allí en dos ocasiones, en el curso del tercer viaje, en invierno del 54-55, Hch 20 1-2, y en la Pascua del 56, Hch 20 3-6. Los fieles que allí ganó para Cristo dieron muestras de un tierno afecto por su apóstol enviándole socorros a Tesalónica, Flp 4 16, luego a Corinto, 2 Co 11 9. Y cuando Pablo les escribe, lo hace precisamente para agradecerles los nuevos subsidios que acaba de recibir por medio de su delegado Epafrodito, Flp 4 10-20, aceptándolos, aunque de ordinario los rechazaba por no parecer interesado, Hch 18 3+, y dándoles muestras de una confianza muy particular.*

Pablo está preso en el momento en que les escribe, Flp 1 7.12-17. Por mucho tiempo se ha creído que se trataba del primer cautiverio romano. Con todo, las frecuentes y aparentemente fáciles relaciones que los filipenses tienen con él y con Epafrodito, que estaba junto a él por entonces, 2 25-30, sorprenden, en el caso de escribir desde la lejana Roma. De hallarse Pablo en Roma (o más exactamente en Cesarea de Palestina, otro lugar conocido de cautiverio paulino), es difícil comprender que el envío de dinero con Epafrodito fuera la primera ocasión para ayudar al Apóstol después de sus limosnas del segundo viaje, 4 10.16, pues había estado ya otras dos veces entre ellos en el curso del tercer viaje. Todo se explica mejor si Pablo escribe antes de estas dos nuevas visitas, es decir en Éfeso, entre el 52 y el 54. Las alusiones al «pretorio», Flp 1 13, y a la «casa del César», 4 22, no ofrecen dificultad, porque había destacamentos pretorianos en las grandes ciudades, especialmente en Éfeso, al igual que en Roma. Tampoco es obstáculo insuperable el silencio respecto del cautiverio paulino en Éfeso, porque Lucas nos ha informado muy poco de aquella estancia de casi tres años, y Pablo deja entender que allí encontró muy grandes dificultades, 1 Co 15 32; 2 Co 1 8-10.

Si se admite esta hipótesis, hay que separar Flp de Col, Ef y Flm y relacionarla con las «epístolas mayores», especialmente con 1 Co. El estilo y la doctrina de la epístola, lejos de oponerse, más bien favorece esta vinculación. Porque este escrito es poco doctrinal. Es más bien una efusión del corazón, un intercambio de noticias, una llamada de atención contra «los malos obreros» que en otras partes arruinan la labor del Apóstol y que ciertamente podrían molestar también a sus queridos filipenses, y en fin, y sobre todo, un llamamiento a la unidad por la humildad que nos proporciona el admirable pasaje sobre la humillación de Cristo, 2 6-11. Este himno, sea una cita implícita, o un himno compuesto por San Pablo, nos ofrece un testimonio de gran valor sobre la fe primitiva.

No se duda de la autenticidad de Flp; pero su unidad ha sido seriamente puesta en entredicho. Para muchos críticos, Flp podría ser el resultado de una agrupación de tres cartas. La distribución más probable y satisfactoria es la siguiente: carta A: 4 10-20; carta B: 1 1 - 3 1 + 4 2-9.21-23; carta C: 3 2 - 4 1. La carta A, anterior a las otras dos, habría sido enviada al recibir los subsidios traídos por Epafrodito. La carta C es probablemnte la última. Es una dura polémica contra los misioneros judeocristianos, de los que no hay ninguna huella en la carta B. Ésta es una serena invitación a la unidad y a la perseverancia, y a dar testimonio decidido de la verdad.

Efesios y Colosenses.

Las epístolas a los Efesios y a los Colosenses forman un grupo muy homogéneo: idéntica misión de Tíquico en Col 4 7s y Ef 6 21s; sorprendentes semejanzas de estilo y de doctrina entre Col y Ef. Pablo se halla todavía preso, Col 4 3.10.18; Ef 3 1; 4 1; 6 20, y esta vez todos los indicios apuntan a Roma como lugar de su cautiverio (del 61 al 63), más bien que a Cesarea, donde no se explicaría debidamente la presencia de Marcos o de Onésimo, o a Éfeso, donde Lucas no parece haber estado junto a Pablo. Por lo demás, el cambio de estilo y el progreso de la doctrina exigen cierta distancia entre Col, Ef y las «epístolas mayores» Co, Ga, Rm. En el intervalo ha surgido una crisis: Epafras, su representante apostólico, 1 7, ha venido de Colosas, que no fue evangelizada por el mismo Pablo, 1 4; 2 1, trayéndole informes alarmantes. Nada más enterarse, Pablo responde con la epístola a los Colosenses que entrega a Tíquico. Pero la reacción suscitada en su espíritu por el nuevo peligro, le hace ahondar más su pensamiento, y así como Rm le había servido para poner en orden las ideas de Ga, también ahora escribe una segunda epístola, prácticamente contemporánea de Col, en la cual estructura su doctrina conforme al nuevo punto de vista que acaba de imponerle la polémica. Esta admirable síntesis es nuestra epístola «a los Efesios». Esta denominación, que ni siquiera se halla textualmente garantizada, ver Ef 1 1, pudiera engañarnos. En realidad, Pablo no se dirige a los fieles de Éfeso, con quienes ha convivido tres años, Ef 1 15; 3 2-4, sino más bien a los creyentes en general y más particularmente a las comunidades del valle del Lico, entre las cuales hace circular su carta, Col 4 16.

La interpretación, cuyas líneas generales acabamos de trazar, respeta la tradición que atribuye Col y Ef a Pablo y tiene muchos visos de probabilidad. Pero a partir del s. XIX se ha puesto en duda la autenticidad de estas dos epístolas. Su estilo pesado y repetitivo les parece a algunos impropio de Pablo; las ideas teológicas, en particular las que se refieren al Cuerpo de Cristo, a Cristo, Cabeza del cuerpo y de la Iglesia universal, no son las mismas que aparecen en las cartas anteriores; los errores con los que se enfrentan son posteriores a Pablo, pertenecen más bien al gnosticismo del siglo II. Estas objeciones son serias. Están formuladas por numerosos críticos, incluidos algunos católicos. Pero no son irrefutables. De hecho, en lo que se refiere a Col, hoy día la balanza se inclina más bien a favor de la autenticidad, y esto por buenas razones. Pues no solamente se encuentran en ella las ideas fundamentales de Pablo, sino que las nuevas se explican de manera satisfactoria, por las circunstancias referidas anteriormente. Lo mismo podemos decir de Ef, aun cuando en ésta la duda subsiste. Entre los argumentos a favor de la autenticidad paulina, hay que notar: 1. Ef es obra de un autor dotado de un pensamiento creador, no de alguien que utiliza las ideas de otro. 2. El estilo lento, rico, a veces pesado, de Col y Ef, que contrasta con las discusiones rápidas, nerviosas de las cartas anteriores puede explicarse porque Pablo se está abriendo a nuevos y más amplios horizontes. 3. El estilo de las cartas anteriores no es del todo coherente y en ellas encontramos dos ejemplos de este estilo tardío, contemplativo y casi litúrgico en Rm 3 23-26 y 2 Co 9 8-14. La verdadera dificultad viene de los numerosos pasajes en que Ef parece repetir las expresiones de Col en forma bastante servil y desmañada; pero esto puede obedecer a que Pablo no solía escribir íntegramente sus cartas, y es posible que en la redacción de Ef haya permitido a un discípulo una intervención más considerable que la de costumbre. Hay que reconocer, sin embargo, que las observaciones 2 y 3 cuadrarían mejor con la hipótesis de un posible autor distinto de Pablo, dotado de una capacidad creadora parecida a la de Pablo, pero dispuesto a repetir servilmente frases enteras de otras cartas paulinas. La dificultad de encontrar un autor tan híbrido para Efesios es una de las principales razones que han impulsado a algunos críticos a suponer que Colosenses, de la que están tomadas la mayoría de las frases, no era tampoco de Pablo. Partiendo, pues, de que la hipótesis más probable es la que admite la autenticidad paulina de estas dos epístolas, mas no la única posible, podríamos reconstruir el origen paulino de Col y Ef de la siguiente manera: Los errores en Colosas, contra los que escribe Pablo, no son todavía los de los gnósticos del siglo II, sino más bien ideas que se encuentran habitualmente entre los judíos esenios. El peligro provenía de especulaciones fundamentalmente judías, Col 2 16, sobre las potencias celestes o cósmicas a las que se atribuía el poder de dirigir la marcha del cosmos. Los Colosenses exageraban tanto su importancia que comprometían la supremacía de Cristo.

El autor de la carta acepta el planteamiento del problema sin poner en duda la actividad de tales potencias; incluso las equipara con los ángeles de la tradición judía, ver 2 15. Pero lo hace precisamente para situarlas en su justo lugar en el gran plan de la salvación. Las potencias han desempeñado su papel como intermediarios y administradores de la Ley. Hoy en día ese papel ha concluido. El Cristo Kyrios, al instaurar el orden nuevo, tomó en sus manos el gobierno del mundo. Su exaltación celeste le ha elevado por encima de las potencias cósmicas a las que ha despojado de sus antiguos atributos, 2 15. Y él, que ya las dominaba en virtud de la primera creación, a título de Hijo, imagen del Padre, las domina definitivamente como cabeza de ellas en la nueva creación, en la que ha asumido en sí todo el pléroma, es decir, toda la plenitud del Ser, de Dios y del mundo en Dios, 1 13-20. Los cristianos, liberados de esos «elementos del mundo», 2 8.20, por su unión con la cabeza y por la participación de su plenitud, 2 10, ya no tienen por qué colocarse bajo la tiranía por medio de observancias anticuadas e ineficaces, 2 16-23. Unidos por el bautismo con Cristo muerto y resucitado, 2 11-13, ellos son los miembros

de su cuerpo y sólo de él, como de su cabeza vivifante, reciben su nueva vida, 2 19. Sin duda, esta salvación cristiana es siempre lo que primordialmente interesa al autor, pero las exigencias de la polémica le han llevado a precisar la extensión cósmica de la obra de Cristo, integrando en ella junto a la humanidad salvada, ese vasto cosmos que es su marco, cosmos que se encuentra igualmente colocado, en forma indirecta, bajo la dependencia del único Señor. De ahí la ampliación del tema del «Cuerpo de Cristo», esbozado ya anteriormente, 1 Co 12 12+, con la novedad de la insistencia en Cristo como cabeza; de ahí la ampliación cósmica de la obra de la salvación; de ahí el horizonte dilatado en que a Cristo se le considera más bien en su triunfo celeste, mientras la Iglesia en su unidad colectiva se va edificando hacia él; de ahí, en fin, el relieve más acentuado de la escatología ya realizada, ver Ef 2 6+.

Estas perspectivas se repiten en la epístola a los Efesios. Pero el esfuerzo polémico para asignar su puesto a las potencias ha producido sus frutos, Ef 1 20-22, y las miradas más bien se dirigen a la Iglesia, cuerpo de Cristo que se dilata con las dimensiones del universo nuevo, «plenitud del que lo llena todo en todo», 1 23. En esta contemplación suprema que es como la cumbre de su obra, el autor reitera muchos temas antiguos para ordenarlos en la síntesis más vasta a que ha llegado. Vuelve a considerar especialmente los problemas de la epístola a los Romanos, esa otra obra cumbre que coronaba la etapa anterior de su pensamiento. No sólo evoca en breves palabras los resúmenes de aquélla sobre el pasado pecador de la humanidad y sobre la gratuidad de la salvación por Cristo, 2 1-10, sino que también reconsidera el problema de los judíos y de los gentiles que anteriormente le angustiaba, Rm 9-11. Y en esta ocasión lo hace a la serena luz de la escatología realizada en el Cristo celeste: en adelante, los dos pueblos se presentan unidos, reconciliados en un solo hombre nuevo, y caminando de común concierto hacia el Padre, Ef 2 11-22. Este acceso de los gentiles a la salvación de Israel en Cristo es el gran «misterio», 1 9; 3 3-6.9; 6 19; Col 1 27; 2 2; 4 3, cuya contemplación le inspira acentos inimitables sobre la infinita sabiduría que se despliega en este misterio, 3 9s; Col 2 3, sobre la caridad insondable de Cristo que en él se manifiesta, Ef 3 18s, sobre la elección enteramente gratuita que ha hecho de él el ministro de ese misterio, 3 2-8. Este plan de salvación se ha desarrollado por etapas conforme a los designios eternos de Dios, 1 3-14, que culminan en los desposorios de Cristo con la humanidad salvada que es la Iglesia, 5 22-32.

Filemón.

No hay ninguna duda sobre la autenticidad de la carta a Filemón. Se la relaciona generalmente con Col y Ef porque Pablo se encuentra preso, Flm 1.9s.13.23; Col 4 3.10; Ef 3 1; 4 1; 6 20, y porque los nombres de sus compañeros, Flm 12.23-24, aparecen también en Col 4 10-14. Según esto Col y Ef datarían de los años 61-63. Pero estudios recientes impiden dar a estos datos un valor decisivo y hacen pensar que el cautiverio de Pablo en Éfeso (durante los años 52-54), sería el contexto más apropiado, particularmente si tenemos en cuenta la proximidad entre Éfeso y Colosas, que es la supuesta residencia de Filemón, Flm 22; ver Col 4 9. Esta breve carta anuncia a un cristiano de Colosas, convertido por Pablo, v.19, el regreso de su esclavo fugitivo Onésimo, ganado también éste para Cristo por el Apóstol, v. 10. Esta esquela autógrafa, v. 19, arroja mucha luz sobre la delicadeza del corazón de Pablo, y la solución del problema de la esclavitud, Rm 6 15+: aun cuando mantengan sus mutuas relaciones sociales de antaño, el dueño y el esclavo cristianos ya no deben vivir sino como dos hermanos al servicio del mismo Señor, v. 16; ver. Col 3 22 - 4 1.

I y II Timoteo y Tito.

Estas cartas dirigidas a dos de los más fieles discípulos de Pablo, Hch 16 14; 2 Co 2 13, ofrecen directrices para la organización y el régimen de las comunidades cristianas que se les han confiado. Por esta razón se las llama «pastorales» desde el siglo XVIII. Estas cartas presentan divergencias notables con las otras de Pablo. Difieren considerablemente en el vocabulario. Muchas palabras de uso frecuente en las anteriores epístolas no aparecen en éstas, y sí en cambio otras, y en gran proporción, que no figuran en las primeras. El estilo ya no es apasionado ni entusiasta, sino frío y burocrático. El modo de abordar los problemas ha cambiado. Pablo se limita a condenar las falsas doctrinas en lugar de oponerse a ellas con argumentos persuasivos. Finalmente es difícil situar estas cartas en el decurso de

la vida de Pablo, tal como los Hechos nos la describen. Se comprende así que se cuestione la autenticidad de las Pastorales. Frecuentemente se explican estas diferencias invocando la edad avanzada de Pablo, que habría dejado más libertad a un secretario (quizás Lucas, 2 Tm 4 11) y la deficiente información sobre los detalles de la vida de Pablo después de su liberación de la prisión romana. Pero muchos críticos rechazan estos argumentos por demasiado subjetivos, y sostienen que las Pastorales son obra de un discípulo de Pablo, de fines del siglo I, con el objeto de resolver problemas de una Iglesia bastante diferente. Esta hipótesis no es en absoluto imposible, pero no hay ningún testimonio que indique que existían ya las cartas pseudoepigráficas y que tuvieran alguna aceptación. 2 Ts 2 2 y Ap 22 18 demuestran que los primeros cristianos veían la necesidad de distinguir los escritos auténticos de los falsos. Unos pocos críticos defienden una posición intermedia entre estos dos extremos: según ellos un cristiano, discípulo de Pablo, habría heredado las tres cartas personales conservadas por Timoteo y Tito hasta su muerte. Las completó añadiendo lo que creía que Pablo habría respondido a los nuevos problemas de la Iglesia. Las Pastorales no serían, pues, del Apóstol, pero contendrían fragmentos auténticos: por ejemplo 2 Tm 1 15-18; 4 9-15; Tt 3 12-14. Las dudas sobre la extensión y el numero de estos fragmentos restan valor a la hipótesis, carente de pruebas en apoyo de tal práctica editorial en aquella época.

La insuficiencia de estas hipótesis hace pensar en un error metodológico cuando se toman las Pastorales como un conjunto unificado, por lo cual ciertas observaciones válidas para una carta, se las aplica a las demás, creando confusión. Por el contrario, el estudio detallado de cada una de las cartas demuestra una proximidad mayor entre 1 Tm y Tt que entre cualquiera de éstas y 2 Tm. Si se estudia esta última aisladamente, no existe ninguna objeción convincente que impida admitir que haya sido escrita por Pablo. Al tener como destinatario una persona, difiere de las cartas dirigidas a las iglesias, como la carta de Ignacio a la iglesia de Esmirna difiere de su carta a Policarpo, obispo de la misma iglesia. Si admitimos que 2 Tm 4 6 no alude a una muerte próxima, 2 Tm se enmarca naturalmente en el final del cautiverio de Pablo en Roma, Hch 28 16s, mientras esperaba su liberación. Y si ad-

mitimos la autenticidad de 2 Tm, el carácter heterógeneo de 1 Tm y Tt resulta más evidente dentro del corpus paulino. De modo particular, la visión del ministerio que en ellas se desarrolla contrasta vivamente con la dinámica misionera propia de Pablo, 1 Tm 1 6-8; Flp 2 14-16. Lo que domina aquí es la preocupación por una conducta ciudadana respetuosa y sumisa, 1 Tm 2 1-2; 6 2; Tt 3 1-2, y las cualidades requeridas para los ministros son las propias de cualquier burócrata, 1 Tm 3 1-13; Tt 1 5-9. Se ha producido, pues, una clara evolución en las iglesias paulinas. De una Iglesia entusiasta, inflamada por el Espíritu, se ha pasado a una comunidad organizada. El jefe carismático ha dejado su puesto a una dirección institucional; pero no hay todavía trazas del tipo de episcopado monárquico, atestiguado por Ignacio de Antioquía. La autoridad en la Iglesia es colegiada y los «epíscopos», 1 Tm 3 2-5, tienen la misma función que los «presbíteros», 1 Tm 5 17. Cada presbítero debe tener las cualidades de un «epíscopo», Tt 1 6-9. No conviene, pues, señalar para 1 Tm y T una fecha demasiado tardía dentro del siglo I.

EPÍSTOLA A LOS ROMANOS

Saludo*.

Ga 1 10
Flp 1 1
Ga 1 15
Hch 26 16-18

1 ¹ Pablo, siervo de Cristo Jesús, após-tol* por vocación, escogido para el Evangelio de Dios,

² que había ya prometido por medio de sus profetas en las Escrituras Sagradas,

2 S 7+
Mt 9 27+
2 Tm 2 8
Ap 22 16
Rm 9 5+

³ acerca de su Hijo, nacido del linaje de David según la carne,

⁴ constituido* Hijo de Dios con poder, según el Espíritu de santidad, por su re-surrección de entre los muertos*,

Jesucristo Señor nuestro.

⁵ Por él hemos recibido la gracia del apostolado,

Hch 9 15

para obtener la obediencia de la fe* a gloria de su nombre

entre todos los gentiles*,

⁶ entre los cuales os contáis también vosotros, llamados de Jesucristo.

⁷ A todos los amados de Dios que estáis en Roma,

Hch 9 13+

santos por vocación,

a vosotros gracia y paz,

de parte de Dios nuestro Padre y del Señor Jesucristo.

1 Co 8 6

Acción de gracias y súplica.

⁸ Ante todo, doy gracias a mi Dios por medio de Jesucristo, por todos vosotros, pues vuestra fe es alabada en todo el mundo. ⁹ Porque Dios, a quien doy cul-to* en mi espíritu* predicando el Evan-gelio de su Hijo, me es testigo de cuán incesantemente me acuerdo de vosotros, ¹⁰ rogándole siempre en mis oraciones, si es de su voluntad, encuentre por fin al-gún día ocasión favorable de llegarme hasta vosotros. ¹¹ Pues ansío veros, a fin de comunicaros algún don espiritual que os fortalezca, ¹² o más bien, para sentir entre vosotros el mutuo consuelo de la común fe: la vuestra y la mía. ¹³ Por eso no quiero que ignoréis, hermanos, las muchas veces que me propuse ir a vo-sotros —pero hasta el presente me he visto impedido— con la intención de re-

16 19
1 Ts 1 8

15 16
2 Co 1 23
Flp 1 8
1 Ts 2 5.10

15 23
Hch 19 21

---

1 Según un formulario usual en su tiempo, Pablo da comienzo a sus epístolas con la dirección (nombre del remitente y del destinatario: saludo) seguida de una acción de gracias y una súplica. Pero da a estas fór-mulas un sentido cristiano y, sobre todo, las amplía lle-nándolas de contenido teológico, anunciando de ordi-nario los grandes temas de cada epístola. Los temas de la presente Carta son: gratuidad de la elección divina, función de la fe en la justificación, salvación por la muerte y resurrección de Cristo, armonía de los dos Testamentos.

1 1 Título de origen judío que significa «enviado», ver Jn 13 16; 2 Co 8 23; Flp 2 25: en el NT se aplica unas veces a los Doce discípulos elegidos por Cristo, Mt 10 2; Hch 1 26; 2 37, etc.; 1 Co 15 7; Ap 21 14, para que fueran sus testigos, Hch 1 8+; otras veces, de una manera más amplia, a los predicadores del Evangelio, Rm 16 7; 1 Co 12 28; Ef 2 20; 3 5; 4 11. Aunque Pablo no perteneció al colegio de los Doce, es, sin embargo, verdadero apóstol, porque Cristo resucitado le envió a los gentiles, Hch 26 17; Rm 11 13; 1 Co 9 2; Ga 2 8; 1 Tm 2 7; Rm 1 1; 1 Co 1 1; etc., en nada inferior a los Doce. Como ellos, Hch 10 40-41, vio a Cristo resuci-tado, 1 Co 9 1, recibiendo de él, Rm 1 5; Ga 1 16, la misión de ser su testigo, Hch 26 16. Y aun reconocién-dose como el último de los apóstoles, 1 Co 15 9, indica claramente que es igual a ellos, 1 Co 9 5; Ga 2 6-9, y no les es deudor de su evangelio, Ga 1 1.17.19.

1 4 (a) Vulg.: «predestinado».

1 4 (b) Pablo atribuye siempre la resurrección de Cristo a la acción de Dios, 1 Ts 1 10; 1 Co 6 14; 15 15; 2 Co 4 14; Ga 1 1; Rm 4 24; 10 9; Hch 2 24+; 1 P 1 21, el cual manifiesta de esa manera su «poder», 2 Co 13 4; Rm 6 4; Flp 3 10; Col 2 12; Ef 1 19s; Hb 7 16. El Espíritu Santo es el que se ha vuelto a la vida, Rm 8 11, consti-tuyéndole en su glorioso estado de «Kyrios», Flp 2 9-11+; Rm 2 36+; Rm 14 9, que merece por nuevo título —el mesiánico— su nombre eterno de Hijo de Dios, Hch 13 33; Hb 1 1-5; 5 5. Ver Rm 8 11+; 9 5+.

1 5 (a) «Obediencia de la fe»: no precisamente como sumisión al mensaje evangélico, sino como adhesión de fe. Ver Hch 6 7; Rm 6 16-17; 10 16; 15 18; 16 19.26; 2 Co 10 5-6; 2 Ts 1 8; 1 P 1 22; Hb 5 9; 11 8.

1 5 (b) El término griego *ezne* puede tener una con-notación negativa (paganos, los que adoran a los ídolos) o una connotación neutra (los demás pueblos fuera del judío), es decir: los no-judíos. En Rm debe traducirse por «naciones» gentiles, y no por «paganos» en la me-dida en que Pablo aplica el térm[ino] a los creyentes, ve-nidos ciertamente del paganismo, pero que ya no son paganos, adoradores de divinidades paganas; los únicos pasajes en que el término significa «paganos» son 2 14.24. En el lenguaje bíblico español se ha generalizado el término «gentiles» (normalmente en plural) para tra-ducir dicho término griego. Por eso se ha mantenido siempre un único término *gentiles*, como en el original, dejando que el contexto decida si debe leerse con con-notación negativa o neutra.

1 9 (a) «culto en mi espíritu» es decir: un «culto es-piritual» (ver el pasaje paral. 15 16). El ministerio apos-tólico es un acto de culto tributado a Dios, ver 15 16; lo mismo que toda la vida cristiana animada por la cari-dad, 12 1; Flp 2 17+; 3 3; 4 18; Hch 13 2; 2 Tm 1 3; 4 6; Hb 9 14; 12 28; 13 15; 1 P 2 5.

1 9 (b) En Pablo, el espíritu (*pneuma*) designa a ve-ces la parte superior del hombre, Rm 1 9; 8 16; 1 Co 2 11; 16 18; 2 Co 2 13; 7 13; Ga 6 18; Flp 4 23; Flm 25; 2 Tm 4 22; ver Mt 5 3; 27 50; Mc 2 8; 8 12; Lc 1 47.80; 8 55; 23 46; Jn 4 23s; 11 33; 13 21; 19 30; Hch 7 59; 17 16; 18 25; 19 21, que se distingue de su parte inferior: la carne (1 Co 5 5; 2 Co 7 1; Col 2 5; ver Mt 26 41p; 1 P 4 6; Rm 7 5), el cuerpo (1 Co 3s; 7 34; ver St 2 26: Rm 7 24), y hasta de la *psyjè* (1 Ts 5 23—; ver Hb 4 12; Judas 19), y que, en cierto sentido, corresponde al *nus* (Rm 7 25+; Ef 4 23). Comparar también el sentido análogo de «disposición de espíritu», 1 Co 4 21; 2 Co 6 6; Ef 4 3.23; 6 18; Flp 3 3 var.; Col 1 3; Judas 19, etc. resulta difícil distinguir de cuál de los espíritus se trata: del na-tural o del sobrenatural; del personal o del participado.

coger también entre vosotros algún fruto, al igual que entre los demás gentiles. [14] Me debo a griegos* y a bárbaros; a sabios y a ignorantes: [15] de ahí mi ansia* por llevaros el Evangelio también a vosotros, habitantes de Roma.

La salvación por la fe

1. LA JUSTIFICACIÓN

La tesis de la carta.

1 Co 1 18-25;
2 1-5
2 Co 12 9s
1 Ts 2 13

[16] Pues no me avergüenzo del Evangelio, que es fuerza de Dios para la salvación de todo el que cree*: del judío primeramente* y también del griego. [17] Porque en él se revela la justicia* de Dios, de fe en fe*, como dice la Escritura: *El justo vivirá por la fe*.

Ha 2 4
Ga 3 11
Hb 10 38

A. TODOS LOS HOMBRES, SIN EXCEPCIÓN, BAJO LA IRA DE DIOS*

La ira de Dios en el pasado.

Sal 85 4-6;
69 25
Mi 7 9
So 1 15

[18] En efecto, la ira de Dios* se revela desde el cielo contra toda impiedad e injusticia de los hombres que aprisionan la verdad en la injusticia; [19] pues lo que de Dios se puede conocer, está en ellos manifiesto: Dios se lo manifestó. [20] Porque lo invisible de Dios, desde la creación del

Sb 13 1-9
Si 17 8

---

1 14   Los *griegos*, en contraposición a los *bárbaros*, son todos los hombres (incluidos los romanos) que habían adoptado la cultura griega; en contraposición a los *judíos*, son todos los *gentiles*, 1 16; 2 9-10; 3 9; 10 12; 1 Co 1 22-24, etc.

1 15   Puede también traducirse: «Por tanto, en cuanto de mí depende, estoy dispuesto a...».

1 16   (a) La fe es un acto por el cual el hombre se entrega a Dios, verdad y bondad, como a la única fuente de salvación. Tiene su fundamento en la veracidad de Dios y en la fidelidad a sus promesas (Rm 3 3s; 1 Ts 5 24; 2 Tm 2 13; Hb 10 23; 11 11) y en su poder para cumplirlas (Rm 4 17-21; Hb 11 19). Después de la larga preparación del AT (Hb 11), por fin Dios habló por medio de su Hijo (Hb 1 1); a él hay que creer en adelante (ver Mt 8 10+; Jn 3 11+), y, después de él, el «kerygma» (Rm 10 8-17; 1 Co 1 21; 15 11.14; ver Hch 2 22+) del Evangelio (Rm 1 16; 1 Co 15 1-2; Flp 1 27; Ef 1 13) predicado por los apóstoles (Rm 1 5; 1 Co 3 5; ver Jn 17 20), es decir, que Dios ha resucitado a Jesús de entre los muertos y le ha constituido Kyrios (Rm 4 24s; 10 9; Hch 17 31; 1 P 1 21; ver 1 Co 15 14.17) para ofrecer en él la vida a todos los que crean en él (Rm 6 8-11; 2 Co 4 13s; Ef 1 19s; Col 2 12; 1 Ts 4 14). Así, la fe en el Nombre de Jesús (Rm 3 26; 10 13; ver Jn 1 12; Hch 3 16; 1 Jn 3 23), en Cristo (Ga 2 16; ver Hch 24 24; 1 Jn 5 1), en el Señor (Rm 10 9; 1 Co 13 2; Flp 2 11; ver Hch 16 31), en el Hijo de Dios (Ga 2 20; ver Jn 20 31; 1 Jn 5 5; Hch 8 37; 9 20), es la condición indispensable para la salvación (Rm 10 9-13; 1 Co 1 21; Ga 3 22; ver Is 7 9+; Hch 4 12; 16 31; Hb 11 6; Jn 3 15-18). La fe no es pura adhesión intelectual; es también confianza y obediencia (Rm 1 5; 6 17; 10 16; 16 26; ver Hch 6 7) a una verdad de vida (2 Ts 2 12s), que compromete a todo el ser mediante la unión con Cristo (2 Co 13 5; Ga 2 16.20; Ef 3 17) y le otorga el Espíritu (Ga 3 2.5.14; ver Jn 7 38s; Hch 11 16-17) de hijos de Dios (Ga 3 26; ver Jn 1 12). Como no se apoya más que en Dios la fe excluye toda suficiencia (Rm 3 27; Ef 2 9) y se opone al régimen de la Ley (Rm 7 7+) y a su inútil intento (Rm 10 3; Flp 3 9) de merecer la justicia por las obras (Rm 3 20.28; 9 31s; Ga 2 16; 3 11s); ella sola procura la verdadera justicia, que no es otra que la justicia salvífica de Dios (Rm aquí; 3 21-26) recibida como don gratuito (Rm 3 24; 4 16; 5 17; Ef 2 8; ver Hch 13 39). Por eso enlaza con la promesa hecha a Abrahán (Rm 4; Ga 3 6-18) y hace posible la salvación para todos, incluso para los gentiles (Rm 1 5.16; 3 29s; 9 30; 10 11s; 16 26; Ga 3 8). Lleva unido el bautismo (Rm 6 4+), se expresa en una confesión explícita (Rm 10 10; 1 Tm 6 12) y fructifica mediante la caridad (Ga 5 6; ver St 2 14+). Oscura en esta

vida (2 Co 5 7; Hb 11 1; ver Jn 20 29) y acompañada de la esperanza (Rm 5 2+), debe desarrollarse (2 Co 10 15; 1 Ts 3 10; 2 Ts 1 3) en medio de la lucha y los sufrimientos (Flp 1 29; Ef 6 16; 1 Ts 3 2-8; 2 Ts 1 4; Hb 12 2; 1 P 5 9), la constancia (1 Co 16 13; Col 1 23; 2 5.7) y la fidelidad (2 Tm 4 7; ver 1 14; 1 Tm 6 20) hasta el día de la clara visión y de la posesión (1 Co 13 12; ver 1 Jn 3 2).

1 16   (b) Los judíos son los primeros en la economía histórica de la salvación. Ver Jn 4 22; Rm 2 9-10; Mt 10 5s; 15 24; Mc 7 27; Hch 13 5+.

1 17   En Rm, Pablo no define qué entiende por «justicia de Dios», pero los once primeros capítulos exponen progresivamente sus componentes: primero como retributiva (castigo o recompensa según las obras, imparcialidad), seguidamente se manifiesta como justificante, es decir: que hace justo, que transforma haciendo justo a todo el que responde creyendo.

1 17   (b) La expresión, oscura, será precisada a partir de 3 21.

1 17   (c) Los vv. 16-17 forman lo que la retórica de entonces llamaba una *prózesis*, es decir una tesis cuyo contenido debe probar y explicar la argumentación subsiguiente. En un primer paso, Pablo mostrará que la justicia de Dios opera por la fe sola para todos —judíos y no judíos— sin excepción ni privilegio, (1 18 - 4 25). Seguidamente insistirá en la gracia sobreabundante concedida a todos los que están en Cristo (5 - 8), lo cual va a suscitar una nueva dificultad: si nadie (ni judío ni no judío) está excluido de la elección y de la filiación divina, ¿por qué Dios ha elegido a un pueblo de Israel y por qué este pueblo parece quedar excluido de las gracias concedidas en Cristo (9 - 11)?

1 18   (a) Puede parecer extraño que, después de presentar el Evangelio como fuerza salvífica de Dios y manifestación última de su justicia, Pablo, sin transición, hable de la ira divina. En realidad, esta sección de la epístola es esencial para la demostración, porque permite a Pablo arrancar desde las categorías y esperanzas de los judíos piadosos, que aguardaban la manifestación final de la justicia divina: castigo de los impíos y liberación de Israel. Pero en Rm 2, el Apóstol se aleja progresivamente de esas posiciones tradicionales al hacer ver que las diferencias entre circunciso/incirciso, judío/nojudío, no están donde se suponían. Toda su argumentación se orienta a nivelar esos *status*, para insistir en la situación de igualdad —sin privilegio alguno— en que se encuentran, incapaces de justicia y, por tanto, objetos de la ira divina.

1 18   (b) Ya en el AT se dice que Dios reacciona con ira; la ira es la reacción de Dios contra la injusticia hu-

Hch 17
24-29
1 Co 1 21

Is 40 26-28

Ef 4 17-18
1 Co 1 19-20
Gn 1 26-27
Sal 106 20
Ex 32
Jr 2 5.11

Dt 4 16-18
Sb 11 15;
12 24; 13 10s

Ef 4 19

16 27+

mundo, se deja ver a la inteligencia a través de sus obras: su poder eterno y su divinidad, de forma que son inexcusables; [21] porque, habiendo conocido a Dios*, no le glorificaron como a Dios, ni le dieron gracias, antes bien se ofuscaron en sus razonamientos y su insensato corazón se entenebreció; [22] jactándose de sabios se volvieron necios, [23] y *cambiaron la gloria* del Dios incorruptible *por una representación* en forma de hombres corruptibles, de aves, de cuadrúpedos, de reptiles*. [24] Por eso Dios los entregó* a las apetencias de su corazón hasta una impureza tal que deshonraron entre sí sus cuerpos; [25] a ellos que cambiaron la verdad de Dios por la mentira, y adoraron y sirvieron a la criatura en vez del Creador, que es bendito por los siglos. Amén*.

[26] Por eso los entregó Dios a pasiones infames; pues las mujeres invirtieron las relaciones naturales por otras contra la naturaleza; [27] igualmente los hombres, abandonando el uso natural de la mujer, se abrasaron en deseos los unos por los otros, cometiendo la infamia de hombre con hombre, recibiendo en sí mismos el pago merecido de su extravío.

[28] Y como no tuvieron a bien guardar el verdadero conocimiento de Dios, los entregó Dios a su mente insensata*, para que hicieran lo que no conviene: [29] llenos* de toda injusticia, perversidad, co-

dicia, maldad*, henchidos de envidia, de homicidio, de contienda, de engaño, de malignidad, difamadores, [30] detractores, enemigos de Dios*, ultrajadores, altaneros, fanfarrones, ingeniosos para el mal, rebeldes a sus padres, [31] insensatos, desleales, desamorados*, despiadados, [32] los cuales, aunque conocedores del veredicto de Dios que declara dignos de muerte a los que tales cosas practican, no solamente las practican, sino que aprueban a los que las cometen*.

La ira de Dios que viene sobre todos*.

2 [1] Por eso, no tienes excusa quienquiera que seas, tú que juzgas, pues juzgando a otros, a ti mismo te condenas, ya que obras esas mismas cosas tú que juzgas, [2] y sabemos que el juicio de Dios es según verdad contra los que obran semejantes cosas. [3] Y ¿te figuras, tú que juzgas a los que cometen tales cosas y las cometes tú mismo, que escaparás al juicio de Dios? [4] O ¿desprecias tal vez, sus riquezas de bondad, de paciencia y de tolerancia, sin reconocer que esa bondad de Dios te impulsa a la conversión? [5] Por la dureza y la impenitencia de tu corazón vas atesorando contra ti ira para el día de la ira y de la revelación del justo juicio de Dios, [6] quien *dará a cada cual según sus obras*: [7] a los que, por la perseverancia en el bien busquen gloria, honor e inmortalidad: vida eterna; [8] mas a los rebeldes, in-

Sb 11 23
2 P 3 9

Hch 7 51

So 1 14-18
2 Ts 1 5-10

Sal 62 13+
Ez 18 21-32+
Hb 11 6+

1 P 1 7.17

mana. Aun cuando esta ira nunca se califica expresamente de justa, no se opone sin embargo a la justicia divina; por eso algunos textos parecen insinuar que es un componente necesario de ella; ver Sal 7 7-12. Los escritores sagrados designan como «ira divina» el castigo infligido sobre la injusticia grave. Semejante reacción no refleja una naturaleza divina irascible, sino una incompatibilidad total entre Dios y la injusticia, que sólo con la destrucción del mal puede desaparecer.
1 21 Conocimiento de un Dios único y personal, que incluye la conciencia de una obligación de oración y adoración.
1 23 Este versículo, que recoge la crítica bíblica y judía contra la idolatría, alude también al episodio del becerro de oro y a la idolatría del pasado de Israel (Sal 106 20; ver Ex 32); Pablo indica así implícitamente que sus reflexiones no se refieren sólo a los gentiles, sino a una tendencia constante de la humanidad.
1 24 Hasta el final del cap. 1, Pablo no hace sino repetir las críticas de que el Judaísmo de entonces hacía objeto a los gentiles y sus costumbres; ver Sb 11-12.
1 25 La palabra hebrea *Amen*, heredada del AT, ver Sal 41 14+, se introdujo en el uso de la Iglesia cristiana, 9 5; 11 36; 1 Co 14 16; Ap 1 6-7; 22 20-21, etc. Empleada ya por Jesús, Mt 5 18+, pronto se le atribuyó como nombre propio, a título de testigo verdadero de las promesas de Dios, 2 Co 1 20; Ap 3 14.
1 28 Juego de palabras: «como no tuvieron a bien» (e.d.: no *juzgaron bien*)... les entregó a una mente *sin juicio* (e. d.: sin discernimiento)». El sentido es que, por un uso inadecuado de la razón religiosa (v. 21), recibie-

ron en castigo el ofuscamiento del juicio moral (v. 32).
1 29 (a) Pablo se inspira aquí y en otros pasajes en listas de vicios que circulaban en la literatura contemporánea, gentil y sobre todo judía: 13 13; 1 Co 5 10-11; 6 9-10; 2 Co 12 20; Ga 5 19-21; Ef 4 31; 5 3-5; Col 3 5-8; 1 Tm 1 9-10; 6 4; 2 Tm 3 2-5; T 3 3. Ver también Mt 15 19p; 1 P 4 3; Ap 21 8; 22 15.
1 29 (b) Adic.: «fornicación».
1 30 Otra traducción: «odiados por Dios», pero ver 5 10; 8 7.
1 31 Adic. (Vulg.): «implacables», ver 2 Tm 3 3.
1 32 La tradición latina ha leído «conociendo que Dios es justo, no comprendieron que los que tales cosas practican, son dignos de muerte; y no sólo sus autores, sino también los que los aprueban».
2 Pablo deja de describir los efectos ya visibles de la ira divina. Ahora se dirige a los que se creen al abrigo de ella por el mero hecho de criticar a idólatras y pervertidos, siendo así que ellos se encuentran en la misma situación, viviendo en contradicción con sus principios: en adelante ya no se perdonará a los críticos, sea cual fuere su origen, judío u obran mal. Pablo, al poner de manifiesto las contradicciones, no pretende condenar, sino concienciar que los privilegios (Ley, circuncisión) no protegen contra la ira divina: la función de Rm 2 es nivelar los *status* del judío y del no judío. La argumentación se desarrolla en dos tiempos vv. 1-16 y 17-29.
2 6 El «Día de Yahvé» anunciado por los profetas como día de ira y de salvación, Am 5 18+, tendrá su plena realización escatológica en el «Día del Señor», en la venida gloriosa de Cristo, 1 Co 1 3+. En ese «Día del

dóciles a la verdad y dóciles a la injusticia: ira y cólera. [9] Tribulación y angustia sobre toda alma humana que obre el mal: del judío primeramente y también del griego; [10] en cambio, gloria, honor y paz a todo el que obre el bien; al judío primeramente y también al griego; [11] que *Dios es imparcial.*

1 16+

Dt 10 17+
Hch 10 34+

[12] Pues cuantos sin ley pecaron, sin ley también perecerán; y cuantos pecaron bajo la ley, por la ley serán juzgados; [13] que no son justos delante de Dios los que oyen la ley, sino los que la cumplen: ésos serán justificados. [14] En efecto, cuando los gentiles, que no tienen ley, cumplen naturalmente las prescripciones de la ley, sin tener ley, para sí mismos son ley*; [15] como quienes muestran tener la realidad de esa ley escrita en su corazón, atestiguándolo su conciencia, y los juicios contrapuestos* de condenación o alabanza [16] para el día* en que Dios juzgará las acciones secretas de los hombres, según mi Evangelio, por Cristo Jesús.

St 2 12
Mt 7 26-27
Lc 8 21
St 1 22-25

2 6+
1 Co 4 5

El judío inobservante.

[17] Pero si tú, que te dices judío y descansas en la ley; que te glorías en Dios; [18] que conoces su voluntad; que disciernes lo mejor, amaestrado por la ley, [19] convencido de ser guía de ciegos, luz de los que andan en tinieblas, [20] educador de ignorantes, maestro de niños, porque posees en la ley la expresión misma de la ciencia y de la verdad... [21] pues bien, tú que instruyes a los otros ¡a ti mismo no te instruyes! Predicas: ¡no robar!, y ¡robas! [22] Prohíbes el adulterio, y ¡adulteras! Aborreces los ídolos, y ¡saqueas sus templos! [23] Tú que te glorías en la ley, transgrediéndola, deshonras a

Is 48 1-4
Mt 3 8-9
Jn 8 33s
Am 5 21+
Rm 12 2+
Jn 9 40-41
Mt 23
Lc 18 9-12

Sal 50 16-21

Dios. [24] Porque, como dice la Escritura, *el nombre de Dios, por vuestra causa, es blasfemado entre los gentiles.*

[25] La circuncisión, en verdad, es útil si cumples la ley; pero si eres un transgresor de la ley, tu circuncisión se vuelve incircuncisión. [26] Mas si el incircunciso guarda las prescripciones de la ley, ¿no se tendrá su incircuncisión como circuncisión? [27] Y, así, el que, siendo físicamente incircunciso, cumple la ley, te juzgará a ti, que con la letra y la circuncisión eres transgresor de la ley. [28] Pues no está en lo exterior el ser judío, ni es circuncisión la externa, la de la carne. [29] El verdadero judío lo es en el interior, y la verdadera circuncisión, la del corazón, según el espíritu y no según la letra. Ese es quien recibe de Dios la gloria y no la de los hombres.

Is 52 5
Ez 36 20-22
St 2 7
2 P 2 2
1 Co 7 19
Ga 5 3
Jr 9 24-25

Mt 12 41s

Ef 2 11
Flp 3 2s
Jr 4 4+
Rm 8 2+;
7 6
2 Co 3 6

Dios siempre justo.

3 [1] ¿Cuál es, pues, la ventaja del judío*? ¿Cuál la utilidad de la circuncisión? [2] Grande, de todas maneras. Ante todo, a ellos les fueron confiados los oráculos de Dios. [3] Pues ¿qué? Si algunos de ellos fueron infieles, ¿frustrará, por ventura, su infidelidad la fidelidad de Dios? [4] ¡De ningún modo! Dios tiene que ser veraz y *todo hombre mentiroso,* como dice la Escritura: *Para que seas justificado en tus palabras y triunfes al ser juzgado.* [5] Pero si nuestra injusticia realza la justicia de Dios*, ¿qué diremos? ¿Será acaso injusto Dios al descargar su ira? (Hablo en términos humanos.) [6] ¡De ningún modo! Si no, ¿cómo juzgará Dios al mundo? [7] Pero* si con mi mentira sale ganando la verdad de Dios para gloria suya ¿por qué razón soy también yo todavía juzgado como pecador? [8] Y ¿por qué no ha-

9 4-5
Sal 89 31-38
2 Tm 2 13

Sal 116 11

Sal 51 6

Jb 34 12.17
Rm 1 18+

9 19+

Juicio» (ver Mt 10 15; 11 22.24; 12 36; 2 P 2 9; 3 7; 1 Jn 4 17), los muertos resucitarán, 1 Ts 4 13-18; 1 Co 15 12-23.51s, y todos los hombres comparecerán ante el tribunal de Dios, Rm 14 10, y de Cristo, Lc 5 10; ver Mt 25 31s. Juicio inevitable, Rm 2 3; Ga 5 10; 1 Ts 5 3, e imparcial, v. 11; Col 3 25; ver 1 P 1 17, que sólo a Dios pertenece, Rm 12 19; 14 10; 1 Co 4 5; ver Mt 7 1p. Dios, por su Cristo, v. 16; 2 Tm 4 1; ver Hch 17 31, juzgará a los vivos y a los muertos, 2 Tm 4 1; ver Hch 10 42; 1 P 4 5. Él, que escruta los corazones, v. 16; Jr 11 20+; 1 Co 4 5; ver Ap 2 23, y prueba por el fuego, 1 Co 3 13-15, dará a cada uno según sus obras, 1 Co 3 8.13-15; 2 Co 5 10; 11 15; Ef 6 8; ver Mt 16 27; 1 P 1 17; Ap 2 23; 20 12; 22 12. Se recogerá lo que se ha sembrado, Ga 6 7-9; ver Mt 13 39; Ap 14 15. Ira y perdición, Rm 9 22, para las Fuerzas del mal, 1 Co 15 24-26; 2 Ts 2 8, y para los impíos, 2 Ts 1 7-10; ver Mt 13 41; Ef 5 6; 2 P 3 7; Ap 6 17; 11 18. Para los elegidos que hayan obrado el bien, liberación, Ef 4 30; ver Rm 8 23, alivio, Hch 3 20; ver 2 Ts 1 7; Hb 4 5-11, recompensa, ver Mt 5 12; Ap 11 18, salvación, 1 P 1 5, exaltación, 1 P 5 6, alabanza, 1 Co 4 5, y gloria, Rm 8 18s; 1 Co 15 43; Col

3 4; ver Mt 13 43.
2 14   Es decir, obran según su conciencia, 1 Co 4 4+, sin la ayuda de una Ley positivamente revelada. La Ley no es principio de salvación, ni siquiera para el judío, sino un guía. En este sentido, puede suplirla la ley natural, inscrita en el corazón de todo hombre.
2 15   O también: «los juicios mutuos», es decir: de unos hombres sobre otros.
2 16   Anacoluto: el v. 16 sigue gramaticalmente al v. 13. Otra traducción: «en aquel tribunal en que Dios juzga...», ver Co 4 3.
3 1   La radical nivelación a la que llega Pablo suscita evidentemente la cuestión de los privilegios del judío y de las decisiones divinas de su justicia. Pero, a fin de no entorpecer una argumentación que llega a su punto culminante (todos pecadores y objeto de la ira), Pablo responde brevemente a estas dificultades, sin perjuicio de volver sobre ellas de otra forma más tarde (en Rm 9).
3 5   La argumentación descansa sobre el siguiente paralelismo: fidelidad, verdad, (veracidad), justicia-infidelidad, mentira, injusticia.
3 7   Var.: «en efecto».

6 1.15

cer el mal para que venga el bien, como algunos calumniosamente nos acusan que decimos*? Esos tales tienen merecida su condenación.

Todos pecadores*.

⁹ Entonces ¿qué? ¿Llevamos ventaja? ¡No del todo*!

11 32

¹⁰ Pues ya demostramos que tanto judíos como griegos están todos bajo el pecado, como dice la Escritura:

Sal 14 1-3

No hay quien sea justo, ni siquiera uno.
¹¹ *No hay un sensato,*
no hay quien busque a Dios.
¹² *Todos se desviaron, a una se corrompieron;*

no hay quien obre el bien,
no hay siquiera uno.
¹³ *Sepulcro abierto es su garganta,*
con su lengua urden engaños.
Veneno de áspides bajo sus labios;
¹⁴ *maldición y amargura rebosa su boca.*
¹⁵ *Ligeros sus pies para derramar sangre;*
¹⁶ *ruina y miseria son sus caminos.*
¹⁷ *El camino de la paz no lo conocieron,*
¹⁸ *no hay temor de Dios ante sus ojos.*

Sal 5 10

Sal 140 4
Sal 10 7
Is 59 7-8

Sal 36 2

¹⁹ Ahora bien, sabemos que cuanto dice la ley lo dice para los que están bajo la ley, para que toda boca enmudezca y el mundo entero se reconozca reo ante Dios, ²⁰ ya que *nadie será justificado ante él por las obras de la ley**, pues la ley no da sino el conocimiento del pecado.

Sal 143 2
Ga 2 16
Rm 7 7

Ga 3 22

B. LA JUSTICIA DE DIOS POR LA FE

Revelación de la justicia de Dios*.

1 16+
Ga 2 16; 3

²¹ Pero ahora, independientemente de la ley, la justicia de Dios se ha manifestado, atestiguada por la ley y los profetas, ²² justicia de Dios por la fe en Jesucristo, para todos los que creen —pues no hay diferencia; ²³ todos pecaron y están privados de la gloria de Dios*— ²⁴ y

son justificados por el don de su gracia, en virtud de la redención* realizada en Cristo Jesús, ²⁵ a quien exhibió* Dios como instrumento de propiciación* por su propia sangre, mediante la fe, para mostrar su justicia, habiendo pasado por alto los pecados* cometidos anteriormente, ²⁶ en el tiempo de la paciencia de Dios; en orden a mostrar su justicia en el

1 Jn 2 2;
4 10

Hch 17 30

---

3 8   Interpretando abusivamente afirmaciones como las de Ga **3** 22; Rm **5** 20; ver **6** 1.15.
3 9   (a) Nótese que Pablo concluye con un recurso a la Escritura: no es él quien declara pecador a todo hombre, sino la palabra por excelencia, la de Dios, cuya autoridad no tolera objeción alguna (a diferencia de los desarrollos precedentes).
3 9   (b) Traducción discutida. Estas expresiones pueden interpretarse al menos de dos formas: 1.ª Pablo se imagina la reacción de su interlocutor judío, seguro de gozar todavía de cierta preeminencia en cuanto al juicio y la retribución; y la rechaza. En este caso hay que traducir: «¿Llevamos ventaja? —No del todo». 2.ª Pero Pablo puede también referirse a su propia argumentación y a las conclusiones erróneas que de ella podrían deducirse (ver el v. 8): ¿Tenía que darse por vencido? La respuesta es negativa.
3 20   Según el Sal **143**, el hombre no podrá ser absuelto si Dios no le juzga según sus obras; por eso se apela a otro principio de justificación, la «fidelidad» de Dios a las promesas de salvación hechas a su pueblo, 1 Co **1** 9+, es decir, su justicia. Pablo va a declarar precisamente que esta justicia se ha manifestado en Jesucristo, v. 22. La Ley como norma de vida exterior no tiene en el plan divino la función de borrar el pecado, sino la de manifestarlo a la conciencia del hombre pecador, ver **1** 16+; **7** 7+.
3 21   Los vv. 21-22 reanudan, precisándola, la tesis de Rm **1** 16-17. Si la sección precedente partía de la justicia distributiva, tal como la veía el Judaísmo, para mostrar que todos podían incurrir igualmente en la ira divina, ahora vuelve a la situación inversa: Dios ha querido dar su gracia a toda la humanidad, judíos y no judíos, de la misma manera: por la fe sola.
3 23   La gloria, en sentido bíblico, Ex **24** 16+: presen-

cia de Dios que se comunica al hombre de modo cada vez más íntimo, el bien más excelente de los tiempos mesiánicos, ver Sal **85** 10; Is **40** 5. etc.
3 24   Yahvé había «rescatado» a Israel liberándole del cautiverio de Egipto para hacer de él un pueblo que le perteneciera como herencia suya, Dt **7** 6+. Al anunciar la «redención» del cautiverio de Babilonia, Is **41** 14+, los profetas habían dejado entrever una liberación más profunda y más universal, mediante el perdón de los pecados, Is **44** 22; ver Sal **130** 8; **49** 8 9. Esta redención mesiánica se ha cumplido en Cristo, Lc **1** 68; **2** 38. Dios Padre, por Cristo —o el mismo Cristo— ha «liberado» al nuevo Israel de la servidumbre de la Ley, Ga **3** 13; **4** 5, y del pecado, Col **1** 14; Ef **1** 7; Hb **9** 15, adquiriéndolo, Hch **20** 28, aprop ándoselo, Tt **2** 14, comprándolo, Ga **3** 13; **4** 5; 1 Co **6** 20; **7** 23; ver 2 P **2** 1. El precio de este rescate y de esta adquisición ha sido la sangre de Cristo, Hch **20** 28; Ef **1** 7; Hb **9** 12; 1 P **1** 18s; Ap **1** 5; **5** 9. Esta redención, iniciada en el Calvario y garantizada ya por las arras del Espíritu, Ef **1** 14; **4** 30, sólo concluirá en la Parusía, Lc **21** 28, con la liberación de la muerte mediante la resurrección de los cuerpos, Rm **8** 23.
3 25   (a) Otra traducción: «destinó a ser».
3 25   (b) Lit.: «propiciatorio», Ex **25** 17+; ver Hb **9** 5. En el gran Día de la Expiación, Lv **16** +, el propiciatorio recibía la aspersión de sangre, Lv **16** 15. La sangre de Cristo ha llevado a cabo realmente la purificación del pecado que aquel rito no podía sino prefigurar. Ver también la sangre de la Alianza, Ex **24** 8+; Mt **26** 28+.
3 25   (c) Este cuasi-perdón —una especie de no imputación (*páresis*), no tenía sentido más que en orden al perdón definitivo, destrucción total del pecado por la justificación del hombre. —Otra traducción: «en orden a perdonar los pecados».

Is 53 11

tiempo presente*, para ser justo* y justificador del que cree en Jesús.

²⁷ ¿Dónde está, entonces, el derecho a gloriarse*? Queda eliminado. ¿Por qué ley? ¿Por la de las obras? No. Por la ley de la fe*. ²⁸ Porque pensamos que el hombre es justificado por la fe, independientemente de las obras de la ley. ²⁹ ¿Acaso Dios lo es únicamente de los judíos y no

2 17; 4 2-3;
5 2+; 11 18
Ga 6 13-14
Ef 2 9

también de los gentiles? ¡Sí, por cierto!, también de los gentiles; ³⁰ porque no hay más que un solo Dios, que justificará a los circuncisos en virtud de la fe y a los incircuncisos por medio de la fe. ³¹ Entonces ¿por la fe privamos a la ley de su valor? ¡De ningún modo! Más bien, la consolidamos*.

C. ARGUMENTO BÍBLICO*

Ga 3 6-9
St 2 20-24.
14+
Gn 12 +;
15 6+

3 27+

Gn 15 6
Ga 3 6
St 2 23

Abrahán, justificado por su fe.

4 ¹ ¿Qué diremos, pues, de Abrahán, nuestro padre según la carne*? ² Si Abrahán obtuvo la justicia por las obras, tiene de qué gloriarse*, mas no delante de Dios. ³ En efecto, ¿qué dice la Escritura? *Creyó Abrahán en Dios y le fue reputado como justicia**. ⁴ Al que trabaja no se le cuenta el salario como favor sino como deuda; ⁵ en cambio, al que, sin trabajar, cree en aquel que justifica al impío, su fe se le reputa como justicia. ⁶ Así también David proclama bienaventurado al hombre a quien Dios imputa la justicia independientemente de las obras:

⁷ *Bienaventurados aquellos cuyas maldades fueron perdonadas,*
     y cubiertos sus pecados.
⁸ *Dichoso el hombre a quien el Señor no imputa el pecado.*

⁹ Entonces, ¿esta dicha recae sólo sobre los circuncisos o también sobre los incircuncisos? Decimos, en efecto, que *la fe de Abrahán le fue reputada como justicia*. ¹⁰ Y ¿cómo le fue reputada? ¿siendo él circunciso o antes de serlo? No siendo circunciso, sino antes; ¹¹ pues *recibió la señal de la circuncisión* como sello* de la justicia de la fe* que poseía siendo incircunciso. Así se convertía en padre de todos los creyentes incircuncisos, a fin de

Sal 32 1-2

Gn 17 11+

Ga 3 7

---

3 26 (a) Ese *tiempo presente* es el *tiempo fijado* por Dios en su plan de salvación, Hch 1 7+, para la obra redentora de Cristo, Rm 5 6; 11 30; 1 Tm 2 6; Tt 1 3, que se produce en la *plenitud de los tiempos*, Ga 4 4+, de una vez para siempre, Hb 7 27+, y abre la era escatológica. Ver Mt 4 17p; 16 3p; Lc 4 13; 19 44; 21 8; Jn 7 6.8.
3 26 (b) Es decir, ejercitar su justicia (salvífica, ver 1 17+), conforme a sus promesas, justificando al hombre.
3 27 (a) La palabra griega *gloriarse* señala con precisión la actitud del hombre que se envanece de sus obras, se apoya en ellas y tiene la pretensión de realizar su destino sobrenatural con sus propias fuerzas. Actitud censurable, porque no se conquista la justicia, sino que se la recibe como don. Y el acto de fe, más que cualquier otro acto, excluye tamaña suficiencia, porque el hombre demuestra en ese acto de fe su radical insuficiencia.
3 27 (b) Es decir, por una ley que consiste en creer. Pablo contrapone la Ley *escrita en las tablas de piedra*, 2 Co 3 3, y la fe, 1 16+, ley interior grabada en el corazón, ver Jr 31 33, que *actúa por la caridad*, Ga 5 6, y que es la *ley del Espíritu*, 8 2.
3 31 Lit.: «establecemos (la) Ley»: únicamente la fe, que obra por caridad, Ga 5 6, permite a la Ley alcanzar la meta que se ha propuesto, es decir, la justicia y la santidad del hombre, ver 7 7+.
4 Pablo debe mostrar que la Escritura confirma su Evangelio, en particular la afirmación según la cual la fe es la única condición requerida por Dios para justificar al hombre. Abrahán constituye un caso ejemplar, que subraya inmejorablemente la constancia de los caminos divinos.
4 1 No es segura la tradición manuscrita de este versículo. Con otros testigos, se puede leer: «¿Qué diremos, pues, que encontró Abrahán, nuestro antepasado según la carne?»; y la respuesta sería: «encontró justicia por su sola fe». Debe excluirse esta otra variante manuscri-

ta: «¿qué fue lo que Abrahán nuestro antepasado encontró según la carne?»; porque ignora totalmente lo que Pablo va a exponer y que ya ha adelantado en Rm 3 21-22.28: no se halla justicia delante de Dios sino sólo por la fe. La argumentación procede por cuatro pasos: vv. 2-8: justificación por la fe sola; es decir totalmente gratuita; vv. 9-12: como esta justificación alcanzó a Abrahán todavía incircunciso, ella le hace el padre de todos los creyentes, incluidos los no circuncidados; vv. 13-17: la venida de la Ley no ha cambiado en nada este régimen de la justicia por la fe sola; vv. 18-22: descripción de la fe que justifica. Los vv. 23-25 forman la conclusión.
4 2 Algunos escritos judíos del tiempo de Pablo presentan a Abrahán como observante de la ley mosaica, y por eso, reconocido justo ante Dios. Según Pablo, Abrahán no fue reconocido justo a causa de la observancia fiel de la Ley, sino por haber creído a la promesa divina, pues entonces todavía era un incircunciso y, por tanto, un «sin Ley», un impío (ver el v. 5).
4 3 Gramaticalmente son posibles diversas interpretaciones: en virtud de la fe, Dios consideró justo a Abrahán, sin que lo sea realmente; o bien: en virtud de esta misma fe, Dios confiere gratuitamente a Abrahán una justicia que éste no tenía cuando creía; o, finalmente: a los ojos de Dios, y por lo tanto, verdaderamente, la fe se confunde con la justicia. Pero el conjunto de la doctrina paulina excluye la primera interpretación; parece excluir también la segunda, y concuerda perfectamente con la tercera.
4 11 (a) La misma palabra *sfragis* sirvió muy pronto para designar, por analogía, el bautismo cristiano, sacramento de la fe, 2 Co 1 22; Ef 1 13; 4 30; ver Jn 6 27+; Ap 7 2-8; 9 4.
4 11 (b) Es decir, «por una fe que consiste en creer» (con fe viva), ver 1 17+; 3 27+. La herencia no se concede para premiar la fidelidad a las cláusulas de un contrato (a una ley), sino en cumplimiento de la promesa.

que la justicia les fuera igualmente imputada; [12] y en padre también de los circuncisos que no se contentan con la circuncisión, sino que siguen además las huellas de la fe que tuvo nuestro padre Abrahán antes de la circuncisión.

[13] En efecto, no por la ley, sino por la justicia de la fe fue hecha a Abrahán y su posteridad la promesa de ser heredero del mundo. [14] Porque si son herederos los de la ley, la fe carece de objeto, y la promesa queda abolida; [15] porque la ley produce la ira; por el contrario*, donde no hay ley, no hay transgresión. [16] Por eso depende de la fe, para que sea don, y la promesa quede asegurada para toda la posteridad, no tan sólo para los de la ley, sino también para los de la fe de Abrahán, padre de todos nosotros, [17] como dice la Escritura: *Te he constituido padre de muchas naciones:* padre nuestro ante Dios a quien creyó, que da la vida a los muertos y lla-

ma a las cosas que no son para que sean*.

[18] El cual, esperando contra toda esperanza, creyó y fue hecho *padre de muchas naciones* según le había sido dicho: *Así será tu posteridad.* [19] No vaciló en su fe al considerar su cuerpo ya sin vigor* —tenía unos cien años— y el seno de Sara, igualmente estéril. [20] Por el contrario, ante la promesa divina, no cedió a la duda con incredulidad; más bien, fortalecido* en su fe, dio gloria a Dios, [21] con el pleno convencimiento de que poderoso es Dios para cumplir lo prometido. [22] Por eso *le fue reputado como justicia.*

[23] Y la Escritura no dice solamente por él que *le fue reputado*, sino también por nosotros, [24] a quienes ha de ser imputada la fe, a nosotros que creemos en Aquel que resucitó de entre los muertos a Jesús Señor nuestro, [25] quien *fue entregado por nuestros pecados*, y resucitó para nuestra justificación*.

Marginal references (left column):
Ga 3 16-18
Gn 12 7+

Ga 3 10
5 13; 7 7+

Gn 17 5

Dt 32 39+
Hb 11 19

Marginal references (right column):
Is 48 13

Gn 15 5

Gn 17 1.17

Mc 9 23
Hb 11 1s

Jr 32 17
Lc 1 37

1 Co 10 6+

1 P 1 21
1 4+
Is 53 6.12

2. DE LA JUSTIFICACIÓN A LA SALVACIÓN

La justificación, prenda de la salvación*.

5 [1] Habiendo, pues, recibido de la fe la justificación, estamos* en paz con Dios, por nuestro Señor Jesucristo, [2] por quien hemos obtenido también, mediante la fe, el acceso a esta gracia* en la cual nos hallamos, y nos gloriamos en la esperanza* de la gloria de Dios. [3] Más aún;

3 27+
3 23+

Como las promesas, Gn 12 1+, habían sido propuestas a la fe, su realización sólo puede ser captada y recibida por la fe en la persona y la obra de Jesús Salvador: Jn 8 56; Hch 2 39; 13 23; Rm 9 4-8; 15 8; Ga 3 14-19; Ef 1 13-14; 2 12; 3 6; Hb 11 9-10.13, etc.
4 15 Var.: «porque».
4 17 Como en el día del *fiat* creador. La mención de los divinos atributos, especialmente de la omnipotencia divina, prepara la alusión del v. 24 a la resurrección de Cristo.
4 19 El texto recibido y Vulg.: «No desfalleció en su fe, ni tuvo en cuenta la muerte de su cuerpo ya muerto».
4 20 La fe es omnipotente, Mc 9 23. Permite a Dios mostrar en nosotros su propio poder, ver 2 Co 12 9-10.
4 25 La justicia, en efecto, es una primera participación de la vida de Cristo resucitado, 6 4; 8 10, etc.: Pablo nunca separa la muerte de Jesús de su resurrección. En el AT Dios justifica juzgando, Sal 9 9. En el NT, será «juez» en el último día, 2 6; «justifica» por medio de Cristo, 3 24, es decir, confiere el don de la justicia teniendo únicamente en consideración la fe, 1 17+, y no las obras de la Ley, 3 27+; 7 7+.
5 Tema de la segunda parte, 5-8; el cristiano justificado, ver 1-4, halla en el amor de Dios y el don del Espíritu la garantía de su salvación. Los vv. 1-11, introducción de la sección Rm 5-8, se orientan al futuro, mientras que los vv. 12-21 se vuelven al pasado para subrayar, en contraposición a la figura de Adán, el papel único de Cristo, por quien toda gracia nos ha sido dada en plenitud.
5 1 Var.: «estemos».
5 2 (a) El favor de vivir en la amistad divina, el *estado de gracia*.
5 2 (b) La esperanza cristiana es la espera de los bienes escatológicos: la resurrección del cuerpo, Rm 8 18-

23; 1 Ts 4 13s; ver Hch 2 26; 23 6 24 15; 26 6-8; 28 20, la herencia de los santos, Ef 1 18; ver Hb 6 11s; 1 P 1 3s, la vida eterna, Tt 1 2; ver 1 Co 15 19, la gloria, Rm 5 2; 2 Co 3 7-12; Ef 1 18; Col 1 27; Tt 2 13, la visión de Dios, 1 Jn 3 2s, en una palabra, la salvación, 1 Ts 5 8; ver 1 P 1 3-5, propia de los demás, 2 Co 1 6s; 1 Ts 2 19. Designa primero la virtud que espera esos bienes, pero puede a veces significar esos mismos bienes celestes, Ga 5 5; Col 1 5; Hb 6 18. Confiacc antes a Israel, Ef 1 11-12; ver Jn 5 45; Rm 4 18, con exclusión de los paganos, Ef 2 12; ver 1 Ts 4 13, preparaba en él una mejor esperanza, Hb 7 19, ahora hoy se ofrece aun a los paganos, Ef 1 18; Col 1 27; ver Mt 12 21; Rm 15 12, en el misterio de Cristo, Rm 16 25+. Se funda en Dios, 1 Ts 5 5; 6 17; 1 P 1 21; 3 5, en su amor, 2 Ts 2 16 en su llamada, 1 P 1 13-15; ver Ef 1 18; 4 4, en su poder, Rm 4 17-21, en su veracidad, Tt 1 2; ver Hb 6 18, en mantener sus promesas formuladas en las Escrituras, Rm 15 4, y en el Evangelio, Col 1 23, y realizadas en la persona de Cristo, 1 Tm 1 1; 1 P 1 3.21. No puede por lo mismo fallar, Rm 5 5. Dirigida esencialmente hacia bienes invisibles, Rm 8 24; Hb 11 1, se apoya en la fe, Rm 4 18; 5 1s; 15 13; Ga 5 5; Hb 6 11s; 1 P 1 21, y se nutre de la caridad, Rm 5 5; 1 Co 13 7, las otras dos virtudes teologales con las que mantiene estrecha unión, 1 Co 13 13+. El Espíritu Santo, el don escatológico por excelencia poseído ya parcialmente, Rm 5 5+; Hch 1 8+, es su fuente privilegiada, Ga 5 5, que la ilumina, Ef 1 17s, la fortalece, Rm 15 13, la hace orar, Rm 8 23. Y realiza por ella la unidad del Cuerpo Ef 4 4, fundada en la justificación por la fe en Cristo, Ga 5 5; ofrece plena seguridad, 2 Co 3 2; Hb 3 6, consuelo, 2 Ts 2 16; Hb 6 18, alegría, Rm 12 12; 15 13; 1 Ts 2 19, y ufanía, Rm 5 2; 1 Ts 2 19; Hb 3 5; no se deja abatir por los sufrimientos del presente, que cuentan poco en

2 Co 12 9-10
St 1 2-4
1 P 4 13-14
Ap 1 9
1 Co 13 13+

8 14-16
Ga 4 4-6

3 26+
1 P 3 18

8 32
Jn 15 13
1 Jn 4 10.19

1 Ts 1 10
2 Co 5 18-21

nos gloriamos hasta en las tribulaciones, sabiendo que la tribulación engendra la paciencia; [4] la paciencia, virtud probada; la virtud probada, esperanza, [5] y la esperanza no falla, porque el amor de Dios* ha sido derramado en nuestros corazones por el Espíritu Santo que nos ha sido dado*. [6] En efecto, cuando todavía estábamos sin fuerzas, en el tiempo señalado, Cristo murió por los impíos; [7] —en verdad, apenas habrá quien muera por un justo; por un hombre de bien tal vez se atrevería uno a morir—; [8] mas la prueba de que Dios nos ama es que Cristo, siendo nosotros todavía pecadores, murió por nosotros. [9] ¡Con cuánta más razón, pues, justificados ahora por su sangre, seremos por él salvos de la ira! [10] Si cuando éramos enemigos, fuimos reconciliados con Dios por la muerte de su Hijo, ¡con cuánta más razón, estando ya reconciliados, seremos salvos por su vida! [11] Y no solamente eso, sino que también nos gloriamos en Dios, por nuestro Señor Jesucristo, por quien hemos obtenido ahora la reconciliación.

Adán y Jesucristo*.

1 Co 15
21-22
Sb 2 24

Rm 6 23;
3 23

4 15; 7 7+

[12] Por tanto, como por un hombre *entró el pecado en el mundo* y por el pecado la muerte* y así la muerte alcanzó a todos los hombres, ya que todos pecaron*; [13] —porque, hasta la ley, había pecado en el mundo, pero el pecado no se imputa no habiendo ley— [14] con todo, reinó la muerte desde Adán hasta Moisés aun sobre aquellos que no pecaron con una transgresión semejante a la de Adán, el cual es figura* del que había de venir.

[15] Pero con el don no sucede como con el delito. Si por el delito de uno murieron todos* ¡cuánto más la gracia de Dios y el don otorgado por la gracia de un hombre, Jesucristo, se han desbordado sobre todos! [16] Y no sucede con el don como con las consecuencias del pecado de uno; porque el juicio, partiendo de uno, lleva a la condenación, mas la obra de la gracia, partiendo de muchos delitos, se resuelve en justificación. [17] En efecto, si por el delito de uno reinó la

comparación de la gloria prometida, Rm 8 18, sino que por el contrario los soporta con una «paciencia», Rm 8 25; 12 12; 15 4; 1 Ts 1 3; ver 1 Co 13 7, que la purifica, Rm 5 4, y la afianza, 2 Co 1 7.
5 5   (a) El amor con que Dios nos ama, y del que el Espíritu Santo es prenda y, por su presencia activa en nosotros, testigo: ver 8 15 y Ga 4 6. Por él nos dirigimos a Dios como un hijo a su Padre; el amor es recíproco. Por él también amamos a nuestros hermanos con el mismo amor con que el Padre ama al Hijo y a nosotros (ver Jn 17 26).
5 5   (b) El Espíritu Santo de la promesa, Ef 1 13; Ga 3 14; Hch 2 33+, que caracteriza la nueva alianza, Rm 2 29; 7 6; 2 Co 3 6; ver Ga 3 3; 4 29; Ez 36 27+, no es solamente una manifestación exterior de poder taumatúrgico y carismático, Hch 1 8+; es sobre todo un principio interior de vida nueva que Dios da, 1 Ts 4 8, etc.; ver Lc 11 13; Jn 3 34; 14 16s; Hch 1 5; 2 38; etc.; 1 Jn 3 24, envía, Ga 4 6; ver Lc 24 49; Jn 14 26; 1 P 1 12, suministra, Ga 3 5; Flp 1 19; derrama, Rm aquí; Tt 3 5s; ver Hch 2 33+. Recibido por la fe, Ga 3 2.14; ver Jn 7 38s; Hch 11 17, y el bautismo, 1 Co 6 11; Tt 3 5; ver Jn 3 5; Hch 2 38; 19 2-6, habita en el cristiano, Rm 8 9; 1 Co 3 16; 2 Tm 1 14; ver St 4 5, en su espíritu, Rm 8 16; ver Rm 1 9+; y aun en su cuerpo, 1 Co 6 19. Este Espíritu, que es el Espíritu de Cristo, Rm 8 9; Flp 1 19; Ga 4 6; ver 2 Co 3 17; Hch 16 7; Jn 14 26; 15 26; 16 7.14, hace hijo de Dios al cristiano, Rm 8 14-16; Ga 4 6s, y hace habitar a Cristo en su corazón, Ef 3 16. Es para el cristiano (como para el mismo Cristo, Rm 1 4+) principio de resurrección, Rm 8 11+, por un don escatológico que desde ahora le marca como con sello, 2 Co 1 22; Ef 1 13; 4 30, y se encuentra en él a título de arras, 2 Co 1 22; 5 5; Ef 1 14, y de primicias, Rm 8 23. Sustituyendo al principio malo de la carne, Rm 7 5+, se hace en el hombre principio de fe, 1 Co 12 3; 2 Co 4 13; ver 1 Jn 4 2s, de conocimiento sobrenatural, 1 Co 2 10-16; 7 40; 12 8s; 14 2s; Ef 1 17; 3 16.18; Col 1 9; ver Jn 14 26+, de amor, Rm 5 5; 15 30; Col 1 8, de santificación, Rm 15 16; 1 Co 6 11; 2 Ts 2 13; ver 1 P 1 2, de

conducta moral, Rm 8 4-9.13; Ga 5 16-25, de intrepidez apostólica, Flp 1 19; 2 Tm 1 7s; ver Hch 1 8+, de esperanza, Rm 15 13; Ga 5 5; Ef 4 4, y de oración, Rm 8 26s; ver St 4 5; Judas 20. No hay que extinguirlo, 1 Ts 5 19, ni contristarlo, Ef 4 30. Uniéndonos con Cristo, 1 Co 6 17, realiza la unidad de su Cuerpo, 1 Co 12 13; Ef 2 16.18; 4 4.
5 12   (a) El pecado habita en el hombre, Rm 7 14-24; más como la muerte, castigo del pecado, ha entrado en el mundo a consecuencia del pecado de Adán, Sb 2 24, Pablo deduce que el mismo pecado ha entrado en la humanidad por medio de esta falta inicial; es la doctrina del pecado original que interesa aquí al Apóstol por el paralelismo que le ofrece entre la obra nefasta del primer Adán y la reparación sobreabundante del «último Adán», vv. 15-19; 1 Co 15 21s.25. Si Cristo salva a la humanidad, lo hace como «nuevo Adán», imagen según la cual restaura Dios su creación, Rm 8 29+; 2 Co 5 17+.
5 12   (b) El pecado separa al hombre de Dios. Esta separación es la «muerte»: muerte espiritual y «eterna», cuya señal es la muerte física, ver Sb 1 13+; 2 24; Hb 6 1+.
5 12   (c) La proposición del v. 12d se puede interpretar como oración de relativo («por lo cual»), o como una circunstancial causal («por cuanto», «por el hecho de que»), o consecutiva («ya que»). La traducción propuesta aquí expresa el interés de Pablo en subrayar el hecho universal del pecado desde el principio: 1.° pecado de uno solo (vv. 12a.15a.17a), 2.° que tiene como consecuencia la muerte de todos (vv. 12b.13b.17a), 3.° seguidamente, la situación de pecado (vv. 12d.19a), 4.° y finalmente, la venida de la ley mosaica y su función (vv. 13.20).
5 14   «figura», ver 2 Co 10 6+, semejante pero imperfecta. Por lo mismo, la comparación, esbozada en el v. 12 e interrumpida por el largo paréntesis de los vv. 13 y 14, se transforma en el v. 15 en un contraste.
5 15   Este «todos» incluye a todos los hombres, ver v. 18; ver Mt 20 28+.

muerte por un hombre ¡con cuánta más razón los que reciben en abundancia la gracia y el don de la justicia, reinarán en la vida por uno, por Jesucristo! [18] Así pues, como el delito de uno atrajo sobre todos los hombres la condenación, así también la obra de justicia de uno procura a todos la justificación que da la vida. [19] En efecto, así como por la desobediencia de un hombre, todos fueron constituidos pecadores, así también

por la obediencia de uno todos serán constituidos* justos.

Proposición temática.

[20] La ley*, en verdad, intervino para que abundara el delito; pero donde abundó el pecado, sobreabundó la gracia; [21] así, lo mismo que el pecado reinó por la muerte, así también reinara la gracia en virtud de la justicia para vida eterna por Jesucristo nuestro Señor.

Is 53 11

7 7+
Ga 3 19

11 32

A. LA VIDA EN CRISTO

3 8;
6 15
1 P 4 1-2

Ga 3 27

Col 2 12
Col 2 12-13
Tt 3 5-7
1 P 3 21-22

1 4+
Ex 24 16+

Flp 3 10-11
8 11+
Ef 2 6+
Col 3 9-10+

Ga 5 24;
6 14
Col 3 5+

6 [1] ¿Qué diremos, pues? ¿Que debemos permanecer en el pecado para que la gracia se multiplique? ¡De ningún modo! [2] Los que hemos muerto al pecado ¿cómo seguir viviendo en él? [3] ¿O es que ignoráis que cuantos fuimos bautizados en Cristo Jesús, fuimos bautizados en su muerte? [4] Fuimos, pues*, con él sepultados por el bautismo en la muerte*, a fin de que, al igual que Cristo resucitó de entre los muertos por medio de la gloria del Padre, así también nosotros vivamos una vida nueva.

[5] Porque si nos hemos injertado en él por una muerte semejante a la suya, también lo estaremos por una resurrección semejante; [6] sabiendo que nuestro hombre viejo fue crucificado con él, a fin de que fuera destruido el cuerpo de pecado y cesáramos de ser esclavos del pecado. [7] Pues el que está muerto, queda libre del pecado*.

[8] Y* si hemos muerto con Cristo, creemos que también viviremos con él, [9] sabiendo que Cristo, una vez resucitado de entre los muertos, ya no muere más, y que la muerte no tiene ya señorío sobre él. [10] Su muerte fue un morir al pecado*, de una vez para siempre; mas su vida, es un vivir para Dios. [11] Así también vosotros, consideraos como muertos al pecado y vivos para Dios en Cristo Jesús*.

[12] No reine, pues, el pecado en vuestro cuerpo mortal* de modo que obedezcáis a sus apetencias. [13] Ni hagáis ya de vuestros miembros instrumentos de injusticia al servicio del pecado; sino más bien ofreceos vosotros mismos a Dios como muertos retornados a la vida; y vuestros miembros, como instrumentos de justicia al servicio de Dios. [14] Pues el pecado no dominará ya sobre vosotros, ya que no estáis bajo la ley sino bajo la gracia.

2 Tm 2 11

Hch 13 34
1 Co 15 26
2 Tm 1 10
Hb 2 14s
Ap 1 18
Hb 7 27+

7 14-24

---

5 19   No sólo en el Juicio final (para Pablo, la justificación es actual, ver 5 1, etc.), sino conforme los hombres van renaciendo en Jesucristo.
5 20   Los vv. 20-21 constituyen la tesis *(prózesis)* que Pablo se propone defender en estos capítulos. Volverá a formularla con expresiones muy afines en 6 1.15; 7 7; 8 1-2.
6 4   (a) Var.: «porque fuimos».
6 4   (b) El bautismo no se opone a la fe, sino que la acompaña, Ga 3 26s; Ef 4 5; Hb 10 22; ver Hch 8 12s.37; 16 31-33; 18 8; 19 2-5, y la expresa en el plano sensible por el eficaz simbolismo de su rito. Por eso, Pablo les atribuye los mismos efectos (comp. Ga 2 16-20 y Rm 6 3-9). La «inmersión» (sentido etimológico de «bautizar») en el baño del agua sepulta al pecador en la muerte de Cristo, Col 2 12; ver Mc 10 38, de la que sale por la resurrección con él, Rm 8 11+, como «nueva criatura», 2 Co 5 17+, «hombre nuevo»; Ef 2 15+, miembro del Cuerpo único animado del único Espíritu, 1 Co 12 13; Ef 4 4s. Esta resurrección, que no será total y definitiva más que al fin de los tiempos, 1 Co 15 12s+ (pero ver Ef 2 6+), se realiza desde ahora por una vida nueva según el Espíritu, vv. 8-11.13; 8 2s; Ga 5 16-24. —Además del simbolismo más especialmente paulino de muerte y de resurrección, este rito primordial de la vida cristiana, Hb 6 2, es presentado en el NT como un baño que purifica, Ef 5 26; Hb 10 22; ver 1 Co 6 11; Tt 3 5;

como un nuevo nacimiento, Jn 3 5; Tt 3 5; ver 1 P 1 3; 2 2, como una iluminación, Hb 6 4 10 32; ver Ef 5 14. Sobre bautismo de agua y bautismo del Espíritu ver Hch 1 5+: estos dos aspectos de la consagración cristiana parecen ser la «unción» y «sello» de 2 Co 1 21s. Según 1 P 3 21 el arca de Noé fue tipo del bautismo.
6 7   El cristiano, una vez abandonado el instrumento del pecado, su «cuerpo de pecado» v. 6, no estando ya «en la carne», 8 9, se encuentra definitivamente liberado del pecado, ver 1 P 4 1. Según otros, queda libre del pecado, conforme al axioma jurídico: la muerte de un culpable anula la acción judicial. Ver 7 1.
6 8   Var.: «Porque».
6 10   Cristo, sin ser pecador, Rm 5 21, pertenecía a la esfera del pecado por su cuerpo de carne semejante al nuestro, Rm 8 3; hecho «espíritu», 1 Co 15 45-46, ya sólo pertenece a la esfera divina. Así el cristiano, si bien mora provisionalmente en la carne, vive ya del Espíritu.
6 11   Texto recibido y Vulg.: «Cristo Jesús Señor nuestro». —Ver 14 7s; 1 Co 3 23+; 2 Co 5 15; Ga 2 20; 1 P 2 24.
6 12   El bautismo ha destruido el pecado en el hombre, pero mientras el cuerpo de este no se haya «revestido de inmortalidad», 1 Co 15 54, puede el pecado hallar en ese cuerpo «mortal», sede de la concupiscencia, medios para seguir reinando todavía, ver 7 14s.

Al servicio de la justicia.

¹⁵ Pues ¿qué? ¿Pecaremos porque no estamos bajo la ley sino bajo la gracia? ¡De ningún modo!*. ¹⁶ ¿No sabéis que al ofreceros a alguno como esclavos para obedecerle, os hacéis esclavos de aquel a quien obedecéis: bien del pecado, para la muerte, bien de la obediencia, para la justicia? ¹⁷ Pero, gracias a Dios, vosotros, que erais esclavos del pecado, habéis obedecido de corazón al modelo de doctrina al que fuisteis entregados, ¹⁸ y, liberados del pecado, os habéis hecho esclavos de la justicia. ¹⁹ —Hablo en términos humanos, en atención a vuestra flaqueza natural—. Pues si ofrecisteis vuestros miembros como esclavos a la impureza y a la iniquidad por la iniquidad, ofrecedlos igualmente ahora a la justicia para la santidad*. ²⁰ Pues cuando erais esclavos del pecado, erais libres respecto de la justicia. ²¹ ¿Qué frutos cosechasteis entonces de aquellas cosas que al presente os avergüenzan*? Pues su fin es la muerte.

²² Pero al presente, libres del pecado y esclavos de Dios, fructificáis para la santidad; cuyo fin es la vida eterna. ²³ Pues el salario del pecado es la muerte; pero el don de Dios, la vida eterna en Cristo Jesús Señor nuestro.

7 ¹ ¿O es que ignoráis*, hermanos, —hablo a quienes entienden de leyes— que la ley no domina sobre el hombre sino mientras vive*? ² Así, la mujer casada está obligada por la ley a su marido mientras éste vive; mas, una vez muerto el marido, se ve libre de la ley del marido. ³ Por eso, mientras vive el marido, será llamada adúltera si se une a otro hombre; pero si muere el marido, queda libre de la ley, de forma que no es adúltera si se une a otro. ⁴ Así pues, hermanos míos, también vosotros quedasteis muertos respecto de la ley por el cuerpo de Cristo*, para pertenecer a otro: a aquel que resucitó de entre los muertos, a fin de que diéramos frutos para Dios. ⁵ Porque, cuando estábamos en la carne*, las pasiones pecaminosas,

Marginal references (left column)
3 8; 6 1
Jn 8 34
1 5+
16 17
Jn 8 36
Ga 5 13
1 P 1 14-15

Marginal references (right column)
Jn 15 8.16
5 12.21
Ga 6 7-9
St 1 15
1 Co 7 39
Ga 2 19+
Rm 6 5-6.
8-11
6 22
Jn 15 8
7 7s

6 15 Cristo ha librado al hombre del mal para devolverlo a Dios. Junto al tema bíblico de la «redención», 3 4+ y de la liberación por la muerte, 7 1+, para expresar esta idea, Pablo se complace en recurrir a la imagen, tan expresiva en su época, del esclavo rescatado y manumitido, al que ya no se puede reducir a esclavitud, pero que se halla obligado a servir fielmente a su nuevo amo. Cristo, al rescatarnos al precio de su sangre, 1 Co 6 20; 7 23; Ga 3 13; 4 5, nos ha manumitido y llamado a la libertad, Ga 5 1.13. El cristiano, liberado en lo sucesivo de sus antiguos amos: el pecado, Rm 6 18-22, la Ley, Rm 6 14; 8 2; Ga 3 13; 4 5; ver Rm 7 1+, con sus observancias materiales, Ga 2 4, los «elementos del mundo», Ga 4 3.8; ver Col 2 20-22, la corrupción, Rm 8 21-23, no debe ya recaer en su esclavitud, Ga 2 4s; 4 9; 5 1. Es libre, 1 Co 9 1, hijo de la mujer libre, la Jerusalén de arriba, Ga 4 26.31. Con todo, esta libertad no significa libertinaje, Ga 5 13; ver 1 P 2 16; 2 P 2 19. Ha de ser servicio del nuevo amo, Dios, Rm 6 22; ver 1 Ts 1 9; 1 P 2 16, el Cristo Kyrios, Rm 1 1, etc.; St 1 1; 2 P 1 1; Judas 1; Rm 14 18; 16 18, etc., a quien en adelante pertenece el cristiano, 1 Co 6 19; 3 23, y para quien vive y muere, Rm 7 1+; servicio que se realiza en la obediencia de la fe por la justicia y la santidad, Rm 6 16-19. Esta libertad de los hijos, Ga 4 7, manumitidos por la «ley del Espíritu», Rm 8 2; ver 7 6; 8 14s; 2 Co 3 17 (y comp. St 1 25; 2 12) podrá incluso verse obligada a sacrificar sus legítimos derechos para convertirse en servicio del prójimo, si la caridad, Rm 13; ver 2 Co 4 5, y el respeto de las demás conciencias lo piden, 1 Co 10 23-33; Rm 14; ver 1 Co 6 12-13; 1 Co 9 19. En cuanto al régimen social de la esclavitud, si aún puede ser tolerado en este mundo transitorio, 1 Co 7 20-24. 31, no tiene al menos valor alguno en el nuevo orden instaurado por Cristo, 1 Co 12 13; Ga 3 28; Col 3 11: el esclavo cristiano es un liberto del Señor, el y su amo son igualmente siervos de Cristo, 1 Co 7 22; ver Ef 6 5-9; Col 3 22 - 4 1; Flm 16.

6 19 La santidad propia de Dios, Lv 17+, que él comunicaba a su pueblo, Ex 19 6+, también la comunica a los que creen en Cristo, Hch 9 13+; Col 1 12+. Con todo, pierde su aspecto ritual para conservar su carácter interior: la santidad consiste en imitar a Cristo, 2 Ts 3 7+, el Santo de Dios, Mc 1 24+. El que es santo, porque ha sido justificado y porque está habitado por el Espíritu Santo a causa de su pertenencia al pueblo santo, 5 5+, debe todavía poner por obra esta santidad que le ha sido dada y progresar en la santificación, v. 22; 1 Ts 4 3-7+; 2 Ts 2 13.

6 21 O: «¿Qué frutos, pues, cosechasteis entonces? ¡Tales que ahora os avergonzáis de ellos!»

7 1 (a) Pablo aborda finalmente un tema presente ya en su pensamiento, 3 20; 4 15; 5 20; 6 14: la manumisión del cristiano en relación con la Ley. Esto le lleva a exponer la función de la Ley en el plan de Dios, ver 7 7+.

7 1 (b) La liberación del cristiano, que en otro lugar expresa Pablo con el tema bíblico de la «redención», 3 24+, o con el tema griego de la «manumisión» de los esclavos, 6 15+, también aparece en él con frecuencia como una liberación por la muerte. Porque la muerte libera de la vida antigua y de sus servidumbres, 6 7; 7 1-3. El cristiano, unido por la fe, 1 16+, y el bautismo, 6 4+, a Cristo muerto y resucitado, 8 11+, está muerto al pecado, 6 2.11; ver 1 P 4 1, a la Ley, Rm 7 6; Ga 2 19+, a los elementos del mundo, Col 2 20, para vivir bajo el nuevo régimen de la gracia y del Espíritu, Rm 8 5-13. Así como el liberto pertenece a su nuevo amo, 6 15+, así también el cristiano resucitado en Cristo no vive ya para sí mismo sino para Cristo y para Dios, 6 11.13; 14 7s; 2 Co 5 15; Ga 2 20.

7 4 El cristiano está muerto a la Ley lo mismo que al pecado, por «el cuerpo de Cristo», muerto y resucitado, ver 7 1+.

7 5 -1º. La carne en su primitivo sentido, designa la materia corporal, 1 Co 15 39; ver Lc 24 39; Ap 17 16; 19 18, que se opone al espíritu, Rm 1 9+; el cuerpo objeto de la sensación, Col 2 1.5, especialmente de la unión sexual, 1 Co 6 16; 7 28; Ef 5 29.31; ver Mt 19 5p; Jn 1 13; Judas 7, de donde proceden el parentesco y la herencia, Rm 4 1; 9 3.5; 11 14; ver Hb 12 9. La carne sirve así, según el uso bíblico de basar, para recalcar lo que hay de perecedera debilidad en la condición humana, Rm 6 19; 2 Co 7 5; 12 7; Ga 4 13s; ver Mt 26 41s, excitadas por la ley, actuaban en nuestros miembros, a fin de que produjéramos frutos de muerte. [6] Mas, al presente, hemos quedado emancipados de la ley,

6 7
Ga 2 19+

muertos a aquello que nos tenía aprisionados, de modo que sirvamos según un espíritu nuevo y no según un código anticuado.

2 29
2 Co 3 6
Mt 9 16-17

B. EL HOMBRE PECADOR FUERA DE CRISTO

Función de la ley en el pasado*.

[7] ¿Qué decir, entonces? ¿Que la ley es pecado? ¡De ningún modo! Sin embargo yo no conocí el pecado sino por la ley. De suerte que yo hubiera ignorado la concupiscencia si la ley no dijera: *¡No te des a la concupiscencia!* [8] Mas el pecado, aprovechándose del precepto, suscitó en mí toda suerte de concupiscencia; pues sin ley el pecado estaba muerto. [9] ¡Vivía yo un tiempo sin ley*!, pero en cuanto sobrevino el precepto, revivió el pecado, [10] y

Ex 20 17
St 1 14-15

4 15;
5 13
1 Co 15 56
Gn 2 17; 3 1s

yo morí; y resultó que el precepto, dado para vida, me causó muerte. [11] Porque el pecado, aprovechándose del precepto, me *sedujo*, y por él, me dio muerte. [12] Así que, la ley es santa, y santo el precepto, y justo y bueno. [13] Luego ¿se ha convertido lo bueno en muerte para mí? ¡De ningún modo! Sino que el pecado*, para aparecer como tal, se sirvió de una cosa buena, para procurarme la muerte, a fin de que el pecado ejerciera todo su poder de pecado por medio del precepto.

Lv 18 5
Ez 20 11

Gn 3 13

Dt 4 8

5 20

y para designar al hombre en su pequeñez ante Dios, Rm 3 20 y Ga 1 16; 1 Co 1 29; ver Mt 24 22p; Lc 3 6; Jn 17 2; Hch 2 17; 1 Pe 1 24. De ahí el uso de expresiones como: *según la carne*, 1 Co 1 26; 2 Co 1 17; Ef 6 5; Col 3 22; ver Flm 16; Jn 8 15, *la carne y la sangre*, 1 Co 15 50; Ga 1 16; Ef 6 12; Hb 2 14; ver Mt 16 17, y *carnal*, Rm 15 27; 1 Co 3 1.3; 9 11; 2 Co 1 12; 10 4, para contraponer el orden de la naturaleza al orden de la gracia. —2° Siendo el Espíritu el don específico de la era escatológica, la *carne* viene a caracterizar la era antigua en oposición a la nueva, Rm 9 8; Ga 3 3; 6 12s; Flp 3 3s; Ef 2 11; ver Hb 9 10.13; Jn 3 6; 6 63; asimismo *según la carne*, 1 Co 10 18; 2 Co 11 18; Ga 4 23.29; ver Rm 1 3s; 2 Co 5 16, y *carnal*, Hb 7 16; pero ver 2 Co 10 3s. —3° Pablo insiste especialmente en la *carne* como sede de las pasiones y del pecado, Rm 7 5.14.18.25; 13 14; 2 Co 7 1; Ga 5 13.19; Ef 2 3; Col 2 13.18.23; ver 1 P 2 11; 2 P 2 10.18; 1 Jn 2 16; Judas 8.23, destinada a la corrupción, 1 Co 15 50; Ga 6 8; ver St 5 3; Hch 2 26.31, y a la muerte, Rm 8 6.13; 1 Co 5 5; 2 Co 4 11; ver 1 P 4 6, hasta el punto de personificarla como una fuerza del mal, enemiga de Dios, Rm 8 7s, y hostil al Espíritu, Rm 8 4-9.12s; Ga 5 16s; Cristo ha quebrantado esta fuerza asumiendo la *carne de pecado*, Rm 8 3; ver 1 Tm 3 16; Jn 1 14; 1 Jn 4 2; 2 Jn 7, y dándole muerte en la cruz, Rm 8 3; Ef 2 14-16; Col 1 22; ver Hb 5 7s.10.20; 1 P 3 18; 4 1. Los cristianos, unidos a él, ver Jn 6 51s, ya no están *en la carne*, Rm 7 5; 8 9, que han crucificado, Ga 5 24; ver 1 P 4 1, y de la que se han despojado por el bautismo, Col 2 11; o, más exactamente, aunque todavía están *en la carne* mientras siguen en este mundo viejo, Flp 1 22.24; ver 1 P 4 2, ya no le están sujetos, 2 Co 10 3, sino que le dominan por su unión con Cristo, ver Ga 2 20; Col 1 24.
7 7 La ley en sí es buena y santa en cuanto que expresa la voluntad de Dios, 7 12-25; 1 Tm 1 8; representa un glorioso patrimonio de Israel, Rm 9 4; pero ver 2 14s. Y, con todo, parece haber fracasado: no sólo los judíos son pecadores, como los demás, a pesar de su Ley, Rm 2 21-27; Ga 6 13; Ef 2 3; sino que hasta sacan de ella una confianza en sus obras, Rm 2 17-20; 3 27; 4 2.4; 9 31s; Flp 3 9; Ef 2 8, que les cierra la gracia de Cristo, Ga 2 12; Flp 3 18; ver Hch 15 1; 18 13; 21 21. En una palabra, la Ley es incapaz de conferir la justicia, Ga 3 11.21s; Rm 3 20; ver Hb 7 19. Con una dialéctica, que en la polémica adquiere un giro paradójico, Pablo explica este fracaso aparente por la misma naturaleza de

la Ley y por su función en la historia de la salvación. La Ley (mosaica, pero también toda ley incluso el «precepto» dado a Adán, ver vv. 9-11), luz que ilumina el espíritu sin darle fuerza interior, es impotente para conseguir se evite el pecado; más bien le favorece. Sin ser ella misma fuente de pecado, se convierte en su instrumento excitando la concupiscencia, Rm 7 7s; por el conocimiento que da al espíritu agrava la falta convirtiéndola en una «transgresión», Rm 4 15; 5 13; finalmente, no proporciona otro remedio que un castigo de ira, 4 15, de maldición, Ga 3 10, de condenación 2 Co 3 9, y de muerte, 2 Co 3 6s, hasta el punto que puede ser llamada la «ley del pecado y de la muerte», Rm 8 2; ver 1 Co 15 56; Rm 7 13. Si a pesar de todo Dios ha querido este sistema imperfecto, ha sido como un régimen transitorio de pedagogo, Ga 3 24, para dar al hombre la conciencia de su pecado, Rm 3 19s; 5 20; Ga 3 19, y conseguir de él que sólo espere su justicia de la gracia de Dios, Ga 3 22; Rm 11 32. Como régimen transitorio, debe desaparecer para ser sustituido por el cumplimiento de la Promesa hecha anteriormente a Abrahán y a su descendencia, Ga 3 6-22; Rm 4. Cristo ha puesto fin a la Ley, Ef 2 15; ver Rm 10 4, «dando cumplimiento», ver Mt 3 15; 5 17, en todo lo que tiene de positivo, Rm 3 31; 9 31, en especial con su muerte, expresión suprema de su amor, Rm 8 35.39; Ga 2 20; Flp 2 5-8; con ello satisfacía las exigencias de la Ley en relación con los pecadores con quienes quiso solidarizarse, Ga 3 13+; Rm 8 3+; Col 2 14. Libra a los hijos de la tutela del pedagogo, Ga 3 25s. Con él fijar muerto a la Ley, Ga 2 19; Rm 7 4-6; ver Col 2 20, de la cual les ha «rescatado», Ga 3 13, para hacer de ellos hijos adoptivos, Ga 4 5. Por el Espíritu de la Promesa, da al hombre nuevo, Ga 2 15+, la fuerza interior para realizar lo que la ley ordenaba, Rm 8 4s. Este régimen de la gracia que sustituye al de la Ley antigua puede también ser llamado ley, pero es la «ley de la fe» Rm 3 27, la «ley de Cristo», Ga 6 2, la «ley del Espíritu», Rm 8 2, cuyo compendio total es el amor, Rm 13 1s; Rm 13 8-10; ver St 2 8; Jn 13 34, participación del amor del Padre y del Hijo, Ga 4 6; Rm 5 5+.
7 9 Situándose en el desarrollo de la historia de la salvación, Pablo habla aquí de la humanidad antes del régimen de la Ley, ver 5 13.
7 13 El pecado personificado, ver 5 12, sustituye a la serpiente de Gn 3 1 y al diablo de Sb 2 24.

Impotencia actual de la ley*.

Jb 14 4+
Sal 51 7+

[14] Sabemos, en efecto, que la ley es espiritual, mas yo soy de carne, vendido al poder del pecado. [15] Realmente, mi proceder no lo comprendo; pues no hago lo que quiero, sino que hago lo que aborrezco*. [16] Y, si hago lo que no quiero, estoy de acuerdo con la Ley en que es buena; [17] en realidad, ya no soy yo quien obra, sino el pecado que habita en mí. [18] Pues bien sé yo que nada bueno habita en mí, es decir, en mi carne; en efecto, querer el bien lo tengo a mi alcance, mas no el realizarlo, [19] puesto que no hago el bien que quiero, sino que obro el mal que no quiero. [20] Y, si hago lo que no quiero, no soy yo quien lo obra, sino el pecado que habita en mí*. [21] Descubro, pues, esta ley*: aunque quiera hacer el bien, es el mal el que se me presenta. [22] Pues me complazco en la ley de Dios* según el hombre interior*, [23] pero advierto otra ley en mis miembros que lucha contra la ley de mi razón y me esclaviza a la ley del pecado que está en mis miembros. [24] ¡Pobre de mí! ¿Quién me librará de este cuerpo que me lleva a la muerte*? [25] ¡Gracias sean dadas a Dios por Jesucristo nuestro Señor!

Así pues, soy yo mismo quien con la razón* sirvo a la ley de Dios, mas con la carne, a la ley del pecado*.

7 5

Ga 2 20

St 1 14-15

5 21; 6 23

C. LA VIDA DEL CREYENTE EN EL ESPÍRITU

Ez 36 27+

La vida en el Espíritu.

7 7+

8 [1] Por consiguiente, ninguna condenación pesa ya sobre los que están en Cristo Jesús. [2] Porque la ley del espíritu que da la vida en Cristo Jesús te liberó* de la ley del pecado y de la muerte*. [3] Pues lo que era imposible a la ley, reducida a la impotencia* por la carne, Dios, habiendo enviado a su propio Hijo en una carne semejante a la del pecado, y en orden al pecado, condenó el pecado en la carne, [4] a fin de que la justicia de la ley* se cumpliera en nosotros que se-

Hch 13 23-39;
15 10-11
Rm 6 10+
Ga 3 13
2 Co 5 21
Hb 2 14-18

3 31+;
9 30-31+;
10 4

---

7 14 Aquí se trata del hombre bajo el imperio del pecado, antes de la justificación, mientras que en el cap. 8 se tratará del cristiano justificado, en posesión del Espíritu. Pero éste, aquí abajo, experimenta igualmente una división interior, Ga 5 17s.
7 15 Pablo recoge aquí un lugar común de la literatura de entonces, que se formula por primera vez en la *Medea* de Eurípides (1074-1080).
7 20 No piensa Pablo en negar la responsabilidad personal del hombre frente al mal, como tampoco la ha negado frente al bien en Ga 2 20.
7 21 Una *ley* abonada por la experiencia del hombre carnal.
7 22 (a) Var.: «ley de la razón» como en el v. 23.
7 22 (b) Este «*hombre interior*» designa la parte racional del hombre en oposición al *hombre exterior*, 2 Co 4 16a, que es su cuerpo pasible y mortal. Este tema de origen griego es distinto del tema del hombre *viejo* y *nuevo*, Col 3 9-10+, que pertenece a la escatología judía. Hay casos, sin embargo, en que Pablo habla del hombre *interior* en el sentido cristiano del hombre *nuevo*, 2 Co 4 16b; Ef 3 16.
7 24 Lit.: «del cuerpo de esta muerte». —El cuerpo, con los miembros que lo componen, Rm 12 4; 1 Co 12 12.14s, es decir, el hombre en su realidad sensible, 1 Co 5 3; 2 Co 10 10, y sexual, Rm 4 19; 1 Co 6 16; 7 4; Ef 5 28, interesa a Pablo en cuanto campo de la vida moral y religiosa. Para el AT, ver Gn 2 21+; Sb 9 15+. Sometido por la tiranía de la *carne*, Rm 7 5+, al pecado, 1 24; 6 12s; 7 23; 8 13; 1 Co 6 18, y a la muerte, Rm 6 12; 8 10, y hecho por tanto *cuerpo de carne*, Col 2 11; ver 1 22, *cuerpo de pecado*, Rm 6 6; ver Sb 1 4; 9 15+, y *cuerpo de muerte*, 7 24, no está, con todo, destinado a la aniquilación como afirmaba el pensamiento griego, sino que, por el contrario, según la tradición bíblica, Ez 37 10+; 2 M 7 9+, está llamado a la vida, Rm 8 13; 2 Co 4 10, por la resurrección, Rm 8 11+. El principio de esta renovación será el Espíritu, 5 5+, sustituyendo a la

psyjé, 1 Co 15 44+, y transformando el cuerpo del cristiano a imagen del cuerpo resucitado de Cristo, Flp 3 21. En espera de esta liberación escatológica, Rm 8 23, el cuerpo del cristiano, liberado en principio de la *carne* por su unión con la muerte de Cristo, 6 6; 8 3s, está desde ahora habitado por el Espíritu Santo, 1 Co 6 19, que lo forma para una vida nueva de justicia y santidad, Rm 6 13.19; 12 1; 1 Co 7 34, meritoria, 2 Co 5 10, y que da gloria a Dios, 1 Co 6 20; Flp 1 20.
7 25 (a) El *nus*, razón o espíritu del hombre, es una noción griega muy distinta del *pneuma* en sentido de Espíritu sobrenatural, 5 5+, y aun del espíritu en sentido bíblico, de parte superior del hombre, 1 9+. Es el principio de la inteligencia, 1 Co 14 14.15.19; Flp 4 7; 2 Ts 2 2; ver Lc 24 45; Ap 13 18; 17 9, y del juicio moral, Rm 14 5; 1 Co 1 10. Normalmente recto, Rm 7 23.25, se halla sin embargo pervertido, 1 28; Ef 4 17; 1 Tm 6 5; 2 Tm 3 8; Tt 1 15, por la *carne*, Col 2 18; ver Rm 7 5+, y debe ser renovado, Rm 12 2, en el espíritu y por el Espíritu, Ef 4 23s; ver Col 3 10.
7 25 (b) Esta frase parece ser una adición (quizá del mismo Pablo), que estaría mejor situada antes del v. 24.
8 2 (a) Var.: «me liberó», «nos liberó».
8 2 (b) Al régimen del pecado y de la muerte, Pablo contrapone el nuevo régimen del Espíritu, ver 3 27+. La palabra *espíritu* designa aquí o bien la misma persona del Espíritu Santo (más claramente en el v. 9), o bien el espíritu del hombre renovado por esta presencia, ver 5 5+ y 1 9+.
8 3 La ley mosaica, simple norma exterior, no era principio de salvación, 7 7+. Sólo Cristo, destruyendo la *carne* en su seno mediante su muerte, ha podido destruir el pecado que reinaba en la carne.
8 4 Esta justicia de la ley, cuyo cumplimiento sólo es posible por la unión con Cristo por la fe, se resume en el mandamiento del amor, ver 13 10; Ga 5 14 y ya Mt 22 40. Ver Rm 7 7+.

guimos una conducta, no según la carne, sino según el espíritu. ⁵ Efectivamente, los que viven según la carne, desean lo carnal; mas los que viven según el espíritu, lo espiritual. ⁶ Pues las tendencias de la carne son muerte; mas las del espíritu, vida y paz, ⁷ ya que las tendencias de la carne llevan al odio de Dios: no se someten a la ley de Dios, ni siquiera pueden; ⁸ así, los que viven según la carne, no pueden agradar a Dios. ⁹ Mas vosotros no vivís según la carne, sino según el espíritu, ya que el Espíritu de Dios habita en vosotros. El que no tiene el Espíritu de Cristo, no le pertenece; ¹⁰ mas si Cristo está en vosotros, aunque el cuerpo haya muerto ya a causa del pecado, el espíritu es vida a causa de la justicia*. ¹¹ Y si el Espíritu de Aquel que resucitó a Jesús de entre los muertos habita en vosotros, Aquel que resucitó a Cristo de entre los muertos dará también la vida a vuestros cuerpos mortales por su Espíritu que habita en vosotros*.

¹² Así que, hermanos míos, no somos deudores de la carne para vivir según la carne, ¹³ pues, si vivís según la carne, moriréis. Pero si con el Espíritu hacéis morir las obras del cuerpo, viviréis.

Hijos de Dios gracias al Espíritu.

¹⁴ En efecto, todos los que se dejan guiar por el Espíritu de Dios son hijos de Dios*. ¹⁵ Y vosotros no habéis recibido un espíritu de esclavos para recaer en el temor; antes bien, habéis recibido un espíritu de hijos adoptivos que nos hace exclamar: ¡Abbá, Padre*! ¹⁶ El Espíritu mismo se une a nuestro espíritu para dar testimonio* de que somos hijos de Dios. ¹⁷ Y, si hijos, también herederos: herederos de Dios y coherederos de Cristo, si compartimos sus sufrimientos, para ser también con él glorificados.

Destinados a la gloria.

¹⁸ Porque estimo que los sufrimientos del tiempo presente no son comparables con la gloria que se ha de manifestar en nosotros. ¹⁹ Pues la ansiosa espera de la creación desea vivamente la revelación de los hijos de Dios*. ²⁰ La creación, en efecto, fue sometida a la caducidad, no espontáneamente, sino por aquel que la sometió*, en la esperanza ²¹ de ser liberada de la esclavitud de la corrupción para participar en la gloriosa libertad de los hijos de Dios. ²² Pues sabemos que la creación entera gime hasta el presente y sufre dolores de parto. ²³ Y no sólo ella; también nosotros, que poseemos las primicias del Espíritu, nosotros mismos gemimos en nuestro interior anhelando el rescate de nuestro cuerpo*. ²⁴ Porque nuestra salvación es en esperanza*; y una esperanza que se ve, no es esperanza, pues ¿cómo es posible esperar una cosa que se ve? ²⁵ Pero si esperamos lo que no vemos, aguardamos con paciencia.

²⁶ Y de igual manera, también el Espíritu viene en ayuda de nuestra flaqueza. Pues nosotros no sabemos pedir como conviene; mas el Espíritu mismo intercede por nosotros con gemidos inefables, ²⁷ y el que escruta los corazones conoce cuál es la aspiración del Espíritu, y que su intercesión a favor de los santos es según Dios*.

Margin references (left column):

Ga 5 16-23

6 21
Ga 6 8

1 Jn 2 15-16

7 5-6

Jn 3 5-6
1 Co 3 23+

5 12+

1 4+

6 4+.
8-11

Gn 6 3
Ga 6 8
Ef 4 22-24

Ga 4 4-7

Ga 5 18
Jn 1 12

Jn 15 15
1 Jn 4 18

5 5+
Ga 4 6

Margin references (right column):

Ga 3 16.
26-29
Ap 21 7
Lc 22 28-30;
24 26
Flp 3 10-11
1 P 4 13

Sb 3 5
Rm 5 2-5
2 Co 4 17

Col 3 3-4
1 Jn 3 2

Gn 3 17;
6 20+
Os 4 3+

2 P 3 12-13
Ap 21 1

2 Co 5 2-5
Flp 3 20-21
Rm 3 24+;
7 24+;

5 2+

2 Co 5 7
Hb 11 1

St 4 3.5+
Rm 5 5+;
8 15

Jr 11 20+

8 10 Por causa del pecado, 5 12+, el cuerpo está destinado a la muerte física y es instrumento de muerte espiritual; pero el Espíritu es vida, fuerza de resurrección; ver nota siguiente.
8 11 La resurrección de los cristianos se halla en estrecha dependencia de la de Cristo, 1 Ts 4 14; 1 Co 6 14; 15 20s; 2 Co 4 14; 13 4; Rm 6 5; Ef 2 6; Col 1 18; 2 12s; 2 Tm 2 11. Y el Padre los resucitará a su vez por el mismo poder y el mismo don del Espíritu, ver Rm 1 4+. Esta transformación se prepara desde ahora en una vida nueva que hace de ellos hijos (v. 14), a imagen del Hijo, 8 29+, incorporación a Cristo resucitado que se realiza por la fe, 1 16+, y el bautismo, 6 4+.
8 14 Más que simple «maestro interior», el Espíritu es el principio de una vida propiamente divina en Cristo, ver 5 5+; Ga 2 20.
8 15 La misma oración de Cristo en Getsemaní, Mc 14 36+.
8 16 O (Vulg.): «testifica a nuestro espíritu».
8 19 El mundo material, creado para el hombre, participa de su mismo destino. Maldito a causa del pecado del hombre, Gn 3 17, actualmente se halla en un estado violento: caducidad, v. 20, cualidad de orden moral li-

gada al pecado del hombre, esclavitud de la corrupción, v. 21, cualidad de orden físico. Mas, como el cuerpo del hombre, destinado a la gloria, también él es objeto de redención, vv. 21.23; también él tendrá su parte en la libertad del estado glorioso, vv. 21.23. La filosofía griega quería liberar el espíritu de la materia considerada como mala; el cristianismo libera la materia misma. Igual extensión de la salvación al mundo no humano (especialmente al mundo angélico) en Col 1 20; Ef 1 10; 2 P 3 13; Ap 21 1-5. Sobre la nueva creación, ver 2 Co 5 17+.
8 20 Es decir, probablemente, el hombre por el pecado. Otros: Dios por su autoridad vindicativa; o también: Dios como Creador.
8 23 Adic.: «la adopción filial», que aquí tendría matiz escatológico, pero ver v. 15.
8 24 Lit.: «fuimos salvados esperando», o «en esperanza». Se trata de la salvación escatológica, ver 5 1-11.
8 27 Siguiendo a Jesús, Mt 6 5+; 14 23+, y conforme a la costumbre de los primeros cristianos, Hch 2 42+, Pablo recomienda la oración constante, Rm 12 12; Ef 6 18; Flp 4 6; Col 4 2; 1 Ts 5 17+; 1 Tm 2 8; 5 5; ver 1 Co 7 5. Él mismo ruega sin descanso por sus fieles, Ef 1 16;

El plan de la salvación.

Ef 1 4-14

St 1 12

Hch 13 48+

Flp 3 21
1 Co 15 49
Col 1 18

[28] Por lo demás, sabemos que en todas las cosas interviene Dios para bien de los que le aman; de aquellos que han sido llamados según su designio*. [29] Pues a los que de antemano conoció, también los predestinó a reproducir la imagen de su Hijo*, para que fuera él el primogénito entre muchos hermanos; [30] y a los que predestinó, a ésos también los llamó; y a los que llamó, a ésos también los justificó; a los que justificó, a ésos también los glorificó*.

Conclusión: Himno al amor de Dios.

1 Co 13 1+

Is 50 7-9

Gn 22 16
Jn 3 16
Rm 5 6-11
2 Co 5 14-21
1 Jn 4 10

[31] Ante esto ¿qué diremos? Si Dios está por nosotros ¿quién contra nosotros? [32] El que no perdonó ni a su propio Hijo, antes bien le entregó por todos nosotros, ¿cómo no nos dará con él graciosamente todas las cosas? [33] ¿Quién acusará a los elegidos de Dios? *Dios es quien justifica.* [34] *¿Quién condenará?* ¿Acaso Cristo Jesús, el que murió; más aún el que resucitó, el que está a la diestra de Dios, e intercede por nosotros?

Za 3 1s

Is 50 8
Hch 2 23
Sal 110 1
Hb 7 25+

[35] ¿Quién nos separará del amor de Cristo? ¿La tribulación?, ¿la angustia?, ¿la persecución?, ¿el hambre?, ¿la desnudez?, ¿los peligros?, ¿la espada?, [36] como dice la Escritura: *Por tu causa somos muertos todo el día; tratados como ovejas destinadas al matadero.* [37] Pero en todo esto salimos más que vencedores gracias a aquel que nos amó.

Sal 44 23
1 Ts 3 4
2 Tm 3 12

Jn 16 33

[38] Pues estoy seguro de que ni la muerte ni la vida ni los ángeles ni los principados ni lo presente ni lo futuro ni las potestades [39] ni la altura ni la profundidad* ni otra criatura alguna podrá separarnos del amor de Dios manifestado en Cristo Jesús Señor nuestro.

Ef 1 21+

Situación salvífica de Israel*

2 Co 12 7+

9 [1] Digo la verdad en Cristo, no miento, —mi conciencia me lo atestigua en el Espíritu Santo—, [2] siento una gran tristeza y un dolor incesante en el corazón. [3] Pues desearía ser yo mismo maldito*, separado de Cristo, por mis hermanos, los de mi raza según la carne. [4] Son israelitas*; de ellos es la adopción filial, la

Ex 32 32

Ef 2 12

Flp **1** 4; Col **1** 3.9; 1 Ts **1** 2; 3 10; 2 Ts **1** 11; Flm 4, como igualmente les pide que rueguen por él, Rm **15** 30; 2 Co **1** 11; Ef **6** 19; Flp **1** 19; Col **4** 3; 1 Ts **5** 25; 2 Ts **3** 1; Flm 22; Hb **13** 18, y los unos por los otros, 2 Co **9** 14; Ef **6** 18; sobre la oración por los hermanos pecadores y enfermos, ver 1 Jn **5** 16; St **5** 13-16. Además de las gracias de progreso espiritual, estas oraciones piden la remoción de los obstáculos externos, 1 Ts **2** 18 y 3 10; Rm **1** 10, e interiores, 2 Co **12** 8-9, así como el bien del orden social, 1 Tm **2** 1-2. Pablo insiste mucho sobre la oración de acción de gracias, 2 Co **1** 11+; Ef **5** 4; Flp **4** 6; Col **2** 7; **4** 2; 1 Ts **5** 18; 1 Tm **2** 1, que debe seguir a toda acción, Ef **5** 20; Col **3** 17, especialmente a la comida, Rm **14** 6; 1 Co **10** 31; 1 Tm **4** 3-5; con ella empieza el mismo todas sus cartas, Rm **1** 8, etc., y quiere que penetre las relaciones de los cristianos entre sí, 1 Co **14** 17; 2 Co **1** 11; **4** 15; **9** 11-12. La oración de acción de gracias y de alabanza es el alma de las asambleas litúrgicas, 1 Co **11**-14, en las que los hermanos se edifican mutuamente por medio de cánticos inspirados, Ef **5** 19; Col **3** 16. Porque la oración cristiana tiene su origen en el Espíritu Santo, Pablo, más que reiterar los temas sapienciales tradicionales sobre las condiciones y la eficacia de la oración, ver St **1** 5-8; **4** 2-3; **5** 16-18; 1 Jn **3** 22; **5** 14-16, insiste en la garantía que supone la presencia del Espíritu de Cristo en el cristiano, haciéndole orar con disposiciones de hijo, Rm **8** 15.26-27; Ga **4** 6; ver Ef **6** 18; Judas 20, mientras *el mismo Cristo*, a la derecha del Padre, intercede por nosotros, Rm **8** 34; ver Hb **7** 25; 1 Jn **2** 1. En consecuencia, el Padre otorga su favor en forma sobreabundante, Ef **3** 20. Los cristianos son los que invocan el nombre de Jesucristo, 1 Co **1** 2; ver Rm **10** 9-13; 2 Tm **2** 22; St **2** 7; Hch **2** 21+; **9** 14.21; **22** 16. Sobre la actitud exterior en la oración, ver 1 Co **11** 4-16; 1 Tm **2** 8.

8 28   Var. (Vulg.): «Sabemos que para los que aman,

todo concurre al bien, para aquellos...».

8 29   *Cristo*, imagen de Dios en la primera creación, Col **1** 15+; ver Hb **1** 3, por una nueva creación, 2 Co **5** 17+, ha venido a restituir a la humanidad caída el esplendor de esa imagen divina que el pecado había empañado, Gn **1** 26+; **3** 22-24+; Rm **5** 12+. Y lo hace imprimiéndole la imagen aún más hermosa de *hijo de Dios* (aquí), que restablece al «hombre nuevo» en la rectitud del juicio moral, Col **3** 10+, y le concede el derecho a la gloria que el pecado le había hecho perder, Rm **3** 23+. Esta gloria que el hijo posee en propiedad como Imagen de Dios, 2 Co **4** 4, penetra más y más en el cristiano, 2 Co **3** 18, hasta el día en que su mismo cuerpo se revestirá de la imagen del hombre «celeste», 1 Co **15** 49.

8 30   Dios todo lo ha ordenado a la gloria que tiene destinada para sus elegidos: en orden a esa gloria son llamados a la fe y justificados por el bautismo, y de ella se hallan ya revestidos anticipadamente.

8 39   «Potestades», «altura», «profundidad» designan sin duda las fuerzas misteriosas del cosmos, más o menos hostiles al hombre, según la concepción de los antiguos. Ver Ef **1** 21; **3** 18.

9   La afirmación de la justificación por la fe llevaba a Pablo a evocar la justicia de Abrahán, **4**. De igual modo, la afirmación de la salvación otorgada en el Espíritu por el amor de Dios le obliga a tratar, **9-11**, el caso de Israel, infiel a pesar de las promesas de salvación que se le hicieron. No se trata, pues, en estos casos, del problema de la predestinación de los individuos a la gloria ni aun a la fe, sino del problema del papel histórico de Israel.

9 3   Es decir, objeto de maldición, ver Jos **6** 17+ y Lv **27** 28+.

9 4   Los auténticos descendientes de Jacob-Israel, Gn **32** 29. De este privilegio brotan todos los demás: la gloria, las alianzas, la legislación, el culto, las promesas, ⁵ y los patriarcas; de ellos también procede Cristo según la carne, el cual está por encima de todas las cosas, Dios bendito por los siglos*. Amén.

1 3+

1. LA PALABRA DE DIOS NO SE HA FRUSTRADO*

Nm 23 19
Is 55 10-11

2 28-29
Mt 3 9p
Gn 21 12
Jn 8 31-44
Ga 4 21-31

Gn 18 10

11 5-6

Gn 25 23
Ml 1 2-3

⁶ No es que haya fallado la palabra de Dios. Pues no todos los descendientes de Israel son Israel*. ⁷ Ni por ser descendientes de Abrahán, son todos hijos. Sino que *por Isaac llevará tu nombre una descendencia;* ⁸ es decir: no son hijos de Dios los hijos según la carne, sino que los hijos de la promesa se cuentan como descendencia. ⁹ Porque estas son las palabras de la promesa: *Por este tiempo volveré; y Sara tendrá un hijo.* ¹⁰ Y más aún; también Rebeca concibió de un solo hombre, de nuestro padre Isaac; ¹¹ ahora bien, antes de haber nacido, y cuando no habían hecho ni bien ni mal —para que se mantuviese la libertad de la elección divina, ¹² que depende no de las obras sino del que llama— le fue dicho a Rebeca: *El mayor servirá al menor,* ¹³ como dice la Escritura: *Amé a Jacob y rechacé a Esaú.*

Dios no es injusto.

3 5

¹⁴ ¿Qué diremos, pues? ¿Que hay injusticia en Dios? ¡De ningún modo! ¹⁵ Pues dice él a Moisés: *Seré misericordioso con quien lo sea; me apiadaré de quien me apiade.* ¹⁶ Por tanto, no se trata de querer o de correr, sino de que Dios tenga misericordia. ¹⁷ Pues dice la Escritura a Faraón: *Te he suscitado* precisamente para mostrar en ti mi poder, y para que mi nombre sea conocido en toda la tierra.* ¹⁸ Así pues, usa de misericordia con quien quiere, y endurece a quien quiere.

Dt 32 4
Ex 33 19

Sal 147 10p

Ex 9 16

¹⁹ Pero me dirás: Entonces ¿de qué se enoja? Pues ¿quién puede resistir a su voluntad*? ²⁰ ¡Oh hombre! ¿Quién eres tú para pedir cuentas a Dios? ¿Acaso *la vasija dirá al alfarero: por qué me hiciste así?* ²¹ O ¿es que el alfarero no es dueño de hacer de una misma masa objetos para usos nobles y otros para usos despreciables? ²² Pues bien*, ¿qué vas a replicar a Dios, querien-

Sb 12 12

Is 29 16+
Jr 18 6
Is 45 9; 64 7
Sb 15 7

adopción filial, Ex 4 22; ver Dt 7 6+; la gloria de Dios, Ex 24 16+, que habita en medio del pueblo, Ex 25 8+; Dt 4 7+; ver Jn 1 14+; las alianzas con Abrahán, Gn 15 1+; 15 17+; 17 1+, Jacob-Israel, Gn 32 29, Moisés, Ex 24 7-8; el culto tributado al único Dios verdadero; la Ley expresión de su voluntad; las promesas mesiánicas, 2 S 7 1+, y la pertenencia al linaje de Cristo.
9 5   El contexto y el mismo ritmo de la frase suponen que la doxología se dirige a Cristo. Es raro que Pablo dé a Jesús el título de *Dios,* ver también Tt 2 13, y le dirija una doxología, ver Hb 13 21, es lo porque de ordinario reserva este título para el Padre, ver Rm 15 6, etc., y porque considera las personas divinas, más que en el aspecto abstracto de su naturaleza, en el aspecto concreto de sus funciones en la obra de salvación. Además, siempre tiene presente al Cristo histórico en su realidad concreta de Dios hecho hombre, ver Flp 2 5+; Col 1 15+. Por eso le muestra subordinado al Padre, 1 Co 3 23; 11 3, tanto en la obra de la creación, 1 Co 8 6, como de la restauración escatológica, 1 Co 15 27s; ver Rm 16 27, etc. Sin embargo, el título de *Kyrios* recibido por Cristo en la resurrección, Flp 2 9-11; ver Ef 1 20-22; Hb 1 3s, es nada menos que el título divino dado a Yahvé en el AT, Rm 10 9 y 13; 1 Co 2 16. Para Pablo, Jesús es esencialmente el *Hijo de Dios,* Rm 1 3s.9; 5 10; 8 29; 1 Co 1 9; 15 28; 2 Co 1 19; Ga 1 16; 2 20; 4 4.6; Ef 4 13; 1 Ts 1 10; ver Hb 4 14; etc., su *propio Hijo,* Rm 8 3.32, el *Hijo de su amor,* Col 1 13, que pertenece de derecho al mundo divino, de donde ha venido, 1 Co 15 47, enviado por Dios, Rm 8 3; Ga 4 4. Si ha sido investido del título de *Hijo de Dios* de un modo nuevo por la resurrección, Rm 1 4+; ver Hb 1 5; 5 5, no lo ha recibido en ese momento, porque ya preexistía, de manera no sólo escriturística, 1 Co 10 4, sino ontológica, Flp 2 6; ver 2 Co 8 9. Él es la Sabiduría, 1 Co 1 24.30, la Imagen, 2 Co 4 4, por quien todo ha sido creado, Col 1 15-17; ver Hb 1 3; 1 Co 8 6, y por quien todo

se recrea, Rm 8 29; ver Col 3 10; 1 18-20, porque él ha reunido en su persona la plenitud de la Divinidad y del mundo, Col 2 9+. En él ha concebido Dios todo su plan de salvación, Ef 1 3s, y él es también su fin al igual que el Padre (comp. Rm 11 36; 1 Co 8 5 y Col 1 16.20). Si el Padre resucita y juzga, también él resucita (comp. Rm 1 4+; 8 11+ y Flp 3 21) y juzga (comp. Rm 2 16 y 1 Co 4 5; Rm 4 10 y 2 Co 5 10). En una palabra, es una de las Tres Personas que aparece asociadas en las fórmulas trinitarias, 2 Co 13 13+.
9 6   (a) La sección se divide en tres partes: 1.ª = 9 6-29; 2.ª = 9 30 – 10 21, y 3.ª = 11 -32. En la 1.ª parte Pablo expone que la situación de Israel no cuestiona el poder y la justicia de Dios; es Israel (parte 2.ª) quien ha rechazado la justicia divina anunciada por el Evangelio de J.C. y se ha puesto en esa situación; pero (parte 3.ª) Dios lo salvará, porque tal es su designio misericordioso.
9 6   (b) El «Israel de Dios», Ga 6 16, heredero de la Promesa, no se confunde con el «Israel según la carne», 1 Co 10 18.
9 17   Pablo, como el AT, atribuye primeramente a la causalidad divina (subrayando incluso la expresión: «Te he suscitado») las acciones buenas o malas de los hombres, ver 1 24s.
9 19   Si la indocilidad del hombre entra así en el plan divino, ¿cómo echarle en su haber cumplido la voluntad de Dios? Pablo ha dado ya con una objeción análoga, 3 7; 6 1.15, y le ha dado su respuesta, como aquí, con un *no ha lugar.* Dios es el dueño de su obra. Tacharle de injusticia carece de sentido. Ver Mt 20 15.
9 22   En realidad Dios no ha tenido misericordia de todos aquellos que se consideraban destinados a la perdición porque no eran elegidos. En los versículos 24-29 Pablo no dice que los israelitas están destinados a la perdición por haber rechazado el Evangelio, pues en Rm 9 el llamamiento o el no llamamiento no están ligados a la respuesta del hombre, positiva o negativa

do manifestar su ira y dar a conocer su poder, soportó con gran paciencia objetos de ira preparados para la perdición, ²³ a fin de dar a conocer* la riqueza de su gloria con los objetos de misericordia que de antemano había preparado para gloria: ²⁴ con nosotros, que hemos sido llamados no sólo de entre los judíos sino también de entre los gentiles*?
²⁵ Como dice también en Oseas: *Llamaré pueblo mío al que no es mi pueblo; y amada mía a la que no es mi amada.*

²⁶ *Y en el lugar mismo en que se les dijo: No sois mi pueblo, serán llamados: Hijos del Dios vivo*. ²⁷ Isaías también clama en favor de Israel*: *Aunque los hijos de Israel fueran numerosos como las arenas del mar, sólo un resto será salvo.* ²⁸ *Porque pronta y perfectamente cumplirá el Señor su palabra sobre la tierra*. ²⁹ Y como predijo Isaías: *Si el Señor de los ejércitos no nos dejara una descendencia, como Sodoma hubiéramos venido a ser, y semejantes a Gomorra.*

Margin left:
2 4; 3 25-26
Pr 16 4
Sb 12 20-21

8 29+
Ef 2 1-7

Os 2 25
1 P 2 10

Margin right:
Os 2 1

Os 2 1
Is 10 22-23

11 5

Is 1 9

2. LAS RAZONES DE LA SITUACIÓN DE ISRAEL

Margin left: 10 20; 11 7

³⁰ ¿Qué diremos, pues*? Que los gentiles, que no buscaban la justicia, han hallado la justicia —la justicia de la fe—; ³¹ mientras Israel, buscando una ley de justicia, no llegó a cumplir la ley*. ³² ¿Por qué? Porque la buscaba no en la fe sino en las obras. Tropezaron contra *la piedra de tropiezo,* ³³ como dice la Escritura: *He aquí que pongo en Sión piedra de tropiezo y roca de escándalo; mas el que crea en él, no será confundido.*

Margin left:
Is 8 14;
28 16;
1 P 2 6-8

10 11

10 ¹ Hermanos, el anhelo de mi corazón y mi oración a Dios en favor de ellos es para que se salven. ² Testifico en su favor que tienen celo de Dios, pero no conforme a un pleno conocimiento*. ³ Pues, desconociendo la justicia de Dios y empeñándose en establecer la suya propia, no se sometieron a la justicia de Dios. ⁴ Porque el fin de la ley es Cristo, para justificación de todo creyente.
⁵ En efecto, Moisés escribe acerca de la justicia que nace de la ley: *Quien la*

Margin left:
Pr 19 2

Flp 3 9

9 30-31+
Ga 3 24

3 21; 4
Lv 18 5+
Ga 3 12+

cumpla, vivirá por ella. ⁶ Mas la justicia que viene de la fe dice así*: *No digas en tu corazón ¿quién subirá al cielo?,* es decir: para hacer bajar a Cristo; ⁷ o bien: *¿quién bajará al abismo*?,* es decir: para hacer subir a Cristo de entre los muertos. ⁸ Entonces, ¿qué dice? *Cerca de ti está la palabra: en tu boca y en tu corazón,* es decir, la palabra de la fe que nosotros proclamamos. ⁹ Porque, si confiesas con tu boca que Jesús es el Señor y crees en tu corazón que Dios le resucitó de entre los muertos*, serás salvo. ¹⁰ Pues con el corazón se cree para conseguir la justicia, y con la boca se confiesa para conseguir la salvación. ¹¹ Porque dice la Escritura: *Todo el que crea en él no será confundido.* ¹² Que no hay distinción entre judío y griego, pues uno mismo es el Señor de todos, rico para todos los que le invocan. ¹³ Pues *todo el que invoque el nombre del Señor se salvará.*
¹⁴ Pero ¿cómo invocarán a aquel en quien no han creído*? ¿Cómo creerán en

Margin right:
Dt 9 4;
30 12s

Sal 107 26
1 P 3 19+

Dt 30 14
Si 21 26

Hch 2 36+
1 Co 12 3
Rm 1 4+

Is 28 16
Rm 9 33

1 16;
3 32-33

Jl 3 5
Hch 2 21+

Hb 11 6

(ver los vv. 11s). Al contrario, subraya que los objetos preparados para la ira, los gentiles idólatras, han sido también objetos de la misericordia divina, para que pudieran recibir la condición de hijos e hijas de Dios. Los vv. 27-29 insisten sobre el «resto» —para Pablo son los judíos que han creído en el Evangelio— cuya existencia prueba que la palabra de Dios no se ha frustrado.
9 23 «a fin de dar a conocer»; var.: «y (conocer)».
9 24 La frase queda en suspenso: «¿cómo hablar en ese caso de la injusticia de Dios?» Todo, en efecto, se ordena finalmente a la salvación de unos y de otros, ver 11 32.
9 26 Así la misma historia de Israel, elegido por Dios a pesar de sus infidelidades, viene a ser el tipo del llamamiento de las naciones, desprovistas de todo derecho, al banquete mesiánico.
9 27 Los textos *elegidos* anuncian a la vez la infidelidad de Israel y la vuelta de un *resto,* ver Is 4 3+, depositario de las promesas. Preparan así el cap. 11.
9 28 Una var. (Vulg.) acomoda la cita al texto de los LXX que Pablo abrevia.
9 30 Esta conclusión da entrada al argumento del cap. siguiente: las causas de la infidelidad de Israel vistas, no en Dios, sino en el mismo Israel.

9 31 Lo que sólo el cristiano puede hacer, 3 31; 8 4; 10 4; ver 7 7+; Hch 13 39.— «la Ley»; var. (Vulg.): «la Ley de la justicia».
10 2 Como el de Pablo antes de su conversión, Hch 22 3; Ga 1 14; Flp 3 6; ver 1 Tm 1 13.
10 6 El Dt resumía toda la Ley en el mandamiento del amor, practicado por el hombre *de corazón circunciso,* 2 29; Dt 10 16; Jr 4 4; 9 25, circuncisión realizada por Dios mismo, Dt 30 6, equivalente al don de la Ley *escrita sobre los corazones,* Jr 31 33. Así quedaba anunciada la *Justicia de Dios:* la *palabra de la fe está, en el corazón* v. 8; Dt 30 14; ver 3 27+; 8 2+, palabra dictada y cumplida en nosotros por el Espíritu, 8 4+.
10 7 Abismo del océano en Dt 30 13, del *seol* en la aplicación que de él hace Pablo. El Targum evocaba ya a Moisés bajando del Sinaí y a Jonás subiendo del abismo.
10 9 A la adhesión interior del *corazón,* corresponde la profesión de fe exterior tal como se hace en el bautismo.
10 14 La argumentación, basada en la Escritura, es clara; si Israel en su conjunto, de hecho, no invoca el nombre del Señor, es porque se mostró rebelde a la luz que le había sido propuesta.

aquel a quien no han oído? ¿Cómo oirán sin que se les predique? [15] Y ¿cómo predicarán si no son enviados? Como dice la Escritura: *¡Cuán hermosos los pies de los que anuncian el bien!* [16] Pero no todos obedecieron a la Buena Nueva. Porque Isaías dice: *¡Señor!, ¿quién ha creído a nuestra predicación?* [17] Por tanto, la fe viene de la predicación, y la predicación, por la palabra de Cristo*.

[18] Y pregunto yo: ¿Es que no han oído? ¡Cierto que sí! *Por toda la tierra se* *ha difundido su voz* y hasta los confines de la tierra sus palabras.* [9] Pero pregunto: ¿Es que Israel no comprendió? Moisés es el primero en decir: *Os volveré celosos de una que no es nación; contra una nación estúpida cs enfureceré*.* [20] Isaías, a su vez, se atreve a decir: *Fui hallado de quienes no me buscaban; me manifesté a quienes no preguntaban por mí.* [21] Mas a Israel dice: *Todo el día extendí mis manos hacia un pueblo incrédulo y rebelde*.*

3. DIOS NO HA RECHAZADO A SU PUEBLO, QUE SERÁ SALVADO

La prueba del resto de Israel.

11 [1] Y pregunto yo*: ¿Es que ha rechazado Dios a su pueblo? ¡De ningún modo! ¡Que también yo soy israelita, del linaje de Abrahán, de la tribu de Benjamín! [2] Dios *no ha rechazado a su pueblo,* a quien conoció de antemano. ¿O es que ignoráis lo que dice la Escritura acerca de Elías, cómo se queja ante Dios contra Israel? [3] *¡Señor!, han dado muerte a tus profetas; han derribado tus altares; y he quedado yo solo, y acechan contra mi vida.* [4] Y ¿qué le responde el oráculo divino? *Me he reservado siete mil hombres que no han doblado la rodilla ante Baal.* [5] Pues bien, del mismo modo, también al presente subsiste un resto elegido por gracia. [6] Y, si es por gracia, ya no lo es por las obras; de otro modo, la gracia no sería ya gracia. [7] Entonces, ¿qué? Que Israel no consiguió lo que buscaba; mientras lo consiguieron los elegidos. Los demás se endurecieron, [8] como dice la Escritura: *Dioles Dios un espíritu de embotamiento: ojos para no ver y oídos para no oír, hasta el día de hoy.* [9] David también dice: *Conviértase su mesa* en trampa y lazo, en piedra de tropiezo y justo pago,* [10] *oscurézcanse sus ojos para no ver; agobia sus espaldas sin cesar.*

[11] Y pregunto yo: ¿Es que han tropezado para quedar caídos*? ¡De ningún modo! Sino que su tropiezo ha traído la salvación a los gentiles*, para llenarlos de celos. [12] Y, si su caída ha sido una riqueza para el mundo, y su mengua*, riqueza para los gentiles ¡qué no será su plenitud! [13] Os digo, pues, a vosotros, los gentiles*: Por ser yo verdaderamente apóstol de los gentiles, hago honor a mi ministerio, [14] pero es con la esperanza de despertar celos en los de mi raza y salvar a alguno de ellos. [15] Porque, si su rechazo* ha sido la reconciliación del mundo, ¿qué será su readmisión sino una resurrección de entre los muertos*?

---

10 17 Var.: «palabra de Dios».
10 18 La de los predicadores del Evangelio.
10 19 La alusión a los celos de Israel prepara el cap. 11 11.14.
10 21 El texto original hebreo considera en los dos casos, vv. 20 y 21, al pueblo judío: mas en el primero se trata de un Israel que *ya no invoca el nombre de Yahvé* y se halla por eso en la misma situación que los gentiles. La versión griega, que en Is 65 1 habla de una *nación,* no de un *pueblo,* como en Is 65 2, facilitaba la aplicación a los gentiles.
11 1 La misma fórmula que acusaba a Israel, 10 18.19, anuncia ahora su salvación (igualmente en el v. 11). El pueblo infiel, 10 21, no es rechazado, 11 2. El *resto,* Is 4 3+, que le representa temporalmente, es la prenda de la restauración futura.
11 9 Parece que Pablo alude al altar de los sacrificios del Templo de Jerusalén.
11 11 (a) Esto es: sin esperanza de levantarse.
11 11 (b) La actual incredulidad de los judíos no es más que un *paso en falso* permitido para la conversión de los gentiles, 9 22+; 11 12.19.25.30, y finalmente para su propia conversión: para su propia salvación les pondrá Dios *celosos,* 10 19, de los gentiles.

11 12 El término griego *hèttèn a* connota a la vez la disminución (aspecto cuantitativo) y la inferioridad, el fracaso (aspecto cualitativo); lo mismo vale para *plêrôma* (totalidad y plenitud). El contexto próximo muestra que Pablo juega con las dos connotaciones.
11 13 Es decir, los cristianos venidos de las *naciones* : los gentiles convertidos. Así aun como apóstol de los gentiles, Pablo trabaja para la salvación de sus hermanos de raza (*los de mi raza,* lit.: *de mi carne*).
11 15 (a) El término griego *apobclê* tiene varios matices: rechazo, abandono, defección, pérdida. El primer sentido no conviene aquí, por cuanto el versículo del cap. niega que Dios no ha rechazado a su pueblo. Algunos lo interpretan como si Israel fuera el sujeto (su rechazo del Evangelio), pero el contexto no favorece esta solución. Los otros matices pueden valer todos, en tanto en cuanto no contradigan a 11 1-2. Lo importante es ver bien que Pablo no insiste en un resultado como tal: éste es, en efecto, provisional, y paradójicamente va a servir al designio salvífico de Dios para la humanidad entera, Israel y los gentiles.
11 15 (b) Fórmula diversamente interpretada. Si la conversión de los gentiles puede parangonarse con la primera fase de la obra redentora, la reconciliación del

Hch 8 31
Is 52 7
1 5+
Is 53 1+
Sal 19 5

Sal 44 10s; 94 14
2 Co 11 21+

1 R 19 10.14

1 R 19 18

Is 4 3+
9 12-17

9 30-31

Dt 32 21
Rm 11 11

Is 65 1
Rm 9 30

Is 65 2

Dt 29 3
Is 29 10
Mt 13 13+

Sal 69 23s

Hch 13 5+

Mt 8 11s;
21 43
Rm 10 19

El olivo y el acebuche.

Ef 2 11-22

¹⁶ Y si las primicias son santas, también la masa*; y si la raíz es santa también las ramas. ¹⁷ Que si algunas ramas fueron desgajadas, mientras tú —olivo silvestre*— fuiste injertado en su lugar*, hecho partícipe con ellas* de la raíz y de la savia del olivo, ¹⁸ no te engrías contra las ramas. Y si te engríes, sábete que no eres tú quien sostiene la raíz, sino la raíz quien te sostiene. ¹⁹ Pero dirás: Las ramas fueron desgajadas para que yo fuera injertado. ²⁰ ¡Muy bien! Por su incredulidad fueron desgajadas, mientras tú, por la fe te mantienes. ¡No te engrías; más bien, teme! ²¹ Que, si Dios no perdonó a las ramas naturales, no sea que tampoco a ti te perdone*. ²² Así pues, considera la bondad y la severidad de Dios: severidad con los que cayeron, bondad contigo, si es que te mantienes en la bondad; que si no, también tú serás desgajado. ²³ En cuanto a ellos, si no se obstinan en la incredulidad, serán injertados; que poderoso es Dios para injertarlos de nuevo. ²⁴ Porque si tú fuiste cortado del olivo silvestre que eras por naturaleza, para ser injertado contra tu natural en un olivo cultivado, ¡con cuánta más razón ellos, según su naturaleza, serán injertados en su propio olivo!

3 27+
5 2+
1 Co 1 31

Jr 49 12
Lc 23 31

La conversión de Israel.

²⁵ Pues no quiero que ignoréis, hermanos, este misterio, *no sea que presu-*

16 25+

máis de sabios: el endurecimiento parcial que sobrevino a Israel durará hasta que entre la totalidad de los gentiles*, ²⁶ y así, todo Israel será salvo, como dice la Escritura*: *Vendrá de Sión el Libertador; alejará de Jacob las impiedades.* ²⁷ *Y esta será mi alianza con ellos, cuando haya borrado sus pecados.*

Pr 3 7

11 11+

Is 59 20-21

Is 27 9

²⁸ En cuanto al Evangelio, son enemigos para vuestro bien; pero en cuanto a la elección*, amados en atención a sus padres. ²⁹ Que los dones y la vocación de Dios son irrevocables.

9 6
Nm 23 19+
1 S 15 29

³⁰ En efecto, así como vosotros fuisteis en otro tiempo rebeldes contra Dios, mas al presente habéis conseguido misericordia a causa de su rebeldía, ³¹ así también, ellos al presente se han rebelado con ocasión de la misericordia otorgada a vosotros, a fin de que también ellos consigan ahora misericordia. ³² Pues Dios encerró a todos los hombres en la rebeldía para usar con todos ellos de misericordia.

3 26+

11 11+

Ga 3 22
Ez 18 23+

Himno conclusivo.

³³ ¡Oh abismo de riqueza, de sabiduría y de ciencia el de Dios! ¡Cuán insondables son sus designios e inescrutables sus caminos! ³⁴ En efecto, *¿quién conoció el pensamiento de Señor? O ¿quién fue su consejero? O ¿quién le dio primero que tenga derecho a la recompensa?* ³⁵ Porque de él, por él y para él son todas las cosas. ¡A él la gloria por los siglos! Amén.

Sal 139
6.17s
Is 40 28

Jb 15 8
Is 40 13
1 Co 2 11.16

1 Co 8 6
Col 1 16-17

---

mundo, la de Israel será un beneficio tal que no se la puede comparar más que con la segunda, la resurrección final que Pablo parece tener aquí presente. Pero no dice que la conversión de Israel deba preceder inmediatamente a la resurrección general. —Otros traducen: «un revivir de entre los muertos». Hacer volver de la muerte a la vida es una obra particularmente maravillosa, reservada al poder de Dios, ver 4 17+; 2 Co 1 9.
11 16 La conversión futura de Israel claramente afirmada, vv. 11-15, en espera de las declaraciones aún más explícitas de los vv. 25-26, demuestra que la porción fiel hace plenamente efectiva la noción del «resto», señal indudable de restauración para toda la nación: pero también se deduce de ello que la parte infiel conserva su solidaridad con la parte fiel y participa de algún modo de su santidad, como una masa a la que en su totalidad consagra una ofrenda de las primicias, Nm 15 19-21.
11 17 (a) El gentil hecho cristiano.
11 17 (b) O: «entre ellas».
11 17 (c) Om.: «de la raíz y».

11 21 «no sea que tampoco a ti te perdone», var.: «no te perdonará tampoco».
11 25 Pablo siempre considera las colectividades: el bloque del mundo judío y el conjunto del mundo pagano.
11 26 El AT anunciaba la purificación completa de Israel como una consecuencia de la venida del Mesías. Pablo enseña como un *misterio*, v. 25, que esta profecía, cumplida ya parcialmente con la conversión de los gentiles, comprende también la conversión del pueblo judío.
11 28 *Evangelio* y *elección* designan las dos grandes etapas de la historia de la salvación: después y antes de Cristo. Después de Cristo, al que rechazaron, los judíos se han hecho enemigos de Dios, y Dios lo ha permitido así para favorecer la conversión de los gentiles, ver 9 22+; 11 11+; pero siguen siendo el objeto del amor especial que Dios había manifestado a sus padres, antes de Cristo, en los tiempos en que su pueblo era el único depositario de la elección.

La respuesta de los creyentes

El culto espiritual*.

12 ¹ Os exhorto, pues, hermanos, por la misericordia de Dios, a que os ofrezcáis a vosotros mismos como un sacrificio vivo, santo, agradable a Dios: tal será vuestro culto espiritual*. ² Y no os acomodéis al mundo presente, antes bien transformaos mediante la renovación de vuestra mente, de forma que podáis distinguir cuál es la voluntad de Dios: lo bueno, lo agradable, lo perfecto.

Humildad y caridad en la Comunidad.

³ En virtud de la gracia que me fue dada, os digo a todos vosotros: No os estiméis en más de lo que conviene; tened más bien una sobria estima según la medida de la fe* que otorgó Dios a cada cual. ⁴ Pues, así como nuestro cuerpo, en su unidad, posee muchos miembros, y no desempeñan todos los miembros la misma función, ⁵ así también nosotros, siendo muchos, no formamos más que un solo cuerpo en Cristo, siendo los unos para los otros, miembros*. ⁶ Pero teniendo dones diferentes, según la gracia que nos ha sido dada, si es el don de profecía, ejerzámoslo en la medida de nuestra fe*; ⁷ si es el ministerio, en el ministerio; la enseñanza, enseñando; ⁸ la exhortación, exhortando. El que da, con sencillez; el que preside, con solicitud; el que ejerce la misericordia, con jovialidad.

⁹ Vuestra caridad sea sin fingimiento; detestando el mal, adhiriéndoos al bien; ¹⁰ amándoos cordialmente los unos a los otros; estimando* en más cada uno a los otros; ¹¹ con un celo sin negligencia; con espíritu fervoroso; sirviendo al Señor*; ¹² con la alegría de la esperanza; constantes en la tribulación; perseverantes en la oración; ¹³ compartiendo las necesidades de los santos; practicando la hospitalidad.

Caridad con todos los hombres, aunque sean enemigos*.

¹⁴ Bendecid a los que os persiguen, no maldigáis. ¹⁵ Alegraos con los que se alegran; llorad con los que lloran. ¹⁶ Tened un mismo sentir los unos para con los otros; sin complaceros en la altivez; atraídos más bien por lo humilde; *no os complazcáis en vuestra propia sabiduría.* ¹⁷ Sin devolver a nadie mal por mal; *procurando el bien ante todos los hombres;* ¹⁸ en lo posible, y en cuanto de vosotros dependa, en paz con todos los hombres; ¹⁹ no tomando la justicia por cuenta vuestra, queridos míos, dejad lugar a la ira*, pues dice la Escritura: *Mía es la venganza; yo daré el pago merecido,* dice el Señor. ²⁰ Antes al contrario: *si tu enemigo tiene hambre, dale de comer; y si tiene sed, dale de beber; haciéndolo así, amontonarás ascuas sobre su cabeza*. ²¹ No te dejes vencer por el mal antes bien, vence al mal con el bien.

Sumisión a las autoridades civiles*.

13 ¹ Sométanse todos a las autoridades constituidas*, pues no hay autoridad que no provenga de Dios, y las que existen, por Dios han sido constituidas. ² De modo que, quien se opone a la

Márgenes (referencias):

Hch 10 35+
1 9+
8 5.
14s.26s
Ef 4 23s
Rm 2 18
Ef 5 10.17
Flp 1 10
Hb 5 14

Flp 2 3

1 Co 12 9;
13 2
Ef 4 7+

1 Co 12 12+

1 Co 12 8-10.
28-30
Ef 4 7-11
Hch 11 27+

Tt 1 5+

1 P 1 22
Jn 13 34
Flp 2 3

1 Co 13 13+

Col 4 2
Hch 1 14;
6 4; 9 13+

Mt 5 38-
48+

Si 7 34
1 Co 12 26

Pr 3 7
1 Ts 5 15
1 P 3 9

Pr 3 4
2 Co 8 21

Pr 20 22
1 Co 6 6-7
Lv 19 18
Dt 32 35
Gn 50 19

Pr 25 21-
22+

St 5 4

Mt 22 16-
21p
1 Tm 2 1-2
Tt 3 1
1 P 2 13-15

Pr 8 15
Sab 6 3
Jr 27 5

Notas:

12 La comunidad cristiana sucede al Templo de Jerusalén, Sal 2 6+; 40 9+, y el Espíritu que mora en ella da una nueva intensidad a la presencia de Dios en medio del pueblo santo, 1 Co 3 16-17; 2 Co 6 16; Ef 2 20-22. También inspira un nuevo culto espiritual, Rm 1 9+; 12 1, porque los creyentes son los miembros de Cristo, 1 Co 6 15-20, quien, en su cuerpo crucificado y resucitado, se ha hecho el lugar de una presencia nueva de Dios y de un culto nuevo, Mt 12 6-7; 26 61p+; 27 40p; Jn 2 19-22+; Hch 6 13-14; 7 48; Hb 10 4-10+; Ap 21 22+.
12 1 El adjetivo *espiritual* traduce el griego *logikós*: «razonable», «lógico», «pertinente». Pablo quiere decir a la vez que la ofrenda de sí mismo es verdadera y que responde adecuadamente al don mismo de Dios descrito en los capítulos 1 - 11.
12 3 La fe se considera aquí en la floración de los dones espirituales distribuidos por Dios a los miembros de la comunidad cristiana para asegurar su vida y su desarrollo.
12 5 La fórmula empleada, más que la identificación de todos los cristianos con Cristo, 1 Co 12 27, subraya

su mutua dependencia.
12 6 O: «según la regla de fe» var 1 Co 12 3, donde la *confesión de fe* constituye la seña de los carismas auténticos.
12 10 O: «teniéndoos mutuas deferencias».
12 11 «sirviendo al Señor», var. «aprovechando la ocasión oportuna».
12 14 El horizonte se amplía, se extiende a toda la humanidad, sobre todo a partir del v. 17.
12 19 Sin duda la ira divina que se reserva el castigo del pecado.
12 20 El cristiano *se venga* de sus enemigos haciéndoles el bien. Los carbones ardientes, símbolo del dolor punzante, designan los remordimientos que llevarán al pecador hasta el arrepentimiento.
13 Pablo afirma aquí el principio del origen divino del poder, suponiendo que sea legítimo y ejercido para el bien. Así, la religión cristiana penetra tanto la vida moral, 12 1, como la misma vida civil, 13 1-7. Pablo no hablará de otro modo después de las primeras persecuciones, Tt 3 1; 1 Tm 2 1-2.
13 1 Lit.: «que se hallan por encima de nosotros».

autoridad, se resiste al orden divino, y los que resisten se atraerán sobre sí mismos la condenación. [3] En efecto, los magistrados no son de temer cuando se obra el bien, sino cuando se obra el mal. ¿Quieres no temer la autoridad? Obra el bien, y obtendrás de ella elogios, [4] pues es un servidor de Dios para tu bien. Pero, si obras el mal, teme; pues no en vano lleva espada; pues es un servidor de Dios para hacer justicia y castigar* al que obra el mal. [5] Por tanto, es preciso someterse, no sólo por temor al castigo, sino también en conciencia. [6] Por eso precisamente pagáis los impuestos, porque son funcionarios de Dios, ocupados en ese oficio. [7] Dad a cada cual lo que se le debe: a quien impuestos, impuestos; a quien tributo, tributo; a quien respeto, respeto; a quien honor, honor.

Mt 22 21p

La caridad, resumen de la ley.

[8] Con nadie tengáis otra deuda que la del mutuo amor. Pues el que ama al prójimo, ha cumplido la ley*. [9] En efecto, lo de: *No adulterarás, no matarás, no robarás*, *no codiciarás* y todos los demás preceptos, se resumen en esta fórmula: *Amarás a tu prójimo* como a ti mismo. [10] La caridad no hace mal al prójimo. La caridad es, por tanto, la ley en su plenitud.

El cristiano, hijo de la luz.

[11] Tened en cuenta el momento* en que vivís. Porque es ya hora de levantaros del sueño; que la salvación está más cerca de nosotros que cuando abrazamos la fe. [12] La noche está avanzada. El día se avecina. Despojémonos*, pues, de las obras de las tinieblas y revistámonos de las armas de la luz. [13] Como en pleno día, procedamos con decoro: nada de co-

milonas y borracheras; nada de lujurias y desenfrenos; nada de rivalidades y envidias. [14] Revestíos más bien del Señor Jesucristo y no os preocupéis de la carne para satisfacer sus concupiscencias.

Caridad con los «débiles».

14 [1] Acoged al que es débil en la fe*, sin discutir sus opiniones. [2] Uno cree poder comer de todo, mientras el débil no come más que verduras. [3] El que come, no desprecie al que no come; y el que no come, tampoco juzgue al que come, pues Dios le ha acogido. [4] ¿Quién eres tú para juzgar al criado ajeno? Que se mantenga en pie o caiga sólo interesa a su amo; pero quedará en pie, pues poderoso es el Señor para sostenerlo. [5] Éste da preferencia a un día sobre otro; aquél los considera todos iguales. ¡Aténgase cada cual a sus convicciones! [6] El que se preocupa por los días, lo hace por el Señor; el que come, lo hace por el Señor, pues da gracias a Dios; y el que no come, lo hace por el Señor, y da gracias a Dios. [7] Porque ninguno de nosotros vive para sí mismo; como tampoco muere nadie para sí mismo. [8] Si vivimos, para el Señor vivimos; y si morimos, para el Señor morimos. Así que, ya vivamos ya muramos, del Señor somos. [9] Porque Cristo murió y volvió a la vida para eso, para ser Señor de muertos y vivos. [10] Pero tú ¿por qué juzgas a tu hermano? Y tú ¿por qué desprecias a tu hermano? En efecto, todos hemos de comparecer ante el tribunal de Dios*, [11] pues dice la Escritura: *¡Por mi vida!, dice el Señor, que toda rodilla se doblará ante mí, y toda lengua bendecirá a Dios.* [12] Así pues, cada uno de vosotros dará cuenta de sí mismo a Dios.

[13] Dejemos, por tanto, de juzgarnos los unos a los otros; juzgad más bien que no

Marginal references (left column):

Mt 22 21p

Mt 22 34-40
Jn 13 34
Ga 5 14
Col 3 14

Ex 20 13-17
Dt 5 17-21

Lv 19 18
Ga 5 14
1 Co 13 4-7

1 Ts 5 4-8
1 Co 7 26.
29-31
Col 4 5
Ef 5 8-16

Jn 8 12+
Ef 6 11+

Marginal references (right column):

1 29+

Ga 3 27
Ef 4 24

1 Co 8;
10 14-33
Rm 6 15+

Col 2 16-21

St 4 12
Mt 7 1

Col 2 16

6 10-11
Lc 20 38
Ga 2 19

2 Co 5 15
Hch 10 42

2 Co 5 10
Rm 2 6+

Is 45 23;
49 18
Flp 2 10-11

---

13 4   Lit.: «para la ira».
13 8   La ley, en general, según parece, y no sólo la Ley mosaica.
13 9   (a) Adic. (Vulg.): «No levantarás falso testimonio».
13 9   (b) El prójimo ya no es, como en Lv, el miembro del mismo pueblo, sino todos los miembros de la familia humana, unificada en Cristo, Ga 3 28; Mt 25 40.
13 11 Esta consideración es uno de los fundamentos de la moral paulina. El momento (*kairós*) parece designar la era *escatológica*, la que la Biblia llamaba *los últimos días*, inaugurada por la muerte y la resurrección de Cristo y extensiva al tiempo de la Iglesia militante, al tiempo de salvación, 2 Co 6 2+; ver Hch 1 7+; se contrapone al período precedente, no tanto por una simple sucesión temporal como por una diferencia de naturaleza. El cristiano, *hijo del día*, es desde ahora liberado del mundo maligno, Ga 1 4, y del imperio de las tinieblas, tiene parte en el reino de Dios y de su Hijo, Col 1

13; es ya ciudadano de los cielos, Flp 3 20. Esta *situación* tan nueva domina toda la moral, ver 6 3s.
13 12 «Despojémonos»: var.: «Rechacemos».
14 1   Se trata de cristianos a quienes una fe insuficientemente ilustrada no proporciona convicciones bastante firmes para obrar con conciencia cierta, vv. 2.5.22. Se creían obligados en ciertos días, v. 5, quizá de modo permanente, v. 21, a abstenerse de carne y de vino, vv. 2.21: prácticas ascéticas conocidas en el mundo pagano (pitagóricos) y en el mundo judío (esenios, Juan Bautista). Pablo da la misma regla general de conducta que en el caso análogo de 1 Co 8; 10 14-33; cada cual debe obrar según su conciencia, vv. 5-6, con tal que ésta no sea dudosa, v. 23; pero sobre todo, sea la caridad la que regule la conducta de los *fuertes*, vv. 1.15.19-21 y 15 1-13.
14 10 Que es el único que conoce el secreto de los corazones, ver 2 16; 1 Co 4 3s.

1 Co 8 9
Mt 15 10-
20p
Hch 10 15
1 Tm 4 4

1 Co 8 10

1 Co 13 1+

1 Co 8 8
Ga 5 22
1 Ts 1 6

12 17-18

Tt 1 15
1 Co 8 13

1 Co 8 7

Ga 6 2
1 Co 9 22

1 Co 10 33
14 19
1 Co 8 1

se debe poner tropiezo o escándalo al hermano. [14] Bien sé, y estoy persuadido de ello en el Señor Jesús, que nada hay de suyo impuro; a no ser para el que juzga que algo es impuro, para ése sí lo hay. [15] Ahora bien*, si por un alimento tu hermano se entristece*, tú no procedes ya según la caridad. ¡Que por tu comida no destruyas a aquel por quien murió Cristo! [16] Por tanto, no expongáis a la maledicencia vuestro privilegio*. [17] Que el Reino de Dios no es comida ni bebida, sino justicia, paz y gozo en el Espíritu Santo. [18] Pues quien así sirve a Cristo, se hace grato a Dios y aprobado por los hombres. [19] Procuremos, por tanto, lo que fomente la paz y la mutua edificación. [20] No vayas a destruir la obra de Dios* por un alimento. Todo es puro, ciertamente, pero es malo comer dando escándalo*. [21] Lo bueno es no comer carne, ni beber vino, ni hacer cosa que sea para tu hermano ocasión de caída o tropiezo.

[22] La fe que tú tienes, guárdala* para ti delante de Dios*. ¡Dichoso aquel que no se juzga culpable a sí mismo al decidirse! [23] Pero el que come dudando, se condena, porque no obra conforme a la fe*; pues todo lo que no procede de la fe es pecado.

15 [1] Nosotros, los fuertes, debemos sobrellevar las flaquezas de los débiles y no buscar nuestro propio agrado. [2] Que cada uno de nosotros trate de agradar a su prójimo para el bien, buscando su edificación; [3] pues tampoco Cristo buscó su propio agrado, antes bien, como dice la Escritura: *Los ultrajes de los que te ultrajaron cayeron sobre mí*. [4] En efecto todo cuanto fue escrito en el pasado, se escribió para enseñanza nuestra, para que con la paciencia y el consuelo que dan las Escrituras mantengamos la esperanza. [5] Y el Dios de la paciencia y del consuelo os conceda tener los unos para con los otros los mismos sentimientos*, siguiendo a Cristo Jesús, [6] para que unánimes, a una voz, glorifiquéis al Dios y Padre de nuestro Señor Jesucristo.

[7] Por tanto, acogeos mutuamente como os acogió Cristo para gloria de Dios. [8] Pues afirmo que Cristo se puso al servicio de los circuncisos a favor de la veracidad de Dios, para dar cumplimiento a las promesas hechas a los patriarcas, [9] y para que los gentiles glorificasen a Dios por su misericordia; como dice la Escritura: *Por eso te bendeciré entre los gentiles y ensalzaré tu nombre*. [10] Y en otro lugar: *Gentiles, regocijaos juntamente con su pueblo;* [11] y de nuevo: *Alabad, naciones todas, al Señor y cántenle los nnos todos los pueblos*. [12] Y a su vez Isaías dice: *Aparecerá el retoño de Jesé, el que se levanta para imperar sobre las naciones. En él pondrán las naciones su esperanza*.

[13] El Dios de la esperanza os colme de todo gozo y paz en la fe hasta rebosar de esperanza por la fuerza del Espíritu Santo*.

1 Co 13 5
Sal 69 10

1 Co 10 6+
2 Tm 3 16

1 M 12 9
2 M 15 9

Flp 2 2s

Mt 15 24

Hch 3 25-26

Ex 34 6
Sal 18 50
Dt 32 43
Sal 117 1

Is 11 10

Epílogo

El ministerio de Pablo.

[14] Por mi parte estoy persuadido, hermanos míos, en lo que a vosotros toca, de que también vosotros estáis llenos de buenas disposiciones, henchidos de todo conocimiento y capacitados también para amonestaros unos a otros. [15] Sin em-

14 15 (a) «Ahora bien»; var.: «en efecto», «pero».
14 15 (b) Sucumbiendo al escándalo, o simplemente viendo a su *hermano* cometer una acción que él reprueba.
14 16 La expresión designa probablemente la libertad cristiana, 6 15+, en que se apoyaban los fuertes, pero que se interpretaba tendenciosamente, ver 3 8+.
14 20 (a) La misma persona del débil, v. 15, o bien la comunidad cristiana, ver 1 Co 3 9.
14 20 (b) Lit.: «con escándalo», es decir, según el contexto (v. 21 que trata de los deberes del *fuerte*), provocándolo. —Otros entienden: «padeciéndolo», ver v. 14.
14 22 (a) Var.: «¿Tienes una convicción? Guárdala».
14 22 (b) Esta *fe* corresponde a la verdad; vale ante Dios. Pero la caridad es un principio superior.
14 23 La *fe* aquí en el sentido de rectitud de conciencia, ver 14 1+. —Otras traducciones: «porque no obra por convicción», o: «porque su obra no se inspira en una convicción de fe».
15 5 Para complacer al prójimo. —Otras traducciones: «(os conceda) vivir en buena armonía», «tener la misma aspiración».
15 9 Acogiendo a los gentiles, Cristo ha procurado la gloria de Dios. Pero limitándose en su vida mortal a la evangelización de Israel, ver Mt 15 24, ha dado sobre todo testimonio de la fidelidad de Dios a sus promesas, dejando, por así decirlo, a los gentiles los convertidos del ser otros tantos testimonios vivos de la misericordia divina. También ellos, a su vez, han de ser misericordiosos con sus hermanos, ver 12 1 y la nota.
15 13 Cláusula que vuelve a los temas centrales de la parte dogmática de la epístola: la *fe* fuente de justificación, la esperanza de salvación, fuente de paz y fruto del Espíritu.

bargo, en algunos pasajes os he escrito* con cierto atrevimiento, como para reavivar vuestros recuerdos, en virtud de la gracia que me ha sido otorgada por Dios, [16] de ser para los gentiles ministro de Cristo Jesús, ejerciendo el sagrado oficio* del Evangelio de Dios, para que la oblación de los gentiles sea agradable, santificada por el Espíritu Santo.

[17] Tengo, pues, de qué gloriarme en Cristo Jesús ante Dios. [18] Pues no me atreveré a hablar de cosa alguna que Cristo no haya realizado por medio de mí para conseguir la obediencia de los gentiles, de palabra y de obra, [19] en virtud de signos y prodigios, en virtud del Espíritu de Dios, tanto que desde Jerusalén y su comarca hasta Iliria* he dado cumplimiento al Evangelio de Cristo; [20] teniendo así, como punto de honra, no anunciar el Evangelio sino allí donde el nombre de Cristo no era aún conocido, para no construir sobre cimientos ya puestos por otros, [21] antes bien, como dice la Escritura: *Los que ningún anuncio recibieron de él, le verán, y los que nada oyeron, comprenderán.*

Planes de viaje.

[22] Esa era la razón por la cual siempre* me veía impedido de llegar hasta vosotros. [23] Mas ahora, no teniendo ya campo de acción en estas regiones*, y deseando vivamente desde hace muchos años ir donde vosotros, [24] cuando me dirija a España, espero veros al pasar, y ser encaminado por vosotros hacia allá, después de haber disfrutado un poco de vuestra compañía. [25] Mas, por ahora, voy a Jerusalén para el servicio de los santos, [26] pues Macedonia y Acaya tuvieron a bien hacer una colecta en favor de los pobres de entre los santos de Jerusalén. [27] Les pareció bien, porque era su obligación; pues si los gentiles han compartido sus bienes espirituales, ellos a su vez deben servirles con sus bienes temporales. [28] Así que, una vez terminado este asunto, y entregado oficialmente* el fruto de la colecta, partiré para España, pasando por vosotros. [29] Y bien sé que, al ir a vosotros, lo haré con la plenitud de las bendiciones de Cristo.

[30] Os suplico, hermanos, por nuestro Señor Jesucristo y por el amor del Espíritu Santo, que luchéis juntamente conmigo en vuestras oraciones rogando a Dios por mí*, [31] para que me vea libre de los incrédulos de Judea, y el socorro que llevo a Jerusalén sea bien recibido por los santos; [32] y pueda también llegar con alegría a vosotros por la voluntad de Dios, y disfrutar de algún reposo entre vosotros.

[33] El Dios de la paz sea con todos vosotros. Amén.

Recomendaciones y saludos.

16 [*1] Os recomiendo a Febe, nuestra hermana*, diaconisa de la iglesia de Cencreas. [2] Recibidla en el Señor de una manera digna de los santos, y asistidla en cualquier cosa que necesite de vosotros, pues ella ha sido protectora de muchos, incluso de mí mismo.

[3] Saludad a Prisca y Áquila, colaboradores míos en Cristo Jesús. [4] Ellos expusieron sus cabezas para salvarme*. Y no soy yo solo en agradecérselo, sino también todas las iglesias de la gentilidad; [5] saludad también a la iglesia que se reúne en su casa.

Saludad a mi querido Epéneto, primicias del Asia para Cristo*. [6] Saludad a María, que se ha afanado mucho por vosotros. [7] Saludad a Andrónico y Junia, mis parientes y compañeros de prisión*, ilustres entre los apóstoles, que llegaron

Marginal references:
1 9+
3 27+
1 5+
2 Co 12 12+
Hch 1 8+
Col 1 25
2 Co 10 15-16
1 Co 3 10s
Is 52 15
1 10s
Hch 19 21
1 Co 16 1+
Rm 12 13
11 17s
1 Co 9 11
Ga 6 6
Col 4 12
Hch 20 3.23; 21 10s.17s. 27s
Hch 18 18
Hch 18 2s.26
1 Co 16 19
2 Tm 4 19
1 Co 16 19
Col 4 15
Flm 2
1 Co 16 15

---

15 15 Pablo se justifica de nuevo por haber dirigido una carta a una iglesia que él no había fundado, ver 1 5-6.13.
15 16 «ejerciendo el sagrado oficio». En efecto, el apostolado más aún que la simple vida cristiana, 12 1; ver Flp 2 17, es una liturgia, ver 1 9+, en la que el apóstol, más exactamente Cristo por medio de él, v. 18, ofrece los hombres a Dios.
15 19 Los dos términos extremos del apostolado de *Pablo en aquella fecha, incluido o excluido el segundo,* según las interpretaciones.
15 22 «siempre». Var.: «muchas veces».
15 23 No que los paganos se hayan convertido, sino que la tarea de Pablo es poner los cimientos, dejando a los discípulos el cuidado de proseguir la obra, ver 1 Co 3 6.10; Col 1 7, etc.
15 28 Lit.: «sellado».

15 30 Pablo pide a menudo a sus fieles que rueguen por él, ver Rm 8 27+. Sobre la oración considerada como una lucha con Dios, ver los ejemplos de Abrahán, Gn 18 17s, de Jacob, Gn 32 29, de Moisés, Ex 32 11-14.30-32; Dt 9 18.25, y del Evangelio, Lc 11 1-8; Mc 7 24-30.
16 Se discute sobre si este cap. pertenece o no a la epístola, ver la Introducción.
16 1 Sin duda la portadora de la carta.
16 4 Sin duda en Éfeso, durante el motín referido en Hch 19 23s, o durante el cautiverio que el Apóstol parece haber sufrido allí (ver v. 7); ver la Introducción.
16 5 Es decir, probablemente, el primer convertido de la provincia de Asia.
16 7 Pablo había sufrido ya varios encarcelamientos, ver 2 Co 11 23. Andrónico y Junia son apóstoles en sentido amplio, Rm 1 1+.

a Cristo antes que yo. [8] Saludad a Ampliato, mi amado en el Señor. [9] Saludad a Urbano, colaborador nuestro en Cristo; y a mi querido Estaquio. [10] Saludad a Apeles, que ha dado buenas pruebas de sí en Cristo. Saludad a la familia de Aristóbulo. [11] Saludad a mi pariente Herodión. Saludad a los fieles de la familia de Narciso, en el Señor. [12] Saludad a Trifena y a Trifosa, que se han fatigado por el Señor. Saludad a la amada Pérside, que trabajó mucho en el Señor. [13] Saludad a Rufo*, escogido del Señor; y a su madre, que lo es también mía. [14] Saludad a Asíncrito y Flegón, a Hermes, a Patrobas, a Hermas y a los hermanos que están con ellos. [15] Saludad a Filólogo y a Julia, a Nereo y a su hermana, lo mismo que a Olimpas y a todos los santos que están con ellos. [16] Saludaos unos a otros con el beso santo. Todas las iglesias de Cristo os saludan*.

Avisos. Primera posdata.

[17] Os ruego, hermanos, que os guardéis de los que suscitan divisiones y escándalos contra la doctrina que habéis aprendido*; apartaos de ellos, [18] pues esos tales no sirven a nuestro Señor Jesucristo, sino a su propio vientre, y, por medio de suaves palabras y lisonjas, seducen los corazones de los sencillos. [19] La fama de vuestra obediencia se ha divulgado por todas partes; por lo cual,

me alegro de vosotros. Pero quiero que seáis sensatos para el bien e inmunes de mal. [20] Y el Dios de la paz aplastará bien pronto a Satanás bajo vuestros pies. La gracia de nuestro Señor Jesucristo sea con vosotros*.

Últimos saludos. Segunda posdata.

[21] Os saluda Timoteo, mi colaborador, lo mismo que Lucio, Jasón y Sosípatro, mis parientes. [22] Os saludo en el Señor también yo, Tercio, que he escrito esta carta. [23] Os saluda Gayo que me hospeda, y toda la iglesia. Os saluda Erasto, tesorero de la ciudad, y Cuarto, nuestro hermano.

Doxología*.

[25] A Aquel que puede consolidaros* conforme al Evangelio mío y la predicación de Jesucristo:
revelación de un misterio*
mantenido en secreto durante siglos eternos,
[26] pero manifestado al presente,
por las Escrituras que lo predicen,
por disposición del Dios eterno,
dado a conocer a todos los gentiles para obediencia de la fe
[27] a Dios, el único sabio*
por Jesucristo,
¡a él la gloria por los siglos de los siglos! Amén*.

Marginal references (left column):

2 Co 13 12+

Ga 6 11

6 17

Flp 3 19

1 5+.8

Marginal references (right column):

Mt 10 16
1 Co 14 20

Gn 3 15

Hch 16 1+
Hch 13 1;
17 5; 20 4

1 Co 1 14

1 5+

1 25+

---

16 13 Quizá el hijo de Simón de Cirene, Mc 15 21.
16 16 La fórmula, insólita en San Pablo, muestra la veneración de que rodea a la iglesia de Roma.
16 17 Esta brusca admonición recuerda Ga 6 12-17. Se trata sin duda de predicadores judaizantes, ver Ga 5 7-12 y sobre todo Flp 3 18-19.
16 20 Om.: «la gracia». Algunos testigos (Vulg.) ponen esta fórmula (adic.: «todos») después del v. 23 o el v. 27.
16 25 (a) La doxología, puesta aquí por la mayoría de los testigos, se encuentra en algunos al final del cap. 15 o del cap. 14; otros la omiten. —De esta forma solemne, ver Ef 3 20; Judas 24-25, Pablo vuelve a los temas esenciales de la epístola.
16 25 (b) En la doctrina y en la práctica de la vida cristiana. Ver 1 11; 1 Ts 3 2.13; 2 Ts 2 17; 3 3; 1 Co 1 8; 2 Co 1 21; Col 2 7.
16 25 (c) Pablo toma de la apocalíptica judía, Dn 2 18-19+ esta idea de un *misterio* lleno de sabiduría, v. 27; 1 Co 2 7; Ef 3 9; Col 2 2-3, largo tiempo oculto en Dios

y ahora revelado, v. 25; 1 Co 2 7. 10; Ef 3 5.9s; Col 1 26, pero la ahonda aplicándola al plan de salvación en su etapa suprema: la salvación operada por la cruz de Cristo, 1 Co 2 8, el llamamiento de los gentiles a esta salvación, v 26; Rm 11 25; Col 1 26-27; Ef 3 6, objeto del Evangelio de Pablo, v. 25; Col 1 23; 4 3; Ef 3 3-12; 6 19, y finalmente la restauración del universo en Cristo como su única cabeza, Ef 1 9-10. Ver también 1 Co 4 1; 13 2; 14 2; 15 51; Ef 5 32; 2 Ts 2 7; 1 Tm 3 9.16; 2 Tm 1 9-10; Mt 13 11p+; Ap 1 20; 10 7; 17 5.7.
16 27 (a) Ver 11 33-36; 1 Co 1 24; 2 7; Ef 3 10; Col 2 3; Ap 7 12.
16 27 (b) El NT adopta las bendiciones y doxologías de Israel, Gn 14 19+; Sal 41 14+, pero llamando a menudo Padre a Dios y asociando con él a Jesucristo, 9 5; 11 35-36; 1 Co 8 6; ver Ga 1 5; Ef 3 21; Flp 4 20; 1 Tm 1 17; 6 16; 2 Tm 4 18; Hb 13 21; 1 P 4 11; 2 P 3 18; Judas 25; Ap 1 6+. Las doxologías posteriores mencionarán la mayoría de las veces a las tres *personas*, ver 2 Co 13 13+.

PRIMERA EPÍSTOLA A LOS CORINTIOS

Introducción

Rm 1+

Destinatarios. Saludo.
Acción de gracias.

Hch 18 17
Hch 5 11+

Hch 9 13+
Hch 2 21+

1 ¹ Pablo, llamado a ser apóstol de Cristo a Jesús por la voluntad de Dios, y Sóstenes, el hermano, ² a la iglesia de Dios* que está en Corinto: a los santificados en Cristo Jesús, llamados a ser santos, con cuantos en cualquier lugar invocan el nombre de Jesucristo, Señor nuestro y de ellos*; ³ gracia a vosotros y paz de parte de Dios, Padre nuestro, y del Señor Jesucristo.

⁴ Doy gracias a Dios sin cesar por vosotros, a causa de la gracia de Dios que os ha sido otorgada en Cristo Jesús, ⁵ pues en él habéis sido enriquecidos en todo, en toda palabra y conocimiento, ⁶ en la medida en que se ha consolidado entre vosotros el testimonio de Cristo*. ⁷ Así, ya no os falta ningún don de gracia a los que esperáis la Revelación* de nuestro Señor Jesucristo. ⁸ Él os confirmará hasta el fin irreprensibles* en el Día* de nuestro Señor Jesucristo. ⁹ Pues fiel* es Dios, por quien habéis sido llamados a la comunión* con su hijo Jesucristo, Señor nuestro.

2 Co 8 7.9
12 8+

2 Co 6 10

2 Co 1 21
Flp 1 7
Col 2 7

1 Jn 1 3
Flp 3 10s

I. Divisiones y escándalos

1. LOS PARTIDOS DE LA IGLESIA DE CORINTO

Las divisiones entre fieles.

Rm 15 5

Flp 2 2s

¹⁰ Os exhorto, hermanos, por el nombre de nuestro Señor Jesucristo, a que seáis unánimes en el hablar, y no haya entre vosotros divisiones; antes bien, estéis unidos en una misma mentalidad y un mismo juicio. ¹¹ Porque, hermanos míos, estoy informado de vosotros, por los de Cloe*, que existen discordias entre vosotros. ¹² Me refiero a que cada uno de vosotros dice: «Yo soy de Pablo», «Yo de Apolo», «Yo de Cefas*», «Yo de Cristo*».

Hch 18 24+
Jn 1 42
1 Co 3 22-23

---

1 2   (a) Expresión favorita de Pablo; 10 32; 11 16.22; 15 9; 2 Co 1 1; Ga 1 13; 1 Ts 2 14; 2 Ts 1 4; 1 Tm 3 5.15; ver también Hch 20 28+. Comparar «las iglesias de Cristo», Rm 16 16; ver Mt 16 18+; Hch 5 11+; 7 38+.
1 2   (b) Otra trad.: «con cuantos en cualquier lugar, el suyo y el nuestro, invocan el nombre de Jesucristo, Señor nuestro».
1 6   Es decir, el testimonio que se da de Cristo. —«entre vosotros» o «en vosotros».
1 7   En el momento supremo de la revelación de los designios secretos de Dios, Rm 16 25+, Cristo se manifestará en su gloria al fin de los tiempos en su *Venida*, 1 Co 15 23+, y su *Manifestación*, 1 Tm 6 14+; ver Lc 17 30; Rm 2 5; 8 19; 2 Ts 1 7; Hb 9 28; 1 P 1 5.7.13; 4 13; Ap 1 1. Previamente se habrá «revelado» el Impío, a quien destruirá, 2 Ts 2 3-8.
1 8   (a) Ver Flp 1 10; 2 15s; Ef 1 4; Col 1 22; 1 Ts 3 13; 5 23; Judas 24.
1 8   (b) Este *Día del Señor*, 5 5; 2 Co 1 14; 1 Ts 5 2; 2 Ts 2 2; ver 2 P 3 10, llamado también «Día de Cristo», Flp 1 6.10; 2 16, o simplemente *El Día*, 1 Co 3 13; 1 Ts 5 4; ver Hb 10 25, *aquel Día*, 2 Ts 1 10; 2 Tm 1 12.18; 4 8; ver Mt 7 22; 24 36; Lc 10 12; 21 34, *el Día del Hijo del hombre*, Lc 17 24, ver 26, *el Día de Dios*, 2 P 3 12, *el día de la Visita*, 1 P 2 12, *el gran Día*, Judas 6; Ap 6 17; 16 14, *el último día*, Jn 6 39.40.44.54; 11 24; 12 48, es el cumplimiento de la era escatológica, inaugurada por Cristo, del *Día de Yahvé* anunciado por los profetas, Am 5 18+. Realizada en parte con la primera venida de Cristo, Lc 17 20-24, y el castigo de Jerusalén, Mt 24 1+, esta última etapa de la historia de la salvación, ver Hch 1 7+, quedará consumada con la vuelta gloriosa, 1 Co 1 7+; 15 23+; 1 Tm 6 14+, del Soberano Juez, Rm 2 6+; St 5 8-9. Le acompañará una conmoción y una renovación cósmicas (ver Am 8 9+), Mt 24 29p+; Hb 12 26s; 2 P 3 10-13; Ap 20 11; 21 1; ver Mt 19 28; Rm 8

20-22. Este día de luz se aproxima, Rm 13 12; Hb 10 25; St 5 8; 1 P 4 7; ver 1 Ts 5 2-3. Su fecha es incierta, 1 Ts 5 1+, y hay que prepararse para él por el tiempo que resta, 2 Co 6 2+.
1 9   (a) Ver 10 13; 2 Co 1 18; 1 Ts 5 24; 2 Ts 3 3; 2 Tm 2 13; Hb 10 23; 11 11.
1 9   (b) La palabra *comunión (koinonía)* conserva en sus variados usos una acepción fundamental. La comunión brota de las realidades poseídas en común por varias personas, sean espirituales o materiales esas realidades compartidas. De hecho, los bienes materiales nunca se encuentran entre cristianos sin los bienes espirituales, Rm 15 26-27; 2 Co 8 4; 9 13; Ga 6 6; Flp 4 15-17. A veces se participa de las acciones o de los sentimientos, 2 Co 1 7; 6 14; 1 Tm 5 22; 1 Jn 1; Ap 1 9. La comunión, de la que proceden todos los demás bienes, otorga una participación en los bienes propiamente divinos, 1 Co 9 23; Flp 1 5; Flm 6 nos une al Padre y a su Hijo Jesucristo, 1 Co 1 9; 1 Jn 1 3+.7+, a Cristo mismo, 1 Co 10 16; Flp 3 10; 1 P 4 13, al Espíritu, 2 Co 13 13+; Flp 2 1. Nos confiere una participación de la gloria futura, 1 P 5 1. La palabra alude a una característica de la comunidad cristiana, Hch 2 42+.
1 11   No se sabe a punto fijo quién era esta Cloe; probablemente una industrial o comerciante de Éfeso, con personal formado por esclavos, libertos y hombres libres.
1 12   (a) Sea que Cefas (Pedro) hubiera visitado la iglesia de Corinto, ver 9 5, sea que, sin haberle visto, algunos cristianos de aquella iglesia se hubieran apoyado particularmente en su autoridad reconocida por todos.
1 12   (b) Quizás se apoyaban en Cristo conocido en su vida terrena, y en sus testigos directos, ver Hch 1 21s; 10 41, con preferencia a los demás, ver 1 Co 9 1; 2 Co 5 16+; 11 5.23; 12 11; o bien tenían la pretensión de adherirse a Cristo sin intermediarios humanos. O quizá

¹³ ¿Está dividido Cristo? ¿Acaso fue Pablo crucificado por vosotros? ¿O habéis sido bautizados en el nombre de Pablo? ¹⁴ ¡Doy gracias a Dios por no haber bautizado a ninguno de vosotros fuera de Crispo y Gayo! ¹⁵ Así, nadie puede decir que habéis sido bautizados en mi nombre. ¹⁶ ¡Ah, sí*!, también bauticé a la familia de Estéfanas. Por lo demás, no creo haber bautizado a ningún otro.

Sabiduría del mundo y sabiduría cristiana.

¹⁷ Porque no me envió Cristo a bautizar, sino a predicar el Evangelio. Y no con palabras sabias*, para no desvirtuar* la cruz de Cristo. ¹⁸ Pues la predicación de la cruz es una locura* para los que se pierden; mas para los que se salvan —para nosotros— es fuerza de Dios. ¹⁹ Porque dice la Escritura: *Destruiré la sabiduría de los sabios, e inutilizaré la inteligencia de los inteligentes*. ²⁰ ¿Dónde está el sabio? ¿Dónde el docto? ¿Dónde el intelectual de este mundo? ¿Acaso no entonteció Dios la sabiduría* del mundo? ²¹ De hecho, como el mundo mediante su propia sabiduría no conoció a Dios en su divina* sabiduría, quiso Dios salvar a los creyentes mediante la locura de la predicación. ²² Así, mientras los judíos piden signos y los griegos buscan sabidu-

ría*, ²³ nosotros predicamos a un Cristo crucificado: escándalo para los judíos, locura para los gentiles; ²⁴ mas para los llamados, lo mismo judíos que griegos, un Cristo, fuerza de Dios y sabiduría de Dios*. ²⁵ Porque la locura divina es más sabia que los hombres, y la debilidad divina, más fuerte que los hombres*.

²⁶ ¡Mirad, hermanos, quiénes habéis sido llamados! No hay muchos sabios según la carne* ni muchos poderosos ni muchos de la nobleza. ²⁷ Ha escogido Dios más bien a los locos del mundo para confundir a los sabios. Y ha escogido Dios a los débiles del mundo, para confundir a los fuertes. ²⁸ Lo plebeyo y despreciable del mundo ha escogido Dios; lo que no es, para reducir a la nada lo que es. ²⁹ Para que ningún mortal se gloríe en la presencia de Dios. ³⁰ De él os viene que estéis* en Cristo Jesús, al cual hizo Dios para nosotros sabiduría de Dios*, justicia, santificación y redención*, ³¹ a fin de que, como dice la Escritura: *El que se gloríe, gloríese en el Señor*.

2 ¹ Pues yo, hermanos, cuando fui a vosotros, no fui con el prestigio de la palabra o de la sabiduría a anunciaros el misterio de Dios*, ² pues no quise saber entre vosotros sino a Jesucristo, y éste crucificado. ³ Y me presenté ante vosotros débil, tímido y tembloroso*. ⁴ Y mi

Ef 4 5

Hch 18 8
Rm 16 23

16 15-17
Hch 16 15+

Rm 1 16
Is 29 14
Sal 33 10

Is 33 18
Is 19 12

Rm 1 19-
20+

Mt 12 38p
Jn 2 18+
Hch 17
19-23

Jn 12 34
Ga 5 11

Jn 6 35+

2 Co 12 10;
13 4

Rm 7 5+
St 2 5
Jc 7 2
1 S 16 7
2 Co 4 7

Dt 8 17-18+
Rm 3 27+

Ef 2 9

Jr 9 22-23
2 Co 10 17

2 Co 11 6

Ga 3 1; 6 14

«Yo de Cristo» sea simplemente la respuesta de Pablo a los que se apoyaban en tal o cual maestro humano.
1 16 Estilo oral. Pablo está dictando, ver 16 21, de lo contrario, habría corregido poniendo el comienzo del v. 16 delante del v. 15.
1 17 (a) A esta sabiduría humana (alusión a las especulaciones del pensamiento y los artificios de la retórica) se opondrá la sabiduría de Dios, v. 24 y 2 6s.
1 17 (b) Lit.: «vaciar» (de su contenido). Pablo desarrolla este punto en **2** 1-5.
1 18 En todo este pasaje, la locura tiene un sentido muy peyorativo: no es la locura del heroísmo sino la locura de la estulticia y de la estupidez.
1 19 La misma idea se encuentra en Is 29 14; Dios anuncia al pueblo aterrorizado por la amenaza asiria que la vaciedad de una sabiduría puramente humana no le podrá salvar.
1 20 En este pasaje Pablo no condena la auténtica sabiduría humana, don de Dios y capacidad de conocer a Dios, v. 21+, sino la sabiduría orgullosa, llena de presunción.
1 21 Es decir, en las obras de Dios, que manifiestan su sabiduría. Ver Sb 13 1-9; Rm 1 19-20. Otras interpretaciones: por una disposición de la sabiduría de Dios; o: en el tiempo de la sabiduría de Dios, es decir, de la antigua economía puesta bajo el signo de la moderación, *distinta de la nueva*, aparentemente desatinada, en la que Dios se manifiesta de una manera paradójica.
1 22 Se buscan seguridades humanas: milagros que garanticen la verdad del mensaje (ver Jn 4 48); sabiduría o doctrina que satisfaga a una inteligencia ávida de conocimientos. Este interés no es condenable en sí mismo y, paradójicamente, la cruz de Cristo será su res-

puesta, v. 24+. Pero si se trata de una exigencia previa, y desde ella se rechaza la adhesión, es inadmisible.
1 24 Humanamente, la Cruz aparecía como lo contrario a las aspiraciones tanto de judíos como de griegos: fracaso en vez de manifestación gloriosa, locura en vez de sabiduría. Pero en la fe, la cruz aparece como algo que colma y supera las aspiraciones: es el poder y la sabiduría divina por excelencia.
1 25 Este carácter paradójico de la acción divina (**1** 18-25) tiene lugar en la elección de los Corintios (**1** 26-30) y en la predicación de Pablo (**2** 1-5).
1 26 Es decir, desde un punto de vista puramente humano.
1 30 (a) La palabra tiene un sentido muy estricto. Los que antes no existían (v. 28) a los ojos del mundo, ahora existís en Jesucristo, mientras que los que existen según el mundo quedan reducidos a la nada (v. 28). De esta existencia nueva en Jesucristo debéis gloriaros (v. 31) y sólo de ella (ver v. 29).
1 30 (b) No es, pues, la sabiduría cristiana fruto de un esfuerzo humano «según la carne». Sino que proviene de un ser humano aparecido en «la plenitud de los tiempos» (Ga 4 4), Cristo, a quien hay que «ganar» (Flp 3 8), para encontrar en él «todos los tesoros de la sabiduría y de la ciencia» (Col 2 3). Y esta sabiduría se identifica con la salvación total: «justicia, santificación y redención».
1 30 (c) Estas tres últimas palabras aluden a los temas fundamentales de la futura epístola a los Romanos, ya en proceso de elaboración en el pensamiento de Pablo, ver Rm 1 17; 6 19.22; 3 24.
2 1 Var.: «el testimonio de Dios».
2 3 Expresión bíblica estereotipada, ver 2 Co 7 15; Ef 6 5; Flp 2 12; ver Sal 2 11s.

palabra y mi predicación no se apoyaban en persuasivos discursos de sabiduría, sino en la demostración del Espíritu y de su poder* [5] para que vuestra fe se fundase, no en sabiduría de hombres, sino en el poder de Dios*.

[6] Sin embargo, hablamos de sabiduría entre los perfectos*, pero no de sabiduría de este mundo ni de los jefes de este mundo*, abocados a la ruina; [7] sino que hablamos de una sabiduría de Dios, misteriosa*, escondida, destinada por Dios desde antes de los siglos para gloria nuestra, [8] desconocida de todos los jefes de este mundo —pues de haberla conocido no hubieran crucificado al Señor de la Gloria*—. [9] Más bien, como dice la Escritura*: *lo que ni el ojo vio, ni el oído oyó, ni el corazón del hombre llegó, lo que Dios preparó para los que lo aman.*

[10] Porque a nosotros nos lo reveló Dios por medio del Espíritu; y el Espíritu todo lo sondea, hasta las profundidades de Dios. [11] En efecto, ¿qué hombre conoce lo íntimo del hombre sino el espíritu del hombre que está en él? Del mismo modo, nadie conoce lo íntimo de Dios, sino el Espíritu de Dios. [12] Y nosotros no hemos recibido el espíritu del mundo, sino el Espíritu que viene de Dios, para conocer las gracias que Dios nos ha otorgado, [13] de las cuales también hablamos, no con palabras enseñadas por la sabiduría humana, sino enseñadas por el Espíritu, expresando realidades espirituales en términos espirituales*. [14] El hombre naturalmente* no acepta las cosas del Espíritu de Dios; son locura para él. Y no las puede entender, pues sólo espiritualmente pueden ser juzgadas. [15] En cambio, el hombre de espíritu lo juzga todo; y a él nadie* puede juzgarle. [16] Porque ¿quién conoció la *mente del Señor para instruirle?* Pero nosotros tenemos la mente de Cristo.

3 [1] Yo, hermanos, no pude hablaros como a hombres espirituales, sino como a carnales*, como a niños en Cristo. [2] Os di a beber leche y no alimento sólido, pues todavía no lo podíais soportar. Ni aun lo soportáis al presente; [3] pues todavía sois carnales. Porque, mientras haya entre vosotros envidia y discordia*, ¿no es verdad que sois carnales y vivís a lo humano? [4] Cuando dice uno «Yo soy de Pablo», y otro «Yo soy de Apolo», ¿no procedéis al modo humano?

La verdadera misión de los predicadores.

[5] ¿Qué es, pues, Apolo? ¿Qué es Pablo?... ¡Servidores, por medio de los cuales habéis creído!, y cada uno según el don del Señor. [6] Yo planté, Apolo regó; mas fue Dios quien hizo crecer. [7] De modo que ni el que planta es algo, ni el que riega, sino Dios que hace crecer. [8] Y el que planta y el que riega son una misma cosa; si bien cada cual recibirá el salario según su propio trabajo, [9] ya que somos colaboradores de Dios* y vosotros, campo de Dios, edificación de Dios.

[10] Conforme a la gracia de Dios que me fue dada, yo, como buen arquitecto, puse el cimiento, y otro construye encima. ¡Mire cada cual cómo construye! [11] Pues nadie puede poner otro cimiento que el ya puesto, Jesucristo. [12] Y si uno construye sobre este cimiento con oro, plata, piedras preciosas, madera, heno, paja, [13] la obra de cada cual quedará al des-

Márgenes izquierdos

2 Co 12 12
Hch 1 8+

Rm 16 25+

Ef 3 10
1 P 1 12
Is 19 11.13
Ba 3 14

Is 64 3
Jr 3 16
Sal 19 4
Si 1 10

2 Co 13 13+
Jn 14 26+

Pr 20 27

Rm 11 33s

15 44+
Jn 10 26+
Mt 16 23

15 44+

Márgenes derechos

Is 40 13
Rm 11 34

7 40

Hb 5 12-14
1 Ts 2 7
1 P 2 2
Si 37 28

Ga 5 19-20

1 12

2 Co 6 1
Ef 2 20-22
1 P 2 5

Is 28 16
1 P 2 4
Hch 4 11-12

---

2 4   Alusión a los milagros y a la efusión del Espíritu que acompañaron a la predicación de Pablo (ver **1** 5 y 2 Co 12 12).

2 5   Los discursos de la sabiduría humana son persuasivos por sí mismos (v. 4). Producen en los oyentes una adhesión puramente humana (v. 5). Esto es lo que Pablo rechaza. Su palabra es ciertamente una demostración (v. 4), porque manifiesta la acción del Espíritu; pero exige una adhesión de un orden distinto: del Espíritu.

2 6   (a) No un grupo esotérico de iniciados, sino los que han alcanzado el pleno desarrollo de la vida y del pensamiento cristianos. Ver **14** 20; Flp **3** 15; Col **4** 12; Hb **5** 14; Mt **19** 21+. Se identifican con los *espirituales* a los que Pablo contrapone *los niños en Cristo,* **3** 1.

2 6   (b) Por «jefes de este mundo» hay que entender las autoridades humanas, o mejor las potencias del mal, los demonios que reinan en el mundo, 1 Co 15 24-25; Ef **6** 12; ver también Lc **4** 6 y Jn **12** 31+; o ambas a la vez, ya que las primeras son instrumentos de las segundas.

2 7   Lit.: «en misterio». No una sabiduría enigmáti-

ca, sino una sabiduría cuyo objeto es el misterio, el secreto del designio de la salvación realizada en Cristo, Rm **16** 25+.

2 8   En Corinto algunos exaltaban la gloria de Cristo a expensas de sus padecimientos.

2 9   Utilización combinada de Is 64 3 y de Jr 3 16; o cita del apócrifo *Apocalipsis de Elías.*

2 13   Texto difícil. Puede también entenderse: «mostrando la conformidad de lo espiritual con los espirituales»; «acomodando las cosas espirituales a los espirituales»; «sometiendo las realidades espirituales al juicio de los hombres inspirados».

2 14   El hombre abandonado exclusivamente a los recursos de su naturaleza. Ver el *cuerpo psíquico,* **15** 44.

2 15   El texto es polémico en parte: *nadie,* se sobretiende: *que no sea espiritual* como ocurre con los corintios *carnales,* **3** 1-3. Pero en el cap. **14** Pablo establecerá las reglas a las que deberán acomodarse los *espirituales.* Ver también **12** 10+ y 1 Ts 5 19-22.

3 1   Para el binomio espíritu-carne ver Rm **1** 9+; **7** 5+.

3 3   Adic.: «y dissensiones».

3 9   O: «compañeros de trabajo de Dios».

1 8+
Mt 3 11-12p
1 P 1 7

cubierto; la manifestará el Día, que aparecerá con fuego. Y la calidad de la obra de cada cual, la probará el fuego. ¹⁴ Aquél, cuya obra, construida sobre el cimiento, resista, recibirá la recompensa. ¹⁵ Mas aquél, cuya obra quede abrasada, sufrirá el castigo. Él, no obstante, quedará a salvo, pero como quien escapa del fuego*.

6 19
Ef 2 20-22
2 Co 6 16

¹⁶ ¿No sabéis que sois templo* de Dios y que el Espíritu de Dios habita en vosotros? ¹⁷ Si alguno destruye el templo de Dios, Dios le destruirá* a él; porque el templo de Dios es sagrado, y vosotros sois ese templo.

Consecuencias.

1 17-25

¹⁸ ¡Nadie se engañe! Si alguno entre vosotros se cree sabio según este mundo, vuélvase loco, para llegar a ser sabio; ¹⁹ pues la sabiduría de este mundo es locura a los ojos de Dios. En efecto, dice la Escritura: *El que enreda a los sabios en*

Jb 5 13
Sal 94 11

su propia astucia. ²⁰ Y también: *El Señor conoce cuán vanos son los pensamientos de los sabios*. ²¹ Así que, no se gloríe nadie en los hombres, pues todo es vuestro: ²² ya sea Pablo, Apolo, Cefas, el mundo, la vida, la muerte, el presente, el futuro, todo es vuestro; ²³ y vosotros, de Cristo y Cristo de Dios*.

11 3

Lc 12 42-44

4 ¹ Por tanto, que nos tengan los hombres por servidores de Cristo y administradores de los misterios de Dios. ² Ahora bien, lo que se exige de los administradores es que sean fieles. ³ Aunque a mí lo que menos me importa es ser

juzgado por vosotros o por un tribunal* humano. ¡Ni yo mismo me juzgo! ⁴ Cierto que mi conciencia* nada me reprocha; mas no por eso quedo justificado. Mi juez es el Señor. ⁵ Así que, no juzguéis nada antes de tiempo hasta que venga el Señor. Él iluminará los secretos de las tinieblas y pondrá de manifiesto las intenciones de los corazones. Entonces recibirá cada cual de Dios la alabanza que le corresponda.

2 Co 5 10-11
Mt 7 1

Rm 2 16
Lc 12 2-3

⁶ En esto, hermanos, me he puesto como ejemplo a mí y a Apolo, en orden a vosotros; para que aprendáis de nosotros aquello de «No salirse de lo escrito*» y para que nadie se engría en favor de uno contra otro. ⁷ Pues ¿quién es el que te prefiere? ¿Qué tienes que no lo hayas recibido? Y si lo has recibido, ¿a qué gloriarte cual si no lo hubieras recibido? ⁸ ¡Ya estáis hartos! ¡Ya sois ricos! ¡Os habéis hecho reyes* sin nosotros! ¡Y ojalá reinaseis, para que también nosotros reináramos con vosotros! ⁹ Porque pienso que a nosotros, los apóstoles, Dios nos ha asignado el último lugar, como condenados a muerte, puestos a modo de espectáculo* para el mundo, los ángeles y los hombres. ¹⁰ Nosotros, locos a causa de Cristo; vosotros, sabios en Cristo. Débiles nosotros; vosotros, fuertes. Vosotros, estimados; nosotros, despreciados*. ¹¹ Hasta el presente, pasamos hambre, sed, desnudez. Somos abofeteados, y andamos errantes. ¹² Nos fatigamos trabajando con nuestras manos. Si nos insultan, bendecimos. Si nos persiguen, lo soportamos. ¹³ Si nos difaman, respondemos con bondad. Hemos

Jn 3 27

Ap 3 17
Os 12 9

2 Co 4 8-12;
6 4-10;
11 23-33
2 Tm 3
10-11

2 Co 11 27

Hch 18 3+

---

3 15 Es decir, una salvación apurada, como de quien se escapa de un incendio a través de las llamas.
3 16 La comunidad cristiana, cuerpo de Cristo (12 12+), es el verdadero Templo de la nueva Alianza. El Espíritu que mora en ella consuma lo que el Templo prefiguraba, lugar o estancia de la Gloria de Dios, 1 R 8 10-13; ver Jn 2 21+; Ap 21 22; y 1 Co 6 19; 2 Co 6 16.
3 17 Pablo distingue tres categorías de predicadores: los que construyen con solidez (v. 14); los que construyen con materiales que no resisten la prueba (v. 15), y los que, en vez de construir, destruyen (v. 17). Ésos son sacrílegos y, como tales, serán castigados.
3 23 Los vv. 21-23 repiten intencionadamente las expresiones de 1 12: «cada uno de vosotros dice: Yo soy de Pablo, Yo de Apolo, Yo de Cefas». Se trata exactamente de lo contrario, replica Pablo. Vosotros no sois de esos hombres; ellos son de vosotros, son vuestros servidores. Y están a vuestro servicio, como toda la creación, para que seáis de Cristo quien por su parte es de Dios Padre.
4 3 Lit.: «día», Pablo habla en tono irónico. Se trata del *Día del Señor*, 1 8+; al que los hombres imitarían indebidamente pronunciando una sentencia que sólo a Dios pertenece en el último Juicio.
4 4 La palabra *syneidesis*, ver 1 S 25 31; Sb 17 10+,

adquiere en Pablo valores propiamente cristianos. Sean cuales fueren las normas externas, la conducta del hombre depende solamente de su propia conciencia, Hch 23 1; 24 16; Rm 2 14-15; 9 1; 13 5; 2 Co 1 12, pero este juicio está sometido a Dios, aquí; 8 7-12; 10 25-29; 2 Co 4 2; ver 1 P 2 19. La conciencia es buena y pura si está inspirada en la fe y el amor: 1 Tm 1 5.19, etc.; 1 P 3 16.21, purificada por la sangre de Cristo, Hb 9 14; 10 22.
4 6 Texto difícil. La frase entre comillas ha sido añadida por un copista escrupuloso que advierte que la negación ha sido añadida sobre el ejemplar que copiaba.
4 8 Sin nosotros, estáis ya establecidos en el Reino de los cielos y gozáis hasta la hartura de todas sus riquezas.
4 9 Como los condenados arrojados a las bestias ante la muchedumbre de los espectadores.
4 10 Como conclusión de este pasaje, vv. 6-10, Pablo vuelve en tono irónico sobre sus temas de 1-2: Sois o pretendéis ser prudentes, fuertes, llenos de gloria; pero no lo sois según Dios sino según el mundo, ese mundo que nos considera necios, débiles y despreciables y que, en consecuencia, nos persigue (vv. 11-13); la realidad es exactamente la contraria a los ojos de Dios.

Lm 3 45

venido a ser, hasta ahora, como la basura del mundo y el desecho* de todos.

Amonestaciones.

¹⁴ No os escribo esto para avergonzaros, sino más bien para amonestaros como a hijos míos queridos. ¹⁵ Pues, aunque hayáis tenido diez mil pedagogos* en Cristo, no tenéis muchos padres. He sido yo quien, por el Evangelio, os engendré en Cristo Jesús*. ¹⁶ Os ruego, pues, que seáis mis imitadores. ¹⁷ Por esto mismo os he enviado a Timoteo,

Ga 4 19
1 Ts 2 11
Flm 10
2 Ts 3 7+
Hch 19 22;
16 1+

hijo mío querido y fiel en el Señor; él os recordará mis normas de conducta* en Cristo, conforme enseño por doquier en todas las iglesias.

¹⁸ Como si yo no hubiera de ir a vosotros, se han hinchado algunos. ¹⁹ Mas iré pronto a visitaros, si es la voluntad del Señor; entonces conoceré no la palabrería de esos orgullosos, sino su poder*, ²⁰ que no está en la palabrería el Reino de Dios, sino en el poder. ²¹ ¿Qué preferís, que vaya a vosotros con palo o con amor y espíritu de mansedumbre?

Hch 18 21

2 4+
2 Co 10 2

2. EL CASO DEL INCESTUOSO

5¹ Por todas partes se oye hablar de una inmoralidad tal entre vosotros, que no se da ni entre los gentiles, hasta el punto de que uno de vosotros vive con la mujer de su padre*. ² Y ¡vosotros andáis tan hinchados! Y no habéis hecho más bien duelo para que fuera expulsado de entre vosotros el autor de semejante acción. ³ Pues bien, yo por mi parte corporalmente ausente, pero presente en espíritu, he juzgado ya, como si me hallara presente, al que así obró: ⁴ que en nombre del Señor Jesús*, reunidos vosotros y mi espíritu*, con el

Lv 18 8;
20 11
Dt 27 20

Lv 18 29
Dt 13 6

Col 2 5

Mt 18 20

poder de Jesús Señor nuestro, ⁵ sea entregado ese individuo a Satanás para mortificar su sensualidad, a fin de que el espíritu se salve en el Día del Señor*. ⁶ ¡No está bien vuestro orgullo! ¿No sabéis que un poco de levadura fermenta toda la masa? ⁷ Eliminad la levadura vieja, para ser masa nueva, pues sois ázimos*. Porque nuestro cordero pascual, Cristo, ha sido inmolado. ⁸ Así que, celebremos la fiesta, no con vieja levadura, ni con levadura de malicia e inmoralidad, sino con ázimos de sinceridad y verdad*.

1 Tm 1 20

1 8+

Ga 5 9

Jn 1 29
1 P 1 19
Ap 5 6

4 13 Las palabras traducidas por *basura* y *desecho* designan igualmente a los miserables que servían de víctimas expiatorias en las calamidades públicas. —Pablo vuelve a menudo sobre las penas y persecuciones que encuentra en su apostolado y el modo como Dios le concede superarlas: 2 Co 4 7-12; 6 4-10; 11 23-33; 1 Ts 3 4; 2 Tm 3 10-11. Según él, la debilidad del apóstol demuestra el poder de quien lo envía, 2 Co 12 9-10; Flp 4 13, porque la magnitud de la obra realizada no puede ser atribuida a la acción exclusiva del enviado, 2 Co 4 7+.
4 15 (a) El *pedagogo* era un esclavo cuya función consistía en llevar al niño, y más adelante al joven, hasta sus maestros; en vigilarle y en reprimir sus extravíos. El matiz es peyorativo.
4 15 (b) Esta paternidad espiritual corresponde a lo que Pablo dice en 3 6: «Yo planté»; Yo sembré en vosotros la vida nueva del Espíritu que os configura con Cristo. Ver v. 17; Ga 4 19; Flm 10. En otra parte, Pablo compara su ternura por sus cristianos con la de un padre o la de una madre, 1 Ts 2 7.11; ver 2 Co 12 15+.
4 17 Lit.: «caminos», ver Sal 119 1; Jn 14 6+; Hch 9 2+.
4 19 Se trata de las realizaciones debidas al poder del Espíritu (ver 2 4; 1 Ts 1 5), y ante todo la conversión y la vida según el Espíritu.
5 1 Su madrastra. Prohibida por el AT (Lv 18 8) y el derecho romano, la mayoría de los rabinos toleraban esta unión entre los gentiles convertidos, lo que quizá explique la indulgencia de la comunidad de Corinto que no estaba sometida al derecho civil romano. La asamblea de Jerusalén prohibió tales uniones a los cristianos procedentes de la gentilidad, Hch 15 20+.
5 4 Otros traducen: «al que así obró en nombre del Señor Jesús. Reunidos...»» El pecador había actuado —equivocadamente— desde su condición cristiana ma-

lentendiendo la advertencia de Pablo de que los creyentes deben ser diferentes: Flp 2 14-16
5 4 (b) Pablo insiste en su presencia espiritual con el objeto de tener voz en las deliberaciones de la comunidad, que es la única que garantiza su propia legitimidad.
5 5 En torno a este pasaje se habla a menudo de *excomunión*, pero la palabra está ausente de la Biblia (no corresponde con exactitud a *anatema*, Jos 6 17+; 1 Co 16 22+). Algunas penas de exclusión se hallaban en vigor en el AT, en el Judaísmo, en Qumrán. El NT presenta varios casos en los que los motivos y las formas de ejecución de la pena no son semejantes. A veces, el culpable se le mantenía separado de la comunidad, 1 Co 5 2.9-13; 2 Ts 3 6-14; Tt 3 10; ver   Jn 5 16-17; 2 Jn 10; a veces era *entregado*, (aquí y en 1 Tm 1 20), a Satanás y privado del apoyo de la iglesia de los santos y expuesto en consecuencia al poder que Dios permite a su Adversario, 2 Ts 2 4, ver Jb 1 6+; aun en esos casos extremos se esperan el arrepentimiento y la salvación final (aquí y en 2 Ts 3 15 etc). Semejante disciplina supone cierta forma de poder de la comunidad sobre los fieles, ver Mt 18 15-18+.
5 7 La levadura simboliza aquí la corrupción como en Ga 5 9; Mt 16 6p y contrariamente en Mt 13 33p; el pan ázimo (sin levadura) es símbolo de pureza, v. 8. Tenemos aquí un ejemplo típico de la moral paulina: haceos lo que sois: «Sois puros, purificaos». Obrad en vuestra vida lo que Cristo ha obrado en vosotros cuando os habéis hecho cristianos. Ver Rm 6 11-12; Col 3 3-5.
5 8 En la fiesta de la Pascua, según el ritual judío, se retiraba toda levadura que hubiera en casa (Ex 12 15), se inmolaba el cordero pascual (Ex 12 6) y se comían panes sin levadura (Ex 12 18-2)). Se trata de preparativos simbólicos del misterio cristiano. —Cristo, el verdadero cordero pascual, destruye con su sacrificio la

2 Co 6 17
1 Jn 5 19

Jn 17 15

⁹ Al escribiros en mi carta* que no os relacionarais con los impuros, ¹⁰ no me refería a los impuros de este mundo en general o a los avaros, a ladrones o idólatras. De ser así, tendríais que salir del mundo. ¹¹ ¡No!, os escribí que no os relacionarais con quien, llamándose her-

mano*, es impuro, avaro, idólatra, difamador, borracho o ladrón. Con ésos ¡ni comer! ¹² Pues ¿me toca a mí juzgar a los de fuera*? ¿No es a los de dentro a quienes vosotros juzgáis? ¹³ A los de fuera Dios los juzgará.

Rm 1 29+

¡Arrojad de entre vosotros al malvado!

Dt 13 6

3.   RECURSO A LOS TRIBUNALES PAGANOS*

Hch 9 13+
Dn 7 22.26
Mt 19 28
Ap 20 4

Judas 5-6

6 ¹ Cuando alguno de vosotros tiene un pleito con otro, ¿se atreve a llevar la causa ante los injustos*, y no ante los santos? ² ¿No sabéis que los santos han de juzgar al mundo*? Y si vosotros vais a juzgar al mundo, ¿no sois acaso dignos de juzgar esas naderías? ³ ¿No sabéis que hemos de juzgar a los ángeles? Y ¡cómo no las cosas de esta vida! ⁴ Y cuando tenéis pleitos de este género ¡tomáis como jueces a los que la iglesia tiene en nada*! ⁵ Para vuestra vergüenza lo digo. ¿No hay entre vosotros algún experto que pueda juzgar entre hermanos? ⁶ Sino que vais a pleitear hermano contra hermano, ¡y eso, ante infieles! ⁷ De todos modos, ya es un fallo vuestro que haya pleitos entre

vosotros. ¿Por qué no preferís soportar la injusticia? ¿Por qué no os dejáis más bien despojar? ⁸ ¡Al contrario! ¡Sois vosotros los que obráis la injusticia y despojáis a los demás! ¡Y esto, a hermanos!
⁹ ¿No sabéis acaso que los injustos no heredarán el Reino de Dios? ¡No os engañéis! Ni impuros, ni idólatras, ni adúlteros, ni afeminados, ni homosexuales, ¹⁰ ni ladrones, ni avaros, ni borrachos, ni ultrajadores, ni explotadores heredarán el Reino de Dios*. ¹¹ Y tales fuisteis algunos de vosotros. Pero habéis sido lavados, habéis sido santificados, habéis sido justificados en el nombre del Señor Jesucristo y en el Espíritu de nuestro Dios*.

Mt 5 38-42p
Rm 12 17-19
1 Ts 5 15

Rm 1 29+

Ga 5 21
Ef 2 1-6
Tt 3 3-7
Jn 3 5
1 Jn 2 12

4.   LA FORNICACIÓN

10 23
Rm 6 15+

Gn 4 7

Col 2 22

10 31
15 12s
Rm 1 4+;
8 11+

¹² «Todo me es lícito»; mas no todo me conviene*. «Todo me es lícito»; mas ¡no me dejaré dominar por nada! ¹³ «La comida para el vientre y el vientre para la comida». Mas lo uno y lo otro destruirá Dios. Pero el cuerpo no es para la fornicación*, sino para el Señor, y el Señor para el cuerpo. ¹⁴ Y Dios, que resucitó al Señor, nos resucitará* también a nosotros mediante su poder.

¹⁵ ¿No sabéis que vuestros cuerpos son miembros de Cristo? Y ¿había de tomar yo los miembros de Cristo para hacerlos miembros de prostituta? ¡De ningún modo! ¹⁶ ¿O no sabéis que quien se une a la prostituta se hace un solo cuerpo con ella? Pues está dicho: *Los dos se harán una sola carne.* ¹⁷ Mas el que se une al Señor, se hace un solo espíritu* con él.

1 Co 12 12+

Rm 6 12-13

Gn 2 24

Rm 8 9-10

vieja levadura del pecado y hace posible una vida santa y pura, simbolizada por los panes sin levadura. Es posible que esta comparación se la sugiriera a Pablo la época del año en que escribía, 1 Co **16** 8.
5 9   La carta «precanónica», ver la Introducción.
5 11   Es decir, miembro de la comunidad cristiana, Hch 1 15+.
5 12   Los que no pertenecen a la comunidad, ver Mc 4 11; Col 4 5; 1 Ts 4 12; 1 Tm 3 7. La expresión procede del Judaísmo, ver Si, pról. v. 5.
6   En todo este pasaje, Pablo censura a los corintios por llevar sus discordias a los tribunales de los gentiles en lugar de arreglarlas pacíficamente entre sí, y demostrar así el poder de la gracia.
6 1   Los magistrados no cristianos.
6 2   Con Cristo, juez soberano del mundo.
6 4   Si los *espirituales* de Corinto menospreciaban a los *psíquicos* en la comunidad, 2 14-15, entonces despreciaban ciertamente a todos los que no eran miembros de la iglesia.

6 10   Ver 15 50; Ga 5 21; Ef 5 5; Ap 21 8; 22 15.
6 11   Nótese la presentación trinitaria del pensamiento, ver 2 Co 13 13+.
6 12   Esta frase resume toda la moral paulina; ya no se trata de saber lo que está permitido y lo que está prohibido, sino de determinar lo que favorece o perjudica el crecimiento del hombre nuevo regenerado en Cristo. Ver Rm 6 15+.
6 13   Pablo impugna una opinión según la cual no existe diferencia alguna entre las necesidades alimenticias y la vida sexual. Y responde: las primeras están ligadas al mundo presente y desaparecerán con él (v. 13); pero, ver **10** 31, la vida sexual afecta a la pertenencia a Cristo y debe ser tal y como conviene a un miembro de Cristo, vv. 15-17; ver Ef 5 21-33+.
6 14   La resurrección demuestra la importancia del cuerpo, que no es destruido por la muerte.
6 17   Cabía esperar: un solo cuerpo. Pablo quiere evitar que el realismo físico de la unión con Cristo (v. 15) sea entendido de forma demasiado material.

3 16-17

¹⁸ ¡Huid de la fornicación! Todo pecado que comete el hombre queda fuera de su cuerpo*; mas el que fornica, peca contra su propio cuerpo*. ¹⁹ ¿O no sabéis que vuestro cuerpo es templo* del Espíritu Santo, que está en vosotros y habéis recibido de Dios, y que no os pertenecéis? ²⁰ ¡Habéis sido bien comprados*! Glorificad, por tanto, a Dios en vuestro cuerpo.

Rm 5 5+
1 Ts 4 4-8
1 Co 3 23
1 Co 7 23
Rm 3 24+;
6 15+
Flp 1 20

II. Solución de diversos problemas

1. MATRIMONIO Y VIRGINIDAD*

Ef 5 22-33+

7 ¹ En cuanto a lo que me habéis escrito, bien le está al hombre abstenerse de mujer*. ² No obstante, por razón de la incontinencia, tenga cada hombre su mujer, y cada mujer su marido*. ³ Que el marido cumpla su deber con la mujer; de igual modo la mujer con su marido. ⁴ No dispone la mujer de su cuerpo, sino el marido. Igualmente, el marido no dispone de su cuerpo, sino la mujer*. ⁵ No os neguéis el uno al otro sino de mutuo acuerdo, por cierto tiempo, para daros a la oración; luego, volved a estar juntos, para que Satanás no os tiente por vuestra incontinencia. ⁶ Lo que os digo es una concesión*, no un mandato. ⁷ Mi deseo sería que todos fueran como yo; mas cada cual tiene de Dios su gracia particular: unos de una manera, otros de otra*.

⁸ No obstante, digo a los solteros* y a las viudas: Bien les está quedarse como

2 Co 8 8

Mt 19 12

yo*. ⁹ Pero si no pueden contenerse, que se casen; mejor es casarse que abrasarse.

¹⁰ En cuanto a los casados, les ordeno, no yo sino el Señor: que la mujer no se separe del marido, ¹¹ mas en el caso de separarse, que no vuelva a casarse, o que se reconcilie con su marido, y que el marido no se divorcie de su mujer*.

¹² En cuanto a los demás, digo yo, no el Señor: si un hermano tiene una mujer no creyente y ella consiente en vivir con él, no se divorcie de ella. ¹³ Y si una mujer tiene un marido no creyente y él consiente en vivir con ella, no se divorcie. ¹⁴ Pues el marido no creyente queda santificado por su mujer, y la mujer no creyente queda santificada por el marido creyente. De otro modo, vuestros hijos serían impuros, mas ahora son santos*. ¹⁵ Pero si la parte no creyente quiere separarse, que se separe*, en ese caso el hermano o la hermana no están obliga-

1 Tm 5
11-14+

Mt 5 32p;
19 9

---

6 18 (a) Para los que en Corinto no daban al cuerpo ningún valor permanente, **6** 13a, todas las acciones corporales eran moralmente irrelevantes. El pecado era sólo posible en el nivel espiritual de las motivaciones.
6 18 (b) La finalidad sexual del cuerpo es hacer de dos personas una, **6** 16b.
6 19 Ver 3 16+; Jn 2 21+; Ap 21 22+.
6 20 Lit.: «Habéis sido comprados a precio». Ver Rm 3 24+.
7 Pablo no trata aquí del matrimonio y de la virginidad en general. Sino que responde, y sin duda punto por punto, a preguntas que le han sido formuladas. Trata sucesivamente: de las personas casadas (la pareja cristiana, vv. 1-11, el matrimonio entre cristiano y pagano, vv. 12-16) y de las personas no casadas (las vírgenes, vv. 25-35; los novios, vv. 36-38, las viudas, vv. 39-40). El principio general de solución a los problemas planteados se desarrolla en vv. 17. 20. 24: Que cada cual permanezca en la condición en que se encontraba cuando ha sido llamado. Pero el plan no es riguroso; a menudo se evoca la virginidad a propósito del matrimonio y a la inversa. De ese modo, Pablo sugiere la complementariedad de estos dos estados que no pueden entenderse el uno sin el otro.
7 1 Pablo cita una frase de la Carta de los Corintios. A pesar de que apoya el principio, v. 7, se abstiene de cualquier aplicación racional.
7 2 Invitación a los casados a usar del matrimonio, más bien que consejo dirigido a los que no han recibido la vocación del celibato.

7 4 Se excluye cualquier uso egoísta del matrimonio; lo que se exige es el don de sí mismo. En Ef 5 25, se propone a los esposos el ejemplo de Cristo en su entrega.
7 6 La concesión se refiere a los momentos de abstinencia en el matrimonio.
7 7 Para Pablo, la virginidad no se distingue del matrimonio precisamente porque sea un don especial de Dios, puesto que ambos estados son dones de Dios.
7 8 (a) Lit.: «no casados». Pablo coloca en esta categoría a todos los que están sin consorte, incluidos los esposos separados, ver v. 11 donde recurre a la misma palabra.
7 8 (b) La frase evoca a Gn 2 18 a la que parece contradecir: «No es bueno que el hombre esté solo». Pero esta contradicción es sólo aparente, porque la soledad de Adán no existe para el cristiano unido a Cristo y con sus hermanos.
7 11 Pablo se sirve del precepto del Señor (Jesús) para negar un ulterior matrimonio pero el caso particular en que las razones para el divorcio no eran válidas.
7 14 Para Pablo la santidad se manifestaba por el comportamiento. La parte no creyente actuaba en cristiano conforme a Gn 2 24 y Mt 19 9. Los hijos no bautizados ajustaban su conducta al modelo de sus padres.
7 15 (a) Pablo permite aquí un divorcio en sentido pleno con derecho de volver a casarse.

14 33

1 P 3 1s

dos: para vivir en paz os* llamó el Señor. ¹⁶ Pues ¿qué sabes tú, mujer, si salvarás a tu marido? Y ¿qué sabes tú, marido, si salvarás a tu mujer?

7 20.24

¹⁷ Por lo demás, que cada cual viva conforme le asignó el Señor, cada cual como le ha llamado Dios. Es lo que ordeno en todas las iglesias. ¹⁸ ¿Que fue uno llamado siendo circunciso? No lo disimule. ¿Que fue llamado siendo incircunciso? No se circuncide. ¹⁹ La circuncisión es nada, y nada la incircuncisión; lo que importa es el cumplimiento de los mandamientos de Dios. ²⁰ Que permanezca cada cual en la condición en que le halló la llamada de Dios. ²¹ ¿Eras esclavo cuando fuiste llamado? No te preocupes. Y, aunque puedas hacerte libre, aprovecha más bien* tu condición de esclavo. ²² Pues el que recibió la llamada del Señor siendo esclavo, es un liberto del Señor; igualmente, el que era libre cuando recibió la llamada, es un esclavo de Cristo. ²³ ¡Habéis sido bien comprados! No os hagáis esclavos de los hombres*. ²⁴ Hermanos, permanezca cada cual ante Dios en la condición en que fue llamado.

1 M 1 15

Ga 5 6; 6 15
Rm 2 25-29

7 17.24
Col 3 22 - 4 1
Ef 6 5-9

Rm 6 15+

Rm 6 18.22
6 20
Rm 3 24+
7 17.20

²⁵ Acerca de la virginidad* no tengo precepto del Señor. Doy, no obstante, un consejo, como quien, por la misericordia de Dios, es digno de crédito. ²⁶ Por tanto, pienso que es cosa buena, a causa de la angustia presente*, quedarse el hombre así. ²⁷ ¿Estás unido a una mujer? No busques la separación. ¿No estás unido a mujer? No la busques. ²⁸ Mas, si te casas, no pecas. Y, si la joven se casa, no peca.

Pero todos ellos tendrán su tribulación en la carne*, que yo quisiera evitárosla. ²⁹ Os digo, pues, hermanos: El tiempo apremia*. Por tanto, los que tienen mujer, vivan como si no la tuviesen. ³⁰ Los que lloran, como si no llorasen. Los que están alegres, como si no lo estuviesen. Los que compran, como si no poseyesen. ³¹ Los que disfrutan del mundo, como si no lo disfrutasen*. Porque la representación de este mundo pasa.

2 Co 6 2+

2 Co 6 8-10

1 Jn 2 16-17

³² Yo os quisiera libres de preocupaciones. El no casado se preocupa de las cosas del Señor, de cómo agradar al Señor. ³³ El casado se preocupa de las cosas del mundo, de cómo agradar a su mujer; ³⁴ está por tanto dividido. La mujer no casada, lo mismo que la doncella, se preocupa de las cosas del Señor*, de ser santa en el cuerpo y en el espíritu. Mas la casada se preocupa de las cosas del mundo, de cómo agradar a su marido. ³⁵ Os digo esto para vuestro bien, no para tenderos un lazo, sino para moveros a lo más digno y al trato asiduo con el Señor, sin distracciones.

³⁶ Pero si alguno teme faltar a la conveniencia respecto de su doncella, por estar en la flor de la edad, y conviene actuar en consecuencia, haga lo que quiera: no peca, cásense. ³⁷ Mas el que ha tomado una firme decisión en su corazón, y sin presión alguna, y en pleno uso de su libertad está resuelto en su interior a respetar a su doncella, hará bien. ³⁸ Por tanto, el que se casa con su doncella, obra bien. Y el que no se casa, obra mejor*.

---

7 15   (b) Var.: «nos».
7 21   Algunos completan:« esta ocasión». Pero el contexto no lo consiente.
7 23   Esclavos espiritualmente: de sus criterios y de sus costumbres.
7 25   De los dos sexos.
7 26   La que pesa durante el tiempo que corre entre la primera venida de Cristo y la Parusía, ver 2 Co 6 2+.
7 28   No las tribulaciones procedentes de la concupiscencia, 7 2.9, sino las preocupaciones de la vida conyugal.
7 29   Término técnico de la náutica. Lit.: «el tiempo ha plegado velas». Sea cual fuere el intervalo entre el momento presente y la Parusía, el tiempo pierde toda importancia, puesto que el mundo futuro está ya presente en Cristo resucitado.
7 31   Estilo oratorio en que las expresiones genéricas perjudican al uso preciso de cada término. Pablo no invita a la indiferencia con respecto a las realidades terrestres. Quiere evitar que nos sumerjamos en ellas y que olvidemos su carácter *relativo* en relación con Cristo y su Reino que viene.
7 34   Var.: ³³ « ... de cómo agradar a su mujer. ³⁴Y hay una diferencia entre la mujer casada y la virgen. La mujer no casada se preocupa de las cosas del Señor...».

7 38   «Su doncella», lit.: «su virgen». —La interpretación antigua veía aquí el caso de conciencia de un padre que se pregunta si va a casar o no a su hija. Para esa interpretación la traducción sería la siguiente: «³⁶Si, a pesar de todo, alguien cree faltar a la conveniencia respecto de su hija dejando pasar su edad, y que las cosas sigan su curso, haga lo que quiera, no peca; cásense. ³⁷Mas el que permanece firme en su corazón, y sin presión alguna y en pleno uso de su libertad está resuelto en su interior a guardar a su hija, hará bien. ³⁸Así, pues, el que casa a su hija, obra bien. Y el que no la casa, obra mejor». Pero son tan grandes las dificultades con que tropieza esta interpretación, cada vez tiene menos partidarios. Tampoco trata de jóvenes que ponían su virginidad bajo la protección de un hombre de confianza con quien aquéllas vivían en una peligrosa cercanía, sino de *novias*. Después de hablar de los esposos, de las vírgenes, y antes de considerar el caso de las viudas, Pablo trata de los que eran novios en el momento de su conversión, estado al que evidentemente no se puede aplicar el principio tres veces repetido (vv. 17.20.24): «permanezca cada cual ante Dios en el estado en que fue llamado». La solución de Pablo está de acuerdo con lo que se dice en los vv. 8-9.

Rm 7 2

³⁹ La mujer está obligada a su marido mientras él viva; mas, una vez muerto el marido, queda libre para casarse con quien quiera, pero sólo en el Señor*.

⁴⁰ Sin embargo, será más feliz si permanece así según mi consejo que también yo creo tener el Espíritu de Dios.

2 16

2. SOBRE LO INMOLADO A LOS ÍDOLOS*

El aspecto teórico.

8 ¹ Respecto a lo inmolado a los ídolos, es cosa sabida, pues todos tenemos ciencia. Pero la ciencia hincha, el amor en cambio edifica. ² Si alguien cree conocer algo, aún no lo conoce como se debe. ³ Mas si uno ama a Dios, ése es conocido por él*. ⁴ Ahora bien, respecto del comer lo sacrificado a los ídolos, sabemos que el ídolo no es nada en el mundo y no hay más que un único Dios. ⁵ Pues aun cuando se les dé el nombre de dioses, bien en el cielo bien en la tierra, de forma que hay multitud de dioses y de señores*, ⁶ para nosotros no hay más que un solo Dios, el Padre, del cual proceden todas las cosas y para el cual somos; y un solo Señor, Jesucristo, por quien son todas las cosas y nosotros por él*.

Rm 15 2

Dt 6 4+

Ex 20 2-3+
1 Tm 2 5
Rm 11 36
Ef 4 5-6
Col 1 16-17
Hb 1 2
Jn 1 3

El punto de vista de la caridad.

⁷ Mas no todos tienen este conocimiento. Pues algunos, acostumbrados hasta ahora al ídolo*, comen la carne como realmente sacrificada a los ídolos, y su conciencia, que es débil, se mancha. ⁸ No es ciertamente la comida lo que nos acerca a Dios*; ni va a faltarnos por no comer, ni va a sobrarnos por comer. ⁹ Pero tened cuidado que esa vuestra libertad no sirva de tropiezo a los débiles. ¹⁰ En efecto, si alguien te ve a ti, tienes conocimiento, sentado a la mesa en un templo de ídolos, ¿no se creará au-

Rm 14;
15 1-2.7
1 Ts 5 14

Rm 14 17
Col 2 21s
Hb 13 9

Rm 6 15+

Rm 14 15

torizado por su conciencia que es débil, a comer de lo sacrificado a los ídolos? ¹¹ Y por tu conocimiento se pierde el débil: ¡un hermano por quien murió Cristo! ¹² Y pecando así contra vuestros hermanos, hiriendo su conciencia, que es débil, pecáis contra Cristo*. ¹³ Por tanto, si un alimento causa escándalo a mi hermano, nunca comeré carne para no dar escándalo a mi hermano.

Mt 10 40+
Hch 9 5

Rm 14
13.20s

El ejemplo de Pablo*.

9 ¹ ¿No soy yo libre? ¿No soy yo apóstol? ¿Acaso no he visto yo a Jesús, Señor nuestro? ¿No sois vosotros mi obra en el Señor? ² Si para otros no soy yo apóstol, para vosotros sí que lo soy; ¡vosotros sois el sello de mi apostolado en el Señor! ³ He aquí mi defensa contra mis acusadores. ⁴ ¿Por ventura no tenemos derecho a comer y beber*? ⁵ ¿No tenemos derecho a llevar con nosotros una mujer cristiana*, como los demás apóstoles y los hermanos del Señor y Cefas? ⁶ ¿Acaso únicamente Bernabé y yo estamos privados del derecho de no trabajar? ⁷ ¿Quién hace de soldado a costa propia? ¿Quién planta una viña y no come de sus frutos? ¿Quién apacienta un rebaño y no se alimenta de su leche? ⁸ ¿Hablo acaso al modo humano o no lo dice también la Ley? ⁹ Porque está escrito en la Ley de Moisés: *No pondrás bozal al buey que trilla.* ¿Es que se preocupa

Rm 6 15+
Rm 1 1+

Hch 9 17+
1 Co 15 8

2 Co 3 3

Lc 8 2-3
Mt 12 46+
Jn 1 42

Hch 4 36+
Hch 18 3+

2 Tm 2 6

Dt 25 4
Lc 12 6.24

---

7 39   Debe tomar un marido cristiano.

8   «Inmolado a los ídolos» (lit.: *idolótitos*) El término griego *eidólózyton* designaba la carne de los animales sacrificados a los ídolos y cuyos restos, no utilizados en los banquetes sagrados, se vendían en el mercado, **10** 25, o se consumían en las dependencias del templo, **8** 10. Sobre ellos los corintios estaban divididos: ¿podían comerlos sin contemporizar con la idolatría? Pablo cita, para clarificar las cosas, los argumentos de los fuertes, vv. 1.4.8, y responde como en Rm **14-15**: el cristiano es libre, pero la caridad exige de él que respete la opinión de los escrupulosos y que evite el escándalo. Pablo no hace uso del decreto de Jerusalén, Hch 15 20.29, y hasta parece ignorarlo, Hch **15**+.

8 3   En sentido bíblico, es decir: «amado de Dios». Ver Os 2 22+.

8 5   Pablo se limita a consignar un hecho. Los *dioses* son los personajes míticos del Olimpo, y los cuerpos siderales; los *señores* son los hombres divinizados.

8 6   Aclamación bautismal en que se sobreentienden verbos de movimiento: «un solo Dios, el Padre, de quien todo (viene) y hacia quien nosotros (vamos) y un solo Señor, Jesucristo, por quien todo (viene a la existencia) y por quien nosotros (vamos hacia el Padre)».

8 7   Var.: «con la idea que aún se forman del ídolo».

8 8   Las variantes del griego permiten otras traducciones menos probables.

8 12   Cristo es aquí la comunidad, como en 1 Co 1 13; 6 15; 12 12.

9   En el caso de los idolótitos, la caridad debe prevalecer sobre la libertad del juicio propio. Pablo presenta el ejemplo de su propia vida. También, por el bien de todos, ha renunciado a determinados derechos que le confería el carisma apostólico.

9 4   A expensas de las comunidades.

9 5   Lit.: «una mujer hermana». Puede traducirse también «una esposa creyente»

Dios de los bueyes? [10] O, ¿no lo dice más bien por nosotros? Por nosotros ciertamente se escribió, pues el que ara, en esperanza debe arar; y el trillador trilla, con la esperanza de recibir su parte. [11] Si en vosotros hemos sembrado bienes espirituales, ¡¿qué mucho que recojamos de vosotros bienes materiales? [12] Si otros tienen estos derechos sobre vosotros, ¿no los tenemos más nosotros? Sin embargo, nunca hemos hecho uso de estos derechos. Al contrario, todo lo soportamos para no crear obstáculos al Evangelio de Cristo. [13] ¿No sabéis que los ministros del culto viven de los dones del templo? ¿Que los que sirven al altar, del altar participan? [14] Del mismo modo, también el Señor ha ordenado que los que predican el Evangelio vivan del Evangelio.

[15] Mas yo, de ninguno de esos derechos he hecho uso. Y no escribo esto para que se haga así conmigo. ¡Antes morir...! Esta gloria ¡nadie me la arrebatará! [16] Predicar el Evangelio no es para mí ningún motivo de gloria; es más bien un deber que me incumbe. ¡Ay de mí si no predico el Evangelio! [17] Si lo hiciera por propia iniciativa, ciertamente tendría derecho a una recompensa. Mas si lo hago forzado, es una misión que se me ha confiado. [18] Ahora bien, ¿cuál es mi recompensa? Predicar el Evangelio entregándolo gratuitamente, renunciando al derecho que me confiere el Evangelio.

[19] Efectivamente, siendo libre de todos, me he hecho esclavo de todos para ganar a los más que pueda. [20] Con los judíos me he hecho judío para ganar a los judíos; con los que están bajo la Ley, como quien está bajo la Ley —aun sin estarlo— para ganar a los que están bajo

ella. [21] Con los que están sin ley, como quien está sin ley para ganar a los que están sin ley, no estando yo sin ley de Dios sino bajo la ley de Cristo*. [22] Me he hecho débil con los débiles para ganar a los débiles. Me he hecho todo a todos para salvar a toda costa a algunos. [23] Y todo esto lo hago por el Evangelio para ser partícipe del mismo.

[24] ¿No sabéis que en las carreras del estadio todos corren, mas uno solo recibe el premio? ¡Corred de manera que lo consigáis! [25] Los atletas se privan de todo; y eso ¡por una corona corruptible!; nosotros, en cambio, por una incorruptible. [26] Así pues, yo corro, no como a la ventura; y ejerzo el pugilato, no como dando golpes en el vacío, [27] sino que golpeo mi cuerpo y lo esclavizo; no sea que, habiendo proclamado a los demás, resulte yo mismo descalificado*.

Lecciones de la historia de Israel*.

10 [1] No quiero que ignoréis, hermanos, que nuestros padres estuvieron todos bajo la nube y todos atravesaron el mar; [2] y todos fueron bautizados en relación con Moisés, en la nube y en el mar; [3] y todos comieron el mismo alimento espiritual; [4] y todos bebieron la misma bebida espiritual*, pues bebían de la roca espiritual* que les seguía; y la roca era Cristo. [5] Pero la mayoría de ellos no fue del agrado de Dios, pues sus cuerpos *quedaron tendidos en el desierto*.

[6] Estas cosas sucedieron para ejemplo* nuestro, para que no codiciemos lo malo como ellos lo codiciaron. [7] No os hagáis idólatras al igual que algunos de ellos, como dice la Escritura: *Sentóse el pueblo a comer y a beber y se levantó a divertirse*. [8] Ni forniquemos como algunos de ellos fornicaron y cayeron muer-

Margin references left column:
10 6+
Rm 15 27
Flm 19
4 12
Mt 10 10p
Hch 4 20; 9 15-16; 22 14-15; 26 16-18
2 Co 11 7
Rm 6 15+
Mt 20 26p
Ga 4 4-5

Margin references right column:
2 Co 11 29
Ga 5 7+
Sb 4 2; 5 16
Flp 3 14
2 Tm 4 7-8
1 P 5 4
St 1 12
Ap 2 10; 3 11
Ex 13 21; 14 22
Ex 16 4-35+
Ex 17 5-6
Nm 20 7-11
Nm 14 16
Nm 11 4.34
Ex 32 6
Nm 25 1-9

---

9 21 En el sentido de la ley de amor vivida por Cristo, Ga 6 2.

9 27 El pasaje utiliza el vocabulario deportivo de la época. Pablo invita a los *fuertes* a que le imiten sacrificando sus derechos por caridad, en razón de la recompensa celeste, como los atletas se privan de todo para ganar el premio.

10 Esta sección comenta la última palabra de la sección precedente: «descalificado». Existe el peligro de ser reprobado: lo demuestran los ejemplos tomados de la historia de Israel. Y la causa de esta eliminación fue el orgullo y la presunción. Eviten pues, los *fuertes* esos vicios.

10 4 (a) Pablo evoca la nube y el paso del mar Rojo —figuras del bautismo— y el maná y el agua de la roca —figuras de la Eucaristía— para invitar a los corintios a la prudencia y la humildad. Los hebreos en el desierto se beneficiaron en cierto modo de los mismos dones que ellos; sin embargo, en su mayoría, disgus-

taron a Dios, v. 5.

10 4 (b) Según una tradición rabínica, la roca de Nm 20 8 acompañaba a los israelitas en el desierto. Pablo usa el tiempo pasado porque la roca ya no existe en su tiempo.

10 6 Lit.: «tipos», que Dios suscitó para prefigurar las realidades espirituales de la era mesiánica («antitipos», 1 P 3 21, pero ver Hb 9 24). Este sentido *típico* (o alegórico, Ga 4 24) de los Libros Sagrados, si bien superaba la conciencia clara de los autores inspirados, no por eso es menos escriturístico, puesto que lo quiso Dios, autor de toda la Escritura. Es un sentido ordenado a la instrucción de los cristianos; los autores del NT lo han utilizado a menudo. Pablo lo inculca en repetidas ocasiones, v. 11 y 9 9s; Rm 4 23s; 5 14; 15 4; ver 2 Tm 3 16, y algunos escritos — como el cuarto evangelio y la epístola a los Hebreos— se fundan, en su totalidad, en una tipología del AT.

Nm 21 5-6

Nm 17 6-15

Ex 12 23+
10 6+
Rm 15 4
Ga 6 1
Si 15 11-20

1 9+
St 1 13-14
Mt 6 13;
26 41

tos veintitrés mil en un solo día. ⁹ Ni tentemos al Señor* como algunos de ellos le tentaron y perecieron víctimas de las serpientes. ¹⁰ Ni murmuréis como algunos de ellos murmuraron y perecieron bajo el exterminador. ¹¹ Todo esto les acontecía en figura, y fue escrito para aviso de los que hemos llegado a la plenitud de los tiempos. ¹² Así pues, el que crea estar en pie, mire no caiga. ¹³ No habéis sufrido tentación superior a la medida humana. Y fiel es Dios que no permitirá seáis tentados sobre vuestras fuerzas. Antes bien, con la tentación, os dará modo de poderla resistir con éxito*.

Los banquetes sagrados. No pactar con la idolatría.

11 23-26+

12 12+

Lv 3+

Dt 32 17

2 Co 6 14-16

¹⁴ Por eso, queridos, huid de la idolatría. ¹⁵ Os hablo como a personas sensatas. Juzgad vosotros lo que digo. ¹⁶ La copa de bendición que bendecimos*, ¿no es acaso comunión con la sangre de Cristo? Y el pan que partimos, ¿no es comunión con el cuerpo de Cristo? ¹⁷ Porque uno solo es el pan, aun siendo muchos, un solo cuerpo somos, pues todos participamos del mismo pan*. ¹⁸ Fijaos en el Israel según la carne*. Los que comen de las víctimas sacrificiales, ¿no están acaso en comunión con el altar? ¹⁹ ¿Qué digo, pues? ¿Que lo inmolado a los ídolos es algo? O ¿que los ídolos son algo? ²⁰ Pero si lo que inmolan los gentiles, *¡lo inmolan a los demonios y no a Dios!* Y yo no quiero que entréis en comunión con los demonios. ²¹ No podéis beber de la copa del Señor y de la copa de los demonios. No podéis participar de la mesa del Señor y de la mesa de los demonios*. ²² ¿O es que queremos provocar los celos* del Señor? ¿Somos acaso más fuertes que él?

Dt 4 24+

Soluciones prácticas.

²³ «Todo es lícito», mas no todo es conveniente. «Todo es lícito», mas no todo edifica. ²⁴ Que nadie procure su propio interés, sino el de los demás. ²⁵ Comed todo lo que se vende en el mercado sin plantearos cuestiones de conciencia; ²⁶ pues *del Señor es la tierra y todo cuanto contiene.* ²⁷ Si un infiel os invita y vosotros aceptáis, comed todo lo que os presente sin plantearos cuestiones de conciencia. ²⁸ Mas si alguien os dice: «Esto ha sido ofrecido en sacrificio», no lo comáis, a causa del que lo advirtió y por motivos de conciencia. ²⁹ No me refiero a tu conciencia, sino a la del otro; pues ¿cómo va a ser juzgada la libertad de mi conciencia por una conciencia ajena*? ³⁰ Si yo tomo algo dando gracias, ¿por qué voy a ser reprendido por aquello mismo que tomo dando gracias?

6 12+
Rm 14 19;
15 2
10 33
Flp 2 4

Sal 24 1

Conclusión.

³¹ Por tanto, ya comáis, ya bebáis o hagáis cualquier otra cosa, hacedlo todo para gloria de Dios. ³² No deis motivo de escándalo ni a judíos ni a griegos ni a la iglesia de Dios; ³³ lo mismo que yo, que me esfuerzo por agradar a todos en todo, sin procurar mi propio interés, sino el de todos, para que se salven.

Col 3 17
1 P 4 11

9 19-23
1 2+

Rm 15 2
1 Co 10 24

11 ¹ Sed mis imitadores, como lo soy de Cristo.

2 Ts 3 7+

---

10 9 Var.: «Cristo».
10 13 Tentar, ante todo es probar, someter a prueba, discernir la realidad detrás de las apariencias. Dios «tienta» al hombre, aunque le conoce a fondo, Jr 11 20+; 2 Cro 32 31, para ofrecerle la ocasión de manifestar la actitud profunda de su corazón, Gn 22 1+; Ex 16 4; Dt 8 2.16; 13 4; Jdt 8 25-27. Pero esta prueba viene a menudo provocada por circunstancias externas, o también por el Diablo, el *Tentador*, Jb 1 8-12; Mt 4 1p+; 1 Co 7 5; 1 Ts 3 5; Ap 2 10, o por la concupiscencia, St 1 13-14; 1 Tm 6 9. Esto da a la palabra el sentido de una seducción o una inducción al mal, de las que, sin embargo, puede triunfar el fiel con la ayuda de Dios, Si 44 20; Mt 6 13p; 26 41p; Lc 8 13; 1 P 1 6-7. Jesús mismo quiso ser tentado para mostrar así mejor su sumisión a la voluntad del Padre, Mt 4 1p+; 26 39-41p; Hb 2 18; 4 15. En cuanto al hombre que «tienta» a Dios, su actitud es blasfema, Ex 17 2.7; Hch 15 10+.
10 16 Es decir, la copa sobre la cual pronunciamos la bendición, como Cristo en la última cena.
10 17 Mediante la comunión con el cuerpo de Cristo los cristianos quedan unidos a Cristo y entre sí. La Eucaristía realiza la unidad de la iglesia en Cristo. Ver 12 12+.
10 18 Es decir, el Israel de la historia, ver Rm 7 5+. Los cristianos son «el Israel de Dios» Ga 6 16, el verdadero Israel.
10 21 En los vv. 16-18 se compara la comunión eucarística con Cristo a las comidas sacrificiales de AT en las que los fieles entraban en comunión con el altar. En el v. 21 se contrapone la mesa eucarística a la de las comidas sagradas que siguen a los sacrificios paganos. Pablo sitúa claramente a la Eucaristía en una perspectiva sacrificial.
10 22 Los celos de Dios, Ex 20 5; Dt 4 24, cuando el AT conectaba con el tema nupcial, Os 2 21s+, reaparece varias veces en el NT. Aquí la palabra alude, en su sentido pleno, a la adoración del verdadero Dios que excluye toda «comunión» con la idolatría. Otras veces insiste en la fidelidad que ha de mantenerse a toda costa, 2 Co 11 2, o en el ardor al servicio de la fe, Hch 22 3; Rm 10 2; Ga 1 13-14; Flp 3 6.
10 29 Se debe obrar así para respetar la conciencia errónea ajena, no para someterse a su falso juicio.

3. EL BUEN ORDEN EN LAS ASAMBLEAS

El hombre y la mujer ante el Señor.

1 Ts 2 13+;
4 1-2
2 Ts 2 15
1 Co 15 1-3

Ef 5 23+

3 23
Hch 11 27+

2 Co 3 18

11 15

Gn 1 26-27

Gn 2 21-23

[2] Os alabo porque en todas las cosas os acordáis de mí y conserváis las tradiciones tal como os las he transmitido. [3] Sin embargo, quiero que sepáis que la cabeza de todo hombre es Cristo; y la cabeza de la mujer es el hombre; y la cabeza de Cristo es Dios. [4] Todo hombre que ora o profetiza con la cabeza cubierta*, afrenta a su cabeza. [5] Y toda mujer que ora o profetiza* con la cabeza descubierta, afrenta a su cabeza; es como si estuviera rapada. [6] Por tanto, si una mujer no se cubre la cabeza, que se corte el pelo. Y si es afrentoso para una mujer cortarse el pelo o raparse, ¡que se cubra*!

[7] El varón no debe cubrirse la cabeza*, pues es imagen de la gloria de Dios; pero la mujer es gloria del varón. [8] En efecto, no procede el varón de la mujer, sino la mujer del varón. [9] Ni fue creado el varón por razón de la mujer, sino la mujer por razón del varón. [10] He ahí por qué debe llevar la mujer sobre la cabeza una señal de sujeción* por razón de los ángeles*. [11] Por lo demás, ni la mujer sin el varón, ni el varón sin la mujer, en el Señor. [12] Porque si la mujer procede del varón, el varón, a su vez, nace mediante la mujer, y todo proviene de Dios*.

[13] Juzgad por vosotros mismos. ¿Está bien que la mujer ore a Dios con la cabeza descubierta? [14] ¿No os enseña la misma naturaleza que es una afrenta para el varón la cabellera, [15] mientras es una gloria para la mujer la cabellera? En efecto, la cabellera le ha sido dada a modo de velo*.

[16] De todos modos, si alguien quiere discutir, no es ésa nuestra costumbre ni la de las iglesias de Dios.

La «Cena del Señor».

[17] Al dar estas disposiciones, no os alabo, porque vuestras reuniones son más para mal que para bien. [18] Pues, ante todo, oigo que, al reuniros en la asamblea, hay entre vosotros divisiones, y lo creo en parte. [19] Desde luego, tiene que haber entre vosotros disensiones, para que se ponga de manifiesto quiénes son los auténticos entre vosotros. [20] Cuando os reunís, pues, en común, eso no es comer la cena del Señor; [21] porque cada uno come primero su propia cena*, y mientras uno pasa hambre, otro se embriaga. [22] ¿No tenéis casas para comer y beber? ¿O es que despreciáis a la iglesia de Dios y avergonzáis a los que no tienen? ¿Qué voy a deciros? ¿Alabaros? ¡En eso no os alabo!

[23] Porque yo recibí del Señor* lo que os transmití: que el Señor Jesús, la noche en que era entregado, tomó pan, [24] dando gracias, lo partió y dijo: «Este es mi cuerpo que se entrega por vosotros*; haced esto en memoria mía.» [25] Asimismo tomó el cáliz después de cenar, diciendo: «Esta copa es la nueva Alianza en mi sangre. Cuantas veces la bebiereis, hacedlo en memoria mía*.» [26] Pues cada vez que comáis este pan y bebáis de este cáliz, anunciáis la muerte del Señor, hasta que venga. [27] Por tanto, quien coma el pan o beba el cáliz del Señor indignamente, será reo del cuerpo y de la sangre del Señor*.

4 17; 7 17;
14 33; 1 2+

1 2+

15 3+
Mt 26 26-29
Mc 14 22-25
Lc 22 14-20
1 Co 10
16-17
Ex 12 14
Dt 16 3
Hb 8 6-13
Jr 31 31+
Ex 24 8

16 22
Ap 22 17.20

---

11 4   Lit.: «teniendo (algo colgando) de la cabeza». La expresión puede aludir al tocado con que se cubre la cabeza, o a la cabellera larga. De ahí la posibilidad de traducir también: «Todo hombre que ora o profetiza con cabellera larga». En estos vv. es ambigua la referencia tocado/cabellera.

11 5   Ejerciendo funciones de liderazgo. Sobre la profecía, ver 1 Co 12 28; 14 1s.

11 6   Cabe una alusión al cabello corto de algunas lesbianas. Ver 11 15.

11 7   O también: «No debe llevar cabello largo».

11 10 (a) O también: «debe moderar su cabeza» (arreglando la cabellera en una forma digna).

11 10 (b) «ángeles»: los espíritus angélicos cuya presencia invisible debe provocar respeto según una interpretación del Dt (Qumrán). O también los mensajeros de otras comunidades, Mt 11 10; Lc 7 24; 9 52, que se escandalizarían viendo una presentación inadecuada en las mujeres.

11 12 Es decir: el hombre es inseparable de la mujer, y la mujer del hombre. Pablo alude a la complementa-

ridad biológica de lo masculino y lo femenino para desautorizar el recurso a Gn 2 21-23 como prueba de la inferioridad de la mujer.

11 15 Según una moda de los tiempos de Pablo las mujeres enrollaban las trenzas alrededor de la cabeza formando una especie de gorro. Es posible que los vv. 6 y 13 aludan a esta moda.

11 21 «su propia cena». Se contrapone a la «cena del Señor» del v. 20, que exige una celebración común en la caridad, y no un fraccionamiento inspirado en el egoísmo.

11 23 No por revelación directa, sino por transmisión que se remonta al Señor.

11 24 Var.: «partido para vosotros», «dado para vosotros».

11 25 El texto de Pablo es afín al de Lc 22 19-20.

11 27 Si los que comparten el banquete eucarístico no están realmente unidos en el amor (v. 26), es como si estuvieran de la parte de los que mataron a Jesús, Dt 19 10; Hb 6 4-6; 10 29.

²⁸ Examínese, pues, cada cual, y coma así el pan y beba del cáliz. ²⁹ Pues quien come y bebe sin discernir el Cuerpo*, come y bebe su propia condena. ³⁰ Por eso hay entre vosotros muchos enfermos y muchos achacosos, y mueren* no pocos. ³¹ Si nos juzgásemos a nosotros mismos, no seríamos castigados. ³² Mas, al ser castigados, somos corregidos por el Señor, para que no seamos condenados con el mundo*.

³³ Así pues, hermanos míos, cuando os reunáis para la cena, esperaos unos a otros. ³⁴ Si alguno tiene hambre, que coma en su casa, a fin de que no os reunáis para castigo vuestro. Lo demás lo dispondré cuando vaya.

Los dones espirituales o carismas*.

12 ¹ En cuanto a los dones espirituales, no quiero, hermanos, que estéis en la ignorancia. ² Sabéis que cuando erais gentiles, os dejabais arrastrar ciegamente hacia los ídolos mudos*. ³ Por eso os hago saber que nadie, movido por el Espíritu de Dios, puede decir: «¡Maldito sea Jesús!»; y nadie puede decir: «¡Jesús es Señor!» sino movido por el Espíritu Santo.

Diversidad y unidad de los carismas.

⁴ Hay diversidad de carismas, pero un mismo Espíritu; ⁵ diversidad de ministerios, pero un mismo Señor; ⁶ diversidad de actuaciones, pero un mismo Dios que obra todo en todos*. ⁷ A cada cual se le otorga la manifestación del Espíritu para provecho común. ⁸ Porque a uno se le da por el Espíritu palabra de sabiduría*; a otro, palabra de ciencia* según el mismo Espíritu; ⁹ a otro fe*, en el mismo Espíritu; a otro, carisma de curaciones, en el único Espíritu; ¹⁰ a otro, poder de milagros; a otro, profecía; a otro, discernimiento de espíritus*; a otro, diversidad de lenguas*; a otro, don de interpretarlas. ¹¹ Pero todas estas cosas las obra un mismo y único Espíritu, distribuyéndolas a cada uno en particular según su voluntad.

El símil del cuerpo*.

¹² Pues del mismo modo que el cuerpo es uno, aunque tiene muchos miembros,

Dt 8 5+

Jn 14 26+
1 Jn 4 1-3

Hch 2 21+.
36+
Rm 10 9
Flp 2 11

Hch 1 8+
1 Co 12 28-
30
Rm 12 6-8

Hch 11 27+
1 Jn 4 1-3

Hch 2 4+

Rm 12 4-5

11 29 El criterio para examinarse a sí mismo debe ser la calidad de la relación que se mantiene con los otros miembros de la comunidad.

11 30 Probablemente Pablo interpreta una epidemia que reinó entre los habitantes de Corinto como un castigo divino por la falta de caridad que hacía imposible la Eucaristía (v. 20).

11 32 Las pruebas enviadas por el Señor son *juicios* que preludian el último juicio. Pero su finalidad es la conversión que evitará la condenación final (v. 32). Se habrían evitado estos castigos si los culpables —con ocasión de la comunión con el cuerpo de Cristo (v. 31)— se hubieran examinado a sí mismos y se hubieran corregido.

12 Los caps. **12-14** tratan del buen uso de los dones del Espíritu —*carismas*—, concedidos a la comunidad como testimonio visible de la presencia del Espíritu, y para poner remedio a la situación anormal de una joven comunidad cuya fe no había transformado aún la mentalidad impregnada de paganismo. Los corintios sienten la tentación de dar más valor a los dones espectaculares y de hacer uso de ellos en una atmósfera anárquica, a imitación de ciertas ceremonias paganas. Pablo reacciona precisando que han sido dados para el bien de la comunidad, por lo que no deben ocasionar rivalidades (cap. 12). Luego demuestra que la caridad supera a todos ellos (cap. 13). Finalmente explica que su jerarquía se establece según la contribución a la edificación de la comunidad (cap. 14).

12 2 Alusión a los fenómenos violentos, desenfrenados, de algunos cultos paganos, y que eran considerados como la señal de su autenticidad. Por el contrario, en las asambleas cristianas, el contenido de la predicación es la señal de verdad y no su tono inspirado (v. 3).

12 6 Nótese la presentación trinitaria del pensamiento, ver 2 Co 13 13+.

12 8 (a) Sin duda para exponer las verdades cristianas más elevadas, las que se refieren al ser de Dios y su acción en nosotros: la enseñanza «de lo perfecto» de Hb

6 1. Ver también 1 Co **2** 6-16.

12 8 (b) El don de exponer las verdades elementales del cristianismo: «la enseñanza elemental acerca de Cristo» de Hb 6 1.

12 9 La fe en grado extraordinario, ver 13 2.

12 10 (a) El don de distinguir el origen (Dios, la naturaleza, el Maligno) de los fenómenos carismáticos.

12 10 (b) El carisma de las lenguas —*glosolalia*— o de la *xenoglosia* (lenguas extrañas) es el don de alabar a Dios profiriendo, bajo la acción del Espíritu Santo y en estado más o menos extático, sonidos ininteligibles. Es lo que Pablo llama *hablar en lenguas* (1 Co 14 5.6.18. 23.39) o *hablar en lengua* (1 Co 14 2.4.9.13.14.19.26.27). Este carisma se remonta a la iglesia más primitiva, en la que era el primer efecto sensible de la venida del Espíritu a las almas. Ver Hch 2 3-4; 10 44-46 y 11 15; 19 6.

12 12 (a) Aunque utilice el apólogo clásico que compara a la sociedad con un cuerpo que teniendo miembros diversos es uno, Pablo no se inspira en él para su doctrina sobre el Cuerpo de Cristo. Ésta brota más bien de su peculiar modo de entender el amor como la base de la existencia cristiana, 1 Co 13 2. En efecto, él veía a los creyentes como partes de una unidad orgánica, y el cuerpo humano le brindaba una imagen perfecta de la diversidad articulada en la unidad. El designa aquí a «Cristo» como la realidad que corresponde a ese hombre nuevo, Ga 3 28. Como cuerpo suyo, la iglesia es la presencia física de Cristo en el mundo en la medida en que prolonga su ministerio. Esta doctrina de tan gran realismo, que ya aparece en 1 Co, se repite y amplía en las epístolas de la cautividad. Es cierto que la reconciliación de los hombres, que son miembros de Cristo, Ef 5 30, se realiza integrando en el Cuerpo de Cristo crucificado según la carne y vivificado por el Espíritu, Ef 2 14-18; Col 1 22. Pero la unidad de los fieles no reúne a todos los cristianos en el mismo Espíritu, Ef 4 4; Col 3 15, y su identificación con la iglesia, Ef 1 22s; 5 23; Col 1 18.24, adquieren mayor relieve. Así personalizado, Ef 4 12s; Col 2 19, este Cuerpo tiene en adelante a Cristo por cabeza, y todos los miembros del cuerpo, no obstante su pluralidad, no forman más que un solo cuerpo, así también Cristo*. ¹³ Porque en un solo Espíritu hemos sido todos bautizados, para no formar más que un cuerpo, judíos y griegos, esclavos y libres. Y todos hemos bebido de un solo Espíritu.

¹⁴ Así también el cuerpo no se compone de un solo miembro, sino de muchos. ¹⁵ Si dijera el pie: «Puesto que no soy mano, yo no soy del cuerpo» ¿dejaría de ser parte del cuerpo por eso? ¹⁶ Y si el oído dijera: «Puesto que no soy ojo, no soy del cuerpo» ¿dejaría de ser parte del cuerpo por eso? ¹⁷ Si todo el cuerpo fuera ojo, ¿dónde quedaría el oído? Y si fuera todo oído, ¿dónde el olfato?

¹⁸ Ahora bien, Dios puso cada uno de los miembros en el cuerpo según su voluntad. ¹⁹ Si todo fuera un solo miembro, ¿dónde quedaría el cuerpo? ²⁰ Por tanto, muchos son los miembros, mas uno el cuerpo. ²¹ Y no puede el ojo decir a la mano: «¡No te necesito!» Ni la cabeza a los pies: «¡No os necesito!»

²² Más bien los miembros del cuerpo que tenemos por más débiles, son indispensables. ²³ Y a los que nos parecen los más viles del cuerpo, los rodeamos de mayor honor. Así a nuestras partes deshonestas las vestimos con mayor honestidad. ²⁴ Pues nuestras partes honestas no lo necesitan. Dios ha formado el cuerpo dando más honor a los miembros que carecían de él, ²⁵ para que no hubiera división alguna en el cuerpo, sino que todos los miembros se preocuparan lo mismo los unos de los otros. ²⁶ Si sufre un miembro, todos los demás sufren con él. Si un miembro es honrado, todos los demás toman parte en su gozo.

²⁷ Ahora bien, vosotros sois el cuerpo de Cristo, y sus miembros cada uno a su modo. ²⁸ Y así los puso Dios en la iglesia, primeramente los apóstoles; en segundo lugar los profetas; en tercer lugar los maestros*; luego, los milagros; luego, el don de las curaciones, de asistencia*, de gobierno*, diversidad de lenguas. ²⁹ ¿Acaso todos son apóstoles? O ¿todos profetas? ¿Todos maestros? ¿Todos con poder de milagros? ³⁰ ¿Todos con carisma de curaciones? ¿Hablan lenguas todos? ¿Interpretan todos?

Jerarquía entre los carismas. Himno a la caridad*.

³¹ ¡Aspirad a los carismas superiores! Y aun os voy a mostrar un camino más excelente.

13 ¹ Aunque hable las lenguas de los hombres y de los ángeles, si no tengo caridad, soy como bronce que suena o címbalo que retiñe*. ² Aunque tenga el don de profecía, y conozca todos los misterios y toda la ciencia; aunque tenga

margin refs:
Ef 4 4-6
Ga 3 28
Col 3 11
Flm 16+

Rm 12 15

12 7-11
Rm 12 6-8
Ef 4 11

Rm 1 1+
Hch 11 27+

Mt 7 22

Ef 1 22; 4 15s; 5 23; Col 1 18; 2 19 (ver 1 Co 12 21), por la influencia sin duda de la idea de Cristo Cabeza de las potestades, Col 2 10. Finalmente llega hasta englobar en cierto modo todo el universo reunido bajo el dominio del *Kyrios*, Ef 1 23+. Ver Jn 2 21+.

12 12 (b) Como el cuerpo humano da unidad a la pluralidad de los miembros, así Cristo, principio unificador de su iglesia, da unidad a todos los cristianos en su Cuerpo.

12 28 (a) Los *maestros* estaban encargados en cada iglesia de la enseñanza regular y ordinaria, ver Hch 1 1+.

12 28 (b) El don que mueve al cristiano a las obras de caridad.

12 28 (c) El don de gobernar y regir las iglesias.

12 31 El tema de la caridad se desarrolla en tres secciones: a) Superioridad de la caridad (vv. 1-3); b) sus actos (vv. 4-7); c) su perennidad (vv. 8-13). Se trata aquí de la caridad fraterna. No se toca directamente el tema del amor de Dios, pero está latente, especialmente en el v. 13, en conexión con la fe y la esperanza.

13 1 A diferencia del amor pasional y egoísta, la caridad, *agapê*, es un amor de benevolencia que quiere el bien ajeno. Su fuente está en Dios que fue el primero en amar, 1 Jn 4 19, y entregó a su Hijo para reconciliar consigo a los pecadores, Rm 5 8; 2 Co 5 18-21; Ef 2 4-7; ver Jn 3 16s; 1 Jn 4 9-10, y hacerlos sus elegidos, Ef 1 4, y sus hijos, 1 Jn 3 1. Atribuido primeramente a Dios (Padre), Rm 5 5; 8 39; 2 Co 13 11.13; Flp 2 1; 2 Ts 2 16; ver 1 Jn 2 15, este amor, que es la naturaleza misma de Dios, se halla igualmente en el Hijo, Rm 8 35.37.39; 2 Co 5 14; Ef 3 19; 1 Tm 1 14; 2 Tm 1 13, que ama al Padre como es amado

por él, Ef 1 6; Col 1 13; ver Jn 3 35; 10 17; 14 31, y como él ama a los hombres, Jn 13 1.34; 14 21; 15 9, por quienes se ha entregado, 2 Co 5 14s; Ga 2 20; Ef 5 2.25; 1 Tm 1 14s; ver Jn 15 13; 1 Jn 3 16; Ap 1 5. Es también el amor del Espíritu Santo, Rm 15 30; Col 1 8, que lo difunde en los corazones de los cristianos, Rm 5 5+; ver Ga 5 22, otorgándoles la gracia de cumplir, ver Rm 8 4, este precepto esencial de la Ley que es el amor de Dios y del prójimo, Mt 22 37-40p; Rm 13 8-10; Ga 5 14. Porque el amor a los hermanos y aun a los enemigos, Mt 5 43-48p, es la consecuencia necesaria y la verdadera prueba del amor de Dios, 1 Jn 3 17; 4 20s, el nuevo mandamiento que dio Jesús, Jn 13 34s; 15 12.17; 1 Jn 3 23; etc., y que sus discípulos no cesan de inculcar, Rm 13 8; Ga 5 13s; Ef 1 15; Flp 2 2s; Col 1 4; 1 Ts 3 12; 2 Ts 1 3; Flm 5.7; ver St 2 8; 1 P 1 22; 2 17; 4 8; 1 Jn 2 10; 3 10s.14; etc. Así es como Pablo ama a los suyos, 2 Co 2 4; 12 15; etc., y es amado por ellos, Col 1 8; 1 Ts 3 6; etc. Esta caridad a base de sinceridad y de humildad, de olvido y de don de sí, Rm 12 9s; 1 Co 13 4-7; 2 Co 6 6; Flp 2 2s, de servicio, Ga 5 13; ver Hb 6 10, y de ayuda mutua, Ef 4 2; ver Rm 14 15; 2 Co 7s, se ha de probar con obras, 2 Co 8 8-11.24; ver 1 Jn 3 18, y ha de guardar los mandamientos del Señor, Jn 14 15; 1 Jn 5 2s, etc., haciendo efectiva la fe, Ga 5 6; ver Hb 10 24. La caridad es el vínculo de la perfección, Col 3 14; ver 2 P 1 7, y «cubre los pecados», 1 P 4 8; ver Lc 7 47. Apoyándose en el amor de Dios, nada teme, Rm 8 28-39; ver 1 Jn 4 17s. Actuándose en la verdad, Ef 4 15; ver 2 Ts 2 10, da al verdadero sentido moral, Flp 1 9s, y abre al hombre a un conocimiento espiritual del misterio divino, Col 2 2; ver 1 Jn 4 7, del amor de Cristo que supera

Mt 17 20
St 2 14-17

Mt 6 2
Dn 3 28 (95)

Rm 13 8-10;
12 9-10
1 Ts 5 14-15

Pr 10 12

13 13+
Hch 11 27+
Hch 2 4+

2 Co 5 7
Nm 12 8
1 Jn 3 2
Ga 4 9

Hch 2 4+;
11 27+

1 Ts 5 20
Hch 11 27+
Hch 2 4+

Rm 1 9+

plenitud de fe como para trasladar montañas, si no tengo caridad, nada soy*. ³ Aunque reparta todos mis bienes, y entregue mi cuerpo a las llamas, si no tengo caridad, nada me aprovecha.

⁴ La caridad es paciente*, es amable; la caridad no es envidiosa, no es jactanciosa, no se engríe; ⁵ es decorosa; no busca su interés; no se irrita; no toma en cuenta el mal; ⁶ no se alegra de la injusticia; se alegra con la verdad. ⁷ Todo lo excusa. Todo lo cree. Todo lo espera. Todo lo soporta. ⁸ La caridad no acaba nunca*. Desaparecerán las profecías. Cesarán las lenguas. Desaparecerá la ciencia. ⁹ Porque parcial es nuestra ciencia y parcial nuestra profecía. ¹⁰ Cuando venga lo perfecto, desaparecerá lo parcial. ¹¹ Cuando yo era niño, hablaba como niño, pensaba como niño, razonaba como niño. Al hacerme hombre, dejé todas las cosas de niño. ¹² Ahora vemos en un espejo, en enigma. Entonces veremos cara a cara. Ahora conozco de un modo parcial, pero entonces conoceré como soy conocido.

¹³ Ahora subsisten la fe, la esperanza y la caridad, estas tres*. Pero la mayor de todas ellas es la caridad.

Jerarquía de los carismas en razón de la utilidad común.

14 ¹ Buscad la caridad; pero aspirad también a los dones espirituales, especialmente a la profecía. ² Pues el que habla en lenguas no habla a los hombres sino a Dios. En efecto, nadie le entiende: dice en espíritu cosas misteriosas. ³ Por el contrario, el que profetiza, habla a los hombres para su edificación, exhortación y consolación. ⁴ El que habla en lenguas, se edifica a sí mismo; el que profetiza, edifica a toda la asamblea. ⁵ Deseo que

habléis todos en lenguas; prefiero, sin embargo, que profeticéis. Pues el que profetiza, supera al que habla en lenguas, a no ser que también interprete, para que la asamblea reciba edificación*.

⁶ Y ahora, hermanos, supongamos que yo vaya a vosotros hablándoos en lenguas, ¿qué os aprovecharía yo, si mi palabra no os trajese ni revelación ni ciencia ni profecía ni enseñanza? ⁷ Así sucede con los instrumentos musicales inanimados, como la flauta o la cítara. Si no dan distintamente los sonidos, ¿cómo se conocerá lo que toca la flauta o la cítara. ⁸ Y si la trompeta no da sino un sonido confuso, ¿quién se preparará para la batalla? ⁹ Así también vosotros: si al hablar no pronunciáis palabras inteligibles, ¿cómo se entenderá lo que decís? Es como si hablarais al viento. ¹⁰ Hay en el mundo no sé cuánta variedad de lenguas, y ninguna carece de sentido*. ¹¹ Mas si yo desconozco el sentido de una lengua seré un extranjero* para el que me habla; y el que me habla, un extranjero para mí. ¹² Así pues, ya que aspiráis a los dones espirituales, procurad abundar en ellos para la edificación de la asamblea.

¹³ Por tanto, el que habla en lenguas, pida el don de interpretarlas. ¹⁴ Porque si oro en lenguas, mi espíritu ora, pero mi mente queda sin fruto*. ¹⁵ Entonces, ¿qué hacer? Oraré con el espíritu, pero oraré también con la mente. Cantaré salmos con el espíritu, pero también los cantaré con la mente. ¹⁶ Porque, si no bendices más que con el espíritu, ¿cómo dirá «amén» a tu acción de gracias el que ocupa el lugar del simple fiel*, pues no sabe lo que dices? ¹⁷ ¡Cierto , tu acción de gracias es excelente; pero el otro no se edifica. ¹⁸ Doy gracias a Dios porque hablo en lenguas más que todos vosotros;

Nm 11 29

2 Co 1 20

---

todo conocimiento, Ef 3 17-19; ver 1 Co 8 1-3; 13 8-12. Haciendo a Cristo habitar en el alma, Ef 3 17, y también a toda la Trinidad, 2 Co 13 13+; ver Jn 14 15-23; 1 Jn 4 12, nutre la vida de las virtudes teologales, ver Rm 1 16+; 5 2+, de las que es la reina, 1 Co 13 13, porque sólo ella no acabará, 1 Co 13 8, sino que llegará a su plenitud en la visión, 1 Co 13 12; ver 1 Jn 3 2, cuando Dios otorgue a sus elegidos los bienes que ha prometido a los que le aman, 1 Co 2 9; Rm 8 28; Ef 6 24; 2 Tm 4 8; ver St 1 12; 2 5.

13 2 En este versículo «nada soy» tiene sentido de «carente de consistencia o sustancia» (ver 1 Co 1 30).

13 4 En los vv. 4-7 se define la caridad mediante una serie de quince *verbos* cuyo sujeto es siempre la *caridad*. De ahí que la definición de la misma no sea de tipo abstracto, sino funcional, referida a las actividades que realiza.

13 8 Pablo contrapone el presente («ahora») en el que los corintios exageran puerilmente, 1 Co 3 1, el valor de los carismas a un futuro («entonces») en el que ellos mismos darán la mayor importancia a las virtudes

esenciales de la fe, la esperanza y la caridad.

13 13 La permanencia de la fe y la esperanza pone de manifiesto que Pablo no está pensando en la vida después de la muerte. El grupo de las tres virtudes teologales, que aparece en Pablo desde 1 Ts 1 3, y que sin duda es anterior, se repite a menudo en sus epístolas, con variaciones en cuanto al orden: 1 Ts 5 8; 1 Co 13 7.13; Ga 5 5s; Rm 5 1-5; 12 6-12; Col 1 4-5; Ef 1 15-18; 4 2-5; 1 Tm 6 11; Tt 2 2. Ver Hb 6 10-12; 10 22-24; 1 P 1 3-9.21s. Además se encuentran juntos amor y fe en 1 Ts 3 6; 2 Ts 1 3, Flm 5, paciencia en el sufrimiento y fe, en 2 Ts 1 4, caridad y paciencia en el sufrimiento, en 2 Ts 3 5. Ver 2 Co 13 13.

14 5 En este caso no hay diferencia entre glosolalia y profecía, ver v. 13.

14 10 O bien: «sin lenguaje».

14 11 Lit.: «bárbaro», era el que no entendía el griego.

14 14 En la oración del glosólalo, fuera de sí en el *espíritu*, no hay nada aprovechable para la *mente*.

14 16 El que no recibe el favor de dones semejantes.

¹⁹ pero en la asamblea, prefiero decir cinco palabras con sentido, para instruir a los demás, que diez mil en lenguas.

Ef 4 14
Rm 16 19

²⁰ Hermanos, no seáis niños en mentalidad. Sed niños en malicia, pero hombres maduros en mentalidad. ²¹ Está escrito en la Ley*: *Por hombres de lenguas extrañas y por boca de extraños hablaré yo a este pueblo, y ni así me escucharán,* dice el Señor*. ²² Así pues, las lenguas sirven de signo no para los creyentes, sino para los infieles; en cambio la profecía, no para los infieles, sino para los creyentes*. ²³ Por ejemplo, si se reúne toda la asamblea y todos hablan en lenguas y entran en ella simples fieles o infieles, ¿no dirán que estáis locos? ²⁴ Por el contrario, si todos profetizan y entra un infiel o un simple fiel, será convencido por todos, juzgado por todos. ²⁵ Los secretos de su corazón quedarán al descubierto y, postrado rostro en tierra, adorará a Dios confesando: *Dios está verdaderamente entre vosotros.*

Is 28 11-12

Hch 2 4.13

Is 45 14
Za 8 23

Los carismas. Reglas prácticas.

²⁶ ¿Qué concluir, hermanos? Cuando os reunís, cada cual puede tener un salmo, una instrucción, una revelación, un discurso en lenguas, una interpretación; pero que todo sea para edificación. ²⁷ Si se habla en lenguas, que hablen dos, o a lo más, tres, y por turno; y que haya un intérprete. ²⁸ Si no hay quien interprete, guárdese silencio en la asamblea; hable cada cual consigo mismo y con Dios. ²⁹ En cuanto a los profetas, hablen dos o tres, y los demás juzguen. ³⁰ Si algún otro que está sentado tiene una revelación, cállese el primero. ³¹ Podéis profetizar todos por turno para que todos aprendan y sean exhortados. ³² Pero los espíritus de los profetas están sometidos a los profetas*, ³³ pues Dios no es un Dios de confusión, sino de paz.

Como en todas las iglesias de los santos, ³⁴ las mujeres cállense en las asambleas; que no les está permitido tomar la palabra*; antes bien, estén sumisas como también la Ley lo dice. ³⁵ Si quieren aprender algo, pregúntenlo a sus propios maridos en casa; pues es indecoroso que la mujer hable en la asamblea. ³⁶ ¿Acaso ha salido de vosotros la palabra de Dios? O ¿solamente a vosotros ha llegado*? ³⁷ Si alguien se cree profeta o inspirado por el Espíritu, reconozca en lo que os escribo un mandato del Señor. ³⁸ Si no lo conoce, tampoco él es reconocido*.

11 16+
Hch 9 13+

Gn 3 16
1 Tm 2 11-14

11 5

2 16; 7 40
15 34

³⁹ Por tanto, hermanos, aspirad al don de la profecía, y no estorbéis que se hable en lenguas. ⁴⁰ Pero hágase todo con decoro y orden.

III.   *La resurrección de los muertos**

El hecho de la resurrección.

1 Ts 2 13+

15 ¹ Os hago saber, hermanos, el Evangelio que os prediqué, que habéis recibido y en el cual permanecéis firmes, ² por el cual también sois salvados, si lo guardáis tal como os lo prediqué... Si no, ¡habríais creído en vano!

---

14 21 (a) Texto citado muy libremente.

14 21 (b) El sentido del texto de Is es que, si los israelitas no escuchan al profeta, tendrán que escuchar la ininteligible lengua de los invasores.

14 22 Conforme al estilo de la diatriba, Pablo realiza una deducción a partir de las palabras puestas en boca de un objetor imaginario. Si la glosolalia es inútil dentro de la iglesia (en contraste con la profecía), su finalidad debe consistir en servir de signo apologético para los de fuera. De aquí Pablo pasa a la impugnación en los vv. 23-24.

14 32 De lo contrario, si parece haber perdido el dominio de su actividad, es un falso profeta.

14 34 Los vv. 34-35, que algunos manuscritos ponen después del v. 40, pueden ser interpolación pospaulina. Dos razones hacen plausible esta hipótesis. Por una parte el recurso a la obediencia a la Ley (probablemente Gn 3 16), poco propio de Pablo; en segundo lugar la orden del silencio impuesta a las mujeres parece contradecir a 1 Co 11 5. Estas órdenes reflejan la mentalidad de 1 Tm 2 11-14, y probablemente proceden de la misma situación eclesial.

14 36 Puesto que la respuesta es negativa, Pablo invita a los corintios a que acepten las reglas en uso en las otras iglesias, respecto a la conducta de los profetas, vv. 29-33.

14 38 Desconocido por Dios, que no le reconoce como suyo. —Var.: «Si lo ignora, que lo ignore» (exabrupto de Pablo irritado). Sobre esta forma de cerrar una discusión, ver 11 16; Flp 3 15.

15   Algunos cristianos de Corinto negaban la resurrección de los muertos, 15 12. Los griegos la consideraban como inaceptable por excesivamente grosera, Hch 17 32+, mientras que los judíos la habían ido descubriendo paulatinamente (ver Sal 16 10+; Jb 19 25+; Ez 37 10+), y luego la enseñaron explícitamente (Dn 12 2+.3+; 2 M 7 9+). Para impugnar el error de los corintios, Pablo parte de la afirmación fundamental de la proclamación evangélica, el misterio pascual de Cristo muerto y resucitado, vv. 3-5 (ver Rm 1 4; Ga 1 1 4; 1 Ts 1 10, etc.), que desarrolla enumerando las apariciones del Resucitado: vv. 6-11; ver Hch 1 8+. Desde ahí muestra lo absurdo de la opinión que impugna: vv. 12-34, ver 15 13+. Cristo es la primicia y la causa eficaz de la

11 2.23+
Lc 1 2
Hch 2 23+

Mt 28 10+
Lc 24 34s

Hch 12 17+
Rm 1 1+

Ef 3 8
1 Tm 1
15-16
Ga 1 13-14
Hch 8 3+

2 Co 11 23s

Hch 2 22+

Hch 2 22+

Hch 1 8+;
26 16

³ Porque os transmití, en primer lugar, lo que a mi vez recibí*: que Cristo murió por nuestros pecados*, según las Escrituras; ⁴ que fue sepultado, y que resucitó al tercer día, según las Escrituras*; ⁵ que se apareció a Cefas y luego a los Doce; ⁶ después se apareció a más de quinientos hermanos a la vez, de los cuales todavía* la mayor parte viven y otros murieron*. ⁷ Luego se apareció a Santiago; más tarde, a todos los apóstoles*. ⁸ Y en último término se me apareció también a mí, que soy como un aborto*.

⁹ Pues yo soy el último de los apóstoles: indigno del nombre de apóstol, por haber perseguido a la iglesia de Dios. ¹⁰ Mas, por la gracia de Dios, soy lo que soy; y la gracia de Dios no ha sido estéril en mí. Antes bien, he trabajado más que todos ellos. Pero no yo, sino la gracia de Dios conmigo.

¹¹ Pues bien, tanto ellos como yo esto es lo que predicamos; esto es lo que habéis creído.

¹² Ahora bien, si se predica que Cristo ha resucitado de entre los muertos ¿cómo andan diciendo algunos de vosotros que no hay resurrección de los muertos? ¹³ Si no hay resurrección de los muertos, tampoco Cristo resucitó*. ¹⁴ Y si no resucitó Cristo, vacía es nuestra predicación, vacía también vuestra fe*. ¹⁵ Y quedamos como testigos falsos de Dios porque hemos atestiguado contra Dios que resucitó a Cristo, a quien no resucitó, si es que los muertos no resucitan. ¹⁶ Porque si los muertos no resucitan, tampoco Cristo resucitó. ¹⁷ Y si Cristo no resucitó, vuestra fe es vana: estáis todavía en vuestros pecados*. ¹⁸ Por tanto, también los que durmieron en Cristo perecieron. ¹⁹ Si solamente para esta vida tenemos puesta nuestra esperanza en Cristo, ¡somos los hombres más dignos de compasión*! ²⁰ ¡Pero no! Cristo resucitó de entre los muertos como primicia de los que murieron. ²¹ Porque, habiendo venido por un hombre la muerte, también por un hombre viene la resurrección de los muertos. ²² Pues del mismo modo que por Adán mueren todos, así también todos revivirán en Cristo*. ²³ Pero cada cual en su rango: Cristo como primicia; luego los de Cristo en su venida*. ²⁴ Luego, el fin, cuando entregue a Dios Padre el Reino, después de haber destruido todo principado, dominación y potestad*. ²⁵ Porque él debe reinar *hasta que ponga a todos sus enemigos bajo sus pies.* ²⁶ El último enemigo en ser destruido será la Muerte. ²⁷ Porque *ha sometido todas las cosas bajo sus pies.* Mas cuando dice* que «todo está sometido», es evidente que se excluye a Aquel que ha sometido a él todas las cosas. ²⁸ Cuando hayan sido sometidas a él todas las cosas, entonces también el Hijo se someterá a Aquel que ha sometido a él él

Rm 4 24-25;
10 9

Rm 8 11+
Col 1 18
1 Ts 4 14

Rm 5 12-
21+
1 Co 15
45-49

1 Ts 4 16

Sal 110 1

Ap 20 14;
21 4
Sal 8 7

Flp 3 21

Rm 9 5+

resurrección de los muertos, vv. 20-28, ver Rm 8 11+. Finalmente Pablo responde a las objeciones sobre el «cómo» de la resurrección de los muertos, vv. 35-53, y concluye con un himno de acción de gracias, vv. 54-57.
15 3 (a) La palabra viva del Evangelio es *transmitida, recibida* y *conservada*, expresiones tomadas del vocabulario técnico rabínico, ver 11 23. Pero sobre todo, este Evangelio es *anunciado*, vv. 1.2, *proclamado*, v. 11, el «kerygma», ver Mt 4 23, etc., objeto de fe, vv. 2.11; ver Mc 1 15, y *portador* de salvación, v. 2; ver Hch 11 14; 16 17.
15 3 (b) El carácter salvífico de la *muerte* de Cristo forma, pues, parte de la proclamación evangélica anterior a Pablo, ver Rm 6 3.
15 4 Estas expresiones, vv. 3-4, fijas ya en su formulación, son el germen de las futuras profesiones de fe (Credo).
15 6 (a) Pablo sobrentiende: Pueden hoy todavía dar testimonio de lo que han visto; vuestra fe en la resurrección de Cristo descansa en un testimonio seguro.
15 6 (b) Lit.: «se durmieron». La misma expresión en los vv. 18.20.51; ver 1 Ts 4 13+.
15 7 Los apóstoles aparecen como formando un grupo más amplio que el de los Doce del v. 5.
15 8 Alusión al carácter anormal, violento, «quirúrgico» de su vocación. —Pablo no establece diferencia alguna entre la aparición del camino de Damasco y las apariciones de Jesús entre la Resurrección y la Ascensión.
15 13 Si se niega la resurrección de los muertos, se niega también el caso particular de la resurrección de Cristo. Otra interpretación: la resurrección de Cristo sólo tiene sentido como primicias de la nuestra. Si se niega ésta, la de Cristo carece de sentido. Pero esta con-

sideración solamente aparece en el v. 20.
15 14 Todos los aspectos del mensaje cristiano y de la correspondiente aceptación creyente, carecen de sentido si se niega su referencia a la realidad central: el Cristo resucitado. Sin ella, todo se desploma.
15 17 Porque lo que elimina al pecado es la vida nueva, participación de la vida de Cristo resucitado: ver Rm 6 8-10; 8 2+.
15 19 Renunciar a goces del tiempo presente es un engaño, si todo termina con la muerte. No se considera la inmortalidad del alma fuera de la perspectiva de la resurrección de la carne.
15 22 La perspectiva no es solamente física y biológica, sino que engloba al hombre: muerte espiritual del pecado, vida resucitada en la justicia y el amor. Nótese que la perspectiva de Pablo no comprende la resurrección de los pecadores, afirmada en Jn 5 29; Hch 24 15; ver Dn 12 2.
15 23 Término de origen helenístico y admitido en el Cristianismo primitivo para designar el glorioso advenimiento de Cristo en su *Día*, 1 8+, al fin de los tiempos, Mt 24 3+; ver también 1 Ts 2 19; 3 13; 4 15; 5 23; 2 Ts 2 1; St 5 7.8; 2 P 1 16; 3 4.12; 1 Jn 2 28. En 2 Ts 2 8.9, esta palabra se aplica a la venida del Impío. Comparar los términos análogos de *Revelación*, 1 Co 1 7+, y de *Manifestación* 1 Tm 6 14+.
15 24 Todos los poderes hostiles al reino de Dios; ver 1 Co 2 6; Ef 1 21; Col 1 16; 2 15; 1 P 3 22.
15 27 Una vez «sometido todo bajo sus pies», Jesús se presentará ante su Padre para darle cuenta de la misión cumplida. También se traduce erróneamente: «Mas cuando la Escritura dice que todo le ha sido sometido...».

Col 3 11
Ef 4 6

todas las cosas, para que Dios sea todo en todos.

2 M 12 44

²⁹ De no ser así ¿qué harán los que se bautizan por los muertos*? Si los muertos no resucitan en manera alguna ¿por qué bautizarse por ellos? ³⁰ Y nosotros mismos ¿por qué nos ponemos en peligro a todas horas? ³¹ Cada día estoy a la muerte*. ¡Sí, hermanos! Como que sois mi orgullo, en Cristo Jesús Señor nuestro, cada día estoy en peligro de muerte. ³² Si por motivos humanos luché en Éfeso contra las bestias* ¿qué provecho saqué? Si los muertos no resucitan, *comamos y bebamos, que mañana moriremos*. ³³ No os engañéis: «Las malas compañías corrompen las buenas costumbres*.» ³⁴ Entrad en razón, como conviene, y no pequéis; que hay entre vosotros quienes desconocen a Dios. Para vergüenza vuestra lo digo.

2 Co 4 10-12

Is 22 13

14 38

El modo de la resurrección.

Jn 12 24

³⁵ Pero dirá alguno: ¿Cómo resucitan los muertos? ¿Con qué cuerpo vuelven a la vida? ³⁶ ¡Necio! Lo que tú siembras no recobra vida si no muere. ³⁷ Y lo que tú siembras no es el cuerpo que va a brotar, sino un simple grano, de trigo por ejemplo o de alguna otra planta. ³⁸ Y Dios le da un cuerpo a su voluntad: a cada semilla su cuerpo*.

³⁹ No toda carne es igual, sino que una es la carne de los hombres, otra la de los animales, otra la de las aves, otra la de los peces. ⁴⁰ Hay cuerpos celestes y cuerpos terrestres; pero uno es el resplandor de los cuerpos celestes y otro el de los cuerpos terrestres. ⁴¹ Uno es el resplandor del sol, otro el de la luna, otro el de las estrellas. Y una estrella difiere de otra en resplandor. ⁴² Así también en la resurrección de los muertos: se siembra corrupción, resucita incorrupción; ⁴³ se siembra vileza, resucita gloria; se siembra debilidad, resucita fortaleza; ⁴⁴ se siembra un cuerpo animal*, resucita un cuerpo espiritual.

Pues si hay un cuerpo animal, hay también un cuerpo espiritual. ⁴⁵ En efecto, así es como dice la Escritura: *Fue hecho* el primer *hombre*, Adán, *alma viviente*; el último Adán, espíritu que da vida. ⁴⁶ Mas no es lo espiritual lo que primero aparece, sino lo animal; luego, lo espiritual. ⁴⁷ El primer hombre, salido de la tierra, es terrestre; el segundo, viene del cielo. ⁴⁸ Como el hombre terrestre, así son los hombres terrestres; como el celeste, así serán los celestes; ⁴⁹ Y del mismo modo que hemos llevado la imagen del hombre terrestre, llevaremos* también la imagen del celeste.

⁵⁰ Os digo esto, hermanos: La carne y la sangre no pueden heredar el Reino de Dios, ni la corrupción heredar la inco-

Gn 2 7

15 20-28+

Dn 7 13
Jn 3 13

Flp 3 21
Rm 8 29+

Jn 3 5-6
1 Co 6 10+

---

15 29 Var.: «De no ser así, ¿qué harán los que se agotan por los muertos?» Alusión a una práctica cuya naturaleza ignoramos. Pablo, sin pronunciarse sobre ella, se limita a subrayar que es absurda, si los muertos no resucitan

15 31 Algunos corintios reprochaban a Pablo que trabajara tan duro que parecía se estaba matando por quienes permanecían espiritualmente o existencialmente *muertos*, 2 Co 2 16. Él retuerce la objeción utilizándola como un nuevo argumento en favor de la resurrección. ¿Iba a continuar sufriendo, 2 Co 11 23, si no estuviera totalmente convencido de que los que estaban físicamente muertos resucitarían?

15 32 (a) Se trata de una metáfora, Sal 22 1; 1 M 2 60; 2 Tm 4 17. No conocemos a qué se refiere la mención de esta tribulación, pero ver 2 Co 11 23-26.

15 32 (b) Ver Qo 9 7-10. Hay aquí una cierta exageración literaria. Se puede renunciar a los goces materiales por motivos puramente humanos; Pablo mismo acaba de decirlo, 9 25.

15 33 Verso del poeta Menandro, quizá convertido en dicho popular.

15 38 En la mentalidad popular, la germinación era un proceso dependiente de la voluntad de la divinidad, más que un fenómeno natural, ver 2 M 7 22-23. En la relación entre el cuerpo actual y el cuerpo de gloria, Pablo insiste mucho más en la discontinuidad que en la continuidad. Quiere responder sin duda a la dificultad (v. 35) que podría originarse de tomar a la letra imágenes como la de Ez 37 1-10+.

15 44 Para Pablo, como para la tradición bíblica, la *psyjè* (hebr *nefeš*; ver Gn 2 7) es el principio vital que anima el cuerpo humano, 1 Co 15 45. Es su vida, Rm

16 4; Flp 2 30; 1 Ts 2 8; ver Mt 2 20; Mc 3 4; Lc 12 20; Jn 10 11; Hch 20 10, etc., su alma viviente, 2 Co 1 23, y puede servir para designar al hombre entero, Rm 2 9; 13 1; 2 Co 12 15; Hch 2 41.43. etc. Pero no es más que un principio natural, 1 Co 2 14; ver Judas 19, que ha de desaparecer ante el *pneuma* para que el hombre encuentre de nuevo la vida divina. Esta sustitución, que se inicia ya durante la vida mortal por el don del Espíritu, Rm 5 5+; ver 1 9+, consigue la plenitud de su efecto después de la muerte. Mientras que la filosofía griega esperaba una supervivencia inmortal de sólo el alma superior (*nus*), liberada finalmente del cuerpo, el cristianismo sólo concibe la inmortalidad como restauración íntegra del hombre, es decir, como la resurrección del cuerpo por el Espíritu, principio divino que Dios había retirado del hombre a consecuencia del pecado, Gn 6 3, y que se le devuelve por la unión con Cristo resucitado, Rm 1 4+; 8 11+, hombre celeste y Espíritu vivificante, 1 Co 15 45-49. De *natural* o *psíquico* el cuerpo se hace entonces *pneumático*, incorruptible, inmortal, 1 Co 15 53, glorioso, 1 Co 15 43; ver Rm 8 18; 2 Co 4 17; Flp 3 21; Col 3 4, liberado de las leyes de la materia terrestre, Jn 20 19.26, y de sus apariencias, Lc 24 16. —En un sentido más amplio, la *psyjè* puede designar, en contraposición al cuerpo, Mt 10 28, la sede de la vida moral y de los sentimientos, Flp 1 27; Ef 6 6; Col 3 23; ver Mt 22 37p; 26 38p; Lc 1 46; Jn 12 27; Hch 4 32; 14 2; 1 P 2 11, etc., y aun el alma espiritual e inmortal, Mt 10 28; St 1 21; 5 20; 1 P 1 9; Ap 6 9, etc.

15 45 Es decir, un ser dotado de vida por su *psyjè*, pero de una vida puramente natural, y sometido a las leyes del desgaste y de la corrupción.

15 49 Var.: «ojalá podamos llevar».

rrupción. ⁵¹ ¡Mirad! Os revelo un misterio: No moriremos todos, mas todos seremos transformados*. ⁵² En un instante, en un pestañear de ojos, al toque de la trompeta final*, pues sonará la trompeta, los muertos resucitarán incorruptibles y nosotros seremos transformados. ⁵³ En efecto, es necesario que este ser corruptible se revista de incorruptibilidad; y que este ser mortal se revista de inmortalidad.

Himno triunfal y conclusión.

⁵⁴ Y cuando este ser corruptible se revista de incorruptibilidad* y este ser mortal se revista de inmortalidad, entonces se cumplirá lo que está escrito*: *La muerte ha sido devorada por la victoria.* ⁵⁵ *¿Dónde está, oh muerte, tu victoria? ¿Dónde está, oh muerte, tu aguijón?* ⁵⁶ El aguijón de la muerte es el pecado; y la fuerza del pecado, la Ley*. ⁵⁷ Pero ¡gracias sean dadas a Dios, que nos da la victoria por nuestro Señor Jesucristo!

⁵⁸ Así pues, hermanos míos amados, manteneos firmes, inconmovibles, progresando siempre en la obra del Señor, conscientes de que vuestro trabajo no es vano en el Señor*.

Nm 10 3+
Jl 2 1+
Mt 24 31+
1 Ts 4 15-17

2 Co 5 1-5

Is 25 8
Os 13 14
Ap 20 14

Hb 6 1+
Rm 7 7+

Jn 16 33

Conclusión

Recomendaciones. Saludo final.

16 ¹ En cuanto a la colecta en favor de los santos*, haced también vosotros tal como mandé a las iglesias de Galacia. ² Los primeros días de la semana*, cada uno de vosotros deposite lo que haya podido ahorrar, de modo que no se hagan las colectas precisamente cuando llegue yo. ³ Cuando me halle ahí, enviaré con cartas a los que hayáis considerado dignos, para que lleven a Jerusalén vuestra liberalidad. ⁴ Y si conviene que vaya también yo, irán conmigo.

⁵ Iré a donde vosotros después de haber atravesado Macedonia; pues por Macedonia pasaré. ⁶ Tal vez me detenga entre vosotros, hasta pase ahí el invierno, para que vosotros dispongáis lo necesario para donde vaya. ⁷ Pues no quiero ahora veros sólo de paso*; espero estar algún tiempo entre vosotros, si así lo permite el Señor. ⁸ De todos modos, seguiré en Éfeso hasta Pentecostés; ⁹ porque se me ha abierto una puerta grande* y prometedora, y los enemigos son muchos.

¹⁰ Si llega Timoteo, procurad que esté sin temor entre vosotros, pues trabaja como yo en la obra del Señor. ¹¹ Que nadie le menosprecie. Despedidlo en paz para que vuelva a mí, que lo espero con los hermanos. ¹² En cuanto a nuestro hermano Apolo, le he insistido mucho para que vaya a vosotros con los hermanos; pero no tiene intención alguna de ir ahora*. Irá cuando tenga oportunidad.

¹³ Velad, manteneos firmes en la fe, sed hombres, sed fuertes. ¹⁴ Hacedlo todo con amor.

¹⁵ Os hago una recomendación, hermanos. Sabéis que la familia de Estéfanas son las primicias de Acaya y se entregaron al servicio de los santos. ¹⁶ También vosotros mostraos deferentes con ellos y con quienes con ellos trabajan y se afanan. ¹⁷ Estoy lleno de alegría por la visita de Estéfanas, de Fortunato y de Acaico*, que han suplido vuestra ausencia. ¹⁸ Ellos han tranquilizado mi espíritu y el vuestro. Sabed apreciar a tales personas.

Hch 9 13+
Ga 2 10
Mt 28 1+

Hch 19 21;
20 1s

4 17

1 Tm 4 12

Hch 18 24+

1 P 5 8-9

1 16

1 Ts 5 12-13
Flp 3 17+

---

15 51 Pablo esperaba que la Parusía iba a tener lugar antes de su muerte.
15 52 Desde el Sinaí, Ex 19 16.19, la trompeta forma parte de la imaginería que acompañaba a las manifestaciones divinas, Mt 24 31; 1 Ts 4 16+. Aluden a las etapas finales del designio de Dios, ver las siete trompetas de Ap 8 6 - 11 19.
15 54 (a) Om.: «Y cuando este ser corruptible se revista de incorruptibilidad».
15 54 (b) Citado libremente.
15 56 Fórmula concentrada que anuncia ya la explicación de Rm **5-7**.
15 58 Este v. enlaza la exposición precedente con **15** 14, comienzo de la instrucción. La certeza de la victoria da al creyente fuerzas para perseverar. Para Pablo, no puede haber fe sin vida en progreso.
16 1 Sobre esta colecta, ver Rm 15 26-28; Ga 2 10; 2 Co 8-9; Hch 24 17. Los «santos» (ver 2 Co 8 4) son

los cristianos de Jerusalén, que muy pronto tuvieron necesidad de ser socorridos, Hch 11 29-30. Esta colecta adquiere gran relieve en las preocupaciones de Pablo, que veía en ella la señal y la prenda de la unidad entre las iglesias fundadas por él y los judeo-cristianos.
16 2 Es decir, el «día del Señor», ver Hch 20 7; Ap 1 10; Mt 28 1, el domingo.
16 7 Otra traducción: «No quiero, esta vez, veros de paso», lo cual supondría una breve visita precedente, desde luego, poco probable.
16 9 Igual imagen en 2 Co 2 12; Col 4 3, para designar las facilidades que se ofrecen al ministerio de Pablo. Ver Ap 3 8; Hch 14 27+.
16 12 Quizá por no envalentonar con su presencia al partido que se había formado en torno a su nombre, 1 12; 3 4-6; 4 6.
16 17 Sin duda habían traído a Pablo la carta de Corinto, 7 1.

Hch 18 2+
Rm 16 5+

2 Co 13 12+

Ga 6 11+

[19] Las iglesias de Asia* os saludan. Os envían muchos saludos en el Señor Áquila y Prisca, junto con la iglesia que se reúne en su casa. [20] Os saludan todos los hermanos. Saludaos los unos a los otros con el beso santo.

[21] El saludo va de mi mano*, Pablo. [22] El que no ame al Señor, ¡sea maldito*! «Maran atha*.» [23] ¡La gracia del Señor Jesús sea con vosotros! [24] Os amo a todos en Cristo Jesús.

---

16 19 Es decir, de la provincia romana de Asia.
16 21 *Como las epístolas de Pablo eran escritas por secretarios,* Rm **16** 22, debían ser autenticadas por algunas palabras de su puño y letra, 2 Ts **2** 2; **3** 17; Ga **6** 11; Flm 19; Col **4** 18.
16 22 (a) Lit.: «anatema». La palabra *anatema* en el AT responde de ordinario al hebreo *jérem*, Jos **6** 17+. En el NT, una vez tiene el sentido preciso de ofrenda al Templo, Lc **21** 5; la mayoría de las veces expresa una mal-

dición que afecta al mismo que la pronuncia, si llega a faltar a un compromiso sagrado, Hch **23** 12-21; Rm **9** 3, o a otra persona condenada por falta muy grave, aquí, 1 Co **16** 22; Ga **1** 8-9; ver 1 Co **12** 3; Ap **22** 3.
16 22 (b) Palabras arameas que se habían introducido en el lenguaje litúrgico; expresaban la esperanza en la Parusía próxima. Significaban: «El Señor viene». Puede también leerse *Marana tha*. «¡Señor, ven!», Ap **22** 20. Ver Rm **13** 12; Flp **4** 5; St **5** 8; 1 P **4** 7.

SEGUNDA EPÍSTOLA A LOS CORINTIOS

Preámbulo

Rm 1+

Destinatarios. Saludo.
Acción de gracias.

Hch 16 1+
1 Co 1 2+

Hch 9 13+

1 ¹ Pablo, apóstol de Jesucristo por voluntad de Dios, y Timoteo, el hermano, a la iglesia de Dios que está en Corinto, con todos los santos que están en toda Acaya; ² a vosotros gracia y paz de parte de Dios, Padre nuestro, y del Señor Jesucristo.

³ ¡Bendito sea el Dios y Padre de nuestro Señor Jesucristo, Padre misericordioso y Dios de toda consolación*, ⁴ que nos consuela en toda tribulación nuestra para poder nosotros consolar a los que están en toda tribulación, mediante el consuelo con que nosotros somos consolados por Dios! ⁵ Pues, así como abundan en nosotros los sufrimientos de Cristo, igualmente abunda también por Cristo nuestra consolación. ⁶ Si somos atribulados, lo somos para consuelo y salvación vuestra; si somos consolados, lo somos para el consuelo vuestro, que

Col 1 24+
Flp 1 20+

os hace soportar con paciencia los mismos sufrimientos que también nosotros soportamos. ⁷ Es firme nuestra esperanza respecto de vosotros; pues sabemos que, como sois solidarios con nosotros en los sufrimientos, así lo seréis también en la consolación*.

⁸ Pues no queremos que lo ignoréis, hermanos: la tribulación sufrida en Asia nos abrumó hasta el extremo, por encima de nuestras fuerzas, que perdimos la esperanza de conservar la vida. ⁹ Pues hemos tenido sobre nosotros mismos la sentencia de muerte, para que no pongamos nuestra confianza en nosotros mismos, sino en Dios que resucita a los muertos. ¹⁰ Él nos libró de tan mortal peligro, y nos librará*; en él esperamos que nos seguirá librando, ¹¹ si colaboráis también vosotros con la oración en favor nuestro, para que la gracia obtenida por intervención de muchos sea por muchos agradecida* en nuestro* nombre.

1 Co 15 32

4 7

Rm 4 17;
1 4+;
8 11+

Rm 15 30+

4 15

9 12

I.   Más sobre los anteriores incidentes

Por qué cambió Pablo el plan de su viaje.

1 Co 1 17;
2 1s

¹² El motivo de nuestro orgullo es el testimonio de nuestra conciencia, de que nos hemos conducido en el mundo, y sobre todo respecto de vosotros, con la sencillez* y sinceridad que vienen de Dios, y no con la sabiduría carnal, sino con la

gracia de Dios. ¹³ Pues no os escribimos otra cosa que lo que leéis y comprendéis, y espero comprenderéis plenamente, ¹⁴ como ya nos habéis comprendido en parte, que somos nosotros el motivo de vuestro orgullo, lo mismo que vosotros seréis el nuestro en el día de nuestro Señor Jesús.

Flp 2 16; 4 1
1 Ts 2 19-20
1 Co 1 8+

---

1 3   La consolación había sido anunciada por los profetas como característica de la era mesiánica, Is 40 1, y la iba a traer el Mesías, Lc 2 25. Consiste esencialmente en el término de la prueba y el comienzo de una era de paz y de gozo, Is 40 1s; Mt 5 5. Pero en el NT, el mundo nuevo está presente en el interior del mundo antiguo y el cristiano unido con Cristo es consolado en el sufrimiento mismo, 2 Co 1 4-7; ver 7 4; ver Col 1 24. No se recibe pasivamente esta consolación y viene a ser a la vez aliento, estímulo y exhortación (la palabra griega es la misma: *paráklesis*). Su fuente única es Dios, 2 Co 1 3.4, por Cristo, 2 Co 1 5, y por el Espíritu, Hch 9 31+, y el cristiano debe comunicarla, 2 Co 1 4.6; 1 Ts 4 18. El NT cita entre sus causas: el progreso de la vida cristiana, 2 Co 7 4.6.7, la conversión, 2 Co 7 13, la Escritura, Rm 15 4. Y es también fuente de esperanza, Rm 15 4.
1 7   En 2 Co, Pablo insiste constantemente en la presencia de realidades opuestas y hasta contradictorias en Cristo, en el apóstol y en el cristiano: sufrimientos y consolación, 1 3-7; 7 4; muerte y vida, 4 10-12; 6 9; pobreza y riqueza, 6 10; 8 9; flaqueza y fuerza, 12 9-10. Es el misterio Pascual, la presencia de Cristo resucitado en medio del mundo antiguo de pecado y de muerte, ver 1 Co 1-2.

1 8   Una de las numerosas tribulaciones enumeradas en 11 23s.
1 10   Var.: «y nos libra».
1 11   (a) La acción de gracias juega un papel muy importante en San Pablo, ver el comienzo de las epístolas donde muestra a Dios su gratitud por la fe de aquellos a quienes escribe, Rm 1 8; 1 Co 1 4; 1 Ts 1 2; 2 Ts 1 3; Flp 1 3; Col 1 3; Flm 4. No se trata de una fórmula vacía: su ausencia en Ga es significativa, Ga 1 1+. La acción de gracias debe animar todas las acciones del cristiano realizadas en nombre de Cristo y asumidas por él en su acción de gracias al Padre, Col 3 17; Ef 5 20. Es un deber conforme a la voluntad de Dios, no sólo para los cristianos, 1 Ts 5 18, sino también para los gentiles, Rm 1 21. Porque la acción de gracias «retorna», aunque imperfectamente, la gracia a Dios (1 Ts 3 9, trad. lit.). E incluso en el último término dirigen la oración que pide la gracia, 2 Co 1 11; 4 15, y las manifestaciones de caridad fraterna, 2 Co 9 11-15. De ahí su importancia en el culto, 1 Co 14 16; Col 3 16; Ef 5 19s, y en la oración personal, 1 Ts 5 18; Flp 4 6.
1 11   (b) Var.: «vuestro».
1 12   Var.: «santidad».

¹⁵ Con este convencimiento quería yo ir primero a vosotros a fin de procuraros una segunda gracia*, ¹⁶ y pasando por vosotros ir a Macedonia y volver nuevamente de Macedonia adonde vosotros, y ser encaminado por vosotros hacia Judea*. ¹⁷ Al proponerme esto, ¿obré con ligereza? O ¿se inspiraban mis proyectos en la carne, de forma que se daban en mí el *sí* y el *no*? ¹⁸ ¡Por la fidelidad* de Dios!, que la palabra que os dirigimos no es *sí* y *no*. ¹⁹ Porque el Hijo de Dios, Cristo Jesús, a quien os predicamos Silvano*, Timoteo y yo, no fue *sí* y *no*; en él no hubo más que *sí*. ²⁰ Pues todas las promesas hechas por Dios han tenido su *sí* en él*; y por eso decimos por él «Amén*» a la gloria de Dios. ²¹ Es Dios el que nos conforta juntamente con vosotros en Cristo y el que nos ungió, ²² y el que nos marcó con su sello* y nos dio en arras el Espíritu en nuestros corazones.

²³ ¡Por mi vida!, testigo me es Dios de que, si todavía no he ido a Corinto, ha sido por miramiento a vosotros. ²⁴ No es que pretendamos dominar sobre vuestra fe, sino que contribuimos a vuestro gozo, pues os mantenéis firmes en la fe.

2 ¹ En mi interior tomé la decisión de no ir otra vez con tristeza* a vosotros. ² Porque si yo os entristezco, ¿quién podría alegrarme sino el que se ha entristecido por mi causa? ³ Y si os escribí aquello, fue para no entristecerme a mi ida, a causa de los mismos que deberían procurarme alegría, convencido respecto de todos vosotros de que mi alegría es la alegría de todos vosotros. ⁴ Efectivamente, os escribí en una gran aflicción y angustia de corazón, con muchas lágrimas, no para entristeceros, sino para que conocierais el amor desbordante que a vosotros os tengo.

⁵ Pues si alguien me ha causado tristeza, no es a mí solo a quien se la ha causado; sino en cierto sentido —para no exagerar— a todos vosotros. ⁶ Bastante es para ese tal* el castigo infligido por la mayoría; ⁷ por lo que es mejor que le perdonéis más bien, y le animéis no sea que se hunda en una excesiva tristeza. ⁸ Os suplico, pues, que hagáis prevalecer la caridad para con él. ⁹ Os escribí también con la intención de probaros y ver si vuestra obediencia era perfecta. ¹⁰ A quien vosotros perdonéis, también yo le perdono. Pues lo que yo perdoné —si algo he perdonado— fue por vosotros en presencia de Cristo, ¹¹ para no ser engañados por Satanás, pues no ignoramos sus propósitos.

De Tróade a Macedonia. Digresión: el ministerio apostólico.

¹² Llegué, pues, a Tróade para predicar el Evangelio de Cristo, y aun cuando se me había abierto una gran puerta en el Señor, ¹³ mi espíritu no tuvo punto de reposo, pues no encontré a Tito*, mi hermano, y, despidiéndome de ellos, salí para Macedonia*.

¹⁴ ¡Gracias sean dadas a Dios, que nos asocia siempre a su triunfo* en Cristo, y por nuestro medio difunde en todas partes el olor de su conocimiento! ¹⁵ Pues nosotros somos para Dios el buen olor

Marginal references (left column):
1 12
Rm 7 5+
1 Co 1 9+

Hch 18 5
Hch 16 1+
Mt 5 37

Rm 16 27+
Ap 3 14+
2 Co 13 13+
1 Co 1 6+

1 Jn 2 20.27
Rm 6 4+
Ef 1 13-14
Rm 5 5+

1 P 5 3

Marginal references (right column):
Col 3 13

Ef 4 27

1 Co 16 9+

7 6

Col 2 15

1 15   Var.: «alegría».
1 16   Pablo modificó por tanto el itinerario que había proyectado, 1 Co 16 5-6.
1 18   La fidelidad de Dios es ante todo su *solidez*. Dios es la roca de Israel, Dt 32 4, en él se puede uno apoyar con absoluta seguridad. Esta solidez explica la constancia en sus designios, la fidelidad a sus promesas, Sal 89 1-9.25s y, sobre todo en el NT, la fidelidad de Dios a su designio de misericordia y salvación, 1 Co 1 9+; 10 13; 1 Ts 5 24; 2 Ts 3 3.
1 19   Silvano es el discípulo a quien los Hechos llaman Silas.
1 20   (a) La fidelidad de Dios a sus promesas, 1 18+, se ha manifestado plenamente en Jesucristo. Resultaría, pues, contradictorio que Pablo, para quien la única razón de ser es el anuncio de Cristo, desmintiera su mensaje con una actitud de doblez.
1 20   (b) *Amén* significa: «Es firme, sólido, digno de confianza»; es la respuesta a la fidelidad del hombre a la fidelidad de Dios en Jesucristo. Ver Rm 1 25+.
1 22   Este sello y esta unción designan: o el don del Espíritu concedido a todos los creyentes (quizá una alusión a los ritos de la iniciación cristiana), ver Ef 1 13+; 4 30+; 1 Jn 2 20+.27+; o la consagración al ministerio apostólico (está en contraposición con «voso-

tros», v. 21) por un don especial del Espíritu que hace del apóstol el mensajero fiel de la fidelidad divina en Cristo (vv. 17-20). Nótese la formulación trinitaria de los vv. 21-22.
2 1   Alusión al carácter enojoso de la visita de Pablo a Corinto anterior a 2 Co; ver la Introducción.
2 3   Alusión a la «carta severa», 2 3.4.9; 7 8.12; ver la Introducción.
2 6   El que había ofendido a Pablo o a su representante; ver la Introducción.
2 13   (a) Cristiano de origen pagano, quizá convertido por Pablo, Tt 1 4, a quien acompaña en su segundo viaje a Jerusalén, Ga 2 1. Encargado por Pablo de resolver sobre el terreno los incidentes de Corinto; lo consiguió plenamente, 2 Co 7 5-7. Pablo le envía nuevamente a Corinto para proseguir allí la organización de la colecta, 2 Co 8 16.23.
2 13   (b) Una digresión sobre el ministerio apostólico, 2 14 - 7 4, interrumpe la evocación de los acontecimientos. Se reanudará en 7 5.
2 14   En la victoria de Cristo resucitado, Dios manifiesta su gloria como un general romano que hace su entrada triunfal en Roma y en cuyo recorrido se queman perfumes, ver vv. 15s. Los jefes vencidos eran entregados a la muerte, ver v. 16.

1 Co 1 18

de Cristo entre los que se salvan y entre los que se pierden: [16] para los unos, olor de «muerte» que mata; para los otros, olor de «vida» que vivifica*. Y ¿quién es capaz de esto? [17] Ciertamente no somos nosotros como muchos* que negocian con la palabra de Dios. Antes bien, con sinceridad y como de parte de Dios y delante de Dios, hablamos en Cristo.

12 19

5 12; 10 12s;
11 18s
Hch 18 27

3 [1] ¿Comenzamos de nuevo a recomendarnos? ¿O es que, como algunos, necesitamos presentaros cartas de recomendación o pedíroslas*? [2] Vosotros sois nuestra carta, escrita en vuestros corazones*, conocida y leída por todos los hombres. [3] Evidentemente sois una carta de Cristo, redactada por ministerio nuestro, escrita no con tinta, sino con el Espíritu de Dios vivo; no en tablas de piedra, sino en tablas de carne, en los corazones*.

1 Co 9 2

Ex 24 12+
Ez 11 19;
36 26
Jr 31 33

[4] Esta es la confianza que tenemos delante de Dios por Cristo. [5] No que por nosotros mismos seamos capaces de atribuirnos cosa alguna, como propia nuestra, sino que nuestra capacidad viene de Dios, [6] el cual nos capacitó para ser ministros de una nueva alianza, no de la letra, sino del Espíritu*, pues la letra mata* mas el Espíritu da vida. [7] Que si el ministerio de la muerte, grabado con letras sobre tablas de piedra, resultó glorioso hasta el punto de no poder los hijos de Israel fijar su vista en el rostro* de Moisés a causa del resplandor de su rostro, aunque pasajero, [8] ¡cuánto más glorioso no será el ministerio del Espíritu!

Jn 3 27

Ef 3 7
Col 1 23.25
Rm 2 29;
7 5+
Ex 32 16;
34 29-35

[9] Pues si el ministerio de la condenación fue glorioso, con mucha más razón lo será el ministerio de la justicia. [10] Pues en este aspecto, lo que era glorioso ya no lo es, en comparación de esta gloria sobreeminente. [11] Y, si aquello, que era pasajero, fue glorioso, ¡cuánto más glorioso será lo permanente!

[12] Teniendo, pues, esta esperanza, procedemos con toda franqueza, [13] y no como Moisés, que se ponía un velo sobre su rostro para impedir que los israelitas vieran el fin de lo que era pasajero*... [14] Pero se embotaron sus inteligencias. En efecto, hasta el día de hoy permanece ese mismo velo en la lectura del Antiguo Testamento, y no se levanta, pues sólo en Cristo desaparece*. [15] Hasta el día de hoy, siempre que se lee a Moisés, un velo está puesto sobre sus corazones. [16] Y *cuando se convierta al Señor, caerá el velo.* [17] Porque el Señor es el Espíritu*, y donde está el Espíritu del Señor, allí está la libertad. [18] Mas todos nosotros, que con el rostro descubierto reflejamos* como en un espejo la gloria del Señor*, nos vamos transformando en esa misma imagen* cada vez más gloriosos: así es como actúa el Señor, que es Espíritu*.

Ex 34 34

Rm 10 4

Rm 11 7-10

Ex 34 34

Rm 8 29+
2 Co 4 6+
1 Jn 3 2

4 [1] Por esto, misericordiosamente investidos de este ministerio no desfallecemos. [2] Antes bien, hemos repudiado el silencio vergonzoso* no procediendo con astucia, ni falseando la palabra de Dios; al contrario, mediante la manifestación de la verdad nos recomendamos a toda conciencia humana delante de Dios. [3] Y si to-

Rm 1 16

1 Ts 2 4-5

---

2 16   Pablo emplea las palabras *vida* y *muerte* en tres sentidos: físico, existencial y escatológico. Sólo los dos últimos se contemplan aquí.

2 17   Var.: «los otros».

3 1   Se acusa a Pablo de elogiarse a sí mismo, ver **5** 12, mientras que los demás predicadores presentan cartas de recomendación de las comunidades, ver Hch 18 27+. Pablo responde que el fruto de su apostolado —las comunidades por él fundadas, obra del Espíritu— son la recomendación viva que hacen inútiles las demás cartas.

3 2   Var.: «en nuestros corazones».

3 3   Lit.: «en tablas de corazones de carne», alusión a la vez al don de la Ley en las tablas de piedra en el Sinaí, Ex 24 12, y a las palabras de Ezequiel sobre el corazón de piedra y el corazón de carne, Ez 36 26. Esta alusión sugiere que los adversarios de Pablo son judaizantes, ver 11 22.

3 6   (a) La importancia dada a la Ley por los judaizantes tenía como resultado una nueva alianza de la letra inaceptable para Pablo. Éste no podía rechazar la idea de una nueva alianza, 1 Co 11 25; por eso es por lo que se veía obligado a insistir en la distinción entre la letra y el espíritu, en la nueva alianza.

3 6   (b) Ver Rm 7 7+. Se trata de la «letra», ley escrita, externa, del AT, comparada con el Espíritu, ley interior del NT; y no de la oposición entre la letra de un texto y su «espíritu».

3 7   Ver Ex 34 30. El carácter pasajero del resplandor que iluminó el rostro de Moisés muestra, según Pablo, el carácter caduco de la antigua alianza, v. 11.

3 13   Es decir, para que los hijos de Israel no se dieran cuenta del carácter pasajero del resplandor que trasfiguraba el rostro de Moisés. Es una interpretación posible del texto oscuro de Ex 34 33s.

3 14   Otra traducción: «No se les ha revelado que en Cristo queda abolido (el AT)».

3 17   Se identifica a Dios con el Espíritu con el fin de negar que todavía actúa a través de la Ley, 3 6. Los que son guiados por el Espíritu ya no están bajo la Ley, Ga 5 18, y por consiguiente son libres.

3 18   (a) O también «contemplamos». Dios no es contemplado directamente, sino reflejado en Cristo.

3 18   (b) La «gloria del Señor» es la de Jesucristo, porque la «gloria de Dios está en la faz de Cristo», 4 6.

3 18   (c) Ver Rm 8 29+. Última contraposición con Moisés cuyo resplandor se debilita y desaparecía a medida que lo irradiaba, vv. 7.13. Ocurre lo contrario con el cristiano transformado por el Espíritu en una imagen cada vez más perfecta de Dios en Cristo.

3 18   Otra trad.: «por el Espíritu del Señor».

4 2   Sin duda la falta de valor que lleva a disimular lo que en el Evangelio puede crear oposición o persecuciones: Mc 8 38p; Rm 1 16; 2 Tm 1 8; ver Hch 20 27.

davía nuestro Evangelio está velado, lo está para los que se pierden, [4] para los incrédulos, cuyo entendimiento cegó el dios de este mundo* para impedir que vean el resplandor del glorioso Evangelio de Cristo, que es imagen de Dios. [5] No nos predicamos a nosotros mismos, sino a Cristo Jesús como Señor, y a nosotros como siervos vuestros por Jesús. [6] Pues el mismo Dios que dijo: *Del seno de las tinieblas brille la luz,* la ha hecho brillar en nuestros corazones, para iluminarnos con el conocimiento de la gloria de Dios que está en la faz de Cristo.

Tribulaciones y esperanzas del ministerio.

[7] Pero llevamos este tesoro en recipientes de barro para que aparezca que una fuerza tan extraordinaria es de Dios y no de nosotros*. [8] Apretados en todo, mas no aplastados; apurados, mas no desesperados; [9] perseguidos, mas no abandonados; derribados, mas no aniquilados; [10] Llevamos siempre en nuestros cuerpos por todas partes la muerte de Jesús, a fin de que también la vida de Jesús* se manifieste en nuestro cuerpo. [11] Pues, aunque vivimos, nos vemos continuamente entregados a la muerte por causa de Jesús, a fin de que también la vida de Jesús se manifieste en nuestra carne mortal. [12] De modo que la muerte actúa en nosotros, mas en vosotros la vida. [13] Pero teniendo aquel espíritu de fe conforme a lo que está escrito: *Creí, por eso hablé,* también nosotros creemos, y por eso hablamos, [14] sabiendo que quien resucitó al Señor Jesús, también nos resucitará con Jesús y nos presentará ante él juntamente con vosotros. [15] Y todo

esto, para vuestro bien a fin de que cuantos más reciban la gracia, mayor sea el agradecimiento, para gloria de Dios.

[16] Por eso no desfallecemos. Aun cuando nuestro hombre exterior se va desmoronando, el hombre interior se va renovando de día en día. [17] En efecto, la leve tribulación de un momento nos procura, sobre toda medida, un pesado caudal de gloria eterna, [18] a cuantos no ponemos nuestros ojos en las cosas visibles, sino en las invisibles; pues las cosas visibles son pasajeras, mas las invisibles son eternas.

5 [1] Porque* sabemos que si esta tienda, que es nuestra morada terrestre, se desmorona, tenemos un edificio que es de Dios: una morada eterna, no hecha por mano humana, que está en los cielos. [2] Y así suspiramos en este estado, deseando ardientemente ser revestidos de nuestra habitación celeste, [3] si es que nos encontramos vestidos, y no desnudos*. [4] Los que estamos en esta tienda suspiramos abrumados. No es que queramos ser desvestidos, sino más bien sobrevestidos, para que lo mortal sea absorbido por la vida. [5] Y el que nos ha destinado a eso es Dios, el cual nos ha dado en arras el Espíritu.

[6] Así pues, siempre llenos de buen ánimo, sabiendo que, mientras habitamos en el cuerpo, vivimos desterrados lejos del Señor, [7] pues caminamos en fe y no en visión*... [8] Estamos, pues, llenos de buen ánimo y preferimos salir de este cuerpo para vivir con el Señor*. [9] Por eso, bien en nuestro cuerpo, bien fuera de él, nos afanamos por agradarle. [10] Porque es necesario que todos nosotros comparezcamos ante el tribunal de Cristo, para que cada cual reciba conforme a lo que hizo durante su vida mortal, el bien o el mal.

Referencias marginales (columna izquierda):
2 Ts 2 10
Rm 8 29+
Gn 1 3
Jb 37 15
Jn 8 12+
Ef 1 18
Rm 3 23+
Hb 1 3

12 9
6 4-10
1 Co 4 9-13

Col 1 24+

1 Co 15 31

Sal 116 10

Rm 1 4+;
8 11+

Referencias marginales (columna derecha):
1 11

Rm 7 22+

Rm 8 18
Mt 5 11-12

Hb 11 1.3
Rm 8 24-25

Sb 9 15
Jb 4 19
Is 38 12; 2 P 1 13.14
1 Co 15 44-49
Flp 3 20
Col 3 3-4
Rm 8 23
1 Co 15 51-53
1 Ts 4 15

1 22+
Rm 8 23

1 P 1 1+

1 Co 13 12
Rm 8 24

Flp 1 21-23

Mt 25 19.31s
Jn 5 27
Rm 14 10
Hb 11 6+

---

4 4 Lit.: «el dios de este mundo». El genetivo es «explicativo» del contenido; «su dios, es decir, su vientre», Flp 3 19.

4 7 Tema predilecto de Pablo: vv. 7-12; 2 16; 3 5-6; 10 1.8; 12 5.9-10; 13 3-4; ver 1 Co 1 26 - 2 5; 4 13+; Flp 4 13; presente ya en el AT: Jc 7 2; 1 S 14 6; 17 47; 1 M 3 19, etc.

4 10 Para Pablo el nombre de «Jesús», a solas, evoca la humillación de Cristo en su existencia terrestre, y la palabra «vida» (con valor existencial) evoca la perfección de su humanidad. El modo de vivir convierte a Pablo en otro Jesús.

5 1 5 1-10 es continuación de 4 16-18, que contraponía la decadencia paulatina del hombre exterior y el progreso del hombre interior, v. 16; ver Rm 7 22+. Este hombre interior, idéntico aquí al hombre nuevo, Col 3 10+, constituye las arras del Espíritu, 5 5; ver Rm 8 23, cuya plenitud se dará en la resurrección, cuando el creyente sea revestido de su habitación celeste, 5 2, símbolo de una existencia nueva, Flp 3 20-21, mejor que el cuerpo espiritual, ver 1 Co 15 44. De ahí el ardiente de-

seo, 5 2, de esa plenitud, y el anhelo de no ser privado de ella, ni siquiera temporalmente, por la muerte sobrevenida antes de la Parusía, 5 4, y, por tanto, de estar aún en vida en el momento de la venida del Señor. Pero ver 5 8+.

5 3 Pablo confía ser digno de la vida eterna. Así como la desnudez connota el pecado y el castigo, Is 20 2-4; 47 3; Ez 16 35-39; 23 25-29; Ap 3 18, el vestido simboliza la justicia, Mt 22 11; Ga 3 27.

5 7 Ver 1 Co 13 12. La fe es, a la visión clara, como lo imperfecto es a lo perfecto. Texto importante que pone de manifiesto el aspecto *cognoscitivo* de la fe.

5 8 Aquí y en Flp 1 23, Pablo piensa en una reunión del cristiano con Cristo inmediatamente después de la muerte individual. Sin ser contraria a la doctrina bíblica de la resurrección final, Rm 2 6+; 1 Co 15 44+, esta esperanza de una felicidad para el alma separada denota una influencia griega que, por lo demás, era ya sensible en el Judaísmo contemporáneo, ver Lc 16 22; 23 43; 1 P 3 19+. Comparar el éxtasis del alma separada del cuerpo en 2 Co 12 2s; ver Ap 1 10; 4 2; 17 3; 21 10.

El ejercicio del ministerio apostólico.

[11] Por tanto, conociendo el temor del Señor, tratamos de persuadir a los hombres, pues ante Dios estamos al descubierto, como espero que ante vuestras conciencias también estemos al descubierto. [12] No volvemos a recomendarnos ante vosotros; solamente queremos daros ocasión para gloriaros de nosotros y así tengáis de qué responder a los que se glorían de lo exterior, y no de lo que está en el corazón. [13] En efecto, si hemos perdido el juicio, ha sido por Dios; y si somos sensatos, lo es por vosotros*. [14] Porque el amor de Cristo nos apremia al pensar que, si uno murió por todos, todos por tanto murieron*. [15] Y murió por todos, para que ya no vivan para sí los que viven, sino para aquel que murió y resucitó por ellos.

[16] Así que, en adelante, ya no conocemos a nadie según la carne. Y si conocimos a Cristo según la carne*, ya no le conocemos así. [17] Por tanto, el que está en Cristo, es una nueva creación*; pasó lo viejo, todo es nuevo*. [18] Y todo proviene de Dios, que nos reconcilió consigo por Cristo y nos confió el ministerio de la reconciliación. [19] Porque en Cristo estaba Dios reconciliando al mundo consigo, no tomando en cuenta las transgresiones de los hombres, sino poniendo en nosotros la palabra de la reconciliación. [20] Somos, pues, embajadores de Cristo, como si Dios exhortara por medio de nosotros. En nombre de Cristo os suplicamos: ¡reconciliaos con Dios! [21] A quien no conoció pecado*, le hizo pecado por nosotros, para que viniésemos a ser justicia de Dios en él.

6 [1] Y como cooperadores suyos que somos, os exhortamos a que no recibáis en vano la gracia de Dios. [2] Pues dice él: *En el tiempo favorable te escuché, y en el día de salvación te ayudé.* Mirad ahora el momento favorable; mirad ahora el día de salvación*. [3] A nadie damos ocasión alguna de tropiezo, para que no se haga mofa del ministerio, [4] antes bien, nos recomendamos en todo como ministros de Dios: con mucha constancia en tribulaciones, necesidades, angustias; [5] en azotes, cárceles, sediciones; en fatigas, desvelos, ayunos; [6] con pureza, ciencia, paciencia, bondad; con el Espíritu Santo, con caridad sincera, [7] con palabras verdaderas, con el poder de Dios; con las armas de la justicia a diestra y siniestra; [8] en gloria e ignominia, en calumnia y en buena fama; tenidos por impostores, siendo veraces; [9] como desconocidos, aunque bien conocidos; como moribundos, pero vivos; como castigados, aunque no condenados a muerte; [10] como tristes, pero siempre alegres; como pobres, aunque enriquecemos a muchos; como quienes nada tienen, aunque todo lo poseemos.

Desahogos y advertencias.

[11] ¡Corintios!, os hemos hablado con toda franqueza*; nuestro corazón está abierto de par en par. [12] No está cerrado nuestro corazón para vosotros; los vuestros sí que lo están. [13] Correspondednos;

Referencias marginales

3 1+
Rm 6 4-11
Ga 2 20
Rm 6 11+;
7 1+
Rm 7 5+
Rm 1 3; 9 5
Is 43 18-19
Rm 5 10
Is 53 5-12
Rm 8 3
Ga 3 13

1 Jn 3 5
1 P 2 24
1 Co 3 9
Is 49 8
8 21
4 8-10
1 Co 4 9-13
10 4
Ef 6 11+
4 11
Rm 8 32
1 Co 1 7
7 3

---

5 13 Los adversarios de Pablo pretendían haber tenido visiones y revelaciones, ver 12 1; Pablo les responde que el éxtasis no es criterio significativo en el ministerio, pues éste va dirigido a los hombres, no a Dios.

5 14 Cristo ha muerto por todos, es decir, en nombre de todos, como cabeza que representaba a toda la humanidad. Pero lo que ante Dios vale en esta muerte es la obediencia de amor que patentiza el sacrificio de una vida totalmente entregada, Rm 5 19+; Flp 2 8; ver Lc 22 42p; Jn 15 13; Hb 10 9-10. Los fieles, hechos partícipes de esta muerte por el bautismo, Rm 6 3-6, deben ratificar esa oblación de Cristo con su vida (aquí, v. 15, y Rm 6 8-11).

5 16 Pablo contrapone su conocimiento actual de Cristo como salvador, al que tenía cuando perseguía a la Iglesia y lo consideraba como un embaucador que extraviaba a los judíos.

5 17 (a) El centro de esta «nueva creación», que afecta a todo el universo, Col 1 19s+; ver 2 P 3 13; Ap 21 1, es aquí y en Ga 6 15, el «hombre nuevo» creado en Cristo, Ef 2 15+, para una vida nueva, Rm 6 4, de justicia y santidad, Ef 2 10; 4 24+; Col 3 10+. Compárese el nuevo nacimiento del bautismo, Rm 6 4+.

5 17 (b) Lit.: «las (cosas) antiguas han desaparecido, mirad, han surgido (cosas) nuevas». Var.: «todas las (cosas) son nuevas».

5 21 Dios hizo a Cristo solidario de la humanidad pecadora para hacer a los hombres solidarios de su obediencia y su justicia, ver 5 14+; Rm 5 19+. Puede ser que aquí «pecado» se tome en el sentido de «sacrificio-víctima por el pecado», puesto que la misma palabra hebrea *hatta't* puede tener esos dos sentidos, ver Lv 4 1-5 13.

6 2 Entre el tiempo de la venida de Cristo al mundo, Rm 3 26+, y el de su vuelta, 1 Co 1 8+, discurre un tiempo intermedio, Rm 13 11+, que es el «día de salvación». Tiempo apto para la conversión, Hch 3 20s, concedido para la salvación del «Resto», Rm 11 5, y de los gentiles, Rm 11 25; Ef 2 12s; ver Ap 6 11; Lc 21 24. Aun siendo de duración incierta, 1 Ts 5 1+, este tiempo de peregrinación, 1 P 1 17, debe ser considerado como breve, 1 Co 7 26-31; ver Ap 10 6; 12 12; 20 3, lleno de tribulaciones, Ef 5 16; 6 13, y de sufrimientos que preparan la gloria futura, Rm 8 11. Se aproxima el fin, 1 P 4 7; ver Mc 13 33+ y 1 Co 16 22; Flp 4 5; 1 Ts 5 8, así como el día de plenitud de luz, Rm 13 11s; hay que velar, 1 Ts 5 6; ver Mc 13 33, y emplear bien el tiempo que resta, Col 4 5; Ef 5 16, para salvarse y salvar a los demás, Ga 6 10, dejando a Dios el cuidado de la venganza postrera, Rm 12 19; 1 Co 4 5.

6 11 Lit.: «nuestra boca se ha abierto a (o para) vosotros».

os hablo como a hijos; abríos también vosotros.

Dt 22 10

¹⁴ *¡No uncíros en yugo desigual con los infieles! Pues ¿qué relación hay entre la justicia y la iniquidad? ¿Qué unión entre la luz y las tinieblas? ¹⁵ ¿Qué armonía entre Cristo y Belial? ¿Qué comunicación entre el fiel y el infiel? ¹⁶ ¿Qué conformidad entre el templo de Dios y el de los ídolos? Porque nosotros somos* templo de Dios vivo, como dijo Dios: *Habitaré en medio de ellos y caminaré entre ellos; yo seré su Dios y ellos serán mi pueblo.* ¹⁷ Por tanto, *salid de entre ellos y apartaos,* dice el Señor. *No toquéis cosa impura, y yo os acogeré.* ¹⁸ *Yo seré* para vosotros *un padre, y vosotros seréis para mí hijos* e hijas, *dice el Señor todopoderoso.*

Jn 8 12+
Dt 13 14+

1 Co 3 16-17

Lv 26 11-12
Ez 37 27

Is 52 11
Jr 51 45

2 S 7 14
Is 43 6
Jr 31 9

Hb 10 22
Rm 7 5+;
1 9+

7 ¹ Teniendo, pues, estas promesas, queridos míos, purifiquémonos de toda mancha de la carne y del espíritu, consumando la santificación en el temor de Dios.
² Dadnos lugar en vuestros corazones*. A nadie hemos ofendido; a nadie hemos arruinado; a nadie hemos explotado. ³ No os digo esto con ánimo de condenaros. Pues acabo de deciros que en vida y muerte estáis unidos en mi corazón. ⁴ Tengo franqueza para hablaros; estoy muy orgulloso de vosotros. Estoy lleno de consuelo y sobreabundo de gozo en todas nuestras tribulaciones.

6 11-13

12 10
Col 1 24

Pablo en Macedonia, donde le encuentra Tito.

⁵ Efectivamente, en llegando a Macedonia, no tuvo sosiego nuestra carne*, sino toda suerte de tribulaciones: por fuera, luchas; por dentro, temores. ⁶ Pero el Dios que consuela a los abatidos, nos

Dt 32 25

consoló con la llegada de Tito, ⁷ y no sólo con su llegada, sino también con el consuelo que le habíais proporcionado, comunicándonos vuestra añoranza, vuestro pesar, vuestro afán por mí, hasta el punto de colmarme de alegría.

2 13

⁸ Porque si os entristecí con mi carta*, no me pesa. Y si me pesó —pues veo que aquella carta os entristeció, aunque no fuera más que por un momento— ⁹ ahora me alegro. No por haberos entristecido, sino porque aquella tristeza os movió a arrepentimiento. Pues os entristecisteis según Dios, de manera que de nuestra parte no habéis sufrido perjuicio alguno. ¹⁰ En efecto, la tristeza según Dios produce un irreversible arrepentimiento para la salvación; mas la tristeza del mundo produce la muerte. ¹¹ Mirad qué ha producido entre vosotros esa tristeza según Dios: ¡qué interés, qué disculpas, qué enojo, qué temor, qué añoranza, qué afán, qué escarmiento*! En todo habéis mostrado que erais inocentes en este asunto. ¹² Así pues, si os escribí no fue a causa del que injurió, ni del que recibió la injuria*. Fue para que se pusiera de manifiesto entre vosotros ante Dios vuestro interés por nosotros. ¹³ Eso es lo que nos ha consolado.

Y mucho más que por este consuelo, nos hemos alegrado por el gozo de Tito, cuyo espíritu fue tranquilizado por todos vosotros. ¹⁴ Y si en algo me he gloriado de vosotros ante él, no he quedado avergonzado. Antes bien, así como os hemos dicho siempre la verdad, así también el motivo de nuestra gloria ante Tito ha resultado verdadero. ¹⁵ Y su cariño por vosotros ha crecido al recordar la obediencia de todos vosotros y cómo le acogisteis con piadosa reverencia. ¹⁶ Me alegro de poder confiar totalmente en vosotros.

1 18-19

1 Co 2 3+

---

6 14 Algunos piensan que la sección 6 14 - 7 1 es una interpolación ajena al contexto. De hecho encaja perfectamente aquí a condición de que se reconozca que Pablo entiende por «infieles» a aquellos corintios cuya conducta contradecía a su fe. A pesar de ser creyentes, se hallaban mezclados con ídolos y demonios, 1 Co 8 10; 10 20.
6 16 Var.: «vosotros sois». Ver Rm 12 1+; 1 Co 3 16+.
7 2 La letra del texto griego sólo dice: «dadnos lugar». Otra trad. posible: «comprendednos».

7 5 Es decir, la persona de Pablo, considerada en la debilidad de su condición, ver Rm 7 5+.
7 8 La *carta severa,* ver 2 3+ e Introducción.
7 11 Sentimientos y comportamientos de los corintios para con Pablo y el culpable, como consecuencia de la *carta severa,* ver 2 5-8.
7 12 El *injuriado* era probablemente un enviado de Pablo. Nada sabemos de su persona, ni de la del ofensor, 2 6+, ni de la naturaleza de la ofensa.

II. Organización de la colecta*

Motivos de generosidad.

8 ¹ Os damos a conocer, hermanos, la gracia que Dios ha otorgado a las iglesias de Macedonia. ² Pues, aunque probados por muchas tribulaciones, han rebosado de alegría y su extrema pobreza* ha desbordado en tesoros de generosidad. ³ Porque atestiguo que según sus posibilidades, y aun sobre sus posibilidades, espontáneamente ⁴ nos pedían con mucha insistencia la gracia de participar en este servicio en bien de los santos. ⁵ Y superando nuestras esperanzas, se entregaron a sí mismos, primero al Señor, y luego a nosotros, por voluntad de Dios, ⁶ de forma que rogamos a Tito llevara a buen término entre vosotros esta generosidad, tal como la había comenzado.

⁷ Y del mismo modo que sobresalís en todo: en fe, en palabra, en ciencia, en todo interés y en la caridad que os hemos comunicado*, sobresalid también en esta generosidad. ⁸ No es una orden; sólo quiero, mediante el interés por los demás, probar la sinceridad de vuestra caridad. ⁹ Pues conocéis la generosidad* de nuestro Señor Jesucristo, el cual, siendo rico, por vosotros se hizo pobre a fin de enriqueceros con su pobreza*. ¹⁰ Os doy un consejo sobre el particular que va con vosotros: ya que desde el año pasado habéis sido los primeros no sólo en hacer la colecta, sino también en tomar la iniciativa, ¹¹ ahora llevadla también a cabo, de forma que a vuestra prontitud en la iniciativa corresponda la realización conforme a vuestras posibilidades. ¹² Pues cuando hay buena voluntad, es bien acogida por lo que se tiene, no por lo que no se tiene. ¹³ No se trata de que paséis apuros para que otros tengan abundancia, sino de procurar la igualdad. ¹⁴ Al presente, vuestra abundancia* remedia su necesidad, para que la abundancia* de ellos pueda remediar también vuestra necesidad y reine la igualdad, ¹⁵ como dice la Escritura: *El que mucho recogió, no tuvo de más; y el que poco, no tuvo de menos*

Recomendación de los delegados.

¹⁶ ¡Gracias sean dadas a Dios, que pone en el corazón de Tito el mismo interés por vosotros!, ¹⁷ pues aceptó mi ruego y, más solícito que nunca, por propia iniciativa, fue donde vosotros. ¹⁸ Con él enviamos al hermano*, cuyo renombre a causa del Evangelio se ha extendido por todas las iglesias. ¹⁹ Y no sólo eso, sino que fue designado por elección de todas las iglesias como compañero nuestro de viaje en esta colecta que administramos para la gloria del mismo Señor, y por iniciativa nuestra*. ²⁰ Así evitaremos todo motivo de reproche por esta abundante suma que administramos; ²¹ pues *procuramos el bien no sólo delante del Señor sino también delante de los hombres*. ²² Con ellos os enviamos también al hermano nuestro*, cuya solicitud tenemos ya comprobada muchas veces y de muchas maneras; solicitud aún mayor ahora por la gran confianza que tiene en vosotros.

²³ En cuanto a Tito, es compañero y colaborador mío entre vosotros; en cuanto a los demás hermanos, son los delegados* de las iglesias: la gloria de

1 Co 16 5; 1 Co 16 1+; Hch 9 13+; 1 Co 1 5; 1 Co 7 6; 2 Co 9 7; Flp 8.14; Mt 5 3+; 8 20; Flp 2 6-7; Rm 15 26-27; Ex 16 18; Pr 3 4 LXX; Rm 12 17

8   Sobre esta colecta, particularmente querida para Pablo, ver 1 Co 16 1+.
8 2   Pablo exhorta a los corintios a la generosidad por medio de temas que le son muy queridos: la pobreza fuente de enriquecimiento para los demás, aquí y 6 10, a ejemplo de Cristo, 8 9+; ver 1 7+, el don de Dios, 8 1, que suscita el don de los cristianos, 8 5; ver 9 8s.
8 7   Var.: «caridad hacia nosotros que nos une a vosotros».
8 9   (a) O también: «la gracia».
8 9   (b) Cristo se hizo «pobre» aceptando el radical empobrecimiento de una muerte degradante en la que fue despojado de todo. Aunque no tenía pecado, aceptó el castigo aplicado a los pecadores, 2 Co 5 21. Su «riqueza» es su posesión del favor de Dios, su comunión con el Padre. El mismo contraste entre la vida de Jesús tal como fue y como podría haber sido aparece en Flp 2 6-7.— Nótese la motivación de los comportamientos cristianos por el ejemplo de Cristo, característica de la moral paulina: Rm 14 8; Ef 5 1.25; Flp 2 5, etc.; ver

2 Ts 3 7+.
8 14   (a) Pablo no pide a los corintios más que lo superfluo, mientras que los cristianos de Macedonia en su «extrema pobreza» han dado «por encima de sus posibilidades», vv. 2-3. Ver Mc 12 41-44p. Pero presentándoles el ejemplo de Cristo, v. 9, Pablo les invita discretamente a imitar la generosidad de sus hermanos macedonios.
8 14   (b) Ya sea en bienes materiales en el caso de un posible cambio de situaciones en el futuro, ya en bienes espirituales desde ahora, v 9 14; Rm 15 27.
8 18   Este hermano es desconocido.
8 19   Otras traducciones: «y satisfacción nuestra», o «en prueba de nuestra buena voluntad».
8 22   Este hermano es desconocido.
8 23   Griego: *apóstolos*, apóstol, ver Rm 1 1+. Ellos son la *gloria de Cristo* porque la manifiestan con su acción, v. 19, provocando en los cristianos un comportamiento análogo al suyo, v. 9.

Cristo. ²⁴ Mostrad, pues, ante la faz de las iglesias, vuestra caridad y la verdad de nuestro orgullo respecto de vosotros.

9 ¹ En cuanto a este servicio en favor de los santos, me es superfluo escribiros. ² Conozco, en efecto, vuestra prontitud de ánimo, de la que me glorío ante los macedonios diciéndoles que Acaya* está preparada desde el año pasado, y vuestro celo ha estimulado a muchísimos. ³ No obstante, os envío a los hermanos para que nuestro motivo de gloria respecto de vosotros no se desvanezca en este particular y estéis preparados como os decía. ⁴ No sea que vayan los macedonios conmigo y os encuentren sin prepararos, y nuestra gran confianza se torne en confusión nuestra, por no decir vuestra. ⁵ Por tanto, he creído necesario rogar a los hermanos que vayan antes adonde vosotros y preparen de antemano vuestros ya anunciados dones, a fin de que sean preparados como dones generosos y no como una tacañería.

Beneficios que han de resultar de la colecta.

⁶ Mirad: el que siembra con mezquindad, cosechará también con mezquindad; el que siembra en abundancia, co-sechará también en abundancia. ⁷ Cada cual dé según el dictamen de su corazón, no de mala gana ni forzado, pues: *Dios ama al que da con alegría.* ⁸ Y poderoso es Dios para colmaros de toda gracia a fin de que teniendo, siempre y en todo, lo necesario, tengáis aún sobrante para toda obra buena, ⁹ como está escrito: *Repartió; dio a los pobres; su justicia permanece eternamente.*

¹⁰ Aquel que provee *de simiente al sembrador y de pan para su alimento,* proveerá y multiplicará vuestra sementera y aumentará *los frutos de vuestra justicia.* ¹¹ Así seréis ricos para toda largueza, la cual provocará por nuestro medio acciones de gracias a Dios. ¹² Porque la prestación de este servicio no sólo provee a las necesidades de los santos, sino que redunda también en abundantes acciones de gracias a Dios. ¹³ Experimentando el valor de este servicio, glorificarán a Dios por vuestra obediencia y la confesión de fe en el Evangelio de Cristo y por la generosidad de vuestra comunión con ellos y con todos. ¹⁴ Y con su oración por vosotros, manifestarán su afecto* hacia vosotros a causa de la gracia sobreabundante que en vosotros ha derramado Dios. ¹⁵ ¡Gracias sean dadas a Dios por su don inefable*!

III. Apología de Pablo*

Respuesta a la acusación de debilidad.

10 ¹ Soy yo, Pablo en persona, quien os suplica por la mansedumbre y la benignidad de Cristo, yo tan humilde cara a cara entre vosotros, y tan atrevido con vosotros desde lejos*. ² Os ruego que no tenga que mostrarme atrevido en presencia vuestra, con esa audacia con que pienso atreverme contra algunos que consideran procedemos según la carne. ³ Pues aunque vivimos en la carne no combatimos según la carne. ⁴ ¡No!, las armas de nuestro combate no son carnales, antes bien, para la causa de Dios*, son capaces de arrasar fortalezas. Deshacemos sofismas ⁵ y cualquier baluarte levantado contra el conocimiento de Dios y reducimos a cautiverio todo entendimiento sometiéndolo a Cristo. ⁶ Y estamos dispuestos a castigar toda desobediencia cuando vuestra obediencia sea perfecta.

⁷ ¡Mirad las cosas cara a cara*! Si alguien cree ser de Cristo*, considere una vez más dentro de sí mismo esto: si él es

Referencias marginales:

2 Co 8 8
Flm 8.14

Pr 22 8 LXX

Sal 112 9

Is 55 10

Os 10 12

1 Co 16 1+
1 11

Hch 2 42

Pr 11 24-25

8 9

Mt 11 29
Flp 2 1
1 Co 2 3

1 Co 4 21

Rm 7 5+

6 7
Ef 6 11+

1 Co 1 25
Is 2 11-18

Rm 1 5+

1 Co 1 12

---

9 2 La inesperada mención de «Acaya» está provocada por la alusión a la provincia hermana de Macedonia, 1 Ts 1 7s. Pablo tiene siempre presentes a los corintios.
9 14 *Pablo practica lo que había enseñado en 1 Co 13* 5, porque algunos miembros de esta comunidad le amargaron la vida, Ga 2 4s. Mediante la colecta, quiere precisamente superar esas hostilidades mostrando el respeto y el apoyo ofrecidos por las iglesias de origen pagano a la iglesia madre que les ha comunicado sus bienes espirituales, Rm 15 27.
9 15 La Redención.

10 El brusco cambio de tema y de tono denota el comienzo de lo que fue originalmente una carta independiente. Ver la Introducción.
10 1 Alusión a los reproches irónicos de sus adversarios, ver v. 10.
10 4 O: «a los ojos de Dios».
10 7 (a) O: «no miráis más que a la cara» (e.d.: las apariencias).
10 7 (b) El «partido de Cristo» de 1 Co 1 12+, o mejor, algunos fieles que reclaman el monopolio de la fidelidad a Cristo.

11 23

13 10
Jr 1 10

de Cristo, también lo somos nosotros. [8] Y aun cuando me gloriara, excediéndome algo, en ese poder nuestro que el Señor nos dio para edificación vuestra y no para ruina, no me avergonzaría. [9] Pues no quiero aparecer como que os atemorizo con mis cartas*. [10] Porque se dice que las cartas son severas y fuertes, mientras que la presencia del cuerpo es pobre y la palabra despreciable. [11] Piense ese tal que lo que somos a distancia y de palabra por carta, lo seremos también en presencia y actuando.

Respuesta a la acusación de ambición.

3 1+

Ga 6 4

Rm 15 19s
Col 1 25

Jr 9 22-23
1 Co 1 31

[12] Ciertamente no osamos igualarnos ni compararnos a algunos que se recomiendan a sí mismos. Midiéndose a sí mismos según su opinión y comparándose consigo mismos, obran sin sentido. [13] Nosotros, en cambio, no nos gloriaremos desmesuradamente*; sino según la norma que Dios mismo nos ha asignado como medida al hacernos llegar también hasta vosotros. [14] Porque no traspasamos los límites debidos, como sería si no hubiéramos llegado hasta vosotros; hasta vosotros hemos llegado con el Evangelio de Cristo*. [15] No nos gloriamos desmesuradamente a costa de los trabajos de los demás; sino que esperamos, mediante el progreso de vuestra fe, engrandecernos cada vez más en vosotros conforme a nuestra norma*, [16] extendiendo el Evangelio más allá de vosotros en lugar de gloriarnos en territorio ajeno por trabajos ya realizados*. [17] *El que se gloríe, gloríese en el Señor.* [18] Que no es aprobado el que a sí mismo se recomienda, sino aquel a quien el Señor recomienda.

Pablo obligado a elogiarse a sí mismo.

Dt 4 24+
Os 1 2+
Ef 5 27
Ap 21 2.9

Gn 3 1-6

Ga 1 6-9

12 11
1 Co 2 1-5

1 Co 9 18
Hch 18 3+

8 1-2
Flp 4 15

1 Co 9 15

11 [1] ¡Ojalá pudierais soportar un poco mi locura! ¡Sí que me la soportáis*! [2] Celoso estoy de vosotros con celos de Dios, pues os tengo desposados con un solo esposo para presentaros cual casta virgen a Cristo*. [3] Pero temo que, al igual que la serpiente engañó a Eva con su astucia, se perviertan vuestras mentes apartándose de la sinceridad* con Cristo. [4] Pues, cualquiera que se presente predicando otro Jesús* del que os prediqué, y os proponga recibir un espíritu diferente del que recibisteis, y un evangelio diferente del que habéis abrazado ¡lo toleráis tan tranquilos! [5] Sin embargo, no me juzgo en nada inferior a esos «superapóstoles*». [6] Pues si carezco de elocuencia, no así de ciencia; que en todo y en presencia de todos* os lo hemos demostrado.

[7] ¿Acaso tendré yo culpa porque me abajé a mí mismo para ensalzaros a vosotros anunciándoos gratuitamente el Evangelio de Dios? [8] A otras iglesias despojé, recibiendo de ellas con qué vivir para serviros. [9] Y estando entre vosotros y necesitado, no fui gravoso a nadie; fueron los hermanos llegados de Macedonia los que remediaron mi necesidad. Siempre evité el seros gravoso, y lo seguiré evitando. [10] ¡Por la verdad de Cristo que está en mí!, que esta gloria no me será arrebatada en las regiones de Acaya. [11] ¿Por qué? ¿Porque no os amo? ¡Dios lo sabe! [12] Y lo que hago, continuaré haciéndolo para quitar todo pretexto a los que lo buscan con el fin de ser iguales a nosotros en lo que se glorían*. [13] Porque esos tales son unos falsos apóstoles,

---

10 9 Sobreentendido: «solamente». Que no crean los corintios que la severidad de Pablo es puramente verbal, ver v. 11.
10 13 Var.: «midiéndonos a nosotros mismos con nuestra medida y comparándonos con nosotros mismos, no nos gloriamos sin medida».
10 14 Sentido de los vv. 12-14: mis adversarios sólo tienen como título de gloria la alta opinión que de sí mismos tienen (v. 12). Yo, por mi parte, puedo gloriarme de haber cumplido la misión que Dios me ha confiado; fundar la iglesia de Corinto (vv. 13-14).
10 15 Puede también traducirse: «antes abrigamos la esperanza de que, desarrollándose vuestra fe, seremos engrandecidos en vuestra estima, siempre conforme a la norma que se nos ha asignado».
10 16 La norma que Pablo se impone es: no construir sobre los fundamentos puestos por otro, Rm 15 20s
11 1 O quizá: «¡Sí! soportadla*». Sobre esta locura de Pablo, ver 5 13+; 11 17; 12 11.
11 2 Pablo, amigo del esposo, presenta la novia. Desde Os 2, el amor de Yahvé a su pueblo estaba representado por el amor del esposo a la esposa: Jr 2 1-7; 3; 31

22; 51 5; Is 49 14-21; 50 1; 54 1-10; 62 4-5; Ez 16; 23. El NT repite la imagen: Mt 22 2s; 25 1s; Jn 3 28-29; Ef 5 25-33; Ap 19 7; 21 2.
11 3 Adic.: «y de la pureza».
11 4 La palabra *Jesús*, a solas, alude en Pablo a la existencia terrestre de Cristo, pero comporta también el matiz específico de humillación y de sufrimiento, que culminan en la cruz. Pablo la utiliza para contrarrestar la propaganda de aquellos a quienes el rechazo de un Cristo crucificado había llevado a inventarse «otro Jesús».
11 5 Término que se repite en 12 11. Son *falsos apóstoles*, 11 13. Ciertamente no se trata de la Doce cuya autoridad Pablo reconoce, Ga 1 18; 2 9. Pero el círculo de los apóstoles es más amplio que el de los Doce, ver 1 Co 15 7+, y entre aquéllos ha podido repetirse también el caso de Judas. Puede tratarse también de personas que se apropian ese título.
11 6 O: «en todo y por todo».
11 12 El desinterés, tal como lo practica Pablo, es una señal de su condición apostólica que sus enemigos jamás osarán apropiarse.

unos trabajadores engañosos, que se disfrazan de apóstoles de Cristo. [14] Y nada tiene de extraño: que el mismo Satanás se disfraza de ángel de luz. [15] Por tanto, no es mucho que sus ministros se disfracen también de ministros de justicia. Pero su fin será conforme a sus obras.

[16] Digo una vez más* que nadie me tome por fatuo; pero, aunque sea como fatuo, permitidme que también me gloríe yo un poco. [17] Lo que os voy a decir, no lo diré según el Señor, sino como en un acceso de locura, seguro de tener algo de qué gloriarme. [18] Ya que tantos otros se glorían según la carne, también yo me voy a gloriar. [19] Gustosos soportáis a los fatuos, ¡vosotros que sois sensatos! [20] Soportáis que os esclavicen, que os devoren, que os roben, que se engrían, que os abofeteen. [21] Para vergüenza vuestra* lo digo; ¡nos hemos mostrado débiles...!

En cualquier cosa en que alguien presumiere —es una locura lo que digo— también presumo yo*. [22] ¿Que son hebreos? También yo lo soy. ¿Que son israelitas? ¡También yo! ¿Son descendencia de Abrahán? ¡También yo! [23] ¿Ministros de Cristo? —¡Digo una locura!— ¡Yo más que ellos! Más en trabajos; más en cárceles; muchísimo más en azotes; en peligros de muerte, muchas veces. [24] Cinco veces recibí de los judíos los cuarenta azotes menos uno. [25] Tres veces fui azotado con varas; una vez lapidado; tres veces naufragué; un día y una noche pasé en alta mar*. [26] Viajes frecuentes; peligros de ríos; peligros de salteadores; peligros de los de mi raza; peligros de los gentiles; peligros en ciudad; peligros en despoblado; peligros por mar; peligros entre falsos hermanos; [27] trabajos y fatigas; noches sin dormir, muchas veces; hambre y sed; muchos días sin comer; frío y desnudez. [28] Y aparte de otras cosas, mi responsabilidad diaria: la preocupación por todas las iglesias. [29] ¿Quién desfallece sin que desfallezca yo? ¿Quién sufre escándalo sin que yo me abrase?

[30] Si hay que gloriarse, en mi flaqueza me gloriaré. [31] El Dios, Padre del Señor Jesús, ¡bendito sea por todos los siglos!, sabe que no miento. [32] En Damasco, el etnarca del rey Aretas tenía puesta guardia en la ciudad de los damascenos con el fin de prenderme. [33] Por una ventana y en una espuerta fui descolgado muro abajo. Así escapé de sus manos.

12 [1] ¿Que hay que gloriarse? —aunque no trae ninguna utilidad—; pues vendré a las visiones y revelaciones del Señor. [2] Sé de un hombre en Cristo, el cual hace catorce años —si en el cuerpo o fuera del cuerpo no lo sé, Dios lo sabe— fue arrebatado hasta el tercer cielo*. [3] Y sé que este hombre —en el cuerpo o fuera del cuerpo no lo sé, Dios lo sabe— [4] fue arrebatado al paraíso y oyó palabras inefables que el hombre no puede pronunciar. [5] De ese tal me gloriaré; pero en cuanto a mí, sólo me gloriaré en mis flaquezas. [6] Si pretendiera gloriarme no haría el fatuo, diría la verdad. Pero me abstengo de ello. No sea que alguien se forme de mí una idea superior a lo que en mí ve u oye de mí*.

[7] Y por eso, para que no me engría con la sublimidad de esas revelaciones, me fue dado un aguijón a mi carne*, un ángel de Satanás que me abofetea para que no me engría*. [8] Por este motivo tres veces rogué al Señor que se alejase de mí. [9] Pero él me dijo: «Mi gracia te basta, que mi fuerza se realiza en la flaqueza». Por tanto, con sumo gusto seguiré gloriándome sobre todo en mis flaquezas, para que habite en mí la fuerza de Cristo. [10] Por eso me complazco en mis flaquezas, en las injurias, en las necesidades, en las persecuciones y las angustias

11 16 No lo ha dicho nunca; ver por el contrario 11 1. Es la prueba de que Pablo se cuida poco de exactitudes formales en sus ardientes páginas. Su *locura*, 11 1.17.19.21.23; 12 11, que no lo es, 11 16; 12 6, consiste en gloriarse *según la carne*, 11 18, es decir, en jactarse de su raza, 11 22, de sus trabajos y tribulaciones, 11 23-26, de sus revelaciones, 12 1-5. Pero puede hacerlo sin ser loco, porque es la verdad, 12 6. Si lo hace, es para compararse con sus adversarios en su propio terreno, 11 21-23, y también para desarmar a los que le denigran, 11 5-12; 12 11-15. Pero lo hace de mala gana, 12 11. Su verdadero título de gloria lo encuentra en su flaqueza, 11 30; 12 5.9, porque ésta es la que mejor manifiesta la fuerza de Cristo, 12 9, mostrando con evidencia que el poder extraordinario que obra por el apóstol no viene de él sino de Dios, 4 7+.
11 21 (a) O: «Para vergüenza nuestra».

11 21 (b) Las necesidades de la polémica obligaron a Pablo en diversas ocasiones a volver, como aquí, sobre su pasado de auténtico judío: Ga 1 13-14; Rm 11 1; Flp 3 4-6; ver Hch 22 3s; 26 4-5.
11 25 Las circunstancias en que Pablo padeció estas tribulaciones son en su mayoría desconocidas.
12 2 Es decir, hasta lo más alto de los cielos.
12 6 O: «oye que digo».
12 7 (a) Quizá una enfermedad de ataques agudos e imprevisibles; quizá la resistencia de Israel, los hermanos de Pablo según la carne, a la fe cristiana.
12 7 (b) Om.: «para que no me engría». —También se puede unir el comienzo del v. 6: «... No sea que alguien se forme de mí una idea superior a lo que en mí ve u oye que digo de mí por la sublimidad de esas revelaciones. Por eso, para que no me engría...». La frase es confusa y el texto no es críticamente seguro.

Rm 9 2
1 Co 9 22

Hch 9 23-25

Ex 33 20+

Rm 7 5+
2 Co 3 1+

Flp 3 4-6
Hch 22 3
Rm 11 1
Ga 1 13-14

10 7

Dt 25 2-3
Hch 16 22
Hch 14 19

Rm 9 2
2 Co 11 28

Mt 26 39.42.44

4 7
Is 40 29

2 Ts 3 8

1 Co 4 11

7 4
Col 1 24

Flp 4 13
Col 1 29

sufridas por Cristo; pues, cuando soy débil, entonces es cuando soy fuerte. [11] ¡Vedme aquí hecho un loco! Vosotros me habéis obligado. Pues vosotros debíais recomendarme, porque en nada he sido inferior a esos «superapóstoles», aunque nada soy. [12] Las características del apóstol se vieron cumplidas entre vosotros: paciencia perfecta en los sufrimientos, signos, prodigios y milagros. [13] Pues ¿en qué habéis sido inferiores a las demás iglesias, excepto en no haberos sido yo gravoso? ¡Perdonadme este agravio*! [14] Mirad, es la tercera vez que estoy a punto de ir a vosotros, y no os seré gravoso, pues no busco vuestras cosas sino a vosotros. Efectivamente, no corresponde a los hijos ahorrar para los padres, sino a los padres ahorrar para los hijos. [15] Por mi parte, muy gustosamente gastaré y me desgastaré por vuestras almas. Amándoos más* ¿seré yo menos amado*?

[16] Es verdad, en nada os fui gravoso; pero en mi astucia, os he cazado con trampa. [17] ¿Acaso os exploté por alguno de los que os envié? [18] Supliqué a Tito y mandé con él al hermano. ¿Os ha explotado acaso Tito? ¿No hemos obrado según el mismo espíritu? ¿No hemos seguido las mismas huellas?

Aprensiones e inquietudes de Pablo.

[19] Hace tiempo, estáis pensando*, que nos estamos justificando delante de vosotros. Delante de Dios, en Cristo, estamos hablando. Y todo esto, queridos míos, para edificación vuestra. [20] En efecto, temo que a mi llegada no os encuentre como yo querría; ni me encontréis como querríais: que haya discordias, envidias, iras, ambiciones, calumnias, murmura-

11 5
1 Co 15 10

1 Co 2 4
1 Ts 1 5
Rm 15 19
Hch 1 8+
Hch 18 3+
13 1

8 16-22

2 17

Rm 1 29+
1 Co 3 1s
Ga 5 20

ciones, insolencias, desórdenes. [21] Temo que en mi próxima visita el Señor me humille por causa vuestra y tenga que llorar por muchos que anteriormente pecaron y no se convirtieron de sus actos de impureza, fornicación y libertinaje.

13
[1] Por tercera vez* voy a vosotros. *Por la palabra de dos o tres testigos se zanjará todo asunto*.* [2] Ya lo tengo dicho a los que anteriormente pecaron y a todos los demás, y vuelvo a decirlo ahora que estoy ausente, lo mismo que la segunda vez estando presente: si vuelvo otra vez, obraré sin miramientos, [3] ya que queréis una prueba de que habla en mí Cristo, el cual no es débil para con vosotros, sino poderoso entre vosotros. [4] Pues, ciertamente, fue crucificado en razón de su flaqueza, pero está vivo por la fuerza de Dios. Así también nosotros: somos débiles en él, pero viviremos con él por la fuerza de Dios sobre vosotros*.

[5] Examinaos vosotros mismos si os mantenéis en la fe. Poneos a prueba a vosotros mismos. ¿No reconocéis que Jesucristo está en vosotros? ¡A no ser que os encontráis ya reprobados! [6] Espero que reconoceréis que nosotros no estamos reprobados. [7] Rogamos a Dios que no hagáis mal alguno. No para que nosotros aparezcamos aprobados, sino para que obréis el bien, aun cuando quedáramos nosotros reprobados*. [8] Pues nada podemos contra la verdad, sino sólo a favor de la verdad. [9] Ciertamente, nos alegramos cuando somos nosotros débiles y vosotros fuertes. Lo que pedimos en la oración es vuestro perfeccionamiento. [10] Por eso os escribo esto ausente, para que, presente, no tenga que obrar con severidad conforme al poder que me otorgó el Señor para edificar y no para destruir*.

1 Co 5 1s;
6 15s

12 14
Dt 19 15
Mt 18 16
1 Tm 5 19

Rm 1 4+

Rm 8 11+

Hch 4 20+

10 8
Jr 1 10

---

12 13 Hermoso ejemplo de ironía paulina.
12 15 (a) Pablo insiste con frecuencia en el profundo amor que siente por los cristianos de las comunidades a las que escribe: 2 4; 6 12; 11 11; 12 15; 1 Co 16 24; 1 Ts 2 8; Ga 4 19; Flp 1 8, amor comparado a menudo con el de una madre, Ga 4 19; 1 Ts 2 8, de un padre, 1 Co 4 14s; 2 Co 6 13. Está dispuesto a dar su vida por ellos, Flp 2 17. Pide a los fieles que le correspondan, 2 Co 6 13. Pero, en nombre de este amor, no duda en corregirles y reprenderles, aunque esta actitud enfríe su amor, 2 Co 7 8; 12 15; Ga 4 16.
12 15 (b) Var: «y me desgastaré por vuestras almas, aún a riesgo de ser menos amado, por haberos amado más».
12 19 Var.: «todavía pensáis».
13 1 (a) «Por tercera vez». La primera, cuando fundó la iglesia; la segunda, en la «visita con tristeza», evocada en 1 23; 2 1; ver la Introducción.
13 1 (b) No se trata de una alusión a los cargos contra Pablo, 12 16. En el Judaísmo palestinense, Dt 19 15;

se interpretaba en el sentido de que a los delincuentes había que amonestarles dos o tres veces antes de infligirles el castigo.
13 4 Om.: «sobre vosotros».
13 7 Esta prueba será el comportamiento de Pablo y el de los corintios en la visita anunciada en 13 1, en la que Pablo demostrará que Cristo actúa en él, 13 3s. Esta prueba será en perjuicio de los corintios, 13 6, si no se convierten. Pablo triunfará castigando 13 7. Pero si los corintios se convierten, Pablo no se verá precisado a usar de su poder: parecerá débil y ellos fuertes, 13 9; dará la impresión de sucumbir en la prueba, 13 7, porque aún podrá decirse que sus amenazas son puramente verbales, ver 10 9s. Sin embargo, acepta con alegría esta eventualidad, humillante para él, pero gloriosa para sus queridos fieles.
13 10 Esta recapitulación sólo es aplicable a los caps. 10-11, y es totalmente incompatible con el contenido de los caps. 1-9. Esto corrobora la división de 2 Co en dos epístolas.

Conclusión

Recomendaciones. Saludo final.

¹¹ Por lo demás, hermanos, alegraos; sed perfectos; animaos; tened un mismo sentir; vivid en paz, y el Dios del amor y de la paz estará con vosotros.

¹² Saludaos mutuamente con el beso* santo. Todos los santos os saludan.
¹³ La gracia del Señor Jesucristo, el amor de Dios y la comunión del Espíritu Santo sean con todos vosotros*.

13 12 Se trata del beso litúrgico, símbolo de la fraternidad cristiana, Rm 16 16; 1 Co 16 20; 1 Ts 5 26.
13 13 Esta fórmula trinitaria, probablemente de origen litúrgico, ver también Mt 28 19, tiene eco en diversos pasajes de las epístolas, donde las funciones respectivas de las Tres Personas se presentan según las variaciones de los diversos contextos: Rm 1 4+; 15

16.30; 1 Co 2 10-16; 6 11.14.15.19; 12 4-6; 2 Co 1 21s; Ga 4 6; Flp 2 1; Ef 1 3-14; 2 18.22; 4 4-6; 2 Ts 2 13; Tt 3 5s; Hb 9 14; 1 P 1 2; 3 18; 1 Jn 4 2; Judas 20.21; Ap 1 4s; 22 1; ver Hch 10 38; 20 28; Jn 14 16.18.23. Obsérvense en 1 Co 6 11; Ef 4 4-6, las fórmulas ternarias que refuerzan el pensamiento trinitario. Comparar también la tríada de las virtudes teologales, 1 Co 13 13+.

EPÍSTOLA A LOS GÁLATAS

Saludo*.

Rm 1 1+
Ga 1 11s

Rm 1 4+

Col 1 13-14
1 Jn 5 19

Rm 16 27+

1 ¹ Pablo, apóstol, no de parte de los hombres ni por mediación de hombre alguno, sino por Jesucristo y Dios Padre, que le resucitó de entre los muertos, ² y todos los hermanos que conmigo están, a las iglesias de Galacia. ³ Gracia a vosotros y paz de parte de Dios, nuestro Padre, y del Señor Jesucristo, ⁴ que se entregó a sí mismo por nuestros pecados, para librarnos de este mundo perverso*, según la voluntad de nuestro Dios y Padre, ⁵ a quien sea la gloria por los siglos de los siglos. Amén.

Amonestación*.

2 Ts 2 2

⁶ Me maravillo de que tan pronto ha- yáis abandonado al que os llamó por la gracia de Cristo, para pasaros a otro evangelio* ⁷ —no que sea otro, sino que hay algunos que os están turbando y quieren deformar el Evangelio de Cristo—. ⁸ Pero aun cuando nosotros mismos o un ángel del cielo os anunciara un evangelio distinto del que os hemos anunciado, ¡sea maldito!* ⁹ Como os tengo dicho, también ahora lo repito: Si alguno os anuncia un evangelio distinto del que habéis recibido, ¡sea maldito! ¹⁰ Porque ¿busco* yo ahora el favor de los hombres o el de Dios? ¿O es que intento agradar a los hombres? Si todavía* tratara de agradar a los hombres, ya no sería siervo de Cristo.

2 Co 11 4

Rm 9 3+

1 Co 11 2

1 Ts 2 4
2 Co 5 11
Rm 1 1
Flp 1 1

I. La prueba de los hechos

La llamada de Dios*.

Mt 16 17

2 Co 11 21+
Hch 8 1-3+

¹¹ Porque* os hago saber, hermanos, que el Evangelio anunciado por mí, no es de orden humano, ¹² pues yo no lo recibí ni aprendí de hombre alguno, sino por revelación de Jesucristo*. ¹³ Pues habéis oído hablar de mi conducta anterior en el judaísmo, cuán encarnizadamente perseguía a la iglesia de Dios para destruirla, ¹⁴ y cómo superaba en el judaísmo a muchos compatriotas de mi generación, aventajándoles en el celo por las tradiciones de mis padres. ¹⁵ Mas, cuando Aquel que me separó *desde el seno de mi madre* y me *llamó* por su gracia, tuvo a bien ¹⁶ revelar en mí a su Hijo*, para que le anunciase entre los

Hch 26 4-5
Flp 3 5

Mc 7 3s

Jr 1 5
Is 49 1
Lc 1 15
Hch 9 3-
19p+

---

1 Este saludo es de un tono más cortante y duro que los otros (evita el elogio de los gálatas). En los vv. 1 y 4 Pablo esboza los principales temas de su carta: apología de su misión apostólica, 1-2; exposición de su Evangelio de salvación por la fe en Jesucristo; los fundamentos de la libertad cristiana, 3-5.
1 4 El mundo presente, en oposición al mundo «futuro», mesiánico. Coincide con el reino del pecado y de la Ley, Ga 3 19. Pero Cristo, por su muerte y resurrección, nos libera ya desde ahora de todos estos tiranos y nos hace entrar en el reino suyo y de Dios, Rm 14 17; Col 1 13; Ef 5 5, en espera de la plena liberación en la resurrección corporal de la Parusía, ver Rm 5-8.
1 6 (a) Una amonestación suple a la acción de gracias habitual en los comienzos de los epístolas paulinas, Rm 1 8; 1 Co 1 4; 2 Co 1 3; Flp 1 3; Col 1 3; 1 Ts 1 2; 2 Ts 1 3; Flm 4.
1 6 (b) Sólo hay un Evangelio, vv. 6-8; 2 Co 11 4, predicado por todos los Apóstoles, 1 Co 15 11, para cuyo servicio Dios ha escogido al apóstol Pablo, Rm 1 1; 1 Co 1 17; ver Ga 1 15-16. Como en los evangelios, Mc 1 1+, y en los Hechos, Hch 5 42+, se trata de la Buena Nueva anunciada de viva voz y escuchada. Su contenido es la revelación del Hijo, Jesucristo, Rm 1 1-4, resucitado de entre los muertos 1 Co 15 1-5: 2 Tm 1 10, después de su crucifixión, 1 Co 2 2, en favor de todos los pecadores —judíos o paganos—, Rm 3 22-24, que ha instaurado la economía de la justicia, Rm 1 16+, y la salvación, Ef 1 13, que los profetas habían anunciado, Rm 16 25-26; 1 P 1 10. Por lo demás, la palabra expresa a menudo y a la vez la actividad del apóstol y el mensaje que anuncia, 2 Co 2 12; 8 18; Fip 1 5.12; 4 3.15; Flm 13; 1 Ts 3 2. La eficacia de esta proclamación se debe al poder de Dios, 1 Ts 1 3 (ver 2 13): Palabra de verdad que manifiesta la gracia de Dios, Col 1 5-6; Ef 1 13; 2 Co 6 1; Hch 14 3; 20 24.32, produce la salvación en quien la recibe por la fe, Rm 1 16-17+; 3 22; 10 14-15; Flp 1 28, y la obedece, Rm 1 5; 1C 16; 2 Ts 1 8; fructifica y se desarrolla, Col 1 6, y, por ella, el ministerio del apóstol que «le da cumplimiento», Rm 15 19, es la fuente primera de toda la esperanza cristiana, Col 1 23.
1 8 Es decir, aquí: blanco de malición, ver Dt 7 26; 1 Co 5 5+.
1 10 (a) Los judaizantes acusaban sin duda a Pablo de que no obligaba a los gentiles a circuncidarse para ganarlos más fácilmente; esta vez, al menos, no hay lugar a que su lenguaje sea tachado de oportunismo.
1 10 (b) Como antes de la conversión, cuando Pablo predicaba la circuncisión.
1 11 Los vv. 11-12 forman una *prózesis*, una posición que Pablo intenta probar hasta el fin del cap. 2, apoyándose en una serie de acontecimientos cada uno de los cuales confirma a su manera el origen no humano (sino divino) del Evangelio anunciado por Pablo.
1 11 (b) «Porque», var.: «Pero» o «Ahora bien».
1 12 Revelación de la que Jesucristo era, a la vez, causa y objeto, v. 16. No que Pablo haya conocido necesariamente todo por revelación directa, y, menos aún, de una vez, en el camino de Damasco. Alude aquí a la doctrina de la salvación por la fe sin las obras de la Ley, única cosa controvertida.
1 16 Otra traducción: «revelarme a su Hijo». Sin negar el carácter objetivo de la visión, 1 Co 9 1; 15 8, ver Hch 9 17; 22 14; 26 16, Pablo subraya el aspecto interno de la revelación y la relaciona con su vocación de apóstol de los gentiles, 2 8-9; Rm 1 1+; Ef 3 2-3; 1 Tm 2 7.

gentiles, al punto, sin pedir consejo a hombre alguno, [17] ni subir* a Jerusalén donde los apóstoles anteriores a mí, me fui a Arabia*, de donde volví a Damasco. [18] Luego, de allí a tres años*, subí a Jerusalén para conocer a Cefas y permanecí quince días* en su compañía. [19] Y no vi a ningún otro apóstol, sino a Santiago, el hermano del Señor*. [20] Y en lo que os escribo, Dios me es testigo de que no miento. [21] Más tarde me fui a las regiones de Siria y Cilicia. [22] Personalmente no me conocían las iglesias de Cristo en Judea. [23] Solamente habían oído decir: «El que antes nos perseguía ahora anuncia la buena nueva de la fe que entonces quería destruir». [24] Y glorificaban a Dios por mi causa.

La asamblea de Jerusalén.

2 [1] Luego, al cabo de catorce años*, subí nuevamente a Jerusalén con Bernabé, llevando conmigo también a Tito. [2] Subí movido por una revelación y les expuse a los notables en privado el Evangelio que proclamo entre los gentiles para ver si corría o había corrido en vano*. [3] Pues bien, ni siquiera Tito que estaba conmigo, con ser griego, fue obligado a circuncidarse*. [4] Y esto a causa de los intrusos, los falsos hermanos que solapadamente se infiltraron para espiar la libertad que tenemos en Cristo Jesús, con el fin de reducirnos a esclavitud, [5] a quienes ni por un instante cedimos, so-

metiéndonos, a fin de salvaguardar para vosotros la verdad del Evangelio*... [6] Y de parte de los que eran tenidos por notables —¡no importa lo que fuesen: Dios no mira la condición de los hombres— en todo caso, los notables nada nuevo me impusieron*. [7] Antes al contrario, viendo que me había sido confiada la evangelización de los incircuncisos, al igual que a Pedro la de los circuncisos, [8] —pues el que actuó en Pedro para hacer de él un apóstol de los circuncisos, actuó también en mí para hacerme apóstol de los gentiles— [9] y reconociendo la gracia que me había sido concedida, Santiago, Cefas y Juan*, que eran considerados como columnas, nos tendieron la mano en señal de comunión a mí y a Bernabé, para que nosotros fuéramos a los gentiles y ellos a los circuncisos*. [10] Sólo nos pidieron que nos acordáramos de los pobres, cosa que he procurado cumplir.

Pedro y Pablo en Antioquía.

[11] Mas, cuando vino Cefas a Antioquía, me enfrenté con él cara a cara, porque era censurable*. [12] Pues antes que llegaran algunos de parte de Santiago, comía en compañía de los gentiles*; pero una vez que aquéllos llegaron, empezó a evitarlos y apartarse de ellos por miedo a los circuncisos. [13] Y los demás judíos disimularon como él, hasta el punto de que el mismo Bernabé se vio arrastrado a la simulación.

Marginal references left column:
Mt 16 17
Rm 1 1+
Hch 9 26-30
Hch 12 17+
Mt 12 46+
Rm 1 9+
Hch 9 30;
11 25-26
Hch 11 30+;
15+
Hch 4 36+
1 Co 9 6
2 Co 2 13+
5 7+
Rm 6 15+

Marginal references right column:
2 14
Col 1 5
Ef 1 13
Dt 10 17+
Hch 15 3s.12
Rm 15 17-19
1 19+
Hch 12 17+
1 Co 16 1+
Hch 15+
Hch 10+

---

1 17   (a) «subir»; var.: «partir» o «ir».
1 17   (b) Sin duda, el reino de los nabateos, 1 M 5 5+, al sur de Damasco.
1 18   (a) Pasados en Damasco después de volver de Arabia. Cuando los nabateos se hicieron con el control de Damasco, probablemente a finales del 37, Pablo se vio obligado a huir, 2 Co 11 32-33.
1 18   (b) Después de predicar —al menos durante siete años—, cuando todavía las memorias de Pedro sobre Jesús no habían recibido la estructura de un evangelio, 1 Co 7 10-11; 9 14. Es probable que en esta ocasión Pablo aprendiera el credo citado en 1 Co 15 3-5.
1 19   Otros traducen: «fuera de Santiago» suponiendo que este Santiago formaba parte de los Doce, identificándole con el hijo de Alfeo, Mt 10 3p, o bien, tomando la expresión en un sentido más amplio, ver Rm 1 1+.
2 1   Contando desde el último encuentro con Pedro. Los intervalos indicados de tres y catorce años (1 18 y 2 1) tal vez no hayan pasado de año y medio, y doce años y medio, respectivamente, puesto que los antiguos contaban como años completos, tanto el primero como el último de una serie, aunque sólo entraran algunos meses en el cómputo.
2 2   Pablo no duda de la verdad de su Evangelio; sin embargo, la fundación de las iglesias exigía que no se rompieran los lazos con la iglesia madre, aquí representada por los tres *notables*, las *columnas* del v. 9; de ahí la importancia que da a la colecta en favor de los «pobres» de Jerusalén, ver 1 Co 16 1+; ver v. 10.

2 3   En el caso de Timoteo, de madre judía, Pablo se mostró menos intransigente, Hch 16 3; ver 1 Co 9 20.
2 5   La expresión «salvaguardar» supone que Pablo había predicado en Galacia *antes* de la asamblea de Jerusalén, y no *después*, como afirma Lucas, Hch 16 6.
2 6   Nada nuevo añadieron al Evangelio de Pablo, ver v. 2.
2 9   (a) «Santiago, Cefas y Juan», var.: «Santiago, Pedro y Juan», o «Pedro, Santiago y Juan», o «Santiago y Juan».
2 9   (b) Repartición de tipo más bien geográfico que étnico. La Circuncisión designaba principalmente a los judíos de Palestina; Pablo se dirigió siempre en primer lugar a los judíos de la Dispersión, Hch 13 5+.
2 11   La conducta de Pedro tenía ciertamente una justificación. También Pablo actuará de igual manera en otras circunstancias: Hch 16 3; 21 26; 1 Co 8 13; Rm 14 21; ver 1 Co 9 20. Pero en esta ocasión, el proceder de Pedro daba a entender que solamente los judíos convertidos que practicaban la Ley eran verdaderos cristianos, y tendían a formar dos comunidades, separadas entre sí, incluso en las comidas eucarísticas. Y sobre todo, en vez de desenmascararlos, que era lo que se debía hacer, Pedro con su conducta *disimulaba* sus verdaderos sentimientos, v. 13.
2 12   Los gentiles convertidos, lo mismo que en el v. 14; asimismo, los «circuncisos» del v. 12 y los judíos del v. 13 son los judíos convertidos.

¹⁴ Pero en cuanto vi que no procedían rectamente, conforme a la verdad del Evangelio, dije a Cefas en presencia de todos: «Si tú, siendo judío, vives como gentil y no como judío, ¿cómo fuerzas a los gentiles a judaizar?

El Evangelio de Pablo*.

¹⁵ «Nosotros somos judíos de nacimiento y no gentiles pecadores*; a pesar de todo, ¹⁶ conscientes de que el hombre no se justifica por las obras de la ley sino por la fe en Jesucristo, también nosotros hemos creído en Cristo Jesús a fin de conseguir la justificación por la fe en Cristo, y no por las obras de la ley, pues por las obras de la ley *nadie será justificado*. ¹⁷ Ahora bien, si buscando nuestra justificación en Cristo, resulta que también nosotros somos pecadores, ¿está Cristo al servicio del pecado? ¡De ningún modo! ¹⁸ Pues si vuelvo a edificar lo que una vez destruí, a mí mismo me declaro transgresor. ¹⁹ En efecto, yo por la ley he muerto a la ley*, a fin de vivir para Dios: con Cristo estoy crucificado; ²⁰ y ya no vivo yo, sino que Cristo vive en mí*. Esta vida en la carne*, la vivo en la fe del Hijo de Dios* que me amó y se entregó a sí mismo por mí. ²¹ No anulo la gracia de Dios*, pues si por la ley se obtuviera la justicia, habría muerto en vano Cristo.»

2 5

Sal 143 2
Rm 3 20+

Rm 6 11+;
7 1+
Rm 8 10-11
Flp 1 21
Col 3 3-4

2 Co 5 14
Ef 5 2.25
Ga 5 4

II. Razonamiento doctrinal

La experiencia cristiana.

3 ¹ ¡Gálatas insensatos! ¿Quién os ha fascinado a vosotros, a cuyos ojos ha sido presentado Jesucristo crucificado*? ² Quiero saber de vosotros una sola cosa: ¿habéis recibido el Espíritu por las obras de la ley o por la fe en la predicación? ³ ¿Tan insensatos sois? Habiendo comenzado por el Espíritu, ¿termináis ahora en carne*? ⁴ ¿Habéis pasado en vano por tales experiencias*? ¡Pues bien en vano sería! ⁵ El que os otorga el Espíritu y obra milagros entre vosotros, ¿lo hace por las obras de la ley o por fe en la predicación?

La tesis de Pablo*.

⁶ Así, Abrahán *creyó en Dios y le fue reputado como justicia*. ⁷ Tened, pues, entendido que los que creen ésos son los hijos de Abrahán.

Prueba bíblica.

⁸ La Escritura, previendo que Dios justificaría a los gentiles por la fe, anunció con antelación a Abrahán esta buena nueva: *En ti serán bendecidas todas las naciones*. ⁹ Así pues, los que creen son bendecidos con Abrahán el creyente. ¹⁰ Porque todos los que viven de las obras de la ley incurren en maldición. Pues dice la Escritura: *Maldito todo el que no se mantenga en la práctica de todos los preceptos escritos en el libro de la Ley*. —¹¹ Y que la ley no justifica a nadie ante Dios es cosa evidente, pues *el justo vivirá por la fe*; ¹² pero la ley no procede de la fe*, antes bien *quien practique sus*

1 Co 2 2

4 6
Rm 5 5+

Hch 1 8+

Rm 1 16+;
7 7+
Gn 15 6
Rm 4 3+

Gn 12 3+
Hch 3 25

Rm 7 7+
Dt 27 26
Ga 5 3
St 2 10

Ha 2 4
Rm 1 17

---

2 15 (a) Pablo, más que a Pedro, se dirige a los judaizantes de Antioquía y, de modo especial, a los de Galacia.
2 15 (b) La expresión no deja de tener su ironía; hay que advertir, sin embargo, que Pablo nunca negó los privilegios de Israel, Rm 1 16+; 3 1; 9 4-5+, a pesar de su infidelidad temporal, Rm 11 12-15.
2 19 Fórmula oscura por exceso de concisión, y diversamente explicada. El cristiano, crucificado con Cristo, está muerto con él y en él a la Ley mosaica, ver Rm 7 1s, precisamente en virtud de esta Ley, Ga 3 13, para participar en la vida de Cristo resucitado, Rm 6 4-10; 7 4-6 y las notas. Otros entienden que el cristiano ha renunciado a la Ley para obedecer al AT, ver Ga 3 19.24; Rm 10 4, o bien que ha muerto a la Ley mosaica por otra ley, la de la fe o del Espíritu, Rm 8 2.
2 20 (a) Por la fe, Rm 1 16, Cristo se convierte, en cierto sentido, en sujeto de todas las acciones vitales del cristiano; Rm 8 2.10-11+; Flp 1 21; ver Col 3 3+
2 20 (b) Aunque todavía «en la carne», Rm 7 5+, la vida del cristiano está ya espiritualizada por la fe, ver Ef 3 17; sobre esta condición paradójica, ver Rm 8 18-27.

2 20 (c) Var.: «en la fe de Dios y de Cristo».
2 21 Volviendo a la Ley, ver 3 17.
3 1 La doctrina de la redención por la muerte y la resurrección de Cristo constituye la base de la catequesis paulina, ver 1 1-4; 6 14; 1 Co 1 17-25; 2 2; 15 1-4+; 1 Ts 1 9-10; Hch 13 26-39.
3 3 Alusión a la circuncisión que defendían los predicadores judaizantes.
3 4 Otra traducción: «¿Habéis sufrido tanto en vano?»
3 6 Después de demostrar con los *hechos* el origen divino de su Evangelio, Pablo abre ahora una discusión *teórica* en la que muestra lo bien fundadas que están sus posiciones. La tesis defendida en 3 6-7 (sólo por la fe se consigue la justificación y llegar a ser hijo de Abrahán). Para ello, va a defender que esta última filiación no nace del hecho de ser uno judío, sujeto de la Ley; porque la Ley es incapaz, por su naturaleza y funciones, de procurar esa filiación.
3 12 La Ley exige, en efecto, el cumplimiento y un cumplimiento total, v. 10 y 5 3; ver St 2 10, que ella, por sí misma, es incapaz de otorgar, ver Hch 15 10; Rm 7 7+.

Lv 18 5
Rm 3 24+

Dt 21 23
Hch 5 30+

Ef 1 3
Rm 5 5+

preceptos, vivirá por ellos.— [13] Cristo nos rescató de la maldición de la ley, haciéndose él mismo maldición por nosotros*, pues dice la Escritura: *Maldito el que cuelga de un madero.* [14] Y esto para que la bendición de Abrahán llegara a los gentiles, en Cristo Jesús, y por la fe recibiéramos el Espíritu de la promesa*.

La Ley no anula la promesa.

[15] Hermanos, voy a explicarme al modo humano: aun entre los hombres, nadie anula ni añade nada a un testamento hecho en regla. [16] Pues bien, las promesas fueron hechas a Abrahán y a su *descendencia.* No dice: «y a los descendientes», como si fueran muchos*, sino a uno solo, *a tu descendencia,* es decir, a Cristo. [17] Y digo yo: Un testamento ya hecho por Dios en debida forma, no puede ser anulado por la ley, que llega cuatrocientos treinta años más tarde, de tal modo que la promesa* quede anulada. [18] Pues si la herencia dependiera de la ley, ya no procedería de la promesa, y sin embargo, Dios otorgó a Abrahán su favor en forma de promesa.

Gn 12 7+

Ex 12 40

Rm 11 6

Función de la Ley.

Rm 7 7+

[19] Entonces, ¿para qué la ley? Fue añadida en razón de las transgresiones* hasta que llegase la descendencia*, a quien iba destinada la promesa, promulgada por los ángeles* y con la intervención de un mediador. [20] Ahora bien, cuando actúa uno solo, no hay mediador, y Dios es uno solo*. [21] Según esto, ¿la ley se opone

Hch 7 38.
53+
Ga 4 3
Col 2 15+
Hb 2 2

a las promesas de Dios? ¡De ningún modo! Si se nos hubiera otorgado una ley capaz de dar vida, en ese caso la justicia vendría realmente de la ley. [22] Pero la Escritura encerró todo bajo el pecado, a fin de que la promesa fuera otorgada a los creyentes mediante la fe en Jesucristo*.

Rm 7 10

Sal 14 1-3
Rm 3 9-
20.23;
11 32

El advenimiento de la fe.

[23] Antes de que llegara la fe, estábamos encerrados bajo la vigilancia de la ley, en espera de la fe que debía manifestarse. [24] De manera que la ley fue nuestro pedagogo* hasta Cristo, para ser justificados por la fe. [25] Mas, una vez llegada la fe, ya no estamos bajo el pedagogo. [26] Pues todos* sois hijos de Dios por la fe en Cristo Jesús. [27] Los que os habéis bautizado en Cristo* os habéis revestido de Cristo: [28] ya no hay judío ni griego; ni esclavo ni libre; ni hombre ni mujer, ya que todos vosotros sois uno en Cristo Jesús*. [29] Y si sois de Cristo, ya sois descendencia de Abrahán, herederos según la promesa*.

4 5-7
Jn 1 12
Rm 8 14s.29

Rm 6 4+;
13 14
Ef 4 24
Rm 10 12
1 Co 12 13
Col 3 11
Jn 17 21s

La filiación divina.

4 [1] Pues digo* yo: Mientras el heredero es menor de edad, en nada se diferencia de un esclavo, con ser dueño de todo; [2] sino que está bajo tutores y administradores hasta el tiempo fijado por el padre. [3] De igual manera, también nosotros, mientras éramos menores de edad, éramos esclavos de los elementos del mun-

---

3 13   Para librar a los hombres de la maldición divina, que el incumplimiento atraía sobre ellos, Cristo se hizo solidario de esa maldición, ver Rm 8 3+; 2 Co 5 21+; Col 2 14+. La analogía bastante lejana entre Cristo crucificado y el ajusticiado de Dt 21 23 no es más que una ilustración de la doctrina expuesta. Aceptó ser considerado como tal a los ojos de los judíos, como el *Siervo* de Is 53.
3 14   Var.: «la bendición del Espíritu».
3 16   El uso que la Escritura hace de un término colectivo, aplicable igualmente a un individuo, permite a Pablo ilustrar su argumentación empleando esta armonía suplementaria con el AT.
3 17   La promesa incondicional hecha por Dios a los Padres, Gn 12+; 15+; Rm 4 13+; Hb 11 8, se mira aquí como un testamento, ver Hb 9 16-17. Dios se contradiría si la Ley atentara contra la gratuidad de la promesa.
3 19   (a) Sobre el *sentido* de esta afirmación tajante, ver Rm 7 7+.
3 19   (b) Var.:«Entonces ¿para qué la Ley de las obras? Fue añadida hasta que llegase la descendencia».
3 19   (c) Las tradiciones judías mencionaban la presencia de ángeles en el Sinaí, en la promulgación de la Ley. El *mediador* es Moisés, ver Hch 7 38+.
3 20   La intervención de un mediador caracteriza a la

Ley, mientras que la promesa viene únicamente de Dios.
3 22   Para recibir la justicia como un don gratuito es preciso renunciar a pretenderla como algo debido. La Escritura, vv. 8.16, es expresión e instrumento del designio de Dios, Rm 11 32.
3 24   Una vez que el pedagogo ha llevado a los niños al maestro, concluye su cometido. Este era el cometido preparatorio, esencialmente temporal, de la Ley, realizado ya por la fe en Cristo y por la gracia, Rm 6 14-15+; ver Mt 5 17+.
3 26   Todos, no solamente «nosotros», los judíos, sino también «vosotros», los gentiles.
3 27   Fe y bautismo, lejos de oponerse, se incluyen mutuamente, ver Rm 6 4+.
3 28   Var.: «ya que todos vosotros sois de Cristo Jesús».
3 29   Pablo vuelve sobre la descendencia de Abrahán, vv. 6-9, formada ahora por los hijos de Dios que creen en Cristo Jesús y le pertenecen, y no por una descendencia según la carne, ver Flp 3 3.
4 1   Nueva comparación tomada también del campo jurídico. A pesar de su elección, el judío, presunto heredero, no pasaba de ser un esclavo bajo el régimen de la Ley. v. 3; para un cristiano, querer someterse a ese yugo, equivale a volver al estado de infancia, ver v. 9.

do*. ⁴ Pero, al llegar la plenitud de los tiempos*, envió Dios a su Hijo, nacido de mujer, nacido bajo la ley, ⁵ para rescatar a los que se hallaban bajo la ley, y para que recibiéramos la condición de hijos*. ⁶ Y, como sois hijos, Dios envió a nuestros corazones el Espíritu de su Hijo que clama: ¡Abbá, Padre! ⁷ De modo que ya no eres esclavo, sino hijo; y si hijo, también heredero por voluntad de Dios.

⁸ Pero en otro tiempo, cuando no conocíais a Dios, servíais a los que en realidad no son dioses. ⁹ Mas, ahora que habéis conocido a Dios, o mejor, que él os ha conocido*, ¿cómo retornáis a esos elementos sin fuerza ni valor, a los cuales queréis volver a servir de nuevo? ¹⁰ Observáis los días, los meses, las estaciones, los años. ¹¹ Me hacéis temer haya sido en vano todo mi afán por vosotros.

El cambio de los gálatas*.

¹² Haceos como yo, pues yo me hice como vosotros*. Ningún agravio me hicisteis. ¹³ Pero bien sabéis que una enfermedad* corporal me dio ocasión para evangelizaros por primera vez*; ¹⁴ y, no obstante la prueba que suponía para vosotros mi cuerpo, no me mostrasteis desprecio ni repulsa, sino que me recibisteis como a un mensajero de Dios: como a Cristo Jesús. ¹⁵ ¿Dónde está ahora el parabién que os dabais? Pues yo mismo puedo atestiguaros que os hubierais arrancado los ojos, de haber sido posible, para dármelos. ¹⁶ ¿Es que me he vuelto enemigo vuestro diciéndoos la verdad? ¹⁷ Ese interés por vosotros no es bueno; quieren alejaros de mí para que os interéséis por ellos. ¹⁸ Bien está ser objeto de interés para el bien*, pero siempre, y no sólo cuando yo estoy entre vosotros. ¹⁹ ¡Hijitos míos! por quienes sufro de nuevo dolores de parto, hasta ver a Cristo formado en vosotros. ²⁰ Quisiera hallarme ahora en medio de vosotros para poder acomodar el tono de mi voz, pues no sé cómo habérmelas con vosotros.

Las dos alianzas: Agar y Sara*.

²¹ Decidme vosotros, los que queréis estar sometidos a la ley: ¿No oís lo que dice la ley*? ²² Pues está escrito que Abrahán tuvo dos hijos: uno de la esclava y otro de la libre. ²³ Pero el de la esclava nació según la naturaleza*; el de la libre, en virtud de la promesa. ²⁴ Hay en ello una alegoría: estas mujeres representan dos alianzas; la primera, la del monte Sinaí, madre de los esclavos, es Agar, ²⁵ (pues el monte Sinaí está en Arabia*) y corresponde a la Jerusalén actual*, que es esclava, y lo mismo sus hijos. ²⁶ Pero la Jerusalén de arriba es libre; ésa es nuestra madre, ²⁷ pues dice la Escritura: *Regocíjate estéril, la que no dabas hijos; rompe en gritos de júbilo, la que no conocías los dolores de parto, que más*

---

4 3 El significado de esta frase es muy controvertido, v. 9; Col 2 8.20, pero, al ser presentados —a lo que parece—, como seres personales, vv. 2.8, es probable que estos *elementos* sean fuerzas celestes que mediante la Ley, Ga 3 19+; Col 2 15+, pretendían mantener el mundo bajo su tutela, Col 2 18+.

4 4 Expresión que designa la llegada de los tiempos mesiánicos o escatológicos que dan cumplimiento a una larga espera de siglos, como algo que colma finalmente una medida, ver Mc 1 15; Hch 1 7+; Rm 13 11+; 1 Co 10 11; 2 Co 6 2+; Ef 1 10; Hb 1 2; 9 26; 1 P 1 20.

4 5 Aspecto negativo y positivo de la redención: al llegar a ser hijo, el esclavo adquiere la libertad. El esclavo liberado es adoptado como hijo, no sólo por la accesión legal a la herencia, v. 7 (ver 3 29), sino también por el don real del Espíritu.

4 9 La conversión de los gálatas fue obra de Dios, que fue el primero en *conocerlos*, ver 1 Co 8 2-3; 13 12.

4 12 (a) Una vez demostrado que sólo por la fe se llega a ser hijo de Abrahán y de Dios, Pablo recuerda a los creyentes de Galacia cómo en otro tiempo acogieron con entusiasmo al Apóstol y al Evangelio. Su cambio de actitud es un enigma.

4 12 (b) Sin duda, al presente, renunciando a las observancias legales, 1 Co 9 21, pero el principio tiene una aplicación mucho más amplia, 1 Co 4 16s; 11 1; Flp 3 17; 4 9.

4 13 (a) Que obligó probablemente a Pablo a prolongar su estancia en Galacia; aprovechó la ocasión para predicar allí el Evangelio.

4 13 (b) Pablo había estado en Galacia, por primera vez, camino de Corinto, Hch 16 6, y de nuevo en su viaje a Éfeso, Hch 19, cuando predicó a colecta para los pobres de Jerusalén, 1 Co 16 1.

4 18 Var.: «Mostrad celo por el bien».

4 21 (a) Bruscamente, el Apóstol vuelve de nuevo al tema de la filiación, en una argumentación bíblico-alegórica, para insistir en el hecho de que la libertad característica de los hijos no la otorga la Ley.

4 21 (b) Testimonio de la Escritura, ver Rm 3 19+. Para heredar la promesa no basta ser hijo de Abrahán, ver Mt 3 9; es menester serlo, no al modo de Ismael, sino como Isaac, es decir, en virtud de la promesa, v. 23, mediante una generación que pertenece más al orden del espíritu que al de la carne, v. 29, prefigurando de esta forma la de los cristianos, v. 28; ver Rm 9 6s. Este argumento fundamental se ve ilustrado con otros de conveniencia más artificiales.

4 23 Según las leyes ordinarias de la naturaleza, ver Rm 7 5+, sin una especial intervención de Dios para realizar su promesa.

4 25 (a) «pues el monte Sinaí está en Arabia», var.: «Agar representa al monte Sinaí en Arabia» (o: «en lengua árabe»).

4 25 (b) La del tiempo presente, esclava de la Ley, en oposición a la Jerusalén mesiánica, ver Is 2 2, fecunda después de una prolongada esterilidad, v. 27; ver Is 54 1-6; Ap 21+.

son los hijos de la abandonada que los de la casada. ²⁸ Y vosotros, hermanos, a la manera de Isaac, sois hijos de la promesa. ²⁹ Pero, así como entonces el nacido según la naturaleza perseguía al nacido según el Espíritu, así también ahora*. ³⁰ Pero ¿qué dice la Escritura? *Despide a la esclava y a su hijo, que no heredará el hijo de la esclava junto con el hijo* de la libre. ³¹ Así que, hermanos, no somos hijos de la esclava, sino de la libre.

Conclusión: la verdadera libertad cristiana.

5 ¹ Para ser libres nos ha liberado Cristo. Manteneos, pues, firmes y no os dejéis oprimir nuevamente bajo el yugo de la esclavitud*. ² Soy yo, Pablo, quien os lo dice: Si os circuncidáis, Cristo no os aprovechará nada. ³ De nuevo declaro a todo hombre que se circuncida que queda obligado a practicar toda la ley. ⁴ Habéis roto con Cristo todos cuantos buscáis la justicia en la ley. Habéis caído en desgracia. ⁵ En cuanto a nosotros por el Espíritu y la fe esperamos la justicia anhelada*. ⁶ Porque siendo de Cristo Jesús ni la circuncisión ni la incircuncisión tienen eficacia, sino la fe que actúa por la caridad*.

⁷ Corríais bien*, ¿quién os puso obstáculos para que no siguierais la verdad? ⁸ Semejante persuasión no proviene de Aquel que os llama. ⁹ Un poco de levadura hace fermentar toda la masa. ¹⁰ Por mi parte, confío en el Señor* que no cambiaréis de actitud; pero el que os perturba, quienquiera que sea, cargará con su sentencia. ¹¹ En cuanto a mí, hermanos, si aún predico la circuncisión*, ¿por qué soy perseguido? ¡Pues se acabó ya el escándalo de la cruz! ¹² ¡Ojalá que se mutilaran* los que os perturban!

III. Exhortaciones morales. La verdadera libertad de los creyentes

Libertad y caridad*.

¹³ Vosotros, hermanos, habéis sido llamados a la libertad; pero no toméis de esa libertad pretexto para la carne; antes al contrario, servíos unos a otros por amor. ¹⁴ Pues toda la ley alcanza su plenitud en este solo precepto: *Amarás a tu prójimo* como a ti mismo. ¹⁵ Pero si os mordéis y os devoráis unos a otros, ¡mirad no vayáis a destruiros mutuamente! ¹⁶ Os digo esto: proceded según el Espíritu, y no deis satisfacción a las apetencias de la carne*. ¹⁷ Pues la carne tiene apetencias contrarias al espíritu, y el espíritu contrarias a la carne, como que son entre sí tan opuestos, que no hacéis lo que queréis. ¹⁸ Pero, si sois guiados por el Espíritu, no estáis bajo la ley. ¹⁹ Ahora bien, las obras de la carne son conocidas: fornicación, impureza, libertinaje, ²⁰ idolatría, hechicería, odios, dis-

cordia, celos*, iras, ambición, divisiones, disensiones, ²¹ rivalidades, borracheras, comilonas y cosas semejantes, sobre las cuales os prevengo, como ya os previne, que quienes hacen tales cosas no heredarán el Reino de Dios. ²² En cambio el fruto del Espíritu es amor, alegría, paz, paciencia, afabilidad, bondad, fidelidad, ²³ modestia, dominio de sí*; contra tales cosas no hay ley*. ²⁴ Pues los que son de Cristo Jesús, han crucificado la carne con sus pasiones y sus apetencias. ²⁵ Si vivimos por el Espíritu, sigamos también al Espíritu. ²⁶ No seamos vanidosos provocándonos los unos a los otros y envidiándonos mutuamente.

Preceptos diversos sobre el amor y el celo.

6 ¹ Hermanos, si alguno es sorprendido en alguna falta, vosotros, los espirituales, corregidle con espíritu de mansedumbre, y cuídate de ti mismo, pues también tú puedes ser tentado. ² Ayudaos mutuamente a llevar vuestras cargas y cumplid así la ley de Cristo*. ³ Porque si alguno se imagina ser algo, no siendo nada, se engaña a sí mismo. ⁴ Examine cada cual su propia conducta y entonces tendrá en sí solo motivos de gloriarse, y no en otros, ⁵ pues cada uno lleva su propia carga.

⁶ Que el catecúmeno comparta sus bienes con el catequista.

⁷ No os engañéis; de Dios nadie se burla. Pues lo que uno siembre, eso cose-

chará: ⁸ el que siembre para su carne, de la carne cosechará corrupción; el que siembre para el espíritu, del espíritu cosechará vida eterna. ⁹ No nos cansemos de obrar el bien; que a su debido tiempo nos vendrá la cosecha si no desfallecemos. ¹⁰ Por tanto, mientras tengamos oportunidad*, hagamos* el bien a todos*, pero especialmente a nuestros hermanos en la fe.

Epílogo.

¹¹ ¡Mirad con qué letras tan grandes os escribo de mi propio puño*! ¹² Los que quieren ser bien vistos en lo humano, son los que os fuerzan a circuncidaros, con el único fin de evitar la persecución por la cruz de Cristo. ¹³ Pues ni siquiera esos mismos que se circuncidan cumplen la ley; sólo desean veros circuncidados para gloriarse en vuestra carne. ¹⁴ En cuanto a mí, ¡Dios me libre de gloriarme si no es en la cruz de nuestro Señor Jesucristo, por el cual el mundo es para mí un crucificado y yo un crucificado para el mundo*! ¹⁵ Porque* lo que cuenta no es la circuncisión, ni la incircuncisión, sino la creación nueva. ¹⁶ Y para todos los que se sometan a esta regla, paz y misericordia, lo mismo que para el Israel de Dios*.

¹⁷ En adelante nadie me moleste, pues llevo sobre mi cuerpo las señales de Jesús*. ¹⁸ Hermanos, que la gracia de nuestro Señor Jesucristo sea con vuestro espíritu. Amén.

Marginal references (left column):
1 Co 6 10+
1 Co 13 4-7
2 Co 6 6
Ef 5 9
1 Tm 4 12
2 P 1 5-7
1 Tm 1 9
Rm 6 6
Col 3 5
Rm 8 14
Flp 2 3
Mt 18 15
2 Ts 3 14-15
2 Tm 2 25
St 5 19s
1 Co 10 12
Jn 13 34
Rm 8 2
1 Co 4 7
Rm 14 12
Rm 15 27
1 Co 9 11.14
Jb 13 9
2 Co 9 6

Marginal references (right column):
Jn 3 6
Rm 6 21-22
1 Co 15 35-49
1 Ts 5 15
Col 2 18
Rm 2 21s
Rm 3 27+
3 1
2 19+
5 6+
2 Co 5 17+

---

5 20 Adic. (Vulg.): «homicidios». Ver Rm 1 29.
5 23 (a) Adic.: «castidad».
5 23 (b) El creyente unido con Cristo ya no tiene Ley que le dicte su conducta desde el exterior, sino que cumple la Ley del Espíritu, vv. 18.23.25; 6 2; Rm 6 15; 8 2-4; Flp 1 9-10; ver St 1 25; 2 8.
6 2 No una lista de preceptos como era la Ley de Moisés, sino el ideal de la vida humana en cuanto encarnado en la persona de Cristo, 1 Co 9 21.
6 10 (a) Posible alusión al tiempo que precede a la Parusía, ver Rm 13 11+; 2 Co 6 2+.
6 10 (b) «hagamos» var.: «hacemos».
6 10 (c) En realidad toda obra buena del cristiano, que, en último término, es expresión del amor, 5 14, se ordena al prójimo: El amor cristiano se ejerce ante todo dentro de la comunidad, Rm 14 15; 1 Ts 4 9-10; 2 Ts 1 3; etc., pero es un testimonio para todos los hombres, Rm 12 17, y debe extenderse a todos, 1 Ts 5 15; Rm 12

18s, aún a los enemigos, Rm 12 20.
6 11 Como de costumbre, Pablo añade algunas palabras de su propio puño, ver 2 Ts 3 17; 1 Co 16 21-24; Col 4 18; tal vez también Rm 16 17-20. Escribir con letras grandes era un modo de subrayar.
6 14 «cruz»,ver 3 1: «crucificado» (por el mundo), ver 2 19; el mundo de la carne y del pecado, ver 1 4+; 4 3+; 1 Co 1 20; 2 Co 4 4; Ef 2 2, etc.; Jn 1 10+.
6 15 Adic.: «en Cristo Jesús».
6 16 El pueblo cristiano, heredero de las promesas, ver 3 6-9.29; 4 21-31; Rm 9 6-8, en contraposición con el Israel según la carne, 1 Co 10 18
6 17 Las cicatrices de los malos tratos soportados por Cristo, ver 2 Co 4 10; 6 4-5; 11 23-28; Col 1 24. A los ojos de Pablo estas señales son más gloriosas que cualquier otra señal en la carne, vv. 13-14; ver 2 Co 11 18; Flp 3 7.

EPÍSTOLA A LOS EFESIOS

Saludo.

Rm 1 1+
Hch 9 13+

1 [1] Pablo, apóstol de Cristo Jesús por voluntad de Dios, a los santos* y fieles en Cristo Jesús. [2] Gracia a vosotros y paz de parte de Dios, nuestro Padre, y del Señor Jesucristo.

I. El misterio de la salvación y de la Iglesia

El plan divino de la salvación.

Tb 13 1
2 Co 1 3
1 P 1 3
Ga 3 14

[3] Bendito sea el Dios y Padre de nuestro Señor Jesucristo,
que nos ha bendecido con toda clase de bendiciones espirituales, en los cielos, en Cristo*;

Jn 17 24
1 P 1 20
Hch 1 7+
Ef 5 27
Col 1 22
1 Jn 3 1
Rm 8 29
Jn 1 12

[4] por cuanto nos ha elegido en él antes de la fundación del mundo,
para ser santos e inmaculados en su presencia, en el amor*;
[5] eligiéndonos de antemano para ser sus hijos adoptivos por medio de Jesucristo*,
según el beneplácito de su voluntad,
[6] para alabanza de la gloria de su gracia*

Mt 3 17+
‖Col 1 13-14
Rm 3 24+

con la que nos agració en el Amado*.
[7] En él tenemos por medio de su sangre la redención,
el perdón de los delitos*,

Col 1 14
2 7

según la riqueza de su gracia
[8] que ha prodigado* sobre nosotros en toda sabiduría e inteligencia,

[9] dándonos a conocer el misterio de su voluntad*
según el benévolo designio
que en él se propuso de antemano,
[10] para realizarlo en la plenitud de los tiempos*:
hacer que todo tenga a Cristo por cabeza,
lo que está en los cielos y lo que está en la tierra*.
[11] A él*, por quien somos herederos*,
elegidos de antemano
según el previo designio del que realiza todo
conforme a la decisión de su voluntad,
[12] para ser nosotros
alabanza de su gloria,
los que ya antes esperábamos en Cristo.
[13] En él también vosotros*,
tras haber oído la Palabra de la verdad,
el Evangelio de vuestra salvación,
y creído también en él,

Rm 16 25+

Mc 1 15
Ga 4 4+

Col 1 16.20

Dt 7 6+

Is 46 10

Dn 4 32
Ap 4 11

‖Col 1 5
1 Ts 2 13+

---

1 1   Adic.: «que están en Éfeso». Las palabras «en Éfeso» faltaban sin duda en el texto primitivo. Es posible que las palabras «que están» sean una añadidura muy antigua. Algunos críticos las consideran como auténtica: parten del supuesto de que venía, después del nombre del mitente, un espacio en blanco para incluir en él el nombre de la iglesia a la que se remitía la carta.
1 3   Pablo se eleva desde el principio al plano celeste en el que se mantendrá en toda la epístola, 1 20; 2 6; 3 10; 6 12. De ese plano proceden desde toda la eternidad las «bendiciones espirituales» que detallará en los vv. siguientes, y en ese mismo plano conocerán su realización al fin de los tiempos.
1 4   Primera bendición: el llamamiento de los elegidos a la vida bienaventurada, incoada ya de una manera mística por la unión de los fieles con Cristo glorioso. El «amor» designa, ante todo, el amor de Dios para nosotros, que provoca su «elección» y su llamamiento a la «santidad», ver Col 3 12; 1 Ts 1 4; 2 Ts 2 13; Rm 11 28; pero no hay por qué excluir nuestro amor para con Dios que deriva de aquel amor y a él responde, ver Rm 5 5.
1 5   Segunda bendición: el modo elegido para esta santidad, que es el de la filiación divina, cuya fuente y modelo es Jesucristo, el Hijo único, ver Rm 8 29.
1 6   (a) El término griego *jaris* designa aquí el favor divino en cuanto gratuito; si bien incluye la noción de «gracia», en cuanto don santificante e intrínseco al hombre. En el sentido primero su alcance es más amplio. Manifiesta la misma «gloria» de Dios, ver Ex 24 16+. Tenemos aquí los dos estribillos que dan ritmo a toda la exposición de las bendiciones divinas: éstas no tienen más *origen* que la liberalidad de Dios, ni más *finalidad* que la exaltación de su Gloria por las criaturas. Todo procede de Él y a Él debe volver.
1 6   (b) Var. (Vulg.): «en su Hijo amado».
1 7   Tercera bendición: la obra histórica de la redención por la cruz de Cristo.
1 8   El sujeto es Dios Padre.
1 9   Cuarta bendición: la revelación del «misterio», Rm 16 25+.
1 10   (a) «para la dispensación de la plenitud de los tiempos», ver Ga 4 4+.
1 10   (b) Este es el tema central de toda la epístola: Cristo que regenera y reagrupa bajo su autoridad, para llevarlo a Dios, el mundo creado que el pecado había corrompido y disgregado: el mundo de los hombres, en el que judíos y gentiles se unen en una misma salvación, y también el mundo de los ángeles, ver 4 10+.
1 11   (a) A Cristo.
1 11   (b) Quinta bendición: la elección de Israel, «herencia», «porción» de Dios, como testigo del mundo de la espera mesiánica. Pablo forma parte de ese pueblo; por eso dice «nosotros».
1 13   (a) Sexta bendición: el llamamiento de los gentiles a participar de la salvación en otro tiempo reservada a Israel. Al recibir el Espíritu prometido, los gentiles reciben la certeza de esta participación.

4 30
2 Co 1 22
Hch 2 33+
Rm 5 5
2 Co 1 22+
Rm 3 24+

Is 43 21 LXX
1 P 2 9

fuisteis sellados con el Espíritu Santo* de la promesa,

¹⁴ que es prenda de nuestra herencia, para la redención del pueblo de su posesión*,

para alabanza de su gloria.

Triunfo y supremacía de Cristo.

‖Col 1 9

‖Col 1 3-4
Flm 4-5
1 Co 13 13+
Hch 9 13+

3 14.16
Ex 24 16+

1 Jn 5 20

2 Co 4 6

Hch 9 13+

Col 2 12
Rm 1 4+
Hch 2 33+

1 P 3 22
Col 1 16;
2 15
Flp 2 9
Sal 8 7

1 Co 15 24-
28
Col 1 18+.
19+

¹⁵ Por eso, también yo, al tener noticia de vuestra fe en el Señor Jesús y de vuestra caridad* para con todos los santos, ¹⁶ no ceso de dar gracias por vosotros recordándoos en mis oraciones, ¹⁷ para que el Dios de nuestro Señor Jesucristo, el Padre de la gloria, os conceda espíritu* de sabiduría y de revelación para conocerle perfectamente; ¹⁸ iluminando los ojos de vuestro corazón* para que conozcáis cuál es la esperanza a que habéis sido llamados por él; cuál la riqueza de la gloria otorgada por él en herencia a los santos, ¹⁹ y cuál la soberana grandeza de su poder para con nosotros, los creyentes, conforme a la eficacia de su fuerza poderosa, ²⁰ que desplegó en Cristo, resucitándole de entre los muertos y sentándole a su diestra en los cielos, ²¹ por encima de todo principado, potestad, virtud, dominación* y de todo cuanto tiene nombre no sólo en este mundo sino también en el venidero. ²² *Sometió todo bajo sus pies* y le constituyó cabeza suprema de la Iglesia, ²³ que es su cuerpo,

la plenitud del que lo llena todo en todo*.

La salvación en Cristo, don gratuito.

2 ¹ Y a vosotros que estabais muertos en vuestros delitos y pecados, ² en los cuales vivisteis en otro tiempo según el proceder de este mundo, según el príncipe del imperio del aire*, el espíritu que actúa en los rebeldes... ³ entre ellos vivíamos también todos nosotros* en otro tiempo en medio de las concupiscencias de nuestra carne, siguiendo las apetencias de la carne y de los malos pensamientos, destinados por naturaleza, como los demás, a la ira... ⁴ Pero Dios, rico en misericordia, por el grande amor con que nos amó, ⁵ estando muertos a causa de nuestros delitos, nos* vivificó juntamente con Cristo* —por gracia habéis sido salvados— ⁶ y con él nos resucitó y nos hizo sentar en los cielos en Cristo Jesús*, ⁷ a fin de mostrar en los siglos venideros la sobreabundante riqueza de su gracia, por su bondad para con nosotros en Cristo Jesús. ⁸ Pues habéis sido salvados por la gracia mediante la fe; y esto no viene de vosotros, sino que es un don de Dios; ⁹ tampoco viene de las obras, para que nadie se gloríe. ¹⁰ En efecto, hechura suya somos: creados en Cristo Jesús, en orden a las buenas obras que de antemano dispuso Dios que practicáramos.

4 10

‖Col 2 13; 3 7

6 12+
Jn 12 31
2 Co 4 4

Rm 2; 3 9.23

5 6
Rm 1 18; 2 8

Ex 34 6+
Rm 5 8

‖Col 2 13

Col 2 12;
3 1-4
Rm 8 11+

Sal 22 31-32
1 7
Rm 9 23

Rm 1 16+

Rm 3 27+
1 Co 1 29
2 Co 5 17+

1 13 (b) El don del Espíritu da alma a la ejecución del plan divino y a su exposición en forma trinitaria. Iniciado ya desde ahora, en forma misteriosa, mientras dura todavía el mundo viejo, conseguirá su plena realización cuando se establezca el Reino de Dios en forma gloriosa y definitiva, en la Parusía de Cristo. Ver Lc 24 49+; Jn 1 33+; 14 26+.

1 14 Lit.: «del pueblo de la posesion», es decir, el pueblo que Dios ha adquirido para sí a costa de la sangre de su Hijo: el pueblo de los elegidos. Después de las expresiones de «bendición», «santos», «elección», «adopción», «redención», «herencia», «promesa», Pablo emplea aquí otra idea del AT, que amplía y perfecciona aplicándola al nuevo Israel, comunidad de los salvados, que es la Iglesia.

1 15 Om.: «y de vuestra caridad».

1 17 Este «espíritu» designa lo que hoy entendemos por «gracia» (actual).

1 18 Las acepciones morales y espirituales de «corazón» en el AT, Gn 8 21+, siguen vigentes en el NT. Dios conoce el corazón, Lc 16 15; Hch 1 24; Rm 8 27. El hombre ha de amar a Dios de todo corazón, Mc 12 29-30p. Dios ha depositado en el corazón del hombre el don de *su Espíritu, Rm 5 5+; 2 Co 1 22; Ga 4 6.* También Cristo habita en el corazón, Ef 3 17. Los corazones sencillos, Hch 2 46; 2 Co 11 3; Ef 6 5; Col 3 22, rectos, Hch 8 21, puros, Mt 5 8; St 4 8, están abiertos sin limitaciones a la presencia y acción de Dios. Y los creyentes tienen un solo corazón y una sola alma, Hch 4 32.

1 21 Nombres de las potencias cósmicas frecuentes en la literatura judía apócrifa. Sin someter a crítica la

existencia de esos seres celestes, Pablo se limita a encuadrarlos bajo el dominio de Cristo, Col 1 16; 2 10. Al asociarlas con los ángeles de la tradición bíblica y con el don de la Ley, Ga 3 19+, las integra en la historia de la salvación, con una calificación moral cada vez más peyorativa, Ga 4 3+; Col 2 15+, que concluye convirtiéndolas en potencias demoníacas, Ef 2 2+; 6 12+; ver 1 Co 15 24+.

1 23 A la Iglesia, cuerpo de Cristo, 1 Co 12 12+, se le puede llamar plenitud, ver también 3 19; 4 13, en el sentido de que abarca todo el mundo nuevo que participa, en cuanto marco de la humanidad, de la regeneración universal bajo la autoridad de Cristo, Señor y Cabeza, Col 1 15-20+. La expresión adverbial «todo en todo» intenta sugerir una amplitud ilimitada, ver 1 Co 12 6; 15 28; Col 3 11.

2 2 El aire o atmósfera era para los antiguos el lugar donde habitaban los espíritus demoníacos. El príncipe de este imperio es Satanás.

2 3 Nosotros, los cristianos.

2 5 (a) Nosotros, es decir, los paganos, vv. 1-2, y los judíos conjuntamente, v. 3. La frase interrumpida por la digresión del v. 3, prosigue aquí.

2 5 (b) «con Cristo»; var.: «en Cristo». —«por gracia»; var. (Vulg.): «por cuya gracia».

2 6 Aquí y Col 2 12; 3 1-4, Pablo considera como realidades ya conseguidas (verbos en pretérito) la resurrección y el triunfo celeste de los cristianos, mientras Rm 6 3-11; 8 11.17s, los mira más bien como futuros (verbos en futuro). Esta escatología realizada es una de las características de las Epístolas de la Cautividad.

Judíos y gentiles reconciliados entre sí y con Dios.

¹¹ Así que, recordad cómo en otro tiempo* vosotros, los gentiles según la carne, llamados «incircuncisos» por la que se llama «circuncisión» —por una operación practicada en la carne—, ¹² estabais a la sazón lejos de Cristo*, excluidos de la ciudadanía de Israel y extraños a las alianzas* de la promesa, sin esperanza* y sin Dios en el mundo*. ¹³ Mas ahora, en Cristo Jesús, vosotros, los que en otro tiempo estabais lejos, habéis llegado a estar cerca por la sangre de Cristo*.

¹⁴ Porque él es nuestra paz: el que de los dos pueblos hizo uno*, derribando el muro divisorio, la enemistad*, ¹⁵ anulando en su carne la Ley con sus mandamientos y sus decretos, para crear en sí mismo, de los dos, un solo Hombre Nuevo*, haciendo las paces, ¹⁶ y reconciliar con Dios a ambos en un solo cuerpo*, por medio de la cruz, dando en sí mismo muerte a la Enemistad. ¹⁷ Vino* a *anunciar la paz: paz a vosotros que estabais lejos, y paz a los que estaban cerca.* ¹⁸ Por él, unos y otros tenemos libre acceso al Padre en un mismo Espíritu*.

¹⁹ Así pues*, ya no sois extraños ni forasteros, sino conciudadanos de los santos y familiares de Dios, ²⁰ edificados sobre el cimiento de los apóstoles y profetas*, siendo la piedra angular Cristo mismo, ²¹ en quien toda* edificación bien trabada se eleva hasta formar un templo santo en el Señor. ²² en quien también vosotros con ellos estáis siendo edificados, para ser morada de Dios en el Espíritu.

Pablo, ministro del misterio de Cristo.

3 ¹ Por lo cual yo, Pablo, el prisionero de Cristo por vosotros los gentiles... ² si es que conocéis la misión de la gracia* que Dios me concedió en provecho vuestro: ³ cómo me fue comunicado por una revelación* el conocimiento del misterio, tal como brevemente acabo de exponeros. ⁴ Según esto, por la lectura de la carta, podéis entender mi conocimiento del misterio de Cristo: ⁵ misterio que en generaciones pasadas no fue dado a conocer a los hombres, como ha sido ahora revelado a sus santos apóstoles y profetas* por el Espíritu: ⁶ con los gentiles son coherederos*, miembros del mismo cuerpo y partícipes de la misma promesa en Cristo Jesús por medio del Evangelio, ⁷ del cual he llegado a ser ministro, conforme al don de la gracia de Dios a mí concedida por la fuerza de su poder. ⁸ A mí, el menor de todos los santos, me fue concedida esta gracia: la de anunciar a los gentiles la insondable ri-

Referencias laterales

Col 1 21.27
Rm 9 4-5

2 17

Is 9 5
Mi 5 4
Ga 3 28+

Col 2 14+

Col 3 14-15

Za 9 10
Is 57 19

2 Co 13 13+
Ef 4 4; 3 12+

Ex 12 48+
Hch 9 13+
1 Co 3 10s
2 Co 6 16
Rm 15 20

Ef 4 11-12
Ap 21 14
Is 28 16

1 Co 3 16+
1 P 2 5

‖Col 1 24-29

4 1
Flp 1 13.17
Col 4 18
2 Tm 2 9

Rm 16 25+

1 Co 7 40
2 Co 11 5s

1 P 1 12
4 11
Jn 14 26+

2 12-19

2 Co 3 6
Col 1 23
1 Ts 2 4

1 Co 15 8s
Col 1 29

Ga 2 8

---

2 11   Este pasado que Pablo va a describir, más que el de sus lectores, es el del mundo pagano.
2 12   (a) Sin Mesías.
2 12   (b) Las alianzas sucesivas concertadas por Dios con Abrahán, Isaac, Jacob, Moisés, David, etc., ver Gn 12+; 15+; Ex 19+; Lv 26 42.45; Si 44-45; Sb 18 22; 2 M 8 15; Rm 9 4, que contenían la promesa de la salvación mesiánica.
2 12   (c) La esperanza mesiánica reservada en otro tiempo a Israel, 1 12.
2 12   (d) Los gentiles tenían muchos dioses; mas no al único y verdadero Dios, 1 Co 8 5s.
2 13   Este acercamiento lo ha realizado la Cruz de Cristo: primero el de los judíos y gentiles entre sí, vv. 14-15; luego el de todos con el Padre, vv. 16-18.
2 14   (a) El autor se está refiriendo, en abstracto, al acercamiento entre judíos y gentiles realizado por Cristo.
2 14   (b) El muro divisorio en el Templo de Jerusalén excluía a las zonas específicamente religiosas y sólo les permitía entrar en los patios exteriores; el autor ve en ello un símbolo de la enemistad entre judíos y gentiles.
2 15   Este «Hombre Nuevo» es el prototipo de la nueva humanidad re-creada por Dios (ver 2 Co 5 17+) en la persona de Cristo resucitado, como «último Adán», 1 Co 15 45, después de haber dado muerte en él sobre la Cruz al linaje del primer Adán, corrompido por el pecado, ver Rm 5 12s; 8 3; 1 Co 15 21. Creado «en la justicia y santidad de la verdad», 4 24, es también «uno solo» porque en él desaparecen todas las divisiones de los hombres, Col 3 10s; Ga 3 27s.
2 16   Este cuerpo único es, ante todo, el cuerpo físico e individual de Cristo, sacrificado en la Cruz, Col 1 22+;

pero es también su cuerpo «místico» en el que se agrupan todos los miembros ya reconciliados, 1 Co 12 12+.
2 17   Por medio de sus apóstoles, que predicaron en su nombre el Evangelio de la salvación y de la paz.
2 18   Este espíritu único que anima al cuerpo único, el de Cristo unido a su Iglesia, es el Espíritu Santo que transformó su cuerpo resucitado, y desde él se derrama en sus miembros. La intención trinitaria de este v. es bien clara. La estructura trinitaria se repite en el v. 22.
2 19   Después de haber descrito la obra de acercamiento realizada por Cristo, vv. 14-18, Pablo contrapone a los vv. 11-13 un cuadro antitético en los vv. 19-22, presentando la nueva situación de los gentiles.
2 20   Más que de los profetas del AT se trata aquí de los del NT, 3 5; 4 11; Hch 11 27+. Juntamente con los apóstoles, estos profetas constituyen la generación de los primeros testigos que recibieron la revelación del plan divino, 3 5, y predicaron el Evangelio, ver Lc 11 49; Mt 23 34; 10 41. Ellos son, pues, como el cimiento sobre el que se edifica la Iglesia. Esta función de «cimiento» se aplica también al mismo Cristo, 1 Co 3 10s.
2 21   «toda»; var.: «toda la».
3 2   La gracia del apostolado entre los gentiles, ver 3 7s; Rm 1 5; 15 15s; 1 Tm 2 7; Ga 2 9; Flp 1 7; Hch 9 15+.
3 3   Ver 2 Co 12 1.7. Aquí se alude especialmente a la revelación del camino de Damasco, ver Ga 1 16; Hch 9 15; 22 21; 26 16.
3 5   Los profetas del NT, ver 2 20+. Los del AT sólo tuvieron un conocimiento oscuro e imperfecto del misterio de Cristo, ver 1 P 1 10-12; Mt 13 17.
3 6   Con los judeo-cristianos, ver 2 19.

Rm 16 25+

queza de Cristo, [9] y esclarecer* cómo se ha dispensado el misterio escondido desde siglos en Dios, creador del universo, [10] para que la multiforme sabiduría de Dios sea ahora manifestada a los principados y a las potestades en los cielos, mediante la Iglesia*, [11] conforme al designio eterno realizado en Cristo Jesús, Señor nuestro, [12] quien, mediante la fe en él, nos da valor para llegarnos confiadamente a Dios. [13] Por lo cual os ruego no os desaniméis* a causa de las tribulaciones que por vosotros padezco, pues ellas son vuestra gloria*.

1 Co 2 7-9+
1 P 1 12

1 4

2 18
Rm 5 1s
Col 1 22
Hb 4 16
1 P 3 18
Col 1 24

Súplica de Pablo.

[14] Por eso doblo mis rodillas ante el Padre*, [15] de quien toma nombre toda familia en el cielo y en la tierra*, [16] para que os conceda, por la riqueza de su gloria, fortaleceros interiormente, mediante la acción de su Espíritu; [17] que Cristo habite por la fe en vuestros corazones, para que, arraigados y cimentados en el amor, [18] podáis comprender con todos los santos la anchura y la longitud, la altura y la profundidad*, [19] y conocer el amor de Cristo*, que excede a todo conocimiento*, y os llenéis de toda la plenitud de Dios*.

[20] A Aquel que tiene poder para realizar todas las cosas* incomparablemente mejor de lo que podemos pedir o pensar, conforme al poder que actúa en nosotros, [21] a él la gloria en la Iglesia y en Cristo Jesús por todas las generaciones y todos los tiempos. Amén.

Hch 1 8+
Rm 5 5+

Rm 7 22+
Jn 14 23

Col 1 23; 2 7

Hch 9 13+
Jb 11 7-9

Col 2 9+

1 19s
Flp 2 13

Rm 16 27+

II. Exhortación

Col 3 12-15

Llamamiento a la unidad*.

3 1+
Flp 1 27

4 [1] Os exhorto, pues, yo, prisionero por el Señor, a que viváis de una manera digna de la vocación con que habéis sido llamados, [2] con toda humildad, mansedumbre y paciencia, soportándoos unos a otros por amor, [3] poniendo empeño en conservar la unidad del Espíritu con el vínculo de la paz. [4] Un solo cuerpo y un solo Espíritu, como una es la esperanza a que habéis sido llamados. [5] Un solo Señor, una sola fe, un solo bautismo, [6] un solo Dios y Padre de todos, que está sobre todos, actúa por todos y está en todos*.

[7] A cada uno de nosotros le ha sido concedida la gracia* a la medida de los dones de Cristo. [8] Por eso dice:

Subiendo a la altura, llevó cautivos
y repartió dones a los hombres.

1 Co 13 13+

1 Co 12 12+
1 Co 10 17
Rm 12 5

1 Co 1 13;
8 6; 12 4-6
2 Co 13 13+

Rm 12 3.6

Sal 68 19
Hch 2 33

---

3 9   Var. (Vulg.): «dar a conocer a todos».
3 10   Los mismos espíritus celestes ignoraban el plan salvífico de Dios; por eso indujeron a los hombres a crucificar a Cristo, 1 Co 2 8; ahora lo comprenden contemplando a la Iglesia, ver 1 P 1 12.
3 13   (a) Otra traducción posible, menos probable: «yo ruego, a fin de no desanimarme».
3 13   (b) Var.: «nuestra gloria».
3 14   Adic. (Vulg.): «de nuestro Señor Jesucristo».
3 15   El término griego traducido aquí por «familia» designa el grupo social que debe su existencia y unidad a un mismo antepasado. Ahora bien, el origen de toda agrupación humana o angélica se remonta a Dios, Padre supremo.
3 18   Pablo emplea esta enumeración, que en la filosofía estoica designaba la totalidad del universo, con el fin de evocar el influjo universal de Cristo en la regeneración del mundo. Ver también las dimensiones escatológicas del Templo y de la Tierra Prometida en Ez 40-45; Ap 21 9s. Más concretamente, las dimensiones enunciadas pueden ser las del «misterio» de salvación, o mejor aún, las del «amor» de Cristo, que es su fuente, v. 19. Al igual que para la Sabiduría, esas dimensiones rebasan toda medida humana, Jb 11 8-9. Comparar 1 17-19.23; 2 7; 3 8; Col 2 2s.
3 19   (a) El amor que Cristo nos ha mostrado entregándose a sí mismo, 5 2.25; Ga 2 20, amor idéntico al del Padre, 2 4.7; 2 Co 5 14 y 18-19; Rm 8 35.37.39. Ver 1 Co 13 1+.
3 19   (b) Más que de «comprender» (v. 18: término griego de origen filosófico) se trata de «conocer» mediante un conocimiento religioso, místico, impregnado de amor, ver 1 17s; 3 3s; ver Os 2 22+; Jn 10 14+, que llega más lejos que cualquier otro conocimiento intelectual, ver 1 Co 13. Más que de conocer, se trata de ser amado y ser consciente de ello, ver Ga 4 9, aun cuando resulte imposible penetrar la profundidad de ese amor.
3 19   (c) Lit.: «para que os vayáis llenando hasta la total plenitud de Dios» (var.: «para que sea colmada toda plenitud de Dios»). —El cristiano, por la plenitud de vida divina que recibe de Cristo, en quien ella habita, Col 2 9s, entra a su vez en la plenitud del Cristo total, que es la Iglesia y ulteriormente en el nuevo universo, a cuya edificación contribuye, 1 23; 2 22; 4 12-13; Col 2 10+.
3 20   Var.: «sobre todas las cosas».
4   Pablo considera sucesivamente tres peligros que amenazan a la unidad de la Iglesia: la discordia entre los cristianos, vv. 1-3; la necesaria diversidad de los ministerios, vv. 7-11; las doctrinas heréticas, vv. 14-15. A ellos opone los principios y el programa de la unidad en Cristo, vv. 4-6.12-13.16.
4 6   Var. (Vulg.): «en todos nosotros».
4 7   Aquí se trata de las gracias particulares destinadas al servicio de la Iglesia, e. d., los «carismas», ver 1 Co 12+.
4 8   Siguiendo los métodos rabínicos, Pablo cita este texto para utilizar solamente dos términos: «subió», vv. 9-10, y «repartió», v. 11, en los cuales ve anunciadas la Ascensión de Jesús y la efusión del Espíritu.

1 P 3 19+

⁹ ¿Qué quiere decir «subió» sino que también* bajó a las regiones inferiores de la tierra*? ¹⁰ Éste que bajó es el mismo que subió por encima de todos los cielos, para llenar el universo*. ¹¹ Él mismo dispuso que unos fueran apóstoles; otros, profetas; otros, evangelizadores; otros, pastores y maestros*, ¹² para la adecuada organización de los santos* en las funciones del ministerio, para edificación del cuerpo de Cristo, ¹³ hasta que lleguemos todos a la unidad de la fe y del conocimiento del Hijo de Dios, al estado de hombre perfecto, a la plena madurez de Cristo*.

1 Co 12 28+
Tt 1 5+
2 21; 4 16
Col 1 23+;
3 11
1 23+
1 Co 14 20

¹⁴ Para que no seamos ya niños, llevados a la deriva y zarandeados por cualquier viento de doctrina, a merced de la malicia humana y de la astucia que conduce al error, ¹⁵ antes bien, con la sinceridad en el amor, crezcamos en todo hasta aquel que es la cabeza, Cristo, ¹⁶ de quien todo el cuerpo recibe trabazón y cohesión por la colaboración de los ligamentos, según la actividad propia de cada miembro*, para el crecimiento y edificación en el amor.

5 6
Col 2 4.8
║Col 2 19

La vida nueva en Cristo.

¹⁷ Por tanto, os digo y os aseguro esto en el Señor, que no viváis ya como viven los gentiles, según la vaciedad de su mente, ¹⁸ obcecada su mente en las tinieblas y excluidos de la vida de Dios por la ignorancia que hay en ellos y por la dureza de su corazón, ¹⁹ los cuales, habiendo perdido el sentido moral*, se entregaron al libertinaje, hasta practicar con desenfreno toda suerte de impurezas*. ²⁰ Pero no es así como vosotros habéis

Rm 1 18-32
1 P 4 3
║Col 1 21

aprendido a Cristo, ²¹ si es que habéis oído hablar de él y en él habéis sido enseñados conforme a la verdad de Jesús*: ²² despojaos, en cuanto a vuestra vida anterior, del hombre viejo que se corrompe siguiendo la seducción de las concupiscencias, ²³ renovad el espíritu de vuestra mente, ²⁴ y revestíos del Hombre Nuevo, creado según Dios, en la justicia y santidad de la verdad*.

║ Col 3 9-10
Col 3 5+
Rm 13 14
Ef 2 15+
Col 3 10+
Sb 9 3

²⁵ Por tanto, desechando la mentira, *decid la verdad unos a otros*, pues somos miembros unos de otros. ²⁶ *Si os airáis, no pequéis;* no se ponga el sol mientras estéis airados, ²⁷ ni deis ocasión al diablo. ²⁸ El que robaba, que ya no robe, sino que trabaje con sus manos, haciendo algo útil* para que pueda socorrer al que se halle en necesidad. ²⁹ No salga de vuestra boca palabra dañosa, sino la que sea conveniente para edificar según la necesidad* y hacer el bien a los que os escuchen. ³⁰ No entristezcáis al Espíritu Santo de Dios, con el que fuisteis sellados para el día de la redención*. ³¹ Toda amargura, ira, cólera, gritos, maledicencia y cualquier clase de maldad, desaparezca de entre vosotros. ³² Sed amables entre vosotros, compasivos, perdonándoos mutuamente como os* perdonó Dios en Cristo.

Za 8 16
Col 3 9
Rm 12 5
Sal 4 5 LXX
Mt 5 22
2 Co 2 11
1 Ts 4 11
Hch 18 3+;
20 34-35
Mt 15 11
St 3 10-12
Col 4 6
Is 63 10
Ef 1 13+
Col 3 8
Rm 1 29+
Mt 6 12.14-
15p
Col 3 13
St 2 13

5 ¹ Sed, pues, imitadores de Dios, como hijos queridos, ² y vivid en el amor como Cristo os amó y se entregó por nosotros como *oblación y víctima de suave aroma.* ³ La fornicación y toda impureza o codicia, ni se mencione entre vosotros, como conviene a los santos. ⁴ Lo mismo que la grosería, las necedades o las chocarrerías, cosas que no están bien; sino más bien, acciones de gracias. ⁵ Porque

2 Ts 3 7+
Mt 5 48
1 Jn 3 16
Ga 2 20
Sal 40 7
Ex 29 18
Ga 5 19+
Hch 9 13+
5 20

---

4 9   (a) Var. (Vulg.): «antes».
4 9   (b) Las regiones subterráneas donde se sitúa el reino de los muertos, ver Nm 16 33+, a donde Cristo bajó antes de la Resurrección y Ascensión «por encima de los cielos»: ver 1 P 3 19+. —O, según otros, las regiones de la tierra, llamadas «inferiores» en relación con los cielos.
4 10   De este modo, recorriendo todo el universo, Cristo tomó posesión de él como de la plenitud, de la que él es la cabeza, 1 10+, y a la que encierra enteramente bajo su poder de «Señor», ver 1 20-23; Col 1 19; Flp 2 8-11.
4 11   Pablo no menciona aquí más que los carismas de magisterio, los únicos que le interesan en este contexto, vv. 13-15.
4 12   Los «santos» parecen ser aquí de un modo particular los predicadores y el resto de los que se dedican a enseñar, ver 3 5; pero quizá también todos los fieles, en la medida en que colaboran en la edificación de la Iglesia, ver Hch 9 13+.
4 13   No se trata simplemente del cristiano llegado al estado de «perfecto», 1 Co 2 6+, sino del hombre perfecto en un sentido colectivo, e. d., el mismo Cristo, el

«Hombre Nuevo», arquetipo de todos los regenerados, 2 15+; mejor aún, el Cristo total, cabeza, v. 15; 1 22; Col 1 18, y miembros, v. 16; 5 30, que constituyen su cuerpo, 1 Co 12 12+.
4 16   «miembro», Vulg.; var.: «parte».
4 19   (a) Var. (Vulg.): «perdida toda esperanza».
4 19   (b) «con desenfreno toda suerte de impurezas»; o: «toda suerte de impureza y de avaricia».
4 21   Como en Col 2 6, el verdadero Cristo es el Jesús histórico, que murió y resucitó para re-crearnos en él.
4 24   Todos los hombres deben revestirse del «Hombre Nuevo», Ef 2 15 +, para ser en él re-creados, ver Ga 3 27; Rm 13 14. En otros lugares Pablo habla en este sentido de «nueva creación», 2 Co 5 17 +.
4 28   «con sus (propias) manos» y «algo útil» faltan o varían de lugar en los diversos testigos. Tal vez el texto original estuviera recargado.
4 29   «según la necesidad»; var (Vulg.): «según la fe».
4 30   Al Espíritu Santo, vínculo único del cuerpo único de Cristo, 4 4; 1 Co 12 13, le «entristece» todo cuanto perjudique a la unidad de ese cuerpo.
4 32   «os»; var.: «nos». Lo mismo en 5 2.

1 Co 6 9-10+
Hb 13 4-5

Col 3 5
Mt 6 24
Col 2 4-8

‖Col 3 6

4 18
Jn 8 12+
Col 1 12-13
2 Co 4 6;
6 14
1 Ts 5 4-8

Rm 12 2+
Col 3 10+

Jn 3 20-21

Is 26 19;
60 1

Hb 10 32+

Col 4 5

Col 1 9
Rm 12 2+
Pr 23 31
LXX
‖Col 3 16-17

1 Ts 5 18
Col 3 15-17

‖Col 3 18
1 P 3 1-6

tened entendido que ningún fornicario o impuro o codicioso —que es como ser idólatra*— participará en la herencia del Reino de Cristo y de Dios. [6] Que nadie os engañe con vanas razones, pues por eso viene la ira de Dios sobre los rebeldes. [7] No tengáis parte con ellos. [8] Porque en otro tiempo fuisteis tinieblas; mas ahora sois luz en el Señor. Vivid como hijos de la luz; [9] pues el fruto de la luz consiste en toda bondad, justicia y verdad. [10] Examinad qué es lo que agrada al Señor, [11] y no participéis en las obras infructuosas de las tinieblas, antes bien, denunciadlas. [12] Sólo el mencionar las cosas que hacen ocultamente da vergüenza; [13] pues, al ser denunciadas, salen a la luz. [14] Pues todo lo que queda manifiesto es luz*. Por eso se dice*:

Despierta tú que duermes,
y levántate de entre los muertos,
y te iluminará Cristo*.

[15] Así pues, mirad atentamente cómo vivís; no seáis necios, sino sabios; [16] aprovechando bien la ocasión*, porque los días son malos. [17] Por tanto, no seáis insensatos, sino comprended cuál es la voluntad del Señor. [18] *No os embriaguéis con vino, que es causa de libertinaje*; llenaos más bien del Espíritu. [19] Recitad entre vosotros salmos, himnos y cánticos inspirados; cantad y salmodiad en vuestro corazón al Señor, [20] dando gracias siempre y por todo a Dios Padre, en nombre de nuestro Señor Jesucristo.

Moral familiar.

[21] Sed sumisos los unos a los otros en el temor de Cristo: [22] las mujeres a sus maridos, como al Señor, [23] porque* el

marido es cabeza de la mujer, como Cristo es cabeza de la Iglesia, el salvador del cuerpo. [24] Como la Iglesia está sumisa a Cristo, así también las mujeres deben estarlo a sus maridos en todo.

[25] Maridos, amad a vuestras mujeres como Cristo amó a la Iglesia y se entregó a sí mismo por ella, [26] para santificarla, purificándola mediante el baño del agua, en virtud de la palabra*, [27] y presentársela resplandeciente a sí mismo, sin que tenga mancha ni arruga ni cosa parecida, sino que sea santa e inmaculada*. [28] Así deben amar los maridos a sus mujeres como a sus propios cuerpos. El que ama a su mujer se ama a sí mismo. [29] Porque nadie aborrece jamás a su propia carne; antes bien, la alimenta y la cuida con cariño, lo mismo que Cristo a la Iglesia, [30] pues somos miembros de su cuerpo*. [31] *Por eso dejará el hombre a su padre y a su madre y se unirá a su mujer, y los dos se harán una carne*. [32] Gran misterio es éste, lo digo respecto a Cristo y la Iglesia*. [33] En todo caso, también vosotros, que cada uno ame a su mujer como a sí mismo; y la mujer, que respete al marido.

6 [1] Hijos, obedeced a vuestros padres en el Señor*; porque esto es justo. [2] *Honra a tu padre y a tu madre*, tal es el primer mandamiento que lleva consigo una promesa: [3] *Para que seas feliz y se prolongue tu vida sobre la tierra*. [4] Padres, no exasperéis a vuestros hijos, sino formadlos más bien mediante la instrucción y la exhortación según el Señor.

[5] Esclavos, obedeced a vuestros amos de este mundo con respeto y temor, con sencillez de corazón, como a Cristo, [6] no por ser vistos, como quien busca agradar

1 Co 11 3
Ef 1 22-23

‖Col 3 19
1 P 3 7
Ef 5 2
Tt 2 14;
3 5-7
Rm 6 4+
Ez 16 9
Col 1 22
2 Co 11 2
Ap 19 7-8;
21 2.9-11

1 Co 12 12+
Gn 2 24
Mt 19 5p
1 Co 6 16

Rm 16 25+

‖Col 3 20-21
Pr 6 20

Ex 20 12

Pr 13 24+

‖Col 3 22-
4 1
Tt 2 9-10
1 P 2 18
1 Co 2 3

---

5 5   La codicia desordenada —especialmente la del dinero— rinde a las criaturas un culto que a Dios solo se debe, y que en cierto sentido las convierte en ídolos.
5 14   (a) Hablar con complacencia de tales torpezas, dejándolas en su sospechosa oscuridad, no estaría bien, v. 3; pero sacarlas a la luz pública para corregirlas, es obra buena. La luz que así se produce expulsa las tinieblas, porque ella es la luz de Cristo (final del v.).
5 14 `b` Esta cita parece tomada de algún himno cristiano primitivo; un caso semejante en 1 Tm 3 16. Sobre la fe bautismal concebida como iluminación, ver Hb 6 4; 10 32 (ver Rm 6 4 +).
5 14   (c) Var.: «y te alcanzará a Cristo».
5 16   Lit.: «rescatando el tiempo».
5 23   Los vv. 23-32 establecen un paralelo entre el matrimonio humano y la unión de Cristo con la Iglesia. Los dos términos de comparación se aclaran mutuamente: a Cristo se le puede llamar esposo de la Iglesia, porque es su cabeza y la ama como a su propio cuerpo, como sucede entre marido y mujer. Una vez expuesta esta comparación, ofrece de rechazo un modelo ideal del matrimonio humano. El simbolismo empleado hun-

de sus raíces en el AT, donde Israel aparece con frecuencia como esposa de Yahvé, Os 1 2 +.
5 26   El bautismo exige, para su plenitud, el acompañamiento de la proclamación de la palabra, concretada en la evangelización del ministro y la profesión de fe del bautizado, 1 13; ver Mc 16 15s; Hch 2 38 +; Rm 6 4 +; 1 P 1 23 +.
5 27   Según las costumbres del antiguo Oriente, la novia, después de bañada y adornada, era presentada a su prometido por los invitados a la boda. En el caso místico de la Iglesia, Cristo es quien lava a su prometida con el baño del bautismo (nótese la mención expresa de una fórmula bautismal) para presentársela a sí mismo, ver 2 Co 11 2.
5 30   Adic. (Vulg.): «de su carne y de sus huesos».
5 32   En el texto del Génesis, Pablo descubre una prefiguración profética de la unión de Cristo y de la Iglesia: «misterio» largo tiempo oculto, y ahora manifestado, al igual que el «misterio» de la salvación de los gentiles, ver 1 9s; 3 3s.
6 1   Om.: «en el Señor».

Rm 6 15+

Jb 31 13-15

Dt 10 17+

2 Co 6 7;
10 4
Rm 13 12
St 4 7
1 P 5 8-9
Mt 4 1+

Mt 16 17+
Ef 1 21+

Is 11 5;
59 17
Sb 5 18

a los hombres, sino como esclavos de Cristo que cumplen de corazón la voluntad de Dios; [7] de buena gana, como quien sirve al Señor y no a los hombres; [8] conscientes de que cada cual será recompensado por el Señor según el bien que hiciere: sea esclavo, sea libre. [9] Amos, obrad de la misma manera con ellos, dejándoos de amenazas; teniendo presente que está en los cielos el Amo vuestro y de ellos, y que en él no hay favoritismos.

El combate espiritual.

[10] Por lo demás, fortaleceos en el Señor y en la fuerza poderosa. [11] Revestíos de las armas de Dios* para poder resistir a las acechanzas del diablo. [12] Porque nuestra* lucha no es contra la carne y la sangre, sino contra los principados, contra las potestades, contra los dominadores de este mundo tenebroso, contra los espíritus del mal que están en el aire*. [13] Por eso, tomad las armas de Dios, para que podáis resistir en el día funesto, y manteneros firmes después de haber vencido todo.

[14] Poneos en pie, *ceñida vuestra cintura con la verdad y revestidos de la justicia como coraza*, [15] calzados los pies con *el celo por el Evangelio de la paz*, [16] embrazando siempre el escudo de la fe, para que podáis apagar con él todos los encendidos dardos del maligno. [17] Tomad, también, *el yelmo de la salvación* y la espada del Espíritu, que es la palabra de Dios; [18] siempre en oración y súplica, orando en toda ocasión en el Espíritu, velando juntos con perseverancia e intercediendo por todos los santos, [19] y también por mí, para que me sea dada la palabra al abrir mi boca* para dar a conocer con valentía el misterio del Evangelio*, [20] del cual soy embajador entre cadenas, y pueda hablar de él valientemente como conviene.

Noticias personales y saludo final.

[21] Para que también vosotros sepáis cómo me va y qué hago, os informará de todo Tíquico, el hermano querido y fiel ministro en el Señor, [22] a quien envío a vosotros expresamente para que sepáis de nosotros y consuele vuestros corazones.

[23] Paz a los hermanos, y caridad con fe de parte de Dios Padre y del Señor Jesucristo. [24] La gracia sea con todos los que aman a nuestro Señor Jesucristo en la vida incorruptible*.

Is 52 7;
40 3.9

1 Jn 2 13+

Hb 4 12
Lc 18 1+;
21 36
‖Col 4 2-4

Rm 15 30+

Rm 16 25+
3 1
Col 4 10.18
Flm 9

‖Col 4 7

Hch 20 4+

---

6 11 El AT mostraba al Señor armándose contra sus enemigos, ver Is 11 4-5; 59 16-18; Sb 5 17-23. Pablo pone estas armas divinas en manos del cristiano, ver 1 Ts 5 8.
6 12 (a) Var.: «vuestra».
6 12 (b) Se trata de los espíritus que en opinión de los antiguos gobernaban los astros y, por medio de ellos, todo el universo. Residen «en los cielos», 1 20s; 3 10; Flp 2 10, o «en el aire», 2 2, entre la tierra y la morada divina; coinciden, en parte, con lo que Pablo llama en otro lugar los «elementos del mundo», Ga 4 3. Fueron infieles a Dios y quisieron hacer a los hombres esclavos suyos por el pecado, 2 2; pero Cristo vino a liberarnos de su esclavitud. 1 21; Col 1 13; 2 15.20; los cristianos, armados con la fuerza de Cristo, pueden en adelante luchar contra ellos.
6 19 (a) Expresión e idea bíblicas, ver Ez 3 27; 29 21; Sal 51 17; ver Col 4 3.
6 19 (b) Om.: «del Evangelio».
6 24 Adic. (Vulg.): «Amén», ver Flp 4 23.

EPÍSTOLA A LOS FILIPENSES

Saludo.

Hch 16 1+
Rm 1 1+
Hch 9 13+

1 ¹ Pablo y Timoteo, siervos de Cristo Jesús, a todos los santos en Cristo Jesús, que están en Filipos, con los epíscopos y diáconos*. ² Gracia a vosotros y paz de parte de Dios nuestro Padre y del Señor Jesucristo.

Acción de gracias y súplica.

³ Doy gracias a mi Dios cada vez que me acuerdo de vosotros, ⁴ rogando siempre y en todas mis oraciones con alegría* por todos vosotros ⁵ a causa de la colaboración que habéis prestado al Evangelio*, desde el primer día* hasta hoy; ⁶ firmemente convencido de que, quien inició en vosotros la buena obra, la irá consumando hasta el Día de Cristo Jesús. ⁷ Y es justo que yo sienta así de todos vosotros, pues os llevo en el corazón, partícipes como sois todos de mi gracia, tanto en mis cadenas como en la defensa y consolidación del Evangelio. ⁸ Pues testigo me es Dios de cuánto os quiero a todos vosotros en el afecto entrañable de Cristo Jesús. ⁹ Y lo que pido en mi oración es que vuestro amor crezca cada vez más en conocimiento y toda experiencia, ¹⁰ con que podáis aquilatar lo mejor*, y llegar limpios y sin tropiezo al Día de Cristo, ¹¹ llenos de los frutos de justicia que vienen de Jesucristo, para gloria y alabanza de Dios.

1 10; 2 16
1 Co 1 8+

Ef 3 2

Rm 1 9

Col 1 9-10

Hb 5 14
Rm 12 2+

3 9+
Hb 12 11
St 3 18
Jn 15 8

Situación personal de Pablo.

¹² Quiero que sepáis, hermanos, que lo que me ha sucedido* ha contribuido más bien al progreso del Evangelio; ¹³ de tal forma que se ha hecho público en todo el Pretorio* y entre todos los demás, que me hallo en cadenas por Cristo. ¹⁴ Y la mayor parte de los hermanos, alentados en el Señor por mis cadenas, tienen mayor intrepidez en anunciar sin temor la palabra*. ¹⁵ Es cierto que algunos predican a Cristo por envidia y rivalidad; mas hay también otros que lo hacen con buena intención; ¹⁶ éstos, por amor, sabiendo que yo estoy puesto para defender el Evangelio; ¹⁷ aquéllos, por rivalidad, no con puras intenciones, pensando que aumentan la tribulación de mis cadenas. ¹⁸ ¿Y qué? Al fin y al cabo, con hipocresía o con sinceridad, Cristo es anunciado, y esto me alegra y seguiré alegrándome. ¹⁹ Pues yo sé que *esto servirá para mi salvación* gracias a vuestras oraciones y a la ayuda prestada por el Espíritu de Jesucristo, ²⁰ conforme a lo que aguardo y espero, que en modo alguno seré confundido; antes bien, que con plena seguridad, ahora como siempre, Cristo será glorificado en mi cuerpo, por mi vida o por mi muerte*, ²¹ pues para mí la vida es Cristo, y el morir, una ganancia. ²² Pero si el vivir en el cuerpo significa para mí trabajo fecundo, no sé qué escoger... ²³ Me siento apremiado por ambos extremos. Por un lado, mi deseo es partir y estar con Cristo*, lo cual, ciertamente, es con mucho lo mejor; ²⁴ mas, por otro, quedarme en el cuerpo es más necesario para vosotros. ²⁵ Y, persuadido de esto, sé que me quedaré y permaneceré con todos vosotros* para progreso y gozo de vuestra fe, ²⁶ a fin de que tengáis por mi causa un nuevo motivo de orgullo en Cristo Jesús cuando yo vuelva a estar entre vosotros.

Ef 3 1+

Ef 3 1+

1 4+
Jb 13 16
LXX

1 Co 6 20
Ga 2 20
Col 3 3s

2 Co 5 6-9

1 4+; 2 16
1 Co 15 31
2 Co 1 14;
5 12
1 Ts 2 19

---

1 1 Los «epíscopos» que menciona aquí San Pablo no son todavía nuestros «obispos», sino los «presbíteros» o «ancianos» encargados de dirigir y atender a la comunidad, ver Tt 1 5+. Los «diáconos» son sus asistentes, ver 1 Tm 3 8-13; Hch 6 1-6.

1 4 La alegría es una de las notas características de esta epístola, ver 1 18. 25; 2 2. 17. 18. 28. 29; 3 1; 4 1. 4. 10.

1 5 (a) No sólo por medio de socorros pecuniarios, 4 15-16, sino también por su aportación a su testimonio apostólico, 1 7; ver 2 15-16, siempre que han sufrido con él por el Evangelio, 1 29-30.

1 5 (b) El día de su conversión, ver Hch 16 12-40.

1 10 El amor es la fuente del discernimiento moral. Pablo completa lo que en Rm 2 18 había dicho acerca de la ley que procura el discernimiento de *lo mejor*. Aquí es la caridad la que lleva a la perfección ese discernimiento.

1 12 El arresto de Pablo y el consiguiente proceso.

1 13 Si Pablo escribe desde Roma, se trata de la guardia pretoriana que acampaba cerca de las murallas de la ciudad. Si escribe desde Éfeso o Cesarea, hay que pensar en el personal del Pretorio, o residencia del Gobernador, que existía en cada una de esas ciudades.

1 14 Adic.: «de Dios» (Vulg.) o: «del Señor».

1 20 Pablo razona aquí para formarse una decisión discerniendo entre lo que es teóricamente mejor «estar con Cristo», vv. 21. 23, y lo que es necesario para el bien de la comunidad, v. 24.

1 23 La muerte, como la vida, es un modo de estar «con» Cristo, ver 1 Ts 5 10; Rm 14 8; Col 3 3; etc. Pablo no explica cómo concibe esta ganancia, v. 21, y *partida*, «que es con mucho lo mejor», v. 23, hacia una existencia con Cristo que sucede inmediatamente a la muerte, sin esperar a la resurrección universal, ver 2 Co 5 8+.

1 25 Este presentimiento —que no llega a certeza, ver 2 17— se cumplió (ver Hch 20 1-6 y las Epístolas Pastorales), contrariamente a lo que expresó en el discurso de Mileto, Hch 20 25.

Lucha por la fe.

Ef 4 1
Col 1 10
1 Ts 2 12

Col 2 5

²⁷ Lo que importa es que vosotros lleváis una conducta* digna del Evangelio de Cristo, para que tanto si voy a veros como si estoy ausente, oiga de vosotros que os mantenéis firmes en un mismo espíritu y lucháis unánimes por la fe del Evangelio, ²⁸ sin dejaros intimidar en nada por los adversarios. Esto será para ellos una señal de perdición, y para vosotros, de salvación. Tal es el designio de Dios ²⁹ que os ha concedido a vosotros, por Cristo, no sólo la gracia de creer en él, sino también de padecer por él, ³⁰ sosteniendo el mismo combate en que antes me visteis* y que ahora oís que sostengo.

2 Ts 1 4-7

1 7
Col 1 24+

La unidad en la humildad.

2 ¹ Así pues, si hay una exhortación en nombre de Cristo, un estímulo de amor, una comunión en el Espíritu*, una entrañable misericordia, ² colmad mi alegría, teniendo un mismo sentir*, un mismo amor, un mismo ánimo, y buscando todos lo mismo. ³ Nada hagáis por ambición, ni por vanagloria, sino con humildad, considerando a los demás como superiores a uno mismo, ⁴ sin buscar el propio interés sino el de los demás. ⁵ Tened entre vosotros los mismos sentimientos que Cristo*:

⁶ El cual, siendo de condición divina*,
no codició el ser igual a Dios*
⁷ sino que se despojó de sí mismo*
tomando condición de esclavo*.

Asumiendo semejanza humana*
y apareciendo en su porte como hombre*,

⁸ se rebajó a sí mismo,
haciéndose obediente hasta la muerte*

2 Co 13 13+

1 4+

1 Co 1 10s

1 Co 10 24

Sb 2 23s

Is 53 12
2 Co 8 9

Ga 4 4

Rm 5 19

1 27 El término griego significa primordialmente *llevar vida de ciudadano* conforme a las leyes de una ciudad. La Ciudad nueva del Reino de Dios tiene por Rey a Cristo, al Evangelio como ley, y al cristiano como ciudadano, ver 3 20; Ef 2 19.

1 30 Alusión a las persecuciones padecidas por Pablo en Filipos, Hch 16 19s; 1 Ts 2 2. El combate que aún sostiene es el de su cautiverio y su proceso.

2 1 Lit.: «Si hay alguna exhortación apremiante...»; especie de conjuro afectuoso que tiene el sentido de: «Si alguna fuerza tiene una exhortación en Cristo...»

2 2 Esta apremiante exhortación a la unidad permite adivinar que existían divisiones internas que amenazaban la paz de la comunidad de Filipos. Véase también **1** 15-17. 27; 2 14; 4 2, y nótese la insistencia que pone Pablo en interpelar a *todos* en común: 1 1. 4. 7. 8. 25; 2 17. 26; 4 21.

2 5 Los vv. 6-11 son probablemente un primitivo himno cristiano, semejante a Col 1 15-20; 1 Tm 3 16; 2 Tm 2 11-13, que Pablo transcribe. Tradicionalmente ha sido interpretado en función de un esquema de descenso-ascenso divino, Gn 11 5; 17 22; Is 55 10-11, según el cual la *kénosis* de Cristo fue la renuncia a su gloria divina con el fin de vivir una vida humana y asumir el sufrimiento. Sin embargo, su estructura se basa manifiestamente en el esquema bíblico de la humillación (vv. 6-8) seguida de la exaltación (vv. 9-11), según el cual un justo atribulado es premiado por Dios, Sal 49 15-16; Si 49 14; Ez 21 31; Lc 14 11; 18 14; Mt 23 12; St 4 10. Es, pues, más probable que Jesús, como segundo o último Adán, 1 Co 15 45, sea implícitamente puesto en parangón con el primer Adán, Gn 3 4-5.

2 6 (a) Lit.: «teniendo forma de Dios». La *forma* designa los atributos esenciales que manifiestan al exterior la naturaleza. Cristo, siendo Dios, como era, tenía derecho a todas las prerrogativas divinas. La *forma de Dios* puede también entenderse como alusión a la condición de *imagen de Dios* propia de Adán. En efecto, siendo la *forma* un sinónimo intercambiable con *imagen* en los LXX, la *forma de Dios* que posee Cristo se puede identificar también con la de *imagen de Dios* que se aplica a Adán, Gn 1 27; 1 Co 11 7, y a Cristo, 2 Co 4 4.

2 6 (b) Lit.: «no consideró como presa el ser igual a Dios», es decir: como algo que no se debe soltar, o mejor, como algo de lo que hay que apoderarse. No se trata de la igualdad de naturaleza, exigida por la *condición divina*, y de la que Cristo no podía despojarse, sino de una igualdad de trato, o de dignidad manifestada y reconocida, que Jesús hubiera podido exigir, aun en su existencia terrena. Todo lo contrario de Adán, Gn 3 5. 22. A esta igualdad con Dios pertenece la *impecabilidad* de Cristo, 2 Co 5 21; Jn 8 46; 1 Jn 3 5; Hb 4 15; 1 P 2 22. Por esa carencia de pecado, Cristo no tenía que morir, ya que la muerte es un castigo por el pecado, Gn 3 3; Is 54 16; Sb 1 12-14; 2 23-34 (la misma idea en algunos apócrifos, como 1 Henoc 69 9-11; 4 Esdras 3 7; 2 Baruc 23 4). Por la misma razón le competía el derecho de vivir eternamente, lo cual es una característica divina, Gn 3 4-5. En esta línea la traducción más coherente sería: «No hizo uso de su derecho de ser tratado como Dios».

2 7 (a) Lit.: «Se vació a sí mismo». El término *kénosis* procede de una raíz que significa *vaciar*. La fórmula está tomada de Is 53 12. El pronombre reflexivo, que aparece en el v. 7 (y ver Ga 2 20), subraya la decisión del mismo Cristo, que optó por la muerte. El vaciamiento de que habla aquí san Pablo, alude más al modo que al hecho mismo de la Encarnación. Aquello de que Cristo se despojó libremente, haciéndose hombre, no fue la naturaleza divina, sino la gloria que de hecho le pertenecía y poseía en su preexistencia, ver Jn 17 5, y normalmente hubiera debido redundar en su humanidad (ver la Transfiguración, Mt 17 1-8p). Prefirió privarse de ella para recibirla, sólo del Padre, ver Jn 8 50.54, como premio de su sacrificio, vv. 9-11.

2 7 (b) *Esclavo* en oposición a *Señor*, v. 11; ver Ga 4 1; Col 3 22s. Cristo hecho hombre adoptó un camino de sumisión y humilde obediencia, v. 8. Este modo de existencia, a la luz de la alusión a Is 53 12, sólo puede ser el del humillado Siervo paciente de Yahvé, que murió por los demás, Is 53 3. 5. 7. Nótese el contraste con *Señor*, v. 11.

2 7 (c) No hay intención de atenuar la humanidad de Jesús, Ga 4 4; Rm 1 3; 9 5; Hb 2 17. No obstante, si no hubiera sido diferente, no habría podido salvarnos. Él, que estaba «vivo», 2 Co 4 10-11, resucitó a los que estaban «muertos», Rm 6 4; Col 2 13. Él no tenía necesidad de ser reconciliado con Dios, 2 Co 8 9, mientras todos los demás las tenían, 2 Co 5 18-19.

2 7 (d) Aunque diferente en su modo de existencia, Cristo compartió la naturaleza humana común a todos.

2 8 (a) Al envío del Hijo por el Padre para salvar a la humanidad, Rm 8 3. 29-30; 2 Co 5 21, corresponde, de parte de Cristo, la obediencia, Rm 5 19; 1 Co 15 27-28; Hb 5 8.

y una muerte de cruz*.

Is 52 13
Rm 14 9
⁹ Por eso Dios lo exaltó*
y le otorgó el Nombre*,
que está sobre todo nombre.
Is 45 23
¹⁰ Para que al nombre de Jesús
*toda rodilla se doble**
en los cielos, en la tierra y en los abismos*,
Rm 10 9
¹¹ *y toda lengua confiese*
que Cristo Jesús es el SEÑOR*
1 Co 12 3
para gloria de Dios Padre.

Trabajar en la obra de la salvación.

2 Co 7 15
¹² Así pues, queridos míos, de la misma manera que habéis obedecido siempre, no sólo cuando estaba presente sino 1 Co 2 3+ mucho más ahora que estoy ausente, traEf 2 10bajad con sumo cuidado por vuestra salvación, ¹³ pues es Dios quien, por su beEf 3 20nevolencia, realiza en vosotros el querer Hch 17 28 y el obrar. ¹⁴ Hacedlo todo sin murmuHb 13 21raciones ni discusiones ¹⁵ para que seáis irreprochables y sencillos *hijos de Dios* Dt 32 5 *sin tacha en medio de una generación per*Mt 17 17*versa y depravada*, en medio de la cual brilláis como estrellas en el mundo, Mt 5 14-16 ¹⁶ manteniendo en alto la palabra de la 1 Ts 1 6-8 vida. Así, en el Día de Cristo, seréis mi 1 26+ orgullo, ya que no habré corrido ni me 1 Co 1 8+ habré fatigado en vano. ¹⁷ Y aunque mi Ga 5 7+; sangre se derrame como libación sobre 2 2; 4 11 el sacrificio y la ofrenda de vuestra fe*, 2 Tm 4 6 me alegro y congratulo con vosotros. Rm 1 9+ ¹⁸ De igual manera también vosotros alegraos y congratulaos conmigo.

1 4+

Misión de Timoteo y Epafrodito.

Hch 16 1+
¹⁹ Espero en el Señor Jesús poder en1 Co 4 17viaros pronto a Timoteo, para verme

también yo animado con vuestras noticias. ²⁰ Pues a nadie tengo que se le iguale en la sincera preocupación por vuestros intereses, ²¹ ya que todos buscan su propio interés y no el de Cristo Jesús. 1 15-17
Ga 1 7 ²² Pero vosotros conocéis su probada virtud, pues como un hijo junto a su padre, ha estado conmigo al servicio del Evangelio. ²³ A él, pues, espero enviaros tan pronto como vea clara mi situación. ²⁴ Y aun confío en el Señor que yo mismo po1 25-26dré ir pronto.
²⁵ Entretanto, he juzgado necesario de4 18volveros a Epafrodito, mi hermano, colaborador y compañero de armas, enviado vuestro y encargado para atenderme en mis necesidades, ²⁶ pues estaba añorándoos a todos vosotros y angustiado porque os habéis enterado de que estaba enfermo. ²⁷ Es cierto que estuvo enfermo y a la muerte. Pero Dios se compadeció de él; y no sólo de él, sino también de mí, para que no tuviese yo tristeza sobre tristeza. ²⁸ Así pues, lo envío inmediatamente para que viéndole de nuevo os llenéis de alegría y yo quede aliviado en mi tris1 4+teza. ²⁹ Recibidle, pues, en el Señor con toda alegría, y tened en estima a hombres como él, ³⁰ porque, por la obra de Cristo*, ha estado a la muerte, arriesgando su vida para compensar vuestra ausencia en servicio mío.

El verdadero camino de la salvación cristiana.

3 ¹ Por lo demás, hermanos míos, ale2 Co 13 11graos en el Señor*. Volver a escribiFlp 1 4+ros las mismas cosas, a mí no me es molestia, y a vosotros os da seguridad.

---

2 8 (b) Mientras que la tradición primitiva sólo insistía en el efecto salvífico de la muerte de Cristo, Rm 1 3-4; 4 25; 8 34; 10 8-9; 1 Co 15 3; Ga 1 3-4; 1 Ts 1 10, Pablo subraya lógicamente que el valor ejemplar de esta muerte está en el cruel castigo de la crucifixión, 1 Co 1 23; 2 2. 8; 2 Co 13 4; Ga 3 1; 5 11; 6 12. 14; Flp 3 18; Col 1 20.
2 9 (a) Lit.: «sobre-exaltó». El verbo griego *hypsoô*, que significa normalmente elevar, se traduce a menudo por *exaltar*. Aquí lleva además el prefijo *hyper* (del que se forma el mismo verbo), que redobla su significado, por el hecho de que, si es cierto que todos los justos serán exaltados, Is 52 13; Sb 3 1-8, Cristo es superior a todos ellos.
2 9 (b) El nombre es el de «Señor», como explica el v. 11. Se trata aquí de un término funcional que no se refiere precisamente a la naturaleza de Cristo; es un título que Cristo lo consigue por su pasión y resurrección, Rm 14 9. A pesar de su uso cotidiano, y de su frecuente aplicación a Cristo a lo largo de todo el NT, aquí se toma como un título «que está sobre todo nombre»; la razón es que el NT lo reserva para Dios.
2 10 (a) La humanidad entera reconoce la nueva dig-

nidad de Jesús, como estaba anunciado que las naciones reconocerían a Yahvé, Is 45 23; Rm 14 11. El nombre propio de «Jesús» —sin más añadiduras— se usa aquí deliberadamente (ver v. 11), para evocar la figura humillada y paciente de los vv. 6-8.
2 10 (b) Estas frases, que alteran la cuidada estructura del himno, fueron probablemente añadidas por Pablo con el fin de poner de relieve tanto el ilimitado alcance de la autoridad de Cristo, Col 1 16, como la dependencia respecto de su Padre, Co 15 27-28.
2 11 Es la profesión de fe esencial del cristianismo, Rm 10 9; 1 Co 12 3; Col 2 6.
2 17 Pablo alude a la costumbre (judía y griega) de las libaciones en los sacrificios, aplicándola metafóricamente al culto espiritual de los tiempos nuevos: la sangre derramada en el martirio vendría a añadirse al sacrificio que entre los cristianos constituye el servicio de la fe, ver 3 3; 4 18; Rm 1 9+.
2 30 Var.: «la obra del Señor», o: «la obra».
3 1 Al concluir la carta, Pablo inicia un nuevo tema. Este nuevo comienzo hace pensar a algunos que el pasaje 3 2 - 4 1 había sido anteriormente un escrito independiente. Ver Introducción.

Jr 4 4+
Rm 2 25-29
Col 2 11
Flp 2 17+

Rm 7 5+
2 Co 11 21+
Gn 17 10+

2 Co 11 22
Hch 8 1.3+
Ga 1 13s

Rm 10 3
Rm 1 16+
Ga 2 16

Rm 1 4+;
6 4+;
8 11+.17

2 16
Ga 5 7+

Lc 9 62

1 Co 9 25+

² Atención con los perros*; atención con los embusteros; atención con la mutilación*. ³ Pues los verdaderos circuncisos somos nosotros, los que damos culto en el Espíritu de Dios* y nos gloriamos en Cristo Jesús sin poner nuestra confianza en la carne*, ⁴ aunque yo tengo motivos para confiar también en la carne. Si algún otro cree poder confiar en la carne, más yo. ⁵ Circuncidado el octavo día; del linaje de Israel; de la tribu de Benjamín; hebreo e hijo de hebreos*; en cuanto a la Ley, fariseo; ⁶ en cuanto al celo, perseguidor de la iglesia; en cuanto a la justicia de la Ley, intachable. ⁷ Pero lo que era para mí ganancia, lo he juzgado una pérdida a causa de Cristo. ⁸ Y más aún: juzgo que todo es pérdida ante la sublimidad del conocimiento de Cristo Jesús, mi Señor, por quien perdí todas las cosas, y las tengo por basura para ganar a Cristo, ⁹ y ser hallado en él, no con la justicia mía, la que viene de la Ley, sino la que viene por la fe en Cristo, la justicia que viene de Dios, apoyada en la fe*, ¹⁰ y conocerle a él, el poder de su resurrección y la comunión en sus padecimientos hecho semejante a él en la muerte, ¹¹ tratando de llegar a la resurrección de entre los muertos*. ¹² No que lo tenga ya conseguido o que sea ya perfecto, sino que continúo mi carrera para alcanzarlo, como Cristo Jesús me alcanzó a mí*. ¹³ Yo, hermanos, no creo haberlo ya conseguido. Pero una cosa hago: olvido lo que dejé atrás y me lanzo a lo que está por delante, ¹⁴ corriendo hacia la meta, al premio a que Dios me llama desde lo alto en Cristo Jesús. ¹⁵ Así pues, todos los perfectos* tengamos* estos sentimien-

4 9
1 Co 11 1
Ga 4 12
2 Ts 3 7+

Rm 16 18

Hb 11 13-16
Hch 3 20-21
Col 3 1-4
1 Tm 1 1+

1 Co 15
47-49
Rm 8 23
1 Co 15
23-28

1 Ts 2 19-20
Flp 1 4+

Dn 12 1+
Ap 20 12+

1 4+

1 Co 16 22+
Mt 6 25-34

tos, y si en algo sentís de otra manera, también eso os lo revelará Dios. ¹⁶ Por lo demás, desde el punto a donde hayamos llegado, sigamos en la misma dirección.

¹⁷ Hermanos, sed imitadores míos, y fijaos en los que viven según el modelo que tenéis en nosotros*. ¹⁸ Porque muchos* viven, según os dije tantas veces, y ahora os lo repito con lágrimas, como enemigos de la cruz de Cristo, ¹⁹ cuyo final es la perdición, cuyo Dios es el vientre*, y cuya gloria, lo vergonzoso*, su apetencia, lo terreno. ²⁰ Pero nosotros somos ciudadanos del cielo, de donde esperamos como Salvador al Señor Jesucristo, ²¹ el cual transfigurará nuestro pobre cuerpo a imagen de su cuerpo glorioso, en virtud del poder que tiene de someter a sí todas las cosas.

4 ¹ Por tanto, hermanos míos queridos y añorados, mi gozo y mi corona, manteneos así firmes en el Señor, queridos.

Últimos consejos*.

² Ruego a Evodia, lo mismo que a Síntique, tengan un mismo sentir en el Señor. ³ También te ruego a ti, Sícigo, «compañero»* mío, que las ayudes, ya que lucharon por el Evangelio a mi lado, lo mismo que Clemente y demás colaboradores míos, cuyos nombres están en el libro de la vida.

⁴ Estad siempre alegres en el Señor; os lo repito, estad alegres. ⁵ Que vuestra clemencia sea conocida de todos los hombres. El Señor está cerca. ⁶ No os inquietéis por cosa alguna; antes bien, en toda ocasión, presentad a Dios vuestras peti-

---

3 2   (a) Epíteto que los judíos daban a los gentiles, ver Mt 15 26, y quizá 7 6, y que Pablo les devuelve irónicamente.
3 2   (b) Lit.: «con la incisión». Mediante un juego de palabras despectivo, Pablo equipara la «circuncisión» carnal de los judíos a las «incisiones» sangrientas de los cultos paganos, ver 1 R 18 28. Comparar Ga 5 12.
3 3   (a) Var. (Vulg.): «nosotros que damos culto a Dios en espíritu».
3 3   (b) La *carne* designa aquí todo el régimen de la antigua Ley, con sus observancias *carnales* de las que la circuncisión es como símbolo, ver Rm 7 5+. Pablo ha recordado en varias ocasiones su pasado judío, 2 Co 11 21+, pero nunca con tantos detalles.
3 5   De origen palestinense, Hch 23 6, y que habla la *lengua de los antepasados*, Hch 21 40, a diferencia de los «helenistas», Hch 6 1+.
3 9   La contraposición de estas dos justicias es el tema central de las epístolas a los Gálatas y a los Romanos.
3 11   Pablo no puede hablar aquí de la resurrección (universal) que afectará a todos los hombres, buenos y malos, compatible con la muerte eterna de estos últi-

mos, ver Jn 5 29. Se refiere más bien a la verdadera *resurrección*, la de los justos, que los sacará *de entre los muertos* para llevarlos a vivir con Cristo, ver Lc 20 35+.
3 12   En el camino de Damasco.
3 15   (a) Una ironía de Pablo, ver v. 11.
3 15   (b) Var.: «tenemos».
3 17   Pablo esperaba que algunos miembros de la comunidad dieran pruebas de iniciativa y responsabilidad antes de promoverlos a dirigentes, 1 Ts 5 12s; 1 Co 16 15s.
3 18   Pablo se refiere probablemente a los *judaizantes*, a los que se refería ya en el v. 2.
3 19   (a) Alusión a las observancias relativas a los alimentos que tanta importancia tenían en la religión judía, Lv 11; ver Rm 14; 16 18; Ga 2 12; Col 2 16.20s; Mt 15 10-20p; 23 23-26; Hch 15 20.
3 19   (b) Probable alusión al miembro sometido a circuncisión.
4 2   La sección 4 2-9 es la continuación de 3 1; ver Introducción.
4 3   El nombre de Sícigo significa: «colega» o «compañero». Juego de palabras en torno a un nombre como en Flm 10-11.

ciones, mediante la oración y la súplica, acompañadas de la acción de gracias. ⁷ Y la paz de Dios, que supera toda inteligencia custodiará vuestros corazones y vuestras mentes* en Cristo Jesús.

⁸ Por lo demás, hermanos, todo cuanto hay de verdadero, de noble, de justo, de puro, de amable, de honorable, todo cuanto sea virtud o valor*, tenedlo en aprecio*. ⁹ Todo cuanto habéis aprendido y recibido y oído y visto en mí, ponedlo por obra y el Dios de la paz estará con vosotros.

Agradecimiento por la ayuda recibida*.

¹⁰ Me alegré mucho en el Señor de que ya, por fin, han florecido vuestros buenos sentimientos para conmigo. Ya los teníais, sólo os faltaba la ocasión de manifestarlos. ¹¹ No lo digo movido por la necesidad, pues he aprendido a contentarme con lo que tengo. ¹² Sé andar escaso y sobrado. Estoy avezado a todo y en todo: a la saciedad y al hambre; a la abundancia y a la privación. ¹³ Todo lo puedo con Aquel* que me da fuerzas. ¹⁴ En todo caso, hicisteis bien en compartir mi tribulación. ¹⁵ Y sabéis también

vosotros, filipenses, que en el comienzo de la evangelización, cuando salí de Macedonia, ninguna iglesia me abrió cuenta de gastos y entradas*, sino vosotros solos. ¹⁶ Pues incluso cuando estaba yo en Tesalónica enviasteis por dos veces con que atender a mi necesidad. ¹⁷ No es que yo busque el don; sino que busco que aumenten los intereses en vuestra cuenta. ¹⁸ Tengo cuanto necesito, y me sobra; estoy al completo después de haber recibido de Epafrodito lo que me habéis enviado: *suave aroma*, sacrificio que Dios acepta con agrado. ¹⁹ Y mi Dios proveerá* a todas vuestras necesidades con magnificencia, conforme a su riqueza, en Cristo Jesús. ²⁰ Al Dios y Padre nuestro, la gloria por los siglos de los siglos. Amén.

Saludo final.

²¹ Saludad a todos los santos en Cristo Jesús. Os saludan los hermanos que están conmigo. ²² Os saludan todos los santos*, especialmente los de la casa del César*. ²³ La gracia del Señor Jesucristo esté con vuestro espíritu*.

Ef 5 20+
Jn 14 27
Col 3 15

1 Ts 2 13+
3 17
2 Ts 3 7+

1 4+

Hb 13 5

2 Co 12 9-10
Col 1 29

Hch 16 12s

1 Co 9 1s
2 Co 11 7s

Hch 17 1

2 25
Gn 8 21+
Flp 2 17+
2 Co 2 15

Rm 16 27+

Hch 9 13+

---

4 7   Var.: «vuestros cuerpos».
4 8   (a) Adic. «de la ciencia» o «de la disciplina» (Vulg.).
4 8   (b) Pablo recomienda, v. 8, un ideal de conducta expresado en términos que eran corrientes entre los moralistas griegos de su tiempo (es la única vez que emplea la palabra *virtud*, ver Sb 4 1; 5 13), pero invita, v. 9, a practicarla siguiendo sus propias enseñanzas, pero más aún, su ejemplo personal, 3 17; ver 2 Ts 3 7 +.
4 10   En esta sección Pablo agradece a los filipenses su ayuda económica. Dada la extensión y la intensidad de su gratitud, se esperaría que hubiera manifestado antes este sentimiento en la misma carta. Sin embargo, en pasajes anteriores no se encuentran más que dos alusiones, 1 5 y 2 30, que además hacen suponer que ya se

ha dado las gracias a los portadores. En consecuencia, 4 10-20 se considera como la primera epístola de Pablo a los filipenses.
4 13   Var.: «en Cristo».
4 15   Pablo aceptaba la ayuda financiera de una comunidad sólo después de haberse marchado, 1 Co 9 1-18.
4 19   Var. (Vulg.): «provea».
4 22   (a) Todos los cristianos de la ciudad donde Pablo escribe.
4 22   (b) La expresión tiene sentido muy amplio: puede designar a todo el personal empleado en el servicio del emperador, lo mismo en Roma que en las grandes ciudades del imperio.
4 23   Adic.: «Amén».

EPÍSTOLA A LOS COLOSENSES

Preámbulo

Saludo.

Rm 1 1+
Hch 16 1+
Hch 9 13+

1 ¹ Pablo, apóstol de Cristo Jesús por voluntad de Dios, y Timoteo el hermano, ² a los santos de Colosas, hermanos fieles en Cristo. Gracia a vosotros y paz de parte de Dios, nuestro Padre*.

Acción de gracias y súplica.

‖Ef 1 15-16
‖Flm 4-5

1 Co 13 13+

³ Damos gracias sin cesar a Dios, Padre de nuestro Señor Jesucristo, por vosotros en nuestras oraciones, ⁴ al tener noticia de vuestra fe en Cristo Jesús y de la caridad que tenéis con todos los santos, ⁵ a causa de la esperanza que os está reservada en los cielos y acerca de la cual fuisteis ya instruidos por la palabra de la verdad, el Evangelio, ⁶ que llegó hasta vosotros. El cual fructifica y crece entre vosotros lo mismo que en todo el mundo, desde el día en que oísteis y conocisteis la gracia de Dios en la verdad; ⁷ tal

‖Ef 1 13
Ga 1 6+

Rm 1 16
1 Ts 2 13
Hch 14 3;
20 24.32
2 Co 6 1

como os la enseñó Epafras, nuestro querido consiervo y fiel ministro de Cristo, en lugar nuestro*, ⁸ y nos informó también de vuestro amor en el Espíritu.

1 Co 13 1+
‖Ef 1 15

⁹ Por eso, tampoco nosotros dejamos de rogar por vosotros desde el día que lo oímos, y de pedir que lleguéis al pleno conocimiento de su voluntad con toda sabiduría e inteligencia espiritual, ¹⁰ para que procedáis de una manera digna del Señor, agradándole en todo, fructificando en toda obra buena y creciendo en el conocimiento de Dios; ¹¹ fortalecidos con toda fuerza según el poder de su gloria, para ser constantes y pacientes en todo; dando con alegría ¹² gracias al Padre que os hizo capaces de participar en la herencia de los santos* en la luz.

3 10+
Rm 12 2+

Ef 2 10

Hch 26 18
Ef 1 11-13
1 P 2 9

¹³ Él nos libró del poder de las tinieblas y nos trasladó al Reino de su Hijo querido, ¹⁴ en quien tenemos la redención*: el perdón de los pecados.

Jn 8 12+
Ga 1 4
‖Ef 1 6-7
Rm 3 24+

I. *Parte dogmática*

El primado de Cristo*.

Sb 7 26

¹⁵ Él es Imagen de Dios invisible,
Primogénito de toda la creación,
¹⁶ porque en él fueron creadas todas las cosas,
en los cielos y en la tierra,
las visibles y las invisibles,
tronos, dominaciones, principados, potestades:
todo fue creado por él y para él,

1 18+
Rm 8 29
Hb 1 3
Jn 1 3

Ef 1 10

Ef 1 21+

1 Co 8 6+

¹⁷ él existe con anterioridad a todo,
y todo tiene en él su consistencia.
¹⁸ Él es también la cabeza del cuerpo, de la Iglesia*:
Él es el Principio,
el Primogénito de entre los muertos,
para que sea él el primero en todo,
¹⁹ pues Dios tuvo a bien hacer residir en él toda la plenitud*,
²⁰ y reconciliar por él y para él* todas las cosas,

1 24
Ef 1 22-23;
5 23s
Pr 8 22
1 Co 15 20
Ap 1 5

2 9+
Ef 1 10;
2 14.16

---

1 2   Adic. (Vulg.): «y del Señor Jesucristo».
1 7   Var. (Vulg.): «servidor vuestro».
1 12   «os (var.: «nos») ha hecho capaces de». —La *herencia* es la salvación, reservada en otro tiempo a Israel, y a la que también ahora son llamados los gentiles; ver Ef 1 11-13. Los *santos* son los cristianos, llamados desde ahora a vivir en la luz de la salvación, Rm 6 19+; **13** 11-12+, o los ángeles que viven con Dios en la luz escatológica. Ver Hch 9 13+.
1 14   Adic. (Vulg.): «por su sangre», ver Ef 1 7.
1 15   Pablo cita aquí un primitivo himno cristiano, 3 16, compuesto de dos estrofas, vv. 15, 16ae y vv. 18bc, 19-20a, que celebra el papel de Cristo en la primera y en la nueva creación, 2 Co 5 17. En los vv. 16bcd, 20b, desarrolla el significado de «todas las cosas», por reacción contra la preeminencia que los colosenses daban a los ángeles, 2 18.
1 18   Sobre la Iglesia como cuerpo de Cristo, ver 1 Co 12 12+. Cristo es su cabeza por su prioridad en el tiem-

po (v. 18; él es el primer resucitado) así como por su función de *Principio* en el orden de la salvación, v. 20.
1 19   Palabra de interpretación difícil, en la que muchos ven indicada la plenitud *de la divinidad* como en 2 9. Pero aquí se puede pensar más bien en la idea muy bíblica del universo «lleno» de la presencia creadora de Dios, ver Is 6 3; Jr 23 24; Sal 24 1; 50 12; 72 19; Sb 1 7; Si 43 27, etc., idea por otra parte muy difundida en el mundo grecorromano por el panteísmo estoico. Para Pablo, la Encarnación, coronada por la Resurrección, ha puesto a la naturaleza humana de Cristo a la cabeza no sólo del género humano, sino también de todo el universo creado, asociado en la salvación, como lo había estado en el pecado, ver Rm 8 19-22; 1 Co 3 22s; 15 20-28; Ef 1 10; 4 10; Flp 2 10s; 3 21; Hb 2 5-8. Ver 2 9+.
1 20   (a) Por Cristo y para Cristo, en paralelismo con el final del v. 16. Otra interpretación refiere el segundo «él» al Padre y traduce: «para reconciliar consigo», ver Rm 5 10; 2 Co 5 18s.

Flp 2 8
pacificando, mediante la sangre de su cruz,

lo seres de la tierra y de los cielos*.

Los colosenses participan de la salvación.

Ef 2 1s;
4 18-19

Ef 2 14-16

1 Co 1 8+
Ef 5 27+

1 5s

Mc 16 15
Ef 3 7

[21] Y a vosotros, que en otro tiempo erais extraños y enemigos*, por vuestros pensamientos y malas obras, [22] os ha reconciliado ahora, por medio de la muerte en su* cuerpo de carne, para presentaros santos, inmaculados e irreprensibles delante de Él; [23] con tal que permanezcáis sólidamente cimentados en la fe, firmes e inconmovibles en la esperanza del Evangelio que oísteis, que ha sido proclamado a toda criatura bajo el cielo* y del que yo, Pablo, he llegado a ser ministro.

Trabajos de Pablo en servicio de los gentiles.

2 Co 7 4;
1210
Col 2 1
Rm 8 17-18
2 Co 4 8-10
Flp 3 10
Col 1 18+
2 Co 3 6
Ga 2 8
Rm 15 19
Rm 16 25+
Ef 3 10+

[24] Ahora me alegro por los padecimientos que soporto por vosotros, y completo lo que falta a las tribulaciones de Cristo* en mi carne, en favor de su cuerpo, que es la Iglesia, [25] de la cual he llegado a ser ministro, conforme a la misión que Dios me concedió en orden a vosotros para dar cumplimiento a la palabra de Dios, [26] al misterio escondido desde siglos y generaciones, y manifestado ahora a sus santos, [27] a quienes Dios quiso dar a conocer cuál es la riqueza de la gloria de este misterio entre los gentiles, que es Cristo en vosotros, la esperanza de la gloria*, [28] al cual nosotros anunciamos, amonestando e instruyendo a todos los hombres con toda sabiduría, a fin de presentarlos a todos perfectos en Cristo. [29] Por esto precisamente me afano, luchando con la fuerza de Cristo que actúa poderosamente en mí.

Hch 9 13+

3 4

1 Co 2 6
Ef 4 13+

Flp 2 13;
4 13
2 Ts 1 11

Preocupación de Pablo por la fe de los colosenses.

2 [1] Quiero que sepáis cuán dura lucha estoy sosteniendo por vosotros y por los de Laodicea, y por todos los que no me han visto personalmente, [2] para que sus corazones reciban ánimo y, unidos íntimamente en el amor, alcancen en toda su riqueza la plena inteligencia y perfecto conocimiento del misterio de Dios*, [3] en el cual* están ocultos todos los tesoros de la sabiduría y de la ciencia.

[4] Os digo esto para que nadie os seduzca con argumentos capciosos*. [5] Pues, si bien estoy corporalmente ausente, en espíritu me hallo con vosotros, alegrándome de ver vuestra armonía y la firmeza de vuestra fe en Cristo.

1 24

Ef 3 18-19
Rm 16 25+
Is 45 3
Pr 2 4-5

Ef 5 6

1 Co 5 3-4

---

1 20 (b) Esta reconciliación universal engloba a todos los espíritus celestes, lo mismo que a todos los hombres. Pero no significa la salvación individual de todos, sino la salvación colectiva del mundo por su vuelta al orden y a la paz en la sumisión perfecta a Dios. Los individuos que no entren por la gracia en este nuevo orden, entrarán por la fuerza, ver 2 15; 1 Co 15 24-25 (los espíritus celestes) y 2 Ts 1 8-9; 1 Co 6 9-10; Ga 5 21; Rm 2 8; Ef 5 5 (los hombres).
1 21 Extraños a Dios y enemigos suyos, como lo sugieren el contexto y el paralelo Ef 4 18s, más que extraños a Israel, como lo precisará Ef 2 12.
1 22 «su», e. d., de su Hijo. El cuerpo individual (de carne) de Cristo es el lugar donde se realiza la reconciliación, porque reúne en sí virtualmente a todo el género humano, ver Ef 2 14-16, cuyo pecado ha tomado sobre sí, 2 Co 5 21. La «carne» es el estado del cuerpo sometido al pecado, ver Rm 8 3; 7 5+; Hb 4 15.
1 23 Es decir, a todos los hombres.
1 24 Col no dice en absoluto que Cristo no haya llevado a cabo todo lo que tenía que realizar (1 19-20.22; 2 9-10.13-14; 3 1) ni que no haya sufrido lo bastante, como para que el Apóstol tenga que llevar a su plena realización los sufrimientos redentores por la Iglesia: por-

que en tal caso, la mediación de Cristo no sería perfecta, y la Epístola no se cansa de decir lo contrario. Lo que Pablo debe llevar a cabo es su propio itinerario apostólico, que él llama «tribulaciones de Cristo en mi carne» y que reproduce el de Cristo, en su manera de vivir y de sufrir por y para el anuncio del Evangelio y la Iglesia.
1 27 Los gentiles se hallaban anteriormente como excluidos de la salvación, reservada entonces a Israel; por eso estaban «lejos de Cristo» y «sin esperanza», Ef 2 12. El designio del plan divino, su «misterio», finalmente revelado, es llamarles también a ellos a la salvación y a la gloria celeste mediante la unión con Cristo. Ver Ef 2 13-22; 3 3-6.
2 2 Var.: «de Cristo». Ver 4 3; Ef 3 4; o: «de Dios, de Cristo», «de Dios, Padre de Cristo», «de Dios Padre y de Cristo», etc.
2 3 Parece claro que el relativo se refiere al «misterio»; en él se encierra «oculta» una infinita «sabiduría» de Dios; ver Rm 16 25+; 1 Tm 3 16+. Es verdad que el objeto del misterio es Cristo, 1 27, Sabiduría de Dios, 1 Co 1 24.30, misteriosa, 1 Co 2 7, y difícil de conocer, Ef 3 8.19.
2 4 Primera aparición del tema que Pablo va a desarrollar desde el v. 8.

II. Avisos acerca de los errores

La verdadera fe en Cristo y las vanas filosofías.

⁶ Vivid, pues, según Cristo Jesús, el Señor, tal como le habéis recibido; ⁷ arraigados y edificados en él; apoyados en la fe, tal como se os enseñó, rebosando en agradecimiento.

⁸ Mirad que nadie os esclavice* mediante la vana falacia de una filosofía, fundada en tradiciones humanas, según los elementos del mundo y no según Cristo.

Cristo, única y verdadera cabeza de hombres y ángeles.

⁹ Porque en él reside toda la plenitud de la divinidad corporalmente*, ¹⁰ y vosotros alcanzáis la plenitud en él, que es la cabeza de todo principado y de toda potestad*; ¹¹ en él también fuisteis circuncidados no con circuncisión quirúrgica, sino mediante el despojo del cuerpo carnal*, por la circuncisión en Cristo*. ¹² Sepultados con él en el bautismo, con él también habéis resucitado por la fe en la fuerza de Dios, que lo resucitó de entre los muertos. ¹³ Y a vosotros, que estabais muertos en vuestros delitos y vuestra carne incircuncisa, os* vivificó* juntamente con él y nos* perdonó todos nuestros delitos.

¹⁴ Canceló la nota de cargo que había contra nosotros, la de las prescripciones con sus cláusulas desfavorables, y la quitó de en medio clavándola en la cruz*. ¹⁵ Y, una vez despojados los principados y las potestades, los exhibió públicamente, en su cortejo triunfal*.

Contra la falsa ascesis según los «elementos del mundo».

¹⁶ Por tanto, que nadie os critique por cuestiones de comida o bebida, o a propósito de fiestas, de novilunios o sábados. ¹⁷ Todo esto es sombra de lo venidero; pero la realidad es el cuerpo de Cristo*. ¹⁸ Que nadie os arrebate el premio* por ruines prácticas y el culto de los ángeles*, obsesionado por lo que vio*, vanamente hinchado por su mente carnal, ¹⁹ en lugar de mantenerse unido a la Cabeza*, de la cual todo el cuerpo, por medio de junturas y ligamentos, recibe nutrición y cohesión, para realizar su crecimiento en Dios

²⁰ Una vez que habéis muerto con Cristo a los elementos del mundo, ¿por qué sujetaros, como si aún estuvierais en el mundo, a preceptos como ²¹ «no toques», «no pruebes», «no acaricies», ²² cosas todas destinadas a perecer con el uso, y conforme a *preceptos y doctrinas puramente humanos*? ²³ Tales cosas tienen una apariencia de sabiduría por su piedad afectada, sus mortificaciones y su rigor

Marginal references (left column):
Hch 2 22+
Ef 4 21
1 Ts 2 13+
Ef 5 6
Rm 6 15+
Ga 4 3+
1 19+
Ef 1 13; 3 19;
4 12-13
1 16
2 15
Flp 3 3
Rm 2 25-29
Jr 4 4
Mc 10 38
Rm 6 4+
Rm 1 4+;
8 11+
Ef 1 19s;
2 6+
‖Ef 2 1.5s
Ef 2 15

Marginal references (right column):
1 16
2 10
2 Co 2 14
Ga 4 3+
Rm 14 5
Ga 6 12
‖Ef 4 15-16
Ga 4 3+
1 Co 6 13;
8 8
Is 29 13
Mt 15 9

---

2 8 Renegar de Cristo, una vez liberados del imperio de las tinieblas y devueltos a la libertad por Cristo, 1 13s, para volver a los viejos errores, sería recaer en la esclavitud, ver Ga 4 8s; 5 1.

2 9 El sentido de la palabra «plenitud», 1 19+, se precisa aquí mediante el adverbio «corporalmente» y el genitivo «de la divinidad». En Cristo resucitado se une el mundo divino entero, al que él pertenece por su ser preexistente y glorificado, y el mundo creado que asumió —directamente (la humanidad) e indirectamente (el cosmos)— mediante su Encarnación y Resurrección. En una palabra, toda la plenitud del Ser.

2 10 El cristiano participa de la plenitud de Cristo, en cuanto miembro de su cuerpo, de su «Plẻroma», ver 1 19; Ef 1 23; 3 19+, y es cabeza de las potestades celestes. Asociado de esta manera al que es cabeza de las potestades celestes, resulta desde entonces superior a ellas. —Los vv. siguientes van a desarrollar estas ideas: participación del cristiano en el triunfo de Cristo, vv. 11-13; sumisión de las potestades celestes a este triunfo, vv. 14-15.

2 11 (a) La circuncisión material no despojaba más que de un pequeño trozo de carne.

2 11 (b) Es decir, la circuncisión espiritual instituida por Cristo, que es el bautismo.

2 13 (a) «os»; var.: «nos».

2 13 (b) Sujeto: Dios Padre.

2 13 (c) «nos»; var. (Vulg.): «os»

2 14 El régimen de la Ley, al prohibir el pecado, no conseguía más que dar sentencia de muerte contra el hombre transgresor, ver Rm 7 7+. Esta es la sentencia que Dios suprime, ejecutándola en la persona de su Hijo: después de haberle «hecho pecado», 2 Co 5 21, «sometido a la Ley», Ga 4 4, y «maldito» por ella, Ga 3 13, le entregó a la muerte en cruz, clavando en el leño y destruyendo en su persona el documento que contenía nuestra deuda y nos condenaba.

2 15 Conforme a una antigua tradición, Pablo entrevé detrás de la Ley judía a las potestades angélicas, ver Ga 3 19+, que usurparon en la mente de los hombres, ver v. 18, la autoridad del Creador. Una vez abolido por la cruz de su Hijo el régimen de la Ley, Dios quita a estas potestades el instrumento de su dominación: en adelante aparecen sometidas a Cristo.

2 17 Lit.: «pero el cuerpo, es el de Cristo». Pablo juega con el doble sentido de la palabra griega *sõma*; por una parte, el «cuerpo» que se opone a la *sombra*; por otra, el *cuerpo* físico de Cristo resucitado, que es la realidad escatológica esencial, el germen del universo nuevo.

2 18 (a) o: «Que nadie decida en contra vuestra».

2 18 (b) El culto celestial ofrecido por los ángeles más bien que el culto dirigido a los ángeles.

2 18 (c) Var. (Vulg.): «de lo que no vio».—Pablo censura aquí a los doctores de Colosas, bien por fiarse de sus *visiones*, o simplemente por edificar toda su religión sobre las cosas visibles.

2 19 Cristo, Ef 4 15.

con el cuerpo; pero sin valor alguno contra la insolencia de la carne*.

La unión con Cristo glorioso, principio de nueva vida.

Ef 2 6+
Flp 3 20

3 ¹ Así pues, si habéis resucitado con Cristo, buscad las cosas de arriba, donde está Cristo sentado a la diestra de Dios. ² Aspirad a las cosas de arriba, no a las de la tierra. ³ Porque habéis muerto, y vuestra vida está oculta con Cristo en Dios. ⁴ Cuando aparezca Cristo, vida vuestra*, entonces también vosotros apareceréis gloriosos con él*.

Hch 2 33+
Sal 110 1

2 12
1 Jn 3 2

Rm 8 19+
Col 1 27

III. Exhortación

Preceptos generales de vida cristiana.

Rm 6 11s
Rm 1 29+

‖Ef 5 6
Rm 1 18+

‖Ef 2 2-3
Tt 3 3

Ef 4 31

Ef 4 25
‖Ef 4 22-24

Rm 12 2+
Gn 1 26-27

Ga 3 27-28
1 Co 12 13
Gn 11+
1 Co 15 28

‖Ef 4 1-2.32

Mt 6 14;
18 21-35

Rm 13
8-10+

⁵ Por tanto, mortificad cuanto en vosotros es terreno*: fornicación, impureza, pasiones, malos deseos y la codicia, que es una idolatría, ⁶ todo lo cual atrae la ira de Dios sobre los rebeldes*, ⁷ y que también vosotros practicasteis en otro tiempo, cuando vivíais de ese modo. ⁸ Mas ahora, desechad también vosotros todo esto: cólera, ira, maldad, maledicencia y obscenidades, lejos de vuestra boca. ⁹ No os mintáis unos a otros, pues despojados del hombre viejo con sus obras, ¹⁰ os habéis revestido del hombre nuevo, que se va renovando hasta alcanzar un conocimiento pefecto, según la imagen de su Creador*, ¹¹ donde no hay griego y judío; circuncisión e incircuncisión; bárbaro, escita, esclavo, libre, sino que Cristo es todo y en todos*.

¹² Revestíos, pues, como elegidos de Dios, santos y amados, de entrañas de misericordia, de bondad, humildad, mansedumbre, paciencia, ¹³ soportándoos unos a otros, y perdonándoos mutuamente, si alguno tiene queja contra otro. Como el Señor os perdonó, perdonaos también vosotros. ¹⁴ Y por encima de todo esto, revestíos del amor, que es el broche de la perfección. ¹⁵ Y que la paz de Cristo reine en vuestros corazones, pues a ella habéis sido llamados formando un solo cuerpo. Y sed agradecidos.

1 Co 13 1+
Jn 14 27
Flp 4 7
Ef 2 16;
4 3-4
1 Co 12 12+
Ef 5 20

¹⁶ La palabra de Cristo* habite en vosotros con toda su riqueza; instruíos y amonestaos con toda sabiduría, cantando a Dios, de corazón y agradecidos, salmos, himnos y cánticos inspirados*. ¹⁷ Todo cuanto hagáis, de palabra y de obra, hacedlo todo en el nombre del Señor Jesús, dando gracias a Dios Padre por medio de él.

Ef 4 29
‖Ef 5 19-20

1 Co 10 31

Preceptos particulares de moral familiar*.

‖Ef 5 21 - 6 9
1 P 3 1-7

¹⁸ Mujeres, sed sumisas a vuestros maridos, como conviene en el Señor. ¹⁹ Maridos, amad a vuestras mujeres, y no seáis ásperos con ellas. ²⁰ Hijos, obedeced en todo a vuestros padres, porque esto es grato a Dios en el Señor. ²¹ Padres, no exasperéis a vuestros hijos, no sea que se vuelvan apocados.

Tt 2 1-10
1 Tm 2 9-15

²² Esclavos, obedeced en todo a vuestros amos de este mundo, no porque os ven, como quien busca agradar a los

Rm 6 15+
1 Co 7 21-23
Tt 2 9-10
Flm 16+
1 P 2 18

---

2 23   Para apagar la insolencia de la carne. Otros entienden: «no tienen ningún valor y sólo sirven para la satisfacción de la carne».
3 4   (a) Var.: «nuestra».
3 4   (b) El cristiano, unido a Cristo por el bautismo, 2 12, participa ya realmente de su vida celestial, ver Ef 2 6+, pero esta vida es espiritual y oculta, y no llegará a ser manifiesta y gloriosa sino en la Parusía.
3 5   La muerte y resurrección, realizadas por el bautismo de manera instantánea y absoluta en el plano místico de la unión con Cristo celeste, ver 2 12s.20; 3 1-4; Rm 6 4+, deben realizarse de forma lenta y progresiva en el plano terrestre del viejo mundo en el que sigue sumergido el cristiano. Muerto ya en principio, debe morir de hecho, «dando muerte» día a día «al hombre viejo» pecador que vive aún en él.
3 6   Las palabras «sobre los rebeldes», omitidas por algunos textos antiguos y por varias ediciones modernas, son necesarias para explicar la génesis bíblica de Ef 2 2-3 y 5 6, que arranca de este pasaje de Col.
3 10   El hombre creado, Gn 1 26s+, se perdió buscando el conocimiento del bien y del mal fuera de la voluntad divina, Gn 2 17+. Desde entonces, convertido en esclavo del pecado y de sus apetencias, Rm 5 12+, el *hombre viejo* quedó condenado a morir, Rm 6 6; Ef 4 22. El *hombre nuevo*, re-creado en Cristo, Ef 2 15+, que es imagen de Dios, Rm 8 29+, vuelve a encontrar la rectitud anterior y el verdadero conocimiento moral, 1 9; Hb 5 14.
3 11   En el orden nuevo desaparecen las distinciones de raza, religión, cultura y clase social, que dividían al género humano desde la caída. La unidad se rehace «en Cristo».
3 16   (a) Var.: «del Señor», o «de Dios». Probablemente el texto primitivo decía sólo «la palabra». Comp. Flp 1 14 y 2 30.
3 16   (b) Se trata, sin duda, de improvisaciones «carismáticas» sugeridas por el Espíritu durante las asambleas litúrgicas, ver 1 Co 12 7s; 14 26.
3 18   Preceptos muy sencillos de la moral corriente, cristianizados por Pablo mediante la simple fórmula «en el Señor», que aquí equivale a «según la vida cristiana». En Ef 5 21s, la elaboración cristiana está más desarrollada.

hombres, sino con sencillez de corazón, temiendo al Señor*. ²³ Todo cuanto hagáis, hacedlo de corazón, como para el Señor y no para los hombres, ²⁴ conscientes de que el Señor os dará la herencia* en recompensa. El Amo a quien servís es Cristo. ²⁵ Al que obre la injusticia, se le devolverá conforme a esa injusticia; que no hay favoritismos.

4 ¹ Amos, dad a vuestros esclavos lo que es justo y equitativo, teniendo presente que también vosotros tenéis un amo en el cielo.

Espíritu apostólico.

² Sed perseverantes en la oración, velando en ella con acción de gracias; ³ orad al mismo tiempo también por nosotros para que Dios nos abra la puerta a la palabra, y podamos anunciar el misterio de Cristo*, por cuya causa estoy yo encarcelado, ⁴ para darlo a conocer anunciándolo como debo.

⁵ Portaos prudentemente con los de fuera, aprovechando bien la ocasión. ⁶ Que vuestra conversación sea siempre amena, sazonada con sal*, sabiendo responder a cada cual como conviene.

Noticias personales.

⁷ En cuanto a mí, de todo os informará Tíquico, el hermano querido, fiel ministro y compañero en el servicio del Señor, ⁸ a quien os envío expresamente para que sepáis de nosotros* y consuele vuestros corazones. ⁹ Y con él a Onésimo, el hermano fiel y querido, que es uno de los vuestros. Ellos os informarán de todo cuanto aquí sucede.

Saludo final*.

¹⁰ Os saludan Aristarco, mi compañero de cautiverio, y Marcos, primo de Bernabé, acerca del cual recibisteis ya instrucciones. Si va a vosotros, dadle buena acogida. ¹¹ Os saluda también Jesús, llamado Justo; son los únicos de la circuncisión que colaboran conmigo por el Reino de Dios y que han sido para mí un consuelo. ¹² Os saluda Epafras, que es uno de los vuestros, siervo de Cristo Jesús, que lucha siempre a favor vuestro en sus oraciones, para que seáis constantes y perfectos cumplidores de toda voluntad divina. ¹³ Yo soy testigo de lo mucho que se afana por vosotros, por los de Laodicea y por los de Hierápolis. ¹⁴ Os saluda Lucas, el médico querido, y Demas. ¹⁵ Saludad a los hermanos de Laodicea, a Ninfa y a la iglesia de su casa. ¹⁶ Una vez que hayáis leído esta carta entre vosotros, procurad que sea también leída en la iglesia de Laodicea. Y vosotros leed la de Laodicea*. ¹⁷ Decid a Arquipo: «Considera el ministerio que recibiste en el Señor, para que lo cumplas.»

¹⁸ El saludo va de mi mano, Pablo. Acordaos de mis cadenas La gracia sea con vosotros*.

Marginal references (left column):
‖Ef 6 18-20
Rm 12 12
1 Ts 5 6.17s

Rm 15 30+
1 Co 16 9+
Rm 16 25+

‖Ef 5 15
1 Co 5 12+
Ef 5 16
2 Co 6 2+
Sb 8 9

‖Ef 6 21

Hch 20 4+

Marginal references (right column):
Flm 10+

Flm 23s
Hch 19 29+

Hch 12 12+

Rm 15 30

Rm 16 5+

1 Ts 5 27
1 Tm 4 13
Flm 2

2 Ts 3 17
1 Co 16 21
Ga 6 11
Ef 3 2+

3 22   Cristo Señor, único verdadero «amo» (igual palabra en griego) de señores y esclavos.
3 24   Que el esclavo llegue a ser heredero, ver Mt 21 35-38; Lc 15 19; Ga 4 1-2, es una señal distintiva del orden nuevo «en Cristo»; ver Rm 8 15-17; Ga 4 3-7; Flm 16.
4 3   Var.: «de Dios», ver 2 2.
4 6   «sazonada con sal»; imagen frecuente entre los antiguos. Ver Mc 9 50.
4 8   Tíquico era el portador de la carta.
4 10   Sobre Aristarco, ver Hch 19 29+. Sobre Marcos, Hch 12 12+. «Jesús, llamdo el Justo» no aparece en ninguna otra parte: su sobrenombre era común entre judíos y prosélitos, ver Hch 1 23; 18 7. El colosense Epafras (distinto del Epafrodito de Filipos, Flp 2 25; 4 18), es el discípulo a quien Pablo había confiado la evangelización de Colosas, Col 1 7; ver Hch 19 10+. Lucas es el autor del tercer Evangelio y de los Hechos; compañero de Pablo en la última parte del tercer viaje, Hch 20 5s, y en el viaje a Roma, Hch 27 1s, sigue al lado de Pablo en la prisión, ver Flm 24, y allí se encontrará también durante la segunda cautividad, 2 Tm 4 11. Sobre Demas, ver Flm 24 y 2 Tm 4 10. Ninfa es desconocido (quizá se trate de una mujer) Arquipo, v. 17, es, sin duda, el hijo de Filemón, Flm 2; se ignora la naturaleza de su ministerio.
4 16   Las cartas de Pablo debían ser leídas en presencia de todos los hermanos, 1 Ts 5 27, y luego enviadas a las regiones vecinas, ver 2 Co 1 1. La carta que los colosenses recibirán de Laodicea es, sin duda, nuestra epístola a los Efesios.
4 18   Adic. (Vulg.): «Amén», ver Flp 4 23.

PRIMERA EPÍSTOLA
A LOS TESALONICENSES

2 Ts 1 1-2
Rm 1+
Hch 15
22+;
16 1+

Saludo.

1 ¹ Pablo, Silvano y Timoteo a la iglesia de los Tesalonicenses, en Dios Padre y en el Señor Jesucristo. A vosotros gracia y paz*.

Acción de gracias y felicitación.

2 13-14

² En todo momento damos gracias a Dios por todos vosotros, recordándoos sin cesar en nuestras oraciones. ³ Tenemos presente ante nuestro Dios y Padre el obrar de vuestra fe, el trabajo difícil de vuestra caridad, y la tenacidad de vuestra esperanza en Jesucristo nuestro Señor*. ⁴ Conocemos, hermanos queridos de Dios, vuestra elección; ⁵ ya que os fue predicado nuestro Evangelio* no sólo con palabras sino también con poder y con el Espíritu Santo, con plena persuasión. Sabéis cómo nos portamos entre vosotros en atención a vosotros. ⁶ Por vuestra parte, os hicisteis imitadores nuestros y del Señor, abrazando la palabra con gozo del Espíritu Santo en medio de muchas tribulaciones. ⁷ De esta manera os habéis convertido en modelo para todos los creyentes de Macedonia y de Acaya. ⁸ Partiendo de vosotros, en efecto, ha resonado la palabra del Señor y vuestra fe en Dios se ha difundido no sólo en Macedonia y en Acaya, sino por todas partes, de manera que nada hos queda por decir*. ⁹ Ellos mismos cuentan de nosotros cuál fue nuestra entrada a vosotros, y cómo os convertisteis a Dios, tras haber abandonado los ídolos, para servir a Dios vivo y verdadero, ¹⁰ y esperar así a su Hijo Jesús que ha de venir de los cielos, a quien resucitó de entre los muertos y que nos salva de la ira venidera*.

1 Co 13 13+
1 Ts 5 8
Ap 2 2

1 Co 2 4
1 Ts 2 13
Hch 1 8+

2 Ts 3 7+
Mt 13 20-21
Hch 17 1-9
Rm 14 17
Ga 5 22

2 Co 9 2

Rm 1 8

Hch 3 19+;
14 15

Jr 10 10
4 16-17

Mt 3 7+
Rm 1 18;
2 5s

Comportamiento de Pablo durante su estancia en Tesalónica.

2 ¹ Bien sabéis vosotros, hermanos, que nuestra ida a vosotros no fue estéril, ² sino que, después de haber padecido sufrimientos e injurias en Filipos, como sabéis, confiados en nuestro Dios, tuvimos la valentía de predicaros el Evangelio de Dios entre frecuentes luchas. ³ Nuestra exhortación no procede del error, ni de intenciones dudosas, ⁴ sino que así como hemos sido juzgados aptos por Dios para confiarnos el Evangelio, así lo predicamos, no buscando agradar a los hombres, sino a Dios que *examina* nuestros *corazones*. ⁵ Nunca nos presentamos, bien lo sabéis, con palabras aduladoras, ni con pretextos de codicia, Dios es testigo, ⁶ ni buscando gloria humana ni de vosotros ni de nadie. ⁷ Aunque pudimos imponer nuestra autoridad* por ser apóstoles de Cristo, nos mostramos amables* con vosotros, como una madre cuida con cariño de sus hijos. ⁸ Tanto os queríamos, que estábamos dispuestos a daros no sólo el Evangelio de Dios, sino nuestras propias vidas. ¡Habéis llegado a sernos entrañables! ⁹ Pues recordáis, hermanos, nuestros trabajos y fatigas. Trabajando día y noche, para no ser gravosos a ninguno de vosotros, os proclamamos el Evangelio de Dios. ¹⁰ Vosotros sois testigos, y Dios también, de cuán santa, justa e irreprochablemente nos comportamos con vosotros, los creyentes. ¹¹ Como un padre a sus hijos, así también a cada uno de vosotros ¹² os exhortábamos y animábamos, exigiéndoos vivieseis de una manera digna de Dios, que os ha llamado* a su Reino y gloria*.

Hch 16 19-40
Flp 1 29-30

Hch 13 46+
2 Co 3 12

Ef 3 7
1 Tm 1 11

2 Co 5 9
Ga 1 10
Jr 11 20

Rm 1 9
Jn 5 41.44

1 Co 3 2
Ga 4 19

Rm 9 3
Ga 2 20+

Hch 18 3+
1 Ts 4 11
2 Ts 3 6-12

Rm 1 9

1 Co 4 15+

5 24
2 Ts 1 11
1 P 5 10
Mt 4 17+

---

1 1   Adic.: «de parte de Dios nuestro Padre y del Señor Jesucristo», ver **2 Ts 1 2**.
1 3   Pablo ve estas tres disposiciones cristianas, 1 Co 13 13+, actuando en la vida de la Iglesia y en cada una de ellas subraya una cualidad apropiada para circunstancias difíciles.
1 5   Var.: «el Evangelio de Dios» o «de nuestro Dios». —El Evangelio no es solamente la predicación; es toda la economía nueva de la salvación, Ga 1 6 (b), cuya eficacia asegura el Espíritu.
1 8   Aun teniendo en cuenta la exageración, se entiende que la vida de los cristianos, conforme al Evangelio, asegura por sí misma la difusión de su fe: es una forma de la palabra de Dios.
1 10   Los vv. 9-10 parecen recapitular en un resumen muy denso frases repetidas en la predicación. Dos datos

centrales constituían el Evangelio predicado por Pablo: una vigorosa afirmación del monoteísmo, Mc 12 29+; 1 Co 8 4-6; 10 7.14; Ga 4 8-9; etc., y una cristología que insistía en el retorno del Señor resucitado, ver 1 Co 1 7; 15 23+. —Nótese el título «su Hijo» aplicado a Jesús desde la primera carta de Pablo.
2 7   (a) Algunos traducen «hacer sentir nuestro peso» (lit.) en el doble sentido: moral (darse importancia, prestigio) y material (estar a expensas vuestras, ver 2 9; 2 Ts 3 8; 2 Co 11 9).
2 7   (b) «amables»; var.: «pequeños».
2 12   (a) Var.: «os llama».
2 12   (b) El Reino de Dios, 2 Ts 1 5; Hch 19 8; Ef 5 5; etc.; Mt 4 17+, y su gloria son bienes propiamente divinos, hacia los cuales Dios llama, 4 7; 5 24, y lleva a sus elegidos, 1 4.

La fe y la paciencia de los Tesalonicenses.

¹³ De ahí que también por nuestra parte no cesemos de dar gracias a Dios porque, al recibir la palabra de Dios* que os predicamos, la acogisteis, no como palabra de hombre, sino cual es en verdad, como palabra de Dios*, que permanece activa* en vosotros, los creyentes. ¹⁴ Porque vosotros, hermanos, habéis seguido el ejemplo de las iglesias de Dios que están en Judea, en Cristo Jesús, pues también vosotros habéis sufrido de vuestros compatriotas las mismas cosas que ellos de parte de los judíos*; ¹⁵ éstos son los que dieron muerte al Señor y a los profetas y los que nos han perseguido a nosotros*; no agradan a Dios y son enemigos de todos los hombres, ¹⁶ impidiéndonos predicar a los gentiles para que se salven; así *van colmando* constantemente *la medida de sus pecados;* pero la ira* descargó sobre ellos con vehemencia.

Inquietudes del Apóstol.

¹⁷ Mas nosotros, hermanos, separados de vosotros por breve tiempo —físicamente, mas no con el corazón— ansiábamos ardientemente ver vuestro rostro. ¹⁸ Por eso quisimos ir a vosotros —yo mismo, Pablo, lo intenté una y otra vez— pero Satanás nos lo impidió. ¹⁹ Pues, ¿quién, sino vosotros, puede ser nuestra esperanza, nuestro gozo, la *corona* de la que nos *sentiremos orgullosos,* ante nuestro Señor Jesús en su Venida? ²⁰ Sí, vosotros sois nuestra gloria y nuestro gozo.

Márgenes izquierdos:
- 1 2-10
- 1 Co 11 2+
- Rm 1 16
- Hb 4 12
- Hch 8 1s; 9 1s; 12 1s; 17 5.13
- 1 Co 2 8
- 2 M 6 14
- Dn 8 23
- Rm 1 18+
- Col 2 1.5
- Rm 1 10-11
- 2 Ts 2 9+
- Ez 16 12; 23 42
- Pr 16 31
- 1 Co 9 25+
- Flp 2 16; 4 1
- 1 Ts 1 10+
- 1 Co 15 23+
- 2 Co 1 14+

Timoteo enviado a Tesalónica.

3 ¹ Por lo cual, no pudiendo soportar más, decidimos quedarnos solos en Atenas ² y os enviamos a Timoteo, hermano nuestro y colaborador de Dios* en el Evangelio de Cristo, para afianzaros y daros ánimos en vuestra fe, ³ para que nadie vacile en esas tribulaciones. Bien sabéis que este es nuestro destino: ⁴ ya cuando estábamos con vosotros os predecíamos que íbamos a sufrir tribulaciones, y es lo que ha sucedido, como sabéis. ⁵ Por lo cual también yo, no pudiendo soportar ya más, le envié para tener noticias de vuestra fe, no fuera que el Tentador* os hubiera tentado y que nuestro trabajo quedara reducido a nada.

Acción de gracias por las noticias recibidas.

⁶ Nos acaba de llegar de ahí Timoteo y nos ha traído buenas noticias de vuestra fe y vuestra caridad; y dice que conserváis siempre buen recuerdo de nosotros y que deseáis vernos, así como nosotros a vosotros. ⁷ Así pues, hermanos, hemos recibido de vosotros un gran consuelo, motivado por vuestra fe, en medio de todas nuestras congojas y tribulaciones. ⁸ Ahora sí que vivimos, pues permanecéis firmes en el Señor. ⁹ Y ¿cómo podremos agradecer a Dios por vosotros, por todo el gozo que, por causa vuestra, experimentamos ante nuestro Dios? ¹⁰ Noche y día le pedimos insistentemente poder ver vuestro rostro y completar lo que falta a vuestra fe*. ¹¹ Que Dios mismo, nuestro Padre y nuestro Señor Jesús orienten nuestros pasos hacia vo-

Márgenes derechos:
- Hch 17 14-16+
- 1 Co 3 9
- 2 Co 6 1
- 1 6
- Mt 16 24p
- Hch 14 22
- 2 Tm 3 12
- Hb 10 32
- 1 Co 10 13
- 1 P 5 9
- 1 Co 3 8
- Ga 4 11
- Flp 2 16
- 2 Ts 1 3
- 2 Co 7 7
- 1 Co 16 13
- Ga 5 1
- Flp 1 27
- 2 Ts 2 15
- Ap 2 9-10
- 2 17

---

2 13 (a) Esta segunda acción de gracias, 1 2-10, se ha visto como el comienzo de una epístola originalmente independiente que terminaba en 4 2, porque 3 11 - 4 2 tiene el aspecto de una conclusión, y ésta, si es la misma carta, se repetiría en 5 23-28. Algunos autores consideran que los vv.13-16 son una interpolación; las razones no son convincentes.
2 13 (b) Descripción concentrada de la tradición apostólica. La palabra, primero es «recibida», 4 1; 2 Ts 3 6; 1 Co 11 23; 15 1.3; Ga 1 9; Flp 4 9; Col 2 6, es decir escuchada, Rm 10 17+; Ef 1 13; Hch 15 7; etc., luego, penetrando hasta el corazón, ver Rm 10 8-10, es allí «acogida», 1 6; 2 Ts 2 10; 2 Co 11 4; Hch 8 14, etc.; Mc *4 20,* es decir que el oyente reconoce que Dios habla por su enviado, 4 1s; 2 Co 5 3; Hb 4 12.
2 13 (c) O quizá «se hace activa», obrando Dios por su palabra en los creyentes, ver 1 8; 2 Ts 3 1; Hb 4 12.
2 14 La severidad de los vv. 15-16 (que enlazan al Jesús de la historia con el Jesús de la fe) refleja las polémicas primitivas de Jerusalén, Mt 5 12; 21 33-46; 23 29-37; Hch 2 23+; es producida por la saña de la Sinagoga

en obstaculizar la predicación de Pablo entre los gentiles, v. 16; ver Flp 3 2-3; Hch 13 5+. Con todo, Pablo solamente se enfrenta con los adversarios de su misión. Recordará a menudo las grandezas del pueblo elegido y completará, en otros contextos, el presente cuadro: ver Rm 9-11; Ga 4 21-31. No escatimará esfuerzos para estrechar la unidad entre los cristianos venidos de la gentilidad y los nacidos en Israel, ver 1 Co 16 1+; Ef 2 11-22.
2 15 Éste es el único lugar en el que Pablo los llama responsables de la muerte de Jesús.
2 16 Adic.: «de Dios».
3 2 Om.: «colaborador de Dios», y var.: «servidor de Dios», «servidor de Dios y colaborador nuestro».
3 5 El «Tentador» es «Satanás» de 2 18, ver 1 Co 7 5; Mc 1 13 «Tentador», «Satán», «diablo», ver Jb 1 6+; Ap 12 9+).
3 10 Las lagunas de la fe afectan tanto a la instrucción, que se ha de completar, como a «el obrar», 1 3, de la vida entera, que se ha de rectificar más y más, ver Rm 14 1; 2 Co 10 15; Flp 1 25.

sotros. [12] En cuanto a vosotros, que el Señor os haga progresar y sobreabundar en el amor de unos con otros, y en el amor para con todos*, como es nuestro amor para con vosotros, [13] para que se consoliden vuestros corazones con santidad irreprochable ante Dios, nuestro Padre, en la Venida de nuestro Señor Jesucristo, *con todos sus santos*.

Recomendaciones: santidad de vida y caridad.

4 [1] Por lo demás, hermanos, os rogamos y os exhortamos en el Señor Jesús* a que, a partir de lo que aprendisteis de nosotros sobre cómo comportaros* y agradar a Dios, así lo hagáis y que continuéis progresando. [2] Sabéis, en efecto, las instrucciones que os dimos de parte del Señor Jesús. [3] Porque esta es la voluntad de Dios: vuestra santificación*; que os alejéis de la fornicación, [4] que cada uno de vosotros sepa poseer su cuerpo* con santidad y honor, [5] y no dominado por la pasión, como hacen *los gentiles que no conocen a Dios*. [6] Que nadie falte a su hermano ni se aproveche de él en este punto, pues el Señor *se vengará* de todo esto, como os lo dijimos ya y lo atestiguamos, [7] pues no nos llamó Dios a la impureza, sino a la santidad. [8] Así pues, el que esto desprecia, no desprecia a un hombre, sino a Dios, *que os hace don de su Espíritu* Santo*.

[9] En cuanto al amor mutuo, no necesitáis que os escriba, ya que vosotros habéis sido instruidos por Dios para amaros mutuamente. [10] Y lo practicáis bien con los hermanos de toda Macedonia. Pero os exhortamos, hermanos, a que sigáis progresando más y más, [11] y a esmeraros en vivir con tranquilidad, ocupándoos en vuestros asuntos, y trabajando con vuestras manos, como os lo tenemos ordenado, [12] a fin de que viváis dignamente ante los de fuera, y no necesitéis de nadie*.

Los muertos y los vivos en la Venida del Señor.

[13] Hermanos, no queremos que estéis en la ignorancia respecto de los muertos*, para que no os entristezcáis como los demás, que no tienen esperanza. [14] Porque si creemos que Jesús murió y que resucitó, de la misma manera Dios llevará consigo a quienes murieron en Jesús. [15] Os decimos esto como palabra del Señor*: Nosotros, los que vivamos, los que quedemos hasta la Venida del Señor* no nos adelantaremos a los que murieron. [16] El mismo Señor bajará del cielo con clamor, en voz de arcángel y trompeta de Dios*, y los que murieron en Cristo resucitarán en primer lugar. [17] Después nosotros, los que vivamos, los que quedemos*, seremos arrebatados en nubes, junto con ellos, al encuentro del Señor en los aires. Y así estaremos siem-

---

3 12   La caridad debe ejercitarse primero dentro de la comunidad, pero luego se ha de extender a todos los hombres, Ga 6 10+.

3 13   Adic.: «Amén». —La santidad, 4 3+, fruto de la caridad fraterna, alcanzará su plenitud en la Parusía. Los «santos» pueden ser aquí los elegidos, los salvados, o bien los ángeles, ver Hch 9 13+.

4 1   (a) Pablo habla «en» (v. 1) o «de parte de» (v. 2) Cristo, o también en nombre de Cristo, ver 4 15; 2 Ts 3 6.12. Su enseñanza moral, que es la de la catequesis primitiva cristiana, da a la moral profana un valor nuevo colocándola bajo el signo de Cristo, Col 3 18+; ver Flp 4 8-9.

4 1   (b) La predicación oral de Pablo no era sólo doctrinal, 1 Co 2 2, sino que contenía también directrices morales, v. 11.

4 3   El querer de Dios, ver Mt 6 10, es realizador de santidad, vv. 3.7; 2 Ts 2 13; Ef 1 4. Dios es quien santifica, 5 23; 1 Co 6 11; ver Jn 17 17; Hch 20 32, Cristo se hace nuestra santificación, 1 Co 1 30, y también interviene el Espíritu Santo, v. 8; 2 Ts 2 13; 1 Co 6 11. Pertenece a los cristianos ponerla por obra, Rm 6 19+. Corrientemente éstos son llamados los «santos», Hch 9 13+.

4 4   El propio cuerpo de cada uno, 5 23; ver Rm 12 1; 1 Co 6 19, o bien el de su mujer, como en varios textos rabínicos y 1 P 3 7.

4 8   Ezequiel, 36 27; 37 14, anunciaba el don del Espíritu al pueblo mesiánico; la alusión refuerza la continuidad entre la iglesia de Tesalónica y la comunidad

primitiva, que ha recibido ese don, Hch 2 16s.33.38, etc. Sobre el don interior del Espíritu concedido a todo cristiano, ver Rm 5 5+.

4 12   La vida de la comunidad era una proclamación existencial del Evangelio, 1 Ts 1 5-8; 1 Co 14 23.25.40; Flp 2 14-16; Col 4 5; 1 Tm 3 7

4 13   (a) Respondiendo a inquietudes o dudas de algunos convertidos, que consideraban desfavorecidos a los difuntos porque iban a estar ausentes en la venida del Señor, Pablo reafirma la enseñanza fundamental sobre la resurrección de los muertos, con el fin de afianzar la fe y la esperanza de todos.

4 13   (b) Lit.: «los que se han acostado, dormido». El eufemismo, muy natural, es corriente en el AT y en el NT como asimismo entre los griegos. Igualmente, la resurrección es un «despertar»; ver 5 10. —Otra traducción posible del final del v. 14: «los que murieron; por Jesús, Dios los llevará consigo».

4 15   (a) Es difícil precisar el alcance de esta «palabra» (ver quizá Mt 24, que debe compararse con los vv. 15-17). Quizá sea simplemente un recurso a la autoridad del Señor, ver Dn 7 1.13.16

4 15   (b) Los que todavía estén con vida en el día de la Parusía, entre los cuales se coloca Pablo por hipótesis expresando un deseo, pero no una certeza, ver 5+.

4 16   La voz, la trompeta, las nubes (características de la teofanía, ver Ex 13 22+; 19 16+) son rasgos de la literatura apocalíptica, ver Mt 24 30s+; 2 Ts 1 8+.

4 17   (a) Om.: «los que quedemos».

pre con el Señor*. [18] Consolaos, pues, mutuamente con estas palabras.

Vigilancia en la espera de la Venida del Señor*.

5 [1] En lo que se refiere al tiempo y al momento, hermanos, no tenéis necesidad de que os escriba*. [2] Vosotros mismos sabéis perfectamente que el Día del Señor ha de venir como un ladrón en la noche*. [3] Cuando digan: «Paz y seguridad», entonces mismo, de repente, vendrá sobre ellos la ruina, como los dolores de parto a la que está encinta; y no escaparán.

[4] Pero vosotros, hermanos, no vivís en la oscuridad, para que ese día os sorprenda como ladrón*, [5] pues todos vosotros sois hijos de la luz e hijos del día. Nosotros no somos de la noche ni de las tinieblas. [6] Así pues, no durmamos como los demás, sino velemos y seamos sobrios. [7] Pues los que duermen, de noche duermen, y los que se embriagan, de noche se embriagan. [8] Nosotros, por el contrario, que somos del día, seamos sobrios; *revistamos la coraza* de la fe y de la caridad, *con el yelmo* de la esperanza *de salvación*. [9] Dios no nos ha destinado para la ira, sino para obtener la salvación por nuestro Señor Jesucristo*, [10] que murió por nosotros, para que, ve-

lando o durmiendo*, vivamos juntos con él. [11] Por esto, confortaos mutuamente y edificaos los unos a los otros, como ya lo hacéis.

Algunas exigencias de la vida de comunidad.

[12] Os pedimos, hermanos, que tengáis en consideración a los que trabajan entre vosotros, os presiden en el Señor y os amonestan*. [13] Tenedles en la mayor estima con amor por su trabajo. Vivid en paz unos con otros. [14] Os exhortamos asimismo, hermanos, a que amonestéis a los que viven desconcertados, animéis a los pusilánimes, sostengáis a los débiles y seáis pacientes con todos. [15] Mirad que nadie devuelva a otro mal por mal, antes bien, procurad siempre el bien mutuo y el de todos. [16] Estad siempre alegres. [17] Orad constantemente*. [18] En todo dad gracias, pues esto es lo que Dios, en Cristo Jesús, quiere de vosotros.

[19] No extingáis el Espíritu*; [20] no despreciéis las profecías; [21] examinadlo todo y quedaos con lo bueno. [22] *Absteneos de todo género de mal.*

Último ruego y despedida.

[23] Que Él, el Dios de la paz, os santifique plenamente, y que todo vuestro ser, el espíritu, el alma y el cuerpo*, se con-

Dn 2 21

Mt 24 36.43
2 P 3 10
Ap 3 3
Jr 6 14

Lc 21 34-35
Jr 4 31+
Mt 24 8+

Ef 5 8+

Jn 8 12+
Rm 13 12-13

Mt 24 42+
1 P 1 13;
4 7; 5 8

Is 59 17
Ef 6 11+
1 Co 13 13+
1 Ts 1 3
1 10+

4 14+

Ef 2 20+

1 Co 16 15
1 Tm 5 17
Hb 13 17
Tt 1 5+
Ga 6 6

2 Ts 3 6-12
Rm 14 1

Ex 21 25+
Mt 5 38s
Rm 12 17
Ga 6 10
Col 3 12-13
Ef 5 20
4 3

1 Co 12+
1 Co 12 10+
Jb 1 1.8; 2 3

2 Ts 3 16
Is 11 6+

4 17 (b) Los muertos serán los primeros en responder a la señal, resucitando. Se les unirán los que sobrevivan, y todos juntos serán llevados al encuentro del Señor; luego le escoltarán en el juicio que inaugura su reino sin fin. Lo esencial es el rasgo final: vivir siempre con él, ver **4 14**; **5 10**; 2 Ts 2 1. En esto consiste la salvación, la gloria, el reino que Jesús concede a los que ha elegido, **2 12**.

5 Pablo, reiterando las afirmaciones del Señor sobre la incertidumbre de la fecha de su Venida postrera, Mt 24 36p; Hch 1 7, que se ha de esperar velando, Mt 24 42p.50; 25 13, niega conocer ese momento. El Día del Señor, 1 Co 1 8+, vendrá como un ladrón, ver Mt 24 43p; hay que velar, v. 6; ver Rm 13 11; 1 Co 16 13; Col 4 2; 1 P 1 13; 5 8; Ap 3 2s; 16 15, el tiempo es breve, 2 Co 6 2+. Aunque en un principio se coloca por hipótesis entre los que verán ese Día, 1 Ts 4 17; ver 1 Co 15 51, llega a considerar la posibilidad de morirse antes, 2 Co 5 3; Flp 1 23, y pone en guardia a los que creen inminente ese Día, 2 Ts 2 1s. Sus puntos de vista sobre la conversión de los gentiles, Rm 11 25, dan incluso a entender que la espera podrá ser larga, ver Mt 25 19; Lc 20 9; 2 P 3 4.8-10.

5 1 «al tiempo y al momento», frase hecha, ver Hch 1 7+, que indica el dominio de Dios sobre el tiempo, y sus iniciativas sucesivas, que señalan las divisiones de ese tiempo, ver Hch 17 26.

5 2 Como entonces había cesado la persecución, 2 14; 3 3-5, el hecho pudo haberse interpretado en el sentido de que la Parusía había tenido ya lugar secretamente. 2 Ts 2 1-2 corrige esta falsa interpretación.

5 4 La mención del día (sin más, 1 Co 1 8+) facilita el cambio de sentido. La luz y el día, el estado de vigilia,

se oponen a las tinieblas y a la noche, al sueño (que ya no es la muerte como en **4 13s**). Asimismo, los «hijos de la luz», los cristianos, se oponen a los «hijos de las tinieblas». Ver Jn 8 12+; Flp 2 15.

5 9 Aquí también podía darse un serio error de interpretación. Entendiendo el v. 10 a la luz del v. 6, el v. 9 podía inducir a los lectores a pensar que los creyentes estaban ya predestinados a la salvación, y que en consecuencia podían hacer impunemente lo que quisieran. 2 Ts 2 13 - 3 15 corrige esta falsa interpretación.

5 10 Nueva evocación muy lacónica de la predicación de Pablo: Dios nos salva por Jesucristo muerto por nosotros. —«Velando o durmiendo» significa también aquí «vivos o muertos», como en **4 14-17**: todos los fieles participarán en la salvación final.

5 12 No es mucho lo que sabemos de estos superiores: su abnegación practicada en nombre de Cristo les hace acreedores de estima y caridad (precisión añadida a **3 12**).

5 17 Este breve consejo de orar «constantemente» tuvo una inmensa influencia en la espiritualidad cristiana. Ver 1 2; Rm 1 10; 12 12; Ef 6 18; Flp 1 3-4; 4 6; Col 1 3; 4 2; 2 Ts 1 11; 1 Tm 2 8; 5 5; 2 Tm 1 3, etc.

5 19 El don del Espíritu, **4 8**, es un rasgo del tiempo mesiánico, pero el discernimiento de lo que el Espíritu inspira es uno de sus dones, 1 Co 12 10; 14 29; 1 Jn 4 1; ver 2 Ts 2 2. Ver 1 Co 12+.

5 23 Es la única vez que esta división tripartita del hombre aparece en Pablo, que por lo demás no posee una «antropología» sistemática y perfectamente coherente. Además del cuerpo, Rm 7 24+, y del alma, 1 Co 15 44+, vemos aparecer aquí el espíritu, que puede ser

3 13+
1 Co 1 9+
2 Ts 3 3

Rm 15 30+
2 Ts 3 1

serve sin mancha hasta la Venida de nuestro Señor Jesucristo. ²⁴ Fiel es el que os llama y es él quien lo hará.

²⁵ Hermanos, orad también por nosotros. ²⁶ Saludad a todos los hermanos con el beso santo. ²⁷ Os conjuro por el Señor que esta carta sea leída a todos los hermanos*.

²⁸ La gracia de nuestro Señor Jesucristo sea con vosotros*.

2 Co 13 12+
Col 4 16

---

el principio divino de la nueva vida en Cristo, Rm 5 5+, o mejor, la parte más elevada del hombre, abierta también a la influencia del Espíritu, Rm 1 9+. Se hace hincapié en la totalidad de los efectos de la acción santificante de Dios, 3 13; 4 3+, consecuencia de su fidelidad.
5 27 Adic. (Vulg.): «santos». Primera mención de la

lectura pública de una carta del apóstol, probablemente durante las asambleas litúrgicas. Col 4 16 pide también que se remitan las cartas a otras iglesias. Poco a poco, las iglesias pondrán escritos apostólicos junto a Evangelios y Escrituras, 2 P 3 15-16−; ver 1 M 12 9+; 1 Tm 5 18-19+.
5 28 Adic. (Vulg.): «Amén».

SEGUNDA EPÍSTOLA
A LOS TESALONICENSES

1 Ts 1 1

Saludo.

1 ¹ Pablo, Silvano y Timoteo a la iglesia de los Tesalonicenses, en Dios nuestro Padre y en el Señor Jesucristo. ² Gracia a vosotros y paz de parte de Dios Padre y del Señor Jesucristo.

Hch 15 22+; 16 1+

Acción de gracias y palabras de aliento. La retribución última.

³ Tenemos que dar en todo tiempo gracias a Dios por vosotros, hermanos, como es justo, porque vuestra fe está progresando mucho y se acrecienta la mutua caridad de todos y cada uno de vosotros, ⁴ hasta tal punto que nosotros mismos nos gloriamos de vosotros en las iglesias de Dios por la tenacidad y la fe en todas las persecuciones y tribulaciones que estáis pasando. ⁵ Esto es señal del justo juicio de Dios, en el que seréis declarados dignos del Reino de Dios, por cuya causa padecéis.

⁶ Porque es propio de la justicia de Dios el pagar con tribulación a los que os atribulan, ⁷ y a vosotros, los atribulados, con el descanso junto con nosotros*, cuando el Señor Jesús se revele desde el cielo con sus poderosos ángeles, ⁸ en medio de *una llama de fuego*, *y tome venganza* de los que *no conocen a Dios* y de los que *no obedecen* al Evangelio de nuestro Señor Jesús*. ⁹ Éstos sufrirán la

1 Ts 1 2

1 Ts 3 6-12
1 Ts 4 9-10

1 Ts 2 19-20
1 Co 1 2+
1 Ts 1 7-8

Mt 4 17+
1 Ts 2 14;
3 4+
Flp 1 28

Ap 14 13
1 Co 1 7+

Ex 3 2
Is 66 15
Jr 10 25
Is 66 4
Rm 1 5+

pena de una ruina eterna, alejados *de la presencia del Señor y de la gloria de su poder*, ¹⁰ *cuando* venga *en aquel día a ser glorificado en sus santos y admirado* en todos los que hayan creído*—pues nuestro testimonio ha sido creído por vosotros*.

¹¹ Con este objeto rogamos en todo tiempo por vosotros: que nuestro Dios os haga dignos de la vocación y lleve a término con su poder todo vuestro deseo de hacer el bien* y la actividad de la fe, ¹² para que así *el nombre* de nuestro *Señor* Jesús *sea glorificado* en vosotros, y vosotros en él, según la gracia de nuestro Dios y del Señor Jesucristo.

La Venida del Señor y sus señales precursoras*.

2 ¹ Por lo que respecta a la Venida de nuestro Señor Jesucristo y a nuestra reunión con él, os rogamos, hermanos, ² que no os dejéis alterar tan fácilmente en vuestro ánimo, ni os alarméis por alguna manifestación del Espíritu, por algunas palabras o por alguna carta presentada como nuestra, que os haga suponer que está inminente el Día del Señor. ³ Que nadie os engañe de ninguna manera*.

Primero tiene que venir la apostasía* y manifestarse el Hombre impío, el Hijo de perdición, ⁴ el Adversario* que se ele-

Is 2 10

Is 2 11-17;
49 3;
66 5
Sal 89 8
LXX;
68 35 LXX

1 Ts 2 12+
Flp 2 13;
4 13

Is 66 5;
24 15
Jn 17 10.24

Mt 24 31+
1 Co 15 23
1 Ts 4 15-17

3 17

1 Co 1 8+

Ap 13 1-8
Dn 11 36

---

1 7 A Pablo le gusta subrayar que su destino está ligado al de sus iglesias, ver 1 Ts 2-3; 1 Co 4 8; Flp 1 30, etc.

1 8 (a) El cielo, ver 1 Ts 4 16, los ángeles, ver Mt 13 39.41.49; 16 27p; 24 31; 25 31; Lc 12 8s (probablemente los «santos» de 1 Ts 3 13), el fuego de las teofanías, ver Ex 13 22+; 19 16+, son rasgos de la apocalíptica judía, ver 1 Ts 4 16+.

1 8 (b) Es decir, los gentiles, 1 Ts 4 5, y los judíos, Rm 10 16.

1 10 (a) Parece que Pablo piensa aquí en los ángeles (los «santos», ver Hch 9 13+) y en los cristianos («los que hayan creído»).

1 10 (b) La condenación de los que rechazan el Evangelio está aquí descrita, con vivo contraste con la glorificación de los creyentes, en términos duros que quizá se expliquen por una persecución insistente. Tras el paréntesis de los vv. 6-10, el pensamiento vuelve a enlazar con el v. 5.

1 11 Otra traducción: «y realice eficazmente toda su voluntad de hacer el bien».

2 La descripción de 1 Ts 4 13 - 5 11 se abstenía de determinar la fecha de la Parusía. Respondiendo sin duda a otras preguntas, basadas en una errónea interpretación de 1 Ts 5 2, Pablo no vuelve aquí sobre el destino de los vivos y de los muertos; se limita a precisar que la vuelta de Cristo no es inminente y será precedida

de señales reconocibles.

2 3 (a) El riesgo de decepción en esta materia es uno de los grandes temas de la apocalíptica del NT, Mc 13 5s; Lc 21 8s; Ap 13 13s; 20 7.

2 3 (b) Se menciona la apostasía como algo conocido. Al contenido general de la palabra (secesión, defección) hay que darle un valor religioso, Hch 5 37; 21 21; Hb 3 12. Es posible que los que consintan en apartarse de la fe se juntan a los que jamás pertenecieron a Cristo, ver 1 Tm 4 1; 2 Tm 3 1; 4 3s etc.

2 4 La apostasía será causada por un personaje que lleva tres nombres y que, hasta el v. 5, se presenta como el gran enemigo de Dios. Es el Impío por excelencia, lit. «el hombre de la impiedad» (var.: «el hombre del pecado»), «el Hijo de perdición», es decir, un ser destinado a su perdición: v. 10; Jn 17 12; ver 1 Ts 5 5, el Adversario de Dios, descrito aquí en términos inspirados en Dn 11 36 (donde se trata de Antíoco Epífanes). En la tradición cristiana, influida por Daniel, este Adversario recibirá el nombre de Anticristo, ver 1 Jn 2 18; 4 3; 2 Jn 7. Aparece como un ser personal, que se manifestará al fin de los tiempos (mientras que Satán, cuyo instrumento es, actúa desde ahora en «el misterio», v. 7), ejerciendo contra los creyentes un poder perseguidor y seductor. Ver Mt 24 24: Ap 13 1-8, para la gran prueba final a que pondrá fin la vuelta de Cristo.

va *sobre todo* lo que lleva el nombre de *Dios* o es objeto de culto, hasta el extremo de *sentarse* él mismo en el Santuario de *Dios* y proclamar que él mismo es Dios. ⁵ ¿No os acordáis que ya os dije esto cuando estuve entre vosotros? ⁶ Vosotros sabéis qué es lo que ahora le retiene*, para que se manifieste en su momento oportuno. ⁷ Porque el misterio de la impiedad ya está actuando*. Tan sólo con que sea quitado de en medio el que ahora le retiene, ⁸ entonces se manifestará* el Impío, a quien el Señor* *destruirá con el soplo de su boca*, y aniquilará con la manifestación de su Venida.

⁹ La venida del Impío estará señalada por el influjo de Satanás*, con toda clase de milagros, signos, prodigios engañosos, ¹⁰ y todo tipo de maldades que seducirán a los que se han de condenar por no haber aceptado el amor de la verdad que les hubiera salvado. ¹¹ Por eso Dios les envía un poder seductor que les hace creer en la mentira, ¹² para que sean condenados todos cuantos no creyeron en la verdad y prefirieron la iniquidad*.

Exhortación a la perseverancia*.

¹³ Nosotros, en cambio, debemos dar gracias en todo tiempo a Dios por vosotros, hermanos, amados del Señor, porque Dios os ha escogido desde el principio* para la salvación mediante la acción santificadora del Espíritu y la fe en la verdad. ¹⁴ Para esto os ha llamado por medio de nuestro Evangelio, para que consigáis la gloria de nuestro Señor Jesucristo. ¹⁵ Así pues, hermanos, manteneos firmes y conservad las tradiciones que habéis aprendido de nosotros, de viva voz o por carta*. ¹⁶ Que el mismo Señor nuestro Jesucristo y Dios, nuestro Padre, que nos ha amado y que nos ha dado gratuitamente una consolación eterna y una esperanza dichosa, ¹⁷ consuele vuestros corazones y los afiance en toda obra y palabra buena.

3 ¹ Finalmente, hermanos, orad por nosotros para que la palabra del Señor siga propagándose y adquiriendo gloria*, como entre vosotros, ² y para que nos veamos libres de los hombres perversos y malignos; porque la fe no es de todos. ³ Fiel es el Señor; él os afianzará y os guardará del Maligno*. ⁴ En cuanto a vosotros tenemos plena confianza en el Señor de que cumplís y cumpliréis cuanto os mandamos. ⁵ Que el Señor guíe vuestros corazones hacia el amor de Dios y la tenacidad de Cristo.

Advertencias sobre el desorden.

⁶ Hermanos, os mandamos en nombre del Señor Jesucristo que os apartéis de todo hermano que viva desordenadamente y no según la tradición que de nosotros recibisteis.

⁷ Ya sabéis vosotros cómo debéis imitarnos*, pues estando entre vosotros no vivimos desordenadamente, ⁸ ni comimos de balde el pan de nadie, sino que

---

Marginal references (left column):
Is 14 13
Ez 28 2

Is 11 4
Sal 33 6
Ap 19 11-21

Ef 2 2
Ap 13 13-17
Jn 8 44

Mt 24 12

1 R 22 22
Is 6 10

Jn 3 19;
9 39

Rm 8 29s
Ef 1 4
1 Ts 1 4-5;
4 3+.8
1 P 1 1-2

Marginal references (right column):
1 Ts 3 8
2 Ts 3 6
1 Co 11 2+

Rm 5 2+
1 Ts 3 11-13

1 Ts 5 25
Col 4 3
Ef 6 19s
Sal 147 15

Rm 10 16
1 Ts 5 24
Mt 6 13
1 Jn 2 14
2 Co 7 16

1 Co 13 13+

1 Ts 4 1+

1 Ts 4 11-12;
5 14
2 Ts 2 15+

---

2 6   Pablo atribuye el retraso de la Parusía a algo (v. 6) o alguien (v. 7) que «retiene»: una fuerza o persona que impide la manifestación del Anticristo (y que debe preceder a la Parusía). Los destinatarios de la carta captaban al parecer la alusión, pero para nosotros es un enigma, a pesar de las abundantes explicaciones que se han propuesto.

2 7   Hasta el momento de su «manifestación» final, la impiedad trabaja en el misterio, y de esta actividad secreta resultará la apostasía. Una vez apartado el obstáculo, el Impío trabajará a la luz del día.

2 8   (a) La manifestación del Impío, vv. 6.8, responde a la manifestación del Señor, 1 7; 1 Co 1 7, así como su parusía, v. 9, se opone a la del Señor, v. 8. El Anti-Dios se convierte en el Anti-Cristo. Pero no hay duda de que el Señor vencerá a su rival.

2 8   (b) Adic.: «Jesús».

2 9   El Impío sirve de instrumento a la acción de Satanás, ver 1 Ts 2 18, que le comunica su poder sobrehumano, algo así como el Espíritu de Cristo se comunica a los cristianos. Ver el Dragón y la Bestia, Ap 13 2.4.

2 12   Prosigue el contraste entre los creyentes y los rebeldes. Mentira y verdad no tienen aquí un valor puramente intelectual, sino un sentido religioso que abarca la vida y las obras, ver Jn 8 32+.44+; 1 Jn 3 19+.

2 13   (a) Este pasaje, 2 13 - 3 5, enlaza estrechamente con la descripción de la Parusía. Después de refutar las ideas falsas, el Apóstol expone las consecuencias positivas de su pensamiento. El pasaje es de una gran riqueza y su pensamiento es «trinitario», 2 Co 13 13+; ver 1 Ts 4 6-8.

2 13   (b) Var.: «como primicias».

2 15   Las tradiciones enseñadas por Pablo durante su estancia, o por escrito después de su partida, 2 2.5; 3 6; 1 Ts 3 4; 4 2.6; 5 27, incluyen en el mensaje evangélico, ver 1 Ts 2 13+, los principios que rigen la vida cristiana, ver 1 Ts 4 1; 1 Co 11 2.23-25.

3 1   Las oraciones de los fieles, 1 Ts 5 25, etc., ayudarán a la misión del Apóstol. La palabra seguirá «propagándose», en virtud del impulso divino, y una vez recibida y vivida, ver 1 Ts 2 13+, será glorificada por Dios que la ha enviado, Sal 107 20; 147 15.

3 3   O quizá: «del mal». Los cristianos se verán tentados, pero no por encima de sus fuerzas, 1 Co 10 13.

3 7   Imitando a Pablo, 1 Co 4 16; Ga 4 12; Flp 3 17, los fieles imitarán a Cristo, 1 Ts 1 6; Flp 2 5; ver Mt 16 24; Jn 13 15; 1 P 2 21; 1 Jn 2 6, a quien el imita, 1 Co 11 1. Finalmente, deben imitar a Dios, Ef 5 1 (ver Mt 5 48), e imitarse los unos a los otros, 1 Ts 2 14; Hb 6 12. Esta comunidad de vida se apoya en el «modelo» de la doctrina, Rm 6 17, recibido por la «tradición», v. 6; 1 Co 11 2+; 1 Ts 2 13+. Los jefes que la trasmiten deben ser ellos mismos «modelos», v. 9; Flp 3 17; 4 8-9; 1 Tm 1 16; 4 12; Tt 2 7; 1 P 5 3, cuya fe y vida se imitan, Hb 13 7.

1 Co 4 11
2 Co 11 27
Hch 18 3+
1 Ts 2 9
Mt 10 10

día y noche con fatiga y cansancio trabajamos para no ser una carga a ninguno de vosotros. ⁹ No porque no tengamos derecho, sino por daros en nosotros un modelo que imitar.

¹⁰ Además, cuando estábamos entre vosotros os mandábamos esto: Si alguno no quiere trabajar, que tampoco coma*.

¹¹ Porque nos hemos enterado que hay entre vosotros algunos que viven desordenadamente, sin trabajar nada, pero metiéndose en todo. ¹² A ésos les mandamos y les exhortamos en el Señor Jesucristo a que trabajen con sosiego para comer su propio pan.

Gn 3 19

¹³ Vosotros, hermanos, no os canséis de hacer el bien. ¹⁴ Si alguno no obedece a lo que os decimos en esta carta, a ése señaladle y no tratéis con él, para que se avergüence. ¹⁵ Pero no lo miréis como a enemigo, sino amonestadle como a hermano.

Ruego y despedida.

¹⁶ Que Él, el Señor de la paz, os conceda la paz siempre y en todos los órdenes*. El Señor sea con todos vosotros. ¹⁷ El saludo va de mi mano, Pablo. Esta es la firma en todas mis cartas; así escribo. ¹⁸ La gracia de nuestro Señor Jesucristo sea con todos vosotros*.

Ga 6 9
3 6
1 Co 5 9-11;
5 5
Mt 18 15-18
2 Co 2 7
Ga 6 1
1 Ts 5 14

1 Ts 5 23

Ga 6 11+
2 2

---

3 10   Esta norma, que sólo se refiere a la negativa a trabajar, proviene quizá de una frase de Jesús o simplemente de una máxima popular. Es «la regla de oro del trabajo cristiano».
3 16   Var. (Vulg.): «en todo lugar»
3 18   Adic.: «Amén», ver 1 Ts 3 13 5 28.

PRIMERA EPÍSTOLA A TIMOTEO

Saludo.

Rm 1 1+

1 [1] Pablo, apóstol de Cristo Jesús, por mandato* de Dios nuestro Salvador* y de Cristo Jesús nuestra esperanza, [2] a Timoteo, verdadero hijo mío en la fe: gracia, misericordia y paz de parte de Dios Padre y de Cristo Jesús, Señor nuestro.

Hch 16 1+

Peligro de los falsos doctores.

[3] Al partir yo para Macedonia te rogué que permanecieras en Éfeso para que mandaras a algunos que no enseñasen doctrinas extrañas, [4] ni dedicasen su atención a fábulas y genealogías interminables*, que se prestan más para promover disputas que para realizar el plan* de Dios, fundado en la fe. [5] El fin de este mandato es la caridad que procede de un corazón limpio, de una conciencia recta y de una fe sincera. [6] Algunos, desviados de esta línea de conducta, han venido a caer en una vana palabrería; [7] pretenden ser maestros de la Ley sin entender lo que dicen ni lo que tan rotundamente afirman.

4 7; 6 4.20
2 Tm 2 14.
16.23; 4 4
Tt 1 14; 3 9

Sal 51 12
1 Co 4 4+

La función verdadera de la Ley.

[8] Sí, ya sabemos que la Ley* es buena, con tal que se la tome como ley*, [9] teniendo bien presente que la ley no ha sido instituida para el justo*, sino para los prevaricadores y rebeldes, para los impíos y pecadores, para los irreligiosos y profanadores, para los parricidas y matricidas, para los asesinos, [10] adúlteros, homosexuales, traficantes de esclavos, mentirosos, perjuros y para todo lo que se opone a la sana doctrina*, [11] según el Evangelio de la gloria de Dios bienaventurado, que se me ha confiado.

Rm 7 7+.12s

Ga 5 18
Rm 1 29+

Ap 18 13

2 Co 4 4
Jn 1 14+
1 Ts 2 4
Tt 1 3

Pablo y su vocación.

[12] Doy gracias a aquel que me revistió de fortaleza, a Cristo Jesús, Señor nuestro, que me consideró digno de confianza al colocarme en el ministerio, [13] a mí que antes fui un blasfemo, un perseguidor y un insolente. Pero encontré misericordia porque obré por ignorancia cuando no era creyente. [14] Pero la gracia de nuestro Señor sobreabundó en mí, juntamente con la fe y la caridad en Cristo Jesús. [15] Es cierta y digna de ser aceptada por todos esta afirmación*: Cristo Jesús vino al mundo a salvar a los pecadores; y el primero de ellos soy yo. [16] Y si encontré misericordia fue para que en mí, el primero, manifestase Jesucristo toda su paciencia y sirviera de ejemplo a los que habían de creer en él para obtener vida eterna. [17] Al Rey de los siglos, al Dios inmortal, invisible y único, honor y gloria por los siglos de los siglos. Amén*.

Ga 1 13
Hch 8 3

Hch 3 17+
Jn 16 2
1 Co 15 9s
2 P 3 15

Mt 9 13p

2 Ts 3 7+

Col 1 15
1 Tm 6 16

Rm 16 27+

Responsabilidad de Timoteo.

[18] Esta es la recomendación, hijo mío Timoteo, que yo te hago, de acuerdo con las profecías pronunciadas sobre ti* anteriormente. Combate, apoyado en ellas, el buen combate, [19] conservando la fe y la conciencia recta; algunos, por haberla rechazado, naufragaron en la fe; [20] entre éstos están Himeneo y Alejandro, a quienes entregué a Satanás* para que aprendiesen a no blasfemar.

4 14+
2 Tm 4 7

2 Tm 2 17;
4 14
1 Co 5 5+

La oración litúrgica.

2 [1] Ante todo recomiendo* que se hagan plegarias, oraciones, súplicas y acciones de gracias por todos los hom-

---

1 1 (a) Var.: «promesa».
1 1 (b) El título de Salvador, raro en las epístolas paulinas, Ef 5 23; Flp 3 20, se atribuye en las Pastorales tanto al Padre, 1 Tm 2 3; 4 10; Tt 1 3; 2 10; 3 4, como a Jesucristo, 2 Tm 1 10; Tt 1 4; 2 13; 3 6. La obra de Cristo Salvador realizaba la voluntad del Padre.
1 4 (a) Especulaciones judías relativas a la historia de los patriarcas y de los héroes del AT, al estilo de lo que se puede leer en el *Libro de los Jubileos*.
1 4 (b) Var. (Vulg.): «la edificación».
1 8 (a) La Ley mosaica.
1 8 (b) Sin exigirle más de lo que puede dar (lit.: «si se usa de ella como de una ley»).
1 9 La Ley, aquí, no es buena porque dé a conocer el pecado, Rm 7 7+.12-14, o prepare la venida de Cristo, Ga 3 24-25, sino porque es necesaria para corregir a los pecadores.
1 10 Las Epístolas Pastorales insisten a menudo en la

«sana» doctrina, etc.: 6 3; 2 Tm 1 13; 4 3; Tt 1 9.13; 2 1.8. Se trata de la predicación apostólica con todas las cualidades de lo que es sano y en relación con la conducta moral (ver Rm 12 1-2; Flp 4 8-9).
1 15 Esta fórmula es característica de las Pastorales, 3 1; 4 9; 2 Tm 1 11; Tt 3 8. Es un modo de atraer la atención, quizá de subrayar una alusión o una cita que los lectores identificaban.
1 17 «inmortal», var. (Vulg.). —Esta doxología solemne probablemente tiene origen litúrgico. En las epístolas de Pablo son frecuentes las doxologías, Rm 16 27+.
1 18 Como en 4 14, Pablo recuerda a Timoteo la intervención de los «profetas» en el momento de su investidura apostólica, Hch 13 1-3; 2 17+.
1 20 Pena de exclusión de la comunidad que debía hacer posible la enmienda del culpable, ver 1 Co 5 5+.
2 1 «recomiendo»; var.: «recomienda».

Rm 13 1-7+
Tt 3 1

1 1+

Ez 18 23+
Jn 8 32
1 Co 8 6+
Hb 8 6+
Mt 20 28p+
2 Co 5 15
Ga 1 4
Ef 5 2
Tt 2 14
Rm 3 26+

2 Tm 1 11
Hch 9 15
Ga 2 7

bres; [2] por los reyes y por todos los constituidos en autoridad*, para que podamos vivir una vida tranquila y apacible con toda piedad y dignidad. [3] Esto es bueno y agradable a Dios, nuestro Salvador, [4] que quiere que todos los hombres se salven* y lleguen al conocimiento pleno de la verdad*. [5] Porque hay un solo Dios, y también un solo mediador entre Dios y los hombres, Cristo Jesús, hombre también*, [6] que se entregó a sí mismo como rescate por todos. Tal es el testimonio* dado en el tiempo oportuno, [7] y de este testimonio yo he sido constituido heraldo y apóstol —digo la verdad, no miento—, maestro de los gentiles en la fe y en la verdad. [8] Quiero, pues, que los hombres oren en todo lugar elevando hacia el cielo unas manos piadosas, sin ira ni discusiones.

Compostura de las mujeres.

Is 3 16s
1 P 3 2-4

[9] Así mismo que las mujeres, vestidas decorosamente, se adornen con pudor y modestia, no con trenzas ni con oro o perlas o vestidos costosos, [10] sino con buenas obras, como conviene a mujeres que hacen profesión de piedad. [11] La mujer oiga la instrucción en silencio, con toda sumisión. [12] No permito que la mujer enseñe ni que domine al hombre. Que se mantenga en silencio. [13] Porque Adán fue formado primero y Eva en segundo lugar. [14] Y el engañado no fue Adán, sino la mujer que, seducida, incurrió en la transgresión. [15] Con todo, se salvará por su maternidad* mientras persevere con modestia en la fe, en la caridad y en la santidad.

1 Co 14
34-35
Gn 3 16
1 Co 11
3.8-12

Gn 2 18.21s;
3 12-13
Nm 31 16

1 Co 13 13+

El epíscopo.

Tt 1 6-9

1 15+

3 [1] Es cierta esta afirmación: Si alguno aspira al cargo de epíscopo*, desea una hermosa obra. [2] Es, pues, necesario* que el epíscopo sea irreprensible, casado una sola vez, sobrio, sensato, educado, hospitalario, apto para enseñar, [3] ni bebedor ni violento, sino moderado, enemigo de pendencias, desprendido del dinero, [4] que gobierne bien su propia casa y mantenga sumisos a sus hijos con toda dignidad; [5] pues si alguno no es capaz de gobernar su propia casa, ¿cómo podrá cuidar de la Iglesia de Dios? [6] Que no sea neófito, no sea que, llevado por la soberbia, caiga en la misma condenación del diablo. [7] Es necesario también que tenga buena fama entre los de fuera, para que no caiga en descrédito y en las redes del diablo.

2 Tm 2 24
1 Tm 3 12
Tt 2 6+

1 Co 1 2+

1 Co 5 12+

Los diáconos.

Hch 6 1-6

[8] También los diáconos deben ser dignos, sin doblez, no dados a beber mucho vino ni a negocios sucios; [9] que guarden el misterio de la fe con una conciencia pura. [10] Primero se les someterá a prueba y después, si fuesen irreprensibles, serán diáconos. [11] Las mujeres* igualmente deben ser dignas, no calumniadoras, sobrias, fieles en todo. [12] Los diáconos sean casados una sola vez y gobiernen bien a sus hijos y su propia casa. [13] Porque los que ejercen bien el diaconado alcanzan un puesto honroso y grande entereza en la fe de Cristo Jesús.

Rm 16 25+

3 2.4

La Iglesia y el misterio de la piedad.

[14] Te escribo estas cosas con la esperanza de ir pronto a ti; [15] pero si tardo, para que sepas cómo hay que portarse en la casa de Dios, que es la Iglesia de Dios vivo, columna y fundamento de la verdad*. [16] Y sin duda alguna, grande es el misterio de la piedad:

Tt 1 7

1 Co 1 2+
Ef 2 20+

Rm 16 25+

---

2 2 Sobre la lealtad de San Pablo a la autoridad, ver Rm 13 1-7. El final del v. quizá refleja el temor del Apóstol respecto del futuro.
2 4 (a) Esta afirmación, ver 4 10, de gran importancia teológica, ayuda a interpretar rectamente algunos pasajes de la epístola a los Romanos, ver Rm 9 18.21; etc. Está justificada, v. 5, con la invocación de la unicidad de Dios, ver Mc 12 29+; Rm 3 29-30; Ef 4 6. Pablo ha recibido del Señor, v. 7, la misión de predicar la salvación ofrecida a todos, Rm 1 1+; Hch 9 15 +.
2 4 (b) La salvación es conocimiento de la verdad, 4 3; 2 Tm 2 25; 3 7; Tt 1 1. Pero este conocimiento importa al empeño de toda la vida, ver Os 2 22+; Jn 8 32 +; 10 14+; 2 Ts 2 12; etc.
2 5 Lit.: «(un) hombre, Cristo Jesús». Jesús es mediador en su cualidad de hombre, que le permite ser Salvador de todos, v. 4, por su muerte como precio de ellos, v. 6. Ver Hb 2 14-17+.
2 6 Ver 6 13. Aceptando morir por todos los hombres, Cristo ha puesto en claro a los ojos del mundo el designio divino de salvar a todos los hombres. Testigo del Padre por su vida, lo fue en grado supremo por su muerte (más tarde la misma palabra griega significará «testigo» y «mártir»). Ver Jn 3 11+; Ap 1 5; 3 14.
2 15 Quizá haya aquí una puntada contra los falsos doctores que proscribían el matrimonio, 4 3.
3 1 «Epíscopo» no corresponde todavía a «obispo» en sentido actual, que, por lo demás, no se menciona, como tampoco los «presbíteros». Ver Tt 1 5 +.
3 2 Esta lista de cualidades, y la siguiente, vv. 8-12, en modo alguno son específicas: se inspiran en listas clásicas de las cualidades exigidas en los que ejercen un cargo en la Iglesia.
3 11 Probablemente las mujeres que ejercían funciones de diaconisas, ver Rm 16 1, y no las esposas de los diáconos.
3 15 La Iglesia de Dios vivo, Dt 5 26+; 2 Co 6 16, es su casa, es decir, su morada y su familia, Nm 12 7; Hb 3 6; 10 21; 1 P 4 17, donde se conserva con solidez el Evangelio que salva, v. 16.

Él* ha sido manifestado en la carne,
justificado en el Espíritu,
aparecido a los ángeles,
proclamado a los gentiles,
creído en el mundo,
levantado a la gloria*.

Los falsos doctores.

4 ¹ El Espíritu dice claramente que en los últimos tiempos* algunos apostatarán de la fe entregándose a espíritus engañadores y a doctrinas diabólicas, ² por la hipocresía de embaucadores que tienen marcada a fuego su propia conciencia*; ³ éstos prohiben el matrimonio y el uso de alimentos* que Dios creó para que los coman con acción de gracias los creyentes y los que han conocido la verdad. ⁴ Porque todo lo que Dios ha creado es bueno y no se ha de rechazar nada si se come con acción de gracias; ⁵ pues queda santificado por la palabra de Dios y por la oración. ⁶ Si tú enseñas estas cosas a los hermanos, serás un buen ministro de Cristo Jesús, nutrido con las palabras de la fe y de la buena doctrina que has seguido fielmente. ⁷ Rechaza, en cambio, las fábulas profanas y los cuentos de viejas. Ejercítate en la piedad*. ⁸ Los ejercicios corporales sirven para poco; en cambio la piedad es provechosa para todo, pues tiene la promesa de la vida, de la presente y de la futura. ⁹ Es cierta y digna de ser aceptada por todos esta afirmación: ¹⁰ Si nos fatigamos y luchamos* es porque tenemos puesta la esperanza en Dios vivo, que es el Salvador de todos los hombres, principalmente de los creyentes. ¹¹ Predica y enseña estas cosas.

¹² Que nadie menosprecie tu juventud. Procura, en cambio, ser para los creyentes modelo en la palabra, en el comportamiento, en la caridad, en la fe, en la pureza. ¹³ Hasta que yo llegue, dedícate a la lectura, a la exhortación, a la enseñanza. ¹⁴ No descuides el carisma que hay en ti, que se te comunicó por intervención profética mediante la imposición de las manos del colegio de presbíteros*. ¹⁵ Ocúpate en estas cosas; vive entregado a ellas para que tu aprovechamiento sea manifiesto a todos. ¹⁶ Vela por ti mismo y por la enseñanza; persevera en estas disposiciones, pues obrando así te salvarás a ti mismo y a los que te escuchen.

Los fieles en general.

5 ¹ Al anciano no le reprendas con dureza, sino exhórtale como a un padre; a los jóvenes, como a hermanos; ² a las ancianas, como a madres a las jóvenes, como a hermanas, con toda pureza.

Las viudas.

³ Honra a las viudas, a las que son verdaderamente viudas*. ⁴ Si una viuda tiene hijos o nietos, que aprendan* éstos primero a practicar los deberes de piedad para con los de su propia familia y a corresponder a sus progenitores, porque esto es agradable a Dios. ⁵ Pero la que de verdad es viuda y ha quedado enteramente sola, tiene puesta su esperan-

---

Marginal references (left column):
2 Tm 1 10
Tt 2 11; 3 4
1 Co 6 11
Tt 3 5s

Mt 16 19
Hch 1 2.11

Mt 24 23-24
Hch 20 29-30
2 Tm 3 1
2 P 2 1; 3 3
1 Jn 2 18

Rm 6 17

Col 2 16-23
Gn 9 3

1 Tm 2 4
Gn 1 31+
Mt 15 11sp
Rm 14 14.20
1 Co 10 25s.30s

2 Tm 2 15

1 4+
Col 2 23

1 15+

1 1+

Marginal references (right column):
2 1.4
Tt 2 11
Tt 2 15
Tt 2 7-8
2 Ts 3 7+
6 11
Ga 5 22+

1 18+
Nm 27 18s
Dt 34 9

Lv 19 32

---

3 16 (a) En masculino: Cristo. Lo que sigue, después de una solemne introducción, es un fragmento de himno o de profesión de fe litúrgica, ver 6 15-16; 2 Tm 2 11-13, y Ef 1 3-14; Flp 2 6-11; Col 1 15-20.
3 16 (b) Cristo encarnaba la gracia divina, Tt 2 11; 2 Tm 1 10, y el amor, Tt 3 4, y manifestaba en su vida la posesión del Espíritu, Tt 3 5s; 1 Co 6 11. Después de su resurrección se apareció a mensajeros, Mt 11 10; Lc 7 24; 9 52, que predicaran y consiguieran la respuesta de fe del mundo. La carrera terrenal de Jesús terminó con la Ascensión, Lc 24 51.
4 1 Sobre este período de crisis, que debe caracterizar los últimos tiempos, ver también 2 Ts 2 3-12; 2 Tm 3 1; 4 3-4; 2 P 3 3; Judas 18; ver Mt 24 6s; Hch 20 29-30. Por otra parte, habiéndose ya iniciado la era escatológica, 2 6; Mc 1 15+; Rm 3 26+, estos tiempos de prueba pueden ya considerarse como actuales, ver 1 Co 7 26; Ef 5 16; 6 13; St 5 3; 1 Jn 2 18; 4 1.3; 2 Jn 7.
4 2 Como el esclavo fugitivo lo estaba en su carne.
4 3 La condenación del matrimonio será uno de los rasgos del gnosticismo. Las prohibiciones alimentarias son más claramente de carácter judaizante, ver Col 2 16-23.
4 7 La palabra piedad aparece diez veces en las Epístolas Pastorales, 2 2; 3 16; 4 7-8; 6 3.5.6.11; 2 Tm 3 5; Tt 1 1; ver 5 4; 2 Tm 3 12; Tt 2 12. Sintetiza toda la actitud religiosa de los cristianos, ligada al conocimiento de la fe, núcleo de su vida común en Jesucristo.
4 10 Var. (Vulg): «somos ultrajados».
4 14 Algunos traducen: «la imposición de manos por el presbiterado». La imposición de manos, rito de transmisión de una gracia o de un carisma, Hb 6 2, puede ser un gesto de simple bendición, Mt 19 15, el medio para realizar una curación, Mt 9 13p; Mc 6 5; 7 32; 8 23-25; 16 18; Lc 4 40; 13 13: Hch 9 12.17; 28 8, para comunicar a los bautizados la plenitud del Espíritu Santo, Hch 1 5+, finalmente el rito que consagra a un hombre para una función pública determinada, Hch 6 6; 13 3. Este último sentido se ha de entender este v. y 5 22+; 2 Tm 1 6. Desde el día al que Pablo alude, Timoteo posee en sí de modo permanente un «carisma», 1 Co 12+, que le consagra al ministerio. Para la mención de la intervención profética, ver 1 Tm 1 18.
5 3 Pueden distinguirse aquí tres categorías de viudas: aquellas a las que la Iglesia no tiene por qué asistir, porque tienen familia, v. 4; aquellas a las que la Iglesia tiene el deber de asistir, porque son «verdaderas viudas», solas en el mundo, vv. 3.5 y 16; finalmente aquellas que, asistidas o no por la Iglesia, son llamadas por ella a ejercer algunas funciones oficiales, a condición de satisfacer a ciertas severas exigencias, vv. 9-15.
5 4 Var. (Vulg): «que aprenda ella».

Jdt 8 4-5
Lc 2 37

Ap 3 1

Jn 13 14

Hch 9 13+

Tt 1 11

Tt 2 8

Tt 1 5+

1 Ts 5 12+

Dt 25 4

za en el Señor y persevera en sus plegarias y oraciones noche y día. [6] La que, en cambio, está entregada a los placeres, aunque viva, está muerta. [7] Todo esto incúlcalo también, para que sean irreprensibles. [8] Si alguien no tiene cuidado de los suyos, principalmente de sus familiares, ha renegado de la fe y es peor que un infiel.

[9] Que la viuda que sea inscrita en el catálogo de las viudas no tenga menos de sesenta años, haya estado casada una sola vez, [10] y tenga el testimonio de sus bellas obras*: haber educado bien a los hijos, practicado la hospitalidad, lavado los pies de los santos*, socorrido a los atribulados, y haberse ejercitado en toda clase de buenas obras. [11] Descarta, en cambio, a las viudas jóvenes, porque cuando las asaltan los placeres contrarios a Cristo, quieren casarse [12] e incurren en condenación por haber faltado a su compromiso anterior*. [13] Y además, estando ociosas, aprenden a ir de casa en casa; y no sólo están ociosas, sino que se vuelven también charlatanas y entrometidas, hablando de lo que no deben. [14] Quiero, pues, que las jóvenes se casen*, que tengan hijos y que gobiernen la propia casa y no den al adversario* ningún motivo de hablar mal; [15] pues ya algunas se han extraviado yendo en pos de Satanás. [16] Si alguna creyente tiene viudas, atiéndalas ella misma y no las cargue a la iglesia, a fin de que ésta pueda atender a las que sean verdaderamente viudas.

Los presbíteros.

[17] Los presbíteros que ejercen bien su cargo merecen doble remuneración*, principalmente los que se afanan en la predicación y en la enseñanza. [18] La Escritura, en efecto, dice: *No pondrás bozal al buey que trilla,* y también: *El obrero tiene derecho a su salario*.* [19] No admitas ninguna acusación contra un presbítero si no viene con *el testimonio de dos o tres.* [20] A los culpables, repréndeles delante de todos, para que los demás cobren temor. [21] Yo te conjuro en presencia de Dios, de Cristo Jesús y de los ángeles escogidos, que observes estas recomendaciones sin prejuicios y no actuando por favoritismos. [22] No te precipites en imponer a nadie las manos*, no te hagas partícipe de los pecados ajenos. Consérvate puro. [23] No bebas ya agua sola. Toma un poco de vino a causa de tu estómago y de tus frecuentes indisposiciones. [24] Los pecados de algunas personas son notorios aun antes de que sean investigados; en cambio los de otras, lo son solamente después. [25] Del mismo modo las obras, las que son bellas, son manifiestas; y las que no lo son, no pueden quedar ocultas.

Los esclavos.

6 [1] Todos los que estén bajo el yugo de la esclavitud consideren a sus dueños como dignos de todo respeto, para que no se blasfeme del nombre de Dios y de la doctrina. [2] Los que tengan dueños creyentes no les falten al respeto por ser hermanos, sino al contrario, que les sirvan todavía mejor por ser creyentes y amigos de Dios* los que reciben sus servicios.

El doctor verdadero y el falso.

Esto debes enseñar y recomendar. [3] Si alguno enseña otra cosa y no se atiene a las sanas palabras de nuestro Señor Jesucristo y a la doctrina que es conforme a la piedad, [4] está cegado por el orgullo y no sabe nada; sino que padece la enfermedad de las disputas* y contiendas

1 Co 9 9
Lc 10 7

Dt 19 15
Mt 18 16
2 Co 13 1

5 10
Mt 5 16

Mt 10 26p

Rm 6 15+
1 Co 7 21-22
Ef 6 5-8
Col 3 22-25
Tt 2 9-10
Flm 16+

Rm 2 24+

1 10+

1 4+

---

5 10 (a) La belleza es una nota distintiva de la espiritualidad de los cristianos y el secreto de su apostolado. Dado que el propósito de la redención ha sido constituir un pueblo entregado a las «bellas obras», Tt 2 14; 3 7; Ef 2 10, lo que Dios espera de los suyos es una progresiva transfiguración para conseguir una belleza cada vez más resplandeciente, 1 Tm 5 10; 6 18. Todas las edades y todas las condiciones, incluso los esclavos, Tt 2 10, tienen, en todas las circunstancias, Tt 3 1, una excelencia y una nobleza espirituales que irradian con el brillo de la verdadera belleza.
5 10 (b) Rito de la hospitalidad antigua.
5 12 Su determinación de consagrarse a Dios.
5 14 (a) Hecha la experiencia, Pablo no considera ya prudente proponer a las jóvenes viudas el ideal que exponía en 1 Co 7 8.40.
5 14 (b) Al hombre malévolo, hostil a los cristianos, o bien, con menos probabilidad, a Satanás.

5 17 O: «doble honor».
5 18 Var.: «a su alimento». Ver Mt 10 10. A la cita del Dt está añadida una sentencia de Cristo que sólo por Lucas nos es conocida, Lc 10 7; pero esto no supone necesariamente el evangelio de Lc compuesto por entero y aceptado como «Escritura». Ver 2 Tm 3 15 +.
5 22 Para conferirle una función en la Iglesia, ver 4 14 +. Otros ven aquí un gesto de absolución de los pecados.
6 2 O: «hermanos queridos».
6 4 Lit.: «búsquedas». A la búsqueda de Dios que en el AT sintetizaba toda la actitud del fiel de Yahvé, Dt 4 29; Sal 27 8+; Jr 29 13-14; etc., y que ha conservado su valor en el NT, Mt 6 33; 7 7-8; Hch 17 27; etc., el Apóstol contrapone aquí, ver 1 4; 2 Tm 2 16.23; Tt 3 9, las búsquedas sutiles y sin objeto, «enfermedad» fatal para la «sana» doctrina, v. 3; 1 10+, con una curiosidad que pretende superar el misterio de la fe, ver 2 Jn 9.

Rm 1 29+
de palabras, de donde proceden las envidias, discordias, maledicencias, sospechas malignas, [5] discusiones sin fin propias de gentes que tienen la inteligencia corrompida, que están privados de la verdad y que piensan que la piedad es un negocio. [6] Y ciertamente es un gran negocio la piedad, con tal de que se contente con lo que tiene. [7] Porque nosotros no hemos traído nada al mundo y nada podemos llevarnos de él. [8] Mientras tengamos comida y vestido, estemos contentos con eso. [9] Los que quieren enriquecerse caen en la tentación, en el lazo y en muchas codicias insensatas* y perniciosas que hunden a los hombres en la ruina y en la perdición. [10] Porque la raíz de todos los males es el afán de dinero*, y algunos, por dejarse llevar de él, se extraviaron en la fe y se atormentaron con muchos sufrimientos.

Jb 1 21
Qo 5 14
Sal 49 18
2 Tm 4 13

Mt 6 24

Solemne exhortación a Timoteo.

2 Tm 4 1

[11] Tú, en cambio, hombre de Dios, huye de estas cosas; corre al alcance de la justicia, de la piedad, de la fe, de la caridad, de la paciencia en el sufrimiento, de la dulzura. [12] Combate el buen combate de la fe, conquista la vida eterna a la que has sido llamado y de la que hiciste aquella solemne profesión delante de muchos testigos*. [13] Te recomiendo en la presencia de Dios, que da vida a todas las cosas, y de Jesucristo, que ante

2 Tm 2 22

1 Co 13 13+
Ga 5 22+
Tt 2 2

2 Tm 4 7

Poncio Pilato rindió tan hermoso testimonio*, [14] que conserves el mandato sin tacha ni culpa hasta la Manifestación* de nuestro Señor Jesucristo, [15] que a su debido tiempo hará ostensible
el Bienaventurado y único Soberano,
el Rey de los reyes y el Señor de los señores,
[16] el único que posee inmortalidad,
que habita en una luz inaccesible,
a quien no ha visto ningún ser humano ni le puede ver.
A él el honor y el poder por siempre. Amén*.

2 6+
Jn 18 36-37

2 M 13 4
Dt 10 17
Sal 136 3

Ap 17 14

Ex 23 20+
Jn 1 17-18+

El cristiano rico.

[17] A los ricos de este mundo recomiéndales que no sean altaneros ni pongan su esperanza en lo inseguro de las riquezas sino en Dios*, que nos provee espléndidamente de todo para que lo disfrutemos; [18] que practiquen el bien, que se enriquezcan con bellas obras, que den con generosidad y con liberalidad; [19] de esta forma irán atesorando para el futuro un excelente fondo con el que podrán adquirir la vida verdadera.

Lc 12 17-21
St 1 10

5 10
2 Co 9 8s
Mt 6 20
Flp 4 17s

Exhortación final y saludo.

[20] Timoteo, guarda el depósito*. Evita las palabrerías profanas, y también las objeciones de la falsa ciencia*; [21] algunos que la profesaban se han apartado de la fe. La gracia con vosotros*.

2 Tm 1 12.
14;
2 2; 3 14
1 Tm 1 4+
Tt 2 1

---

6 9 «en el lazo»; adic. (Vulg): «del diablo». —«insensatas», Vulg.: «inútiles».
6 10 Proverbio corriente en la literatura profana de la época.
6 12 No se sabe con exactitud a qué circunstancia de la vida de Timoteo alude aquí Pablo (¿bautismo? ¿consagración para el ministerio?).
6 13 Proclamación de su realeza mesiánica y de su función de revelador de la verdad, Jn 18 36-37. La mención de Poncio Pilato refuerza el tono «oficial» de este testimonio, tipo de la profesión de fe del cristiano, en el bautismo o ante los perseguidores.
6 14 Este término (utilizado en 2 Ts 2 8 a propósito del Impío) lo adoptan las Pastorales con preferencia a los de «Venida», 1 Co 15 23+, y «Revelación», 1 Co 1 7 +, para designar la manifestación de Cristo en su triunfo escatológico, aquí y 2 Tm 4 1.8; Tt 2 13; Hb 9 28, o ya en su obra redentora, 2 Tm 1 10; ver Tt 2 11; 3 4.

6 16 Esta doxología está inspirada sin duda en un himno litúrgico, ver 1 17; posiblemente se ha sacado de él. Abarca siete fórmulas de inspiración bíblica trasladadas al lenguaje helenístico, contra todo culto rendido a hombres y toda pretensión de entender el secreto de Dios.
6 17 Var. (Vulg.): «en el Dios vivo».
6 20 (a) El «depósito» es una idea importante de las Pastorales, 2 Tm 1 12.14. Su contenido es el de la fe, 1 Tm 4 6; 2 Tm 1 13; Tt 1 9 o de la tradición, 2 Ts 2 15 +; 3 6, pero la noción tiene origen jurídico y subraya en el depositario el deber de conservar y luego de entregar o transmitir intacto el depósito que se le ha confiado. Ver «mantén con firmeza lo que tienes», Ap 2 25; 3 11.
6 20 (b) Esta falsa ciencia, «supuesta gnosis», será también la que un día refutará Ireneo.
6 21 Var. (Vulg.): «contigo». Adic. (Vulg.): «Amén».

SEGUNDA EPÍSTOLA A TIMOTEO

Saludo y acción de gracias.

1 ¹ Pablo, apóstol de Cristo Jesús por voluntad de Dios para anunciar la promesa de vida que está en Cristo Je-

Hch 16 1+
1 Co 4 17

sús, ² a Timoteo, hijo querido. Gracia, misericordia y paz de parte de Dios Padre y de Cristo Jesús Señor nuestro.

Rm 1 9+
Flp 3 5

³ Doy gracias a Dios, a quien, como mis antepasados, rindo culto con una conciencia pura, cuando continuamente, noche y día, me acuerdo de ti en mis ora-

4 9.21

ciones. ⁴ Tengo vivos deseos de verte, al acordarme de tus lágrimas, para llenarme de alegría. ⁵ Pues evoco el recuerdo de la fe sincera que tú tienes, la que

Hch 16 1
2 Tm 3 14-
15+

arraigó primero en tu abuela Loida y en tu madre Eunice, y sé que también ha arraigado en ti*.

Los favores recibidos por Timoteo.

1 Tm 4 14+
Rm 8 15
1 Jn 4 18

⁶ Por esto te recomiendo que reavives el carisma* de Dios que está en ti por la imposición de mis manos. ⁷ Porque no nos dio el Señor a nosotros un espíritu de timidez, sino de fortaleza, de caridad y de templanza. ⁸ No te avergüences,

Lc 9 26
Rm 1 16;
5 3s
Ef 3 13

pues, ni del testimonio que has de dar de nuestro Señor, ni de mí, su prisionero; sino, al contrario, soporta conmigo los sufrimientos por el Evangelio, ayudado por la fuerza de Dios, ⁹ que nos ha sal-

Tt 3 5
Rm 8 28;
16 25+

vado y nos ha llamado con una vocación santa*, no por nuestras obras, sino por su propia determinación y por su gracia que nos dio desde toda la eternidad en Cristo Jesús, ¹⁰ y que se ha manifestado

Tt 2 11;
3 4

ahora con la Manifestación* de nuestro Salvador Cristo Jesús, quien ha destruido la muerte y ha hecho irradiar vida e

Rm 6 9; 8 2
Hb 2 14-15

inmortalidad por medio del Evangelio ¹¹ para cuyo servicio he sido yo constituido heraldo, apóstol y maestro*.

1 Tm 2 7

¹² Por este motivo estoy soportando es-

3 11

tos sufrimientos*; pero no me avergüen-

zo, porque yo sé bien en quién tengo puesta mi fe, y estoy convencido de que es poderoso para guardar mi depósito* hasta aquel Día.

1 Co 1 8+
1 Tm 1 10+

¹³ Ten por norma las palabras sanas que oíste de mí en la fe y en la caridad de Cristo Jesús. ¹⁴ Conserva el buen de-

1 Tm 6 20+
Rm 5 5+

pósito mediante el Espíritu Santo que habita en nosotros.

¹⁵ Ya sabes tú que todos los de Asia me han abandonado, y entre ellos Figelo y Hermógenes. ¹⁶ Que el Señor conceda misericordia a la familia de Onesíforo,

4 19

pues me reconfortó muchas veces y no se avergonzó de mis cadenas, ¹⁷ sino que,

1 8

en cuanto llegó a Roma, me buscó solícitamente y me encontró ¹³ Concédale el Señor encontrar misericordia ante el Señor* aquel Día. Además, cuántos buenos servicios me prestó en Éfeso, tú lo sabes mejor.

Sentido de los sufrimientos del apóstol cristiano.

2 ¹ Tú, pues, hijo mío, mantente fuerte en la gracia de Cristo Jesús; ² y cuanto me has oído en presencia de muchos testigos confíalo a hombres fieles, que sean

1 Tm 4 14;
6 12

capaces, a su vez, de instruir a otros*. ³ Soporta las fatigas conmigo, como un buen soldado de Cristo Jesús. ⁴ Nadie que se dedica a la milicia* se enreda en los negocios de la vida, si quiere complacer al que le ha alistado. ⁵ Y lo mismo el atleta;

1 Co 9 25+

no recibe la corona si no ha competido según el reglamento. ⁶ Y el labrador que tra-

1 Co 3 6-9;
9 7.10

baja es el primero que tiene derecho a percibir los frutos. ⁷ Entiende lo que quiero decirte, pues el Señor te dará la inteligencia de todo.

Flp 3 15

⁸ Acuérdate de Jesucristo, resucitado de entre los muertos, descendiente de David, según mi Evangelio; ⁹ por él estoy sufriendo hasta llevar cadenas como un

Rm 1 3-4
Hch 13 22-
23
Rm 16 25
Ef 3 1+

---

1 5   Este versículo completa afortunadamente Hch 16 1. No disponemos en el NT de muchos testimonios acerca de los beneficios de la educación de la fe en el seno de una familia creyente. Ver 3 14-15.
1 6   El «carisma» le fue dado, 1 Tm 4 14+, y Timoteo debe reavivarlo gracias a la ayuda del Espíritu.
1 9   La palabra designa en primer lugar la llamada de los cristianos a la salvación, ver Rm 1 6-7; 8 28; 1 Co 1 2.24; Col 3 15; Ef 1 18; 4 4; Flp 3 14, etc., y luego, por metonimia, el estado (vocación) al que son llamados los cristianos. Ambos sentidos son aquí igualmente posibles.
1 10   Este término, ver 1 Tm 6 14+, designa aquí el

ministerio de Jesús.
1 11   Adic. (Vulg.): «de los gentiles».
1 12   (a) Está preso, v. 8, en Roma, v. 17.
1 12   (b) El contexto lleva a pensar en la doctrina cristiana conservada intacta, 1 Tm 6 20+, más que en las buenas obras de Pablo, 4 7-8; 1 Tm 6 19.
1 18   Cada uno de los dos «Señor» puede entenderse del Padre o del Hijo.
2 2   La «tradición», trasmisión del «depósito», 1 Tm 6 20+, se toma aquí enfáticamente, con cuatro eslabones sucesivos.
2 4   Los vv. 4-6 presentan tres comparaciones proverbiales: el soldado, el atleta, el labrador.

Lc 23 32
Flp 1 13-17

Col 1 24+

1 Ts 2 12
1 Tm 1 15+
Rm 6 5+

Rm 8 17

Mt 10 33
1 Co 1 9+

malhechor; pero la palabra de Dios no está encadenada. [10] Por esto todo lo soporto por los elegidos, para que también ellos alcancen la salvación que está en Cristo Jesús con la gloria eterna.

[11] Es cierta esta afirmación*:

Si hemos muerto con él, también viviremos con él;

[12] si nos mantenemos firmes, también reinaremos con él;

si le negamos, también él nos negará;

[13] si somos infieles, él permanece fiel, pues no puede negarse a sí mismo.

Lucha contra el peligro presente de los falsos doctores.

1 Tm 1 4+

[14] Esto has de enseñar; y conjura en presencia de Dios* que se eviten las discusiones de palabras, que no sirven para nada, si no es para perdición de los que las oyen. [15] Procura cuidadosamente presentarte ante Dios como hombre probado, como obrero que no tiene por qué avergonzarse, como fiel distribuidor de la palabra de la verdad. [16] Evita las palabrerías profanas, pues los que a ellas se dan crecerán cada vez más en impiedad; [17] y su palabra irá cundiendo como gangrena. Himeneo y Fileto son de éstos: [18] se han desviado de la verdad al afirmar que la resurrección ya ha sucedido*; y pervierten la fe de algunos.

1 Tm 4 6-7

1 Tm 1 4+

1 Tm 1 20

1 Co 3 10s
Ef 2 20+

Nm 16 5.26

Si 7 2
Lv 24 16

[19] Sin embargo el sólido fundamento puesto por Dios se mantiene firme, marcado con este sello*: *El Señor conoce a los que son suyos*; y: Apártese de la iniquidad todo el que *pronuncia el nombre del Señor*.

Is 29 16+
Rm 9 21

[20] En una casa grande no hay solamente utensilios de oro y de plata, sino también de madera y de barro; y unos son para usos nobles y otros para usos viles. [21] Si, pues, alguno se mantiene limpio de estas faltas, será un utensilio para uso noble, santificado y útil para su Dueño, dispuesto para toda obra buena.

[22] Huye de las pasiones juveniles. Vete al alcance de la justicia, de la fe, de la caridad, de la paz, en unión de los que invocan al Señor con corazón puro. [23] Evita las discusiones necias y estúpidas; tú sabes bien que engendran altercados. [24] Y a un siervo del Señor no le conviene altercar, sino ser amable con todos, pronto a enseñar, sufrido, [25] y que corrija con mansedumbre a los adversarios, por si Dios les otorga la conversión que les haga conocer plenamente la verdad, [26] y volver al buen sentido, librándose de los lazos del diablo que los tiene cautivos, rendidos a su voluntad.

1 Tm 6 11
Ga 5 22+

1 Tm 1 4+

Is 42 3
Mt 12 19s
1 Tm 3 2s
Ga 6 1

1 Co 5 5
1 Jn 2 14+

Prevención contra los peligros de los últimos tiempos.

3 [1] Ten presente que en los últimos días sobrevendrán momentos difíciles; [2] los hombres serán egoístas, avaros, fanfarrones, soberbios, difamadores, rebeldes a los padres, ingratos, irreligiosos, [3] desnaturalizados, implacables, calumniadores, disolutos, despiadados, enemigos del bien, [4] traidores, temerarios, infatuados, más amantes de los placeres que de Dios, [5] que, teniendo la apariencia de piedad*, reniegan de su eficacia. Guárdate también de ellos.

[6] A éstos pertenecen esos que se introducen en las casas y conquistan a mujerzuelas cargadas de pecados y agitadas por toda clase de pasiones, [7] que siempre están aprendiendo y no son capaces de llegar al pleno conocimiento de la verdad. [8] Del mismo modo que Janés y Jambrés se enfrentaron a Moisés*, así también éstos se oponen a la verdad; son hombres de mente corrompida, descalificados en la fe. [9] Pero no progresarán más, porque su insensatez quedará patente a todos, como sucedió con la de aquéllos.

[10] Tú, en cambio, me has seguido asiduamente en mis enseñanzas, conducta,

1 Tm 4 1+

Rm 1 29+

Mt 7 15;
24 4s.24
Col 2 23
Rm 2 19s

Hch 17 21

1 Tm 2 4
Jn 8 32

---

2 11   Como en 1 Tm 1 17; 3 16+; 6 15-16, parece que tenemos aquí un fragmento de himno cristiano, con una interpolación en la última línea.
2 14   Var. (Vulg.): «del Señor».
2 18   El dogma de la resurrección era especialmente difícil de ser aceptado por la mentalidad griega, Hch 17 32; 1 Co 15 12. Himeneo y Fileto quizá lo interpretaban, de manera puramente espiritual, de la resurrección mística realizada por el bautismo, Rm 6 4+; Ef 2 6+, o de una especie de ascensión mística hacia Dios. Pablo había prevenido a los corintios contra una concepción demasiado material, 1 Co 15 35-53+.
2 19   Ambas inscripciones se graban en la piedra o documento de fundación. Siendo la Iglesia el edificio, los cimientos pueden ser aquí Cristo, 1 Co 3 11, los

apóstoles, Ef 2 20, ver Ap 21 14, o la fe apoyada en la palabra de Dios que es fiel, 2 Tm 2 13. Los dos textos bíblicos se complementan: Dios protege a los que ama, Nm 16 5, y éstos deben vivir en la justicia, Nm 16 26; Is 26 13; 52 11; Sal 6 9.
3 5   Semejantes a los falsos profetas anunciados, Mt 7 15; 24 4-5.24. Este recrudecimiento de la impiedad es característico de los «últimos tiempos», ver 1 Tm 4 1+.
3 8   En Ex 7 11-13.22, etc., no se da el nombre de los magos de Egipto. En los escritos judíos, Janés y Jambrés (var.: «Mambrés»), supuestos discípulos o hijos de Balaán, Nm 22 2+, son los jefes del grupo. Los que resisten a la verdad, 1 Tm 2 4+, se hacen incapaces para conocerla.

1 Co 13 13+

Hch 13 44;
14 22
2 Co 11 23s
Sal 34 20
2 Co 1 10
Flp 3 10
1 Ts 3 4-5
Hch 14 22+

2 2
1 5

2 Co 3 14-18

Rm 15 4
1 Co 10 6+
2 P 1 20-21

1 Tm 6 11s

Hch 10 42+
Rm 14 9
1 P 4 5
1 Tm 6 14+

1 Tm 4 1+

1 Tm 1 10+

1 Tm 1 4+

planes, fe, paciencia, caridad, constancia, [11] en mis persecuciones y sufrimientos, como los que soporté en Antioquía, en Iconio, en Listra. ¡Qué persecuciones hube de sufrir! Y de todas me libró el Señor. [12] Y todos los que quieran vivir piadosamente en Cristo Jesús, sufrirán persecuciones. [13] En cambio los malos y embaucadores irán de mal en peor, serán seductores y a la vez seducidos.

[14] Tú, en cambio, persevera en lo que aprendiste y en lo que creíste, teniendo presente de quiénes* lo aprendiste, [15] y que desde niño conoces las sagradas Letras*, que pueden darte la sabiduría que lleva a la salvación mediante la fe en Cristo Jesús. [16] Toda Escritura es inspirada por Dios y útil* para enseñar, para argüir, para corregir y para educar en la justicia; [17] así el hombre de Dios se encuentra perfecto y preparado para toda obra buena.

Solemne exhortación*.

4 [1] Te conjuro en presencia de Dios y de Cristo Jesús que ha de venir a juzgar a vivos y muertos*, por su Manifestación y por su Reino: [2] Proclama la palabra, insiste a tiempo y a destiempo, reprende, amenaza, exhorta con toda paciencia y doctrina. [3] Porque vendrá un tiempo en que los hombres no soportarán la doctrina sana, sino que, arrastrados por sus propias pasiones, se harán con un montón de maestros por el prurito de oír novedades; [4] apartarán sus oídos de la verdad y se volverán a las fábulas. [5] Tú, en cambio, pórtate en todo con prudencia, soporta los sufrimientos, realiza la fun-

ción de evangelizador, desempeña a la perfección tu ministerio.

[6] Porque yo estoy a punto de ser derramado en libación* y el momento de mi partida* es inminente. [7] He competido en la noble competición, he llegado a la meta en la carrera, he conservado la fe. [8] Y desde ahora me aguarda la corona de la justicia que aquel Día me entregará el Señor, el justo Juez; y no solamente a mí, sino también a todos los que hayan esperado con amor su Manifestación*.

Últimas recomendaciones.

[9] Apresúrate a venir a mí cuanto antes, [10] porque me ha abandonado Demas por amor a este mundo y se ha marchado a Tesalónica; Crescente, a Galacia*; Tito, a Dalmacia. [11] El único que está conmigo es Lucas*. Toma a Marcos y tráele contigo, pues me es muy útil para el ministerio. [12] A Tíquico le he mandado a Éfeso. [13] Cuando vengas, tráeme el abrigo que me dejé en Tróade, en casa de Carpo, y los libros, en especial los pergaminos. [14] Alejandro, el herrero, me ha hecho mucho mal*. *El Señor le retribuirá según sus obras.* [15] Tú también guárdate de él, pues se ha opuesto tenazmente a nuestra predicación.

[16] En mi primera defensa* nadie me asistió, antes bien todos me desampararon. Que no se les tome en cuenta. [17] Pero el Señor me asistió y me dio fuerzas para que, por mi medio, se proclamara plenamente el mensaje y lo oyeran todos los gentiles. Y fui *librado de la boca del león.* [18] El Señor me librará de toda obra mala y me salvará guardándome

Flp 2 17+

1 Tm 1 18

1 Co 9 24
Hch 20 24
Ga 5 7+
2 4-5
1 Co 9 25

1 Tm 6 14+

Flm 24
Col 4 14

Col 4 10

Tt 3 12

1 Tm 6 8

1 Tm 1 20
Pr 24 12
Sl 5 11+;
28 4; 62 13+

Mt 10 19s
Rm 15 9
Flp 1 19s
Col 4 3s
Sal 22 22
Dn 6 17

3 14 Var. (Vulg.): «de quién». —Estos maestros son Loida y Eunice, 1 5, y sobre todo Pablo.
3 15 Así se llamaba corrientemente entre los judíos de lengua griega a los libros de la Biblia, ver 1 M 12 9+. El NT cita a menudo «las escrituras», o «la Escritura», o tal o cual «libro», Rm 1 2: «Escrituras Sagradas»; 2 Co 3 14+: la «antigua Alianza» (pero el sentido no se restringe a los Libros. Ver 1 Ts 5 27+; 2 P 3 16).
3 16 O, no tan bien: «Toda Escritura, inspirada por Dios, es útil» (Vulg.) —Esta importante afirmación del carácter inspirado de los Libros sagrados era doctrina clásica en el Judaísmo, ver 2 P 1 21. En la familiaridad asidua con la Escritura es donde el hombre de Dios nutre su fe y su celo apostólico, vv. 15-17.
4 Esta llamada a un discípulo querido, al fin de la última de las epístolas, puede compararse, en tonalidad diferente, al discurso de Mileto, Hch 20 18-36. Pablo exhorta a Timoteo a que imite su ejemplo, vv. 7-8 y prosiga sin desfallecimiento la misión que le entrega.
4 1 Cristo será el juez de todos los hombres, de los que estén vivos en su venida y de los que resuciten, ver Mt 25 31+; Jn 5 26-29; 1 Ts 4 15-17. Esta afirmación pertenece sin duda al «kerygma» primitivo, Hch 10 42; 1 P 4 5, y ha sido incluida en el Símbolo.

4 6 (a) En los sacrificios judíos y paganos se derramaban libaciones de vino, de agua o de aceite sobre las víctimas, ver Ex 29 40; Nm 28 7.
4 6 (b) «partida», al contrario que en Flp 1 23, no puede ser una alusión a una muerte próxima, 1 Co 15 29; 2 Co 4 10. Sólo la liberación de la prisión, 1 8, es compatible con los planes optimistas de los vv. 9-18, cuya realización supondría un viaje considerable.
4 8 Lit.: «amado su Manifestación». Pablo está convencido de haber cumplido su deber. Con él serán coronados todos los que hayan recibido el Evangelio, Flp 4 1; 2 Ts 1 7.10.
4 10 Var.: «Galia»: —«Galacia» podía designar entonces la provincia de este nombre en Asia, o las Galias.
4 11 (a) Lucas el evangelista, ver Col 4 14.
4 11 (b) Marcos el evangelista, Hch 12 12+. Las diferencias que anteriormente le enfrentaron a Pablo, Hch 15 37-39, parecen olvidadas.
4 14 Ha debido de denunciar a Pablo ante las autoridades de Asia Menor y quizá le ha seguido a Roma como acusador o testigo de cargo.
4 16 En una reciente comparecencia ante el tribunal, que dio ocasión al Apóstol, absolutamente solo, para proclamar su fe, v. 17; Hch 9 15+.

Rm 16 27+

para* su Reino celestial. A él la gloria por los siglos de los siglos. Amén*.

Saludo final.

Hch 18 2+
Rm 16 23
1 Co 16 19
2 Tm 1 16

[19] Saluda a Prisca y Áquila y a la familia de Onesíforo. [20] Erasto se quedó en Corinto; a Trófimo lo dejé enfermo en Mileto. [21] Date prisa en venir antes del invierno.

Te saludan Eúbulo, Pudente, Lino, Claudia y todos los hermanos.

[22] El Señor* con tu espíritu. La gracia con vosotros.

Hch 19 22
Rm 16 23
Hch 20 4

---

4 18   (a) O: «llevándome a».
4 18   (b) Esta vez, la doxología, semejante a Ga 1 5, ver Rm 16 25+, está dirigida a Cristo salvador y libertador.

4 22   Vulg. añade: «Jesucristo», y al final: «Amén».

EPÍSTOLA A TITO

Saludo*.

1 ¹ Pablo, siervo de Dios, apóstol de Jesucristo para llevar a los elegidos de Dios a la fe y al pleno conocimiento de la verdad que es conforme a la piedad, ² con la esperanza de vida eterna, prometida desde toda la eternidad por Dios que no miente, ³ y que en el tiempo oportuno ha manifestado su palabra por la predicación a mí encomendada según el mandato de Dios nuestro Salvador, ⁴ a Tito, verdadero hijo según la fe común. Gracia y paz de parte de Dios Padre y de Cristo Jesús, nuestro Salvador.

Institución de presbíteros.

⁵ El motivo de haberte dejado en Creta, fue para que acabaras de organizar* lo que faltaba y establecieras presbíteros* en cada ciudad, como yo te ordené. ⁶ El candidato debe ser irreprochable, casado una sola vez, cuyos hijos sean creyentes, no tachados de libertinaje ni de rebeldía. ⁷ Porque el epíscopo, como administrador de Dios, debe ser irreprochable; no arrogante, no colérico, no bebedor, no violento, no dado a negocios sucios; ⁸ sino hospitalario, amigo del bien, sensato, justo, piadoso, dueño de sí. ⁹ Que esté adherido a la palabra fiel, conforme a la enseñanza, para que sea capaz de exhortar con la sana doctrina y refutar a los que la contradicen.

Contra los falsos doctores.

¹⁰ Porque hay muchos rebeldes, vanos habladores y embaucadores, sobre todo entre los de la circuncisión, ¹¹ a quienes es menester tapar la boca, porque son hombres que trastornan familias enteras, enseñando por torpe ganancia lo que no deben. ¹² Uno de ellos, profeta suyo, dijo*: «Cretenses siempre mentirosos, malas bestias, vientres perezosos.» ¹³ Este testimonio es verdadero. Por tanto repréndeles severamente, a fin de que conserven sana la fe, ¹⁴ y no den oídos a fábulas judaicas, ni a mandamientos de hombres que se apartan de la verdad. ¹⁵ Para los limpios todo es limpio*; mas para los contaminados y no creyentes nada hay limpio, pues su mente y conciencia están contaminadas. ¹⁶ Profesan conocer a Dios, mas con sus obras le niegan; son abominables y rebeldes e incapaces de toda obra buena.

Deberes propios de algunos fieles.

2 ¹ Mas tú enseña lo que es conforme a la sana doctrina; ² que los ancianos sean sobrios, dignos, sensatos, sanos en la fe, en la caridad, en la paciencia, en el sufrimiento; ³ que las ancianas asimismo sean en su porte cual conviene a los santos: no calumniadoras ni esclavas de mucho vino, maestras del bien, ⁴ para que enseñen a las jóvenes a ser amantes de sus maridos y de sus hijos, ⁵ a ser sensatas, castas, hacendosas bondadosas, sumisas a sus maridos, para que no sea injuriada la palabra de Dios. ⁶ Exhorta igualmente a los jóvenes para que sean sensatos* en todo*. ⁷ Muéstrate dechado de bellas obras: pureza de doctrina, dig-

Referencias marginales

- Rm 1 1+
- 1 Tm 2 4
- 2 Tm 2 25; 3 7
- Nm 23 19+
- 2 Tm 2 13
- Hch 1 7+
- Rm 3 26
- 1 Tm 1 1+. 11
- 2 Co 2 13+
- Hch 27 8s
- 1 Tm 3 2-7
- Pr 28 7
- 1 Tm 3 1s
- 2 Tm 2 24
- 1 P 5 2
- 1 Tm 1 10+
- 1 Tm 4 1
- 2 Tm 3 13
- 2 Tm 3 6
- 1 Tm 6 10
- 1 Tm 1 10; 1 4+
- 1 Tm 4 4
- 1 Tm 1 10+
- 1 Tm 5 1-2
- 1 Co 13 13+
- Col 3 18
- Ef 5 22
- 1 Tm 2 12
- 1 Tm 6 1
- 1 Tm 4 12; 5 10

---

1 Este sobrescrito, vv. 1-3, condensa toda una teología de la salvación y del apostolado.

1 5 (a) Pablo habitualmente pone los fundamentos de la evangelización, y deja a otros el cuidado de completarla, ver 1 Co 1 17; 3 6.10; Col 1 7+; Rm 15 23+.

1 5 (b) Conforme a una costumbre heredada del antiguo Israel (Ex 18 13s; Nm 11 16; Jos 8 10; 1 S 16 4; Is 9 14; Ez 8 1.11, etc), y del Judaísmo (Esd 5 5; 10 14; Jdt 6 16; Lc 7 3; 22 66; Hch 4 5, etc; Josefo, Filón, etc.), las primeras comunidades cristianas, tanto en Jerusalén (Hch 11 30; 15 2s; 21 18) como en la Dispersión (Hch 14 23; 20 17; Tt 1 5; 1 P 5 1), tenían al frente un colegio de «presbíteros», ancianos (sentido etimológico) o notables. Los «epíscopos» (etim. «vigilantes», ver Hch 20 28) —término que no equivale todavía al actual de «obispos»— aparecen relacionados con los «diáconos» (Flp 1 1; 1 Tm 3 1-13; Padres Apostólicos), en algunos textos parecen (Tt 1 5-7; Hch 20 17.28) prácticamente idénticos a los «presbíteros». Con todo, su título, que se encuentra en el mundo griego, pero puede ser también de origen semítico (ver el *Mebaqquer* de los Esenios; ver ya Nm 4 16; 31 14; Jc 9 28; 2 R 11 15.18;

12 11, etc.), más bien designa una función, un oficio, mientras que el de «presbítero» connota un estado, una dignidad. Puede ser que los epíscopos fueran designados, por turno quizá, en el colegio de los presbíteros para ejercer determinadas actividades, ver 1 Tm 5 17. De todos modos, los presbíteros y epíscopos cristianos, no sólo eran encargados de la administración temporal, sino también de la enseñanza, 1 Tm 3 2; 5 17; Tt 1 9, y del gobierno, 1 Tm 3 5; Tt 1 7, establecidos por los Apóstoles, Hch 14 23, o por sus representantes, Tt 1 5, mediante la imposición de manos, 1 Tm 5 22; ver 1 Tm 4 14+; 2 Tm 1 6.

1 12 Cita, al menos en las primeras palabras, del poeta cretense Epiménides de Cnosos (siglo VI).

1 15 Dicho proverbial que adquiere un matiz cristiano, Mt 15 10-20p; Rm 14 14-23; ver Jn 13 10+; Hb 9 10; etc.

2 6 (a) Esta consigna de mesura y de reserva que aquí se dirige a los jóvenes, en algunos otros lugares se dirige a todos, vv. 5.12; 1 Tm 2 9.15; 3 2.

2 6 (b) «en todo» puede también referirse al comienzo del v. 7: «Muéstrate en todo».

1 Tm 1 10+
1 Tm 5 14+

1 Tm 6 1

Flm 18-19

1 Tm 6 1-2

nidad, ⁸ palabra sana, intachable, para que el adversario se avergüence, no teniendo nada malo que decir de nosotros. ⁹ Que los esclavos estén sometidos en todo a sus dueños, que sean complacientes y no les contradigan; ¹⁰ que no les defrauden, antes bien muestren una fidelidad perfecta para honrar en todo la doctrina de Dios nuestro Salvador.

Fundamento dogmático de estas exigencias.

3 4

¹¹ Porque se ha manifestado* la gracia salvadora de Dios a todos los hombres,

1 Jn 2 16

¹² que nos enseña a que, renunciando a la impiedad y a las pasiones mundanas, vivamos con sensatez, justicia y piedad en el tiempo presente, ¹³ aguardando la feliz esperanza y la Manifestación de la gloria del gran Dios y Salvador* nuestro Jesucristo; ¹⁴ el cual se entregó por nosotros a fin de *rescatarnos de toda iniquidad y purificar para sí un pueblo que fuese suyo,* deseoso de bellas obras.

1 Tm 1 1+
2 Tm 2 6+
Sal 130 8
Rm 3 24+
Ex 19 5
Dt 7 6+
Ef 5 25s

1 Tm 4 12

¹⁵ Así has de enseñar, exhortar y reprender con toda autoridad. Que nadie te menosprecie.

Deberes generales de los fieles.

1 Tm 2 2+
Rm 13 1-7
1 P 2 13-14

1 Ts 3 12
Flp 4 5

Ef 2 3-10
Rm 1 29+

3 ¹ Amonéstales que vivan sumisos a los magistrados y a las autoridades, que les obedezcan y estén prontos para toda obra buena; ² que no injurien a nadie, que no sean pendencieros sino apacibles, mostrando una perfecta mansedumbre con todos los hombres. ³ Pues también nosotros fuimos en algún tiempo insensatos, desobedientes, descarriados, esclavos de toda suerte de pasiones y placeres, viviendo en malicia y aborrecibles y odiándonos unos a otros.

⁴ Mas cuando se manifestó la bondad de Dios nuestro Salvador y su amor a los hombres, ⁵ él nos salvó, no por obras de justicia que hubiésemos hecho nosotros, sino según su misericordia, por medio del baño de regeneración y de renovación del Espíritu Santo, ⁶ que derramó sobre nosotros con largueza por medio de Jesucristo nuestro Salvador, ⁷ para que, justificados por su gracia, fuésemos constituidos herederos, en esperanza, de vida eterna*.

Rm 3 21-26
1 Co 6 11
Tt 2 11
1 Tm 1 1+
2 Tm 1 9
Ef 5 26
Jn 3 3.5.8
Rm 6 4+;
5 5; 7 6
Ef 4 23s

1 Tm 1 1+
Rm 3 24

Rm 8 17.24

Consejos particulares a Tito.

⁸ Es cierta esta afirmación, y quiero que en esto te mantengas firme, para que los que creen en Dios traten de sobresalir en la práctica de las bellas obras. Esto es hermoso y útil para los hombres.

1 Tm 1 15+

1 Tm 5 10

⁹ Evita discusiones necias, genealogías, contiendas y disputas sobre la Ley, porque son inútiles y vanas. ¹⁰ Al sectario*, después de una y otra amonestación, rehúyele; ¹¹ ya sabes que ése está pervertido y peca, condenado por su propia sentencia.

1 Tm 1 4+

Mt 18 15-17p

Recomendaciones prácticas. Saludo final.

¹² Cuando te envíe a Artemas o a Tíquico, date prisa en venir a mi encuentro, a Nicópolis, porque he pensado pasar allí el invierno. ¹³ Cuida de proveer de todo lo necesario para el viaje a Zenón, el perito en la ley, y a Apolo, de modo que nada les falte. ¹⁴ Que aprendan también los nuestros a sobresalir en las bellas obras, atendiendo a las necesidades urgentes*, para que no sean unos inútiles.

Hch 20 4+
2 Tm 4 12

Hch 18 24+

1 Tm 5 10

¹⁵ Te saludan todos los que están conmigo. Saluda a los que nos aman en la fe. La gracia* con todos vosotros.

---

2 11 La gracia, misericordia eficaz de Dios, Os 2 2+; 1 Co 1 4+, y su bondad, su amor de los hombres, 3 4, se han «manifestado», como preludio de «la Manifestación», v. 13; 1 Tm 6 14+. De nuevo (ver 1 1-3), aquí vv. 11-14 y 3 4-7, dos exposiciones muy densas de la obra de salvación, de sus efectos y exigencias. La liturgia de Navidad utiliza estos dos pasajes.
2 13 Clara afirmación de la divinidad de Cristo, ver Rm 9 5+: al «Salvador» también se le llama el «gran Dios», ver 1 Tm 1 1+.
3 7 Los efectos del bautismo: nuevo nacimiento, justificación por la gracia de Cristo, comunicación del Espíritu Santo, ver Rm 5 5+, derecho a la herencia de la

vida eterna, cuya prenda es el don del Espíritu, ver 2 Co 1 22.
3 10 Lit.: «al hombre hereje», etim. el que ha hecho una elección. En la Biblia, sólo aquí figura esta palabra. Está tomada de la terminología de las escuelas filosóficas de la época. En el lenguaje cristiano, la «herejía», ver 1 Co 11 19; Ga 5 20, es una elección hecha de entre las verdades de la fe, y que engendra separatismo y división. En cuanto al procedimiento prescrito por Pablo, ver 1 Co 5 5+.
3 14 O: «necesidades de esta vida».
3 15 Adic. (T. occ.): «del Señor», o (Vulg.): «de Dios». —Vulg. añade al fin: «Amén».

EPÍSTOLA A FILEMÓN

Rm 1+

Saludo.

Ef 3 1
Col 4 18
Hch 16 1+

Col 4 17
2 Tm 2 3
Rm 16 5+

[1] Pablo, prisionero de Cristo Jesús, y Timoteo, el hermano, a nuestro querido amigo y colaborador Filemón, [2] a la hermana* Apfia, a nuestro compañero de armas, Arquipo, y a la iglesia que se reúne en tu casa. [3] Gracia y paz a vosotros de parte de Dios, nuestro Padre, y del Señor Jesucristo.

‖Ef 1 15-16
‖Col 1 3s

Acción de gracias y ruego.

1 Co 13 13+

Hch 9 13+

Flp 1 9-11
Col 1 9-11

2 Jn 4-6

[4] Doy gracias sin cesar a mi Dios, recordándote en mis oraciones, [5] pues tengo noticia de tu caridad y de tu fe para con el Señor Jesús y para bien de todos los santos, [6] a fin de que tu participación en la fe se haga eficiente* mediante el conocimiento perfecto de todo el bien que hay en nosotros en orden a Cristo. [7] Pues tuve gran alegría y consuelo a causa de tu caridad, por el alivio que los corazones de los santos han recibido de ti, hermano.

Intercesión en favor de Onésimo.

2 Co 8 8;
9 7

[8] Por lo cual, aunque tengo en Cristo bastante libertad para mandarte lo que conviene, [9] prefiero más bien rogarte en nombre de la caridad, yo, este Pablo ya anciano*, y además ahora preso de Cristo Jesús. [10] Te ruego en favor de mi hijo, a quien engendré* entre cadenas, Onésimo, [11] que en otro tiempo te fue inútil, pero ahora muy útil para ti y para mí*. [12] Te lo devuelvo, a éste, mi propio corazón*. [13] Yo querría retenerle conmigo,

para que me sirviera en tu lugar, en estas cadenas por el Evangelio; [14] mas, sin consultarte, no he querido hacer nada, para que esta buena acción tuya no fuera forzada sino voluntaria. [15] Pues tal vez fue alejado de ti* por algún tiempo, precisamente para que lo recuperaras para siempre, [16] y no como esclavo, sino como algo mejor que un esclavo, como un hermano querido, que, siéndolo mucho para mí, ¡cuánto más lo será para ti. no sólo como amo, sino también en el Señor*!. [17] Por tanto, si me tienes como algo unido a ti, acógele como a mí mismo. [18] Y si en algo te perjudicó o algo te debe*, ponlo a mi cuenta. [19] Yo mismo, Pablo, lo firmo con mi puño; yo te lo pagaré... Por no recordarte deudas para conmigo, pues tú* mismo te me debes. [20] Sí, hermano, hazme este favor en el Señor. ¡Alivia mi corazón en Cristo! [21] Te escribo confiado en tu docilidad*, seguro de que harás más de lo que te pido.

2 Co 9 7

Col 3 22 -
4 1
Ef 6 5-9
Rm 6 15+

Col 4 18+

Rm 15 27
1 Co 9 11

Recomendaciones y saludos.

[22] Y al mismo tiempo, prepárame hospedaje; pues espero que por vuestras oraciones se os concederá la gracia de mi presencia.

[23] Te saludan Epafras, mi compañero de cautiverio en Cristo Jesús, [24] Marcos, Aristarco, Demas y Lucas, mis colaboradores. [25] La gracia del Señor Jesucristo con vuestro espíritu*.

Col 4 10+

---

2 Var.:«nuestra amada», o «nuestra amada hermana».
6 Es decir, el sentido de la comunión con Cristo y con los hermanos en Cristo, ver 1 Co 1 9+, que la fe infunde y fomenta en el corazón del fiel. De esta fe, penetrada de caridad, v. 5, ver Ga 5 6+, Pablo espera una orientación práctica de la vida moral y caritativa.
9 El término que usa Pablo situaría su edad entre los 50 y los 60.
10 Convirtiéndole a la fe, ver 1 Co 4 15; Ga 4 19.
11 Juego de palabras sobre el nombre de Onésimo, que quiere decir *útil*. Ver Flp 4 3.
12 «a éste», var. (Vulg.): «mas tú recíbele como a mi propio corazón», ver v. 17.
15 Alejado por Dios, que permitió la fuga del esclavo para bien final de todos.

16 A los lazos naturales en la *carne* (sentido literal del griego, ver Rm 7 7+) entre el esclavo y el amo, se añaden ahora los lazos *en el Señor*. Sin dejar de ser esclavo, ver 1 Co 7 20-24, aunque Pablo sugiere a Filemón que le ponga en libertad vv. 14-16 21, en adelante, Onésimo será para Filemón como un hermano. Ante el único Señor de los cielos, Ef 6 9, ya no hay amo ni esclavo, 1 Co 12 13; Col 3 22-25
18 Parece que el esclavo fugitivo había robado también a su dueño.
19 Por tanto, también Filemón había sido convertido por Pablo.
21 Lit.: «obediencia», no a Pablo, v. 8, sino, en sentido más profundo, a las exigencias de la fe.
25 Adic.:«Amén», ver Flp 4 23.

EPÍSTOLA A LOS HEBREOS

Introducción

A diferencia de todas las anteriores, la autenticidad de la epístola a los Hebreos ha sido, desde antiguo, motivo de discusión. Rara vez se ha impugnado su canonicidad, pero la Iglesia de Occidente se negó a atribuírsela a Pablo hasta fines del siglo IV; y si bien la de Oriente aceptó esta atribución, no lo hizo sin reservas respecto de su forma literaria (Clemente de Alejandría, Orígenes). Y es que, en realidad, el lenguaje y el estilo de este escrito tienen una elegante pureza no habitual en San Pablo. No es suyo el modo de citar y utilizar el AT. Faltan el saludo y la introducción con que suele comenzar sus cartas.

Sin embargo resuena en ella el pensamiento paulino, sobre todo cuando desarrolla temas como la fe; la Ley antigua otorgada por mediación de ángeles, 2 2; ver Ga 3 19+; la prevaricación de la generación salida de Egipto y que muere durante la travesía del desierto como una advertencia para los creyentes, 3 7 - 4 2; ver 1 Co 10 1-3; los destinatarios, como niños que tienen necesidad de la leche materna, 5 12; ver 1 Co 3 1-13; 1 P 2 2; Abrahán, modelo de la fe, 6 12-15; 11 19; ver Rm 4 17-21; la alianza del Sinaí, contrapuesta a la de la nueva Jerusalén, 12 18-24; ver Ga 4 24-26, etc. El saludo final cita a Timoteo y el lenguaje del mismo recuerda a veces las epístolas pastorales y las de la cautividad.

Estas consideraciones han hecho pensar a muchos críticos católicos y protestantes en un redactor que avanza dentro de la línea paulina, sin llegar a la unanimidad a la hora de identificar a este autor anónimo. Se han propuesto diversos nombres, como Bernabé, Aristión, Silas, Apolo, Priscila, etc. Resulta más sencillo caracterizar su personalidad: es un judío de cultura helénica, familiarizado con el arte oratorio, preocupado por una interpretación puntual de los pasajes del AT que utiliza para apoyar su argumentación, y que cita normalmente según la versión de los LXX.

Tampoco hay datos que señalen el lugar y la fecha de composición, o los destinatarios. Parece que el escrito fue enviado desde Italia, 13 24+ (pero la frase no es clara) y que fue redactado antes de la destrucción de Jerusalén. Aunque habla efec-

tivamente de la liturgia veterotestamentaria como de una realidad actual, 8 4s; 13 10, no alude nunca al Templo destruido por Tito en el 70 d.C., sino que se refiere siempre a la Tienda del desierto y a los textos que la describen, vigentes más allá de las vicisitudes históricas que afectaron al santuario. Incluso la resonancia de algunos pasajes de Hb 1 1-13 en la Primera Carta de Clemente —acéptese o no la hipótesis de un fondo común de las referencias bíblicas— no aporta ninguna utilidad, teniendo en cuenta las dificultades de datación para el escrito clementino. Hb alude luego a una persecución ya pasada, 10 32-34, o a punto de terminar, 13 3; pero estos indicios son demasiado endebles para fijar una fecha concreta. Por el contrario, un dato seguro es la distancia que media entre la predicación apostólica, 2 3-4, y el primer anuncio recibido por los mismos destinatarios a través de los «guías» que tampoco son identificados, 13 7+; ver 10 32. Hb reserva el título de «apóstol» a Cristo, 3 1+.

La principal preocupación del autor parece ser la de prevenir contra el peligro de la apostasía, 6 4-8; 10 19-39, y animar a los que tal vez añoraban el culto mosaico y el sesgo tranquilizante —incluso en el aspecto psicológico— de una religión oficial que las jóvenes comunidades cristianas no parecían compartir, 13 9b-10. Según esto podemos pensar que los destinatarios eran Hebreos convertidos que vivían en ambiente helénico, o bien gentiles fascinados por el culto hebreo, a semejanza de los lectores a los que se dirige Filón de Alejandría. Lo cierto es que se trataba de personas familiarizadas —a través de la catequesis o de la exégesis judía contemporánea— con cierta jerga técnica basada en la lectura de los LXX (ver 5 10+; 7 11), o también con algunas interpretaciones tradicionales, 7 1-3+; 11 17-19+. No se puede afirmar lo mismo en lo referente al Templo: las descripciones de lugares y ritos son abundantes, pero no siempre precisas, ver 9 1-4+; 13 21; 10 11+.

Tampoco hay acuerdo sobre el género literario de Hb: ¿carta, discurso, tratado en forma epistolar? La epístola tiene, en realidad, la espontaneidad de un lenguaje hablado (p.e. 2 5; 7 4; 9 5; 11 32); pero con cortes súbitos, **3** *1;* **8** *1;* **10** *1;* **13** *1,* repeticiones, **2** *1-4* y **12** *25;* **2** *17-18* y **4** *14-16;* **6** *4-8* y **10** *26-31,* y, sobre todo, retornos al tema principal después de largos intervalos, mal encajados dentro del contexto, **4** *4-16;* **5** *9-10;* **6** *20;* **8** *1-2;* **9** *11;* **10** *19-23.* Todo esto no cuadra bien con el género de una homilía que debía mantener atentos a los oyentes del principio al fin. Además, la disposición casi concéntrica de los temas cuadra menos con el género de un discurso: parece que se habla del sacerdocio y del sacrificio de Cristo en un pasaje central, **7** *1 -* **10** *8;* de la perseverancia en la fe, en dos pasajes simétricos, **3** *1 - 4 14* y **10** *19 -* **12** *13,* enmarcados por dos discursos, uno sobre los ángeles, **1** *5 -* **2** *18,* y otro, que es una exhortación con rasgos apocalípticos, **12** *14 -* **13** *19.* ¡No habría oyente que lo siguiera!

De todos modos se pueden reconocer dos líneas de argumentación. La primera arranca de la exégesis cristológica del Sal **8** en **2** *5-8,* se prolonga en **5** *1-10,* para alcanzar su pleno desarrollo en **7** *1-28;* **10** *1-18,* enriquecido con una exhortación (**10** *26-36* y **12** *14-17),* que concluye en **13** *20-21.* Esta primera línea trata específicamente del sacerdocio de Cristo. La segunda línea desarrolla el tema de la fe, siguiendo el ejemplo del pueblo del Éxodo, y se reconoce principalmente en **1** *1-3;* **2** *1-4;* **3** *1-4.14;* **10** *36 -* **12** *3;* **12** *18-25.* En el desarrollo de este tema se concentran los rasgos más relevantes de inspiración paulina. La inserción (ver **13** *1 +)* de los capítulos **8** y **9,** que interrumpe la secuencia entre **7** *28* y **10** *1 +,* (que contiene duplicados con **10** *1-18,* relacionados con el tema de las repeticiones, aludidas anteriormente), puede considerarse como un desarrollo complementario de la primera línea de argumentación.

Estas dos homilías, escritas probablemente para ser pronunciadas, fueron fundidas en la última etapa redaccional en que se reagruparon las exhortaciones al final del texto. En esta etapa se intercalaron los cap. **8-9,** las repeticiones, y la recapitulación de **13** *9b-15.* En realidad, cualquiera de estas subdivisiones tiene su punto de arbitrariedad; no obstante, se seguirá esta última en la presentación de la traducción del texto.

En la primera homilía, el autor concibe la revelación bíblica como un «continuum» (**1** *1-2)* en cuatro tiempos: el tiempo de los Patriarcas y de las promesas (**6** *13-18);* el tiempo de la Ley, «sombra» (**8** *5;* **10** *1)* y realización «carnal» (**7** *16);* la renovación de las promesas por medio de David y los Profetas (**4** *7;* **7** *28;* **8** *7-13;* la «imagen» de **10** *1);* y finalmente la era escatológica, el «hoy» (**4** *7),* inaugurado por Cristo, y en el que estamos también nosotros (**11** *39-40).* El autor esboza las líneas de este tiempo a partir de una concepción del universo constituido en dos planos: los «eones», el universo inmanente que nosotros todavía no vemos sometido a Cristo (**2** *8),* y el universo divino, fundamento de la realidad, según la mentalidad helenista y según algunas corrientes de la apocalíptica judía, en el que Jesús es situado como rey (**1** *6)* y como sacerdote después de haber sido liberado del poder de la muerte (**5** *7;* **13** *20).* Una elaboración posterior (cap. **8-9)** presenta el sacerdocio eterno de Cristo enlazado con el ofrecimiento de sí mismo realizado durante su vida. Esto le permite al creyente acercarse a Dios con plena confianza, sin mediación humana.

La vida del fiel, en realidad, debe ser considerada como un éxodo continuo hacia la patria prometida (**4** *1-6)* que no puede identificarse con ningún lugar terrestre (**4** *8;* **11** *13;* **13** *14).*

Esta afirmación, que no es intrascendente para los hebreos —incluso los helenizados— que están viviendo entre dos rebeliones judías (64-135 d.C.), debe integrarse con la idea de que la existencia terrestre, vivida en la obediencia a Cristo (**5** *9),* precursor y guía de la salvación (**6** *20;* **2** *10),* es ella misma una liturgia (**13** *15-16).*

EPÍSTOLA A LOS HEBREOS

Prólogo

Títulos del Hijo de Dios encarnado.

Ga 4 4+
1 Tm 4 1+
Jn 1 18+
Jn 10 34+
Mt 4 3+
Sb 7 22+

1 ¹ Muchas veces y de muchas maneras habló Dios en el pasado a nuestros Padres por medio de los Profetas. ² En estos últimos tiempos* nos ha hablado por medio del Hijo* a quien instituyó heredero de todo*, por quien también hizo el universo*; ³ el cual, siendo resplandor de su gloria e impronta de su sustancia*, y el que sostiene todo con su palabra poderosa, llevada a cabo la purificación de los pecados, se sentó a la diestra de la Majestad en las alturas, ⁴ con una superioridad sobre los ángeles tanto mayor cuanto más excelente es el nombre que ha heredado.

Col 1 15+.
17

Ef 1 7
Col 1 14
Hch 2 33+

Flp 2 9-11+

El Hijo

Sal 2 7
Hch 13 33+
2 S 7 14+

Col 1 15+
Dt 32 43
Sal 97 7
Sal 104 4

Sal 45 7-8

Sal 102
26-28

⁵ En efecto, ¿a qué ángel dijo alguna vez: *Hijo mío eres tú; yo te he engendrado hoy*; y también: *Yo seré para él un padre, y él será para mí un hijo?* ⁶ Y nuevamente al introducir a su Primogénito en el mundo* dice: *Y adórenle todos los ángeles de Dios.* ⁷ Y de los ángeles dice: *Hace de los vientos sus ángeles, y de las llamas de fuego sus ministros*.* ⁸ Pero del Hijo: *Tu trono, ¡oh Dios!, por los siglos de los siglos*; y: *El cetro de tu realeza*, cetro de equidad.* ⁹ *Amaste la justicia y aborreciste la iniquidad; por eso te ungió, ¡oh Dios!, tu Dios con óleo de alegría entre tus compañeros*.* ¹⁰ Y también: *Tú al comienzo, ¡oh Señor!, pusiste los cimientos de la tierra, y obra de tu mano son los cielos.* ¹¹ *Ellos perecerán, mas tú permaneces; todos como un vestido envejecerán;* ¹² como *un manto los enrollarás, como un vestido, y serán cambiados. Pero tú eres el mismo y tus años no tendrán fin.* ¹³ Y ¿a qué ángel dijo alguna vez: *Siéntate a mi diestra, hasta que ponga a tus enemigos por escabel de tus pies?* ¹⁴ ¿Es que no son todos ellos espíritus servidores con la misión de asistir a los que han de heredar la salvación*?

Sal 110 1
Hch 2 33-
35+
Tb 5 4+
Mt 4 11;
18 10; 26 53
Lc 1 26

Exhortación.

2 P 3 17

2 ¹ Por tanto*, es preciso que prestemos mayor atención a lo que hemos oído, para que no nos extraviemos. ² Pues si la palabra promulgada por medio de ángeles* obtuvo tal firmeza que toda transgresión y desobediencia recibió justa retribución, ³ ¿cómo saldremos absuel-

Hch 7 38.
53+
Ga 3 19+;
4 3+

---

1 2 (a) Lit.: «en lo último de estos días», «al fin del *eón* presente». Al cumplirse el tiempo, Mc 1 15+; Ga 4 4+, comienzan los últimos tiempos o los últimos días, Hch 2 17 (Jl 3 1); 1 P 1 20; ver 2 Tm 3 1; 2 P 3 3; 1 Jn 2 18; Judas 18.

1 2 (b) Después de los profetas Dios envía a un mensajero que ya no es un portavoz como los otros, es el «Hijo», ver Mc 12 2-6; Rm 1 4+.

1 2 (c) La filiación implica el derecho a la herencia, ver Mt 21 38; Ga 4 7. Pero aquí, el dar la posesión de todas las cosas se atribuye a la iniciativa de Dios, en el momento de la glorificación, según la ley dinástica, 1 R 1 20+.

1 2 (d) Lit.: *eones*. La expresión designa al *mundo*, pero también a las dos épocas o dimensiones del universo en la terminología del NT: el tiempo actual, *eón* presente, y la eternidad, *eón* futuro, que para nosotros está por venir, pero ya existe en el «espacio» de Dios (Ver 5 6; 6 20; 7 17.21.28).

1 3 Estas dos metáforas tomadas de la teología alejandrina sobre la Sabiduría y el Logos, Sb 7 25-26, expresan a la vez la identidad de naturaleza entre el Padre y el Hijo y la distinción de personas. El Hijo es el *resplandor* o el *reflejo* de la gloria luminosa (ver Ex 24 16+) del Padre *Luz de luz*. Y es la *imagen*, ver Col 1 15+, de su esencia, como la exacta *impronta* que deja un sello, ver Jn 14 9.

1 6 Se trata de la *oikoumenê* eterna, 2 5; 12 22, y no del *kosmos* presente, 10 5. Dios había pronunciado estas palabras en el momento de la entronización del Hijo en la gloria, ver v. 3; 2 5; Ef 1 20-21; Flp 2 9-10. «Primogénito» es título de honor, Col 1 15.18; Ap 1 5.

1 7 Siguiendo a los LXX, el autor ve en este texto una descripción de la naturaleza de los ángeles, sutil, mudable, y por lo mismo inferior a la del Hijo inmutable sobre su trono.

1 8 Var.: «su realeza», ver Sal 45 LXX.

1 9 La divinidad, que el Sal atribuye hiperbólicamente, según la costumbre oriental a rey, se atribuye aquí en sentido propio y eminente a Jesús-Mesías, v. 3. Cristo Dios disfruta de un reino eterno.

1 14 En contraposición al Hijo, los ángeles sólo son servidores, v. 7, que colaboran en la salvación de los hombres.

2 1 Si es Dios mismo quien habla a los hombres por su Hijo que los salva y a quien sirven los ángeles, ¿podrían negar importancia a esta economía?

2 2 La Ley mosaica, transmitida por medio de los ángeles, ver Ga 3 19+, y sancionada con severas penas.

Hch 10 37

tos nosotros si descuidamos tan grande salvación? La cual comenzó a ser anunciada por el Señor, y nos fue luego confirmada por quienes la oyeron, ⁴ testificando también Dios con signos y prodigios, con toda suerte de milagros y dones del Espíritu Santo repartidos según su voluntad.

Hch 1 8+

El sacerdocio de Cristo

Base bíblica: Salmo 8.

Col 2 15+

⁵ En efecto, Dios no sometió a los ángeles el mundo venidero del cual estamos hablando. ⁶ Pues atestiguó alguien en algún lugar: *¿Qué es el hombre, para que te acuerdes de él? ¿O el hijo del hombre*, para que de él te preocupes?* ⁷ *Lo hiciste por un poco inferior a los ángeles; de gloria y honor lo coronaste.* ⁸ *Todo lo sometiste bajo sus pies.* Al *someterle todo,* nada dejó que no le estuviera sometido. Mas al presente, no vemos todavía que *le esté sometido todo**. ⁹ Pero a aquel que *fue hecho inferior a los ángeles por un poco,* a Jesús, le vemos *coronado de gloria y honor* por haber padecido la muerte*, pues por la gracia de Dios* gustó la muerte para bien de todos.

Sal 8 5-7
LXX

1 Co 15 25
Ef 1 20-23
Flp 3 21

Flp 2 6-11

Rm 11 36
1 Co 8 6

5 9+
Hch 3 15+
Jn 17 19

¹⁰ Convenía, en verdad, que Aquel por quien es todo y para quien es todo, llevara muchos hijos a la gloria, perfeccionando mediante el sufrimiento al que iba a guiarlos a la salvación*. ¹¹ Pues santificador y santificados tienen todos el mismo origen*. Por eso no se avergüenza de llamarlos *hermanos* ¹² cuando dice: *Anunciaré tu nombre a mis hermanos; en medio de la asamblea te alabaré.* Y también: ¹³ *En él pondré yo mi confianza.* Y nuevamente: *Henos aquí, a mí y a los hijos que Dios me ha dado.*

Sal 22 23
Jn 17 6

Is 8 17

Is 8 18

¹⁴ Por tanto, como los *hijos* comparten la sangre y la carne, así también compartió él las mismas, para reducir a la impotencia mediante su muerte al que tenía el dominio sobre la muerte, es decir, al diablo*, ¹⁵ y liberar* a los que, por temor a la muerte, estaban de por vida sometidos a esclavitud. ¹⁶ Porque, ciertamente, no es a los ángeles a quienes tiende una mano, sino a la *descendencia de Abrahán*. ¹⁷ Por eso tuvo que asemejarse en todo a sus *hermanos,* para ser un sumo sacerdote misericordioso y fiel en lo que toca a Dios, y expiar los pecados del pueblo. ¹⁸ Pues, habiendo pasado él la prueba del sufrimiento, puede ayudar a los que la están pasando.

Mt 16 17+

Jn 12 31+
Rm 5 12s

Is 41 8-9

Rm 8 3.29
3 1+; 4 15;
5 7
Rm 3 25
1 Jn 2 2; 4 10
Mt 4+
1 Co 10 13+

---

2 6   La expresión «hijo del hombre» que se lee en el Sal 8 5 permite la aplicación del salmo a Jesús en tres tiempos: él ha sido «por poco (tiempo)» inferior a los ángeles, después de la muerte ha sido «coronado», al fin de los tiempos dominará sobre todo.

2 8   Los primeros cristianos, despreciados y perseguidos, esperan aún el advenimiento del Reino de Dios sobre la tierra, 2 P 3 4. Pero Cristo ha entrado ya en la gloria, aunque su reino militante está todavía en vías de desarrollo; debe derrotar a todos sus enemigos, 1 13, antes de su plena y triunfante consumación, 1 Co 15 25; Ef 1 21-22; Flp 3 20-21.

2 9   (a) La coronación «de gloria y honor» implica, o la proclamación regia, o bien la consagración sacerdotal, 5 4-5.

2 9   (b) «por la gracia de Dios»: var., con pocos testigos: «excepto Dios». Se trata sin duda de una glosa, tal vez para subrayar la impasibilidad de la divinidad de Cristo: Jesús sufrió sólo como hombre; o alude al grito de Jesús en la cruz, Mt 27 46. Finalmente, puede entenderse que Cristo sufrió por todos, excepto por Dios, ver 1 Co 15 27.

2 10   Los sufrimientos y la muerte de Cristo, en cumplimiento de la voluntad del Padre, hacen perfecto a Cristo en cuanto Salvador, encargado de introducir a los hombres en la gloria de Dios: 2 17-18; 4 15; 5 2-3. El verbo *perfeccionar, dar cumplimiento,* aparece varias veces en la Epístola para evocar los diversos efectos de la obra de Cristo en la relación del hombre con Dios, 11 40+; pero evoca también el rito de consagración de los sacerdotes: la acción de «llenar las manos (con las víctimas)», Ex 29; Lv 8, que la LXX traduce por «cumplimiento». Este rito habilitaba al sacerdote para comparecer ante la presencia de Dios en el santuario.

2 11   También podría traducirse, según el contexto: «santificador y santificados forman un todo único». Los vv. siguientes insisten en esta comunidad de carne y sangre, que el Hijo de Dios ha querido asumir, v. 14, y por tanto sirven como de introducción al tema esencial de la epístola, el de Cristo sumo sacerdote, v. 17; 5 7+.

2 14   Pecado y muerte son correlativos: ambos proceden de Satanás, cuyo reino se opone al de Cristo.

2 15   Por su victoria sobre la muerte, garantía de la del creyente, 13 20+; Rm 8 11+.

La fe, camino hacia el descanso divino

Cristo superior a Moisés

3 [1] Por tanto, hermanos santos, partícipes de una vocación celestial, considerad al apóstol y sumo sacerdote* de nuestra confesión, a Jesús, [2] que es *fiel* al que le instituyó, como lo fue también *Moisés en toda su casa.* [3] Pues ha sido juzgado digno de una gloria tanto superior a la de Moisés, cuanto la dignidad del constructor de la casa supera a la casa misma. [4] Porque toda casa tiene al constructor; mas el constructor de todo es Dios. [5] Ciertamente, Moisés fue fiel *en toda su casa, como servidor,* para atestiguar cuanto había de anunciarse, [6] pero Cristo lo fue como hijo, al frente de su propia casa, que somos nosotros, si es que mantenemos la confianza y nos gloriamos en la esperanza*.

La entrada en el descanso de Dios.

[7] Por eso, como dice el Espíritu Santo: *Si hoy escucháis su voz,* [8] *no endurezcáis vuestros corazones como cuando le irritaron, el día de la prueba en el desierto,* [9] *cuando vuestros padres me pusieron a prueba y me tentaron, después de haber visto mis obras* [10] *durante cuarenta años. Por eso me irrité contra aquella generación y dije: Siempre andan extraviados sus corazones; no reconocen mis caminos.* [11] *Por eso juré con ira: ¡No entrarán en mi descanso!* [12] ¡Mirad, hermanos!, que no haya en ninguno de vosotros un corazón malo e incrédulo que le aparte del Dios vivo; [13] antes bien, exhortaos unos a otros cada día mientras suene este *hoy,* para que ninguno de vosotros se *endurezca* seducido por el pecado. [14] Somos en verdad compañeros de Cristo, a condición de que mantengamos firme hasta el fin la posición del comienzo.

[15] Al decir: *Si hoy escucháis su voz, no endurezcáis vuestros corazones como cuando le irritaron,* [16] ¿quiénes son los que, *después de haberle oído, le irritaron?* ¿Es que no fueron todos los que salieron de Egipto guiados por Moisés? [17] Y ¿contra quiénes *se idignó durante cuarenta años?* ¿No fue acaso contra los que pecaron, cuyos *cadáveres cayeron en el desierto?* [18] Y ¿a quiénes *juró que no entrarían en su descanso* sino a los que no creyeron? [19] Así, vemos que no pudieron entrar a causa de su incredulidad.

4 [1] Temamos, pues, no sea que, permaneciendo aún en vigor la promesa de *entrar en su descanso*, alguno de vosotros resulte que llegue rezagado. [2] También nosotros hemos recibido la buena nueva, lo mismo que ellos. Pero la palabra que oyeron no les aprovechó, pues no se compenetraron con la fe de los que la escucharon*. [3] De hecho, hemos entrado en el descanso* los que hemos creído, según está dicho: *Por eso juré con ira: ¡No entrarán en mi descanso!* Y eso que las obras de Dios estaban terminadas desde la creación del mundo, [4] pues está dicho en alguna parte acerca del día séptimo: *Y descansó Dios el día séptimo de todas sus obras.* [5] Y también en el mismo lugar: *¡No entrarán en mi descanso!* [6] Así pues, ya que quedan algunos por entrar en él, y que los primeros en recibir la buena nueva no entraron a causa de su desobediencia, [7] señala otro día, *hoy,* diciendo por David mucho después en el lugar citado *Si hoy escucháis su voz, no endurezcáis vuestros corazones...* [8] Porque si Josué les hubiera dado el descanso, no se hablaría más tarde de otro día. [9] Por tanto queda un descanso sabático para el pueblo de Dios.

Notas marginales

11 16; 12 22
Ef 1 18
Flp 3 14
Hb 4 14;
10 23
Nm 12 7
LXX
2 Co 3 7s

Hch 7 20-
44+
Jn 1 21+

1 2+
Jn 8 35
1 Co 3 9
Ef 2 19s
1 Tm 3 15

Sal 95 7-11

Nm 14 21-23

2 Ts 2 3+
10 25

2 Ts 2 10

Nm 14 29
1 Co 10 5

1 Co 10 1-13

Sal 95 11

Gn 2 2

Sal 95 11

Sal 95 7s

Dt 31 7
Jos 22 4

---

3 1   Cristo es *apóstol,* es decir, *enviado* por Dios a los hombres, ver Jn 3 17+. 34; 5 36; 9 7; Rm 1 1+; 8 3; Ga 4 4+, y sumo sacerdote, que representa a los hombres ante Dios, ver 2 17; 4 14+; 5 5. 10; 6 20; 7 26; 8 1; 9 11; 10 21.
3 2   En el contexto, a pesar de la construcción con dativo, «fiel» significa «digno de fe», ver 1 Cro 17 14 LXX.
3 6   Adic.: «firme hasta el fin», ver v. 14, que es quizá un duplicado redaccional, para reanudar el discurso después de la cita de Sal 95 7-11, recordado por la repetición de su inicio en el v. 15.
4 1   Según un lugar común de la predicación primitiva, 1 Co 10 1-10; 2 P 1 12; Judas 5, Hb describe el fracaso de la generación salida de Egipto comparando Sal 95 con Nm 14. No fue sólo la generación del Éxodo, incrédula a la palabra de Dios, la que no entró en la tie-

rra prometida; tampoco entraron en Canaán después de Josué, v. 8, ya que David mucho tiempo después de estos hechos, v. 7, debe repetir la promesa, Sal 95. Éste es el esquema de interpretación de AT típico de Hb, ver 7 28; 8 7: si los profetas y el salmista tienen que reiterar las promesas antiguas, es porque la primera alianza, contenida en la ley, se ha mostrado neficaz.
4 2   Por ejemplo, Josué y Caleb, ver Nm 13-14. –Var.: «la palabra que oyeron... no estaba unida a la fe en las cosas que habían escuchado».
4 3   Al relacionar el Sal 95 11, «mi descanso», con Gn 2 2, donde la palabra «descanso» sirve para describir el estado de Dios al terminar la obra de la creación, el autor deduce que la promesa del salmo se refiere a la entrada en el «espacio» divino, inaugurado por Cristo, 10 20.

Ap 14 13
[10] Pues quien *entra en su descanso*, también él *descansa de sus trabajos*, como Dios de los suyos. [11] Esforcémonos, pues, por *entrar en ese descanso*, para que nadie caiga imitando aquella desobediencia.

1 P 1 23
Is 49 2
Ap 1 16
Ef 6 17
1 Ts 5 23+
1 Co 15 44+
Rm 1 9+
Jn 12 48
Jb 34 21-22
Sb 1 6
[12] Pues, viva es la palabra de Dios* y eficaz, y más cortante que espada alguna de dos filos. Penetra hasta la división entre alma y espíritu, articulaciones y médulas; y discierne sentimientos y pensamientos del corazón. [13] No hay criatura invisible para ella: todo está desnudo y patente a los ojos de Aquel a quien hemos de dar cuenta.

Retorno al tema sacerdotal.

[14] Teniendo, pues, un gran sumo sacerdote, que penetró los cielos* —Jesús, el Hijo de Dios— mantengamos nuestra confesión de fe. [15] Pues no tenemos un sumo sacerdote que no pueda compadecerse de nuestras flaquezas, ya que ha sido probado en todo como nosotros, excepto en el pecado. [16] Acerquémonos, por tanto, confiadamente al trono de gracia, a fin de alcanzar misericordia y hallar la gracia de un auxilio oportuno.

9 11.24

3 1; 10 23

2 17-18;
5 7+
Jn 8 46
Rm 8 3
2 Co 5 21
Hb 10 19+

El sacerdocio de Cristo

El sacrificio terrestre.

8 3
5 [1] Porque todo sumo sacerdote* es tomado de entre los hombres y está constituido en favor de los hombres en lo que se refiere a Dios para ofrecer dones y sacrificios por los pecados. [2] Es capaz de comprender a ignorantes y extraviados, porque está también él envuelto en flaqueza. [3] Y a causa de la misma debe ofrecer por sus propios pecados lo mismo que por los del pueblo. [4] Y nadie se arroga tal dignidad, si no es llamado por Dios, lo mismo que Aarón.

Lv 9 7; 16 6

Jn 3 27
Ex 28 1

[5] De igual modo, tampoco Cristo se atribuyó el honor de ser sumo sacerdote, sino que lo recibió de quien le dijo: *Hijo mío eres tú; yo te he engendrado hoy.* [6] Como también dice en otro lugar: *Tú eres sacerdote para la eternidad*, *a la manera de Melquisedec.* [7] El cual, habiendo ofrecido en los días de su vida mortal* ruegos y súplicas con poderoso clamor y lágrimas al que podía salvarlo de la muerte, fue escuchado* por su actitud reverente*, [8] y aun siendo Hijo, por los padecimientos aprendió la obediencia; [9] y llegado a la perfección*, se convirtió en causa de salvación eterna para todos los que le obedecen, [10] proclamado por Dios sumo sacerdote *a la manera de Melquisedec*.

Sal 2 7
Sal 110 4

Rm 7 5+
Mt 26 36sp

Flp 2 8

2 10+; 7 28
Jn 17 19
Rm 1 5+

---

4 12　La palabra de Dios transmitida por los profetas y el Hijo, y de la que acaba de utilizarse una expresión en el Sal 95 7-11, es viva y eficaz en los creyentes, 1 Ts 2 13+. Es la palabra que juzga, ver Jn 12 48; Ap 19 13, los impulsos e intenciones secretos del corazón del hombre, «hasta las articulaciones y [hasta las] médulas»; otra traducción: «de las articulaciones, de las médulas».
4 14　Primera mención de los cielos, límite del espacio donde, según la epístola, se desarrolla el oficio sacerdotal de Cristo. Sentado a la derecha de Dios, 1 3; 8 1, pertenece con Dios a las realidades inmutables y definitivas: su sacrificio realizado de una vez para siempre, 7 26-27+, adquiere un valor perfecto y eterno, 8 1-4+; 9 11-12+. 23-24. El objeto de la esperanza cristiana es la realización de esta salvación en la ciudad celeste, 9 28; 12 22-24. En los vv. 14-16 se reanudan, después de la inserción de la homilía sobre el Éxodo, 3 1 - 4 13, los términos de 2 17-18, y de nuevo continuarán en 10 19ss. Estos nexos pueden haberse utilizado para recordar el tema, o tener sencillamente un origen redaccional.
5 1　Se trata de la actividad del sacerdote como sacrificador (ver Lv 1; 4; 9), reservada a Aarón y no a Moisés, que será objeto de una larga exposición. El sacrificio, puesto que está en relación con el pecado, muestra al sacerdote solidario de los hombres en presencia de Dios.
5 6　Lit.: «para el eón». La exégesis que da a *eis ton aiôna* el sentido de «para el eón» [divino], en el que Cristo ha entrado después de su muerte (v. 7), se apoya en el artículo determinado. Es el sentido de la traduc-

ción *para la eternidad.*
5 7　(a) En toda esta sección se pone de relieve la condición humana del sacerdote. Para representar a los hombres, debe ser uno de ellos; para compadecer sus miserias, debe haberlas compartido, ver 2 17-18; 4 15. Pues bien, esta condición humana de *carne*, Rm 7 5+, queda bien probada en Jesús por toda su vida terrena, por su debilidad, v. 2, y sobre todo por su agonía y su muerte. La diferencia capital entre el sumo sacerdote aarónida y Jesús reside en el hecho de que el primero, mediante una serie de abstenciones que lo mantienen separado, Lv 21 10-23, es solidario con su pueblo sólo en el pecado, v. 3, mientras que Cristo es plenamente *laico* desde dicha perspectiva aarónida, pero no tiene pecado, 4 15.
5 7　(b) No es que Dios librara a Jesús de la muerte física, sino que lo arrancó de su poder, Hch 2 24s, y transformó esta muerte en una exaltación de gloria, Jn 12 27s; 13 31s; 17 5; Flp 2 9-11; Hb 2 9.
5 7　(c) El término implica respeto y sumisión. La oración de Cristo en la agonía seguía inspirándose en una total sumisión a la voluntad de su Padre, ver Mt 26 39.42. Los vv. 7-8, de redacción particular cuidada, se apoyan en la raíz común de *hyp-akúein*: «escuchar desde abajo, obedecer», *ep-akúein*: «escuchar desde arriba, atender», y en el tópico clásico de la educación antigua, 12 4-11; Pr 3 11-12 LXX, *pázein - mázein*:, «sufrir - aprender».
5 9　En su oficio de Sacerdote y Víctima.
5 10　Después del toque de atención, el discurso se reanudad en 7 1.

Toque de atención

Vida cristiana y teología.

[11] Sobre este particular tenemos muchas cosas que decir, aunque difíciles de explicar, porque os habéis hecho torpes de oído*. [12] Pues debiendo ser ya maestros en razón del tiempo, volvéis a tener necesidad de ser instruidos en los primeros rudimentos de los oráculos divinos, y estáis necesitados de leche en lugar de manjar sólido. [13] Pues todo el que se nutre de leche desconoce la doctrina de la justicia*, porque es niño. [14] En cambio, el manjar sólido es de adultos; de aquellos que, por la costumbre, tienen las facultades ejercitadas en el discernimiento del bien y del mal.

1 Co 3 1-3
1 P 2 2

1 Co 2 6+

Flp 1 10+
Col 3 10+

Plan del autor.

6 [1] Por eso, dejando la enseñanza elemental acerca de Cristo, elevémonos a lo perfecto, sin reiterar los temas fundamentales del arrepentimiento de las obras muertas* y de la fe en Dios; [2] de la instrucción sobre los bautismos* y de la imposición de las manos; de la resurrección de los muertos y del juicio eterno. [3] Y así procederemos con el favor de Dios.

[4] Porque es imposible que cuantos fueron una vez iluminados, gustaron el don celestial y fueron hechos partícipes del Espíritu Santo, [5] saborearon las buenas nuevas de Dios y los prodigios del mundo futuro, [6] y a pesar de todo cayeron*, se renuevan otra vez crucificando de nuevo al Hijo de Dios para su conversión y exponiéndolo a pública infamia. [7] Porque la tierra que recibe frecuentes lluvias y produce buena vegetación para los que la cultivan participa de la bendición de Dios. [8] Por el contrario, la que produce

9 14
Mt 3 2+
Rm 1 16+
Hch 2 38+
1 Tm 4 14+

Rm 2 6+
10 32+
2 Co 4 4.6
Ef 5 14

Rm 5 5+

10 26-31;
12 17
1 Jn 5 16

2 Tm 2 6

espinas y abrojos es desechada, y cerca está de la *maldición*, y terminará por ser quemada.

Gn 3 17-18

Palabras de esperanza y ánimo.

[9] Pero de vosotros, queridos, aunque hablemos así, esperamos cosas mejores y conducentes a la salvación. [10] Porque no es injusto Dios para olvidarse de vuestras obras y del amor que habéis mostrado en su nombre, con los servicios que habéis prestado y prestáis a los santos*. [11] Deseamos, no obstante, que cada uno de vosotros manifieste la misma diligencia para la plena realización de la esperanza hasta el fin, [12] y no seáis indolentes, sino más bien imitadores de aquellos que, mediante la fe y la perseverancia, heredan las promesas. [13] Cuando Dios hizo la promesa a Abrahán, no teniendo a otro mayor por quien jurar, *juró por sí mismo* [14] diciendo: *Te colmaré de bendiciones y te multiplicaré sin medida.* [15] Y, perseverando de esta manera, alcanzó la promesa. [16] Pues los hombres juran por uno superior y entre ellos el juramento es la garantía que pone fin a todo litigio. [7] Por eso Dios, queriendo mostrar más plenamente a los herederos de la promesa la inmutabilidad de su decisión, interpuso el juramento, [18] para que, mediante dos cosas inmutables* por las cuales es imposible que Dios mienta, nos veamos más poderosamente animados los que buscamos un refugio asiéndonos a la esperanza propuesta.

10 32-34
Ef 1 15p

2 Ts 3 7
Ga 3 14.29
Ef 1 13-14

Rm 4 20

Gn 22 16s

Nm 23 19+
Tt 1 2
2 Tm 2 13

Vuelve el tema sacerdotal.

[19] En ella tenemos nosotros como un ancla firme y segura de nuestra alma*,

Lv 16 2

---

5 11 La contradicción entre 5 11-12 y 6 1-11 delata el carácter compuesto de 5 11 - 6 19. Toda la sección parece estar fuera de lugar, dado que en 5-18 y 5 1-10 ya se han abordado los temas que se desarrollarán más tarde, y que, por lo demás, no constituyen «la enseñanza elemental acerca de Cristo», 6 1.

5 13 La «doctrina de la justicia» podría designar tanto los *oráculos de Dios*, como la *Sagrada Escritura*, ver 2 Tm 3 16, o la *doctrina* en su totalidad.

6 1 Las obras hechas sin fe y sin vida divina son *muertas* porque se deben al pecado, Rm 1 18 - 3 20, que lleva a la muerte, Rm 5 12.21; 6 23; 7 5+; 1 Co 15 56; Ef 2 1; Col 2 13; ver St 1 15; Jn 3 24+.

6 2 No sólo el sacramento de la regeneración cristiana, ver Hch 1 5+; Rm 6 4+, sino también todas las lustraciones y ritos de purificación en uso por entonces, entre ellos el bautismo de Juan, Hch 18 25; 19 1-5.

6 6 Se trata de la apostasía, catástrofe irreparable,

puesto que, por definición, el apóstata rechaza a Cristo y no cree ya en la eficacia de su sacrificio, únicos medios de salvación.

6 10 Las mismas expresiones en Rm 15 25.31; 2 Co 8 4; 9 1.12, a propósito de la colecta para la iglesia de Jerusalén. En este caso se trata probablemente de hermanos de la misma comunidad que se hallan en dificultades, ver 13 3, y la utilización en presente: «prestáis». Los *santos* son los cristianos, en especial los miembros de la iglesia madre, y sobre todo los apóstoles, ver Hch 9 13+.

6 18 La promesa de Dios y el juramento que le ha añadido, ver Gn 12 1+; Rm 4 11+, porque Dios no miente, Tt 1 2; 2 Tm 2 13; Hb 10 23; 11 11.

6 19 El ancla, símbolo clásico de la estabilidad, se convertirá en la iconografía cristiana del siglo II, en la imagen privilegiada de la esperanza. La imagen se complica por la repetición de 5 10, probablemente redaccional, después de la sección 5 11 - 5 19.

Mt 27 51+
Hb 9 3;
10 20

que penetra hasta dentro de la cortina, ²⁰ adonde entró por nosotros como pre-

cursor Jesús, hecho, a *la manera de Mel-quisedec,* sumo *sacerdote para la eternidad.*

1 2+; 5 10
Sal 110 4

El sacerdocio de Cristo, superior al levítico

Gn 14 18+
Sal 110 4+

Melquisedec*.

Gn 14 17-20

7 ¹ En efecto, este *Melquisedec, rey de Salem, sacerdote del Dios Altísimo,* que *salió al encuentro de Abrahán cuando regresaba de la derrota de los reyes, y le bendijo,* ² al cual dio Abrahán el *diezmo de todo,* y cuyo nombre significa, en primer lugar, «rey de justicia» y, además, *rey de Salem,* es decir, «rey de paz», ³ sin padre, ni madre, ni genealogía, sin comienzo de días, ni fin de vida, asemejado al Hijo de Dios, permanece sacerdote para siempre.

Jn 7 27
1 2+

Melquisedec recibe el diezmo de Abrahán*.

Gn 14 20

⁴ Mirad ahora cuán grande es éste, a quien el mismo Patriarca *Abrahán dio el diezmo* de lo mejor del botín. ⁵ Los hijos de Leví que reciben el sacerdocio tienen orden según la Ley de percibir el diezmo del pueblo, es decir, de sus hermanos, aunque también proceden éstos de la estirpe de Abrahán; ⁶ mas aquél, sin pertenecer a su genealogía, recibió el diezmo de Abrahán, y bendijo al depositario de las promesas. ⁷ Pues bien, es incuestionable que el inferior recibe la bendición del superior. ⁸ Y aquí, ciertamente, reciben el diezmo hombres mortales*; pero allí, uno de quien se asegura que vive. ⁹ Y, por así decirlo, hasta el mismo Leví, que percibe los diezmos, los pagó en la persona de

Dt 14 22+

Abrahán, ¹⁰ pues ya estaba en las entrañas de su antepasado cuando *Melquisedec le salió al encuentro.*

Gn 14 17

Del sacerdocio levítico al sacerdocio a la manera de Melquisedec*.

¹¹ Pues bien, si la perfección se alcanzara por el sacerdocio levítico —pues de él recibió el pueblo las leyes*—, ¿qué necesidad había ya de que surgiera otro sacerdote *a la manera de Melquisedec,* y no «a la manera de Aarón»? ¹² Porque, cambiado el sacerdocio, necesariamente se cambian las leyes. ¹³ Pues aquel de quien se dicen estas cosas, pertenece a una tribu, de la cual nadie sirvió al altar. ¹⁴ Y es bien manifiesto que nuestro Señor procede de Judá, una tribu que no menciona Moisés al hablar del sacerdocio.

Sal 110 4

8 6s

8 4
Gn 49 10
Mt 1 1s; 2 6
Rm 1 3
Ap 5 5

Abrogación del sacerdocio antiguo.

¹⁵ Todo esto es mucho más evidente aún si surge otro sacerdote a la manera de Melquisedec, ¹⁶ que lo sea, no por ley de sucesión carnal*, sino por la fuerza de una vida indestructible. ¹⁷ De hecho, está atestiguado: *Tú eres sacerdote para la eternidad, a la manera de Melquisedec.* ¹⁸ De este modo queda abrogado el precepto precedente, por razón de su ineficacia e inutilidad, ¹⁹ ya que la Ley no llevó nada a la perfección, como introducción a una esperanza mejor, por la cual nos acercamos a Dios.

Rm 1 4+
Sal 110 4

Rm 7 7+

11 40
10 19+

---

7   Melquisedec, rey-sacerdote, es una figura profética de Cristo. El silencio insólito de la Escritura, Gn 14, sobre sus antepasados y sus descendientes, sugiere que el sacerdocio representado por él es eterno, vv. 1-3, ver vv. 15-17 y Sal 110 4+. La interpretación de Gn 14 según la cual fue Abrahán quien pagó el diezmo y no Melquisedec, ver Gn 14 21-24, era tradicional. Recibió el diezmo de Abrahán, Gn 14 20, porque era superior a él y más aún, a sus descendientes, los sacerdotes hijos de Leví, vv. 4s.

7 4   El diezmo pagado a los sacerdotes levíticos, Nm 18 25-32; ver Dt 14 22+, era a la vez el salario de su oficio cultual y el homenaje tributado a la eminente dignidad de su sacerdocio. Por tanto, si el mismo Leví pagó, en Abrahán, el diezmo a Melquisedec, fue porque Melquisedec prefiguraba un sacerdocio más elevado.

7 8   Lit.: «que mueren». Parece que el autor interpreta en sentido profético y escatológico la frase de Nm

18 32 «y no moriréis». De Melquisedec el salmo dice que su sacerdocio permanece «para el *eôn*» (futuro) e.d.: la eternidad de Dios; esto es, pues, lo que realiza la promesa, ver v. 23.

7 11   (a) Ahora la argumentación se apoya principalmente en el Sal 110 4. Cuando este texto atribuye al Rey Mesías, que no es de ascendencia levítica, un sacerdocio eterno, «a la manera de Melquisedec», anuncia para los tiempos mesiánicos la sustitución del sacerdocio antiguo, considerada ya como inferior.

7 11   (b) Otra traducción: «a este respecto el pueblo ha recibido una ley». Esta inserción, el v. 12 y el paréntesis del v. 19a, podría tener un origen redaccional: las tres frases hablan de la Ley y no de un mandato concreto.

7 16   La que reservaba el sacerdocio de Leví únicamente a su descendencia carnal, ver Nm 1 47s; 3 5s; Dt 10 8s; 18 1s; 33 8s.

Inmutabilidad del sacerdocio de Cristo.

[20] Y, por cuanto no fue sin juramento —pues los otros fueron hechos sacerdotes sin juramento, [21] mientras éste lo fue bajo juramento por Aquel que le dijo: *Juró el Señor y no volverá atrás: Tú eres sacerdote para la eternidad*— [22] por eso, de una mejor alianza resultó fiador Jesús. [23] Además, aquellos sacerdotes fueron muchos, porque la muerte les impedía perdurar. [24] Pero éste posee un sacerdocio exclusivo* porque permanece *para la eternidad.* [25] De ahí que pueda también salvar definitivamente a los que por él se llegan a Dios, ya que está siempre vivo para interceder en su favor*.

Perfección del sumo sacerdote celestial.

[26] Así es el sumo sacerdote que nos convenía: santo, inocente, incontaminado, apartado de los pecadores, encumbrado sobre los cielos, [27] que no tiene necesidad de ofrecer sacrificios cada día como aquellos sumos sacerdotes, primero por sus propios pecados, luego por los del pueblo; y esto lo realizó de una vez para siempre*, ofreciéndose a sí mismo. [28] La Ley constituye sumos sacerdotes a hombres débiles; pero la palabra del juramento, posterior a la Ley, nombra a uno que es Hijo, perfecto *para la eternidad.*

Sal 110 4
8 6-13
10 19+
Ap 1 18
Hb 9 24
Rm 8 34
1 Jn 2 1

3 1+
9 25-28;
10 11+
5 3+
5 9+

Superioridad del culto, del santuario y de la mediación de Cristo sacerdote

El nuevo sacerdocio y el nuevo santuario.

8 [1] Este es el punto capital de cuanto venimos diciendo*, que tenemos un sumo sacerdote tal, que se *sentó a la diestra* del trono de la Majestad en los cielos, [2] al servicio del santuario y de la Tienda verdadera, *erigida por el Señor,* no por un hombre*. [3] Porque todo sumo sacerdote está constituido para ofrecer dones y sacrificios; de ahí que necesariamente también él tuviera que ofrecer algo. [4] Pues si estuviera en la tierra, ni siquiera sería sacerdote, habiendo ya quienes ofrezcan dones según la Ley. [5] Éstos dan culto en lo que es sombra y figura de realidades celestiales, según le fue revelado a Moisés al emprender la construcción de la Tienda: *Mira,* —se le dice— *harás todo conforme al modelo que te ha sido mostrado en el monte.*

3 1+
Sal 110 1
Hch 2 33+
Nm 24 6
LXX
5 1
7 13s
Ap 11 19
9 23;
10 1
Ex 25 40

Cristo, mediador de una mejor alianza.

[6] Ahora bien, él ha obtenido un ministerio tanto mejor cuanto es mediador* de una alianza mejor, como fundada en promesas mejores. [7] Pues si aquella primera hubiera sido irreprochable, no habría lugar para una segunda. [8] Porque les dice en tono de reproche:

He aquí que vienen días, dice el Señor, *en que yo concluiré* con la casa de Israel y con la casa de Judá una nueva alianza,*

9 15; 12 24
1 Tm 2 5
Jr 31 31-34
1 Co 11 25
Mt 26 28+

7 24 «Exclusivo», en el sentido de «inmutable» e «intransferible» (que no se transmite de unos a otros). Lo que se verifica en el *eón* (eternidad), fuera de las leyes del tiempo, no requiere ni repetición de actos rituales ni dinastías que garanticen su continuidad. Como la que se refería al diezmo, 7 8, así también la ley sobre la *consagración garantizaba* a los sacerdotes levíticos «para no morir», ver v. 16; Lv 8 35.
7 25 Cristo sacerdote eterno ejerce en el cielo su oficio de mediador e intercesor, ver Rm 8 34; 1 Jn 2 1. Su petición es análoga a la del Espíritu Santo que intercede ante Dios a favor de los santos, Rm 8 27.
7 27 Esta eficacia absoluta y definitiva del sacrificio de Cristo queda especialmente subrayada por Hb: en este sacrificio único, 10 12.14, realizado «de una vez para siempre», 7 27; 9 12.26.28; 10 10; ver Rm 6 10; 1 P 3 18, se contrapone a los sacrificios de la antigua alianza, indefinidamente repetidos porque eran incapaces de procurar la salvación. Lo esencial en el sacrificio no es la muerte de la víctima o la consunción de las ofrendas, sino la aceptación por parte de Dios, Ga 4 4; ofreciéndose a sí mismo, Cristo ha sido acogido en el

eón divino, donde cada acto cobra un valor eterno.
8 1 Otra traducción: «Un capítulo que completa lo que venimos diciendo es».
8 2 Una vez expuesto que Cristo, sacerdote eterno y perfecto, es superior en su propia persona a los sacerdotes levíticos, pecadores y mortales, cap. 7, demuestra ahora que esta superioridad se extiende a su ministerio; oficia en un santuario más excelente: el cielo, 8 1-5, ver 9 11s, del cual no era el antiguo más que una copia terrestre, según Ex 25 40; él es mediador, 8 6+, de una alianza mejor, vv. 6-13; ver 9 15s.
8 6 El término aplicado aquí a Cristo tiene un valor casi técnico, 9 15; 12 24; 13 20. Jesús plenamente humano, 2 14-18, ver Rm 5 15; 1 Co 15 21; 1 Tm 2 5, pero en posesión de la plenitud de la divinidad, Col 2 9; Rm 9 5+, es el intermediario único, ver 1 Co 3 22-23; 11 3, entre Dios y la humanidad que él une y reconcilia, 2 Co 5 14-20. Es el intermediario de la gracia, Jn 1 1-2. En el cielo sigue intercediendo por sus fieles, 7 25+.
8 8 Una ligera modificación del *concertaré* de Jr 31 31, en yo *concluiré* muestra bien el carácter definitivo

⁹ *no como la alianza que hice con sus padres*
el día en que los tomé de la mano para sacarlos de la tierra de Egipto.
Como ellos no permanecieron en mi alianza,
también yo me desentendí de ellos, dice el Señor.

10 16-17 ¹⁰ *Esta es la alianza que haré con la casa de Israel*
después de aquellos días, dice el Señor:
Pondré mis leyes en su mente,
en sus corazones las grabaré;
y yo seré su Dios
y ellos serán mi pueblo.
¹¹ *Y no habrá de instruir ni uno a su prójimo*
ni otro a su hermano diciendo:
«¡Conoce al Señor!»,
pues todos me conocerán,
desde el menor hasta el mayor de ellos.
¹² *Porque me apiadaré de sus iniquidades*
y de sus pecados no me acordaré ya.

2 Co 5 17
Ap 21 4-5

¹³ Al decir *nueva*, declaró antigua la primera; y lo antiguo y viejo está a punto de desaparecer.

Cristo penetra en el santuario celestial.

Ex 25-26+

9 ¹ También la primera alianza tenía sus ritos litúrgicos y su santuario terreno. ² Porque se instaló una primera parte de la Tienda, donde se hallaban el candelabro y la mesa con los panes presentados, que se llama Santo*. ³ Detrás de la segunda cortina se hallaba la Tienda llamada Santo de los Santos, ⁴ que

Ex 30 1+
Ex 25 10+

Ex 16+
Nm 17 25

contenía el altar de oro para el incienso*, el arca de la alianza —completamente cubierta de oro— y en ella, la urna de oro con el maná, la vara florecida de Aa-

rón y las tablas de la alianza. ⁵ Encima del arca, los querubines de la gloria que cubrían con su sombra el propiciatorio. Mas no es éste el momento de hablar de todo ello en detalle.

Ex 24 12+
Ex 25 18+.
17+

⁶ Instaladas así estas cosas, los sacerdotes entran siempre en la primera parte de la Tienda para desempeñar las funciones del culto. ⁷ Pero en la segunda parte entra una vez al año, y solo, el sumo sacerdote, y no sin sangre que ofrecer por sí mismo y por los pecados del pueblo. ⁸ De esa manera daba a entender el Espíritu Santo que aún no estaba abierto el camino del santuario mientras subsistiera la primera Tienda*. ⁹ Todo ello es un símbolo del tiempo presente*, en que se ofrecen dones y sacrificios incapaces de perfeccionar en su conciencia al que da culto, ¹⁰ y sólo son prescripciones carnales, que versan sobre comidas y bebidas y sobre abluciones de todo género, impuestas hasta el tiempo de la renovación.

Ex 30 10
Lv 16 2-29
Hb 7 27+

10 20

1 Co 10 6+

11 40+

Col 2 16-17

¹¹ En cambio presentóse Cristo* como sumo sacerdote de los bienes futuros*, a través de una Tienda mayor y más perfecta, no fabricada por mano de hombre, es decir, no de este mundo. ¹² Y penetró en el santuario* una vez para siempre, no con sangre de machos cabríos ni de novillos, sino con su propia sangre, consiguiendo una liberación definitiva. ¹³ Pues si la sangre de machos cabríos y de toros y la ceniza de una becerra santifican* con su aspersión a los contaminados, en orden a la purificación de la carne, ¹⁴ ¡cuánto más la sangre de Cristo, que por el Espíritu eterno* se ofreció a sí mismo sin tacha a Dios, purificará de las obras muertas nuestra conciencia para rendir culto al Dios vivo!

4 14; 9 24;
10 20

7 27+

Mt 26 28
Rm 3 24+

Nm 19 2-10.
17-20

2 Co 13 13+
1 P 1 18-19
Hb 10 10+

6 1+
12 28
Rm 1 9+

---

que Hb atribuye a la segunda alianza. La cita de Jr 31 33-34 se repite en 10 16-17, comentada por entero; aquí sólo se explica el primer versículo.
9 2 En la Tienda del desierto, Ex 25-26 (ver el Templo de Salomón, 1 R 6), el Santo estaba separado del Santo de los Santos por un velo, Ex 26 33. Sólo el sumo sacerdote, y una vez al año, penetraba en el Santo de los Santos, el día de la Expiación. Ver Lv 16+.
9 4 Ex 30 6; 40 26 coloca el altar del incienso, Ex 30 1+, en el Santo. Hb sigue una tradición litúrgica diferente.
9 8 La primera tienda, el Santo, representa, en sentido espacial, los impedimentos para el acceso al santuario, y por tanto, de manera simbólica, subraya el difícil acceso a la presencia de Dios; en sentido histórico, todo el régimen cultual del Antiguo Testamento y el templo en su conjunto.
9 9 Este ceremonial tiene una significación espiritual: en la antigua alianza el pueblo no tenía acceso a Dios. En la nueva alianza, Cristo será el camino para ir al Padre. Si comparamos esta breve referencia al tiempo presente con el final del v. 10, que habla del «tiempo

de la renovación» como de algo futuro, podemos pensar que el último redactor ha querido presentarnos este texto como una profecía. Pero escribe después de la destrucción del Templo el año 70, mientras que el autor primero escribió antes del 70.
9 11 (a) El ceremonial israelita de la expiación, v. 7, Lv 16, es reemplazado por la ofrenda única, 7 27+, de la sangre de Cristo, v. 14; Rm 3 24+, que abre a los hombres el camino hacia Dios, 10 1.19; ver Jn 14 6+; Ef 2 18. La significación profunda de la aspersión de la sangre del sacrificio en el interior del Santo de los Santos se conecta con el simbolismo bíblico de la sangre en cuanto sede de la vida: se trata de renovar la unión vital entre Dios y su pueblo, la alianza, ver v. 20; Ex 24 6-8+, y de reafirmar su soberanía sobre Israel.
9 11 (b) Var.: «bienes realizados».
9 12 En su ascensión, Cristo resucitado atravesó los cielos, 4 14+, el «Santo» de la Tienda celestial, v. 11, y llegó a la presencia de Dios en el «Santo de los Santos», v. 12.
9 13 Habilitándolos para el culto.
9 14 Var.: «Espíritu Santo». Ver Rm 1 4+.

Cristo sella con su sangre la nueva alianza*.

^{8 6+}

¹⁵ Por eso es mediador de una nueva alianza; para que, interviniendo una muerte que libera de las transgresiones de la primera alianza, reciban, los llamados, la herencia eterna prometida.

^{Ga 4 1-7}

¹⁶ Pues donde hay testamento se requiere que conste la muerte del testador, **¹⁷** ya que el testamento es válido en caso de defunción, no teniendo valor en vida del testador. **¹⁸** Así tampoco la primera alianza se inauguró sin sangre. **¹⁹** Pues Moisés, después de haber leído a todo el pueblo todos los preceptos según la Ley,

^{Ex 24 6-8+}

tomó la sangre de los novillos y machos cabríos con agua, lana escarlata e hisopo, y roció el libro mismo y a todo el

^{Mt 26 28p}

pueblo **²⁰** diciendo: *Esta es la sangre de la alianza que Dios ha ordenado para vosotros.* **²¹** Igualmente roció con sangre la Tienda y todos los objetos del culto; **²²** pues según la Ley, casi todo ha de ser purificado* con sangre, y sin derramamiento de sangre no hay remisión. **²³** Así

pues, si es necesario que las figuras de las realidades celestiales sean purificadas de esa manera, también lo es que las realidades celestiales* se purifiquen pero con sacrificios más excelentes que aquéllas. **²⁴** Pues bien, Cristo no entró en un santuario hecho por mano humana, en una reproducción del verdadero, sino en el mismo cielo, para presentarse ahora ante el acatamiento de Dios en favor nuestro, **²⁵** y no para ofrecerse a sí mismo repetidas veces al modo como el sumo sacerdote que entra cada año en el santuario con sangre ajena*. **²⁶** Para ello habría tenido que sufrir muchas veces desde la creación del mundo. Sino que se ha manifestado ahora una sola vez, al fin de los tiempos, para la destrucción del pecado mediante su sacrificio. **²⁷** Y del mismo modo que el destino de los hombres es que mueran una sola vez, y luego ser juzgados, **²⁸** así también Cristo, después de haberse ofrecido una sola vez *para quitar los pecados de la multitud,* se aparecerá por segunda vez sin relación con el pecado a los que le esperan para su salvación*.

^{8 5}

^{9 11s}

^{1 Co 10 6+}

^{7 25+}

^{7 27}
^{Ga 4 4+}
^{Jn 1 29}

^{Is 53 12}
^{1 Tm 6 14+}
^{Flp 3 20-21}
^{Hch 3 20-21}

Recapitulación. Sacrificios levíticos y sacrificio de Cristo

Ineficacia de los sacrificios antiguos.

^{8 5}
^{Col 2 17}

^{7 19}
^{Rm 7 7+}

^{11 40+}
^{10 19+}

10 **¹** No teniendo la Ley más que una sombra de los bienes futuros, no la imagen de las cosas*, no puede nunca, mediante unos mismos sacrificios que se ofrecen sin cesar año tras año, dar la perfección a quienes se acercan a ellos. **²** De otro modo, ¿no habrían cesado de

ofrecerlos, al no tener ya conciencia de pecado los que ofrecen ese culto, una vez purificados? **³** Al contrario, con ellos se renueva cada año el recuerdo de los pecados, **⁴** pues es imposible que la sangre de toros y cabras borre los pecados. **⁵** Por eso, al entrar en este mundo, dice:
Sacrificio y oblación no quisiste; pero me has formado un cuerpo.*

^{9 13}

^{Sal 40 7-9+}
^{LXX}

9 15 Esta sección, paralela a 8 6-13, demuestra la necesidad de la muerte de Cristo para ejercer su mediación. La palabra griega *diazêkê* traducía en la Biblia griega la palabra *berit*, alianza, cuando en realidad tenía el sentido corriente de *testamento*, ver Ga 3 17. Todo el pasaje juega con este doble sentido de la palabra. *alianza*, vv. 15.18-20, exige la muerte del «testador», vv. 16-17. Además la conclusión de una alianza exige una efusión de sangre, Ex 24 6-8. Por tanto, Cristo tenía que morir para fundar la alianza nueva. Ver 7 22; 8 6-10; 12 24; Mt 26 28+.
9 22 Por ejemplo, el altar, Lv 8 15; **16** 19, los sacerdotes, Lv 8 24.30, los levitas, Nm 8 15, el pueblo pecador, Lv 9 15-18, la madre, Lv 12 7-8, etc.
9 23 La purificación del santuario, terrestre o celeste, no supone necesariamente que éste haya sido manchado: se trata de un rito de consagración y de inauguración.
9 25 En la cúspide de una pirámide de separaciones previstas para garantizar la santidad del culto había un animal sustitutivo. Superando a los profetas que exigían la pureza de corazón en el culto, Is 1 11-13; Jr 6

20; 11 15; Os 6 6; Am 5 21+, la epístola afirma que los sacrificios antiguos no tenían ninguna eficacia, ver **9** 13-14. Sólo el sacrificio plenamente espiritual de Cristo puede santificar a los hombres, 10 12-14.
9 28 La venida de Cristo en la carne le había puesto en relación directa con el pecado, Rm 8 3; 2 Co 5 21. Realizada ya la redención, la nueva y última manifestación del Salvador ya no tendrá relación alguna con el pecado. Los cristianos esperan esta vuelta gloriosa que seguirá al Juicio, 1 Co 1 8+; Rm 2 6+.
10 1 Probablemente se reanuda el tema de 7 27-28: el culto descrito por la Ley deja entrever como una sombra la realidad que el Sal 110 4, refiriéndose al *eôn* futuro, describe con precisión. Otros traducen *eikôn* por *sustancia* o *realidad*.
10 5 El texto masorético ofrece otra traducción: «Pero el oído me has abierto». Aquí como en 5 1-10, el sacrificio de Cristo se realiza en este su cuerpo; en cambio en los cap. 8 y 9 el sacrificio se realiza en su sangre, en el cielo, según el ritual del sacrificio de Kippur o «expiación».

⁶ *Holocaustos y sacrificios por el pecado
no te agradaron.*
⁷ *Entonces dije: ¡He aquí que vengo
—pues de mí está escrito en el rollo del
libro—*
a hacer, oh Dios, tu voluntad!
⁸ Dice primero: *Sacrificios y oblaciones
y holocaustos y sacrificios por el pecado
no los quisiste ni te agradaron* —cosas todas ofrecidas conforme a la Ley— ⁹ *entonces* —añade—: *He aquí que vengo a
hacer tu voluntad.* Abroga lo primero
para establecer lo segundo. ¹⁰ En virtud
de esa voluntad quedamos santificados,
merced a la *oblación* de una vez para
siempre del *cuerpo* de Jesucristo.

Eficacia del sacrificio de Cristo.

¹¹ Todo sacerdote está en pie, día tras
día, oficiando y ofreciendo reiteradamen-
te los mismos sacrificios, que nunca pueden borrar pecados*. ¹² Él, por el contrario, habiendo ofrecido por los pecados un
solo sacrificio, *se sentó a la diestra de Dios
para siempre,* ¹³ esperando desde entonces
*hasta que sus enemigos sean puestos como
escabel de sus pies.* ¹⁴ Mediante una sola
oblación ha llevado a la perfección definitiva a los santificados. ¹⁵ También el Espíritu Santo nos lo atestigua. Porque, después de haber dicho:
¹⁶ *Esta es la alianza que haré con ellos
después de aquellos días, dice el Señor:
Pondré mis leyes en sus corazones,
y en su mente las grabaré,*
¹⁷ añade: *Y de sus pecados* e iniquidades
no me acordaré ya.
¹⁸ Ahora bien, donde hay perdón de es-
tas cosas, ya no hay más oblación por el
pecado.

Transición.

¹⁹ Tenemos, pues, hermanos, plena
confianza para entrar en el santuario* en
virtud de la sangre de Jesús, ²⁰ por este
camino nuevo y vivo, inaugurado por él
para nosotros, a través de la cortina, es

decir, de su cuerpo. ²¹ Tenemos un *sacerdote excelso* al frente de la *casa de
Dios.* ²² Acerquémonos con sincero corazón, en plenitud de fe, purificados los
corazones de conciencia mala y lavado el
cuerpo con agua pura. ²³ Mantengamos
firme la confesión de la esperanza, pues
fiel es el autor de la Promesa. ²⁴ Fijémo-
nos los unos en los otros para estímulo
de la caridad y las buenas obras, ²⁵ sin
abandonar nuestras asambleas, como algunos acostumbran hacerlo, antes bien,
animándoos; tanto más, cuanto que veis
que se acerca ya el Día*.

Peligro de apostasía.

²⁶ Porque si voluntariamente pecamos
después de haber recibido el conocimiento de la verdad, ya no queda sacri-
ficio por los pecados*, ²⁷ sino la terrible
espera del juicio y el *fuego ardiente* pronto a *devorar a los rebeldes.* ²⁸ Si alguno
viola la Ley de Moisés es *condenado a
muerte* sin compasión, *por la declaración
de dos o tres testigos.* ²⁹ ¿Cuánto más severo castigo pensáis que merecerá el que
pisotee al Hijo de Dios, y profane *la sangre de la alianza* que le santificó, y ultraje
al Espíritu de la gracia? ³⁰ Pues conocemos al que dijo: *Mía es la venganza; yo
daré lo merecido.* Y también: *El Señor
juzgará a su pueblo.* ³¹ ¡Es terrible caer en
las manos del Dios vivo!

Motivos de perseverancia.

³² Traed a la memoria los primeros
días en que, después de ser iluminados*,
hubisteis de soportar un duro y doloroso
combate, ³³ unas veces expuestos públicamente a injurias y ultrajes; otras, haciéndoos solidarios de los que así eran
tratados. ³⁴ Pues compartisteis los sufrimientos de los encarcelados*; y os dejasteis despojar con alegría de vuestros bienes, conscientes de que poseíais una
riqueza mejor y más duradera. ³⁵ No per-
dáis ahora vuestra confianza, que lleva
consigo una gran recompensa.

Marginal references (left column):
1 S 15 22
Jn 6 38;
10 17s
Mt 26 39.
42p
Jn 17 19
Hb 9 14.28;
10 12.14
Ef 5 2
Hb 7 27+
10 1-4
10 10+;
7 27+
Sal 110 1
Hch 2 33+
11 48+
Jn 17 19+
Jr 31 33-34
Hb 8 10.12
6 19-20;
9 8.11-12
Jn 14 6

Marginal references (right column):
3 1+.6;
4 14
Za 6 11-12
Rm 6 4+
1 P 3 21
2 Co 7 1
11 11
1 Co 1 9+
3 13
1 Co 1 8+
6 4-6; 12 17
Is 26 11
Dt 17 6
6 6+
Ex 24 8
Hb 9 20
Dt 32 35-36
Mt 12
31-32p
Mt 10 28p
6 4
Ef 5 14
1 Co 4 9
13 3
Mt 5 40
Mt 6 20

---

10 11 No se entiende bien la relación que aquí se establece entre el sacrificio *tamid* (diario y no obligatorio
para el sumo sacerdote) y el sacrificio anual de expiación, ver 9 4+. Quizá se trata aquí, lo mismo que en 7
27, de una alusión a los sacrificios de investidura de los
sacerdotes, que duraban siete días, ver Lv 8 33-34; 9+.
10 19 Únicamente el sumo sacerdote, una vez al año, tenía acceso al Santo de los Santos. En adelante todos los
creyentes tienen acceso a Dios por Cristo. Ver 4 14-16; 7
19.25; 9 11; 10 9; Rm 5 2; Ef 1 4; 2 18; 3 12; Col 1 22.
10 25 El Día del Señor, 1 Ts 5 2; 1 Co 1 8+. Este v.,

ver 32-36, supone, al parecer, desórdenes y luchas que
se tomaban como señales precursoras de la Venida del
Señor, ver 2 Ts 2+.
10 26 Se trata de la apostasía, rebelión deliberada contra Dios, ver 6 6+. El fuego, v. 27, es el instrumento de
las venganzas divinas, Is 26 11; Mt 3 11-12; Mc 9 48-
49+; Ap 11 5.
10 32 La «iluminación» designa el bautismo en el NT,
6 4; Ef 5 14 (ver Rm 6 4+), y en los Padres.
10 34 Var.: «de mis cadenas», alusión a las cautivida-
des de San Pablo, Flp 1 7; Col 4 18.

La fe perseverante

La espera escatológica.

³⁶ Tenéis necesidad de paciencia para cumplir la voluntad de Dios y conseguir así lo prometido.
³⁷ Pues todavía *un poco, muy poco tiempo;*
y el que ha de venir vendrá sin tardanza.
³⁸ *Mi justo vivirá por la fe;*
mas, si es cobarde, mi alma no se complacerá en él.
³⁹ Pero nosotros no somos *cobardes* para perdición, sino hombres de *fe* para la salvación del alma.

Modelos de fe en la Historia Sagrada.

11 ¹ La fe es garantía de lo que se espera; la prueba de lo que no se ve*.
² Por ella fueron alabados nuestros mayores.
³ Por la fe, sabemos que el universo fue formado por la palabra de Dios, lo visible, de lo invisible*.
⁴ Por la fe, ofreció Abel a Dios un sacrificio mejor que el de Caín, por ella fue declarado justo, con la aprobación que dio *Dios a sus ofrendas*; y por ella, aunque muerto, sigue hablando.
⁵ Por la fe, Henoc fue trasladado, sin ver la muerte y *no se le halló, porque lo trasladó Dios.* Pero aún antes de su traslado, recibió el testimonio *de haber agradado a Dios.* ⁶ Ahora bien, sin fe es imposible agradarle, pues el que se acerca a Dios ha de creer que existe y que recompensa a los que le buscan*.
⁷ Por la fe, Noé, advertido sobre lo que aún no se veía, con religioso temor construyó un arca para salvar a su familia;

por la fe, condenó al mundo* y llegó a ser heredero de la justicia según la fe.
⁸ Por la fe, Abrahán*, al ser llamado por Dios, obedeció y *salió* para el lugar que había de recibir en herencia, y *salió* sin saber a dónde iba. ⁹ Por la fe, *peregrinó* hacia la Tierra prometida como extranjero, habitando en tiendas, lo mismo que Isaac y Jacob, coherederos de las mismas promesas. ¹⁰ Pues esperaba la ciudad asentada sobre cimientos, cuyo arquitecto y constructor es Dios. ¹¹ Por la fe, también Sara recibió, aun fuera de la edad apropiada, vigor para ser madre, pues tuvo como digno de fe al que se lo prometía. ¹² Por lo cual también de uno solo y ya marcado por la muerte, nacieron hijos, *numerosos como las estrellas del cielo, incontables como la arena de las playas.*
¹³ En la fe murieron todos ellos, sin haber conseguido el objeto de las promesas: viéndolas y saludándolas desde lejos y confesándose *peregrinos y forasteros sobre la tierra.* ¹⁴ Los que así hablan, claramente dan a entender que van en busca de una patria; ¹⁵ pues si pensaban en la que habían abandonado, podían volver a ella. ¹⁶ Por el contrario aspiran a una mejor, a la celestial. Por eso Dios no se avergüenza de ser llamado su Dios, pues les tenía preparada una ciudad.
¹⁷ Por la fe, Abrahán, *sometido a la prueba, ofreció a Isaac como ofrenda, y,* el que había recibido las promesas, ofrecía a su *único hijo,* ¹⁸ respecto del cual se le había dicho: *Por Isaac tendrás descendencia.* ¹⁹ Pensaba que poderoso era Dios aun para resucitarlo de entre los muertos. Por eso lo recobró como símbolo*.

Marginal references (left column):

Is 26 20 LXX

Ha 2 3-4 LXX
Rm 1 17

1 P 1 9

Rm 1 16+

Gn 1
Rm 1 20

Gn 4 4

Gn 4 10
Mt 23 35
Jb 16 18+

Gn 5 22-24

Ex 3 14+
Jr 29 12-14

Gn 6 8-22
Mt 24 37-39
1 P 3 20
2 P 2 5

Marginal references (right column):

Rm 1 16+
Rm 1 5+
Gn 12 1-4+

Gn 23 4;
26 3; 35 12

Ap 21 10-20

Gn 17 19;
21 2
Rm 4 19-21

10 23

Dn 3 36
LXX
Gn 22 17
Ex 32 13

Jn 8 56
Gn 23 4
Sal 39 13;
119 19

13 14
Flp 3 20

Ap 21 2
Gn 22 1-14
St 2 21-22

Gn 21 12
Rm 4 17-21

1 Co 10 6+

---

11 1 Var.: «la fe, garantía de las cosas esperadas (el cielo), prueba de las cosas no deseadas (el infierno)». —A los cristianos, descorazonados por las persecuciones, el autor explica que la fe está totalmente orientada hacia el futuro y no se adhiere más que a lo invisible. Este *v.* ha llegado a ser una especie de definición teológica de la fe, posesión anticipada y garantizada de las realidades celestiales, ver **6** 5; Rm 5 2; Ef 1 13s. Los ejemplos sacados de la hagiografía del AT, ver Si **44-50**, van a mostrar la paciencia y la fortaleza que la fe proporciona. Las palabras «Por la fe» señalarán dieciséis veces seguidas el comienzo de cada frase.
11 3 La fe en la creación es un caso típico de inteligencia de lo invisible: antes de su creación las realidades existían en Dios, de quien todo procede.
11 6 La fe necesaria para salvarse tiene un doble objeto: la existencia de un solo Dios personal, Sb 13 1, invisible por su naturaleza, Jn 1 18; Rm 1 20; Col 1 15; 1 Tm 1 17; 6 16; ver Jn 20 29; 2 Co 5 7, y su Providencia remuneradora, fundamento de la felicidad esperada, puesto que Dios debe dar un salario justo por los es-

fuerzos realizados para buscarle: ver Mt 5 12p; 6 4.6.18; 10 41sp; 16 27; 20 1-16; 25 31-46; Lc 6 35; 14 14; Rm 2 6; 1 Co 3 8.14; 2 Co 5 10; Ef 6 8; 2 Tm 4 8.14; 1 P 1 17; 2 Jn 8; Ap 21; 11 18; 14 13; 20 12-13; 22 12+. Ver también Sal 62 13+. La ausencia de toda mención de Cristo se explica por el hecho de que Henoc es anterior a toda la economía de las alianzas: ver Jn 17 3; 20 31, etc.
11 7 La confianza de Noé en la palabra de Dios condenó a sus contemporáneos incrédulos y burlones, en el sentido en que el justo condena a l impío, ver Sb 4 16; Mt 12 41.
11 8 En Abrahán, la fe motivó su salida hacia lo desconocido, la espera del nacimiento de Isaac, el sacrificio de este hijo único. El hecho de que los patriarcas vivieran en Canaán como extranjeros, vv. 9-10, demuestra que la tierra prometida era únicamente una señal de la verdadera patria.
11 19 Lit.: «parábola». La salvación de Isaac es figura de la resurrección universal y también, según una tradición exegética constante, de la pasión y de la resurrección de Cristo.

Gn 27 27s;
39s
Gn 48 15s
Gn 47 31

Gn 50 24-25

Ex 2 2
Hch 7 20

Ex 2 11

Sal 89 51s

Ex 2 15

Ex 12 11.
22-23

Ex 14 22.27

Jos 6 20

Jos 2 1s;
6 17

Dn 6 23;
3 49-50

1 R 17 23
2 R 4 36

2 M 6 18;
7 42

Jr 20 2;
37 15s

1 P 1 10-12
1 P 3 19+

Gn 4 7
Ga 5 7+

2 10
Mt 4 3-11p
Jn 6 15
2 Co 8 9
Flp 2 6-8
Sal 110 1
Hch 2 33+
Lc 2 34

10 32s

Pr 3 11-12
LXX

Ap 3 19

Dt 8 5+

²⁰ Por la fe, bendijo Isaac el futuro de Jacob y Esaú. ²¹ Por la fe, Jacob, moribundo, bendijo a cada uno de los hijos de José, y *se postró apoyado en el extremo de su bastón.* ²² Por la fe, José, al final de la vida, evocó el éxodo de los israelitas, y dio órdenes respecto de sus huesos.

²³ Por la fe, Moisés, recién nacido, *fue durante tres meses ocultado por sus padres,* pues *vieron* que el niño era *hermoso* y no temieron el edicto del rey*. ²⁴ Por la fe, *Moisés, ya adulto,* rehusó ser llamado hijo de la hija del Faraón, ²⁵ prefiriendo ser maltratado con el pueblo de Dios a disfrutar el efímero goce del pecado, ²⁶ estimando como riqueza mayor que los tesoros de Egipto *el oprobio de Cristo*, porque tenía los ojos puestos en la recompensa. ²⁷ Por la fe, salió de Egipto sin temer la ira del rey; se mantuvo firme como si viera al invisible. ²⁸ Por la fe, celebró la *Pascua* e hizo la aspersión de la *sangre* para que el *Exterminador* no tocase a sus primogénitos*. ²⁹ Por la fe, atravesaron el mar Rojo como por tierra firme; mientras que los egipcios, al intentarlo, se ahogaron.

³⁰ Por la fe se derrumbaron los muros de Jericó, después de ser rodeados durante siete días. ³¹ Por la fe, la prostituta Rajab no pereció con los incrédulos, por haber acogido amistosamente a los exploradores.

³² Y ¿a qué continuar? Pues me faltaría el tiempo si hubiera de hablar sobre Gedeón, Barac, Sansón, Jefté, David, Samuel y los profetas. ³³ Éstos, por la fe, sometieron reinos, administraron justicia, alcanzaron las promesas, cerraron la boca a los leones; ³⁴ apagaron la violencia del fuego, escaparon al filo de la espada, curaron de sus enfermedades, fueron valientes en la guerra, rechazaron ejércitos extranjeros; ³⁵ algunas mujeres recobraron resucitados a sus muertos. Unos fueron torturados, rehusando la liberación por conseguir una resurrección mejor; ³⁶ otros soportaron la prueba de burlas y azotes, de cadenas y prisiones. ³⁷ Fueron apedreados, torturados, aserrados*, muertos a espada; anduvieron errantes cubiertos de pieles de ovejas y de cabras; faltos de todo; oprimidos y maltratados, ³⁸ ¡hombres de los que no era digno el mundo!, errantes por desiertos y montañas, por grutas y cavernas. ³⁹ Y todos ellos, aunque alabados por su fe, no consiguieron el objeto de las promesas. ⁴⁰ Dios tenía dispuesto algo mejor para nosotros, de modo que no llegaran ellos sin nosotros a la perfección*.

El ejemplo de Cristo.

12 ¹ Por tanto, también nosotros, teniendo en torno nuestro tan gran nube de testigos, sacudamos todo lastre y el pecado que nos asedia, y corramos con constancia la carrera que se nos propone, ² fijos los ojos en Jesús, el que inicia y consuma la fe, el cual, por el gozo que se le proponía, soportó la cruz sin miedo a la ignominia y *está sentado a la diestra* del trono de Dios. ³ Fijaos en aquel que soportó tal contradicción* de parte de los pecadores, para que no desfallezcáis faltos de ánimo. ⁴ No habéis resistido todavía hasta llegar a la sangre en vuestra lucha contra el pecado.

Pedagogía paternal de Dios.

⁵ Habéis echado en olvido la exhortación que como a hijos se os dirige: *Hijo mío, no menosprecies la corrección del Señor; ni te desanimes al ser reprendido por él.* ⁶ *Pues a quien ama el Señor, le corrige; y azota a todos los hijos que reconoce.* ⁷ Sufrís para *corrección* vuestra*. Como a *hijos* os trata Dios, y ¿qué *hijo* hay a quien su padre no *corrige*? ⁸ Mas si

---

11 23 Algunos testigos incluyen aquí el relato de la muerte del egipcio, ver Ex 2 11-12; Hch 7 24.
11 26 En el Sal. «cristo» se toma como nombre común, con significación de *ungido*. El *oprobio de Cristo* es el del pueblo de Dios, v. 25, consagrado a Yahvé, Ex 19 6+. Pero el autor de Hb reconoce en este ungido al Mesías Jesús, por cuya causa sufría ya Moisés «por la fe». Ver 2 10+; 10 33; 13 13.
11 28 La imprecisión de la frase contrasta con el conjunto del cap. en el que todos los personajes son identificados; señal de que el cap. 11 estaba unido directamente a la homilía sobre el Éxodo de los cap. 3 y 4, en la primera redacción. En aquel lugar resultaba superfluo identificar al personaje principal de toda la homilía.
11 37 Según algunos apócrifos, este suplicio habría sido infligido al profeta Isaías por el rey Manasés. —Adic.: «tentados».

11 40 La era escatológica de la «perfección» fue inaugurada por Cristo, 2 10; 5 9; 7 28; 10 14, y el acceso a la vida celeste sólo por él fue abierto, 9 11s; 10 19s. Por eso los justos del AT, a los que la Ley no pudo «llevar a la perfección», 7 19; 9 9; 10 1, tuvieron que esperar a los últimos tiempos para entrar en la vida perfecta del cielo, 12 23; ver Mt 27 52s; 1 P 3 19+.
12 3 «contradicción»; lit.: «contradicción contra sí mismo»; var.: «contradicción contra ellos mismos».
12 7 A los ojos de la fe, las pruebas de esta vida forman parte de la pedagogía paternal de Dios con respecto a sus hijos. La argumentación descansa en la noción bíblica de educación, *mûsar, paideia,* que significa *instrucción por medio de la corrección:* Ver Jb 5 17; Sal 94 12; Si 1 27; 4 17; 23 2+: Aquí se considera la tribulación como una corrección que supone y, por tanto, manifiesta la paternidad de Dios.

quedáis sin la corrección, que a todos toca, señal de que sois bastardos y no *hijos*. [9] Además, teníamos a nuestros padres terrestres, que nos corregían, y les respetábamos. ¿No nos someteremos mejor al Padre de los espíritus para vivir? [10] ¡Eso que ellos nos corregían según sus luces y para poco tiempo! Mas él, para provecho nuestro, y para hacernos partícipes de su santidad. [11] Cierto que ninguna corrección es, a su tiempo, agradable, sino penosa; pero luego produce fruto apacible de justicia a los ejercitados en ella. [12] Por tanto, *robusteced las manos caídas y las rodillas vacilantes* [13] *y enderezad para vuestros pies los caminos tortuosos*, para que el cojo no se descoyunte, sino que más bien se cure.

Castigo de la infidelidad.

[14] *Procurad la paz* con todos y la santidad, sin la cual nadie verá al Señor. [15] Velad para que nadie se vea privado de la gracia de Dios; para que *ninguna raíz amarga retoñe ni os turbe* y por ella llegue a inficionarse la comunidad. [16] Que no haya ningún disoluto o impío como Esaú, que por una comida *vendió su primogenitura*. [17] Ya sabéis cómo luego quiso heredar la bendición; pero fue rechazado y no logró un cambio de disposición, aunque lo procuró con lágrimas.

Las dos alianzas*.

[18] No os habéis acercado a una realidad palpable*: *fuego ardiente, oscuridad,* tinieblas, huracán,* [19] *toque de trompeta* y *a un sonido de palabras* tal, que suplicaron los que lo oyeron no se les hablara más. [20] Es que no podían soportar esta orden: *El que toque el monte, aunque sea un animal, será lapidado.* [21] Tan terrible era el espectáculo, que el mismo Moisés dijo: *Espantado estoy* y temblando. [22] Vosotros, en cambio, os habéis acercado al monte Sión, ciudad del Dios vivo, la Jerusalén celestial, y a miriadas de ángeles, reunión solemne, [23] y a la asamblea de los primogénitos inscritos en los cielos, y a Dios, juez universal, y a los espíritus de los justos llegados ya a su perfección, [24] y a Jesús, mediador de una nueva alianza, y a la aspersión purificadora de una sangre que habla más fuerte que la de Abel. [25] Guardaos de rechazar al que os habla; pues si los que rechazaron al que promulgaba oráculos en la tierra no escaparon al castigo, mucho menos nosotros, si nos apartamos del que nos habla desde el cielo*. [26] Su voz hizo temblar entonces la tierra. Mas ahora hace esta promesa: *Una vez más haré yo estremecer* no sólo *la tierra*, sino también *el cielo*. [27] Estas palabras, *una vez más*, quieren decir que las cosas que tiemblan como criaturas cambiarán*, a fin de que permanezcan las inconmovibles. [28] Por eso, nosotros, que recibimos un reino inconmovible, hemos de mantener la gracia y, mediante ella, ofrecer a Dios un culto que le sea grato, con respeto y reverencia*, [29] pues nuestro *Dios es fuego devorador*.

Margin references (left column)

Nm 16 22; 27 16; 2 M 3 24

Lv 17+; 2 P 1 4

2 Co 7 8-11; Jn 16 20; 1 P 1 6-7; St 1 2-4; Is 35 3; Pr 4 26 LXX

Sal 34 15; Rm 12 18; Mt 5 8-9; 1 Jn 3 2

Dt 29 17 LXX; Hch 8 23

Gn 25 33

Gn 27 30-40

Ga 4 24-26

Ex 19 18.16; Dt 4 11

Margin references (right column)

Ex 20 19

Ex 19 12s

Dt 9 19

Ap 14 1; 21 10

Rm 2 6+; 11 40+; 8 6+

11 4+; Gn 4 10

2 2-3

Ex 19 18; Jc 5 4-5; Sal 58 9; Ag 2 6

2 P 3 12-13; Ap 21 1; Mt 24 35p

Dn 7 18

9 14; Rm 1 9+; Dt 4 24+; Is 33 14

---

12 16 Esaú cometió una impiedad renunciando a su derecho de primogenito, que le constituía en heredero de las promesas mesiánicas. Esta preferencia por un bien material e inmediato puede considerarse como una prostitución, como los profetas consideraban la idolatría.
12 18 (a) El *acercamiento* a Dios, 4 16; 10 22, ya no se realiza, v. 18, en una teofanía aterradora como en el Sinaí, sino, v. 22, en una ciudad construida por Dios, ciudad por la que suspiraban los Padres, 11 10.16, y que, con todo, es ya celeste, 4 14; Ap 21+. Con los ángeles se hallan congregados en torno al Mediador triunfante todos los cristianos, ver Lc 10 20; St 1 18, a los que ha santificado y perfeccionado, v. 14; 10 14; 11 40+.
12 18 (b) Var.: «a un monte», ver v. 22.
12 25 El contraste que se señala afecta —más que a Moisés y a Cristo— a los beneficiarios de las dos alian-

zas. La antigua regulaba la vida en la tierra, esbozo de la vida celeste a donde lleva la nueva. Por tanto, abandonar ésta sería digno de un castigo más severo.
12 27 Los trastornos cósmicos no son sólo metáforas apocalípticas de la intervención divina y de la introducción de un régimen nuevo, ver Am 8 9+; 1 Co 1 8+; Mt 24 1+, sino también la señal de lo caduco y efímero del mundo visible.
12 28 El «reino inconmovible», vv. 22-24, es la Ciudad del cielo donde el Hijo reina con Dios, 1 8, en medio de los ángeles y los santos. Allí viven ya desde ahora los cristianos, y su vida es una liturgia de acción de gracias, bajo el fuego purificador de la santidad divina, v. 29. Este versículo podría ser la conclusión del discurso de la epístola, aun cuando parezca que 13 9b-15 reanuda su contenido y que 13 20-21 sirve mejor de epílogo.

Apéndice

Últimos consejos*.

13 ¹ Que el amor fraterno perdure. ² No olvidéis la hospitalidad; gracias a ella, algunos, sin saberlo, hospedaron a ángeles. ³ Acordaos de los presos, como si estuvierais presos con ellos, y de los que son maltratados, pensando que también vosotros tenéis un cuerpo. ⁴ Tened todos en gran respeto el matrimonio*, y el lecho conyugal sea sin mancha; que a los fornicarios y adúlteros los juzgará Dios. ⁵ No seáis amantes del dinero en vuestra conducta; contentaos con lo que tenéis, pues él ha dicho: *No te dejaré ni te abandonaré;* ⁶ de modo que podemos decir confiados: *El Señor es mi ayuda; no temeré. ¿Qué puede hacerme un hombre?*

Sobre la fidelidad.

⁷ Acordaos de vuestros guías, que os anunciaron la palabra de Dios y, considerando el desenlace de su vida, imitad su fe. ⁸ Jesucristo es el mismo, ayer, hoy y por los siglos*. ⁹ No os dejéis seducir por doctrinas diversas y extrañas.

Resumen.

Mejor es fortalecer el corazón con la gracia que con alimentos que nada aprovecharon a los que siguieron ese camino. ¹⁰ Tenemos nosotros un altar* del cual no tienen derecho a comer los que dan culto en la Tienda. ¹¹ Los cuerpos de los animales, cuya *sangre lleva el sumo sacerdote al santuario para la expiación del pecado, son quemados fuera del campamento.* ¹² Por eso, también Jesús, para santificar al pueblo con su sangre, padeció fuera de la puerta*. ¹³ Así pues, salgamos hacia él, *fuera del campamento,* cargando con su ignominia, ¹⁴ pues no tenemos aquí ciudad permanente sino que buscamos la futura. ¹⁵ Por medio de él *ofrezcamos sin cesar a Dios un sacrificio de alabanza,* es decir, *el fruto de los labios* que confiesan su nombre*. ¹⁶ No descuidéis la beneficencia y la comunión de bienes; ésos son los sacrificios que agradan a Dios.

Obediencia a los guías espirituales.

¹⁷ Obedeced a vuestros guías y someteos a ellos, pues velan sobre vuestras almas como quienes han de dar cuenta de ellas, para que lo hagan con alegría y no lamentándose, cosa que no os traería ventaja alguna. ¹⁸ Rogad por nosotros, pues estamos seguros de tener limpia la conciencia, deseosos de proceder en todo con rectitud. ¹⁹ Con la mayor insistencia os pido que lo hagáis, para que muy pronto os sea yo devuelto.

Bendición final y doxología.

²⁰ Y el Dios de la paz que *levantó* de entre los muertos* al gran *Pastor de las ovejas en virtud de la sangre de una alianza eterna,* a Jesús Señor nuestro, ²¹ os procure toda clase de bienes para cumplir su voluntad, realizando en nosotros lo que es agradable a sus ojos, por mediación de Jesucristo, a quien sea la gloria por los siglos de los siglos. Amén.

Referencias marginales

Rm 12 13
Gn 18 2s;
19 1s
Tb 5 4s
Jc 6 11-24;
13 3-23
Hb 10 34
Mt 25 36

Sb 3 13
Ef 5 5-6

Flp 4 12
Dt 31 6

Sal 118 6;
27 1-3
Rm 8 31-39

Tt 1 5+
Hb 2 3+

2 Ts 3 7+

Ef 4 14

1 Co 8 8+
12 28

Lv 3+

Lv 16 27

10 14
Jn 19 20
Hch 7 58
Mt 21 39p

11 26
1 Co 7 29-31
Flp 3 20
Hb 11 10.
14-16
Sal 50 14.23
Os 14 3
Rm 1 9+;
10 9
Hch 2 21+
Flp 4 18

1 Ts 5 12+
1 Co 16 16

Ez 3 18

Rm 15 30
Ef 6 19
Col 4 3
1 Ts 5 25
2 Ts 3 1
Flm 22
Flp 2 24

Is 63 11;
55 3
Za 9 11
Ez 37 26;
34+
Jn 10 11
1 P 2 25;
5 4
Flp 2 13

Rm 16 27+

---

13 El capítulo 13 ofrece el aspecto de algo artificialmente compuesto. Los vv. 22-25 tienen la forma de billete de envío de la epístola, pero también la tienen los vv. 17-18. Estos últimos, en efecto, repiten la palabra «guías», no identificables con los personajes mencionados en el v. 7, quienes parecen pertenecer al pasado de la comunidad, y suponen la misma distancia espacial entre el escritor y sus lectores. La intención de dar forma epistolar a un discurso, o de imitar el estilo de un escrito paulino, podría bastar para explicar estos fenómenos.
13 4 Este versículo podría referirse, bien a los que *profanan la santidad del matrimonio,* bien a los que no lo consideran digno de la espera escatológica de los cristianos, ver 1 Co 7+.
13 8 Esta afirmación, preparada por la mención de la palabra de Dios y de la fe, v. 7, subraya la verdad central que los guías han predicado. Aunque éstos cambien o desaparezcan, Cristo permanece, y es con él con quien debemos estar unidos.

13 10 No la mesa eucarística, sino la cruz, en la que Cristo fue inmolado, vv. 11-12, o acaso el mismo Cristo por quien nosotros ofrecemos nuestras plegarias a Dios. Los sacerdotes judíos que siguen dando culto en la «Tienda» no pueden participar de este altar.
13 12 El día de la fiesta de la Expiación, el sumo sacerdote penetraba en el Santo de los Santos, y lo rociaba con la sangre de las víctimas; pero los cuerpos de los animales sacrificados se quemaban fuera del campamento, Lv 16 27. Jesús, víctima expiatoria, realizó esta prefiguración al ser crucificado fuera de las murallas de la ciudad, Mt 27 32p.
13 15 Al comienzo, adic.: «por tanto».
13 20 Lit.: «que hizo subir». Hb no habla nunca explícitamente de la resurrección de Jesús, sino más bien del hecho de que ha sido sustraído al poder de la muerte, 2 14; 5 7+, y glorificado en el reino de Dios. Así Cristo glorioso pone en contacto con Dios a los creyentes, las ovejas, incluso antes de la muerte y la resurrección final, 7 25+; 10 19+.

Saludos a los destinatarios.

²² Os ruego, hermanos, que soportéis esta exhortación, pues os he escrito brevemente. ²³ Sabed que nuestro hermano Timoteo se ha marchado*. Si viene pronto, iré con él a veros. ²⁴ Saludad a todos vuestros guías y a todos los santos. Os saludan los de Italia *.

²⁵ La gracia esté con vosotros.

Hch 16 1+
1 Ts 3 2
2 Co 1 1
Col 1 1
Flm 1

---

13 23 El verbo griego *apolyo* puede significar *separarse de / enviar a*, ver Hch 13 3; 15 30.33; 16 35 y 1 Co 4 17; Flp 2 19, o bien *soltar, liberar*. Para traducir *liberado* no tenemos ningún otro dato en el NT sobre una cautividad de Timoteo. En el primer caso —*se ha marchado*— la frase podría significar una recomendación de Timo-teo para la misión para la que ha partido.

13 24 La expresión es ambigua: puede significar que la epístola se envía desde Italia, o bien que a los saludos se une gente de Italia, que actualmente habita en el extranjero.

EPÍSTOLAS CATÓLICAS

EPISTOLAS CATÓLICAS

EPÍSTOLAS CATÓLICAS

Introducción

Las siete epístolas del NT no atribuidas a San Pablo fueron, por esta misma razón, reunidas muy pronto en una sola colección, a pesar de sus diferentes orígenes: una de Santiago, una de San Judas, dos de San Pedro, tres de San Juan. Su antiquísimo título de «católicas» procede sin duda de que la mayoría de ellas no van destinadas a comunidades o personas particulares, sino que se dirigen más bien a los cristianos en general.

Epístola de Santiago.

La epístola de Santiago sólo fue progresivamente aceptada en la Iglesia. Su canonicidad no parece haber planteado problemas en Egipto, donde Orígenes la cita como Escritura inspirada, pero Eusebio de Cesarea reconoce a comienzos del siglo IV que algunos la impugnan todavía. En las iglesias de lengua siríaca no llegó a ser introducida en el canon del NT más que a lo largo del siglo IV. En África la desconocen Tertuliano y Cipriano, y el catálogo de Mommsen (hacia el 360) no la contiene todavía. En Roma, no figura en el canon de Muratori, atribuido a San Hipólito (hacia el 200) y es muy dudoso que la hayan citado San Clemente de Roma y el autor del Pastor de Hermas (ver infra). De manera que sólo hacia finales del siglo IV se impone en el conjunto de las iglesias de Oriente y Occidente.

Una vez que las iglesias aceptan la canonicidad de esta epístola, identifican por lo común a su autor con Santiago, el «hermano del Señor», Mc 6 3; Mt 13 55p; ver 12 46 +, que desempeñó un papel tan preeminente en la primera comunidad cristiana de Jerusalén, Hch 12 17 +; 15 13-21; 21 18-26; 1 Co 15 7; Ga 1 19; 2 9.12, y que recibió la corona del martirio a manos de los judíos hacia el año 62 (Josefo, Hegesipo). Este personaje es evidentemente distinto del apóstol Santiago, hijo de Zebedeo, Mt 10 2p, a quien Herodes dio muerte en el 44, Hch 12 2, pero sería posible identificarle con el otro apóstol del mismo nombre, hijo de Alfeo, Mt 10 3p. Ya los antiguos vacilaban en este punto, y los modernos aún lo discuten, si bien inclinándose por la negativa. La expresión de Pablo en Ga 1 19 ha sido interpretada en los dos sentidos.

Por lo demás, el verdadero problema se sitúa en otro plano, mucho más profundo, como es la atribución misma de la epístola a Santiago, «el hermano del Señor». Y en efecto, esta atribución plantea sus dificultades. Si realmente había sido compuesta por esta personalidad de primer orden, no sería fácil comprender las dificultades que tuvo para imponerse en la Iglesia como Escritura canónica. Además fue escrita directamente en griego, con una elegancia, una riqueza de vocabulario y un sentido de la retórica (diatriba) bastante sorprendentes en un galileo. Sin duda Santiago pudo recibir la ayuda de un discípulo de esmerada cultura helénica, pero esto es una conjetura que no se puede probar. Finalmente, y sobre todo, la epístola presenta una afinidad muy notable con escritos cuya composición se sitúa a fines del siglo primero o a comienzos del segundo, especialmente con la primera carta de Clemente de Roma y el Pastor de Hermas. Se ha afirmado con frecuencia que estas dos obras habían utilizado ampliamente la epístola de Santiago; pero hoy en día se reconoce cada vez más que esas afinidades se explican por el uso de fuentes comunes y por el hecho de que los autores de estas diversas obras se enfrentaban con dificultades análogas. En consecuencia, numerosos autores sitúan hoy la composición de la epístola de Santiago hacia el final del siglo primero o incluso a comienzos del segundo. El carácter arcaico de su cristología podría explicarse, más que por la antigüedad de su redacción, por su posible procedencia de los medios judeocristianos, herederos del pensamiento de Santiago, el hermano del Señor, y cerrados al desarrollo de la teología cristiana primitiva.

Si a pesar de todo se insiste en mantener la autenticidad de la epístola, su composición deberá situarse antes del 62, fecha de la muerte de Santiago. Y en este caso son posibles dos hipótesis, según la posición que se adopte en cuanto a las relaciones entre St y Ga/Rm a propósito del problema de la justificación por la fe (ver infra). Para algunos autores, es Santiago el que inicia una polémica contra Pablo, o mejor, contra cristianos que deformaban la enseñanza de Pablo; en este caso, habría escrito su epístola poco antes de su muerte. Para otros, menos numerosos cada vez, sería Pablo quien habría querido combatir las ideas de Santiago, cuya epístola en tal caso habría sido compuesta por los años 45-50, y ello explicaría el carácter arcaico de su cristología. Lo que dejamos dicho más arriba da a entender que fecha tan antigua resulta poco probable.

Sea lo que fuere de su origen, este escrito quiere llegar a las «Doce tribus de la Dispersión», **1** *1*, que son, sin duda, los cristianos de origen judío dispersos en el mundo grecorromano, sobre todo en las regiones limítrofes de Palestina, como Siria y Egipto. Que estos destinatarios sean convertidos del Judaísmo lo confirma el cuerpo de la carta. El uso constante que el autor hace de la Biblia supone que ésta les es familiar, sobre todo porque procede preferentemente por reminiscencias espontáneas y alusiones implícitas que por doquier se traslucen, y no en forma de argumentación partiendo de citas explícitas (como Pablo, por ejemplo, o el autor de la epístola a los Hebreos). Se inspira particularmente en la literatura sapiencial para deducir de ella lecciones de moral práctica. Pero también depende profundamente de las enseñanzas del Evangelio, y su escrito no es puramente judío como a veces se ha afirmado. Por el contrario, constantemente se encuentran en él el pensamiento y las expresiones preferidas de Jesús, y esta vez también menos por el procedimiento de citas expresas tomadas de una tradición escrita que por la utilización de una tradición oral viva. En una palabra, se trata de un sabio judeocristiano que reconsidera de manera original las máximas de la sabiduría judía en función del pleno cumplimiento que habían hallado en labios del Maestro. Su perspectiva cristiana se aprecia sobre todo en el marco apocalíptico en que sitúa sus enseñanzas morales. Estas enseñanzas demuestran también su afinidad sobre todo con el evangelio judeocristiano de Mateo.

Su escrito no se ajusta fácilmente a las características del estilo epistolar. Más bien parece una homilía, muestra de aquella catequesis que sin duda estuvo en uso en las asambleas judeocristianas de su tiempo. Hay en él una serie de exhortaciones morales que se suceden sin gran cohesión, agrupando sentencias sobre un mismo tema, o bien mediante asonancias verbales. Se trata de advertencias sobre la paciencia en las tribulaciones, **1** *1-12;* **5** *7-11,* el origen de la prueba, **1** *13-18,* el dominio de la lengua, **1** *26;* **3** *1-12,* la importancia de la armonía mutua y de la misericordia, **2** *8.13;* **3** *13 -* **4** *2;* **4** *11s,* la eficacia de la oración, **1** *5-8;* **4** *2s;* **5** *13-18, etc.* El sacramento de la Unción de los enfermos tiene su lugar teológico en **5** *14s* (Concilio de Trento).

Dos temas principales sobresalen en toda esta exhortación. Uno ensalza a los pobres y advierte severamente a los ricos, **1** *9-11;* **1** *27 - 2 9;* **4** *13 - 5 6:* esta preocupación por los humildes, los favoritos de Dios, enlaza con una antigua tradición bíblica y muy especialmente con las Bienaventuranzas del Evangelio, Mt **5** *3 +.* El otro insiste en la práctica de las buenas obras y previene contra una fe estéril, **1** *22-27;* **2** *10-26.* Hay incluso sobre este último punto una sección polémica, **2** *14-26,* que muchos intérpretes consideran dirigida contra Pablo. Hay que reconocer, en efecto, conexiones bastante sorprendentes entre St y Ga/Rm, sobre todo en la interpretación de los mismos textos bíblicos sobre Abrahán, diferente en cada uno. La existencia de un conflicto como éste entre los libros del NT es un indicio de la riqueza de la enseñanza divina más bien que un motivo de escándalo. Podemos observar dos cosas: en primer lugar, que por encima de cierta oposición motivada por preocupaciones pastorales diferentes, Pablo y Santiago están de acuerdo en lo fundamental, ver **2** *6;* **2** *14+;* (porque Pablo no estaba nunca contra la moral, ver por ej. Rm **12-13,** sino contra la imposición de preceptos cultuales sobre sus fieles convertidos del paganismo, como la circuncisión, y Santiago no habla nunca de estos preceptos cultuales sino de la moral). En segundo lugar, que este tema de la fe y de las obras, espontáneamente sugerido por los antecedentes de la religión judía, bien pudo ser un tema tradicional de discusión que ambos habrían expuesto de manera independiente. Al fin la Iglesia naciente aceptó la epístola de Santiago porque habría querido conservar el equilibrio dialéctico entre fe y obras, entre Pablo y Santiago.

Epístola de San Judas.

Judas, que se llama «hermano de Santiago», v. 1, parece presentarse también como uno de los «hermanos del Señor», Mt **13** *55p.* No hay nada que obligue a identificarle con el apóstol del mismo *nombre, Lc 6 16; Hch 1 13; ver Jn 14 22; por lo demás, él mismo se distingue del grupo apostólico, v. 17. La mediocre importancia del personaje cuyo nombre se toma hace difícil la hipótesis de que se trate de un pseudónimo, pero la fecha tardía de la epístola la convierte en posible e incluso en probable. El autor manifiesta un notable conocimiento de las fuentes judías, indicio de que representa a una iglesia cultivada, bien surtida de libros.*

De hecho, esta epístola era ya admitida por la mayoría de las iglesias como Escritura canónica desde el año 200. Cierto que el uso que hace de fuentes apócrifas (Henoc en los vv. 7.14s; Asunción de Moisés en el v. 9) suscitó algunas dudas ya desde la antigüedad; pero ello no crea un problema especial, porque este recurso legítimo a escritos judíos, en boga entonces, en modo alguno equivale a reconocerles carácter inspirado.

Lo que a Judas le interesa es estigmatizar a los perversos doctores que ponen en peligro la fe cristiana. Les amenaza con un castigo divino, que ilustra con precedentes de la tradición judía, vv. 5-7, y la descripción que hace de sus desviaciones parece también influida por estos recuerdos del pasado, v. 11. Por lo demás, la descripción queda bastante vaga y ciertamente no autoriza a ver aquí el gnosticismo del siglo II. La impiedad y el desenfreno moral que les censura, especialmente sus blasfemias contra el Señor Cristo y los ángeles, vv. 4.8-10, pudieron haberse dado en el seno del cristianismo ya en el siglo I, bajo la influencia de aquellas tendencias sincretistas que se combaten en la epístola a los Colosenses, en las Pastorales y en el Apocalipsis.

Con todo, algunos rasgos invitan a no remontarse muy alto en el siglo I. Las predicciones de los apóstoles se atribuyen al pasado, vv. 17s. La fe se concibe como un presupuesto objetivo «transmitido de una vez para siempre», v. 3. Parece que han sido utilizadas las epístolas de Pablo. Es verdad que, a su vez, la segunda epístola de Pedro utiliza la de Judas, pero, como diremos, aquélla quizá sea posterior a la muerte de San Pedro. En definitiva, se ha de pensar en los últimos tiempos de la edad apostólica.

Primera epístola de San Pedro.

Dos epístolas católicas reivindican la paternidad de San Pedro. La primera, que lleva en el saludo el nombre del príncipe de los apóstoles, 1 1, fue admitida sin oposición desde los comienzos de la Iglesia: utilizada probablemente por Clemente de Roma y ciertamente por Policarpo, es atribuida explícitamente a San Pedro a partir de Ireneo. El apóstol escribe desde Roma (Babilonia, 5 13), donde se encuentra con Marcos a quien llama «su hijo». Aunque sabemos muy poco acerca del fin de su vida, una tradición bien atestiguada le hace venir efectivamente a la capital del imperio donde murió mártir bajo Nerón (¿64 ó 67?). Se dirige a los cristianos «de la Dispersión» precisando los nombres de cinco provincias, 1 1, que prácticamente representan el conjunto del Asia Menor. Por lo que dice de su pasado, 1 14.18; 2 9s; 4 3, da a entender que se trata de convertidos de la gentilidad, si bien no se excluye la presencia de judeocristianos entre ellos. Por eso les escribe en griego; y si este griego, sencillo, pero correcto y armonioso, parece demasiado bueno para el pescador galileo, conocemos el nombre del discípulo-secretario que le pudo ayudar en su redacción: Silvano, 5 12, a quien comúnmente se identifica con el antiguo compañero de San Pablo, Hch 15 22 +.

El propósito de esta epístola es sostener la fe de sus destinatarios en medio de las tribulaciones que les asaltan. Se ha querido ver en ellas persecuciones oficiales como las de Domiciano o aun las de Trajano, lo que supondría una época muy posterior a San Pedro. Pero nada parecido exigen las alusiones de la epístola. Más bien se trata de violencias privadas, de injurias y calumnias que la pureza de vida de los convertidos les concita de parte de aquellos cuya conducta desarreglada abandonaron, 2 12; 3 16; 4 4.12-16.

Otra dificultad se ha suscitado contra la autenticidad de la epístola: el uso considerable que parece hacer de otros escritos del NT, especialmente de St, Rm y Ef, y que sorprende tanto más cuanto que, en cambio, parece utilizar poco el Evangelio. Sin embargo, las reminiscencias evangélicas, aun siendo discretas, son numerosas; y si estuvieran más subrayadas, no faltaría quien dijera que un seudónimo trató así de hacerse pasar por Pedro. En cuanto a las relaciones con Santiago y Pablo, no deben exagerarse. Ninguno de los temas específicamente paulinos (valor transitorio de la Ley judía, cuerpo de Cristo, etc.) aparece en la epístola. Y muchos de los temas que igualmente se consideran «paulinos», porque nos son conocidos sobre todo por las epístolas de Pablo, en realidad no son más que el fondo común de la primitiva teología cristiana (valor redentor de la muerte de Cristo, fe y bautismo, etc.). Los trabajos de la crítica reconocen cada vez más formularios de catequesis primitivas, florilegios de textos del AT, que pudieron ser utilizados paralelamente por los diversos escritos en cuestión, sin que entre ellos existiera dependencia directa. Y si, a pesar de ello, subsiste aún cierto número de casos concretos en que 1 P parece que, efectivamente, se inspira en Rm o en Ef, esto puede admitirse sin rechazar la autenticidad: San Pedro no poseía la envergadura teológica de San Pablo, y muy bien pudo recurrir a los escritos de este último, sobre todo cuando se dirigía, como aquí, a círculos de influencia paulina. Tampoco se debe olvidar que su secretario Silvano fue discípulo de ambos apóstoles. Finalmente, es de justicia señalar, junto a estas afinidades paulinas, las conexiones que algunos intérpretes han creído descubrir entre 1 P y otros escritos de ambiente petrino como el segundo Evangelio o los discursos de Pedro en los Hechos.

La epístola normalmente es anterior a la muerte de Pedro, en 64 ó 67, aunque es posible que Silvano no la concluyera hasta algunos años más tarde, según las directrices y bajo la autoridad de aquél. Hasta sería esto probable si estuviera comprobado que la epístola es un mosaico y combinación de fragmentos diversos, entre ellos una homilía de origen bautismal, 1 13 - 4 11. Pero estas elucubraciones no pueden pasar del nivel de la conjetura.

Este escrito, de tendencia esencialmente práctica, no deja de contener una aceptable riqueza doctrinal. Hay en él un resumen admirable de la teología cristiana común a la época apostólica, de un calor emocionante en su sencillez. Una de las ideas maestras es la paciencia activa en las tribulaciones, con Cristo como modelo, 2 21-25; 3 18; 4 1: como él, los cristianos deben sufrir con paciencia activa, felices si sus tribulaciones provienen de su fe y de su santa conducta, 2 19s; 3 14; 4 12-19; 5 9, no oponiendo al mal sino el bien, la caridad, la obediencia a los poderes públicos, 2 13-17, y la dulzura con todos, 3 8-17; 4 7-11.19. Un pasaje difícil ha sido entendido diversamente por los intérpretes, 3 19s; ver 4 6, según que en la «predicación» de Cristo hayan visto un anuncio de salvación o de castigo, y en los «espíritus encarcelados» hayan reconocido o a los impíos muertos en tiempo del diluvio, o bien a los ángeles caídos de la tradición bíblica y apocalíptica. De todos modos, este episodio de la vida del Señor está bien situado en el momento de su muerte, y es uno de los principales lugares teológicos del dogma del Descenso a los infiernos.

Segunda epístola de San Pedro.

Sin lugar a dudas la segunda epístola se presenta también como de San Pedro. El apóstol, en efecto, se nombra a sí mismo en el saludo, 1 1, después alude al anuncio de Jesús referente a su muerte, 1 14, dice haber sido testigo de la Transfiguración, 1 16-18, y, finalmente, alude a una primera carta, 3 1, que parece ser 1 P.

Si escribe por segunda vez a los mismos lectores, lo hace con una doble finalidad: prevenirles contra los falsos doctores, 2, y responder a la inquietud causada por el retraso de la Parusía, 3. Esos falsos doctores y esa inquietud pueden, en rigor, concebirse hacia el fin de la vida de San Pedro. Pero existen otras consideraciones que ponen en duda la autenticidad y sugieren una fecha más tardía. El lenguaje presenta notables diferencias con el de 1 P. Todo el cap. 2 es una repetición, libre pero manifiesta, de la epístola de Judas. La colección de las epístolas de Pablo parece ya formada, 3 15s. Al grupo apostólico se le pone al nivel del grupo profético y el autor habla como si no formara parte de él, 3 2. Estas dificultades justifican dudas que aparecieron ya en la antigüedad. No sólo no se ha comprobado con certeza el uso de la epístola antes del siglo III, sino que incluso algunos la rechazaban, como lo atestiguan Orígenes, Eusebio y Jerónimo. Por ello, no pocos críticos modernos rechazan también su atribución a San Pedro, y es difícil quitarles la razón. Pero si un discípulo posterior se respaldó en la autoridad de Pedro, quizá tuviera algún derecho a hacerlo, o por pertenecer a los círculos dependientes del apóstol, o bien incluso porque utilizaba un escrito procedente de él, aun adaptándolo y completándolo con la ayuda de Judas. Esto no era forzosamente cometer una falsificación, ya que los antiguos tenían ideas muy diferentes de las nuestras sobre la propiedad literaria y la legitimidad de servirse de seudónimos.

Por lo demás, para nuestra fe basta con que la epístola haya sido recibida firmemente por la Iglesia como canónica y que, por tanto, represente una herencia auténtica de la época apostólica. Por este hecho queda garantizada su doctrina, en la cual podemos poner de relieve en particular: la vocación cristiana a «hacernos partícipes de la naturaleza divina», 1 4, la definición del carácter inspirado de las Escrituras, 1 20s, la seguridad de la Parusía que ha de venir, a pesar del retraso y de la incertidumbre de su día, y el anuncio, tras la destrucción del mundo por el fuego, de un nuevo mundo donde habitará la justicia, 3 3-13.

El problema central que la epístola aborda es la teodicea, es decir el juicio justo de Dios, contra aquellos que dicen que no hay providencia ni existe juicio en Dios, ni vida en el más allá, ni recompensa o castigo después de la muerte, ideas todas ellas divulgadas por epicúreos paganos y judíos, y refutadas también por apologistas filosóficos (por ej. Plutarco) y rabínicos. Es en este contexto en el que el autor inspirado contempla el problema del retraso de la Parusía. La epístola se dirige a lectores de cultura mixta, a la vez bíblica y grecorromana, y por tanto pertenecientes a una iglesia urbana. El conocimiento de su propia cadena de autoridad, el carácter sagrado de sus propias tradiciones, evangélicas, paulinas y apostólicas («Judas»), el afán por establecer una armonía coherente y una interpretación normativa de estas tradiciones recibidas (1 12-15) son otros tantos indicios de que la epístola data de mediados del siglo II d. de J.C. Este escrito se nos ofrece, pues, como un ejemplo interesante de la fidelidad radical, en una situación transformada, al mensaje central de Jesús, la próxima venida del reino de Dios (Mc 1 15+).

Epístolas de San Juan.

Con este título se designan tres escritos atribuidos a San Juan al igual que el cuarto Evangelio y el Apocalipsis. Se les llama Cartas o Epístolas por su forma literaria, que es más clara en el segundo y tercer escrito, pero que también está presente en el primero («os escribo», 1 Jn 2 14). La primera tiene cinco capítulos, las otras dos son escritos muy breves de apenas media página cada una. A continuación indicamos unos breves rasgos de cada una de las epístolas.

Primera epístola de San Juan.

Por su relación estrecha con el cuarto Evangelio, de cuya teología vive nuestro escrito, la primera epístola es uno de los documentos más importantes del Nuevo Testamento. Se presenta como un testimonio apostólico que invita a la comunión con el Padre y con el Hijo y a la comunión entre los creyentes.

La estructura de este prodigioso escrito ha sido objeto de muchas aproximaciones. Una de las más aceptadas divide la epístola de la siguiente manera:

— Prólogo, 1 1-4: Anuncio de la palabra de vida fuente de la comunión.

— Primer desarrollo de los criterios y formas de vivir la comunión, 1 5 - 2 28. Bajo el principio «Dios es luz» se contemplan las exigencias de «Vivir en la luz» (no pecar, amar al hermano, mantenerse en la recta fe, preferir el amor del Padre al amor del mundo y guardarse de los anticristos).

— Segundo desarrollo de los criterios y formas de vivir la comunión, 2 29 - 4 6. Bajo el principio «Dios es Padre justo que nos otorga el don de la filiación divina», se recuerdan las implicaciones de «Vivir como hijos de Dios» (romper con el pecado, amar al hermano, confiar en Dios que está por encima de nuestra conciencia, y guardarse de los anticristos).

— Tercer desarrollo de los criterios y formas de vivir la comunión, 4 7 - 5 13. Bajo el principio «Dios es amor», el autor se remonta a las fuentes de la fe y del amor, alternando las proclamaciones del misterio redentor (el amor de Dios en el envío del Hijo y el don del Espíritu Santo) y las exhortaciones a amar a Dios y a los hermanos. La fe se hace testimonio.

Adiciones, 5 14-21: Oración por los pecadores, certezas de la fe y exhortación a guardarse de los ídolos.

El escrito no nos proporciona datos sobre su autor, que unas veces habla en plural, como representando al grupo apostólico o a la comunidad de creyentes, y otras veces habla en singular de una forma que pone de relieve su cualidad de padre espiritual de la comunidad.

La atribución de este escrito al apóstol San Juan está motivada por su afinidad con el cuarto Evangelio (Palabra, Encarnación, Mandamiento Nuevo, etc.). Ciertamente la epístola ha nacido en el círculo de la comunidad joánica.

La Teología *se centra en el misterio redentor: Dios Padre que nos ha dado a su Hijo como Salvador del mundo,* **4** *9-10.14, y que nos ha dado su Espíritu,* **4** *13; ver* **3** *24. Un énfasis especial se pone en la afirmación de que Jesús es el Mesías, el Hijo de Dios,* **5** *13, y que ha venido en carne,* **4** *2. La fe y el amor aparecen como la síntesis del cristianismo,* **3** *23;* **4** *21. La comunidad cristiana está ungida por el Santo,* **2** *20.27. El autor habla de la promesa de la vida eterna,* **2** *25, y vive de la escatología futurista (segunda venida de Cristo:* **2** *28), pero considera ya presente el don de la Comunión,* **1** *3.*

El escrito hace referencia al hecho de que un grupo se ha separado de la comunidad, **2** *19. El autor ve en los disidentes una influencia del espíritu del error,* **4** *6, y los califica de anticristos por sus errores cristológicos (negar que Cristo ha venido en carne:* **4** *2-3); asimismo los califica como seguidores de Caín (por odiar a los hermanos:* **3** *12-15).*

La fecha de composición del escrito está en función de la asignada al cuarto Evangelio. Para algunos autores la epístola sería anterior y como una presentación del Evangelio. Para otros, la epístola supone ya la publicación del Evangelio. Una datación en torno a los últimos años de siglo I puede dar razón de los diversos datos.

Segunda epístola de San Juan.

Este breve escrito de 13 versículos tiene un estrecho parentesco con la 1.ª epístola. Se da un gran relieve al término «verdad», vv. *1.2.3.4, y al mandamiento del amor,* vv. *3.4.5.6. Se califica de seductores a los que no confiesan que Jesucrito ha venido en carne,* v. *7, y se insiste en la unidad del Padre y del Hijo,* vv. *3.9. La expresión: «Nuestro gozo sea completo»,* v. *12, coincide con la 1.ª epístola,* **1** *4, y con el evangelio, Jn* **15** *11.*

La epístola tiene como mitente a un personaje que se llama a sí mismo «El Presbítero». La opinión tradicional lo identifica con el apóstol San Juan. Otros piensan en un responsable de las comunidades joánicas que escribe con la autoridad que le da su relación con el Discípulo Amado. La destinataria de la epístola es la «Señora Elegida», sin duda una comunidad del círculo joánico. El título de «Elegida» se da también a la iglesia (¿Éfeso?) desde la que escribe el autor.

Generalmente se cree que esta segunda epístola es anterior a la primera.

Tercera epístola de San Juan.

Estamos también ante un escrito muy breve (15 versículos). La epístola pertenece asimismo al grupo joánico como lo muestran las menciones de la verdad, vv. *1.3.4.8.12, la afirmación «El que obra el mal no ha visto a Dios»,* v. *11; ver* 1 Jn **3** *6;* **4** *7.12, y la expresión «Nuestro testimonio es verdadero»,* v. *12; ver Jn* **19** *35;* **21** *24.*

El mitente de la epístola es «El Presbítero» como en la 2.ª; y el destinatario, un cristiano de nombre Gayo, que es un miembro destacado de la comunidad cristiana y que acoge a los enviados (predicadores ambulantes) que vienen de parte del Presbítero. Se reprocha la actitud del responsable de la iglesia, llamado Diótrefes, que no recibe a los enviados.

Muchos autores consideran esta 3.ª epístola como el primero de los tres escritos.

EPÍSTOLA DE SANTIAGO

Hch 12 17+
Hch 26 7
1 P 1 1
Jn 7 35

Saludo.

1 [1] Santiago, siervo de Dios y del Señor Jesucristo, saluda* a las doce tribus de la Dispersión*.

Provecho de las tribulaciones.

Mt 5 11+
1 P 4 13-14

Hb 12 11
1 P 1 6-7
Rm 5 3-5

Mt 5 48

[2] Considerad como un gran gozo, hermanos míos, cuando estéis rodeados por toda clase de pruebas, [3] sabiendo que la calidad probada de vuestra fe produce paciencia; [4] pero la paciencia ha de culminar en una obra perfecta* para que seáis perfectos e íntegros, sin que dejéis nada que desear.

Petición confiada.

Pr 2 6+
Sb 8 21s
1 R 3 7s

Mt 7 7;
21 21p

Is 57 20

4 8

[5] Si alguno de vosotros carece de sabiduría, que la pida a Dios, que a todos generosamente* y sin echarlo en cara, y se la dará. [6] Pero que la pida con fe, sin vacilar; porque el que vacila es semejante al oleaje del mar, agitado por el viento y zarandeado de una a otra parte. [7] Que no piense recibir cosa alguna del Señor un hombre como éste, [8] un hombre irresoluto* e inconstante en todos sus caminos.

Destino del rico.

Jr 9 22-23

Is 40 6-7

[9] Que el hermano de condición humilde se gloríe en su exaltación*; [10] y el rico, en su humillación, porque pasará *como flor de hierba*: [11] sale el sol con fuerza* y seca la hierba y su flor cae y se pierde su hermosa apariencia; así también el rico se marchitará en sus proyectos.

La prueba.

Mt 5 3+
Dn 12 12

1 Co 9 25

Si 15 11-20
Pr 19 3
1 Co 10 13
Rm 7 8-10

Rm 5 12;
6 23
Hb 6 1+

[12] ¡*Feliz* el hombre *que soporta* la prueba! Porque, superada la prueba, recibirá la corona de la vida que ha prometido el Señor* a los que le aman*. [13] Ninguno, cuando sea probado*, diga: «Es Dios quien me prueba»; porque Dios ni es probado por el mal ni prueba a nadie. [14] Sino que cada uno es probado, arrastrado y seducido por su propia concupiscencia. [15] Después la concupiscencia, cuando ha concebido, da a luz al pecado; y el pecado, una vez consumado, engendra muerte.

Aceptar la palabra y ponerla por obra.

Mt 7 11

Jn 3 3.27
Jn 8 12+
1 Jn 1 5

1 P 1 23+
Jn 1 12-13

Ap 14 4

Si 5 11
Pr 10 19;
14 17
Mt 5 22

1 P 2 1-2
Ga 5 19

[16] No os engañéis, hermanos míos queridos: [17] toda dádiva buena y todo don perfecto viene de lo alto* desciende del Padre de las luces*, en quien no hay cambio ni fase de sombra. [18] Nos engendró por su propia voluntad, con palabra de verdad*, para que fuésemos como las primicias de sus criaturas*.

[19] Tenedlo presente, hermanos míos queridos: Que cada uno sea *diligente para escuchar y tardo* para hablar, tardo para la ira. [20] Porque la ira del hombre no realiza la justicia de Dios. [21] Por eso, desechad toda inmundicia y abundancia

1 1 (a) Lit.: «desea gozo», fórmula de saludo corriente en el mundo griego. El v. 2 juega con esa palabra.
1 1 (b) En el antiguo Israel el término de «Dispersión» (griego: «Diáspora») designaba a los judíos emigrados de Palestina, ver Sal 147 2; Jdt 5 19; ver Jn 7 35. Aquí se trata de cristianos de origen judío, dispersos en el mundo grecorromano. Ver Hch 2 5-11. Las doce tribus simbolizan la totalidad del pueblo nuevo, Hch 26 7; Ap 7 4+; Mt 19 28.
1 4 Para Santiago como para el Judaísmo, la fe debe llevar a obras que hagan perfecto al hombre, 2 14+; ver 1 Ts 1 3. Ya desde ahora puede presentirse la explicación central de 2 14-26.
1 5 O también: «simplemente», «sin condición».
1 8 Lit.: «de alma doble», 4 8. Esta división interior se basa en la psicología rabínica, fundada en Gn 8 21+; 6 5; Si 15 14+, Rm 7, en la que dos impulsos o tendencias, una mala y la otra buena, se enfrentan sin cesar, y se opone a la «sencillez» de corazón, y a la firmeza de actitud que de ellas resulta.
1 9 Los ricos no tienen acceso a la exaltación de los humildes, 1 S 2 7-8; Sal 72 4.12; 113 7-9; Lc 1 52; etc.; ver So 2 3+, si no es humillándose con ellos.
1 11 O: «sale el sol con un viento abrasador».
1 12 (a) Om.: «el Señor». La Vulg. dice: «Dios».
1 12 (b) Al concluir la prueba, vv. 2-4, el que ama a

Dios recibirá su justa recompensa, 1 Co 9 25+; 1 P 5 4; Ap 2 10.
1 13 Aquí la prueba es la tentación, ver 1 Co 10 13+. El que se deja arrastrar al mal no debe echar su falta sobre Dios, que no puede querer el mal. El pecado procede del interior del hombre, Rm 7 8, y, de suyo, lleva a un estado totalmente opuesto a la corona de vida, v. 12; Rm 6 23.
1 17 (a) Om. (Vet. Lat): «viene de lo alto».
1 17 (b) Dios, creador de las luminarias celestes, Gn 1 14-18 y fuente de toda luz espiritual, Jn 1 4+; 8 12+; 1 Jn 1 5; ver 1 P 2 9. Las imágenes que siguen vienen sugeridas por el movimiento de los astros. Var.: «en quien no hay cambio que provenga del movimiento de la sombra».
1 18 (a) Esta «palabra de verdad» es el conjunto de la revelación de Dios a los hombres, llamada también «Ley de la libertad», «Ley regia», ver 1 21-25; 2 8.
1 18 (b) St sólo habla de la «gracia» en 4 6. Aquí menciona algo equivalente en este nuevo nacimiento, debido a la palabra de Dios, Jn 1 12+; 3 3; 1 P 1 23+. que con sus primogénitos constituye el pueblo de Dios, ver Dt 18 4; Jr 2 3+; Rm 8 23; 16 5. Esta palabra es plantada en los corazones (lit. «innata») por la predicación del Evangelio que salva, v. 21, y la fe que es la aceptación de este anuncio, ver 1 Ts 2 13+. Vestigios de catequesis bautismal.

Mt 11 29
Jn 3 11+

Rm 2 13
Mt 7 24-27p
Lc 8 21
1 Jn 3 17s

Rm 7 12;
8 2; 6 15+
Sal 19 8
Mt 5 17

Jn 13 17

3 2s

Ex 22 21+

Dt 1 17+

de mal y recibid con docilidad la palabra sembrada en vosotros, que es capaz de salvar vuestras vidas. ²² Poned por obra la palabra y no os contentéis sólo con oírla, engañándoos a vosotros mismos. ²³ Porque si alguno se contenta con oír la palabra sin ponerla por obra, ése se parece al que contemplaba sus rasgos fisionómicos en un espejo: ²⁴ efectivamente, se contempló, se dio media vuelta y al punto se olvidó de cómo era. ²⁵ En cambio el que considera atentamente la Ley perfecta de la libertad* y se mantiene firme, no como oyente olvidadizo sino como cumplidor de ella, ése, practicándola, será feliz.

²⁶ Si alguno se cree religioso, pero no pone freno a su lengua, sino que engaña a su propio corazón, su religión es vana. ²⁷ La religión pura e intachable ante Dios Padre* es ésta: visitar huérfanos y viudas en su tribulación y conservarse incontaminado del mundo.

Respeto debido a los pobres.

2 ¹ Hermanos míos, no mezcléis con la acepción de personas la fe que tenéis en nuestro Señor Jesucristo glorificado*. ² Supongamos que entra en vuestra asamblea* un hombre con un anillo de oro y un vestido espléndido; y entra también un pobre con un vestido andrajoso; ³ y que dirigís vuestra mirada al que lleva el vestido espléndido y le decís: «Tú, siéntate aquí, en un buen sitio»; y en cambio al pobre le decís: «Tú, quédate ahí de pie», o «Siéntate a mis pies». ⁴ ¿No sería esto hacer distinciones entre vosotros y ser jueces con criterios malos?

⁵ Escuchad, hermanos míos queridos: ¿Acaso no ha escogido Dios a los pobres según el mundo como ricos en la fe* y herederos del Reino que prometió a los que le aman? ⁶ ¡En cambio vosotros habéis menospreciado al pobre! ¿No son acaso los ricos los que os oprimen y os arrastran a los tribunales? ⁷ ¿No son ellos los que blasfeman el hermoso Nombre que ha sido invocado sobre vosotros*? ⁸ Ciertamente si cumplís plenamente la Ley regia según la Escritura: *Amarás a tu prójimo como a ti mismo*, obráis bien; ⁹ pero si tenéis acepción de personas, cometéis pecado y quedáis condenados por la Ley como transgresores.

¹⁰ Porque quien observa toda la Ley, pero falta en un solo precepto, se hace reo de todos. ¹¹ Pues el que dijo: *No adulteres*, dijo también: *No mates*. Si no adulteras, pero matas, eres transgresor de la Ley. ¹² Hablad y obrad tal como corresponde a los que han de ser juzgados por la ley de la libertad. ¹³ Porque tendrá un juicio sin misericordia el que no tuvo misericordia; la misericordia se siente superior al juicio*.

La fe y las obras*.

¹⁴ ¿De qué sirve, hermanos míos, que alguien diga: «Tengo fe», si no tiene obras? ¿Acaso podrá salvarle la fe? ¹⁵ Si un hermano o una hermana están desnudos y carecen del sustento diario, ¹⁶ y alguno de vosotros les dice: «Id en paz, calentaos y hartaos», pero no les dais lo necesario para el cuerpo, ¿de qué sirve? ¹⁷ Así también la fe, si no tiene obras, está realmente muerta*.

1 Co 1 26-29
So 2 3+
Ap 2 9
Ga 3 29
Mt 4 17+
St 1 12

Is 52 5
Rm 2 24

Rm 13 8-10
Lv 19 18
Mt 22 39p

Pr 24 23+
Dt 1 17

Dt 27 26
Ga 3 10
Mt 5 19
Ex 20 13-14
Dt 5 17-18

Rm 2 12;
6 15+
Mt 6 14-15;
18 35
Lc 6 36s
1 Jn 4 18

Ga 5 6
1 Co 13 3
Mt 7 21;
25 41-45
1 Jn 3 17

---

1 25   Esta Ley, al igual que la palabra de verdad v. 18, es la revelación cristiana recibida y puesta por obra, ver Mt 5 17-19+; 7 24-27; Jn 13 17. Libera al hombre, 2 12, mediante la observancia de los mandamientos. Pablo verá en la libertad del cristiano una prerrogativa de la Ley Nueva, de la fe, Rm 3 27; Ef 5 20. La expresión se encontraba ya en el AT, Dt 32 6, ver Is 63 16; Si 23 1.4; Sb 2 16. El culto espiritual aceptado por Dios adquiere una forma concreta en la conducta recta y el servicio de los débiles, ver Dt 27 19; Is 11 17; Jr 5 28; etc.
1 27   Ver Mt 6 9; 1 Co 15 24; Ef 5 20. La expresión se encontraba ya en el AT, Dt 32 6, ver Is 63 16; Si 23 1.4; Sb 2 16. El culto espiritual aceptado por Dios adquiere una forma concreta en la conducta recta y el servicio de los débiles, ver Dt 27 19; Is 11 17; Jr 5 28; etc.
2 1   Lit.: «de la gloria», ver 1 Co 2 8+.
2 2   Lit.: «sinagoga». Único pasaje de NT en que así se llama a la asamblea cristiana, ver 5 14. Hay quienes ven en ello un indicio de que St se dirigía a judíos que se habían hecho cristianos, Ga 3 14.
2 5   Los pobres, 1 9-10+, poseen la verdadera riqueza, ver 1 Co 1 17-29.
2 7   En el AT, el nombre de Yahvé pronunciado sobre alguien atraía sobre él la protección divina, Am 9 12; Is 43 7; Jr 14 9. En el NT, el único medio de salvación, Hch 2 21+, es el nombre de Jesús invocado, por ejemplo, en el bautismo. -Otra traducción: «el hermoso nombre que lleváis».

2 13   «Juicio» aquí en sentido de condenación. El juicio sólo pertenece a Dios, autor de la Ley, 4 11-12; 5 9; ver Sal 9 9+. Él sancionará la práctica de la Ley, 1 25; 2 8, resumida en la misericordia.
2 14   Una declaración de principio aclarará las disquisiciones precedentes. El que oye la palabra debe ponerla por obra, 1 22-25; ver 4 11 El punto de vista de Santiago no es inconciliable con el que defiende Pablo, Rm 3 20.31; 9 31; Ga 2 16; 3 2.5.11s; Flp 3 9. Lo que éste rechaza es el valor de las obras humanas para merecer la salvación sin la fe en Cristo. Esta confianza en el esfuerzo del hombre para hacerse justo olvida que el hombre es radicalmente pecador, Rm 1 18 - 3 20; Ga 3 22, y hace inútil la fe en Cristo, Ga 2 21; ver Rm 1 16+. Pero también Pablo admite que, una vez recibida la justificación por pura gracia, la fe debe hacerse activa mediante la caridad, 1 Co 13 2; Ga 5 6; ver 1 Ts 1 3; 2 Ts 1 11; Flm 6, y finalmente cumplir en verdad la ley, Rm 8 4, que es la ley de Cristo y del Espíritu, Ga 6 2; Rm 8 2, la ley del amor, Rm 13 8-10; Ga 5 14. Cada cual será juzgado según sus obras, Rm 2 6+. Con todo, el pensamiento de St incluso respecto a la historia de Abrahán, vv. 22-23, está más cerca del Judaísmo que el de Pablo.
2 17   Lit.: «está muerta en sí misma».

¹⁸ Y al contrario, alguno podrá decir*: «¿Tú tienes fe? Pues yo tengo obras. Muéstrame tu fe sin obras y yo te mostraré por las obras mi fe». ¹⁹ ¿Tú crees que hay un solo Dios? Haces bien. También los demonios creen y tiemblan*. ²⁰ ¿Quieres saber tú, insensato, que la fe sin obras es estéril*? ²¹ Abrahán nuestro padre* ¿no alcanzó la justificación por las obras *cuando ofreció a su hijo Isaac sobre el altar?* ²² ¿Ves cómo la fe cooperaba con sus obras y, por las obras, la fe alcanzó su perfección*? ²³ Y alcanzó pleno cumplimiento la Escritura que dice: *Creyó Abrahán en Dios y se le consideró como justicia* y se le llamó amigo de Dios.

²⁴ Ya veis cómo el hombre es justificado por las obras y no por la fe solamente. ²⁵ Del mismo modo Rajab, la prostituta, ¿no quedó justificada por las obras al dar hospedaje a los mensajeros* y hacerles marchar por otro camino? ²⁶ Porque así como el cuerpo sin espíritu está muerto, así también la fe sin obras está muerta*.

Contra la intemperancia en el hablar.

3 ¹ No queráis ser maestros* muchos de vosotros, hermanos míos, sabiendo que tendremos* un juicio más severo, ² pues todos caemos muchas veces.

Si alguno no cae al hablar, ése es un hombre perfecto, capaz de refrenar todo su cuerpo*. ³ Si* ponemos a los caballos frenos en la boca para que nos obedezcan, dirigimos así todo su cuerpo. ⁴ Mirad también las naves: aunque sean grandes y vientos impetuosos las empujen, son dirigidas por un pequeño timón adonde la voluntad del piloto quiere.

⁵ Así también la lengua es un miembro pequeño y puede gloriarse de grandes cosas. Mirad qué pequeño fuego y qué bosque tan grande incendia. ⁶ La lengua es también fuego, es un mundo de iniquidad*; la lengua, que es uno de nuestros miembros, contamina todo el cuerpo y, encendida por la gehenna, prende fuego a la rueda de la vida desde sus comienzos*. ⁷ Toda clase de fieras, aves, reptiles y animales marinos pueden ser domados y de hecho han sido domados por el género humano; ⁸ en cambio ningún hombre ha podido domar la lengua; es un mal turbulento; está llena de veneno mortífero. ⁹ Con ella bendecimos al Señor* y Padre, y con ella maldecimos a los hombres, hechos a imagen de Dios; ¹⁰ de una misma boca proceden la bendición y la maldición*. Esto, hermanos míos, no debe ser así. ¹¹ ¿Acaso la fuente mana por el mismo caño agua dulce y amarga? ¹² ¿Acaso, hermanos míos, puede la higuera producir aceitunas y la vid higos? Tampoco el agua salada puede producir agua dulce.

La verdadera y la falsa sabiduría.

¹³ ¿Quién hay entre vosotros sabio o con experiencia*? Que muestre por su buena conducta las obras hechas con la mansedumbre de la sabiduría. ¹⁴ Pero si tenéis en vuestro corazón amarga envidia y ambición, no os jactéis ni mintáis contra la verdad. ¹⁵ Tal sabiduría no desciende de lo alto, sino que es terrena, natural, demoníaca. ¹⁶ Pues donde hay envidia y ambición, allí hay desconcierto y toda clase de maldad. ¹⁷ En cambio la sabiduría que viene de lo alto es, en primer lugar, pura, además pacífica, indulgente,

Margin references (left):
Mt 8 29+
Gn 22 9
Hb 11 17
Gn 15 6
Rm 4 3
Ga 3 6
Is 41 8+
2 14+
Jos 2 1s
Hb 11 31
Mt 23 8
1 Co 12 28+
Pr 10 19;
18 21
Si 5 9-15;
14 1;
28 13-26

Margin references (right):
Dn 7 8+.20
Pr 16 27;
26 18-21
Si 28 22
Mt 15 18
Mt 3 12+;
5 22+
Gn 1 26+;
9 2
Sal 140 4
Gn 1 27+
Ef 4 29
Mt 7 16
Si 19 20-30
Ef 4 1-2
2 Co 1 12
1 Co 3 3
1 5+
1 Co 13 4-7

---

2 18 El interlocutor de los vv. 14 y 16 a quien ahora ataca Santiago.
2 19 La insumisión de los demonios al verdadero Dios a quien reconocen, ver Mc 1 24.34, etc., no les impide temer en la ira venidera.
2 20 Var. (Vulg.): «está muerta», ver vv. 17 y 26.
2 21 Para la tradición judía Abrahán era el justo fiel a Dios, Si 44 19-21+, amigo de Dios, 2 Cro 20 7; Is 41 8, padre de los creyentes, ver Mt 3 8; Jn 8 39. En este punto, St concuerda con Pablo, 4 1.16.
2 22 Santiago no considera, como tampoco Pablo, la fe de Abrahán como una obra, Gn 15 6, citado en el v. 23; Rm 4 3; Ga 3 6, pero insiste más en las obras que nacen de la fe, de la ley perfecta, 1 25; 2 8.
2 25 «mensajeros», var.: «exploradores», ver Hb 11 31. El tema era popular en el Judaísmo.
2 26 Los vv. 17.20.24 sacan su conclusión de la comparación de un cuerpo privado del soplo de vida.
3 1 (a) Los que por ambición pretenden este cargo estimado, Mt 23 8; Hch 13 1; 1 Co 12 28+, deben ponderar la responsabilidad que les incumbe. Todo el

cap. 3 parece compuesto para ellos.
3 1 (b) Var. (Vulg.): «vosotros ser dréis».
3 2 Varias comparaciones darán a entender cómo el dominio de la lengua manifiesta un dominio total de sí mismo. El tema era clásico entre los moralistas griegos como en los libros sapienciales.
3 3 «Si»; var.: «Mirad», ver v. 4
3 6 (a) var. (Vulg.): «un ornamento de iniquidad». - Otra puntuación: «La lengua es también fuego. Es un mundo de iniquidad la lengua...»
3 6 (b) Expresión que al parecer proviene de los misterios órficos griegos y designa al mundo creado. —Var. (Vulg.): «a la rueda de nuestra existencia».
3 9 «al Señor»; var. (Vulg.): «a Dios».
3 10 La fórmula antitética «bendecir-maldecir» es frecuente en el AT, Gn 12 3; 27 29; Nm 23 11; 24 9; Jos 8 34. Pero el cristiano es incapaz de maldecir, ver Lc 6 28; Mt 12 14; 1 P 3 9.
3 13 En la comunidad; seguramente la pregunta se dirige ante todo a los que enseñan, 3 1. La sabiduría se reconoce en sus efectos, ver 1 22-25; 2 14-26.

Flp 1 11
Hb 12 11
Mt 5 9

dócil*, llena de misericordia y buenos frutos, imparcial, sin hipocresía. [18] Fruto de justicia siembran en paz los que procuran la paz.

Contra las discordias.

Rm 7 23
Ga 5 17
1 P 2 11

4 [1] ¿De dónde proceden guerras y contiendas entre vosotros? ¿No es de vuestros deseos de placeres que luchan en vuestros miembros? [2] ¿Codiciáis y no poseéis? Matáis. ¿Envidiáis y no podéis conseguir? Combatís y hacéis la guerra*.

Sal 66 18
Mt 6 5-13.33
Rm 8 26

No tenéis porque no pedís. [3] Pedís y no recibís porque pedís mal, con la intención de malgastarlo en vuestros deseos de placeres.

Mt 6 24p
1 Jn 2 15-17

[4] ¡Adúlteros*!, ¿no sabéis que la amistad con el mundo es enemistad con Dios? Cualquiera, pues, que desee ser amigo del mundo se constituye en enemigo de Dios. [5] ¿Pensáis que la Escritura dice en vano: Tiene deseos ardientes el espíritu que él ha hecho habitar en no-

Gn 2 7

sotros*? [6] Más aún, da una gracia mayor; por eso dice: *Dios resiste a los soberbios y da su gracia a los humildes*. [7] Someteos, pues, a Dios; resistid al diablo y él huirá de vosotros. [8] Acercaos a Dios y él se acercará a vosotros. Limpiad, pecadores, las manos; purificad los corazones, hombres irresolutos. [9] Lamentad vuestra miseria, entristeceos y llorad. Que vuestra risa se cambie en llanto y vuestra alegría en tristeza*. [10] Humillaos ante el Señor y él os ensalzará.

1 P 5 5-9
Pr 3 34 LXX

Ef 6 11
Za 1 3
Ml 3 7

St 1 8

Mt 23 12

Lv 19 16

[11] No habléis mal unos de otros, hermanos. El que habla mal de un hermano o juzga a su hermano, habla mal de la Ley y juzga a la Ley; y si juzgas a la Ley, ya no eres un cumplidor de la Ley, sino un juez. [12] Uno solo es legislador* y juez,

Mt 7 1-5

el que puede salvar o perder. En cambio tú, ¿quién eres para juzgar al prójimo*?

Mt 10 28p
1 S 2 6+
Rm 14 4

Advertencias a los ricos.

[13] Ahora bien, vosotros los que decís: «Hoy o mañana iremos a tal o cual ciudad, pasaremos allí el año, negociaremos y ganaremos»; [14] vosotros que no sabéis qué será de vuestra vida el día de mañana... ¡Sois vapor de agua que aparece un momento y después desaparece*! [15] En lugar de decir: «Si el Señor quiere, viviremos y haremos esto o aquello». [16] Pero ahora os jactáis en vuestra fanfarronería. Toda jactancia de este tipo es mala. [17] Aquel, pues, que sabe hacer el bien y no lo hace, comete pecado.

Pr 27 1
Lc 12 19-20

Jb 14 2+

Hch 18 21
Rm 1 10

1 22-25+

5 [1] Ahora bien, vosotros, ricos, llorad y dad alaridos por las desgracias que están para caer sobre vosotros. [2] Vuestra riqueza está podrida y vuestros vestidos están apolillados; [3] vuestro oro y vuestra plata están tomados de herrumbre y su herrumbre será testimonio contra vosotros y devorará vuestras carnes como fuego. Habéis acumulado riquezas en estos días que son los últimos*. [4] Mirad; el salario de los obreros que segaron vuestros campos y que no habéis pagado está gritando; y los gritos de los segadores han llegado a los oídos del Señor de los ejércitos. [5] Habéis vivido sobre la tierra lujosamente y os habéis entregado a los placeres; habéis hartado vuestros corazones para el día de la matanza*. [6] Condenasteis y matasteis al justo; no os resiste.

Lc 6 24s
Pr 11 4.28

Mt 6 19-21

Si 29 10-12
Pr 16 27

Lv 19 13
Dt 24 14-15

Ex 22 22

Sb 2 10-20

La Venida del Señor.

[7] Tened, pues, paciencia, hermanos, hasta la Venida del Señor. Mirad: el labrador espera el fruto precioso de la tierra aguardándolo con paciencia hasta recibir las lluvias* tempranas y tardías. [8] Tened también vosotros paciencia; for-

1 Co 15 23+

Dt 11 14

---

3 17   Vulg. añade: «concorde con lo bueno».
4 2   Otra traducción (corr.): «Deseáis y no tenéis; codiciáis y envidiáis, y no podéis conseguir; combatís y hacéis la guerra». - La «guerra» no designa aquí las luchas interiores de cada hombre, ver Rm 7 23; 1 P 2 11, sino las disensiones o rencillas entre los fieles, quizá verdaderos conflictos, en los que se supone que los cristianos tomaban parte activa.
4 4   El término griego está aquí en femenino. Evoca la imagen tradicional de Israel, esposa infiel de Yahvé, Os 1 2+, ver Mt 12 39; Mc 8 38; 2 Co 11 2.
4 5   Var. (Vulg.): «que habita en vosotros». - Es difícil identificar la cita. Sobre los celos de Dios, Dt 4 24+. Probablemente se trata de reminiscencias contenidas por ejemplo en Gn 2 7; 6 3, o Ez 36 27, ver 1 Ts 4 8. Idéntica fuente de inspiración en Rm 8 26-27: Dios nos ha hecho participar de su Espíritu, que nos hace desear lo que Dios desea; por eso nuestras peticiones son atendidas, ver Mt 18 19-20; Jn 14 13+.

4 9   Ver Is 32 11s; Mi 2 4; Za 11 2s.
4 12   (a) Var.: «Es el legislador».
4 12   (b) El juicio está reservado a Dios, 1 12; 2 4; 5 7-8; Mt 7 1p+; Rm 2 1; ver Sal 5 11+; 9 9+. El que juzga al prójimo desafía la «ley regia» del amor, 2 8, y suplanta indebidamente a la justicia divina.
4 14   Tema sapiencial de la caducidad humana, Sal 39 6-7.12; 102 4; Sb 2 4; 5 9-14, que obliga a confiar o someterse a Dios.
5 3   La perspectiva es escatológica: las calamidades que aguardan a los ricos se sitúan en la perspectiva del Juicio, 5 7-9, ver Mt 6 19; Is 5 8-10; Am 2 6-7; 8 4-8; etc. Pero nos encontramos ya en los «últimos tiempos», ver 2 Co 6 2+.
5 5   Quizá alusión a las violencias con que los ricos han abrumado a los justos, v. 6, ver Sal 44 23; Sb 2 10-20; Jr 12 1-3.
5 7   Var.: «frutos».

Ap 1 3
2 Co 6 2+
Mt 24 33+p
Rm 2 6+

Mt 5 11-12p

1 2-3.12
Jb 42 10-17

Sal 103 8

Mt 5 34-37

taleced vuestros corazones porque la Venida del Señor está cerca*.

⁹ No os quejéis, hermanos, unos de otros para no ser juzgados; mirad que el Juez está ya a las puertas. ¹⁰ Tomad, hermanos, como modelo de sufrimiento y de paciencia a los profetas, que hablaron en nombre del Señor. ¹¹ Mirad cómo proclamamos felices a los que sufrieron con paciencia. Habéis oído la paciencia de Job y sabéis el final que el Señor le dio; porque *el Señor es compasivo y misericordioso.*

Exhortaciones finales.

¹² Ante todo, hermanos, no juréis ni por el cielo ni por la tierra, ni por ninguna otra cosa. Que vuestro sí sea sí, y el no, no; para no incurrir en juicio. ¹³ ¿Sufre alguno entre vosotros? Que ore*. ¿Está alguno alegre? Que cante salmos. ¹⁴ ¿Está enfermo alguno entre vo-

sotros? Llame a los presbíteros de la Iglesia, que oren sobre él y le unjan con óleo en el nombre del Señor*. ¹⁵ Y la oración de la fe salvará al enfermo, y el Señor hará que se levante, y si hubiera cometido pecados, le serán perdonados. ¹⁶ Confesaos, pues, mutuamente vuestros pecados y orad los unos por los otros, para que seáis curados*.

La oración ferviente* del justo tiene mucho poder. ¹⁷ Elías* era un hombre de igual condición que nosotros; oró insistentemente para que no lloviese, y no llovió sobre la tierra durante tres años y seis meses. ¹⁸ Después oró de nuevo y el cielo dio lluvia y la tierra produjo su fruto.

¹⁹ Hermanos míos, si alguno de vosotros se desvía de la verdad y otro le convierte, ²⁰ sepa* que el que convierte a un pecador de su camino desviado, salvará su alma de la muerte y *cubrirá multitud de pecados.*

Tt 1 5+
Mc 6 13
Hch 3 16+

Pr 28 13+
Si 4 26
1 Jn 1 8-10

Ex 32 11+

1 R 17 1;
18 1.41s
Ap 11 6

Ga 6 1+
1 Jn 5 16

Tb 12 9
Pr 10 12
1 P 4 8

---

5 8 La espera de la Venida (*Parusía*, 1 Co **15** 23+) es el motivo último de la paciencia cristiana, **1** 2-4.12; 1 Ts **3** 13; 1 P **4** 7; **5** 10. La comparación del labrador, v. 7, sugiere a Mc **4** 26-29.
5 13 El rasgo común de los vv. 13-18 es la oración, con insistencia en los casos del enfermo y del pecador, y luego, vv. 16b-18, en el poder del que ora bien.
5 14 Om.: «del Señor». - Santiago da por conocida la práctica de que habla. En esta unción hecha en nombre del Señor, acompañada de oraciones recitadas por los «presbíteros», Hch **11** 30+, para alivio del enfermo y remisión de los pecados, la Iglesia ha visto una forma inicial de la «Unción de los enfermos». Esta identificación tradicional fue definida por el Concilio de Trento.
5 16 (a) La confesión de las faltas, aquí asociada a la

oración, debía recomendarse a los enfermos, v. 15; lo mismo se pide a todo cristiano, especialmente en el marco de la liturgia. No se da aquí ninguna precisión sobre la confesión sacramental.
5 16 (b) Vulg.: «asidua».
5 17 La figura de Elías, muy popular en la tradición judía, lo ha sido también entre los cristianos. Santiago subraya que este hombre de oración, cuya intercesión era tan poderosa, era semejante a nosotros.
5 20 Var.: «sabed». —La caridad fraterna y el perdón pueden recuperar a los extraviados, ver Mt **18** 15.21-22+; 1 Ts **5** 14, y a su vez beneficiará, en el día del juicio, al que los ejerce, 1 P **4** 8; ver Dn **12** 3; Ez **3** 19; 33 9. La epístola concluye así, carente de todos los saludos usuales.

PRIMERA EPÍSTOLA DE SAN PEDRO

Saludo.

1 ¹ Pedro, apóstol de Jesucristo, a los elegidos que viven como extranjeros* en la Dispersión*: en el Ponto, Galacia, Capadocia, Asia y Bitinia, ² según el previo conocimiento de Dios Padre, con la acción santificadora del Espíritu, para obedecer a Jesucristo y ser rociados con su sangre*. A vosotros gracia y paz abundantes.

La herencia concedida por el Padre.

³ Bendito sea* el Dios y Padre de nuestro Señor Jesucristo quien, por su gran misericordia, mediante la Resurrección de Jesucristo de entre los muertos, nos ha reengendrado a una esperanza viva, ⁴ a una herencia incorruptible, inmaculada e inmarcesible, reservada en los cielos para vosotros, ⁵ a quienes el poder de Dios, por medio de la fe, protege para la salvación, dispuesta ya a ser revelada en el último momento*.

Amor y fidelidad hacia Cristo.

⁶ Por lo cual rebosáis de alegría, aunque sea preciso que todavía por algún tiempo seáis afligidos con diversas pruebas, ⁷ a fin de que la calidad probada de vuestra fe, más preciosa que el oro perecedero que es probado por el fuego, se convierta en motivo de alabanza, de gloria y de honor, en la Revelación de Jesucristo. ⁸ A quien amáis sin haberle vis-

to; en quien creéis, aunque de momento no le veáis, rebosando de alegría inefable y gloriosa; ⁹ y alcanzáis la meta de vuestra fe, la salvación de las almas*.

La revelación profética del Espíritu.

¹⁰ Sobre esta salvación investigaron e indagaron los profetas, que profetizaron sobre la gracia destinada a vosotros, ¹¹ procurando descubrir a qué tiempo y a qué circunstancias se refería el Espíritu de Cristo*, que estaba en ellos, cuando les predecía los sufrimientos destinados a Cristo y las glorias que les seguirían. ¹² Les fue revelado que no administraban en beneficio propio sino en favor vuestro este mensaje que ahora os anuncian quienes os predican el Evangelio, en el Espíritu Santo enviado desde el cielo; mensaje que los ángeles ansían contemplar.

Exigencias de la nueva vida: Ser santos.

¹³ Por lo tanto, ceñíos los lomos de vuestro espíritu, sed sobrios, poned toda vuestra esperanza en la gracia que se os procurará mediante la Revelación de Jesucristo. ¹⁴ Como hijos obedientes, no os amoldéis a las apetencias de antes, del tiempo de vuestra ignorancia*, ¹⁵ más bien, así como el que os ha llamado es santo, así también vosotros sed santos en toda vuestra conducta*, ¹⁶ como está escrito: *Seréis santos, porque santo soy yo.*

Referencias marginales (columna izquierda):

St 1 1+
Jn 7 35
Ef 1 4
Rm 8 29
2 Ts 2 13
Mt 26 28+
Ex 24 6-8

2 Co 1 3
Ef 1 3

1 23
Jn 3 5
1 Jn 2 29;
3 9;
Rm 1 4+
Col 1 5.12;
3 3-4
Mt 6 19-20p

Ef 1 19s
1 Jn 3 2

Jn 16 20
St 1 2-3
Hb 12 11

Ml 3 2-3
1 Co 3 13

Rm 2 7
1 Jn 4 20

Referencias marginales (columna derecha):

Hch 11 27+

Hch 1 7+;
2 23+

Lc 18 31+
Is 52 13 -
53 12
Mt 13 16-
17p

Rm 16 25+

Ef 3 10+

Lc 12 35-40

Rm 6 19
Mt 5 48
1 Jn 3 3
Hch 9 13+
Is 43 1

Lv 19 2;17+

---

1 1 (a) La tierra es de Dios, Sal 24 1; el hombre vive en ella como forastero, Lv 25 23, «de paso», puesto que ha de abandonarla al morir, Sal 39 13s, 119 19; 1 Cro 29 10-15. Revelada ya la resurrección de los muertos, 2 M 7 9+, se completa el tema: la verdadera patria del hombre, Flp 3 20; Col 3 1-4; Hb 11 8-16; 13 14, es el cielo; en la tierra vive «en el destierro» (*paroikía*, de donde procede «parroquia» 1 P 1 17; 2 Co 5 1-8) en medio de un mundo gentil, cuyos vicios deben evitarse, 1 P 2 11; 4 2-4, como vivían los judíos de la Dispersión.
1 1 (b) Los judíos convertidos, St 1 1+, o simplemente los cristianos que viven entre los gentiles, 5 9.
1 2 La idea es trinitaria, ver 2 Co 13 13+. En el pasaje siguiente se volverá al Padre, vv. 3-5, al Hijo, vv. 6-9, al Espíritu, vv. 10-12. −El v. 2 alude a la escena de la conclusión de la alianza, referida en Ex 24 6-8. El pueblo promete obedecer a los mandamientos de Dios (v. 7) y, para sellar la alianza, Moisés rocía al pueblo con la sangre de las víctimas (v. 8). Sobre la utilización cristiana de este texto, con referencia a la sangre de Cristo, ver Hb 9 18ss y Mt 26 28.
1 3 La fórmula de bendición heredada del AT, Gn 14 20+; Lc 1 68; Rm 1 25; 2 Co 11 31, se ha hecho cristiana, Rm 9 5; 2 Co 1 3; Ef 1 3: los beneficios por los que se alaba a Dios se vinculan a la persona de Cristo y so-

bre todo a su resurrección, Rm 1 4-5+; etc.
1 5 El último periodo de la historia, inaugurado por Jesús, 1 20, y que concluirá con la Revelación, vv. 7.13; 4 13; 5 1; 1 Co 1 7-8+, o Parusía, S 5 8+; ver Mc 1 15+.
1 9 Entre las inquietudes, vv. 6, 2 12.19; 3 13-17; 4 12-19, los cristianos sacan de su fe en Cristo y de su amor por él la jubilosa certeza de que Dios les reserva la salvación (de las almas, es decir, de las personas 1 22; 2 11; ver 1 Co 15 44+).
1 11 La función de los profetas era anunciar el misterio de Cristo, v. 10. Su inspiración se atribuye al Espíritu de Cristo, ver 1 Co 10 1-11+; Lc 24 27.44, como también la predicación de los apóstoles, v. 12. De este modo se aclara la unidad de las dos alianzas.
1 14 Han pasado de la ignorancia al conocimiento de Dios, Sal 78 6; Jr 10 25; 1 Ts 4 5; etc., que ha transformado completamente su comportamiento, 1 18; Ef 4 17-19.
1 15 El hombre debe imitar la santidad de Dios, Lv 19 2. Sólo amando a los demás (ver Lv 19 15), precisa Jesús, imita el cristiano a Dios, se distingue de los gentiles y se hace hijo de Dios, Mt 5 43-48p. Pero ¿de dónde sacar la fuerza necesaria? La tradición apostólica, invirtiendo los datos del problema, entendió que, porque somos hijos de Dios, 1 P 1 23+, podemos imitar a Dios,

Dt 10 17+
Hb 11 6+

2 Co 5 6
Is 52 3
1 Co 6 20;
7 23

Ef 4 17
Ap 5 9
Jn 1 29+
Rm 3 24-
25+
Jn 17 24
Ga 4 4
Hb 1 2
Rm 1 16+
Rm 1 4+;
8 11+

Rm 1 5+
Jn 17 17

1 Jn 3 9; 5 1
1 P 1 3
St 1 18

Jn 3 11+
Dn 6 27
Is 40 6-8

St 1 21

1 Co 3 2

¹⁷ Y si llamáis Padre a quien, sin acepción de personas, juzga a cada cual según su conducta, conducíos con temor durante el tiempo de vuestro destierro, ¹⁸ sabiendo que *habéis sido rescatados* de la conducta necia heredada de vuestros padres, no con algo caduco, oro o *plata*, ¹⁹ sino con una sangre preciosa, como de cordero sin tacha y sin mancilla, Cristo*, ²⁰ predestinado antes de la creación del mundo y manifestado en los últimos tiempos a causa de vosotros; ²¹ los que por medio de él creéis en Dios, que le ha resucitado de entre los muertos y le ha dado la gloria, de modo que vuestra fe y vuestra esperanza estén en Dios*.

La regeneración por la palabra.

²² Habéis purificado vuestras almas, obedeciendo a la verdad, para amaros los unos a los otros sinceramente como hermanos. Amaos intensamente unos a otros con corazón puro*, ²³ pues habéis sido reengendrados de un germen no corruptible, sino incorruptible, por medio de la palabra de Dios viva y permanente*. ²⁴ Pues *toda carne es como hierba y todo su esplendor como flor de hierba; se seca la hierba y cae la flor;* ²⁵ *pero la palabra del Señor permanece eternamente.* Y esta es la palabra: la Buena Nueva anunciada a vosotros.

2 ¹ Rechazad, por tanto, toda malicia y todo engaño, hipocresías, envidias y toda clase de maledicencias. ² Como niños recién nacidos, desead la leche espiritual pura, a fin de que, por ella, crezcáis para la salvación*, ³ si es que *habéis gustado que el Señor es bueno.*

El sacerdocio del Pueblo de Dios.

⁴ *Acercándoos a él, piedra viva, desechada por los hombres, pero elegida, preciosa ante Dios, ⁵ también vosotros, cual piedras vivas, entrad en la construcción de un edificio espiritual, para un sacerdocio santo, para ofrecer sacrificios espirituales, aceptos a Dios por mediación de Jesucristo. ⁶ Pues está en la Escritura: *He aquí que coloco en Sión una piedra elegida, angular, preciosa y el que crea en ella no será confundido.* ⁷ Para vosotros, pues, creyentes, el honor; pero para los incrédulos, *la piedra que los constructores desecharon, en piedra angular se ha convertido,* ⁸ *en piedra de tropiezo y roca de escándalo.* Tropiezan en ella porque no creen en la palabra; para esto han sido destinados*.

⁹ Pero vosotros* sois *linaje elegido, sacerdocio real, nación santa, pueblo adquirido,* para anunciar las alabanzas de Aquel que os ha llamado de las tinieblas a su admirable luz, ¹⁰ vosotros que en un tiempo *no erais pueblo* y que ahora sois Pueblo de Dios, de los que antes *no se tuvo compasión,* pero ahora *son compadecidos.*

Obligaciones de los cristianos: Entre los gentiles.

¹¹ Queridos, os exhorto a que, como *extranjeros y forasteros*,* os abstengáis de

Sal 34 9

Sal 118 22
Mt 21 42p
Hch 4 11

Ef 2 20-22
Ex 19 6+
Rm 1 9+

Is 28 16
Rm 9 33;
10 11

Sal 118 22

Is 8 14s

Is 43 20-21
Ex 19 5-6+
Ef 1 14+
Rm 3 24+
Col 1 12-13
Hch 26 18

Os 1 6-9;
2 3.25

Gn 23 4
Sal 39 13
Hb 11 13

---

1 P 1 14-16; 1 Jn 3 2-10; Ef 5 1s, porque el Dios amor, 1 Jn 4 8, se convierte en principio de nuestro obrar. Pablo ve en esta imitación divina la restauración de la obra creadora, Col 3 10-13; Ef 4 24.
1 19 O: «con la preciosa sangre de Cristo, el cordero sin mancilla».
1 21 El rescate, Rm 3 25+, por la sangre de Cristo, Mt 26 28+; Ap 1 5; 5 9, así como su resurrección, dependían del designio eterno del Padre, v. 20, que así consagraba a su nuevo pueblo de «creyentes», ver 1 Ts 1 7; 2 10.13; etc. Se barrunta en esta sección, vv. 13-21, el eco de una catequesis o incluso de una liturgia bautismal.
1 22 Var.: «de corazón».
1 23 O: «la palabra de Dios vivo y permanente». –La palabra de Dios, germen de vida, está en el origen de nuestro renacimiento divino y nos otorga la posibilidad de obrar según la voluntad de Dios, 1 22-25; St 1 18+; Jn 1 12s; 1 Jn 3 9; ver 2 13s; 5 18, porque está dotada de poder, 1 Co 1 18; 1 Ts 2 13; Hb 4 12. Para St, la palabra sigue siendo la Ley mosaica, 1 25; para 1 P, es la predicación evangélica, 1 25; ver Mt 13 18-23p; para Jn, es el Hijo de Dios en persona, 1 1+. Pablo ve en el Espíritu el principio que nos constituye hijos de Dios, Rm 6 4+, pero el Espíritu es el dinamismo de la palabra.
2 2 Al nacer, 1 23, sigue el crecer, que también se debe a la palabra de la que los cristianos se alimentan con avidez.

2 4 En el pasaje siguiente, vv. 4-10, se aprecia el recuerdo de Ex 19. El pueblo santo antiguo se constituyó en torno al Sinaí, pero no podía acercarse a él. El nuevo pueblo se constituye en torno a otra Roca, la Piedra, a la que es posible acercarse, v. 4. Igualmente, a los sacrificios que habían sellado la antigua alianza, Ex 24 5-8, se sobreponen los sacrificios espirituales de los cristianos, v. 5. –Además, la imagen del crecimiento sustituye a la de la construcción. Jesús mismo, Mt 21 42p, se había comparado con la piedra rechazada, Sal 118 22, y después escogida por Dios, Is 28 16. Los cristianos, piedras vivas, v 5, viven del v. 4, «se edifican» para morada espiritual, 1 Co 3 16-17; 2 Co 6 16; Ef 2 20-22, en la que rinden a Dios por Cristo un culto digno de él, Jn 2 21+; Rm 1 9+; Hb 7 27+.
2 8 Lit.: «para esto han sido puestos». Los judíos, al rechazar el Evangelio, perdieron sus prerrogativas, que han sido concedidas a los cristianos, 3 9; Hch 28 26-28, ver Jn 12 40. Complétese con Rm 11 32; 1 Tm 2 4, etc. y no se prejuzga un rechazo escatológico.
2 9 Una nueva serie de alusiones bíblicas atribuye a la Iglesia los títulos de pueblo elegido, para subrayar su relación con Dios y su responsabilidad en el mundo, ver Ap 1 6; 5 10; 20 6. Esta «raza» extraña de su pertenencia a Cristo una unidad que desafiaba toda clasificación, ver Ga 3 28; Ap 5 9 etc.
2 11 La cita de Sal 39 13 reaparece en Hb 11 13; debió ser propia de la catequesis primitiva que conside-

las apetencias carnales que combaten contra el alma. ¹² Tened en medio de los gentiles una conducta ejemplar* a fin de que, en lo mismo que os calumnian como malhechores, a la vista de vuestras bellas obras den gloria a Dios en el día de la Visita.

Con las autoridades.

¹³ Sed sumisos, a causa del Señor, a toda institución humana*: sea al rey, como soberano, ¹⁴ sea a los gobernantes, como enviados por él para castigo de los que obran el mal y alabanza de los que obran el bien. ¹⁵ Pues esta es la voluntad de Dios: que obrando el bien, cerréis la boca a los ignorantes insensatos. ¹⁶ Obrad como hombres libres, y no como quienes hacen de la libertad un pretexto para la maldad, sino como siervos de Dios. ¹⁷ Honrad a todos, amad a los hermanos, temed a Dios, honrad al rey.

Con los amos.

¹⁸ Criados, sed sumisos, con todo respeto, a vuestros dueños, no sólo a los buenos e indulgentes, sino también a los severos. ¹⁹ Porque es meritorio* tolerar penas, por consideración a Dios, cuando se sufre injustamente. ²⁰ ¿Pues qué gloria hay en soportar los golpes cuando habéis faltado? Pero si obrando el bien soportáis el sufrimiento, esto es meritorio ante Dios.

²¹ Pues para esto habéis sido llamados, ya que también Cristo sufrió* por vosotros, dejándoos un modelo para que sigáis sus huellas*. ²² El que no cometió pecado, *y en cuya boca no se halló engaño*; ²³ el que, al ser insultado, no respondía con insultos; al padecer, no amenazaba, sino que se ponía en manos de

Aquel que juzga con justicia; ²⁴ *el mismo que*, sobre el madero, *llevó nuestros pecados* en su cuerpo, a fin de que, muertos a nuestros pecados, viviéramos para la justicia; *con cuyas heridas habéis sido curados*. ²⁵ Erais *como ovejas descarriadas*, pero ahora habéis vuelto al pastor y guardián de vuestras almas.

En el matrimonio.

3 ¹ Igualmente, vosotras, mujeres, sed sumisas a vuestros maridos para que, si incluso algunos no creen en la palabra, sean ganados no por las palabras sino por la conducta de sus mujeres, ² al considerar vuestra conducta casta y respetuosa. ³ Que vuestro adorno no esté en el exterior, en peinados, joyas y modas, ⁴ sino en lo oculto del corazón*, en la incorruptibilidad de un espíritu dulce y sereno: esto es precioso ante Dios. ⁵ Así se adornaban en otro tiempo las santas mujeres que esperaban en Dios, siendo sumisas a sus maridos; ⁶ así obedeció Sara a Abrahán, llamándole *Señor*. De ella os hacéis hijas cuando obráis bien, sin tener ningún temor.

⁷ De igual manera vosotros, maridos, en la vida común sed comprensivos con la mujer que es un ser más frágil, tributándoles honor como coherederas que son también de la gracia de Vida*, para que vuestras oraciones no encuentren obstáculo.

Entre los hermanos.

⁸ En conclusión, tened todos* unos mismos sentimientos, sed compasivos, amaos como hermanos, sed misericordiosos y humildes*. ⁹ No devolváis mal por mal, ni insulto por insulto; por el contrario, bendecid, pues habéis sido llamados a heredar la bendición.

Ga 5 24
St 4 1

Mt 5 16
1 Tm 5 10+

Ex 3 16+
Is 10 3

Rm 13 1-7
Tt 3 1

Ga 5 13
Judas 4

Pr 24 21
Mt 22 21p

Ef 6 5-8+

3 14; 4 14
St 5 7-11

Mt 16 24

2 Ts 3 7+
Jn 8 46
Is 53 9
Mt 5 39;
26 62
Rm 12 19

Is 53 12
2 Co 5 21

Rm 6 11.18
Is 53 5.6
Ez 34+

Ef 5 22-24
Col 3 18

1 Co 7 12-16
1 P 1 25

Is 3 16s
1 Tm 2 9-15

Gn 18 12
Ga 4 28

Ef 5 25-33
Col 3 19

Rm 12 14-18

Mt 5 38s.
43s

Lc 6 28

---

raba la vida cristiana como una vida en el destierro; ver 1 P 1.17; Col 3 1-4; Flp 3 20.
2 12 El pertenecer a otra ciudad, 1 1+, no descargaba *a los cristianos* de toda obligación aquí abajo. Su estado de hijos de Dios, ciudadanos del cielo, les impone muchas obligaciones que les ganarán la estima de sus detractores, vv. 12.15.
2 13 O: «toda criatura humana». En las dos versiones se percibe una oposición a la idea pagana del soberano divinizado. Todo lo que sigue, 2 13 - 3 12, se dirigirá a las diversas categorías sociales, como Ef 5 22 - 6 9; Col 3 18 - 4 1; Tt 2 1-10.
2 19 Adic.: «ante Dios», ver v. 20.
2 21 (a) Var.: «murió», ver 3 18.
2 21 (b) Lo «meritorio» (lit.: «gracia») de soportar la injusticia, ver 3 14, se apoya en el modelo de Cristo, ver Jn 13 15; 1 Co 11 1; Flp 2 5; 2 Ts 3 7+. Los vv. 21-25, con sus reminiscencias de Is 53, acaso proceden de un himno. Los cristianos maltratados deben recordar a

Jesús crucificado por nuestros pecados, 3 18; Hch 2 23, etc., inocente y paciente, Lc 23 41; Jn 8 46; 2 Co 5 21; Hb 4 15.
2 25 Var.: «Estabais descarriados como ovejas». Estas ovejas están ahora en el rebaño del que es pastor Jesús, 5 2-4; Jn 10, y el «epíscopo», inspector o vigilante, ver Tt 1 5+.
3 4 Lit.: «el hombre oculto del corazón».
3 7 «coherederas que son»; var.: «coherederos que sois». —«de la gracia de Vida»; var.: «de la diversa gracia de vida», ver 4 10. —Los dos esposos han recibido el mismo don de la gracia, que exige de ambos respeto y entrega en el amor, ver Ef 5 33; Col 3 19 y hace posible y eficaz la oración en común.
3 8 (a) Esta última exhortación resume todas las anteriores: fraternidad, 2 17; armonía de las naciones, ver Rm 12 9-13, etc.; perdón de los enemigos, Mt 5 44p; 1 Ts 5 15; Rm 12 14.17-21.
3 8 (b) «humildes»; Vulg.: «modestos, humildes».

Sal 34 13-17

¹⁰ *Pues quien quiera amar la vida*
y ver días felices,
guarde su lengua del mal,
y sus labios de palabras engañosas,
¹¹ *apártese del mal y haga el bien,*
busque la paz y corra tras ella.
¹² *Pues los ojos del Señor miran a los jus-*
tos
y sus oídos escuchan su oración,
pero el rostro del Señor contra los que
obran el mal.

En la persecución.

Mt 5 10
Is 8 12
Mt 10 26-31
Pr 3 25
Is 8 13

¹³ Y ¿quién os hará mal si os afanáis por
el bien? ¹⁴ Mas, aunque sufrierais a causa
de la justicia, dichosos vosotros. *No les*
tengáis ningún miedo ni os turbéis*. ¹⁵ Al
contrario, *dad culto al Señor*, Cristo, en
vuestros corazones, siempre dispuestos a
dar respuesta a todo el que os pida razón
de vuestra esperanza*. ¹⁶ Pero hacedlo
con dulzura y respeto. Mantened una
buena conciencia, para que aquello mismo que os echen en cara, sirva de confusión a quienes critiquen vuestra buena
conducta en Cristo. ¹⁷ Pues más vale padecer por obrar el bien, si esa es la voluntad de Dios, que por obrar el mal.

La Resurrección y el Descenso
a los infiernos*.

Rm 5 6; 6 10
Hb 9 26-28
Hch 3 14+

¹⁸ Pues también Cristo, para llevarnos
a Dios, murió una sola vez por los pe-
cados*, el justo por los injustos, muerto
en la carne, vivificado en el espíritu.
¹⁹ En el espíritu fue también a predicar a
los espíritus encarcelados*, ²⁰ en otro
tiempo incrédulos, cuando les esperaba
la paciencia de Dios, en los días en que
Noé construía el arca, en la que unos pocos, es decir ocho personas, fueron salvados a través del agua; ²¹ a ésta corres-
ponde* ahora el bautismo que os salva y
que no consiste en quitar la suciedad del
cuerpo*, sino en pedir* a Dios una buena conciencia por medio de la Resurrección de Jesucristo, ²² que, habiendo ido
al cielo, está a la diestra de Dios*, y le
están sometidos los ángeles, las dominaciones y las potestades*.

Is 53 11
1 P 2 21-24
Rm 1 3-4+

2 P 3 9

Gn 7 7
2 P 2 5

Col 2 12-13
Rm 6 4+
Hb 10 22s

Ef 1 20-21
Hch 2 33+

Col 2 15+

Romper con el pecado.

¹ Ya que Cristo padeció en la carne,
armaos también vosotros de este mis-
mo pensamiento: quien padece en la car-
ne, ha roto con el pecado, ² para vivir ya
el tiempo que le quede en la carne, no según las pasiones humanas, sino según la
voluntad de Dios. ³ Ya es bastante el
tiempo que habéis pasado obrando conforme al querer de los gentiles, viviendo
en desenfrenos, liviandades, crápulas,
orgías, embriagueces y en cultos ilícitos
a los ídolos. ⁴ A este propósito, se extra-
ñan de que no corráis con ellos hacia ese
libertinaje desbordado*, y prorrumpen
en injurias. ⁵ Darán cuenta a quien está

2 21; 3 18

Rm 6 2.7
1 Jn 2 16-17
Rm 7 14s

Tt 3 3
Ef 4 17-18

Rm 1 29+

---

3 14 Om.: «ni os turbéis».
3 15 «Señor»; var.: «Dios». —«esperanza»; adic.: «y
fe». —Los cristianos dan testimonio de que pertenecen
a Cristo, ver Lc 12 11-12; 1 Tm 6 12-15; 2 Tm 4 17, frente a los gentiles que ignoran toda esperanza, Ef 2 12;
1 Ts 4 13. Tuvieron ocasión para ello en las persecuciones locales
3 18 (a) Todo este pasaje, 3 18 - 4 6, contiene los elementos de una antigua profesión de fe: muerte de Cristo, 3 18; bajada a los infiernos, 3 19; resurrección, 3
21d; asiento a la derecha de Dios, 3 22; juicio de los vivos y los muertos, 4 5.
3 18 (b) Om.: «a Dios» —«los pecados»; Vulg.: «nuestros pecados».
3 19 Probable alusión al descenso de Cristo al Hades,
ver Mt 16 18+, entre su muerte y su resurrección, Mt 12
40; Hch 2 24.31; Rm 10 7; Ef 4 9; Hb 13 20, a donde fue
«en espíritu», ver Lc 23 46, o mejor según el Espíritu,
Rm 1 4+, estando muerta su «carne» en la cruz, Rm 8
3s. Los «espíritus encarcelados» a los que «predicó», (o
«anunció») la salvación son Lc 23 46, o mejor según el Espíritu,
nios encadenados de que habla el *libro de Henoc* (algunos, corrigiendo el texto, atribuyen incluso esta predicación a Henoc, y no a Cristo): de hecho fueron entonces
sometidos a su dominio de Kyrios, v 22; ver Ef 1 21s; Flp
2 8-10, en espera de su sometimiento definitivo, 1 Co 15
24s. Otros ven en ellos a los espíritus de los difuntos que,
castigados con el diluvio, son con todo llamados por la
«paciencia de Dios» a la vida, ver 4 6. Mt 27 52s contiene
una alusión análoga a la liberación por Cristo, entre su
muerte y su resurrección, de los «santos», es decir, de los

justos que le esperaban, ver Hb 11 39s; 12 23, para entrar en pos de él en la «Ciudad santa» escatológica. Este
descenso de Cristo a los infiernos es uno de los artículos
del Símbolo de los Apóstoles.
3 21 (a) Lit.: «el antitipo», es decir, la realidad prefigurada por el «tipo» (ver 1 Co 10 6+). Este tipo es aquí
el paso a través del agua, mediante el arca
3 21 (b) El agua del diluvio que permitió salvarse a
unas pocas personas, simboliza la economía de la antigua Ley cuyas prescripciones rituales no conseguían generalmente más que una purificación completamente
exterior y «carnal». Por el contrario, ninguna limitación
para la eficacia del bautismo que obra la regeneración
del alma
3 21 (c) Formulado por el neófito en el momento de
su bautismo. También se traduce: «la petición».
3 22 (a) Adic. (Vulg.): «aceptando la muerte para hacernos herederos de la vida eterna».
3 22 (b) Las «dominaciones y las potestades» designaban a funcionarios del poder civil, Lc 20 20; 12 11;
Tt 3 1. Se compara la corte celestial con una corte humana, Col 2 10.15; Ef 3 10. Estas «dominaciones» se
hallaban especialmente encargadas de funciones judiciales, y ello explica el papel de acusador que ejercía Satán ante Dios, Jb 1; Za 3 1-5; Ap 12 7-12. Por el contrario, se podrá designar a Jesús como nuestro «abogado»
ante Dios, 1 Jn 2 1-2.
4 4 Lit.: «este desbordamiento sin esperanza de salvación», que se contrapone a las aguas bienhechoras
del diluvio, ver 3 20. Otra traducción: «ese torrente de
perdición».

Hch 10 42
2 Tm 4 1
1 P 3 19+

2 Co 5 5+
Rm 1 9+

2 Co 6 2+
1 P 1 5-7;
4 17
Tb 12 9
St 5 20+

Rm 12 6-8
1 Co 12 4-11
Lc 12 42

1 Co 10 31

Rm 9 5;
16 27+

3 14

1 7
Mt 5 11-12
Rm 5 3-5
1 21
Col 3 4
St 1 2-3

Is 11 2
LXX

pronto para juzgar a vivos y muertos. ⁶ Por eso hasta a los muertos se ha anunciado la Buena Nueva*, para que, condenados en carne según los hombres, vivan en espíritu según Dios.

A la espera de los últimos tiempos.

⁷ El fin de todas las cosas está cercano*. Sed, pues, sensatos y sobrios para daros a la oración. ⁸ Ante todo, tened entre vosotros intenso amor, *pues el amor cubre multitud de pecados.* ⁹ Sed hospitalarios unos con otros sin murmurar. ¹⁰ Que cada cual ponga al servicio de los demás la gracia que ha recibido, como buenos administradores de las diversas gracias de Dios*. ¹¹ Si alguno habla, sean palabras de Dios*; si alguno presta un servicio*, hágalo en virtud del poder recibido de Dios, para que Dios sea glorificado en todo por Jesucristo, a quien corresponden la gloria y el poder por los siglos de los siglos. Amén*.

Dichosos los que sufren en Cristo.

¹² Queridos, no os extrañéis del fuego que ha prendido en medio de vosotros para probaros, como si os sucediera algo extraño, ¹³ sino alegraos en la medida en que participáis en los sufrimientos de Cristo, para que también os alegréis alborozados en la revelación de su gloria*. ¹⁴ Dichosos vosotros, si sois injuriados por el nombre de Cristo, pues el Espíritu de gloria*, que es el *Espíritu de Dios, re-*

posa sobre vosotros. ¹⁵ Que ninguno de vosotros tenga que sufrir ni por criminal ni por ladrón ni por malhechor ni por entrometido: ¹⁶ pero si es por cristiano, que no se avergüence, que glorifique a Dios por llevar este nombre. ¹⁷ Porque ha llegado el tiempo de comenzar el juicio por la casa de Dios. Pues si comienza por nosotros, ¿qué fin tendrán los que no creen en el Evangelio de Dios? ¹⁸ Si *el justo se salva a duras penas ¿en qué pararán el impío y el pecador?* ¹⁹ De modo que aun los que sufren según la voluntad de Dios, confíen sus almas al Creador fiel, haciendo el bien*.

Consejos: A los presbíteros.

5 ¹ A los ancianos* que están entre vosotros les exhorto yo, anciano como ellos, testigo de los sufrimientos de Cristo* y partícipe de la gloria que está para manifestarse*. ² Apacentad la grey de Dios que os está encomendada, vigilando, no forzados, sino voluntariamente, según Dios*; no por mezquino afán de ganancia, sino de corazón; ³ no tiranizando a los que os ha tocado cuidar, sino siendo modelos de la grey*. ⁴ Y cuando aparezca el Mayoral*, recibiréis la corona de gloria que no se marchita.

A los fieles.

⁵ De igual manera, jóvenes*, sed sumisos a los ancianos; revestíos todos de humildad en vuestras mutuas relaciones,

Hch 11 26+

Jr 25 29
Lc 23 31

Pr 11 31
LXX

Hch 11 30+

Col 3 4

Tt 1 7
1 Tm 3 8
2 Co 1 24
1 Co 4 16+
Tt 2 7-8
Is 40 10-11
1 Co 9 25+

1 Jn 2 12-14

Jn 13 14

---

4 6 Sobre este anuncio llevado a los muertos, ver **3** 19+. Según algunos, se trataría aquí de muertos «espirituales», como los infieles que persiguen a los lectores de la epístola.
4 7 La proximidad de la Parusía es un estímulo para el cristiano, 1 5-7; 4 17; 5 10; Mt 24 42+; 1 Co 16 22+; St 5 8+.
4 10 Todos los dones (lit.: «carismas») están al servicio de la Iglesia en su unidad y su totalidad, 1 Co 12 1-11+; ver 1 Co 4 1-2; 1 P 3 7.
4 11 (a) Así son las improvisaciones inspiradas de la profecía y la glosolalia, ver 1 Co 14 2-19; Hch 11 27+; y Hch 2 4+, pero también las funciones de enseñanza y exhortación, Rm 12 7-8, y hasta la transmisión o la defensa del Evangelio.
4 11 (b) Sin duda las diferentes formas de ayuda mutua, Rm 12 7, especialmente el servicio litúrgico.
4 11 (c) Esta doxología, Rm 16 27+, es la única en el NT que se dirige a Dios *por* Jesús, y luego a Jesús mismo.
4 13 Los que el bautismo ha hecho partícipes de los sufrimientos de Cristo, 2 Co 1 5.7; Flp 3 10, reciben la certeza de participar también en su gloria, 1 11; 5 1; Rm 8 17; 2 Co 4 17; Flp 3 11.
4 14 Adic.: «y poder». −Adic. al fin del v.: «según ellos, es ultrajado, mas, según vosotros, es glorificado». −Nueva fórmula trinitaria, 1 2+.

4 19 Dios es aquí fiel, 1 Co 1 9+, en cuanto creador, Gn 1 1+, lo cual supone su omnipotencia y su dominio sobre los acontecimientos. Los cristianos perseguidos pueden basar sobre este motivo, ver Sal 31 6; Lc 23 46, su esperanza inquebrantable.
5 1 (a) Son los presbíteros, ver Tt 1 5+. Pero Pedro mantiene este término el sent do etimológico de la palabra «ancianos», oponiéndola al término «jóvenes», **5 5.**
5 1 (b) Sea que, como apóstol, 1 1, haya asistido a la Pasión de Cristo, o que por sus propios sufrimientos haya dado testimonio de Cristo.
5 1 (c) En el día de la Parusía, ver 1 5.13; 4 7.17; 5 10.
5 2 Om.: «vigilando» y «según Dios».
5 3 Om.: «a los que os ha tocado cuidar». −Adic. (Vulg): «de buena gana». −Jesús había advertido a sus discípulos contra el instinto de dominación, Mt 20 25-28p; 23 8; ver 2 Co 1 24; 4 5; Is 2 7.
5 4 A Jesús se le describe con frecuencia como pastor, 2 25; Jn 10 11+; Hb 13 20, pero el título de Mayoral, o soberano pastor, sólo aquí aparece en un contexto de «servicio».
5 5 O bien los jóvenes distinguidos de los adultos, inquietos a menudo, ver Ef 6 1-4; Col 3 20-21; 1 Tm 4 12; 5 1, o los neófitos, o incluso todos los fieles que no son «ancianos», 5 1.

Pr 3 34 LXX
Jb 22 29
St 4 6-10
Flp 2 8-9
Sal 55 23
Si 2 1-18
Mt 6 25s

Sal 22 14
1 Co 16 13
Ef 6 11
1 Ts 2 14

1 Ts 2 12;
5 24
Rm 8 18
2 Co 4 17

pues *Dios resiste a los soberbios y da su gracia a los humildes.* [6] Humillaos, pues, bajo la poderosa mano de Dios para que, llegada la ocasión*, os ensalce; [7] *confiadle* todas *vuestras preocupaciones,* pues él cuida de vosotros. [8] Sed sobrios y velad. Vuestro adversario, el diablo*, ronda como *león rugiente,* buscando a quién devorar. [9] Resistidle firmes en la fe, sabiendo que vuestros hermanos que están en el mundo soportan los mismos sufrimientos. [10] El Dios de toda gracia, el que os ha llamado a su eterna gloria en Cristo, después de breves sufrimientos, os restablecerá, afianzará, robustecerá y os consolidará*.

[11] A él* el poder por los siglos de los siglos. Amén.

Saludos finales.

[12] Por medio de Silvano, a quien tengo por hermano fiel, os he escrito brevemente, exhortándoos y atestiguándoos que esta es la verdadera gracia de Dios; perseverad en ella. [13] Os saluda la que está en Babilonia*, elegida como vosotros, así como mi hijo Marcos. [14] Saludaos unos a otros con el beso de amor*.

Paz a todos los que estáis en Cristo*.

4 11
Ap 1 8; 11 17

Hch 15 22+

Ap 17 5
2 Jn 1+
Hch 12 12+

2 Co 13 12+

---

5 6 *Vulg.* añade: «de su visita», ver 2 12.
5 8 O: «el Acusador», según la etimología, que corresponde al papel de «adversario» desempeñado aquí por el diablo, ver **3** 22+; Mt **4** 5+. Ver también la nota-clave «Velad» en Mt **24** 42+.
5 10 «os ha llamado»; var. (Vulg.): «nos ha llamado». –«en Cristo»; adic. (Vulg.): «Jesús». –Om. (Vulg.): «robustecerá».
5 11 Adic.: «la gloria y».

5 13 Var. (Vulg.): «la iglesia que está en Babilonia». –Se trata de la iglesia de Roma, ver Ap **14** 8; **16** 19; **17** 5, con posible alusión al destierro temporal, **1** 1+. El título de «elegida», ver 2 Jn 1.13, designa a la Iglesia de los elegidos, **1** 1-2; **2** 9.
5 14 (a) Var. (Vulg.): «el beso santo», ver Rm **16** 16; 1 Co **16** 20.
5 14 (b) Adic. (Vulg.): «Jesús. Amén».

SEGUNDA EPÍSTOLA DE SAN PEDRO

Saludo.

Hch 15 14+

Rm 1 17

Judas 2
Col 2 6
Flp 3 8-10

1 ¹ Simeón Pedro, siervo y apóstol de Jesucristo, a los que por la justicia de nuestro Dios y Salvador Jesucristo* les ha cabido en suerte una fe tan preciosa como la nuestra. ² A vosotros, gracia y paz abundantes por el conocimiento de nuestro Señor*.

La generosidad de Dios.

Ef 3 16-19

Jn 1 14+

Jn 1 12
Hch 17 28
2 Co 3 18
Jn 1 10+
1 Jn 2 15s;
5 19

Ga 5 22+

1 2

³ Pues su divino poder nos ha concedido cuanto se refiere a la vida y a la piedad, mediante el conocimiento perfecto del que nos ha llamado por su propia gloria y virtud*, ⁴ por medio de las cuales* nos han sido concedidas* las preciosas y sublimes promesas, para que por ellas os hicierais partícipes de la naturaleza divina*, huyendo de la corrupción que hay en el mundo por la concupiscencia*.

⁵ Por esta misma razón*, poned el mayor empeño en añadir a vuestra fe la virtud, a la virtud el conocimiento, ⁶ al conocimiento la templanza, a la templanza la paciencia activa, a la paciencia activa, la piedad, ⁷ a la piedad el amor fraterno, al amor fraterno la caridad. ⁸ Pues estas cosas, si las tenéis en abundancia, no os dejarán inactivos ni estériles para el conocimiento perfecto de nuestro Señor Jesucristo. ⁹ Quien no las tenga* es ciego y corto de vista; ha echado al olvido la purificación de sus pecados pasados. ¹⁰ Por tanto, hermanos, poned el mayor empeño en afianzar vuestra vocación y vuestra elección*. Obrando así nunca caeréis. ¹¹ Pues así se os dará amplia entrada en el Reino eterno* de nuestro Señor y Salvador Jesucristo.

2 Ts 1 11
1 Jn 3 6+

Lc 1 33

El testimonio apostólico.

Judas 5

1 Jn 2 21
Is 38 12
Sb 9 15
2 Co 5 1

Jn 21 18-19

Sb 9 15+

1 Co 15 23+

Lc 9 31-32p
Jn 1 14

Mt 17 5p

¹² Por esto, estaré siempre recordándoos estas cosas, aunque ya las sepáis y estéis firmes en la verdad que poseéis*. ¹³ Me parece justo, mientras me encuentro en esta tienda, estimularos con la exhortación, ¹⁴ sabiendo que pronto tendré que dejar mi tienda, según me lo ha manifestado nuestro Señor Jesucristo. ¹⁵ Pero pondré empeño en que, en todo momento, después de mi partida, podáis recordar estas cosas.

¹⁶ Os hemos dado a conocer el poder y la Venida de nuestro Señor Jesucristo, no siguiendo fábulas ingeniosas*, sino después de haber visto con nuestros propios ojos su majestad*. ¹⁷ Porque recibió de Dios Padre honor y gloria, cuando la sublime Gloria le dirigió* esta voz: «Este es mi Hijo muy amado en quien me complazco.» ¹⁸ Nosotros mismos escuchamos esta voz, venida del cielo, estando con él en el monte santo*.

---

1 1   O: «de nuestro Dios y del Salvador Jesucristo».
1 2   Var.: «por el conocimiento de Dios y de Jesús (o: Jesucristo), nuestro Señor». −Cristo es, en toda la epístola, el objeto del conocimiento de los fieles, 1 3.8; 2 20; 3 18. Ver Os 2 22+; Jn 17 3; Flp 3 10; etc. Este conocimiento incluye el discernimiento moral y práctico de las virtudes, vv. 5-6.8.
1 3   La «gloria» consiste en los signos que Jesús ha dado de su divinidad, ver Jn 1 14+ y Mc 16 17; Hb 2 4, especialmente en la Transfiguración, 2 P 1 16-18. La «virtud» es el poder sobrenatural o milagroso. Estos dos atributos divinos al servicio del llamamiento dan todo de lo que se requiere para una vida en relación con la piedad, 1 Tm 4 7+.
1 4   (a) La «gloria» y la «virtud» de Cristo, por las cuales quedan enlazados el llamamiento al que ya se ha seguido y el futuro prometido, ver 1 Tm 4 8. −Var. (Vulg.): «por quien».
1 4   (b) «nos»; var.: «os». −Estas promesas se refieren al «Día del Señor», ver 3 4.9-10.12.13.
1 4   (c) Expresión de origen griego, única en la Biblia, y que sorprende por su tono impersonal. El Apóstol hace que aquí exprese la plenitud de la vida nueva en Cristo, comunicación hecha por Dios de una vida que le es propia. En cuanto al fondo, ver, por ejemplo, Jn 1 12; 10 34 (=Sal 82 6); 14 20; 15 4-5; Rm 6 5; 1 Co 1 9+; 1 Jn 3 +. Aquí está uno de los apoyos de la doctrina de la «deificación» entre los Padres griegos.

1 4   (d) Var. (Vulg.): «huyendo de la corrupción de la concupiscencia que hay en el mundo».
1 5   Var. (Vulg.): «Pero vosotros».
1 9   Aquí, lo mismo que en las epístolas joánicas, ver 1 Jn 1 8+, se pone en guardia contra los gnósticos que pretendían conocer a Dios sin guardar los mandamientos.
1 10   Adic. (Vulg.): «por las buenas obras».
1 11   Como en 1 4; 3 4.9-10, aquí se alude a la Parusía. El Reino de Cristo es ciertamente el del Padre, Ef 5 5; 2 Tm 4 1; Ap 11 15.
1 12   Ver 1 P 1 10-12. El «recordáros» se refiere a los fundamentos de la fe cristiana y de la espera de la Parusía: Cristo y los apóstoles, vv. 14-18, y después los profetas, vv. 19-21.
1 16   (a) Los gnósticos levantaban especulaciones gratuitas por lo cómodo de sus errores sobre la Parusía, 3 4-5, ver 1 Tm 1 4; 6 20, etc. Pedro y los apóstoles, por su parte, transmiten hechos de los que han sido testigos oculares, ver Lc 1 2; Hch 1 8+; 1 Jn 1 1-3, y que el Padre mismo ha testificado.
1 16   b la Transfiguración.
1 17   «la sublime Gloria le dirigió» var.: «del seno de la Gloria le llegó».
1 18   La denominación «monte santo» evoca al monte Sión, Sal 2 6; Is 11 9; etc., o bien el Sinaí, como «tipo» del monte de la Transfiguración.

La palabra de los profetas.

[Ap 2 28+]
[Lc 1 78]

[19] Y tenemos también la firmísima palabra de los profetas*, a la cual hacéis bien en prestar atención, como a lámpara que luce en lugar oscuro, hasta que despunte el día y se levante en vuestros corazones el lucero de la mañana. [20] Pero, ante todo, tened presente que ninguna profecía de la Escritura puede interpretarse por cuenta propia; [21] porque nunca profecía alguna ha venido por voluntad humana, sino que hombres, movidos por el Espíritu Santo, han hablado de parte de Dios*.

[2 Tm 3 16]
[1 P 1 10-12]
[Hch 3 21]

Los falsos doctores*.

[Dt 13 2-6]
[Mt 24 24]
[‖Judas 4]
[2 P 3 3+]
[Rm 3 24+]

2 [1] Hubo también en el pueblo falsos profetas, como habrá entre vosotros falsos maestros que introducirán herejías perniciosas y que, negando al Dueño que los adquirió, atraerán sobre sí una rápida destrucción. [2] Muchos seguirán su libertinaje y, por causa de ellos, el camino de la verdad será difamado. [3] Traficarán con vosotros por codicia, con palabras artificiosas; desde hace tiempo su condenación* no está ociosa, ni su perdición dormida.

[Hch 9 2+]

[Rm 2 24]
[Is 52 5]

Las lecciones del pasado.

[‖Judas 6]
[Mt 8 29]

[4] Pues si Dios no perdonó a los ángeles que pecaron, sino que, precipitándolos en los abismos tenebrosos del Tártaro, los entregó para ser custodiados hasta el Juicio; [5] si no perdonó al antiguo mundo*, aunque preservó a Noé, heraldo de la justicia, y a otros siete, cuando hizo venir el diluvio sobre un mundo de impíos; [6] si condenó a la destrucción* las ciudades de Sodoma y Gomorra, reduciéndolas a cenizas, poniéndolas como ejemplo para los que en el futuro vivirían impíamente; [7] y si libró a Lot, el justo, oprimido por la conducta licenciosa de aquellos hombres disolutos [8] —pues este justo, que vivía en medio de ellos, torturaba día tras día su alma justa por las obras inicuas que veía y oía— [9] es porque el Señor sabe librar de la prueba a los piadosos y guardar a los impíos para castigarles en el día del Juicio, [10] sobre todo a los que andan tras la carne con apetencias impuras y desprecian al Señorío*.

[1 P 3 20]
[Sb 10 4]

[‖Judas 7]
[Gn 19]
[Sb 10 6-8]
[Si 16 7-8]
[Mt 10 15p]

[2 Ts 1 5-10]

[Rm 2 6+]
[‖Judas 8]

El castigo venidero.

Atrevidos y arrogantes, no temen insultar a las Glorias*, [11] cuando los ángeles, que son superiores en fuerza y en poder, no pronuncian juicio injurioso contra ellas en presencia del Señor*. [12] Pero éstos, como animales irracionales, destinados por naturaleza a ser cazados y muertos, que injurian lo que ignoran, con muerte de animales morirán, [13] sufriendo daño en pago del daño que hicieron. Tienen por felicidad el placer de un día*; hombres manchados e infames, que se entregan de lleno a los placeres mientras banquetean con vosotros. [14] Tienen los ojos llenos de adulterio*, que no se sacian de pecado, seducen a las almas débiles, tienen el corazón ejercitado en la codicia, ¡hijos de maldición! [15] Abandonando el camino recto, se desviaron y siguieron el camino de Balaán, hijo de Bosor*, que amó un salario de iniquidad, [16] pero fue reprendido por su mala acción. Un mudo jumento, hablando con voz humana, impidió la insensatez del profeta. [17] Estos son fuentes secas y nubes llevadas por el huracán, a quienes está reservada la oscuridad de las tinieblas. [18] Hablando palabras altisonantes, pero vacías, seducen con las pasiones de la carne y el libertinaje a los que acaban de alejarse* de los que viven en el error. [19] Les prometen libertad*, mientras que

[‖Judas 8-10]

[Sal 49 13-15]

[‖Judas 12]

[‖Judas 11]
[Nm 22 2+]
[Ap 2 14-15]
[Nm 22 28-33]

[‖Judas 12-13]

[‖Judas 16]

[Jn 8 34]
[Rm 6 16-17]

---

1 19 Las Escrituras anunciaban ya la gloria del Mesías. La manifestación gloriosa de Cristo en la Transfiguración permitió ya ver su realización.

1 21 La forma en que aquí se invoca la inspiración de las Escrituras por el Espíritu, ver 2 Tm 3 15-16+, sugiere que su lectura supone también la dirección del Espíritu y la tradición apostólica. Pero el autor no tiene la intención de desanimar de una lectura privada, personal, *devota, de la Biblia.*

2 Todo este pasaje **2** 1 - 3 3 es como el eco de Judas, aunque hay más de un detalle diferente en las dos exposiciones.

2 3 Es decir, la sentencia pronunciada ya contra los falsos doctores, ver Judas 4.

2 5 El que precedió al diluvio.

2 6 Om.: «a la destrucción».

2 10 (a) Todos estos acontecimientos manifiestan en Dios una constancia en la justicia que se mantendrá idéntica en el juicio escatológico, vv.10-22.

2 10 (b) Los ángeles. Esos falsos doctores se arrogan el derecho de juzgarlos, cosa que esta reservada a Dios, Rm 12 19; 1 P 2 23, etc.

2 11 Om. (Vulg.): «en presencia del Señor».

2 13 Var.: «Se complacen en entregarse al libertinaje a plena luz».

2 14 Var. (Vulg.): «de la mujer adúltera».

2 15 Var.: «Beor», ver Nm 22 5.

2 18 Se trata de las «almas débiles», **2** 14, que parecían haber vuelto de sus extravíos, **2** 20, y que en gran número seguían a los falsos doctores, **2** 2.

2 19 La fe en Cristo engendra la rectitud de conducta y la verdadera libertad, Rm 6 15+; St 1 25+; 1 P 2 16.

ellos son esclavos de la corrupción, pues uno queda esclavo de aquel que le vence. [20] Porque si, después de haberse alejado de la impureza del mundo por el conocimiento de nuestro Señor y Salvador Jesucristo, se enredan nuevamente* en ella y son vencidos, su postrera situación resulta peor que la primera. [21] Pues más les hubiera valido no haber conocido el camino de la justicia que, una vez conocido, volverse atrás del santo precepto que les fue transmitido*. [22] Les ha sucedido lo de aquel proverbio tan cierto: «*el perro vuelve a su vómito*» y «la puerca lavada, a revolcarse en el cieno».

El día del Señor: Los Profetas y los Apóstoles.

3 [1] Esta es ya, queridos, la segunda carta que os escribo*; en ambas, con mi exhortación, quiero despertar en vosotros el recto criterio. [2] Acordaos de las predicciones de los santos profetas y del mandamiento de vuestros apóstoles que es el mismo del Señor y Salvador.

Los falsos profetas.

[3] Sabed ante todo* que en los últimos días* vendrán hombres llenos de sarcasmo, guiados por sus propias pasiones, [4] que dirán en son de burla: «¿Dónde queda la promesa de su Venida? Pues desde que murieron los Padres*, todo sigue como al principio de la creación.» [5] Porque ignoran intencionadamente* que hace tiempo existieron unos cielos y también una tierra surgida del agua y establecida entre las aguas por la palabra de Dios, [6] y que, por esto, el mundo de entonces pereció inundado por las aguas del diluvio, [7] y que los cielos y la tierra presentes, por esa misma palabra, están

reservados para el fuego y guardados hasta el día del Juicio y de la destrucción de los impíos. [8] Mas una cosa no podéis ignorar, queridos: que ante el Señor un día es como mil años y, *mil años, como un día.* [9] No se retrasa el Señor en el cumplimiento de la promesa, como algunos lo suponen, sino que usa de paciencia con vosotros, no queriendo que algunos perezcan, sino que todos lleguen a la conversión*. [10] El Día del Señor llegará como un ladrón; en aquel día, los cielos, con ruido ensordecedor, se desharán; los elementos, abrasados, se disolverán, y la tierra y cuanto ella encierra se consumirá*.

Nueva llamada a la santidad. Doxología.

[11] Puesto que todas estas cosas han de disolverse así, ¿cómo conviene que seáis en vuestra santa conducta y en la piedad, [12] esperando y acelerando la venida del Día de Dios, en el que los cielos, en llamas, se disolverán, y los elementos, abrasados, se fundirán? [13] Pero esperamos, según nos lo tiene prometido, nuevos cielos y nueva tierra, en los que habite la justicia.

[14] Por lo tanto, queridos, en espera de estos acontecimientos, esforzaos por ser hallados en paz ante él, sin mancilla y sin tacha. [15] La paciencia de nuestro Señor juzgadla como salvación, como os lo escribió también Pablo, nuestro querido hermano, según la sabiduría que le fue otorgada. [16] Lo escribe también en todas las cartas en las que habla de esto. Aunque hay en ellas cosas difíciles* de entender, que los ignorantes y los débiles interpretan torcidamente —como también las demás Escrituras*— para su propia perdición.

Marginal references (left column):
Mt 12 45p

1 Co 11 2+
Pr 26 11

‖Judas 17
1 18-20

‖Judas 18
1 Tm 4 1+
2 P 1 16; 2 1

Is 5 19

Gn 1 2.6-9

Gn 7-9
Mt 24 38-39

Marginal references (right column):
Mt 3 12+
Rm 2 6+

Sal 90 4
Si 35 19
Lc 18 7
Ha 2 2-3
Rm 2 4-5
1 P 3 20

Mt 24 43p
1 Ts 5 2

Mt 24 29+
Ap 20 11;
21 1

Hch 3 19-20

Is 34 4
Is 65 17;
66 22
Ap 21 1.27
Is 60 21
Rm 8 19+

‖Judas 24
1 Tm 1
15-16

Por el contrario, los herejes, con pretexto de libertad, se libran de la ley moral, ver Judas 4. Pero el pecado es una esclavitud, ver Jn 8 34; Rm 6 16-17.
2 20 No los falsos doctores sino los cristianos a quienes han seducido.
2 21 Sería mejor ignorar la fe, Judas 3, con todas sus exigencias, que abandonarla.
3 1 Probable referencia a 1 P.
3 3 (a) Esta predicción se refiere más lógicamente a la enseñanza apostólica, Hch 20 29; 2 Tm 3 1-5, que a las predicciones del AT. Encaja mejor en el lugar en que se encuentra en Judas 18.
3 3 (b) La existencia misma de los herejes es por tanto una prueba de la proximidad de los últimos días, Mt 24 24; Hch 20 29-31; 2 Ts 2 3-4.9; 1 Tm 4 1 etc.
3 4 Los fieles de la primera generación.
3 5 Dios creó el mundo con su palabra, Gn 1. La palabra desempeñará un papel análogo en la catástrofe fi-

nal. Dios no tiene por qué someterse a la supuesta inmutabilidad de las leyes del universo.
3 9 Otra explicación de los supuestos retrasos de la Parusía; la misericordia divina, ver Sb 11 23s; 12 8+.
3 10 «se consumirá» corr.: «será descubierta» griego. —Esta destrucción del mundo por el fuego es tema corriente entre los filósofos de la época grecorromana, como en los apocalipsis judíos o algunos documentos de Qumrán, ver 1 Co 3 15; 2 Ts 1 7s; Dn 7 9s.
3 16 (a) ¿Cuáles son esos puntos difíciles? Sin duda, entre otros, la Venida del Señor de la que aquí se trata. Pero algunos otros problemas se debatían en las iglesias, donde eran conocidas las cartas de Pablo.
3 16 (b) Lit.: «el resto de las Escrituras» a las que aquí se compara la colección de las epístolas constituida y conocida. Es uno de los primeros indicios de una equivalencia entre escritos cristianos y los libros del AT; ver 1 M 12 9+; 1 Ts 5 27+.

Hb 2 1

[17] Vosotros, pues, queridos, estando ya advertidos, vivid alerta, no sea que, arrastrados por el error de esos disolutos, os veáis derribados de vuestra firme postura.

[18] Creced, pues, en la gracia y en el conocimiento de nuestro Señor y Salvador, Jesucristo. A él la gloria ahora y hasta el día de la eternidad. Amén.

Rm 16 27+

PRIMERA EPÍSTOLA DE SAN JUAN

Introducción

La Palabra encarnada, medio de comunión con el Padre y el Hijo.

Jn 1 1-5
1 Jn 2 13

1 ¹ Lo que existía desde el principio,
lo que hemos oído,
lo que hemos visto con nuestros ojos,
lo que contemplamos

Jn 20 20.
25.27
Lc 24 39
Jn 1 1+;
3 11+
Jn 1 14+;
15 27

y palparon nuestras manos
acerca de la Palabra de vida*,
² —pues la Vida se manifestó,
y nosotros la hemos visto y damos testimonio

y os anunciamos la Vida eterna,
que estaba junto al Padre y que se nos manifestó—
³ lo que hemos visto y oído,
os lo anunciamos,
para que también vosotros estéis en comunión* con nosotros.
Y nosotros estamos en comunión con el Padre
y con su Hijo Jesucristo.
⁴ Os escribimos esto
para que nuestro gozo* sea completo.

1 Jn 5 20

Hch 4 20;
26 16

Hch 2 42s

1 Co 1 9

Jn 15 11;
16 22-24
2 Jn 12

I. *Caminar en la luz*

3 11

⁵ Y este es el mensaje que hemos oído de él
y que os anunciamos:

Dn 2 22
St 1 17
1 Tm 6 16
Jn 8 12+

Dios es Luz, en él no hay tiniebla alguna.
⁶ Si decimos que estamos en comunión con él,
y caminamos en tinieblas,

Jn 3 21

mentimos y no obramos la verdad.
⁷ Pero si caminamos en la luz,
como él mismo está en la luz,
estamos en comunión unos con otros*,

Mt 26 28p
Rm 3 24-
25+
Ap 1 5

y la sangre de su Hijo Jesús
nos purifica de todo pecado.

**Primera condición:
romper con el pecado.**

Pr 20 9
Qo 7 20

⁸ Si decimos: «No tenemos pecado»,
nos engañamos
y la verdad no está en nosotros.

St 5 16+
Pr 28 13+

⁹ Si reconocemos nuestros pecados,
fiel y justo es él

para perdonarnos los pecados
y purificarnos de toda injusticia.
¹⁰ Si decimos: «No hemos pecado»,
le hacemos mentiroso
y su palabra no está en nosotros*.

Sal 32 1+
Mt 6 12p

2 ¹ Hijos míos,
os escribo esto para que no pequéis.
Pero si alguno peca,
tenemos un abogado ante el Padre:
a Jesucristo, el Justo.
² Él es víctima de propiciación por nuestros pecados,
no sólo por los nuestros,
sino también por los del mundo entero.

3 6+

Hb 7 25;
8 6+
Jn 14 16
Hch 3 14+
1 Jn 4 10
Rm 3 25+

Jn 4 42+

**Segunda condición:
guardar los mandamientos,
sobre todo el de la caridad.**

³ En esto sabemos que le conocemos*:
en que guardamos sus mandamientos.
⁴ Quien dice: «Yo le conozco»
y no guarda sus mandamientos
es un mentiroso

1 3+
1 7+
Jn 10 14+

4 20

---

1 1 El Verbo o Palabra de Dios era fuente de vida, Dt 4 1; 32 47. etc.; Mt 4 4; 5 20; Flp 2 16. Aquí se da el nombre de Palabra al Hijo de Dios, con el que los apóstoles han vivido, y el complemento evoca el deseo de 1 3; 5 11-13; ver Jn 1 1+.14+.
1 3 Este término, ver 1 Co 1 9+; 2 P 1 4, expresa uno de los temas principales de la mística joánica, Jn 14 20; 15 1-6; 17 11.20-26; unión de la comunidad cristiana, basada en la unión de cada fiel con Dios, en Cristo. Esta unión se expresa bajo diversas formas: el cristiano «permanece en Dios y Dios permanece en él», 1 Jn 2 5.6.24.27; 3 6.24; 4 12.13.15.16; ver Jn 6 56+, ha nacido de Dios, 2 29; 3 9; 4 7; 5 1.18, es de Dios, 2 16; 3 10; 4 4.6; 5 19, conoce a Dios, 2 3.13.14; 3 6; 4 7.8 (sobre conocimiento y presencia, ver también: Jn 14 17; 2 Jn 1-2). Esta unión con Dios se manifiesta mediante la fe y el amor fraterno, ver 1 7+; Jn 13 34+. El testimonio

apostólico es el instrumento de esta comunión, v. 5; 2 7.24-25; 4 6; Jn 4 38; 17 20+; ver Hch 1 8+.21-22, etc.
1 4 «nuestro gozo»; var. (Vulg.): «vuestro gozo».
1 7 La unión con Dios, 1 3+, que es Luz, 1 5, y Amor, 4 8.16, se reconoce en la fe y en el amor fraterno, 2 10.11; 3 10.17.23; 4 8.16.
1 10 Alusión probable a pretendidos espirituales (*pneumáticos*) que se distinguían de los demás, considerados como inferiores (*psíquicos*, ver 1 Co 15 14+; Judas 19, o *hylicos*). Jn habla aquí de los desfallecimientos pasajeros, si bien la comunión con Dios que ha quitado el pecado, 2 2; 3 5, importa de suyo una vida santa y a Dios, 3 6.9; 5 18.
2 3 Este conocimiento, Os 2 22+ es la fe, Jn 3 12+, que empeña toda la conducta, 3 23; 5 1, de manera que la conducta es el criterio para reconocer la vida en Cristo, v. 5; 3 10; 4 13; 5 2.

3 19+
Jn 8 32+
Jn 14 21.23

y la verdad* no está en él.
⁵ Pero quien guarda su palabra,
ciertamente en él el amor de Dios
ha llegado a su plenitud*.
En esto conocemos que estamos en él.

2 Ts 3 7+
Jn 13 15.34
Ef 5 2

⁶ Quien dice que permanece en él*,
debe vivir como vivió él*.

⁷ Queridos,
no os escribo un mandamiento nuevo,
sino el mandamiento antiguo,
que tenéis desde el principio.
Este mandamiento antiguo
es la palabra que habéis escuchado.

Mt 22 37-40
Dt 6 5

⁸ Y sin embargo, os escribo un mandamiento nuevo*
—que es verdadero en él y en vosotros—

Jn 13 34+

Rm 13 12
Jn 1 5
Jn 8 12+

pues las tinieblas pasan
y la luz verdadera brilla ya.
⁹ Quien dice que está en la luz
y aborrece a su hermano,
está aún en las tinieblas.

Jn 12 35-36

¹⁰ Quien ama a su hermano permanece
en la luz

Pr 4 19

y no tropieza.
¹¹ Pero quien aborrece a su hermano está
en las tinieblas,
camina en las tinieblas,
no sabe a dónde va,
porque las tinieblas han cegado sus
ojos.

Mt 15 14p

**Tercera condición:
guardarse del mundo.**

¹² Os escribo a vosotros, hijos míos,
porque se os han perdonado los pecados
por su nombre.

1 7; 2 2
1 Co 6 11

Hch 3 16+

¹³ Os escribo a vosotros, padres,
porque conocéis al que es desde el
principio.
Os escribo a vosotros, jóvenes,

Jn 1 1
1 Jn 1 1

porque habéis vencido al Maligno*.

Ef 6 16

¹⁴ Os escribo, hijos,
porque conocéis al Padre.
Os escribo a vosotros, padres*,
porque ya conocéis al que es desde el
principio.
Os escribo, jóvenes,
porque sois fuertes
y la palabra de Dios permanece en vosotros

Jn 3 11+;
5 38

y habéis vencido al Maligno.
¹⁵ No améis al mundo
ni lo que hay en el mundo.
Si alguien ama al mundo,
el amor del Padre no está en él.

Jn 1 10+

St 4 4

Jn 5 42+

¹⁶ Porque todo cuanto hay en el mundo
—la concupiscencia de la carne,
la concupiscencia de los ojos
y la jactancia de las riquezas*—
no viene del Padre, sino del mundo.

Pr 27 20
Mt 6 24p
St 4 16

¹⁷ El mundo y sus concupiscencias pasan;
pero quien cumple la voluntad de Dios
permanece para siempre.

1 Co 7 31
1 P 4 2

Mt 7 21
Is 40 8
Pr 10 25

**Cuarta condición:
guardarse de los anticristos.**

¹⁸ Hijos míos,
es la última hora.
Habéis oído que iba a venir un Anticristo*;
pues bien, muchos anticristos han
aparecido,
por lo cual nos damos cuenta que es ya
la última hora.

1 Tm 4 1+
2 Ts 2 4+

2 Jn 7

¹⁹ Salieron de entre nosotros,
pero no eran de los nuestros*.
Pues si hubiesen sido de los nuestros,
habrían permanecido con nosotros.
Así se ha puesto de manifiesto
que no todos son de los nuestros.

2 Co 6 14-18

1 3+
Jn 5 22+

²⁰ Vosotros tenéis la unción* del Santo,
y todos vosotros lo sabéis*.

2 Co 1 21
Jn 14 26+
Lv 17+
Is 6 3+

---

2 4   Adic.: «de Dios».
2 5   Se trata del amor que Dios nos tiene, más que del amor que nosotros tenemos a Dios.
2 6   (a) «Estar en», «permanecer en», «morar en»: expresiones joánicas, ver Jn 6 56+.
2 6   (b) Jesús, mencionado igualmente en 3 3.5.7.16; 4 17, ver Jn 19 35.
2 8   Aunque se halla preparado por la Ley antigua, Lv 19 18+, y los cristianos lo conozcan desde su inicia- ción, v. 7; 3 11, este mandamiento ha recibido la marca de Jesucristo, Jn 13 34+
2 13   El diablo siempre es el Tentador, Gn 3 1-6; Jb 1 6+; Mt 4 1+, que impulsa a los hombres al mal, 1 Jn 3 8+. Pero hemos «conocido» al Hijo, 2 3, que permanece en nosotros, 1 3+.7+, nos preserva del mal 3 6-9; 5 18; Jn 17 15 y nos hace vencedores del «mundo», 4 4; 5 4- 5; Jn 16 33; Mt 6 13; ver Jn 1 9+; St 4 4; Ga 6 14.
2 14   La segunda indicación: «Os escribo a vostros, padres..» omitida por Vulg.
2 16   «concupiscencia» o «codicia». —«las riquezas»;

Vulg.: «la vida». —Los móviles que mueven al «mundo»: la sensualidad, la seducción de las apariencias, el or- gullo que resulta de la posesión de los bienes terrenos; las verdaderas realidades son muy otras; ver 2 Co 4 18; Hb 11 1.3.27; etc.
2 18   «el Anticristo»; var.: «un anticristo». —Sobre este Adversario de los últimos tiempos, del que Jn habla aquí en plural, ver 2 Ts 2 3-4+. Se ensaña ante todo contra la auténtica fe en Cristo Hijo de Dios, v. 22; 4 2- 3: ver 5 5; Jn 1 18+.
2 19   Aun perteneciendo exteriormente a la comuni- dad, ya no poseían el espíritu de Cristo.
2 20   (a) El Espíritu dado al Mesías, Is 11 2+; 61 1, y por él a los creyentes, 3 24; 4 13; ver 2 Co 1 21, es el que les instruye en todo v. 27; Jn 16 13+; ver 1 Co 2 10.15, y gracias a él las palabras de Jesús son «espíritu y vida», Jn 6 63.
2 20   (b) «todos vosotros lo sabéis»; var.: «conocéis to- das las cosas».

²¹ No os escribí
porque desconozcáis la verdad,
sino porque la conocéis
y porque ningún mentiroso
procede de la verdad*.
²² ¿Quién es el mentiroso
sino el que niega que Jesús es el Cristo?
Ese es el Anticristo,
el que niega al Padre y al Hijo*.
²³ Todo el que niega al Hijo
no posee al Padre.
Todo el que confiesa al Hijo
posee también al Padre.
²⁴ En cuanto a vosotros,
lo que oísteis desde el principio*
permanezca en vosotros.
Si permanece en vosotros
lo que oísteis desde el principio,
también vosotros permaneceréis

en el Hijo y en el Padre
²⁵ y esta es la promesa que él mismo os hizo:
la vida eterna.
²⁶ Os he escrito esto
respecto a los que tratan de engañaros.
²⁷ Y en cuanto a vosotros,
la unción que de él habéis recibido
permanece en vosotros
y no necesitáis que nadie os enseñe*.
Pero como su unción os enseña acerca
de todas las cosas
—y es verdadera y no mentirosa—
según os enseñó, permaneced en él.
²⁸ Y ahora, hijos míos, permaneced en él
para que, cuando se manifieste,
tengamos plena confianza
y no quedemos avergonzados lejos de él
en su Venida.

Referencias marginales izquierda:
2 P 1 12
2 Jn 1-2

3 19+

2 Ts 2 4+

Jn 14 7-9;
17 6+

1 3+

Referencias marginales derecha:
Jn 5 24;
6 40.68;
17 2

2 20

Jr 31 34
Jn 6 45;
14 26+

4 17
2 Ts 1 9
Mt 24 3+
1 Co 15 23+

II. Vivir como hijos de Dios

²⁹ Si sabéis que él es justo,
reconoced que todo el que obra la justicia
ha nacido de él.

3 ¹ Mirad qué amor nos ha tenido el Padre
para llamarnos hijos de Dios,
pues ¡lo somos!*
Por eso el mundo no nos conoce
porque no le reconoció a él.
² Queridos,
ahora somos hijos de Dios
y aún no se ha manifestado todavía lo
que seremos.
Sabemos que, cuando se manifieste,
seremos semejantes a él,
porque le veremos tal cual es.

**Primera condición:
romper con el pecado.**

³ Todo el que tiene esta esperanza en él

se purifica, porque él* es puro.
⁴ Todo el que comete pecado
comete también la iniquidad,
pues el pecado es la iniquidad.
⁵ Y sabéis que él se manifestó
para borrar los pecados*
pues en él no hay pecado
⁶ Todo el que permanece en él, no peca*.
Todo el que peca,
no le ha visto ni conocido.
⁷ Hijos míos,
que nadie os engañe.
El que obra la justicia es justo,
porque él es justo.
⁸ Quien comete el pecado es del diablo*,
porque el diablo peca desde el principio.
El Hijo de Dios se manifestó
para deshacer las obras del diablo.
⁹ Todo el que ha nacido de Dios no peca

Referencias marginales izquierda:
1 7+

1 3+

Rm 8 14-17.
37-39
Jn 1 12
Ef 1 5

Jn 15 21;
16 3; 17 25

Col 3 4
Flp 3 21
Rm 8 29
1 Co 13 12

Referencias marginales derecha:
Mt 5 48*
1 Jn 2 6

Hb 9 26
Jn 1 29+
Jn 8 46
Hb 7 26
1 Jn 1 3+;
2 14+
Mt 7 18

3 12

3 5
Jn 12 31-32

Jn 8 44
Gn 3 15

1 Jn 3 6+

---

2 21   O: «y porque conocéis también que ninguna mentira viene de la verdad».
2 22   No es fácil designar con certeza a los herejes aquí aludidos (Cerinto probablemente, cuyo error se encontrará diluido en la Gnosis). El título de Cristo aquí no es únicamente una traducción de «Mesías», sino que evoca la plenitud de la fe de los «cristianos» en Aquél que «ha venido en carne mortal», 2 Jn 7.
2 24   La catequesis apostólica que se refería al misterio de Cristo.
2 27   Los cristianos son instruidos por los apóstoles, v. 24; 1 3+, pero la predicación externa sólo penetra en las almas por la gracia del Espíritu, ver 2 20+.
3 1   Om.: «pues ¡lo somos!», y var. (Vulg.): «y que lo seamos».
3 3   Jesús.

3 5   «los pecados»; var.: «nuestros pecados».
3 6   Juan simplifica los retratos De la esperanza de la visión, v. 2, y de la santidad consumada, v. 3, se deriva desde ahora, por la acción de Jesucristo, v. 5; 2 2, la abstención de todo mal como conviene a los hijos de Dios, v. 9; 5 18: ver Ga 5 16, que han sido «justificados», v. 7; 2 29; ver Rm 3 24-25+. Esto no excluye, de hecho, la posibilidad del pecado, 1 8-10+, que precisamente rompe la comunión, ver 2 3-5.
3 8   Las expresiones: ser de Dios, de la verdad, hijos de Dios, que significan que el cristiano vive bajo el influjo de Dios que en él permanece, se oponen las expresiones: ser del diablo, 3 8, del Maligno, 3 12, del mundo, 2 16; 4 5, hijos del diablo, 3 10, para designar a todos los que viven bajo el influjo perverso de Satanás y se dejan «extraviar» por él.

porque su germen* mora en él;
y no puede pecar
porque ha nacido de Dios.
[10] En esto se reconocen
los hijos de Dios y los hijos del diablo:
todo el que no obra la justicia
no es de Dios,
y quien no ama a su hermano, tampoco.

**Segunda condición:
guardar los madamientos,
sobre todo el de la caridad.**

[11] Pues este es el mensaje
que oísteis desde el principio:
que nos amemos unos a otros.
[12] No como Caín,
que, al ser del Maligno, mató a su hermano.
Y ¿por qué le mató?
Porque sus obras eran malas,
mientras que las de su hermano eran justas*.
[13] No os extrañéis, hermanos,
si el mundo os aborrece.
[14] Nosotros sabemos que hemos pasado de la muerte a la vida,
porque amamos a los hermanos.
Quien no ama permanece en la muerte.
[15] Todo el que odia a su hermano es un asesino;
y sabéis que ningún asesino
posee vida eterna en sí mismo.
[16] En esto hemos conocido lo que es amor:
en que él dio su vida por nosotros.
También nosotros debemos dar la vida por los hermanos.
[17] Si alguno que posee bienes del mundo,
ve a su hermano que está necesitado
y le cierra sus entrañas,
¿cómo puede permanecer en él el amor de Dios?
[18] Hijos míos,
no amemos de palabra ni con la boca,

sino con obras y según la verdad.
[19] En esto sabremos* que somos de la verdad*,
y tendremos nuestra conciencia tranquila ante él,
[20] aunque nuestra conciencia nos condene,
pues Dios, que lo sabe todo,
está por encima de nuestra conciencia*.
[21] Queridos,
si la conciencia no nos condena,
tenemos confianza total en Dios,
[22] y lo que le pidamos
lo obtendremos de él,
porque guardamos sus mandamientos
y hacemos lo que le agrada.
[23] Y este es su mandamiento:
que creamos en el nombre de su Hijo, Jesucristo,
y que nos amemos unos a otros
según el mandamiento que nos dio.
[24] Quien guarda sus mandamientos
mora en Dios y Dios en él;
en esto conocemos que mora en nosotros:
por el Espíritu que nos ha dado.

**Tercera condición: guardarse
de los anticristos y del mundo.**

4 [1] Queridos,
no os fiéis de cualquier espíritu,
antes bien, examinad si los espíritus son de Dios,
pues muchos falsos profetas han venido al mundo*.
[2] En esto reconoceréis al espíritu de Dios:
todo espíritu que confiesa a Jesucristo,
venido en carne mortal,
es de Dios;
[3] y todo espíritu que no confiesa a Jesús*,
no es de Dios;
ese tal es del Anticristo,
de quien habéis oído que iba a venir;

Marginal references (left column):
2 14+
1 7+; 3 8+
Mt 4 1+
3 23
2 7
Jn 13 34
Gn 4 8
Jn 8 44
1 Jn 3 8+
Jn 15 18-21
Mt 24 9
Jn 5 24
Hb 6 1+
Ef 5 2
Jn 15 12-13
Mt 20 28
1 Jn 2 6
Dt 15 7.11
St 2 16
Jn 5 42
1 Jn 2 5; 4 12
St 1 22
Mt 7 21

Marginal references (right column):
4 4
Mt 7 7-11p
Jn 14 13-14
Jn 8 29
Jn 13 34;
15 17
1 3+.7+
Jn 14 21-23
4 13
1 Co 12 10+
1 Ts 5 19+
Dt 13 1-6;
18 20-22
2 18
Mt 24 24
1 Tm 4 1+
1 Co 12 3
1 Ts 5 21
2 22
2 Ts 2 4+

---

3 9　　Quizá Cristo, ver Ga 3 16; 1 Jn 5 18. Pero, al parecer, más bien se trata del Espíritu, ver 2 20.27, o del germen de vida que es la palabra recibida, 2 7.24, y que da fruto por el Espíritu, 2 20.27.
3 12　Sigue la antítesis, hasta 4 6, entre los hijos de Dios que viven en la verdad y el amor, y el mundo donde reinan el pecado y el odio.
3 19　(a) Var. (Vulg.): «sabemos».
3 19　(b) Jn da a la «verdad», 2 4, un sentido muy amplio que abarca fe y amor, 3 23; 5 1. Son «de la verdad» los que creen, 2 21-22, los que aman, 3 18-19. Ver 2 Jn 4-6; 3 Jn 3-8; Jn 3 21; 8 31+; 18 37.
3 20　El hombre que escucha los reproches de su conciencia (lit.: «su corazón»), ver 1 Co 4 4+; Ef 1 18+, sabe que Dios lo conoce todo, ver Jn 16 30, y que él es

el Amor, 3 1; 4 8+, que por lo mismo es más clarividente y magnánimo que nuestra conciencia. Pero se presupone la práctica del amor y los mandamientos, vv. 23-24. −Otra traducción: «y ante él persuadiremos a nuestra conciencia, en caso de que ésta nos condene, de que Dios es mayor que nuestra conciencia y que conoce todo».
4 1　Hay que cerciorarse de que los que se apoyan en el Espíritu de Dios no están en realidad impulsados por el espíritu del mundo. Por sus frutos se les conocerá, Mt 7 15-20, por sus afinidades, ver 2 3-6.13-14, etc. sobre todo según lo que digan de Cristo, vv. 2-3. Los apóstoles están calificados para este discernimiento, v. 6.
4 3　Var. (Vulg.) muy autorizada: «que deshace a Jesús».

pues bien, ya está en el mundo.

2 14+

⁴ Vosotros, hijos míos, sois de Dios
y los habéis vencido.
Pues el que está en vosotros
es más que el que está en el mundo.

3 20
Jn 10 29
1 Jn 3 8+
Jn 3 31

⁵ Ellos son del mundo;
por eso hablan según el mundo

y el mundo los escucha.

⁶ Nosotros* somos de Dios.

1 3+
Jn 10 26+

El que conoce a Dios nos escucha,
el que no es de Dios no nos escucha.
En esto reconocemos
el espíritu de la verdad y el espíritu del
error*.

Jn 14 17
1 Jn 3 10

III. *En las fuentes del amor y de la fe*

En la fuente del amor.

1 Ts 4 9

⁷ Queridos,
amémonos unos a otros,
porque el amor es de Dios,
y todo el que ama

1 3+
1 7+

ha nacido de Dios y conoce a Dios*.

⁸ Quien no ama no ha conocido a Dios,

4 16

porque Dios es Amor*.

⁹ En esto se manifestó entre nosotros el
amor de Dios;

Jn 3 16

en que Dios envió al mundo a su Hijo
único
para que vivamos por medio de él.

Rm 8 31s

¹⁰ En esto consiste el amor:
no en que nosotros hayamos amado a
Dios,

Rm 5 8

sino en que él nos amó y nos envió a
su Hijo

2 2
Rm 3 25+

como víctima de expiación por nuestros pecados.

¹¹ Queridos,

Mt 18 33

si Dios nos ha amado de esta manera,
también nosotros debemos amarnos
unos a otros.

Ex 33 20+
Jn 1 18; 6 46

¹² A Dios nadie le ha visto nunca*.
Si nos amamos unos a otros,

1 Jn 1 3+

Dios mora en nosotros
y su amor ha llegado en nosotros a la
perfección.

¹³ En esto reconocemos

1 7+
3 24
Rm 5 5+

que moramos en él y él en nosotros:
en que nos ha dado de su Espíritu*.

¹⁴ Y nosotros hemos visto
y damos testimonio
de que el Padre ha enviado a su Hijo,
como Salvador del mundo.

Jn 3 17
Jn 4 42+

¹⁵ Si uno confiesa que Jesús es el Hijo de
Dios,
Dios mora en él y él en Dios.

¹⁶ Y nosotros hemos conocido
y hemos creído en el amor que Dios
nos tiene.

Jn 17 6+

Dios es Amor:

4 7-8

y el que permanece en el amor
permanece en Dios y Dios en él.

1 3+

¹⁷ En esto ha alcanzado el amor la plenitud en nosotros:

en que tengamos confianza en el día
del Juicio,

2 28
Rm 8 15
St 2 13

pues según es él,
así seremos nosotros en este mundo.

1 Jn 2 6+;
3 2-3

¹⁸ No cabe temor en el amor;

2 Ts 3 7+

antes bien, el amor pleno expulsa el temor,

2 Tm 1 7

porque el temor entraña castigo;
quien teme
no ha alcanzado la plenitud en el
amor*.

¹⁹ Nosotros amamos,
porque él nos amó primero.

4 9-10

²⁰ Si alguno dice: «Yo amo a Dios»,
y odia a su hermano,
es un mentiroso;
pues quien no ama a su hermano, a
quien ve,

---

4 6   (a) «Nosotros»: los predicadores acreditados, en primer lugar los apóstoles.
4 6   (b) El tema de los dos espíritus es conocido del Judaísmo (por ejemplo, Qumrán), afín al de las dos vías, Dt 11 26-28; Mt 7 13-14+. El hombre está situado entre dos mundos, «es» del uno o del otro participando de su espíritu, 3 8.19. La victoria final de los creyentes no ofrece duda, v. 4; 2 13-14; 5 4-5.
4 7   Amar es algo propio de los hijos de Dios, puesto que es lo propio de Dios, v. 16.
4 8   Dios amaba a Israel, Is 54 8+. La misión del Hijo único como Salvador del mundo, v. 9; Jn 3 16; 4 42; ver Rm 3 24-25+; 5 8; etc., manifiesta que el amor es de Dios, v. 7, porque el mismo Dios es Amor, v. 16; 3 16, y hace participar en el amor, vv. 10.19, al creyente

hijo de Dios, 1 3+.
4 12   Alusión polémica contra los «espirituales» que se gloriaban de llegar a conocer a Dios por una intuición directa, ver Jn 1 18; 3 13; 5 37; 6 46. La comunión, 1 3+, y la visión, 3 2, están ligadas al amor.
4 13   Este don del Espíritu anunciado para los últimos tiempos, Hch 2 17-21.33, ha sido difundido en los corazones, ver Rm 5 5+; 1 Ts 4 8, y hace brotar en ellos la certeza íntima de lo que los apóstoles anuncian exteriormente, 5 6-7; ver Hch 5 32. Aquí se trata del estado de hijos de Dios, Rm 8 15-16; Ga 4 6.
4 18   El amor asume el elemento filial del temor religioso, Dt 6 2+; Pr 1 7+, pero excluye el temor servil, el miedo de ser condenado por Dios, 3 20, que ha dado en su Hijo tan grandes pruebas de amor, ver v. 8+.

1 P 1 8
Mt 22 36-40
Jn 14 15.21;
15 17

no puede amar a Dios a quien no ve. [21] Y nosotros hemos recibido de él este mandamiento:

quien ama a Dios, ame también a su hermano.

5

1 3+

[1] Todo el que cree que Jesús es el Cristo

ha nacido de Dios;

y todo el que ama a aquel que da el ser amará también al que ha nacido de él*.

[2] En esto conocemos

que amamos a los hijos de Dios:

si amamos a Dios

y cumplimos sus mandamientos.

Rm 13 9
2 Jn 6
Ga 5 14
1 Jn 3 23
Dt 30 11
Mt 11 30

[3] Pues el amor a Dios consiste

en guardar sus mandamientos.

Y sus mandamientos no son pesados,

[4] pues todo lo nacido de Dios

vence al mundo.

Jn 16 33
1 Jn 2 14+

Y esta es la victoria que vence al mundo: nuestra fe.

En la fuente de la fe.

[5] ¿Quién es el que vence al mundo

sino el que cree que Jesús es el Hijo de Dios*?

Jn 19 34

[6] Este es el que vino

con agua y con sangre*: Jesucristo;

no solamente con el agua,

sino con el agua y con la sangre.

Y es el Espíritu quien da testimonio,

porque el Espíritu es la Verdad.

[7] Pues tres son los que dan testimonio*:

[8] el Espíritu, el agua y la sangre,

y los tres convergen en lo mismo*.

[9] Si aceptamos el testimonio de los hombres,

mayor es el testimonio de Dios.

Este es, pues, el testimonio de Dios,

que ha testimoniado acerca de su Hijo.

[10] Quien cree en el Hijo de Dios

posee el testimonio dentro de sí.

Quien no cree a Dios

le hace mentiroso,

porque no ha creído en el testimonio

que Dios ha dado acerca de su Hijo.

[11] Y este es el testimonio:

que Dios nos ha dado vida eterna,

y esta vida está en su Hijo.

[12] Quien tiene al Hijo, tiene la Vida;

quien no tiene al Hijo de Dios, no tiene la Vida.

[13] Os he escrito estas cosas

a los que creéis en el nombre del Hijo de Dios,

para que os deis cuenta de que tenéis Vida eterna.

Jn 4+

Jn 1 33+;
14 26+
1 Jn 2 20.27

Jn 5 32.37

Jn 3 33

Jn 3 11+
Jn 1 4;
5 21.26
1 Jn 1 2; 5 20

Jn 1 12;
20 31

Adiciones*

La oración por los pecadores.

[14] Esta es la confianza plena que tenemos en él:

Mt 7 7p
Jn 14 13-14
1 Jn 3 22

que si le pedimos algo

según su voluntad,

nos escucha.

[15] Y si sabemos que nos escucha

cuanto le pedimos,

sabemos que tenemos conseguido

lo que hayamos pedido.

[16] Si alguno ve que su hermano

comete un pecado

que no es de muerte,

pida y le dará vida

—a los que cometan pecados que no son de muerte

pues hay un pecado que es de muerte*,

St 5 19

Jn 15 22-24

---

5 1 El que ama a Dios ama también a los hijos de Dios. El amor de Dios se consuma en el amor al prójimo, criterio de su sinceridad, 3 14.17-19; 4 20, y primero de los mandamientos a los que el amor de Dios nos obliga, vv. 2-3; ver 2 3-5; 3 22-24; Jn 13 34+; 15 10-14; Mt 22 36-40p; Rm 13 9; Ga 5 14. La fe, por tanto, es la que finalmente juzga del amor, la fe por la que el hombre nace de Dios, 3 1; Jn 1 12+.
5 5 Ver Rm 1 4+. Esta conclusión brota de dos principios: todo el que cree ha nacido de Dios, v. 1; el que ha nacido de Dios es vencedor del mundo, v. 4.
5 6 El agua y la sangre que manaron del costado de Jesús, cuando fue abierto por la lanza.
5 7 El texto de los vv. 7-8 está recargado en la Vulg. por un inciso (más abajo, entre paréntesis) ausente de los mss griegos antiguos, de las antiguas versiones y de los mejores mss de la Vulg., y parece una glosa mar-

ginal introducida tardíamente en el texto: «Pues tres son los que dan testimonio (en el cielo: el Padre, el Verbo y el Espíritu Santo, y estos tres son uno; y tres son los que dan testimonio en la tierra): el Espíritu, el agua y la sangre, y estos tres son uno».
5 8 Los tres testimonios son convergentes. La sangre y el agua se juntan con el Espíritu, 2 20+.27; Jn 3 5; 4+, para dar testimonio, ver Jn 3 11+, en favor de la misión del Hijo que da la vida, v. 11; Jn 3 15+.
5 14 Como en el evangelio, ver Jn 21, la conclusión, que debería dar fin al escrito, es seguida de una nota adicional.
5 16 Los destinatarios de la epístola se hallaban sin duda informados respecto de este pecado de gravedad excepcional. Se trata quizá del pecado contra el Espíritu, contra la verdad, ver Mt 12 31+, o de la apostasía de los anticristos, 2 18-29; Hb 6 4-8, etc.

por ése no digo que pida—.
[17] Toda iniquidad es pecado,
pero hay pecados que no llevan a la
muerte*.

Resumen de la epístola*.

1 3+   [18] Sabemos que todo el que ha nacido de
Dios

3 6+   no peca,
sino que el Engendrado* de Dios le
guarda

2 13+   y el Maligno no le toca.
Jn 17 15

[19] Sabemos que somos de Dios
y que el mundo entero yace en poder
del Maligno.
[20] Pero sabemos que el Hijo de Dios ha
venido
y nos ha dado inteligencia   Jr 24 7
para conocer al Verdadero*.   Jn 17 3
Nosotros estamos en el Verdadero,
en su Hijo Jesucristo.
Este es el Dios verdadero
y la Vida eterna.   1 2
[21] Hijos míos,
guardaos de los ídolos...*

---

5 17 «que no llevan a la muerte» (lit.: «no para muerte»); var. (Vulg.): «que es de muerte».
5 18 (a) Tres frases que comienzan con «Sabemos»
recapitulan las grandes certidumbres y esperanzas cristianas expuestas en la epístola.
5 18 (b) Jesús, ver Jn 1 13.18. −Var. (Vulg.): «la generación».
5 20 Dios, el único verdadero, Jn 17 3+; ver 8 31;

1 Ts 1 9; Ap 3 14, y el único verdaderamente conocido
por lo que es: Vida y Amor.
5 21 Último encarecimiento originado por la evocación del único Verdadero. −Los «ícolos», sin duda en
sentido metafórico, pueden designar el paganismo, o
también los «ídolos del corazón» (Qumrán) que desvían
al hombre de la verdadera fe y el verdadero amor.−
Vulg. añade: «Amén».

SEGUNDA EPÍSTOLA DE SAN JUAN

Saludo.

1 P 5 13
3 Jn 1

Jn 8 32+;
14 17

[1] El Presbítero* a la Señora Elegida* y a sus hijos, a quienes amo en la verdad; y no solo yo, sino también todos los que han conocido la Verdad, [2] a causa de la verdad que permanece en nosotros y que estará con nosotros para siempre. [3] La gracia, la misericordia y la paz* de parte de Dios Padre y de Jesucristo, el Hijo del Padre, estarán con nosotros según la verdad y el amor.

El mandamiento de amor.

3 Jn 3
Flm 7
1 Jn 3 19+

1 Jn 2 7-11

1 Jn 5 3

[4] Me alegré mucho al encontrar entre tus hijos a quienes viven en la verdad*, conforme al mandamiento que recibimos del Padre. [5] Y ahora te ruego, Señora, y no te escribo un mandamiento nuevo, sino el que tenemos desde el principio: que nos amemos unos a otros. [6] Y en esto consiste el amor: en que vivamos según sus mandamientos. Este es el mandamiento que oísteis desde el principio*: que caminéis en el amor.

Los anticristos.

1 Jn 2 18
1 Jn 4 2-3

1 Jn 2 22

1 Jn 2 23-24

[7] Han venido al mundo muchos seductores negando que Jesucristo haya venido en carne mortal. Ese es el Seductor y el Anticristo. [8] Cuidad de vosotros, para no perder el fruto de vuestro trabajo*, sino para que recibáis una amplia recompensa. [9] Todo el que se excede* y no permanece en la doctrina de Cristo*, no posee a Dios. El que permanece en la doctrina, ese sí posee al Padre y al Hijo. [10] Si alguno va a vosotros y no os lleva esta doctrina, no lo recibáis en casa ni lo saludéis, [11]pues el que lo saluda se hace solidario de sus malas obras.

Conclusión.

3 Jn 13s

1 Jn 1 4

[12] Aunque me queda mucho por escribir, prefiero no hacerlo con papel y tinta, sino que espero ir a veros y hablar de viva voz, para que nuestro gozo* sea completo. [13] Te saludan los hijos de tu hermana Elegida*.

---

1 (a) Título reservado a los jefes de las comunidades, ver Tt 1 5+. En este caso se trata del apóstol Juan, jefe principal de las comunidades de Asia Menor.
1 (b) La «Señora Elegida» o la «Gran Señora»: metáfora poética que designa a una comunidad particular, desconocida para nosotros, puesta bajo la jurisdicción del presbítero y amenazada por la propaganda de los falsos doctores.
3 La «misericordia» no aparece en ningún otro pasaje de los escritos joánicos.
4 Lit.: «caminan en la verdad», porque cumplen los mandamientos en el amor.
6 O: «Este mandamiento lo debéis observar tal como habéis oído desde el comienzo».
8 Var.: «nuestro trabajo».
9 (a) Los herejes se consideraban «avanzados» tratando de rebasar los límites de la enseñanza apostólica, 1 Jn 2 18.23, para darse a meras especulaciones: ver 1 Tm 6 4+; 2 Tm 2 16; Tt 3 9+; etc.
9 (b) Lo mismo puede tratarse de la doctrina enseñada por Cristo como de la doctrina que a él se refiere.
12 Var. (Vulg.): «vuestro gozo».
13 La iglesia, probablemente la de Éfeso, donde se encontraba el apóstol en el momento en que escribía.

TERCERA EPÍSTOLA DE SAN JUAN

Saludo.

2 Jn 1+

[1] El Presbítero al querido Gayo* a quien amo según la verdad. [2] Querido, pido en mi oración que te vaya bien en todo y que tu salud física sea tan buena como la espiritual.

Elogio de Gayo.

2 Jn 4

1 Jn 3 19+

[3] Me alegré mucho cuando vinieron unos hermanos que daban testimonio de tu verdad, y de cómo vives en la verdad. [4] No siento alegría mayor* que oír que mis hijos caminan en la verdad.

[5] Querido, obras como creyente en lo que haces por los hermanos, y eso que son forasteros*. [6] Ellos han dado testimonio de tu generosidad ante la iglesia. Harás bien en proveerlos para su viaje de manera digna de Dios. [7] Pues por el

Jn 8 24+
Mt 18 5p;
10 10.41
1 Tm 5 18

Nombre* se pusieron en camino sin recibir nada de los gentiles. [8] Por eso debemos acoger a tales personas, para hacernos colaboradores en la obra de la Verdad.

Conducta de Diótrefes*.

[9] He escrito alguna cosa a la iglesia*; pero ese que ambiciona el primer puesto entre ellos, Diótrefes, no nos recibe*. [10] Por eso, cuando vaya, le recordaré las cosas que está haciendo, criticándonos con palabras llenas de malicia; y, como si no fuera bastante, tampoco recibe a los hermanos, y, a los que desean hacerlo, se lo impide y los expulsa de la iglesia. [11] Querido, no imites lo malo, sino lo bueno. El que obra el bien es de Dios; el que obra el mal no ha visto a Dios.

1 Jn 1 3+.
7+

Testimonio en favor de Demetrio.

[12] Todos, y hasta la misma Verdad, dan testimonio de Demetrio*. También nosotros damos testimonio y sabes que nuestro testimonio es verdadero.

1 Jn 5 6
Jn 19 35;
21 24

Epílogo.

[13] Tengo mucho que escribirte, pero no quiero hacerlo con tinta y pluma. [14] Espero verte pronto y hablaremos de viva voz. [15] La paz sea contigo. Los amigos te saludan. Saluda a los amigos* uno por uno.

2 Jn 12s

---

1 Nombre bastante difundido. El que lo lleva es un discípulo fiel al que el Presbítero, 2 Jn 1, ha estimado conveniente dirigir su carta.
4 Var. (Vulg.): «un favor mayor».
5 Sin duda predicadores ambulantes, enviados por el apóstol a las comunidades de Asia Menor.
7 El Nombre del Señor, ver Hch 5 41+, que expresa el misterio de su divinidad, ver 1 Jn 3 23; 5 13; Flp 2 9; St 2 7.
9 (a) Al contrario de Gayo, este jefe de la comu-

nidad aludido en la carta falla en la sumisión al Presbítero, sin lo cual parece amenazada la fe. El Presbítero se propone intervenir en una próxima visita, vv. 10.14.
9 (b) Quizá la segunda epístola.
9 (c) En la persona de los enviados del apóstol.
12 Un miembro importante de la comunidad, o uno de los misioneros recomendados a la caridad de Gayo (¿el portador de la carta?).
15 Los que se enfrentan a Diótrefes porque reconocen la autoridad del Presbítero.

EPÍSTOLA DE SAN JUDAS

Saludo

Hch 12 17+

‖2 P 1 2

[1] Judas, siervo de Jesucristo, hermano de Santiago, a los que han sido llamados, amados* de Dios Padre y guardados para Jesucristo. [2] A vosotros, misericordia, paz y amor abundantes.

Motivo de la carta.

Hch 9 13+
‖2 P 2 1

Ga 5 13
1 P 2 16
1 Jn 4 1
2 Jn 10

[3] Queridos, tenía yo mucho empeño en escribiros acerca de nuestra común salvación* y me he visto en la necesidad de hacerlo para exhortaros a combatir por la fe que ha sido transmitida a los santos de una vez para siempre*. [4] Porque se han introducido solapadamente algunos que hace tiempo la Escritura señaló ya para esta sentencia*. Son impíos, que convierten en libertinaje la gracia de nuestro Dios y niegan al único Dueño y Señor nuestro Jesucristo*.

Los falsos doctores. Castigo que les amenaza.

‖2 P 1 12

Nm 14 26-35
1 Co 10 5

‖2 P 2 4
Gn 6 1-2

‖2 P 2 6-9
Gn 19
Mt 10 15p

[5] Quiero recordaros a vosotros, que ya habéis aprendido todo esto de una vez para siempre, que el Señor*, habiendo librado al pueblo de la tierra de Egipto, destruyó después a los que no creyeron; [6] y además que a los ángeles, que no mantuvieron su dignidad, sino que abandonaron su propia morada*, los tiene guardados con ligaduras eternas bajo tinieblas para el juicio del gran Día. [7] Y lo mismo Sodoma y Gomorra y las ciudades vecinas, que como ellos fornicaron y se fueron tras una carne diferente*, padeciendo la pena de un fuego eterno, sirven de ejemplo.

Sus blasfemias.

[8] Igualmente éstos*, a pesar de todo, alucinados en sus delirios, manchan la carne, desprecian al Señorío* e injurian a las Glorias. [9] En cambio el arcángel Miguel, cuando altercaba con el diablo disputándose el cuerpo de Moisés*, no se atrevió a pronunciar contra él juicio injurioso, sino que dijo: «Que te castigue el Señor». [10] Pero éstos injurian lo que ignoran y se corrompen en las cosas que, como animales irracionales, conocen por instinto*.

‖2 P 2 10-12

Dn 10 13+

Za 3 2

Su perversidad.

[11] ¡Ay de ellos!, porque se han ido por el camino de Caín, y por un salario se han abandonado al descarrío de Balaán, y han perecido en la rebelión de Coré. [12] Éstos son una mancha cuando banquetean desvergonzadamente en vuestros ágapes* y se apacientan a sí mismos; son nubes sin agua zarandeadas por el viento, árboles de otoño sin frutos, dos veces muertos, arrancados de raíz; [13] son olas salvajes del mar, que echan la espuma de su propia vergüenza, estrellas errantes* a quienes está reservada la oscuridad de las tinieblas para siempre. [14] Henoc, el séptimo después de Adán, profetizó ya sobre ellos: «Mirad, el Señor ha venido con sus santas miriadas [15] para realizar el juicio contra todos y dejar convictos a todos los impíos de todas las obras de impiedad que realizaron y de todas las palabras duras que hablaron contra él los pecadores impíos*.» [16] Éstos son unos murmuradores, des-

‖2 P 2 15
Gn 4 8
1 Jn 3 12
Nm 22 2+
Ap 2 14
Nm 16

‖2 P 2 13.
17-18
Pr 25 14

Is 57 20

Dn 7 10

---

1 «a los que han sido llamados»; var.: «a las naciones llamadas». —«amados»; var.: «santificados».
3 (a) «nuestra salvación»; Vulg.: «vuestra salvación».
3 (b) En la tradición de la fe de los apóstoles, v. 17, fundamento de la vida cristiana, v. 20, nada se puede cambiar, v. 5; ver 1 Co 11 2; 2 Ts 2 15+; 1 Tm 6 20+.
4 (a) «esta sentencia» var.: «este pecado».
4 (b) Var.: «y niegan a Dios, único dueño, y a nuestro señor Jesucristo», Henoc 48 10.
5 Dios Padre, ver 2 P 2 4. Var. (Vulg.); «Jesús», que designaría a Cristo en su preexistencia divina, ver 1 Co 10 4.
6 Dejándose seducir por las hijas de los hombres, Gn 6 1-2: tema desarrollado por el libro de Henoc, Henoc 12 4; 10 6.
7 Carne que no era humana, puesto que su pecado había sido el de querer abusar de «ángeles», Gn 19 1-11. El apócrifo Testamento de los Doce Patriarcas, al igual que Judas 6-7, menciona a la vez el pecado de los ángeles y el de Sodoma.
8 (a) Los herejes contemporáneos de Judas, a los

que no detiene el castigo de los ángeles seductores, vv. 6-7.
8 (b) Var.: «los Señoríos» (los ángeles, ver Ef 1 21; Col 1 16).
9 Judas parece depender aquí del apócrifo Asunción de Moisés donde Miguel (Dn 10 13+) entabla un debate con el diablo que, después de la muerte de Moisés, reclamaba su cadáver.
10 Ignoran porque no tienen el Espíritu, Rm 1 9+, y sólo conocen conforme a su naturaleza de seres «psíquicos», v. 19; ver 1 Co 15 44+, hombres que los gnósticos despreciaban.
12 «una mancha»; otros traducen: «escollos». —«ágapes»; var.: «engaños», ver 2 P 2 13. —Los herejes, pues, aún tenían parte en la vida de la Iglesia; no se ha hecho más que desenmascarar sus intrigas. Ya se trate de la eucaristía, o simplemente del «ágape» que le precedía, su actitud recuerda 1 Co 11 17-22.
13 En los apócrifos judíos, los ángeles están frecuentemente simbolizados por las estrellas, ver el Libro de Henoc, Henoc 18 15s; 21 5s.
15 Cita (de memoria, sin duda) de Henoc 1 9.

‖2 P 2 18
Dn 7 8.20
Lv 19 15

contentos de su suerte, que viven según sus pasiones*, *cuya boca dice palabras altisonantes*, que adulan por interés.

Exhortación a los fieles. La enseñanza de los apóstoles.

‖2 P 3 2-3

1 Tm 4 1+

1 Co 15 44+

[17] En cambio vosotros, queridos, acordaos de las predicciones de los apóstoles de nuestro Señor Jesucristo*. [18] Ellos os decían: «Al fin de los tiempos aparecerán hombres sarcásticos que vivirán según sus propias pasiones impías*.» [19] Éstos son los que crean divisiones, viven una vida sólo natural sin tener el espíritu*.

Deberes de la caridad.

1 Co 3 9-17
Ef 2 20-22

[20] *Pero vosotros, queridos, edificándoos sobre vuestra santísima fe y orando

en el Espíritu Santo, [21] manteneos en la caridad de Dios, aguardando la misericordia de nuestro Señor Jesucristo para vida eterna. [22] A unos, a los que vacilan, tratad de convencerlos; [23] a otros, tratad de salvarlos arrancándolos del fuego; y a otros mostradles misericordia con cautela, odiando incluso la túnica manchada por su carne*.

2 Co 13 13+

Doxología.

[24] Al que es capaz de guardaros inmunes de caída y de presentaros sin tacha ante su gloria con alegría*, [25] al Dios único, nuestro Salvador, por medio de Jesucristo, nuestro Señor, gloria, majestad, fuerza y poder antes de todo tiempo, ahora y por todos los siglos. Amén*.

‖2 P 3 14

Rm 16 27+
Ap 5 13

---

16   Reminiscencia de *Henoc* 5 5.
17   La enseñanza apostólica recibida por tradición, v. 3.
18   En ninguna parte se halla textualmente esta sentencia, pero sí tiene equivalentes, Hch 20 29-31; 1 Tm 4 1; 2 Tm 3 1-5; 4 3; y ya Mt 24 24; Mc 13 22.
19   «que crean divisiones»; Vulg.: «que se separan» (de la Iglesia). —Los herejes son como «animales irracionales» v. 10.
20   El pasaje, vv. 20-21, menciona a las tres Personas, ver 2 Co 13 13, en relación con la fe, la oración, el

amor, la esperanza, ver 1 Co 13 13+.
23   La caridad tratará de manera diferente a los que están más o menos contaminados de herejía. —Var.: «A unos mostradles misericordia, a los que vacilan salvadlos, arrancándolos del fuego; a los otros, mostradles misericordia con cautela, etc».
24   Vulg. añade, «en la Venida de nuestro Señor Jesucristo».
25   La solemne doxología, ver Rm 16 25-27+; Ef 3 20; Ap 1 6+, quizá proceda de la liturgia.

APOCALIPSIS

APOCALIPSIS

APOCALIPSIS

Introducción

La palabra «apocalipsis» es la transcripción de un término griego que significa revelación; todo apocalipsis supone, pues, una revelación hecha por Dios a los hombres de cosas ocultas y sólo por él conocidas, en especial de cosas referentes al futuro. Es difícil deslindar exactamente las fronteras que separan al género apocalíptico del profético, del que en cierto modo no es más que una prolongación; pero, mientras que los antiguos profetas escuchaban las revelaciones divinas y las transmitían oralmente, el autor de un apocalipsis recibe sus revelaciones en forma de visiones que consigna en un libro. Por otra parte, tales visiones no tienen valor por sí mismas, sino por el simbolismo que encierran; porque en un apocalipsis todo o casi todo tiene valor simbólico: los números, las cosas, las partes del cuerpo y hasta los personajes que salen a escena. Cuando el vidente describe una visión, traduce en símbolos las ideas que Dios le sugiere, y entonces acumula cosas, colores, números simbólicos, sin preocuparse de la incoherencia de los efectos obtenidos. Es, pues, necesario para entenderle, hacerse cargo de sus procedimientos y traducir de nuevo en ideas los símbolos que propone, so pena de falsear el sentido de su mensaje.

Los apocalipsis tuvieron gran éxito en algunos ambientes judíos (incluso entre los esenios de Qumrán) en los dos siglos que precedieron a la venida de Cristo. El género apocalíptico, preparado ya por las visiones de profetas como Ezequiel o Zacarías, se desarrolló en la obra de Daniel y en numerosas obras apócrifas escritas en las inmediaciones de la era cristiana. El Nuevo Testamento únicamente ha mantenido en su canon un Apocalipsis, cuyo autor se llama a sí mismo Juan, 1 9, desterrado, en el momento en el que escribe en la isla de Patmos, por su fe en Cristo. Una tradición representada ya por San Justino y ampliamente difundida a fines del siglo II (San Ireneo, Clemente de Alejandría, Tertuliano, el Canon de Muratori), le identifica con el apóstol Juan, el autor del cuarto Evangelio. Pero no parece que las iglesias de Siria, Capadocia y aun de Palestina hayan incluido el Apocalipsis en el canon de las Escrituras hasta el siglo V, prueba de que no lo consideraban como obra de un apóstol; un tal Cayo, sacerdote romano de comienzos del siglo III, llegó a atribuirlo al hereje Cerinto, pero sin duda por razones polémicas. Por otra parte, si bien el Apocalipsis de Juan presenta un parentesco innegable con los demás escritos joánicos, también se distingue netamente de ellos por su lenguaje, por su estilo y por algunos puntos de vista teológicos (referentes especialmente a la Parusía de Cristo), hasta el punto de que es difícil asegurar que proceda inmediatamente del mismo autor. A pesar de todo, su inspiración es joánica, y está escrito por alguno del círculo del apóstol e impregnado de su enseñanza. No se puede dudar de su canonicidad. En cuanto a la fecha, se admite ordinariamente que fue compuesto durante el reinado de Domiciano, hacia el 95; algunos, y no sin alguna probabilidad, creen que ciertas partes fueron redactadas ya en tiempo de Nerón, poco antes del 70.

Sea que optemos por el tiempo de Domiciano, o por el de Nerón, es indispensable, para comprender debidamente el Apocalipsis, volver a situarlo en el ambiente histórico que le vio nacer: un período de perturbaciones y persecuciones violentas contra la Iglesia naciente. Porque, al igual que los apocalipsis que le precedieron (especialmente el de Daniel) y en los que se inspira manifiestamente, es ante todo un escrito de circunstancias, destinado a levantar y afianzar la moral de los cristianos, escandalizados sin duda de que se pudiera desencadenar una persecución tan violenta contra la Iglesia del que había afirmado: «Pero ¡ánimo!: yo he vencido al mundo», Jn 16 33. Para realizar su plan, Juan vuelve sobre los grandes temas proféticos tradicionales, especialmente el del «Gran Día de Yahvé» (ver Am 5 18 +): los profetas anunciaban al Pueblo santo, esclavo bajo el yugo de los asirios, de los caldeos y luego de los griegos, dispersado y casi destruido por la persecución, el día cercano de la salvación, en que Dios vendría a liberar a su Pueblo de manos de sus opresores, devolviéndole no sólo la libertad, sino también poderío y *dominio sobre sus enemigos, a su vez castigados y casi destruidos. Cuando Juan escribía, la Iglesia, el nuevo Pueblo elegido, acababa de ser diezmada por una sangrienta persecución, 13; 6 10-11; 16 6; 17 6, desencadenada por Roma y el imperio romano (la Bestia), pero a instigación de Satanás, 12; 13 2-4, el Adversario por excelencia de Cristo y de su Pueblo. Una visión inicial describe la majestad de Dios que reina en el cielo, dueño absoluto de los destinos humanos, 4, y que entrega al Cordero el libro que contiene el decreto de exterminio de los perseguidores, 5; la visión prosigue con el anuncio de una invasión de pueblos bárbaros (los partos), con su tradicional cortejo de males: guerra, hambre y peste, 6. Pero los fieles de Dios serán preservados, 7 1-8; ver 14 1-5, en espera de gozar del triunfo en el cielo, 7 9-17; ver 15 1-5. Sin embargo, Dios, que quiere la salvación de los pecadores, no va a destruirlos inmediatamente, sino que les enviará una serie de plagas para prevenirles, como lo había hecho con Faraón y los egipcios, 8-9; ver 16. Esfuerzo inútil: a causa de su endurecimiento, Dios destruirá a los impíos perseguidores, 17, que trataban de corromper la tierra induciéndola a adorar a Satanás (alusión al culto de los emperadores de la Roma pagana); siguen una lamentación sobre Babilonia (Roma) destruida, 18, y cantos triunfales en el cielo, 19 1-10. Una nueva visión vuelve sobre el tema de la destrucción de la Bestia (la Roma perseguidora), esta vez realizada por Cristo glorioso, 19 11-21. Entonces se abre un período de prosperidad para la Iglesia, 20 1-6, que terminará con un nuevo asalto de Satanás contra ella, 20 7s, la destrucción del Enemigo, la resurrección de los muertos y su Juicio, 20 11-15, y finalmente el establecimiento definitivo del Reino celeste, en el gozo perfecto, después de haber sido aniquilada la muerte, 21 1-8. Una visión retrospectiva describe el estado de perfección de la nueva Jerusalén durante su reinado sobre la tierra, 21 9s.*

Esta es la interpretación histórica del Apocalipsis, su sentido primero y fundamental. Pero el alcance del libro no se detiene aquí; porque su visión de la historia depende de valores eternos sobre los que puede apoyarse la fe de los fieles de todos los tiempos. Ya en el Antiguo Testamento, la confianza del Pueblo santo estaba fundada en la promesa de Dios de permanecer «con su Pueblo», ver Ex 25 8 +, presencia que significaba protección sobre los ene-

migos para llevar a cabo la salvación. También ahora, y de una manera mucho más perfecta, está Dios con su nuevo Pueblo, que ha unido consigo en la persona de su Hijo, Emmanuel (Dios con nosotros); y la Iglesia vive de esta promesa de Cristo resucitado: «Y sabed que yo estoy con vosotros todos los días hasta el fin del mundo», Mt 28 20. Siendo así, nada tienen que temer los fieles; aunque por algún tiempo tengan que sufrir por el nombre de Cristo, en definitiva serán vencedores de Satanás y de todas su maquinaciones.

Estructura del Apocalipsis

El libro en su estado actual presenta dos partes netamente diferenciadas: la parte exhortatoria, 1-3, y la parte profética, 4-22. En la presente edición adoptamos la siguiente disposición:

Prólogo, 1 1-3.
I. Cartas a las iglesias de Asia, 1 4 -3 22.
II. Las visiones proféticas, 3 1 - 22 15.
*   1. Los preliminares del «Gran Día de Yahvé», 4 1 - 16 21.*
*   2. El castigo de Babilonia, 17 1 - 19, 10.*
*   3. Exterminio de las naciones paganas, 19 11 - 20 15.*
*   4. La Jerusalén futura, 21 1 - 22 15.*
Epílogo, 22 16-21.

Muchos autores dividen la parte de las visiones proféticas, c. 4-22, en dos grandes secciones. En la primera, 4-11, tras la visión del Trono de Dios, 4, y la visión del Cordero, 5, tendríamos dos septenarios: los sellos, 6-7, con el intermedio de la visión de los elegidos y la muchedumbre inmensa, y las trompetas, 8-11, con la culminación de la visión del librito abierto y de los dos testigos, 11. Esta sección de los c. 6-11 estaría dominada por la imaginería del Día de Yahvé y por la actualización de las plagas de Egipto y la invitación a la conversión. El c. 11 prepararía la transición a la parte siguiente.

La segunda sección de la parte profética, 12-22, tiene como visión inicial el gran signo de la Mujer y el Dragón, 12. Esta visión, inspirada en Gn 3 15 (lucha de la Mujer y su descendencia contra el Dragón y la suya), determina la sucesión de los acontecimientos del drama: Las bestias perseguidoras de la Iglesia, 13, y el Cordero, 14, se enfrentan. La prevalencia de la impronta del libro de Daniel, especialmente la visión del c. 7 sobre las Bestias y el Hijo del hombre, determina toda la sección de los c. 13 1-20 10. Las secciones de los anuncios angélicos, la siega y la vendimia, 14, anuncian el Fin. El septenario de las copas actualiza las plagas de Egipto contra el trono de la Bestia, 16. Los c. 17-18 representan el mismo enfrentamiento con la imagen de Babilonia-Roma.

Las dos representaciones del combate escatológico con el intermedio del milenio, 19 11 - 10 10, contienen la victoria de Dios y su Mesías sobre las Bestias y el Dragón. El juicio universal, 20 11-15, termina la historia, y la visión de la Jerusalén celeste inaugura la consumación, 21 1 - 22 15.

En esta descripción de la disposición del libro aparece ya indicado el tema dominante del libro, su estructura profunda, que consiste en la proclamación del Reinado de Dios y de su Cristo, 11 15.17; 12 10, y el consiguiente juicio de Satán, 12 10; 20 2.10, y de los poderes hostiles, 19 20-21; 20 9.

El Apocalipsis como culminación de la Biblia: El cumplimiento mesiánico escatológico

El libro del Apocalipsis está lleno de referencias al Antiguo Testamento (más de 800 en la edición de Nestle-Aland). Nuestra traducción ofrece en este sentido un inmenso repertorio entre las citas directas, impresas en letra cursiva, y las referencias que van en las notas y en los paralelos marginales.

El autor recurre a los principales textos mesiánico-escatológicos del Antiguo Testamento, tal y como eran actualizados en la sinagoga, y los presenta cumplidos en Cristo. Recordemos brevemente algunos: la bendición de Judá (Gn 49 9-10), el oráculo de Balaán (Nm 24 17), la figura del Rey mesiánico (Sal 2), las visiones de la Nueva Jerusalén (Is 61-62), la figura del Hijo del hombre (Dn 7). A la vez utiliza toda la imaginería bíblica para expresar el castigo divino. Así recurre a las plagas de Egipto (Ex 7-11), las imágenes de los castigos anunciados para el Día de Yahvé como las langostas (Jl 1-3), las profecías sobre Gog de Magog (Ez 38-39), los poemas sobre la caída de los tiranos, v.gr., Tiro (Ez 27-28), Babilonia (Is 46-47; Jr 50).

Este abundante recurso al Antiguo Testamento está ordenado por el autor a expresar el cumplimiento de las promesas divinas.

El agente del cumplimiento es el Dios Todopoderoso, 1 8; 4 8; 11 17; 15 3; 16 7;

16 14; 19 6; 19 15; 21 22. Junto al término «Todopoderoso» y a veces ligado al mismo, encontramos el nombre divino «El que es, el que era y el que va a venir», 1 4.8; 4 8. Esta denominación es una actualización del Nombre divino «Yo soy» de Ex 3 14, con la mediación targúmica, y pone también de relieve que Dios va a intervenir definitivamente en la consumación de la historia.

Jesucristo es el realizador del designio divino. Es el Hijo de Dios, 2 18, el Mesías lleno del Espíritu, 3 1, que tiene la llave de David, 3 7, el León de Judá y Retoño de David, 5 5; ver 22 16, el Amén, el Testigo fiel, 3 14; ver 1 4. Él es el Príncipe de los reyes de la tierra, 1 4, que ha lavado los pecados con su sangre y ha constituido un pueblo sacerdotal, 1 5-6; 5 10. Él es el Cordero a quien se entregan los destinos de la historia, 5, la Palabra de Dios, 19 13, que actúa en el combate escatológico, 19 11-16. Es el Rey de reyes y Señor de señores, 19 16; ver 17 14. Es el Esposo, 19 9; 21 2.9. El Apocalipsis presenta también a Jesucristo con rasgos divinos en la visión del Hijo del hombre, 1 13ss. en que se le aplican el título «El Primero y el Último», 1 17; 2 8, título que se aplicaba a Dios en Is 44 6; 48 12. Asimismo la participación del Cordero en el Trono divino y la adoración que le tributan los Ancianos y los Vivientes, 5 8-14, indican este carácter divino.

La fe cristiana trinitaria está presente también en la mención del Espíritu, tanto en el saludo inicial, 1 4, como en el mensaje a las iglesias, 2 7.11.17.29; 3 6.13.22; asimismo en otras proclamaciones, 14 13; 22 17.

El cumplimiento mesiánico escatológico se realiza en la comunidad de redimidos que es la Iglesia, pueblo regio y sacerdotal, 1 5-6; 5 9-10. La Iglesia está representada en la Mujer victoriosa del Dragón, 12. Es una comunidad de fe, esperanza, caridad y servicio, 2 19, participa en el poder mesiánico de Cristo, 2 26-29, es una comunidad de testimonio, 11 1ss, está formada por el resto de Israel y una muchedumbre inmensa, 7 1ss, es la Novia, la Nueva Jerusalén, 21-22.

El cumplimiento mesiánico-escatológico implica la derrota de las fuerzas hostiles y la victoria de los elegidos en la Jerusalén celestial, que como hemos dicho, es el contenido de la parte profética del Apocalipsis.

Incitamos al lector a dejarse ganar por el conjunto de imágenes, complicado, pe-

ro poderoso, con que el autor ha revestido su mensaje de certeza y esperanza. El sacrificio del Cordero ha obtenido la victoria postrera y, sean cuales fueren los males que la Iglesia de Cristo padezca, no puede dudar de la fidelidad de Dios hasta el momento en que venga el Señor, «pronto», 1 1; 22 20. El Apocalipsis es la gran epopeya de la esperanza cristiana, el canto de triunfo de la Iglesia perseguida.

APOCALIPSIS

Prólogo.

1 Revelación de Jesucristo*; se la concedió Dios para manifestar a sus siervos* *lo que ha de suceder* pronto; y envió* a su ángel para dársela a conocer a su siervo Juan, ² el cual ha atestiguado la palabra de Dios y el testimonio de Jesucristo: todo lo que vio*. ³ Dichoso* el que lea y los que escuchen las palabras de esta profecía y guarden lo escrito en ella, porque el Tiempo* está cerca.

Dn 2 28
Ap 22 6s.16

9 10+

22 7

2 Co 6 2+

I. Las cartas a las iglesias de Asia

Saludo*.

⁴ Juan, a las siete iglesias de Asia. Gracia y paz a vosotros de parte de «Aquel que es, que era y que va a venir*», de parte de los siete Espíritus que están ante su trono, ⁵ y de parte de Jesucristo, *el Testigo fiel, el Primogénito* de entre los muertos, *el Príncipe de los reyes de la tierra*. Al que nos ama y nos ha lavado* con su sangre de nuestros pecados ⁶ y ha hecho de nosotros *un Reino de sacerdotes** para su Dios y Padre, a él la gloria y el poder por los siglos de los siglos. Amén*. ⁷ Mirad, *viene acompañado de nubes*; todo ojo le verá, hasta *los que le traspasaron*, y *por él harán duelo todas las razas* de la tierra. Sí. Amén.

⁸ Yo soy el Alfa y la Omega*, dice el Señor Dios, «Aquel que es, que era y que va a venir», el Todopoderoso.

Ex 3 14+

Sal 89 38
Is 55 4
Sal 89 28

Ex 19 6
1 P 2 9
Rm 16 27+

Dn 7 13
Za 12 10.14
Mt 24 30+
Jn 19 37

Visión preparatoria.

⁹ Yo, Juan, vuestro hermano y compañero de la tribulación, del reino y de la paciencia, en Jesús. Yo me encontraba en la isla llamada Patmos*, por causa de la palabra de Dios y del testimonio de Jesús. ¹⁰ Caí en éxtasis el día del Señor, y oí detrás de mí una gran voz, como de trompeta, que decía: ¹¹ «Lo que veas escríbelo en un libro y envíalo a las siete iglesias: a Éfeso, Esmirna, Pérgamo, Tiatira, Sardes, Filadelfia y Laodicea». ¹² Me volví a ver qué voz era la que me hablaba y al volverme, vi siete candeleros de oro, ¹³ y en medio de los candeleros *como a un Hijo de hombre*, vestido de una túnica talar, ceñido al talle con un *ceñidor de oro*. ¹⁴ *Su cabeza y sus cabellos eran blancos, como la lana blanca*, como la nieve; *sus ojos como llama de fuego*; ¹⁵ *sus pies parecían de me-*

Rm 5 3
2 Tm 2 12

Hch 20 7+

1 20
Dn 7 13
Dn 10 5

Dn 7 9

Dn 10 6

---

1 1 (a) La palabra *apocalipsis* quiere decir revelación, ver 1 Co 1 7+. Esta fue hecha por Jesucristo, y él mismo es su objeto.
1 1 (b) Los profetas de la Iglesia primitiva; ver 10 7; 11 18; 22 6; Hch 11 27+; y ya Am 3 7; pero también se llama siervos de Dios a los cristianos, 2 20; 7 3; 19 2.5; 22 3.6.
1 1 (c) Dios. El ángel (mensajero), 22 16, ver Gn 16 7+; Ez 40 3+, probablemente representa al mismo Cristo, según 14 14.15 y 1 13.
1 2 De otro modo: «la palabra de Dios atestiguada por Jesucristo».
1 3 (a) Primera de las siete bienaventuranzas del Apocalipsis; ver 14 13; 16 15; 19 9; 20 6; 22 7.14.
1 3 (b) La Venida de Cristo (y todo lo que «pronto» sucederá, v. ver 22 6); ver 3 11; 22 10.12.20 y 1 7.
1 4 (a) Este saludo está tejido de reminiscencias bíblicas que evocan la gloriosa venida y la entronización solemne del Rey Mesías que va a reinar con el Pueblo de Dios, en virtud de la promesa hecha anteriormente a David; tema principal de todo el Apocalipsis.
1 4 (b) Expresión estereotipada, 1 8; 4 8; 11 17; 16 5, análoga a otras de la literatura judía, que desarrollan el nombre revelado a Moisés, entendido como «El que es», Ex 3 14+.
1 5 (a) Cristo es el «testigo», en su persona y en su obra, de la promesa hecha en otro tiempo a David, 2 S 7 1+; Sal 89; Is 55 3-4; Za 13 1, que se realizó en él; es la palabra eficaz, el «Sí» de Dios, v 2; 3 14; 19 11.13; 2 Co 1 20. Heredero de David, Ap 5 5; 22 16, fue constituido «Primogénito», Col 1 18; ver Rm 1 4+, por su resurrección, y después de la destrucción de sus ene-

migos recibirá el dominio universal, Dn 7 14; 1 Co 15 28; Ap 19 16.
1 5 (b) Var.: «nos ha liberado».
1 6 (a) Lit «reino y sacerdotes»; ver *Targum* a Ex 19 6. —Los fieles de Cristo, convertidos y lavados de sus pecados, vv. 5 y 7, formarán un «Reino de sacerdotes», Ex 19 6+: como reyes, reinarán sobre todos los pueblos, Dn 7 22.27; Is 54 11-17; Za 12 1-3; ver Ap 2 26-27; 5 10; 20 6 22 5; como sacerdotes unidos en Cristo Sacerdote, ofrecerán a Dios el universo entero en sacrificio de alabanza.
1 6 (b) Las doxologías, Rm 16 27+, son frecuentes en Ap. En sus acentos de triunfo se perciben ecos de antiguas liturgias. Encierran datos cristológicos preciosos, en los que el Cordero, 5 6+, cuela de varias maneras asociado a Dios Padre. También implican una protesta contra el culto imperial.
1 8 Primera y última letra del alfabeto griego, 21 6; 22 13; transferencia a Cristo de una cualidad de Dios, principio y fin de todas las cosas, Is 41 4; 44 6. Ver 1 17; 2 8.
1 9 Deportado por cristiano.
1 13 El Mesías aparece en sus funciones de Juez escatológico, como en Dn 7 13-14 (ver Dn 10 5-6), sus atributos están descritos por medio de símbolos: *sacerdocio* (representado por la larga túnica, ver Ex 28 4; 29 5; Za 3 4); *realeza* (ceñidor de oro, ver 1 M 10 89; 11 58); *eternidad* (cabellos blancos, ver Dn 7 9); *ciencia divina* (ojos llameantes, para «sondear los riñones y los corazones», ver 2 23); *estabilidad* (pies de metal, ver Dn 2 31-45). Es aterradora su majestad (esplandor de las piernas, del rostro, potencia de la voz). Tiene a las siete

Ez 43 2

2 12

Dn 8 18;
10 15-19
Ez 1 28s
Is 44 6;
48 12
Ap 1 8+
Hb 7 25

Mt 16 18+

4 1
Dn 2 28

tal precioso acrisolado en el horno; *su voz como voz de grandes aguas.* [16] Tenía en su mano derecha siete estrellas, y de su boca salía una espada aguda de dos filos; y su rostro, como el sol cuando brilla con toda su fuerza.

[17] Cuando lo vi, caí a sus pies como muerto. Él puso su mano derecha sobre mí diciendo: «No temas, soy yo, *el Primero y el Último,* [18] el que vive*; estuve muerto, pero ahora estoy vivo por los siglos de los siglos, y tengo las llaves de la Muerte y del Hades*. [19] Escribe, pues, lo que has visto: lo que ya es y *lo que va a suceder más tarde*. [20] La explicación del misterio de las siete estrellas que has visto en mi mano derecha y de los siete candeleros de oro es ésta: las siete estrellas son los ángeles* de las siete iglesias, y los siete candeleros son las siete iglesias.

I. Éfeso*.

1 16

1 12
1 Ts 1 3

2 Co 11 13.
15

2 [1] Al ángel de la iglesia de Éfeso*, escribe: Esto dice el que tiene las siete estrellas en su mano derecha, el que camina entre los siete candeleros de oro. [2] Conozco tu conducta: tus fatigas y tu paciencia; y que no puedes soportar a los malvados y que pusiste a prueba a los que se llaman apóstoles sin serlo* y descubriste su engaño. [3] Tienes paciencia, y has sufrido por mi nombre* sin desfallecer. [4] Pero tengo contra ti que has perdido tu amor de antes. [5] Date cuenta, pues, de dónde has caído, arrepiéntete y vuelve a tu conducta primera. Si no, iré a ti y cambiaré de su lugar tu candelero*,

si no te arrepientes. [6] Tienes en cambio a tu favor que detestas el proceder de los nicolaítas, que yo también detesto. [7] El que tenga oídos, oiga lo que el Espíritu dice a las iglesias*: al vencedor le daré a comer *del árbol de la vida, que está en el Paraíso* de Dios*.

2 15+
Mt 13 9
Ap 13 9

Gn 2 9
Ap 22 2

II. Esmirna.

[8] Al ángel de la iglesia de Esmirna escribe: Esto dice *el Primero y el Último,* el que estuvo muerto y revivió. [9] Conozco tu tribulación y tu pobreza —aunque eres rico*— y las calumnias de los que se llaman judíos sin serlo* y son en realidad una sinagoga de Satanás. [10] No temas por lo que vas a sufrir: el diablo va a meter a algunos de vosotros en la cárcel *para que seáis tentados,* y sufriréis una tribulación de *diez días*. Manténte fiel hasta la muerte y te daré la corona de la vida. [11] El que tenga oídos, oiga lo que el Espíritu dice a las iglesias: el vencedor no sufrirá daño de la muerte segunda.

Is 44 6;
48 12
Ap 1 17-18+
St 2 5

3 9

Jn 8 37-44
Lc 22 31-33

Dn 1 12.14s
1 Co 9 25+

20 14; 21 8

III. Pérgamo.

[12] Al ángel de la iglesia de Pérgamo escribe: Esto dice el que tiene la espada aguda de dos filos. [13] Sé dónde vives: donde está el trono de Satanás. Eres fiel a mi nombre y no has renegado de mi fe, ni siquiera en los días de Antipas, mi testigo fiel, que fue muerto entre vosotros, ahí donde habita Satanás*. [14] Pero tengo alguna cosa contra ti: mantienes ahí algunos que sostienen la doctrina de Balaán,

1 16; 19 15

Nm 22 2+

---

iglesias (las estrellas, ver v. 20) en su poder (mano derecha), y su boca se dispone a fulminar sus decretos de muerte (espada aguda de dos filos) contra los cristianos infieles (ver **19** 15+; **2** 16; e Is 49 2; Ef 6 17; Hb 4 12). Al comienzo de cada una de las siete cartas, vuelve a encontrarse uno u otro de estos atributos del Juez, adaptados a la situación particular de las iglesias.
1 18 (a) Que posee la vida en propiedad, ver Jn 1 4; 3 15+; 5 21.26; etc. Aquí se subraya la vida presente del Resucitado.
1 18 (b) El Hades es el lugar donde moraban los muertos, ver Nm 16 33+. Cristo tiene poder para hacer salir de él, ver Jn 5 26-28.
1 19 Lo que ya es: las cartas de los caps. 2 y 3. Lo que va a suceder más tarde: las revelaciones de los caps. 4-22. La profecía toma la forma de visiones.
1 20 Según las ideas judías, los ángeles no sólo gobernaban el mundo material, ver Ap **7** 1; **14** 18; **16** 5, sino también a las personas y a las comunidades, ver *Ex 23 20+. Se supone,* pues, que cada iglesia está gobernada por un ángel responsable de ella, al que va dirigida una carta. Pero las iglesias están en las manos de Cristo, en su poder y bajo su protección.
2 Las siete cartas siguen el mismo esquema. A unas afirmaciones sobre el estado de las iglesias («Conozco») siguen promesas o amenazas expresadas en una perspectiva escatológica. Son muy ricas en doctri-

na, en especial en cuanto a Jesucristo, a quien se supone expresándose en persona de comienzo a fin. Nos presentan también un cuadro de la vida cristiana en Asia por el año 90.
2 1 Metrópoli política y comercial de la provincia de Asia, a la que pertenecían las otras seis ciudades a que se refieren las cartas siguientes. Florecían en ellas muchos cultos paganos, entre otros el de Artemisa, Hch 19 24-40.
2 2 Probablemente las nicolaítas del v. 6, ver **2** 15+. Sobre los falsos apóstoles, 2 Co 11 5.13.
2 3 Alusión a una persecución ya pasada.
2 5 Éfeso perderá su rango de metrópoli religiosa.
2 7 (a) Con esta fórmula concluirá cada una de las siete cartas. Recalca la función del Espíritu en las relaciones de Cristo con su Iglesia.
2 7 (b) Var. (Vulg.): «de mi Dios».
2 9 (a) La riqueza espiritual de Esmirna contrasta con su pobreza material.
2 9 (b) El verdadero Israel es en adelante la Iglesia de Cristo, ver Ga 6 16; Rm 9 8.
2 10 Un breve espacio de tiempo.
2 13 El culto imperial, vigoroso en Pérgamo como el paganismo en todas sus formas, es considerado constantemente en el Apocalipsis como la antítesis de la fe en Cristo.

1 Co 8-10
Nm 25 1-2
2 P 2 15

2 6

Is 62 2;
65 15;
56 5
Ap 3 12+;
19 12

1 14-15

2 14

Jr 11 20+;
17 10
Sal 62 13

3 8-11

que enseñaba a Balaq a poner tropiezos a los hijos de Israel* para que comieran carnes inmoladas a los ídolos y fornicaran*. [15] Así tú también mantienes algunos que sostienen la doctrina de los nicolaítas*. [16] Arrepiéntete, pues; si no, iré pronto a ti y lucharé contra ésos con la espada de mi boca. [17] El que tenga oídos, oiga lo que el Espíritu dice a las iglesias: al vencedor le daré maná escondido; y le daré también una piedrecita blanca, y, grabado en la piedrecita, *un nombre nuevo* que nadie conoce, sino el que lo recibe*.

IV. Tiatira.

[18] Escribe al ángel de la iglesia de Tiatira: Esto dice el Hijo de Dios, cuyos ojos son como llama de fuego y cuyos pies parecen de metal precioso. [19] Conozco tu conducta: tu caridad, tu fe, tu espíritu de servicio, tu paciencia; tus obras últimas sobrepujan a las primeras. [20] Pero tengo contra ti que toleras a Jezabel*, esa mujer que se llama profetisa y está enseñando y engañando a mis siervos para que forniquen y coman carne inmolada a los ídolos. [21] Le he dado tiempo para que se arrepienta, pero no quiere arrepentirse de su fornicación. [22] Mira, a ella voy a arrojarla al lecho del dolor, y a los que adulteran con ella, a una gran tribulación, si no se arrepienten de sus obras*. [23] Y a sus hijos*, los voy a herir de muerte: así sabrán todas las iglesias que soy *el que sondea los riñones y los corazones*, y yo os daré a *cada uno según vuestras obras*. [24] Pero a vosotros, a los demás de Tiatira, que no compartís esa doctrina, que no conocéis «las profundidades de Satanás»*, como ellos dicen, os digo: No os impongo ninguna otra carga; [25] sólo que mantengáis firmemente hasta mi vuelta lo que ya te-

néis*. [26] Al vencedor, al que se mantenga fiel a mis obras hasta el fin, *le daré* poder sobre *las naciones*: [27] *las regirá con cetro de hierro, como se quebrantan las piezas de arcilla*. [28] Yo también lo he recibido de mi Padre. Y le daré el Lucero del alba*. [29] El que tenga oídos, oiga lo que el Espíritu dice a las iglesias.

V. Sardes.

3 [1] Al ángel de la iglesia de Sardes escribe: Esto dice el que tiene los siete espíritus de Dios* y las siete estrellas. Conozco tu conducta; tienes nombre como de quien vive, pero estás muerto. [2] Ponte en vela, reanima lo que te queda y está a punto de morir. Pues no he encontrado tus obras llenas a los ojos de mi Dios. [3] Acuérdate, por tanto, de cómo recibiste y oíste mi palabra: guárdala y arrepiéntete. Porque, si no estás en vela, vendré como ladrón, y no sabrás a qué hora vendré sobre ti. [4] Tienes, no obstante, en Sardes unos pocos que no han manchado sus vestidos. Ellos andarán conmigo vestidos de blanco*; porque lo merecen. [5] El vencedor será así revestido de blancas vestiduras y no borraré su nombre del libro de la vida sino que me declararé por él delante de mi Padre y de sus ángeles. [6] El que tenga oídos, oiga lo que el Espíritu dice a las iglesias.

VI. Filadelfia.

[7] Al ángel de la iglesia de Filadelfia escribe: Esto dice el Santo, el Veraz, el que *tiene la llave de David: si él abre, nadie puede cerrar; si él cierra, nadie puede abrir*. [8] Conozco tu conducta: mira que he abierto ante ti una puerta* que nadie puede cerrar, porque, aunque tienes poco poder, has guardado mi palabra y

Sal 2 8-9
19 15; 12 5

Is 14 12
Ap 22 16
2 P 1 19

1 16

Mt 24 42-44p
Mc 13 33
1 Ts 5 2

7 14

20 12+
Mt 10 32
Lc 9 26

Lv 17+
Is 6 3+
Is 22 22
Ap 1 18

---

2 14 (a) Según una tradición judía, ver Nm 31 16, fue Balaán quien sugirió a Balaq que indujera a los israelitas a la idolatría por medio de las hijas de Moab, Nm 25 1-3.
2 14 (b) Imagen corriente en los Profetas para designar la infidelidad de la idolatría, ver 17; Os 1 2+.
2 15 Doctrina emparentada con los errores ya combatidos por San Pablo en las epístolas de la cautividad (sobre todo Col), y que anuncia las especulaciones gnósticas del siglo II. También toleraba algunas componendas con los cultos paganos, como la participación en los banquetes sagrados, ver v. 14.
2 17 El maná (escondido por Jeremías con el arca, 2 M 2 4-8; ver Hb 9 4) es el alimento del Reino celestial, Jn 6 31.49; ver 15 8+. La piedrecita blanca (color de victoria y de alegría) es la señal de la admisión en este Reino; el nombre nuevo, 3 12+; 19 12, la renovación interior que nos hace dignos del Reino, ver Is 1 26+.
2 20 «Jezabel» var.: «tu mujer Jezabel». —Seudoprofetisa de la secta de los nicolaítas, con nombre simbó-

lico, ver 2 R 9 22.
2 22 Var.: «de las obras de ella».
2 23 Los que abrazaron su doctrina.
2 24 La carta arremete contra vanas pretensiones de penetrar en lo que es Dios, y que derivaban hacia un laxismo moral.
2 25 La fe en el nombre de Jesucristo.
2 28 Al poder, Nm 24 17; Is 14 12 se añade en el simbolismo de la estrella la glorificación del cristiano por el Señor Jesús, 22 16, ver 1 5+; Hch 2 36+; Rm 1 4+. El tema se ha mantenido en el *Exultet* de la vigilia Pascual.
3 1 Los siete espíritus de Dios son aquí siete ángeles, ver 4 5.
3 4 El blanco simboliza la pureza, pero también la alegría y el poder, 2 11. La imagen del vestido significa corrientemente la realidad profunda de los seres, Is 51 9; 52 1; etc.; Rm 13 14; 1 Co 15 53-54; Col 3 9-12; etc.
3 8 He dejado campo libre a tu apostolado, ver Hch 14 27+.

2 9+
no has renegado de mi nombre. ⁹ Mira que te voy a entregar algunos de la Sinagoga de Satanás, de los que se proclaman judíos y no lo son, sino que mienten;

Is 45 14;
60 14
Is 43 4
yo haré que *vayan a postrarse delante de tus pies*, para que sepan *que yo te he amado*. ¹⁰ Ya que has guardado mi recomendación de ser paciente, también yo

2 P 2 9
te guardaré de la hora de la prueba que va a venir sobre el mundo entero para probar a los habitantes de la tierra*.

2 Co 6 2+
Ap 2 25+
¹¹ Vengo pronto; mantén con firmeza lo que tienes, para que nadie te arrebate tu corona. ¹² Al vencedor le pondré de co-

Ga 2 9
1 Tm 3 15
lumna en el Santuario de mi Dios, y no saldrá fuera ya más; y grabaré en él el nombre de mi Dios*, y *el nombre de la*

Ez 48 35
ciudad de mi Dios, la nueva Jerusalén, que baja del cielo enviada por mi Dios, y

21 2s
2 17+
mi *nombre nuevo**. ¹³ El que tenga oídos, oiga lo que el Espíritu dice a las iglesias.

VII. Laodicea.

1 5+
2 Co 1 20
¹⁴ Al ángel de la iglesia de Laodicea escribe: Así habla el Amén*, el Testigo fiel

Jn 1 3
y veraz, el Principio de la creación de Dios*. ¹⁵ Conozco tu conducta: no eres ni frío ni caliente. ¡Ojalá fueras frío o caliente! ¹⁶ Ahora bien, puesto que eres tibio, y no frío ni caliente, voy a vomitarte de mi boca. ¹⁷ Tú dices: «Soy rico; me he

Os 12 9
1 Co 4 8
enriquecido; nada me falta». Y no te das cuenta de que eres un desgraciado, digno de compasión, pobre, ciego y desnudo*. ¹⁸ Te aconsejo que me compres oro

Is 55 1
acrisolado al fuego para que te enriquezcas*, vestidos blancos para que te cubras, y no quede al descubierto la vergüenza de tu desnudez, y un colirio para que te des en los ojos y recobres la vista*.

Pr 3 12
1 Co 11 32
Hb 12 4-11
Ct 5 2
Is 50 2
Jn 14 23
Lc 22 29-30
¹⁹ *Yo a los que amo, los reprendo y corrijo.* Sé, pues, ferviente y arrepiéntete. ²⁰ Mira que estoy a la puerta y llamo; si alguno oye mi voz y me abre la puerta, entraré en su casa y cenaré con él y él conmigo*.

1 6+; 20 4
Mt 19 28
²¹ Al vencedor le concederé sentarse conmigo en mi trono, como yo también vencí y me senté con mi Padre en su trono. ²² El que tenga oídos, oiga lo que el Espíritu dice a las iglesias.

II.   *Las visiones proféticas*

1.   LOS PRELIMINARES DEL «GRAN DÍA» DE DIOS

**Dios entrega al Cordero
los destinos del mundo*.**

1 10
Ex 19 16
1 1.19
Dn 2 28
4 ¹ Después tuve una visión. He aquí que una puerta estaba abierta en el cielo, y aquella voz que había oído antes, como voz de trompeta que hablara conmigo, me decía: «Sube acá, que te voy a enseñar *lo que ha de suceder* después.» ² Al instante caí en éxtasis. Vi que un tro-

no estaba erigido en el cielo, y *Uno sentado en el trono*. ³ El que estaba sentado

Is 6 1
Ez 1 26-28;
10 1
era de aspecto semejante al jaspe y a la cornalina; y un arcoiris alrededor del

Gn 9 12-17
trono, de aspecto semejante a la esmeralda*. ⁴ Vi veinticuatro tronos alrededor del trono y, sentados en los tronos, a veinticuatro Ancianos con vestiduras

Is 24 23
blancas y coronas de oro sobre sus cabezas*. ⁵ Del trono salen relámpagos y

8 5; 11 19;
16 18

---

3 10 La tierra es siempre, en Ap, el mundo pagano, como el «mundo» enemigo en Jn 1 10; 17 9; etc. No se cuenta entre sus habitantes a los siervos de Dios; serán preservados, **7** 1ss, de las plagas descritas, **8-9**; **16** (ver **18** 4).

3 12 (a) Ver **2** 17; **14** 1; **19** 12.13; e Is 56 5; 62 2; 65 15; ver Is 1 26+.

3 12 (b) Un nombre que sólo será conocido en la Parusía, o bien el nombre de «Palabra», ver **19** 13.

3 14 (a) Reminiscencia de Is 65 16, donde «Amén» aparece ya como nombre divino. Ver Ap **1** 5+.

3 14 (b) Aquí se identifica a Cristo con la Sabiduría y *la palabra creadoras*, ver Pr 8 22; Sb 9 1s; Jn 1 3; Col 1 15-17; Hb 1 2.

3 17 La miseria espiritual de Laodicea, en contraste con su prosperidad y engreimiento. Lo contrario de Esmirna, **2** 9.

3 18 (a) La verdadera riqueza de la vida espiritual.

3 18 (b) Alusión a las industrias propias de Laodicea; se hacían vestidos, y se preparaban unos polvos espe-

ciales para curar los ojos.

3 20 La intimidad con Jesús, que preludia el banquete mesiánico, ver Mt 8 11+. Alusión litúrgica, con toda probabilidad.

4 La corte celestial glorifica a Dios en su trono, **4**; luego, el horizonte se extiende al universo cuyos destinos se entregan al Cordero redentor en forma de libro sellado, **5**. Siguen amplias visiones simbólicas que preludian el «Gran Día» en el que la ira de Dios caerá sobre los paganos perseguidores, **17-19**.

4 3 Juan evita describir a Dios en forma humana y aun al nombrarlo; sólo da de él una visión de luz. Toda la escena se inspira en Ez 1 y 10; ver también Is 6.

4 4 Estos Ancianos ejercen una función sacerdotal y real: alaban y adoran a Dios, **4** 10; **5** 9; **11** 16.17; **19** 4, y le ofrecen las oraciones de los fieles, **5** 8; le asisten en el gobierno del mundo (tronos) y participan de su poder real (coronas). Su número quizá corresponde al de las 24 clases sacerdotales de 1 Cro 24 1-19.

Ex 19 16

fragor y truenos*; delante del trono arden siete antorchas de fuego, que son los siete espíritus de Dios*. 6 Delante del trono como un mar* transparente semejante al cristal. *En medio* del trono, y en torno al trono*, *cuatro Vivientes llenos de ojos* por delante y por detrás*. 7 *El primer* Viviente, como *un león; el segundo* Viviente, como *un novillo; el tercer* Viviente tiene *un rostro* como *de hombre; el cuarto* Viviente es como *un águila* en vuelo. 8 Los cuatro Vivientes tienen *cada uno seis alas*, están *llenos de ojos todo alrededor* y por dentro, y repiten sin descanso día y noche:

5 6
Ex 24 10

Ez 1 5-21;
10 14

Is 6 2
Ez 10 12

«*Santo, Santo, Santo,
Señor, Dios Todopoderoso,*

'*Aquel que era, que es* y *que va a venir*'*.»

Is 6 3

1 4+

9 Y cada vez que los Vivientes dan gloria, honor y acción de gracias al que está sentado en el trono y *vive por los siglos de los siglos*, 10 los veinticuatro Ancianos se postran ante el que está sentado en el trono y adoran al que *vive por los siglos de los siglos*, y arrojan sus coronas delante del trono* diciendo:

Dn 4 31

11 «Eres digno, Señor y Dios nuestro, de recibir la gloria, el honor y el poder, porque tú has creado el universo; por tu voluntad, existe* y fue creado.»

14 7
Rm 4 17
Sal 115 3

Ez 2 9
Is 29 11
Dn 12 4.9

5 1 Vi también en la mano derecha del que está sentado en el trono *un libro*, escrito por el anverso y el reverso, sellado con siete sellos. 2 Y vi a un ángel poderoso que proclamaba con fuerte voz: «¿Quién es digno* de abrir el libro y soltar sus sellos?» 3 Pero nadie era capaz, ni en el cielo ni en la tierra ni bajo tierra*, de abrir el libro ni de leerlo. 4 Y yo lloraba mucho porque no se había encontrado a nadie digno de abrir el libro ni de leerlo. 5 Pero uno de los Ancianos me dice: «No llores; mira, ha triunfado* *el León* de la tribu *de Judá el Retoño* de David; él podrá abrir el libro y sus siete sellos.»

Flp 2 10

Lc 7 13-15
Gn 49 9
Is 11 1-10
Rm 15 12

6 Entonces vi, de pie, en medio del trono y de los cuatro Vivientes y de los Ancianos, un Cordero, como *cegollado*; tenía siete cuernos y *siete ojos*, que son los siete espíritus de Dios, *enviados a toda la tierra*. 7 Y se acercó y tomó el libro de la mano derecha del que está sentado en el trono. 8 Cuando lo tomó, los cuatro Vivientes y los veinticuatro Ancianos se postraron delante del Cordero. Tenía cada uno una cítara y copas de oro llenas de perfumes, que son las oraciones de los santos. 9 Y cantan un cántico nuevo diciendo:

Jn 1 29+
Za 4 10

4 5+

Hch 9 13+
Ap 14 3+

«Eres digno de tomar el libro y abrir sus sellos
porque fuiste degollado
y compraste para Dios* con tu sangre
hombres de toda raza, lengua, pueblo y nación*;
10 y has hecho de ellos para nuestro Dios

14 4
Rm 3 24+

---

4 5 (a) Como a menudo en las teofanías, ver Ex 19 16+; Ez 1 4.13.
4 5 (b) Más que el Espíritu Santo, 1 4 (que en la tradición cristiana, referida también a Is 11 2+, vendrá a ser el Espíritu «septiforme») aquí son los «ángeles de la Presencia», ver 3 1; 8 2; Tb 12 15, que son los enviados de Dios, ver Za 4 10; Ap 5 6; Tb 12 14; Lc 1 26 y *passim.*
4 6 (a) Las «aguas superiores» de Gn 1 7; Sal 104 3, o el «Mar» de 1 R 7 23-26.
4 6 (b) Resulta difícil imaginarse la disposición. «En medio del trono», puede ser glosa procedente de Ez 1 5.
4 6 (c) Simbolismo inspirado en Ez 1 5-21. Estos Vivientes (lit.: «Seres animados. Animales») son los cuatro ángeles que presiden el gobierno del mundo físico, ver 1 20; 4 es una cifra cósmica (los puntos cardinales, los vientos: ver 7 1). Sus ojos múltiples simbolizan la ciencia universal y la providencia de Dios. Dan gloria a Dios sin cesar por su obra creadora. Sus figuras (león, toro, hombre y águila) representan lo más noble, lo más fuerte, lo más sabio y lo más ágil que hay en la creación. La tradición cristiana ha insistido desde San Ireneo en descubrir aquí el símbolo de los cuatro evangelistas.
4 8 La doxología de Isaías estaba ya en uso en el culto sinagogal y ha continuado en las liturgias cristianas. La liturgia de la tierra es una participación en el culto eterno («día y noche») del cielo.
4 10 Los Ancianos rinden homenaje a Dios por el poder que de él han recibido; los reyes de la tierra se negarán a hacerlo, 17 2; etc.

4 11 «existe»; algunos manuscritos dicen: «no existía»; texto dudoso.
5 1 Los decretos divinos referentes a los acontecimientos de los últimos tiempos. En los caps. 6-9 se romperán los sellos y se descubrirán los secretos. La presentación del Cordero ante el trono de Dios, 5, es un acontecimiento que sucede en la liturgia eterna de 4.
5 2 Sólo será «digno» el que en la prueba se haya mostrado capaz por sus actos: 5 9.12.
5 3 En el Hades, 1 18+.
5 5 Sobre Satanás y el mundo, ver Jn 3 35+; 1 Jn 2 14+.
5 6 (a) Después de los títulos mesiánicos del v. 5, aparece aquí el título de Cordero que er el Ap se le dará a Cristo unas veinte veces. Es el Cordero que ha sido inmolado para salvación del pueblo elegido, ver Jn 1 29+; Is 53 7. Lleva las huellas de su suplicio, pero está de pie, triunfante, ver Hch 7 55, vencedor de la muerte, 1 18, y por esto asociado a Dios como dueño de toda la humanidad, v. 13. etc.; ver 21-22; Rm 1 4+, etc. «El Mesías, León para vencer, se hizo Cordero para sufrir» (Victorino de Pettau).
5 6 (b) Símbolos del poder (cuernos) y del conocimiento (ojos) que Cristo posee en plenitud (cifra 7).
5 9 (a) Var.: «nos compraste», «nos compraste para Dios». La lectura «nos» supone que los Ancianos son hombres, quizá los Patriarcas del AT
5 9 (b) Expresión estereotipada de la universalidad. Ver Dn 3 4.7.96; 6 26.

1 6+
Ex 19 6
Is 61 6

un Reino de sacerdotes, y reinan* sobre la tierra.»

[11] Y en la visión oí la voz de una multitud de ángeles alrededor del trono, de los Vivientes y de los Ancianos. Su número era *miriadas de miriadas y millares de millares*, [12] y decían con fuerte voz:

Dn 7 10
Judas 14-15

Flp 2 7-9

«Digno es el Cordero degollado
de recibir el poder, la riqueza*, la sabiduría,
la fuerza, el honor, la gloria y la alabanza.»

5 3

[13] Y toda criatura, del cielo, de la tierra, de debajo de la tierra y del mar, y todo lo que hay en ellos, oí que respondían:

«Al que está sentado en el trono y al Cordero,
alabanza, honor, gloria y poder
por los siglos de los siglos.»

[14] Y los cuatro Vivientes decían: «Amén»; y los Ancianos se postraron para adorar.

El Cordero rompe los siete sellos*.

Jr 15 2-4
Ez 5 17;
14 13-21

6 [1] Y seguí viendo: Cuando el Cordero abrió el primero de los siete sellos, oí al primero de los cuatro Vivientes que decía con voz como de trueno: «Ven».

Za 1 8-10;
6 1-3

[2] Miré y había un caballo blanco; el que lo montaba tenía un arco; se le dio una corona, y salió como vencedor y para seguir venciendo*.

[3] Cuando abrió el segundo sello, oí al segundo Viviente que decía: «Ven». [4] Entonces salió otro caballo, rojo; al que lo montaba se le concedió quitar de la tierra la paz para que se degollaran unos a otros; se le dio una espada grande*.

Ez 21 14-16

[5] Cuando abrió el tercer sello, oí al tercer Viviente que decía: «Ven». Miré entonces y había un caballo negro; el que lo montaba tenía en la mano una balanza*, [6] y oí como una voz en medio de los cuatro Vivientes que decía: «Un litro de trigo por denario, tres litros de cebada por denario. Pero no causes daño al aceite y al vino.»

Ez 4 16s
Lv 26 26

[7] Cuando abrió el cuarto sello, oí la voz del cuarto Viviente que decía: «Ven». [8] Miré entonces y había un caballo verdoso; el que lo montaba se llamaba Muerte*, y el Hades le seguía*.

Se les dio poder sobre la cuarta parte de la tierra, *para matar con la espada, con el hambre, con la peste y con las fieras de la tierra.*

1 18+

Ez 14 21

[9] Cuando abrió el quinto sello, vi debajo del altar* las almas de los degollados a causa de la palabra de Dios y del testimonio que mantuvieron. [10] Se pusieron a gritar con fuerte voz: «¿Hasta cuándo, Dueño santo y veraz, vas a estar sin hacer justicia y sin tomar venganza por nuestra sangre de los habitantes de la tierra?» [11] Entonces se le dio a cada uno un vestido blanco* y se les dijo que esperasen todavía un poco, hasta que se completara el número de sus consiervos y hermanos que iban a ser asesinados como ellos.

Lc 18 7
Za 1 12-13
Dt 32 43
Sal 5 11
Jb 16 18+
Ap 3 10+

[12] Y seguí viendo. Cuando abrió el sexto sello, se produjo* un violento terremoto; y el sol se puso negro como un paño de crin, y la luna toda como sangre, [13] *y las estrellas del cielo cayeron* sobre la tierra, *como la higuera* suelta sus higos verdes al ser sacudida por un viento fuerte; [14] *y el cielo fue retirado como un libro que se enrolla*, y todos los montes y las islas fueron removidos de sus asientos; [15] y los reyes de la tierra, los magnates,

Mt 24 29

Is 34 4
16 20

---

5 10 Vulg.: «has hecho de nosotros... reinaremos...». —«Reino de sacerdotes», lit.: «Reino y sacerdotes», ver 1 16+.
5 12 Vulg.: «divinidad».
6 Los caps. 6-9 forman un todo. A medida que el Cordero abre los sellos del libro, 6-8 1, y que resuenan las trompetas, 8 7-9, se desarrolla la visión de los acontecimientos que anuncian y preparan el desastre del Imperio romano, prototipo de los enemigos de Dios. Ver Mt 24p. —Los cuatro jinetes de esta primera visión están inspirados en Za 1 8-10 y 6 1-3, pero simbolizan también las cuatro plagas con que los Profetas amenazaban al Israel infiel: fieras salvajes, guerra, hambre y peste, ver Lv 26 21-26; Dt 32 34; Ez 5 17; 14 13-21; y también: Ez 6 11-12; 7 14-15; 12 16; 33 27.
6 2 El jinete del caballo blanco hace pensar en los Partos (cuya arma peculiar era el arco), terror del mundo romano en el siglo I, «fieras de la tierra», v. 8 (ver Dt 7 22; Jr 15 2-4; 50 17; Ez 34 28, y la invasión descrita en 9 13-21). Toda una corriente de la tradición cristiana

ha visto en este jinete vencedor a la palabra de Dios, 19 11-16, o la expansión del Evangelio.
6 4 Símbolo de las sangrientas guerras provocadas por el primer jinete.
6 5 Símbolo del hambre: artículos racionados y precios exorbitantes.
6 8 (a) El color «verdoso» es el del cadáver que se descompone, sobre todo por efecto de la peste.
6 8 (b) Para devorar a las víctimas.
6 9 En esta liturgia del cielo, el altar, 8 3; 9 13; 14 18; 16 7, corresponde al de los holocaustos, 1 R 8 64+. Los mártires, testigos de la Palabra, están asociados a la inmolación de su Maestro, ver Flp 2 17+.
6 11 Símbolo de la alegría triunfal: 3 5+; 7 9.13-14; 19 8.
6 12 Todas estas señales cósmicas, vv. 12-14, acompañan en los profetas al Día de Yahvé, ver Am 8 9+. Son símbolo de la ira de Dios desencadenada, ver Mt 24 1+.

los tribunos, los ricos, los poderosos, y todos, esclavos o libres, *se ocultaron en las cuevas y en las peñas* de los montes. [16] Y *dicen a los montes* y a las peñas: «*Caed sobre nosotros* y ocultadnos de la vista del que está sentado en el trono y de la ira del Cordero. [17] Porque ha llegado *el gran Día de su ira** *y ¿quién podrá sostenerse?*»

Los servidores de Dios serán preservados.

7 [1] Después de esto, vi a cuatro ángeles de pie *en los cuatro extremos de la tierra*, que sujetaban los cuatro vientos de la tierra, para que no soplara el viento ni sobre la tierra ni sobre el mar ni sobre ningún árbol. [2] Luego vi a otro ángel que subía del Oriente y tenía el sello de Dios vivo; y gritó con fuerte voz a los cuatro ángeles a quienes se había encomendado causar daño a la tierra y al mar: [3] «No causéis daño ni a la tierra ni al mar ni a los árboles, hasta que *marquemos con el sello la frente* de los siervos de nuestro Dios.» [4] Y oí el número de los marcados con el sello: ciento cuarenta y cuatro mil* sellados, de todas las tribus de los hijos de Israel.

[5] De la tribu de Judá doce mil sellados; de la tribu de Rubén doce mil; de la tribu de Gad doce mil; [6] de la tribu de Aser doce mil; de la tribu de Neftalí doce mil; de la tribu de Manasés doce mil; [7] de la tribu de Simeón doce mil; de la tribu de Leví doce mil; de la tribu de Isacar doce mil; [8] de la tribu de Zabulón doce mil; de la tribu de José doce mil; de la tribu de Benjamín doce mil sellados.

El triunfo de los elegidos en el cielo.

[9] Después miré y había una muchedumbre inmensa, que nadie podría contar, de toda nación, razas, pueblos y lenguas*, de pie delante del trono y delante del Cordero, vestidos con vestiduras blancas y con palmas en sus manos*. [10] Y gritan con fuerte voz: «La salvación es de nuestro Dios, que está sentado en el trono, y del Cordero.» [11] Y todos los ángeles que estaban en pie alrededor del trono de los Ancianos y de los cuatro Vivientes, se postraron delante del trono, rostro en tierra, y adoraron a Dios [12] diciendo:

«Amén. Alabanza, gloria, sabiduría, acción de gracias, honor, poder y fuerza, a nuestro Dios por los siglos de los siglos. Amén.»

[13] Uno de los Ancianos tomó la palabra y me dijo: «Esos que están vestidos con vestiduras blancas ¿quiénes son y de dónde han venido?» [14] Yo le respondí: «Señor mío, tú lo sabrás.» Me respondió*: «Esos son los que vienen de la gran tribulación*; han lavado sus vestiduras y las han blanqueado con la sangre del Cordero*. [15] Por eso están delante del trono de Dios, dándole culto día y noche en su Santuario; y el que está sentado en el trono extenderá su tienda sobre ellos. [16] Ya no tendrán hambre ni sed; ya no les molestará el sol ni bochorno alguno. [17] Porque el Cordero que está en medio del trono *los apacentará y los guiará a los manantiales de las aguas* de la vida. Y Dios *enjugará toda lágrima de sus ojos**.»

El séptimo sello.

8 [1] Cuando el Cordero abrió el séptimo sello, se hizo silencio en el cielo, como una media hora*...

Las oraciones de los santos apresuran la llegada del gran Día.

[2] Vi entonces a los siete ángeles que están en pie delante de Dios; les fueron entregadas siete trompetas. [3] Otro ángel vino y se puso junto al altar* con un ba-

---

6 17 Var.: «de la ira de ellos».
7 4 El cuadrado de doce (el número sagrado) multiplicado por mil: la multitud de los fieles de Cristo, pueblo de Dios, nuevo Israel, Ga 6 16; ver St 1 1; Ap 11 1; 20 9. Marcados con el sello divino, Rm 4 11+, escaparán por fin de las plagas esperadas; ver Ex 12 7-14.
7 9 (a) Esta vez se trata de la muchedumbre de los mártires cristianos en posesión ya de la felicidad celestial, v. 14; 15 2-4.
7 9 (b) Las palmas del triunfo, que evocan la fiesta alegre de las Tiendas, Lv 23 33-34; etc. (en el v. 15 la tienda de Dios vendrá a ser la morada de esa muchedumbre).
7 14 (a) Para el diálogo introductorio, ver Za 6 4-5, y también 4 4-13.

7 14 (b) Las persecuciones, cuyo prototipo era la de Nerón.
7 14 (c) La sangre simbolizaba la eficacia de la muerte de Jesús, Rm 3 25+; 1 Co 11 25; Ef 1 7; etc. Aquí es aceptado este don por los que reciben sus efectos.
7 17 Estas imágenes, corrientes en la tradición profética para simbolizar la felicidad escatológica, ver Os 2 20+; Is 11 6+, reaparecerán en 21 4.
8 1 Como en la tradición profética, un silencio solemne precede y anuncia la «venida» de Yahvé. La ejecución de los decretos consignados en el libro abierto se va a desarrollar ahora, según una nueva liturgia celeste caracterizada por siete toques de trompeta, 8-9; 11 15-18.
8 3 (a) El altar del incienso, ver Ex 30 1; 1 R 6 20-21.

dil de oro*. Se le dieron muchos perfumes para que, con las oraciones de todos los santos, los ofreciera sobre el altar de oro colocado delante del trono. ⁴ Y por mano del ángel subió delante de Dios el humo de los perfumes con las oraciones de los santos. ⁵ Y el ángel tomó el badil *y lo llenó con brasas* del altar *y las arrojó* sobre la tierra. Entonces hubo truenos, fragor, relámpagos y temblor de tierra.

Las cuatro primeras trompetas.

⁶ Los siete ángeles de las siete trompetas se dispusieron a tocar*. ⁷ Tocó el primero... Hubo entonces pedrisco y fuego mezclados con sangre, que fueron arrojados sobre la tierra: la tercera parte de la tierra quedó abrasada, la tercera parte de los árboles quedó abrasada, toda hierba verde quedó abrasada. ⁸ Tocó el segundo ángel... Entonces fue arrojado al mar algo como una enorme montaña ardiendo, y la tercera parte del mar se convirtió en sangre. ⁹ Pereció la tercera parte de las criaturas del mar que tienen vida, y la tercera parte de las naves fue destruida. ¹⁰ Tocó el tercer ángel... Entonces cayó del cielo una estrella grande, ardiendo como una antorcha. Cayó sobre la tercera parte de los ríos y sobre los manantiales de agua. ¹¹ La estrella se llama Ajenjo. La tercera parte de las aguas se convirtió en ajenjo, y mucha gente murió por las aguas, que se habían vuelto amargas. ¹² Tocó el cuarto ángel... Entonces fue herida la tercera parte del sol, la tercera parte de la luna y la tercera parte de las estrellas; quedó en sombra la tercera parte de ellos; el día perdió una tercera parte de su claridad y lo mismo la noche.

¹³ Y seguí viendo: Oí un águila que volaba por lo alto del cielo y decía con fuerte voz: «¡Ay, ay, ay de los habitantes de la tierra, cuando suenen las voces que quedan de las trompetas de los tres ángeles que van a tocar!»

La quinta trompeta.

9 ¹ Tocó el quinto ángel... Entonces vi una estrella* que había caído del cielo a la tierra. Se le dio la llave del pozo del abismo*. ² Abrió el pozo del abismo y *subió del pozo una humareda como la de un horno* grande, y el sol y el aire se oscurecieron con la humareda del pozo. ³ De la humareda salieron langostas sobre la tierra, y se les dio un poder como el que tienen los escorpiones de la tierra*. ⁴ Se les dijo que no causaran daño a la hierba de la tierra, ni a nada verde, ni a ningún árbol*; sólo a los hombres que no llevaran en la frente el sello de Dios. ⁵ Se les dio poder, no para matarlos, sino para atormentarlos durante cinco meses. El tormento que producen es como el del escorpión cuando pica a alguien. ⁶ En aquellos días, *buscarán los hombres la muerte y no la encontrarán*; desearán morir y la muerte huirá de ellos.

⁷ La apariencia de estas langostas era *parecida a caballos* preparados para la guerra; sobre sus cabezas tenían como coronas que parecían de oro; sus rostros eran como rostros humanos; ⁸ tenían cabellos como cabellos de mujer, *y sus dientes eran como de león*; ⁹ tenían corazas como corazas de hierro, y el ruido de sus alas como *el estrépito de carros* de muchos caballos *que corren al combate*; ¹⁰ tienen colas parecidas a las de los escorpiones, con aguijones, y en sus colas, el poder de causar daño a los hombres durante cinco meses. ¹¹ Tienen sobre sí, como rey, al ángel del abismo, llamado en hebreo «Abaddón», y en griego «Apolión*».

¹² El primer ¡Ay! ha pasado. Mira que detrás vienen todavía otros dos.

La sexta trompeta.

¹³ Tocó el sexto ángel... Entonces oí una voz que salía de los cuatro cuernos del altar de oro* que está delante de

Márgenes izquierdo:
5 8; 6 9
Sal 141 2
Ex 30 1-10

Ez 10 2
Lv 16 12

4 5

=16 1-9

Jl 2 1+

Ex 9 24
Jl 3 3

Jr 51 25

Ex 7 20

Is 14 12

Jr 9 14

Ex 10 21-23

14 6
Ez 7 5.26
9 12; 11 14

Márgenes derecho:
Is 14 12

Gn 19 28
Ex 19 18

Jl 1-2
Ex 10 12.15
Sb 16 9

7 3

Jb 3 21

Jl 2 4

Jl 1 6

Jl 2 5

8 13

Ex 30 1-3

8 3 (b) Es el badil que servía para llevar las brasas encendidas del altar de los holocaustos al altar del incienso.

8 6 Sobre el carácter simbólico de estas plagas, ver 6+. Aquí parecen ser además una evocación de las plagas de Egipto, Ex 7-10; Sb 11 5 - 12 2. Ver 15 5ss.

9 1 (a) Uno de los ángeles caídos, quizá el mismo Satanás, ver v. 11 y Lc 10 18.

9 1 (b) Un ángel abre el lugar en que los ángeles caídos están detenidos en espera de su castigo final, ver 11 7; 17 8; etc.

9 3 La invasión de las langostas se inspira en Jl 1-2, que ya los judíos interpretaban históricamente (según San Jerónimo): los cuatro grupos de langostas repre-

sentarían cuatro invasiones sucesivas de asirios, persas, griegos y romanos; ver Jr 51 27. Aquí, las langostas evocan probablemente a los Partos. Como las langostas atormentan a los hombres sin matarlos, se han visto a veces en sus invasiones los tormentos espirituales causados por los demonios.

9 4 Que quizá simbolizan a los fieles de Cristo preservados, ver 7 1s.

9 11 Los dos nombres se traducen: Destrucción y Destructor.

9 13 Para indicar que el castigo de los paganos es consecuencia de la oración de los mártires descrita en 6 9.10 (ver 8 2s).

Dios; [14] y decía al sexto ángel que tenía la trompeta: «Suelta a los cuatro ángeles atados junto al gran río Éufrates*.» [15] Y fueron soltados los cuatro ángeles que estaban preparados para la hora, el día, el mes y el año, para matar a la tercera parte de los hombres. [16] El número de su tropa de caballería era de doscientos millones; pude oír su número. [17] Así vi en la visión los caballos y a los que los montaban: tenían corazas de color de fuego, de jacinto y de azufre; las cabezas de los caballos como cabezas de león y de sus bocas salía fuego y humo y azufre. [18] Y fue exterminada la tercera parte de los hombres por estas tres plagas: por el fuego, el humo y el azufre que salían de sus bocas. [19] Porque el poder de los caballos está en su boca y en sus colas; pues sus colas, semejantes a serpientes, tienen cabezas y con ellas causan daño. [20] Pero los demás hombres, los no exterminados por estas plagas, no se convirtieron de *las obras de sus manos*; no dejaron de adorar a los demonios y a los *ídolos de oro, de plata, de bronce, de piedra y de madera, que no pueden* ver ni oír ni caminar. [21] No se convirtieron de sus asesinatos ni de sus hechicerías ni de sus fornicaciones ni de sus rapiñas.

Inminencia del castigo final.

10 [1] Vi también a otro ángel poderoso, que bajaba del cielo envuelto en una nube, con el arcoiris sobre su cabeza, su rostro como el sol y sus piernas como columnas de fuego. [2] En su mano tenía un librito abierto*. Puso su pie derecho sobre el mar y el izquierdo sobre la tierra, [3] y gritó con fuerte voz, *como ruge el león*. Y cuando gritó, siete truenos hicieron oír su fragor*. [4] Apenas hicieron oír su voz los siete truenos, me disponía a escribir, cuando oí una voz del cielo que decía: «Sella lo que han dicho los siete truenos y no lo escribas*.» [5] Entonces el ángel que había visto yo de pie sobre el mar y la tierra, *levantó al cielo* su mano derecha [6] y juró por *el que vive por los siglos* de los siglos, *el que creó el cielo y cuanto hay en él, la tierra* y cuanto hay en ella, *el mar* y cuanto hay en él: «¡Ya no habrá dilación! [7] sino que en los días en que se oiga la voz del séptimo ángel, cuando se ponga a tocar la trompeta, se habrá consumado el misterio de Dios*, según lo había anunciado como buena nueva *a sus siervos los profetas*.»

El librito devorado*.

[8] Y la voz de cielo que yo había oído me habló otra vez y me dijo: «Vete, toma el librito que está abierto en la mano del ángel, el que está de pie sobre el mar y sobre la tierra.» [9] Fui hacia el ángel y le dije que me diera el librito. Y me dice: «Toma, devóralo; te amargará las entrañas, pero en tu boca será dulce como la miel.» [10] Tomé el librito de la mano del ángel y *lo devoré; y fue en mi boca dulce como la miel*; pero, cuando lo comí, se me amargaron las entrañas*. [11] Entonces me dicen: «Tienes que profetizar otra vez contra muchos pueblos, naciones, lenguas y reyes.»

Los dos testigos.

11 [1] Luego me fue dada una caña de medir parecida a una vara, diciéndome*: «Levántate y mide el Santuario de Dios* y el altar, y a los que adoran en él. [2] El patio exterior del Santuario, déjalo aparte, no lo midas, porque ha sido entregado a los gentiles, que pisotearán la Ciudad Santa cuarenta y dos meses*. [3] Pero haré que mis dos testigos proféticen durante mil doscientos sesenta días, cubier-

---

Margin references (left column):

=16 12
6 17
1 Co 1 8+
Jb 41 10-13
Sb 11 17-18
Am 4 6+
Is 17 8
Dn 5 4
Sal 135 15-17
Am 3 8; 1 2+
Sal 29 3-9

Margin references (right column):

Dn 8 26; 12 4.9
Ap 22 10
Dn 12 7
Dt 32 40
Ne 9 6
Ex 20 11
Rm 16 25+
Am 3 7
Ez 3 3
Ez 40 3+
Za 2 5-9
Lc 21 24
Dn 7 25+

---

9 14   La región al este del Éufrates estaba ocupada por los Partos, cuya caballería interviene en esta sexta plaga, 6 2+.
10 2   Distinto del libro sellado entregado al Cordero, 5 2; el libro ofrecido aquí a Juan es pequeño y está abierto.
10 3   Los truenos, voz de Dios, Sal 29 3-9.
10 4   Guardar el secreto, ver Dn 12 4; 2 Co 12 4, porque no ha llegado aún el tiempo del cumplimiento, v. 7. En un sentido diferente, 1 11.19; etc.; 22 10.
10 5   El ángel va a jurar, Dn 12 7, por el Creador de las tres partes del universo, ver Gn 14 22; Ex 20 11; Dt 32 40; Ne 9 6; etc.
10 7   El establecimiento definitivo del Reino, que presupone la derrota de los enemigos de Dios, 17-18; 20 7-10. Sobre el misterio de Dios, ver Rm 11 25; 16 25+; Ef 1 9; ver 2 Ts 2 6-7.
10 8   El episodio se inspira en la vocación profética de

Ezequiel, Ez 2 8 - 3 3; ver Jr 15 16. Renueva y precisa la misión de Juan, 1 1-2.9-20.
10 10 El mensaje es dulce: anuncia el triunfo de la Iglesia; pero amargo: profetiza también sus sufrimientos, 11 1-13.
11 1   (a) Var.: «y el ángel se puso en pie, diciendo».
11 1   (b) El Santuario, corazón de la ciudad santa, v. 2, representa a la Iglesia, 1 Co 3 16-17+; Ap 20 9; 21 1+. Has a ser «medido», ver Jr 31 39; Ez 40 1-6; Za 2 5-9; rodeados de paganos, v. 2, los fieles de Cristo se salvarán, ver 7 4; 14 1-5, como el Resto de Israel, ver Is 4 3+.
11 2   Ver 13 5. Desde Daniel, 7 25+, este espacio de tiempo (tres años y medio) se ha convertido en la duración-tipo de toda persecución, ver Lc 4 25; St 5 17. Aquí, se trata directamente de la persecución de Roma (la Bestia de 13; 17 10-14).

tos de sayal.» ⁴ Ellos son *los dos olivos* y los dos candeleros *que están en pie delante del Señor de la tierra**. ⁵ Si alguien pretendiera hacerles mal, saldría fuego de su boca y devoraría a sus enemigos; si alguien pretendiera hacerles mal, así tendría que morir. ⁶ Éstos tienen poder de cerrar el cielo para que no llueva los días en que profeticen; tienen también poder sobre las aguas para convertirlas en sangre, y poder de herir la tierra con toda clase de plagas, todas las veces que quieran. ⁷ Pero cuando hayan terminado de dar testimonio, la Bestia que surja del abismo* *les hará la guerra, los vencerá* y los matará. ⁸ Y sus cadáveres, en la plaza de la gran ciudad*, que simbólicamente se llama Sodoma o Egipto, allí donde también su Señor fue crucificado. ⁹ Y gentes de los pueblos, razas, lenguas y naciones, contemplarán sus cadáveres tres días y medio; no está permitido sepultar sus cadáveres. ¹⁰ Los habitantes de la tierra se alegran y se regocijan por causa de ellos, y se intercambian regalos, porque estos dos profetas habían atormentado a los habitantes de la tierra. ¹¹ Pero, pasados los tres días y medio, *un aliento de vida* procedente de Dios *entró en ellos y se pusieron de pie*, y un gran espanto se apoderó de quienes los contemplaban. ¹² Oí* entonces una fuerte voz que les decía desde el cielo: «Subid acá.» Y subieron al cielo en la nube, a la vista de sus enemigos. ¹³ En aquella hora se produjo un violento terremoto, y la décima parte de la ciudad se derrumbó, y con el terremoto perecieron siete mil personas*. Los supervivientes, presa de espanto, dieron gloria al Dios del cielo.

Márgenes izquierdo:

Za 4 3.14

2 R 1 10
Jr 5 14

1 R 17 1

Ex 7 17;
11 10

Dn 7 21

Ez 37 5.10

2 R 2 11

La séptima trompeta.

¹⁴ El segundo ¡Ay! ha pasado. Mira que viene en seguida el tercero*.

¹⁵ Tocó el séptimo ángel... Entonces sonaron en el cielo fuertes voces que decían: «Ha llegado el reinado sobre el mundo de nuestro Señor y de su Cristo; y reinará por los siglos de los siglos.» ¹⁶ Y los veinticuatro Ancianos que estaban sentados en sus tronos delante de Dios, se postraron rostro en tierra y adoraron a Dios diciendo: ¹⁷ «Te damos gracias, Señor Dios Todopoderoso, 'Aquel que es y que era'* porque has asumido tu inmenso poder para establecer tu reinado. ¹⁸ *Las naciones se habían encolerizado*; pero ha llegado tu ira y el tiempo de que los muertos sean juzgados, el tiempo de dar la recompensa a *tus siervos los profetas*, a los santos y *a los que temen tu nombre, pequeños y grandes*, y de destruir a los que destruyen la tierra.»

¹⁹ Y se abrió el Santuario de Dios en el cielo*, y apareció el arca de su alianza en el Santuario, y se produjeron relámpagos y fragor y truenos y temblor de tierra y fuerte granizada.

Márgenes derecho:

8 13; 9 12

1 5+
Sal 2; 22 29
Dn 7 14.27

1 4+

Sal 2 1.5

Am 3 7
Sal 115 13

Ex 25 8-10+
2 M 2 5-8
8 5

Visión de la Mujer y el Dragón*.

12 ¹ Un gran signo apareció en el cielo: una Mujer*, vestida del sol, con la luna bajo sus pies, y una corona de doce estrellas sobre su cabeza; ² está encinta, y grita con los dolores del parto y con el tormento de dar a luz. ³ Y apareció otro signo en el cielo: un gran Dragón rojo, con siete cabezas y diez cuernos, y sobre sus cabezas siete diademas*. ⁴ Su cola arrastra la tercera parte de *las*

Márgenes derecho:

Gn 37 9

Gn 3 16
Mi 4 9-10

Dn 7 7

Dn 8 10

---

11 4   En Za, los dos olivos simbolizan a Josué y Zorobabel, los dos jefes, civil y religioso, de la comunidad a la vuelta del Destierro, restauradores del Templo de Jerusalén. Aquí, probablemente simbolizan a los dos paladines encargados de edificar el nuevo templo, la Iglesia de Cristo; se les describe, vv. 5-6.11-12, con los rasgos de Moisés y Elías, ver Mt 17 3p+. Es difícil identificarlos. Se ha pensado muchas veces en Pedro y Pablo, martirizados en Roma bajo Nerón, vv. 7-8.
11 7   El emperador Nerón, ver **13** 1.18; **17** 8 y las notas, tipo del Anticristo.
11 8   La gran ciudad de Babilonia es Roma, 14 8; 16 19; 17 5.18: 18 2.10-21. Es llamada Sodoma y Egipto por razón de sus crímenes principales: lujuria y opresión de los fieles de Cristo, ver 17 4-6; aquí es identificada con Jerusalén, que no es sólo ciudad santa, 11 1, sino que «mató a los profetas», Mt 23 37.
11 12   Var.:«Oyeron».
11 13   Cifra simbólica: gente de todas las categorías (7), en gran número (1.000).
11 14   Se reanuda la descripción interrumpida en 9 21. El Segundo ¡Ay! ha sido descrito en 9 15-19. El tercero será la caída de Babilonia (Roma), descrita en el cap. 17.

11 17   Adic. (Vulg.): «y que va a venir».
11 19   El Santuario del cielo ya no es el de Jerusalén, 11 1-2; contiene el arca, Ex 25, de la nueva alianza, morada definitiva de Dios entre su pueblo, ver 2 M 2 5-8; Sb 9 8+.
12   Los caps. 12-14, después de las descripciones de los preludios del fin del mundo, presentan bajo otras formas la lucha actual del Dragón y el Cordero. —El cap. 12 combina dos elementos de dos visiones distintas: la lucha del Dragón contra la Mujer y su descendencia, vv. 1-6 y 13-17; la batalla de Miguel contra el Dragón, vv. 7-12.
12 1   La escena se corresponde con Gn 3 15-16. La Mujer da a luz con dolor, v. 2, al que será el Mesías, v. 5. Satanás la tienta, v. 9, ver 20 2, la persigue así como a su descendencia, vv. 6.13.17. La Mujer representa al pueblo santo de los tiempos mesiánicos, Is 54; 60; 66 7; Mi 4 9-10, y por tanto a la Iglesia que lucha. Es posible que Juan piense también en María, nueva Eva, la hija de Sión, que trajo al mundo al Mesías, ver Jn 19 25+.
12 3   Es «Satanás», ver v. 9 y 20 2, «diablo» en los LXX; la palabra hebrea significa propiamente «acusador», ver v. 10 y Za 3 1-2 y ver Jb 1 6+. En la tradición

estrellas del cielo y las precipitó sobre la tierra*. El Dragón se detuvo delante de la Mujer que iba a dar a luz, para devorar a su Hijo en cuanto lo diera a luz. [5] La Mujer *dio a luz un* Hijo *varón**, el que ha de *regir a todas las naciones con cetro de hierro*; y su hijo fue arrebatado hasta Dios y hasta su trono*. [6] Y la Mujer huyó al desierto*, donde tiene un lugar preparado por Dios para ser allí alimentada mil doscientos sesenta días.

[7] Entonces se entabló una batalla en el cielo: *Miguel** y sus ángeles combatieron con el Dragón. También el Dragón y sus ángeles combatieron, [8] pero no prevalecieron y no hubo ya en el cielo lugar para ellos. [9] Y fue arrojado el gran Dragón, la Serpiente antigua, el llamado diablo y Satanás, el seductor del mundo entero; fue arrojado a la tierra y sus ángeles fueron arrojados con él. [10] Oí entonces una fuerte voz que decía en el cielo: «Ahora ya ha llegado la salvación, el poder y el reinado de nuestro Dios y la potestad de su Cristo, porque ha sido arrojado el acusador de nuestros hermanos, el que los acusaba día y noche delante de nuestro Dios. [11] Ellos lo vencieron gracias a la sangre del Cordero y a la palabra de testimonio que dieron, porque despreciaron su vida ante la muerte. [12] Por eso, regocijaos, cielos y los que en ellos habitáis. ¡Ay de la tierra y del mar! porque el diablo ha bajado a vosotros con gran furor, sabiendo que le queda poco tiempo.»

[13] Cuando el Dragón vio que había sido arrojado a la tierra, persiguió a la Mujer que había dado a luz al Hijo varón. [14] Pero se le dieron a la Mujer las dos alas del águila grande para volar al desierto, a su lugar, lejos del Dragón, don-

de tiene que ser alimentada *un tiempo y tiempos y medio tiempo**. [15] Entonces el Dragón vomitó de sus fauces como un río de agua, detrás de la Mujer, para arrastrarla con su corriente*. [16] Pero la tierra vino en auxilio de la Mujer: abrió la tierra su boca y tragó el río vomitado de las fauces del Dragón. [17] Entonces despechado contra la Mujer, se fue a hacer la guerra al resto de sus hijos, los que guardan los mandamientos de Dios y mantienen el testimonio de Jesús*.

El Dragón trasmite su poder a la Bestia*.

[18] Yo estaba en pie* sobre la arena del mar.

13 [1] Y vi *surgir del mar una Bestia* que tenía diez cuernos y siete cabezas, y en sus cuernos diez diademas, y en sus cabezas títulos blasfemos. [2] La Bestia que vi *se parecía a un leopardo*, con las patas como de *oso*, y las fauces como fauces *de león*; y el Dragón le dio su poder y su trono y gran poderío*. [3] Una de sus cabezas parecía herida de muerte, pero su llaga mortal se le curó*; entonces la tierra entera siguió maravillada a la Bestia. [4] Y se postraron ante el Dragón, porque había dado el poderío a la Bestia, y se postraron ante la Bestia diciendo: «¿Quién como la Bestia*? ¿Y quién puede luchar contra ella?» [5] Le fue dada *una boca que profería grandezas* y blasfemias, y se le dio poder de actuar durante cuarenta y dos meses; [6] y ella abrió su boca para blasfemar contra Dios: para blasfemar de su nombre y de su morada y de los que moran en el cielo. [7] Se le concedió *hacer la guerra a los santos y vencerlos; se le concedió poderío* sobre toda raza, pueblo, lengua y nación.

(marginal references, left column)
Is 66 7
Sal 2 9
Ap 2 27;
1 6+

11 3+;
12 14

Dn 10 13+;
12 1

Jn 12 31
20 2-3
Gn 3 1-4
Mt 4 1+

11 15

Za 3 1-5

Jn 12 25

20 3
2 Co 6 2+

Gn 3 15

Ex 19 4
Is 40 31

(marginal references, right column)
Dn 7 25+
Ap 11 2+

Nm 16 30-34

Dn 7
2 Ts 2 3-12

=17 3.8
Dn 7 3

Dn 7 4-6

Lc 4 6

Dn 7 8.11

11 2+

Dn 7 21
Dn 7 6

---

judía la Serpiente o el Dragón simbolizaba el poder del mal, hostil a Dios y a su pueblo, y que Dios iba a destruir al fin de los tiempos, ver Jb 3 8+ y 7 12+.
12 4 Alusión a la caída de los ángeles malos arrastrados por Satanás.
12 5 (a) Es el Mesías, considerado a la vez como persona individual y como cabeza o jefe del nuevo Israel; ver el «Hijo de hombre» de Dn 7 13, o el «Siervo de Yahvé», Is 42+.
12 5 (b) Alusión a la Ascensión y al triunfo de Cristo, que provocará la caída del Dragón. El triunfo del hijo se evoca aquí inmediatamente después de su nacimiento.
12 6 Refugio tradicional de los perseguidos en el AT, ver Ex 2 15; 1 R 19 3s; 1 M 2 29-30. La Iglesia vivirá lejos del mundo y alimentarse de la vida divina, ver Ex 16; 1 R 17 4.6; 19 5-8; Mt 4 3-4; 14 13-21. Y en el desierto residirá tres años y medio, v. 14; 11 2-3+.
12 7 Según la tradición judía (Dn 10 12-21; 12 1), es el paladín de Dios. Su nombre quiere decir «¿Quién (es) como Dios?».
12 14 Tres años y medio, ver 11 3+.

12 15 Satanás va a lanzar el imperio romano, como un río, ver Is 8 7-8, para anegar a la Iglesia, ver Ap 13.
12 17 Doble signo distintivo de los fieles, **14 1**; ver **14** 12; 20 4, ya 1 1.9, y Rm 8 29.
12 18 (a) La visión siguiente se inspira en Dn 7 (persecución de Antíoco Epífanes). Según Ap 17 10.12-14, la Bestia del mar (Mediterráneo) es el imperio romano, que representa a todas las fuerzas alzadas contra Cristo y la Iglesia arrogándose poderes divinos (sus títulos, v. 1; ver Dn 11 36; 2 Ts 2 4). Las siete cabezas y los diez cuernos vuelven a aparecer en 17 3.7-12.
12 18 (b) Var.: «y se detuvo», que enlazaría el v. 18 con el pasaje precedente.
13 2 Todo su poder, ver Mt 4 8-9p; Jn 12 31+; 2 Ts 2 9 lo tiene de Satanás, 12 3+.
13 3 Alusión a alguna restauración del imperio tras una crisis momentánea (¿muerte de Calígula? ¿disturbios que siguieron a la muerte de Nerón?) La Bestia degollada y curada es una parodia de Cristo muerto y resucitado.
13 4 Compárese el nombre de Miguel, 12 7.

20 12+
Mt 13 9
Jr 15 2

⁸ Y la adorarán todos los habitantes de la tierra cuyo nombre no está inscrito, desde la creación del mundo, en el libro de la vida del Cordero degollado. ⁹ El que tenga oídos, oiga. ¹⁰ *El que a la cárcel, a la cárcel ha de ir; el que ha de morir a espada*, a espada ha de morir**. Aquí se requiere la paciencia y la fe de los santos.

El falso profeta al servicio de la Bestia.

Mt 7 15

¹¹ Vi luego otra Bestia que surgía de la tierra y tenía dos cuernos como de cordero, pero hablaba como una serpiente*. ¹² Ejerce todo el poderío de la primera Bestia en servicio de ésta, haciendo que la tierra y sus habitantes adoren a la primera Bestia, cuya herida mortal había sido curada.

Mt 24 24
2 Ts 2 9-10
Dt 13 2-4

¹³ Realiza grandes signos, hasta hacer bajar ante la gente fuego del cielo a la tierra; ¹⁴ y seduce a los habitantes de la tierra con los signos que le ha sido concedido obrar al servicio de la Bestia, diciendo a los habitantes de la tierra que hagan una imagen en honor de la Bestia que, teniendo la herida de la espada, revivió*. ¹⁵ Se le concedió infundir el aliento a la imagen de la Bestia, de suerte que pudiera incluso hablar la imagen de la Bestia y hacer que fueran exterminados *cuantos no adoraran la imagen de la Bestia*.

Dn 3 5-7.15

¹⁶ Y hace que todos, pequeños y grandes, ricos y pobres, libres y esclavos, se hagan una marca en la mano derecha o en la frente, ¹⁷ y que nadie pueda comprar nada ni vender, sino el que lleve la marca con el nombre de la Bestia o con la cifra de su nombre.

7 3; 14 9.11;
16 2; 19 20;
20 4

17 9

¹⁸ ¡Aquí está la sabiduría! Que el inteligente calcule la cifra de la Bestia; pues es la cifra de un hombre. Su cifra es 666*.

El acompañamiento del Cordero*.

=7 1-8+

14 ¹ Seguí mirando, y había un Cordero*, que estaba en pie sobre el monte Sión, y con él ciento cuarenta y cuatro mil, que llevaban escrito en la frente el nombre del Cordero y el nombre de su Padre. ² Y oí un ruido que venía del cielo, como el ruido de grandes aguas o el fragor de un gran trueno; y el ruido que oía era como de citaristas que tocaran sus cítaras. ³ Cantan un cántico nuevo* delante del trono y delante de los cuatro Vivientes y de los Ancianos. Y nadie podía aprender el cántico, fuera de los ciento cuarenta y cuatro mil rescatados de la tierra. ⁴ Estos son los que no se mancharon con mujeres, pues son vírgenes*. Éstos *siguen* al Cordero a dondequiera que vaya*, y han sido rescatados de entre los hombres como *primicias para Dios* y para el Cordero, ⁵ y *en su boca no se encontró mentira**: no tienen tacha.

2 R 19 30-31
Ab 17
Jl 3 5

So 3 12-13
Hch 2 21+

5 9
Is 42 10;
43 19
Sal 33 3;
98 1
3 10

Jr 2 2-3

So 3 13

Los ángeles anuncian la hora del Juicio*.

⁶ Luego vi a otro ángel que volaba por lo alto del cielo y tenía una buena nueva eterna que anunciar a los que están en la tierra, a toda nación, raza, lengua y pueblo. ⁷ Decía con fuerte voz: «Temed a Dios y dadle gloria, porque ha llegado la hora de su Juicio; adorad *al que hizo el cielo y la tierra, el mar* y los manantiales de agua.» ⁸ Y un segundo ángel le siguió

8 13

Mt 10 28p

Ex 20 11

---

13 10 (a) Var.: «el que a espada mata...».
13 10 (b) La frase es difícil. Puede significar que la Iglesia debe mantenerse firme, resistiendo a toda costa a sus perseguidores, o que el castigo de éstos por Dios será inexorable, ver 14 11-12; Sal 5 11+; Jr 15 2; Mt 26 52.
13 11 En adelante será designada con el nombre de «falso profeta», 16 13; 19 20; 20 10. Antes de describir la vuelta del Hijo del hombre, 14 14-20: ver 19 11s y Mt 24 30, Juan muestra en acción a los falsos profetas (segunda Bestia) anunciados por Cristo: Mt 24 24; ver 2 Ts 2 9.
13 14 El Espíritu era el que realizaba prodigios en la Iglesia para provocar la fe en Cristo; la segunda Bestia imita al Espíritu, como el Dragón y la primera Bestia imitaban al Padre y al Hijo, 13 3. El Dragón, la primera y la segunda Bestia son una caricatura de la Trinidad.
13 18 Tanto en griego como en hebreo, cada letra tenía un valor numérico correspondiente a su puesto en el alfabeto. La cifra de un nombre es el total de sus letras. Aquí «666» sería César-Nerón (letras Hebreas); «616», (Var.), César-Dios (letras griegas).
14 A los seguidores de la Bestia, marcados con la cifra de su nombre, 13 16-17, Juan contrapone los fieles del Cordero, 5 6+, marcados con su nombre y con el nombre de su Padre, 7 4; 12 17+. Es el «resto», 11 1+,

fiel a través de las persecuciones, y en torno al cual se restaurará el Reino después de la victoria. El monte Sión es el trono de Dios, ver 21+.
14 1 Var.: «el Cordero».
14 3 Moisés había cantado la liberación de Egipto, Ex 15 1-21; ver Ap 15 3-4; el cántico nuevo celebra la nueva liberación del Pueblo de Dios y el nuevo orden instaurado por el Cordero inmolado.
14 4 (a) En sentido metafórico: la lujuria designa tradicionalmente la idolatría, ver Os 1 2+, aquí el culto de la Bestia, 17 1, etc. Los ciento cuarenta y cuatro mil han sido comprados, 5 9; ver 19 9; 21 2; 2 Co 11 2, son íntegros y fieles, v. 5, han rechazado la idolatría y pueden ser desposados con el Cordero, ver 19 9; 21 2; 2 Co 11 2.
14 4 (b) Como Israel seguía a Yahvé en tiempos del Éxodo, el Pueblo nuevo de los rescatados sigue al Cordero hasta el desierto, ver Jr 2 2-3, donde se celebrarán nuevos desposorios (Os 2 16-25).
14 5 Vocabulario sacrificial. Las primicias representaban toda la cosecha, Dt 26 2, los primogénitos a toda la familia, Nm 3 12, etc. Las víctimas ofrecidas al verdadero Dios debían ser sin defecto, Ex 12 5; 1 P 1 19.
14 6 Vienen tres ángeles a invitar a los impíos perseguidores a que se arrepientan; pero los impíos seguirán obstinados, 16 2.9.11.21. Ver 15 5+.

diciendo: «*Cayó, cayó* la gran Babilonia*, la que dio a beber a todas las naciones el *vino del furor*.*» [9] Un tercer ángel les siguió, diciendo con fuerte voz: «Si alguno adora a la Bestia y a su imagen, y acepta la marca en su frente o en su mano, [10] tendrá que beber también del vino del furor de Dios, que está preparado, puro, en la copa de su ira. Será atormentado *con fuego y azufre**, delante de los santos ángeles y delante del Cordero. [11] Y *la humareda* de su tormento *se eleva por los siglos de los siglos; no hay reposo, ni de día ni de noche*, para los que adoran a la Bestia y a su imagen, ni para el que acepta la marca de su nombre.» [12] Aquí se requiere la paciencia de los santos, de los que guardan los mandamientos de Dios y la fe de Jesús. [13] Luego oí una voz que decía desde el cielo: «Escribe: Dichosos los muertos que mueren en el Señor. Desde ahora, sí —dice el Espíritu—, que descansen de sus fatigas, porque sus obras los acompañan*.»

La siega y la vendimia de las naciones*.

[14] Y seguí viendo. Había *una nube* blanca, *y sobre la nube* sentado *uno como Hijo de hombre*, que llevaba en la cabeza una corona de oro y en la mano una hoz afilada. [15] Luego salió del Santuario otro ángel gritando con fuerte voz al que estaba sentado en la nube: «*Mete tu hoz* y siega, porque ha llegado la hora de segar; *la mies* de la tierra *está madura*.» [16] Y el que estaba sentado en la nube metió su hoz en la tierra y quedó segada la tierra.

[17] Otro ángel salió entonces del Santuario que hay en el cielo; tenía también una hoz afilada. [18] Y salió del altar* otro ángel, el que tiene poderío sobre el fuego, y gritó con fuerte voz al que tenía la hoz afilada: «Mete tu hoz afilada y vendimia los racimos de la viña de la tierra,

porque están en sazón sus uvas.» [19] El ángel metió su hoz en la tierra y vendimió la viña de la tierra y la echó todo en el gran lagar del furor de Dios. [20] Y el lagar fue pisado fuera de la ciudad* y brotó sangre del lagar hasta la altura de los frenos de los caballos en una extensión de mil seiscientos estadios

El cántico de Moisés y del Cordero*.

15 [1] Luego vi en el cielo otro signo grande y maravilloso: siete ángeles, que llevaban siete plagas, las últimas, porque con ellas se consuma el furor de Dios. [2] Y vi también como un mar de cristal mezclado de fuego y a los que habían triunfado de la Bestia y de su imagen y de la cifra de su nombre, de pie junto al mar de cristal, llevando las cítaras de Dios. [3] Y cantar el cántico de Moisés*, siervo de Dios, y el cántico del Cordero, diciendo:

«Grandes y maravillosas son tus obras,
Señor, Dios Todopoderoso;
justos y verdaderos son tus caminos,
¡oh Rey de las naciones!
[4] ¿Quién no temerá, Señor, y no glorificará tu nombre?
Porque sólo tú eres santo
y todas las naciones vendrán y se postrarán ante ti,
porque han quedado de manifiesto tus justos designios.»

Las siete plagas de las siete copas*.

[5] Después de esto vi que se abría en el cielo el Santuario de la Tienda del Testimonio, [6] y salieron del Santuario los siete ángeles que llevaban las siete plagas, vestidos de lino puro, resplandeciente, ceñido el talle con cinturones de oro. [7] Luego, uno de los cuatro Vivientes entregó a los siete ángeles siete copas de oro llenas del furor de Dios, que vive por

14 8   (a) Perfectos proféticos.
14 8   (b) «el vino del furor» corr.; «el vino del furor de su prostitución» griego, como en 18 3. —El «vino del furor» es una imagen corriente en los profetas, Is 51 17+, de la ira divina conminada a los idólatras.
14 10 El lago de fuego y azufre encendido es el lugar de castigo de los impíos, ver 19 20; 20 10; 21 8.
14 13 Contraste visible entre el castigo de los impíos y el descanso que espera a los fieles, v. 12, desde su muerte, ver 6 9-11.
14 14 Siega y vendimia son dos imágenes del juicio divino, que describe en 19 11-20.
14 18 Del altar suben la sangre de los mártires, 6 9; 11 1, y la oración de los santos, 8 3-5; 9 13, que el ángel lleva a Dios para pedir justicia.
14 20 El exterminio de las naciones paganas se llevará

a cabo fuera de Jerusalén, según Za 14 2s.12s; Ez 38-39; ver Lv 4 12+; Hb 13 11-12.
15   La visión de las siete copas es continuación de la visión de las siete trompetas, 8 2ss. Entre los vv. 1 y 5 se intercala el cántico que entonan los elegidos en alabanza del que los salva.
15 3 Como el cántico de Moisés, Ex 15, también éste es un canto de liberación, 14 1. Está entretejido de reminiscencias bíblicas. Más que el rigor de los castigos evoca el triunfo del Señor y de los suyos.
15 5 Se vuelve sobre las plagas, v. 1, que van a abatirse sobre Babilonia = Roma, 16 18-19. Como en 8-9, recuerdan las plagas de Egipto. Los ángeles que de ellas se encargan salen de la Tienda que es el verdadero Santuario del cielo, 11 19. Y en el marco de una teofanía realizan la liturgia de la justicia.

los siglos de los siglos. [8] *Y el Santuario se llenó del humo de la gloria de Dios* y de su poder, *y nadie podía entrar* en el Santuario* hasta que se consumaran las siete plagas de los siete ángeles.

16 [1] Y oí una fuerte voz que desde el Santuario decía a los siete ángeles: «Id y derramad sobre la tierra las siete copas del furor de Dios.» [2] El primero fue y derramó su copa sobre la tierra; y sobrevino una úlcera maligna y perniciosa a los hombres que llevaban la marca de la Bestia y adoraban su imagen. [3] El segundo derramó su copa sobre el mar; y se convirtió en sangre como de muerto, y toda alma viviente murió en el mar. [4] El tercero derramó su copa sobre los ríos y sobre los manantiales de agua; y se convirtieron en sangre. [5] Y oí al ángel de las aguas que decía: «Justo eres tú, 'Aquel que es y que era', el Santo, pues has hecho así justicia: [6] porque ellos derramaron la sangre de los santos y de los profetas y tú les has dado a beber sangre; lo tienen merecido.» [7] Y oí al altar que decía: «Sí, Señor, Dios Todopoderoso, tus juicios son verdaderos y justos.» [8] El cuarto derramó su copa sobre el sol; y le fue encomendado abrasar a los hombres con fuego, [9] y los hombres fueron abrasados con un calor abrasador. No obstante, blasfemaron del nombre de Dios que tiene potestad sobre tales plagas, y no se arrepintieron dándole gloria. [10] El quinto derramó su copa sobre el trono de la Bestia*; y quedó su reino en tinieblas y los hombres se mordían la lengua de dolor. [11] No obstante, blasfe-

maron del Dios del cielo por sus dolores y por sus llagas, y no se arrepintieron de sus obras. [12] El sexto derramó su copa sobre el gran río Éufrates; y sus aguas se secaron para preparar el camino a los reyes del Oriente*. [13] Y vi que de la boca del Dragón, de la boca de la Bestia y de la boca del falso profeta, salían tres espíritus inmundos como ranas. [14] Son espíritus de demonios, que realizan signos y van donde los reyes de todo el mundo para convocarlos a la gran batalla del gran Día del Dios Todopoderoso*. [15] (Mira que vengo como ladrón. Dichoso el que esté en vela y conserve sus vestidos, para no andar desnudo y que se vean sus vergüenzas). [16] Los convocaron en el lugar llamado en hebreo Harmaguedón*.

[17] El séptimo derramó su copa sobre el aire; entonces salió del Santuario* una fuerte voz que decía: «Hecho está». [18] Se produjeron relámpagos, fragor, truenos y un violento terremoto, *como no lo hubo desde que existen hombres sobre la tierra*, un terremoto tan violento. [19] La gran Ciudad se abrió en tres partes, y las ciudades de las naciones se desplomaron; y Dios se acordó de la gran Babilonia para darle la copa del vino del furor de su ira. [20] Entonces todas las islas huyeron, y las montañas desaparecieron*. [21] Y un gran pedrisco, con piedras de casi un talento de peso*, cayó del cielo sobre los hombres. No obstante, los hombres blasfemaron de Dios por la plaga del pedrisco; porque fue ciertamente una plaga muy grande*.

2. EL CASTIGO DE BABILONIA

La célebre Prostituta*.

17 [1] Entonces vino uno de los siete ángeles que llevaban las siete co-

pas y me habló: «Ven, que te voy a mostrar el juicio de la célebre Prostituta*, *que se sienta sobre grandes aguas**, [2] con ella fornicaron los reyes de la tierra, y los

Marginal references (left column)
1 R 8 10
Is 6 4

=8 6-12

Ex 9 8-11
13 15-17

Ex 7 14-24
1 20+

1 4+;
11 17
=18 24

6 9; 8 3-4
=19 2

9 20
Am 4 6+

Ex 10 21-23
Is 8 22

Ez 16; 23
Na 3 4

Marginal references (right column)
=9 14

Ex 8 2-3

17 13-14;
19 19

1 Co 1 8+
3 3-4.18
1 3+

=20 8

Is 66 6
Ap 21 6; 4 5

Dn 12 1
Mc 13 19

14 8.10

6 14
Ex 9 22-26

Jr 51 13
Is 23 17

---

15 8 La evocación de la gloria, Ex 24 16+, presente en el Santuario es la señal de la presencia de Dios en medio de su pueblo en los tiempos mesiánicos. Ver 2 M 2 4-8; Ex 40 34-35; 1 R 8 10; Ap 21 3.

16 10 Roma, tipo de la ciudad terrestre hostil a Dios.

16 12 Si el Éufrates está seco, los romanos pierden toda protección ante los guerreros Partos, 9 14.

16 14 Es la reunión de todas las naciones paganas para ser exterminadas por Cristo.

16 16 Es decir, el monte de Meguiddó. Esta ciudad de la llanura que bordea la cadena del Carmelo, lugar de la derrota del rey Josías, 2 R 23 29s, sigue siendo un símbolo de desastre para los ejércitos que allí se reúnan, ver Za 12 11.

16 17 Adic.: «(procedente) del trono» o «(procedente)

de Dios».

16 20 Estos fenómenos cósmicos simbolizan los poderes terrestres arrastrados por el soplo de la ira divina.

16 21 (a) Unos 40 Kg.

16 21 (b) Todas estas plagas no exterminan la humanidad, pero sí provocan nuevas blasfemias, vv. 9.11; ver 11 14+.

17   Este capítulo es difícil en sus detalles, v. 9.

17 1 (a) Como lo será Jerusalén, 21 9, Babilonia está personificada por una mujer, ver 12 1; Dn 4 27+. Es Roma la idólatra, 2 14+; 18 3; Os 1 2+; ver 14 4, la que, tras una brillante aparición, vv. 3-7, verá cómo se realiza la condena anunciada y preparada por las visiones precedentes.

17 1 (b) La imagen es interpretada en el v. 15.

habitantes de la tierra* se embriagaron con el vino de su prostitución.» ³ Me trasladó en espíritu al desierto*. Y vi una mujer, sentada sobre una Bestia de color escarlata, cubierta de títulos blasfemos; la Bestia tenía siete cabezas y diez cuernos*. ⁴ La mujer estaba vestida de púrpura y escarlata, resplandecía de oro, piedras preciosas y perlas; llevaba en su mano una copa de oro llena de abominaciones, y también las impurezas de su prostitución, ⁵ y en su frente un nombre escrito —un misterio—: «La gran Babilonia, la madre de las prostitutas y de las abominaciones de la tierra.» ⁶ Y vi que la mujer se embriagaba con la sangre de los santos y con la sangre de los mártires de Jesús*. Y me asombré grandemente al verla; ⁷ pero el ángel me dijo: «¿Por qué te asombras? Voy a explicarte el misterio de la mujer y de la Bestia que la lleva, la que tiene siete cabezas y diez cuernos.

Simbolismo de la Bestia y de la Prostituta*.

⁸ «La Bestia que has visto, era y ya no es; y va a subir del abismo pero camina hacia su destrucción. Los habitantes de la tierra, cuyo nombre no fue inscrito desde la creación del mundo en el libro de la vida, se maravillarán al ver que la Bestia era y ya no es, pero que reaparecerá. ⁹ Aquí es donde se requiere inteligencia, tener sabiduría. Las siete cabezas son siete colinas sobre las que se asienta la mujer.

«Son también siete reyes*: ¹⁰ cinco han caído, uno es, y el otro no ha llegado aún. Y cuando llegue, habrá de durar poco tiempo. ¹¹ Y la Bestia, que era y ya no es, hace el octavo, pero es uno de los siete; y camina hacia su destrucción. ¹² *Los diez cuernos* que has visto *son diez reyes* que no han recibido aún el reino; pero recibirán con la Bestia la potestad real, sólo por una hora. ¹³ Están todos de acuerdo en entregar a la Bestia el poder y la potestad que ellos tienen. ¹⁴ Éstos harán la guerra al Cordero, pero el Cordero, como es *Señor de Señores y Rey de Reyes*, los vencerá en unión con los suyos, los llamados, los elegidos y los fieles*.»

¹⁵ Me dijo además: «Las aguas que has visto, donde está sentada la Prostituta, son pueblos, muchedumbres, naciones y lenguas. ¹⁶ Y los diez cuernos que has visto y la Bestia, van a aborrecer a la Prostituta; *la dejarán sola y desnuda*, comerán sus carnes y la consumirán por el fuego; ¹⁷ porque Dios les ha inspirado la resolución de ejecutar su propio plan, y de ponerse de acuerdo en entregar la soberanía que tienen a la Bestia hasta que se cumplan las palabras de Dios. ¹⁸ Y la mujer que has visto es la gran ciudad, la que tiene la soberanía sobre los reyes de la tierra.

Un ángel anuncia la caída de Babilonia*.

18 ¹ Después de esto vi bajar del cielo a otro ángel, que tenía gran poder, *y la tierra quedó iluminada con su resplandor*. ² Gritó con potente voz diciendo: «¡*Cayó, cayó* la gran *Babilonia*! Se ha convertido *en morada de demonios*, en guarida de toda clase de espíritus inmundos, en guarida de toda clase de aves inmundas y detestables. ³ Porque del vino de sus prostituciones han bebido* todas las naciones, y los reyes de la tierra han fornicado con ella, y los mercaderes de la tierra se han enriquecido con su lujo desenfrenado.»

Huida del pueblo de Dios.

⁴ Luego oí otra voz que decía desde el cielo: «Salid de ella, pueblo mío, no sea que os hagáis cómplices de sus pecados y os alcancen sus plagas. ⁵ Porque sus

Referencias marginales (columna izquierda):
Jr 51 7
Is 21 1s
=13 1
Jr 51 7
2 Ts 2 7
=13 3.4
20 12+
13 18
Dn 7 24

Referencias marginales (columna derecha):
19 11-21
Dt 10 17
2 M 13 4
1 Tm 6 15
Ap 14 4
Ez 16 39-41;
23 25-29
11 8+
Ez 43 2
Is 21 9
=Ap 14 8
Is 13 21-22;
34 11-14
Jr 50 39
17 2
16 17
Is 48 20;
52 11
Jr 51 6

---

17 2 Las naciones paganas y sus reyes, que habían adoptado el culto imperial.
17 3 (a) Morada de los animales inmundos, ver Lv 16 8+; 17 7+.
17 3 (b) Las siete cabezas son las siete colinas de Roma, y los diez cuernos, diez reyes vasallos, v. 12, que sacuden el yugo del imperio, v. 16. La Bestia, vv. 3.7-8, representa a un emperador, sin duda Nerón, que, según una creencia popular, se pensaba que recobraría la vida y el poder antes de la venida del Cordero, ver 2 Ts 2 8-9. El comienzo del v. 8 es una parodia de los títulos de Dios, 1 4+, y de Cristo, 1 18.
17 6 Las persecuciones romanas incluyen a la vez la idolatría, v. 4, y el asesinato, v. 6. Ez 16 36-38; 23 37-45 lanzaba las mismas quejas contra Jerusalén.

17 8 En el simbolismo de la Bestia podemos distinguir aquí dos sentidos diferentes, vv. 3-9.15-18, y vv. 10.12-14. La mujer que la cabalga se cree poderosa, pero corre a su perdición.
17 9 Siete emperadores romanos, el sexto de los cuales reina actualmente. Siete es una cifra simbólica de totalidad. Juan no se pronuncia sobre el número y la cronología de los emperadores.
17 14 Reminiscencia de 14 4 y anuncio de 19 11-21.
18 El castigo anunciado, 17, ahora es inminente, vv. 1-3. Se producirá después que los fieles estén apartados de los pecadores, v. 4, ver 3 10+.
18 3 «de sus prostituciones»; var.: «el furor de la prostitución», ver 14 8. —«han bebido»; var.: «han caído» o «ella ha dado de beber».

Gn 18 20s
Jr 51 9

Jr 50 15;
16 18

pecados *se han amontonado hasta el cielo* y Dios se ha acordado de sus iniquidades. [6] *Dadle como ella ha dado,* dobladle la medida conforme a sus obras, en la copa que ella preparó preparadle el doble. [7] En proporción a su jactancia y a su lujo, dadle tormentos y llantos. Pues *dice en su corazón: Estoy sentada como reina,*

Is 47 8

Is 47 9

y no soy viuda y no he de conocer el llanto... [8] Por eso, *en un solo día* llegarán sus plagas: peste, llanto y hambre, y será consumida por el fuego. Porque poderoso es el Señor Dios que la ha condenado.»

Ez 26-28

Lamentaciones por Babilonia*.

[9] Llorarán, harán duelo por ella los reyes de la tierra, los que con ella fornicaron y se dieron al lujo, cuando vean la humareda de sus llamas; [10] se quedarán a distancia horrorizados ante su suplicio, y dirán:

«¡Ay, ay, la gran ciudad!
¡Babilonia, ciudad poderosa,
que en una hora ha llegado tu juicio!»

[11] Lloran y se lamentan por ella los mercaderes de la tierra, porque nadie compra ya sus cargamentos: [12] cargamentos de oro y plata, piedras preciosas y perlas, lino y púrpura, seda y escarlata, toda clase de maderas olorosas y toda clase de objetos de marfil, toda clase de objetos de madera preciosa*, de bronce, de hierro y de mármol; [13] cinamomo, amomo, perfumes, mirra, incienso, vino, aceite, harina, trigo, bestias de carga, ovejas, caballos y carros; esclavos y mercancía humana.

Mi 7 1

[14] Y los frutos en sazón que codiciaba tu alma, se han alejado de ti; y toda magnificencia y esplendor se han terminado para ti, y nunca jamás aparecerán.

[15] Los mercaderes de estas cosas, los que a costa de ella se habían enriquecido, se quedarán a distancia horrorizados ante su suplicio, llorando y lamentándose:

[16] «¡Ay, ay, la gran ciudad,

vestida de lino, púrpura y escarlata, resplandeciente de oro, piedras preciosas y perlas,
[17] que en una hora ha sido arruinada tanta riqueza!»

17 4

Todos los capitanes, oficiales de barco* y los marineros, y cuantos se ocupan en trabajos del mar, se quedaron a distancia [18] y gritaban al ver la humareda de sus llamas: «¿Quién como la gran ciudad?» [19] Y echando polvo sobre sus cabezas, gritaban llorando y lamentándose:

Ez 27 27-29

13 4

«¡Ay, ay, la gran ciudad,
con cuya opulencia se enriquecieron
cuantos tenían las naves en el mar;
que en una hora ha sido asolada!»

[20] Alégrate por ella, cielo, y vosotros, los santos, los apóstoles y los profetas, porque al condenarla a ella, Dios ha juzgado vuestra causa*.

=19 1-2
Dt 32 43
Is 44 23

[21] Un ángel poderoso alzó entonces una piedra, como una gran rueda de molino, y la arrojó al mar diciendo: «Así, de golpe, será arrojada Babilonia, la gran ciudad, y no aparecerá ya más...*»

Jr 51 63-64

[22] Y la música de los citaristas y cantores, de los flautistas y trompetas,
no se oirá más en ti;
artífice de arte alguna
no se hallará más en ti;
la voz de la rueda de molino
no se oirá más en ti;
[23] *La luz de la lámpara*
no lucirá más en ti;
la voz del novio y de la novia
no se oirá más en ti.
Porque tus mercaderes eran los magnates de la tierra,
porque con tus hechicerías se extraviaron todas las naciones;
[24] y en ella fue hallada la sangre de los profetas y de los santos y de todos los degollados de la tierra.

Is 24 8
Ez 26 13

Jr 25 10

Jr 7 34; 16 9

=16 5-7
Mt 23 35-37

Cantos triunfales en el cielo*.

19 [1] Después oí en el cielo como un gran ruido de muchedumbre inmensa que decía: «¡Aleluya*! La salva-

18 20+

---

18 9   Triple lamentación de los reyes de la tierra, vv. 9-10, de los mercaderes de la tierra, vv. 11-17a, de los navegantes, vv. 17b-19. Se inspira en Jr 50-51 y sobre *todo* en Ez 26-28.
18 12 Vulg.: «piedra preciosa».
18 17 Vulg.: «y los que navegan por el mar».
18 20 En contraste, el cielo se regocija, ver 16 5; 18 20; 19 1-10.
18 21 Gesto simbólico de un ángel, después del cual se reanuda la lamentación, vv. 22-23. La continuación del v. 21 está en el v. 24. Con esta escena se completa 18 1-

3; Babilonia será destruida por su idolatría, ver 17 4, y por sus persecuciones contra los cristianos, 18 24.
19   Cantos de júbilo sugeridos en 18 20 y que contrastan vivamente con los lamentos de 18. Acompañan a la caída de Babilonia. El primer canto, vv. 1-4, viene del cielo; le sigue un segundo canto, vv. 5-9, al que se asocian los santos de la Iglesia entera invitada a las bodas del Cordero.
19 1   Unicos casos en el NT, 19 1.3.4.6, de empleo de la aclamación litúrgica («Alabad a Dios») usada en el culto israelita, Sal 111 1; 113 1+; etc.

ción y la gloria y el poder son de nuestro Dios, [2] porque sus juicios son verdaderos y justos; porque ha juzgado a la gran Prostituta que corrompía la tierra con su prostitución, y ha vengado en ella la sangre de sus siervos.» [3] Y por segunda vez dijeron: «¡Aleluya! *Su humareda se eleva por los siglos de los siglos.*» [4] Entonces los veinticuatro Ancianos y los cuatro Vivientes se postraron y adoraron a Dios, que está sentado en el trono, diciendo: «¡Amén! ¡Aleluya!»

[5] Y salió una voz del trono, que decía: «Alabad a nuestro Dios, todos sus siervos *y los que le teméis, pequeños y grandes.*» [6] Y oí el ruido de muchedumbre inmensa y como el ruido de grandes aguas y como el fragor de fuertes truenos. Y decían: «¡Aleluya! Porque ha establecido su reinado el Señor, nuestro Dios Todopoderoso. [7] Alegrémonos y regocijémonos y démosle gloria, porque han llegado las bodas del Cordero*, y su Esposa se ha engalanado [8] y se le ha concedido vestirse de lino deslumbrante de blancura —el lino son las buenas acciones de los santos—.» [9] Luego me dice: «Escribe: Dichosos los invitados al banquete de bodas del Cordero.» Me dijo además: «Estas son palabras verdaderas de Dios.» [10] Entonces me postré a sus pies para adorarle, pero él me dice: «No, cuidado; yo soy un siervo como tú y como tus hermanos que mantienen el testimonio de Jesús. A Dios tienes que adorar.» El testimonio de Jesús es el espíritu de profecía*.

3. EXTERMINIO DE LAS NACIONES PAGANAS

El primer combate escatológico*.

[11] Entonces vi el cielo abierto, y había un caballo blanco: el que lo monta se llama «Fiel» y «Veraz»; *y juzga y combate con justicia.* [12] Sus ojos, llama de fuego; sobre su cabeza, muchas diademas*; lleva escrito un nombre que sólo él conoce; [13] viste *un manto empapado en sangre** y su nombre es: La Palabra de Dios*. [14] Y los ejércitos del cielo*, vestidos de lino blanco puro, le seguían sobre caballos blancos. [15] De su boca sale una espada afilada* para herir con ella a los paganos; él *los regirá con cetro de hierro*; pisa el lagar del vino de la furiosa ira de Dios*, el Todopoderoso. [16] Lleva escrito un nombre en su manto y en su muslo*: *Rey de Reyes* y *Señor de Señores.*

[17] Luego vi a un ángel de pie sobre el sol que *gritaba* con fuerte voz a todas *las aves que volaban* por lo alto del cielo: «Venid, *reuníos para el gran banquete* de Dios, [18] *para que comáis carne* de reyes, carne de tribunos y carne de valientes, carne de caballos y de sus jinetes, y carne de toda clase de gente libres y esclavos, pequeños y grandes.»

[19] Vi entonces a la Bestia y a los reyes de la tierra con sus ejércitos reunidos para entablar combate contra el que iba montado en el caballo y contra su ejército. [20] Pero la Bestia fue capturada, y con ella el falso profeta —el que había realizado al servicio de la Bestia los signos con que seducía a los que habían aceptado la marca de la Bestia y a los que adoraban su imagen*— los dos fue-

---

Referencias marginales (columna izquierda):

=16 7
11 18
Sal 5 11+
Ap 6 9
Is 34 10
Ap 14 11

11 18
Sal 115 13

=20 7-10

1 5; 3 7.14
Is 11 4
Ap 1 14;
2 18
Lc 10 22
Is 63 1
Jn 1 1+

1 16

Sal 2 9
Ap 2 27+
Is 63 3
Ap 14 19

2 M 13 4
Dt 10 17

Referencias marginales (columna derecha):

11 17

Is 61 10

2 17; 3 5

1 3+
Mt 22 1-14;
8 11+

22 8-9

Ez 39 17

17 12-14

Mt 26 53

---

19 7   Las bodas del Cordero simbolizan el establecimiento del Reino celestial que será descrito en **21** 9s. Ver Os 1 2+ y Ef 5 22-23+.
19 10   Juan trata de prosternarse, pero el ángel le recuerda que él también está al servicio de Dios, 1 1; 22 8-9, probablemente advertencia contra el culto de las potencias celestes, Col 2 18; Hb 1 14; 2 5. El «testimonio de Jesús» es la palabra de Dios, atestiguada por Jesús, que todo cristiano posee en sí, ver 1 2; 6 9; 12 17; 20 4, y que inspira a los profetas.
19 11   Estamos en el fin de los tiempos. Después de la caída de Babilonia, profetizada en **14** 8.14-15, y realizada en 16 19-20; 17 12-14, Cristo fiel, 3 14+, da cumplimiento al Día de Yahvé, Am 5 18+, exterminando a los enemigos de la Iglesia. Su retrato, vv. 11-16, se inspira cuanto las descripciones precedentes, 12 5; 14 6-20; 17 14, en diversas profecías.
19 12   Porque él es el Rey de reyes, v. 16; ver 5 3.13.
19 13   (a) Alusión (ver v. 15) a Is 63 1. Símbolo de la sangrienta victoria que obtendrá sobre los enemigos de su Pueblo, ver Ap 5 5.
19 13   (b) Los nombres del jinete victorioso, vv.

12.13.16, expresan, con facetas diferentes, quién es. Al nombre divino trascendente, v. 12, se añade aquí el de Palabra, que lo designa como revelador eficaz de Dios, ver Jn 1 1.14; y más exactamente como ejecutor de sus juicios, 20 11-12; 22 12; ver Sb 18 14-18.
19 14   Los ejércitos angélicos, ver Mt 26 53, o mejor, el ejército de los mártires, según 14 4 y 17 14, vestidos de blanco, ver 19 8; 3 5.18; 6 11; 16 5 y también Mt 22 11s.
19 15   (a) La espada es el arma de la palabra exterminadora, ver 1 16; Is 11 4; 49 2; Os 6 5; Sb 18 15; 2 Ts 2 8; Hb 4 12.
19 15   (b) La imagen del lagar era un lugar común del profetismo para simbolizar el exterminio de los enemigos del pueblo por obra de Dios, en el Gran Día de su ira; ver Gn 49 9-12; Jr 25 30; Is 63 1-6; Jl 4 13; So 1 15. Sobre el «vino de la ira», ver 14 8+. 19 19; 17 14+.
19 16   Título señorial, ver 17 14; Flp 2 9-11, que supera infinitamente a los títulos blasfemos de la Bestia, 13 1; 17 3.
19 20   Este largo paréntesis recuerda los acontecimientos descritos en el cap. 13.

Dn 7 11
Ap 14 10+;
20 10.14

Ez 39 20

ron arrojados vivos al lago del fuego que arde con azufre. ²¹ Los demás fueron exterminados por la espada que sale de la boca del que monta el caballo, y *todas las aves se hartaron de sus carnes.*

El reino de mil años.

9 1+
12 7.9
Mt 12 28-29

2 Ts 2 8s+
2 Co 6 2+

20¹ Luego vi a un ángel que bajaba del cielo y tenía en su mano la llave del abismo y una gran cadena. ² Dominó al Dragón*, la serpiente antigua —que es el diablo y Satanás— y lo encadenó por mil años*. ³ Lo arrojó al abismo, lo encerró y puso encima los sellos, para que no seduzca más a las naciones hasta que se cumplan los mil años. Después tiene que ser soltado por poco tiempo.

Dn 7 22

19 10+

13 15-17

5 10

1 3+

2 11+

1 6+

⁴ Luego vi unos tronos, y se sentaron* en ellos, y *se les dio el poder de juzgar*; vi también las almas de los que fueron decapitados por el testimonio de Jesús y la palabra de Dios, y a todos los que no adoraron a la Bestia ni a su imagen, y no aceptaron la marca en su frente o en su mano; revivieron y reinaron con Cristo mil años*. ⁵ Los demás muertos no revivieron hasta que se acabaron los mil años. Es la primera resurrección. ⁶ Dichoso y santo el que participa en la primera resurrección; la segunda muerte* no tiene poder sobre éstos, sino que serán sacerdotes de Dios y de Cristo y reinarán con él mil años*.

El segundo combate escatológico.

=19 11-21

⁷ Cuando se terminen los mil años, será Satanás soltado de su prisión ⁸ y saldrá a seducir a las naciones de los cuatro extremos de la tierra, *a Gog y a Magog*, y a reunirlos para la guerra, numerosos como la arena del mar. ⁹ Subieron por toda la anchura de la tierra y cercaron el campamento de los santos y de la ciudad amada*. *Pero bajó fuego del cielo* y los devoró. ¹⁰ Y el diablo, su seductor, fue arrojado al lago de fuego y azufre, donde están también la Bestia y el falso profeta, y serán atormentados día y noche por los siglos de los siglos.

Ez 38 2.9.15
=Ap 16 14.
16

Lc 21 14

Hch 9 13+

=Ez 38 22

19 20

El Juicio de las naciones.

Rm 2 6+

¹¹ Luego vi un gran trono blanco, y al que estaba sentado sobre él*. El cielo y la tierra huyeron de su presencia sin dejar rastro. ¹² Y vi a los muertos, grandes y pequeños, de pie delante del trono; *fueron abiertos unos libros*, y luego se abrió otro libro, que es el de la vida; y los muertos fueron juzgados según lo escrito en los libros, conforme a sus obras*.

2 P 3 7.10.12
Ap 21 1

Dn 7 10+
Ap 3 5; 13 8;
17 8

¹³ Y el mar devolvió los muertos que guardaba, la Muerte y el Hades devolvieron los muertos que guardaban, y cada uno fue juzgado según sus obras. ¹⁴ La Muerte y el Hades fueron arrojados al lago de fuego —este lago de fuego* es la muerte segunda— ¹⁵ y el que no se halló inscrito en el libro de la vida fue arrojado al lago de fuego.

1 18+

21 4
1 Co 15 26.
54
Ap 2 11

14 10+

---

20 2 (a) Después de las dos Bestias y sus ejércitos, es aniquilado su jefe, el Dragón.
20 2 (b) El castigo se lleva a cabo en dos fases: Satanás es reducido a la impotencia por mil años, durante los que reinan los mártires, ver **12** 7-12; luego, vv. 7-10, se rebelará de nuevo antes del aplastamiento definitivo de sus fuerzas armadas.
20 4 (a) Este difícil versículo es uno de los que parecen dejar traslucir etapas y retoques en la redacción del libro. ¿Será **20** 1-6 un duplicado de **19** 11-21? Ver Mt **19** 28; 1 Co **2**-3.
20 4 (b) Esta «resurrección» de los mártires (ver Is **26** 19; Ez **37**) es simbólica: es la renovación de la Iglesia después de la persecución romana, renovación que durará lo que el cautiverio del Dragón. Los mártires que esperan bajo el altar, **6** 9-11, son ya felices desde ahora con Cristo. Así pues, el «reino de mil años» es la fase terrestre del Reino de Dios, desde la caída de Roma hasta la venida de Cristo, **20** 11ss. —Para San Agustín y muchos otros, los «mil años» comienzan con la resurrección de Cristo; en ese caso, la «primera resurrección» designaría al bautismo, ver Rm **6** 1-11; Jn **5** 25-28. —Una corriente de la tradición, ya desde la Iglesia antigua, interpretó este versículo a la letra: después de una resurrección real, la de los mártires, Cristo volvería a la tierra para un reinado feliz de mil años en compañía de sus fieles. Este milenarismo literal nunca ha gozado del favor de la Iglesia.
20 6 (a) La muerte eterna, en contraposición con la muerte corporal.
20 6 (b) Este reino estaba anunciado, **5** 9-10. Será también el reino que, bajo el símbolo de la Jerusalén futura, se describirá en **21** 9 - **22** 2 y **22** 6-15, aunque este pasaje venga después de la evocación del Juicio final, **20** 13-15.
20 8 En Ez **38**-39 (ver las notas) se trata de «Gog, rey de Magog». Aquí, los dos nombres simbolizan a las naciones paganas coligadas contra la Iglesia al fin de los tiempos.
20 9 Una nueva tierra prometida, cuya capital es Jerusalén, **21** 2+, resiste a esta última invasión, ver Lc **21** 24. Pero esta localización es una figura de toda la Iglesia.
20 11 Después de la resurrección de todos viene el Juicio, **2** 23; **3** 5; ver **19** 13+; Dn **7** 10. La creación presente va a desaparecer ante otra, completamente nueva, Ap **21** 1+.
20 12 En los primeros libros abiertos están escritas las acciones buenas o malas de los hombres; el libro de la vida, **3** 5, contiene los nombres de los predestinados, **3** 5; **17** 8; **20** 12.15; **21** 27; ver Flp **4** 3; Dn **7** 10+; **12** 1+; Hch **13** 48+.
20 14 Después del Juicio final, también la muerte será reducida a la impotencia, ver **20** 10; **21** 4 y **20** 6.

4. LA JERUSALÉN FUTURA

=7 15-17

La Jerusalén celestial*

Is 65 17
2 P 3 13
Rm 8 19-23

Jb 7 12+

19 7-8

7 15-17
Ez 37 27
Is 7 14+
Is 25 8
Is 35 10

2 Co 5 17

Dn 8 26
1 8+
Is 55 1
Ap 22 17

2 S 7 14

=22 15
Rm 1 29+

21 ¹ Luego vi *un cielo nuevo y una tierra nueva** —porque el primer cielo y la primera tierra desaparecieron, y el mar* no existe ya. ² Y vi la ciudad santa, la nueva Jerusalén, que bajaba del cielo, de junto a Dios, engalanada como una novia ataviada para su esposo*. ³ Y oí una fuerte voz que decía desde el trono: «Esta es la morada de Dios con los hombres. Pondrá *su morada entre ellos y ellos serán* su *pueblo* y él, *Dios-con-ellos*, será su Dios*. ⁴ *Y enjugará toda lágrima de sus ojos*, y no habrá ya muerte ni habrá llanto, ni gritos ni fatigas, porque el mundo viejo ha pasado.»

⁵ Entonces dijo el que está sentado en el trono: «Mira que hago nuevas todas las cosas.» Y añadió: «Escribe: Estas son palabras ciertas y verdaderas.» ⁶ Me dijo también: «Hecho está; yo soy el Alfa y la Omega, el Principio y el Fin; al que tenga sed, yo le daré del manantial del agua de la vida gratis*. ⁷ Esta será la herencia del vencedor: *yo seré* Dios *para él, y él será hijo para mí**. ⁸ Pero los cobardes, los incrédulos, los abominables, los asesinos, los impuros, los hechiceros, los idólatras y todos los embusteros tendrán su parte en el lago que arde con fuego y azufre, que es la muerte segunda*.

La Jerusalén mesiánica ᵀ.

⁹ Entonces vino uno de los siete ángeles que tenían las siete copas llenas de las siete últimas plagas, y me habló diciendo: «Ven, que te voy a enseñar a la Novia, a la Esposa del Cordero.» ¹⁰ *Me trasladó en espíritu a un monte grande y alto* y me mostró la ciudad santa de Jerusalén, que bajaba del cielo, de junto a Dios*, ¹¹ y *tenía la gloria de Dios*. Su resplandor era como el de una piedra muy preciosa, como jaspe cristalino. ¹² Tenía una muralla grande y alta con doce puertas; y sobre las puertas, doce ángeles y nombres grabados, que son *los de las doce tribus de los hijos de Israel*; ¹³ *al oriente tres puertas; al norte tres puertas; al mediodía tres puertas; al occidente tres puertas.* ¹⁴ La muralla de la ciudad se asienta sobre doce piedras, que llevan los nombres de los doce apóstoles del Cordero*.

¹⁵ El que hablaba conmigo tenía una caña de medir, de oro, para medir la ciudad, sus puertas y su muralla. ¹⁶ La ciudad es un cuadrado*: su longitud es igual a su anchura. Midió la ciudad con la caña, y tenía doce mil estadios*. Su longitud, anchura y altura son iguales. ¹⁷ Midió luego su muralla, y tenía ciento cuarenta y cuatro codos —con medida

Ez 40 2

21 2

Is 60 1-2

Ez 48 31-35
Ap 7 1-8

Ef 2 20

---

21 La ciudad de los elegidos, en contraste total con Babilonia, 17, es un don de Dios. La perspectiva es puramente celeste, como en 7 15-17. El comienzo se inspira en Isaías (sobre todo 51 y 65). Jerusalén, ciudad de David, capital y centro religioso de Israel, 2 S 5 9+; 24 25; 1 R 6 2; Sal 122, ciudad de Dios, Sal 46 5, ciudad santa, Is 52 1; Dn 9 24; Mt 4 5; etc., cuyo corazón era el monte, Sal 2 6+, en el que estaba edificado el Templo, Dt 12 2-3+, era considerada en Israel como la metrópoli futura del pueblo mesiánico, Is 2 1-5; 54 11+; 60; Jr 3 17+; Sal 87 1+; 122; Lc 2 38+. En ella fundó el Espíritu Santo la Iglesia cristiana, Hch 1 4.8+; 2; 8 1.4; etc. Aquí es trasladada al cielo donde se cumple el designio Salvador de Dios, 3 12; 11 1; 20 9; 22 19; ver Ga 4 26; Flp 3 20; Hch 2 22-24+, cuando se celebran sus bodas con el Cordero, 19 7-8+; ver Is 61 10; 62 4-5; Os 1 2+; 2 16; etc.

21 1 (a) En Isaías, 65 17; 66 22, la expresión sólo era el símbolo de la renovación de la era mesiánica. Siguiendo a Cristo, ver Mt 19 28; 2 P 3 13, San Pablo abre perspectivas más realistas: toda la creación será renovada un día, liberada de la servidumbre de la corrupción, transformada por la gloria de Dios, Rm 8 19+.

21 1 (b) El mar, morada del Dragón y símbolo del mal, ver Jb 7 12+, desaparecerá como en los días del Éxodo, ver Is 51 9-10; Sal 74 13.14; Jb 26 12-13; Is 27 1.

21 2 Son los nuevos desposorios de Jerusalén con su Dios, con júbilo y gozo, 19 7; ver Is 65 18; 61 10; 62 4-6, y el ideal del Éxodo finalmente conseguido, ver Os 2 16+.

21 3 «y él, Dios con ellos, será su Dios» Vulg.; var.: «y

Dios mismo será su Dios», «y Dios mismo estará con ellos». Fórmula clásica de la alianza, Gn 17 8; Lv 26 11-12+; Jr 31 33; Ez 37 27; ver 2 Co 6 16. La presencia y la intimidad caracterizan la alianza de Dios con su pueblo, ver Ex 25 8+ y Jn 1 14+. Será consumada al fin de los tiempos. Ver Jl 4 17.21; Za 2 14; So 3 15-17; Is 12 6.

21 6 El agua, símbolo de la vida, era en el AT característica de los tiempos mesiánicos. En el NT se convierte en símbolo del Espíritu, ver Jn 7 37-39.

21 7 El título de «Hijo de Dios» debía conferirse al Rey-Mesías, sucesor de David, en el día de la entronización, 2 S 7 14+; así pues, Cristo ha sido declarado «Hijo de Dios» en virtud de su resurrección, Hch 2 36+; Rm 1 4+; Hb 1 5. Él ha extendido este título a los que creen en él, Jn 1 12+.

21 8 La muerte eterna, 20 6.14. El fuego que devora se contrapone al agua, v. 6; ambos son simbólicos.

21 9 Es la Jerusalén mesiánica, puesto que las naciones paganas existen todavía, 21 24, y pueden convertirse al verdadero Dios, 22 2; pero ya es la Jerusalén celestial y sólo espera a su expansión eterna. Los rasgos de esta descripción están tomados sobre todo de Ez 40-48.

21 10 La salvación mesiánica y eterna es un don de Dios, 21 2.

21 14 La perfección en la totalidad del pueblo nuevo sucede a la del antiguo. A las doce tribus, 7 4-8, corresponden los doce apóstoles, ver Mt 19 28p; Mc 3 14p; Ef 2 20. Todos los números múltiplos de 12 expresan en esta descripción la misma idea de perfección.

21 16 (a) Signo de perfección.

21 16 (b) 12 (el número del nuevo Israel) multiplicado por 1.000 (multitud).

humana, que era la del ángel—. [18] El material de esta muralla es jaspe y la ciudad es de oro puro semejante al vidrio puro. [19] Los pilares de la muralla de la ciudad están adornados de toda clase de piedras preciosas*: el primer pilar es de jaspe, el segundo de zafiro, el tercero de calcedonia, el cuarto de esmeralda, [20] el quinto de sardónica, el sexto de cornalina, el séptimo de crisólito, el octavo de berilo, el noveno de topacio, el décimo de crisoprasa, el undécimo de jacinto, el duodécimo de amatista. [21] Y las doce puertas son doce perlas, cada una de las puertas hecha de una sola perla; y la plaza de la ciudad es de oro puro, trasparente como el cristal. [22] Pero no vi Santuario alguno en ella*; porque el Señor, el Dios Todopoderoso, y el Cordero, es su Santuario. [23] La ciudad no necesita ni de sol ni de luna que la alumbren, porque la ilumina la gloria de Dios, y su lámpara es el Cordero. [24] *Las naciones caminarán a su luz,* y los reyes de la tierra irán a llevarle su esplendor. [25] *Sus puertas no se cerrarán con el día* —porque allí no habrá noche*— [26] y *traerán a ella el esplendor* y los tesoros de las naciones. [27] Nada profano entrará en ella, ni los que cometen abominación y mentira, sino solamente los inscritos en el libro de la vida del Cordero.

22 [1] Luego me mostró el río de agua de vida, brillante como el cristal, que brotaba del trono de Dios y del Cordero*. [2] En medio de la plaza, *a una y otra margen del río*, hay un árbol de vida, *que da fruto doce veces, una vez cada mes; y sus hojas sirven de medicina para los gentiles.*

[3] Y *no habrá ya maldición alguna*; el trono de Dios y del Cordero estará en la ciudad y los siervos de Dios le darán culto. [4] Verán su rostro y llevarán su nombre en la frente. [5] Noche ya no habrá; no tienen necesidad de luz de lámpara ni de luz del sol, porque el Señor Dios los alumbrará y reinarán por los siglos de los siglos*.

[6] Luego me dijo*: «Estas palabras son ciertas y verdaderas; el Señor Dios, que inspira a los profetas, ha enviado a su ángel para manifestar a sus siervos *lo que ha de suceder* pronto. [7] Mira, vengo pronto. Dichoso el que guarde las palabras proféticas de este libro.» [8] Yo, Juan, fui el que vi y oí esto. Y cuando lo oí y vi, caí a los pies del ángel que me había mostrado todo esto para adorarle. [9] Pero él me dijo: «No, cuidado; yo soy un siervo como tú y tus hermanos los profetas y los que guardan las palabras de este libro. A Dios tienes que adorar.»

[10] Y me dijo: «No selles las palabras proféticas de este libro, porque el Tiempo está cerca. [11] Que el injusto siga cometiendo injusticias* y el manchado siga manchándose; que el justo siga practicando la justicia y el santo siga santificándose. [12] *Mira, vengo* pronto *y traigo mi recompensa* conmigo *para pagar a cada uno según su trabajo.* [13] Yo soy el Alfa y la Omega, *el Primero* y *el Último,* el Principio y el Fin. [14] Dichosos los que laven sus vestiduras, así podrán disponer del árbol de la vida y entrarán por las puertas en la ciudad*. [15] ¡Fuera los perros, los hechiceros, los impuros, los asesinos, los idólatras, y todo el que ame y practique la mentira!»

Marginal references (left column):
Tb 13 17
Is 54 11-12

Jn 2 19-21

Is 60 1-2.
19-20
2 Co 3 18

Is 60 3

Is 60 3.11
Is 35 8; 52 1
Za 13 1-2
2 P 3 13

Ez 47 1-12
Jn 4+

Ez 47 12

Marginal references (right column):
Za 14 11
=7 15

1 Jn 3 2
1 Co 13 12

19 9; 21 5
Dn 8 26

1 1; 22 16
Dn 2 28

1 3+

19 10+

10 4

Dn 12 10

Is 40 10
Sal 62 13+
1 8+
Is 41 4;
44 6
7 14
22 2

=21 8
Nm 5 1-4
Rm 1 29+

---

21 19 Estas pedrerías con sus colores parece que deben dar una impresión global de solidez y de esplendor, reflejo de la gloria divina (ver 2 Co 3 18). Ver Is 54 11-12; Ez 28 13, y la descripción del pectoral del sumo sacerdote, Ex 28 17-21; 39 10-14.
21 22 El Santuario en el que Dios residía en el corazón de la Jerusalén terrestre, 11 19; 14 15-17; 15 5 - 16 1, ha desaparecido. El cuerpo de Cristo inmolado y resucitado es ahora el lugar del culto espiritual nuevo, ver Jn 2 19-22+; 4 23-24; Rm 12 1+.
21 25 Es el Resucitado el que difunde desde allí su luz sin sombra y su santidad, v. 27, sobre todas las naciones reunidas, **22 5**; ver Jn 8 12+; 2 Co 4 6.
22 1 Las aguas vivas y vivificantes simbolizan el Espíritu, ver Jn 4+; 7 37-39. Juan deja entrever aquí la Trinidad.
22 2 Otros prefieren puntuar: «... que brotaba... en medio de la plaza. Y a una y otra margen...».
22 5 Los vv. 3-5 están en futuro, promesa firme del reino y de la visión sin fin, ver 1 Co 13 12; 1 Jn 3 2, de los siervos de Dios y del Cordero, 3 12; 7 3; 14 1.
22 6 Todo lo que sigue tiene aspecto de epílogo. Es una especie de conversación entre el ángel (o Jesús) y el Vidente, que comentan las visiones consignadas en el libro y el uso que de ellas ha de hacerse. La mayoría de las expresiones se encuentran ya diseminadas en el libro. El final, vv. 16-20, se atribuye claramente a Jesús.
22 11 Sea cual fuere la conducta del hombre, el plan divino se cumplirá.
22 14 Jerusalén, descrita en **21** 9s.

Epílogo

1 11s
2 28+
[16] Yo, Jesús, he enviado a mi ángel para daros testimonio de lo referente a las iglesias. Yo soy el retoño y el descendiente de David, el Lucero radiante del alba.

Is 55 1
21 6
[17] El Espíritu y la Novia* dicen: «¡Ven!» Y el que oiga, diga: «¡Ven*!» Y *el que tenga sed, que se acerque,* y el que quiera, *reciba gratis agua* de vida.

Dt 4 2
[18] Yo advierto a todo el que escuche las palabras proféticas de este libro*: «Si alguno añade algo sobre esto, Dios echará sobre él las plagas que se describen en este libro. [19] Y si alguno quita algo a las palabras de este libro profético, Dios le quitará su parte en el árbol de la vida y en la ciudad santa, que se describen en este libro.»

[20] Dice el que da testimonio de todo esto: «Sí, vengo pronto.» ¡Amén! ¡Ven, Señor Jesús*!

Hch 3 20-21
1 Co 15 23+
[21] Que la gracia del Señor Jesús sea con todos*. ¡Amén!

---

22 17 (a) Es el Espíritu presente en la Iglesia, esposa de Cristo, **21** 2.9-10, el que le inspira esta llamada que responde al mensaje del libro.
22 17 (b) Esta súplica se dirige al Señor Jesús, v. 20; es el *Marana tha* que se repetía en las reuniones litúrgicas, 1 Co **16** 22, para expresar la espera impaciente de la Parusía, ver 1 Ts **5** 1+.
22 18 Esta fórmula muy antigua, Dt **4** 2; **13** 1; Pr **30** 6; ver Qo **3** 14, es una manera de proteger un escrito sagrado contra toda falsificación.
22 20 Jesús confirma que su venida está cercana, vv. 7.12; y ya **1** 3.7; etc., su sí responde a la llamada de la Iglesia y de los creyentes; y el *Amén* de éstos, Rm **1** 25+, expresa su fe gozosa y su deseo.
22 21 Var.: «con los santos» o: «con todos los santos».

APÉNDICES

APPENDICES

SINOPSIS CRONOLÓGICA

La columna de la derecha (dos columnas entre los años 931 y 721) se refiere a la historia palestinense y bíblica. La columna o columnas de la izquierda se refieren a la historia universal. (La distinción es menos estricta a partir de la era cristiana.) En la columna de la derecha, antes del período romano, los datos extrabíblicos (o no tomados de Josefo) están en *cursiva*.

Los nombres de los jefes, reyes, gobernadores y sumos sacerdotes están en VERSALITAS o VERSALES según su importancia. (En la lista de los reyes de Judá, la sucesión es de padre a hijo, salvo indicación contraria.) Los nombres de los profetas o los títulos de los libros bíblicos (en la fecha de su redacción) están en **negrita**. Los títulos de los libros no bíblicos van en *cursiva*.

Los hechos más importantes están en **negrita**.

I. LOS ORÍGENES. Gn 1-11

El homo habilis y la «cultura del guijarro» (cantos rodados trabajados). Progresos lentos (sílex retocados; fuego; pinturas de las cavernas; lenguaje).	2000000	Relatos populares Los Orígenes, Gn 1-11. El hombre (Adán), ser viviente, inteligente y libre, Gn 1 26. La caída. Diez generaciones simbólicas desde Adán hasta el Diluvio, Gn 5.
Fin del último período glacial; incremento de la recolección; expansión de la humanidad.	13000	La relación de los pueblos, Gn 10.
Ganadería y agricultura; ciudades.	9000	Abel y Caín, Gn 4 2; Henoc 4 17.
Cerámica pintada.	5000	
Metalurgia (cobre); comienzos de la escritura (tabletas sumerias de Ururk = Erek, de Gn 10 10).	3500	Túbal-Caín, padre de los forjadores, Gn 4 22.

II. LOS PATRIARCAS. Gn 12-50

Escritura propiamente dicha; se extiende el uso del bronce. Egipto: **Imperio Antiguo** (las Grandes Pirámides). Capital: Menfis. Mesopotamia: sumerios, luego acadios.	3000	*Palestina: época del Bronce Antiguo, 3100 a 2100.* **Los cananeos.** Antepasados de Abrahán, nómadas en Mesopotamia.
Egipto: Imperio Medio: 2030 a 1720 apr. Mesopotamia: renacimiento sumerio (3.ª dinastía de Ur); luego, creciente importancia de los **amorreos**. Textos de execración.	2000	*Época del Bronce Medio: 2100 a 1550 apr. Los amorreos. En los ss. XX y XIX Egipto controla la costa siropalestinense, pero no domina el interior (memorias del egipcio Sinué).* Hacia el 1850: **llegada de ABRAHÁN a Canaán, Gn 12.**
Por esta época, los *poemas acádicos de la Creación* (Enuma eliš) *y del Diluvio* (Guilgaméš).		
Ss. XVIII y XVII: 1.ª dinastía babilónica (amorrea):		
HAMMURABI hacia el 1750. Su código. Egipto: **los hicsos**, 1720 a 1552 apr. (capital: Tanis).	1700	**Los Patriarcas en Egipto.**

SINOPSIS CRONOLÓGICA

III. MOISÉS Y JOSUÉ. Ex, Nm, Dt, Jos

Egipto: **Imperio Nuevo**, dinastías XVIII-XX, 1552-1070. Capital: Tebas. TUTMO-SIS III: 1468-1436 (campañas en Palestina y Siria).

1500 — *Época del Bronce nuevo:* 1550 a *1200 apr.* Hurritas en Palestina.

1400 — *Cartas de el-Amarna (los Hapiri: Abdijepa, rey de Jerusalén).*

AKENATÓN (= Amenofis IV): 1374-; 1347. Su culto exclusivo del díos Atón. El gran himno de Atón. Capital en Tell-el-Amarna.

Tutankamón: 1347-1338.

1350 — *Tabletas alfabéticas de Ugarit* (ss. XIV-XIII).

En Asia Menor y norte de Siria, los **hititas:** ŠUPPILULIUMA 1370-1336.

Egipto: dinastía XIX, 1304-1184.

SETI I: 1304-1290.

RAMSÉS II: 1290-1224. Residencia en Pi-Ramsés. Guerra y, luego, alianza con los hititas.

1300 — *Estelas de Seti I y Ramsés III en Bet-Šan (Beisán).* Los hebreos en trabajos forzados para construir Pi-Ramsés. Ex 1 11.

1250 — El **Éxodo** hacia el 1250. MOISÉS, **la Ley** en el Sinaí.

Merneftá: 1224-1204. Año 5.°: estela con mención de una victoria sobre el «pueblo de Israel».

Mesopotamia: en los ss. XIII y XII, preponderancia asiria.

Entre el 1220 y 1200 apr., JOSUÉ invade Palestina. *En los recintos excavados (p. ej., Jasor, Jos 11 10), nivel arqueológico correspondiente señalado por estratos de ruinas y empobrecimiento de habitat y de los utensilios.*

IV. DESDE LOS JUECES HASTA SALOMÓN. 1200-931. Jc; 1 y 2 S; 1 R 1-11; 1 Cro; 2 Cro 1-9

Egipto: dinastía XX, 1184-1070. Ramsés III: hacia el 1175, victoria sobre los «**Pueblos del Mar**» que tratan de forzar la entrada en Egipto.

1200 — *Época I del Hierro:* 1200 a *900 apr. Los* **filisteos,** *rechazados por Ramsés III, se establecen en la costa palestinense. El uso del hierro se va extendiendo lentamente.*

Mesopotamia: hacia el 1100, hegemonía asiria con Teglatfalasar I; luego, decadencia de Asiria y nacimiento de los **reinos arameos** (Damasco, Soba, Jamat, momentáneamente Babilonia, etc.).

Los JUECES: 1200 a 1025 apr.

1100 — Hacia el 1125: Débora y Barac vencen a los cananeos en Tanac.

Hacia el 1050: victoria de los filisteos en Afec y muerte de Elí.

1050

Egipto: dinastía XXI, 1070-945. Capital: Tanis. Viaje de Uenamón a Biblos.

Comienzos de SAMUEL hacia el 1040. Santuario de Siló.

SAÚL: 1030 a 1010 apr. Reside en Guibeá. Victorias sobre los amonitas y los filisteos. Derrota en Gelboé y muerte de Saúl.

SINOPSIS CRONOLÓGICA

SIAMÓN: 975-955.	**1000** DAVID: 1010-970 apr. **Toma de Jerusalén** hacia el 1000. Victorias sobre los filisteos, moabitas, el rey de Soba, arameos de Damasco, amonitas, amalecitas, edomitas; alianza con Jamat, 2 S 8.
REZÓN, rey de Damasco, 1 R 11 23s. PSUSENNES II: 955-950.	SALOMÓN: 970 apr. a 931. Se casa con la hija del faraón. Año 4.°: **construcción del Templo**, 1 R 6 1. Comercio con Fenicia y Arabia. Actividad literaria: proverbios, historiografía (2 S 9 - 1 R 2). **950**

V. JUDÁ E ISRAEL. 931-721. 1 R **12-22**; 2 R **1-17**; 2 Cro **10-28**; Am; Os; Is; **Mi**.

Egipto: dinastía XXII. 945 a 725 apr. (libia). Capital: Bubastis.	*Época II del Hierro: 900 a 600 apr.* Asamblea de Siquén y **cisma**, 1 R **12**: hacia el 931.	
ŠEŠONQ I: 945-925.	*ISRAEL*	*JUDÁ*
Campaña de Šešonq en Palestina (lista de Karnak).	JEROBOÁN I: 931-910. Reside en Tirsá. Cultos en Dan y Betel.	ROBOÁN: 931-913. Año 5.°: Šešonq saquea el Templo, 1 R **14** 25s *(Estela de Šešonq en Meguidó).*
OSORKÓN I: 925-889 apr.		
TABRIMMÓN, hijo de Jezión, rey de Damasco, 1 R **15** 18. BEN-HADAD I, su hijo, 1 R **15** 18.	NADAB: 910-909. BASÁ: 909-886. Matanza de la casa de Jeroboán. **900**	ABÍAS: 913-911. ASÁ: 911-870. Lucha contra la idolatría. Se alía con Ben Hadad contra Basá.
	ELÁ: 886-885.	
	ZIMRÍ: siete días.	
Despertar de **Asiria**: ASSURNASIRPAL II, 883-859.	OMRÍ: 885-874. Funda **Samaría.** Controla el país de Moab.	
Impotencia de Egipto en el s. IX y en la primera mitad del VIII.		
BEN HADAD II, rey de Damasco.	AJAB: 874-853. Se casa con Jezabel, hija de Itobaal, rey de Tiro y Sidón. Templo a Baal. Amplía su palacio. *Marfiles de Samaría,* ver 1 R **22** 39. **Elías** y la reacción yahvista, 1 R **17-19**; **21**; 2 R **1**.	JOSAFAT: 870-848. Lucha contra la idolatría. Alianza con Ajab. Controla a Edom.
SALMANASAR III: 858-824. El 853, en **Carcar** del Orontes, derrota a 12 reyes, entre ellos a Hadadézer (= Ben-Hadad) y Ajab.	Guerras contra Ben Hadad II, 1 R **20** y **22.** Batallas de Afec y Ramot. OCOZÍAS: 853-852.	

Mesá, rey de Moab. Su estela, hacia el 840 (tiranía de Omrí y de Ajab; luego, derrota de Israel).	850	Jorán: 852-841, su hermano. Campaña contra Mesá con el rey de Judá. **Eliseo**, 2 R **2-13**. Jorán defiende Ramot de Galaad con Ocozías de **Judá** contra Jazael. Muerto con toda su familia por Jehú.	Jorán: 848-841. Se casa con Atalía, hija de Omrí. Culto de Baal. Se libera Edom.
Jazael, rey de Damasco. Vencido por Salmanasar III.			Ocozías: 841. Muerto por orden de Jehú.
841: Salmanasar III derrota a Jazael, llega al Mar y recibe el tributo de Jehú y de los reyes de Tiro y Sidón.		Jehú: 841-814. Reacción yahvista. Jazael se apodera de Galaad.	Atalía: 841-835. Matanza de los hijos del rey: sólo se salva Joás. Conjura de Joadá y muerte de Atalía.
Ben Hadad III, rey de Damasco, derrotado por Salmanasar III.		Joacaz: 814-798. Hijo de Jehú. Hostigado por Ben Hadad III, 2 R 13 3, ver 2 R 6 24 +.	Joás: 835-796. Hijo de Ocozías. Repara el Templo. Jazael conquista Gat.
Adadnirari III: 810-783. El 805 recibe tributo de Ben Hadad III y del rey de Israel.	800		
		Joás: 798-783. Muerte de Eliseo. Joás arrebata a Ben Hadad III las ciudades anteriormente perdidas, 2 R 13 25. Victoria sobre Amasías en Bet Semes. *Ostraca de Samaría.*	Amasías: 796-781. Victoria sobre Edom. Vencido por Joás de Israel. Muerto en Laquis.
Zakir, rey de Jamat.			
Entre el 783 y 745, decadencia de Asiria.	750	Jeroboán II: 783-743. Restablece los límites de Israel. Hacia el 750, **Amós**, y poco después, **Oseas**.	Ozías: 781-740 (= Azarías). Restablece su autoridad hasta Elat. Desarrolla la agricultura.
Egipto: rivalidad entre las dinastías XXII (Bubastis) y XXIII (Tebas).			
TEGLATFALASAR III: 745-727 (=Pulu en Babilonia). **Reducción a provincias de los países conquistados y trasladados de poblaciones.**		Zacarías: 743.	
		Salún: 743.	
Rasón, rey de Damasco.		Menajén: 743-738. Tributo a Pul, 2 R 15 19.	740: vocación de **Isaías**, Is 6 1.
Hacia el 738: Teglatfalasar recibe tributo de Rasón, de Menajén y de los príncipes del oeste.		Pecajías: 738-737. Muerto por Pecaj.	Jotán: 740-736. Comienzos de **Miqueas**.
Hacia el 734: conquista una parte de Galilea. Tributo de Ajaz.		Pécaj: 737-732. Pierde Galilea y Galaad, 2 R 15 29.	Ajaz: 736-716.
			Rasón y Pecaj asedian a Jerusalén. **Oráculo de Isaías sobre el Emmanuel.** Recurso a Teglatfalasar, que conquista Damasco y hace morir a Rasón, 2 R 16 9.
Hacia el 732: campaña contra Rasón. **Fin de** la independencia de **Damasco.** Pone a Ozías en lugar de Pecaj.		Oseas: 732-724. Se alía con Egipto.	

SALMANASAR V: 726-722.	Asedio de Samaría.
SARGÓN II: 721-705. Conquista Samaría o se atribuye esta victoria de su padre y funda la provincia asiria de Samerina. Pone fin al reino de Jamat (720).	722 ó 721: toma de **Samaría**, deportaciones; establecimiento de extranjeros y sincretismo religioso, 2 R 17 5s.

VI. FIN DEL REINO DE JUDÁ. 721–587, 2 R 18-25; 2 Cro 29-36; So; Na; Ha; Jr; Ez.

Sargón derrota en Rafia al egipcio Sibé.	*EGIPTO*		EZEQUÍAS: 716-687. El ejército de Sargón se apodera de Asdod, Is 20 1. Embajada de Merodac Baladán, 2 R 20 12s.
Su palacio de Korsabad cerca de Nínive.	Dinastía XXIV. Capital: Sais.		
El 711: conquista Asdod.	BOCCORIS: 715-709. Dinastía XXV (nubia).		Ministerio de **Isaías**.
Del 721 al 711 y el 703, el caldeo Marduk-Apal-Iddín, rey de Babilonia.	ŠABAKÁ: 710-696.		
SENAQUERIB: 704-681.			Obras de Ezequías en Jerusalén e *inscripción del canal de Silcé*. Senaquerib invade Judea, tributo de Ezequías, 2 R 18 13-16.
El 701: victoria de Eltequé sobre los ecronitas ayudados por los egipcios y etíopes (nubios). Arrebata 46 ciudades a Ezequías y le impone tributo.		700	
			Actividad literaria, Pr 25 1.
	ŠABATOKÁ: 696-685.		
Hacia el 690, campaña en Arabia hasta Dumá. Al regreso, toma de Laquis (relieve de Nínive, sin fecha).	TIRHACÁ, su hermano, nacido hacia el 710 y corregente hacia el 690. Rey, del 685 al 664.		Segunda (?) campaña de Senaquerib en Palestina, toma de Laquis, amenaza de Tirhacá retirada de Senaquerib, 2 R 18 17 a 19 37.
ASARADÓN: 680-669.			MANASÉS: 687-642. Cultos paganos en el Templo. Cautiverio en Babilonia según 2 Cro 33 11.
Hacia el 671: arrebata a Tirhacá el Bajo Egipto. Tributo de los reyes del oeste, entre ellos Manasés.			
ASURBANIPAL: ¿669-630?			
El 668: tributo de **Manasés**; campaña de Egipto: Tirhacá rechazado más allá de Tebas.			
Hacia el 663: segunda campaña en Egipto, contra Tanutamón, y saqueo de Tebas.	TANUTAMÓN: 664-656.

Dinastía XXVI: 663-525. Capital: Sais.

PSAMMÉTICO I: 663-609. | | |

La biblioteca de Asurbanipal en Nínive.	Hacia el 650 arroja a los asirios de Egipto.	**650**
		AMÓN: 642-640.
		JOSÍAS: 640-609.
		Hacia el 630, **Sofonías**.
		627: vocación de **Jeremías**, Jr **25** 3.
ASURETILILANI: 630-623.	Hacia el 625 detiene la invasión escita.	622: hallazgo del «**libro de la Ley**» (2 R 23 25), **reforma religiosa** que se extiende a Samaría. Elaboración de los documentos históricos con el espíritu del Dt: primera redacción de los libros de **Josué**, **Jueces**, **Samuel** y **Reyes**.
Babilonia: **la dinastía neobabilonia**, 625-539.		
NABOPOLASAR: 626-605.		
SINŚARIŚKUN: 627-612, rey de Asiria.		
612: CIASARES, rey de los medos, y Nabopolasar toman y destruyen Nínive.		Hacia el 612: **Nahúm**.
ASURUBAL-LIT II: 612-609, reina en Jarán: el 609 le fuerzan a retirarse de Mesopotamia.		
609: el rey Nabopolasar rechaza al ejército de Necó que acudía en socorro de Asiria. El 606 **acaba con el imperio asirio**.	NECÓ: 609-594.	609: Josías es muerto al oponerse al avance de Necó.
		JOACAZ: 609. Al cabo de tres meses, Necó le sustituye con su hermano.
605: el príncipe heredero Nabucodonosor derrota al ejército de Necó en Carquemis y se apodera de Siria.		JOAQUÍN: 609-597.
		605: Nabucodonosor derrota a Necó en **Carquemis**, Jr **46** 2; **profecía de los setenta años de destierro**, Jr **25** 1 y 11.
NABUCODONOSOR: sept. 605-562.		
605-604: 2.ª campaña en Siria. 604-603: 3.ª campaña y toma de Ascalón (dic. 604).	Carta aramea del rey filisteo Adón al Faraón (Necó).	Invasión de Filistea, Jr **41** 1-7; Joaquín, vasallo por tres años, 2 R **24** 1; 2 Cro **36** 6; Dn **1** 1.
Fines del 601: Nabucodonosor es derrotado en Egipto.		**600**
		Hacia el 600: rebelión de Joaquín.
599-598: incursiones contra los árabes.		Incursiones de bandas caldeas y arameas, 2 R **24** 2. El profeta **Habacuc** (?).

Comienzos del 597: Nabucodonosor pone sitio a la capital de Judea y la toma el 16-III-597. Hace prisionero al rey y le sustituye.

Tabletas que mencionan a Jeconías y sus hijos entre las personas que mantiene la corte de Nabucodonosor.

PSAMMÉTICO II: 594-589.

JOFRÁ (Apries): 589-566.

587: sitio de Tiro que se prolonga trece años.

Nabuzeriddinam mencionado en cabeza de una lista de funcionarios reales.

JECONÍAS: 598-597. Asedio de Jerusalén, Jeconías se rinde a Nabucodonosor a los tres meses de reinado. **Deportación a Babilonia.** Es sustituido por su tío SEDECÍAS (hijo de Josías): 597-587 (ó 586). Jeremías y los falsos profetas. **Ezequiel** predice la ruina de Jerusalén, Ez 1-23.

589/8: rebelión de Sedecías; en dic. o enero, comienzo del sitio de Jerusalén.

Comienzos del 587: ataque diversivo de Jofrá. Sitio de Tiro, Ez 26s. Junio-julio del 587 ó del 586: **toma de Jerusalén.** Captura de Sedecías.

Un mes después, Nebuzaradán destruye el Templo y la ciudad; nueva deportación. Godolías gobernador. Es asesinado en sep.-oct. Jeremías es llevado a Egipto, Jr 42s.

582/581: nueva deportación. Jr 52 30.

573: visión del Templo futuro, Ez 40.

568/567: campaña contra Amasis.

AVILMARDUK: 562-560.

NERIGLISAR: 560-556.

LABAŠIMARDUK: 556.

NABONID: 556-539. Durante su estancia de diez días en Teima, es sustituido por el príncipe heredero BELSAZAR.

555: CIRO, rey de los **persas,** se rebela contra su soberano Astiages, rey de los medos.

549: Ciro, rey de los medos y persas.

546: toma a Sardes (Creso): muere el verano del 530.

569: AMASIS corregente. 566-526 (?): rey.

Jr 46 13.

561: Evil-Merodac indulta a Jeconías.

550 Is 40-55.

525: PSAMMÉTICO III.

VII. LA RESTAURACIÓN EN LA ÉPOCA PERSA. 538-333. Esd; Ne; Ag; Za; Ml.

Oct. del 539: el ejército de Ciro entra en Babilonia. Ciro devuelve a las ciudades los ídolos llevados a Babilonia.

538: **Edicto de Ciro**. Regreso del Destierro, Sesbasar alto comisario, Esd 5 14.

El palacio de Pasagarda.

Otoño del 538: restauración del altar de los holocaustos, Esd 3 3.

CAMBISES: 530-522. Hijo de Ciro. Conquista Egipto, que será persa hasta el 400 (dinastía XXVII).

Primavera del 537: primera piedra del **segundo Templo**, Esd 3 8; 5 16.

DARÍO I: 521-486. Organiza el imperio persa: Siria y Palestina forman la 5.ª satrapía, y Egipto la 6.ª.

520-515: construcción del **segundo Templo**, Esd 6 15; Ag 2 15. El alto comisario ZOROBABEL y el Sumo Sacerdote Josué. Los profetas **Ageo** y **Zacarías**.

El palacio de Persépolis. — 500

490: batalla de Maratón.

498 a 399: *papiros de la colonia judía de Elefantina*. **Abdías**.

JERJES I: 486-465 (Asuero).

480: toma a Atenas, pero es derrotado en Salamina.

Oposición de los samaritanos a la construcción de las murallas de Jerusalén, Esd 4 6s.

Artajerjes I Longimano: 465-423. Sublevaciones en Egipto y Siria.

(458: misión de Esdras, si es que Esd 7 7 se refiere a Artajerjes I.)

En Atenas: Pericles.

Arsam sátrapa de Egipto (455/4-403 apr.). — 450

445-443: 1.ª misión de NEHEMÍAS, Ne 2 1; 5 14, y restauración de las murallas. Oposición de Sambal·lat *(gobernador de Samaría según una carta de Elefantina)*, de Tobías el amonita y de Guesen el árabe.

Bajo Jerjes y Artajerjes, **Malaquías**. Quizá **Job**, **Proverbios**, **Cantar** y **Rut**. Numerosos **Salmos**.

(428: misión de Esdras, si se lee año 37 en lugar de año 7 en Esd 7 7s.)

Antes de la muerte de Artajerjes: 2.ª misión de Nehemías y reformas inspiradas en el Deuteronomio, Ne 13 6s.

(JERJES II: 423.)

419: *rescripto de Darío sobre la Pascua (papiro de Elefantina)*.

DARÍO II NOTOS: 423-404.

Hacia el 410: *el asunto del Templo de Yaho en Elefantina*.

ARTAJERJES II MNEMON: 404-359/8.		*Prosperidad de los judíos de Babilonia (archivos de la familia Murašu).*
401: rebelión de Ciro el Joven y expedición de los Diez Mil.		
Hacia el 400: Egipto se libera (dinastías XXVIII a XXX: 400-342).	400	(398: misión de ESDRAS si Esd 7 7 se refiere a Artajerjes II. La legislación del Pentateuco, unificada por Esdras, es aprobada por Artajerjes Esd 7 26.)
ARTAJERJES III OCOS: 359/8-338/7. El 342: reconquista de Egipto (dinastía XXXI: 342-332).	350	Judea forma un estado teocrático con moneda autónoma *(dracmas con la inscripción YHD, Judea).*
FILIPO DE MACEDONIA. Aristóteles. ARSES: 338/7-336/5.		Antes de Alejandro, el profeta **Joel** y sin duda la obra del Cronista: libros de las **Crónicas** y de **Esdras-Nehemías.** En tiempo de Alejandro, Za 9-14.
DARÍO III CODOMANO: 336/5-330.		
ALEJANDRO MAGNO: 336-323.		Fin de la época persa o comienzo de la época helenística: **Jonás, Tobías.**
333: conquista de Siria. 332: toma a Tiro y Gaza; entra en Egipto. 331: funda **Alejandría.** 331: pone fin al imperio persa con la victoria de **Arbelas.** 330-326: conquista las satrapías orientales y la India. 323: muere en Babilonia.		

VIII. ÉPOCA HELENÍSTICA. 333-63. 1 M; 2 M; Dn 11.

Los diadocos se disputan el Imperio de Alejandro (319-287).

En Egipto: Los LÁGIDAS.	En Siria y Babilonia: los SELÉUCIDAS.		**Judea sometida a los Lágidas** hasta el 200.
TOLOMEO I SÓTER: 323-285.			
Funda el «Museo» de Alejandría. En Atenas, poco antes del 300, fundación de las escuelas epicúrea y estoica.	SELEUCO I NICÁTOR: 305/4-281. En el 300, funda **Antioquía** del Orontes.	300	Tolomeo I establece judíos en Egipto y Seleuco I en Antioquía (Josefo).
TOLOMEO II FILADELFO: 285-246.	ANTÍOCO I SÓTER: 281-261. Derrota a los gálatas llegados al Asia Menor.		Tolomeo II manda traducir al griego la Ley por los **Setenta** *(carta apócrifa de Aristeas).*
276-273: guerra con Siria. Proseguirá hasta la llegada de los Romanos.	ANTÍOCO II TEO: 261-246.		Tobías, gobernador de Amanítida (sus construcciones en Araq el-Emir). Archivos de Zenón. Activa helenización en Palestina.
Hacia el 253: da su hija Berenice a Antíoco II, que repudia a Laodicea, ver Dn 11 6.	247: Comienzos de la era arsácida (los Partos).	250	

		Posiblemente **Eclesiástico** y **Ester**.
	246: Laodicea manda matar a Berenice y a su hijo, ver Dn 11 6.	
TOLOMEO III EVERGETES: 246-221.	SELEUCO II CALÍNICO: 246-226.	
Supremacía de Egipto, ver Dn 11 7.	SELEUCO III CERAUNO: 226-223.	Tolomeo III y Tolomeo IV victoriosos ofrecen sacrificios en Jerusalén (Josefo y 3 M).
TOLOMEO IV FILIPÁTOR: 221-205.	ANTIOCO III EL GRANDE: 223-187.	
217: victoria de Rafia sobre Antíoco, Dn 11 11.	Numerosas campañas generalmente victoriosas, ver Dn 11 10.	
TOLOMEO V EPÍFANES: 204-180.	202-200: reconquista de Palestina; sitio y toma de Gaza, ver Dn 11 15 (?).	
199-198: regreso y ofensiva de Escopas, general de Tolomeo.	200: Antíoco derrota a Escopas en Panión.	200
Sitiado en Sidón, Escopas acaba entregándose. Ver Dn 11 15.		

Egipto, después de Panión, pierde su hegemonía.	**Judea sometida a los Seléucidas: 200-142, ver 1 M 13 41.**
197: Flaminio derrota a Filipo V de Macedonia en Cinoscéfalos, ver 1 M 8 5.	La constitución de Antíoco III aprueba el estatuto teocrático de los judíos, ver 2 M 4 11.
193: Antíoco III da su hija Cleopatra I a Tolomeo V, ver Dn 11 17.	
189: Antíoco es derrotado en Magnesia de Sípilo por los Escipiones, ver Dn 11 18. La gravosa paz de Apamea (188). Su hijo Antíoco (IV), rehén en Roma, ver 1 M 8 6s.	
187: Antíoco III muerto en Elimaida, ver Dn 11 19.	SIMÓN II el Justo, Sumo Sacerdote: obras en Jerusalén, Si 50. Jesús ben Sirá compone el Eclesiástico (Sirácida). ONÍAS III, Sumo Sacerdote: episodio de Heliodoro, Dn 11 20; 2 M 3.
SELEUCO IV FILOPÁTOR, su hijo: 187-175. Asesinado por su ministro HELIODORO.	
TOLOMEO VI FILOMÉTOR: 180-145.	
ANTÍOCO IV EPÍFANES, hermano de Seleuco: Demetrio (I), rehén en Roma.	

175/4: Filométor se casa con su hermana *Cleopatra II (2 M 4 21 ?)*.	175	175/4: JASÓN, hermano de Onías III, Sumo Sacerdote: helenización de Jerusalén bajo el dominio de Antíoco, 2 M 4 9.
		172: MENELAO, Sumo Sacerdote. Manda matar a Onías III, verano del 170 (Dn 9 25s; 11 22; 2 M 4 30s).
170: corregencia de Filométor, Cleopatra II y el hermano de ellos Tolomeo VIII Fiscón.		

169: 1.ª campaña de Antíoco en Egipto. Al regreso saquea el Templo (Polibio).

168: 2.ª campaña de Egipto. Paulo Emilio derrota en Pidna a Perseo, rey de Macedonia (junio).

Ver 1 M 8 5. Cerca de Alejandría, Cayo Popilio Lenas obliga a Antíoco a retirarse de Egipto, ver Dn 11 29s.

MITRÍDATES I ARSACES VI, rey de los Partos: 171-138.

165: expedición de Antíoco IV a Armenia e Irán.

Hacia nov. del 164: fin de Antíoco IV (en Tabe, Polibio).

ANTÍOCO V EUPÁTOR, su hijo: 164-162. LISIAS ejerce el poder.

DEMETRIO I SÓTER: 161-150, hijo de Seleuco IV, hace morir a Antíoco V y a Lisias.

152-150: Alejandro Balas (hijo de Antíoco IV?) disputa el poder a Demetrio I, que muere en combate.

1.ª campaña de Egipto, Dn 11 24s; 1 M 1 16s (2 M 5 15s: saqueo del Templo).

2.ª campaña de Egipto, Dn 11 29; 2 M 5 1.

167-164: la gran persecución; construcción del Acra, 1 M 1 33. En el Templo, sacrificios a Zeus Olímpico, 25 Quisleu 145 sel. (dic. del 167), 1 M 1 59; 2 M 10 5 y 6 2: ver Dn 11 31 +

Sublevación del sacerdote MATATÍAS. Los asideos se unen a él, 1 M 2 42, ver Dn 11 32.

JUDAS MACABEO, su hijo, le sucede: 166-160.

Comienzos del 164: 1.ª campaña de Lisias, 1 M 4 28s; 2 M 11 (excepto 22-26).

Libro de Daniel: el libro de los Sueños (Henoc 83-90). Fin de Antíoco IV, 1 M 6 1s; 2 M 9.

Elevación al trono de Antíoco V, 1 M 6 17; 2 M 10 11. Dic. del 164 (25 Quisleu): purificación del Templo y dedicación, 1 M 4 36s; 2 M 1 10s; 10 1s; ver Dn 7 25 +.

163: 2.ª campaña de Lisias. Antíoco V devuelve la libertad religiosa a los judíos, 1 M 6 31s; 2 M 13 y 11 22-26.

El Sumo Sacerdote ALCIMO pide a Demetrio que intervenga contra Judas.

Alianza de Judas con Roma, 1 M 8.

Marzo del 160: Nicanor es derrotado y muerto en Adasá (13 de Adar), 1 M 7; 2 M 15.

Jasón de Cirene compone la obra (2 M 2 19s) que hacia el 124 será adaptada (1 9s): segundo libro de los Macabeos.

Abril-mayo del 160: Judas muerto en Beerzet:

JONATÁN sucede a su hermano Judas: 160-143.

Tiranía de Báquides.

157-152: Jonatán «juzga» en Micmás, 1 M 9 73.

Otoño del 152: JONATÁN nombrado Sumo Sacerdote por Alejandro Balas. Onías, hijo de Onías III, construye un templo en Leontópolis (Ant. jud., XIII, 62s. Guerra, VII, 420s).

Creación de la **comunidad esenia de Qumrán** (?), ver *Ant. jud.*, XIII, 171s: *Regla de la Comunidad*.

Hacia el 150: Mitrídates I dueño de casi todo el Irán.

150

ALEJANDRO BALAS: 150-145. Se casa con Cleopatra Tea, hija de Tolomeo VI.

Jonatán en Tolemaida en las bodas de Cleopatra Tea y Alejandro Balas, que le nombra estratega y meridarca, 1 M **10** 65.

148: Macedonia, provincia romana.

146: destrucción de Cartago y Corinto.

Jonatán vence a Polonio, gobernador de Celesiria en nombre del joven Demetrio, y se apodera de las ciudades costeras, 1 M **10** 67s.

147-145: Demetrio II, hijo de Demetrio I, y Alejandro se disputan a Siria; aquél se casa con Cleopatra Tea. Batalla de Oinoparos cerca de Antioquía: Tolomeo mortalmente herido, Alejandro muerto poco después.

DEMETRIO II: 145-140 y 129-115.

TOLOMEO VIII FISCÓN: 145-116.

145: documento de Demetrio II que confirma a Jonatán en Judea y Samaría meridional, 1 M **11** 30s.

ANTÍOCO VI: 144-142. Hijo menor de Alejandro Balas, instalado por Diodoto (Trifón) en Antioquía.

144: Antíoco VI confirma a Jonatán en sus cargos. Renovación de las alianzas con Roma y Esparta, 1 M **11** 54s.

143: Jonatán apresado; luego, muerto por Trifón. SIMÓN, su hermano, le sucede: 143-134.

TRIFÓN rey: 142-138. Elimina a Antíoco VI el 142 o el 138.

142: Simón se adhiere a Demetrio II, que ratifica el documento del 145.

141: Seluecia del Tigris y Babilonia tomadas por Mitrídates.

141, junio: **el Acra se rinde a Simón**; fin de la ocupación seléucida, 1 M **13** 51.

140/139: contraofensiva de Demetrio en Irán. Es capturado por los Partos.

Renovación de las alianzas con Roma y Esparta, 1 M **14** 16s y **15** 15s.

ANTÍOCO VII SIDETES: 139/8-129. Hermano de Demetrio II. Trifón es vencido y se mata (138).

Febrero del 134: Simón muerto por su yerno Tolomeo. Su hijo Hircano se libra de los asesinos. Fin del **primer libro de los Macabeos**.

133: ÁTALO III, rey de Pérgamo, lega sus Estados a Roma, que en el 129 organiza la provincia de Asia.

JUAN HIRCANO (I): 134-104.

129-64: los sucesores del Sidetes se desgastan en luchas fraticidas; pierden el control de Palestina.

Juan Hircano conquista Moab y Samaría: destrucción del templo de Garizín.

ARISTÓBULO I: 104-103. Toma el título de rey.

DEMETRIO III: 95-88 (en Damasco). Hacia el 84: ARETAS III, rey de Nabatea, ocupa Celesiria.

100

ALEJANDRO JANEO: 103-76. Nuevas conquistas. Lucha contra los fariseos.

70: TIGRANES, rey de Armenia, dueño de toda Siria.

ALEJANDRA: 76-67. Su hijo HIRCANO II, Sumo Sacerdote: 76-67 y 63-40. El 67, sucede como rey a su madre, pero pronto es suplantado por su hermano.

67: la provincia romana de Creta-Cirenaica.

ARISTÓBULO II: 67-63. Rey y Sumo Sacerdote.

66-62: POMPEYO en Oriente. El Ponto y Bitinia provincias romanas.

64: en Antioquía, Pompeyo declara depuesto a Filipo II, el último Seléucida, y convierte a **Siria** en **provincia romana.**

Pascua del 65: Hircano II y Aretas III ponen sitio a Jerusalén, pero, por orden de Pompeyo, tienen que retirarse, y luego son vencidos por Aristóbulo II.

Entre el 100 y el 50: el libro de **Judit.**

IX. PALESTINA ROMANA HASTA ADRIANO. 63 a C. - 135 p. C.

63: Pompeyo en Damasco. Arrogancia de Aristóbulo e incapacidad de Hircano.

Verano u otoño del 63: **Pompeyo toma a Jerusalén.** Nombra a Hircano Sumo Sacerdote y lleva a Aristóbulo y a su hijo Antígono a Roma.

El idumeo ANTÍPATRO, ministro de Hircano, gobierna de hecho en Judea. Sublevaciones de los últimos Asmoneos.

53: Craso derrotado por los Partos.

54: Craso saquea el Templo.

CLEOPATRA VII, reina de Egipto: 51-30.

50

Hacia el 50, en Alejandría la **Sabiduría.**

48: CÉSAR derrota a Pompeyo en Farsalia. Pompeyo, asesinado en Egipto.

Los Salmos de Salomón.

44: César asesinado.

47: César nombra etnarca a HIRCANO (47-41). Herodes, hijo de Antípatro, estratega de Galilea: sofoca la rebelión de Ezequías.

43: Antípatro muere envenenado.

41-30: ANTONIO en Oriente.

41: Antonio nombra tetrarcas a Herodes y a su hermano Fasael.

40: los **Partos** en Siria y Palestina.

Fines del 40: el Senado nombra rey a Herodes.

40: Los Partos nombran rey y Sumo Sacerdote a ANTÍGONO. Herodes huye a Roma; Hircano es mutilado.

38: los Partos, expulsados de Siria y Palestina.

39-37: lucha entre Herodes y Antígono.

SOSIO, gobernador de Siria: 38-37.

Comienzos del 37: Herodes se casa con MARIAMME I, nieta de Aristóbulo II y de Hircano II.

Junio (?) del 37: **toma de Jerusalén por Sosio y Herodes.**

31: OCTAVIO vence a Antonio en la batalla naval de **Accio**.

30: suicidio de Antonio y Cleopatra. Egipto, provincia romana.

29: Octavio, Emperador vitalicio y, el 27, AUGUSTO.

Siria, provincia imperial con un legado de Augusto.

Herodes, «rey aliado».

25: Galacia, provincia romana.

23: Herodes recibe Traconítida, Batanea y Auranítida y, el 20, Paneas.

12-6: SULPICIO CIRINO sujeta a los homonadenses del Tauro: ¿como legado de Siria? Diversos indicios de un empadronamiento del Imperio.

9: ARETAS IV sucede a su padre Obodas II, como rey de Nabatea, y reina hasta el 39.

SENCIO SATURNINO, legado de Siria: 9-6.

Según Tertuliano, el que realiza el empadronamiento de Judea es Saturnino.

QUINTILIO VARO, legado de Siria: 6-4.

SABINO, procurador de los bienes de Augusto en Siria.

Fines del 4: Augusto confirma el testamento de Herodes, pero no concede el título de rey a Arquelao:

HERODES EL GRANDE, rey efectivo: 37 a 4 a.C. El 30, ejecuta a Hircano II, y el 29 a Mariamme I.

Construye la Antonia y, el 23, el Palacio en la parte alta de la ciudad. Funda o reconstruye a Antipátrida, Fasélida, Samaría (Sebaste), el Herodión y **Cesarea**.

Varias esposas: en el 23, Mariamme II, hija del Sumo Sacerdote Simón, hijo de Boetos.

Invierno del 20-19: comienzo de la **reconstrucción del Templo**.

Los fariseos Hil·lel y Šamay, y sus escuelas rivales.

¿El **empadronamiento** de Lc 2 1s? Ver *inscripción de Venecia*, sin fecha, que confirma un empadronamiento en Apamea (Siria) por orden de Cirino, «legado de Siria». Ver Lc **2 2** +.

9-8: Herodes penetra en territorio nabateo para capturar a los bandidos de Traconítida, acogidos por el ministro SILEO. Éste se queja ante Augusto: desgracia temporal de Herodes.

Hacia el 7: Herodes manda estrangular a sus dos hijos Alejandro y Aristóbulo, que había tenido de Mariamme I.

Más de 6.000 fariseos niegan el juramento a Augusto: con ocasión de un empadronamiento (?) (¿continuación del de Cirino?).

Nacimiento de JESÚS hacia el 7-6 (?).

Marzo del año 4: caso del águila de oro del Templo. Ejecución de Antípatro, hijo mayor de Herodes, y testamento en favor de los hijos de la samaritana Maltaké (Arquelao y Herodes Antipas) y del hijo de Cleopatra (Filipo).

Fines de marzo-comienzos de abril: **muerte de Herodes** en Jericó. Arquelao traslada su cuerpo al Herodión.

Pascua del 4 (11 abril): Arquelao sofoca una sedición en Jerusalén; luego va a Roma para recibir la investidura de Augusto.

ARQUELAO, etnarca de Judea y Samaría: 4 a.C: a 6 d.C.

HERODES ANTIPAS, tetrarca de Galilea y Perea: 4 a.C. al 39 d.C.

FILIPO tetrarca de Gaulanítida, Batanea, Traconítida y Auranítida, y del distrito de Paneas (Iturea): 4 a.C. al 34 d.C.

3-2: el sucesor de Varo no es conocido. Algunos sitúan aquí una legación de Cirino.

Del 1/2 d.C. al 4, Cirino es consejero del joven CAYO CÉSAR, nieto de Augusto, en misión por el Oriente.

VOLUSIO SATURNINO, legado de Siria: 4-5.

6: Augusto depone a Arquelao y lo destierra a Vienna (Galia).

Judea, provincia procuratorial (con Cesarea como capital): 6 al 41.

COPONIO, procurador: 6-9.

6: según Josefo, CIRINO, legado de Siria.

19 agosto del 14: muerte de Augusto. TIBERIO emperador: 14-37.

VALERIO GRATO, procurador: 15-26.

17-19: GERMÁNICO, hijo adoptivo de Tiberio, en Oriente.

PONCIO PILATO, procurador: 26-36.

El año 15 de Tiberio, Lc **3** 1: 19 de agosto del 28 al 18 de agosto del 29; pero según el cómputo sirio: sept.-oct. del 27 a sept.-oct. del 28.

Sabino viene a Jerusalén para hacer el inventario de los recursos del reino de Herodes: viva oposición y disturbios en todo el país. Aquí se sitúa sin duda la sedición de Judas el Galileo, ver Hch **5** 37, y del fariseo Saddoq, que instigaban a negar la obediencia y el impuesto a Roma (origen de los Zelotas, ver Mt **22** 17). Sabino llama a Varo, que persigue por todas partes a los rebeldes: dos mil son crucificados.

La *Asunción de Moisés* (apócrifo).

1   Filipo el tetrarca construye Julias (Betsaida). Luego embellece Paneas (Panión), a la que da el nombre de Cesarea en honor de Augusto.

6: según Josefo, Cirino llega a Judea para inventariar los bienes de Arquelao, lo que habría provocado la sublevación de Judas y de Saddoq.

ANÁS, hijo de Set, Sumo Sacerdote: 6 (?)-15.

Entre el 1 y el 5: nacimiento de Pablo en Tarso. Discípulo de Gamaliel el Viejo, Hch **22** 3, ver **5** 34.

15: Valerio Grato destituye a Anás. Tres Sumos Sacerdotes, luego JOSÉ, LLAMADO CAIFÁS: 18-36.

Entre el 17 y el 20: fundación de **Tiberíades** por Antipas. Bajo Tiberio, LISINIAS tetrarca de Abilene, Lc **3** 1 e *inscripciones.*

Antes del 23: Herodes Antipas, casado con la hija de Aretas, se casa con Herodías, mujer de su hermano Herodes (hijo de Mariamme II).

27-28: Según Lc **3** 1-3 inicio de la predicación de JUAN EL BAUTISTA; pero con más probabilidad, fecha de su muerte.

Pascua del 28: Jesús en Jerusalén, Jn **2** 13. Los 46 años de Jn **2** 20 comienzan en el 20/19 a.C.

«Cristo fue condenado al suplicio por Poncio Pilato, bajo el emperador Tiberio» (Tácito, *Anales*).

Pascua del 30: la víspera, es decir, el 14 de Nisán, un viernes, **muerte de Jesús**, Jn **19** 31s (la Pascua cayó en sábado el 8 de abr. del 30 y el 4 de abr. del 33: la segunda fecha es demasiado tardía, ver Jn **2** 20), Ver Mt **26** 17 +.

Pentecostés del 30: efusión del Espíritu sobre la Iglesia, Hch **2**. La primera comunidad, Hch **2** 42, etc.

33-34: Filipo muere sin heredero y Tiberio agrega su tetrarquía a la provincia de Siria.

Dificultades de Pilato con los judíos: el caso de las enseñas y el de los escudos (Filón). El acueducto de Pilato.

Hacia el 33: **martirio de Esteban, dispersión** de la comunidad, conversión de Pablo; Pablo en Arabia.

34-37: Pablo en Damasco, Ga **1** 17-18.

L. VITELIO, legado de Siria: 35-39. Padre del emperador Vitelio. Goza de plenos poderes para Oriente.

Hacia el 35: Poncio Pilato ordena la matanza de samaritanos en Garizim.

Pascua del 36: Vitelio en Jerusalén: Sustituye a Caifás con JONATÁN, hijo de Anás.

Hacia el final del 37: Pablo huye de Damasco, 2 Co **11** 32s, y realiza una visita a Jerusalén, Ga **1** 18s; Hch **9** 25s.

Marzo del 37: muerte de Tiberio.

Otoño del 36: salida de Poncio Pilato, enviado por Vitelio a Roma para justificarse; muere de muerte violenta.

CALÍGULA, emperador: 37-41.

MARCELO, procurador: 36-37.

MARULLUS, procurador: 37-41.

37: Calígula entrega a AGRIPA I, hijo de Aristóbulo, las tetrarquías de Filipo y Lisanias, con el título de rey (37-44).

Pascua del 37: Vitelio sube a Jerusalén. Sustituye a Jonatán con su hermano TEÓFILO, Sumo Sacerdote del 37 al 41.

Guarnición nabatea en Damasco.

38: persecución de los judíos en Alejandría.

40: embajada del filósofo judío Filón a Roma (muere después del 41).

Hacia el 37: Fundación de la Iglesia de Antioquía, Hch **11** 19s.

P. PETRONIO, legado de Siria: 39-42.

39: Calígula destierra a Antipas (sin duda a San Bertrand de Comminges, Pirineos) y, a comienzos del 40, entrega su tetrarquía a Agripa I.

39: Calígula ordena erigir su estatua en el Templo. Gracias a Petronio y Agripa I, el asunto se va demorando hasta el asesinato de Calígula.

CLAUDIO, emperador: 41-54, Agripa I, en Roma por entonces, contribuye a su advenimiento: Claudio le otorga Judea y Samaría. Su hermano HERODES es proclamado rey de Calcis (41-48) y se casa con BERENICE (hija de Agripa).

Entre el 34 y el 45: PEDRO en Samaría (Simón el Mago), y en la zona baja del litoral (el centurión Cornelio), y en Jerusalén, Hch **8-11** 18.

41: Claudio expulsa a los misioneros judeo-cristianos de Roma y cierra su sinagoga.

VIBIO VARSIO, legado de Siria: 42-44.

Primavera del 44: a la muerte de Herodes Agripa I, Judea vuelve a ser **provincia procuratorial**: 44-66.

CUSPIO FADO, procurador: 44-46.

CASIO LONGINO el jurisconsulto, legado de Siria: 45-50.

TIBERIO ALEJANDRO, procurador: 46-48. Sobrino de Filón, pero apóstata. Por esta época varias hambres en el Imperio.

VENTIDIO CUMANO, procurador: 48-52.

AGRIPA II, hijo de Agripa I, rey de Calcis del 48 al 53. El 49 es nombrado Inspector del Templo con derecho a designar al Sumo Sacerdote.

UMIDIO CUADRATO, legado de Siria: 50-60.

51-52: GALIÓN, hermano de Séneca, procónsul de Acaya.

Agripa II en gracia con Roma: Claudio destierra a Cumano.

ANTONIO FÉLIX, procurador: 52-60. Hermano del liberto Palas. Se casa con DRUSILA, hermana de Agripa II, casada ya con Aziz, rey de Emesa, ver Hch **24** 24.

Se rehace el reino de Herodes el Grande. Agripa construye la 3.ª muralla de Jerusalén, pero Claudio detiene las obras. Numerosos edificios en Berito (Beyrut).

Alrededor del año 40: 1.ª **misión de Pablo**: Antioquía, Chipre, Antioquía de Pisidia, Listra..., Antioquía, Hch **13** 1s.

Agripa I manda decapitar a SANTIAGO, HERMANO DE JUAN (Santiago el Mayor); durante la fiesta, ordena el encarcelamiento de Pedro, Hch **12**.

28 de junio del 45: un rescripto de Claudio deja a los judíos la custodia de las vestiduras sacerdotales. Herodes de Calcis es nombrado Inspector del Templo, con derecho a elegir al Sumo Sacerdote. El 47 designará a ANANÍAS, hijo de Nebedeo (47 a 52 ó 59), ver Hch **23** 2s.

Fado y el falso profeta Teudas. Ver Hch **5** 36.

Hacia el 48: hambre en Judea, agravada por el año sabático 47/43. Visita a Jerusalén de HELENA, reina de Adiabene, convertida al judaísmo; envía socorros a la población.

50

Alrededor del 50, consignación por escrito del evangelio oral: el **Mateo arameo** y la **colección** complementaria.

47-51, 2.ª **misión de Pablo**: Listra (Timoteo), Frigia, Galacia, Filipos, Tesalónica, Atenas (discurso en el Areópago).

Invierno del 50 al verano del 52, en Corinto: en el 51, las **epístolas a los Tesalonicenses**; y, en la primavera del 52, comparecencia ante Galión. Verano del 52: Pablo va a Jerusalén (?), y luego a Antioquía, Hch **18** 22.

Los judíos, en lucha contra los samaritanos apoyados por Cumano: es enviado a Roma por Cuadrato, que visita a Jerusalén en la Pascua del 52.

Félix reprime el bandidaje

52-59: JONATÁN, Sumo Sacerdote.

53: Claudio concede a Agripa II, a cambio de Calcis, las tetrarquías de Filipo y Lisanias (53-95) y la eparquía de Varo (Líbano del norte).

NERÓN, emperador: 54-68.

55: Nerón agrega al reino de Agripa parte de Galilea y Perea.

Del 59 al 67, Agripa II nombra seis Sumos Sacerdotes, entre ellos a ANÁN, HIJO DE ANÁS (62).

CORBULÓN, legado de Siria: 60-63.

PORCIO FESTO, procurador: 60-62.

LUCEYO ALBINO, procurador: 62-64.

52-57: 3.ª misión de Pablo: APOLO en Éfeso; después en Corinto.

54-57: atravesando Galacia y Frigia, Pablo se detiene dos años y tres meses en Éfeso. Después del 56 (?), **epístola a los Filipenses**. Hacia la Pascua del 57: **primera epístola a los Corintios**, luego, visita rápida a Corinto, 2 Co **12** 14. Vuelta a Éfeso (y ¿**epístola a los Gálatas**?).

Fines del 57: atraviesa Macedonia, **segunda epístola a los Corintios**.

Invierno del 57-58: en Corinto, Hch **20** 3, ver 1 Co **16** 6; la **epístola a los Gálatas** (?); la **epístola a los romanos**.

Verano del 58: en Jerusalén. SANTIAGO, EL HERMANO DEL SEÑOR, al frente de la comunidad judeocristiana. **Su epístola a los judíos de la Dispersión** (o ya antes del 49).

Hacia el 58: Félix dispersa en el monte de los Olivos a los secuaces del falso profeta egipcio, ver Hch **21** 38.

59: manda apuñalar al Sumo Sacerdote Jonatán, aun cuando le debía el puesto.

Pentecostés del 58: Pablo arrestado en el Templo y comparecencia ante Ananías y el Sanedrín. Llevado a Cesarea, comparece ante Félix.

58-60: Pablo preso en Cesarea, escenario de graves disturbios entre judíos y sirios.

60: Pablo comparece ante Festo y apela al César. Defiende su causa en presencia de Agripa y su hermana Berenice.

Otoño del 60: viaje de Pablo a Roma, tempestad, invierno en Malta.

61-63: Pablo en Roma en custodia militar. Su apostolado, sus **epístolas a los Colosenses** (?), **a los Efesios** (?) y **a Timoteo** (2 Tm).

62: el Sumo Sacerdote Anán **manda lapidar a Santiago**, el hermano del Señor (tras la muerte de Festo y antes de la llegada de Albino). SIMEÓN, hijo de Cleofás y de María (cuñada de la madre de Jesús) sucede a Santiago al frente de la Iglesia de Jerusalén. (Eusebio.) La **epístola de Santiago** (?).

Anán destituido por Agripa II.

CESTIO GALO, legado de Siria: 63-66.

Julio del 64: incendio de Roma y persecución de los cristianos (64-68).

GESIO FLORO, procurador: 64-66. Nombrado gracias a Popea, la esposa judía de Nerón.

66: sublevación de los judíos de Alejandría. Tiberio Alejandro, prefecto por entonces de Egipto, mata a varios millares.

66-67: gira teatral de Nerón por Grecia; designa a VESPASIANO y a su hijo TITO para restablecer el orden en Palestina.

MUCIANO, legado de Siria: 67-69.

Marzo del 68: en Galia, rebelión del legado VINDEX.

Abril del 68: GALBA, emperador.

Junio del 68: suicidio de Nerón.

Enero del 69: OTÓN, proclamado emperador por los pretorianos y VITELIO por las legiones de Germania.

Julio del 69: Tiberio Alejandro se pronuncia por Vespasiano. Le sigue todo el Oriente.

VESPASIANO, emperador: 67-69. Confía a Tito el sitio de Jerusalén.

Fines del 69: Vespasiano, dueño único del Imperio.

63: Pablo en libertad; quizá viaje a España, Rm 15 24s.

Hacia el 64: **primera epístola de Pedro** (?), el **evangelio de Marcos** (?).

64 (ó 67): **martirio de Pedro y Pablo** en Roma.

El **evangelio griego de Mateo**, el **evangelio de Lucas** y los **Hechos de los Apóstoles**: ¿antes del 70?, ¿o hacia el 80?

Verano del 66: en Jerusalén, Floro manda crucificar a algunos judíos, pero una sublevación le obliga a abandonar la ciudad. Disturbios en Cesárea y en todo el país.

Sept. del 66: ataque a Jerusalén por Cestio Galo. Se retira con graves pérdidas. El gobierno de los insurrectos.

Éxodo de notables y sin duda de los cristianos, ver Lc 21 20s, que se refugian en **Pel·la** (Eusebio).

67: Vespasiano, a la cabeza de 60.000 hombres reconquista Galilea (JOSEFO, el gobernador insurrecto, es hecho prisionero).

Hacia el 67: la **epístola a los Hebreos** (?).

67-68: los zelotas de JUAN DE GISCALA, fugitivo de Galilea, y los idumeos dueños de Jerusalén. Anán y los notables asesinados.

68: Vespasiano ocupa la zona baja del litoral y el valle del Jordán (destrucción de Qumrán). A la muerte de Nerón, aplaza el sitio de Jerusalén.

69: SIMÓN BARGIORA y los sicarios en Jerusalén. Vespasiano somete el resto de Judea: los sicarios se mantienen en Jerusalén, y también en el Herodión, en Masada y en Maqueronte.

Pascua del 70: numerosos peregrinos en Jerusalén. Poco después **Tito sitia la ciudad** con cuatro legiones. Tiberio Alejandro, segundo jefe.

Toma de la 3.ª y luego de la 2.ª muralla; la circunvalación y el hambre. Toma de la Antonia.

Comienzos de agosto, cese de los sacrificios.

29 de agosto del 70: toma del atrio interior e **incendio del Templo** (el 10 de Loos, es decir, el 1.º del 5.º mes, día en que Nebuzaradán incendió el primer Templo, Jr **52** 12 y Josefo).

Ante el Templo, sacrificio a las enseñas, ver Mt **24** 15. Tito saludado Imperator.

Sept. del 70: toma de la parte alta de la ciudad y del palacio de Herodes. Los habitantes, muertos, vencidos o condenados a trabajos públicos.

Fines del 70: Judea, provincia imperial, confiada al legado de la Legión X, acuartelada en Jerusalén. Cesarea colonia romana.

Tito en Siria: numerosos judíos muertos en los juegos de gladiadores.

Verano del 71: en Roma, triunfo de Vespasiano y Tito (con despojos del Templo); ejecución de Simón Bargiora. El arco de Tito.

71-72: Lucilio Baso, legado de Judea.

El didracma del Templo, pagado en adelante a Júpiter Capitolino.

72: fundación de **Flavia Neápolis** (Naplusa).

Toma del Herodión y de Maqueronte por L. Baso.

74: Flavio Silva, legado de Judea.

Sitio de **Masada**, por F. Silva: Eleazar (descendiente de Judas el Galileo) y sus sicarios se degüellan unos a otros antes que entregarse (Pascua del 74).

Una parte de los sicarios se refugian en Egipto, pero son entregados a los Romanos. Clausura del templo de Onías en Leontópolis.

Regreso a Jerusalén de una parte de **los judeocristianos** (Epifanio). Rabbí Eleazar vuelve a abrir la sinagoga de los Alejandrinos.

Rabbí Yojannán ben-Zakkay, funda la **academia de Yabné** (Yamnia), heredera del Sanedrín. Le sucede Gamaliel II: orígenes de la Mišná.

Entre el 70 y el 80 (?), la **epístola de Judas**, luego la **segunda de Pedro**. *IV de Esdras* (apócrifo). Hacia el 78: la *Guerra de los judíos* de Josefo.

TITO, emperador: 79-81.

DOMICIANO, emperador: 81-96. Hermano de Tito.

Hacia el 93: las *Antigüedades judías* de Josefo.

95: manda ejecutar por cristiano a su primo Flavio Clemente y destierra a su mujer, Flavia Domitila, a Pandataria.

Hacia el 95: Juan, desterrado en Patmos. Edición definitiva del **Apocalipsis**. La *carta de San Clemente*, obispo de Roma, *a los Corintios*.

NERVA, emperador: 96-98.

TRAJANO, emperador: 98-117.

Evangelio de Juan, luego su **primera** epístola (la **tercera** y quizá la **segunda** son anteriores). Impugna a Cerinto y su docetismo.

CORNELIO PALMA, legado de Siria, ocupa el reino nabateo: **la provincia de Arabia**, capital Bostra (Bosorá) (106).

100

CLAUDIO ÁTICO HERODES, gobernador de Judea el 107.

111-113: PLINIO EL JOVEN, legado de Bitinia: Su carta sobre la persecución de los cristianos y **rescripto de Trajano.**

114-116: anexión de Armenia, Siria y Mesopotamia. **Apogeo del imperio romano.**

117: **levantamiento judío** en todo el Oriente y rebelión de las nuevas provincias. Éstas son reconquistadas por el mauritano LUSIO QUIETO, que es nombrado legado de Judea.

ADRIANO, emperador: 117-138. Lleva las fronteras del Imperio hasta el Éufrates.

El segundo gran viaje de Adriano: 128-134. Termina en Atenas el templo de Zeus Olímpico, a cuya construcción había contribuido Antíoco Epífanes. Se hace llamar Olímpico o Capitolino.

TINEYO RUFO, legado de Judea, y PUBLICIO MARCELO, legado de Siria.

La *Didajé* (¿fines del s. I?).

Al comienzo del reinado de Trajano: **muerte de Juan en Éfeso**

107: **martirio de Simeón** 2.º obispo de Jerusalén. Hasta la segunda rebelión, 13 obispos más, igualmente judeocristianos.

Hacia el 110: las siete *cartas* de IGNACIO, obispo de Antioquía, y su martirio en Roma.

Poco después, *carta a los Filipenses* de POLICARPO, obispo de Esmirna y discípulo de Juan (+ 156).

Las *Odas de Salomón* (apócrifo).

Quieto erige la estatua de Trajano ante el altar del Templo (Hipólito). Es destituido, luego muerto por Adriano.

Hacia el 130, la *carta* (apócrifa) *de Bernabé*. En Hierápolis, Frigia, el obispo PAPÍAS. En Alejandría, el gnóstico BASÍLIDES.

130: Adriano en Jerusalén decide la reconstrucción de la ciudad (Aelia Capitolina).

132-135: **segunda rebelión judía.**

SIMEÓN BEN KOSEBÁ *(cartas de Murabbaat)* toma a Jerusalén; Eleazar Sumo Sacerdote. Ben Kosebá reconocido por RABBÍ AQUIBA como Mesías y como la Estrella de Nm **24** 17, de donde su apodo Bar Kokebá (Hijo de la Estrella). Persigue a los cristianos porque se niegan a unirse a la rebelión.

A pesar de los esfuerzos de Marcelo, Rufo se ve desbordado por las guerrillas: Adriano les envía el legado de Bretaña, JULIO SEVERO, y él mismo llega en persona.

Comienzos del 134: toma de Jerusalén.

Tras haber ocupado una cincuentena de ciudadelas, Severo se apodera de **Béter**, donde perece Bar Kokebá (agosto del 135).

Los cautivos vendidos en Mambré y Gaza.

La provincia de Judea se convierte en la **provincia de Siria-Palestina**. Jerusalén, colonia romana, zona prohibida para los judíos.

135: Rufo construye Aelia (el templo de Júpiter, Juno y Minerva en el emplazamiento del Calvario y del sepulcro de Cristo).

Templo de Zeus Hípsistos en el Garizim; bosque sagrado de Adonis en torno a la gruta de Belén.

El obispo MARCOS (apr. del 135 al 155) y la nueva comunidad cristiana. Los judeocristianos, dispersos por Transjordania y Siria, pronto forman la secta de los **Ebionitas** (los «Pobres»), con el *evangelio de los Hebreos*; no aceptan la divinidad del Mesías y rechazan las epístolas de Pablo.

SINOPSIS CRONOLÓGICA

DINASTÍAS ASMONEA Y HERODIANA

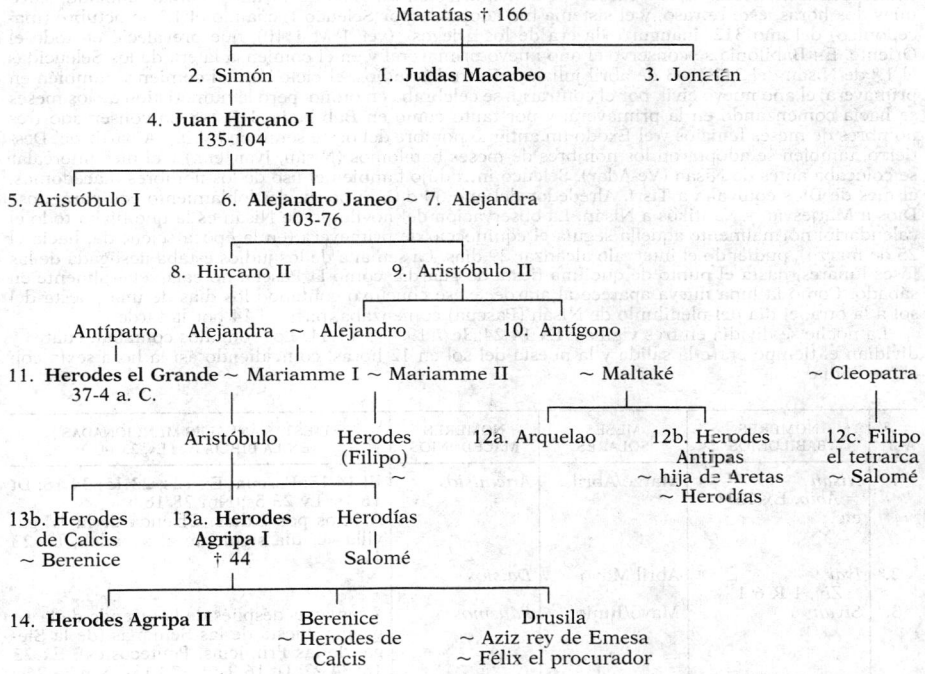

Matatías † 166

2. Simón   1. **Judas Macabeo**   3. Jonatán

4. **Juan Hircano I**
135-104

5. Aristóbulo I   6. **Alejandro Janeo** ~ 7. Alejandra
103-76

8. Hircano II   9. Aristóbulo II

Antípatro   Alejandra ~ Alejandro   10. Antígono

11. **Herodes el Grande** ~ Mariamme I ~ Mariamme II   ~ Maltaké   ~ Cleopatra
37-4 a. C.

Aristóbulo   Herodes (Filipo) ~   12a. Arquelao   12b. Herodes Antipas ~ hija de Aretas ~ Herodías   12c. Filipo el tetrarca ~ Salomé

13b. Herodes de Calcis ~ Berenice   13a. **Herodes Agripa I** † 44   Herodías | Salomé

14. **Herodes Agripa II**   Berenice ~ Herodes de Calcis   Drusila ~ Aziz rey de Emesa ~ Félix el procurador

N. B. El signo ~ indica las uniones matrimoniales.

CALENDARIO

El año era lunisolar: 12 meses de 29 ó 30 días, con un mes suplementario cada dos o tres años para enjugar el retraso del ciclo lunar sobre el año solar. Desde el 367, los científicos babilonios, distribuyendo a intervalos fijos 7 meses suplementarios en un ciclo de 19 años, habían anulado, salvo unas dos horas, este retraso, y el sistema fue adoptado por Seleuco I, cuando el 1.º de octubre (macedónico) del año 312, inauguró «la era de los griegos» (ver 1 M **1** 10), que prevaleció en todo el Oriente. En Babilonia se conservó el año nuevo primaveral y en él comienza la era de los Seléucidas el 1.º de Nisán del 311 (= 3 de abril juliano). Entre los judíos, el ciclo cultual comienza también en primavera; el año nuevo civil, por el contrario, se celebraba en otoño, pero la numeración de los meses se hacía comenzando en la primavera, y por tanto como en Babilonia. 1 R **6-8** ha conservado tres nombres de meses fenicios y el Éxodo un antiguo nombre del oeste semítico (Abib). A partir del Destierro, también se adoptaron los nombres de meses babilonios (Nisán, Iyar, etc.) y el mes intercalar se colocaba antes de Nisán (Ve-Adar). Seleuco introdujo también el uso de los nombres macedonios, el mes de Díos equivalía a Tisrí. Alrededor del año 30 d.C. hubo un desdoblamiento equiparándose Díos a Marjesván y Xantikós a Nisán. La observación del novilunio de Nisán es la que fijaba todo el calendario: normalmente aquélla seguía el equinoccio de primavera (en la época seléucida, hacia el 25 de marzo), pudiendo el intervalo alcanzar 29 días. La semana de los judíos estaba desligada de las fases lunares, hasta el punto de que una fiesta de guardar como la Pascua no caía generalmente en sábado. Como la luna nueva aparece al atardecer, se concluyó contando los días de una puesta del sol a la otra: el día del plenilunio de Nisán (Pascua) comenzaba, pues, el 14 por la tarde.

La noche se dividía en tres vigilias, Ex 14 24; Jc 7 19; 1 S **11** 11. Los romanos contaban cuatro y dividían el tiempo entre la salida y la puesta del sol en 12 horas, coincidiendo así la hora sexta con el mediodía.

A. T.	NOMBRES BABILONIOS	MESES SOLARES	NOMBRES MACEDONIOS	FIESTAS ANUALES MENCIONADAS EN LA BIBLIA (ver Ex. 23 14+)
1.º	*Nisán* = *Abib*, Ex **13** 4, etc.	Marzo/Abril	*Artemisios*	El 14/15: Pascua, Ex **12**s; **23** 15; **34** 18; Dt **16** 1s; Lv **23** 5s; Nm **28** 16. Ázimos por 7 días. Ofrenda de la 1.ª gavilla «el día siguiente al sábado», Lv **23** 11.
2.º	*Iyar* *Ziv*, 1 R **6** 1	Abril/Mayo	*Daisios*	
3.º	*Siván*	Mayo/Junio	*Pánemos*	7 semanas después de la ofrenda de la 1.ª gavilla: Fiesta de las Semanas (de la Siega, de las Primicias, Pentecostés), Ex **23** 16; **34** 22; Dt **16** 9s; Lv **23** 15s; Nm **28** 26s; Hch **2** 1.
4.º	*Tamuz*	Junio/Julio	*Loos*	
5.º	*Ab*	Julio/Agosto	*Gorpaios*	
6.º	*Elul*	Agosto/Sept.	*Hiperbepetaios*	
7.º	*Tisrí* *Etanín*, 1 R **8** 2	Sept./Oct.	*Dios*	Novilunio: Día de los Clamores, Lv **23** 23s; Nm **29** 1s (*Roš hašaná* o Año Nuevo del Judaísmo). El 10: *Yom Hakkippurim*. Día de la Expiación, Lv **16**; **23** 26s; Nm **29** 7s. Ayuno, ver Hch **27** 9. Del 15 al 23: Fiesta de las Tiendas (Tabernáculos) o Escenopegia, Dt **16** 13s; Lv **23** 33s; Nm **29** 12s; Jn **7** 2. Es «la Fiesta de la Recolección al término del año», Ex **23** 16, «al final del año», **34** 22, fiesta, pues, del Año Nuevo otoñal, como en Canaán.
8.º	*Marjesván* *Bul*, 1 R **6** 38	Octubre/Nov.	*Apel·laios*	
9.º	*Quisleu*	Nov./Dic.	*Audunaios*	El 25: Encenias, con octava, 1 M **4** 52; 2 M **10** 5; Jn **10** 22, e.d. la Dedicación, *Janukká* en hebreo. Fiesta de la Luz (Josefo).
10.º	*Tébet*	Dic./Enero	*Peritios*	
11.º	*Sabat*	Enero/Febrero	*Dystros*	
12.º	*Adar*	Febrero/Marzo	*Xantikós*	El 13: Día de Nicanor, 1 M **7** 49; 2 M **15** 36. El 14/15: Fiesta de los *Purim* o Suertes, Est. **9** 21s, o Día de Mardoqueo, 2 M **15** 36.

ÍNDICE DE MEDIDAS* Y DE MONEDAS

I. MEDIDAS DE LONGITUD

codo	anmá	45 cm.	1	
palmo	zéret	22,5 cm.	1/2	
coto	tófaj	7,5 cm.	1/6	
pulgada	esbá	1,8 cm.	1/24	

El codo antiguo de Ez tiene siete cotos (52,5 cm.) y el palmo de Ez 40 5, la mitad. Su vara tiene 6 codos antiguos (315 cm.). El Nuevo Testamento, además del codo, menciona la braza (1,84 m.) y el estadio (185 m.). La milla romana era de 1.479 m. (ocho estadios). La *esjena* de 2 M 11 5 equivale a 30 estadios.

II. MEDIDAS DE CAPACIDAD

	ÁRIDOS					LÍQUIDOS	
tonel	ómer y kor	450 litros	10	450 l.	*kor*	tonel
	létek (Os 3 2+)	225 l.	5			
medida	efá	45 l.	1	45 l.	*bat*	medida
arroba	seá	15 l.	1/3			
			1/6	7,5 l.	*hin*	sextario
décima	issarón	4,5 l.	1/10			
			1/18	2,5 l.	*cab* (2 R 6 25)	
			1/72	0,6 l.	*log*	cuartillo

En la traducción, hemos escogido para estas medidas de capacidad nombres de antiguas medidas españolas de un valor parecido. El cuadro anterior da el valor real (aproximado) de las medidas judías.

Con todo, en Ez 45 10-11 y Mi 6 10, donde *efá* y *bat* se hallan yuxtapuestos, hemos traducido *efá* por «arroba». En Za 5 5-11, el contexto invita a dar a *efá* el valor de una «arroba».

La artaba de Dn 14 3 es una medida persa, 56 l. apr.

Nuevo Testamento: la *metreta* o medida, de 29,4 l., que se consideraba como el equivalente del *bat*; el sextario *(sextarius, xestes),* de 0,46 l., como el equivalente del *log;* el *modio,* que valía 8,75 l., como los dos tercios del *seá.* El *quénice* («litron») de Ap 6 6 es de 1,10 l. El Nuevo Testamento emplea también las palabras *seá, kor* y *bat,* pero helenizadas.

III. PESOS

talento	kikkar	34 k. 272 gr.	3.000	
mina	mané	571 gr.	50	
siclo	šéqel	11,4 gr.	1	
medio-siclo	beqá	5,7 gr.	1/2	
óbolo	guerá	0,6 gr.	1/20	

mina de Ez 45 12: 50 siclos (685 gr.).

Nuevo Testamento: la libra romana (latín *libra* griego *lítra*) es de 326 gr. apr.

IV. MONEDAS

1. ANTES DE DARÍO I. La moneda aparece en el siglo VII, en Anatolia, luego en Grecia. Anteriormente bastaba con pesar el metal. Las *dracmas de oro* de Ne 7 69s = Esd 2 69 son sin duda hemiestáteres áticos (véase más abajo, «estáter»). La *mina de plata,* mencionada en el mismo lugar, no es más que una moneda imaginaria, quizá la mina babilónica de 505 gr. apr.

2. DARÍO, poco después del 515, creó el *dárico de oro* con peso del siclo babilónico de 8,41 gr. (Esd 8 27), y un *siclo de plata* de valor veinte veces menor, y por tanto de 5,60 gr. (porque el oro valía entonces 13,3 veces más que la plata). A este siclo se refiere Ne 5 15, mientras que en 10 33 parece tratarse del siclo-peso. La acuñación de la plata parece haber sido libre en el Imperio persa, y en Palestina se han hallado piezas de plata con la inscripción YHD, Judea.

3. ÉPOCA HELENÍSTICA Y ROMANA. Alejandro extiende el sistema ático por su imperio, con una relación de oro a plata de 10 a 1, mientras que la de plata a cobre era de 50 a 1. Los romanos traen luego su moneda; calculaban sus grandes sumas en *sextercios* (ver el cuadro). También se pesaban las especies por *talentos* y por *minas* áticas (apr. 26 Kg. y 436 gr.), es decir, por seis mil y por cien dracmas. Los siclos de 1 M 10 40 son didracmas (ver el uso de los LXX).

* Cifras aproximadas.

MONEDAS GRIEGAS	GR.	RELACIÓN		GR.	MONEDAS ROMANAS
estáter ático, patrón oro.	8,60	20^a	25	7,80	*aureo* bajo Augusto.
tetradracma. Plata.	17,40	4			
tetradracma[b] de Tiro (del 126 a.C. al 195 d.C.). Llamado a veces estáter, Mt 17 27; **26** 15 (D), ver Za 11 12.	14,40	3			
didracma ático. Plata. Bajo el Imperio, Mt 17 24:	8,60 7 apr.	2 1,5			
dracma ática. Patrón plata.	4,36	1		4,55	*denario*, plata, aparece en el 269 a.C.; de buena ley hasta el s. III.
2 M **12** 43: Bajo el Imperio	3,50	3/4	1	3,85 3,41	Desde el 216 a.C. hasta Nerón. A partir de Nerón.
			1/4	25,40	*sextercio* (latón) bajo Augusto: 4 ases (peso de una onza).
óbolo ático. Plata.	0,72	1/6	1/8	15,50	*dipondio* (latón), bajo Augusto: 2 ases, Lc **12** y Vulg.
			1/16	10	*as* o *assarius*, patrón bronce, primitivamente una libra, es decir 327 gr. (peso de 12 onzas). bajo Augusto.
calco ático. Bronce. Bajo Antíoco IV:	8,60 6 apr.	1/48	1/32	4,50	*semis*, bajo Augusto. Bronce.
leptón ático. Bronce. Un séptimo del *calco;* sinónimo a veces de *óbolo*, de *calco*, etc., Mc **12** 42; Lc **21** 2; Lc **12** 59 = Mt **5** 26.		1/336	1/64	3,10	*cuadrante*, bajo Augusto. Bronce. En oriente, los procuradores, las ciudades, etc., hacían emisiones locales de moneda fraccionaria más o menos equivalente al calco y al as.

Emisiones de piezas de plata en Palestina, en señal de independencia.

PRIMERA SUBLEVACIÓN: 66-70.

tetradracmas	apr. 14 gr.	leyenda "siclo de Israel".
didracmas	7 gr.	leyenda "medio siclo".
dracmas	3,35 gr.	leyenda "cuarto de siclo".

SEGUNDA SUBLEVACIÓN: 133-135.

tetradracma 14 gr. apr.
denarios reacuñados.

---

a) Antes de Alejandro.

b) El tetradracma o siclo fenicio representa una unidad de un valor aproximado al antiguo siclo-peso israelita. El didracma anual para el Templo correspondía, pues, al medio siclo de Ex 30 13, y al tercio del siclo de Ne 10 33. Los Rabinos precisaban que tenía que ser según el porcentaje de Tiro, cuyos estáteres (tetradracmas) gozaban de reputación.

ÍNDICE ALFABÉTICO
DE LAS NOTAS MÁS IMPORTANTES

Damos a continuación la lista alfabética de los principales nombres de personas o lugares, y de las principales nociones bíblicas que tienen su correspondiente nota.

Los nombres propios de personas o lugares (ABIATAR, ABILENE), van en VERSALITAS. Las palabras hebreas, arameas o griegas (*šeol, sfraguís*) o las castellanas calcadas en el griego (*kénosis*), en cursiva. Los demás términos, en redonda.

Remitimos a las notas por medio de la referencia del pasaje bíblico que explican. A veces remitimos a explicaciones generales de las Introducciones.

Aaronitas, *ver* Sacerdocio.
Abbá, Mt 23 9; Mc 14 36.
  Ver también Padre.
ABIATAR, 2 S 8 17; Mc 2 26.
ABILENE, Lc 3 1.
Abismo, *ver* Agua.
Abominación de la desolación, Dn 9 27; Mt 24 15; Lc 21 20.
ABRAHÁN, Gn 5, 6 18, 9 9, 11 10.27, 12 3, 14, 15 6, 17 5, 22, 24, 46 2; Nm 1 18; Sal 45 11; Sb 7 27; Si 44 20; Lc 16 22, 19 9; Jn 8 39.56; Rm 1 16, 3 1, 4 1.3; St 2 14.22.
  Ver también Patriarcas, Promesa.
ABSALÓN, 2 S 13 1, 16 21.
Abstinencia, *ver* Ayuno.
ACAD, Gn 10 10.
Acción de gracias, 2 Cro 7 9; Sal 33 3, 66, 116 13; Jon 2 2; Hch 2 42; Rm 8 27; 1 Co 10 16; 1 Ts 2 13; St 1 27.
  Ver también Eucaristía, Liturgia, Oración.
Acciones proféticas, Jr 18.
Acepción de personas, Dt 1 17, 10 17; Pr 24 23.
Aclamación, Sal 23 3.
  Ver también Clamores.
Acusador, *ver* Diablo.
Adán (= Nuevo Adán), Sb 10 1; Rm 5 12; 1 Co 15 22; Flp 2 5.6.
  Ver también Creación, Hombre, Mujer, Renovación.
Adivinación, Si 34 1; Is 65 4; Za 10 2.
  Ver también Sueños.
Adivinos, Is 2 6.
Adopción (filial), Gn 48 12; Hch 1; Ga 4 5; Ef 1 5.
  Ver también Elección, Espíritu, Herencia, Hijo de Dios, Promesa.
Adoración (Alabanza), Ex 20 24, 34 15; Lv 17; Dt 12 2.13; Jos 4 19; 1 S 9 12, 26 19; 2 R 10 22, 17 7.24, 23 8; 1 Cro 6 16, 21, 28 10; 2 Cro 1 7, 13 4; Jb 31 27; Si 7 29, 24 10.15, 35 1s 43 22; Ag 2 14; Jr 5, 8 2, 41 5; Dn 9 27; So 1 5; Ml 1 11; Mt 26 17.26; Lc 2 20, 4 15; Jn 2 21, 4 23, 14 6.17; Hch 2 42.46, 6

4, 7 7, 13 2.15, 15 20; Rm 1 9, 8 27, 9 4, 11 9; Flp 2 5.17; Hb 9 9.23; Ap 1 6, 2 13, 4 8.
  Ver también Comida, Comunidad, Jerusalén, Ley, Oración, Paganos, Prostitución, Sábado, Sacerdocio, Sacrificio, Tiempo, Yahvismo.
Adulterio, Pr 2 16, 5 15; Os 1 2; Jn 7 53.
  Ver también Prostitución.
Adversario, 2 Ts 2 4.
  Ver también Diablo, Satán.
Agapê, 1 Co 13 1.
  Ver también Amor, Caridad, Comida.
AGRIPA, ver HERODES.
Agua (Abismo, Mar de Suf, Paso), Gn 1 2.6, 6 5, 7 11; Ex 14 24; Lv 11 36; Nm 31 23; 1 R 18 35; 2 R 20 20; Jb 26 5; Sal 18 4, 46, 93 2, 109 18; Sb 11 5.13.14; Si 39 17; Is 8 6; Ez 47 9; Am 5 8; Jon 2 3; Na 1 5; Mt 3 11.16, 14 22; Jn 1 33, 2 19.21, 3 13 4 14, 7 38.39, 9 32, 19 34; Hch 1 5; 1 Co 10 4; 1 Jn 2 22; 5 6.8; Ap 12 1, 21 6.
  Ver también Bautismo, Caos, Espíritu, Éxodo, Fertilidad, Fuego, Moisés, Pecado, Purificación, Salvación, Sangre, Vida.
Agua lustral, Nm 19.
AINON, Jn 3 23.
AJICAR, Tb 1 21.
AJIOR, Jdt 5 5.
Alabanza, *ver* Adoración, Sacrificio.
Alegría, Lc 1 14; Jn 8 56; Flp 1 4.
  Ver también Felicidad.
ALEJANDRO y RUFO, Mc 15 21.
Alfa y *Omega*, Ap 1 8.
Alfabético (Poema), Pr 31 10.
Alfarero, Is 29 16, 45 9.
Alianza (Antigua, Nueva. *Diazêkê*, Promesas), Gn 6 18, 8 22, 9 9, 12, 13 13, 15 17, 17; Ex 19 6, 20 22, 24 7, 34; Nm 1 18; Dt 4 30, 26 17; Jos 24; Jc 8 33; 1 R 8 22, 19 8; 2 R 23 2; 1 Cro 29 17; 2 Cro 21 7, 23 11, 34 32; Est 4 8; Sal 5 10, 47 9; Pr 2 16; Ct 2 16.17, 7 12.16; Is 11 10, 24 6, 59; Jr 4 4, 31 31; Ez 16 62, 36 27; Dn 9 27; Os 1 2.16, 2 20, 3

ÍNDICE ALFABÉTICO DE LAS NOTAS MÁS IMPORTANTES

Expiación (Día de la), Ex **25** 17; **26** 33;
Lv **16**; Sal **65** 3; Si **50** 5.22; Os **6**; Hb
9 2, **13** 12.
Ver también Perdón.

Fariseos, 1 M **2** 42; Mt **3** 7, **6** 2; Hch **4** 1;
5 34.

Fe, Gn **12** 1, **15** 1.6, **22** 1, **35** 23; Jos **2** 11;
2 R **4** 21; Pr **22** 16; Si **38** 1, **44** 20; Is
7 9; Ha **2** 4; Mi **5** 8, **7** 20; Mt **8** 2.10,
12 18, **16** 21, **22** 1, **25** 36, **26** 31; Mc
15 39; Lc **17** 5; Jn **2** 11, **6** 29.40, **8** 24,
10 26, **11** 22.25, **13** 19, **14** 1.10.19, **16**
1.26, **17** 6; Hch **2** 38.42, **3** 16, **8** 36, **9**
13, **13** 17.48, **14** 9, **20** 22.27, **21** 21; Rm
1 5.16, **3** 20.24.31, **4** 3.13.20, **5** 2.5, **6**
4.15, **7** 1.5.7, **8** 29.30, **9**, **10** 3.9, **12** 3,
14 1; 1 Co **12** 9.12, **13** 1.13, **15**; Ga **1**
12, **3** 27; 2 Ts **3** 7; 1 Tm **6** 13; 2 Tm **2**
19; Flm 1.6; Hb **1** 1.6, **6** 1, **11** 1.3.6.26,
12 7; St **2** 5.14.22; 1 Jn **1** 3.7, **3** 19, **5**
1.5.21.
Ver también Árbol, Esperanza, Humildad, Incredulidad, Justificación, Milagros, Monoteísmo, Pecado, Predestinación, Pueblo de Dios, Rechazo, Revelación, Santos.

Felicidad (Alegría, Prosperidad), Sal **49**,
73, **119** 17.33, **128**; Qo **7** 8; Ct **1** 7; Sb
4 7; Si **14** 1.21; Is **11** 6; Os **2** 20; Am **9**
11; Ml **2** 17; Lc **1** 14; Jn **8** 14, **15** 11,
16 20; Hch **2** 46, **9** 5; Rm **5** 2; Flp **1** 4;
St **1** 1; Ap **2** 17, **6** 11.
Ver también Bendiciones, Bienaventuranzas, Cumplimiento, Ley, Luz,
Tiempo mesiánico, Vida.

Fertilidad, Sal **65** 11; Sb **3** 13; Ct **1** 5, **7**
14; Si **24** 25; Ez **47** 9; Os **2** 7.
Ver también Agua, Dioses paganos.

Festín mesiánico, *ver* Banquete mesiánico.

Fianza, Jb **17** 3; Pr **6**.

Fidelidad, 1 R **8** 22; Qo **7** 8; Ct **7** 14; Sal
119 33; Os **2** 21-22; Ha **2** 4; Jn **1** 14;
Rm **1** 16, **3** 20; 1 Jn **3** 19.
Ver también Alianza, Infidelidad, Israel, Matrimonio, Resto, Servicio.

Fiestas, Ex **23** 14, **34** 10; Lv **23** 24; Jc **21**
19; 2 R **4** 23; Is **20** 4, **25** 6; Ne **8** 17;
Est **9** 18; 1 M **4** 59; Sal **33** 3, **42** 4, **67**,
81 3, **111**; Si **32** 1; Ba **1** 14; Za **14** 18;
Mt **22**; Jn **3** 29.
Ver también Banquete mesiánico, Matrimonio.

Filacterias, *ver* Flecos.

Filisteos, Jos **13** 2.

Flecos del vestido, Nm **15** 37; Mt **23** 5.

Fornicación (en sentido figurado), Os **1** 2.
Ver también Alianza, Amor, Matrimonio.

Fracción del pan, Lc **24** 35; Hch **2** 42.
Ver también Cena, Eucaristía.

Fraternidad, 1 S **25** 4; 2 R **10** 13; Sal **133**;
Am **1** 11; Jn **2** 12; Hch **1** 15, **2** 5; 2 Co
13 12; Flm 6.
Ver también Amor, Sacerdocio.

Fuego (Holocausto), Ex **13** 22, **24** 16; Lv
6 2, **10** 3; Nm **17** 3, **21** 6, **31** 23; Dt **4**
24; Jc **6** 21; 1 R **18** 24.35; Is **6** 7; Am **7**
17; Ml **4** 2; Mt **3** 6.11.12; Mc **9** 49; Lc
12 49; Hch **2** 3; 1 Co **3** 15; 2 Ts **1** 8;
Hb **10** 26; Ap **21** 7.
Ver también Agua, Altar, Carismas,
Celo, Día de Yahvé, Diablo, Espíritu,
Gloria, Manifestación, Mesías, Milagros, Muerte, Nube, Purificación, Sacrificio, Santificación.

Fuerzas (Dominaciones), 1 Co **2** 6, **12** 12;
Rm **8** 39; Ef **1** 21, **3** 10; Ap **16** 14.20.
Ver también Mal, Mundo, Principados.

Furor, *ver* Cólera.

Gabaonitas, Jos **9** 3.

Galacia, Hch **16** 6.

Garizín, Jos **8** 33; Jn **4** 20.

Gehenna *(Gue-hinnom)*, Mt **3** 12; **18** 9
(ver Lv **18** 21), **27** 8.

Genealogía, Gn **10** 1; 1 Cro **1**; Rt **4** 18; Mt
1; 1 Tm **1** 4.

Gentiles, *ver* Paganos.

Germen, Jr **23** 5; Za **6** 12; ver Is **4** 3.

Gigantes *(Nefilim)*, Gn **6** 1; Dt **1** 28.

Glosolalia, Hch **2** 4.
Ver también Carismas.

Gloria (Ascensión, Cuerpo glorificado,
Exaltación, Glorificación, -del Señor,
-de Yahvé, *Sekinah*, Triunfo), Ex **3** 6,
4 24; Lv **10** 3; 1 S **4** 21; 2 Cro **26** 18;
Sal **29**, **49** 14, **68**, **73** 24, **85** 9; Si **14**
27, **44**; Ez **1** 28; Mi **4** 14; Mt **8** 20, **26**
64; Mc **10** 38; Lc **9** 51, **24** 16; Jn **1**
14.33, **2** 1.4.11.19, **3** 13.35, **8** 28, **11** 4,
12 1.28.32.41, **13** 2.33, **14** 28, **16** 15,
17 1.5, **20** 17; Hch **2** 36, **3** 13, **6** 15, **13**
48; Rm **2** 6, **3** 23, **5** 2, **8** 4.30, **9** 3; 1 Co
3 17; Ef **1** 4.5; Flp **1** 20, **2** 5.7; Col **1**
27, **2** 10; 1 Ts **4** 17; 1 Tm **3** 16, **6** 14;
Tt **2** 13; Hb **1** 3, **2** 9, **9** 12; 2 P **1** 3; Ap
1 13, **2** 17.28, **15** 8, **21** 1.
Ver también Cuerpo, Fuego, Hijo del
hombre, Manifestación, Nube, Resurrección, Transfiguración.

Gnosis, *ver* Conocimiento.

Go'el (Vengador de sangre, Redentor),
Nm **35** 19; Rt **2** 20; Jb **19** 25; Sal **19**
15; Is **41** 14.
Ver también Redención.

Gomorra, *ver* Sodoma.

Gracia, Gn **1** 26; Jr **3** 19; Mt **3** 7; Jn **1**
14.16, **19** 34; Hch **13** 3; Rm **3** 24, **7**

ÍNDICE ALFABÉTICO DE LAS NOTAS MÁS IMPORTANTES

Necedad y Sabiduría, Pr **9** 13.

Nefeš, Gn **2** 7; Sal **6** 5.

Ver también Alma.

Nefilim, ver Gigantes.

NÉGUEB, 1 S **27** 10.

Neomenia, Lv **23** 24.

Nicolaítas, Ap **2** 12.

Nigromancia, 1 S **28** 3.

Noche, *ver* Tinieblas.

NOÉ, Gn **5** 24, **6** 18, **9** 9; Sb **10** 4; Si **44** 17; Na **1** 8.

Ver también Alianza, Castigo, Diluvio, Resto.

Nombre (Altísimo, El-Šadday, Invocación, Persona, Título), Gn **4** 26, **14** 18, **17** 1.5, **31** 42, **49** 24; Ex **3** 14, **23** 21, **33** 19; Jc **13** 18; 1 S **1** 3, **25** 25; 1 R **8** 16; 2 Cro **17**; Jb **19** 25; Sal **19** 14, **45** 6, **54** 1, **72** 17, **79** 10, **91** 1, **101** 2, **103** 8, **144** 10; Ct **1** 4.7; Ez **1** 4; Si **50** 20; Is **1** 26, **14** 12, **40** 25, **41** 4, **42** 8; Jr **23** 6, **33** 16; Ez **20** 9; Os **1** 4, **2** 24; Za **14** 9; Mt **3** 2, **4** 3, **16** 18; Mc **14** 61; Lc **1** 35; Jn **2** 11, **8** 24.28, **12** 28, **17** 6; Hch **1** 5, **2** 21.33.38.42, **3** 16, **4** 12, **5** 20.41, **7** 59, **9** 5, **11** 20.27, **13** 21, **15** 17, **17** 7; Rm **8** 27, **9** 5, **10** 14.21; 1 Co **10** 4; Ef **2** 17; Flp **2** 9; 3 Jn 1.7; Ap **1** 4.8, **2** 17, **14**, **17** 3.

Ver también Cristo, Hijo de Dios, Hijo del hombre, Israel, Jerusalén, Jesús, Mesías, Señor, Unción, Yahvé.

Nombres proféticos, Is **1** 26.

Nube, Ex **13** 22, **19** 16, **24** 16; 1 R **8** 10; Sal **68** 8; Si **14** 27, **24** 7, **39** 22; Os **2** 14; Ha **3** 3; Mt **24** 30; Lc **1** 35; Jn **8** 12; Hch **1** 9.

Ver también Fuego, Gloria, Manifestación.

Nuevo (Hombre, Mandamiento, Recreación, Regeneración, Vida), Ex **24** 8; Dt **4** 30; 2 S **5** 9; 2 Cro **29** 12; Is **4** 3, **11** 6, **65** 25; Jr **31** 31; Ez **16** 62, **36** 27; Mi **4** 14; Za **13** 7; Ml **3** 1; Mt **3** 6.16, **9** 17, **13** 12, **19** 28, **20**, **26** 28; Jn **1** 16.33, **4** 23, **5** 1, **13** 34; Lc **5** 39; Hch **3** 20, **11** 27; Rm **5** 5.19, **6** 4, **7** 22.24, **8** 2.29, **9** 3.5; Ef **1** 10.23, **2** 12.15, **3** 18, **4** 13.24; 1 Co **12** 12, **13** 1; 2 Co **5** 17; Flp **2** 17; Col **1** 15.20.27, **2** 17, **3** 11.24; Tt **3** 7; Hb **4** 9, **8** 2, **12** 19.27; St **2** 14; 1 P **3** 21; Ap **2** 17, **21** 10.

Ver también Adán, Alianza, Bautismo, Creación, Hombre, Israel, Jerusalén, Ley, Perdón, Primicias, Vid, Vida.

Números, *ver* Cuarenta, Doce, Siete.

Nupcias, vestido nupcial, *ver* Desposorio, Matrimonio.

Nûs, ver Inteligencia.

Obediencia, 1 S **14** 10, **15** 22; Esd **6** 10; Sal **19** 13, **40** 7; Sb **6** 18; Si **2** 15; Jon **1** 16; So **2** 3; Mt **4**; Jn **15** 2; Rm **1** 5, **13** 1; Ga **2** 19; Flp **2** 8; St **1** 25; 1 P **2** 13.

Ver también Amor, Ley, Temor de Yahvé.

Oblación, Ex **25** 23; Lv **2** 1.

Ver también Sacrificio.

Obra (de Dios), Tb **1** 3; Sal **121**; Si **14** 19; Ha **3** 2; Mt **6** 1, **25** 36, **26** 10; Mc **4** 13; Jn **2** 11, **5** 36, **6** 29, **8** 12, **9** 4.14, **14** 12; Rm **2** 6; Ga **2** 20; Hb **6** 1.

Ver también Justificación, Ley, Sábado.

Observancias (rituales), Gn **15** 17; Nm **10** 5; Jos **7** 14; Jc **5** 2; 1 S **15** 22; 1 R **18** 21; Pr **21** 3; Jr **34** 18; So **3** 18; Rm **6** 15.

Ver también Alianza, Purificación, Sábado, Sacrificio, Yahvismo.

Obstinación, *ver* Dureza de corazón.

Ofrenda, *ver* Sacrificio.

Oikumênê, ver Mundo.

Omnipotencia, *ver* Poder.

Omnisciencia, Sb **1** 7.

Ver también Sabiduría.

Oprimido, *ver* Pobre.

Oración, Gn **32** 23; Dt **32** 31; 1 S **1** 13; 1 R **18** 24, **21** 9; 2 R **4** 29; 2 Cro **6** 13; Esd **6** 10; Tb **3** 17; Jdt **8** 17; Est **4** 9; 2 M **12** 38; Jb **16** 18, **42** 8; Sal **1** 2, **44** 20, **55** 17, **134**, **141** 2; Qo **12** 8; Si **7** 33, **34** 23; Dn **6** 11; Os **6**, **14** 2; Jl **1** 14; Mt **6** 5, **14** 23; Lc **3** 21; Hch **1** 14, **6** 4, **10** 4, **13** 2; Rm **5** 5, **8** 27; 1 Co **14** 14; 2 Co **3** 18; Hb **5** 7, **13** 10; St **5** 16.

Ver también Acción de gracias, Adoración, Pecado, Sacrificio, Testigo.

Oráculo, *ver* Profecía.

Ordalía, Nm **5** 11.

Ordenación, *ver* Sacerdocio.

PABLO, Hch **9**, **13** 9, **15** 39, **18** 3, **22** 4; Rm **1** 1; Ga **1**; Col **4** 10.

Ver también Apóstol, Pedro, Predicación.

Paciencia, Lc **13** 6; Hch **1** 7; St **1** 4; 1 P **3** 19.

Padre, Mt **25** 34, **26** 38; Jn **1** 1, **2** 4.11, **3** 11, **5** 16, **10** 30, **12** 28, **13** 32, **14** 6.28, **16** 15.26, **17** 1.6; Hch **20** 28; Rm **8** 11, **9** 5; Ef **3** 15.19; Flp **2** 1; 1 Tm **1** 1; Hb **1** 3, **9** 8; St **1** 17; 1 Jn **5** 3.

Ver también Hijo de Dios, Revelación.

Padres, *ver* Patriarcas.

«Padre nuestro», Mt **6** 9.

Ver también Oración, Padre.

Paganos (Gentiles, Naciones), Gn **9** 25; Ex **23** 24; Lv **18** 21, **19** 27; Dt **22** 5, **26** 14; Jc **8** 33; 1 S **10** 5; 2 S **5** 9; Esd **1** 2; Ct **6** 8; Sal **45** 9.10, **67** 2, **72** 9, **87**; Is

Esta edición de la
Biblia de Jerusalén se terminó
de imprimir en los talleres de
Rodesa, en Estella (Navarra),
el día 20 de enero de 2000

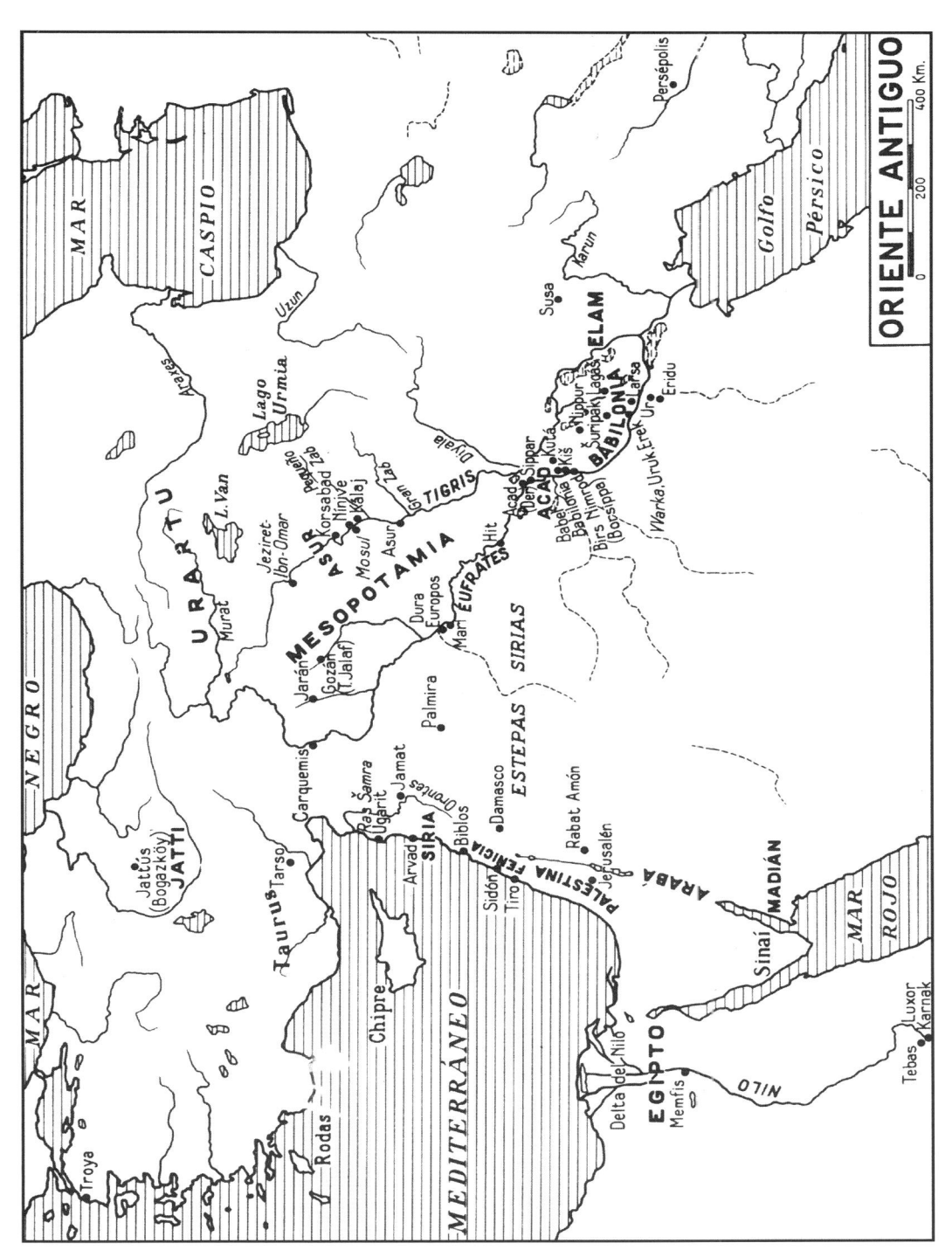

ORIENTE ANTIGUO

0 200 400 Km.

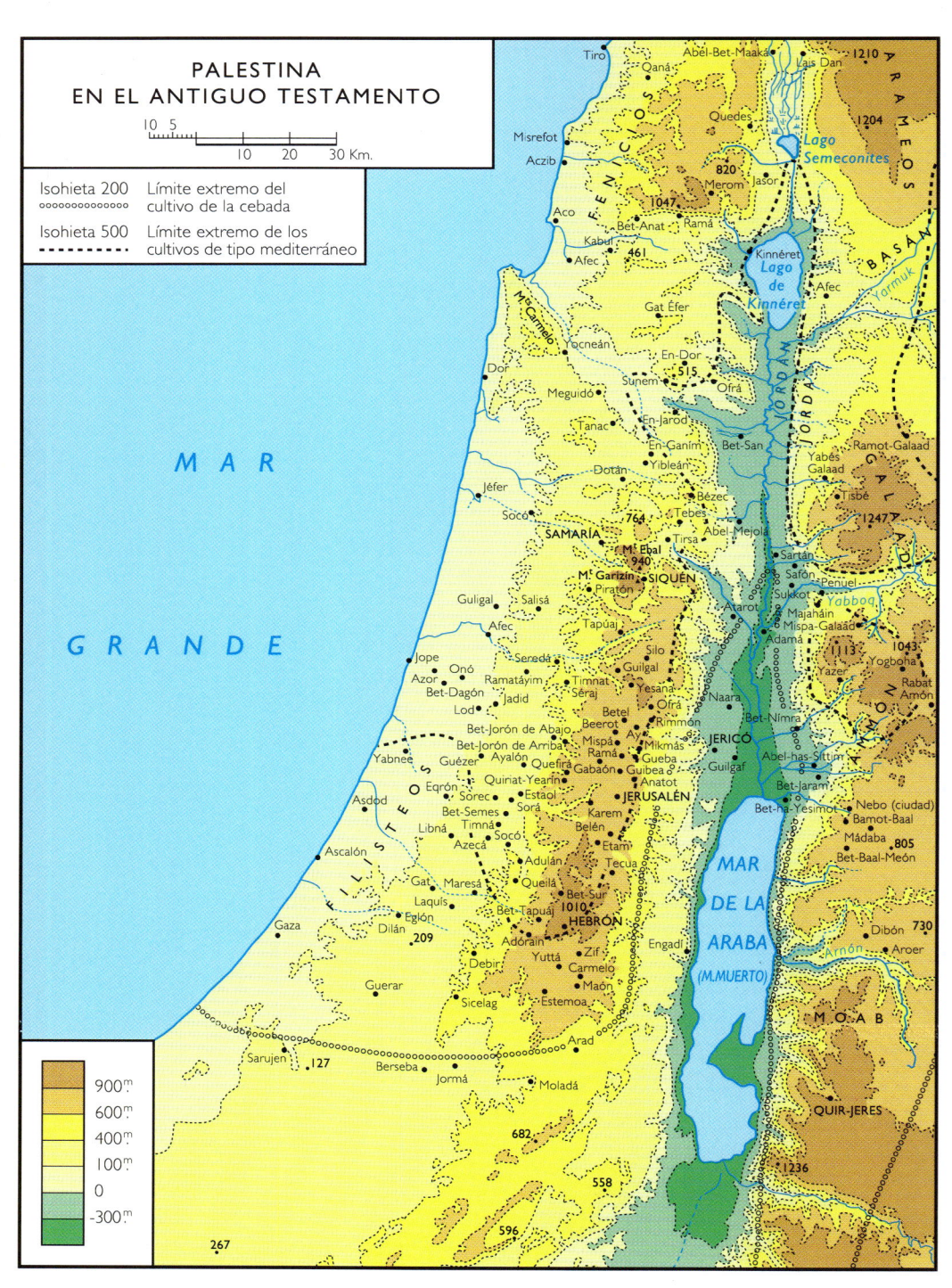

PALESTINA
EN EL ANTIGUO TESTAMENTO

10 5
10   20   30 Km.

Isohieta 200   Límite extremo del
oooooooooooooo   cultivo de la cebada

Isohieta 500   Límite extremo de los
- - - - - - - - -   cultivos de tipo mediterráneo

MAR

GRANDE

Tiro
Abél-Bet-Maaká
Lais Dan
1210
Qaná
A R A M E O S
Quedes
1204
Misrefot
Lago
Semeconites
Aczib
820
Aco
Merom   Jasor
1047
B A S Á N
Bet-Anat   Ramá
Kabul
461   Kinneret
Afec
Lago
de
Kinneret   Afec
Gat Éfer
Yarmuk
Yocneán
Dor
En-Dor
515
Meguidó   Sunem   Ofrá
Ramot-Galaad
Tanac   En-Jarod
En-Ganím   Bet-San
Yabés
Galaad
Dotán   Yibleán
1247
Bézec   Isbé
Socó   Tebes
764   Abel-Mejolá
SAMARÍA   Tirsa   Sartán
M. Ebal   Safón   Penuel
940   Sukkot
M. Garizín   SIQUÉN   Atarot   Yabboq
Piratón   Mispa-Galaád
Guligal   Salisá   Adamá   1043
Tapúaj   1113   Yogboha
Afec   Jazer
Seredá   Silo   Rabat
Jope   Ramatáyim   Guilgal   Amón
Azor   Onó   Timnat   Yesana
Bet-Dagón   Séraj   Ofrá   Naara
Lod   Jadid   Betel   Rimmón   Bet-Nimra
Beerot   Ay
Bet-Jorón de Abajo   Mispá   Mikmás
Bet-Jorón de Arriba   Ramá   Gueba   Guilgaf
Yabnee   Guézer   Ayalón   Quefira   Guibea   Abel-has-Sittim
Eqrón   Quefira   Gabaón   Guibea
Sorec   Quiriat-Yearín   Anatot   Bet-Jaram
Asdod   Estaol   JERUSALÉN   Bet-ha-Yesimot   Nebo (ciudad)
Bet-Semes   Karem   Bamot-Baal
Libná   Timná   Belén   805
Azecá   Socó   Etam   Mádaba
Ascalón   Adulán   Tecua   Bet-Baal-Meón
Gat   Maresá   Queilá
Laquís   Bet-Súr   MAR   Dibón   730
Eglón   Bet-Tapúaj   1010   DE LA   Engadí   Aroer
Gaza   Dilán   HEBRÓN   ARABA   Arnón
209   Adóraim   (M.MUERTO)
Guerar   Yuttá   Zif
Debir   Carmelo   M O A B
Sicelag   Maón
Estemoa
Arad   QUIR-JERES
Sarujen   127
Berseba   Jormá
Moladá
682
558
1236
596
267

FENICIOS
Mte Carmelo
FILISTEOS
JORDÁN
JORDÁN
GALAAD
AMMÓN
JERICÓ

900 m
600 m
400 m
100 m
0
-300 m

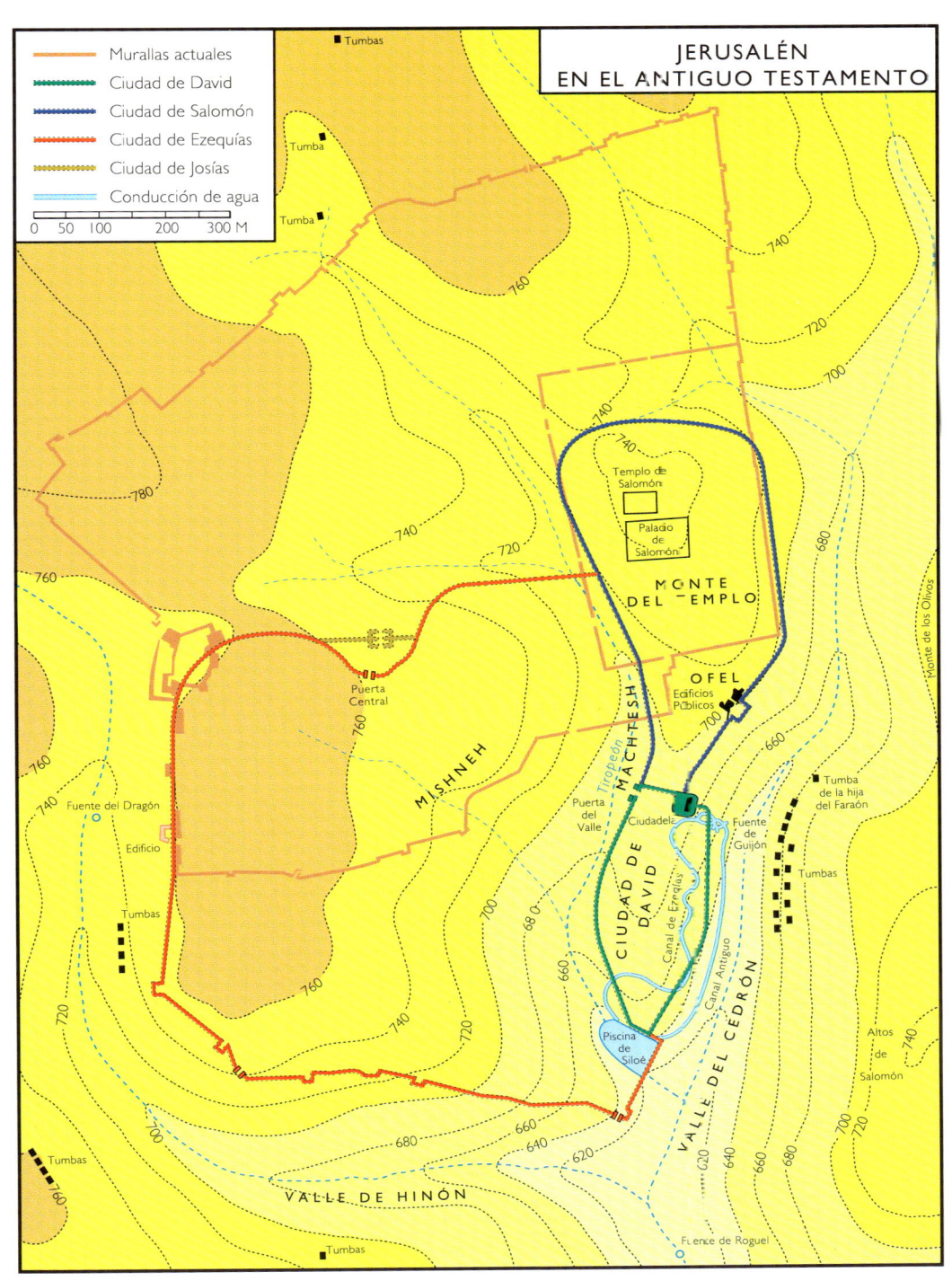

JERUSALÉN
EN EL ANTIGUO TESTAMENTO

Murallas actuales
Ciudad de David
Ciudad de Salomón
Ciudad de Ezequías
Ciudad de Josías
Conducción de agua

0   50   100   200   300 M

Tumbas
Tumba
Tumba

Templo de
Salomón

Palacio
de
Salomón

MONTE
DEL TEMPLO

Monte de los Olivos

OFEL
Edificios
Públicos

Puerta
Central

MISHNEH

Tiropeón
MACHTESH

Puerta
del Valle

Ciudadela

Tumba
de la hija
del Faraón

Fuente
de
Guijón

Tumbas

Fuente del Dragón

Edificio

CIUDAD DE DAVID

Canal de Ezequías

Canal Antiguo

Tumbas

VALLE DEL CEDRÓN

Altos
de
Salomón

Piscina
de
Siloé

VALLE DE HINÓN

Tumbas

Fuente de Roguel

Tumbas

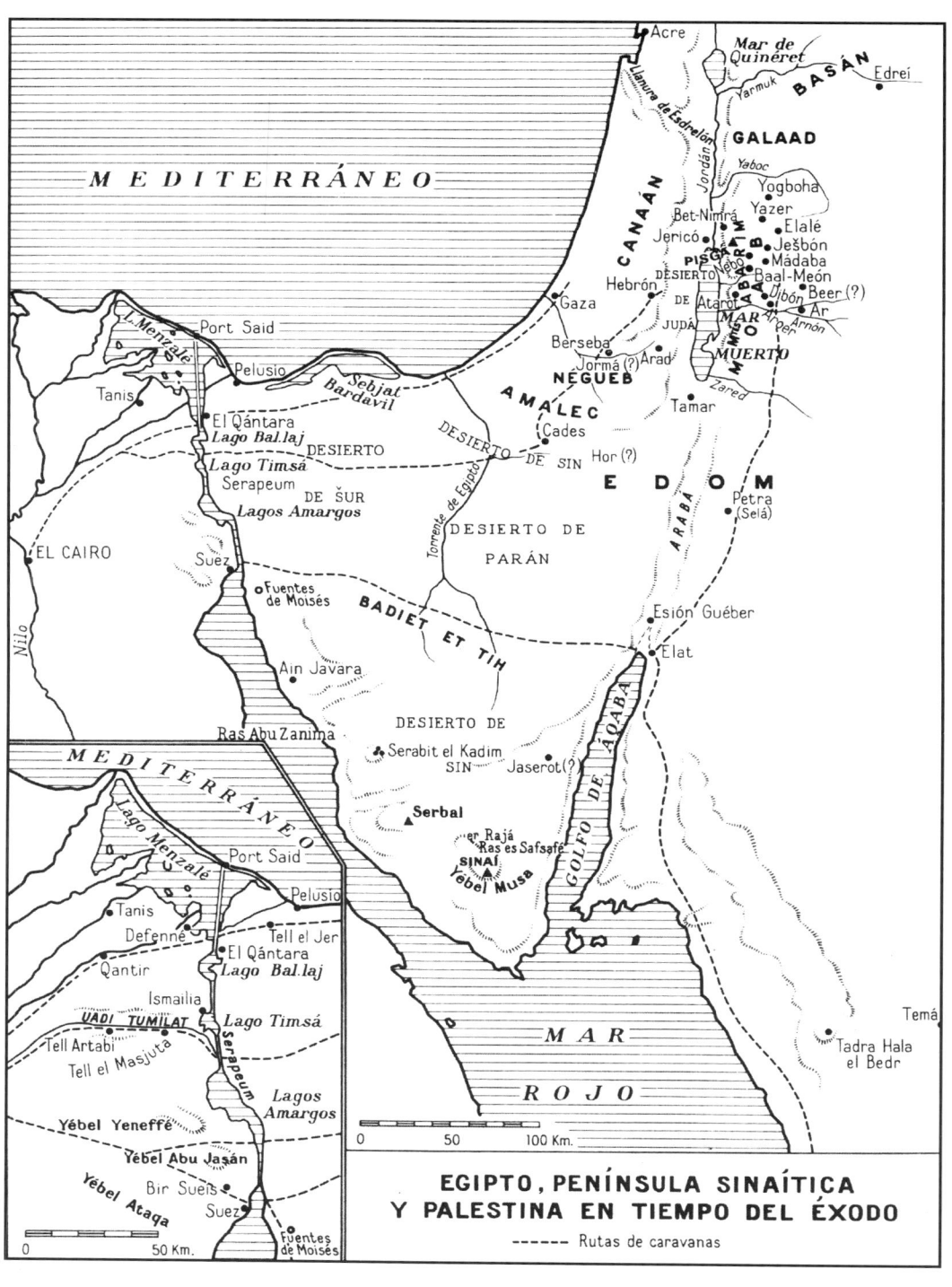

**EGIPTO, PENÍNSULA SINAÍTICA
Y PALESTINA EN TIEMPO DEL ÉXODO**

------ Rutas de caravanas

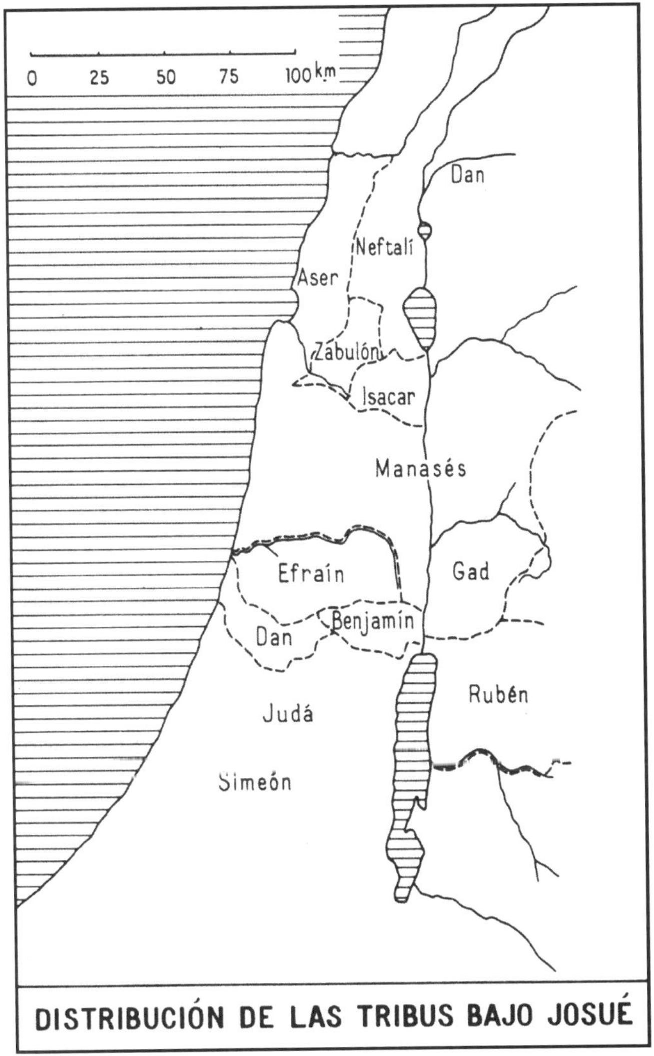

Map 1 (right)

PARDÉS DEL RE...

Trieres
Beritós
Sidón
Ornitópolis
Sarepta
Tiro
Cadeş
Paneion
CARNÁIN
GALAAD
AMÓN
Rabat Amón
Tiros
MOAB
Aco
GALILEA
Dora
DORA
Samaría
SAMARÍA
SARÓN
Jope
Onó
Lod
Guézer
Aşdod
AŞDOD
Ascalón
Gaza
Laquis
Jerusalén
JUDÁ
IDUMEA
ARABAYA
NABATEOS

Inset: JUDEA BAJO NEHEMÍAS

Senaá
Betel
Ay
Micmás
Jericó
Meronot
Mispá
Gueba
Azmávet
Anatot
Bet-Guilgal
Beerot
Gabaón
Ramá
Nob
Ananías
Quefirá
Jasón
Quiriat-Yearín
JERUSALÉN
Bet-Basái
Bet Haqueren
Zanóaj
Belén
Netofá
Tecoa
Jarín
Magbiş
Quelá
Nebo
Bet-Sur
Elam

0 10 20 30 km

0 25 50 75 100 km

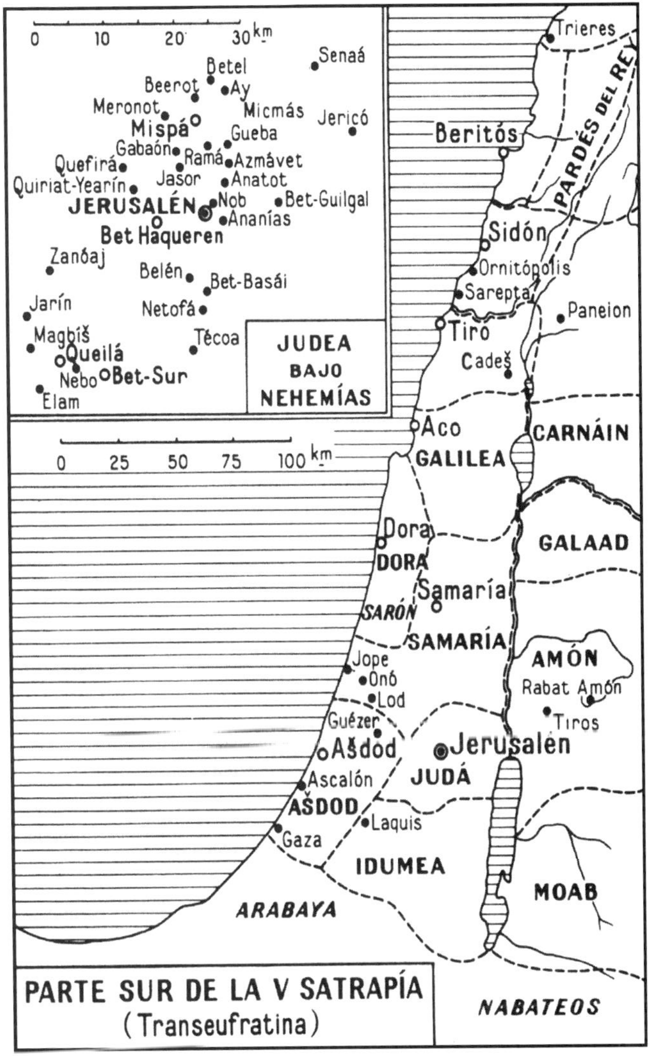

PARTE SUR DE LA V SATRAPÍA
(Transeufratina)

Map 2 (left)

Dan
Neftalí
Aser
Zabulón
Isacar
Manasés
Efraín
Dan
Benjamín
Gad
Rubén
Judá
Simeón

0 25 50 75 100 km

DISTRIBUCIÓN DE LAS TRIBUS BAJO JOSUÉ

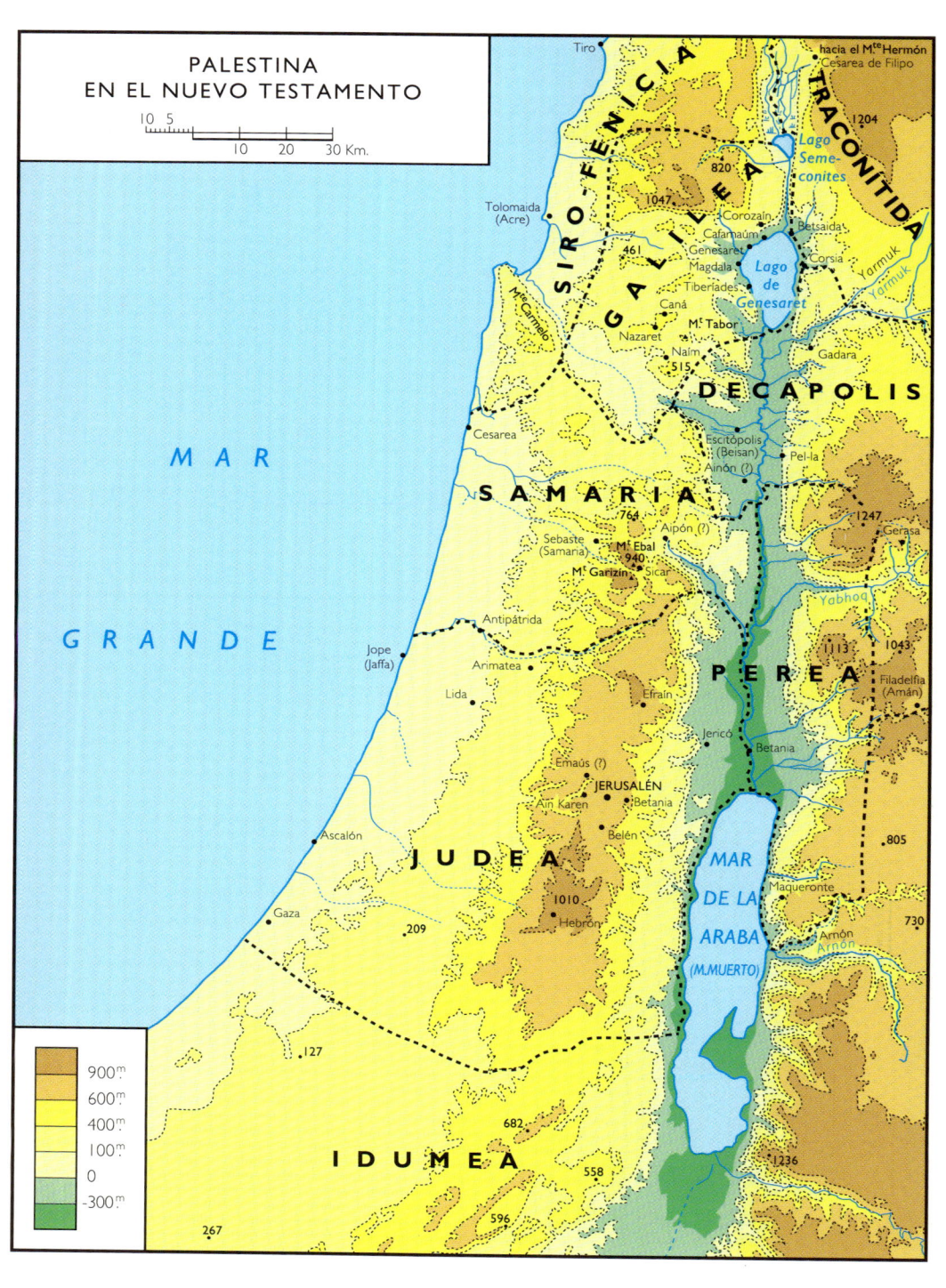

PALESTINA
EN EL NUEVO TESTAMENTO

10 5
10   20   30 Km.

Tiro

SIRO-FENICIA

hacia el M.ᵗᵉ Hermón
Cesarea de Filipo

TRACONÍTIDA

1204

Lago
Seme
conites

820

Tolomaida
(Acre)

1047

GALILEA

Corozaín
Cafarnaúm
Genesaret
Magdala
Tiberíades

Betsaida
Corsia

Yarmuk

461

Lago
de
Genesaret

Caná

M.ᵗ Tabor

Nazaret

Naím

515

Gadara

Cesarea

DECAPOLIS

MAR

Escitópolis
(Beisan)
Ainón (?)

Pel-la

SAMARIA

764

Aipón (?)

1247

Gerasa

Sebaste
(Samaria)

M.ᵗ Ebal
940

M.ᵗ Garizín   Sicar

Yabhoq

Antipátrida

GRANDE

Jope
(Jaffa)

Arimatea

Efraín

PEREA

1113   1043

Filadelfia
(Amán)

Lida

Jericó

Betania

Emaús (?)

JERUSALÉN

Ain Karen   Betania

805

Ascalón

Belén

JUDEA

MAR
DE LA
ARABA
(M.MUERTO)

Maqueronte

Gaza

1010
Hebrón

730

209

Arnón
Arnón

127

IDUMEA

682

558

1236

267

596

900ᵐ
600ᵐ
400ᵐ
100ᵐ
0
-300ᵐ

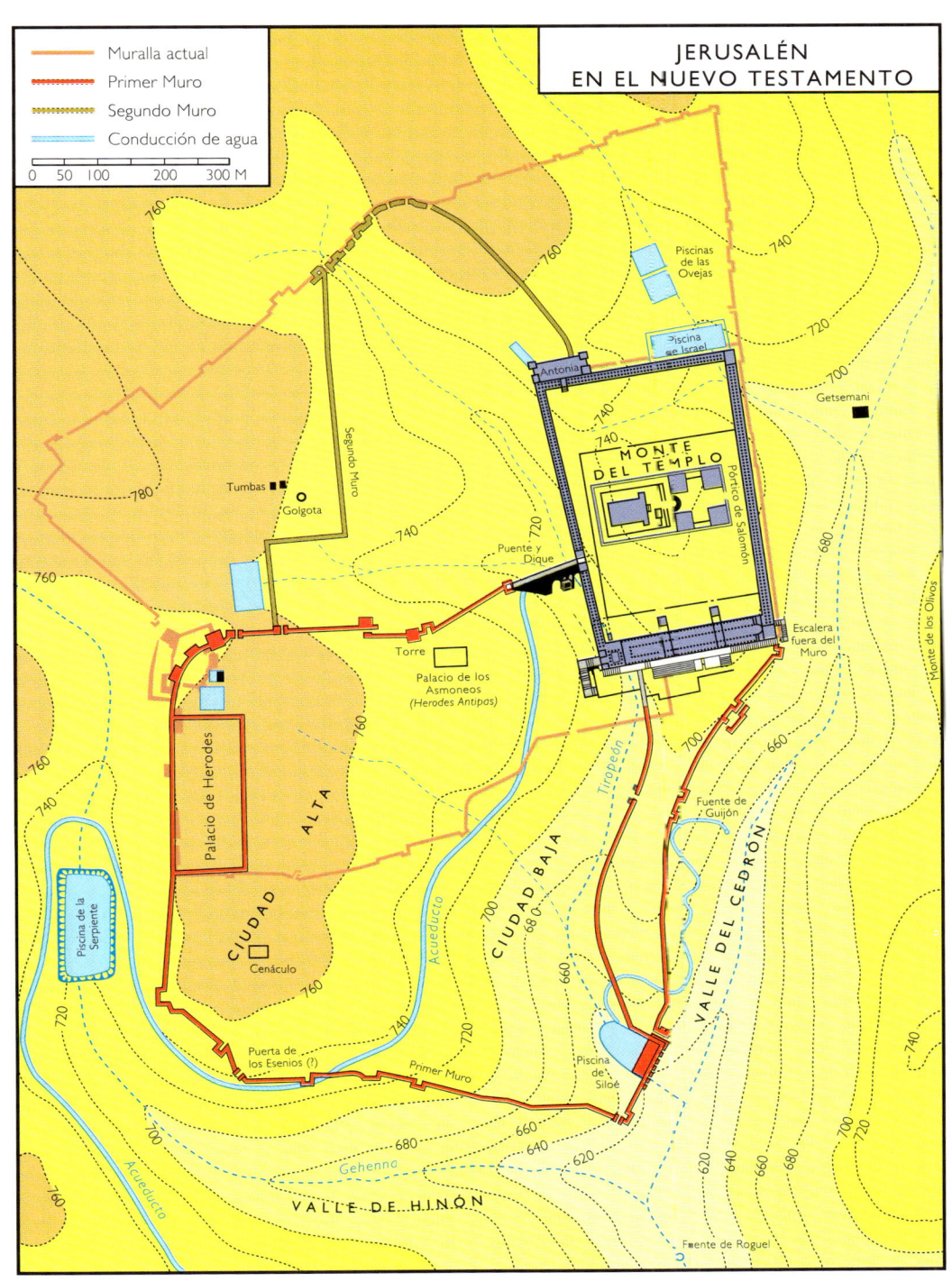

JERUSALÉN EN EL NUEVO TESTAMENTO

Muralla actual
Primer Muro
Segundo Muro
Conducción de agua

0 50 100 200 300 M

Piscinas de las Ovejas
Piscina de Israel
Antonia
Getsemaní
Segundo Muro
Tumbas
Golgota
MONTE DEL TEMPLO
Pórtico de Salomón
Puente y Dique
Escalera fuera del Muro
Monte de los Olivos
Torre
Palacio de los Asmoneos (Herodes Antipas)
CIUDAD ALTA
Palacio de Herodes
Fuente de Guijón
Tiropeón
VALLE DEL CEDRÓN
Piscina de la Serpiente
Acueducto
CIUDAD BAJA
Cenáculo
Puerta de los Esenios (?)
Primer Muro
Piscina de Siloé
Fuente de Roguel
Gehenna
Acueducto
VALLE DE HINÓN

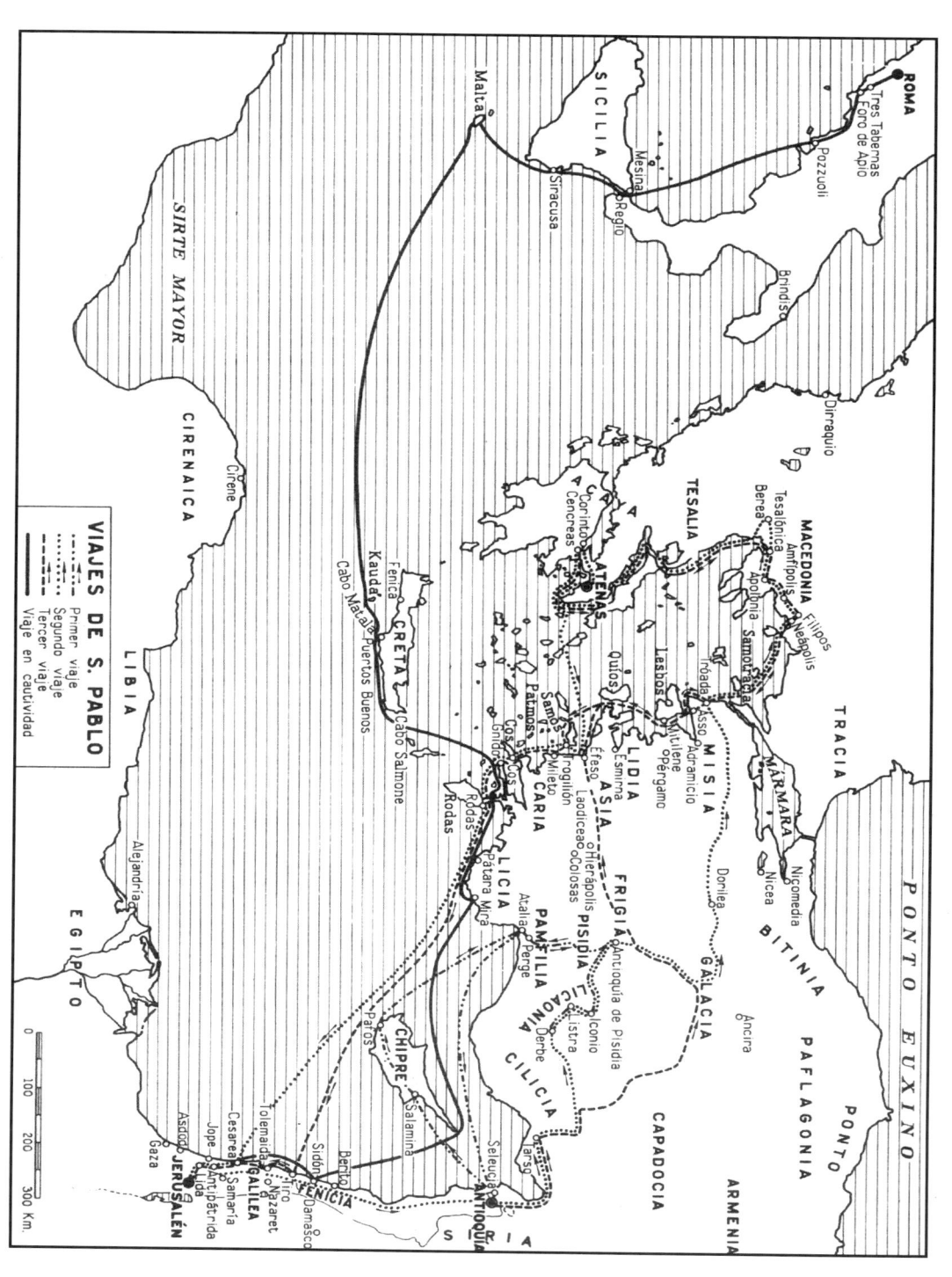